RÉPERTOIRE GÉNÉRAL ALPHABÉTIQUE
DU
DROIT FRANÇAIS

contenant

SUR TOUTES LES MATIÈRES DE LA SCIENCE ET DE LA PRATIQUE JURIDIQUES

L'EXPOSÉ DE LA LÉGISLATION, L'ANALYSE CRITIQUE DE LA DOCTRINE ET LES SOLUTIONS DE LA JURISPRUDENCE

ET AUGMENTÉ SOUS LES MOTS LES PLUS IMPORTANTS

DE NOTIONS ÉTENDUES DE DROIT ÉTRANGER COMPARÉ
ET DE DROIT INTERNATIONAL PRIVÉ

Publié par MM.

A. CARPENTIER	**G. FRÈREJOUAN DU SAINT**
AGRÉGÉ DES FACULTÉS DE DROIT AVOCAT A LA COUR DE PARIS	DOCTEUR EN DROIT, ANCIEN MAGISTRAT AVOCAT A LA COUR DE PARIS

SOUS LA DIRECTION
JUSQU'EN 1894, DE ED. FUZIER-HERMAN, ANCIEN MAGISTRAT

Et avec la Collaboration des
RÉDACTEURS DU RECUEIL GÉNÉRAL DES LOIS ET DES ARRÊTS ET DU JOURNAL DU PALAIS

NOTAMMENT DE MM.

Baudry-Lacantinerie, doyen de la Faculté de droit de Bordeaux;
De Boislisle, vice-président au Tribunal de première instance de la Seine;
Bufnoir, professeur à la Faculté de droit de Paris;
E. Chavegrin, professeur à la Faculté de droit de Paris;
A. Christophle, gouverneur du Crédit foncier de France, ancien ministre des Travaux publics, ancien avocat au Conseil d'État et à la Cour de cassation;
Em. Cohendy, professeur à la Faculté de droit de Lyon;
T. Crépon, conseiller à la Cour de cassation;
R. Dareste, conseiller à la Cour de cassation, membre de l'Institut;
Demangeat, conseiller à la Cour de cassation, professeur honoraire à la Faculté de droit de Paris;
G. Demante, professeur honoraire à la Faculté de droit de Paris;
Dupont, Président de Chambre à la Cour d'appel de Paris;
A. Esmein, professeur à la Faculté de droit de Paris;
E. Garsonnet, professeur à la Faculté de droit de Paris;
Ch. Guyot, sous-directeur de l'École nationale forestière;
Hauriou, professeur à la Faculté de droit de Toulouse;

J. Lacointa, avocat à la Cour de Paris, anc. avocat général à la Cour de cassation;
Ch. Laurent, conseiller à la Cour de cassation de Belgique;
L. Limelette, conseiller à la Cour d'appel de Liège;
Ch. Lyon-Caen, professeur à la Faculté de droit de Paris et à l'École des Sciences politiques, membre de l'Institut;
E. Naquet, procureur général près la Cour d'appel d'Aix;
N. Panhard, avocat au Conseil d'État et à la Cour de cassation;
Eug. Pierre, secrétaire général de la Présidence de la Chambre des députés;
L. Renault, professeur à la Faculté de droit de Paris;
A. Ribéreau, professeur à la Faculté de droit de Bordeaux;
Ruben de Couder, conseiller à la Cour de cassation;
Ch. Vibert, docteur en médecine, médecin légiste, chef du Laboratoire d'anatomie pathologique;
Violet, bibliothécaire de la Faculté de droit de Paris, professeur à l'École des Chartes, membre de l'Institut;
Wahl, professeur agrégé à la Faculté de droit de Lille;
Zeys, premier président de la Cour d'appel d'Alger;

POUR LE DROIT COMPARÉ CIVIL ET CRIMINEL ET LE DROIT PUBLIC INTERNATIONAL
de M. **Ernest Lehr**,
Professeur honoraire de Législation comparée à l'Université de Lausanne, conseil de l'Ambassade de France en Suisse, secrétaire général de l'Institut de droit international.

TOME TREIZIÈME
CONCILE — CONTRAINTE

PARIS
LIBRAIRIE DU RECUEIL GÉNÉRAL DES LOIS ET DES ARRÊTS
ET DU JOURNAL DU PALAIS

L. LAROSE, ÉDITEUR
22, RUE SOUFFLOT, 22

1895

EXPLICATION DES PRINCIPALES ABRÉVIATIONS.

Ann. lég. étr.	Annuaire de législation étrangère (publication de la société de législation comparée).
Belg. jud.	Belgique judiciaire.
Bull. civ.	Bulletin civil des arrêts de la Cour de cassation.
Bull. crim.	Bulletin criminel des arrêts de la Cour de cassation.
Bull. jud. alg.	Bulletin judiciaire de l'Algérie.
Bull. lég. comp.	Bulletin de la Société de Législation comparée.
Cass.	Cour de cassation.
Circ.	Circulaire.
C. civ.	Code civil.
C. comm.	Code de commerce.
C. for.	Code forestier.
C. instr. cr.	Code d'instruction criminelle.
C. pén.	Code pénal.
C. proc.	Code de procédure civile.
Cons. d'Ét.	Conseil d'État.
Cons. préf.	Conseil de préfecture.
D.	Jurisprudence générale de Dalloz; recueil périodique (mêmes observations que pour le recueil Sirey).
Décr.	Décret.
Déc. min. fin.	Décision du ministre des finances.
Déc. min. just.	Décision du ministre de la justice.
Déc. min. int.	Décision du ministre de l'intérieur.
Dict.	Dictionnaire.
Fr. jud.	France judiciaire. (Le premier chiffre double [77-78] indique l'année, le second la partie, le troisième la page.)
Instr. gén.	Instructions générales de la direction de l'enregistrement
J. cons.	Journal des conservateurs.
J. enreg.	Journal de l'enregistrement.
J. trib. comm.	Journal des tribunaux de commerce, de Teulet et Camberlin.
L.	Loi.
Leb. chr.	Recueil des arrêts du Conseil d'État (ordre chronologique), fondé par Lebon, continué par MM. Hallays-Dabot et Panhard.
Loc. cit.	*Loco citato.*
Mémor. Comm.	Mémorial du commerce et de l'industrie.
Ord.	Ordonnance.
P.	Journal du Palais. — Lorsque le renvoi comprend trois chiffres, le premier indique l'année; le second (1 ou 2) indique, soit le tome, la collection comprenant deux volumes par année jusqu'en 1836, — soit la partie, chaque volume se trouvant, depuis 1881, divisé en deux parties; le troisième chiffre indique la page; ainsi [P. 53.2.125] signifie : [**Journal du Palais**, année 1853, tome 2, page 125]; — [P. 83.1.464] signifie : [**Journal du Palais**, année 1883, 1re partie, page 464]. Les renvois aux années n'ayant qu'un volume ne comprennent naturellement que deux chiffres. — Depuis 1892, le *Sirey* et le *Journal du Palais* ont une même pagination; ainsi [S. et P. 92.1.78] veut dire : **Sirey** et **Journal du Palais**, année 1892, 1re partie, page 78.
P. *Lois, décr.*, etc.	Collection des lois du Journal du Palais.
P. adm. chr.	Journal du Palais. — Partie administrative (ordre chronologique).
P. Bull. enreg.	Journal du Palais; Bulletin spécial d'enregistrement, 1851-1864.
P. chr.	Collection *chronologique* du *Journal du Palais*, refondue jusqu'en 1835 inclusivement pour la Jurisprudence des Cours et Tribunaux, et continuée pour la Jurisprudence administrative.
Pand. Belg.	Pandectes Belges. — Répertoire alphabétique de la jurisprudence belge, sous la direction de MM. E. Picard et d'Hoffschmidt.
Pasicr.	Pasicrisie Belge. (Mêmes observations que pour le recueil Sirey, sauf pour les premières années, qui ne comportent qu'une pagination.)
Rev. alg.	Revue algérienne.
Rev. crit.	Revue critique de législation et de jurisprudence.
Rev. gén. d'adm.	Revue générale d'administration.
Rev. gén. dr. fr.	Revue générale du droit français.
Rev. prat.	Revue pratique du droit français.
S.	Recueil général des Lois et des Arrêts fondé par J.-B. Sirey. — Le premier chiffre indique l'année, le second la partie, le troisième la page; ainsi [S. 75.1.477] veut dire : [**Sirey**, année 1875, 1re partie, page 477].
S. chr.	Collection du même recueil, refondue jusqu'en 1830 inclusivement par ordre chronologique; chaque arrêt se trouve donc à sa date.
S. *Lois ann.*	Collection des Lois du même recueil.
Sol.	Solution de la régie de l'enregistrement.
Tar. civ.	Tarif civil.
Tar. crim.	Tarif criminel.
Trib. confl.	Tribunal des conflits.
Trib. s. pol.	Tribunal de simple police.

LISTE

des principaux collaborateurs qui ont pris part à la rédaction du présent volume :

MM.

BALLEYDIER, professeur à la Faculté de droit de Grenoble;
BOIVIN, chef de bureau au Ministère des Finances;
G. BOULOT, avocat à la Cour d'appel de Paris;
E. BOUVIER, docteur en droit, ancien magistrat;
J. BRESSOLLES, professeur à la Faculté de droit de Toulouse;
G. BREUILLAC, conseiller à la Cour d'appel de Lyon;
CAUVET, président honoraire à la Cour d'appel de Montpellier;
ALCIDE DARRAS, docteur en droit;
J. DEJAMME, auditeur au Conseil d'État;
DELBOY, docteur en droit;
M. FRAVATON, inspecteur de l'Enregistrement, des Domaines et du Timbre;
GRIMAUD, conservateur des hypothèques, en retraite ;
JACQUELIN, professeur agrégé à la Faculté de droit de Lille;
JOHANNET, administrateur de la Société des Agriculteurs de France;
LACOUR, professeur à la Faculté de droit de Lille;
ERNEST LEHR, professeur honoraire à l'Université de Lausanne, secrétaire général de l'Institut de droit international, conseil de l'ambassade de France en Suisse;
MAGNY, chef de bureau à la direction des Cultes;
MIQUEL, président du Tribunal civil de Foix;
EUG. PIERRE, secrétaire général de la Présidence de la Chambre des députés;
POULARD, adjoint à l'Intendance militaire;
C.-A. PRET, docteur en droit, avocat à la Cour d'appel de Paris;
REGELSPERGER, docteur en droit;
SANLAVILLE, docteur en droit, avocat à la Cour d'appel de Paris;
SAVEROT, docteur en droit, avocat à la Cour d'appel de Paris;
STRAUSS, avocat à la Cour d'appel de Paris;
TAUDIÈRE, docteur en droit, professeur suppléant à la Faculté libre de droit de Paris;
VEILLAT, sous-chef de bureau au Ministère du Commerce et de l'Industrie.

RÉPERTOIRE GÉNÉRAL

DU

DROIT FRANÇAIS.

CONCILE.

1. — On appelle *concile* une assemblée de prélats et de docteurs réunis pour prononcer sur les matières de foi, sur les mœurs et la discipline de l'Eglise catholique.

2. — Les auteurs ne sont pas d'accord sur l'étymologie de ce mot. Selon saint Isidore (*Etymologies*, chap. 28), il tirerait son origine d'un usage des Romains, qui désignaient ainsi les assemblées publiques où n'assistaient pas les patriciens, à la différence des comices où se trouvaient réunies toutes les classes de citoyens. Doujat, s'attachant à la leçon de Varron, le fait dériver de *concalare* ou *concire*, convoquer, réunir. Cette dernière étymologie semble plus naturelle.

3. — « La canonicité d'une assemblée est marquée *par l'objet de sa convocation*, qui doit être *pour le bien spirituel de l'Eglise; par la forme de cette convocation*, qui doit être faite selon les lois de la discipline; *par la constitution de cette assemblée* en synode, qui doit réunir tous les membres nécessaires *sous l'autorité du supérieur légitime ou des supérieurs* qui rassemblent leur concile pour délibérer en plus grand nombre. La doctrine et la discipline sont les deux grands objets qui occupent les conciles ». — Portalis, *Rapport sur les articles organiques*.

4. — « La doctrine consiste en dogmes et en préceptes. La discipline roule sur des objets de police et sur toutes les pratiques et observances qui ne sont point de nécessité de salut ». — Portalis, *loc. cit.*

5. — On distingue les conciles en conciles généraux ou œcuméniques, et en conciles nationaux, provinciaux ou métropolitains et diocésains. Ces derniers conciles particuliers, ou synodes, ne représentant qu'une portion de l'Eglise, n'ont d'importance qu'en raison des matières qui leur sont soumises et de l'étendue de juridiction qui leur appartient comme tribunaux ecclésiastiques.

6. — I. *Conciles généraux ou œcuméniques*. — Le concile *général* ou *œcuménique* seul représente l'Eglise entière. Sans doute, tous les conciles particuliers sont institués dans le même esprit, tendent au même but, quoique plus restreints dans leur objet, mais le concile général ou œcuménique seul a la puissance propre de rallier toujours l'Eglise universelle aux principes immuables de la foi et du dogme; et voilà pourquoi ce concile est composé de tous les évêques de la terre. C'est le but même du concile général qui en détermine le caractère; or, le principal objet de ce concile est le maintien de l'unité de la foi, ce ciment du lien de la société chrétienne. Il doit donc veiller à l'extirpation des schismes et des hérésies, à la défense de l'orthodoxie, à la répression des scandales qui peuvent s'élever dans l'Eglise.

7. — A qui est dévolu le droit de convoquer le concile général? Anciennement, les empereurs chrétiens convoquaient les conciles généraux, où les papes, les évêques, s'empressaient de se faire représenter ou d'assister. Plus tard, l'unité du pouvoir temporel ayant disparu, il était difficile d'admettre que le souverain de l'un des Etats distincts de l'Europe eût le droit de convoquer le concile général. Ce droit paraissait naturellement dévolu au Saint-Père, chef de l'Eglise universelle, premier juge des besoins de cette église, de la nécessité et de l'opportunité des conciles. Les papes s'en mirent donc en possession dès le septième siècle.

8. — Toutefois, les anciens canonistes reconnaissaient plusieurs cas où la convocation du concile général pouvait avoir lieu, même malgré le pape. Ainsi, 1° lorsqu'il s'agit du schisme entre deux prétendants à la papauté, et que ni l'un ni l'autre n'en sont en possession; 2° dans la même hypothèse, lorsque les deux prétendants se trouvant en possession tous les deux de la papauté refusent de convoquer le concile pour statuer sur leurs prétentions; 3° dans le cas où le pape deviendrait manifestement hérétique. A ces trois cas, rapportés par le cardinal Jacobatius, Gerson en ajoute deux autres : 1° s'il s'agit d'une affaire très-importante pour l'Eglise, qui ne pourrait être terminée que par un concile général, que le pape se refuserait à convoquer; 2° s'il s'agit de la personne même du pape, soit pour le faire renoncer à la papauté, soit pour le déposer pour crime ou pour scandale.

9. — Mais à qui, dans ce cas, sera dévolu le droit de convoquer le concile? Jacobatius attribue ce droit aux cardinaux; Gerson pense, au contraire, qu'il doit être attribué aux princes catholiques, les cardinaux n'ayant ni rang ni qualité dans la hiérarchie pour l'exercer. La question paraît plus douteuse à quelques personnes : en cas de mort naturelle ou civile, ou même canonique du pape, telle que la déposition; si le pape tombait en démence ou devenait captif, etc. Dans tous ces cas la glose décide que le droit de convoquer le concile est dévolu : 1° aux cardinaux; 2° aux patriarches catholiques; 3° aux princes chrétiens, etc. Mais ce sentiment est combattu, comme on vient de le voir, par Gerson. Et Portalis (*Discours et travaux sur le concordat*, p. 173), dit formellement qu'en leur *qualité de protecteurs*, les divers souverains catholiques peuvent provoquer la tenue des conciles généraux et même s'accorder pour en faire la convocation dans l'intérêt de l'Eglise l'exige, ou si le pape a des intérêts contraires à celui de l'Eglise.

10. — Pour former un concile général, il est nécessaire de réunir les évêques de toute la chrétienté et chaque église nationale doit avoir ses représentants. Mais, aux termes de l'art. 20 de la loi de l'an X, les évêques ne pouvant sortir de leurs diocèses sans une permission du gouvernement, l'intervention du pouvoir civil serait indispensable si l'on voulait que la convocation du concile, en ce qui concerne la France, fût complète.

11. — La présidence du concile œcuménique appartient au Pape ou à ses légats.

12. — La décision du concile doit être renfermée dans les matières mêmes qui peuvent seules faire canoniquement les matières de la délibération du concile, c'est-à-dire qui ont pour objet le *bien spirituel de l'Eglise*. « Ainsi, dit Portalis, si des évêques assemblés en concile s'avisaient de transformer en point de doctrine religieuse des questions civiles ou politiques, ils outrepasseraient leurs pouvoirs, et leurs décisions, loin d'être des jugements infaillibles, ne seraient que des entreprises téméraires et condamnables ». L'art. 3 de la loi organique du 18 germ. an X porte que les décrets des synodes étrangers ou conciles généraux ne pourront être publiés en France, avant que le gouvernement ait examiné leur forme, leur conformité avec les lois, droits et franchises du royaume, et tout ce qui, dans leur publication, peut altérer ou intéresser la tranquillité publique. « Cela, dit Portalis (*Rapport sur les articles organiques*), en ce qui concerne les conciles étrangers, est fondé sur les raisons et les principes qui ont fait établir la nécessité de la vérification des bulles et rescrits venant de Rome. »

13. — Les synodes ou conciles particuliers qui se tiennent en pays étranger peuvent, en effet, manifester des opinions et des intérêts qui soient contraires aux intérêts et aux opinions des autres Etats; car chaque gouvernement a son droit public, et chaque église nationale a, pour ce qui n'est pas de foi, ses maximes et ses coutumes particulières. Quant aux conciles généraux, souverains en matière de foi, ils peuvent sans contredit réglementer aussi les objets que la discipline embrasse. Mais le concours de la puissance publique est nécessaire pour permettre l'exécution des décisions touchant à la discipline extérieure et temporelle de l'Eglise, étrangères aux questions de dogme et de foi.

14. — Le dernier concile général ou œcuménique, connu sous le nom de *Concile du Vatican*, a été tenu en 1868, 1869, 1870. Ce concile dans lequel, après de longues discussions, a été proclamé le dogme de l'infaillibilité du pape qui tend, sinon à la suppression, du moins à la subordination des conciles n'a jamais pris fin. Aussi le gouvernement n'a-t-il pris jusqu'ici aucune mesure pour procéder à la vérification dont le droit lui est reconnu par l'art. 3, L. 18 germ. an X.

15. — II. *Conciles nationaux, provinciaux ou métropolitains et diocésains.* — Toutes les assemblées du clergé ne sont pas des synodes ou conciles. « L'institution des tribunaux et la formation des corps est de droit public dans toute la société et ne saurait dépendre des circonstances et du hasard; les assemblées dans l'unité et sous l'autorisation d'un supérieur sont seules les vrais tribunaux de l'église; les simples assemblées d'évêques ou d'ecclésiastiques ne sont donc ni des conciles ni des synodes ». — Portalis, *Rapport sur les articles organiques*. — Autrefois les assemblées du clergé étaient ou quinquennales, ou décennales. Elles avaient des objets spéciaux. Quelquefois, par ordre exprès du roi, elles s'occupaient aussi de matières de foi ou de discipline. Telle fut la Déclaration du clergé de 1682.

16. — La présidence des conciles nationaux en France n'est pas clairement déterminée d'après les anciens usages. Les archevêques d'Arles s'arrogeaient autrefois ce droit; il leur fut contesté, et fut même exercé par d'autres archevêques. En dernier lieu (1811), ce fut l'archevêque de Lyon qui le réclama et l'exerça comme attaché à son titre de primat des Gaules.

17. — Le concile métropolitain ou provincial est celui qui forment les évêques d'une province ecclésiastique, sur la convocation et sous la présidence du métropolitain, leur chef. Il est le premier des tribunaux solennels que l'on nomme proprement *concile*; il reçoit des appels et il y est sujet. Il tient un rang mitoyen dans la hiérarchie. La juridiction, comme l'objet de ces conciles, est plus restreinte sans doute que celle des conciles nationaux; toutefois, ils peuvent statuer, comme ceux-ci, sur les matières de foi et de discipline; mais leurs décrets en matière de foi, respectables sans doute par eux-mêmes, ont moins de force que ceux des conciles nationaux.

18. — Leur autorité est plus grave en matière de discipline. C'est même principalement pour la conservation des mœurs, la pureté des doctrines, le maintien de la discipline qu'ils sont institués; et leurs décisions à cet égard, bien que limitées à la province ecclésiastique à laquelle appartiennent les évêques convoqués, et toujours soumises à l'approbation du souverain temporel dont dépend la province, entraînent avec elles, comme décisions définitives, obligation de s'y conformer. C'est but particulier des conciles métropolitains ou provinciaux, le maintien de la discipline, qui avait fait prescrire, en divers temps, par les canons, et notamment par l'édit de Melun (art. 1), la fréquente tenue de ces conciles. Cet édit prescrivait qu'ils seraient tenus tous les trois ans.

19. — Enfin, le concile diocésain, qui forme le premier degré, s'appelle plus spécialement *Synode*, du nom commun à tous les conciles. Il est composé de l'assemblée de tout le clergé d'un diocèse, sous l'autorité de l'évêque. Ce synode ne change point de nature quand d'autres évêques voisins y assistent; mais son autorité ne s'étend point hors du diocèse, ni au delà de la sphère des affaires que l'on a coutume d'y traiter. — Portalis, *Rapport sur les articles organiques*. — Quant à son objet, il est, dans des limites plus restreintes encore, le même que celui du concile provincial ou métropolitain.

20. — L'art. 4, L. 18 germ. an X (articles organiques), porte en termes formels « qu'aucun concile national ou métropolitain, aucun synode diocésain, aucune assemblée délibérante n'aura lieu sans la permission du gouvernement. »

21. — Dans une lettre adressée le 13 mai 1844 au ministre des Cultes, l'archevêque de Paris combattait cette disposition dans les termes suivants : « L'art. 4 des *Articles organiques*, disait-il, devrait être modifié afin d'être moins contraire aux traditions de l'Eglise, à ses intérêts, et, dans certaines circonstances, à ses nécessités les plus impérieuses. Nous nous abstiendrions de toute observation si le gouvernement ne se réservait que le droit d'autoriser les réunions ecclésiastiques dans lesquelles seraient débattues des questions d'un intérêt temporel ou même d'un intérêt mixte; nous pourrions y voir l'exercice inutile d'un droit; qui de nous pense, en effet, à des empiètements dans l'ordre civil ou politique? Quoi qu'il en soit, cet article lui-même ne trouverait pas de contradicteur. L'article de la loi du 18 germ. an X va plus loin : il établit une dangereuse prohibition : il interdit d'une manière *absolue* toute espèce de synode ou de concile, alors même qu'ils s'occuperaient de questions qui intéressent la foi, les sacrements, les règles de la discipline. Or, cet article ainsi étendu, sa réforme paraît nécessaire, lorsqu'il sera possible de l'obtenir. Cet article est contraire à l'intention du législateur, qui n'a pas eu pour but de restreindre la liberté sur les objets que je viens d'indiquer; il est contraire à la liberté de l'Eglise, à ses lois, à son esprit surtout. L'esprit de l'Eglise est un esprit de concert, nulle part la volonté absolue et arbitraire n'est plus sévèrement interdite, alors même qu'elle émane d'un pouvoir supérieur et sans contrôle. Cet article n'est pas en harmonie avec la situation présente du clergé; si, ce qu'à Dieu ne plaise, le clergé abusait des réunions ecclésiastiques, il trouverait à cet abus mille barrières légales. Ce même article ne concorde pas avec les dispositions de notre droit public qui concernent les autres corps légalement reconnus; ils ont, en effet, des réunions périodiques ou non périodiques pour lesquelles ils n'ont pas besoin d'autorisation spéciale. Cette disposition est peu conforme aux attributions que la loi du 18 germin. an X reconnaît elle-même aux métropolitains. Enfin, je n'en doute pas, contre l'intérêt du gouvernement. Les évêques, se concertant dans une même réunion, donneraient à leur langage un caractère de plus grande modération encore que lorsqu'ils sont contraints à se concerter par correspondance ou à agir sans concert ». — V. aussi l'abbé André, *Cours de droit canon*, v° *Concile*, p. 577.

22. — La nécessité d'une autorisation préalable n'en a pas moins toujours été maintenue, par ce motif que la législation française ne reconnaît aucune représentation collective des personnalités ecclésiastiques locales.

23. — Jusqu'en 1848, les évêques sachant qu'aucune autorisation de se réunir ne leur serait accordée, ne formèrent aucune demande. A la suite de l'extension du droit de réunion qui suivit la révolution de 1848, l'église réclama sa part de cette nouvelle liberté.

24. — Ainsi, en 1849, plusieurs prélats manifestèrent « le désir qu'ils avaient souvent et inutilement exprimé, sous les précédents régimes, de se réunir en concile métropolitain, pour s'occuper des diverses questions qui, dans l'ordre spirituel, touchent à l'exercice du culte et à la discipline intérieure du clergé » (Rapport du ministre intérimaire des cultes au président de la République, du 16 sept. 1849). — « L'autorité publique ne pouvait s'associer à cette pensée... Un entier assentiment a donc été donné ». « Mais, continuait le ministre, j'ai dû me demander si, au point de vue des formes conservatrices de notre droit public, cet assentiment ne devait pas être plus explicitement exprimé. »

25. — Le ministre, après avoir exposé que l'art. 4, L. 18 germ. an X, lui paraissait exiger formellement l'autorisation du gouvernement pour la réunion d'un concile ou synode, terminait ainsi son rapport : « Le temps n'est sans doute pas éloigné où le gouvernement pourra, dans cet esprit de vraie liberté qui est au fond de ses sentiments comme dans les principes de la Constitution, soumettre à un examen sérieux l'ensemble de notre législation religieuse, et réviser en particulier les dispositions de la loi organique du 18 germ. an X. Aujourd'hui, il se borne à en assurer l'exécution ». En conséquence, le président de la République rendit, à la date du 16 sept. 1849, l'arrêté suivant : « Sont et demeurent autorisés, pendant l'année 1849, les conciles métropolitains et les synodes diocésains que les archevêques et évêques jugeront utile de tenir en leur métropole ou diocèse pour le règlement des affaires d'ordre spirituel, touchant à l'exercice du culte et à la discipline intérieure du clergé. »

26. — Divers décrets ont, depuis, autorisé encore la tenue de conciles dans les années subséquentes. — V. notamment, Décr. 22 mai 1850, 2 sept. 1851, 8 janv. 1853. — Un décret analogue intervint encore en juillet 1873. Ce fut le dernier.

27. — Depuis, les autorités diocésaines, pour éviter toute difficulté, suppléèrent aux conciles par des assemblées appelées *retraites* ou *conférences ecclésiastiques*, *congrès eucharistiques*, *congrès catholiques*, qui, sous le bénéfice de ce diminutif, passèrent sans éveiller l'attention des pouvoirs publics. Mais chaque fois qu'il fut question d'un véritable concile ou synode, le gouvernement protesta et y mit opposition. C'est ainsi qu'en 1886, un concile ayant été annoncé à Toulouse, le ministre des Cultes, par une circulaire du 10 juin 1886, rappela aux évêques l'art. 4, L. 18 germ. an X, et leur fit connaître que « la participation des membres du clergé à une assemblée de cette nature serait considérée par le gouvernement comme une infraction aux lois concordataires, et engagerait de la manière la plus grave la responsabilité des prélats qui s'y rendraient ou permettraient aux prêtres de leur diocèse de s'y rendre » (*Rec. des circ. des cultes*, 4 vol., p. 585).

28. — Enfin, en 1891, l'évêque de Nîmes ayant, par une lettre circulaire, annoncé à son clergé la réunion d'un *synode* diocésain, le ministre des Cultes rappela au prélat les prescriptions de l'art. 4, L. 18 germ. an X. L'évêque demanda alors l'autorisation du gouvernement; mais les conditions mises à cette autorisation ne lui ayant pas paru acceptables, il adressa à son clergé une nouvelle lettre circulaire, pour l'informer que le synode diocésain ne serait pas tenu.

29. — L'infraction aux art. 3 et 4 précités, relatifs à la publication et à la tenue des conciles, donnerait lieu à appel comme d'abus. — V. *suprà*, v° *Abus ecclésiastique*, n. 10 et s., 195 et s.

CONCILIATION.

LÉGISLATION.

C. civ., art. 2245; — C. proc. civ., art. 48 et s., 566, 570, 856, 878, 883.

BIBLIOGRAPHIE.

Allain et Carré, *Manuel des juges de paix*, 6° édit., 3 vol. in-8°, 1890-1891, t. 2, n. 2408 et s. — Auger, *Traité élémentaire de procédure civile*, 1892, 2 vol. in-8°. — Berriat Saint-Prix, *Cours de procédure civile*, 1855, 7° édit., 2 vol. in-8°, t. 1, p. 204 et s. — Bioche, *Dictionnaire de procédure civile et commerciale*, 1867, 5° édit., 6 vol. in-8°, v° *Conciliation*; — *Dictionnaire des justices de paix et de simple police*, 1866-1867, 2° édit., 3 vol. in-8°, v° *Conciliation*. — Boitard, Colmet-Daage et Glasson, *Leçons de procédure civile*, 1890, 15° édit., 2 vol. in-8°, t. 1, n. 76 et s. — Boncenne et Bourbeau, *Théorie de la procédure civile*, 1837-1863, 2° édit., 7 vol. in-8°, t. 2, p. 1 et s. — Bonfils, *Traité élémentaire d'organisation judiciaire, de compétence et de procédure en matière civile et commerciale*, 1894, 2° édit., 2 vol. in-8°, t. 1, n. 408 et s. — Bonnier, *Éléments de procédure civile*, 1853, in-8°. — Bost, *Encyclopédie des justices de paix et des tribunaux de simple police*, 1854, 2° édit., 2 vol. in-8°, v° *Conciliation*. — Boucher, *Traité de la procédure civile et des tribunaux de commerce*, 1808, in-4°. — Carou et Bioche, *De la juridiction civile des juges de paix*, 1843, 2° édit., 2 vol. in-8°, t. 2, p. 743 et s. — N. A. Carré, *Compétence judiciaire des juges de paix* (Mat. civ.), 1876, in-8°, n. 1039 et s.; — *Code annoté des juges de paix*, 1886, 3° édit., 1 vol. gr. in-8°, p. 86 et s. — Carré et Chauveau, *Lois de la procédure civile et commerciale*, 1880, 5° édit., in-8°, t. 1, p. 207 et s., 1880, t. 7, p. 34 et s. — Carré et Foucher, *Traité des lois de l'organisation judiciaire et des juridictions civiles*, 1839, 8 vol. in-8°, t. 6, p. 306 et s. — Chauveau, *Dictionnaire général et complet de procédure*, 1837, in-8°, v° *Conciliation*. — Curasson, *Traité de la compétence des juges de paix*, 1877-1879, 4° édit., 2 vol. in-8°, passim. — Deffaux, Harel et Dutruc, *Encyclopédie des huissiers*, 1888-1892, 4° édit., 12 vol. in-8°, v° *Conciliation*. — Delzers, *Cours de procédure civile et criminelle*, 1843, 2 vol. in-8°, t. 1, p. 164 et s. — Demiau-Crouzilhac, *Explication du Code de procédure civile*, 1828, in-8°. — Dutruc, *Supplément aux lois de la procédure*, 1888, 2° édit., 4 vol. in-8°, v° *Conciliation*. — Favard de Langlade, *Répertoire de la nouvelle législation civile, commerciale et administrative*, 1823, 5 vol. in-4°, v° *Ajournement*. — Garsonnet, *Traité théorique et pratique de procédure*, 1882-1894, 5 vol. in-8° parus, t. 2, n. 236 et s., p. 194 et s.; — *Précis de procédure civile*, 1893, 2° édit., in-8°, n. 132 et s. — Isaure-Toulouse, *Traité-formulaire de procédure pratique*, 1891, 3° édit., in-8°, p. 3. — Jay, *Dictionnaire général et raisonné des justices de paix*, v° *Conciliation*; — *Traité de la compétence générale des juges de paix*, 1864, 2° édit., in-8°, n. 1169 et s. — Lansel et Didio, *Encyclopédie du notariat et de l'enregistrement*, 21 tomes en 22 vol., 1879-1893, v° *Conciliation*. — Merlin, *Répertoire universel et raisonné de jurisprudence*, 1827-1828, 5° édit., 18 vol. in-4°, v° *Bureau de conciliation*; — *Recueil alphabétique des questions de droit*, 4° édit., 8 vol. in-8°, v° *Bureau de paix*. — Mourlon et Naquet, *Répétitions écrites sur l'organisation judiciaire, la compétence et la procédure*, 1885, 1 vol. in-8°, n. 342 et s., p. 311 et s. — Pigeau et Poncelet, *Commentaire du Code de procédure*, 1827, 2 vol. in-4°, t. 1, p. 137 et s. — Pigeau et Crivelli, *La procédure civile des tribunaux de France*, 1837, 5° édit., 2 vol. in-4°, t. 1, p. 33 et s. — Rauter, *Cours de procédure civile française*, 1834, in-8°, p. 180 et s. — Rodière, *Cours de compétence et de procédure en matière civile*, 1878, 5° édit., 2 vol. in-8°, t. 1, p. 164 et s. — Rousseau et Laisney, *Dictionnaire théorique et pratique de procédure civile, commerciale, criminelle et administrative*, 1886, 2° édit., 9 vol. in-8°, v° *Conciliation*. — Sébire et Carteret, *Encyclopédie du droit* (20 livr.), v° *Conciliation*. — Thomine-Desmazures, *Commentaire sur le Code de procédure civile*, 1832, 2 vol. in-4°, t. 1.

Cunisset-Carnot, *La conciliation des affaires*, 1892, in-8°. — Darnaux, *Des préliminaires de conciliation*, Paris, 1882, 3° édit., 46 p.

Si, après conciliation, les parties font paraître la cause sur citation, le juge de paix peut-il se prévaloir, pour juger la cause, des aveux et déclarations des parties lors de la comparution en conciliation? Corr. des just. de paix, année 1857, 2° série, t. 4, p. 190. — Conciliation. Considérations générales sur cette précieuse institution. Indication des méthodes à suivre pour l'appliquer (Feret) : Corr. des just. de paix, année 1858, 2° série, t. 5, p. 37. — Lorsqu'un individu, troublé dans sa possession, au lieu de se pourvoir de suite au possessoire, a cité son adversaire en conciliation sur le pétitoire, et qu'un procès-verbal de non-conciliation a été dressé, peut-il, en se désistant de la conciliation et de ce qui a suivi, intenter l'action possessoire? Corr. des just. de paix, année 1858, 2° série, t. 5, p. 49. — Une citation en conciliation interrompt-elle la prescription, même si les deux parties n'ont pas comparu? Corr. des just. de paix, année 1858, 2° série, t. 5, p. 86. — Lorsque les parties comparaissent devant le juge de paix, sur une citation en conciliation, l'huissier-audiencier de la justice de paix, qui introduit successivement les parties auprès de ce magistrat, peut-il exiger un droit d'appel de cause? Corr. des just. de paix, année 1859, 2° série, t. 6, p. 406. — Si la lettre d'appel en conciliation arrive tardivement au défendeur par l'effet d'un retard de la poste, qui doit supporter le coût de la citation délivrée par suite de la non-comparution du défendeur, alors que celui-ci offre de s'exécuter par conciliation? Corr. des just. de paix, année 1860, 2° série, t. 7, p. 183. — Les procès-verbaux de conciliation doivent-ils être faits en autant d'originaux qu'il y a de parties, pour qu'il en soit remis à chacune d'elles, ou bien, au contraire, doit-il en être gardé minute, afin que celle des parties qui a besoin de recourir à son texte puisse s'en faire délivrer expédition? Corr. des just. de paix, année 1861, 2° série, t. 8, p. 202. — De la conciliation: Corr. des just. de paix, année 1862, 2° série, t. 9, p. 42. — Lorsque les droits exigibles sur un procès-verbal de non-conciliation n'ont pas été consignés entre les mains du greffier, peut-il s'exonérer du paiement des droits en remettant au receveur, conformément à l'art. 37, L. 22 frim. an VII, l'extrait certifié de procès-verbal? Corr. des just. de paix, année 1863, 2° série, t. 10, p. 11. — De là

CONCILIATION.

conciliation considérée principalement au point de vue pratique. 1° De la conciliation sur lettre. 2° De la conciliation sur citation : Corr. des just. de paix, année 1863, 2° série, t. 10, p. 353. — Le défaut de citation en conciliation constitue-t-il une nullité simplement relative, couverte par la défense au fond, ou une nullité absolue? (Lévy) : Corr. des just. de paix, année 1863, 2° série, t. 10, p. 448. — A quel droit donne lieu un procès-verbal de conciliation devant le juge de paix, à la suite d'une citation directe sur une matière qui dépasse sa compétence ordinaire, lorsqu'il est exprimé que le juge a fait remarquer aux parties qu'il n'était pas compétent et qu'elles se sont conciliées d'après les conseils du magistrat? Corr. des just. de paix, année 1866, 2° série, t. 13, p. 378, et année 1864, 2° série, t. 11, p. 96. — *Conciliation. Comparution personnelle. Empêchement* : Corr. des just. de paix, année 1864, 2° série, t. 11, p. 487. — *Juge de paix. Conciliation. Avertissement* (Couillault-Delavau) : Corr. des just. de paix, année 1867, 2° série, t. 14, p. 453. — *Les huissiers doivent-ils assister aux audiences de conciliation sur billets d'avertissement?* (Couillault-Delavau) : Corr. des just. de paix, année 1867, 2° série, t. 14, p. 457. — Id. : Corr. des just. de paix, année 1868, 2° série, t. 15, p. 188. — *Le juge de paix a-t-il qualité pour constater une transaction intervenue entre des parties qui avaient engagé devant lui une affaire qui est de sa compétence, comme il a, aux termes de l'art. 54, C. proc. civ., le pouvoir de dresser le procès-verbal de l'arrangement conclu entre des parties qui n'avaient comparu devant lui que pour les préliminaires de conciliation?* Corr. des just. de paix, année 1869, 2° sér., t. 16, p. 360. — *Révision du Code de procédure civile. Examen du projet de loi. Compétence. Conciliation. Procédure* (Périer) : Corr. des just. de paix, année 1870, 2° série, t. 17, p. 6. — *Révision du Code de procédure. 1° De la compétence des juges de paix. 2° De la conciliation. 3° Des actions possessoires. 4° Procédure devant les justices de paix* (Pinsart) : Corr. des just. de paix, année 1870, 2° série, t. 17, p. 45. — *1° De l'étendue des attributions des juges de paix en conciliation sur avertissement. 2° Du contenu de l'avertissement. 3° Du délai à observer entre la remise de l'avertissement et la comparution des parties. 4° De la forme et de la force de la constatation des résultats obtenus. 5° De la valeur de l'avertissement. 6° Du mode de comparution des parties. 7° Du lieu de la comparution. 8° De la sanction. 9° Résumé. 10° Application du résultat des observations précédentes à la rédaction de la réglementation* (Lacroix) : Corr. des just. de paix, année 1876, 2° série, t. 23, p. 408. — *De la conciliation. Étude historique et critique sur le tit. 1, liv. 2, C. proc.* (art. 48 à 58) *et sur la loi du 2 mai 1855* (Pons-Devier) : France jud., année 1887, p. 289 et s., 321 et s. — *De la réforme judiciaire et d'un nouveau moyen de conciliation* (de Neufville) : France jud., année 1891, 1ʳᵉ part., p. 219 et s. — *La conciliation judiciaire* (de Neufville) : France jud., année 1892, 1ʳᵉ part., p. 79 et s. — *En matière de conciliation, que doit faire le juge de paix si le défendeur prétend que le magistrat n'est pas compétent, que la citation est irrégulière, soit par vice de forme, soit parce que le délai n'a pas été observé, ou bien encore parce que le mandataire du demandeur n'est pas pourvu de pouvoirs réguliers? Le magistrat conciliateur peut-il statuer sur les exceptions proposées? S'il trouve les exceptions fondées, peut-il s'abstenir purement et simplement jusqu'à ce que la procédure ait été régularisée?* (Louis Denier) : J. proc. civ. et comm., année 1851, t. 17, p. 154. — *De l'essai de conciliation sur avertissement* (Maire) : J. proc. civ. et comm., année 1854, t. 20, p. 367. — *Lorsque le juge de paix, après comparution sur avertissement préalable, saisi de la connaissance d'une affaire par une citation, se déclare incompétent, le demandeur peut-il assigner directement devant le tribunal civil sans citation préalable en conciliation?* J. proc. civ. et comm., année 1856, t. 22, p. 362. — *Le juge de paix, au bureau de conciliation, peut-il prononcer une ou plusieurs remises contre le gré de l'une des parties comparantes?* J. proc. civ. et comm., année 1864, t. 30, p. 249. — *L'art. 49, § 6, C. proc. civ., est-il applicable à une action à introduire contre plusieurs maris et leurs femmes* (Ponset) : J. proc. civ. et comm., année 1865, t. 31, p. 38. — *La partie qui a comparu sur une citation en conciliation et qui a obtenu une remise à une audience subséquente, encourt-elle l'amende édictée par l'art. 56, C. proc. civ., lorsqu'elle fait défaut à la seconde audience?* (Noblet) : J. proc. civ. et comm., année 1866, t. 32, p. 63. — *Du droit pour la partie de se faire assister d'un conseil devant le juge de paix en conciliation* (Rolland) : Rec. pér. proc. civ., année 1891, p. 41 et s.

INDEX ALPHABÉTIQUE.

Abandon de biens, 233.
Absence, 67, 180, 181, 191.
Acquéreur, 119.
Acte authentique, 488 et s.
Acte conservatoire, 10.
Acte d'administration, 186.
Acte d'avoué à avoué. 87.
Acte de commerce, 474.
Acte de disposition, 421.
Acte notarié, 490, 505.
Acte sous seing privé, 489.
Action civile, 205, 345.
Action hypothécaire, 113, 118.
Action mobilière, 415.
Action personnelle, 17, 113, 329.
Action pétitoire, 344.
Action possessoire, 344, 528.
Action réelle, 17, 113, 329 et s., 415, 417.
Action rédhibitoire, 374.
Administrateur, 230.
Administrateur de société, 192.
Affaires commerciales, 10, 214, 226 et s., 434.
Affaires urgentes, 9, 21, 224 et s., 234, 244, 250, 251, 262.
Affectation hypothécaire, 505.
Ajournement, 66 et s., 375, 378 et s., 519, 534.
Algérie, 395.
Aliments, 99, 157, 201, 268.
Amende, 14 et s., 41, 47, 400, 418, 425 et s., 464.
Appel, 13 et s., 52, 152, 409, 449.
Appel de justice de paix, 212.
Appel de simple police, 12.
Appréciation souveraine, 273.
Approbation d'écriture, 417.
Arbitrage, 73, 81, 90, 387 et s., 413, 492, 521.
Arbitres rapporteurs, 214.
Arbres, 72, 158.
Arrérages, 150, 239 et s.
Assesseurs de juges de paix, 6.
Assignation, 275, 278 et s.
Associé, 283.
Assurances mutuelles, 288.
Audience, 164.
Audience publique, 454.
Authenticité, 498.
Autorisation de femme mariée, 303, 307 et s., 324.
Autorisation de plaider, 172, 197.
Autorisation maritale, 187.
Avertissement, 212, 347 et s.
Aveu, 509 et s., 518.
Avocat, 164, 249.
Avoué, 244 et s., 401, 413.
Bail, 101, 102, 124, 127, 239 et s., 267, 292.
Bail à ferme, 487.
Bail à loyer, 487.
Bénéfice d'inventaire, 182 et s., 125.
Billet, 137, 144, 525.
Billet à ordre, 227, 517.
Billet d'avertissement, 23, 347 et s.
Bonne foi, 393.
Bornage, 526.
Bref délai, 275, 278 et 279.
Brevet d'invention, 103.
Capacité, 166 et s.
Capital, 455.
Cassation, 44, 53, 80.
Cédule, 18.
Certificat, 452.
Cession de droits litigieux, 27.
Cessionnaire, 525.
Changement d'état, 523.
Chefs distincts, 535.
Citation, 18, 340, 350 et s.
Citation au parquet, 440.
Citation irrégulière, 437.
Cohéritier, 531 et 532.
Commandement, 232, 236, 238.

Commerçant, 228.
Communauté, 104, 123, 305.
Communauté conjugale, 306, 415.
Commune, 10, 172, 373.
Communication au ministère public, 202.
Communication de pièces, 50, 459.
Communication de titres, 260.
Comparution, 396 et s.
Comparution personnelle, 398 et s., 461.
Comparution volontaire, 340 et s., 391, 392, 457.
Compensation, 133, 134, 456.
Compétence, 17, 26, 35 et s., 325 et s., 467, 674.
Compromis, 90, 387 et s., 492.
Compte, 79.
Compte (reddition de), 174, 324.
Compte de tutelle, 174, 175, 207 et s.
Conclusions, 49, 124, 142, 443 et 444.
Conclusion au fond, 450.
Connexités, 130.
Conseil de prud'hommes, 213.
Conseil judiciaire, 176.
Consignation, 111.
Constitution d'avoué, 523.
Constitution de nouvel avoué, 76.
Construction, 72, 142.
Contestation d'état, 199.
Contrainte par corps, 97, 254.
Contrat de mariage, 83.
Contrefaçon, 103.
Contribution foncière, 140.
Copie d'acte, 260, 519, 534.
Copropriété, 106, 142 et 143.
Cour d'appel, 215.
Cour de cassation, 216.
Créancier, 71, 149, 337.
Créancier hypothécaire, 287.
Curatelle, 206.
Curateur, 181.
Curateur à succession vacante, 180.
Date certaine, 499.
Décès, 523.
Déchéance, 49, 50, 94, 114, 395, 419, 424, 478.
Décision d'office, 45.
Déclaration affirmative, 255.
Déclaration de jugement commun, 197.
Déclinatoire, 476 et 477.
Défaut, 443 et s.
Défendeur, 520.
Défense, 456.
Défense au fond, 42, 48.
Défense de concilier, 60.
Dégrèvement, 290.
Délai, 18, 352 et s., 375, 378 et s., 444.
Délaissement, 125, 144, 196, 242.
Délit, 205.
Demande additionnelle, 92 et s., 360.
Demande en justice, 455 et s.
Demande implicite, 270.
Demande incidente, 65, 115 et s., 131, 232, 251.
Demande introductive d'instance, 66 et s.
Demande nouvelle, 43, 52, 141, 156, 409, 449, 455, 457.
Demande principale, 63 et s., 146.
Demande reconventionnelle, 95, 129 et s., 316, 360, 456.
Demande réduite, 105.
Dénonciation, 270.
Département, 172.
Dépens, 247.
Désaveu, 160, 202.
Désaveu de paternité, 370.
Désistement, 31, 32, 118, 324, 383.

Diffamation, 37, 40.
Discours et écrits produits devant les tribunaux, 40.
Dispense, 280.
Distraction des dépens, 247.
Distribution par contribution, 257.
Divisibilité, 193 et s., 222, 289, 531 et 532.
Divorce, 87, 199 et 200.
Dol, 121.
Domaine, 172.
Domicile, 322, 328 et s., 336.
Domicile élu, 330 et 331.
Domicile inconnu, 440.
Dommages-intérêts, 85, 95, 124, 135, 159, 270, 323, 520.
Dommages - intérêts (liquidation de), 84.
Dons et legs, 201.
Donataire universel, 109.
Donation à cause de mort, 109, 337.
Dot, 305.
Double écrit, 497.
Droit fixe, 515.
Droit litigieux, 27.
Droit proportionnel, 515.
Eaux pluviales, 159.
Endossement, 525.
Enregistrement, 536 et s.
Envoyé en possession définitif, 191.
Envoyé en possession provisoire, 191.
Époux, 303 et s.
Erreur de droit, 104.
Établissements publics, 172, 197.
État, 172.
État des personnes, 199, 234.
Étranger, 321 et s.
Exception, 132.
Excuse, 442.
Exécution d'acte, 147.
Exécution de jugement, 82 et s.
Exécution provisoire, 96.
Expédition d'acte, 260 et 261.
Expertise, 162, 262, 277.
Expulsion, 266, 292.
Faillite, 177.
Femme mariée, 187 et s., 243, 303, 305 et s., 414 et s. — V. *Autorisation*.
Fermage, 101, 127, 239 et s.
Fermier, 72, 124, 239 et s., 254.
Fin de non-recevoir. — V. *Irrecevabilité*.
Fonctionnaires publics, 37.
Fondé de pouvoirs, 396 et s., 461.
Force exécutoire, 490, 502.
Force majeure, 439.
Force probante, 498 et 499.
Frais et dépens, 56, 244 et s., 281, 412, 466, 469.
Fraude, 121, 295 et s.
Fruits, 98, 393.
Garantie, 154, 155, 319 et 320.
Garantie (demande en), 64, 65, 154 et s.
Greffier, 18, 401, 485.
Héritier, 74, 100, 101, 109, 113, 130, 196, 283, 289, 337 et s., 523 et 524.
Héritier bénéficiaire, 182 et s., 195.
Héritier pur et simple, 195.
Honoraires, 248 et 249.
Huissier, 18, 203, 245, 246, 350, 400, 401, 404 et s., 444.
Hypothèque, 94, 113, 118, 151, 235, 236, 287, 490, 502 et s.
Hypothèque judiciaire, 490.
Immeubles, 272, 329.
Impenses, 117.
Inaliénabilité, 490.
Incapacité, 206.
Incompétence, 91, 346, 471 et s.
Indemnité, 81, 157.
Indivisibilité, 193, 196, 222, 289.
Indivision, 117.
Injure, 37, 40, 164.

Inscription de faux, 498, 499, 534.
Inscription hypothécaire, 235, 287, 503.
Interdit, 173.
Intérêts, 122, 455.
Intérêts moratoires, 363 et s., 371, 379, 380, 391 et 392.
Interpellation, 460.
Interprétation, 83.
Intervention, 148 et s., 253.
Irrecevabilité, 14, 17, 145, 438, 529 et s.
Juge de paix, 212, 316, 325 et s.
Jugement, 476.
Jugement contradictoire, 445.
Jugement définitif, 339.
Jugement par défaut, 445.
Légataire universel, 183.
Legs, 138.
Lésion, 120, 271.
Licitation, 143.
Liquidateur judiciaire, 178.
Liquidateur de société, 179.
Liquidation de communauté, 87.
Litispendance, 39.
Locataire, 102, 239 et s.
Loi antérieure, 78.
Loi applicable, 35 et s., 385 et 386.
Loyers, 239 et s.
Mainlevée, 112, 199, 232 et s., 287.
Majeur, 194, 196.
Mandat, 174.
Mandataire, 192.
Mandataire *ad litem*, 16, 22, 47.
Mari, 305 et s., 414 et s.
Mariage, 10, 135, 199.
Mémoire, 172.
Mention de ne savoir ou ne pouvoir signer, 491.
Mention de non-comparution, 453.
Militaire absent, 180.
Ministère public, 46.
Mineur, 173 et s., 194, 196, 206 et s.
Mineur émancipé, 186.
Ministère public, 448.
Minute, 485.
Mise en cause, 153, 441.
Mise en demeure, 394.
Mise en liberté, 202, 231.
Mitoyenneté, 315.
Moyen nouveau, 44, 53 et s., 114.
Notaire, 203, 248, 260, 490.
Novation, 33.
Nu-propriétaire, 158.
Nullité, 119 et s., 135, 139, 183, 227, 243, 254, 256, 357, 362, 364, 381, 382, 407 et s., 437, 534.
Nullité de mariage, 199.
Obligations conjointes, 306.
Office ministériel (cession d'), 204.
Officier ministériel, 401.
Offres réelles, 111, 315, 256, 314.
Opposition, 10, 15, 112, 232, 234, 238, 446.
Opposition à mariage (mainlevée d'), 199.
Ordre public, 10, 41 et s., 200, 202, 515.
Paiement (demande en), 111, 114, 118, 127, 239 et s.
Partage, 71, 93, 104, 108, 117, 123, 138, 161, 310, 337 et s., 487, 531.
Passage, 141, 269.
Pension alimentaire, 99, 157, 201, 268.
Péremption d'instance, 28, 29, 163, 383, 447.
Personne morale, 300.
Pluralité d'actions, 222.
Pluralité de défendeurs, 369.
Pluralité de parties, 193 et s., 281 et s., 333.
Pouvoir du juge, 225, 274 et s., 410, 424, 429, 437, 458 et s., 511.
Prescription, 271, 451, 522.
Prescription (interruption de), 356 et s., 366 et s., 375 et s., 381, 382, 387 et s.

Prescription de trente ans, 30.
Président du tribunal, 200, 278.
Présomptions, 243, 512.
Présumé absent, 181.
Preuve, 534.
Preuve par écrit (commencement de), 494, 500, 511, 512, 519.
Prise à partie, 202.
Procès-verbal, 381, 468 et 469.
Procès-verbal de conciliation, 220 et 221.
Procès-verbal de non-conciliation, 477, 480, 485, 508 et s.
Procès-verbal irrégulier, 55.
Procuration, 411 et s.
Propres mobiliers, 305.
Propriété, 106, 112, 141, 142, 395.
Prorogation de juridiction, 507.
Provision alimentaire, 99.
Prud'homme, 213.
Question préjudicielle, 345.
Quittance, 15, 136, 362, 443, 446.
Radiation d'inscription, 235.
Receveur de l'enregistrement, 432.
Réclamation d'état, 199.
Reconnaissance de dette, 423, 517.
Reconnaissance d'enfant naturel, 496.
Recrutement, 288.
Rectification d'acte de l'état civil, 199.
Redevance, 240.
Réduction de prix, 204.
Référé, 277.
Refus d'audience, 425 et s., 443 et s.
Régime dotal, 305, 311.
Règlement de juges, 292.
Remise de cause, 279.
Remise de titres, 260 et 261.
Rente, 107, 122, 239.
Rente constitutive, 243.
Rente foncière, 242.
Renvoi après cassation, 80.
Réparations civiles, 205.
Réparations locatives, 102.
Reprise d'instance, 34, 75 et s.
Reprises matrimoniales, 86.
Rescision, 99.
Rescision pour lésion, 93, 120, 121, 271.
Réserves, 100, 108, 129.
Résidence, 332.
Résiliation, 70, 124, 126, 147, 242, 267.
Résolution, 277, 286, 527.
Retrait litigieux, 27.
Retrait successoral, 184.
Revendication (action en), 456.
Saisie, 18, 232, 251 et s.
Saisie-arrêt, 32.
Saisie gagerie, 254.
Saisie immobilière, 252.

Scellés (levée de), 74.
Séparation de biens, 149, 189, 190, 199, 243, 324.
Séparation de corps, 189, 190, 199.
Séparation des patrimoines, 33.
Séquestre, 161.
Serment, 462, 463, 470, 478 et s.
Serment décisoire, 481.
Serment référé, 484.
Serment refusé, 481.
Servitudes, 106, 455.
Signature, 509, 511.
Signature (absence de), 492, 495.
Signature (refus de), 493.
Signature des parties, 491.
Signification, 18.
Société, 73, 192, 299 et s., 334 et s.
Société anonyme, 302.
Société commerciale, 228 et s.
Société en nom collectif, 302.
Solidarité, 289, 308.
Sommation, 236, 394.
Subrogé-tuteur, 210.
Succession, 108, 150, 161, 195, 196, 334, 337 et s.
Succession *ab intestat*, 109.
Suppléant de juge de paix, 6.
Sursis, 345.
Syndic de faillite, 177.
Tarif, 244.
Taxe, 469.
Terme, 94, 114.
Testament, 67.
Testament (nullité de), 183.
Tierce-opposition, 317.
Tierce-opposition incidente, 165.
Tiers détenteur, 151.
Tiers saisi, 251.
Timbre, 18, 370 et 571.
Titre nouvel, 107.
Titre unique, 290.
Traité diplomatique, 323.
Transaction, 69, 89, 128, 166 et s., 420 et s.
Tribunaux administratifs, 217.
Tribunaux civils, 325, 430.
Tribunaux de commerce, 214, 401.
Tribunaux de famille, 7, 200.
Tribunaux de police, 345.
Tribunaux de première instance, 211 et s.
Trouble de jouissance, 124.
Tutelle, 206.
Tuteur, 174 et 175.
Urgence. — V. *Affaires urgentes*.
Usage forestier, 140.
Usufruitier, 158.
Vente, 119, 120, 139, 243, 271, 272, 362, 487.
Vente publique, 203.
Vérification d'écriture, 250, 498.

DIVISION.

CHAP. I. — Notions générales et historiques (n. 1 à 23).

CHAP. II. — Caractères du préliminaire de conciliation (n. 24).

Sect. I. — **Le préliminaire de conciliation est-il une procédure contentieuse ?** (n. 25 à 40).

Sect. II. — **Le préliminaire de conciliation est-il d'ordre public ?** (n. 41 à 60).

CHAP. III. — Demandes soumises au préliminaire de conciliation (n. 61 et 62).

Sect. I. — **Demandes principales introductives d'instance** (n. 63 à 65).

§ 1. — *Des demandes introductives d'instance* (n. 66 à 74).

§ 2. — *Des demandes qui sont la reprise ou la suite d'une instance antérieure* (n. 75 à 91).

§ 3. — *Des demandes additionnelles* (n. 92 à 128).

§ 4. — *Des demandes reconventionnelles* (n. 129 à 147).

§ 5. — *Des demandes formées au cours d'une instance par ou contre un tiers* (n. 148 à 159).
§ 6. — *Incidents divers* (n. 160 à 165).
Sect. II. — **Demandes entre parties capables de transiger et sur des objets susceptibles de transaction** (n. 166 et 167).
§ 1. — *Parties capables de transiger* (n. 168 à 197).
§ 2. — *Objets susceptibles de transaction* (n. 198 à 210).
Sect. III. — **Demandes portées devant les tribunaux de première instance** (n. 211 à 217).
CHAP. IV. — DEMANDES DISPENSÉES DU PRÉLIMINAIRE DE CONCILIATION (n. 218 à 223).
Sect. I. — **Demandes qui requièrent célérité** (n. 224).
§ 1. — *Cas où l'urgence est déclarée par la loi* (n. 225 à 264).
§ 2. — *Cas où il appartient au juge de la déclarer* (n. 265 à 280).
Sect. II. — **Demandes formées contre plus de deux parties.**
§ 1. — *Explication du principe* (n. 281 à 298).
§ 2. — *Manière de compter les défendeurs* (n. 299 à 313).
Sect. III. — **Dispenses diverses** (n. 314 à 324).
CHAP. V. — MAGISTRAT COMPÉTENT POUR PROCÉDER A LA TENTATIVE DE CONCILIATION (n. 325 à 339).
CHAP. VI. — COMMENT LE JUGE DE PAIX PEUT ÊTRE SAISI (n. 340).
Sect. I. — **Comparution volontaire** (n. 341 à 349).
Sect. II. — **Citation** (n. 350 à 357).
Sect. III. — **Effets de la citation et de la comparution volontaire** (n. 358 à 395).
CHAP. VII. — COMPARUTION EN CONCILIATION.
Sect. I. — **Mode de comparution** (n. 396 à 424).
Sect. II. — **Obligation de comparaître et sanction de cette obligation** (n. 425 à 453).
CHAP. VIII. — RÔLE DU JUGE DE PAIX ET DES PARTIES (n. 454 à 469).
CHAP. IX. — RÉSULTATS DE LA TENTATIVE DE CONCILIATION (n. 470).
Sect. I. — **Dénégation de compétence** (n. 471 à 477).
Sect. II. — **Déclaration de serment** (n. 478 à 484).
Sect. III. — **Conciliation** (n. 485 à 507).
Sect. IV. — **Refus de se concilier** (n. 508 à 518).
CHAP. X. — EFFETS DU PRÉLIMINAIRE DE CONCILIATION (n. 519 à 528).
CHAP. XI. — SANCTION DE L'OBLIGATION DE PROCÉDER AU PRÉLIMINAIRE DE CONCILIATION (n. 529 à 535).
CHAP. XII. — ENREGISTREMENT ET TIMBRE.
Sect. I. — **Enregistrement** (n. 536 à 569).
Sect. II. — **Timbre** (n. 570 et 571).
Sect. III. — **Amendes de non-comparution en conciliation** (n. 572).

CHAPITRE I.

NOTIONS GÉNÉRALES ET HISTORIQUES.

1. — On nomme *conciliation* ou *préliminaire de conciliation* une tentative d'arrangement à laquelle les parties sont tenues de procéder, devant un juge de paix, avant de former une demande judiciaire.

2. — L'institution du préliminaire de conciliation est due à l'Assemblée constituante qui la créa par la loi des 16-24 avr. 1790, tit. 10. Il est assez difficile de dire avec certitude où elle en puisa l'idée : on peut affirmer seulement que, sous l'influence des idées de fraternité qui, à la fin du XVIIIe siècle, s'étaient emparées de tous les esprits, la pensée de prévenir les procès par des arrangements amiables avait préoccupé les jurisconsultes. Parmi ceux-ci, il faut citer Prost de Royer qui, dans son Dictionnaire (inachevé) *de jurisprudence*, rassembla au mot *Accommodement* (t. 2) un assez grand nombre de procédés imaginés à diverses époques pour empêcher les procès. A côté des dispositions relatives à l'arbitrage, il cite, notamment, la disposition de la loi des XII Tables qui nous a été conservée par Priscien (*Instit. grammat.*, t. 10, p. 32) : *Endo vid, rem uti payunt, orato*, qui prescrivait au préteur de ratifier l'arrangement pris par les parties (Prost de Royer, n. 2), et l'interprétation que Noodt (*Tract. de pactis et transact.*, chap. 1, p. 399 et 400) a donné de ce texte (n. 4). D'après Samuel (*Leges atticæ*, p. 339), elle serait conforme au droit athénien (n. 2). Puis un passage de Fleury (*Institution au droit ecclésiastique*, t. 2, chap. 5, p. 52) montre les évêques, dans les premiers âges de l'Eglise, s'efforçant, conformément aux prescriptions de l'Evangile (Saint Matthieu, chap. 18, ÿ. 25, 26 et 40), de terminer les affaires par un arrangement amiable entre les parties (n. 3). Dans les temps modernes, les règlements des maréchaux de France (Regl. 22 août 1653, *id.* d'août 1679), institués pour accommoder les différends touchant le point d'honneur et la réputation des gentilshommes (Prost de Royer, n. 5, p. 9), nous éloignent un peu de notre sujet. Mais nous y rentrons complètement avec le *conseil charitable* de Lyon, institué par l'archevêque de Rochebonne, notamment pour régler à l'amiable les contestations que les parties voulaient bien lui soumettre, qui fut bientôt imité à Bordeaux et reçut les encouragements de d'Aguesseau; avec l'édit du roi de Pologne, Stanislas, duc de Lorraine, du 20 juill. 1651, portant établissement d'une chambre de cinq avocats à qui devaient s'adresser tous ceux qui auraient des procès à intenter ou à soutenir, et qui ne devaient rien oublier pour les accommoder; enfin, avec les *bureaux de conciliation* établis en 1780 dans leurs terres par plusieurs seigneurs, entre autres par le duc et la duchesse de Rohan. — Prost de Royer, n. 24.

3. — Les législations étrangères fournissent également des exemples intéressants d'institutions tendant à concilier les parties : c'est, à Genève, l'édit du 5 oct. 1713 (t. 1, art. 10), portant que « les juges, la première journée du procès, exhorteront les parties de finir leurs différends par moyens amiables et intervention de parents plutôt que d'entrer en procès (Prost de Royer, n. 18) »; dans le pays de Vaud, une loi prescrivait aux justices inférieures de sommer et exhorter les parties de terminer leurs difficultés par voie amiable, sans cependant se départir de la discrétion et de la prudence nécessaire (n. 19). C'est surtout un rescrit très-sage et très-détaillé de Frédéric II (Rescr., 28 déc. 1779, art. 4), qui oblige les parties, à peine de dommages-intérêts, frais et amendes, à comparaître préalablement devant le magistrat; ce magistrat devait déléguer un ou deux conseillers qui entendaient séparément les parties, se faisaient produire les pièces et leur faisaient des propositions d'accommodement pour tâcher de les concilier, puis dressait un protocole circonstancié de tout ce qui s'était passé devant lui, et le faisait signer par les parties (n.22).

4. — Les savantes recherches de Prost de Royer devaient être connues des juristes de l'Assemblée constituante, et ont certainement exercé une influence sur ses délibérations, comme on peut en juger par les traits de ressemblance évidents qu'on découvre entre les dispositions de la loi des 16-24 août 1790 et le rescrit de Frédéric. Mais il est un autre écrit plus frivole qui certainement n'a pas été sans action sur l'esprit des législateurs, car ils lui ont emprunté aussi certaines règles de la nouvelle institution. C'est une lettre de Voltaire de 1742 (*Œuvres*, éd. Paris, 1852-1864, t. 5, p. 497), qui préconise l'usage suivi en Hollande, d'obliger les plaideurs d'aller d'abord au tribunal des juges conciliateurs appelés *faiseurs de paix*. Les parties arrivent avec « un avocat et un procureur, on fait d'abord retirer ces derniers, comme on ôte le feu d'un bois qu'on veut éteindre ». Et ce n'est qu'après avoir épuisé tous les moyens de conciliation qu'on permet aux parties de plaider.

5. — Les cahiers des Etats-généraux témoignent également du vœu public en faveur de la diminution des procès ; et l'un des moyens qu'ils recommandent de préférence pour y parvenir, est l'établissement d'un essai préalable de conciliation. L'Assemblée constituante s'empressa de se conformer à ces considérations.

6. — La loi des 16-24 août 1790, confie la mission de conciliation à des *bureaux de paix*. Ils sont de deux espèces. Chaque canton en possède un formé du juge de paix et de ses assesseurs (t. 10, art. 1). Dans la ville où siège chaque tribunal de district, il y en a un autre composé de six membres, dont deux hommes de loi au moins, élus par le conseil général de la commune (art. 4). Le premier est compétent lorsque les parties sont domiciliées dans le même canton, le second, lorsqu'elles sont domiciliées dans des cantons différents (art. 2). Les bureaux de paix des chefs-lieux de district furent supprimés par la constitution du 5 fruct. an III (art. 5 et 215), de telle sorte que lorsque la loi du 29 vent. an IX eut à son tour supprimé les assesseurs des juges de paix, et les eut remplacés par les suppléants, ces magistrats ou leurs suppléants restèrent seuls chargés de la mission conciliatrice. Toutefois, d'après la loi des 7-11 sept. 1790 (art. 3), c'était devant le directoire de district que les entrepreneurs de travaux publics devaient se pourvoir en conciliation sur les difficultés relatives à l'exécution ou à l'interprétation de leurs marchés.

7. — Nous trouvons dans les lois de l'époque révolutionnaire d'autres institutions qui ont, avec le préliminaire de conciliation, une analogie plus apparente que réelle. Tel est le *tribunal de conciliation* établi par le décret des 30 avr.-16 mai 1792 (t. 2, sect. 3), pour connaître des contestations entre les pensionnaires de l'hôtel des Invalides : ce tribunal exerce en réalité une juridiction contentieuse. La même observation s'applique aux *tribunaux de famille* chargés par la loi des 16-24 août 1790 (Tit. 10, art. 12 et s.), de juger en premier ressort les contestations entre mari et femme, proches parents et alliés, pupilles et tuteurs, etc.

8. — L'Assemblée constituante soumettait à la formalité de l'essai de conciliation toutes les demandes principales, qui devaient être portées, au civil, devant les tribunaux de district, sans aucune exception de cause ni de personne (art. 2 et 3). — Une disposition formelle (art. 7) ordonnait de porter en conciliation les appels des jugements des tribunaux de district, qui, comme on sait, étaient alors jugés par des tribunaux de même ordre.

9. — Il y avait, dans ces prescriptions, une exagération évidente. A quoi bon imposer la tentative de conciliation à des personnes que leur incapacité ou la nature de leur procès empêche de transiger? Et lorsque l'une des parties déjà forte d'un premier succès, l'autre aigrie par un premier échec, quelles chances y a-t-il de les concilier? Enfin, n'y avait-il pas plus d'inconvénients que d'avantages à soumettre au préliminaire de conciliation des affaires urgentes, celles surtout où l'on peut craindre que la complication des formes de procédure ne fournissent des moyens dilatoires à la chicane et à la mauvaise foi?

10. — L'Assemblée constituante elle-même ne tarda pas à donner une satisfaction partielle à ces critiques, en décidant que les saisies, oppositions et autres actes conservatoires pourraient être faits *avant de donner la citation devant le bureau de paix*, et que les affaires intéressant la nation, les communes et l'ordre public, ainsi que les affaires communales portées aux tribunaux de district ne nécessiteraient pas une comparution préalable devant le bureau (L. 6-27 mars 1791, art. 18). La loi sur l'état civil des 20-25 sept. 1792 dispensa aussi les parties de se présenter *au bureau de conciliation*, sur l'appel formé devant les tribunaux de district contre les jugements des juges de paix en matière d'opposition à mariage (tit. 4, sect. 3, art. 7).

11. — Enfin, s'il faut en croire Carré (*Lois de la procéd.*, t. 1, p. 218, quest. 40), les instructions données par le comité de constitution (Av. des 26 nov., 12 déc. 1790, et 11 juin 1791) auraient dispensé du préliminaire de conciliation un grand nombre d'affaires.

12. — La jurisprudence eut soin de renfermer les nouvelles institutions dans les limites que la loi lui avait tracées : elle décida que les appels des jugements de simple police n'étaient pas, comme les appels des jugements des tribunaux de commerce, soumis au préliminaire de conciliation. — Cass., 21 déc. 1792, Rollet, [S. et P. chr.] — Elle s'efforça, en outre, de concilier ce préliminaire dans les cas où il était prescrit, avec les besoins de la pratique, en décidant, par exemple, qu'il n'était plus nécessaire qu'il précédât la déclaration d'appel, et qu'il suffisait qu'il fût antérieur à l'assignation sur l'appel. — Cass., 28 mess. an II, Lahaye; 13 germ. an IV, Lecomte; 26 germ. an IV, Morel; 19 pluv. an V, Gerun.

13. — Lorsque l'art. 245, Const. 5 fruct. an III, soumit au préliminaire de conciliation « les affaires dont le jugement n'appartient ni aux juges de paix, ni aux tribunaux de commerce, soit en dernier ressort, soit à la charge d'appel », elle l'interpréta comme affranchissant de la formalité les affaires venant sur appel devant le tribunal civil. — Cass., 13 niv. an V, François. — Déjà, du reste, cette interprétation avait reçu la sanction législative (L. 26 vent. an IV, art. 10).

14. — Les sanctions attachées par la loi des 16-24 août 1790 au préliminaire de conciliation étaient rigoureuses : son omission rendait non recevables les demandes qui y étaient soumises; le demandeur devait, en effet, donner en tête de son exploit copie du certificat du bureau de paix, constatant que le défendeur avait été inutilement appelé à ce bureau, ou que le bureau avait employé sans fruit sa médiation (tit. 10, art. 2, 5 et 7). En outre, lorsqu'il s'agissait de l'appel du jugement d'un tribunal de district, l'intimé qui ne comparaissait pas au bureau de paix encourait, si le jugement était réformé, une amende de 60 livres. Une amende double, plus tard réduite à 30 livres, était infligée, quel que fût le résultat ultérieur de l'appel, à celui qui, ayant appelé sans avoir fait citer son adversaire au bureau de paix, aurait, pour cette raison, été déclaré non recevable (L. 16-24 août 1790, tit. 10, art. 10, § 2).

15. — La loi des 6-27 mars 1791, art. 22, infligea de même une amende de 30 livres à la partie ajournée en première instance devant un tribunal de district, qui n'avait pas comparu au bureau de paix, lorsqu'elle venait à perdre sa cause : elle était tenue de la payer, soit qu'elle exécutât le jugement, soit qu'elle en appelât, et sans restitution. La loi du 21 germ. an II obligeait à produire la quittance du paiement de ces diverses amendes pour être admis à plaider devant les tribunaux. Et la loi du 26 vent. an IV précisa cette disposition (art. 8 et 9) en décidant notamment que le défendeur qui n'aurait pas été entendu dans ses défenses pour n'avoir pas justifié de la quittance de l'amende, serait reçu opposant au jugement rendu contre lui en rapportant cette quittance.

16. — La loi des 16-24 août 1790 n'avait pas réglé la procédure du préliminaire de conciliation : il y fut pourvu par la loi des 3-27 mars 1791, et surtout par celle du 26 vent. an IV. La première (art. 16), sur laquelle nous reviendrons, appliquant spécialement au bureau de paix une disposition de la loi des 18-26 oct. 1790, tit. 3 (art. 1), sur les justices de paix, interdit aux parties de s'y faire représenter par les hommes de loi. Elle voulait, en outre, que les autres citoyens, admis à cette représentation, fussent revêtus de pouvoirs suffisants pour transiger.

17. — La loi du 26 vent. an IV réglait d'abord la question de compétence : en matière personnelle, l'affaire devait être portée au bureau de paix du domicile du défendeur ou de l'un des défendeurs, s'il y en avait plusieurs (art. 1 et 2). En matière réelle ou mixte, le demandeur avait le choix entre le juge de paix du domicile du défendeur et celui du canton où les biens étaient situés. En matière de succession, le juge de paix du lieu où la succession s'était ouverte était seul compétent (art. 3).

18. — Elle déterminait ensuite les formes de la citation, qui devait être faite en vertu d'une cédule délivrée par le juge de paix au demandeur ou à son fondé de pouvoir, et énoncer sommairement l'objet de la demande, le jour, le lieu et l'heure de la comparution (art. 4). Le délai entre le jour de la notification de la cédule de citation et celui de la comparution devait être de trois jours francs au moins, avec augmentation à raison de la distance (art. 6). La signification des citations, d'abord confiée aux greffiers des municipalités (L. 6-27 mars 1791, art. 20), fut remiso, suivant la règle déjà établie pour la ville de Paris par la loi du 21 sept. 1791, aux huissiers (L. 26 vent. an IV, art. 5). Enfin les cédules de citation et les certificats des bureaux de conciliation étaient assujettis à la formalité du timbre (*ibid.*).

19. — Le préliminaire de conciliation, maintenu par la constitution du 3 sept. 1791 (tit. 3, ch. 5, art. 6), par celle du 5 fruct. an III (art. 213), et par celle du 22 frim. an VIII (art. 60), ne réalisa pas les espérances que l'Assemblée constituante avait fondées sur lui. Aussi, lors de la préparation du Code de procédure, plusieurs tribunaux en demandaient-ils la suppression (Locré, *Légist. civ.*, t. 21, p. 218). Indépendamment de quelques critiques de détail sur lesquelles nous aurons occasion de revenir en exposant les innovations du Code, on lui reprochait de n'être qu'une vaine formalité « d'augmenter inutilement les formes déjà trop multipliées de la procédure et les dépenses déjà exorbitantes des parties, et de ne donner que très-rarement des résultats satisfaisants (Locré, t. 21, p. 247, n. 4). Les anciens bureaux de conciliation, disait-on, ont rendu des services à l'époque de leur institution, mais il y avait alors un zèle qui s'est refroidi par la suite (Locré, t. 21, p. 250). Ils pouvaient, ajoutait-on, produire quelque bien lorsqu'ils étaient composés, comme ils l'étaient dans les chefs-lieux de district, d'après la loi de 1790, de plusieurs citoyens choisis dans les classes instruites, capables d'imposer aux parties par l'ascendant de leur opinion, mais maintenant qu'un seul homme était chargé de ce ministère, comment espérer qu'une courte comparution devant ce magistrat, presque toujours inconnu de l'une des parties, pourrait les déterminer à une conciliation sur des objets majeurs, à raison desquels on ne forme jamais une demande sans avoir préalablement consulté (Observat. du Tribunal : Locré, t. 21, p. 393 et s., n. 27. — V. aussi p. 248 et 249). Il ressort d'ailleurs d'une circulaire du ministre de la Justice du 29 brum. an V (Gillet et Demoly, *Analyse des circulaires*, etc., t. 1), que les juges de paix comprenaient parfois mal leurs fonctions de conciliation : au lieu de combattre l'opiniâtreté des plaideurs « par les armes de la conviction et de la raison », ils usaient de leur autorité « pour obtenir des parties des sacrifices désavoués à l'instant même par la volonté intime de celui qui les avait faits. Aussi le Tribunal était-il franchement hostile à l'institution du préliminaire de conciliation, et, s'il n'en demandait pas la suppression, c'était uniquement par l'effet d'un scrupule constitutionnel, par respect pour la constitution du 22 frim. an VIII. — Locré, *loc. cit.*

20. — Ces critiques paraissaient exagérées à la plupart des législateurs. Ils reconnaissaient bien qu'à Paris et dans la plupart des villes, l'institution n'avait pas réussi : mais il en était autrement dans les campagnes, et dans tous les lieux où les fonctions de juge de paix étaient occupées par des hommes de réelle valeur : elle réussissait à étouffer de nombreux procès. Pourquoi alors ne pas la laisser subsister en l'améliorant (Locré, t. 21, p. 248 et 525)? Quelques-uns aussi attribuaient son échec à l'élection des magistrats qui en faisait les hommes d'un parti et « non les hommes de la nation » ; on pouvait espérer qu'un mode de recrutement plus sage donnerait de meilleurs choix. — Locré, t. 21, p. 285 et s.

21. — En somme, pour des raisons diverses, tout le monde se trouva d'accord pour maintenir le préliminaire de conciliation, en introduisant dans son fonctionnement les modifications nécessaires. Elles consistèrent surtout à en exempter les affaires qui ne sont pas susceptibles de transaction, ou qui présentent peu de chances d'accommodement, et celles dont l'urgence se prête difficilement à l'accroissement des formalités. Plusieurs réformes de détail que nous indiquerons complétèrent l'œuvre du législateur renfermée dans le tit. 1, ch. 2, 1re part., C. proc. civ., art. 48 à 58.

22. — Sous sa nouvelle forme, le préliminaire de conciliation n'a pas donné de mauvais résultats. Le nombre des conciliations obtenues est loin d'être négligeable ; mais il faut constater qu'il devient de moins en moins satisfaisant. D'après le rapport du garde des sceaux sur l'administration de la justice civile de 1821 à 1880, il était de 1841 à 1845 de 50 p. 0/0 des affaires portées au bureau de paix : il s'est successivement abaissé jusqu'à 36 p. 0/0 pour la période quinquennale 1876-1880 (p. 43). Depuis lors, le mouvement n'a fait que s'accentuer, et le dernier compte-rendu de la justice civile nous donne pour l'année 1890 une proportion de 22 p. 0/0 seulement. Cette rapide décadence s'explique : 1° par le nombre toujours croissant des affaires dans lesquelles les parties ne comparaissent pas : de 15 p. 0/0 en 1841-1845 il est monté à 23 p. 0/0 en 1876-1880 et à 25 p. 0/0 en 1890 ; 2° par l'usage de plus en plus suivi de se faire représenter au bureau de paix par des mandataires qui, généralement, sont des clercs d'officiers ministériels et ont pour mission de ne pas concilier : sur 100 comparutions, il y en avait environ 10 par mandataire en 1841-1845, 17 en 1876-1880, 27 en 1890. On constate aussi que le nombre des affaires soumises au préliminaire de conciliation va sans cesse en décroissant, ce qui tient sans aucun doute à l'usage toujours plus grand que font les présidents du droit qui leur est aujourd'hui reconnu de dispenser de cette formalité. Si l'on compare les périodes 1841-1845 et 1876-1880, on relève pour les affaires nouvelles du rôle un accroissement de 8 p. 0/0, tandis que les causes appelées en conciliation offrent une réduction de 25 p. 0/0 de cette dernière période à 1890 ; l'accroissement des premières est de 8 p. 0/0, et les tentatives de conciliation ont diminué de 35 p. 0/0.

23. — Nous n'avons parlé jusqu'ici que de la conciliation devant les tribunaux de première instance. Les lois du 25 mai 1838 et du 2 mai 1855 ont établi pour les causes de la compétence du juge de paix un essai spécial de conciliation sur simple billet d'avertissement, qui donne des résultats plus satisfaisants. — V. sur ce point, *suprà*, v° *Avertissement*, et *infrà*, v° *Juge de paix*.

CHAPITRE II.

CARACTÈRES DU PRÉLIMINAIRE DE CONCILIATION.

24. — La nature du préliminaire de conciliation donne lieu à quelques difficultés ; les deux principales sont les suivantes : 1° Constitue-t-il une procédure contentieuse? 2° Est-il d'ordre public ?

Section I.

Le préliminaire de conciliation est-il une procédure contentieuse ?

25. — Il est généralement reconnu aujourd'hui que le préliminaire de conciliation n'a pas les caractères d'une instance contentieuse : c'est qu'en effet, il n'ouvre pas le procès, il le précède, et a pour but de le prévenir, ainsi qu'en témoigne l'art. 48 ; l'instance ne commence, la demande n'est formée que par l'assignation devant le tribunal. — Merlin, *Quest. de dr.*, v° *Domicile*, § 4, et v° *Pignoratif* (contrat) ; Bioche, n. 7 et 153 ; Boncenne, t. 2, p. 32 ; Berriat Saint-Prix, t. 1, p. 204 ; Chauveau, sur Carré, t. 1, quest. 219 ; Boitard, Colmet-Daage et Glasson, t. 1, n. 78 ; Mourlon et Naquet, n. 344 ; Rousseau et Laisney, v° *Conciliation*, n. 1 ; Garsonnet, t. 2, p. 224 et s. — Si, comme on le verra plus loin, diverses conséquences de ces idées ont été méconnues par quelques auteurs, la thèse elle-même n'est guère contestée, et nous ne saurions voir dans le langage de Carré (*Lois de la procéd.*, t. 1, p. 206 et 207), qui appelle le préliminaire de conciliation *une procédure préparatoire*, l'affirmation d'une preuve contraire. Le principe conduit aux conséquences suivantes :

26. — 1° Le juge de paix ne peut, sans commettre un excès de pouvoir, prononcer comme juge, lorsque la citation en vertu de laquelle il est saisi ne tend qu'à la *conciliation* des parties. — Cass., 21 mess. an V, Michel, [S. et P. chr.] ; — 24 niv. an X, Leglent. — *Sic*, Carré, *Lois de la procéd.*, t. 1, p. 208.

27. — 2° La citation en conciliation ne rend pas le droit litigieux, au sens de l'art. 1700, C. civ., de telle sorte que si, ultérieurement et antérieurement à l'assignation, le créancier qui l'a lancée, cède son droit, le débiteur ne peut pas exercer le retrait litigieux. — Souquet, tabl. 518, col. 3, n. 4 ; Bioche, n. 9 ; Boitard, Colmet-Daage et Glasson, t. 1 ; Garsonnet, *Traité*, t. 2, p. 222 ; Baudry-Lacantinerie, *Précis de droit civil*, t. 3, n. 647. — V., sur la question, *suprà*, v° *Cession de droits litigieux*, n. 145 et s., et les autorités en sens divers qui y sont citées.

28. — 3° Le préliminaire de conciliation ne tombe pas en péremption par le délai de trois ans, fixé pour la péremption d'instance (art. 397). En vain, s'est-on appuyé, pour soutenir la proposition contraire, sur la discussion au Conseil d'État (Locré, *Législ. civ.*, t. 21, p. 254, n. 12), où elle a, en effet, été énoncée, et sur ce qu'il y aurait même raison d'appliquer cette péremption au préliminaire de conciliation, qu'à une véritable instance. — Cet argument d'analogie est évidemment insuffisant pour permettre d'étendre, en dehors des prévisions de la loi, une institution aussi exceptionnelle que la péremption d'instance. Et quant à l'opinion exprimée au sein du Conseil d'État, elle est sans portée, ayant été exprimée à un moment où les principes à adopter au sujet de la péremption n'étaient pas encore déterminés. — En ce sens, Dumoulin, *Biblioth. du barr.*, 1810, 1re part., p. 248 ; Demiau-Crouzilhac, p. 53 ; Thomine-Desmazures, t. 1, p. 144 ; Souquet, v° *Conciliation*, tabl. 63, col. 5 ; Bioche, n. 11 ; Carré et Chauveau, t. 1, quest. 250 ; Bonnier, n. 45 ; Rodière, t. 1, p. 180 ; Boitard, Colmet-Daage et Glasson, *loc. cit.* ; Garsonnet, t. 2, p. 224 ; Rousseau et Laisney, n. 6. — *Contrà*, Lepage, *Questions*, p. 99 ; Favard de Langlade, t. 1, p. 632, n. 3 ; Boncenne, t. 2, p. 60 et s.

29. — De même, il n'est point compris dans la péremption de l'instance qui a été ouverte ensuite, en sorte que si cette instance est renouvelée, elle peut l'être sans nouvel essai de conciliation. — Agen, 7 mars 1808, Fodoas, [S. et P. chr.] — Grenoble, 6 mars 1823, Lattier, [S. et P. chr.] — *Sic*, Pigeau, *Comment.*, t. 1, p. 677 ; Mourlon et Naquet, n. 344 ; Carré et Chauveau, t. 3, quest. 1449 *bis* ; Rousseau et Laisney, n. 7 ; Carou, n. 286.

30. — Il ne perd donc ses effets que par l'expiration d'un délai de trente ans, conformément à la règle générale de l'art. 2262, C. civ. (V. les auteurs précités). Nous verrons seulement que certains effets du préliminaire de conciliation ne subsistent qu'à condition qu'elle soit suivie d'une demande en justice dans le délai d'un mois.

31. — 4° Il n'est pas atteint par le désistement que le demandeur consent de l'instance qui l'a suivi ; et celui-ci peut lancer une nouvelle assignation pendant trente ans sans avoir à le renouveler. — Bordeaux, 30 juin 1836, [D. *Rép.*, v° *Conciliation*, n. 271 et 282] — *Sic*, Garsonnet, t. 2, p. 224.

32. — Il a été jugé, dans le même ordre d'idées, que lorsqu'un créancier tout à la fois cite son débiteur en conciliation et forme une saisie-arrêt contre lui, le désistement qu'il consent ensuite de la saisie-arrêt n'atteint pas l'action sur le mérite de la créance, laquelle n'est pas légalement engagée. — Amiens, 11 août 1826, [cité par Chauveau, sur Carré, t. 1, p. 267, note 2-1°].

33. — 5° Le préliminaire de conciliation ne peut opérer novation au préjudice du créancier qui demande la séparation des patrimoines. — Grenoble, 28 mars 1812, Morin, [P. chr.].

34. — 6° La théorie de la reprise d'instance n'y est pas applicable : le décès de l'une des parties, survenu depuis la tentative de conciliation, ne nécessite aucune procédure spéciale. — Bioche, n. 12; Garsonnet, t. 2, p. 224, note 20.

35. — 7° La règle d'après laquelle une loi nouvelle qui modifie la compétence est sans effet quant aux procès déjà engagés lors de sa promulgation, ne régit pas les affaires qui ont simplement subi la tentative de conciliation. — Merlin, *Quest. de dr.*, v° *Domicile*, § 4 et *Pignoratif* (contrat); Berriat Saint-Prix, t. 1, p. 204; Boncenne, t. 2, p. 36 et 52; Carré et Chauveau, t. 1, quest. 249; Bioche, n. 7 et 153

36. — Ainsi, la loi du 11 avr. 1838, relative à la compétence en dernier ressort des tribunaux de première instance, est applicable à la demande formée par un exploit d'assignation postérieur à la promulgation de cette loi, encore bien que la citation en conciliation ait été donnée antérieurement. — Limoges, 15 avr. 1839, Polony, [S. 39.2.425].

37. — Et le décret du gouvernement provisoire du 22 mars 1848, qui déclarait les tribunaux civils incompétents pour connaître des diffamations ou injures dirigées par la voie de la presse contre des fonctionnaires publics, a dû recevoir son application même dans une espèce où la citation en conciliation, préalable à l'introduction de l'instance civile, avait été donnée antérieurement à la promulgation de ce décret. — Bordeaux, 13 mars 1849, Brachet, [S. 49.2.522, P. 49.2.390, D. 55.2.161]

38. — 8° De même, lorsqu'une loi de procédure est déclarée inapplicable aux instances commencées avant sa promulgation (V. art. 1041; C. proc. civ.), elle s'applique néanmoins aux affaires qui, à cette époque, n'ont pas dépassé le préliminaire de conciliation. — Bioche, n. 8 et v° *Appel*, n. 51; Garsonnet, t. 2, p. 222.

39. — 9° Il n'y a pas litispendance lorsque deux demandes identiques sont portées en même temps, l'une en conciliation l'autre devant un tribunal. — Douai, 22 févr. 1869, Leclercq, [S. 69.2.317, P. 69.1261, D. 69.2.407] — *Sic*, Bioche, v° *Exception*, n. 132; Garsonnet, *loc. cit.*; Chauveau, sur Carré, Suppl., t. 7, quest. 727.

40. — 10° L'art. 41, § 2, L. 29 juill. 1881, qui porte que les discours prononcés et les écrits produits devant les tribunaux ne donneront lieu à aucune action en diffamation ou injure ne s'applique pas aux discours prononcés ou aux écrits produits au bureau de conciliation. — Ainsi jugé sous l'empire de la disposition semblable de l'art. 23. L. 17 mai 1819. — Aix, 30 avr. 1845, Charabot, [S. 47.2.87, P. 46.1.608, D. 46.4.414]

Section II.

Le préliminaire de conciliation est-il d'ordre public?

41. — La question est des plus débattue. En faveur de l'affirmative, on fait observer que le préliminaire de conciliation a pour objet de diminuer les procès : y a-t-il rien qui intéresse davantage le bon ordre de la société? Aussi la loi a-t-elle eu soin de frapper d'une amende la partie qui, par son absence injustifiée, empêche la tentative d'arrangement d'aboutir, et de lui refuser toute audience tant qu'elle ne l'a pas payée : une sanction pénale comme celle-là n'est jamais édictée que dans un intérêt d'ordre public. — En ce sens, Nîmes, 10 févr. 1841, Aymard, [S. 41.2.

260, P. 41.1.240] et les arrêts cités aux n. suivants. — Pigeau, *Proc. civ.*, t. 1, p. 77, n. 1; Poncet, *Act.*, n. 204; Boncenne, t. 2, p. 53; *Praticien français*, t. 1, p. 312; Berriat Saint-Prix, t. 1, p. 191, n. 27; Carré et Chauveau, t. 1, quest. 243; Rodière, t. 2, p. 57; Boitard, t. 1, n. 102; Pons-Devier, *France judiciaire*, 1887, p. 301.

42. — Les partisans de cette opinion admettent qu'on ne peut renoncer valablement à la fin de non-recevoir tirée contre une demande de ce qu'elle n'a pas été soumise au préliminaire de conciliation auquel elle était sujette : cette renonciation qu'elle soit expresse ou tacite est inefficace. En conséquence : 1° La fin de non-recevoir tirée du défaut de préliminaire n'est pas couverte par les défenses au fond, et peut être proposée en tout état de cause. — Dijon, 2 déc. 1826, Barnot, [S. et P. chr.] — Nîmes, 10 févr. 1841, précité. — Caen, 9 août 1866, Green, [S. 67.2.325, P. 67.1230]

43. — 2° Elle peut être proposée pour la première fois en appel. — Bruxelles, 27 flor. an IX, Bruges, [S. et P. chr.]; — Grenoble, 8 janv. 1818, Chosy, [S. et P. chr.] — Toulouse, 8 juill. 1820, Carère, [S. et P. chr.] — Bourges, 9 juill. 1821, Porja, [S. et P. chr.] — Caen, 9 août 1866, précité.

44. — 3° ... Et même devant la Cour de cassation. — Cass., 27 vent. an VIII, Poursadon, [S. et P. chr.]; — 13 therm. an VIII, Chanot, [S. et P. chr.]

45. — 4° Elle peut être appliquée d'office par le juge. Les partisans de ce premier système s'appuient ici avec beaucoup de force sur le texte même de l'art. 48 : « Aucune demande, dit-il, ... ne sera reçue, ... que le défendeur n'ait été préalablement appelé en conciliation... ». Donc, dit-on, le tribunal doit rejeter, même d'office, la demande qui n'a pas été précédée du préliminaire de conciliation. — Cass., 30 mai 1842, Thomas-Varennes, [S. 42.1.495, P. 42.2.649] — Montpellier, 22 févr. 1854, Amat, [S. 54.2.646, P. 55.2.495, D. 55.2.224] — Caen, 9 août 1866, précité.

46. — 5° ... Et cette décision que le tribunal a le droit de rendre d'office, le ministère public a le droit de la requérir. — Cass., 21 déc. 1825, Legendre, [D. *Rép.*, v° *Conciliation*, n. 65-1°]

47. — Un second système qui, aujourd'hui, tend décidément à l'emporter dans la jurisprudence, considère le préliminaire de conciliation comme une formalité d'intérêt purement privé engendrant une nullité simplement relative. Qu'il ait été regardé comme d'ordre public, sous l'empire de la loi des 16-24 août 1790, alors que le législateur professait une bien grande confiance dans les vertus de cette institution nouvelle, on peut l'admettre, quoique déjà, à cette époque, plusieurs décisions de jurisprudence, qu'on trouvera rapportées dans les numéros suivants, aient refusé de tirer toutes les conséquences logiques de cette idée. Mais il n'en est plus de même aujourd'hui : nous en trouvons la preuve d'abord dans le grand nombre des affaires qui, sous les prétextes les plus divers, et parfois les moins satisfaisants, sont exemptées du préliminaire de conciliation : écarterait-on aussi facilement une mesure d'ordre public? D'autre part, le défendeur peut se dispenser de comparaître au préliminaire, moyennant le paiement d'une faible amende de 10 fr. ; est-il croyable que le législateur lui aurait infligé une peine si faible, s'il avait attaché tant d'importance à la tentative d'une conciliation? La facilité que le législateur laisse aux parties de se faire, sans nécessité, représenter en conciliation par un mandataire, même dépourvu du pouvoir de transiger, fournit un argument du même ordre : si cette formalité était d'ordre public, serait-il permis de la rendre aussi illusoire? Ces considérations suffisent à écarter l'argument tiré du texte de l'art. 48. Sans doute, les termes en sont impératifs et paraissent imposer au tribunal l'obligation de rejeter la demande qui n'a pas été précédée de l'essai de conciliation ; mais cela tient à ce qu'ils ont été empruntés à la loi des 16-24 août 1790 (t. 10, art. 2), dont les auteurs attachaient au préliminaire de conciliation une toute autre importance que ceux du Code de procédure. Ceux-ci ont eu le tort de le prescrire dans les mêmes termes que leurs prédécesseurs ; mais la similitude des expressions ne doit pas nous céler la diversité des intentions : la lettre de la loi est restée, son esprit a changé. Il ne nous permet plus aujourd'hui de considérer le préliminaire de conciliation comme une institution d'ordre public. — Merlin, *Quest. de droit*, v° *Bureaux de paix*, §.1; Berriat Saint-Prix, t. 1, p. 209, note 27, n. 2; Thomine-Desmazures, t. 1, p. 127; Souquet, tableau 518, col. 5, n. 4; Favard de Langlade, t. 1, p. 625, n. 5; Colmet-

Daage, sur Boitard, *loc. cit.*; Bonnier, n. 44; Garsonnet, t. 2, p. 229 et s.; Rousseau et Laisney, n. 12.

48. — De là plusieurs conséquences : 1° L'exception résultant du défaut de citation en conciliation est couverte par des défenses au fond. On a quelquefois appuyé cette proposition sur l'art. 173, C. proc. civ., qui déclare couverte toute nullité de procédure qui n'est pas proposée avant les défenses au fond. Mais ce raisonnement est peu décisif : l'art. 48 paraît attacher à l'omission du préliminaire une fin de non-recevoir plutôt qu'une nullité : si elle ne peut être proposée après les défenses au fond, cela tient à ce que le défendeur qui tarde à s'en servir est censé avoir renoncé à ce moyen; et cette renonciation est valable du moment qu'il n'est pas d'ordre public. — Cass., 26 mess. an XIII, Garnier, [S. et P. chr.]; — 19 janv. 1823, Porja, [S. et P. chr.]; — 15 juill. 1869, Ballandonne, [S. 70.1.31, P. 70.48, D. 72.1.69]; — 3 déc. 1878, Grillot, [D. 79.1.23]; — 20 juill. 1892 (motifs), Hein, [S. et P. 93.1.180, D. 93.1.478]; — 6 déc. 1892, Patureau-Miron, [S. et P. 93.1.239, D. 93.1.478]. — Nîmes, 28 août 1821, Sabuton, [S. et P. chr.] — Grenoble, 4 déc. 1830, Bernard, Reymond, [P. chr.] — Colmar, 20 janv. 1831, Jean Buhler, [P. chr.] — Bourges, 20 déc. 1831, Chanson, [P. chr.] — Lyon, 22 févr. 1872, Chemin de fer du Nord de l'Espagne, [S. 73.2.292, P. 73.1225] — Nancy, 30 mai 1885, Gillet, [S. 86.2.125, P. 86.1.696, D. 86.2.11] — Orléans, 5 juin 1889, [*Gaz. Pal.*, 89.2.149] — Amiens, 24 mars 1892, [*Gaz. Pal.*, 92.2.545] — Bruxelles, 21 janv. 1834, N..., [P. chr.]

49. — Spécialement, le défendeur qui a conclu à ce que la demande fût déclarée non recevable pour cause de déchéance, sans faire mention, dans ses conclusions, du moyen de nullité tiré du défaut de préliminaire de conciliation, ne peut plus se prévaloir de ce moyen. — Nancy, 30 mai 1885, précité.

50. — De même le défaut de tentative de conciliation serait couvert par une demande en communication de pièces.

51. — 2° Le moyen en résultant ne peut être suppléé d'office par les juges. — Agen, 19 févr. 1824, Serres, [S. et P. chr.]

52. — 3° Il ne peut être invoqué pour la première fois en appel. — Cass., 19 janv. 1825, précité; — 16 févr. 1826, Lugo, [S. et P. chr.]; — 22 juin 1835, Blaignan, [S. 35.1.849, P. chr.]; — 15 févr. 1842, Ferrand, [S. 42.1.550, P. 42.2.133]; — 15 juill. 1869, Ballandinne, [S. 70.1.31, P. 70.48, D. 72.1.69]; — 3 déc. 1878, Grillot, [D. 79.1.23] — Orléans, 5 prair. an XII, Tremeau, [S. et P. chr.] — Turin, 12 prair. an XII, Peyle, [S. et P. chr.] — Nîmes, 26 flor. an XIII, de Saillaz, [S. et P. chr.] — Rennes, 8 juin 1812, Cadoudal, [S. et P. chr.] — Metz, 15 avr. 1812, Loeis, [S. et P. chr.] — Bruxelles, 3 juill. 1812, Desmet, [S. et P. chr.] — Rennes, 11 déc. 1815, Pauvert, [S. et P. chr.] — Orléans, 27 nov. 1816, N..., [S. et P. chr.] — 19 juin 1829, Guyard, [S. et P. chr.] — Pau, 22 déc. 1832, Peyre, [S. 33.2.486, P. chr.] — Bordeaux, 5 juill. 1839, Caulay, [P. 39.2.609] — Montpellier, 4 déc. 1851, N..., [D. 52.5.136] — Lyon, 22 févr. 1872, Chemin de fer du Nord de l'Espagne, [S. 73.2.292, P. 73.1225] — Paris, 24 janv. 1873, Crinon, [S. 75.2.335, P. 75.1260, D. 74.2.140] — Agen, 4 févr. 1886, [*Rec. d'Agen*, 1886, p. 97] — Chambéry, 26 mai 1890, [*Mon. Lyon*, 22 oct. 1890] — Sic, Thomine-Desmazures, t. 1, n. 67; Pigeau, *Comment.*, art. 48, n. 5; Favard de Langlade, § 5, n. 2; Barruit, p. 207, n. 27; Bioche, n. 8.

53. — ... 4° Ni, à plus forte raison, devant la Cour de cassation. — Cass., 22 therm. an XI, Barbé, [S. et P. chr.]; — 9 mess. an XI, Smith, [S. et P. chr.]; — 11 fruct. an XI, Collot, [S. et P. chr.]; — 29 janv. 1838, d'Harcourt, [S. 38.1.642, P. 38.1.502]; — 19 févr. 1840, Ferrier, [S. 40.1.354, P. 40.1.641]; — 30 mai 1842, précité. — 3 déc. 1878, précité.

54. — ... Alors même qu'il aurait été présenté devant les premiers juges, il n'a pas été reproduit en appel. — Cass., 24 nov. 1885, Rajan, [S. 88.1.244, P. 88.1.599, D. 86.1.285]

55. — Il en est de même, *a fortiori*, du moyen tiré des irrégularités du procès-verbal de non-conciliation. — V. Rennes, 13 août 1812, Le Mentheour, [P. chr.]

56. — Il est visible que ce second système conduit ainsi à des résultats pratiquement bien plus satisfaisants que le premier. A quoi bon, en effet, annuler et recommencer sur nouveaux frais une instance déjà avancée, parce qu'elle n'a pas été précédée du préliminaire de conciliation ? Quelles chances aura-t-on d'arriver à un arrangement lorsque les parties ont déjà suivi de longues procédures et exposé des frais considérables ? Aucune évidemment. Le premier système ne peut avoir d'autre effet, pour les annulations tardives de procédure auxquelles il se prête, que d'occasionner aux parties des frais considérables et inutiles. Résultat assurément bien contraire à l'esprit qui a présidé à l'institution du préliminaire de conciliation !

57. — Un arrêt de la Cour de cassation, tout en décidant que l'on ne saurait se prévaloir pour la première fois, en cassation, de l'omission du préliminaire de conciliation, proclame, dans ses motifs, que cette institution est d'ordre public et que les juges pourraient même d'office *in limine litis*, déclarer une action non recevable à défaut de citation préalable en conciliation. — Cass., 30 mai 1842, Thomas-Varennes, [S. 42.1.495, P. 42.2.649] — Sic, Bonfils, n. 651. — V. aussi Montpellier, 22 févr. 1854, Armat, [S. 54.2.646, P. 55.2.619, D. 55.2.224]

58. — Cette décision qui peut invoquer le texte de l'art. 48, « *aucune demande ne sera reçue* », a, en outre, l'avantage de parer aux inconvénients que nous venons de signaler; mais elle manque évidemment de logique, elle ne tire pas de la nature d'ordre public qu'elle met en avant toutes les conséquences qu'elle renferme. — Garsonnet, t. 2, p. 230.

59. — La même critique peut être dirigée contre le système de Delzers (sur l'art. 48), fondé aussi sur les termes de l'art. 48, et d'après lequel l'omission du préliminaire de conciliation est couverte aussitôt que la demande *a été reçue*, c'est-à-dire aussitôt qu'il est intervenu une décision quelconque du juge; il suffirait donc, pour la couvrir, d'un jugement quel qu'il soit, celui même qui fixe le jour de la plaidoirie, qualités posées.

60. — Quel que soit le caractère qu'on attribue au préliminaire de conciliation, il est évident que les juges ne peuvent, à peine de nullité de leur jugement, défendre aux parties de se concilier. — Cass., 4 frim. an IX, Lesein, [S. et P. chr.]

CHAPITRE III.

DEMANDES SOUMISES AU PRÉLIMINAIRE DE CONCILIATION.

61. — L'art. 48, C. proc. civ., pose la règle suivante : « Aucune demande principale, introductive d'instance entre parties capables de transiger et sur des objets qui peuvent être la matière d'une transaction, ne sera reçue dans les tribunaux de première instance, que le défendeur n'ait été préalablement appelé en conciliation devant le juge de paix, etc. »

62. — Quatre conditions sont donc requises par la loi pour qu'une affaire soit soumise au préliminaire de conciliation. Il faut qu'elle soit : 1° principale introductive d'instance; 2° entre parties capables de transiger; 3° sur un objet susceptible de transaction; 4° devant un tribunal de première instance. Nous allons étudier séparément ces quatre conditions, en réunissant toutefois la troisième et la quatrième.

Section I.

Demandes principales introductives d'instance.

63. — Le projet de l'art. 48 soumettait au préliminaire de conciliation, à l'imitation de la loi des 16-24 août 1790, toute *demande principale* (Locré, *Législ. civ.*, t. 21, p. 194). C'est la section de législation du Tribunat qui fit ajouter les mots *introductive d'instance*. — Locré, t. 21, p. 395.

64. — Il est assez difficile de savoir au juste ce que la législation entend ici par ces expressions *demande principale introductive d'instance*. Voici l'explication qui est généralement admise : la demande principale est celle qui met en présence deux parties entre lesquelles il n'existe pas, jusque-là, d'instance judiciaire. Elles diffèrent en ce que la première ouvre nécessairement une instance, tandis que la dernière peut très bien se rattacher à une instance déjà pendante. Ainsi lorsque, actionné en revendication de l'immeuble que j'ai acheté, j'appelle mon vendeur en cause pour me garantir, ou que celui-ci intervient spontanément pour me défendre, cette assignation en garantie ou cette demande en intervention constitue bien une demande principale, attendu qu'elle met en présence des parties originaires, un nouveau plaideur, le garant ou l'intervenant; mais ce n'est pas une demande introductive d'instance, attendu qu'elle ne commence pas un procès, puisqu'elle se rattache à une instance actuellement pendante. On peut résumer ce qui précède et marquer la différence entre la demande introductive d'instance et la demande principale en disant que la première commence entre deux personnes un procès qui ne se rattache à aucune instance déjà formée, tandis que la demande principale est celle qui commence un procès entre deux personnes, que ce procès se rattache ou ne se rattache pas à une instance antérieurement engagée. Il résulte de là que si toute demande principale n'est pas nécessairement introductive d'instance, toute demande introductive d'instance est nécessairement principale. Le législateur a donc commis une sorte de pléonasme en exigeant, pour qu'une demande fût soumise au préliminaire de conciliation à la fois qu'elle fût principale et introductive d'instance : cette dernière condition suffisait, puisqu'elle implique l'autre. — V. Boncenne, t. 2, p. 2 ; Carré et Chauveau, t. 1, quest. 706 ; Boitard, Colmet-Daage et Glasson, t. 1, n. 80 ; Bonfils, n. 654 ; Garsonnet, t. 2, p. 197.

65. — Nous éprouvons quelques doutes sur l'ensemble de cette explication. Si elle était exacte, il faudrait reconnaître que le législateur a singulièrement détourné les mots de leur acception habituelle : elle conduit à donner à la demande en garantie, qu'on appelle ordinairement incidente, le nom de demande principale, alors que cette dénomination est habituellement réservée à celle qui est formée en dehors de toute autre instance. Quoi qu'il en soit, et malgré l'obscurité qui règne sur le sens de chacune des expressions employées par la loi, son intention n'est pas douteuse : elle a voulu soustraire au préliminaire les affaires qui, à raison des liens qui les unissent à d'autres procès non encore réglés, présentent peu de chances de conciliation. Il a donc soumis à cette formalité les demandes introductives d'instance ; il en a exempté les demandes incidentes.

§ 1. Des demandes introductives d'instance.

66. — La distinction des demandes introductives d'instance et des demandes incidentes constitue une des principales difficultés du sujet. Il est certain cependant qu'on ne saurait hésiter à ranger dans la première catégorie et à soumettre au préliminaire de conciliation :

67. — 1° Les demandes qui sont la conséquence d'actions intentées précédemment, mais qui sont formées séparément. Ainsi une demande en exécution d'un testament, bien qu'elle se trouve être la conséquence d'une demande en déclaration d'absence, n'en est pas moins une action principale, qui, de sa nature, doit être précédée du préliminaire de conciliation. — Orléans, 21 mars 1822, N..., [P. chr.] — Sic, Pigeau, Comm., t. 1, p. 141, n. 2 ; Chauveau, sur Carré, loc. cit.

68. — 2° A plus forte raison, les demandes absolument indépendantes de toute instance antérieure. Telles sont :

69. — ... La demande en rescision d'une transaction. — Rennes, 2 août 1819, Leguyader, [P. chr.]

70. — ... La demande en résiliation d'un contrat d'élection de command. — Agen, 10 janv. 1812, Serres, [P. chr.]

71. — ... La demande en partage dirigée par un créancier contre son débiteur et contre celui avec lequel il est dans l'indivision. — Agen, 6 juill. 1812, Delcussol, [P. chr.]

72. — ... La demande formée par un fermier, tendant à obtenir la démolition d'arbres et d'édifices qu'il prétend lui appartenir. — Rennes, 15 mars 1821, Saint-Aignan, [P. chr.]

73. — Un arrêt a cependant refusé de considérer comme une demande principale soumise au préliminaire de conciliation une demande en nomination d'arbitres qui doivent statuer sur une contestation entre associés, sous prétexte que le fond, le véritable objet de la demande, devait être soumis à une autre juridiction (celle des arbitres). — Douai, 14 nov. 1840, Bricourt, [S. 40.1.513, P. 40.2.755]

74. — Il a été jugé aussi que, lorsque le juge de paix renvoie les parties devant le tribunal de première instance pour être statué sur un incident relatif à la levée des scellés et portant sur la qualité d'héritier, il n'est pas besoin du préliminaire de conciliation. — Cour d'appel de Bruxelles, 18 mai 1807, Borremans, [S. et P. chr.] — Et cependant la demande est alors introductive d'instance ; le fait qu'elle est incidente à la levée des scellés est indifférent, car cette opération ne constitue pas une instance. La décision peut du reste se justifier par un motif que la cour ne paraît pas avoir aperçu : la demande présentait un caractère d'urgence suffisant pour motiver l'application de l'art. 49-2°.

§ 2. Des demandes qui sont la reprise ou la suite d'une instance antérieure.

75. — Les demandes par lesquelles on reprend une instance interrompue, ou qui sont la suite d'une instance antérieure ne peuvent évidemment être considérées comme introductives d'instance, et ne sont pas soumises au préliminaire de conciliation. On exemptera donc de cette formalité :

76. — ... La demande en reprise d'instance ou constitution de nouvel avoué. L'art. 342 du projet du Code de procédure le disait expressément : cette disposition a été supprimée comme inutile, à la demande du Tribunat, la demande étant incidente (Locré, Législ. civ., t. 21, p. 235 et 487). — Bourbeau, contin. de Boncenne, t. 5, p. 232 ; Garsonnet, t. 2, p. 624. — V. aussi Cass., 19 fruct. an XI, Hervi, [S. et P. chr.]

77. — ... La demande en continuation d'une procédure momentanément suspendue. — Cass., 28 vent. an III, Cochois, [D. Rép., v° Conciliation, n. 94-1°]

78. — ... La demande qui a pour objet de reprendre une demande formée avant la publication des lois qui ont prescrit le préliminaire de conciliation. — Cass., 19 fruct. an XI, Hervé Lempereur, [S. et P. chr.]

79. — ... La demande qui a pour objet le redressement d'un compte judiciairement rendu. — Cass., 18 mai 1841, Saurine, [S. 41.1.545, P. 41.2.61]

80. — ... La demande portée, après cassation, devant le tribunal de renvoi. — Cass., 26 pluv. an XI, Marquis, [S. et P. chr.] — Sic, Merlin, Quest. de dr., v¹ᵉ Bureau de paix, Rente foncière ; Berriat Saint-Prix, t. 1, p. 206, note 16 ; Chauveau, sur Carré, t. 1, quest. 206, § 2-1°.

81. — De même, lorsque des arbitres nommés sur appel ont décidé qu'il était dû à l'une des parties une indemnité sans la fixer, l'action qu'intente ultérieurement cette partie pour en obtenir la fixation devant le tribunal originairement saisi du procès n'est pas soumise au préliminaire de conciliation. — Cass., 3 mars 1830, Pilte-Granet, [S. et P. chr.]

82. — Enfin, la même doctrine a été appliquée aux demandes qui tendent à l'exécution de jugements antérieurs, notamment :

83. — ... A la contestation sur l'interprétation de la clause d'un contrat de mariage, dont un jugement avait ordonné l'exécution. — Limoges, 2 juin 1841, [J. de proc., n. 2133]

84. — ... A la demande en liquidation de dommages-intérêts formée en exécution d'un précédent jugement. — Paris, 25 nov. 1825, Viévard, [D. Rép., v° Conciliation, n. 96-3°]

85. — ... A la demande en allocation de dommages-intérêts fixés pour frais de procédure, qui est la continuation d'une instance déjà engagée et l'exécution même de précédentes décisions de justice. — Alger, 11 avr. 1891, [Rec. d'Alger, 91.360]

86. — ... A la demande formée par la femme contre son mari, en liquidation de ses droits et reprises. — Limoges, 25 févr. 1845, Époux B..., [S. 46.2.116, P. 47.1.619, D. 47.2.39]

87. — Et la femme qui, après avoir obtenu un jugement l'autorisant à faire prononcer le divorce, et ordonnant qu'après cette prononciation, il serait procédé à la liquidation des intérêts civils des parties, peut former sa demande en paiement des sommes que son mari lui doit par un acte d'avoué à avoué et sans préliminaire de conciliation. — Cass., 14 août 1811, Thouret, [S. et P. chr.]

88. — L'examen de la jurisprudence témoigne toutefois de quelque hésitation sur ces questions, et nous le comprenons parfaitement. Nous avons quelque peine à appeler incidente une demande qui ne se greffe sur aucune instance pendante, à ne pas qualifier introductive d'instance la demande qui ouvre un procès, même sur l'exécution d'un jugement.

89. — Dans cet esprit, a été déclarée introductive d'instance et soumise au préliminaire de conciliation, la demande formée à l'occasion des difficultés qui s'élèvent sur l'exécution d'une transaction qui a mis fin à un procès antérieur. — Poitiers, 12 nov. 1840, de S..., [S. 40.2.481, P. 41.1.112]

90. — ... La demande qui n'est portée devant un tribunal qu'après avoir été d'abord portée devant des arbitres, alors que, par le départ de l'un des arbitres avant toute décision, le compromis a pris fin et le tribunal arbitral a cessé d'exister. — Même arrêt.

91. — Il a été décidé, dans le même ordre d'idées, que, lorsqu'un tribunal civil annule pour incompétence un jugement de justice de paix, il ne peut ordonner que les parties procèderont devant lui sur les errements antérieurs à ce jugement et sans essai préalable de conciliation. — Cass., 6 germ. an II, Duchesne, [S. et P. chr.] — *Sic*, Pigeau, *Comm.*, t. 1, p. 140; Carré et Chauveau, quest. 206. — *Contra*, Thomine-Desmazures, t. 1, p. 134.

§ 3. *Des demandes additionnelles.*

92. — Les demandes additionnelles, c'est-à-dire formées par le demandeur contre le défendeur au cours de l'instance, sont des demandes incidentes, pourvu toutefois qu'elles soient annexées à la demande originaire, et qu'elles en forment l'accessoire. Conformément à ces principes sont dispensées du préliminaire de conciliation :

93. — La demande en rescision pour cause de lésion d'un partage formé subsidiairement à une demande en partage sur laquelle le préliminaire de conciliation a été tenté. — Besançon, 13 févr. 1817, N..., [P. chr.]

94. — ... La demande corrélative à une action déjà portée au bureau de paix et fondée sur les mêmes titres, dans l'espèce, une demande en paiement immédiat, fondée sur la déchéance du bénéfice du terme résultant de l'art. 1188, C. civ., à raison du refus du débiteur de fournir l'hypothèque qu'il avait promis de constituer. — Aix, 16 août 1811, Verani, [S. et P. chr.]

95. — ... La demande en dommages-intérêts formée par le demandeur originaire accessoirement à la demande principale et fondée sur les faits mêmes du procès, étant donné surtout que cette demande principale n'était d'abord qu'une demande reconventionnelle. — Paris, 23 févr. 1876, Guimaraës, [D. 76.2.233]

96. — ... La demande d'exécution provisoire. — Limoges, 13 août 1824, Sirey, [S. et P. chr.]; — 11 juin 1828, Chatard, [S. et P. chr.]

97. — ... Les conclusions tendant à obtenir la contrainte par corps pour la condamnation aux dommages-intérêts déjà réclamés. — Bruxelles, 27 déc. 1827, Marques, [P. chr.]

98. — ... La demande en répétition de jouissances échues avant l'exercice de l'action. — Cass., 16 niv. an III, Bruneau, [D. *Rép.*, v° *Conciliation*, n. 38-1°]

99. — ... La demande en *provision* alimentaire formée au cours de l'instance sur une demande en *pension* alimentaire. — Cass., 13 mess. an VIII, Gouffereau, [D. *Rép.*, v° *Conciliation*, n. 90]

99 bis. — ... La demande provisoire formée au cours d'une instance en reddition de compte. — Cass., 3 therm. an IX, Blockhouse, [D. *Rép.*, v° *Conciliation*, n. 99-4°]

100. — ... L'héritier qui a d'abord assigné en réclamation de ses droits légitimaires et qui conclut à un supplément de légitime. — Grenoble, 28 août 1810, Vernay, [P. chr.]

101. — Les héritiers d'un propriétaire qui ont régulièrement assigné le fermier de celui-ci en exécution de son bail, afin de savoir s'il s'y est conformé, sont de même recevables ensuite, sans tenter le préliminaire de conciliation, à lui demander les quittances de ses fermages. — Cass., 4 mai 1807, Bougrenet de la Tocquenay, [P. chr.]

102. — Lorsqu'un propriétaire assigne, après tentative de conciliation, son ex-locataire en paiement d'une certaine somme pour privation de jouissance, occasionnée par défaut de réparations locatives, la nouvelle demande qu'il forme contre lui en paiement de loyers pour la même privation de jouissance, n'étant évidemment que la suite de la première action, n'est plus soumise au préliminaire. — Bourges, 16 prair. an IX, Lemonnier, [S. et P. chr.]

103. — Le demandeur en contrefaçon d'une invention brevetée auquel le défendeur oppose un autre brevet, et pour repousser cette exception, demande la nullité de ce brevet, n'a pas besoin de citer le défendeur en conciliation sur cette demande : c'est la demande incidente affranchie de la nécessité de ce préliminaire. — Cass., 16 déc. 1862, Loche, [S. 63. 1.128, P. 63.594, D. 63.1.372]

104. — Celui qui a demandé la rescision d'un partage de communauté pour lésion de plus du quart peut, dans le cours de l'instance, sans être obligé de recourir aux formalités préliminaires d'une demande introductive d'instance, conclure à la nullité du même partage pour cause d'une erreur de droit qui aurait eu pour résultat de comprendre dans le partage des biens qui ne faisaient pas partie de la communauté, et aurait ainsi, en attribuant à l'un des copartageants des biens auxquels il n'avait aucun droit, causé à l'autre une lésion proportionnelle. — Cass., 12 mars 1845, Leroux, [S. 45.1.524, P. 45.2.69, D. 45.1.202]

105. — A plus forte raison peut-on, après un procès-verbal de non-conciliation, réduire sa demande en justice sans être tenu de faire une nouvelle citation devant le bureau de paix. — Cass., 8 mess. an XI, Marotte, [S. et P. chr.] — *Sic*, *Prat. franç.*, t. 1, p. 963; Berriat Saint-Prix, t. 1, p. 203, note 9, observ. 1; Lepage, *Quest.*, p. 93; Merlin, *Quest. de dr.*, v° *Bureau de paix*, § 4; Chauveau, sur Carré, t. 1, quest. 206, § 2-3°.

106. — ... Par exemple, limiter sa prétention à un simple droit de servitude sur le fonds litigieux, alors qu'on avait d'abord réclamé un droit de propriété ou de copropriété. — Cass., 16 nov. 1829, Ponroy, [S. et P. chr.] — Riom, 5 août 1884, [*Gaz. Pal.*, 84.2.237]

107. — ... Ou se borner à réclamer un titre nouvel, après avoir formé une demande en remboursement du capital de la rente. — Bruxelles, 18 nov. 1837, Beckmans, [D. *Rép.*, v° *Conciliation*, n. 102-4°]

108. — ... Ou substituer une demande en supplément de légitime à une demande en partage de la succession. — Orléans, 22 févr. 1826, [cité par Chauveau, sur Carré, t. 1, quest. 206, § 2-3°]

109. — Ainsi, lorsque des héritiers *ab intestat*, qui ont fait citer en conciliation le donataire universel à cause de mort, sur une demande en délaissement de tous les biens, restreignent plus tard cette demande devant le tribunal de première instance à certains biens à l'égard desquels ils prétendent qu'il y a eu révocation de la donation, on ne peut leur opposer que cette seconde demande n'a pas été précédée du préliminaire de conciliation. — Cass., 4 nov. 1807, Marie Castillon, [P. chr.] — *Sic*, Merlin, *Rép.*, v° *Révocation de donation*, § 2.

110. — Enfin, il va de soi que le demandeur peut former, sans nouveau préliminaire, les demandes qui sont implicitement comprises dans la demande originaire. Telles sont :

111. — ... La demande en paiement qui est une suite nécessaire de la demande déjà formée en nullité des offres et de la consignation. — Cass., 11 mess. an IX, Sauzet, [D. *Rép.*, v° *Conciliation*, n. 99-1°]

112. — ... Le débat sur la propriété d'un immeuble, soulevé au cours d'une contestation relative à la mainlevée d'une opposition, étant donné que celle-ci mettait forcément en jeu la question de propriété. — Cass., 9 déc. 1806, Thurin, [P. chr.]

113. — Le créancier hypothécaire qui assigne l'héritier de son débiteur tant en cette *qualité d'héritier* que comme *biens tenant*, exerce par là non seulement l'action pure personnelle qui dérive de sa créance mais encore et à la fois l'action hypothécaire qui y est jointe. En conséquence, s'il a cité en conciliation sur une action ainsi intentée, les juges ne peuvent pas déclarer ultérieurement non recevable l'action hypothécaire du demandeur, sous le prétexte qu'elle n'a pas été précédée du préliminaire. — Cass., 10 déc. 1806, Ranchon, [S. et P. chr.]

114. — Si une demande additionnelle échappe au préliminaire de conciliation, il en est de même à plus forte raison de la présentation d'un moyen nouveau; c'est ce qui a été jugé pour le moyen tiré de l'expiration du terme, présenté au cours d'une demande en paiement fondée sur la déchéance du bénéfice du terme. — Bordeaux, 2 août 1855, [J. *des av.*, t. 81, art. 2275]

115. — Il faut, au contraire, soumettre au préliminaire de conciliation les demandes additionnelles qui, d'après les principes que nous avons posés, ne constituent pas de véritables demandes incidentes, celles, par exemple, qui ne se lient pas nécessairement à la demande principale. — Grenoble, 8 frim. an XI, Tourton, [S. et P. chr.] — *Sic*, Pigeau, *Comment.*, t. 4, p. 138; Merlin, *Quest. de droit*, v° *Bureau de paix* § 4; Chauveau, sur Carré, t. 1, quest. 206, § 1-4°.

116. — Il a été décidé à ce sujet que les demandes incidentes sont celles qui forment une dépendance, un accessoire de la demande principale, et qui n'auraient pu exister si la demande originaire n'était pas née. Il ne suffit donc pas, pour qu'une demande soit exempte du préliminaire de conciliation, qu'elle ait quelque rapport avec cette demande ni qu'elle soit de même titre, qu'elle dérive de cette demande, qu'il y ait entre elles identité de cause et d'origine, et qu'elle lui soit subsidiaire. — Orléans, 1er août 1885, Constant Beaufils, [D. 86. 2.270]

117. — Et l'on ne peut considérer comme remplissant ces

conditions et comme exonérée du préliminaire de conciliation, la demande formée par un copartageant au cours d'une instance en partage, et tendant au remboursement d'une partie des dépenses par lui faites au cours de l'indivision dans l'intérêt des immeubles communs. — Même arrêt.

118. — De même, on ne peut, dans le cours d'une instance, passer d'une action à une autre sans se désister de la première, et sans renouveler pour la seconde le préliminaire de conciliation. En conséquence, la tentative de conciliation sur une demande en paiement, ne dispense pas de cette même formalité sur une demande en déclaration d'hypothèque formée dans le cours du premier procès. — Aix, 27 mai 1808, Guy, [S. et P. chr.] — Sic, Boncenne, t. 2, p. 4. — Contrà, Pigeau, loc. cit.; Chauveau, sur Carré, t. 1, quest. 206, § 1-3°. — V. suprà, n. 113.

119. — Décidé aussi que, lorsqu'après avoir demandé contre un acquéreur la nullité de sa libération, le demandeur conclut à l'annulation pure et simple du contrat de vente, il forme une nouvelle demande principale soumise au préliminaire de conciliation : ce n'est pas là un simple changement de conclusions. — Riom, 27 mars 1817, Vayssier, [S. et P. chr.]

120. — De même, celui qui a d'abord demandé la rescision d'un contrat pour cause de lésion, ne peut pas, si ensuite il demande la nullité de cette vente sous prétexte qu'il n'y a qu'un impignoration, se dispenser sur ce point du préliminaire de conciliation. — Cass., 22 févr. 1809, Guérin, [S. et P. chr.]

121. — Il en est de même de celui qui transforme en cours d'instance une action en rescision pour cause de lésion en une action en nullité pour fraude et dol. — Bordeaux, 29 oct. 1891, [Rec. de Bordeaux, 92.1.96]

122. — ... De celui qui, après avoir demandé les arrérages d'une rente, en réclame le capital. — Paris, 8 janv. 1825, Petiton, [S. et P. chr.] — Bruxelles, 16 juill. 1817, Loontjens, [D. Rép., v° Conciliation, n. 104-2°]

123. — Par la même raison, celui qui a intenté une demande en partage d'une communauté d'acquêts ne peut y substituer une demande en partage d'une communauté légale. — Bordeaux, 3 mars 1827, Cubilier, [P. chr.]

124. — De même encore est non recevable, comme demande nouvelle non précédée du préliminaire de conciliation, l'action en résolution de bail formée pour la première fois dans les conclusions d'audience par un fermier qui, jusqu'alors, et devant le juge de paix siégeant en conciliation, s'était borné à demander des dommages-intérêts pour trouble de jouissance. — Dijon, 12 déc. 1866, Labonde, [S. 67.2.183, P. 67.704, D. 66.2.241]

125. — Il faut en dire autant de la demande en démolition d'un mur formée dans le cours d'une instance en délaissement de la propriété sur laquelle il est construit. — Cass., 22 déc. 1818, Garde, [D. Rép., v° Conciliation, n. 105]

126. — Une demande en résiliation d'un bail, bien qu'incidemment formée dans une instance sur l'exécution de cet acte, est une demande principale, et à ce titre soumise au préliminaire de conciliation. — Trib. d'appel de Paris, 4 frim. an XII, Frappier, [S. et P. chr.] — Contrà, Besançon, 13 févr. 1817, N..., [P. chr.]

127. — Il en est spécialement ainsi d'une demande en résiliation de bail, bien qu'incidemment formée dans le cours d'une instance eu paiement de fermages. — Cass., 11 pluv. an IV, Polliart, [S. et P. chr.] — Sic, Merlin, Quest. de droit, v° Bureau de paix, § 4; Lepage, Quest., p. 93; Favard de Langlade, n. 5; Pigeau, Proc. civ., t. 1, p. 34; Boncenne, t. 2, p. 34; Chauveau et Carré, t. 1, quest. 206, § 1, n. 3. — Contrà, Rennes, 23 févr. 1819, Hourmant, [P. chr.] — Bruxelles, 10 mars 1830, Rénier, [P. chr.]

128. — On a cependant dispensé du préliminaire de conciliation, la demande en exécution d'une transaction entre mari et femme, alors que la citation en conciliation avait eu pour objet la restitution de la dot, parce que cette transaction attribuait à la femme quelque chose comme équivalent de la dot. — Cass., 13 vend. an IX, Delval, [D. Rép., v° Conciliation, n. 107-1°]

§ 4. Des demandes reconventionnelles.

129. — De même que les demandes additionnelles, les demandes reconventionnelles, formées par le défendeur contre le demandeur, échappent, comme incidentes, au préliminaire de conciliation. C'est ce qui a été jugé spécialement dans une espèce où le défendeur, lors de sa comparution au bureau de paix s'était expressément réservé la faculté de former une demande reconventionnelle devant le tribunal. — Limoges, 15 mai 1814, Guntin, [P. chr.] — Mais cette réserve était à vrai dire inutile, et n'ajoutait rien aux droits du défendeur.

130. — Si les demandes reconventionnelles sont exemptes du préliminaire de conciliation, cette dispense n'appartient toutefois qu'aux demandes qui sont légitimement introduites sous cette forme, c'est-à-dire, selon l'opinion générale, à celles qui sont connexes ou qui peuvent servir de défense à la demande originaire, et qui sont, en outre, comprises dans la compétence « ratione materiæ » du tribunal devant lequel elles sont formées. — Pour la démonstration et le développement de cette proposition, V. infrà, v° Demandes reconventionnelles. — V. aussi Sirey, note sous Cass., 17 août 1814, Dupuy-Daubignac, [S. chr.] — Boncenne, t. 2, p. 5; Boitard, t. 1, p. 82; Chauveau, sur Carré, quest. 206; Favard de Langlade, Rép., v° Concil., § 1.

131. — Jugé, en ce sens, qu'une demande reconventionnelle ne pouvant être considérée que comme une demande incidente à l'action principale, n'est pas soumise au préliminaire de conciliation. — Trèves, 20 janv. 1813, N..., [S. et P. chr.]

132. — ... Que, lorsqu'une demande reconventionnelle peut servir de défense ou d'exception à la demande principale, elle n'est pas réputée demande principale, et, par suite, n'est pas soumise à la tentative de conciliation. — Cass., 17 août 1814, précité. — Grenoble, 17 janv. 1821, Bonney, [P. chr.] — Orléans, 21 août 1840, Tweschmitt, [P. 40.2.543]

133. — Il en est ainsi, spécialement, de la demande à fin de compensation. — Cass., 23 brum. an XII, Bourdon, [D. Rép., v° Conciliation, n. 114] — Grenoble, 17 janv. 1821, précité. — Sic, Boitard, Colmet-Daage et Glasson, t. 1, n. 82; Boncenne, t. 2, p. 6; Carré et Chauveau, quest. 206. — Contrà Bordeaux, 21 avr. 1826, Fayole, [D. Rép., v° Conciliation, n. 112-1°]

134. — ... Alors même que la somme demandée reconventionnellement serait supérieure à celle qui faisait l'objet de la demande principale. — Limoges, 15 mai 1814, Gautier, [P. chr.]

135. — De celle en dommages-intérêts formée par suite de demande en nullité de mariage. — Cass., 17 août 1814, précité.

136. — ... De la demande en paiement d'une obligation, formée par le défendeur assigné en restitution d'une prétendue quittance qu'on prétend avoir été détournée par lui. — Cass., 22 vent. an X, Charbonnel, [D. Rép., v° Conciliation, n. 110-1°]

137. — ... De la demande en paiement d'un billet, formée en défense à l'action en nullité de ce billet. — Cass., 17 brum. an XI, Descous, [D. Rép., v° Conciliation, n. 110-2°]

138. — ... De la demande en délivrance de legs servant de défense à une action principale en partage. — Liège, 13 mai 1817, Defraisne, [D. Rép., v° Conciliation, n. 110-3°]

139. — ... De la demande en nullité d'une vente, en défense à la demande en exécution de ce contrat. — Cass., 8 mars 1808, Genetier, [D. Rép., v° Conciliation, n. 110-3°]

140. — Au cas d'une action formée par le propriétaire d'une forêt contre l'usager, et tendant à diminuer l'utilité de l'usage, si le défendeur forme reconventionnellement une demande tendant à être affranchi du paiement de la contribution foncière, cette demande particulière est dispensée du préliminaire de conciliation. — Metz, 26 févr. 1850, Commune de Vitry, [S. 51.2.257, P. 51.1.5, D. 50.2.124]

141. — De même, celui qui, en défendant à une demande formée contre lui, au sujet de la propriété d'un terrain, soutient d'abord qu'il est propriétaire, et ensuite qu'en tout cas, il a sur le terrain en litige un droit de passage, ne forme pas par là une demande nouvelle qui soit assujettie au préliminaire de conciliation. La prétention au droit de passage ne doit être considérée que comme la défense à l'action principale. — Cass., 16 nov. 1829, Ponroy, [S. et P. chr.]

142. — De même encore, les conclusions par lesquelles le propriétaire des étages supérieurs d'une maison contre lequel le propriétaire du rez-de-chaussée a formé une action tendante à être reconnu seul ayant-droit à un terrain limitrophe, demande qu'au cas où cette prétention serait admise, il soit décidé que le propriétaire du rez-de-chaussée ne pourra élever ses constructions au delà d'une certaine hauteur, constituent une simple défense à l'action principale, et non une demande principale soumise au préliminaire de conciliation. — Cass., 22 août 1860, Gervais, [S. 61.1.81, P. 61.1127, D. 60.1.442]

143. — Le copropriétaire qui, sur la demande en licitation introduite contre lui par le créancier de son copropriétaire, conclut à la fois contre ces deux derniers à ce que la licitation soit ordonnée à sa requête en même temps qu'à celle du créancier, ne forme pas une demande principale introductive d'instance soumise à conciliation. — Cass., 19 juin 1888, Guégan, [S. 89. 1.109, P. 89.1.261, D. 88.1.449]

144. — Au contraire, les demandes formées reconventionnellement, mais qui auraient en réalité le caractère de demandes introductives d'instance resteraient soumises à la tentative de conciliation. Ainsi, lorsque, sur une demande en paiement d'un billet, le défendeur répond en saisissant le juge d'une demande en délaissement de la maison qu'occupe le demandeur, cette contre-demande n'est pas dispensée du préliminaire, dont l'utilité reste évidente. Quelles que soient les prétentions des parties relativement au billet, et bien qu'à cet égard elles veulent absolument plaider, il est très-possible qu'elles s'entendent amiablement sur la demande en conciliation, le législateur a dû prescrire de la tenter. — V. Sirey, note sous Cass., 17 août 1814, Dupuy-Daubignac, [S. chr.] — Boncenne, t. 2, p. 5; Chauveau, sur Carré, t. 1, quest. 206, § 1, n. 1.

145. — Jugé, dans le même sens, que la demande reconventionnelle qui n'a pas été soumise au préliminaire de conciliation est non recevable, lorsqu'elle ne sert pas de défense à l'action principale. — Agen, 31 mars 1824, Daliaz, [S. et P. chr.]

146. — ... Qu'une demande qui a les caractères d'une action principale, n'est point, quoique présentée reconventionnellement, dispensée du préliminaire de conciliation. — Cour royale d'Orléans, 29 déc. 1819, Pichery, [S. chr.]

147. — Mais on ne devrait plus décider aujourd'hui, comme on l'a fait peut-être déjà à tort sous l'empire de la loi des 16-24 août 1790, qu'une demande en résiliation d'un acte, incidemment formée dans une instance sur l'exécution de cet acte, est une demande principale; et à ce titre soumise au préliminaire de conciliation, cette demande en résiliation présentant tous les caractères d'une véritable demande reconventionnelle. — V. Paris, 4 frim. an XII, Frappier, [S. et P. chr.]

§ 5. Demandes formées au cours d'une instance par ou contre un tiers.

148. — Lorsqu'au cours d'une instance, l'une des parties forme une demande contre un tiers, ou qu'un tiers vient prendre part à l'instance, y a-t-il lieu de recourir au préliminaire de conciliation? Pour résoudre cette question, il faut envisager : 1° l'intervention volontaire; 2° l'intervention ou mise en cause forcée; 3° les demandes qui ne peuvent être considérées comme une intervention légitime.

149. — I. Sous l'empire de la loi de 1790, la question de savoir si l'intervention était sujette à la tentative de conciliation était diversement résolue. — V. pour l'affirmative, Paris, 16 flor. an X, Lebat, [S. et P. chr.] — Pour la négative, Cass., 23 pluv. an IX, Barrevron et Dreux, [S. et P. chr.] — 27 mess. an XI, Coste, [S. et P. chr.]; — 17 pluv. an XIII, Panpey, [S. et P. chr.] — Aujourd'hui, elle est tranchée dans ce dernier sens par l'art. 49-3° qui ne fait ainsi qu'appliquer le principe posé par l'art. 48, d'après lequel les demandes introductives d'instance sont seules soumises au préliminaire. — V. aussi pour l'intervention des créanciers du mari dans l'instance en séparation de biens, art. 871, C. proc. civ.

150. — Ainsi n'est pas assujettie au préliminaire de conciliation la demande d'une partie tendante à être reçue intervenante à l'effet de justifier de sa qualité d'héritier, dans une instance suivie par un tiers en paiement d'arrérages contre les possesseurs de la succession en litige. — Cass., 18 déc. 1838, Cadroy, [D. Rép., v° Actes de l'état civil, n. 122]

151. — Il en est de même de la demande en déclaration d'hypothèque formée contre un tiers détenteur, accessoirement à une instance déjà engagée entre le débiteur principal. — Cass., 2 mars 1830, Barbé, [P. chr.]

152. — A plus forte raison, la dispense s'applique-t-elle à l'intervention en cause d'appel. — Cass., 30 août 1825, Sinetti, [S. et P. chr.] — Bordeaux, 14 mars 1831, Barretié, [S. 31.2.317, P. chr.]

153. — II. Elle concerne aussi bien l'intervention forcée, ou mise en cause d'un tiers, que l'intervention volontaire. — V. Cass., 17 pluv. an XIII, précité. — Douai, 11 nov. 1842, Darras, [S. 43.2.408] — Sic, Bioche, n. 17; Garsonnet, t. 2, p. 198.

154. — Elle s'applique notamment aux demandes en garantie incidentes. — Cass., 8 mess. an VI, Leguenin, [D: Rép., v° Conciliation, n. 181] — Liège, 30 juin 1810, Bassompierre, [S. et P. chr.] — Avant le Code de procédure, la question était controversée. — V. en ce sens: Cass., 27 pluv. an XI, Guivenot, [S. et P. chr.]; — 24 prair. an XI, Vandeuil, [S. et P. chr.]; — 20 fruct. an XI, Manfron, [S. et P. chr.]; — 1er vent. an XIII, Sartin, [S. et P. chr.] — Et en sens contraire, Cass., 27 vent. an VIII, Ponyadon-Latour, [S. et P. chr.] — Paris, 22 niv. an X, Jacquet, [S. et P. chr.] — Aujourd'hui, tout doute est levé et par l'art. 48 et par l'art. 49-3°.

155. — C'est donc avec raison que Chauveau, sur Carré (Suppl., t. 7, quest. 209 quinquies), critique un arrêt (Douai, 17 févr. 1849, J. des av., t. 74, art. 747), qui soumet au préliminaire de conciliation la demande en garantie formée au cours d'une instance par le demandeur originaire.

156. — III. Au contraire, lorsque la demande formée par ou contre le tiers ne peut être considérée comme une intervention, mais forme en réalité un procès nouveau et absolument distinct du procès primitif, elle est introductive d'instance, et le préliminaire de conciliation est de rigueur.

157. — Ainsi, des individus assignés en paiement d'une pension alimentaire ne peuvent, sans tenter le préliminaire, conclure à ce qu'une autre partie leur paie une indemnité, parce que le demandeur de la pension a été à leur charge depuis plusieurs années. — Besançon, 8 janv. 1818, Chappuis, [S. et P. chr.] — Sic, Souquet, tabl. 518, 5e col., n. 12; Chauveau, sur Carré, t. 1, quest. 206, § 1-8°.

158. — Il en est de même des demandes formées contre un nouveau défendeur, bien qu'elles tendent aux mêmes fins qu'une demande semblable antérieurement dirigée contre une autre partie. Ainsi, lorsque l'usufruitier d'arbres en litige a été inutilement cité en conciliation, le demandeur ne peut assigner le nu-propriétaire de ces arbres devant le tribunal de première instance, sans tenter à son égard le préliminaire de conciliation. — Bourges, 29 août 1826, Lamy, [S. et P. chr.]

159. — La demande formée dans le cours d'une instance en détournement d'eaux pluviales, contre une personne qui y est intervenue et ayant pour objet : 1° la suppression d'un barrage pratiqué dans un fossé à l'effet de procurer aux eaux un écoulement plus facile; 2° des dommages-intérêts à raison du préjudice éprouvé par suite de l'établissement de ce barrage, n'est pas une demande incidente qui se rattache au fond de la demande primitive, mais une demande principale nouvelle, soumise dès lors au préliminaire de conciliation. — Colmar, 13 mars 1850, Jeantet, [P. 52.1.443, D. 55.2.227]

§ 6. Incidents divers.

160. — L'action en désaveu, formée par voie incidente dans le cours d'une instance, n'est pas soumise à la tentative de conciliation. — Ainsi jugé, sous l'empire de la loi des 16-24 août 1790. — Cass., 24 therm. an VIII, Rilizenthaller, [S. et P. chr.] — V. au surplus l'art. 49-7°, C. proc. civ., qui dispense du préliminaire de conciliation les demandes en désaveu, sans distinguer si elles sont principales ou incidentes.

161. — Il en est de même de la demande en nomination d'un séquestre, pour administrer la portion litigieuse d'une succession, formée incidemment dans une instance en partage de cette succession. — Bruxelles, 21 prair. an XIII, Vanderbilt, [S. chr.]

162. — ... De la demande en nullité d'un rapport d'expert qui se lie à une instance déjà existante. — Florence, 23 juin 1810, Chéri, [S. et P. chr.]

163. — ... De la demande en péremption d'instance. — Poitiers, 14 août 1806, Forget, [P. chr.] — Sic, Pigeau, Proc. civ., t. 1, p. 452; Chauveau, sur Carré, t. 1, quest. 206, § 2-6° et s., quest. 1449 bis.

164. — ... De la demande en réparation d'injure formée en appel à raison de faits qui se sont passés à l'audience. — Cass., 12 therm. an IV, Séran, [D. Rép., v° Conciliation, n. 99-3°]

165. — ... De la tierce-opposition incidente, c'est-à-dire formée au cours d'un procès. — Paris, 29 prair. an X, Menier, [S. et P. chr] — Sic, Bioche, v° Tierce-opposition, n. 93; Boitard,

Colmet-Daage et Glasson, t. 2, n. 723; Rodière, t. 2, p. 157; Garsonnet, t. 2, p. 199.

Section II.
Demandes entre parties capables de transiger et sur des objets susceptibles de transaction.

166. — La loi ne soumet au préliminaire de conciliation que les affaires susceptibles de transaction et entre parties capables de transiger (art. 48). Lorsque la nature de l'affaire ou l'incapacité des parties rendent un arrangement impossible, le préliminaire dégénérerait en formalité purement frustratoire, et c'est avec raison que le législateur l'a écarté.

167. — Nous n'avons pas ici à énumérer d'une manière complète les affaires susceptibles et les personnes capables de transaction (V. *infrà*, v° *Transaction*). Nous devons nous borner à poser les principes, à étudier les particularités que présente leur application à notre sujet, et à mettre en relief les décisions auxquelles elle a donné lieu soit dans la loi, soit dans la jurisprudence, soit dans la doctrine.

§ 1. *Parties capables de transiger.*

168. — En ce qui concerne les personnes incapables de transiger, nous remarquerons d'abord que l'art. 48 soustrait au préliminaire de conciliation toutes les affaires où elles se trouvent engagées, qu'elles le soient à titre de demanderesses ou de défenderesses. — Carou, n. 762.

169. — En principe, pour transiger il faut avoir la capacité de disposer des objets compris dans la transaction (art. 2045, § 1, C. civ.). Nous aurons toutefois à rappeler que cette règle subit quelques exceptions. Il y a des personnes pour lesquelles la loi soumet la transaction à des conditions plus rigoureuses que l'aliénation.

170. — L'art. 48 exclut non seulement celles à qui la transaction est absolument interdite, mais encore celles qui ne peuvent transiger qu'à condition d'être habilitées, c'est-à-dire d'obtenir certaines autorisations ou d'observer certaines formalités protectrices. On ne peut dire en effet que ceux-là jouissent de la capacité de transiger, qui ne peuvent pas le faire librement : l'art. 48 ne les soumet donc pas au préliminaire. D'autre part, s'il ne leur est pas absolument impossible de donner les mains à un arrangement amiable, les formalités et autorisations nécessaires pour sa validité ou bien ne pourraient être accomplies et obtenues lors de la comparution devant le juge de paix, ou bien ne le seraient qu'au prix de lenteurs et de frais desquels résulterait un préjudice insuffisamment compensé par les avantages fort incertains du préliminaire de conciliation. — Bioche, n. 29; Boitard, Colmet-Daage et Glasson, t. 1, n. 83; Boncenne, t. 2, p. 16; Garsonnet, t. 2, p. 200.

171. — Il est à remarquer que l'art. 49-1° dispense expressément du préliminaire de conciliation les affaires intéressant un certain nombre de personnes, qui sont précisément les personnes incapables de transiger. Cette disposition mérite d'être noticée : on peut dire qu'elle est inutile et dangereuse. Inutile, car le principe de l'art 48 suffisait à soustraire ces personnes à la formalité. Dangereuse, car on pourrait faire croire que l'énumération de l'art. 49-1° est limitative, et que les seules parties qui soient dispensées du préliminaire sont celles qui y sont comprises (V. *infrà*, n. 188). Or, ce serait là une erreur certaine : le principe de l'art. 48 reste intact, et il ne faut pas hésiter à ajouter à la liste de l'art. 49-1° toutes les personnes incapables de transiger que nous y verrons omises. En conséquence de ces observations, on doit exempter du préliminaire les affaires intéressant :

172. — 1° L'État, le domaine, les communes, les établissements publics (art. 49-1°), auxquels il faut ajouter aujourd'hui les départements. Il ne faut pas oublier que si ces diverses personnes morales sont dispensées du préliminaire, elles sont, le plus souvent, assujetties à d'autres formalités qui répondent dans une certaine mesure aux mêmes préoccupations. L'exercice d'une action contre le domaine de l'État, les départements ou les communes, doit être précédé du dépôt, par le demandeur, d'un mémoire à la préfecture, qui a pour principal objet de faciliter, le cas échéant, la conclusion d'une transaction par les soins de l'administration (V. sur ce point, *supra*, v° *Autorisation de plaider*, n. 667 et s.). L'obligation imposée aux communes et à certains établissements publics de se munir d'une autorisation du conseil de préfecture avant d'agir en justice, est motivée, dans une certaine mesure, par la même idée. — V. *supra*, *cod. verb.*

173. — 2° Les mineurs non émancipés et les interdits (art. 49-1°, C. proc. civ., 467 et 509, C. civ.).

174. — Il a été jugé que la disposition qui dispense du préliminaire de conciliation les demandes intéressant les mineurs ne s'applique pas à l'action en reddition de compte formée par le tuteur contre un tiers auquel il a donné mandat de toucher une somme due au mineur. — Poitiers, 13 mai 1829, Massé, [S. et P. chr.]

175. — Cette décision est justement critiquée par Chauveau (sur Carré, t. 1, quest. 207 *septies*). Le tuteur avait agi pour le mineur, en sa qualité de tuteur. C'était au mineur qu'appartenait, en son nom qu'était intentée l'action en reddition de compte : le tuteur n'aurait pu transiger sans se conformer à l'art 467 : l'art. 49-1° était donc inapplicable.

176. — 3° Les personnes pourvues d'un conseil judiciaire (Arg. des art. 499 et 513, C. civ.). — Thomine-Desmazures, t. 1, p. 131; Bioche, n. 36; Garsonnet, t. 2, p. 201. — *Contrà*, Boitard, Colmet-Daage et Glasson, t. 1, n. 84; Rodière, t. 1, p. 167.

177. — 4° Les syndics de faillite (Arg. des art. 487 et 535, C. civ.). Et notamment les syndics de l'union, alors même que, par le contrat d'union, ils ont reçu le pouvoir de transiger. — Paris, 10 juin 1836, Syndic Hourlier, [S. 36.2.498, P. chr.]; — Cette disposition ne change rien à la situation, soit parce qu'elle peut être considérée comme se référant purement et simplement à l'art. 533, soit parce que le contrat d'union ne peut rien ajouter aux pouvoirs légaux des syndics.

178. — 5° Les commerçants en état de liquidation judiciaire (Arg. de l'art. 7, L. 4 mars 1889).

179. — 6° Les liquidateurs de société... — Trib. Limoges, 10 mars 1882, [*Gaz. Pal.*, 83.1.37]

180. — 7° Les curateurs aux successions vacantes (art. 49-1°. — V. aussi art. 814, C. civ., 988, 989, 1002, C. proc. civ.), et généralement tous les curateurs qui n'ont pas le pouvoir de transiger, par exemple, le curateur nommé à un militaire absent, en vertu de la loi du 11 vent. an II. — Rennes, 28 août 1813, N..., [P. chr.] — *Sic*, Chauveau, sur Carré, t. 1, quest. 207 *ter*.

181. — ... Et le curateur au tribunal à le droit de donner au présumé absent : il est admis, en effet, qu'il ne peut transiger sans l'autorisation de justice (V. *supra*, v° *Absence*, n. 60). — Rennes, 28 août 1813, précité. — *Sic*, Chauveau, sur Carré, t. 1, quest. 207.

182. — 8° L'héritier bénéficiaire plaidant au nom de la succession. Il est vrai que l'héritier bénéficiaire n'est pas précisément incapable de transiger au nom de la succession : il résulte des art. 988 et 989, C. proc. civ., que l'aliénation qu'il aurait faite des biens de la succession, sans observer les formes prescrites par ces articles, ne serait pas nulle, mais aurait simplement pour effet de le faire considérer comme héritier pur et simple. Il en serait de même, sans doute, de la transaction qu'il aurait consentie sur un procès concernant la succession. Mais s'il veut, comme il en a le droit, et comme on doit le supposer, se maintenir dans sa situation d'héritier bénéficiaire, il doit s'abstenir de transiger au nom de la succession. On en conclut : 1° que s'il intente pour elle une action en justice, il n'est pas tenu de citer l'adversaire en conciliation; 2° que le tiers qui forme une demande contre la succession n'est pas tenu, non plus, de l'appeler en conciliation. — Orléans, 19 févr. 1819, [J. des av., t. 7, p. 283] — Grenoble, 6 mars 1823, Lattier, [S. et P. chr.] — Toulouse, 12 déc. 1835, Lacour, [S. 36.2.399] — *Sic*, Pigeau, *Proc. civ.*, t. 1, p. 80; *Comment.*, t. 1, p. 141; Favard de Langlade, t. 1, p. 625; Thomine-Desmazures, t. 1, p. 231; Boncenne, t. 2, p. 17; Boitard, Colmet-Daage et Glasson, t. 1, n. 84; Rodière, t. 1, p. 167; Chauveau, sur Carré, t. 1, quest. 207 *bis*; Carou, t. 1, n. 761; Garsonnet, t. 2, p. 203.

183. — Mais la demande reste à conciliation si elle est formée contre l'héritier bénéficiaire agissant en son nom personnel (Pigeau, *Comment.*, t. 1, p. 141). Jugé, en ce sens, pour la demande en nullité d'un testament réformé contre le légataire universel qui a accepté sous bénéfice d'inventaire. — Orléans, 6 août 1812, Lefebvre, [P. chr.]

184. — ... Et pour l'action en retrait successoral exercée par l'héritier bénéficiaire. — Bordeaux, 16 mars 1832, Mothe, [S. 32.2.473, P. chr.]

185. — Il y a des personnes qui tantôt peuvent, tantôt ne peuvent pas transiger, selon l'objet de la contestation, et qui, par conséquent, sont tantôt soumises, tantôt soustraites au préliminaire de conciliation. Ce sont :

186. — 1° Les mineurs émancipés. — L'art. 484, C. civ., les déclare, en principe, incapables de transiger sans les formalités et autorisations requises par l'art. 467. Toutefois, l'art. 481 disant qu'ils peuvent valablement faire tous les actes de pure administration, plusieurs auteurs en concluent qu'ils peuvent transiger sur les procès auxquels donnent lieu ces mêmes actes (V. sur ce point, *infra*, v° *Emancipation*, *Transaction*) : s'il en est ainsi, ces procès devraient être soumis au préliminaire de conciliation. — Delvincourt, t. 1, p. 500; Bioche, n. 34; Pigeau, *Proc. civ.*, t. 1, p. 35; Carré, t. 1, quest. 217; Bonnier, n. 33; Garsonnet, *Traité*, t. 2, p. 201. — *Contrà*, Chauveau, sur Carré, *loc. cit.*; Boitard, Colmet-Daage et Glasson, t. 1, n. 85; Thomine-Desmazures, t. 1, p. 131; Rousseau et Laisney, n. 47.

187. — 2° Les femmes mariées. — La femme ne pouvant aliéner sans l'autorisation du mari ou de justice (art. 217, C. civ.), ne peut transiger et se trouve dispensée en principe du préliminaire de conciliation. L'usage, généralement suivi, d'appeler en conciliation la femme défenderesse et son mari n'est donc pas obligatoire (Bioche, n. 36). Et rien n'oblige non plus la femme demanderesse et plaidant avec l'autorisation du mari ou de justice à citer son adversaire en conciliation : on ne peut pas dire que l'autorisation de plaider accordée à la femme la relève de son incapacité de transiger; il est certain, au contraire, que l'autorisation de plaider n'implique pas celle de transiger. — Chauveau, sur Carré, *Lois de la proc.*, t. 1, quest. 207; Favard de Langlade, t. 1, p. 622 et s.; Thomine-Desmazures, t. 1, p. 138; Bioche, n. 37; Boncenne, t. 2, p. 17; Carou, t. 2, n. 763; Boitard, Colmet-Daage et Glasson, t. 1, n. 84; Garsonnet, t. 2, p. 201 et s., § 237-2°-b. — *Contrà*, Carré, *loc. cit.*; Pigeau, *Comment.*, t. 1, p. 138; Rodière, t. 1, p. 166. — V. *suprà*, v° *Autorisation de femme mariée*, n. 672.

188. — Nous ne pouvons donc approuver un arrêt par lequel il a été jugé d'une manière absolue que la femme mariée, n'étant pas comprise dans les exceptions limitatives tracées par le législateur à la règle écrite dans l'art. 48, C. proc. civ., il en résulte que les demandes formées contre les femmes mariées ne sont pas dispensées du préliminaire de conciliation. — Orléans, 16 févr. 1849, de Pierres, [P. 49.1.314]

189. — Il y a cependant quelques cas où la femme recouvre dans une mesure plus ou moins large la capacité de disposer et de transiger et doit passer par le préliminaire de conciliation : c'est lorsqu'il y a eu séparation, soit de biens, soit de corps. La femme séparée de biens, ayant la libre administration de ses biens et la disposition (sauf controverse sur l'étendue de ce droit de disposer, V. *infra*, v° *Séparation de biens*) de son mobilier sera soumise à l'essai de conciliation dans les procès qui se rapportent à l'un ou à l'autre de ces objets. — Pigeau, *Comment.*, t. 1, p. 139; Boitard, Colmet-Daage et Glasson, *loc. cit.*; Chauveau, sur Carré, *loc. cit.*; Rodière, *loc. cit.*; Garsonnet, *loc. cit.*; Bioche, n. 39. — Quant à la femme séparée de corps, elle recouvre, depuis la loi du 6 févr. 1893, le plein exercice de sa capacité civile : elle est donc toujours capable de transiger et tombe sous le coup de l'art. 48, C. proc. civ.

190. — Mais il faut réserver les procès relatifs à la dot inaliénable; ils ne peuvent se terminer par une transaction, et ne donnent, par suite, jamais lieu au préliminaire de conciliation. — Pau, 1er avr. 1840, sous Cass., 18 mai 1841, Saurine, [S. 41.1.343, P. 41.2.61] — Cela reste vrai, bien que la femme soit séparée de biens, et même bien qu'elle soit séparée de corps, si toutefois l'on admet, sous l'empire de la loi du 6 févr. 1893, que la séparation de corps laisse subsister l'inaliénabilité dotale. — Thomine-Desmazures, *loc. cit.*; Chauveau, sur Carré, *loc. cit.* — *Contrà*, Nîmes, 10 déc. 1857, [cité par Chauveau, sur Carré, *Suppl.*, t. 7, quest. 207]

191. — 3° L'envoyé en possession provisoire des biens d'un absent. — Il peut, en effet, disposer du mobilier et non des immeubles de l'absent (art. 128, C. civ.), donc transiger sur les droits mobiliers, et non sur ses droits immobiliers. Par suite, la conciliation devra être tentée dans les procès relatifs aux premiers, et non aux derniers. Les envoyés en possession définitive, disposent librement de tous les biens de l'absent, et peuvent toujours transiger; ils seront donc toujours soumis au préliminaire. — V. Bioche, n. 40; Boncenne, t. 2, p. 15; Rodière, t. 1, p. 167; Garsonnet, t. 2, p. 202 et s.

192. — 4° Les mandataires conventionnels qui peuvent ou ne peuvent pas transiger selon l'étendue de leurs pouvoirs. — Il a été jugé, à ce sujet, que les administrateurs d'une société qui la représentent en justice, doivent être appelés en conciliation, lorsqu'on ne justifie pas qu'ils n'avaient pas le pouvoir de transiger. — Cass., 19 déc. 1866, Société des mines de Pontgibaud, [S. 67.1.12, P. 67.1.3, D. 67.1.113] — *Contrà*, de Raynal, concl. sous cet arrêt; Boncenne, t. 2, p. 15.

193. — Lorsqu'une demande est formée par plusieurs demandeurs, ou entre deux défendeurs, dont les uns sont incapables, les autres capables de transiger, est-elle dispensée du préliminaire même en ce qui concerne ces derniers? La question se résout par une distinction tirée de la nature de l'action : si elle est indivisible, le préliminaire n'est obligatoire pour personne, puisque la transaction, pour être efficace, exigeant le concours de toutes les parties, ne saurait aboutir. Si elle est divisible, il n'y a pas de raison pour exempter de cette formalité les parties capables, qui peuvent parfaitement transiger sans la coopération des autres. — Favard de Langlade, t. 1, p. 623; Berriat Saint-Prix, p. 203, note 10-2°; Pigeau, *Proc. civ.*, t. 1, p. 78, note; Boncenne, t. 2, p. 16, note 2; Bioche, n. 32. — *Contrà*, pour les cas où un mineur et un majeur sont défendeurs ensemble à une action divisible, Thomine-Desmazures, t. 1, n. 69; Carou, n. 764.

194. — Il a été jugé, en ce sens, que, lorsqu'une demande divisible de sa nature est formée par plusieurs parties, et que les demandeurs se trouve un mineur que la loi dispense de la tentative de conciliation, le majeur ne profite pas de la dispense établie pour le mineur, mais il y a lieu à la tentative de conciliation en ce qui le concerne si elle n'est pas précédée de la tentative de conciliation. — Cass., 30 mai 1814, de Fargès et de Pontcarré, [S. et P. chr.]

195. — ... Que si les demandes intéressant une succession bénéficiaire sont dispensées du préliminaire de conciliation, cette dispense n'est point applicable à l'héritier pur et simple qui plaide conjointement avec l'héritier bénéficiaire, lorsque l'action est divisible. — Toulouse, 12 déc. 1835, Lacour, [S. 36.2.399, P. chr.] — *Sic*, Boncenne, t. 2, p. 15; Thomine-Desmazures, t. 1, n. 69. — V. aussi Grenoble, 6 mars 1823, Lattier, [S. et P. chr.]

196. — ... Qu'au contraire, en matière indivisible, par exemple s'il s'agit d'une demande en délaissement d'un immeuble dépendant d'une succession commune, la dispense établie en faveur de l'héritier mineur profite à son cohéritier majeur. — Cass., 4 mars 1813, Malagamba, [D. *Rép.*, v° *Conciliation*, n. 119-1°] — Bordeaux, 20 août 1833, Lafaye, [S. 34.2.204, P. chr.] — Limoges, 22 févr. 1843, Juge, [S. 44.2.446, P. 44.1.220]

197. — Mais lorsqu'un demandeur engage une contestation contre un établissement public et un autre défendeur, si l'autorité administrative refuse à l'établissement public l'autorisation de plaider, la tentative de la conciliation devient indispensable à l'égard de l'autre défendeur. En ce cas, la demande en déclaration de jugement commun dirigée primitivement contre le défendeur prend le caractère d'une action principale par le retrait de l'instance de l'établissement public; les deux parties, rentrant dans le droit commun, ne peuvent se soustraire à la nécessité de la voie conciliatrice. — Orléans, 13 févr. 1819, Duchemin, [S. et P. chr.]

§ 2. *Objets susceptibles de transaction.*

198. — L'art. 48 déclare que le préliminaire de conciliation n'est pas obligatoire dans les demandes sur des objets qui ne sont pas susceptibles de transaction. La loi ne nous apprend pas quels sont les objets susceptibles de transaction. Mais on peut affirmer avec certitude que, rentrent seuls dans cette catégorie ceux dont on peut disposer. D'autre part, l'art. 1004, C. proc. civ., nous indique un certain nombre de droits sur lesquels il est interdit de compromettre, et il est vraisemblable que ses dispositions doivent être appliquées par analogie à la transaction. — Boitard, Colmet-Daage et Glasson, t. 1, n. 86; Bonnier, n. 34; Garsonnet, t. 2, p. 203. — Sur les affaires susceptibles de transaction, V. notamment, *suprà*, v° *Acquiescement*, n. 61 et s., *Arbitrage*, n. 190 et s., et *infra*, v° *Transaction*. — A titre d'exemple, le préliminaire de conciliation est inutile, notamment dans les procès relatifs :

199. — 1° A l'état des personnes, par exemple aux demandes en mainlevée d'opposition à mariage (V. au surplus *infra*, n. 234);

aux actions en nullité de mariage, en réclamation et en contestation d'état, en divorce ou en séparation de corps ou de biens (art. 49-7°, 1004, C. proc. civ., 1443, C. civ.); aux demandes en rectification des actes de l'état civil (art. 856, C. proc. civ.).

200. — Il en était autrement de la demande en divorce sous l'empire de la loi des 16-24 août 1790 : depuis la suppression des tribunaux de famille, auxquels la loi attribuait en premier ressort les contestations relatives au divorce, ces contestations n'ont pu être portées devant les tribunaux civils, qu'après tentative de conciliation devant le bureau de paix, formalité d'ordre public, qui n'a pu être couverte par le silence des parties. — Cass., 6 vend. an VII, Dellecreyer, [S. et P. chr.] — Aujourd'hui, du reste, il ne faut pas oublier que les demandes en divorce et en séparation de corps sont soumises à une tentative spéciale de conciliation, devant le président du tribunal de première instance (art. 238, 307, C. civ.; L. 18 avr. 1886). — V. infrà, v^{ls} *Divorce, Séparation de corps*.

201. — 2° Aux dons et legs d'aliments, logement et vêtement (art. 1004, C. proc. civ.).

202. — 3° A toutes les affaires sujettes à communication du ministère public (art. 1004). Nous n'avons pas ici à donner l'énumération complète de ces sortes d'affaires (V. supra, v° *Communication au ministère public*, n. 113 et s.); nous remarquerons seulement : 1° que, parmi les affaires que l'art. 49 dispense expressément du préliminaire de conciliation, il en est plusieurs qui sont sujettes à communication ; ce sont les demandes de mise en liberté (art. 49-5°, et 793), les demandes en désaveu, en règlement de juges, en renvoi, les prises à partie (art. 49-7°, 795, 805, 359, 83-4° et 5°); 2° que l'art. 83-1° prescrit la communication pour toutes les affaires intéressant l'ordre public : ces mêmes affaires échapperont donc au préliminaire de conciliation. Cette observation s'applique notamment :

203. — ... A la demande formée par un notaire contre un huissier et tendant à faire déclarer que ce dernier n'aura pas le droit de procéder à certaines sortes de ventes. — Rouen, 10 août 1844, Orléans, [S. 45.2.210]

204. — ... A la demande en réduction du prix d'un office ministériel. — Orléans, 13 févr. 1891, Moreau, [S. et P. 92.2.241] — V. sur la nullité de la transaction relative à cet objet, Cass., 6 déc. 1832, Leroy des Plantes, [S. 53.1.117, P. 54.1.558, D. 53.1.118] — Bourges, 13 nov. 1890, C., [S. et P. 92.2.241]

205. — Mais l'action intentée sur l'intérêt civil qui résulte d'un délit étant susceptible de transaction (art. 2046, C. civ.), est par là même sujette au préliminaire de conciliation. — Pigeau, *Comment.*, t. 1, p. 139; Chauveau, sur Carré, t. 1, quest. 206, § 1, 9.

206. — 4° Aux demandes sur les tutelles et curatelles, exemptées par l'art. 49-7°. Il faut entendre par là les contestations relatives aux incapacités, excuses et destitutions de tuteurs et de curateurs.— Bioche, n. 58; Rodière, t. 1, p. 171; Garsonnet, t. 2, p. 4.

207. — ... Aux demandes en reddition de comptes de tutelle, l'art. 472, C. civ., déclarant tout traité intervenu entre le tuteur et le mineur devenu majeur, s'il n'est précédé de la reddition de comptes, etc. — Riom, 25 mai 1816, Gerie, [S. et P. chr.] — *Sic*, Rodière, t. 1, p. 171; Garsonnet, t. 2, p. 200, n. 17.

208. — ... Et aux demandes qui en sont la suite, par exemple à celles qui tendent à la rectification d'erreurs de calcul.

209. — ... Mais non à l'action en rejet d'un compte rendu au mineur pendant sa minorité, formée par ce mineur devenu majeur. — Carré, t. 1, quest. 216; Bioche, n. 58. — *Contrà*, Rennes, 22 mai 1809, [cité par Carré et Chauveau, t. 1, quest. 216]; Boitard, Colmet-Daage et Glasson, t. 1, n. 100] — Cette dernière décision peut toutefois se justifier par d'autres raisons.

210. — ... Ni à l'action en responsabilité formée par le mineur devenu majeur contre son ancien subrogé-tuteur pour n'avoir pas surveillé l'emploi des capitaux touchés par le tuteur. — Bruxelles, 13 mai 1886, Van der Elst.

Section III.

Demandes portées devant les tribunaux de première instance.

211. — Le préliminaire de conciliation organisé par les art. 48 et s., C. proc. civ., dont nous nous occupons ici, n'est prescrit que pour les demandes portées devant les tribunaux de première instance. Il n'a donc pas lieu pour les affaires dont doivent connaître :

212. — 1° Les tribunaux de paix. Mais la loi du 25 mai 1838, art. 17, et celle du 2 mai 1855, ont, dans la plupart des affaires de la compétence du juge de paix, organisé une tentative spéciale de conciliation, à laquelle il est procédé à la suite d'un avertissement sans frais donné par le juge de paix. — V. sur ce point *supra*, v° *Avertissement*, n. 3 et s., 28 et s., et *infrà*, v° *Justice de paix*. — En appel, les demandes de la compétence des juges de paix ne sont pas soumises au préliminaire de conciliation des art. 48 et s., C. proc. civ., parce qu'elles ne sont pas introductives d'instance.

213. — 2° Les conseils de prud'hommes. Ici encore, nous trouvons un préliminaire spécial de conciliation devant le bureau particulier du conseil (L. 18 mars 1806, art. 6; Déc. 11 juin 1809, art. 25, 30, 32 et 36). — V. *infrà*, v° *Prud'hommes*.

214. — 3° Les tribunaux de commerce (V. art. 49-4°). La tentative de conciliation à laquelle doivent procéder les arbitres devant qui le tribunal peut renvoyer les parties (art. 429, C. proc. civ.), n'a qu'une analogie très-lointaine avec notre préliminaire de conciliation, puisqu'elle a lieu en cours d'instance.

215. — 4° Les cours d'appel, soit qu'elles statuent comme juridiction de deuxième degré, soit qu'il s'agisse d'une de ces affaires dont elles connaissent exceptionnellement en premier et dernier ressort.

216. — 5° La Cour de cassation.

217. — 6° Les tribunaux administratifs.

CHAPITRE IV.

DEMANDES DISPENSÉES DU PRÉLIMINAIRE DE CONCILIATION.

218. — La loi dispense du préliminaire de conciliation un certain nombre d'affaires qui y seraient soumises, si l'on s'en tenait aux principes de l'art. 48. Ces dispenses ayant un caractère exceptionnel doivent être interprétées plutôt restrictivement, et, dans le doute, on doit se prononcer sur la nécessité du préliminaire. — Carré, *Lois de la proc.*, t. 1, p. 208; Berriat Saint-Prix, p. 206, n. 13; Bioche, n. 14. — *Contrà*, Thomine-Desmazures, t. 1, p. 130.

219. — Les exceptions au préliminaire de conciliation ne sont pas d'ailleurs des prohibitions mais des dispenses : il n'y a donc pas lieu à nullité, lorsqu'on a employé la conciliation dans une affaire que la loi exemptait à raison, par exemple, du nombre des défendeurs. — Montpellier, 5 août 1807, Joly, [S. et P. chr.] — Douai, 13 févr. 1884, Vandeville, [*Gaz. Pal.*, 84.2, suppl., p. 211] — *Sic*, Carré, *Lois de la proc.*, t. 1, p. 207; Boncenne, t. 2, p. 23.

220. — Et le procès-verbal de conciliation qui est dressé alors est parfaitement valable. — Douai, 13 févr. 1884, précité.

221. — Le juge de paix ne doit donc pas refuser d'entendre les parties, sauf à ne pas insérer leurs conventions dans son procès-verbal, si elles sont incapables de transiger.

222. — Si l'on intente simultanément deux actions dont l'une est sujette au préliminaire de conciliation, lorsque l'autre en est dispensée, devra-t-on pour la première, recourir préalablement à cette formalité ? Il y a lieu de distinguer selon que ces deux affaires sont ou ne sont pas indivisibles : au premier cas, elles en seront toutes deux exemptes; au second cas, il n'y a pas de raison valable pour soustraire au préliminaire de conciliation l'affaire qui y est assujettie. — Bioche, n. 46; Garsonnet, t. 2, p. 197, note 1; Chauveau, sur Carré, t. 1, quest. 207 *quinq*. — *Contrà*, sur le dernier point, Thomine-Desmazures, t. 1, p. 133.

223. — Les dispenses du préliminaire de conciliation sont énumérées surtout dans l'art. 49. Mais la rédaction de cet article est critiquable; car, à côté de véritables exceptions aux principes de l'art. 48, il renferme des applications pures et simples de ces mêmes principes : en d'autres termes, il exempte du préliminaire des affaires qui, d'après les règles de l'art. 48, n'y étaient pas soumises (V. art. 49, n. 1, 3 et 4). Nous ne reviendrons pas sur les demandes de cette catégorie, dont il a été déjà parlé précédemment et nous nous bornerons à dispenses réellement utiles, c'est-à-dire à celles qui concernent les affaires que l'art. 48 aurait soumis à la formalité.

SECTION I.
Demandes qui requièrent célérité.

224. — Aux termes de l'art. 49, « Sont dispensées du préliminaire de conciliation. ... 2° Les demandes qui requièrent célérité ». La raison de cette première exception est facile à apercevoir : lorsqu'une affaire est urgente, il importe de simplifier le plus possible les formes de procédure.

225. — Dans quel cas une affaire doit-elle être considérée comme requérant célérité? Nous trouvons d'abord, dans les dispositions mêmes de la loi, un certain nombre d'affaires qui sont expressément dispensées de conciliation, et qui le sont évidemment parce qu'elles présentent ce caractère d'urgence, visé par l'art. 49-2°. Dans d'autres cas, la loi est muette, et l'appréciation de l'urgence appartiendra aux juges.

§ 1. Cas où l'urgence est déclarée par la loi.

226. — Sont dispensées par la loi du préliminaire de conciliation à raison de leur urgence : 1° Les demandes en matière commerciale. Quand elles sont portées devant un tribunal de commerce, elles échappent au préliminaire, en vertu du principe de l'art. 48. Quand elles sont portées au tribunal civil, dans les arrondissements où il n'y a pas de tribunal de commerce (art. 640, C. comm.), elles en sont dispensées, comme présumées urgentes, par l'art. 49-4°. — Turin, 17 janv. 1807, Hermil, [S. et P. chr.]

227. — Nous ne croyons pas que cette disposition soit applicable aux demandes qui, sans être commerciales, auraient pu être portées devant le tribunal de commerce, lorsqu'en fait elles sont portées devant le tribunal civil. Nous faisons allusion à la demande en paiement d'un billet à ordre qui n'est signé que par des non-commerçants; elle peut être formée devant le tribunal de commerce qui ne sera pas tenu de s'en dessaisir, à moins qu'il n'en soit requis (art. 636, C. comm.); il est évident qu'alors elle ne sera pas soumise à l'essai de conciliation. Mais si elle est portée devant le tribunal civil, elle ne peut être considérée comme comprise dans la disposition de l'art. 49-4°. Elle ne pourra être dispensée du préliminaire que s'il est reconnu en fait qu'elle requiert célérité (Arg. des art. 165 et 187, C. comm.). — V. Chauveau et Carré, t. 1, quest. 209; Bioche, n. 65; Rodière, t. 1, p. 168; Garsonnet, t. 2, p. 205, note 1.

228. — Il ne suffit pas, pour qu'une demande soit considérée comme commerciale, qu'elle soit dirigée contre un commerçant. Ainsi on ne doit pas exempter du préliminaire de conciliation les demandes formées en matière civile contre une société commerciale. Elles en seront souvent dispensées parce que la société sera représentée au procès par plus de deux associés, ou de deux administrateurs, ou par un administrateur qui n'a pas le pouvoir de transiger (V. *suprà*, n. 192); mais si elle plaide par le ministère d'une ou deux personnes investies des pouvoirs nécessaires pour transiger, on doit les citer en conciliation. Le contraire a été soutenu, par argument de l'art. 50 qui déclare le juge de paix compétent pour tenter l'essai de conciliation « en matière de société *autre que celle de commerce* » : on en a conclu que les sociétés de commerce ne sont jamais soumises au préliminaire de conciliation. — Bioche, n. 89; Rodière, t. 1, p. 172.

229. — Mais c'est à tort; c'est l'art. 49 et non l'art. 50 qui détermine les affaires exemptées de cette formalité, et aucune de ses dispositions n'autorise à y comprendre les demandes civiles formées contre les sociétés commerciales. Si l'art. 50 ne fait pas mention des sociétés commerciales, c'est parce qu'il est extrêmement rare qu'il soit nécessaire de les appeler en conciliation soit pour les raisons données plus haut, soit à raison du caractère généralement commercial du procès où elles sont intéressées. Mais le contraire est possible. — Boitard, Colmet-Daage et Glasson, t. 1, n. 87; Garsonnet, *loc. cit.*

230. — Ainsi une demande formée par un propriétaire contre une société commerciale en réparation d'un dommage causé à sa propriété par cette société, n'a rien de commercial, et n'est pas, dès lors, dispensée du préliminaire de conciliation, surtout s'il n'est point justifié que les administrateurs n'avaient pas pouvoir de transiger. — Cass., 19 déc. 1866, Société des mines de Pontgibaud, [S. 67.1.42, P. 67.13, D. 67.2.113]

231. — 2° Les demandes de mise en liberté, déjà exemptes comme non susceptibles de transaction (art. 49-5°). — V. *suprà*, n. 202.

232. — 3° Les demandes en mainlevée de saisie ou opposition (art. 49-5°). C'est ce qui avait été jugé déjà, pour les demandes en mainlevée d'opposition à une saisie ou à un commandement de payer sous l'empire de la loi des 16-24 août 1790. — Cass., 26 vend. an XII, Dussoud, [S. et P. chr.]; — 10 fruct. an XII, Paris, [S. et P. chr.] — A cet effet, on les considérait comme des demandes incidentes; mais cette manière de voir nous paraît quelque peu hasardée, car il n'y a de véritablement incidentes que les demandes qui se rattachent à une *instance*, et une saisie n'est pas une instance.

233. — Est dispensée du préliminaire de conciliation la demande en mainlevée d'une opposition formée par un débiteur à la vente des biens qu'il a abandonnés à ses créanciers, pour le prix servir à l'acquittement de leurs créances. — Bourges, 22 août 1826, Journault, [P. chr.]

234. — Il en est de même des demandes en mainlevée d'opposition à un mariage. Quand même on devrait admettre que l'art. 49-5° ne les a pas comprises dans ses prévisions, et qu'il vise uniquement les demandes en mainlevées des oppositions formées par les créanciers, il y aurait encore deux raisons décisives pour les comprendre dans la dispense : d'abord, comme toutes les demandes relatives à l'état des personnes, elles ne sont pas susceptibles de transaction (V. *suprà*, n. 199); ensuite, elles sont certainement du nombre de celles qui requièrent célérité (Arg. des art. 177 et 178, C. civ.). — Douai, 22 avr. 1819, Saint-Remy, [S. et P. chr.] — *Sic*, Bruxelles, 29 mars 1820, D..., [S. et P. chr.] — *Sic*, Merlin, *Rép.*, v° *Opposition à mariage* et *Quest. de dr.*, v° *Actes respectueux*, § 3, art. 4; Delvincourt, *Cours de Cod. civ.*, t. 1, p. 123; Toullier, *Droit civ. franç.*, t. 1, n. 589; Proudhon, *Traité de l'état des pers.*, t. 1, p. 242; Duranton, *Cours de dr. franç.*, t. 2, n. 211; Vazeille, *Traité du mar.*, t. 1, n. 173; Chauveau, sur Carré, quest. 209 *bis*; Garsonnet, t. 2, p. 204. — En sens contraire, sous l'empire de la loi des 16-24 août 1790, Amiens, 30 vent. an XII, Mignon, [S. et P. chr.] — V. Locré, *Légist. civ.*, t. 4, p. 430, art. 24, et p. 435, n. 14.

235. — Mais les demandes en mainlevée ou en radiation d'inscription ne sauraient être assimilées à celles en mainlevée d'opposition. Elles ne rentrent ni dans le n° 5 de l'art. 49, ni dans le n° 2 du même article, qui vise les demandes requérant célérité. — Cass., 7 nov. 1833, Pansera, [D. 56.2.54] — Montpellier, 3 févr. 1816, Franc, [S. et P. chr.] — Caen, 13 nov. 1839, Bidel, [S. 40.2.25, P. 40.1.664] — *Sic*, Chauveau, sur Carré, t. 1, quest. 211 *bis*. — *Contrà*, Limoges, 11 mars 1845, [*J. de proc.*, art. 3290] — Grenier, *Traité des hyp.*, t. 1, p. 194; Troplong, *Hyp.*, t. 3, n. 744 *bis*.

236. — Il faut dire autant : de la demande par laquelle le tiers détenteur d'un immeuble à qui un créancier hypothécaire porteur d'un bordereau de collocation sur le prix de cet immeuble a dénoncé le commandement fait au débiteur, et a fait sommation de payer, assigne le créancier pour voir statuer sur l'opposition qu'il forme à ce commandement et à cette sommation. — Orléans, 18 nov. 1836, Bouchet, [S. 37.2.144, P. 37.1.354]

237. — ... De la demande en nullité d'une obligation formée par l'héritier, après la notification à lui faite d'un titre exécutoire contre le défunt : cette notification n'étant pas une poursuite ni un commencement de poursuites. — Bourges, 9 mai 1821, Fauverne, [S. et P. chr.] — *Sic*, Chabot, *Comment. sur les success.*, t. 3, art. 877, n. 2; Chauveau, sur Carré, t. 1, quest. 206.

238. — ... De l'assignation lancée par le débiteur contre son créancier en même temps qu'il forme opposition au commandement qu'il lui a signifié. — Trib. Briançon, 25 nov. 1846, [*J. des av.*, t. 72, art. 115] — *Contrà*, Chauveau, sur Carré, suppl., t. 7, quest. 211 *ter*.

239. — 4° Les demandes en paiement de loyers, fermages ou arrérages de rentes ou pensions (art. 49-3°). — Cass., 19 janv. 1823, Poya, [S. et P. chr.] — Rennes, 31 juill. 1810, Quemar, [P. chr.]

240. — Si, outre le prix du bail stipulé en argent, il y a d'autres charges particulières imposées au fermier ou locataire, la demande en paiement du loyer ou fermage et d'une somme représentative des charges particulières ne cesse pas d'être exempte du préliminaire de conciliation. — Bruxelles, 5 déc. 1807, Dewitte, [P. chr.]

241. — Mais si, à la demande de loyers, fermages, etc.,

vient s'en joindre une autre qui ne puisse en être considérée comme l'accessoire, celle-ci, conformément aux principes posés, restera sujette au préliminaire de conciliation.

242. — Il a été jugé, en ce sens, que la demande à fin de paiement de diverses annuités d'arrérages d'une rente foncière, à laquelle se joint une demande à fin de résiliation du contrat de rente et de dépossession de l'immeuble, doit, à peine de nullité, être soumise au préliminaire de conciliation. — Paris, 8 janv. 1825, Pelitier, [P. chr.] — Aix, 8 janv. 1825, Sénéquier, [P. chr.] — Sic, Rodière, t. 1, p 169; Garsonnet, t. 2, p. 206.

243. — Mais il a été statué en sens contraire, sur la demande d'une femme séparée de biens qui, en réclamant les arrérages d'une rente conventionnelle, concluait en même temps à ce que celui qui s'était acquis de son mari la tenue qui lui appartenait, la reconnût pour propriétaire, attendu la nullité de cette vente. — Rennes, 20 juin 1812, N..., [S. et P. chr.] — Et cet arrêt est approuvé par Carré et Chauveau, t. 1, quest. 215; Souquet, tableau 519, 3e col., p. 23.

244. — 5° Les demandes en paiement de frais formées par les avoués (art. 49-5°) et les autres officiers ministériels (art. 9, 3e Décr. 16 févr. 1807). — En sens contraire, sous l'empire de la loi des 16-24 août 1790, Cass., 27 fruct. an VII, Duffargue-Planzoles, [S. et P. chr.] — Ces demandes sont urgentes : il importe de ménager le temps des officiers ministériels qui appartient au service de la justice. La dispense qui les concerne est motivée encore par une autre considération : la loi, qui soumet les officiers ministériels à la surveillance des tribunaux, ne tient pas à provoquer et à faciliter une transaction qui aurait pour effet de leur dérober la connaissance des réclamations peut-être exagérées et blâmables. On a quelquefois aussi mis en avant l'improbabilité d'une transaction : la loi, a-t-on dit, présume que l'officier ministériel ne transigera pas sur une question d'application du tarif. — Chauveau et Carré, t. 1, quest. 211; Boitard Colmet-Daage et Glasson, t. 1, n. 88; Rodière, t. 1, p. 169; Garsonnet, t. 2, p. 204.

245. — Ces divers motifs et la dispense qui en résulte s'appliquent à la demande en paiement du coût des actes faits, par un huissier aussi bien lorsqu'il est dirigée contre l'avoué, intermédiaire de la partie pour qui les actes ont été faits que lorsqu'il est dirigée contre la partie elle-même. — Cass., 12 déc. 1871, Mollet, [S. 71.1.229, P. 71.723, D. 71.5.90]

246. — Mais il en serait autrement de la demande que l'huissier formerait contre l'avoué pour obtenir le compte de sommes que celui-ci aurait reçues pour lui. — V. l'arrêt précité.

247. — Quant à la demande en paiement de frais formée par la partie gagnante qui a obtenu la condamnation aux dépens, ou par son avoué au profit de qui la distraction a été prononcée, la procédure spéciale à laquelle elle est soumise par le 3e décret du 16 févr. 1807 est exclusive du préliminaire de conciliation. — V. Garsonnet, loc. cit.

248. — Les notaires sont assurément des officiers ministériels, au sens de l'art. 9, 3e Décr. 16 févr. 1807 : cela résulte notamment de la relation qui existe entre ce décret et le troisième décret du même jour qui, dans son chap. 7, s'occupe de la taxe des notaires. Leurs demandes en paiement des frais et honoraires qui leur sont dus sont donc comprises dans la dispense du préliminaire. — Trib. Libourne, 17 janv. 1843, Mulescot, [S. 43.2.239] — Sic, Loret, Eléments de la science notariale, sur l'art. 49; Favard de Langlade, § 2; [Rolland de Villargues, Rép. du not. n. 111; Fons, Tarif en mat. civ., p. 305, n. 15. — Mais il en est autrement lorsqu'il s'agit du recouvrement d'honoraires ou de débours dus à un notaire, à raison non d'un acte de ses fonctions, mais d'un mandat rentrant pas dans son ministère. — Bruxelles, 17 nov. 1884, de Rellon.

249. — L'art. 9, 3e Décr. 16 févr. 1807, n'est pas applicable aux avocats. — Chauveau, sur Carré, t. 1, quest. 214; Rodière, t. 1, p. 169; Garsonnet, t. 2, p. 204, note 34. — Les cours de Bruxelles du 12 juill. 1828 et de Gand du 7 févr. 1835 [cités par Chauveau, loc. cit.] ont pu exempter du préliminaire de conciliation leurs demandes en paiement d'honoraires, c'est par argument de l'art. 43 du Décret du 14 déc. 1810 qui a été abrogé en France par l'ordonnance du 20 nov. 1822.

250. — 6° Les demandes en vérification d'écritures (art. 49-7°). Lorsque la demande en vérification est incidente, elle est dispensée à ce titre. Lorsqu'elle est principale, la loi la considère comme urgente puisqu'elle abrège les délais de l'ajournement (art. 193). — Paris, 3 août 1844, Galmenil, [D. 52.2.9]

251. — 7° Les demandes contre un tiers saisi et en général celles relatives aux saisies (art. 49-7°). Il importe, dans l'intérêt du créancier, d'abréger ces procédures toujours assez longues, et que le débiteur n'est que trop porté à entraver et à retarder. En outre, elles offrent peu de chances de conciliation. Enfin, on peut à la rigueur reconnaître aux demandes contre le tiers saisi le caractère de demandes incidentes.

252. — Cette disposition est générale et s'applique à la saisie immobilière comme aux saisies mobilières (V. au surplus, art. 718, C. proc. civ.); cette saisie avait été du reste dispensée de l'essai de conciliation dès avant le Code de procédure. — V. Agen, 17 août 1807, Lecoq, [S. et P. chr.] — Sic, Souquet, tabl. 519, col. 3, n. 25.

253. — Toutes les demandes du saisi qui ne sont que des défenses à la saisie, toutes celles du saisissant qui n'en sont que l'accessoire et celles des tiers qu'on peut considérer comme des interventions sont dispensées de la conciliation. — Chauveau, sur Carré, t. 1, quest. 216.

254. — Ainsi, le propriétaire qui avait fait saisir les meubles de son fermier, pour avoir paiement des fermages, contre la demande en nullité de la saisie intentée par le fermier, conclure, sans essai préalable de conciliation, à sa condamnation par corps aux sommes qui lui étaient dues. — Rouen, 22 juill. 1826, [cité par Chauveau, loc. cit.]

255. — On avait déjà exempté, sous l'empire de la loi des 16-24 août 1790, du préliminaire de conciliation, comme n'étant pas principale ; la demande en déclaration affirmative et en paiement de ce qu'il doit formé contre le tiers saisi. — Cass., 22 vent. an VII, Janet, [D. Rép., v° Conciliation, n. 91-1°]

256. — ... La demande en nullité de la saisie incidente à celle en validité d'offres. — Cass., 1er prair. an VIII, Le Guy, [D. Rép., v° Conciliation, n. 91-2°]

257. — De même, les créanciers qui ont saisi arrêté une créance à terme et qui demandent que la créance saisie soit vendue en justice pour en réaliser le prix forment valablement cette demande par voie d'incident dans le cours de la distribution par contribution ouverte à la suite du jugement de validité, sur le procès-verbal du commissaire, et sans préliminaire de conciliation. — Paris, 24 juin 1851, Soussignon, [S. 51.2.365, P. 51.2.228, D. 52.2.25]

258. — La dispense du préliminaire de conciliation s'applique notamment à la demande en validité de la saisie-arrêt. « En aucun cas, porte l'art. 566, C. proc. civ., il ne sera nécessaire de faire précéder la demande en validité par une citation en conciliation ». On en conclut que la demande en condamnation formée conjointement avec une demande en validité de saisie-arrêt est exemptée de cette formalité. — Cass., 17 juill. 1834, de Lattur, [S. 34.2.449, P. chr.] — Riom, 19 déc. 1821, Boissieux, [S. et P. chr.] — Sic, Pigeau, Proc. civ., t. 2, p. 56, Comment., t. 1, p. 144 et s.; Carré et Chauveau, loc. cit.; Thomine-Desmazures, t. 1, n. 70. — Contrà, Agen, 18 févr. 1891, [Gaz. Pal., 91. 2.410]

259. — ... Et cela quand même la saisie-arrêt viendrait à être annulée et que, par suite, la demande en paiement se présenterait à juger isolément. — Douai, 9 mai 1853, Bulkley, [S. 54. 2.461, P. 55.1.256, D. 56.2.54]

260. — 8° Les demandes en remise ou en communication de titres (art. 49-7°). L'art. 839 fait spécialement l'application de cette disposition, à la demande formée contre le notaire ou autre dépositaire qui refuse de délivrer expédition ou copie d'un acte aux parties intéressées ou à leurs ayants-droit.

261. — Mais ce serait une erreur de la restreindre à ces seules demandes ; l'art. 49-7° s'applique à toutes les demandes en remise de titres, notamment à la demande en remise de l'expédition d'un acte de vente, formée par le vendeur contre l'acquéreur. — Bourges, 11 juill. 1828, Tardy, [S. et P. chr.] — Sic, Chauveau, sur Carré, t. 1, quest. 218 bis. — La demande en remise de pièces, à peine de dommages-intérêts, avait été déjà exemptée, sous l'empire de la loi des 16-24 août 1790, mais seulement parce qu'elle avait été formée incidemment. — Cass., 6 germ. an IV, Renard, [D. Rép., v° Conciliation, n. 88-1°]

262. — 9° Les demandes formées contre les experts en cas de retard ou de refus de leur part de déposer leur rapport pour les faire condamner à effectuer ce dépôt (art. 320) : la procédure expéditive à laquelle le même texte soumet ces demandes accuse suffisamment leur caractère d'urgence.

263. — 10° La demande par laquelle les tuteurs, subrogé-tuteurs ou curateurs, et même les membres du conseil de famille se pourvoient contre une délibération de ce conseil qui n'a pas été prise à l'unanimité (art. 883). Si la loi la dispense du préliminaire de conciliation, c'est sans doute parce qu'elle la considère comme requérant célérité (art. 884).

264. — 11° Les demandes en garantie pour vices rédhibitoires dans les ventes et échanges d'animaux domestiques (L. 2 août 1884, art. 9.)

§ 2. *Cas où il appartient au juge de déclarer l'urgence.*

265. — Il arrive souvent qu'une affaire qui n'a pas été dispensée par la loi du préliminaire de conciliation requiert célérité. Elle pourra alors en être dispensée, en vertu de l'art. 49-3°. Ainsi jugé en ce qui concerne :

266. — La demande tendant à rentrer dans les lieux d'où l'on a été expulsé arbitrairement. — Bruxelles, 18 avr. 1831, Hantjens, [P. chr.]

267. — ... La demande en résiliation d'un bail faute de paiement du prix. — Rennes, 10 mars 1818, Lemonza, [S. et P. chr.]

268. — ... La demande d'aliments. — Douai, 9 mai 1853, précité. — Gand, 28 mai 1881, [*Pasicrisie belge*, 82.2.129]

269. — ... La demande en délivrance d'un droit de passage compris dans un bail d'immeuble urbain. — Trib. Oran, 29 janv. 1889, [*Gaz. Pal.*, 90.1, supp. 8]

270. — ... La demande en dommages-intérêts formée devant un tribunal civil par un accusé absous, contre son dénonciateur. — Nîmes, 19 juin 1819, Roux, [S. et P. chr.] — *Contrà*, Pigeau, *Procéd. civ.*, t. 1, p. 139.

271. — La demande en rescision pour cause de lésion d'une vente d'immeubles, surtout quand la prescription de l'action est sur le point d'être acquise. — Riom, 10 juin 1842, Arnaud, [S. 43.2.121] — Mais cette décision ne nous paraît pas devoir être approuvée, au moins dans tous ses motifs : la circonstance que le délai de la prescription est sur le point de s'accomplir est indifférente, puisque la citation en conciliation aurait eu pour effet d'interrompre la prescription.

272. — La demande en résolution d'une vente d'immeubles ne peut être considérée comme requérant célérité et, à ce titre, dispensée du préliminaire de conciliation. — Cass., 9 août 1866, Green, [S. 67.2.325, P. 67.1230]

273. — La question d'urgence est, en tout cas, une question de fait, sur laquelle les juges ont un pouvoir souverain d'appréciation. — Cass., 29 janv. 1838, d'Harcourt, [S. 38.1.642, P. 38.1.502]; — 7 nov. 1853, N..., [D. 54.5.177]

274. — Mais à quelle autorité appartient-il de la trancher? Assurément le tribunal, devant lequel est portée la demande requérant célérité, a qualité pour le faire. Il pourra donc, lorsqu'une demande aura été portée devant lui sans avoir passé par le bureau de paix, la déclarer recevable, s'il lui reconnaît un caractère d'urgence. — Cass, 7 nov. 1853, précité. — Nîmes, 19 juin 1819, Roux, [S. et P. chr.] — Riom, 10 juin 1842, précité. — Douai, 9 mai 1853, précité.

275. — ... Alors même que l'assignation n'aurait pas été donnée à bref délai avec l'autorisation du président. — Bruxelles, 18 avr. 1831, précité. — *Sic*, Chauveau, sur Carré, t. 1, quest. 209 *quater*; Rodière, t. 1, p. 167; Garsonnet, t. 2, p. 207.

276. — Comme aussi, à l'inverse, il pourra le déclarer non recevable, s'il estime qu'elle ne requiert pas célérité. — Caen, 13 nov. 1839, Bidel, [S. 40.2.25, P. 40.1.664]

277. — Suivant un arrêt, la dispense du préliminaire de conciliation résulterait suffisamment de ce que, dans la même affaire, une expertise a été ordonnée en référé. — Grenoble, 24 janv. 1885 (motifs), [*J. Grenoble*, 85.228]

278. — Le président du tribunal peut-il, en autorisant le demandeur à bref délai, dans les affaires qui requièrent célérité, dispenser pour le même motif l'affaire du préliminaire de conciliation? La jurisprudence tend de plus en plus à résoudre la question de l'affirmative et même à décider que l'autorisation d'assigner à bref délai implique dispense du préliminaire de conciliation. — V. sur ce point, *supra*, v° *Ajournement*, n. 329 et s. — V. dans le même sens, Douai, 8 déc. 1836, sous Cass., 1er août 1837, Malloz, [S. 38.1.374, P. 40.1.529]

279. — En tout cas, celui qui, étant cité à bref délai, en vertu d'ordonnance, comparaît à l'audience et demande une remise de cause pour se mettre en état de se défendre, n'est plus recevable à demander son renvoi devant le juge de paix, aux fins de tenter la conciliation. — Metz, 9 janv. 1821, Saviot, [S. et P. chr.]

280. — Etant admis que le président du tribunal peut dispenser du préliminaire de conciliation, cette dispense, lorsqu'il l'a accordée, s'étend à un second exploit d'assignation qui n'a pour objet que de rectifier le chiffre de la somme réclamée dans le premier exploit. — Cass., 17 nov. 1875, Charpillon, [S. 76.1.28, P. 76.44]

Section II.

Demandes formées contre plus de deux parties.

§ 1. *Explication du principe.*

281. — Les demandes formées contre plus de deux parties, encore qu'elles aient le même intérêt, sont exemptées du préliminaire de conciliation par l'art. 49-6°. Cette dispense se justifie par les motifs suivants : 1° les chances d'arriver à un arrangement sont d'autant plus faibles, que les défendeurs sont plus nombreux ; 2° les frais de citation s'accroissent avec le nombre des défendeurs ; 3° « les défendeurs peuvent être domiciliés dans des lieux différents et éloignés ; devant qui citerait-on dans ce cas ? quelle perte de temps ! les avantages de la tentative ne seraient-ils pas alors presque toujours moindres que les inconvénients » ? (Treilhard, *Exp. des mot*.; Locré, *Législ. civ.*, t. 21, p. 527, n. 16). Cette dernière raison est la seule qui ait été donnée dans les travaux préparatoires.

282. — Si le législateur s'y était exclusivement attaché, elle l'aurait conduit sans doute à étendre la dispense aux affaires où il y a plus de deux demandeurs. Mais les autres motifs donnés au numéro précédent ne s'appliquent pas ou s'appliqueraient avec moins de force à cette hypothèse : la pluralité des demandeurs n'augmente pas les frais de citation ; d'autre part, ces demandeurs étant tombés d'accord déjà pour former leur demande ensemble, il y a plus de chance de les amener tous à une transaction, que plusieurs défendeurs qui se trouvent réunis dans la même assignation sans s'être préalablement concertés. Aussi faut-il certainement décider que l'art. 49-6° ne doit pas être appliqué aux demandes formées par plus de deux demandeurs : la raison de la loi y résiste aussi bien que son texte. — Besançon, 24 janv. 1809, [*J. des av.*, t. 7, p. 238] — *Sic*, Thomine-Desmazures, t. 1, p. 133 ; Chauveau, sur Carré, t. 1, quest. 242 *bis*; Bioche, n. 51 ; Garsonnet, t. 2, p. 208, note 12.

283. — Les motifs aussi bien que le texte de la loi nous conduisent également à décider que l'art. 49-6° ne s'applique pas, lorsque le demandeur, qui pouvait former sa demande contre plusieurs parties, n'en a assigné qu'une seule, par exemple lorsqu'il a assigné un seul associé ou un seul héritier pour lui et les autres. — Carré et Chauveau, t. 1, quest. 214 ; Thomine-Desmazures, t. 1, p. 133.

284. — Pour que la demande formée contre plus de deux défendeurs soit exemptée du préliminaire de conciliation, deux conditions sont nécessaires. Il faut : 1° qu'il s'agisse bien d'une seule demande formée contre plusieurs défendeurs ; 2° qu'on n'ait pas mis inutilement en cause plusieurs personnes étrangères au procès pour échapper au préliminaire de conciliation.

285. — I. Il ne saurait dépendre du demandeur, en réunissant arbitrairement dans un seul exploit d'ajournement les demandes qu'il a à former contre diverses personnes, de les dispenser du préliminaire de conciliation. Cette dispense n'aura donc lieu que si la demande formée contre ceux qu'il assigne est véritablement unique. L'art. 49-6° aurait mieux traduit cette idée, s'il avait employé cette formule : « *pourvu* qu'ils aient le même intérêt », au lieu de celle-ci : « encore qu'ils aient le même intérêt ». — Bonceune, t. 2, p. 14 ; Favard de Langlade, t. 1, p. 624 ; Chauveau, sur Carré, t. 1, quest. 214 *bis*; Garsonnet, t. 2, p. 208. Quoi qu'il en soit, le principe n'est pas douteux, et la jurisprudence a, en conséquence, déclaré non recevables sans tentative préalable de conciliation :

286. — ... La demande intentée contre plusieurs acquéreurs en résolution de leurs contrats d'acquisition, lorsque chacun d'eux a un contrat particulier et distinct. — Riom, 27 mars 1817, Vayssier, [S. et P. chr.] — Nancy, 20 juin 1824, Collin, [S. et P. chr.] — Besançon, 22 mai 1827, Cingier, [S. et P. chr.]

287. — ... La demande intentée contre plusieurs créanciers hypothécaires en mainlevée de leurs inscriptions, lorsque chacun a un titre particulier et distinct. — Caen, 13 nov. 1839, Bidel, [S. 40.2.25, P. 40.1.664]

288. — De même, l'article ne s'applique pas au cas où les intérêts des défendeurs réunis dans une même action sont indépendants les uns des autres, et où une transaction est possible vis-à-vis de chacun d'eux, sans la participation des autres défendeurs. Il en est ainsi, spécialement, au cas où plusieurs jeunes gens, autrefois compris dans une société d'assurances mutuelles contre les chances du tirage au sort, mais ayant cessé d'en faire partie depuis leur libération du service militaire, sont poursuivis, chacun en son nom privé et en vertu d'un titre distinct, pour le paiement de sa souscription personnelle. — Cass., 21 nov. 1882, Roques, [S. 83.1.115, P. 83.1.272, D. 83.1.477]

289. — Mais, il n'est pas nécessaire pour l'application de l'art. 49-6° qu'il y ait identité complète de situation entre les divers codéfendeurs, comme au cas de solidarité ou d'indivisibilité : il suffit qu'ils soient assignés aux mêmes fins, en vertu du même titre. Ainsi, la demande formée contre les trois héritiers du débiteur d'une dette divisible est dispensée du préliminaire de conciliation. — Bonceune, *loc. cit.*; Chauveau, *loc. cit.*; Rodière, t. 1, p. 170; Garsonnet, t. 2, p. 208, note 14.

290. — Il en sera de même de l'action intentée contre plusieurs défendeurs, encore que ceux-ci aient des intérêts séparés et puissent avoir des exceptions différentes à proposer, si les réclamations dirigées contre chacun d'eux dérivent du même titre et ont entre elles une relation nécessaire; par exemple, s'il s'agit d'une transaction dirigée contre plusieurs en déguerpissement des diverses parties d'un même terrain. — Montpellier, 7 févr. 1839, Debonne, [P. 39.1.508]

291. — ... De l'action exercée en vertu d'un seul et même titre contre plusieurs défendeurs représentant des intérêts communs. — Cass., 4 juill. 1893, Salvador Lopez [D. 93.1.470]

292. — On a, cependant, donné une décision opposée pour la demande qui prend sa source dans des obligations différentes, encore que ces obligations aient été stipulées dans le même acte, par exemple la demande en expulsion de lieux formée contre plusieurs individus ayant pris à bail, par un même acte, chacun un héritage spécial et déterminé pour un prix particulier et sans stipulation de solidarité entre eux. — Bourges, 21 juill. 1838, Ouin, [S. 38.2.412, P. 38.2.552]

293. — ... Et la demande formée contre plus de deux parties, lorsque l'intérêt de chacune de ces personnes au procès est tout à fait distinct et indépendant de celui de ses codéfendeurs, alors même que la demande repose contre tous, sur le même titre, et qu'ils ont été assignés par un seul et même exploit. — Nîmes, 10 févr. 1841, Aymard, [S. 41.2.260, P. 41.1. 240] — V. aussi, en ce sens, Cass., 21 nov. 1882 (motifs), précité.

294. — De même, l'action intentée contre plus de deux parties qui ont un intérêt distinct et séparé, à l'occasion de travaux dont elles se sont chargées, est dispensée du préliminaire de conciliation, encore qu'elles aient contracté dans le même acte. — Caen, 4 mai 1847, Boullin, [P. 47.2.146]

295. — II. Si, dans une action où ne devraient figurer qu'un ou deux défendeurs, le demandeur a mis en cause un plus grand nombre pour échapper au préliminaire de conciliation, les tribunaux doivent déjouer cette fraude.

296. — Dans un premier système, on ne paraît pas avoir aperçu cette distinction. En effet, dit-on, si le demandeur a fraudé la loi en donnant des assignations sans objet, la loi le punit suffisamment par la condamnation aux dépens. Il y aurait d'ailleurs de graves inconvénients à rechercher si l'un des défendeurs a été assigné dans le seul but de se soustraire à la tentative de conciliation. — Pigeau, *Proc. civ.*, t. 1, p. 80; Thomine-Desmazures, t. 1, p. 33.

297. — Mais la jurisprudence s'est rangée à la doctrine que nous avons exposée en jugeant que la demande formée contre plus de deux parties n'est pas soumise au préliminaire de conciliation, *à moins que le demandeur, en mettant en cause plus de deux parties, n'ait agi qu'en vue de faire fraude à la loi*. — Cass., 17 mai 1881, Combarel de Leyval, [S. 80.1.400, P. 80. 1021, D. 81.1.74, et sur renvoi] Lyon, 23 juin 1881, [S. 82.2. 103, P. 82.1.572, D. 82.2.68] — En ce sens, Favard de Langlade, p. 624; Bioche, n. 53; Dutruc, *Formul. annoté des huissiers*, t. 1, p. 140; Rousseau et Laisney, n. 99; Carré et Chauveau, t. 1, quest. 212; Glasson, sur Boitard, t. 1, n. 90, *ad notam*.

— M. Bonceune (t. 2, p. 7), tout en penchant pour le système contraire qu'il motive notamment sur la difficulté d'établir la fraude, avoue néanmoins qu'un arrêt qui rejetterait l'action en se fondant sur une fraude manifeste échapperait à la cassation.

298. — Nous ne considérons pas comme incompatible avec le précédent, les arrêts d'après lesquels il suffit, pour qu'une demande soit dispensée du préliminaire de conciliation, qu'elle soit formée contre plus de deux parties sans qu'il y ait à examiner le plus ou moins d'intérêt que chacune d'elles peut avoir dans la contestation, étant donné surtout que l'arrêt constate que le demandeur était fondé à croire qu'il était utile de les appeler tous. — Cass., 20 févr. 1810, précité. — Bordeaux, 19 août 1829, Gosselin, [S. et P. chr.] — Besançon, 15 oct. 1815, M..., [P. chr.] — Il n'y avait pas, dans cette espèce, de fraude à lui reprocher. — V. Berriat Saint-Prix, t. 1, p. 206, note 15.

§ 2. *Manière de compter les défendeurs.*

299. — On doit compter, pour l'application de l'art. 49-6°, toutes les personnes, disons mieux, tous les individus régulièrement appelés en cause par le demandeur, à quelque titre qu'ils figurent dans l'instance, que ce soit pour leur propre compte ou pour le compte d'autrui, que leurs intérêts y soient ou non directement en jeu. Dans tous les cas, en effet, la présence de plusieurs défendeurs fait naître contre la tentative de conciliation les objections qui ont déterminé le législateur à l'écarter dans l'art. 49-6° : difficulté d'arriver à une entente, dérangement et perte de temps pour les défendeurs éloignés, presque toujours augmentation des frais par la multiplicité des citations. On objecte (V. Ortlieb, note sous Cass., 20 mars 1877, [S. 77.1.457, P. 77. 1211] que l'art. 49-6° ne fait pas état de toutes les personnes mises en cause, mais seulement des *parties*. Or « les parties ne sont pas toutes les personnes dont le concours est nécessaire pour le débat soit régulièrement lié, mais seulement celles qui y sont directement en jeu, celles au profit de qui ou contre qui la sentence sera rendue, et qui en bénéficieront ou en seront atteintes immédiatement ». Mais le mot *partie* n'a pas un sens si invariable qu'on puisse en tirer un argument bien solide : il est parfaitement clair que le législateur l'ait employé ici dans le sens de *personne appelée au procès*, et cette interprétation doit être adoptée de préférence puisque l'application extensive de l'art. 49-6° qui en résulte, est conforme aux motifs qui l'ont inspiré. Elle conduit à des conséquences intéressantes en ce qui touche les demandes formées : 1° contre une société; 2° contre deux époux et une tierce personne.

300. — I. Une société composée de plus de deux personnes doit-elle être citée en conciliation? Assurément non, si elle ne constitue pas une personne morale : ce sont alors les associés qui sont assignés, et, à quelque point de vue qu'on se place, on ne peut contester que la demande soit formée contre plus de deux parties.

301. — Mais si l'on suppose que la société défenderesse soit revêtue de la personnalité civile, devra-t-on dire alors : il n'y a qu'un seul défendeur, la société, et soumettre l'affaire au préliminaire de conciliation? Non, on devra considérer le nombre de ceux qui sont appelés à la représenter. — Pigeau, *Proc. civ.*, t. 1, p. 81; Bonceune, t. 2, p. 12; Bioche, n. 49; Carré, *Lois de la proc.*, t. 1, quest. 213; Carou, t. 2, n. 777; Boitard, Colmet-Daage et Glasson, t. 1, n. 91; Rodière, t. 1, p. 167; Garsonnet, t. 2, p. 209; de Raynal, concl. sous Cass., 19 déc. 1866, Soc. des mines de Pontgibaud, [S. 67.1.12, P. 67.72] — *Contrà*, Bruxelles, 4 janv. 1825, Soc. Rieu du Cœur, [D. *Rép.*, v° *Conciliation*, n. 216] — Delaporte, t. 1, p. 48.

302. — Ainsi, s'il s'agit d'une société en nom collectif formée entre plus de deux associés, la citation en conciliation sera inutile. — Il en sera de même pour une société anonyme assignée en la personne de son directeur et de ses administrateurs. — De Raynal, *loc. cit.*

303. — II. Une demande est formée contre deux époux et un tiers : doit-on considérer les deux époux comme deux personnes distinctes ou comme une seule, soustraire ou soumettre l'affaire au préliminaire de conciliation? La question ne présente pas, en général, d'intérêt pour la femme elle-même, si l'on pose en principe, comme nous l'avons fait, *suprà*, n. 187, que la femme étant incapable de transiger seule, n'est pas soumise au préliminaire. Mais l'intérêt existe pour le tiers, défendeur avec les deux époux, qui, si l'affaire est divisible, ne profitera pas de la dispense fondée sur l'incapacité de la femme (V. *suprà*, n. 193), et qui sera, au contraire, exempte de cette formalité si le mari et la femme sont comptés pour deux : lorsque le mari interviendra autrement que pour autoriser la femme, le même intérêt existera pour lui.

304. — Il y a sur la question deux théories principales. La première enseigne que, pour résoudre la difficulté, on doit faire diverses distinctions tirées de l'utilité que présente la présence des deux époux au procès, et du rôle qu'ils y jouent. — Boncenne, t. 2, p. 10; Bonnier, n. 37; Boitard, Colmet-Daage et Glasson, *loc. cit.*; Carré et Chauveau, t. 1, quest. 212 *ter*.

305. — Si le mari avait qualité pour défendre seul à l'action qui a été dirigée contre la femme et lui, il n'y a en réalité qu'un seul défendeur, le mari : la femme n'est qu'un comparse, dont la présence inutile ne saurait produire aucun effet. C'est ce qui arrivera, notamment, lorsqu'il s'agira des biens communs sous le régime de la communauté (art. 1421), des propres mobiliers de la femme sous le même régime (art. 1428, § 2), des valeurs dotales de la femme, quelles qu'elles soient, sous le régime dotal (art. 1549).

306. — Au contraire, s'il s'agit, soit sous le régime de la communauté, soit sous tout autre, de biens dont le mari a la jouissance et la femme la nue-propriété, et pour lesquels le mari ne peut représenter la femme en justice, il y a bien en réalité deux défendeurs distincts, et qui doivent être comptés séparément. Il en sera de même si les deux époux sont poursuivis pour une obligation contractée ensemble, conjointement ou solidairement. — V. Toullier, *Dr. civ. franç.*, t. 6, n. 718.

307. — Enfin, si le mari a été assigné simplement pour autoriser la femme, il n'est pas partie et ne fait pas nombre; les deux époux ne doivent être comptés que pour un. — Pau, 14 déc. 1837, [J. *des av.*, t. 61, p. 617]

308. — Il a été décidé, en ce sens, que la dispense du préliminaire de conciliation n'est pas applicable au cas où l'instance est engagée entre deux femmes et leurs maris, si ceux-ci ne sont en cause que pour autoriser leurs femmes. — Bourges, 9 juill. 1821, Poya, [S. et P. chr.]

309. — Une autre doctrine à laquelle nous nous rangeons refuse d'entrer dans toutes ces distinctions, et décide qu'on doit dans tous les cas compter les époux pour deux, soit qu'ils aient été assignés à tort ou à raison, soit que le mari l'ait été en son nom personnel ou seulement pour autoriser la femme. — Rodière, t. 1, p. 170; Garsonnet, t. 2, p. 209 et s.; Rousseau et Laisney, n. 102.

310. — Il a été jugé, en ce sens, qu'une demande en partage formée contre une partie et deux époux est dispensée du préliminaire de conciliation, bien que le mari ne soit appelé dans l'instance que pour autoriser sa femme. — Cass., 20 mars 1877, précité. — Rouen, 30 mars 1871, Amaury, [S. 72.2.293] — Bordeaux, 29 mai 1888, [*Gaz. Pal.*, 88.2.210] — Trib. Périgueux, 19 janv. 1888, [*Gaz. Pal.*, 88.1.247]

311. — ... Et qu'il en est ainsi surtout dans le cas où les époux sont mariés sous le régime dotal. — Rouen, 30 mars 1871, précité.

312. — ... D'une façon un peu moins catégorique, qu'une demande formée contre une partie et deux époux communs en biens est dispensée du préliminaire de la conciliation, comme formée contre plus de deux parties, alors surtout que ce n'était pas la communauté qui était en cause, mais chacun des époux individuellement, la femme comme obligée principale, et le mari comme tenu de l'obligation de sa femme. — Besançon, 13 févr. 1856, Poncet, [S. 56.2.480, P. 56.1.343, D. 56.2.119] — V. dans le même sens, Cass., 9 déc. 1856, rendu dans la même affaire et reproduit sous Cass., 20 mars 1877, [S. 77.1. 459, P. 77 1211, D. 77.1.473 et le rapport de M. Reverchon]

313. — A plus forte raison en sera-t-il de même de la demande formée contre deux femmes et leurs maris, lorsque ces derniers figurent dans l'instance de leur chef et non pas seulement pour autoriser leurs femmes. — Chambéry, 9 janv. 1884, Rulland, [D. 85.2.62] — Douai, 4 juill. 1892, sous Cass., 4 juill. 1893, Salvador Lopez, [D. 93.1.470]

Section III.

Dispenses diverses.

314. — I. La loi dispense du préliminaire de conciliation les demandes sur les offres réelles (art. 49-7°). Il est assez difficile de se rendre compte du motif de cette disposition : peut-être la loi a-t-elle pensé que les offres réelles, témoignant de la volonté bien arrêtée des deux parties de s'en tenir à leurs prétentions respectives, laissent trop peu d'espoir d'arriver à un arrangement.

315. — Cette exception a été appliquée à la demande d'une personne qui, prétendant avoir le droit d'acquérir la mitoyenneté d'un mur, en avait fait offrir le prix au propriétaire puis l'avait assigné pour voir dire que, moyennant cette offre, il serait tenu de lui céder la mitoyenneté. — Cass., 9 févr. 1892, Javaloyès, [D. 92.1.600]

316. — II. Lorsque, devant le juge de paix saisi d'une demande principale rentrant dans sa compétence, il est formé une demande reconventionnelle qui la dépasse, et que le juge de paix se dessaisit, soit de cette dernière seulement, en retenant la demande principale, soit des deux demandes pour les renvoyer devant le tribunal de première instance, elles peuvent être formées l'une et l'autre sans préliminaire de conciliation (art. 8, L. 25 mai 1838). Il y a là une dérogation à l'art. 48, au moins pour celle des deux demandes qui sera portée la première devant le tribunal de première instance. Elle s'explique par l'improbabilité d'une transaction après un premier débat en justice de paix. — V. Garsonnet, t. 2, p. 211.

317. — III. La tierce opposition incidente est, comme nous l'avons dit, dispensée du préliminaire de conciliation, en tant que demande incidente (V. *suprà*, n. 165). En est-il de même de la tierce opposition principale portée devant un tribunal de première instance ? Pour l'affirmative, on a dit : 1° qu'elle n'est en réalité ni une demande principale, ni une demande introductive d'instance, puisqu'elle s'appuie sur une précédente procédure. C'est plutôt une suite de procédure, une continuation d'instance, nécessaire pour empêcher ou prévenir l'exécution d'un jugement qu'une demande introductive et créant un procès nouveau, plutôt même une défense qu'une véritable demande; 2° qu'elle est une intervention; 3° qu'elle est une voie de recours contre les jugements; 4° qu'elle n'offre aucune chance de conciliation. — Rennes, 24 juin 1823, sous Cass., 21 déc. 1824, Beslay, [S. et P. chr.] — Bordeaux, 14 mars 1831, Barretée, [S. 31.2.317, P. chr.]; — 17 août 1852, Délignac, [S. 53.2.384, P. 54.1.370, D. 56.2.19] — Paris. 24 janv. 1873, Crinon, [S. 75.2.325, P. 75.1260, D. 74.2.170] — *Sic*, Pigeau, *Proc. civ.*, t. 1, p. 784; Rauter, p. 289; Bonnier, p. 345; Augier, *Encyclopédie des juges de paix*, v° *Tierce opposition*, n. 3; Bioche, v° *Tierce opposition*, n. 93; Souquet, v° *Tierce opposition*, n. 26; Rodière, t. 2, p. 152; Bonnier, n. 1142; Garsonnet, t. 2, p. 211.

318. — Mais on répond : 1° que la circonstance que la tierce opposition soit dirigée contre un jugement précédemment rendu et se rattache à une instance aujourd'hui éteinte ne l'empêche pas d'être une demande principale introductive d'instance; 2° que si l'intervention est dispensée du préliminaire de conciliation, c'est parce qu'elle est nécessairement incidente, et que la tierce opposition principale en diffère précisément en ce qu'elle n'est pas incidente; 3° que, dût-on ranger la tierce opposition parmi les voies de recours, ce ne serait pas une raison suffisante pour l'exonérer du préliminaire de conciliation, aucune loi n'en ayant d'une manière générale dispensé les voies de recours; 4° que si le préliminaire de conciliation offre ici peu de chances de succès, le législateur aurait bien fait de l'écarter, mais qu'il n'appartient pas à l'interprète de suppléer cette exception au principe de l'art. 48. — Paris, 24 pluv. an X, Lemuet, [S. et P. chr.]; — 5 pluv. an XI, Salmon, [S. et P. chr.] — Bicret, *Jurispr. des just. de paix*, t. 1, n. 622; Berriat Saint-Prix, t. 2, p. 501, note 18-2; Demiau-Crouzilhac, n. 197; Carou, n. 254; Boitard, Colmet-Daage et Glasson, t. 2, n. 523; Carré et Chauveau, t. 2, quest. 724.

319. — IV. La même question se pose pour la garantie principale. La dispense s'appuie ici sur la généralité des termes de l'art. 49-3° qui exempte du préliminaire de conciliation « les demandes en garantie », donc aussi bien les principales que les incidentes. Elle se justifie par l'improbabilité d'arrangement : le garanti, aigri par un premier échec, s'entendra difficilement avec le garant. — Pigeau, *Comment.*, t. 1, p. 142 et 143; Chauveau, sur Carré, t. 1, quest. 209 *quinquies*; Rodière, t. 1, p. 168; Garsonnet, t. 2, p. 210.

320. — Cette raison, il faut bien le reconnaître, n'a pas une grande force; aussi plusieurs auteurs pensent-ils que l'art. 49-3°, n'a visé que les demandes en garantie incidente, les seules d'ailleurs dont il ait été question dans les travaux préparatoires

(Locré, t. 21, p. 252); il est vrai que sa disposition devient alors inutile, ces demandes n'étant pas soumises au préliminaire de conciliation par l'art. 48, mais ce n'est pas la seule disposition de l'art. 49, à laquelle on puisse adresser ce reproche. — Favard de Langlade, *Rép.*, § 2, n. 3; Lepage, *Quest. sur le Code de proc.*, p. 96; Thomine-Desmazures, n. 69; Carré et Chauveau, t. 1, quest. 206; Boncenne, t. 2, p. 9; Bioche, n. 18; Boitard, Colmet-Daage et Glasson, t. 1, n. 89. — V. dans le même sens, sous l'empire de la loi des 16-24 août 1790, Bourges, 5 therm. an VIII, Gaust, [S. et P. chr.]

321. — L'action intentée contre un étranger est-elle soumise au préliminaire de conciliation? La difficulté vient de ce que l'art. 50 désigne comme bureau de conciliation celui du domicile du défendeur; comme on a contesté que l'étranger pût, hors le cas de l'art. 13, avoir en France un domicile (V., sur ce point, *infra*, v° *Domicile*), une cour d'appel en a conclu qu'il n'y avait pas possibilité de le citer en conciliation. — Metz, 20 févr. 1819, Obix, [S. et P. chr.]

322. — Mais la difficulté disparaît si l'on observe : 1° qu'il est généralement admis aujourd'hui que l'étranger peut avoir un domicile en France, même sans autorisation du gouvernement; 2° qu'à l'inverse, il se peut fort bien qu'un Français défendeur n'ait pas en France de domicile connu, et que cette circonstance ne l'exonère pas du préliminaire de conciliation; 3° que, si le défendeur n'a pas de domicile, il sera appelé devant le bureau de paix d'un autre canton, selon les règles qui seront posées *infra*, n. 332, 336. Il n'y a donc pas de raison pour dispenser l'étranger défendeur du préliminaire de conciliation. — Cass., 22 avr. 1818, Mendiri, [S. et P. chr.] — *Sic*, Favard de Langlade, § 9; Chauveau, sur Carré, quest. 207 *quater*; Souquet, tabl. 318, 5° col., n. 14.

323. — Jugé, néanmoins, que la demande en dommages-intérêts portée devant les tribunaux français contre un croiseur anglais, dans les cas prévus par les traités diplomatiques, n'est pas susceptible du préliminaire de conciliation. — Bordeaux, 9 juin 1847, Lepertière, [P. 47.2.405]

324. — VI. Nous signalerons encore, à titre de curiosité, les motifs d'un arrêt qui, dans une affaire où il s'agissait d'un compte à faire entre le mari et la femme, à raison d'une séparation de biens, dispose « que l'autorisation que la femme a dû recevoir du président du tribunal pour introduire son action, dans son pourvoi, la dispensait de l'appel devant le juge de paix ». — Limoges, 25 févr. 1843, Epoux B.., [S. 46.2.116, P. 47.1.669, P. 47.2.39]

CHAPITRE V.
MAGISTRAT COMPÉTENT POUR PROCÉDER A LA TENTATIVE DE CONCILIATION.

325. — Le juge de paix est aujourd'hui seul chargé des fonctions de conciliateur. Néanmoins, rien ne s'oppose à ce qu'un tribunal quelconque concilie le différend qui lui est soumis, surtout sur la demande des parties. — Cass., 7 févr. 1811, Plompteux, [D. *Rép.*, v° *Conciliation*, n. 239] — Bordeaux, 5 févr. 1830, Guérin, [S. et P. chr.]

326. — Si les parties sont d'accord pour se présenter en conciliation devant un juge de paix de leur choix, celui-ci se trouve, par le fait même, compétent : il ne peut, si l'affaire est susceptible de transaction, décliner la mission dont il est investi. Cela résulte, par un argument *à fortiori*, de l'art. 7, C. proc. civ., qui, en matière contentieuse, permet toujours aux parties de se présenter volontairement devant le juge de paix qu'elles ont choisi : cette disposition, motivée par le caractère paternel de la juridiction des juges de paix, est applicable à plus forte raison à ces magistrats siégeant comme conciliateurs : un juge, choisi par les parties, par conséquent connu d'elles, aura plus de chances qu'aucun autre de les amener à une transaction. — Montpellier, 5 août 1807, Joly, [S. et P. chr.] — *Sic*, Merlin, *Rép.*, v° *Bureau de conciliation*, n. 3, et *Déclaration*, § 1; Pigeau, *Comment.*, t. 1, p. 146; Bioche, n. 5 et 87; Boitard, Colmet-Daage et Glasson, t. 1, n. 103; Bonnier, n. 38; Garsonnet, t. 2, p. 196.

327. — Lorsque les parties ne s'accordent pas pour tenter la conciliation devant un magistrat de leur choix, la loi détermine devant quel juge de paix le demandeur doit citer son adversaire. Il pose, à ce sujet (art. 50), un principe tempéré par deux exceptions.

328. — Le principe, c'est que le défendeur doit être cité en conciliation devant le juge de paix de son domicile. Il est motivé sur ce que « le défendeur doit naturellement avoir plus de confiance dans le magistrat qu'il connaît que dans celui qui lui est étranger, et qu'en matière de conciliation, tout repose sur la confiance » (Faure, *Rapport au corps législatif*, Locré, t. 21, p. 563, n. 22). En d'autres termes, pour que la conciliation ait chance d'aboutir, il est bon qu'elle soit tentée devant un magistrat connu de l'une au moins des parties et investi de sa confiance. De là le choix du juge de paix du domicile du défendeur.

329. — La valeur des raisons qui ont dicté ce choix étant indépendante de la nature de l'affaire, ce juge de paix est compétent dans les affaires réelles comme dans les personnelles (art. 50). Ainsi, bien qu'en matière réelle immobilière, le défendeur doive être assigné devant le tribunal de la situation de l'immeuble litigieux (art. 59, § 3), il devra être cité en conciliation devant le juge de paix de son domicile. C'est que si, pour juger un différend relatif à un immeuble, il est très-utile que le tribunal soit à portée de cet immeuble, l'essentiel, au point de vue de la conciliation, est que le juge de paix soit connu au moins de l'une des parties.

330. — Pour le même motif, plusieurs auteurs décident que le juge du domicile réel du défendeur reste seul compétent pour le préliminaire de conciliation, alors même qu'il y a eu élection dans l'acte intervenu entre les parties: l'absence dans l'art. 50 d'une disposition semblable à celle de l'art. 59, § 9, prouve que la loi a voulu s'écarter ici du principe de l'art. 111, C. civ. — Caen, 18 mars 1847, Barbé, [S. 48.2.448, P. 48.2.344, D. 49.2.50] — Alger, 3 janv. 1849, Girardon, [S. 49.2.123, P. 48.1.405, D. 49.2.51] — *Sic*, Favard de Langlade, § 3, n. 2; Chauveau et Carré, quest. 219 *bis*; Bonnier, n. 39; Bonnin, p. 64; Boitard, Colmet-Daage et Glasson, t. 1, n. 104; Garsonnet, t. 2, p. 212 et s.

331. — Mais la Cour suprême, cassant l'arrêt précité de la cour de Caen, a décidé, au contraire, en s'appuyant sur l'art. 111, que l'élection de domicile a effet, non seulement pour l'ajournement, mais encore pour la citation en conciliation : que par suite, le défendeur qui a élu domicile en un lieu pour l'exécution d'un acte, peut être cité en conciliation devant le juge de paix du domicile élu, plutôt que devant celui de son domicile réel. — Cass., 9 déc. 1851, Barbé, [S. 52.1.39, P. 52.1.301, D. 52.1.29] — Lyon, 3 févr. 1891, [*Gaz. Pal.*, 91.1.325] — *Sic*, Bioche, n. 88; Rousseau et Laisney, n. 112.

332. — Si le défendeur n'a pas de domicile, il sera cité devant le juge de paix de sa résidence (Arg. art. 59, § 1); s'il n'a pas non plus de résidence, devant celui du lieu où il se trouve. — Garsonnet, t. 2, p. 212.

333. — S'il y a deux défendeurs, le demandeur peut citer, à son choix, devant le juge de paix du domicile de l'un d'eux (art. 50).

334. — La règle qui attribue une compétence exclusive au juge du domicile du défendeur souffre exception dans certains cas où il s'agit de succession ou de société. « Ces exceptions sont fondées sur ce que le juge du lieu se trouve plus à portée de connaître le véritable état des choses, et dans le même lieu il est aussi plus facile aux parties de faire entre elles, avec les moindres frais possibles, les recherches qui peuvent être nécessaires pour se concilier ». — Faure, *Rapport au Corps législatif*: Locré, *Législ. civ.*, t. 21, p. 563, n. 22 et s.

335. — En conséquence, le défendeur doit être cité en conciliation « en matière de société autre que celle de commerce, tant qu'elle existe, devant le juge du lieu où elle est établie » (art. 50-2°). Nous avons dit plus haut, que si l'art. 50-2° ne fait pas mention des sociétés commerciales, c'est parce qu'il est très-rare que les procès où elles figurent comme défenderesses soient soumis au préliminaire de conciliation (V. *suprà*, n. 229). Si cependant il se trouve qu'ils le soient, l'art. 50-2° leur sera applicable. — Garsonnet, t. 2, p. 213, note 12.

336. — Lorsqu'il n'y a pas de siège social, les associés sont cités en conciliation devant le juge de paix du domicile de l'un d'eux, conformément à l'art. 59-1°. — Rodière, t. 1, p. 172; Carou, p. 792; Boitard, Colmet-Daage et Glasson, t. 1, n. 106; Garsonnet, t. 2, p. 213 et s.

337. — Le défendeur est cité en conciliation « en matière de succession, sur les demandes entre héritiers, jusqu'au partage inclusivement; sur les demandes qui seraient intentées par les créanciers du défunt, avant le partage; sur les demandes relatives à l'exécution des dispositions à cause de mort, jusqu'au jugement définitif, devant le juge de paix du lieu où la succession est ouverte ». Cette disposition reproduit exactement celle de l'art. 59, § 6, et donne lieu aux mêmes difficultés, notamment sur les points suivants : les demandes en rescision du partage ou en garantie des lots doivent-elles être assimilées aux demandes formées entre héritiers avant le partage? Que faut-il entendre par le jugement définitif?

338. — 1° Les demandes en rescision du partage ou en garantie des lots doivent-elles être assimilées aux demandes formées entre héritiers avant le partage? Pour la négative, on peut invoquer les termes de l'art. 50, car ces demandes sont postérieures au partage définitif et si l'on objecte que le partage n'est pas définitif lorsqu'il est rescindable ou que l'un des copartageants est évincé de son lot, on répond que vraisemblablement les mots *partage définitif* sont pris ici comme opposés à ceux-ci *partage provisoire*. — Carou, n. 794; Boitard, Colmet-Daage et Glasson, t. 1, n. 108; Bonnier, n. 40. — Mais l'art. 822, C. civ., qui prescrit de porter les demandes en rescision et en garantie au tribunal du lieu où la succession s'est ouverte fournit un argument d'un grand poids pour décider que la conciliation sur ces demandes doit être tentée devant le juge de paix du même lieu. — Boncenne, t. 2, p. 27; Chauveau et Carré, t. 1, quest. 219 ter; Favard, de Langlade t. 1, p. 626, n. 3; Bioche, n. 90; Garsonnet, t. 2, p. 214.

339. — 2° Que faut-il entendre par le *jugement définitif* qui fait cesser la compétence du juge de paix du domicile du défunt quant aux demandes relatives à l'exécution? Un premier système pense que l'art. 50 désigne par ces mots le jugement d'homologation du partage. — Carré et Chauveau, t. 1, p. 233, n. 3; Rousseau et Laisney, n. 117; Boitard, Colmet-Daage et Glasson, t. 1, n. 109. — D'après un autre système, il s'agit ici de jugement définitif à intervenir sur la demande du légataire. — Rodière, t. 1, p. 98. — Dans cette opinion, la disposition que nous étudions est applicable alors même qu'il n'y a qu'un seul héritier. — Agen, 24 avr. 1882, Rey, [S. 84.1.25, P. 84.1.194, D. 83.2.185] — Les questions qui viennent d'être examinées se présentent également sur l'art. 59, § 6. — V. citations de doctrine et de jurisprudence *infra*, v° *Compétence* (mat. civ.).

CHAPITRE VI.

COMMENT LE JUGE DE PAIX PEUT ÊTRE SAISI.

340. — Il y a deux manières d'engager le préliminaire de conciliation : la comparution volontaire, lorsque les parties tombent d'accord pour se présenter ensemble chez le juge de paix, et la citation par laquelle, lorsque cet accord n'existe pas, le demandeur somme le défendeur d'y comparaître.

Section I.

Comparution volontaire.

341. — La comparution volontaire satisfait complètement au vœu de la loi : elle est conforme à l'esprit des tribunaux de paix que l'art. 7, C. proc. civ., permet de saisir de cette manière, même en matière contentieuse; elle est conforme aussi au but du préliminaire de conciliation qui sera évidemment plus facile à atteindre lorsque les parties s'accordent déjà pour soumettre spontanément leur différend au juge de paix. On comprendrait difficilement, d'ailleurs, lorsque les parties ont volontairement comparu et n'ont pas réussi à transiger, que la loi obligeât encore le demandeur à lancer une citation pour provoquer une nouvelle comparution vouée à un échec certain. Aussi l'art. 48 admet que la formalité est remplie par la comparution volontaire des parties. — Bioche, n. 5 et 87; Boitard, Colmet-Daage et Glasson, t. 1, n. 110; Rodière, t. 1, p. 173; Bonnier, n. 38; Garsonnet, t. 2, p. 196.

342. — Ainsi le tiers qui, sur une action en réintégrande, se prétendant le véritable propriétaire de l'objet litigieux, comparaît volontairement devant le juge de paix et fait dresser par ce magistrat un procès-verbal de non-conciliation entre lui et le demandeur originaire, peut être actionné par celui-ci sans nouveau préliminaire de conciliation. — Agen, 7 mars 1811, Lalarme, [S. et P. chr.]

343. — Mais il ne suffit pas, pour qu'il y ait comparution volontaire, que les parties se présentent devant le juge de paix pour un motif quelconque. Il faut qu'elles s'y présentent précisément pour tâcher de se concilier sur l'objet du litige sujet au préliminaire de conciliation.

344. — Ainsi lorsque, sur une action possessoire portée au bureau de paix, le juge renvoie les parties à se pourvoir au pétitoire, l'action au pétitoire n'est point dispensée du préliminaire de conciliation, par cela seul que le défendeur et le défendeur ont déjà comparu devant le juge de paix. — Trib. d'appel de Bruxelles, 27 flor. an IX, de Bruges, [S. et P. chr.] — Dijon, 2 déc. 1826, Barnot, [S. et P. chr.] — *Sic*, Chauveau, sur Carré, t. 1, quest. 206, § 1-2°.

345. — De même, quand, devant le tribunal de police, le défendeur obtient son renvoi à fins civiles pour prouver la propriété, s'il prend l'initiative, assigner en conciliation celui qui l'avait poursuivi. — Grenoble, 23 mars 1820, Richard, [S. et P. chr.] — Chauveau, sur Carré, *loc. cit.*

346. — Et lorsqu'un tribunal civil annule pour incompétence un jugement du juge de paix, il ne peut, avant que les parties ne se soient préalablement soumises à la conciliation du bureau de paix, retenir la connaissance de la cause et ordonner qu'il sera plaidé au fond. — Cass., 6 germ. an II, Duchesne, [S. et P. chr.] — *Sic*, Pigeau, *Comment.*, t. 1, p. 140; Carré et Chauveau, *loc. cit.* — *Contrà*, Thomine-Desmazures, t. 1, p. 134. — V. au surplus sur la question de savoir si le juge de paix, siégeant comme juge dans une affaire de sa compétence, peut constater un accord intervenu à l'audience entre les parties, *infra*, v° *Juge de paix*.

347. — Il est assez rare que la comparution volontaire soit absolument spontanée : elle est ordinairement provoquée par un billet d'avertissement lancé à la requête du demandeur, conformément à l'art. 17, LL. 25 mai 1838, 2 mai 1855 (V. *supra*, v° *Avertissement*). Assurément cette façon de procéder est légitime : mais ne faut-il pas aller plus loin et dire qu'elle est obligatoire dans les cas prévus par la loi de 1855, c'est-à-dire dans les causes autres que celles qui requièrent célérité et celles dans lesquelles le défendeur est domicilié hors du canton ou des cantons de la même ville? La loi de 1855 dispose que, dans ces causes, il est interdit aux huissiers, à peine de supporter les frais de l'exploit, de donner aucune citation en justice sans qu'au préalable un billet d'avertissement ait été donné. Plusieurs auteurs, appliquant cette disposition au préliminaire de conciliation, en concluent que, dans les cas prévus par la loi de 1855, le demandeur doit, avant de citer en conciliation, provoquer l'envoi d'un billet d'avertissement. La loi de 1855, disent-ils, ne distinguent pas : l'avertissement doit précéder toute citation en justice de paix. Il est, du reste, particulièrement utile ici : une citation par huissier est capable de produire une irritation de nature à nuire à la conciliation, qui sera plus facilement obtenue dans une comparution sur avertissement. — Benech, p. 454; Chauveau, sur Carré, t. 1, quest. 220 *bis*; Rodière, t. 1, p. 173; Laveille, *Études sur la proc. civ*, p. 35 et s.

348. — Si l'on admet ce système, il arrivera de deux choses l'une : ou bien les deux parties comparaîtront sur l'avertissement, alors la formalité sera remplie par cette comparution volontaire (V. cependant Garsonnet, t. 2, p. 237). Ou bien l'une d'elles ne comparaîtra pas, et alors la citation deviendra nécessaire.

349. — Mais d'autres auteurs pensent que l'avertissement n'est pas imposé par la loi préalablement à la citation en conciliation. La loi de 1855 ne l'exige que dans les *causes* portées en justice de paix : or le préliminaire de conciliation n'est pas une cause, puisqu'il n'est pas un acte de l'instance (V. *supra*, n. 25). D'autre part, le rapporteur de la loi de 1855 au Corps législatif s'est prononcé en ce sens (*Lois ann.* de 1855, p. 59, col. 1). — Bioche, n. 99; Rodière, t. 1, p. 173; Garsonnet, *loc. cit.*; N. A. Carré, *Code annoté des juges de paix*, n. 1073; Curasson, t. 2, n. 893. — Les juges de paix sont divisés sur la question. — V. Garsonnet, t. 2, p. 236; N. A. Carré, *loc. cit.*

SECTION II.
Citation.

350. — La citation en conciliation est donnée par un huissier. Aux termes de l'art. 52, les huissiers de la justice de paix du défendeur avaient seuls qualité pour la signifier. Mais cette disposition a été abrogée par l'art. 16, L. 25 mai 1838. Aujourd'hui tous les huissiers d'un même canton ont le droit de faire concurremment toutes les citations et tous les actes de leur ministère devant la justice de paix. — Chauveau, sur Carré, t. 1, quest. 220; Garsonnet, t. 2, p. 215. — V., au surplus, *infrà*, v° *Exploit*, *Huissier*, *Signification*.

351. — La citation en conciliation est en général soumise aux mêmes formalités que les citations en matière contentieuse. — V. sur ces dernières, *suprà*, v° *Citation*, n. 4 et s. — Favard de Langlade, t. 1, p. 626; Boncenne, t. 2, p. 28; Boitard, Colmet Daage et Glasson, t. 1, n. 110 et s.; Carré et Chauveau, t. 1, p. 236, n. 43. — Elle présente toutefois les particularités suivantes:

352. — 1° Le délai de la citation n'est pas d'un jour franc comme en matière contentieuse, mais de trois jours (art. 51). Ce délai est d'ailleurs un délai franc : on n'y comprend ni le jour de la citation ni celui de la comparution (Arg. C. proc. civ., art. 1033). — Pigeau, *Proc. civ.*, t. 1, p. 86; Boncenne, t. 2, p. 30; Bioche, n. 104; Boitard, Colmet-Daage et Glasson, t. 1, n. 112; Garsonnet, t. 2, p. 216. — Le tribunal a fait retrancher comme inutile le mot *franc* que portait le projet. — Locré, *Législ. civ.*, t. 21, p. 195, et p. 397 et s.

353. — Et ce délai est sujet à augmentation à raison de la distance. — Thomine-Desmazures, t. 1, n. 95; Carré et Chauveau, t. 1, p. 236, n. 42; Pigeau, *Proc. civ.*, t. 1, p. 147; Favard de Langlade, t. 1, p. 627; Boncenne, t. 2, p. 31; Augier, § 3, n. 4; Bioche, n. 104; Boitard, Colmet-Daage et Glasson, *loc. cit.*; Garsonnet, *loc. cit.* — En conséquence, sont nuls la citation en conciliation donnée pour comparaître dans le délai de trois jours devant le juge de paix de Sisteron à un individu domicilié à Paris, et le procès-verbal de non-comparution qui l'a suivie, encore que cette citation ait été signifiée au défendeur, parlant à sa personne, rencontrée à Sisteron. — Cass., 21 févr. 1837, de Mévolhon, [S. 37.1.241, P. 40.1.236] — En sens contraire, les conclusions de M. Laplagne-Barris sous cet arrêt.

354. — Lorsque le défendeur est domicilié hors de la France continentale, il a droit aux délais accordés par l'art. 73, C. proc. civ. On verra, *infrà*, v° *Délai*, que, malgré sa place, cet article n'est pas applicable seulement aux ajournements devant les tribunaux de première instance. — Bioche, n. 106; Garsonnet, *loc. cit.*; Colmet-Daage et Glasson, *loc. cit.*

355. — 2° La citation en conciliation doit énoncer sommairement l'objet de la citation (art. 52). La loi n'a pas prescrit pas ici, comme elle le fait dans l'art. 1, qu'elle fasse connaître les moyens à l'appui de la demande. Bien qu'il soit difficile de donner une raison satisfaisante de cette différence, on en conclut avec raison que l'indication des moyens n'est pas nécessaire dans la citation en conciliation. — Augier, § 3, n. 4; Favard de Langlade, t. 1, p. 627; Chauveau et Carré, t. 1, quest. 221; Bioche, n. 101; Rodière, t. 1, p. 174; Bonnier, n. 42; Boitard, Colmet-Daage et Glasson, t. 1, n. 112; Garsonnet, t. 2, p. 215 et s. — *Contrà*, Pigeau, *Proc. civ.*, t. 1, p. 40, et *Comment.*, t. 1, p. 148; Demiau-Crouzilhac, *Traité du droit de la pratique*, p. 50.

356. — 3° Par la force des choses, la citation en conciliation invite le défendeur à comparaître, non pas comme le ferait une citation en matière contentieuse, pour s'entendre condamner, mais pour se concilier, si faire se peut.

357. — La rédaction incomplète ou incorrecte d'une citation en conciliation entraîne-t-elle la nullité? La question se pose dans les mêmes termes que pour la citation en matière contentieuse, attendu qu'elle n'a pas plus été réglée par l'art. 52 que par l'art. 1. Nous nous bornons donc à renvoyer à ce qui a été dit *suprà*, v° *Citation*, n. 11 et s. — V. Garsonnet, t. 2, p. 216.

SECTION III.
Effets de la citation et de la comparution volontaire.

358. — L'effet essentiel de la citation en conciliation est d'obliger les parties à comparaître au bureau de paix. On verra, *infrà*, n. 425 et s., quelles sont les conséquences et la sanction de cette obligation. La citation en conciliation produit encore deux autres effets importants : aux termes de l'art. 57, elle interrompt la prescription et fait courir les intérêts moratoires. La loi des 16-24 août 1790 et l'art. 2245, C. civ., renfermaient déjà une disposition semblable en ce qui concerne l'interruption de la prescription, et la jurisprudence l'étendait au cours des intérêts moratoires. — Cass., 12 juill. 1808, Morin, [S. et P. chr.] — L'art. 57 a, lui aussi, attaché à la citation en conciliation ces deux effets de la demande en justice (art. 1153 et 2244, C. civ.). Rien n'est plus juste, assurément : la citation en conciliation n'est pas, il est vrai, une demande en justice (V. *suprà*, n. 25), mais elle marque l'intention d'en former une : elle est par là même une mise en demeure, presqu'aussi énergique que la demande elle-même. Comme, d'autre part, dans un grand nombre d'affaires, la demande ne peut être reçue sans l'épreuve préalable de la conciliation, le demandeur serait, sans la règle de l'art. 57, mis dans l'impossibilité de faire courir dès l'échéance les intérêts moratoires, et ne pourrait interrompre au dernier moment une prescription imminente qu'en obtenant pour son assignation la dispense du préliminaire pour cause d'urgence.

359. — En effet, la demande rejetée pour avoir été formée sans préliminaire de conciliation, dans un cas où il était prescrit, n'interrompt pas la prescription. — Cass., 30 mai 1814, Forgeron-Defarges, [S. et P. chr.]

360. — La prescription est interrompue autant pour les demandes additionnelles et reconventionnelles formées devant le bureau de paix que pour celles qui avaient été l'objet de cette citation. — Cass., 30 frim. an XI, Descamps, [S. et P. chr.] — *Sic*, Carré et Chauveau, t. 1, quest. 248 *ter*; Troplong, *Prescription*, t. 2, n. 595.

361. — La citation en conciliation intervenue avant l'expiration du délai de la prescription, l'interrompt alors même que la loi exigeait textuellement que l'*action en justice* fût exercée avant l'expiration de ce délai. — Cass., 22 niv. an IV, Tretters, [S. et P. chr.]; — 13 vendém. an XI, Schultz, [S. et P. chr.] — *Sic*, Merlin, *Quest. de droit*, v° *Légitimité*, § 2.

362. — Une citation en conciliation peut, suivant les circonstances, être déclarée interruptive de la prescription de l'action en nullité d'un contrat, bien qu'elle ne mentionne pas expressément ce contrat, par exemple si, s'agissant de la nullité pour simulation, d'une quittance donnée dans un contrat de vente, la citation n'énonce qu'une demande en paiement d'une somme égale à celle portée dans la quittance prétendue simulée. — Cass., 14 juill. 1829, Verse, [S. et P. chr.]

363. — Faut-il, pour que la citation en conciliation fasse courir les intérêts moratoires qu'ils aient été expressément et spécialement demandés? La même question se pose pour la demande en justice : nous n'avons pas à l'examiner ici (V. *suprà*, v° *Ajournement*, n. 500, et *infrà*, v° *Intérêts*. Nous nous bornerons ici à citer les auteurs qui l'ont traitée au point de vue de la citation en conciliation, savoir, pour l'affirmative : Carré, t. 1, quest. 232; Thomine-Desmazures, t. 1, p. 143, et pour la négative : Pigeau, *Comment.*, t. 1, p. 155; Chauveau, sur Carré, *loc. cit.*

364. — La citation ne fait pas courir les intérêts moratoires et n'interrompt pas la prescription si elle est nulle en la forme (Arg. art. 2247, C. civ.). — Aubry et Rau, *Cours de droit civil français*, t. 4, p. 98; Garsonnet, t. 2, p. 219 et s.

365. — En est-il de même lorsque le défendeur a donné un juge incompétent? Il faut distinguer ici entre les deux effets prévus par l'art. 57. On décidera, par argument de l'art. 2246, C. civ., que la citation devant un juge de paix incompétent interrompt la prescription. — Pigeau, *Procéd. civ.*, t. 1, p. 46; Delvincourt, *Cours de C. civ.*, t. 2, p. 640; Carou, n. 822; Vazeille, *Prescription*, n. 191; Favard de Langlade, t. 1, p. 632, n. 1; Bioche, n. 158; Chauveau, sur Carré, t. 1, quest. 248 *bis*; Rodière, t. 1, p. 182; Garsonnet, t. 2, p. 220. — Mais elle ne fera pas courir les intérêts moratoires, l'art. 2246 ne pouvant être étendu d'un cas à l'autre. — Chauveau, sur Carré, *Suppl.*, t. 1, quest. 248 *bis*; Garsonnet, *loc. cit.*

366. — L'art. 57 sera-t-il applicable lorsque la conciliation aura été tentée dans une affaire qui n'y était pas soumise par la loi? La question a été examinée, surtout au point de vue de la prescription et a donné naissance à quatre opinions différentes.

367. — D'après Pigeau (*Comment.*, t. 1, p. 154), le préliminaire de conciliation étant alors inutile ne peut produire aucun effet. — Auger, v° *Prescription*, sect. 1, § 1, n. 6.

368. — D'autres auteurs pensent que cette circonstance n'empêche pas le préliminaire de conciliation de produire les effets qui y sont attachés par l'art. 57 : le juge de paix, disent-ils, est alors incompétent « *ratione materiæ* » : l'art. 2246, qui ne distingue pas entre l'incompétence « *ratione personæ* » et l'incompétence « *ratione materiæ* », est donc applicable. — Zachariæ, *Droit civil français*, t. 4, § 213, note 5 ; Vazeille, t. 1, n. 194 ; Favard de Langlade, v° *Prescription*, sect. 2, art. 3, § 3 ; Duranton, *Cours de droit français*, t. 21, n. 265 *in fine* ; Carou, t. 2, n. 823 ; Marcadé, *Explic. du Code civil*, t. 2, p. 350, n. 18 ; Aubry et Rau, *Cours de droit civil français*, t. 2, § 215, p. 250.

369. — Il a été jugé, en ce sens, dans une affaire où il y avait plus de deux défendeurs, que la citation en conciliation vaut dans tous les cas, comme un acte interpellatif et interruptif de la prescription, par cela seul qu'elle a été suivie d'une instance régulièrement introduite dans le délai d'un mois. — Montpellier, 9 mai 1838, Rolland, [S. 38.2.492, P. 38.2.445] — V. aussi Montpellier, 5 août 1807, Joly, [S. et P. chr.]

370. — On invoque souvent aussi, à l'appui de cette opinion, un arrêt de la Cour de cassation du 9 nov. 1809, Brudière, [S. et P. chr.], qui déclare que le délai fixé pour intenter une action en désaveu de paternité a été prolongé par une citation en conciliation, et les conclusions de Merlin qui l'ont précédé (Merlin, *Quest. de droit*, v° *Légitimité*, § 2). Mais la discussion de Merlin a roulé sur le point de savoir si, sous l'empire de la législation applicable à cette affaire, l'action en désaveu était soumise au préliminaire de conciliation, et c'est probablement parce qu'elle adoptait l'affirmative sur ce dernier point, que la Cour de cassation a admis la solution rapportée plus haut.

371. — Bonnier (n. 43) reproduit ici une distinction que nous avons déjà écartée à propos d'une question voisine : le préliminaire de conciliation, dans une affaire dispensée de cette formalité, aurait, suivant lui, pour effet d'interrompre la prescription, mais non de faire courir les intérêts moratoires.

372. — Enfin, d'autres auteurs modernes s'attachent à une autre distinction : l'affaire était-elle dispensée du préliminaire de conciliation, parce qu'elle n'était pas susceptible de transaction, on convient avec Pigeau que l'essai de conciliation qui a été néanmoins tenté est frustratoire et ne saurait produire aucun effet. En vain, l'opinion adverse invoque-t-elle l'art. 2246 ; ce n'est que par un abus de langage qu'on peut parler ici d'incompétence. S'agit-il maintenant du préliminaire exempté du préliminaire pour d'autres motifs que l'impossibilité de transiger, la solution sera différente, parce que cette exemption est alors une faveur à laquelle on ne peut faire grief au demandeur d'avoir renoncé. En agissant ainsi, il s'est conformé à l'esprit de la loi qui est favorable à la conciliation : il doit donc jouir des mêmes avantages que celui qui n'a cité que pour obéir à une injonction formelle. — Delvincourt, t. 2, p. 640 ; Troplong, *Prescription*, t. 2, n. 592 ; Chauveau, sur Carré, t. 1, quest. 248 *bis* ; Curasson, t. 1, p. 107 ; Bioche, n. 157 ; Garsonnet, t. 2, p. 220 et s. ; Larombière, *Obligations*, sur l'art. 1153, n. 20 ; Leroux de Bretagne, *Prescription*, t. 1, n. 472 ; Curasson, t. 1, p. 196 et s.

373. — Jugé, en ce sens, que la citation en conciliation donnée dans une contestation existante entre deux communes, ne pouvant amener une transaction, n'interrompt pas la prescription. — Rouen, 13 déc. 1842, Commune de Trie-le-Château, [S. 43.2.170, P. 43.1.644]

374. — Mais, il a été jugé, au contraire, que l'action rédhibitoire de la loi du 20 mai 1838 devant être intentée dans les délais qu'elle fixe, il ne suffirait pas qu'une citation en conciliation eût été donnée dans ce délai, cette action étant dispensée du préliminaire de conciliation. — Cass., 3 mai 1882, Dejean, [S. 84.1.28, P. 84.1.44, D. 83.1.250]

375. — Sous l'empire de la loi des 16-24 août 1790, il suffisait que l'essai de conciliation fût suivi d'ajournement dans un délai quelconque pour interrompre la prescription, et alors même que cet ajournement n'aurait eu lieu qu'après l'expiration du délai fixé pour la prescription. — Cass., 22 niv. an III, Janin, [S. et P. chr.] ; — 22 niv. an IV, Triffens, [S. et P. chr.] ; — 6 vend. an XI, Bourgeois, [S. et P. chr.] ; — 13 vend. an XI, Schultz, [S. et P. chr.] — Paris, 20 vent. an XI, Alazac, [S. et P. chr.] — V. aussi Cass., 12 juill. 1808, Morin, [S. et P. chr.]

376. — Mais la citation en conciliation n'avait pas l'effet de donner à l'action une durée plus longue que celle qui lui appartenait par sa nature. Si donc, entre cette citation et l'ajournement, il s'écoulait un laps de temps suffisant à lui seul pour prescrire, l'action se trouvait frappée par la prescription, sans égard à l'interruption résultant de la citation. — Cass., 22 mess. an XI, Corneau, [S. et P. chr.] — Paris, 8 fruct. an X, Hocquart, [S. et P. chr.] — *Sic*, Merlin, *Quest. de droit*, v° *Bureau de paix*, § 6 ; Bioche, n. 155.

377. — L'interruption résultant de la citation en conciliation subsistait alors même que la demande n'est formée qu'après l'expiration du délai de la prescription ; c'était une conséquence nécessaire de l'effet interruptif attaché à la citation, et elle doit encore être admise aujourd'hui. — Troplong, *Prescription*, t. 2, n. 591 ; Marcadé, *Explication du Code civil*, t. 12, n. 163 ; Leroux de Bretagne, *Prescription*, t. 1, n. 469.

378. — Mais le défaut d'indication d'un délai dans lequel la citation, pour avoir un effet interruptif de la prescription devait être suivie d'ajournement présentait de graves inconvénients : la pensée du législateur qui était simplement d'étendre à la citation en conciliation l'effet interruptif de l'ajournement, auquel seul il appartenait en propre, se trouvait faussée. Avec le système de la loi de 1790, la citation avait, au contraire, un effet interruptif propre, et le demandeur pouvait se borner à citer de temps à autre en conciliation pour éluder toujours d'agir en justice et de faire juger son droit. — Locré, *Législ. civ.*, t. 21, p. 254, 327 et s.

379. — Aussi le Code civil exigea-t-il, pour que la citation en conciliation interrompît la prescription, qu'elle fût suivie d'une assignation en justice « dans les délais de droit » ; et l'art. 57, plus précis, fixa-t-il ces délais soit pour l'interruption de la prescription, soit pour le cours des intérêts moratoires à un mois à dater du jour de la non-comparution ou de la non-conciliation, nous ajouterons avec Rodière (t. 1, p. 182), et M. Garsonnet (t. 2, p. 221), du jour où la comparution devait avoir lieu, lorsque ni l'une ni l'autre des parties n'a comparu.

380. — L'art. 57 ayant attaché au préliminaire de conciliation deux effets de la demande en justice parce qu'il en est considéré comme la préalable, et à raison des liens qui l'unissent à elle, il faut non seulement qu'elle soit suivie dans le mois d'un ajournement, mais que cet ajournement soit valable.

381. — Ainsi lorsque celui-ci se trouve nul parce qu'au lieu de donner copie en tête du procès-verbal de non-conciliation concernant la partie assignée, on a donné copie du procès-verbal concernant son consort, la citation ne peut être considérée comme interruptive de la prescription. — Cass., 16 janv. 1843, Rastigneac, [S. 43.1.97, P. 43.1.331] — V. cependant sur renvoi Aix, 22 déc. 1843, Même affaire, [S. 44.2.268, P. 44.1.729]

382. — Il en est ainsi alors même que, s'agissant d'une affaire non soumise au préliminaire de conciliation, l'exploit d'ajournement n'est pas nul à raison de l'irrégularité qui y a été commise : il ne reste pas moins vrai, en effet, que ce qui interrompt la prescription c'est la citation suivie d'un ajournement signifié dans le mois avec ajournement, et, dans l'espèce, cette signification n'a pas été régulièrement faite. — Cass., 16 janv. 1843, précité. — *Contra*, Aix, 22 déc. 1843, précité.

383. — Il faut aussi, pour que l'art. 57 s'applique, que la demande en justice qui a suivi dans le mois la non-comparution ou la non-conciliation ne soit pas anéantie par l'effet d'un désistement, d'une péremption ou d'un rejet définitif (Arg., art. 2247). — Marcadé, t. 12, n. 162 ; Leroux de Bretagne, *Prescription*, t. 1, n. 469.

384. — Le délai de l'art. 57 ne s'augmente pas par la distance : l'art. 1033 est ici évidemment inapplicable. — Paris, 4 juill. 1809, Boucher, [S. et P. chr.] — *Biblioth. du barr.*, 2° part., 1801, t. 5, p. 365 ; Favard de Langlade, t. 1, p. 632, n. 1 ; Thomine-Desmazures, t. 1, p. 144 ; Carré et Chauveau, t. 1, quest. 248 ; Augier, § 6, n. 4 ; Bioche, n. 162. — Selon Pigeau (*Comment.*, t. 1, p. 155), il doit y avoir exception quand le demandeur, obligé d'assigner au loin, ne pourrait le faire dans le délai d'un mois. Mais cette exception, qui n'est pas prévue par la loi, est repoussée avec raison par Favard, Thomine-Desmazures, Carré et Chauveau, *loc. cit.*

385. — Il a été jugé que la disposition de l'art. 57 était applicable à la citation donnée sous l'empire de la loi de 1790 : qu'elle perdrait son effet interruptif si elle n'avait pas été, dans le mois, suivie d'ajournement. En effet, dit Carré, « les lois nouvelles qui prescrivent des formalités protectrices d'un droit, ont effet sur le passé, en ce sens qu'elles obligent à remplir ces formalités encore bien que le droit à conserver ait été créé antérieurement à ces mêmes lois ». — Cass., 27 avr. 1814, de Longueville,

[S. et P. chr.]; — 29 juin 1829, Commune de Rougemont, [S. et P. chr.] — Bourges, 2 juin 1824, Accary, [S. et P. chr.]; — 24 avr. 1828, Bré, [S. et P. chr.] — Toulouse, 30 mai 1835, Dubour, [P. chr.] — Sic, Carré et Chauveau, t. 1, quest. 251; Berriat Saint-Prix, p. 192, n. 3; Troplong, *Prescription*, t. 2, n. 589. — *Contrà*, Toulouse, 15 mai 1808, Prom, [S. et P. chr.]

386. — A plus forte raison a-t-il suffi que l'art. 57 eût été promulgué à l'époque du procès-verbal de non-conciliation. pour que les parties aient dû se conformer à sa disposition. — Montpellier, 30 déc. 1812, Jeay, [P. chr.]

387. — La citation en conciliation sur laquelle intervient un compromis portant nomination d'arbitres interrompt la prescription, ce compromis produisant l'effet d'un ajournement devant le juge ordinaire. — Paris, 9 juin 1826, Bachelier, [S. et P. chr.]

388. — Il a été jugé cependant qu'il en est différemment lorsqu'il n'appert d'aucun acte, ni d'aucun fait que l'arbitre ait accepté expressément ou tacitement la qualité de juge dont on a voulu l'investir; qu'en effet, il faut au moins, pour que le compromis produise l'effet d'une demande formée devant une juridiction ordinaire, que la juridiction arbitrale soit constituée, et qu'elle n'existe pas tant qu'il n'y a pas eu d'acceptation de la part du juge volontaire, ni de litige engagé devant lui par les parties. — Limoges, 29 avr. 1836, Fossiat, [S. 36.2.270, P. 37.2.480] — Vazeille (*Prescriptions*, t. 1, n. 191) et Troplong (*Prescription*, t. 2, n. 594), disent même plus nettement qu'il faut qu'il y ait eu assignation à comparaître, ou comparution volontaire devant les arbitres.

389. — En tout cas, et le compromis fût-il par lui-même interruptif de prescription, malgré le défaut de citation de comparution, cette interruption serait réputée non avenue par l'expiration du délai fixé pour la durée du compromis. — Grenoble, 1er août 1833, Charier, [S. 34.2.19, P. chr.] — Limoges, 29 avr. 1836, précité. — *Sic*, Merlin, *Quest. de droit*, v° *Bureau de paix*, §§ 5 et 6; Troplong, *loc. cit.*; Vazeille, *loc. cit.*

390. — Mais la citation en conciliation sur laquelle est intervenue un compromis suivi de la constitution de l'arbitrage est interruptive de la prescription, quoique le compromis ait été depuis annulé, faute par les arbitres d'avoir accompli leur mission, si d'ailleurs il y a eu assignation dans le mois de la rupture de l'arbitrage. — Bastia, 18 févr. 1856, Baldassari, [S. 56.2.143, P. 56.1.534, D. 56.2.141]

391. — L'art. 57 ne parle que de la citation en conciliation. Les effets qu'il y attache appartiennent-ils également à la comparution volontaire au bureau de paix? Carré (t. 1, quest. 249) a d'abord soutenu la négative en ce qui concerne l'interruption de la prescription. « L'art. 2244, C. civ., dit-il, porte qu'une citation en justice, un commandement ou une saisie, *signifiés* à celui qu'on veut empêcher de prescrire, forment l'interruption civile : il annonce par là que le législateur n'a pas eu l'intention d'attacher cet effet à la comparution volontaire ». — Colmar, 5 juill. 1809, Hirn, [S. et P. chr.] — Bibliothèque du barreau, 2e part., t. 4, p. 65; Durantоn, *Cours de droit français*, t. 11, n. 266. — D'autre part, Chauveau (n. 45) distingue, contrairement à l'esprit de l'art. 57, entre l'interruption de la prescription et le cours des intérêts moratoires : d'après les art. 1153 et 2244, le premier effet peut être obtenu par des actes qui ne produisent pas le second : il en conclut que la comparution volontaire peut interrompre la prescription sans faire courir les intérêts.

392. — Il est aujourd'hui admis, au contraire, que la comparution volontaire produit les mêmes effets que la citation en conciliation. Si celle-ci fait courir les intérêts moratoires et interrompt la prescription, c'est à raison de l'interpellation qu'elle renferme : or, cette interpellation est attestée aussi bien par la comparution volontaire que par la citation : aussi l'art. 48 les met-il sur la même ligne; il en est de même de l'art. 9, C. proc. civ. On comprendrait mal, d'ailleurs, que la loi décourageât le demandeur de chercher à remplacer la citation par une comparution volontaire. — Favard de Langlade, t. 1, p. 632, n. 2; Boncenne, t. 2, p. 59; Thomine-Desmazures, t. 1, p. 144; Augier, t. 2, p. 159; Curasson, t. 1, p. 169; Bioche, n. 157; Boitard, Colmet-Daage et Glasson, t. 1, n. 124; Rodière, t. 1, p. 173; Troplong, *Prescript.*, t. 2, n. 590; Garsonnet, t. 2, p. 196; Chauveau, sur Carré, *loc. cit.*; Marcadé, t. 12, n. 166; Leroux de Bretagne, t. 1, n. 471; Bonfils, n. 676. — Carré lui-même (*loc. cit.*) s'est finalement rangé à cette opinion.

393. — Si l'art. 57 a attaché à la citation en conciliation deux des effets de la demande en justice, il ne faut pas en conclure qu'elle produise également tous les autres. Ainsi, elle ne rend pas le défendeur comptable des fruits, sauf le cas où elle ferait cesser sa bonne foi. — *Contrà*, *Praticien français*, t. 1, p. 268; Pigeau, *Comment.*, t. 1, p. 155; Carré et Chauveau, t. 1, quest. 253.

394. — Et elle ne peut tenir lieu de la sommation nécessaire pour mettre le débiteur en demeure. — Grenoble, 19 juill. 1826, Pisançon, cité par Chauveau, sur Carré, qui adopte cette solution, t. 1, p. 267, note 2.

395. — Il a été jugé cependant que la citation en conciliation délivrée dans le délai de trois mois fixé par l'art. 18, L. 26 juill. 1873, sur l'établissement et la conservation de la propriété en Algérie, suffit pour empêcher la déchéance qu'il édicte, faute de contestation devant les tribunaux. Cette décision tire un puissant argument d'analogie de l'art. 57, C. proc. civ. — V. Alger, 22 juin 1891, [*Rec. d'Alger*, 92.348]

CHAPITRE VII.

COMPARUTION EN CONCILIATION.

Section I.

Mode de comparution.

396. — « Les parties comparaîtront en personne; en cas d'empêchement, par un fondé de pouvoirs » (art. 53).

397. — La partie qui se fait représenter par un fondé de pouvoir doit, selon quelques auteurs, justifier de l'empêchement qui ne lui permet pas de comparaître en personne. Cela résulte, suivant eux, de la comparaison de l'art. 53 avec l'art. 9. Celui-ci, relatif à la comparution en matière contentieuse, s'exprime ainsi : « Les parties comparaîtront en personne ou par leurs fondés de pouvoirs ». Il y a là évidemment une alternative laissée à leur choix. Il n'en est pas de même dans l'art. 53, qui subordonne la faculté de se faire représenter à l'exigence d'un empêchement. Sa rigueur s'explique très-bien d'ailleurs : qui ne sait qu'une tentative de conciliation entre les parties elles-mêmes ne se trouvent pas en présence est presque toujours condamnée d'avance à un échec certain? Leur permettre de s'y faire représenter sans nécessité, c'est vouloir qu'elle ne soit pas sérieuse (Circ. du garde des sceaux du 6 juin 1838 dans les *Lois annotées* de 1831 à 1848, p. 443, n. 6). — Chauveau, sur Carré, t. 1, p. 239, n. 44; Boitard, Colmet-Daage et Glasson, t. 1, n. 113; Rodière, t. 1, p. 174.

398. — Ceci posé, on en conclut que le juge de paix, devant qui l'une des parties s'est fait représenter par un mandataire sans justifier d'un empêchement, a le droit d'ordonner sa comparution personnelle. — Chauveau, sur Carré, t. 1, quest. 252; Circ. précitée du 6 juin 1838.

399. — Mais l'opinion contraire a prévalu dans la pratique. Il est admis que les parties sont seules juges de l'empêchement qui les empêche de comparaître en personne. Il ne saurait appartenir au magistrat conciliateur d'en apprécier la valeur, puisqu'il ne siège pas comme juge; ni d'ordonner la comparution personnelle de celui qui s'est, sans raison, fait représenter par un tiers : car il n'a pas qualité pour recourir à des mesures coercitives. La tentative de conciliation deviendra souvent illusoire avec la faculté illimitée de se faire représenter par un mandataire, cela est vrai, mais on sait que les auteurs du Code de procédure n'y attachaient que peu d'importance. Le chiffre de l'amende infligée pour non-comparution en fait foi (V. *suprà*, n. 19 et s.). — Bioche, n. 108; Carré, t. 1, p. 238 et s., n. 44 et quest. 222; Favard de Langlade, t. 1, p. 627, n. 1; Thomine-Desmazures, t. 1, p. 136; Boncenne, t. 2, p. 38; Garsonnet, t. 2, p. 216 et s.; Rousseau et Laisney, n. 136.

400. — Nous nous placerions volontiers entre les deux systèmes. Il nous paraît exact de dire avec le premier et l'art. 53, que les parties ne peuvent pas, sans raison sérieuse, se faire représenter par un procureur fondé; mais il est vrai aussi que le juge de paix n'a pas qualité pour juger cette question et ordonner la comparution personnelle. Ce sera, selon nous, au tribunal, si l'une des parties s'est fait représenter sans justifier d'empêchement, à lui infliger l'amende de non-comparution.

401. — La partie qui ne comparaît pas en personne en conciliation peut-elle librement choisir son représentant? La loi des 18-26 oct. 1790 (tit. 3, art. 1) disposait que les parties ne pourraient se faire représenter ou assister devant le juge de paix par aucune des personnes qui, à quelque titre que ce fût, seraient attachées à des fonctions relatives à l'ordre judiciaire. Vint ensuite l'art. 16, L. 6-27 mars 1791, portant que les commis-greffiers, huissiers et hommes de loi ne pourraient représenter les parties au bureau de paix (V. *suprà*, n. 16). Sous le Code de procédure, on agita, spécialement en ce qui concerne les huissiers, la question de savoir si les prohibitions ou exclusions que nous venons de rappeler continueraient de subsister. La cour de Bourges jugea qu'elles étaient implicitement abrogées par le silence du Code. — Bourges, 2 févr. 1825, Nettement, [S. et P. chr.]; — et si d'autres arrêts continuèrent à interdire à ces officiers ministériels la représentation des parties devant les tribunaux de commerce (V. Riom, 2 avr. 1830, N..., [S. 33.2.586] P. chr.] — Amiens, 24 juill. 1833, Holleville-Thorel, [S. 34.2.88, P. chr.]), — ce fut par argument d'un texte, l'arrêté du 18 therm. an XI, étranger à la question qui nous occupe.

402. — De même, il a été jugé qu'un greffier de justice de paix, bien qu'il soit peu convenable qu'il s'abstienne de ses fonctions pour jouer le rôle de mandataire devant le tribunal auquel il est attaché, peut cependant valablement accomplir ce mandat. — Rennes, 16 août 1817, N..., [S. et P. chr.] — *Sic*, Chauveau, sur Carré, t. 1, p. 239, n. 44; Garsonnet, t. 2, p. 218, note 20.

403. — La pensée du législateur au surplus n'était pas douteuse : elle était exprimée avec une clarté parfaite dans le rapport de Faure au Corps législatif : « On avait proposé, dit-il, de défendre aux gens de loi de se présenter pour les parties : après avoir approfondi la question, on a reconnu que la proposition ne répondait point, dans la pratique, à l'idée qu'on s'en était formée dans la théorie; sans doute il est facile de reconnaître un avoué, mais on ne connaîtra pas toujours un praticien que l'avoué lui-même fera paraître avec des instructions particulières, et il est assez peu délicat pour vouloir éluder la loi; si la partie n'a confiance que dans son avoué, ne se présentera-t-elle pas devant le juge, comme on l'a vu si souvent avant que ce plan de conduite dont elle ne consentira jamais à se départir? et peut-être sera-t-il l'avoué eût paru il eût été moins difficile au juge de tout concilier, en lui faisant apprécier le mérite de ses observations. Enfin si l'une des parties est homme de loi, et que l'autre ne le soit pas, serait-il juste que l'homme de loi eût pour lui tous les avantages qui peuvent résulter de ses connaissances, tandis que l'autre serait réduite à lutter à armes inégales. Toutes ces considérations ont déterminé à n'apporter aucune limite à la confiance des parties lorsqu'il s'agit de donner un pouvoir ». — Locré, *Législ. civ.*, t. 21, p. 564, n. 24. — V. en ce sens, Boncenne, t. 2, p. 38; Carré et Chauveau, t. 1, n. 44, p. 238 et s.; Garsonnet, t. 2, p. 217. — On ne peut donc approuver une lettre ministérielle du 15 mars 1882 (citée par N. A. Carré, t. 1, n. 1048), d'après laquelle le juge de paix aurait le droit de s'opposer à ce qu'une partie se fît représenter par un homme de loi, s'il croyait que sa présence peut rendre inutile la tentative de conciliation. Toutefois, la liberté laissée aux parties dans le choix de leur représentant comporte aujourd'hui une double restriction.

404. — 1° La loi du 25 mai 1838, art. 18, décide que, « dans les causes portées devant la justice de paix, aucun huissier ne pourra ni assister comme conseil, ni représenter les parties en qualité de procureur fondé, à peine d'une amende de 25 à 50 fr., qui sera prononcée sans appel par le juge de paix ». Il n'y a d'exception que dans les cas prévus par l'art. 86, C. proc. civ. Cette incapacité est-elle applicable à la comparution au bureau de paix de même qu'à la comparution dans les affaires soumises au juge de paix comme juge?

405. — Quelques auteurs se prononcent pour la négative. Ils fondent leur opinion sur ce que toute prohibition doit être restreinte dans ses propres termes, et qu'ici le législateur parlant des *causes portées* devant la justice de paix, n'a eu évidemment en vue que les affaires contentieuses, et non le préliminaire de conciliation qui n'est pas, à proprement parler, une *cause* (V. *suprà*, n. 25). On ajoute « qu'interdire aux huissiers le droit de paraître au bureau de paix comme fondés de pouvoir, ce serait aller contre l'intérêt même des parties; que la personne qui est obligée de recourir à la tentative de conciliation dans un lieu éloigné de son domicile ne s'avise guère de s'y transporter; que pour se conformer à cette disposition de la loi, assez généralement considérée comme une vaine formalité, elle est obligée de se faire représenter, et qu'il est naturel que ce soit par l'huissier auquel le modèle de la citation est adressé ». — Curasson, t. 2, p. 857 et s.; Colmet-Daage, sur Boitard, t. 1, n. 113; Demangeat, *Rev. prat.*, t. 10, p. 511.

406. — Ces raisons, surtout celles tirées des termes de l'article, ont une grande force, il faut le reconnaître. Cependant les motifs qui ont dicté les dispositions résistent évidemment et s'élèvent pour exclure les huissiers du droit de représenter les parties au bureau de conciliation tout aussi bien que dans les affaires contentieuses. Dans le premier comme dans le second cas, on doit craindre que l'huissier ne se refuse à tout arrangement pour donner cours à un procès qui lui donnera l'occasion d'accomplir les actes de son ministère. — Carou, n. 801; Bénech, *Traité des justices de paix*, p. 470; Garsonnet, t. 2, p. 217 et s.; Foucher, *Comment. des lois des 25 mai et 11 avr. 1838*, p. 493; Rousseau et Laisney, n. 138.

407. — Au reste, et tout en admettant l'interprétation la plus extensive, l'art. 18 ayant prononcé seulement une amende contre l'huissier infracteur, sans ajouter la peine de la nullité, il est incontestable que cette peine ne pourrait être suppléée par le tribunal devant lequel la demande serait portée, après un essai de conciliation où l'une des parties aurait été représentée par un huissier.

408. — Sous l'empire de la loi de 1791, il avait été jugé dans le même ordre d'idées que, encore que les parties ne puissent se faire représenter au bureau de paix par les huissiers, si toutes deux ont agi sur ce point en contravention à la loi et qu'à défaut de conciliation, elles aient passé à la discussion du fond du procès, aucune d'elles n'est admise à quereller ultérieurement de nullité le procès-verbal de non-conciliation. — Trib. d'appel de Paris, 29 germ. an XI, Gras, [S. et P. chr.]

409. — ... Que la partie qui s'était fait représenter au bureau de paix par un huissier ne pouvait, et surtout la première fois en appel, demander la nullité du procès-verbal de non-conciliation. — Cass., 4 germ. an VIII, Lebreton, [S. et P. chr.]

410. — 2° Il résulte de la discussion de la loi du 25 mai 1838, d'un amendement présenté par M. Goupil de Préfeln, et de la réponse qui y a été faite par le rapporteur, M. Amilhan (séance de la Chambre des députés du 25 avr. 1838, *Moniteur* du 26, p. 1030), que le juge de paix jouit d'un pouvoir discrétionnaire pour écarter de son prétoire les mandataires indignes (Circ. min. Just., 6 juin 1838, rapportée dans les *Lois annotées* de 1831 à 1848, n. 6, p. 443). — Bénech, *loc. cit.*; Victor Foucher, *loc. cit.*, p. 493. — Cela est vrai en conciliation comme en matière contentieuse, Chauveau, sur Carré, t. 1, p. 239, n. 44; Bioche, n. 111; Garsonnet, t. 2, p. 218.

411. — Celui qui se présente en conciliation au nom d'un tiers doit être muni d'une procuration écrite. — V. Trib. Saint-Calais, 25 mars 1887, [*Gaz. Pal.*, 87.1.616] — Mais il n'est pas nécessaire qu'elle soit donnée par acte authentique. Toutefois, l'adversaire pourrait refuser de reconnaître le pouvoir sous seing privé dont on se contente le plus souvent. Et, dans ce cas, le mandant ne se trouvant plus représenté, serait passible de l'amende édictée par l'art. 56. — Favard de Langlade, v° *Conciliation*; Carré et Chauveau, t. 1, quest. 44 et 224; Pigeau, *Comment.*, t. 1, p. 43.

412. — Les frais de la procuration sont à la charge du mandant. — Thomine-Desmazures, t. 1, p. 136.

413. — La loi n'exige pas que le pouvoir soit spécial. Le mandat de citer devant les tribunaux et de suivre tous les procès qui pourraient exister ou être intentés, est suffisant pour comparaître en conciliation. — Bordeaux, 4 févr. 1835, Labrousse, [P. chr.] — V. Bioche, n. 113; N. A. Carré, t. 1, n. 1074; Garsonnet, t. 2, p. 218.

414. — La règle que celui qui se présente pour autrui en conciliation doit être porteur d'une procuration ne souffre-t-elle pas exception en ce qui concerne le mari, agissant au nom de sa femme ? Il a été jugé, en effet, qu'un mari est le mandataire présumé de sa femme, et peut valablement la représenter au bureau de paix sans être porteur de sa procuration, tant qu'elle le laisse agir et ne le contredit pas. — Cass., 6 prair. an II, Rousse, [S. et P. chr.] — Bourges, 6 pluv. an X, Mentcharmon, [S. et P. chr.]

415. — Mais les auteurs enseignent qu'il y a lieu de distinguer entre les actions mobilières et les actions immobilières; disons plus exactement, car cette première distinction ne conviendrait qu'au régime de la communauté (art. 1428), entre les actions de la femme dont le mari a, et celles dont il n'a pas l'exercice et la disposition. Quant aux premières, il a de plein droit pouvoir pour la représenter en conciliation comme en justice; mais il ne peut, sans un mandat exprès, comparaître utilement en conciliation sur une contestation de la dernière espèce. — Pigeau, *Comment.*, t. 1. p. 140; Carré et Chauveau, t. 1, quest. 223; Bioche, n. 116; Rodière, t. 1, p. 174; Garsonnet, t. 2, p. 217, note 19.

416. — Néanmoins, il a été jugé que, lorsqu'un mari comparaît pour son épouse au bureau de conciliation et se porte fort pour elle, il n'y a pas nécessité qu'il ait mandat spécial à cet effet (encore que l'action soit immobilière), si l'adversaire ne requiert ni la présence de la femme, ni l'exhibition d'un mandat pour transiger; s'il déclare purement et simplement qu'il ne peut se concilier. — Cass., 10 mars 1814, Sarragot, [S. et P. chr.]

417. — ... Qu'un mari est le mandataire présumé de sa femme : qu'en conséquence s'il comparaît en son nom au bureau de conciliation et se porte fort pour elle, la tentative de conciliation ne peut être regardée comme non avenue, encore que l'action soit immobilière, sous prétexte que la femme n'y a pas concouru. — Bourges, 1er juill. 1816, Delafond, [S. et P. chr.]

418. — Dans l'une et l'autre espèce, il y avait eu procès-verbal de non-conciliation et transaction. Peut-être pourrait-on admettre que le mari a de plein droit pouvoir pour se présenter au bureau de paix au nom de sa femme à l'effet de ne pas se concilier : en agissant ainsi, il épargne à la femme la condamnation à l'amende de l'art. 56, et peut être considéré comme ayant fait un acte conservatoire rentrant dans les prévisions de l'art. 1428, C. civ. — V. Cass., 10 mars 1814, précité. — Rennes, 9 févr. 1813, Delos, [S. et P. chr.] — Mais la transaction qu'il aurait consentie sans pouvoir ne serait pas obligatoire pour la femme.

419. — En tout cas, lorsque le mari a comparu devant le juge de paix tant en son nom personnel que comme mandataire de sa femme, celle-ci est irrecevable à arguer du défaut de procuration, si elle a procédé plus tard, conjointement avec son mari sans réclamer. — Carré et Chauveau, t. 1, quest. 223.

420. — La loi des 6-27 mars 1791 (art. 16) exigeait que le mandataire qui se présentait au bureau de paix fût muni d'un pouvoir suffisant pour transiger. Cette règle présentait de graves inconvénients : la raison et la justice, a dit le Tribunal (Locré, *Légis. civ.*, t. 24, p. 398, n. 31), ne permettent pas d'exiger qu'une partie remette dans les mains d'un tiers la disposition de sa fortune. Si, a dit d'autre part, Cambacérès au Conseil d'État (Locré, *op. cit.*, t. 2, p. 249) « si, ce qui est commun, ce fondé de pouvoir est peu versé dans les affaires, la partie se trouve à la discrétion du juge de paix... Il est nécessaire de dispenser les parties de donner à leur mandataire le pouvoir illimité de transiger; on viendrait de plus en plus à écouter les propositions de l'adversaire et pour les communiquer à son mandant » (V. aussi Treilhard, p. 250). Le législateur s'est rangé à cette manière de voir. Le mandant peut donc interdire à son mandataire de faire aucune transaction. — Thomine-Desmazures, t. 1, p. 136; Boncenne, t. 2, p. 142; Berriat Saint-Prix, p. 207, n. 21; Carré, et Chauveau, t. 1, quest. 225; Favard de Langlade, t. 1, p. 627, n. 2; Demiau-Crouzilhac, p. 50; Bioche, n. 115; Rodière, t. 1, p. 175; Bonnier, n. 47; Garsonnet, t. 2, p. 218. — *Contrà*, Pigeau, *Comment.*, t. 1, p. 148; Biret, *Procéd. des just. de paix*, p. 108.

421. — Il n'est même pas nécessaire que cette interdiction soit exprimée. Elle résulte suffisamment du silence de la procuration : en effet, la transaction est un acte de disposition (art. 2045, C. civ.), auquel le mandataire ne peut procéder sans un pouvoir exprès (art. 1987, C. civ.) — Boncenne, t. 2, p. 39; Favard de Langlade, *loc. cit.*; Carré et Chauveau, *loc. cit.*; Bioche, *loc. cit.*; Garsonnet, *loc. cit.* — *Contrà*, Pigeau, *loc. cit.*; Carou, n. 800; Colmet-Daage et Boitard, t. 1, n. 113.

422. — Bioche (*loc cit.*) pense cependant que si les concessions faites par les mandataires autorisés uniquement à comparaître étaient peu importantes, les tribunaux pourraient les maintenir comme faites en vertu de pouvoirs suffisants. Mais nous ne saurions admettre cette opinion. Du moment, en effet, qu'on reconnaît que le mandat donné en pareils termes n'emporte pas pouvoir de transiger, il s'ensuit que le mandataire a excédé les limites qui lui étaient tracées et que le mandant ne saurait être obligé de ratifier ce qu'il a fait contre ses instructions.

423. — Mais le pouvoir de se concilier emporte nécessairement celui de transiger et par suite celui de reconnaître la dette jusqu'à concurrence d'une partie de la demande. — Douai, 13 mai 1836, Debril, [S. 36.2.450, P. chr.] — *Sic*, Garsonnet, t. 2, p. 218.

424. — Le juge de paix, qui, au bureau de paix, ne siège pas comme juge, n'a pas le droit de vérifier si le mandat est suffisant et régulier : au tribunal seul, il appartiendra de trancher cette question. — Thomine-Desmazures, t. 1, p. 137. — *Contrà*, Bioche, n. 117. — Du reste, lorsque la qualité de mandataire a été une fois reconnue au bureau de paix, on ne peut plus la contester devant les tribunaux. — Rennes, 16 août 1817, N..., [S. et P. chr.]

Section II.
Obligation de comparaître et sanction de cette obligation.

425. — La citation oblige les parties à comparaître au bureau de paix. La sanction de cette obligation se trouve dans l'art. 56 : C. proc. civ. : « Celle des parties qui ne comparaîtra pas sera condamnée à une amende de 10 fr., et toute audience lui sera refusée jusqu'à ce qu'elle ait justifié de la quittance. »

426. — Cette disposition est applicable et est seule applicable tant au demandeur qui n'a pas comparu sur sa propre citation qu'au défendeur qui n'a pas obéi à celle qui lui a été signifiée. La rédaction en a été modifiée par le Tribunal pour éviter tout doute à ce sujet. — Locré, *Lég. civ.*, t. 24, p. 399, n. 33.

427. — Toutefois, on a soutenu que si le demandeur a fait défaut et a ainsi, par son propre fait, mis obstacle à la conciliation il était obligé d'essayer de parvenir, il doit lancer une nouvelle citation, et ne peut pas sans cela assigner valablement. — Delaporte, *Le parfait huissier*, t. 1, p. 55; Levasseur, *Manuel des justices de paix*, p. 114; Thomine-Desmazures, t. 1, p. 141. — Mais l'art. 56 ne fait aucune distinction entre le demandeur et le défendeur, et prouve que la non-comparution du demandeur étant constatée et l'amende par lui payée, il a suffisamment rempli la formalité de la conciliation. — Lepage, *Questions sur le C. de proc. civ.*, p. 99; Pigeau, *Comment.*, t. 1, p. 152; Favard de Langlade, p. 628, n. 4; Boncenne, t. 2, p. 46; Carré et Chauveau, t. 1, quest. 242.

428. — On a prétendu, à l'inverse, que l'art. 56 est inapplicable lorsque c'est le défendeur qui n'a pas comparu au bureau de paix. Car comment lui refuser l'audience? Le demandeur sera-t-il obligé d'arrêter son action ou de la suspendre, tant que le défendeur ne se sera pas acquitté? (*Le Praticien*, t. 1, p. 272). Nous verrons bientôt que cette objection porte à faux et qu'on peut parfaitement appliquer l'art. 56 au défendeur défaillant, lui refuser audience tant qu'il ne justifie pas avoir payé l'amende, sans cependant entraver l'action du demandeur. — Boncenne, *loc. cit.*; Carré et Chauveau, t. 1, quest. 240.

429. — L'amende n'est pas encourue de plein droit (Déc. min. Just., 31 juill. et 15 nov. 1808; Bioche, n. 145 et 149; Garsonnet, t. 2, p. 231); et le juge de paix, qui ne siège ici que comme conciliateur, n'a pas qualité pour la prononcer. — Cass., 8 août 1832, Dorier, [S. 32.1.787, P. chr.]; — 25 mai 1852, Daillier, [S. 52.1.516, P. 53.1.583, D. 52.1.279] — Rennes, 2 sept. 1808, N..., [S. et P. chr.] — *Sic*, Pigeau, t. 1, p. 152; Favard de Langlade, t. 1, p. 628; Berriat Saint-Prix, p. 207, note 22; Augier, v° *Amende*, sect. 1, n. 1; Carré et Chauveau, t. 1, quest. 241; Rodière, t. 1, p. 256; Thomine-Desmazures. t. 1, p. 142; Boncenne, t. 2, p. 46; Boitard, Colmet-Daage et Glasson, t. 1, n. 120; Bonnin, sur l'art. 56; Bonnier, n. 51; Garsonnet, t. 2, p. 231. — *Contrà*, Dumoulin, *Biblioth. du barreau*, 1810, 1re pari., p. 24.

430. — C'est au tribunal de première instance seul devant qui les parties se présentent, qu'il appartient de la faire. — V. les auteurs et les arrêts cités au numéro précédent.

431. — Aussi l'amende ne saurait-elle être exigée si la contestation n'était pas portée devant le tribunal (Déc. min. Just., 31 juill. 1808, précité.) — Pigeau, *Comment.*, t. 1, p. 153; Carré, t. 1, quest. 241; Rodière, t. 1, p. 180; Garsonnet, t. 2, p. 232.

432. — Toutefois, le receveur de l'enregistrement a qualité pour recevoir l'amende, sans qu'il soit absolument nécessaire qu'une condamnation soit prononcée contre le défaillant. Il peut la percevoir sur le vu de la mention de non-comparution faite sur la citation. Cette consignation volontaire qui épargne aux parties les frais et les lenteurs d'une condamnation doit être admise. — Carré et Chauveau, t. 1, quest. 241 *ter*.

433. — L'amende doit être infligée soit que la partie défaillante succombe, soit qu'elle obtienne gain de cause devant le tribunal; elle constitue, en effet, une répression spéciale destinée à prévenir les procès, et non pas un accessoire de la condamnation au fond. — Douai, 22 déc. 1840, Becq, [S. 41.2.139, P. 41.1.178]

434. — Le défendeur qui ne s'est pas présenté au bureau de paix a été déclaré passible de l'amende, bien qu'il s'agit d'une affaire qui était légalement dispensée du préliminaire de conciliation, dans l'espèce une contestation commerciale. — Trib. Seine, 28 févr. 1841, Mazain, sous Limoges, 14 août 1860, Hallary, [S. 61.2.39, *ad notam*, P. 61.701, *ad notam*] — En ce sens, Garsonnet, t. 2, p. 232.

435. — Il a été jugé également que l'amende doit être prononcée même alors que la partie citée n'avait pas capacité pour transiger, et qu'en pareil cas, le défendeur voudrait en vain faire retomber sur le demandeur la responsabilité de l'amende à laquelle il aurait été condamné. — Limoges, 14 août 1860, Hallary, [S. et P. chr., D. 61.2.165]

436. — Mais ces décisions sont critiquées : l'amende ne doit être prononcée que pour faute ou négligence : or il n'y en a aucune, dans l'espèce, de la part du défaillant, puisque la loi le dispensait de la formalité. — Alger, 11 mai 1892, [*Rev. d'Alger*, 1892, p. 339] — *Sic*, Bioche, n. 148; Carré, t. 1, p. 257, n. 47; Chauveau, sur Carré, t. 1, quest. 247.

437. — Une question semblable se pose lorsque la citation est irrégulière. Les uns veulent que le défendeur soit tenu de comparaître pour en opposer les vices et demander qu'elle soit annulée ou qu'il y ait réassignation (Carré, t. 1, quest. 247; Garsonnet, *loc. cit.*). Les autres répondent avec raison que c'est inutile, puisque le juge de paix n'a pas qualité pour statuer sur ces questions. — Chauveau, sur Carré, *loc. cit.*

438. — Quand aucune citation n'a été donnée, il est certain que le tribunal ne peut pas d'office prononcer l'amende contre l'une ou l'autre des parties. La loi attache une contre-sanction au défaut de tentative de conciliation, l'irrecevabilité de la demande. — Carré et Chauveau, t. 1, quest. 244.

439. — La partie condamnée à l'amende peut se faire relever de cette condamnation en justifiant de l'impossibilité où elle a été de comparaître. — Décis. min. Just., 15 nov. 1808; Cass., 19 flor. an XII, Lafon, [S. et P. chr.] — *Sic*, Pigeau, *Comment.*, t. 1, p. 133; Favard de Langlade, t. 1, p. 628, n. 4; Thomine-Desmazures, t. 1, p. 142; Boncenne, t. 1, p. 147; Carré et Chauveau, t. 1, quest. 245; Bioche, n. 149; Garsonnet, t. 2, p. 232.

440. — ... Par exemple, parce que, ayant été assignée au parquet, conformément à l'art. 69-8°, C. proc. civ., le demandeur de qui son domicile était inconnu, elle n'a pas été touchée par la citation. — Trib. Sens, 13 janv. 1887, [*Gaz. Pal.*, 87.1.308]

441. — Mais elle ne peut faire rapporter la condamnation prononcée contre elle, sans mettre en cause la partie sur la poursuite de laquelle la condamnation avait eu lieu. — Cass., 20 juin 1810, Enregistrement, [S. et P. chr.]

442. — La décision ministérielle précitée, du 15 nov. 1808, porte que si l'excuse présentée par le défaillant est reconnue valable, la peine cesse, et que rien n'empêche qu'il ne soit statué par le même jugement sur le fond de la contestation. On a fait remarquer, avec beaucoup de raison, que cette décision doit s'interpréter en ce sens que le tribunal, après avoir entendu les moyens d'excuse, permet de plaider et déclare, dans le jugement par lequel il statue au fond, qu'il a admis ces moyens et accordé cette permission. L'art. 56 lui interdit, en effet, d'autoriser le défaillant à plaider au fond avant d'avoir excusé son absence. V. Carré et Chauveau, *loc. cit.*

443. — Pour assurer l'application de l'amende, l'art. 56 veut qu'il soit refusé audience au non-comparant tant qu'il n'aura pas justifié du paiement de l'amende par la production de la quittance. Cela veut dire que, s'il est demandeur, il ne sera pas admis à poser ses conclusions (Garsonnet, t. 2, p. 231); s'il est défendeur, il sera considéré comme défaillant devant le tribunal, et jugé comme tel. — Carré, t. 1, quest. 241.

444. — Ainsi, dans ce dernier cas, il pourra lui être interdit, après avoir posé une première fois ses conclusions, de les reprendre, et immédiatement être statué par défaut contre lui sur le fond de la contestation ; il n'est pas nécessaire de le mettre préalablement en demeure de justifier du paiement de l'amende, ni de lui accorder un délai, soit pour faire cette justification, soit pour payer. — Cass., 25 nov. 1828, Bénard, [S. et P. chr.]

445. — Le jugement qui interviendra sera, si le condamné est présent, considéré comme contradictoire quant à l'amende, mais il sera par défaut faute de conclure quant au fond. — Paris, 19 févr. 1834, Roger, [P. chr.] — *Sic*, Carré, t. 1, quest. 241 *bis*. — D'après Chauveau, sur Carré (t. 1, quest. 241 *bis*), il s'agirait plutôt ici d'un défaut faute de comparaître, « encore que la partie condamnée eût constitué avoué, parce que l'espèce d'interdiction morale qui frappe sur le défaillant doit remonter au premier acte de la procédure ». Mais cet auteur ne prend pas garde que l'art. 56, loin de frapper le défaillant d'une incapacité générale d'agir, se borne à lui refuser audience. — Cass., 25 nov. 1828; Bénard, [S. et P. chr.]

446. — Le défendeur aura le droit de former opposition au jugement qui l'a ainsi condamné; mais il ne pourra être admis à plaider sur l'opposition qu'en rapportant la quittance d'amende. — Cass., 25 nov. 1828, précité, [S. et P. chr.] — *Sic*, Carré et Chauveau, *loc. cit.* — S'il ne ja rapporte pas, son opposition sera rejetée, et elle se trouvera alors définitivement condamnée, car opposition sur opposition ne vaut. — Chauveau, *loc. cit.*

447. — Les jugements par défaut contre partie portant condamnation à l'amende de 10 fr. pour non-comparution sur la citation en conciliation ne sont pas, en ce qui concerne cette amende, périmés faute d'exécution dans les dix mois de leur obtention. — Trib. Seine, 18 juin 1858, Dundrant, [*P. Bull. enreg.*, art. 531]

448. — Il résulte d'un arrêt, déjà cité, de la Cour de cassation, que la fin de non-recevoir opposable à la partie qui, ayant fait défaut au bureau de conciliation, ne justifie pas avoir payé l'amende, peut être proposée en tout état de cause et même d'office par le ministère public. — Cass., 25 nov. 1828, précité.

449. — Il a été décidé, de même, qu'elle peut être invoquée pour la première fois en appel. — Nancy, 22 juin 1856, [*Journ. de proc.*, 1856, p. 345]

450. — Mais il a été jugé, en sens contraire, qu'elle est couverte par des conclusions au fond. — Bordeaux, 8 août 1845, [J. *des av.*, t. 68, p. 317]

451. — Les amendes prononcées pour défaut de comparution au bureau de paix ne se prescrivent que par trente ans. — On ne peut étendre à ce cas la prescription de deux ans établie par l'art. 64, L. 22 frim. an VII. — Cass., 11 nov. 1806, Enregistrement, [S. et P. chr.] — Trib. Seine, 18 juin 1858, précité. — *Sic*, Favard de Langlade, v° *Prescription*, sect. 3, § 1, n. 6; Chauveau et Carré, t. 1, quest. 246.

452. — La loi ne prévoit pas le cas où aucune des parties n'a comparu. Il semble qu'alors le demandeur devra demander au greffe de joindre à son ajournement un certificat qui le constate, et que les deux parties encourront l'amende. — V. Rodière, t. 1, p. 182; Garsonnet, t. 2, p. 224.

453. — La non-comparution de l'une des parties est constatée par une mention portée sur le registre du greffe, et sur l'original ou la copie de la citation, selon que c'est le demandeur ou le défendeur qui s'est présenté (art. 58). La loi ajoute qu'il n'est sera point dressé de procès-verbal, sans doute pour éviter des frais inutiles. Copie de la mention de non-comparution plus tard donnée avec l'exploit d'ajournement (art. 65).

CHAPITRE VIII.

RÔLE DU JUGE DE PAIX ET DES PARTIES.

454. — Nous supposons maintenant que les deux parties, personnellement ou par mandataires, se présentent devant le juge de paix, et nous allons rechercher quelle est en cette occurrence le rôle de chacune des parties et du juge. Mais d'abord une première question se pose sur la manière dont il va être procédé : la tentative de conciliation aura-t-elle lieu en public ou à huis-clos ? Bien que le préliminaire organisé par les art. 48 et s., soit souvent appelé préliminaire à l'audience pour le distinguer du préliminaire sur avertissement, créé par la loi du 25 mai 1838, art. 17, et par celle du 8 mai 1855, art. 2, on pense généralement qu'il n'est pas soumis au principe de la publicité, et que le juge de paix peut entendre les parties à huis-clos, assisté seulement de son greffier : il aura ainsi plus de chance d'obtenir une transaction que pourrait entraver la présence du public, soit par la gêne qu'elle apporterait aux explications des parties, soit par les préoccupations d'amour-propre qu'elle ferait naître. — Carré, t. 1, quest. 226; Favard de Langlade, p. 621; Bergier, *Manuel des justices de paix*, p. 39; Carou, n. 805; Rodière, t. 1, p. 175; Bioche, n. 120; Garsonnet, t. 2, p. 222 et s.; N. A. Carré, t. 1, n. 1072. — *Contrà*, Chauveau, sur Carré, *loc. cit.*

455. — Lors de la comparution, dit l'art. 54, « le demandeur pourra expliquer, même augmenter la demande », à plus forte raison la diminuer. Mais il ne pourrait, sous prétexte d'augmentation, former une demande en réalité nouvelle, qui surprendrait le défendeur et le trouverait mal préparé à répondre. Ainsi, il pourra bien, après avoir, dans la citation, réclamé un capital, déclarer devant le juge de paix qu'il entend demander aussi les intérêts; mais il ne pourra pas joindre à sa première réclamation celle d'une autre somme qu'il prétend lui être également due, ou bien la revendication d'une servitude sur le fonds de son adversaire; il ne pourra pas même après avoir cité pour des intérêts, demander devant le juge de paix le capital qui les produit. Il ne pourra pas non plus transformer la demande, substituer, par exemple, à une demande en poursuite du prix, une demande en nullité de la vente. Il y a là autant de demandes nouvelles qui appellent un nouvel essai de conciliation, une nouvelle citation. — Carré et Chauveau, t. 1, p. 244, n. 45 et la note; Bioche, n. 122; Rodière, t. 1, p. 175; Garsonnet, t. 2, p. 224; Boitard, Colmet-Daage et Glasson, t. 1, n. 115.

456. — Pour le défendeur, la loi est plus large : « Il peut, dit l'art. 54, former toutes les demandes qu'il jugera convenables. » Encore faut-il qu'elles soient connexes à la demande originaire ou de nature à lui servir de défense, telles, en un mot, qu'elles pourraient être formées reconventionnellement devant le tribunal, sans être soumises au préliminaire (V. *suprà*, n. 429 et s.). Autrement, ce serait une demande nouvelle qui exigerait un essai spécial de conciliation. Ainsi le défendeur pourra bien, à une demande en poursuite de somme d'argent, répondre par une demande en compensation, mais non par la revendication d'un immeuble. — Favard de Langlade, t. 1, p. 629, n. 7; Carré et Chauveau, *loc. cit.;* Garsonnet, *loc. cit.;* Rodière, *loc. cit.;* Bioche, n. 124; Boitard, *loc. cit.;* Colmet-Daage et Glasson, *loc. cit.*

457. — Si l'une des parties formulait une demande qui fût nouvelle, d'après les principes que nous venons de poser, et que l'autre consentît à entrer en conciliation sur cette demande, l'essai serait valable; car l'acceptation du débat équivaudrait à une comparution volontaire sur ce point. — Bioche, n. 123 et 124; Boitard, *loc. cit.;* Rodière, *loc. cit.;* Carré et Chauveau, *loc. cit.;* Garsonnet, *loc. cit.*

458. — Chacune des parties expose devant le juge, à l'appui de ses prétentions, les faits et les raisons qu'elle juge à propos. Quant au juge, sa mission consiste à faire tous ses efforts pour amener les parties à un arrangement : il doit, en conséquence, leur présenter les observations qu'il croit de nature à les détourner d'un procès. Mais il ne doit pas oublier qu'il siège comme conciliateur et non comme juge, et qu'il ne jouit, en conséquence, d'aucun pouvoir de décision ni de coercition.

459. — ... Ainsi, il ne doit pas ordonner une communication de pièces. — Rodière, t. 1, p. 176; Garsonnet, t. 2, p. 225.

460. — ... Adresser aux parties des interpellations qui dégénéreraient en interrogatoires. — V. Cass., 2 mars 1807, Debrans [intérêt de la loi], [S. et P. chr.]. — Il est incontestable qu'il peut et doit leur faire les questions nécessaires pour comprendre leur pensée et les amener à une transaction. Seulement, en cas de refus de répondre, il ne doit pas insister. — Favard de Langlade, t. 1, p. 630; Demiau-Crouzilhac, p. 53; Carré et Chauveau, t. 1, quest. 227.

461. — ... Ordonner la comparution personnelle de la partie qui s'est fait représenter par un fondé de pouvoir, malgré l'utilité que présenterait souvent cette mesure. — Carré, t. 1, quest. 222; Demiau-Crouzilhac, p. 52; Boncenne, t. 2, p. 40. — *Contrà*, Chauveau, sur Carré, *loc. cit.*

462. — ... Notamment pour prêter ou refuser le serment que l'autre partie veut lui déférer. — Carré et Chauveau, t. 1, quest. 238; Favard de Langlade, t. 1, p. 631, n. 12; Boncenne, t. 2, p. 43. — *Contrà*, Lepage, *Quest. sur le C. de proc.*, p. 98; Dumoulin, *Biblioth. du barreau*, 1810, 1re part., p. 246.

463. — ... A plus forte raison, déférer lui-même le serment à l'une des parties. — Garsonnet, t. 2, p. 223; Pigeau, *Comment.*, t. 1, p. 152; Favard de Langlade, *loc. cit.*; Thomine-Desmazures, t. 1, p. 140; Carré et Chauveau, t. 1, quest. 235.

464. — ... La condamner à l'amende. — V. *suprà*, n. 429 et 430.

465. — ... Juger le fond de la contestation. — Cass., 21 mess. an V, Michel, [S. et P. chr.] — *Sic*, Garsonnet, *loc. cit.*

466. — ... Ni connaître de la demande de l'huissier en paiement des frais de la citation. — Garsonnet, *loc. cit.*

467. — ... Statuer sur sa propre compétence, si elle est déclinée par le défendeur. Nous verrons plus loin ce qu'il doit faire en pareil cas (V. *infrà*, n. 476 et 477). — Chauveau et Carré, t. 1, quest. 218 *quinq.;* Boitard, Colmet-Daage et Glasson, t. 1, n. 114; Bonnier, n. 41; Garsonnet, *loc. cit.* — *Contrà*, Bioche, n. 97.

468. — Enfin, les explications des parties terminées, le juge de paix ne rend pas de jugement, il se borne à dresser un procès-verbal dont le contenu varie selon le résultat auquel a abouti la tentative de conciliation.

469. — Si la cause est dispensée du préliminaire de conciliation, le juge de paix ne doit pas, d'office, refuser de connaître de l'affaire qui lui est déférée, car il est toujours loisible aux parties d'essayer la conciliation, même quand elles n'y sont pas obligées. Il serait autrement, toutefois, si les parties n'étaient pas capables de transiger ou si la cause n'était pas susceptible de transaction : il devrait alors constater leurs conventions dans son procès-verbal. — Carré et Chauveau, t. 1, quest. 218 *quater*. — En tous cas, les frais d'une procédure de conciliation non obligatoire ne passeront pas en taxe. — Chauveau, *loc. cit.*

CHAPITRE IX.

RÉSULTATS DE LA TENTATIVE DE CONCILIATION.

470. — Lorsque les deux parties comparaissent devant le juge de paix, leurs pourparlers peuvent aboutir à l'un ou à l'autre des résultats suivants : 1° le défendeur refuse de s'expliquer disant qu'il a été cité devant un juge incompétent; 2° l'une des parties défère le serment à l'autre; 3° les parties se concilient; 4° elles refusent de se concilier.

SECTION I.

Dénégation de compétence.

471. — Lorsque le préliminaire de conciliation a lieu devant un juge incompétent, la première question qui se pose est celle de savoir qui peut se prévaloir de cette incompétence. Assurément ce ne sera pas le demandeur qui, en citant ou en comparaissant spontanément devant ce juge, a renoncé tacitement au droit de tenter la conciliation devant le juge compétent. Le défendeur ne pourra pas non plus, pour la même raison, opposer l'incompétence lorsqu'il a volontairement comparu devant un juge de paix qui n'est pas celui de son domicile (Arg. *à fortiori*; art. 7, C. proc. civ.). — Rennes, 9 févr. 1813, Deloz, [P. chr.] — *Sic*, Pigeau, *Comment.*, t. 1, p. 146; Boncenne, t. 2, p. 32; Chauveau et Carré, t. 1, quest. 234; Rodière, t. 1, p. 247.

472. — Il ne pourra pas davantage et toujours pour le même motif s'y comparaissant sur citation, il a discuté au fond devant le juge la prétention de son adversaire. — Cass., 7 avr. 1806, Beerembroeche, [D. *Rép.*, v° *Conciliation*, n. 235] — Pau, 6 juill. 1837, Duclos, [P. 40.2.324] — *Sic*, Bioche, n. 95; Garsonnet, t. 2, p. 223, note 18; Chauveau, sur Carré, t. 1, quest. 219 *quater*. — V. en outre, sur les questions traitées dans ces numéros, *infrà*, v^{is} *Juge de paix*, *Prorogation de juridiction*.

473. — Ainsi, refuser de se concilier, c'est reconnaître qu'on a été valablement cité et se rendre non recevable à invoquer ultérieurement un prétendu vice de la citation. — Lyon, 28 avr. 1852, [cité par Chauveau, sur Carré, *Suppl.*, t. 7, quest. 219 *quater*.

474. — Mais la renonciation du défendeur à se prévaloir de l'incompétence n'influe en rien sur la compétence du tribunal qui doit juger la contestation au fond. Ainsi, le négociant assigné devant un tribunal civil pour l'exécution d'un acte de commerce, a le droit de demander son renvoi devant la juridiction commerciale, alors même que, sur la citation en conciliation, il a comparu sans exciper de l'incompétence. — Orléans, 5 mars (ou 5 mai) 1842, Gourdon, [S. 42.2.393, P. 42.1.452] — *Sic*, Carou, n. 798; Chauveau, sur Carré, *loc. cit.*

475. — Lorsque le défendeur ne s'est pas présenté volontairement devant le juge de paix, mais seulement pour obéir à justice, et sans passer de consentement, rien ne s'oppose à ce qu'il décline sa compétence. — Caen, 18 mars 1847, Barbé, [S. 48.2. 448, D. 49.2.50] — *Sic*, Chauveau, sur Carré, *loc. cit.*

476. — Si nous supposons que le défendeur a ainsi régulièrement et valablement décliné la compétence du juge de paix devant lequel il a été cité, se présente la question de savoir à qui il appartient de statuer sur ce déclinatoire. Ce ne peut être au juge de paix qui, lorsqu'il siège en conciliation, ne fait pas acte de juridiction. — Chauveau, sur Carré, *loc. cit.*; Boncenne, t. 2, p. 32; Boitard, Colmet-Daage et Glasson, t. 1, n. 114; Bonnier, n. 44; Garsonnet, t. 2, p. 223 et 232. — *Contra*, Bioche, n. 97; Carou, n. 797. -- V. aussi Pigeau, *Comment.*, t. 1, p. 146.

477. — Le juge de paix devant qui le déclinatoire sera soulevé devra donc se borner à dresser un procès-verbal de non-conciliation, où il le mentionnera comme le motif donné par le défendeur de ne pas se concilier. Ce sera au tribunal qu'il appartiendra de trancher la question de compétence. S'il trouve bien fondée l'exception d'incompétence, il rejettera la demande comme n'ayant pas été précédée d'un préliminaire de conciliation valable. Si, au contraire, il estime que le juge de paix devant qui la citation avait été donnée était compétent, il repoussera l'exception du défendeur, dont le refus de s'expliquer devant le juge sera considéré comme équivalant à un refus de se concilier et passera outre à l'examen de l'affaire. — V. les auteurs cités au n° précédent.

SECTION II.

Délation de serment.

478. — « Si l'une des parties défère le serment à l'autre, le juge de paix le recevra ou fera mention du refus de le prêter » (art. 55, C. proc. civ.). Pour apprécier la portée de cette disposition empruntée à la loi des 16-27 mars 1791 (art. 25), il faut remarquer d'abord qu'on doit faire abstraction ici des art. 1358 et s., C. civ., relatifs au serment décisoire. En effet, le serment décisoire est un serment judiciaire (art. 1357) : or, le préliminaire de conciliation n'étant pas une instance (*supra*, n. 25), le serment qui y est déféré ne peut être un serment judiciaire. Il faut donc, pour régler les effets de la délation de serment faite au bureau de paix laisser de côté les art. 1358 et s., et nous attacher uniquement aux principes généraux du droit qui nous conduiront à des résultats identiques sur certains points, différents sur d'autres. — Pigeau, *Comment.*, t. 1, p. 152; Favard de Langlade, t. 1, p. 631, n. 12; Thomine-Desmazures, t. 1, p. 140; Boncenne, t. 2, p. 44; Boitard, Colmet-Daage et Glasson, t. 1, n. 119; Bioche, n. 125 et s.; Rodière, t. 1, p. 179; Carré et Chauveau, t. 1, quest. 239; Bonnier, n. 50; Garsonnet, t. 2, p. 228; Toullier, *Droit civil franç.*, t. 10, n. 363; Carou, t. 2, n. 810. — *Contra*, Duranton, *Cours de dr. franç.*, t. 13, n. 569.

479. — La délation de serment en justice de paix n'est, en effet, autre chose qu'une proposition de transaction, par laquelle l'une des parties offre de reconnaître comme bien fondée la prétention de l'autre, si celle-ci consent à prêter serment, proposition que cette dernière peut, à son gré, accepter ou rejeter. Ceci posé, la délation de serment peut être suivie de l'un ou l'autre des trois résultats suivants : 1° le serment est prêté; 2° il est refusé; 3° il est référé.

480. — La prestation du serment par celui auquel il a été déféré constitue l'acceptation de la transaction qui lui était offerte : cette transaction est désormais consommée, et le juge de paix dresse, pour le constater, un procès-verbal qui est un procès-verbal de conciliation et qui assure le succès de celui qui a prêté le serment. Si c'est le demandeur qui l'a déféré, il ne pourra plus agir; si c'est le défendeur, il sera forcément condamné, à défaut d'exécution volontaire; attendu que celui à qui a déféré le serment a offert à son adversaire de lui donner gain de cause, si celui-ci prête serment, et que cette proposition est aujourd'hui acceptée et suivie d'effet. Il ne pourra donc pas, si l'on vient à plaider ensuite devant le tribunal, déclarer qu'il rétracte sa délation de serment, et prétendre en conséquence que le tribunal n'a pas à tenir compte de la prestation qui l'a suivie. On voit qu'en somme, dans cette hypothèse, les effets sont les mêmes que ceux du serment décisoire. — En ce sens, les auteurs cités, *supra*, n. 478. — *Contra*, Delaporte, t. 1, p. 52; Duranton, *loc. cit.*

481. — Si celui à qui le serment est déféré refuse de le prêter, la conséquence est, au contraire, toute différente de ce qu'elle est en matière de serment décisoire. Celui qui refuse le serment décisoire succombe dans sa demande ou son exception (art. 1361). Il n'en est pas de même ici : la délation du serment au bureau de paix n'est autre chose qu'une proposition de transaction; libre à celui à qui elle est adressée d'y accéder ou de la rejeter. Et s'il s'arrête à ce dernier parti, son refus n'entraînera point sa condamnation. L'autre partie pourra seulement, si elle le juge à propos, déférer de nouveau le serment devant le tribunal où, cette fois, il ne pourra être refusé impunément, parce qu'il aura pris le caractère de serment décisoire et que l'art. 1361 deviendra applicable. Mais en conciliation, cet article ne peut être invoqué. — V. en ce sens, les auteurs cités *supra*, n. 478.

482. — Il a été jugé, en ce sens, que la partie qui, en conciliation chez le juge de paix, a refusé de prêter le serment qui lui était déféré, est recevable à le prêter ensuite devant le tribunal, pour éviter l'application de l'art. 1361, C. civ., qui fait de ce refus une cause de condamnation. — Cass., 17 juill. 1810, Levite, [S. et P. chr.] — Pau, 11 mars 1824, Curie-Serimbrez, [P. chr.] — Poitiers, 3 févr. 1841, Bonneau, [P. 46.2.226] — Douai, 5 janv. 1834, Sarceriaux, [S. 54.2.125, P. 54.1.487, D. 54.2.135]

483. — Tout en admettant que le refus du serment au bureau de paix ne saurait donner lieu à l'application de l'art. 55, nous croyons cependant qu'il n'est pas dénué de tout effet, et qu'il n'équivaut pas à un refus pur et simple de se concilier : l'art. 55 veut, en effet, que le juge de paix mentionne ce refus dans le procès-verbal de non-conciliation; à quoi bon s'il n'avait pas ses effets propres? — Mais quels peuvent être ces effets? Probablement la pensée de la loi est celle-ci : celui qui refuse de jurer et de se débarrasser à ce prix d'un procès est sans doute peu convaincu de la bonté de sa cause. Le refus de serment, en d'autres termes, fait naître contre lui une présomption défavorable. Elle pourra être invoquée dans les cas où l'art. 1353 admet la preuve par les présomptions de fait, et c'est pour cela que l'art. 55 prescrit de mentionner le refus de serment. — Boitard, Colmet-Daage et Glasson, t. 1, n. 119; Bonfils, n. 687; Rodière, t. 1, p. 179; Bonnier, n. 50; Garsonnet, t. 2, p. 228 et s.

484. — Celui à qui le serment est déféré peut encore le référer. Cette opération s'analyse très-simplement en un refus de la transaction qui lui est proposée, et la proposition d'une transaction nouvelle. Il répond : vous me proposez de me donner gain de cause si je prête serment; je repousse votre proposition, mais je vous défère, à mon tour, de vous donner gain de cause si vous jurez. Cette proposition nouvelle place celui à qui elle est faite dans une situation semblable à celle où lui-même avait mis son adversaire. Il pourra le prêter ou le refuser, et les conséquences seront celles que nous avons décrites précédemment. L'art. 55 sera applicable. — V. Pigeau, *Comment.*, t. 1, p. 152; Favard de Langlade, t. 1, p. 631, n. 12; Carré et Chauveau, t. 1, quest. 238.

SECTION III.

Conciliation.

485. — Lorsque le juge parvient à concilier les parties, il le constate dans un procès-verbal qui contient les conditions de l'arrangement et qu'on nomme procès-verbal de conciliation (art. 54). La minute de ce procès-verbal est rédigée par le greffier et reste déposée au greffe. — Bioche, n. 137.

486. — On s'explique difficilement, en présence de l'art. 54, qu'un auteur ait pu soutenir que le juge de paix n'avait qualité que pour opérer la conciliation, et que, lorsqu'on passe aux conditions de l'arrangement, la compétence et la juridiction de ce magistrat cessent (Berriat Saint-Prix, 5e édit., p. 189, n. 25).

Cette assertion, basée sur une interprétation inexacte des travaux préparatoires (V. Treilhard, *loc. cit.*, et Faure, *Rapport au corps législatif* : Locré, t. 21, p. 565, n. 27) qui constatent au contraire qu'on ne peut évidemment refuser la force obligatoire aux conventions des parties par cela seul qu'elles interviennent devant le juge, n'a trouvé aucun crédit. — V. Merlin, *Rép.*, v° *Bureau de conciliation*, n. 5; Carré, t. 1, quest. 230 et la note.

487. — Aussi ne faut-il pas hésiter à affirmer, avec Carré (*loc. cit.*), que lorsque les conditions de l'arrangement dont les parties conviennent au bureau de paix sont telles qu'elles constituent des ventes, des baux à ferme et à loyer, des partages, etc., ces conventions sont valablement constatées par le juge de paix.

488. — Mais quelle est la valeur du procès-verbal qui les renferme? L'art. 54 dispose que les conventions des parties insérées au procès-verbal, ont force d'obligation privée : « on n'aurait pu, dit Treilhard, dans l'exposé des motifs (Locré, *Législ. civ.*, t. 21, p. 527, n. 17), attribuer aux conventions des parties le caractère d'un acte public, sans porter une grave atteinte aux fonctions des notaires établis pour donner l'*authenticité* aux actes. »

489. — Il semblerait résulter de là que le procès-verbal de conciliation a la valeur d'un simple acte sous seing privé. — V. en ce sens, Berriat Saint-Prix, *loc. cit.* et 7e édit., p. 208, note 23. — V. *Praticien français*, t. 1, p. 271, notes.

490. — Mais cette opinion est aujourd'hui universellement abandonnée, et tout le monde s'accorde à reconnaître que ce procès-verbal est un acte authentique. Il est aisé, en effet, de reconnaître qu'il réunit tous les caractères qui, d'après l'art. 1317, C. civ., distinguent l'acte authentique. Si Berriat Saint-Prix a pu nier la compétence du juge de paix pour constater les conditions de l'arrangement des parties, et par suite pour leur donner l'authenticité, cette erreur est, chez lui, la conséquence d'une autre qui a été réfutée, *suprà*, n. 486. Au surplus, les travaux préparatoires ne laissent aucun doute sur la véritable pensée des législateurs : leur unique préoccupation, lorsqu'ils ont écrit l'art. 54, a été de faire en sorte que le procès-verbal de conciliation n'eût pas la force exécutoire et la vertu de créer une hypothèque, comme les actes notariés et les jugements. Ils ont craint, si le procès-verbal de conciliation produisait tous les effets des actes notariés, que les parties renonçassent au ministère toujours coûteux des notaires pour venir devant le juge de paix, sous prétexte de conciliation sur une contestation simulée, faire dresser à peu de frais acte de leurs conventions. Crainte assez vaine d'ailleurs : la force exécutoire n'est pas attachée à tout acte authentique auquel le législateur ne l'a pas expressément refusée ; c'est le contraire qui est vrai, il n'y a d'exécutoire que les actes authentiques auxquels la loi a attaché l'exécution forcée. Quant à l'hypothèque, il était certain que le procès-verbal ne pouvait pas engendrer, soit l'hypothèque judiciaire, puisque ce n'est pas un jugement, ni, au sens de l'art. 2123, C. civ., un acte judiciaire, soit l'hypothèque conventionnelle qui, d'après l'art. 2127, ne peut être consentie que par acte notarié. Quoi qu'il en soit, l'intention du législateur est certaine : elle était plus clairement manifestée dans le texte primitif de l'art. 54 qui portait : « Les conventions des parties, insérées au procès-verbal, ne seront pas exécutoires et ne donneront pas hypothèque » (Locré, *Législ. civ.*, t. 21, p. 195, art. 48). Cette rédaction a été malheureusement abandonnée : mais rien ne prouve qu'il en ait été de même de la pensée qu'elle exprimait. Tous les travaux préparatoires de l'art. 54 montrent, au contraire, que ses auteurs ont eu l'esprit constamment et uniquement tendu vers la nécessité de refuser au procès-verbal de conciliation la force exécutoire et d'empêcher qu'il emportât l'hypothèque (V. Locré, t. 21, p. 252 et s., t. 9, p. 399, n. 32, p. 527, n. 17). Rien n'autorise à croire qu'ils aient voulu ici déroger à l'art. 1317, et refuser le caractère de l'authenticité à un acte qui rentre dans les définitions de cet article. — En ce sens, Pigeau, *Procéd. civ.*, t. 1, p. 43, et *Comment.*, t. 1, p. 131; Merlin, *Rép.*, v° *Bureau de paix*, § 5; Levasseur, p. 115 et s.; Favard de Langlade, t. 1, p. 631, n. 10; Thomine-Desmazures, t. 1, p. 139; Boncenne, t. 2, p. 44; *Biblioth. du barreau*, 1810, 1re partie, p. 245; Carré et Chauveau, t. 1, quest. 231; Toullier, *Droit civ. franç.*, t. 8, p. 471; Bonnier, n. 49; Bioche, n. 137; Boitard, Colmet Daage et Glasson, t. 1, n. 118; Garsonnet, t. 2, p. 225 et s.; Curasson, t. 1, n. 68; Bonfils, n. 685; Rousseau et Laisney, n. 159. — Le procès-verbal de conciliation étant un acte authentique, et non un acte sous seing privé, on doit en tirer les conséquences suivantes :

491. — 1° Il peut être valable, quoique non revêtu de la signature de toutes les parties : la mention que l'une d'elles ne sait ou ne peut signer tient lieu de sa signature (V. L. 6-27 mars 1791, art. 26). — Douai, 13 févr. 1884, Vaudeville, [*Gaz. Pal.*, 84.2, suppl. 211]. — *Sic*, Bioche, n. 134 et 136; Levasseur, n. 217; Carré et Chauveau, t. 1, quest. 231; Garsonnet, t. 2, p. 225; Favard de Langlade, v° *Conciliation*, n. 10; Carou, t. 2, n. 816.

492. — Ainsi un procès-verbal de conciliation, quoique non signé des parties, constate suffisamment le compromis qu'il énonce; vainement les parties, alors surtout qu'elles ont exécuté le compromis, diraient-elles qu'il n'y a ni acte authentique (le juge de paix n'ayant pas caractère pour recevoir ces sortes d'actes), ni acte sous seing privé (les parties n'ayant pas signé). — Cass., 11 févr. 1824, George[t], [S. et P. chr.] — Mais cet arrêt est justement critiqué en ce qu'il ne constate point que le défaut de signature fût dû à un empêchement de signer. — V. Chauveau, sur Carré, t. 1, quest. 231. — Le même reproche peut être adressé à un jugement du tribunal de Vienne du 6 nov. 1886, [*Gaz. Pal.*, 86.2.807].

493. — En effet, la solution doit être différente lorsque l'une des parties a purement et simplement refusé de signer le procès-verbal : ce refus prouve qu'elle a changé d'avis et ne veut pas accepter la transaction, et le juge doit alors se borner à constater ce fait. — Bioche, n. 136; Carou, n. 816; Garsonnet, *loc. cit.* — *Contrà*, Favard de Langlade, v° *Conciliation*, n. 10.

494. — Et nous ne pensons même pas qu'alors il puisse servir de commencement de preuve par écrit. — *Contrà*, Trib. Foix, 10 mars 1888, [*Gaz. Pal.*, 88.1.524]

495. — De même, la transaction exprimée dans un procès-verbal de conciliation n'est pas, pour le juge de paix, n'est pas obligatoire pour la partie qui n'a pas signé le procès-verbal et qui n'a pas été interpellée de le faire quoiqu'elle fût présente. — Rennes, 9 avr. 1827, Morvan, [S. et P. chr.]

496. — 2° Le procès-verbal de conciliation peut renfermer une reconnaissance d'enfant naturel. — Chauveau, sur Carré, t. 1, quest. 231. — V. *infrà*, v° *Enfant naturel*.

497. — 3° Il n'est pas nécessaire, lorsqu'il constate des engagements réciproques, que le procès-verbal soit rédigé conformément à l'art. 1325, C. civ., en autant d'originaux qu'il y a de parties ayant un intérêt distinct. — Bioche, n. 137; Carré et Chauveau, *loc. cit.*; Boncenne, t. 2, p. 45; Bonnier, n. 49; Garsonnet, *loc. cit.* — ... Ni, lorsqu'il constate la promesse faite par une partie de payer « une somme d'argent ou une chose appréciable », qu'il soit revêtu du bon ou approuvé pour, prescrit par l'art. 1326, C. civ. — Garsonnet, *loc. cit.*

498. — 4° Le procès-verbal fait foi jusqu'à inscription de faux de son authenticité : il n'est pas nécessaire que l'écriture ou les signatures en soient vérifiées ou reconnues. — Carré, *loc. cit.*

499. — 5° Il fait également foi jusqu'à inscription de faux de sa date, de la comparution des parties, de leur signature ou de leur déclaration de ne savoir ou de ne pouvoir signer, et de l'acceptation par elles des conventions qu'il relate. — Curasson, t. 1, p. 101; Garsonnet, *loc. cit.* — V. cep. Rouen, 16 juin 1887, [*Gaz. Pal.*, 88.2, table, v° *Conciliation*, n. 2]

500. — ... Et les déclarations des parties qu'il relate peuvent servir de commencement de preuve par écrit. — Bonnier, *Preuves*, t. 1, n. 168; Larombière, *Oblig.*, t. 6, sur l'art. *1347*, n. 21 et 22; Zachariæ, Massé et Vergé, t. 3, § 598, note 3; Aubry et Rau, t. 8, § 764, p. 335 et 336; Demolombe, *Contrats et oblig.*, t. 7, n. 123.

501. — Il en est ainsi du moins d'un véritable procès-verbal de conciliation. Il a été décidé que le procès-verbal dressé par le juge de paix et constatant une transaction écrite à l'avance, ne vaut ni comme jugement, ni comme procès-verbal de conciliation, et, par suite, la transaction est nulle si elle n'est signée que par l'une des parties : un tel procès-verbal n'a le caractère ni d'acte public ni d'acte privé. Les conventions arrêtées entre les parties ne sont valablement constatées par le juge de paix qu'autant qu'elles interviennent sur un débat sérieux (Circ. min. 27 brum. an V). — Carou, n. 817.

502. — Il a été jugé, d'autre part, conformément à la distinction établie *suprà*, n. 490, que le procès-verbal de conciliation n'ayant que la force d'un acte sous seing privé, n'emporte pas hypothèque et n'est pas exécutoire de plein droit. — Rennes, 12 août 1814, [P. chr.]

503. — Jugé, de même, que, sous l'empire de la loi du 24 août 1790, une transaction faite au bureau de conciliation ne conférait pas au créancier le droit de prendre inscription valable sur les immeubles du débiteur. — Cour d'appel de Bruxelles, 28 janv. 1806, Vandamme, [S. chr.]

504. — Pour obtenir l'exécution des conventions contenues au procès-verbal, il faudra une demande en justice et une condamnation. — Locré, *Législ. civ.*, t. 21, p. 252, n. 9; Pigeau, *Comment.*, t. 1, p. 151; Favard de Langlade, t. 1, p. 631; Boncenne, t. 1, p. 146; Garsonnet, t. 2, p. 226.

505. — Mais la partie au profit de laquelle les conventions insérées dans le procès-verbal ont été consenties, ne serait pas recevable, si elles ne contiennent pas à cet effet une clause expresse, à demander en justice qu'il en soit dressé acte par devant notaire, avec assignation d'hypothèque. — Levasseur, t. 1, p. 118; Carré, t. 1, quest. 232. — *Contrà*, Lepage, *Nouveau traité et style de la proc. civ.*, t. 1, p. 118.

506. — La demande en exécution des conventions portées au procès-verbal de conciliation doit être précédée d'une nouvelle tentative de conciliation. En vain objecte-t-on qu'il y a déjà eu essai de conciliation sur l'objet de cette demande; cette assertion porte à faux, car ce qui est demandé maintenant, c'est l'exécution de l'arrangement, alors que la première tentative se rapportait à la contestation qui y a donné lieu. En vain aussi fait-on remarquer qu'il y a peu de chance d'obtenir satisfaction de celui qui refuse d'exécuter la transaction qu'il a souscrite, car il se pourra très-bien, par exemple, qu'il s'engage à passer acte devant notaire, avec stipulation d'hypothèque. Mais en fût-il autrement, la difficulté de la transaction ne serait pas une raison suffisante pour déroger au principe de l'art. 48. — *Contra*, Delaporte, t. 1, p. 32; Favard de Langlade, t. 1, p. 625; Pigeau, *Comment.*, t. 1, p. 151; Carré et Chauveau, t. 1, quest. 233; Rodière, t. 1, p. 177; Garsonnet, t. 2, p. 226, note 32; Dutruc, n. 64.

507. — Si l'on admet que la compétence contentieuse du juge de paix peut être prorogée aux affaires que la loi attribue aux tribunaux de première instance (Sur cette question, V. *infrà*, v° *Prorogation de juridiction*), les parties auront un moyen, lorsqu'elles se concilient, d'obtenir un titre exécutoire et emportant hypothèque, ce sera de soumettre la connaissance de leur différend à ce juge, en se conformant aux dispositions de l'art. 7, C. proc. civ. — Curasson, t. 1, p. 45.

Section IV.
Refus de se concilier.

508. — Dans le cas où les parties ne peuvent pas s'accorder, le juge de paix dresse, en la forme ci-dessus indiquée pour les procès-verbaux de conciliation, un procès-verbal dans lequel il fait sommairement mention des parties n'ont pu s'accorder (art. 54).

509. — La loi des 16-24 août 1790 (tit. 10, art. 3), prescrivait au juge de paix de dresser un procès-verbal sommaire des dires, aveux ou dénégations des parties sur les points de fait : ce procès-verbal, était-il ajouté, sera signé des parties, ou à leur requête, fera mention de leur refus. D'après Toullier (*Droit civil français*, t. 9, n. 120), cette disposition est encore en vigueur. L'art. 54 ne l'a point abrogée : loin de là, car il n'en est que la répétition abrégée. Elle est d'ailleurs utile, car elle permet de recueillir et de constater les aveux et dénégations qui peuvent échapper aux parties, dans les premiers moments où, la contestation n'étant point engagée, on peut espérer et présumer que leur conscience n'est point endurcie : ces aveux et dénégations pourront produire celui qu'il en soit dressé, et servir, contre ceux qui les ont faits, ou de preuve ou de commencement de preuve par écrit. — V. dans le même sens, *Essai sur les tribunaux de paix*, p. 159 et 160; Favard de Langlade, t. 1, p. 630 et 631, n. 9; Carré, t. 1, quest. 228 et la note; Rodière, t. 1, p. 178; Crivelli, sur Pigeau, *Proc. civ.*, t. 1, p. 90, note 2.

510. — Nous croyons au contraire, avec tous les autres auteurs, que l'art. 3, tit. 10, L. 16-24 août 1790, est abrogé, et que le juge de paix doit s'abstenir de relater dans le procès-verbal de non-conciliation les dires, aveux et dénégations des parties. Cela résulte : 1° du texte même de l'art. 54, bien différent de celui de la loi de 1790; 2° des termes plus explicites encore du premier décret du 16 févr. 1807, fixant, dans son art. 10, le coût de l'expédition du procès-verbal qui constatera que les parties n'ont pu être conciliées *et qui ne doit contenir qu'une mention sommaire qu'elles n'ont pu s'accorder*; 3° de l'art. 1041, C. proc. civ., qui abroge toutes les lois antérieures relatives à la procédure civile : or, il est impossible de nier que l'art. 3, tit. 10, Déc. 16-24 août 1790, bien que faisant partie d'une loi relative à l'organisation judiciaire fût, aux yeux du législateur, relatif à la procédure, puisque le Code de procédure civile a traité du sujet auquel il se rapportait; 4° des critiques qui, au sein du Conseil d'Etat, ont été dirigées contre cette disposition : la formalité qu'elle prescrit, a-t-on dit, est « un moyen de circonvenir les hommes simples et sans connaissance » (Locré, *Législ. civ.*, t. 21, p. 249) en fixant la trace des propos compromettants qui ont pu leur échapper, sans qu'ils en aient compris l'importance et pesé les termes. C'est à la suite de ces observations que la rédaction primitive de l'art. 54, qui reproduisait les termes de la loi de 1790 (Locré, t. 21, p. 195, art. 48), fut remaniée et devint ce qu'elle est aujourd'hui. — V. en ce sens, *Bibliothèque du barreau*, 1810, 1re part., p. 224; Thomine-Desmazures, t. 1, p. 128; Pigeau, *loc. cit.*, et *Comment.*, t. 1, p. 150; Boncenne, t. 1, p. 39 et s.; Chauveau, sur Carré, *loc. cit.*; Carré, *Traité des justices de paix*, t. 4, n. 2998 et s.; Boitard, Colmet-Daage et Glasson, t. 1, n. 116; Garsonnet, t. 2, p. 226 et s.; Bioche, n. 151; Bonnier, *Preuves*, t. 1, p. 203, note; Duvergier, sur Toullier, *op. cit.*, p. 123 et la note; Laurent, *Principes de droit civil*, t. 19, n. 512.

511. — Il s'ensuit que le procès-verbal de non-conciliation qui aurait relaté les déclarations et aveux des parties n'est pas authentique sur ce point, le juge de paix n'ayant pas qualité pour les relater. Il ne pourra donc servir de commencement de preuve par écrit, s'il n'est pas signé de la partie à laquelle on l'oppose. — Besançon, 29 juill. 1881, Mondragon, [S. 82.2.160, P. 82.1.914] — Cass. Belg., 4 mai 1882, Opdebeeck, [S. 82.4.29, P. 82.2.49, D. 84.2.90] — *Sic*, Chauveau, sur Carré, t. 1, quest. 229; Laurent, *loc. cit.*

512. — Mais la déclaration faite et signée par une partie, au bureau de conciliation, peut être considérée comme un commencement de preuve par écrit, autorisant les juges à admettre, sur les points en litige, les présomptions dont parle l'art. 1353, C. civ. — Cass., 7 mars 1831, Debesse, [S. 31.1.219, P. chr.]

513. — Tout en combattant la doctrine de Toullier, plusieurs auteurs ajoutent qu'il appartiendra au juge de paix de distinguer les aveux précis et les déclarations péremptoires des propos en l'air et des simples réticences, et que, s'il doit passer ces derniers sous silence, il doit faire mention sommaire des premiers. Ainsi le défendeur auquel on demande le paiement d'une somme d'argent avoue qu'il la doit et demande un délai pour payer; le délai est refusé : il n'y a point de conciliation, le procès-verbal devra dire sommairement ce qui s'est passé et constater la reconnaissance. On ne saurait admettre qu'une partie rétracte, au mépris de la bonne foi, les aveux les plus formels. — Boncenne, t. 2, p. 42; Rodière, t. 1, p. 178; Garsonnet, t. 2, p. 227; Curasson, t. 1, n. 97.

514. — Mais ce tempérament est inadmissible. Sur quoi repose cette distinction entre les déclarations explicites et formelles et les reconnaissances tacites? De quel droit ordonner l'insertion des unes, et exclure les autres? Les arguments qui établissent l'abandon du système de la loi de 1790 s'opposent à toute mention autre que celle de la non-conciliation. — Chauveau, sur Carré, t. 1, quest. 228.

515. — Un arrêt est même allé jusqu'à juger que cette prohibition est d'ordre public, et qu'il ne peut y être dérogé par la volonté ou la tolérance des juges de paix, ni par le consentement tacite ou formel des parties. Il en a conclu que le greffier ne peut réclamer, pour l'expédition du procès-verbal de non-conciliation, le droit proportionnel fixé par l'art. 3, L. 22 prair. an VII, mais seulement le droit fixe alloué par l'art. 10 du tarif de 1807. — Orléans, 7 avr. 1838, Min. pub., [S. 38.2.523, P. 38.1.604]

516. — Il y a, selon nous, de l'exagération dans les motifs de cet arrêt. Si, en effet, les parties consentent expressément à ce que l'on constate certains points de fait sur lesquels elles sont d'accord, nous ne voyons aucun inconvénient à ce que le juge fasse droit à leur réquisition; il nous semble au contraire qu'il méconnaîtrait ses devoirs, s'il refusait d'y obtempérer : car on peut dire qu'il y a alors en quelque sorte conciliation partielle quant aux points sur lesquels les parties sont tombées d'accord. — Boncenne, t. 2, p. 40; Chauveau, sur Carré, t. 1, quest. 229. — Et le procès-verbal fera alors pleine foi de ces énonciations. — V. cep. Trib. Tournon, 11 janv. 1876, Ducoin, [D. 78.3.22]

517. — En tout cas, l'aveu ne saurait avoir d'effet que quant au point précis sur lequel il porte. Ainsi le signataire d'un billet à ordre qui, en conciliation, a reconnu la dette, conserve néanmoins le droit d'opposer au porteur qui réclame le paiement, le défaut de qualité résultant de l'irrégularité de l'endossement : la reconnaissance de la dette n'a point couvert le défaut de qualité. — Cass., 10 juill. 1822, Hubert, [S. et P. chr.]

518. — Quelle est la valeur de l'aveu ainsi consigné au procès-verbal de non-conciliation sur la réquisition des parties? Est-ce un aveu judiciaire ou un aveu extrajudiciaire? — V. sur la question, *suprà*, v° *Aveu*, n. 80 et s. — V. aussi Garsonnet, t. 2, p. 227 et s.; Chauveau et Carré, t. 1, quest. 229.

CHAPITRE X.

EFFETS DU PRÉLIMINAIRE DE CONCILIATION.

519. — L'effet essentiel du préliminaire de conciliation est de rendre recevable la demande qui devait en être précédée. A cet effet, il doit être donné copie dans l'exploit d'ajournement du procès-verbal de non-conciliation ou de la mention de non-comparution, à peine de nullité (art. 65). — V. sur ce point, *suprà*, v° *Ajournement*, n. 449 et s.

520. — La tentative de conciliation rend aussi recevable la demande que voudrait former le défendeur relativement à l'objet sur lequel le préliminaire a eu lieu. Ainsi, lorsqu'après un procès-verbal de non-conciliation, le demandeur ne suit pas sur sa demande, si le défendeur, prenant l'offensive, actionne celui-ci pour voir statuer sur les prétentions qui formaient l'objet de la citation en conciliation, une pareille demande, alors même qu'elle tend accessoirement à des dommages-intérêts pour le préjudice causé par la citation, n'a pas besoin d'être précédée d'un nouveau préliminaire de conciliation. — Bordeaux, 15 févr. 1851, Coste, [S. 51.2.288, P. 51.2.162, D. 51.2.193]

521. — Lorsqu'il y a eu citation en conciliation et que, devant le juge de paix, les parties sont convenues d'arbitres pour terminer leur différend, si ces arbitres ne rendent pas de décision, le demandeur peut assigner directement sans être tenu de tenter de nouveau la conciliation. — Grenoble, 22 juill. 1818, Ollivier, [P. chr.]

522. — Cet effet du préliminaire de conciliation dure trente ans : pendant trente ans, à partir de la non-conciliation ou de la non-comparution, le demandeur peut assigner son adversaire sans avoir à l'appeler de nouveau en conciliation. Nous avons vu, en effet (*suprà*, n. 28 et s.), que le préliminaire n'est pas sujet à la péremption d'instance; et le délai d'un mois dans lequel nous avons constaté que la loi renferme certains effets du préliminaire de conciliation n'est point applicable ici.

523. — La tentative de conciliation une fois faite conserve son effet entre les héritiers ou représentants des parties. En conséquence, la nouvelle assignation lancée après le décès ou le changement d'état du demandeur survenus depuis la signification de son ajournement, mais avant que le défendeur eût constitué à avoué, ne comporte pas un nouvel essai de conciliation (art. 345, C. proc. civ.).

524. — Il faut dire de même que l'héritier dont l'auteur est décédé après avoir subi le préliminaire de conciliation peut être assigné devant le tribunal civil sans nouvel essai de conciliation. — Chauveau, sur Carré, *Supp.*, t. 7, quest. 207 *bis*. — *Contrà*, Trib. Marseille, 26 févr. 1853, [*J. des av.*, t. 76, art. 1168]

525. — Il a même été jugé que la tentative de conciliation faite avec le cessionnaire, en vertu d'un titre irrégulier, par exemple en vertu d'un endossement apposé sur un billet simple, suffit pour l'accomplissement du vœu de la loi qui exige ce préalable, alors même que, devant le juge de paix, le souscripteur du billet a opposé le défaut de qualité du porteur. Dans ce cas, le porteur, après avoir fait régulariser son titre et obtenu un acte de cession, peut assigner le souscripteur en paiement, sans être obligé de recourir de nouveau à une tentative de conciliation. — Cass., 11 nov. 1851, Ducros, [S. 52.1.28, P. 53.1.166, D. 51.1.313] — On pourrait objecter cependant que le premier essai de conciliation était sans résultat probable à raison du défaut de qualité dans la personne du porteur de la créance. La Cour de cassation a sans doute considéré qu'il était possible que le défaut de conciliation ait eu sa source plutôt dans des motifs tirés du fond, et qu'un nouvel essai de conciliation serait alors inutile.

526. — Le préliminaire de conciliation rend recevable non seulement la demande énoncée dans la citation, mais celles qui y sont implicitement renfermées. Ainsi le défendeur, cité en conciliation sur la demande que son voisin a l'intention de former contre lui en bornage à frais communs ne peut, s'il est ensuite assigné par ce voisin en restitution de terrains compris entre les limites non actuelles de leur propriété, exciper de ce que cette assignation n'a pas été précédée du préliminaire de conciliation. — Poitiers, 11 févr. 1831, Lemaistre, [P. chr.]

527. — Mais il en est autrement si la demande formée par l'ajournement est différente de celle pour laquelle il y a eu tentative de conciliation, si l'on a assigné, par exemple, en résolution d'un contrat pour inexécution des obligations, alors que la citation devant le juge de paix visait l'exécution de ce même contrat. — Bruxelles, 4 janv. 1823, Société du Bien du Cœur, [D. *Rép.*, v° *Conciliation*, n. 105-7°] — V. au surplus des questions analogues, *suprà*, n. 75 et s.

528. — La citation en conciliation sur une demande relative à la propriété d'un domaine, constitue un trouble qui autorise le propriétaire à agir devant les tribunaux pour être maintenu dans sa propriété. — Metz, 14 nov. 1816, Darodes, [S. et P. chr.]

CHAPITRE XI.

SANCTION DE L'OBLIGATION DE PROCÉDER AU PRÉLIMINAIRE DE CONCILIATION.

529. — L'omission du préliminaire de conciliation dans les affaires où il est prescrit rend la demande non recevable. Nous nous sommes expliqués (*suprà*, n. 41 et s.), sur la nature de cette fin de non-recevoir. Elle aura pour effet, lorsqu'elle sera régulièrement opposée, d'amener le rejet de la demande, sauf au demandeur, s'il en est temps encore, à en former une nouvelle régulière, après essai de conciliation.

530. — Cette exception devra-t-elle être jugée préalablement, ou bien pourra-t-elle être jointe au fond? Il a été décidé que rien ne s'opposait à ce dernier mode de procéder, une telle décision ayant un caractère purement préparatoire et ne préjugeant donc point le fond du litige. — Bruxelles, 5 juill. 1843, N..., [D. *Rép.*, v° *Conciliation*, n. 69.

531. — La fin de non-recevoir dont il s'agit ne peut être invoquée que par la partie envers laquelle la formalité a été omise, lorsque la matière est divisible. — Bioche, n. 52; Garsonnet, t. 2, p. 229. — Ainsi, en matière de partage, un héritier ne peut se prévaloir du défaut de citation en conciliation de son cohéritier : à cet égard, les actions des héritiers sont essentiellement divisibles. — Cass., 22 juin 1835, Blaignan, [S. 35.1.849, P. chr.]

532. — Il a été décidé, dans le même esprit, qu'une demande formée par plusieurs parties ayant le même intérêt, telles que des cohéritiers, n'est pas non recevable parce que la conciliation n'a été tentée que par l'une d'entre elles. — Paris, 2 mars 1814, Petitjean, [S. et P. chr.] — Mais cette décision ne nous paraît pas bonne, au moins en matière divisible : car la conciliation qui a échoué avec le demandeur comparant, aurait parfaitement pu réussir avec l'autre. — Chauveau, sur Carré, t. 1, quest. 207 *sexies*.

533. — Mais il en serait autrement en matière indivisible. Aussi jugé que la fin de non-recevoir tirée du défaut de préliminaire sur la demande originaire, peut être, malgré le silence du défendeur, admise de la part du garant appelé en cause. — Cass., 7 nov. 1833, Pansera, [D. 54.5.177] — Douai, 2 juill. 1840, Molin et Lenglin, [P. 40.2.546]

534. — Il a été jugé, sous l'empire de la loi des 12-24 août 1790, que c'est à celui qui allègue le défaut de préliminaire de conciliation, à prouver que ce préliminaire n'a pas eu lieu. — Cass., 12 germ. an X, Paul, [S. et P. chr.] — Il nous est difficile de nous ranger à cette doctrine. La demande n'est pas recevable lorsque le préliminaire n'a pas été tenté ; c'est donc à celui qui saisit le tribunal à prouver que cette condition préalable a été remplie. D'ailleurs, comment le défendeur pourrait-il prouver que le préliminaire de conciliation n'a pas eu lieu? Il faudrait donc qu'il vérifiât les registres du greffe pendant trente ans; la preuve contraire est, au contraire, des plus faciles pour le demandeur : il lui suffit de produire le procès-verbal de non-conciliation. Sous l'empire du Code de procédure, la difficulté nous paraît écartée par la disposition de l'art. 65 qui prescrit de donner, avec l'exploit d'ajournement, copie du procès-verbal de non-conciliation ou de la mention de non-comparution à peine de nullité. Alors, de deux choses l'une : ou cette copie n'aura pas été fournie par le demandeur, et le défendeur demandera la nullité de l'ajournement, ou il l'aura jointe à son exploit, et le défendeur qui voudrait nier que la tentative de conciliation ait eu lieu, n'aura d'autre ressource que de s'inscrire en faux.

535. — Si la conciliation a été tentée seulement sur certains chefs de la demande, la demande ne sera pas recevable sur les autres. — Grenoble, 8 frim. an XI, Tourton, [S. et P. chr.]

CHAPITRE XII.

ENREGISTREMENT ET TIMBRE.

Section I.

Enregistrement.

536. — Les procès-verbaux de conciliation ou de non-conciliation avaient été tarifés par l'art. 68, § 1, n. 47, L. 22 frim. an VII, qui porte : « Actes sujets à un droit fixe de 1 fr. : tous les procès-verbaux des bureaux de paix desquels il ne résulte aucune disposition donnant lieu au droit proportionnel, ou dont le droit proportionnel ne s'élèverait pas à 1 fr. ». La loi du 28 févr. 1872, art. 4, avait élevé le droit fixe à 1 fr. 50.

537. — Ces dispositions se trouvent abrogées, au moins partiellement, par l'art. 17, L. 26 janv. 1892, n. 1, d'après lequel il ne peut être perçu moins de 1 fr. pour les procès-verbaux de conciliation ou de non-conciliation.

538. — La question a été posée, pendant les débats parlementaires, de savoir si l'on devait assujettir ces procès-verbaux à la taxe proportionnelle de frais de justice, de 1 fr. par 100 fr., qui frappe les jugements des juges de paix (Même loi, art. 15, § 4). La proposition de loi déposée dans la séance du 27 janv. 1891 portait, en effet (art. 4, § 1 et 5, § 2), que les procès-verbaux de conciliation seraient passibles d'un droit proportionnel de 1 fr. p. 0/0 sur le montant total des sommes ou valeurs que chacune des parties s'engage à remettre ou à payer à l'autre partie. — Fravaton, *Taxe des frais de justice*, annexes, p. 23 et 24.

539. — Mais il résulte des débats parlementaires que la taxe proportionnelle des frais de justice remplace l'ancien droit proportionnel de condamnation et, à moins d'une disposition expresse de la loi, cette taxe ne peut être perçue sur les actes ou jugements qui en étaient dispensés sous l'empire de la législation de l'an VII. — Fravaton, *loc. cit.*, p. 296 et passim.

540. — L'administration a, d'ailleurs, interprété dans le sens de la non-exigibilité de la taxe proportionnelle sur les procès-verbaux de conciliation, les dispositions de la loi nouvelle, et le droit minimum de 1 fr. doit seul être perçu s'il n'existe aucune autre disposition donnant lieu à un droit proportionnel élevé.

541. — Il n'y a pas lieu de distinguer si les parties ont comparu volontairement devant le juge de paix pour se concilier sur une affaire de la compétence de ce magistrat, ou si la comparution a eu lieu sur la citation d'une partie. L'acte dressé par le juge est un acte judiciaire qui tombe sous l'application des tarifs édictés pour les procès-verbaux de conciliation. — Déc. min. fin., 10 sept. 1823 (Inst. gén., n. 1104-2°, J. enreg., n. 7538).

542. — Le droit fixe de 1 fr. est encore seul applicable aux procès-verbaux de conciliation, alors même qu'ils renfermeraient des conventions passibles de droits fixes plus élevés comme une nomination d'experts ou un compromis. — Dict. enreg., v° *Conciliation*, n. 18.

543. — Mais les procès-verbaux de conciliation ou de non-conciliation peuvent donner ouverture à des droits proportionnels, s'ils constatent des conventions passibles de ce droit. C'est ce qui résulte du texte même précité de l'art. 68, § 1, n. 47, L. 22 frim. an VII, qui n'a pas été abrogé sur ce point par la loi du 26 janv. 1892.

544. — Les reconnaissances de dette pour prêt résultant d'un procès-verbal de conciliation ou de non-conciliation sont, en effet, assujetties au droit proportionnel de 1 fr. p. 0/0.

545. — Si la dette a pour cause une vente de marchandises, le droit exigible est de 2 p. 0/0.

546. — Mais pour que les procès-verbaux de conciliation ou de non-conciliation soient passibles de droits proportionnels afférents aux conventions qu'ils renferment, il est essentiel que ces conventions soient constatées dans une forme qui permette aux parties d'en faire usage comme d'un titre.

547. — Il paraît incontestable que si le débiteur refusait de signer le procès-verbal d'après lequel la dette a été reconnue, l'absence de cette signature mettrait obstacle à la perception du droit de 1 p. 0/0. — Garnier, v° *Conciliation*, n. 40.

548. — Il en serait autrement si le juge, après avoir constaté l'aveu de la dette, déclarait que la partie n'a pu ou n'a pas su signer. — V. *suprà*, n. 494.

549. — Les procès-verbaux de conciliation ou de non-conciliation peuvent encore donner lieu indirectement à la perception de droits d'enregistrement s'ils renferment la preuve de mutations de biens assujetties à l'impôt dans un délai déterminé, comme les mutations d'immeubles ou de fonds de commerce.

550. — Jugé, en ce sens, que l'aveu d'une vente ou d'une promesse de vente d'immeubles, contenu dans un procès-verbal de non-conciliation, permet à l'administration de poursuivre contre les parties le paiement des droits de mutation. — Trib. Thionville, 6 juin 1836, [J. enreg., n. 11815] — Trib. Sarreguemines, 13 août 1844, [J. enreg., n. 13604]

551. — Toutefois, il importe de remarquer que ces droits sont exigibles non pas sur le procès-verbal même de conciliation, mais à l'occasion de ce procès-verbal, et que l'administration se borne à y puiser la preuve d'une mutation soumise aux droits ainsi qu'elle le fait dans les exploits des huissiers ou autres actes soumis à la formalité; de sorte que le procès-verbal doit être enregistré au droit fixe sans tenir compte du droit proportionnel qui sera ensuite réclamé aux parties.

552. — Sous l'empire de la législation de l'an VII, il avait été décidé que le droit fixe de 1 fr. 50 cent. ne devait pas être perçu simultanément avec les autres droits auxquels donnait lieu le procès-verbal de conciliation. — Sol. 12 juill. 1817 (Dict. not., t. 3, p. 577, n. 32).

553. — Pour les procès-verbaux de non-conciliation au contraire, l'administration avait prescrit de percevoir le droit fixe concurremment avec les droits proportionnels dus sur les conventions reconnues. — Sol. 5 mars 1831, [J. enreg., n. 9942]

554. — Les dispositions de l'art. 17, L. 26 janv. 1892, ont mis fin à cette pratique en défendant expressément de percevoir un droit fixe sur un jugement ou arrêt renfermant une ou plusieurs dispositions passibles du droit proportionnel. Cette règle s'applique évidemment aux procès-verbaux de conciliation ou de non-conciliation qui sont soumis au même tarif minimum que les jugements des justices de paix.

555. — Le tarif de 1 fr. ne s'applique qu'aux procès-verbaux de conciliation ou de non-conciliation dressés par les juges de paix. Si les parties avaient été amenées devant un arbitre pour se concilier, l'acte qui serait dressé pour constater l'accord ou le désaccord des parties serait assimilé pour la perception des droits à une transaction ou à une sentence arbitrale.

556. — Le procès-verbal par lequel le juge de paix renvoie d'office les parties à une autre audience pour se concilier doit être assimilé aux jugements portant remise de cause ou continuation d'audience, et doit par suite bénéficier de l'exemption de l'enregistrement. Néanmoins, l'administration a décidé que le droit de 1 fr. lui était applicable, qu'il devait être écrit sur timbre et porté au répertoire, parce que la loi de l'an VII assujettit à l'impôt tous les procès-verbaux des juges de paix tandis qu'elle n'a pas tarifé les jugements de remise. — Sol. 30 avr. 1868, [Garnier, *Rép. pér.*, n. 2690]

557. — Cette distinction ne nous paraît pas devoir être admise; car les jugements de remise, bien que non tarifés nommément, paraissent assujettis à l'enregistrement comme tous les actes judiciaires et jugements, et il n'y a aucun motif pour exclure les procès-verbaux de remise du bénéfice des décisions ministérielles des 27 févr. 1822 et 26 janv. 1826 (Inst. gén., n. 1026 et 1189-3°).

558. — Il a été décidé que la mention de la non-comparution des parties qui est faite sur les registres du greffe et sur l'original ou la copie de la citation est dispensée de l'enregistrement. — Déc. min. fin., 7 juin 1808, [Inst. gén., n. 390-9° et 436-10°]

559. — Les procès-verbaux de conciliation ou de non-conciliation doivent être enregistrés, comme tous les actes judiciaires, dans les vingt jours de leur date (L. 22 frim. an VII, art. 20). — Inst. gén., n. 436-9°.

560. — La peine pour défaut d'enregistrement de ces procès-verbaux dans le délai fixé est d'une somme égale au montant du droit (L. 22 frim. an VII, art. 35).

561. — Mais ce droit en sus est-il limité au simple droit fixe de 1 fr. spécial au procès-verbal ou bien, en cas d'enregistrement tardif, peut-on exiger un droit égal au total des droits proportionnels dont le procès-verbal est passible? Il semble que cette dernière solution s'impose : le droit de 1 fr. n'est qu'un minimum et le droit proportionnel n'est pas un simple droit de titre, mais le droit même afférent à l'acte judiciaire. Or, l'art. 35, L. 22 frim. an VII, n'a pas distingué, il a établi une pénalité d'une somme égale au montant du droit quel qu'il soit. — Garnier, *Rép. gén.*, v° *Conciliation*, n. 41; Dict. enreg., v° *Conciliation*, n. 48.

562. — Les droits fixes ou proportionnels sont acquittés par les greffiers en exécution de l'art. 29, L. 22 frim. an VII, sans qu'ils puissent user de la faculté qui leur a été accordée par l'art. 37 de la même loi, uniquement pour les jugements rendus à l'audience. — Dict. enreg., *loc. cit.*, n. 49. — *Contrà*, Garnier, *loc. cit.*, n. 54.

563. — Remarquons toutefois que les greffiers ne sont tenus que du droit exigible sur le procès-verbal lui-même mais non des droits que l'administration serait fondée à réclamer aux parties à raison de conventions antérieures dont la preuve se trouverait dans le procès-verbal de conciliation ou de non-conciliation. — V. *suprà*, n. 549 et s.

564. — L'art. 47, L. 22 frim. an VII, qui défend aux juges de rendre aucun jugement sur des pièces non enregistrées paraît applicable aux juges de paix en matière de procès-verbaux de conciliation ou de non-conciliation. Ces actes sont, en effet, l'œuvre du juge et non celle du greffier, lequel par conséquent ne peut encourir les amendes et responsabilités édictées par l'art. 42 de la même loi. — Déc. min. fin., 8 pluv. an X, [Inst. gén., n. 290-2°]

565. — Il a été jugé cependant que le greffier, qui a rédigé un procès-verbal de conciliation dressé en conséquence d'une vente d'immeubles non enregistrée, était tenu, pour éviter toute responsabilité, de déposer au receveur, dans les vingt jours, l'extrait de l'acte sous signature privée dans la forme tracée par l'art. 37, L. 22 frim. an VII. — Trib. Schlestadt, 12 juill. 1849, [J. enreg., n. 14793]

566. — Cette décision ne paraît pas conforme au texte de la loi fiscale. L'extrait ne peut suppléer qu'au dépôt des jugements rendus à l'audience; alors même qu'aucun extrait n'aurait été remis au receveur, dans l'espèce qui a donné lieu au jugement précité, celui-ci ne pouvait poursuivre le recouvrement des droits auxquels l'acte sous seing privé donnait ouverture que contre les parties. — Dict. enreg., *loc. cit.*, n. 51.

567. — Les dispositions de l'art. 57, L. 28 avr. 1816, relatives aux actes produits en cours d'instance ne sont pas applicables à la procédure de conciliation parce que la tentative de conciliation n'est pas un acte introductif d'instance (V. *suprà*, n. 25], mais une formalité préalable. — Cass., 25 janv. 1827, [Inst. gén., n. 1210-4°]

568. — Les actes produits doivent simplement être enregistrés en exécution de l'art. 23, L. 22 frim. an VII.

569. — Les procurations données pour représenter des personnes en conciliation doivent être timbrées et enregistrées préalablement.

Section II.
Timbre.

570. — Les procès-verbaux de conciliation ou de non-conciliation sont des actes judiciaires, et, comme tels, assujettis au timbre (L. 13 brum. an VII, art. 12-1°).

571. — Ils peuvent être écrits, comme les jugements, les uns à la suite des autres, sur un cahier formé de feuilles de papier timbré. — Déc. min. fin. 1818, [J. enreg., n. 6038 et 12788-5°]

Section III.
Amendes de non-comparution en conciliation.

572. — L'administration de l'enregistrement est restée chargée du recouvrement des amendes prononcées pour non-comparution en conciliation. Des mesures spéciales ont été concertées entre le garde des sceaux et le ministre des Finances pour assurer ce recouvrement dans le cas où les amendes ont été prononcées par un jugement rendu par défaut. — V. Déc. min. just. et fin., 9 mai-28 août 1877, [Inst. gén., n. 2590]

CONCLUSIONS.

Législation.

C. proc. civ., art. 141, 130, 463; — Décr. 30 mars 1808 (*contenant règlement pour la police et la discipline des cours et tribunaux*), art. 28, 33, 69 et s., 87.

Bibliographie.

Berriat Saint-Prix, *Cours de procédure civile*, 1855, 7e édit., 2 vol. in-8°, t. 1, p. 267 et s. — Bioche, *Dictionnaire de procédure civile et commerciale*, 1867, 5e édit., 6 vol. in-8°, v° *Conclusions*. — Boitard, Colmet-Daage et Glasson, *Leçons de procédure civile*, 1890, 15e édit., 2 vol. in-8°, t. 1, n. 193 et s. — Bonfils, *Traité élémentaire d'organisation judiciaire, de compétence et de procédure en matière civile et commerciale*, 1891, 2e édit., 1 vol. in-8° paru, t. 1, n. 324 et s. — Carré et Chauveau, *Lois de la procédure civile et commerciale*, 1880-1888, 5e édit., 9 vol. in-8°, t. 1, quest. 414, p. 507; quest. 594, p. 711; t. 2, quest. 672, p. 126; quest. 739 bis, p. 221; suppl., quest. 414, p. 112 et 113; quest. 672, p. 211. — Carré et Foucher, *Traité des lois sur l'organisation judiciaire et compétence des juridictions civiles*, 1839, 9 vol. in-8°, t. 1, p. 279 et s.; t. 7, p. 72 et s. — Chauveau et Glandaz, *Formulaire de procédure civile et commerciale*, 1892, 8e édit., 2 vol. in-8°, t. 1, n. 246 et s. — Dutruc, *Supplément alphabétique et analytique aux lois de la procédure*, 1888, 2e édit., 4 vol. in-8°, v° *Conclusions*. — Garsonnet, *Précis de procédure civile*, 1893, 2e édit., in-8°, n. 175; — *Traité théorique et pratique de procédure civile*, 1882-1894, 5 vol. in-8°, t. 2, § 264, p. 281 et s. — Isaure Toulouse, *Formulaire de procédure, Traité pratique*, 1889, in-8°, p. 23 et s. — Merlin, *Répertoire universel et raisonné de jurisprudence*, 1827-1828, 5e édit., 18 vol. in-4°, v° *Conclure, conclusions*. — Mourlon et Naquet, *Répétitions écrites sur le Code de procédure*, 1885, 5e édit., gr. in-8°, p. 313 et s. — Rodière, *Traité de compétence et de procédure en matière civile*, 1878, 5e édit., 2 vol. in-8°, t. 1, p. 244. — Rogron, *Le Code de procédure expliqué*, 1891, 11e édit., 2 vol. in-18, sur les art. 141, 130, 463. — Rousseau et Laisney, *Dictionnaire théorique et pratique de procédure civile*, 1886, 2e édit., 9 vol. in-8°, v° *Conclusions*.

Dans quel cas l'absence de conclusions contraires à celles du demandeur peut-elle, de la part du défendeur, équivaloir à un acquiescement? Rev. Wolowski, t. 1, p. 471.

Index alphabétique.

Accessoire, 47.
Acte d'avoué à avoué, 40.
Action paulienne. 58.
Affaires commerciales, 40.
Affaires en état, 9.
Affaires sommaires, 40.
Ajournement, 12 bis, 42 et 43, 53.
Anatocisme, 91.
Appel, 12 bis, 26.
Arbitrage, 94.
Articulation de faits, 32 et s., 79, 81.
Assurance, 15, 78, 95 et s.
Aval, 56.
Avocat, 4, 13.
Avoué, 4 et s., 7, 10, 20, 99.
Bail, 52.
Bref délai, 40.
Cession de créance, 53.
Cession d'office, 61.
Chefs distincts, 94, 98.
Citation, 1, 12, 40.
Citation à bref délai, 40.
Clôture des débats, 69 et s.
Communauté conjugale, 2.
Communication de pièces, 70.
Compensation, 93.
Compétence, 42.
Conclusions additionnelles, 27.
Conclusions alternatives, 28.
Conclusions complémentaires, 27.
Conclusions d'audience, 7, 9 et s., 29.
Conclusions exceptionnelles, 27.

Conclusions modificatives, 41 et s., 85.
Conclusions reconventionnelles, 27, 92.
Conclusions restreintes, 48 et 49.
Conclusions subsidiaires, 23 et s., 81, 91.
Conclusions tardives, 73 et s.
Conclusions verbales, 5, 21, 77.
Concurrence déloyale, 57.
Confirmation, 46 et s.
Copropriété, 2.
Courtier, 66.
Défaut, 8, 17, 19, 35, 43.
Défenses, 22.
Délibéré, 69, 77 et s.
Demande alternative, 24, 28.
Demande nouvelle, 41 et s.
Demande reconventionnelle, 92.
Demande restreinte, 48.
Dernier ressort, 42.
Dispositif, 78.
Dol, 60.
Donné acte, 87, 92, 95.
Dot, 91.
Eaux, 78.
Ecritures, 4, 15, 20.
Effets, 11 et s., 89 et s.
Endosseurs, 56.
Enquête, 38, 79.
Enregistrement, 71.
Erreur, 46.
Exception, 96 et 97.
Exploit d'appel, 12 bis.
Exploit introductif d'instance, 12 bis, 42, 43, 53.
Formes, 3 et s.
Frais et dépens, 99.
Fraude, 60.
Garant, 17.
Greffier, 7, 20.
Héritier, 63.
Homicide par imprudence, 80.
Identité des faits, 44, 51.
Incompétence, 42.
Indivisibilité, 94.
Intérêts, 27, 91.
Intervention, 4.
Jugement par défaut, 3, 35, 36, 43.
Lecture, 4, 10, 20.
Légataire, 63.
Lettre de change, 56.

Liquidation, 53.
Litispendance, 13, 27.
Maire, 64.
Mandat, 15, 50.
Ministère public, 73 et s., 84, 86, 92.
Mise en cause, 27.
Motifs de jugement, 78.
Nom, 57.
Notes, 68 et s., 87 et 88.
Nullité, 18, 30, 31, 35 et s., 72.
Office, 61.
Omission, 94.
Oppositions à qualités, 14.
Ordre public, 38, 39, 72.
Paiement (demande de), 59.
Papier libre, 4.
Partage, 2, 22.
Pétition d'hérédité, 63.
Plaidoirie, 13.
Prescription, 82.
Preuve testimoniale, 32, 79, 81.
Prise d'eau, 78.
Qualité des parties, 8, 9, 63 et s.
Qualités de jugement, 5 et s., 11, 14, 20.
Questions de fait, 87.
Questions de droit, 87.
Rachat, 54, 60.
Radiation, 5.
Remise de cause, 7.
Renonciation, 39, 94.
Réouverture des débats, 18, 19, 84 et s.
Requête, 22.
Requête civile, 90.
Réserves, 95.
Responsabilité, 80.
Résiliation, 59.
Rôle, 5, 9, 10.
Signature, 4, 7, 20.
Signification, 29 et s.
Société, 2, 54.
Société commerciale, 55, 67.
Sursis, 34, 37.
Tarif, 99.
Testament, 25, 61.
Tiers détenteur, 91.
Tribunal (modifications du), 18.
Tribunaux de commerce, 40.
Ultrà petita, 10, 87 et 90.
Vente 45, 47, 59.

DIVISION.

CHAP. I. — NOTIONS GÉNÉRALES (n. 1 à 10).
CHAP. II. — FORMES DES CONCLUSIONS. — DIFFÉRENTES ESPÈCES DE CONCLUSIONS (n. 11 à 28).
CHAP. III. — SIGNIFICATION DES CONCLUSIONS (n. 29 à 40).
CHAP. IV. — MODIFICATION DES CONCLUSIONS AU COURS DES DÉBATS (n. 41 à 67 bis).
CHAP. V. — CLÔTURE DES DÉBATS. — EFFETS DES CONCLUSIONS. — TARIF (n. 68 à 99).
CHAP. VI. — ENREGISTREMENT ET TIMBRE (n. 100 à 110).

CHAPITRE I.

NOTIONS GÉNÉRALES.

1. — L'art. 61 3°, C. proc. civ., dispose que la citation introductive d'instance doit contenir, entre autres énonciations, l'objet de la demande et l'exposé sommaire des moyens. Exposer au juge la demande, ainsi que les motifs sur lesquels elle est fondée, c'est conclure. On pourrait donc, à la rigueur, dans quelques cas très simples, conclure comme dans la citation.

2. — Mais dans les affaires qui comportent une discussion sérieuse, et, par exemple, dans les instances en partage, lorsqu'il s'agit de fixer les droits des légataires, les questions d'indignité ou de représentation, procédera à la formation de la masse en déterminant la quotité des rapports, en recherchant les difficultés relatives à la validité des donations, à leur caractère, au point de savoir si elles sont en avancement d'hoirie ou par préciput, aux dons manuels, aux libéralités déguisées, au règlement des impenses; lorsqu'il s'agit de l'apurement du passif, etc., lorsque de telles difficultés se déroulent, une à une, et nécessitent des jugements distincts, il est nécessaire de conclure à chaque jugement. La citation n'est alors prise en considération que sur un seul point, celui de savoir si les conclusions se rapportent à la demande qui a fait l'objet de la citation originaire.

Des difficultés identiques ou analogues peuvent surgir aussi dans les liquidations de copropriété, de société, de communauté conjugale.

3. — La formule des conclusions est, à part quelques nuances, ainsi conçue :

Conclusions pour le sr N... (ici les noms, prénoms, domicile et le plus souvent la qualité en laquelle le concluant agit), — *contre le sr N...* (mêmes indications), ayant pour avoué Me N... — *Me N... avoué de N... conclut à ce que,* — *Attendu* (ici les motifs) — *Il plaise au tribunal* (ici la demande) — *Dont acte.* — *Signature de l'avoué.*

4. — Les conclusions doivent être écrites (V. *infrà*, n. 15 21). Elles ne peuvent être verbales que dans la condition d'être écrites avant que le jugement ou l'arrêt soient rendus (V. *infrà*, n. 77). Peu importe qui les écrit, mais elles doivent être signées par l'avoué (art. 33, Décr. 30 mars 1808). Antérieurement à la loi du 26 janv. 1892, il avait été jugé qu'il était permis de les écrire sur papier libre (Circ. min. just., 4 août 1825, prise en exécution de l'art. 11, L. 13 brum. an VII et art. 32, 70, 71, 72, 73, Décr. 30 mars 1808). Elles sont lues à l'audience, le plus souvent par l'avocat.

5. — Les conclusions se divisent en deux classes, savoir 1° celles qui ont trait à la position des qualités; 2° celles qui sont prises avant les plaidoiries.

On sait qu'il existe dans les cours et tribunaux un registre où l'on inscrit toutes les affaires au fur et à mesure de la présentation, et qu'on en extrait, à intervalles plus ou moins éloignés, un certain nombre, pour former un seul rôle ou plusieurs rôles spéciaux, suivant qu'il existe une ou plusieurs chambres. C'est ce qu'on appelle *le rôle d'audience.* — V. *infrà*, v° *Rôle.*

6. — Le rôle d'audience étant formé, les parties posent les qualités et prennent leurs conclusions. Ce point est réglé par les art. 28 et 69 du décret de 1808, qui sont ainsi conçus :

Art. 28. — « Le premier jour d'audience de chaque semaine, le président de la chambre fera appeler un certain nombre de causes dans lesquelles *il fera poser les qualités et prendre les conclusions*, en indiquant un jour pour plaider. »

Art. 69. — « Si les deux avoués sont présents, *ils seront tenus de poser qualités et de prendre des conclusions;* il leur sera indiqué un jour pour plaider. »

7. — Les affaires étant renvoyées pour être plaidées, à la suite, ou, par exception, à jour fixe, les parties doivent prendre de nouvelles conclusions lorsqu'elles comparaissent de nouveau à l'audience.

Ce point est encore prévu par l'art. 33 du décret de 1808, qui est ainsi conçu :

« Dans toutes les causes, les avoués, avant d'être admis à requérir défaut ou à plaider contradictoirement, remettront au greffier de service à l'audience leurs conclusions motivées et signées d'eux avec le numéro du rôle. »

Il résulte de la comparaison de ces textes que, dans les affaires qui comportent une position de qualités, l'avoué conclut deux fois. Mais pourquoi deux conclusions, et en quoi diffèrent-elles l'une de l'autre?

8. — Le rôle d'audience étant formé par les soins du président, celui-ci fixe le jour où les qualités seront posées. Ce jour là, les avoués se bornent à dire : *je pose qualités*, et remettent leurs conclusions. Ces conclusions sont fort simples. Le demandeur conclut à ce qu'on lui adjuge les fins de sa demande, le défendeur conclut au rejet de cette demande. Pas de motifs. Et en effet, les art. 28 et 69 du décret de 1808 n'en exigent pas, à la différence de l'art. 33 de ce même décret.

Si aucun avoué ne se présente, la cause est rayée du rôle ; si un seul comparaît, il requiert le jugement de défaut qu'il convient de prendre.

En ce moment encore, le renvoi que nécessitent les changements qui se sont opérés dans la situation des parties ou de leurs avoués, est ordonné (art. 342, 343, C. proc. civ.).

9. — Cela fait, le tribunal donne acte de la position des qualités, et il ne reste plus au rôle (ou plutôt il ne paraît plus rester) que des affaires contradictoires, et qui sont en état, ce qui donne lieu à l'application de l'art. 342, C. proc. civ., qui est ainsi conçu : « Le jugement de l'affaire qui sera en état ne sera différé, ni par le changement d'état des parties, ni par la cessation des fonctions dans lesquelles elles procédaient, ni par leur mort, ni par les décès, démissions, interdictions et destitutions de leurs avoués. »

10. — Le rôle étant ainsi apuré et de nouveau appelé à l'audience, affaire par affaire, et, lors de cet appel, et par application de l'art. 33 du décret de 1808 les conclusions, motivées cette fois, sont lues et les plaidoiries suivent. Si l'on observait rigoureusement la loi, les avoués, qui seuls ont le droit de prendre des conclusions, devraient les lire; mais, ainsi que nous l'avons déjà dit, en fait, elles sont lues par l'avocat avec ou même sans l'assistance de l'avoué.

Ces conclusions fixent les points sur lesquels le juge est appelé à statuer. Il ne peut rendre de décision sur les points qui n'y sont pas indiqués sans commettre un *ultra petita*. — V. *infrà*, v^{is} *Requête civile*, *Ultrà petita*.

CHAPITRE II.

FORMES DES CONCLUSIONS. — DIFFÉRENTES ESPÈCES DE CONCLUSIONS.

11. — La discussion étant purement orale dans notre droit, le juge n'est pas tenu de lire, s'il croit pouvoir s'en dispenser, les actes, requêtes, notifications, libelles, qui ont été dressés pendant le cours de l'instance; d'où la conséquence que les dernières conclusions lues à l'audience ou sont censées exprimer la dernière volonté du concluant. Il n'y a pas d'autres conclusions que celles-là. Elles seules figurent dans les qualités du jugement, aux termes de l'art. 142, C. proc. civ. La jurisprudence est à cet égard constante. — Cass., 14 mai 1834, Despine, [S. 34.1.847, P. chr.]; — 14 juin 1843, Fustié, [S. 43.1.606, P. 44.1.23]; — 23 août 1843, Collin, [S. 44.1.182, P. 44.1.428]; — 21 janv. 1857, Dampierre, [S. 38.1.155, P. 57.634, D. 57.1.360]; — 16 janv. 1865, Bazire, [S. 65.1.132, P. 65.286, D. 65.1.183]

12. — Il importe peu que certaines demandes figurent dans les requêtes ou autres libelles. Par cela seul qu'elles ne figurent pas dans les conclusions, le juge n'en est pas saisi et n'a pas à statuer. — Cass., 20 févr. 1839, Cluny, [S. 39.1.503, P. 39.2.269]; — 29 avr. 1840, Freydier, [S. 40.1.738, P. 40.2.414]; — 6 juill. 1840, Desfournaux, [S. 40.1.882, P. 40.2.512]; — 20 avr. 1841, Girardot, [S. 41.1.502, P. 41.1.644]; — 12 avr. 1842, Germain, [S. 42.1.417, P. 42.1.343]

12 bis. — Il importe peu encore que la demande figure dans l'exploit introductif d'instance — Bordeaux, 22 mai 1840, Lotte, [S. 40.2.365, P. 43.1.493]; — ou dans l'acte d'appel, si elle n'est pas ramenée dans les conclusions. Par l'effet de cette omission, le juge ne serait pas saisi. — Cass., 5 mars 1838, Varennes, [S. 38.1.321, P. 38.1.354]

13. — L'omission d'une demande dans les conclusions n'est pas non plus réparée par les plaidoiries. — Cass., 4 déc. 1837, Pécoud, [S. 38.1.384, P. 40.2.431]

Ainsi, il a été jugé que la simple énonciation, dans la plaidoirie de l'avocat, d'un moyen (une exception de litispendance), dont il n'est pas fait de conclusions, ne met pas le juge en demeure de prononcer sur ce point. — Cass., 17 août 1865, Boulugeat, [S. 65.1.399, P. 65.1051] — Cet arrêt mérite d'être remarqué en ce que l'exception avait tenu une grande place dans les débats, avait été réfutée dans un écrit émané de l'adversaire et examinée par le ministère public.

14. — En général, la Cour de cassation se réfère aux qualités du jugement ou de l'arrêt pour savoir si une demande a été ou non formulée dans les conclusions. — V. Cass., 23 août 1843 précité. — Il importe donc de bien examiner si les qualités sont ou non complètes sous ce rapport, et, au besoin, de recourir à la voie de l'opposition pour les faire rectifier.

15. — Lorsque tous les chefs de demande ne figurent pas dans les conclusions, on ne saurait induire que le juge en a été saisi au moyen de preuves extrinsèques tirées des débats et des faits qui s'y rattachent. Ce principe a été proclamé à juste titre dans une instance qui, cependant, pouvait faire naître quelques doutes. Il s'agissait d'un litige entre un assureur et un assuré, et la difficulté consistait à savoir si la police, qui portait la date du 28 septembre, alors que le sinistre avait eu lieu le 4 octobre, n'avait été réellement signée que le 3 octobre par un mandataire de l'assuré. L'assureur produisit devant la cour une déclaration émanant de ce mandataire, dans laquelle il reconnaissait n'avoir signé que le 3 octobre. Cette déclaration fut soumise à la cour, qui en fit mention dans son arrêt, et soutint qu'elle renfermait un aveu, qui pouvait être opposé au mandant, c'est-à-dire à l'assuré. On discuta ce point, dans lequel se résumait tout le procès, sans en faire l'objet de conclusions écrites. La cour, n'ayant pas statué sur ce moyen, l'assureur se pourvut en cassation et soutint que la production de la déclaration pouvait tenir lieu de conclusions. Le pourvoi fut rejeté. — Cass., 18 janv. 1876, Cie d'assurance *la Nation et l'Univers*, [S. 76.1.443, P. 76.1141]

16. — Pour saisir le juge, il faut, en outre, que les conclusions soient prises en vue de l'affaire qui fait l'objet des débats. Ainsi, on ne peut, dans un procès, exciper contre la partie adverse des conclusions prises par elle dans une autre instance entièrement distincte. — Cass., 3 juin 1862, Cambon, [S. 63.1.189, P. 62.1116, D. 63.1.24]

17. — Il faut aussi que l'instance soit liée entre la partie qui pose des conclusions et la partie contre laquelle elle conclut. Ainsi, le demandeur n'est pas recevable à prendre des conclusions à la barre contre une partie défaillante qu'il n'a pas citée, et qui n'a été appelée en cause que par le défendeur, comme garant de celui-ci. — Dijon, 14 juin 1880, Cordier, [S. 81.2.126, P. 81.689]

18. — Lorsque des conclusions ont été prises à l'audience, il peut arriver, quel que soit l'état de la cause, que les débats soient ou non clos, que le tribunal ou la cour ne puissent pas se composer de la même manière. Dans ce cas, les parties doivent conclure à nouveau; si les magistrats nouvellement appelés n'avaient pas entendu la lecture des conclusions, cette circonstance entacherait de nullité la décision. — Cass., 7 févr. 1872, Duplessis, [S. 72.1.103, P. 72.251]; — 16 mars 1880, Gaillard, [S. 80.1.341, P. 80.839]

19. — Il suit de là que si, dans cette hypothèse, l'une des parties, qui avait d'abord comparu, faisait défaut, on ne pourrait se prévaloir des conclusions qu'elle aurait prises, pour soutenir que la sentence est à son égard contradictoire. — Cass., 25 avr. 1864, Ceccaldi, [S. 64.1.258, P. 64.840]; — 21 févr. 1870, Lecaron, [S. 70.1.316, P. 70.796]

20. — D'après ce qui précède, il faut, pour que les conclusions existent dans les conditions de nature à obliger le juge à statuer sur les demandes qu'elles contiennent, sans les outrepasser : 1° qu'elles soient écrites, signées de l'avoué, lues à l'audience et remises au greffier; 2° qu'elles soient insérées dans les qualités du jugement, conformément à l'art. 142, C. proc. civ.

Nous examinerons *infrà* : 1° si elles doivent être conformes à la demande qui a été formulée dans la citation introductive d'instance ; 2° à quel moment elles doivent être soumises au juge; 3° si elles doivent être signifiées à peine de nullité.

21. — Bien qu'en règle générale les conclusions doivent être écrites et lues à l'audience, il est admis par exception qu'elles peuvent être verbales. Les débats peuvent révéler ou faire naître des situations imprévues qui les rendent nécessaires. L'art. 72 du décret de 1808 se réfère à ce cas. Il est ainsi conçu : « S'il est pris des conclusions sur le barreau, l'avoué ou les avoués seront tenus de les remettre, après les avoir signées, au greffier... ». Cette condition doit être remplie pendant ou immédiatement après l'audience.

22. — D'après ce qui précède, on ne saurait considérer comme conclusions, ou comme susceptibles d'en tenir lieu, les requêtes et défenses que les avoués se doivent respectivement, en conformité des art. 77 et s., C. proc. civ., bien que des demandes puissent y être formulées. Néanmoins, il arrive souvent qu'elles se confondent avec les conclusions, et ne font qu'un avec elles. Ainsi, dans une instance en partage, un avoué signifiera une requête dans laquelle il énumérera, numéro par numéro, tous les biens meubles et immeubles, ainsi que les rapports qui constituent la masse partageable. A son tour, l'avoué adverse lui signifiera un acte en réponse, dans lequel il mentionnera les articles qu'il accepte et ceux qu'il conteste. Dans les conclusions d'audience, toutes les parties demanderont l'homologation de ces deux actes en ce qui concerne les articles non contestés, et ne spécifieront les demandes qu'à l'égard des articles qui le sont. Il est clair que, dans ce cas, les conclusions seraient incomplètes, et le plus souvent incompréhensibles, si on ne considérait pas les requêtes comme en étant une partie intégrante.

23. — On distingue les conclusions, en principales, lorsqu'elles portent sur toute la demande; — en subsidiaires, lorsque le concluant, prévoyant que la demande principale pourrait être repoussée, la réduit, la restreint ou la modifie; — en très-subsidiaires lorsque, prévoyant que les conclusions subsidiaires seront encore repoussées, il les modifie d'une autre manière. Ce qui caractérise les conclusions subsidiaires, c'est qu'elles sont un *quid diversum* de la demande principale, et qu'elles n'ont été prises qu'en vue du cas où cette demande serait rejetée. Ainsi, un créancier qui conclut contre son débiteur au paiement d'une certaine somme, peut, prévoyant que le titre qu'il produit comme preuve de son droit pourrait ne pas être considéré comme probant, demander à être admis subsidiairement à telle preuve qu'il appartiendra.

24. — On doit distinguer les demandes principales et subsidiaires : 1° des demandes alternatives dans lesquelles le requérant fait porter son action sur deux objets, à choisir, l'un excluant l'autre; 2° de celles qui, multiples et toutes principales, sont comprises dans une même action.

25. — Un exemple montrera quelle est l'importance de ces distinctions. Il a été jugé que « les juges peuvent, si les conclusions subsidiaires leur fournissent un moyen plus sûr et plus rapide de vider le litige, examiner les conclusions dites subsidiaires avant les conclusions principales, ou même négliger entièrement ces dernières. — Cass., 22 mars 1869, Mérigot, [S. 69. 1.261, P. 69.643, D. 69.1.448]

25 bis. — Ce principe nous paraît erroné, car la partie n'a pris des conclusions subsidiaires qu'en vue du cas où les conclusions principales seraient rejetées. Dans l'espèce soumise à la Cour de cassation, un testament était attaqué : 1° pour vice de forme; 2° pour faux. Il y avait, entre ces deux demandes comprises dans une même citation, un lien factice, en ce qu'elles tendaient l'une et l'autre à l'annulation du testament, et à ce que les biens de l'hérédité fussent adjugés, non au légataire, mais à l'héritier du sang. Mais, au fond, ces deux demandes étaient absolument distinctes; elles l'étaient à ce point que si la citation n'avait porté que sur la nullité pour vice de forme, on n'aurait pu prendre des conclusions tendant à la nullité pour cause de faux. Étant donné qu'il existait deux demandes principales, absolument distinctes, tendant l'une et l'autre à la même fin, le juge a pu donner la priorité à l'une d'elles et réserver l'autre, s'il a cru que par là il arriverait à une justice plus sûre. Mais quand il s'agit de conclusions réellement subsidiaires, on comprendrait difficilement la latitude reconnue au juge par les termes de l'arrêt précité.

26. — De ce qui précède, il résulte : 1° Que le juge ne peut statuer sur les conclusions subsidiaires que s'il rejette les conclusions principales; 2° qu'il ne peut cumuler ces deux conclusions, et les adjuger simultanément au demandeur; 3° que le concluant peut relever appel du jugement qui a rejeté les conclusions principales, bien que les conclusions subsidiaires lui aient été adjugées.

27. — On qualifie les conclusions *d'exceptionnelles*, lorsqu'elles ne se rapportent pas au fond, par exemple si elles ont trait à la compétence, à la litispendance, à une mise en cause, etc.; — *de reconventionnelles*, lorsque le défendeur oppose à son adversaire une demande qu'il est permis de former par de simples conclusions; — *d'additionnelles*, lorsqu'elles complètent ou modifient les conclusions déjà prises; — *de complémentaires*, lorsqu'elles ajoutent à la demande primitive des accessoires nécessaires, par exemple les intérêts ou les dommages courus depuis que cette demande a été formée.

28. — Il est aussi question dans les ouvrages de doctrine des conclusions alternatives. — V. Rousseau et Laisney, v° *Conclusions*, n. 23; Garsonnet, t. 2, n. 284. Il est fort rare que de telles conclusions soulèvent des difficultés juridiques, et les recueils de jurisprudence ne fournissent à cet égard aucun précédent. Elles ne font naître des litiges que lorsqu'il s'agit de déterminer le taux du premier ou du dernier ressort. — V. *suprà*, v° *Appel* (mat. civ.), n. 394 et s.

CHAPITRE III.

SIGNIFICATION DES CONCLUSIONS.

29. — La signification des conclusions est prescrite par l'art. 70, Décr. 30 mars 1808, en ces termes : « Les avoués sont tenus, dans les affaires portées aux affiches, de signifier leurs conclusions trois jours au moins avant de se présenter à l'audience, soit pour plaider, soit pour poser qualités. » Comme on le voit, cet article s'applique aux conclusions prises pour poser qualités, et à celles qui sont prises postérieurement, au moment où l'affaire est plaidée (V. *suprà*, n. 8, 10). On a même admis qu'il s'appliquait aux conclusions d'audience qui modifient des conclusions antérieures. — V. Rousseau et Laisney, n° 53 *bis*.

30. — Mais cet article ne prescrit pas la signification des conclusions à peine de nullité. On en a tiré la conséquence, en se fondant sur l'art. 1030, C. proc. civ., lequel dispose qu'aucun acte de procédure ne peut être annulé qu'en vertu d'une disposition expresse, que les conclusions ne sont pas nulles pour n'avoir pas été signifiées. La jurisprudence est absolument fixée en ce sens. — Cass., 20 juill. 1858, Liégard, [S. 59.1.497, P. 59.643, D. 58.1.403] — Paris, 18 avr. 1864, Drevet, [S. 64.2.168, P. 64.361, D. 64.5.72] — Amiens, 9 juin 1864, Peigné, [S. 64.2.259, P. 64.1169, D. 64.5.243]; — 28 juin 1872, de Campagno, [S. 72.2.142, P. 72.600]; — 24 déc. 1888, Blondel, [S. 89.1.173, P. 89.400] — *Sic*, Garsonnet, t. 2, p. 280. — D'ailleurs, l'opinion contraire serait inconciliable avec la faculté qu'ont les parties de prendre à l'audience des conclusions nouvelles, même verbales. — V. *suprà*, n. 21.

31. — Cependant la cour de Paris, s'est prononcée à un moment donné (car depuis elle s'est ralliée à l'opinion dominante), pour la nullité. — Paris, 10 juill. 1857, Demagio, [S. 57.2.637, P. 57.1074, D. 58.2.22] — Elle s'est fondée pour juger ainsi sur ce que l'art. 70 touche aux intérêts de la défense. Mais il y a dans le Code de procédure une foule d'articles, ayant ce caractère, qui n'attachent pas la peine de nullité à l'inobservation des prescriptions qu'ils renferment, et si on pouvait à leur égard invoquer le même motif, l'art. 1030 passerait presque à l'état de lettre morte.

32. — Les conclusions sont quelquefois posées sans être signifiées (Garsonnet, *loc. cit.*; Bioche, v° *Conclusions*, n. 9). La raison en est que, dans une certain nombre d'affaires, l'avocat connaît à l'avance les moyens qui lui seront opposés, et qui, souvent même, lui sont indiqués de vive voix par son confrère.

33. — L'observation de l'art. 70 a cependant prévalu dans la pratique, ainsi que l'avait prévu l'art. 252, C. proc. civ., c'est-à-dire lorsque les conclusions tendent à la preuve par témoins. Il importe, en effet, à la partie adverse que la teneur de l'articulation afin d'être fixée à l'avance sur l'admissibilité et la pertinence des faits. Cependant il a été jugé, même dans ce cas, que la signification des conclusions n'est pas prescrite à peine de nullité. — Paris, 8 mai 1884, Bouchet, [S. 86.2.44, P. 86.1.319, D. 84.5.72] — Et, en effet, le premier alinéa de l'art. 252 est muet sur le délai dans lequel l'acte de conclusions contenant l'articulation des faits devra être signifié, et ne dit même pas que la signification en doive être faite. De là on a induit que cet article se référait à l'art. 70 du décret de 1808, et du moment où il a été admis que cet article n'était pas prescrit à peine de nullité, on en a conclu qu'il fallait admettre la même solution lorsqu'on le combinait avec l'art. 252. Mais, d'un autre côté, le 2° alinéa de ce dernier article est ainsi conçu : « Ils (les faits articulés) seront également, par un simple acte, déniés ou reconnus *dans les trois jours*, sinon ils pourront être tenus pour confessés ou avérés. » Il résulte de cette disposition que, puisque celui à qui on oppose la demande en preuve, doit reconnaître ou dénier ces faits dans les trois jours qui précèdent l'audience, il faut qu'il les connaisse dans ce même délai, d'où l'obligation d'observer l'art. 70. Mais, comme l'inobservation de cet article ne comporte pas de nullité, il faut admettre de deux choses l'une : ou que cette même partie pourra reconnaître ou dénier les faits à l'audience, au moment où elle conclut, ou que, si elle a besoin d'un délai pour faire cette option, le juge devra l'accorder. C'est ainsi que les choses se passent dans un grand nombre de tribunaux. Il est même impossible qu'il en soit autrement si la preuve est offerte à l'audience au moyen de conclusions verbales.

34. — De ce que l'art. 70 ne prononce pas la nullité, il ne s'ensuit pas que la partie qui serait lésée par son inobservation, soit absolument désarmée. Elle peut demander, avant que les conclusions soient lues par son adversaire, et d'une manière plus générale au moment de l'ouverture des débats, un sursis pour que la communication lui soit faite. — Cass., 5 janv. 1874, Boutroux, [S. 75.1.109, P. 75.261, D. 74.1.84]

35. — Mais faut-il admettre que les juges pourraient considérer les conclusions qui n'ont pas été signifiées comme n'existant pas, refuser audience à l'avoué qui les produit, refuser aussi la parole à l'avocat, puisqu'aux termes des art. 33 et 72 du décret de 1808, celui-ci ne peut plaider qu'après que les conclusions ont été lues et déposées, et enfin rendre un jugement par défaut faute de conclure? Si l'affirmative était admise, il n'en faudrait pas induire que ces mesures soient inconciliables avec l'opinion de ceux qui se sont prononcés pour la nullité des conclusions à défaut de signification. Si les conclusions étaient nulles, et si la nullité n'en était pas prononcée, le jugement serait nul, car le juge aurait dit droit sur des conclusions qui n'existaient pas. Tel n'est pas le cas lorsque le juge, loin d'annuler les conclusions, se borne, au moyen des mesures qu'il a le droit de prendre si les circonstances l'exigent, à assurer l'exécution de la loi. — V. Garsonnet, *loc. cit.*

36. — Cette manière de comprendre l'art. 70 a quelques partisans. Elle ne nous paraît pas fondée : 1° aucune loi ne l'autorise; 2° les mesures qu'elle préconise, adoptées par les uns, repoussées par les autres, limitées à certaines affaires là où elles sont adoptées, laissent trop de place à l'arbitraire du juge; 3° la réparation est disproportionnée avec la faute, puisque un manquement sans importance enlèverait aux justiciables le droit de se défendre; 4° cette réparation aboutit à un déni de justice, de sorte que, pour obvier à la violation d'une loi, on en viole une autre; 5° on dirait en vain que les mesures qu'il s'agit de prendre aboutiront à un jugement par défaut qui pourra être frappé d'opposition. Cela cessera d'être vrai si les qualités ont été préalablement signifiées avec des conclusions, qui ne sont le plus souvent qu'un simulacre, rendront le jugement contradictoire; 6° peut-on admettre enfin que des conclusions non signifiées existent puisqu'elles ne sont pas entachées de nullité, et qu'en même temps on puisse agir comme si elles n'existaient pas?

37. — Nous tenons dès lors pour certain que l'art. 70 ne comporte pas les mesures à l'aide desquelles on a voulu en assurer l'exécution. Cependant cet article existe, et il peut être invoqué par la partie qui y a intérêt. L'obtention d'un sursis paraît ici le moyen le plus simple. On pourrait objecter que le renvoi d'une affaire peut toutefois troubler le service de l'audience. Mais si de ce côté des abus pouvaient se produire, d'énergiques admonestations faites à l'audience, au besoin des mesures disciplinaires, les frais de l'incident mis à la charge de la partie à qui il serait imputable, et récursoirement de l'avoué qui y aurait donné lieu, suffiraient pour en prévenir le retour.

38. — C'est un arrêt de la Cour de cassation, rendu en 1836, qui a donné naissance aux controverses qui viennent d'être exposées. A cette époque, les conclusions n'étaient point signifiées dans le ressort de la cour de Douai. Le ministère public près le tribunal de Douai, voulant mettre un terme à cet état de choses, imagina, dans une affaire purement privée, de prendre d'office des réquisitions pour faire rendre un jugement à l'effet de faire ordonner par le tribunal l'exécution de l'art. 70; mais celui-ci repoussa cette prétention par le motif que les parties en cause ne réclamaient pas, et que l'art. 70 ne touchait qu'aux intérêts privés. On se pourvut en cassation dans l'intérêt de la loi, et le jugement fut cassé par le motif que l'art. 70 servait de garantie au droit de défense. — Cass., 30 août 1836, Ministère public, [S. 36.1.799, P. chr.] — Qui se serait douté alors que cet arrêt servirait de point de départ à un système qui tend à la suppression complète de ce droit? Il va sans dire que si cette décision préoccupa à cette époque les esprits, elle ne changea rien aux usages suivis.

39. — Les parties peuvent-elles renoncer au droit que leur donne l'art. 70? Il ne peut s'agir ici que d'une renonciation tacite, car une renonciation expresse n'a jamais existé et ne saurait se comprendre. Si la Cour de cassation a dit vrai en 1836, la renonciation serait illicite, aucun pacte ne pouvant prévaloir contre un principe d'ordre public; si l'art. 70 ne garantit que des intérêts privés, la renonciation devrait sortir à effet. Or, en matière de procédure, il existe bien certaines règles qui sont trop intimement liées à la bonne administration de la justice pour n'avoir pas le caractère d'un principe d'ordre public; mais, en général, l'ensemble des dispositions se rapporte à la lutte des intérêts privés. L'acquiescement lui-même, qui n'est qu'une renonciation à l'exercice des voies de recours, ne relève-t-il pas de la volonté du plaideur? Ainsi en est-il de l'art. 70. Il est, sans doute, essentiel que les conclusions soient connues de celui à qui on les oppose. Mais le moyen importe peu. De ce que l'art. 70 n'est pas exécuté, la liberté de plaider est-elle amoindrie? L'expérience est ici trop générale pour que la réponse puisse être douteuse. Aussi, il est généralement admis que les parties peuvent renoncer à se prévaloir de l'inobservation de l'art. 70.

Conformément à ce principe, il a été décidé que la renonciation est acquise par cela que la partie ne s'est pas opposée à la lecture des conclusions. — Cass., 5 janv. 1874, précité. — Et *à fortiori* lorsqu'elle a laissé plaider sans réclamation. — Cass., 20 juill. 1838, Liegard, [S. 39.1.497, P. 39.643, D. 38.1.403]

40. — En général, les avocats comme les avoués ont le soin de plaider à toutes fins. Ainsi, après avoir soutenu que l'art. 70 n'est pas, en règle générale, prescrit à peine de nullité, ils ajouteront, prévoyant que le juge pourrait être d'un avis contraire, que, spécialement, la nature de l'affaire en exclut l'application.

Ainsi, il a été jugé qu'il ne s'appliquait pas :

1° Aux affaires qui sont portées devant les tribunaux de commerce, les parties n'y étant pas représentées par des avoués, et même, par analogie, devant les cours d'appel lorsqu'elles sont saisies d'affaires commerciales. — Rennes, 29 nov. 1881, Trouillet, [S. 84.2.130, P. 84.1.738]

2° En matière sommaire, parce que cet article ne vise que les affaires portées aux affiches qui doivent être jugées à tour de rôle. — Cass., 22 nov. 1859, Vood, [S. 60.1.992, P. 60.80] — *Sic*, Bourdeau, t. 6, p. 84, note 3.

3° Au cas d'intervention, qui est régulièrement formée, aux termes de l'art. 406, C. proc. civ., par un acte d'avoué à avoué, la veille de l'audience. — Cass., 13 mars 1878, Pitre-Merlaud, [S. 79.1.320, P. 79.789, D. 79.1.38]

4° Au cas où le demandeur a été autorisé à citer à bref délai, puisque la comparution doit avoir lieu dans le délai de trois jours et que la signification doit être faite dans ce même délai. — Paris, 28 juin 1872, Compaigno, [S. 72.2.112, P. 72.600, D. 74.2.55]

CHAPITRE IV.

MODIFICATION DES CONCLUSIONS AU COURS DES DÉBATS.

41. — Le droit qu'ont les parties de changer ou de modifier leurs conclusions et de produire de nouvelles demandes est en quelque sorte un axiome. « Ce droit, comme le dit M. Garsonnet (t. 2, p. 289), n'est pas plus contestable que celui de (les conclusions) soutenir par d'autres arguments. » Ce principe est souvent le point de départ d'une décision portant sur une difficulté quelconque; mais, en lui-même, il est trop incontestable pour avoir été l'objet d'une décision ne se rapportant qu'à lui. Il est cependant dominé par la règle aux termes de laquelle les conclusions ne peuvent pas changer la demande (V. à cet égard *infrà*, n. 44 et s.). Il reçoit encore une autre restriction lorsqu'il s'agit d'appliquer l'art. 464, C. proc. civ. — V. *suprà*, v° *Appel* (mat. civ.), n. 3213 et s.

42. — Enfin, il est encore de règle que la compétence *ratione materiæ* du juge est uniquement déterminée par les conclusions de l'exploit d'ajournement, que le demandeur ne peut, en conséquence, substituer par des conclusions d'audience une nouvelle demande incompétemment portée devant un tribunal, une demande rentrant dans ses attributions sous prétexte qu'elle n'est qu'une modification de la première. — Cass., 6 juill. 1814, Raulin, [S. et P. chr.]; — 9 juill. 1830, Guibert, [P. 30.2.213]; — 16 juill. 1889, Richard, [S. 89.1.432, P. 89.1061] — Lyon, 17 juill. 1844, Martin, [S. 43.2.424, P. 43.2.387] — Toulouse, 27 juin 1868, Bonafous, [S. 69.2.19, P. 69.195] — *Sic*, Rousseau de Laisney, v° *Conclusions*, n. 76. — Outre qu'il est difficile d'admettre que des conclusions qui tendent à ce résultat ne changent pas la demande, le juge ne peut, le contraire se présentât-il, que déclarer son incompétence. Incompétent à l'origine, il ne peut faire acte de juridiction, et il ne peut, dès lors, entendre les conclusions, en donner acte et en faire état pour statuer sur sa compétence. On suit une règle différente lorsqu'il s'agit de fixer le taux du dernier ressort. Il est fixé par la dernière demande contenue dans les conclusions. — V. à cet égard *suprà*, v° *Appel* (mat. civ.), n. 189 et s.

43. — On a jugé que les conclusions prises par le demandeur contre un défendeur défaillant ne pouvaient que reproduire la demande qui est formulée dans l'exploit introductif d'instance, et cela par le motif que ce défaillant a pu, reconnaissant le bon droit de son adversaire, accepter la condamnation qu'il sollicite, mais qu'il n'a pas été mis en mesure de connaître les modifications que pourrait subir la demande. — Cass., 6 juill. 1814, précité; — 21 févr. 1877, Manheimer, [S. 78.1.31, P. 78.117, D. 77.1.349] — Cependant on peut se demander si le défendeur peut, en faisant défaut, priver le demandeur du droit de prendre de nouvelles conclusions.

44. — Les conclusions ne doivent pas changer, dans ce qu'elle a d'essentiel, la demande que contient l'exploit introductif d'instance. Une demande nouvelle exigerait une nouvelle citation. Mais à quel signe peut-on reconnaître l'existence d'un tel changement? A cet égard, la Cour de cassation a donné une formule qu'il est bon de reproduire : « Ne constituent pas une demande nouvelle, donnant lieu à une nouvelle citation, les conclusions nouvelles qui se rattachent aux premières par l'identité du fait sur lequel elles se fondent, et ne sont que la conséquence des développements donnés au litige par les débats contradictoires des parties ». — Cass., 19 nov. 1879, Orsini, [S. 80.1.30, P. 80.47, D. 80.1.78]

45. — C'est avec juste raison que la cour parle de l'identité du fait, et non de l'identité du but, c'est-à-dire des fins de la demande. C'est qu'en effet plusieurs demandes peuvent tendre aux mêmes fins sans qu'il soit permis pour cela de les identifier et de formuler des conclusions qui tendent à les substituer les unes aux autres. Supposons, en effet, une vente, l'acheteur en possession, et une demande en nullité de cette vente. Cette demande, quelle que soit la nature de l'action, tendra, si elle est admise, au délaissement de l'objet vendu. De ce que telle sera sa fin dernière, on ne pourra substituer à une action en nullité pour vice de consentement (erreur, dol, fraude, violence), une action en nullité fondée sur l'inaliénabilité de l'objet vendu, ou une action résolutoire fondée sur l'inexécution des conditions. On ne pourra non plus substituer à une action en rescision pour lésion une action en nullité fondée sur ce que le prix est trop vil pour pouvoir être considéré comme un prix, et cela bien que ces deux actions aient un principe commun, l'insuffisance du prix.

46. — Que faut-il décider lorsque la demande en nullité est fondée sur un vice du consentement et sur un fait unique et déterminé, par exemple l'erreur et rien que l'erreur. Pourrait-on, par des conclusions nouvelles, écarter absolument ce vice, et baser la nullité sur la violence ou la fraude? Certainement non, car le fait ne serait plus identique. Mais si on soutenait que la fraude ou la violence ont contribué à engendrer l'erreur, on le pourrait.

47. — On peut ajouter à la demande dans de nouvelles conclusions tout ce qui en est un accessoire nécessaire. L'art. 464, C. proc. civ., fournit à cet égard quelques exemples. Ainsi, on peut demander les intérêts, arrérages, loyers et autres accessoires échus depuis l'introduction de l'instance, ainsi que les dommages-intérêts pour le préjudice souffert depuis. On peut aussi ajouter à la demande ce qui y est compris virtuellement, par une conséquence nécessaire. Ainsi le requérant, qui s'est borné à demander dans la citation introductive la résolution d'une vente, peut prendre des conclusions tendant à se faire allouer la restitution des fruits et à la faire fixer par experts à ce commis.

48. — Il est de règle que le demandeur peut restreindre par ses conclusions sa demande, mais qu'il ne peut pas l'augmenter. Ainsi lorsqu'il a cité son adversaire afin de le faire condamner au paiement d'une somme de 2,000 fr., il peut en demander 1,000, mais il ne peut en demander 3,000.

49. — Bien plus, le juge pourrait, alors que le demandeur conclut au paiement de la somme totale et le défendeur au rejet de la demande, réduire la somme demandée. Obligé de tenir une balance égale entre les deux parties, il peut, en faisant état des conclusions contraires, diminuer l'une parce qu'elle exigeait trop, ajouter à l'autre parce qu'elle n'offrait pas assez, adopter la solution qui lui a paru la plus juste. C'est ainsi encore que, dans une espèce où le demandeur revendiquait la totalité d'un immeuble, tandis que le défendeur soutenait que la demande était mal fondée, le juge a pu n'adjuger à ce demandeur que la moitié de cet immeuble. — Cass., 3 août 1819, Delarue, [S. et P. chr.]

50. — Ce que le juge peut faire, en puisant dans les conclusions prises par toutes les parties les éléments de sa décision, ces mêmes parties le peuvent aussi. Dans ce dernier cas on ne saurait reprocher au demandeur d'avoir changé sa demande. Ainsi, lorsqu'il demande au défendeur le remboursement d'une somme qu'il lui aurait remise à titre de prêt, il peut lorsque ce dernier reconnaît avoir reçu cette somme, mais comme mandataire, lui demander compte à ce titre de sa gestion. — Cass., 19 nov. 1879, précité.

51. — En principe, le droit naît du fait : *ex facto jus oritur*. Cette maxime, si souvent invoquée devant les tribunaux, est le point de départ de la règle d'après laquelle c'est par l'*identité du fait* qu'on peut déterminer si les conclusions ne s'écartent pas de la demande. Et en effet, étant donné que le fait énoncé dans la citation et le fait énoncé dans les conclusions sont identiques, à quelques variations près qui n'en changent pas le caractère, il est impossible que le droit, que la demande tend à faire valoir, ait pu subir, en passant dans les conclusions, des changements qui transforment cette demande.

52. — Il serait inutile de donner plus de développement à ce principe. C'est par l'application qu'il sera mieux compris. Ainsi, il a été admis que les conclusions étaient conformes à la demande dans les espèces qui suivent : Celui qui a demandé la résiliation d'un bail, en se fondant sur ce que les réparations faites aux locaux loués troublaient sa jouissance, a pu conclure aux mêmes fins, en se fondant sur ce que ces mêmes locaux étaient devenus inhabitables par suite des vices qu'ils renfermaient, et qui s'étaient révélés pendant le cours du procès. Et en effet, les réparations révélaient l'existence de certains vices. C'était donc toujours le même fait. — Cass., 3 juill. 1878, Anckaërt, [S. 80.1.366, P. 80.881, D. 80.1.77]

53. — Lorsque, dans une instance en liquidation, le défendeur produit un acte de cession, d'où il veut faire dériver une créance pour la faire figurer à son actif, le demandeur peut faire annuler cette cession, alors même qu'il n'en soit pas mentionné dans l'exploit introductif. — Cass., 22 mars 1882, de la Tullaye de Varennes, [S. 83.1.175, P. 83.1.404, D. 82.1.283]

54. — Un actionnaire d'une société tombée en déconfiture qui, dans l'exploit introductif d'instance a demandé contre un actionnaire le paiement de sa créance et la nullité d'un rachat d'actions fait à l'actionnaire par cette société, sans conclure formellement à la restitution par l'actionnaire du prix des actions rachetées, peut ensuite, par voie de simples conclusions, demander cette restitution, alors d'ailleurs que dans les exploits introductifs d'instance il avait fait toutes réserves à cet égard. — Orléans, 5 août 1882, Comptoir d'escompte d'Orléans, [S. 84.2.57, P. 84.1.332, D. 84.2.31]

55. — La partie qui actionne les administrateurs d'une société commerciale en dommages-intérêts, à raison d'infractions et d'irrégularités qui, aux termes de la loi du 24 juill. 1867, seraient susceptibles de faire prononcer la nullité de cette société, peut demander cette nullité. On doit admettre, en effet, que cette mesure est conforme à la demande lorsqu'elle assure la réparation du dommage. — Cass., 2 août 1881, Lemaire, [S. 83.1.404, P. 83.1.1028, D. 82.1.336]

56. — Le porteur d'une lettre de change qui en demande le paiement à un signataire y figurant comme endosseur, et qui à ce titre lui oppose la déchéance fondée sur le défaut de notification du protêt (C. civ., art. 68), peut prendre contre lui des conclusions à l'effet de faire déclarer que son endossement n'est qu'un aval déguisé, et que, comme avaliste, il ne peut invoquer la déchéance. — Cass., 16 janv. 1888, Brosse, [S. 88.1.457, P. 88.1.1134, D. 88.1.69]

57. — La partie qui a intenté une action pour faire déclarer que son adversaire n'a pas le droit de donner une dénomination déterminée à une marchandise qu'il met en vente, peut, par des conclusions additionnelles, demander qu'il lui soit fait défense de la vendre sous cette dénomination. — Cass., 21 juill. 1890, Duvergey-Taboureau, [S. 91.1.99, P. 91.1.245, D. 91.1.159]

58. — On a décidé, au contraire, que les conclusions n'étaient pas conformes à la demande dans les espèces qui suivent : la partie qui, exerçant les droits de son débiteur, a agi contre un tiers, comme débiteur de ce dernier, pour lui demander le paiement d'une certaine somme, ne peut prendre des conclusions contre lui à l'effet de le faire condamner au paiement d'une autre somme, comme son débiteur personnel, à raison d'un prêt qu'il lui aurait consenti. — Limoges, 27 nov. 1868, Aubailly, [S. 69.2.111, P. 69.568, D. 69.2.48]

59. — Celui qui a intenté une action contre un acheteur pour lui demander le paiement du prix d'une marchandise ne peut conclure contre lui à la résiliation du marché. — Cass., 21 févr. 1877, Manheimer, [S. 78.1.51, P. 78.117, D. 77.1.349]

60. — Dans une espèce où le vendeur s'était obligé à racheter le bien vendu dans un certain délai, l'acheteur, qui s'était borné à demander contre ce vendeur la nullité de la vente pour dol et fraude, n'a pu prendre des conclusions tendant à le faire condamner à opérer le rachat. — Cass., 8 févr. 1881, Herman-Bouret, [S. 82.1.233, P. 82.1.532, D. 81.1.467]

61. — Le cessionnaire d'un office, qui a intenté contre son cédant une action en dommages fondée sur ce qu'il n'avait pas rempli les conditions de la cession, n'a pu conclure à une réduction du prix fondée sur ce que ce prix aurait été surélevé par suite des fausses indications qui auraient été données sur le montant des produits. — Orléans, 13 févr. 1891, Moreau, [S. et P. 92.2.247, D. 92.2.93]

62. — Étant donné les principes qui viennent d'être posés (*suprà*, n. 45), nous ne saurions approuver un arrêt de la Cour de cassation par lequel il a été décidé qu'il est permis de substituer à une demande en nullité d'un testament olographe pour vice de forme, une demande en nullité de ce même testament fondée sur la captation et la suggestion. — Cass., 16 juin 1843, Framinet, [S. 43.1.432] — En statuant ainsi, la Cour de cassation avait déserté les principes qu'elle a depuis invariablement maintenus. Au lieu de s'attacher à l'identité du fait, elle n'a pris en considération que la fin de l'instance, c'est-à-dire la nullité du testament.

63. — Celui qui a agi comme demandeur en une qualité peut prendre dans les conclusions une autre qualité, à la condition de ne pas changer la demande. Ainsi celui qui, par erreur, a pris dans la citation la qualité de prêteur direct, peut agir dans les conclusions comme cessionnaire du prêteur. Mais il en serait autrement si, en prenant une nouvelle qualité, il changeait la demande. Ainsi, celui qui agit dans l'exploit d'ajournement comme légataire, et qui forme à ce titre une demande en délivrance, ne peut agir dans les conclusions comme héritier *ab intestat* à ce titre une demande en pétition d'hérédité. On sait, en effet, qu'il existe entre ces deux actions des différences trop notables pour que la demande ne fût pas changée. — Montpellier, 20 févr. 1871, Fabre, [S. 71.2.223, P. 71.789, D. 71.2.351]

64. — De même, celui qui agit en son nom personnel dans une instance ne peut prendre des conclusions comme maire de sa commune. — Cass., 18 août 1840, Quétier de Saint-Eloy, [S. 41.1.73, P. 41.1.35]

65. — Mais il est sensible que le défendeur qu'on assigne en une qualité peut la changer, alors même que ce changement serait inconciliable avec la demande. En effet, le demandeur ne peut lui attribuer une qualité qu'il n'a pas, et limiter par ce moyen sa défense.

66. — Ainsi celui qui est assigné en dommages, comme courtier, pour avoir vendu des marchandises avariées, a pu soutenir qu'il avait agi, non en la qualité qu'on lui avait attribuée, mais comme délégué d'un consul, de qui ressortissait, à raison de sa nationalité, le propriétaire de la marchandise, lequel consul avait le droit, en vertu des traités internationaux, d'opérer la vente. — Cass., 30 juin 1884, Durand, [S. 86.1.174, P. 86.1.402, D. 85.1.302]

67. — Ainsi encore, celui qui est assigné en qualité de cogérant responsable d'une société en commandite, peut prendre dans ses conclusions la qualité de commanditaire. — Cass., 5 mai 1885, Rolland, [S. 86.1.350, P. 86.872, D. 85.1.256] — Il est surprenant que ce point ait pu faire difficulté.

67 bis. — Sur la question de savoir ce qui peut être demandé dans les conclusions d'appel, V. suprà, v° *Appel* (mat. civ.), n. 3197 et s.

CONCLUSIONS. — Chap. V.

CHAPITRE V.

CLÔTURE DES DÉBATS. — EFFETS DES CONCLUSIONS. — TARIF.

68. — Après avoir exposé le droit qu'ont les parties de prendre de nouvelles conclusions, au cours des débats, il reste à faire connaître les règles qui doivent être suivies en cette matière après que les débats sont clos. Ce dernier point est réglé par l'art. 87, Décr. 30 mars 1808, qui est ainsi conçu : le ministère public une fois entendu, aucune partie ne peut obtenir la parole après lui, mais seulement remettre sur-le-champ de simples notes, comme il est dit à l'art. 111, C. proc. civ.

69. — Quant à l'art. 111, qui figure au livre 1, tit. 6, *Des délibérés et instructions par écrit*, il porte qu'après le rapport, les défendeurs n'auront sous aucun prétexte la parole ; ils pourront seulement remettre sur-le-champ, au président, de simples notes énonciatives des faits sur lesquels ils prétendraient que le rapport a été incomplet ou inexact. Il résulte de la comparaison de ces deux textes que la règle qu'ils consacrent, d'abord limitée à la mise en délibéré sur rapport, a été ensuite généralisée, et s'applique à tous les litiges portés devant les tribunaux et les cours. Il résulte encore des termes de l'art. 87 qu'elle s'applique à toutes les parties, au demandeur comme au défendeur, ainsi qu'aux tiers qui sont intervenus ou qui ont été mis en cause.

70. — Les notes qui peuvent être remises doivent être communiquées à la partie adverse, et les magistrats exigent en général cette communication qui peut être suivie d'une réplique, ce qui sauvegarde au point de vue de la défense tous les droits. On aurait pu en faire autant pour les nouvelles conclusions. Mais le législateur s'est placé, dans l'art. 87, à un point de vue plus spécial. En principe, les débats sont oraux et publics ; or, de nouvelles conclusions respectivement prises par les parties en sens contraire après la clôture des débats, pourraient ajouter, dans un grand nombre de cas, à la procédure orale, déjà close, une procédure écrite qui pourrait prendre, suivant l'occurrence, plus de développement que la première. Voilà ce que le législateur a voulu éviter.

71. — Cela est si vrai qu'après la promulgation de l'art. 1041, C. proc. civ., un avis du Conseil d'État du 12 mai 1807 déclara que les règles contenues dans ce Code ne s'appliquaient pas aux matières d'enregistrement, et de là on tira la conséquence que l'art. 111, C. proc. civ., pas plus que l'art. 87 du décret de 1808, ne leur étaient applicables. La procédure n'étant point orale en ces matières, cette règle est parfaitement justifiée.

72. — Il est de règle que les procès doivent être jugés dans l'état où ils se trouvent au moment de la clôture des débats. — Cass., 9 janv. 1888, Genestoux, [S. 88.1.248, P. 88.1.605, D. 88.1.148]

La stricte observation de cette règle permettra toujours de distinguer la remise de conclusions nouvelles, qui est prohibée, et la remise de simples notes qui ne peuvent être considérées, dans un sens strict, comme des conclusions, et qui ne tendent qu'à éclairer le juge sur celles qui ont été prises au cours des débats. Le jugement ou l'arrêt qui violent l'art. 87, c'est-à-dire qui s'appuient, pour rendre leurs décisions, sur des conclusions prises après la clôture des débats, sont nuls. Sur ce point, la jurisprudence est constante. Elle considère avec juste raison que l'art. 87 du décret de 1808 est impératif et que, destiné à empêcher que la procédure écrite ne se substitue à la procédure orale, il consacre, dans une certaine mesure, un principe d'ordre public. — Cass., 29 mai 1830, Cottreau, [S. 51.1.131, P. 51.1.24, D. 50.1.315] ; — 15 janv. 1878, Casamayou, [S. 78.1.293, P. 78.743, D. 78.1.152] ; — 23 janv. 1878, Texier, [S. 79.1.204, P. 79.500, D. 78.1.375] ; — 9 janv. 1888, précité. — Toulouse, 31 déc. 1819, de La Brousse, [S. et P. chr.] — Grenoble, 3 juin 1825, Gaillard, [S. et P. chr.] — Rennes, 3 août 1825, Bernard, [S. et P. chr.] — Pau, 3 mars 1833, Fourcade, [S. 33.2.423, P. chr.] — Bourges, 31 déc. 1849, Fravaton, [S. 53.2.25, P. 53.2.168, D. 54.2.196] — Paris, 12 mars 1863, Wulff, [S. 63.2.221, P. 63.571] — *Sic*, Bonfils, *Traité de proc.*, p. 430, n. 809 ; Garsonnet, t. 2, p. 293 ; Rodière, t. 2, p. 244.

73. — On a soutenu qu'il était licite de prendre de nouvelles conclusions après la clôture des débats tant que le ministère public n'avait pas été entendu. On a fondé cette solution sur la lettre de l'art. 87 : *Le ministère public une fois entendu, aucune partie ne peut prendre la parole*, d'où l'on a inféré que, tant qu'il n'a pas été entendu, les parties le peuvent. — Rennes, 28 mars 1817, N..., [S. et P. chr.] — Rouen, 26 janv. 1847, Demiannay, [S. 48.2.277] — V. aussi Dijon, 1er mars 1865, Calais, [S. 65.2. 94, P. 65.460] — Rennes, 24 janv. 1883, Serpette, [D. 85.2.89] — Poitiers, 9 nov. 1885, Monts, [D. 86.2.238] — *Sic*, Bioche, v° *Conclusions*, n. 17; Rousseau et Laisney, v° *Conclusions*, n. 81; Chauveau, quest. 397.

Pour se rendre compte de la valeur de cette opinion, qui, selon nous, n'est pas acceptable, il faut considérer que les mots de l'art. 87 : *Le ministère public une fois entendu*, peuvent signifier, en un sens strict, qu'il suffit que la parole lui ait été donnée, ou bien, en un sens plus large, qu'il doit avoir été entendu, c'est-à-dire avoir terminé ses conclusions.

74. — Entre ces deux interprétations, la Cour de cassation s'est arrêtée à la première. Ainsi, on lit, dans un arrêt du 2 juill. 1873, Rodocanachi, [S. 73.1.306, P. 73.765, D. 74.1.49], « qu'en rejetant comme tardives les conclusions signifiées *les 25 et 27 janvier*, lorsque les plaidoiries avaient été terminées à l'audience *du 23 et la cause remise à celle du 30 pour entendre le ministère public*, l'arrêt attaqué n'a ni violé ni faussement appliqué les articles cités, soit du décret de 1808, soit du Code de procédure ». On voit, d'après le relevé des dates que contient cet arrêt qu'il suffit, pour que l'art. 87 soit applicable, que la parole soit donnée au ministère public. Or, en fait, les plaidoiries étant terminées, le président s'adresse toujours à celui-ci pour qu'il fasse connaître ses intentions. Et alors, ou il s'en rapporte, ou il conclut incontinent, ou il demande un délai, mais de toute manière, il a terminé. Enfin, si l'opinion que nous combattons prévalait, il pourrait arriver qu'une partie déposât des conclusions lorsque le réquisitoire toucherait à sa fin, et que la partie adversaire fût ainsi privée du droit d'en déposer à son tour, parce que le réquisitoire aurait pris fin avant que la réplique pût être rédigée.

75. — Non seulement les parties ne peuvent produire des conclusions après la clôture des débats, mais elles ne peuvent produire de nouveaux documents, qui, étant étrangers aux conclusions régulièrement prises, constitueraient, s'ils étaient pris en considération par les juges, sous une forme indirecte, de véritables conclusions. — Cass., 9 janv. 1888, précité.

76. — Par application de ce principe, on a considéré comme tardive la remise entre les mains des juges, après la clôture des débats : 1° d'un arrêté d'un conseil de préfecture qui avait cependant statué sur la question qui était en jeu dans le procès. — Cass., 28 août 1834, Gauthier, [S. 34.1.642, P. chr.] — 2° d'une reconnaissance qui n'avait pas été mentionnée pendant le cours des débats. — Cass., 9 janv. 1888, précité.

77. — Lorsque des conclusions orales ont été prises au cours des débats, sans promesse de les consigner par écrit conformément à l'art. 72 précité (V. *supra*, n. 21), la remise de ces conclusions pendant le délibéré ne constitue pas une contravention à l'art. 87. En effet, cette remise ne s'applique qu'à un changement de forme. — Cass., 17 nov. 1875, Porra, [S. 76.1.33, P. 76.52]; — 5 nov. 1883, Guyot, [S. 86.1.22, P. 86.1.35]

78. — Que faut-il décider si divers faits ont été discutés à l'audience à la seule fin de fixer le sens de conclusions déjà prises, et si ces faits sont ensuite résumés dans de nouvelles conclusions remises pendant le délibéré? Ainsi un litige s'était élevé au sujet d'une prise d'eau, et celui qui s'en prétendait droit reconnaissait qu'il ne pouvait l'exercer qu'à certains jours et à certaines heures. Le premier juge dit droit à cette demande, mentionna dans les motifs ce qui avait trait au temps pendant lequel le droit à la prise d'eau serait exercé, mais omit d'en parler dans le dispositif. De là, un des griefs d'appel, qui ne tint pas, l'intimé ayant reconnu devant la cour ce que le premier juge avait constaté dans les motifs seulement. Mais il le reconnut verbalement, et omit de le déclarer dans des conclusions. Craignant que cette omission, dont il se préoccupa pendant le délibéré, ne lui nuisît, il fit remettre alors, mais il appartient aux parties seulement, de nouvelles conclusions dans lesquelles il reconnaissait les restrictions que devait subir son droit à la prise d'eau. La cour en tint compte dans son arrêt. La Cour de cassation vit dans ce fait une violation de l'art. 87. Elle rejeta le pourvoi. — Cass., 11 janv. 1881, Raynaud, [S. 81.1.197, P. 81.1.489, D. 81.1.134] — Et, en effet, les conclusions remises pendant le délibéré n'en avaient en réalité que l'apparence. Il aurait suffi, pour fixer le sens des conclusions prises avant les plaidoiries d'une simple note, et la preuve en est que la cour d'appel aurait pu, « d'office sans nouvelles conclusions », admettre le droit à la prise, mais en le soumettant aux restrictions qu'acceptait l'intimé.

79. — On a encore écarté l'application de l'art. 87 dans une espèce où, pendant le délibéré, il avait été remis une note rectificative de deux erreurs qui s'étaient glissées dans une articulation de fait, alors que cette erreur avait fait l'objet d'un débat contradictoire. — Cass., 29 mars 1887, de Chalonge, [S. 87.1. 470, P. 87.1157]

80. — Mais il a été décidé qu'un individu, assigné en responsabilité pour avoir causé par sa faute la mort d'une personne, et qui avait soutenu dans ses conclusions que les faits qui lui étaient imputés n'existaient pas, n'avaient pu remettre, après la clôture des débats, sans violer l'art. 87, de nouvelles conclusions où il soutenait que les faits qui lui étaient imputés, qu'il ne niait plus, devaient être attribués à un tiers qu'il désignait et qui, seul, devait en être déclaré responsable. — Cass., 15 janv. 1878, Casamayou, [S. 78.1.293, P. 78.743, D. 78.1. 152] — Et, en effet, ces conclusions ouvraient une nouvelle voie aux débats et changeaient de fond en comble les moyens déjà plaidés.

81. — Le principe posé par l'art. 87 est absolu, et ne comporte aucune exception. C'est ainsi qu'il a été appliqué aux conclusions subsidiaires. — Cass., 9 nov. 1853, Cazamajour, [S. 54.1.197, P. 54.480, D. 53.1.331]; — ... à celles qui tendent à une offre de preuve. — Bourges, 31 déc. 1849, Fravaton, [S. 53.2.258, P. 53.2.168, D. 54.2.196], — et même à celles par lesquelles une partie demande qu'il lui soit donné acte d'un fait. — Cass., 23 janv. 1878, Texier, [S. 79.1.204, P. 79.1500, D. 78.1.375]

82. — La question de savoir si cet article s'applique au cas où une partie invoque la prescription fait difficulté. On dit, pour l'affirmative, que dans l'ancien droit la prescription pouvait être invoquée tant que la sentence n'était pas rendue; que telle était la jurisprudence des Parlements (Merlin, *Rép.*, v° *Prescription*, p. 488 et 489), et qu'elle a été consacrée par l'art. 2224, C. civ., aux termes duquel la prescription peut être invoquée *en tout état de cause*. — Troplong, *Prescription*, t. 1, n. 85. — Mais on fait observer que, ces derniers mots sont bien vagues, et, pour leur donner un sens, il faut les rapporter aux principes qui régissent la procédure, et, par suite, à l'art. 87 du décret de 1808. — Cass., 5 nov. 1883, précité. — *Sic*, Duranton, t. 21, n. 135.

83. — La remise des conclusions après la clôture des débats ne constitue une violation de l'art. 87 que s'il est établi que les juges les ont acceptées et en ont tenu compte dans leurs délibérations. — Cass., 19 janv. 1887, Bonal, [S. 90.1.333, P. 90. 1.795, D. 87.1.484]

84. — Les juges peuvent rouvrir les débats, même après que le ministère public a été entendu. Et, en effet, à moins de prohibition formelle, toutes les mesures qui tendent à donner plus de lumières au juge sont permises, et il n'existe pas, à cet égard, de loi prohibitive. On invoque contre cette solution l'art. 35 du décret de 1808, qui dispose qu'après la clôture des débats, les juges doivent délibérer, ainsi que les art. 342 et 343, aux termes desquels les causes qui sont en état ne peuvent pas être retardées. On répond que les débats cessent d'être clos et que les causes ne sont plus en état lorsque le juge ouvre de nouveau les débats. — Cass., 31 janv. 1865, Dardenne, [S. 65.1.123, P. 65.272, D. 65. 1.390]; — 2 juill. 1873, Rodocanachi, [S. 73.1.306, P. 73.765, D. 74.1.49] — *Sic*, Bioche, v° *Jugement*, n. 129; Chauveau, *Suppl.*, quest. 185.

85. — Lorsque les débats sont rouverts l'art. 87 cesse d'être applicable; les parties doivent, dès lors, prendre de nouvelles conclusions et celles-ci ont le droit de changer celles qui ont été déjà prises; sans cela la mesure ordonnée par le juge serait destituée d'effet. — Cass., 23 janv. 1878, précité; — 8 janv. 1890, Pillion, [S. 90.1.436, P. 90.1.1063, D. 91.1.245]

86. — Pour que le juge puisse ordonner la réouverture des débats, il faut qu'ils soient clos, sans quoi il prendrait cette mesure alors qu'il ignorerait si la discussion, qui continue encore, ne lui donnera pas des lumières suffisantes. Ainsi ceux qui pensent que des parties peuvent prendre de nouvelles conclusions après la clôture des débats, tant que le ministère public n'a pas été entendu, estiment que les débats ne peuvent être rouverts qu'après son audition (Dalloz, *Suppl.*, v° *Conclusions*, n. 47). Ayant émis un avis opposé, notre opinion ne peut être que contraire. Cette opinion a du moins l'avantage de mettre le ministère public en mesure de profiter des lumières que le juge espère obtenir. — V. *suprà*, n. 73.

87. — L'art. 87, nous l'avons vu (*suprà*, n. 68 et s.), permet de remettre aux juges, après la clôture des débats, sur-le-champ, c'est-à-dire sans que pour cela la délibération puisse être retardée, des notes qui, sans rien changer aux conclusions prises à l'audience, n'ont d'autre fin que de les expliquer. Bien que l'art. 111, C. proc. civ., dispose que ces notes seront simplement *énonciatives des faits*, nul doute que les parties ne puissent les consacrer à l'examen des questions de droit qui ont été discutées à l'audience. Sur ce point, la pratique est constante et générale.

88. — Les développements, même excessifs, qui seraient donnés à une note, n'en justifieraient pas le rejet. Le contraire a été cependant admis par la cour de Montpellier, le 19 juin 1854, Sarrelongue, [S. 55.2.635, P. 56.1.573] — La cour de Rouen tomba dans la même erreur, sous prétexte qu'on lui avait soumis un mémoire de 91 pages. — Rouen, 7 juill. 1845, Levacher, [S. 48.2.277] — En cela l'art. 87 était violé et le droit de défense méconnu. — Cass., 23 août 1848, Levacher, [S. 48.1.604, P. 48.2.385, D. 48.1.175] — Du reste, les deux décisions rendues par les cours de Montpellier et de Rouen n'ayant aucun fondement juridique, ne constituaient, à tout prendre, qu'une censure indirecte de l'écrit dont on incriminait la longueur. — V., au surplus, *infrà*, v° *Défense*.

89. — L'art. 480, C. proc. civ. trace aux juges les règles qu'ils doivent suivre lorsqu'ils sont appelés à statuer en se référant aux conclusions prises par les parties. D'après cet article, il leur est interdit de prononcer sur choses non demandées et d'adjuger plus qu'il n'a été demandé (§§ 3 et 4), et ils doivent statuer sur tous les chefs qui leur sont soumis (§ 5).

90. — La décision qui est entachée d'*ultra petita* peut être entreprise par les voies ordinaires de réformation et, lorsqu'elle a été rendue en dernier ressort, par la voie de la requête civile; c'est par les conclusions qu'on détermine si cette décision est atteinte de ce vice. — Cass., 11 févr. 1840, Girard, [S. 40.1.340, P. 40.1.221] — Aix, 17 févr. 1872, Wilkinson, [D. 72.2.151]

91. — Par application de ce principe, il a été décidé que le juge ne peut allouer à la fois des conclusions principales et des conclusions subsidiaires. — Cass., 29 nov. 1871, Quennesson, [S. 72.1.70, P. 72.1.148, D. 73.1.82] — V. *suprà*, n. 26. — Ainsi, lorsque, après avoir réclamé une condamnation contre une personne qui s'est rendue caution de sa dot, une femme mariée a demandé *subsidiairement* à être autorisée à continuer des poursuites immobilières contre les tiers détenteurs des biens de son mari, les juges, s'ils condamnent la caution, doivent relaxer les tiers détenteurs. — Cass., 13 août 1833, Ribes, [S. 33.1.615, P. chr.] — Ainsi encore, lorsque la demande porte à la fois sur le capital et les intérêts, les juges ne peuvent décider que les intérêts seront capitalisés. — Rennes, 22 avr. 1839, [D. Rép. v° *Conclusions*, n. 98]

92. — Le juge doit aussi statuer sur tous les chefs des demandes contenus dans les conclusions. Ainsi, lorsque le défendeur forme une demande reconventionnelle, il ne peut se borner à en donner acte. — Rennes, 13 août 1824, Lemur, [S. et P. chr.]

93. — De même, il est tenu de dire droit à la demande que forme un débiteur à l'effet de compenser une somme qui lui est due avec la somme que lui demande son créancier. Il ne peut s'en abstenir sous prétexte que ce débiteur doit une somme plus forte avec laquelle la compensation pourra s'opérer, alors que cette somme n'est pas comprise dans la demande. — Cass., 2 févr. 1891, Dumec, [S. et P. 93.1.75]

94. — Que faut-il décider lorsque l'ajournement contient plusieurs chefs de demandes, et que l'un d'eux a été omis dans les conclusions? Il faut distinguer suivant que tous les chefs de demande sont indivisibles ou qu'ils sont distincts. Lorsqu'ils sont indivisibles, comme si, par exemple, un acheteur demande la nullité d'une vente et la restitution du prix, il importe peu qu'il omette de conclure sur ce dernier chef. Lorsque les chefs de demandes sont distincts, on peut admettre, suivant les circonstances, que l'omission de conclure sur l'un d'eux constitue une renonciation. — Cass., 9 nov. 1853, Cazamajour, [S. 54.1.197, P. 54. 480, D. 53.1.331] — V. *suprà*, n. 11 et s. — Cependant, la cour de Poitiers, saisie par appel d'une demande tendant : 1° à ce qu'elle prononçât sur la nullité d'une sentence arbitrale; 2° à ce qu'elle la réformât sur certains points, crut qu'elle devait statuer sur la nullité bien que ce chef eût été passé sous silence dans les conclusions. — Poitiers, 6 févr. 1834, Lhommedé, [S. 54.2.439, P. 54.1.490]

95. — Le juge est tenu de donner acte des réserves lorsque la demande à ce relative lui paraît fondée. — Cass., 16 juin 1868, Malfilâtre, [S. 69.1.343, P. 69.876, D. 69.1.182] — Il en est autrement lorsqu'il n'en a pas été demandé acte. — Cass., 19 nov. 1889, Roux, [S. 91.1.308, P. 91.1249, D. 90.1.293]

96. — Il n'est pas rare que l'intimé se borne à demander dans ses conclusions la confirmation du jugement frappé d'appel. Par là, il demande à être maintenu, par les mêmes moyens, dans les droits que le tribunal lui a attribués. On a soutenu que cette manière de conclure était contraire à l'art. 33 du décret de 1808, d'après lequel les parties doivent prendre devant la cour de nouvelles conclusions. Mais peut-il y avoir des conclusions plus nouvelles que celles qui, à coup sûr, n'ont pu être prises devant le premier juge? On les tient donc pour valables. — Cass., 29 nov. 1876, Godin de Lépinay, [S. 77.1.368, P. 77.933]; — 16 avr. 1890, Nègre, [S. 91.1.376, P. 91.1.941, D. 90.1.394]

97. — Quelque régulières que soient de telles conclusions, elles peuvent être, à un certain point de vue, préjudiciables. Ainsi, lorsqu'une partie oppose une exception et demande, en même temps, qu'il soit statué sur le fond, le premier juge n'aura pas à statuer sur l'exception s'il prononce favorablement sur le fond. Le jugement étant frappé d'appel et les conclusions prises devant la cour par l'intimé tendant uniquement *à la confirmation du jugement*, il arrivera, si ce jugement est réformé, que la cour n'aura pas à statuer sur l'exception, car elle n'est pas plus mentionnée dans le jugement que dans les conclusions prises devant elle. Sous ce rapport, l'arrêt sera irréprochable. — Cass., 19 janv. 1863, Hardy, [S. 63.1.187, P. 63.478] — Or, si l'on suppose que l'exception aurait pu atténuer les effets de la succombance, il sera démontré que la forme donnée aux conclusions a été nuisible.

98. — Cependant, étant donné que la partie se borne à conclure au maintien du jugement, il faudrait décider autrement s'il y avait plusieurs chefs de demandes, l'un plus étendu, l'autre moins, et si ce dernier était compris dans le premier. Dans une espèce semblable, le tribunal dit droit sur le premier chef et s'abstint de statuer sur le second. La cour réforma et se borna à dire droit sur le second chef. On soutint, mais en vain, qu'il n'y avait pas eu de conclusions sur ce chef. — Cass., 9 nov. 1869, Champy, [S. 70.1.71, P. 70.150, D. 70.1.165]

99. — Le tarif (février 1807) garde le silence au sujet des émoluments que peuvent réclamer les avoués à raison des conclusions prises en exécution du décret de 1808. Quelques juges taxateurs s'en sont prévalus pour les refuser. Mais, presque partout, une pratique contraire à prévalu et alloue le droit fixé par l'art. 74 dudit tarif. — Cass., 13 nov. 1861, Mongin, [S. 61.1. 937, P. 62.92, D. 61.1.491] — Orléans, 15 déc. 1858, Rerolle, [S. 59.2.513, P. 59.569, D. 59.2.11]

CHAPITRE VI.

ENREGISTREMENT ET TIMBRE.

100. — Les conclusions signifiées entre avoués sont des actes d'avoué à avoué; elles avaient été assujetties au timbre et à l'enregistrement, d'après les règles que nous avons exposées *suprà*, v° *Acte d'avoué à avoué*, n. 31 et s.

101. — L'art. 5, L. 26 janv. 1892, a dispensé de la formalité du timbre et de l'enregistrement les actes de procédure d'avoué à avoué devant les tribunaux de première instance et les cours d'appel, ainsi que les exploits de signification de ces mêmes actes. Cette dispense s'applique évidemment aux conclusions signifiées (L. 26 janv. 1892, art. 18).

102. — Il n'y a plus dès lors aucune distinction à établir entre les conclusions signifiées et celles remises à l'audience; toutes, sans exception, sont exemptées des droits et de la formalité du timbre et de l'enregistrement.

103. — Il en est de même des conclusions qui sont produites devant les tribunaux de paix et les tribunaux correctionnels. — Sol. 12 avr. 1872, [Garnier, *Rép. gén.*, v° *Conclusions*, n. 13]

104. — Néanmoins, il semble que la loi du 26 janv. 1892 n'a pas abrogé les décisions d'après lesquelles les conclusions si-

CONCORDAT.

gnées par un avocat et qui sont de véritables consultations doivent être écrites sur timbre. — Cass., 8 janv. 1822, [J. enreg., n. 7186]

105. — ... Ainsi que les conclusions signées par les agréés ou les parties, et produites devant les tribunaux de commerce. Ces pièces constituent, en effet, des actes et écrits pouvant faire titre, et ne sont pas comprises dans le texte de l'art. 5, L. 26 janv. 1892. — Trib. Namur, 5 mars 1870, [J. enreg., n. 18910-3°; Garnier, *Rép. pér.*, n. 3448] — Sol. belge, 22 avr. 1869, [J. enreg. belge, n. 10940]

106. — Les conclusions signifiées doivent être inscrites sur le répertoire spécial tenu par les huissiers, en exécution de l'art. 19, L. 26 janv. 1892.

107. — En outre, les originaux des conclusions respectivement signifiées, bien que dispensées de la formalité du timbre et de l'enregistrement (V. *suprà*, n. 101), doivent néanmoins être présentées par l'huissier instrumentaire au receveur de l'enregistrement dans les quatre jours de leur signification, sous peine d'une amende de 10 fr. pour chaque original non représenté (L. 26 janv. 1892, art. 18).

108. — Ces originaux sont visés, cotés et parafés par les receveurs qui ont la faculté d'en tirer copie, conformément à l'art. 56, L. 22 frim. an VII (Même art.).

109. — Ne peuvent être admis en taxe par les magistrats taxateurs que les originaux ainsi visés, cotés et parafés par le receveur de l'enregistrement (Même art.).

110. — Jugé que les conclusions déposées au greffe d'un tribunal de commerce font partie de la procédure et sont soumises au droit de communication des agents de l'enregistrement. — Trib. Rouen, 26 mai 1882, [Garnier, *Rép. pér.*, n. 6046]

CONCORDAT. — V. Cultes.

LÉGISLATION.

L. 18 germ. an X (*relative à l'organisation des cultes*).

BIBLIOGRAPHIE.

V. *infrà*, v° *Cultes*. — V. spécialement, André (n. 92), *Cours alphabétique et méthodique du droit canon*, 3e édit., 1859-60, 6 vol. in-8°, v° *Concordat*; — *Cours alphabétique, théorique et pratique de législation civile ecclésiastique*, 4 vol. in-8°, 1884, v° *Concordat*; — *Dictionnaire alphabétique, théorique et pratique de droit civil et ecclésiastique*, in-4°, 1874, v° *Concordat*. — Blanchet, *Commentaire du concordat de 1801 et de la loi du 18 germ. an X*, in-8°, 1844. — Comte Boulay de la Meurthe, *Documents sur la négociation du concordat*, 3 vol. in-8°, 1893. — Defert, *Le concordat de 1801 et les articles organiques*, 1 vol. gr. in-8°, 1878. — Hébrard, *Les articles organiques devant l'histoire, le droit et la discipline de l'église*, in-8°, 1870. — Jolly (abbé), *Étude historique et juridique sur le concordat de 1801*, in-8°, 1881. — Portalis, *Recueil des discours, rapports et travaux sur le concordat de 1801 et les articles organiques*, in-8°, 1845.

INDEX ALPHABÉTIQUE.

Abus, 40, 54, 69, 76.
Acte de l'état civil, 47.
Articles organiques, 36, 53 et s., 74.
Bancs et chaises, 46.
Biens nationaux, 28.
Bulles pontificales, 35, 75, 78.
Cathédrales, 46.
Chapelles, 47.
Chapitre, 26, 41, 44, 54.
Chef de l'État, 31 et 32.
Circonscription, 24, 49.
Cloche, 46.
Conciles, 38.
Concile de Latran, 9.
Concile de Trente, 9.
Concordat de l'an IX, 13 et s.
Concordat de 1813, 64 et s.
Concordat de 1817, 72 et s.
Curés, 25, 44, 49, 51 et 52.
Déclaration de 1682, 11, 56.
Dimanche, 48.
Diocèse, 17 et s., 35, 77 et s.
Dons et legs, 30, 50.
Églises, 27, 52.
Évéchés, 18 et s., 32.
Évêchés nouveaux, 78 et s.
Évêques, 43, 65 et s.
Fabrique, 49.
Fondations pieuses, 30, 50.
Immeubles, 57.
Institution canonique des évêques, 65 et s.
Jours fériés, 48.
Loi applicable, 84.
Mariage, 54.
Nomination, 20, 25, 32.
Nonce, 37.
Oblations, 39.
Paroisses, 24.
Préambule, 15.
Pragmatique sanction, 2 et s.
Séminaires, 26, 41, 43, 56.
Serment, 21, 22, 33 et 34.
Traitement, 29.

1. — Pris dans son sens général, le mot *concordat* signifie une *transaction*. Tout en conservant cette idée fondamentale, il se divise en accord ou transaction entre bénéficiers, sens purement canonique (V., à cet égard, André, *Cours de dr. canon*, v° *Concordat*, *in fine*), et en transaction entre le chef du pouvoir temporel d'un État et le chef du pouvoir spirituel de l'Église, dans le but de régler les rapports généraux qui unissent les deux pouvoirs, dans les divers pays de la chrétienté.

2. — On appela proprement et dans un sens absolu, sous l'ancienne monarchie, *Concordat français*, la convention conclue à Bologne, en 1516, entre François Ier et le pape Léon X; et *Concordat germanique*, un traité passé l'an 1448, entre le pape Nicolas V, l'empereur Frédéric III, dit le Pacifique, et les princes d'Allemagne. Les règlements établis entre la cour de Rome et le roi de France pour le gouvernement de l'Église avaient, jusqu'à François Ier, porté le nom de *pragmatique sanction*.

3. — Les mots *Concordat* et *pragmatique sanction* ont évidemment entre eux une grande affinité. Toutefois, suivant Vuillefroy (*Tr. de l'adm. du culte cathol.*, p. 1), il ne faudrait pas les tenir pour synonymes. Chacun d'eux indiquerait une phase distincte des vicissitudes qu'a subies l'Église de France depuis son origine.

4. — Dans la première, celle des pragmatiques de Saint-Louis, en 1268, et de Charles VII, en 1438, l'Église gallicane, tout en reconnaissant la primauté spirituelle du pape, a une existence hiérarchique et temporelle propre, individuelle. Elle se suffit pour ainsi dire à elle-même, elle dispose des sièges épiscopaux, élit ses pasteurs, et les institue par les mains de ses métropolitains; elle règle par ses conciles les conditions de son existence, avec l'assentiment et l'appui de l'autorité royale.

5. — Dans la seconde, au contraire, celle des *concordats*, dont le premier remonte à François Ier, l'Église gallicane n'est plus rien par elle-même; les évêques sont nommés par les rois, institués par les papes; ces derniers seuls la représentent, la personnifient et traitent directement pour elle de ses intérêts avec l'autorité royale.

6. — La pragmatique de Saint-Louis avait eu pour but direct l'indépendance de la couronne, la distinction formelle entre le pouvoir temporel et le pouvoir spirituel; celle de Charles VIII donnait force de loi aux décisions des conciles de Constance et de Bâle, qui avaient établi la supériorité des décisions des conciles œcuméniques sur celles émanant des papes.

7. — La phase des pragmatiques, dit Vuillefroy, *loc. cit.*, ne fut pas exempte de secousses; pendant sa durée, la cour de Rome contesta souvent la position indépendante de l'Église de France; ses entreprises ne furent pas sans résultat, et, à certains intervalles, elle prit, perdit, reprit la nomination aux bénéfices et aux offices du clergé.

8. — Momentanément supprimée par Louis XI, mais rétablie par lui trois ans après, et toujours maintenue depuis, malgré les demandes réitérées du Saint-Siège, la pragmatique était encore en pleine vigueur lorsque François Ier crut devoir y substituer le concordat de 1516, qui introduisit de nombreuses et importantes modifications dans l'état de l'Église de France, surtout en ce qui concerne l'action du Souverain Pontife, qui devint plus directe et plus étendue.

9. — Le concordat de 1516 contenait un assez grand nombre d'articles. Il fut approuvé expressément par le concile de Latran (1516) et par celui de Trente (1545 à 1563).

10. — François Ier éprouva de très grandes oppositions pour faire accepter le concordat en France. Bien qu'il l'eût présenté en personne au Parlement le 16 févr. 1517, il ne put y parvenir, aucun des ordres de l'État ne voulant l'agréer. Ce fut seulement le 22 mars 1517 que le Parlement obéit aux ordres souvent répétés de François Ier; mais il y mit la clause que c'était *par l'ordre exprès du roi*. Et, deux jours après, il protesta de nouveau que, quelque publication qu'il eût faite du concordat, il n'entendait ni l'approuver, ni l'autoriser, ni avoir l'intention de le garder, qu'il persistait en ses protestation et appellation précédentes, déclarant que quelque acte que la cour pût faire dans la suite, il n'entendait se départir de ses protestation et appellation. Il fallut, de plus, de grandes menaces pour contenir l'Université, qui même avait défendu aux imprimeurs d'imprimer le concordat. — André, *Cours de droit canon*, v° *Concordat*.

11. — Ce n'était pas, d'ailleurs, sans réserves que le clergé s'était résigné à abdiquer son existence indépendante; les droits reconnus au pape ont sans doute été respectés; mais une résistance plus ou moins vive s'est, à toutes les époques, manifestée contre les empiétements auxquels la cour de Rome se trouvait entraînée par la force de l'unité. Ces résistances ont été formulées en 1638 sous le titre de : *Libertés de l'Eglise gallicane*, et en 1682, leurs principes fondamentaux ont été proclamés par Bossuet dans une déclaration solennelle du clergé de France, plus tard, il est vrai, désavouée à la suite des protestations de la Cour de Rome.

12. — Ces manifestations amenèrent des difficultés fréquentes entre le Saint-Siège et les rois ou le clergé français, mais ces luttes furent passagères, et le concordat de 1516 est resté en pratique jusqu'à la Révolution de 1789. « Dans les annales de notre Eglise, dit M. Frayssinous dans ses *Vrais principes*, il est peu d'actes aussi mémorables, et qui, après d'aussi violentes contradictions, aient obtenu un triomphe aussi complet. »

13. — Le concordat de 1516 fut aboli de fait par la constitution civile du clergé qui brisa tous rapports entre l'Eglise romaine et l'Etat. Ces rapports furent rétablis par le concordat du 23 fruct. an IX (10 sept. 1801) passé entre le gouvernement consulaire et le Saint-Siège.

14. — La première ouverture de ce concordat fut faite le 19 juin 1800 par le premier consul au cardinal Martiniana, évêque de Verceil, cinq jours après la victoire de Marengo. Il fut signé à Paris le 26 mess. an IX, ratifié le 23 fructidor suivant et promulgué par la loi du 18 germ. an X (8 avr. 1802) en même temps que les articles dits *organiques*.

15. — Ce concordat régit encore à l'heure actuelle l'état de l'Eglise de France et est une véritable loi civile de l'Etat, par suite de la promulgation qui en a été faite. Il comprend un préambule et 17 articles dont voici le texte : « Le gouvernement de la République française reconnaît que la religion catholique, apostolique et romaine est la religion de la grande majorité des citoyens français. Sa Sainteté reconnaît également que cette même religion a retiré et attend encore, en ce moment, le plus grand bien et le plus grand éclat de l'établissement du culte catholique en France, et de la profession particulière qu'en font les consuls de la République. En conséquence, d'après cette reconnaissance mutuelle, tant pour le bien de la religion que pour le maintien de la tranquillité intérieure, ils sont convenus de ce qui suit :

16. — Art. 1er. La religion catholique, apostolique et romaine sera librement exercée en France; son culte sera public, en se conformant aux règlements de police que le gouvernement jugera nécessaires pour la tranquillité publique.

17. — Art. 2. Il sera fait par le Saint-Siège, de concert avec le gouvernement, une nouvelle circonscription des diocèses français.

18. — Art. 3. Sa Sainteté déclarera aux titulaires des évêchés français qu'elle attend d'eux, avec une ferme confiance pour le bien de la paix et de l'unité, toute espèce de sacrifices, même celui de leurs sièges. D'après cette exhortation, s'ils se refusaient à ce sacrifice commandé par le bien de l'Eglise (refus, néanmoins auquel sa Sainteté ne s'attend pas), il sera pourvu, par de nouveaux titulaires, au gouvernement des évêchés de la circonscription nouvelle, de la manière suivante.

19. — Art. 4. Le premier consul de la République nommera, dans les trois mois qui suivront la publication de la bulle de Sa Sainteté, aux archevêchés et évêchés de la circonscription nouvelle. Sa Sainteté conférera l'institution canonique, suivant les formes établies par rapport à la France avant le changement de gouvernement.

20. — Art. 5. Les nominations aux évêchés qui vaqueront dans la suite seront également faites par le premier consul, et l'institution canonique sera donnée par le Saint-Siège, en conformité de l'article précédent.

21. — Art. 6. Les évêques, avant d'entrer en fonctions, prêteront directement, entre les mains du premier consul, le serment de fidélité qui était en usage avant le changement de gouvernement, exprimé dans les termes suivants : « Je jure et promets à Dieu, sur les saints Evangiles, de garder obéissance et fidélité au gouvernement établi par la Constitution de la République française. Je promets aussi de n'avoir aucune intelligence, de n'assister à aucun conseil, de n'entretenir aucune ligue, soit au dedans, soit au dehors, qui soit contraire à la tranquillité publique; et si, dans mon diocèse ou ailleurs, j'apprends qu'il se trame quelque chose au préjudice de l'Etat, je le ferai savoir au gouvernement. »

22. — Art. 7. Les ecclésiastiques de second ordre prêteront le même serment entre les mains des autorités civiles désignées par le gouvernement.

23. — Art. 8. La formule de prière suivante sera récitée, à la fin de l'office divin, dans toutes les églises catholiques de France : *Domine, salvam fac Rempublicam; Domine, salvos fac consules.*

24. — Art. 9. Les évêques feront une nouvelle circonscription des paroisses de leurs diocèses, qui n'aura d'effet qu'après le consentement du gouvernement.

25. — Art. 10. Les évêques nommeront aux cures. Leur choix ne pourra tomber que sur des personnes agréées par le gouvernement.

26. — Art. 11. Les évêques pourront avoir un chapitre dans leur cathédrale et un séminaire dans leur diocèse, sans que le gouvernement s'oblige à les doter.

27. — Art. 12. Toutes les églises métropolitaines, cathédrales, paroissiales et autres, non aliénées, nécessaires au culte, seront remises à la disposition des évêques.

28. — Art. 13. Sa Sainteté, pour le bien de la paix et l'heureux rétablissement de la religion catholique, déclare que ni elle, ni ses successeurs, ne troubleront, en aucune manière, les acquéreurs des biens ecclésiastiques aliénés et, qu'en conséquence, la propriété de ces mêmes biens, les droits et revenus y attachés, demeureront incommutables entre leurs mains ou celles de leurs ayants-cause.

29. — Art. 14. Le gouvernement assurera un traitement convenable aux évêques et aux curés dont les diocèses et les paroisses seront compris dans la circonscription nouvelle.

30. — Art. 15. Le gouvernement prendra également les mesures pour que les catholiques français puissent, s'ils le veulent, faire en faveur des églises des fondations.

31. — Art. 16. Sa Sainteté reconnaît dans le premier consul de la République française, les mêmes droits et prérogatives dont jouissait près d'elle l'ancien gouvernement.

32. — Art. 17. Il est convenu, entre les parties contractantes, que, dans le cas où quelqu'un des successeurs du premier consul actuel ne serait pas catholique, les droits et prérogatives mentionnés dans l'article ci-dessus et la nomination aux évêchés, seront réglés, par rapport à lui, par une nouvelle convention.

33. — Tous ces articles sont toujours en vigueur à l'exception des art. 6 et 7 relatifs au serment. En ce qui concerne les ecclésiastiques du second ordre, il n'a jamais été exigé. Pour les évêques, au contraire, le serment a été régulièrement prêté jusqu'à la fin du second Empire, sauf certaines modifications de rédaction, et il en était dressé un procès-verbal écrit, signé de l'évêque. Depuis le 5 sept. 1870, il n'est plus prêté.

34. — On a soutenu à ce sujet que la formalité du serment par les évêques avait été abrogée par la loi du 5 sept. 1870 qui a supprimé le serment politique. Mais il convient d'observer que le serment prévu par le concordat n'est pas, à proprement parler, un serment exclusivement politique, au moins quant à la seconde partie de la formule. En outre, le serment des évêques étant prévu dans le concordat lui-même, c'est-à-dire dans un contrat passé entre le Souverain Pontife et le gouvernement français, cette disposition n'a pu être abrogée par un simple décret ou même par une loi. Il semble donc plus exact de dire que le serment des évêques est purement et simplement tombé en désuétude, et pourrait être exigé de nouveau par le gouvernement.

35. — Le souverain pontife publia deux bulles relatives au concordat, la première, qui commence par ces mots : « *Ecclesia Christi* », en contient la ratification, et la seconde, qui commence par ceux-ci : « *Qui Christi domini* », contient la nouvelle circonscription des diocèses français (V. ces deux bulles dans le *Cours de dr. canon* de M. l'abbé André, v° *Concordat*). Le tableau de cette circonscription fut inséré au *Bulletin des lois* à la suite des articles organiques. — V. *infrà*, v° *Diocèse*.

36. — Les articles dits *organiques*, qui forment la seconde partie de la loi du 18 germ. an X, dont le concordat lui-même constitue la première partie, comprennent plusieurs titres. Le premier, qui traite *du régime de l'Eglise catholique dans ses rapports généraux avec les droits et la police de l'Etat*, dispose : Art. 1. Les bulles, brefs, etc., et autres expéditions de la cour de Rome, ne pourront être reçus, publiés, etc., ni autrement mis à exécution, sans autorisation du gouvernement. — V. *suprà*, v° *Bulle*.

37. — Art. 2. Aucun individu se disant nonce, légat, vicaire ou commissaire apostolique, ou se prévalant de toute autre dénomination, ne pourra, sans autorisation du gouvernement, exercer sur le sol français ni ailleurs aucune fonction relative aux affaires de l'Église gallicane.

38. — Art. 3 et 4. Les décrets des conciles étrangers, même généraux, ne pourront être publiés sans autorisation du gouvernement, et cette autorisation sera nécessaire pour la réunion des conciles nationaux, métropolitains ou diocésains, ou de toute autre assemblée délibérante. — V. suprà, v° *Concile.*

39. — Art. 5. Toutes les fonctions ecclésiastiques seront gratuites, sauf les oblations autorisées et fixées par les règlements.

40. — Les art. 6, 7 et 8 règlent le cas et la forme des appels comme d'abus. — V. suprà, v° *Abus ecclésiastique.*

41. — Le tit. 2 est intitulé *Des ministres*, et se compose de vingt-neuf articles. Les art. 9, 10 et 11 (sect. 1) disent, sous forme de disposition générale : 1° que le culte catholique sera exercé sous la direction des archevêques et évêques dans leurs diocèses, et sous celle des curés dans leurs paroisses; 2° que tout privilège portant exception ou attribution de la juridiction épiscopale est aboli; 3° que les archevêques ou évêques pourront, avec l'autorisation du gouvernement, établir dans leurs diocèses des chapitres cathédraux et des séminaires, mais que tous autres établissements ecclésiastiques sont supprimés. — V. à cet égard, suprà, v° *Chapitre*, et infrà, v¹ˢ *Curé*, *Évêque.*

42. — L'art. 12 ajoute « qu'il sera libre aux archevêques et évêques d'ajouter à leur nom le titre de *citoyen* ou de *monsieur*; mais que toutes autres qualifications sont interdites. Toutefois le gouvernement, à partir de la Restauration et même à la fin du premier Empire a repris l'habitude de donner aux archevêques et évêques le titre de *Monseigneur*. Cette qualification n'a disparu de nouveau qu'en 1881, et depuis cette époque, les archevêques et évêques sont, dans les correspondances officielles, appelés *Monsieur l'Archevêque*, *Monsieur l'Évêque.*

43. — Les art. 13 et s. jusqu'à 38 composent les sect. 2, 3, 4 et 5. Ils règlent d'abord (sect. 2 et 3) ce qui concerne les pouvoirs et les attributions des archevêques ou métropolitains, des évêques et des vicaires généraux, ainsi que l'organisation des séminaires. — V. à cet égard, infrà, v¹ˢ *Évêque*, *Séminaire.*

44. — Ils règlent en outre (sect. 4) tout ce qui concerne les curés (V. infrà, v° *Curé*), et (sect. 5) les chapitres cathédraux, ainsi que le gouvernement des diocèses pendant la vacance du siège. — V. suprà, v° *Chapitre*, et infrà, v¹ˢ *Diocèse*, *Évêque.*

45. — Le tit. 3 est intitulé *Du culte*, et en règle l'exercice. — V. à cet égard, infrà, v° *Culte.*

46. — Nous avons, au surplus, déjà traité ce qui concerne l'établissement des chapelles domestiques (V. suprà, v° *Chapelle*), les places réservées aux individus catholiques qui exercent les fonctions civiles et militaires (V. suprà, v° *Bancs et Chaises dans les églises*), la sonnerie des cloches (V. suprà, v° *Cloche*). — V. en outre, infrà, v° *Culte.*

47. — Suivant l'art. 55, compris dans le même titre, les registres tenus par les ministres du culte, n'étant et ne pouvant être relatifs qu'à l'administration des sacrements, ne peuvent suppléer, en aucun cas, les registres ordonnés par la loi pour constater l'état civil des Français. — V. suprà, v° *Acte de l'état civil.*

48. — Enfin, l'art. 57 fixe au dimanche le repos des fonctionnaires publics. — V. infrà, v° *Jour férié.*

49. — Le tit. 4, relatif à la circonscription des archevêchés, évêchés et paroisses, aux édifices consacrés au culte, aux logements et traitements des ministres du culte et aux biens qu'ils peuvent posséder ainsi qu'à l'établissement des fabriques, contient des dispositions réglementaires qui trouveront naturellement leur place infrà, v¹ˢ *Curé-Curé*, *Évêque*, *Fabrique d'église.* — V. aussi infrà, v° *Culte.*

50. — L'art. 73, notamment, porte que les fondations qui ont pour objet l'entretien des ministres ou l'exercice du culte ne pourront consister qu'en rentes constituées sur l'État, qu'elles seront acceptées par l'évêque diocésain et qu'elles ne pourront être exécutées qu'avec l'autorisation du gouvernement. Cette disposition a été modifiée par la loi du 2 janv. 1817.

51. — ... Et l'art. 74, que les immeubles, autres que les édifices destinés à leur logement et les jardins y attenant, ne pourront être affectés à des titres ecclésiastiques, ni possédés par les ministres du culte, à raison de leurs fonctions.

52. — Enfin, suivant les art. 75 et 77, les édifices anciennement destinés au culte catholique, actuellement dans les mains de la nation, ont dû être mis, à raison d'un édifice par cure et par succursale, à la disposition des évêques; et il a été dit, en outre, que, dans les paroisses où il n'y aurait pas d'édifice disponible pour le culte, l'évêque se concerterait avec le préfet pour la désignation d'un édifice convenable.

53. — Nous n'avons pas à présenter ici un historique complet des négociations qui ont précédé et suivi la publication du concordat et des articles organiques. — V. à cet égard, l'abbé André, *Cours de droit canon*, v° *Concordat*; Portalis, *Recueil des discours, rapports et travaux sur le concordat de 1801 et sur les articles organiques*; Joly, *Étude historique et juridique sur le mandat de 1801*; Boulay de la Meurthe, *Documents sur la négociation du concordat*, 1893, 3 vol. in-8°. — Les rapports et le discours sur l'organisation des cultes, lus devant le Corps législatif dans la séance du 15 germ. an X, sont aussi rapportés dans le *Cours de droit canon* précité, avec le rapport fait au Tribunat par M. Siméon, et plusieurs discours prononcés à ce sujet, notamment celui de Lucien Bonaparte. Mais ce qu'il importe de constater, c'est que, si le concordat proprement dit reçut la complète approbation et ratification du pape, ainsi que nous l'avons dit (suprà, n. 33), il n'en fut pas de même des articles organiques. Loin de là, dès le mois d'août 1803, le cardinal Caprara, légat du Saint-Siège, protesta au nom du Souverain Pontife, dans une lettre écrite à M. de Talleyrand, ministre des relations extérieures, et qui commençait ainsi qu'il suit : « Je suis chargé de réclamer contre cette partie de la loi du 18 germinal, que l'on a désignée sous le nom d'*articles organiques*. La qualification qu'on donne à ces articles paraîtrait d'abord supposer qu'ils ne sont que la suite naturelle et l'explication du contrat religieux; cependant, il est de fait qu'ils n'ont pas été concertés avec le Saint-Siège, qu'ils ont une extension plus grande que le concordat, et qu'ils établissent en France un Code ecclésiastique sans le secours du Saint-Siège. Comment Sa Sainteté pourrait-elle l'admettre n'ayant pas même été invitée à l'examiner? Ce Code a pour objet la doctrine, les mœurs, la discipline du clergé, les droits et les devoirs des évêques, ceux des ministres inférieurs, leurs relations avec le Saint-Siège et le mode d'exercice de leur juridiction, et tout cela tient aux droits imprescriptibles de l'Église. »

54. — Cette lettre contenait des observations sur plusieurs des articles organiques, notamment sur les art. 1 et 3, relatifs à la publication des bulles et des brefs, ainsi qu'à celle des canons des conciles; sur les art. 6 et s., concernant les appels comme d'abus, sur les dispositions qui règlent l'exercice du culte, les attributions des évêques, la suppression de tous établissements religieux autres que les séminaires ecclésiastiques, les exemptions ou attributions de la juridiction épiscopale, etc. (art. 9, 10, 11, 14, 15, 17, 22); sur celles qui ont en vue l'établissement des chapitres (art. 35), la célébration des mariages (art. 54), l'immixtion de l'autorité civile dans l'érection des succursales (art. 61).

55. — Elle protestait, en outre, contre l'art. 26, suivant lequel les évêques ne devaient pouvoir ordonner aucun ecclésiastique qui ne justifierait pas d'une propriété produisant au moins un revenu annuel de 300 fr., et qui ne serait pas âgé de vingt-cinq ans.

56. — Elle protestait aussi contre l'art. 24, qui porte que « ceux qui seront choisis pour l'enseignement dans les séminaires souscriront la déclaration faite par le clergé de France en 1682, et publiée par un édit de la même année; qu'ils se soumettront à y enseigner la doctrine qui y est contenue, et que les évêques adresseront une expédition en forme de cette soumission d'État chargé de toutes les affaires concernant les cultes ». Pourquoi, disait à son tour la lettre précitée, jeter de nouveau au milieu des Français ce germe de discorde? Ne sait-on pas que les auteurs de cette déclaration l'ont eux-mêmes désavouée? Sa Sainteté peut-elle admettre que ses prédécesseurs immédiats ont eux-mêmes rejeté? Ne doit-elle pas s'en tenir à ce qu'ils ont prononcé? Pourquoi souffrirait-elle que l'organisation d'une Église qu'elle relève au prix de tant de sacrifices, consacrât aux principes qu'elle ne peut avouer? Ne vaut-il pas mieux que les directeurs de séminaires s'engagent à enseigner une morale saine, plutôt qu'une déclaration qui fut et sera toujours une source de divisions entre la France et le Saint-Siège? »

57. — Enfin l'art. 74 précité était signalé comme établissant un contraste frappant avec l'art. 7 concernant les ministres protestants. « Ceux-ci, disait-on, non seulement jouissent d'un traitement qui leur est assuré, mais ils conservent tout à la fois et les biens que leur église possède, et les oblations qui leur sont offertes. Avec quelle amertume l'Eglise ne doit-elle pas voir cette énorme différence ! Il n'y a qu'elle qui ne puisse posséder des immeubles, les sociétés séparées d'elle peuvent en jouir librement, on les leur conserve, quoique leur religion ne soit professée que par une minorité bien faible, tandis que l'immense majorité des Français et les consuls eux-mêmes professent la religion que l'on prive *légalement* du droit de posséder des immeubles. »

58. — On peut, au surplus, pour des détails plus étendus, consulter la lettre du cardinal Caprara insérée textuellement dans le *Cours de droit canon* précité, v° *Articles organiques*.

59. — Les protestations du Saint-Siège amenèrent, quelques années après, quelques modifications aux articles organiques. Ces modifications résultent du décret du 28 févr. 1810, relatif : 1° aux brefs de pénitencerie ; 2° aux conditions d'ordination par les évêques ; 3° à la vacance des sièges. — V. *infrà*, v° *Evêque*.

60. — Malgré les modifications apportées par ce décret, le Souverain Pontife ne persista pas moins à refuser son adhésion aux articles organiques et à en demander l'abrogation. Aussi, et à raison de cette résistance, les canonistes considèrent-ils en général ces articles comme nuls aux yeux de l'Eglise, attendu, disent-ils, que le pouvoir temporel n'a pas qualité pour régler la discipline ecclésiastique sans le consentement du pouvoir spirituel.

61. — « Toutefois, dit l'abbé André (*loc. cit.*), nous devons ajouter que ces articles organiques peuvent être considérés sous deux points de vue différents : 1° si on les envisage comme ne faisant qu'une seule et même chose avec le concordat de 1801, dont ils seraient une suite nécessaire et indispensable, nul doute que, dans ce cas, ils sont radicalement nuls sous le rapport canonique, comme n'émanant pas des deux parties contractantes, mais d'une seule, de la puissance civile qui les a publiés à l'insu et contre la volonté de la puissance ecclésiastique. — 2° Si, au contraire, on les considère comme une loi purement civile et réglementaire publiée pour régler naturellement les rapports existent entre l'Eglise et l'Etat, on peut et on doit les admettre avec certaines modifications. C'est ce qu'a fait, dans sa sagesse, l'épiscopat français tout entier : car il est à remarquer que les dispositions des articles organiques qui étaient en opposition avec le droit canonique ont été rapportées par le décret du 28 févr. 1810 ou sont tombées en désuétude, et s'il y a encore quelques autres dispositions que l'Eglise déplore, mais qu'elle sait tolérer, il en est d'autres qui sont entièrement conformes à l'ancien droit canon. »

62. — Ajoutons que, depuis l'an X, le pouvoir civil n'a jamais cessé de considérer les articles organiques comme formant un tout avec le concordat en se fondant sur cette raison que ce n'est qu'accompagné des articles organiques que le concordat a été homologué et publié, comme loi de l'Etat, par le gouvernement, en vertu du droit que leur réservait l'art. 1 de faire les règlements nécessaires à la tranquillité publique, tout en sauvegardant le libre exercice du culte public.

63. — Bien que le concordat de l'an IX, promulgué par la loi du 18 germ. an X, soit celui qui règle encore actuellement les rapports de l'Eglise et de l'Etat, d'autres concordats, ou du moins d'autres tentatives de concordats, intervinrent, qu'il importe de signaler.

64. — Il y a d'abord le concordat de 1813 (25 janvier) imposé par l'empereur Napoléon au pape, alors qu'il était prisonnier à Fontainebleau, et qui, pour ce motif, est souvent désigné sous le nom de *Concordat de Fontainebleau*.

65. — Sa disposition principale est relative à l'institution canonique des évêques. L'art. 5 du concordat de 1801 portait que les nominations aux évêchés vacants seraient faites par le premier consul et que l'institution canonique serait donnée par le Saint-Siège suivant les formes établies par rapport à la France, avant le changement de gouvernement. Mais il pouvait arriver que le pape refusât l'institution; dans ce cas, le siège devait-il demeurer indéfiniment vacant? Les inconvénients de cette situation se produisirent lorsqu'à la suite de graves discussions, survenues entre Napoléon et le Saint-Père, celui-ci refusa l'institution canonique des évêques français. En 1811, Napoléon convoqua un concile national qui décida que, conformément aux anciennes maximes de l'Eglise gallicane, dans le cas où le pape refuserait, sans motif canonique, d'instituer un évêque dans un délai déterminé qui fut fixé à une année, l'institution serait donnée par le métropolitain.

66. — Le concile exprimait néanmoins le désir que cette décision fût approuvée par le pape. Cette sanction fut accordée d'abord à Savone par un bref pontifical, mais la forme de ce bref ne satisfit pas l'empereur. — Vuillefroy, v° *Diocèse*, p. 253.

67. — Aussi Napoléon, voulant profiter du séjour du pape en France pour régler, entre autres, cette importante question, publia, le 13 févr. 1813, comme loi de l'Empire, et sous le titre de *Concordat de Fontainebleau*, une proclamation en date du 25 janv. 1813 dont l'art. 4 est ainsi conçu : « si dans les six mois qui suivront la notification de la nomination par l'empereur aux évêchés et archevêchés de l'Empire, le pape n'a pas approuvé l'institution, les six mois expirés, le métropolitain, et, à son défaut, ou, s'il s'agit du métropolitain, l'évêque le plus ancien de la province procédera à l'institution de l'évêque nommé, de manière qu'un siège ne soit jamais vacant plus d'une année. »

68. — Cette publication fut suivie, le 24 mars, d'une protestation écrite de la main du pape lui-même ; il nous paraît intéressant de reproduire textuellement cette pièce historique : « Bien qu'elle coûte à notre cœur, dit le Saint-Père, la confession que nous allons faire à Votre Majesté, la crainte du jugement dernier, dont nous sommes si près, attendu notre âge avancé, nous doit rendre supérieur à toute autre considération. Contraint par nos devoirs, avec cette sincérité, cette franchise qui conviennent à notre dignité et à notre caractère, nous déclarons à Votre Majesté que depuis le 25 janvier, jour où nous signâmes les articles qui devaient servir de base à ce traité définitif, dont il est fait mention, les plus grands remords et le plus vif repentir ont continuellement déchiré notre esprit, qui n'a plus ni repos ni paix. De cet écrit, que nous avons signé, nous disons à Votre Majesté cela même qu'eut occasion de dire notre prédécesseur Pascal II (l'an 1117), dans une circonstance semblable, il eut à se repentir d'un écrit qui concernait une concession à Henri V. Comme nous reconnaissons notre écrit *fait mal*, nous le confessons *fait mal* et, avec l'aide du Seigneur, nous désirons *qu'il soit cassé tout à fait*, afin qu'il n'en résulte aucun dommage pour l'Eglise ou aucun préjudice pour notre âme. Nous reconnaissons que plusieurs de ces articles peuvent être corrigés par une rédaction différente, et avec quelques modifications et changements. Votre Majesté se souviendra certainement des hautes clameurs qu'souleva en Europe et dans la France elle-même l'usage de notre puissance en 1801, lorsque nous privâmes de leur siège, cependant après une interpellation et une demande de leur démission, les anciens évêques de France. Ce fut une mesure extraordinaire, mais reconnue nécessaire en ce temps calamiteux et indispensable pour mettre fin à un schisme déplorable, et ramener au centre de l'unité catholique une grande nation. Existe-t-il aujourd'hui une de ces fortes raisons pour justifier devant Dieu et devant les hommes la mesure prise dans un des articles dont il s'agit? Comment pourriez-vous admettre un règlement tellement subversif de la constitution divine de l'Eglise de Jésus-Christ qui a établi le primauté de saint Pierre et de ses successeurs, comme l'est évidemment le règlement qui soumet notre puissance à celle du métropolitain et qui permet à celui-ci d'instituer les évêques nommés par le Souverain Pontife aurait cru, en diverses circonstances et dans sa sagesse, ne pas devoir instituer, regardant ainsi juge et réformateur de la conduite du suprême hiérarque celui qui lui est inférieur dans la hiérarchie et qui doit lui soumission et obéissance? Pouvons-nous introduire dans l'Eglise de Dieu cette nouveauté inouïe, que le métropolitain institue ou confirme au chef de l'Eglise? Dans quel gouvernement bien réglé est-il concédé à une autorité inférieure du pouvoir faire ce que le chef du gouvernement a cru devoir ne pas faire? Nous offrons à Dieu les vœux les plus ardents, afin qu'il daigne répandre lui-même sur Votre Majesté l'abondance de ses célestes bénédictions. »

69. — Malgré cette lettre, et le lendemain même du jour où elle fut écrite, parut le décret relatif à l'exécution du concordat de Fontainebleau. L'art. 5 de ce décret portait en outre que « les cours impériales connaîtraient de toutes les affaires connues sous le nom d'appel comme d'abus, ainsi que de toutes celles qui résulteraient de la non-exécution des lois des concordats » ; et l'art. 6 annonçait une loi destinée à régler la procédure et les peines applicables en ces matières.

70. — Quelle est, en présence de tous ces documents, la valeur du concordat de 1813 et du décret qui l'a suivi, en en rappelant les dispositions? L'abbé André (*loc. cit.*) dit que le concordat n'en a aucune et qu'il ne reçut aucune exécution sérieuse, mais qu'il reste seulement comme une preuve de l'abus de la violence exercée contre un vieillard captif. Blanchet (*Comment. du concordat de 1801*, p. 34) lui reconnaît, au contraire, force d'exécution, attendu, dit-il, qu'il n'était par lui-même que la confirmation des *franchises et libertés de l'Eglise gallicane*, et en tout point conforme à la pragmatique sanction de Charles VII, laquelle avait conservé force de loi, même depuis le concordat de François Ier, pour tous les cas dont ce concordat ne parle pas, et qui devait, dès lors, être respecté encore, puisque l'art. 4 du concordat de 1801 portait que l'institution canonique serait conférée suivant les formes établies par rapport à la France avant le changement du gouvernement. Il cite, à l'appui de son opinion, ces paroles de Laferrière (*Cours de dr. publ. et admin.*, p. 68) : « La pragmatique n'a été abolie expressément ni par un édit enregistré, ni par le concordat, mais l'Eglise gallicane l'a toujours regardée comme faisant le droit commun du royaume dans tous les cas où il n'y a pas eu dérogation expresse ou tacite. C'est ainsi que, depuis le concordat de François Ier, si le pape refusait l'institution des évêques pour motif insuffisant, on reconnaissait que, suivant l'ancien usage de l'Eglise gallicane et les règles de la pragmatique, l'institution devait être conférée par le métropolitain dans l'assemblée des évêques suffragants ». — « Or, ajoute M. Blanchet, c'est précisément la même disposition qui est contenue dans le décret du 25 mars 1813. Ainsi donc, quand bien même on mettrait de côté le concordat de 1813, reste le décret qui est conforme aux règles de la pragmatique, et qui est ainsi au-dessus de toute critique sérieuse; car ce décret lui-même n'existât-il pas, que le principe de la pragmatique de Charles VII devrait toujours prévaloir, puisqu'elle est encore en vigueur sur ce point. »

71. — Vuillefroy (*loc. cit.*) dit aussi que les décrets de l'empire ayant force de loi, et aucun acte législatif n'étant intervenu pour révoquer les décrets des 13 févr. et 25 mars 1813, leurs dispositions (au moins en ce qui concerne celle qui nous occupe, car les autres points sont demeurés sans objet par la chute du gouvernement impérial) font partie de la législation. Quoi qu'il en soit, le concordat de 1813 n'est pas appliqué.

72. — Après la chute de l'empire, la circonscription du royaume, par suite d'arrangements avec les puissances alliées, subit de graves modifications; d'un autre côté, Louis XVIII ne voulait pas exercer le droit de nommer aux sièges vacants *au même titre* que Napoléon, titre qui, suivant M. de Frayssinous, avait causé de malheureuses contestations parmi les ecclésiastiques de tout rang. Pour remédier à ces difficultés, un accord entre le pape et le roi semblait nécessaire, et cet accord avait été rendu plus facile par la cessation de la situation violente qui altérait depuis quelques années les rapports des cours de Rome et de France.

73. — De nouvelles négociations furent donc entamées pour arriver à un concordat qui fut rédigé le 11 juin 1817, et qui portait dans son préambule : « S. S. et S. M. T. C., animées du vif désir que les maux qui, depuis tant d'années, affligent l'Eglise, cessent entièrement en France et que la religion recouvre dans ce royaume son ancien éclat, puisque enfin l'heureux retour du petit-fils de saint Louis sur le trône de ses aïeux, *permet que le régime ecclésiastique soit plus convenablement réglé*, ont, en conséquence, résolu de faire une convention solennelle, se réservant de pourvoir ensuite plus amplement et d'un commun accord aux intérêts de la religion catholique. »

74. — Ce concordat disposait (art. 1) que le concordat passé entre le souverain pontife Léon X et le roi de France François Ier était rétabli (art. 2); qu'en conséquence, le concordat de 1801 cessait d'avoir son effet (art. 3); que les articles dits *organiques* qui avaient été *faits à l'insu de Sa Sainteté* et publiés *sans son aveu* le 8 avr. 1802, en même temps que ledit concordat du 15 juill. 1801 étaient abrogés dans ce qu'ils avaient de contraire à la doctrine et aux lois de l'Eglise. En outre, ce concordat contenait une suite d'articles relatifs au rétablissement des sièges supprimés en 1801, à une nouvelle circonscription des diocèses, à la dotation des différents sièges, ainsi que des chapitres, cures et séminaires, etc. Enfin, par l'art. 10, il était dit que « S. M. T. C. voulant donner un nouveau témoignage de son zèle pour la religion, emploierait, de concert avec le Saint-Père, tous les moyens en son pouvoir pour faire cesser le plus tôt possible les désordres et les obstacles qui s'opposent au bien de la religion et à l'exécution des lois de l'Eglise. »

75. — Le pape publia, le 19 juill. 1817, la bulle qui commence par ces mots : « *Ubi primum* », pour confirmer ce concordat, et le 27 du même mois, la bulle « *Commissa divinitus* », pour la circonscription des diocèses.

76. — De son côté, le roi fit présenter aux Chambres un projet de loi dont le but était de donner sanction au concordat de 1817, tout en maintenant, néanmoins, certaines dispositions du concordat de 1801, notamment en ce qui concerne la publication des bulles, brefs et actes émanés de la cour de Rome, les appels comme d'abus (dont la connaissance, néanmoins, était déférée aux cours royales). En outre, ce projet conservait au concordat de 1801 ses effets par lui produits, ainsi que la disposition de l'art. 13, relative à la confiscation des biens du clergé. Enfin les art. 10 et 11 disposaient « (art. 10) que les bulles des 19 et 27 juill. 1817 seraient publiées sans approbation des clauses, formules et expressions qu'elles renferment et qui étaient ou pouvaient être contraires aux lois du royaume et aux libertés et franchises de l'Eglise gallicane; (art. 11) qu'en aucun cas, les réceptions et publications ne pourraient être préjudiciables aux droits publics des Français, garantis par la charte constitutionnelle, aux franchises et libertés de l'Eglise gallicane, aux lois et règlements sur les matières ecclésiastiques, et aux lois concernant l'administration des cultes non catholiques. »

77. — Ce projet de loi allait être soumis à la discussion des Chambres lorsqu'un des membres de la commission (M. de Marcellus) eut l'idée de s'adresser au pape pour le consulter sur la loi proposée. Le pape lui répondit par un de ces brefs connus sous le nom de *lettres latines*. Il critiquait vivement le projet. On craignit que la publicité de cette pièce et la démarche qui l'avait amenée n'envenimassent les débats, dans un moment où de nombreux écrits lancés de part et d'autre paraissaient devoir rallumer toute l'ardeur des anciennes querelles entre les deux pouvoirs, et rendre fort douteuse l'admission de la loi; le projet fut retiré.

77 bis. — Toutefois, une seconde négociation entamée avec le Saint-Siège eut pour résultat, le 23 août 1819, d'opérer la confirmation provisoire, sauf certaines modifications, des érections et circonscriptions arrêtées en vertu du concordat de 1817. Une loi fut votée le 4 juill. 1821 pour mettre le sceau législatif à ces nouvelles mesures. Cette loi, qui n'est nullement celle dont le projet fut retiré en 1817, et qui laisse par conséquent subsister le concordat de 1801, a eu principalement pour objet de pourvoir aux frais et dépenses occasionnels par l'érection des nouveaux sièges; elle portait (art. 2) qu'une augmentation de crédit serait, à partir du 1er janv. 1821, employée à la dotation de douze sièges épiscopaux ou métropolitains, et successivement à la dotation de dix-huit autres sièges dans les villes où la loi le jugerait nécessaire. (L'établissement et la circonscription de tous ces diocèses devaient être concertés entre le roi et le Saint-Siège.)

78. — Cette circonscription nouvelle ayant été donnée par la bulle *Paternæ charitatis*, 10 oct. 1822, il intervint, le 8 octobre suivant, après vérification par le Conseil d'Etat, une ordonnance royale prise en vertu de l'art. 2 de la loi de 1821, qui déclara que ladite bulle serait reçue et publiée dans le royaume, et que la circonscription des diocèses demeurerait déterminée conformément au tableau annexé à ladite ordonnance.

79. — Depuis, les choses étaient restées dans le même état, malgré certaines attaques dirigées à la Chambre des députés, à l'occasion de la discussion des budgets, contre le concordat de 1817 et la loi de 1821. Mais en 1833 ces attaques devinrent plus vives, et la Chambre des députés introduisit dans la loi du 6 juin, portant fixation du budget des dépenses pour l'exercice de 1834, un art. 5 ainsi conçu : « A l'avenir, il ne sera pas affecté de fonds à la dotation des sièges épiscopaux et métropolitains non compris dans le concordat de 1801, qui viendraient à vaquer, jusqu'à la conclusion définitive des négociations entamées à cet égard entre le gouvernement français et la cour de Rome. »

80. — Cet article ne fut adopté qu'après une longue discussion. Le gouvernement prétendait que la loi du 4 juill. 1821 ayant autorisé le roi à établir trente nouveaux sièges par suite de conventions successives avec le pape, les titulaires de ces sièges avaient nécessairement droit à un traitement, puisque les conventions faites par le roi à cet égard se trouvaient sanctionnées d'avance par un vote législatif. Ces considérations étaient sans réplique; aussi furent-elles approuvées par quelques-uns même de ceux qui s'étaient montrés, dans le principe, favorables à la proposition (ce qui ne l'empêcha pas d'être adoptée). — Duvergier, *Coll.*, t. 33, p. 248 et s.

81. — Mais, en présentant la loi à la Chambre des pairs, le ministre des Finances disait : « Si cet article devait avoir pour conséquence immédiate et prochaine de supprimer les sièges créés depuis 1821, le gouvernement repousserait une telle atteinte portée à la prérogative royale, à la loi, à la charte et à la liberté des cultes... Heureusement il n'est pas d'une application immédiate; c'est une disposition conditionnelle qui, nous l'espérons, ne rencontrera pas, d'ici à notre prochaine réunion, les cas qu'elle suppose. A tout événement le roi nommera aux sièges qui viendraient à vaquer, sauf la question de traitement qui sera remise à la session prochaine. Nous ne doutons pas que la Chambre des députés, frappée de la gravité de la mesure, ne revienne de la décision qu'elle avait prise trois fois depuis la révolution de Juillet, dans un sens tout opposé à l'article dont j'ai l'honneur de vous entretenir ». Et M. le baron Fréville, rapporteur, a déclaré que ces explications avaient seules déterminé la commission à proposer l'adoption de l'article. — Duvergier, *loc. cit.*

82. — La question ne fut plus agitée à partir de cette époque jusqu'en ces dernières années où un amendement déposé par M. Labrousse, repris depuis par plusieurs députés, est venu proposer périodiquement, à propos de la discussion du budget des cultes, la suppression des évêchés dits « non concordataires »; c'est-à-dire de ceux qui n'étaient pas prévus par le concordat de 1801.

83. — Mais cet amendement, qui a parfois donné lieu aux discussions les plus vives, a toujours fini par être écarté, les Chambres ayant considéré que si un certain nombre d'évêchés ont été créés postérieurement au concordat de 1801, ils l'ont été dans les formes prévues par l'art. 2 de ce concordat, c'est-à-dire d'accord entre le Saint-Siège et le gouvernement, de telle sorte qu'ils ne peuvent être supprimés qu'après de nouvelles négociations avec le pape. — V. d'ailleurs *infrà*, v^{is} *Diocèse, Evêque*.

84. — Ces explications qui précèdent il résulte que, sauf certaines modifications apportées par la législation elle-même, le concordat de 1801 est toujours en vigueur. — V. *suprà*, v^{is} *Abus ecclésiastique, Bancs et Chaises, Bulles, Chapitres, Cloches, Concile,* et *infrà*, v^{is} *Culte, Cure Curé, Diocèse, Evêque, Fabrique*.

CONCORDAT (faillite). — V. Faillite.

CONCOURS. — V. Agriculture. — Affaires étrangères (Ministère des). — Agent diplomatique et consulaire. — Commerce et industrie. — Conseil d'État. — Cour des comptes. — Écoles militaires. — Enseignement. — Instruction publique. — Marine. — Médecine et Pharmacie, etc.

CONCOURS AGRICOLE.

Législation.

Décr. 15 févr. 1851 (*instituant des concours régionaux*); — Arrêtés ministériels des 28 déc. 1880, 9 mars 1882, 1er oct. 1884, 31 oct. 1885, 1er sept. 1886, 6 juill. 1892.

Bibliographie.

V. *suprà*, v° *Agriculture*.

V.; spécialement, Béquet et Laferrière, *Répertoire de droit administratif* (en cours de publication), v° *Concours agricoles*. — Bertheau, *Répertoire de la pratique des affaires* (en cours de publication), v° *Concours agricoles*. — Blanche, *Dictionnaire général de l'administration*, 1891, nouv. édit., 2 vol. gr. in-8°, v^{is} *Concours agricoles, Sociétés d'agriculture*. — Block, *Dictionnaire de l'administration française*, 1891, 3° édit., 1 vol. gr. in-8°, v° *Concours agricoles*. — Bourguignat, *Traité complet de droit rural appliqué*, 1851, in-8°. — Mauguin, *Etudes historiques sur l'administration de l'agriculture en France*, 1877, 3 vol. in-8°.

Index alphabétique.

Affiche, 37.
Algérie, 59 et 60.
Animaux gras, 8 et s.
Animaux reproducteurs, 9 et s.
Apiculture, 48.
Arboriculture, 51.
Associations agricoles, 55.
Autorité municipale, 29.
Champs d'expérience, 28.
Circonscription, 16 et s.
Comice agricole, 55.
Commissaire, 23.
Commissaire général, 22, 28, 33.
Commune, 27.
Comptabilité occulte, 32.
Concours cantonaux, 55 et 56.
Concours de culture, 42.
Concours hippique, 54.
Concours privés, 2.
Concours publics, 2.
Concours général, à Paris, 10 et s.
Concours régional, 10, 13 et s.
Concours technique, 57.
Conseil général, 25 et 26.
Culture, 42 et s., 60.
Culture maraîchère, 6.
Département, 26.
Durée du concours, 34.
Écoles pratiques, 47.
Emplacement du concours, 28.
Exclusion, 38.
Fermes-écoles, 47.
Fermier, 44.
Frais et dépens, 30.
Grande culture, 43 et s.
Horticulture, 51.
Instruments agricoles, 6, 9, 12.
Irrigation, 43, 49.
Jury, 35 et s., 53.
Mandat de paiement, 41.
Médailles, 48, 50.
Métayer, 44.
Ministre de l'Agriculture, 22.
Ouvriers agricoles, 50 et 51.
Paiement des primes, 41.
Petite culture, 51 et s.
Pisciculture, 48.
Prime d'honneur, 45, 46, 51 et s., 60.
Prix, 24, 35, 38 et s., 43 et s., 60.
Prix de spécialités, 48.
Prix libres, 40.
Prix supplémentaires, 39.
Procès-verbal, 37.
Produits agricoles, 12.
Propriétaires, 44.
Publicité, 14, 15, 37.
Reboisement, 48.
Receveur municipal, 32.
Réclamation, 37, 40.
Résidence, 21.
Sériciculture, 48.
Société des agriculteurs de France, 58.
Souscription, 31.
Subvention, 25, 26, 31.
Sylviculture, 48.
Viticulture, 48.
Volailles, 12.

1. — Des concours agricoles sont des expositions et manifestations pratiques dont le but est de provoquer les progrès par l'exemple, et, en faisant toucher du doigt les améliorations déjà obtenues dans les branches diverses de l'agriculture, de vulgariser les moyens d'y parvenir, d'encourager les meilleures méthodes de culture et d'élevage du bétail, de favoriser la construction et la diffusion d'un outillage perfectionné pour, en somme, augmenter la production du sol et multiplier les débouchés.

2. — Les concours agricoles sont organisés soit par les administrations publiques, soit par les associations agricoles particulières (V. *suprà*, v° *Comices agricoles*). Ils sont donc, suivant leur origine, publics ou privés : publics, lorsque l'État, un département, un canton, une commune ou un syndicat de communes en prennent la direction, et les organisent à l'aide de leurs fonctionnaires et de leurs ressources budgétaires; privés, lorsque, sous les autorisations de police générale, ils sont décidés et organisés par des sociétés particulières.

3. — L'ancien régime n'a pas eu d'exemple de concours. Le premier dont il soit question date du Directoire; encore ne peut-on lui donner ce nom que d'une manière détournée. Les pouvoirs publics étaient effrayés de l'entraînement manifesté dans toutes les provinces pour les défrichements. Même dans les régions qui tiraient des forêts leur plus grande prospérité, et dont le sol paraissait réservé à leur production, tous se mettaient à les détruire. François de Neufchâteau, alors ministre de l'Intérieur, fit décider que des primes d'encouragement, des médailles et des prix seraient accordés à ceux qui feraient des reboisements de terrains, sous certaines conditions déterminées, soit dans leurs domaines, soit sur des terrains publics, ou qui multiplieraient diverses essences. Le Gouvernement favorisait également la propagation des arbres fruitiers. Mais si l'on distribuait des récompenses, le caractère de concours proprement dit, c'est-à-dire d'émulation faisait défaut.

4. — Si, pendant les années qui suivirent, l'agriculteur obtint des encouragements et se vit l'objet de certaines faveurs, si l'Empereur, à diverses reprises, fit distribuer des récompenses à des cultivateurs soigneux de leurs terres et de leurs bestiaux, on était encore loin de suivre l'exemple donné par les Anglais qui, dès cette époque, avaient des réunions annuelles où se distribuaient des prix attribués au mérite agricole et que se disputaient à l'envi les lords et les fermiers.

5. — A peine pendant la Restauration, le ministre de l'Intérieur, le duc Decazes, parut-il entrer dans une voie nouvelle, et par des instructions de 1819 et 1820 recommanda-t-il aux préfets de rechercher s'il n'y aurait pas lieu de favoriser en France la création de sociétés agricoles semblables à celles qu'avaient formées les Anglais et s'il n'y aurait pas pour l'agriculture française un grand profit à en retirer. Mais cet effort du Gouvernement fut transitoire ou du moins peu suivi; il n'aboutit, en fin de compte, qu'à l'inscription dans le budget d'une somme encore peu importante à distribuer en « encouragements à l'agriculture. »

6. — Seule l'initiative privée eut alors quelques heureux résultats. Par elle on vit, dans certaines localités, se réunir des concours dans le but surtout alors de favoriser la bonne construction d'instruments agricoles. La Société royale et centrale d'agriculture poussait dans cette voie et arrivait à se faire écouter. Une première fois, en 1837, elle fut chargée par le gouvernement de distribuer des prix de reboisement, puis, l'année suivante, de couronner en son nom et de récompenser les meilleurs ouvrages élémentaires d'agriculture destinés à l'enseignement primaire dans les campagnes. En 1840, elle mit elle-même au concours un traité pour la culture maraîchère des environs de Paris.

7. — Ce fut à cette occasion, en 1838, que le conseil général d'agriculture, inaugurant ses nouvelles fonctions, réclamait de l'administration qu'elle cherchât « à exciter le zèle des hommes bien intentionnés qui composent les comices agricoles, à appeler leur curiosité sur des perfectionnements qui attirent depuis quelque temps l'attention au lieu de la laisser concentrer sur des concours d'instruments déjà connus comme les charrues ». C'était montrer la voie à suivre. Puis il insistait sur diverses améliorations à introduire dans la tenue même des terres et demandait des récompenses pour ceux qui les auraient entreprises et obtenues.

8. — Quelques années se passèrent encore avant qu'un concours véritable fût institué avec son caractère fondamental de comparaison entre les divers produits exposés et les récompenses à ceux qui surpassaient les autres en qualités incontestables. Un arrêté du ministre de l'Agriculture fut rendu, en mars 1843, par lequel était institué un concours d'animaux de boucherie. Le concours devait se renouveler chaque année et son succès fut tel que, dans les années suivantes, des concours semblables furent établis en 1846 à Lyon et à Bordeaux, puis en 1852 à Nantes, Nîmes et Lille.

9. — On adjoignit alors au concours d'animaux gras un concours de reproducteurs et on le transporta de Poissy où il avait été tenu d'abord, à Versailles, en y ajoutant une exposition d'instruments et de produits agricoles.

10. — Vers cette époque, l'institution prit un définitif essor et le caractère qu'avec des nuances elle a gardé jusqu'à nos jours. Sur l'avis du conseil général d'agriculture, on maintint le concours national de boucherie à Poissy ainsi que les deux concours établis de la même but à Lyon; on en créa trois autres à Nantes, Nîmes et Lille. Le concours national de reproducteurs fut transporté à Versailles et six autres concours créés pour toute la France divisée à cet effet en six régions comprenant chacune un certain nombre de départements, dont les agriculteurs étaient seuls appelés à concourir ensemble. C'était réellement les concours régionaux qu'institua le décret du 15 févr. 1851 (*infra*, n. 13).

11. — En 1868, le grand concours d'animaux gras ou de boucherie qui se tenait toujours à Poissy fut transféré à Paris. On installa les animaux sous les hangars et dans les étables de l'abattoir de la Villette. L'institution s'était développée, et nul doute que maintenant, placée au centre de tout, à l'endroit où tous les chemins de fer venaient aboutir, elle ne prît d'elle-même une nouvelle impulsion. Au bout de peu de temps, ce concours général fut transféré plus au centre de Paris et il se tient, depuis lors, chaque année, au Palais de l'industrie, aux Champs-Élysées.

12. — Le ministre de l'Agriculture publie chaque année un arrêté qui fixe le règlement du concours : 1° Aux termes de cet arrêté, le concours d'animaux gras comprend : « Les animaux nés et élevés en France, reconnus les plus parfaits de conformation, les mieux préparés pour la boucherie et présentés par des agriculteurs exploitants »; 2° le concours d'animaux reproducteurs comprend les animaux des « espèces bovine, ovine et porcine, nés et élevés en France et présentés par des agriculteurs exploitants »; 3° le concours de volailles vivantes comprend des sujets qui appartiennent aux exposants au moins depuis le 1er novembre de l'année qui précède le concours; 4° le concours de volailles mortes comprend les animaux préparés pour la vente suivant les usages du commerce; 5° le concours des produits de laiterie comporte les fromages et les beurres; 6° le concours de produits agricoles divers comporte les céréales, les plantes légumineuses, fourragères, les racines fourragères et tuberculées, les plantes industrielles, les fruits oléagineux et huiles, les miels et cires, les produits séricicoles; 7° le concours d'horticulture comprend les plantes vivantes, les fleurs coupées de la région du midi, les fruits frais et secs, les légumes frais et secs; 8° le concours général agricole de Paris reçoit aussi les plantes et produits de l'agriculture, de l'horticulture, de l'arboriculture et de la floriculture de l'Algérie et de la Tunisie; 9° le concours comporte également les plantes, produits, spécimens, procédés d'exploitation du sol et des eaux, etc., des colonies françaises autres que l'Algérie et des pays de protectorat français autres que la Tunisie; 10° les marchands de produits agricoles et horticoles divers sont admis à exposer au concours; 11° les vins, cidres et poirés de France, d'Algérie et de Tunisie forment une catégorie du concours; 12° le concours admet des expositions collectives organisées par les comices et sociétés agricoles et horticoles, pour les produits agricoles, horticoles; 13° enfin, à l'occasion du concours général agricole de Paris, le ministre de l'Agriculture autorise une exposition d'instruments et de machines agricoles.

De nombreuses récompenses consistant en objets d'art, médailles et sommes d'argent, sont décernées aux exposants du concours.

Aucune récompense n'est attribuée à l'exposition spéciale d'instruments et de machines agricoles.

Le jury des récompenses est nommé par le ministre et se divise en sections qui comprennent chacune un membre élu par les exposants.

La police du concours appartient à un commissaire général nommé par le ministre.

Pour être admis à exposer, on doit adresser au ministre, au plus tard le 20 décembre de l'année qui précède le concours, une déclaration écrite; des formules de déclaration sont à la disposition des exposants au ministère et dans toutes les préfectures ou sous-préfectures.

13. — Depuis le décret du 15 févr. 1851, sous le nom de concours régionaux agricoles l'autorité publique organise des réunions où sont appelés à être exposés et comparés les animaux élevés dans une région et les produits agricoles qu'on y peut obtenir. Une ville importante, située d'ordinaire au centre, est désignée comme siège de ce concours.

14. — L'annonce des concours régionaux se fait par voie d'affiches officielles, par avance et à plusieurs reprises : deux fois dans l'année qui précède leur tenue et de nouveau au début de l'année où ils doivent avoir lieu. En outre et dans chaque département intéressé, les autorités doivent mettre en œuvre les ressources offertes par les journaux de la contrée, s'entendre avec les associations particulières du pays et donner la plus grande publicité aux conditions imposées aux divers concurrents.

15. — Lorsque l'acte qui a réglé les conditions d'un concours régional n'a pas fait l'objet de publicité à donner à ce concours, un particulier ne peut se prévaloir de ce que cette publicité aurait été insuffisante pour faire décider, par la voie contentieuse, que les délais fixés pour la production des pièces exigées des concurrents n'étaient pas obligatoires pour lui, et, par suite, pour faire annuler la décision ministérielle qui a refusé, à raison de la production tardive desdites pièces, de l'admettre à concourir. — Cons. d'Ét., 29 janv. 1875, Riverain-Collin, [Lebchr, p. 78]

16. — Le nombre des circonscriptions avait été, dans l'origine, fixé à six. Peu nombreuses elles étaient, par conséquent, assez étendues, et prêtaient à des compétitions de diverses natures. A différentes reprises, elles furent modifiées quant au nombre et quant au groupement. Un arrêté du ministre de l'Agriculture fixe cette répartition, qui embrasse nécessairement une certaine période d'années pour permettre le roulement complet. Un arrêté du 1er sept. 1886 avait fixé la date des concours jusqu'en 1894 et décidé qu'il y en aurait huit chaque année; par conséquent, il répartissait le territoire en huit régions.

17. — Le roulement complet déterminé par l'arrêté de 1886 n'avait pas encore accompli son évolution que, par un nouvel arrêté en date du 6 juill. 1892, le ministre de l'Agriculture en modifiait les bases. Au lieu de huit par an, il n'y aura plus que cinq concours régionaux seulement. Les derniers arrêtés ministériels sont des 4 mars et 3 nov. 1893.

18. — Les concours ont été fixés dans les départements et dans l'ordre ci-après :

1894. — Calvados, Nord, Loiret, Lot, Meurthe-et-Moselle.
1895. — Maine-et-Loire, Marne, Puy-de-Dôme, Haute-Garonne, Isère.
1896. — Eure-et-Loir, Aisne, Allier, Lot-et-Garonne, Hérault.
1897. — Ille-et-Vilaine, Haute-Saône, Cher, Gironde, Drôme.
1898. — Orne, Ardennes, Haute-Vienne, Hautes-Pyrénées, Rhône.
1899. — Vienne, Somme, Côte-d'Or, Aude, Bouches-du-Rhône.
1900. — Loire-Inférieure, Vosges, Indre, Tarn-et-Garonne, Alpes-Maritimes.

19. — Dans l'organisation et la tenue des concours régionaux, l'Etat, les départements et la commune ont un rôle à remplir; parfois aussi les associations agricoles locales. Il faut examiner ce qui incombe à chacune de ces personnalités.

20. — L'administration supérieure fixe le lieu du concours, en règle les conditions générales, nomme les commissaires, donne, s'il y a lieu, une subvention et, en principe, fournit les prix qui seront distribués.

21. — Naturellement, ces conditions peuvent être modifiées ou augmentées suivant les circonstances, comme aussi suivant les régions. Mais voici les principales qui sont, en général, reproduites pour chaque concours. A vrai dire, bien que le titre de « concours régional » ait été conservé, par habitude, il n'y a plus, à proprement parler, de concours régional exclusivement réservé aux exposants des départements d'une région déterminée.

22. — Pour prendre part aujourd'hui à un concours régional, il suffit de résider en France, en Algérie ou aux colonies. Le commissaire général du concours est nommé par le ministre de l'Agriculture. D'ordinaire choisi parmi les inspecteurs généraux ou les inspecteurs de l'agriculture, il est le représentant naturel du ministre. Les opérations du jury, tant pour les prix à accorder que pour la prime d'honneur, sont présidées par lui, ainsi que la cérémonie de la distribution des récompenses. Mais il a, avant tout, à établir l'entente avec les autorités locales pour tout ce qui concerne la marche, le bon ordre et le succès du concours. Ses fonctions habituelles lui ont fait acquérir une expérience incontestable, et, mieux que tout autre, il connaît les nécessités de ces exhibitions. D'un autre côté, en rapport constant avec le ministère, il est au courant des inscriptions prises, des demandes qui se produisent et est, par conséquent, informé de l'importance que pourront prendre les diverses catégories du concours projeté. Il doit d'ailleurs, veiller à ce que telle ou telle spécialité ait sa place légitime et ne soit ni favorisée ni sacrifiée. Ce rôle pondérateur est d'autant plus nécessaire que parfois, il peut y avoir des rivalités et des intérêts fort différents, sinon opposés.

23. — D'autres commissaires lui sont adjoints, désignés également par le ministre et choisis en partie dans la localité où se tient le concours. Ils doivent surveiller la réception des animaux ou des objets envoyés au concours, faciliter leur classement dans les catégories où ils rentrent et, pour cela, s'entendre avec les autorités locales chargées de la tenue matérielle des locaux du concours.

24. — Les prix officiels, dans les concours régionaux, sont donnés par l'Etat et distribués en son nom. Le ministre en décide le nombre et la valeur, et chaque année, dans le budget, des sommes assez considérables sont mises à la disposition par le Parlement. A ces prix officiels sont fréquemment ajoutés des prix particuliers donnés par des associations agricoles ou des individualités importantes du pays où se tient la réunion. — V. infrà, n. 40

25. — C'est surtout sous forme de subvention que l'Etat ou les départements interviennent dans les concours régionaux. Les divers budgets leur en fournissent les moyens. Les conseils généraux prennent à cœur de favoriser des réunions agricoles, qui se tiennent, soit dans leur propre département, soit dans un département limitrophe, et qui attirent toujours un public étranger et un mouvement d'affaires dont bénéficient les habitants.

26. — L'autorité départementale n'a guère à s'occuper des concours régionaux, si ce n'est pour en favoriser la réunion par un subside plus ou moins important. Aussi voit-on les conseils généraux délibérer sur les propositions qui leur sont faites à cet effet dans les sessions qui précèdent immédiatement la date fixée pour l'ouverture du concours.

27. — En général, on choisit le chef-lieu du département pour le lieu de la réunion. Si la municipalité favorisée espère tirer de la réunion projetée des avantages nombreux pour sa population, c'est en retour d'obligations sérieuses qu'elle assume. Elle doit, en effet, offrir l'emplacement du concours, en organiser matériellement les services, fournir le personnel nécessaire et réunir les fonds suffisants pour subvenir aux diverses dépenses.

28. — Aussi les emplacements où doivent se tenir les réunions du concours ne peuvent-ils être laissés au choix exclusif de la ville intéressée. Ils sont discutés avec l'autorité supérieure, qui doit s'assurer qu'ils offriront l'espace suffisant pour recevoir les animaux, les machines et les divers produits agricoles, en même temps la commodité nécessaire au classement des catégories, ainsi que la proximité même de la ville, pour que les membres du jury puissent se réunir aisément et poursuivre leurs opérations sans surcharge de peine. Il faut d'ordinaire, en outre, autant à proximité que possible du centre du concours, un champ d'expérience, vaste et facile, où certaines machines pourront être amenées et jugées suivant le travail réel qu'elles donneront. Tous ces points ne sauraient être laissés à la décision de la municipalité sans qu'elle se soit mise d'accord avec le commissaire général.

29. — Après que l'emplacement du concours, et, dans ses grandes lignes, la répartition sur le terrain des catégories d'exposants auront été arrêtées d'accord entre le commissaire et l'autorité municipale, celle-ci reste chargée de l'exécution. Travaux d'aménagement, constructions nécessaires, etc., tout cela la regarde et lui incombe exclusivement. C'est également par son initiative et ses soins que doit être faite l'entente avec les chemins de fer et autres compagnies de transport pour les facilités à assurer aux exposants et aux visiteurs du concours.

30. — Libre à la municipalité intéressée de multiplier les attractions et les fêtes, toutes les dépenses relatives au concours, aménagement des locaux, surveillance du personnel, etc., ainsi que toutes celles que pourront nécessiter les autres réjouissances restant à sa charge.

31. — Pour y subvenir, elle bénéficie sans doute des subventions accordées par l'Etat ou votées par les assemblées départementales. Si, comme il arrive le plus ordinairement le montant en est insuffisant la commune doit, sous les autorisations réglementaires, se créer des ressources extraordinaires en faisant payer les entrées au concours ou en provoquant des souscriptions. La perception des premières se fait sous la surveillance du commissaire général, mais par les agents et sous la responsabilité du receveur municipal. C'est à lui également que doit être versé le montant des souscriptions recueillies dans le public par le maire ou sous son inspiration.

32. — Etant destinées à alléger les charges municipales de semblables ressources revêtent le caractère de deniers publics. Dès lors, le receveur municipal a seul qualité pour les encaisser (L. 5 avr. 1884, art. 153); toute autre personne qui s'immiscerait dans le maniement de ces fonds deviendrait un comptable irrégulier ou occulte tenu de rendre compte à ce titre à l'autorité compétente (L. 5 avr. 1884, art. 155). Ainsi jugé, au sujet de souscriptions faites pour subvenir aux frais d'un concours tenu à C... et des fêtes qui avaient eu lieu, et par suite des dépenses effectuées à cette occasion par le maire et ses délégués. — Cour des comptes, 4 juill. 1878, Maire de C... — V. suprà, v° Commune, et infrà, v° Cour des comptes.

33. — Le commissaire général, dont il a été question plus haut, a la haute main pour la direction des opérations du concours. Il a contribué à son organisation, il dirige son fonctionnement, en a la police, arrête son règlement, veille à la formation du jury, le préside et, en somme, commande aux divers agents de la ville détachés au service du concours.

34. — Dans la généralité des cas, une période de neuf jours est consacrée à un concours régional : pour en faciliter l'accès, on y comprend deux dimanches, pendant lesquels la population de la ville et surtout des alentours a plus de facilités pour en profiter. Dès le premier samedi, les machines sont reçues. Le lundi, les produits agricoles sont mis en place et du mercredi au second dimanche qui termine l'exhibition, les animaux visités et reçus par le vétérinaire sont exposés.

35. — Le ministre nomme les premiers membres du jury chargé de distribuer les récompenses destinées aux exposants, et les répartit suivant les catégories ou sections. Mais à ces membres désignés par l'autorité centrale viennent s'ajouter, en nombre égal aux sections du concours, deux autres délégués. Le préfet du département en nomme un, et les exposants choisissent eux-mêmes le second. Celui-ci ne peut exposer naturellement dans le concours dont le jury dont il fait ainsi partie va avoir à récompenser les plus méritants.

36. — Sous la direction d'un président qu'il choisit dans son sein, le jury partiel de chaque section délibère sur les prix à décerner aux exposants. La décision doit être prise à trois voix au moins, et si l'absence de quelque membre rend ce résultat impossible, le commissaire général doit immédiatement désigner des jurés supplémentaires pour remplacer les absents. En cas de partage, le président a voix prépondérante. Il peut se trouver des cas où le jury de la section des produits agricoles a besoin d'être éclairé par des hommes spéciaux ; il doit alors réclamer au commissaire général, qui peut en désigner, la nomination d'un ou plusieurs experts pour assister le jury dans ses opérations, sans pour cela que ces experts aient voix délibérative.

37. — Les décisions des sections du jury sont constatées par un procès-verbal signé de tous les membres, et immédiatement rendu public par voie d'affiches. Elles sont sans autre appel qu'une réclamation portée devant le jury tout entier, jugées définitivement par lui sous la présidence du commissaire général.

38. — Chaque exposant peut présenter dans chaque catégorie autant d'animaux ou de lots d'animaux et de produits qu'il veut et, par conséquent, être primé plusieurs fois. Si cette éventualité arrive, le lauréat ne touche cependant que le montant, en argent, de la prime la plus élevée, et pour chacune des autres, il lui est remis des médailles.

39. — Les animaux primés ne doivent plus être représentés dans la même catégorie. Pour éviter toute fraude, ils sont aussitôt marqués, et l'altération ou l'effacement de ces marques pourraient être punis de l'exclusion du coupable des concours publics par décision du jury.

40. — Outre ces récompenses officielles dont la valeur est prélevée sur les fonds du budget, il peut être décerné d'autres récompenses mises à la disposition du jury par des particuliers ou des sociétés libres. Les donateurs ne peuvent faire eux-mêmes l'attribution de ces récompenses. Cela a eu lieu à diverses reprises, mais il en est parfois résulté que, sous ce couvert, les décisions du jury officiel ont été contestées et contredites. Il a donc été décidé, pour éviter toutes ces difficultés, que les programmes attribuant ces prix supplémentaires seraient soumis à l'examen préalable et à l'approbation de l'administration et les récompenses elles-mêmes seraient décernées par le jury officiel.

41. — Le paiement des primes se fait sur mandat régulièrement ordonnancé par le préfet, soit au nom des lauréats, qui touchent alors directement la somme attribuée à leur prix et en donnent quittance, soit par l'entremise d'un commissaire désigné à cet effet, au nom de qui est ordonnancée la dépense totale qu'il justifie par l'émargement sur des états spéciaux, de chaque lauréat, pour la somme qui lui était attribuée.

42. — A côté des concours régionaux d'animaux et de produits, qui sont en quelque sorte le type le plus habituel, il en a été organisé chaque année d'autres, dont le but est de distribuer des primes d'honneur et des prix culturaux. Pour ne pas augmenter outre mesure les charges et les dépenses, il est d'usage de joindre la distribution de ces récompenses à celles des concours d'animaux. Mais, dans chaque arrêté pris pour la convocation des concours réguliers, le ministre le dit expressément. Par ces nouveaux prix on ne récompense plus les produits mêmes des exploitations, mais leur tenue, la perfection des méthodes avec lesquelles elles sont conduites, et celle des différents travaux qu'elles comportent, les exploitants et leurs serviteurs et auxiliaires. Ces récompenses sont de deux catégories, suivant qu'il s'agit de grande ou de petite culture.

43. — Des arrêtés du ministre de l'Agriculture ont réglé ce qui concerne la grande culture ; ils portent les dates, l'un du 28 déc. 1880, le second du 9 mars 1882. Bien que le premier ne réglât le mode à suivre que de 1887 à 1893 inclusivement et qu'il n'ait pas été remplacé par de nouvelles dispositions, il a encore servi de base aux concours de l'année 1894. Il divise les prix à distribuer en prix culturaux, prix d'honneur, prix aux écoles pratiques et fermes-écoles, prix à des spécialités, et enfin aux agents agricoles. L'arrêté du 9 mars 1882 a ajouté des prix pour les irrigations. L'arrêté le plus récent sur cette matière est du 3 novembre 1893.

44. — Ces prix dont cet arrêté fixe la valeur sont accordés à quatre catégories différentes (art. 1) :

1° Propriétaires exploitant leurs domaines directement par régisseurs et maîtres-valets (domaines au-dessus de 30 hectares) ;

2° Fermiers à prix d'argent ou à redevances fixes en nature remplaçant le prix de ferme ; cultivateurs-propriétaires tenant à ferme une partie de leur culture ; métayers isolés : propriétaires exploitant avec un seul métayer (domaines au dessus de 30 hectares).

3° Propriétaires ou fermiers exploitant plusieurs domaines par métayers.

4° Métayers isolés se présentant avec l'assentiment de leurs propriétaires, propriétaires exploitant avec un seul métayer, petits cultivateurs, propriétaires ou fermiers de domaines au-dessus de 10 hectares et n'excédant pas 30 hectares.

45. — Une prime d'honneur, consistant en un objet d'art de la valeur de 3,500 fr., peut être décernée à celui des lauréats des catégories ci-dessus, reconnu relativement supérieur, et ayant présenté, dans sa catégorie, le domaine ayant réalisé les améliorations les plus utiles et les plus propres à être offertes comme exemple. Dans le cas d'attribution de la prime d'honneur, l'objet d'art spécial à la catégorie n'est pas décerné (art. 2).

46. — Tout agriculteur ayant obtenu, dans un précédent concours, l'un des prix culturaux mentionnés ci-dessus, peut toujours se présenter dans un concours subséquent pour disputer la prime d'honneur, mais il ne reçoit cette récompense qu'autant qu'il a obtenu à nouveau un prix cultural. Dans le cas, toutefois, où le jury lui accorderait une seconde fois un prix cultural de même catégorie, sans attribution de la prime d'honneur, il ne pourrait obtenir qu'un rappel de ce prix. Tout agriculteur ayant obtenu la prime d'honneur dans un précédent concours ne peut la disputer de nouveau ; mais il peut demander que sa propriété soit visitée par le jury, et obtenir un rappel de prime d'honneur, si ladite propriété a au moins conservé la supériorité qui lui a valu la précédente récompense. Il peut, en outre, si son domaine présente des améliorations spéciales, effectuées depuis le dernier concours, obtenir l'un des prix de spécialités mentionnés dans l'art. 5 de l'arrêté (art. 3).

47. — Les directeurs des écoles pratiques d'agriculture ne des fermes-écoles, qui demandent que leurs exploitations soient visitées, peuvent recevoir un prix spécial sur la proposition du jury. Des médailles ou des sommes d'argent, destinées aux divers agents de l'école et de l'exploitation, peuvent être ajoutées à la récompense décernée (art. 4).

48. — Lorsque des améliorations ont été partielles, mais importantes et d'un résultat digne de remarque, elles peuvent être récompensées soit par des médailles d'or ou d'argent, soit exceptionnellement sur la demande du jury par un objet d'art. Ces prix dits *de spécialités*, s'appliquent aux objets suivants : viticulture, sériciculture, praticulture, cultures spéciales, sylviculture, plantation et reboisement, pisciculture, apiculture, etc. (art. 5).

49. — Aux spécialités qui viennent d'être énumérées, l'arrêté du 3 novembre 1893, maintenant les dispositions de celui du 9 mars 1882, a ajouté, pour les mêmes agriculteurs, propriétaires, fermiers ou métayers, un concours d'irrigation dont le but est de récompenser ceux d'entre eux qui auront utilisé, de la façon la plus profitable, les eaux susceptibles d'être employées à l'arrosage, à la submersion et au colmatage.

50. — Il est juste de récompenser également les agents, contre-maîtres et ouvriers agricoles qui ont concouru aux améliorations récompensées. Le jury spécial peut leur décerner des médailles et, en outre, s'il juge que ce soit juste et utile, demander pour quelques-uns des récompenses en argent.

51. — Une organisation analogue à été faite plus récemment au profit de la petite culture, par les arrêtés du 31 oct. 1883 et du 1er sept. 1886. Ils ont décidé ou réglementé l'institution de prix nouveaux.

1° Prime d'honneur de la petite culture susceptible d'être décernée aux cultivateurs du département, vignerons ou herbagers, qui, exploitant, comme propriétaires ou comme locataires ou à partage de fruits, une surface maximum de 10 hectares, avec leurs bras ou ceux de leurs enfants ou d'autres membres de leur famille, ont présenté les cultures les plus propres à être offertes comme exemple et sont reconnus les plus méritants au point de vue de l'ordre, de l'économie et de la bonne tenue de leur petite exploitation.

2° Prime d'honneur à l'horticulture pour être décernée aux jardiniers établis uniquement pour la vente des produits maraîchers ou des fruits, qui ont présenté les établissements les mieux cultivés, les mieux tenus et du meilleur rapport.

3° Prime d'honneur à l'arboriculture pour être décernée aux horticulteurs, jardiniers arboriculteurs et pépiniéristes de profession présentant les jardins et pépinières les mieux tenus et du meilleur rapport.

4° Prix pour les journaliers ruraux, qui sont décernés aux journaliers agricoles, vignerons, sériciculteurs, draineurs, etc., reconnus les plus méritants pour leur travail, leur conduite et pour l'ordre, l'économie et la bonne tenue de leur ménage.

5° Prix aux serviteurs à gage des deux sexes jugés les plus méritants par la longueur de leurs services, leur capacité professionnelle et leur conduite.

52. — Pour être admis à ces divers concours de primes d'honneur et de prix spéciaux, les concurrents doivent faire parvenir leur déclaration ou le mémoire qu'on leur demande au plus tard le 1er mars de l'année qui *précède celle du concours régional agricole.* C'est, en effet, à l'occasion de ce concours que sont ouverts ceux dont nous parlons.

53. — Le jury chargé d'examiner les candidatures aux primes d'honneur et aux prix spéciaux ne peut être le même que celui du concours des animaux qui doit avoir lieu l'année suivante. Le ministre en désigne les membres longtemps à l'avance pour que le jury ait le temps de parcourir les diverses exploitations qui se mettent sur les rangs et d'examiner les titres de tous dans chacune des catégories. Il se divise en trois sections correspondant aux trois primes d'honneur. Les sections se réunissent pour attribuer les prix aux ouvriers agricoles journaliers ruraux et aux serviteurs à gages. Les travaux du jury doivent commencer immédiatement après la remise des déclarations et être terminés le 31 décembre au plus tard. A l'issue de ces opérations, le jury remet au préfet son rapport, la liste des récompenses et les dossiers des concurrents. Ces documents doivent être transmis au ministre, au plus tard, le 1er février. La proclamation des récompenses a lieu à la distribution solennelle des récompenses, avec celles du concours régional qui se tient dans la région l'année suivante.

54. — A côté des concours régionaux de bestiaux dont il vient d'être question, et qui comprennent surtout les types des espèces bovine, ovine et porcine élevées dans les différentes régions du territoire, il faut mentionner les concours régionaux spéciaux à l'élevage de l'espèce chevaline. Cette industrie a une importance telle et des besoins particuliers si grands qu'on ne pouvait la réunir aux concours de bestiaux, sans risquer de compromettre les résultats qu'on en pouvait attendre.

55. — Les associations agricoles, principalement les comices (V. ce mot, n. 2-43), organisent également des concours, qui, par suite d'une entente presque générale avec les autorités locales, ont lieu sous l'inspiration de ces dernières sociétés dans chaque canton. Il en résulte des réunions dont le caractère est réellement mixte : officielles d'une part, privées de l'autre. On y distribue des récompenses qui sont accordées de divers côtés. Il est toujours à désirer que les seuls intérêts de l'agriculture y soient en jeu et qu'elles puissent se tenir à l'abri de compétitions regrettables.

56. — Ces concours cantonaux sont alors, pour le canton, ce qu'est le concours régional pour une circonscription plus étendue. Il s'opère d'ailleurs ainsi une sélection entre les animaux les plus remarquables et tout naturellement la désignation est faite pour des exhibitions plus importantes. Mais de plus les petits cultivateurs constatent de leurs yeux les progrès réalisés chaque année par eux et auprès d'eux, et une louable émulation s'établit entre tous. Pour apprécier les résultats obtenus on discute les moyens employés, et de la sorte on étudie les perfectionnements apportés et, par conséquent, ceux à imiter.

57. — Ces résultats s'apprécient surtout lorsque les circonstances provoquent l'organisation de concours tout à fait spéciaux, organisés dans un but technique et particulier. Tels ont été, à diverses reprises, des concours de faucheuses, de moissonneuses, de défonceuses, où les constructeurs amenaient leurs machines dans une exploitation déterminée, et là effectuaient le travail qu'on en attendait. La comparaison des moyens et des résultats donne lieu à des distributions de récompenses. Depuis quelques années, ces concours techniques se sont multipliés, sous l'empire de besoins urgents et momentanés. La chlorose des vignes, par exemple, a provoqué des concours de pulvérisateurs, la sécheresse de 1893 des concours de broyeurs d'ajoncs et de brindilles.

58. — Dans cet ordre d'idées, la Société des agriculteurs de France a pris une place importante, en favorisant de divers côtés de semblables réunions.

59. — L'Algérie n'est pas absolument restée en dehors de ce mouvement progressif. Un arrêté ministériel de 1848 organisa une exposition annuelle des produits agricoles, animaux, légumes et fruits de la colonie. Pendant quelques années, chaque province eut son exposition particulière, mais à partir de 1856, il ne devait plus y avoir qu'une exposition générale devant se tenir successivement dans chacune des provinces (Arr. 15 sept. et 8 nov. 1856). Tour à tour en vigueur puis supprimées et reprises de nouveau, ces diverses organisations n'avaient en somme rien de bien régulier et de définitif. Ce n'étaient que des tâtonnements.

60. — L'institution des primes d'honneur et des prix culturaux a été étendue aux départements de l'Algérie par un arrêté ministériel du 1er oct. 1884. Bien que ce document n'ait en réalité statué que pour trois années, et que depuis il n'ait pas été remplacé par de nouvelles dispositions, il continue à avoir son effet chaque année par une sorte de tacite consentement de l'administration. Son économie est, à très-peu de chose près, la même qu'en France pour les arrêtés sur les primes d'honneur, les prix culturaux et de spécialités. — V. *supra*, n. 44 et s.

CONCUBINAGE.

BIBLIOGRAPHIE.

Aubry et Rau, *Cours de droit civil français,* 1869-1883, 4e édit., 8 vol. in-8°, t. 7, § 649, p. 26 et 27. — Baudry-Lacantinerie, *Précis de droit civil,* 4e édit., 3 vol. gr. in-8°, t. 2, n. 374, 399 *bis.* — Bedel, *Nouveau traité de l'adultère et des enfants adultérins,* 1825, in-8°. — Bonnet, *Des dispositions par contrat de mariage et des dispositions entre époux,* 1875, 2e édit., 3 vol. in-8°, t. 3, n. 889 et s. — Chabot, *Questions transitoires sur le Code civil,* 1829, 3 vol. in-8°, v° *Dons entre concubinaires.* — Coin-Delisle, *Commentaire du titre des donations et testaments,* 1855, 2e édit., 1 vol. in-4°, sur l'art. 902. — Delvincourt, *Cours de Code civil,* 1824, 5e édit., 3 vol. in-8°, t. 2, p. 60, note 12. — Demante et Colmet de Santerre, *Cours analytique du Code civil,* 1873-1884, 9 vol. in-8°, t. 4, n. 29. — Demolombe, *Traité des donations entre-vifs et des testaments,* 1876, 6 vol. in-8°, t. 1, n. 566 et 567. — Duranton, *Cours de droit français,* 1844-1845, 4e édit., 22 vol. in-8°, t. 2, n. 157 et s.; t. 8, n. 242; t. 10, n. 367 et 368. — Fuzier-Herman, *Code civil annoté* (en cours de publication), sur l'art. 893, n. 18 et s., 1133, n. 81, 85 et s. — Grenier, *Traité des donations et des testaments,* 1847, 4e édit., 4 vol. in-8°, t. 1, n. 148 et 148 *bis.* — Guilhon, *Traité des donations entre-vifs,* 1810, t. 1, n. 213 et s. — Laurent, *Principes de droit civil français,* 1869-1878, 3e édit., 33 vol. in-8°, t. 11, n. 136; t. 16, n. 153 et s.; t. 26, n. 450. — Marcadé et Pont, *Explication théorique et pratique du Code civil,* 1872-1884, 7e édit., 13 vol. in-8°, t. 3, sur l'art. 902. — Merlin, *Répertoire universel et raisonné de jurisprudence,* 1827-1828, 5e édit., 18 vol. in-4°, v° *Concubinage.* — Poujol, *Traité des donations entre-vifs et testaments,* 1840, 2 vol. in-8°, sur l'art. 911. — Rolland de Villargues, *Répertoire de la jurisprudence du notariat,* 1840-1845, 2e édit., 9 vol. in-8°, v° *Concubinage.* — Saintespès-Lescot, *Des donations entre-vifs et des testaments,* 1855-1861, 5 vol. in-8°, t. 1, n. 169. — Sébire et Carteret, *Encyclopédie du droit* (20 livraisons), v° *Concubinage.* — Troplong, *Des donations entre-vifs et des testaments,* 1872, 3e édit., 4 vol. in-8°, t. 2, n. 568 et s. — Toullier et Duvergier, *Droit civil français,* 1830-1848, 6e édit., 21 vol. in-8°, t. 5, n. 719. — Vazeille, *Résumé et conférence des commentateurs du Code civil sur les successions, donations et testaments,* 1847, t. 2, sur l'art. 902. — Zachariæ, Massé et Vergé, *Le droit civil français,* 1854-1860, 5 vol. in-8°, t. 3, § 418, note 6, p. 33.

De la nullité des dons entre concubins (Delpech) : Rec. de l'Acad. de Toulouse, t. 7, p. 272 et s. — *Le concubinage seul imprime-t-il une incapacité de recevoir par testament ou donation?* (Paul Pont) : Rev. crit., 1852, t. 1, p. 589 et s.

INDEX ALPHABÉTIQUE.

Adultère, 1, 16, 17, 39 et s., 59.
Alliance, 11.
Amende, 8.
Bâle, 77.
Berne, 78.
Bigamie, 42.
Billet, 61, 68 et 69.
Capacité, 33 et s.
Cause d'obligation, 38, 60 et s.
Communauté de biens, 12 et s.
Contrat de mariage, 41.
Coutume, 26 et 27.
Délit, 7, 23, 73 et s.
Divorce, 16.
Dol, 52.
Donation, 14, 19 et s.
Donation déguisée, 61.
Droit canon, 9.
Ecclésiastiques, 9.
Enfants légitimes, 23, 24, 40.
Enfant naturel, 54 et s.
Étranger, 35.
Hongrie, 74.
Immeuble, 28.
Incapacité, 32 et s.
Inceste, 1, 43.
Interposition de personne, 54 et s.
Legs, 14, 31, 40.
Lucerne, 80.
Mariage *in extremis*, 10.
Mineurs, 26.
Mœurs, 26.
Nullité, 29.
Obligation, 60 et s.
Partage, 14.
Pays-Bas, 75.
Pénalité, 8.
Présomptions, 15, 69 et 70.
Preuve, 15, 64 et s.
Preuve par écrit, 15, 65.
Preuve par écrit (commencement de), 15, 64.
Preuve testimoniale, 15, 64, 66 et s.
Quotité disponible, 23, 24, 31, 40, 54.
Séparation de corps, 16.
Simulation, 45.
Société, 13 et s.
Succession, 14.
Suède, 76.
Suggestion, 47 et s.
Suisse, 77.
Testament, 28.
Tiers-porteur, 61.
Vente, 45.

DIVISION.

CHAP. I. — Notions générales et historiques (n. 1 à 10).
CHAP. II. — Des effets du concubinage.
 Sect. I. — Des effets généraux du concubinage (n. 11 à 18).
 Sect. II. — Des libéralités entre concubins (n. 19 à 72).
CHAP. III. — Droit comparé (n. 73 à 82).

CHAPITRE I.

NOTIONS GÉNÉRALES ET HISTORIQUES.

1. — Le mot *concubinage* comprend tout commerce sexuel existant entre deux personnes non unies par le mariage. Dans le sens le plus usuel, le mot implique l'idée d'un commerce permanent; pour qu'il y ait concubinage, il ne suffit pas d'un rapprochement passager et fortuit (Nouveau Denisart, v° *Concubinage*, § 1). Le concubinage est un commerce illicite entre individus non mariés, mais qui pourraient l'être; il peut être aussi adultérin ou incestueux.

2. — Dans l'opinion la plus communément adoptée, il ne faudrait pas confondre le concubinage, état immoral et illicite, avec le *concubinatus* des Romains, véritable institution juridique. « Les citoyens Romains, dit Pothier (*Contr. de mar.*, n. 6), pouvaient contracter deux différentes espèces de mariage ; on appelait l'une *justæ nuptiæ*, et l'autre *concubinatus* ». Le concubinatus aurait donc été, de même que le mariage, une union consacrée et reconnue par les lois, un *semi-matrimonium*, comme disait Cujas, une sorte de mariage morganatique, d'après Heineccius, en un mot, un mariage régulier, et non un concubinage. La différence entre le *concubinatus* et les *justæ nuptiæ*, ou mariage légitime, était que, par le premier, l'homme n'élevait pas la femme au rang social qu'il occupait et ne faisait pas d'elle une *justa uxor*; tout dépendait de l'intention des parties. — Charles Giraud, *Histoire du droit de propriété*, t. 2, p. 33, et *Journal des savants*, mars 1880, p. 176 et s.

3. — Aussi regardait-on le concubinat comme une image du mariage, et voulait-on que les enfants qui en étaient provenus concourussent avec les enfants légitimes dans la succession de leur mère (L. *Si qua illustris*, 5, C. *ad. S. C. Orfitianum*).

4. — L'opinion contraire a été soutenue par Paul Gide (*Etude sur la condition privée de la femme*, 2° édit., avec additions et notes, par M. Esmein, 1885, p. 548). D'après Paul Gide, le *concubinatus* n'aurait rien de commun avec une institution juridique, et il faudrait identifier le *concubinatus* avec le concubinage. Il ne faut voir, aussi bien dans l'un que dans l'autre, qu'un acte indifférent, ni criminel, ni légitime, un simple fait qui n'existe pas aux yeux de la loi. « Cette distinction, dit-il, qui se retrouve dans toutes les sociétés policées, est nettement exprimée par la loi romaine : l'union légitime, ce sont les *justæ nuptiæ*; l'union criminelle, c'est le *stuprum*; enfin l'union dépourvue de tout caractère juridique, celle dont la loi ne s'occupe, ni pour la confirmer, ni pour la prohiber, c'est le *concubinatus*. »

5. — Quelle qu'ait été la nature du *concubinatus* romain, les empereurs chrétiens et l'Église s'efforcèrent de le faire disparaître. Il persista longtemps cependant, et on le trouve usité encore au v° siècle, ainsi que cela résulte du XVII° canon du premier concile de Tolède, tenu en l'an 400. « *Si quis habens uxorem fidelis, concubinam habeat, non communicet : cæterum qui non habet uxorem, et pro uxo concubinam habet, à communione non repellatur, tantum est unius mulieris, aut uxoris, aut concubinæ, ut sei placuerit, sit conjunctione contentus* ». — Le mot *concubinæ* était ainsi employé comme se rapportant, non au concubinage, mais au *concubinat*, « c'est-à-dire, dit l'abbé André (*Cours de droit canon*, v° *Concubinage*), à certains mariages qui se faisaient autrefois avec moins de solennités. »

6. — Notre ancienne jurisprudence ne reconnaissait d'autre union légitime entre l'homme et la femme que le mariage. — Denisart, v° *Concubinage*.

7. — Quant au concubinage, il ne fut jamais toléré en France ; les lois civiles et les lois religieuses s'accordèrent toujours pour le proscrire. « En France, dit Guyot (*Rép.*, v° *Concubinage*, le concubinage est depuis longtemps regardé comme une débauche contraire à la pureté de la religion et aux bonnes mœurs. C'est un délit que les lois punissent, non seulement lorsqu'il est commis par des clercs, mais encore lorsque des laïques s'en sont rendus coupables. On le regarde comme contraire au bien de l'État; et, sous ce point de vue, il est l'objet de la sévérité de nos lois. »

8. — Sous le rapport de la pénalité, on distinguait le concubinage suivant qu'il était accompagné ou non de scandale public ; le premier seul était atteint, et lorsqu'il s'agissait de laïques, et encore la peine ne consistait-elle que dans une amende plus ou moins élevée (Parlem. Paris, 16 févr. 1673), sans préjudice de la peine spirituelle de l'excommunication, qui pouvait être encourue, que le concubinage fût ou non accompagné de scandale. Mais pour l'application de cette peine, les officiers ne pouvaient citer devant eux les laïques, qui, s'ils étaient ainsi décernés par la juridiction spirituelle, pouvaient élever l'appel comme d'abus.

9. — Quant aux ecclésiastiques, et généralement à toutes personnes engagées par vœux religieux, le concubinage ayant un caractère plus grave, les lois canoniques le frappaient, qu'il eût été ou non accompagné de scandale ; ce fut longtemps une question de savoir si, dans ce dernier cas, c'est-à-dire celui de scandale, la juridiction laïque avait action pour la répression du désordre conjointement avec la juridiction spirituelle de l'officialité ; mais la jurisprudence s'était fixée en ce sens qu'il n'y avait pas là *cas privilégié*. — Parlem. Paris, 18 nov. 1673, 18 févr. 7 févr. 1767.

10. — Si le concubinage, même public, n'était pas, ainsi que le faisait observer, dans un réquisitoire, l'avocat général Joly de Fleury, au nombre des crimes qui sont punis de peines afflictives et infamantes, néanmoins il produisait des effets graves quant à la capacité des personnes ; c'est ainsi que la déclaration de novembre 1639 privait des effets civils les mariages contractés *in extremis* avec les concubines.

CHAPITRE II.

DES EFFETS DU CONCUBINAGE.

Section I.

Des effets généraux du concubinage.

11. — On admet généralement que le commerce illicite de deux personnes non mariées ne crée aucune alliance entre l'une d'elles et les parents de l'autre. — V. *suprà*, v° *Alliance*, n. 10 et s. et *infrà*, v° *Mariage*.

12. — La vie commune des concubins, si prolongée qu'elle soit, n'engendre pas entre eux, *de plano*, une communauté de biens, en sorte que les acquisitions faites au nom de l'un des concubins sont réputées lui appartenir jusqu'à preuve du contraire, dans les termes du droit commun. Il n'existe pas entre eux de communauté légale, comme entre époux mariés sans contrat. — Laurent, t. 26, n. 450.

13. — Il a d'ailleurs été jugé, dans le même ordre d'idées, que la collaboration de deux personnes, dans l'exercice d'un commerce ou d'une industrie, à supposer même que ce soient deux concubins, ne suffit pas pour établir l'existence d'une société civile ou commerciale, donnant droit à chacun à la moitié des profits de la collaboration commune, et que, par suite, lorsque cette collaboration vient à cesser, chacun des concubins n'a droit qu'aux bénéfices résultant des opérations faites en son nom. — Paris, 19 août 1851, Renaudot, [S. 52.2.209, P. 52.2.109, D. 54.2.84]. — V. Laurent, *loc. cit.*

14. — Toutefois, il peut se faire qu'une société universelle de gains existe entre concubins; c'est à celui qui en invoque l'existence à en faire la preuve. Tous les biens acquis ainsi en commun tombent dans l'actif de la société et doivent être partagés, sauf prélèvement des biens provenant de successions, donations ou legs. Il n'importe que certains des biens ainsi acquis en commun aient été placés au nom de l'un seul des concubins : celui-ci ne peut réclamer l'attribution exclusive desdits biens à moins de rapporter la preuve littérale et authentique du consentement de l'autre à cette attribution. — Paris, 13 juin 1872, Pinçon, [S. 74.2.37, P. 74.210, D. 73.2.169] — V. Laurent, *loc. cit.*

15. — Quant au mode de preuve à admettre pour établir l'existence d'une société universelle de gains entre concubins, il n'y a qu'à appliquer les principes généralement admis en matière de société; la preuve pourra être faite soit par écrit, soit, à défaut d'écrit, par témoins ou par présomptions, s'il existe un commencement de preuve par écrit. — Même arrêt. — Sic, Pont, *Traité des sociétés*, t. 1, n. 133 et s. — V. *infrà*, v° *Société*.

16. — Le fait de concubinage de la part d'un époux constitue l'adultère; l'adultère est une cause de divorce et aussi un des cas de séparation de corps. — V. *suprà*, v° *Adultère*, et *infrà*, v°° *Divorce*, *Séparation de corps*.

17. — En droit pénal, le fait seul du concubinage n'est pas punissable. Il peut le devenir s'il est accompagné d'autres circonstances, telles que l'adultère. — V. *suprà*, v°° *Adultère*, *Bigamie*.

18. — L'une des questions les plus importantes qui puissent se poser à propos du concubinage est celle du caractère légal qu'on doit attribuer aux libéralités entre concubins; nous avons maintenant à l'examiner.

Section II.

Des libéralités entre concubins.

19. — On a beaucoup agité, tant sous l'ancien droit que sous le droit intermédiaire et le droit nouveau, la question de savoir si les libéralités entre concubins doivent ou non être considérées comme valables.

20. — Du droit romain qui considérait le concubinat comme une image du mariage, il était naturel que ceux qui vivaient en état de concubinage fussent favorablement traités par la loi. Aussi autorisait-il expressément toute espèce de libéralité, non seulement en faveur de celles qu'il appelait concubines, c'est-à-dire, d'après la loi unique au C. *De concubinis*, les femmes libres avec lesquelles vivaient des hommes non mariés, mais encore en faveur des courtisanes : à l'égard de celles-ci, on se fondait sur des considérations qui répugneraient, et avec raison, à nos principes actuels : on disait que, lorsque les donations avaient un motif d'affection, il importait peu que ce motif fût honnête ou déshonnête; les donations ne devaient pas plus être défendues dans un cas que dans l'autre. *Affectionis gratiâ*, disait Ulpien dans la loi 5, ff. *de donat.*, *neque honestæ, neque inhonestæ donationes sunt prohibitæ : honestæ, erga bene merentes amicos vel necessario; inhonestæ, circà meretrices.* — Et quant aux premières, rien n'était plus formel, en ce qui concernait la faculté de leur faire des libéralités, que la loi 31, ff. *de donat.*, et la loi 3, § 1, ff. *de donat. inter vir. et uxor.*

21. — Une exception fut faite cependant à cette faculté : chez un peuple guerrier et conquérant, comme l'étaient les Romains, on voulut détruire autant que possible, les causes qui pouvaient énerver le soldat, amoindrir son ardeur, et détourner les deniers qui lui étaient distribués pour sa subsistance à la guerre. Ce fut l'objet d'une constitution de l'empereur Adrien. *Mulier in quam turpis suspicio cadere potest, non ex testamento militis aliquid capere potest, ut Divus Adrianus rescripsit* (L. 2, C. *de donat. inter vir. et uxor.*). — V. aussi, dans le même sens, la loi 14, ff. *de his quæ ut indign.*, et la loi 4, § 1er, ff. *de test. milit.*
— En dehors de ces exceptions, il était permis de donner à une concubine; il était seulement interdit de l'instituer héritière.

22. — Plus tard, les empereurs chrétiens cherchèrent à abolir cette législation. Constantin, particulièrement, le tenta en ordonnant aux concubinaires de se marier; mais il n'y put réussir; et sous les empereurs qui lui succédèrent, il fut encore permis d'avoir une concubine, et par conséquent de lui faire des libéralités.

23. — D'autres empereurs apportèrent pourtant certaines limites à la plénitude du droit que l'ancienne législation romaine avait laissée sur ce point. Valentinien et Gratien, par une loi que Justinien a ensuite reproduite dans sa novelle 89, ch. 12, voulurent qu'on distinguât entre le cas où celui qui donnait à une concubine avait des enfants légitimes et celui où il n'en avait pas. Dans la première hypothèse, ils décidaient que la concubine et les enfants nés du concubinage ne pourraient recevoir que le douzième des biens laissés à la mort du donateur, et le vingt-quatrième seulement, s'il n'était pas provenu d'enfant du concubinage. Dans le second cas, le concubinaire qui n'avait ni père ni mère, pouvait donner à sa concubine aux enfants qu'il avait eus d'elle, jusqu'à trois douzièmes de ses biens.

24. — Justinien modifia d'abord, ainsi qu'il le dit dans la novelle ci-dessus indiquée, ces dispositions, du moins à l'égard de ceux qui n'avaient pas d'enfants légitimes, en leur permettant de donner la moitié de leurs biens à leurs concubines et aux enfants nés d'elles. Mais, bientôt, il rétablit entièrement les dispositions des empereurs Valentinien et Gratien sur ce cas particulier, et continua de maintenir les autres.

25. — Dans notre ancien droit, les auteurs étaient à peu près unanimes à décider que les dons ou legs faits entre concubins devaient être déclarés nuls. Le concubinage étant puni comme délit, il était logique que proscrire tous les actes de libéralité qui paraissaient se rattacher au délit, comme on proscrivait sous le nom de *bâtards* les enfants qui en étaient provenus. — Ricard, *Des donations*, n. 408 et s.; Cochin, 48e plaidoyer devant la Cour des Aides, t. 2 de ses œuvres, p. 327; Automne, au tit. *De donationibus*, t. 1, p. 519, 4e édit.; Denisart, v° *Concubinage*, n. 2 et s.; Pothier, *Des donations entre-vifs*, sect. 1, n. 17; Furgole, *Des testaments*, ch. 6, sect. 2, n. 83; *L'encyclopédie méthodique*, v° *Concubinage*; Merlin, *Rép.*, v° *Concubinage*.

26. — Un édit de Charles-Quint, de 1540, défendait aux mineurs de donner leurs immeubles, par testament, à leurs concubines.

27. — Mais quelques coutumes seulement contenaient des dispositions prohibitives des libéralités entre concubins. Telles étaient la coutume de Touraine, art. 246; celle du Loudunois, art. 2, tit. *Des donations*; celle d'Anjou, art. 342; celle du Perche, art. 100; celle du Maine, art. 354; celle de Cambrai, art. 7, tit. 3.

28. — Les dons entre concubins étaient prohibés sous l'empire de la coutume de Normandie. L'art. 431 de cette coutume, en permettant de donner *à qui bon semblait*, supposait que le donataire avait la capacité de recevoir. — Cass., 13 nov. 1826, Cottun, [S. et P. chr.]

29. — Il était résulté, du silence des autres coutumes, de grandes hésitations dans la jurisprudence, auxquelles on chercha à mettre un terme par l'ordonnance de 1629 (art. 132). Cet article, s'inspirant des dispositions prohibitives contenues dans quelques-unes des coutumes, déclara toutes donations faites à concubines, nulles et de nul effet. Les parlements de Toulouse, de Bordeaux, de Grenoble, de Dijon et de Pau, appliquèrent l'art. 132 (Catellan et Vedel, liv. 2, ch. 83). Mais les parlements d'Aix et de Rennes, qui n'enregistrèrent pas l'ordonnance, ne changèrent rien à leurs usages locaux, relativement à cette question. Quant au parlement de Paris, qui n'avait enregistré l'ordonnance que dans un lit de justice tenu le 15 janv. 1629, il ne tint que fort peu de compte de l'art. 132, et sa jurisprudence varia suivant les circonstances de chaque cause; tantôt il annula complètement les donations faites entre concubins (V. arrêts cités par Brodeau, sur Louet, lettre D, § 43); tantôt il confirma ces donations et les maintint dans leur entier (Lebret, liv. 1, déc. 12); tantôt il se borna à les réduire à de simples aliments (Merlin, *Questions de droit*, v° *Concubinage*, § 1, n. 2). L'ordonnance de 1629 n'avait donc pas fixé la jurisprudence, qui continua à décider le plus souvent en fait. — V. Guyot, *Rép.*, v° *Concubinage*.

30. — C'est ainsi qu'il a pu être jugé que, dans l'ancienne jurisprudence, les libéralités entre concubins libres étaient valables quand elles n'étaient pas excessives. — Poitiers, 2 juin 1808, Chedreau, [S. et P. chr.]

31. — ... Qu'il n'y a pas ouverture à cassation contre l'arrêt qui maintient un legs purement rémunératoire de la quotité disponible, fait sous l'empire de l'ordonnance de 1629 à une concubine non mariée, par un donateur également libre. — Cass., 1er fruct. an XIII, d'Heudicourt, [S. et P. chr.]

32. — Mais on admettait que le concubinage adultérin, notoire et authentiquement constaté, opérait entre concubins incapacité de donner et de recevoir. — Cour sup. de Bruxelles, 19 févr. 1823, A..., [S. et P. chr.]

33. — La loi du 17 niv. an II a abrogé l'art. 132 de l'ordonnance de 1629, prohibitif des dons entre concubins. — Amiens, 6 flor. an XII, Fayart, [S. et P. chr.] — Poitiers, 2 juin 1808, précité. — Les lois du 17 niv. an II et du 4 germ. an VIII n'ayant établi aucune incapacité de recevoir entre les concubinaires, les prohibitions de l'ancien droit à cet égard doivent donc être considérées comme ayant cessé d'exister depuis la promulgation de ces lois.

34. — Il a été jugé cependant, en sens contraire, que l'art. 132 de l'ordonnance de 1629, portant prohibition des dons entre concubins, est restée en vigueur jusqu'à la promulgation du Code civil, et même après les lois des 17 niv. an II et 4 germ. an VIII; qu'en conséquence, tous dons antérieurs au Code civil, entre concubins, devaient être réputés non avenus. — Cass., 19 janv. 1830, Calvet, [S. et P. chr.] — D'après cet arrêt, les deux lois des 17 niv. an II et 4 germ. an VIII ne contenant pas un système général sur les successions et donations, n'ont abrogé d'autres incapacités de donner et de recevoir que celles sur lesquelles elles se sont particulièrement expliquées.

35. — Il a été jugé aussi que les dons entre concubins, faits avant la publication du Code civil, étaient nuls, et que la nullité d'un tel don a dû être prononcée quand même il aurait eu lieu en pays étranger et entre personnes unies par un mariage nul. — Cass., 13 août 1816, Champeaux, [S. et P. chr.]

36. — Sous le Code civil, le concubinage n'est pas par lui seul, et indépendamment de toute autre circonstance particulière, une cause de nullité des libéralités entre concubins; il n'entraîne entre eux aucune incapacité de donner ou de recevoir. Il est, en effet, de règle que les causes d'incapacité admises dans l'ancien droit ne subsistent plus comme telles, lorsqu'elles n'ont pas été expressément rappelées ou reproduites par le Code civil; c'est ce qui ressort de l'art. 7, L. 30 vent. an XII, d'après lequel toutes les dispositions des lois romaines, des ordonnances et des coutumes relatives aux matières dont s'occupe le Code, ont cessé de faire loi à dater du jour de la promulgation des parties de ce Code qui y correspondent. Le Code civil a créé un système nouveau et complet sur les successions et donations, et par le seul fait de la promulgation du titre des donations, les règles selon lesquelles les concubins étaient incapables de se faire des dons n'ont plus eu de force en France. D'ailleurs, sur ce point particulier, l'examen des travaux préparatoires du Code ne laisse aucun doute. Il y avait dans le projet primitif un article ainsi conçu : « Ceux qui ont vécu ensemble dans un concubinage notoire, sont respectivement incapables de se donner ». Or, la section de législation du Conseil d'Etat a fait retrancher cet article du projet (Fenet, t. 2, p. 275). C'est donc que cette incapacité n'était pas maintenue. Treilhard a dit aussi en présentant l'exposé des motifs du titre des successions, que l'on n'avait pas voulu autoriser des inquisitions propres à exciter le scandale, et qui pouvaient être également injustes et odieuses (Fenet, t. 12, p. 141). De plus, l'art. 902, C. civ., a disposé que « toutes personnes peuvent donner et recevoir soit par donations entre-vifs, soit par testaments, exceptés celles que la loi en déclare incapables ». Or, parmi les incapacités que la loi prononce, il n'en est pas qui atteignent les personnes vivant en état de concubinage; c'est donc que la prohibition n'existe plus à leur égard. — Cass., 1er fruct. an XIII, précité; — 1er août 1827, Malterre, [S. et P. chr.]; — 25 janv. 1842, Nerbal, [S. 42.1.687]; — 26 mars 1860, Guillot, [S. 60.1.321, P. 61.238, D. 60.1.255]; — 2 juill. 1866, Levrien, [S. 66.1.356, P. 66.979, D. 66.1.378]; — 23 juin 1887, Chaboud, [S. 87.1.361, P. 87.1.894, D. 89.1.35] — Paris, 19 germ. an XII, Castagny, [S. et P. chr.] — Amiens, 6 flor. an XII, d'Haudicourt, [S. et P. chr.] — Nîmes, 29 therm. an XII, Boule, [S. et P. chr.] — Poitiers, 2 juin 1808, précité. — Pau, 20 mars 1822, Laclède, [S. chr.] — Poitiers, 19 avr. 1822, Rateau, [S. et P. chr.] — Grenoble, 15 juin 1822, Truchet, [S. et P. chr.] — Montpellier, 23 mars 1824, Marie, [S. et P. chr.] — Paris, 17 juill. 1826, Hil, [S. et P. chr.] — Rouen, 8 janv. 1827, Solhard, [S. et P. chr.] — Montpellier, 13 févr. 1829, Guinard, [S. et P. chr.] — Lyon, 25 mars 1835, Trollion, [S. 35.2.241, P. chr.] — Orléans, 27 mai 1875, Gobert, [S. 75.2.319, P. 75.233] — Toulouse, 28 avr. 1880, Rivière, [S. 82.2.222, P. 82.1.1103] — *Sic*, Merlin, *Répertoire*, v° *Concubinage*, n. 2; Chabot, *Questions transitoires*, v° *Dons entre concubinaires*, n. 3; Toullier, t. 4, n. 719; Guilhon, t. 1, n. 213 et s.; Grenier, *Des donations*, t. 1, n. 148 et s.; Duranton, t. 8, n. 242; Vazeille, sur l'art. 902, n. 17; Rolland de Villargues, *Répertoire du notariat*, v° *Concubinage*, 2e édit., n. 13; Poujol, *Donations*, sur l'art. 911, n. 14; Pezzani, *Empêchement de mariage*, p. 46; Sebire et Carteret, *Encyclopédie du droit*, v° *Concubinage*, n. 13; Saintespès-Lescot, *Donations et testaments*, t. 1, n. 169; Troplong, *Donations et testaments*, t. 2, n 568 à 572; Paul Pont, *Revue critique*, 1852, t. 1, p. 589; Fuzier-Herman, sur l'art. 893, n. 18 et s.; Coin-Delisle, *Donations et testaments*, sur l'art. 902, n. 6; Demante, *Cours analytique*, t. 4, n. 29 *bis*; Demolombe, t. 18, n. 566 et 567; Zachariæ, Massé et Vergé, t. 3, p. 33, § 418, note 5; Aubry et Rau, t. 7, § 649, p. 26, note 11; Bonnet, *Dispositions par contrat de mariage et dispositions entre époux*, t. 1, n. 889 et s.; Marcadé, *Explication du Code civil*, t. 3, sur l'art. 902, note; Laurent, t. 11, n. 136. — Mais tout en reconnaissant que cette jurisprudence est parfaitement fondée dans l'état de notre législation, Laurent regrette que le Code civil n'ait pas prohibé les dons entre concubins.

37. — L'opinion contraire s'est fondée sur les art. 1131 et 1133, C. civ., d'après lesquels les obligations dont la cause est contraire aux bonnes mœurs ne peuvent produire aucun effet. — Cass., 28 juin 1820, le Chevalier, [S. et P. chr.] — Besançon, 25 mars 1808, Ebaudy, [S. et P. chr.] — Grenoble, 17 janv. 1812, Roquette, [S. et P. chr.] — Angers, 19 janv. 1814, Gaudin, [S. et P. chr.] — Paris, 31 janv. 1814, Lefebvre, [S. chr.] — *Sic*, Delvincourt, t. 2, p. 209; Bedel, *Traité de l'adultère*; Delpech, *Recueil de l'Académie de législation de Toulouse*, t. 7, p. 279 et s. — Dans cette opinion, on confond la cause avec les motifs qui, en fait, ont pu déterminer le disposant à faire la libéralité.

38. — Alors même qu'il serait établi que la libéralité n'a été déterminée que par le fait même du concubinage, elle n'en resterait pas moins valable; pourvu, si c'est une libéralité entre-vifs, qu'elle présente le caractère d'une véritable donation directe et actuelle. Les art. 1131 et 1133, relatifs à la cause illicite, sont, en général, inapplicables, non seulement aux dispositions testamentaires, mais même aux donations entre-vifs. La cause, dans les actes à titre gratuit, est, de la part du disposant, l'intention libérale, la volonté de donner librement exprimée. Cette cause, en elle-même, ne peut jamais être illicite. — Demolombe, *loc. cit.*; Aubry et Rau, t. 7, § 649, p. 26, et note 11, et § 651.

39. — Il en résulte que le concubinage, même adultérin, ne rend pas les concubins incapables de recevoir respectivement des dons ou des legs. — Riom, 6 août 1821, Terrasse, [S. et P. chr.] — Montpellier, 23 mars 1824, [S. et P. chr.] — Paris, 17 juillet 1826, Hil..., [S. chr.] — *Sic*, Demolombe, *Donations et testaments*, t. 1, n. 567. — *Contrà*, Besançon, 25 mars 1808, précité. — Grenoble, 17 janv. 1812, précité.

40. — Jugé même qu'une concubine adultère n'est pas incapable de recevoir un legs de toute la quotité disponible, de la part d'un père qui a des enfants légitimes. — Paris, 19 germ. an XII, précité.

41. — Le concubinage adultérin n'est pas une cause de nullité de la donation, alors même que l'adultère est constaté par la donation : si toutefois le titre de la donation, constatant l'adultère, est un contrat de mariage entre les deux concubins. — Cass., 1er août 1827, précité.

42. — Le concubinage existant à l'époque de la disposition testamentaire, alors même qu'il aurait été suivi d'un état momentané de bigamie, qui avait cessé lors du décès du testateur, n'est pas un obstacle à ce que le legs soit recueilli. — Turin, 7 juin 1809, Servetti, [S. et P. chr.]

43. — Le concubinage n'est pas davantage un obstacle à des libéralités dans le cas où les relations entre les concubins auraient été incestueuses. — Demolombe, *loc. cit.*

44. — Le concubinage est, en lui-même, dépourvu d'influence sur la validité de la libéralité, surtout si elle est postérieure à la cessation des relations illicites. — Cass., 28 juin 1820, le Chevalier, [S. et P. chr.]; — 26 mars 1860, Guillot, [S. 60.1.321, P. 61.238, D. 60.1.255] — *Sic*, Merlin, *Rép.*, v° *Concubinage*, n. 3; Coin-Delisle, *loc. cit.*

45. — Dans l'opinion d'après laquelle le concubinage serait, par lui seul, une cause de nullité des libéralités entre concubins, le concubinage scandaleux serait une présomption suffisante que toute vente conclue entre les concubins n'est qu'une donation déguisée, et, comme telle, cette vente serait nulle. — Angers, 19 janv. 1814, Gaudin et Laubépin, [S. et P. chr.]

46. — Si les libéralités entre concubins ne sont pas nulles en elles-mêmes, à plus forte raison, le concubinage antérieur à leur mariage n'empêche-t-il pas deux époux de se faire tous les avantages que la loi autorise entre époux, dans les cas ordinaires. — Poitiers, 19 therm. an X, Racapé et Lafraignais, [S. et P. chr.] — Le tribunal d'appel de Poitiers s'est fondé, pour maintenir la donation testamentaire, sur la qualité de femme légitime qui appartenait à la légataire au moment où le testament a été fait, et il aurait dû, d'ailleurs, décider de même au cas où cette qualité n'aurait été acquise que depuis, puisqu'aujourd'hui, ainsi que nous l'avons dit, la jurisprudence et les auteurs sont presque unanimes pour repousser le principe de l'ancienne législation qui déclarait nulles les libéralités entre concubins non unis par un mariage postérieur.

47. — Le fait seul du concubinage, lorsqu'il est dégagé de toute autre circonstance, n'est même pas par lui-même suffisant pour établir la suggestion et la captation. Les libéralités entre concubins n'étant plus prohibées, il est évident que l'on ne peut, sous le prétexte de suggestion ou de captation, rétablir une incapacité dont ils étaient jadis frappés. — Paris, 17 juill. 1826, précité. — *Sic*, Coin-Delisle, *Donations et testaments*, sur l'art. 902, n. 6.

48. — Il a été jugé cependant que le concubinage de la testatrice avec le légataire entraîne contre ce dernier une preuve suffisante de suggestion, qui le rend incapable de recevoir le legs, s'il est établi que les deux concubins se sont mutuellement légué leurs biens par des testaments calqués l'un sur l'autre. — Paris, 31 janv. 1814, précité.

49. — Mais le concubinage peut être l'un des éléments les plus graves de la captation et de la suggestion, si la libéralité faite par l'un des concubins à l'autre est attaquée pour cette cause; il faut pour cela qu'il s'y joigne des circonstances de dol et de fraude dont le demandeur, qui invoque la captation, aura à faire la preuve. — Cass., 30 mai 1826, Dumand, [S. et P. chr.]; — 25 janv. 1842, Rerbal, S. 42.1.687] — Paris, 31 janv. 1814, Lefebvre, [S. et P. chr.] — Pau, 20 mars 1822, Laclède, [S. et P. chr.] — Paris, 17 juill. 1826, précité. — Rouen, 8 janv. 1827, Solhard, [S. et P. chr.] — Paris, 25 mars 1835, Trollion, [S. 35.2.241, P. chr.] — Agen, 7 mai 1851, Déche, [S. 51.2.273, P. 51.2.427, D. 53.5.163] — Grenoble, 13 mars av. 1858, Cagnet, [D. 58.2.164] — V. aussi Bruxelles, 8 mai 1859, [*Pasicr.*, 59.2.301]; — 25 janv. 1832, [*Pasicr.*, 32.26]; — 21 nov. 1837, [*Pasicr.*, 37.2.243] — Laurent, t. 11, n. 136.

50. — Il a été jugé qu'il y a un motif suffisant pour prononcer la nullité d'un legs fait à un concubin s'il résulte des circonstances que le testateur était dominé par une influence telle que son testament ne saurait être considéré comme l'expression vraie, libre et réfléchie de sa volonté. — Lyon, 25 mars 1835, précité.

51. — ... Que le testament fait par un moribond à sa concubine, en présence et sur les interpellations de celle-ci, et à la suite de démarches trahissant l'empire qu'elle était parvenue à usurper sur sa volonté défaillante, peut être déclaré nul. — Bordeaux, 8 mai 1860, Fieffé de Liévreville, [S. 60.2.433, P. 61.823, D. 60.2.129]

52. — ... Que doivent être annulées les dispositions prises sous l'empire d'une concubine, qui a employé des calomnies et manœuvres dolosives afin d'amener le testateur à déshériter ses enfants et à obtenir des legs en faveur d'elle-même et de ses parents. — Nîmes, 30 juin 1869, sous Cass., 17 juill. 1871, Robert, [S. 71.1.68, P. 71.190, V° R... et autres, [D. 72.1.37]

53. — Cependant, on a validé un testament fait en faveur d'une concubine, alors qu'il était établi que celle-ci avait brouillé le testateur avec sa famille, qu'elle l'avait porté à intenter un procès odieux à ses parents, et qu'elle l'excitait continuellement à la boisson et à l'ivresse. — Cass., 25 avr. 1842, [D. *Rép.*, v° *Dispositions entre-vifs*, n. 273] — *Sic*, Laurent, *loc. cit.*

54. — Bien que les libéralités entre concubins soient valables, elles peuvent se trouver parfois restreintes par l'application de certains textes. C'est ce qui a lieu lorsque des enfants nés du concubinage ont été reconnus. D'après l'art. 908, C. civ., les enfants naturels ne peuvent rien recevoir au delà de ce qui leur est assigné au titre des successions. Pour assurer l'exécution de cette disposition, la loi, dans l'art. 911, dit que toute donation faite au profit d'un incapable sera nulle, si elle est faite sous le nom de personne interposée, et il ajoute que le père et mère de la personne incapable seront réputés personnes interposées. Il en résulte que, si des enfants nés du concubinage ont été légalement reconnus, le père et mère ne pourront se donner respectivement au delà de ce que l'art. 757, C. civ., assigne à cette catégorie d'enfants. — Demolombe, t. 18, n. 566.

55. — De même, s'il se trouve établi par jugement, dans les cas où cela peut se produire, qu'un individu est le père d'un enfant adultérin, il ne peut faire à la mère de cet enfant aucune donation, parce que la loi n'accorde à l'enfant adultérin que des aliments, et que la mère serait considérée comme une personne interposée.

56. — Dans l'opinion qui se prononce pour la nullité des libéralités entre concubins, on est conduit à admettre que, d'après l'art. 911, les enfants et descendants du concubin gratifié sont des personnes interposées.

57. — On a admis cependant que le legs du testateur à la fille légitime de sa concubine était valable, alors qu'il était reconnu que la concubinage de la mère n'existait pas à l'époque du testament fait en faveur de sa fille : celle-ci ne pouvait être dans ce cas réputée personne interposée. — Cass., 28 juin 1820, Legroing, [S. et P. chr.]

58. — On a dit, de même, que l'enfant d'une concubine n'était pas personne interposée, au sens de l'art. 911, lorsque l'auteur du don avait des motifs spéciaux d'affection pour cet enfant. — Rouen, 8 janv. 1827, Solhard, [S. et P. chr.]

59. — Mais dans aucun cas, et quelque système que l'on suive sur la question de la validité des libéralités entre concubins, on ne saurait admettre qu'on puisse attaquer comme étant nulles les donations qu'on dit faites à une concubine, lorsque ce concubinage ne pourrait exister et être déclaré sans remonter à sa corrélation avec une paternité adultérine. — Riom, 6 août 1821, Terrasse, [S. et P. chr.]

60. — S'il est vrai que la libéralité entre concubins présentant le caractère d'une véritable donation directe et actuelle ne saurait être annulée, au contraire celle qui ne se produit que d'une manière indirecte et sous la forme d'une obligation, ou encore qui ne consiste que dans une promesse de donner, peut être annulée conformément à la règle posée par les art. 1131 et 1133, C. civ. La libéralité constitue alors une véritable contrat commutatif, auquel sont applicables les articles précités; la cause de la convention étant contraire aux bonnes mœurs, elle pourra être annulée. — Merlin, *Rép.*, v° *Concubinage*, n. 3; Durantou, t. 8, n. 242, et t. 10, n. 367 et 368; Coin-Delisle, *loc. cit.*; Vazeille, *Donations et testaments*, t. 2, sur l'art. 902, n. 17-5° et 6°; Bayle-Mouillard, sur Grenier, n. 148 *bis*, note *a*; Bonnet, n. 892; Laurent, t. 16, n. 153.

61. — Ainsi, les billets, obligations ou contrats renfermant une donation déguisée d'une femme avec laquelle celui qui s'engage a eu un commerce adultérin, sont nuls comme faits pour une cause illicite. La nullité de tels dons peut même être prononcée à l'encontre du tiers porteur, s'il est de mauvaise foi. — Besançon, 25 mars 1808, Jeannon, [S. et P. chr.]

62. — Pour que l'obligation consentie au profit d'une concubine soit nulle comme illicite, il faut, en général, qu'il soit prouvé qu'elle n'a pas d'autre cause que le concubinage lui-même, consommé ou projeté; notamment, que l'obligation a été souscrite au profit de la concubine pour la déterminer à continuer ses relations coupables avec l'obligé, ou pour la garantir contre les conséquences pouvant en résulter. — Cass., 19 janv. 1830, Teillier, [S. et P. chr.]; — 2 févr. 1833, Labau et Rougé, [S. 53.1.428, P. 53.1.61, D. 53.1.57]; — 26 mars 1860, Guillot, [S. 60.1.321, P. 61.238, D. 60.1.255]; — 23 juin 1887, Chaboud, [S. 87.1.361, P. 87.1.894. D. 89.1.35] — Grenoble, 17 janv. 1812, Roquette, [S. et P. chr.] — Riom, 11 août 1846, Constant B..., [P. 46.2.438, D. 46.2.179] — Caen. 2 juill. 1872, Lebeurrier, [S. 73.2.145, P. 73.600] — Orléans, 27 mai 1875, Gobert, [S. 75.2.319, P. 75.1233] — Agen, 7 juill. 1886, Videau, [S. 86.2.189, P. 86.1.1086] — Sic, Demolombe, *Traité des contrats*, t. 1, n. 375, et *Traité des donations entre-vifs et des testaments*, t. 3, n. 40; Laurent, *loc. cit.*

63. — On dira donc qu'une obligation est valable et n'a rien d'illicite, si elle est consentie au profit d'une concubine lors de la cessation de la vie commune, et que cette obligation a pour objet la réparation d'un dommage réellement éprouvé par elle, et que, d'ailleurs, la somme promise n'a rien d'exagéré. — Cass., 26 juill. 1864, L..., [S. 65.1.33, P. 65.51, D. 64.1.347] — Grenoble, 23 janv. 1864, Estève, [S. 64.2.222, P. 64.1133, D. 64.5.234] — Aix, 10 janv. 1878, Baudoin, [S. 78.2.211, P. 78.959] — On peut dire qu'en pareil cas l'obligation est l'acquit d'un devoir de conscience, par lequel l'homme se croirait obligé à une réparation envers la femme qu'il aurait détournée de ses devoirs (Demolombe, *Traité des contrats*, t. 1, n. 375, et *Traité des donations entre-vifs et des testaments*, t. 3, n. 40). Laurent dit qu'en pareil cas l'art. 1382 doit être combiné avec l'art. 1131. « Or, il se peut, dit-il, que l'homme qui a vécu en concubinage soit le vrai coupable; il est le séducteur, la femme a été trompée; s'il s'engage à réparer ce dommage, l'obligation qu'il contracte sera très-licite ». La difficulté sera de savoir s'il y a un dommage causé, ou s'il y a faute réciproque; il y aura là une question de fait que les tribunaux auront à juger. — Laurent, t. 16, n. 154.

63 bis. — N'a pas non-plus une cause illicite le contrat par lequel un homme s'engage à payer à une femme, qui a été sa concubine, une somme déterminée pendant plusieurs années, alors que le but véritable que s'est proposé le promettant a été de ne pas laisser la mère de son enfant sans ressources après la cessation de leurs relations. — Trib. Seine, 19 juin 1894, M..., [J. *Le Droit*, 20 juin 1894]

64. — On admettait généralement, dans notre ancien droit, que la preuve testimoniale des relations illicites était admissible d'une manière absolue (Furgole, *Des testaments*, chap. 6, sect. 3, n. 194; Louet et Brodeau, lettre D, § 43; Guyot, *Rép.*, v° *Concubinage*, p. 383; Chabot, *Questions transitoires*, v° *Dons entre concubins*, n. 7; Merlin, *Questions*, v° *Concubinage*, § 1, n. 5). — V. aussi Cass., 15 nov. 1826, Cottun, [S. et P. chr.] — Pour d'autres auteurs, la preuve testimoniale ne devait être reçue qu'autant qu'elle était appuyée, soit d'un commencement de preuve par écrit, soit de la notoriété. — Lapeyrère, lettre I, n. 5; Rousseau de Lacombe, v° *Concubinage*, n. 2; Denisart, *eod. verb.*, n. 31 et 32. — V. aussi Poitiers, 23 therm. an XI, Garreau, [S. et P. chr.]

65. — On est à peu près d'accord aujourd'hui pour repousser l'emploi de la preuve testimoniale, qui peut conduire à des recherches scandaleuses qu'il est d'intérêt général d'éviter, et qui ne démontrerait pas suffisamment que l'engagement a pour cause unique le concubinage, seule circonstance pouvant autoriser l'annulation de cet engagement. Il faut donc que la preuve des relations illicites ressorte des énonciations de l'acte lui-même ou de tout autre écrit ; c'est alors seulement qu'on pourra faire une juste application de l'art. 1133, C. civ. Les juges ne pourraient pas suppléer au silence de l'acte à cet égard et se fondant sur les circonstances du litige. — Cass., 26 mars 1860, précité. — Grenoble, 17 janv. 1812, précité. — Orléans, 27 mai 1875, précité. — Toulouse, 28 avr. 1880, Rivière, [S. 82.2.222, P. 82.1103] — *Sic*, Merlin, *Répertoire*, v° *Concubinage*, n. 3 ; Vazeille, *Donations et testaments*, t. 2, sur l'art. 902, n. 17, 3°, 5° et *in fine*; Guilhon, *Donations entre-vifs*, t. 1, p. 144; Saintespès-Lescot, *Donations et testaments*, t. 1, n. 169; Pezzani, *Empêchements du mariage*, p. 49; Laurent, *Principes de droit civil*, t. 11, n. 136.

66. — De même, si l'on pouvait admettre, sous le Code civil, que les dons entre concubins doivent être réputés nuls, comme sous l'ordonnance de 1629, il faudrait reconnaître du moins que ce ne serait qu'autant que la preuve du concubinage existerait déjà : en aucun cas, on ne pourrait être admis à faire cette preuve par témoins. — Cass., 30 déc. 1829, Pérethon, [S. et P. chr.]

67. — Or, a décidé en conséquence que la preuve testimoniale du concubinage est inadmissible, s'il n'y a commencement de preuve par écrit, ou notoriété publique à l'égard des faits allégués. — Poitiers, 23 therm. an XI, précité.

68. — Les arrêts qui décident, contrairement à l'opinion que nous avons défendue, que tout don par legs ou billet fait à une concubine adultérine, doit être annulé comme contraire aux bonnes mœurs, l'admettent surtout alors que le concubinage adultérin est ou reconnu ou de notoriété publique, tellement qu'il n'y ait pas à faire d'enquêtes scandaleuses. — Grenoble, 17 janv. 1812, précité.

69. — Cependant quelques arrêts se sont fondés, pour annuler des billets ou obligations comme n'ayant d'autre cause que le concubinage, soit sur des interrogatoires, soit sur des présomptions résultant du concours de circonstances ou de la production de certains documents. — Cass., 19 janv. 1830, précité ; — 2 févr. 1833, précité. — Caen, 2 juill. 1872, précité. — Agen, 7 juill. 1886, précité. — M. Delpech, émettant l'avis que les principes de l'ancienne jurisprudence à l'égard du concubinage doivent être encore suivis aujourd'hui, soutient aussi que le législateur moderne a entendu s'en référer, quant à la preuve des relations illicites, à ces mêmes principes, tempérés, s'il on veut, ajoute-t-il, par l'esprit de notre législation actuelle. — *Recueil de l'Académie de législation de Toulouse*, t. 7, p. 279 et s.

70. — Ainsi, il a été décidé que des présomptions graves, précises et concordantes peuvent être regardées comme suffisantes pour établir le fait du concubinage. — Cass., 15 nov. 1826, précité.

71. — Il a été jugé que la preuve de la cause illicite est régulièrement faite, lorsqu'elle est puisée, non dans des investigations indiscrètes ou fâcheuses, mais dans une correspondance spontanément versée aux débats par le prétendu créancier. — Cass., 23 juin 1887, précité. — Il semble qu'il y ait là un système intermédiaire entre celui qui fait résulter la preuve de la cause illicite de l'acte même d'obligation, et celui qui admet tout genre de preuve.

72. — En supposant que les dons entre concubins puissent être réputés nuls, on a admis que l'auteur d'un don fait à une concubine est recevable à proposer sa propre turpitude pour faire annuler le don (rés. impl.). — Besançon, 25 mars 1808, Jeannon, [S. et P. chr.]

CHAPITRE III.

DROIT COMPARÉ.

73. — Dans le droit pénal moderne, à l'étranger comme en France, le concubinage n'est plus, en général, puni en lui-même, lorsqu'il ne cause pas un scandale public ou ne se complique pas de circonstances qui en font un crime ayant dans les Codes une autre dénomination : inceste, attentat à la pudeur, etc. Il existe pourtant encore un certain nombre de législations qui punissent les relations sexuelles hors mariage comme un délit *sui generis*, soit d'une façon absolue, soit sous certaines conditions d'âge de la femme. Nous en citerons quelques exemples.

§ 1. HONGRIE.

74. — L'homme qui se livre à un commerce sexuel avec une jeune fille honnête âgée de moins de quatorze ans, commet le crime d'outrage à la pudeur, même si elle est consentante, et est puni, au maximum, de cinq ans de maison de force (C. pén. de 1878, art. 236).

§ 2. PAYS-BAS.

75. — L'homme qui, hors mariage, a un commerce avec une femme âgée de plus de douze ans et de moins de seize, est puni d'un emprisonnement de huit ans au plus; mais, sauf le cas de violence, le fait n'est poursuivi que sur plainte (C. pén. de 1881, art. 245).

§ 3. Suède.

76. — L'homme non marié qui aura eu des rapports charnels avec une femme non mariée, est puni d'une amende qui peut s'élever à 100 riksdales, même quand le fait ne tombe pas sous le coup des dispositions spéciales relatives à l'inceste, au viol, à l'attentat à la pudeur avec ou sans violence. Toutefois, la peine ne peut être prononcée que dans le cas où, sur la poursuite de la femme ou de celui qui a autorité sur elle, il aurait été légalement enjoint à l'homme de payer une subvention à l'enfant dont il peut avoir rendu la femme enceinte (C. pén. de 1864, c. 18, § 9).

§ 4. Suisse.

77. — *a) Bâle-Ville.* — Les personnes vivant en concubinage sont passibles d'une amende jusqu'à 150 fr., ou des arrêts jusqu'à trois semaines, et doivent être contraintes de se séparer (*Polizeistrafgesetz*, art. 51).

78. — *b) Berne.* — Le concubinage est puni de prison jusqu'à trente jours, et en outre, s'il y a lieu, d'une amende jusqu'à 100 fr. (C. pén., art. 163).

79. — *c) Grisons.* — Un fait d'inconduite (*Unzuchtvergehen*), même quand il n'est pas accompagné d'adultère, entraîne, tant pour l'homme que pour la femme, une amende de 20 fr. au plus; mais si les inculpés ont notoirement vécu en concubinage, ils peuvent être condamnés jusqu'à quinze jours de prison ou à une amende de 70 fr. A cette dernière peine peut se joindre l'expulsion du canton ou du cercle pour deux ans au plus (*Polizeistrafgesetz*, art. 18).

80. — *d) Lucerne.* — Les relations sexuelles hors mariage sont punies d'une amende de 20 à 80 fr., qui se double en cas de récidive. Les personnes qui vivent ensemble en concubinage sont passibles d'un emprisonnement de deux à six semaines, sans préjudice du droit de la police de les obliger à se séparer, même en l'absence d'une condamnation. Elles cessent d'être punissables quand le mariage s'en est suivi (C. pén. de police, art. 144).

81. — *e) Schaffhouse.* — Les personnes non mariées, de sexe différent, qui vivent ensemble comme mari et femme, qu'ils aient ou non le projet de contracter mariage, sont punies de prison jusqu'à un mois ou d'amende jusqu'à 100 fr. Les faits de cette nature sont jugés directement par le tribunal criminel, sur la demande des autorités ecclésiastiques, sans instruction préalable et sans plainte officielle. La police a, en outre, le devoir de séparer ceux qui vivent ensemble sans être régulièrement mariés (C. pén., art. 186).

82. — *f) Autres cantons.* — Il existe des dispositions analogues, soit contre le concubinage proprement dit, soit tout simplement contre les relations sexuelles hors mariage entre personnes dont aucune des deux n'est mariée à un tiers, dans la législation pénale des cantons ou demi-cantons d'*Appenzell* (Rhodes extérieures), (C. pén., art. 103); de *Saint-Gall*, (C. pén., art. 177); d'*Unterwalden-Obwald* (*Polizeistrafgesetz*, art. 106); de *Zug* (C. pén., art. 101).

CONCURRENCE DÉLOYALE.

Législation.

C. civ., art. 1382 et s.

Bibliographie.

Ouvrages généraux. — Allart, *Traité théorique et pratique de la concurrence déloyale*, 1892, 1 vol. in-8°. — Amar (Moïse), *Dei nomi dei marchi e degli altri segni e della concorrenza nell' industria e nel commercio*, Turin, 1893, 1 vol. in-8°. — Bédarride, *Questions de droit commercial et de droit civil*, 1883, in-8°, p. 224 et s.; — *Le commis d'une maison de commerce peut-il, en s'établissant, se donner comme lui ayant appartenu? Peut-il exercer un commerce similaire dans la même ville que cette maison? Caractère de l'interdiction qui en résulterait.* — Bert (Emile), *De la concurrence déloyale*, 1888, 1 vol. in-8°. — Blanc (Etienne), *Traité de la contrefaçon en tous genres et de sa poursuite en justice*, passim, 1855, 4° édit., 1 vol. in-8°. — Brany (Alexandre), *Nouveau traité des marques de fabrique et de commerce, du nom commercial et de la concurrence déloyale*, Bruxelles, 1880, 1 vol. in-8°. — Calmels (E.), *Des noms et marques de fabrique et de commerce et de la concurrence déloyale*, 1858, 1 vol. in-8°. — Carrel, *Traité des noms et marques de fabrique et de la concurrence déloyale*, 1880, 1 vol. in-8°. — De Maillard de Marafy, *Grand dictionnaire international de la propriété industrielle au point de vue commercial, des marques de fabrique et de commerce et de la concurrence déloyale*, 6 vol. gr. in-8°. — Gastambide (A.), *Traité théorique et pratique des contrefaçons en tous genres*, 1837, 1 vol. in-8°. — Huard (H.), *Répertoire de législation, de doctrine et de jurisprudence en matière de marques de fabrique, noms, enseignes, etc.*, 1883, 1 vol. in-12. — Joubert (Raoul), *De la concurrence déloyale ou de l'apposition frauduleuse d'une marque ou d'un nom français sur des produits fabriqués à l'étranger*, 1890, 1 vol. in-12. — Lallier (J.-A.), *De la propriété des noms et des titres*, passim, 1890, 1 vol. in-8°. — Lestra (Jean), *De la concurrence déloyale*, Lyon, 1879. — Mayer (G.), *De la concurrence déloyale et de la contrefaçon en matière de noms et de marques*, 1879, 1 vol. in-8°. — Plocque (Aug.), *De la concurrence déloyale par homonymie*, 1893, 1 broch. in-8°. — Pouillet, *Traité des marques de fabrique et de la concurrence déloyale en tous genres*, 1892, 1 vol. in-8°, n. 459 et s. — Pouillet, Martin, Saint-Léon et Pataille, *Dictionnaire de la propriété industrielle, artistique et littéraire*, 1887, 2 vol. in-8°. — Rendu (A.), *Traité pratique des marques de fabrique et de commerce et de la concurrence déloyale*, 1858, 1 vol. in-8°. — Ruben de Couder, *Dictionnaire de droit commercial*, v° *Concurrence déloyale*. — Sellier (F.), *Traité de la concurrence déloyale en matière commerciale*, 1 vol. in-12. — Teulet, *Journ des trib. comm.* (Le Hir) : Rev. de dr. comm. — X..., *Modèle de fabrique*, 447 et s., 466.

Ouvrages périodiques. — *Exposition universelle, médailles et mentions honorables, droits qui en résultent* (Bertin) : Ann. prop. ind., année 1856, p. 1. — *De la concurrence commerciale, similitude des noms, pouvoirs des tribunaux* (Calmels) : Ann. prop. ind., année 1856, p. 33. — *De la concurrence commerciale dans ses rapports avec le contrat de louage d'immeubles* (de Villepin) : Ann. prop. ind., année 1866, p. 177. — *Quel est le tribunal compétent pour connaître, entre commerçants, d'une contestation relative à un fait de concurrence déloyale, spécialement lorsqu'il s'agit de l'usurpation d'un nom commercial* (G. Blin) : Bioche, J. de proc. civ. et comm., année 1867, t. 33, p. 47. — *De la concurrence déloyale, droit des étrangers* (Bert) : Le droit industriel, janvier-mars 1888. — *Du conflit des lois en Allemagne en matière de marques de commerce et de concurrence déloyale (affaire de la main noire)* (Otto Mayer) : Journ. du dr. int. pr., année 1886, p. 383. — *De la protection en Allemagne des marques de fabrique ou de commerce étrangères* (Kohler) : J. dr. int. pr., année 1887, p. 39 et s., 161 et s., et particulièrement, p. 164 et 165.

Index alphabétique.

Académie de médecine, 603 et s., 633.
Acheteur, 285.
Acte administratif, 599.
Action en contrefaçon, 33 et s., 431, 435, 478, 479, 486, 532, 543, 552, 756, 758 et s.
Adjudication aux enchères publiques, 630, 723 et 724.
Adresse, 333.
Affiches, 7, 12, 513, 791.
Agence de distribution, 81.
Agence télégraphique, 538.
Agendas, 780.
Agents, 25.
Agents d'assurance, 726, 749.
Agents de change, 617.
Agréés, 624.
Allemagne, 812 et s.
Allumettes. 641.
Almanachs, 550, 551, 594.
Alsace-Lorraine, 814 et s.
Ambassades étrangères, 634.
Ancienne maison, 121, 161, 295, 303 et s., 314.
Anglais, 798.
Angleterre, 266, 807, 871 et s.
Animaux, 583.
Annonces, 7, 27, 41, 47, 55, 76, 86, 240, 507, 516, 571, 573, 596, 804.
Annonce mensongère de la cessation des affaires par autrui, 725 et s.
Annuaire, 542.
Annuaire de commerce, 78.
Apparence générale, 470.
Appel, 800.
Appellation générique, 277, 426.
Apport, 329.
Apprenti (qualité d'ancien), 348, 377 et s.
Approbation accordée par des corps savants, 603 et s.
Arrêté municipal, 729.
Artistes, 31, 345.
Artiste-tronc, 233.
Association, 366. — V. *Société*.
Associé (qualité d'ancien), 331 et s.
Assurances mutuelles, 25.
Auteurs, 31.
Auteur principal, 73.
Autorisation de publier un journal, 505.
Autorisation maritale, 289.
Autriche, 826 et s.
Auvent, 401.

Avoués, 624.
Bail, 317, 318, 735.
Baisse de prix, 354, 361. — V. *Rabais*.
Banlieue, 253 et 254.
Banque de crédit hypothécaire, 691.
Banquier, 810.
Bassin hydrographique, 268 et s.
Bassin minéralogique, 767.
Beau-fils, 289.
Beau-père, 173, 179.
Bébés-jumeaux, 452.
Belgique, 830 et s.
Boîtes, 80, 243, 898, 462, 463, 472 et s.
Bonne foi, 8, 43 et s., 108, 519, 571.
Bouchage, 458, 467.
Boucher, 583.
Bouteilles, 263, 467, 469.
Boutiques (apparence générale des), 395 et s.
Brevet d'invention, 444 et s., 553, 556, 560, 604, 649 et 650.
Breveté, 419, 465, 649 et 650.
Bureau de poste, 251.
Bureau Veritas, 231.
Cachet, 58.
Cacheter (mode de), 458.
Café, 8, 318.
Cahier des charges, 187.
Calorifère, 702.
Canal des Deux-Mers, 230.
Caractères, 484, 516.
Caractères minuscules, 243.
Carrière, 637.
Cartes, 4.
Cartons-reliures, 41.
Cassation, 53.
Catalogue, 410, 705.
Cautionnement, 506 et 507.
Certificat, 720.
Cessionnaire d'un fonds de commerce, 121, 156, 165, 173, 286 et s., 385 et s., 579, 580, 585.
Champagne (vins de), 235, 262 et s., 807.
Changement de domicile, 405.
Chanson, 524, 525, 531, 547 et 548.
Chef de rayon, 684.
Chemin de fer, 6, 28, 219, 619, 796.
Chose jugée, 162 et s., 181, 322 et s., 434, 542, 552, 780 et s.
Circonscription administrative, 253, 268.
Circonscription régionale, 151.
Circulaires, 4, 356, 360 et 361.
Circulaires d'une maison tierce, 415.
Coalition, 652.
Coauteurs, 72.
Cochers, 403.
Codex, 276, 464.
Colis, 29.
Commerçants, 737 et s.
Commis, 456, 557, 735, 754.
Commis aux écritures, 864.
Commissaires-priseurs, 618, 750.
Commission (droits de), 24.
Commissionnaire, 754.
Commis-voyageur, 408, 677.
Communes, 626 et 627.
Compagnie d'assurances, 25, 212 et s., 217, 221, 223 et s., 676, 715, 726.
Comparaison, 691 et s.
Compétence, 599, 600, 644, 737 et s., 803 et s.
Complicité, 74 et s., 366.
Comptes-rendus judiciaires, 711.
Compteurs à eau, 729.
Concessions, 625.
Conclusions, 164.
Conclusions au fond, 756.
Concordat, 321.
Concurrence illicite, 43.

Confusion, 1 et s., 44, 61, 176 et s., 208, 212 et s., 312, 388 et s.
Confusion (absence de), 13, 97, 161, 351 et s., 374, 427, 471, 486, 490, 498, 521, 530, 572, 618.
Consommateurs, 678.
Contrefaçon, 39, 138, 476, 545, 649, 714, 722, 773.
Contre-maître, 455, 568.
Contre-maîtres (qualité d'anciens), 369 et s.
Contrôle de l'Etat, 611.
Cornet, 220.
Corsets plastiques, 428.
Couleur, 460, 462, 472, 474 et 475.
Couleurs d'une boutique, 400 et s.
Coupe (d'une chanson), 547.
Courtiers, 624, 685, 728.
Courtier d'abonnement, 409.
Cousin, 125.
Crédit, 60, 715, 746.
Crédit foncier, 692.
Crieurs, 525.
Crieurs de journaux, 494, 514.
Critiques, 11 et s., 529, 708.
Crû, 256 et s.
Curateur, 778.
Cuve vinaire, 258.
Date de fondation d'une maison de commerce, 118, 128, 133.
Débitants, 84, 279.
Décès de l'un des époux, 204 et s.
Délit, 737.
Demande nouvelle, 34 et s., 769.
Demande reconventionnelle, 768.
Dénigrement, 1 et s., 9, 51, 298, 357, 362, 663, 665 et s., 687 et s., 742, 746.
Dénigrement réciproque, 698.
Dénomination, 50, 212 et s., 463, 695, 753.
Dénomination de fantaisie, 418 et s., 426.
Dénomination nécessaire, 226, 277, 422 et s.
Dentiste, 97, 344, 382.
Dépêches télégraphiques, 537 et s.
Dépositaires, 327, 436, 468, 567, 639, 733 et 734.
Dépôt des œuvres littéraires et artistiques, 535.
Dépôt d'un titre de journal, 504, 507.
Dépôt d'une marque, 430 et s.
Dictionnaire d'adresses, 541.
Diffamation, 719 et s., 745 et 746.
Directeur d'atelier (qualité d'ancien), 373.
Directeur d'une fabrique, 339.
Directeur d'usine, 557 et 558.
Disposition des matières (dans un journal ou dans un livre), 514, 515, 541.
Disposition typographique, 490, 491, 495, 498, 513, 517, 690, 716.
Divorce, 183 et s.
Documents publics, 549.
Domaine privé, 255, 260 et 261.
Domaine public, 449, 465, 481 et 482.
Dommages-intérêts, 38, 39, 63 et s., 180, 250, 679, 772, 784, 786, 810.
Droit international, 792 et s.
Droits civils, 796 et s.
Eau de la Floride, 429.
Eaux fortes, 694.
Eaux minérales, 268 et s., 611 et 612.
Eaux minérales artificielles, 274 et s.
Eaux thermales, 280.
Ecoles, 753.
Editeur, 16, 17, 519, 543, 547, 660 et s.
Egypte, 851 et s.
Elève, 195, 339, 346, 348.

Elève (qualité d'ancien), 377 et s., 383.
Emballages, 282.
Employés, 82, 130, 195, 541, 556, 559, 619, 663, 664, 713, 716, 736, 751, 772.
Employé (fausse qualité d'ancien), 363 et s.
Employé (qualité d'ancien), 293, 297, 338 et s., 381 et 382.
Employé renvoyé, 368.
Engagements qui se forment sans convention, 737 et s.
Enonciation verbale, 342, 360, 712, 745.
Enseignes, 49, 64, 68, 86, 105, 167, 188, 225, 288, 290, 315, 318, 393 et s., 416, 476, 595, 616.
En-têtes, 588.
Entrepreneur, 354.
Enveloppes, 4, 19, 420, 442, 457 et s.
Etats-Unis, 864 et s.
Etats-Unis (citoyens des), 801.
Etiquettes, 64, 80, 84, 263, 420, 454, 463, 465, 782.
Etrangers, 70, 130, 792 et s.
Exaltation de ses produits, 7, 9, 687 et s.
Exploit, 37, 647.
Expositions, 561 et s., 638, 645.
Exposition des produits d'un concurrent, 702, 704, 714.
Fabriqué comme à..., 243.
Façon de..., 425.
Facteurs à la halle, 614.
Factures, 64, 282, 420, 573, 588, 595.
Faillite, 197, 303, 321, 668 et s., 679.
Famille (membres d'une), 100.
Femme (nom de la), 170 et s.
Femme mariée, 183 et s., 289.
Fermeture d'un établissement, 786.
Fermier d'annonces, 41.
Feuilleton, 513.
Fille, 238, 330, 391.
Fils, 211.
Flacon, 457 et s., 471.
Fondateur (nom du), 386.
Fondeur, 448, 450.
Fonds de commerce (vente d'un), 64, 110, 112, 114, 165, 173, 182, 187, 286 et s., 736, 746.
Format, 441, 484, 502, 513, 514, 567.
Forme des produits, 438 et s.
Forme des récipients, enveloppes, etc., 457 et s.
Forme géométrique, 439.
Fournisseur des ambassades étrangères, 634 et 635.
Frère, 210.
Fromages, 281.
Frontispice, 524.
Gabares, 774.
Gâteaux, 22.
Garantie (recours en), 83, 112, 284, 643 et 644.
Gendre, 173, 175, 178.
Gérant (d'un journal), 298.
Grand diplôme d'honneur, 574.
Grande-Bretagne. — V. *Angleterre*.
Homonymes, 89 et s., 308 et s.
Hôpitaux, 570.
Hors concours, 8, 573.
Hôtel, 225, 785.
Héritiers, 207.
Huissier, 771, 774 et s.
Imité de..., 243.
Imprimeur, 76, 79, 80, 552, 571.
Incendie, 676.
Indicateur, 28.
Indications de provenance, 80, 240 et s.
Initiales, 22, 180, 781.
Instruments de physique, 578.

Instructions, 415.
Interdiction de faire le commerce, 92, 111, 156, 287, 311.
Interdiction de se rétablir, 69, 104, 736.
Inventeurs, 31, 319, 399, 421 et s.
Invention, 444 et s., 553.
Italie, 874 et s.
Journaux, 26 et s., 42, 58 et s., 239, 298, 409, 537 et s., 608, 609, 683, 703, 707, 710, 722, 743, 748.
Journal de la librairie, 520.
Juge de paix, 745.
Jugements (publication des), 649, 717, 718, 787 et s.
Jury, 586.
Langue étrangère, 217.
Légion d'honneur, 600.
Lettres, 29, 411.
Liberté du commerce et de l'industrie, 6 et s., 352, 553, 651 et s., 664.
Libraires, 533, 640, 660 et s., 677, 699, 700, 732.
Licence, 435.
Licitation, 187.
Lieu de fabrication, 80, 240 et s., 567.
Lieu de provenance, 240 et s., 747, 765, 767.
Lieu de publication, 492, 493, 495, 498.
Lieu d'établissement (ancien), 126.
Linoléum, 434.
Liquidation, 303.
Liquidation judiciaire, 670 et s.
Livrées, 405.
Locaux jadis occupés par un autre négociant, 297, 310, 404 et 405.
Louage d'ouvrage, 338 et s.
Lutteur masqué, 23.
Luxembourg, 880 et s.
Machine à coudre, 575.
Machine à graver, 575.
Magasin de déballage, 668.
Magnétiseur, 12.
Maison de commerce, 584.
Maison de vente, 247.
Mandataires, 62.
Marchandises neuves, 651.
Marchandises de meubles, 618.
Marchands en gros, 582.
Marchands forains, 7.
Maréchal-ferrant, 616.
Mari, 142, 183 et s.
Marque, 32, 89, 105, 135, 138, 168, 177, 180, 181, 236, 241, 247, 248, 252, 291, 322, 334, 406, 416 et s., 438 et s., 454, 463, 476, 477, 534, 611, 646, 755 et s., 771, 792, 795, 797, 811.
Matériel d'un fonds de commerce, 294, 295, 335.
Mauvaise foi, 1, 7, 43 et s., 57 et s., 76, 77, 85, 571.
Mécanicien, 575.
Médaille du collaborateur, 580 et 581.
Médaille d'exposant, 566.
Médailles et récompenses, 327, 328, 372, 561 et s.
Médecin, 15, 332, 333, 421, 749.
Membre de l'Académie nationale, 633.
Mémorial de Sainte-Hélène, 528.
Menus-réclames, 807.
Mention honorable, 567, 596.
Mère, 238, 391.
Mineur émancipé, 150, 778.
Ministre de l'Agriculture et du Commerce, 272.
Modes, 114.
Modèle de fabrique, 447 et s., 466.
Monaco, 810.
Monopoles, 31, 259, 553.
Moules, 558.
Moyen nouveau, 34 et s.

Ne pas confondre, 47 et s., 696.
Neveu, 143.
Noms, 21, 32, 55, 64, 72, 86 et s., 322 et s., 330, 341 et s., 349, 350, 423, 469, 690, 694, 699, 740, 747, 792, 811.
Noms (dualité de), 158.
Nom (suppression de), 149 et s., 212 et s.
Nom de fille, 186, 187, 189, 210.
Nom de la femme, 170 et s.
Nom de localité, 240 et s., 469, 810.
Nom du fondateur, 166.
Nom du prédécesseur, 139, 165.
Non-commerçant, 749 et s.
Notaires, 620 et s., 749.
Nouveauté, 555.
Nouveauté de la dénomination, 227 et s., 233.
Œuvres complètes, 699.
Œuvre d'art, 466.
Œuvres littéraires et artistiques, 534.
Omnibus, 626 et s.
Oncle, 143.
Opération de bourse, 617.
Ordre public, 810.
Ouvrier, 357.
Ouvriers (qualité d'anciens), 369 et s., 375, 376, 383.
Papiers à cigarettes, 439.
Paquetage, 454.
Parenté (degré de), 116, 173 et 174.
Parents, 125.
Parodie, 531.
Partition, 543.
Partition d'opéra, 527.
Pays-Bas, 883 et s.
Pays d'exposition, 127.
Peines disciplinaires, 622 et 623.
Père, 297, 330.
Pharmacie, 70 et s., 216, 278, 290, 292, 421, 464, 570, 603 et s., 633, 752, 785.
Photographie, 345, 535 et 536.
Photographie (appareils pour la), 578.
Pilules, 292.
Plaques, 588.
Plaidoirie, 711.
Pliage, 457.
Poids et mesures, 18. 475.
Pompes funèbres, 630 et s.
Possession antérieure, 432.
Poupées, 452.
Pouvoirs des tribunaux, 118 et s., 184 et s., 202, 205, 253 260, 267, 290, 355.
Prédécesseurs médiats, 288 et s., 392.
Préjudice, 62 et s., 679.
Prénoms, 91, 97, 108, 113 et s., 124, 128 et s., 154, 180, 209, 396, 779.
Prête-nom, 47 et s., 140.
Primes des journaux, 140.
Priorité de publication, 503.
Prix, 20, 24.
Prix de vente, 441.
Prix (différence de), 502.
Prix courants, 721.
Procès-verbaux de constat, 774 et s.
Produits du sol, 248 et 249.
Produits étrangers, 686.
Produits (substitution de), 40.
Professions réglementées, 613 et s.
Programme de représentations théâtrales, 540.
Propriété littéraire et artistique, 534, 699.
Prospectus, 4, 8, 46, 47, 86, 240, 290, 328, 788.
Proximité, 251. — V. *Voisinage*.
Pseudonyme, 233 et s.
Publicité, 26.

Qualité inférieure, 427.
Quasi-délit, 737 et s.
Rabais, 517, 623, 651 et s. — V. *Baisse de prix*.
Raison commerciale, 158.
Raison sociale, 68, 105 et s., 129, 148 et s., 168, 182, 209, 212 et s., 337.
Rapports du jury, 601 et s.
Récipients, 18, 21, 457 et s.
Réciprocité (système de la), 795 et s.
Reçus, 728.
Rédacteur en chef d'un journal, 298.
Région hydrographique, 268.
Région minéralogique, 767.
Remède, 15.
Remède des secrets, 70 et s., 603 et s.
Répétition (droit de), 523, 545 et 546.
Représentant d'une maison de commerce, 407.
Reproduction (droit de), 31.
Résidence (ancienne), 309.
Résultat industriel, 446.
Roman, 521.
Roumanie, 885.
Rue (indication de la), 157.
Rythme, 548.
Saisie, 668 et s., 771 et s., 795.
Salle de vente, 618.
Sculpteur, 545 et 546.
Secret de fabrique, 329, 445, 554 et s.
Séparation de corps, 183 et s., 202 et s.
Série de prix, 549.
Seul dépositaire, 640 et s.
Seul exploitant, 249.
Seul fabricant vendant directement au consommateur, 648.
Seul opérateur, 343 et 344.
Seul préparateur d'un produit, 636.
Similitude de commerce, 38 et s., 99, 221, 500, 511.
Similitude des caractères, 134 et s., 162, 163, 172, 306, 375, 396.
Société, 74, 94, 147, 163, 167, 169, 179, 182, 237, 325 et s., 503, 587, 770.
Société anonyme, 212 et s.
Société coopérative, 164.
Société en nom collectif, 105, 168, 588.
Société étrangère, 217, 723 et 724.
Société (liquidation de), 334.
Société (dissolution de), 328, 329, 336, 337, 587, 588, 598, 736.
Solidarité, 72 et s.
Sous-titre, 215, 487, 489 et s., 495.
Sous-traitant, 354.
Spectacles, 23, 233 et s.
Successeur (mention nécessaire de la qualité de), 302 et s., 315.
Successeur (qualité de), 286 et s.
Succursales, 770.
Suisse, 886 et s.
Suppression d'un journal par l'autorité, 510.
Surmoulage, 451, 455.
Syndicats, 776 et s.
Syndicat agricole, 754.
Système de..., 425.
Tableaux comparatifs, 703.
Tarifs, 19, 623.
Titres des journaux, 42, 480 et s., 748.
Titres des œuvres intellectuelles, 476 et s., 517 et s., 541, 550.
Tramways, 219, 220, 626 et s.
Tribunaux civils, 749 et s.
Tribunaux de commerce, 103, 737 et s.
Tromperie, 263.
Trucs, 14.
Vente à la criée, 614.

Vente à perte, 652, 655 et 656.
Vente au détail, 657.
Vente au numéro, 496.
Vente aux enchères publiques, 651.
Vente d'occasion, 666.
Vente d'un journal, 748.
Vente judiciaire, 320.
Ventes mobilières, 750.
Vente par adjudication publique d'immeubles, 621 et 622.
Verres à vitres, 645.
Vétérinaire, 615 et 616.
Veuve, 142, 206, 207, 209 et s.
Vinaigre de Bully, 45.
Vins, 256 et s.
Voisinage, 111. 114. 157, 167. 175, 178, 187, 192, 251, 253 et s., 268 et s., 309, 313, 357, 394 et s., 592.
Voitures, 220, 229, 402, 403, 406, 626 et s.
Voyageur de commerce, 232, 296.
Vue d'établissements, 414.

DIVISION.

CHAP. I. — NOTIONS GÉNÉRALES. — CARACTÈRES CONSTITUTIFS DE LA CONCURRENCE DÉLOYALE (n. 1 à 85).

CHAP. II. — FORMES DE LA CONCURRENCE DÉLOYALE.

Sect. I. — **Des faits ayant pour but de produire une confusion entre établissements similaires.**

§ 1. — *Nom commercial* (n. 86 à 239).

§ 2. — *Nom de localité* (n. 240 à 285).

§ 3. — *Emploi de titres qui rattachent un établissement à un autre établissement. — Titre de successeur. — Titre d'ancien associé* (n. 286 à 391).

§ 4. — *Emploi de titres qui rattachent à un autre établissement le chef d'une maison nouvelle. — Titre d'ancien employé, d'ancien ouvrier, d'ancien élève* (n. 338 à 392).

§ 5. — *Emploi de moyens destinés à créer la confusion entre les boutiques ou magasins. — Enseignes, devantures, agencements intérieurs,* etc. (n. 393 à 415).

Sect. II. — **Des faits ayant pour but de produire une confusion entre les produits des deux établissements différents.**

§ 1. — *Imitation des signes distinctifs des produits* (n. 416 à 533).

a) Marques de fabrique ou de commerce. — Dénominations.
b) Formes des produits.
c) Formes des récipients, flacons, enveloppes, etc.
d) Titres des œuvres intellectuelles.

§ 2. — *Imitation des produits eux-mêmes* (n. 534 à 560).

a) Imitation des œuvres littéraires et artistiques.
b) Imitation de tous produits autres que les œuvres littéraires et artistiques.

Sect. III. — **Des faits qui, sans produire de confusion, ont pour objet de détourner la clientèle d'un fabricant ou d'un commerçant.**

§ 1. — *Exaltation par un négociant, des mérites de ses produits ou des siens propres* (n. 561 à 686).

a) Usurpation de médailles ou de récompenses, publication des pays d'exposition, approbation des corps savants.
b) Usurpation de qualités, agréés, notaires, vétérinaires, seul dépositaire, etc.
c) Rabais et promesses de rabais.

§ 2. — *Dénigrement de la personne ou des produits d'autrui et autres procédés analogues de concurrence déloyale* (n. 687 à 734).

Sect. IV. — **De la concurrence déloyale résultant de la violation d'engagements ou de contrats** (n. 735 et 736).

CHAP. III. — DE LA PROCÉDURE EN MATIÈRE DE CONCURRENCE DÉLOYALE.

Sect. I. — Compétence (n. 737 à 770).

Sect. II. — Procédure (n. 771 à 778).

CHAP. IV. — RÉPRESSION DE LA CONCURRENCE DÉLOYALE (n. 779 à 791).

CHAP. V. — DROIT INTERNATIONAL (n. 792 à 810).

CHAP. VI. — LÉGISLATION COMPARÉE (n. 811 à 898).

CHAPITRE I.

NOTIONS GÉNÉRALES. — CARACTÈRES CONSTITUTIFS DE LA CONCURRENCE DÉLOYALE.

1. — La concurrence déloyale est l'acte pratiqué de mauvaise foi, à l'effet de produire une confusion entre les produits de deux fabricants ou de deux commerçants, ou qui, sans produire de confusion, jette le discrédit sur un établissement rival. — Trib. Seine, 8 mai 1878, Rowland, [S. 80.2.113, P. 80.458, D. 79.3.64] — Trib. comm. Nantes, 6 mars 1880, Pellier frères, [*Ann. propr. ind.*, 83.133] — Sic, Pouillet, n. 459 *bis*; *Propriété industrielle* (de Berne), 1892, p. 135; Allart, n. 1; Amar, n. 357; Plocque, p. 7; Lyon-Caen, *La grande Encyclopédie*, v° *Concurrence, in fine*, t. 12, p. 326.

2. — Il importe peu, pour qu'il y ait concurrence déloyale, qu'on ait attaqué les productions, la fabrication du concurrent ou sa situation commerciale, son honorabilité personnelle, puisque les deux modes de procéder atteignent le même but. — Lyon, 2 août 1878, Bassat, [*Ann. propr. ind.*, 82.260]

3. — Une action en concurrence déloyale ne peut donc se justifier que s'il y a eu emploi de moyens illégaux ou de manœuvres et procédés blâmables, tendant à surprendre la confiance des acheteurs, à l'aide d'une confusion, ou à discréditer des produits rivaux et la spéculation industrielle de leur auteur. — Paris, 13 nov. 1861, Dalbanne et Petit, [*Ann. propr. ind.*, 61.414]

4. — Remarquons, à ce sujet, que l'emploi des cartes, circulaires, enveloppes, prospectus, et tout autre moyen de publicité n'est régi par aucune loi spéciale et ne donne lieu à des dommages-intérêts qu'autant que les objets employés sont conçus de manière à amener une confusion dans l'esprit de l'acheteur, et à causer un préjudice à une maison déjà existante. — Limoges, 19 déc. 1874, Chauchard et Hériot, [S. 75.2.167, P. 75.689, D. 76.5.366] — Sic, Gastambide, *Tr. des contref.*, n. 427 et s.; Sellier, *Tr. de la concurr. déloy.*, n. 43 et 44; Huard, *Rép. de législ., de doctr. et de jurispr. en matière de marques de fabriques*, etc., 3° part., p. 131, n. 201 et s.; Calmels, *De la propr. et de la contref.*, n. 189 et *Des noms et marq. de fabr.*, n. 184 et s.; Pataille et Huguet, *Code intern. de la propr. ind.*, p. 92; Rendu, *Tr. prat. de dr. industr.*, n. 692 et *Tr. prat. des marq. de fabr.*, etc., n. 500; Schmoll, *Trait. prat. des brev. d'inv.*, etc., n. 203.

5. — Il suffit, d'ailleurs, pour constituer une concurrence déloyale, de la possibilité d'une confusion voulue et cherchée, par la réunion d'éléments divers, dont chacun pris isolément ne serait pas critiquable, mais dont la réunion et la disposition sont coordonnées en vue du but à atteindre. — Trib. comm. Seine, 4 avr. 1894, Guesquin, [J. la Loi, 17 avr. 1894]

6. — Au début de toute étude sur la concurrence déloyale, il faut, se bien pénétrer d'une idée féconde que pourrait reléguer au second plan l'accumulation des nombreuses espèces rapportées, dans lesquelles il y a eu poursuite en concurrence déloyale et condamnation à des dommages-intérêts : nous voulons parler du grand principe de la liberté du commerce et de l'industrie, qui fut proclamé dans la loi du 2 mars 1791; il en résulte qu'en thèse générale, et sauf dérogation expresse dans des textes particuliers, tout industriel ou commerçant peut exploiter son établissement comme il lui semble, pourvu, d'ailleurs, qu'il ne lèse pas le droit d'autrui. — Allart, n. 2; Pouillet, n. 459; Mayer, n.; Ambr. Rendu, *Marques de fabrique*, n. 466. — V. *suprà*, v° *Chemin de fer*, n. 344 et s., n. 3543 et s. — V. encore *suprà*, v° *Commerçant*, n. 513 et s.

7. — C'est ainsi que se rend pas coupable de concurrence déloyale celui qui, dans des affiches et des annonces, s'efforce, par l'emploi de grands mots à effet, d'éblouir le public sur l'importance de son commerce de marchand forain, et sur les prétendus avantages qu'offriraient les marchandises de son déballage, alors qu'on ne trouve pas dans le charlatanisme de sa réclame, une allégation précise et déterminée constituant l'acte de mauvaise foi nécessaire pour caractériser la concurrence déloyale. — Amiens, 3 mars 1892, Gazove, [*Journ. Aud. Cour Amiens*, 92.57] — Sic, Pouillet, n. 616.

8. — ... Le cafetier qui, pour attirer la clientèle dans son établissement, fait distribuer, le jour de l'ouverture, des prospectus indiquant qu'on trouvera chez lui des consommations « hors concours », alors surtout que cette indication est reconnue exacte, et que les circonstances de la cause établissent la bonne foi du cafetier. — Trib. comm. Montpellier, 12 déc. 1893, Danvers, [*Monit. jud. du Midi*, 28 janv. 1894]

9. — De même, un industriel ne dépasse pas son droit de réclame en qualifiant sa maison de « seule maison artistique », puisque, quelle que soit l'exagération des termes employés, ceux-ci n'ont pas pour effet d'amener une confusion entre deux maisons rivales, ni de constituer une concurrence déloyale pouvant donner lieu à une critique malveillante visant, par des allusions plus ou moins voilées, l'autre maison in les produits vendus par elle, dans le but de les déprécier. — Trib. comm. Romans, 26 août 1885, [S. *Ann. propr. ind.*, 88.144]

10. — N'offrent pas non plus les caractères d'une concurrence déloyale, les publications et des agissements dictés à une personne par l'intention d'exalter son entreprise et d'y attirer les actionnaires, plutôt que par celle de nuire à un concurrent et de détourner la clientèle de celui-ci, alors d'ailleurs que le concurrent n'indique aucune circonstance où une confusion se serait produite. — Trib. comm. Nantes, 12 mars 1881, Victor Tertrais, [*Ann. prop. ind.*, 83.137]

11. — Ce qui est vrai des réclames effrénées, est aussi exact des critiques adressées aux produits de l'industrie d'autrui, pourvu, d'ailleurs, qu'elles ne dégénèrent pas en dénigrement. — Jugé, en ce sens, que ne présentent aucun moyen de concurrence déloyale les prospectus qui, n'attaquant aucun commerçant pris dans son particulier, ni dans son honorabilité, ni dans son industrie, critiquent, d'une manière purement impersonnelle, les produits d'une industrie prise dans son ensemble. — Paris, 31 janv. 1865, Piant, [*Ann. prop. ind.*, 65.139] — Sic, Allart, n. 198; Pouillet, n. 616. — Sur le dénigrement constitutif de la concurrence déloyale, V. *infrà*, n. 665 et s.

12. — Spécialement, une personne ne peut se plaindre de ce qu'une personne s'attache à ses pas dans le but de contrefaire et de critiquer ses expériences, alors que cette personne discute non l'homme, mais le principe qu'il donne à ses expériences; les prétendus phénomènes du magnétisme, et que si les affiches du défendeur sont faites sur le même modèle que celles du demandeur et reproduisent en partie les mêmes dénominations, c'est là une des conséquences de la discussion à laquelle le défendeur a certainement le droit de se livrer. — Trib. comm. Nantes, 10 juin 1880, Donato, [*Ann. prop. ind.*, 87.236]

13. — Il suffit qu'il ne puisse en résulter une erreur, pour le public, sur le nom de l'industriel qui doit exécuter ces expériences, pour qu'il n'y ait dans ces faits aucune manœuvre de nature à constituer la concurrence déloyale. — Même jugement.

14. — De même, il n'y a que l'exercice d'un droit incontestable dans le fait, par le directeur d'un établissement, de dévoiler les trucs employés par un établissement rival pour accomplir certains tours de physique amusante, alors qu'on ne peut reprocher à ce directeur d'avoir dénigré, par des affiches ou explications verbales, l'établissement rival, ses artistes ou ses employés. — Trib. comm. Marseille, 4 janv. 1893, V. Pompée et Cie, [*Gaz. Pal.*, 93.1, supp. 24]

15. — L'inventeur d'un remède ne peut agir en responsabilité contre le médecin qui, même en termes inconvenants, aurait critiqué le remède, devant un client et dans son cabinet, alors qu'il est établi que ces propos n'ont été inspirés ni par une intention méchante, ni dans la pensée de nuire à l'inventeur. — Bordeaux, 25 févr. 1873, Dutaut, [D. 73.5.407]

16. — On ne saurait admettre la demande en dommages-intérêts formée par un éditeur contre un de ses collègues qui, éditeur d'un livre analogue à l'un de ceux qu'il a lui-même fait paraître, publie une brochure dans laquelle l'auteur de l'œuvre rivale attaque le travail de son devancier. — Trib. comm. Seine, 30 janv. 1857, Delalain, [D. 58.3.40]

17. — Cette décision est conçue en termes trop généraux, et, avec Pataille, nous pensons de l'auteur que « s'il arrivait que sa critique ne fût pas désintéressée et que, pour faire valoir ses œuvres personnelles, il dépassât les limites d'une appréciation purement scientifique et littéraire...; qu'en un mot, si, au lieu d'un acte d'indépendance, il ne faisait qu'un acte de concurrence déloyale, nous ne voyons pas pourquoi il jouirait d'une immunité qui n'est écrite nulle part dans la loi ». — Pataille, *Ann. propr. ind.*, 1857, p. 37. — V. Paris, 30 déc. 1871, Fayard, [*Ann. prop. ind.*, 73.316]

CONCURRENCE DÉLOYALE. — Chap. I.

18. — Le principe de la liberté du commerce a fait rejeter assez souvent des poursuites en concurrence déloyale; les applications qui en ont été faites seront signalées dans la suite de ce travail; nous signalerons cependant dès maintenant quelques espèces qui permettent de mettre ce principe en pleine lumière. Jugé à cet égard que comme la contenance d'un récipient quelconque ne peut être une propriété exclusive, que toute personne peut faire fabriquer des récipients de la même contenance que celle dont un autre a fait usage le premier, surtout lorsque cette contenance se traduit par une mesure légale, il ne saurait y avoir concurrence déloyale de la part du marchand de beurre qui, désirant se livrer au commerce d'exportation, fait fabriquer des fréquins devant avoir la même contenance que ceux employés par un autre marchand. — Trib. Havre, 3 juin 1859, Levigoureux et Postel, [*Ann. prop. ind.*, 59.279] — *Sic*, Allart, n. 133; Pouillet, n. 483.

19. — ... De la part de celui qui adopte pour la désignation de ses produits le mode de classification précédemment employé dans ses tarifs par une maison rivale, alors que ces analogies, résultant de la nature même des produits, ne permettent néanmoins aucune confusion entre chacun des deux tarifs, à raison des nombreuses différences existant aussi bien dans le format et la nature du papier, que dans le mode d'enveloppage et l'ornementation des deux tarifs. — Douai, 13 juill. 1887, Wallaert frères, [*Ann. prop. ind.*, 91.306]

20. — Le fait, par des négociants, d'avoir fait connaître leur établissement comme ne vendant qu'au prix unique de 12 fr. 50 ne saurait constituer un privilège exclusif de propriété à cette énonciation; ceux-ci ne peuvent donc agir en concurrence déloyale les personnes qui emploient les mêmes énonciations. — Trib. comm. Seine, 20 janv. 1888, Blum, [*Ann. prop. ind.*, 90.102]

21. — Tout négociant est en droit d'apposer sur les produits de son industrie, en entier ou par abréviation, son nom patronymique qui est sa propriété, de se servir, pour contenir les marchandises qu'il fabrique, de tels récipients qu'il juge à propos d'employer, si leur forme ou leurs détails n'appartiennent point déjà à autrui; cette liberté ne peut être entravée par d'autres commerçants, sous le prétexte qu'en la limitant et restreignant sous certaines conditions déterminées, leur propre industrie serait plus à l'aise et s'exercerait plus commodément. — Rennes, 27 avr. 1893, Ducasse et Guiballe, *Jurispr. comm. et marit. de Nantes*, 93.1.273]

22. — Spécialement, un fabricant de gâteaux peut reproduire ses initiales sur chacun d'eux, bien qu'un de ses concurrents ait précédemment agi de même, lorsqu'à raison de la différence des initiales, tout acheteur, tant soit peu soucieux de ne point commettre d'erreur, peut facilement s'assurer, par la simple inspection des lettres, de l'origine des marchandises; il en est ainsi, lorsque les premières initiales adoptées étant les lettres L. V., les autres sont les lettres D. C. — Même arrêt.

23. — Un directeur de spectacles ne peut non plus être poursuivi pour concurrence déloyale à raison de ce qu'il aurait imité le genre de spectacle d'un autre directeur et de ce qu'il aurait notamment annoncé comme lui un lutteur masqué, si d'ailleurs il n'a pas, dans ses annonces, cherché à déprécier le lutteur engagé par l'autre directeur. — Trib. comm. Seine, 2 oct. 1867, Julian, [*Ann. prop. ind.*, 67.418] — *Sic*, Allart, n. 237.

24. — Un négociant ne saurait se plaindre de ce que par suite des agissements d'une maison concurrente il a été obligé de faire comme celle-ci et d'offrir à ses représentants des droits de commission plus élevés. — Aix, 4 avr. 1883, Bernon et Cie, [*Ann. prop. ind.*, 86.426] — V. *supra*, v° *Coalition*.

25. — Des agents de compagnies d'assurances à prime fixe qui n'invoquent aucune manœuvre dolosive, aucun acte déloyal, aucune allégation fausse et de mauvaise foi dirigées contre les sociétés qu'ils représentent ne peuvent agir pour concurrence illicite contre une société d'assurances mutuelles sous le prétexte que celle-ci violerait ses propres statuts et notamment promettrait de la fixité de la prime d'assurances malgré sa qualité de société d'assurances mutuelles. — Trib. Nantes, 5 juin 1893, G..., [*J. Le Droit*, 25 juin 1893]

26. — Les négociants ne dépassent pas la limite de leurs droits en ne consentant à charger un journal de leur publicité qu'à la condition qu'il ne prêterait plus son concours à leurs concurrents. — Paris, 15 févr. 1875, Cie des calorifères Garney, [D. 75.5.362]

27. — Ce fait ne saurait davantage être reproché au directeur et au fermier des annonces du journal, lorsque ceux-ci n'étaient tenus par aucun engagement vis-à-vis de ces concurrents. — Même arrêt.

28. — Lorsque des propriétaires de journaux ont affermé les colonnes de leurs publications à diverses compagnies de chemins de fer pour servir d'indicateur de leur service de correspondance et se sont interdits d'annoncer les autres entreprises de correspondances, les propriétaires de journaux peuvent refuser les insertions qui n'émanent pas des compagnies ou de ses ayants-cause. On ne saurait prétendre qu'il y ait alors complicité dans un fait de concurrence déloyale. — Trib. comm. Seine, 13 janv. 1860, Métivier, [*Ann. prop. ind.*, 60.127]

29. — Un commerçant établi dans les magasins d'un industriel qui, précédemment, exerçait un commerce similaire, ne commet pas un acte de concurrence déloyale en refusant les lettres et colis adressés à ce dernier sans donner en même temps sa nouvelle adresse. — Paris, 16 mars 1889, [*Dr. industr.*, 89.363]

30. — Mais le principe de la liberté de l'industrie doit se combiner avec un autre principe promulgué antérieurement, et renfermé dans l'art. 17, des Droits de l'homme et du citoyen, du 26 août 1789, c'est-à-dire avec celui du respect et de l'inviolabilité des droits d'autrui. — Poitiers, 18 déc. 1873, Dupré, [*Ann. prop. ind.*, 74.136]

31. — Ceux-ci sont déterminés soit par les principes généraux du droit qui commandent de ne point causer par sa faute un dommage immérité à autrui, soit par les lois spéciales qui, pour des motifs économiques ou financiers consacrent, au profit de l'État ou des particuliers, certains monopoles en vue de la rémunérer de leurs travaux ou qui assurent aux auteurs, aux artistes, aux inventeurs, etc., un droit exclusif de reproduction ou de fabrication. Il ne sera question dans cette étude que des limitations à la liberté de l'industrie qui découlent des principes généraux du droit et qui trouvent leur formule dans l'art. 1382, C. civ. Nous ne parlerons pas des violations dont peuvent être l'objet les lois qui ont établi certains monopoles et nous ne parlerons des atteintes portées aux droits des auteurs, des artistes, des inventeurs, etc., qu'autant que, par suite des circonstances, les lois spéciales de 1791, de 1793, de 1806, de 1844, etc., ne peuvent recevoir leur application. — V. Allart, n. 3; Pouillet, n. 459 *bis*; Amar, n. 339; Lyon-Caen, *Grande encyclopédie*, v° *Concurrence*, *in fine*, t. 12, p. 326. — V. *supra*, v^{is} *Allumettes chimiques*, *Armes*, *Brevet d'invention* et *infrà*, v^{is} *Dessin et modèle de fabrique*, *Propriété littéraire et artistique*.

32. — C'est, sous la même distinction, que nous parlerons des usurpations des noms de fabricants, de certains noms de lieu et de marques de fabrique ou de commerce; celles-ci, pourvu que soient remplies certaines conditions à déterminer ultérieurement, sont réprimées par des lois des 28 juill. 1824 et du 23 juin 1857; il ne sera parlé ici que des usurpations de noms ou de marques qui ne tombent point sous l'application de ces lois ou pour lesquelles cette application n'aura pas été demandée, c'est-à-dire pour lesquelles une véritable action en contrefaçon n'aura pas été intentée. — V. Allart, *loc. cit.*; Pouillet, n. 459 *bis*, 460; Lyon-Caen, *loc. cit.*; Lallier, *De la propriété des noms et des titres*, n. 197. — V. Orléans, 20 févr. 1882, Chauchard et Cie, [cité par Maillard de Marafy, t. 3, p. 267.

33. — L'action en contrefaçon et l'action en concurrence déloyale sont, d'ailleurs, deux actions essentiellement différentes; elles n'ont ni la même cause, ni le même but; la première a pour cause une propriété industrielle et pour but la conservation de cette propriété et la réparation de la violation; tout au contraire, cette cause et ce but sont totalement étrangers à l'action en concurrence déloyale qui existe ou peut exister indépendamment et en dehors de toute propriété industrielle. — Lyon, 25 mars 1863, Jaricot, [*Ann. propr. ind.*, 63.245]

34. — Différant ainsi, par leur cause et par leur but, ces deux actions ne peuvent être considérées comme implicitement comprises l'une dans l'autre; par suite, les juges d'appel ne peuvent statuer sur le mérite d'une action en concurrence déloyale, lorsque les premiers juges n'ont été saisis que d'une question de contrefaçon. — Même arrêt.

35. — De même, on ne peut, en appel, substituer une action en concurrence déloyale à une action en contrefaçon de marque de fabrique; les magistrats d'appel rejettent donc à bon droit comme non pertinente et inadmissible l'offre de prouver certains faits qui seraient de nature à justifier cette nouvelle demande.

RÉPERTOIRE. — Tome XIII.

— Cass., 30 déc. 1874, Gallet-Lefebvre, [*Ann. prop. ind.*, 76. 314]

36. — Jugé cependant qu'une demande de dommages-intérêts pour contrefaçon peut être transformée en appel en une demande de dommages-intérêts pour concurrence déloyale; ce n'est pas là une demande nouvelle. — Lyon, 8 juill. 1887, Royer, [S. 90. 2.241, P. 90.1.1342, D. 88.2.180]

37. — Les circonstances particulières de la cause expliquent d'ailleurs cet arrêt dans une certaine mesure, puisque celui-ci prend soin de spécifier qu'il en est surtout ainsi alors que, dans l'exploit introductif d'instance portant assignation en dommages-intérêts pour contrefaçon, le demandeur alléguait déjà l'existence de la concurrence déloyale. — Même arrêt.

38. — Ces limites une fois tracées, il est bon de revenir sur la notion de concurrence déloyale. Tout d'abord, et ainsi que son nom même l'indique, il faut, pour qu'il y ait concurrence déloyale qu'il y ait compétition entre deux personnes se livrant à un commerce ou à une industrie au moins analogue; hors ce cas, il peut sans doute y avoir lieu à dommages-intérêts, mais il n'y a pas véritablement concurrence déloyale. — Maillard de Marafy, t. 5, p. 230; Pouillet, n. 507, 675.

39. — Ainsi, bien que cette distinction n'ait point toujours été faite par la jurisprudence et que certains auteurs semblent même l'ignorer, il a été jugé, à juste raison, qu'il n'y a ni contrefaçon, ni imitation frauduleuse de marque, ni même concurrence déloyale, au cas où le propriétaire d'une marque reproche à un débitant d'avoir vendu ou livré à des consommateurs un produit similaire au sien, en lui attribuant indûment la dénomination par lui adoptée; en pareille hypothèse, les faits allégués constituent seulement des faits illicites et dommageables dont la réparation peut d'ailleurs être demandée dans les termes de l'art. 1382, C. civ. — Paris, 13 mai 1887, Picon et C¹ᵉ, [*Ann. prop. ind.*, 88.159, *Dr. industr.*, 88.253] — Trib. comm. Seine, 6 juin 1889, [cité par Maillard de Marafy, t. 1, p. 475] — V. aussi Trib. comm. Amiens, 31 juill. 1888, Picon et C¹ᵉ, [cité par Maillard de Marafy, t. 1, p. 443] — Trib. comm. Versailles, 10 nov. 1888, Picon et C¹ᵉ, [*Ibid.*, t. 5, p. 444] — Trib. comm. Rouen, 1ᵉʳ mars 1891, Picon et C¹ᵉ, [*Ann. prop. ind.*, 94.87] — Nous trouverons cependant plus loin des décisions contraires.

40. — En d'autres termes, se réfère seulement à des faits illicites et dommageables relevant de l'art. 1382, C. civ., et non à un acte de concurrence déloyale, la poursuite dirigée par un fabricant contre un débitant qui a substitué à son produit demandé par un consommateur un produit analogue. — Bordeaux, 12 déc. 1887, Société *la Bénédictine*, [*Gaz. Pal.*, 88.1.193] — Paris, 21 nov. 1890, Picon et C¹ᵉ, [*Ann. prop. ind.*, 93.263] — Trib. comm. Seine, 27 nov. 1888, Picon et C¹ᵉ, [*Dr. industr.*, 88.253] — Trib. Seine, 30 juin 1892, Picon et C¹ᵉ, [*J. La Loi*, 6 juill. 1892]

41. — De même, le fermier exclusif des annonces d'un journal ne peut agir en concurrence déloyale contre le fabricant des cartons-reliures de ce journal qui, dans l'intérieur de ces couvertures, publie des annonces, puisque ces deux sortes d'annonces, si dissemblables par la forme, s'adressent à un public différent et répondent à un besoin différent. — Paris, 1ᵉʳ juill. 1858, Estibal, [*Ann. prop. ind.*, 58.334] — *Sic*, Pouillet, n. 676. — V. Rendu, n. 510. — *Contrà*, Trib. comm. Seine, 22 janv. 1857, Mêmes parties, [*Ann. prop. ind.*, 57.204]

42. — Il ne peut, d'ailleurs, au cas de silence du propriétaire du journal, faire supprimer la couverture le nom du journal que celle-ci doit contenir. — Paris, 1ᵉʳ juill. 1858, précité.

43. — A un autre point de vue, le nom même donné à la concurrence déloyale sert à déterminer un autre caractère que doivent présenter les faits incriminés pour constituer des actes de concurrence déloyale; il faut supposer que le négociant poursuivi a agi de mauvaise foi; si cette condition n'est pas remplie, si on ne se trouve pas en présence d'un véritable délit civil, s'il n'y a eu que négligence ou imprudence de la part du défendeur, il peut y avoir sans doute une concurrence illicite que les tribunaux ont pour mission de réprimer, mais pour laquelle ils peuvent, à raison de la bonne foi du défendeur, s'abstenir de prononcer des dommages-intérêts. — Pouillet, n. 678; Pataille, *Ann. prop. ind.*, 70.159; Mayer, n. 36; Amar, n. 186.; Lyon-Caen, *Grande encyclopédie*, vᵒ *Concurrence*, *in fine*, t. 12, p. 327. — V. Allart, n. 5, 6, 8, 319. — V. aussi *suprà*, vᵒ *Allumettes*, n. 35 et 36.

44. — Ainsi donc, le tribunal saisi d'une action en dommages-intérêts pour concurrence déloyale, s'il ne rencontre pas, dans l'espèce, les faits constitutifs de cette concurrence, peut cependant ordonner d'office certaines mesures de nature à éviter toute confusion entre les produits. — Paris, 28 mars 1878, Leroux, [S. 79.2.148, P. 79.694, D. 79.2.10] — V. Pouillet, n. 678 et s.

45. — Spécialement, le tribunal peut ordonner que le fabricant de vinaigre de toilette, avec la désignation « composé suivant la recette de Bully » (recette tombée dans le domaine public), complète cette désignation en y ajoutant son nom de la manière suivante : « Vinaigre... Bully, composé par... »; le nom du fabricant devant être imprimé en mêmes caractères que celui de Bully. — Même arrêt.

46. — De même, lorsqu'à raison de la bonne foi de la personne poursuivie, il est impossible de considérer les actes incriminés comme des actes de concurrence déloyale, les tribunaux doivent néanmoins interdire pour l'avenir l'emploi de prospectus qui pourraient prêter à confusion. — Trib. comm. Nantes, 6 mars 1880, Pellier frères, [*Ann. propr. ind.*, 83.133] — Trib. comm. Seine, 29 avr. 1887, Bedel, [*Ann. propr. ind.*, 91.304] — V. aussi Paris, 17 nov. 1852, Danjou, [cité par Teulet, t. 2, p. 52] — Paris, 28 janv. 1853, Deville, [cité par Teulet, t. 1, p. 147]; — 12 janv. 1874, Liebig, [cité par Maillard de Marafy, t. 5, p. 198]

47. — ... L'emploi de prospectus et d'annonces dans lesquels un industriel recommande à ses clients de ne pas confondre un établissement rival avec le sien. — Douai, 21 mars 1866, Devos, [S. 67.2.297, P. 67.1108, D. 67.5.339]; — 20 juill. 1866, Leblondel, [S. 67.2.297, P. 67.1108, D. 67.5.339] — *Sic*, Calmels, n. 186 et s.

48. — Ou ses produits avec ceux fabriqués d'une certaine façon, alors qu'un concurrent se trouve ainsi désigné d'une manière indirecte, mais incontestable. — Trib. comm. Seine, 18 juin 1876, Torchon, [*Ann. propr. ind.*, 77.256 et la note]

49. — De même, ils peuvent ordonner la suppression d'une enseigne, bien que l'on ne puisse voir dans l'action de l'avoir adoptée, le fait intentionnel d'une concurrence déloyale, alors que son maintien peut créer une confusion regrettable au préjudice d'un établissement similaire. — Trib. comm. Seine, 4 nov. 1863, Verdier, [*Ann. propr. ind.*, 64.110]

50. — Le négociant qui s'est borné à annoncer et à mettre en vente sous une dénomination appartenant à un tiers, ne peut non plus être condamné pour concurrence déloyale alors qu'il avait de bonne foi acquis ce produit de fabricants qui le vendaient sous cette même dénomination; mais, en ce cas, il n'en demeure pas moins responsable des conséquences de son acte, alors surtout qu'il a fait une grande publicité pour la vente de ses produits. — Paris, 15 févr. 1873, Chauchard et Hériot, [*Ann. propr. ind.*, 73.387]

51. — Le commerçant qui transmet à ses clients une circulaire dans laquelle il déprécie les produits d'une maison rivale, les signalant comme tout à fait secondaires, est passible de dommages-intérêts envers cette maison, même alors que la circulaire n'aurait pas été rédigée avec une intention déloyale. — Aix, 12 mars 1870, Turbin, [S. 74.2.14, P. 74.87]

52. — Dans plusieurs espèces qui viennent d'être rappelées, c'est d'office que les tribunaux, après avoir constaté qu'il n'y avait point concurrence déloyale, ont cru pouvoir ordonner certaines mesures en vue de s'opposer au renouvellement de faits de concurrence illicite. Cette pratique est condamnée par un arrêt d'où il résulte que la concurrence déloyale, supposant la mauvaise foi, les juges saisis d'une action en dommages-intérêts fondée sur l'existence d'une telle concurrence, rejettent à bon droit cette action s'ils reconnaissent que le défendeur a agi de bonne foi, sans être tenus de rechercher, à moins que le demandeur ne le réclame, si, à défaut de concurrence déloyale, le défendeur n'a pas commis une faute simple engageant sa responsabilité dans les termes de l'art. 1382, C. civ. — Cass., 9 mars 1870 (sol. implic.), Fayard, [S. 71.1.226, P. 71.718, D. 71. 1.211]

53. — En tous cas, le demandeur ne peut, pour la première fois devant la Cour de cassation, prétendre que les juges du fond auraient dû condamner pour concurrence illicite le commerçant contre lequel il était impossible de relever des faits de concurrence déloyale. — Même arrêt.

54. — Il arrive parfois même qu'une suppression peut être ordonnée, en l'absence de mauvaise foi établie, et alors qu'il n'y a pas véritablement *concurrence*. Comme ce cas ne rentre pas directement dans l'objet de la présente étude, nous nous contenterons de signaler quelques espèces. — Ainsi, le propriétaire d'un établissement de commerce qui annonce dans les journaux qu'un produit, sortant de telle ou telle maison de fabrication, ne sera plus débité chez lui, ne peut être poursuivi du chef de concurrence déloyale. — Trib. comm. Montpellier, 8 déc. 1891, Picon et C¹ᵉ, [*Monit. jud. du Midi*, 24 janv. 1892] — *Sic*, Amar, n. 349.

55. — Mais comme le nom patronymique et commercial est une propriété dont l'usage est exclusivement réservé à celui auquel il appartient, sans qu'aucun concurrent ou autre, achetant ou vendant les mêmes produits, puisse, de quelque façon que ce soit, s'en servir, les tribunaux peuvent, dans l'hypothèse qui vient d'être indiquée, interdire la reproduction des annonces dans lesquelles le nom du fabricant se trouve indiqué. — Même jugement.

56. — En une telle hypothèse, les tribunaux peuvent interdire l'emploi de pancartes dans lesquelles un débitant déclare qu'il ne vend pas certaines marchandises fabriquées par telle ou telle personne, de l'amer Picon, en l'espèce. — Trib. Niort, 10 août 1887, Picon et C¹ᵉ, [cité par Maillard de Marafy, t. 1, p. 421] — V. aussi Trib. comm. Reims, 11 janv. 1888, Picon et C¹ᵉ, [cité par Maillard de Marafy, t. 1, p. 427]

57. — La nécessité de la mauvaise foi dans la personne poursuivie a souvent comme résultat que le défendeur échappe à l'action en concurrence déloyale ; ce ne sont là que de pures questions de fait sur lesquelles il n'y a pas lieu d'insister. Ainsi, il a été jugé que l'achat par un journal de bandes portant les adresses des abonnés d'un autre journal ne saurait constituer un fait de concurrence déloyale lorsqu'il résulte des débats la preuve que ces bandes, ayant été vendues comme vieux papiers, sans aucune réserve, à un brocanteur, le journal les avait licitement acquises de cet intermédiaire. — Trib. comm. Seine, 17 mars 1892, Société de la Banque et de la Bourse, [*J. Le Droit* des 18, 19 et 20 avr. 1892]

58. — De même, alors qu'un négociant fait, par des annonces, connaître au public qu'il applique un cachet sur ses produits, on ne saurait voir un acte de concurrence déloyale dans le fait par un autre commerçant de publier, dans les mêmes numéros des journaux qui contiennent les annonces, d'autres annonces dans lesquelles celui-ci met le public en garde contre tous produits, autres que les siens que garantiraient, avec cachet à l'appui, certains falsificateurs sans vergogne ; il en est ainsi du moment qu'il n'est pas établi qu'il y ait eu intention dolosive de sa part. — Douai, 29 juin 1887, Des Cressonnières frères et C¹ᵉ, [*Ann. prop. ind.*, 88.24]

59. — En pareille circonstance, l'intéressé ne saurait réclamer de dommages-intérêts aux journaux qui ont publié les annonces incriminées, alors que ceux-ci se sont bornés à faire paraître la note qui leur avait été communiquée, et qui, dans son contexte, ne contenait rien qui fût de nature à leur faire croire qu'il y aurait eu, de la part de ceux qui la leur remettaient, mauvaise foi ou intention de nuire. — Même arrêt.

60. — En résumé, pour qu'il y ait concurrence déloyale, il faut que les agissements dont se plaint le négociant aient eu pour but de porter atteinte à son crédit, et qu'ils se soient manifestés par des manœuvres dolosives et empreintes de mauvaise foi. — Lyon, 2 août 1878, Rassat, [*Ann. prop. ind.*, 260]

61. — On ne saurait dire, en effet, qu'il y a concurrence déloyale, lorsqu'il n'est pas pleinement établi, par les circonstances et documents de la cause, que les défendeurs aient intentionnellement recherché et aient voulu amener entre leurs produits et ceux de la maison rivale la confusion qui leur est reprochée, puisque la déloyauté dans le commerce suppose toujours l'intention frauduleuse. — Alger, 22 févr. 1888, Fassina et C¹ᵉ, [D. 89.2.254]

62. — Indépendamment des caractères particuliers que les faits incriminés doivent présenter pour constituer des faits de concurrence déloyale, il en est un autre, commun à tous les délits civils : il faut qu'il y ait préjudice ; il importe peu d'ailleurs que ce préjudice soit considérable ou minime. — Pouillet, n. 677 ; Allart, n. 7.

63. — Ainsi donc, le fait de concurrence commerciale, lorsqu'il se produit d'une manière illicite et qu'il constitue de la part de son auteur une faute et une atteinte à la propriété, motive l'allocation des dommages-intérêts. — Cass., 6 nov. 1872, Garnier, [S. 72.1.362, P. 72.976]

64. — Mais, tout en condamnant l'acquéreur d'un fonds de commerce à faire disparaître sur les enseignes, factures, étiquettes, les énonciations qui seraient de nature à laisser croire que son cédant participe encore à la gestion du fonds vendu, les juges peuvent refuser des dommages-intérêts au cédant, s'ils reconnaissent que celui-ci ne justifie d'aucun préjudice résultant de l'usage que son successeur a fait jusque-là de son nom. — Cass., 10 avr. 1866, Dorvault, [S. 66.1.251, P. 66.639, D. 66.1.342]

65. — Au surplus, la circonstance que la concurrence déloyale est désormais devenue impossible, ne s'oppose point à ce que le tribunal évalue le préjudice pour le temps où elle a existé. — Trib. Seine, 6 févr. 1885, Choubersky, [*Ann. prop. ind.*, 87.132] — *Sic*, Ambr. Rendu, n. 469.

66. — Cette condition donne lieu en cette matière spéciale aux mêmes difficultés que quand il s'agit d'un délit civil quelconque. C'est ainsi qu'il a été jugé qu'il n'est pas nécessaire, pour qu'il y ait concurrence déloyale, qu'il y eut un préjudice éprouvé, et qu'il suffit qu'il y ait un préjudice possible. — Bordeaux, 28 avr. 1890, [*Rec. Bordeaux*, 90.1.373] — V. Allart, n. 7, 314 et s.; Pouillet, n. 680 et s. — V. *infrà*, v° *Dommages-intérêts*.

67. — Mais que, dans d'autres circonstances, il a été décidé que les juges qui prescrivent à un commerçant de ne plus continuer son industrie dans l'avenir ne peuvent, en prévision d'infractions ultérieures, condamner le commerçant à une indemnité fixée à une certaine somme par chacune des infractions constatées ; cette fixation du dommage résultant des contraventions à venir, faite arbitrairement et sans tenir compte des circonstances qui pourront en aggraver ou en atténuer l'importance, ne saurait être maintenue ; il convient à cet égard de réserver tous les droits des parties. — Paris, 14 janv. 1862, Crouvergier, [*Ann. prop. ind.*, 62.203]

68. — De même, lorsqu'un tribunal ordonne une modification dans une enseigne ou dans une raison sociale, il ne lui appartient pas de fixer dès ce moment une sanction pénale pour les contraventions qui seraient commises par les défendeurs aux injonctions de justice. — Paris, 2 juill. 1874, Lebeault, [*Ann. prop. ind.*, 74.307]

69. — En tous cas, il semble hors de conteste que celui qui, contrairement à ses engagements, manifeste le désir de se rétablir, ne peut être condamné à des dommages-intérêts s'il n'a pas encore mis ses projets à exécution. — Trib. comm. Seine, 30 mars 1858, Lassalle, [*Ann. prop. ind.*, 58.254] — V. Pouillet, n. 686.

70. — A l'exception peut-être des étrangers, toute personne qui croit pouvoir se plaindre de faits de concurrence déloyale, peut en principe réclamer de ce chef des dommages-intérêts à leur auteur ; il y a lieu toutefois de reconnaître une exception à cet égard ; nul ne peut, en effet, en commettant un fait punissable, se créer lui-même la source d'un droit. Aussi, comme la vente et l'annonce de remèdes secrets constituent un délit, il serait contraire à la loi, à la morale et à l'ordre public que ceux qui se rendent coupables d'un tel délit puissent obtenir des dommages-intérêts à raison d'une concurrence déloyale dont ils se prétendent victimes. — Paris, 30 nov. 1876, Evrard et Morisson, [*Ann. prop. ind.*, 77.328] — V. *infrà*, n., 603 et s., et aussi v° *Remèdes secrets*.

71. — Toute action judiciaire doit donc être refusée à celui qui, préparant et vendant des remèdes secrets sans respecter les prescriptions des lois spéciales à la pharmacie, allègue que des faits de concurrence déloyale ont été commis à son détriment. — Toulouse, 3 févr. 1894, Bellières, [*Gaz. trib. Midi*, 4 mars 1894 ; J. *La Loi*, 29 mai 1894]

72. — Pour le délit de concurrence déloyale, comme pour tous les délits civils, la jurisprudence, à tort ou à raison, a cru pouvoir prononcer la solidarité entre tous les coauteurs d'un même fait répréhensible. Nous n'avons pas à apprécier dès maintenant le principe de cette théorie générale ; nous nous contenterons de rattacher les diverses solutions intervenues en la matière. Ainsi, il a été jugé que lorsqu'un tiers, connu dans une industrie déterminée, permet à un fabricant de faire figurer son nom sur son enseigne, l'une et l'autre de ces personnes doivent être déclarées solidairement responsables du préjudice causé à la maison rivale. — Paris, 7 juill. 1866, Trébucien, [cité par Teulet, t. 16, p. 253] — Trib. comm. Seine, 31 oct. 1863, Combier, [*Ann. prop. ind.*, 63.421] — *Sic*, Allart, n. 320; Pouillet, n. 689; Amar, n. 361. — V. Fuzier-Herman, *Code civil annoté*, sur l'art. 1202, et *infrà*, vⁱˢ *Délit civil, Dommages-intérêts*.

73. — De même, celui qui s'associe par remise de fonds, vente de produits, ou de toute autre manière, aux actes de concurrence déloyale d'un autre négociant, engage, par ce fait même, sa responsabilité personnelle, et il doit être condamné solidairement avec l'auteur principal des faits de concurrence déloyale. — Trib. comm. Seine, 19 juill. 1876, Landon, [*Ann. prop. ind.*, 76.353] — *Sic*, Allart, *loc. cit.*

74. — Peuvent être aussi considérés comme complices de l'auteur principal et condamnés en cette qualité, solidairement avec lui, à la réparation du préjudice causé, ceux qui aident et assistent l'auteur d'une concurrence déloyale, soit en formant avec lui une société commerciale fictive, soit en lui servant de prête-nom. — Trib. comm. Fécamp, 22 juill. 1891, C..., [*Gaz. Pat.*, 91.2.535]

75. — Soit en lui fournissant en connaissance de cause les marchandises qui lui permettent de réaliser les actes de concurrence déloyale. — Trib. comm. Reims, 14 oct. 1892, Louis Rœderer, [J. *Le Droit*, 8 nov. 1892]

76. — De même, l'imprimeur qui a sciemment imprimé des étiquettes destinées à une concurrence déloyale, doit être condamné solidairement avec l'auteur de cette concurrence. — Paris, 25 janv. 1866, Fouillet, [cité par Teulet, t. 15, p. 308]

77. — Est aussi passible de dommages-intérêts, celui qui, en connaissance de cause, met des capitaux à la disposition de celui qui se livre à des faits de concurrence déloyale. — Paris, 18 nov. 1893, dame Thibault, [*Gaz. Pal.*, 94.1.10] — Trib. comm. Seine, 2 nov. 1892, dame Thibault, [*Gaz. Pal.*, 93.1.72]

78. — A l'égard des personnes accusées de complicité dans des faits de concurrence déloyale, il faut pour que la poursuite puisse aboutir que soient remplies les mêmes conditions que celles requises à l'égard de l'auteur principal; il faut donc notamment que ces personnes aient agi de mauvaise foi. Ainsi, la société d'un Annuaire de commerce dans lequel a paru une critique répréhensible des produits d'un négociant ne peut être considérée comme complice de concurrence déloyale lorsque sa mauvaise foi n'est pas alléguée et que les intéressés ne lui ont fait connaître leurs griefs que postérieurement à la publication de l'édition contenant l'annonce incriminée. — Paris, 18 juill. 1891, Agobel et Cⁱᵉ, [*Ann. prop. ind.*, 91.252] — V. Pouillet, *loc. cit.*

79. — De même, celui qui s'est borné à imprimer une brochure qui contient des allégations considérées comme constitutives d'une concurrence déloyale ne peut être poursuivi comme complice de concurrence déloyale, alors qu'aucun autre fait n'est établi à son égard et qu'il n'est pas justifié, notamment qu'il ait concouru à la distribution de la brochure. — Trib. Seine, 10 juill. 1883, Société des Grands-Panoramas, [*Ann. prop. ind.*, 88.5]

80. — Mais, au contraire, par la force même des choses, il y a mauvaise foi ou au moins négligence dans le fait de l'imprimeur d'étiquettes et du fabricant de boîtes qui, travaillant pour un industriel établi en dehors d'une ville renommée pour la confection de certains produits, lui fournissent des étiquettes et des boîtes sur lesquelles se trouve la mention : *fabriqué comme à ...*, aussi, l'un et l'autre se rendent-ils complices d'un fait de concurrence déloyale. — Trib. comm. Nantes, 12 mars 1880, Fellier et autres, [*Ann. prop. ind.*, 83.357]

81. — Il en est de même, d'après un jugement dont la solution est contestable, à l'égard du directeur d'une agence de distribution qui ne peut valablement prétendre avoir ignoré le caractère répréhensible d'une brochure répandue en grande quantité. — Trib. Seine, 10 juill. 1883, précité.

82. — On admet généralement que les maîtres et commettants ne peuvent se soustraire à la responsabilité des actes de leurs employés ou mandataires en prouvant qu'ils n'ont pu empêcher la perpétration de ces faits. Aussi, est-ce par une application particulière d'une théorie de droit commun qu'il a été décidé que les maîtres d'un employé qui a commis des faits de concurrence déloyale sont passibles de dommages-intérêts, et qu'ils ne peuvent se prévaloir de la disposition finale de l'art. 1384, C. civ., pour se dégager de la responsabilité, en prouvant qu'ils n'ont pu empêcher le fait qui y donne ouverture. — Bordeaux, 11 janv. 1861, de Bourran et Cⁱᵉ, [*Ann. prop. ind.*, 81.315] — V. *infrà*, vⁱˢ *Mandat, Responsabilité*.

83. — Par une application spéciale d'une théorie de droit commun, la personne condamnée à des dommages-intérêts pour des faits de concurrence déloyale qui lui sont personnellement imputables, ne peut recourir en garantie contre ceux qui lui ont procuré le moyen de commettre un délit civil. Aussi, a-t-il été jugé que l'intermédiaire qui, ayant favorisé des actes de concurrence déloyale, est condamné à des dommages-intérêts, ne peut agir en garantie contre les fabricants coupables, dont les produits ont été par lui vendus. — Paris, 21 mai 1889, Marchand, [*Ann. prop. ind.*, 89.280] — *Sic*, Pouillet, n. 689.

84. — De même, les débitants condamnés pour avoir mis en vente des marchandises revêtues d'étiquettes contrefaites, ne peuvent appeler en garantie les imprimeurs qui leur ont vendu ces étiquettes, alors qu'il est constaté qu'ils savaient ce qu'ils faisaient lorsqu'ils achetaient ces étiquettes. — Trib. comm. Seine, 19 janv. 1870, Hermann-Schmitz, [*Ann. prop. ind.*, 70-71.174] — V. aussi Trib. Seine, 26 mai 1886, de Morny, [*Ann. prop. ind.*, 91.176]

85. — Décidé, toutefois, que celui qui, en pleine connaissance de cause, vend des produits revêtus d'étiquettes délictueuses, a un recours contre le fournisseur dont il tenait les produits par lui mis en vente. — Trib. Seine, 10 janv. 1887, Cⁱᵉ générale d'eaux minérales et de bains de mer, [*Ann. prop. ind.*, 91.172]

CHAPITRE II.

FORMES DE LA CONCURRENCE DÉLOYALE.

Section I.

Des faits ayant pour but de produire une confusion entre établissements similaires.

§ 1. *Nom commercial.*

86. — L'une des pratiques les plus communément employées pour créer une confusion entre deux établissements se livrant à l'exploitation de la même industrie ou du même commerce, consiste à adopter pour la seconde maison un nom commercial identique ou semblable à celui déjà employé pour désigner l'autre établissement. Cette fraude tombe parfois sous l'application de la loi des 28 juill.-4 août 1824; mais, pour cela, il faut tout au moins qu'il s'agisse de l'usurpation du nom d'un fabricant et que, de plus, on ait apposé ce nom sur les produits eux-mêmes. Dans la suite de nos développements, nous supposerons donc que ces conditions ne sont pas réalisées et que, par exemple, l'usurpation a été commise à l'aide de prospectus, d'annonces, d'enseignes, etc. — Allart, n. 10 et s.

87. — Deux hypothèses doivent être très-nettement distinguées, lorsqu'on se demande si une personne peut légitimement adopter le nom commercial déjà employé par un autre négociant : si cette personne porte réellement ce nom, il se peut, ou bien qu'elle ait l'intention d'exercer personnellement et par elle-même le commerce, ou qu'au contraire, elle ne serve que de prête-nom, que de trompe-l'œil, et qu'elle n'ait que l'intention de céder à un particulier ou à une société l'usage de son nom qui, identique à un nom déjà connu, prête facilement à la confusion.

88. — Voici quel est, sur cette double question, l'état actuel de la jurisprudence et de la doctrine; au premier cas, on commence par proclamer le droit de chacun de se servir dans son propre commerce du nom réellement il porte; il en est ainsi, alors même qu'il serait manifeste qu'une personne ne se serait décidée à embrasser telle ou telle branche d'industrie que par suite de la similitude de son nom avec celui d'une maison déjà connue. — Bédarride, *Brevets d'invention*, n. 736; Plocque, p. 10, 20; Allart, p. 20, 23 et 24; Pouillet, n. 488, 496; Mayer, n. 18; Gastambide, n. 452; Amar, n. 278; Lallier, n. 197 et s.; Lyon-Caen, note sous Cass., 30 janv. 1878, Erard, [S. 78.1.289, P. 78.737]

89. — Toutefois, en vue d'éviter une confusion regrettable, les tribunaux se sont reconnus le droit de prescrire toutes les mesures qu'ils jugent nécessaires à cet égard. — Allart, n. 20; Pouillet, n. 490, 496; Mayer, n. 18; Plocque, p. 11 et s.; Ruben de Couder, v° *Concurrence déloyale*, n. 131 et s.

90. — On doit constater, d'ailleurs, que parfois ces mesures ont été prises d'une manière si rigoureuse, qu'en fait elles ont dû aboutir à une interdiction indirecte pour une personne, portant un nom déjà connu dans une branche de l'industrie ou du commerce, à se livrer sous son nom véritable à l'exploitation de cette branche de l'industrie ou du commerce. — Maillard, *Ann. prop. ind.*, 92.76.

91. — Cette tendance de certains tribunaux s'explique assez aisément, si l'on songe que, d'après quelques auteurs, le pouvoir judiciaire peut et doit même prononcer l'interdiction absolue de se servir d'un nom contre ceux-là mêmes qui le portent réellement, « toutes les fois qu'il est démontré qu'ils ne sont entrés dans une industrie que pour profiter, à l'aide de cette similitude dans les noms, de la réputation acquise par un homonyme ». — Banc, *Contrefaçon*, p. 713; Maillard de Marafy, t. 4, p. 421; Rendu, *Traité*, n. 405 et 406; Amar, n. 298. — V. Trib. comm. Seine, 8 oct. 1845, Farina, [J. *Le Droit*, 9 oct. 1845] — Trib. comm. Lyon, 27 avr. 1875, F. Prot et C¹ᵉ, [*Ann. prop. ind.*, 75.108] — On a fait remarquer qu'il est spécialement nécessaire de reconnaître ce pouvoir aux tribunaux quand il n'y a aucun autre moyen d'éviter la confusion, spécialement quand il y a à la fois identité de prénoms et de noms.

92. — Que si, au contraire, l'emploi d'un nom a été l'objet d'une spéculation et si, à tout bien considérer, ce nom ne sert qu'à désigner l'entreprise d'un tiers cessionnaire, la situation change et les tribunaux peuvent aller jusqu'à interdire l'usage de ce nom : on ne peut dire alors qu'il y ait violation du grand principe de la liberté du commerce et de l'industrie ; c'est qu'en effet, d'une part, l'homonyme ne peut véritablement se prévaloir de ce principe, puisqu'il ne se livre lui-même ni à aucune industrie ni à aucun commerce, et que, d'autre part, celui qui se sert du nom qui lui est ainsi frauduleusement cédé doit avant tout respecter le droit d'autrui. — Lyon-Caen, *loc. cit.*; Bédarride, n. 740; Allart, n. 21 et 23; Plocque, p. 28; Pouillet, n. 494 et 496; Mayer, n. 18; Ambr. Rendu, *Marques de fabrique et concurrence déloyale*, n. 408; *Droit industriel*, n. 655 et 704; Amar, n. 297.

93. — Dans un autre système, qui ne compte plus guère de partisans à l'heure actuelle, les tribunaux n'ont jamais, dans cette seconde hypothèse, le pouvoir de défendre l'usage d'un nom dans l'exercice d'un commerce ou d'une industrie; ils n'auraient que la faculté de réglementer cet usage, cet emploi du nom. — Calmels, *Ann. prop. ind.*, 1856, p. 35; Bédarride, n. 736; Waelbroeck, *Cours de droit industriel*, t. 1, n. 178.

94. — Raisonnant sur le cas où se réalise le plus souvent cette usurpation du nom commercial, grâce à la connivence d'une personne qui porte réellement ce nom, on a dit, à l'appui de ce système, que tant que subsiste l'acte de société dans lequel le nom des associés a été choisi comme raison sociale, le droit des associés de se servir du nom de l'un d'entre eux est inattaquable. « Il faudra donc, ajoute Calmels, avant toutes choses, faire disparaître cet acte d'association, le faire annuler pour cause de dol ou de fraude, et cette fraude, qui sera souvent difficile à établir, ne pourra jamais avoir pour base le désir plus ou moins ardent, le but de faire une concurrence. C'est ailleurs qu'il faudra en rechercher les éléments » (*Ann. prop. ind.*, 1856, p. 36). — V. aussi Bédarride, n. 734; Gastambide, n. 452.

95. — Les différentes questions dont il vient d'être parlé ont donné naissance à une jurisprudence nombreuse. Voici, tout d'abord, les espèces qui ont statué sur la première hypothèse ; les tribunaux ont commencé par proclamer qu'un nom patronymique constitue pour celui qui le porte légitimement une propriété dont il lui est permis, en principe, de jouir et de disposer de la façon la plus absolue; en conséquence, celui qui exerce réellement et personnellement un commerce ou une industrie a le droit incontestable d'inscrire son nom patronymique sur ses enseignes, annonces, prospectus, étiquettes, factures, et sur les produits de sa fabrication ou de son commerce. — Cass., 30 janv. 1878, Erard, [S. 78.1.289, P. 78.7.27, D. 78.1.231] — Bordeaux, 28 janv. 1851, Castillon, [cité par Le Hir, 51.2.535] — Paris, 28 mai 1853, Farina, [cité par Le Hir, 57.2.467]; — 23 déc. 1885, Roch Sauter (ancienne maison John Arthur), [*Ann. prop. ind.*, 86.193]; — 6 avr. 1887, John Evans, [S. 88.2.135, P. 88.1.832, D. 88.2.40]; — 9 nov. 1887, Chevet, [*Ann. prop. ind.*, 91.92]; — 4 déc. 1889, Vᵉ Pommery et fils, [*Ann. prop. ind.*, 91.124; *Gaz. Pal.*, 90.1.14]; — 27 ou 29 juill. 1890, Moët, Chandon et C¹ᵉ, [*Gaz. Pal.*, 90.2.220; *Ann. prop. ind.*, 91.133]

— Lyon, 31 mai 1889, Redouté, [*Ann. prop. ind.*, 91.147] — Trib. comm. Reims, 2 oct. 1868, Ruinart, [*Gaz. des trib.*, 24 oct. 1868] — Trib. comm. Lyon, 6 mai 1887, Bertrand, [*Gaz. Pal.*, 87.2.557] — Trib. comm. Seine, 23 juin 1888, Bürgasser et Theilmann, [*Ann. prop. ind.*, 90.332; *Gaz. Pal.*, 88.2, supp. 20]

96. — Le nom d'un fabricant est donc sa propriété absolue et, en thèse générale, il a le droit de l'apposer en entier ou par abréviation, du moment où il ne peut en résulter aucun doute, quant à l'identité des produits fabriqués. — Rennes, 27 avr. 1893, Ducasse et Guiballe, [*Jurispr. comm. et marit. de Nantes*, 93.1.273]

97. — En conséquence il n'y a pas de concurrence déloyale, à l'égard d'une personne portant le même nom et exerçant antérieurement dans la même ville, de la part du dentiste qui fait usage, dans l'exercice de sa profession, du nom patronymique qui lui est commun avec son homonyme, si d'ailleurs, il a pris soin, pour rendre toute confusion impossible, de faire précéder son nom patronymique de son prénom, différent de celui de son homonyme. — Paris, 6 avr. 1887, précité.

98. — De même, et sous une formule plus générale, il a été décidé que lorsqu'une marque consiste notamment dans l'énonciation du nom de celui qui l'emploie, les personnes qui ont le même nom patronymique et un droit égal à s'en servir et l'une d'elles ne peut interdire cet usage à l'autre. — Bordeaux, 23 juin 1841, Monnier et C¹ᵉ, [P. chr.]

99. — Mais l'intérêt général du commerce et l'intérêt particulier des parties exigent également que les maisons qui se livrent à la même industrie aient des dénominations commerciales distinctes pour qu'elles n'usurpent pas la confiance et n'induisent pas le public en erreur par une confusion trompeuse. — Cass., 14 avr. 1863, John Arthur, [*Ann. prop. ind.*, 63.323]

100. — Cette distinction est encore plus nécessaire quand il s'agit d'un même commerce exercé par les membres d'une même famille. — Même arrêt.

101. — Aussi, les personnes, qui, antérieurement, ont employé leur nom comme nom commercial, ont-elles le droit de faire réglementer par les tribunaux l'usage qu'un autre individu fait de ce même nom dans son commerce, et cela conformément à la restriction apportée par l'art. 544, C. civ., à l'exercice de toute propriété, en cas d'abus contraire aux règlements et aux lois. — Paris, 27 août 1859, Groult jeune, [*Ann. prop. ind.*, 59.284]; — 25 août 1879, Galand, [*Ann. prop. ind.*, 82.188] — Paris, 9 nov. 1887, précité; — 4 déc. 1889, précité; — 27 ou 29 juill. 1890, précité. — Paris, 19 juin 1891, Picon et C¹ᵉ, [*Gaz. Pal.*, 91.2, suppl. 29] — Lyon, 31 mai 1889, précité. — Trib. comm. Seine, 28 mai 1857, Pinaud et Amour, [*Ann. prop. ind.*, 58.86] — V. Trib. Andelys, 7 août 1888, Jules Montaudon, [*Ann. prop. ind.*, 91.107]

102. — Les juges du fond qui constatent qu'une personne emploie son nom comme instrument de fraude et de concurrence déloyale peuvent donc, sans excéder leurs pouvoirs, réglementer l'emploi de ce nom de manière à éviter l'exploitation frauduleuse opérée au détriment d'une maison antérieurement connue. — Cass., 4 déc. 1893, Thérèse Picon, [J. *Le Droit*, 13 déc. 1893]

103. — Spécialement, les tribunaux de commerce, bien qu'ils ne puissent ordonner une modification au nom qu'une personne a le droit de porter en vertu de son état civil, peuvent voir néanmoins s'il n'y a pas lieu, au point de vue commercial seulement, d'imposer à cette personne certaines mesures de précaution pour éviter des confusions fâcheuses. — Trib. comm. Marseille, 28 févr. 1881, Léon Espié, [*Ann. prop. ind.*, 92.9]

104. — Mais on ne saurait voir un abus de son patronymique dans l'emploi par un commerçant appelé *Nachury*, de la dénomination *Nachury fils* dont il était en possession avant que son père eût transmis à un tiers le fonds qu'il exploitait lui-même sous le nom de *Nachury-Juttet*... alors que l'acte de vente réserve au fils le droit de continuer son propre commerce, à la seule condition de ne pas prendre le nom du père et de ne pas s'établir dans la même maison. — Lyon, 8 janv. 1881, Nachury, [S. 83.2.80, P. 83.1.457, D. 81.2.157]

105. — Ce qui est vrai du nom des particuliers, est vrai aussi à l'égard des raisons sociales. Si donc, une société en nom collectif a le droit d'emprunter aux véritables associés, parmi leurs noms, celui qui lui convient le mieux pour sa raison sociale, ses marques et ses étiquettes, elle n'est pas libre cependant de s'en faire une enseigne pour détourner à son profit la clientèle d'une maison ancienne à laquelle appartient le même nom et qui l'a déjà popularisé dans la même industrie. — Paris, 6 févr. 1865, Rœderer, [S. 65.2.89, P. 65.452, D. 65.2.87]

106. — De même, le fait, de la part d'un individu portant le même nom qu'un commerçant, d'inscrire son nom sans différence notable sur des produits fabriqués par un autre commerçant auquel il s'est associé dans le but d'une concurrence déloyale, donne lieu à des dommages-intérêts, mais ne saurait lui faire interdire de se servir de son nom dans le nouveau commerce qu'il entend exercer. — Paris, 29 nov. 1862, Hasslaüer, [P. 63.214]

107. — Mais, s'il appartient aux tribunaux de réprimer les abus qui seraient faits du droit d'adopter son nom comme nom commercial pour faire une concurrence déloyale et, s'il leur appartient, d'ordonner les mesures nécessaires pour éviter toute confusion, du moins n'ont-ils pas le pouvoir d'ordonner la suppression complète du nom patronymique d'un commerçant sur ses factures, produits, etc. — Cass., 30 janv. 1878, Erard, [S. 78.1.289, P. 78.727, D. 78.1.231]; — 15 juill. 1879, Erard, [S. 79.1.348, P. 79.884, D. 80.1.80] — Amiens, 2 août 1878, Erard, [S. 78.2.47, P. 78.1004, D. 79.2.100] — Paris, 23 déc. 1885, Roch-Sauter (ancienne maison John Arthur), [Ann. prop. ind., 86.193]

108. — Ainsi, en cas de similitude de nom patronymique entre deux commerçants exerçant réellement la même industrie dans la même ville, le dernier venu des deux ne peut, s'il est d'ailleurs de bonne foi, être obligé de supprimer son nom dans sa raison de commerce, ses marques et ses étiquettes; mais il peut être astreint à distinguer ce nom par son prénom ou autrement. — Bordeaux, 16 août 1865, Caminade, [S. 66.2.15, P. 66.90]

109. — L'arrêt de cassation du 30 janv. 1878 semble avoir définitivement fixé la jurisprudence en ce sens. Notons, à cet égard, que, dans cette même affaire, l'arrêt de la cour d'appel s'était prononcé en un autre sens, puisqu'il avait décidé qu'une cour peut défendre d'une manière absolue à un industriel de se servir dans son commerce de son nom patronymique lorsqu'il est manifeste que les mesures prescrites par les juges de première instance sont impuissantes et inefficaces pour empêcher la confusion que la justice a entendu prévenir entre les deux maisons de commerce. — Paris, 29 juill. 1876, Veuve Erard, [Ann. prop. ind., 76.277]

110. — Quoi qu'il en soit, la Cour de cassation paraît avoir apporté une atténuation à la portée de son arrêt de 1878 lorsqu'elle a décidé que si, en cas de cession d'un fonds de commerce, les pouvoirs des tribunaux ne sauraient aller jusqu'à priver un commerçant, par une interdiction absolue, de la faculté de se servir de son nom qui lui appartient, dans les faits et actes de son nouveau commerce, ils peuvent néanmoins imposer cette interdiction en la limitant à un lieu déterminé, quand, dans ce lieu, le nom s'identifie tellement, aux yeux de la clientèle, avec le fonds de commerce lui-même, qu'une pareille défense peut être considérée comme le seul moyen d'empêcher, de la part du vendeur, la continuation d'un commerce qui constituerait une rivalité abusive et une violation des principes de la garantie. — Cass., 21 juill. 1891, John Arthur, [S. 91.1.377, P. 91.1.942, D. 93.1.123]

111. — Il est permis de rapprocher de cette décision celle d'après laquelle, lorsque dans un but d'établir une confusion préjudiciable aux intérêts d'autrui, qu'une maison a été fondée par un homonyme dans le voisinage d'un établissement connu, les tribunaux peuvent, pour éviter toute confusion, prendre les mesures qui leur paraissent nécessaires en vue de réprimer et d'empêcher pour l'avenir une concurrence qui, à raison de son caractère de déloyauté, n'a droit ni à la protection de la justice ni à celle de la loi; ils peuvent notamment interdire, à celui qui s'est rendu coupable de concurrence déloyale, le droit de faire le commerce dans le local qu'il avait choisi à raison de sa proximité d'une maison connue et dans un rayon plus ou moins considérable. — Paris, 23 déc. 1885, précité. — V. Pouillet, n. 688. — V. aussi Paris, 31 mai 1856, Bisson, cité par Teulet, t. 5, p. 444. — Contrà. Plocque, p. 19.

112. — Ce dernier arrêt nous paraît contraire au grand principe de la liberté du commerce et de l'industrie; mais, à tout considérer, ce même reproche ne peut être adressé à l'arrêt de cassation du 21 juill. 1891, précité; il s'agissait, en effet, dans cette espèce, du vendeur d'un fonds de commerce qui désirait se rétablir sous le nom même qui servait à désigner le fonds cédé,

les principes même de la garantie lui interdisaient, dans le silence de l'acte de cession, de rien faire qui puisse préjudicier au cessionnaire. — V. la note sous cet arrêt, [S. et P. loc. cit.]

113. — En tous cas, la jurisprudence s'est montrée plus facilement disposée à prononcer l'interdiction de l'usage du prénom, que de celui du nom même. — Décidé, en conséquence, que si l'usage par un commerçant pour son nom personnel du prénom inscrit dans son état civil est légitime, il est évident que c'est à la condition que cet usage ne devienne pas en ses mains un moyen de contrevenir à une obligation prise et ne se transforme pas en un procédé de concurrence déloyale. — Paris, 23 févr. 1891, Dame Hudry, [Ann. propr. ind., 92.11, J. Le Droit, 16 avr. 1891] — V. Allart, n. 35; Pouillet, n. 313. — V. aussi Trib. comm. Seine, 2 juill. 1846, Leduc, [J. Le Droit, 18 juill. 1846]

114. — Spécialement, dans le commerce des modes où certaines maisons sont désignées sous le prénom de leurs propriétaires, il peut être interdit à la venderesse d'un fonds de commerce ainsi désigné, de venir se rétablir à proximité de ce même fonds, et de prendre son prénom comme dénomination, alors même qu'elle y aurait joint son nom de famille. — Paris, 23 févr. 1891, Berger, [Gaz. trib., 30 mars 1844]

115. — De même, si un individu peut, à son gré, écrire son prénom en toutes lettres dans sa signature privée, il ne peut le faire dans la désignation de sa raison sociale, alors que ce prénom faisait partie du nom commercial compris dans la liquidation des biens paternels, liquidation dans laquelle il a eu la part lui revenant et dont il a touché le prix; en ce cas, le tribunal peut ordonner que le prénom ne soit reproduit que par abréviation. — Trib. comm. Seine, 11 juin 1886, Champigneulle, [Ann. propr. ind., 90.323]

116. — Si tout individu qui exerce un commerce ou une industrie a le droit d'insérer son nom patronymique sur ses enseignes, annonces et factures et sur les produits de sa fabrication, pourvu qu'il ne fasse pas de cette inscription un moyen de concurrence déloyale, on ne saurait assimiler à cet égard, au nom patronymique, une dénomination ou qualification qui n'est que l'indication d'un lien de famille ou d'un degré de parenté ayant existé entre ce commerçant et un homonyme qui portait un autre nom que le sien. — Cass., 8 août 1892, Duchamp, [S. et P. 93.1.235] — Sic, Blanc, p. 716; Ambr. Rendu, Marques de fabrique et concurrence déloyale, n. 412.

117. — Et sans qu'il y ait lieu de rechercher si l'emploi d'une pareille dénomination peut constituer un droit exclusif de propriété commerciale pour celui qui en fait usage le premier, il suffit, pour que celui-ci puisse prétendre à ce droit exclusif, qu'il ait été reconnu en sa faveur par une convention que le commerçant qui prétend en faire ultérieurement usage est tenu d'exécuter, en vertu de l'art. 1122, C. civ., comme ayant-cause de son auteur, partie au contrat. Une telle convention n'a rien d'illicite et de contraire, eu égard à l'objet auquel elle s'applique, au principe de l'inaliénabilité et de l'imprescriptibilité du nom patronymique. — Même arrêt.

118. — Les moyens imaginés par les tribunaux pour éviter la confusion que pourrait créer la similitude des noms sont très nombreux et varient suivant les circonstances. — C'est ainsi que les tribunaux peuvent imposer à la personne qui s'est établie en dernier lieu, la nécessité d'indiquer dans ses annonces et prospectus, la date exacte de la fondation de son commerce. — Paris, 31 déc. 1861, John Arthur, [Ann. propr. ind., 62.204]; — 25 août 1879, Galand, [Ann. propr. ind., 82.188] — Sic, Plocque, p. 15; Allart, n. 26; Pouillet, n. 502; Mayer, n. 18; Lallier, n. 199.

119. — ... L'obligation de faire suivre son nom de la mention : jeune; — Paris, 25 août 1879, précité.

120. — ... L'obligation de supprimer le mot maison dont, à l'exemple de son concurrent, il a fait précéder l'indication de son nom : le mot maison sort, en effet, dans les usages du commerce, à désigner un établissement de date ancienne et d'importance notoire. — Seine, 28 mai 1857, Pinaud-Amour, [Ann. prop. ind., 58.86] — Sic, Allart, n. 28.

121. — Ou encore, au cas où ce n'est que comme cessionnaire d'un fonds de commerce qu'une personne a acquis le droit de se servir d'un nom qui prête à confusion, les tribunaux peuvent encore prescrire à cette personne de faire précéder ce nom de la mention : ancienne maison. — Trib. comm. Seine, 3 déc.

1852, Menier, [J. *Le Droit*, 4 déc. 1852] — *Sic*, Maillard de Marafy, t. 3, p. 9.

122. — Ils peuvent exiger qu'il sera fait emploi du nom sous une forme spéciale. — Paris, 23 déc. 1885, Roch-Sauter (ancienne maison John Arthur', [*Ann. prop. ind.*, 86.193]

123. — Ils peuvent, sur la demande d'un négociant établi dans une ville, et pour éviter toute confusion, ordonner qu'un autre négociant, faisant le même commerce sous le même nom patronymique et ayant loué un local dans la même ville, fera disparaître de ses marques, lettres et étiquettes, le nom de cette ville comme indication de son siège commercial, alors que le défendeur n'avait dans la ville, ni le siège principal de son commerce, ni le centre de ses affaires, et qu'il n'avait d'autre but que de faire au demandeur une concurrence abusive. — Cass., 7 janv. 1884, Foucaud, [S. 86.1.254, P. 86.1.615, D. 84.1.161]

124. — Ils peuvent aussi, sans violer aucune loi, lorsqu'aux deux noms patronymiques semblables, sont joints des noms de baptême à la fois semblables et différents, prescrire à la partie qui avait usurpé la raison de commerce dont une autre partie était déjà en possession, de ne se servir de son nom patronymique qu'en y joignant tous les noms de baptême dans l'ordre indiqué par l'acte de naissance. — Cass., 2 janv. 1844, Krammer, [S. 44.1.363, P. 44.1.423]

125. — De même, lorsque deux parents, portant le même nom et le même prénom, exercent le même métier dans un rayon assez rapproché l'un de l'autre, le parent qui, le premier, s'est livré à cette industrie, peut exiger que son parent supprime sur ses enseignes et papiers de commerce la mention de son prénom et ajoute à son nom certaines indications de nature à distinguer les deux établissements, comme, par exemple, le qualificatif de cousin ou tout autre semblable. — Trib. comm. Marseille, 11 avr. 1861, Laurens, [*Ann. prop. ind.*, 61.221] — *Sic*, Plocque, p. 16.

126. — De même encore, en vue d'éviter la confusion entre deux établissements tenus par des personnes portant le même nom, les tribunaux peuvent prescrire à la personne coupable de concurrence déloyale de faire précéder son nom de famille de son prénom et même de l'indication de la ville où elle était précédemment établie. — Paris, 30 juin 1892, Gustave Chanteaud, [*Gaz. des trib.*, 8 juill. 1892; *Ann. prop. ind.*, 84, 92] — V. Plocque, p. 15.

127. — ... Ils peuvent lui ordonner d'ajouter, sur ses factures, produits, etc., à ses nom et prénoms, la mention de leurs d'origine. — Amiens, 2 août 1878, Erard, [S. 78.2.47, P. 78.1004, D. 79.2 100]

128. — ... De faire précéder son nom de la mention du prénom, le tout écrit en caractères égaux entre eux et de moitié de ceux employés pour désigner le produit. — Cass., 4 déc. 1893, Picon et Cie, [*Ann. prop. ind.*, 94.79] — Aix, 16 nov. 1863, Roche, [cité par Le Hir, 64.2.81] — Paris, 19 juin 1891, Picon et Cie, [*Ann. prop. ind.*, 94.79] — Il s'agissait, en l'espèce, de l'amer Picon; l'arrêt d'appel contient d'autres prescriptions que celles qui viennent d'être rappelées, en vue d'éviter toute confusion; il décide que les intimés ne pourront employer dans le commerce des amers, à titre de marque ou autrement, d'autre dénomination que celle d'amer suivie d'un qualificatif ou d'une épithète à leur choix avec la mention au-dessous : fabriqué par Thérèse Picon et Cie, maison fondée en 1888.

129. — Les tribunaux peuvent ordonner aussi que, dans une raison sociale, le nom d'un des associés soit précédé de son prénom, alors qu'il est établi que c'est pour créer une confusion entre les produits de la société et ceux d'un industriel depuis longtemps établi que cet associé a été compris parmi les sociétaires. — Paris, 2 juill. 1874, Lebeault, [*Ann. prop. ind.*, 74.307]

130. — Commet un acte de concurrence déloyale l'ancien employé qui, après l'expiration du délai pendant lequel il s'était engagé à ne pas se rétablir, fonde un établissement auquel il donne son nom en ayant soin de le faire précéder d'un de ses prénoms qui rappelle celui de son ancien patron, alors surtout que ses annonces et enseignes s'adressent à une population composée pour partie d'étrangers, dont quelques-uns sont peu familiarisés avec les règles de l'orthographe et de la prononciation de la langue française, et qu'il s'est installé dans le même quartier que son ancien patron. Les tribunaux peuvent, en ce cas, pour éviter toute confusion, ordonner au défendeur de faire précéder son nom de deux au moins de ses prénoms, écrits ou imprimés, l'un et l'autre, en caractères de dimension moitié moins grande que ceux employés pour le nom de famille. — Paris, 7 nov. 1888, Prétere, [*Ann. prop. ind.*, 91.88]

131. — Il arrive parfois, au contraire, que les tribunaux se contentent d'exiger l'adjonction du prénom au nom de famille, en ayant soin de stipuler, d'ailleurs, que l'un et l'autre seront écrits en caractères de même grandeur. — Poitiers, 12 juill. 1833, Seignette, [S. 34.2.258, P. chr.] — Paris, 28 juill. 1835, La Renaudière, [*Gaz. trib.*, 29 juill. 1835]; — 12 avr. 1847, Mêmes parties, [*Gaz. trib.*, 13 avr. 1847]

132. — Ou, au contraire, d'ordonner, au cas de similitude de nom et de prénoms, la suppression de certains des prénoms. — Trib. comm. Seine, 25 oct. 1852, Collas, [J. *Le Droit*, 27 oct. 1852]

133. — En résumé, les tribunaux peuvent prescrire toutes mesures utiles pour empêcher la confusion entre deux maisons rivales, notamment ordonner que la maison la plus nouvelle fera suivre les nom et prénoms de l'associé dont le nom crée la confusion, de l'indication de la date de sa fondation, et ce à l'aide de caractères identiques. — Paris, 6 févr. 1865, Rœderer, [S. 65.2.89, P. 65.452, D. 65.2.87]

134. — Les juges ont donc le droit et le devoir de prévenir la fraude par tous les moyens, sauf qu'ils ne peuvent prononcer contre un commerçant l'interdiction absolue de se servir de son nom patronymique. Ainsi ils peuvent obliger le commerçant à donner plus d'importance à son prénom qu'à son nom, à se servir de caractères d'une certaine dimension, et à ne mettre sa marque de fabrique qu'à certaines places de ses produits. — Cass., 15 juill. 1879, Erard, [S. 79.1.348, P. 79.884, D. 80.1.80] — *Sic*, Plocque, p. 17; Pouillet, n. 502.

135. — On remarquera que ce dernier arrêt de cassation, du 15 juill. 1879, a été rendu dans la même instance que celui du 30 janv. 1878, qui a posé comme principe général le droit pour chaque personne de faire le commerce sous son nom véritable; en considérant comme légitimes toutes les mesures de précaution prises par la cour de renvoi, et notamment celle consistant à donner au prénom une importance plus grande qu'au nom lui-même, la Cour de cassation n'a point maintenu le principe qu'elle avait elle-même posé, et on peut dire qu'elle permet ainsi à des juges un peu adroits de n'en tenir qu'un compte apparent. — V., dans le même sens que l'arrêt de cassation, Pouillet, n. 496.

136. — Est passible de dommages-intérêts celui qui, par des subterfuges blâmables, cherche à échapper aux condamnations prononcées contre lui et continue, de cette façon, de se livrer à des faits répréhensibles de concurrence déloyale. — Trib. comm. Seine, 3 sept. 1857, Pinaud et Amour, [*Ann. prop. ind.*, 58.86] — *Sic*, Pouillet, n. 687.

137. — Il en est particulièrement ainsi de celui qui, ayant reçu de la justice l'ordre de faire précéder son nom de l'indication de son prénom, fait sans doute l'adjonction prescrite, mais ne fait figurer son prénom que sur la partie de sa devanture située dans une rue peu fréquentée, alors que son nom seul apparaît sur l'autre partie de la devanture entrant dans une autre rue beaucoup plus fréquentée et où est précisément établi celui qui a obtenu contre lui le jugement de condamnation. — Même jugement.

138. — Il est d'ailleurs hors de doute que le négociant qui, portant un nom connu dans une branche d'industrie, l'emploie, comme un de ses concurrents, pour désigner les produits de son commerce, ne peut être poursuivi pour contrefaçon de marque alors que, sauf cette similitude de nom, chacune des marques diffèrent entre elles dans leurs détails et dans l'ensemble. — Paris, 10 juin 1890, de Kerhovent, [*Ann. prop. ind.*, 91.155]

139. — De même, lorsqu'une maison est depuis longtemps connue sous le nom de son fondateur, orthographié d'une certaine façon, il y a fait dommageable de la part de celui qui, venant ultérieurement à se livrer au même commerce et portant le même nom, prie le public, dans ses prospectus et annonces, de ne pas confondre sa maison avec celle de son concurrent dont il prend soin d'indiquer malicieusement le nom, sous la forme que lui donnent les actes de l'état civil. — Paris, 29 juill. 1876, Veuve Erard ou Ehrhart, [*Ann. prop. ind.*, 76.277]

140. — Si nous passons à la seconde série d'hypothèses par nous prévue, il est essentiel de poser tout d'abord en principe que la propriété du nom patronymique ne saurait autoriser l'abus qui consiste à le prêter ou à le céder à autrui pour faire à un commerçant une concurrence déloyale. — Cass., 27 mars 1877, Richard et Muller, [S. 77.1.263, P. 77.663, D. 77.1.362] — Poitiers, 12 août 1856, Seignette, [D. 57.2.201] — Besançon, 30 nov. 1861. Loumier, [S. 62 2.342, P. 63.215, D. 62.2.43] — Paris, 10 mars 1892, Descloir frères, [*Bulletin officiel de la propriété industrielle*, 15 sept. 1892]; — 27 déc. 1893, Veuve Louis Pommery, [J. *Le Droit*, 21 janv. 1894; *Gaz. Pal.*, 94.1.166; *Ann. prop. ind.*, 94.89] — Trib. c. Lyon, 13 août 1828, Farina, [*Gaz. des trib.*, 14 août 1828]—Trib. comm. Lyon, 27 avr. 1875, Prot et Cie, [cité par Maillard de Marafy, 75.5.280]

141. — Notamment le fait de prêter à quelqu'un son nom pour lui permettre d'usurper, à l'aide d'une confusion frauduleuse, les avantages du crédit et de la réputation acquis à un tiers, déjà connu sous le même nom, constitue un abus qui doit être réprimé. — Paris, 27 déc. 1893, précité.

142. — Il doit surtout en être ainsi lorsque le nom est moins le nom patronymique qu'une simple adjonction au nom patronymique lui-même, comme, par exemple, le nom de son mari employé par une femme veuve au nom et place de son nom véritable. — Même arrêt.

143. — Remarquons, d'ailleurs, que le nom ou le titre sous lequel le père a fait le commerce est la propriété du fils qui lui a succédé. Ainsi, un neveu commet une usurpation sur cette propriété lorsqu'il prend, pour exercer le même commerce, une enseigne dans laquelle le nom de son oncle, joint au sien propre, ressort de manière à tromper les acheteurs, c'est-à-dire une enseigne dans laquelle il rappelle, en caractère très-gros, sa qualité de neveu de l'ancien commerçant. — Paris, 29 août 1812, Vilmorin fils, en note sous Paris, 24 avr. 1834, [S. 34.2.262] — Trib. comm. Seine, 16 avr. 1846, Baillon, [*Gaz. des trib.*, 17 avr. 1846] — *Sic*, Pouillet, n. 546; Blanc, p. 716; Mayer, n. 29; Rendu, n. 487.

144. — Il n'est donc pas permis de céder, louer, vendre ou prêter son nom à un tiers pour faire concurrence à autrui, il faut que celui qui revendique le droit écrit en l'art. 544, C. civ., fasse réellement et personnellement le commerce; c'est une condition qui peut ne pas être toujours suffisante, mais qui est absolument nécessaire. — Trib. comm. Reims, 14 oct. 1892, Louis Rœderer, [J. *Le Droit*, 8 nov. 1892] — V. Paris, 6 févr. 1863, Rœderer, [S. 63.2.89]

145. — Par suite, des dommages-intérêts doivent être mis à la charge du négociant qui, profitant de la similitude du nom porté par un tiers, s'entend avec lui pour mettre son nom sur les produits de la fabrication et créer ainsi une confusion préjudicielle pour les intérêts d'un autre commerçant. — Paris, 27 nov. 1862, Hasslauer (pipes Gambier), [*Ann. propr. ind.*, 63.91]

146. — Il en doit être de même à l'égard du tiers qui, en prêtant son nom, donne ainsi au fabricant le moyen d'induire le public en erreur. Même arrêt.

147. — Il est incontestable, dans le même ordre d'idées, que commet un acte de concurrence déloyale celui qui, dans le but d'établir une confusion entre ses produits et ceux d'une maison rivale, s'associe avec un tiers portant le nom que celle-ci a pris comme marque, pour désigner ses marchandises. — Paris, 28 janv. 1856, Robineau, [*Ann. prop. ind.*, 56.54] — Trib. Seine, 26 févr. 1857, J. Bardou, [*Ann. prop. ind.*, 57.125]

148. — De même, et d'une manière plus générale, il y a encore concurrence déloyale lorsqu'il est établi que l'associé auquel son nom a été emprunté pour former la raison sociale, ne faisait pas partie d'une maison sérieuse de la société et qu'on ne l'a fait entrer dans la société que pour se créer un droit à l'usage de son nom. — Paris, 31 déc. 1860, Callas, [*Ann. prop. ind.*, 61.159]; — 10 juin 1869, Galibert, [*Ann. prop. ind.*, 69.340]; — 7 août 1874, Moët et Chandon, [D. 77.2.220]

149. — Indépendamment des dommages-intérêts mis à la charge de chacun de ceux qui participent à une telle fraude, cet usage illicite dans une raison sociale du nom déjà employé par un tiers peut être prohibé par les tribunaux qui, en ce cas, ordonnent la suppression du nom usurpé sur les enseignes et sur les divers papiers de commerce. — Paris, 28 janv. 1856, Robineau, [*Ann. prop. ind.*, 56.54, (Maison de la mère Moreaux)]; — 31 déc. 1860, précité; — 19 mai 1865, Gambier, [S. 65.2.158, P. 65.711, D. 66.2.134]; — 5 mars 1868, Clicquot, [S. 68.2.116, P. 68.572, D. 70.2.53]; — 7 août 1874, précité; — 7 août 1888, Tranquille Dubée et Demouchy, [*Ann. prop. ind.*, 91.116] —

Trib. comm. Seine, 5 mars 1856, Richer et Cie, [*Ann. prop. ind.*, 56.126]

150. — Il en a été particulièrement ainsi, dans un cas où des négociants qui s'étaient associés avec un mineur émancipé portant un nom connu dans une branche de l'industrie. — Paris, 17 mai 1888, Combe et Orial, [*Ann. prop. ind.*, 91.141]

151. — Il importe peu, a-t-on même jugé, que les établissements n'existent pas dans la même ville, s'ils sont compris dans la même circonscription régionale renommée pour l'excellence de ses produits. — Paris, 7 mai 1888, précité. — 7 août 1874, précité.

152. — ... Que le nom employé en vue de créer la confusion, se distingue de celui de son concurrent par quelques différences orthographiques et que, par exemple, l'un des noms comporte un tréma et l'autre n'en comporte pas. — Même arrêt.

153. — Le chef d'une maison de commerce peut donc s'opposer à ce que le nom sous lequel il est connu dans le public et dont il est en possession figure dans la raison sociale d'une autre maison de commerce, bien que ce nom soit réellement celui de l'un des associés de ladite maison, lorsqu'il est établi que celui-ci n'est pas un associé sérieux, mais qu'il n'a été appelé à faire partie de la société, qu'à raison de son nom seul et dans l'espérance qu'à l'aide de ce nom la société nouvelle profiterait du crédit de la maison déjà existante. — Cass., 4 févr. 1852, Clicquot, [S. 53.1.213, P. 53.1.167, D. 52.1.200]

154. — Les tribunaux peuvent aussi interdire à une société d'écouler certains de ses produits sous le prénom de l'un de ses associés alors qu'il est établi que cet usage est préjudiciable aux intérêts légitimes d'un autre commerçant et que l'associé portant ce prénom n'est entré dans la société qu'en vue de pouvoir établir cette confusion. — Paris, 20 mai 1886, Prot et Cie (Eau de Lubin), [*Ann. prop. ind.*, 86.253]

155. — Pour que la justice puisse ordonner la suppression du nom d'une personne des étiquettes, factures, etc., employées par une maison de commerce, il n'est pas nécessaire qu'il ait été conclu un acte de société apparent entre des tiers et cette personne; il suffit que celle-ci permette à des tiers de spéculer sur le hasard qui fait que son nom ressemble à celui d'un négociant connu; il en est ainsi lorsqu'il prête simplement l'usage de son nom : c'est dans de telles circonstances qu'il a été décidé que, les vins de Champagne ne se distinguant pas entre eux, comme ceux des autres vignobles, par le nom de leurs crûs, mais par celui de leur fabricant, il y a concurrence déloyale quand une personne, portant un nom connu dans le commerce des vins de Champagne, vend sous son nom de tels vins qu'il ne fabrique pas lui-même; il importe peu d'ailleurs que les étiquettes par lui adoptées portent des mentions différentes de date de fondation de la maison, de siège social, etc.; en ce cas, la justice peut ordonner la suppression du nom incriminé. — Paris, 4 déc. 1889, Ve Pommery fils et Cie, [*Ann. prop. ind.*, 91.124, *Gaz. pal.*, 90.1.14] — *Sic*, Allart, n. 21. — V. sur l'espèce, Amar, p. 393, note 1.

156. — Une pratique analogue à celle dont il vient d'être parlé consiste, de la part du cessionnaire d'un fonds de commerce, à faire usage du nom inconnu de son cédant, et cela en vue de créer une confusion avec une maison connue; bien qu'en principe et sous certaines distinctions, le cessionnaire ait le droit de se servir du nom du cédant (V. *infrà*, n. 165 et s.), on comprend que, dans l'hypothèse qui vient d'être indiquée, les tribunaux aient pu interdire cet emploi : le principe de la liberté du commerce ne saurait être considéré comme ayant été violé, puisque le cessionnaire peut, en pareille circonstance, utilement faire le commerce sous son nom véritable; il ne peut d'ailleurs, d'autre part, se prévaloir de la permission tacite ou même expresse donnée par le cédant puisque, par hypothèse, le nom inconnu de celui-ci ne représente pas une sérieuse et véritable valeur transmissible avec le fonds. Il a donc pu être décidé que si les pouvoirs du juge ne peuvent aller jusqu'à priver un commerçant, par une interdiction absolue, de faire le commerce sous son nom, il n'en est pas de même quand c'est le cessionnaire du fonds qui entend substituer à son nom propre le nom de son cédant, et qu'il est établi que ce nom, sans valeur commerciale propre, est uniquement employé en vue de créer une confusion avec le nom d'un négociant connu. — Cass., 1er mars 1893, Humeau, [S. et P. 93.1.125, D. 93.1.176]

157. — Ainsi, le cédant qui, portant le même nom qu'un autre négociant, s'est établi dans la même rue que celui-ci, dans l'intention de profiter de la notoriété acquise par son homonyme et d'ajouter à l'erreur par la similitude du nom et de la rue, n'a pu transmettre à son cessionnaire le droit de se servir d'un nom et d'un domicile qui n'avaient été choisis que dans une pensée de fraude; et le juge peut condamner ce dernier à supprimer, dans ses annonces et étiquettes, les désignations du nom de son cédant et de la rue de l'établissement. — Même arrêt.

158. — De même, et pour des motifs analogues, il a pu être jugé que le fait de la part d'un commerçant qui, ayant deux noms patronymiques et ayant depuis longtemps adopté l'un d'eux pour raison commerciale, y ajoute le second nom, au moment où un autre commerçant, portant ce nom, est venu exploiter dans la même maison un commerce semblable, peut être considéré comme constituant une manœuvre de concurrence déloyale. — Cass., 18 nov. 1862, Leblanc, [S. 63.1.17, P. 63.212, D. 63.1.81] — Paris, 18 juill. 1864, Leblanc, [S. 61.2.540, P. 61.878, D. 61.2.228] — Trib. comm. Seine, 11 janv. 1860, Leblanc, [Ann. prop. ind., 60.79] — Sic, Lyon-Caen, note sous Cass., 30 janv. 1878, Erard, [S. 78.1.289, P. 78.737] — Sic, Amar, n. 278.

159. — En un tel cas, le commerçant auteur de cette manœuvre peut être condamné, non seulement en des dommages-intérêts pour le préjudice causé par l'emploi du nom patronymique en question, mais encore à supprimer ce nom patronymique de sa raison commerciale. — Mêmes arrêts.

160. — ... Alors, du moins, que l'interdiction de se servir de ce nom ne doit pas s'étendre au delà du temps où l'une des parties cessera d'habiter la même maison. — Mêmes arrêts.

161. — Pour que ces suppressions puissent être ordonnées, il est nécessaire d'ailleurs qu'une confusion puisse se produire; cette condition est indispensable pour qu'il y ait concurrence déloyale. Aussi, a-t-il été décidé que, le juge qui constate en fait, d'une part, qu'un négociant ayant exercé un commerce dans une maison lui appartenant tacitement son locataire à faire usage, pour le même commerce, de la dénomination « Ancienne maison X... », et, d'autre part, qu'aucune confusion n'est possible entre les factures et imprimés de ce dernier et ceux employés par le tiers plaignant, rejette, à bon droit, la demande de celui-ci, tendant à l'interdiction au locataire de se servir de la dénomination « Ancienne maison X... » et à l'allocation des dommages-intérêts. — Cass., 11 janv. 1893, Lemarchand, [S. et P. 94.1.87]

162. — Le jugement qui reconnaît à un commerçant le droit de laisser sur ses produits le nom dont un tiers lui a cédé l'usage, mais à la charge de le faire de manière à éviter toute confusion entre ses produits et ceux d'une maison connue sous le même nom, n'emporte pas chose jugée d'une manière absolue en faveur de ce commerçant quant au droit de se servir de ce nom, et, dès lors, ce droit peut lui être retiré si, au lieu d'en user conformément aux prescriptions du premier jugement, il en fait un usage abusif et illicite. — Cass., 27 mars 1877, Richard et Muller, [S. 77.1.263, P. 77.663, D. 77.1.362] — Paris, 19 mai 1865, Gambier, [S. 65.2.158, P. 65.711, D. 66.2.134] — Bordeaux, 17 juill. 1876, Mortell et Cie, [Rec. Bordeaux, 76.257] — Trib. comm. Cognac, 29 oct. 1875, Mortell et Cie, [Ann. prop. ind., 76.284] — Sic, Allart, n. 27; Pouillet, n. 685; Amar, n. 363.

163. — De même, les tribunaux qui, une première fois, avaient permis de laisser figurer seul le nom litigieux sur les étiquettes, factures et autres papiers de commerce, peuvent exiger à la suite de nouveaux actes de concurrence déloyale que ce nom soit accompagné de celui d'un autre associé et que chacun d'eux soit employé en caractères absolument identiques de façon à ce que l'un et l'autre soit aussi apparent. — Paris, 9 déc. 1875, A. et M. Landon, [Ann. prop. ind., 76.346]

164. — En terminant, dans cet ordre d'idées, faisons observer qu'un tribunal peut, sans sortir du cercle tracé par les conclusions du demandeur, proscrire l'usage d'un nom propre sur une étiquette, alors que l'intéressé demandant que le défendeur fût condamné à modifier la rédaction des étiquettes et documents commerciaux de manière à éviter toute confusion avec ses produits, en telle forme qu'il plairait au tribunal d'ordonner. — Cass., 27 mars 1877, précité.

165. — Le droit de faire réglementer ou interdire l'usage commercial par un tiers d'un nom qu'il porte ou qu'un titulaire de ce nom l'a autorisé à employer, appartient naturellement et en premier lieu au négociant qui, lui-même, le porte en vertu des actes de l'état civil; mais, il n'est point le seul à pouvoir user de cette faculté. Ainsi, le cessionnaire d'un fonds de commerce connu sous le nom de son fondateur, précédé par celui-ci à se servir de ce nom, peut demander à ce qu'un autre négociant, portant véritablement ce nom, ajoute à ce nom telle désignation nécessaire pour faire disparaître toute cause de confusion. — Paris, 20 mai 1854, Heidsieck, [cité par Teulet, 3.372] — Trib. Seine, 9 juill. 1863, Bonnet-Fichet, [Ann. prop. ind., 64.322]; — 9 sept. 1868, Lebourgeois, [Ann. prop. ind., 68.294] — Sic, Pouillet, n. 557; Amar, n. 309; Mayer, n. 22.

166. — De même, les possesseurs actuels d'un établissement commercial connu sous le nom de son fondateur, précédé du mot de maison, peuvent agir en suppression et en dommages-intérêts contre tout commerçant qui, portant ce même nom, l'emploierait de la même façon dans ses annonces de liquidation ou autres. — Trib. comm. Seine, 7 mai 1858, Bonnet, Thomas et Julmasse, [Ann. prop. ind., 58.301] — Sic, Rendu, n. 411. — V. aussi Paris, 10 juin 1869, Jalibert, [Ann. prop. ind., 69.340]

167. — Une société qui exploite le commerce sous un certain nom commercial peut demander à ce qu'une personne, portant réellement le même nom qui vient s'établir à proximité de ses magasins et se livre au même commerce, ajoute sur ses enseignes et réclames certaines indications de nature à différencier les deux établissements. — Trib. comm. Seine, 17 juin 1887, Eugène Carcassonne fils et Cie, [Ann. prop. ind., 91.82]

168. — Peu importe que parmi les membres d'une société en nom collectif, demanderesse au procès, ne figure plus une personne portant le nom qui fait l'objet du débat, alors que le nom revendiqué doit être considéré comme compris plutôt dans une marque de commerce que dans une raison sociale. — Paris, 27 déc. 1893, [J. Le Droit, 21 janv. 1894, Ve Louis Pommery, Gaz. Pal., 94.1.166, Ann. prop. ind., 94.89]

169. — Lorsque plusieurs personnes se sont réunies dans une intention de concurrence déloyale et ont fondé une société pour laquelle ils ont adopté comme dénomination le nom de l'une d'elles connu dans une branche d'industrie, le négociant qui croit avoir à se plaindre de cette collusion peut agir directement contre chacune de ces personnes, sans avoir à mettre en cause la société ainsi formée. — Paris, 7 août 1888, Tranquille Dubec et Demonchy, [Ann. prop. ind., 91.116]

170. — L'un des moyens assez fréquemment employé pour réaliser une concurrence déloyale consiste, de la part d'un négociant, à joindre à son nom celui de sa femme lorsque celui-ci sert déjà à désigner un établissement connu. Toutefois, il est essentiel de rappeler qu'en principe ne fait qu'user d'un droit généralement suivi dans le commerce, le négociant qui a ajouté à son nom celui de sa femme, qui peut avoir eu pour résultat de perpétuer à son profit un nom déjà connu et qui appartient légitimement à sa femme. — Paris, 3 juin 1859, Aragon, [D. 67.5.341] — Poitiers, 8 déc. 1863, Hériard, [S. 64.2.30, P. 64.439] — Limoges, 21 janv. 1888, Bourdeau, [S. 88.2.27, P. 88.2.203, D. 90.2.94] — Sic, Blanc, p. 714; Bédarride, t. 2, n. 745; A. Rendu, Tr. prat. des marq. de fabr. et de comm., n. 415; Ruben de Couder, vo Enseigne, n. 4; Plocque, p. 17; Allart, n. 30; Pouillet, n. 508 et 510; Lallier, n. 199, 216 et s.

171. — Par suite, le commerçant qui porte le même nom que la femme et exerce le même commerce que le mari ne peut prétendre que cette addition constitue à son préjudice un acte de concurrence déloyale. — Limoges, 21 janv. 1888, précité.

172. — ... Alors du moins que, les deux noms étant écrits en caractères identiques et réunis par un trait d'union, aucune confusion n'est possible entre les deux maisons de commerce. — Même arrêt.

173. — De même l'acquéreur d'une maison de commerce n'est pas fondé à exiger que le gendre du vendeur cesse d'ajouter à son nom le nom de son beau-père, bien qu'il exerce le même genre de commerce, surtout si le gendre portait ce nom avant la vente, et si l'acquéreur le lui a donné lui-même depuis diverses occasions. — Paris, 7 mars 1833, Poussielgue, [S. 35.2.235, P. chr., D. 35.2.93] — V. Allart, n. 32.

174. — On ne saurait refuser, en effet, à un individu le droit de faire usage de son nom et des qualités ou qualifications qui s'y rattachent, pour l'exercice de son industrie, à la charge, toutefois, qu'il n'en soit pas usé de manière à faire naître une confusion, dans l'esprit du public, entre ses produits et ceux d'une maison connue sous le même nom. — Bordeaux, 24 juin 1879, V° Chaumas, [*Ann. prop. ind.*, 80.186]

175. — Ainsi, lorsqu'un commerçant meurt laissant plusieurs enfants et que le fonds de commerce a commencé par rester indivis entre eux, l'un d'eux peut fonder dans son voisinage un établissement similaire de l'ancien et mettre sur son enseigne et sur ses papiers de commerce la mention : *gendre d'un tel*, alors d'ailleurs qu'il n'est possible de relever contre lui des faits de nature à créer une confusion entre les deux maisons. — Même arrêt.

176. — Mais, s'il est loisible à un commerçant d'ajouter à son nom celui de sa femme, c'est à la condition que cette addition n'ait pas le caractère d'une manœuvre destinée à établir une confusion préjudiciable à autrui. — Paris, 17 juin 1838, Fouré, [cité par Pouillet, n. 509] — Lyon, 13 nov. 1872, Blache, [D. 74.5.370] — Paris, 7 déc. 1889, Bergez, [*Ann. prop. ind.*, 90.341] — Trib. comm. Seine, 9 juin 1843, Loiseau-Pinson, [*Gaz. des trib.*, 10 juin 1843]; — 24 juin 1890, Latour, [*Gaz. Pal*, 90. 2.193] — *Sic*, Allart, *loc. cit.*; Pouillet, n. 508; Bert, n. 41.

177. — Spécialement, si la pratique du commerce autorise, dans certains cas, un négociant à joindre le nom de sa femme au sien dans une marque de fabrique, il appartient à la justice de réprimer ou de prévenir les abus qui peuvent résulter d'une telle tolérance et d'interdire l'usage du nom de sa femme à un commerçant qui l'exploite dans un intérêt de concurrence déloyale. — Montpellier, 24 déc. 1885, Violet frères, [*Ann. prop. ind.*, 86.263]

178. — De même lorsqu'un commerçant a autorisé l'un de ses deux gendres à faire usage de son nom, l'autre gendre venant s'établir près du magasin exploité par son beau-frère ne peut adjoindre à son nom celui de sa femme. — Lyon, 13 nov. 1872, précité. — *Sic*, Allart, n. 32; Rendu, n. 486 et 487. — V. aussi Paris, 11 févr. 1832, Mourot, [cité par Teulet, t. 1, p. 57] — Trib. comm. Seine, 13 juill. 1866, Franconi, [cité par Teulet, t. 16, p. 5]

179. — Commet donc un fait répréhensible celui qui, dans ses affiches et prospectus, joint à son nom celui de sa femme, lorsque cette adjonction a pour but de faire naître une confusion avec une maison rivale ou de faire croire à la continuation d'une société qui a jadis existé entre lui et son beau-père. — Paris, 21 déc. 1855, Manchon, [*Ann. prop. ind.*, 55.221]

180. — Pareillement lorsque les initiales du nom d'un fabricant sont inscrites dans la vignette composant avec elles la marque de fabrique qu'il a déposée, l'emploi de ces mêmes initiales par un autre fabricant dans sa marque peut, bien qu'elles soient celles de ses nom et prénoms et du nom de sa femme, être considéré par les juges, suivant les circonstances, comme constituant une concurrence déloyale, et autoriser contre lui, tant une condamnation à des dommages-intérêts que l'interdiction de se servir à l'avenir de ces simples initiales. — Cass., 1er juin 1874, Brossier, [S. 75.1.111, P. 75.264, D. 75.1.12]

181. — Il en est ainsi, alors même qu'un précédent arrêt aurait consacré au profit du fabricant, frappé par cette condamnation, le droit de se servir de ces mêmes initiales, si, d'une part, cet arrêt lui prescrivait de ne les employer qu'avec des indications propres à éviter toute confusion, et si, d'autre part, une désobéissance à cette injonction est constatée par le second arrêt. — Même arrêt.

182. — En tout cas, si un négociant peut, en s'autorisant d'un usage admis dans le commerce, joindre à son nom celui de sa femme pour les affaires de son négoce, il ne peut en cédant son établissement à un tiers lui conférer le droit de reprendre la raison sociale de la société dissoute et l'attribuer à une nouvelle société dont il ne fait pas partie. — Bordeaux, 17 nov. 1873, Leperche, [S. 74.2.145, P. 74.615, D. 75.2.82] — *Sic*, Plocque, p. 18; Lallier, n. 220. — *Contrà*, Lyon-Caen, note sous Bordeaux, 17 nov. 1873, [S. 74.2.145, P. 74.615]

183. — C'est une question assez délicate que celle de savoir quelles sont les modifications que la séparation de corps ou le divorce peut entraîner relativement au nom des époux : le mari qui joint à son nom celui de sa femme peut-il continuer à en user ainsi dans son établissement commerce après la séparation de corps ou même après le divorce? La femme qui, se conformant à un usage constant, a pris le nom de son mari et fait le commerce sous ce nom peut-elle agir encore ainsi après le relâchement ou la dissolution du lien conjugal?

184. — Ces difficultés se présentent aussi, en pur droit civil, alors qu'aucun intérêt commercial ne se trouve engagé : dans ce cas, dont nous n'avons pas à nous occuper ici, les principes rigoureux peuvent plus aisément recevoir leur application pleine et entière puisqu'en leur donnant satisfaction on ne court pas le risque de froisser des intérêts légitimes; que si, au contraire, le nom de l'un des époux a été pris par l'autre comme constituant, en tout ou en partie, son nom commercial, il serait peut-être excessif de dire, par exemple, que, le divorce rompant toute relation entre époux, le mari ne peut plus, après le divorce, joindre sur ses enseignes, dans ses factures, etc., le nom de sa femme au sien propre ou que la femme ne peut plus alors continuer à faire le commerce sous le nom de son mari ; on reconnaît que le nom d'un tiers peut être valablement pris comme nom commercial ; pourquoi cet emprunt ne pourrait-il pas se faire entre époux et continuer à produire ses effets lorsque le mariage est dissous? Ainsi qu'on l'a très-bien dit « dans le cas de propriété d'un nom commercial où la commercialisation (qu'on nous passe l'expression) est comme une transformation du nom primitif, de quel droit priverait-on l'époux, si coupable qu'il fût, d'un bien qu'il a fait sien par son travail? la jurisprudence peut seule tenir compte de toutes ces nuances » (Carpentier, *Divorce*, n. 329). En résumé donc, la solution qui nous paraît devoir être suivie, si aucun texte contraire ne s'y oppose, consiste à laisser en ces matières aux tribunaux un large pouvoir d'appréciation dont ils doivent user de manière à éviter toute concurrence déloyale. — Poulle, *Du nom de la femme divorcée*, n. 15 et s.; Flurer, note sous Trib. Toulouse, 18 mai 1886, Ismaël, [D. 89. 2.9] — Lallier, p. 405. — V. aussi Trib. Toulouse, 18 mai 1886, Ismaël, [S. 86.2.119, P. 86.1.589, D. 89.2.9] — Poitiers, 14 mai 1888, sous Cass., 6 févr. 1889, Loudun, [S. 91.1.377, P. 91.1. 947, D. 90.1.269]

185. — Telle fut, malgré quelques divergences de la doctrine, la pratique généralement suivie en matière commerciale, jusqu'à la promulgation de la loi du 6 févr. 1893, qui porte modification au régime de la séparation de corps et qui, dans ses art. 2 et 3, a réglé, au moins en matière civile, la question du nom des époux divorcés ou séparés de corps.

186. — Quoi qu'il en soit de l'influence possible que peut exercer sur nos questions la loi de 1893, on peut remarquer que, dans le sens de l'opinion précédemment exposée, il a été décidé que si une femme, séparée de corps, est en droit de continuer à prendre dans ses annonces et enseignes le nom de son mari, les tribunaux peuvent néanmoins, en vue d'éviter toute confusion, ordonner certaines mesures de précaution, comme par exemple, de faire précéder son nom de femme de celui qu'elle portait avant son mariage. — Trib. comm. Marseille, 28 févr. 1881, Léon Espié, [*Ann. prop. ind.*, 92.9]

187. — Lorsque, dans le cahier des charges de la vente par licitation d'un fonds de commerce appartenant à deux époux séparés de corps, il a été stipulé que l'époux qui n'en resterait pas adjudicataire pourrait créer dans la même ville un autre établissement commercial de semblable nature, le mari non adjudicataire peut, en l'absence de clause contraire, former ce nouvel établissement même dans le voisinage du premier. — Caen, 20 janv. 1860, Delfraisy, [S. 61.2.73, P. 61.653] — *Sic*, Pouillet, n. 573.

188. — Et il a le droit de désigner son établissement par une enseigne portant son nom ainsi que l'indication du son genre de commerce, pourvu que cette indication ne soit pas de nature à produire une confusion entre le nouvel établissement et l'ancien. — Même arrêt.

189. — Mais, en pareil cas, le mari n'est pas fondé à exiger que sa femme fasse précéder le nom de son mari, existant sur l'enseigne de l'établissement adjugé à cette dernière, du mot Madame en toutes lettres, ou qu'elle prenne sur l'enseigne ses noms de fille : il suffit de l'addition du mot Madame en abrégé. — Même arrêt.

190. — Il est essentiel de remarquer, d'ailleurs, que le pouvoir discrétionnaire par nous reconnu aux tribunaux ne doit s'exercer qu'en vue de ménager des situations acquises : c'est uniquement, en vue de la *continuation* d'un commerce entrepris avant la séparation de corps ou le divorce, que nous considérons comme légitime cette intervention des tribunaux et que nous leur permettons d'autoriser l'un des époux à se servir encore, comme nom commercial, du nom de l'autre époux, mais cette raison de décider ne se retrouve pas, si l'on suppose qu'il s'agit d'un commerce entrepris après l'un ou l'autre de ces événements. Aussi, admettons-nous, que sans qu'il y ait lieu de rechercher si la femme perd par le divorce le droit de porter le nom de son mari, on ne saurait douter que, lorsque la femme, après le divorce, a fondé un commerce similaire à celui qu'exerçaient les époux pendant le mariage, et dont le mari a continué l'exploitation, ce fait par la femme, dans l'exercice de ce commerce, de se qualifier de « ex-femme de X... », constitue un acte de concurrence déloyale. — Trib. Nantua, 18 févr. 1891, Chaffé, [S. et P. 92.2.39] — *Contrà*, Huc, *Comment. théor. et prat. du C. civ.*, t. 2, n. 395.

191. — Et les juges peuvent, en allouant au mari des dommages-intérêts pour le préjudice qui lui a été ainsi causé, interdire à la femme de faire usage de cette qualification. — Même jugement.

192. — De même, il a pu être décidé que la femme séparée de corps ne peut créer, sous le nom de son mari, un fonds de commerce voisin de celui jadis exploité en commun par les époux, alors que la propriété de ce fonds a été adjugée au mari seul et que d'ailleurs, le mari se déclare prêt à autoriser la femme à faire tout autre commerce ou même celui qu'elle avait entrepris, pourvu que ce soit dans un autre quartier et sous son nom patronymique. — Lyon, 14 août 1872, Thibaut, [D. 72.5.371] — Trib. Lyon, 19 janv. 1872, Mêmes parties, [cité par Maillard de Marafy, t. 3, p. 505]

193. — Telle devait donc être, selon nous, dans le silence des textes, la solution à admettre avant la promulgation de la loi du 6 févr. 1893, qui, dans ses art. 2 et 3, s'est occupée du nom des époux séparés de corps ou divorcés. D'après son art. 2, dont les dispositions font partie intégrante de l'art. 299, C. civ., « par l'effet du divorce, chacun des époux reprend l'usage de son nom »; d'après son art. 3, qui a modifié l'art. 311, C. civ., « le jugement qui prononce la séparation de corps ou un jugement postérieur peut interdire à la femme de porter le nom de son mari, ou l'autoriser à ne pas le porter. Dans le cas où le mari aurait joint à son nom le nom de sa femme, celle-ci pourra également demander qu'il soit interdit au mari de le porter. »

194. — Pour le cas de divorce, il semble nécessaire d'admettre avec M. Arnault, rapporteur de la loi à la Chambre des députés, que « le mari coupable peut, par esprit de vengeance, contraindre son ex-femme à ne plus faire usage de son nom : les tribunaux n'ont pas de pouvoir discrétionnaire. Et la femme est réduite à mettre sa maison de commerce sous la rubrique de son état civil : une telle, épouse divorcée d'un tel ; ainsi, elle conserve le nom commercial, en le faisant précéder du sien ». — Arnault, p. 329 ; Cabouat, *Explication théorique et pratique de la loi du 6 févr. 1893*, p. 116 ; Sarrand, *Commentaire de la loi du 6 févr. 1893, sur la séparation de corps*, p. 56-64 ; Thiénot, p. 380.

195. — Nous n'admettrions, d'ailleurs, la femme à prendre dans son commerce la qualité d'ex-femme divorcée de X..., qu'autant que, précédemment au divorce, elle se livrait déjà sous ce nom à un commerce séparé ; hors cette circonstance, elle ne peut, en effet, songer à se servir du nom de son mari que pour couvrir un fait de concurrence déloyale et l'on ne saurait contre cette restriction argumenter de la solution que nous adopterons relativement à la qualité d'ancien élève, ancien employé, etc. ; nous pensons, qu'en principe, on peut légitimement se prévaloir dans son commerce de l'une ou de l'autre de ces qualités parce qu'on a intérêt à le faire et que c'est un moyen commode de faire connaître à ses clients les aptitudes spéciales que l'on peut avoir ; les mêmes raisons ne se retrouvent pas au cas d'époux divorcé ; en vue de ne pas porter une atteinte trop grave à une situation acquise, on peut reconnaître à cette femme l'emploi de la formule que nous venons de rappeler, mais si ce motif n'existe pas, on ne voit pas sur quoi on pourrait s'appuyer pour permettre à la femme le rappel de sa qualité.

196. — Sous toute réserve ainsi limitée dans ses effets, il faut donc admettre qu'après le divorce la femme ne peut plus, même dans son commerce, faire usage du nom qu'elle portait durant son mariage ; cette opinion se fonde sur la généralité du nouvel art. 299, et sur la discussion de la loi au Sénat : M. Boulanger, partisan du pouvoir discrétionnaire des tribunaux, avait dit : « Si la femme a absolument besoin de cette industrie pour faire vivre les siens, les tribunaux lui permettront de continuer le commerce. Le tribunal sera le maître de lui retirer cette permission quand il le voudra. De cette façon, vous aurez adopté une solution qui concilie à la fois les intérêts de la femme et les principes de la législation sur le divorce..... En terminant, permettez-moi d'ajouter que si vous en décidez autrement, vous placerez la femme dans une situation extrêmement pénible. Elle a absolument besoin de son commerce pour vivre et faire vivre les enfants qu'on lui a laissés. Cependant, elle est exposée à la ruine, si elle perd le nom qui forme son seul crédit. Alors, elle ne demandera pas le divorce, elle sera placée entre ses intérêts moraux et ses intérêts pécuniaires, et vous lui aurez donné d'une main un présent que vous allez lui retirer de l'autre » (*J. off.*, *Déb. parl.*, Sénat, séance de janvier 1887, p. 20, col. 2).

197. — Il lui fut répondu par M. Allou, l'un des auteurs de la proposition, de la manière suivante : « Comment acceptez-vous, par exemple, que la femme qui aura créé un établissement commercial soit autorisée par la justice à prendre le nom du mari quand rien ne la rattache plus à celui-ci? Mais la femme peut courir des aventures comme commerçante! mais elle arrivera peut-être à la faillite! Et vous croyez qu'il est possible que le mari divorcé, ayant séparé complètement son existence, ses intérêts, son nom, de l'existence, des intérêts, du nom de sa femme, puisse être mis en faillite, en quelque sorte sous le nom de sa femme commerçante, parce que le tribunal l'aura autorisée à continuer les affaires dans les conditions dans lesquelles elle les avait autrefois poursuivies? C'est impossible. »

198. — M. Allou est même allé, dans sa réponse, jusqu'à repousser implicitement le palliatif que nous avons proposé ; c'est ce qui semble résulter du passage suivant de son discours : « Il n'est pas si embarrassant que le croit l'honorable M. Boulanger de répondre aux difficultés de la situation. On fera, dans ce cas, ce qu'on fait dans tous les cas où l'association est brisée : on enverra une circulaire commerciale dans laquelle la femme commerçante dira qu'elle abandonne les affaires dans les conditions où elle les avait fait prospérer : qu'à partir de telle époque, l'ancienne maison une telle continuera les affaires sous telle autre dénomination. De cette façon, on pare à tous les inconvénients et à toutes les difficultés » (*J. off.*, *loc. cit.*). — V. en ce sens, Sarrand, p. 68.

199. — Nous n'en persistons pas moins à penser que, dans son commerce, la femme peut rappeler sa qualité de femme divorcée : cette solution n'est pas contraire au texte de la loi puisque, même en ce cas, on peut dire que chacun des époux a repris l'usage de son nom. On doit donc considérer comme purement personnelle, à la supposer contraire, l'opinion de M. Allou, d'autant plus qu'elle se trouve en contradiction avec celle qu'a exprimée dans son livre M. Arnault, rapporteur de la loi à la Chambre des députés.

200. — En tous cas, il est incontestable que les époux sont en droit de régler comme ils l'entendent la question de l'usage de leur nom pour l'hypothèse éventuelle ou déjà réalisée du divorce ; une pareille convention devrait être considérée comme nulle, dans les rapports de pur droit civil, à raison de ce que la matière des noms patronymiques est d'ordre public, mais il n'en saurait être ainsi en matière commerciale, puisque tout le monde est d'accord pour reconnaître que le nom commercial peut valablement faire l'objet d'une transmission. — Arnault, p. 329 ; Cabouat, p. 117 ; Sarrand, p. 66.

201. — Cet accord exprès entre les époux n'est d'ailleurs utile, pour maintenir à l'un d'eux l'usage de celui de l'autre, qu'autant qu'il s'agit pour celui-là de continuer, après le divorce, l'exploitation d'un fonds précédemment entrepris à titre purement personnel ; que si, au contraire, il s'agit d'un fonds de commerce dépendant de l'ancienne communauté, ayant jadis existé entre les époux, celui des deux qui s'en rend adjudicataire peut, nonobstant le divorce et en l'absence de toute entente préalable, continuer à se servir de l'ancienne raison de commerce où, peut-être, se trouve compris le nom de son ancien conjoint ; il en est ainsi, puisque la raison de commerce fait partie du fonds même et que l'époux adjudicataire ne peut évidemment avoir moins de droit que n'en aurait un tiers quelconque qui se serait rendu adjudicataire de ce même fonds ; il est essentiel de remarquer, d'ailleurs, que, comme tout cessionnaire, l'époux adjudicataire doit prendre soin d'indiquer sa qualité de successeur, pour ne point s'exposer à une action en concurrence déloyale. — Cabouat, p. 117 ; Lallier, n. 208.

202. — Toutes les distinctions qui viennent d'être faites à l'égard du nom des époux divorcés peuvent être reproduites à l'égard du nom des époux séparés de corps ; les raisons qui ont été précédemment indiquées les justifieraient encore au besoin dans cette autre hypothèse; mais au cas de séparation de corps, il n'y a pas rupture du lien conjugal; aussi le législateur s'est-il gardé de poser un principe absolu pour ce cas comme pour celui du divorce; tout dépend alors de la volonté des époux eux-mêmes : leur silence est interprété en ce sens qu'ils ne s'opposent pas à la continuation de la pratique antérieure; ils peuvent toutefois demander aux tribunaux qu'il soit porté remède à cet état de choses; mais, étant donné la forme purement facultative employée par le législateur, il nous paraît que les tribunaux peuvent, au cas de demande de l'un ou de l'autre des époux, jouir d'un large pouvoir discrétionnaire. La réconciliation, toujours possible et toujours désirable entre époux simplement séparés de corps, peut encore être invoquée à l'appui de cette opinion. — V. Cabouat, p. 118; Sarrand, p. 70.

203. — Il est bien évident que dans ces divers cas, ou, soit en vertu de la loi, soit en vertu du jugement, il sera interdit à un époux de se servir dans son commerce du nom de son conjoint, il y aura concurrence déloyale de la part de l'époux qui en fera usage dans son commerce. — Cabouat, p. 122.

204. — Indépendamment du divorce, le mariage peut être dissous par la mort de l'un des époux; il n'y a pas toujours en ce cas les mêmes motifs qui font parfois qu'au cas de divorce l'un des époux a un grand intérêt moral à ce que son nom ne continue pas à être employé, même en matière commerciale, par son ancien conjoint; néanmoins, rigoureusement, à ne considérer que les seuls principes du droit civil, le mari ne peut plus désormais joindre à son nom celui de sa femme et celle-ci ne peut plus porter le nom de son mari (1).

205. — Mais, on sait qu'en matière commerciale, cette rigueur peut être considérablement atténuée en fait : l'absence de tout texte contraire permet même de reconnaître aux tribunaux un large pouvoir d'appréciation; il est bien entendu, d'ailleurs, que ceux-ci doivent prendre toutes les mesures nécessaires en vue d'empêcher que des actes de concurrence déloyale ne soient commis par l'emploi abusif du nom d'un époux prédécédé. — Allart, n. 34; Pouillet, n. 514; Amar, n. 346. — V. Mayer, n. 20.

206. — En tous cas, on doit admettre que, comme le nom commercial et industriel sous lequel une maison est connue tient à l'établissement et se perpétue avec lui, il passe, lorsqu'il se confond avec le nom patronymique d'une personne, aux héritiers légitimes ou testamentaires de celle-ci et notamment à sa veuve; il importe peu que celle-ci ait changé de nom par un second mariage; ce fait ne peut porter atteinte à son droit de propriété sur le fonds de commerce dont elle ne peut jouir complètement que si on lui permet d'user de la dénomination commerciale sous laquelle il est connu. — Paris, 19 mars 1890, Varnier, [J. *Le Droit*, 27 avr. 1890; J. *La Loi*, 23 août 1890] — *Sic*, Pouillet, n. 574; *Propr. industr.* (de Berne), 1892, p. 156.

207. — La veuve, même remariée, a donc encore le droit de désigner son établissement sous le nom de son premier mari, lorsque c'est avec le prédécédé qu'elle est devenue propriétaire de cet établissement. — Nancy, 22 févr. 1859, Comond, [D. 59.2.49] — Amiens, 5 janv. 1894, Lefebvre et Cie, [*Journ. des audiences de la cour d'Amiens*, 94.76] — *Sic*, Maillard de Marafy, t. 6, p. 36, Le Hir, [61.2.266]

208. — Mais tout parent du prédécédé, portant le même nom que lui, peut s'opposer à toute mention de nature à laisser croire que le chef de la maison est toujours le même. — Trib. Seine, 9 août 1864, Hamon, [*Ann. prop. ind.*, 66.34] — *Sic*, Maillard de Marafy, t. 6, p. 27.

209. — La veuve d'un commerçant est, d'ailleurs, tenu de faire précéder sa raison sociale du prénom de son mari, lorsque l'omission de ce prénom est de nature à amener une confusion préjudiciable à autrui. — Paris, 20 nov. 1846, Ve Isidore Duprey, [P. 46.2.731]

210. — Cette faculté pour la veuve de continuer à faire usage dans son commerce du nom de son ancien conjoint doit également, comme constituant presqu'une nécessité, dans certains cas, si l'on admet, avec un arrêt, qu'une veuve ne peut faire le commerce sous son seul nom de fille, alors que son frère fait un commerce similaire sous le même nom. — Paris, 18 juill. 1878, Sits, [S. 78.2.241, P. 78.1.993]

---

(1) Il est même douteux que légalement, le mariage, tant qu'il subsiste, produise un effet quelconque sur le nom de l'un ou de l'autre des époux; les modifications que l'on constate chaque jour sont simplement l'effet de l'usage et la loi n'y est pour rien.

211. — Décidé, dans la même espèce, que cette veuve ne peut surtout faire le commerce en commun avec son fils sous son seul nom de fille, suivi de : « et fils », le fils n'ayant aucun droit au nom de sa mère. — Même arrêt.

212. — Tout ce qui a été précédemment établi (V. *suprà*, n. 87 et s.) quant à l'usurpation du nom des personnes ou de celui des sociétés en nom collectif ou en commandite est également vrai à l'égard des sociétés anonymes et des autres associations. Ainsi, lorsqu'une confusion peut naître entre les dénominations de deux compagnies d'assurances, celle de ces deux sociétés qui jouit d'un droit de priorité peut exiger que sa rivale change de raison sociale. — Trib. comm. Seine, 7 juill. 1862, le Lloyd français, [*Ann. prop. ind.*, 62.412] — *Sic*, Allart, n. 37; Pouillet, n. 463.

213. — Un tribunal doit donc imposer à une compagnie d'assurances la modification de son titre lorsque celle-ci, devant se livrer à un genre déterminé d'assurances, a adopté une dénomination qui rappelle celle d'une autre compagnie qui déjà se livre à ce genre d'opérations. — Paris, 17 nov. 1852, Danjou, [cité par Teulet, t. 2, p. 52] — Trib. comm. Seine, 3 févr. 1850, [cité par Blanc, p. 728]; — 12 août 1853, Alvarès, [*Gaz. trib.*, 24 sept. 1853]; — 17 nov. 1880, *La Fraternelle parisienne*, [*Ann. prop. ind.*, 84.231]

214. — Une société d'assurances formée en province sous le nom d'*Iris* peut faire interdire à une seconde compagnie qui se forme l'usage de la même dénomination, alors même que la demanderesse n'aurait pas encore effectivement commencé ses opérations, pourvu d'ailleurs qu'elle soit déjà constituée. — Paris, 1er juin 1840, Cie de l'*Iris*, [*Gaz. trib.*, 2 juin 1840]

215. — De plus, la compagnie d'assurances, connue sous un nom déterminé, est fondée à revendiquer la priorité de ce titre à l'égard d'une autre compagnie qui l'a adopté comme sous-titre, du moment où cet emploi simultané de la même désignation peut amener une confusion regrettable, et alors même qu'elle aurait longtemps toléré l'emploi de son titre par la compagnie rivale. — Trib. comm. Seine, 23 janv. 1860, Compagnie d'assurances générales, [*Ann. prop. ind.*, 64.139] — V. Cap. Paris, 10 nov. 1857, *La Paternelle*, [cité par Le Hir, 63.2.96]

216. — Pareillement, le propriétaire d'un établissement industriel, d'une pharmacie, dans l'espèce, qui adopte même en sous-ordre, une désignation commerciale dont un autre est déjà en possession, commet un acte de concurrence déloyale qui rend admissible contre lui une action en suppression de désignation et une action en dommages-intérêts. — Trib. comm. Seine, 24 juill. 1857, Dorvault, [*Ann. prop. ind.*, 58.425]

217. — Une compagnie française d'assurances peut s'opposer à ce qu'une compagnie étrangère, portant le même nom, établisse sous ce nom une succursale en France; il importe peu que la compagnie étrangère ait été fondée à l'étranger antérieurement à la société française, et que sa raison sociale, ayant le même nom, mais le nom de la société française, soit rédigée en langue étrangère. — Trib. comm. Seine, 1er sept. 1834, [cité par Blanc, p. 702] — *Sic*, Pouillet, n. 468.

218. — Lorsqu'une société a accolé comme une de ses devancières, à sa désignation légale, une dénomination usuelle révélant au public la nature du son industrie, les tribunaux peuvent ordonner, en vue d'une confusion possible, que cette société ne pourra faire usage de la dénomination usuelle qu'elle a adoptée qu'en la faisant précéder ou suivre de la raison sociale qui est son nom légal. — Paris, 15 juin 1887, Société française de tranchage des bois, [*Ann. prop. ind.*, 89.222]

219. — Se rend coupable de concurrence déloyale une compagnie de tramways qui, dans le but de faire naître à son profit une confusion entre elle et une compagnie de chemins de fer, usurpe, pour sa dénomination, l'appellation propre de cette dernière et s'efforce, en outre, de détourner à son profit une partie des voyageurs de ladite compagnie de chemins de fer, en effectuant ses parcours avec une vitesse d'un tiers plus grande que celle déterminée à son cahier des charges. — Paris, 13 déc. 1892, Cie des chemins de fer de Bayonne à Biarritz, [*Gaz. pal.*, 7 janv. 1893]

220. — Faisons remarquer d'ailleurs à ce sujet que, comme le mot de tramway est un nom générique qui ne peut faire l'objet d'une propriété privée, et que dans l'usage ce nom s'applique à toute voiture, même ne suivant pas une voie ferrée, mais qui transporte des voyageurs à bas prix, un entrepreneur de transport peut donner à ses voitures le nom de tramways et se servir de la corne et du sifflet d'appel, alors qu'il n'y a pas de confusion possible entre ses voitures et celles de ses concurrents. — Nîmes, 9 févr. 1881, C¹ᵉ des tramways de Nîmes, [Ann. prop. ind., 89.37] — V. Blanc, p. 709.

221. — Il est nécessaire, pour qu'on puisse réglementer l'usage d'un homonyme ou au besoin pour qu'on puisse en ordonner la suppression, que chacune des parties en cause exerce un même commerce ou un commerce semblable. Ainsi, une compagnie d'assurances, désignée sous le nom de *l'Urbaine*, ne peut s'opposer à ce qu'une compagnie, pour le balayage des rues, prenne la même dénomination qu'elle-même, alors surtout que le siège social de l'une et de l'autre est établi dans des villes différentes. — Lyon, 9 déc. 1840, C¹ᵉ *l'Urbaine*. [S. 41.2.131, D. 41.2.142] — Sic, Pouillet, n. 507; Allart, n. 36 et 38.

222. — Le commerçant qui, vendant du thé et du chocolat, a adopté comme dénomination les mots *compagnie coloniale*, ne peut pas agir en concurrence déloyale contre celui qui a adopté la même dénomination pour le commerce des cafés. — Paris, 9 avr. 1889, Vinet et C¹ᵉ, [Ann. prop. ind., 90.103] — Sur le point de savoir si la solution aurait encore été la même, à supposer que la dénomination incriminée ait constitué une véritable marque de fabrique, V. *infrà*, v° *Marques de fabrique*.

223. — C'est en faisant de cette idée, juste en soi, une application exagérée, qu'il a été décidé qu'une compagnie d'assurances maritimes ne peut s'opposer à ce qu'une compagnie d'assurances contre l'incendie choisisse la même dénomination qu'elle-même. — Trib. comm. Seine, 23 mars 1864, la *Centrale*, [Ann. prop. ind., 64.141]

224. — Mais le public est disposé à considérer comme ne formant qu'un seul tout les diverses compagnies qui, sous une même dénomination, exploitent les diverses branches de l'assurance; ainsi, au cas de similitude de nom, la confusion est en fait possible, en ce sens que la mauvaise réputation de l'une des compagnies pourrait rejaillir sur l'autre portant le même nom. — Aussi, a-t-il été, à plus forte raison, décidé que la compagnie qui, sous une certaine dénomination, la *Nationale*, en l'espèce, exploite une ou plusieurs branches d'assurances, peut demander à ce qu'une autre compagnie, qui se livre à d'autres opérations d'assurances, abandonne un nom, la *Société nationale*, en l'espèce, qui peut prêter à la confusion. — Trib. comm. Seine, 26 mars 1881, la *Nationale*, [Ann. prop. ind., 81.190]

225. — Celui qui, en première instance, a revendiqué la propriété d'un nom ou d'une dénomination industrielle, par exemple, du nom d'un hôtel garni, et qui, par voie de conséquence, a demandé qu'il soit interdit au défendeur de désigner son hôtel sous ce nom, soit par ses enseignes, soit dans les journaux, peut, en appel, sans en cela former une demande nouvelle, demander d'une manière absolue qu'il soit interdit à son adversaire de faire usage, de quelque manière que ce soit, de cette désignation, non seulement dans ses enseignes ou annonces, mais encore sur les objets à l'usage de l'hôtel. — Cass., 22 déc. 1863, C¹ᵉ immobilière, [S. 64.1.42, P. 64.321, D. 64.1.121]

226. — Les sociétés et associations dont nous nous occupons actuellement ne reçoivent leur nom qu'à la suite d'un choix qui en est fait par leurs fondateurs, alors que les particuliers doivent le leur au hasard de la naissance, et que les sociétés anonymes ou en commandite le tirent de celui de certains de leurs associés. Dans ce dernier cas, le nom doit être protégé, qu'il soit répandu ou non, puisqu'il ne dépend pas des intéressés de porter un nom qui soit absolument nouveau ; pour les dénominations des sociétés anonymes et autres associations, au contraire, elles ne sont garanties contre les usurpations des tiers que si elles ne sont pas tombées dans le domaine public, c'est-à-dire que si, d'une part, elles n'ont point déjà été employées pour désigner un commerce ou une industrie semblable, et que si, d'autre part, elles ne sont pas devenues la désignation nécessaire de telle ou telle branche de l'industrie ou du commerce : comment, en effet, un négociant pourrait-il légitimement se plaindre alors qu'à raison même du choix qu'il a librement fait, il devait s'attendre à cette confusion qu'il pouvait facilement éviter en donnant la préférence à une dénomination plus caractéristique? — Allart, n. 36; Mayer, n. 19.

227. — Le tout dépend d'ailleurs des circonstances de la cause. Ainsi, il a pu être jugé, dans un cas particulier, que, pour contester le caractère de nouveauté d'une dénomination employée par une société, on ne peut arguer de ce fait qu'une compagnie similaire, exerçant la même industrie, en a fait précédemment usage dans une partie éloignée de la France. — Paris, 28 nov. 1891, Société anonyme des chalets de nécessité, [Gaz. des trib., 17 janv. 1892]

228. — Jugé, encore, que si, en groupant des mots pris dans la langue usuelle, pour dénommer son exploitation commerciale, une société acquiert une droit de propriété sur cette dénomination, cette propriété ne saurait s'étendre aux termes employés pour indiquer l'objet même de cette exploitation, lorsqu'elle se rapporte à une industrie dans le domaine public. — Paris, 4 août 1887, Compagnie générale des voitures à Paris, [D. 88.2.174]

229. — Notamment, comme il est constant que l'exploitation des voitures dans la ville de Paris est dans ce cas, si les mots de *compagnie générale des voitures* qui font partie de la dénomination prise par une société ont été adoptés par elle antérieurement à la création d'une autre société, cette partie du titre, désignant une industrie commune à beaucoup d'autres sociétés peut être employée par d'autres sociétés, sans donner lieu à aucun grief de concurrence déloyale. — Même arrêt.

230. — Mais, la dénomination de compagnie du canal des deux mers est une désignation spéciale et caractéristique ; on ne saurait prétendre que ce titre constitue une expression consacrée et tombée depuis longtemps dans le domaine public. — Trib. Seine, 27 févr. 1894, Société anonyme du canal des Deux-Mers de l'Océan à la Méditerranée, [J. *Le Droit*, 1ᵉʳ mars 1894]

231. — De même, comme le mot *Veritas* n'est pas une appellation nécessaire pour l'industrie des renseignements maritimes, il constitue une propriété privée au profit de la société qui se consacre à ce genre d'industrie, l'emploie depuis longtemps comme raison sociale, et, par suite, celle-ci peut s'opposer à ce qu'une autre société, fondée en vue de fournir des renseignements commerciaux, en fasse usage, alors qu'il existe une certaine analogie entre les genres d'industrie exploités par les parties en cause et qu'il apparaît manifestement que le défendeur, en usurpant partie du titre de la société demanderesse, n'a poursuivi qu'un but, celui de profiter, en faveur d'une confusion provoquée par lui, de la notoriété indiscutable dont jouit le *Bureau Veritas* dans le monde commercial. — Trib. comm. Seine, 1ᵉʳ sept. 1891, Bureau Veritas, [Gaz. Pal., 91.2.324]

232. — On conçoit aisément telles hypothèses, où deux dénominations prises isolément soient suffisamment distinctes pour que toute confusion entre elles soit en principe impossible et où, néanmoins, une confusion peut parfois se produire par suite de la négligence ou de la mauvaise foi de l'une des sociétés ; des dommages-intérêts peuvent en ce cas être prononcés à la charge de celle-ci. Il en est ainsi dans le cas où des industriels ont adopté une raison sociale qui se distingue, notamment par certaines adjonctions, de celle employée par d'autres commerçants, mais où, à leur connaissance et sans qu'ils aient manifesté d'opposition, certains de leurs voyageurs de commerce se présentent aux détaillants dans des conditions telles qu'on peut les considérer comme des représentants de l'autre maison. — Trib. Seine, 30 juin 1892, Picou et C¹ᵉ, [J. *La Loi* du 6 juill. 1892]

233. — L'observation qui vient d'être présentée quant à la dénomination des sociétés anonymes, peut être reproduite à l'égard des pseudonymes que choisissent certains particuliers ; ils n'ont droit à la protection que s'ils sont nouveaux, ou mieux que si dans le genre d'industrie ou de commerce où on se propose de l'employer, il n'est pas déjà employé, soit comme patronymique, soit comme pseudonyme. — Aussi, celui qui, le premier, a pris comme enseigne la qualification d'artiste tronc, peut s'opposer à ce qu'un tiers choisisse la même dénomination, bien que les mots artiste et tronc, pris séparément, fassent partie du domaine public, il ne s'ensuit pas que leur adjonction soit la qualification nécessaire d'une situation physique semblable. — Trib. comm. Bordeaux, 11 mars 1885, Kobelkoff, [Ann. propr. ind., 86.340] — Sic, Allart, n. 34 ; Mayer, n. 20 ; Amar, n. 316, 350.

234. — Cette réserve faite, il peut y avoir poursuite en concurrence déloyale dans le cas d'emploi non autorisé. — Aussi, il y a lieu de condamner à des dommages-intérêts le directeur de théâtre qui annonce et fait paraître un artiste sous un pseudonyme qui, depuis plusieurs années, appartient à un autre artiste. — Paris, 30 déc. 1868, Gravelet dit Blondin, [S. 69.2.139, P. 69.398, D. 69.2.224] — Trib. comm. Seine, 17 juill. 1867, Gravelet dit

Blondin, [*Ann. propr. ind.*, 67.303] — Sic, Allart, n. 33 ; Pouillet, n. 512.

235. — De même le fabricant, dans l'espèce un fabricant de vin de Champagne, qui a contracté l'habitude de vendre ses produits sous un nom imaginaire, peut agir en dommages-intérêts contre ceux de ses concurrents qui, usurpant le nom qu'il a continué d'employer, vendent sous ce nom les produits de leur fabrication. — Paris, 5 nov. 1855, Thomas, [S. 56.2.234, P. 56. 2.106, D. 56.2.144]

236. — Le négociant qui a adopté comme marque de fabrique un nom qui n'est pas le sien, disposé d'une certaine façon, peut s'opposer à ce qu'un autre négociant, portant ce même nom, l'emploie sous ce même aspect sur les produits qu'il met en vente. — Paris, 20 août 1863, Massez, [*Ann. propr. ind.*, 64.318]

237. — Bien plus, un individu qui porte véritablement un nom choisi par un tiers comme pseudonyme, ne peut s'en faire un moyen de concurrence déloyale à l'égard de celui qui est en possession du pseudonyme ; il ne peut donc notamment en faire l'apport à une société uniquement créée en vue de profiter de cette similitude de nom. — Paris, 19 janv. 1858, Job, [cité par Teulet, t. 7, p. 115] — V. Pouillet, n. 380.

238. — De même, commet vis-à-vis de sa mère un acte de concurrence déloyale la jeune fille qui joint à son nom de famille celui sous lequel sa mère était connue dans le commerce. — Trib. comm. Seine, 1er juin 1853, Oudot et Manoury, [D. 55.5. 275]

239. — Le pseudonyme appartient, en principe, à celui qui l'emploie, et spécialement, en matière littéraire, à celui qui s'en sert pour signer ses œuvres ou ses articles. Mais il se peut que le choix ne soit pas le fait de l'auteur ; en ce cas, la propriété du pseudonyme appartient évidemment à celui qui l'a imaginé.
— En conséquence, commet un acte de concurrence déloyale l'auteur qui, après avoir, dans un journal, écrit différents articles sous un pseudonyme dont la conception ne lui appartient pas, mais qui a été adopté comme signature générale par un journal, fournit à une autre publication des articles analogues qu'il signe de ce pseudonyme. — Trib. Seine, 16 janv. 1883, Piégu, [*Ann. propr. ind.*, 89.317] ; — 24 janv. 1889, *Gil Blas*, [*Droit industriel*, 89.155] — Sic, Amar, n. 316 *in fine*; Rosmini, *Droit d'auteur*, 88.16 ; X..., *Droit d'auteur*, 90.83. — V. *supra*, v° *Brevet d'invention*, n. 929 et s.

§ 2. *Nom de localité.*

240. — Notre intention n'est pas, ainsi d'ailleurs que nous l'avons précédemment indiqué, de fournir ici un commentaire de la loi des 28 juill.-4 août 1824, qui frappe de peines correctionnelles, notamment, quiconque appose, ou bien faire paraître par addition, retranchement ou par une altération quelconque sur les objets fabriqués, le nom d'un lieu autre que celui de la fabrication. Nous supposerons donc que le nom de localité usurpé n'apparaît pas sur les produits, mais est employé, par exemple, dans des prospectus, annonces, etc., ou, encore que, pour un motif ou pour un autre, il n'y a pas de poursuite pénale, bien que, se trouvent réunies les conditions prescrites par la loi de 1824. Même restreinte de cette façon, l'étude de l'usurpation du nom de localité est encore très-importante. Ainsi donc, le fait par un commerçant d'avoir pris faussement, dans ses prospectus et annonces, la qualité de fabricant dans une localité ou une maison rivale est établie, constitue un acte de concurrence déloyale qui le rend passible de dommages-intérêts vis-à-vis de cette maison. — Cass., 4 mai 1868, Monteux, [S. 68.1.293, P. 68.757, D. 69. 1.288] — Sic, Blanc, *Contrefaçon*, p. 730 ; Allart, n. 39 ; Pouillet, n. 394 ; Lallier, n. 213. — V. aussi la convention de Madrid (1891), sur les fausses indications de provenance.

241. — Spécialement, lorsque le nom de la localité où est situé un établissement industriel forme la partie la plus importante de la marque du fabricant, le fait par un autre fabricant de produits similaires, dans une localité voisine, de mettre sur ses produits le nom de la même localité, dans le but d'établir une confusion et de détourner la clientèle du premier fabricant, constitue un acte de concurrence déloyale qui le rend passible de dommages-intérêts envers celui-ci, et qui autorise l'interdiction à lui faite de mettre à l'avenir sur ses produits le nom de la localité dont il s'agit. — Cass., 17 nov. 1868, Perrusson, [S. 69.1.82, P. 69.168] — Trib. Seine, 30 juin 1880, P. Grézier, Maillard de Marafy, t. 2, p. 655]

242. — Il en est de même lorsqu'on donne à un produit le nom d'un lieu où on ne le fabrique pas, mais où se trouve un autre fabricant qui a donné à son produit semblable le nom de la ville où il le fabrique. — Douai, 6 juill. 1876, Lonquetz, [*Ann. prop. ind.*, 76.317]

243. — Commet aussi un acte de concurrence déloyale celui qui met ses produits dans des boîtes où figure en gros caractères le nom d'une ville renommée pour leur fabrication, alors qu'il est lui-même établi dans un autre endroit et que la mention de cette ville est précédée de l'indication *fabriqués comme a...* imprimée en caractères minuscules. — Trib. comm. Nantes, 12 mars 1880, Peltier et autres, [*Ann. prop. ind.*, 83.557]

244. — Bien plus, il y a concurrence déloyale à mentionner en vue de créer une confusion, comme lieu de fabrication un endroit indiqué comme tel par un concurrent, alors que, pour l'un comme pour l'autre, cette mention est inexacte. — Trib. Avesnes, 3 avr. 1874, Boch frères, [*Ann. prop. ind.*, 74.382]

245. — S'il en est ainsi, c'est que le nom d'une ville appartient exclusivement aux industriels qui y possèdent des fabriques ; eux seuls peuvent, à l'exclusion des étrangers, en revêtir leurs produits et profiter ainsi de la réputation acquise par une fabrication spéciale. — Amiens, 3 déc. 1886, Tausin, [*Ann. prop. ind.*, 87.190] — Trib. comm. Nantes, 30 nov. 1878, Mellinet et autres, [*Ann. prop. ind.*, 87.201] — Trib. comm. Seine, 19 nov. 1881, Voiret, [*Ann. prop. ind.*, 83.47]

246. — Ce droit, pour ainsi dire indivis, reconnu à tous les habitants d'une localité, amène ce résultat que tout individu qui fait commerce des produits d'un certain endroit peut le signaler au public par la mention du lieu de production, sans s'exposer, pour cela, à une poursuite en concurrence déloyale de la part de celui qui, le premier, a fait usage de cette indication de provenance. — Cass., 24 févr. 1840, de Laleu, [S. 40.1.612, P. 41. 2.320, D. 40.1.161] ; — 13 juill. 1850, Michel, [*Ann. prop. ind.*, 63.328] — Lyon, 6 déc. 1866, Chabrier, [*Ann. prop. ind.*, 73] — Pau, 27 juill. 1867, Paillasson, [D. 67.2.218] — Trib. Havre, 3 juin 1859, Levigoureux et Postel, [*Ann. prop. ind.*, 59.279] — Trib. comm. Nancy, 21 juill. 1858, Cuny-Géraud, [cité par Teulet, t. 8, p. 147] — Trib. comm. Seine, 8 oct. 1863, Tilleul-Bataillier, [cité par Teulet, t. 14, p. 186] — Sic, Allart, n. 40 ; Calmels, n. 135 ; Pouillet, n. 404.

247. — Spécialement, un industriel qui a fait figurer dans sa marque le nom de la ville où il a son principal établissement ne peut se plaindre qu'un autre négociant qui possède dans cette même ville une maison de vente de ses produits indique sur cette papiers de commerce le nom de cette localité. — Rouen, 5 juin 1883, Lanman et Kemp, [D. 84.2.177]

248. — De même le fait par un fabricant d'avoir pris pour nom commercial et pour marque de fabrique le nom de la localité où est situé son établissement ne saurait empêcher les autres fabricants de la même localité d'en faire entrer le nom dans leurs marques, alors surtout qu'il s'agit d'un produit naturel du sol, sauf aux tribunaux à prescrire les mesures nécessaires pour éviter une confusion. — Grenoble, 11 févr. 1870, Duru, [S. 70.2. 76, P. 70.421, D. 71.2.120]

249. — Dans une espèce analogue, il a été décidé à juste raison que, lorsque dans une localité renommée pour la production de certains produits agricoles, plusieurs personnes se consacrent à cette industrie, l'une d'elles ne peut, dans ses prospectus et annonces, se donner comme se livrant seule dans le pays à cette industrie. — Paris, 14 déc. 1888, Lhérault, [*Ann. prop. ind.*, 91.261, J. *Le Droit*, 17 févr. 1889]

250. — De même, encore, lorsque sur la poursuite d'un seul des fabricants établis dans une localité, un négociant est condamné à des dommages-intérêts à fixer par état pour usurpation du nom de la localité, les dommages-intérêts qui devront être alloués au demandeur ne peuvent être de l'intégralité du bénéfice réalisé par le défendeur sous le couvert de l'usurpation ; le demandeur n'a droit qu'à des dommages-intérêts fixés par les tribunaux en tenant compte du nombre des autres concurrents qui se sont désintéressés de la poursuite. — Paris, 12 août 1864, Blaise, [*Ann. prop. ind.*, 65.38] — Sic, Allart, n. 51. — V. Pouillet, n. 430.

251. — Le négociant qui, en vue d'induire le public en erreur, mentionne sur ses produits une fausse indication de provenance peut donc être condamné à supprimer de ses produits cette fausse indication, mais on ne peut lui interdire de rappeler sur ses cartes et prospectus que la commune où il habite est desservie par le bureau de poste de telle localité connue pour la fabrication des objets qu'il fabrique lui-même. — Dijon, 8 mai 1867, Avril, [*Ann. prop. ind.*, 67.545]

252. — Il est aussi essentiel de remarquer que, comme la preuve incombe au demandeur, celui qui, dans une marque par lui déposée et destinée à figurer sur des produits de sa fabrication, indique le nom d'une ville où il ne possède aucun établissement, ne se rend coupable de concurrence illicite au détriment des négociants de cette ville, que si ceux-ci parviennent à démontrer que la marque incriminée a été véritablement employée pour la désignation de produits fabriqués en dehors de la ville indiquée. — Trib. comm. Nantes, 21 nov. 1891, Lechat ès-qual., [*Jur. comm. et marit. de Nantes*, 1892, p. 35]

253. — Les motifs mêmes qui font interdire à des étrangers l'usage du nom d'une commune conduisent à reconnaître à cet égard un large pouvoir d'appréciation aux tribunaux : on ne songe, en principe, à employer le nom d'une localité, autre que celle où se trouve situé son établissement, que lorsque celle-ci est déjà connue dans le genre particulier d'industrie auquel on se consacre ; cette renommée est le plus souvent due à des circonstances climatériques ou géologiques, à une aptitude plus grande des habitants du pays, etc.; cela étant, on conçoit sans peine que l'usage du nom d'une commune n'est pas restreint aux seuls fabricants établis dans les limites de la circonscription administrative ; cet avantage peut être reconnu par les tribunaux à d'autres personnes, établies près de cette limite, qui fabriquent dans des conditions sensiblement analogues à celles qui ont fait la renommée de la ville voisine. — Allart, n. 41 ; Calmels, n. 134 ; Bédarride, n. 787 ; Pouillet, n. 397. — V. Deluze, *Monde économique*, 30 juillet et 6 août 1892. — V. aussi Cass., 2 juill. 1888, Martell et Cie, [S. 88.1.361, P. 88.894, D. 88.1.111] — Trib. Versailles, 23 févr. 1888, de Ricaumont, [*Ann. prop. ind.*, 91.349]

254. — Les fabricants habitant la banlieue d'une ville peuvent apposer sur les produits de leur fabrication le nom de cette ville, alors que ces produits sont fabriqués avec les mêmes procédés et les mêmes matières que ceux employés dans la ville, et qu'ils y reçoivent même les dernières opérations : il n'est pas rigoureusement nécessaire, pour avoir le droit d'apposer la marque d'une ville, que le fabricant demeure dans l'enceinte de cette ville. — Cass., 28 mars 1844, Loupot, [S. 44.1.727, P. 44.1.794, D. 44.1.220]

255. — Cette atténuation apportée au caractère exclusif de l'usage des noms de localité conserve toute sa raison d'être lorsque le nom de provenance est celui d'un domaine privé, toutefois le respect absolu dû au droit de propriété a fait qu'on ce cas la jurisprudence n'a pas consacré cette même atténuation ; le propriétaire d'un domaine privé, libre de le désigner sous le nom de son choix, peut s'opposer à ce que ses voisins reproduisent ce nom sur leurs produits. — Grenoble, 14 févr. 1879, Grézier, [*Ann. prop. ind.*, 79.324] — Lyon, 1er août 1879, Grézier, [*Ann. prop. ind.*, 79.331] — Trib. Seine, 18 janv. 1879, Grézier, [*Ann. prop. ind.*, 79.310] ; — 2 avr. 1879, Grézier, [*Ann. prop. ind.*, 79.327] ; — Trib. corr. Seine, 29 janv. 1879, Grézier, [*Ann. prop. ind.*, 79.314] — *Sic*, Allart, n. 43.

256. — Les usurpations de noms de localité ont été particulièrement plus nombreuses dans le commerce des vins, produits qui tirent leurs qualités propres du lieu où ils ont été récoltés, et non de celui où ils ont été fabriqués. Quoi qu'il en soit, les divers propriétaires d'un même territoire ont le droit de désigner leur vin sous le nom de celui-ci, alors surtout que leur prétention est assortie d'une longue possession. Les détenteurs d'un même crû, entre eux partagé, ont *seuls*, mais ont *tous* le droit d'estamper les produits du nom sous lequel ce crû est connu dans le commerce. — Bordeaux, 22 juill. 1885, Bourcaud-Laussac, [*Ann. prop. ind.*, 85.346] — *Sic*, Pouillet, n. 410.

257. — Tous les propriétaires de fonds situés dans l'étendue d'un territoire désigné sous un nom général, peuvent vendre les produits de ces fonds (notamment des vins), avec une estampille portant ce nom : ce droit n'appartient pas exclusivement au propriétaire qui possède dans le même territoire un domaine plus spécialement désigné sous ce nom. — Bordeaux, 24 mars 1846, Chadeuil, [S. 46.2.529, P. 46.2.581, D. 46.2.196] ; — 2 avr. 1846, Fabre de Rieunègre, [S. 46.2.529, P. 46.2.581, D. 46.2.196]

258. — L'usage constant et universel est de désigner les vins par le nom du crû d'où ils proviennent, sans se préoccuper du lieu où est située la cuve vinaire. — Cass., 6 juin 1847, Fabre de Rieunègre, [S. 47.1.521, P. 47.2.100, D. 47.1.164]

259. — Il y a concurrence déloyale dans le fait, par un commerçant, d'offrir en vente un vin d'un certain crû et d'une certaine année, alors qu'il est établi que la récolte entière du vin de ce crû et de cette année a été achetée par un autre négociant qui en a, par suite, le monopole exclusif. — Bordeaux, 28 avr. 1890, [*Rec. Bordeaux*, 90.1.373] — V. aussi Bordeaux, 1er juin 1887, Ducos, [*Rec. Bordeaux*, 87.1.405]

260. — Les juges du fond ont d'ailleurs le droit, pour prévenir toute erreur et pour empêcher toute confusion entre les produits mis en vente par le propriétaire d'un domaine et ceux offerts par le fermier de partie de ce domaine, de prescrire au fermier de mettre dans ses annonces, prospectus ou étiquettes, certaines mentions conformes à la vérité et de lui interdire d'y mettre certaines autres indications. — Cass., 21 juill. 1890, Duvergey-Tabourcau, [S. 91.1.99, P. 91.1.245, D. 91.1.139]

261. — Ainsi, le fermier d'une partie des vignes de l'hospice de Beaune peut se voir interdire de vendre ses vins sous le nom de « Grands vins de l'hospice de Beaune », ou même simplement « Vins de l'hospice de Beaune », alors que cette dénomination n'appartient qu'aux vins récoltés par l'hospice dans les parties non affermées par lui. — Dijon, 30 oct. 1888, sous Cass., 21 juill. 1890, précité.

262. — La lutte a été particulièrement vive entre les fabricants des vins de Champagne établis dans l'ancienne province de ce nom et ceux établis dans des départements parfois éloignés ; pour bien comprendre les solutions intervenues, il est bon de constater tout d'abord que le grand principe de loyauté commerciale, inscrit dans l'art. 1382, C. civ., protège tout aussi bien les noms de province que les noms de localité (V. Allart, n. 42), et qu'ensuite, même pour les vins qui, comme les vins de Champagne, subissent de nombreuses opérations, c'est l'origine de la matière première, et non le lieu et le mode de fabrication, qui donne à ces vins leurs qualités particulières et par suite aussi le nom qui sert à les distinguer. — Allart, n. 45 et 46 ; Pataille, *Rapport*, P. 45.2.655. — V. Pouillet (n. 399) qui, dans sa 3e édit., se montre plus exigeant ; pour lui, un vin ne peut être désigné sous le nom d'une région renommée qu'autant qu'il y a été tout à la fois fabriqué et récolté. — V. aussi Paris, 24 août 1854, Chrétien, [cité par Blanc, p. 776] — V. *infra*, v° Nom.

263. — Tout d'abord, il avait été jugé que le fait par un commerçant en vins de vendre ses produits dans des bouteilles revêtues d'étiquettes indiquant une fausse provenance et portant l'indication d'une maison imaginaire dans une localité où ce négociant n'a aucun établissement, constitue, indépendamment du délit qu'il peut renfermer, une tromperie envers les consommateurs et une concurrence illicite envers les producteurs ou commerçants de la contrée dont le nom est ainsi usurpé. — Angers, 4 mars 1870, Werlé, [S. 70.2.150, P. 70.597, D. 70.2.59]

264. — ... Que dès lors, si l'on peut contester à ces derniers le droit de demander qu'il soit interdit à ce négociant d'usurper le nom générique de la contrée dont il s'agit (par exemple, de vendre des vins d'Anjou champanisés sous la dénomination de vins de Champagne), ceux-ci peuvent du moins exiger qu'il s'abstienne, soit de désigner ses produits sur le nom des crûs dont ils sont propriétaires ou acheteurs habituels. — Même arrêt. — *Sic*, sur le second point Gastambide, n. 460 ; Calmels, n. 181 ; Rendu, n. 441 ; Bédarride, t. 2, n. 784 et s.

265. — ... Soit de se présenter faussement comme propriétaire d'un établissement dans les localités où ils sont eux-mêmes établis. — Trib. Angers, 20 août 1869, sous Angers, 4 mars 1870, précité.

266. — Depuis, il a été décidé que le nom de Champagne, accompagné de celui de Saumur, ne peut être considéré comme étant purement et simplement équivalent et indicatif, même en Angleterre, de vin mousseux de Saumur ; le mot Champagne désigne, en effet, un procédé de fabrication de vin mousseux spécial, récolté et fabriqué dans l'ancienne province de Champagne. — Angers, 15 déc. 1891, Syndicat du commerce des vins de Champagne, [J. *La Loi* des 10 et 11 janv. 1892, *Journ. dr. int. pr.*, 1892, p. 1144] — V. Pouillet, n. 411.

267. — En déduisant de ces faits par lui souverainement constatés que la personne poursuivie s'était livrée à des actes de concurrence déloyale à l'égard des producteurs et des vendeurs des vins récoltés et fabriqués en Champagne, cet arrêt n'a fait qu'une exacte application de la loi. — Cass., 9 avr. 1894, Ackerman-Laurance, [*Rec. arrêts Angers et Rennes*, 1894, p. 121]

268. — Le nom sous lequel des eaux minérales sont débitées est aussi un élément considérable de leur succès; les principes précédemment indiqués s'appliquent d'ailleurs en ces matières. Ainsi, il a été jugé que la ville de Vichy étant le centre d'une région hydrographique connue sous le nom plus ou moins exact, au point de vue scientifique, de bassin de Vichy, où prennent naissance des eaux alcalines ayant les mêmes principes minéraux, sauf de légères différences de dosage et possédant des qualités thérapeutiques identiques ou analogues, le nom de Vichy ne saurait faire l'objet d'un droit exclusif pour les eaux qui émergent dans les limites administratives de la commune de Vichy. — Trib. comm. Seine, 8 mai 1894, Cie fermière de Vichy, [*J. La Loi*, 9 mai 1894; *Gaz. Pal.*, 94.1.627] — *Sic*, Allart, n. 48.

269. — En conséquence, les propriétaires de sources situées en dehors de Vichy, mais dans le bassin de Vichy, s'ils ne peuvent mettre simplement sur leurs étiquettes le nom de Vichy, peuvent désigner leurs eaux comme eaux minérales naturelles du bassin de Vichy. — Même jugement.

270. — Réciproquement, la compagnie fermière de Vichy ne peut employer la mention : Vichy, seule, pour les eaux provenant des sources de son exploitation qui n'émergent pas dans la commune de Vichy : elle est tenue de faire en ce cas, sur des étiquettes, la même mention que celle imposée à ses concurrents qui se trouvent dans la même situation qu'elle-même. — Même jugement.

271. — Il a même été jugé, d'une manière encore plus large, que la compagnie propriétaire des sources Elisabeth et Sainte-Marie à Cusset, près Vichy, a le droit de donner à ses eaux le nom d'eaux minérales de Vichy, à la condition d'indiquer sur ses étiquettes que ses sources sont situées à Cusset, et d'éviter ainsi toute confusion avec la compagnie fermière de l'établissement thermal de Vichy. — Trib. Seine, 13 févr. 1881, Cie fermière de Vichy, [cité par Allart, n. 48]

272. — En tous cas, le ministre de l'Agriculture et du Commerce ne peut, en autorisant un particulier à exploiter, pour un usage médical, des sources d'eau minérale qu'il possède, lui interdire de faire figurer sur les affiches et autres pièces relatives à l'exploitation de ces sources, le nom d'un établissement d'eaux minérales situé dans une commune voisine; en agissant ainsi, le ministre excède les pouvoirs conférés à l'administration par l'ordonnance du 18 juin 1823, par la loi du 14 juill. 1856 et par le décret du 28 janv. 1860. — Cons. d'Et., 29 août 1865, Larbaud, [S. 66.2.293, P. adm. chr., D. 67.5.154]

273. — Décidé aussi, par une application spéciale d'une règle générale précédemment posée, qu'une expression géographique, même abréviative de l'appellation officielle, si elle est d'un usage vulgaire et commun, n'est pas susceptible d'une propriété primitive; une désignation de cette nature est à la libre disposition de tous les habitants du lieu auquel elle s'applique, quand ils ont intérêt à en faire usage pour faire connaître la situation topographique de leur établissement et l'origine des produits qu'ils mettent en vente. — Lyon, 31 mars 1890, Société générale des eaux minérales de Couzan, [*Ann. prop. ind.*, 91.164]

274. — Les propriétaires de sources d'eaux minérales ont aussi à craindre la concurrence des fabricants d'eaux minérales artificielles. Il a été jugé, à cet égard, que le propriétaire d'une source d'eau minérale naturelle peut interdire à un fabricant d'eaux gazeuses artificielles l'emploi d'une dénomination comprenant le nom de la localité d'où provient l'eau minérale naturelle. — Trib. comm. Seine, 22 mai 1890, Etablissements de Saint-Galmier, [*Ann. prop. ind.*, 91.174]

275. — A l'appui de ce système, on a présenté les observations suivantes : « On pensait, à une certaine époque, a-t-on dit, que les fabricants d'eaux gazeuses pouvaient donner à leurs produits les noms des eaux minérales naturelles qu'ils vendaient, à la condition d'indiquer nettement que le produit mis en vente était un produit artificiel; on croyait que les eaux artificielles, quand elles étaient bien faites, produisaient les mêmes effets que les eaux naturelles ayant servi de type... ». — G. Maillard, *Ann. prop. ind.*, 91.174.

276. — Cette opinion, ajoute-t-on, ne peut plus être soutenue aujourd'hui en présence de la dernière édition du Codex (1884) qui déclare impossible de reconnaître aux préparations connues sous la dénomination d'eaux minérales artificielles les propriétés thérapeutiques des eaux minérales naturelles, qui affirme qu'en raison de la facilité et de la rapidité des communications, les eaux naturelles peuvent être transportées sans altération sensible et qui fait disparaître de la pharmacopée française la dénomination évidemment impropre d'eaux minérales artificielles. On ne peut pas donner à une eau artificielle le nom d'une eau naturelle..., même en y ajoutant un qualificatif quelconque pour indiquer qu'il n'y a là qu'une imitation.

277. — Il n'en serait autrement, dans cette opinion, que si le nom de localité avait perdu son caractère primitif de désignation de provenance pour devenir une appellation générique, comme eau de seltz. Mais cela se présentera bien rarement pour les eaux minérales et contrairement aux vues du sol même dont elles jaillissent, et le nom de cette localité est leur dénomination nécessaire. « Si l'expression eau de seltz est tombée dans le domaine public pour désigner une eau gazeuse simple, c'est qu'il n'y a eu personne, à l'origine, pour protester contre cette usurpation, qu'il n'y a aujourd'hui personne pour s'en plaindre, et qu'aucun préjudice n'en résulte pour les habitants du village de Selters dont Seltz est la traduction française. »

278. — Nous ne pouvons admettre cette manière de voir : l'ordonnance du 18 juin 1823 (art. 1) a formellement reconnu aux pharmaciens le droit de composer et de vendre des eaux minérales artificielles; on doit en conclure qu'il leur est permis de donner à ces eaux préparées artificiellement le nom des sources naturelles dont elles reproduisent la composition; sans cela, leur droit serait illusoire et contrairement aux vues du législateur, la possibilité de vendre des eaux minérales artificielles n'appartiendrait réellement qu'aux propriétaires de sources. — Allart, n. 49; Pouillet, n. 408; Lyon-Caen, note sous Paris, 29 juin 1882, Saxlchner, [S. 82.2.201, P. 82.1.989] — V. *infra*, v^is *Eaux minérales*, *Tromperie sur la qualité de la chose vendue*.

279. — Il est bien entendu, d'ailleurs, que les débitants d'eaux minérales artificielles doivent prendre toutes les mesures nécessaires en vue de bien établir que les produits par eux vendus ne sont pas des produits naturels. — Allart, *loc. cit.*

280. — Jugé, en ce sens, que, sous peine de priver du secours des sources d'eaux thermales ceux qui habitent au loin. On ne peut reconnaître au propriétaire de telles sources un droit de propriété privative sur le nom de celles-ci; la faculté d'user de cette dénomination doit appartenir à ceux qui fabriquent artificiellement des eaux dont les qualités se confondent avec celles des eaux minérales naturelles correspondantes. — Lyon, 7 mai 1841, Goin, [S. 42.2.107]

281. — Jugé encore que la fabrication des fromages de Roquefort dont la monopole avait été attribué aux habitants de Roquefort par des décisions de justice antérieures à 1789 ne peut, sous peine de concurrence déloyale, être entreprise par d'autres localités. — Trib. Marseille, 30 janv. 1892, Syndicat du commerce des fromages de Roquefort, [*J. Le Droit*, 21 avr. 1892, *Gaz. trib.*, 13-14 juin 1892, *Droit commercial*, 1892, p. 63]

282. — Il importe peu, sur les marchandises incriminées, ou sur leurs emballages, qu'il n'ait été apposé aucune marque ou estampille de nature à faire croire que ces produits avaient été fabriqués à Roquefort, alors que, sur les factures des marchands poursuivis, on constate l'usurpation de la dénomination revendiquée. — Même jugement.

283. — Les détaillants qui ont facilité l'écoulement de semblables produits sont, aussi bien que les fabricants, responsables de la concurrence déloyale imputable à ces derniers. — Même jugement.

284. — Ces détaillants, informés par la force même des choses de cette circonstance que leurs vendeurs ne fabriquaient pas au lieu qu'impliquait le nom donné à la marchandise, ne peuvent, en cas de poursuite, recourir en garantie contre ces derniers. — Même jugement.

285. — On voit, par l'examen qui précède, combien est importante, abstraction faite de la loi de 1824, l'étude des noms de localité en matière commerciale; leur protection est assurée par le principe général posé dans l'art. 1382, C. civ., mais il est bon de faire remarquer, en terminant, que sous certaines distinctions précédemment indiquées, cette protection peut être plus large encore. — Pour cela, il suffit de rappeler que la protection établie par la loi de 1824 peut être invoquée et par l'acheteur trompé sur la provenance du produit vendu et par tous ceux qui se trouvent atteints d'une façon quelconque par une désignation mensongère, notamment par les fabricants victimes d'une concurrence déloyale ou illicite. — Angers, 19 juill. 1887, Syndicat des vins de Champagne, [*Ann. prop. ind.*, 88. 337] — *Sic*, Pouillet, n. 436 et s. — V. *infrà*, v° *Nom*.

§ 3. *Emploi de titres qui rattachent à l'établissement à un autre établissement.* — *Titre de successeur, d'ancien associé.*

286. — L'acquéreur d'un fonds de commerce peut, à moins de stipulations contraires, se dire le successeur de celui qui lui a vendu ce fonds de commerce. — Rouen, 9 juill. 1829, [cité par Blanc, p. 723] — Paris, 27 févr. 1847, précité; — 26 avr. 1881, Montagne, [*Ann. prop. ind.*, 82.194] — Trib. Seine, 16 mai 1845, Cassan, [*Gaz. des trib.*, 17 mai 1845]; — 25 mars 1858, Muy, [J. *Le Droit*, 3 avr. 1858]; — 2 mai 1863, Bénard, [*Monit. des trib.*, 64.256]; — 14 mars 1888, Roucher ès-qualité de syndic Fanta, [*Ann. prop. ind.*, 90.287; *Gaz. Pal.*, 88.1, supp. 78] — *Sic*, Pouillet, n. 98, 548; Ruben de Couder, v° *Fonds de commerce*, n. 28, 71; Allart, n. 57; Bédarride, n. 466; Rendu, n. 417 et 518; Mayer, n. 22; Dufourmantelle, p. 162; Lionel-Laroze, *Ann. prop. ind.*, 82.194; Amar, n. 347. — *Contrà*, Trib. Seine, 5 déc. 1837, Perdreau, [*Gaz. des trib.*, 6 déc. 1837] — V. Amar, n. 328. — V. aussi note sous Cass., 8 nov. 1880, C¹ᵉ générale des allumettes, [S. 82.1.9, P. 82.1.11]

287. — ... Alors surtout que celui-ci s'est expressément engagé à ne plus se livrer dans la suite du commerce qu'il exploitait dans le fonds cédé. — Paris, 29 juin 1858, Ternaux, [*Ann. prop. ind.*, 58.331]

288. — Ce n'est point seulement le nom de son cédant immédiat que le cessionnaire peut faire figurer sur ses enseignes et papiers de commerce; il jouit de la même prérogative à l'égard des noms de ses autres prédécesseurs; il est, sous ce rapport, aux droits de son cédant immédiat; celui-ci, en lui vendant son fonds de commerce, s'est dépouillé en sa faveur de tout ce qui est de nature à faire fructifier le fonds. — Allart, n. 60.

289. — Toutefois, ce droit de se servir du nom de ses prédécesseurs médiats ne passe au cessionnaire qu'autant qu'il a pu légitimement compter sur cette transmission et que celle-ci constitue réellement son avantage; cette faculté n'existe donc pas si l'on suppose que, depuis longtemps, le nom de ces prédécesseurs ne sert plus à désigner l'établissement cédé. Jugé, en ce sens, que le cessionnaire d'un fonds de commerce précédemment exploité sous un certain nom qui, dans le contrat de cession, s'est réservé le droit de se dire successeur du cessionnaire intermédiaire, plus connu que le cessionnaire primitif, ne peut s'opposer à ce que l'un des beaux-fils de ce cessionnaire primitif joigne à son nom celui de sa femme, c'est-à-dire celui du cessionnaire primitif; le mari qui intervient uniquement pour habiliter sa femme qui vend le fonds de commerce jadis exploité par son père, ne contracte personnellement aucune obligation soit envers l'acquéreur immédiat, soit envers le cessionnaire médiat. — Trib. comm. Seine, 31 août 1888, Alavoine, [*Ann. prop. ind.*, 90.338] — *Sic*, Allart, *loc. cit.*

290. — Ce droit de se dire successeur de telle ou telle maison peut parfois recevoir certaines limitations du fait des circonstances. Ainsi, malgré le bien-fondé de la règle précédemment posée, il a pu être décidé, à juste raison, que lorsqu'une pharmacie, connue sous le nom de son titulaire (en l'espèce, la pharmacie Guyot), a été vendue à un successeur, et que, d'autre part, un produit spécial connu sous le même nom de la même personne (en l'espèce, le goudron Guyot), a fait l'objet d'une cession distincte à un tiers; il appartient au juge du fond de décider, par une interprétation souveraine des conventions, que le successeur dans la pharmacie pourra continuer à désigner, par son enseigne, ses vignettes et prospectus, par le nom de l'ancien titulaire, mais sans pouvoir porter atteinte aux droits du tiers cessionnaire de ce nom en désignant par ce nom les préparations similaires qu'il a la faculté de faire, en vendant au domaine public. — Cass., 22 mai 1889, Fournier, [S. et P. 92.1.341]

291. — De même, lorsque le cédant est, en même temps, à la tête d'une maison de commerce et d'un établissement industriel, le cessionnaire de la maison de commerce n'acquiert aucun droit à se faire considérer comme ayant acquis des droits aux signes distinctifs employés dans l'établissement industriel. Aussi a-t-il été décidé que l'acquéreur d'un fonds de commerce qui, en même temps, n'a acquis ni le droit de se servir de la marque de fabrique du cédant ni celui d'exploiter des produits portant son nom, commet un acte de concurrence déloyale s'il débite, sous le nom du cédant (bière Fanta), des produits fabriqués par des tiers. — Trib. comm. Seine, 24 mai 1884, Fanta, [*Ann. prop. ind.*, 90.287]

292. — La faculté de se dire successeur n'existe naturellement que lorsqu'il y a véritablement succession, c'est-à-dire substitution d'une personne à une autre dans l'administration d'une maison de commerce ou d'industrie. Aussi, celui qui, tout en vendant à un tiers un procédé relatif à la fabrication de certaines pilules, n'a pas cessé d'exploiter la pharmacie qu'il dirigeait jusque-là, peut s'opposer à ce que, dans ses prospectus, le tiers se donne comme son successeur. — Paris, 22 janv. 1884, Payolle, Hugot et Peuphary, [*Ann. prop. ind.*, 85.21] — *Sic*, Rendu, n. 519; Allart, n. 61; Pouillet, n. 564 et 567.

293. — Un ancien employé ne pourrait prendre la qualité de successeur, alors même qu'il aurait occupé une situation prépondérante dans l'établissement, qu'il aurait eu dans les affaires un intérêt considérable et que la maison aurait disparu sans faire l'objet d'aucune cession. — Allart, *loc. cit.*; Pouillet, n. 569.

294. — De même, l'achat d'une partie du matériel d'un fonds de commerce ne donne pas à l'acquéreur le droit de prendre le titre de successeur de son cédant, alors surtout qu'il est établi que le fonds de commerce a été vendu à part à une tierce personne; en ce cas, la qualité de successeur n'appartient qu'à l'acquéreur du fonds. — Paris, 25 août 1857, Kellerman, [Teulet, 6.237] — *Sic*, Pouillet, n. 570. — V. aussi Rouen, 20 déc. 1862, [Leblé, Le Hir, 64.2.46]

295. — En d'autres termes, le titre d'ancienne maison ne peut être pris qu'à charge pour la maison nouvelle de réunir dans son immeuble toutes les conditions d'existence de celle à laquelle elle prétend succéder et il n'en saurait être ainsi de la maison nouvelle qui se compose uniquement d'une partie du matériel de l'ancienne maison. — Paris, 5 nov. 1872, Alexis Godillot, [*Ann. prop. ind.*, 73.255]

296. — *A fortiori*, commet un acte de concurrence déloyale, le voyageur, attaché à une maison de commerce, qui se donne comme le successeur d'un voyageur attaché à une autre maison et déclare faussement que des arrangements sont intervenus entre l'une et l'autre maisons. — Bordeaux, 11 janv. 1881, de Bourran et Cⁱᵉ, [*Ann. prop. ind.*, 81.345]

297. — Des dommages-intérêts peuvent encore être prononcés à l'égard du commerçant qui vient s'installer dans les locaux jadis occupés par un concurrent et qui dispose ses enseignes et réclames de manière à faire croire qu'il en est le successeur; si, pour créer la confusion, il met en vedette le nom du père de son concurrent qu'il a pris comme employé, le tribunal peut ordonner que l'indication de nom de celui-ci soit accompagnée de toutes indications nécessaires pour faire disparaître la confusion. — Trib. comm. Seine, 13 juill. 1892, Aubry, [J. *Le Droit*, 5 août 1892, *Gaz. Pal.*, 93.1, supp. 35]

298. — De même, l'ancien gérant et l'ancien rédacteur en chef d'un journal vendu à des tiers sont passibles de dommages-intérêts, alors même qu'ils n'ont pas participé à l'acte de cession, du moment où, s'étant procuré, grâce à leur qualité ancienne, la communication de la liste des abonnés du journal qu'ils venaient de quitter, ils ont envoyé à ces abonnés les numéros d'un nouveau journal qu'ils annonçaient à tort comme la continuation de l'ancien et qu'ils ont déclaré que celui-ci, brusquement livré à une direction étrangère, ne resterait pas fidèle à sa ligne politique et religieuse et le répondrait plus exactement aux convictions politiques et religieuses de ses abonnés. — Paris, 4 août 1881, Société des publications conservatrices, [*Ann. prop. ind.*, 81.244]

299. — Lorsqu'un négociant, propriétaire de deux maisons de commerce, cède l'une d'elles, avec réserve expresse du droit de continuer l'exploitation de l'autre fonds et que, d'ailleurs, son cessionnaire immédiat n'a jamais élevé la prétention de se dire son successeur, le cessionnaire de l'autre maison de commerce peut s'opposer à ce que le sous-acquéreur de la première maison de commerce prenne la qualité de successeur. — Trib. comm. Seine, 22 déc. 1857, Lavaissière, [*Ann. prop. ind.*, 59.363] — *Sic*, Allart, n. 64; Amar, n. 347; Pouillet, n. 567.

300. — Il va de soi, d'ailleurs, que le droit de se dire successeur n'existe qu'autant que l'on n'a pas changé la nature du commerce précédemment exploité dans le fonds cédé. — Paris, 1er juin 1859, Laurent, [Teulet, 8.443] — *Sic*, Allart, *loc. cit.*; Amar, n. 347; Pouillet, n. 565.

301. — Le cessionnaire d'un fonds de commerce, qui développe l'importance des affaires de son prédécesseur et qui joint de nouvelles branches de commerce à celles déjà exploitées par celui-ci, ne peut appliquer le nom du cédant aux objets qui ne rentraient pas dans le genre de commerce auquel il se livrait. — Paris, 7 janv. 1875, Laurent, [*Ann. prop. ind.*, 76.252] — Trib. Seine, 29 janv. 1846, Montbro, [*Gaz. des trib.*, 30 janv. 1846]

302. — L'acquéreur d'une clientèle, s'il peut se dire successeur de son prédécesseur, doit néanmoins, dans les annonces qu'il publie, prendre soin de distinguer son individualité de celle de son cédant, et, à la demande de celui-ci ou d'un de ses descendants qui se livre à la même industrie ou au même commerce, il peut être contraint d'indiquer sa qualité de successeur. — Paris, 7 janv. 1875, précité; — 26 avr. 1881, Montagne, [*Ann. prop. ind.*, 82.191] — Trib. comm. Seine, 11 oct. 1876, Robert Estibal, [*Ann. prop. ind.*, 77.222]; — 3 févr. 1877, Terrier, [*Ann. prop. ind.*, 77.44]; — 25 oct. 1888, Louis Régnart et Biélewiecki, [*Ann. prop. ind.*, 90.297] — *Sic*, Rendu, n. 520; Allart, n. 58; Bédarride, n. 707; Pouillet, n. 552; Bert, p. 108; Ruben de Couder, v° *Concurrence déloyale*, n. 73; Dufourmantelle, p. 162. — V. aussi Trib. comm. Seine, 27 avr. 1852, Wagner, [Le Hir, 52.2.450]

303. — Cette nécessité de distinguer la personnalité du cédant de celle du cessionnaire apparaît avec toute sa force, lorsque le cessionnaire tombe en faillite ou en liquidation; en pareil cas, le cédant peut exiger que l'établissement désigné sous le nom de maison X... soit désigné sous celui d'ancienne maison X..., et aussi que le cessionnaire fasse figurer son propre nom sur son enseigne et sur ses papiers de commerce. — Trib. comm. Seine, 1er mai 1862, V° Delisle, [*Ann. prop. ind.*, 63.251] — *Sic*, Allart, n. 64; Dufourmantelle, p. 163.

304. — En vue d'éviter toute réclamation, l'intéressé fera bien de prendre les devants; car ce qu'il est vrai de dire, c'est que l'acheteur d'un fonds de commerce a le droit de désigner son établissement sous le nom de son prédécesseur, pourvu que cette mention soit précédée des mots ancienne maison. — Rouen, 17 janv. 1878, Bacquet, [*Ann. prop. ind.*, 86.44]

305. — Ce qui s'exprime encore en disant qu'un tel acquéreur a le droit de s'annoncer au public sous l'ancienne dénomination, pourvu qu'il fasse connaître en même temps qu'il est le successeur de l'ancienne maison. — Paris, 28 juin 1856, Biétry, [*Ann. prop. ind.*, 56.252]

306. — Un tribunal peut donc, afin d'éviter toute confusion, obliger le cessionnaire d'un fonds de commerce à ne faire usage du nom de son prédécesseur qu'en le faisant précéder des mots « ancienne maison », en toutes lettres et avec les caractères de même grandeur et suivis de la raison sociale comme successeur. — Trib. comm. Seine, 19 déc. 1888, John Arthur, [*Ann. prop. ind.*, 92.73] — V. Lehr, n. 61 et s.

307. — Au surplus, il est hors de conteste que le cessionnaire d'un fonds de commerce, autorisé à faire usage du nom de son cédant, ne peut, lorsqu'il a été entendu entre les parties qu'il ne pourrait se servir de ce nom qu'en le faisant accompagner de son nom personnel, faire figurer sur ses enseignes, cartes et factures, le nom seul de son prédécesseur. — Paris, 21 mars 1857, Bautain, [*Ann. prop. ind.*, 57.207]

308. — Ces mesures sont le plus souvent prescrites dans l'intérêt du cédant ou de ses héritiers, mais il n'en est pas toujours ainsi; elles peuvent aussi être ordonnées par les tribunaux lorsque cette précaution leur paraît nécessaire pour éviter une confusion avec une tierce maison désignée de la même manière. — Trib. comm. Seine, 3 déc. 1852, Ménier, [Le Hir, 53. 2.50]; — 16 juin 1857, Chevet, [*Ann. prop. ind.*, 58.329]

309. — Spécialement, le négociant qui vient s'établir près d'un magasin tenu jadis par un commerçant dont le nom est connu et qui se trouve être le cessionnaire d'un fonds de commerce précédemment exploité par une personne portant précisément le même nom, ne peut désigner son commerce sous le nom de cette personne; il peut rappeler le nom de son cédant, mais il doit le faire de manière à bien indiquer qu'il n'est qu'un cessionnaire; les tribunaux peuvent en outre le forcer à indiquer son ancien domicile, dans ses prospectus, factures, enseignes et annonces. — Paris, 13 avr. 1833, Collin, [Maillard de Marafy, t. 3, p. 506]

310. — De même, le cessionnaire d'un fonds de commerce, connu sous le nom de son propriétaire, qui vient par la suite à déplacer le centre de ses affaires, peut s'opposer à ce que le locataire des immeubles jadis occupés, qui se livre au même genre de commerce, emploie pour désigner sa maison le nom de l'ancien propriétaire. — Cass., 28 févr. 1870, Hitresse, [D. 71.1.238]

311. — Ces mesures peuvent être ordonnées à la demande du cédant alors même qu'il s'est engagé à ne pas se rétablir; car, même alors, il a un intérêt moral manifeste à ce que sa personnalité ne soit pas confondue avec celle de son cessionnaire. — Il a été jugé toutefois que l'acquéreur d'un fonds de commerce peut laisser figurer sur son enseigne et sur ses factures le nom du successeur, alors d'ailleurs que son cédant s'est interdit le droit de se rétablir. — Trib. Seine, 25 mars 1858, Chevreuil, [*Ann. prop. ind.*, 58.395]

312. — Ainsi qu'on le verra plus loin (V. *infrà*, v° *Fonds de commerce*) la cession d'un fonds de commerce emporte le plus souvent, sous certaines distinctions, l'interdiction de se rétablir pour le cédant; il n'en est pas cependant toujours ainsi. — C'est dans une pareille espèce qu'il a été décidé que le cédant et les acquéreurs doivent, chacun pour ce qui les concerne, prendre les mesures nécessaires pour éviter toute confusion entre leurs diverses maisons. — Paris, 5 juin 1868, Legé, Danguy et Bergeron, [D. 68.2.217]

313. — Ainsi, le vendeur d'une maison de commerce qui a autorisé l'acheteur à conserver son nom comme enseigne ne peut, encore bien qu'il se soit réservé par l'acte de cession le droit « de se remettre dans une entreprise industrielle ou commerciale d'une nature similaire à celle qu'il a cédée », fonder, sous le nom qu'il a autorisé son acheteur à conserver, et à peu de distance de la maison cédée, une maison faisant exactement le même commerce que cette dernière. — Paris, 9 nov. 1885, Gamain-Griffon, [S. 86.2.54, P. 86.1.503] — *Sic*, Ruben de Couder, v° *Fonds de commerce*, n. 49; Pouillet, n. 556.

314. — De même, l'ancien propriétaire d'un établissement industriel ne peut fonder un nouvel établissement sous la désignation nouvelle maison telle, sans y joindre un signe qui le désigne de l'ancien. — Trib. comm Seine, 9 mars 1854, Bonnard, [Le Hir, 54.2.231]

315. — Comme la vente d'un fonds de commerce comprend l'enseigne et le nom commercial sous lequel était connu l'établissement cédé, les parents du cédant, portant le même nom que lui, et se livrant dans la même ville au même commerce ne peuvent agir en concurrence déloyale contre le cessionnaire ni même demander sur l'enseigne de celui-ci la suppression complète du nom de l'ancien propriétaire avant un délai suffisant pour assurer la transmission de la clientèle. — Bordeaux, 2 mars 1892, Laurent, [*Journ. Arr. Cour Bordeaux*, 92.1.184]

316. — Alors surtout qu'il est établi que le cessionnaire a pris soin, lors de son installation, de faire connaître au public, par des prospectus et par des affiches, sa qualité de successeur de celui dont le nom figure sur son enseigne. — Même arrêt. — *Sic*, Amar, n. 310; Gastambide, n. 464; Calmels, n. 161; Lèbre, n. 63. — V. Allart, n. 65.

317. — La circonstance que la cession d'un fonds de commerce aurait été accompagnée de la conclusion d'un bail portant sur les lieux consacrés à l'exercice du commerce ne peut avoir pour effet de rendre temporaire le droit du cessionnaire de se dire successeur du cédant; si la location des magasins constitue un pacte temporaire, il n'en est pas de même de la cession du fonds de commerce qui est définitive. — Aix, 9 janv. 1850, Roux, [Le Hir, 51.2.224]

318. — Il est permis de rapprocher de cette décision celle d'après laquelle, comme la cession d'un fonds de commerce, d'un café par exemple, comprend non seulement les meubles nécessaires à son exploitation mais encore l'enseigne à laquelle se rattache l'achalandage, le vendeur qui a, en même temps, loué à l'acheteur les lieux où se trouve le café, et qui, après la cessation du bail, ouvre lui-même un nouveau café dans le même local, ne peut prendre pour cet établissement l'enseigne qu'il a précédemment vendue. — Caen, 13 déc. 1853, David, [S. 54.2.398, D. 54.5.613]

319. — Jugé cependant que le droit pour l'acquéreur d'un fonds de commerce d'indiquer sur son enseigne et sur ses produits le nom de son cédant cesse lorsqu'il s'est écoulé un délai suffisant pour assurer la transmission de l'achalandage et que l'emploi de ce nom serait de nature à constituer un fait de concurrence déloyale, comme, par exemple, lorsque le cessionnaire met sur des produits de sa fabrication le nom du vendeur, alors que celui-ci est parvenu à donner son nom à de semblables produits. — Lyon, 12 juin 1873, Jaussaud, [S. 74.2.246, P. 74.1034, D. 75.2.12] — Sic, Lyon-Caen, note sous Bordeaux, 17 nov. 1873, [S. 74.2.143, P. 74.615]. — Rendu, n. 418; Pouillet, n. 558.

320. — En tous cas, il semble incontestable que le droit de se dire successeur de son cédant cesse d'exister lorsque celui-ci a fait faire une vente judiciaire du fonds de commerce, faute de paiement aux époques fixées par l'acte de vente primitif. — Trib. comm. Seine, 16 janv. 1834, Gardet, [D. 34.3.38] — Sic, Pouillet, n. 574.

321. — Mais, le cessionnaire d'un fonds de commerce qui, par un concordat, a fait à ses créanciers abandon de l'actif pour lors réalisé par les soins du syndic et qui a été remis à la tête de ses affaires, s'est ainsi vu restituer l'exploitation de son fonds de commerce dans les conditions où ce fonds se trouvait avant la faillite et avec le titre qui lui appartenait à cette époque; il peut donc continuer à se dire le successeur de son cédant. — Paris, 12 mars 1884, Lono Pento, [Ann. prop. ind., 88.71] — Sic, Allart, n. 64.

322. — En matière de concurrence déloyale, comme en matière d'usurpation de marques de fabrique, la décision correctionnelle qui condamne ou acquitte le prévenu n'emporte pas chose jugée à l'égard des faits ultérieurs, objet d'une poursuite nouvelle; mais l'autorité de la chose jugée s'attache à des décisions rendues par un tribunal civil ou commercial saisi d'un chef distinct principal ou préjudiciel relatif à la propriété ou à la jouissance d'un nom, ou au droit acquis à tout successeur d'une ancienne maison de commerce de se prévaloir de l'origine de l'établissement qu'il continue. — Cass., 30 avr. 1888, Marquis, [S. 91.1.10, P. 91.1.14, D. 88.1.423]

323. — Spécialement, lorsqu'un jugement de tribunal de commerce, passé en force de chose jugée, consacre pour l'acheteur d'un fonds de commerce le droit de se qualifier successeur de son vendeur, ce droit ne peut être remis en question parce que plus tard cet acheteur ou son cessionnaire, abusant du nom du prédécesseur dans un but de concurrence déloyale, a mérité une répression et a dû être condamné à des dommages-intérêts. — Même arrêt.

324. — En tout cas, le demandeur qui se plaint de la concurrence déloyale n'est pas recevable à alléguer la violation des règles de l'autorité de la chose jugée, lorsque les juges, tout en respectant la chose jugée, n'ont pas refusé de compléter l'indication des mesures ou la formule des inscriptions destinées à prévenir plus sûrement à l'avenir la confusion des produits et des maisons de commerce du demandeur et des défendeurs. — Même arrêt.

325. — Lorsqu'un fonds de commerce appartient à une société, la faculté de se dire successeur de cette société n'existe que dans les limites où on pourrait prendre cette qualité à supposer que le fonds ait jadis appartenu à un simple particulier. En conséquence, celui qui, pendant longtemps, a été l'un des membres d'une société n'a pas le droit de s'en attribuer les résultats ni de laisser supposer qu'il est le continuateur unique de la société actuellement disparue. — Trib. comm. Nantes, 12 mars 1881, Victor Tertrais, [Ann. prop. ind., 83.137]

326. — De même, lorsque les associés n'ont point partagé en commun l'actif social, l'un des associés ne peut dans ses affiches ou prospectus indiquer le domicile des associés, alors qu'il se confond d'ailleurs avec celui de l'un des associés. — Paris, 21 déc. 1855, Manchon, [Ann. prop. ind, 55.224]

327. — Sans prendre expressément la qualité de successeur d'une ancienne société, il se peut qu'on s'attribue certains avantages qui supposent qu'on est réellement successeur; ces subterfuges sont aussi condamnés. Ainsi, se rend coupable de concurrence déloyale celui qui, venant d'ouvrir une maison de commerce nouvelle, annonce, dans les circulaires qu'il adresse aux clients d'une autre maison où il était jadis associé, qu'il recommence la fabrication de tels ou tels produits et promet un service encore plus complet que par le passé, alors d'ailleurs qu'il emploie son nom dont il avait cédé l'usage à l'établissement qu'il a quitté, qu'il simule à son profit des distinctions que ce dernier était seul à posséder et qu'enfin il s'attribue, sans droit, les propres dépositaires des produits de son adversaire. — Trib. comm. Seine, 17 févr. 1892, V° Jablonski, [Gaz. Pal, 92.1, suppl. 37]

328. — Lorsqu'à la suite d'une dissolution de société, il a été reconnu à un des associés le droit de se rétablir là où bon lui semblerait pour le libre exercice de sa profession, celui-ci commet, néanmoins, un acte de concurrence déloyale lorsque, dans des prospectus publiés par lui répandus, il reproduit des témoignages de satisfaction adressés à l'ancienne société et imite les dessins qui ornaient les prospectus de l'ancienne société. — Paris, 12 janv. 1887, Saulé, [Ann. prop. ind., 89.16]

329. — Lorsqu'en vertu d'un acte de dissolution d'une société, l'un des associés est rentré en possession de l'apport qu'il avait fait à cette société et qui consistait dans la propriété exclusive d'un secret de fabrication d'un produit portant son nom, il y a concurrence déloyale de la part de l'autre associé qui s'étant approprié, par des manœuvres dolosives, le secret de fabrication du même produit, continue à le fabriquer, sous une dénomination différente, il est vrai, mais après avoir eu soin d'annoncer par une circulaire adressée à l'ancienne clientèle de la société, que ces deux produits étaient identiques. — Paris 5 déc. 1887, Parenteau, [Ann. prop. ind., 88.289 J. La Loi, 1er mars 1888] — V. aussi Lyon, 21 mai 1850, Maderni, [D. 52.2.279]

330. — Jugé cependant que la fille, héritière de son père, ne peut, surtout si elle n'est pas engagée dans les affaires commerciales, s'opposer à ce que le mari de sa sœur continue sous le nom de l'auteur commun le commerce pour lequel il était associé avec lui et dont il est devenu propriétaire, alors que la cession que lui a faite celui-ci de son nom commercial n'a été que l'exécution d'une des conditions de leur association. Elle est, d'ailleurs, sans intérêt pour contester l'usage ainsi fait de ce nom, si, étant mariée, elle ne le porte plus elle-même. — Cass., 17 août 1864, Dubois, [S. 65.1.121, P. 65.268, D. 65.1.303]

331. — Quoi qu'il en soit, tout ancien associé d'une maison de commerce peut, sous réserve des circonstances contraires, se prévaloir dans ses papiers de commerce, de sa qualité d'ancien associé. — Blanc, p. 715; Bédarride, n. 761; Allart, n. 78; Pouillet, n. 545 et 560.

332. — Spécialement, le médecin qui, en vertu d'une convention passée avec un autre médecin, tout en conservant le droit d'exercer sa profession pour son compte, a pendant plusieurs années habité la maison de l'autre médecin, où il a donné des consultations, signé des ordonnances et partageant avec lui les honoraires d'une clientèle commune, peut être considéré, par interprétation souveraine de la convention, comme ayant le droit, lorsque cette collaboration et cette communauté d'intérêts ont cessé, d'annoncer au public qu'il a quitté la maison dont s'agit pour aller en habiter une autre qu'il indique, et où il continue l'exercice de sa profession. — Cass., 5 mai 1884, Raspail, [S. 86.1.469, P. 86.1.1155, D. 84.1.227]

333. — Il en est ainsi du moins lorsqu'il n'y a eu, de la part du médecin, ni usurpation de nom, ni concurrence déloyale, qu'il s'est borné à énoncer le fait vrai d'une collaboration commune, et que, d'un autre côté, il n'a eu recours à cette publicité que parce qu'à la suite de sa rupture avec son confrère, celui-ci refusait de faire connaître la nouvelle adresse de son ancien collaborateur. — Même arrêt.

334. — De même, l'associé qui, au moment de la liquidation d'une société, a acquis sans aucune condition la propriété d'une marque peut, sans s'exposer à une poursuite pour concurrence déloyale, indiquer sur la marque le nom de son cédant. — Trib. comm. Nantes, 12 mars 1881; Victor Tertrais, [Ann. prop. ind., 83.137; Jur. comm. Nantes, 81.1.377]

335. — L'associé qui s'est rendu acquéreur des marchandises, modèles, ustensiles, créances, etc., d'une société en liquidation ne peut, sauf convention contraire, faire interdire à son ancien associé de se livrer au même genre d'industrie que celui qui formait l'objet de l'ancienne société, alors qu'il résulte des circonstances de la cause que le prix de la cession concerne uniquement la marchandise et ne comprend point la clientèle de l'établissement qui disparaît. — Orléans, 11 août 1860, Patural, [Ann. prop. ind., 61.244]

336. — Mais, il est essentiel de remarquer que la raison sociale s'éteint avec la société qu'elle servait à désigner. Ainsi, lorsqu'une société formée de trois frères et connue sous le nom de X... frères, s'est dissoute, chacun déclarant reprendre sa liberté d'action pour continuer immédiatement le même commerce, deux des frères ne peuvent former, sous le même nom X... frères, une société nouvelle. — Paris, 16 janv. 1868, Goulet, [S. 68.2.84, P. 68.445] — *Sic*, Allart, n. 66; Pouillet, n. 560; Blanc, p. 715.

337. — En cas de dissolution d'une société industrielle qui, pendant son existence, avait pour raison sociale le nom de son fondateur, l'un des associés ne peut donc, alors qu'il porte un autre nom et en l'absence de toute réserve faite à ce sujet dans l'acte de liquidation, continuer, contre le gré des héritiers du fondateur, à se servir, pour l'exercice de la même industrie, de cette raison sociale. — Colmar, 1er mai 1867, Wein, [S. 68.2.83, P. 68.443, D. 67.2.169]

§ 4. *Emploi de titres qui rattachent à un autre établissement le chef d'une maison nouvelle. — Titre d'ancien employé, d'ancien ouvrier, d'ancien élève.*

338. — Trois systèmes sont en présence sur la question de savoir si l'employé d'une maison de commerce ou d'industrie peut, après avoir quitté cet établissement, prendre le titre d'ancien employé de cette maison. Suivant un premier système, l'ancien employé ne commet aucune usurpation, lorsqu'il rappelle un emploi qu'il a réellement rempli et prend un titre qui lui appartient. En agissant de la sorte, en faisant connaître au public ses antécédents commerciaux ou industriels, il le rend juge de sa capacité, il lui présente ses références.

339. — Il a été jugé, en ce sens, que le directeur d'une fabrique et l'élève qui y a été employé comme tel, peuvent, dans le cas où ils quittent cette fabrique pour former un établissement du même genre à leur compte personnel, prendre dans leurs prospectus et sur les étiquettes de leurs produits, les qualités d'ex-directeur et d'élève de la fabrique qu'ils ont quittée : le propriétaire de cette fabrique n'a pas le droit de s'y opposer. — Paris, 5 mars 1839, Thiboumery, [S. 39.2.389, P. 39.2.83]

340. — Suivant le deuxième système, l'ancien employé n'a pas le droit de rappeler ses anciennes fonctions, car, en agissant ainsi, il fait du nom de ses anciens patrons un usage que rien n'autorise. En effet, l'employé s'est engagé, pendant un temps plus ou moins long, à fournir à son maître son temps, son travail et son intelligence. En retour, le patron lui a fourni un salaire et des appointements. Lorsque le contrat a pris fin, il n'existe plus aucun lien entre le patron et l'ancien employé. L'employé, qui a reçu le prix de son travail, ne peut rien prétendre au delà, et il ne lui est pas permis, dans ses prospectus ou annonces, de faire paraître le nom de son patron sur lequel il n'a acquis aucun droit : le nom du maître étant sa propriété exclusive, il ne doit être permis à personne de s'en prévaloir sans l'autorisation du titulaire. Telle fut, jusque dans ces derniers temps, la doctrine de la plupart des auteurs, et tel fut aussi le système de la jurisprudence. — Gastambide, n. 476; Rendu, n. 488; Huard, *Rép. de législ., de doctr. et de jurispr. en mat. de marq. de fabr.*, n. 174 et s.; Pouillet, n. 342; Blanc, p. 714.

341. — Jugé, en ce sens, que le nom patronymique de chacun étant une propriété à laquelle nul ne peut porter atteinte, on ne saurait admettre que le long séjour d'un employé dans une maison de commerce puisse autoriser celui-ci, lorsqu'il s'établit pour son propre compte, à rappeler dans ses prospectus qu'il a rempli dans cette maison un emploi important dont il a d'ailleurs été rémunéré. — Trib. comm. Seine, 17 mai 1888, Dupré, [Ann. propr. ind., 92.24]; — 3 nov. 1892, Cie Singer, [Ann. propr. ind., 94.110]

342. — L'ancien employé d'une maison de commerce qui, soit sur ses cartes, soit dans ses rapports verbaux avec les clients, se prévaut de cette qualité, s'expose donc à une poursuite en concurrence déloyale. — Paris, 26 août 1864, Léger, [Ann. propr. ind., 64.415] — V. aussi Alger, 12 janv. 1870, Picon, [Maillard de Marafy, t. 1, p. 366] — Trib. comm. Seine, 11 avr. 1864, Fould frères et Cie, [Ann. propr. ind., 64.323]

343. — L'ancien employé qui vient à s'établir pour son compte personnel ne peut, sans commettre de concurrence déloyale, se servir du nom de ses anciens patrons pour annoncer qu'il les a quittés et que, tant qu'il était attaché à leur maison, il était le seul opérateur. — Rouen, 7 août 1888, Fontaine, [Recueil de Rouen et de Caen, 88.1.241]

344. — Celui qui a quitté le dentiste dont il était l'employé, ne peut donc, sur son enseigne ou dans ses prospectus, se donner comme « ex-premier opérateur » de la maison où il exerçait jadis cette fonction. — Trib. Seine, 27 déc. 1862, Cohen, [Ann. propr. ind., 63.143]

345. — Parfois, pour dénier aux employés le droit de se prévaloir de leur ancienne qualité, on a mis en avant d'autres arguments que celui tiré de la propriété du nom de leurs anciens patrons. — C'est ainsi qu'il a été jugé que tout employé ou artiste, travaillant pour le compte d'une maison de commerce, ne pouvant revendiquer le droit de conserver son individualité dans les travaux auxquels il a participé, il y a concurrence déloyale dans le fait de certains artistes, jadis employés dans une maison de photographie, d'apprendre au public, par leurs tableaux et annonces, qu'ils sont les véritables auteurs des portraits de tels ou tels personnages connus. — Trib. comm. Seine, 23 janv. 1857, Mayer et Pierson, [Ann. propr. ind., 57.63]

346. — A la différence des élèves d'une maison, les employés ne peuvent donc, sans commettre de concurrence déloyale, se recommander, sur leurs enseignes, du nom de leurs anciens patrons. — Même jugement.

347. — Un employé excède les limites de la concurrence permise du moment où, après avoir nominativement désigné dans des circulaires, la maison qui jadis l'occupait, il s'attribue indûment une conséquence de son travail ce qui, en réalité, n'était que le résultat des soins apportés par les patrons personnellement au recrutement de leur personnel et à l'exécution des commandes qui leur étaient confiées. — Trib. comm. Seine, 27 nov. 1891, Lhener et David, [J. *Le Droit*, 6 janv. 1892]

348. — Parfois, enfin, on produit un autre argument : on prétend qu'autoriser un ancien employé de prendre cette qualité c'est lui permettre d'accaparer à son profit la notoriété dont jouissent ses anciens patrons. Jugé, en ce sens, qu'à l'encontre de l'élève et de l'apprenti, l'ancien employé d'une maison de commerce qui fonde un établissement rival de cette maison ne peut prendre dans ses factures, adresses ou annonces la qualité d'ancien employé de ladite maison. Il ne saurait, en effet, être permis à un employé qui a travaillé dans une maison de commerce de chercher à s'attirer la clientèle en annonçant au public qu'il a été un des collaborateurs de cet établissement, la notoriété d'une maison de commerce constitue un patrimoine, et quiconque s'y livre à des manœuvres ayant pour objet de le lui ravir, en tout ou partie, pour en faire son profit personnel, commet à son égard un acte de concurrence déloyale qu'il échet aux tribunaux de réprimer. — Trib. comm. Seine, 22 nov. 1888, sous Cass., 23 juin 1891, Redfern and sons, [S. et P. 92.1.116]

349. — Sans aller jusqu'à considérer comme coupable de concurrence déloyale un industriel qui avait pris dans ses annonces la qualité d'ex-employé de la maison X. ., un arrêt de Bordeaux du 20 juin 1883, Loth, [Le Hir, 84.2.291], l'a contraint à supprimer cette mention, estimant qu'une personne n'a pas le droit de faire de la réclame avec un nom qui ne lui appartient pas.

350. — Ce second système donnait une importance trop considérable au droit de chacun sur son nom, en considérant comme une violation de ce droit tout usage quelconque, qui était fait du nom d'un tiers, même dans un but légitime en soi; cette opinion découlait d'une fausse conception du droit sur les noms que l'on considérait à tort comme un véritable droit de propriété, alors qu'il constitue en réalité un droit *sui generis* qui, au point de vue purement commercial, n'est violé que s'il y a un véritablement un préjudice causé à celui qui porte le nom usurpé. Aussi, la préférence semble devoir être accordée à un troisième système en faveur duquel la Cour suprême a fini par se prononcer; d'après ce système, il faut distinguer. S'il résulte des circonstances que l'employé, rappelant ses anciennes fonctions, s'abstient de tout agissement susceptible de causer du dommage à son patron, et s'il a pris toutes les précautions pour éviter une confusion entre les deux établissements, le patron ne peut se plaindre; car il n'est pas alors prétendre que l'ancien employé s'efforce d'accaparer par des moyens illicites la notoriété de la maison de commerce d'où il est sorti. Au contraire, lorsque l'ancien employé rappelle ses fonctions dans un but de concurrence déloyale, le patron peut lui faire interdire l'usage de son nom. — *Sic*, Calmels, n. 193; Ruben de Couder, v° *Enseigne*, n. 56 et s.; Allart, n. 71 ; Amar, n. 346.

351. — C'est à ce dernier système que se rattache un récent arrêt de cassation d'après lequel l'ancien employé d'une maison de commerce peut, en fondant lui-même un établissement, insérer dans des circulaires imprimées ou manuscrites la mention qu'il a été employé de cette maison, si cette mention, conforme à la vérité, n'est pas faite en vue d'une concurrence déloyale, si elle ne peut faire naître une confusion dans le public, et si, d'ailleurs, aucun engagement n'avait été pris par ledit employé envers ses anciens patrons. — Cass., 23 juin 1891, précité. — *Pand. fr.*, 92.1.153, et le rapport de M. le conseiller Babinet.

352. — C'est en effet, au point de vue de la liberté de l'industrie et de la concurrence loyale qu'il faut apprécier le fait de l'ancien employé qui, en invoquant ses propres antécédents professionnels pour s'en faire un titre à la confiance publique, ne viole par là aucun des principes du contrat de louage d'ouvrage. — Même arrêt.

353. — La Cour suprême avait, d'ailleurs, été précédée dans cette voie par la cour de Paris qui, dans la même affaire, avait décidé que lorsque des employés ne se sont pas engagés, au moment où ils sont entrés dans une maison, à ne pas faire connaître, au cas où ils s'établiraient à leur compte, qu'ils avaient travaillé dans cette maison, une poursuite en concurrence déloyale ne peut utilement procéder contre eux quand dans leurs circulaires ou annonces ils font connaître leur ancienne qualité d'employés de la maison. S'ils n'ont point cherché à établir une confusion entre l'établissement de leur ancien patron et celui par eux fondé, s'ils n'ont rien dit, écrit ou fait qui puisse laisser supposer que cette ancienne maison a cessé ses affaires, ils ne font que rendre hommage à la situation qu'elle occupe et par suite ne peuvent être passibles de dommages et intérêts. — Paris, 4 août 1890, sous Cass. 23 juin 1891, précité. — *Contra*, Pouillet, n. 542 *in fine*.

354. — Cette jurisprudence de la Cour de cassation semblait déjà, au surplus, se pressentir dans un précédent arrêt, aux termes duquel celui qui, après avoir, pendant un certain nombre d'années, exécuté à forfait et à ses risques et périls tous les travaux confiés à un fabricant (dans l'espèce, un fabricant d'enduits lyroliens), et qui, libre de tout engagement, s'est lui-même établi entrepreneur des mêmes enduits, peut être considéré comme ne commettant pas un acte de concurrence déloyale, lorsque, dans une circulaire, en tête de laquelle il prend la dénomination d'entrepreneur, il se recommande de la qualité des travaux exécutés par lui comme sous-traitant chez ledit fabricant, et annonce qu'il exécutera les travaux qui lui seraient confiés à des prix inférieurs aux prix précédemment exigés. — Cass., 2 déc. 1885, Tchoffen, [S. 87.1.409, P. 87.1.1023] — *Sic*, Allart, n. 183.

355. — Du moins, l'arrêt qui le décide ainsi, en appréciant les faits de la cause et la situation des parties, échappe au contrôle de la Cour de cassation. — Même arrêt.

356. — Depuis lors, différents jugements ont été rendus dans le même sens. Il a été décidé qu'on ne saurait condamner à des dommages-intérêts l'ancien employé qui, sans son autorisation, fait usage du nom de son ancien patron dans une circulaire envoyée à tout le monde, et non pas seulement aux clients de l'ancienne maison qu'il vient de quitter. — Trib. comm. Reims, 15 janv. 1892, Fauchat, [*Gaz. Pal.*, 92.1.195] — V. aussi Trib. comm. Hâvre, 30 mai 1892, [*Rec. du Hâvre*, 92.1.132]

357. — Il en est ainsi alors que l'ancien employé n'avait pas songé à faire une concurrence déloyale à son patron, puisqu'il s'est établi dans un endroit assez éloigné pour ne pas attirer la clientèle de l'établissement auquel il était jadis attaché, et qu'il n'a rien dit, écrit ou fait qui soit de nature à faire naître une confusion quelconque ou à faire penser que l'ancienne maison avait cessé ses affaires, s'est modifiée, ou, pour une cause quelconque, a démérité de sa clientèle. — Trib. comm. Reims, 15 janv. 1892, précité.

358. — De même, l'employé qui fait connaître au public, par des circulaires ou par des annonces dans les journaux, qu'il a quitté son ancien patron, chez lequel il est demeuré de longues années, ne fait qu'user du droit qui lui appartient de s'établir à son compte et de faire concurrence à ce dernier. — Trib. Lyon, 15 déc. 1893, Paillasson, [J. *La Loi*, 17 avr. 1894; *Gaz. Pal.*, 94.1.313]

359. — Tout en adoptant le troisième système, nous n'hésitons pas à proclamer que les tribunaux devront, à raison même des liens qui jadis existaient entre le patron et l'employé, exiger de celui-ci une observation plus scrupuleuse des règles de la loyauté commerciale. C'est ainsi que la liberté du commerce est la condition essentielle des transactions, mais l'exercice de cette liberté, qui engendre la concurrence, est soumise à l'observation d'une complète loyauté, qui s'impose à tout commerçant, alors surtout que la concurrence a lieu du fait d'anciens employés qui font usage des connaissances qu'ils ont acquises chez leur ancien patron. — Trib. comm. Seine, 4 avr. 1894, Guesquin, [J. *La Loi*, 17 avr. 1894] — *Sic*, Pouillet, n. 659.

360. — Ainsi, s'il ne peut être contesté à un employé le droit de s'établir et de faire concurrence à son ancienne maison, ce ne peut être qu'à la condition que cette concurrence s'exerce d'une manière loyale et à l'aide des moyens non répréhensibles; si l'on peut considérer comme un de ces moyens le fait de s'adresser au public en général, en invoquant verbalement ses antécédents comme employé, ce moyen change de caractère lorsqu'il consiste dans l'envoi de circulaires adressées spécialement à la clientèle de son ancienne maison, alors surtout que la situation particulière de l'employé ne lui permettait pas de connaître les adresses des personnes composant cette clientèle. — Trib. comm. Seine, 27 nov. 1891, Lehrner et David, [J. *Le Droit* du 6 janv. 1892] — V. Paris, 4 janv. 1893, Ruffin, [*Gaz. Pal.*, 93.1, 2ᵉ part., 33]

361. — L'employé qui a quitté un patron pour s'établir lui-même dans un commerce similaire a le droit incontestable d'y mettre à profit les connaissances qu'il a acquises dans la maison d'où il sort, mais il lui est interdit d'abuser des renseignements que sa position lui a permis de recueillir, pour détourner la clientèle de son ancien patron; il ne peut, notamment, dans une circulaire adressée aux clients et aux agents de son ancien patron et où il prend la qualité d'ancien employé, déclarer qu'il peut, grâce à un matériel perfectionné, offrir les mêmes objets à des conditions très-avantageuses, défiant toute concurrence. — Trib. comm. Nantes, 24 avr. 1880, Vᵉ Raymondière, [*Ann. prop. ind.*, 83.37]

362. — De même, le patron peut légitimement se plaindre de ce que les mentions, insérées dans les circulaires et dans les annonces, ne sont pas conformes à la vérité, ou de ce qu'il résulte soit des termes employés, soit des circonstances, que le défendeur a cherché à faire croire que son ancien patron a cessé, pour une cause ou pour une autre, d'exercer sa profession ou a démérité de sa clientèle. — Trib. Lyon, 15 déc. 1893, précité.

363. — De même encore, il y a concurrence déloyale dans le fait de celui qui, installant une maison de commerce, prend la qualité « d'ex-intéressé » d'une autre maison de commerce, dans laquelle il n'a été qu'un employé aux appointements fixes auquel étaient allouées parfois des gratifications. — Trib. comm. Seine, 8 janv. 1887, [J. *La Loi*, 19 janv. 1887] — *Sic*, Allart, n. 73.

364. — ... De celui qui, précédemment employé dans une fabrique d'huiles, déclare qu'il a été tout spécialement chargé de la fabrication, alors qu'il ne remplissait dans cette maison d'autres fonctions que celles de commis aux écritures. — Trib. comm. Arras, 15 juill. 1892, Paul Périn, [*Avenir* (d'Arras), 31 juill. et 1ᵉʳ août 1892]

365. — Mais, nous hésiterions à admettre qu'un employé ne peut se prévaloir, auprès d'une nouvelle clientèle qu'il cherche à créer, du nom de ses anciens patrons, alors que le commerce par lui entrepris est sans grande importance et qu'il n'est pas exactement analogue à celui de ses anciens patrons, du moment où l'ancien employé entendait faire concurrence à ceux-ci pour plusieurs articles de leur commerce. — Trib. Seine, 30 mars 1876, Courtois, [*Ann. prop. ind.*, 76.111]

366. — Il ne suffit pas, d'ailleurs, pour qu'un ancien employé soit condamné à des dommages-intérêts d'arguer d'une association qui aurait été contractée entre celui-ci et un négociant poursuivi lui-même du chef de concurrence déloyale. — Trib. comm. Seine, 27 nov. 1891, précité.

367. — Etant donné que le droit pour un employé de se faire connaître sous cette qualité doit disparaître lorsque pareille mention pourrait conduire à une concurrence déloyale, il est incontestable que ce droit ne peut être accordé qu'à l'employé qui, à raison de l'importance des fonctions dont il était revêtu, doit être considéré comme ayant été initié, dans une certaine mesure, aux détails de l'industrie ou du commerce de son ancien patron; il faut de plus, pour le même motif, que cet ancien employé ait servi pendant un temps assez long chez celui dont il fait figurer le nom sur ses papiers de commerce et sur son enseigne. — Allart, n. 72.

368. — Mais il nous paraît qu'on ne saurait lui refuser l'usage de ce droit au cas où il aurait été renvoyé même pour les motifs les plus graves; car cette circonstance ne ferait point que la mention soit inexacte et de nature à tromper les tiers. — V. Ruben de Couder, v° *Enseigne*, n. 58; Allart, *loc. cit.*; Bédarride, n. 751.

369. — Les différents systèmes qui viennent d'être analysés relativement aux anciens employés de maison de commerce et d'industrie ont été mis en avant, dans les mêmes termes, pour résoudre une difficulté analogue qui naît lorsque d'anciens ouvriers, d'anciens contre-maîtres, ou d'anciens travailleurs manuels de telle ou telle usine se prévalent de cette qualité; la question qui se pose dans les mêmes conditions que précédemment doit, selon nous, recevoir la même solution : la prétention de ces ouvriers, contre-maîtres et autres est légitime en principe, à moins qu'elle ne serve à couvrir une véritable concurrence déloyale. — V. Pouillet, n. 542; Blanc, p. 716; A. Rendu, n. 488; Amar, n. 346.

370. — Jugé, dans le sens de la seconde opinion exposée relativement à la qualité d'employé que, celui qui ayant occupé, dans un atelier, le poste de contre-maître général, a touché pendant toute la durée de ses fonctions la rémunération des services qu'il pouvait rendre, ne peut, s'il devient membre d'une société qui se livre à la même industrie, se prévaloir dans les annonces et prospectus, auprès du public, de cette ancienne qualité. — Trib. comm. Seine, 9 janv. 1868, Alexandre, [*Ann. prop. ind.*, 69.95] — *Sic*, Maillard de Marafy, t. 3, p. 548. — V. aussi Trib. comm. Seine, 20 févr. 1867, Roche, [Teulet, 16.219] — V. cependant Pouillet (n. 542), qui semble disposé à admettre les contre-maîtres à mentionner leur qualité.

371. — Un ancien employé ne peut donc sans l'autorisation expresse du patron qu'il vient de quitter, prendre dans ses annonces et prospectus la qualité d'ex-chef ou de contre-maître de la maison X... — Trib. comm. Toulouse, 5 janv. 1891, [*Gaz. Midi*, 18 janv. 1891] — V. aussi, Paris, 24 avr. 1834, Dujariez, [S. 34.2.261, P. chr.] — Trib. comm. Seine, 12 mars 1830, Quiquandon, [Le Hir, 50.2.206]

372. — On a même été jusqu'à décider que le contre-maître d'une fabrique, médaillé lors d'une exposition, comme coopérateur de cette maison, ne peut, s'il s'établit dans la suite, indiquer sur son enseigne qu'il fut jadis le coopérateur de cette maison. — Trib. comm. Seine, 10 mars 1869, Penaud et Amour, [*Ann. prop. ind.*, 69.122]

373. — Mais, rentre, au contraire, dans le troisième système par nous exposé et adopté, l'arrêt d'après lequel si un ancien directeur d'atelier peut rappeler cette qualité, de telle sorte qu'on y voit l'intention évidente de s'approprier le renom et le relief de la maison dirigée par ses anciens patrons. — Paris, 27 mars 1889, Decauville. [*Ann. prop. ind.*, 89.178]

374. — Un industriel a toujours le droit, pour prouver qu'il est digne de la confiance qu'il sollicite, de faire connaître ses antécédents et les établissements où il a travaillé. On ne saurait donc voir un acte de concurrence déloyale, dans le fait d'un industriel qui, sur ses cartes et prospectus, prend la qualité d'ex-chef de l'établissement viticole de M. X..., lorsque les énonciations des cartes et prospectus ne sont pas de nature à jeter dans le public une confusion sérieuse entre les deux établissements rivaux. — Trib. Fontainebleau, 18 juill. 1883, Salomon, [Le Hir, 83.2.455]

375. — Jugé encore qu'il n'est point permis de prendre la qualité d'ancien ouvrier d'un fabricant alors que l'on a soin d'écrire en petits caractères la qualification d'ouvrier, mais en grands caractères le nom de l'ancien patron. — Trib. comm. Seine, 11 janv. 1836, Desprez, [*Gaz. des trib.*, 20 janv. 1836]

376. — De même, on ne peut prendre la qualité de premier ouvrier de tel ou tel fabricant, alors qu'en fait cette qualité est inexacte. — Trib. comm. Seine, 21 mars 1850, Gotten, [Le Hir, 50.2.206]

377. — Les mêmes difficultés que celles qui viennent d'être indiquées se représentent en ce qui concerne la mention de la qualité d'élève ou d'apprenti ; pour quelques commentateurs, le droit de l'élève ou de l'apprenti serait absolu; il pourrait toujours, sans aucune distinction, rappeler le nom de celui qui jadis lui apprit son métier. — Bédarride, n. 751.

378. — Il est au contraire certains auteurs qui refusent de la manière la plus absolue à l'apprenti ou à l'élève le droit de se servir du nom de son maître ou patron. — Blanc, p. 715; Gastambide, n. 476; Mayer, n. 29; Huard, *Prop. ind.*, n. 169.

379. — Une troisième opinion reconnaît, en principe, à l'élève ou à l'apprenti le droit de mentionner sur ses factures et enseignes sa qualité d'élève du maître ou patron. Mais l'emploi du nom du maître ou du patron devrait être interdit à l'élève ou apprenti toutes les fois que cet emploi pourrait entraîner une confusion nuisible aux intérêts du maître ou patron. — Calmels, *Des noms et marques de fabrique*, n. 169, et *De la propriété et de la contrefaç. des œuvres de l'intelligence*, n. 193; Rendu, n. 487; Ruben de Couder, v° *Enseigne*, n. 51; Pouillet, n. 537; Allart, n. 77; Bert, p. 102; Amar, n. 346. — X..., note sous Paris, 5 mars 1839, Thibonmery, [P. 39.1.280]

380. — On remarquera aisément qu'un certain nombre d'auteurs qui interdisent aux anciens employés d'une maison connue le droit de se prévaloir de cette qualité, reconnaissent, au contraire, aux anciens apprentis ou aux élèves la possibilité de mentionner leur qualité; ces auteurs croient pouvoir expliquer cette différence en faisant remarquer que, dans l'intention commune des parties qui passent un contrat d'apprentissage, cette faculté est largement escomptée et doit, par suite, sous réserve d'une convention contraire, être considérée comme acquise par l'élève ou par l'apprenti.

381. — Cette différence que l'on prétend ainsi établir entre les anciens employés et les élèves serait parfois délicate à déterminer; un employé est toujours dans une certaine limite un élève; en tous cas, cette distinction apparaît sous sa forme pratique dans l'espèce suivante où il a été jugé que si celui qui a donné gratuitement son temps ou payé pour son apprentissage peut, sous certaines garanties, prendre sur ses enseignes la qualité d'ancien élève de son maître, il en est autrement de celui qui n'a jamais été chez son maître que l'employé moyennant salaire du maître. — Bordeaux, 9 févr. 1886, Ribeyrol, [S. 87.2.9, P. 87.1.92]

382. — Ainsi, l'employé d'un dentiste ne peut, après avoir quitté son patron, s'être établi pour son compte, prendre sur ses enseignes le titre d'élève de son patron. — Même arrêt.

383. — Un arrêt a posé pour arriver à une distinction entre l'élève et l'ouvrier le critérium suivant : l'élève est celui qui reçoit les leçons d'un maître, tandis que l'ouvrier est celui qui travaille chez son maître; on peut avoir été l'ouvrier d'un fabricant, sans avoir été son élève, si on a travaillé dans ses ateliers, non sous sa direction directe, mais seulement sous celle de ses employés. — Paris, 24 avr. 1834, Dujariez, [S. 34.2.261, P. chr.]

384. — Décidé, conformément aux données du premier système, que les apprentis d'un fabricant qui ont payé leur apprentissage, soit en argent, soit en travail, peuvent prendre le titre d'élèves de ce fabricant. — Trib. comm. Seine, 17 juin 1837, [J. *Le Droit*, 18 juin 1837]

385. — Dans le sens de la seconde opinion, il a été jugé que le cessionnaire d'un fonds de commerce peut s'opposer à ce qu'un ancien apprenti de la maison se donne comme élève de l'ancien propriétaire du fonds. — Paris, 4 mars 1863, Rommetin, [*Ann. prop. ind.*, 63.173]

386. — De même, il a été décidé, que les circonstances de fait ont dû jouer un grand rôle en l'espèce, que le cessionnaire d'un fonds de commerce, connu sous le nom de son fondateur, peut s'opposer à ce que d'anciens employés de la maison se donnent, sur leurs enseignes, comme élèves du fondateur. — Trib. comm. Seine, 27 oct. 1863, Dubois, [*Ann. prop. ind.*, 64.187]

387. — Il importe peu qu'après la cession du fonds, le cédant ait autorisé ses employés à prendre cette qualité. — Même jugement. — V. Pouillet, n. 541.

388. — Il en est ainsi, alors surtout que soit par la combinaison des lumières, soit par l'abaissement d'un store placé à l'intérieur de leurs magasins, les défendeurs n'ont fait apparaître dans l'enseigne que le nom du cédant. — Même jugement.

389. — D'autres décisions judiciaires, antérieurement d'ailleurs à l'arrêt de cassation de 1891, ont admis, en l'absence de tout fait de concurrence déloyale, le droit pour l'ancien élève de se prévaloir de cette qualité. Décidé, en ce sens, qu'un semblable droit ne peut exister qu'au profit de celui qui aurait payé pour entrer comme apprenti chez un fabricant. — Trib. comm. Seine, 9 janv. 1868, Alexandre, [*Ann. prop. ind.*, 69.95] — V. aussi Trib. comm. Seine, 13 oct. 1841, Batton, [*Gaz. des trib.*, 18 oct. 1841]

390. — La qualité d'élève de telle ou telle personne ne peut s'acquérir que par un apprentissage payé, joint à une longue collaboration, qui, l'un et l'autre ont rendu l'élève capable de fabriquer aussi bien que son patron. — Paris, 4 mars 1863, précité. — *Sic*, Allart, n. 72; Lallier, n. 222.

391. — Mais, en supposant que le titre d'élève n'appartienne qu'à celui qui a accompli un contrat d'apprentissage à titre onéreux, cette prétention ne saurait être opposée à la jeune fille qui a acquis chez sa mère les talents qu'elle utilise dans la même industrie, alors que son éducation professionnelle ne pouvait être chez sa mère l'objet d'un contrat de cette nature. — Trib. comm. Seine, 1er juin 1855, Oudot, [*Ann. prop. ind.*, 55-56.160] — *Sic*, Rendu, n. 489.

392. — Quelqu'opinion qu'on adopte d'ailleurs sur la difficulté dont l'exposé précède, il est incontestable qu'un élève ne peut se recommander du nom du prédécesseur de son maître. — Pouillet, n. 539.

§ 5. *Emploi de moyens destinés à créer la confusion entre les boutiques ou magasins. — Enseigne, devantures, agencements intérieurs, etc.*

393. — L'enseigne dont l'objet est de différencier entre elles les diverses maisons de commerce est parfois, au contraire, employée pour créer une confusion fâcheuse; sous cet aspect, l'étude des questions relatives à l'enseigne rentre directement dans celle de la concurrence déloyale, mais, dans un but de clarté, il a paru préférable de grouper en un seul tout l'ensemble des matières concernant l'enseigne; remarquons seulement pour montrer les rapports entre la concurrence déloyale et l'enseigne que celle-ci ne constitue pas une propriété qui soit protégée en soi-même et en dehors de toute concurrence ou confusion; il en résulte, ainsi qu'on le verra plus loin, d'une part, que l'enseigne choisie pour un genre de commerce ne permet à son titulaire d'agir en usurpation que contre ceux qui prétendraient l'employer dans la même branche du commerce, et, d'autre part, que l'étendue de la protection est purement relative, puisque certaines enseignes ne sont garanties que dans un quartier d'une ville, tandis que d'autres le sont dans tout un pays et même dans plusieurs pays, suivant l'importance des affaires du négociant qui a été le premier à adopter ce signe distinctif. — V. *infrà*, v° *Enseigne*.

394. — À une époque où la pratique de la réclame a pris une extension considérable, il est rare que celui qui usurpe l'enseigne d'un concurrent s'en tienne là dans la voie des imitations; il copie le plus souvent, outre l'enseigne, les modes de publicité imaginés par son devancier. Jugé, dans une pareille espèce, que le propriétaire d'un établissement de chapellerie, connu sous le nom de « chapellerie 4 et 8 », chacun de ces chiffres suivi de points d'exclamation, peut agir en concurrence déloyale contre celui qui, s'étant venu installer dans un immeuble contigu, emploie, sous son enseigne, des prospectus et réclames diverses, les mêmes chiffres 4 et 8, disposés dans des conditions analogues et n'en différant, en réalité, que par le remplacement des points d'exclamation par des lettres minuscules usitées comme abréviation du mot franc. — Trib. comm. Seine, 19 mai 1890, V° Chauveau, [*Gaz. Pal.*, 90.2.67] — *Sic*, Rendu, n. 500.

395. — Sans commettre une usurpation d'enseigne, des négociants habiles peuvent en arriver à créer une confusion entre deux boutiques voisines; de pareilles pratiques tombent sous l'application des lois, et des dommages-intérêts peuvent être prononcés et de plus, pour empêcher que se perpétuent les faits de concurrence déloyale, les tribunaux peuvent prendre les mesures nécessaires en vue d'assurer le respect absolu de la loyauté commerciale; il en est ainsi lorsque l'apparence générale d'une boutique nouvellement ouverte, l'usage des mêmes couleurs employées dans les mêmes tons, le choix des mêmes caractères, de même corps et de même dimension, les dispositions semblables, à des places identiques, de l'enseigne proprement dite et des mêmes mots tombés dans le domaine public peuvent trompér le public et lui laisser croire que deux magasins, séparés sur la rue par une seule boutique, dépendent de la même maison de commerce et sont reliés entre eux par des communications intérieures ou sur cour. — Aix, 20 mai 1890, Simon et Cie, [*Ann. prop. ind.*, 91.361] — *Sic*, Bert, p. 78; Allart, n. 89; Rendu, n. 496; Blanc, p. 709; Pouillet, n. 484. — V. Mayer, n. 34.

396. — Les précautions prises pour éviter la contrefaçon entre deux établissements voisins n'ont jamais été plus minutieuses peut-être que dans l'espèce jugée par la cour de Paris dans son arrêt du 3 janv. 1890, Dupont, [*Gaz. Pal.*, 90.1.194, *Ann. prop. ind.*, 91.83]; il s'agissait d'une fabrique de brioches exploitée rue de la Lune sous la raison commerciale : Léon; un tiers était venu s'établir tout à côté de cette maison et il avait fait mettre sur son enseigne, en gros caractères, son prénom de Léon; la cour de Paris ordonna l'adjonction du nom de famille au prénom qui dut être reproduit en caractères moindres de moitié que ceux employés pour le nom de famille et de couleurs différentes de ceux employés par le demandeur; l'aspect extérieur du magasin dut être modifié dans son ensemble et jusque dans ses moindres détails, le costume des femmes préposées à la vente dut être changé de manière à éviter toute confusion. — V. encore Lyon, 31 déc. 1889, V° Huin, et consorts, [D. 90.2.320] — Trib. comm. Versailles, 23 avr. 1852, Lebat, [Maillard de Marafy, t. 3, p. 505]

397. — Il y a encore concurrence déloyale dans le fait du commerçant qui vient s'établir dans une boutique immédiatement voisine de celle de son concurrent et donne intentionnellement à l'objet par lui mis en vente la forme et l'aspect général de l'objet de son concurrent et le désigne sous un nom qui prête à la confusion. — Trib. Seine, 6 févr. 1883, Choubersky, [*Ann. prop. ind.*, 87.132]

398. — Celui qui, dans ses vitrines, arrange une assez grande quantité de boîtes contenant les produits de son concurrent, en y joignant des brochures émanant de celui-ci, et en étant sur ces boîtes l'adresse de celui-ci pour faire croire au public que son magasin est celui même où se fabriquent ces objets. — Paris, 24 nov. 1861, Dehaut, [Teulet, 9.106]

399. — De même, lorsqu'un inventeur de produits nouveaux confie à un négociant le dépôt exclusif de ses produits, à la condition expresse que les flacons, boîtes et prospectus contiendraient son nom suivi de la mention : inventeur, et que ces produits seraient vendus sous de certaines dénominations, non tombées dans le domaine public, il y a concurrence déloyale de la part de ce négociant qui vend ces produits sous ces dénominations et sans rappeler le nom de l'inventeur. — Paris, 23 juill. 1861, Galy, [*Ann. prop. ind.*, 62.374]

400. — Il y a aussi fait répréhensible de la part du commerçant qui donne à son établissement placé entre deux boutiques appartenant à une même personne le même aspect extérieur que celui de ces boutiques (peintures de la boutique de même couleur, lettres de la boutique de même couleur, forme et dimension, absence de nom, etc.). — Paris, 29 déc. 1852, Farlongue, [P. 53.1.335, D. 53.2.163]

401. — ... D'un épicier qui vend du thé, à orner sa boutique d'un auvent à forme chinoise analogue à celui qui décore la boutique d'un concurrent. — Trib. comm. Seine, 17 févr. 1847, Houssaye, [*Gaz. des trib.*, 18 févr. 1847]

402. — ... Des compagnies de transport qui peignent les devantures de leurs bureaux et leurs voitures de la même manière qu'une autre compagnie de transport. — Lyon, 31 déc. 1889, Société de factage général lyonnais, [*Droit industriel*, 90.256] — *Sic*, Allart, n. 138; Pouillet, n. 470. — V. aussi Trib. comm. Seine, 30 janv. 1855, Loisel, [Le Hir, 35.2.567]

403. — ... Des loueurs de voitures qui, à l'exemple d'une compagnie rivale, font peindre les panneaux de leurs voitures de couleurs variées et qui donnent à leurs cochers des livrées à peu près semblables à celles de leurs concurrents. — Angers, 26 févr. 1885, Cie des petites voitures d'Angers, [*Ann. prop. ind.*, 89.14] — *Sic*, Rendu, n. 506; Pouillet, n. 482.

404. — ... Du propriétaire qui, venant s'établir dans un local précédemment occupé par un marchand d'articles de voyage, adopte une enseigne prêtant à la confusion, vend les mêmes objets et crée par l'agencement des montres et par la nature des marchandises offertes au public une confusion intentionnelle avec l'établissement fondé par l'ancien locataire qui a transporté son industrie dans un autre local. — Trib. comm. Seine, 2 janv. 1836, Godillot, [*Ann. prop. ind.*, 56.30]

405. — Cela étant, on comprend que tout industriel, quittant les lieux où il a exercé un commerce, a le droit de faire annoncer à ses frais son changement de domicile dans la mesure nécessaire pour empêcher la confusion entre la nouvelle maison et l'ancienne; on ne saurait voir dans ce fait un acte de concurrence déloyale à l'égard de ceux qui occupent actuellement les locaux que cet industriel a cessé d'occuper. — Paris, 2 juill. 1870, Lebon et Crozat, [*Ann. prop. ind.*, 72.53]

406. — Des espèces dont l'énumération précède, il est permis de rapprocher un jugement d'après lequel le négociant qui, sur une voiture à usage de son commerce, fait reproduire la marque appartenant à un fabricant, commet un acte de concurrence déloyale, alors qu'il vend des produits sortis des usines de ce fabricant, si, en même temps, il en débite d'autres provenant des usines de ses concurrents. — Trib. Andelys, 3 mars 1885, Cie Singer, [*Ann. prop. ind.*, 85.285] — Ce même jugement, sous date du 3 mars 1886, se trouve reproduit dans le même recueil, 87.103.

407. — Au surplus, le fait, par un industriel, d'avoir fait vendre ou laissé sciemment vendre ses produits par le représentant d'une maison rivale et sous le nom de cette maison, constitue un acte de concurrence déloyale donnant lieu à des dommages-intérêts. — Douai, 11 août 1865, Six-Duduve, [S. 66.2.8, P. 66.78] — *Sic*, Pouillet, n. 460, 469, 521 et 657; Allart, n. 229. — V. *suprà*, v° *Commis*, n. 121 et s.

408. — Il a été toutefois décidé par appréciation des circonstances que bien, qu'en principe, un commis-voyageur ne puisse vendre pour son propre compte les articles qu'il s'est engagé à placer pour le compte de son patron, néanmoins, on ne saurait considérer comme constituant un acte de concurrence déloyale une vente ainsi faite, du moment où elle ne revêt pas un caractère frauduleux et où les termes de l'accord qui lie les parties semblent plutôt exclure toute prohibition que de comporter une interdiction de ce genre. — Toulouse, 1er mars 1889, [*Gaz. Midi*, 10 mars 1889]

409. — Mais, un courtier d'abonnement aux journaux, qui a des abonnés en province, ne peut, pour les servir, faire imprimer des bandes imprimées portant en tête le nom du journal, alors que ce procédé est de nature à faire croire ainsi aux abonnés qu'ils sont servis par l'administration même du journal. — Trib. comm. Seine, 19 sept. 1849, Perrée, [cité par Blanc, p. 389]

410. — Constitue encore, dans le même ordre d'idées, un acte de concurrence déloyale le fait d'un commerçant qui a contrefait le catalogue d'un autre commerçant et l'a distribué dans le but d'établir une confusion entre sa maison et celle de son concurrent. — Nancy, 18 avr. 1893, Aiman, [S. et P. 93.2.253, D. 93.2.418] — *Sic*, Allart, n. 231. — V. cependant Rouen, 24 juin 1887, Bigot-Renaux, [*Ann. prop. ind.*, 88.65]

411. — ... Qui a pris communication par des moyens répréhensibles d'un certain nombre de lettres contenant des commandes adressées à une maison de commerce similaire et d'offrir ses services aux signataires de ces lettres. — Trib.comm.Seine,5 mai 1887, [*J. La Loi*, 15 juin 1887] — V. Allart, n. 229. — V. cependant Rennes, 4 janv. 1886, Dubois, [*Jur. comm. Nantes*, 87.1.277]

412. — ... Qui, pour écouler ses produits, se sert du titre de « société coopérative », de les marchandises vendues ne sont pas, en réalité, fabriquées ou mises en vente par une société de cette nature. — Trib. comm. Angers, 9 janv. 1891, [*Rev. d'Angers*, 91.93]

413. — ... Qui vend et facture sous le nom d'une société connue, un objet dont certains éléments sortent bien des établissements de cette société, mais qu'il a joints à d'autres éléments fabriqués par une maison rivale. — Trib. comm. Seine, 4 déc. 1880, Howe, [*Ann. prop. ind.*, 84.367]

414. — Celui qui était jadis lié, par une convention actuellement périmée, avec un négociant, ne peut plus continuer à laisser figurer sur ses prospectus la représentation des établissements de celui-ci. — Paris, 10 nov. 1887, Truffault, [*Ann. prop. ind.*, 89.115, *Gaz. Pal.*, 87.2.620]

415. — On a même été jusqu'à décider qu'un négociant qui se borne à vendre les produits fabriqués par un industriel, ne peut néanmoins pas publier des circulaires et des instructions copiées sur celles de cet industriel, dans lesquelles il s'approprie les résultats de ses expériences pour annoncer les qualités des produits qu'ils proposent à vendre. — Trib. comm. Marseille, 7 janv. 1880, Ragosine et Cie, [*Ann. prop. ind.*, 83.295] — V. Allart, n. 230.

Section II.

Des faits ayant pour but de produire une confusion entre les produits de deux établissements différents.

§ 1. *Imitation des signes distinctifs des produits.*

416. — a) *Marques de fabrique ou de commerce.* — *Dénominations.* — Les marques de fabrique ou de commerce jouent un rôle analogue à celui de l'enseigne; elles servent à distinguer les produits entre eux, comme l'enseigne sert à différencier les maisons de commerce entre elles; il existe toutefois entre l'un et l'autre signes distinctifs une différence notable; l'usurpation d'une enseigne ne tombe sous le coup d'aucune loi pénale et aucune loi spéciale n'en a réglé l'usage; pour ce qui est des marques de fabrique ou de commerce, au contraire, la loi du 23 juin 1857 a édicté des pénalités particulières pour les protéger contre les usurpations des tiers. A ce titre, bien que l'imitation des marques soit un moyen très-actif de concurrence déloyale, son étude échappe pour la plus grande partie à notre examen actuel; il est cependant certains points dont nous devons dès maintenant nous occuper; il peut, en effet, y avoir imitation de marques, sans que la loi de 1857 puisse s'appliquer : il en est ainsi notamment, lorsque l'intéressé n'a point procédé au dépôt de sa marque, lorsqu'il ne veut pas se prévaloir de la loi de 1857 à l'égard d'un concurrent dont la mauvaise foi n'est pas caractérisée, lorsque la marque imitée n'est point apposée sur les produits mais figure seulement sur des annonces, prospectus, etc., lorsque l'imitation n'est point nettement établie en soi, mais qu'elle peut devenir l'un des éléments d'une concurrence déloyale, si on la rapproche d'autres faits, etc. Dans ces diverses hypothèses, à défaut de la loi de 1857, le principe général de l'art. 1382 peut être utilement invoqué. — V. Allart, n. 118; Pouillet, n. 460.

417. — Même à ce point de vue tout particulier, nous n'insisterons guère d'ailleurs sur l'emploi des marques de fabrique ou de commerce usurpées ou imitées faisant acte de concurrence déloyale; c'est ainsi que, notamment, en vue d'éviter des redites il nous paraît inutile de rechercher quelles conditions doit remplir un signe distinctif pour jouir du bénéfice de l'art. 1382, C. civ.; son caractère de nouveauté doit, en effet, être apprécié sous ce rapport de la même façon que si on prétendait revendiquer l'application de la loi de 1857.

418. — Cette observation est vraie à l'égard de ce que l'on a appelé les marques vocales (dénominations de fantaisie) comme à l'égard des marques emblématiques. Disons donc simplement que, pour que l'usurpation d'une dénomination commerciale constitue un acte de concurrence déloyale, il faut que la dénomination soit non générique et comme telle appartienne à tous, mais qu'elle soit caractérisée et spéciale; tel n'est pas le cas de la dénomination « Gâteau nantais ». — Rennes, 27 avr. 1893, Ducasse et Ginballe, [*Jurispr. comm. et marit. de Nantes*, 93.1.273] — *Sic*, Pouillet, n. 460.

419. — De même, un nom ou une qualification employé par un breveté pour désigner le produit de son invention suit le sort du brevet, et cesse d'être une propriété privée en même temps que l'invention brevetée, alors que ce nom ou cette qualification est tirée du langage vulgaire ou usuel : telle est, par exemple, celle de *corsets sans couture*. — Nancy, 7 juill. 1855, N..., [S. 55.2.581, P. 56.2.196, D. 56.2.53]

420. — En employant cette dénomination, les fabricants de produits similaires doivent, d'ailleurs, sous peine de dommages-intérêts, éviter toute concurrence déloyale par une imitation des factures, estampilles, étiquettes, enveloppes, etc., qui pourrait tromper le public sur la provenance des produits fabriqués, et les faire confondre avec ceux de l'inventeur originaire. — Même arrêt. — *Sic*, Allart, n. 19.

421. — L'indifférence prolongée de celui qui, le premier, a imaginé une dénomination pour désigner certains produits doit être interprétée comme une renonciation de sa part aux droits privatifs qu'il aurait pu acquérir. — Ainsi, un médecin ou ses ayants-cause ne peuvent réclamer l'usage exclusif de la dénomination « dosimétrie », lorsqu'il est certain que l'inventeur de la méthode nouvelle en a laissé, pendant de longues années, le libre emploi à tous; la qualification de sa méthode ayant été, ainsi, dégagée à l'origine, de toute idée de propriété exclusive, tout intéressé, pharmacien ou autre, peut employer cette expression pour désigner les produits de son commerce fabriqués selon la méthode nouvelle. — Paris, 30 juin 1892, Gustave Chanteau, [*Gaz. des trib.*, 8 juill. 1892, *Ann. prop. ind.*, 94.92 et la note Maunoury] — *Sic*, Allart, n. 15.

422. — De même, le fait, par un commerçant, d'annoncer sur ses devantures de magasins, étiquettes, etc., un certain produit (des châles brochés) sous le nom d'un fabricant (celui de Ternaux), peut être considéré comme ne constituant point une concurrence déloyale qui le rende passible de dommages-intérêts envers les ayants-droit de ce fabricant, si le nom dont il s'agit, depuis longtemps employé dans le commerce comme adjectif qualificatif pour désigner, non l'origine ou le fabricant du produit, mais une espèce particulière de ce produit fabriqué généralement, est tombé dans le domaine public, et s'il est d'ailleurs constaté que l'agencement et la combinaison des inscriptions contestées existaient depuis un grand nombre d'années, et n'étaient pas de nature à causer un dommage appréciable à ces mêmes ayants-droit. — Cass., 22 juin 1869, Bournhonet, [S. 69. 1.426, P. 69.1097, D. 70.1.87] — Paris, 19 nov. 1868, Même affaire, [Ann. prop. ind., 69.90] — Sic, Allart, n. 14.

423. — Il en est ainsi, parce que si le nom patronymique d'un industriel ajouté au nom d'un produit est devenu la qualification d'un genre spécial de produits dont la fabrication appartient à tous, chacun a le droit de s'en servir sans avoir à craindre de poursuite pour concurrence déloyale. — Amiens, 14 janv. 1887, [Rec. d'Amiens, 87.257]

424. — Mais, lorsque l'inventeur d'un produit n'a pas fait connaître l'intention de lier, d'une manière indissoluble, son nom au produit de son invention et que, par conséquent, l'usage de son nom est resté sa propriété, un autre fabricant ne peut l'employer pour un produit semblable, alors même qu'il le ferait précéder des mots imité de..., ou imitation de.... — Cass., 15 avr. 1878, A. et M. Landon, [D. 79.1.169] — Trib. comm. Seine, 3 nov. 1892, Cie Singer, [Ann. prop. ind., 94.108]; — 23 juin 1893, Cie Singer, [Ann. prop. ind., loc. cit.] — V., d'ailleurs, divers arrêts et jugements rendus au profit de la Cie Singer et publiés dans La Loi du 31 oct. 1893. — Sic, Allart, n. 18.

425. — Car, s'il n'est pas permis aux tiers de se servir directement et sans détours du nom d'un inventeur dont le brevet est expiré, ils ne sauraient non plus l'employer à l'aide de moyens détournés en le faisant précéder des expressions : Comme façon de... système de.... — Paris, 5 janv. 1894, Lefebvre et Cie, [Journal des audiences de la cour d'Amiens, 94.76] — Trib. comm. Nantes, 24 avr. 1880, Ve Raymondière, [Ann. prop. ind., 83.37]

426. — C'est qu'en effet, sous réserve de ce qui se passe lorsque le nom est devenu une désignation nécessaire le fait par un commerçant de vendre un produit, tombé dans le domaine public, sous la dénomination spéciale déjà prise par un autre, de manière à faire croire que ce qu'il donne est identiquement le produit que l'on aurait trouvé chez cet autre, est un fait de nature à causer un dommage à ce dernier et oblige, par conséquent, celui par la faute duquel il est arrivé à le réparer. — Paris, 4 mars 1869, Jaluzot, [Ann. prop. ind., 69.97]; — 1er mars 1888, Société Charbonniez, [Ann. prop. ind., 94.103]

427. — Il faut, d'ailleurs, pour qu'il puisse y avoir concurrence déloyale qu'une confusion soit à craindre entre les deux produits. Ainsi, la demande en dommages-intérêts que, en dehors des droits assurés par le dépôt de sa marque, un fabricant a formée, par application de l'art. 1382, C. civ., contre un tiers qu'il accuse de s'être attribué, dans un but de concurrence déloyale, les désignations sous lesquelles ses marchandises sont connues dans le commerce, n'est admissible qu'autant que, les produits de ce tiers pouvant être confondus avec les siens, il en doit nécessairement résulter, à raison notamment de l'infériorité de qualité desdits produits, un dommage pour sa réputation industrielle, et, par suite, dans la vente de ses propres marchandises. — Colmar, 16 juin 1857, Rian, [S. 58.2.184, P. 57.1003]

428. — De même, il a été décidé que du moment où il est constant que, depuis quelque temps la dénomination de corsets plastiques a été fréquemment employée par divers fabricants pour recommander ce genre de produits au public, l'un des marchands de ces corsets ne peut s'opposer à ce que l'un de ses rivaux vende des corsets sous la dénomination d'orthoplastiques. — Trib. comm. Seine, 13 oct. 1859, Fontaine, [Ann. prop. ind., 59.420]

429. — Mais, jugé que lorsqu'un négociant vend sous le nom d'eau de la Floride, une eau destinée à teindre les cheveux, il y a concurrence déloyale, de la part d'un autre commerçant qui vend, sous le nom d'eau de la fluoride, un produit destiné aux mêmes usages, alors même que celui-ci serait une combinaison du fluor avec d'autres substances. — Paris, 15 nov. 1862, Guislain et Cie, [Ann. prop. ind., 63.40]

430. — Quoi qu'il en soit, ce que nous tenons avant tout à constater, c'est que, comme en droit français, le dépôt de la marque est simplement déclaratif de la propriété acquise par la priorité d'usage, l'emploi d'une marque par un autre que celui qui l'a adoptée et en a le premier fait usage constitue, indépendamment même d'un délit caractérisé de contrefaçon (faute de dépôt régulièrement effectué), un fait de concurrence déloyale qui entraîne l'allocation de dommages-intérêts. — Paris, 13 juill. 1883, Franck, [S. 85.2.158, P. 85.1.835, D. 84.2.151] — Sic, Lyon-Caen, note sous Paris, 29 juin 1882, Saxlehner, [S. 82.2.201, P. 82.1.989] — Bédarride, p. 476 — V. Rendu, n. 77.

431. — En d'autres termes, l'action en concurrence déloyale peut survivre aux actions en contrefaçon de marque ou en usurpation de nom, éteintes pour défaut d'observation des formalités préalables. — Nîmes, 2 déc. 1893, Société South bent iron works, [J. La Loi, 19 déc. 1893]

432. — Un fabricant peut donc intenter une action pour concurrence déloyale à raison de l'imitation d'une marque qu'il possédait avant le dépôt et à la condition que la possession ait été exclusive et antérieure à toute autre. — Lyon, 30 nov. 1886, Flachat, [Ann. prop. ind., 87.176]

433. — Cela étant, nous ne pouvons admettre avec un arrêt que celui qui, le premier, a eu la pensée de donner à une liqueur de sa fabrication le nom d'un auteur connu, ne peut se plaindre de ce qu'un de ses concurrents a fait figurer le même nom sur certaines de ses étiquettes, si lui-même a perdu, par suite d'un dépôt irrégulier, le droit à un usage exclusif de cette dénomination et, si, d'ailleurs, il n'établit pas que son adversaire a agi dans une pensée de fraude. — Paris, 13 nov. 1861, [Ann. prop. ind., 61.414] — V. en sens contraire la note de Pataille sous l'arrêt rapporté, [Ann. prop. ind., loc. cit.]

434. — Mais les principes de la chose jugée conduisent à décider que lorsqu'il a été décidé que l'emploi d'une dénomination, telle que linoleum, ne pouvait être considéré comme un fait d'usurpation de marque de fabrique et constituait l'exercice d'un droit légitime, il en résulte nécessairement que l'emploi de ce mot ne peut, à lui seul, constituer une concurrence déloyale. — Paris, 19 août 1884, The Linoleum Manufacturing Company limited, [Ann. prop. ind., 81.289]

435. — Le principe général de l'art. 1382, C. civ., peut aussi être utilement invoqué par des personnes qui, à raison du défaut de qualité, ne peuvent se prévaloir des dispositions de la loi de 1857. Ainsi, celui à qui a été concédé une simple licence sur une marque de fabrique ou de commerce et qui ne peut agir en contrefaçon contre les imitateurs peut néanmoins les poursuivre pour concurrence déloyale, lorsque leurs agissements sont de nature à créer une confusion préjudiciable à ses intérêts. — Paris, 5 mai 1883, Lefebvre, [Ann. prop. ind., 83.316]

436. — De même, une action directe en suppression et en dommages-intérêts peut être dirigée, au profit non seulement du fabricant, mais aussi du dépositaire contre celui qui annonce et vend des produits similaires, sous la dénomination particulière qui lui a été donnée par un fabricant. — Trib. comm. Seine, 5 août 1868, Bourdois, [Ann. prop. ind., 68.385]

437. — Les dénominations des produits peuvent être employées par tous, du moment où elles sont tombées dans le domaine public ; mais la concurrence déloyale reparaît aussitôt qu'on les emploie avec une intention malhonnête, pour désigner d'autres produits que ceux auxquels elles s'appliquent normalement. — Ainsi, en admettant qu'il soit difficile de distinguer scientifiquement deux poissons, il suffit que commercialement cette distinction soit faite, pour que celui qui débite des poissons de l'espèce plus recherchée s'oppose à ce que, sous le nom de ces poissons, il en soit vendu d'autres, appartenant à l'espèce qui offre une valeur moindre. — Rennes, 27 déc. 1881, Penauros, [Jur. comm. Nantes, 84.1.356] — Trib. comm. Nantes, 6 mars 1880, Pellier frères, [Ann. prop. ind., 83.133] — Sic, Allart, n. 233 ; Pouillet, n. 664.

438. — b) *Formes des produits*. — C'est une question délicate, et qu'il n'y a pas lieu pour le moment d'étudier que celle de savoir si une forme prise en elle-même peut constituer une marque de commerce ou de fabrique valable ; sur ce point, deux opinions principales sont en présence ; d'après certains auteurs et certains arrêts, la forme d'un produit ne peut jamais être considérée comme une marque valable (V. notamment Pataille, [Ann. prop. ind., 57.256] — Bédarride, n. 844 ; Calmels, n. 35) ; d'après d'autres auteurs et d'autres arrêts, au contraire, la forme pourrait être employée comme marque, à moins d'ailleurs qu'elle ne soit la forme nécessaire du produit ou qu'elle ne soit une forme vulgaire. — Pouillet, n. 41 ; Rendu, n. 54 ; Braun. n. 28 ; Maillard de Marafy, *Compte-rendu du Congrès de 1878*, p. 85 ;

Darras, *Nouv. traité sur les marques de fabrique et de commerce*, n. 401; Allart, n. 134; Blanc, p. 708.

439. — Cette controverse relative aux marques exerce un contre-coup incontestable sur la matière de la concurrence déloyale; ainsi, ce n'est bien évidemment que, dans le premier système, qu'il est possible de décider que l'emploi de telle ou telle forme géométrique considérée isolément (par exemple pour la disposition des papiers à cigarettes), ne peut constituer une propriété commerciale, et que l'imitation de cette forme, essentiellement dans le domaine public, ne saurait, à elle seule, être un fait de concurrence déloyale. — Paris, 24 juin 1863, Prudon, [S. 65.2.296, P. 65.1125] — Trib. comm. Seine, 29 avr. 1864, Mêmes parties, [*Ann. prop. ind.*, 64.239] — *Sic*, Huard, *Rép. des marq. de fabr.*, 3e part., n. 226.

440. — Nous ne pouvons approuver la donnée de cet arrêt; pour nous, en effet, sans qu'il y ait lieu d'insister sur ce point, la forme d'un produit peut, en principe, être employée comme marque; la généralité de l'art. 1 de la loi de 1857, qui parle de tout signe distinctif, nous conduit à admettre cette opinion; le texte n'exige point que la marque soit extérieure au produit garanti; elle peut donc s'y incorporer, en être la forme même.

441. — Au surplus, dans l'une et l'autre opinions, on doit admettre que dans le commerce des livres, l'identité du format d'impression et de prix de vente ne constitue un fait de concurrence déloyale que si l'on peut considérer cette circonstance comme un moyen de faire naître intentionnellement entre les deux ouvrages une confusion préjudiciable à l'ouvrage qui a servi de modèle. — Trib. Seine, 6 mars 1867, Jeanneé et Delagrave, [*Ann. prop. ind.*, 67.74]

442. — On est aussi d'accord pour reconnaître que si l'usurpation seule de la forme ne peut suffire pour constituer un fait de concurrence déloyale, elle peut être un élément important d'une telle concurrence. — Jugé, en ce sens, qu'il y a fait répréhensible de la part de ceux qui fabriquent et mettent en vente des chocolats de même aspect extérieur que ceux d'une maison connue, et qu'il en est ainsi spécialement lorsque les tablettes, qui ont le même nombre de divisions, ont la même forme demi-sphérique, que les enveloppes sont en papier de même couleur, etc. — Trib. Rouen, 19 mars 1872, Menier, [*Ann. prop. ind.*, 73.24] — *Sic*, Pouillet, n. 486.

443. — De même, si des fabricants (des fabricants de chocolat, en l'espèce) ne peuvent exercer une action en contrefaçon dans l'acception légale du mot contre l'emploi de la forme de leur produit, ils n'en ont pas moins le droit de se plaindre du tort que peut leur causer une concurrence déloyale fondée sur l'imitation des signes habituels et connus qui forment comme l'enseigne de leur marchandise. — Orléans, 7 déc. 1853, Menier, [Maillard de Marafy, t. 3, p. 11] — Paris, 2 juin 1854, (2 arrêts), Menier, [Maillard de Marafy, t. 3, p. 15, 21]; — 29 juin 1855, Menier, [Maillard de Marafy, t. 3, p. 22]; — 27 août 1855, Menier, [Maillard de Marafy, t. 3, p. 24] — Aix, 8 janv. 1873, Menier, [Maillard de Marafy, t. 3, p. 160]; — 27 mars 1874, Menier, [Maillard de Marafy, t. 3, p. 171]

444. — Indépendamment de son emploi comme marque, la forme d'un objet peut encore, si elle est susceptible de produire un effet industriel, constituer une invention brevetable (V. *suprà*, v° *Brevet d'invention*, n. 250 et s.). On s'est demandé ce qu'il arriverait au cas où l'intéressé ne se serait point conformé aux prescriptions de la loi de 1844, sur les brevets et où un tiers viendrait à imiter une pareille forme; on a pensé que les principes généraux de l'art. 1382, C. civ., ne pourraient être d'aucune utilité pour l'inventeur : « il est inadmissible, a-t-on dit, que l'inventeur d'une forme nouvelle et brevetable soit protégé indéfiniment, lorsqu'il n'a pas pris de brevet, alors qu'il serait garanti seulement pendant quinze années, s'il s'était fait breveter ». Allart, n. 135.

445. — Cette observation n'est point concluante; il résulte nullement de la loi de 1844, que l'inventeur ne peut être protégé contre les usurpations que s'il se conforme aux exigences de cette même loi; cela est tellement vrai que le monde est d'accord pour reconnaître que l'inventeur, qui n'a point demandé la délivrance d'un brevet, se trouve néanmoins protégé par les dispositions qui punissent la révélation du secret de fabrique.

446. — Ce n'est pas à dire, d'ailleurs, que l'opinion qui vient d'être indiquée ne soit pas exacte en soi; seulement, c'est d'autre façon qu'il paraît préférable d'en établir le bien fondé; pour cela, il suffit de rappeler que si la forme d'un produit peut constituer une marque valable et que si, par conséquent, son imitation peut, à elle seule, constituer une concurrence déloyale, cette règle doit cependant recevoir exception lorsque la forme est la forme nécessaire de l'objet, ce qui se trouvera toujours au cas où celle-ci, encore nouvelle, est de nature à produire un résultat industriel, résultat qui ne pourrait plus être atteint si l'objet revêtait une autre apparence.

447. — La forme d'un objet peut encore constituer un modèle de fabrique; on reconnaît généralement que la loi du 18 mars 1806, sur les dessins de fabrique, étend sa protection jusqu'aux modèles; mais, pour cela, il faut que certaines formalités aient été accomplies; à défaut de cette observation des règles posées par la loi, qu'arrive-t-il de la forme d'un objet susceptible de constituer un modèle de fabrique? Nous pensons que le fabricant peut, en principe, agir en concurrence déloyale contre l'imitateur; nous avons décidé, en effet, que la forme d'un objet, prise en elle-même et à supposer qu'elle remplisse certaines conditions, pouvait, au cas d'imitation, donner naissance à une action en concurrence déloyale; la circonstance particulière que cette même forme est susceptible de constituer un modèle de fabrique ne nous paraît point de nature à modifier, en cette hypothèse, la donnée générale de notre système; toutefois, il y a lieu de présenter une observation importante : la concurrence déloyale n'existe que s'il y a mauvaise foi. Le défendeur pourra donc, assez souvent, se soustraire à la poursuite, en établissant qu'il a eu juste motif de croire, étant donnée l'inobservation des formalités prescrites par la loi de 1806, que, d'après le demandeur lui-même, la forme n'était pas nouvelle ou, du moins, n'était pas suffisamment caractéristique pour que celui-ci songe à revendiquer sur elle un droit privatif. — V. Allart, n. 136.

448. — Il a été jugé, dans le sens de notre opinion, que le fondeur qui fait exécuter des objets semblables à un modèle appartenant à un de ses concurrents (des coupes, en l'espèce) commet un acte de concurrence déloyale. — Paris, 25 mars 1889, Lesure, [*Ann. prop. ind.*, 92.167]

449. — Mais il a été décidé que la reproduction faite sans fraude d'un objet tombé dans le domaine public ne peut constituer une concurrence déloyale ni donner lieu au principe de dommages-intérêts. — Trib. Seine, 13 avr. 1866, Revelhac, [*Ann. prop. ind.*, 66.292]

450. — Ainsi, le fondeur qui a exécuté certains objets sur des modèles ou moules de fers envoyés par celui qui a conçu ces objets, ne peut être condamné à des dommages-intérêts pour avoir fondu des objets analogues pour le compte de tiers, alors qu'il est établi qu'à cette dernière époque il n'avait plus le modèles dont il s'était précédemment servi. — Même jugement.

451. — En tous cas, à supposer que la copie d'un modèle de fabrique qui n'a pas été déposé soit licite, il paraît difficile de ne pas condamner à des dommages-intérêts celui qui, dans ce but, recourt au procédé commode du surmoulage. La jurisprudence est très-hésitante sur ce point. — V. dans le sens de notre opinion, Paris, 19 déc. 1862, Delaunay, [*Ann prop. ind.*, 62.438] — Trib. Seine, 2 juin 1863, Pigis, [*Ann. prop. ind.*, 65.340] — Trib. comm. Seine, 22 mars 1864, Bauchot, *Ann. prop. ind.*, 64.189] — *Contrà*, Paris, 13 juill. 1863, Bauchot, [S. 66.2.275, P. 66.955, D. 66.5.391]; — 17 août 1866, Petitpas, [*Ann. prop. ind.*, 66.366] — Allart, n. 137.

452. — Quoi qu'il en soit, il est certain que l'artiste qui a observé les formalités prescrites par la loi de 1806 peut renoncer au bénéfice de cette loi et se contenter d'agir contre son adversaire au moyen de l'action en concurrence déloyale. Jugé, en ce sens, que les négociants qui se sont procuré les modèles déposés des objets fabriqués par leurs concurrents (dans l'espèce, les modèles de la tête des bébés jumeaux) et qui les ont fait surmouler les employer à la construction de leurs poupées, se rendent coupables de concurrence déloyale. — Trib. comm. Seine, 7 déc. 1891, Jumeau et Cie, [J. *La Loi*, 18 déc. 1891]

453. — Il importe peu qu'ils aient apporté aux poupées qu'ils fabriquent certaines modifications, si ces modifications n'en altèrent pas aux têtes leur physionomie originale et sont, du reste, tellement légères que l'on peut dire, qu'à distance, elles sont imperceptibles. — Même jugement.

454. — Il importe peu que, pour éviter la confusion possible entre leurs produits et ceux de leurs adversaires, les défendeurs à l'action en concurrence déloyale aient employé des marques, des étiquettes et des paquetages autres que ceux des demandeurs et aient apposé sur leurs lettres et factures des vignettes

CONCURRENCE DÉLOYALE. — Chap. II. 91

spéciales; ces changements ne peuvent suffire à éviter la confusion dans l'esprit de l'acheteur, qui ne considère, lors de l'achat, que l'objet lui-même et non les enveloppes qui doivent le contenir, les factures qui peuvent lui être remises et les marques de fabrique qui n'éveillent pas son attention. — Même jugement.

455. — De même, on doit, en tous cas, admettre que le surmoulage devient passible de dommages-intérêts lorsqu'il est pratiqué par un contre-maître sur les modèles appartenant à son patron. — Trib. Seine, 10 juill. 1873, Hericé, [*Ann. prop. ind.*, 76.46] — Sic, Allart, n. 137.

456. — Pour terminer, faisons observer qu'il est contraire à l'honnêteté et au droit qu'anciens commis, venant à fonder une maison concurrente à celle dans laquelle ils ont travaillé, mettent à profit la confiance qui leur a été accordée pour s'approprier, en les copiant servilement, des produits ou des procédés qui, tout en étant dans le domaine commun par leurs caractères généraux, forment cependant, par certains détails, le patrimoine ou la spécialité d'une maison de commerce. — Lyon, 3 juin 1870, Pramondon, Coront et Cie, [*Ann. prop. ind.*, 70-71.363]

457. — c) *Forme des récipients, flacons, enveloppes, etc.* — La concurrence déloyale ne s'exerce pas uniquement par la contrefaçon des marques proprement dites apposées aux produits, mais elle peut encore résulter de la confusion intentionnelle et préjudiciable qu'un fabricant cherche à établir entre ses produits et ceux de ses concurrents. Ainsi, il y a concurrence déloyale de la part d'un fabricant qui vend ses produits sous un nom, avec un pliage et des cartons adoptés par un autre fabricant. — Lyon, 3 mars 1875, Graissot, [S. 76.2.133, P. 76.569, D. 76.2.12] — Sic, Allart, n. 131; Pouillet, n. 473; Mayer, n. 34.

458. — Il est donc permis de faire cesser de la part de ses concurrents tout fait de nature à produire une confusion entre les produits vendus; ceux-ci ne peuvent, sous peine de dommages-intérêts, continuer à employer la même forme du flacon, la même manière de le boucher et de le cacheter, la même forme et le même libellé d'étiquette. — Trib. Seine, 8 avr. 1858, Barbier, [*Ann. prop. ind.*, 58.191]

459. — Un négociant n'a pas, en effet, le droit de jeter dans le public, par un subterfuge, de l'incertitude sur la vraie provenance des produits qu'il débite et de laisser croire qu'ils sont de la fabrication d'un industriel connu. — Lyon, 14 avr. 1883, Couray, [D. 84.2.131] — Paris, 23 juill. 1887, Vve Potin, [Maillard de Marafy, t. 6, p. 50]

460. — Commet donc un acte de concurrence déloyale le négociant qui adopte, pour y renfermer les produits de sa fabrique, une enveloppe semblable par sa forme, sa couleur, ses dimensions et ses inscriptions à celle précédemment employée par une autre personne qui se livre au même commerce; il importe peu que chacune des enveloppes se distingue par le nom différent du commerçant qui en fait usage. — Lyon, 15 janv. 1851, Lecoq et Bargoin, [S. 58.2.37, P. 58.2.308, D. 54.2.137] — Paris, 10 déc. 1856, Guillout, [*Ann. prop. ind.*, 57.123] — Trib. comm. Seine, 14 janv. 1855, Ménier, [Le Hir, 55.2.223]; 6 avr. 1865, Vinit et Cie, [*Ann. prop. ind.*, 65.349] — Sic, Pouillet, n. 473.

461. — Lorsque, pour la vente des mêmes produits, un négociant adopte des enveloppes ayant une analogie de forme, de couleur et de dimension avec celles dont un autre négociant fait usage et a voulu s'attribuer la propriété, en en opérant le dépôt, conformément à la loi, les tribunaux ont le pouvoir suffisant pour lui interdire d'employer de semblables enveloppes. — Trib. comm. Seine, 4 avr. 1856, Poupier, [*Ann. prop. ind.*, 56.363]

462. — Il en est de même à l'égard de celui qui vend les produits de sa fabrication dans des boîtes de mêmes formes et de même couleur que celles d'une maison rivale alors qu'elles sont munies d'étiquettes analogues et que pour compléter la confusion, on adopte pour ses produits la même dénomination que celle de l'autre établissement bien que d'ailleurs on en arrive aisé à leur donner une fausse indication de provenance. — Paris, 5 janv. 1865, Dollfus, Micg et Cie, [*Ann. prop. ind.*, 65.109]

463. — L'emploi que fait un commerçant, pour la vente d'un produit industriel, de la dénomination sous laquelle un autre commerçant débite le même produit, ainsi que des boîtes, prospectus et étiquettes, semblables par leur forme et leur teinte à ceux adoptés par ce dernier, peut donner lieu à une action en dommages-intérêts et en destruction des boîtes, prospectus et étiquettes, encore bien que le produit ainsi vendu provienne de la fabrication du commerçant dont la marque a été imitée, si le nom de ce commerçant a été supprimé par l'imitateur. — Paris, 9 juill. 1859, Bodevin, [S. 60.2.260, P. 60.783, D. 59.1.198]

464. — Ce qui vient d'être dit des enveloppes est vrai, de la forme de récipients. En conséquence, si les pharmaciens ont le droit de vendre des produits insérés au codex, ce ne peut être qu'à la condition que ces produits ne seront pas vendus ou livrés au public dans des flacons ou avec des étiquettes et dénominations pouvant amener la confusion avec des produits similaires, mis en vente par d'autres négociants. — Paris, 17 août 1853, Lamouroux, [Le Hir, 56.2.468] — Trib. comm. Seine, 16 mars 1878, Clin et Cie, [*Ann. prop. ind.*, 78.78] — Sic, Allart, n. 132; Rendu, n. 541; Pouillet, n. 41 et 476; Bert, p. 79. — V. aussi, Paris, 3 août 1859, Barbier, [*Ann. prop. ind.*, 59.366]

465. — Alors que la fabrication d'un produit est tombée dans le domaine public, il y a concurrence déloyale à vendre ce produit dans des flacons avec fermeture spéciale et dans des enveloppes avec étiquettes particulières, lorsque ces signes distinctifs sont imités de ceux employés par l'ancien breveté ou par ses ayants-cause. — Trib. comm. Seine, 13 août 1857, Fumouze Albespeyre, [*Ann. prop. ind.*, 57.383] — Sic, Pouillet, n. 482.

466. — Celui qui modifie la forme des flacons dans lesquels il débite ses marchandises pour adopter la forme caractéristique employée par un autre commerçant commet un acte de concurrence déloyale, alors même qu'il a fait graver son nom et son adresse sur les flacons, et qu'il a été précédemment jugé que la forme de ces flacons ne peut point constituer une propriété privée, soit comme objet d'art, soit comme modèle de fabrique. — Paris, 17 nov. 1865, Laverdet, [*Ann. prop. ind.*, 66.268]

467. — Il en est de même à l'égard de celui qui, ayant primitivement adopté, pour l'usage de son commerce, une bouteille d'une certaine forme et un certain mode de bouchage, vient à se servir pour boucher ses bouteilles semblables à celles d'un concurrent d'un cachet pareil à celui employé par celui-ci ainsi que de cire d'une couleur identique. — Lyon, 21 août 1851, André, [S. 51.2.607, P. 51.2.643, D. 52.2.266] — Sic, Blanc, p. 709.

468. — Le fait d'employer des vases et des étiquettes de même forme et disposition que ceux dont se sert un négociant est d'autant plus répréhensible qu'il peut être imputé à d'anciens dépositaires et mandataires de celui-ci. — Trib. comm. Seine, 13 août 1857, Combier-Desire, [*Ann. prop. ind.*, 57.351]

469. — Enfin, à supposer qu'il n'y ait pas usurpation du nom de fabricant et du nom de lieu de fabrication dans l'emploi du mot Chartreuse pour désigner des liqueurs qui ne proviennent pas du couvent de la Grande-Chartreuse, il y a tout au moins concurrence déloyale dans le fait de vendre une liqueur de la même couleur que celle des Chartreux dans des bouteilles semblables revêtues d'une étiquette analogue à celle employée pour la vente de la véritable chartreuse. — Trib. Seine, 31 mai 1870, L. Garnier, [*Ann. prop. ind.*, 70-71.229]

470. — Il est d'ailleurs essentiel de remarquer que, pour voir si la confusion est possible et si elle a été préméditée, il faut s'attacher à l'apparence générale de l'objet, et qu'il n'y a pas lieu de tenir compte des dissemblances dans les capsules, les étiquettes et l'extérieur même des bouteilles, lorsque ces différences ne sont point assez sensibles pour être retenues et constatées aux yeux des acheteurs ou consommateurs non prévenus. — Aix, 10 avr. 1883, Lambert, [*Ann. prop. ind.*, 83.156]

471. — Mais lorsque du rapprochement et de la comparaison des flacons employés par les parties en cause, il résulte que ceux des personnes poursuivies ne sont pas une imitation servile de ceux des demandeurs, qu'ils ne peuvent tromper les acheteurs, on ne saurait dire qu'il y a concurrence déloyale. — Paris, 8 nov. 1853, Tissier, [*Ann. prop. ind.*, 55-56.190] — V. aussi Aix, 1er févr. 1887, Velten, [*Ann. prop. ind.*, 88.237]

472. — On ne saurait donc voir une concurrence déloyale dans le fait par un commerçant d'avoir renfermé ses produits dans des boîtes pareilles à celles d'un autre commerçant, alors que ces boîtes n'ont rien, ni par leur matière, leur forme, leur couleur, ni par l'agencement de leurs inscriptions qui les distingue des boîtes généralement employées. — Paris, 16 nov. 1864, Carpentier, [*Ann.prop. ind.*, 66.354]

473. — De même encore, il y a lieu, dans l'examen et l'appréciation des dispositions extérieures destinées à l'ornementation des boîtes, de tenir compte des usages commerciaux ; dans la même industrie, certaines ressemblances se rencontrent inévitablement dans les illustrations des boîtes renfermant des produits analogues, et elles ne sauraient être considérées comme illicites, du moment où le nom du produit et celui de la maison qui l'a fabriqué sont indiqués d'une manière suffisamment apparente pour que le public ne puisse être trompé sur la nature et la provenance du produit qui lui est offert. — Rennes, 27 avr. 1893, Ducasse et Guibal, [*Jur. comm. et marit. de Nantes*, 93.1. 285] — V. Pouillet, n. 473.

474. — Dans le même ordre d'idées, il est bon de rappeler que tout fabricant a la faculté de donner aux boîtes contenant ses produits la coloration qui lui convient, et la ressemblance des couleurs jointe à d'autres détails ne rende possible une confusion avec les récipients déjà employés par autrui. — Même arrêt. — Allart, n. 138.

475. — La couleur du produit ou de son enveloppe ne peut, en principe, faire l'objet d'un droit privatif ; mais il y a au contraire concurrence déloyale lorsqu'il y a imitation d'une couleur adoptée par un fabricant et des autres éléments caractéristiques par lui employés. Ainsi, celui qui livre au commerce une toile vésicante pour laquelle il a adopté une couleur déterminée et sur laquelle il a imprimé une division métrique, peut s'opposer à ce que l'un de ses concurrents se serve de ces mêmes dispositions. — Paris, 21 janv. 1850, Delvallée, [D. 51.2.123] — *Sic*, Blanc, p. 708

476. — d) *Titre des œuvres intellectuelles.* — C'est une question délicate que celle de savoir si l'usurpation du titre des œuvres intellectuelles constitue ou non une contrefaçon ; pour certains auteurs, une telle imitation ne constituerait jamais qu'un acte de concurrence déloyale ; les partisans de ce système produisent rarement un argument à l'appui de leur thèse, et lorsque, par hasard, ils essaient de fournir une justification, ils pensent qu'il suffit de dire que le titre d'un livre ou d'un journal est pour le livre ou le journal comme l'enseigne ou comme la marque qui sert à distinguer les produits matériels. — Pouillet, *Prop. litt.*, n. 64, et *Marques de fabr.*, n. 631 ; Allart, n. 139 et 140 ; Blanc, p. 381 et 388 ; Gastambide, p. 213 ; Mayer, n. 31.

477. — Cette argumentation n'est pas convaincante ; tout d'abord, il est permis de rappeler que cette assimilation que l'on prétend établir entre le titre et la marque de fabrique ou de commerce n'est pas concluante, puisque, précisément, si l'imitation d'une marque peut constituer une concurrence déloyale, elle peut aussi constituer une véritable contrefaçon (V. *suprà*, n. 416 et s.) ; ensuite, d'autre part, la découverte d'un titre suppose un travail intellectuel qui doit être protégé comme tel ; il ne faut pas que le titre qui sert à distinguer le livre ne soit pas protégé de la même façon que le livre lui-même dont il forme une partie intégrante. — Merlin, *Quest.*, v° *Prop. litt.*, § 1 ; Huard et Mack, *Répertoire de législation, de doctrine et de jurisprudence, en matière de propriété littéraire et artistique*, n. 1470 ; Darras, *Du droit d'auteurs et des artistes dans les rapports internationaux*, p. 257 ; X..., *Lettre de Suisse, Droit d'auteur*, 1890, p. 103. — V. Renouard. *Droit industriel*, p. 369, et *Traité des droits d'auteurs*, n. 56. — V., sur cette question, X..., *De l'usurpation des titres des œuvres littéraires, Droit d'auteur*, des 15 août et 15 sept. 1890.

478. — Ce n'est pas à dire, d'ailleurs, selon nous, que, l'usurpation d'un titre ne puisse jamais être poursuivie par l'action en concurrence déloyale ; une telle conséquence serait exagérée, mais, ce que nous tenons à remarquer, c'est que cette action n'est point la seule qui soit mise au service de l'intéressé ; il pourra intenter aussi l'action en contrefaçon ; le plus souvent, il choisira, à son gré, entre l'une et l'autre actions, mais on peut aisément concevoir telles hypothèses où il pourra intenter l'une de ces actions sans qu'il lui soit permis d'intenter l'autre ; c'est ainsi, par exemple, qu'il recourra à l'action en contrefaçon s'il ne peut démontrer la possibilité d'une confusion, ou qu'au contraire, il préférera l'action en concurrence déloyale si l'imitation est plus dans le son des mots que dans les mots eux-mêmes, ou encore si les délais de protection accordés aux œuvres intellectuelles sont expirés.

479. — Nous n'avons pas à nous occuper, dans cette étude, de la concurrence déloyale, du cas où l'intéressé prend le premier parti ; nous devons dire, d'ailleurs, que le plus souvent c'est l'action en concurrence déloyale qui est intentée et que la jurisprudence, pas plus que certains auteurs, ne fait pas toujours une distinction bien nette entre l'une et l'autre actions ; cette confusion se comprend assez aisément, lorsque l'on songe que, somme toute, l'action en concurrence déloyale est double, et que lorsqu'elle n'est point portée devant les juges correctionnels, elle se rapproche beaucoup de l'action en concurrence déloyale. — V. *infrà*, v° *Contrefaçon*.

480. — Les cas les plus nombreux d'usurpation de titres se sont produits à l'occasion des journaux ; en cette matière, le principe posé ne soulève en soi aucune difficulté. Le titre d'un journal est la propriété exclusive de son fondateur, et donner à un journal nouveau un titre appartenant déjà à une autre feuille, est une usurpation de propriété, et, par conséquent, un acte de concurrence déloyale. — Trib. comm. Amiens, 18 juill. 1871, Millaud, [*Ann. prop. ind.*, 72.101] — V. aussi Paris, 5 mai 1892, Leroy, [*Ann. prop. ind.*, 92.349] — Trib. comm. Seine, 15 sept. 1884, le *Matin*, [*Ann. prop. ind.*, 86.81]

481. — Un titre, pour constituer ce qu'on appelle improprement une propriété littéraire, doit être original ; la même condition n'est plus requise d'une manière aussi rigoureuse pour le succès de l'action en concurrence déloyale ; l'usurpation d'un titre banal, joint à certaines circonstances, peut, sous ce rapport particulier, être répréhensible, alors qu'elle ne donne pas naissance à une véritable contrefaçon. Ainsi, d'une part, si le mot *patriote* employé dans le titre d'un journal est général et appartient au domaine public, on ne peut cependant le faire entrer dans le titre d'un nouveau journal qu'à la condition de ne pas créer de confusion avec le titre d'un journal déjà existant, surtout si ces deux feuilles sont publiées dans la même ville et s'adressent à la même clientèle. — Trib. comm. Nantes, 16 août 1893, Merson, [*Jurispr. comm. et marit. de Nantes*, 93.1.352] — V. Allart, n. 142 ; Blanc, p. 382 ; Pouillet, n. 632.

482. — De même, une désignation qui se trouve dans le domaine public comme expression générique (par exemple, celle de *Moniteur*), n'en constitue pas moins, au profit de ceux qui l'ont adaptée à la publication d'un journal pour le dénommer, un droit d'appellation exclusif. — Trib. comm. Seine, 28 déc. 1868, Panckoucke, [S. 69.2.121, P. 69.472, D. 69.3.6]

483. — Par suite, cette dénomination ne peut être employée, même avec un qualificatif différent (*Moniteur officiel* au lieu de *Moniteur universel*), pour l'exploitation d'un nouveau journal, si une confusion entre ce nouveau journal et l'ancien doit nécessairement en résulter. — Même jugement. — V. en ce sens, Rendu et Delorme, *Droit industr.*, n. 757.

484. — Mais, d'autre part, l'éditeur d'un journal spécial dont le titre rappelle l'objet ne peut se plaindre qu'un rival publie dans les mêmes conditions, un journal semblable, du moment où il n'établit pas qu'on a employé des formats, des caractères et des frontispices similaires, en vue de jeter la plus entière confusion entre les deux publications. — Trib. comm. Seine, 13 oct. 1859, Dubedat, [*Ann. prop. ind.*, 59.401]

485. — Spécialement l'éditeur du *Journal des fiancés* ne peut se plaindre de la publication d'un nouveau journal, répondant au même but que le sien et désigné sous le nom de *Moniteur des fiancés*. — Même jugement.

486. — Pour que l'usurpation de titre puisse donner naissance à une action en concurrence déloyale, il faut, suivant la règle générale précédemment posée, qu'une confusion soit possible entre l'une et l'autre publications. Jugé, à cet égard, dans un cas où l'action en contrefaçon n'aurait pu être soutenue, ni intentée, que pour rechercher si une confusion peut exister entre deux titres de journaux, il ne faut pas seulement s'attacher au titre sous lequel chacun d'eux est officiellement connu, mais à celui sous lequel il est usuellement désigné. — Trib. comm. Clermont-Ferrand, 8 août 1874, Montlouis, [*Ann. prop. ind.*, 74.345] — *Sic*, Allart, n. 146.

487. — Il doit donc être admis que, par titre ou dénomination d'un journal, il faut entendre uniquement le nom sous lequel il est connu et désigné, c'est-à-dire, le plus souvent, les mots imprimés en très-grands caractères en tête de la première page, et non les qualifications qui suivent, imprimées en caractères beaucoup moins grands, en seconde et troisième ligne. — Caen, 15 janv. 1878, Cagnant, [S. 78.2.88, P. 78.364]

488. — Par suite, à supposer qu'il ne puisse y avoir confusion, les qualifications destinées, soit à indiquer la ligne politique que le journal suivra, soit la circonscription pour laquelle il est spécialement créé, étant dans le domaine public, d'autres feuilles peuvent reproduire les mêmes qualifications ou même faire de l'une d'elles leur titre. — Même arrêt.

489. — De même, lorsqu'un journal qui s'est fusionné avec d'autres journaux s'est réservé le droit de reprendre isolément ses publications, il ne peut s'opposer à ce qu'un autre journal prenne son titre principal ancien, du moment où, à raison de la différence des sous-titres, toute confusion est impossible. — Trib. Seine, 20 août 1862, Mac Sheehy, [*Ann. prop. ind.*, 62. 405]

490. — Un journal ne peut donc être condamné à supprimer un mot qui se trouve dans son titre et dans celui d'un autre journal plus ancien, alors qu'aucune confusion n'est possible entre les deux journaux à raison de la disposition typographique différente et des sous-titres différents. — Trib. comm. Alger, 20 juin 1881, *Le Figaro*, [*Ann. prop. ind.*, 82.256]

491. — Spécialement, lorsqu'un journal est intitulé *l'Acclimatation* et que le même mot *acclimatation* figure comme sous-titre dans un journal dont le titre principal est *l'Eleveur*, l'emploi de ce mot ne saurait être blâmable que si la disposition du journal incriminé est assez semblable à celle du journal préexistant pour que ceux-ci puissent être pris l'un pour l'autre. — Trib. comm. Seine, 20 mai 1887, Degrolle, [*Ann. prop. ind.*, 90.61]

492. — Comme corollaire de ce qui précède, on comprend qu'il ait été décidé que le propriétaire de journal qui s'approprie un titre déjà adopté par un autre journal traitant des mêmes matières, s'adressant aux mêmes lecteurs, peut être forcé de différencier son titre, en y comprenant, par exemple, le lieu de la publication, alors que des deux journaux, l'un paraît en province et l'autre à Paris, que l'un est quotidien et l'autre hebdomadaire. — Trib. Seine, 24 juin 1864, Chanoine, [*Ann. prop. ind.*, 64.299] — V. Pouillet, n. 651.

493. — De même, les tribunaux peuvent, pour sauvegarder la propriété du titre de journal, ordonner que celui dont le titre peut être modifié pourra le conserver en y ajoutant, sur la même ligne et en caractères identiques, la mention du lieu de publication qui se trouvait précédemment imprimé en dessous et en petits caractères. — Trib. comm. Seine, 31 mars 1881, *Le citoyen de Marseille*, [D. 82.3.95]

494. — Mais faisons remarquer d'ailleurs, que les tribunaux saisis d'une demande en modification du titre d'un journal formée à raison de la confusion possible entre deux publications doivent tenir grand compte de ce que la vente du journal incriminé qui se fait dans les mêmes lieux que l'autre journal, se fait par des intermédiaires qui, suivant l'intérêt qu'ils y trouvent, peuvent dénaturer le titre en le criant et, par une suppression facile, amener une confusion pour ainsi dire inévitable. — Trib. comm. Seine, 18 juill. 1885, Saint-Amé, [*Ann. prop. ind.*, 89.339]

495. — Tout dépend, au surplus, des circonstances, et l'adjonction d'un sous-titre peut parfois ne point faire disparaître l'usurpation; il en est ainsi, lorsque ce sous-titre n'est point jugé suffisamment distinctif ou encore lorsque la personne poursuivie ne lui a donné qu'une importance typographique très-restreinte. Ainsi, il a pu être jugé, en vue d'éviter toute confusion, que celui qui prend le titre d'un journal connu en y ajoutant, suivant la résidence des abonnés, le nom de certaines villes de province, peut être condamné à changer le titre de sa publication. — Trib. comm. Seine, 29 nov. 1881, *L'Illustration*, [*Ann. prop. ind.*, 83.125]

496. — La confusion est principalement à redouter, lorsqu'il s'agit de journaux qui s'achètent surtout au numéro. Jugé, dans une espèce où l'usurpation avait porté sur le titre du *Petit journal*, qu'il importe peu que le fondateur du second journal lui ait donné un sous-titre; l'addition de certains mots en caractères plus petits, imprimés sur la deuxième ligne n'empêche pas la confusion, notamment de la part des acheteurs au numéro. — Trib. comm. Amiens, 18 juill. 1874, Millaud, [*Ann. prop. ind.*, 72.101] — Trib. comm. Douai, 29 juill. 1874, Millaud, [*Ann. prop. ind.*, 72.101] — V. aussi Trib. Seine, 31 mars 1869, Halbronn, [*Ann. prop. ind.*, 69.142]

497. — Jugé, dans le même ordre d'idées, et après un examen particulier des faits de la cause, qu'il n'est pas permis d'adopter la dénomination principale d'un autre journal, alors même qu'on la ferait précéder d'une désignation distinctive telle que *petit*, *nouveau*, du *nou jour*. — Paris, 20 juill. 1880, *Le petit journal*, [*Ann. prop. ind.*, 80.365] — Trib. comm. Seine, 7 juin 1876, de Villemessant, [*Ann. prop. ind.*, 78.269] — Trib. comm. Nice, 3 mars 1880, *Le Figaro*, [*Ann. prop. ind.*, 80.174] — Trib. comm. Seine, 7 avr. 1881, *Banque parisienne*, [*Ann. prop. ind.*, 81.281]

498. — Cette confusion est moins à craindre lorsqu'il s'agit de journaux locaux dont la clientèle se compose surtout d'abonnés. En ce cas, tout particulièrement, celui des journaux du pays qui a imaginé de prendre comme titre une désignation tirée du lieu de sa publication, ne peut s'opposer à ce qu'un autre journal fasse de même, pourvu d'ailleurs que des précautions soient prises pour éviter toute erreur. Ainsi, bien que le titre d'un journal soit une propriété à laquelle nul ne peut porter atteinte ni directement, ni indirectement, les propriétaires d'un journal publié à Rouen sous le titre de *Le petit normand* ne peuvent se plaindre de la publication d'un journal à Alençon sous ce titre, imprimée sur une même ligne en caractères de grand format, de *Le petit normand de l'Orne*, alors que les deux journaux n'ont ni le même centre d'action, ni la même clientèle, et qu'en réalité aucune confusion ne s'est produite. — Caen, 25 mars 1886, Boissieu et Courapied, [*Ann. prop. ind.*, 89.345] — *Sic*, Allart, n. 151 et 152. — V. Pouillet, n. 651.

499. — De même, le propriétaire d'un journal, intitulé : *le Journal du Hâvre*, ne saurait empêcher un concurrent de publier une autre feuille sous le nom de : *Le Hâvre*, alors d'ailleurs que l'en-tête est imprimé en caractères d'une autre dimension, que le texte est disposé sur un plus grand nombre de colonnes, qu'en un mot la physionomie est différente. — Trib. comm. Hâvre, 14 nov. 1868, Cazavan, [*Ann. prop. ind.*, 69.350]

500. — Pour qu'il y ait concurrence déloyale, il faut que les faits incriminés soient imputables à une personne se livrant à une même industrie; il existe plusieurs genres particuliers de journaux; on aurait donc compris, à la rigueur, que la jurisprudence ne considère comme répréhensible que l'emploi par un tiers dans la même catégorie du même titre ou d'un titre analogue; mais, à raison sans doute de la connexité qui existe entre chacune des branches de l'industrie du journal et de la crainte d'une confusion possible de la part des lecteurs, les tribunaux ne se sont point attachés à ce critérium; par suite, il a été jugé, notamment, que le directeur d'un journal actuellement consacré aux opérations de finance et de bourse peut demander aux tribunaux d'empêcher une confusion possible en interdisant de prendre son titre comme désignation d'un journal politique. — Trib. comm. Seine, 18 juin 1881, *L'indépendant français*, [*Ann. prop. ind.*, 83.124] — V. Allart, n. 149.

501. — De même, la concurrence déloyale subsiste bien que, des deux journaux que leur titre analogue rapproche, l'un soit littéraire seulement, l'autre politique et littéraire, que l'un soit hebdomadaire et l'autre quotidien. — Trib. comm. Nice, 3 mars 1880, précité.

502. — A plus forte raison, il importe peu que les journaux aient une tendance, un format et un prix différents. — Trib. comm. Seine, 7 avr. 1881, précité.

503. — C'est le fait même de la priorité dans la publication qui, en principe, donne le droit de s'opposer à ce qu'un tiers prenne le même titre ou un titre analogue pour distinguer ses œuvres, mais on comprend que cette règle reçoive certaines atténuations; c'est ainsi que l'on doit considérer comme équivalant à une publication, toute manifestation extérieure de nature à faire croire que l'on désire employer tel ou tel titre, lorsque celle-ci est suivie dans le délai convenable d'une prise de possession effective; il en est ainsi, par exemple, de l'annonce de la fondation d'une société en vue de la création d'un journal déterminé tant qu'il ne s'est pas écoulé depuis cette annonce un délai assez long pour que l'on peut croire que l'idée en est abandonnée. — Allart, n. 141; Mayer, n. 31; Blanc, p. 373; Pouillet, n. 649; Gastambide, p. 218.

504. — C'est, sous la même distinction, que le dépôt du titre fait en vertu de la loi de 1881 sur la presse, peut donner naissance à un droit de priorité au profit de celui qui l'a opéré. — Mais, le dépôt seul d'un nom ou titre de journal ne constitue qu'une mesure d'ordre public et ne confère nullement à celui qui l'a opéré un droit privatif, s'il n'a été suivi d'une publication courante et effective. — Paris, 8 oct. 1835, Forfelier, [S. 35.2.537, P. chr.] — Trib. comm. Seine, 6 nov. 1890, Dutacq, [cité par Blanc, p. 374; Le Hir, 50.2.147]; — 16 mars 1893, Grégori, [*Gaz. trib.*, 7 avr. 1893, J. *Le Droit*, 7 avr. 1893, J. *La Loi*, 8 avr. 1893] — *Sic*, X..., *De l'usurpation des titres des œuvres littéraires*, *Droit d'auteur*, 1888, p. 81. — V. aussi, Paris, 28 juin 1847, Borel d'Hauterive, [cité par Blanc, p. 373] — Trib. Seine, 10 juin 1886, Bocquet, [J. *Le Droit*, 23 juin 1886]

505. — Jugé encore, sous l'empire d'une autre législation sur la presse, que le fait d'avoir obtenu l'autorisation de publier un journal sous un titre déterminé, et d'avoir émis quelques prospectus annonçant cette publication, ne peut être considéré comme une prise de possession de ce titre, donnant le droit de le revendiquer contre un tiers, alors qu'on fait l'autorisation a été retirée avant la publication, et que, par suite, cette publication n'a pas eu lieu. — Trib. Seine, 20 avr. 1864, Castelle, [*Ann. prop. ind.*, 64.298]

506. — A une époque où la publication des journaux ne pouvait se faire que moyennant le dépôt préalable d'un cautionnement, il a été également jugé, que la propriété d'un titre de journal pouvait s'acquérir à raison de la priorité dans le dépôt du cautionnement et aussi dans le dépôt à la préfecture de police de la déclaration écrite exigée par la loi. — Trib. civ. Seine, 3 mai 1877, [*Gaz. trib.*, 20 mai 1877]

507. — Décidé encore que la propriété d'un titre de journal peut être attribuée à celui qui, le premier, a manifesté son intention de publier une feuille périodique sous ce titre et qui a porté cette intention à la connaissance du public; par exemple, celui qui a fait des annonces dans les journaux, sa déclaration à la préfecture et le dépôt de son cautionnement avant la partie qui prétend avoir droit au titre litigieux. — Cass., 13 juill. 1880, Vigier, [S. 81.1.103, P. 81.1.236, D. 81.1.24]

508. — En tous cas, l'adoption pure et simple d'un titre que rien ne manifeste extérieurement n'est point de nature à conférer un droit privatif. — Il est donc permis d'adopter pour titre d'un journal, celui qu'un tiers avait précédemment adopté, du moment où celui-ci n'avait d'ailleurs fait paraître aucun numéro de sa publication projetée. — Paris, 6 févr. 1865, Goudon, [*Ann. prop. ind.*, 65.147]

509. — A ne se placer qu'au point de vue des règles de la concurrence déloyale, il est certain que la propriété d'un titre d'une revue ne peut, en thèse générale, survivre à la disparition ou suppression de celle-ci, et qu'il n'y a plus concurrence déloyale de la part du tiers qui, postérieurement, publie une autre revue sous le même titre ou sous un titre analogue. — Trib. Seine, 3 août 1864, Laurent Pichat, [*Ann. prop. ind.*, 65.145] — *Sic*, Allart, n. 153; Mayer, n. 31; Huard et Mack, n. 1449 et s.; Pouillet, n. 647.

510. — Mais, cette faculté de choisir comme titre celui d'un journal actuellement disparu n'existe que si, depuis le moment où celui-ci a cessé de paraître, il s'est écoulé un temps suffisant pour que toute cause de confusion soit écartée. — Dans ces limites, les propriétaires d'un journal supprimé par l'autorité peuvent demander à ce que celui qui, pour une publication nouvelle, a adopté un titre analogue à celui de l'ancienne, soit obligé, en vue d'éviter toute confusion, d'employer des caractères complètement différents de ceux dont eux-mêmes se servaient jadis. — Trib. comm. Seine, 17 juin 1868, de Villemessant, [*Ann. prop. ind.*, 68.248] — *Chr. de la Soc. des gens de lettres*, n. 30. — V. sur la critique de ce jugement, Pouillet, n. 648. — V. aussi Paris, 19 avr. 1834, Guérin, [*Gaz. trib.*, 20 avr. 1834]

511. — En ce cas, les intéressés n'intentent point, à proprement parler, une action en concurrence déloyale, puisqu'il n'en saurait être question dans une hypothèse où la disparition du premier journal a supprimé toute cause de concurrence; leur action en modification de titre n'en est pas moins fondée, puisque, si elle n'a pas pour objet la sauvegarde d'intérêts matériels, elle a pour but la protection d'intérêts d'un ordre moral élevé.

512. — Nous relevons, à ce sujet, dans un jugement du tribunal de la Seine, une règle qui, d'ailleurs, n'est en rien obligatoire. — Jugé que, d'après l'usage constant de l'administration et de la société des gens de lettres, tout propriétaire de journal qui est resté un an sans publier un numéro, doit être considéré comme ayant renoncé au titre de son journal. — Trib. comm. Seine, 1er sept. 1874, Merit, [*Ann. prop. ind.*, 74.373] — V. cep. Pouillet, n. 647.

513. — L'usurpation du titre va rarement seule; souvent, elle est accompagnée de certaines imitations qui rendent la confusion pour ainsi dire inévitable, et qui, à elles seules, pourraient constituer des faits répréhensibles. — En ce cas, il ne saurait exister de doute sérieux; aussi, a-t-il été jugé qu'il y a concurrence déloyale à prendre pour un nouveau journal le titre d'une autre publication, alors que l'on imite servilement, par des transformations successives, le format et la forme typographique de celle-ci, et que les affiches annoncent l'apparition d'un feuilleton nouveau ou d'un article important, imitant, soit par leur forme typographique, soit par la dimension et la couleur du papier, celles que la première publication a l'habitude de faire placarder. — Trib. comm. Lyon, 25 mai 1871, Millaud, [*Ann. prop. ind.*, 73.101] — *Sic*, Allart, n. 154; Blanc, p. 388; Pouillet, n. 653. — V. aussi Trib. Seine, 29 déc. 1853, Pagnerre, Poy et Bougy, [cité par Blanc, p. 388, J. *Le Droit*, 4 janv. 1854]

514. — Commettent encore des actes de concurrence déloyale ceux qui donnent à leur journal le titre déjà employé pour un autre journal ainsi que la même forme et la même disposition de matières, qui le vendent au même prix et le font annoncer sur la voie publique par des crieurs imitant dans leurs allures ceux employés aux mêmes fins par la feuille rivale. — Trib. comm. Douai, 29 juill. 1871, Millaud, [*Ann. prop. ind.*, 72.101]

515. — De même, est passible de dommages-intérêts, le journal étranger qui, prenant un titre analogue à celui d'un journal français, s'attache, dans le corps du journal, par la nature et la composition de son texte, par sa combinaison avec les gravures, par le choix et la disposition de celles-ci, à imiter, d'une façon de jour en jour plus étroite, le journal français et qui installe à Paris un bureau chargé de faire faisant des abonnements pour la France. — Paris, 1er mai 1888, Bogaerts, [*Ann. prop. ind.*, 89.329; *Gaz. Pal.*, 88.1.900]

516. — Des dommages-intérêts doivent encore être prononcés, à la charge de celui qui, faisant paraître un journal d'annonces sous un titre qui permet de le confondre avec un autre journal analogue existant précédemment, publie des annonces avec les mêmes numéros et le même caractère que ceux de l'autre journal. — Trib. comm. Seine, 13 sept. 1862, Guillebout, [*Ann. prop. ind.*, 62.403]

517. — Tout ce qui vient d'être dit des titres des journaux trouve en principe son application en matière d'œuvres intellectuelles proprement dites. Dans une espèce relative à la publication du *Dictionnaire des postes et télégraphes*, il a été jugé que toute usurpation sciemment faite du titre d'un ouvrage ou d'une publication, soit par des annonces, soit par l'emploi des mots essentiels du titre et la manière dont on les dispose, constitue la concurrence déloyale, alors surtout que quelques-uns des moyens de perfectionnement imaginés par le plaignant pour tenir son œuvre au courant sont également usurpés et qu'en outre le concurrent promet de vendre au rabais. — Paris, 5 juin 1890, Dayre dit de Mailhol, [*Ann. prop. ind.*, 93.325] — V. Darras, *Droit d'auteur*, 1891, p. 7. — Sur de nombreux procès d'usurpation de titres dans lesquels la question se bornait simplement à rechercher si oui ou non une confusion était possible entre chacune des publications en présence, V. Pouillet, n. 639 et s.; Huard et Mack, n. 1413 et s.

518. — Spécialement, il y a fait répréhensible lorsque, dans le but d'établir une confusion avec le *Dictionnaire des postes et télégraphes*, on fonde *Dictionnaire universel des postes et télégraphes et des chemins de fer* dans lequel le titre est disposé de manière à ce que la vue soit frappée par les mots : *des postes et des télégraphes* et dans lequel on annonce, ainsi que cela est pratiqué dans l'autre publication, qu'on tiendra le dictionnaire au courant des changements survenus « par un bulletin rectificatif et des annotations gommées qui pourront être découpées et collées sur les articles modifiés. » — Paris, 5 juin 1890, précité.

519. — En matière de titres d'œuvres littéraires, ce n'est, comme pour les titres de journaux, que la publication qui, en thèse générale, donne naissance à un droit privatif. Ainsi, lorsqu'un éditeur a acquis, avec la propriété entière d'une œuvre littéraire, la faculté d'en modifier le titre, l'auteur ne peut se plaindre de ce que l'éditeur a choisi un titre nouveau qui peut créer une certaine confusion avec une autre publication de l'auteur, alors du moins qu'il est établi que ce titre nouveau a été adopté de bonne foi par l'éditeur, avant l'apparition de l'autre publication. — Paris, 24 mars 1857, Jacottet et Bourdellat, [*Ann. prop. ind.*, 57.195]

520. — Mais la publicité, notamment, dans le *Journal de la librairie*, de la prochaine apparition d'un livre sous un titre déterminé a pu faire naître, au profit de l'éditeur, un droit à la propriété de ce titre, alors que la mise en vente de l'ouvrage a suivi cette publicité dans le délai nécessaire à sa préparation.

La priorité peut ainsi appartenir au livre publié en France postérieurement à un autre portant le même titre publié à l'étranger, dont une traduction est publiée en France par un autre éditeur. — Trib. comm. Seine, 16 oct. 1883, *La Nouvelle Revue*, [*Gaz. trib.*, 28 oct. 1883, *Ann. prop. ind.*, 90.26](il s'agissait, en l'espèce, de la publication d'une étude sous le titre de la *Société de Londres*).

521. — Il n'y a imitation répréhensible que quand il y a confusion possible. — En conséquence, celui qui a commencé la publication d'une série de romans intitulés *Lecture en famille* ne peut se prévaloir d'un droit de priorité pour s'opposer à l'emploi de ce titre par un tiers, alors que l'objet des deux publications est différent en ce que l'ouvrage du demandeur est un recueil de nouvelles, d'études et de morceaux choisis spécialement pour être lus le soir dans les réunions de famille, tandis que celui du défendeur a pour but d'introduire, au moyen d'une série de préceptes et d'exemples, les principes de la diction au foyer domestique et d'y faire cultiver la lecture comme un art utile pour tous les membres de la famille. — Trib. Seine, 18 déc. 1885, Hennuyer, [*Ann. prop. ind.*, 86.223] — Sic, Allart, n. 149 ; Pouillet, n. 643. — V. aussi Trib. Seine, 27 janv. 1869, Gonzalès, [*Ann. prop. ind*, 69.44] et les nombreux arrêts et jugements rappelés par Pouillet, n. 644.

522. — De même, bien que le titre d'un ouvrage constitue une propriété au profit des écrivains, il appartient aux tribunaux d'examiner si, dans les circonstances de la cause, il est résulté un préjudice de l'usage du même titre dans une publication ultérieure, qui appartient au même genre de littérature, mais qui se diversifie de l'autre par certains caractères. — Trib. Seine, 8 mars 1867, Delacroix-Fatin, [*Ann. prop. ind.*, 67.76]

523. — S'il n'y a pas de préjudice causé par la publication, on ne saurait voir une concurrence déloyale dans le fait d'un auteur qui, ayant vendu le droit de publier un ouvrage d'histoire, publie en même temps dans un journal une œuvre de fantaisie sur le même sujet, même avec un titre analogue. — Trib. Seine, 16 juill. 1873, Bunel, [*Gaz. trib.*, 17 juill. 1873]

524. — Mais, au contraire, est répréhensible le fait de celui qui, au lendemain d'un succès obtenu par une pièce de théâtre, met en vente une chanson portant le même titre que celle-ci ou un titre analogue, alors surtout que, pour créer la confusion, il appose au frontispice du texte imprimé de la chanson une vignette analogue à celle sous laquelle la pièce de théâtre avait été annoncée. — Trib. Seine, 14 févr. 1873, Choudens, [*Ann. prop. ind.*, 73.168]

525. — On ne peut imiter le titre d'une chansonnette en vogue ni faire crier dans les rues la nouvelle chansonnette en omettant les mots qui différencient les deux titres (*derrière l'omnibus* et *en chantant derrière l'omnibus*). — Trib. Seine, 1er mai 1884, Le Bailly. [*Gaz. trib.*, 2 mai 1884]

526. — Il y a même concurrence déloyale à reproduire sur la couverture de morceaux de musique une lithographie empruntée à une autre publication, avec un changement de titre calculé de manière à rendre la confusion plus facile encore entre un morceau intitulé : *la Favorite, mazourka nationale*, et d'autres intitulés : *Trois mazourkas favorites*. — Paris, 29 mai 1846, Brullé, [cité par Blanc, p. 382]

527. — Dans le même ordre d'idées, il a été décidé que lorsqu'une personne s'est rendue cessionnaire de la partition d'un opéra tel qu'il est représenté sur un théâtre déterminé, elle peut s'opposer à ce qu'un de ses concurrents, propriétaire d'une partition différente du même opéra, insère dans ses annonces la mention : Grand succès de tel théâtre, et établisse ainsi une confusion dans l'esprit du public entre ces deux partitions. — Trib. comm. Seine, 25 juin 1857, Cendrier, [*Ann. prop. ind.*, 57.284]

528. — Pour les livres comme pour les journaux, les titres sont génériques et peuvent ainsi être employés par tous. — Jugé à cet égard qu'on ne saurait considérer comme tel pour toutes les publications relatives à la captivité de Napoléon, le titre de *Mémorial de Sainte-Hélène*. — Trib. Seine, 24 févr. 1860, Las Cases, [*Ann. prop. ind.*, 60.164]

529. — En ce qui concerne le titre des œuvres littéraires, il se présente une situation qui ne peut se rencontrer à l'égard des titres des journaux : l'identité ou l'analogie des titres entre les publications peut alors s'expliquer à raison de ce que l'une est la critique ou la réfutation de l'autre ; en ce cas, pourvu qu'il en soit réellement ainsi, il ne saurait y avoir concurrence déloyale, du moment où l'on a pris, pour éviter la confusion, toutes les mesures compatibles avec le caractère respectif de chacune des deux œuvres. — Ainsi, il ne suffit pas, pour qu'il y ait concurrence déloyale qu'il y ait simple analogie entre les titres de deux ouvrages, alors qu'il est établi que le second livre, réfutation des doctrines exposées dans le premier, ne peut avoir pour effet que de faire connaître à tout acheteur qui l'aurait ignoré l'existence de l'autre publication. — Trib. comm. Seine, 5 mai 1863, Didier et Cie, [*Ann. prop. ind.*, 65.443] — V. Pouillet, n. 645. — *Contra*, Allart, n. 150 ; Blanc, p. 387.

530. — De même, il est permis de reproduire le titre d'une œuvre littéraire, en tête d'une brochure destinée à lui servir de réfutation, alors que la seconde publication ne peut remplacer la première et que la confusion entre l'une et l'autre est impossible. — Trib. comm. Seine, 17 mai 1861, Gaume, [*Ann. prop. ind.*, 61.255]

531. — Mais celui qui parodie une œuvre littéraire, une chanson dans l'espèce, ne peut faire imprimer en gros caractères le titre de la chanson imitée, puisque ce moyen est de nature à tromper les acheteurs. — Trib. comm. Seine, 26 août 1886, Le Bailly, [*Ann. prop. ind.*, 89.352] — V. aussi Trib. comm. Seine, 27 nov. 1834, Renduel, [cité par Blanc, p. 387]

532. — Pour la durée du droit privatif sur le titre d'une œuvre intellectuelle, on ne peut admettre le même critérium qu'à l'égard du titre des journaux ; un livre, une fois paru, peut n'avoir pas d'éditions successives, sans qu'on puisse en induire l'intention de renoncer de la part de l'auteur ; à ne considérer la question qu'au point de vue des lois sur la propriété littéraire, il est impossible de ne pas admettre que le titre est protégé par l'action en contrefaçon aussi longtemps que dure le droit de l'auteur sur son œuvre ; mais, si on se place sur le terrain de la concurrence déloyale, tout dépend des circonstances ; l'emploi d'un titre qui sert à distinguer l'œuvre d'un tiers est répréhensible aussi longtemps qu'il peut en résulter une confusion ; par suite, d'une part, si le premier ouvrage est oublié, il se peut que l'action en concurrence déloyale soit dénuée de tout effet même avant l'extinction de la propriété intellectuelle, alors que, d'autre part, cette même action peut encore être utilement intentée, après l'expiration de ces délais, si on suppose que l'œuvre a pleinement réussi. — V. Pouillet, n. 646 ; Allart, n. 153.

533. — Rappelons en terminant que le libraire qui a en sa possession un certain nombre de deuxièmes volumes d'un ouvrage, n'a pas le droit, pour en faciliter la vente, de faire imprimer un titre nouveau tendant à faire croire que l'ouvrage n'a qu'un seul volume.— Trib. Seine, 10 mai 1851, Orsini, [cité par Blanc, p. 389]

§ 2. *Imitation des produits eux-mêmes.*

534. — a) *Imitation des œuvres littéraires et artistiques.* — L'action en concurrence déloyale joue à l'égard des œuvres littéraires et artistiques le même rôle qu'à l'égard des marques de fabrique et de commerce ; elle peut être pour les intéressés d'un utile secours dans le cas, par exemple, où n'ont pas été observées les formalités prescrites par les lois sur la propriété littéraire ou artistique et aussi dans celui où l'œuvre reproduite ne présente pas les caractères requis pour être au bénéfice de ces lois spéciales. Nous ne pouvons, dans cette étude, entrer dans de longs détails à ce sujet ; nous nous contenterons d'indiquer pour le moment quelques espèces. — V. *infrà*, vo *Propriété littéraire et artistique*.

535. — Observons tout d'abord, que, malgré l'absence de dépôt, le photographe dont l'œuvre a été contrefaite, a le droit d'actionner en dommages-intérêts, pour concurrence déloyale, l'auteur de la contrefaçon. — Lyon, 8 juill. 1887, Royer, [S. 90.2.241, P. 90.1.1342, D. 88.2.180]

536. — Les productions photographiques sont protégées d'ailleurs par la loi du 19 juill. 1793, au même titre que la propriété littéraire et artistique. — Trib. comm. Saint-Etienne, 7 juill. 1883, sous Lyon, 8 juill. 1887, précité.

537. — Mais les dépêches télégraphiques portant à la connaissance du public des nouvelles politiques, scientifiques ou littéraires, ne peuvent être considérées comme des œuvres de l'esprit, garanties par la loi des 19-24 juill. 1793 sur la propriété littéraire ; chacun a donc le droit, du moment que de semblables nouvelles ont été publiées par la voie de la presse, d'en faire son profit, de les répéter et de les commenter ; et ce droit appartient au journaliste comme à tous autres. — Cass., 8 août 1861, Havas, [S. 62.1.523, P. 62.207, D. 62.1.136]

538. — En conséquence, une agence créée dans le but de communiquer aux journaux qui ont contracté avec elle un abonnement à cet effet, les dépêches télégraphiques contenant des nouvelles politiques, scientifiques ou littéraires qui lui sont transmises de différentes parties du monde par ses correspondants salariés, n'est pas fondée à s'opposer, après que ces dépêches ont paru dans un journal abonné, à ce que des journaux non abonnés les reproduisent, fût-ce dans les mêmes termes, sans son autorisation. — Même arrêt.

539. — Et les journaux non abonnés qui auraient ainsi reproduit des dépêches, ne peuvent même, à raison de ce fait, être considérés comme coupables envers cette agence d'une concurrence déloyale les rendant passibles de dommages-intérêts, alors qu'ils n'ont ni avancé ni retardé leur tirage et leur publication pour profiter gratuitement de ces dépêches. — Cass., 8 août 1861, précité. — Amiens, 4 mai 1858, Préau, [P. 58.753]

540. — De même, la publication non autorisée du programme de représentations théâtrales n'est point une attaque portée à une propriété littéraire, alors qu'un écrit de cette nature n'est point une œuvre d'intelligence susceptible d'être protégée par les lois concernant la propriété littéraire; un tel acte ne saurait constituer qu'un fait de concurrence déloyale. — Nancy, 31 déc. 1887, Gugenheim, [*Ann. prop. ind.*, 90.158] — *Sic*, Allart, n. 237.

541. — De même encore, comme les compilations réunissant les noms et les adresses des personnes appartenant à un corps de métier ne constituent pas une conception personnelle, susceptible d'un droit privatif, l'auteur d'une première compilation ne peut se plaindre qu'un de ses anciens employés, lié d'ailleurs par aucune convention spéciale, entreprenne une publication de même ordre, alors d'ailleurs qu'entre ces deux publications il existe dans le titre, le format, la distribution et la composition d'assez notables différences pour qu'il soit facile, avec quelque attention, de distinguer l'une de l'autre. — Paris, 19 nov. 1862, Sageret, [*Ann. prop. ind.*, 62.399]

542. — S'expose à une nouvelle condamnation en dommages-intérêts, l'auteur d'un annuaire qui, ayant déjà été condamné pour une concurrence déloyale ayant consisté à reproduire textuellement des renseignements puisés dans une publication similaire, continue, dans d'autres éditions de son ouvrage, à reproduire ces mêmes emprunts alors même, d'ailleurs, que le jugement ne lui avait pas fait défense d'insérer à nouveau ces renseignements dans ses publications. — Paris, 10 avr. 1892, [*J. La Loi*, 17 juin]

543. — Il est arrivé parfois que l'on a recours à l'action en concurrence déloyale dans des cas où il est moins douteux que l'action en contrefaçon ait pu être utilement intentée. Ainsi, bien qu'il n'y ait peut-être pas contrefaçon, un éditeur commet un acte de concurrence déloyale lorsqu'il fait copier une partition musicale, restée en manuscrit et appartenant à un autre éditeur et qu'il donne en location la copie ainsi produite. — Trib. comm. Seine, 20 déc. 1871, Brandus-Dufour, [*Ann. prop. ind.*, 74.174]

544. — S'il est facultatif au sculpteur, resté le seul et unique propriétaire de son œuvre, de se répéter dans ses productions, il en est autrement quand il a aliéné son droit de propriété et de libre reproduction, et quand surtout il a cédé son œuvre à un commerçant sans part de son profit. — Paris, 3 mai 1878, Helbronner, [S. 78.2.204, P. 78.2.204, D. 79.2.11]

545. — Dans ce cas, toute reproduction ou imitation servile de l'original, pouvant artistiquement ou industriellement se confondre avec lui, constitue une contrefaçon ou tout au moins un fait de concurrence illicite. — Même arrêt.

546. — Mais le reproche de contrefaçon ou de concurrence illicite ne peut être accueilli contre le sculpteur qui aurait imité ou reproduit même un premier type ou modèle déjà créé, si l'œuvre nouvelle est conçue suivant une autre pensée, avec des différences caractéristiques de forme, d'attitude, de geste, de costume ou d'attributs qui empêchent toute confusion avec les œuvres premières. — Même arrêt.

547. — Jugé encore qu'il y a concurrence répréhensible dans le fait que un éditeur d'éditer et de mettre en vente une chanson qui présente une coupe identique et les mêmes particularités métriques qu'une autre chanson en vogue et qui, d'après le tribunal, peut s'adapter, sans aucune modification, sur la musique de l'autre, alors qu'il est constant que cette similitude a été recherchée dans un but de confusion. — Trib. comm. Seine, 24 mars 1892, Savoisy et Héron, [*J. trib. comm.*, 1893, p. 212]

548. — Mais décidé, en sens contraire, qu'on ne saurait voir un acte de concurrence déloyale dans le fait d'adopter pour une chanson le même rythme et le même air que ceux d'une autre chanson lorsqu'il est établi que la seconde est une sorte de réponse à la première. — Trib. Seine, 23 févr. 1872, Bathlot, [*Ann. prop. ind.*, 73.162]

549. — Si large que soit la portée d'application de notre action, il n'y a évidemment lieu de l'intenter que quand il y a empiètement sur le droit d'autrui, ce qui ne saurait arriver lorsqu'il s'agit de la reproduction de documents publics. Ainsi donc, une ville, quoiqu'elle puisse avoir sur un ouvrage un droit de propriété littéraire, n'a point ce droit sur les documents (dans l'espèce, une série de prix) qu'elle livre à la publicité dans un intérêt purement administratif; dès lors, ne saurait être poursuivi pour concurrence déloyale l'éditeur qui a reproduit ces documents, alors surtout qu'il les a groupés d'après une méthode qui lui est propre. — Cass., 13 mai 1878. Ville de Paris, [S. 80.1.263, P. 80.614, D. 79.1.20] — Paris, 13 févr. 1877, Ville de Paris, [S. 77 2.36, P. 77.327, D. 79.1.20] — Trib. Seine, 10 févr. 1875, Ville de Paris, [S. 75.2.115, P. 75.588] — *Sic*, Pouillet, *Prop. litt.*, n. 60 et 60 *bis*. — V. Ruben de Couder, v° *Prop. ind.*, n. 108

550. — De même, on ne saurait dire qu'il y a concurrence déloyale lorsqu'on reproduit des renseignements qui sont, pour ainsi dire, tombés dans le domaine public. En ce cas, et pour prendre un exemple particulier, les ressemblances qui résultent nécessairement entre deux almanachs de leur nature et de l'identité des sources où les documents doivent être puisés ne sauraient motiver de la part de l'auteur le plus ancien une imputation de concurrence déloyale, si les matières sont disposées dans un ordre différent, si les parties accessoires n'ont aucune espèce d'analogie, et si les titres eux-mêmes ne sont pas identiques. — Rouen, 5 août 1873, Hérissey, [S. 75.2.330, P. 75.1251]

551. — ... Si leur comparaison démontre que le travail de recherches et de composition a été différent dans l'un et dans l'autre. — Lyon, 24 mars 1870, Labaume, [S. 71.2.34, P. 71.112, D. 70.2.209]

552. — En terminant, signalons un arrêt de la cour de Paris déjà assez ancien qui montre bien que l'action en concurrence déloyale se sépare nettement dans son principe de l'action en contrefaçon. Il a été, en effet, décidé que l'imprimeur, acquitté du chef de contrefaçon pour avoir indûment fait usage de clichés appartenant à un tiers, ne peut opposer à celui-ci une fin de non-recevoir, tirée de la chose jugée, lorsqu'à raison des mêmes faits, il est poursuivi pour concurrence déloyale. — Paris, 24 juin 1859, Héritiers Boucher, [*Ann. prop. ind.*, 59.244]

553. — b) *Imitation de tous produits autres que les œuvres littéraires et artistiques.* — Le principe qui, à l'heure actuelle, gouverne le monde industriel, est celui de la liberté; nous avons pris soin d'insister à cet égard, au début même de cette étude; il en découle naturellement cette conséquence qu'en thèse générale il ne saurait y avoir concurrence déloyale à imiter les produits fabriqués ou vendus par autrui; il n'en est autrement quand ce tiers peut invoquer un monopole en sa faveur; c'est ce qui arrive notamment en cas d'invention, quand on a pris soin de demander la délivrance d'un brevet; c'est ce qui se produit encore lorsque l'État s'est réservé ou a concédé à des particuliers le droit de fabrication exclusive de certains objets; mais on comprend sans peine que, même alors, on ne songera guère à recourir à l'action en concurrence déloyale dont la sanction est purement civile, ce qui fait que la division de nos renvois ne peut n'a pour ainsi dire été imaginée que dans un but de symétrie. — V. *supra*, v° *Allumettes, Brevet d'invention*, et *infra*, v° *Liberté du commerce, Tabac*, etc.

554. — Toutefois, sans d'ailleurs insister particulièrement sur ce point, il paraît nécessaire de fournir quelques renseignements sur la révélation des secrets de fabrique. On sait qu'un tel acte est prévu et puni par l'art. 418, C. pén. Ce n'est pas à ce point de vue que nous désirons nous placer (V. *infra*, v° *Secret de fabrique*). Fidèle à l'idée qui nous a constamment dirigé dans ce travail, nous ne voulons étudier la présente difficulté qu'au point de vue des principes du droit civil. La première question qui se pose est celle de savoir ce qu'il faut entendre par secret de fabrique; il faut, selon nous, comprendre sous cette expression, tout procédé, brevetable ou non, par exemple, le simple tour de main, du moment où celui-ci n'est pas nouveau. — V. Allart, n. 207 et s.; Pouillet, n. 767 et s.; Rendu, n. 522; Blanc, *Prop. ind.* du 25 mars 1858; Dufourmantelle, p. 2,

555. — On est généralement porté à étendre en nos matières la notion de nouveauté, telle qu'elle est déterminée par la loi de 1844 sur les brevets d'invention; pour repousser cette manière de voir, il suffit de faire remarquer que cette notion est, à certains égards, d'ordre contingent et ne découle point toujours de la nature même des choses; il faut donc, en l'absence d'une définition spéciale, laisser aux tribunaux un large pouvoir d'appréciation, pour fixer ce qui, au regard de la concurrence déloyale, constitue un secret de fabrique. — V. Allart, n. 208; Rendu, n. 522; Blanc, *loc. cit.*; Pouillet, n. 768.

556. — Tel paraît bien être d'ailleurs le système auquel s'est rattachée la cour de Rouen lorsqu'elle a décidé que la nullité du brevet pour défaut de nouveauté du produit ou pour divulgation antérieure résultant de la mise dans le commerce ne permet pas à un employé du fabricant de dévoiler à des tiers le mode particulier de préparation qui procure au produit des qualités particulières. C'est un fait répréhensible qui donne ouverture à une action en dommages-intérêts aussi bien contre l'employé qui a fait la communication que contre les tiers qui en ont profité pour faire au breveté une concurrence déloyale. — Rouen, 27 juin 1856, Lecomte, [*Ann. prop. ind.*, 56.343]

557. — Il résulte encore des termes de l'art. 418, C. pén., que ce texte ne s'applique que dans les hypothèses où la révélation émane d'un directeur, commis ou ouvrier, actuellement employé dans l'établissement dont il fait connaître les secrets de fabrication; on pense parfois cependant que cette sanction pénale pourrait frapper un ancien ouvrier s'il est établi que la divulgation dont il se rend coupable n'est que la mise en œuvre de promesses précédemment faites, alors qu'il n'avait pas encore quitté son patron; en tous cas, de tels faits constituent toujours des actes de concurrence déloyale. — V. Allart, n. 212; Pouillet, n. 775.

558. — Ainsi, celui qui, étant directeur d'une usine, quitte brusquement son emploi pour s'établir, après avoir eu soin de se procurer les modèles dont on se servait chez son ancien patron, et qui débauche les ouvriers de celui-ci par la promesse de nouveaux avantages et obtient d'eux les moules et outils nécessaires à la fabrication, se rend coupable de concurrence déloyale. — Trib. comm. Seine, 7 déc. 1891, Jumeau et Cie, [*J. La Loi*, 18 déc. 1891, *J. Le Droit*, 19 déc. 1891]

559. — Il n'y a, au point de vue répressif, révélation de secrets de fabrique que s'il y a communication du secret de la part d'un employé à un tiers; mais il se peut qu'un ancien employé s'établisse à son propre compte et tire profit des secrets de fabrication dont il a pu acquérir la connaissance durant son passage chez le patron qu'il vient de quitter; en agissant de cette façon s'expose-t-il à des dommages-intérêts? On l'a parfois pensé; ainsi, d'après M. Rendu, « la révélation faite à l'ouvrier, dans un but déterminé d'un secret qu'il n'aurait pas pénétré autrement, constitue un véritable quasi-contrat, dont la violation doit donner lieu à des dommages-intérêts proportionnels au préjudice causé. » — Rendu, n. 527.

560. — Cette opinion est trop absolue : « Sans doute, dit à juste raison M. Allart, l'ouvrier qui, établi à son compte, emploie les secrets de fabrique de son ancien maître, peut commettre un acte répréhensible au point de vue de la morale, mais nous croyons qu'en agissant de la sorte il relève seulement de sa conscience et qu'il échappe à toute sanction judiciaire, à la condition, bien entendu, qu'il s'abstienne de toute manœuvre pour détourner la clientèle de son ancien patron. Celui-ci, d'ailleurs, n'est jamais désarmé; il peut, lorsque l'ouvrier entre à son service, stipuler qu'il n'aura pas le droit, en quittant ses ateliers, de faire usage de ses secrets de fabrication : il peut encore, s'il n'a pas pris cette précaution, faire breveter ses produits secrets le jour où son ouvrier le quitte. La convention dans le premier cas, le brevet dans le second, lui assurent une garantie aussi complète que possible. » Allart, n. 213.

Section III.

Des faits qui, sans produire de confusion, ont pour objet de détourner la clientèle d'un fabricant ou d'un commerçant.

§ 1. *Exaltation, par un négociant, des mérites de ses produits ou des siens propres.*

561. — a) *Usurpation de médailles ou de récompenses, publication des rapports des jurys d'exposition, approbation des corps savants*, etc. — A une époque où les expositions se multiplient chaque jour, l'un des moyens le plus souvent employé pour attirer la clientèle consiste dans l'indication sur les produits ou sur les papiers de commerce des récompenses et médailles qu'on a pu y obtenir; cette mention est légitime en soi lorsqu'elle est conforme à la réalité des choses, mais il en est bien différemment au contraire lorsqu'elle est mensongère; en ce cas, les intéressés peuvent agir en concurrence déloyale. Cette idée n'a pas été admise sans conteste; pour la combattre, on a prétendu que le fait d'avoir obtenu une récompense à une exposition n'était point suffisamment particulier pour qu'on puisse s'en prévaloir en vue d'exercer une sorte d'action d'intérêt public envers les usurpateurs. — Bordeaux, 1er août 1853, Sandoval et Calomès, [*Ann. prop. ind.*, 53.2] — V. Paulet, *Les médailles d'exposition*, p. 3.

562. — On a ajouté que l'usurpation des récompenses est un pur mensonge qui ne porte préjudice à personne, puisque la qualité des produits est le critérium suprême; la clientèle va à celui qui débite de bons produits, même s'il ne peut se recommander d'aucune médaille; elle abandonne celui dont les produits sont inférieurs, alors même qu'il leur aurait été accordé de hautes distinctions.

563. — Ces objections ne sont pas fondées : une indication mensongère de médailles ou de récompenses constitue une véritable concurrence déloyale puisqu'elle crée à autrui un dommage injuste dont il est facile de prouver l'existence; les acheteurs, qui manquent le plus souvent de connaissances suffisantes pour apprécier par avance la qualité des produits, vont de préférence à ceux qui se recommandent à leur choix par une approbation émanant de personnes qu'ils jugent plus aptes qu'eux-mêmes à discerner entre les produits du même genre : si, trompés par les apparences, ils en viennent ainsi à acheter un objet de qualité inférieure, ils en arrivent, ne pouvant présumer qu'il y a eu fraude, à penser que les diverses marchandises de même nature qui ont figuré dans la même exposition étaient de qualité tout à fait inférieure puisque déjà celle qui a été récompensée ne vaut absolument rien. La question ne se discute même plus; le législateur lui-même, en frappant de peines correctionnelles l'usurpation de médailles et de récompenses (L. 30 avr. 1886), a, au besoin, fait disparaître, à cet égard, toute cause d'hésitation. — Calmels, *De la propriété et de la contrefaçon*, n. 142; Pouillet, n. 323 et s.; Pouillet, *Prop. ind.*, n. 408; Ruben de Couder, v° *Médailles*, n. 2; Willis Bund, *Compte rendu du congrès international de la propriété industrielle*, 1878, p. 647; Allart, n. 153; Dufourmantelle, p. 137; Blanc, p. 730; Mayer, n. 28.

564. — Fidèle à la méthode par nous jusqu'ici suivie, nous nous abstiendrons en principe de toute incursion dans le domaine pénal. — V. à ce sujet, *infrà*, v° *Médailles et récompenses*. — Nous signalerons toutefois certaines espèces résolues en vertu de la loi de 1886, partant de cette idée qu'il est impossible que ne constitue pas un fait de concurrence déloyale un acte qui tombe sous l'application de cette loi d'ordre pénal. — V. Pouillet, n. 324.

565. — Commet donc un acte de concurrence déloyale, ainsi qu'une violation de la loi du 30 avr. 1886, celui qui s'attribue des récompenses qu'il n'a jamais obtenues. — Trib. Poitiers, 11 mars 1889, Picon et Cie, [Maillard de Marafy, t. 4, p. 459]

566. — De même, celui à qui a été délivrée une simple médaille d'exposant et qui s'approprie le mérite d'une médaille décernée à un de ses concurrents est tenu d'indemniser ce dernier. — Lyon, 4 mai 1857, Verly, [Maillard de Marafy, t. 6, p. 263]

567. — Il y a encore concurrence déloyale de la part du fabricant qui se donne comme ayant obtenu une médaille à une exposition, alors qu'il n'a obtenu qu'une mention honorable et qui indique comme lieu de fabrication le pays où lui-même ne possède qu'un simple dépôt. — Paris, 19 janv. 1874, Fanien, [*Ann. prop. ind.*, 74.384]

568. — Spécialement, un ancien contre-maître ne peut se servir, pour l'écoulement de ses produits, de cartes qui sont l'imitation de celles de son ancien patron, alors surtout que, n'ayant obtenu, dans une exposition qu'une mention honorable, il fait représenter sur la carte par lui employée la reproduction d'une médaille analogue à celle qui figure sur celle de son concurrent. — Trib. Seine, 10 juill. 1875, Héricé, [*Ann. prop. ind.*, 76.46]

569. — Il y a encore fait répréhensible, lorsqu'un négociant annonce à tort que ses produits ont *seuls* obtenu une récompense d'un certain ordre dans une exposition, et ceux de ses concurrents qui ont obtenu une récompense du même ordre peuvent demander la suppression de la mention erronée. — Trib. comm. Seine, 1ᵉʳ mars 1867, Bouttevilain et Cⁱᵉ, [*Ann. prop. ind.*, 67. 383, Teulet, 16.337] — *Sic*, Pouillet, n. 523.

570. — ... Lorsqu'un fabricant de produits pharmaceutiques se donne dans ses annonces comme admis premier après concours dans les hôpitaux de Paris et seul récompensé à l'Exposition universelle de 1878, alors qu'il n'est pas établi que, pour la fourniture des produits pharmaceutiques aux hôpitaux de Paris, la désignation se fasse à la suite d'un concours et que, d'autre part, il est prouvé qu'un autre fabricant avait obtenu une récompense à l'Exposition de 1878. — Paris, 23 juill. 1883, Defresne, [*Ann. prop. ind.*, 86.28]

571. — Mais, il a été jugé à juste raison que le fait que, dans une annonce publiée par un journal, un commerçant est indiqué comme étant titulaire d'une médaille d'honneur, tandis qu'il ne lui avait été alloué qu'une médaille d'excellence, ne constitue pas un fait de concurrence déloyale à l'encontre du véritable titulaire de la médaille d'honneur, si l'erreur est imputable à l'imprimeur du journal, et non au commerçant, qui s'est empressé d'en demander la rectification, dès qu'il en a eu connaissance; un des éléments essentiels de la concurrence déloyale, la mauvaise foi, fait alors défaut. — Bordeaux, 1ᵉʳ juin 1887, Croizet, [S. 89.2.107, P. 89.1.584, D. 88.2.287]

572. — On ne peut, au contraire, approuver un arrêt d'après lequel on ne saurait reprocher à celui qui, dans une exposition, a obtenu une médaille placée au second rang, d'annoncer qu'il a obtenu un second prix, alors que cette énonciation, en admettant qu'elle n'est pas scrupuleusement exacte, n'est toutefois pas de nature à créer une confusion entre les maisons de deux concurrents. — Paris, 11 juin 1885, Decauville, [*Ann. prop. ind.*, 86.129]

573. — Il n'est point nécessaire, pour que des dommages-intérêts puissent être prononcés, que l'usurpation ait été réalisée à l'aide de fausses mentions sur les produits eux-mêmes. Ainsi donc, il y a concurrence déloyale dans le fait d'insérer mensongèrement dans ses factures, prospectus, annonces et autres papiers de commerce la mention hors concours à l'exposition universelle de X... — Trib. comm. Seine, 23 sept. 1875, Leroy, [*Ann. prop. ind.*, 76.237]

574. — Parfois, la concurrence déloyale consiste à attribuer à une récompense que l'on a réellement obtenue une valeur plus grande qu'elle n'a effectivement, et cela en laissant ou en faisant croire que celle qu'elle a décernée dans une certaine exposition, alors que véritablement elle a été obtenue dans une autre. Ainsi, est répréhensible celui qui, s'attribuant sans autre spécification un grand diplôme d'honneur à l'Exposition universelle de Paris, diplôme qu'il a réellement obtenu dans une exposition d'économie domestique, veut ainsi établir une confusion entre la récompense accordée par une exposition sans caractère officiel et les expositions placées sous le patronage et la garantie de l'administration publique, et multiplier de cette manière par la mention de cette récompense les causes de confusion qu'il ne cesse de créer entre sa maison et une autre établissement depuis longtemps connu. — Paris, 29 juill. 1876, Vᵉ Erard, [*Ann. prop. ind.*, 76.277] — *Sic*, Allart, n. 163 et 164. — V. aussi Trib. Poitiers, 11 mars 1889, Picon et Cⁱᵉ, [Maillard de Marafy, t. 1, p. 459]

575. — Un autre procédé de fraude consiste à appliquer une médaille que l'on a réellement obtenue à une autre que celui pour lequel elle a été décernée; dans les travaux préparatoires de la loi de 1886, on a cité l'exemple d'un industriel qui, récompensé dans une exposition canine, faisait figurer sa médaille dans son commerce de conserves alimentaires. Avant la loi de 1886, la jurisprudence était un peu hésitante sur ce point. Ainsi, il avait été jugé, qu'un mécanicien auquel a été décerné une médaille pour une machine à graver ne peut la mentionner sur des prospectus s'appliquant exclusivement à des machines à coudre. — Paris, 11 nov. 1859, Callebaut, [*Ann. prop. ind.*, 60.21] — *Sic*, Allart, n. 164; Paulet, p. 9. — V. Pouillet, n. 524, p. 582, et n. 525. — V. aussi Pau, 23 févr. 1863, Bastiat, [D. 63.2.117]

576. — Mais il avait été décidé que le négociant qui, dans une exposition, a été honoré d'une médaille, ne fait pas un acte de concurrence déloyale en faisant usage de cette marque honorifique sans désignation particulière du produit auquel elle s'applique. — Paris, 7 févr. 1878, Lamarche, [*Ann. prop. ind.*, 78.235]

577. — En tout cas, la question ne semble plus de nature à faire doute en présence des dispositions expresses de la loi du 30 avr. 1886. Rappelons à ce sujet que l'infraction à l'art. 1, § 2, de cette loi, obligeant ceux qui se servent de distinctions quelconques décernées dans des expositions ou concours, à faire connaître la date et la nature de ces récompenses, l'exposition ou le concours où elles ont été obtenues et l'objet récompensé, est une infraction dont la répression doit être poursuivie malgré la bonne foi de l'agent. — Cass., 20 déc. 1889, Vlasco, [S. 90.1.187, P. 90.424]

578. — Spécialement, si les annonces, dans lesquelles l'industriel a fait figurer des médailles sans indication de l'objet récompensé, ont trait uniquement à des produits et appareils pour la photographie et à des instruments de physique, tandis que les récompenses avaient été accordées pour l'exposition de produits de parfumerie, il y a de la part de l'industriel, fausse application d'une récompense obtenue, tombant sous le coup de l'art. 2-2°, de la loi du 30 avr. 1886. — Paris, 25 janv. 1888, Société centrale de produits chimiques, [S. 89.2.36, P. 89.1.220, D. 88.2.252]

579. — L'intérêt considérable qu'il y a à pouvoir placer ses produits sous la recommandation d'une récompense obtenue dans une exposition explique les nombreux procès soulevés relativement à l'attribution des médailles et autres distinctions. Il y a lieu de poser tout d'abord le principe suivant. Les médailles sont personnelles à ceux qui les obtiennent; elles ne peuvent donc pas être cédées à titre onéreux ou même gratuit dans le but de permettre au cessionnaire d'en faire usage pour son commerce et de se les approprier comme si elles lui eussent été délivrées. — Toulouse, 25 mars 1885, Provost, [*Ann. prop. ind.*, 86.24] — *Sic*, Allart, n. 156; Pouillet, n. 528; Dufourmantelle, p. 138; Mayer, n. 28.

580. — Il a même été jugé, dans la même affaire, que le cessionnaire n'est pas fondé à prétendre qu'ayant été collaborateur de la personne qui a obtenu la médaille, il peut s'en prévaloir pour l'exploitation de son industrie. — Même arrêt.

581. — Mais nous inspirant d'une théorie précédemment exposée, il nous paraîtrait sain que la règle indiquée aurait dû fléchir dans l'espèce précédente, à supposer, d'ailleurs, que la qualité de collaborateur du cessionnaire ait été constatée officiellement lors de la délivrance de la médaille. — Nous admettrions donc, avec un arrêt récent, que l'employé qui, en cette qualité, a obtenu, dans une exposition, une médaille de collaborateur, ne fait qu'user du droit strict de concurrence licite en rappelant, lorsqu'il vient à s'établir plus tard, un titre distinctif qui lui est purement personnel, pourvu qu'il n'y joigne pas le nom de ses anciens patrons. — Trib. comm. Seine, 17 mai 1888, Dupré, [*Ann. prop. ind.*, 92.24]

582. — Quoi qu'il en soit, il est hors de doute qu'un négociant ne peut céder à autrui le droit de se prévaloir de récompenses qu'il a lui-même obtenues. Par une application de cette idée, il a été décidé que le marchand qui a obtenu des récompenses honorifiques pour des actes de son commerce ne peut, en se prévalant de ces distinctions devant le public, se prévaloir en même temps des récompenses de même nature accordées aux marchands en gros dont il a acheté les produits qu'il revend en détail. — Paris, 12 mai 1865, Duval, [S. 65.2.130, P. 65.593, D. 66.2.132]

583. — Spécialement, le boucher qui a obtenu des médailles pour s'être rendu acquéreur d'animaux primés, ne peut se prévaloir de médailles décernées aux éleveurs de ces animaux, de telles médailles étant personnelles et ne pouvant servir qu'à ceux qui les ont obtenues. — Même arrêt.

584. — La règle posée doit d'ailleurs être sainement entendue : ce qui est interdit au bénéficiaire d'une récompense, c'est d'en faire l'objet unique d'un trafic, mais rien ne s'oppose à ce que l'on cède le droit aux récompenses en même temps que la maison de commerce ou d'industrie à raison de laquelle on a obtenu ces mêmes récompenses; il est naturel que les récompenses suivent le sort de la maison à laquelle elles ont été décernées. — Jugé, en conséquence, que l'art. 1, L. 30 avr. 1886, qui interdit le trafic des médailles ou distinctions honorifiques obtenues dans les expositions ou concours, en permettant l'usage non seulement aux titulaires, mais aussi à la maison de commerce en considération de laquelle elles ont été décernées, il s'ensuit qu'en cédant cette maison de commerce, le titulaire peut accessoirement transmettre à son successeur le droit de se prévaloir de ces récompenses. — Cass., 16 juill. 1889, Michaux, [S. 90.1.16, P. 90.1.24, D. 91.1.61] — Trib. corr. Seine, 17 juill. 1890, Anthoine, [J. La Loi, 21-22 juill. 1890] — Trib. comm. Seine, 3 août 1888, Cosse, [*Ann. prop. ind.*, 90.127] — *Sic*, Allart, n. 157 et 158; Pouillet, n. 530; Dufourmanteile, p. 138; Mayer, *loc. cit.*; Poulet, p. 7. — V. aussi Bordeaux, 1er juin 1887, Hardy, [D. 87.2.197]

585. — Il est bien entendu, d'ailleurs, que l'acquéreur d'un fonds de commerce n'a pas le droit de faire usage, sur ses prospectus, factures, etc., et contre le gré du vendeur, des médailles et des titres scientifiques conférés à ce dernier. — Paris, 7 mai 1864, sous Cass., 10 avr. 1866, Dorvault, [S. 66.1.251, P. 66.639, D. 66.1.342] — *Sic*, Dufourmantelle, p. 138.

586. — De même, on doit admettre que lorsqu'il résulte du rapport du jury que tout en récompensant une certaine machine, le jury a eu l'intention de décerner le prix à l'exposant personnellement, à raison des perfectionnements par lui apportés à la machine, il peut être interdit aux autres vendeurs de la même machine d'insérer dans leurs prospectus et annonces la mention de la récompense obtenue. — Trib. comm. Seine, 18 déc. 1860, Peltier, [*Ann. prop. ind.*, 61.117]

587. — Dans le cas où la médaille ou récompense a été attribuée à une société, les mêmes solutions doivent encore être admises. — C'est ainsi, notamment, que le successeur seul de la société, autorisé à cet effet, peut employer sur ses produits ou dans ses prospectus les médailles qui ont été décernées à celle-ci. — En conséquence, les médailles obtenues par une société commerciale à une exposition constituant à son profit une propriété intransmissible, les associés sont fondés, en cas de dissolution de cette société, à s'opposer à ce que l'un d'eux continue à s'en prévaloir sur ses prospectus ou cartes de voyage. — Orléans, 3 févr. 1869, B..., [S. 69.2.151, P. 69.711, D. 69.2.109] — Paris, 30 oct. 1890, Trouvé, [*La Loi*, 8-9 déc. 1890] — *Sic*, Allart, n. 159; Pouillet, n. 528; Poulet, p. 11.

588. — Bien plus, lorsqu'une société en nom collectif, qui a obtenu à une exposition des médailles et récompenses, est dissoute, et l'actif partagé entre les deux associés, aucun d'eux ne peut, sans contrevenir à la loi du 30 avr. 1886, faire usage dans ses plaques, factures et en-tête de lettres, des médailles et récompenses obtenues par la société. — Paris, 30 oct. 1890, Trouvé, [S. 91.2.137, P. 91.4.866]

589. — ... Alors du moins qu'aucun des associés n'est devenu propriétaire du fonds de commerce exploité par la société dissoute. — Même arrêt.

590. — Les associés ne pourraient d'ailleurs, d'un commun accord, déroger, en ce cas, aux dispositions de la loi du 30 avr. 1886, en autorisant l'un d'eux à faire usage des médailles et récompenses obtenues par la société dissoute. — Même arrêt.

591. — Au cas d'usurpation de médailles ou de récompenses, le droit d'intenter l'action en concurrence déloyale appartient tout d'abord à ceux qui ont obtenu des distinctions dans l'exposition où les médailles ou récompenses auraient été décernées. — Ainsi, l'industriel qui, dans une exposition, a obtenu une médaille de grand module peut se plaindre de ce qu'un autre industriel qui n'a obtenu dans la même exposition qu'une médaille de petit module estampille ses produits comme ayant été honorés du premier prix. — Trib. comm. Granville, 23 mai 1889, Rioult, [*Gaz. Pal.*, 90.1, supp. 3] — *Sic*, Blanc, p. 730; Allart, n. 170; Pouillet, n. 327; Mayer, n. 28; X..., note sous Lyon, 4 mai 1854, [*Ann. prop. ind.*, 65.437]

592. — De même, celui qui, ayant obtenu lui-même des médailles à une exposition, exerce un commerce semblable à proximité d'un marchand qui, à tort, se donne comme ayant aussi obtenu des médailles à cette même exposition, a intérêt, et, dès lors, action, pour réclamer judiciairement contre les moyens illégitimes employés par ce dernier dans le but de faire concurrence à ses rivaux de commerce. — Paris, 12 mai 1865, précité.

593. — De même encore, l'industriel qui a obtenu une distinction honorifique peut s'opposer à l'usurpation commise par les fabricants de produits similaires non récompensés, et demander la réparation du dommage que lui cause un tel moyen de concurrence. — Bordeaux, 20 déc. 1853, Sandoval, [S. 65.2.129, *ad notam*, P. 65.591, *ad notam*, D. 66.2.432] — Lyon, 4 mai 1854, Robert-Werly, [S. et P. *ibid.*, D. 66.2.133] — *Sic*, Bertin, *Ann. prop. ind.*, 55.1.

594. — Celui qui, dans une annonce contraire à la vérité, se donne à tort comme ayant obtenu, dans une exposition déterminée, une récompense pour certains produits, s'expose à une poursuite en dommages-intérêts de la part de celui qui, dans cette exposition, a obtenu la récompense que le défendeur s'attribue faussement. — Paris, 11 nov. 1839, Callebaut, [*Ann. prop. ind.*, 60.21]

595. — D'une manière plus générale, le fait par un commerçant de s'attribuer faussement sur ses factures une médaille pareille à celle obtenue à une exposition par un autre commerçant, constitue un acte de concurrence déloyale qui le rend passible de dommages-intérêts vis-à-vis de ce dernier. — Cass., 4 mai 1868, Monteux, [S. 68.1.293, P. 68.757, D. 69.1.288]

596. — Le droit d'action ne doit pas être seulement reconnu au profit de ceux qui ont pris part à l'exposition dont une des récompenses est usurpée, mais encore à tous ceux qui, de ce fait, peuvent être blessés dans leurs intérêts légitimes, en un mot, à tous les concurrents du négociant malhonnête. — Jugé, en conséquence, que l'industriel qui, sans avoir même pris part à une exposition, fait figurer dans ses prospectus et annonces la reproduction d'une médaille qui lui aurait été délivrée s'expose à des poursuites en dommages-intérêts de la part non seulement de celui qui a réellement obtenu cette distinction, mais aussi de celle de tous les industriels qui se livrent à l'exploitation du même produit. — Toulouse, 25 mars 1885, Prevost, [*Ann. prop. ind.*, 86.24] — *Sic*, Allart, n. 171; Pataille, *Ann. prop. ind.*, 65.437; Pouillet, n. 527; X..., note sous Bordeaux, 9 janv. 1865, Durand, [S. 65.2.129, P. 63.591]; Blanc, p. 730; Mayer, *loc. cit.*

597. — Mais il a été jugé, que l'industriel qui a obtenu à une exposition officielle une distinction honorifique, par exemple, une mention honorable, n'est pas, par cela seul, recevable à demander la suppression, sur l'enseigne et les annonces de fabricants d'objets similaires, de signes tendant à faire croire que ceux-ci ont reçu une récompense analogue lors d'une autre exposition. — Bordeaux, 9 janv. 1865, Durand [S. 65.2.129, P. 63. 591, D. 66.2.133]

598. — Le droit de demander la suppression d'une mention inexacte de médailles et de récompenses appartient à celui-là même qui a usé d'un procédé analogue. — Spécialement, si chacun des membres d'une société dissoute se donne comme ayant obtenu en son nom privé une médaille qui a été accordée à l'ancienne société, les tribunaux peuvent, à la demande de l'une d'elles, faire défense aux parties de s'attribuer cette médaille dans leurs annonces et adresses. — Paris, 20 nov. 1846, Vve Isidore Duprey, [P. 46.2.731]

599. — Les différentes questions que peut soulever l'attribution des médailles ou récompenses rentrent, en principe, dans la compétence des tribunaux de l'ordre judiciaire, mais il en est autrement lorsque la difficulté consiste précisément dans l'interprétation de la liste des récompenses qui constitue une sorte d'acte administratif. C'est, dans une telle espèce, que paraît être intervenu un arrêt aux termes duquel l'autorité judiciaire n'a pas à intervenir dans les actes par lesquels le gouvernement ou tout autre corps croit devoir accorder des récompenses; elle n'a pas à déterminer laquelle, entre plusieurs personnes, a un droit exclusif aux récompenses, médailles et distinctions honorifiques. — Bordeaux, 26 févr. 1856, Brousky, [*Ann. prop. ind.*, 57.113]

600. — Jugé, dans le même ordre d'idées, que les prérogatives de membre de la Légion d'honneur, à raison de leur caractère essentiellement personnel et honorifique, sont soumises à des statuts et à des règles qui ne sont pas de la compétence des tribunaux ordinaires; en conséquence, un concurrent ne peut se plaindre de ce que, contrairement aux prescriptions du conseil de l'ordre de la Légion d'honneur, une croix de la Légion d'honneur est apposée sur les produits d'une maison dont le chef a été, il est vrai, décoré, mais en une qualité autre que celle de chef de la maison de commerce. — Paris, 19 juin 1891, Picon et Cie, [*Ann. prop. ind.*, 94.79] — V. Pouillet, n. 530; Mayer, n. 28.

601. — Après avoir parlé de l'attribution des récompenses, nous sommes tout naturellement amené à nous occuper de la publication du rapport du jury : pour nous, une telle publication, écourtée et tronquée, n'est point répréhensible en soi; nous admettons, en principe, que tout négociant a le droit de faire connaître à ses clients tout ce qui est de nature à le faire mieux apprécier, pourvu qu'il reste dans les limites de la vérité et qu'il ne se serve pas de ce moyen pour dénigrer ses concurrents. —

En conséquence, nous admettons qu'on ne saurait considérer comme un acte de concurrence déloyale le fait de la part d'un commerçant de publier une partie du rapport de la classe de l'exposition universelle concernant son exposition, alors qu'il n'en résulte aucune intention de dénigrement ou de confusion à l'encontre d'aucun de ses concurrents et que la partie reproduite du rapport n'attribue à ce commerçant aucun mérite exclusif de ceux des autres négociants. — Paris, 8 mars 1894, Lippmann et Cie, [J. *Le Droit*, 7 et 8 mai 1894, J. *La Loi* 1er juin 1894]

602. — Jugé, dans le même sens, mais avec une appréciation de la conduite de l'exposant qui était inutile et qui nous paraît erronée, que la reproduction qui publie un rapport de classe d'une exposition en y omettant de parti pris le nom de ses concurrents commet un acte incorrect et blâmable, mais qui ne peut constituer un fait de concurrence déloyale. — Trib. comm. Seine, 12 oct. 1892, Lippmann et Cie, [*Gaz. Pal.*, 92.2.518]

603. — Les lois sur la pharmacie, dit M. Allart (n. 161), ne permettent que la vente des remèdes inscrits au codex, des remèdes magistraux, c'est-à-dire préparés suivant l'ordonnance d'un médecin et des remèdes approuvés par l'académie de médecine. Tout médicament qui ne rentre pas dans l'une de ces trois catégories est réputé remède secret et sa vente est interdite. L'approbation d'un remède par l'Académie de médecine indique donc simplement que le remède peut être librement vendu; aussi, semble-t-il que tout pharmacien qui fabrique ce produit est libre de reproduire cette approbation. — Jugé, en ce sens, que comme l'approbation donnée par l'académie de médecine est toujours donnée à la formule ou au mode de préparation d'un médicament et n'est pas personnelle à l'inventeur, toute personne qui fabrique le produit d'après la formule approuvée est en droit de rappeler l'approbation obtenue, pourvu que la mention qu'il en fait soit accompagnée de quelque indication propre à prévenir toute erreur sur la provenance du produit. — Cass., 26 juill. 1873, Torchon, [*Ann. prop. ind.*, 77.226]

604. — Certains auteurs ont cependant admis l'opinion contraire; pour eux, le droit de reproduire l'approbation de l'Académie de médecine n'appartiendrait qu'à celui qui le premier a soumis le médicament à l'examen de l'Académie; « l'inventeur d'un médicament, dit-on, ne peut être protégé par un brevet et notre loi, dans l'intérêt de la santé publique, refuse tout privilège en cette matière. L'inventeur n'a d'autre ressource que de présenter sa découverte à l'académie de médecine et d'obtenir son approbation. Il est donc bien juste qu'elle lui reste. C'est le moins qu'on puisse faire » (Pouillet, n. 531). On ajoute que, depuis la loi de 1886, la question ne peut plus faire doute puisque son art. 3 punit, d'une manière générale et sans aucune réserve, le fait de se prévaloir sans droit de distinctions ou approbations accordées par les corps savants ou les sociétés scientifiques. — Allart, n. 161.

605. — Ce système doit être écarté; il est contraire à l'intention du législateur qui, dans un but de santé publique, a cru devoir interdire la délivrance de brevet aux inventeurs de médicament; il a agi ainsi, estimant, qu'aussitôt connu, un remède nouveau devait être mis à la portée de tous, pour que tous au besoin puissent immédiatement en sentir les précieux effets; ce serait agir contre cette pensée du législateur de ne permettre qu'à un seul pharmacien de reproduire l'approbation donnée par l'Académie de médecine; ce serait, en effet, le plus souvent, monopoliser en fait entre les mains d'un seul la fabrication du remède nouveau; quant à l'argument tiré de la loi de 1886, il est déjà détruit par avance puisque l'art. 3 de cette loi ne s'applique qu'à celui qui, *sans droit*, se sert d'une approbation donnée à un corps savant, et que l'on veut précisément d'établir que tout intéressé peut faire figurer sur ses produits la mention dont il s'agit.

606. — Jugé encore, dans un système intermédiaire, que la reproduction des mots « approuvé par l'académie de médecine » ne peut former à elle seule le principe d'une action; elle ne peut être appréciée que comme un élément de confusion qui, joint à d'autres, peut donner naissance à une action en dommages-intérêts. — Cass., 16 avr. 1878, Torchon, [D. 79.1.169]

607. — On doit admettre d'ailleurs, mais la question n'est plus la même que dans les espèces précédentes, que lorsqu'il est manifeste que des appréciations, émanées de médecins connus et concernant un certain produit, s'appliquent à ce produit tel qu'il est fabriqué par un pharmacien déterminé, les confrères de celui-ci ne peuvent, sous peine de dommages-intérêts, reproduire ces appréciations dans leurs prospectus et circulaires, du moment où il pourrait en résulter une confusion entre les produits de ces diverses officines. — Trib. comm. Seine, 20 mai 1858, Fournier, [S. 61.2.151, *ad notam*]

608. — De même, la publication d'un article annonçant un fait faux, une prétendue approbation donnée par une faculté étrangère, en l'espèce, constitue un acte de concurrence déloyale, dont la répression peut être poursuivie par chacun de ceux qui se livrent à un commerce similaire. — Trib. Seine, 8 févr. 1877, Goguez, [*Ann. prop. ind.*, 77.17] — V. Allart, n. 187; Pouillet, n. 664 *bis*.

609. — Les journaux qui ont publié de tels articles ont, s'ils sont poursuivis à raison de ce fait, un recours en garantie contre le bénéficiaire de ces annonces et réclames. — Même jugement.

610. — Rappelons à ce sujet qu'un savant peut agir en dommages-intérêts contre l'industriel qui, sans autorisation préalable, place sous son patronage les produits qu'il débite en les présentant au public, comme ayant été l'objet des travaux et des observations de ce savant. — Trib. Seine, 22 juill. 1876, Lissoude, [*Ann. prop. ind.*, 79.75]

611. — Jugé, dans le même ordre d'idées, que la compagnie fermière de Vichy a seule le droit d'indiquer sur ses marques et étiquettes la mention : contrôle de l'Etat, puisque c'est uniquement dans l'établissement thermal de Vichy qu'un commissaire du gouvernement est chargé, d'après les règlements en vigueur, d'exercer un véritable contrôle en surveillant les opérations relatives à la mise en bouteilles des eaux destinées à l'exportation et en délivrant une lettre de voiture signée de lui qui certifie l'origine de l'eau expédiée, la source d'où elle provient et le nombre de bouteilles contenues dans l'envoi; il y a donc concurrence déloyale de la part du propriétaire d'une source, voisine de celle de la compagnie fermière, qui, en vue de créer une confusion, inscrit dans ses étiquettes la mention suivantes : « propriété privée, contrôlée par l'Etat ». — Trib. Seine, 8 mai 1894, Cie fermière de Vichy, [J. *La Loi* du 9 mai 1894]

612. — Il importe peu qu'aux termes de l'ordonnance du 18 juin 1823, tous les établissements qui livrent des eaux minérales à la consommation soient soumis à l'inspection de l'Etat. — Même jugement.

613. — b) *Usurpation de qualités.* — *Agréé, notaire, vétérinaire, seul dépositaire*, etc., etc. — Dans les professions réglementées, ceux qui sont autorisés régulièrement à exercer cette industrie peuvent faire condamner à des dommages-intérêts ceux qui, non régulièrement autorisés, leur font une concurrence illicite. — V. notes sous Lyon, 24 déc. 1883, Julien et autres, [S. 85.2.41, P. 85.1.309] et de M. X..., sous Cass., 15 juill. 1889, Cotty, [S. 91.1.521, P. 91.1.1273] — Pouillet, n. 522.

614. — Ainsi, comme le droit de vendre certaines denrées et marchandises à la criée dans un marché public n'appartient qu'aux facteurs municipaux qui en sont demeurés adjudicataires, d'autres personnes peuvent sans doute se dire facteurs libres; mais elles ne peuvent, dans leurs annonces, faire suivre cette qualité d'aucune mention de nature à faire croire qu'elles ont le droit de vendre à la criée dans le marché public; toute contravention de leur part les expose à une action en concurrence déloyale de la part des facteurs municipaux. — Lyon, 23 juin 1887, [*Monit.* Lyon, 27 déc. 1887]

615. — De même, comme la qualification de vétérinaire est réservée par l'ordonnance du 18 sept. 1825, à ceux qui ont obtenu, dans les conditions qu'elle détermine, un diplôme de vétérinaire, l'usurpation de cette qualification, si elle ne constitue pas un délit, peut néanmoins constituer un fait de nature à porter préjudice à autrui, notamment aux vétérinaires diplômés, résidant dans la même localité, et obliger celui qui en est l'auteur à une réparation. — Pau, 22 nov. 1881, Isaac, [*Ann. prop. ind.*, 85.286] — Toulouse, 22 déc. 1886, Buscaillon, [*Ann. prop. ind.*, 89.164] — *Sic*, Allart, n. 184.

616. — Toutefois, on ne saurait considérer comme tel le fait par un maréchal-ferrant de prendre comme enseigne la dénomination de maréchalerie-vétérinaire. — Toulouse, 22 déc. 1886, précité.

Jugé encore que si les associés d'un agent de change dont le titulaire a vendu la charge pour le compte commun, peuvent créer une maison de banque et y faire toutes les opérations que comporte l'exploitation régulière d'une telle maison, ils commettent un acte de concurrence déloyale s'ils font des actes réservés aux agents de change ou s'ils laissent croire qu'ils se livrent à des opérations de ce genre, dans des circulaires conçues de façon à attirer la clientèle de la charge précédemment vendue. — Rennes, 16 déc. 1889, [*Rec. Nantes*, 89.1.380]

618. — Au surplus, pour qu'il y ait concurrence déloyale, il faut, dans cette espèce comme dans toutes les autres, qu'une confusion soit possible. — Aussi, a-t-il pu être jugé que des commissaires-priseurs ne peuvent se plaindre de ce qu'un marchand de meubles, dont le magasin est proche de l'endroit où les commissaires-priseurs procèdent à leurs ventes, aurait apposé sur sa devanture l'inscription « salle de vente ». — Trib. comm. Marseille, 17 déc. 1886, [*Rec. Marseille*, 88.2.104]

619. — De même, celui qui, dans une ville déterminée, a été l'agent spécial d'une compagnie de chemin de fer, peut, après la résiliation de son traité, fonder, près du bureau de la compagnie, une entreprise de transports, sous le titre de : Agence générale de transports pour tous les chemins de fer. Cette dénomination générale, applicable à toutes les industries de transports par camionnage, ne saurait être considérée comme une usurpation de qualité. — Trib. comm. Seine, 8 sept. 1859, Chemin de fer de l'Est, [*Ann. prop. ind.*, 59.418]

620. — Dans les professions réglementées, le monopole reconnu à certaines personnes qui remplissent certaines conditions déterminées ne les défend point seulement contre les entreprises de tiers quelconques, mais il a encore parfois pour résultat de les garantir, dans une circonscription territoriale donnée, contre toute concurrence de la part de leurs collègues établis dans d'autres endroits. — Spécialement, les notaires doivent, entre eux, s'abstenir de toute concurrence déloyale, et n'exercer leurs fonctions que dans l'étendue du ressort qui leur est imparti par la loi du 25 vent. an XI. — Angers, 23 déc. 1890, Mellet, [*Gaz. Pal.*, 91.1.52]

621. — Néanmoins, le notaire qui obéit à un mandat de justice ne peut être considéré comme se livrant à une concurrence de cette nature, et particulièrement le reproche de concurrence déloyale ne peut être adressé à un notaire non résidant pas au siège d'une cour d'appel que, à ce commis par justice, procède dans son ressort à la vente par adjudication publique d'immeubles situés dans un arrondissement voisin, mais à une distance très-rapprochée de son domicile. — Même arrêt.

622. — Jugé encore que si le notaire qui procède à une adjudication d'immeubles hors de son ressort, sans en dresser acte authentique, peut, suivant les circonstances, être passible de peines disciplinaires pour avoir fait une concurrence déloyale aux notaires de la localité, et avoir manqué aux règles de la délicatesse et de la dignité du notariat, il ne peut du moins être considéré comme ayant instrumenté hors de son ressort, et être frappé des peines applicables à ce cas. — Cass., 21 mai 1873, X..., [S. 73.1.275, P. 73.667, D. 73.1.225]

623. — Dans l'ordre d'idées où nous sommes actuellement placés, il peut encore, suivant les circonstances, y avoir concurrence déloyale, dans le fait de celui qui, remplissant une fonction réglementée par la loi, ne réclame pas à ses clients la somme fixée par les tarifs. Ainsi l'engagement pris par un notaire envers un client, de ne réclamer aucun honoraire pour la rédaction d'un acte, est licite et obligatoire, sauf la responsabilité disciplinaire pouvant en résulter pour lui au cas de concurrence déloyale ou de manquement à la dignité professionnelle. — Alger, 30 déc. 1886, Prax et Walter Hope, [*Rev. alg.*, 87.2.263; *Robe*, 87.353]

624. — Toute personne peut en principe représenter les tiers devant les tribunaux de commerce; on ne peut donc pas dire qu'il y ait un monopole des agréés. En conséquence, il a pu être jugé que si l'on comprend que certaines corporations, revêtues d'un monopole comme celles des courtiers et des avoués, soient toujours recevables et fondées à se plaindre de l'usurpation de leurs titres par des courtiers marrons et des postulants, il n'en saurait être ainsi à l'égard des agréés, en présence des termes de l'art. 627, C. comm. et 414, C. proc. civ., qui, laissant les plaideurs maîtres absolus de confier leurs intérêts à tous mandataires, qu'ils soient ou ne soient pas agréés, ne donnent aux agréés le droit de se plaindre de l'usurpation de cette qualité par un tiers que s'ils démontrent qu'ils en ont éprouvé individuellement un préjudice. — Trib. Lyon, 30 janv. 1886, Agréés de Lyon, [*Ann. prop. int.*, 89.63] — Sic, Allart, n. 185.

625. — Sous certaines distinctions dont l'étude ne nous appartient pas (V. *suprà*, v° *Commune*, n. 842 et s.), l'autorité municipale peut accorder certaines concessions; en ce cas, il peut y avoir un véritable monopole garanti, ainsi qu'il vient d'être dit, contre toute usurpation de la part des tiers. Décidé, à ce sujet, que la partie qui a obtenu d'une ville une concession est recevable à agir directement contre tout autre concessionnaire auquel elle reproche d'empiéter sur son droit et de lui faire une concurrence déloyale. — Trib. comm. Seine, 19 mars 1894, C¹ᵉ générale des Omnibus, [J. *Le Droit*, 11 avr. 1894]

626. — Spécialement, les propriétaires de voitures de place, autorisés par la concession que leur a accordée l'autorité municipale, à transporter toutes sortes de colis et à se faire payer le prix de ce transport, peuvent demander des dommages-intérêts au concessionnaire d'un service d'omnibus et tramways qui, contrairement aux dispositions d'un arrêté municipal, reçoit certains colis dans ses voitures, avec ou sans rétribution de la part des voyageurs. — Trib. Toulouse, 30 nov. 1893, [J. *La Loi*, 1ᵉʳ mai 1894]

627. — Remarquons à cet égard, avec le jugement de Toulouse, que ces propriétaires de voitures de place auraient été sans qualité pour poursuivre la réparation pécuniaire du dommage par eux éprouvé, si leur action s'était basée uniquement sur la contravention de la part du concessionnaire des omnibus et tramways aux règles de la concession ; les communes n'ont pas, en effet, par elles-mêmes le droit d'obtenir des dommages pour les diverses infractions commises aux arrêtés municipaux pris pour réglementer certaines industries; mais la solution change lorsqu'on remarque que la demande reposait non pas sur de prétendues contraventions mais sur un fait de concurrence illicite; si c'est la contravention commise qui imprime ce fait son caractère illicite, ce n'est point de cette contravention, mais bien de la concurrence à eux faite, que procède le préjudice invoqué par les concessionnaires. — Même jugement.

628. — Quoi qu'il en soit, on doit admettre que commet une concurrence illicite et déloyale l'industriel qui met en circulation, dans un rayon dont l'exploitation exclusive a été régulièrement et valablement concédée à un autre industriel, des voitures tramways pareilles à celles de celui-ci et sollicite les voyageurs d'y monter. — Montpellier, 10 juin 1892, T. C. et Cⁱᵉ, [*Monit. jud. du Midi*, 7 août 1892]

629. — De même, offre tous les éléments de la concurrence déloyale et autorise l'allocation de dommages-intérêts le fait souverainement constaté à la charge d'une compagnie de tramways d'avoir : 1° contrevenu pendant un temps déterminé, presque constamment et de parti pris, aux conditions de son cahier des charges, en dépassant le maximum de sa vitesse réglementaire, dans le but unique de faire naître une confusion entre elle et une compagnie de chemins de fer exploitant la même parcours et de détourner une partie de ses voyageurs; 2° d'avoir ainsi causé à la compagnie rurale un préjudice appréciable d'après les documents de la cause. — Cass., 30 janv. 1894, Cⁱᵉ des tramways de Bayonne à Biarritz, [*Gaz. des trib.*, 31 janv. 1894]

630. — Rappelons encore que si la concession des fournitures nécessaires au service et à la pompe des funérailles doit, en principe, être faite par voie d'adjudication aux enchères publiques, l'inobservation de ce mode de procéder n'emporte pas cependant nullité de la concession. — Cass., 10 mai 1870, Société des Pompes funèbres de Paris, [S. 70.1.239, P. 70.620, D. 71.1.10] — Paris, 17 août 1869, Vaillard, [S. 69.2.330, P. 69.1285]

631. — En tous cas, l'irrégularité résultant de cette inobservation est couverte par l'exécution matérielle et l'approbation de l'autorité supérieure. — Cass., 10 mai 1870, précité.

632. — Par suite, l'action en dommages-intérêts pour concurrence illicite formée par le concessionnaire contre un tiers ne peut être écartée sous prétexte que la concession aurait été faite de gré à gré; il suffit qu'elle ait été approuvée par l'autorité compétente. — Paris, 17 août 1869, précité.

633. — Il est permis de rapprocher des espèces qui précèdent celles dans lesquelles certains négociants usurpent certaines qualités qu'ils ne possèdent point réellement pas; il en est ainsi notamment des titres honorifiques. Notamment, le pharmacien qui, dans ses annonces, se donne comme membre de l'Académie nationale peut, à la demande de chacun de ses collègues, être contraint d'y joindre tels qualificatifs qu'il est nécessaire pour ne pas induire le public en erreur et lui faire croire à tort qu'il est membre de l'Académie de médecine. — Trib. comm. Seine, 20 mai 1858, Fournier, [S. 61.2.151 *ad notam*] — Sic, Allart, n. 186 et 187.

634. — De même, il y a concurrence déloyale à se donner

comme fournisseur de telle ou telle ambassade étrangère, alors que cette qualité appartient exclusivement à une autre maison. — Trib. comm. Seine, 25 mars 1858, Schorthose, [*Ann. prop. ind.*, 58.235] — *Sic*, Pouillet, n. 520.

635. — Le titre de fournisseur de telle ou telle majesté, de telle ou telle ambassade peut, d'ailleurs, être retiré par celui qui l'a conféré et l'industriel qui fait encore figurer cette qualité dans ses papiers de commerce après qu'il l'a perdue commet un acte de concurrence déloyale. — Trib. Seine, 7 janv. 1841, O'Grady, [*J. Le Droit,* 9 janv. 1894] — *Sic*, Allart, n. 186.

636. — Rappelons encore qu'un commerçant est en droit d'actionner un autre commerçant à l'effet de lui faire interdire d'annoncer qu'il est le seul préparateur d'un produit, alors qu'il est constant que d'autres préparent et vendent le même produit. — Trib. comm. Seine, 20 mai 1858, précité. — Trib. comm. Tours, 11 juill. 1890, Baudin, [*Gaz. des trib.*, 31 août 1890] — *Sic*, Allart, n. 179; Pouillet, n. 621.

637. — De même, les négociants qui vendent les produits des carrières d'une certaine contrée ont une action contre un concurrent qui se dirait faussement, dans ses circulaires et prospectus, seul propriétaire des principales carrières de cette contrée. — Paris, 10 févr. 1852, N..., [S. 61.2.151, *ad notam*]

638. — Il y a concurrence déloyale de la part de celui qui, contrairement à la vérité, annonce qu'il est le seul constructeur dont les machines ont été admises à telle ou telle exposition. — Paris, 4 août 1863, Callebaut, [Teulet, 63.261]

639. — Le dépositaire diffère du simple débitant, en ce sens, qu'il a été choisi par le fabricant; cette circonstance inspire aux acheteurs une confiance plus grande : aussi, arrive-t-il parfois que l'usurpation porte sur cette qualification, ce qui constitue alors une véritable concurrence déloyale. — Trib. comm. Seine, 22 avr. 1854, Chanel, [*Gaz. des trib.*, 24 avr. 1854] — *Sic*, Allart, n. 180; Pouillet, n. 471 et s., 518; Blanc, *Prop. ind.*, n. 151; Rendu, n. 493; Blanc, p. 730.

640. — Spécialement, un libraire est en droit de demander qu'il soit interdit à un autre libraire de prendre mensongèrement le titre de seul dépositaire d'un ouvrage édité par un tiers. Et cela, alors même que le propriétaire ou éditeur de l'ouvrage n'élève à ce sujet aucune réclamation et a autorisé les libraires acheteurs à prendre tout titre qui leur conviendrait. — Dijon, 13 août 1860, Boyer, [S. 61.2.151, P. 61.700, D. 61.3.394]

641. — Comme aux termes de l'art. 1, L. 13 mars 1873, tous les marchands en détail qui en faisaient la demande étaient autorisés à faire le débit des allumettes, sous la seule condition de se soumettre aux règlements généraux de l'État et à ceux de la compagnie concessionnaire approuvée par l'État et qu'aucun texte ne permettait de subordonner la délivrance de ces autorisations à l'obligation pour le commerçant de s'adresser à un intermédiaire déterminé, commettait un acte de concurrence déloyale, un tel intermédiaire, commerçant, dans une localité déterminée, qui se donnait comme représentant exclusif de la compagnie concessionnaire. — Paris, 8 déc. 1886, Quentin fils et Georget, [*Ann. prop. ind.*, 87.90]

642. — Le négociant qui se plaignait de tels agissements ne pouvait, sans s'exposer à une même responsabilité, publier de prétendues annonces rectificatives dans lesquelles il laissait entendre non pas que la compagnie des allumettes ne pouvait avoir de concessionnaire unique, mais qu'il continuait, comme par le passé, à être le dépositaire unique de cette compagnie. — Même arrêt.

643. — Le négociant auquel le dépositaire d'un certain objet a concédé le droit exclusif de le vendre dans une certaine circonscription peut agir contre son cédant pour faire cesser les faits de concurrence déloyale dont il est la victime de la part d'un tiers. — Trib. comm. Seine, 21 juin 1878, Florent-Christophe, [*Ann. prop. ind.*, 78.133]

644. — L'action peut être portée devant le tribunal du domicile du fabricant ou dépositaire et celui-ci peut, devant ce même tribunal, appeler en garantie le tiers inculpé, alors que les faits de concurrence se sont, pour la plupart, passés dans le ressort du tribunal du domicile. — Même jugement.

645. — Il doit être bien entendu que les observations qui précèdent n'influent en rien sur la faculté que possède tout négociant de faire connaître toutes les circonstances de nature à bien faire apprécier l'importance de ses établissements et l'excellence de ses produits. Ainsi, le fabricant qui a fourni toutes les vitres de l'Exposition universelle de 1878 peut mettre sur ses factures et papiers de commerce : fabrication totale des verres à vitres du palais de l'Exposition universelle de 1878. — Paris, 20 mars 1880, [Teulet, 80.203]

646. — De même, ne constitue pas un acte de concurrence déloyale le fait par un commerçant d'annoncer qu'il détient des produits d'une certaine marque, alors que, dans la même ville, une autre personne est la concessionnaire exclusive des produits portant cette marque, si, d'ailleurs, ce commerçant détient véritablement de semblables produits. — Trib. comm. Romans, 26 août 1885, S., [*Ann. prop. ind.*, 88.144]

647. — Il est aussi permis d'envoyer au public des prospectus contenant le libellé d'un exploit fondé sur un jugement du tribunal de commerce, déclaré exécutoire nonobstant appel et énonçant que l'auteur de ces prospectus a seul le droit de vendre certaines machines d'une certain modèle. — Paris, 16 mars 1889, [*Droit industriel*, 89.363]

648. — Il a même été décidé qu'il ne saurait y avoir concurrence déloyale à se présenter comme seul fabricant vendant directement au consommateur ou comme seul susceptible de garantir la marchandise comme le fabricant lui-même ; on ne fait, dans ce cas, que vanter la qualité de ses marchandises dans le but d'obtenir la préférence sur ses concurrents, sans d'ailleurs désigner aucun de ceux-ci ni directement ni indirectement. — Trib. comm. Seine, 20 janv. 1888, Blum, [*Ann. prop. ind.*, 90.102]

649. — Mais il a été décidé, à juste raison, que s'il est permis à un commerçant de publier des jugements qui consacrent les droits qu'il a intérêt à faire valoir dans l'intérêt de son négoce, on doit cependant constater qu'il excède son droit et qu'il commet un acte de concurrence déloyale, si, après avoir été relevé de toute poursuite pour contrefaçon, à raison de ce que le brevet du poursuivant était nul pour défaut de nouveauté, il publie des annonces conçues de manière à dénaturer le jugement intervenu et particulièrement à faire croire que cette décision avait validé son propre brevet alors qu'il était infecté du même vice que celui du poursuivant. — Besançon, 5 févr. 1874, Jeantet-David, [D. 77.2.170]

650. — En tous cas, il est incontestable qu'un breveté peut prendre cette qualité, pourvu, d'ailleurs, qu'il observe les conditions spéciales prescrites par l'art. 33, L. 5 juill. 1844 (V. *suprà*, v° *Brevet d'invention*, n. 1263 et s.). Mais ce droit a des limites. Le cessionnaire du droit exclusif de vente d'une machine qui se fabrique suivant plusieurs types dont un seul est encore breveté, se rend coupable de concurrence déloyale lorsque, dans ses circulaires, il indique comme brevetés les divers types de la machine dont il reproduit des spécimens, sans indiquer les dates des brevets, et qu'il menace de poursuite quiconque se livrerait à l'exploitation de cette machine. — Douai, 20 mars 1886, Brasseur, [*Ann. prop. ind.*, 86.309] — *Sic*, Allart, n. 176; Pouillet, n. 516; Mayer, n. 24.

651. — c) *Rabais et promesses de rabais.* — Il y a lieu, tout d'abord, lorsqu'on recherche si la vente au rabais ou la promesse de vente au rabais constitue ou non un acte de concurrence déloyale, de rappeler le grand principe de la liberté du commerce et de l'industrie qui domine toute la question, bien que, malheureusement, il ait été parfois un peu perdu de vue dans la discussion. Il est donc essentiel de partir de cette idée que chacun est libre, en thèse générale, de vendre au prix qui lui convient ; ce n'est que par exception qu'un rabais réellement consenti peut constituer un acte de concurrence déloyale. — V. cep. L. 25 juin 1841, qui interdit de vendre les marchandises neuves aux enchères publiques.

652. — C'est ainsi qu'un fabricant est libre de vendre même à perte ; ses concurrents ne peuvent se plaindre de ses agissements, à moins que, par une allusion faite à leur prix de vente, il ne les mette directement en cause ; nous reviendrons plus tard sur cette exception ; hors ce cas, ceux-ci ne pourraient invoquer un prétendu accord intervenu entre les fabricants d'un même produit en vue de maintenir son prix à un certain taux, puisque cette convention est illicite en soi (V. *suprà*, v° *Coalition*). — Allart, n. 201 ; Pouillet, n. 626 ; Bert, p. 91 ; Joret-Desclozières, *Moniteur des tribunaux*, 1864, p. 377.

653. — La situation n'est pas absolument la même, si l'on suppose qu'il s'agit non plus de la vente de ses produits par un fabricant, mais de la vente de marchandises par un commerçant. En ce cas, il n'est plus vrai de dire qu'il n'y a qu'un seul intéressé en cause ; les droits de celui qui a fabriqué les objets que vend le commerçant sont légitimes en soi ; ce dernier peut-il vendre à bas prix ? Ne peut-on pas craindre qu'il jette, aux yeux de certains acheteurs, une sorte de discrédit sur les marchandises ou qu'il n'en arrive à forcer le fabricant à baisser lui-même ses prix pour permettre aux autres négociants de continuer à s'alimenter chez lui ? Ces considérations sont sérieuses, mais elles ne nous paraissent pas assez puissantes pour faire échec au grand principe de la liberté du commerce et de l'industrie. — Allart, n. 202 ; Ruben de Couder, v° *Concurrence déloyale*, n. 117.

654. — Toutefois, il est permis de leur reconnaître un certain effet, en admettant comme valable une condition que stipule parfois le fabricant et qui consiste, de la part du commerçant, à ne pas revendre au-dessous d'un certain prix. — Allart, *loc. cit.* — V. Paris, 9 mars 1867, Millaud et Cie, [*Ann. prop. ind.*, 68.109]

655. — Ne commet donc pas de concurrence déloyale, en l'absence de tout accord sur ce point, le négociant qui vend des produits d'une marque connue au-dessous de leur prix de revient. — Bordeaux, 21 juill. 1890, [*Rec. Bordeaux*, 90.1.476]

656. — On ne saurait non plus contester à un acheteur le droit d'afficher et de revendre à un prix quelconque la marchandise qu'il a achetée et payée, alors que le vendeur n'a fait aucune réserve pour lui enlever cette faculté. — Paris, 2 déc. 1869, Lamoureux et Chouet, [*Ann. prop. ind.*, 70-71.60]

657. — Le commerçant qui achète, moyennant une remise, une certaine quantité des produits d'un fabricant pour les revendre en détail, a le droit, s'il n'a pas pris un engagement contraire, de vendre ces produits au-dessous du tarif du fabricant, même en faisant connaître le nom de ce fabricant ; il n'y a pas là manœuvre de concurrence déloyale pouvant motiver une demande de dommages-intérêts. — Bordeaux, 28 mai 1861, Christofle, [S. 61.2.305, P. 61.1183]

658. — ... Et un engagement contraire, à cet égard, ne saurait résulter de la demande faite au fabricant de son propre tarif. — Même arrêt.

659. — On ne saurait dire qu'il y ait concurrence déloyale dans le fait d'acheter, par des intermédiaires complaisants, la marchandise d'une maison rivale pour la revendre, même à un prix inférieur, alors d'ailleurs qu'aucun changement n'a été apporté au nom du fabricant, et que celui-ci a obtenu le bénéfice qu'il entend ordinairement se réserver. — Trib. comm. Seine, 17 févr. 1887, Pilter, [*Dr. industr.*, 87.252 ; *Gaz. des trib.*, 12 mars 1887]

660. — La question qui nous occupe s'est maintes fois posée dans le commerce des livres ; après quelques hésitations, la jurisprudence s'est prononcée dans le sens de l'opinion par nous adoptée. Ainsi, il a été jugé que les acquéreurs de bonne foi d'ouvrages, neufs ou anciens, ont le droit de les offrir en vente aux conditions qu'il leur convient d'établir, et notamment à un prix inférieur à celui auquel l'éditeur a l'habitude de les vendre. — Trib. comm. Seine, 27 janv. 1873, Victor Palmé, [*Ann. prop. ind.*, 73.239]

661. — ... Que l'annonce d'une vente de volumes à un prix inférieur à celui fixé ne constitue pas un acte de concurrence déloyale, alors même qu'elle porterait sur des volumes qui n'auraient pas encore paru, du moment où elle émane de personnes dont le commerce consiste à vendre au rabais des livres achetés dans des ventes publiques, ou de gré à gré après entente avec les propriétaires de ces livres. — Paris, 8 févr. 1875, Palmé, [D. 75.2.148]

662. — On ne saurait reprocher à un libraire une vente de livres faite au rabais lorsqu'il établit que l'éditeur lui-même a diminué les prix de vente, et que c'est uniquement pour écouler les exemplaires dont il était encore propriétaire qu'il a agi de la sorte. — Trib. comm. Seine, 19 mai 1858, Jannet, [*Ann. prop. ind.*, 58.302] — V. cep. Trib. comm. Nevers, 26 nov. 1883, Michot, [*Ann. prop. ind.*, 88.139]

663. — Mais ce n'est là qu'une décision isolée, et la règle posée reçoit constamment son application. Ainsi, il a été jugé que l'ancien employé d'une maison a le droit de lier des relations avec les clients de son ancien patron, sous la condition qu'il ne se livrera pas à des agissements condamnables contre ce dernier, en dépréciant notamment les marchandises et produits de la maison qui ne l'emploie plus. — Toulouse, 3 févr. 1894, Bellières, [*Gaz. trib. Midi*, 4 mars 1894]

664. — Cet employé a le droit indéniable de vendre sa marchandise à un prix inférieur, et ce n'est là que l'application du principe de la liberté du commerce et de l'industrie. — Même arrêt.

665. — Ce n'est pas à dire, d'ailleurs, que cette règle ne doive pas recevoir parfois certaines exceptions. L'une d'elles se produit lorsque la vente au rabais est accompagnée de certaines manœuvres, répréhensibles en soi, et dont l'effet se trouve ainsi renforcé et corroboré. Ainsi, il a pu être jugé que le fait de chercher, en annonçant une publication dont la préparation n'est pas encore commencée, à paralyser la vente d'un livre analogue précédemment édité par un confrère, le fait de publier clandestinement une note critique et diffamatoire contre l'ouvrage d'un auteur dans l'intérêt d'une publication rivale, d'imprimer des avis à sens équivoque, défavorables à son concurrent, d'annoncer au rabais une publication rivale, constituent des actes répréhensibles de concurrence déloyale. — Sent. arbitr., 23 sept. 1857, Belin, [*Ann. prop. ind.*, 62.326] — Sic, Allart, n. 202.

666. — De même, s'il est vrai tout libraire ait le droit de mettre en vente, au-dessous du prix auquel l'éditeur lui-même le livre au public, un ouvrage qu'il annonce comme étant d'occasion, il ne peut lui être permis, par une appréciation malveillante de cet ouvrage, de le déprécier aux yeux des acheteurs, alors d'ailleurs qu'éditeur lui-même d'un livre similaire, il a agi en vue de faciliter la vente de celui-ci. — Trib. comm. Seine, 15 mai 1856, Ganne, [*Ann. prop. ind.*, 56.457]

667. — Par une nouvelle exception à la règle posée, la vente au rabais n'est permise qu'aux commerçants qui n'ont recouru à aucun moyen malhonnête pour se procurer eux-mêmes à bas prix les objets qu'ils exposent en vente. Ainsi, celui qui, par des subterfuges blâmables, a obtenu à très-bas prix une certaine quantité des produits d'un de ses concurrents et les met en vente avec une baisse sensible sur leur prix ordinaire commet un fait de concurrence déloyale, alors surtout qu'il a essayé de discréditer ces produits par de malveillantes critiques. — Besançon, 25 avr. 1877, Millot, [*Ann. prop. ind.*, 77.152]

668. — L'annonce d'un rabais est légitime en principe dans les cas même où celui-ci est légitime, mais il est bien évident qu'elle perd ce caractère lorsqu'elle est purement mensongère. C'est ainsi, notamment, que des dommages-intérêts peuvent être prononcés contre les magasins de déballage qui, à tort, se donnent comme vendant des marchandises provenant de faillite ou de liquidation, ou de saisie. La concurrence déloyale peut, en effet, revêtir des formes multiples, et résulter notamment de la publication d'annonces, de la distribution de prospectus contenant des énonciations inexactes, mensongères, de nature à détourner la clientèle de certains concurrents ou d'une manière générale à nuire à leurs intérêts. — Trib. comm. Angers, 1er juin 1891, Chambre syndicale des cordouniers d'Angers, [*Gaz. des trib., Pal.*, 91.2.298] — Sic, Allart, n. 203.

669. — Spécialement, il y a concurrence déloyale lorsqu'un marchand, de passage dans une ville, dans des insertions faites, dans des placards apposés, dans des prospectus distribués par lui, exagère démesurément la valeur des marchandises mises en vente, indique faussement qu'elles proviennent de la liquidations de fabrique et d'importantes maisons forcées de réaliser à bref délai un stock considérable et qui, par suite, l'ont autorisé à tout vendre avec une perte réelle de 75 p. 0/0. — Même jugement.

670. — ... Dans le fait d'avoir, s'étant rendu acquéreur d'un fonds de commerce, dont l'ancien propriétaire avait été remis à la tête de ses affaires après avoir été déclaré en état de liquidation judiciaire, s'arrange de façon à faire croire par des annonces que l'état de liquidation se prolonge encore. — Orléans, 9 déc. 1891, Lévy et Carnaud, [*J. Le Droit du 23 déc. 1891 ; Gaz.*, 13 janv. 1892]

671. — Il en est ainsi, alors surtout que le cessionnaire a ajouté au stock des marchandises formant l'actif de la prétendue liquidation judiciaire, des quantités importantes de marchandises d'une autre provenance. — Même arrêt.

672. — Commet encore un acte répréhensible, celui qui annonce une vente au rabais par suite de saisie de marchandises en énorme quantité, alors qu'il n'y a eu qu'un simulacre de saisie et que la quantité de marchandises est beaucoup moins considérable que celle annoncée. — Trib. comm. Amiens, 5 févr. 1889, [*Rec. Amiens*, 89.78] — V. Trib. comm. Saint-Nazaire, 4 févr. 1892, Keruel et Cie, [Maillard de Marafy, t. 6, p. 730]

673. — De même, il n'est point permis à un commerçant d'annoncer une vente comme faite après faillite et comme comprenant 500,000 fr. de marchandises, alors que les achats par lui faits à la faillite d'un tiers s'élèvent à une somme considérablement inférieure et qu'aucun délai n'a été indiqué pour la réalisation de ces achats. — Trib. comm. Rouen, 4 juin 1877, note sous Orléans, 29 mars 1889, Lévy, Jacob et Legrand, [S. 89.2.93, P. 89.1.567]

674. — ... Alors surtout que le commerçant veut laisser entendre, contrairement à la vérité, qu'il agit comme liquidateur et que les marchandises seront cédées à 75 p. 0/0 de perte, bien qu'il n'y ait eu ni expertise, ni liquidation et que les marchandises soient, en réalité, vendues à un prix se rapprochant de leur valeur réelle. — Même jugement.

675. — En résumé, des promesses fallacieuses, des récits chimériques, une mise en scène et des affirmations mensongères sur la provenance de certaines marchandises et les motifs de leur prétendu bon marché, peuvent, quand ces manœuvres ont eu pour but et pour résultat de surprendre la confiance du public et de détourner des commerçants soucieux de maintenir la loyauté de leurs relations avec leurs clients, constituer un fait de concurrence déloyale. — Orléans, 29 mars 1889, Beauvois dit Demonchaux, [S. 89.2.93, P. 89.1.567]

676. — Spécialement, le fait par un commerçant, qui ouvre dans une ville un magasin de vente de confections, d'annoncer mensongèrement, au moyen d'affiches, d'insertions dans les journaux et de prospectus, que les marchandises mises en vente proviennent d'un magasin incendié, et sont vendues pour le compte des compagnies d'assurances avec 50 à 80 p. 0/0 de rabais, alors que ces marchandises ne proviennent nullement d'un incendie et sont vendues à leur valeur réelle, a le caractère d'une concurrence déloyale à l'égard des commerçants de la localité, dont les manœuvres n'ont eu pour but de détourner la clientèle. — Même arrêt.

677. — Jugé même, que commet un acte de concurrence déloyale le libraire qui ne s'est pas contenté d'annoncer dans son catalogue la vente à prix réduits de quelques exemplaires d'occasion d'un certain ouvrage, mais qui, par l'entremise de ses commis-voyageurs, a annoncé et offert, même à des souscripteurs de la publication, l'ouvrage dont s'agit, moyennant des prix également fort réduits, de façon à faire croire au public, contrairement à la vérité, qu'il pouvait livrer un très-grand nombre d'exemplaires neufs qu'il tenait de l'éditeur lui-même. — Paris, 13 janv. 1857, Pilon, [S. 61.2.505, P. 61.1183]

678. — Quoi qu'il en soit, la jurisprudence est nettement fixée en ce sens que l'annonce mensongère d'une baisse de prix est répréhensible en soi. Il a été cependant décidé que les concurrents d'une maison qui annonce faussement une baisse considérable sur ses prix de vente ne peuvent utilement intenter contre celle-ci une action en dommages-intérêts; il appartient aux consommateurs seuls qui peuvent être lésés par cette annonce mensongère de poursuivre la maison devant ces tribunaux. — Trib. comm. Strasbourg, 28 juin 1861, Simon, Speich et autres, [Ann. prop. ind., 61.280]

679. — En tous cas, conformément aux principes du droit commun, de tels agissements ne peuvent donner naissance à une action en dommages-intérêts que s'il y a préjudice. Jugé, en ce sens, qu'il y a concurrence déloyale à annoncer faussement que les objets mis en vente proviennent d'une liquidation après faillite, mais que les négociants de la ville où a lieu cette exposition en vente ne peuvent obtenir la suppression de ces annonces que s'ils justifient d'un préjudice réel. — Dijon, 21 juin 1889, Devaux, [Ann. prop. ind., 91.301, J. Le Droit, 8 juill. 1889]

680. — Toutefois, il a été décidé, dans une autre espèce, que la condamnation à des dommages-intérêts de celui qui annonce faussement une baisse de prix envers les commerçants exerçant un commerce similaire dans la localité est suffisamment justifiée, dès lors qu'il est démontré que ces manœuvres ont eu pour résultat d'attirer des acheteurs, sans que les commerçants de la localité aient à établir qu'une partie de leur clientèle a été détournée. — Orléans, 29 mars 1889, précité.

681. — De même encore, malgré la faculté reconnue aux commerçants de vendre au-dessous du cours, il ne leur est point permis de constater, dans leurs annonces et prospectus, qu'ils vendent ainsi moins cher que tel ou tel négociant nommément désigné; cette affirmation, à supposer exacte, serait trop directement préjudiciable à ce négociant pour être permise. En conséquence, l'annonce publique par un marchand qu'il livrera les mêmes marchandises, en même qualité, que celles que vend un autre marchand désigné, à des prix inférieurs à ceux qu'exige ce dernier, constitue une concurrence déloyale passible de dommages-intérêts. — Bordeaux, 8 mars 1859, Hesse, [S. 59.2.426, P. 59.1066, D. 59.2.170] — Sic, Rendu, n. 508; Allart, n. 204; Pouillet, n. 630.

682. — Et ce fait ne saurait être excusé par cette circonstance que le concurrent aurait précédemment annoncé lui-même qu'il vendrait au-dessous du cours, mais sans désigner personne. — Même arrêt.

683. — De même, il y a concurrence déloyale à annoncer, alors même que le fait serait exact, que l'on vend certains objets à un prix inférieur à celui auquel un journal que l'on désigne les offre en primes à ses abonnés. — Besançon, 24 nov. 1880, Damelet, [Ann. prop. ind., 82.238]

684. — ... Dans le fait par un commerçant d'annoncer aux clients d'une autre maison que le chef de rayon de celle-ci est entré à son service, qu'on fait les mêmes articles qu'elle et qu'on peut les fournir à des prix plus avantageux. — Trib. comm. Lyon, 9 juin 1891, D..., [Gaz. Pal., 91.2]

685. — L'ancien courtier d'un commerçant ne peut pas, non plus, expédier aux clients de celui-ci des circulaires dans lesquelles il déclare qu'il est prêt à leur livrer pour son compte les marchandises qu'il livrait autrefois pour le compte de son patron et que celui-ci leur vendait à un prix exagéré. — Trib. comm. Seine, 10 sept. 1891, Martin, [Gaz. Pal., 91.2.497]

686. — Enfin, s'il est loisible à un industriel d'affirmer au public français que ses produits sont semblables à ceux importés d'un pays étranger, renommé pour ses fabrications et sont vendus à des prix inférieurs à ceux de ses concurrents, il ne peut néanmoins viser nominativement tel ou tel de ses concurrents, en accompagnant ses prétendues divulgations de remarques destinées à en accroître la portée. — Trib. comm. Seine, 18 déc. 1888, Mot et C¹ᵉ, [Ann. prop. ind., 91.259]

§ 2. *Dénigrement de la personne ou des produits d'autrui et autres procédés analogues de concurrence déloyale.*

687. — Tout négociant a le droit, ainsi que cela a d'ailleurs déjà été démontré (V. *suprà*, n. 561 et s.), d'exalter le mérite des produits qu'il vend et de faire ressortir l'importance de ses établissements; mais cette faculté a des limites. C'est ainsi que toute allusion dommageable faite nommément à tel ou à tel autre concurrent ouvre à ce dernier une action en justice; sur ce point, la doctrine et la jurisprudence ne fournissent pas toujours des indications bien nettes; la confusion provient peut-être de ce que l'on n'a pas distingué deux hypothèses qui pourtant se séparent l'une de l'autre : l'allusion faite à un concurrent peut être accompagnée par le négociant d'appréciations plus ou moins flatteuses sur le compte de celui-ci ou de ses produits; en ce cas, il y a concurrence déloyale puisque le négociant sort de la réserve que sa qualité lui impose; mais, dans le cas contraire, lorsque, par exemple, ce négociant se contente de mettre en regard les chiffres exacts d'affaires de l'une et de l'autre maison, sans se livrer à aucune appréciation, il serait difficile de dire qu'il y a concurrence déloyale, puisque, s'il y a préjudice, il n'est point directement causé par le négociant qui se borne à livrer au public les éléments d'une appréciation. — V. Allart, n. 188, n. 192; Pouillet, n. 616; Rendu, n. 507.

688. — ... Que si nous nous plaçons au premier point de vue par nous indiqué, il a été jugé, conformément à notre opinion, qu'on ne saurait admettre que la faculté que s'arroge un commerçant d'annoncer d'une manière élogieuse les objets qui constituent son commerce, puisse s'étendre jusqu'au droit de prendre à partie un concurrent et de le désigner nominativement dans des annonces, en dépréciant les objets qu'il exploite dans le but de détourner à son profit la clientèle de ce concurrent. — Paris, 27 juill. 1850, Mothes, [D. 51.2.168] — Trib. comm. Seine, 17 janv. 1867, Dellet, [Ann. prop. ind., 67.63]; — 1ᵉʳ juin 1867, Bardou et Paulhac, [Ann. prop. ind., 67.237] — Sic, Pataille, Ann. prop. ind., 57.38.

689. — La concurrence loyale qui doit exister entre deux commerçants ne peut, en effet, aller jusqu'à de telles extrémités. — Trib. comm. Seine, 16 mai 1866, Bardou et Paulhac, [Ann. prop. ind., 68.140]

690. — ... Alors surtout qu'en mettant en vedette le nom ou la raison commerciale de son concurrent, il peut laisser croire que ce sont les produits de celui-ci qu'il met lui-même en vente. — Même jugement.

691. — Jugé même qu'il n'appartient pas à un commerçant d'exalter les mérites de sa propre industrie au détriment d'un établissement rival ou concurrent, même par voie de simple comparaison, ni d'employer dans ses annonces et prospectus le nom de l'établissement rival, alors surtout qu'il peut en résulter une confusion préjudiciable aux intérêts de ce dernier. — Trib. comm. Seine, 31 mai 1880, Banque hypothécaire, [S. 81.2.165, P. 81.1.826, D. 81.3.38]

692. — Ainsi, une banque de crédit hypothécaire n'a pas le droit de faire des publications dans lesquelles elle présente au public ses titres comme entièrement semblables à ceux du Crédit foncier. — Même jugement.

693. — Pour qu'il y ait concurrence déloyale à annoncer ses produits comme supérieurs à tels ou à tels produits, il n'est pas, d'ailleurs, nécessaire de désigner nominativement tel ou tel concurrent, il suffit que l'on ait visé les appareils vendus par l'un d'eux sous le nom dont on se sert ordinairement pour les distinguer. — Paris, 18 juill. 1891, Agobet et Cie, [*Ann. prop. ind.*, 91.252] — *Sic*, Allart, n. 197; Pouillet, n. 620; Mayer, n. 35. — V. aussi Trib. comm. Seine, 25 juill. 1867, Dumont, [Teulet, 17.20]

694. — En résumé, nul ne peut, dans son intérêt personnel, publier, même avec éloge, le nom de son concurrent. Ainsi, est répréhensible celui qui, dans un prospectus annonçant une édition d'eaux fortes, a fait insérer la phrase suivante : « ......, et les planches et les tirages seront exécutés par X..., un véritable artiste qui laisse bien loin derrière lui les vétérans de l'héliogravure, MM. Y... et autres ». — Trib. comm. Seine, 13 janv. 1881, Durand, [Maillard de Marafy, t. 3, p. 454]

695. — L'usage d'une dénomination doit être assimilé à l'emploi que fait un industriel du nom d'un de ses concurrents; un négociant peut donc dire, notamment, que la liqueur fabriquée avec ses plantes et ses indications, est aussi bonne et même meilleure que toutes les liqueurs du même genre, mais il n'a pas manifestement le droit de dire que cette liqueur constitue une imitation plus ou moins réussie de la liqueur de telle ou telle maison déterminée. — Douai, 8 déc. 1885, Société *la Bénédictine*, [Maillard de Marafy, t. 2, p. 174]

696. — Décidé, dans le même ordre d'idées, qu'il y a concurrence déloyale de la part du négociant qui, dans ses prospectus, recommande au public de ne pas confondre ses produits avec ceux d'une autre maison, alors même que cette mention semble indiquer que cette maison n'a rien de commun avec un industriel très-connu dont il a acheté le droit de se dire le successeur. — Paris, 31 déc. 1860, Collot, [*Ann. prop. ind.*, 61.159] — *Sic*, Allart, n. 191. — V. cep. Trib. comm. Seine, 24 avr. 1862, Millet, [Teulet, 12.6]

697. — Il a été cependant jugé que, ne commet pas un acte de concurrence déloyale le commerçant qui, par un avis inséré dans les journaux, vante ses produits et affirme leur supériorité sur ceux de l'un de ses concurrents, nommément désigné, sans alléguer cependant que ces derniers soient défectueux ou de mauvaise qualité. — Rennes, 16 mai 1892, Cie Singer, [S. et P. 93.2.228]

698. — Il est vrai que, dans l'espèce, la cour a pris soin de relever cette circonstance que le dénigrement avait été réciproque, puisque, d'après cet arrêt, la solution admise serait particulièrement exacte, alors surtout que les avis incriminés n'étaient qu'une réponse à un placard précédemment affiché par les soins du concurrent, et dans lequel celui-ci affirmait la supériorité de ses produits sur tous les produits similaires. — Même arrêt. — V. Allart, n. 199; Pouillet, n. 623.

699. — Quoi qu'il en soit, on doit admettre, en effet, que, par exception, un négociant peut se servir du nom d'un autre négociant lorsqu'il s'agit précisément de rectifier une affirmation erronée, avancée par celui-ci. Jugé, en ce sens, que l'éditeur des œuvres complètes d'un auteur est en droit d'annoncer le public que l'édition de ce même auteur publiée par un autre éditeur n'est pas complète, alors que les prospectus et annonces de ce dernier éditeur pouvaient avoir pour effet de tromper le public en faisant croire que l'édition par lui vendue comprenait toutes les œuvres de cet auteur. — Rouen, 7 févr. 1851, Dion et Lambert, [P. 53.701, D. 53.2.224]

700. — Mais, ce même éditeur ne saurait, sans se rendre passible de dommages-intérêts, publier que son concurrent ne complétera pas les engagements par lui pris envers ses souscripteurs. — Même arrêt.

701. — Mais, il se peut qu'un négociant, tout en citant le nom d'un concurrent et tout en fournissant les éléments d'une comparaison, s'abstienne de la faire; en ce cas, il ne saurait y avoir, selon nous, de concurrence déloyale. Décidé, en ce sens, que le fait, de la part d'un commerçant, de répandre, dans le but d'obtenir la préférence sur ses concurrents, des circulaires indiquant le nombre des affaires faites par lui comparativement à celui des affaires faites par les autres maisons qui se livrent au même genre d'opérations, est un moyen de concurrence licite, qui, par conséquent, ne peut motiver une demande en dommages-intérêts de la part des négociants dont les opérations ont été ainsi divulguées, si, du reste, les indications données à cet égard dans les circulaires sont exactes. — Douai, 5 janv. 1855, Petit, [S. 57.2.45, P. 57.268] — *Sic*, Allart, n. 192.

702. — De même, la circonstance que l'on a fait monter dans son magasin un calorifère vendu par un concurrent afin d'en constater les défectuosités, ne saurait constituer un acte de concurrence déloyale, alors qu'il n'est établi en aucune manière que ce calorifère ne fût, en effet, sorti des ateliers de ce concurrent et que sa construction eût été altérée. — Paris, 15 févr. 1875, Cie des calorifères Gurney, [D. 75.5.362] — *Sic*, Allart, n. 193.

703. — Mais la jurisprudence n'a pas toujours fait en ces matières une juste application des vrais principes. Il a, par exemple, été jugé que le fait par le directeur d'un journal, de publier des tableaux comparatifs de vente de différents journaux constitue, alors même que les indications seraient exactes, un acte de concurrence déloyale. — Trib. comm. Seine, 21 mai 1884, Galignam et Messenger, [*Ann. prop. ind.*, 85.119]

704. — .. Qu'un négociant n'a pas le droit d'exposer à son étalage les produits d'un concurrent revêtus de leurs signes distinctifs ordinaires pour faire ressortir la pureté des siens. — Trib. comm. Seine, 14 déc. 1889, Ve Potin, [J. *La Loi*, 3 janv. 1890]

705. — Ainsi il a été jugé, dans une espèce, qui peut-être rentrait d'ailleurs dans la première des catégories précédemment indiquées, que lorsqu'un négociant fait paraître dans un catalogue qu'il publie une annonce par laquelle il établit un parallèle entre ses produits et ceux d'un de ses concurrents, il y a lieu d'ordonner la suppression de cette annonce du moment où il en résulte l'intention manifeste de faire ressortir qu'une infériorité existerait au détriment du produit vendu par l'autre commerçant. — Trib. comm. Seine, 7 nov. 1891, Gaffré, [J. *Le Droit* des 18-19 janv. 1892]

706. — Si, au cas d'allusion faite au nom d'un négociant, il est parfois difficile de décider qu'il y a ou qu'il n'y a pas concurrence déloyale, le doute cesse lorsqu'il y a dénigrement des produits mis en vente par celui-ci; une telle pratique ne saurait être permise. Aussi, a-t-il été décidé que la concurrence que comporte le commerce ne saurait autoriser un fabricant à prendre à partie un concurrent en le désignant nominativement ainsi que les objets qu'il exploite, dans des annonces et prospectus, pour détourner sa clientèle en dépréciant ses produits : c'est là un acte de concurrence déloyale qu'il appartient aux tribunaux de faire cesser. — Paris, 23 avr. 1869, Sabatou, [S. 69.2.213, P. 69.969] — *Sic*, Allart, n. 190.

707. — Commet donc des actes de concurrence déloyale le négociant qui, dans des articles de journaux parus sous son inspiration, désigne les produits de ses concurrents et fait parvenir à leurs clients des exemplaires du journal. — Trib. comm. Seine, 18 avr. 1859, Lemonnier-Jolly, [*Ann. prop. ind.*, 59.252]

708. — Si la critique des produits du commerce ou de l'industrie est permise, c'est à la condition qu'elle soit sérieuse et loyale; il ne peut être tolérée que, dans un but exclusivement personnel et de concurrence, un commerçant jette par la publicité le discrédit sur les produits d'un de ses confrères, en les signalant comme inférieurs aux siens propres. — Montpellier, 4 mai 1885, Cie Singer, [*Ann. prop. ind.*, 85.274]

709. — Il y a encore concurrence déloyale lorsqu'à l'expiration d'un traité en vertu duquel un négociant s'était engagé à procurer les accessoires nécessaires à l'exploitation de l'industrie d'une autre personne, celle-ci annonce dans une circulaire adressée à la clientèle de ce négociant, que vu les plaintes qui lui avaient été remises, elle se chargerait désormais de la fourniture des accessoires. — Paris, 3 déc. 1891, Besson et Goureau, [J. *Le Droit* des 28 et 29 mars 1892]

710. — A plus forte raison, s'expose à des dommages-intérêts l'industriel qui, après avoir été condamné pour avoir fait publier dans différents journaux des articles où les produits de ses concurrents sont désignés, continue de faire insérer les mêmes affirmations mensongères dans plusieurs feuilles périodiques et sur des planchettes servant à la lecture des journaux dans les cafés. — Trib. Seine, 21 juin 1859, Sorlin, [*Ann. prop. ind.*, 59.367]

711. — Ce négociant augmente d'ailleurs le préjudice par lui causé lorsqu'il distribue un compte-rendu incomplet des débats de la précédente affaire, comme, par exemple, lorsqu'il se borne à reproduire la plaidoirie de son avocat. — Même jugement.

712. — Pour que le dénigrement soit condamnable, il n'est pas nécessaire qu'il se produise sous la forme d'une large publicité; un dénigrement purement verbal peut être passible de dommages-intérêts. On comprend donc qu'il ait été jugé que lorsque, de l'avis des membres d'une commission ou d'une société dépend l'adoption dans un pays donné de tel ou de tel procédé de fabrication, il y a concurrence déloyale de la part de celui des concurrents qui adresse à cette commission ou à cette société des mémoires dans le but de discréditer le procédé employé par son adversaire. — Riom, 10 août 1859, Challeton, [*Ann. prop. ind.*, 59.409] — *Sic*, Allart, n. 197.

713. — Le dénigrement de la personne d'un négociant est tout aussi répréhensible que le dénigrement de ses propres produits ; en ce cas, comme dans l'autre, on se trouve en présence d'une concurrence déloyale. — Jugé, en ce sens, que si, à moins de conventions formelles, il ne peut être interdit à un employé congédié d'une maison ou la quittant de son plein gré de traiter des affaires avec les clients qu'il a visités et comme pour le compte de ladite maison, il ne saurait lui être permis, pour poursuivre ce résultat, d'employer des phrases qui semblent faire sur l'activité et l'honorabilité de la maison des insinuations de nature à porter un sérieux préjudice au maintien et au développement de ses affaires. — Trib. comm. Bordeaux, 9 nov. 1891, Sahuqué, [*J. La Loi* des 21 et 22 févr. 1892] — *Sic*, Allart, n. 189, Pouillet, n. 616 *in fine*.

714. — Commet donc une concurrence déloyale celui qui expose dans une vitrine des produits d'un concurrent et appose un écriteau indiquant celui-ci comme contrefacteur et ses produits comme défectueux. — Trib. comm. Seine, 3 sept. 1890, [*J. Le Droit*, 26 sept. 1890]

715. — De même, si une compagnie d'assurances peut user de tous moyens de réclame et de propagande pour attirer sur elle l'attention du public, si elle a même la faculté d'établir des comparaisons et des rapprochements entre la forme dans laquelle elle a été constituée et celle des autres sociétés ayant le même objet pour en faire ressortir sa supériorité, elle sort des limites qu'il lui est interdit de franchir lorsque, prenant à partie une société rivale qu'elle désigne nommément, elle lui attribue des actes de nature à lui faire perdre la confiance de sa clientèle, comme lorsqu'elle prétend à tort que celle-ci n'a pas complètement désintéressé ses assurés sinistrés. — Trib. Arras, 14 déc. 1892, *La Ruche du Pas-de-Calais et du Nord* (inédit).

716. — Il y a agissement déloyal et dolosif dans le fait, pour d'anciens employés d'une maison de commerce, entrés au service d'un autre établissement similaire, d'annoncer au public qu'ils ont quitté leur ancien patron, alors qu'en faisant usage de caractères italiques dans la circulaire où ils vantent la loyauté commerciale de leur nouveau patron, ils laissent planer un doute sur celle de leur ancien maître. — Trib. comm. Seine, 3 mai 1893, Forgeot et Cie, [*J. La Loi* du 31 mai 1893, *Gaz. Pal.*, 93.2.348]

717. — Un commerçant a le droit de publier des jugements intéressant son négoce et consacrant les droits qu'il a intérêt à faire valoir devant le public, mais cette faculté, pas plus que toute autre de la vie commerciale, ne doit excéder les bornes d'une juste et loyale concurrence et, dès qu'elle devient agressive et nuisible à des concurrents, elle doit être réprimée. — Besançon, 5 févr. 1874, Jeantet-David, [*Ann. prop. ind.*, 74.302] — V. Rendu, n. 509.

718. — C'est qu'en effet, la publication réitérée d'une décision judiciaire excède non seulement les limites d'une loyale concurrence, mais constitue en outre une aggravation des condamnations prononcées par la justice. — Trib. Seine, 3 mars 1876, Jacquot et Cie, [*Ann. prop. ind.*, 78.331]

719. — La concurrence déloyale se confond souvent avec la diffamation lorsqu'elle revêt la forme particulière d'une atteinte portée à l'honorabilité d'un négociant, mais il n'est point nécessaire que se trouvent rassemblés tous les éléments de la diffamation, pour qu'il y ait concurrence déloyale. — Ainsi, un écrit, alors même qu'il ne renferme aucune imputation diffamatoire peut néanmoins donner lieu à une action en dommages-intérêts, à raison de l'usage qui en est fait, lorsqu'il a été répandu dans le public en vue d'une concurrence déloyale et qu'il en est résulté un préjudice pour autrui. — Trib. Seine, 10 juill. 1883, Société des grands panoramas, [*Ann. prop. ind.*, 88.5] — V. Allart, n. 188 et 189.

720. — Au surplus, en nos matières comme au cas de diffamation, il ne suffirait pas à la personne poursuivie d'établir, pour échapper à toute condamnation, que les faits par elle avancés sont exacts. — Ainsi, des dommages-intérêts peuvent être prononcés à la charge de celui qui, dans un but de concurrence, a délivré un certificat constatant, en termes outrageants, que la marchandise vendue, par un négociant à un tiers, n'est pas de la qualité annoncée. — Trib. comm. Seine, 1er juin 1860, Beuverand, [*Ann. prop. ind.*, 60.398; Teulet, 9.322] — *Sic*, Allart, n. 195; Mayer, n. 35.

721. — De même, un négociant ne peut, dans un prix courant, déprécier les produits d'un fabricant, à raison de ce que quelques expéditions faites par ce fabricant auraient laissé à désirer; en supposant que ses plaintes soient fondées, il n'a pas pour cela le droit de les faire connaître par des avis imprimés et répandus parmi sa clientèle. — Trib. comm. Seine, 28 août 1849, Lamouroux, [*Le Hir*, 51.2.91]

722. — Il a cependant été jugé qu'il ne saurait y avoir concurrence déloyale à annoncer dans les journaux la saisie de contrefaçon qui a été faite chez un concurrent avec l'autorisation du président d'un tribunal. — Trib. comm. Seine, 10 janv. 1888, Mot et Cie, [*Ann. prop. ind.*, 91.256]

723. — Les circonstances particulières de la cause expliquent un jugement aux termes duquel il n'y a pas concurrence déloyale à qualifier d'étrangère une société qui, à raison de sa création à l'étranger, revêt réellement ce caractère, bien que d'ailleurs ses membres soient d'origine française; il en est ainsi, notamment, lorsqu'un concurrent a annoncé la nationalité étrangère de la société lors d'une adjudication publique d'où les étrangers sont exclus. — Trib. comm. Marseille, 14 mars 1888, [*Rec. Marseille*, 88.1.207]

724. — En faisant connaître la qualité d'étrangère d'une société qui, en violation des règlements, voulait prendre part à une adjudication réservée aux seuls nationaux, le défendeur donnait aux autorités compétentes le moyen de faire observer la loi; il accomplissait un devoir en ne faisant en tout cas qu'usait d'un droit; des dommages-intérêts ne pouvaient être prononcés contre lui. — Mais, à supposer que les imputations relevées ne se fussent pas produites dans les circonstances particulières qui viennent d'être rappelées, elles auraient donné naissance à une action en dommages-intérêts.

725. — Dire ou laisser entendre qu'une maison n'existe plus, c'est lui porter un préjudice qui peut être plus considérable encore que s'il y avait véritable dénigrement. — S'expose donc à des dommages-intérêts celui qui insère frauduleusement dans ses prospectus un avis annonçant que tel autre industriel ne fabrique plus tel produit. — Paris, 16 mars 1889, [*Droit industriel*, 89.363]

726. — ... L'agent d'assurances qui obtient de certaines personnes la souscription de polices en leur faisant croire que la compagnie avec laquelle elles avaient traité n'existe plus. — Douai, 7 juill. 1879, *La Patrie*, [*Le Hir*, 79.2.239] — *Sic*, Pouillet, n. 460.

727. — ... Le négociant qui fait connaître au public l'ouverture de ses magasins par une circulaire dont les termes sont de nature à faire croire qu'une ancienne maison n'existe plus. — Paris, 11 avr. 1866, Bourgeois, [*Ann. prop. ind.*, 66.333]

728. — ... Celui qui se livre à un mode spécial de publicité imaginé par un tiers, alors qu'il est établi qu'il a attiré à lui des courtiers de celui-ci, qu'il les a munis de feuilles d'engagements et de reçus offrant une certaine ressemblance avec ceux de son concurrent et qu'il a toléré qu'ils se présentassent chez les clients de leur ancien patron en déclarant que celui-ci avait cédé son industrie et qu'ils voyageaient pour le compte de son cessionnaire. — Paris, 14 mai 1880, Bachellerie, [*Ann. prop. ind.*, 80.842]

729. — Il en est de même de l'industriel qui répand, dans le public, sous forme d'annonces, l'extrait d'un arrêté municipal en le tronquant de façon à laisser croire que les produits d'une maison concurrente à la sienne (des compteurs à eau dans l'espèce), ne seront plus acceptés par l'administration à partir d'une certaine époque, mais devront être enlevés et remplacés par d'autres, alors que ces faits ne sont pas exacts. — Douai, 21 avr. 1891, Herbeau, [*Jurispr. comm. de Douai*, 91.161]

730. — On peut rapprocher des espèces précédentes, comme tendant à un but analogue, celles dans lesquelles un négociant, sans dire qu'une maison n'existe pas, s'arrange de façon à ne pas en faire connaître l'existence : une telle pratique n'est pas répréhensible en soi, mais elle le devient si elle est accompagnée de certaines circonstances frauduleuses. Ainsi, constitue un acte de concurrence déloyale le fait par un libraire de supprimer dans des agendas partie des pages consacrées à la publicité de maisons rivales. — Trib. comm. Seine, 9 juin 1876, Ramé, [*Ann. prop. ind.*, 77.47] — *Sic*, Allart, n. 235; Pouillet, n. 665.

731. — De même, un entrepreneur du service de bateaux à vapeur ne peut publier sous le titre mensonger d'indicateur général des bateaux à vapeur de tel lieu à tel autre lieu, un livret qui ne mentionne que ses bateaux et dans lequel ont été intentionnellement omis ceux d'une entreprise rivale effectuant le même trajet. — Rennes, 4 juin 1883, Rochaïd-Dahdah, [*Jur. comm. Nantes*, 83.1.209]

732. — De même encore, un libraire qui s'est rendu acquéreur d'un certain nombre d'exemplaires d'un livre édité par un de ses collègues n'a pas le droit de faire disparaître sous son nom et sous son adresse le nom et l'adresse du véritable éditeur. — Trib. comm. Seine, 6 juin 1860, Josse, [*Ann. prop. ind.*, 61.27] — *Sic*, Allart, n. 232; Pouillet, n. 372; Rendu, n. 181 bis.

733. — En sens inverse, un dépositaire ne peut appliquer sur les produits de sa fabrication des étiquettes destinées aux produits qu'il a en dépôt. — Paris, 23 juill. 1861, Gally, [*Ann. prop. ind.*, 62.374]

734. — Il ne faut pas oublier que des obligations spéciales pèsent sur les dépositaires et autres représentants des fabricants. Rappelons à ce sujet, en terminant, que la concession d'un monopole faite à une personne moyennant une part dans les bénéfices de l'exploitation de ce monopole lui impose implicitement l'obligation d'exploiter en bon père de famille et lui interdit de créer une concurrence aux produits dont elle était chargée de rechercher le placement. — Paris, 1er juin 1886, Gaillet-Brossette, [*Ann. prop. ind.*, 89.173, *Dr. industr.*, 87.422]

Section IV.
De la concurrence déloyale résultant de la violation d'engagements ou de contrats.

735. — Certains actes, licites en soi, peuvent devenir illicites à raison des relations spéciales qui existent ou qui ont existé entre les intéressés; nous n'avons pas à nous occuper ici de ces circonstances particulières dont quelques-unes d'ailleurs ont déjà été étudiées. — V. *suprà*, v° *Bail*, n. 640 et s., n. 684; *Bail à loyer*, n. 64 et s.; *Commis*, n. 250 et s.

736. — Il est encore différentes hypothèses qui nous restent à examiner : ce sont celles dans lesquelles une partie s'engage soit expressément, soit tacitement, lors de la conclusion d'un contrat (vente d'un fonds de commerce, fondation ou dissolution d'une société, entrée ou sortie comme employé d'un établissement commercial ou industriel), à ne pas se rétablir que dans certaines conditions. Pour donner à ces exceptions délicates une solution satisfaisante, on doit s'inspirer avant tout, selon nous, du grand principe de la liberté du commerce et de l'industrie, aussi paraît-il préférable de renvoyer l'étude de ces difficultés au moment où nous nous occuperons spécialement de ce principe supérieur. — V. *infrà*, v° *Liberté du commerce et de l'industrie*.

CHAPITRE III.
DE LA PROCÉDURE EN MATIÈRE DE CONCURRENCE DÉLOYALE.

Section I.
Compétence.

737. — Les faits de concurrence déloyale se passent généralement entre commerçants et à l'occasion de leur commerce; c'est donc ordinairement les tribunaux de commerce qui sont appelés à connaître des poursuites en concurrence déloyale; l'art. 631, C. comm., dispose, en effet, que « les tribunaux de commerce connaîtront : 1° de toutes contestations relatives aux engagements et transactions entre négociants, marchands et banquiers », et on est généralement d'accord pour reconnaître que sous l'expression engagement, le législateur a voulu comprendre tout fait quelconque qui est, pour un commerçant, la source d'une obligation, que ce fait soit un contrat, un quasi-contrat, un délit ou un quasi-délit. — Lyon-Caen, *Grande encyclopédie*, v° *Concurrence déloyale*, *in fine*, t. 12, p. 326.

738. — La jurisprudence est définitivement fixée en ce sens. Ainsi, d'une manière générale, il est admis que les tribunaux de commerce sont compétents pour connaître entre négociants d'une action fondée sur des faits ayant le caractère d'un quasi-délit, alors d'ailleurs que ces faits ont eu lieu à l'occasion et dans l'exercice même de leur industrie. — Cass. (2 arrêts), 24 août 1863, les Grappins, [S. 63.1.497, P. 64.279, D. 63.1.348] — Paris, 28 avr. 1866, Villain, [S. 66.2.314, P. 66.1144, D. 66.2.128] — Trib. comm. Seine, 23 sept. 1875, Leroy, [*Ann. prop. ind.*, 76.237] — *Sic*, Pilet des Jardins, *Ann. prop. ind.*, 66.193.

739. — Ils sont, en d'autres termes, compétents pour connaître, entre négociants, des engagements qui se forment sans convention, lorsque ces engagements ont pris naissance dans des faits commerciaux. — Cass., 3 janv. 1872, Dufour et Cie, [S. 72.1.33, P. 72.1.52, D. 72.1.303]; — 20 janv. 1875 (2 arrêts), Marigo et Bloëme, [S. 75.1.126, P. 75.1.296, D. 75.1.367]

740. — Ainsi, ils peuvent statuer sur une demande tendant à ce qu'il soit fait défense à un individu de prendre tel ou tel nom patronymique, alors que l'intérêt principal du litige est commercial. — Colmar, 1er mai 1867, Wein, [S. 68.2.83, P. 68.443, D. 67.2.169]

741. — Ainsi encore, ils sont compétents pour connaître des faits de concurrence déloyale reprochés par un commerçant à un autre commerçant. — Cass., 3 janv. 1872, précité. — Aix, 3 juin 1863, Blanc, [S. 64.2.167, P. 64.870, D. 64.2.207] — Paris, 24 janv. 1866, Société du crédit des halles et marchés, [D. 66.2.197]; — 28 avr. 1866, Villain, [S. 66.2.314, P. 66.1144, D. 66.2.128]; — 8 nov. 1869, Lévy, [*Ann. prop. ind.*, 69.373] — Lyon, 12 juin 1873, Régollot, [D. 75.1.12]; — 18 mars 1882, Routier, [*Ann. prop. ind.*, 82.325] — Trib. comm. Seine, 29 avr. 1864, Prudhon et Cie, [*Ann. prop. ind.*, 64.239]; — 15 févr. 1872, Chauchard et Hériot, [*Ann. prop. ind.*, 73.387] — Trib. Seine, 20 août 1884, *Le Matin*, [*Ann. prop. ind.*, 86.80] — *Sic*, Allart, n. 300; Bozérian, *Prop. ind.*, n. 440; Pouillet, n. 666; Ruben de Couder, v° *Concurrence déloyale*, n. 136; Dufourmantelle, p. 142; Mayer, n. 38. — *Contrà*, Blanc, p. 743.

742. — ... Quelle que soit la forme sous laquelle ces faits se produisent. — Paris, 9 juill. 1867, Hiraux, [S. 68.2.85, P. 68.447, D. 67.2.196]

743. — Spécialement, le journal qui, sous l'inspiration d'un industriel, publie des articles dans lesquels il discrédite les produits d'une usine ou manufacture, est justiciable, à raison de ces faits, des tribunaux de commerce. — Trib. comm. Seine, 18 avr. 1859, Lemonnier Jully, [*Ann. prop. ind.*, 59.252]

744. — Spécialement encore, c'est au tribunal de commerce, et non au juge de paix, qu'appartient la connaissance d'une demande en dommages-intérêts formée pour réparation du préjudice causé par une diffamation verbale, lorsque cette diffamation a été, de la part d'un commerçant, le moyen de faire une concurrence déloyale envers un autre commerçant, et que d'ailleurs l'intéressé s'abstient, pour le moment au moins, de poursuivre le coupable devant les tribunaux correctionnels. — Paris, 9 juill. 1867, précité. — *Contrà*, Pouillet, n. 669.

745. — Le tribunal de commerce est donc compétent pour connaître entre le vendeur et l'acheteur d'un fonds de commerce d'une demande en dommages-intérêts pour concurrence déloyale à raison d'imputations diffamatoires tenues par le vendeur, en vue de nuire au crédit de l'acheteur et de déprécier son fonds de commerce, et avec l'arrière-pensée de rentrer en possession de ce fonds, les imputations diffamatoires se rattachant ainsi à l'acte commercial intervenu entre les parties. — Cass., 14 févr. 1882, Mareux, [S. 84.1.214, P. 84.1.523, D. 82.1.411]

746. — ... Pour connaître d'une poursuite en concurrence déloyale basée sur ce qu'un commerçant, en vue de créer une confusion favorable à ses intérêts, fait figurer sur ses produits l'indication d'une fausse provenance et un nom supposé. — Limoges, 30 juill. 1864, Marandon, [*Ann. prop. ind.*, 65.56]

747. — ... Pour connaître de faits de concurrence déloyale reprochés à un homme de lettres, alors que ces faits auraient été accomplis par la vente d'un journal et de son titre à un tiers et par la publication postérieure d'un journal d'un genre analogue et portant un titre semblable. — Trib. comm. Seine, 14 juin 1888, Alboize, [*Ann. prop. ind.*, 89.341]

748. — Telle est donc la règle de droit commun : les tribunaux de commerce sont en principe, compétents pour statuer sur les poursuites en concurrence déloyale parce qu'elles sont en principe dirigées par des commerçants contre des commerçants à raison des faits qu'ils ont accomplis à l'occasion de leur commerce.

749. — Mais il est bien évident que la compétence de cette juridiction exceptionnelle disparaît lorsque disparaissent les raisons qui nous font reconnaître sa compétence. La concurrence déloyale, quand elle s'exerce envers un non-commerçant a, en effet, un caractère civil; telle est celle qui est reprochée à un notaire, à un médecin, à un agent d'assurances. — Trib. Seine, 26 juill. 1887, Pierre, [*Ann. prop. ind.*, 92.34] — *Sic*, Allart, n. 301.

750. — Comme les commissaires-priseurs ne sont pas commerçants et que leurs fonctions leur confèrent un véritable monopole, ils ne peuvent porter devant les tribunaux de commerce une action en concurrence déloyale contre des personnes qui procéderaient à des ventes mobilières contrairement aux lois et règlements. — Trib. comm. Marseille, 14 avr. 1885, [*Rec. Aix*, 87.2.237]

751. — Si donc les tribunaux de commerce sont compétents en principe, il n'en est cependant plus ainsi lorsque l'action est dirigée tout à la fois contre un commerçant et contre un non-commerçant, par exemple lorsque le directeur d'une maison de commerce poursuit à la fois devant l'un de ses concurrents et l'un de ses propres employés qui, par les renseignements qu'il fournissait, facilitait les actes de concurrence de celui-ci. — Douai, 11 juin 1868, Lebeau et Cie, [S. 69.2.144, P. 69.700, D. 69.2.18] — *Sic*, Allart, n. 306; Pouillet, n. 668.

752. — A plus forte raison, on ne saurait songer à porter une affaire de concurrence déloyale devant la juridiction consulaire lorsque, parmi les défendeurs, ne figure aucun commerçant. — Ainsi, il a été décidé que la juridiction commerciale est incompétente pour connaître d'une action en concurrence déloyale exercée par un pharmacien contre une revue qui a reproduit un jugement par lequel il avait été condamné comme complice dans une poursuite pour exploitation illégale d'une officine de pharmacie, alors que cette revue publie un résumé de jurisprudence pharmaceutique, des discussions scientifiques, des formules de préparation de médicaments et que l'insertion sur des pages annexes, d'annonces industrielles se rattachant au commerce de la pharmacie, n'enlève pas à l'opération son cachet civil. — Toulouse, 28 oct. 1886, Leclerc, [*Ann. prop. ind.*, 88.37]

753. — De même, une similitude dans les dénominations prises par deux établissements ne saurait constituer un acte de concurrence déloyale relevant de la juridiction consulaire, lorsque ces établissements sont des écoles créées dans un but exempt d'esprit de lucre et de spéculation. — Trib. comm. Seine, 3 mai 1887, Rodanet, [*Ann. prop. ind.*, 90.41]

754. — De même encore, un syndicat agricole, formé d'après la loi du 21 mars 1884, pour procurer à ses seuls membres les matières premières en traitant directement avec les fabricants et en se contentant de faire subir une faible majoration aux commandes pour couvrir ses frais généraux ne fait pas acte de spéculation, et, par conséquent, n'est pas justiciable du tribunal de commerce; si ce syndicat se substitue un agent auquel il abandonne à titre de salaire ou de commission le montant de ladite majoration, l'agent joue le rôle de commis tenu en vertu d'un simple louage de service, et non de commissionnaire. En conséquence, une action en concurrence déloyale dirigée par un tiers contre cet agent est incompétemment portée devant le tribunal de commerce. — Toulouse, 26 mars 1889, Roumiguière, [*Ann. droit comm.*, 89.1.202]

755. — Il y a encore lieu d'apporter une autre limitation à la compétence des tribunaux de commerce; elle dérive de l'art. 16, L. 23 juin 1857, qui déclare que les actions civiles relatives aux marques sont portées devant les tribunaux civils. — Ceux-ci sont donc appelés à connaître des faits de concurrence déloyale, lorsque cette concurrence déloyale revêt les caractères délictueux prévus par la loi du 23 juin 1857 sur les marques de fabrique. — Trib. Grenoble, 1er août 1885, P. Grézier, [Maillard de Marafy, t. 2, p. 749] — *Sic*, Pouillet, n. 671.

756. — Il est même aujourd'hui fréquent, ainsi que le fait remarquer une note anonyme des *Annales de la propriété industrielle* (1882, p. 136) que, pour se soustraire à la juridiction commerciale, les plaideurs adjoignent à une action en concurrence déloyale une action en contrefaçon de marque qui, souvent, n'a pas de sérieuse raison d'être. On abandonne à l'audience la prétendue contrefaçon pour s'en tenir à la concurrence déloyale, et, si le défendeur oppose alors l'incompétence du tribunal civil, on lui répond qu'il est trop tard, qu'il a conclu au fond, que le débat est lié sur le tout et que, d'ailleurs, il a suffi que, au début, le tribunal fût compétemment saisi de l'ensemble du débat, pour qu'il reste encore compétent, après qu'une partie des prétentions a été abandonnée.

757. — Nous ne saurions admettre ce subterfuge comme fondé. S'il est vrai que la juridiction civile puisse statuer sur des faits de concurrence déloyale se rattachant à une usurpation de marque, c'est à une double condition : il faut d'abord que la connexité soit intime et certaine; il faut ensuite que l'usurpation de marque soit admise et reconnue. Si l'usurpation est jugée ne pas exister, la juridiction civile, même d'office, doit se dessaisir de l'examen du débat sur ce point et délaisser les parties à se pourvoir comme elles aviseront. — *Ann. prop. ind., loc. cit.*

758. — Pour nous, le tribunal civil, saisi d'une action en contrefaçon et d'une action en concurrence déloyale, ne peut plus s'occuper des prétendus faits de concurrence déloyale lorsque l'action en contrefaçon a été écartée ou abandonnée, puisqu'il n'aurait pu en connaître qu'autant que, le fait d'usurpation de marque étant admis, les autres agissements du défendeur seraient trouvés intimement liés à celui-ci. — Montpellier, 24 févr. 1879, Mialane et Cie, [*Ann. prop. ind.*, 82.136]

759. — En d'autres termes, les tribunaux civils ne peuvent connaître d'une demande en dommages-intérêts formée entre commerçants pour des faits de concurrence déloyale que lorsque poursuite pour contrefaçon de marque de fabrique vient précisément d'être écartée comme mal fondée. — Douai, 13 avr. 1885, Bohler frères, [*Ann. prop. ind.*, 85.277]

760. — De même, si les tribunaux civils ont plénitude de juridiction et peuvent compétemment connaître d'une action en concurrence déloyale quand elle n'est que l'accessoire d'une action en contrefaçon, cette règle ne s'applique point au cas où l'action en contrefaçon, dénuée de fondement sérieux, paraît avoir été introduite dans le seul but de saisir le tribunal civil de la connaissance de faits qui relèvent de la compétence des tribunaux de commerce. — Trib. Charleville, 7 mars 1879, Chachoin, [*Ann. prop. ind.*, 82.251]

761. — De ces décisions, il est permis d'en rapprocher une qui ne touche pas au conflit possible entre des juridictions d'ordre différent, mais qui est de nature à bien montrer l'indépendance réciproque qui doit exister entre l'action en contrefaçon et celle en concurrence déloyale. Il a donc été jugé que le tribunal saisi à la fois d'une action en contrefaçon et en concurrence déloyale, est incompétent pour connaître de ce dernier chef, alors que les faits sur lesquels il est fondé ne sont pas connexes à la question de contrefaçon et se seraient produits hors du ressort de ce tribunal. — Lyon, 28 juin 1870, Rigollot, [S. 71.2.176, P. 71. 564]

762. — Quoi qu'il en soit, il faut bien s'entendre sur la portée de la dérogation à la règle générale qu'établit l'art. 16 de la loi de 1857; les tribunaux civils ne sont compétents que si la reproduction du signe distinctif présente les caractères d'une véritable contrefaçon. Car, toutes les fois où l'imitation d'une marque de fabrique n'est que l'un des éléments d'une concurrence déloyale, l'action peut être portée devant la juridiction consulaire. — Paris, 8 févr. 1861, Laurent, [Teulet, 10.317]; — 5 janv. 1865, Dolfus-Mieg, [*Ann. prop. ind.*, 65.109] — Rennes, 27 avr. 1893, Ducasse et Guihalle, [*Jurispr. comm. et marit. de Nantes*, 93.1. 273] — *Sic*, Pouillet, n. 671.

763. — Les tribunaux de commerce sont donc compétents pour connaître d'une demande qui a pour objet, non pas la revendication de la propriété exclusive d'une marque de fabrique, mais bien la répression d'actes de concurrence déloyale; il importe peu que cette prétendue concurrence dériverait de l'usage abusif par un tiers d'un nom que le demandeur a le premier employé dans le commerce et dont il réclame l'usage exclusif. — Paris, 19 févr. 1859, Groult jeune, [*Ann. prop. ind.*, 59.95]; — 19 févr. 1859, Danguis, [*Ann. prop. ind.*, 59.125]

764. — En d'autres termes, lorsque des imitations de factures, de notes et de prospectus ne constituent pas une imitation de marque, mais des faits de concurrence déloyale, le tribunal civil est incompétent pour en connaître. — Grenoble, 8 févr. 1886, Grézier, [*Ann. prop. ind.*, 87.151]

765. — L'art. 16, L. 23 juin 1857, est encore inapplicable au cas où il s'agit, non point d'usurpation ou de contrefaçon de marque, mais uniquement d'actes successifs de concurrence déloyale, consistant de la part d'un fabricant à faire figurer dans sa marque, en caractères apparents, le nom d'une ville où se fabriquent des produits similaires, de façon à causer une confusion sur la provenance réelle du produit. C'est devant la juridiction commerciale, conformément au droit commun, que doivent porter leur action les fabricants qui se prétendent lésés par de tels actes. — Orléans, 20 janv. 1864, Charnaux, [S. 64.2.115, P. 64.480, D. 64.5.303]

766. — Il ne dépend point d'ailleurs de la seule volonté du demandeur de déterminer la véritable nature de l'action par lui intentée. Jugé, en conséquence, que les tribunaux de commerce sont incompétents pour ordonner une modification à une marque de fabrique, alors même que les intéressés présentent la demande comme justifiée par des faits de concurrence déloyale et soutiennent en conséquence que le tribunal de commerce serait compétent. — Trib. comm. Seine, 11 oct. 1875, Roger et Gallet, [*Ann. prop. ind.*, 79.45] — V. aussi Paris, 17 août 1866, Petitpas, [*Ann. prop. ind.*, 66.366] — *Sic*, Mayer, n. 38, p. 32, note 2.

767. — Sur les différences entre l'action en concurrence déloyale et l'action en contrefaçon de marques, V. *suprà*, n. 39 et s.

768. — En tout cas, un fabricant ou exploitant d'une région ou d'un bassin minéralogique, auquel un acte de l'autorité administrative, spécialement un décret de concession de mines, a reconnu l'usage du nom de la région ou du bassin minéralogique, ne peut se prévaloir de cette concession pour poursuivre en concurrence déloyale certains fabricants ou exploitants de la région ou du bassin minéralogique qui se servent de ce même nom pour la désignation de leurs produits; c'est en effet à l'autorité judiciaire seule qu'il appartient, en cas de contestation, d'attribuer, le cas échéant, la propriété de ce nom. — Trib. comm. Marseille, 17 sept. 1889, [*Rec. Marseille*, 90.1.11]

768. — En résumé, c'est la juridiction commerciale qui, en principe, est compétente pour connaître des faits de concurrence déloyale, mais il ne faut cependant pas oublier que cette juridiction est exceptionnelle. Aussi, a-t-il pu être jugé qu'un tribunal de commerce, saisi d'une action en concurrence déloyale qu'il déclare mal fondée, ne peut statuer sur une demande reconventionnelle en dommages-intérêts formée à raison d'une saisie pratiquée en vertu d'ordonnances émanées de la juridiction civile et en vue d'un autre procès que celui qui a été porté devant la juridiction commerciale. — Aix, 19 août 1867, Abadie, [*Ann. prop. ind.*, 70-71.352] — *Sic*, Pouillet, n. 670.

769. — Lorsqu'un arrêté, prohibant l'usage de certaines dénominations et prononçant une condamnation à des dommages-intérêts pour concurrence déloyale, a été exécuté, il ne saurait y avoir lieu à une interprétation d'arrêt, dans le cas où des faits du même genre viennent à se produire; en pareille hypothèse,

il y a nécessairement contestation nouvelle, qui doit être portée devant les juges du premier degré. — Paris, 22 janv. 1858, Charpentier, [*Ann. prop. ind.*, 60.88]

770. — Par une application particulière d'une théorie générale, il a été décidé que si, en principe, les sociétés ou compagnies industrielles peuvent être traduites devant les tribunaux du domicile de leurs succursales pour tous les faits qui concernent ces succursales, il en est particulièrement ainsi lorsqu'il s'agit d'apprécier des faits de concurrence déloyale imputable aux représentants de la succursale et qui se seraient accomplis au siège de cette succursale. — Lyon, 19 juill. 1887, Société lyonnaise l'*Omnium*, [*Ann. prop. ind.*, 92.38]

Section II.

Procédure.

771. — Le silence de nos lois relativement à la concurrence déloyale fait que la procédure en ces matières est celle du droit commun. Nolamment, l'intéressé outrepasserait ses droits si, pour se fournir les éléments d'une preuve, il faisait procéder par huissier à une saisie. C'est qu'en effet, la loi de 1857, spéciale aux marques de fabrique, est sans application pour la constatation des faits de concurrence déloyale. — Trib. comm. Nantes, 30 avr. 1878, Mellinet et autres, [*Ann. prop. ind.*, 87.201] — *Sic*, Allart, n. 308 et 309; Pouillet, n. 673 et s.

772. — Par suite, les dommages-intérêts peuvent être prononcés à la charge du négociant qui, tout en étant en droit de poursuivre d'anciens employés en concurrence déloyale, a agi avec une rigueur excessive et a, sans droit, fait opérer une saisie qui n'eût été justifiée qu'en cas de contrefaçon proprement dite. — Lyon, 3 juin 1870, Pramondon, Coront et Cie, [*Ann. prop. ind.*, 70-71.363]

773. — En d'autres termes, la saisie, étant une mesure exceptionnelle, ne peut être pratiquée que dans les cas formellement prévus par la loi; par suite, lorsqu'une saisie a été pratiquée au début d'une poursuite pour contrefaçon littéraire et pour concurrence déloyale, les tribunaux doivent ordonner la mainlevée de cette saisie, lorsque la poursuite pour contrefaçon ayant été écartée, les défendeurs sont condamnés pour concurrence déloyale. — Trib. Seine, 16 janv. 1883, Piégu, [*Ann. prop. ind.*, 89.317]

774. — Mais, si la personne qui croit avoir à se plaindre de faits de concurrence déloyale ne peut recourir au ministère des huissiers pour faire procéder à des saisies, rien ne s'oppose à ce que des officiers ministériels fassent des procès-verbaux de constat. Spécialement, un commerçant, qui se plaint de faits de concurrence déloyale, peut faire dresser, par huissiers et experts, procès-verbal de constat des marchandises sur la gabare qui les transporte au navire chargeur, du moment où la constatation de l'état des marchandises a lieu en présence et avec l'autorisation du propriétaire de la gabare. — Trib. comm. Nantes, 30 nov. 1878, précité. — *Sic*, Pouillet, n. 674. — V. aussi Rouen, 18 mai 1889, [*J. La Loi*, 13 juill. 1889] — Paris, 13 mai 1887, Picon, [*Ann. prop. ind.*, 88.159]; — 15 févr. 1889, Bonnet, [*J. La Loi*, 5 avr. 1889] — Trib. comm Seine, 6 juin 1889, Picon, [*J. Le Droit*, 3 juill. 1889]

775. — Ils ne font, en agissant ainsi, qu'exercer l'une des fonctions pour lesquelles ils ont été institués. Aussi, ne saurions-nous admettre, avec un arrêt, que les huissiers n'ayant été investis par aucun texte de loi de la mission de constater les faits ou abus de concurrence déloyale, les procès-verbaux qu'ils dressent pour établir les faits de concurrence déloyale n'ont aucune force probante. — Bordeaux, 10 mai 1893, Violet, [*Gaz. Pal.*, 16 janv. 1894]

776. — La faculté d'agir en concurrence déloyale appartient à toute personne intéressée et spécialement à notre époque de grand développement des syndicats, il nous parait utile de constater que cette faculté appartient à ces personnalités; en agissant en concurrence déloyale, lorsque les intérêts du groupe sont lésés, les représentants des syndicats ne sortent pas des limites des pouvoirs qui leur sont reconnus et ne font point servir les syndicats à d'autres buts que ceux pour lesquels ils ont été créés. — V. *suprà*, n. 263.

777. — Il a été cependant jugé qu'un syndicat professionnel ne peut exercer une action contre un commerçant qui se livre à des agissements de concurrence déloyale vis-à-vis des membres du syndicat; l'action n'appartient qu'aux intéressés et ne peut être exercée que par eux. — Aix, 26 janv. 1887, Bosset, [*Rec. d'Aix*, 87.1.28] — *Sic*, Allart, n. 310.

778. — Quant aux personnes contre lesquelles il est permis d'agir en concurrence déloyale, nous remarquerons que le mineur émancipé, autorisé à faire le commerce, étant considéré comme majeur pour les faits relatifs à son commerce, il n'y a pas lieu de mettre son curateur en cause dans les instances en concurrence déloyale dirigées contre lui. — Trib. Seine, 26 janv. 1887, [*J. La Loi*, 2 févr. 1887]

CHAPITRE IV.

RÉPRESSION DE LA CONCURRENCE DÉLOYALE.

779. — L'action en concurrence déloyale peut, en principe, être intentée pendant trente ans à partir du jour où se sont produits les faits répréhensibles, mais l'intéressé aurait tort de compter toujours sur ce long délai pour saisir la justice de sa demande; un silence assez long serait en effet interprété le plus souvent comme une renonciation au droit d'agir. Jugé, notamment, que le propriétaire d'une vignette ne peut demander la suppression sur les factures, adresses ou prospectus d'un de ses concurrents, lorsque celui-ci en fait usage depuis longtemps au su du demandeur. — Trib. comm. Seine, 23 sept. 1858, Jacquin, [*Ann. prop. ind.*, 58.398]

780. — Pour l'action en concurrence déloyale, comme d'ailleurs pour toutes les actions en dommages-intérêts, la circonstance que, sur une première poursuite, le défendeur n'a pas été condamné, ne s'oppose pas à ce qu'une poursuite nouvelle soit utilement intentée lorsque, dans la suite, des faits semblables viennent à se reproduire. C'est qu'il n'y a chose jugée que pour les faits qui ont motivé le procès et sur lesquels le jugement a statué, les actes de concurrence pouvant, en effet, varier à l'infini, prendre des formes multiples et les mêmes faits pouvant devenir dangereux suivant les milieux et les circonstances qui les entourent et leur donnent leur juste valeur. — Trib. civ. Seine, 13 janv. 1887, Marquis, [*Gaz. Pal.*, 87.1.122] — *Sic*, Allart, n. 317 et 318; Mayer, n. 40; Pouillet, n. 691. — V. *suprà*, v° *Chose jugée*, n. 439 et s.

781. — Spécialement, la reproduction des initiales du nom d'un commerçant dont celui-ci a l'habitude de se servir pour marquer ses produits constitue un fait de concurrence déloyale qui peut donner lieu à des dommages-intérêts, alors même qu'un arrêt précédent, rendu entre les mêmes parties et ayant acquis l'autorité de la chose jugée, aurait permis au défendeur l'usage de ces initiales du moment où il est constaté que, depuis cet arrêt, des faits nouveaux se sont produits. — Cass., 1er juin 1874, Brossier, [S. 75.1.111, P. 75.264, D. 75.1.12]

782. — En sens inverse, l'arrêt qui condamne un pharmacien comme coupable de concurrence déloyale, pour avoir, dans ses prospectus et sur ses étiquettes, annoncé un médicament avec la désignation déjà employée par un autre pharmacien et de nature à établir une confusion entre la provenance des produits, n'a pas l'autorité de la chose jugée à l'égard des nouvelles poursuites dirigées contre le même pharmacien, lorsque les énonciations de ses étiquettes et annonces ont été modifiées, et qu'il offre, d'ailleurs, d'employer toute autre désignation propre à faire reconnaître l'origine de la fabrication et à éviter toute confusion. — Cass., 29 mai 1861, Charpentier, [S. 61.1.853, P. 61.679, D. 61.1.247]

783. — Dès lors, l'arrêt qui, dans ce cas, se borne à déclarer qu'il y a chose jugée sur le fait de concurrence déloyale, est nul comme faisant une fausse application de l'autorité de la chose jugée, et comme n'étant pas suffisamment motivé à l'égard des nouvelles indications différentes des premières. — Même arrêt.

784. — Les tribunaux, saisis d'une demande en concurrence déloyale peuvent, en thèse générale, prendre toutes les mesures susceptibles de mettre fin à la pratique incriminée; au cours des développements précédemment fournis, nous avons indiqué différentes mesures ordinairement prescrites par les tribunaux (modification ou suppression du nom, de l'enseigne, etc. (V. *suprà*, n. 149, 212); nous ne reviendrons pas sur ces points, pas plus d'ailleurs que sur la question des dommages-intérêts (V. *suprà*, n. 63 et s.); mais il est cependant certaines mesures auxquelles parfois les tribunaux recourent et dont il n'a encore été parlé que d'une manière incomplète; quelques renseignements à leur égard sont donc nécessaires.

785. — Observons tout d'abord, en revenant sur une mesure de protection déjà étudiée, que l'arrêt qui interdit au propriétaire d'un hôtel garni de faire entrer certains mots dans la dénomination ou désignation de son hôtel, peut être interprété en ce sens que ces mots doivent disparaître, non seulement des enseignes ou annonces, mais encore des objets à l'usage intérieur ou extérieur de l'hôtel et des personnes qui y sont reçues : le second arrêt, qui interprète ainsi le premier, ne viole pas l'autorité de la chose jugée. — Cass., 22 déc. 1863, Cie Immobilière, [S. 64.1. 42, P. 64.321, D. 64.1.121] — V. Paris, 6 août 1862 (sol. implic.), Muller, [*Ann. prop. ind.*, 62.267]

786. — Le moyen le plus extrême auquel les tribunaux recourent est la fermeture de l'établissement dans lequel se passent les faits de concurrence déloyale. A ce sujet, il est important de noter que, comme aux termes de l'art. 1142, C. civ., toute obligation de faire se résout en dommages-intérêts, au cas de non-exécution de la part du débiteur, les tribunaux peuvent ordonner la fermeture d'un établissement et sanctionner par des dommages-intérêts éventuels l'exécution de leur décision, mais ils ne peuvent prescrire que cette fermeture de l'établissement aura lieu *manu militari*. — Paris, 28 juill. 1891, Comptoir commercial et immobilier, [*Ann. prop. ind.*, 94.113]

787. — L'une des formes sous lesquelles les tribunaux arbitrent parfois des dommages-intérêts consiste dans la condamnation du délinquant à payer les frais d'insertion du jugement dans les journaux. C'est en même temps une excellente œuvre de publicité destinée à combattre la publicité qui a nécessairement entouré les faits de concurrence déloyale. Aussi, ne semble-t-il pas que, du moment où on reconnaît cette mesure comme légale, on en doive restreindre l'application aux seuls cas où la personne poursuivie a usé des journaux pour porter atteinte au commerce de son adversaire. On comprend donc qu'il ait été décidé que les tribunaux peuvent prescrire l'insertion dans des journaux spéciaux de la décision par eux rendue, alors même que le commerçant, coupable de concurrence déloyale, n'aurait pas recouru à ce mode de publicité pour créer une confusion entre ses produits et ceux de l'autre commerçant. — Paris, 30 juin 1892, Charles Chanteaud, [*Gaz. des trib.*, 8 juill. 1892]

788. — Il y a lieu d'ordonner l'insertion du jugement de condamnation dans les journaux, lorsque les prospectus incriminés ont été répandus en grande quantité. — Trib. comm. Seine, 23 sept. 1875, Leroy, [*Ann. prop. ind.*, 76.237]

789. — Mais nous ne saurions admettre que la demande tendant à obtenir l'insertion du jugement dans les journaux n'est pas fondée, alors qu'il n'est pas établi que les défendeurs n'ont pas fait de publicité par la voie de la presse. — Paris, 10 nov. 1887, Truffault, [*Ann. prop. ind.*, 80.115; *Gaz. Pal.*, 87.2.620] — Rennes, 27 avr. 1893, Ducasse et Guibal, [*Jurispr. comm. et marit. de Nantes*, 93.1.285]

790. — Remarquons, en terminant, qu'une partie qui a obtenu d'un tribunal de commerce un jugement qu'elle est autorisée à insérer dans un journal, n'abuse pas de son droit en le faisant publier ce jugement le jour même de sa signification. — Douai, 21 avr. 1891, Herbeau, [*Jurispr. cour de Douai*, 1891, p. 164]

791. — Indépendamment de la publication du jugement dans les journaux, les tribunaux peuvent parfois ordonner sa reproduction dans des affiches dont alors ils limitent le nombre. — V. notamment à cet égard, Trib. comm. Seine, 1er juill. 1859, Lemercier et Cie, [*Ann. prop. ind.*, 59.360]

CHAPITRE V.

DROIT INTERNATIONAL.

792. — C'est une question vivement controversée que celle de savoir si les étrangers peuvent invoquer le texte de l'art. 1382, C. civ., pour faire cesser et condamner en France les faits de concurrence déloyale dont ils prétendent avoir à se plaindre. La jurisprudence semble portée à leur dénier ce droit; nous pensons que cette solution est contraire aux vrais principes; mais, avant de l'établir, il nous paraît essentiel de bien montrer sur quel terrain la question doit être portée; il ne faut pas oublier, en effet, que l'action en concurrence déloyale est une action purement civile et que, notamment, on conçoit très-bien, au cas d'imitation de marque ou de nom commercial, qu'elle soit intentée, sans que l'on ait besoin de recourir à l'application des lois pénales de 1824 et de 1857 sur le nom commercial et sur les marques de fabrique ou de commerce.

793. — C'est donc commettre un abus de raisonnement que de dire : l'action en concurrence déloyale ne doit être admise qu'au profit des personnes qui peuvent se prévaloir des dispositions des lois de 1824 et de 1857 ; par suite, on ne peut prétendre, notamment, que l'action en concurrence déloyale n'est ouverte qu'aux étrangers dont les pays protègent les commerçants ou industriels français contre la concurrence déloyale dont ils sont les victimes. — V. Allart, n. 53 et 311; Bert, p. 139 et s.; Pouillet, n. 694.

794. — Sans étendre directement à l'action en concurrence déloyale les conditions indiquées dans les lois de 1824 et de 1857, on arrive parfois à ce même résultat en prétendant que les dispositions des lois de 1824 et de 1857 ne peuvent conserver toute leur influence dans le domaine qui leur est propre que si l'action en concurrence déloyale est soumise aux règles de réciprocité inscrites dans ces lois. « Que deviendraient, dit M. Huard (*Propriété industrielle*, n. 146), le système de réciprocité, les espérances de traités internationaux fondées sur lui par ses partisans, si, par un biais ingénieux, on arrive à protéger l'étranger qui n'offre pas au Français la même protection? D'ailleurs, la jurisprudence s'était prononcée en sens contraire avant la loi de 1857. — Cass., 12 avr. 1854, Kirby, [S. 55.1.827, P. 55.2.137, et les renvois] — Si le législateur de 1857 avait entendu modifier cette jurisprudence, il est très-probable qu'il l'eût exprimé formellement ». — Sic, Ruben de Couder, *loc. cit.*, n. 171.

795. — L'objection consiste donc à dire que l'on ne peut permettre à un étranger qui n'est pas dans le cas d'invoquer les lois de 1824 et de 1857, de demander des dommages-intérêts en argumentant du délit civil de concurrence déloyale, parce qu'autrement on tournerait la disposition de la loi qui n'a pas voulu accorder aux étrangers une protection sans condition. Cette objection ne nous paraît pas décisive. Il y a une grande différence entre l'application des lois spéciales de 1824 et de 1857 et l'application de l'art. 1382, C. civ., et on ne peut dire que l'étranger sera dans la même situation selon qu'il invoquera l'une ou l'autre disposition. La protection est autrement énergique quand on peut faire infliger une peine sévère aux contrevenants, procéder par voie de saisie, etc., ou quand on ne peut que demander des dommages-intérêts. Ce qui prouve que la protection de l'art. 1382, C. civ., est insuffisante, c'est que les nationaux ne s'en sont pas contentés et ont demandé une loi établissant des peines et une procédure spéciale. On peut donc, sans inconséquence, permettre d'invoquer l'art. 1382, C. civ., à ceux qui ne peuvent invoquer les lois de 1824 et de 1857. Pourquoi les étrangers, au cas d'imitation de marques, ne seraient-ils pas assimilés à des Français qui n'auraient pas rempli les formalités de la loi de 1857, qui ne pourront dès lors se prévaloir des dispositions de celle-ci, mais seraient toujours recevables à se plaindre d'un fait de concurrence déloyale? — Renault, note sous Trib. Seine, 8 mai 1878, Rovoland, [S. 80.2.113, P. 80.438] — Pataille, *Ann. prop. ind.*, 57.362; Rendu, n. 121; Dufourmantelle, p. 142.

796. — Cette argumentation ainsi écartée, on en produit une autre pour dénier aux étrangers le bénéfice de l'action en concurrence déloyale; on se prévaut du principe de l'art. 11, C. civ., et on prétend que l'action en concurrence déloyale est une de ces actions qui n'appartiennent en principe qu'aux nationaux. Nous ne pouvons admettre cette objection comme fondée; sans entrer dans l'examen des difficultés que soulève l'interprétation de l'art. 11, C. civ., nous nous contenterons d'objecter, avec M. Bozérian : « le droit pour l'étranger de faire le commerce en France n'est pas un droit civil ; en s'y livrant, il accomplit un acte autorisé par le droit des gens. Il peut donc invoquer à son secours l'aide de la loi française, toutes fois qu'il ne rencontre un obstacle exceptionnel, qui arrête ou paralyse l'exercice de son action ». Il tire un puissant argument d'analogie des décisions d'après lesquelles un étranger est recevable à poursuivre une compagnie de chemin de fer, afin de lui faire défendre d'exercer un commerce contraire à ses statuts, et par exemple le commerce des charbons de terre, et d'obtenir contre elle des dommages-intérêts pour faits de commerce illicite. — V. Bozérian,

Consultation délibérée à l'occasion de l'affaire Rowland. — Trib. Seine, 8 mai 1878, précité. — V. *suprà*, v° *Chemin de fer*, n. 215 et 216.

797. — Jugé cependant, que l'action privée nécessaire pour obtenir des tribunaux français la réparation pécuniaire du dommage résultant d'une concurrence commerciale caractérisée par la vente de produits similaires, avec imitation ou contrefaçon des noms ou marques employés par un commerçant anglais, établi en France, constitue un droit civil de la nature de ceux que l'art. 11, C. civ., n'accorde aux étrangers en France qu'à la condition de réciprocité stipulée dans les traités (ou de réciprocité promise par les lois internes). — Cass., 16 nov. 1857, Klug, [S. 58.1.199, P. 58.1118, D. 58.1.55]

798. — Que spécialement, le droit d'agir en concurrence déloyale n'est pas reconnu aux négociants anglais; les traités de Ryswick et d'Utrecht, en supposant que ces traités soient toujours en vigueur, ne contiennent à cet égard aucune stipulation positive. — Même arrêt. — Cette déduction particulière ne serait plus exacte depuis notamment que la Grande-Bretagne et la France font l'une et l'autre partie de l'Union de 1883 pour la protection de la propriété industrielle.

799. — Que le principe que les étrangers n'ayant pas d'établissement en France ne peuvent, sauf le cas de réciprocité, prétendre au bénéfice des lois du 22 juill. 1824 et du 23 juin 1857, s'applique aussi bien lorsqu'il s'agit de l'action civile ou l'action pénale instituée par ces deux lois spéciales que lorsqu'il s'agit de réclamer par la voie commerciale, la réparation des faits de concurrence déloyale analogues à ceux prévus par ces lois, mais en se fondant sur les art. 1382 et 1383, C. civ. — Nîmes, 2 déc. 1893, Société South bend iron work, [*J. La Loi*, 19 déc. 1893]

800. — On peut prétendre, pour la première fois, en appel, que des étrangers, n'ayant pas d'établissement en France, ne peuvent invoquer les dispositions de la législation française relatives à la concurrence déloyale; on est, en ce cas, non pas en présence d'une de ces exceptions qui, aux termes de l'art. 173, C. proc. civ., doit être soulevée avant toute défense, mais bien en présence d'un moyen de nature à mettre en question l'existence même du droit. — Même arrêt.

801. — Les citoyens américains peuvent, en France, invoquer, pour faire respecter leurs noms et leurs marques, les dispositions de la loi française, absolument comme s'ils étaient Français; ils peuvent, au lieu d'intenter l'action civile ou l'action pénale des lois de 1824 et de 1857, s'en tenir purement et simplement à l'action en concurrence déloyale. — Même arrêt.

802. — La jurisprudence semble donc être définitivement fixée dans un sens défavorable aux étrangers ; il n'en a pas toujours été ainsi. On peut, en effet, citer à l'appui de notre opinion, un arrêt qui implicitement reconnaît le droit des étrangers à la protection de l'art. 1382, C. civ., puisqu'il décide que les tribunaux français sont compétents pour connaître des questions de concurrence déloyale naissant en France entre étrangers qui y résident. — Paris, 22 mars 1855, Warton, [*Ann. prop. ind.*, 55-56.40] — *Sic*, Pataille, *loc. cit.*

803. — En tous cas, si nous ne nous attachons pas aux questions de compétence, il est incontestable que, par application de l'art. 14, C. civ., les tribunaux français sont compétents pour connaître des procès en concurrence déloyale intentés par des Français contre des étrangers, alors même que les faits reprochés se seraient passés en pays étranger. — Paris, 25 janv. 1856, Emmanuel Bloc, [*Ann. prop. ind.*, 56.57]

804. — De même encore, le négociant qui a deux maisons de commerce, l'une à l'étranger, l'autre en France, peut être poursuivi en France pour des annonces faites à l'étranger et qui, même en France, et par réaction, peuvent créer une confusion entre ses produits et ceux d'une maison rivale. — Paris, 9 mai 1863, Bardel et Cie, [*Ann. prop. ind.*, 63.252] — *Sic*, Pouillet, n. 625.

805. — Les tribunaux français sont compétents pour connaître d'une action en concurrence déloyale, pendante entre deux Français, alors même que les faits reprochés se seraient passés à l'étranger. — Riom, 10 août 1859 (sol. impl.), Challeton, [*Ann. prop. ind.*, 59.409]

806. — On a aussi décidé que l'individu qui, établi en France, commet à l'étranger des actes qui, appréciés d'après la loi française, constitueraient des faits de concurrence déloyale, est par cela même justiciable des tribunaux français, alors d'ailleurs que, par suite des relations entre le pays étranger et la France, cette personne peut, en France, tirer profit des manœuvres auxquelles elle se livre à l'étranger. — Angers, 15 déc. 1891, Syndicat du commerce des vins de Champagne, [J. *La Loi*, 10-11 janv. 1892; *Journ. du dr. int. pr.*, 1892, p. 1144] — V. Pouillet, *La propriété industrielle* (de Berne), 1892, p. 125.

807. — Spécialement, celui qui, à l'aide de menu-réclames, de prospectus et d'annonces, répandus et publiés en Angleterre, cherche à vendre, sous le nom de Champagne, des vins mousseux de Saumur, peut être poursuivi devant les tribunaux français qui, au surplus, n'ont pas à rechercher si certains actes prohibés en France, sont tolérés ou permis en Angleterre, du moment où, d'ailleurs, ces faits accomplis à l'étranger profitent en France à l'intéressé. — Même arrêt.

808. — ... Que les tribunaux français peuvent, en pareille hypothèse, condamner le défendeur à des dommages-intérêts à raison des faits par lui accomplis à l'étranger comme à raison de ceux qu'il a perpétrés en France. — Même arrêt.

809. — Les solutions admises par la cour d'Angers nous paraissent contestables; nous ne pouvons mieux faire que reproduire les observations qui accompagnent l'arrêt de 1891 dans le *Journal du droit international privé* : « la cour s'est abstenue d'argumenter de l'interprétation large donnée à l'art. 14, C. civ., et grâce à laquelle les étrangers peuvent être cités, devant les tribunaux français, pour des faits commis à l'étranger; il en a peut-être été ainsi parce que les faits reprochés aux défendeurs ne constituaient pas de quasi-délits d'après la loi du pays étranger où ils avaient été accomplis; l'art. 14, C. civ., ne pouvait donc être de mise dans une espèce où véritablement il n'y avait eu d'obligation née à l'étranger; la cour a néanmoins considéré que les juridictions françaises étaient compétentes pour prononcer une condamnation à des dommages-intérêts; pour cela, elle s'est bornée à constater que les journaux étrangers, renfermant les annonces répréhensibles, avaient accès en France; il est permis de penser que la cour aurait dû imposer aux demandeurs une justification plus complète que celle tirée de l'introduction *possible* des journaux anglais en France; il ne faut pas oublier, en effet, que la cour paraît admettre que les faits reprochés aux intimés sont tolérés ou permis en Angleterre; cela étant, elle aurait dû, semble-t-il, exiger des demandeurs qu'ils prouvent que des exemplaires des journaux anglais incriminés étaient entrés en France et que même l'introduction était le fait des négociants poursuivis. Aucune faute n'ayant été, par hypothèse, commise à l'étranger, il fallait, pour rendre légitime en France l'action judiciaire, qu'une faute eût été commise en France. »

810. — Après quelques hésitations, la jurisprudence paraît fixée en ce sens qu'en principe, les faits qui motivent une demande en dommages-intérêts sont régis par la loi du lieu où ces faits ont été commis (V. *infrà*, v° *Responsabilité*); mais on reconnaît que l'application de la loi étrangère aux délits civils perpétrés en pays étrangers doit cependant être écartée lorsque cette loi est contraire à l'ordre public. Il a, en conséquence, été décidé que le banquier auquel le prince de Monaco a concédé le monopole des opérations de banque dans l'étendue de la principauté, n'est pas fondé à assigner pour concurrence déloyale une maison de banque française, qui a établi sur la partie française du territoire du chef-lieu de la principauté une succursale, à laquelle, dans ses prospectus, annonces et en-tête de lettres, elle donne le nom de cette ville; il ne saurait se dire légitimé à avoir acquis un droit de propriété sur ce nom, en dehors des dispositions législatives spéciales, lesquelles, étant contraires aux règles d'ordre public reçues en France, n'y peuvent recevoir application. — Cass., 29 mai 1894, Morley Unwin, [*Gaz. Pal.*, 27 juin 1894] — Aix, 19 déc. 1892, Morley Unwin, [S. et P. 93.2.201, et la note de M. Naquet]

CHAPITRE VI.

LÉGISLATION COMPARÉE.

811. — « L'action en concurrence déloyale, si usuelle en France, est presque inconnue dans les autres pays, tout au moins en ce qui, de près ou de loin, touche aux marques de fabrique ou au nom commercial. On tient généralement que les cas dont le législateur a voulu atteindre la répression en ces matières sont explicitement contenus dans la loi spéciale et que tout ce qui n'est pas défendu par cette loi est permis. » — Maillard de Marafy, t. 4, p. 212.

812. — *Allemagne.* — Même dans les parties de l'Allemagne où sont en vigueur les dispositions du Code civil français ou celles du Code qui, comme le Code général pour les États prussiens et le Code saxon, par exemple, contient un article analogue à l'art. 1382, C. civ. franç., l'action en concurrence déloyale ne peut jamais être invoquée comme complément des dispositions de la loi spéciale de 1874 sur les marques de fabrique et le nom commercial.

813. — Le tribunal de l'Empire (Reichsgericht) a fait une première application de cette théorie dans un arrêt du 30 nov. 1880. Une société par actions, qui vendait des eaux minérales sous la désignation de « Apollinaris Brunnen » prétendait avoir à se plaindre d'un concurrent qui débitait des eaux minérales sous le nom de « Apollinis Brunnen ». Comme dans le pays où les faits répréhensibles avaient été commis, la législation française était encore en vigueur, la demande était subsidiairement basée sur la théorie que notre jurisprudence a tirée du texte général de l'art. 1382, C. civ.; mais le tribunal de Leipzig a déclaré que « l'art. 1382 ne peut plus être invoqué, vu que la loi d'Empire sur les marques a voulu régler toutes ces propriétés commerciales, soit noms, figures, dénominations, etc., d'une manière uniforme et exclusive ». — *Journ. du dr. int. pr.*, 1886, p. 389. — V. aussi Reichsgericht, 10 nov. 1880, Gebrüder Tharbecke, [Maillard de Marafy, t. 1, p. 499]

814. — Le tribunal de l'Empire a consacré à nouveau cette même théorie dans son arrêt du 2 juill. 1886 (*Journ. du dr. int. pr.*, 1886, p. 401, Maillard de Marafy, t. 1, p. 196). Cet arrêt est intervenu dans l'affaire, devenue depuis lors classique, de la main noire; nous empruntons tous les détails sur ce procès important à un remarquable article de M. Otto Mayer sur le conflit des lois en Allemagne en matière de marques de commerce et de concurrence déloyale (*Journ. du dr. int. pr.*, 1886, p. 385). Voici quelles étaient les circonstances de fait : la manufacture des tabacs de Strasbourg avait, le 12 sept. 1875, déposé comme marque une vignette dans laquelle était représentée une main noire; elle avait négligé de renouveler le dépôt en temps utile; la radiation de la marque fut prononcée le 26 sept. 1885; immédiatement un concurrent s'en empara et il fit défense à la manufacture des tabacs de continuer à s'en servir; celle-ci actionna son concurrent en nullité du dépôt de la marque.

815. — Le tribunal de Strasbourg accueillit la demande de la manufacture des tabacs par un jugement du 30 oct. 1885 (*Journ. du dr. int. pr.*, 1886, p. 391); pour le tribunal, la loi sur les marques n'a créé une uniformité de droit pour tout l'Empire allemand qu'en ce qui concerne les droits résultant du dépôt même; pour tout ce qui reste en dehors de ces derniers, la législation particulière subsiste; mais cette manière de voir a été condamnée par la cour de Colmar (3 févr. 1886, *Journ. du dr. int. pr.*, 1886, p. 398, Maillard de Marafy, t. 1, p. 192) et aussi par le Reichsgericht.

816. — Pour écarter la solution admise par le tribunal de commerce de Strasbourg, chacune de ces juridictions supérieures s'est placée à un point de vue différent; pour la cour de Colmar, la demande doit être repoussée parce que « le système de la loi sur les marques est que la priorité du dépôt donne un droit définitif et qu'il serait contraire à ce système de laisser contester un pareil droit en se basant sur la possession antérieure de la marque. »

817. — « Mais la théorie adoptée par le Reichsgericht va plus loin. Elle s'attache à son caractère spécial que pourra avoir la marque de la loi allemande et qui mettrait celle-ci à l'abri d'une attaque en raison d'une prétendue concurrence déloyale. Elle se place sur un terrain plus élevé. D'après les principes qui régissent les rapports réciproques des lois d'Empire et des lois particulières, celles-ci restreignent par le seul fait de leur existence le domaine de ces dernières : la législation de l'Empire s'étant emparée d'une matière à régler pour les lois civiles, les lois civiles des États particuliers disparaissent non seulement en tant qu'elles sont contraires aux nouveaux textes, mais pour tout ce qui concerne cette matière. Elles ne peuvent pas même vouloir couvrir des lacunes, car où la loi d'Empire n'a rien défendu, rien prescrit, elle est censée avoir exprimé la volonté que rien ne doit être défendu ni ordonné ». — Mayer,

Journ. du dr. int. pr., 1886, p. 387. — La cour de Colmar, par arrêt du 10 janv. 1888, Simonin-Blanchard, [Maillard de Marafy, t. 1, p. 350] et par arrêt du 18 sept. 1888, Menier, [Maillard de Marafy, t. 1, p. 349], s'est rangée à cette manière de voir.

818. — Jugé encore qu'aucune protection n'est accordée par la loi de 1874, contre l'opposition, sur les produits d'une maison, d'une fausse indication géographique constituant une simple adjonction à la forme non contestée de cette maison et l'on ne saurait invoquer, à défaut de cette protection, la concurrence déloyale consistant dans la tromperie commise au détriment du public et dans les obstacles apportés au débit des marchandises du demandeur. — Trib. de l'Empire, 20 avr. 1892, Cie des tabacs ottomans, [*La propriété industrielle* (de Berne), 1893, p. 122]

819. — Ces décisions des tribunaux allemands ont rencontré une vigoureuse résistance de la part de la doctrine : « J'ai plaidé de toutes mes forces, dit Kohler, la cause de la protection contre la concurrence déloyale et démontré que cette protection résultait de l'état actuel de notre droit, sans qu'il fût besoin d'aucune innovation législative, absolument comme dans d'autres pays on avait, sans le secours de la loi, déduit une semblable protection du principe de la bonne foi et du droit de tout individu à se protéger lui-même contre les atteintes frauduleuses venant du dehors ». — *De la protection en Allemagne des marques de fabrique ou de commerce étrangères, Journ. du dr. int. pr.*, 1887, p. 164; Rosenthal, *Grünhut's Zeitschrift*, t. 13, p. 682.

820. — Une telle limitation n'a pas toujours été apportée au texte de l'art. 1382, C. civ. fr., dans les pays allemands où ce texte est resté en vigueur; il résulte, en effet, d'un arrêt de la cour de Cologne, 9 nov. 1834, Hayem, [*Ann. pr. ind.*, 35.6], que si, à l'époque où l'arrêt fut rendu, le bénéfice de l'action en concurrence déloyale fut refusé à un négociant français, dans les provinces rhéanes, ce fut uniquement parce qu'il n'existait pas alors, en matière de marques, de traité de réciprocité entre la France et la Prusse, et parce que la France n'usait point encore du système de la réciprocité législative. Certains auteurs qui admettent l'existence de l'action en concurrence déloyale reconnaissent que les étrangers doivent à son égard être traités de la même manière que les industriels allemands. — V. Kohler, *loc. cit.*, p. 165.

821. — A une époque plus récente, peu après l'annexion de l'Alsace et de la Lorraine à l'Allemagne, la cour de Colmar, 9 avr. 1873, Say, [*Ann. prop. ind.*, 73.148], a fait application de l'art. 1382, C. civ., à l'encontre d'un français des dispositions de l'art. 1382, C. civ., à l'encontre d'un industriel qui, durant la guerre de 1870-1871, avait introduit sous de fausses marques, des produits de qualité inférieure.

822. — Si restreinte que soit en Allemagne l'idée de la protection contre la concurrence déloyale, il ne faudrait pas croire cependant qu'elle n'existe pas; qu'il nous soit permis de citer à ce sujet un arrêt du tribunal d'Empire du 1er nov. 1887, [*Seuffert's Archiv*, t. 43, p. 274] — Il s'agissait, en l'espèce, d'un négociant qui avait porté à son actif des certificats qui, dans l'esprit de leurs auteurs, avaient pour objet les produits d'un autre industriel; le tribunal de l'Empire se refusa à prononcer des dommages-intérêts par ce seul motif que le demandeur n'avait pu établir qu'une seule personne, sur le vu des prospectus incriminés, lui eût retiré la pratique pour la porter aux défendeurs. La circonstance que le tribunal d'Empire a cru nécessaire d'écarter par ce moyen la demande portée devant lui implique que, dans certains cas particuliers, la législation allemande connaît l'action en concurrence déloyale.

823. — Il semble que la lacune des lois allemandes qui vient d'être signalée est sur le point d'être comblée : dans une proposition de loi relative aux marques que le Reichstag a adoptée, le 19 avr. 1894 en troisième lecture, on avait, lors de la seconde lecture, introduit un § 15-*b*, ainsi conçu : « Quiconque, dans le but de tromper le commerce, fait, en ce qui concerne l'origine, l'acquisition, les qualités particulières de certaines marchandises, et les distinctions obtenues par elles, ou en ce qui concerne l'importance des approvisionnements, la cause de la vente ou la fixation des prix, de fausses indications de nature à induire en erreur sur la nature, la valeur ou la provenance de la marchandise, sera passible d'amende jusqu'à 3,000 marcs ou d'emprisonnement jusqu'à trois mois, sans préjudice des dommages-intérêts pouvant être réclamés par la partie. A la requête des intéressés et sur la présentation des parties nécessaires, le tribunal pourra prendre, par la voie d'une ordonnance préjudicielle, des dispositions de nature à empêcher les annonces et arrangements combinés en vue d'induire en erreur. »

824. — « Cette proposition, dit M. Paul Schmid, était dirigée contre les manifestations les plus caractérisées de la concurrence déloyale dans le commerce des marchandises. On citait à l'appui les succès obtenus par la jurisprudence française dans sa lutte contre la déloyauté commerciale. Ce paragraphe, déjà adopté en seconde lecture, a malheureusement échoué en troisième lecture, sur la menace du gouvernement de retirer tout le projet de loi au cas où cette disposition serait adoptée. Le gouvernement a toutefois laissé entrevoir qu'il présenterait bientôt un projet de loi sur la concurrence déloyale ». — *La propriété industrielle* (de Berne), 1894, p. 63. — V. aussi, *ibid.*, 1893, p. 47.

825. — En regard de cette promesse du gouvernement allemand, il est peut-être utile de placer l'opinion de l'un des jurisconsultes qui, en Allemagne, se sont le plus particulièrement occupés de cette question de la concurrence déloyale; pour lui, une réforme de la législation allemande, sur ce point, n'est guère à espérer; « le terrain de la concurrence commerciale, chez nous, est le terrain d'une liberté absolue et entière, où aucun fait n'est soumis à produire un droit de légitimité; il suffit qu'il ne soit pas défendu d'une manière spéciale et expresse, pour qu'il soit permis et ne rende pas responsable du dommage causé. L'affaire de la « main noire » a démontré une fois de plus quelle est la puissance de ces idées... La théorie adoptée par notre arrêt ne sera pas d'une importance éphémère ». — *Journ. du dr. int. pr.*, 1886, p. 389.

§ 2. AUTRICHE.

826. — Aucun industriel ne peut, pour l'enseigne extérieure de ses locaux d'exploitation ou de sa demeure, pas plus que dans des circulaires, des annonces publiques ou des prospectus de prix courants, s'approprier, contrairement au droit, le nom, la raison commerciale, les armes ou la marque particulière de fabrique d'un autre fabricant ou producteur indigène. Il ne peut, par les mêmes moyens, qualifier faussement les objets de sa propre fabrication en les faisant passer pour objets provenant d'une autre fabrique. Un semblable empiètement donne à la partie lésée le droit de se pourvoir devant l'autorité compétente à l'effet d'empêcher l'emploi ultérieur de l'enseigne abusive et de faire interdire la qualification frauduleuse. — L. sur l'industrie (Gewerbeordnung), 15 mars 1883, art. 46, *Ann. lég. étr.*, 1884, p. 947. — V. aussi art. 49.

827. — Le plaignant ne cesse pas d'avoir droit à être légalement protégé, lors même que son nom, sa raison commerciale, ses armes, la désignation spéciale de son établissement, sont plus ou moins déguisés dans l'annonce trompeuse par des additions, des prétéritions ou modifications pouvant échapper à l'attention (Même art.).

828. — Si l'un des empiètements dont il vient d'être parlé a été sciemment commis, l'infraction est punissable, aux termes de la loi sur l'industrie. Ce n'est, en principe, qu'à la requête de la partie lésée, que peut être intentée une action criminelle; si cette partie retire la demande de poursuites avant la signification à l'accusé de la décision judiciaire, il n'y a plus lieu de lui appliquer aucune peine, sans préjudice néanmoins de l'action civile en indemnité qui peut être intentée contre lui (art. 47). Notons, à ce sujet, que les tribunaux ont tout pouvoir discrétionnaire pour apprécier aussi bien l'existence que la valeur du dommage causé (art. 50).

829. — La protection assurée aux fabricants et producteurs indigènes s'étend aux fabricants et producteurs étrangers, lorsque l'Etat auquel ces derniers appartiennent, accorde à son tour aux étrangers une égale protection (art. 48).

§ 3. BELGIQUE.

830. — Dans ce pays, l'art. 1382, C. civ. fr., qui y est encore en vigueur, a reçu, en principe, la même interprétation large que celle que les tribunaux français lui ont donné. Il est cependant essentiel de signaler une différence capitale entre la jurisprudence de chacun des deux pays ; la loi belge du 1er avr. 1879 sur les marques de fabrique se rapproche considérablement de la loi française correspondante du 23 juin 1857; c'est cependant au cas d'imitation de marque qu'existe cette différence caractéristique dont nous parlons. On admet généralement, en France, que l'action en concurrence déloyale peut être utilement invoquée par le propriétaire d'une marque qui a négligé de la déposer (V. *supra*, n. 613 et s., 630). Tel était le système consacré dans le projet de loi déposé par le gouvernement belge, mais la Chambre des représentants fit subir au texte de l'art. 2 les modifications nécessaires pour empêcher que ce système puisse être reproduit en justice. — Braun, *Nouveau traité des marques de fabrique et de commerce*, etc., n. 33 et 83 ; *Propriété industrielle* (de Berne), 1893, p. 35 ; Picard, *Belgique judiciaire*, 1877, p. 500 ; Maillard de Marafy, t. 2, p. 35 (où sont reproduits les débats parlementaires sur ce point important). — V. Trib. comm. Gand, 25 avr. 1891, [*Journ. trib.* (B.), 91.849] — *Contrà*, Trib. Charleroi, 3 nov. 1891, Leclercq, [*Pand. pér.* (B.), 92.146]

831. — Il faut bien s'entendre d'ailleurs sur la portée de la restriction mise par le législateur belge à la généralité de l'art. 1382 : l'emploi par un tiers d'une marque non déposée ne peut jamais constituer à lui seul un fait de concurrence déloyale ; mais il en est différemment des manœuvres illicites, qui ont pu accompagner et vicier cet emploi : « un négociant, dit M. Braun (n. 83), présente à ses clients, comme provenant de telle maison, des produits d'une autre origine, et qui n'ont de commun avec les premiers que la même marque dont l'usage n'a pas été monopolisé. Il ne se contente pas de profiter de la confusion à laquelle cette identité d'étiquettes peut donner lieu, il la favorise par des réclames, il la provoque par des affirmations mensongères. Ou bien, adoptant une tactique opposée, il représente la marchandise de son concurrent comme une imitation de la sienne, il la dénigre et la déprécie publiquement et cherche ainsi à détourner à son profit la clientèle d'une maison rivale : incontestablement, l'auteur de ces manœuvres ajoute à l'acte licite, consistant dans l'emploi de la même marque, des actes illicites qui engagent sa responsabilité et le rendront passibles de dommages-intérêts. »

832. — Si donc la loi belge ne connaît d'autre mode d'appropriation des marques que le dépôt, des dommages-intérêts peuvent néanmoins être dus si, en dehors de l'imitation de la marque, il y a eu emploi de manœuvres frauduleuses constituant une concurrence déloyale pour vendre des produits au lieu et place d'autres (ressemblances des enveloppes des marchandises, papiers, dimensions, couleurs, inscriptions diverses). — Bruxelles, 8 nov. 1875, Spies, [*Pasicr. belg.*, 76.2.23, Clunet, 76.300]

833. — Cela étant, il y a lieu de distinguer entre ce qui peut constituer une marque et qui n'est protégé que si l'on a procédé au dépôt prévu par la loi, et ce qui ne peut être protégé comme marque et ce qui par conséquent est protégé par l'action en concurrence déloyale, en l'absence de toute formalité préliminaire. « Nous ne nous dissimulons pas, dit à ce sujet M. Braun (n. 33), que dans la pratique la distinction dont nous parlons soulèvera souvent des difficultés, plus encore que par le passé, en raison de la généralité des termes de l'art. 1er (de la loi de 1879). Mais pas plus sous la nouvelle que sous l'ancienne législation, il ne sera possible de voir une marque de fabrique dans tous les signes extérieurs d'un produit et de son contenant, ni une imitation de marque de fabrique, dans toute ressemblance extérieure donnée à des produits similaires. »

834. — La concurrence déloyale prend en Belgique les mêmes formes qu'en France et nous pourrions indiquer un grand nombre de décisions belges qui ont statué sur nos questions ; nous nous contenterons de signaler quelques-unes des plus récentes de manière à donner de l'action en concurrence déloyale en Belgique une idée suffisamment précise. — En Belgique comme en France, le nom d'un lieu renommé de fabrication constitue la propriété collective des fabricants du pays ; ils ont droit de poursuivre ceux qui l'usurpent et de leur réclamer des dommages-intérêts pour le préjudice que leur a causé cet acte de concurrence déloyale. — Trib. comm. Tournai, 16 oct. 1891, [*Journ. trib.* (B.), 10 déc. 1892] — V. *suprà*, n. 240 et s.

835. — Ainsi, commet un abus celui qui vend comme chaux du bassin de Tournai, la chaux de Baseiles de moindre qualité et à un prix moindre ; peu importe qu'il se soit servi de cette qualification au lieu de celle de chaux de Tournai, le public ne faisant pas de différence entre ces deux dénominations, tandis qu'il fait une différence entre la chaux de Tournai et la chaux de Baseile. — Même arrêt.

836. — En vain le défendeur chercherait à se justifier en disant que c'est à la demande d'un acheteur qu'il a appliqué sur ses sacs une marque spéciale dont il ne se sert jamais. — Même arrêt.

837. — En Belgique comme en France, c'est un point délicat que celui de savoir si un ancien employé qui vient à fonder une maison de commerce ou d'industrie peut se prévaloir de son ancienne qualité. Jugé, en ce sens, qu'un ancien employé excède les limites de la libre concurrence quand il fait valoir dans des affiches, annonces ou circulaires adressées au public, le nom et la réputation de la maison à laquelle il a été attaché et dont il connaît les relations et les secrets. — Bruxelles, 2 mai 1891, Kakker, [*Pand. pér.* (B.), 1891, p. 867] — V. *suprà*, n. 338 et s.

838. — Mais décidé que le fait d'adresser au public, même en y comprenant les clients de son ancien patron, des circulaires pour se recommander ne constitue pas de la part de l'employé un acte de concurrence déloyale. — Trib. comm. Anvers, 1er mai 1890, [*Jurisp. port Anvers*, 1892, p. 41]

839. — En disant dans ses circulaires qu'il a acquis des connaissances spéciales dans une des premières maisons de la ville l'employé n'a pu causer aucun tort à son ancien patron. — Même jugement.

840. — Lorsqu'un commerce, organisé dans de vastes proportions et avec force réclames et publicité, vise une clientèle pour ainsi dire européenne, l'enseigne qui sert à désigner les magasins où il s'exerce peut être revendiquée même à l'étranger, alors que l'intention de la concurrence illicite se révèle de façon indiscutable par l'imitation presque servile de la marque des mandeurs et par l'adoption de leurs procédés commerciaux. — Liège, 17 déc. 1885, Hériot et Cie (Grands magasins du Louvre), [*Ann. prop. ind.*, 87.281] — V. *suprà*, n. 393 et s.

841. — L'argument tiré des distances peut être une cause d'atténuation du préjudice éprouvé, mais il n'empêche pas le fait de la concurrence illicite. — Même arrêt.

842. — Lorsqu'un industriel a créé la dénomination de « Trois François », abréviation et jeu de mots pour caractériser, par leur prix minime et jusqu'alors inconnu de 3 fr. 60 la pièce, des objets de son commerce et leur spécialité, il est du devoir de la concurrence loyale de respecter cette possession, tout au moins dans les localités où celle-ci s'exerce. — Liège, 30 juin 1887, Mebay, [*Ann. prop. ind.*, 88.136]

843. — Mais, en supposant que, par suite de la priorité de la possession, un négociant ait, à Bruxelles, un droit exclusif à l'usage de la dénomination commerciale *Old England*, il ne peut agir en concurrence déloyale contre ceux qui prennent la même dénomination mais qui ont soin d'y ajouter les noms de : de Paris, Rouen, Bordeaux, etc. — Bruxelles, 12 févr. 1887, Hermann Ehrenfield, [*Journ. des trib.* (B.)], 13 mars 1887, [Clunet, 87.213]

844. — Lors des débats de la loi du 22 mars 1886 sur le droit d'auteur, M. Montefiore-Lévy avait déposé au Sénat un amendement ainsi conçu : « Tout journal peut reproduire un article ou un télégramme publiés dans un autre journal, à la condition d'en indiquer la source, à moins que ceux-ci ne portent la mention spéciale que la reproduction est interdite ». Il s'agissait d'étendre la protection de la loi sur le droit d'auteur à tous les télégrammes transmettant même de simples nouvelles politiques et n'offrant aucun caractère littéraire ; cet amendement, voté au Sénat, fut repoussé à la Chambre des représentants ; on considéra que la disposition sortait du domaine de la propriété littéraire pour rentrer dans le domaine de la concurrence déloyale. — Benoit et Deschamps, p. 425 ; Wouwermans, *Loi du 22 mars 1886*, n. 63. — V. *suprà*, n. 537 et s.

845. — Le fabricant qui se livre à des manœuvres pour tenter de profiter de la notoriété attachée à certains produits débités par un autre, pour bénéficier de la réputation acquise par ce fabricant grâce à ses efforts et à la publicité faite à ses frais est obligé de réparer le dommage ainsi causé. Peu importe que chacun des éléments de l'imitation appartienne au domaine public ; c'est leur réunion, leur assemblage intentionnel qui constitue le fait illicite. — Trib. comm. Anvers, 17 avr. 1876, de Beukelaer, [*Jur. Anvers*, 77.1.337 ; Clunet, 77.561]

846. — La concurrence doit être libre, mais la liberté s'arrête au point où elle lèse les droits d'autrui ; si chacun peut vendre ses produits comme il l'entend, un commerçant n'a cependant pas le droit de présenter au public une substance quelconque comme étant celle débitée par un concurrent, alors qu'elle n'a rien de commun avec cette dernière, et en outre de l'offrir à un prix dérisoire en comparaison de celui du concurrent. — Trib. comm. Bruxelles, 3 juill. 1890, Booke et Vendendriessche, [*Pand. pér.* (B.), 92, n. 74] — V. *suprà*, n. 651 et s.

847. — Jugé encore que l'imprimeur qui travaille pour le compte d'un négociant en étiquettes, ne commet pas de concurrence déloyale, lorsqu'il fait figurer dans un album chacune des étiquettes qu'il fabrique pour ce négociant, qu'il présente cet album aux clients ordinaires de ce négociant, alors même qu'il offre de fournir à meilleur marché des étiquettes analogues, du moment où d'ailleurs, après chaque tirage, il a restitué à l'intéressé les pierres lui appartenant, et qu'il n'a pu ainsi en faire un usage abusif. — Bruxelles, 15 oct. 1890, Stumgès et Cie, [Journ. trib. (B.), 90.1413]

848. — Il y a concurrence déloyale donnant lieu à des dommages-intérêts, lorsqu'un commerçant lance dans le public des circulaires où une société concurrente, nommément désignée, est l'objet de vives attaques au sujet de la manière dont elle répartit les bénéfices entre ses membres. — Trib. comm. Gand, 14 févr. 1894, Société coopérative Vooruit, [Jurispr. commerc. des Flandres, 94.182] — V. suprà, n. 687 et s.

849. — En Belgique, comme en France, le tribunal de commerce est compétent pour connaître entre commerçants d'une action qui a pour base des propos malveillants tenus dans un but de concurrence déloyale. — Bruxelles, 18 mai 1881, Siegerist-Sterckx, [S. 82.4.15, P. 82.2.25] — V. suprà, n. 737 et s.

850. — Mais les tribunaux belges ont, à la différence des tribunaux français, reconnu à tous les étrangers le droit d'intenter l'action en concurrence déloyale. En conséquence, le droit pour tout individu ou pour toute société de faire respecter son nom ou sa raison sociale doit être protégé dans la personne d'un étranger comme dans celle d'un régnicole. — Trib. comm. Bruxelles, 28 oct. 1889, La Banque parisienne, [Belg. jud., 89.1490] — Bruxelles, 7 févr. 1890, Même aff., [Belg. jud., 90.326; Clunet, 90.143] — V. suprà, n. 792 et s.

§ 4. Égypte.

851. — L'un des motifs mis en avant par Nubar-pacha pour la création des tribunaux mixtes était la nécessité de garantir légalement la propriété littéraire, artistique et industrielle (V. Darras, *Du droit des auteurs et des artistes dans les rapports internationaux*, n. 298); les tribunaux mixtes ont été créés, et la législation égyptienne ne possède pas encore en ces matières de loi spéciale (1); les intéressés ne sont cependant point désarmés complètement; les tribunaux mixtes leur accordent des dommages-intérêts au cas de violation de leurs droits. L'absence de loi spéciale fait que ces usurpations sont uniquement punies comme des faits de concurrence déloyale. Aussi devons-nous rappeler ici les principales décisions judiciaires qui ont servi à établir une jurisprudence que l'on peut actuellement considérer comme constante.

852. — Jugé, à cet égard, qu'à défaut de texte dans la législation égyptienne sur la protection des marques de fabrique et de commerce, le juge peut réprimer la contrefaçon, même au profit d'un étranger, en s'appuyant sur l'art. 11, C. civ. égypt., et sur l'art. 34 du règlement d'organisation judiciaire décidant qu'en cas de silence, d'insuffisance ou d'obscurité de la loi, le juge se conformera aux principes du droit naturel et aux règles de l'équité. — Cour mixte Alexandrie, 9 janv. 1879, Stross, Norsa et Schlesinger, [Rec. off. arr. Alexandrie, 1876-1879, p. 94]; — 14 avr. 1887, Laroche-Joubert, [Clunet, 89.144] — Trib. comm. Alexandrie, 29 mars 1886, Laroche-Joubert, [Clunet, 86.479]

853. — La sauvegarde du droit n'est pas subordonnée au dépôt de la marque au greffe des actes notariés ou au greffe du tribunal de commerce. — Cour mixte Alexandrie, 30 déc. 1891, Giuseppe Suliam, [Clunet, 93.233]

854. — La jurisprudence des tribunaux de la réforme a admis en principe que tout fabricant ou négociant qui justifie être le premier usé d'une marque nouvelle possède en Égypte un droit exclusif à cet usage; quiconque imite donc sa marque de façon à amener une possibilité de confusion dans l'esprit des consommateurs contrevient aux règles de la loyauté en matière commerciale et, en doit, par cela même, réparation au point de vue civil. — Trib. mixte d'Alexandrie, 17 mars 1894, Martell et Cie, [Bull. de la chambre de comm. franç. d'Alexandrie, 15 avr. 1894]

855. — Il importe peu que l'imitation soit plus ou moins minutieusement identique avec l'original, car l'acheteur en général n'a ni le loisir, ni l'envie, ni l'habitude de soumettre à un examen scrupuleux la chose qu'il achète; il suffit qu'au premier coup d'œil elle se présente à lui telle que celle qu'il avait l'intention d'acheter. — Même jugement.

856. — Ce n'est point une raison parce que, dans une marque contrefaite, le contrefacteur a apposé son nom ou la véritable désignation de son produit pour en conclure que la contrefaçon ou la concurrence déloyale n'existe plus; la confusion n'en reste pas moins possible, le public s'attachant davantage à la forme ou à l'apparence d'une marque qu'au nom ou à la désignation qui l'accompagne. — Même jugement.

857. — La fabrication, l'importation et la vente en Égypte de produits revêtus d'une marque contrefaite donnent lieu à une action en concurrence déloyale recevable devant les tribunaux mixtes d'Égypte; cette action est générale et atteint tous ceux qui, de près ou de loin, ont participé à la concurrence déloyale. — Cour mixte Alexandrie, 14 avr. 1887, précité.

858. — Spécialement, l'action à laquelle donne lieu toute atteinte à la propriété des marques peut être légitimement dirigée, non seulement contre ceux qui ont mis en vente ou vendu en Égypte des produits contrefaits, mais aussi contre ceux qui se sont bornés à les y introduire. — Cour mixte Alexandrie, 10 mai 1893, Feuter et Cie, [Clunet, 94.175; Bull. lég. et jur. Égypt., t. 5, p. 239]

859. — Ce n'est point seulement en matière de propriété industrielle que, pour combattre des faits de concurrence déloyale, les tribunaux mixtes d'Égypte ont tiré argument de la généralité des termes de l'art. 34 du règlement d'organisation judiciaire ou de l'art. 11, C. civ.; le tribunal mixte d'Ismaïla (17 juill. 1876, Arnoux, Bull. off. prop. ind., t. 2, p. 22), et, sur appel, la cour mixte d'Alexandrie (1er mars 1877, Bull. off. prop. ind., loc. cit., Propriété industrielle, loc. cit., Lyon-Caen et Delalain, t. 2, p. 22), se sont prévalus de ces textes pour condamner à des dommages-intérêts des personnes qui, sans autorisation, avaient reproduit des photographies dont la propriété appartenait à autrui. — V. Darras, Du droit des auteurs et des artistes dans les rapports internationaux, p. 18, note 1.

860. — D'une manière plus générale, il a été décidé que le défaut d'une loi spéciale en vigueur en Égypte et ayant pour objet de déterminer les conditions de protection et de garantie de la propriété littéraire et artistique ne saurait avoir pour conséquence de détruire le droit dans son principe, mais qu'elle a uniquement pour résultat de le placer sous la sauvegarde des règles du droit naturel et de l'équité. — C. mixte Alexandrie, 18 avr. ou 18 août 1888, Ricordi, [Clunet, 90.148; Lyon-Caen et Delalain, t. 2, p. 25]; — 27 mars 1889, Puthod et Cie, [Lyon Caen et Delalain, t. 2, p. 26]; — 8 mai 1889, Gonzalès, délégué de la société des gens de lettres, [Clunet, 90.180; Lyon-Caen et Delalain, t. 2, p. 28]

861. — En conséquence, toute atteinte portée à la propriété artistique et littéraire donne lieu contre celui qui en est l'auteur à une action en réparation du préjudice qui peut en être résulté. — Mêmes arrêts.

862. — Dans la première de ces affaires, le tribunal mixte d'Alexandrie avait repoussé la demande de l'éditeur italien Ricordi, parce que, tout en reconnaissant qu'à défaut de lois sur un point particulier, il y a lieu d'appliquer les principes du droit naturel et de l'équité, la propriété artistique et littéraire lui avait été un droit sui generis, limité dans sa durée et dans ses effets, et sanctionné depuis trop peu de temps et de façons trop différentes dans les divers États pour être protégé en Égypte, surtout au profit des étrangers.

863. — Jugé enfin, qu'on ne saurait mettre l'industrie exercée par les agences télégraphiques sous la sauvegarde des privilèges que la législation moderne accorde aux produits de l'esprit humain, mais que ces agences peuvent se plaindre de la concurrence déloyale qui leur est faite lorsque des journaux reproduisent sans droit des nouvelles par elles données, avant que ces nouvelles ne soient devenues publiques, c'est-à-dire avant qu'elles n'aient été annoncées par la voie de la presse. — C. mixte Alexandrie, 13 avr. 1892, Agence Havas, [Bull. lég. et jurispr. Égypt., 92.201] — V. Darras, Droit d'auteur (de Berne), 1892, p. 129.

§ 5. États-Unis.

864. — Bien que la langue juridique des États-Unis ne connaisse pas l'expression de concurrence déloyale ou d'autre ex-

---

(1) Signalons toutefois que le gouvernement égyptien a soumis dernièrement aux observations des gouvernements étrangers, et notamment du gouvernement français, un projet de loi concernant les marques de fabrique et de commerce : ce texte est reproduit dans la Revue pratique de droit industriel, 1893, p. 438.

pression équivalente, on ne saurait douter que cette notion existe dans la législation ou mieux dans la jurisprudence américaine; on peut même faire observer que cette notion y revêt sous certains rapports une ampleur plus grande qu'en France, puisqu'à raison de la multiplicité des lois locales relatives aux marques et de l'insuffisance de la loi fédérale sur ce même sujet, les intéressés recourent plutôt, devant les cours d'équité, à la voie civile, qui est uniforme (dommages-intérêts et injonction), qu'à la voie pénale qui parfois n'est pas ouverte et qui, en tous cas, varie d'Etat à Etat. — V. sur notre question, Maillard de Marafy, t. 2, p. 321 ; t. 4, p. 1-117, *passim.*

865. — Le souci de la loyauté commerciale est même, aux Etats-Unis, poussé beaucoup plus loin que dans certains autres pays. Nous voulons parler d'une exception que les demandeurs, agissant devant les cours d'équité, se voient assez souvent opposer : c'est l'exception des mains nettes. Voici ce qu'il faut entendre par là : « l'accès du prétoire est refusé absolument au demandeur, s'il y a, dans son fait, quelque chose de contraire à la morale, si, par exemple, il trompe le public, à quelque titre que ce soit, par annonces, circulaires, ou intitulé du produit. C'est ainsi, pour expliquer cette règle par des exemples, qu'il a été jugé : que la seule présence dans une marque d'une médaille qui n'a pas été obtenue en réalité, ne permet pas au propriétaire de cette marque de poursuivre le contrefacteur (aff. Gold Medal Salvator) ; que de fausses indications et des exagérations dans les prospectus et sur les étiquettes du demandeur, le rendent indigne de poursuivre un contrefacteur (C. de circuit de Pennsylvanie, oct. 1835, Heat), etc., etc. » — Maillard de Marafy, t. 4, p. 102. — V. aussi d'ailleurs, Cour supérieure de Cincinnati, Société anonyme de la Bénédictine, [Clunet, 89.502 et la note de M. Darras]

866. — Après les explications générales qui précèdent, il paraît suffisant d'indiquer quelques espèces plus particulièrement intéressantes ou importantes. Jugé, d'une part, que chacun a le droit absolu de faire usage de son nom, honnêtement, pour ses affaires propres, dans le but de faire connaître sa maison, alors même qu'il pourrait ainsi porter préjudice aux affaires d'un homonyme. En ce cas, les inconvénients ou les pertes qu'éprouvent ceux qui ont le droit de porter le même nom constituent le *damnum absque injuria.* — Cour suprême du Massachusetts, 19 juin 1888, Cie des ciments russes, [Maillard de Marafy, t. 4, p. 442] — V. aussi, Cour de circuit de Californie, 1873, Hardy, [Maillard de Marafy, t. 2, p. 313] — V. sur d'autres espèces, Maillard de Marafy, t. 4, p. 60.

867. — L'homonyme n'a d'autre devoir que de ne causer aucun dommage volontaire, le dommage résultant du seul fait de l'homonyme étant simplement un fait fâcheux pour la partie lésée. — Cour d'appel de New-York, sept. 1875, Meneely, [Maillard de Marafy, t. 4, p. 166 ; Clunet, 83.24]

868. — Mais, d'autre part, la doctrine, en matière de prête-nom, ne diffère pas notablement de celle qui a généralement cours. Les tribunaux ont décidé, par exemple, dans le Maryland, que lorsqu'un produit est connu sous le nom de *Stonebraker nerve and bove liniment,* le frère de Stonebraker n'a pas le droit de prêter son nom à des tiers pour leur permettre de tromper le public. La Cour de circuit pour le New-Jersey a décidé que lorsqu'un bleu est connu sous le nom de bleu cristal de Sawyer, un tiers n'a pas le droit de s'entendre avec un nommé Sawyer, étranger à la fabrication du bleu , pour vendre du bleu de Sawyer, alors surtout que l'étiquette rappelle, par l'analogie des couleurs, celle du demandeur. — Cour de circuit de New-Jersey, 1er juin 1884, Sawyer, [Maillard de Marafy, t. 4, p. 61]

869. — Une Cour de Pennsylvanie a réprimé (déc. 1868, Calton : Maillard de Marafy, t. 4, p. 51), comme un emploi abusif du nom d'autrui le fait de se dire : « ancien opérateur chez... »

870. — Lorsqu'un fabricant fait figurer dans les étiquettes placées sur ses produits le nom d'un lieu de localité, il peut s'opposer à ce qu'un négociant, établi en dehors de ce lieu, fasse figurer ce même nom sur ses étiquettes ; les tribunaux n'ont pas à rechercher si ce nom peut constituer une véritable marque de commerce. — Cour de circuit des Etats-Unis, New-York, 1885, Anheuser Bush brewing Association, [Clunet, 86.616]

§ 6. GRANDE-BRETAGNE.

871. — La jurisprudence anglaise suit en principe les mêmes errements que la jurisprudence américaine (V. *supra,* n. 864 et s.). Il y a même lieu de remarquer que l'exception des mains nettes dont il a été précédemment question a précisément pris naissance en Angleterre (V. *supra,* n. 865 ; Maillard de Marafy, t. 4, p. 368), mais on doit faire observer que l'Angleterre possède une loi particulière sur les marques de fabrique, ce qui restreint d'autant le domaine de la concurrence déloyale, dans le sens où nous l'avons entendu dans cette étude.

872. — Le droit coutumier (*Common law*) subsiste d'ailleurs, à côté de la loi écrite ; le droit coutumier ne permettant pas qu'une personne vende ses produits de manière à faire croire que ce sont les produits d'un tiers, ce dernier peut demander la délivrance d'une injonction pour empêcher la répétition de certains faits dommageables ; il importe peu que quelques-uns des signes reproduits soient de nature à être enregistrés en vertu de la loi de 1883 sur les brevets, dessins et marques de fabrique. — Haute-Cour de justice, division de chancellerie, 21 juin 1887, Great tower Street Sea Cº, [*Prop. ind.* (de Berne), 88.129; Maillard de Marafy, t. 4, p. 363]

873. — La Haute Cour de justice, division de chancellerie (12 mai 1892, Huntley et Palmers, *Prop. ind.* (de Berne), 93.94), a considéré comme un acte de concurrence déloyale le fait, pour une personne réellement établie dans une ville, de faire figurer, comme un de ses concurrents dans sa marque, le nom de cette ville, alors que l'emploi de ce nom pouvait faire croire au public que les produits par lui vendus sortaient des usines de son concurrent qui seul avait jusque-là exploité ces produits.

§ 7. ITALIE.

874. — A l'égard de ce pays, il est essentiel de faire tout d'abord la même observation importante que celle précédemment produite à l'égard de la Belgique. Dans l'un et l'autre Etat, tout signe distinctif susceptible d'être déposé à titre de marque de fabrique ou de commerce, n'est protégé que si l'intéressé a procédé au dépôt ; l'art. 1151, C. civ. ital., analogue à l'art. 1382, C. civ. fr., ne peut, si cette formalité n'a pas été accomplie, être d'aucun secours contre l'usurpation. Cela résulte manifestement du texte de l'art. 1, L. ital. 30 août 1868, sur les marques (V. aussi art. 10) — Cass. Florence, 22 févr. 1873, Borgognini, [*Giurisprudenza italiana,* 75.1.367, Maillard de Marafy, t. 5, p. 40] — Trib. Florence , 17 août 1874, Blancard et Hogg, [Maillard de Marafy, t. 5, p. 40] — *Sic,* Amar, *Dei nomi, dei marchi e degli altri segni e della concorrenza nell' industria e nel commercio,* n. 170; Vidari, *Corso di diritto commerciale,* t. 1, n. 286 ; Maillard de Marafy, t. 5, p. 40. — *Contra,* Turin, oct. 1891, [*Giurisprudenza di Torino,* 92.122] — Cottarelli, dans l'*Enciclopedia giuridica italiana,* n° et cité par Amar, p. 201.

875. — Mais il est une particularité de cette même loi de 1868, qui enlève à la remarque précédente une partie de son importance ; d'après cette loi (art. 1), d'une part, toute marque, pour être admise au dépôt, doit nécessairement contenir, sauf exception, le nom de celui qui l'emploie ; on comprend donc que même ceux qui n'ont pas l'intention de déposer leur marque y font cependant figurer leur nom , en vue de lui donner les apparences d'une marque véritable ; d'après cette même loi (art. 5), d'autre part, le nom commercial d'une personne est protégé sans qu'il soit nécessaire, ni d'inscription, ni de dépôt. Il en résulte donc que le plus souvent le propriétaire d'une marque déposée ou non pourrait se plaindre de l'usurpation de sa marque pourra agir à raison de l'usurpation du nom si, ce qui est vraisemblable, le contrefacteur a reproduit ou imité à la fois l'un et l'autre. — Amar, la *Prop. ind.* (de Berne), 1889, p. 109 ; Maillard de Marafy, t. 5, p. 45, 111. (L'art. 285 du nouv. C pén. de 1889, punit d'ailleurs très-sévèrement l'imitation des noms).

876. — Si d'ailleurs l'usurpation d'une marque non déposée ne peut être réprimée par la voie civile, il n'en est ainsi que s'il s'agit d'une simple usurpation, non accompagnée d'autres agissements déloyaux ; sinon, cette usurpation peut entrer comme élément dans une poursuite en concurrence déloyale. — Amar, n. 364.

877. — Certains signes qui, en France, seraient admis comme pouvant constituer une marque valable, des lettres et des chiffres, la forme d'un produit par exemple, ne peuvent pas en Italie faire l'objet d'un dépôt ; c'est dire que, pour ces signes, l'action en concurrence déloyale est recevable en l'absence de tout dépôt. — Amar, n. 365 et 369.

878. — Cette réserve faite, la jurisprudence italienne entend la notion de la concurrence déloyale avec la même ampleur que la jurisprudence française. — Ainsi, la concurrence déloyale ne s'exerce pas seulement par la confusion créée entre les produits, mais encore par tous les moyens frauduleux et tous les artifices par lesquels on cherche à s'emparer de la clientèle d'autrui. Faire croire qu'un journal a un directeur, alors qu'il n'en a pas, dire que le nouveau directeur rédigeait précédemment un autre journal, alors qu'il n'en est rien, et se procurer les adresses du journal concurrent par un employé ayant quitté son ancien patron, tout cela constitue des actes illicites qui engagent la responsabilité civile de leur auteur. — Turin, 27 févr. 1892, Giordano Orsini et L. Brachetto et Cie, [*Prop. ind.* (de Berne), 93.46. — V. d'ailleurs sur la question de concurrence déloyale, en Italie, Amar, n. 357 et s. — V. aussi Ermanno Albasini Scrosati, *Prop. ind.* (de Berne), année 1891, p. 87 et 115; Maillard de Marafy, t. 5, v° *Italie*, p. 1 et s.

879. — « L'Italie ne possède pas de loi sur les récompenses industrielles, mais les principes de droit commun y sont appliqués en cette matière, tels qu'ils l'étaient en France, avant la loi du 30 avr. 1886. — Il a été jugé, par exemple, qu'un fils ne peut se prévaloir des médailles ou autres distinctions données à son père, quand celui-ci était le chef d'une maison vendue ultérieurement à un autre de ses fils. — Lucques, 7 juin 1870, Marziali, [Maillard de Marafy, t. 5, p. 61] — V. aussi Amar, n. 374.

§ 8. LUXEMBOURG (Grand-Duché de).

880. — La loi du 28 mars 1883 sur les marques a été visiblement inspirée par la loi belge de 1879; par conséquent, tout signe distinctif de nature à constituer une marque peut être impunément reproduit sans l'intéressé n'en a pas fait le dépôt prescrit par la loi; l'art. 5 du projet contenait même la disposition expresse suivante : « à défaut de dépôt, aucune action, ni civile, ni répressive, n'est recevable contre l'usage de la marque par un tiers ». Cette disposition ne figure pas, il est vrai, dans la loi de 1883, mais, si elle a été supprimée, ce n'est pas parce que la loi belge qui cependant consacre la solution que nous venons d'indiquer, ne renferme elle-même aucune disposition de cette nature.

881. — Remarquons d'ailleurs que le Conseil d'État qui, par ses observations, a amené cette suppression, ajoutait cette remarque, utile à noter : « Le propriétaire de la marque pourra bien agir en concurrence déloyale, si des manœuvres illicites ont accompagné l'usage de la marque; mais, dans ce cas, l'action sera fondée sur les manœuvres frauduleuses, et non sur l'usage de la marque non déposée, puisqu'il reste légalement libre ». — Maillard de Marafy, t. 5, p. 373.

882. — La législation luxembourgeoise ne contient pas de disposition particulière sur le nom commercial; c'est le principe général de l'art. 1382, C. civ. franc., qui, en ces matières, offre à l'intéressé le moyen de s'opposer à toute usurpation. — Rabafoust, *Ann. lég. étr.*, 1884, p. 563.

§ 9. PAYS-BAS.

883. — Il serait possible de reproduire à l'égard de la loi du 25 mai 1880 sur les marques, les mêmes observations que celles précédemment fournies à l'égard des lois de la Belgique, de l'Italie et du Luxembourg; une marque est sans garantie contre les usurpations, même au point de vue purement civil, que si elle a été préalablement déposée; avant l'accomplissement de cette formalité, l'art. 1401 de la loi civile (art. 1382, C. civ. fr.) ne peut être d'aucun secours pour l'intéressé. — Stern, *La nouvelle législation hollandaise sur les marques de fabrique et de commerce, particulièrement en ce qui concerne les étrangers : Journ. du dr. int. pr.*, 1881, p. 136; Maillard de Marafy, t. 6, p. 104.

884. — Sauf cette réserve, la notion de concurrence déloyale paraît avoir, aux Pays-Bas, la même importance qu'en France. — Il a été jugé que celui qui usurpe faussement et sans droit la qualité d'agent d'une maison connue et qui agit sous ce nom et dans cette qualité, commet un acte illicite qui l'expose au paiement de dommages-intérêts. — Amsterdam, 21 janv. 1886, Heidsieck et Cie, [Clunet, 88.362] — V. d'ailleurs, Molengraaf, *Analyse des Cours des Pays-Bas en matière de concurrence déloyale*, Rechtsgeleerd Magazijn, 1887, 373-435.

§ 10. ROUMANIE.

885. — Les principes admis semblent être les mêmes qu'en France; en tous cas, comme la loi des 14-26 avr. 1879, relative aux marques, est pour ainsi dire calquée sur la loi française de 1857, les propriétaires de marques non déposées peuvent agir au civil contre les contrefacteurs en tirant argument de la généralité des termes de l'art. 998, C. civ. roumain. — V. en ce sens Galatz, 20 févr. 1892, Lœwenthal frères, [Maillard de Marafy, t. 6, p. 365]

§ 11. SUISSE.

886. — D'après l'art. 50, C. fédér. des oblig. du 14 juin 1881 : « Quiconque cause sans droit un dommage à autrui, soit à dessein, soit par négligence ou par imprudence, est tenu de le réparer ». Faisant une juste application de ce texte, les tribunaux suisses ont établi une jurisprudence qui, à beaucoup d'égards, se rapproche de celle qui existe en France. Il est cependant certains points de différence qu'il est utile de noter.

887. — Tout d'abord, à la différence de ce qui se passe en France, le dépôt de la marque est, en Suisse, non pas déclaratif de droit, mais constitutif de droit; par suite, aucune action civile ne protège contre les usurpations des signes qui pourraient être déposés à titre de marque (arg. art. 28, § 3, L. 26 sept. 1890). — Maillard de Marafy, t. 6, p. 533. — V. aussi König, *Des droits des étrangers en Suisse en matière de marques de fabrique et de commerce : Journ. du dr. int. pr.*, année 1883, p. 598. — Il est donc nécessaire de faire remarquer que les lois fédérales des 19 déc. 1879 et 26 sept. 1890 ne protègent que les marques de fabrique et de commerce, c'est-à-dire les signes apposés sur les marchandises ou sur leur emballage afin d'en attester la provenance, mais non point les énonciations qui peuvent figurer sur des réclames, enseignes, bâtiments de fabrique, etc. — Trib. féd., 18 mars 1893, Welle, [*Journ. trib.* (Lausanne), 93.584] — Ces énonciations sont donc garanties par l'action civile, sans qu'il soit besoin d'aucun dépôt.

888. — La loi du 26 sept. 1890 prévoit et punit les fausses indications de provenance, ainsi que les fausses mentions de récompenses industrielles.

889. — Quant à la question du respect du nom commercial, elle se pose, en Suisse, sous une forme différente de celle sous laquelle elle se pose en France; en Suisse, à l'exemple de ce qui se passe en Allemagne, il existe un registre de commerce, sur lequel on porte tout ce qui peut intéresser l'état juridique des personnes; c'est ainsi que tout individu capable de s'obliger par contrat a le droit de se faire inscrire sur le registre de commerce du lieu où il demeure (art. 865, C. fédér. des oblig.) : or, d'après l'art. 868, lorsqu'une raison est inscrite sur le registre de commerce, un autre chef de maison ne peut en user dans la même localité, encore qu'il porte personnellement le nom qui constitue cette raison. Il est tenu, en pareil cas, de faire à son nom une adjonction qui le distingue nettement de la raison déjà inscrite ». — V. encore, en ce qui concerne la raison commerciale des sociétés, art. 871 et s.

890. — Mais, comme il arrive souvent que plusieurs personnes de la même localité portent le même nom, et qu'en conséquence les raisons de commerce formées au moyen de ce nom ne se distinguent d'habitude que par des différences relativement insignifiantes (emploi ou suppression d'initiales ou de prénoms, différences dans ces derniers ou dans leur ordre, etc.), le tribunal fédéral, le 16 oct. 1891, Hediger, [Maillard de Marafy, t. 6, p. 539, Christen, *Prop. ind.* (de Berne), 92.49], a considéré comme suffisamment distinctes les deux raisons suivantes : H. Hediger et fils, d'une part, Hediger et Cie, d'autre part.

891. — La raison de commerce a pour objet de désigner la personne du chef de la maison, mais non point l'entreprise exploitée par lui. Dès lors, les dispositions légales concernant les raisons de commerce ne sont point applicables aux enseignes d'hôtel; la protection de ces dernières résulte des principes généraux en matière de concurrence déloyale. — Trib. féd., 4 sept. 1891, Christen, [*Prop. ind.* (de Berne), 91.141] — V. aussi, dans le même sens, Trib. comm. Zurich, 9 mars 1894, Weiss, [*Sem. jud.* (Genève), 11 juin 1894] — Siegmund, *Guide des préposés au registre du commerce*, trad. Le Fort, p. 176.

892. — Le propriétaire d'un hôtel est ainsi fondé à interdire à des tiers l'usage, dans la même localité, d'une enseigne d'hôtel imitant la sienne de manière à faire naître des confusions, et à exiger des dommages et intérêts pour le préjudice que lui cause une telle concurrence déloyale. — Même arrêt.

893. — Le fait par un employé de se livrer, pour son compte personnel, au même genre de travail que celui pour lequel il est payé par son patron, constitue une juste cause de renvoi et un motif légitime pour rompre le contrat qui les unit l'un à l'autre — Cour d'appel et de cassation du canton de Berne, 26 févr. 1891, Tschannen, [Gerichtspraxis des Bundeszivilrechts, 1892, n. 44, *Sem. jud.* (Genève), 1892, p. 350]

894. — L'engagement pris par une personne qui remet ses affaires, de ne participer, à l'avenir, en aucune façon à une entreprise analogue à celle qu'elle cède, et cela dans un rayon de territoire strictement déterminé, ne saurait être considéré comme illicite, contraire aux bonnes mœurs, ou comme limitant la liberté d'industrie et la liberté individuelle dans une mesure contraire à l'ordre public. — Trib. féd., 10 juin 1893, Roux, [*Sem. jud.* (Genève), 9 oct. 1893; *Journ. des trib.* (Lausanne), 93.513]

895. — Mais est nulle, comme contraire à la liberté personnelle, l'interdiction conventionnelle de concurrence, qui n'est limitée ni quant au temps, ni quant au lieu. Il en est ainsi également, au moins dans la règle, alors même que l'interdiction ne concerne qu'un genre déterminé de commerce ou une profession déterminée, si ce commerce ou cette profession sont tels qu'en dehors d'eux celui à qui s'adresse l'interdiction de les exercer n'est pas en mesure de déployer son activité économique. — Trib. féd., 3 juin 1893, Schmid, Bauer et Cie, [*Journ. des trib.* (Lausanne), 18 nov. 1893; *Sem. jud.* (Genève), 9 oct. 1893]

896. — Toutefois, l'engagement pris par un employé de ne pas faire concurrence à son patron, après avoir quitté sa maison, n'a en lui-même rien d'immoral ou d'illicite. Dès lors, si l'employé a reçu une somme d'argent aux fins de s'abstenir de faire concurrence à son patron, il est tenu de la lui restituer s'il contrevient à cet engagement; en effet, l'art. 75, C. comm., n'est pas applicable dans un pareil cas. — Même arrêt.

897. — L'allocation de dommages-intérêts du chef d'une concurrence déloyale est subordonnée, aux termes des art. 50 et s., C. oblig., à l'existence d'un dommage. Il ne saurait en être attribué à raison de l'imitation d'un produit par un concurrent, alors que cette imitation est telle que toute possibilité d'erreur et de confusion se trouve exclue. — Trib. féd., 24 juill. 1893, Grezier, [*Prop. ind.* (Berne), 93.162]

898. — Spécialement, on ne saurait condamner à des dommages-intérêts le fabricant qui imitant les produits de la grande Chartreuse emploie, pour les étiquettes, un papier de couleur orange foncé au lieu d'un papier jaune pâle, indique sur ses étiquettes la marque et, en grandes lettres, que le produit par lui offert en vente n'est qu'une imitation de la Chartreuse et se sert de bouteilles qui se distinguent des véritables par l'absence du renflement du cou et le manque de l'emblème de la Grande Chartreuse sur le verre. — Même arrêt.

CONCUSSION.

Législation.

C. proc. civ., art. 505, 625; — C. pén., art. 174.

Bibliographie.

Blanche et Dutruc, *Etudes sur le Code pénal*, 1888-1891, 2e édit., 7 vol. in-8°, t. 3, n. 374 et s. — Carnot, *Commentaire sur le Code pénal*, 1836, 2e édit., 2 vol. in-4°, t. 1, sur l'art. 174, C. pén. — Casati, *Code pénal commenté par la jurisprudence*, 1890-1891, in-8°, sur l'art. 174. — Chauveau, Faustin Hélie et Villey, *Théorie du Code pénal*, 1887-1888, 6e édit., 6 vol. in-8°, t. 2, n. 802 et s. — Cochet de Savigny, Perrève, Kerchner et Ruffet, *Dictionnaire de la gendarmerie*, 1878, 5e édit., in-8°, v° *Concussion*. — Duverger, *Manuel des juges d'instruction*, 1862, 3e édit., 3 vol. in-8°, t. 3, p. 283 et s. — F. Hélie, *Pratique criminelle des cours et tribunaux*, 1877, 2 vol. in-8°, t. 2, n. 325 et s. — Garraud, *Traité théorique et pratique du droit pénal français*,

1888-1894, 5 vol. in-8°, t. 3, n. 253 et s. — Lautour, *Code usuel d'audience*, 1887-1890, 2e édit., 2 vol. gr. in-8°, t. 1, sur l'art. 174, C. pén. — Le Poittevin, *Dictionnaire-formulaire des parquets*, 1894, 2e édit. (en cours de publication), v° *Concussion*. — Merlin, *Répertoire universel et raisonné de jurisprudence*, 1827-1828, 5e édit., 18 vol. in-4°, v° *Concussion*. — Morin, *Répertoire universel et raisonné du droit criminel*, 1851, 2 vol. gr. in-8°, v° *Concussion*. — Rauter, *Traité théorique et pratique du droit criminel français*, 1836, 2 vol. gr. in-8°, t. 1, n. 352. — Rolland de Villargues, *Les Codes criminels*, 1877, 5e édit., 2 vol. gr. in-8°, t. 1, sur l'art. 174, C. pén.

Index alphabétique.

Abus d'autorité, 27 et s.
Agent de l'autorité, 13.
Agent du gouvernement, 48 et s.
Agents forestiers, 31.
Algérie, 57.
Allemagne, 131.
Amende, 100, 105 et s.
Angleterre, 132.
Arbitre, 147.
Arrêt, 117.
Arrêt de renvoi, 105.
Autriche-Hongrie, 133 et s.
Bâle, 153.
Berne, 154.
Biens communaux, 99.
Cadi, 57.
Capitaine, 34.
Capitaine de gendarmerie, 18.
Cassation, 117.
Chemin de fer, 59.
Clerc, 58.
Commis, 7, 45 et s., 90 et s., 107, 108, 110, 114, 128, 130.
Commissaire de police, 33.
Commissaire-priseur, 36, 40.
Compétence, 113 et 114.
Complicité, 128 et s.
Concierge de prison, 49 et 50.
Connexité, 117.
Contrainte administrative, 51.
Contravention, 100.
Contravention disciplinaire, 41.
Contributions, 75.
Corruption de fonctionnaires, 2, 4, 9 et s.
Cours d'assises, 113, 114, 125.
Cours spéciales, 23 et 24.
Crimes et délits, 7, 8, 45, 107, 108, 113, 123, 127, 129 et 130.
Débit de tabacs, 20.
Dégradation civique, 72.
Directeur d'un établissement de prêt sur gages, 73.
Discipline, 41.
Dommages-intérêts, 116, 118.
Douanes, 31, 48, 59.
Droits communaux, 60 et s.
Erreur, 101.
Employé, 59.
Emprisonnement, 107 et 108.
Entreposeur de tabacs, 20.
Escroquerie, 9, 15 et s.
Espagne, 136.
Excuse, 95 et s.
Exécuteur testamentaire, 147.
Expert, 71.
Fausse interprétation, 101.
Faux, 22, 24.
Fermiers, 60 et s., 104.
Fonctionnaire public, 7, 13, 28 et s., 87, 91, 93 et s., 107, 108, 110, 114, 128 et 129.
Fribourg, 155.
Garde champêtre, 15, 19, 33.
Garde-chasse, 16.
Garde forestier, 14.
Gendarme, 17, 70.
Genève, 156 et 157.
Geôliers, 49 et 50.
Greffier, 36, 37, 103.

Halles et marchés, 61 et s.
Huissiers, 36, 38, 40.
Italie, 137 et s.
Jury, 125 et 126.
Liquidateur, 147.
Magistrat, 33.
Maire, 33.
Matrice de rôles, 23.
Mauvaise foi, 98 et s.
Médecin inspecteur des enfants, 56, 77.
Ministre, 31.
Mont-de-piété, 73.
Motif, 88.
Neuchâtel, 158.
Notaire, 42 et s.
Nullité, 88.
Octroi, 32, 100.
Officier de police administrative, 31.
Officier de police judiciaire, 33.
Officier de terre et de mer, 34.
Officiers ministériels, 35 et s. — V. *Fonctionnaires publics*.
Officiers publics, 29 et s. — V. *Fonctionnaires publics*.
Partie civile, 118.
Pays-Bas, 141.
Péage (droit de), 104.
Péculat, 29.
Percepteur, 29.
Perception illicite, 11, 38, 49, 74 et s.
Place (droit de), 65 et 66.
Porteur de contraintes, 51.
Portugal, 142 et s.
Préfet, 31.
Préposé. — V. *Commis*.
Préposé des douanes, 31, 48, 59.
Préposé de l'octroi, 32, 100.
Prescription, 123.
Présent, 13.
Prêt sur gages, 73.
Preuve, 94.
Procès-verbal, 14 et s.
Profit de l'État, 82 et 83.
Profit personnel, 81 et s., 90, 94, 129.
Qualification, 127.
Question au jury, 105, 124 et s.
Quotité de la perception, 107 et s., 126.
Receveur de l'enregistrement, 102.
Recrutement militaire, 72.
Restitution, 115 et s.
Russie, 148 et 149.
Saint-Gall, 159.
Salaires, 76.
Secrétaire de mairie, 54 et 55.
Sergent-major, 52.
Solidarité, 119.
Sous-préfet, 31, 99.
Suède, 150.
Suisse, 151 et s.
Tentative, 79, 86, 116, 122.
Traitement, 76 et 77.
Tribunaux correctionnels, 113.
Tuteur, 147.
Usage, 103.
Vaud, 160.
Zurich, 161.

DIVISION.

CHAP. I. — NOTIONS GÉNÉRALES ET HISTORIQUES (n. 1 à 24).
CHAP. II. — ÉLÉMENTS CONSTITUTIFS DE LA CONCUSSION (n. 25 et 26).
Sect. I. — Abus de l'autorité confiée (n. 27).
§ 1. — *Fonctionnaires publics* (n. 28 à 34).
§ 2. — *Officiers ministériels* (n. 35 à 44).
§ 3. — *Commis et préposés* (n. 45 à 68).
§ 4. — *De ceux, fonctionnaires ou préposés, que n'atteint pas l'art. 174, C. pén.* (n. 69 à 73).
Sect. II. — Illégitimité de la perception (n. 74 à 97).
Sect. III. — Mauvaise foi de l'agent (n. 98 à 105).
CHAP. III. — PÉNALITÉS.
Sect. I. — Emprisonnement. — Réclusion (n. 106 à 114).
Sect. II. — Amende (n. 115 à 121).
CHAP. IV. — TENTATIVE. — PRESCRIPTION. — QUESTIONS AU JURY. — COMPLICITÉ (n. 122 à 130).
CHAP. V. — DROIT COMPARÉ (n. 131 à 161).

CHAPITRE I.

NOTIONS GÉNÉRALES ET HISTORIQUES.

1. — La concussion est, aux termes de l'art. 174, C. pén., le crime ou le délit dont se rendent coupables *tous fonctionnaires, tous officiers publics, leurs commis ou préposés, tous percepteurs de droits, taxes, contributions, deniers, revenus publics ou communaux et leurs commis ou préposés, les greffiers et officiers ministériels*, pour les recettes dont ils sont chargés par la loi, « *en ordonnant de percevoir ou en exigeant, ou en recevant ce qu'ils savaient n'être pas dû, ou excéder ce qui était dû pour droits, taxes, contributions, deniers ou revenus, ou pour salaires ou traitements* » (C. pén., art. 174).

2. — A Rome, le crime de concussion consistait dans l'abus que les magistrats faisaient de leur autorité pour exiger des contributions illégales dans les provinces qu'ils étaient chargés d'administrer, ou des sommes d'argent des justiciables auxquels la justice était due gratuitement. Au surplus, la concussion se confondait avec la corruption, et était punie de la même peine.

3. — D'après la loi des Douze-Tables, cette peine était la mort; restreinte plus tard par la loi *Calpurnia repetundarum* à la restitution des sommes indûment perçues, elle fut portée au quadruple de ces sommes, pour les magistrats des villes, par la loi *Julia repetundarum*. La même loi prononçait l'exil et la confiscation des sommes indûment perçues, indépendamment de la restitution aux parties lésées, à l'égard des magistrats des campagnes (L. 1, Cod., *Ad leg. Jul. repet.*; L. 1, Cod., *Ne rustic. ad ult. oblig. evoc.*; L. 1 et 2, Dig., *De concussione*).

4. — Notre ancienne législation confondait également le crime de concussion avec celui de corruption des fonctionnaires. La peine était appliquée arbitrairement et diversement, suivant la qualité et le rang des coupables. Pour les gens de guerre, elle était la mort. Les seigneurs étaient déclarés roturiers et ignobles. Les baillis, gouverneurs et sénéchaux voyaient leurs biens confisqués. Par arrêt du 23 avr. 1545, le chancelier Poyet, convaincu de concussion, fut déclaré incapable de tenir aucun office royal, condamné à 100,000 livres d'amende et à un exil de cinq ans (Ord. de 1629, art. 166; de Blois, art. 280). — Jousse, *Just. crim.*, t. 3, p. 772, n. 10; Rousseau de Lacombe, *Mat. crim.*, p. 129.

5. — Le Code pénal de 1791 rangeait la concussion parmi les crimes, mais il n'en indiquait pas les caractères constitutifs. Il se bornait à la punir de la peine de six ans de fers, sans préjudice de la restitution des sommes indûment perçues. « Tout fonctionnaire ou officier public, toute personne commise à la perception des droits et contributions publiques, qui sera convaincu d'avoir commis, par lui ou ses préposés, le crime de concussion, sera puni de la peine de six années de fers, sans préjudice de la restitution des sommes reçues illégitimement » (C. pén. de 1791, 2° part., tit. 1, sect. 5, art. 14).

6. — La loi des 16-29 sept. 1792 soumettait à des formes particulières l'instruction de ce crime, et le Code de brum. an IV en attribuait la connaissance à des jurys spéciaux (L. 16-29 sept. 1792, tit. 12, art. 1 à 5; C. 3 brum. an IV, art. 517).

7. — Plus tard, le Code pénal de 1810 fit rentrer la concussion dans la classe des crimes ou délits ordinaires, suivant le caractère de ceux qui s'en rendaient coupables : commise par un fonctionnaire ou officier public, la concussion était qualifiée crime; commise par un préposé, elle n'était, au contraire, qu'un simple délit.

8. — Enfin, la loi du 13 mai 1863, qui constitue la législation actuelle et qui a remplacé l'ancien art. 174, C. pén., a apporté, dans cette matière, une importante innovation, en décidant qu'en ce qui concerne la qualification de crime ou de délit appliquée à la concussion, il y aurait lieu de tenir compte, non seulement du caractère du fonctionnaire concussionnaire, mais aussi du chiffre des sommes illégalement perçues. Elle correctionnalise la concussion, lorsque la totalité des sommes illégalement perçues par le fonctionnaire ou l'officier public ne dépasse pas 300 fr.

9. — La concussion a une grande analogie avec la corruption des fonctionnaires et avec certaines escroqueries commises par eux dans l'exercice ou à l'occasion de l'exercice de leurs fonctions. Elle diffère cependant de ces délits sur plusieurs points importants.

10. — Certains auteurs enseignent que la concussion diffère de la corruption en ce que le concussionnaire *exige* la somme qu'il perçoit, tandis que le corrompu se borne à l'*agréer*. — Chauveau, Faustin Hélie et Villey, *Théorie du Code pénal*, t. 2, n. 802; Garraud, *Tr. théor. et prat. du droit pénal français*, t. 3, n. 254. — Mais on peut objecter à ce raisonnement que l'art. 174, C. pén., traite comme concussionnaire, le fonctionnaire qui *reçoit* une perception indue aussi bien que celui qui l'exige. La discussion qui eut lieu au Conseil d'État le 9 janv. 1810 prouve d'ailleurs clairement que la loi a entendu punir comme concussionnaire aussi bien le fonctionnaire public qui aurait reçu sans avoir exigé que celui qui aurait exigé. — V. Procès-verbaux du Conseil d'État, séance du 9 janv. 1810.

11. — La différence essentielle qui distingue la concussion de la corruption consiste, selon nous, en ce que la concussion est commise au profit d'une seule personne, de celle qui reçoit plus qu'il n'est dû, tandis que la corruption suppose tout à la fois un lucre illicite pour le fonctionnaire et un acte de sa part profitable à celui qui paie la chose non due. La concussion est en général le fait de celui qui, chargé de percevoir certains impôts, abuse du droit qui lui est conféré pour percevoir des impôts illicites, ou de celui auquel il est dû un salaire en traitement, et qui exige de ce qui lui est dû : la corruption est le fait de celui qui, n'étant chargé d'aucune perception, mais étant investi d'une certaine portion de la puissance publique, accepte des présents pour faire ou pour ne pas faire un acte de ses fonctions. — Blanche, *Études prat.*, t. 3, p. 378. — V. aussi les conclusions de M. l'avocat général Baudouin, sous Cass., 24 févr. 1893, de Lesseps, Fontane et Sans-Leroy, [S. et P. 93.1.217, et la note de M. Villey, sous cet arrêt]

12. — Ainsi, il a été décidé, en ce sens, que le crime de corruption se distingue du crime de concussion par cette circonstance que le fonctionnaire a reçu en don ce que le particulier était libre de ne pas lui faire; par suite, il y a crime de corruption et non de concussion, lorsqu'il est établi en fait que le fonctionnaire a reçu une somme d'argent, non pas pour droits, taxes, contributions, deniers ou revenus, ou pour salaires ou traitements, mais pour un acte de sa fonction non sujet à salaire, et alors d'ailleurs cette somme d'argent a été remise au fonctionnaire, non par suite de contrainte et d'extorsion, mais par suite d'un pacte. — Cass., 24 févr. 1893, précité. — V. *infrà*, v° *Corruption de fonctionnaires*.

13. — Du reste, la Cour de cassation semble considérer certains faits comme constituant le double crime ou délit de corruption et de concussion. — Il en est ainsi toutes les fois qu'un fonctionnaire public ou agent de l'autorité exige ou reçoit un présent pour un acte de ses fonctions. Il y a, en effet, acceptation d'une chose non due, ce qui constitue le crime prévu par l'art. 174, C. pén., et réception de dons pour un acte de ses fonctions, ce qui rentre dans les termes de l'art. 177.

14. — Ainsi, il a été jugé que le garde forestier qui reçoit de l'argent d'un particulier délinquant, pour ne pas dresser procès-verbal contre lui, ou qui en reçoit d'un individu pour lui permettre de couper du bois en contravention aux lois, commet tout à la fois le crime de concussion et le crime de corruption. — Cass., 23 avr. 1813, Ferranti, [P. chr.]; — 5 mai 1837, Pélisson, [S. 38.1.70, P. 37.2.346]

15. — Il a été jugé, de même, qu'il y a crime de concussion ou de corruption et non pas simple délit d'escroquerie de la part du garde champêtre qui supprime, moyennant une somme d'argent, un procès-verbal qu'il a rédigé comme officier de police judiciaire, qu'il n'avait pas le droit de dresser. — Cass., 16 sept. 1820, V° Varnet, [S. et P. chr.]

16. — Il est à remarquer que dans l'arrêt du 5 mai 1837 précité (*suprà*, n. 14), la Cour de cassation ne s'était pas laissée arrêter par cette circonstance que le don avait été fait du consentement exprès du propriétaire.

17. — Telle a été dans le principe la jurisprudence de la Cour de cassation; mais plus tard la cour a adopté une jurisprudence contraire qui nous semble plus exacte, notamment dans son arrêt du 31 mars 1827, en décidant qu'il y avait lieu de ne voir qu'un simple délit d'escroquerie dans le fait, par un garde-chasse, d'exiger une somme d'argent d'un chasseur en contravention, sous promesse de ne pas rédiger un procès-verbal qu'il n'avait pas le droit de dresser. — Cass., 31 mars 1827, Rose, [S. et P. chr.] — V. *infrà*, v° *Corruption de fonctionnaires*.

18. — Il n'y a pas concussion, mais bien escroquerie dans la remise d'une somme d'argent exigée par un gendarme d'un voyageur dont le passeport est irrégulier, en lui inspirant la crainte d'être conduit en prison, un gendarme ne pouvant être considéré ni comme un officier public ni comme un préposé, dans les termes de l'art. 174. — Limoges, 4 janv. 1836, Martial-Laplace, [S. 36.2.131, P. chr.] — *Sic*, Chauveau, F. Hélie et Villey, t. 2, n. 808.

19. — La Cour de cassation avait décidé, en sens contraire, qu'il y avait concussion de la part du capitaine de gendarmerie qui reçoit de l'argent pour ne pas donner suite à un procès-verbal dressé contre le receleur d'un conscrit. — Cass., 30 avr. 1812, V..., [S. et P. chr.]

20. — L'entreposeur de tabacs qui délivre sciemment aux débitants des quantités moindres que celles dont il leur fait payer le prix se rend coupable de concussion, et non pas simplement de tromperie sur la quantité de la marchandise vendue ou livrée. — Cass., 18 juill. 1873, Mons, [S. 73.1.486, P. 73. 1211, D. 73.1.396] — V. *infrà*, v° *Tromperie sur la marchandise*.

21. — Il paraît difficile de confondre la concussion avec le péculat qui se constitue par la soustraction de deniers de l'État, de la part de ceux qui en ont le maniement, ce qui fait rentrer ce genre de délit dans la disposition des art. 169 et s., C. pén. — Carnot, sur l'art. 174, n. 4, t. 1, p. 450.

22. — Lorsqu'une concussion a été commise à l'aide d'un faux, c'est la peine du faux qui devient applicable.

23. — Quand un fonctionnaire public était accusé d'avoir altéré les matrices de rôles pour commettre des concussions, il pouvait en conséquence être traduit devant les cours spéciales instituées par le Code de brumaire an IV. — Cass., 2 frim. an XII, Froger, [S. et P. chr.]

24. — Mais ces cours étaient incompétentes pour connaître des concussions commises sans aucun faux, même accessoirement à une autre accusation de concussion pratiquée à l'aide de faux dirigée contre le même individu. — Cass., 26 juill. 1806, Segouffin, [P. chr.]

CHAPITRE II.
ÉLÉMENTS CONSTITUTIFS DE LA CONCUSSION.

25. — Nous avons fait connaître *suprà*, n. 1, les termes de l'art. 174, C. pén.

26. — En analysant les dispositions de cet article, on voit que trois conditions essentielles doivent concourir pour qu'il y ait lieu à l'application de la peine. Il faut : 1° que l'accusé soit fonctionnaire public, ou commis ou préposé d'un fonctionnaire public et qu'il y ait fait abus de sa puissance; 2° que sa perception soit illégitime; 3° qu'il ait *sciemment* exigé cette perception. — Nous allons examiner successivement chacun de ces éléments.

SECTION I.
Abus de l'autorité confiée.

27. — Les personnes pouvant tomber, au cas de perceptions illicites, sous le coup de l'art. 174, C. pén., se répartissent en trois catégories.
Ce sont :
1° Les fonctionnaires ou officiers publics;
2° Leurs commis ou préposés;
3° Sans controverse possible depuis la loi du 13 mai 1863, les greffiers et officiers ministériels dans certains cas spéciaux.
En dehors de ces trois catégories de personnes, il ne saurait y avoir concussion.

§ 1. *Fonctionnaires publics.*

28. — Les lois romaines voulaient également que le crime de concussion ne pût être imputé qu'aux fonctionnaires ou officiers publics, ou à ceux qui, en leur nom et sous leur responsabilité, exerçaient une fonction ou charge publique (Dig., *Ad. leg. Jul. repetund.*, l. 1 et 3). — Farinacius, quest. 3, n. 43. — V. aussi Sébire et Carteret, v° *Concussion*, n. 12.

29. — En ce qui concerne les « percepteurs des droits, taxes, contributions, revenus publics ou communaux », que l'art. 174 place à la suite des fonctionnaires et officiers publics comme s'ils formaient une classe distincte, il ne faudrait pas croire qu'ils puissent être poursuivis comme concussionnaires, alors même qu'ils ne seraient ni fonctionnaires ni officiers publics. Ce serait dénaturer le sens de l'art. 174; ainsi que le fait remarquer F. Hélie (*Pratique crimin. des cours et tribunaux*, t. 2, n. 329), l'art. 174, en énonçant dans ses deux premiers paragraphes les deux degrés de la peine, les applique « *aux fonctionnaires et officiers publics ci-dessus désignés* », ce qui montre clairement que les percepteurs ne sont compris dans cette disposition qu'en la qualité de fonctionnaires ou d'officiers publics; et en conséquence l'art. 174 ne leur est applicable que lorsqu'ils sont réputés ont cette qualité. — Garraud, t. 3, n. 256.

30. — Nous examinerons *infrà*, v° *Fonctionnaire public*, les conditions requises pour qu'une personne soit revêtue de cette qualité. Disons seulement dès maintenant que sont en général considérés comme fonctionnaires publics tous ceux qui exercent des fonctions publiques à eux déférées par l'autorité légalement constituée. — V. aussi *suprà*, v° *Agent de l'autorité publique*.

31. — Tels sont : 1° les ministres, les préfets, sous-préfets, et les autres officiers de police administrative, tels que les gardes ou agents forestiers, les préposés des douanes.

32. — Jugé, en ce sens, que les préposés aux barrières pour la recette des droits de passe, qui refusent de délivrer la quittance des droits perçus, se rendent coupables de concussion, et qu'en un tel cas, le tribunal de police commettrait une fausse application de la loi, en infligeant à ce fait des peines de simple police (L. 14 brum. an VII, art. 27 et 28). — Cass., 18 pluv. an X, Bacon, [S. et P. chr.]

33. — ... 2° Les officiers de l'ordre judiciaire composant ce qu'on appelle la magistrature assise, et les officiers du parquet remplissant les fonctions du ministère public; enfin, les officiers de police judiciaire, tels que commissaires de police, gardes champêtres, maires et adjoints de maires. — Garraud, t. 3, n. 256-1°; F. Hélie, *Inst. crim.*, t. 2, n. 325; Chauveau, F. Hélie et Villey, t. 2, n. 809. — V. *suprà*, n. 14 et 15.

34. — ... 3° Les officiers de terre et de mer. Les officiers de la marine marchande sont compris parmi les officiers de mer, et ne peuvent recevoir de grade que par nomination faite par le gouvernement. Ils sont astreints à un service sur les bâtiments de l'État, et sont revêtus d'un caractère public quand ils commandent sur un bâtiment de commerce.

§ 2. *Officiers ministériels.*

35. — Les officiers ministériels sont aussi des officiers publics, en ce sens qu'ils ont un caractère public conféré par le gouvernement; mais ils ne sont cependant pas des fonctionnaires publics, parce qu'ils n'exercent aucune branche de la puissance publique. Aussi était-ce, avant la loi du 13 mai 1863, une question fort débattue que celle de savoir si l'art. 174, C. pén., pouvait leur être appliqué.

36. — La négative avait été soutenue par les auteurs. D'après eux, l'ancien art. 174 visait spécialement les fonctionnaires chargés d'une recette publique et vis-à-vis desquels le contribuable est dépourvu de tout moyen de contrôle. Cette considération qui expliquait le surcroît de garantie accordé par la loi pénale dans l'art. 174 n'avait plus de raison d'être dès qu'il s'agissait des officiers ministériels puisque chaque partie peut les choisir, faire vérifier les taxes qui lui sont demandées et les faire, au besoin, régler par le juge. Les perceptions illicites faites par les officiers ministériels ne pouvaient être déclarées faits de concussion que lorsque l'officier en avait été chargé par la loi conformément aux art. 64 et 86 du décret de 1811 : au cas d'adjudications, pour les commissaires-priseurs et les huissiers, en matière de vente publique de meubles (V. art. 625, C. proc. civ.); pour les greffiers, en ce qui concerne les droits qu'ils perçoivent pour le compte de l'État. — Chauveau, F. Hélie et Villey, t. 2, n. 810; Garraud, t. 3, n. 256-2°.

37. — Cette distinction n'était pas admise par la jurisprudence et la Cour de cassation avait, à plusieurs reprises, sanctionné le système de l'affirmative, en décidant, dans une première espèce, que le fait, de la part d'un greffier de justice de paix, d'avoir reçu ou exigé des justiciables des frais d'expéditions d'actes de la justice de paix, sans que ces expéditions eussent été délivrées aux parties, et sans même qu'elles eussent été demandées, constituait le crime de concussion. — Cass., 12 sept. 1850, Doss, [D. 50.5.238]

38. — D'autres arrêts décidaient, de même, qu'un huissier se rendrait coupable de concussion lorsqu'il exigeait ou recevait des sommes qu'il savait supérieures à celles qui lui étaient dues pour taxe ou salaire, ou lorsqu'il refusait de délivrer un reçu de ce qui est payé. — Cass., 15 juill. 1808, Carolini, [S. et P. chr.]; — 15 mars 1821, Gabriel Gallet, [S. et P. chr.]; — 7 avr. 1842, Michel, [S. 42.1.890, P. 42.2.664] — « La cour, porte ce dernier arrêt, sur le quatrième moyen, consistant en ce qu'un huissier n'est pas au nombre des fonctionnaires auxquels s'applique l'art. 174, précité; attendu que les mots salaires et traitements employés par ledit article, se rapportent à tout homme public qui, à ce titre, exige au delà de ce qui lui est dû; attendu, au surplus, que le décret du 18 juin 1811 étend expressément aux huissiers celles de ses dispositions qui déclarent les greffiers et les commis passibles des peines de la concussion... casse. »

39. — La loi du 13 mai 1863 a fait cesser toute équivoque sur ce point, en ajoutant à l'art. 174, C. pén., un dernier paragraphe ainsi conçu : « Les dispositions du présent article sont applicables aux greffiers et officiers ministériels, lorsque le fait a été commis à l'occasion des recettes dont ils sont chargés par la loi ». De la loi de 1863, on le voit, consacre par cette disposition finale de l'art. 174 la distinction que la jurisprudence avait repoussée.

40. — Il en résulte, désormais, comme dans l'opinion soutenue avant 1863 par la doctrine, que les officiers ministériels ne sauraient être passibles des peines édictées en l'art. 174, qu'autant que l'exaction aura été commise à propos des recettes dont ils sont chargés par la loi. Un huissier ou un commissaire-priseur préposé aux enchères, devra être puni comme concussionnaire s'il exige des adjudicataires une somme supérieure à l'enchère (V. art. 625, C. proc. civ.).

41. — Mais en dehors de ces cas spéciaux, l'officier ministériel qui exige un salaire supérieur à celui qui lui est alloué par la loi ne commet qu'une contravention disciplinaire punissable d'après les lois spéciales relatives à ces sortes d'infractions (Exposé des motifs de la loi du 13 mai 1863).

42. — Faut-il comprendre les *notaires* parmi les officiers ministériels dont parle l'art. 174? La raison de douter est tirée de cette considération que la qualification d'officier ministériel n'appartient, à proprement parler, qu'aux avoués, aux commissaires-priseurs et aux huissiers dont le ministère est obligatoire.

43. — Mais ainsi que le font justement remarquer Chauveau, F. Hélie et Villey (t. 2, n. 812), bien que les notaires soient plus exactement qualifiés de fonctionnaires publics ils appartiennent cependant par leur caractère et leurs fonctions à la classe des officiers ministériels. Cette qualification leur ayant même été spécialement appliquée par interprétation de l'art. 224, C. pén., quand il s'est agi de les protéger contre les outrages dont ils pouvaient être l'objet, il n'y a aucun motif pour la leur dénier quand il s'agit de protéger les particuliers contre les abus dont ils peuvent être victimes de leur part. — Garraud, t. 3, p. 363, note 19.

44. — Il convient en outre de remarquer qu'il résulte très-clairement du rapport présenté par la commission du Corps législatif qu'on a entendu comprendre les notaires parmi les officiers ministériels passibles, le cas échéant, des pénalités portées en l'art. 174. — Blanche, t. 3, n. 379.

§ 3. *Commis et préposés.*

45. — Les préposés ou commis des fonctionnaires publics peuvent, comme ceux qu'ils représentent, se rendre coupables de concussion; seulement ils sont passibles d'une peine moins sévère. La concussion, dans ce cas, n'est qu'un délit, quel qu'en soit le chiffre, tandis que, ainsi que nous le verrons plus loin, commise par un fonctionnaire public, elle devient crime, au-dessus de 300 fr.

46. — A raison de cette diversité des peines applicables aux fonctionnaires ou officiers publics et aux commis ou préposés, l'un des points essentiels de l'information devra être de déterminer la qualité du concussionnaire. — Blanche, t. 3, n. 383.

47. — Il est souvent difficile de distinguer le simple préposé d'avec l'officier public, l'agent direct du gouvernement. Il faut rechercher si le prévenu exerce une autorité personnelle au nom de la loi, ou s'il n'est que le délégué du fonctionnaire à qui la loi a conféré une certaine puissance. On devra donc, en cette matière, entendre par *commis* ou *préposés* les individus qui ne sont point personnellement revêtus d'un caractère public, et qui n'agissent dans leurs fonctions qu'au nom, dans l'intérêt et sous la responsabilité de leurs supérieurs. — Massabiau, t. 3, n. 2550; *Encycl. du dr.*, v° *Concussion*, n. 25; F. Hélie, *Prat. crim.*, t. 2, n. 330; Blanche, t. 3, n. 384; Chauveau, F. Hélie et Villey, t. 2, n. 814; Garraud, t. 3, n. 256-3°. — C'est là aussi la règle qu'a toujours suivie la Cour de cassation.

1° Agents du gouvernement.

48. — Ainsi doivent être considérés comme agents du gouvernement : 1° les préposés des douanes, qui exercent une autorité personnelle au nom de la loi; ils ont le caractère de fonctionnaires, et non de commis ou préposés d'aucun fonctionnaire ou officier public. — Cass., 21 avr. 1821 Buscholtz, [S. et P. chr.] — *Sic*, Chauveau, F. Hélie et Villey, t. 2, n. 809 et 813; Blanche, t. 3, n. 384; F. Hélie, *Prat. crim.*, t. 2, n. 327. — V. suprà, v° *Agent du gouvernement*, n. 27.

49. — ... 2° Les geôliers et concierges de prisons ; par conséquent, ils sont passibles des peines de la concussion, lorsqu'ils ont perçu un nombre de journées de garde qu'ils savaient ne leur être pas dû. — Cass., 26 août 1824, Villée, [S. et P. chr.]. — *Sic*, Chauveau, F. Hélie et Villey, *loc. cit.*; F. Hélie, *loc. cit.*; Garraud, t. 3, n. 256-3°.

50. — ... Ou lorsque, chargés de faire les fournitures nécessaires aux détenus, ils réclament de l'administration une somme supérieure à celle qui leur est due. — Cass., 26 juin 1832, Moreau, [S. 52.1.768, P. 53.1.383, D. 52.5.290] — *Sic*, Bourguignon, sur l'art. 174, C. pén., n. 2; Carnot, *C. pén.*, sur l'art. 174, observ. addit., n. 4; Morin, v° *Concussion*, n. 6.

51. — ... 3° Un porteur de contraintes. — Cass., 6 oct. 1837, Coursières, [S. 37.1.993, P. 37.2.487] — *Sic*, Blanche, t. 3, n. 384; F. Hélie, *Prat. crim.*, t. 2, 327; F. Hélie, Chauveau et Villey, t. 2, n. 809.

52. — ... 4° Les sergents-majors qui, abusant de leurs fonctions, se font remettre par des hommes de leur compagnie, les sommes qui ne leur sont pas dues. — Cass., 14 août 1857, [*Bull. crim.*, n. 304] — *Sic*, Blanche, *loc. cit.*; Chauveau, F. Hélie et Villey, *loc. cit.*; Garraud, t. 3, n. 256-1°.

53. — ... 5° Les géomètres du cadastre qui, chargés, sous les ordres et la direction de l'administration des domaines, de dresser et préparer les plans relatifs aux concessions de propriétés immobilières domaniales, à leur limitation et confrontation, sont de ce chef fonctionnaires publics, quoique leurs travaux soient soumis à la sanction de leurs supérieurs hiérarchiques. — Cass., 6 juin 1846, [*Journ. du dr. crim.*, n. 4034] — *Sic*, Blanche, *loc. cit.*

54. — ... 6° Les secrétaires des mairies, dans le cas où ils agiraient en vertu d'une délégation directe de la loi, par exemple, relativement à la perception des droits fiscaux des adjudications municipales. Ils ne peuvent, à cet égard, être considérés comme les commis ou préposés de l'administration qu'ils représentent. — Cass., 28 mai 1842, Fransquin, [S. 42.1.849, P. 42.2.435] — *Sic*, Blanche, *loc. cit.*; Garraud, *loc. cit.* — V. cependant, *suprà*, v° *Agent du gouvernement*, n. 7.

55. — Néanmoins, en règle générale, les secrétaires des mairies ne sont que de simples préposés des mairies et non des officiers publics. Aussi, la peine de la réclusion ne leur est-elle applicable, au cas de concussions supérieures à 300 fr., que dans le cas particulier prévu dans l'espèce précédente. — Cass., 10 oct. 1828, Dumas, [P. chr.]; — 30 sept. 1836, Buchot, [P. 37. 1.235]

56. — ... 7° Les médecins inspecteurs des enfants du premier âge qui, bien que nommés par le préfet, tiennent leurs attributions, non d'une délégation de ce fonctionnaire, mais des dispositions mêmes de la loi du 23 déc. 1874, qui les a créés; ils sont donc revêtus d'un mandat public, par suite d'une délégation légale et personnelle de fonctions, et ne sauraient être considérés comme les préposés particuliers du préfet, dans le sens de l'art. 174, C. pén. — Cass., 8 juin 1888, Sordes, [S. 89.1.91, P. 89.1.184, D. 88.1.493]; — 20 déc. 1888, Sordes, [S. 90.1. 190, P. 90.1.430, D. 89.1.217] — *Sic*, Garraud, t. 3, n. 256-1°.

57. — ... 8° Les cadis, en Algérie, qui ont le caractère de fonctionnaires publics, quel que soit l'acte de leur ministère auquel ils procèdent. — Ainsi jugé qu'un cadi commet le crime de concussion, encore bien que ce soit dans l'exercice de ses attributions notariales qu'il a exigé des droits qu'il ne lui était pas permis de réclamer. — Cass., 25 avr. 1879, Mohamed-ben-Ali, [S. 81.1.286, P. 81.1.669, D. 79.1.313] — *Sic*, Garraud, *loc. cit.*; Chauveau, F. Hélie et Villey, t. 2, n. 812, note 1, p. 390. — V. *suprà*, v° *Algérie*.

2° *Simples préposés.*

58. — D'une façon générale, les commis ou préposés dont parle l'art. 174 sont les commis des percepteurs, les clercs des notaires ou avoués, les employés du service intérieur des administrations. — F. Hélie, *Pratiq. crimin.*, t. 2, n. 330; Garraud, t. 3, n. 256-3°.

59. — L'employé d'un chemin de fer chargé de recevoir des destinataires les droits dus à l'administration des douanes, s'il perçoit frauduleusement des sommes excédant le tarif fixé par cette administration, commet le délit de concussion puni par la loi : cet employé doit, à cet égard, être considéré comme le préposé de l'administration des douanes. — Cass., 12 juin 1857, Jehly, [S. 58.1.96, P. 58.554, D. 57.1.370] — V. pour les préposés des douanes que la Cour de cassation considère comme des agents du gouvernement, *suprà*, n. 48, et v° *Chemin de fer*, n. 3134 et s., et *infrà*, v° *Douanes*.

60. — Les fermiers ou adjudicataires des droits que les communes sont autorisées à percevoir sont également passibles des peines portées en l'art. 174 contre les commis ou préposés. — Sur ce point, d'ailleurs, la jurisprudence de la Cour de cassation a quelque peu varié.

61. — La Cour suprême avait tout d'abord décidé, le 2 janv. 1817, Lecardé, [S. et P. chr.], que le fermier des droits des halles n'est ni le commis ni le préposé d'aucun fonctionnaire ou officier public, et ne peut en conséquence être puni comme concussionnaire pour avoir exigé ou reçu ce qu'il savait n'être pas dû ou excéder ce qui lui était dû d'après son bail.

62. — Puis, revenant sur son premier système, elle a jugé, dans plusieurs arrêts, que le fermier pouvait être poursuivi comme concussionnaire à titre de simple préposé de la commune.

63. — C'est ce qui a été jugé : 1° pour le fermier des droits de halage d'une commune — Cass., 7 avr. 1837, Vidal, [S. 37. 1.342, P. 37.1.401] — et sur renvoi, Lyon, 28 juin 1837, [P. 37. 2.396] — Cass., 14 août 1840, Massip, [S. 40.1.820, P. 40.2.533]

64. — 2° Pour le fermier des droits de location et de mesurage des grains dans une halle. — Cass., 9 oct. 1843, Petit, [S. 46.1.253, P. 46.1.385, D. 46.1.45]

65. — ... 3° Pour le fermier des droits à percevoir pour location de places sur un champ de foire. — Cass., 18 nov. 1858, Mauboussin, [D. 58.5.204]

66. — ... 4° Pour le fermier des droits de place et de pesage dans une commune. — Bordeaux, 16 févr. 1873, Latié, [S. 77. 2.178, P. 77.736, D. 77.2.35]

67. — Ces arrêts nous paraissent mieux fondés que celui de 1817. Le fermier des halles est en effet le préposé de l'administration municipale. Le contrat passé entre lui et la commune ne change point la nature de l'impôt qu'il perçoit en son lieu et place. C'est de la loi et non du contrat de bail que dérivent les obligations du contribuable. — Garraud, t. 3, n. 256-3°, texte et note 21.

68. — Mais la majorité des auteurs adopte la doctrine consacrée par l'arrêt du 2 janv. 1817. — Rauter, *Dr. crim.*, t. 4, n. 352, p. 486; Morin, *Rép. dr. crim.*, v° *Concussion*, n. 10; Chauveau, F. Hélie et Villey, t. 2, n. 808 et 813. — Ajoutons que Merlin, *Quest. de dr.*, v° *Concussion*, § 2), et Carnot (*Comment. C. pén.*, sur l'art. 174), rapportent l'arrêt de 1817 sans le critiquer; d'où l'on peut induire qu'ils l'approuvent. Enfin M. Blanche (t. 3, n. 381) se borne à rapporter les arrêts rendus sur la question sans donner son avis.

§ 4. *De ceux, fonctionnaires ou préposés, que n'atteint pas l'art. 174.*

69. — Il ne peut y avoir concussion, dans le sens de la loi pénale, de la part de personnes qui ne sont ni fonctionnaires, ni officiers publics, et qui n'ont point été commises à la perception des contributions et deniers publics. — Cass., 4 juin 1812, Leautey, [S. et P. chr.] — *Sic*, Garraud, t. 3, n. 256-3° b; Chauveau, F. Hélie et Villey, t. 2, n. 807; Blanche, t. 3, n. 381.

70. — Il n'y a donc pas concussion de la part d'un gendarme qui exige d'un citoyen une somme qui ne lui est pas due, les gendarmes n'étant pas compris dans la classe des fonctionnaires et officiers publics dont parle l'art. 174, C. pén. — Garraud, *loc. cit.* — V. *supra*, n. 18.

71. — ... D'un expert, même nommé par justice en vue d'une mission spéciale, par exemple un expert maritime chargé de la visite des navires stationnant dans un port; n'étant ni fonctionnaire, ni officier public, ni préposé à la perception de taxes ou deniers publics ou communaux, l'attribution exclusive qu'il s'est faite de sommes supérieures à celles qui lui revenaient pour sa participation aux expertises auxquelles il a concouru, ne constitue pas la concussion punie par l'art. 174. — Cass., 26 nov. 1880, [*Bull. crim.*, n. 214]

72. — Ne peut pas davantage être poursuivi comme concussionnaire un membre d'un conseil de recrutement qui reçoit de l'argent pour soustraire des jeunes gens à la conscription : ce fait n'est passible que de la dégradation civique. — Cass., 17 mai 1806, Brun, [S. et P. chr.]

73. — Décidé de même pour le directeur d'un établissement de prêt sur gages autorisé par le gouvernement; il ne peut être considéré comme officier public ni comme préposé d'un officier public; il ne saurait donc être poursuivi comme concussionnaire à raison de perceptions excessives faites par lui. — Cass., 4 juin 1812, Jourdeuil-Lautey, [S. et P. chr.] — *Sic*, Chauveau, F. Hélie et Villey, t. 2, n. 808; Blanche, t. 3, n. 381; Morin, *Rép.*, v° *Concussion*, n. 5.

SECTION II.
Illégitimité de la perception.

74. — D'une façon générale la perception est illégitime : 1° quand aucune loi ni aucun règlement particulier ne l'autorise; 2° quand elle excède la taxe ou le salaire que le fonctionnaire doit percevoir; 3° quand, quoique légale, elle a déjà été payée et qu'on l'exige de nouveau. — Chauveau, F. Hélie et Villey, t. 2, n. 815; Garraud, t. 3, n. 257; F. Hélie, *Prat. crim.*, t. 2, n. 330; Morin, *Rép.*, v° *Concussion*, n. 11.

75. — Pour qu'une contribution publique soit légale, il faut qu'elle ait été formellement établie par une loi. En effet, l'art. 94, L. 15 mai 1818, dont la disposition, relative à la perception des contributions publiques, a été reproduite depuis dans diverses lois de finances, porte ce qui suit : « Toutes contributions directes ou indirectes, autres que celles maintenues ou autorisées par la présente loi, à quelque titre et sous quelque dénomination qu'elles se perçoivent, sont formellement interdites, à peine contre les autorités qui les ordonneraient, contre les employés qui confectionneraient les rôles et ceux qui en feraient le recouvrement, d'être poursuivis comme *concussionnaires*, sans préjudice de l'action en répétition, pendant trois années, contre tous receveurs, percepteurs ou individus qui auraient fait la perception, et sans que, pour exercer cette action devant les tribunaux, il soit besoin d'une autorisation préalable. »

76. — D'ailleurs, la concussion prévue par l'art. 174, C. pén., ne résulte pas seulement de la perception illégitime d'une recette publique, mais encore de la perception illégitime des salaires ou traitements. Et pour être réputés légitimement perçus, les salaires ou traitements doivent prendre leur source dans une loi ou dans un règlement pris par l'administration en exécution de la loi. — Chauveau, F. Hélie et Villey, loc. cit.; Garraud, loc. cit.; F. Hélie, Pratiq. crim., loc. cit.

77. — C'est ainsi qu'il a été jugé que le médecin inspecteur des enfants assistés qui, en cette qualité, et conséquemment en qualité de fonctionnaire public, a simulé des visites fictives d'enfants, pour en toucher frauduleusement le prix, et s'est fait ainsi remettre par l'administration diverses sommes d'argent s'élevant ensemble à plus de 300 fr., s'était rendu coupable du crime de concussion. — Cass., 20 déc. 1888, Sordes, [S. 90.1.190, P. 90.1.430, D. 89.1.217] — V. aussi *supra*, n. 50.

78. — La perception autorisée et commandée par la loi ne peut pas, quelque abusive ou onéreuse qu'elle soit, être reprochée au fonctionnaire public, qui ne saurait refuser d'obéir aux prescriptions qu'elle porte. L'art. 174 établit clairement cette distinction quand il dit : « ..... *ce qu'ils savaient n'être pas dû ou excéder ce qui était dû...* »

79. — En revanche, de ce que la simple tentative suffit aux termes de l'art. 174 pour constituer le crime de concussion, il faut conclure que la perception la plus minime, si elle est faite illicitement, doit suffire pour qu'il y ait concussion. — Cass., 7 avr. 1842, Michel, [P. 42.2.664] — *Sic*, Chauveau, F. Hélie et Villey, t. 2, n. 815; Sébire et Carteret, v° *Concuss.*, n. 31.

80. — Une question plus délicate est celle de savoir si toute perception illégitime a le caractère de concussion. Nous examinerons successivement les trois cas dans lesquels la question peut se poser.

81. — *Premier cas.* — *L'auteur de la perception n'en a pas tiré un profit personnel, et l'a fait figurer dans son compte de recettes.* — Pour qu'il y ait lieu à accusation de concussion, il n'est pas nécessaire que le crime ait profité au fonctionnaire; il suffit que la perception indue ait été faite sciemment. La discussion qui eut lieu au Conseil d'État ne peut laisser le moindre doute à cet égard. M. Treilhard proposa de remplacer ces mots : « ce qu'ils savaient n'être pas dû », ceux du projet, qui était ainsi conçu : « ce qu'ils savaient ne *leur* être pas dû », et cet amendement fut adopté (Procès-verbal du Cons. d'Ét., 5 août 1810).

82. — 1° Ainsi, le fonctionnaire ou l'officier public poursuivi comme concussionnaire prétendrait vainement, pour se soustraire à l'application de l'art. 174, que la perception n'a point été faite à son profit. Le but que se propose l'agent est complètement étranger à la qualification du fait de concussion. Que la perception illégale ait tourné au profit particulier de l'agent, ou qu'elle ait tourné au profit de l'État, la concussion existe dans ce dernier cas comme dans le premier, si les éléments constitutifs de ce crime se trouvent d'ailleurs réunis. — Bourguignon, sur l'art. 174, n. 6; Chauveau, F. Hélie et Villey, t. 2, n. 818; Morin, v° *Forfaiture*; Sébire et Carteret, v° *Concussion*, n. 35.

83. — Toutefois, nous croyons, avec Chauveau, F. Hélie et Villey (*loc. cit.*), que l'art. 174 ne doit pas être appliqué avec la même rigueur au cas où la perception a tourné au profit de l'État que lorsqu'elle a tourné au profit particulier de l'agent. Mais c'est là une question d'appréciation, de la part des magistrats, qui ne porte aucune atteinte au principe. — V. aussi, en ce sens, Sébire et Carteret, n. 36.

84. — *Deuxième cas.* — *Le fonctionnaire ou le préposé n'a pas exigé, il a seulement reçu ce qu'il savait n'être pas dû, ou bien il a seulement exigé sans recevoir.* — Dans ce cas encore, il y a concussion; le texte même de l'art. 174, les discussions auxquelles sa rédaction a donné lieu ne laissent aucun doute sur cette question.

85. — La commission du Corps législatif avait en effet proposé, afin de caractériser pleinement le crime en cette circonstance, de réunir les deux faits, celui d'exiger et celui de recevoir. « Exiger sans recevoir, disait-elle, c'est manifester l'intention sans compléter le crime; recevoir après avoir exigé, c'est manifester l'intention et consommer. Celui qui exige ce qui n'est pas dû peut être refusé ou se tromper. La condition serait entièrement juste, si on mettait ces mots : *en exigeant et recevant* ». Mais cet amendement fut rejeté par le Conseil d'État dans sa séance du 9 janv. 1810, par la raison que la conjonctive *et* aurait

absous celui qui aurait reçu sans avoir exigé, et que ce fait, beaucoup plus commun que l'autre, était tout aussi digne de répression. Cette interprétation a été admise par les auteurs. — Bourguignon, sur l'art. 174, C. pén., n. 7; Chauveau, F. Hélie et Villey, t. 2, n. 816; Morin, *Rép.*, v° *Concussion*, n. 11; Sébire et Carteret, n. 28; Garraud, t. 3, n. 289.

86. — Un auteur va plus loin encore. D'après lui, la simple tentative suffit pour donner lieu à l'action pénale. « On ne doit pas même, dit-il, rechercher la cause pour laquelle l'exigence n'a point été suivie d'exécution » (Sébire et Carteret, v° *Concussion*, n. 29). Nous ajouterons qu'on ne doit pas, non plus, distinguer entre le cas où le fonctionnaire ou officier public, à raison de cette exigence, fait son devoir, et celui où, nonobstant, il a rempli ses fonctions.

87. — Notons enfin qu'en dehors de toute perception, le crime de concussion existe également, de la part du fonctionnaire ou officier public, par le seul fait d'avoir donné l'*ordre d'exiger* ou de recevoir une taxe illégitime. — Sébire et Carteret, v° *Concussion*, n. 30.

88. — Il suit de là qu'un arrêt de renvoi motivé sur un crime de concussion n'est pas nul pour ne pas énoncer explicitement que c'est *en exigeant* ce qu'on savait n'être pas dû que la concussion aurait été commise; alors surtout que l'acte d'accusation expose formellement cette circonstance. — Cass., 15 mars 1821, Gallet, [S. et P. chr.]

89. — *Troisième cas.* — *Une perception illégitime constitue-t-elle nécessairement le crime de concussion, de la part de ceux qui l'ont faite en vertu d'un ordre supérieur ?* — Cette question nous paraît très-délicate. Il y aurait lieu de distinguer selon nous entre les fonctionnaires ou officiers publics et les simples commis ou préposés.

90. — Les préposés ou commis à une perception ne devraient pas être poursuivis comme concussionnaires à raison de sommes par eux exigées en exécution des prescriptions de leurs chefs s'ils justifiaient qu'ils n'ont pas profité de ces sommes. — Carnot, sur l'art. 174, n. 8.

91. — Les chefs seraient seuls punissables en pareille circonstance. L'art. 174 n'établit pas cette distinction; mais la raison et l'esprit exigent qu'il en soit ainsi, et cela a d'ailleurs été reconnu lors de la discussion du Code au Conseil d'État, dans la séance du 5 août 1809. — Carnot, *loc. cit.* — V. dans le même sens, Massabiau, t. 3, n. 2550. — V. anal. *supra*, v° *Abus d'autorité*, n. 49 et s.

92. — D'autres auteurs font cependant sur ce point une autre distinction. Si le commis ou préposé a connu l'illégitimité de la perception ordonnée par son chef, ils pensent qu'il ne saurait, en se couvrant de cet ordre, et encore bien qu'il n'ait pas profité de la perception, échapper à l'application de l'art. 174. Si, au contraire, selon ces auteurs, le commis ou préposé a pu croire à la légalité de l'ordre, cet ordre sera sa justification (V. *infra*, n. 98 et s.). — Morin, *Rép.*, v° *Concussion*, n. 14; Sébire et Carteret, v° *Concussion*, n. 37; Chauveau, F. Hélie et Villey, t. 2, n. 819; Garraud, t. 3, n. 288.

93. — Il y aurait même motif de décider à l'égard du fonctionnaire qui justifierait n'avoir agi que d'après les ordres de son supérieur hiérarchique. — Carnot, sur l'art. 174, n. 9; Morin, *loc. cit.*

94. — Toutefois, il devrait rapporter la preuve de l'ordre qui lui aurait été donné et du versement total de la recette dans les caisses publiques. — Carnot, *loc. cit.*

95. — L'excuse résultant de ce que la perception illicite aurait été commandée par un supérieur serait du reste plus difficilement admise de la part d'un fonctionnaire que de la part d'un simple commis, parce qu'il est astreint à une moins grande soumission. — Chauveau, F. Hélie et Villey, t. 2, n. 819.

96. — Elle cesserait d'être recevable si la criminalité de l'ordre était évidente. L'obéissance hiérarchique imposée aux fonctionnaires publics ne saurait les contraindre à commettre un crime. Ils doivent résister à un commandement d'une pareille nature. — Mêmes auteurs.

97. — Dans le cas de la perception illicite imputée à un fonctionnaire public, un auteur enseigne, au contraire, que ce fonctionnaire ne peut, en aucun cas, être admis à se justifier en excipant de l'obéissance par lui due à ses supérieurs dans l'ordre hiérarchique. « En investissant, dit-il, le fonctionnaire inférieur d'une partie de la puissance publique, la loi lui a, en effet, imposé des devoirs plus rigoureux qu'aux commis ou préposés. L'obéissance par lui due aux ordres de son supérieur est essentiellement subordonnée à la condition que ces ordres seront conformes aux lois et règlements ». — Sébire et Carteret, v° *Concussion*, n. 38.

Section III.
Mauvaise foi de l'agent.

98. — L'art. 174 ne fait résulter le crime de concussion que de la connaissance qu'avait le fonctionnaire ou le préposé de l'illégitimité de la perception, autrement dit de sa mauvaise foi. Sans intention criminelle, il n'y a en effet ni crime ni délit. — Garraud, t. 3, n. 258; F. Hélie, *Prat. crim.*, t. 2, n. 332; Morin, *Rép.*, v° *Concussion*, n. 12; Chauveau, F. Hélie et Villey, t. 2, n. 817; Blanche, t. 3, n. 376.

99. — Aussi, le Conseil d'Etat a-t-il refusé l'autorisation de poursuivre comme concussionnaire un sous-préfet qui avait perçu un droit d'expédition sur une vente de biens communaux, dans la croyance où il était que cette perception était autorisée sur la vente des biens communaux comme sur celle des biens nationaux. — Cons. d'Et., 16 juill. 1817, Dupré-Saint-Maur, [P. adm. chr.] — *Sic*, Chauveau, F. Hélie et Villey, *loc. cit.*

100. — Un arrêt de la Cour de cassation a également décidé qu'un préposé de l'octroi qui avait exigé une amende à raison d'une contravention régulièrement constatée, quoique cette amende ne fût pas due, ne pouvait être accusé de concussion, parce que les faits constatés présentaient l'idée d'une contravention contre laquelle la loi prononçait une amende. — Cass., 28 niv. an XIII, Jeannot, dit Fanfan, [S. et P. chr.] — Ici, en effet, l'existence d'un procès-verbal non argué de faux faisait disparaître toute idée de délit. L'erreur du préposé ne présentait donc, dans le cas particulier, qu'un dommage civil, dont la partie lésée ne pouvait demander réparation que devant les tribunaux civils. — Mêmes auteurs.

101. — La concussion ne peut, en effet, résulter d'une perception illicite qui a été la suite d'une erreur ou d'une fausse interprétation de la loi, soit du règlement en vertu duquel elle a été faite. — Chauveau, F. Hélie et Villey, t. 2, n. 817; Morin, v° *Concussion*, n. 12; Sébire et Carteret, v° *Concussion*, n. 32; F. Hélie, *Prat. crim.*, t. 2, n. 332.

102. — D'après cela, on ne saurait voir le crime de concussion dans le fait d'un receveur de l'enregistrement qui perçoit une somme plus forte que celle qui est réellement due, mais avec la croyance que cette perception est légitime. — Sébire et Carteret, v° *Concussion*, n. 33.

103. — ... Ni dans le fait d'un greffier de justice de paix qui perçoit, en vertu d'un simple usage, un droit qui n'était réellement pas dû d'après la loi, l'usage excluant dans ce cas toute idée de mauvaise foi de la part de l'officier public. — Cass., 7 sept. 1838, Métivier, [S. 39.1.403] — *Sic*, Morin, *Rép.*, v° *Concussion*, n. 12; Sébire et Carteret, *loc. cit.*

104. — De même, le fait par un fermier des droits de péage sur un marché, d'avoir, de bonne foi, réclamé et perçu des droits pour des lieux autres que ceux qui lui ont été affermés, ne constitue ni crime, ni délit, ni contravention. — Cass., 5 mars 1831, Travers, [P. chr.]

105. — La circonstance que l'agent a connu l'illégitimité du crime, étant caractéristique du crime, doit être énoncée soit explicitement, soit d'une manière implicite, dans l'arrêt de renvoi, comprise dans la question proposée au jury et réunie avec le fait de s'être fait payer des droits qui n'étaient pas dus. — Cass., 15 mars 1821, Gabriel Gallet, [S. et P. chr.] — *Sic*, Bourguignon, sur l'art. 174, n. 2; Sébire et Carteret, v° *Concussion*, n. 34.

CHAPITRE III.
PÉNALITÉS.

Section I.
Emprisonnement. — Réclusion.

106. — Depuis la loi du 13 mai 1863, qui a, sur ce point complètement modifié la législation antérieure, la qualification de la concussion et les pénalités qu'elle entraîne varient, non seulement suivant la qualité du concussionnaire, mais aussi suivant la quotité de la perception. — Garraud, t. 3, n. 260; F. Hélie, *Prat. crim.*, t. 2, n. 333; Blanche, t. 3, n. 386.

107. — Au-dessus de 300 fr., si le concussionnaire est fonctionnaire ou officier public, l'incrimination a le caractère d'un crime; et la peine prononcée sera la réclusion. S'il n'est que commis ou préposé, le fait n'est plus qu'un délit puni d'un emprisonnement de deux ans au moins et de cinq ans au plus (art. 174, C. pén.).

108. — Au-dessous de 300 fr., la concussion n'est jamais qu'un délit. Si elle a été commise par un fonctionnaire ou officier public, la peine appliquée sera un emprisonnement de deux à cinq ans; si elle est le fait d'un commis ou préposé, l'emprisonnement sera d'une année au moins et de quatre ans au plus.

109. — Ainsi que l'indique l'art. 174, le taux de la perception se détermine d'après la totalité des sommes indûment perçues et non par le chiffre particulier de chaque fait de concussion. — Blanche, t. 3, n. 387; Garraud, t. 3, n. 260-a.

110. — Cette distinction dans les pénalités créée par le Code pénal entre les fonctionnaires et les simples préposés est aisée à justifier : l'autorité dont peut abuser un préposé ne lui est point personnelle, il ne l'exerce que par délégation et commet en quelque sorte plutôt un abus de confiance qu'un abus d'autorité. — Le fonctionnaire au contraire abuse de la puissance qui a été mise directement par l'Etat entre ses mains. — Les conséquences du crime ou du délit sont en outre absolument différentes; les pouvoirs du préposé, étant beaucoup plus limités, ne lui permettent pas les mêmes exactions qu'à un officier public. — Chauveau, F. Hélie et Villey, t. 2, n. 814.

111. — Quant à la distinction inaugurée par la loi de 1863, suivant la quotité des sommes perçues, elle est ainsi expliquée et justifiée par l'exposé des motifs de cette loi : « Le temps des grosses concussions est passé; la régularité de notre système administratif et financier les rend à peu près impossibles. Elles ne peuvent être accomplies ou tentées qu'au moyen de faux caractérisés qui placent tout de suite le crime et ses auteurs sous le coup d'une pénalité plus grave que celle de l'art. 174. Presque toutes les concussions commises de nos jours, le sont pour de petites sommes, par de tout petits fonctionnaires ou des agents d'un ordre inférieur, maires de village, gardes champêtres ou forestiers, préposés des douanes et autres. Le jury les acquitte plus souvent qu'il ne les condamne, et quand il les condamne, c'est toujours correctionnellement. Le crime est de ceux dont la correctionnalisation a été le plus généralement demandée et avec le plus d'insistance. Toutefois on a pensé qu'en raison de sa nature et pour l'enseignement que la loi doit toujours porter avec elle, il convenait de maintenir la qualification avec la peine afflictive et infamante contre les concussions d'une certaine gravité. »

112. — Cette innovation de la loi de 1863, est cependant critiquée par Chauveau, F. Hélie et Villey. D'après ces auteurs, c'est l'abus de la puissance publique que la loi a entendu punir; le préjudice n'est qu'une circonstance secondaire; aussi est-il difficile d'admettre que la perception abusive s'aggrave ou s'atténue à raison de sa seule quotité. — Chauveau, F. Hélie et Villey, t. 2, n. 803. — *Contrà*, Garraud, t. 3, n. 260, p. 372, note 33.

113. — Dans le cas où la concussion est réputée crime, c'est-à-dire lorsqu'elle est le fait d'un fonctionnaire public et que le montant des sommes illégalement perçues est supérieur à 300 fr., le délinquant doit être jugé par les cours d'assises. — Dans les autres cas, le fait de concussion, n'étant qu'un simple délit, est de la compétence des tribunaux correctionnels.

114. — Lorsque le commis ou préposé et le fonctionnaire ou officier public sont poursuivis en même temps à raison du même fait de concussion, ils doivent alors être tous traduits devant la cour d'assises. — Sébire et Carteret, v° *Concussion*, n. 50. — V. *supra*, v° *Compétence criminelle*, n. 278 et s., et v° *Complicité*, n. 699 et 700.

Section II.
Amende.

115. — Dans tous les cas prévus par l'art. 174 les coupables doivent, en outre, être condamnés à une amende dont le *maximum* est le quart des restitutions et des dommages-intérêts, et le *minimum* le douzième (C. pén., art. 21 et 174). — Sur ce point la loi du 13 mai 1863 n'a fait que reproduire la disposition de l'ancien art. 174, C. pén.

116. — Il résulte des termes mêmes de l'art. 174 que l'amende ne peut être prononcée qu'autant qu'une restitution ou des dommages-intérêts ont été accordés, par conséquent, lorsque la perception a été consommée. En conséquence, au cas de simple tentative, il ne saurait être prononcé d'amende puisqu'il n'y a pas eu perception et qu'il ne peut avoir lieu à restitution. — Chauveau, F. Hélie et Villey, t. 2, n. 821; Garraud, t. 3, n. 261; Sébire et Carteret, v° *Concussion*, n. 47; Morin, *Rép.*, v° *Concussion*, n. 15; F. Hélie, *Prat. crim.*, t. 2, n. 333; Blanche, t. 3, n. 389.

117. — L'amende étant proportionnelle, l'arrêt qui la prononce contre un individu déclaré coupable de concussion doit énoncer le montant des restitutions ou dommages-intérêts. Autrement, il serait impossible de vérifier si cette amende a été prononcée dans les limites légales. L'arrêt dans lequel cette énonciation aurait été omise devrait être cassé. — Cass., 7 avr. 1842, Michel, [S. 42.1.890, P. 42.2.664] — *Sic*, Chauveau, F. Hélie et Villey, t. 2, n. 821; Sébire et Carteret, v° *Concuss.*, n. 48; Garraud, t. 3, n. 261; Blanche, t. 3, n. 389.

118. — Mais il est inutile, pour qu'il y ait lieu à l'application de l'amende, qu'il y ait eu partie civile en cause, et qu'elle ait obtenu des dommages-intérêts. — Cass., 9 sept. 1842, [*Bull. crim.*, n. 239] — *Sic*, Blanche, t. 3, n. 389.

119. — Une seule amende doit être prononcée dans le cas où il y a plusieurs coupables. L'art. 174 veut, en effet, que l'amende ne dépasse pas le quart des restitutions ordonnées et ne soit pas moindre du douzième. Or, il est évident que si l'amende était prononcée contre chacun des coupables individuellement, elle dépasserait le taux fixé par l'art. 174; mais chacun des coupables est tenu solidairement de l'amende fixée (C. pén., art. 55). — V. *suprà*, v° *Amende*, n. 184 et 186.

120. — En comparant la législation actuelle créée par la loi de 1863 à celle en vigueur sous l'empire de l'ancien art. 174, on remarque les différences suivantes, au point de vue de la pénalité :
1° Avant 1863, la concussion, quel que fût le chiffre des sommes illégalement perçues, était crime si elle avait été commise par un fonctionnaire, délit si elle avait pour auteur un préposé. Aujourd'hui, elle n'est crime qu'à la double condition d'être commise par un fonctionnaire et d'être supérieure à 300 fr.; dans tous les autres cas, la concussion est un simple délit.
2° Sous l'empire du Code pénal le chiffre de la concussion n'avait d'intérêt qu'au point de vue de la fixation du maximum et du minimum de l'amende. Depuis la loi de 1863 il influe aussi sur le caractère de l'incrimination et sur la durée de la peine correctionnelle; d'où la nécessité de l'indiquer avec soin dans l'information et de le reproduire dans la qualification. — Blanche, t. 3, n. 386.

121. — Une innovation intéressante de la loi du 13 mai 1863 est celle qui fait l'objet du § 4 de l'art. 174 : « *Dans tous les cas où la peine d'emprisonnement sera prononcée, les coupables pourront, en outre, être privés des droits mentionnés en l'art. 42 du présent Code pendant cinq ans au moins, et dix ans au plus, à compter du jour où ils auront subi leur peine; ils pourront aussi être mis, par l'arrêt ou le jugement, sous la surveillance de la haute police pendant le même nombre d'années* » (C. pén., art. 174). Ajoutons que, depuis la loi du 27 mai 1885, la peine de la surveillance de la haute police ayant été supprimée (art. 19) et remplacée par l'interdiction de séjour, cette dernière peine sera applicable pendant le même nombre d'années que l'aurait été la surveillance de la haute police. — Garraud, t. 3, n. 261; Blanche, t. 3, n. 390.

CHAPITRE IV.

TENTATIVE. — PRESCRIPTION. — QUESTIONS AU JURY. — COMPLICITÉ.

122. — Ainsi qu'il résulte littéralement des termes de l'art. 174, la tentative, en matière de concussion est punissable comme le délit lui-même. — Garraud, t. 3, n. 262; Blanche, t. 3, n. 391.

123. — La durée de la prescription se règle, en cette matière, d'après les principes ordinaires posés dans les art. 637 et 638, C. instr. crim. Ainsi, le fait se prescrit par dix ans lorsqu'il est réputé crime, et par trois ans lorsqu'il ne constitue qu'un délit. — Sébire et Carteret, v° *Concuss.*, n. 52.

124. — La qualification de fonctionnaire, l'illégitimité de la perception, la mauvaise foi de l'agent, qui sont les trois éléments constitutifs de la concussion doivent être, de toute nécessité, constatés dans le verdict du jury. Si un seul de ces caractères était omis, la déclaration serait insuffisante et la peine n'aurait pas de base légale. — Chauveau, F. Hélie et Villey, t. 2, n. 820. — V. *suprà*, n. 103.

125. — Pour justifier l'application de la peine, dit à cet égard Blanche (t. 3, n. 392), il ne suffit pas, surtout devant les assises, de déclarer l'accusé coupable de concussion; c'est là résoudre une question de droit. Cette déclaration doit donc être réservée à la cour, le jury ne devant avoir à s'expliquer que sur les circonstances physiques et morales entrant dans la constitution du crime. — Cass., 13 brum. an VII, Lampierre, [S. et P. chr.] — V. *infrà*, v° *Cour d'assises*.

126. — Depuis 1863, le montant des sommes indûment perçues, qui peut changer le caractère de l'incrimination (V. *suprà*, n. 107 et 108), doit être également fixé par le jury. Il est d'ailleurs inutile de le fixer d'une façon précise : il suffira qu'il ait été déclaré que l'ensemble des sommes indûment reçues ou exigées excède 300 fr. — Blanche, t. 3, n. 388; Garraud, t. 3, n. 260-a.

127. — Ainsi, au cas de crime de concussion la qualification devra être ainsi libellée : « ...... de s'être à....., le..... étant fonctionnaire (ou officier public, ou officier ministériel) en ordonnant de percevoir (ou en exigeant ou en recevant) ce qu'il savait n'être pas dû pour droits, taxes, contributions, deniers ou revenus (ou pour salaires ou traitements) rendu coupable de concussion, avec cette circonstance que la totalité des sommes indûment exigées (ou reçues ou dont la perception a été ordonnée) est supérieure à 300 fr., crime prévu par l'art. 174, C. pén. ». — Le Poittevin, *Dict. des parq.*, t. 1, p. 488.

128. — Si le fonctionnaire ou officier public avait eu connaissance des exactions, des perceptions illicites, imputées à son commis ou préposé, cette circonstance ne devrait-elle pas le faire considérer comme complice? Morin (*Rép.*, v° *Concussion*, n. 9) enseigne l'affirmative. Toutefois, il nous semble, avec Sébire et Carteret (v° *Concussion*, n. 42) difficile d'admettre que la simple connaissance, si elle se présentait isolée de tout autre fait de participation, pût constituer la complicité. Car la loi n'exige pas seulement, pour qu'un individu puisse être considéré comme complice, qu'il ait eu connaissance, il faut de plus qu'il ait aidé et assisté. — V. *suprà*, v° *Complicité*, n. 255 et s.

129. — Mais la complicité du fonctionnaire ou officier public, dans le cas où elle existerait, constituerait-elle un crime ou seulement un délit? Elle devrait, ce nous semble, constituer un crime. En effet, le crime de concussion résultant de la simple perception illicite, et cette perception étant évidemment, dans le cas dont il s'agit, le fait commun du fonctionnaire ou officier public et de son préposé, la circonstance qu'elle a été effectuée par ce dernier ne peut changer à l'égard du premier le caractère de l'incrimination, la nature de la criminalité. Il en serait de même encore, bien que le fonctionnaire ou officier public n'eût pas personnellement profité des exactions de son préposé. — Morin, *loc. cit.*

130. — Dans le cas où c'est, au contraire, le commis ou préposé qui agit de complicité envers le fonctionnaire public, il ne doit plus alors être poursuivi comme s'étant simplement rendu coupable d'un délit. Le principe d'après lequel le complice doit être puni de la même peine que l'auteur principal lui devient applicable. Il résulte de là que le commis ou préposé est puni plus sévèrement comme complice que comme auteur principal. — Cass., 24 avr. 1858, Vaissié, [D. 58.5.88] — *Sic*, Sébire et Carteret, v° *Concussion*, n. 39 et 40. — *Contrà*, Blanche, t. 3, n. 385. — V., sur le principe, *suprà*, v° *Complicité*, n. 349 et s.

CHAPITRE V.

DROIT COMPARÉ.

§ 1. ALLEMAGNE.

131. — La concussion, au sens spécial et restreint que l'art. 174, C. pén. franç., donne à ce mot, n'est pas spécialement prévue par le Code pénal allemand. Ce Code punit le fonctionnaire qui se laisse corrompre (art. 331 et s.), ou qui prévarique (art. 336), ou qui abuse de son autorité (art. 339), mais non pas spécialement celui qui perçoit plus que ce qu'il a le droit de percevoir. Ce délit rentrerait, suivant les circonstances, dans l'un des cas qui viennent d'être énumérés, mais ne fait l'objet d'aucun article distinct. Le mot même de concussion ne paraît pas avoir, dans le langage technique, son équivalent propre; car *Erpressung*, par lequel on le traduit, signifie *extorsion*, et le Code ne prévoit pas, dans le titre relatif aux délits des fonctionnaires, l'extorsion commise par l'un d'entre eux, autrement que sous la forme de l'abus de pouvoir. — V. *suprà*, v° *Abus d'autorité*, n. 95 et 96.

§ 2. ANGLETERRE.

132. — La loi anglaise punit, sous le nom de *extortion*, le fait par un fonctionnaire, et spécialement par un officier de justice, de prendre de quelqu'un, en se prévalant de ses fonctions, de l'argent ou d'autres objets de valeur, alors qu'ils ne lui sont point dus, ou en plus de ce qui lui est dû, ou avant que rien ne lui soit dû. La peine de ce *misdemeanor* est l'amende et l'emprisonnement, auxquels s'ajoute souvent la destitution. — *Instit.* de Coke, 3, 145; Stephen, *New comment. of the laws of England*, liv. 6, ch. 8, n. 19 (t. 4, p. 286).

§ 3. AUTRICHE-HONGRIE.

133. — La concussion n'est expressément prévue ni par le Code autrichien, ni par le Code hongrois. Elle tomberait éventuellement, dans les deux parties de la monarchie, sous le coup des dispositions assez larges relatives à l'abus d'autorité de la part d'un fonctionnaire.

134. — D'après l'art. 101, C. pén. autr., tout fonctionnaire de l'État ou d'une commune qui, dans l'exercice de ses fonctions, abuse en quelque manière de l'autorité dont il est investi pour causer un préjudice à quelqu'un, — État, commune ou particulier, — commet un délit, soit qu'il ait agi dans son intérêt personnel, soit qu'il ait obéi à la passion ou à des considérations accessoires.

135. — De même, en Hongrie, l'art. 471 du Code punit, sous le nom d'abus de fonctions, le fait par un fonctionnaire d'enfreindre son devoir « par des actes ou par des mesures », pour procurer injustement un avantage ou causer un préjudice à quelqu'un. D'autre part, l'art. 465, qui se rapporte plutôt à la corruption, punit le fonctionnaire qui exige ou reçoit des dons; mais il touche à la concussion en ce que l'article suivant (466) excepte de ses dispositions le fait de percevoir les droits ou honoraires « fixés par la loi ou par les règlements »; d'où il suit que la perception de droits ou honoraires non prévus, c'est-à-dire la concussion, tomberait sous le coup de l'art. 465, tout comme la corruption proprement dite.

§ 4. ESPAGNE.

136. — Le fonctionnaire public qui exige directement ou indirectement des droits supérieurs à ceux qu'il est autorisé à percevoir, est puni d'une amende pouvant s'élever du double au quadruple de la somme exigée. S'il est coutumier du fait, il encourt, en outre, la peine de l'incapacité temporaire spéciale (C. pén. de 1870, art. 413).

§ 5. ITALIE.

137. — La concussion n'est pas prévue d'une façon tout à fait explicite par le Code de 1891. Mais le fonctionnaire public qui, en abusant de ses fonctions, contraint quelqu'un à donner ou à promettre indûment, à lui-même ou à un tiers, de l'argent ou d'autres avantages, est puni de l'interdiction perpétuelle des fonctions publiques, avec exclusion de trois à dix ans, et d'une amende de 300 livres au moins. Si la somme ou l'avantage indûment promis ou donné est de peu de valeur, l'interdiction est temporaire et la réclusion est d'un à cinq ans (C. pén. ital., art. 169).

138. — Si, au lieu de « contraindre », le fonctionnaire « amène » quelqu'un à lui faire des dons ou promesses semblables, l'interdiction est purement temporaire, la réclusion d'un à cinq ans et l'amende de 100 à 3,000 lires (art. 170).

139. — La réclusion est de six mois à trois ans, si le fonctionnaire reçoit ce qui ne lui est pas dû ou en profitant seulement de l'erreur d'autrui (Même art.).

140. — Si la somme ou l'avantage indûment donné ou promis est de peu de valeur, la réclusion est de six mois à deux ans, dans le cas de l'avant-dernier numéro, et d'un mois à un an, dans le cas du dernier (Même art.).

§ 6. PAYS-BAS.

141. — Le fonctionnaire qui, dans l'exercice de ses fonctions, réclame, reçoit ou retient, à l'occasion d'un paiement, comme dû à lui-même, à un autre fonctionnaire ou à une caisse publique quelconque, ce qu'il sait n'être pas dû, est puni, comme coupable de concussion, d'un emprisonnement de six ans au plus (C. pén. néerland., art. 366).

§ 7. PORTUGAL.

142 — Tout fonctionnaire public qui extorque d'une personne, pour lui-même ou pour autrui, de l'argent, des services ou telle autre chose qui ne lui est pas due, en usant de menaces ou de violence, est puni de la peine de « prison majeure cellulaire », suivie de deux ans de déportation, ou, dans l'alternative, d'une peine fixe de vingt-cinq ans de déportation. Toutefois, ces peines peuvent, suivant les circonstances, être atténuées par la substitution de l'emprisonnement, même simplement correctionnel (C. pén. port. de 1852, art. 314, textuellement reproduit dans l'édit. de 1886).

143. — Tout fonctionnaire public qui, sans y être autorisé par la loi, impose arbitrairement une contribution ou reçoit, par lui-même ou pour autrui, quelque portion de cette contribution, avec destination au service public; tout fonctionnaire chargé du recouvrement des impôts, de revenus, de deniers ou de toute autre chose appartenant à l'État ou à des établissements publics, qui reçoit, avec la même destination et en pleine connaissance de cause, ce qui n'est pas dû ou plus que ce qui est dû, est puni de un à trois ans de suspension et d'une amende correspondante (art. 315, emprunté par le Code de 1886 au Code de 1884).

144. — Si le fonctionnaire s'attribue à lui-même les choses indûment perçues, il encourt la prison majeure cellulaire, ou, dans l'alternative, la prison majeure temporaire (art. 315, § 1, qui renvoie à l'art. 313, relatif au péculat).

145. — Les fonctionnaires publics qui n'ont pas qualité pour percevoir des émoluments ou salaires ou qui ne sont autorisés à en percevoir que suivant une fixation de la loi, et qui, pour un acte de leurs fonctions, se font payer une somme qu'ils n'ont pas le droit de recevoir, sont punis de destitution ou de suspension, selon les circonstances, et d'une amende d'un mois à trois ans, sans préjudice des peines prévues en matière de corruption, s'il y a lieu (art. 316).

146. — Tout fonctionnaire qui, par rapport à une affaire ou une chose dont il a la disposition, l'administration, l'inspection, la surveillance ou la garde, est chargé, à raison de ses fonctions, de faire ou d'ordonner un recouvrement, une perception, une liquidation ou un paiement, et qui prend ou accepte directement ou indirectement un intérêt par achat, ou à tout autre titre, ou de quelque autre manière, est puni d'un à deux ans d'emprisonnement et d'une amende correspondante (art. 317).

147. — Les mêmes peines sont encourues par les estimateurs, arbitres, liquidateurs ou dépositaires nommés par l'autorité, ainsi que les tuteurs, curateurs, exécuteurs testamentaires qui violent la disposition qui précède, relativement aux choses ou aux affaires qui leur sont confiées à raison de leurs fonctions (art. 317, § 2).

§ 8. RUSSIE.

148. — La concussion est prévue et punie par le Code pénal russe sous la rubrique générale de l'acceptation illicite de dons et de la corruption.

149. — L'art. 377 porte simplement que les extorsions constituent le degré le plus élevé de la corruptibilité et qu'il faut entendre sous ce nom « ..... » toute perception d'argent, d'effets ou d'objets quelconques non ordonnée par la loi et dépassant ce qui est prescrit par la loi.

§ 9. Suède.

150. — Le fonctionnaire qui a volontairement établi sur un individu ou perçu de lui des impôts, droits ou charges publiques, autres ou plus fortes que ce qu'autorise ou prescrit la loi, ou qui exige ce qu'il savait avoir été déjà payé à ce titre, est destitué et déclaré incapable d'être employé ultérieurement au service de l'Etat. S'il a agi à son propre profit, il est passible, en outre, de six mois à quatre ans de travaux forcés (C. pén. de 1864, c. 25, § 9).

§ 10. Suisse.

151. — I. *Droit fédéral.* — Le fonctionnaire fédéral qui, dans l'exercice de ses fonctions, exige ou accepte de l'argent ou d'autres profits, ou qui, dans la perception de taxes, droits, etc., dépasse le tarif légal, est passible d'amende et de prison ou, si la somme réclamée à tort dépasse 1,000 fr., de réclusion (C. pén. féd., art. 53).

152. — II. *Législations cantonales.* — Nous citerons à titre d'exemple les dispositions plus ou moins générales insérées dans la législation pénale de Bâle-Ville, Berne, Fribourg, Genève, Neuchâtel, Saint-Gall, Vaud et Zurich.

153. — *a) Bâle.* — Le Code bâlois ne prévoit pas spécialement la concussion, mais punit, en général, d'emprisonnement ou d'amende tout fonctionnaire qui, abusant de son autorité, cause un préjudice à quelqu'un (C. bâl., art. 175).

154. — *b) Berne.* — Il en est de même d'après le Code bernois (art. 91).

155. — *c) Fribourg.* — « Les fonctionnaires publics qui perçoivent ou tentent de percevoir, des actes de leurs fonctions, des droits ou émoluments qu'ils savent n'être pas dus ou excéder ce qui est dû », seront punis, à la première faute, d'une réprimande et, en cas de récidive, d'une amende triple de la valeur exigée sans droit. Aux infractions ultérieures sont appliqués l'emprisonnement pendant quinze jours au moins et, suivant les circonstances et la gravité du cas, la suspension ou la destitution (C. pén., art. 443).

156. — *d) Genève.* — La concussion est punie, pour les fonctionnaires et officiers publics, de trois à dix ans de réclusion et, pour leurs commis ou préposés, de un à cinq ans d'emprisonnement, si la totalité des sommes indûment exigées ou reçues est supérieure à 500 fr.; si la totalité est inférieure à ce chiffre, la peine est l'emprisonnement, de un à cinq ans pour les premiers, de trois mois à trois ans pour les seconds (C. pén., art. 153).

157. — Dans tous les cas, les coupables sont condamnés à une amende de 50 à 1,000 fr., et peuvent être privés des droits civiques pour une période de deux à dix ans (art. 154).

158. — *e) Neuchâtel.* — Le Code pénal de 1891 ne contient pas de disposition spéciale sur la concussion; mais ce délit tomberait, suivant les circonstances, sous le coup de l'art. 146, relatif au fonctionnaire qui reçoit des dons pour faire un acte de sa fonction, juste, mais non sujet à salaire, ou de l'art. 148, relatif au fonctionnaire qui exige de ses fonctions pour faire des profits illicites.

159. — *f) Saint-Gall.* — Le fonctionnaire qui, abusant de son autorité à son profit personnel, accepte, exige ou se fait promettre des dons ou autres avantages, pour faire un acte qui lui incombe à raison même de son office, est puni d'une amende qui peut s'élever jusqu'à 500 fr. et, éventuellement, de destitution; si, pour faire un acte de cette nature, il perçoit ou exige des émoluments ou des taxes qui ne sont pas dues ou dont le tarif légal est inférieur, il est puni, si le fait ne relève pas exclusivement de la juridiction disciplinaire et comporte plus qu'un avertissement d'une réprimande, d'une amende qui peut s'élever jusqu'à 200 fr. (C. pén., art. 167).

160. — *g) Vaud.* — Le Code pénal ne prévoit pas expressément la concussion; mais le fonctionnaire qui « abuse de ses fonctions... pour faire des profits illicites », est puni par une amende qui ne peut excéder 1,000 fr. et, s'il y a lieu, par la suspension ou par la destitution.

161. — *h) Zurich.* — Le Code pénal reste également dans les généralités et, sans prévoir la concussion proprement dite, se borne à punir le fonctionnaire qui viole ses devoirs pour procurer un avantage à lui-même ou à autrui (art. 209), ou qui, abusant de son autorité, oblige quelqu'un sans droit à faire ou à souffrir quelque chose (art. 220).

CONDAMNATION. — V. Circonstances aggravantes ou atténuantes. — Contrainte par corps. — Dépens. — Droits civils. — Elections. — Peines. — Régime pénitentiaire. — Réhabilitation.

CONDITION.

Législation.

C. civ., art. 6, 791, 896 à 900, 944 à 966, 1040, 1041, 1086, 1092, 1168 à 1184, 1387 à 1390, 1654, 1659.

Bibliographie.

Aubry et Rau, *Cours de droit civil français*, 1869-1879, 4ᵉ édit., 8 vol. in-8°, t. 4, § 302, p. 60 et s.; § 691 à 710, p. 288 et s.; § 745, p. 470 et s. — Baudry-Lacantinerie, *Précis de droit civil*, 1889, 3ᵉ édit., 3 vol. in-8°, t. 2, n. 671 et s., 829 et s.; t. 3, n. 4 et s., 1357 et s. — Berriat Saint-Prix, *Notes élémentaires sur le Code civil*, 1845-1856, 3 vol. in-8°, t. 2, p. 163 et s., 412 et s.; t. 3, p. 2 et s. — Bioche, *Dictionnaire des justices de paix et de simple police*, 1866-1867, 3 vol. in-8°, vᵒ *Obligation*, n. 43 et s. — Boileux, *Commentaire sur le Code civil*, 6ᵉ édit., 7 vol. in-8°, t. 3, p. 461 et s.; t. 4, p. 42 et s., 433 et s.; t. 5, p. 4 et s. — Bost, *Encyclopédie des justices de paix*, 1834, 2ᵉ édit., 2 vol. in-8°, vᵒ *Obligation*, n. 9. — Coin-Detisle, *Commentaire du titre des donations et testaments*, 1855, 1 vol. in-4°, sur les articles cités. — Coulon, *Dialogues ou Questions de droit*, 1838-1839, 3 vol. in-8°, t. 1, dial. 46; t. 2, dial. 64, et suppl., n. 40. — Delaporte, *Pandectes françaises*, 1803-1809, 13 vol. in-12, t. 8, p. 228 et s., 412 et s.; t. 10, p. 209 et s.; t. 11, p. 222 et s. — Delvincourt, *Cours de droit civil*, 1834, 5ᵉ édit., 3 vol. in-8°, t. 2, p. 73 et s., 124 et s., 398 et s., 487 et s., 688 et s.; t. 3, p. 76 et s., 385 et s. — Demante et Colmet de Santerre, *Cours analytique de Code civil*, 1873-1884, 9 vol. in-8°, t. 4, n. 6 et s., 84 et s.; t. 5, n. 84 et s.; t. 6, n. 4 et s. — Demolombe, *Cours de Code civil*, 31 vol. in-8°, t. 14, n. 300 et s.; t. 18, n. 51 et s.; t. 20, n 416 et s., 777 et s.; t. 25, n. 278 et s. — Du Caurroy, Bonnier et Roustain, *Commentaire théorique et pratique du Code civil*, 2ᵉ examen, 1851, 2 vol. in-8°, t. 2, n. 563. — Duranton, *Cours de droit français*, 1844, 4ᵉ édit., 22 vol. in-8°, t. 6, n. 473 et s.; t. 8, n. 20 et s., 96 et s., 474 et s., t. 11, n. 3 et s.; t. 14, n. 17 et s.; t. 16, n. 356 et s.; t. 22, n. 33 et s.; 388 et s. — Favard de Langlade, *Répertoire de la nouvelle législation*, 1823, 5 vol. in-4°, vⁱˢ *Condition, Contrat de mariage*, sect. 1, *Donation entre-vifs*, sect. 1, § 2; sect. 2, § 1, *Pacte commissoire, Substitution*, chap. 1, sect. 3, *Succession*, sect. 7, § 8. — Fuzier-Herman, *Code civil annoté*, 2 vol. in-8° parus (le 3ᵉ en cours de publication), sur les articles cités. — Glasson, *Eléments du droit français*, 1884, 2ᵉ édit., 2 vol. in-8°, t. 1, n. 141, 142, 156, 165; t. 2, n. 62. — Huc, *Commentaire théorique et pratique du Code civil*, 1894, 6 vol. in-8° parus, t. 6, n. 8 et s., 221 et s. — Lansel et Didio, *Encyclopédie du notariat et de l'enregistrement*, 20 vol. in-8° parus, vᵒ *Condition*. — Larombière, *Théorie et pratique des obligations*, 1885, 7 vol. in-8°, t. 2, art. 1168 à 1184. — Laurent, *Principes de droit civil français*, 1869-1878, 3ᵉ édit., 33 vol. in-8°, t. 11, n. 264 et s., 427 et s.; t. 12, n. 409 et s., 487 et s.; t. 13, n. 533 et s.; t. 17, n. 32 et s., 147 et s.; t. 24, n. 336 et s.; t. 25, n. 354 et s. — Marcadé et Pont, *Explication théorique et pratique du Code civil*, 1872-1884, 7ᵉ édit., 13 vol. in-8°, t. 3, p. 374 et s., 592 et s.; t. 4, p. 434 et s.; t. 5, p. 448 et s. — Merlin, *Répertoire*, 1827-1828, 5ᵉ édit., 18 vol. in-4°, vⁱˢ *Condition, Pacte commissoire, Substitution fidéicommissaire, Vente*, § 6; — *Questions de droit*, 4ᵉ édit., 8 vol. in-4°, vⁱˢ *Condition, Substitution fidéicommissaire.* — Picard et d'Hoffschmidt, *Pandectes belges* (en cours de publication), vⁱˢ *Contrat de mariage*, n. 267 et s., *Donation entre-vifs*, n. 186 et s., 241 et s., 467 et s., 688 et s. — Picot, *Code civil expliqué article par article*, 1871, 2 vol. in-8°, sur les articles cités. — Pothier et Bugnet, *Œuvres*, 1861-1862, 11 vol. in-8°, t. 2, p. 94 et s.; t. 3, p. 159 et s., 181 et s.; t. 7, p. 49 et s.; t. 8, p. 253 et s., 435 et s. — Poujol, *Traité des obligations*, 1846, 3 vol. in-8°, t. 1, p. 359 et s. — Rolland de Villargues, *Répertoire de la jurisprudence du notariat*, 1840-1845, 2ᵉ édit., 9 vol. in-8°, vⁱˢ *Condition, Condition de se marier ou de ne pas se marier, Contrat de mariage*, § 6, *Donation*, § 9, *Prohibition d'aliéner*, n. 14, *Substitution.* — Sebire et Carteret, *Encyclopédie du droit*, 20 livr. gr. in-8°, vᵒ *Condition*. — Taulier, *Théorie raisonnée du Code civil*, 1840-1846, 7 vol. in-8°, t. 3, p. 235 et s.; t. 4,

CONDITION.

p. 9 et s., 82 et s., 315 et s.; t. 3, p. 19 et s. — Thiry (Victor), *Cours de droit civil*, 1892, 4 vol. in-8°, t. 2, n. 290 et s.; t. 3, n. 226 et s., 392 et s. — Toullier et Duvergier, *Droit civil français*, 1844-1848, 6° édit., 21 vol. in-8°, t. 3, n. 21 et s., 270 et s.; t. 6, n. 467 et s.; t. 12, n. 10 et s. — Troplong, *Le droit civil expliqué*, 27 vol. in-8°; *Traité du contrat de mariage*, t. 1, n. 48 et s. — Vigié, *Cours élémentaire de droit civil français*, 1890, 3 vol. in-8°, t. 2, n. 489 et s., 660 et s., 1310 et s.; t. 3, n. 15 et s., 774 et s. — Zacharie, Massé et Vergé, *Le droit civil français*, 1854-1860, 5 vol. in-8°, t. 3, § 464 et s., p. 175 et s.; § 474 et s., p. 206 et s.; § 534 et s., p. 373 et s.; t. 4, § 637, p. 51 et s.

Alot, *Des conditions et des charges impossibles, contraires aux lois et aux bonnes mœurs, dans les libéralités par dispositions entre-vifs ou testamentaires*, Besançon, imprimerie Jacquin. — Bartin (Etienne), *Théorie des conditions impossibles, illicites ou contraires aux mœurs*, 1887, 1 vol. in-8°. — Ch. Chobert, *Quelles conditions doivent être considérées comme contraires aux mœurs dans les donations et les testaments : examen d'une interprétation de l'art. 900, C. civ.*

La condition de changer ou de ne pas changer de religion est-elle licite? (Bioche) : J. de proc. civ. et comm., année 1868, t. 34, p. 232. — *Des conditions impossibles ou illicites dans les testaments et les donations entre-vifs* (Demante) : Rec. de l'acad. de législ. de Toulouse, année 1859, t. 8, p. 154. — *Conditions prohibées* : Rev. Asser, année 1873, p. 597. — *Examen d'une interprétation de l'art. 900, C. civ.* (Ch. Chobert) : Rev. crit. de législ. et de jurisp., année 1887, t. 16, p. 392. — *Etude sur le fondement de l'art. 900, C. civ.* (Crouzel) : Rev. gén., t. 6, p. 431, 226, 332. — *De la prohibition d'aliéner et d'hypothéquer imposée au donataire* : Rev. du not. et de l'enreg., année 1873, t. 14, n. 4326, p. 339. — *Droit gradué. Condition suspensive* : Rev. du not. et de l'enreg., année 1875, t. 16, n. 4487, p. 336. — *De la clause de viduité ou condition de ne pas se remarier, dans les donations ou les testaments* : Rev. du not. et de l'enreg., année 1880, t. 21, n. 6112, p. 801. — *De la déclaration d'insaisissabilité et d'incessibilité* : Rev. du not. et de l'enreg., année 1881, t. 22, n. 6286, p. 641. — *De la condition impossible, contraire aux lois et aux mœurs, en matière de dispositions à titre gratuit* : Rev. du not. et de l'enreg., année 1882, t. 24, n. 6742, p. 721. — *De la condition de ne pas se marier* (Mayjuron-Lagorsse) : Rev. prat., t. 40, p. 91. — *Les deux définitions de la condition* (Giraud) : Rev. prat., t. 43, p. 363. — *Etude sur l'art. 900, C. civ.* (Ernest Valabrègue) : Rev. prat. de dr. fr., année 1884, t. 33, p. 383.

INDEX ALPHABÉTIQUE.

Abattoir, 606.
Absent, 626.
Acceptation, 7.
Acceptation bénéficiaire, 66, 73, 510.
Acceptation de communauté, 74.
Acceptation de lettre de change, 76.
Acceptation de succession, 66, 72, 73, 510.
Acceptation sous réserves, 920.
Accessoire, 753, 755 et s.
Acquêts, 118, 898.
Acquiescement, 9, 63, 65.
Acte annulable, 996.
Acte annulé, 997.
Acte à titre gratuit, 163 et s., 209, 222 et s., 343 et s., 459.
Acte à titre onéreux, 163 et s., 179 et s., 323, 518, 657.
Acte authentique, 10.
Acte conservatoire, 619 et s., 631, 632, 637, 701.
Acte d'administration, 630, 642, 643, 687, 796.
Acte d'exécution, 627 et s.
Acte notarié, 926 et 927.
Acte nul, 996.
Acte sous seing privé, 639, 927.
Acteur, 131, 581.
Action paulienne, 625.
Action pétitoire, 641, 696.
Action possessoire, 641, 696.
Adjudication, 582, 645, 646, 648, 721, 913.
Administrateur, 524.
Administration, 641.
Administration légale, 439 et s., 596.
Adoption, 70.
Affrètement, 62.
Aliénation, 389, 390, 673.
Aliments, 108.
Allemagne, 1005 et s.
Alluvion, 684.
Alternative, 195, 458, 459, 918.
Angleterre, 1091 et s.
Appel, 583, 769.
Appréciation souveraine, 31, 101, 248, 416, 486, 527 et s., 932, 962.
Approbation du gouvernement, 60 et 64.
Appropriation, 914, 917, 925.
Arrérages, 732.
Assurance, 117, 220.
Assurance sur la vie, 7, 584, 601.
Assurance terrestre, 526.
Autorisation administrative, 29, 30, 57, 114, 301, 341, 427, 594, 610.
Autriche, 1019 et s.

Bail, 29, 140, 594, 610, 643, 700, 733, 737, 738, 911, 912, 972 et s.
Bail à ferme, 829.
Bail à locatairie perpétuelle, 760, 819, 950.
Bail à loyer, 831.
Bail à rente, 818.
Barrage, 30.
Barrière, 1035 et s.
Belgique, 1064.
Bénéfice de discussion, 695.
Bénéfice d'inventaire, 66, 73, 510.
Biens de mineurs, 962.
Billet à ordre, 78.
Bonne foi, 697.
Bornage, 696.
Brevet d'invention, 731, 756.
Bureau de bienfaisance, 331, 332, 341, 454, 456, 458.
Caption, 502 et s.
Cas fortuit, 595, 702 et s.
Cassation, 271, 524.
Cause déterminante, 302, 306, 307, 310, 312 et s., 457, 458, 514.
Cause illicite, 219.
Caution, 523, 624.
Cautionnement, 207, 585.
Certificat médical, 601.
Cession, 942 et 943.
Cession de droits litigieux, 944.
Cession de droits successifs, 977.
Cession d'office, 60, 61, 854 et 855.
Chantage, 219.
Chose jugée, 769.
Cimetière, 347.
Clause pénale, 129, 470 et s., 581.
Clause spéciale, 913.
Collocation éventuelle, 624.
Commis, 68, 111, 413.
Communauté conjugale, 74, 80, 387.
Communauté d'acquêts, 118, 898.
Communauté religieuse, 152, 177, 300 et s., 309.
Communauté universelle, 118.
Commune, 302 et s., 307, 308, 313 et s., 347, 606, 856.
Comptable public, 207.
Compte de tutelle, 180, 181 bis.
Concubinage, 287, 452.
Concurrence déloyale, 758.
Condamnation conditionnelle, 83.
Conditions (pluralité de), 544 et s.
Condition accomplie, 15, 17, 19, 519 et s., 672 et s., 709 et s.
Condition affirmative, 559, 567.
Condition alternative, 195, 468 et 469.
Condition casuelle, 89, 711.
Conditions conjonctives, 545, 548 et 549.
Condition de donner, 555.
Condition défaillie, 20, 202, 205, 559, 563, 579 et s., 668 et s., 708, 836, 863, 916.
Condition de faire, 556, 557, 569, 827.
Conditions disjonctives, 546.
Condition expresse, 32 et s.
Conditions extrinsèques, 210 et s., 549, 885 et 886.
Condition impossible, 16, 22, 188 et s., 211, 598, 885 et 886.
Condition mixte, 91, 92, 94, 115, 147 et s., 550, 711.
Condition négative, 85 et s., 208, 209, 216 et s., 568, 573.
Condition positive, 188 et s.
Condition potestative, 90, 93, 94, 97 et s., 145, 146, 204, 550 et s., 567 et s., 589, 688 et s., 711, 736, 875 et s.
Condition résolutoire, 25, 28, 30, 45, 137 et s., 152 et s., 537, 575 et s., 585, 693 et s., 870, 965, 968, 971 et s.
Condition suspensive, 137, 154 et s., 537, 614 et s., 843 et s., 862, 864.

Condition tacite, 51 et s., 852, 857, 868.
Conduite, 434.
Conseil de fabrique, 454, 455, 458.
Conseil de famille, 596.
Consentement des ascendants, 256 et s.
Consentement des tiers, 253 et s., 604.
Consignation, 624.
Construction, 606, 790, 802.
Contrat, 554.
Contrat à titre onéreux, 746.
Contrat de mariage, 55, 118, 388, 852, 853, 877.
Contrat synallagmatique, 55, 132 et s., 502, 657, 669, 741 et s., 815, 822, 875.
Contrat unilatéral, 745, 815, 823, 876.
Convocation, 64.
Convol, 263, 265 et s., 612, 725.
Corps certain, 658.
Créancier, 64, 194, 393 et s., 554, 619, 877.
Créancier (fait du), 747.
Créancier chirographaire, 645 et s.
Créancier hypothécaire, 645 et s., 721.
Crédit foncier, 850, 864 et s.
Crédit (ouverture de), 110, 850, 851, 934 et s.
Curé, 302.
Débit de boissons, 858.
Débiteur, 879.
Débiteur (fait du), 579 et s., 663 et s., 747.
Décès, 578.
Déchéance, 526.
Délai, 115, 606, 747, 767 et s., 831.
Délai (prorogation de), 78, 560.
Délaissement, 648.
Délégation, 778.
Délit, 5.
Délivrance, 693, 754, 759.
Délivrance (demande en), 686.
Délivrance de legs, 904 et 905.
Demande en justice, 765, 770, 792, 824.
Dépôt de titre, 639.
Dépréciation, 667.
Désistement, 258.
Détérioration, 624, 667. — V. *Perte partielle*.
Directeur de société, 593.
Dispense, 232 et s.
Distribution de deniers, 624.
Dol, 600.
Domicile, 414 et s.
Dommages-intérêts, 303, 304, 313, 379, 594, 663 et s., 689, 753, 755, 758, 760, 800, 807 et s.
Donation, 222 et s., 366 et s., 461 et s., 514 et s., 529, 554, 680, 724, 725, 856, 891, 900, 905, 981.
Donation entre époux, 178, 580.
Donation entre-vifs, 50, 54, 67, 95, 96, 143 et s., 160, 899.
Donation éventuelle, 896, 897 et s.
Donation par contrat de mariage, 149, 153, 181 bis, 186, 269, 272, 466, 469, 516, 896, 897 et 898.
Dot religieuse, 112.
Double écrit, 922.
Droits civiques, 435.
Droits de famille, 436 et s.
Droit de quittance, 867.
Droit de rétrocession, 998.
Droit d'obligation, 867.
Droit éventuel, 615.
Droit fixe, 864, 993.
Droit gradué, 809.
Droits litigieux, 944.
Droit réel, 722.
Eaux (règlement des), 116.

CONDITION.

Eaux minérales, 610.
Échange, 681.
Échéance, 78.
Échéance conditionnelle, 77.
École congréganiste, 300 et s. — V. *Laïcisation*.
École mixte, 313.
École privée, 317, 325 et s.
École publique, 300 et s.
Écosse, 1103 et s.
Éducation, 443 et 444.
Effets de commerce, 78.
Effet rétroactif, 673 et s., 709 et s., 786 et s., 881.
Église, 750.
Émancipation, 437.
Emploi, 411.
Emprunt, 862, 958.
Enfant, 275.
Enfants (éducation des), 292.
Engagement théâtral, 133, 581.
Enregistrement, 841 et s.
Entrée en possession, 951.
Entrepreneur, 965.
Escompte, 110.
Espagne, 1065 et s.
Estimation, 664.
Établissements publics, 57, 114, 453 et s., 856.
État des personnes, 450.
État ecclésiastique. — V. *Prêtre*.
Évêché, 334 et s.
Excès de pouvoir, 31.
Exécuteur testamentaire, 446.
Exécution du contrat, 883.
Exhumation, 489.
Exigibilité, 18.
Expertise, 489.
Exploitation, 749.
Expropriation publique, 151.
Expulsion, 700.
Fabrique, 306.
Faillite, 585, 801.
Fait personnel, 556, 579 et s., 663 et s., 747.
Faits successifs, 587.
Femme, 2, 7, 267. 284, 387, 388, 411, 423, 558, 725.
Filiation, 450.
Fille, 286.
Folle enchère, 738.
Fondation, 177, 300 et s.
Fonds de commerce, 758. 917.
Force majeure, 313, 319, 331, 332, 995, 747 et s.
Fraude, 401, 893.
Frais de labour et de semence, 683.
Fruits, 674 et s., 682, 714 et s., 797 et s.
Futaies, 760.
Garde, 442, 445.
Gratification, 111.
Grosses réparations, 683.
Habitation, 352, 418 et s.
Héritier, 550, 617, 631, 632, 694, 856.
Héritier bénéficiaire. — V. *Bénéfice d'inventaire*.
Homologation, 857, 868.
Hospice, 309, 310, 498.
Hypothèque, 66, 107, 365, 411, 631, 645, 673, 721, 784.
Hypothèque judiciaire, 622 et 623.
Hypothèque légale, 785.
Immeubles, 320, 327 et s., 394 et s., 695, 735 et s., 740, 749, 790, 793 et s., 918, 927, 929, 961.
Impenses nécessaires, 683, 803.
Impenses utiles, 683, 803.
Impossibilité relative, 192.
Impossibilité temporaire, 198 et s.
Inaccomplissement de la condition. — V. *Condition défaillie*.
Inaccomplissement partiel, 587.
Inaliénabilité, 170, 177, 343 et s.
Incapacité, 497 et s., 560.

Indemnité, 109.
Indigence, 342.
Indivisibilité, 180, 512. 533 et s., 923.
Indivision, 406 et s., 929, 979 et 980.
Inexécution, 909.
Inexécution partielle, 752 et s., 768.
Ingénieur, 593.
Insaisissabilité, 391 et s.
Insanité d'esprit, 172.
Inscription de faux, 75.
Institution contractuelle, 369, 901 et s.
Instruction primaire, 300. — V. *École*.
Intention des parties, 46, 59, 521, 522, 536, 547, 548, 573, 679, 716, 821 et s., 907.
Intérêts, 374, 681, 716.
Intérêt moral, 356 et s.
Interposition de personne, 418.
Interprétation, 884, 889, 891.
Inventaire, 509.
Irrévocabilité, 185.
Italie, 1118.
Jeu, 29.
Jugement, 81, 82, 583, 644, 687, 721, 722, 770, 919, 928.
Juste titre, 653, 697.
Laïcisation, 303, 304, 307, 308, 311 et s.
Legs, 128, 190, 194, 205, 222 et s., 230, 551 et s., 586, 596, 602 et s., 632 et s., 654 et s., 685 et s., 878, 894, 904, 905, 967 et s., 1004.
Legs de la chose d'autrui, 495.
Lettre de change, 6, 76 et 77.
Liberté de conscience, 289 et s.
Liberté du commerce et de l'industrie, 68.
Lieu déterminé, 424.
Location perpétuelle, 760, 819, 950.
Logement, 329, 331, 333.
Lots (composition des), 493 et 494.
Louage de services, 141, 413.
Mainlevée d'inscription hypothécaire, 851.
Maison de jeu, 29.
Majorité, 572.
Marché, 954, 955, 957, 965, 987, 988, 992.
Marché à périodes, 972 et s.
Marché à terme, 119.
Marché de fournitures, 951.
Mari, 271, 272, 277, 279, 282, 283, 285.
Mariage, 70, 182, 199, 223 et s., 373, 603 et s., 612.
Mariage (célébration du), 56.
Mariage réel, 612.
Mariage putatif, 607.
Maximum et minimum, 957.
Médecin, 921.
Mense épiscopale, 334 et s.
Meubles, 113, 393, 739, 759.
Mine, 594, 788.
Mineur, 3, 558, 962.
Mise en demeure, 561, 711, 771, 809, 810, 833 et s.
Moine, 299.
Monténégro, 1119 et s.
Mutation, 698, 894, 918. — V. *Propriété (translation de)*.
Nantissement, 405.
Nature du contrat, 911.
Noblesse, 238 et s.
Nom et prénom, 426, 427, 563.
Notaire, 109, 991.
Novation, 780 et 781.
Nue-propriété, 968 et 969.
Nullité, 106 et s., 118, 171, 172, 177, 184, 281, 312 et s., 389 et 390, 930, 996 et 997.
Nullité absolue, 872, 887, 995.
Nullité relative, 887.
Obligation de faire, 556, 557, 569, 827.
Obligation morale, 108.

Obligation pure et simple, 27.
Office ministériel, 60. 61, 109, 591, 813, 814, 854 et 855.
Offres, 931.
Option, 487 et s., 516, 517, 774 et s.
Ordre, 64, 624, 778, 804.
Ordre amiable, 64.
Ordre judiciaire, 65.
Ordre public, 475 et s.
Orphelinat, 340.
Ouverture de crédit, 110, 850, 851, 934 et s.
Pacte commissoire, 741 et s.
Pacte commissoire exprès, 815 et s.
Pacte commissoire tacite, 746 et s.
Paiement du prix, 123, 693.
Paiement de rente, 915.
Parenté au degré prohibé, 232 et s.
Partage, 375, 696, 763, 857, 868.
Partage d'ascendant, 351, 355, 356, 368, 378, 479, 484, 488, 493 et 494.
Partage en nature, 491 et 492.
Pays-Bas, 1127 et s.
Pension, 352.
Pension alimentaire, 108.
Personne déterminée, 228 et s., 260 et s., 377 et s., 425.
Personne interposée, 418.
Personne morale, 334, 453 et s.
Perte particulle, 661 et s., 704 et s., 712, 713, 754.
Perte totale, 659, 660, 702 et 703.
Plus-value, 808, 945.
Point de départ, 1001, 1004.
Police d'assurance, 584.
Portugal, 1131 et s.
Possesseur de bonne foi, 676.
Possesseur de mauvaise foi, 802, 804.
Possession, 699, 961.
Pouvoir du juge, 245, 666, 767, 768, 800, 807, 824 et s., 831, 890.
Prescription, 4, 517, 583, 649 et s., 692, 697 et s., 795, 1000 et s.
Prêt, 126, 850, 861, 866, 948, 963.
Prêtre, 226, 293 et s.
Preuve, 608, 935, 937, 940, 941, 956, 984 et s.
Prime (paiement de la), 584.
Privilège, 794, 813.
Prix (fixation du), 600.
Prix (paiement du), 123, 693.
Profession, 428 et s.
Projet de vente, 920 et s.
Promesse d'achat, 577.
Promesse de crédit, 933.
Promesse de payer, 892.
Promesse de vente, 114, 115, 133 et s., 528, 577, 882, 911, 916, 943.
Propriété (translation de), 630, 631, 640 et s., 822.
Prorogation, 78, 560.
Prusse, 1150 et s.
Puissance maritale, 436, 447 et s.
Puissance paternelle, 251, 292, 436, 440, 442 et s., 449.
Purge, 648, 695.
Qualification des actes, 889 et s.
Question d'état, 505.
Quittance, 128, 923 et 924.
Quotité disponible, 361 et 362.
Ratification, 962.
Réalisation, 86?, 935, 937, 940 et 941.
Réalisation anticipée, 903.
Reconnaissance de dette, 639.
Reconnaissance d'enfant naturel, 67, 70.
Réduction de prix, 29.
Refus d'autorisation, 858.
Règlement provisoire, 65.
Religion (changement de), 289 et s.
Remèdes secrets, 964.
Réméré, 138, 700, 720, 875, 960, 982.
Remise de la dette, 194.

Renonciation à communauté, 74.
Renonciation à la copropriété, 1003.
Renonciation à résolution, 734, 772 et s.
Renonciation à succession, 73, 459 et s., 634.
Rente, 125, 352, 373, 628, 750, 820, 915.
Rente viagère, 361, 732, 764.
Réparations, 683.
Répétition de l'indû, 638.
Réserve, 178, 181, 476, 478 et s., 484 et s., 515.
Résolution, 662 et s., 741 et s., 998.
Résolution amiable, 784 et 785.
Résolution conditionnelle, 919.
Résolution de plein droit, 710 et s., 828 et s., 838 et 839.
Résolution judiciaire, 765 et s., 824 et s.
Restitution du droit, 853, 855, 858, 870, 976, 989 et s.
Retour conventionnel, 352, 354.
Retour légal, 352, 354.
Rétractation, 114.
Rétroactivité, 7, 616.
Revendication, 735, 793, 795.
Réversibilité, 980.
Révocation, 654 et s.
Risques, 19, 657 et s., 702 et s.
Riverain, 116.
Russie, 1174 et s.
Saisie-arrêt, 393 et s., 627.
Saisie-exécution, 403, 404, 629.
Saisie immobilière, 629, 615, 721, 773.
Saisines, 440, 856.
Saxe, 1197 et s.
Scellés, 509.
Séparation de biens, 411, 423.
Séparation de corps, 288.
Séparation de fait, 288.
Serment, 583.
Servitude, 451.
Société, 524, 618, 914, 946, 947, 953, 956.
Société civile, 980.
Sociétés de crédit foncier, 866.
Sous-acquéreur, 778.
Sous-location, 759.
Subrogation, 582.
Substitution, 183, 184, 345, 361, 362, 369, 496.
Substitution prohibée, 888.
Subvention, 317, 325 et s.
Succession, 66, 72, 73, 510.
Succession future, 181, 383 et s., 461 et s., 514 et s.
Succession ouverte, 459 et 460.
Suisse, 1232 et s.
Surenchère, 582, 648.
Survenance d'enfants, 54, 160, 981.
Survie, 580.
Tarif, 866, 947.
Terme, 18, 23, 25, 35, 36, 910.
Terme (échéance du), 559 et s., 826.
Terme incertain, 24, 26, 121 et s.
Testament, 26, 37, 53, 57, 204, 366 et s., 461 et s., 530, 550 et s., 968.
Testament (ouverture du), 508.
Théâtre, 131, 581.
Tiers, 220, 359 et s., 582, 595 et s., 687, 688, 717 et s., 722, 736 et s., 790 et s.
Tiers détenteur, 621, 654, 735.
Titres (perte de), 750.
Transaction, 535, 536, 817, 905.
Transcription, 723.
Trésor, 684.
Tutelle, 441, 507.
Tuteur, 180.
Tuteur *ad hoc*, 596.
Usage, 352.
Usufruit, 79, 277, 279, 351, 353, 360, 361, 523, 968, 969, 971.

RÉPERTOIRE. — Tome XIII.

17

Vente, 50, 113, 123, 125, 133 et s., 347, 379, 412, 451, 600, 628, 654 et s., 665, 666, 669 et s., 681, 689 et s, 693, 695 et s., 703, 753, 758, 759, 773, 790, 820, 912, 915, 918, 923, 924, 927, 929, 932, 950, 952, 961, 962, 964, 966, 976, 978, 986, 990, 998, 1002.
Vente *ad gustum*, 135.
Vente à l'essai, 139.
Vente à réméré, 138, 700, 720, 875, 960, 982.
Vente contestée, 871.
Vente de la chose d'autrui. 930.
Vente sous seing privé, 125.
Vente verbale, 984.
Vérification d'écriture, 622 et 623.
Viduité. — V. *Convol*.
Vices de forme, 500 et 501.

DIVISION.

TITRE I. — NOTIONS GÉNÉRALES (n. 1 à 13).

TITRE II. — CARACTÈRES DES CONDITIONS. — MANIÈRE DE LES EXPRIMER. — ACTES QUI LES ADMETTENT.
CHAP. I. — CARACTÈRES DES CONDITIONS (n. 14 à 26).
CHAP. II. — MANIÈRE D'EXPRIMER LES CONDITIONS (n. 27 à 31).
 Sect. I. — Conditions expresses (n. 32 à 50).
 Sect. II. — Conditions tacites (n. 51 à 68).
CHAP. III. — ACTES QUI ADMETTENT LES CONDITIONS (n. 69 à 83).

TITRE III. — DIVERSES ESPÈCES DE CONDITIONS.
CHAP. I. — CONDITIONS POSITIVES ET NÉGATIVES (n. 84 à 87).
CHAP. II. — CONDITIONS CASUELLES, POTESTATIVES ET MIXTES (n. 88 à 133).
CHAP. III. — CONDITIONS SUSPENSIVES ET RÉSOLUTOIRES (n. 134 à 161).

TITRE IV. — CONDITIONS IMPOSSIBLES ET ILLICITES OU CONTRAIRES AUX LOIS ET AUX MŒURS.
CHAP. I. — DISTINCTION ENTRE LES DISPOSITIONS A TITRE GRATUIT ET LES CONVENTIONS INTÉRESSÉES (n. 162 à 187).
CHAP. II. — DES CONDITIONS IMPOSSIBLES (n. 188 à 209).
CHAP. III. — CONDITIONS CONTRAIRES AUX LOIS ET AUX MŒURS (n. 210 à 222).
 Sect. I. — Conditions relatives au mariage (n. 223 à 288).
 Sect. II. — Conditions relatives à la religion, à l'enseignement religieux et aux congrégations enseignantes (n. 289 à 342).
 Sect. III. — Conditions relatives au droit de disposer (n. 343 à 413).
 Sect. IV. — Conditions relatives au domicile, — ... au nom (n. 414 à 427).
 Sect. V. — Autres conditions restrictives de la liberté d'agir. — Profession. — Conduite. — Droits civiques. — Droits de famille (n. 428 à 458).
 Sect. VI. — Condition de renonciation à l'exercice d'un droit. — Défense d'attaquer le testament ou autres actes. — Clauses pénales en cas d'inaccomplissement de la volonté du disposant (n. 459 à 518).

TITRE V. — ACCOMPLISSEMENT DES CONDITIONS (n. 519 à 532).
CHAP. I. — COMMENT ET DANS QUEL TEMPS LA CONDITION DOIT ÊTRE ACCOMPLIE (n. 533 à 578).
CHAP. II. — DANS QUELS CAS LA CONDITION DOIT ÊTRE RÉPUTÉE ACCOMPLIE BIEN QUE L'ÉVÉNEMENT PRÉVU NE SOIT PAS ARRIVÉ (n. 579 à 612).

TITRE VI. — EFFETS DES CONDITIONS (n. 613).
CHAP. I. — DE LA CONDITION SUSPENSIVE.
 Sect. I. — Effets de la condition suspensive tant qu'elle est en suspens (n. 614 à 667).
 Sect. II. — Effets de la condition suspensive quand elle défaillit ou quand elle s'accomplit (n. 668 à 692).

CHAP. II. — DE LA CONDITION RÉSOLUTOIRE.
 Sect. I. — Effets de la condition résolutoire tant qu'elle est en suspens (n. 693 à 707).
 Sect. II. — Effets de la condition résolutoire quand elle défaillit ou s'accomplit (n. 708 à 740).
 Sect. III. — Du pacte commissoire (n. 741 à 745).
  § 1. — Du pacte commissoire tacite, ou condition résolutoire de l'art. 1184, C. civ. (n. 746 à 814).
  § 2. — Du pacte commissoire exprès (n. 815 à 840).

TITRE VII. — ENREGISTREMENT (n. 841).
Sect. I. — Exigibilité du droit (n. 842).
 § 1. — *Condition suspensive* (n. 843 à 869).
 § 2. — *Condition résolutoire* (n. 870 à 876).
 § 3. — *Condition potestative* (n. 877 à 884).
 § 4. — *Des conditions impossibles ou illicites* (n. 885 à 888).
Sect. II. — Interprétation des clauses contenues dans les actes soumis à la formalité (n. 889 à 893).
 § 1. — *Condition suspensive.* — *Donations et legs.* — *Ventes.* — *Ouvertures de crédit*, etc. (n. 894 à 947).
 § 2. — *Condition potestative* (n. 948 à 958).
 § 3. — *Distinction entre la condition suspensive et la condition résolutoire* (n. 959 à 984).
Sect. III. — Preuve de l'accomplissement des conditions (n. 985 à 988).
Sect. IV. — Restitution du droit d'enregistrement (n. 989 à 999).
Sect. V. — Prescription des droits d'enregistrement (n. 1000 à 1004).

TITRE VIII. — DROIT COMPARÉ (n. 1005 à 1244).

TITRE I.

NOTIONS GÉNÉRALES.

1. — Le mot *condition* a plusieurs acceptions : il signifie d'abord l'état (*status*) de l'homme dans la société; c'est en ce sens qu'on dit qu'on ne doit pas ignorer la condition de celui avec qui l'on contracte : *Qui cum alio contrahit, vel est, vel debet esse non ignarus conditionis ejus* (L. 19, ff., *In pr.*, ff., De diversrej. jur.). — Toullier, t. 6, n. 470; Duranton, t. 11, n. 3.

2. — C'est aussi dans le même sens que la loi 9 (ff., *De statu hom.*) dit que sous plusieurs rapports la *condition* de la femme est pire que celle de l'homme : *In multis juris nostri articulis deterior est conditio fœminarum quam masculorum.* De même, en droit français, on dit que la femme suit la condition de son mari (C. civ., art. 12 et 19).

3. — Dans d'autres circonstances, le mot « condition » est synonyme de situation pécuniaire d'une personne : ainsi, on dit que l'*auctoritas* du tuteur n'est pas nécessaire au mineur qui a fait sa condition meilleure : *Tutoris auctoritas necessaria non est in iis causis in quibus pupillus conditionem suam meliorem facit* (Inst., L. 1, tit. 21, *in pr.*).

4. — On entend quelquefois aussi par *conditions* les éléments constitutifs d'un acte, d'après la loi ou la convention des parties. Ainsi, l'art. 1108, C. civ., dispose que quatre *conditions* sont essentielles pour la validité d'une convention; et l'art. 2219, que la prescription est un moyen d'acquérir ou de se libérer par un certain laps de temps, et sous les *conditions* déterminées par la loi. — Encycl. du dr., v° *Condition*, n. 1; Duranton, t. 11, n. 5; Demolombe, t. 24, n. 40; Aubry et Rau, t. 4, § 306, p. 92 et 93.

5. — Ainsi encore on détermine les conditions d'un délit ou à quelles conditions un droit d'enregistrement est exigible. — F. Hélie, *Prat. crim.*, t. 2, n. 310.

6. — On détermine aussi les *conditions* essentielles de la lettre de change, ses *conditions* accidentelles, ses *conditions* fiscales. — Boistel, *Précis du dr. comm*, n. 116.

7. — De même, en cas d'assurance sur la vie contractée par un négociant au profit de sa femme, la jurisprudence a décidé que celle-ci jouit sur la somme assurée d'un droit privatif sous la *condition* de son acceptation, qui rétroagit au jour du contrat. — V. *suprà*, v° *Assur. sur la vie*, n. 673.

8. — Dans les contrats, les parties sont, en règle générale, maîtresses de déterminer à quelles conditions est subordonnée la création de l'obligation. Leur volonté est souveraine et peut même empêcher l'application de dispositions purement interprétatives. — V. L. 10, § 1, D., *De lege Rhodiâ*; L. 1, D., *De in diem addictione*.

9. — Ainsi un acquiescement, fait sous conditions, n'est obligatoire qu'autant qu'il est accepté par l'autre partie sous les mêmes conditions. — V. *suprà*, v° *Acquiescement*, n. 227 et 228.

10. — Ainsi encore, dans le cas prévu par l'art. 1318, C. civ., si les contractants ont fait de l'authenticité de l'acte une condition du contrat, cet article demeurera sans application. — V. *suprà*, v° *Acte authentique*, n. 147.

11. — Quelquefois aussi la loi entend par *condition* toute clause modificative d'une obligation, ou toute charge imposée par un donateur ou un testateur (C. civ., art. 933). — Zachariæ, Massé et Vergé, *Dr. civ. franç.*, t. 3, p. 373, § 534, texte et note 3; Demolombe, t. 20, n. 543; t. 24, n. 244; Aubry et Rau, t. 7, § 701, p. 375 et s.

12. — Enfin, dans un sens plus restreint et qui nous occupera presque exclusivement, on appelle condition un événement futur et incertain de l'existence ou de la non-existence duquel on fait dépendre, soit l'accomplissement, soit la modification, soit la résolution d'une obligation ou d'une disposition (Toullier, t. 6, n. 468). C'est en ce sens que l'art. 1168, C. civ., dispose que « l'obligation est conditionnelle lorsqu'on fait dépendre d'un événement futur et incertain, soit en la suspendant jusqu'à ce que l'événement arrive, soit en la résiliant, selon que l'événement arrivera ou n'arrivera pas ».

13. — Selon MM. Aubry et Rau, « une condition, dans l'acception spéciale et propre de ce mot, est une déclaration de volonté ou une disposition de la loi, qui fait dépendre d'un événement futur et incertain l'existence d'un rapport juridique ». — Aubry et Rau, t. 4, § 302, p. 60.

TITRE II.

CARACTÈRES DES CONDITIONS. — MANIÈRE DE LES EXPRIMER. — ACTES QUI LES ADMETTENT.

CHAPITRE I.

CARACTÈRES DES CONDITIONS.

14. — Pour qu'il y ait condition il faut que l'événement auquel est subordonné l'effet suspensif ou résolutoire de l'acte juridique, donation, legs ou convention quelconque, soit *futur* et *incertain* (art. 1168, C. civ.).

1° Il faut qu'il soit futur.

15. — Dès lors un événement présent ou passé, mais ignoré des parties, ne saurait être considéré comme la condition d'un acte juridique (Poujol, *Tr. des oblig.*, sur l'art. 1168, n. 4; Larombière, t. 2, sur l'art. 1168, n. 2). — L'art. 1181, C. civ., assimile, il est vrai, à un événement futur, l'événement actuellement arrivé, quoique encore inconnu des parties. Mais cette disposition a paru généralement inexacte. En effet, dans un cas semblable, il n'y a rien de suspendu, ni de résolu. L'art. 1181, le dit lui-même: l'obligation produit son effet du jour où elle a été contractée. Par exemple : la récolte de mon vignoble est terminée mais j'en ignore le résultat. Je vous achète une quantité de futailles sous cette condition, si la récolte a produit plus de 300 tonneaux. De deux choses l'une : ou bien la récolte a dépassé le chiffre fixé et alors la vente existe immédiatement ou bien elle ne l'a pas atteint et, dans ce cas, la vente n'a jamais eu lieu. — Demolombe, t. 25, n. 296; Laurent, t. 17, n. 33; Baudry-Lacantinerie, t. 2, n. 890.

16. — Les parties peuvent avoir subordonné l'effet d'une convention ou d'une disposition à l'existence d'un fait présent ou passé, mais que, par erreur, elles ont considéré comme susceptible de se réaliser ultérieurement. Dans cette hypothèse, la convention ou disposition devra être tenue pour non avenue, car la condition serait impossible.

17. — Il peut arriver aussi que les parties aient envisagé l'événement présent ou passé avec ce caractère et qu'elles y aient subordonné l'effet de leur convention ou de leur disposition, auquel cas, sans être véritablement conditionnel, l'acte juridique ne devra être exécuté qu'après la vérification du fait et sa notification au débiteur. C'est ce qui se passerait pour la vente de futailles que nous avons plus haut citée comme exemple. — Laurent, t. 17, n. 33.

18. — Tant que dure l'incertitude sur l'existence ou la non-existence du fait, l'obligation n'est pas exigible. On ne sait pas si elle existera. Mais une fois l'incertitude dissipée, l'obligation, suivant les termes de l'art. 1181, C. civ., a son effet du jour où elle a été contractée. En supposant l'événement réalisé, le droit du créancier remonte au jour de son accomplissement. C'est dire que la prétendue condition est plutôt un terme. *Conditio in præteritum, non tantum in præsens tempus relata statim aut perimit obligationem, aut omninô non differt* (L. 100, Dig., *De verb. oblig.*). — Pothier, *Obligations*, n. 203; Duranton, t. 11, n. 11; Massé et Vergé, sur Zachariæ, t. 3, p. 373, § 534, note 2; Demolombe, t. 25, n. 296; Laurent, t. 17, n. 35.

19. — La question offre un intérêt pratique considérable. Dans les obligations conditionnelles, le débiteur supporte les risques; dans les obligations à terme, ils sont à la charge du créancier. Celui-ci les supportera dans le cas qui nous occupe. — Demolombe, t. 25, n. 297; Laurent, t. 17, n. 35; Demante et Colmet de Santerre, t. 5, n. 86 *bis*; Duranton, t. 11, n. 12.

20. — En supposant, au contraire, que l'événement ne soit pas produit, il n'y a jamais eu de lien juridique. S'il y a eu exécution, les parties devront être replacées dans la situation où elles seraient si elles n'avaient jamais traité. Il n'y a même pas l'apparence d'un contrat, de sorte que le fait de la possession ne peut avoir, en droit, aucune conséquence. Il en serait de même si le fait actuel ou passé, mais ignoré, avait été prévu comme devant résoudre l'obligation et s'était réellement produit. Il n'y aurait jamais eu d'obligation. — Laurent, *loc. cit.*

2° Il faut qu'il soit incertain.

21. — Pour qu'il y ait condition, il faut que l'événement soit non seulement futur mais encore *incertain*, c'est-à-dire qu'il puisse arriver ou ne pas arriver (C. civ., art. 1168 et 1181). C'est de l'essence même de la condition. — Pothier, *Oblig.*, n. 203; Demolombe, t. 25, n. 298; Laurent. t. 17, n. 36; Massé et Vergé, sur Zachariæ, t. 3, § 534, p. 373, note 2.

22. — De ce que l'événement pris comme condition doit être futur et incertain, on peut conclure très logiquement qu'il ne doit pas être impossible, car il est alors évident qu'il n'arrivera jamais. Toutefois, prenant en considération la forme dans laquelle les parties ont exprimé leur volonté, la loi n'en qualifie pas moins de conditionnelles les conventions ou dispositions subordonnées à un événement physiquement ou juridiquement impossible. C'est à ce point de vue que nous nous en occuperons. — Aubry et Rau, t. 4, § 302, note 8, p. 62; Bartin, *Théorie des conditions impossibles*, p. 15.

23. — La condition d'une chose qui arrivera certainement n'est pas, à proprement parler, une condition, mais un terme; elle ne suspend pas l'obligation; elle ne fait qu'en différer l'exigibilité. En faisant une convention de cette sorte, il n'est pas douteux que l'intention des parties n'ait été de s'engager d'une façon définitive. — Pothier, *Oblig.*, n. 203; Demolombe, t. 25, n. 298; Aubry et Rau, t. 4, § 302, p. 62, texte et note 7; Laurent, t. 17, n. 36; Demante et Colmet de Santerre, t. 5, n. 87; Larombière, sur l'art. 1168, n. 2; Poujol, sur l'art. 1168, n. 6.

24. — Il n'en serait pas différemment alors même qu'on ignorerait l'époque précise où l'événement se produira (par exemple, la convention de donner à la mort de telle personne). C'est un terme incertain, *dies incertus*, disaient les jurisconsultes romains. Par suite, au cas où le bénéfice de la convention ne pourrait pas être réclamé par le créancier lui-même, son droit passerait à ses successeurs. — Demolombe, t. 25, n. 299; Laurent, t. 17, n. 36; Poujol, *loc. cit.*

25. — Si le cas d'un événement certain était stipulé comme condition résolutoire, il y aurait obligation actuelle, mais temporaire ; ce serait un terme qui mettrait fin à l'obligation, tandis que le terme ordinaire en ajourne l'exigibilité. — Laurent, *loc. cit.*

26. — En matière de dispositions testamentaires, on décide cependant que l'incertitude du terme forme une véritable condition. *Dies incertus conditionem in testamento facit* (L. 75, D., *De condit. et demonst.*, § 351). Si le légataire vient à décéder avant le testateur, le legs devient caduc. — Demolombe, t. 23, n. 300 et t. 25, n. 299; Poujol, sur l'art. 1168, n. 7.

CHAPITRE II.

MANIÈRE D'EXPRIMER LES CONDITIONS.

27. — Les conditions sont des modifications, des restrictions apportées aux actes où elles sont contenues. Aussi, à moins d'une disposition de la loi, les conventions sont réputées non conditionnelles. Cette présomption ne tombe qu'en présence de la manifestation d'une volonté contraire des parties, expresse ou tacite. En cas de doute, on devra admettre le caractère pur et simple de la convention. — Aubry et Rau, t. 4, p. 62, § 302.

28. — Le changement des circonstances dans lesquelles une obligation a pris naissance ne saurait être considéré comme impliquant une condition résolutoire tacitement renfermée dans la convention. — Aubry et Rau, *loc. cit.*

29. — C'est par application de cette doctrine qu'il a été décidé que le locataire d'une maison, bien qu'il l'eût louée en vue d'en faire une maison de jeu, les parties n'ayant pas manifesté leur intention de faire de l'autorisation administrative, nécessaire pour un établissement de cette sorte, une condition du contrat, ne pouvait pas, à défaut de ladite autorisation, obtenir une réduction du prix du bail. — Cass., 14 nov. 1827, Barbier, [S. et P. chr.]

30. — Il a été cependant jugé, en sens contraire, qu'une vente, bien que faite purement et simplement, pouvait, d'après les faits et circonstances de la cause révélant l'intention des parties, être déclarée soumise à une condition résolutoire. Spécialement, l'acquisition d'un terrain pour y appuyer un barrage que l'acquéreur se proposait de construire dans une rivière, et dont l'établissement dépendait de l'autorité administrative, ayant pu être considérée comme subordonnée à l'obtention de cette autorisation et, par suite, tenue pour non avenue, lorsque le défaut d'autorisation avait rendu impossible l'établissement du barrage. — Cass., 8 févr. 1837, Bezard, [S. 37.1.535, P. 37.2.364]

31. — C'est aux juges qu'il appartiendra d'apprécier. Il est difficile, à cet égard, de préciser la limite de leur pouvoir discrétionnaire. Mais ils commettraient un excès de pouvoir si, en présence de faits constatés et d'une convention certaine, ils supposaient d'autres faits, une autre convention. — V. *supra*, v° *Cassation* (mat. civ.), n. 3320 et s.

Section I.

Conditions expresses.

32. — La condition expresse, qu'on appelle aussi condition de fait, est celle qui est expressément appliquée à l'obligation ou à la disposition. — Furgole, *Des testaments*, chap. 7, sect. 2, n. 34 et 37; Demolombe, t. 11, n. 37; Demolombe, t. 25, n. 292; Larombière, sur l'art. 1168, n. 19.

33. — La condition s'exprime par la conjonction *si* : *Si le navire l'Algérie arrive d'Italie; Si vous faites ou ne faites pas telle chose*. Cette conjonction est la seule qui exprime la condition clairement et sans équivoque. — Toullier, t. 6, n. 510; Duranton, t. 11, n. 40; Larombière, sur l'art. 1168, n. 13.

34. — Cependant les mots *en cas que*, *à moins que*, *qu'autant que*, peuvent également l'exprimer. — Duranton, t. 11, n. 40; Toullier, t. 6, n. 510; Larombière, *loc. cit.*

35. — La conjonction *lorsque*, *quand*, n'emporte condition qu'autant que l'intention des parties lui donne ce sens. En général, elle indique le terme pris pour l'exécution de l'obligation. — Furgole, chap. 7, sect. 6, n. 29; Toullier, t. 6, n. 520; Duranton, t. 11, n. 41; Larombière, *loc. cit.*

36. — Ainsi, un particulier vend un cheval payable par l'acheteur *lorsque* sa femme aura un enfant. La femme meurt sans avoir eu d'enfant, le vendeur réclame le paiement; l'acheteur répond que la condition ayant manqué, il ne doit rien : arrêt qui condamne l'acheteur à payer. — Charondas, *Réponses de dr. franç.*, liv. 7, rép. 230; Furgole, chap. 6, sect. 6, n. 29.

37. — Dans les actes gratuits ainsi conçus : Je lègue à telle personne *quand* tel événement arrivera, *lorsque* telle fera telle chose, ces expressions sont, au contraire, réputées, en général, conditionnelles. La solution contraire pourrait faire profiter de la libéralité un autre que celui en vue duquel elle a été faite (L. 49, lib. 1, § 2, ff., *De leg.*; L. 21 et 22, lib. 2, *quando dies legati cedat*, 36). — Toullier, t. 6, n. 520; Larombière, *loc. cit.*

38. — L'emploi du *qui* relatif donne lieu à des incertitudes; dans certains cas, il exprime seulement une démonstration, dans d'autres, il forme condition. Ainsi, par exemple, si je dis : je lègue 1,000 fr. à Pierre qui a géré mes affaires, il n'y a là qu'une démonstration qui ne suspend pas la disposition; mais si je dis : Je lègue à Pierre, *qui gérera mes affaires* ou *qui épousera ma sœur*, cette locution formera une condition qui suspendra l'exécution de la disposition, suivant la maxime *relativum qui adjectum verbo futuri temporis facit conditionem*. — Cette règle s'applique aux contrats comme aux testaments (L. 6, lib. 1, ff., *De leg.*). — Toullier, t. 6, n. 521; Merlin, *Rép.*, v° *Qui*; Duranton, t. 9, n. 295, et t. 11, n. 42; Larombière, sur l'art. 1168, n. 14 et 15.

39. — Toutefois, l'emploi du *qui* ou *que* relatif joint à un verbe au temps présent peut quelquefois former aussi condition ; par exemple, si je dis : « Je lègue à Pierre 1,000 fr. que me doit Paul », et que Paul ne me doive rien, le legs sera censé fait sous la condition que Paul me devra les 1,000 fr. — Toullier, *loc. cit.*; Larombière, sur l'art. 1168, n. 16.

40. — De même, il peut arriver aussi que le *qui* relatif forme une démonstration et non une condition, bien qu'il soit joint à un verbe au temps futur : ainsi, lorsque le *qui* a trait au paiement de l'obligation ou à l'exécution de l'obligation et non pas à la disposition elle-même, si je dis : « Je donne 1,000 fr. sur la somme qui se trouvera dans ma cassette », quoiqu'il ne s'y trouve rien, les 1,000 fr. sont dus. — Toullier, t. 6, n. 458 et 521.

41. — L'ablatif absolu *celu étant*, *ce faisant*, implique ordinairement condition. On doit en dire autant, en général, des gérondifs, en faisant observer que c'est surtout le sens de la phrase où ils se trouvent qui détermine s'ils ont ou non un sens conditionnel. — Duranton, t. 11, n. 40.

42. — Les locutions *moyennant*, *en faisant*, suivies d'un verbe au futur, forment aussi condition. — Louet, lettre N., somm. 7; Dumoulin, sur le § 20 de la coutume de Paris, glose 6, n. 5; Toullier, t. 6, n. 523; Larombière, sur l'art. 1168, n. 13.

43. — Les conditions expresses ne doivent pas être étendues au-delà des termes de la convention. Ainsi, l'obligation imposée à un individu de payer une somme mensuelle, tant qu'il conservera la charge dont le stipulateur s'est démis en sa faveur, cesse au cas de suspension de cette charge, quand bien même le titulaire aurait obtenu une pension. — Cass., 2 germ. an X, Chenevières, [S. et P. chr.]; — 26 pluv. an XI, Même aff., [S. et P. chr.]

44. — Il ne faut pas confondre la condition avec le mode. Le mode est tout ce qui est stipulé accessoirement à la convention principale ou à la disposition ayant pour objet d'imposer aux parties contractantes ou au donataire certaines charges ou obligations qui modifient le contrat ou la disposition. — Toullier, t. 6, n. 469; Larombière, sur l'art. 1168, n. 3.

45. — La différence essentielle entre le mode et la condition, c'est que le mode ne suspend jamais l'exécution de la disposition ou de la convention. Mais le mode et la condition ont cela de commun que l'accomplissement de l'un et de l'autre donnent lieu à la résolution du contrat. Dans ce cas, le mode se rapproche de la condition résolutoire, ou plutôt il est véritablement une condition résolutoire, tacite et légale. — Toullier, t. 6, n. 505 et 506; Larombière, sur l'art. 1168, n. 4.

46. — Il est parfois difficile de reconnaître quelle a été l'intention des parties. Ainsi les termes *pourvu que* laissent beaucoup à l'arbitraire. Ricard (*Des disposit. condit.*, n. 18) pense qu'ils signalent plutôt une condition qu'un mode; mais Furgole (ch. 7, sect. 3, n. 41) et Merlin (*Rép.*, v° *Mode*) professent l'opinion contraire : il faut, quand ces termes sont employés dans une disposition, recourir à l'interprétation de l'acte et à l'intention présumée des parties. — Toullier, t. 6, n. 518; Larombière, sur l'art. 1168, n. 5 et 13.

47. — Mais si à ces mots, *pourvu que*, on ajoute l'expression *auparavant*, la clause est conditionnelle et non modale, parce que ce terme indique que la charge devra être remplie avant que la disposition soit accomplie. Exemple : le tiré d'une lettre de change déclare accepter *pourvu qu'auparavant* le tireur fasse provision; il y a alors engagement conditionnel. — Toullier, *loc. cit.* — V. *suprà*, v° *Acceptation de lettre de change*, n. 153.

48. — Les mots *afin que, à charge de, à condition de*, n'expriment qu'un mode, une charge imposée à l'un des contractants ou au légataire. — Toullier, t. 6, n. 512.

49. — Mais si, à ces locutions, on ajoute *et non autrement*, elles deviennent l'expression de la condition. Par exemple, je donne 6,000 fr. à Joseph, à la charge qu'il se marie, ou qu'il fasse telle acquisition, *et non autrement*; Joseph ne pourra pas exiger les 6,000 fr. avant qu'il se soit marié ou qu'il ait fait l'acquisition. — Furgole, ch. 7, sect. 2, n. 36 et 46; Toullier, t. 6, n. 513.

50. — La disposition de l'art. 931, C. civ., suivant laquelle la donation entre-vifs doit être faite par acte authentique dont il est gardé minute, à peine de nullité, est impérative et générale, et, conséquemment, comprend les clauses et conditions apportées à la libéralité aussi bien que la libéralité elle-même. Par suite, le donateur ne peut être admis à prouver, même avec un commencement de preuve par écrit, qu'il a verbalement imposé au donataire, qui l'a acceptée, la condition de payer une certaine somme d'argent à un tiers. — Cass. 6 juin 1855, Gelin, [S. 55.1.407, P. 55.2.362, D. 55 1.243] — V. *infrà*, v° *Donation*.

Section II.
Conditions tacites.

51. — Les conditions tacites sont celles qui, dans les contrats ou dans les dispositions à titre gratuit, résultent implicitement de la volonté des parties, sans qu'elles y aient été exprimées. On les appelle conditions *de droit*, parce que la loi en supplée plusieurs et que les autres peuvent l'être par le magistrat. — Toullier, t. 6, n. 502; Duranton, t. 11, n. 37.

52. — Les conditions tacites peuvent dériver : 1° de la loi; 2° de la nature du contrat ou des choses qui en font l'objet; 3° de la volonté des contractants ou du disposant, telle qu'elle résulte des clauses de l'acte ou des circonstances dans lesquelles il s'est produit. — Toullier, t. 6, n. 503; Duranton, t. 11, n. 37.

53. — Comme condition tacite résultant de la loi, nous citerons quelques exemples. Dans les dispositions à titre gratuit, il y a toujours cette condition tacite que l'héritier institué ou le légataire survivra au testateur (C. civ., art. 1039). — Duranton, t. 11, n. 39. — V. aussi Aubry et Rau, t. 4, § 302, p. 60, note 2.

54. — De même, dans la donation faite par une personne qui n'a pas d'enfants, il y a la condition tacite que, s'il lui en survient, la donation sera résolue (C. civ., art. 960). — Duranton, *loc. cit.*; Toullier, t. 6, n. 503.

55. — Dans les contrats synallagmatiques, l'obligation pour chacune des parties d'exécuter le contrat, est une condition tacite que l'engagement de l'autre n'aura d'effet qu'autant que cette obligation aura lieu (C. civ., art. 1184); la condition, dans ce cas, est résolutoire. — Duranton, t. 11, n. 38; Laurent, t. 17, n. 37; Toullier, *loc. cit.*; Demolombe, t. 25, n. 292. — V. *infrà*, n. 746 et s.

56. — Le contrat de mariage est de sa nature soumis à la condition suspensive de la célébration du mariage devant l'officier de l'état civil (arg., art. 1394, C. civ.). — V. *infrà*, n. 852, 853 et v° *Contrat de mariage*.

57. — De même, en principe, les actes pour lesquels l'autorisation de l'autorité administrative est nécessaire sont tacitement soumis à la condition suspensive de cette autorisation. Ainsi les dispositions faites entre-vifs ou par acte testamentaire en faveur des hospices, des pauvres d'une commune et généralement de tous établissements ayant une existence légale,

n'ont d'effet qu'autant qu'elles ont été autorisées par l'autorité administrative (C. civ., art. 910). — V. *suprà*, n. 29, 30 et *infrà*, n. 856.

58. — Il y a condition tacite résultant de la nature des choses, lorsque la chose qui est l'objet ou la matière de la convention ou du legs, n'existe pas encore, mais peut exister ou ne pas exister; car l'événement futur et dont l'existence est incertaine forme une condition qui suspend l'existence même du contrat, à moins que les parties n'aient entendu faire un acte aléatoire. — Toullier, t. 6, n. 503; Laurent, t. 17, n. 37.

59. — La condition tacite peut enfin résulter de la volonté des parties suffisamment manifestée par les faits et circonstances de l'acte. A cet égard, une grande réserve est recommandée aux juges, qui ne doivent admettre de conditions qu'en présence de l'intention bien évidente des parties (L. 17, ff., *De cond. et demonst.*; L. 18, ff., *De condit. instit.*; L. 63, ff., *De leg.*, lib. 111). *Non passim*, dit Cujas (Obs., lib. 25, chap. 18), *et temere nobis licet tacitas conditiones comminisci et inducere, nisi ex re ipsâ aut verbis quibusdam manifestum sit contrahentes conditionem facere voluisse, vel nisi quæ jure publico recepta et probata conditio sit... Lege opus est quæ introducat et probet tacitam conditionem vel re ipsâ et evidentissimâ voluntate contrahentium, quæ eam inducat*.

60. — La pratique présente un grand nombre d'exemples de condition tacite acceptée par les contractants. Ainsi, en matière de cessions d'offices, les parties n'entendent se soumettre aux obligations résultant du contrat que si le gouvernement approuve la cession.

61. — Il a été ainsi jugé que tout traité ayant pour objet la cession d'un office ministériel est subordonné à une condition essentielle, la nomination du successeur par le gouvernement; qu'une convention de cette nature ainsi consentie sous condition suspensive ne devient parfaite qu'après l'accomplissement de la condition, c'est-à-dire l'approbation du gouvernement, sans quoi le traité de cession devient nécessairement caduc. — Paris, 9 déc. 1892, D^{lle} Desprez, [D. 94.2.123] — V. *infrà*, n. 854 et 855, et v° *Office*.

62. — Nous avons vu (*suprà*, v° *Affrètement*, n. 40) un exemple de contrat sous condition tacite dans l'affrètement dit à la *cueillette*, convention faite sous la condition que le fréteur trouvera dans un certain temps d'autres affréteurs, faute de quoi le premier affrètement est considéré comme non avenu.

63. — L'acquiescement à un jugement, c'est-à-dire la renonciation à l'attaquer par les voies de recours légales est regardé comme subordonné à la condition que le jugement ne sera pas attaqué par les autres parties en cause. Ainsi, l'appel incident peut être formé par celui qui, ayant signifié le jugement, même sans réserves, est censé l'avoir accepté puisqu'il ne pourrait pas former un appel principal. — V. *suprà*, v° *Acquiescement*, n. 35.

64. — D'après la même théorie, on décide que, lors de la tentative d'ordre amiable, si certains créanciers n'assistent pas à la convocation, et que d'autres ne viennent pas, le juge peut convoquer de nouveau les absents et prendre acte du consentement des créanciers présents. Ceux-ci, bien qu'ils signent le procès-verbal, ne sont liés que sous la condition que les absents répondront à la nouvelle convocation et adhéreront à l'arrangement proposé. — Garsonnet, *Traité de procéd.*, t. 4, n. 801, p. 568.

65. — L'ordre judiciaire étant ouvert, il est de conclure, devant le tribunal saisi des contestations sur le règlement provisoire, au maintien de ce règlement, qui a été regardé comme un acquiescement conditionnel, subordonné à l'acceptation de ce même règlement par les autres créanciers. — Cass., 29 mai 1843, Richard-Daubigny, [P. 43.2.174]

66. — De même, on a pu décider que l'héritier bénéficiaire n'encourt pas déchéance pour avoir constitué hypothèque sur les immeubles de la succession, car la constitution d'hypothèque, dans un cas semblable, peut très-bien ne pas être considérée comme un acte définitif de disposition, et il y a lieu de présumer que l'hypothèque n'a été consentie que conditionnellement, si le bien, après le paiement des créanciers du défunt et des légataires, restait libre entre les mains de l'héritier bénéficiaire. — V. *suprà*, v° *Acceptation de succession*, n. 528.

67. — L'acte par lequel un individu, en déclarant qu'il se reconnaît père de l'enfant dont une fille est enceinte, et qui *doit naître*, y est-il dit, *dans six mois environ*, a fait une donation au profit de la mère, cet acte peut être considéré comme ne renfermant qu'une donation subordonnée à la condition que l'enfant naîtrait dans le délai indiqué. En conséquence, cette donation a pu, sans qu'il y ait ouverture à cassation, être déclarée nulle si l'accouchement n'a eu lieu que *neuf mois* moins deux jours après la reconnaissance ; les juges ayant pu considérer, dans ce cas, par interprétation de l'obligation, que la condition sous laquelle elle avait été prise n'était pas accomplie. — Cass., 1ᵉʳ août 1843, Meriaux, [S. 43.1.926, P. 43.2.669]

68. — Autre exemple de condition résolutoire tacite : l'engagement pris par le commis d'une maison de commerce, moyennant une augmentation annuelle d'appointements, de ne jamais faire directement ou indirectement concurrence à cette maison, peut être considéré comme ayant cessé d'avoir effet dans le cas où, peu de temps (moins de six mois) après, les parties ont volontairement rompu leurs rapports. Le commis peut alors être réputé rentré dans le droit de se livrer au même genre d'affaires que la maison dans laquelle il était employé. — Angers, 2 juin 1854, Boisseau, [S. 54.2.712, P. 56.2.489] — V. *suprà*, v° *Commis*, n. 121, 230 et s.

CHAPITRE III.

ACTES QUI ADMETTENT LES CONDITIONS.

69. — En principe, tout acte juridique peut être soumis à une condition. On le comprend sans peine. Ces actes, en général, œuvre de la volonté des parties, doivent être susceptibles d'être modifiés ou restreints ainsi qu'elles le jugeront utile ou opportun. Il en est cependant qui, par leur nature ou pour des raisons d'intérêt public, se refusent à l'apposition d'une condition. Ce sont de beaucoup les moins nombreux.

70. — Par exemple, en matière d'état civil, on ne saurait concevoir ni un mariage sous condition, ni une reconnaissance conditionnelle d'enfant naturel. De même, il est difficile d'admettre qu'un acte d'adoption puisse être subordonné à un événement futur et incertain. Cela répugnerait au caractère même d'un acte semblable. De plus, les formes auxquelles la loi a assujetti l'adoption démontrent l'impossibilité d'y apposer une condition quelconque. — V. *suprà*, v° *Adoption*, n. 44.

71. — Il est d'autres actes qui, tout en étant essentiellement volontaires et libres, s'opposent à ce qu'il n'y soit pas procédé purement et simplement. Le législateur a voulu de la part des intéressés une déclaration ferme et irrévocable, soustraite à toute incertitude.

72. — Telle est une acceptation de succession. Faite sous condition, elle a toujours été réputée non avenue. Une pareille acceptation serait incompatible avec les droits que confère et les obligations qu'impose le titre d'héritier : *Semel heres, semper heres* (L. 7, § 10 *in fine*, D., *De minor.*, 4.4; L. 51, § 2, D., *De acq. vel omitt. hered.*, 29.2; L. 77, D., *De reg. jur.*, 50.17). — V. *suprà*, v° *Acceptation de succession*, n. 14 et s.

73. — La même règle s'applique à l'acceptation de succession sous bénéfice d'inventaire et à la renonciation aux successions. — V. *suprà*, v° *Bénéfice d'inventaire*, n. 24 et s.

74. — Elle s'applique également à l'acceptation de la communauté ayant existé entre deux époux, ainsi qu'à la renonciation à cette communauté. — V. *suprà*, v° *Communauté conjugale*, n. 1782 et 1864.

75. — Il a été jugé aussi qu'une inscription de faux contre un acte ne pouvait être faite conditionnellement et subsidiairement. Une semblable déclaration doit être pure et simple. — Rennes, 14 août 1823, Lhermite, [P. chr.]

76. — Aux termes de l'art. 124, C. comm., l'acceptation d'une lettre de change ne peut être conditionnelle. Déjà l'ordonnance de 1673, tit. 5, art. 2, disposait : « Toutes acceptations sous condition passeront pour refus ». En effet, la condition laissant en suspens l'engagement de l'accepteur paralyserait le recours en garantie du porteur contre les cooblîgés au titre, et la lettre de change s'en trouverait plus discréditée que par l'absence même de toute acceptation. — V. *suprà*, v° *Acceptation de lettre de change*, n. 151 et s.

77. — L'échéance portée sur une lettre de change ne saurait non plus être subordonnée à une condition, par exemple, à la condition suspensive que le montant n'en sera exigible qu'un an après l'admission encore incertaine et indéterminée d'un remplaçant à l'armée. Un tel effet ne vaut que comme simple promesse.

— Riom, 1ᵉʳ juin 1846 Astaix-Tache, [S. 47.2.7, P. 48.2.233, D. 47.2.47] — V. *infrà*, v° *Lettre de change.*

78. — Jugé aussi qu'un billet à ordre conditionnel ou non daté ne peut pas avoir le caractère d'un effet de commerce et ne vaut que comme simple promesse. Dès lors, la loi du 10 mars 1871 sur la prorogation d'échéance des effets de commerce ne lui était pas applicable. — Nancy, 9 mars 1872, Simon Remy, [S. 72.2.7, P. 72.89, D. 73.5.186] — V. *suprà*, v° *Billet à ordre*, n. 43.

79. — Aux termes de l'art. 580, C. civ., « l'usufruit peut être établi, ou purement, ou à certain jour, ou à condition ». Il est à remarquer que l'usufruit à terme, par la force même des choses, est conditionnel; *vi ipsà conditio inest*. En effet, ce droit étant exclusivement attaché à la personne est intransmissible par voie de succession. Si donc il est constitué jusqu'à tel événement, il n'en sera pas moins résolu avant l'arrivée de l'événement, si l'usufruitier vient à décéder. Il est donc soumis à une véritable condition résolutoire. Lorsque l'usufruit ne doit prendre naissance qu'à partir d'un événement convenu, il sera soumis à une condition suspensive. — Baudry-Lacantinerie, t. 1, n. 1112, — V. *infrà*, v° *Usufruit.*

80. — On a agité la question de savoir si, dans un contrat de mariage, il était permis aux futurs époux de stipuler un régime conditionnel, par exemple la communauté subordonnée au cas où des enfants viendraient à naître du mariage, et nous avons adopté la solution affirmative, rien ne prohibant cette stipulation. — V. *suprà*, v° *Communauté conjugale*, n. 43 et 44. — V. aussi *infrà*, n. 118.

81. — Un jugement ne peut, en règle générale, être soumis à une condition. Qu'elle reconnaisse une situation préexistante ou qu'elle crée un état nouveau, une décision de justice ne paraît pas devoir être tenue en suspens par un événement futur et incertain. On est en droit d'attendre des juges une solution ferme et définitive. Si l'effet d'un jugement d'adjudication, par exemple, pouvait être soumis aux chances d'une résolution, la crainte d'être évincés de l'immeuble adjugé serait assurément de nature à écarter les enchérisseurs.

82. — Cette règle, toutefois, souffre des exceptions, et l'on peut citer des exemples de décisions conditionnelles. Un jugement qui condamne une personne à faire, dans un certain délai, une chose ou à cesser de la faire, sous peine d'avoir à supporter, pour chaque jour de retard, le paiement d'une indemnité déterminée, est un jugement conditionnel. C'est là un moyen de contrainte, et quelquefois aussi un moyen d'éviter aux parties de nouveaux frais et des lenteurs. — V. *suprà*, v° *Chose jugée*, n. 86 et s.

83. — Un autre exemple que l'on peut donner des condamnations conditionnelles, est celui qu'offre la loi du 26 mars 1891. En vertu de cette loi, les juges qui prononcent une peine d'amende ou l'emprisonnement, pour des délits de droit commun, ont la faculté, si le prévenu n'a pas déjà été condamné à une peine d'emprisonnement, de subordonner l'application de la peine prononcée au cas où, avant cinq ans, le prévenu, à raison d'un nouveau délit, viendrait à encourir une condamnation à la prison ou à une peine plus grave. — V. *suprà*, v° *Circonstances aggravantes et atténuantes*, n. 125 et s.

TITRE III.

DIVERSES ESPÈCES DE CONDITIONS.

CHAPITRE I.

CONDITIONS POSITIVES ET NÉGATIVES.

84. — La condition positive ou affirmative est celle qui est stipulée en termes positifs ou affirmatifs : par exemple, si tel navire arrive d'Asie. — Paul, L. 60, Dig. *De cond. et demonst.*; Furgole, *Des testaments*, chap. 7, sect. 2, n. 13 ; Pothier, *Oblig.*, n. 200 ; Demolombe, t. 25, n. 283 ; Toullier, t. 6, n. 501 ; Larombière, t. 2, sur les art. 1169 à 1171, n. 2 ; Duranton, t. 11, n. 57 ; Laurent, t. 17, n. 67 ; Demante et Colmet de Santerre, n. 89.

85. — La condition négative est celle qui est conçue en termes négatifs, comme si je stipule : « Je vous donnerai ma maison de Paris, si je ne me marie pas, si tel navire n'arrive pas d'Asie ». — Pothier, *loc. cit.*; Toullier, *loc. cit.*; Duranton, *loc. cit.*; Demolombe, *loc. cit.*; Larombière, *loc. cit.*; Laurent, *loc. cit.*; Demante et Colmet de Santerre, *loc. cit.*

86. — Cette division a peu d'importance, et le législateur ne l'a pas mise en relief. Elle sert seulement à déterminer dans quel temps la condition doit être réputée défaillie ou accomplie. Elle s'applique aux conditions tant suspensives que résolutoires. — Demolombe, t. 25, n. 283 et 285; Demante et Colmet de Santerre, t. 3, n. 89 *bis*.

87. — La division des conditions en positives et négatives est d'autant moins essentielle que la différence provient le plus souvent de la tournure donnée à la phrase. Cette condition, par exemple, *si je me marie*, est positive. Formulez la phrase ainsi: *si je ne reste pas célibataire*, la condition est négative. Pourtant l'événement qui constitue la condition est le même. — Demolombe, t. 25, n. 284.

CHAPITRE II.

CONDITIONS CASUELLES, POTESTATIVES ET MIXTES.

88. — Cette seconde division, indépendante des formules employées par les parties, tient à l'événement qui constitue la condition, suivant que l'incertitude qui en forme l'élément essentiel dérive du hasard ou de la volonté libre de l'homme. Les trois mots qui caractérisent les diverses situations ont été empruntés aux textes romains (L. Un. *Cod. de caduc. toll.*, § 7).

89. — Aux termes de l'art. 1169 « La condition casuelle est celle qui dépend du hasard, et qui n'est nullement au pouvoir du créancier ni du débiteur ». Cette définition comprend évidemment au nombre des conditions casuelles celle qui dépendrait uniquement de la volonté d'un tiers (Toullier, t. 6, n. 496. La volonté d'un tiers, en effet, n'est pas plus au pouvoir des parties qu'un fait quelconque qui leur est étranger. — Baudry-Lacantinerie, t. 2, n. 893.

90. — La condition potestative, au contraire, est celle qui fait dépendre l'exécution de la convention d'un événement qu'il est au pouvoir de l'une ou de l'autre des parties contractantes de faire arriver ou d'empêcher (C. civ., art. 1170). Par exemple, je m'oblige envers mon voisin à lui payer une somme *s'il abat dans son champ un arbre qui me gêne la vue*. Ou bien, je m'engage à vous vendre la maison que j'ai à Paris *si je vais habiter Versailles*. Il importe de remarquer, dans la définition de l'art. 1170 et dans les exemples que nous donnons, que la condition potestative suppose, de la part de l'une ou l'autre des parties, soit *l'accomplissement d'un fait* que sa volonté peut faire arriver, soit *l'abstention d'un fait* que sa volonté peut empêcher. — Pothier, *Oblig.*, n. 201 et s.; Demolombe, t. 25, n. 287.

91. — La condition mixte est celle qui dépend tout à la fois de la volonté de l'une des parties contractantes et de la volonté d'un tiers (C. civ., art. 1171). Par exemple, *si vous épousez ma cousine, si je fais un contrat de société avec Paul.* — Pothier, *op. cit.*, n. 201; Demolombe, t. 25, n. 288.

92. — Dans quelle classe faut-il ranger la condition dont l'événement dépend à la fois du hasard et de la volonté de l'une des parties contractantes, par exemple, *si vous avez fait dans six mois le voyage du Bengale; si vous remportez ou si je remporte le prix proposé par l'académie*? — La logique semblerait commander de considérer une telle condition comme mixte, du moment qu'elle est un composé de la condition potestative et de la condition mixte. C'est ce que décident quelques auteurs. — Duranton, t. 11, n. 19; Massé et Vergé, sur Zachariæ, t. 3, § 534, texte et note 6, p. 374.

93. — D'autres, au contraire, qualifient de potestative la condition soumise au hasard en même temps qu'à la volonté d'une des parties. Ils disent que toute condition dépendant d'un fait de l'homme est aussi plus ou moins soumise au hasard. Si *je vais en Amérique;* voilà une condition potestative au sens de l'art. 1170, C. civ. Et cependant, il y a bien des chances qui pourront m'empêcher de faire le voyage. Il y a à compter avec les éventualités les plus diverses. — Enfin, ajoute-t-on, cette hypothèse ne rentrant pas dans la définition de la condition mixte donnée par l'art. 1171 doit être par cela même réputée condition potestative. — Demolombe, t. 25, n. 289; Laurent,

t. 17, n. 53; Larombière, t. 2, sur l'art. 1171, n. 1; Demante et Colmet de Santerre, t. 3, n. 90 *bis*-1.

94. — Nous pensons que cette question ne peut être résolue que par l'examen des circonstances particulières de chaque espèce; selon que la part du hasard, dans l'événement de la condition, sera plus ou moins grande que celle de la volonté, on devra décider que la condition est mixte ou potestative. — Ainsi la condition, *si je remporte le prix proposé par l'académie*, nous paraît devoir être traitée plutôt comme mixte que comme potestative. Je peux, en effet, être plus ou moins bien disposé à traiter le sujet mis au concours. Mes concurrents peuvent être plus ou moins nombreux. Dans toutes ces éventualités, il se trouve un aléa considérable.

95. — Quant à la distinction même des conditions en casuelles, potestatives et mixtes, elle est surtout importante en matière de donations entre-vifs, où le législateur a prohibé toute condition permettant au donateur de rendre inutile ou de restreindre la donation qu'il a faite. D'après l'art. 944, C. civ., « toute donation entre-vifs faite sous des conditions dont l'exécution dépend de la seule volonté du donateur est nulle ». Aux termes de l'art. 1174, « toute obligation est nulle lorsqu'elle a été contractée sous une condition potestative de la part du donateur. »

96. — Au premier abord, il semblerait que les donations et les obligations sont par la loi traitées de la même manière. Il n'en est rien cependant. On est à peu près d'accord pour reconnaître que, tandis que les donations entre-vifs sont tenues pour non avenues quand elles sont soumises à une *condition potestative ordinaire*, les obligations ne doivent être annulées qu'autant que la condition dont elles sont affectées est *purement potestative*.

97. — Que faut-il entendre par *condition potestative ordinaire* et par condition *purement potestative*? On entend par condition *purement potestative* celle qui dépend de la simple *volonté*, du pur caprice du promettant, et par condition *potestative ordinaire* celle qui dépend d'un *fait* ou d'un *événement* qu'il est au pouvoir de la personne d'accomplir ou d'empêcher. Celle-ci consiste *in facto a voluntate pendente*; l'autre consiste *in ipsâ et merâ voluntate*. — Marcadé, sur l'art. 1174; Baudry-Lacantinerie, t. 2, n. 893; Laurent, t. 17, n. 55 et 56.

98. — Il est bien évident qu'une obligation consentie par moi, si je le veux, *si voluero*, si cela me plaît, est exclusive de tout lien de droit. A vrai dire, elle n'existe pas. C'est ce qu'exprimaient les jurisconsultes romains de la façon la plus nette : *Illam autem stipulationem si volueris dari inutilem esse constat* (L. 46, § 3, D., de V. O.), *Stipulatio non valet in rei promittentis arbitrium collata conditione* (L. 17, *eod.*); *Nulla promissio potest consistere, quæ ex voluntate promittentis statum capit* (L. 108, § 1, *eod.*). Il n'est pas douteux, que les travaux préparatoires en font foi, que l'art. 1174, C. civ., n'ait eu en vue une obligation de ce genre. Il n'existe, à cet égard, aucune divergence entre les interprètes du Code. — Duranton, t. 11, n. 21; Toullier, t. 6, n. 494; Laurent, t. 17, n. 55; Larombière, t. 2, sur l'art. 1174, n. 2; Demolombe, t. 25, n. 314; Aubry et Rau, t. 4, § 302, texte et note 25, p. 67; Pothier, *Oblig.*, n. 205.

99. — Quant à l'obligation soumise à une condition qui dépend seulement d'un *fait* de l'homme, d'un événement dont il peut amener l'accomplissement ou le non-accomplissement, elle n'est pas nulle. Celle-ci n'empêche pas le lien de se former. Le promettant est obligé, bien qu'il ne le soit sous condition. J'ai promis de vous prêter 100,000 fr., si je ne me rends pas adjudicataire d'un immeuble qui doit être vendu à Paris. Il dépend bien de ma volonté de ne pas vous prêter, mais pas complètement, car pour cela il me faudra me rendre adjudicataire. Or, il peut m'en coûter plus que je ne l'avais prévu. Cela peut me gêner. Ma volonté ne sera donc pas entièrement libre. — Demolombe, *loc. cit.*

100. — Il y a lieu de faire observer que la condition, tout en consistant dans un fait de l'homme, pourra quelquefois être considérée comme si elle résidait dans sa seule volonté. C'est lorsque le fait à accomplir est tellement facile et insignifiant qu'en réalité, il dépend de la simple volonté du promettant. « Je vous donne telle chose, si je lève le bras, si je bois un verre de vin, si je porte un chapeau gris ». — Demolombe, t. 25, n. 313; Demante et Colmet de Santerre, t. 3, n. 94 *bis*-1; Marcadé, sur l'art. 1174.

101. — Il appartiendra aux juges de se prononcer d'après les circonstances du cas soumis à leur appréciation. Ils auront à examiner si les faits de l'exécution desquels dépend l'accomplissement de la condition sont suffisants pour former le lien obligatoire, si le promettant peut ou non se libérer au gré de sa seule volonté, sous son bon plaisir. — Laurent, t. 17, n. 57.

102. — On décidait, en droit romain, que le fidéicommis laissé à la charge de l'héritier avec cette condition : *Si fueris arbitratus, si utile tibi fuerit visum*, était valable si le fidéicommis avait pour objet une chose raisonnable et juste; le testateur était censé avoir pris son héritier pour arbitre équitable de sa libéralité (L. 11, lib. 3, § 7, D., *De leg.*). Pothier, dans le même sens, enseigne que l'obligation contractée sous la condition, *si je le juge raisonnable*, est valable (*Des oblig.*, n. 48).

103. — Mais on a, avec raison, repoussé cette opinion, car dans cette promesse, *si je le juge raisonnable*, l'accomplissement de la condition dépend de la seule volonté du débiteur. — Toullier, t. 6, n. 499; Aubry et Rau, t. 4, § 302, texte et note 26; Demolombe, t. 25, n. 316; Larombière, t. 2, art. 1174, n. 3; Duranton, t. 11, n. 22.

104. — Il en serait de même de l'obligation contractée sous la condition : *si je suis content*. Une semblable obligation serait nulle. — Demolombe, t. 25, n. 317. — *Contrà*, Larombière, *loc. cit.*

105. — Il en serait autrement s'il était dit dans la disposition ou dans la convention, *si cela est raisonnable*, car alors le créancier ne serait pas entièrement à la discrétion du promettant. Les juges seraient, dans ce cas, appelés à décider si la prestation offerte par ce dernier est, en effet, raisonnable ou non. — Duranton, t. 11, n. 23; Larombière, t. 2, sur l'art. 1174, n. 3; Aubry et Rau, t. 4, § 302, texte et note 27, p. 67; Demolombe, t. 25, n. 318.

106. — Par application de ces principes, il a été jugé que la clause par laquelle une partie, après s'être engagée à suivre un procès moyennant une prime déterminée, se réserve, sans réciprocité, la faculté, par des motifs qu'elle n'est pas tenue de faire connaître, non seulement de ne pas continuer les poursuites, mais même de ne pas entamer l'instance, sans s'imposer aucun sacrifice, contient une condition potestative dont l'effet est d'entraîner la nullité de la convention. — Paris, 30 mai 1839, Sandrin, [P. 39.1.610]

107. — ... Que l'hypothèque constituée en faveur d'une personne pour sûreté des sommes qu'elle pourrait prêter par la suite au constituant est nulle. — Colmar, 18 avr. 1806, J.-B. Jacquen et L. Mattis, Dupuis, [S. et P. chr.]

108. — ... Que l'obligation de donner des aliments à un enfant dont une femme est enceinte et à fournir à la mère les secours dont elle aura besoin, mais en ajoutant qu'à la bonne foi, la femme s'en rapportera à l'honneur, probité et générosité du promettant, ne crée qu'une obligation purement morale ne pouvant donner lieu à une action en justice. — Limoges, 27 août 1811, Péricaud, [S. et P. chr.]

109. — Mais lorsqu'il a été pris entre les notaires d'une ville, dont le nombre doit être réduit, l'engagement de payer une indemnité à celui qui donnera sa démission en faveur de la compagnie, cette indemnité peut être réclamée lors même que le notaire a donné sa démission que pour faciliter la transmission d'un autre titre. Et de ce qu'il aurait été stipulé que la quotité de l'indemnité serait fixée de gré à gré entre les parties, il faudrait en conclure non que l'engagement a été contracté sous une condition potestative de la part des obligés, mais qu'en cas de refus de ceux-ci, le juge doit intervenir pour fixer cette même quotité. — Cass., 4 juin 1833, Hua, [S. 33.1.828, P. chr.]

110. — La clause portant, dans un crédit ouvert, que le créditeur escomptera les valeurs qui seront à sa satisfaction, ne renferme pas non plus une condition potestative de nature à vicier la convention. — Paris, 3 mars 1842, Violette, [S. 43.2.113, P. 42.1.506]

111. — De même, la convention portant qu'un employé dans une maison de commerce recevra annuellement une *gratification raisonnable*, dont il laisse la fixation à la générosité de ses contractants, déclarant s'en remettre entièrement à leur bonne foi, ne saurait être considérée comme une condition potestative ne produisant aucun lien de droit : il appartient aux tribunaux de décider si la gratification offerte satisfait à l'obligation contractée, c'est-à-dire si elle est raisonnable et fixée de bonne foi. — Lyon, 10 mars 1864, J. B., [S. 64.2.256, P. 64.1185, D. 64.5.255]

112. — Ne constitue pas davantage une condition potestative la clause « autant qu'il dépendra de nous » insérée par les père et mère dans l'engagement pris par eux de laisser à leur décès la somme destinée au paiement de la dot de leur fille religieuse. — Besançon, 1er déc. 1884, Adèle Vernier, [D. 85.2.239]

113. — Décidé également que la vente d'une maison et de tout le mobilier qui s'y trouvera au décès du vendeur avec stipulation que l'acquéreur n'entrera en jouissance qu'à cette époque est valable, même en ce qui concerne le mobilier, bien que le vendeur se soit réservé la faculté de le changer et diminuer durant le cours de la possession qu'il en conservait; qu'une telle réserve ne saurait faire considérer la vente du mobilier comme faite sous condition potestative. — Cass., 4 juill. 1859, Poupart, [S. 59.1.758, P. 60.35, D. 59.1.461]

114. — ... Que la promesse de vente d'un immeuble déterminé, moyennant un prix convenu, faite au président d'un consistoire israélite, ne peut être rétractée comme n'obligeant le consistoire que sous une condition purement potestative, en ce que celui qui l'a acceptée en son nom s'est réservé d'être délié de tout engagement pour le cas où il lui serait impossible, par des circonstances indépendantes de sa volonté, de parvenir à la réalisation de l'acquisition, alors qu'il s'est engagé en même temps à faire toutes les démarches nécessaires pour arriver à ce but, un tel engagement constituant de sa part, une obligation de faire dont le non-accomplissement le rend passible de dommages-intérêts. — Cass., 4 janv. 1858, André, [P. 58.115, D. 58.1.134]

115. — ... Que lorsque, dans une promesse de vente d'objets partiels, il est dit que l'on n'aura lieu qu'autant que, dans le délai de deux mois, le propriétaire n'aura pas vendu la totalité de l'immeuble dont ces objets sont une dépendance, on ne saurait voir dans cette clause une condition purement potestative, qui entraîne la nullité de la promesse; que ce n'est, au contraire, qu'une condition mixte qui ne fait point obstacle à l'exécution de la promesse de vente partielle, si la vente de la totalité de l'immeuble n'a pas eu lieu dans le délai convenu. — Cass., 17 déc. 1828, Dardillac, [S. et P. chr.]

116. — ... Qu'une clause contenue dans un règlement d'eaux et déterminant le nombre de jours pendant lesquels, chaque année, les riverains pourront user des eaux, bien que subordonnée au choix de ces jours à une entente préalable entre les riverains, ne constitue pas une condition purement potestative. — Cass., 8 janv. 1868, de Colmont, [S. 68.1.64, P. 68.138, D. 68.1.116]

117. — ... Que la clause d'une police d'assurance par laquelle l'assureur se réserve le droit, lorsque l'assurance porte sur des objets sujets à varier, de réduire en tout temps le montant de l'assurance est valable, et échappe à l'application de l'art. 1174, C. civ., qui annule les obligations contractées sous une condition potestative. — Toulouse, 28 avr. 1885, sous Cass., 21 janv. 1887, Cie d'assur. terr. *la Préservatrice*, [S. 87.1.273, P. 87.1.647, D. 87.1.297] — V. *suprà*, v° *Assurances* (en général), n. 769 et s.

118. — Mais sont radicalement nulles, comme étant inconciliables entre elles et comme soumettant les conventions matrimoniales à une véritable condition potestative, les dispositions d'un contrat de mariage stipulant en même temps une communauté universelle et une communauté réduite aux acquêts avec faculté d'option en faveur de la femme ou de ses héritiers. Par conséquent, la communauté ayant existé, en pareil cas, entre les époux, doit être liquidée conformément aux règles de la communauté légale. — Cass., 13 mai 1878, Charriaud, [S. 78.1.449, P. 78.1182, D. 78.1.294]

119. — Au contraire, on ne saurait considérer comme une condition potestative, entraînant la nullité d'un marché à terme reconnu d'ailleurs sérieux à l'égard de l'agent de change, la faculté réservée à l'acheteur de renoncer au marché en payant une prime convenue. — Cass., 21 janv. 1878, Sablon de la Salle, [S. 78.1.269, P. 78.672, D. 78.1.461] — V. *infrà*, v° *Marché à terme*.

120. — Que décider à l'égard de l'obligation contractée sous la modalité suivante : *quand je le voudrai*, *cum voluero*? Cette question avait divisé les jurisconsultes romains, ainsi que le rappelle Paul (L. 46, § 2, D. *de V. O.*). Suivant ce dernier, l'obligation ainsi formulée était valable, et si le débiteur ne l'exécutait pas de son vivant, l'accomplissement pouvait en être poursuivi contre ses héritiers, pourvu qu'avant de mourir il eût déclaré, par un pacte de constitut, que telle était sa volonté. Pothier (*Oblig.*, n. 47) rejette toute distinction et enseigne que cette obligation est nulle.

121. — Nous pensons que cette clause, *quand je le voudrai*, doit être interprétée comme constituant un terme incertain. L'obligation se forme dans la personne du promettant; il lui est loisible d'en retarder l'exécution toute sa vie, mais à son décès, le terme est échu, et ses héritiers seront tenus de l'accomplir. Il y a lieu de présumer, en effet, jusqu'à preuve contraire, que le promettant a voulu contracter une obligation sérieuse (C. civ., art. 1157). — Toullier, t. 6, n. 498; Demolombe, t. 25, n. 319; Aubry et Rau, t. 4, § 303, texte et note 1, p. 86; Demante et Colmet de Santerre, t. 5, n. 94 *bis*-II; Larombière, t. 2, sur l'art. 1174, n. 4; Troplong, *Du prêt*, n. 431; Bufnoir, *De la condition*, p. 120.

122. — Pour la même raison, est valable un prêt fait avec la condition que l'emprunteur paiera *quand il le pourra* ou *quand il en aura les moyens;* seulement alors le juge fixe un terme de paiement suivant les circonstances. — Bordeaux, 22 juin 1833, de Pompignan, [S. 33.2.347, P. chr.]; — 7 avr. 1838, Garnier, [S. 40.2.62] — Besançon, 2 août 1864, Joray, [S. 65.2.45, P. 65. 321, D. 64.2.180] — *Sic*, Demolombe, t. 25, n. 320 et 577; Aubry et Rau, t. 4, § 303, texte et note 3, p. 87; Delvincourt, t. 2, p. 476; Massé et Vergé, sur Zachariæ, t. 3, p. 376, § 534, note 22; Larombière, sur l'art. 1174, n. 5; Duranton, t. 11, n. 28; Duvergier, *Prêt*, n. 202; Troplong, *Prêt*, n. 261; P. Pont, *Petits contrats*, t. 1, n. 180; Laurent, t. 17, n. 59. — V. *infrà*, v° *Terme*.

123. — Jugé, en ce sens, que la stipulation dans un contrat de vente que le prix sera payé lors de l'entrée en jouissance, ce qui aura lieu *à la première réquisition de l'acquéreur*, n'établit pas une véritable condition potestative en faveur de l'acquéreur, le vendeur restant toujours libre de provoquer judiciairement la fixation d'un délai pour la mise en jouissance et le paiement du prix. — Cass., 9 nov. 1846, de Grancey, [S. 46.1.853, P. 46.2. 630, D. 47.1.34] — V. dans le même sens, Bordeaux, 26 avr. 1834, Téléguine, [S. 35.2.199, P. 35.2.80] — Aubry et Rau, t. 4, § 503, texte et note 4, p. 87.

124. — S'il avait été dit que le débiteur rendrait la chose *quand il le voudrait*, et qu'il fût bien démontré qu'il n'y a pas libéralité, on regarderait ces expressions comme synonymes de celles-ci : *quand il pourra, quand il en aura les moyens.* — Duranton, t. 11, n. 29.

125. — D'après ce principe, il est permis aux parties de convertir le prix certain et déterminé d'une vente en un capital remboursable à la volonté du débiteur et produisant des intérêts annuels. Une pareille conversion ne peut être considérée comme renfermant une condition potestative pour le débiteur. — Cass., 31 déc. 1834, Lassève, [S. 35.1.525, P. chr.}

126. — Il résulte d'un arrêt, l'art. 1901, C. civ., qui permet au juge de fixer à l'emprunteur un terme de paiement suivant les circonstances, lorsqu'il a été seulement convenu que celui-ci paierait quand il le pourrait, n'est point applicable au cas où le créancier, en considération de sûretés qui lui auraient été données pour une partie de la dette, et sans faire d'ailleurs remise du surplus, s'en est rapporté à la *loyauté* et à la *bonne foi* de son débiteur sur la possibilité et l'époque de remboursement de ce surplus, et s'est engagé à n'exercer aucune poursuites contre lui. En pareil cas, la dette devient exigible et le titre retrouve toute sa vertu au décès du débiteur. — Paris, 14 mai 1857, Chalamel, [S. 58.2.425, P. 58.430]

127. — La condition potestative de la part de celui envers qui est contractée une obligation n'entraîne pas la nullité de l'engagement de celui qui s'oblige. — Cass., 2 juill. 1839, V° Roy, [S. 39.1.975, P. 39.2.431]; — 14 juill. 1869, Watel et Nobilet, [S. 69.1.411, P. 69.1072, D. 69.1.355] — Paris, 20 juill. 1840, Houet, [S. 40.2.445, P. 40.2.213]; — 26 mai 1857, Blanchard, [S. 58.2.117, P. 57.862] — Rennes, 27 avr. 1881, Fronty, [S. 83.2.239, P. 83.1.1221] — *Sic*, Toullier, t. 6, n. 494; Demante et Comet de Santerre, t. 5, n. 94 *bis*-IV; Aubry et Rau, t. 4, § 302, note 29, p. 67; Massé et Vergé, sur Zachariæ, t. 3, § 534, note 16, p. 375; Larombière, t. 2, sur l'art. 1174, n. 11; Demolombe, t. 25, n. 325 et 327.

128. — La jurisprudence a fait plusieurs applications de ce principe. Il a été jugé que celui qui souscrit une quittance au profit d'un tiers, sous la condition que ce tiers le gratifiera de certaines dispositions testamentaires, ne peut, après la mort du testateur et alors que ces conditions sont été remplies, demander la nullité de sa quittance sous prétexte qu'il dépendait du testateur de ne pas les remplir en ne faisant pas son testament, ou en les révoquant après l'avoir fait. — Cass., 2 juill. 1839, précité.

129. — ... Que l'engagement pris par une personne, sous une clause pénale, de faire exécuter certains travaux par une autre, n'est pas nul, bien que celle-ci n'ait promis d'exécuter ces travaux que dans le cas où les prix et conditions à fixer par un tiers lui paraîtraient acceptables; que, dès lors, en cas d'inexécution de cet engagement, la partie envers qui il a été contracté est fondée à demander contre l'autre l'application de la clause pénale. — Cass., 14 juill. 1869, précité.

130. — ... Qu'est valable la stipulation par laquelle, en engageant un acteur, le directeur d'un théâtre se réserve le droit de le renvoyer après un certain délai, alors même que cet acteur aurait été bien reçu du public. — Rouen, 12 nov. 1852, Dechamps, [S. 53.2.332, P. 53.2.578, D. 53.2.243] — Lyon, 6 févr. 1857, Halanzier, [S. 57.2.360, P. 58.739, D. 57.2.220] — Nîmes, 27 févr. 1893, Valcourt, [S. et P. 94.2.102, D. 93.2.440]

131. — De même, le directeur d'un théâtre d'un casino, en engageant un acteur, peut valablement stipuler que la commission du casino aura la faculté d'agréer ou de refuser l'acteur d'après le résultat de ses débuts. — Rennes, 27 avr. 1883, précité. — V. *infrà*, v° *Théâtres et spectacles*.

132. — On a soutenu et jugé que, dans les contrats synallagmatiques, l'obligation contractée sous une condition purement potestative de la part de l'un des cocontractants empêchait la naissance de l'obligation correspondante. — Angers, 27 août 1829, Commune de Saint-Pierre, Lacour, [P. chr.] — Lyon, 27 juin 1832, Tardy, [S. 33.2.285, P. chr.] — *Sic*, Merlin, *Répert.*, v° *Vente*, § 8, n. 5; Rolland de Villargues, *Rép. du not.*, v° *Promesse de vente*, n. 1.

133. — A cette doctrine paraît se rattacher l'arrêt décidant que la clause d'un acte de vente, portant que si le vendeur se décide à aliéner une autre partie de ses biens, il ne la pourra faire qu'au profit de l'acquéreur, moyennant un prix qui est fixé, est nulle comme renfermant une condition potestative. — Grenoble, 23 mai 1829, sous Cass., 9 juill. 1834, Commander, [S. 34.1.741, P. chr.]

134. — L'opinion contraire avait déjà prévalu dans notre ancien droit. Pothier (*Vente*, n. 477 et s.) ne mettait même pas en question la validité d'une promesse de vente, sans que celui en faveur duquel la promesse avait été faite fût en rien lié. On ne doit hésiter à l'adopter encore aujourd'hui, car il n'existe aucune raison de refuser la sanction d'un accord librement consenti. Dès qu'une des parties a voulu s'obliger, elle est valablement liée; peu importe que l'engagement corrélatif de l'autre soit contracté sous une condition purement potestative de sa part. Seulement cette dernière ne pourra réclamer l'accomplissement de l'obligation consentie à son profit sans exécuter ou du moins sans s'engager à exécuter sa propre obligation. — Duranton, t. 11, n. 30; Demolombe, t. 25, n. 323; Aubry et Rau, t. 4, § 302, p. 67.

135. — Un cas très-fréquent de convention synallagmatique où l'une des parties ne s'engage que sous une condition potestative de sa part, est celui de vente de chose que l'on est dans l'usage de goûter avant d'en faire l'achat. L'art. 1587, C. civ., dit : « Il n'y a point de vente, tant que l'acheteur ne les a pas goûtées ou agréées ». Beaucoup d'auteurs entendent cette disposition à la lettre et considèrent qu'il n'y a pas contrat de vente tant que la dégustation suivie de l'agrément de l'acheteur n'a pas eu lieu (Colmet de Santerre, t. 7, n. 8 *bis*-II; Guillouard, *Vente*, t. 2, n. 36). — D'autres refusent de donner à l'art. 1587 un sens aussi strict et décident qu'il y a vente sous condition potestative de la part de l'acheteur. — Ripert, *Vente commerciale*, t. 3, n. 138, p. 112.

136. — Nous verrons *infrà* (v° *Vente*) les difficultés auxquelles donne lieu une vente faite sous condition potestative de la part de l'acheteur. Le vendeur est-il tenu d'une obligation de faire ou d'une obligation de donner? A quel moment remonte l'effet de la vente, lorsque l'acheteur a manifesté sa volonté de profiter de la promesse qui lui a été faite? Ces difficultés, loin d'affaiblir notre doctrine, supposent, au contraire, dans un contrat synallagmatique, la parfaite validité de l'obligation consentie par l'une des parties avant que l'autre soit définitivement engagée.

137. — L'art. 1174 n'est applicable qu'aux conditions suspensives. Quant aux conditions résolutoires, une obligation dont la résolution dépendrait d'une condition purement potestative de la part de celui qui s'oblige serait valable, car cette condition n'est pas un obstacle à ce que l'obligation se forme actuellement. Et, d'ailleurs, la pratique actuelle nous en présente de nombreux exemples. — Toullier. t. 6, n. 497; Demolombe, t. 25, n. 328; Larombière, t. 2, sur l'art. 1174, n. 17; Aubry et Rau, t. 4, § 302, p. 67. — *Contrà*, Demante et Colmet de Santerre, t. 5, n. 94 *bis*-III.

138. — Ainsi le vendeur peut stipuler qu'il pourra résoudre le contrat de vente et reprendre, dans un délai convenu, la chose vendue, en restituant le prix de la vente (C. civ., art. 1659). Seulement, pour ne pas laisser les propriétés trop long-temps incertaines, le Code a voulu que ce délai ne pût excéder cinq ans. C'est la vente à réméré. — V. *infrà*, v° *Réméré*.

139. — De même, l'acquéreur peut acheter une chose sous la condition de la rendre dans un temps convenu si elle lui déplaît : *Si emptori displicuerit* (L. 3, ff., *Quib. mod. pign. vel hypoth.*, 20, 6; L. 3, ff., *De contrah. empt.*). — C'est la vente à l'essai. — V. *infrà*, v° *Vente*.

140. — Dans les baux à ferme ou à loyer, on stipule souvent que le bailleur ou le preneur pourra résoudre le bail après trois, six ou neuf ans, en avertissant l'autre partie quelques mois auparavant. — Pothier, *Louage*, n. 326; Toullier, t. 5, n. 218, et t. 6, n. 497. — V. *suprà*, v° *Bail* (en général), n. 2063.

141. — En matière de louage de services, la clause par laquelle le preneur se réserve le droit de résilier le contrat à sa volonté pendant un temps déterminé, ne renferme pas une condition potestative affectant le lien même de l'engagement et de la nature de celles qu'ont eues en vue les art. 1171 et s., C. civ. Par suite, elle ne doit point être réputée nulle comme telle. — Lyon, 6 févr. 1857, Halanzier, [S. 57.2.560, P. 58.739, D. 57.2.220]

142. — Le droit que se réserve le patron de remercier de ses employés ne constitue donc pas une condition potestative de nature à vicier l'engagement. — Cass., 6 août 1878, Thibault, [S. 79.1.63, P. 79.1.139, D. 79.1.400] — V. *suprà*, n. 130 et s., et *infrà*, v° *Louage de services*.

143. — Nous avons dit *suprà*, n. 109, que la condition potestative ordinaire, celle que définit l'art. 1170, C. civ., et qui présente avec la condition purement potestative de l'art. 1174 les différences déjà signalées, sans vicier le moins du monde les obligations où elle est ajoutée, rend nulles cependant les donations entre-vifs qui y seraient soumises (art. 944, C. civ.). Donnons ici quelques explications.

144. — Et d'abord, les donations peuvent-elles être faites sous une condition casuelle? Oui, sans difficulté. L'art. 944 l'admet par cela même qu'il ne proscrit, avec la donation, que la condition dont l'exécution dépend de la seule volonté du donateur. Or, telle n'est pas la condition casuelle « qui dépend du hasard et n'est pas au pouvoir des parties ». — Duranton, t. 8, n. 473; Demolombe, t. 20, n. 419; Vazeille, *Succ. et donat*, t. 2, sur l'art. 944, n. 2; Grenier et Bayle-Mouillard, *Donat. et testam.*, t. 1, p. 291; Saintespès-Lescot, *Donat. et testam.*, t. 3, n. 760.

145. — Il est non moins certain que les donations ne peuvent être faites sous une condition purement potestative, dépendant *à merâ voluntate*; selon la très-grande majorité des auteurs, elles ne peuvent pas l'être non plus sous une condition qui dépend non de la simple volonté mais d'un événement antérieur, d'un fait intermédiaire que la volonté du donateur peut faire arriver ou défaillir. Le texte de l'art. 944, C. civ., prohibe toutes les conditions potestatives ordinaires. Ce qui ne laisse aucun doute à cet égard, c'est l'art. 947. Cet article déclare les dispositions de l'art. 944 inapplicables aux donations faites par contrat de mariage. N'est-ce pas dire que les conditions potestatives ordinaires qui, par exception, sont autorisées dans les donations par contrat de mariage ne le sont pas pour les autres donations? Le cas excepté doit correspondre aux cas compris dans la règle. — Aubry et Rau, t. 7, p. 364 et s., § 699, texte et notes 5 et s.; Demolombe, t. 20, n. 418; Baudry-Lacantinerie, t. 2, n. 470; Laurent, t. 12, n. 407 et s.; Massé et Vergé, sur Zachariæ, t. 3, § 415, note 15, p. 17; Demante et Colmet de Santerre, t. 4, n. 86 *bis*-I; Toullier et Duvergier, t. 3, n. 270; Grenier et Bayle-Mouillard, t. 1, p. 294, n. 11; Troplong, *Donat. et testam.*, t. 3, n. 1207; Saintespès-Lescot, t. 3, n. 763; Marcadé, t. 3, sur l'art. 944. — *Contrà*, Duranton, t. 8, n. 474; Bauby, *Rev. prat.*, 1862, t. 13, p. 6 et s.

146. — Pourquoi cette différence entre les donations entre-vifs et les contrats à titre intéressé? C'est que le législateur, on l'a dit bien souvent, voit d'un œil peu favorable les donations, qui troublent l'ordre normal des successions. Nos coutumes avaient posé la maxime : donner et retenir ne vaut. Elle fut appliquée avec toutes ses conséquences par les art. 15 et 16 de l'ordonnance de 1731, dont les dispositions ont été reproduites par les art. 943 et 944, C. civ. La maxime doit être entendue en ce sens que le donateur ne pouvait donner sous une condition qui lui laisserait directement ou indirectement le pouvoir soit de la révoquer, soit d'en neutraliser ou d'en restreindre l'effet.

147. — Une donation peut-elle être faite sous une condition mixte? M. Laurent décide la négative; selon cet auteur l'art. 944 prohibe toute donation qui dépend en quoi que ce soit de la volonté du donateur; car ce serait donner et retenir que de pouvoir, secondé par la volonté d'un tiers, révoquer la donation. — Orléans, 17 janv. 1846, Héritiers Millet, [S. 46.2.177, P. 46. 1.228, D. 46.2.203] — *Sic*, Laurent, t. 12, n. 409; Baudry-Lacantinerie, t. 2, n. 470.

148. — Cette doctrine ne nous paraît pas exacte. Elle exagère la portée de la maxime : donner et retenir ne vaut. Selon l'art. 944, il n'y a de nulle que la donation soumise à une condition dont l'exécution dépend de la seule volonté du donateur. Or, si cette exécution dépend en même temps, ainsi que nous le supposons, de la volonté d'un tiers ou même, en bonne partie, du hasard, on ne peut pas dire qu'elle dépende de la seule volonté du donateur. La condition mixte est donc, selon nous, autorisée dans les donations entre-vifs. — Taulier, t. 4, p. 83; Toullier, t. 5, n. 271; Duranton, t. 8, n. 477; Demante et Colmet de Santerre, t. 4, n. 86 *bis*-I; Demolombe, t. 20, n. 420. — V. aussi Aubry et Rau, t. 7, p. 366, § 699, note 7, *in medio*; Troplong, *Donat. et testam.*, t. 3, n. 1211.

149. — Jugé, en ce sens, qu'une condition même dépendant, à certains égards, de la volonté du donateur, ne vicie pas la donation, si le donateur ne peut l'accomplir ou la faire manquer qu'avec le concours de la volonté du donataire, soit d'un tiers déterminé; spécialement, la donation faite, dans un contrat de mariage, par un futur époux aux enfants que son futur conjoint a eus d'un précédent mariage, dans lequel consentie sous la condition tacite que le mariage projeté s'accomplira, ne doit pas être considérée comme faite sous une condition de nature à vicier la donation : l'exécution, quoique dépendant en partie du donateur, ne dépendant pas moins du futur conjoint, étranger à la donation. — Cass., 30 août 1880, Boucher, [S. 81.1.57, P. 81.4.126, D. 80.1.464], et sur renvoi, Douai, 25 mai 1881, [S. 83.2.215, P. 83.1.1101]

150. — On s'est demandé toutefois si le cas ainsi jugé par la Cour de cassation et la cour de Douai était bien celui d'une condition mixte. Ne peut-on pas soutenir que cette condition dépendait uniquement de la volonté du donateur, puisque pour annuler sa libéralité il n'avait qu'à renoncer au mariage projeté? Sans doute; mais il faut remarquer que la rupture par son fait du mariage promis, pouvait motiver de la part de l'autre futur époux une demande de dommages-intérêts. Sa volonté n'était donc pas entièrement libre. Par suite, c'est à bon droit, selon nous, qu'il a été décidé que l'exécution de la condition dépendait à certains égards d'un tiers. Cette condition rentrait dans la définition de la condition mixte donnée par l'art. 1171, C. civ.

151. — Jugé, de même, que la clause d'une donation portant que si certaines indemnités à provenir d'une expropriation sont fixées avant le décès du donateur, elles devront appartenir à ce dernier, et, dans ce cas contraire. seront la propriété du donataire, ne constitue pas une condition potestative de la part du donateur; il y a là une condition mixte, dépendant à la fois d'une part, que la donataire n'a pas entendu subordonner ses libéralités à la condition que les donataires prendraient vis-à-vis d'elle l'engagement civilement obligatoire de lui restituer les biens donnés, au cas où elle quitterait la vie religieuse, et, d'autre part, que les donataires n'ont entendu prendre qu'un engagement d'honneur ne conférant aucune action en justice. — Cass., 14 nov. 1883, Jarret de la Mairie, [S. 85.1.111, P. 85.1.249, D. 84.1.73]

152. — N'est pas non plus affectée d'une condition potestative tombant sous le coup de la prohibition portée par l'art. 944, une donation faite par une religieuse, sous la condition que les donataires prendraient l'engagement de restituer à la donatrice les biens donnés dans le cas où ladite donatrice abandonnerait de son plein gré la vie religieuse, alors qu'il est déclaré par les juges du fait, dont l'appréciation à cet égard est souveraine, de la volonté de l'exproprié et de celle de l'expropriant. — Cass., 19 fév. 1878, de Coulogne, [S. 78.1.213, P. 78.530, D. 78.1.377]

153. — Nous avons dit (*suprà*, n. 145) que les donations faites par contrat de mariage sont susceptibles, au même titre que les conventions à titre intéressé, d'être affectées d'une condition simplement potestative ordinaire. Cela résulte formellement de l'art. 947, C. civ. En considération de la faveur due au mariage, la loi a cru ne pas devoir leur appliquer les prohibitions édictées contre les autres donations. — V. *infrà*, v° *Donation*.

CHAPITRE III.

CONDITIONS SUSPENSIVES ET RÉSOLUTOIRES.

154. — Envisagées au point de vue des effets qu'elles sont destinées à produire, les conditions se divisent en suspensives et résolutoires, selon que les parties ont voulu faire dépendre d'un événement futur et incertain, soit la formation d'un rapport juridique, soit son anéantissement ou sa résolution (C. civ., art. 1168). — Aubry et Rau, t. 4, p. 60, § 302.

155. — La condition suspensive affecte l'existence même de l'obligation ou de la disposition : *Quid existente nascitur obligatio; deficiente, nulla constituitur.* — Cujas, sur la loi 71, ff. *De cond. et demonstr.* — Par exemple, « je vous loue votre maison de Bordeaux moyennant 5,000 fr., pour an an, si, comme je l'espère, je suis nommé d'ici à un mois dans cette ville à telle fonction publique. »

156. — La condition résolutoire est celle qui, lorsqu'elle s'accomplit, opère la révocation de l'obligation ou de la disposition et remet les choses au même état que si elles n'avaient pas existé (C. civ., art. 1183). Celle-ci affecte, non l'existence de l'obligation ou de la disposition, mais sa résolution. Par exemple, « je vous donne une somme de 100,000 fr.; mais la donation sera résolue si vous mourez avant moi »; c'est le cas du retour conventionnel, qui n'est qu'une condition résolutoire de nature particulière. L'obligation contractée sous condition résolutoire existe immédiatement et produit tous ses effets; seulement au cas de réalisation de l'événement prévu, cette obligation sera anéantie et considérée comme n'ayant jamais existé.

157. — En droit romain, il n'y avait pas, à proprement parler, de condition résolutoire, parce que, disaient les docteurs, le propre de la condition est de suspendre l'effet de l'obligation, et que la condition résolutoire, lorsqu'elle s'accomplit, résout l'obligation même. Les jurisconsultes romains donnaient le nom de pactes ou lois des parties à ces conditions. « *Si fundus commissoriâ lege venierit, magis est, ut sub conditione resolvi emptio, quàm sub conditione contrahi videatur* » (L. 1, ff., *De lege commissoriâ*). Ils ne regardaient pas comme conditionnel le contrat qui devait être résolu, si tel événement arrivait. *Erit pura emptio, quæ sub conditione resolvitur* (L. 2, D., *De in diem ad*). Philosophiquement cette terminologie est exacte. Car pour qu'un droit puisse être résolu, il faut déjà qu'il existe. — Demolombe, t. 25, n. 279 ; Marcadé, sur l'art. 1168; Baudry-Lacantinerie, t. 2, n. 891.

158. — Ce n'est pas à dire que la rédaction de l'art. 1168, distinguant les deux conditions, mérite d'être critiquée. On conçoit au contraire qu'il était assez naturel de mettre en opposition en relief la condition suspensive et la condition résolutoire, affectant d'une égale manière, l'une avant, l'autre après sa formation. — Demolombe, t. 25, n. 280.

159. — La condition, suspensive relativement à l'une des parties, peut être en même temps considérée comme une condition résolutoire vis-à-vis de l'autre, et *vice versâ*. En effet, résout le droit du débiteur. — Duvergier, *Vente*, t. 2, n. 31 ; Demolombe, t. 25, n. 281 ; Demante et Colmet de Santerre, t. 5, n. 100 *bis*-III; Marcadé, sur l'art. 1183, n. 1; Zachariæ, sur Massé et Vergé, t. 3, p. 374, § 534, texte et note 10. — Contrà, Aubry et Rau, t. 4, p. 61, § 302, texte et note 4.

160. — Un contrat peut être à la fois soumis à une condition suspensive et à une condition résolutoire. Telle serait une donation faite sous condition suspensive par une personne actuellement sans enfants : elle renfermerait en elle-même la condition résolutoire tacite que s'il survient au donateur un enfant légitime, la donation sera révoquée. — Duranton, t. 11, n. 93.

161. — Bien que le texte de l'art. 1168, C. civ., ne le dise pas expressément, il est évident que la condition suspensive peut avoir pour objet un fait négatif aussi bien qu'un fait affirmatif; par exemple : je vous vends mon cheval, si tel navire n'arrive pas d'Asie d'ici à un an. — Duranton, t. 11, n. 15; Marcadé, sur l'art. 1168, n. 2. — V. *suprà*, n. 84, 86.

TITRE IV.

CONDITIONS IMPOSSIBLES OU CONTRAIRES AUX LOIS OU AUX MŒURS.

CHAPITRE I.

DISTINCTION ENTRE LES DISPOSITIONS A TITRE GRATUIT ET LES CONVENTIONS INTÉRESSÉES.

162. — Si les parties peuvent, en général, apposer à un acte juridique les conditions que bon leur semble, cette règle n'est pas sans comporter des exceptions. — Nous avons eu déjà l'occasion de signaler la prohibition attachée aux conditions potestatives, avec les règles différentes qui s'appliquent aux donations entre-vifs et aux contrats à titre onéreux (V. *suprà*, n. 143 et s.). Le législateur a édicté une autre prohibition touchant les conditions impossibles ou contraires aux lois ou aux mœurs. Ici encore, il y a une distinction à établir entre, non seulement les donations entre-vifs, mais toutes les dispositions à titre gratuit, quelles qu'elles soient, et les conventions intéressées. Cette distinction est expressément écrite dans la loi.

163. — Aux termes de l'art. 900, C. civ., « dans toute disposition entre-vifs ou testamentaire, les conditions impossibles, celles qui seront contraires aux lois ou aux mœurs, seront réputées non écrites ». Selon l'art. 1172, C. civ., « toute condition d'une chose impossible ou contraire aux bonnes mœurs ou prohibée par la loi est nulle et rend nulle la convention qui en dépend ». Cette différence entre les actes à titre gratuit et les actes à titre onéreux est-elle rationnelle? En théorie pure, elle ne peut guère se justifier (Aubry et Rau, t. 4, § 302, p. 63). On a dit cependant que le donateur, en apposant à sa disposition une condition impossible, doit être présumé ne pas y avoir attaché la même importance qu'à la donation elle-même. Mais ne pourrait-on pas le dire de tout acte à titre onéreux? De quel droit, d'ailleurs, le législateur supposerait-il au donateur ou testateur une intention que d'ordinaire il n'a point? La pratique démontre que bien souvent le disposant a tenu essentiellement à l'accomplissement de la condition. — Laurent, t. 11, n. 428.

164. — D'après Laurent, le seul motif qui explique le principe de l'art. 900, relatif aux libéralités, est un motif historique. On a suivi la tradition romaine. Chez les Romains, la succession *ab intestat* était l'exception, le testament était la règle et l'on attachait une importance extrême à disposer de ses biens en mourant. Voilà pourquoi après une vive controverse qui s'était élevée à ce sujet entre les deux célèbres écoles des Proculiens et des Sabiniens, l'opinion de ces derniers, qui réputaient non écrites les conditions impossibles insérées dans les dispositions de dernière volonté, finit par triompher. Elle fut adoptée par Justinien (L. 3, D. *De cond. et demonst.*; Gaius, C. III, § 10). — Laurent, t. 11, n. 431.

165. — Le Code civil l'a adoptée aussi et a même étendu aux donations la règle que le droit romain n'admettait que pour les testaments. Ce serait une réponse aux attaques des partisans du passé, qui faisaient la guerre aux idées nouvelles, en disposant de leurs biens sous des conditions contraires aux principes de tolérance, de liberté et d'égalité, qui étaient la base du nouvel ordre social. Dans ce but, en effet, furent édictés le décret du 5 sept. 1791 et la loi du 17 niv. an II, dont l'art. 12 portait : « Est réputée non écrite toute clause impérative ou prohibitive insérée dans les actes passés même avant le décret du 5 sept. 1791, lorsqu'elle est contraire aux lois et aux mœurs, lorsqu'elle porte atteinte à la liberté religieuse du donataire, de l'héritier ou du légataire, lorsqu'elle gêne la liberté qu'il a, soit de se marier ou de se remarier, soit d'embrasser tel emploi ou profession, ou lorsqu'elle tend à le détourner de remplir les devoirs imposés et d'exercer les fonctions déférées par les lois aux citoyens. »

166. — Ce serait donc sous des préoccupations politiques, et dans un intérêt de conservation sociale, qu'auraient été écrites les dispositions de l'art. 900, C. civ. Le législateur, se refusant à approuver des dispositions qui tendent à ébranler les fondements de la société nouvelle, comme par exemple les libéralités devant profiter à des congrégations religieuses, se serait arrogé le droit d'annuler ce qu'il y a d'illicite dans les conditions et de maintenir la libéralité. Le testateur n'a pas à se plaindre que sa volonté soit scindée. Cette volonté est maintenue en tant qu'elle est licite; elle est annulée en tant qu'elle est illicite. — C. sup. de justice du Grand-duché de Luxembourg, 11 déc. 1885, Fabrique de Clausen, [S. 86.4.12, P. 86.2.20] — *Sic*, Laurent, t. 11, n. 430; Merlin, *Quest. de dr.*, v° *Condition*, § 1; Coin-Delisle, *Donat. et test.*, sur l'art. 900, n. 3; Demante, t. 4, n. 16 *bis*-IV; Hue, t. 6, n. 44 et 45; Bartin, *Théorie des conditions impossibles, illicites ou contraires aux mœurs*, p. 342 et s.

167. — Selon Demante, au cas de condition impossible, la loi suppose qu'il y a eu erreur de la part du donateur et de celle du donataire. Quant aux cas de condition illicite, cet auteur pense que, si le sort de la donation avait été attaché à celui de la condition, le donataire aurait été souvent déterminé à l'accomplir malgré tout et pour s'assurer le bénéfice de la libéralité. Voilà pourquoi, en maintenant cette libéralité, sans reconnaître aucun effet à la condition illicite, la loi rend le donataire désintéressé dans la question. Le donateur est seul puni d'avoir imposé une pareille condition, puisque, sans atteindre le but mauvais qu'il s'était proposé, il subit le dépouillement qu'il n'avait consenti que dans ce but. — Demante, t. 4, n. 16 *bis*-III et IV.

168. — D'autres auteurs pensent que le législateur de 1804, si sage, si modéré, si enclin à suivre les suggestions de l'équité et de la raison n'a pu vouloir substituer sa volonté à celle de l'auteur de la libéralité. Il a rompu, sur ce point, avec les traditions du droit révolutionnaire. Il n'est pas admissible qu'il ait voulu prononcer, à titre de punition, ce qui serait l'expropriation du donateur. Suivant eux, et c'est aussi notre avis, l'art. 900 suppose que le disposant a tenu, avant tout, à faire une libéralité, qu'il n'en a pas subordonné l'effet à l'accomplissement des conditions insérées dans l'acte, qu'il s'est trompé sur le caractère de ces conditions, d'une exécution matériellement ou moralement impossible, et que, sans cette erreur, il n'en aurait pas moins persisté dans ses intentions de libéralité; le législateur a donc réputé non écrites les conditions illicites ou impossibles, suivant la volonté présumée du donateur. — Cass., 17 juill. 1883, Tain, [S. 84.1.305, P. 84.1.769, D. 84.1.156] — *Sic*, Demolombe, t. 18, n. 204 et 205; Duranton, t. 8, n. 107; Grenier, *Donat. et test.*, t. 1, p. 685 et s.; Saintespès-Lescot, *Donat. et test.*, t. 1, n. 114; Troplong, *Donat. et test.*, t. 1, n. 222 et s.; Larombière, t. 2, sur les art. 1172 et 1173, n. 15; Aubry et Rau, t. 7, § 692, p. 289 et 290.

169. — La question que nous traitons n'a pas un intérêt purement spéculatif. Elle a une portée pratique considérable; selon que l'on regarde l'art. 900 comme fondé sur l'intention probable du disposant ou édicté par des motifs d'ordre politique et d'intérêt social, les applications diffèrent.

170. — Pour les interprètes qui ne veulent voir dans ce texte que la volonté arbitraire de la loi, peu importe l'intention du donateur ou du testateur, il n'en sera tenu aucun compte, et la libéralité sera maintenue malgré la nullité de l'on saura prononcer de la condition comme impossible ou illicite. — Laurent, t. 11, n. 434.

171. — Au contraire, dans l'opinion de ceux qui admettent que le législateur, en écrivant l'art. 900, n'a fait que consacrer et sanctionner la volonté présumée du disposant, dès qu'apparaît la volonté nettement indiquée de subordonner l'effet de la libéralité à l'accomplissement de la condition, la nullité de cette dernière devra entraîner la nullité de la libéralité elle-même. — Demolombe, t. 18, n. 207 et s.

172. — Comme conséquence de ce dernier système, on devrait admettre que l'art. 900 n'est pas applicable : 1° Si la condition apposée à la donation entre-vifs ou au testament est telle que l'on doive considérer le disposant comme n'étant pas sain d'esprit. — Dans ce cas, toute la disposition tombera, faute de capacité du disposant. — Demolombe, t. 18, n. 205 et 206; Demante, t. 4, n. 16 *bis*-VII; Toullier, t. 5, n. 245; Coin-Delisle, sur l'art. 900, n. 6.

173. — 2° Si les expressions contenues dans l'acte, ou les circonstances de la cause, démontrent que le disposant n'a pas voulu assurer l'efficacité de la libéralité sans que la condition fût accomplie, s'il est établi, en d'autres termes, que l'accomplissement de la condition a été la cause impulsive et déterminante de cette libéralité, comment maintenir un tel acte contre la volonté formelle du disposant? — Demolombe, t. 18, n. 207 et s.; Aubry et Rau, t. 7, § 692, texte et note 6, p. 290; Larombière, t. 2, sur les art. 1172 et 1173, n. 16; Arntz, t. 2, n. 1712; Duranton, t. 8, n. 108; Bartin, p. 335 et s.; Demante, t. 4, n. 16 *bis*-VII-1°.

174. — La jurisprudence est en ce sens. C'est ainsi qu'elle a décidé, d'une part, que la libéralité devrait elle-même être annulée si la condition illicite avait été la cause impulsive et déterminante de cette libéralité. — Cass., 3 juin 1863, Martal, [S. 64.1.269, P. 64.381]; — 20 nov. 1878, Commune de Puntous, [S. 79.1.413, P. 79.1074, D. 79.1.304]; — 17 juill. 1883, Tain, [S. 84.1.305, P. 84.1.769, D. 84.1.156] — Paris, 27 nov. 1877, Hugard, [D. 78.2.188] — Lyon, 6 août 1884, Glegzal, [D. 86.2.121]

175. — ... Et, d'autre part, que la condition impossible ou contraire aux lois ou aux mœurs insérée dans une disposition entre-vifs ou testamentaire n'entraîne pas nullité comme celle jointe à une convention, *alors d'ailleurs qu'elle n'est qu'un accessoire de la disposition dont une intention de libéralité est demeurée la cause*. — Cass., 7 juill. 1868, Bourlier, [S. 68.1.433, P. 68.1170, D. 68.1.446]

175 bis. — ... Que les dispositions entre-vifs faites sous une condition impossible ou illicite même dans le cas où elles ne se présentent pas sous la forme d'un contrat à titre onéreux ou commutatif frappé de nullité par l'art. 1172, sont nulles par application des art. 1131 et 1133, *si elles n'ont pas pour cause déterminante une intention de libéralité*. — Cass., 8 avr. 1889, Terral, [S. 89.1.212, P. 89.1.515, D. 90.1.206] — Et il appartient aux juges du fait de décider souverainement que la condition illicite ou impossible, à laquelle une donation a été subordonnée, n'a pas été un accessoire de la disposition, mais son objectif principal et sa cause impulsive et déterminante. Et en pareil cas, la condition ne doit pas être réputée non écrite d'après l'art. 900, mais le contrat doit être annulé par tout, par application des art. 1131 et 1133, C. civ. — Même arrêt.

176. — ... Qu'un legs ne saurait être annulé sous prétexte qu'une clause illicite d'inaliénabilité en aurait été la cause impulsive et déterminante, alors que le legs peut subsister et produire ses effets indépendamment de cette condition et que d'ailleurs le testateur lui-même a considéré la clause d'inaliénabilité comme purement accessoire. — Cass., 20 mai 1879, Mazeran, [S. 80.1.14, P. 80.20, D. 79.1.431]

177. — ... Qu'il en est ainsi spécialement lorsque le testateur a légué des immeubles à une communauté religieuse pour y établir une maison de charité, avec la condition que les biens légués ne pourront jamais être aliénés; que, dans ce cas, l'intention du testateur a été avant tout d'assurer aux pauvres la fondation d'une maison de charité; la défense d'aliéner n'étant qu'un moyen d'assurer la durée de la fondation. — Même arrêt. — V. aussi *infra*, n. 300 et s.

178. — ... Que la donation faite par un mari à sa femme sous la condition expresse et à peine de nullité que la libéralité serait prise sur la réserve, devrait être réputée minime, la condition seule étant réputée non écrite, alors qu'il est reconnu que la disposition n'a eu d'autre cause qu'un sentiment de bienfaisance. — Cass., 17 juill. 1883, précité.

179. — 3° Si la libéralité n'était au fond qu'une convention à titre onéreux. Par exemple, Primus s'engage à donner 5,000 fr. à Secundus à condition que celui-ci exercera un acte de vengeance contre son ennemi. Dans cette hypothèse, la promesse faite n'est pas une libéralité mais bien le salaire d'une mauvaise action que Primus veut faire commettre. Or ce n'est pas d'après ses dénominations et sa forme apparente que le caractère de l'acte doit être apprécié; c'est d'après la vérité du fait lui-même. — Cass., 12 nov. 1867, Thomas, [S. 68.1.34, P. 68.54, D. 69.1.528] — *Sic*, Laurent, t. 11, n. 433; Demolombe, t. 18, n. 205 et s., 316; Duranton, t. 8, n. 108; Demante, t. 4, n. 16 *bis*-VII; Aubry et Rau, t. 7, § 692, p. 289, texte et note 4.

180. — Ainsi, au cas où un tuteur fait une donation au profit de son pupille, mais à la condition que celui-ci ne critiquera pas le compte de tutelle, le pupille ne peut, en usant du droit qui lui appartient de demander la rectification du compte, retenir le bénéfice de la libéralité sous prétexte que la condition y apposée doit être réputée non écrite : un tel acte constitue un véritable contrat où les éléments gratuit et commutatif se mélangeront d'une manière indivisible et qui ne saurait être annulé pour une partie, tout en étant maintenu pour l'autre. — Cass., 12 nov. 1867, précité; — 21 déc. 1869, Théron, [S. 70.1.130, P. 70.267, D. 70.1.308]

181. — De même, au cas d'une donation faite au profit d'un héritier présomptif à réserve du donateur, sous la condition que le donataire renonce à se prévaloir de la disposition de l'art. 913, C. civ., relative à la fixation de la quotité disponible, cette condition, qui est nulle comme constituant une stipulation sur succession future, ne doit pas être seulement réputée non écrite, mais au contraire elle communique sa nullité à la donation elle-même : dans un tel acte, le caractère de contrat à titre onéreux absorbe celui de libéralité. — Orléans, 20 mars 1852, Gallois, [S. 53.2.13, P. 52.1.369]

181 bis. — De même encore, lorsqu'une mère tutrice qui n'avait rendu qu'à titre provisoire et sans l'observation des formes légales, le compte de tutelle qu'elle devait à sa fille, est intervenue au contrat de mariage de celle-ci pour lui constituer une dot, mais à la condition de ne pas critiquer le compte précédemment rendu, la fille ne peut, après avoir usé du droit qui lui appartenait de demander la rectification du compte, retenir le bénéfice de la libéralité sous prétexte que la condition y apposée devrait être seulement réputée non écrite. — Pau, 3 mars 1869, Thénon, [S. 69.2.209, P. 69.963, D. 69.2.203]

182. — 4° Enfin si l'impossibilité de la condition ayant été ignorée du disposant et connue, au contraire, du gratifié, il résultait des circonstances que c'est ce dernier, par ses manœuvres, qui a trompé l'auteur de la libéralité sur le caractère de la condition. — Demolombe, t. 18, n. 205 et 216.

183. — L'art. 896, C. civ., en prohibant les substitutions, qui ne sont au fond que des conditions imposées au donataire ou au légataire, a soin de déclarer que la nullité de la substitution entraînera la nullité de l'acte même où elles sont contenues. C'est une exception très-formelle au principe de l'art. 900. — V. *infrà*, v° *Substitution*.

184. — Il résulte du reste de l'art. 896 qu'il n'y aura jamais à rechercher si la substitution a été la cause déterminante de la libéralité. Que la disposition ait eu pour objet de gratifier principalement soit l'institué, soit le bénéficiaire de la substitution, l'acte entier devra être tenu pour non avenu.

185. — Il en serait de même de toutes les conditions qui détruiraient l'essence même des donations entre-vifs, par exemple, de celles qui porteraient atteinte à leur irrévocabilité (art. 944, 945, C. civ.). — V. *infrà*, v° *Donation*.

186. — Tout le monde admet, sans difficulté, que les dispositions de l'art. 900, C. civ., s'appliquent aux donations faites par contrat de mariage. — Aubry et Rau, t. 7, § 692, note 1, p. 288.

187. — V. *infrà*, v° *Donation*.

— Une remarque à faire c'est que, dans l'art. 900, C. civ., il faut comprendre non seulement les conditions ordinaires prévues par les art. 1168 et s., C. civ., mais encore toutes les clauses et charges et généralement toutes les modalités insérées dans une donation entre-vifs ou un testament. — Duranton, t. 8, n. 111; Zachariæ, Massé et Vergé, t. 3, § 464, note 2, p. 175; Aubry et Rau, t. 7, § 692, p. 293; Coin-Delisle, sur l'art. 900, n. 5; Marcadé, sur l'art. 900; Demante, t. 4, n. 16 bis-I; Laurent, t. 11, n. 435.

CHAPITRE II.
DES CONDITIONS IMPOSSIBLES.

188. — On distingue quelquefois deux sortes d'impossibilités : l'impossibilité morale et l'impossibilité physique. La première se réfère aux conditions illicites ou immorales ; nous allons l'étudier au chapitre suivant. Présentement nous ne nous occupons que de la seconde.

189. — Nous entendons par condition impossible celle dont on peut prédire avec certitude qu'elle n'arrivera pas, quand l'ordre accoutumé de la nature est un obstacle à son accomplissement. Telles seraient les conditions : *si vous trouvez le mouvement perpétuel*; *si vous faites un triangle sans angle*. Il faudra assimiler à ce genre de conditions celles dont l'accomplissement présente, dans les circonstances ordinaires et eu égard aux moyens d'action qu'il faudrait employer, des difficultés naturelles ou juridiquement insurmontables : par exemple, *si vous émancipez votre fils à douze ans*, ainsi que celles dont la réalisation supposerait l'existence d'une personne ou d'une situation qui avait déjà cessé d'exister au moment de la passation de l'acte ou du décès du testateur. Telle serait la condition d'épouser une personne déjà morte. — Aubry et Rau, t. 4, § 302, texte et notes 14 et 15, p. 64; Demolombe, t. 25, n. 300; Bartin, p. 9 et s.; Toullier, t. 6, n. 481; Duranton, t. 11, n. 33; Laurent, t. 17, n. 40; Larombière, t. 2, sur les art. 1172 et 1173, n. 1.

190. — On a aussi, et fort justement, assimilé à ces conditions, les conditions *fausses*, c'est-à-dire celles qui sont naturellement possibles, mais à l'exécution desquelles une existence de fait apporte obstacle. Ainsi un testateur, qui n'a jamais eu de fille, fait un legs pour le cas où sa fille vivrait au moment de son décès. Il en est de même du legs fait à la charge de payer ce que le testateur doit à un tiers, s'il se trouve qu'en fin de compte le testateur ne doit rien. — Ricard, n. 237; Pothier, *Pandect.*, t. 2, p. 253, n. 23 et 24; Coin-Delisle, sur l'art. 900, n. 12; Troplong, *Donat. et testam.*, t. 1, n. 227 et 228; Massé et Vergé, sur Zachariæ, t. 3, p. 175, § 464, note 3; Demolombe, t. 18, n. 227; Bartin, p. 14.

191. — La condition impossible, pour être réputée non écrite, dans une disposition entre-vifs ou testamentaire, ou pour faire réputer une obligation nulle, doit être impossible d'une manière absolue (L. 4, D., *De statu lib.*). — Ricard, *Dispos. cond.*, n. 232 à 235; Furgole, *Testam.*, ch. 7, sect. 2, n. 26; Delvincourt, t. 2, note 2, p. 60; Toullier, t. 6, n. 482 et 483; Duranton, t. 8, n. 112 et s.; t. 11, n. 33; Aubry et Rau, t. 4, § 302, texte et notes 16 et s., p. 64; Demolombe, t. 25, n. 303, t. 18, n. 223; Laurent, t. 17, n. 41. — *Contrà*, Massé et Vergé, sur Zachariæ, t. 3, § 464, note 3, p. 175.

192. — La condition n'est plus réputée impossible si elle peut être remplie par un autre que le promettant. Tant pis pour celui qui a fait la promesse ou à qui l'on a imposé un fait au-dessus de ses forces; il pourra être condamné à des dommages-intérêts envers le stipulant pour s'être témérairement engagé (L. 34, L. 137, D. *de V. O.*). — Toullier, t. 6, n. 483; Aubry et Rau, t. 4, § 302, texte et note 17; Demolombe, *loc. cit.*; Troplong, *Donat. et test.*, t. 1, n. 226; Larombière, t. 2, sur les art. 1172 et 1173, n. 3. — V. aussi Bartin, *Théorie des cond. imposs.*, p. 13.

193. — Toutes les fois qu'une des circonstances de la condition est possible, il faut en exiger l'accomplissement (L. 12, ff., *De dote prælegat.*; L. 6, § 1, ff., *De cond. et dem.*). — Ricard, n. 236; Furgole, *Testam.*, ch. 7, sect. 2, n. 27; Duranton, t. 8, n. 113; Delvincourt, *loc. cit.*; Toullier, t. 6, n. 482; Coin-Delisle, sur l'art. 900, n. 9; Saintespès-Lescot, t. 1, n. 118.

194. — Ainsi, dans le cas où un testateur aurait fait une disposition au profit de son créancier, à la charge pour celui-ci de rendre le titre de la créance à ses héritiers, si ce titre vient à être perdu, le légataire n'en sera pas moins tenu, pour avoir droit à la libéralité, d'accomplir la condition autant qu'il sera en lui, c'est-à-dire de faire remise de la dette aux héritiers (L. 84, § 7, ff., *De légat.*, 1). — Demolombe, t. 18, n. 225.

195. — Il en est de même de deux conditions alternatives dont l'une est impossible (L. 8, § 4, ff., *De cond. inst.*; L. 26, ff., *De cond. et dem.*). — Ricard, n. 236; Demolombe, t. 18, n. 226.

196. — L'impossibilité peut tenir non au fait lui-même mais aux circonstances dans lesquelles les parties ont voulu qu'il se produisît, si, par exemple, un temps très-bref avait été imposé pour accomplir un travail. « Je vous institue héritier sous la condition que vous m'élèverez un tombeau en trois jours ». Ulpien disait : *Evanexit conditio quasi impossibilis* (L. 6, D., *De cond. inst.*). — Furgole (*Testament*, ch. 7, sect. 1, t. 2, n. 25) écrivait qu'une pareille condition devait être absolument rejetée.

197. — Cependant, une opinion plus généralement acceptée propose, à moins de volonté contraire, nettement exprimée, de ne pas s'attacher rigoureusement à ces circonstances qui peuvent n'être qu'accessoires, et de maintenir la condition dans ce qu'elle a de réalisable en laissant au juge la faculté d'accorder, par exemple, un délai suffisant pour accomplir l'ouvrage en question. — Picard, *Dispositions conditionnelles*, n. 236; Duranton, t. 8, n. 114; Coin-Delisle, sur l'art. 900, n. 10; Troplong, t. 1, n. 225; Demolombe, t. 18, n. 222. — *Contrà*, Bartin, p. 14.

198. — Une condition ne serait pas réputée impossible, si l'impossibilité n'était que temporaire et pouvait cesser, les parties devant être présumées avoir eu en vue un changement de circonstances. — Aubry et Rau, t. 4, § 302, texte et note 19 ; Demolombe, t. 18, n. 224.

199. — Jugé, en ce sens, que la condition de se marier imposée à un légataire ne doit pas être considérée comme impossible et nulle, par cela seul que le légataire est mort avant d'avoir atteint l'âge auquel il pouvait contracter mariage. — Cass., 20 déc. 1831, Potrou, [S. 32.1.44, P. chr.]

200. — En serait-il de même d'un changement survenu dans la législation? Rendrait-il valable une convention conclue sous une condition légalement impossible au moment du contrat? La négative est généralement admise. — Aubry et Rau, t. 4, § 303, note 19, p. 65.

201. — Toutefois, Demolombe enseigne que l'on devrait excepter le cas où la disposition témoignerait d'une volonté contraire de la part du disposant, comme si, par exemple, il s'agissait d'une impossibilité seulement temporaire, dont il faudrait, d'après la nature même de cette condition et les autres circonstances du fait, présumer que l'on a voulu attendre le terme. — Demolombe, t. 18, n. 230.

202. — Une condition ne rentre dans la catégorie des conditions impossibles qu'autant que l'empêchement qui s'oppose à son accomplissement existait déjà au moment de la passation de l'acte ou de la confection du testament. Si donc l'accomplissement n'était devenu impossible que par suite d'un obstacle survenu depuis, elle devrait être considérée non comme impossible, mais comme ayant défailli. — Aubry et Rau, t. 4, § 302, texte et notes 18 et 19, p. 65. — V. aussi Demolombe, t. 18, n. 228.

203. — L'impossibilité peut résulter d'un empêchement qui existait lors de la passation de l'acte ou de la confection du testament et qui n'était pas de nature à disparaître par suite d'un changement à prévoir d'après les circonstances. Il n'est pas nécessaire que les parties aient connu les circonstances qui rendaient la condition impossible. — Aubry et Rau, *loc. cit.*

204. — On a toutefois proposé une distinction, en cas de testament. S'il s'agissait d'une condition *potestative* possible au moment du testament et devenue impossible avant la mort du testateur, on a dit qu'il était plus conforme à l'intention du disposant de ne pas considérer la condition comme ayant défailli, ce qui ferait tomber le legs (L. 54, §§ 1 et 2, ff., *De legat.*, 1º; L. 28, *De cond. et dem.*). — Furgole, *Testam.*, ch. 7, sect. 2, n. 10; Coin-Delisle, sur l'art. 900, n. 13.

205. — Si c'était le testateur qui eût amené personnellement l'impossibilité (Pothier, *Pand.*, liv. 35, tit. 1, n. 24), dominé par les principes du droit romain (L. 72, § 7, ff., *De cond. et dem.*), et contrairement à l'opinion de D. Godefroy (L. 72), considérait la condition comme défaillie, et par conséquent le legs comme nul. Une solution si absolue doit être repoussée dans notre droit, qui veut qu'en cette matière on se décide surtout par l'interprétation de la volonté du testateur. — Coin-Delisle, *loc. cit.*

206. — On ne regarderait pas non plus la condition comme défaillie, si le fait d'où naît l'obstacle n'avait surgi qu'après la mort du testateur, et si la condition consistait en une obligation de donner ou de faire, l'exécution étant devenue impossible, sans faute imputable au légataire (V. L. 6 et 44, D., *De cond. et dem.*; L. 34, § 4, *De legat.*). — Coin-Delisle, sur l'art. 900, n. 14.

207. — Le privilège de second ordre sur le cautionnement d'un comptable ne pouvant être concédé par le titulaire qu'au bailleur de fonds (L. 25 niv. an XIII, art. 1), il s'ensuit que l'acte par lequel une personne prête à un percepteur une certaine somme pour faire son cautionnement, à condition d'acquérir le privilège de second ordre, est nul comme stipulant de l'emprunteur une condition juridiquement impossible, si le percepteur a versé au Trésor public son cautionnement avant l'acte d'emprunt et la réception de la somme empruntée. Les cautions du percepteur peuvent invoquer la nullité de l'acte d'obligation, alors surtout qu'elles ne sont intervenues qu'après avoir pris connaissance des conditions du prêt et sur la certitude d'être subrogées au privilège de second ordre stipulé au profit du bailleur de fonds. — Pau, 29 juin 1892, Candellé-Bayle, [S. et P. 93.2.123]

208. — Jusqu'ici nous n'avons envisagé que le cas où l'acte juridique est soumis à une condition impossible exprimée sous la forme positive, c'est-à-dire une condition *de faire*. Il est manifeste que l'art. 1172 édictant la nullité de la convention dépendant d'un tel événement ne s'applique qu'à l'obligation contractée sous une condition positive. Si l'obligation était contractée sous la condition *de ne pas faire* une chose impossible, elle n'en serait pas moins valable. C'est ce que déclare expressément l'art. 1173, C. civ. « Je vous vends ma maison 100,000 fr., si vous n'arrêtez pas le cours du soleil » (Pothier, *Oblig.*, n. 205). La vente serait valable, à moins, bien entendu, que les parties ne soient en état de démence. — Demolombe, t. 25, n. 301 ; Marcadé, sur l'art. 1172 ; Larombière, t. 2 sur les art. 1172 et 1173, n. 7 ; Demante et Colmet de Santerre, t. 5, n. 93 ; Duranton, t. 11, n. 33.

209. — Cette distinction n'offre aucun intérêt en matière de dispositions à titre gratuit, puisque la condition impossible, qu'elle soit formulée positivement ou qu'elle le soit négativement, sera toujours réputée non écrite.

CHAPITRE III.

CONDITIONS CONTRAIRES AUX LOIS OU AUX MŒURS.

210. — Il est dit d'une manière générale que la condition est illicite quand elle a pour but d'engager les parties à accomplir un acte réprouvé par la morale ou par la loi, ou quand elle restreint dans leur exercice les facultés dérivant de la liberté naturelle ou civile de l'homme. — Demolombe, t. 18, n. 232 et s.

211. — Pour caractériser l'impossibilité d'une condition, il suffit de constater que le fait ne peut pas se produire ; il n'y a pas à rechercher quelle influence ce fait est susceptible d'exercer sur la convention, au cas où il se réaliserait, puisque son arrivée est impossible. La nullité de la convention est, dans tous les cas, la conséquence de l'impossibilité de la condition à laquelle elle est subordonnée. Lorsqu'il s'agit de déterminer le caractère illicite d'une condition, il convient, au contraire, d'examiner si cette condition imprime véritablement à l'acte où elle intervient, un caractère tel que l'opération, dans son ensemble, soit réprouvée par les règles de la morale ou de la loi civile (L. 123, D. *de V. O.*; L. 7 et 27, D. *De cond. inst.*; L. 7, § 3, D. *de pact.*). — Bufnoir, *Théorie de la condition*, p. 34 ; Demolombe, t. 25, n. 304 ; Aubry et Rau, t. 4, § 302, p. 65 ; Demante et Colmet de Santerre, t. 5, n. 92 *bis*.

212. — La loi suppose une partie contractante qui, au lieu de prendre un fait pour son but immédiat, d'en faire la cause même de la convention, l'y introduit seulement comme élément *accessoire* de l'obligation, et subordonne l'effet de celle-ci à l'accomplissement de ce fait. Le but poursuivi est de déterminer ainsi, par l'appât du gain, la personne avec laquelle le contrat est passé, à se prêter aux combinaisons illicites du stipulant.

213. — Ces distinctions sont à établir, suivant la personne tenue de l'accomplissement du fait illicite, ou de l'abstention d'un devoir ou d'un acte qui n'est que l'exercice d'une faculté naturelle ou légale. — Si ces faits sont imposés au stipulant lui-même, il est clair que la convention sera nulle, parce que celui-ci pour profiter du bénéfice de l'opération, sera amené à agir contrairement à la loi ou à la morale. — Pothier, *Oblig.*, n. 204 ; Demolombe, t. 25, n. 305 ; Aubry et Rau, t. 4, § 302, p. 65.

214. — Mais supposons que celui qui se promettrait un fait tracté, pour le cas où il commettrait un acte immoral ou négligerait l'accomplissement de ses devoirs. Est-ce que une telle convention serait nulle ? M. Larombière répond affirmativement (t. 2, sur les art. 1172 et 1173, n. 9). « En vain, dit-il, pour valider une pareille convention, prétendrait-on qu'elle favorise même le bon ordre en intéressant à son maintien. Je réponds que l'on n'a pas voulu le scandale de débats possibles pour la vérification de l'accomplissement de la condition ». — Laurent, t. 17, n. 48.

215. — L'opinion contraire est toutefois acceptée avec raison. On ne saurait qualifier d'immorale une condition dont le résultat est de détourner du mal. Le législateur déclare révocable une donation en cas d'ingratitude du donataire envers le donateur (C. civ., art. 953). Pourquoi ne pas généraliser ce que motif et n'aurait-il de proscrire, par exemple, une clause par laquelle un donataire s'engagerait à rendre ce qu'il reçoit en cas de mauvaise conduite et sans qu'il y eût aucun fait d'ingratitude à lui reprocher? La disposition de l'art. 993 montre qu'il ne faut pas d'ailleurs se laisser arrêter par la crainte des débats que ces conditions pourraient nécessiter et que, bien d'autres affaires encore rendent inévitables (L. 121, § 1, D., *d. V. O.*). — Pothier, n. 204 ; Demolombe, t. 25, n. 306 ; Aubry et Rau, t. 4, § 302, texte et note 21, p. 66 ; Bufnoir, *Théorie de la condition*, p.

et s., et p. 130, 131; Accarias, *Revue crit. de législat.*, 1867, t. 31, p. 90, 91; Demante et Colmet de Santerre, t. 5, n. 93 *bis*-I.

216. — Nous avons vu (*suprà*, n. 208) que la condition de ne pas faire une chose *impossible* ne rend pas nulle l'obligation qui en dépend. Que décider à l'égard de la condition de ne pas faire une chose *illicite?* L'art. 1173 n'a prévu que le cas de condition impossible et la question est controversée. Laurent enseigne qu'une telle condition vicie la convention parce qu'elle est immorale. D'après cet auteur, celui qui remplit ses devoirs en s'abstenant d'un fait illicite parce qu'on lui promet une somme d'argent n'agit pas en honnête homme; la morale n'est pas un trafic et le législateur doit bien se garder d'approuver les spéculations que les hommes feraient de leurs devoirs; sa mission est d'élever le niveau moral et non de l'abaisser. — Laurent, t. 17, n. 48.

217. — Ce système nous paraît trop absolu. Conformément à la doctrine que nous venons d'exposer, nous pensons qu'il faudra tenir compte des circonstances et examiner, en fait, d'après le but que les parties se sont proposé, si la condition est ou n'est pas, en effet, immorale ou illicite. Nous considérerions, par exemple, comme valable la vente de sa maison consentie, moyennant un prix déterminé, par une personne à une autre sous la condition que celle-ci ne chassera plus indûment sur les terres du vendeur. Comment une condition semblable, qui tend à maintenir une personne dans la voie du devoir et le respect des droits d'autrui, serait-elle immorale? — Demolombe, t. 25, n. 308.

218. — Au contraire, s'il apparaissait que c'est l'acheteur, dans le but d'arriver à l'acquisition de cette maison, qui a menacé de chasser sur les terres du vendeur et a voulu se procurer ainsi le bénéfice de son abstention, la condition serait immorale et la vente nulle. — Demolombe, *loc. cit.*

219. — Il importe, en cette matière, de ne pas confondre la condition, élément accessoire de la convention, avec la cause même de cette convention, c'est-à-dire, avec le but principal et immédiat que la partie contractante s'est proposé d'atteindre. Quand la cause est illicite, la convention sera toujours nulle (C. civ., art. 1131). Supposons, par exemple, le cas suivant : Je suis menacé par un rédacteur de journal d'un article diffamatoire. Je lui promets 1,000 fr., s'il ne le publie pas. L'abstention du journaliste est la cause de mon engagement bien plutôt qu'une condition. Cette cause est évidemment illicite. Aussi il n'y a pas de doute que je ne puisse me prévaloir de la nullité de mon obligation, car je l'ai contractée étant victime d'un *chantage*. — Demolombe, t. 25, n. 309. — V. aussi Duranton, t. 11, n. 35; Baudry-Lacantinerie, t. 2, n. 932.

220. — Dans le cas où l'acte immoral prévu par les parties, comme condition du contrat, doit être accompli par un tiers, cette condition est à l'abri de toute critique. Je m'engage à vous donner 50,000 fr., si votre navire est pillé par les pirates. Il est manifeste qu'une convention pareille n'a rien d'immoral. C'est un contrat d'assurances. — Demolombe, t. 25, n. 307; Demante et Colmet de Santerre, t. 5, n. 92 *bis*; Bufnoir, *op. cit.*, p. 37.

221. — Le sujet que nous traitons est infiniment vaste. Il n'est pas régi par des principes toujours absolus; les faits particuliers de chaque espèce exerceront souvent sur la décision à rendre une influence considérable. A part les cas où la condition est contraire à des textes de loi bien formels, des textes édictés dans un intérêt d'ordre public ou à ces règles immuables de morale et d'honnêteté qui sont de tous les pays, il en est beaucoup d'autres où il conviendra de tenir compte de la position des parties, de leurs qualités respectives, et surtout de l'intention qui les a guidées, du but qu'elles se sont proposé. — Demolombe, t. 18, n. 232 et s.

222. — C'est en matière de donations et de legs que s'est présentée le plus souvent la question de savoir si une condition était ou non licite. Nous allons parcourir les principales hypothèses que la pratique a présentées.

Section I.

Conditions relatives au mariage.

223. — Les conditions relatives à la faculté de se marier sont au premier rang de celles dont les tribunaux ont eu à s'occuper. Une condition, à cet égard, peut avoir pour objet d'encourager ou de prohiber le mariage, ou d'en restreindre l'exercice.

224. — Toutes les conditions qui tendent à l'encourager sont favorables. — Furgole, *Des testam*, ch. 7, sect. 2, n. 72; Chabot, *Quest. trans.*, t. 1, p. 111; Toullier, t. 5, n. 251; Merlin, *Quest. de dr.*, v° *Condition*, § 1; Delvincourt, t. 2, p. 58; Duranton, t. 11, n. 125; Grenier, *Tr. des donat.*, t. 1, p. 338; Rolland de Villargues, v° *Condition de se marier ou de ne pas se marier*, n. 10; Ricard, *Disp. condit.*, n. 262 et 263; Favard de Langlade, *Rép.*, v° *Donations entre-vifs*, sect. 1, § 2; Pezzani, *Tr. des empêchem. de mar*, n. 91, 96 et s.; Larombière, t. 2, sur les art. 1172-1173, n. 27; Demolombe, t. 18, n. 251; Aubry et Rau, t. 1, § 692, p. 292.

225. — Laurent enseigne cependant que la condition de se marier doit être réprouvée. Selon cet auteur, les lois de la révolution ayant prohibé toute condition « qui gênerait la liberté que le donataire a de se marier », il s'ensuit que la condition de se marier apposée à une donation ou à un legs doit être réputée non écrite. Le mariage doit être l'union des âmes. La sympathie doit unir les époux, si l'on veut que cette institution réponde à sa destination. Donc il faut éviter de déterminer la volonté des futurs époux par le grossier mobile de l'intérêt. A ce point de vue, la condition de se marier paraît contraire aux bonnes mœurs. — Laurent, t. 11, n. 494 et 495. — V. aussi Demante et Colmet de Santerre, t. 4, n. 16 *bis*-VI.

226. — Cette opinion est à peu près unanimement rejetée. C'est avec raison, à notre avis. « Le mariage étant une chose sainte », comme disait Furgole (n. 72), on ne saurait repousser comme immorales les conditions qui invitent à le contracter. Il n'en serait autrement que dans le cas particulier où cette condition serait imposée à une personne qui ne pourrait se marier sans violer des vœux que, dans l'état de nos mœurs, l'on considère comme respectables; comme, par exemple, à un prêtre catholique. — Demolombe, t. 18, n. 251.

227. — La Cour de cassation a jugé que la condition de se marier est possible et licite, sans autres motifs. — Cass., 20 déc. 1831, Poteau, [S. 32.1.44, P. chr.]

228. — De même, on est, en général, d'accord pour reconnaître comme licite la condition imposée au donataire ou au légataire de se marier avec une certaine personne désignée. Sous l'empire des lois romaines, l'héritier institué sous la condition d'épouser une personne désignée, encourait la déchéance s'il ne remplissait pas la condition qui lui était imposée. — Cass., 6 flor. an XI, Chambrand, [S. et P. chr.] — *Sic*, Ricard, n. 258; Furgole, n. 72.

229. — Il a été jugé que, dans l'ancien droit comme sous le Code civil, la condition imposée au donataire de se marier avec une des personnes désignées, et non autrement, était valable, que la condition fût insérée dans une donation entre-vifs ou dans une donation à cause de mort, si une telle condition était considérée comme la cause déterminante de la donation. Le mariage du donataire avec une personne autre que celle désignée suffisait pour anéantir de plein droit la donation, et le donataire ne pouvait plus la faire revivre en épousant en secondes noces l'une des personnes désignées. — Toulouse, 30 nov. 1814, Autier, [P. chr.]

230. — Il a été décidé, au contraire, que la condition imposée, dans un testament, à la légataire, de se marier avec un individu désigné, et, par exemple, avec son cousin, doit être réputée non écrite, comme contraire à la liberté du choix. En tout cas, cette condition, fût-elle valable, ne pourrait être opposée à la légataire qu'autant que l'on établirait son refus de s'y conformer. — Bastia, 2 juin 1828, Rouasserra, [S. et P. chr.]

231. — L'opinion contraire à l'arrêt de la cour de Bastia a généralement prévalu et l'on considère comme valable la condition imposée de se marier avec une personne désignée. — Lyon, 27 mars 1868, Rater, [S. 68.2.307, P. 68.1141] — *Sic*, Duranton, t. 8, n. 125; Grenier, *Donat. et test.*, t. 1, n. 155; Coin-Delisle, sur art. 900, n. 35; Saintespès-Lescot, t. 1, n. 132; Larombière, t. 2, sur les art. 1172 et 1173, n. 31; Massé et Vergé, sur Zachariæ, t. 3, § 464, p. 178, note 10; Aubry et Rau, t. 7, § 692, p. 292, texte et note 15; Demolombe, t. 18, n. 252; Toullier, t. 5, n. 251; Troplong, *Donat. et testam.*, t. 1, n. 245. — *Contrà*, Taulier, t. 4, p. 323; Laurent, t. 17, n. 499.

232. — Devrait toutefois être déclarée illicite la condition imposée au donataire ou au légataire de se marier avec une personne avec laquelle il existe des liens de parenté ou d'alliance au degré prohibé par la loi, si d'ailleurs aucune dispense ne pouvait être obtenue. — Demolombe, t. 18, n. 253.

233. — Certains auteurs, tout en admettant le caractère licite de la condition de se marier avec une telle personne, ne l'ont pas admis même pour le cas où des dispenses seraient possibles mais nécessaires. — Furgole, n. 74 et s.; Bourjon, 3º part., *Des testaments*, chap. 9, n. 42; Delvincourt, t. 2, p. 60, note 3; Merlin, *Quest. de droit*, vº *Condition*, § 1.

234. — Il ne nous paraît pas que cette restriction soit fondée. Le donataire ou le légataire n'auront qu'à solliciter les dispenses nécessaires. Les motifs les plus légitimes peuvent avoir imposé cette condition au disposant. Il peut avoir été mû par le désir de conserver ses biens dans sa famille, de donner un protecteur de son choix à l'une de ses parentes, etc. La condition ne serait tenue pour illicite qu'autant que les dispenses seraient refusées. — Chabot, *Quest. transit.*, vº *Condit. concernant les mariages*, p. 122; Toullier, t. 3, n. 252; Duranton, t. 8, n. 125; Coin-Delisle, art. 900, n. 38; Poujol, art. 900, n. 17; Troplong, t. 1, n. 247; Aubry et Rau, t. 7, § 692, n. 293, texte et note 16; Massé et Vergé, sur Zachariæ, t. 3, § 404, p. 179, note 10; Demolombe, t. 18, n. 244.

235. — Serait encore licite la condition d'épouser une personne actuellement impubère. Elle impliquerait seulement cette autre condition tacite d'attendre l'époque de sa puberté ou de demander une dispense d'âge (Toullier, t. 3, n. 253; Demolombe, t. 18, n. 253). Il ne faudrait pas pourtant que l'époque fût reculée au point de faire dégénérer la condition en prohibition absolue. — Saintespès-Lescot, n. 126 et s.; Massé et Vergé, sur Zachariæ, t. 3, § 464, p. 177, note 8.

236. — Si le disposant avait imposé la condition de se marier avec une personne désignée et qui serait de mauvaises mœurs ou flétrie par une condamnation judiciaire, cette condition serait nulle (L. 63, § 1, D., *De cond. et demonst.*). — Furgole, n. 71; Ricard, n. 261; Toullier, t. 5, n. 251; Grenier, t. 1, n. 155; Duranton, t. 8, n. 125; Coin-Delisle, sur l'art. 900, n. 35; Saintespès-Lescot, t. 1, n. 132; Troplong, t. 1, n. 245; Massé et Vergé, sur Zachariæ, t. 3, § 464, p. 179, note 10; Aubry et Rau, t. 7, § 692, note 15, *in fine*, p. 293; Demolombe, t. 18, n. 255.

237. — Dans l'application, toutefois, il faudrait examiner si l'intention du donateur ou testateur n'est pas à l'abri de tout reproche, par exemple si, en désignant telle personne de ses parentes, de mœurs déréglées, il n'a pas voulu l'arracher au désordre, en l'amenant à contracter mariage avec le bénéficiaire de la libéralité; auquel cas la condition pourrait être tenue pour licite. — Troplong, *loc. cit.*; Demolombe, *loc. cit.*

238. — Nous pensons que l'on devrait également regarder comme licite la condition de se marier, soit avec une personne d'un lieu déterminé, pourvu que cette condition n'eût pas pour but de rendre le mariage impossible (L. 64, § 1, D., *De cond. et dem.*), soit avec une personne noble ou non noble, soit avec une personne professant telle ou telle opinion religieuse. Il est difficile, en effet, d'apercevoir *à priori* l'immoralité de conditions semblables. — V. Toullier, t. 5, n. 254; Coin-Delisle, sur l'art. 900, n. 36; Saintespès-Lescot, t. 1, n. 133; Troplong, t. 1, n. 238; Bayle-Mouillard, sur Grenier, t. 1, p. 702, note *b*; Massé et Vergé, sur Zachariæ, t. 3, § 464, note 10, p. 179; Demolombe, t. 18, n. 256 et s. — *Contra*, Merlin, *Répert.*, vº *Condit.*, sect. 2, § 5; Duranton, t. 8, n. 126; Vazeille, sur l'art. 900, n. 9; Poujol, sur l'art. 900, n. 16; Marcadé, sur l'art. 900; Laurent, t. 11, n. 499.

239. — Il a été jugé cependant que la condition de ne se marier qu'avec une personne noble n'a pu survivre aux lois abolitives de la noblesse. — Cass., 13 mai 1813, de Loos, [S. et P. chr.]

240. — Mais il faut remarquer que cet arrêt a été rendu à une époque où les lois qui avaient aboli l'ancienne noblesse subsistaient encore. Nous ne croyons pas qu'aujourd'hui, dans un pays où les titres de noblesse sont reconnus, entourés de plus ou moins de prestige et de considération, cette décision doive faire jurisprudence. La condition dont il s'agit peut avoir été sérieuse. — Demolombe, t. 18, n. 257.

241. — Passons maintenant aux conditions prohibitives du mariage. Et, d'abord, que décider à l'égard de la condition absolue de ne pas se marier? Le droit romain proscrivait rigoureusement la condition de ne pas se marier dans les dispositions à titre gratuit (L. 3, C., *De indict. viduit. vollend.*; L. 100, Dig., *De condict. et demonstr.*; L. 63, § 1, Dig., *Ad senatusconss. Trabell.*), et cette règle passa avec toute sa sévérité dans notre ancienne jurisprudence (Ricard, n. 253; Furgole, n. 54). Elle fut, d'ailleurs, reproduite dans les lois des 5 sept. 1791 et 17 niv. an II, mais le Code civil n'en renferme aucune trace. On s'est alors demandé si les dispositions du droit intermédiaire étaient toujours applicables et, par suite, si la condition de ne pas se marier devait toujours être considérée comme une condition illicite ou si ces lois révolutionnaires avaient été abrogées par l'art. 7, L. 30 vent. an XII.

242. — On est généralement d'accord pour admettre que les dispositions des lois de la période intermédiaire ne sont plus en vigueur sous l'empire du Code civil. — Liège, 11 janv. 1883, Londot, [S. 83.4.23, P. 83.2.43, D. 84.2.62] — *Sic*, Merlin, *Rép.*, vº *Condition*, sect. 2, § 5, art. 4; Chabot, *Quest. transit.*, vº *Condit. concern. les mar.*, § 1, n. 3; Grenier, t. 1, n. 157; Toullier, t. 5, n. 250; Duranton, t. 8, n. 106; Aubry et Rau, t. 7, § 692, note 8, p. 290; Troplong, t. 1, n. 244; Massé et Vergé, sur Zachariæ, t. 3, § 464, note 10, p. 179; Demolombe, t. 18, n. 234. — *Contra*, Laurent, t. 11, n. 501, et note sous Liège, 11 janv. 1883, précité.

243. — Le Code civil étant muet sur la condition de ne pas se marier, doit-on la considérer comme licite? La plupart des auteurs, se fondant sur la nature du mariage, pensent que cette condition est illicite. — Pau, 29 nov. 1874, Ducos, [S. 74.2.313, P. 74.1290] — *Sic*, Toullier, t. 5, n. 256; Duranton, t. 8, n. 120 et 128; Laurent, t. 11, n. 496; Demolombe, t. 18, n. 240; Larombière, t. 2, sur les art. 1172 et 1173, n. 28; Marcadé, art. 900, n. 111; Demante et Colmet de Santerre, t. 4, n. 16 *bis*-IV; Grenier, t. 1, n. 153; Aubry et Rau, t. 7, § 692, p. 291; Massé et Vergé, sur Zachariæ, t. 3, § 464, p. 177. — V. cependant Favard de Langlade, *Rép.*, vº *Donations entre-vifs*, sect. 1, § 2, n. 2.

244. — De nombreux auteurs ajoutent des tempéraments à cette doctrine. Ils enseignent que doit être excepté de la prohibition légale le cas où la condition serait imposée à cette époque de la vie où la société et la nature n'invitent plus au mariage. — Taulier, t. 4, p. 323; Demolombe, *loc. cit.*; Troplong, t. 1, n. 248 et 249; Aubry et Rau, t. 7, § 692, texte et note 14.

245. — Il faudra accorder une grande place à l'appréciation du juge qui se laissera guider par les circonstances de fait. Ainsi, dit M. Labbé (V. note sous Paris, 1er févr. 1862, Hervé, P. 62. 949), « la question de la validité d'une condition, notamment de celle de ne pas se marier, est une question de fait et non de droit ». Ce n'est pas *à priori* que l'on peut la trancher. C'est par l'examen des circonstances de chaque espèce que l'on pourra découvrir ce qui est contraire à l'ordre public ou aux bonnes mœurs. — Bartin, p. 251.

246. — Il a été jugé, en ce sens, que l'obligation de ne pas se marier, imposée à un légataire comme condition du legs à lui fait, n'est pas nulle par elle-même; le Code civil n'ayant pas reproduit les dispositions prohibitives des lois antérieures, il appartient aux tribunaux d'apprécier cette condition suivant les circonstances. — Caen, 16 mars 1875, Labutte, [S. 73.2.142, P. 75.585, D. 76.2.237]

247. — ... Par exemple, qu'elle doit être maintenue lorsqu'elle est inspirée par une sage prévoyance, pour soustraire un légataire âgé, atteint d'infirmités physiques et intellectuelles à l'avidité des personnes qui voudraient l'épouser à cause de la fortune que le legs lui apporterait, et au préjudice de ses véritables intérêts, ainsi que de l'avenir de ses enfants, même naturels. — Même arrêt.

248. — ... Que la condition de ne pas se marier, imposée par un testateur à son légataire n'est point nulle par elle-même; qu'il appartient aux juges de décider, d'après les circonstances, s'il y a lieu de l'annuler ou de la maintenir; et que cette condition peut être maintenue lorsque, au lieu d'avoir été dictée au testateur par un calcul mauvais ou par un acte purement arbitraire de sa volonté, elle lui a été inspirée par un sentiment honnête, spécialement par la crainte que la fortune léguée ne soit, à raison, notamment, de l'âge avancé du légataire, l'objet d'une honteuse spéculation de la part de la personne avec laquelle il contracterait mariage. — Paris, 1er avr. 1862, Hervé, [S. 62.2.145, P. 62. 949, D. 62.2.77]

249. — Laurent trouve un cas dans lequel la condition de ne pas se marier est licite : c'est quand elle n'a ni pour but ni pour effet de gêner la liberté du donataire, quand la clause est seulement stipulée dans un intérêt pécuniaire. Telle serait une rente que l'on léguerait à une personne « pour durer autant qu'elle resterait célibataire », afin de l'aider, « tant qu'elle ne serait pas mariée », à subvenir à ses besoins. — Laurent, t. 11, n. 497; Demolombe, t. 18, n. 241 et 241 *bis*.

250. — Ainsi jugé que la clause par laquelle un testateur laisse une rente à ses enfants non mariés, pour en profiter chacun par part égale aussi longtemps qu'ils resteront dans le célibat, ne contient rien de contraire à la liberté des mariages, surtout lorsque le testateur a ajouté qu'après la mort ou le mariage du dernier des enfants, la rente serait partagée également entre tous leurs enfants ou leurs représentants. — Liège, 8 janv. 1806, Harmosset et Leclercq, [S. et P. chr.]

251. — Mais serait incontestablement illicite la condition imposée à un donataire ou à un légataire de ne point établir par mariage une personne placée sous sa puissance. Une telle clause, en outre de ce qu'elle tendrait à rendre le mariage impossible, contrairement à la faveur qu'il mérite, porterait atteinte aux droits et aux devoirs de la puissance paternelle (L. 79, § 4, D. *De cond. et dem.*). — Toullier, t. 5, n. 256; Aubry et Rau, t. 7, § 692, p. 291; Demolombe, t. 18, n. 242.

252. — La condition de ne pas se marier avant une époque déterminée devrait être déclarée valable si le délai était raisonnable et n'était pas de nature, par sa durée relative, à constituer une prohibition indéfinie (L. 72, § 5, D., *De cond. et demonst.*). — Duranton, t. 8, n. 122; Coin-Delisle, sur l'art. 900, n. 21; Bayle-Mouillard, sur Grenier, t. 1, p. 704, note *a*; Demolombe, t. 18, n. 243; Larombière, t. 2, sur les art. 1172 et 1173, n. 33.

253. — Devra, en général, être réputée non écrite la condition de ne se marier que de la volonté d'un tiers nommé par le testateur (L. 72. § 4, ff., *De cond. et dem.*). — Furgole, n. 59; Bisle, t. 5, n. 258; Duranton, t. 8, n. 121. — V. aussi Coin-Delisle, sur l'art. 900, n. 34; Vazeille, sur l'art. 900, n. 12; *Encycl. du dr.*, v° *Condit.*, n. 141; Aubry et Rau, t. 7, § 692, texte et note 12, p. 291; Massé et Vergé, sur Zachariæ, t. 3, § 464, note 8, p. 178; Demolombe, t. 18, n. 244 et s.; Holland de Villargues, v° *Condition de se marier*, n. 13; Laurent, t. 11, n. 500; Larombière, t. 2, sur les art. 1172 et 1173, n. 33; Troplong, t. 1, n. 240; Grenier et Bayle-Mouillard, t. 1, p. 700, note *b*; Guilhon, *Donation*, t. 2, n. 632; Saintespès-Lescot, t. 1, sur l'art. 900, n. 127.

254. — Jugé, en ce sens, que l'on doit réputer non écrite, comme contraire à la liberté du mariage, laquelle est d'ordre public, la condition imposée par un testateur au légataire de ne se marier qu'avec le consentement d'un tiers. — Paris, 7 juin 1849, Stacpoole, [S. 49.2.406, P. 49.2.118, D. 49.2.131.]

255. — Jugé cependant que lorsqu'une institution d'héritier a été faite sous la condition que l'institué ne pourrait se marier qu'avec le consentement d'une personne désignée, laquelle, en cas d'inexécution de cette condition, était investie du droit de choisir un autre héritier, l'institution d'héritier doit être maintenue, encore bien que l'héritier se soit marié sans le consentement et même malgré l'opposition de la personne indiquée, si cette personne est décédée sans faire une autre institution. — Cass., 5 avr. 1836, Grange, [S. 36.1.563, P. chr.]

256. — Mais il faudrait décider que cette condition est licite « si le tiers désigné est la personne dont le consentement est requis par la loi : rien n'est plus licite que la condition, *s'il ne se marie pas malgré son père*; et bien qu'au moyen d'actes respectueux, le légataire puisse se passer du consentement paternel, néanmoins il n'aura pas droit à la libéralité ainsi conditionnée. Il en serait ainsi quand même cette condition aurait pour résultat d'étendre les limites dans lesquelles le consentement des ascendants a été renfermé par la loi. — Demolombe, t. 18, n. 246; Coin-Delisle, *loc. cit.*; Larombière, *loc. cit.*; Aubry et Rau, t. 7, § 692, note 12, *in fine*, p. 292; Massé et Vergé, sur Zachariæ, *loc. cit.*; Furgole, *loc. cit.*; Grenier et Bayle-Mouillard, *loc. cit.*; Saintespès-Lescot, *loc. cit.*; Troplong, t. 1, n. 241. — *Contrà*, Laurent, t. 11, n. 500.

257. — Ainsi jugé qu'est licite la condition émise par un père et une mère à la donation qu'ils font à leur enfant, que cette donation sera son effet à défaut de consentement de l'un ou de l'autre au mariage du donataire. — Bordeaux, 13 févr. 1849, de Saint-Garraud, [S. 49.2.667, P. 50.1.613. D. 50.2.6]

258. — ... Que la condition imposée au légataire de ne pas se marier sans le consentement de sa mère veuve ne doit pas être considérée comme étant contraire à la loi et aux bonnes mœurs. — Aix, 20 juill. 1881, sous Cass., 22 janv. 1883, Donandi, [S. 84.1.25, P. 84.1.38, D. 83.1.147]

259. — Il n'y aurait non plus rien d'illicite dans la condition imposée au légataire de ne pas se marier sans prendre le conseil d'une personne expérimentée que le testateur désignerait. Ce tiers n'aurait plus un droit de *veto*, mais un simple droit de remontrance. — Troplong, *loc. cit.*; Demolombe, t. 18, n. 245.

260. — On ne doit pas nécessairement considérer comme contraire aux bonnes mœurs la condition de ne point épouser une personne déterminée (V. L. 63, ff. *De cond. et dem.*). — Ricard, n. 235; Furgole, n. 57; Bourjon, 5° part., *Des testam.*, chap. 9, n. 38; Grenier, n. 135; Toullier, t. 5, n. 257; Duranton, t. 8, n. 124; Coin-Delisle, sur l'art. 900, n. 32; Demolombe, t. 18, n. 248; Aubry et Rau, t. 7, § 692, p. 292, texte et note 13; Troplong, t. 1, n. 238; Larombière, t. 2, sur les art. 1172 et 1173, n. 32. — *Contrà*, Laurent, t. 11, n. 498.

261. — Les auteurs enseignent que ce sera là une question de fait. La condition devra être maintenue ou rejetée selon qu'elle procédera d'une cause sérieuse ou d'un simple caprice. — Massé et Vergé, sur Zachariæ, t. 3, p. 178, § 464, texte et note 10; Coin-Delisle, *loc. cit.*; Demolombe, t. 18, n. 238 et 239; *Encyclop. du dr.*, v° *Condition*, n. 144; Demolombe, t. 18, n. 249.

262. — Jugé que la condition imposée à une fille légataire de ne point épouser une personne désignée doit être réputée non écrite et contraire aux lois sur la liberté du mariage, si cette condition peut avoir pour effet d'empêcher la réparation de son honneur, et de priver l'enfant né d'elle du bénéfice de la légitimation. Il doit en être ainsi, bien que le testateur ait ignoré l'état de grossesse de la légataire lorsqu'il a testé. — Bruxelles, 10 mai 1809, François, [P. chr.]

263. — La condition apposée à une libéralité faite par une femme à son mari qu'il ne se remariera pas avec telle personne désignées est obligatoire (dans l'espèce l'époux survivant avait eu des relations adultères avec cette personne). — Poitiers, 14 juin 1838, P..., [S. 38.2.373, P. 38.2.459]

264. — En droit romain, on regardait comme licite la condition de ne point se marier avec une personne d'un lieu déterminé, pourvu, toutefois, que cette condition n'eût pas pour conséquence de rendre le mariage impossible (V. L. 64, § 1, *De cond. et dem.*). Cette solution peut être admise aussi sous notre législation. — Coin-Delisle, sur l'art. 900, n. 33; Furgole, n. 58; Bourjon, *loc. cit.*; Toullier, t. 5, n. 258; Vazeille, sur l'art. 900, n. 9; Aubry et Rau, t. 7, § 692, texte et note 13, p. 292; Larombière, t. 2, sur les art. 1172 et 1173, n. 32; Duranton, t. 8, n. 123.

265. — Les auteurs et la jurisprudence ont constamment fait une grande différence entre la condition de ne pas se marier et celle de ne pas se remarier. La condition de ne pas se remarier a été rendue obligatoire par la novelle 22, chap. 44, qui était suivie en France, même dans les pays coutumiers. — Merlin, *Rép.*, et *Quest. de droit*, v¹ *Condition* et *Viduité*; Ricard, n. 243 et s.; Furgole. n. 60 et s.

266. — Les lois du 5 sept. 1791 et du 17 niv. an II proscrivirent la condition de ne pas se remarier, contrairement à la Novelle de Justinien alors appliquée en France. Nous avons exposé (*suprà*, n. 241 et 242) que l'on considère généralement ces lois comme abrogées par la promulgation du Code civil.

267. — La jurisprudence, d'ailleurs, n'appliquait le principe de ces lois qu'avec la plus grande réserve. Ainsi il avait été jugé, sous l'empire de la loi du 5 sept. 1791, qu'était valable la condition apposée par une femme au legs fait à son mari de ne point convoler en secondes noces. — Cass., 20 oct. 1807, Lonjon, [S. et P. chr.]

268. — ... Que la loi du 17 niv. an II n'était point applicable à une donation faite avant la publication de cette loi et dont l'effet s'était aussi ouvert antérieurement. — Cass., 22 niv. an IX, Martin, [S. et P. chr.]

269. — ... Et que la condition de garder viduité apposée à une donation entre époux dans un contrat de mariage antérieur à la loi du 17 niv. an II était valable, et que la donation était révoquée par le seul fait du convol du donataire survivant. — Cass, 20 janv. 1806, Vathaire, [S. et P. chr.] — Paris, 18 niv. an XII, Lechermo, [S. et P. chr.]

270. — Jugé aussi que les lois des 5 brum. et 17 niv. an II, qui réputaient non écrites les clauses prohibitives de convol n'étaient pas applicables au cas où ces clauses n'avaient pu gêner la liberté de ceux qu'elles concernaient. Spécialement, la disposition d'un testament portant legs d'une rente pendant le temps de la viduité du légataire, n'a pas dû être réputée non écrite, quant à la restriction y apposée, si le légataire était remarié au moment du décès du testateur. — Bruxelles, 20 mai 1807, Mengers, [S. et P. chr.]

271. — Le legs fait sous l'empire de la loi du 17 niv. an II, par un mari à sa femme, sous la condition de remettre la chose léguée à un tiers, dans le cas où *elle quitterait le nom du testateur*, a pu être considéré comme renfermant une clause prohibitive de se remarier, réputée non écrite par ladite loi. L'arrêt qui, interprétant une telle clause, reconnaît qu'elle gêne dans la personne de la légataire la liberté de se remarier, et la déclare sans effet, ne donne point ouverture à cassation. — Cass., 18 juill. 1822, Furbevre, [S. et P. chr.]

272. — La condition de viduité imposée par le mari donateur à sa femme donataire, dans leur contrat de mariage passé sous l'empire de l'ancienne législation, est redevenue obligatoire, du moment où l'effet rétroactif des lois de l'an II, prohibitives de cette condition, a été aboli. — Cass., 24 janv. 1828, Desrois, [S. et P. chr.]

273. — Aujourd'hui, on est revenu aux idées de l'ancien droit, et il est généralement reconnu que la condition imposée par un époux à l'autre de ne pas se remarier est licite. — Duranton, t. 8, n. 128; Saintespès-Lescot, t. 1, n. 136; Proudhon, *De l'usufruit*, t. 1, n. 409; Poujol, sur l'art. 900, n. 18; Favard de Langlade, *Rép.*, v° *Donations entre-vifs*, sect. 1, § 2, n. 4; Delvincourt, t. 2, p. 400; Toullier, t. 5, n. 259; Chabot, *Quest. trans.*, v° *Conditions concernant les mariages*; Grenier et Bayle-Mouillard, n. 157; Vazeille, sur l'art. 900, n. 5; Guilhon, n. 636 et s.; Coin-Delisle, sur l'art. 900, n. 39; Merlin, *Rép.*, v° *Conditions*, sect. 2, § 5, art. 4 *in fine*; Demante et Colmet de Santerre, t. 4, n. 16 *bis*-VI; Aubry et Rau, t. 7, § 692, texte et note 14, p. 292; Demolombe, t. 18, n. 280; Massé et Vergé, sur Zachariæ, t. 3, § 464, note 9, p. 178; Troplong, t. 1, n. 248 et 249; Larombière, t. 2, sur les art. 1172 et 1173, n. 29. — *Contrà*, Pezzani, *Traité des empêchements du mariage*, n. 135; Taulier, t. 4, p. 323; Laurent, t. 11, n. 501.

274. — Nous pensons, avec la grande majorité des auteurs, et suivant une jurisprudence à peu près constante, que la condition de viduité imposée par un conjoint à l'autre, devra le plus souvent être reconnue valable. Comme le dit Demolombe (*loc. cit.*), « chacun sent, dans son âme, les légitimes motifs de tendresse et de susceptibilité qui peuvent dicter une telle condition au prémourant, et qu'il est légitime, en effet, qu'il ne veuille pas que sa libéralité serve à dot à un nouveau mariage. »

275. — Nous ne croyons pas même qu'il y ait à distinguer, suivant qu'il y aura ou non des enfants nés du mariage, suivant que la condition émanera du conjoint, d'un des parents ou même d'un tiers. Nous supposons, bien entendu, que la condition a été dictée par un sentiment honnête et non par un calcul mauvais et par un pur caprice. Dans ce dernier cas, la clause serait toujours illicite et nulle. — Demolombe, *loc. cit.*; Aubry et Rau, *loc. cit.*; Massé et Vergé, sur Zachariæ, *loc. cit.*; Furgole, n. 70; Coin-Delisle, sur l'art. 900, n. 39. — *Contrà*, Duranton, t. 8, n. 128. — Ce dernier auteur n'admet la validité de la clause que si elle émane, outre le conjoint, des parents de celui-ci, et encore seulement dans le cas où le donataire a des enfants.

276. — Conformément à cette doctrine, il a été jugé que la condition de ne pas se remarier imposée à un legs est valable sous le Code civil comme elle l'était dans l'ancienne législation; qu'à cet égard, le Code civil a abrogé les lois des 3 sept. 1791, 17 niv. et 9 fruct. an 11. — Pau, 21 déc. 1844, Lamothe, [S. 45.2.434, P. 45.2 324]

277. — ... Qu'est valable la condition imposée, dans un testament, par le mari à sa femme de renoncer à l'usufruit dans le cas où elle se remarierait. — Agen, 21 mai 1813, Verdun, [S. et P. chr.]

278. — ... Que la veuve qui s'est remariée, nonobstant la clause à lui faite sous la condition de ne pas se remarier, doit être déclarée déchue de son legs. — Lyon, 22 déc. 1829, Chapelon, [P. chr.] — Toulouse, 23 avr. 1826, Biau, [S. et P. chr.]

279. — ... Que n'est pas illicite la clause du contrat de mariage par laquelle le mari donne à sa femme survivante l'usufruit de ses biens, tant qu'elle ne convolera pas à de secondes noces; qu'en conséquence, la femme donataire survivante qui, malgré la prohibition du convol, contracte un second mariage, perd l'usufruit qui lui a été constitué. — Rouen, 16 juill. 1834, Tissier, [S. 34.2.443, P chr.]

280. — ... Que la charge apposée à un don de ne pas convoler, à peine de perdre moitié du don, ou la condition de la résolution pour moitié du don, au cas de convol, n'a rien d'illicite ni de contraire aux bonnes mœurs, surtout si la moitié du don, perdue par le fait du convol, doit profiter aux pauvres. — Colmar, 8 août 1819, Conté, [S. et P. chr.]

281. — ... Que la condition de viduité imposée par un mari à sa femme survivante, pour qu'elle puisse profiter des libéralités contenues dans son testament, n'est contraire ni à la loi ni à la morale et doit dès lors être respectée, alors surtout que rien n'autorise à penser que le testateur ait été inspiré par un motif répréhensible. — Cass., 18 mars 1867, Bernard, [S. 67.1.204, P. 67.500, D. 67.1.332] — V. aussi Douai, 11 janv. 1848, Gottiniaux, S. 4°.2.437, P. 48.2.290, D. 48.2.148]; — 10 juin 1862, Honoré, [S. 61.2.472, P. 61.363]

282. — ... Qu'une telle condition n'est pas nulle de plein droit; que les juges peuvent la déclarer licite, si elle n'est inspirée par aucun sentiment répréhensible. — Nancy, 20 déc. 1879, Grosjean, [S. 81.2.7, P. 81.1.89, D. 80.2.203]

283. — Et il en est de même de la condition de viduité imposée par une femme à son mari survivant. — Rennes, 17 févr. 1879, Héritiers le Barzic, [S. 79.2.115, P. 79.567, D. 79.2.69]

284. — ... Que la condition de viduité imposée par un fils à sa mère qu'il institue son héritière universelle est licite alors que le contexte du testament et l'interprétation naturelle de ses dispositions n'impliquent chez le testateur aucun motif offensant ou irrévérentiel. — Montpellier, 14 juill. 1858, Cros, [S. 59.2.305, P. 59.130, D. 59.2.107]

285. — Mais la condition de ne pas se remarier, apposée à un legs fait par un mari à sa femme, doit être considérée comme contraire aux bonnes mœurs et réputée non écrite, lorsqu'il s'agit d'une femme encore jeune, n'ayant aucun enfant de son premier mariage, et étant impliquée, comme commerçante, dans des affaires nombreuses et difficiles, en telle sorte qu'un second mariage est pour elle un acte raisonnable, utile et désirable. — Liège, 11 janv. 1883, Londot, [S. 83.4.25, P. 83.2.45, D. 84.2.62]

286. — En tout cas, la donation faite par un époux à son conjoint, sous la condition qu'il ne convolera pas à de secondes noces, n'est pas réputée révoquée si le second mariage est déclaré nul. — Montpellier, 13 janv. 1839, Lheuse, [S. 39.2.246, P. 39.1.671]

287. — Sur le point de savoir si le donataire ou légataire auquel la condition de ne pas se remarier aurait été imposée serait déchu de son droit au cas où il vivrait en état de concubinage, V. *suprà*, v° *Avantages matrimoniaux*, n. 22 et 23.

288. — Il faudrait, d'autre part, considérer comme nul, comme contraire aux mœurs, le désistement donné par une femme à une action en séparation de corps, lorsqu'elle a subordonné ce désistement à l'exécution d'une séparation de fait convenue entre les parties.

Section II.
Conditions relatives à la religion, à l'enseignement religieux et aux congrégations enseignantes.

289. — Doit-on considérer comme licite la condition de changer ou de ne pas changer de religion? Il nous semble que généralement une pareille condition devra être considérée comme contraire à la liberté des cultes, un des principes les plus sacrés de notre droit moderne, et par conséquent comme illicite. — Ricard, *Des disposit. condit.*, n. 264; Furgole, ch. 7, sect. 2, n. 88 et s.; Coin-Delisle, sur l'art. 900, n. 40; Merlin, *Rép.*, v° *Condition*, sect. 2, § 5; Toullier, t. 5, n. 264; Grenier, t. 1, n. 151; Bayle-Mouillard, p. 700, note *b*; Taulier, t. 4, p. 324; Massé et Vergé, sur Zachariæ, t. 3, p. 177, § 464, texte et note 7; Aubry et Rau, t. 7, § 692, texte et note 9, p. 291; Demolombe, t. 18, n. 261; Duranton, t. 8, n. 140; Laurent, t. 11, n. 443; Larombière, sur les art. 1172 et 1173, n. 21; Huc, t. 6, p. 58.

290. — C'est ainsi qu'il a été jugé que la condition imposée à un légataire de vivre dans la religion catholique, sous peine de perdre le bénéfice du legs, doit être réputée non écrite, comme contraire à la liberté religieuse. — Colmar, 9 mars 1827, Meyer, [S. et P. chr.] — *Sic*, autorités ci-dessus citées et en outre : Vazeille, sur l'art. 900, n. 16; Bartin, *Rép.*, t. 153, *Contrà*, Troplong, t. 1, n. 235; Massé et Vergé, sur Zachariæ, t. 3, p. 177, § 464, note 7.

291. — Demolombe enseigne qu'on ne peut tracer à cet égard aucune règle absolue. Selon cet auteur, si le disposant, dans la crainte qu'un de ses parents ne se convertisse à une religion différente, lui avait imposé comme condition de la libéralité de garder la religion catholique, qui est celle de ses pères et de toute sa famille, on devrait regarder cette condition comme licite. Les circonstances permettront de décider si le disposant a voulu arbitrairement violenter la conscience du gratifié ou a obéi à un sentiment respectable. — Demolombe, t. 18, n. 261. — *Contrà*, Bartin, *loc. cit.*

292. — En tout cas, on ne devrait pas hésiter à regarder comme illicite la condition imposée à des parents d'élever leurs enfants dans telle ou telle religion. Ce ne serait pas seulement porter atteinte à leur liberté de conscience; ce serait encore attenter à leur autorité paternelle. — Demolombe, t. 18, n. 262.

293. — La question de savoir si la condition de se faire prêtre était licite ou non a excité, dans l'ancien droit, une controverse entre Ricard, qui la considérait comme nulle (*Disposit. condit.*, n. 264 et s.), et Furgole, qui, au contraire, la considérait comme valable (n. 89 et s.). — V., pour la nullité de la condition : Marcadé, sur l'art. 900; Saintespès-Lescot, t. 1, n. 139; Laurent, t. 11, n. 503; Duranton, t. 8, n. 137; Demante et Colmet de Santerre, t. 4, n. 16 *bis*-VI; Bartin, p. 143 et s.; Grenier, t. 1, n. 154; Taulier, t. 4, p. 323. — Pour la validité : Vazeille, sur l'art. 900, n. 16; Chardon, *Dol et fraude*, t. 3, n. 588 et 610.

294. — D'autres auteurs pensent que tout dépend des circonstances, et du point de savoir si le testateur a voulu contraindre la vocation du légataire ou, au contraire, la faciliter et lui venir en aide : la condition, nulle dans le premier cas, serait valable dans le second. Nous nous rangeons à cette dernière théorie. Il y aura lieu d'examiner l'âge du donataire ou du légataire, s'il est déjà entré au séminaire ou s'il a embrassé une autre profession, son caractère, ses habitudes, l'importance relative du legs, etc. Suivant les cas, la condition sera déclarée licite ou non. *A priori*, elle paraît licite. Ce n'est qu'exceptionnellement que l'on devra se décider pour la nullité. — Demolombe, t. 18, n. 259; Troplong, t. 1, n. 242; Merlin, *Rép.*, v° *Condition*, sect. 2, § 5; Coin-Delisle, sur l'art. 900, n. 41; Toullier, t. 5, n. 266; Larombière, sur les art. 1172 et 1173, n. 22; Massé et Vergé, sur Zachariæ, t. 3, § 464, note 11, p. 179.

295. — Jugé que le legs fait conditionnellement pour former le titre clérical d'un jeune homme qui paraissait se destiner à l'état ecclésiastique, dans le cas où il embrasserait cet état, ne peut être réclamé par lui, s'il a renoncé à cet état et s'il s'est marié. — Grenoble, 22 déc. 1825, Gellin, [S. et P. chr.]

296. — Jugé, au contraire, que la condition imposée à un légataire d'embrasser l'état ecclésiastique, doit être réputée non écrite, bien qu'à l'époque du testament, le légataire se destinât à cette carrière, dont le legs avait pour unique but de lui faciliter l'accès. — Grenoble, 11 août 1847, de Choin, [S. 48.2.714, P. 48.1.715, D. 48.2.113]

297. — Quant à la condition de ne pas se faire prêtre, Ricard (n. 270) et Furgole (n. 94 et 95) s'accordaient pour la regarder comme licite. Telle est l'opinion la plus accréditée aujourd'hui. — V. en ce sens, Grenier, t. 1, n. 154; Larombière, sur les art. 1172 et 1173, n. 22; Duranton, t. 8, n. 136; Coin-Delisle, sur l'art. 900, n. 42; Vazeille, art. 900, n. 16; Rolland de Villargues, v° *Condit. concern. les mariages*, n. 124. — Laurent (t. 11, n. 504) adopte sans restriction ce système et dit à cet égard : « Si réellement le donataire a une vocation que la grâce divine lui a inspirée, il ne se laissera pas détourner par un avantage temporel, puisque le premier effet de la vocation véritable c'est de renoncer à l'affection des choses du monde ». — *Contrà*, Demante et Colmet de Santerre, t. 4, n. 16 *bis*-VI; Marcadé, art. 900, n. 3; Bartin, p. 151 et s.

298. — A notre avis, c'est encore là une question de fait. Il est des circonstances où l'on peut concevoir l'intérêt sérieux et légitime qu'aurait le donateur à ce que son légataire, son neveu, par exemple, le représentant peut-être et le continuateur du nom de la famille, n'entrât point dans les ordres sacrés. — Demolombe, t. 18, n. 260; Massé et Vergé, sur Zachariæ, t. 3, § 464, note 11, p. 180; Toullier, t. 5, n. 265.

299. — Laurent regarde comme licite la condition de ne pas se faire religieux, et comme illicite la condition de se faire religieux. Là encore, suivant nous, on devra rechercher le véritable mobile du donateur et se demander s'il a voulu, par l'appât du gain, violenter ou non la liberté du donataire. On pourrait, par exemple, valider la donation faite par un religieux à un autre religieux de la même congrégation, à la condition qu'il continuerait à appartenir à cette congrégation. — V. Ricard, *Des dispos. condit.*, t. 2, n. 271; Laurent, t. 11, n. 505.

300. — Les tribunaux, dans ces derniers temps, ont été souvent appelés à trancher des litiges relatifs à des libéralités faites à des communes, des départements ou autres personnes morales, à la condition d'entretenir ou de créer des établissements d'enseignement dirigés par des congréganistes. Cette condition est-elle valable? N'est-elle pas illicite? La question avait déjà été discutée avant la loi du 30 oct. 1886, qui laïcise le personnel de l'enseignement primaire.

301. — Sous l'empire de la législation antérieure à cette loi, l'administration pouvait nommer des instituteurs, soit laïques, soit congréganistes. On décidait généralement que toute condition restreignant cette faculté et portant atteinte au droit que l'administration tenait de la loi était nulle; que, par suite, on ne pouvait valablement imposer à une commune, par exemple, la condition de fonder ou entretenir une école congréganiste. L'opinion contraire a été soutenue par M. Bartin (*Théorie des condit. imposs.*, p. 89). Cet auteur tire argument de ce fait que le Conseil d'État autorisait l'acceptation des libéralités faites avec cette condition, ce qui n'aurait pas eu lieu, observe-t-il, si une clause semblable eût été illicite. Mais on peut répondre que l'autorisation du Conseil d'État, simple acte de tutelle administrative, ne saurait faire préjuger la question de validité d'une condition. Tout est de rigueur et d'ordre public quand il s'agit de l'organisation de l'instruction publique et des pouvoirs conférés par la loi en cette matière à l'administration : partant, toute dérogation sous forme de condition, de clause ou de charge, est nulle. C'est la solution qui prévalait déjà en jurisprudence avant la loi de laïcisation. — V. à cet égard, Cons. d'Ét., 16 nov. 1888, Commune de Saint-Saturnin, [S. 90.3.61, P. adm. chr.] et les conclusions de M. le commissaire du gouvernement Valabrègue.

302. — Jugé, en ce sens, qu'est nul le legs de nue-propriété fait à une commune pour doter l'école primaire, sous les conditions que l'instituteur sera choisi par le curé de la paroisse, qu'il sera membre de la famille du testateur et le plus digne de ses parents par sa capacité, ses bonnes mœurs et surtout par son sincère attachement à la religion catholique, si ces conditions, dans la pensée du testateur, étaient le but principal, le motif impulsif et déterminant de la libéralité. — Pau, 28 déc. 1876, sous Cass., 20 nov. 1878, Commune de Puntous, [S. 79.1.413, P. 79.1074, D. 79.1.304]

303. — ... Que la commune, qui a accepté avec l'autorisation du gouvernement un legs à elle fait d'une certaine somme destinée à la fondation d'un établissement congréganiste pour l'éducation des enfants, a pu prendre valablement l'engagement de maintenir à perpétuité l'établissement ainsi fondé; qu'en pareil cas, si la commune change l'affectation de l'immeuble en y installant un instituteur laïque, elle est tenue de restituer la somme reçue, mais qu'elle ne peut être condamnée à des dommages-intérêts; qu'il n'importe qu'elle ait elle-même provoqué la substitution d'un instituteur laïque à l'instituteur congréganiste. — Cass., 19 mars 1884, Commune de Vias, [S. 85.1.49, P. 85.1.113, et la note de Labbé, D. 84.1.281]

304. — ... Que la demande tendant à faire substituer l'enseignement laïque à l'enseignement congréganiste n'est, de la part d'une commune, que l'exercice légitime d'un droit consacré par la loi et auquel elle ne peut renoncer; que, dès lors, une pareille mesure ne saurait donner lieu contre elle à des dommages-intérêts. — Cass., 22 juin 1887, Commune de Grenant, [S. 87.1.244, P. 87.1.599, D. 87.1.305] — Dijon, 15 juill. 1886, sous Cass., 6 févr. 1888, Ville de Langres, [S. 88.1.158, P. 88.1.375, D. 88.1.79]

305. — ... Que la condition d'affecter une maison à une école communale de filles dirigée habituellement par des religieuses, a un caractère illicite, en ce qu'elle constitue une entrave au droit qu'a l'autorité préfectorale de nommer les instituteurs communaux dans la plénitude de son indépendance, les conseils municipaux entendus. — Cass., 3 nov. 1886, Commune de Senide, [S. 87.1.244, P. 87.1.593, D. 87.1.157]

306. — ... Que lorsqu'une donation a été faite, à la fabrique de l'église paroissiale d'une commune, d'une maison pour servir de presbytère, à la condition qu'une autre maison appartenant à la commune, et qui jusque-là avait servi de presbytère, serait affectée à une école communale de filles dirigée par des religieuses, et lorsque cette condition a été la cause déterminante de la donation et le motif impulsif sans lequel elle n'aurait pas eu lieu, la condition ne doit pas seulement être réputée non écrite comme illicite, mais qu'elle a pour effet d'anéantir la donation elle-même. — Même arrêt.

307. — ... Que lorsqu'une commune a accepté une donation à elle faite d'un immeuble sous la condition d'affectation spéciale à la fondation d'une école congréganiste, et lorsque cette condition a été la cause impulsive et déterminante de la libéralité, la substitution de l'enseignement laïque à l'enseignement congréganiste dans l'école entraîne la révocation de la donation pour inexécution des conditions. — Cass., 22 juin 1887, précité.

308. — ... Que la commune qui, en acceptant la libéralité à elle faite sous la charge d'établir dans l'immeuble donné ou légué une école dirigée par des congréganistes, n'a pas contracté l'engagement de maintenir à perpétuité l'établissement ainsi fondé, engagement qu'elle n'aurait pu d'ailleurs prendre valablement, peut changer l'affectation de l'immeuble donné ou légué en y installant un instituteur laïque sans manquer à une obligation ou commettre une faute. — Même arrêt.

309. — ... Que l'hospice qui a reçu une donation à la condition d'entretenir à perpétuité dans l'établissement une sœur d'un ordre religieux pour l'instruction gratuite des enfants pauvres, peut, après avoir passé pour le service de l'hospice un traité avec une communauté religieuse qui s'est en même temps chargée de l'exécution de la condition, dénoncer ce traité, sans avoir aucun reproche à articuler contre la sœur et la communauté, et sans prendre aucune précaution pour assurer l'exécution de la condition; que, dans ce cas, l'hospice ne fait qu'exercer son droit en dénonçant le traité, mais qu'il l'exerce à ses risques et périls relativement à l'exécution de la charge de la donation, laquelle charge se trouve ainsi inexécutée par un fait qui n'est pas indépendant de la volonté du donataire. — Cass., 28 juin 1887, Hospice de Montreuil-Bellay, [S. 89.1.99, P. 89.1.244, D. 88.1.435]

310. — Qu'en pareil cas, la révocation de la donation est à bon droit prononcée au profit de l'héritier du donateur, avec restitution du capital donné, du moment qu'il est établi que la condition apposée a été la cause impulsive et déterminante de la donation. — Même arrêt.

311. — La loi du 30 oct. 1886, sur l'organisation de l'enseignement primaire, a, par son art. 17, laïcisé obligatoirement le personnel de l'enseignement primaire, en disposant que, dans les écoles publiques de tout ordre, l'enseignement est exclusivement confié à un personnel laïque. Prétendre imposer à une commune, depuis la loi de 1886, l'entretien d'une école dirigée par des congréganistes, c'est lui demander une chose qui n'est pas en son pouvoir, en d'autres termes lui imposer une condition juridiquement impossible. Ici la solution ne saurait être douteuse. — Bartin, p. 79.

312. — La condition qu'une école primaire publique soit dirigée par des instituteurs étant contraire à la loi, que deviennent la donation ou le legs auxquels une clause pareille a été apposée? Cette question rentre dans l'interprétation de l'art. 900, C. civ., dont nous nous sommes occupés *suprà*, n. 163 et s. Dans le système de ceux qui entendent l'art. 900 dans un sens absolument littéral, c'est-à-dire qui toujours et sans distinction possible, maintiennent la libéralité faite sous une condition illicite, tout en prononçant la nullité de la condition, la charge imposée à une commune d'entretenir une école congréganiste sera réputée non écrite et la libéralité produira son effet, comme si elle était pure et simple (V. *suprà*, n. 170). Dans le système de ceux qui pensent qu'il y a lieu de se préoccuper de l'intention du disposant et de rechercher si la condition illégale n'a pas été la cause déterminante de la libéralité, la nullité de la clause en question aura pour effet d'anéantir la donation ou le legs lorsque le motif impulsif de cette disposition aura été l'entretien de l'école congréganiste (V. *suprà*, n. 173 et s.). Cette opinion est celle de la majorité des auteurs et de la jurisprudence. Elle a même été implicitement consacrée par le législateur, puisque l'art. 19, L. 30 oct. 1886, limitant à deux ans, à partir de l'arrêté de laïcisation, le délai pendant lequel le disposant ou ses héritiers pourront exercer l'action révocatoire, reconnaît par là même et virtuellement la légitimité de cette action.

313. — On décide que lorsque la condition a été la cause impulsive et déterminante de la libéralité, elle ne doit pas seulement être réputée non écrite mais qu'elle a pour effet d'entraîner la révocabilité de la donation ou du legs. Il n'y a pas à distinguer entre l'inexécution imputable au donataire et l'inexécution provenant de la force majeure ou *fait du prince*. Que la commune ait agi en toute liberté, en supprimant, par exemple, une école congréganiste de filles pour la remplacer par une école mixte, obligatoirement laïque, ou que son attitude ait été purement passive, peu importe; dans un cas comme dans l'autre, la révocation pourra être demandée et les conséquences en seront les mêmes. Des dommages-intérêts ne pourront jamais être accordés. — Cass., 18 juin 1888, Rousselet, [S. 89.1.143, P. 89.1.353 et la note de Labbé, D. 89.1.29]

314. — Il a été décidé, dans le même sens, que lorsqu'un testateur a entendu subordonner un legs par lui fait à une commune à la condition que l'enseignement y serait donné dans les écoles publiques par des instituteurs et des institutrices congréganistes, et que cette condition a été la cause impulsive et déterminante de sa libéralité, l'inexécution de ladite condition, même non imputable à la commune, et imposée par la loi du 30 oct. 1886, entraîne la révocation du legs. — Cass., 29 nov. 1892, Commune de Fontcouverte, [S. et P. 93.1.32, D. 93.1.67] — Lyon, 25 févr. 1891, sous Cass., 13 avr. 1893, Commune de Divonne, [S. et P. 93.1.236, D. 93.1.488] — Riom, 27 juin 1893, Évêque du Puy, [S. et P. 93.2.220]

315. — ... Que lorsque la volonté d'un testateur de faire dépendre l'existence de la libéralité faite à une commune de la création et du maintien d'écoles congréganistes est nette et péremptoire, la condition par lui apposée à la libéralité doit être considérée comme en étant la cause impulsive et déterminante. — En conséquence, l'inexécution de cette condition entraîne la révocation du legs. — Chambéry, 8 juill. 1891, Consorts Bouttaz, [S. et P. 92.2.147, D. 92.2.437 et la note de M. Planiol]

316. — Vainement la commune se prévaudrait de ce que l'inexécution proviendrait de la laïcisation de ses écoles, prononcée par le préfet, sans sa participation, même indirecte, cette circonstance ne pouvant l'exonérer des conséquences de l'inexécution de la condition. — Même arrêt.

317. — Vainement encore la commune se prévaudrait de ce qu'elle a inscrit dans son budget une somme équivalente aux intérêts du legs, à titre de dépense facultative, en se déclarant prête à entretenir une école congréganiste pour satisfaire aux clauses du testament; les communes ne pouvant, depuis la loi du 30 oct. 1886, subventionner des écoles privées (V. *suprà*, n. 1415 et s.), l'inscription dans ce but d'une somme au budget communal ne saurait produire aucun effet. — Même arrêt.

318. — Jugé aussi que lorsqu'un don ou legs a été fait à une commune à charge d'entretenir dans l'école communale un instituteur congréganiste pour l'éducation et l'instruction des enfants pauvres, et que cette condition a été la cause impulsive et déterminante de la libéralité, la substitution de l'enseignement laïque à l'enseignement congréganiste autorise le donateur ou ses héritiers à demander la révocation de la donation ou du legs pour inexécution des conditions. — Cass., 29 juill. 1889, Commune de Forges-les-Bains, [S. 90.1.104, P. 90.1.253, D. 90.1.396] — Aix, 25 févr. 1880, Commune de Brignolles, [S. 82.2.97, P. 83. 1.563, D. 80.2.249] — Nîmes, 11 juill. 1881, Monnier, [S. 91.2. *Ibid.*] — Paris, 3 juill. 1890, Ville de Bar-sur-Seine, [S. 91.2. 74, P. 91.1.448] — Montpellier, 2 févr. 1891, Ville de Rodez, [S. 91.2.191, P. 91.1.1050] — Trib. Mont-de-Marsan, 22 déc. 1887, Malet, [S. 89.2.196, P. 89.1.1001]

319. — Vainement, pour échapper à la révocation, la commune se prévaudrait de ce qu'elle n'aurait manqué à son obligation que par suite d'un cas de force majeure, la substitution de l'enseignement laïque à l'enseignement congréganiste dans son école lui ayant été imposée en exécution de la loi du 30 oct. 1886. — Paris, 3 juill. 1890, précité. — Montpellier, 2 févr. 1891, précité.

320. — Lorsque donation a été faite, antérieurement à la loi du 30 oct. 1886, d'une maison à la commune sous la condition d'y établir une école primaire tenue par des Frères des écoles chrétiennes, avec stipulation qu'« à défaut d'accomplissement des conditions, la présente donation sera résolue de plein droit sans mise en demeure » et que « la donation sera aussi résolue de plein droit si, par un événement postérieur quelconque provenant du fait de la commune, la propriété donnée cessait d'être affectée à la destination pour laquelle elle a été donnée », la première des clauses révocatoires prévues ne peut être interprétée comme limitée au cas où la commune refuserait de

CONDITION. — Titre IV. — Chap. III.

premier jour d'exécuter les conditions. — Nîmes, 22 juill. 1890, David, [S. et P. 93.2.13]

321. — Cette clause doit recevoir application au cas d'inexécution se produisant à un moment quelconque, et quelle qu'en soit la cause, à la différence de la seconde clause, qui ne prévoit que l'inexécution provenant du fait de la commune. — Même arrêt.

322. — La condition imposée à la commune étant licite au moment de la passation de l'acte, et la loi du 30 oct. 1886, qui prescrit la laïcisation des écoles publiques dans un délai déterminé, n'ayant pas d'effet rétroactif, la commune, au cas de laïcisation de l'école prononcée par application de ladite loi, ne peut se soustraire à la révocation, en invoquant l'art. 900, C. civ., d'après lequel les conditions impossibles ou illicites dans les donations sont réputées non écrites. Alors surtout que la condition a été le but essentiel du contrat. — Même arrêt.

323. — Au surplus, l'objet d'une pareille convention étant l'engagement pris par chacune des parties de concourir à une fondation dans les proportions à peu près égales, le contrat est régi, non par l'art. 900, C. civ, mais par l'art. 1172, du même Code, qui annule les conventions à titre onéreux faites sous une condition impossible ou illicite. — Même arrêt.

324. — Au cas de legs fait à une commune pour établir une religieuse qui pendant l'hiver tiendra une école de filles, et pendant la belle saison, convertira cette école en salle d'asile pour les petits enfants, il appartient aux juges du fait de constater que la cause directe et substantielle des dispositions n'a résidé, ni dans le caractère religieux de l'institutrice, ni dans la confusion de l'école avec la salle d'asile, conditions qui seraient contraires à la loi du 30 oct. 1886, et qui, par suite, devraient être réputées non écrites, en tant qu'elles n'auraient pas été le motif impulsif et déterminant de la libéralité. — Cass., 18 févr. 1891, Pernin et consorts, [S. et P. 93.1.11]

325. — De même que, par la loi du 30 oct. 1886, il est interdit aux communes, aux départements et à l'État de créer ou d'entretenir des écoles publiques dirigées par des instituteurs congréganistes, de même il leur est interdit, en vertu de la même loi (art. 2), de subventionner en aucune façon des écoles privées. Par conséquent, les dons et legs qui leur seraient faits à la condition de subventionner de quelque manière que ce soit des écoles privées ou libres, subiraient le même sort que les libéralités faites avec la charge de créer ou d'entretenir des écoles publiques sous une direction congréganiste. Telle est l'opinion la plus générale. C'est en ce sens que s'est prononcée la jurisprudence. — G. Paulet, *L'enseignement primaire professionnel*, p. 26, 27. — *Contrà*, Trib. Meaux, 2 mai 1888, [J. La Loi, 29 juin 1888] — Cosson, *Des subventions communales et départementales en faveur des écoles primaires libres*, p. 4 et s. — V. *suprà*, v° *Commune*, n. 1415 et s.

326. — Ainsi, pour échapper à la révocation encourue par le fait de la laïcisation de l'école communale, vainement la commune solliciterait un délai pour se mettre en mesure d'exécuter les conditions de la donation, en payant à des écoles libres de la commune la somme nécessaire pour l'entretien d'une institution congréganiste; d'une part, en effet, la commune méconnaitrait ainsi la volonté du donateur ou testateur, qui a eu en vue l'entretien d'un instituteur congréganiste dans une école publique; d'autre part, depuis la loi du 30 oct. 1886, les communes ne peuvent subventionner des écoles libres. — Montpellier, 2 févr. 1891, précité.

327. — Jugé aussi que depuis la loi du 30 oct. 1886, les communes ne peuvent entretenir ni à titre public, ni à titre privé, une école primaire dirigée par un instituteur congréganiste. Par suite, lorsqu'une donation a été faite à une commune d'une maison, sous la condition d'y entretenir une école communale dirigée par des Frères des écoles chrétiennes, cette condition est devenue, depuis la loi du 30 oct. 1886, d'une exécution impossible. — Trib. Mont-de-Marsan, 22 déc. 1887, précité.

328. — Vainement, pour échapper à la révocation encourue, au cas où la condition a été la cause déterminante de la donation, la commune se prévaudrait de ce que, tout en enlevant aux Frères la direction de son école communale, elle les aurait laissés en possession et jouissance de l'immeuble donné, où ils ont ouvert une école libre, et de ce qu'elle aurait ainsi continué à exécuter les conditions de la donation, les communes ne pouvant pas, depuis la loi du 30 oct. 1886, fournir un local leur appartenant à une école libre ou congréganiste, pas plus qu'elles ne peuvent entretenir une école libre ou congréganiste. — Même jugement.

329. — Jugé toutefois que, lorsqu'une donation d'immeubles a été faite à une commune sous la condition que ces immeubles serviraient exclusivement à loger les Frères des écoles chrétiennes, mais sans que le donateur ait imposé à la commune l'obligation d'entretenir une école communale dans les immeubles par lui donnés, la donation et ses charges qui consistent exclusivement dans le logement à fournir aux Frères des écoles chrétiennes, peut encore recevoir exécution depuis la loi du 30 oct. 1886. — Trib. Orange, 11 déc. 1888, Hérit. de Sauzin, [S. 89.2.196, P. 89.1.1001]

330. — En conséquence, les héritiers du donateur ne peuvent, pour demander la révocation de la donation, se prévaloir ni de la délibération par laquelle la commune, revenant sur une précédente délibération, a enlevé à l'école installée dans l'immeuble donné le caractère d'école communale, ni des dispositions de la loi du 30 oct. 1886, d'après lesquelles l'enseignement dans les écoles publiques communales doit être confié à un personnel exclusivement laïque, si la commune a maintenu les Frères dans l'immeuble donné, et a ainsi continué à donner une exécution pleine et entière aux conditions apposées à la donation. — Même jugement.

331. — Lorsqu'il a été fait donation à une commune d'un immeuble aux charges et conditions suivantes : 1° que ledit immeuble serait affecté en entier et à perpétuité au logement des Frères des écoles chrétiennes qui ne seraient jamais tenus que de donner l'éducation gratuite et chrétienne aux enfants pauvres de cette commune; 2° que si des circonstances de force majeure venaient à suspendre les fonctions des Frères, ledit immeuble serait loué pendant le temps de cette suspension et le prix de la location attribué au bureau de bienfaisance de la commune, ces clauses de la donation sont susceptibles d'interprétation, au double point de vue du caractère des conditions qui sont imposées à la libéralité et du sens véritable de la suspension des fonctions des Frères qu'elles prévoient. Et il appartient aux juges du fait de déclarer qu'il appert des conditions de la donation que ces clauses ont été l'une et l'autre la seconde à défaut de la première, les causes impulsoires et déterminantes de la donation. — Cass., 29 nov. 1892, Paret, [S. et P. 93.1.174]

332. — Si les juges du fait reconnaissent, en outre, que la laïcisation de l'école communale, par application de la loi du 30 oct. 1886, est un fait étranger à la commune, et constitue un cas de force majeure mettant celle-ci dans l'impossibilité de remplir la première des conditions imposées par ladite donation, il leur appartient : 1° de décider que conformément à la volonté du donateur, la deuxième affectation de l'immeuble prévue à défaut de la première recevra son effet et qu'ainsi le montant de la location de l'immeuble donné sera versé au bureau de bienfaisance, et 2° de rejeter, en conséquence, la demande en révocation de la donation. — Même arrêt.

333. — La question nous amène à celle de savoir si la condition d'affecter les biens donnés à un évêché à l'entretien d'une école primaire est licite. Cette question dépend de la solution que l'on donnera à celle de l'étendue de la capacité des personnes morales.

334. — Deux opinions principales sont en présence : les uns pensent que les personnes morales n'ont d'existence que dans la limite de leurs attributions et que, par suite, leur capacité est restreinte à l'objet en vue duquel elles ont été créées. Suivant d'autres auteurs, au contraire, un établissement ayant reçu l'autorisation doit être réputé avoir acquis une personnalité juridique complète, il peut donc entreprendre tout ce que pourrait faire une personne individuelle et par suite entretenir une école primaire.

335. — Sans entrer dans le détail de la controverse (V. *infrà*, v° *Établissement public*), disons seulement que la première opinion avait été consacrée, au point de vue spécial qui nous occupe, par un arrêt de la cour de Grenoble.

336. — Cette cour avait jugé que les personnes civiles ne sont capables de recevoir que dans les limites de la mission à elles données par les lois qui les ont reconnues, n'ayant d'existence que dans ces limites; et que ni l'art. 73, la loi 18 germ. an X, ni le décret du 16 nov. 1813, n'ont compris explicitement ou implicitement dans les attributions de l'évêché la tenue de maisons d'école et d'instruction à donner aux jeunes filles pauvres. — Grenoble, 18 avr. 1889, Evêque de Grenoble, [S. 91.2. 145, P. 91.1.837, D. 93.1.513]

337. — ... Qu'en conséquence, la condition apposée par un testateur à un legs en faveur d'un évêque et de ses successeurs, d'affecter les biens donnés à l'entretien d'une école, est une condition illicite. — Même arrêt.

338. — ... Et que le décret qui a autorisé l'évêque à accepter un tel legs, n'étant qu'un acte de tutelle administrative, ne met pas obstacle à ce que la nullité de la disposition, touchant à l'ordre public, soit ultérieurement invoquée par l'héritier du donateur, sur la demande en paiement des arrérages des rentes léguées. — Même arrêt.

339. — Cet arrêt a été cassé. La Cour suprême a jugé que les évêchés ou menses épiscopales, dont la loi n'a pas défini les attributions, sont placés sous la tutelle et le contrôle du gouvernement, qui les habilite à recevoir des libéralités sous des clauses et conditions dont il juge convenable d'autoriser l'acceptation, et que ne saurait être considérée comme illicite la charge imposée à un legs fait à un évêque de pourvoir à l'entretien d'écoles primaires, parce que son objet serait en dehors des attributions de la mense épiscopale et excéderait sa capacité. — Cass., 31 janv. 1893, Evêque de Grenoble, [S. et P. 93.1.315, D. 93. 1.513], et sur renvoi Chambéry, 21 juin 1893, [S. et P. 94.2.124]

340. — Il a été jugé, dans le même sens, qu'il faut tenir pour valable le legs universel fait à un évêché à charge de l'employer en bonnes œuvres, et notamment de pourvoir à l'entretien et au développement d'un orphelinat-ouvroir pour les jeunes filles pauvres, déjà existant; que d'une part, en effet, un pareil legs ne peut être considéré comme fait à un incapable, l'orphelinat, par personne interposée, si l'orphelinat ne puise dans la disposition aucune vocation à l'hérédité, et s'il résulte des circonstances de la cause que la disposition doit être interprétée comme constituant un legs au profit d'un établissement autorisé, à charge d'un emploi en bonnes œuvres; que, d'autre part, la condition opposée au legs fait à un évêché d'en employer le montant à l'entretien et au développement d'un orphelinat-ouvroir pour jeunes filles pauvres, est licite, puisque la disposition a pour objet une œuvre charitable qui rentre dans la destination de l'évêché. — Amiens, 16 févr. 1893, Héritiers, Gavet, [S. et P. 93.2.253] — V. infrà, v° Evêché.

341. — Lorsqu'un legs a été fait à un bureau de bienfaisance à la condition d'employer les revenus des biens légués à l'établissement d'une école primaire dirigée par des congréganistes, cette condition, malgré l'autorisation administrative qu'a été donnée d'accepter un tel legs, doit être déclarée illicite à un double point de vue : 1° parce que la création et l'entretien d'une école quelconque sont en dehors des attributions bien déterminées du bureau de bienfaisance; 2° parce que l'interdiction faite, en vertu de la loi du 30 oct. 1886, aux communes, aux départements et à l'État d'entretenir une école congréganiste, s'étend évidemment à un bureau de bienfaisance, établissement d'assistance communale, fonctionnant avec le concours et sous la surveillance de l'autorité publique. — Trib. Foix, 9 avr. 1892, Bureau de bienfaisance de Rabat, [Gaz. des trib. du Midi, ann. 1893, p. 150] — V. aussi infrà, n. 434.

342. — Lorsqu'un legs fait aux pauvres d'une ville, pour le montant en être employé « en faveur d'établissements à créer pour l'éducation et l'instruction gratuite ou à prix infime d'enfants des deux sexes, dirigés par des Frères des écoles chrétiennes ou autres corporations religieuses enseignantes », a été primitivement affecté à la création et à l'entretien d'écoles primaires congréganistes, et que, les écoles ayant été laïcisées, les sommes provenant du legs, ont été employées à la création et à l'entretien d'un orphelinat d'enfants des deux sexes, dirigé par des religieuses sous la surveillance de l'administration de l'assistance publique, la condition qui avait été en cause déterminante de la libéralité ayant ainsi continué à recevoir exécution, la révocation du legs pour inexécution des conditions ne saurait être prononcée sur la demande des héritiers du testateur. — Paris, 13 avr. 1892, Pérignon, [S. et P. 93.2.222]

Section III.
Conditions relatives au droit de disposer.

343. — Une condition fort usitée est celle qui restreint la faculté pour le donataire ou le légataire de disposer de la chose donnée ou léguée, soit directement, soit indirectement, par acte entre-vifs ou par testament. Les tribunaux ont eu fréquemment à trancher des difficultés relatives à des clauses de ce genre. Il est de l'intérêt général, il importe à la richesse publique que la circulation des biens puisse s'opérer librement et sans entraves. Aussi tout le monde est-il d'accord pour regarder comme contraire à l'ordre public et comme illicite la condition absolue et indéfinie de ne jamais aliéner. — Merlin, Rép., v° Substit. fidéicomm., sect. 8, n. 5 bis; Toullier, t. 3, n. 31, et t. 6, n. 488; Troplong, Contr. de mar., t. 4, n. 3059; Donat. et testam., t. 1, n. 271; Demolombe, Rev. crit., t. 1, p. 158; Encycl. du dr., v° Condition, n. 172; Rolland de Villargues, v° Prohibition d'aliéner, n. 8; Demolombe, t. 18, n. 294 et s.; Laurent, t. 11, n. 461; Aubry et Rau, t. 7, § 692, p. 296; Massé et Vergé, sur Zachariæ, t. 3, § 464, texte et note 12, p. 180; Bartin, p. 165.

344. — Jugé que la clause d'un testament portant que les biens légués ne pourront jamais être aliénés est illicite et nulle. — Cass., 19 mars 1877, Despinoy, [S. 77.1.203, P. 77.514]; — 20 mai 1879, Mazeran, [S. 80.1.14, P. 80.20, D. 79. 1.431]; — Douai, 23 juin 1851, Serret, [S. 51.2.612, P. 52.1.407, D. 52.2.245]; — Alger, 20 janv. 1879, Michel, [S. 79.2.71, P. 79. 331, D. 79.2.143]

345. — ... Que la prohibition pure et simple d'aliéner, imposée au légataire d'un immeuble par le testateur, ne constitue pas une substitution prohibée, elle constitue seulement un précepte nu, sans force obligatoire pour le légataire. — Montpellier, 6 mai 1846, de Ladignac, [S. 46.2.373, P. 48.2.632] — Sic, Demolombe, t. 18, n. 147; Toullier, t. 3, n. 51; Coin-Delisle, sur l'art. 896, n. 32. — V. infrà, v° Substitution.

346. — ... Que lorsque la défense d'aliéner la propriété léguée n'a d'autre but, de la part du testateur, que de maintenir cette propriété longtemps après son décès, dans l'état où il la laissera, cette disposition a le caractère d'un nudum præceptum, dont le légataire est libre d'assurer la réalisation, dans la mesure où son respect des dernières volontés du testateur peut se concilier avec ses propres intérêts. — Paris, 23 juin 1892, Tournier, [S. et P. 93.2.26, D. 92.2.379]

347. — Il a été cependant décidé qu'est licite et obligatoire, la prohibition d'aliéner, même perpétuelle, contenue dans un contrat de vente, lorsqu'elle est le seul moyen d'arriver à un but recherché par les parties, par exemple, lorsque cette défense, insérée dans la vente, faite par une commune, d'un ancien cimetière, a pour objet d'en assurer la conservation à l'état de lieu saint. — Trib. Baugé, 20 févr. 1867, Ville de Baugé, [S. 68. 2.56, P. 68.235]

348. — Il est à remarquer que la prohibition d'aliéner validée par le jugement ci-dessus rapporté résultait d'un contrat de vente. Nous pensons pourtant que les raisons qui ont dicté cette décision feraient valider une clause semblable insérée comme condition dans une donation ou un testament. Il s'agit, en effet, d'un cas tout particulier. L'on doit poursuivi est éminemment respectable, et l'inaliénabilité stipulée s'applique à un immeuble d'une étendue nécessairement restreinte.

349. — Mais si la condition d'aliéner est prohibée quand elle a un caractère absolu et indéfini, il n'en est pas de même quand elle est relative et temporaire et qu'en outre elle se trouve justifiée par un intérêt sérieux. Généralement, les auteurs et la jurisprudence reconnaissent la validité d'une clause qui se présente avec ces circonstances. — Orléans, 17 janv. 1846, Héritiers Millet, [S. 46.2.177, P. 46.1.288, D. 46.2.203] — Sic, Troplong, t. 1, n. 274 et s.; Duranton, t. 15, n. 360; Odier, Contrat de mariage, t. 3, n. 1098; Massé et Vergé, sur Zachariæ, t. 3, § 464, note 12, p. 180; Demolombe, t. 18, n. 294; Aubry et Rau, t. 7, § 692, p. 296. — Contrà, Laurent, t. 11, n. 462 et s.; Bartin, p. 177 et s.

350. — La validité de la condition pourra ainsi être reconnue dans les trois cas suivants : 1° si elle a été apposée dans l'intérêt du disposant; 2° si c'est dans l'intérêt d'un tiers; 3° si c'est dans l'intérêt du donataire ou légataire.

351. — 1° Intérêt du disposant. — Nous supposons que celui-ci a tenu à garantir un droit qu'il s'était réservé sur la chose donnée. Ainsi, par exemple, un père de famille en consentant un partage anticipé en faveur de ses enfants, s'est réservé sur les biens donnés un droit d'usufruit, et dans le but d'éviter les difficultés qui pourraient se produire avec les nu-propriétaires, si ceux-ci étaient autres que ses enfants, il a interdit à ces derniers d'aliéner la propriété à eux transmise. Comment ne pas reconnaître la légitimité de cette défense? Il pouvait garder l'entière propriété. Il paraît donc juridique d'admettre qu'il ait pu la céder avec les réserves jugées utiles. — Demolombe, t. 18, n. 295; Aubry et Rau, t. 7, § 692, p. 296, texte et note 33; Bartin, p. 179. — V. aussi Rodière, note sous Cass., 27 juill. 1863, Syndic Douillet, [P. 64.798]

352. — C'est ainsi qu'il a été jugé que l'interdiction imposée au donataire par un père donateur avec réserve d'usufruit, d'aliéner les immeubles compris dans la donation pendant toute la durée de cet usufruit, est valable et obligatoire : une telle interdiction temporaire n'ayant d'autre objet que de faciliter l'exercice de l'usufruit, ou d'assurer l'exercice du droit de retour sur les biens donnés. — Cass., 20 avr. 1858, Crémieux, [S. 58.1.589, P. 58.1212, D. 58.1.154]; — 27 juill. 1863, Douillet, [S. 63.1. 465, P. 64.798, D. 64.1.494] — Paris, 15 avr. 1858, Creton, [S. 58.2.362, P. 58.612, D. 59.2.10] — Grenoble, 25 janv. 1860, Regnard, [S. 60.2.477, P. 61.367, D. 64.5.104]

353. — Ce que nous disons de l'usufruit s'applique évidemment à tout droit quelconque réservé par le donateur sur l'immeuble donné. Le disposant pourra stipuler l'inaliénabilité temporaire de cet immeuble pour la garantie d'un droit d'usage ou d'habitation, du service d'une rente ou d'une pension payables sur les revenus de la chose donnée, pour assurer l'efficacité d'un droit de retour soit conventionnel, soit légal. — Demolombe, t. 18, n. 296 et 297; Aubry et Rau, *loc. cit.*; Massé et Vergé, sur Zachariæ, t. 3, § 464, note 12, p. 180.

354. — Il a été jugé, en ce sens, que la prohibition d'aliéner pendant la vie du donateur sans le consentement de celui-ci est valable et obligatoire lorsqu'elle a pour cause l'espérance pour le donateur d'exercer le retour légal, si le donateur est l'ascendant du donataire, ou le retour conventionnel s'il a été formellement stipulé dans la donation. — Bourges, 14 déc. 1852, Charlot, [S. 53.2.468, P. 54.1.339, D. 54.5.257] — Douai, 23 juin 1854, précité.

355. — ... Que la condition imposée par le père au partage qu'il fait entre ses enfants, que ces derniers ne pourront, sans son consentement, vendre, aliéner, hypothéquer ni échanger les biens compris dans la donation, n'est pas nulle comme contraire à l'ordre public; que dès lors, les ventes faites par les donataires en contravention à cette condition doivent être annulées. — Angers, 29 juin 1842, de Farcy, [S. 42.2.400, P. 42.2.76]

356. — Qu'est licite la clause d'un partage anticipé, par laquelle l'ascendant donateur, dans un intérêt moral, interdit au donataire de vendre, hypothéquer et aliéner d'aucune façon les biens donnés, pendant la vie du donateur et sans son consentement. — Angers, 18 déc. 1878, Guyard, [S. 79.2.322, P. 79.1264, D. 79.2.172] — *Contrà*, Lyon, 12 juin 1856, Regnard, [S. 56.2.456, P. 57.81]

357. — Toutefois, s'il ne s'agit que d'une satisfaction morale, il nous paraît plus difficile de reconnaître la validité d'une prohibition d'aliéner. — Paris, 11 mars 1836, Rouyer, [S. 36.2. 360, P. chr.] — Lyon, 7 avr. 1835, Rapin et Baudet, [P. chr.] — Sic, Demolombe, t. 18, n. 300.

358. — Il a été jugé, spécialement, que doit être réputée non écrite la condition imposée purement et simplement par un testateur à son légataire, de ne pas aliéner les choses léguées avant une époque déterminée, notamment avant que le légataire ait atteint l'âge de trente ans. — Douai, 29 déc. 1847, Thuillier, [S. 48.2.462, P. 48.2.15, D. 48.2.68]

359. — 2° *Intérêt d'un tiers*. — De même que le disposant peut garantir, par la clause de l'inaliénabilité temporaire, ses propres intérêts, de même il peut ainsi sauvegarder les intérêts d'un tiers. Quoi de plus légitime, par exemple, que de lui permettre d'imposer une condition semblable en faveur de son conjoint ou de ses enfants? — Demolombe, t. 18, n. 302; Aubry et Rau, t. 7, § 692, p. 296 et 297, texte et notes 34 et 37; Bartin, p. 179.

360. — Conformément à cette doctrine, il a été jugé qu'est valable la clause testamentaire qui impose au légataire d'un usufruit, l'incessibilité de cet usufruit, lorsque la condition d'incessibilité est justifiée par l'intérêt des enfants du légataire de l'usufruit, institués légataires de la nue-propriété et auxquels il importe que la jouissance des biens compris dans l'usufruit ne passe pas dans des mains étrangères. — Cass., 9 mars 1868, Tiby, [S. 68.1.204, P. 68.499, D. 68.1.309]

361. — ... Qu'est valable la clause par laquelle le testateur, en chargeant le légataire de payer une rente viagère à un tiers, lui interdit, pour la garantie du service de cette rente, d'aliéner les immeubles légués pendant la vie du crédi-rentier. — Cass., 12 juill. 1863, Piganneau, [S. 63.1.342, P. 63.874, D. 63.1.473] — Douai, 27 avr. 1864, Coine, [S. 64.2.254, P. 64.1174, D. 64. 2.89]

361 bis. — ... Que lorsque le père a légué à son fils l'usufruit de la portion disponible, avec substitution au profit de ses petits-fils, à la condition par le légataire de ne pas aliéner ou hypothéquer les biens qu'il recueillera dans la succession du testateur, il n'y a rien d'illicite dans cette condition, et qu'elle doit être exécutée. — Paris, 3 févr. 1829, Belot, [S. et P. chr.]

362. — ... Que la condition imposée par un père à sa fille, en lui donnant la quotité disponible, de ne pas aliéner les biens de sa succession et de les réserver aux enfants nés et à naître d'elle, ne peut pas être annulée comme contenant une substitution prohibée, ou comme contraire aux lois. — Cass., 7 févr. 1831, Belot et Roujet, [S. 31.1.77, P. chr.] — V. aussi *infrà*, v° *Substitution*.

363. — Mais la prohibition d'aliéner contenue dans une disposition testamentaire doit être réputée non écrite toutes les fois que l'intérêt du testateur ou de ses héritiers ou celui d'un tiers ne réclame pas le maintien d'une telle clause. — Cass., 19 mars 1877, Despinoy, [S. 77.1.203, P. 77.514, D. 79.1.433]

364. — Ainsi, est réputée contraire à la loi et comme telle non écrite la clause par laquelle le testateur interdit au légataire universel, marié, âgé de cinquante ans, et ayant le plus jeune de ses enfants âgé de huit ans, de disposer des biens légués jusqu'à ce que le dernier enfant légitime du légataire ait atteint sa vingt-cinquième année. Il en est ainsi du moins quand la prohibition d'aliéner n'est motivée par aucun intérêt légitime. — Alger, 20 janv. 1879, Hérit. Michel, [S. 79.2.71, P. 79.331, D. 79.2.143]

365. — La défense d'aliéner implique naturellement, non seulement celle de vendre ou d'échanger, mais encore celle d'hypothéquer ou d'engager d'une façon qui conduise indirectement à l'aliénation. Il a été jugé, notamment, que l'incessibilité d'un usufruit imposée au légataire de cet usufruit entraînait la prohibition de l'hypothéquer, et, par suite, la nullité de l'hypothèque concédée au mépris de la clause testamentaire. — Cass., 9 mars 1868, précité. — *Sic*, Demolombe, t. 18, n. 298. — *Contrà*, Laurent, t. 11, n. 468.

366. — Comprend-elle l'interdiction de disposer par donation ou testament? Relativement à la donation, il ne peut guère y avoir de difficulté. La prohibition de donner sera, en général, comprise dans la défense d'aliéner. Pour ce qui est de la défense de disposer par testament du bien donné, la question est plus délicate, parce que la loi elle-même ne défend pas de *tester* à ceux auxquels elle défend d'*aliéner* (V. art. 217 et 223, C. civ.). Il y aurait lieu de rechercher, à l'aide de toutes les circonstances du fait, quelle a été l'intention de l'auteur de la libéralité. — Demolombe, t. 18, n. 299; Laurent, t. 11, n. 469.

367. — Jugé que l'interdiction d'aliéner ou hypothéquer pendant la vie du donateur, sans le consentement de celui-ci, doit s'entendre de tout mode de transmettre, même par testament, la propriété des objets donnés. — Bourges, 14 déc. 1852, Charlot, [S. 53.2.468, P. 54.1.339, D. 54.5.257] — Paris, 15 avr. 1858, V° Creton, [S. 58.2.362, P. 58.612, D. 59.2.10]

368. — ... Que, dans un partage d'ascendant, la prohibition d'*aliéner en aucune façon* enlève au descendant donataire la faculté de disposer à titre gratuit des biens donnés, qui, restant ainsi en nature dans la succession, demeurent soumis à l'exercice du droit de retour légal de l'ascendant, nonobstant la donation que le descendant aurait faite à son conjoint. — Angers, 18 déc. 1878, Guyard, [S. 79.2.322, P. 79.1264, D. 79.2. 172]

369. — ... Que la défense temporaire d'aliéner des biens légués, contenue dans un testament, embrasse, dans la généralité de ses termes, tous les modes d'aliénation et, spécialement une institution contractuelle que le légataire a consentie, dans la période prohibée, au profit de son conjoint. La clause ainsi entendue ne saurait d'ailleurs être considérée comme contenant une substitution prohibée. — Cass., 11 juill. 1877, Cormerais, [S. 77.1.443, P. 77.1189, D. 78.1.62]

370. — Mais jugé, en sens contraire, que la condition opposée à une donation, sous réserve d'usufruit au profit du donateur, par laquelle il est interdit au donataire, pendant la durée de cet usufruit, de vendre ou aliéner, *de quelque manière que ce* soit, tout ou partie des biens donnés, n'emporte pas prohibition d'en disposer par testament; du moins une telle interprétation est exclusivement dans les attributions de la cour d'appel. — Cass., 2 janv. 1838, Bercher, [S. 38.1.634, P. 38.1.553]

371. — Il est à peine besoin de faire remarquer ici que toute clause qui tendrait à priver le bénéficiaire d'une libéralité de la faculté de tester serait radicalement nulle. Ce droit est tellement d'ordre public qu'aucune considération ne saurait légitimer la condition de ne pas l'exercer. — Duranton, t. 8, n. 143.

372. — 3° *Intérêt du légataire ou du donataire.* — La défense d'aliéner stipulée dans l'intérêt du donataire ou du légataire sera plus difficilement reconnue valable. Il ne faudrait pourtant pas l'interdire d'une façon absolue. Si les circonstances peuvent légitimer la condition imposée au gratifié de ne pas se marier avant un certain délai, ainsi que nous l'avons vu plus haut, elles pourront aussi, pour des motifs non moins respectables, rendre licite celle qui lui serait imposée de ne pas aliéner avant un certain temps le bien qui lui est donné ou légué. Le disposant, par exemple, dans la crainte que le montant de la libéralité ne soit dissipé par un légataire prodigue, lui a interdit d'aliéner le bien légué jusqu'à l'époque de son mariage. Il ne nous semble pas que cette condition offre rien d'immoral. Si l'intérêt public souffre de l'inaliénabilité, il trouvera une sorte de compensation dans l'espérance qu'une famille se fondera grâce à la fortune transmise par le testateur. Il appartiendra aux juges d'apprécier si la condition a été inspirée par des motifs de sage et légitime prévoyance. Ils la valideront si la volonté du disposant n'a violé aucune loi ni aucun principe supérieur. — Demolombe, t. 18, n. 303; Massé et Vergé, sur Zacharieæ, t. 3, § 464, note 12, p. 180; Troplong, t. 1, n. 271. — *Contrà*, Laurent, t. 11, n. 464; Bartin, p. 180.

373. — Ainsi jugé que la condition, imposée dans la donation d'une rente, que cette rente sera incessible jusqu'à ce que le donataire soit marié, est licite et valable. — Paris, 16 févr. 1839, Duchesne, [S. 60.2.186, P. 60.71] — V. en ce sens, Trib. Lyon, 28 juill. 1853, sous Lyon, 15 mars 1854, Roux, [S. 55.2.424, P. 56.1.47]

374. — Qu'aucune loi ne proscrit la clause d'une donation ou d'un testament qui déclare incessibles les revenus d'un immeuble donné ou légué à une personne non réservataire. — Caen, 12 juin 1854, Debaupt, [D. 55.2.193]

375. — ... Que la clause d'un testament par laquelle le testateur prescrit que les sommes par lui léguées à un mineur seront placées, sous la surveillance d'un tiers, en rentes sur l'Etat français, jusqu'à ce que le légataire ait atteint sa vingt-cinquième année, et qu'il en sera de même de l'excédent du revenu des rentes sur les dépenses que le tiers désigné aura faites pour le mineur légataire, implique pour le légataire, jusqu'à ce qu'il atteint l'âge fixé, l'interdiction d'aliéner les rentes achetées en exécution du legs. Paris, 26 janv. 1894, Cordeviola, [S. et P. 94.2.93]

376. — Mais jugé au contraire, que la clause testamentaire qui suspend le partage de la succession et interdit aux légataires de vendre les biens légués jusqu'à ce qu'ils aient atteint leur majorité, doit être réputée non écrite comme contraire à la loi. — Paris, 11 mars 1836, Rouyer, [S. 36.2.360, P. chr.]

377. — De même que peut se trouver licite la clause qui défend une aliénation temporaire, de même les circonstances peuvent légitimer la condition imposée au donataire ou légataire, au cas où il voudrait aliéner, de céder ou de ne pas céder à une personne désignée le bien qui fait l'objet de la libéralité. — Demolombe, t. 18, n. 303 *bis* et *ter*.

378. — En ce sens, il a été jugé qu'est valable la clause par laquelle un ascendant, faisant le partage de ses biens, ordonne que, dans le cas où l'un de ses donataires voudrait aliéner tel objet compris dans son lot, il soit tenu de l'échanger contre tel autre objet attribué à l'un de ses codonataires. — Limoges, 1er juill. 1840, Gouyon, [S. 41.2.8, P. 40.2.753]

379. — ... Que la clause d'un acte de vente portant que, si *le vendeur se décide à aliéner* une partie de ses biens, il ne pourra le faire qu'au profit de l'acquéreur, constitue un pacte de préférence dont l'inexécution donnera lieu à une action personnelle en dommages-intérêts contre le vendeur. — Cass., 9 juill. 1834, Commandeur, [S. 34.1.741, P. chr.]

380. — ... Que la clause d'un testament portant l'interdiction faite au légataire de disposer des biens en faveur d'une personne déterminée n'est nullement prohibée. — Cass., 19 juin 1867, Bréville, [S. 67.1.299, P. 67.765]

381. — ... Que l'on doit considérer comme licite et valable la clause par laquelle un testateur interdit au légataire de disposer, en faveur de sa femme, soit de la propriété, soit de l'usufruit des choses léguées. — Bruxelles, 20 oct. 1817, Villegas, [S. et P. chr.]

382. — Jugé, toutefois, que la condition apposée à une donation entre-vifs, et suivant laquelle le donataire ne pourra disposer à titre gratuit de tous ses biens qu'en faveur de certaines personnes désignées, alors même qu'elle ne serait point contraire aux mœurs ou à l'ordre public, n'en est pas moins nulle comme contenant une stipulation sur succession future, et doit, dès lors, être réputée non écrite. — Paris, 19 nov. 1832, Charny, [P. 33.1.39]

383. — ... Que lorsqu'après s'être donné mutuellement des conquêts immeubles en toute propriété au profit du survivant, deux époux stipulent que ce qu'il en restera à la mort de celui-ci sera partagé entre les héritiers du survivant et ceux du prédécédé, une telle condition qui a pour effet de substituer les héritiers du donateur à ceux désignés par la loi ou par la volonté du donataire, est par cela même contraire aux lois et, comme telle, doit être réputée non écrite. — Trib. Fontainebleau, 1er avr. 1840, sous Paris, 22 avr. 1841, Simon, [P. 41.1.594]

384. — ... Que le testateur ne peut pas régler à l'avance la succession du légataire : que dès lors, on doit considérer comme nulle et réputer non écrite la condition imposée au légataire que les biens qu'il laissera à son décès, soit qu'ils consistent en effets à lui appartenant, soit qu'ils proviennent du legs, seront partagés par moitié entre les héritiers de celui-ci et les parents du testateur. — Cass., 24 août 1841, Labelle, [S. 41.1.717, P. 41.2.353]

385. — Il est à remarquer que, dans l'espèce jugée, le testateur ne s'était pas contenté de régler le sort du legs qu'il faisait, mais encore avait prétendu disposer des biens appartenant en propre au légataire. Il est bien évident que si la première partie de la clause pouvait être validée, la seconde ne pouvait l'être dans aucun cas. Il ne saurait jamais être permis d'imposer au bénéficiaire d'un legs ou d'une donation la condition de disposer de sa propre fortune de telle ou telle façon.

386. — Jugé aussi que, lorsqu'un legs universel est fait à la condition que la succession du légataire se partagera par moitié entre ses propres héritiers et ceux du testateur, cette condition est réputée non écrite, comme contenant un legs de la chose d'autrui, ou une stipulation sur une succession non ouverte, et, par conséquent, elle ne peut conférer aux héritiers du testateur aucun droit sur la succession du légataire, ni même sur les biens du testateur qui pourraient se retrouver en nature dans cette succession. — Cass., 2 mai 1842, Sebire, [S. 42.1.555, P. 42.2.353] — V. aussi *infrà*, v^{is} *Legs, Succession future*.

387. — Sur la question de savoir si, lorsque des époux sont mariés sous le régime de la communauté, la femme peut recevoir des biens avec cette condition qu'ils seront inaliénables, V. *suprà*, v° *Communauté conjugale*, n. 2440 et s.

388. — La négative, à laquelle nous avons adhéré, devrait pour les mêmes raisons être adoptée relativement à tout régime matrimonial quelconque, si la défense d'aliéner avait été imposée à la femme mariée, en dehors des termes de son contrat de mariage. Nous devons ajouter toutefois que cette prohibition d'aliéner ne nous paraîtrait illégale qu'autant qu'elle aurait été apposée dans l'intérêt du donateur ou du légataire. Selon les principes énoncés plus haut et conformément au droit commun, il en serait autrement si la condition avait été écrite dans l'intérêt du disposant ou de ses héritiers ou même d'un tiers, pour la garantie, par exemple, d'un droit d'usufruit, de servitude, d'usage, d'habitation, etc. Qu'il s'agisse d'une femme mariée ou de toute autre personne, dès que la défense d'aliéner n'est que temporaire et repose sur un motif sérieux et légitime elle doit être déclarée valable et obligatoire.

389. — Lorsque, malgré la prohibition d'aliéner, le gratifié a disposé de la chose, quelle en sera la conséquence? L'aliénation sera nulle. Mais qui pourra se prévaloir de la nullité? Si la défense d'aliéner a été imposée dans l'intérêt du disposant ou d'un tiers, il n'est pas douteux que ceux-ci ne soient fondés à agir en nullité de l'acte d'aliénation. Leur droit à cet égard, loin d'être personnel par sa nature, passera même à leurs héritiers

ritiers. — Demolombe, t. 18, n. 305; Laurent, t. 11, n. 467; Bartin, p. 184.

390. — Mais le bénéficiaire de la disposition pourra-t-il se prévaloir de la nullité de l'aliénation consentie par lui? La négative est enseignée par Demolombe, qui la fonde sur ce motif qu'il ne se peut pas que le donataire ou légataire évince ceux-là même auxquels il doit garantie (t. 18, n. 306). Laurent professe une opinion contraire. Suivant ce dernier auteur, de même que le mari peut faire résoudre la vente d'un immeuble dotal, bien qu'il soit vendeur, de même le bénéficiaire d'une disposition sera fondé à invoquer la clause d'inaliénabilité qui y aura été apposée. Il en sera ainsi, soit que la clause ait été stipulée à son profit, soit qu'elle l'ait été au profit du disposant ou d'un tiers. Il suffit, pour qu'il soit admis à agir, qu'il ait un intérêt à demander la nullité de l'aliénation. Une fois que l'on a reconnu la validité de la condition, c'est une conséquence qui s'impose logiquement. — Laurent, t. 11, n. 464 et 467; Duranton, t. 15, n. 860; Odier, Du contrat de mariage, t. 3, n. 1100.

391. — La défense d'aliéner, valablement attachée à une donation ou à un legs, entraîne comme conséquence la défense de saisir, pendant la durée de l'interdiction, les biens donnés ou légués. S'il en était autrement, le but du disposant ne serait pas atteint. Car ayant voulu mettre, pendant un certain temps, ces biens hors du commerce, s'ils pouvaient être saisis, on arriverait à faire indirectement ce qu'il n'est pas permis de faire directement. Cette insaisissabilité est opposable à tous les créanciers, soit antérieurs, soit postérieurs à l'acte de libéralité. Les premiers n'en ont pas à souffrir puisqu'ils ont traité avec le bénéficiaire avant qu'il eût ces biens dans son patrimoine. Quant aux autres, celui-ci n'a pas pu leur transmettre le droit de vendre qu'il n'avait pas lui-même. — Aubry et Rau, t. 7, § 692, p. 297, texte et note 38; Laurent, t. 11, n. 470.

392. — Tels sont les principes qu'a appliqués la Cour de cassation en jugeant que l'interdiction temporaire d'aliéner rend insaisissables, pendant le même temps, les biens ayant fait l'objet de la donation, le donataire ne pouvant pas plus aliéner indirectement les biens en se faisant exproprier, qu'il ne pourrait les aliéner directement par voie d'aliénation volontaire. L'insaisissabilité dont il s'agit étant établie dans l'intérêt du donataire est opposable aussi bien aux créanciers postérieurs qu'antérieurs à la donation que3 aux créanciers antérieurs. — Cass., 27 juill. 1863, Syndic Douillet, [S. 63.1.465, P. 64.798, D. 64. 1.494]

393. — Sur la question de savoir si, en dehors de la clause d'inaliénabilité, la condition d'insaisissabilité peut seule être valablement apposée dans un testament ou une donation, les auteurs et la jurisprudence sont divisés. La difficulté ne saurait porter sur le sujet des meubles, puisqu'aux termes mêmes de l'art. 581, C. civ., le donateur ou testateur est formellement autorisé à déclarer insaisissables les meubles qui font l'objet de la libéralité. Cette condition sera opposable aux créanciers antérieurs à la donation ou à l'ouverture du legs. Quant aux créanciers postérieurs, ils ne pourront saisir qu'avec la permission du juge la portion qu'il déterminera (art. 582, C. civ.). — Cass., 12 avr. 1892, Beaubouchez, [S. 93.1.513, D. 93.1.19]

394. — Mais s'il s'agit de savoir si cette condition d'insaisissabilité serait valable dans d'autres cas que ceux où la loi l'autorise expressément. Sera-t-elle permise à l'égard des immeubles donnés ou légués? On reconnaît généralement que de même qu'à l'égard des meubles déclarés insaisissables par le donateur, la condition d'insaisissabilité doit être réputée non écrite vis-à-vis des créanciers postérieurs à la donation, qui ont traité avec leur débiteur en considération des biens qu'il a recueillis dans la donation ou le testament. Aubry et Rau, t. 7, § 692, p. 297, texte et note 40; Troplong, t. 1, n. 272; Demolombe, t. 18, n. 310; Massé et Vergé, sur Zachariæ, t. 3, § 464, note 12, p. 181.

395. — Toutefois, selon l'opinion de Laurent, cette distinction est illogique et n'a pas sa raison d'être, si l'on admet que la clause d'inaliénabilité est opposable tant aux créanciers postérieurs qu'aux créanciers antérieurs, la défense de saisir n'étant qu'une défense d'aliéner partielle. — Laurent, t. 11, n. 471.

396. — Le sujet de la controverse est surtout relatif aux créanciers antérieurs. Les uns décident que la condition est nulle tant vis-à-vis des créanciers antérieurs que des créanciers postérieurs. — Chauveau, sur Carré, Lois de la proc. civ., t. 5, quest. 2198, p. 408; Favard de Langlade, Rép., v° Expropriation forcée, n. 3; Demolombe, t. 18, n. 311; Massé et Vergé, sur Zachariæ, t. 3, § 464, note 12, p. 180; Bartin, p. 55 et s., 191 et s.

397. — Jugé, en ce sens, que la condition insérée dans un testament, d'après laquelle les biens légués seront insaisissables par les créanciers du légataire antérieurs à l'institution doit être considérée comme non écrite et nulle. — Riom, 23 janv. 1847, Subert, [S. 52.1.343 ad notam, P. 47.2.213, D. 47. 2.122]

398. — Les autres, au contraire, décident que la condition est valable vis-à-vis des créanciers antérieurs, parce que, loin d'être réprouvée par la loi, elle est la manifestation légitime du droit de libre disposition qui appartient à tout propriétaire. A l'appui de ce système on ajoute que les poursuites contre lesquelles le disposant a entendu protéger les immeubles donnés sont celles-là même dont les causes sont antérieures à l'acte de libéralité. Sans doute, dit-on, il est juste que le créancier puisse compter parmi ses garanties présentes et futures les biens que le débiteur acquerra par son industrie, ceux sur lesquels celui-ci a ou peut avoir un droit de réserve. Mais là s'arrêtaient raisonnablement ses prévisions. On ne saurait donc soutenir qu'il subit un préjudice quelconque, quand, son débiteur étant gratifié de biens qui n'entraient en rien parmi les garanties prévues au moment de la convention, ces biens échappent à son appréhension, au moyen d'une clause d'insaisissabilité, par la volonté qui a librement disposé. — Aubry et Rau, t. 7, § 692, texte et note 40, p. 297; Troplong, t. 1, n. 272; Pont, Priv. et hyp., t. 2, n. 617; Garsonnet, Traité théor. et prat. de proc., t. 3, p. 521 et s.; Bourguignat, note sous Cass., 20 déc. 1864, de Naucaze, [P. 65.11]

399. — C'est cette dernière doctrine qui tend à prévaloir en jurisprudence. Il a été ainsi jugé que la condition d'insaisissabilité des immeubles légués insérée dans un testament est valable, mais seulement quant aux biens dont le testateur avait l'entière faculté de disposer et à l'égard des créanciers antérieurs du légataire; que des biens frappés d'insaisissabilité sont par cela seul à l'abri de toute inscription hypothécaire. — Cass., 10 mars 1852, Lefrançois, [S. 52.1.344, P. 52.2.40, D. 52.1. 111]

400. — ... Que la condition mise par le testateur à un legs d'immeubles que ces immeubles ne pourront être saisis par les créanciers du légataire, antérieurs à l'ouverture du legs, est licite et opposable à ces créanciers. — Toulouse, 4 mars 1867, Laticule, [S. 67.2.351, P. 67.1263, D. 67.2.61]

401. — ... Que la condition d'insaisissabilité vis-à-vis des créanciers du gratifié antérieurs à l'ouverture du legs, apposée par un testateur à un legs d'immeubles contenu dans son testament, est licite et opposable à ces créanciers. Et cela, encore qu'il serait allégué par ces créanciers que le testament renfermant une telle condition est le produit d'une combinaison frauduleuse à laquelle le légataire a présidé : ceux-là ne pouvant attaquer ce testament faute de droit sur les biens dont le testateur pouvait librement disposer. — Cass., 20 déc. 1864, de Naucaze, [S. 65.1.9, P. 65.11, D. 65.1.24]

402. — Contrairement à la jurisprudence française, la Cour de cassation belge a décidé qu'est illicite et doit être réputée non écrite la condition d'insaisissabilité des immeubles légués, à l'égard des créanciers antérieurs à l'ouverture du legs. — Cass. Belge, 2 mai 1878, Raick, [S. 80.2.108, P. 80.431, D. 79.2. 171]

403. — On s'est demandé si les art. 581 et 582, C. proc. civ., qui autorisent expressément le disposant à interdire la saisie-arrêt des meubles donnés ou légués, sont applicables à la saisie-exécution. L'affirmative ne nous paraît pas douteuse. Le législateur a voulu permettre à l'auteur de la libéralité de placer à l'abri des poursuites des créanciers les objets mobiliers donnés ou légués. A cet égard, et pour que son but soit atteint, il faut que ces poursuites ne puissent emprunter les formes de la saisie-exécution, pas plus que celles de la saisie-arrêt. L'une et l'autre doivent être également impossibles. — Cass., 12 avr. 1892, précité.

404. — La Cour de cassation a décidé que de l'art. 582, C. proc. civ., disposant, au cas d'insaisissabilité déclarée par le testateur des objets légués, que, si les créanciers du légataire postérieurs à la date de l'ouverture du legs peuvent, à la différence des créanciers antérieurs, saisir les objets légués, ce droit est subordonné à la permission du juge, chargé de déterminer sur quelle partie desdits objets la saisie pourra s'exercer, ne comporte aucune distinction entre les divers modes de saisie, et, bien qu'écrit au titre de la saisie-arrêt, doit, par identité de motifs, être déclaré commun à la procédure de saisie-exécution. — Cass., 12 avr. 1892, Beaubouchez, [S. et P. 93.1.513, D. 93.1.19] — V. infrà, v° Saisie.

405. — L'interdiction d'aliéner entraîne pour le légataire l'impossibilité de donner en nantissement les rentes acquises avec le montant du legs. — Paris, 26 janv. 1894, Cordevioia, [S. et P. 94.2.93]

406. — Aux termes de l'art. 815, C. civ., nul ne peut être contraint de rester dans l'indivision, et si les communistes peuvent convenir de suspendre le partage pendant cinq ans, cette convention faite pour un plus long délai ne serait pas obligatoire. Il est certain que les principes qui ont inspiré cette disposition au législateur ne permettraient pas de valider la condition, imposée par un donateur ou testateur aux bénéficiaires de la libéralité, de rester dans une indivision perpétuelle. — Cass., 22 juill. 1807, Grumsel, [P. chr.]

407. — Jugé que le droit de sortir de l'indivision étant au nombre de ceux que la loi déclare inséparables de la propriété, toute convention ou prohibition contraire ne peut en dépouiller le propriétaire. En conséquence, toute disposition testamentaire tendante à empêcher un héritier d'exercer ce droit est nulle. — Aix, 10 mai 1841, Augier, [S. 41.2.478, P. 41.2.302]

408. — Dans l'ancienne jurisprudence, dit Chabot (*Success.*, t. 3, art. 815, n. 2), on voulut soumettre ce principe à quelques exceptions. Des auteurs soutenaient qui si le défunt avait défendu à ses héritiers de partager ses biens, ou s'il ne les avait institués ses héritiers qu'à la charge de jouir indivisément, la prohibition du partage et la condition de l'institution étaient valables, et que, dans l'un et l'autre cas, le partage ne pouvait être réclamé; ils se fondaient notamment sur la loi *Lucia Titia 78, in princ.*, ff. *ad Senat.-cons. Trebell.* Cette opinion n'avait pas un très-grand nombre de partisans. On était assez généralement d'accord pour admettre que la prohibition illimitée de partage n'était pas valable, parce qu'elle était contraire aux lois sur les successions, et que, d'ailleurs, suivant la loi dernière, au Code, *Communi dividundo*, personne n'était obligé de vivre toujours en communauté, mais aussi on admettait que si la prohibition du partage était limitée à un certain temps elle devait être exécutée. Nous pensons que l'on devrait aujourd'hui regarder comme valable la condition de rester dans l'indivision pendant un délai ne dépassant pas cinq ans, puisque la loi permet aux intéressés eux-mêmes de le convenir. Il n'en serait autrement que si cette condition portait atteinte aux droits d'héritiers à réserve. — Aubry et Rau, t. 6, § 622, p. 533, texte et note 6; Delvincourt, t. 2, p. 344; Duranton, t. 7, n. 80; Demolombe, t. 15, n. 511. — *Contra*, Merlin, *Répert.*, v° *Partage*, § 1, n. 103; Vazeille, sur l'art. 815, n. 10.

409. — Jugé, en ce sens, que la condition imposée par un testateur à son légataire de ne provoquer, pendant toute la durée de l'usufruit, aucun partage contre le propriétaire d'une portion de certains immeubles indivis, lequel est en outre usufruitier de la portion léguée, n'est pas une condition contraire à la loi; qu'elle est, en conséquence, obligatoire pour le légataire au moins pendant cinq ans (temps durant lequel le Code permet de suspendre le partage); en sorte que, si elle a été sanctionnée par une clause pénale, cette clause doit être appliquée en cas d'inexécution de la condition. — Cass., 20 janv. 1836, Rousset, [S. 36.1.83, P. chr.]

410. — Mais nous pensons que la clause imposant l'indivision pour une durée plus longue que celle permise par l'art. 815, C. civ., doit être tenue pour nulle. Jugé, en ce sens, que doit être réputée non avenue, la disposition par laquelle le testateur veut que le partage de partie de sa succession soit prorogé à un temps excédant cinq années. — Bordeaux, 20 avr. 1831, Lynch, [S. 31.2.315, P. chr.] — *Sic*, Toullier, t. 6, n. 488; Rolland de Villargues, v° *Prohibition d'aliéner*, n. 14.

411. — La condition imposée à un mari, dans un testament fait en faveur de sa femme, de ne pouvoir toucher les sommes léguées qu'au moyen d'emploi ou d'hypothèques n'est pas obligatoire pour la femme séparée de biens. — Grenoble, 8 avr. 1835, Bresson, [P. chr.]

412. — L'interdiction stipulée par le vendeur d'un terrain d'établir une hôtellerie dans la maison que l'acheteur est dans

l'intention de construire sur le terrain acheté et sur un terrain adjacent, n'a rien d'illicite. Cette interdiction constitue un droit impersonnel, susceptible d'être cédé à prix d'argent ou à titre gratuit. — Lyon, 30 déc. 1870, Laroche, [S. 72.1.17, P. 72.105, D. 71.2.137] — V. infrà, n. 432.

413. — Il est d'un usage assez répandu dans le commerce et l'industrie que l'employé d'une maison, en louant ses services à cette maison, s'engage envers elle, au cas où pour une raison ou pour une autre, il viendrait à la quitter, à ne pas exercer dans la même ville et pendant un certain temps, un commerce ou une industrie similaire. — V. à ce sujet, *suprà*, v° *Commis*, n. 254 et s.

Section IV.

Conditions relatives au domicile; — ... au nom.

414. — La condition de venir se fixer dans une résidence déterminée ou avec certaines personnes était, dans la législation romaine, généralement considérée comme illicite (L. 7, § 2, D. *De cond. et demonst.*). Dans l'ancien droit français, il en était de même (Domat, *Lois civiles*, l. 3, t. 1, § 8, n. 18; Furgole, *Des testam.*, t. 2, ch. 7, sect. 2, n. 104 et s.; Ricard, *Des donations*, t. 2, n. 282 et s.). Ricard cependant, tout en se prononçant pour la nullité de la condition, ne craint pas de déclarer que l'utilité publique devant l'emporter sur l'utilité privée, si l'exécution de la condition devait être avantageuse à la société, elle ne pourrait être réputée non écrite (n. 282). Il cite l'exemple d'un professeur de philosophie, de qui l'on exigerait qu'il enseignât, le reste de ses jours, dans une ville déterminée.

415. — Que si, au contraire, ces motifs ne présentent rien de déshonnête, ni d'arbitraire, nous pensons, avec Demolombe, que la condition devra être reconnue valable, comme si, par exemple, l'on imposait à une mère de famille de ne pas se séparer de ses enfants (L. 72, § 2, D., *De cond. et demonst.*), à un précepteur d'achever l'éducation des élèves qui lui ont été confiés; à un domestique de ne pas quitter le service de son maître jusqu'au décès de celui-ci. — Il est bon de noter, d'ailleurs, que la liberté de choisir son domicile et sa résidence n'est jamais entière et complète. — Demolombe, t. 18, n. 271; Taulier, t. 5, n. 262; Duranton, t. 8, n. 132; Proudhon, *Usufruit*, t. 1, n. 414; Troplong, t. 1, n. 253; Coin-Delisle, sur l'art. 900, n. 22 et s.; Bartin, p. 162. — *Contrà*, Laurent, t. 11, n. 441 et 442; Demante et Colmet de Santerre, t. 4, n. 16 *bis-16*.

416. — Jugé qu'est valable, à raison des circonstances, dont l'appréciation appartient aux juges du fait, la clause par laquelle le testateur impose à une certaine mesure les charges imposées à une légataire universelle, pour le cas où elle ne consentirait pas à venir fixer son domicile dans un lieu déterminé par le testament. — Cass., 23 janv. 1877, Parnet, [S. 77.1.350, P. 77.903, D. 77.2.124]

417. — ... Que la condition imposée aux époux donataires de venir habiter et travailler en commun avec le donateur ne doit pas être réputée impossible, et par conséquent non écrite, lorsque l'un des époux est décédé avant d'avoir pu la remplir; que cette condition ne doit pas être réputée non écrite, comme contraire aux lois en ce qu'elle blesse la liberté individuelle. — Pau, 2 janv. 1827, Lousteau, [S. et P. chr.]

418. — ... Que la condition imposée dans un acte à la donataire de ne pas quitter le donateur n'est pas contraire aux bonnes mœurs; et qu'il n'y a pas lieu d'annuler une telle disposition comme présumée faite au profit de l'enfant naturel né des liaisons du donateur avec la donataire. — Cass., 30 déc. 1819, N..., [S. et P. chr.]

419. — ... Qu'est valable la condition imposée par un testateur à son légataire universel, d'habiter sa maison et de rester dans le département, alors que cette condition n'a pas le caractère d'une obligation perpétuelle, et laisse le légataire libre de s'absenter. — Bastia, 10 juin 1840, Pomi, [D. Rép., v° *Disposit. entre vifs*, n. 171]

420. — Jugé, au contraire, que la condition « d'habiter, par elle ou les siens », l'immeuble, objet d'un legs, ne peut être imposée à la légataire (dans l'espèce, une femme mariée), et doit être considérée comme illicite, par suite, comme non obligatoire, les biens ne pouvant être pendant une longue période de temps, frappés d'inaliénabilité. — Paris, 23 juin 1892, Tournier, [S. et P. 93.2.26, D. 92.2.379]

421. — ... Qu'est contraire à la loi, et doit être réputée non écrite, la clause par laquelle un testateur impose à son légataire l'obligation d'habiter sa maison sous peine de déchéance, alors surtout que cette maison est inhabitable. — Bordeaux, 25 août 1876, Pouvereau, [S. 77.2.247, P. 77.1012] — V. *suprà*, v° *Bail à nourriture*, n. 45 et s.

422. — Si la condition de résidence tendait à mettre un père sous la dépendance de son fils, ou à séparer une femme de son mari, il ne faudrait pas hésiter à la déclarer nulle. — Bourges, 9 août 1832, Gonot, [S. 33.2.130, P. chr.] — Poitiers, 3 juin 1842, Esmain, [S. 43 2.295, P. 43.1.102] — *Sic*, Demolombe, t. 18, n. 270; Laurent, t. 11, n. 447; Bartin, p. 154. — V. *infrà*, n. 436 et s.

423. — La convention par laquelle une femme séparée de biens s'est engagée à laisser dans un immeuble qui lui est propre, et dont elle a l'administration, des meubles suffisants pour que son mari puisse s'y retirer, est nulle comme contraire à l'ordre public, et, dès lors, ne saurait ni lier le mari, ni entraver le droit d'administration de la femme. — En conséquence, elle peut toujours donner cet immeuble à bail, malgré la convention, et bien que le mari déclare vouloir y fixer le domicile conjugal. — Caen, 8 avr. 1851, Dame Dupont d'Aisy, [S. 51.2.720, P. 52.2.321, D. 52.2.127]

424. — Quant à la condition de ne pas habiter un lieu déterminé, on comprend qu'elle sera plus facilement reconnue valable, étant beaucoup moins gênante pour la liberté du donataire ou légataire. Les motifs les plus sérieux peuvent l'avoir dictée au disposant. — Toullier, t. 5, n. 263; Coin-Delisle, sur l'art. 900, n. 24; Troplong, t. 1, n. 253; Massé et Vergé, sur Zachariæ, t. 3, § 464, note 11, p. 180; Duranton, t. 8, n. 132; Demolombe, t. 18, n. 272.

425. — Il en est de même de la condition de ne pas demeurer avec telle personne désignée. — Demolombe, t. 18, n. 273.

426. — La condition imposée à un légataire de porter les nom et prénoms du testateur n'est pas contraire à la loi, et, sous le rapport de la possibilité de son exécution, cette condition est valable et obligatoire comme celles qui dépendent de la volonté d'un tiers, et même du hasard. — Cass., 4 juill. 1836, Rapin-Thuillier, [S. 36.1.642, P. chr.] — *Sic*, Merlin, *Rép.*, v° *Promesse de changer de nom*; Rolland de Villargues, v° *Nom*, n. 31, 75 et s.; Troplong, t. 1, n. 256; Demolombe, t. 18, n. 274. — *Contrà*, Denisart, v° *Condition*, p. 121; Furgole, t. 2, p. 283, n. 438; Pothier, *Traité des obligat.*, n. 213 et 214.

427. — Mais la condition de changer de nom ou d'ajouter un autre nom à celui que l'on porte implique l'obligation d'en demander l'autorisation à l'autorité compétente. Nous pensons que celui à qui on a imposé la condition d'ajouter un nom au sien a rempli la condition, quand il a demandé l'autorisation nécessaire, quand même il n'aurait pas obtenu ce qu'il demandait. — Pou-jol, n. 17, sur l'art. 900; Troplong, t. 1, n. 256; Demolombe, t. 18, n. 274. — V. *infrà*, v° *Noms et prénoms*.

SECTION V.

Autres conditions restrictives de la liberté d'agir. — Profession. — Conduite. — Droits civiques. — Droits de famille.

428. — I. *Profession*. — Sous l'empire des lois de 1791 et de l'an II, aujourd'hui abrogées (V. *suprà*, n. 241 et 242), était réputée non écrite toute condition qui aurait gêné le donataire dans le choix libre d'une profession. — Toullier, n. 248.

429. — Sous le Code civil, de pareilles conditions doivent être considérées comme valables, puisqu'il est libre au donataire ou au légataire d'accepter la gêne imposée en même temps que la libéralité, ou de conserver sa liberté entière en abandonnant la donation. — Coin-Delisle, n. 25, sur l'art. 900; Demolombe, t. 18, n. 263 bis-VI; Laurent, t. 11, n. 443; Bartin, p. 157.

430. — Cependant, il faut que les entraves imposées ne soient pas excessives, car s'il s'agissait, par exemple, de la condition de n'embrasser aucune espèce de profession, une pareille condition porterait atteinte à l'ordre public et serait réputée non écrite. — Duranton, t. 8, n. 135; Coin-Delisle, n. 26, sur l'art. 900; Taulier, t. 4, p. 324; Merlin, *Répert.*, v° *Condit.*, sect. 2, § 5; Demolombe, t. 18, n. 268.

431. — On devrait, au contraire, regarder comme valable et obligatoire la condition de prendre un état, d'embrasser une profession en général, une semblable clause n'ayant rien que de louable puisqu'elle tendrait à détourner le légataire d'une oisiveté pernicieuse. — Demolombe, t. 18, n. 263.

432. — Il paraît même permis d'imposer l'exercice d'une profession déterminée. Mais il va sans dire que cette profession ne devrait rien avoir de déshonnête. Il faudrait aussi qu'elle ne fût pas pour le gratifié, à raison de son éducation et de son rang, une sorte de déchéance sociale. — Demolombe, t. 18, n. 264 et s.; Toullier, t. 5, n. 261; Troplong, t. 1, n. 250 et 251; Saintespès-Lescot, t. 1, n. 123; Massé et Vergé, sur Zachariæ, t. 3, p. 179, § 464, note 11; Duranton, t. 8, n. 134; Marcadé, sur l'art. 900; Coin-Delisle, *ibid.*, n. 27 et 28; Aubry et Rau, t. 7, § 692, p. 293; Larombière, t. 2, sur les art. 1172 et 1173, n. 24.

433. — Créerait une entrave excessive et devrait, en conséquence, être prohibée la condition de n'exercer, toute sa vie, qu'un métier qui aurait été indiqué, et sans qu'on pût jamais se livrer à d'autres occupations (V. L. 71, § 2, D., *De cond. et dem.*). — Coin-Delisle, sur l'art. 900, n. 29.

434. — II. *Conduite*. — La condition imposée à une fille dans une institution testamentaire, de tenir une conduite décente et honnête, ne peut être réputée immorale et non écrite; et l'inexécution de cette condition peut être établie, tant par titres que par témoins. — Pau, 1er févr. 1823, Lacau-Balenci et Moustrou, [S. et P. chr.] — *Sic*, Rolland de Villargues, v° *Condit.* concernant les mariages, n. 97; Bayle-Mouillard, sur Grenier, t. 1, p. 693, note *b*; Troplong, t. 1, n. 254; Sébire et Carteret, n. 158; Demolombe, t. 18, n. 269. — Sur le point de savoir si la donation faite à une concubine en vue de la déterminer à continuer la vie commune avec le donateur, est valable, V. *suprà*, v° *Concubinage*, n. 62.

435. — III. *Droits civiques*. — Quant aux droits civiques, aucune condition ne saurait y porter atteinte, car leur exercice est non seulement un droit, mais un devoir, et la condition qui tendrait à l'entraver devrait être considérée comme nulle (V. L. 17 niv. an II, art. 12). — Merlin, v° *Condition*, sect. 2, § 5, art. 5; Toullier, t. 5, n. 266; Duranton, t. 8, n. 139; Coin-Delisle, sur l'art. 900, n. 43; Vazeille, art. 900, n. 24; Sébire et Carteret, n. 165; Demante et Colmet de Santerre, t. 4, n. 16 *bis*-VI; Demolombe, t. 18, n. 237; Laurent, t. 11, n. 439.

436. — IV. *Droits de famille*. — Il en est de même de la condition qui tendrait à empêcher le gratifié d'exercer ses droits ou de remplir ses devoirs de famille, la puissance maritale, la puissance paternelle, la tutelle, etc. (L. 4, Cod., *De Inst. et substit.*). — Ricard, n. 239; Merlin, *Rép.*, *loc cit.*; Demante, *loc. cit.*; Demolombe, t. 18, n. 238; Laurent, t. 11, n. 446 et s. — V. *suprà*, n. 422.

437. — Par conséquent, on devrait décider la nullité de la condition imposée au gratifié de ne pas émanciper son enfant. Quant à la condition de l'émanciper, Duranton (t. 8, n. 142), enseigne qu'elle n'aurait rien de contraire aux lois, puisque l'émancipation ne peut avoir lieu que lorsque le mineur aura atteint l'âge exigé par la loi, et qu'elle serait valable. Mais nous pensons qu'il est plus exact de subordonner la solution de la question aux circonstances du fait; comme si l'intérêt de l'enfant commandait de l'émanciper pour qu'il pût se mettre à la tête d'un établissement que le disposant lui aurait légué. — Demolombe, t. 18, n. 238 *bis*.

438. — Ce que nous disons au sujet de l'émancipation peut s'appliquer à tous les droits de famille. Il appartiendra aux tribunaux de décider, en fait, si les conditions restrictives de l'autorité paternelle, de la puissance maritale, de la tutelle, etc., sont ou ne sont pas légitimées par les craintes qu'a ainsi manifestées l'auteur de la libéralité; ils jugeront si la clause émane de sentiments injustes et arbitraires ou si elle a pour objet l'intérêt bien entendu des légataires. — V. Vazeille, *Traité du mariage*, t. 2, n. 438; Duranton, t. 3, n. 375, note; Proudhon, *Traité des personnes*, t. 1, p. 240 et s.; Valette, sur Proudhon, t. 2, p. 283; Duvergier, sur Toullier, t. 1, n. 1068; Rolland de Villargues, v° *Puissance paternelle*; Demolombe, t. 18, n. 314.

439. — Si un legs ou une donation est fait à un mineur sous la condition que le père de ce mineur sera privé de l'administration des biens donnés ou légués, une telle clause est-elle valable? — V., pour l'exposé de cette question très-controversée, *suprà*, v° *Administration légale*, n. 32 et s.

440. — La jurisprudence considère généralement cette condition comme licite. Ainsi il a été jugé qu'est valable la clause par laquelle un testateur dispose que le legs de sommes fait par lui à un mineur de plus de dix-huit ans sous la tutelle légale de son père, ne sera remis au mineur qu'après sa majorité, et que jusqu'à cette époque les sommes léguées seront confiées à un tiers qui sera chargé d'en employer les revenus à payer les frais de l'éducation du mineur; qu'une pareille clause n'est contraire ni aux règles de la saisine, ni aux bonnes mœurs, ni à l'ordre public. — Cass., 30 mai 1881, Trésy, [S. 83.1.149, P. 83.1.360, D. 82.1.22]

441. — ... Qu'est également valable la clause d'un testament par laquelle l'aïeul d'enfants mineurs sous la tutelle légale de leur mère, en léguant à ceux-ci la quotité disponible de ses biens, retire à la mère l'administration des biens légués; qu'une telle clause n'a rien de contraire à l'ordre public. — Nancy, 12 nov. 1874, Lecomte, [S. 75.2.44, P. 75.224, D. 75.2.182]

442. — Dans tous les cas on devrait considérer comme nulle la condition qui enlèverait au père l'administration de la personne de ses enfants mineurs. — Caen, 20 nov. 1840, Salomon, [S. 41.2.78, P. 41.1.418]

443. — ... Ou l'éducation de ces mêmes enfants. — Besançon, 15 nov. 1807, Magnoncourt, [S. et P. chr.]

444. — Ainsi, la clause d'un testament portant donation en faveur d'enfants mineurs et don d'une rente viagère au profit des père et mère de ces enfants, avec condition expresse que la direction de l'éducation physique et morale de ces enfants sera confiée à une tierce personne, légataire usufruitière des biens du testateur, à l'exclusion de leur père et mère, et que cette tierce personne paiera tous les frais de cette éducation, est nulle en ce qui concerne l'éducation et le mode d'éducation de ces enfants; mais elle doit être exécutée dans toutes ses autres dispositions. — Rennes, 18 déc. 1835, Janières, [P. chr.]

445. — Doit aussi être considérée comme nulle et non écrite la clause d'un testament par lequel l'aïeul d'un enfant mineur enlève au père, pour la confier à un tiers, l'administration de la personne de l'enfant. — Orléans, 3 févr. 1870, Pinel, [S. 70.2.257, P. 70.978, D. 70.2.49]

446. — La disposition par laquelle un testateur investit son exécuteur testamentaire du droit d'administrer de la manière la plus absolue des immeubles dépendant de sa succession, jusqu'au décès d'un tiers auquel l'usufruit est légué, constitue, au profit de cet exécuteur testamentaire, une véritable saisine prohibée par la loi : une telle disposition doit donc être réputée non écrite. — Cass., 20 mai 1867, Jomand, [S. 67.1.292, P. 67.753, D. 67.1.200] — Lyon, 26 août 1864, Portanier, [S. 65.2.254, P. 65.1008] — Sic, Laurent, t. 11, n. 458.

447. — On admet sans difficulté que le disposant peut restreindre les droits du mari sur les biens donnés ou légués à la femme de ce dernier, alors même que le régime matrimonial adopté attribue l'administration de ces biens au mari. — V. suprà, v° *Communauté conjugale*, n. 327 et s., et 1308 et 1309.

448. — Une femme mariée, en stipulant dans une donation par elle faite à sa fille, que celle-ci devra la loger et lui venir en aide en cas de besoin, ne fait nullement échec aux droits de la puissance maritale. Une pareille condition est valable, et ne peut dès lors entraîner la nullité de la donation. — Poitiers, 16 févr. 1885, Guichard et Routraud, [S. 87.2.67, P. 87.1.445, D. 86.2.38]

449. — On a jugé que doit être réputée nulle et non écrite, comme portant atteinte à l'autorité paternelle et maritale, la condition imposée par une aïeule à son petit-fils, institué par elle son légataire universel, de faire exhumer la mère et les sœurs de celui-ci, alors que leur mari et père s'oppose à l'exhumation, que leur décès remonte à plusieurs années et que leurs restes mortels reposent dans le même cimetière que ceux de l'aïeule et à quelques pas de son tombeau. — Rouen, 16 nov. 1875, Lingois, [D. 76.2.154]

450. — Toute clause dérogatoire aux lois réglant l'état et la capacité des personnes doit être considérée comme non écrite. Il en est ainsi, notamment, de la condition imposée par un testament à un légataire de ne pas rechercher sa mère naturelle. — Trib. Tarbes, 11 avr. 1856, sous Pau, 24 juin 1857, Gardères, [D. 57.2.154] — Sic, Laurent, t. 11, n. 446; Bartin, p. 156.

451. — On ne saurait, dans des conventions relatives à la propriété des biens, stipuler des conditions qui, imposant des services à une personne ou en faveur d'une personne, auraient pour effet de faire revivre l'ancienne féodalité.

452. — Cependant on peut, en vendant un terrain ou une maison, imposer à l'acquéreur la condition de n'y pas faire telle espèce de commerce. Une pareille clause ne présente que l'établissement d'une obligation réelle. — Cass., 4 frim. an III, Béhéré, [S. et P. chr.] — V. suprà, n. 412.

453. — V. *Etablissements publics*. — Si l'on admet, au sujet des personnes morales, la théorie qui tend à prévaloir et selon laquelle ces personnes morales n'ont de capacité que pour l'objet en vue duquel elles ont été créées (V. suprà, n. 334), il en résulte qu'un donateur ou testateur ne pourra jamais augmenter l'étendue de cette capacité, et que toute condition apposée à une libéralité devant avoir pour résultat d'étendre les limites des attributions d'un établissement public reconnu, devra être déclarée nulle comme contraire à la loi et à l'ordre public.

454. — Ainsi jugé que les bureaux de bienfaisance sont spécialement institués pour le soulagement des pauvres par des distributions à domicile et pour l'administration des biens des indigents; et ils sont appelés à exercer ces attributions à l'exclusion de tous autres établissements publics, et notamment des conseils de fabrique. — Cour sup. de justice du Grand-Duché de Luxembourg, 18 déc. 1885, Fabrique de Clausen, [S. 86.4.12, P. 86.2.20]

455. — ... Que les conseils de fabrique ne sont pas institués dans un but de bienfaisance; que l'administration des « aumônes » dont ils sont chargés s'entend de l'administration des offrandes pour les besoins du culte. — Même arrêt.

456. — ... Que, par suite, la clause d'un testament, portant qu'un legs fait aux pauvres « sera administré par le conseil de fabrique, avec mission exclusive d'en distribuer les revenus aux indigents de la paroisse » est entachée d'illégalité, en ce qu'elle méconnaît tant les attributions du conseil de fabrique que celles du bureau de bienfaisance. — Même arrêt.

457. — D'après cet arrêt, et contrairement à la jurisprudence française, une pareille clause doit être réputée non écrite, en telle sorte que le legs devient pur et simple, et doit être attribué au bureau de bienfaisance, représentant légal des indigents, bien que le testateur ait disposé que la clause serait irritante, et que si elle n'était pas accomplie, il entendait révoquer le legs aux pauvres. C'est la consécration de la théorie enseignée par Laurent, qui, sans avoir égard à la volonté du disposant, proclame que toute condition nulle apposée à une libéralité et ce legs doit être tenue pour non écrite, alors même qu'elle aurait été la cause impulsive et déterminante de la libéralité, tandis que, selon notre Cour de cassation, la nullité de la condition, en pareil cas, entraîne la nullité de la disposition tout entière. — V. suprà, n. 170 et s.

458. — La cour de Toulouse, confirmant un jugement du tribunal de Lavaur, a également jugé que la clause d'un testament portant que le capital d'une rente léguée aux pauvres appartiendra à la fabrique, est entachée d'illégalité en ce qu'elle méconnaît les attributions tant du bureau de bienfaisance que du conseil de fabrique; qu'il en est de même de la clause du même testament portant que les revenus de la rente léguée aux pauvres seront distribués par les soins du curé de la paroisse. Mais cette cour, pour maintenir la disposition, a cru devoir constater que les conditions dont le legs était affecté ne pouvaient pas être considérées comme ayant été la cause déterminante de la libéralité. — Toulouse, 4 nov. 1890, Solier, [S. 91.2.131, P. 91.1.877] — V. infrà, v° *Legs*.

Section VI.

Conditions de renonciation à l'exercice de droits. — Défense d'attaquer le testament ou autres actes. — Clause pénale en cas d'inaccomplissement des volontés du disposant.

459. — La condition de renoncer à une succession ouverte est incontestablement valable. Ce n'est autre chose que l'option entre deux droits pécuniaires, la libéralité et la succession. — Demolombe, t. 18, n. 276; Laurent, t. 11, n. 458.

460. — Jugé, en ce sens, que le légataire, institué sous la condition qu'il n'exercera aucun droit sur la succession ouverte de ses aïeul et aïeule, à laquelle il est appelé, peut être déclaré

CONDITION. — Titre IV. — Chap. III.

déchu de son legs, s'il a opté en pleine connaissance de cause et sans réserves pour l'exercice de ses droits héréditaires. — Cass., 16 août 1843, Montal, [S. 43.1.874, P. 43.2.715]

461. — Que décider à l'égard de la condition de renoncer à une succession non ouverte? Il y a controverse. Dans un premier système, on dit qu'elle est licite, tant en matière de donations qu'en matière de testaments. On invoque à l'appui l'art. 843, C. civ., d'après lequel toute libéralité faite à un héritier présomptif, sans dispense de rapports, est tacitement subordonnée à la condition de renoncer à la succession du disposant. Si cette condition est licite quand elle est faite au profit d'un successible, il n'y a aucune raison de la prohiber au cas où elle est stipulée au profit d'un non successible. Peu importe d'ailleurs que la succession à laquelle le donataire ou légataire est tenu de renoncer au moment de son ouverture soit celle du donateur, du testateur ou d'un tiers. — Toullier, t. 5, n. 269; Troplong, t. 1, n. 269; Bayle-Mouillard, sur Grenier, t. 1, p. 694, note a.

462. — Dans un second système, on décide que cette condition est toujours nulle parce qu'elle constitue un pacte sur succession future, proscrit par l'art. 791, C. civ., comme immoral et contraire à l'ordre public. On ne distingue pas entre les donations et les testaments. En cas de donation, le bénéficiaire, il est vrai, participe au contrat en acceptant, dans le même acte, la libéralité qui lui est faite. Le caractère de pacte successoral y apparaît plus nettement marqué que dans le cas de testament. Il n'en est pas moins vrai que, même dans cette dernière hypothèse, le légataire, au moment où il accepte le legs, s'engage à remplir la condition. Il ne peut obtenir la délivrance du legs sans exécuter cette obligation; cela suffit pour entacher la condition d'immoralité. Selon les partisans de cette opinion, les juges auront à examiner avec soin le véritable caractère de la disposition, si c'est une vraie libéralité ou si c'est plutôt un arrangement de famille, en réalité, un contrat onéreux. Dans le premier cas, la condition sera tenue pour non écrite, conformément à l'art. 900. Dans le second, par application de l'art. 1172, la disposition tout entière tombera. — Demolombe, t. 18, n. 277; Durantón, t. 8, n. 146; Vazeille, sur l'art. 900, n. 23; Rolland de Villargues, v° Condition, n. 134; Sébire et Carteret, n. 168; Saintespès-Lescot, t. 1, n. 144; Laurent, t. 11, n. 455.

463. — Enfin, une troisième opinion décide que la condition sera toujours valablement insérée dans un testament, par conséquent non obligatoire pour le légataire. Elle sera, au contraire, réputée écrite dans un acte de donation, parce qu'alors, suivie de l'acceptation immédiate du bénéficiaire, elle constituerait un pacte sur succession future. Elle entraînerait la nullité de la donation elle-même s'il apparaissait que la disposition n'a été faite que pour stipuler la renonciation du donataire à la concession, de même que s'il s'agissait d'un contrat onéreux prochainement dit. — Coin-Delisle, sur l'art. 900, n. 20; Aubry et Rau, t. 7, § 692, p. 295 et 296, texte et notes 31 et 32.

464. — La jurisprudence paraît s'être prononcée le plus souvent en ce sens. Ainsi il a été décidé que l'on ne doit pas réputer non écrite comme contraire aux lois et aux bonnes mœurs la condition apposée à un legs, que le légataire ne pourra rien prétendre sur la succession à échoir de ses père et mère; que cette condition doit seulement considérée comme suspensive jusqu'au décès des père et mère du légataire. — Angers, 27 juill. 1827, Cailleau, [S. et P. chr.] — Pau, 27 déc. 1833, Mouret, [D. 85.2.200]

465. — ... Qu'est valable la clause d'un testament par laquelle un père fait à l'un de ses enfants un legs pour lui tenir lieu de sa part dans la succession maternelle (non encore ouverte), avec stipulation que, dans le cas où l'enfant institué voudrait exercer une action en reprise des droits de sa mère, le legs serait caduc ou réductible à concurrence de ce qui lui proviendrait par suite de cette reprise. Une pareille stipulation, laissant à l'enfant une option entre ses droits maternels et le legs qui le représente, ne peut être considérée comme un pacte sur succession future. — Cass., 23 nov. 1857, Sollier, [S. 58. 1.209, P. 58.987, D. 57.1.425]

466. — Au contraire, renferme un pacte sur succession future prohibé par la loi, la donation faite par un oncle à sa nièce à l'occasion de son mariage, sous la condition que « la future épouse ne prendrait aucune part dans les successions de ses père et mère lorsqu'elles viendraient à s'ouvrir, et que la donation serait réputée nulle et non avenue si la donataire ne renon-

çait pas purement et simplement aux susdites successions lors de leur ouverture »; qu'il y a là non pas une simple offre à la donataire d'une libre option entre la donation et sa part dans les hérédités paternelle et maternelle, mais une condition illicite imposée par le donateur et acceptée par la donataire. — Montpellier, 10 août 1887, sous Cass., 8 avr. 1889, Terral, [S. 89.1. 212, P. 89.1.515, D. 90.1.206]

467. — ... Que la clause par laquelle deux époux, en dotant leurs enfants, leur imposent l'obligation de laisser le survivant d'entre eux jouir de l'usufruit des biens du prédécédé, sans pouvoir, sous aucun prétexte, demander de compte ni partage, est nulle comme contenant, de la part des enfants, une stipulation sur une succession future. — Cass., 16 janv. 1838, Berlaud, [S. 38.1.225, P. 38.1.544] — V. aussi infrà, v° Succession future.

468. — Dans un sens opposé, il avait été cependant jugé que des père et mère ont pu, en dotant conjointement et chacun pour moitié leurs enfants, leur imposer la condition alternative de laisser jouir le survivant des dotateurs de tous les biens du prédécédé, sans pouvoir lui demander compte ni partage, ou d'imputer en cas de partage, la totalité de la dot sur la succession du prémourant. — Paris, 11 janv. 1819, Scheneider, [S. et P. chr.]

469. — De même, il a été jugé qu'on ne saurait taxer d'illicite les clauses par lesquelles un père et une mère, en faisant à leur enfant, par contrat de mariage, une donation à titre de dot et en avancement d'hoirie, chacun pour moitié, imposent au donataire la condition de laisser au survivant des donateurs la jouissance viagère des biens du prédécédé, sans pouvoir demander compte ni partage, ou de souffrir, dans le cas où il y aurait lieu audit compte et partage, l'imputation de la totalité de la dot sur la succession du prémourant; une pareille stipulation ne renferme qu'une condition alternative, dont la seconde, essentiellement valable, doit produire son effet, et qui est dans l'intérêt des enfants. — Paris, 3 août 1847, Penin, [P. 47.2.463]

470. — Quant à la défense d'attaquer un testament sera-t-elle une condition licite ou illicite? Les dispositions pénales étaient nulles dans l'ancien droit romain (Ulpien, tit. 24, § 16, et tit. 25, § 13; Pandectes, tit. De his quæ pœnæ nomine reliquuntur). L'empereur Antonin-le-Pieux fut le premier qui prohiba ces dispositions. « Primus constituit ne pœnæ causâ legatum maneat », dit Capitolin. Mais cette législation a été abrogée par Justinien (liv. 1, Cod., De his quæ pœnæ nomine; Institut., tit. De legatis, § 36). — Les commentateurs ont, d'ailleurs, distingué entre la disposition pénale, celle qui est faite en haine de l'héritier, et la disposition conditionnelle, celle qui tend à gratifier le légataire. — V. Godefroy, dans ses notes sur la loi 2, ff. De his quæ pœnæ.

471. — Quelques auteurs ont soutenu que les dispositions purement pénales étaient nulles en France, comme dans l'ancien droit romain (Maillart, sur l'art. 74 de la Coutume d'Artois). Mais cette doctrine a été réfutée. — Ricard, Des donations, 3ᵉ part., n. 1549; Furgole, Des testaments, chap. 11, n. 137; Nouveau Denizart, v° Aînesse, et divers arrêts des Parlements, rapportés par Ricard et Denizart, loc. cit.

472. — Ainsi, dans la coutume d'Artois, le père pouvait priver son fils aîné de toute part dans ses biens libres, pour le cas où celui-ci voudrait exercer son droit d'aînesse. — Cass., 12 germ. an IX, Topart, [S. et P. chr.]

473. — Aujourd'hui, la volonté du testateur n'a à supporter d'autres restrictions que celles édictées par l'art. 900, C. civ. La clause pénale, à moins d'être par elle-même moralement ou physiquement impossible, sera opposée au testament d'une façon valable ou non, selon que la disposition qu'elle a pour objet de maintenir est légitime ou illégitime. Si le disposant veut ce qu'il n'a pas le droit de vouloir, il ne peut pas donner de force à sa volonté en ajoutant une peine; la disposition principale étant nulle, la clause pénale devient également nulle (V. supra, v° Clause pénale, n. 21). Par conséquent, pour savoir si l'héritier, en n'accomplissant pas la condition, a encouru ou n'a pas encouru la peine édictée par le testateur, il faudra s'attacher à rechercher si la volonté du testateur a été de maintenir des dispositions licites ou illicites.

474. — La défense d'attaquer le testament sera une condition licite ou illicite, selon que la volonté du testateur sera légitime ou non, qu'elle tendra à déroger à des lois de simple intérêt privé ou à violer des lois d'ordre public ou d'intérêt général.

Quand le disposant ne fait qu'imposer au légataire l'abandon d'un droit privé, rien ne s'oppose à ce que l'on reconnaisse la validité de la condition. Que si, au contraire, cette défense d'attaquer le testament a pour objet de mettre en échec un principe d'ordre public, la volonté du testateur ne saurait être sanctionnée : par exemple, au cas où il dispose en faveur d'une personne incapable ou indigne, s'il étend sa disposition au delà de ce que la loi lui permet. La clause par laquelle il voudra forcer ses héritiers à respecter de semblables dispositions sera nulle et comme non apposée. Ce que nous disons du testament s'applique aussi à tout autre acte antérieur que le disposant aurait interdit de critiquer, tel que donation, partage anticipé, etc. — Aubry et Rau, t. 7, § 692, p. 294; Laurent, t. 11, n. 474; Demolombe, t. 18, n. 278; Massé et Vergé, sur Zachariæ, t. 3, § 464, note 14, p. 181.

475. — Le testateur peut-il valablement imposer à son héritier, sous clause pénale, la renonciation à des droits que la loi accorde à ce dernier? Il faut distinguer : si ces droits sont de simple intérêt privé, la clause testamentaire par laquelle il est enjoint à l'héritier d'en faire l'abandon sera valable et obligatoire; si ces droits sont fondés sur des raisons d'ordre public ou d'intérêt général, c'est en vain que le disposant aura voulu en imposer le sacrifice à son héritier. Celui-ci ne sera aucunement tenu d'y renoncer. La clause sera réputée non écrite. Cette doctrine n'est pas contestée, mais l'application fait naître de nombreuses difficultés.

476. — Il n'est pas douteux, par exemple, que toute clause par laquelle le testateur interdit à un légataire la critique de son testament dans le but de porter atteinte à la réserve légale, de la supprimer ou de la réduire, ne soit absolument prohibée. S'il n'est pas permis au père de disposer de tous ses biens, lorsqu'il a des enfants, c'est parce qu'il a des devoirs à remplir vis-à-vis de ceux auxquels il a donné la vie; or, tout devoir qui incombe au père comme tel est d'ordre public. C'est encore pour la conservation des familles que le législateur a édicté les art. 913 et s., C. civ., limitant la quotité disponible. Or, il n'y a pas de société sans famille. Il est donc manifeste qu'à tous égards la réserve est d'intérêt général. — Laurent, t. 11, n. 479; Demolombe, t. 18, n. 281 et 282; Aubry et Rau, t. 7, § 692, p. 294 et 295.

477. — La peine testamentaire sera-t-elle encourue par l'héritier par le fait seul qu'il ne se soumet pas à la volonté du testateur? Si la disposition que celui-ci a voulu sanctionner par une clause pénale est d'ordre public, le légataire a le droit d'agir en nullité; on ne peut lui appliquer la peine; mais il agit à ses risques et périls. Si le procès tourne en sa faveur il percevra, malgré les intentions du testateur, le bénéfice du legs. Si, au contraire, l'issue du procès démontre que son action n'était pas fondée, il sera passible de la déchéance édictée dans le testament. Lorsque la disposition attaquée est seulement d'intérêt privé, quoique contraire à la loi, l'héritier encourt la peine par cela seul qu'il conteste le testament. C'est dans son intérêt particulier qu'il agit; à lui de voir s'il a avantage à obtenir les droits que la loi lui accorde plutôt que le bénéfice du legs. C'est une option à faire. S'il gagne le procès, il n'en subira pas moins la peine. S'il le perd, il en sera de même. Ce sera la conséquence de son choix. — Laurent, t. 11, n. 488.

478. — Par application de ces principes, il a été jugé que la clause d'un testament tendant à priver un héritier de sa réserve légale est illicite et doit être réputée non écrite; qu'il en est ainsi, par exemple, d'une clause par laquelle le testateur, après avoir déclaré qu'il est créancier d'un de ses enfants et débiteur de l'autre de sommes qu'il détermine, lègue la quotité disponible à l'héritier auquel ses affirmations profitent, pour le cas où celui à qui elles nuisent viendrait à les contester, lorsqu'il apparaît que le testateur, par ces déclarations reconnues inexactes, n'a eu d'autre but que d'exhéréder ce dernier. — Paris, 28 janv. 1853, Bruder, [S. 55.2.425, P. 53.1.705, D. 55.2.40]

479. — ... Que la clause d'un partage d'ascendant qui prive de sa part dans la quotité disponible l'enfant qui attaquerait le partage, doit être réputée non écrite, s'il est justifié que les dispositions du père de famille portent atteinte à la réserve légale. — Cass., 14 mars 1866, Saint-Guirons, [S. 66.1.353, P. 66.974, D. 66.1.173]; — 7 juill. 1868, Caute, [S. 69.1.125, P. 69.289, D. 68.1.446]; — 22 juill. 1874, Fontaine, [S. 74.1.479, P. 74.1222, D. 75.1.453] — Caen, 15 juin 1863, Renard, [S. 64.2.292, P. 64. 1264]; — 27 févr. 1878, sous Cass, 22 juill. 1879, Grabit, [S. 80.1.399, P. 80.1019] — V. aussi *infrà*, v° *Partage d'ascendant.*

480. — ... Qu'est nulle la clause d'un testament, par laquelle le testateur, après avoir disposé de la nue-propriété de ses biens au profit de ses petits-enfants et de l'usufruit au profit de sa fille, ajoute que « si, contre ses intentions, sa fille vient à prétendre à sa réserve, pour ce cas il lègue à ses petits-enfants la plus forte quotité disponible »; que l'héritière à réserve peut attaquer le testament sans encourir l'application de la clause pénale en question, alors d'ailleurs que cette clause (et à cet égard l'appréciation des juges du fond est souveraine) ne se réduit pas à une simple option laissée à l'héritière à réserve, mais constitue une véritable peine testamentaire. — Cass., 6 mai 1878, Regnault, [S. 78.1.319, P. 78.788, D. 80.1.345] — Paris, 17 mars 1877, Même affaire, [S. 77.2.167, P. 77.716, D. 78.2.34]

481. — D'autre part, il a été jugé valable la clause pénale insérée dans un testament lorsqu'elle n'est contraire, ni aux lois, ni aux bonnes mœurs : notamment celle qui, prévoyant le cas où des contestations seraient élevées contre l'exécution, attribue alors aux non contestants la quotité disponible. — Cass., 7 avr. 1847, V° Bouvard, [P. 47.1.466, D. 47.1.221]

482. — ... La clause d'un testament par laquelle le testateur prive ses héritiers collatéraux de tout son héritage pour en gratifier un légataire, dans le cas où ils attaqueraient les dispositions par lui faites en sa faveur. — Limoges, 13 août 1856, Dumaître, [S. 56.2.543, P. 57.942, D. 56.3.100]

483. — ... Qu'une disposition universelle qui porte que, dans le cas où l'héritier l'attaquerait, elle sera réduite aux termes de la loi, ne renferme point une clause prohibée. — Amiens, 21 mess. an X, Despaut, [S. et P. chr.]

484. — ... Que n'est pas illicite et doit recevoir son exécution, la clause par laquelle un père, faisant entre ses enfants le partage de ses biens, déclare réduire à sa réserve légale celui qui attaquerait le partage et disposer de la quotité disponible au profit des autres enfants. — Cass., 1er mars 1830, Veyle, [S. et P. chr.]; — 1er mars 1831, Laurent, [S. 31.1.100, P. chr.]; — Lyon, 6 mars 1829, Leguat, [S. et P. chr.] — Caen, 31 janv. 1848, Lemaître, [S. 48.2.425, P. 48.2.588, D. 48.2.154] — V. *infrà*, v° *Partage d'ascendant.*

485. — Bien qu'il soit permis à un testateur d'assurer par une clause pénale l'exécution de ses dispositions testamentaires en déclarant réduire à la réserve légale, celui de ses héritiers qui n'accepterait pas le partage qu'il aurait fait entre eux de ses biens, ce refus d'acceptation ne saurait toutefois entraîner immédiatement l'application de la clause pénale qu'autant qu'il serait dès lors certain que les dispositions cimentées par cette clause ne présentent rien de contraire aux lois, et qu'elles ne porteront point, par exemple, atteinte à la réserve, auquel cas elles devraient être réputées non écrites : il doit être, au contraire, si cette certitude n'est point acquise, procédé à une évaluation préalable des charges imposées aux réservataires, et les juges ne peuvent pas déclarer la peine encourue par le fait seul, de la part de ce dernier, de ne s'être pas aveuglément conformé à la volonté du testateur : ce n'est pas ici le cas d'une disposition conditionnelle subordonnée à une option à faire par le légitimaire dont les deux termes n'auraient rien de contraire à la loi. — Cass., 9 déc. 1862, Echalié, [S. 64. 1.265, P. 64.881, D. 63.1.36]

486. — La clause pénale d'un testament privant de toute part dans la quotité disponible l'enfant qui attaquera le testament, est légalement appliquée à l'héritier qui a contesté l'exécution du testament, s'il est constaté par les juges du fond (et à cet égard leur appréciation est souveraine) que la disposition testamentaire ne devait avoir aucunement pour résultat de porter atteinte à la réserve légale des enfants. — Cass., 11 juill. 1883, de Rigaud, [S. 84.1.323, P. 84.1.800, D. 83.1.444]

487. — Jugé qu'un testateur, en faisant un legs à son héritier réservataire, a pu valablement lui imposer d'opter entre la chose léguée et la réserve, quelle que fût l'importance du legs. — Orléans, 5 févr. 1870, Pinel, [S. 70.2.257, P. 70.978, D. 70. 2.49]

488. — Jugé cependant que les conditions réputées non écrites dans les testaments ne sont pas seulement celles contraires à l'ordre public, mais encore celles simplement contraires aux lois; spécialement, doit être réputée non écrite la clause par laquelle un testateur, partageant entre ses enfants les biens propres et ceux de son conjoint prédécédé, fait défense à chacun des enfants d'attaquer le partage, sous peine d'être privé de sa part dans la quotité disponible. — Vainement dirait-on que l'ascendant a offert à ses descendants une option que ceux-ci peuvent faire en toute liberté. Il n'y a d'option valable que celle dont les deux termes sont licites. — Caen, 9 juin 1874, Léger, [S. 76.2.233, P. 76.954, D. 76.2.33]

489. — S'il est vrai que l'héritier soit recevable à attaquer le testament de son auteur sans encourir la clause pénale destinée à en protéger l'exécution, lorsque son action est fondée sur l'existence, dans ce testament, de dispositions portant atteinte à la réserve, il ne résulte pas de là qu'il puisse subordonner cette action à la vérification préalable, au moyen d'une expertise judiciaire, du point de savoir si la quotité disponible a ou non été dépassée. L'héritier doit opter à ses risques et périls, pour ou contre l'exécution du testament, avant toute demande d'expertise. — Cass., 30 mai 1866, Guérillon, [S. 67.1.431, P. 67.1160, D. 67.1.263]

490. — Bien que l'héritier réservataire auquel le testateur a enjoint de respecter son testament sous peine d'être réduit à la réserve, puisse, sans encourir la peine stipulée, critiquer les dispositions contenues en cet acte comme excédant la quotité disponible, toutefois, s'il est ultérieurement démontré que, malgré les dispositions critiquées, la réserve est demeurée intacte, la clause pénale doit lui être appliquée. — Nancy, 13 févr. 1867, Echalié, [S. 67.2.253, P. 67.918, D. 67.2.36] — V. aussi *infra*, vᵒ *Quotité disponible, Réserve*.

491. — L'art. 826, C. civ., aux termes duquel chacun des cohéritiers peut demander sa part en nature des meubles et des immeubles de la succession, étant édicté, non dans un intérêt d'ordre public, mais dans l'intérêt privé des héritiers, le testateur peut valablement sanctionner par une clause pénale la disposition de son testament dérogeant à la règle de cet article. — Cass., 11 juill. 1883.

492. — La disposition testamentaire par laquelle le testateur ordonne que certains de ses immeubles seront vendus pour le prix en être partagé entre ses enfants, bien que portant atteinte au droit qu'a chaque héritier de réclamer sa part en nature, ne contrevient cependant à aucun principe d'ordre public et n'encourt point, dès lors, la nullité édictée par l'art. 900, même Code, s'il est constant que la vente ainsi ordonnée n'a point pour résultat d'entamer la réserve. — Par suite, le testateur peut valablement sanctionner l'observation d'une telle disposition en attribuant la quotité disponible à ceux de ses héritiers qui respecteront sa volonté, à l'exclusion de ceux qui ne s'y conformeront pas. — Cass., 15 févr. 1870, Beaucourt, [S. 70.1.261, P. 70.656, D. 70.1.182]

493. — En matière de donation et de partage, les prescriptions de la loi relatives à la composition des lots ne sont pas d'ordre public. — En conséquence, la clause d'un partage d'ascendant, par laquelle le donateur dispose éventuellement de la quotité disponible en faveur de celui de ses héritiers qui respecterait la donation-partage, pour le cas où elle serait attaquée par un autre héritier à raison d'une irrégularité dans la composition des lots, doit recevoir son exécution, lorsqu'il est constaté par les juges du fond que le partage, dont l'annulation a été demandée pour irrégularité dans la composition des lots, ne portait aucune atteinte à la réserve légale. — Cass., 26 juin 1882, Genlis et Valleaud, [S. 85.1.118, P. 85.1.261, D. 83.1.444]

494. — Est valable, comme n'étant contraire à aucun principe d'ordre public, la disposition d'un partage d'ascendant, qui attribue la quotité disponible à l'un des héritiers, en cas de critique, par l'autre, de la composition des lots ; et la validité d'une telle clause pénale doit être prononcée alors même que le partage aurait été annulé pour violation des règles tracées par les art. 826 et 832, C. civ. — Cass., 27 nov. 1867, Béchain, [S. 68.1.22, P. 68.140, D. 83.1.70, *ad notam*]

495. — Aux termes de l'art. 1021, C. civ., le legs de la chose d'autrui est nul. Est-ce là une loi d'ordre public ? Le testateur qui fait un legs semblable peut-il valablement sanctionner sa disposition par une clause pénale ? — V., sur cette question, *infra*, vᵒ *Legs*.

496. — Il est certain que des raisons d'ordre public s'opposent à ce que l'on reconnaisse valable toute condition ou clause pénale ayant pour objet de paralyser une action en nullité contre une substitution prohibée. — Demolombe, t. 18, n. 187 et 283. — V. *infra*, vᵒ *Substitution*.

497. — Il en est de même d'une clause pénale insérée dans

le but de maintenir des libéralités faites en faveur de personnes légalement incapables de les recevoir. — Demolombe, t. 18, n. 284 ; Aubry et Rau, t. 7, § 692, p. 293.

498. — Ainsi, est réputée non écrite la condition imposée, à peine de déchéance, à un légataire universel de ne pas se prévaloir de la nullité d'une donation faite à un hospice, et annulée, aux termes de l'édit de 1749, faute d'obtention de lettres-patentes. — Cass., 14 déc. 1825, Blanc, [S. et P. chr.]

499. — De même, la prohibition faite par testament à l'un des légataires de proposer la nullité légale d'autres legs faits à des incapables n'est pas une condition du legs inséparable de son exécution ; c'est une condition contraire à la loi, elle doit être réputée non écrite. — Poitiers, 2 juin 1824, Romieux, [P. chr.]

500. — Les formes exigées par la loi pour la validité d'un testament ou d'une donation tiennent aussi à l'ordre public ; un testateur ne saurait, au moyen d'une clause pénale prohibant la critique de tels actes, empêcher les héritiers de les attaquer pour vices de forme. A défaut de ces solennités, ces actes n'existent pas. La peine ne sera donc pas encourue par le seul fait d'une action en nullité dirigée contre eux. Il n'en sera ainsi qu'au cas où cette action sera jugée avoir été engagée mal à propos. — Demolombe, t. 18, n. 285 ; Laurent, t. 11, n. 482 ; Aubry et Rau, *loc. cit.* ; Tropiong, t. 1, n. 266 ; Massé et Vergé, sur Zachariæ, t. 3, § 464, note 14, p. 181.

501. — Ainsi, bien qu'une clause pénale insérée dans un testament pour le cas où il serait attaqué par les héritiers du testateur ne puisse empêcher les héritiers de se prévaloir des nullités de forme du testament, lesquelles tiennent à l'ordre public, cependant elle doit recevoir son exécution lorsque, la demande en nullité des héritiers ayant été rejetée, il en résulte qu'ils ont témérairement attaqué un testament valable. — Cass., 18 janv. 1858, Dumaître, [S. 58.1.177, P. 58.603, D. 58.1.24]

502. — L'ordre public commande qu'un testament ne reçoive son exécution qu'autant qu'il est l'expression de la volonté libre du testateur. Par conséquent, la peine édictée dans ce testament contre celui qui l'attaque pour captation ou suggestion ne sera encourue que s'il vient à succomber dans l'instance introduite. — Demolombe, t. 18, n. 286 ; Laurent, t. 11, n. 477.

503. — Il a été jugé, en ce sens, que la clause par laquelle un testateur interdit au légataire d'attaquer les libéralités par lui faites, sous peine d'être lui-même déchu de tout droit à la chose léguée, ne met pas obstacle à ce que ce légataire attaque, pour cause de captation, une donation faite par ce testateur, sauf aux juges à voir ultérieurement si la clause pénale doit ou non être appliquée au légataire à raison de cette attaque. — Cass., 27 mars 1855, Bonaventure, [S. 55.1.702, P. 56.1.33, D. 55.1.257]

504. — ... Que la clause par laquelle un testateur dispose que, si l'un de ses légataires vient à contester quelqu'une des dispositions du testament, son legs deviendra nul et de nul effet, doit recevoir son exécution, alors même que la contestation soulevée par le légataire (et sur laquelle d'ailleurs il a succombé) aurait porté sur le point de savoir si le testament était l'œuvre de la volonté libre du testateur. — Cass., 22 déc. 1845, Monnier, [S. 46.1.5, P. 46.1.117, D. 46.1.5] — Amiens, 17 déc. 1846, Même affaire, [S. 47.2.233, P. 47.2.96, D. 47.2.99]

505. — La clause d'un testament par laquelle un père de famille interdit à ses fils toute action judiciaire l'un contre l'autre, et réduit à la réserve celui qui violerait sa défense, peut être réputée non écrite et n'avoir aucun effet, si le procès qui a eu lieu entre les deux frères avait pour objet une question d'état. — Lyon, 3 juill. 1823, Tardy, [S. et P. chr.]

506. — La clause pénale doit, d'ailleurs, comme toutes les dispositions de cette nature, être interprétée restrictivement. Ainsi, lorsque le testateur, après avoir fait un legs, a ajouté une clause par laquelle il déclare ce legs nul et sans effet, dans le cas où le légataire persisterait dans une instance déjà introduite, ajoutant que celui-ci devrait donner à son héritier une renonciation expresse de toute demande, contestation mue ou à mouvoir, il n'y a pas lieu de prononcer la caducité du legs, en raison d'un procès suscité à l'héritier pour l'interprétation du testament. — Montpellier, 13 déc. 1834, Dalbis, [P. chr.]

507. — Lorsqu'un legs universel a été fait à des mineurs sous des conditions qui, sans être illicites, sont contraires aux lois concernant l'administration de la tutelle, et en outre sous la peine de la révocation, dans le cas où lesdites conditions ne seraient pas observées, il n'y a pas lieu de prononcer la déchéance du legs, par le motif que le tuteur des légataires mineurs aurait demandé aux tribunaux que lesdites conditions fussent en tout ou en partie réputées non écrites, en offrant d'ailleurs de les exécuter si leur validité était prononcée. — Cass., 24 déc. 1834, Bret et Clastrier, [P. chr.]

508. — Le testateur ne peut, par une disposition écrite sur l'enveloppe cachetée qui contient son testament olographe, prohiber l'ouverture de ce testament, pendant un certain temps après son décès : une pareille disposition doit être réputée non écrite. — Angers, 3 mars 1881, B..., [S. 83.2.67, P. 83.1.350] — *Sic*, Lair, *Rev. crit.*, 1882, p. 730.

509. — Mais il a été jugé que la clause d'un testament par laquelle un père, en défendant à ses enfants toutes appositions de scellés, tous inventaires et autres actes judiciaires au sujet de sa succession, déclare que celui qui violera la défense sera privé de sa part dans la quotité disponible, est valable et doit recevoir son exécution. — Bordeaux, 2 janv. 1833, Drilholles, [S. 33.2.538, P. chr.]

510. — Cependant la question de savoir si un testateur peut imposer à son héritier la condition d'accepter la succession purement et simplement, et sans user du bénéfice d'inventaire, a été le sujet d'une controverse entre les auteurs. — V. *suprà*, v° *Bénéfice d'inventaire*, n. 33 et s.

511. — Par application du principe d'après lequel les peines testamentaires doivent être rigoureusement restreintes au cas qu'elles ont expressément prévu, il a encore été spécialement jugé que lorsqu'un testateur, après avoir avantagé l'un de ses enfants et donné à sa femme le droit de vendre et aliéner les biens qu'il laissera, réduit à la légitime celui des enfants qui s'opposera aux dispositions de ce testament, cette clause n'est point applicable aux enfants qui demandent le rapport d'un legs fait par la mère à l'un de leurs frères. — Liége, 11 déc. 1812, Otte, [S. et P. chr.]

512. — Mais le légataire auquel le testateur a enjoint de respecter les dispositions du testament sous peine de déchéance, encourt la déchéance par cela seul qu'il a élevé contre le testament des contestations mal fondées, alors même qu'il aurait obtenu gain de cause sur d'autres contestations. — Cass., 9 janv. 1872, Pinel, [S. 72.1.407, P. 72.258, D. 72.1.128] — Orléans, 5 févr. 1870, Même affaire, [S. 70.2.257, P. 70.978, D. 70.2.49] — Cette solution est la conséquence du principe en vertu duquel l'accomplissement d'une condition est indivisible; la condition est accomplie ou elle ne l'est pas, point de milieu. Une condition ne s'accomplit pas pour partie. Celui qui attaque à tort une partie des dispositions d'un testament réalise la condition de déchéance établie pour le cas où le testament serait attaqué. — Demolombe, t. 18, n. 278; Aubry et Rau, t. 7, § 692, p. 295; Troplong, t. 1, p. 264; Larombière, sur l'art. 1226, n. 3.

513. — La clause d'un testament par laquelle un père déclare réduire à leur légitime ceux de ses enfants qui attaqueront ce testament, pour accroître d'autant à ceux qui l'exécuteront, peut être déclarée inapplicable au cas où le testament, bien qu'ayant été attaqué, n'en reçoit pas moins, en vertu d'une décision de la justice, le mode d'exécution que le testateur avait eu en vue. — Bourges, 15 févr. 1860, Saintherand, [S. 61.2.70, P. 61.627]

514. — Lorsque la clause pénale est insérée, non pas dans un testament, ainsi que nous l'avons supposé, mais dans une donation entre-vifs, on applique des principes différents. Dans ce cas, le consentement donné par le donataire à la clause interdisant de critiquer l'acte a pour effet de donner à la donation le caractère de pacte sur succession future, interdite par la loi (Demolombe, t. 18, n. 289). La condition sera réputée non écrite, s'il apparaît que le disposant a tenu avant tout à faire une libéralité. Mais cette nullité entraînera la révocation de l'acte lui-même si l'abstention de toute attaque, promise par le donataire, a été la cause déterminante de la libéralité, comme s'il s'agissait d'un véritable contrat à titre onéreux. — V. *suprà*, n. 175.

515. — Constitue une condition impossible, comme étant contraire aux principes de la réserve et à l'art. 843, C. civ., la clause par laquelle le donateur a voulu que la donataire renonçât purement et simplement à la succession de ses père et mère, et en même temps conservât la dot par elle reçue de ses père et mère en avancement d'hoirie, soit à titre de réservataire non héritière, soit sur la quotité disponible épuisée précédemment. — Cass., 8 avr. 1889, Terral, [S. 89.1.212, P. 89.1.513, D. 90. 1.206]

516. — Mais ne peut être considérée comme renfermant un pacte sur succession future prohibé par la loi, la clause par laquelle un grand-père, faisant une donation à sa petite-fille à l'occasion de son mariage, stipule que la donataire par suite de la donation et en en jouissant, ne pourra réclamer sur les successions (non encore ouvertes) de ses père et mère, et que, renonçant à la donation, elle pourra exercer ses droits sur lesdites successions; cette clause se bornant à manifester l'intention du donateur de réduire la donataire au bénéfice de la donation ou des droits successifs, n'a rien d'illicite. Une telle stipulation ne saurait donc ni annuler la donation, ni être réputée non écrite; elle doit, au contraire, être maintenue avec l'effet d'obliger la donataire à une option entre la donation et ses droits successifs. — Grenoble, 7 janv. 1873, Huguet, [S. 2.129, P. 73.573, D. 73.2.108]

517. — Et la donataire ne peut prétendre cumuler les deux émoluments et se soustraire ainsi à l'effet de la clause, sous prétexte qu'elle est prescrite par un laps de plus de trente ans écoulé depuis le décès du donateur; la prescription n'ayant pu commencer à courir que du jour où l'option était possible, c'est-à-dire du jour de l'ouverture des droits successifs. — Même arrêt. — V. *infrà*, v° *Succession future*.

518. — Le principe qui veut que, dans les dispositions à titre gratuit, les conditions contraires aux lois soient réputées non écrites, sans qu'il soit porté atteinte à la validité de la disposition principale, n'est pas applicable lorsque l'acte contenant donation participe en même temps du contrat commutatif et présente dans ses diverses dispositions une corrélation qui les rend indivisibles. En pareil cas, il y a lieu d'appliquer l'art. 1172. — V. *suprà*, n. 179 et s.

TITRE V.

ACCOMPLISSEMENT DES CONDITIONS.

519. — Qu'elle dépende exclusivement du hasard, ou qu'elle soit soumise, dans une certaine mesure, à la volonté des parties, la condition entraîne des conséquences juridiques dont nous nous occuperons plus spécialement *infrà*, n. 613 et s. Il importe auparavant de déterminer d'une façon précise quand elle doit être tenue pour accomplie et quand, au contraire, il faut la considérer comme défaillie.

520. — Dans le droit ancien, pour que la condition fût considérée comme accomplie, il fallait qu'on eût exécuté fidèlement tout ce que prescrivait le contrat ou la disposition : il ne devait rien y être ajouté ni rien omis; c'est ce qu'entendaient les docteurs, lorsqu'ils posaient en principe que les conditions devaient être accomplies *in formâ specificâ*. — Furgole, *Des testaments*, ch. 7, sect. 5, n. 3.

521. — Pothier (*Oblig.*, n. 206) proposait de rechercher avant tout l'intention des parties et d'admettre, lorsqu'on pouvait penser qu'elles l'avaient voulu, l'accomplissement de la condition *per æquipollens*. Le Code civil a adopté cette règle; il a posé en principe, que « toute condition doit être accomplie de la manière que les parties ont vraisemblablement voulu entendre qu'elle le fût » (art. 1175). Cette règle peut-être trop à l'arbitraire du magistrat, qui peut quelquefois s'égarer dans ses appréciations, mais, en résultat, il y a plus de justice à espérer de cette manière d'exécuter la stipulation conditionnelle, que de s'en rapporter au littéral des termes de l'obligation ou de la disposition. C'est, du reste, l'application de ce principe, que « les conventions, l'on doit rechercher quelle a été la commune intention des parties, plutôt que de s'arrêter au sens littéral des termes » (C. civ., art. 1156). — Duranton, t. 11, n. 44.

522. — On doit donc décider aujourd'hui que les conditions doivent ordinairement s'accomplir *in formâ specificâ*, mais qu'elles peuvent néanmoins s'accomplir par équipollents lorsqu'il paraît que telle a été vraisemblablement l'intention des parties, et cette intention se présume lorsque celui en faveur de qui est la condition n'a pas d'intérêt à ce qu'elle soit accomplie d'une manière plutôt que d'une autre. — Marcadé, sur l'art. 1175; Zachariæ, Massé et Vergé, t. 3, p. 376, § 534, texte et note 17; Demolombe, t. 25, n. 332; Laurent, t. 17, n. 68 et 69; Aubry et Rau, t. 4, § 302, p. 68, texte et note 30; Duranton, t. 11, n. 52 et s.;

Toullier, t. 6, n. 586 et s.; Demante et Colmet de Santerre, t. 5, n. 95 et 95 *bis*; Larombière, t. 2, sur l'art. 1175, n. 1.

523. — Jugé que l'impossibilité où est le donataire en usufruit de fournir caution ne peut motiver la révocation de la donation pour inexécution des conditions, sauf à remplacer la caution par des mesures équivalentes. — Besançon, 12 févr. 1873, Flusin, [S. 73.2.196, P. 73.830, D. 73.2.122] — V. aussi *supra*, v° *Absence*, n. 520.

524. — C'est une question d'interprétation d'acte, échappant à la censure de la Cour de cassation, que celle de savoir si les droits accordés par les statuts d'une entreprise aux fondateurs administrateurs, leur sont attribués en leur qualité de fondateurs, ou comme administrateurs, et seulement pour le temps de la durée de leur gestion; dès lors, l'arrêt qui déclare que les droits sont attachés à la qualité d'administrateur ne peut être cassé, sous prétexte qu'il violerait l'art. 1184, C. civ., sur l'effet des obligations suspensives. — Cass., 5 avr. 1830, Denuelle-Saint-Leu, [P. chr.].

525. — Dès que la volonté des contractants a été clairement exprimée, il n'y a pas lieu à interprétation alors même que l'exécution de la condition sera plus avantageuse en l'expliquant dans un sens autre que celui exprimé. — Toullier, t. 6, n. 606; Laurent, t. 17, n. 69.

526. — La déchéance prévue dans une police pour le cas où l'assuré n'observerait pas certaines conditions doit être appliquée sans qu'il y ait lieu de distinguer si l'inobservation de ces conditions a exercé une influence sur le sinistre. — Cass., 27 août 1878, C¹ᵉ *l'Ancienne mutuelle*, [S. 80.1.76, P. 80.1.158, D. 79.1.456] — Toulouse, 21 févr. 1872, C¹ᵉ *le Soleil*, [S. 72.2.278, P. 72.1473, D. 72.2.176]

527. — Au surplus, la question de savoir si la condition sous laquelle une obligation a été contractée s'est accomplie est du domaine exclusif des tribunaux. — Cass., 5 juin 1833, Sarret, [P. chr.].

528. — Spécialement, les juges du fond apprécient souverainement si une promesse de vente est soumise à une condition et si cette condition s'est réalisée. — Cass., 28 juill. 1873, Fréar, [S. 75.1.118, P. 75.277, D. 74.1.440]; — 2 mai 1877, Hamidou-ben-Mohamed, [S. 78.1.116, P. 78.273, D. 77.1 478]

529. — Lorsqu'un des successibles, donataires par précipit sous la condition de verser une somme déterminée à la succession du donateur, s'est obligé, dans l'acte de liquidation de cette succession, à payer par délégation, au moyen du versement qui lui était imposé par la donation, diverses dettes héréditaires, les juges du fait ont pu décider, sans encourir la censure de la Cour de cassation, que le défaut de paiement de ces dettes emportait inexécution de la condition apposée à la donation, et, par suite, révocation de cette donation. — Cass., 12 juill. 1852, Weil, [P. 54.1.272, D. 52.1.247]

530. — Les juges peuvent, sans violer aucune loi, décider, tant par interprétation des termes d'un testament et d'autres actes dressés le même jour et se liant au testament, que par appréciation des faits et circonstances de la cause, que ce testament était, dans la volonté de son auteur, subordonné à l'accomplissement de certaines conditions dont l'inaccomplissement l'empêche de recevoir aucun effet. — Cass., 31 juill. 1861, Gouin, [S. 62.1.80, P. 62.129, D. 61.1.390]

531. — Il est généralement admis que les juges peuvent invoquer, à l'appui de leur décision, des actes ou circonstances étrangers au testament, lorsque c'est d'une manière surabondante et accessoire et après avoir puisé les motifs de leur interprétation dans le testament même. — V. Coin-Delisle, sur l'art. 1002, n. 15; Marcadé et Vergé, sur Zachariæ, t. 3, § 490, note 1, p. 253; Bayle-Mouillard, sur Grenier, *Donat. et Testam.*, t. 2, n. 324, append. *in fine*. — V. aussi Rodière, note sous Cass., 5 juill. 1858, Porte et autres, [P. 59.484] — V., à cet égard, *infra*, v° *Testament*.

532. — Tout en laissant aux juges le soin de décider, d'après les circonstances de chaque espèce, comment la condition doit être accomplie, on peut poser quelques principes. Pothier, à qui le législateur la emprunté l'art. 1175, nous a laissé (*Oblig.*, n. 206) quelques utiles enseignements sur la manière dont la règle doit être appliquée. Les commentateurs ne s'en sont pas inspirés. Nous rechercherons spécialement de quelle manière et dans quel temps la condition doit être accomplie, et dans quels cas il faut la réputer accomplie bien que l'événement prévu ne soit pas arrivé.

CHAPITRE I.

COMMENT ET DANS QUEL TEMPS LA CONDITION DOIT ÊTRE ACCOMPLIE.

533. — Une condition n'est regardée comme accomplie qu'autant qu'elle l'a été intégralement. Un accomplissement partiel ne donne pas droit, dans une proportion correspondante, à ouverture du droit qui y est subordonné. C'est ce qui fait dire que, en général, les conditions doivent être accomplies *indivisibiliter* et non par parties.

534. — Il en est ainsi quand même le fait serait essentiellement divisible. Par exemple : je vous institue mon héritier si vous donnez 10,000 fr. à Sempronius : vous ne pourriez pas payer 5,000 fr. seulement et demander la moitié de l'hérédité (LL. 22 et 56, D., *De cond. et demonst.*). — Dumoulin, *De viduo et individuo*, 3ᵉ part., n. 337; Pothier, n. 215; Toullier, t. 6, n. 598 et s.; Duranton, t. 11, n. 53 et s.; Larombière, t. 2, sur l'art. 1175, n. 22 et 31; Bufnoir, *op. cit.*, p. 72; Demolombe, t. 25, n. 336; Aubry et Rau, t. 4, § 302, p. 68, texte et note 31; Laurent, t. 17, n. 70.

535. — Pothier (*Des oblig.*, n. 215) fait aussi l'application du principe de l'indivisibilité de la condition dans son accomplissement par l'hypothèse suivante : « Supposons que j'aie fait à Paul l'abandon de mes droits sur certain immeuble, *à la condition* qu'il me paierait 10,000 fr. dans un certain temps, et que Paul étant venu à mourir laissant plusieurs héritiers, avant d'avoir payé la somme, chacun d'eux veuille exécuter la condition pour sa part héréditaire et demander l'exécution de la transaction pour cette part : dans ce cas, il faudra décider qu'ils ne le pourront pas, qu'ils devront se réunir et payer les 10,000 fr. en même temps; la raison en est que, dans l'intention évidente des parties, la condition devait s'exécuter comme si l'obligation était indivisible. »

536. — Duranton (t. 11, n. 54) rejette cette solution de Pothier : il soutient d'abord que c'est là une charge plutôt qu'une condition, ce qui nous paraît tout à fait contraire aux règles relatives à la manière dont les conditions doivent s'exprimer; d'un autre côté, il prétend qu'il n'est pas certain que l'intention des parties fût de rendre la condition indivisible, mais c'est là une interprétation tout à fait contraire au sens non équivoque de la clause; il est évident, d'ailleurs, que celui qui a abandonné ses droits sur l'immeuble n'a pas voulu rester en communauté avec ceux de ses héritiers qui auraient payé leur part; ce qui arriverait si les autres ne voulaient pas ou ne pouvaient pas exécuter la condition. La règle, en cette matière, est que les conditions doivent être, en général, accomplies *in formâ speciali et indivisibiliter* : il ne faut pas s'en écarter.

537. — La même règle s'applique au cas de condition résolutoire qu'à celui de condition suspensive. Je vous ai vendu sous la condition que le prix serait payé dans un délai déterminé; la vente est résolue si le prix n'a été payé qu'à moitié ou aux trois quarts (L. 10, ff. *De rescind. vend.*). — Toullier, t. 6, n. 600.

538. — Cependant, par interprétation de la volonté du disposant, on admettra quelquefois que la condition imposée à plusieurs personnes peut être divisée dans son accomplissement. Exemple : je lègue à Paul et Pierre le fonds cornélien, s'ils donnent 10,000 fr. à mon héritier; si Paul donne 5,000 fr., il sera fondé à demander la moitié du fonds légué; la raison en est qu'en désignant les personnes qui doivent compter la somme, le testateur est censé l'avoir divisée entre elles. *Id testamento quo pluribus conditio apposita est, divisa* ↓ *logue in singulas personas viderit potest... Enumeratione personarum potest videri esse divisa* (L. 56, ff. *De cond. et dem.*). — Toullier, t. 6, n. 601; Laurent, t. 17, n. 70 *in fine*.

539. — Si la condition consiste dans un fait divisible imposé à plusieurs personnes, la condition se divise dans son exécution; par exemple : je lègue 1,000 fr. à trois serviteurs, sous la condition qu'ils resteront au service de mes enfants; si deux seulement restent, il sera distrait un tiers de la somme léguée (L. 84, ff. *De cond. et demonstr.*).

540. — Il en est autrement dès qu'il apparaît que, dans l'intention du disposant, le fait ne peut être divisé. Si, par exemple, je lègue 100,000 fr. à deux architectes sous la condition de me construire un monument, il est certain que la condition ne sera accomplie que lorsque le monument sera construit en entier par les deux architectes, à moins qu'il ne résultât du contrat que l'intention du testateur n'avait pas été que le monument fût construit par le concours de l'industrie des deux architectes. — Toullier, t. 6, n. 603.

541. — Si la condition consiste en un fait divisible dont l'accomplissement soit imposé à une seule personne en faveur de plusieurs, elle peut être divisée, mais alors la disposition diminue quand la charge est diminuée ; ainsi je lègue à Titius 1,200 fr. annuellement, s'il continue à gérer les biens de mes trois enfants absents. L'un d'eux cède sa part : le legs de 1,200 fr. est réduit d'un tiers, puisque la charge est diminuée d'autant (L. 10, ff. *De an. leg.*). — Toullier, t. 6, n. 605.

542. — De même, s'il arrivait que le legs d'un fonds, fait sous la condition de donner 10,000 fr., se trouvât réduit de moitié ou d'un quart par l'effet de la réserve due aux héritiers, la somme à payer par le légataire serait réduite à proportion (L. 20, ff. *De mortis caus. don.*; L. 43, § 2, ff. *De cond. et demonstr.*). — Toullier, t. 6, n. 599.

543. — Mais, si la condition consistait en un fait indivisible, la somme léguée ne pourrait être divisée ni restreinte : par exemple, je lègue à Jean, mon domestique, 1,200 fr. annuellement, s'il reste au service de mes enfants jusqu'à sa mort; l'un des enfants s'absente, la somme léguée n'est pas réduite, si Jean continue de rester avec les autres. — Toullier, t. 6, n. 603.

544. — Lorsqu'une obligation est contractée sous plusieurs conditions, on se demande s'il faut que toutes soient accomplies pour que l'obligation prenne naissance ou soit résolue. On a proposé de s'attacher à la façon dont les parties ont exprimé leur volonté.

545. — Quand les conditions ont été exprimées dans une même phrase, il faut distinguer si elles sont unies par une conjonctive ou si elles sont séparées par une disjonctive. — Dans le premier cas, toutes les conditions doivent être accomplies, quel qu'en soit le nombre ; dans le second, il suffit que l'une d'elles seulement soit accomplie. Exemple : si tel navire revient en France, et si Paul est nommé à tel emploi, je vous donnerai 1,000 fr.; l'obligation ne devient parfaite que lorsque les deux faits sont arrivés. — Pothier, *Oblig.*, n. 223; Duranton, t. 11, n. 46 et s.; Demolombe, t. 25, n. 338; Toullier, t. 6, n. 597; Larombière, t. 2, sur l'art. 1175, n. 24.

546. — Mais, si l'on a stipulé en ces termes : Je vous donnerai 1,000 fr. si tel navire revient en France, ou si Paul est nommé à tel emploi, l'obligation sera parfaite si l'une ou l'autre condition est remplie. — Mêmes auteurs.

547. — Cependant comme il faut, avant toutes choses, rechercher la commune intention des parties, les tribunaux peuvent juger que la conjonctive a été employée pour la disjonctive ou *vice versâ*. — Pothier, *loc. cit*; Toullier, *loc. cit.*; Merlin, *Rép.*, v° *Copulative* et *Disjonctive*; Delvincourt, t. 2, p. 477, notes; Duranton, *loc. cit.*; Rolland de Villargues, *Rép.*, v° *Condition*, n. 298 et s.; Larombière, art. 1175, n. 24 et 25.

548. — De même, lorsque les conditions sont exprimées dans des phrases isolées, sans conjonctive ni disjonctive, ce n'est que par la recherche de l'intention des parties que l'on devra résoudre le point de savoir si l'accomplissement de toutes ces conditions est imposé. Au cas où l'on ne pourrait découvrir ce que les parties ont exactement voulu, les conditions seraient réputées conjointes. Dans les contrats, le doute s'interpréterait en faveur du débiteur. — Toullier, *loc. cit.*

549. — Que décider si de deux conditions conjointes, l'une est licite et l'autre illicite? Ulpien (L. 8, § 5, D., *De cond. inst.*), enseignait que, dans ce cas, un legs devait être considéré comme pur et simple, parce qu'il est à craindre que, pour ne pas accomplir la condition licite, l'on ne veuille se soumettre à celle qui ne l'est pas. Cette doctrine nous paraît devoir être acceptée en droit français (Delvincourt, t. 2, p. 478, notes). Elle sera applicable aux donations comme aux legs. Nous pensons aussi que, pour les raisons données par le jurisconsulte romain, on devra décider que l'obligation contractée sous deux conditions, dont l'une est illicite et l'autre licite, sera frappée de nullité.

550. — Les conditions peuvent-elles être accomplies par les héritiers? La question ne peut s'élever que pour les conditions potestatives ou mixtes, les conditions casuelles n'étant pas au pouvoir des parties. On ne comprend pas non plus qu'elle puisse se poser à l'occasion des conditions insérées dans les testaments ; car dans les dispositions de dernière volonté, le legs est caduc si le légataire meurt avant l'accomplissement de la condition de quelque nature qu'elle soit, potestative, casuelle ou mixte. Il suit de là nécessairement que le légataire ne transmet à ses héritiers la faculté d'accomplir la condition potestative (L. 56, ff. *De cond. et demonstr.*). — Pothier, n. 215; Toullier, t. 6, n. 590.

551. — Jugé que lorsqu'un legs a été fait sous une condition potestative de la part du légataire, et que celui-ci est décédé sans avoir accompli la condition à laquelle le legs était subordonné, le legs est caduc, et les héritiers du légataire ne sauraient prétendre au bénéfice de la disposition. — Toulouse, 2 mars 1892, Massat et Jouze, [S. et P. 93.2.206]

552. — Par suite, lorsqu'un testament, par lequel un testateur instituait sa sœur légataire universelle conjointement avec un tiers, contient une disposition ainsi conçue : « Je donne à ma sœur, si elle le désire... », un pareil legs étant subordonné à une condition potestative de la part de la légataire, et la condition potestative étant personnelle à celle-ci, ses héritiers ne sauraient réclamer le bénéfice du legs, si elle est décédée sans avoir expressément ou tacitement manifesté son intention d'accepter le legs à elle fait. — Même arrêt.

553. — Il en est ainsi, spécialement, si la légataire n'a pas, avant son décès, demandé la délivrance du legs particulier, et si, dans la déclaration de mutation par elle faite en qualité de légataire universelle de sa sœur, elle n'a fait aucune mention du legs particulier. — Même arrêt.

554. — Dans les contrats, au contraire, le créancier conditionnel transmet à ses héritiers la faculté d'accomplir la condition (C. civ., art. 1179; *Inst. de verb. oblig.*). Dans les donations aussi, les héritiers du légataire peuvent utilement accomplir la condition. Tous ceux même qui se trouvent intéressés à ce que la condition s'accomplisse ont le pouvoir de l'exécuter, par exemple, les créanciers de la personne à qui elle est imposée (art. 1236, C. civ.).

555. — Ce principe n'offre aucune difficulté en ce qui concerne les conditions de donner. Il importe peu, en effet, qu'elles soient remplies par telle ou telle personne. — Toullier, t. 6, n. 591; Troplong, *Donat. et testam.*, t. 1, n. 308; Larombière, t. 2, sur l'art. 1175, n. 4.

556. — Quant aux conditions potestatives qui consistent à faire, *in faciendo*, elles ne peuvent être accomplies que par celui à qui elles ont été imposées, s'il y a un fait personnel, comme, par exemple, de se marier, de faire un tableau, de remplir une mission de confiance. — Pothier, n. 207; Toullier, t. 6, n. 592; Duranton, t. 11, n. 45; Demolombe, t. 25, n. 333 et 334; Larombière, t. 2, sur l'art. 1175, n. 5 et 6; Aubry et Rau, t. 4, § 302, texte et note 32, p. 68; Laurent, t. 17, n. 71.

557. — Mais si ce fait peut être accompli par un tiers, la faculté de l'accomplir passe aux héritiers du créancier, pourvu toutefois qu'il n'en résulte aucun dommage pour le débiteur. — Pothier, *loc. cit.*; Toullier, *loc. cit.*; Duranton, *loc. cit.*; Larombière, *loc. cit.*; Demolombe, *loc. cit.*; Laurent, *loc. cit.*

558. — Les mineurs, les interdits, les femmes mariées peuvent, sans le concours de leurs tuteurs et maris, accomplir les conditions qui leur sont imposées. Il n'est pas à craindre, en effet, que l'exécution de la condition leur cause aucun préjudice, du moment qu'elle n'est qu'un moyen de consolider ou de résoudre un acte antérieur régulièrement intervenu. Pour qu'il en fût autrement, il faudrait que l'accomplissement de la condition résultât d'un acte juridique pour lequel ils n'ont pas capacité; auquel cas, ils seraient admis à se prévaloir de la nullité de leur engagement contracté en dehors des limites de leur capacité. Ils seraient replacés dans leur situation antérieure. Ricard, *Des dispositions conditionnelles*, n. 373; Furgole, chap. 7, sect. 3, n. 10; Toullier, t. 6, n. 596; Larombière, t. 2, sur l'art. 1175, n. 40; Troplong, *Donat. et test.*, t. 1, n. 313.

559. — Dans quel temps la condition doit-elle être accomplie? « Lorsqu'une obligation est contractée sous la condition qu'un événement arrivera dans un temps fixe, cette condition est censée défaillie lorsque le temps est expiré sans que l'événement soit arrivé », dit l'art. 1176, C. civ., dans sa première partie. Le délai fait partie intégrante de la condition. S'il vient à expirer avant que l'événement prévu au contrat soit réalisé, la condition ne peut plus s'accomplir. Elle est fatalement et irrémédiablement défaillie.

560. — Il faut en conclure, d'une part, que ce délai ne saurait être prorogé par le juge, à la différence du délai fixé pour l'obligation elle-même ou pour le *simple mode*, en tant qu'il ne constitue lui-même qu'une obligation ; et d'autre part, qu'il court indistinctement contre toutes personnes, même contre les incapables, à la différence de la prescription. — Larombière, t. 2, sur l'art. 1176, n. 2 et 6 ; Demolombe, t. 23, n. 340 ; Aubry et Rau, t. 4, § 302, p. 69.

561. — L'échéance du terme fixé survenant avant que la condition soit accomplie opère de plein droit la résolution du contrat. Ainsi, dans le cas où la translation de propriété d'une chose, à titre de paiement, a été stipulée résoluble, sous la condition que celui qui l'a faite exécuterait certains engagements dans un délai déterminé, la simple inexécution de ces engagements à l'époque fixée fait défaillir la condition et rend la dation en paiement irrévocable, sans qu'il soit besoin en outre d'une mise en demeure. — Cass., 22 mai 1855, Girardet, [S. 56.1.123, P. 55.2.403, D. 56.1.171] — *Sic*, Laurent, t. 17, n. 73.

562. — S'il n'y a point de temps fixé, la condition peut toujours être accomplie ; et elle n'est censée défaillie que lorsqu'il est devenu certain que l'événement n'arrivera pas (art. 1176, C. civ.).

563. — Ainsi, il a été décidé que lorsqu'un testateur, ayant imposé à son légataire comme condition du legs à lui fait l'obligation de prendre ses noms et prénoms, n'a cependant pas fixé le délai pendant lequel il serait tenu d'exécuter la condition, cette condition peut être réputée défaillie, et le legs caduc, dès qu'est intervenue l'ordonnance royale qui limite à un seul les noms et prénoms que le légataire avait demandé à être autorisé à ajouter au sien propre. — Cass., 4 juill. 1836, Papin Ruillier, [S. 36.1.642, P. chr.]

564. — Lorsqu'une obligation est contractée sous la condition qu'un événement n'arrivera pas dans un temps fixé, cette condition est accomplie lorsque ce temps est expiré sans que l'événement soit arrivé (art. 1177, C. civ.).

565. — La condition est également accomplie si, avant ce temps, il est certain que l'événement n'arrivera pas (Même art.).

566. — Enfin, s'il n'y a pas de temps déterminé, elle n'est accomplie que lorsqu'il est certain que l'événement n'arrivera pas (art. 1177, C. civ.).

567. — L'application de ces principes n'offre aucune difficulté en ce qui concerne les conditions casuelles ou mixtes. Au contraire, lorsqu'il s'agit d'un fait qu'il est au pouvoir du créancier ou du débiteur d'accomplir et qu'un terme n'a pas été fixé, la solution à donner pourra quelquefois être embarrassante. Exemple : J'ai promis à mon voisin 100 fr. s'il abat tel arbre, parce qu'il gêne ma vue. Lui sera-t-il loisible de retarder indéfiniment l'accomplissement de cette condition ? De mon côté, serai-je condamné à demeurer pendant toute sa vie sous le coup d'une obligation ? Ne pourrai-je pas m'adresser au juge pour qu'il m'impartisse un délai ?

568. — Nous avons supposé une condition affirmative. La même difficulté se présente pour une condition potestative sous forme négative, comme si quelqu'un s'est obligé à me donner une certaine somme s'il ne fait pas abattre sur son héritage un arbre qui nuit à mes vignes.

569. — On a prétendu que lorsqu'une condition potestative *in faciendo aut in non faciendo* est imposée à quelqu'un, il a tout le temps de sa vie pour l'accomplir ; on ne peut le contraindre à le faire ni lui fixer un terme pour l'accomplir ou pour déclarer quand il l'accomplira. — Furgole, *Des testam.*, chap. 7, sect. 5, n. 51 *in fine* ; Toullier, t. 6, n. 622 ; Larombière, t. 2, art. 1176-1177, n. 9 ; Laurent, t. 17, n. 75.

570. — Cette opinion, que Pothier n'avait pas admise (*Obligat.*, n. 209), est également repoussée par d'autres auteurs, comme étant contraire aux principes de l'équité. Elle est, en outre, rigoureusement conforme aux textes des art. 1176 et 1177 ; mais, dit-on, il ne paraît pas vraisemblable que les parties aient entendu ajourner indéfiniment l'effet de la convention. Le pouvoir d'interprétation, que l'art. 1175 accorde aux tribunaux, sera le meilleur moyen d'assurer l'exécution de la volonté des parties, telle que la révéleront les circonstances du fait à juger. — Delvincourt, t. 2, p. 481, notes ; Duvergier, sur Toullier, t. 6, n. 624, note 1 ; Colmet de Santerre, t. 5, n. 96 *bis*-II ; Demolombe, t. 25, n. 347-348.

571. — Ce sera fort souvent interpréter exactement la volonté des contractants que d'impartir un bref délai pour l'accomplissement des conditions potestatives stipulées sans terme. Aussi enseigne-t-on que ces conditions doivent, en général, être accomplies aussitôt qu'on le peut : *Hæc conditio : Si in capitolium ascenderit, sic recipienda est, cum primum potuerit capitolium ascenderc* (L. 29, ff. *De cond. et demonstr.*). — Toullier, t. 6, n. 613.

572. — Ainsi, lorsqu'une somme d'argent a été stipulée payable à une fille lorsqu'elle sera en âge de faire un établissement, celle-ci peut en exiger le paiement, du moment qu'elle a atteint sa majorité sans se marier. — Toulouse, 9 déc. 1819, Molinier, [S. et P. chr.]

573. — Toutefois, lorsque l'intention des parties a été que l'objet de la condition fût permanent, l'effet de la condition n'est produit que lorsqu'il sera certain que l'événement n'arrivera pas : telle sera quelquefois celle qui consiste in *non faciendo*. Ainsi je lègue à Mœvia 1,000 fr. si elle reste veuve ; les 1,000 fr. ne lui seront pas acquis quand elle sera restée en état de viduité pendant une année ou deux ; il faut qu'elle y persiste durant toute sa vie (Nov. 22, chap. 44). — Toullier, t. 6, n. 644.

574. — Mais si la condition consiste dans l'accomplissement de faits successifs, et que l'obligation soit le paiement de sommes annuelles, la condition produit son effet au prorata du temps pendant lequel elle a été exécutée. Par exemple : Je lègue à Mœvia 1,000 fr. par an si elle reste veuve : si Mœvia a accompli la condition pendant deux ans, elle aura droit à 2,000 fr. — Toullier, t. 6, n. 645.

575. — S'il est démontré que des contractants, dont l'engagement illimité dans sa durée devait se renouveler à des époques successives, n'eussent pas traité s'ils se fussent trouvés en présence d'un événement survenu depuis, l'arrivée de cet événement opérera la résolution de la convention. *Quæ semel constituta sunt resolvuntur, si in eum casum inciderint a quo incipere non potuerant* (L. 98 et 140, D., *De verb. obl.*).

576. — Ainsi un contrat qui en renferme d'autres, lesquels doivent être renouvelés à des époques successives, sans limitation de durée, se résout pour l'avenir, s'il arrive à une de ces époques un événement qui eût empêché dans le principe la formation du contrat. Telle est la convention par laquelle un négociant s'engage à livrer chaque année certaines marchandises à d'autres négociants qui, de leur côté, s'engagent à les acheter. Dès lors, une telle convention, qui ne contient aucune clause qui en limite la durée, prend fin par un changement survenu dans l'état ou la qualité des parties, notamment par le décès de l'une d'elles. — Cass., 20 août 1838, Poucy, [S. 38.1.973, P. 38.2.633]

577. — Pour l'application des conditions aux promesses d'achat et aux promesses de vente, V. *infrà*, v° *Vente*.

578. — La condition apposée à un legs peut s'accomplir utilement pendant la vie du testateur comme postérieurement à son décès (Troplong, *Donat. et test.*, t. 1, n. 319 et s.). On peut même mettre à la libéralité une condition qui doit nécessairement s'accomplir avant le décès du testateur. Dans ce cas, il suffit de vérifier, au décès du testateur, si la condition s'est ou non réalisée, pour savoir s'il y a lieu ou non à la délivrance du legs. C'était déjà la solution admise en droit romain (L. 91, D., lib. 35, tit. 1, *De condit.*, Instit., lib. 2, tit. 20, *De legatis*, § 31). C'est ainsi qu'a été déclaré valable le legs fait avec stipulation que le légataire entretiendra le testateur jusqu'à sa mort. — Cass., 22 mars 1882, Lauzini, [S. 85.1.59, P. 85.1.130, D. 83.1.76] — Dans ce cas, l'événement, bien que devant se produire avant la mort du testateur, n'en était pas moins, par rapport à l'époque du testament, futur et incertain.

CHAPITRE II.

DANS QUELS CAS LA CONDITION DOIT ÊTRE RÉPUTÉE ACCOMPLIE BIEN QUE L'ÉVÉNEMENT PRÉVU NE SOIT PAS ARRIVÉ.

579. — La condition est réputée accomplie lorsque c'est le débiteur obligé sous cette condition qui en a empêché l'accomplissement (C. civ., art. 1178) : *Quicumque sub conditione obligatus, curaverit ne conditio existeret, nihilominus obligatur* (L. 85, § 7, ff. *De verb. oblig.*). Celui qui empêche l'accomplissement de la condition sous laquelle il est obligé manque à la convention. Cette violation de sa promesse le rend passible de dommages-intérêts. Le législateur décide qu'en réparation, la condition sera considérée à son égard comme accomplie. — Pothier, *Oblig.*, n. 212; Demolombe, t. 25, n. 349; Laurent, t. 17, n. 76; Larombière, t. 2, sur l'art. 1178, n. 2.

580. — Différentes applications ont été faites de ce principe par la jurisprudence. Ainsi la condition de survie apposée à une donation mutuelle entre époux, est censée accomplie en faveur des héritiers de celui à qui son conjoint a donné la mort. — Cass., 5 mai 1818, Desbuissons, [S. et P. chr.] — Caen, 13 déc. 1816, Lechoismier, [S. et P. chr.] — Rouen, 8 mars 1838, Lesénéchal, [S. 38.2.437, P. 38.2.519] — V. *infra*, v° *Donation*.

581. — La clause pénale insérée dans l'acte d'engagement d'un artiste dramatique, et stipulant à son profit le paiement d'une certaine somme pour le cas où l'engagement ne se réaliserait pas par la faute du directeur, doit recevoir son exécution intégrale au cas où le directeur, par suite de sa révocation et de sa faillite, n'a pas fait débuter l'artiste ainsi qu'il s'y était obligé; et cela alors même que cet engagement porterait comme condition que l'artiste serait, à la suite de ses débuts, agréé du public : il y a lieu, en pareil cas, à l'application de l'art. 1178, C. civ., suivant lequel il suffit, pour que la condition soit réputée accomplie, que l'accomplissement en ait été empêché par le fait du débiteur. — Cass., 6 août 1866, Buzin, [S. 66.1.397, P. 66.1.074, D. 66.1.373] — Rouen, 22 janv. 1867, Buzin, [S. 67.2.218, P. 67.817, D. 67.2.212]

582. — Lorsque l'adjudicataire de biens a, pendant les délais de la surenchère, subrogé un tiers à ses droits, moyennant un prix supérieur au taux de la surenchère (ce qui n'a rien d'illicite), si pareille convention a été faite entre eux sous la condition qu'il n'interviendrait pas de surenchère, le fait par le tiers subrogé de former lui-même une surenchère au moyen d'un prête-nom, doit, conformément à l'art. 1178, C. civ., faire considérer la condition comme accomplie, et, dès lors, laisse ce tiers obligé au paiement du prix convenu. — Cass., 23 juill. 1866, Guinet, [S. 66.1.377, P. 66.1044, D. 67.1.68]

583. — Lorsqu'un jugement n'a admis une prescription qu'à la charge par celui qui l'opposait d'affirmer sous serment le fait de sa libération, le défaut par cette partie d'avoir prêté serment au jour fixé par la sommation de celui à qui la prescription était opposée constitue, de sa part, un inaccomplissement de la condition à laquelle était subordonné l'effet du jugement par elle obtenu, sans que l'appel qu'elle interjetterait ultérieurement puisse la relever de cette déchéance, si le jugement est confirmé. — Cass., 8 avr. 1856, Lafon, [S. 56.1.804, P. 57.865, D. 56.1.201]

584. — Une compagnie d'assurances sur la vie ne peut se prévaloir de la clause de la police portant que « la police n'aura d'existence et d'effet qu'après le paiement de la prime de la première année », lorsque le paiement de cette première prime n'a été retardé que par une faute imputable aux agents dont la compagnie est responsable. — Cass., 4 mai 1887, C'e d'assur. terr. *l'Abeille*, [S. 87.1.199, P. 87.1.492, D. 87.1.206] — V. *supra*, v^{is} *Assurance* (en général), n. 697 et s., *Assurance sur la vie*, n. 208 et s.

585. — Bien qu'en cautionnant les dettes de son fils failli un père ait stipulé que le contrat serait résolu dans le cas où le fils n'obtiendrait pas la signature de tous les créanciers sur le contrat d'atermoiement, cependant, si le père a, dans son intérêt personnel, fait une livraison de marchandises faisant partie de l'actif du failli, il a pu être déclaré non recevable, vis-à-vis des créanciers signataires, à invoquer la clause résolutoire, lors même que quelques créanciers n'auraient pas signé. — Cass., 20 août 1833, Thibaut, [S. 33.1.743, P. chr.]

586. — La règle de l'art. 1178, s'applique aux legs et aux institutions d'héritiers comme aux obligations (L. 18, ff. *De reg. jur.*). — Ainsi lorsqu'un legs particulier est fait sous la condition d'acceptation dans l'année du décès du testateur, si c'est le débiteur du legs qui a apporté obstacle à l'accomplissement de la condition, en omettant de prévenir le légataire de la disposition faite en sa faveur, la condition n'en sera pas moins tenue pour accomplie et le legs sortira à effet. — Cass., 15 févr. 1858, Despommiers, [P. 58.229, D. 58.1.196]

587. — Si l'exécution de la condition comporte plusieurs actes successifs, elle n'est censée accomplie qu'à l'égard de chacun des actes particuliers dont le débiteur a empêché l'accomplissement. Pothier cite comme exemple l'hypothèse d'un ouvrier à qui l'on a promis une somme déterminée s'il fait tant de journées de travail. L'auteur de cette promesse vient à congédier l'ouvrier deux jours de suite où il se présente. Celui-ci ne sera admis à invoquer le défaut d'accomplissement de la condition que relativement à ces deux jours, pendant lesquels il sera réputé avoir travaillé (Pothier, *Oblig.*, n. 212). Pour l'application de l'art. 1178 au cas envisagé par Pothier, il faut supposer que l'engagement de celui qui a fait la promesse n'a pas le caractère de rémunération et de salaire parce qu'alors les journées de travail demandées ne seraient pas la condition mais la cause même de l'obligation, et il faudrait appliquer des principes différents. — Larombière, t. 2, sur l'art. 1178, n. 12.

588. — Le motif sur lequel est fondée la disposition de l'art. 1178 démontre que l'inaccomplissement de la condition est présumé provenir de la faute de l'obligé. Il s'ensuit que si le débiteur, en empêchant la condition de se réaliser, n'a fait qu'user de son droit, il échappera à l'application de cet article et la condition ne sera plus considérée comme accomplie (L. 38, ff. *De statuliberis*; L. 35, ff. *eod.*; L. 41, § 1, ff. *De fideicommis. libert.*). — Pothier, n. 212; Toullier, t. 6, n. 609; Duranton, t. 11, n. 61; Demolombe, t. 25, n. 350; Laurent, t. 17, n. 76; Larombière, t. 2, sur l'art. 1178, n. 4; Aubry et Rau, t. 4, § 302, texte et note 37, p. 70.

589. — On devra donc décider que le débiteur obligé sous une condition potestative ne sera tenu en rien des conséquences de l'inaccomplissement de la condition même amené par son fait volontaire. En agissant ainsi, il n'aura fait qu'user d'une faculté que la convention lui réservait. — Demolombe, *loc. cit.*; Laurent, *loc. cit.*; Colmet de Santerre, t. 5, n 97 *bis*-II; Larombière, *loc. cit.*

590. — Pothier imagine un autre cas où le débiteur conditionnel pourra faire manquer la condition sans qu'il y ait lieu de le lui imputer à faute : je m'engage à vous vendre ma maison si, dans le délai de six mois, vous prêtez à Paul 100,000 fr. ; or voilà que, me trouvant en même temps votre créancier, je crois devoir, pour la sauvegarde de mes intérêts, faire pratiquer la saisie de vos biens. Par ce fait je vous mets dans l'impossibilité de remplir la condition. Vous ne pourrez pas vous en prévaloir « parce que je n'ai voulu autre chose qu'exiger, par une voie légitime, les sommes que vous me devez ». — Pothier, n. 212; Demolombe, t. 25, n. 352.

591. — Cette doctrine a trouvé son application dans une question qui souleva en son temps une vive controverse. Par suite des événements de 1848, les offices ministériels ayant reçu une notable dépréciation, le ministre de la Justice décida, dans les circulaires des 11 et 28 mars, qu'il ne serait procédé à la nomination des titulaires proposés en vertu de traités antérieurs qu'autant qu'ils déclareraient persister dans leur candidature. Beaucoup de cessionnaires ayant profité de la faculté de revenir sur leurs engagements et ayant été attaqués de ce chef par les cédants, la Cour de cassation décida qu'aucune faute ne leur était imputable et qu'il n'y avait par suite pas lieu de les condamner à des dommages-intérêts. — Demolombe, t. 25, n. 352 *bis*. — V. *infra*, v° *Office ministériel*.

592. — En matière de contrats synallagmatiques, les dispositions de l'art. 1178 devront être rapprochées de celles de l'art. 1184, aux termes duquel l'inexécution des engagements pris par l'une des parties peut donner lieu à la résolution du contrat. Si l'un des contractants ne s'est engagé à remplir la condition qu'en vue d'un engagement réciproque de l'autre, celui-ci, venant à violer sa promesse, ne pourra pas se plaindre de l'inaccomplissement de la condition, ni à plus forte raison faire réputer cette condition comme accomplie.

593. — Dans le cas où il a été stipulé, entre le directeur d'une société manufacturière et un ingénieur civil, que ce dernier entrerait au service de ladite société, en s'interdisant, s'il la quittait, d'entrer dans une autre filature de la région, mais sous la condition que le directeur de la société le proposerait, avant une date convenue, pour la gérance de la société avec des appointements déterminés, le directeur qui n'a pas exécuté cette condition est non recevable à demander que l'ingénieur, s'il a quitté le service de la société et pris la direction d'une filature, ait à cesser immédiatement ses fonctions dans cette filature. Le directeur ne saurait demander contre l'ingénieur l'application d'une convention qui avait pour cause une condition non réalisée par sa faute et sa volonté. — Cass., 1er mai 1889, Goëthols, [S. et P. 92.1.372, D. 90.1.470]

594. — Il a été aussi jugé que la résolution d'un contrat peut être prononcée contre l'une des parties pour inexécution des conditions quand bien même cette inexécution aurait pour cause un fait de l'autre partie. Spécialement, le locataire d'une mine qui, contrairement aux stipulations de son contrat, exécute certains travaux d'exploitation avant d'avoir obtenu l'autorisation préfectorale s'expose à voir prononcer la résolution du bail, encore bien que le locataire se soit refusé, malgré l'engagement qu'il en avait pris, à faire les démarches nécessaires pour obtenir cette autorisation. Le refus peut seulement donner lieu à des dommages-intérêts. — Cass., 8 janv. 1850, Margaron, [S. 50.1.394, P. 50.2.100, D. 50.1.11]

595. — Que décider lorsque l'inaccomplissement de la condition potestative ou mixte provient d'un cas fortuit ou de force majeure ou du fait d'un tiers? Il est bien évident que l'art. 1178 ne saurait être appliqué à cette hypothèse. On a pu voir par ce qui précède que la fiction légale édictée par cet article ne peut être invoquée que contre le débiteur qui par sa faute a amené la condition à défaillir. Ce sera donc le créancier seul qui supportera les conséquences de l'inaccomplissement de la condition résultant soit de cas de force majeure, soit du fait d'un tiers. Le débiteur sera libéré. — Pothier, n. 213; Furgole, Des testaments, chap. 7, sect. 2, n. 83; Toullier, t. 6, n. 610; Duranton, t. 11, n. 62 et s.; Demolombe, t. 25, n. 353; Aubry et Rau, t. 4, § 302, p. 69; Laurent, t. 17, n. 77.

596. — Lorsqu'en instituant un mineur son légataire universel, à la condition que le père de ce mineur n'aura pas la jouissance des biens légués, qui seront administrés par un tuteur ad hoc au choix du conseil de famille, le testateur a exprimé le désir que ce choix tombât sur une personne qu'il désigne, et à laquelle il fait même un legs particulier pour l'engager à accepter et pour l'en remercier, cette personne ne peut réclamer le legs, si le conseil de famille a confié les fonctions de tuteur à un tiers. — Orléans, 27 mai 1854, Bardeuille, [S. 54.2.327, P. 54.1.609, D. 55.2.76]

597. — Vainement le légataire invoquerait-il l'art. 1178, C. civ., qui répute accomplie la condition dont l'accomplissement a été empêché par le débiteur, l'inaccomplissement étant dû, dans l'espèce, non à un fait personnel du mineur, mais au fait du conseil de famille dont le mineur n'est pas responsable. — Même arrêt.

598. — ... Ou prétendrait-il que la condition doit être réputée non écrite, dans le sens de l'art. 900, C. civ., comme impossible à son égard, une telle condition n'étant impossible ni par sa nature propre, ni par le fait du prince. — Même arrêt.

599. — Quand c'est par un tiers que la condition doit s'accomplir, on la considère comme accomplie lorsqu'elle a manqué par le refus de ce tiers (L. 54, § 2, ff. De leg. II; L. 31, ff. De cond. et demonstr.). — Pothier, n. 214; Duranton, t. 11, n. 62.

600. — Toutefois, en cas pareil, les circonstances pourraient amener les juges à maintenir la convention. Ainsi il a été décidé que, les parties ayant convenu de laisser à un tiers l'arbitrage du prix de deux parcelles, ont convenu de laisser à un tiers l'arbitrage du prix de la vente, si c'est par les manœuvres dolosives de l'un des contractants que ce refus s'est produit. Dans ce cas, les tribunaux peuvent assurer l'exécution de la vente en nommant d'office d'autres experts pour la fixation du prix. — Toulouse, 10 août 1844, Cabanes, [S. 45.2.152, P. 45.1.289]

601. — Lorsque le médecin qui a soigné l'assuré pendant sa dernière maladie se refuse, en invoquant les règles du secret professionnel, à délivrer aux représentants de l'assuré un certificat constatant le genre de maladie auquel celui-ci a succombé, la compagnie d'assurance sur la vie ne peut se prévaloir des stipulations de la police, qui subordonnent le paiement de l'assurance à la production de ce certificat, pour se refuser à verser aux représentants de l'assuré le montant de l'assurance stipulée. — Paris, 4 févr. 1891, Cie d'assur. le Monde, [S. 91.1.561, P. 91.1.471, D. 91.2.317] — V. suprà, vo Assurance sur la vie, n. 262 et s.

602. — Le principe qui veut qu'en dehors du cas prévu par l'art. 1178, une obligation n'existe qu'autant que la condition à laquelle elle est subordonnée s'accomplit, comporte des tempéraments en matière de legs.

603. — Si le légataire a fait tout ce qui dépendait de lui pour exécuter la condition, et si les circonstances amènent à penser que le testateur n'a pas, d'une manière absolue, entendu subordonner sa libéralité à l'accomplissement de la condition, les tribunaux devront quand même assurer l'effet de cette libéralité. In conditionibus, primum locum voluntas de functi obtinet, eaque regit conditiones (L. 19, præ., D., De cond. et demonst.). — Ricard, Des donations, n. 439 et s.; Pothier, n. 213; Toullier, t. 6, n. 610 et s.; Duranton, t. 11, n. 62 et s.; Troplong, Des Conditions, t. 1, n. 328 et s.; Larombière, t. 2, art. 1178, n. 16; Demolombe, t. 22, n. 322 et t. 25, n. 353; Aubry et Rau, t. 4, § 302, texte et note 35, p. 69.

604. — Ainsi, je vous ai légué 10,000 fr. si vous épousez Mœvia, mais Mœvia meurt avant sa puberté ou pendant les préparatifs du mariage; la condition est censée accomplie, parce qu'il n'a pas tenu à vous de l'épouser (L. 23, ff. De cond. inst.). — Toullier, loc. cit.

605. — La condition de se marier imposée à un légataire ne doit pas être considérée comme impossible et nulle, ainsi que le legs qui en dépend, le legs seul ou la légataire étant mort avant d'avoir atteint l'âge auquel il pouvait contracter mariage. — Cass., 20 déc. 1831, Potron, [S. 32.1.44, P. chr.] — Poitiers, 29 juill. 1830, Mêmes parties, [S. et P. chr.]

606. — Le legs fait à une commune d'une somme d'argent pour être employée à la construction d'un abattoir, sous la condition que cette disposition ait commencé à recevoir son exécution pendant l'année du décès du testateur, doit être entendue en ce sens qu'il suffit à la ville d'avoir accompli dans l'année les formalités légales nécessaires pour arriver à la construction de l'abattoir, et qu'il n'est pas nécessaire que la construction ait été commencée dans l'année. — Bordeaux, 24 juin 1879, Augereau, [S. 80.2.19, P. 80.169]

607. — C'est au créancier ou au légataire conditionnel à faire la preuve de l'accomplissement de la condition, alors même qu'il s'agirait de prouver un fait négatif (L. 10, ff. De verb. oblig.). — Furgole, sect. 5, n. 145 et 146; Toullier, t. 6, n. 649.

608. — L'effet de la condition, lorsqu'elle est accomplie, est irrévocablement produit : Conditio semel impleta non resumitur. — Furgole, Des testaments, chap. 7, sect. 4, n. 160; Toullier, t. 6, n. 642.

609. — En cas de location d'un terrain pour y rechercher des eaux minérales, la condition à laquelle était subordonnée l'existence du bail doit être réputée réalisée par le double fait de la découverte des sources et de l'obtention de l'autorisation nécessaire pour les exploiter. Dès lors le preneur reste obligé par le bail, lors même que, postérieurement, il aurait abdiqué son exploitation, et que, par suite, l'arrêté d'autorisation aurait été rapporté; ces actes de sa volonté ne sont pas de nature à lui créer un moyen de se dégager de la convention du bail. — Cass., 27 avr. 1868, Larbaud, [S. 68.1.433, P. 68.1167, D. 68.1.337]

610. — De même, lorsque la condition a manqué, l'obligation ou la disposition est anéantie; les événements qui pourraient arriver postérieurement ne peuvent pas la faire revivre : Conditio quæ defuit non restauratur (L. 41, ff. De fideic. libert.). — Ou, comme dit Cujas : Defecta semel conditio, postea impleretur frustra, nec enim solent resumi conditiones (Obs., lib. 13, chap. 40). — Merlin, vo Choix, p. 317; Toullier, t. 6, n. 643.

611. — La condition d'être nommé à tel emploi ou de se marier est accomplie bien que plus tard on soit privé de cet emploi ou que l'épouse meure. Cependant si le mariage est annulé, la condition est censée n'avoir jamais été accomplie. Ainsi la donation faite par un époux à son conjoint sous la condition qu'il ne convolera pas à de secondes noces n'est pas réputée révoquée si le second mariage est déclaré nul. — Montpellier, 15 janv. 1839, Llense, [S. 39.2.246, P. 39.1.671]

612. — On décide cependant qu'à l'inverse, la condition si nupserit suppose un mariage valable. Toutefois, cette condition est censée accomplie, bien que celui à qui elle est imposée contracte un mariage nul, mais auquel sa bonne foi fait produire les effets civils. — Delvincourt, t. 2, p. 477, notes.

TITRE VI.

EFFETS DES CONDITIONS.

613. — Nous avons vu (*suprà*, n. 154 et s.), qu'envisagées au point de vue de leurs effets, les conditions se divisent en suspensive et résolutoire. Il nous reste à étudier les effets de l'une et de l'autre condition. Ces effets se manifestent soit avant, soit après qu'elles sont accomplies ou défaillies.

CHAPITRE I.

DE LA CONDITION SUSPENSIVE.

SECTION I.

Effets de la condition suspensive tant qu'elle est en suspens.

614. — Tant que la condition est en suspens, tant que l'accomplissement n'en est pas réalisé, l'obligation qu'elle affecte n'existe pas d'une manière définitive. L'art. 1181, § 2, dit que l'exécution ne peut en être poursuivie. On a critiqué avec raison ces expressions comme manquant de précision, car ce que la loi dit de l'obligation conditionnelle peut s'appliquer aussi à l'obligation à terme. Cette rédaction paraît même inexacte à un autre point de vue. Elle est de nature à faire entendre que ce n'est que l'exécution de l'obligation qui est retardée et que l'obligation existe, ce qui, rigoureusement, n'est pas la vérité. — Aubry et Rau, t. 4, § 302, p. 70, texte et note 40; Laurent, t. 17, n. 87; Demolombe, t. 25, n. 336; Duranton, t. 11, n. 72; Larombière, t. 2, sur l'art. 1181, n. 3.

615. — Ce qui est vrai, c'est qu'à partir du jour où l'obligation conditionnelle s'est formée, un lien juridique s'est établi entre les parties, un lien qui ne peut être rompu. Dès ce moment, il y a un créancier et un débiteur. En droit romain, on disait : *pendente conditione, nondum debetur, sed spes est debitum iri* (Inst., *De verb. oblig.*). Sous l'empire de la législation française, le créancier a plus qu'une espérance, il a un droit, imparfait sans doute, mais qui existe dans son patrimoine. Le droit conditionnel a une véritable valeur, quoique éventuelle. — Aubry et Rau, t. 4, § 302, p. 73.

616. — Il en résulte que ce droit, tel qu'il est, est irrévocablement acquis. La promulgation d'une loi nouvelle ne saurait lui porter atteinte, protégé qu'il se trouve par le principe de la non rétroactivité des lois (art. 2, C. civ.). S'il était vrai, au contraire, que le droit conditionnel fût une simple espérance, une loi nouvelle pourrait l'enlever. Car, on sait qu'il est permis au législateur de faire produire à ses dispositions un effet rétroactif, tant que les avantages ainsi atteints ne sont fondés que sur de simples expectatives. — Aubry et Rau, t. 4, § 302, p. 75; Colmet de Santerre, t. 5, n. 100 *bis*-II; Demolombe, t. 25, n. 360.

617. — Il suit de là encore que ce droit peut être vendu, cédé ou aliéné par un mode quelconque; qu'il passe aux héritiers du stipulant, en vertu du droit commun de la transmissibilité héréditaire, parce qu'il forme un bien de la succession. — Demolombe, t. 25, n. 363; Aubry et Rau, t. 4, § 302, texte et note 51, p. 73.

618. — Il en est toujours ainsi, à moins qu'il ne s'agisse d'une condition qui ne puisse être accomplie après la mort soit du créancier, soit du débiteur. Tel serait, par exemple, le cas d'un contrat de société passé sous condition. La mort de l'un des contractants empêcherait la société de se former. Une convention semblable repose sur la confiance réciproque de ceux qui ont voulu s'associer. C'est dire que, par la nature même des choses, leurs successeurs ne sauraient hériter d'un droit dérivant d'un contrat de société, qui ne peut plus se former. — Demolombe, t. 25, n. 364 et 365.

619. — C'est encore par la même raison que le créancier peut, avant que la condition soit accomplie, exercer tous les actes conservatoires de ce droit (C. civ., art. 1180).

620. — Quels sont ces actes? Ce sont ceux qui tendent uniquement à conserver le droit du créancier, sans impliquer aucune mesure d'exécution contre le débiteur. Une énumération complète de ces actes serait assez difficile. Ils varient suivant les cas, eu égard à la nature des droits à conserver, des biens qui forment le gage du stipulant et à la nature même de la condition. — Demolombe, t. 25, n. 366. — V. *suprà*, v° *Acte conservatoire*, n. 4, 33 et 34.

621. — L'action que l'art. 2175, C. civ., accorde, contre le tiers détenteur qui dégrade ou détériore un immeuble, aux créanciers hypothécaires ou privilégiés, compétera également aux simples créanciers conditionnels qui, à ce titre, ont des droits sur cet immeuble. — Aubry et Rau, t. 3, § 287, p. 430.

622. — Le créancier conditionnel pourra-t-il agir en reconnaissance d'écriture? Demolombe (t. 25, n. 367) enseigne l'affirmative, avec cette restriction, toutefois, que l'inscription de l'hypothèque résultant du jugement ne devra être inscrite qu'après la condition accomplie. — Aubry et Rau, t. 3, § 265, p. 257.

623. — La question paraît douteuse à Laurent, parce que la poursuite en vérification d'écriture dirigée contre le débiteur aurait le caractère d'une mesure d'exécution, en ce sens qu'elle lui occasionerait un procès alors qu'il est incertain qu'il y ait une dette. — Laurent, t. 17, n. 89 *in medio*.

624. — En tout cas, la créance conditionnelle donne le droit d'obtenir une collocation éventuelle dans la distribution des deniers du débiteur, soit que cette distribution provienne de faillite, de déconfiture, d'acceptation bénéficiaire, de vacance de succession, de saisie-exécution ou même de saisie-arrêt. Le créancier ainsi colloqué ne l'est qu'éventuellement, il ne touche pas les deniers, il ne peut être payé qu'à l'événement de la condition, mais ce paiement doit lui être garanti par caution ou consignation. — Pothier, n. 122; Toullier, t. 6, n. 528; Duranton, t. 11, n. 69; Grenier, *Des hypoth.*, t. 1, n. 187; Troplong, *Des hypoth.*, t. 4, n. 953 *ter*; Colmet de Santerre, n. 99 *bis*-I; Demolombe, t. 25, n. 370; Zachariæ, § 302, note 20; Laurent, t. 17, n. 89; Aubry et Rau, t. 4, § 302, p. 74, texte et note 54; Larombière, t. 2, art. 1180, n. 3 et 4 (ce dernier auteur, toutefois, au cas de distribution de deniers provenant de saisie-arrêt, refuse toute collocation au créancier).

625. — Sur la question de savoir si un créancier sous condition suspensive peut intenter l'action paulienne, V. *suprà*, v° *Action paulienne*, n. 54 et s.

626. — Nous pensons qu'un créancier conditionnel peut être mis au rang des *parties intéressées* qui, aux termes de l'art. 112, C. civ., ont le droit de demander au tribunal d'ordonner les mesures nécessaires à la sauvegarde du patrimoine d'un présumé absent. — V. *suprà*, v° *Absence*, n. 40.

627. — Mais tous les actes d'exécution sont interdits au créancier conditionnel. Il ne pourrait pas faire des saisies-arrêts contre son débiteur; la raison en est que si la condition venait à manquer, le créancier aurait causé par cette mesure un tort irréparable au débiteur. — Duranton, t. 11, n. 70; Pigeau, *Comment. du C. proc. civ.*, t. 2, p. 150; Roger, *Saisie-arrêt*, n. 94 et s.; Chauveau, sur Carré, quest. 1926; Massé et Vergé, sur Zachariæ, t. 3, p. 379, § 535, note 4; Laurent, t. 17, n. 90; Demolombe, t. 25, n. 369; Aubry et Rau, t. 4, § 302, note 54, p. 74; Colmet de Santerre, t. 5, n. 99 *bis*-II.

628. — Spécialement, le vendeur d'une usine qui a stipulé une rente à son profit pour le cas où les produits de l'usine atteindraient un certain chiffre, ne peut pratiquer une saisie-arrêt entre les mains de l'acheteur, tant qu'il n'est pas établi que cette condition s'est réalisée. — Poitiers, 12 déc. 1876, Fragnaud, [S. 78.2.39, P. 78.208, D. 77.2.231] — V. *infrà*, v° *Saisie-arrêt*.

629. — Le créancier conditionnel pourrait encore moins faire pratiquer des saisies-exécutions; l'art. 551, C. proc. civ., lui refuse ce droit. Il en est de même des saisies immobilières. Cependant, s'il existait déjà des saisies ou oppositions, des saisies-exécutions, et que la solvabilité du débiteur fût douteuse, il devrait, nous l'avons vu (*suprà*, n. 624) être colloqué dans l'ordre, sauf caution ou consignation. — Duranton, *loc. cit.*; Demolombe, t. 25, n. 369 et 370.

630. — Nous avons supposé jusqu'ici un contrat d'obligation. S'il s'agit d'un contrat translatif de propriété, le créancier, c'est-à-dire l'acquéreur n'obtient qu'une propriété éventuelle. N'ayant pas la propriété définitive, et le titre de propriétaire restant toujours sur la tête du vendeur, il ne pourra ni le purger des hypothèques dont il est grevé, ni former une demande en distraction dans le cas où l'immeuble serait saisi, ni intenter une action en bornage (V. *suprà*, v° *Bornage*, n. 75). — Aubry et Rau, t. 4, § 302, p. 75.

631. — Il lui sera néanmoins permis de disposer de la chose et de l'hypothéquer (C. civ., art. 2125), de requérir la transcription de l'acte, sauf résolution ultérieure si la condition vient à s'accomplir. Il sera également autorisé à exercer toutes les mesures conservatoires de son droit. De plus, cette propriété conditionnelle passera aux héritiers, à moins que la condition ne soit personnelle. — V. *suprà*, n. 617 et 618.

632. — Quant au légataire conditionnel, son droit n'existe pas, il est vrai, tant que le testateur est en vie, et il ne saurait le transmettre à ses héritiers, mais après le décès du testateur, il peut, en attendant l'événement de la condition, prendre toutes les mesures conservatoires, comme le créancier conditionnel, en vertu de son obligation. — Toullier, t. 6, n. 532.

633. — Il peut faire toutes les conventions que bon lui semble avec les créanciers de la succession ; il peut disposer de son droit comme il disposerait d'un coup de filet à donner. — Toullier, t. 6, n. 532, et t. 4, n. 340.

634. — Mais si, avant l'événement de la condition, le légataire déclarait renoncer à la succession, cette renonciation serait sans effet ; il pourrait encore demander la délivrance de son legs, à moins que la renonciation n'eût été acceptée par les héritiers. — Toullier, t. 6, n. 533.

635. — On admet, en règle générale, que les conditions stipulées dans les testaments produisent les mêmes effets que celles qui sont insérées dans les contrats. Il y a peu d'exceptions à ce principe ; et la disposition testamentaire faite sous condition est parfaite au décès du testateur, comme la convention conditionnelle après le consentement des contractants. — Toullier, t. 6, n. 531.

636. — La dette de l'héritier débiteur du legs et le droit du légataire conditionnel sont suspendus après décès du testateur, comme le sont, dans le contrat conditionnel, le droit du créancier et l'obligation du débiteur. — Toullier, t. 6, n. 532.

637. — Parmi les droits accordés au légataire conditionnel, on lui reconnaît celui de requérir sur les immeubles de la succession l'inscription du privilège de séparation des patrimoines (C. civ., art. 2111), d'agir contre les tiers détenteurs de l'immeuble légué à l'effet d'interrompre l'usucapion. Toutefois, on lui refuse généralement le droit d'exiger des personnes chargées d'acquitter le legs une caution pour garantir le paiement du legs à l'arrivée de la condition. — V. *suprà*, v° *Acte conservatoire*, n. 33 et s.

638. — Le débiteur conditionnel ne doit pas. Tant que la condition suspensive n'est pas accomplie, le créancier est sans droit pour réclamer l'exécution de l'obligation, l'acheteur ou le légataire, sans droit également pour demander la délivrance de la chose vendue ou léguée, et s'ils en avaient été mis par erreur en possession, ils pourraient être contraints à la rendre et à restituer les fruits qu'elle a produits, de même que le débiteur serait admis à répéter ce qu'il aurait payé inutilement (L. 16, ff. *De condict. indeb.* ; L. 8, ff. *De peric. et comm. rei vendit.*). — Toullier, t. 6, n. 526 ; Delvincourt, t. 2, p. 483 ; Larombière, § 309, sur l'art. 1181, n. 5 ; Demolombe, t. 25, n. 358 ; Zachariæ, p. 74, texte et Laurent, t. 17, n. 91 ; Aubry et Rau, § 302, texte et note 41.

639. — Jugé, en conséquence, que, lorsqu'un acte sous seing privé, contenant reconnaissance d'une dette envers une personne, a été déposé entre les mains d'un tiers pour en faire la remise au créancier, sous une certaine condition, celui-ci ne peut se faire délivrer l'acte avant l'événement de la condition. — Bruxelles, 14 janv. 1830, Decasper, [P. chr.]

640. — Au cas où le contrat est translatif de propriété et si la chose est déterminée dans son individualité, c'est le débiteur qui en demeure propriétaire jusqu'à l'événement de la condition ; il peut disposer comme bon lui semble de la chose objet du contrat ; toutefois, si la condition s'accomplit, ce qu'il a fait est nul *ab initio*, comme s'il n'y avait point eu d'aliénation ; mais s'il ne s'accomplit pas, tout est valable. — Toullier, t. 6, n. 526 ; Demolombe, *loc. cit.* ; Laurent, *loc. cit.* ; Aubry et Rau, *loc. cit.*

641. — De ce que la propriété continue à résider sur la tête du vendeur ou donateur sous condition suspensive, jusqu'à sa réalisation, il suit que c'est à lui qu'appartient exclusivement l'administration de la chose aliénée ; c'est lui seul qui est investi, relativement à cette chose, de toutes les actions possessoires ou pétitoires, tant actives que passives. — Aubry et Rau, *loc. cit.* ; Laurent, t. 17, n. 92 ; Larombière, t. 2, art. 1181, n. 6.

642. — Aussi l'acquéreur sera-t-il tenu d'accepter comme obligatoires pour lui tous les actes d'administration passés par son débiteur, tels que baux, etc., pourvu, bien entendu, qu'ils aient été faits de bonne foi. — Demolombe, t. 25, n. 399 ; Aubry et Rau, t. 4, § 302, p. 72, texte et note 47 ; Larombière, sur l'art. 1181, n. 20.

643. — Comme application du principe que le débiteur sous condition suspensive peut faire des actes d'administration, et spécialement consentir des baux, les auteurs citent des arrêts rendus concernant l'acquéreur sous condition résolutoire (V. *infrà*, n. 738 et s.). Il est certain qu'à ce point de vue, les droits de l'acquéreur sous condition résolutoire et ceux du débiteur sous condition suspensive sont identiques.

644. — Quant aux jugements rendus contre celui qui a aliéné sous condition suspensive, ils ne seront pas opposables à l'acquéreur ou au donataire. Car le propriétaire sous condition suspensive se trouve soumis à une obligation éventuelle de délivrance, et étant tenu, *pendente conditione*, de veiller à la conservation de la chose, « il a bien qualité pour la défendre dans l'intérêt de celui à qui elle devait être livrée, mais non pour compromettre les droits de ce dernier » ; de sorte qu'après la condition réalisée, l'acquéreur pourra invoquer les jugements où le précédent propriétaire aura été partie, s'ils lui sont favorables, sans qu'ils puissent lui être opposés, s'ils lui sont contraires. — Aubry et Rau, t. 4, § 302, p. 71 et 72, t. 8, § 769, p. 383, texte et note 55.

645. — Il n'est pas douteux que les créanciers du vendeur ou du donateur sous condition suspensive ne puissent saisir la chose aliénée et la faire mettre en adjudication. Mais au cas où la condition viendra à s'accomplir, quel sera le sort de cette saisie et de cette adjudication ? Une distinction est à faire : si la saisie est pratiquée à la requête d'un créancier chirographaire ou d'un créancier hypothécaire postérieur à la transcription de l'acte d'aliénation, et qu'il n'existe pas de créanciers hypothécaires antérieurs, cette saisie ne sera pas opposable à l'acquéreur conditionnel ; l'adjudication sera annulée en sa faveur, parce que le précédent propriétaire ne pouvait pas préjudicier à ses droits. — Laurent, t. 17, n. 93 ; Aubry et Rau, t. 4, § 302, p. 72.

646. — Il en sera autrement si la saisie est faite par des créanciers hypothécaires antérieurs à la transcription de l'acte d'aliénation ou même par de simples créanciers chirographaires, si des hypothèques antérieures grèvent l'immeuble. Dans ce cas, en effet, la saisie pratiquée est commune à tous les créanciers (C. proc. civ., art. 693 et s.). L'acquéreur n'aura pas à se plaindre de se voir évincé de ses droits conditionnels par l'immeuble, n'ayant pas pu ignorer qu'ils étaient primés par ceux des créanciers hypothécaires antérieurs à la transcription de l'acte qui le rendait propriétaire éventuel. — Laurent, *loc. cit.* ; Aubry et Rau, *loc. cit.* et note 48.

647. — En supposant que l'immeuble vendu ou donné sous condition suspensive soit grevé d'hypothèques du chef de précédents propriétaires, tant que la condition est en suspens, la vendeur ou donateur pourra être hypothécairement poursuivi par les créanciers inscrits. C'est même contre lui que les poursuites seront recevables. — Aubry et Rau, t. 4, § 302, p. 72 ; Laurent, t. 17, n. 94.

648. — C'est pourquoi il sera admis à purger ces hypothèques ou à délaisser l'immeuble. Si la purge n'est pas suivie de surenchère, elle profitera à l'acquéreur, qui après l'accomplissement de la condition prendra le bien affranchi des charges qui le grevaient. Au contraire, s'il y a eu surenchère, ou bien si, en l'absence de purge, l'immeuble a été saisi et adjugé, ces actes seront opposables à l'acheteur ou au donataire. Il en sera de même en cas de délaissement suivi d'adjudication. — Aubry et Rau, *loc. cit.* ; Laurent, *loc. cit.* ; Larombière, t. 2, art. 1181, n. 7.

649. — De ce que le créancier sous condition suspensive ne peut pas, *pendente conditione*, demander l'exécution de l'obligation, il résulte que durant cet intervalle la prescription libératoire ne court pas contre lui au profit du débiteur (C. civ., art. 2257). Si c'est une vente qui a été consentie sous condition suspensive, le vendeur ne peut certainement pas prescrire contre l'acheteur. Ces principes sont indiscutés.

650. — Mais si des tiers venaient à se mettre en possession de l'immeuble vendu de la sorte, ne pourraient-ils pas prescrire? Et d'abord le pourraient-ils vis-à-vis du vendeur? L'affirmative ne nous parait pas douteuse, du moment que celui-ci est encore investi de l'exercice de toutes les actions réelles. La maxime : *contra non valentem agere non currit præscriptio* ne s'applique pas à son cas. — Nous pensons même que, dans l'hypothèse où le vendeur laisserait accomplir la prescription avant la réalisation de la condition, l'acquéreur ne serait pas admis à invoquer la cause de suspension ou de prolongation du délai de la prescription qui aurait existé dans sa personne, telle qu'un état de minorité. Vainement il se prévaudrait de la rétroactivité de la condition, car « on ne comprendrait pas que la rétroactivité faite pour sauvegarder les droits de l'acquéreur vis-à-vis du vendeur ou de ses ayants-cause pût, au détriment d'un tiers, complètement étranger aux parties, modifier les conditions et les effets de la prescription qui a régulièrement couru contre l'ancien propriétaire ». — Aubry et Rau, t. 4, § 302, p. 73, texte et note 50. — *Contrà*, Duranton, t. 9, n. 312; Larombière, t. 2, art. 1181, n. 16; Laurent, t. 17, n. 95.

651. — Mais une question plus controversée est celle de savoir si le tiers détenteur de l'immeuble peut prescrire contre l'acquéreur sous condition, contre le créancier conditionnel qui, pour la garantie de son droit, a requis inscription d'hypothèque sur cet immeuble. — V. *infrà*, v° *Prescription*.

652. — Dans le cas où une chose vendue, donnée ou léguée sous une condition suspensive, appartient à un tiers, le vendeur, le donateur ou l'héritier grevé du legs continue de prescrire pendant que la condition est en suspens, si toutefois la loi ne fait pas obstacle à la prescription, à raison de la qualité de leur possession ou pour autre cause. Après l'accomplissement de la condition, l'acheteur, le donataire ou le légataire peut joindre à la possession celle de son auteur dans le cas où celle de ce dernier n'aurait pas suffi pour compléter la prescription et en admettant qu'elle fût d'ailleurs propre à l'effet de prescrire. — Duranton, t. 11, n. 83.

653. — D'un autre côté, il y a lieu d'observer que le titre dont l'existence est subordonnée à une condition suspensive ne saurait, dans le sens de l'art. 2265, constituer un juste titre pour permettre d'invoquer la prescription de dix à vingt ans. Ce n'est qu'à partir du jour où la condition s'est accomplie que le possesseur pourrait s'en prévaloir. — Baudry-Lacantinerie, t. 3, n. 1665.

654. — L'art. 1038, C. civ., dispose que « toute aliénation, celle même par vente avec faculté de rachat ou par échange, que fera le testateur de tout ou de partie de la chose léguée emportera la révocation du legs pour tout ce qui a été aliéné, encore que l'aliénation postérieure soit nulle, et que l'objet soit rentré dans la main du testateur ». La jurisprudence a eu à résoudre la question de savoir si la vente faite sous condition suspensive opère la révocation du legs. Il a été généralement décidé qu'une donation ou aliénation faite avec cette condition n'entraine pas la révocation du legs et que l'art. 1038 ne s'applique pas dans ce cas. — Cass., 15 mai 1860, Thierrée, [S. 60. 1.625, P. 60.1118]; — 19 avr. 1882, Labat de Lapeyrière, [S. 82.1.272, P. 82.1.645, D. 83.1.152] — Caen, 25 nov. 1847, Etasse, [S. 48.2.339, P. 48.2.459, D. 48.2.190] — Rennes 28 mars, 1860, B..., [S. 60.2.325, P. 60.1117, D. 61.5.431] — *Contrà*, Paris, 13 mai 1823, Fournier, [S. et P. chr.]

655. — Sur cette question, les auteurs sont divisés. A l'appui de l'opinion qui a prévalu en jurisprudence, on dit : quand l'aliénation dépend d'une condition suspensive et que la condition ne s'accomplit pas, l'aliénation n'a jamais eu lieu ni en droit, ni en fait. Ce n'est pas comme au cas d'aliénation sous condition résolutoire. Alors, sans doute, par l'inaccomplissement de la condition, l'aliénation n'a pas eu lieu en *droit*, mais elle a eu lieu en *fait*. Cela suffit pour manifester de la part du testateur l'intention de révoquer la disposition. — Toullier, t. 5, n. 653; Marcadé, art. 1038, n. 1; Troplong, *Donat. et test.*, t. 4, n. 2099; Vazeille, *id.*, art. 1037, n. 4, et 1038, n. 7; Massé et Vergé, sur Zachariæ, t. 3, p. 298, note 17, § 502; Aubry et Rau, t. 7, § 725, p. 524, texte et note 44; Demolombe, t. 22, n. 218. — *Contrà*, Delvincourt, t. 2, p. 605, *notes*, p. 97, note 6; Coin-Delisle, *Donat. et test.*, art. 1038, n. 4; Duranton, t. 9, n. 459; Rolland de Villargues, *Rép. du not.*, v° *Revoc. de test.*, n. 67.

656. — Nous n'hésitons pas à nous ranger à l'opinion qui décide que l'art. 1038 est sans application à l'aliénation sous condition suspensive. Car, ainsi que le disent MM. Aubry et Rau, « les présomptions légales ne doivent pas être étendues au delà des cas et des actes pour lesquels elles ont été établies. On ne saurait appliquer aux aliénations faites sous une condition suspensive, la présomption de révocation du legs créée par cet article ». — Aubry et Rau, *loc. cit.*

657. — Qui supporte les risques? A cet égard la loi s'exprime ainsi : « lorsque l'obligation a été contractée sous une condition suspensive, la chose qui fait la matière de la convention demeure aux risques du débiteur qui ne s'est obligé de la livrer que dans le cas de l'événement de la condition » (C. civ., art. 1182-1°). Duranton (t. 11, n. 76) pense que cette disposition n'est pas vraie d'une manière absolue; qu'elle ne l'est que dans les contrats synallagmatiques à titre onéreux; « ainsi, dit-il, lorsque je vous ai donné ma maison sous cette condition, *si tel navire rentre en France dans l'année*, et que la maison vienne à être incendiée, elle périt bien sans doute pour moi débiteur, si la condition ne se réalise pas; mais si la condition se réalise, la maison périt réellement pour vous créancier ». Cette observation est exacte. Elle a été répétée par d'autres auteurs. — Colmet de Santerre, t. 5, n. 101 *bis*; Demolombe, t. 25, n. 420; Aubry et Rau, t. 4, § 302, note 13, p. 74.

658. — On a fait observer aussi avec juste raison que les règles posées dans l'art. 1182, ne s'appliquent qu'au cas où l'obligation a pour objet un corps certain. — Massé et Vergé, sur Zachariæ, t. 3, p. 378, § 533, note 3.

659. — Le même article ajoute : « Si la chose a entièrement péri sans la faute du débiteur, l'obligation est éteinte » (C. civ., art. 1182-2°). Il serait plus exact de dire que l'obligation est alors comme si elle n'avait jamais existé. — Massé et Vergé, sur Zachariæ, *loc. cit.*; Duranton, t. 11, n. 76; Delvincourt, sur l'art. 1182; Toullier, t. 6, n. 583 à la note; Marcadé, sur l'art. 1182, n. 1; Larombière, t. 2, art. 1182, n. 1 et 2; Colmet de Santerre, t. 5, n. 100 et 101 *bis*-III.

660. — MM. Aubry et Rau, supposant le cas d'un contrat synallagmatique, d'une chose vendue sous condition, disent que par la perte de cette chose, l'obligation de livrer est censée n'avoir jamais existé, faute d'objet, et que l'obligation corrélative de l'acheteur doit être considérée comme n'ayant jamais existé, faute de cause (t. 4, § 302, p. 74). — V. cep. Demolombe, t. 25, n. 425 à 427; Laurent, t. 17, n. 96.

661. — Le législateur, après s'être prononcé sur le cas de perte totale de la chose, en arrive au cas de perte partielle. Il établit une distinction entre la détérioration survenue sans la faute du débiteur et celle qui s'est produite par sa faute.

662. — « Si la chose a péri sans la faute du débiteur, le créancier a le choix, ou de résoudre l'obligation, ou d'exiger la chose dans l'état où elle se trouve, sans diminution de prix » (C. civ., art. 1182-3°). Cette disposition ne s'explique pas. En effet, d'après les principes, le créancier devrait supporter les risques à partir du jour où l'effet rétroactif de la condition accomplie l'a rendu propriétaire. Il devrait recevoir la chose dans l'état où elle se trouve au moment de l'événement de la condition; et, de même qu'alors il profite des améliorations et des accroissements qu'elle a reçus, de même aussi il devrait supporter la perte partielle ou la détérioration qui en a diminué la valeur. Mais la loi en a décidé autrement : il faut donc se soumettre. — Massé et Vergé, sur Zachariæ, *loc. cit.*; Toullier, t. 6, n. 538; Duranton, t. 11, n. 80; Marcadé, sur l'art. 1182; Larombière, t. 2, art. 1182, n. 7; Laurent, t. 17, n. 98; Aubry et Rau, t. 4, § 302, p. 77, note 64. — V. cep. Demolombe, t. 25, n. 437; Colmet de Santerre, t. 5, n. 101 *bis*-IV.

663. — Si la chose s'est détériorée par la faute du débiteur, le créancier a le droit de résoudre l'obligation ou d'exiger la chose dans l'état où elle se trouve avec des dommages-intérêts » (C. civ., art. 1182-4°). L'art. 1182 semble n'allouer des dommages-intérêts au créancier, que lorsqu'il maintient le contrat en prenant la chose dans l'état de détérioration où elle se trouve. Il est certain néanmoins qu'en optant pour la résolution du contrat, s'il ne se trouve pas ainsi suffisamment dédommagé du préjudice éprouvé, il sera fondé à réclamer, en outre, une indemnité de nature à le couvrir exactement du montant du préjudice. — Laurent, t. 17, n. 97.

664. — Pour connaître l'étendue de la perte, il faut estimer la chose, non suivant sa valeur au temps du contrat, mais suivant sa valeur lors de l'arrivée de la condition. C'est cette époque que les parties sont censées avoir considérée. — Toullier, t. 6,

n. 540; Larombière, t. 2, sur l'art. 1182, n. 9 et 10; Laurent, loc. cit.

665. — Jugé à cet égard que lorsqu'une vente a été contractée sous condition suspensive, l'acheteur a le droit de résoudre le contrat, si la chose vendue s'est détériorée par la faute du vendeur, avant l'arrivée de la condition. — Cass., 1ᵉʳ mars 1892, Syndic de la Société des Usines de Marquise, [S. et P. 92.1.487, D. 92.1.412]

666. — Il appartient aux juges du fond, en se basant sur la convention, de constater que la vente a été faite sous condition suspensive, d'apprécier l'intention des parties, l'étendue et la portée de l'engagement souscrit par celle qui y a manqué, l'intensité du préjudice causé et la gravité des circonstances pouvant légitimer la résolution du contrat. — Même arrêt.

667. — Le législateur, en opposant, dans l'art. 1182 (al 3), la *détérioration* à la perte totale de la chose, donne clairement à entendre qu'il s'agit d'une perte partielle. Ce mot de *détérioration* a ici le même sens qu'ailleurs le mot *dégradations* (art. 2131). Ce que la loi a visé, c'est assurément une détérioration matérielle. La *dépréciation* que subirait l'objet par l'effet de circonstances extérieures n'autoriserait pas le créancier à résoudre le contrat. Telle serait, par exemple, la dépréciation résultant d'événements politiques ou économiques; celle dont serait atteinte une maison, dans une grande ville, à la suite d'un déplacement de la circulation. — Baudry-Lacantinerie, t. 2, n. 899 *in fine*.

SECTION II.
Effets de la condition suspensive quand elle défaillit ou quand elle s'accomplit.

668. — Lorsque la condition suspensive vient à manquer, son effet est d'anéantir l'obligation ou la disposition : *Actus conditionnalis, defecta conditione nihil est* (L. 8, ff. *De pericul. et comm. rei vend.*). L'obligation est considérée comme n'ayant jamais existé. — Toullier, t. 6, n. 553; Aubry et Rau, t. 4, § 302, p. 75; Laurent, t. 17, n. 100; Larombière, t. 2, sur l'art. 1184, n. 10; Demolombe, t. 25, n. 376.

669. — Il suit de là qu'au cas de contrat synallagmatique, l'obligation de l'une des parties étant réputée n'avoir jamais existé, il en est de même de l'obligation corrélative de l'autre. Ainsi, par exemple, dans l'hypothèse d'une vente, si malgré la condition suspensive l'acquéreur a été mis en possession, les fruits perçus *pendente conditione* appartiennent au vendeur, comme aussi ce dernier, s'il a touché le prix, est tenu de le restituer avec les intérêts. — Mêmes auteurs.

670. — La convention par laquelle un affréteur déclare vendre une quantité déterminée de certaines marchandises qui doivent être apportées par un navire, *de ce qui s'en trouvera à bord*, lors de *l'heureuse arrivée, jusqu'à concurrence de cette quantité*, doit être considérée comme subordonnée à la condition que le navire sera chargé, au retour, des marchandises spécifiées. En conséquence, dans le cas où le navire ne contient aucune partie de ces marchandises, le marché doit être réputé non avenu. — Bordeaux, 21 mars 1837, Balguerie, [P. 40.2.592]

671. — Cependant le simple chargement, au port de départ, de marchandises de même espèce que celles vendues conditionnellement suffit, *s'il a eu lieu conformément aux ordres de l'affréteur*, pour accomplir la condition et donner définitivement vie au marché, encore que ces marchandises aient été ensuite, avant tout, sorties du navire, déchargées du même port et rentrées au magasin ou livrées à des tiers. — Même arrêt (solut. impl.).

672. — De même pour la condition en général, un des effets de la condition suspensive, lorsqu'elle s'accomplit, est de remonter au jour du contrat (C. civ., art. 1179). — L'accomplissement de la condition rend le legs pur et simple, et l'obligation parfaite. — Toullier, t. 6, n. 537.

673. — Du principe de rétroactivité il résulte que tout ce que le débiteur sous condition a fait, *pendente conditione*, s'évanouit par l'accomplissement de la condition : ainsi les hypothèques, les aliénations sont considérées comme non avenues (C. civ., art. 2125, 2182). Par contre, la rétroactivité de la condition a pour effet de valider tous les actes de disposition et de jouissance que le créancier conditionnel a faits pendant que la condition était en suspens. Le créancier est censé avoir eu cette qualité et les droits qui en résultent du jour du contrat.

674. — Que faut-il décider quant aux fruits perçus par le débiteur avant l'accomplissement de la condition? Devra-t-il les restituer au créancier? La question est controversée. Si l'on s'en tient rigoureusement au principe de la rétroactivité de la condition, il faut décider que le débiteur est tenu à la restitution des fruits. Le contrat étant considéré comme pur et simple à partir du jour où il a été conclu, le débiteur est sans titre pour les conserver. — V. Marcadé, sur l'art. 1179, n. 2 et sur l'art. 1182, n. 2; Larombière, t. 2, art. 1181, n. 14; Zachariæ, § 302, texte et note 24; Aubry et Rau, t. 4, § 302, p. 75, texte et note 62; Baudry-Lacantinerie, t. 2, n. 896 *in fine*; Laurent, t. 17, n. 84.

675. — Dans un second système, on attribue ces fruits au débiteur. Le motif que donne à l'appui Duranton (t. 11, n. 82), c'est que le débiteur, en vertu de l'art. 1182, 3ᵉ al., supportant la détérioration survenue par cas fortuit (*suprà*, n. 637), il est juste en compensation, de le faire bénéficier des fruits : *penes quem sunt incommoda rei, eum sequi debent commoda*. On répond que la disposition de l'art. 1182 est peu rationnelle, qu'elle est même anormale et qu'il n'est pas permis d'en tirer un argument d'analogie : *Quod contrà rationem juris receptum est, non producendum ad consequentias*.

676. — D'autres auteurs invoquent les art. 549 et 550, C. civ., d'après lesquels le possesseur de bonne foi fait les fruits siens (Toullier, t. 3, n. 541 et 543; Troplong, *Vente*, t. 1, n. 60. — V. aussi Massé et Vergé, sur Zachariæ, t. 3, p. 380, § 535, note 9). — Mais ces dispositions, écrites en vue du tiers qui possède de bonne foi, ne nous paraissent pas applicables au débiteur conditionnel. Peut on soutenir d'ailleurs, que celui-ci a possédé à titre de propriétaire alors qu'il savait que cette propriété s'évanouirait par l'arrivée de la condition?

677. — M. Colmet de Santerre (t. 5, n. 98 *bis*-II) enseigne que l'on ne doit pas exagérer les conséquences de la rétroactivité, que c'est là une fiction et qu'une fiction ne peut pas produire tous les effets de la réalité. Mais on répond que la rétroactivité n'est pas une fiction « mais une loi du contrat que le Code consacre comme un principe ». — Laurent, t. 17, n. 84.

678. — Quant à Demolombe (t. 25, n. 400), il pense que la rétroactivité opère *en droit*, non *en fait*; que la perception des fruits par le débiteur étant un fait ineffaçable, ces fruits lui sont définitivement acquis, et ce pour les mêmes motifs qui ont fait édicter les art. 855, 856, 928, 958, 962, 1632 et 1682, C. civ. On objecte à Demolombe que ces diverses dispositions sont des dérogations à un principe et qu'elles doivent être strictement limitées aux cas prévus. — Laurent, *loc. cit.*

679. — Nous croyons que, quelque rigoureux que puisse paraître le système qui impose au débiteur conditionnel la restitution des fruits, il y a lieu de l'adopter, parce qu'il est l'application de l'art. 1179, dont le texte est formel. Cette solution, du reste, n'offre aucun inconvénient, puisque les parties peuvent expressément convenir que les fruits appartiendront au débiteur, et qu'en dehors même de toute stipulation semblable, les juges seront autorisés, usant de la faculté que leur laisse l'art. 1175, d'induire des circonstances que telle a été la volonté des contractants. — Baudry-Lacantinerie, *loc. cit.*; Aubry et Rau, t. 4, § 302, p. 76.

680. — « Une pareille intention, disent MM. Aubry et Rau, doit facilement s'admettre en matière de condition ». Il est naturel, en effet, que celui qui ne donne une chose que sous condition suspensive entende se réserver les fruits qu'elle produira avant l'accomplissement de la condition, sans qu'il s'engage à les restituer après cet événement. — Aubry et Rau, t. 4, § 302, p. 76.

681. — Dans les conventions intéressées, il pourra aussi résulter de l'ensemble des clauses du contrat que celui qui a aliéné sous condition suspensive a voulu garder les fruits de la chose jusqu'à ce que par la réalisation de la condition cette chose ne soit plus en sa possession. En matière d'échange, par exemple, cette intention ne paraîtrait guère douteuse. De même, s'il s'agissait d'une vente faite sur la clause que l'acquéreur ne devra les intérêts qu'après la condition accomplie. Au reste, si l'on décide que le vendeur a droit aux fruits perçus, il faudra admettre, par réciprocité, que l'acheteur n'est pas tenu de payer les intérêts du prix. — Aubry et Rau, *loc. cit.*

682. — Quant aux fruits non perçus au moment où la condition s'accomplit et qui se trouvent pendants par branches et racines, il est manifeste qu'ils passent avec l'immeuble sur la tête du créancier conditionnel, devenu définitivement propriétaire. — Demolombe, t. 25, n. 402.

683. — En ce qui concerne les frais de labour et de semences faits pendant que la condition est en suspens, le débiteur conditionnel n'aura pas droit à une indemnité s'il a perçu les fruits, pas plus que pour les réparations d'entretien de l'édifice dont il aura eu la jouissance. Mais s'il n'a pas perçu les fruits, ou si les ayant perçus il est tenu de les restituer, une indemnité équivalente aux frais avancés lui sera due par le créancier conditionnel. Celui-ci devrait également le dédommager des grosses réparations et des impenses nécessaires, ainsi que des impenses utiles jusqu'à concurrence de la plus-value. — Demolombe, t. 25, n. 402 *bis*.

684. — Par l'effet rétroactif de la condition, les accroissements naturels survenus à la chose *pendente conditione* profiteront au créancier conditionnel. C'est à lui qu'appartiendront, par exemp'e, l'alluvion qui s'est formée au champ qui longe une rivière, le trésor découvert dans l'immeuble vendu, pour la moitié que la loi attribue au propriétaire (C. civ., art. 1176). — Demolombe, t. 25, n. 404.

685. — L'effet rétroactif de la condition qui s'accomplit est moins étendu dans les legs que dans les contrats; il suffit que le légataire conditionnel soit capable de recevoir au moment de l'événement de la condition; s'il mourait avant, le legs serait caduc. — Toullier, t. 6, n. 544.

686. — Le droit aux fruits pour le légataire conditionnel comme pour tout légataire, en général, ne rétroagit pas antérieurement à la demande en délivrance, à laquelle tout legs est soumis. Une telle demande étant irrecevable avant l'accomplissement de la condition, il en résulte forcément le principe de rétroactivité édicté par l'art. 1179 ne concerne pas cette hypothèse. — Aubry et Rau, t. 4, § 302, p. 76, texte et note 63.

687. — L'effet rétroactif de la condition ne s'applique pas seulement dans les rapports des parties entre elles. Le principe de l'art. 1179 régit également le sort des actes passés par le débiteur conditionnel avec les tiers. La conséquence en est que l'annulation de ces actes, à moins qu'il ne s'agisse de simples actes d'administration, pourra être poursuivie après l'accomplissement de la condition. Les jugements rendus contre le débiteur ne seront pas opposables au créancier (V. *suprà*, n. 644). — Aubry et Rau, t. 4, § 302, p. 77.

688. — Toutefois, lorsque la condition est potestative, certains auteurs ont enseigné qu'il fallait distinguer selon que l'événement était au pouvoir du créancier ou du débiteur. Dans le premier cas, a-t-on dit, l'accomplissement a un effet rétroactif; il ne pouvait dépendre du débiteur de rompre ses obligations en faisant échouer l'accomplissement de la condition. Dans le second cas, il n'en est pas de même, et l'accomplissement de la condition n'a point un effet rétroactif contre les tiers avec lesquels le débiteur a contracté postérieurement. — Toullier, t. 6, n. 546; Duranton, t. 11, n. 45; Merlin, *Quest.*, v° *Hypothèques*, § 3; Troplong, *Hypothèques*, t. 2, n. 474; Zachariæ, § 302, note 22.

689. — D'après cette doctrine, lorsqu'un propriétaire, après avoir vendu sous une condition portant sur un fait qui dépendait de sa volonté, vient à consentir la vente pure et simple du même objet, ce second acte devra être maintenu en faveur du nouvel acquéreur, et bien que la condition se réalise plus tard. Il ne restera à l'acquéreur conditionnel que le droit d'agir en dommages-intérêts contre son auteur. MM. Aubry et Rau, qui acceptent ce système, disent : ... « le vendeur sous une condition dépendante de sa volonté était, en définitive, resté le maître du sort du contrat; tandis que, par la vente pure et simple consentie ultérieurement, il s'est trouvé engagé d'une manière irrévocable. La position de l'acquéreur pur et simple, en faveur duquel milite en outre la maxime *Melior est conditio possidentis*, est donc préférable à celle de l'acquéreur sous condition ». — Aubry et Rau, t. 4, § 302, p. 78, texte et note 66.

690. — A notre avis, cette opinion n'est pas fondée en droit. D'abord elle est en opposition flagrante avec les termes de l'art. 1179, qui ne fait aucunement la distinction imaginée par les auteurs. Ceux-ci, pour soutenir leur système, ont fréquemment envisagé le cas où l'obligation première était contractée sous une condition purement potestative de la part du débiteur. Or, nous savons qu'une telle obligation est nulle (C. civ., art. 1174). Il est clair alors que la seconde obligation contractée relativement au même objet purement et simplement sera valable. Mais l'hypothèse à examiner est celle de la condition potestative ordinaire,

dont l'art. 1170 reconnaît la parfaite validité. Nous ne pensons pas que le débiteur puisse se dégager des liens du contrat autrement qu'en faisant manquer l'événement de la condition. Il est réellement obligé. Il n'est pas vrai qu'il soit resté le maître du sort du contrat, puisque, pour échapper aux conséquences de son engagement, il lui faut accomplir ou omettre d'accomplir un fait, ce qui porte une entrave à sa liberté. *Je vous ai vendu ma maison si j'allais à Paris*. Pour que la vente ne tienne pas, je dois m'abstenir d'aller à Paris. Il ne paraît pas admissible que je puisse faire tomber cette convention en consentant une nouvelle vente. Les partisans de la théorie contraire reconnaissent si bien la validité du premier contrat qu'ils accordent des dommages-intérêts contre celui qui la viole. C'est donc reconnaître que ce contrat existe et que le débiteur n'est pas resté le maître du sort de la convention. La logique commande de proclamer la nullité du second contrat. On objecte vainement l'intérêt et le droit du tiers acquéreur; car celui-ci a pu connaître par la publicité de la première vente qu'il n'achetait lui-même que conditionnellement. — Demolombe, t. 25, n. 387; Larombière, t. 2, art. 1179, n. 10; Delvincourt, t. 2, p. 484 et 485; Laurent, t. 17, n. 86.

691. — Jugé, en ce sens, que la convention portant que, si le débiteur d'une somme ne la paie pas à l'échéance fixée, un immeuble est et demeurera vendu par lui à son créancier moyennant un prix à fixer par experts, est une vente valable, faite sous condition suspensive, et non pas sous une condition purement potestative de la part de l'obligé, en sorte que l'accomplissement de la condition ayant un effet rétroactif au jour de la convention, cette première vente doit être préférée à la vente du même objet postérieurement faite à un autre par le débiteur. — Montpellier, 13 févr. 1828, Viguier, [S. et P. chr.]

692. — C'est du jour de l'accomplissement de la condition que commence à courir la prescription contre une créance conditionnelle, entre le créancier et le débiteur et leurs héritiers (art. 2257). — V. *infrà*, v° *Prescription*.

CHAPITRE II.

DE LA CONDITION RÉSOLUTOIRE.

Section I.

Effets de la condition résolutoire tant qu'elle est en suspens.

693. — La condition résolutoire « ne suspend point l'exécution de l'obligation; elle oblige seulement le créancier à restituer ce qu'il a reçu dans le cas où l'événement prévu par la condition arrive » (C. civ., art. 1183). C'est ainsi que s'exprime le législateur. De ce que la condition résolutoire ne suspend pas l'obligation, il suit que cette obligation est parfaite dès son principe; la propriété et la possession de la chose passent sur la tête de celui qui a acquis soit en vertu d'un contrat, soit en vertu d'une disposition. Ainsi, par exemple, en cas de vente sous condition résolutoire, l'acheteur est immédiatement investi de tous les droits dérivant de la vente; à partir du même moment, il est tenu aussi à toutes les obligations qui en découlent. Il peut demander la délivrance de la chose vendue et il doit en payer le prix et acquitter les droits de mutation (V. *infrà*, n. 870 et s.). — Toullier, t. 6, n. 548; Aubry et Rau, t. 4, § 302, p. 78; Laurent, t. 17, n. 104; Demolombe, t. 25, n. 447.

694. — Le créancier sous condition résolutoire est autorisé à exercer, *pendente conditione*, tous les droits et actions qui lui compéteraient si l'obligation était pure et simple (Aubry et Rau, t. 4, § 302, p. 78; Larombière, t. 3, sur l'art. 1183, n. 4). Son droit passe à ses héritiers lorsqu'il mourrait avant l'événement de la condition (C. civ., art. 1179).

695. — L'acquéreur sous condition résolutoire d'un immeuble jouit de tous les droits et bénéfices attachés au titre de propriétaire définitif. Il peut notamment purger l'immeuble des privilèges et hypothèques qui le grèvent. De même que si le contrat était pur et simple, il peut opposer aux créanciers de son vendeur le bénéfice de discussion (C. civ., art. 1666). — Aubry et Rau, t. 4, § 302, p. 78 et 79; Laurent, t. 17, n. 105; Larombière, t. 3, sur l'art. 1183, n. 21.

696. — C'est à lui qu'appartient, relativement à la chose vendue, l'exercice de toutes les actions possessoires et pétitoires. Il peut intenter une action en bornage (V. *supra*, v° *Bornage*, n. 72 et 73). S'il a acquis une part indivise dans un immeuble, il a le droit d'en provoquer le partage et d'y faire procéder soit à l'amiable, soit en justice. S'il peut exercer toutes les actions inhérentes au droit de propriété, à plus forte raison peut-il défendre à celles qui seront dirigées contre lui. — Aubry et Rau, t. 4, § 302, p. 79; Laurent, t. 17, n. 106.

697. — Il peut prescrire tant contre le véritable propriétaire que contre tous ceux qui prétendraient des droits réels sur l'immeuble (C. civ., art. 1665). Son titre, bien que soumis à résolution, constitue un juste titre à l'effet d'usucaper. A supposer qu'il ait acheté d'un non-propriétaire, il sera admis, pourvu qu'il ait la bonne foi, à invoquer la prescription de dix à vingt ans. — Baudry-Lacantinerie, t. 3, n. 1665; Laurent, t. 17, n. 107; Aubry et Rau, *loc. cit.*; Larombière, t. 3, sur l'art. 1183, n. 12.

698. — D'un autre côté, la prescription court contre lui, sans qu'au cas de résolution le vendeur soit fondé à se prévaloir des causes de suspension qui auraient existé dans sa personne, *pendente conditione*. — Aubry et Rau, t. 4, § 302, p. 79 et 73, note 50. — V. cependant, Laurent, t. 17, n. 107 et 93.

699. — La possession de l'acquéreur compte au vendeur pour compléter la prescription qui aurait commencé avant la vente. — Toullier, t. 6, n. 563.

700. — Le principe que le propriétaire sous condition résolutoire peut exercer les droits d'un propriétaire définitif reçoit une exception au cas de vente avec pacte de rachat, en ce qui concerne la faculté d'expulser le preneur (C. civ., art. 1751). L'acquéreur ne peut en user avant d'être devenu, par l'expiration du délai fixé pour le réméré, propriétaire incommutable. — Aubry et Rau, t. 4, § 302, p. 79; Laurent, t. 17, n. 108. — V. *infra*, v° *Réméré*.

701. — Lorsqu'un contrat a été passé sous condition résolutoire, l'obligation étant considérée comme pure et simple jusqu'à ce que la résolution en soit prononcée par l'effet de l'accomplissement de la condition, il s'ensuit que la partie à laquelle doit profiter cette résolution se trouve exactement dans la situation du créancier sous condition suspensive. Elle jouit, en conséquence, de la faculté de prendre, *pendente conditione*, toutes les mesures conservatoires du droit éventuel qu'elle s'est réservé. — Aubry et Rau, *loc. cit.*; Laurent, t. 17, n. 109.

702. — La loi se tait quant à la perte de la chose et à la partie au péril de laquelle cette perte a lieu, dans le cas des obligations contractées sous une condition résolutoire; c'est là une omission fâcheuse, et qui peut donner lieu à plusieurs difficultés.

703. — Pour résoudre la question de savoir à la charge de qui la perte de la chose arrivée pendant la condition, il faut se rappeler que toute condition résolutoire relativement au créancier, par exemple relativement à l'acheteur, est suspensive relativement au débiteur, par exemple relativement au vendeur; en d'autres termes, que si l'acheteur est propriétaire sous une condition dont l'événement doit résoudre son droit, il est en même temps débiteur sous condition suspensive, la perte de la chose, sans sa faute, éteint ou efface toute obligation, et que, l'acheteur n'étant plus obligé de restituer la chose, le vendeur qui est créancier sous condition suspensive ne saurait davantage exiger d'en restituer le prix. — Massé et Vergé, sur Zachariæ, t. 3, p. 380, note 3; Marcadé, sur l'art. 1183; Colmet de Santerre, t. 5, n. 102 *bis*-IV; Demolombe, t. 25, n. 461; Aubry et Rau, t. 4, § 302, p. 79, texte et note 70; Laurent, t. 17, n. 110; Massé, t. 3, n. 1808. — *Contra*, Duranton, t. 11, n. 91; Larombière, t. 3, sur l'art. 1183, n. 63.

704. — Quant à la simple détérioration, si elle a eu lieu sans la faute de l'acheteur, elle est au compte du vendeur quand la chose vient à se réaliser, parce que cette détérioration n'empêche pas l'obligation de subsister de part et d'autre; l'acheteur en restituant la chose dans l'état où elle se trouve, exécute l'obligation autant qu'il est en lui, et, dès lors, le vendeur doit exécuter de son côté en restituant le prix entier qu'il a reçu.

— Toullier, t. 6, n. 563; Duranton, *loc. cit.*; Massé, t. 4, n. 373; Massé et Vergé, sur Zachariæ, *loc. cit.*; Larombière, t. 2, art. 1183, n. 60; Aubry et Rau, t. 4, § 302, p. 80, texte et note 71.

705. — De bons auteurs cependant estiment que, pour être logique, il faut appliquer ici les principes de l'art. 1182, tant au sujet des détériorations que de la perte totale; c'est-à-dire qu'il doit être permis au vendeur sous condition résolutoire ou de refuser de reprendre la chose, ou de la reprendre dans l'état où elle se trouve, en restituant à l'acquéreur la totalité du prix. — Demolombe, t. 25, n. 463; Laurent, t. 17, n. 111.

706. — Jugé qu'est à la charge du vendeur et non de l'acheteur la détérioration survenue, sans le fait de ce dernier, à la chose vendue sous une condition résolutoire qui s'est accomplie. En conséquence, le vendeur ne peut se refuser à reprendre la marchandise endommagée et à en restituer le prix. — Haute-Cour des Pays-Bas, 19 déc. 1879, Hageraats, [S. 81.4.23, P. 81.2.38, D. 80.2.90]

707. — Si, au contraire, la chose est détériorée par la faute de l'acheteur, le vendeur à qui elle est restituée après l'accomplissement de la condition ne doit restituer le prix que proportionnellement à la valeur de la chose, eu égard à la détérioration. — Toullier, *loc. cit.*; Massé et Vergé, sur Zachariæ, *loc. cit.*

Section II.

Effets de la condition résolutoire quand elle défaillit ou s'accomplit.

708. — Quand la condition résolutoire vient à défaillir, la résolution ne peut plus avoir lieu. L'obligation reste définitivement ce qu'elle était dès son principe, c'est-à-dire pure et simple. Par conséquent, l'acheteur devient propriétaire incommutable et le vendeur est réputé avoir cédé ses droits de propriété à partir du jour du contrat. Il en résulte que tous les actes que ce dernier avait passés, *pendente conditione*, relativement à la chose vendue, sont anéantis. Au contraire, ceux consentis par l'acheteur sont maintenus et consolidés. — Laurent, t. 17, n. 112; Demolombe, t. 25, n. 449; Aubry et Rau, t. 4, § 302, p. 79.

709. — L'effet de la condition résolutoire, quand elle s'accomplit, est d'opérer la révocation de l'obligation et de remettre les choses au même état que si l'obligation n'avait pas existé (C. civ., art. 1183-1°). Cette révocation a-t-elle lieu de plein droit et par le seul événement de la condition? A cet égard, il faut distinguer entre la condition résolutoire proprement dite et celle qui est sous-entendue dans tout contrat synallagmatique pour le cas où l'une des parties ne satisferait pas à ses engagements (C. civ., art. 1184). Nous nous occuperons de cette dernière *infra*, n. 741 et s. Nous n'étudions ici que la condition résolutoire ordinaire, celle qui est spécialement prévue par l'art. 1183.

710. — Quand l'événement prévu par les parties s'est réalisé, la condition est accomplie et a pour résultat immédiat de rétablir les contractants dans la même situation où ils se trouvaient avant la formation de l'obligation. Il n'est pas besoin de faire prononcer la résolution en justice. La combinaison des art. 1183 et 1184 ne peut laisser de doute sur ce point. Du moment que la loi dit qu'au cas prévu par l'art. 1184 « le contrat n'est pas résolu de plein droit », elle reconnaît implicitement que, dans tout autre cas, cette résolution s'opère *ipso facto*, par le seul accomplissement de la condition. — Aubry et Rau, t. 4, § 302, p. 82; Laurent, t. 17, n. 114; Demolombe, t. 25, n. 472; Larombière, t. 3, sur l'art. 1183, n. 36; Colmet de Santerre, n. 104 *bis*-I.

711. — Ce principe s'applique à la condition soit casuelle, soit mixte, soit potestative. Cela n'a jamais été contesté pour les conditions casuelles. Il ne nous paraît pas non plus qu'il puisse y avoir difficulté en ce qui concerne les conditions qui dépendent plus ou moins de la volonté du débiteur, qu'elles soient affirmatives ou négatives. Dès qu'il est certain que l'événement indiqué comme condition résolutoire pour le cas où il arriverait s'est produit, la résolution est acquise; si cet événement a été indiqué comme condition résolutoire pour le cas de sa non-réalisation, dès qu'il est constant que l'événement a manqué, la résolution est acquise également. C'est la loi des parties, et le juge ne peut pas accorder de délai. Il n'est pas même nécessaire de mettre en demeure celui de qui dépend la condition, alors du moins qu'un délai a été déterminé expressément ou tacitement pour l'accomplissement de la condition. — Toullier, t. 6, n. 553; Merlin, *Rép.*, v° *Clause restitut.*; Duvergier, *Vente*, t. 1, n. 76; Massé et Vergé, sur Zachariæ, t. 3, p. 382, § 536, note 6; Aubry et Rau, t. 4, § 302, p. 82, texte et note 78; Larombière, t. 2, sur l'art. 1183, n. 36 et 37; Colmet de Santerre, t. 5, n. 104 *bis*-I; Demolombe, t. 25, n. 472 à 474; Laurent, t. 17, n. 113.

712. — Comme conséquence de la règle que les choses seront remises au même et semblable état qu'avant le contrat, on doit admettre que les parties seront tenues de restituer tout ce que chacune a perçu en vertu de la convention. Au cas de vente, l'acheteur restituera la chose avec les accroissements qu'elle a reçus pendant que la condition était en suspens, sans être tenu à aucune indemnité à raison des détériorations survenues sans sa faute. — Aubry et Rau, t. 4, § 302, p. 80, texte et note 71; Duranton, t. 11, n. 81; Larombière, t. 2, art. 1183, n. 60.

713. — Cependant Demolombe et Laurent appliquant à l'acquéreur sous condition résolutoire les principes de l'art. 1182-3°, sur la condition suspensive, estiment qu'à raison des détériorations survenues fortuitement le vendeur sera autorisé à refuser de reprendre la chose (V. *suprà*, n. 705). — Demolombe, t. 25, n. 463; Laurent, t. 17, n. 116.

714. — L'acquéreur sous condition résolutoire devra-t-il, en cas d'accomplissement de la condition, restituer les fruits perçus? La question est controversée. MM. Aubry et Rau, qui refusent, en principe, les fruits au vendeur sous condition suspensive, les accordent, au contraire, à l'acquéreur sous condition résolutoire. Selon ces auteurs, celui qui a acquis sous condition résolutoire a perçu les fruits en vertu d'un titre opposable au vendeur. La résolution du titre laisse subsister les faits régulièrement accomplis, *pendente conditione*, « lorsqu'ils sont compatibles avec la *rétroactivité restreinte* que l'art. 1183 attache à l'accomplissement de la condition ». — Aubry et Rau, t. 4, § 302, p. 81, texte et note 76; Demolombe, t. 25, n. 464 et 539 et s.; Colmet de Santerre, t. 5, n. 102 *bis*-II.

715. — Laurent (t. 17, n. 83), nie que la rétroactivité attachée par l'art. 1183 à l'accomplissement de la condition résolutoire soit une *rétroactivité restreinte*. L'art. 1179, en édictant le principe de la rétroactivité, ne distingue pas entre les deux conditions, et l'art. 1183 est aussi absolu que possible. En conséquence, les fruits perçus appartiennent au vendeur, et l'acheteur en devra la restitution. — V. en ce sens, Toullier, t. 6, n. 563; Duranton, t. 11, n. 594, t. 16, n. 366; Troplong, *De la vente*, t. 2, n. 562; Duvergier, *De la vente*, t. 2, n. 432 à 434; Larombière, t. 2, art. 1183, n. 45; Zachariæ, § 302, texte et note 27, et § 356, note 13.

716. — A notre avis, la vérité juridique se trouve dans ce dernier système. Pour que l'obligation soit comme n'ayant jamais existé, comme le dit la loi, il faut que les parties ne retiennent rien de ce qu'elles ont touché en vertu du contrat. Seulement nous pensons que, dans la pratique, on devra facilement présumer que l'intention commune des parties a été de dispenser l'acquéreur de la restitution des fruits perçus *in medio tempore*. Il est à peine besoin de faire remarquer que, si l'acquéreur retient les fruits, le vendeur ne sera pas tenu de rembourser les intérêts du prix de vente. — V. *suprà*, n. 679 et s.

717. — De ce que la condition résolutoire, lorsqu'elle s'accomplit, a pour effet de remettre les choses au même état que si l'obligation n'avait pas existé (C. civ., art. 1183), il suit que la condition résolutoire produit son effet même à l'égard des tiers.

718. — ... Et cet effet est applicable aux tiers de bonne foi. — Cass., 2 déc. 1811, Mignot, [S. et P. chr.]

719. — Ainsi, les tiers ne peuvent se prévaloir des droits par eux acquis dans l'intervalle du contrat à la résolution, et tous les droits réels concédés par le propriétaire sous condition résolutoire s'évanouissent. — Paris, 14 août 1812, Lamiral, [S. et P. chr.]

720. — Ainsi encore, la résolution, pour cause de dol et de fraude, de la vente d'un droit de réméré sur des immeubles, entraîne celle des reventes de ce même droit faites par l'acquéreur. — Amiens, 28 juill. 1834, de Querrieux, [P. chr.]

721. — Si l'immeuble vendu sous condition résolutoire avait été exproprié à la requête d'un créancier personnel de l'acquéreur et en l'absence de créanciers hypothécaires du vendeur ou de précédents propriétaires, le jugement d'adjudication prononcé contre l'acquéreur serait sans effet vis-à-vis de son vendeur. — Aubry et Rau, t. 4, § 302, p. 80; Laurent, t. 17, n. 119. — V. *suprà*, n. 643 et s.

722. — Seraient également sans effet au regard de ce dernier, après l'accomplissement de la condition, tous les jugements ayant reconnu au profit de tiers des droits réels sur l'immeuble, si ces décisions avaient été prononcées contre l'acquéreur seul. — Mêmes auteurs. — V. *suprà*, n. 644.

723. — Toutes ces décisions ne sont que l'application du vieil adage : *Resoluto jure dantis, resolvitur jus accipientis*. Au reste, depuis la loi du 26 mars 1855, les tiers qui traitent avec une personne dont le droit est résoluble peuvent, au moyen de la publicité donnée aux transactions immobilières, s'informer du danger de résolution dont se trouvent menacés aussi les avantages obtenus d'elle. Il n'y a pas à distinguer entre les droits obtenus par contrat et ceux qui le sont par jugement. Le jugement, en effet, équivaut à un contrat. — Laurent, t. 17, n. 117 et 119.

724. — Le principe d'après lequel, aux termes de l'art. 1183, C. civ., la condition résolutoire opère, lorsqu'elle s'accomplit, la révocation de l'obligation et remet les choses au même état que si l'obligation n'avait pas existé, s'applique aux donations faites sous une condition de cette espèce. — Cass., 18 juin 1890, V° Daviau, [S. et P. 93.1.425]

725. — Ainsi en est-il, au cas où une donation par une femme à son mari de la quotité disponible est soumise à la condition que, dans le cas où la donataire viendrait à contracter un nouveau mariage, la donation serait révoquée de plein droit. — Même arrêt.

726. — En pareil cas, le second mariage opère résolution, en telle sorte que la quotité de biens comprise en la donation doit être réputée n'avoir jamais cessé de faire partie du patrimoine de la donatrice et être considérée comme échue, et lors du décès de celle-ci, à ses enfants, et comme étant alors devenue le gage de leurs créanciers. — Même arrêt.

727. — Peu importe que les enfants soient décédés avant le second mariage; on ne saurait conclure de là que leurs créanciers n'ont pu trouver dans le patrimoine de leurs débiteurs une action en révocation de la donation pour cause d'inexécution des conditions; il ne s'agit point, en effet, ici d'une pareille action, mais de l'effet résolutoire et de plein droit d'une condition à laquelle la donation était subordonnée. — Même arrêt.

728. — Malgré la généralité des termes employés par le législateur dans l'art. 1183, il y a lieu de remarquer qu'il est des contrats pour lesquels la rétroactivité ne se produira pas, parce qu'elle est impossible. Tels sont les contrats qui contiennent des obligations dont l'exécution doit avoir lieu à des époques successives. La résolution s'en opérera sans doute pour l'avenir si, durant le cours de l'exécution, il survient un événement qui doive mettre fin aux effets de la convention ou qui eût empêché la formation du contrat à son origine. — Cass., 27 mai 1839, Wendel, [S. 39.1.677, P. 44.1.815] — V. *suprà*, n. 576.

729. — Mais cette résolution ne produit pas d'effet rétroactif, et le contrat subsiste pour le passé, alors surtout qu'il a rapporté à la partie qui en demande la nullité les avantages qu'elle s'en était promis. — Même arrêt.

730. — C'est ce qui fait dire à Demolombe (t. 25, n. 465 et s.) que des conventions semblables renferment, plutôt qu'une condition, un *terme résolutoire*, appellation que Laurent trouve néanmoins impropre (t. 17, n. 121).

731. — Ainsi, dans le cas où le propriétaire d'un brevet d'invention a permis, moyennant une redevance annuelle, à un manufacturier, d'employer le procédé breveté, ce manufacturier ne peut, si la déchéance du brevet est plus tard prononcée par les tribunaux, réclamer du propriétaire de celui-ci la restitution des sommes qu'il lui a payées en vertu de la convention antérieurement au jour de la demande en déchéance, quand surtout il est établi que ce manufacturier a retiré de grands avantages de l'emploi du procédé breveté. — Cass., 27 mai 1839, précité.

732. — En cas de résolution du contrat de rente viagère, le créancier a droit au remboursement du capital, et n'est point tenu de restituer la portion des arrérages par lui reçus excédant l'intérêt légal. Ces arrérages doivent même lui être payés au taux convenu jusqu'au jour où la résolution a été acquise. — Caen, 16 déc. 1843, d'Aligre, [S. 44.2.97, P. 44.2.90] — Dijon, 22 janv. 1847, Bouillard, [S. 48.2.206, P. 48.2.100] — V. aussi Cass., 23 août 1843, Rougeard, [S. 43.1.892, P. 43.2.577] — Merlin, *Répert.*, v° *Rente viagère*, n. 4; Delvincourt, t. 3, p. 650; Duranton, t. 18, n. 169; Troplong, *Des contrats aléatoires*, n. 298 et 316; Larombière, t. 3, art. 1184, n. 21; Demolombe,

t. 25, n. 464; Laurent, t. 17, n. 121. — V. *infrà*, v° *Rente viagère*.

733. — Pour l'application de ces principes au louage d'immeubles, où l'art. 1741 sous-entend la condition résolutoire pour inexécution des engagements de l'une ou l'autre des parties, V. *suprà*, v° *Bail* (en général), n. 2404 et s., et spécialement, dans l'ordre d'idées que nous poursuivons, n. 2466.

734. — La partie en faveur de laquelle a été stipulée une condition résolutoire peut y renoncer et convenir avec l'autre partie que l'obligation résolue de plein droit aura son effet malgré la résolution. Mais alors il y a un nouveau contrat, qui ne produit aucun effet rétroactif. Il n'est pas possible aux parties de maintenir l'ancien contrat. Ce contrat n'existe plus, ayant été résolu de plein droit. — Demolombe, t. 25, n. 479.

735. — Quelle voie peut suivre, vis-à-vis des tiers, le vendeur qui veut rentrer en possession de la chose dont la condition? S'il ne s'élève aucune contestation sur le point de savoir si la condition s'est ou non réalisée, il est fondé à agir directement contre ceux qui détiennent cette chose, puisque c'est de plein droit que la résolution s'est opérée. Par conséquent, l'ancien propriétaire peut agir contre les tiers détenteurs par voie de revendication, et l'immeuble rentre dans sa possession, libre et exempt des servitudes et hypothèques dont l'auraient grevé le propriétaire sous condition ou le tiers détenteur. — Merlin, *Quest. de dr.*, v° *Résolution*, § 1; Laurent, t. 17, n. 118. — V. aussi Larombière, t. 3, art. 1183, n. 17.

736. — La condition résolutoire a un effet rétroactif à l'égard des tiers, même quand elle est potestative. Il faut toutefois excepter le cas où la résolution a été laissée à la volonté du possesseur, par exemple si la chose déplait à l'acheteur. Le possesseur peut seul invoquer la résolution : il ne peut la faire au préjudice des tiers auxquels il a consenti des droits sur la chose soumise à la condition. De son côté, le vendeur ne souffre pas, car il peut refuser de reprendre la chose, si elle ne lui est pas rendue dans le même état que le jour où il l'a vendue. — Toullier, t. 6, n. 546; Delvincourt, t. 2, p. 485.

737. — Cependant, il faut faire une exception à l'égard des baux. — Le vendeur peut être obligé d'exécuter ceux faits sans fraude par l'acquéreur (C. civ., art. 1673). — En cela, le Code n'a pas conservé les principes du droit romain et de l'ancienne jurisprudence qui décidaient que le successeur particulier n'était pas tenu de maintenir les baux faits par son prédécesseur : *Successor particularis non tenetur stare colono*. — Toullier, t. 6, n. 576; Aubry et Rau, t. 4, § 302, p. 81, texte et note 75; Demolombe, t. 25, n. 464, 537 et 538. — *Contrà*, Laurent, t. 17, n. 83 et 120. — V. *infrà*, v° *Réméré*.

738. — C'est ainsi qu'il a été jugé que les baux consentis sans fraude par un fol enchérisseur doivent être exécutés par l'adjudicataire sur folle enchère, lorsque d'ailleurs ils n'excèdent pas la durée ordinaire des baux. — Paris, 25 janv. 1833, de Choiseul, [S. 35.2.102, P. chr.]; — 19 mai 1835, Lambert, [S. 35.2.256, P. chr.]

739. — De même, l'action n'est admissible contre les tiers qu'autant qu'il s'agit d'immeubles. S'il s'agissait de meubles, l'action en restitution ne pourrait être intentée contre les tiers possesseurs à qui auraient été livrés pendant la condition : en fait de meubles, possession vaut titre. — Massé et Vergé, sur Zachariæ, t. 3, p. 382, § 536 et note 3.

740. — Lorsque la résolution n'a été stipulée que depuis le contrat, elle forme une nouvelle convention qu'on ne peut opposer aux tiers. De telle sorte que si la condition résolutoire n'avait été ajoutée au contrat que plus tard, il ne y aurait une nouvelle convention, elle n'aurait point d'effet contre ceux qui auraient acquis, dans l'intervalle, un droit sur l'immeuble. — Toullier, t. 6, n. 578 et s.; Favard de Langlade, *Rép.*, v° *Condition*, § 2, n. 3; Zachariæ, Massé et Vergé, *loc. cit.*

SECTION III.

Du pacte commissoire.

741. — Les jurisconsultes donnent, en général, le nom de *pacte commissoire* à la clause par laquelle les parties conviennent que le « contrat sera résolu, si l'une ou l'autre d'entr'elles ne satisfait point aux obligations qu'il lui impose ». C'est la clause que le législateur, aux termes de l'art. 1184, C. civ., déclare sous-entendue dans tous les contrats synallagmatiques. Elle y est appelée *condition résolutoire*, quoiqu'elle présente, avec la condition proprement dite, des différences notables. Il y est dit : « La condition résolutoire est toujours sous-entendue dans les contrats synallagmatiques, pour le cas où l'une des parties ne satisfera point à son engagement » (C. civ., art. 1184). — Aubry et Rau, t. 4, § 302, p. 82; Baudry-Lacantinerie, t. 2, n. 904 et s.

742. — Sous l'empire des lois romaines, la condition résolutoire n'était pas sous-entendue dans les contrats synallagmatiques pour le cas où l'une des parties ne remplirait pas son engagement. Dès lors, le juge ne pouvait condamner les parties qu'à l'exécution du contrat. — Cass., 13 therm. an XII, Queste, [S. et P. chr.].

743. — Dans notre ancienne jurisprudence, la condition résolutoire était, comme aujourd'hui, sous-entendue dans les contrats synallagmatiques. — Cass., 3 déc. 1817, Commune de Chappes, [S. et P. chr.]

744. — ... Et spécialement dans le bail à locatairie perpétuelle. — V. *suprà*, v° *Bail à locatairie perpétuelle*, n. 18 et s.

745. — Sous la législation du Code civil, la clause dont nous nous occupons n'est sous-entendue que dans les contrats synallagmatiques, mais il est permis aux parties de la stipuler dans les contrats unilatéraux. Quelquefois aussi elle fait l'objet d'une disposition expresse dans les contrats synallagmatiques. — Nous allons étudier successivement le pacte commissoire tacite et le pacte commissoire exprès. Nous nous bornerons, d'ailleurs, à l'exposé des principes généraux. — V., pour les applications spéciales qui en ont été faites par la jurisprudence, *suprà*, v° *Bail* (en général), n. 2404 et s., et *infrà*, v^ies *Obligations*, *Vente*, etc.

§ 1. *Du pacte commissoire tacite, ou condition résolutoire de l'art. 1184.*

746. — Quelques auteurs enseignent que le pacte commissoire doit être sous-entendu, non seulement dans les contrats parfaitement synallagmatiques, mais encore dans tous les contrats à titre onéreux, parce qu'il y aurait les mêmes motifs de le décider dans ces cas. — Valette, sur Proudhon, t. 1, p. 65; Duvergier, sur Toullier, t. 6, n. 579; Demolombe, t. 25, n. 492 et s.; Larombière, t. 3, art. 1184, n. 3 et 4. — Cette opinion est repoussée, avec raison selon nous, par MM. Aubry et Rau (t. 4, § 302, p. 82, note 79) et Laurent (t. 17, n. 123). Elle nous paraît trop contraire au texte si formel de l'art. 1184. — Baudry-Lacantinerie, t. 2, n. 910.

747. — La loi ne distingue pas d'où provient l'inexécution, si elle est imputable au débiteur ou si elle est le résultat de la force majeure. Le juge toutefois, usant du pouvoir d'appréciation que lui donne l'art. 1184, devra s'inspirer des circonstances pour accorder un délai au débiteur de bonne foi. A plus forte raison si l'inexécution peut être attribuée au fait du créancier. — Larombière, t. 3, sur l'art. 1184, n. 6; Demolombe, t. 25, n. 497; Aubry et Rau, t. 4, § 302, p. 83; Laurent, t. 17, n. 124 et 125.

748. — Jugé cependant que la force majeure qui, en cas d'inexécution, affranchit le débiteur des dommages-intérêts, ne l'affranchit pas en même temps de la résolution du contrat. — Pau, 30 mars 1833, Commune de Luby, [S. 33.2.551, P. chr.] — V. *infrà*, v° *Force majeure*.

749. — La clause résolutoire, sous-entendue dans les conventions synallagmatiques, en vertu de l'art. 1184, C. civ., n'est point applicable à celle des parties contractantes qui, après s'être mise en devoir d'exécuter l'obligation, en a été empêchée par force majeure. — Tel est le cas où un immeuble ayant été cédé à un individu, à charge par lui de se livrer à une exploitation et à des démarches hors du continent, cet individu, après s'être transporté au lieu désigné, aurait été empêché, par force majeure, de se livrer aux démarches et exploitation convenues. — Cass., 27 mars 1832, Letondal, [S. 32.1.290, P. chr.]

750. — Jugé encore, par application de l'art. 1184, que lorsque l'un des contractants qui réclame l'exécution d'une obligation synallagmatique se trouve dans l'impossibilité de représenter le titre obligatoire ou de prouver, soit la quotité de l'obligation réclamée, soit la personne envers laquelle le réclamant est lui-même obligé, il y a lieu de prononcer la résolution de l'obligation à défaut d'exécution. Spécialement, dans le cas où une rente annuelle a été fondée en faveur d'une église pour services obituaires, si la fabrique ne peut établir, par la représentation du titre constitutif de la rente ou par tout autre titre, ni la quotité des services obituaires, ni en faveur de qui ils doivent être faits, il y a lieu de prononcer la résolution du contrat constitutif de la rente pour impossibilité d'exécuter les charges imposées. — Cass., 7 juin 1836, Fabrique de Bourganeuf, [S. 37.1.75, P. chr.]

751. — La résolution du contrat pourrait aussi être prononcée contre l'une des parties pour inexécution des conditions, quand bien même cette inexécution aurait pour cause un fait de l'autre partie. — V. à ce sujet, *supra*, n. 594.

752. — L'inexécution partielle de l'engagement contracté donne-t-elle lieu à la résolution du contrat? MM. Aubry et Rau (t. 4, p. 83) enseignent l'affirmative, alors du moins qu'il s'agit d'une obligation de donner. D'après ces auteurs, il n'appartiendrait pas, en pareil cas, au juge de substituer à la résolution demandée par l'une des parties une indemnité à payer par l'autre. — Selon Laurent, l'art. 1184 ne pose pas de principe juridique. Il déroge plutôt à la rigueur du droit. C'est une règle d'équité, et la plus grande latitude d'appréciation doit être laissée au juge. — Laurent, t. 17, n. 127; Demolombe, t. 25, n. 498 et 499; Larombière, t. 3, sur l'art. 1184, n. 10.

753. — Les décisions de la jurisprudence ont varié. Il a été jugé que le défaut de délivrance par le vendeur d'un des accessoires de la chose vendue (par exemple, de la cheminée d'une machine à vapeur) donne lieu à la résolution de la vente, sans que les juges puissent, à raison du peu d'importance de cet accessoire, substituer d'office à la résolution une indemnité pécuniaire en faveur de l'acquéreur. — Cass., 12 avr. 1843, Ogier, [S. 43.1.281, P. 43.2.8]

754. — Jugé cependant que la perte d'une partie de la chose vendue n'emporte pas la résolution de la vente, lorsque cette perte est de peu d'importance. — Cass., 10 juin 1856, Brard, [S. 56.1.819, P. 57.867, D. 56.1.254]

755. — ... Que l'art. 1184, C. civ., aux termes duquel la condition résolutoire est toujours sous-entendue dans les contrats synallagmatiques, pour le cas où l'une des parties ne satisferait pas à son engagement, est inapplicable lorsque ce n'est qu'une stipulation accessoire et indépendante du contrat principal qui n'a pas été exécutée; qu'une telle inexécution est suffisamment réparée par une condamnation à des dommages-intérêts. — Cass., 29 nov. 1865, Laville, [S. 66.1.21, P. 66.32, D. 65.1.27]

756. — Que, spécialement, il en est ainsi au cas où, le titulaire d'un brevet d'invention ayant cédé à un individu une licence pour la fabrication de l'objet décrit en ce brevet, moyennant un prix en argent, et en outre moyennant l'abandon fait au cédant par le cessionnaire d'un brevet analogue dont celui-ci était lui-même titulaire, cette dernière condition purement accessoire n'a pu recevoir son exécution, par suite de la déchéance où le cessionnaire a laissé tomber le brevet à défaut d'acquittement de l'une des annuités. — Même arrêt.

757. — ... Que la condition résolutoire sous-entendue dans tout contrat synallagmatique ne se réalise que pour autant que l'une des parties ne fournit pas à l'autre l'équivalent de son engagement principal; que l'inexécution d'un engagement purement accessoire ne donne lieu qu'à des dommages-intérêts; qu'ainsi un cultivateur qui s'est engagé à livrer, moyennant un prix déterminé, à une fabrique de sucre, les betteraves récoltées par lui, en stipulant qu'il pourra reprendre pour l'alimentation de son bétail une certaine quantité de pulpes provenant de la fabrication, ne peut demander la résolution du contrat, alors même que, par suite de changements apportés par le fabricant dans le mode d'extraction du sucre, la valeur alimentaire de la pulpe serait considérablement diminuée, s'il résulte des termes du contrat et de l'intention des contractants que la fourniture des betteraves moyennant un prix fixe a été la cause principale de son engagement et que la stipulation relative aux résidus n'a été qu'accessoire. — Amiens, 3 août 1881, Baillot, [S. 82.2.130, P. 82.1.695, D. 82.2.42]

758. — ... Que l'infraction, par le vendeur d'un établissement commercial, à l'obligation qu'il a prise de ne faire aucune concurrence à l'acquéreur, ne donne pas lieu nécessairement à la résolution du contrat; que les juges peuvent, si les faits de concurrence déloyale sont de peu d'importance, se borner à prononcer des dommages-intérêts au profit de l'acquéreur. — Cass., 26 mai 1868, Duval-Tranquardière, [S. 68.1.336, P. 68.890, D. 69.1.363]

759. — ... Que, dans le cas d'une convention ayant pour objet principal la sous-location d'un appartement et d'un magasin, et pour accessoire la vente de certains meubles garnissant le magasin, le défaut de délivrance d'une de ces objets n'entraîne pas nécessairement la résolution du contrat, alors du moins qu'il a été fait offre de le rendre ou d'en payer la valeur. — Cass., 4 mars 1872, Puvrel, [S. 72.1.431, P. 72.1140, D. 72.1.361]

760. — Que la propriété des fonds concédés à titre de locatairie perpétuelle, attribuée aux preneurs par la loi du 18 déc. 1790, n'est pas résolue par cela seul que le preneur aurait coupé des futaies que cette loi réserve au bailleur; que le bailleur, dans ce cas, n'a droit qu'à une indemnité représentative de la valeur des futaies. — Cass., 22 mai 1848, V° Baguères, [S. 48.1.492, P. 48.2.187, D. 84.1.127] — V. aussi *supra*, v° Bail (en général), n. 2421, et *infra*, v° Vente.

761. — ... Que le traité passé entre l'auteur d'un ouvrage littéraire ou artistique et un éditeur, par lequel le premier s'engage à fournir dans certains délais au second les diverses livraisons de l'ouvrage à publier, n'est pas susceptible d'être résilié sur la demande de l'éditeur, par le seul motif que l'auteur aurait apporté quelques retards dans la fourniture de certaines livraisons, si ces retards ont pour cause unique un perfectionnement apporté par l'auteur à son œuvre. — Rennes, 24 juill. 1858, de Wismes, [S. 59.2.427, P. 59.1031, D. 59.2.170]

762. — Mais le contrat peut être déclaré résolu lorsqu'une partie n'ayant pas jusqu'alors exécuté les engagements par elle pris, il est reconnu que l'exécution en est désormais impossible de sa part. — Cass., 25 juill. 1838, Sirey, [P. 38.2.483]

763. — Cependant, dans certains cas, et alors même qu'il s'agit d'un contrat synallagmatique, la condition résolutoire n'est pas sous-entendue pour le cas d'inexécution de son engagement de la part d'une des parties : cela se produit quand cette partie n'est pas saisie de son droit de propriété en vertu de la convention, mais en vertu d'un autre titre. Tel est le cas où un des copartageants n'exécute pas les conditions du partage. Comme le partage n'est pas translatif, mais simplement déclaratif de propriété, l'action résolutoire ne saurait avoir lieu comme résultant d'une condition tacite. — V. *infra*, v° Partage.

764. — L'art. 1978, C. civ., apporte une autre exception à la règle de l'art. 1184. Il y est dit que « le seul défaut de paiement des arrérages de la rente n'autorise point celui en faveur de qui elle est constituée, à demander le remboursement du capital, ou à rentrer dans les fonds par lui aliénés ». — V. *infra*, v° Rente viagère.

765. — Comment le pacte commissoire tacite produit-il son effet? Comment opère la condition résolutoire de l'art. 1184? « Dans ce cas, dit la loi, le contrat n'est point résolu de plein droit; la partie envers laquelle l'engagement n'a point été exécuté a le choix, ou de forcer l'autre à l'exécution de la convention, lorsqu'elle est possible, ou d'en demander la résolution avec dommages-intérêts » (C. civ., art. 1184-2°). Donc, à la différence de la condition résolutoire ordinaire, qui produit son effet de plein droit (V. *supra*, n. 710), le pacte commissoire n'opère qu'en vertu de la décision judiciaire qui déclare la convention résolue.

766. — Il y a cependant une exception à cette règle dans l'art. 1657, C. civ. Lorsqu'il s'agit de la vente de denrées et effets mobiliers, la résolution du contrat a lieu de plein droit, après l'expiration du terme fixé pour le retirement.

767. — « La résolution doit être demandée en justice, et il peut être accordé au défendeur un délai suivant les circonstances » (C. civ., art. 1184-3°). C'est une conséquence du principe d'après lequel la résolution résultant du pacte commissoire tacite n'est pas un droit absolu. Quand les parties ont expressément stipulé la condition résolutoire ordinaire, leur volonté fait loi, le juge ne peut rien changer à leurs conventions, il ne peut accorder aucun délai. Mais lorsque la résolution n'est fondée que sur l'inexécution du contrat, le juge est appelé à se prononcer *ministre d'équité*. Il doit interroger les circonstances pour décider s'il n'y a pas lieu d'accorder au débiteur de bonne foi un atermoiement juste et raisonnable. — V. Rapport de Favard, n. 61 (Locré, t. 6, p. 197). — Une grande latitude est laissée à cet égard aux magistrats. — Laurent, t. 17, n. 133.

768. — Ainsi, en l'absence d'une clause expresse de résolution, il appartient aux juges d'apprécier si l'inexécution partielle d'une des obligations contractées par une partie a assez d'importance pour faire prononcer immédiatement la résolution. — Cass., 11 avr. 1883, Maingot, [S. 88.1.216, P. 88.1.520, D. 88. 1.248]

769. — Le débiteur est admis à se libérer jusqu'à ce que le juge ait prononcé la résolution du contrat. S'il laisse passer les délais judiciairement impartis, sans remplir ses engagements, il peut encore utilement les exécuter, à moins cependant qu'il n'ait été décidé que la résolution aurait lieu de plein droit faute d'exécution dans un délai déterminé par le jugement. Toutefois la résolution ne devient jamais définitive que lorsque la décision a acquis l'autorité de la chose jugée. Le débiteur peut donc payer pendant toute la durée de l'instance d'appel. — Larombière, t. 2, art. 1184, n. 46 et 49; Demolombe, t. 25, n. 515; Laurent, t. 17, n. 134 et 135; Baudry-Lacantinerie, t. 2, n. 906.

770. — Jugé qu'à défaut d'exécution du contrat dans le délai fixé par un jugement, si d'ailleurs ce jugement ne contient aucune disposition expresse à cet égard, cette résolution doit être demandée en justice. — Bordeaux, 4 juill. 1829, Navarre, [S. et P. chr.]; — 8 janv. 1839, Garitey, [P. 39.1.389]

771. — La nécessité d'une mise en demeure suppose de la part de l'une des parties la volonté d'exécuter la convention; cette formalité est donc sans objet, lorsque la résiliation est demandée de part et d'autre. — Cass., 25 janv. 1873, Marty, Parazols, [S. 75.1.159, P. 75.377, D. 75.1.270]; — 15 nov. 1887, Blandin, [S. 88.1.471, P. 88.1.397, D. 88.1.120] — Sic, Larombière, t. 1, sur l'art. 1139, n. 3; Laurent, t. 16, n. 251 et 252 et t. 17, n. 132.

772. — Celui qui a le droit d'agir en résolution du contrat peut y renoncer. Cette renonciation peut être expresse ou tacite, mais elle ne se présume jamais. Il faut, pour l'admettre, que le fait d'où on l'induit ne laisse aucun doute sur la volonté qu'a le créancier de renoncer au droit de résolution. — Larombière, t. 3, art. 1184, n. 99 et 100; Laurent, t. 17, n. 137 et 138.

773. — Le créancier non payé ne devient pas non recevable à demander la résolution de la vente, par cela seul que l'expropriation de l'immeuble aurait été poursuivie et prononcée à la requête d'un des créanciers auxquels il avait délégué une partie du prix, si lui personnellement est resté étranger aux poursuites et les a ignorées; si, en outre, le poursuivant a agi comme créancier personnel de l'adjudicataire, et non comme exerçant les droits du vendeur, et si enfin la créance, objet de la délégation, ne formait qu'une partie minime du prix. On ne saurait, en pareil cas, considérer le vendeur comme ayant renoncé tacitement à son droit de résolution. — Cass., 30 juill. 1834, Laugier, [S. 34.1.311, P. chr.]

774. — Le créancier, qui a le droit d'agir en résolution, a aussi le droit de poursuivre l'exécution du contrat. Mais après avoir opté pour une des deux voies qui lui sont ouvertes, soit la résolution ou l'exécution, peut-il revenir à l'autre ? Et d'abord supposons qu'il commence par agir en exécution. Tous les auteurs sont unanimes à décider que le créancier qui opte pour l'exécution et qui demande le paiement de ce qui lui est dû ne renonce pas par cela même à demander la résolution pour le cas où il ne serait pas payé. — Merlin, Quest., v° Option, § 1, n. 2 et 10; Duvergier, Vente, t. 1, n. 444; Troplong, Vente, t. 2, n. 656; Colmet de Santerre, t. 3, n. 104 bis-II; Massé et Vergé, sur Zachariæ, t. 3, § 536, p. 382, note 8; Larombière, t. 3, art. 1184, n. 96; Demolombe, t. 25, n. 529 et 530; Laurent, t. 17, n. 139.

775. — ... Alors même qu'il y aurait stipulation de résolution de plein droit : car le créancier peut, après avoir renoncé provisoirement à l'exercice d'un droit qui lui est reconnu par le contrat, s'en prévaloir ensuite, s'il s'aperçoit plus tard que son débiteur s'est placé dans l'impossibilité de remplir ses engagements. — Contrà, Duvergier, t. 1, n. 444 et 461.

776. — Quant au créancier qui opte pour la résolution du contrat, certains auteurs pensent qu'il ne peut plus ensuite, abandonnant sa première demande, revenir sur son option pour demander le paiement. — Massé et Vergé, sur Zachariæ, t. 3, p. 382, § 536, note 8 in fine.

777. — A notre avis, il est plus juridique de supposer que le créancier qui a le choix entre deux voies, par cela seul qu'il agit en résolution ne manifeste pas nécessairement son intention de renoncer à l'exécution du contrat. S'il a opté tout d'abord pour la résolution c'est très-probablement parce qu'il n'a pu obtenir de son débiteur l'exécution de ses engagements. Lorsque plus tard il aperçoit des chances d'obtenir son paiement, pourquoi lui interdire de demander ce qui en somme est son droit essentiel, l'accomplissement même du contrat intervenu ? — Laurent, loc. cit.; Demolombe, t. 25 n. 531.

778. — Les mêmes principes sont applicables dans les rapports du créancier avec un sous-acquéreur de l'immeuble vendu; de telle sorte qu'un vendeur non payé, après s'être présenté dans un ordre ouvert contre le sous-acquéreur, pourrait encore, s'il n'avait pas obtenu l'entier paiement du prix, demander la résolution de la vente. — Laurent, t. 17, n. 140; Larombière, t. 3, sur l'art. 1184, n. 96; Demolombe, t. 25, n. 535 et 536. — Contrà, Troplong, Des hypothèques, t. 1, n. 225; De la vente, t. 2, n. 659. — V. à ce sujet infra, v° Vente.

779. — Mais il y a lieu de remarquer que, dans l'espèce ainsi jugée, les circonstances de la cause démontraient que le vendeur, pour la garantie du prix stipulé, avait pris des arrangements avec un tiers qui était intervenu pour se reconnaître débiteur, à tel point qu'il y avait eu réellement novation par la substitution d'un débiteur à l'autre.

780. — Puisque, à la différence de la condition résolutoire proprement dite, le pacte commissoire ne produit son effet qu'en vertu d'une action en justice, il en résulte que celui-là seul qui peut s'en prévaloir a le droit d'agir pour faire prononcer la résolution du contrat. — Colmet de Santerre, t. 5, n. 104 bis-I; Laurent, t. 17, n. 142.

781. — Il a été décidé que la novation d'une créance résultant d'un prix de vente emporte, de la part du vendeur, renonciation à son privilège et à la faculté de demander la résolution de la vente, s'il n'est pas payé. — Cass., 9 juill. 1834, Désessarts, [S. 34.1.805, P. chr.]

782. — Dans le ressort du parlement de Bourgogne, le fait, par le vendeur, d'avoir poursuivi l'acquéreur en paiement du prix de la vente, pouvait, suivant les circonstances, être considéré comme une renonciation à demander ultérieurement la résolution de cette vente. — Cass., 11 mars 1833, Grissot, [S. 33. 1.399, P. chr.]

783. — Les effets de la résolution judiciairement prononcée par suite du pacte commissoire sont généralement les mêmes que ceux de la résolution s'opérant de plein droit par l'accomplissement de la condition résolutoire proprement dite, sauf les conséquences qui découlent forcément de la règle d'après laquelle cette résolution doit être demandée en justice. — Duranton, t. 11, n. 88; Laurent, t. 17, n. 144.

784. — La rétroactivité s'applique même à l'égard des tiers. Le contrat est résolu comme s'il n'avait jamais existé. Celui qui était devenu propriétaire, étant réputé ne l'avoir jamais été, tous les droits par lui consentis sur la chose seront anéantis en vertu de la règle Resoluto jure dantis, resolvitur jus accipientis. — Aubry et Rau, loc. cit.; Laurent, t. 17, n. 147; Demolombe, t. 25, n. 518; Baudry-Lacantinerie, loc. cit. — V. cep. infra, n° 805.

785. — Jugé, en ce sens, que la résolution amiable et non frauduleuse de la vente, à raison du non-paiement du prix, produit les mêmes effets que la résolution prononcée en justice, et fait, par conséquent, évanouir les charges et hypothèques créées par l'acquéreur sur l'immeuble. — Cass., 10 mars 1836, Roussan, [S. 36.1.167, P. chr.] — Bourges, 12 févr. 1853, Demay, [S. 53. 2.441, P. 53.1.374, D. 53.2.175] — V. aussi Cass., 30 août 1827, Coëns, [S. et P. chr.]; — 12 mars 1829, Guenedey, [S. et P. chr.]

786. — ... Que la résolution amiable consentie dans les conditions ci-dessus énoncées opère l'extinction des hypothèques du chef de l'acquéreur, notamment de l'hypothèque légale de la femme de celui-ci. — Riom, 11 déc. 1865, Farry, [S. 66.2.362, P. 66.1284, D. 66.2.179]

787. — La jurisprudence et la doctrine s'accordent pour reconnaître que la résolution de la convention par l'effet du pacte commissoire s'opère avec effet rétroactif. — Laurent, t. 17, n. 145 et 146; Aubry et Rau, t. 4, § 302, p. 83; Baudry-Lacantinerie, t. 2, n. 908; Demolombe, t. 25, n. 517 bis.

788. — Il a été ainsi jugé que la condition résolutoire accomplie a un effet rétroactif au jour du contrat, aussi bien lorsqu'il est tacite que lorsqu'elle est expresse. En conséquence, l'obligation est censée n'avoir jamais existé, par suite d'une résolution judiciairement prononcée, non moins que si la résolution avait été encourue de plein droit. — Cass., 31 déc. 1856, de Mac-Carty, [S. 57.1.641, P. 57.337, D. 57.1.281]

789. — La cession du droit d'exploiter une mine pendant un certain nombre d'années étant plutôt une vente en bloc des produits à extraire durant ce laps de temps qu'un bail proprement dit, l'effet rétroactif de la condition résolutoire accomplie s'applique pleinement à ce contrat. — Même arrêt. — V. *infra*, n. 805 et 806.

790. — Jugé également que la condition résolutoire de l'art. 1184 entraîne les mêmes effets que la condition résolutoire expresse. Lors donc qu'un arrêt affirme, en fait, l'inexécution persistante, par une des parties, d'un contrat synallagmatique, à partir de son origine, c'est à bon droit qu'en prononçant la résolution de ce contrat, il remet les choses au même état que si le contrat n'avait jamais existé. — Cass., 5 déc. 1881, Meunier, [S. 82.1.110, P. 82.1.248, D. 82.1.360]

791. — La résolution d'une vente, prononcée pour inexécution des conditions entraîne la restitution de l'immeuble dans l'état où il se trouvait avant la convention, et l'acquéreur ne saurait être considéré comme représentant des tiers qui, avec la tolérance et l'acquiescement du vendeur, ont établi des constructions sur l'immeuble avant la résolution, et il ne peut, dès lors, réclamer aucune indemnité au vendeur du chef des tiers. — Cass., 25 juin 1884, Commune d'Ambérieu-en-Bugey, [S. 86.1.438, P. 86.1.1137, D. 85.1.85]

792. — Entre elles, les parties ont, pour agir, en cas de résolution, les mêmes voies que pour se contraindre à l'exécution de l'obligation primitive, c'est-à-dire l'exécution parée, la demande en justice. — Toullier, t. 6, n. 654 et s.

793. — Et avant d'attaquer les tiers qui auraient acquis des droits sur l'immeuble, il faut d'abord faire prononcer la résolution contre la partie qui n'a pas exécuté ses engagements. Ce n'est pas comme au cas où l'accomplissement de la condition résolutoire opère de plein droit, et où l'on peut directement agir contre les tiers. Toutefois rien ne s'oppose à ce que l'on appelle dans la même instance les contractants et celui qui a obtenu de ce dernier des droits sur l'immeuble, pour voir dire que le jugement leur sera commun. Ce sera une sage mesure pour éviter des frais et des lenteurs. Le tribunal sera ainsi en mesure de statuer à la fois sur la résolution et sur la revendication. — Laurent, t. 17, n. 148; Demolombe, t. 25, n. 520 et 521; Baudry-Lacantinerie, *loc. cit.*; Larombière, t. 2, art. 1184, n. 70; Duranton, t. 11, n. 95.

794. — C'est ce qui a été jugé dans un arrêt par lequel il a été décidé que le vendeur d'un immeuble, qui assigne son acheteur immédiat en réalisation, par acte public, de la convention verbale de vente, peut mettre en cause les tiers acquéreurs à l'effet de conserver contre eux son privilège de vendeur ou l'action résolutoire à défaut de paiement du prix. — Bordeaux, 14 mars 1834, Fressenge, [P. chr.]

795. — Pour intenter son action en résolution contre la partie qui a manqué aux engagements du contrat, le créancier a trente ans. Il s'agit d'une action personnelle naissant de la convention et dont la durée doit être la même que celle de toutes les actions personnelles. Quant à l'action que le créancier a contre les tiers, c'est une action en revendication, action réelle, qui peut être utilement intentée tant que la prescription acquisitive ou usucapion ne s'est pas accomplie au profit du tiers détenteur. — Laurent, t. 17, n. 150; Baudry-Lacantinerie, t. 2, n. 909; Demolombe, t. 25, n. 560 et s.

796. — En ce qui concerne les actes d'administration, nous avons admis que ceux faits de bonne foi par l'acquéreur sous condition résolutoire étaient opposables au créancier. Ce que nous avons dit s'applique pour les mêmes raisons aux actes accomplis par le contractant dont le droit se trouve résolu en vertu de l'art. 1184. — V. *supra*, n. 693 et s.

797. — A l'égard des fruits perçus par l'acquéreur dont le droit se trouve résolu en vertu de l'art. 1184, la question de savoir s'ils sont sujets à restitution divise profondément les auteurs. Suivant Troplong (*Vente*, t. 1, n. 60, et t. 2, n. 632), il faut distinguer entre la résolution qui a lieu par l'effet du pacte commissoire, c'est-à-dire de la condition résolutoire qui est toujours sous-entendue dans les contrats synallagmatiques, pour le cas où l'une des parties ne satisferait point à son engagement, et la résolution qui a lieu par l'effet d'une condition résolutoire proprement dite. Dans le premier cas, par exemple l'acheteur qui, faute de payer le prix de son acquisition, voit résoudre le contrat, serait tenu de restituer les fruits, parce que, ne remplissant pas ses obligations, il ne peut être considéré comme possesseur de bonne foi, ni, par conséquent, faire les fruits siens. Dans le second cas, au contraire, l'acheteur fait les fruits siens par sa bonne foi jointe à son industrie.

798. — Suivant d'autres auteurs, lorsqu'il s'agit d'une condition résolutoire proprement dite, l'acheteur fait les fruits siens, à moins qu'une circonstance particulière ne le constitue de mauvaise foi, et, quand même la résolution procède du pacte commissoire, l'acheteur ne peut être considéré en état de mauvaise foi par cela seul qu'il n'a pas payé le prix, mais seulement quand, d'après les circonstances, il y a lieu de décider qu'il a procédé de mauvaise foi. — Massé et Vergé, sur Zachariæ, t. 3, § 536, note 4, p. 381; Delamarre et Lepoitvin, *Contr. de commiss.*, t. 3, n. 644 et s.

799. — Nous pensons que ces distinctions n'ont guère leur raison d'être et qu'en droit strict la rétroactivité s'applique à la perception des fruits comme aux autres actes en général, de même que s'il s'agissait de la condition résolutoire proprement dite. — Laurent, t. 17, n. 134. — V. *supra*, n. 716.

800. — Seulement, comme l'art. 1184 laisse aux juges une grande latitude d'appréciation, il semble que la faculté qui leur est accordée d'accorder, s'il y a lieu, des dommages-intérêts à la partie envers laquelle le contrat n'est pas exécuté, offre, pour l'indemniser du préjudice que peut lui causer la résolution, un moyen plus pratique que des règlements rétroactifs assez difficiles à établir. — Demolombe, t. 25, n. 540 et 541.

801. — Il a été jugé, à cet égard, que l'acquéreur qui ne paie pas son prix doit être considéré comme un possesseur de mauvaise foi, et doit, dès lors, en cas de résolution de la vente, restituer les fruits par lui perçus, comme aussi supprimer, si le vendeur l'exige, les ouvrages, plantations et constructions par lui faits, le tout sans indemnité. — Rouen, 28 déc. 1857, Viornay, [S. 58.2.76, P. 58.225, D. 58.2.111]

802. — Que le vendeur qui exerce l'action résolutoire pour défaut de paiement du prix, contre les créanciers de la faillite de l'acquéreur, a, pour la restitution des fruits, un droit de prélèvement sur l'actif en ce qui concerne les fruits perçus par le syndic depuis la faillite, et simplement une action personnelle contre le failli pour les fruits perçus antérieurement à ce dernier. — Riom, 1er juin 1859, Maigne, [S. 59.2.597, P. 60.779, D. 59.2.124]

803. — A la différence des impenses nécessaires, c'est-à-dire ayant pour objet la conservation de la chose, qui doivent être remboursées intégralement au détenteur dépossédé par une action résolutoire quelconque, les impenses utiles, c'est-à-dire celles qui améliorent la chose et en augmentent la valeur, ne doivent être remboursées que jusqu'à concurrence de la plus-value, à moins que ces impenses ne soient inférieures à cette plus-value, auquel cas le choix appartient au propriétaire réintégré dans la possession de sa chose. — Cass., 22 juin 1887, Commune de Grenant, [S. 87.1.244, P. 87.1.599, D. 87.1.305] — *Sic*, Demolombe, t. 25, n. 538. — V. aussi Laurent, t. 17, n. 133.

804. — Lorsque, en élevant des constructions sur l'immeuble après l'introduction par le vendeur d'une action en résolution pour inexécution des conditions, l'acquéreur a agi comme un possesseur de mauvaise foi, le vendeur qui fait prononcer la résolution a l'option entre la suppression des constructions et leur conservation moyennant indemnité. — Cass., 8 mars 1886, Joulet et Cie, [S. 87.1.373, P. 87.1.915, D. 87.1.298] — *Sic*, Larombière, t. 3, sur l'art. 1183, n. 58. — V. *supra*, v° *Accession*, n. 194.

805. — Un arrêt de la Cour suprême a décidé que l'effet rétroactif de la résolution d'un contrat de vente se restreint, à cet égard, aux contractants ou à leurs ayants-cause, mais ne peut être étendu aux tiers. Il ne saurait donc avoir pour résultat ou faire considérer comme non avenus les perceptions de fruits ou recouvrements de produits opérés par l'acquéreur, et de faire revivre, vis-à-vis du vendeur, l'obligation des tiers débiteurs entre ces fruits ou produits, dont ils se sont valablement libérés entre les mains de l'acquéreur en vertu d'un contrat dont la résolution a été prononcée. Le vendeur n'a, par l'effet de la résolution, le droit de répéter que contre l'acquéreur les fruits qu'il a seul perçus. — Cass., 18 juill. 1854, Mercier, [S. 55.1.36, P. 55.2.94, D. 54.1.357] — *Sic*, Demolombe, t. 25, n. 540.

806. — Ainsi le vendeur du tréfonds d'un terrain dans lequel existe une mine concédée, ne peut, en cas de résolution de la vente, réclamer des concessionnaires de la mine les redevances que l'acquéreur s'est payées à lui-même comme réunissant en sa personne les droits desdits concessionnaires ou de leur amodiataire, et ceux du propriétaire de la surface. — Même arrêt.

807. — La résolution produite par l'accomplissement de la condition résolutoire ordinaire ne saurait jamais donner lieu à des dommages-intérêts. Celle, au contraire, qui est prononcée par l'effet du pacte commissoire peut entraîner en même temps une condamnation à des dommages-intérêts en faveur de la partie qui obtient cette résolution. L'art. 1184 le dit formellement. Mais cette disposition n'est pas limitative; tous les auteurs admettent que les tribunaux, sans prononcer la résolution du contrat, ont la faculté, conformément au droit commun, d'accorder au demandeur une juste indemnité à raison du retard apporté à l'exécution de l'engagement pris envers lui. — Demolombe, t. 25, n. 523; Colmet de Santerre, t. 5, n. 104 bis-1; Laurent, t. 17, n. 155.

808. — Mais il va de soi que les dommages-intérêts doivent être la représentation d'un préjudice; en l'absence de préjudice, il ne doit être alloué aucune indemnité. C'est ainsi qu'en cas de résolution d'une vente pour défaut de paiement du prix, il ne doit être alloué aucuns dommages-intérêts au vendeur, si le préjudice qu'il a souffert trouve une compensation dans la plus-value que les améliorations faites par l'acquéreur ont procurée à l'immeuble. — Riom, 1er juin 1859, précité.

809. — L'art. 1184, C. civ., n'exige pas une mise en demeure préalable pour autoriser les juges à allouer des dommages-intérêts à la partie au profit de laquelle est prononcée la résolution pour inexécution de la part de l'autre partie. Ceci s'explique fort bien. En effet, si, au cas de simple retard dans l'exécution d'un contrat d'ailleurs maintenu, une mise en demeure est nécessaire (C. civ., art. 1146), le motif en est qu'il faut qu'il soit bien constaté que le créancier a exigé l'exécution de l'obligation, et que le débiteur s'y est refusé, que, par conséquent, le débiteur était en faute. Dans le cas de résolution du contrat, au contraire, la faute est constatée par le fait même de la résolution prononcée du contrat. La mise en demeure destinée à bien constater la faute n'est donc plus nécessaire.

810. — Jugé, en ce sens, que, dans le cas de résolution prévu par l'art. 1184, C. civ., la constatation d'une mise en demeure n'est pas la condition essentielle de l'allocation des dommages-intérêts autorisés par la loi. — Cass., 29 nov. 1882, Cie The algerian, [S. 84.1.311, P. 84.1.779]

811. — Quand les choses ne sont plus entières, la restitution est impossible, et il ne peut pas se faire que, conformément à l'art. 1183, les parties soient remises au même et semblable état que si l'obligation n'avait pas existé. Celui qui a reçu des objets en exécution du contrat a pu les détruire, ou du moins les déformer; il n'est alors qu'un moyen équitable, puisque la restitution aurait dû être faite, c'est de lui attribuer que somme à titre de réparation de dommage.

812. — Lors donc que la résolution d'une obligation est prononcée et que les choses ne sont plus entières, il y a lieu de condamner la partie qui retient certains objets, non point à les restituer, mais à en payer la valeur. — Cass., 14 déc. 1875, Koradounghian, [S. 77.1.21, P. 77.31, D. 76.1.216]

813. — Quelquefois, la résolution sera légalement impossible. Ainsi, au cas où un office a été cédé, l'ancien titulaire de cet office ne pourra faire résoudre le traité de cession, à défaut de paiement du prix convenu. Son droit alors consiste seulement en un privilège sur le prix de la charge. — Paris, 30 mai 1843, Bruet, [P. 43.2.139]

814. — Jugé, de même, que le cessionnaire d'un office, bien qu'il a été nommé par le gouvernement, ne peut, sous aucun prétexte, demander la résolution du traité qui lui a transmis l'office : son droit se borne à réclamer des dommages-intérêts ou une réduction de prix s'il y a lieu. — Trib. Clamecy, 20 janv. 1842, sous Bourges, 27 janv. 1843, Duprilat, [S. 43.2.501, P. 44.1.470] — V. infra, v° Office ministériel.

§ 2. Du pacte commissoire exprès.

815. — Le pacte commissoire exprès est celui qui résulte d'une stipulation expresse des parties. Elles peuvent avoir intérêt à l'insérer dans un contrat unilatéral, où il n'est pas légalement sous-entendu. Cet intérêt peut apparaître aussi à l'égard des contrats synallagmatiques, si l'on veut modifier les effets du pacte commissoire tacite tel qu'il est réglementé par l'art. 1184.

816. — En droit romain, on ne sous-entendait pas la résolution du contrat au cas d'inexécution, par l'une des parties contractantes, des engagements pris envers l'autre. Mais, lorsqu'elle était expressément stipulée, la clause résolutoire produisait son effet de plein droit (LL., ff. *De lege commiss.; De in diem addict.*, L. 12, Cod., *De contrah. stipul.*). — Voët, in tit. *De usuris*, n. 31.

817. — Décidé, en conséquence, que, sous le droit romain, la transaction sur procès par laquelle une partie avait fait abandon d'une portion de sa propriété, en vue de travaux que l'autre partie s'obligeait à exécuter dans un délai déterminé, était résolue de plein droit, à défaut d'exécution de ces travaux dans le temps fixé, encore bien qu'il n'y eût eu aucune mise en demeure. — Cass., 20 nov. 1833, Villac Delapierre, [S. 33.1.864, P. chr.]

818. — ... Que la clause d'un contrat de bail à rente portant qu'à défaut de paiement des fermages aux termes convenus, le bail serait résolu de plein droit, avait force de loi pour les parties et devait recevoir son exécution, sans qu'il fût besoin de recourir à justice. — Paris, 28 therm. an XI, Montesquiou, [S. et P. chr.]

819. — Cependant, dans l'ancien droit, la condition résolutoire insérée expressément dans le bail à locatairie perpétuelle n'était pas comminatoire. On décidait que la résolution avait besoin d'être ordonnée par le juge. — V. supra, v° *Bail à locatairie perpétuelle*, n. 23.

820. — Mais, la clause résolutoire contenue dans un contrat de vente passé avant le Code civil pour le cas où les arrérages de la rente annuelle qui en formerait le prix ne seraient pas payés aux époques déterminées, n'était pas purement comminatoire; elle devait être exécutée à la rigueur. — Paris, 22 nov. 1816, Paquet, [S. et P. chr.]

821. — Sous la législation actuelle du Code civil, pour déterminer les effets du pacte commissoire exprès, il y aura lieu de rechercher dans les termes employés pour l'exprimer quelle a été exactement l'intention des parties. Les formules usitées dans la pratique varient. Nous allons passer en revue celles dont l'emploi est le plus fréquent.

822. — *Première hypothèse.* — Quelquefois, les contractants n'auront fait que reproduire dans l'acte les termes mêmes de l'art. 1184. Si l'on se trouve en présence d'un contrat synallagmatique, l'opinion générale est que les effets de la clause ainsi exprimée resteront les mêmes que si on n'avait laissée sous-entendue. On dit que l'apposition d'une clause semblable ne manifeste pas suffisamment l'intention des parties de déroger aux dispositions de l'art. 1184. Il faut reconnaître, en effet, que le plus souvent le pacte commissoire aura été expressément inséré au contrat par une vieille habitude des clauses de style. — V. en ce sens, *Exposé des motifs* par Bigot-Préameneu (Locré, *Lég.*, t. 12, p. 342, n. 70). — Colmet de Santerre, t. 5, n. 105 bis-1; Larombière, t. 3, art. 1184, n. 53; Demolombe, t. 25, n. 549; Laurent, t. 17, n. 157 et s.; Aubry et Rau, t. 4, § 302, p. 83, note 83; Baudry-Lacantinerie, t. 2, n. 911; Marcadé, art. 1184, n. 3. — *Contrà*, Delvincourt, t. 2, texte, p. 133, et note, p. 487; Toullier, t. 6, n. 554; Duranton, t. 11, n. 88; Troplong, *De la vente*, t. 1, n. 61 et t. 2, n. 666; Zachariæ, § 302, texte et note 32.

823. — Lorsque le pacte commissoire aura été inséré dans un contrat unilatéral et que la formule employée sera celle de l'art. 1184, nous pensons que le créancier aura tous les droits conférés par cet article, mais n'aura que ces droits. Il y a lieu de supposer alors que les parties ont simplement voulu rendre applicable au contrat unilatéral la disposition que la loi sous-entend dans les contrats synallagmatiques. — Baudry-Lacantinerie, t. 2, n. 911-1°.

824. — Par conséquent, dans cette hypothèse, le pacte commissoire, tout exprès qu'il soit, ne produira pas son effet de plein droit et par le seul fait de l'inexécution de l'engagement. Pour que la résolution soit opérée, il faudra, en outre, une décision de justice, et il sera loisible au juge d'accorder, s'il y a lieu, des délais au débiteur pour se libérer.

825. — Jugé que la résolution d'un contrat (contenant, par exemple, remise partielle d'une dette), que l'une des parties s'est réservée pour le cas de l'inexécution de la part de l'autre partie dans un délai déterminé, ne s'opère pas de plein droit par le seul défaut d'exécution dans ce délai; il faut, pour produire cette résolution, qu'au défaut d'exécution se joigne un acte renfermant la manifestation de la volonté de l'autre partie de l'opérer. — Cass., 4 avr. 1859, Lefèvre, [S. 60.1.440, P. 60.1023, D. 59.1.451]

826. — ... Que le juge peut, selon les circonstances, accorder à la partie qui a contracté sous une condition résolutoire, un délai pour exécuter la convention, après l'échéance du terme fixé par les parties. — Nîmes, 22 août 1809, Rubin, [S. et P. chr.] — Bordeaux, 4 juill. 1829, Navarre, [S. et P. chr.]

827. — Jugé cependant que, dans un contrat qui contient une obligation de faire, la clause résolutoire, pour le cas de l'inexécution de l'obligation, est *absolue*; et du moment où le droit à la résolution est acquis, le juge ne peut accorder aucun délai pour exécuter la convention. — Riom, 4 août 1840, de Forget, [P. 41. 1.366]

828. — *Deuxième hypothèse.* — D'autres fois, le pacte commissoire porte que le contrat sera résolu *de plein droit*, si l'une des parties ne satisfait pas à ses obligations. Une pareille convention est licite. Il est assurément permis de déroger aux règles établies par l'art. 1184, qui ne sauraient être considérées comme des dispositions d'ordre public. Elle est obligatoire aussi : en sorte que, dans ce cas, les juges ne peuvent accorder aucun délai au débiteur; ils sont tenus de prononcer la résolution. — Cass., 29 nov. 1886, Croizette-Casiez, [S. 87.1.63, P. 87.1.137, D. 87.1.388] — Dijon, 31 juill. 1817, Protte, [S. et P. chr.] — Paris, 19 févr. 1830, Desnoyers, [S. et P. chr.] — Caen, 16 déc. 1843, d'Aligre, [S. 44.2.97, P. 44.1.707] — Orléans, 9 nov. 1860, Jublin, [S. 61.2.144, P. 61.11, D. 61.2.54] — Paris, 11 févr. 1874, Henniaux, [S. 74.2.197, P. 74.840, D. 75.2.145]

829. — Jugé, en ce sens, qu'en disant que la condition résolutoire, stipulée dans un contrat, opère la révocation de l'obligation, l'art. 1183, C. civ., indique qu'il y a, au moment de l'accomplissement de cette condition, un droit acquis en faveur du stipulant, sans qu'il soit besoin de recourir aux tribunaux, alors surtout que la stipulation paraît avoir été de rigueur, dans l'intention des parties, par exemple si, s'agissant d'un bail à ferme, le fermier s'est obligé, en cas de non-paiement, à déguerpir sans pouvoir contredire. — Bruxelles, 11 févr. 1820, Wanzeelle, [S. et P. chr.]

830. — De même, lorsqu'il est dit dans un acte qu'une clause ne sera pas comminatoire, mais de rigueur, on ne peut invoquer l'usage pour en déduire que, dans l'intention des parties, cette clause ne serait à considérer que comme comminatoire. — Bruxelles, 19 nov. 1818, Lissens, [S. et P. chr.]

831. — Cependant un arrêt de la cour de Paris a décidé que la clause résolutoire par laquelle le bailleur stipule la résiliation *de plein droit* du bail qu'il a consenti, faute de paiement d'un terme de loyer, ne doit pas être considérée comme *absolue* et non susceptible d'atténuation. En conséquence, les tribunaux ont la faculté, suivant les circonstances, d'accorder au preneur un délai pour se libérer. — Paris, 27 mars 1843, Truttat, [S. 43.2.259, P. 43.2.204] — V. aussi spécialement en matière de louage, *supra*, v° *Bail* (en général), n. 1322 et s.

832. — Les auteurs sont à peu près unanimes à se ranger à l'opinion qui a prévalu en jurisprudence et qui veut que la résolution s'opère de plein droit sans que le juge puisse en arrêter ou en diminuer les effets. On est également d'accord pour admettre qu'à la différence de la résolution opérée par l'accomplissement de la condition résolutoire proprement dite, qui peut être invoquée par toute personne intéressée, même par le débiteur, la résolution qui se produit en vertu du pacte commissoire exprès ne peut être invoquée que par celui dans l'intérêt duquel la clause résolutoire a été stipulée. — Laurent, t. 17, n. 160 et 161; Troplong, *De la vente*, t. 2, n. 667, et *Du louage*, t. 2, n. 321; Duvergier, *De la vente*, t. 1, n. 437, et *Du louage*, t. 2, n. 471; Larombière, t. 3, art. 1184, n. 55; Colmet de Santerre, t. 5, n. 105 bis-II; Demolombe, t. 25, n. 550 et s.; Aubry et Rau, t. 4, § 302, p. 84, texte et note 84; Baudry-Lacantinerie, t. 2, n. 911-2°; Guillouard, *Louage*, t. 1, n. 440 et s.

833. — Lorsque le droit à la résolution du contrat se trouve, par suite de l'inexécution des engagements du débiteur, acquis au créancier, celui-ci n'a-t-il pas à manifester sa volonté qu'il entend se prévaloir de cette résolution? En d'autres termes, la résolution n'est-elle pas subordonnée à une mise en demeure du débiteur? La question est controversée et deux systèmes sont en présence.

834. — D'après un premier système, lorsqu'il est stipulé qu'une convention sera résolue de plein droit faute de l'accomplissement, dans un certain délai, d'une condition imposée à l'un des obligés, l'obligé est constitué en demeure par l'effet même de la convention, sans qu'il soit besoin d'un acte spécial de mise en demeure. On tire argument de l'art. 1656, C. civ., disposant que la résolution de plein droit stipulée pour défaut de paiement du prix, en matière de vente immobilière n'opère qu'après une sommation, et l'on dit que c'est là une *exception* aux principes qui régissent la résolution de plein droit. Cette exception, dit-on, est motivée par l'importance que la loi attache à la vente immobilière. — Troplong, *De la vente*, t. 2, n. 666 et 667; Larombière, t. 3, art. 1184, n. 38 et 39; Massé et Vergé, sur Zachariæ, t. 3, p. 383, § 536, note 11; Laurent, t. 17, n. 163.

835. — D'après un second système, on soutient que, dans l'hypothèse que nous examinons, la résolution s'opère bien de plein droit, mais qu'elle n'a point lieu par la seule échéance du terme fixé pour l'exécution des engagements du débiteur, qu'elle ne résulte, conformément au droit commun formulé dans l'art. 1139, C. civ., que d'une mise en demeure, sommation ou autre équivalent. Selon les partisans de cette doctrine, l'art. 1656, C. civ., n'est qu'une application de la règle générale. — Marcadé, t. 4, art. 1184, n. 2; Colmet de Santerre, t. 5, art. 1184, n. 105 bis-II et III; Aubry et Rau, t. 4, § 302, p. 84 et 85, notes 85 et 86; Demolombe, t. 25, n. 554 et s.; Baudry-Lacantinerie, t. 2, n. 911-2°.

836. — Il a été jugé, dans le sens du premier système, que lorsque la convention qui annule un précédent contrat a été subordonnée à une condition que l'une des parties devait accomplir dans un délai fixé, cette condition est censée défaillie par cela seul qu'elle n'a pas été accomplie dans le délai, sans qu'une mise en demeure soit nécessaire. — Cass., 22 mai 1855, Girardet, [S. 56.1.123, P. 55.2.405, D. 56.1.171]

837. — ... Que, du moment où le droit à la résolution est acquis, la demande en résolution peut être formée sans être précédée d'une mise en demeure. — Riom, 4 août 1840, précité.

838. — ... Qu'en présence d'une clause insérée dans une convention et contenant la stipulation expresse que le contrat, au cas d'inexécution des engagements, sera résolu de plein droit, non seulement il n'est pas besoin de demander cette résolution en justice, mais que l'inexécution, au terme convenu, des engagements contractés entraîne de plein droit et par elle-même la résolution du contrat, sans que, surtout en matière mobilière et spécialement dans le cas d'un marché, il soit nécessaire de recourir à une *sommation* ou *mise en demeure*. — Cass., 29 nov. 1886, précité. — Et cela, alors même que, depuis le terme convenu pour l'exécution des conventions, il y aurait eu livraison de quelques parties de la marchandise contre argent, s'il est constaté de telles livraisons constituaient des ventes nouvelles, qui n'avaient entraîné ni novation, ni renonciation aux conditions du marché. — Même arrêt.

839. — *Troisième hypothèse.* — Il est dit dans l'acte que la résolution au terme convenu aura lieu de plein droit et *sans sommation* ou *mise en demeure* préalable. — Dans ce cas, le pacte commissoire opère de la même façon que la condition résolutoire proprement dite. La résolution se fera sans que le créancier manifeste sa volonté d'user du droit de résolution, puisque telle est la convention et qu'elle est parfaitement licite ; mais aussi il perdra le droit qu'il tenait de son contrat, de forcer le débiteur à l'exécution de son obligation. — Colmet de Santerre, t. 5, n. 105 bis-III; Demolombe, t. 25, n. 538; Laurent, t. 17, n. 168.

840. — En conséquence, le sort du contrat dépendra de la volonté du débiteur seul, qui pour le faire tomber n'aura qu'à ne pas exécuter les engagements qu'il a pris. Une pareille stipulation sera nécessairement fort rare. On peut la comprendre dans l'hypothèse suivante : « Je vous vends ma maison pour 100,000 fr., sur lesquels vous me payez 25,000 fr. comptant, et nous convenons que si, dans le délai d'un an, vous ne payez pas les 75,000 fr. restant, le contrat sera résolu de plein droit et *sans sommation*, et que je garderai à titre de dommages-intérêts les 25,000 fr. déjà payés ». — Baudry-Lacantinerie, t. 2, n. 911-3°.

TITRE VII.

ENREGISTREMENT.

841. — On ne saurait dégager complètement l'étude de la condition des principes mêmes de l'enregistrement. L'influence qu'elle exerce sur l'exigibilité du droit, sur les délais de la perception, sur la prescription est telle, en effet, qu'il est impossible de l'en séparer d'une façon absolue. Mais nous nous bornerons ici à poser quelques principes généraux, notamment en ce qui concerne l'influence de la condition sur l'exigibilité du droit et les règles d'appréciation appliquées par les tribunaux lorsqu'ils sont appelés à déterminer, au point de vue fiscal, la nature des clauses insérées dans les contrats. — V., pour le surplus, *infrà*, v° *Enregistrement*.

SECTION I.

Exigibilité du droit.

842. — Au point de vue de l'exigibilité du droit, il faut distinguer soigneusement la condition suspensive de la condition résolutoire, et, dans chacune de ces deux catégories, celles qui sont casuelles de celles qui sont potestatives, celles qui sont licites et réalisables de celles qui ne le sont pas.

§ 1. *Condition suspensive*.

843. — Il est constant que la condition suspensive suspend la perception du droit d'enregistrement ou de mutation, qu'elle suspend l'effet du contrat, et que lorsqu'elle ne s'est pas réalisée, elle empêche qu'aucun droit ne soit dû, de même qu'alors le contrat dont l'effet y était attaché est réputé n'avoir jamais existé. — V. Championnière et Rigaud, *Droit d'enreg.*, t. 1, n. 693 et s.; Garnier, *Rép. gén. d'enreg.*, v° *Condition*, n 3521; Demante, *Principes de l'enreg.*, t. 1, n. 33; Ed. Clerc, *Tr. de l'enreg.*, t. 1, n. 84.

844. — Tant que la condition n'est pas accomplie, le contrat n'existe point; il n'y a ni obligation, ni mutation. Le droit proportionnel n'est donc pas exigible sur un acte dont l'effet est soumis à une condition suspensive, tant que cette condition n'est pas accomplie. — Championnière et Rigaud, n. 688 et s.

845. — Ainsi jugé que lorsque des stipulations ne renferment que des obligations subordonnées à un événement incertain, et par conséquent, à une condition suspensive, il n'y a pas lieu jusqu'à cet événement de percevoir le droit proportionnel. — Cass. 19 juin 1826, Dumaine, [S. et P. chr.]; — 12 juill. 1832, Berthelin, [S. 32.1.616, P. chr.]

846. — La loi du 22 frim. an VII ne contient pas, sans doute, de disposition explicite sur les effets de la condition suspensive à l'égard de la perception. Cependant il résulte d'un de ces articles que l'effet de la condition est de suspendre la perception du droit jusqu'à l'événement prévu: C'est la disposition de l'art. 68, § 3, n. 5, qui n'assujettit qu'au droit fixe les actes de libéralité ne contenant que des dispositions soumises à l'événement du décès. La loi des 5-19 déc. 1790 (sect. 4, n. 3, 13° classe) contenait une disposition semblable.

847. — « Il était également de principe autrefois, disent MM. Championnière et Rigaud (n. 693), que les droits seigneuriaux ne pouvaient être exigés sur un contrat soumis à une condition suspensive. » *In venditione conditionali*, dit Dumoulin (§ 78, gloss. 1, n. 40), *non incipiunt deberi laudimia, nisi conditione extante*. » « D'Argentré, ajoute Henrion de Pansey (*Analyse*, p. 170, à la note), et tous ceux qui ont écrit depuis, se sont conformés à la doctrine de notre auteur ». « Dans les ventes conditionnelles, dit Sudre (*Des lods*, § 11, n. 17), il n'est dû de lods qu'après la condition arrivée, parce que jusque-là il n'y a point encore de vente. » Faber (*in Cod.*, lib. 4, tit. 43, définit. 28) assimile entièrement, à l'égard des droits de mutation, le contrat conditionnel, *pendente conditione*, au contrat nul. — V. aussi Pocquet de Livonnière, liv. 3, chap. 4, sect. 4; Fonmaur, n. 357; Pothier, *Des fiefs*, chap. 5, sect. 3, § 1.

848. — Ainsi il faut bien que la condition stipulée agit à l'égard de la régie comme à l'égard des parties; de même que le contrat conditionnel ne rend pas le stipulant créancier ou propriétaire, mais lui attribue seulement une créance ou une propriété éventuelles, de même il ne rend pas la régie créancière de l'impôt, mais il lui donne l'espoir de l'être plus tard : *spes debitum iri* (V. *suprà*, n. 613). L'événement de la condition change son droit *éventuel* en celui d'*exiger* le paiement; mais l'acte est également la source de l'un et de l'autre, il forme le titre de la régie pour demander l'impôt, comme il est celui du contractant pour obtenir l'exécution du contrat. — Championnière et Rigaud, n. 696.

849. — Si la condition suspensive vient à manquer, alors, d'après la maxime *Actus conditionalis, defecta conditione, nihil est* (L. 8, D., *De peric. et comm. rei vend.*; Toullier, t. 6, n. 547), la régie voit s'évanouir l'espérance de percevoir le droit auquel l'accomplissement de la condition aurait pu donner lieu. — Championnière et Rigaud, n. 697. — V. *suprà*, n. 668.

850. — Ce n'est que par exception qu'il en est autrement. Tel est, par exemple, le cas de l'art. 5, L. 23-25 avril 1871, aux termes duquel les actes d'ouverture de crédit sont soumis à un droit proportionnel d'enregistrement de 50 cent. p. 0/0, sans qu'il soit besoin d'attendre la réalisation ultérieure du crédit. Cette réalisation demeure néanmoins assujettie aux lois en vigueur (V. *infrà*, n. 953 et s., et v° *Crédit* [ouverture de]); mais lorsqu'elle se produit, il est tenu compte du droit perçu lors de l'ouverture. Cette loi a eu pour objet de réprimer une fraude des plus faciles, qui consistait à déguiser un prêt pur et simple sous l'apparence d'une ouverture de crédit. La loi de 1871, du reste, ne vise que l'ouverture de crédit. Le prêt conditionnel reste donc placé sous l'empire de la législation antérieure. Il n'est soumis à la perception du droit proportionnel que lors de l'accomplissement de la condition (V. Demante, t. 1, n. 399). Il en est ainsi des actes de prêts conditionnels consentis par le Crédit foncier. L'instruction de la régie du 11 juill. 1853 continue de leur être applicable.

851. — Conformément à cette règle exceptionnelle, on a décidé que le droit fixe gradué est exigible sur la mainlevée de l'inscription hypothécaire prise pour garantie d'une ouverture de crédit, encore bien que, au moment de la mainlevée, le crédit n'ait pas été réalisé. — Trib. Charleville, 10 juill. 1874, X..., [S. 76.2.292, P. 74.1184, D. 75.5.195].

852. — La même règle devrait être appliquée aussi bien aux conditions expresses qu'aux conditions tacites. Les conditions tacites suspendent la perception des droits d'enregistrement, aussi bien que les conditions expresses. La régie applique néanmoins une règle contraire relativement aux contrats de mariage. Elle perçoit les droits sans attendre l'événement du mariage, sauf restitution, s'il y a lieu. Ce système a été critiqué par MM. Championnière et Rigaud (n. 2996) et Garnier (*Rép. gén.*, art. 3372). Mais l'opinion de ces auteurs n'a pas prévalu dans la pratique. — V. *infrà*, v° *Contrat de mariage*.

853. — Les droits perçus sur les contrats de mariage doivent d'ailleurs être restitués quand il est constant que la célébration n'a pas eu et n'aura pas lieu, et que la demande en restitution est formée en temps utile; sauf à conserver le droit fixe comme salaire de la formalité donnée au contrat (Décis. min. Fin., 7 juin 1808; Délibér. 9 août 1820; Solut. 18 et 28 oct. 1831).

854. — De même, un traité de cession d'office est soumis à la condition tacite que le cessionnaire sera agréé par le gouvernement. Tant que cette condition n'est pas accomplie, l'effet de la cession est suspendu. Selon les principes généraux, la perception du droit proportionnel relatif à un contrat de cette nature devrait donc être différée jusqu'au jour où intervient l'approbation gouvernementale. Et cependant, la pratique de l'administration de l'enregistrement est différente. On perçoit immédiatement le droit, sauf restitution s'il y a lieu. — V. *infrà*, v° *Office ministériel*.

855. — Comme pour les contrats de mariage, les droits perçus sur un traité de cession d'office ou d'étude sont restituables si le cessionnaire n'est point agréé par le gouvernement (Délib. 25 mars 1827; 5 févr. 1828 et 13 déc. 1833). — Sol. régie, 24 août 1832, [S. 33.2.224].

856. — Mais, conformément aux règles générales, toute libéralité faite à un établissement public étant subordonnée, quant à sa validité, à la condition tacite que l'acceptation de cette disposition sera autorisée par l'autorité administrative, jusqu'à ce qu'une décision soit prise à cet égard, le sort de la libéralité est incertain. Par suite, lorsqu'une commune instituée légataire n'a pas été autorisée à accepter le legs, les héritiers légitimes du testateur saisis de la succession sont tenus d'en comprendre tous les biens dans leur déclaration et de payer l'intégralité des droits de mutation. — Trib. Lodève, 8 déc. 1869, Villar, [S. 70. 2.275, P. 70.1097, D. 72.5.194] — Sic, Garnier, *Rép. gén.*, v° *Etablissement public*, n. 5865, § 2. — V. aussi *Contrôl. de l'enreg.*, art. 14576.

857. — De même, le partage intéressant des majeurs et des mineurs, fait par un acte notarié dans lequel les parties se sont réservé de combattre les opérations en homologation, est nécessairement soumis à la sanction de la justice et n'a, jusqu'à cette époque, qu'un caractère provisionnel. Par suite, le droit gradué n'est exigible que sur l'enregistrement du jugement d'homologation, et non pas sur l'enregistrement du partage. — Cass., 19 juill. 1880, Parrot, [S. 81.1.38, P. 81.1.60, D. 81.1.85] — Instr. régie, 30 août 1881, n. 2654, [S. 81.2.272, P. 81.1.1273]

858. — Il avait été jugé, cependant, en sens contraire, alors que l'exploitation d'un débit de boissons devait être autorisée par l'administration, que la vente d'un fonds de commerce de cette nature n'en donnait pas moins lieu à la perception actuelle du droit proportionnel, si l'effet de la convention n'avait pas été expressément subordonné à la condition suspensive de l'autorisation. Et le refus de cette autorisation ne pouvait entraîner la restitution du droit perçu. — Sol. rég., 4 août 1874, [J. enreg., art. 19690; Dict. dr. d'enreg., v° *Partage*, n. 135]

859. — L'événement actuellement arrivé, mais inconnu des parties, ne constitue pas une condition. Mais, en matière fiscale si l'on a soumis l'effet d'une convention à un événement de cette nature, il y a lieu, néanmoins, d'appliquer les principes relatifs à la condition suspensive. Tant que l'accomplissement du fait envisagé par les parties n'est pas établi, le droit d'enregistrement ne se trouve pas exigible. — Dict. dr. d'enreg., v° *Condition*, n. 82 et s.

860. — Décidé, en ce sens, que lorsqu'une donation est faite sous la condition qu'elle sera tenue pour non avenue si, dans la suite, il est découvert un testament exhérédant le donateur de la succession d'un tiers dont il se trouve l'héritier légitime, il n'y a lieu de percevoir que le droit fixe de 2 fr. (3 fr. 75). — Sol. rég. 29 oct. 1866, [J. enreg., art. 19054]

861. — Il résulte des principes que nous venons de poser que le droit proportionnel afférent à l'acte ne peut être perçu qu'à l'événement de la condition. En attendant, cet acte n'est soumis qu'à un droit fixe. Quand la loi n'a pas expressément tarifé l'acte conditionnel, comme elle l'a fait pour les donations soumises à la condition du décès et qui sont passibles du droit fixe d'enregistrement de 5 fr. (7 fr. 50) (LL. 22 frim. an VII, art. 68, § 3, n. 5; 28 avr. 1816, art. 43, n. 4; L. 28 févr. 1872), il y a lieu de percevoir, lors de la présentation à la formalité, le droit fixe de 3 fr. (plus le double décime et demi, L. 28 févr. 1872), établi pour les actes innommés. — V. Demante, *Principes d'enreg.*, n. 40.

862. — Si l'obligation contractée sous une condition suspensive n'est sujette qu'au droit fixe, elle devient, lors de l'accomplissement de cette condition, passible du droit proportionnel, comme si elle eût été pure et simple dès l'origine. Tel est le cas où un emprunt contracté à titre d'obligation de prêter à une ville une somme déterminée, a été réalisé postérieurement par le versement de ladite somme dans la caisse municipale. — Cass., 11 nov. 1846, Ville de Saint-Quentin, [S. 47.1.40, P. 47.1.93, D. 46.1.348]

863. — De même, lorsqu'une décision ministérielle a fait remise à des héritiers ou légataires du demi-droit en sus encouru pour défaut de déclaration de la succession dans le délai légal, sous la condition de payer immédiatement le droit simple, l'administration est fondée à percevoir ultérieurement ce demi-droit en sus, si la condition de réalisation immédiate n'a pas été accomplie. — Trib. Seine, 23 nov. 1861, Chevalier, [P. Bull. enreg., art. 788, D. 62.3.40] — 9 mai 1879, [J. enreg., art. 21613] — V. *Dict. des dr. d'enreg.*, v¹° *Remise de peines*, n. 4 et 5, et *Succession*, n. 297; Garnier, v° *Succession*, n. 10495-2° et 3°.

864. — L'acte conditionnel de prêt passé entre une société de crédit foncier et l'emprunteur, en vertu duquel la société fait prendre une inscription hypothécaire et procéder aux formalités de purge, n'est passible que du droit fixe de 2 fr. (plus les doubles décimes). L'acte dressé à la suite du premier pour constater la réalisation du prêt est seul passible du droit proportionnel. — Déc. min. Fin., 20 août 1852, et Instr., 11 juill. 1853, n. 1968, [P. Bull. enreg., art. 210]

865. — En pareil cas, le droit fixe perçu sur l'acte conditionnel ne peut être imputé ni sur le droit proportionnel auquel donne ouverture l'obligation définitive, ni restitué en cas de non-réalisation du prêt (Déc. min. Fin. et Instr. précitées).

866. — Les dispositions adoptées par la décision ministérielle du 20 août 1852 relativement au droit d'enregistrement des actes de prêt faits par le Crédit foncier de France sont applicables aux prêts faits dans les mêmes conditions par toutes autres sociétés ayant pour objet de prêter sur hypothèque.

867. — En conséquence, l'acte conditionnel de l'emprunt n'est passible que d'un droit fixe, et le droit proportionnel ne devient exigible que sur l'acte ultérieur constatant la réalisation du prêt. — Déc. min. Fin., 28 juin 1881, [S. 82.2.70, P. 82.1.475]

868. — Tout ceci à la condition qu'on soit en présence d'une véritable condition. Lorsqu'en se reconnaissant débiteur du prix de travaux, un individu donne en paiement des sommes déposées chez le notaire qui reçoit l'acte, sous la condition que ces sommes ne seront délivrées au créancier qu'après la remise de certaines pièces désignées, un pareil acte constituant un titre obligatoire en faveur du créancier, est passible du droit proportionnel d'obligation, et non de celui de quittance, lequel se trouve suspendu jusqu'à l'événement de la condition (Délib. 29 déc. 1835).

869. — Les actes, et notamment les mainlevées, soumis à une condition suspensive sont assujettis à un droit fixe invariable de 3 fr. et non pas au droit fixe gradué. — Trib. Seine, 12 déc. 1874, Chemin de fer du Nord, [S. 75.2.273, P. 75.1007, D. 75.3.195] — V. aussi J. enreg., art. 19650.

§ 2. *De la condition résolutoire.*

870. — Il est de principe que la condition résolutoire ne peut suspendre la perception du droit proportionnel, ou autoriser la restitution du droit perçu, que cette condition, du reste, soit exprimée ou sous-entendue. — Championnière et Rigaud, *Traité des dr. d'enreg.*, t. 3, n. 2063.

871. — Ainsi, il ne peut être sursis à statuer sur une demande en supplément de droit formée par la régie, au sujet d'une vente soumise à la formalité, sous prétexte qu'il existe relativement à l'objet vendu une contestation par suite de laquelle les droits du vendeur pourraient être anéantis. — Cass., 20 mars 1832, Garnier, [S. 33.1.639, P. chr.]

872. — La condition résolutoire diffère de la nullité radicale en ce que la nullité, affectant la convention d'un vice originaire, fait supposer qu'elle n'a jamais existé, tandis que la condition résolutoire ne l'empêche pas d'avoir subsisté valablement. — Championnière et Rigaud, n. 747.

873. — Dans le contrat sous condition résolutoire, il y a deux conventions, l'une pure et simple, et dont le droit est immédiatement exigible; l'autre qui est la résolution, laquelle est soumise à une condition suspensive. L'exigibilité actuelle du droit proportionnel est donc suffisamment justifiée. — Championnière et Rigaud, n. 747.

874. — C'est, au reste, ce qu'enseignaient les anciens auteurs. « La condition, dit Bouturic (*Des Lois*, ch. 11, n. 1), ne tombe point sur la vente, c'est-à-dire qu'il dépend de l'événement de la condition, non point que la vente soit nulle ou annulée, mais que la vente soit résolue ou non : *Magis est sub conditione resolvi emptio, quam sub conditione contracta videatur* » (L. 1, D., *De leg. commiss.*). Autrefois les droits de mutation étaient perçus sur les transmissions soumises à des conditions résolutoires, sans espoir de répétition, et il ne paraît pas que cette décision ait jamais fait difficulté. — Tiraqueau, *Du retrait conventionnel*, § 6, gloss. 2, n. 19; Dumoulin, § 20, gloss. 5, n. 24; d'Argentré, art. 64, note 1, n. 12; Championnière et Rigaud, n. 747.

875. — Le principe selon lequel la condition potestative de la part de celui qui s'oblige rend la convention nulle et de nul effet (*infrà*, n. 879), ne s'applique pas à la condition résolutoire apposée à un contrat synallagmatique. Ce contrat n'en est pas moins valable, parce que la résolution en dépendra de la pure volonté de l'une des parties. Tel est le cas de la clause de réméré. Aussi dans ce cas les droits d'enregistrement sont-ils actuellement exigibles. — Championnière et Rigaud, t. 1, n. 750.

876. — Que si le contrat est unilatéral, on peut concevoir encore que la condition résolutoire potestative de la part du débiteur n'empêche pas le contrat d'exister. En effet, la faculté de résoudre un contrat ne doit point être confondue avec la faculté de ne pas l'exécuter. Leur signe distinctif, assez difficile à sai-

consiste le plus souvent dans l'exécution; ainsi, l'obligation est-elle actuellement exécutée, la condition sera résolutoire et n'empêchera point l'existence du contrat, ni la perception du droit proportionnel. Mais si la convention n'est pas immédiatement suivie d'exécution, elle est nulle; car la condition résolutoire consiste dans la faculté de ne pas exécuter le contrat. — Championnière et Rigaud, n. 751. — V. *infrà*, n. 883 et 884.

§ 3. *De la condition potestative.*

877. — La condition potestative dont l'événement est subordonné à la seule volonté du créancier, ne suspend pas l'obligation ni la perception du droit proportionnel. Ainsi l'obligation que contracte le père du futur époux, dans le contrat de mariage de celui-ci, de payer à son fils une pension ou un capital correspondant, dans le cas où les époux cesseraient de vivre avec lui, est soumise, non au simple droit fixe de 3 fr., mais au droit proportionnel de 62 cent. et demi sur le capital de la pension. — Cass., 18 avr. 1821, Gervais, [S. et P. chr.] — V. le *Dict. des dr. d'enreg.*, v° *Donation entre-vifs*, n. 144; Rolland et Trouillet, *Dict. de l'enreg.*, v° *Mariage* (contrat de), § 7, n. 6, et les observations critiques sur cet arrêt de Championnière et Rigaud, *Traité des dr. d'enreg.*, t. 1, n. 714.

878. — Le legs fait par un mari à sa femme pour le cas seulement où elle viendrait à se séparer de son fils, est réputé fait sous une condition potestative dépendant de la seule volonté de la femme; en conséquence, il est soumis au droit actuellement, et non lorsque l'événement se sera réalisé (Délib. 15 janv. 1833).

879. — Au contraire, la condition potestative de la part de celui qui s'oblige empêche toute obligation de prendre naissance; il n'y a rien de fait, et aucun droit proportionnel ne peut être perçu. — Championnière et Rigaud, n. 707.

880. — Dans ce cas, l'accomplissement de la condition potestative n'a pas d'effet rétroactif, et le contrat ne prend naissance que du jour de l'événement. Il en résulte que, s'il s'agit d'un droit d'acte, la régie ne pourra percevoir qu'autant qu'un nouvel acte formant titre de la convention sera soumis à la formalité, et que, s'il s'agit d'un droit de mutation, elle devra faire les preuves que la loi l'autorise à faire, pour établir l'existence d'une transmission immobilière. — Championnière et Rigaud, *loc. cit.*

881. — Par application de ces principes, il a été jugé qu'au cas où un marché a été contracté sous une condition potestative de la part d'un entrepreneur, qui s'est réservé la faculté de l'accepter ou de le refuser dans un délai déterminé, l'acceptation ultérieure ne produit pas d'effet rétroactif. Le droit proportionnel n'est exigible que du jour où l'acceptation du marché projeté est présentée à l'enregistrement, et l'on ne saurait considérer comme étant resté en suspend durant l'intervalle de temps écoulé entre le jour du contrat projeté et celui où le marché a été définitivement conclu et arrêté. — Trib. Seine, 22 juill. 1876, C¹ᵉ des tramways de la Seine, [D. 77.3.96, J. enreg., art. 20293]

882. — Lorsque, dans une promesse de vente, il y a, de la part des deux parties, une condition potestative qui empêche le lien de se former, le droit proportionnel de mutation ne doit point être perçu; spécialement, la clause d'un contrat de mariage par laquelle le père de la future recevant du futur une somme d'argent promet, dans le cas où les futurs cesseraient d'habiter avec lui, de lui délivrer en paiement des immeubles qui seraient alors désignés et estimés par experts, est passible du droit d'obligation de 1 p. 0/0 et non de celui de vente à 5 1/2 p. 0/0. — Délib. 29 janv. 1836, [D. *Rép.*, v° *Enreg.*, n. 2339]

883. — La condition potestative, quand elle est résolutoire, ne s'oppose pas, nous venons de le voir (*suprà*, n 875 et 876), à la perception du droit proportionnel si ses accords sont exécutés. La raison en est que, malgré la faculté réservée aux parties de résoudre le contrat, ce contrat n'en existe pas moins dès le jour où les parties s'y sont soumises en l'exécutant. Ainsi, un contrat de mariage portant obligation immédiate de la part des père et mère de la future de loger et entretenir les futurs époux et leurs enfants, encore qu'il soit dit dans l'acte que cette clause ne sera exécutée que tant qu'elle conviendra aux parties, donne quand même ouverture au droit proportionnel, s'il est établi que la convention a reçu exécution. — Délib. 8 févr. 1834, [J. enreg., art. 10160] — V. *suprà*, n. 876.

884. — En définitive, la question de savoir si une condition potestative s'oppose ou non à l'exigibilité du droit proportionnel dépend du caractère suspensif ou résolutoire de cette condition. Il ne peut y avoir difficulté que pour apprécier si la clause est résolutoire ou suspensive. A cet égard, il est de règle de s'attacher à l'intention des parties manifestée par les termes de l'acte et les circonstances de chaque espèce. — En matière d'enregistrement, la jurisprudence et la pratique administrative présument plus facilement la condition suspensive que la condition résolutoire. A raison de la non-restitution du droit perçu au cas de condition résolutoire, cette interprétation est la plus équitable. — V. *Dict. des dr. d'enreg.*, v° *Condition*, n. 158 et 159.

§ 4. *Des conditions impossibles ou illicites.*

885. — De ce que toute condition d'une chose impossible, ou contraire aux bonnes mœurs, ou prohibée par la loi, est nulle et rend nulle la convention qui en dépend (C. civ., art. 1172), il en résulte nécessairement l'affranchissement du droit proportionnel; car si l'acte n'est pas nul, il ne peut être considéré que comme portant condition suspensive. Quant à la condition de ne pas faire de chose impossible, comme elle ne rend pas nulle l'obligation contractée (C. civ., art. 1173), mais qu'elle la suspend, la perception des droits est également suspendue. — Championnière et Rigaud, n. 728.

886. — Notons, néanmoins, que l'acte nul par l'effet de la condition illicite ou impossible qui y est attachée, s'il est présenté à l'enregistrement, donnera lieu à la perception des droits comme s'il était valable. Il n'appartient pas au receveur de rechercher et d'apprécier la validité de l'acte qui lui est soumis. Les conventions nulles sont passibles des mêmes droits que celles qui se trouvent à l'abri de toute critique. Il n'y a même pas à distinguer entre les nullités absolues, radicales ou relatives. — *Dict. des dr. d'enreg.*, v° *Condition*, n. 87.

887. — La distinction entre les nullités relatives et radicales n'a d'utilité que lorsque se présente la question de savoir si, au cas de résolution du contrat, il y a lieu de restituer ou non les droits perçus au moment de l'enregistrement. — V. *infrà*, v° *Enregistrement*.

888. — Jugé qu'on ne serait pas fondé à réclamer la restitution du droit perçu sur un acte de donation parce qu'elle serait annulée dans la suite comme renfermant une substitution prohibée, ce que le receveur n'avait pas à rechercher. — Cass., 13 nov. 1849, Barrau, [P. 50.1.578]

Section II.

Interprétation des clauses contenues dans les actes soumis à la formalité.

889. — La distinction qui vient d'être faite entre les diverses sortes de conditions, au point de vue de l'exigibilité des droits d'enregistrement, indique suffisamment l'intérêt que présente, lorsqu'un acte est soumis à la formalité, le point de savoir s'il renferme réellement une condition et de quelle nature est cette condition. Avant de procéder à l'examen de la question à l'aide des solutions de la jurisprudence, il importe de poser ce principe général, à savoir que la régie, pour arriver à asseoir, d'une manière conforme à la loi, les droits d'enregistrement dus sur les actes, a le droit et le devoir de rechercher et de constater, en dehors de la qualification donnée aux contrats, quel est le véritable caractère des stipulations qui y sont contenues. C'est un principe de jurisprudence constante. — V. en ce sens, Cass., 6 févr. 1878, Bonnevie, [S. 78.1.183, P. 78.432, D. 78.1.257]; — 5 nov. 1878, Reynier, [S. 79.1.87, P. 79.169, D. 79.1.100]; — 18 févr. 1879, Société des mines d'Anzin, [S. 79.1.181, P. 79. 430, D. 79.1.153]; — 6 juill. 1880, Société des eaux de la Bourboule, [S. 80.1.432, P. 80.1073, D. 80.1.393]; — 19 juin 1882, Martenet, [S. 83.1.231, P. 83.1.543, D. 83.1.299]; — 16 déc. 1885, Ernault de Moulins, [S. 86.1.485, P. 86.1.1182, D. 86.1 270] — Trib. Nontron, 4 mai 1885, Broudrichou et Prince, [S. 86.2.199, P. 86.1.990] — De leur côté, les tribunaux peuvent et doivent même rechercher s'il n'y a pas simulation dans le but de faire fraude à la loi fiscale. — Cass., 9 juill. 1830, Gentils, [S. 39.1. 685, P. 39.2.381]

890. — Dans certains cas, l'existence ou la non-existence de la condition ayant pour effet de changer la nature du contrat, l'administration et, en cas de contestation, les tribunaux auront, par conséquent, le devoir de la préciser.

891. — Par application de ce principe, il a été jugé que lorsqu'un ascendant, père de deux enfants, a, par son testament, restreint la part héréditaire de l'un d'eux à l'usufruit de biens déterminés, en lui réservant sa part entière pour un cas prévu, l'acte par lequel les deux enfants partagent la succession par égales parts, et aux termes duquel le légataire d'usufruit fait donation actuelle et irrévocable à son cohéritier de la nue-propriété des biens compris dans son lot, en s'en réservant l'usufruit, emporte adition d'hérédité, et doit être considéré comme renfermant un partage assujetti au droit gradué, et une donation soumise immédiatement au droit de mutation, encore bien que les parties aient qualifié le partage d'éventuel (L. 22 frim. an VII, art. 4 et 69, § 8; L. 28 févr. 1872, art. 1 et 2). — Cass., 16 déc. 1885, précité.

892. — ... Que lorsque, par un acte qualifié de donation entre-vifs, les donateurs se sont obligés à remettre à leurs enfants une somme déterminée lors de l'établissement, de leur vivant, de chacun de leurs petits-enfants, une pareille donation, bien que renfermant la stipulation d'un droit de retour au profit des donateurs en cas de prédécès de chacun de leurs petits-enfants, doit être considérée comme une simple promesse de payer en cas d'événement de la condition prévue, et non comme ayant opéré un dessaisissement actuel de la part des donateurs. Il n'y a pas lieu dès lors de percevoir le droit proportionnel pour mutation. — Cass., 14 déc. 1840, Norès, [P. 41.60]

893. — La rédaction des actes, on le voit, laisse souvent incertaine la volonté des parties; de là la difficulté de reconnaître si l'acte est conditionnel et si la condition dont il est affecté est suspensive ou résolutoire; de là aussi la difficulté de distinguer la condition des autres clauses qui, comme elle, peuvent se rencontrer dans les contrats et les modifier. Il importe surtout de ne pas la confondre avec le *mode* ou le *terme*.

894. — Le *mode*, nous l'avons dit, est un pacte nécessaire ou une clause ajoutée à la convention principale pour imposer aux contractants certaines obligations, certaines charges qui modifient le contrat; par exemple, en vous vendant, je stipule qu'outre le prix du contrat, vous paierez 500 fr. à Titius. Le *mode* ne suspend point, comme la condition suspensive, l'accomplissement ni l'exécution de la convention. — Il en résulte qu'il n'est point un obstacle à la perception du droit proportionnel. Il faut donc soigneusement distinguer si une clause est *modale* ou *conditionnelle*. En règle générale, toutes les fois que la convention ne doit être exécutée qu'après la charge, la clause est conditionnelle; mais toutes les fois que l'exécution de la convention doit précéder celle de la charge, la disposition est modale. — Merlin, *Rép.*, v° *Mode*, n. 4; Toullier, t. 6, n. 315; Championnière et Rigaud, t. 1, n. 740.

895. — Le *mode* n'est jamais suspensif de l'obligation, mais son inexécution de la part de celui à qui il a été imposé peut être une cause de résolution du contrat. — V. Cass., 28 août 1815, Fournier, [S. et P. chr.]

896. — Le *terme*, ne suspendant point l'engagement (C. civ., art. 1185), ne suspend point, par conséquent, la perception des droits d'enregistrement proportionnels. — Championnière et Rigaud, n. 741.

897. — Le principe du droit d'interprétation de la régie et des tribunaux ayant été posé, nous avons à nous demander quelles règles on doit suivre dans cette interprétation. C'est là une question de fait qui ne peut être résolue qu'à la lumière des solutions de la jurisprudence intervenues dans les cas particuliers qui lui ont été soumis. Nous devons les faire connaître.

§ 1. *Condition suspensive.* — *Donations et legs.* — *Ventes.*
— *Ouverture de crédit*, etc.

898. — Les clauses contenues dans les donations entre-vifs et les legs ont plus particulièrement donné naissance à certaines hésitations. Il a été jugé que le legs fait par un débiteur à son créancier, sous la condition que celui-ci ne réclamera pas la somme qui lui est due par le testateur, est subordonné à une condition suspensive. En conséquence, le droit de mutation par décès n'est pas exigible, tant que la condition ne s'est pas réalisée. — Cass., 18 avr. 1883, Couillet et Cady, [S. 84.1.447, P. 84. 1.1090, D. 84.1.244, J. enreg., art. 22069]

899. — La donation de la nue-propriété d'un immeuble faite par une tante au profit de sa nièce dans son contrat de mariage, mais sous condition suspensive et pour le cas seulement où la donataire laisserait, au jour de son décès, des enfants issus de son mariage, ne transmet à la donataire aucun droit actuel sur les biens compris dans cette donation. Cette condition suspensive n'est pas convertie en condition résolutoire, parce que, par des stipulations postérieures faites dans la donation, il a été convenu : 1° que, dans le cas où la donataire aurait laissé, à son décès, des enfants de son mariage, la nue-propriété de l'immeuble donné serait soumise à toutes les charges et dispositions que la donataire aurait pu créer; 2° que la valeur de la terre donnée serait imputée sur la succession de la donatrice; 3° qu'en cas de survie de la donatrice à la donataire et à ses enfants, l'immeuble donné ferait retour à la donatrice. En conséquence, cette donation n'opère aucune transmission actuelle de nature à donner ouverture à la perception d'un droit proportionnel contre la donataire, et elle ne peut, lors de l'enregistrement du contrat de mariage, motiver que la perception d'un droit fixe. — Cass., 20 avr. 1846, Moisant, [S. 46.1.395, P. 46.2.435, D. 46. 1.210]

900. — La donation par contrat de mariage, faite par l'un des époux à l'enfant d'un premier lit de son conjoint, d'une somme à prendre sur les plus clairs biens de la succession du donateur, qui s'en réserve l'usufruit pendant sa vie, sans conférer au donataire une hypothèque, un nantissement ou une garantie quelconque, constitue, encore bien qu'elle soit qualifiée *donation entre-vifs*, et que le droit de retour ait été réservé en cas de survie du donateur, non une donation entre-vifs proprement dite, mais seulement une donation éventuelle sous condition suspensive. — Trib. Corbeil, 27 juin 1856, Jaquelin, [P. Bull. enreg., art. 407, D. 56.3.46]

901. — En conséquence, cette donation n'est passible que du droit fixe que le contrat; le décès du donateur avant la donataire peut seul donner ouverture au droit proportionnel. — Même jugement.

902. — De même, la clause d'un contrat de mariage par laquelle les futurs, entre lesquels une société d'acquêts a été stipulée, déclarent se faire donation entre-vifs et irrévocable au survivant d'eux de la portion du prémourant dans les acquêts, constitue une libéralité éventuelle, passible du droit de mutation lors seulement du décès du prémourant et non pas une simple convention de mariage et entre associés, alors surtout que l'intention des parties se manifeste par l'ensemble des autres stipulations du contrat. — Cass., 7 déc. 1870, Seillière, [S. 70.1.437, P. 70.1138, D. 71.1.153]

903. — La clause d'un acte de donation entre-vifs par laquelle le donataire charge le donataire de payer, à son décès, une certaine somme à ses héritiers naturels dans la proportion de leurs droits dans sa succession et d'après leurs qualités héréditaires à cette époque, constitue, en ce qui concerne lesdits héritiers, non une libéralité entre-vifs, mais une disposition subordonnée au décès du donateur, et donne, par suite, ouverture, lors du décès, à la perception d'un droit de mutation sur la somme dont il s'agit, indépendamment du droit perçu sur l'ensemble de la donation. — Cass., 21 mars 1860, Amory, [S. 60.1.472, P. 60.912, D. 60.1.141]

904. — La donation actuelle de divers biens consentie par une tante en faveur de ses neveux à la charge par ces derniers de servir à leur père une rente viagère, mais dans le cas seulement où il survivrait à la donatrice et à partir du décès de celle-ci, donne ouverture au droit de mutation lors seulement que l'événement prévu s'est réalisé. — Trib. Civray, 3 avr. 1879, [J. enreg., art. 21301]

905. — Il avait été jugé que la clause d'un contrat de mariage par laquelle le père et mère de l'un des futurs époux s'engagent à lui donner dans leurs successions une part égale à celle du plus prenant de leurs enfants, ne saurait être considérée comme une donation éventuelle donnant ouverture à un droit fixe particulier d'enregistrement. — Trib. Lons-le-Saunier, 2 févr. 1869, Janet, [S. 69.2.242, P. 69.1031, D. 69.3.48]

906. — Mais cette décision a été cassée, et la Cour suprême a décidé que la disposition d'un contrat de mariage par laquelle les père et mère de l'un des futurs s'engagent soit à assurer à celui-ci dans leurs successions une part égale à celle du plus prenant de leurs enfants, soit à l'avantager au moyen de leurs enfants au détriment du futur, constitue un avantage soumis à l'événement du décès, et que ces stipulations sont, dès lors, passibles, chacune, d'un droit fixe de 5 fr. (plus le double décime).

CONDITION. — TITRE VII.

L. 28 févr. 1872) à percevoir indépendamment du droit de contrat de mariage. — Cass., 3 août 1871, Janet, [S. 71.1.164, P. 71.454, D. 71.1.342]

907. — Si une donation de sommes, soumise à l'événement du décès, est néanmoins exécutée sans réserve ni éventualité avant ce décès, l'acte qui constate l'anticipation de paiement présente tous les caractères d'une libéralité actuelle, et est dès lors passible immédiatement du droit proportionnel établi sur les donations entre-vifs. — Cass., 21 déc. 1870, Noël, [S. 71.1.37, P. 71.59, D. 71.1.87]

908. — La régie décide que lorsqu'un legs a été fait sous condition suspensive et que l'héritier le délivre au légataire avant l'arrivée de la condition, l'acte a le caractère d'une donation passible du droit proportionnel sur le montant du legs. — Sol. 23 nov. 1874, Malinvaud, [S. 75.2.337, P. 75.1263] — Mais cette solution est critiquée. — V. S. et P. *loc. cit.*, à la note.

909. — L'administration a décidé aussi, dans le même sens, que si, malgré le non-accomplissement de la condition à laquelle un legs avait été subordonné, il a été fait délivrance de ce legs, il y a là une libéralité passible comme telle du droit proportionnel. — Sol. régie, 23 nov. 1874, [J. enreg., art. 19670] — Mais il a été jugé qu'en pareille circonstance, la régie ne pouvait percevoir qu'un droit de transaction. — Trib. Limoges, 23 juill. 1875, [J. enreg., art. 19860]

910. — Le caractère des actes étant bien constant, il ne s'enfuit pas, d'ailleurs, que ces actes doivent toujours, en matière d'enregistrement, produire les mêmes effets qu'en droit civil. Pour asseoir les bases du tarif de la perception de l'impôt, le législateur n'a pas pris en considération les théories et les définitions du droit civil et les caractères que ce droit imprimait aux divers actes. Par exemple, en matière de libéralité, il ne considère pas, pour l'exigibilité du droit proportionnel, si, d'après l'ordre civil, il y a droit acquis et irrévocable pour le donataire; il ne s'arrête qu'à ces deux grandes circonstances : la transmission actuelle et définitive des objets donnés, ou la transmission éventuelle subordonnée à l'événement du décès. Au premier cas, il a appliqué la perception immédiatement du droit proportionnel sur l'acte même de donation et d'après les règles qu'il a fixées à cet égard. Pour le deuxième cas, il a établi un droit de mutation qui ne doit être perçu qu'à l'époque du décès, à l'éventualité duquel la transmission définitive de propriété est subordonnée, et d'après les règles propres aux mutations par décès. — Cass., 23 mars 1840, Bellator de Beaumont, [S. 40.1.476, P. 40.1.520]

911. — Les mêmes difficultés se sont présentées en matière de bail et de vente. Il a été jugé, à cet égard, que l'acte par lequel une personne loue à une autre un objet déterminé, l'espèce une machine à vapeur, pour un certain temps et moyennant un loyer annuel, en conférant au preneur, sous la rubrique *promesse de vente*, le droit de faire l'acquisition de la machine, pendant le cours du bail, et pour un prix fixé d'avance, constitue un bail accompagné d'une vente conditionnelle subordonnée à une déclaration de la part du preneur, et ne doit pas, dès lors, être assujetti au droit de vente. — En pareil cas, pour décider que la convention renferme une vente, on ne saurait se fonder sur des inductions tirées, soit du taux du loyer, soit de stipulations relatives à l'assurance, soit enfin du rapprochement et de la combinaison des diverses clauses de l'acte. — Cass., 22 févr. 1887, Société française de matériel agricole, [S. 88.1.87, P. 88.1.177, D. 87.1.500]

912. — La clause d'un acte de bail, contenant l'autorisation pour les preneurs d'extraire des terrains affermés tous les moellons dont ils pourront avoir besoin, n'a pu être considérée comme constituant une vente ferme et parfaite, bien que, d'après les termes de l'acte, l'extraction dût avoir lieu « si les preneurs le jugeaient convenable ». De telles expressions, prises dans leur sens littéral, renferment sans doute en apparence une condition potestative de la part des preneurs. Mais comme, ainsi que le déclare la Cour suprême, dans les motifs de son arrêt, l'on doit plutôt rechercher la commune intention des parties que s'attacher au sens littéral des termes employés, les premiers juges ont décidé avec raison qu'il y avait lieu d'écarter le caractère conditionnel du contrat lorsque l'intention des parties contractantes de faire une vente ferme résulte, avec évidence, de toutes les autres clauses de l'acte, notamment de l'importance du prix, stipulé sans qu'aucune éventualité de diminution ait été prévue, et du fait que le bailleur s'est interdit, sous peine d'indemnité, toute ouverture de carrière sur les lieux loués, même pour ses besoins personnels. — Cass., 15 févr. 1893, Canale, [J. enreg., art. 24025]

913. — L'apport en société d'un local que l'associé promet d'approprier pour l'usage de l'industrie exploitée par la société produit un effet actuel qui n'est pas soumis à la condition suspensive de l'appropriation des lieux. — Cass., 18 janv. 1871, Duval, [S. 71.1.84, P. 71.217, D. 71.1.18]

914. — Mais la clause d'une adjudication portant qu'elle ne produira son effet et n'opérera transmission de la propriété qu'autant que l'adjudicataire aura consigné le droit d'enregistrement dans un délai déterminé, et qu'à défaut, l'adjudication sera considérée comme non avenue, constitue une condition suspensive dont le non-accomplissement empêche l'adjudication d'avoir jamais existé, et, par conséquent, d'avoir donné ouverture au droit de mutation. — Cass., 9 juill. 1855, Penot, [S. 56.1.73, P. 56.2.374, D. 55.1.308]

915. — Lorsque, dans un acte de vente, l'acquéreur s'oblige à payer une rente à des créanciers du vendeur désigné, et à la charge par eux de justifier de leurs titres, il y a là une condition suspensive, qui ne permet pas de percevoir le droit proportionnel de 1 p. 0/0, sous prétexte que les titres des créanciers ne seraient pas énoncés dans l'acte. — Sol. régie, 19 déc. 1832, [P. chr.]

916. — On doit considérer comme faite sous condition suspensive la promesse de vente subordonnée à la passation d'un acte notarié et au paiement préalable d'un à-compte sur le prix. Si donc celui qui a promis d'acheter se refuse et à la passation de l'acte et au paiement de l'à-compte convenu, il n'y a jamais eu vente, et aucun droit proportionnel n'est dû sur cette promesse. Peu importe même qu'il y ait eu prise de possession des biens. — Cass., 6 mai 1863, Gerry, [S. 63.1.396, P. 63.1120, D. 63.1.215]

917. — Mais l'acte sous seing privé contenant vente d'un immeuble et portant que cette vente sera constatée, à une époque déterminée, par acte notarié, et que l'acquéreur entrera en jouissance de suite, rend le droit de vente exigible à compter du jour de sa date, alors même que l'acquéreur aurait refusé de passer acte public de la vente et de se mettre en possession. — Trib. Brives, 15 juill. 1851, Valette, [P. Bull. enreg., art. 77]

918. — C'est une clause suspensive que celle qui est apposée à l'adjudication volontaire d'un fonds de commerce, que cette adjudication ne produira son effet et qu'il n'y aura transmission qu'autant que les frais auront été payés dans un délai déterminé et que l'adjudicataire aura fourni caution. — Cass., 8 janv. 1822, Chapuis, [S. et P. chr.]

919. — De même, doit être considérée comme contractée sous une condition suspensive, la vente d'immeuble par acte sous seing privé qui, tout en stipulant que l'acheteur deviendra propriétaire du jour de la date et par le seul effet de l'acte, ajoute que « dans le cas où cet acte ne serait pas converti en un acte authentique dans le délai d'un mois, le vendeur pourra, si bon lui semble, obliger l'acheteur à l'exécution de la convention, ou, si mieux il aime, lui demander une somme déterminée à titre de dommages-intérêts et considérer la convention comme nulle et de nul effet quant à la vente ». En conséquence, si le vendeur préfère s'en tenir aux dommages-intérêts, la vente doit être considérée comme n'ayant jamais existé et ne donne pas ouverture au droit de mutation (Sol. 26 févr. 1864). — V. Garnier, *Rép. de l'enreg.*, v° *Vente d'immeubles*, n. 14015 et 14160; Ed. Clerc, *Tr. de l'enreg.*, t. 1, n. 90 et 1568.

920. — Lorsqu'un jugement prononce la résolution d'une vente, mais sous la condition expresse que le vendeur remboursera à l'acquéreur son prix ainsi que les frais et loyaux coûts du contrat, faute de quoi il demeurera déchu du droit de reprendre les biens, il n'y a pas lieu de percevoir immédiatement le droit proportionnel de mutation; et ce n'est qu'au moment de l'accomplissement de la condition que la régie est recevable à l'exiger. — Cass., 27 nov. 1823, Vidal, [S. et P. chr.]

921. — Lorsque, dans un projet de vente d'immeubles sous seing privé, il est stipulé que la vente ne sera obligatoire pour l'acquéreur qu'à partir d'une époque déterminée, lors de laquelle il écrira au vendeur pour lui faire connaître son acceptation, s'il ne trouve point d'empêchement, et qu'ensuite, à l'époque déterminée, cet acquéreur écrit une lettre qu'il dit contenir son acceptation, mais sous la réserve expresse de modifications à faire à la forme du contrat, une pareille acceptation ne transforme pas le projet de vente en un contrat définitif, et ne donne pas ouverture, par conséquent, au droit proportionnel. — Cass., 4 févr. 1839, Thiébault, [S. 39.1.204, P. 39.1.245] — V. Championnière et Rigaud, t. 3, n. 1836 et s.

922. — Mais on ne peut pas considérer comme un simple projet un acte sous seing privé contenant toutes les choses nécessaires pour la perfection d'un contrat de vente, et avec cette clause que l'acquéreur deviendra propriétaire des objets vendus au jour où il aura payé son prix, et que, jusque-là, la vente n'est faite que sous la condition suspensive du paiement du prix, l'acte qui constate à la fois la réalisation de la vente et le paiement du prix, est passible du seul droit de vente, et non pas, en outre, du droit de quittance. — Trib. Saint-Omer, 7 août 1891, Avot, [S. et P. 93.2.199] — Mais cette solution a été critiquée. — V. S. et P. *loc. cit.*, note critiquant le jugement.

925. — Contrairement à cette décision, le tribunal de Tournai (Belgique) a jugé que, dans une semblable hypothèse, l'acte de quittance du prix de vente donne ouverture au droit de libération, indépendamment du droit de vente, devenu exigible par l'accomplissement de la condition. — Trib. Tournai (Belgique), 22 déc. 1874. [J. enreg., art. 20635]

926. — Au cas où une convention porte engagement par l'une des parties de se rendre adjudicataire d'un immeuble et de le revendre, soit à l'autre partie directement, soit à un tiers désigné par elle, l'option à faire par cette partie peut, par interprétation de la convention, être considérée comme une condition suspensive, en sorte qu'après revente faite au tiers désigné, la propriété de l'immeuble doit être réputée lui avoir été directement transmise, sans avoir jamais reposé sur la tête de celui qui a fait la désignation. Par suite, il n'y a lieu qu'à la perception d'un seul droit de mutation. — Cass., 4 mai 1863, Depierre-Peyrouilt, [S. 63.1.449, P. 63.566, D. 63.1.188] — Sic, Championnière et Rigaud, n. 694; Garnier, *Rép. gén.*, n. 3521 et s.; Ed. Clerc, t. 1, n. 84 et s.

927. — Lorsque, postérieurement à l'enregistrement d'un acte notarié contenant vente d'immeubles pour un prix déterminé, l'administration a découvert un acte sous seing privé d'une date antérieure, non enregistré et contenant, entre les mêmes parties, vente des mêmes immeubles pour un prix plus élevé, avec énonciation que l'acte sous seing privé serait converti plus tard en acte notarié, mais sans subordonner la validité de la vente à cette formalité, l'administration est fondée à réclamer sur la différence de prix non seulement le droit simple de mutation, mais encore le double droit, alors que l'acte sous seing privé se trouve avoir plus de trois mois de date. Peu importe, d'ailleurs, que l'acte notarié eût été enregistré dans les trois mois de la date de l'acte sous seing privé. En pareil cas, en effet, l'acte sous seing privé était parfait et complet par lui-même et il ne subordonnait pas la validité de la vente à sa réalisation ultérieure devant notaire. — Cass., 13 janv. 1852, Facon, [S. 52.1.429, P. 32.2.687, D. 52.1.305]

928. — Le jugement qui constate l'exercice d'une faculté d'achat précédemment stipulée dans une promesse de vente et ordonne qu'il en sera passé acte public, emporte transmission actuelle de propriété et ne subordonne pas cette transmission à la rédaction de l'acte; par suite, le droit proportionnel de mutation est immédiatement exigible lors de l'enregistrement du jugement, et cela encore bien que ce jugement ait été frappé d'appel par le vendeur. — Cass., 29 mars 1872, Cie immobilière, [S. 72.1.193, P. 72.436, D. 72.1.314]

929. — Lorsque dans un contrat de vente d'immeubles indivis, la vente n'est parfaite qu'à l'égard de l'un des copropriétaires vendeurs, et qu'à l'égard des autres elle n'a lieu que sous une condition suspensive, le droit de mutation ne doit être perçu que sur la portion de la vente qui est parfaite et définitive. — Cass., 13 juin 1827, Anthoine, [S. et P. chr.]

930. — La vente faite par un majeur d'un immeuble dont il n'est propriétaire que pour partie, et dont l'autre partie appartient à un mineur, avec condition que le vendeur fera remplir les formalités judiciaires prescrites pour l'aliénation des biens de mineurs, et que, quel que soit le montant des enchères, le prix sera irrévocablement fixé pour l'acquéreur désigné au contrat, à une somme déterminée, constitue une vente non point soumise à une condition suspensive, mais complète, et assujettie, dès lors, au droit proportionnel de l'enregistrement. L'exception tirée de la nullité de la vente de la chose d'autrui n'est pas opposable à l'administration de l'enregistrement, qui réclame le montant du droit proportionnel assis sur le contrat. — Cass., 20 nov. 1844, Gouverneur, [J. de l'enreg., art. 13616]

931. — Le procès-verbal d'offres par lequel un acheteur de marchandises déclare, après les avoir refusées, qu'il les prendra à la condition qu'elles lui soient livrées moyennant un prix qu'il indique, n'est point passible du droit de titre lorsque, ladite condition n'ayant pas été acceptée par le vendeur, le marché reste sans exécution, et que, par suite, les offres se trouvent sans cause et sans effet. — Trib. Seine, 22 juill. 1859, Dianard, [P. Bull. enreg., art. 579]

932. — Un tribunal qui estime, d'après les faits de la cause, qu'une vente n'a été que conditionnelle, et qu'elle est restée imparfaite parce que les conditions sous lesquelles elle avait été consentie n'auraient pas été exécutées, peut, sans violer la loi, en conclure qu'elle n'est assujettie à aucun droit proportionnel d'enregistrement. — Cass., 6 janv. 1813, Allaguies; — 24 juill. 1815, Salze, [S. et P. chr.]; — 13 nov. 1815, Caston, [S. et P. chr.]

933. — Le contrat d'ouverture de crédit a donné lieu à des décisions particulières d'interprétation.

934. — Il a été jugé que l'acte portant ouverture de crédit par une maison de banque, ne constitue, même avec les stipulations de garantie qu'il renferme, qu'une obligation conditionnelle, de sorte que le droit proportionnel doit être perçu sur cet acte, non à l'époque de son enregistrement, mais seulement à celle de la réalisation du crédit, c'est-à-dire de l'événement de la condition. — Cass., 9 mai 1832, Beulé, [S. 32.1.370, P. chr.]; — 29 avr. 1844, Beaudenom de Lamaze, [S. 44.1.545, P. 44.1.680] — Déc. min. fin., 16 janv. 1822 et 21 juill. 1824; Sol. 18 oct. 1832; Délib. 23 juill. 1835; Instr. 1410, § 10.

935. — Mais ce principe doit être combiné avec ce que nous avons dit, *suprà*, n. 850; cette convention donne lieu, en effet, à un droit proportionnel spécial indépendamment de toute réalisation; nous avons ajouté, toutefois, que cette perception ne remplace pas les droits dus d'après les principes généraux en matière fiscale. Il importe donc encore aujourd'hui de savoir quand la condition suspensive, c'est-à-dire le versement des deniers, a été réalisée.

936. — C'est un principe consacré par la jurisprudence que, pour établir l'accomplissement de la condition suspensive, c'est-à-dire le versement des deniers, la régie n'a pas besoin de produire un nouveau contrat intervenu entre les deux parties et servant de titre à l'obligation du crédité; cette justification peut exister dans tout acte opposable aux parties et suffisamment explicite pour éclairer la religion des juges. — V. *infrà*, n. 985 et s.

937. — Il a été jugé, à cet égard, que la convention d'ouverture de crédit par laquelle un banquier s'engage envers un tiers à lui fournir des fonds, soit sous forme de prêt, soit même sous forme d'escompte, jusqu'à concurrence d'une somme déterminée, constitue une obligation conditionnelle, donnant lieu à la perception du droit de 1 p. 0/0 (sur laquelle est imputé le droit de 50 cent. p. 0/0 déjà perçu au moment du contrat) quand le versement est légalement établi. Et ce droit est exigible sur la totalité des sommes avancées par le créditeur au crédité, et non pas seulement sur le solde du compte courant établi entre les deux parties. — Cass., 15 juill. 1868, Floquet, [S. 68.1.414, P. 68.1103, D. 68.1.450]

938. — La preuve de la réalisation du crédit résulte d'ailleurs suffisamment du rapport d'un arbitre judiciairement commis à l'effet de dresser le compte des sommes versées par le créancier au crédité en exécution du crédit. — Même arrêt.

939. — L'ouverture d'un crédit donne lieu à la perception du droit proportionnel, dès que la réalisation du crédit est prouvée par tout acte émané des parties. — Cass., 26 déc. 1866, Prungnat, [S. 67.1.134, P. 67.303, D. 67.1.165]

940. — Ainsi, en cas d'ouverture de crédit réalisable partie en espèces, et partie en fournitures de matériaux destinés exclusivement à la construction d'une maison sur un terrain désigné qui est hypothéqué à la garantie du remboursement du crédit, la preuve de la réalisation de ce crédit résulte du fait de la construction de la maison au lieu désigné et de l'ouverture d'un second crédit avec affectation hypothécaire sur cette maison et réserve d'antériorité en faveur de l'hypothèque consentie pour sûreté du premier crédit. — Cass., 16 août 1866, Lefaure et Michau, [S. 66.1.368, P. 66.1000, D. 66.1.400] — Trib. Seine, 10 févr. 1866, Gélis-Didot, [S. 66.2.290, P. 66.1039, D. 66.3.103]

941. — La preuve de la réalisation d'un crédit, qui donne lieu à la perception du droit proportionnel, résulte suffisamment du fait, de la part du créditeur, en vertu des délégations du créditié, opéré depuis l'ouverture du crédit des encaissements successifs dont le montant atteint ou dépasse le montant de ce crédit. — Cass., 16 janv. 1872, Caron, [S. 72.1.41, P. 72.63, D. 72.1.103]

942. — On a pu se demander aussi dans quels cas une cession de droits avait le caractère conditionnel. La cession d'une promesse unilatérale de vente n'opérant la transmission que d'un simple droit conditionnel subordonné à la réalisation ultérieure de cette promesse, ne peut, pas que la promesse elle-même, servir de base à la perception d'un droit proportionnel de mutation. — Cass., 13 janv. 1869, d'Armaillé, [S. 69.1.181, P. 69.429, D. 69.1.295]; — 19 avr. 1869, Ville de Paris, [S. 69.1.181, P. 69.798, D. 69.1.427]; — 5 févr. 1889, Société des terrains de Cannes et du Cannet, [S. 89.1 337, P. 89.1.802, D. 89.1.200] — Trib. Nice, 19 mai 1890, Même affaire, [S. 91.2.231, P. 91.1.1230]

943. — Cette solution, rendue conformément à l'opinion de Championnière et Rigaud (t. 1, n. 687, et t. 4, n. 3701), a été critiquée. On a dit : « La promesse du débiteur forme un lien de droit au profit du créancier et lui attribue dès à présent l'expectative plus ou moins fondée de recueillir le bénéfice de l'engagement. Cette expectative est bien un *alea*, auquel les circonstances peuvent donner une certaine valeur personnelle, semblable à celle d'un coup de filet à jeter à la mer. Il est assurément permis au propriétaire d'un tel droit de le céder à un tiers sous des conditions convenues, et, dans ce cas, la conditionnalité ou l'incertitude attachée à la réalisation du droit n'empêche pas la transmission d'être actuelle autant que définitive. Pour quelle raison n'appliquerait-on pas au contrat ainsi intervenu la règle générale d'après laquelle le droit proportionnel d'enregistrement est établi sur toutes les transmissions de propriété de biens meubles ou immeubles (L. 22 frim. an VII, art. 4 et 4)? Qu'on ne le soumette pas au droit de la convention non encore réalisée, rien de mieux. Mais puisque la cession de l'*alea* auquel cette réalisation future a donné naissance est actuelle et qu'elle opère une mutation définitive de valeurs, il parait juste de l'assujettir au droit proportionnel que comporte cette mutation spéciale ». — V. note sous Cass., 13 janv. 1869, précité. — V. aussi, en ce sens, Demante, *Principes de l'enreg.*, n. 417; Garnier, *Rép. gén. d'enreg.*, n. 2578. — V. aussi Demante, note sous Cass., 5 févr. 1889 précité.

944. — La cession de droits litigieux est soumise au droit proportionnel selon la nature des objets cédés : aucune disposition de loi ne l'assujettit seulement à un droit fixe; et cela ne saurait résulter de ce que le caractère de ces droits peut être suspendu à raison de l'absence ou de l'insuffisance des éléments d'évaluation. — Trib. Soissons, 4 mai 1859, Picque, [P. Bull. enreg., art. 625] — V. Garnier, *Rép. gén.*, n. 1476; Championnière et Rigaud, t. 5, n. 3723.

945. — La cession de la plus-value obtenue, en cas de transport d'un bail, sur les loyers à venir, est passible, lors de l'enregistrement, du droit proportionnel de cession de créance, sur le montant de toutes les années à courir de cette plus-value, l'éventualité de la résiliation du bail par suite de circonstances imprévues ne pouvant être considérée comme une condition suspensive de la convention. — Trib. Seine, 21 mars 1862, Hochmelle, [P. Bull. enreg., art. 792] — *Sic*, Garnier, *Rép. gén*, n. 2578-2°; *Dictionn. des dr. d'enreg.*, v° *Cession de créance*, n. 57. — *Contrà*, Championnière et Rigaud, t. 2. n. 1131 et s.

946. — Constitue une cession conditionnelle, dont la réalisation ouvre ouverture au droit de mutation, la disposition d'un acte de société (dans l'espèce, une société en nom collectif), passée entre trois personnes, portant que, à la dissolution de l'association, soit à l'expiration de sa durée, soit par suite de liquidation, l'un ou les deux associés restants auront le droit d'acquérir l'établissement et toutes ses dépendances, en payant à l'un ou aux deux associés sortants leurs parts et portions déterminées par une évaluation d'experts. Et le droit de mutation est dû sur l'apport fait par les deux associés restants à une nouvelle société de la part revenant à l'associé sortant dans la liquidation de la première. — Cass., 28 déc. 1886, Poupart, [S. 87.1.435, P. 87.1.1068, D. 87.1.502]; — 21 déc. 1887, Monnier et Bisman, [S. 89.1.129, P. 89.1.295, D. 88.1.389]

947. — Dans ce cas, l'apport fait à la société nouvelle par les deux associés restants de la part de l'associé sortant dans l'ancienne société dissoute et non liquidée a pour objet, à raison du défaut de liquidation, un droit mobilier soumis au tarif de 50 cent. p. 0/0 et non une part de copropriété de chacun des biens compris dans l'actif. Vainement on objecterait qu'il n'y avait pas lieu à liquidation, parce que les deux associés sortants auraient usé du droit qu'ils s'étaient réservé de continuer les opérations en prenant tout l'actif et en se chargeant de tout le passif de la société, si, d'après les statuts mêmes, une liquidation était nécessaire, et a effectivement eu lieu, pour l'évaluation de la part de l'associé sortant. — Cass., 21 déc., précité.

§ 2. *Conditions potestatives.*

948. — L'affirmation du caractère potestatif des conditions a fait l'objet de nombreuses décisions de jurisprudence. Il a été jugé, notamment, que lorsqu'un acte de prêt porte que le prêteur pourra exiger son remboursement en grains, la régie n'est pas pour cela autorisée à percevoir le droit de vente. Car la vente se trouve soumise à une condition purement potestative dépendant de la volonté du créancier. Le droit de vente, s'il a été perçu, doit donc être restitué (Sol. 24 mai 1832). Cette décision se justifie par la raison que, dans une hypothèse semblable, la vente se trouve subordonnée à la pure volonté du prêteur et qu'ainsi la condition est suspensive.

949. — Lorsque, dans un contrat de mariage contenant stipulation de vie commune entre les futurs époux et les père et mère du futur, le père de ce dernier s'oblige à abandonner aux époux la jouissance de certains immeubles au cas où la cohabitation commune cesserait par suite d'incompatibilité d'humeur, une telle obligation, en supposant même faite sous une condition potestative, n'en est pas moins subordonnée à une condition suspensive, et dès lors ne donne ouverture au droit proportionnel de donation de jouissance faite au cas d'incompatibilité qu'à l'événement de la condition, mais non dès le jour du contrat. — Trib. Tarbes, 16 avr. 1862, Junca, [P. Bull. enreg., art. 826]

950. — La contre-lettre par laquelle l'acquéreur d'un immeuble en vertu d'un acte authentique s'oblige à céder ce même immeuble à locataire perpétuelle au vendeur, à une époque fixée, et si celui-ci y consent, ne donne point lieu au droit proportionnel d'enregistrement lorsque le vendeur refuse de s'en prévaloir. — Cass., 1er juill. 1807, Faissal, [S. et P. chr.]

951. — Le traité par lequel une ville, en concédant à un particulier le privilège de l'éclairage au gaz pendant une certaine période, se réserve d'user de ce mode d'éclairage quand elle le jugera convenable, constitue, non un marché sous condition potestative en ce sens que la ville puisse, après avoir exercé le droit qu'elle s'était réservé, y renoncer et cesser d'employer le gaz du concessionnaire, mais une condition suspensive en ce sens que l'obligation du concessionnaire de fournir le gaz est subordonnée à l'exercice du droit qu'a la ville d'exiger cette fourniture, mais à laquelle elle ne peut plus renoncer après l'avoir exigée. Par suite, l'exercice du droit de la ville, donnant au contrat sa perfection, rend ce contrat passible du droit proportionnel de 1 p/0/0 établi par les art. 51, L. 28 avr. 1816 et 78, L. 15 mai 1818, calculé sur la somme à payer par la ville pendant toute la durée de la concession pour le prix du gaz qui doit lui être fourni. — Cass., 20 mai 1863, Lebon, [S. 63.1.316, P. 63.919, D. 63.1.245] — Inst. régia, 31 déc. 1863, n. 2274, [D., *ibid.*]

952. — La vente faite sous une condition suspensive potestative, spécialement avec clause que l'acheteur aura la faculté d'y renoncer ou de l'accepter pendant un délai déterminé, reste sans effet durant tout le temps fixé pour l'événement de la condition, encore bien qu'il soit dit dans l'acte que l'acquéreur sera propriétaire de l'immeuble vendu à partir du jour de la vente, les autres clauses du contrat étant subordonnées à la condition qui en détermine le caractère. Par suite, aucun droit de mutation n'est exigible jusqu'à l'acceptation de l'acheteur. — Cass., 4 janv. 1838, Roy de l'Ecluse, [S. 68.1.222, P. 58.432, D. 58.1.37]

953. — La stipulation, dans un acte de société contenant convention d'égalité dans le partage entre les associés, que l'un d'eux aura le droit de retirer de la société, quand il le jugera convenable, une somme déterminée dont il ne sera pas obligé de rendre compte à la société, constitue, jusqu'à due concurrence, une aliénation de l'apport de cet associé au profit de la société, et, par suite, donne ouverture au droit de vente. — Trib. Avesnes, 1er juin 1859, Brillot, [P. Bull. enreg., art. 642] — Trib. Seine, 27 août 1859, Marsais, [P. Bull. enreg., art. 583]

954. — La convention intervenue entre une ville et une société créée pour l'achat de terrains et la construction d'écoles sur ces terrains, convention par laquelle la ville, en prenant à bail de la société des écoles que celle-ci s'engageait à construire, s'est réservé la faculté de se rendre propriétaire des écoles avec les terrains, dans un certain délai, moyennant un prix déterminé, constitue un marché soumis à la condition suspensive de la manifestation par la ville de son intention de se rendre propriétaire des terrains et des écoles; de telle sorte que l'acte par lequel la ville notifie son intention de réaliser l'acquisition rend exigible le droit de marché non perçu à l'origine. Si le droit n'est pas perçu sur cet acte, il peut l'être, avant l'expiration des délais de la prescription, à l'occasion d'un acte ultérieur constatant le paiement par la ville du prix stipulé. — Cass., 26 janv. 1885, Ville de Roubaix, [S. 86.4.81, P. 86.1.168, D. 85.1.323]

955. — Le droit de marché est exigible sur la totalité du prix à payer par la ville, sans déduction de la valeur des terrains, encore bien qu'en vertu de l'une des clauses du traité, les terrains aient été achetés par la société au nom de la ville conditionnellement, pour le cas où la ville userait de la faculté de s'en rendre propriétaire, et que, par suite de l'exercice de cette faculté, la ville soit censée avoir été propriétaire des terrains dès l'origine; le traité constitue un contrat unique, dont les dispositions sont dépendantes et en corrélation nécessaire.— Même arrêt.

956. — Lorsqu'il a été stipulé dans un acte de société qu'en cas de décès de l'un des associés, l'autre aurait la faculté de conserver l'établissement commercial, à la charge de désintéresser les héritiers du prédécédé, c'est à l'administration de l'enregistrement, qui invoque le prédécès de l'un des associés, à établir que le survivant a rempli les conditions de l'acte social. Vainement allèguerait-elle qu'il est resté à la tête de l'établissement dont il s'agit et locataire des lieux où il s'exploite, s'il soutient que ce n'est point en exécution de l'acte de société, mais à un autre titre qu'il ne fait point connaître, et que l'administration n'a pas le droit de rechercher du moment qu'aucun acte n'est présenté volontairement à la formalité de l'enregistrement. — Trib. Seine, 1er févr. 1862, Jeanselme, [P. Bull. enreg., art. 770]

957. — Pour établir la perception du droit proportionnel ou du droit fixe gradué sur les marchés de travaux ou de fournitures contenant l'expression d'un minimum et d'un maximum, il y a lieu d'examiner le caractère de la condition qui permet au créancier d'exiger ce maximum. — Si ce créancier n'est pas actuellement engagé à accepter la totalité des travaux ou des fournitures, la condition est potestative suspensive, et le droit proportionnel ou gradué ne devient exigible qu'au delà du minimum que quand l'acceptation du créancier est établie. — Instr. de la Régie, 23 mai 1877, [P. 78.4116]

958. — L'acte qui, par l'effet de la clause suspensive qui s'y trouve renfermée, n'est pas passible, au moment de l'enregistrement, que du droit fixe de 1 fr. donne ouverture au droit proportionnel de 1 p. 0/0, réglé par l'art. 69, § 3, n. 3, L. 22 frim. an VII, aussitôt l'événement de la condition, et la régie, pour établir sa réclamation, peut se fonder sur des actes qui sont affranchis de la formalité de l'enregistrement, si, étant soumis au timbre, il y avait nécessité de les lui représenter. Spécialement, l'emprunt fait par une commune, mais qui n'a d'abord pu autoriser que la perception appliquée à l'acte simple, parce que le débiteur s'était réservé la faculté de n'en pas user et de faire connaître sa volonté à cet égard durant une certaine époque, est néanmoins soumis au droit proportionnel lorsque, par la vérification des registres du receveur municipal, par l'inspection de ses comptes et des quittances à l'appui, la régie a acquis la preuve que la somme empruntée doit être réalisée. — Cass., 5 août 1840, Ville de Tours, [S. 40.1.766, M. 40.2.295]

§ 3. *Distinction entre la condition suspensive et la condition résolutoire.*

959. — On conçoit que c'est surtout dans la distinction de la condition suspensive et de la condition résolutoire que la tâche de la jurisprudence est délicate, puisque du caractère attribué à la condition dépend le point de savoir si le droit proportionnel est immédiatement exigible ou s'il reste en suspens comme le contrat lui-même. On trouvera des règles d'interprétation dans les décisions qui suivent et que nous donnons à titre d'exemple.

960. — La vente à faculté de rachat étant translative de propriété est parfaite, quoique résoluble sous condition; en conséquence, les principes de perception qui régissent les ventes pures et simples doivent lui être appliqués. — V. Instr. de la Régie, 386, n. 40.

961. — La vente d'un immeuble, avec clause qu'à défaut de paiement du prix dans un délai fixé, elle sera considérée comme non avenue, est faite, non sous une condition suspensive, mais sous une condition résolutoire. — En conséquence, il est dû un droit de mutation par l'acquéreur quand, d'ailleurs, celui-ci est entré en jouissance de l'immeuble, qu'il a fait inscrire son nom sur le rôle foncier et qu'il a payé les contributions. — Cass., 14 nov. 1809, Montant, [S. et P. chr.] — V. Instr. de la Régie, 30 déc. 1833, art. 1446, § 11; Championnière et Rigaud, t. 3, n. 2063.

962. — Dans un contrat de vente ayant pour objet des biens qui appartenaient à des mineurs, il avait été stipulé que la convention serait nulle si les mineurs ne ratifiaient pas à leur majorité, et que « la vente serait suspendue pour sa validité » jusqu'à cette époque. Les juges saisis de l'affaire ont décidé, malgré cette clause en apparence suspensive, et par interprétation de la volonté des parties, que le contrat avait été passé sous une condition résolutoire, parce que de l'ensemble de l'acte il résultait que l'on avait voulu, dès le jour de la convention, transmettre à l'acquéreur la pleine et entière propriété des biens. — Trib. Le Mans, 3 avr. 1842, [J. enreg., art. 12997-10]

963. — L'acte de prêt par lequel l'emprunteur s'est engagé à faire assurer les propriétés hypothéquées au prêteur, et à justifier de l'extinction des hypothèques préexistantes, renferme une condition résolutoire, et non une condition suspensive. En conséquence, il est actuellement passible du droit proportionnel d'enregistrement. — Cass., 2 avr. 1845, Ribeyrol, [S. 45.1.244, P. 45.1.712, D. 45.1.200]

964. — Lorsqu'il résulte des stipulations d'un traité ayant pour objet la cession d'un remède secret que les parties n'ont pas fait dépendre leur engagement d'événements futurs et incertains, mais qu'elles se sont réservé, l'une et l'autre, la faculté de rompre suivant telles ou telles éventualités prévues, la condition a un caractère résolutoire et ne s'oppose pas à la perception immédiate du droit proportionnel. — Cass., 26 mars 1873, Simon, [S. 73.1.225, P. 73.534, D. 74.1.139]

965. — Le marché par lequel un entrepreneur s'est chargé de la construction d'un chemin de fer pour le compte d'un département, avec stipulation que le contrat serait non avenu si les expropriations n'avaient pas eu lieu dans un délai déterminé, doit être considéré comme fait sous condition résolutoire. Par suite, un traité semblable, dès qu'il a reçu l'approbation administrative, est sujet à la perception des droits dus. — Trib. Grenoble, 16 juill. 1880, [J. enreg., art. 21958]

966. — Lorsqu'une chose désignée a été vendue moyennant un prix déterminé, mais avec réserve facultative pour l'acquéreur de résilier, si la chose n'existe pas telle qu'elle a été garantie, et dans ce cas à la charge par le vendeur de lui rembourser tout ce qu'il aura reçu et tous les frais, et de laisser à ce dernier tous les produits qu'il en a recueillis, on ne saurait dire qu'une pareille vente est faite avec condition suspensive, et par suite condamner la régie à restituer les droits de mutation. — Cass., 23 juill. 1833, Chave, [S. 33.1.593, P. chr., D. 33.1.268] — Instr. de la Régie, 1446, § 11; Rigaud et Championnière, t. 3, n. 2039.

967. — Le legs d'une nue-propriété fait à la condition que le légataire survivra à un tiers, qui deviendra, dans le cas contraire, propriétaire des biens, doit être réputé fait sous une condition résolutoire au profit du légataire et sous une condition suspensive au profit du tiers. Ce légataire est donc tenu de souscrire, dans les six mois du décès du testateur, la déclaration des biens qui lui sont attribués. — Cass., 9 août 1871, Delabrosse, [S. 71.1.83, P. 74.216, D. 71.4.314]

968. — Le testament par lequel le testateur lègue l'usufruit de ses biens à une femme mariée, et la nue-propriété aux enfants de cette femme, en stipulant que cette double libéralité ne produira d'effet que si la légataire de l'usufruit décède avant son mari, et par lequel il institue, en outre, la bénéficiaire du legs d'usufruit légataire universelle de ces biens, pour le cas où elle survivrait à son mari, renferme deux dispositions actuelles, passibles du droit de mutation au décès du testateur, savoir : un legs pur et simple d'usufruit, et un legs de nue-propriété résoluble en cas de prédécès de l'époux de la légataire de l'usufruit. — Cass., 26 nov. 1883, Susini, [S. 85.1.35, P. 85.1.56, D. 84.1.178, J. enreg., art. 22214]

969. — Il a été jugé, dans le même sens, que le legs de la nue-propriété d'un immeuble, avec clause que si le légataire de l'usufruit de cet immeuble parvient à un certain âge, la nue-propriété se réunira de plein droit à l'usufruit, est fait sous condition résolutoire et non suspensive, et que, par suite, les droits de mutation sont exigibles du légataire de la nue-propriété. — Trib. Hâvre, Rouen et Neufchâtel, 8 févr. et 14 mai 1849, [cités par Garnier, *Rép. gén. de l'enreg.*, n. 13045 bis-1°]

970. — La disposition d'un testament qui contient un legs particulier de somme d'argent payable au légataire dès qu'il aura atteint sa vingt-cinquième année, et devant être caduc si ce légataire décède avant cette époque, est faite sous condition suspensive vis-à-vis de ce dernier, et résolutoire à l'égard de l'héritier général et universel. C'est donc l'héritier général seul qui est tenu de payer les droits d'enregistrement afférents au montant du legs particulier. — Trib. Pont-l'Évêque, 11 mars 1890, [J. enreg., art. 23389]

971. — Jugé, dans le même sens, que lorsque la clause d'un testament, contenant legs à un mineur de l'usufruit de certains immeubles, porte que la pleine propriété appartiendra au légataire s'il atteint sa majorité, et que, s'il ne l'atteint pas, cette pleine propriété appartiendra aux héritiers légitimes du testateur, ces héritiers se trouvent investis, sous une condition résolutoire, de la nue-propriété desdits immeubles à partir du décès de leur auteur, et sont tenus, par conséquent, de comprendre cette nue-propriété dans la déclaration de sa succession. — Trib. Rennes, 13 juin 1860, Loret, [P. Bull. enreg., art. 643]

972. — Quand un marché de fournitures est fait pour trois, six ou neuf ans, avec la clause que chaque partie aura le droit de résilier le contrat à l'expiration de chaque période, le marché est fait pour neuf ans, sauf condition résolutoire, et le droit d'enregistrement est exigible sur l'ensemble des périodes. — Trib. Seine, 5 mai 1882, Degroiseilliez, [S. 83.2.72, P. 83.1.351, D. 83.5.245, J. enreg., art. 22108]

973. — Il en serait de même, *à fortiori*, si la faculté de résilier le bail n'était stipulée qu'en faveur d'un seul des contractants, l'autre demeurant engagé pour toute la durée du traité.

974. — Mais s'il avait été convenu que le marché conclu pour une première période, pourrait être continué une seconde ou une troisième, si les parties y consentaient, la situation serait différente. La faculté de prorogation aurait le caractère d'une condition suspensive, et le droit d'enregistrement ne serait actuellement exigible que sur le premier point. Il appartient aux parties et aux administrations publiques d'adapter à leurs conventions celle des formules qui répond le mieux à leurs convenances et à leurs intérêts. — V. Garnier, *Rép. gén.*, n. 1189; *Dict. enreg.*, v° *Marché*, n. 130.

975. — Ainsi, lorsqu'un bail consenti pour un nombre déterminé d'années contient, sous le titre *Promesse unilatérale de bail*, une clause donnant au preneur la faculté d'exiger, avant l'expiration du bail, qu'il lui soit fait, par acte authentique, un nouveau bail pour neuf ans, et, pendant les huit premières années de ce nouveau bail, un autre bail, toujours par acte authentique, encore pour neuf années, avec stipulation que, pour chacune de ces périodes, les charges et conditions seront les mêmes que celles du premier bail, et que, pour le loyer, il sera déterminé à dire d'experts, sans pouvoir être inférieur à un maximum fixé, une pareille promesse ne tenant pas le preneur et ne constituant pas, par conséquent, un contrat synallagmatique en ce qui concerne les deuxième et troisième périodes, il n'y a pas lieu de percevoir à cet égard le droit de bail. — Trib. Seine, 23 avr. 1858, C° du Nord pour le gaz, [P. Bull. enreg., art. 526] — Rolland de Villargues, *Rép. du notariat*, v° *Bail*, n. 539, qui cite, dans le même sens, Dijon, 10 juill. 1834; Demante, *Princip. enreg.*, n. 352. — V., en outre, *suprà*, v° *Bail* (en général), n. 2505 et s.

976. — On ne peut, dans une vente d'immeubles, considérer comme une condition suspensive l'obligation pour l'acquéreur de payer les créances inscrites, de sorte que, si les créances ne sont pas acquittées, la vente doive rester sans effet et les droits de mutation restitués. Une pareille vente est pure et simple, et renferme seulement la condition résolutoire dans la supposition que l'acquéreur ne remplisse pas ses engagements. — Cass., 28 août 1815, Fournier, [S. et P. chr.]

977. — Lorsqu'une cession de droits successifs immobiliers est faite moyennant une somme payée comptant, et, en outre, moyennant une somme qui ne deviendra exigible que si le vendeur survit à l'acquéreur et à ses descendants, sauf à l'acquéreur à payer les intérêts de cette somme, la cession, en ce qui concerne cette seconde partie du prix, doit être réputée faite sous une condition résolutoire et non sous une condition suspensive, et par conséquent, le droit de vente est dû sur la totalité des deux sommes, et non d'après une évaluation à faire par les parties. — Trib. Seine, 8 juin 1872, de Puységur, [S. 73.2.23, P. 73.111, D. 73.5.231]

978. — On doit considérer comme consentie sous condition résolutoire et non suspensive la vente d'une boulangerie qui a lieu avec garantie par le vendeur que, dans les quinze jours de l'entrée en jouissance de l'acquéreur, celui-ci aura un emploi journalier, en cuisson et vente de pain, d'un nombre déterminé de sacs de farine. En conséquence, une telle vente est immédiatement passible du droit proportionnel. — Trib. Seine, 21 juill. 1882, [J. enreg., art. 22073]

979. — L'immeuble acquis indivisément par plusieurs devient à l'instant même la propriété de tous les acquéreurs et ne peut cesser d'être la propriété de l'un d'eux, par l'événement d'une condition prévue dans le contrat, sans qu'il s'opère, au profit des autres, une mutation donnant ouverture au droit proportionnel. Il n'importe que l'acte d'acquisition porte que le coacquéreur exclu par l'événement de la condition sera réputé n'avoir jamais été copropriétaire; la propriété ne pouvant rester incertaine, une pareille condition est résolutoire et non suspensive du droit de coacquéreur. — Cass., 19 mars 1855, Bureau et Morel, [S. 55.1.837, P. 56.2.374, D. 55.1.289]

980. — Décidé, dans un sens analogue, que les acquisitions faites par les membres d'une société civile, sous la condition que les droits des prédécédés seront réversibles sur la tête des survivants, constitue chaque membre copropriétaire de l'objet acquis, de telle sorte qu'au décès de chacun d'eux il s'opère une mutation au profit des survivants. — Cass., 13 déc. 1852, Religieuses du Bon-Sauveur, [P. 53.1.545, D. 52.1.336] — V. L. 28 déc. 1880 et 29 déc. 1884, et *suprà*, v° *Communauté religieuse*, n. 970 et s.

981. — Dans un acte de donation portant la clause « sera consacrée par le fait suspensif de la non-existence d'enfants au décès du donateur », on a pu juger qu'une clause semblable a les caractères, non d'une condition suspensive, mais de la condition résolutoire attachée par la loi au cas de survenance d'enfants; que, par suite, la donation faite dans ces termes est soumise au droit proportionnel, sans qu'il y ait à attendre l'événement de la condition. — Trib. Hazebrouck, 15 avr. 1848, Flahaut, [D. 49.3.80]

982. — Doit être considérée comme faite sous une condition résolutoire et constituant un véritable réméré, bien que stipulée sous une condition suspensive, la vente d'un immeuble moyennant un prix dont partie s'est trouvée compensée avec une somme due par le vendeur à l'acquéreur, alors que le surplus a été déclaré payable à des créanciers désignés, avec condition : 1° que l'acquéreur ne serait propriétaire incommutable que faute par le vendeur d'avoir acquitté ses dettes dans un délai déterminé; 2° que le vendeur ne pourrait disposer de l'immeuble qu'en indemnisant l'acquéreur de tous frais par lui faits et en lui remboursant la créance déclarée compensable avec partie du prix. Peu importe, d'ailleurs, qu'il ait dit que l'acquéreur n'aurait la jouissance de l'immeuble et n'en paierait les impôts qu'à compter du jour où il en serait devenu propriétaire incommutable. — Trib. Blois, 22 janv. 1851, Pentecôte, [P. Bull. enreg., art. 58]

983. — De même, on doit considérer comme une véritable vente sous condition résolutoire, et non comme une vente sous promesse de vente sous une condition suspensive, l'acte par lequel le propriétaire d'une maison la donne à loyer, à la charge par le locataire d'acquitter les contributions de toute nature et autres charges imposées à la propriété, de faire assurer, de faire les grosses réparations, de payer un loyer annuel représentant exactement l'intérêt du prix moyennant lequel le bailleur s'engage à ne garantir, jusqu'à la fin du bail, vendre la maison à d'autres qu'au locataire, et enfin sous la condition que, faute par le locataire d'avoir payé à la même époque une somme déterminée, le bailleur aura la faculté de vendre la maison à qui bon lui semblera. En conséquence, le droit proportionnel de vente est exigible du jour même de l'acte. — Trib. Meaux, 29 janv. 1851, Miral, [P. Bull. enreg., art. 59]

984. — Si les parties, tout en avouant une vente qui n'est pas constatée par un acte, déclarent qu'elle avait eu lieu sous une condition suspensive, la régie ne prouve pas suffisamment qu'elle a été faite, au contraire, sous une condition résolutoire, en alléguant un à-compte donné sur le prix de l'acquisition, une résiliation de bail obtenue par l'acquéreur, et enfin un inventaire dressé par les syndics de la faillite de cet acquéreur portant l'immeuble dans son actif. — Cass., 15 déc. 1832, Bella, [S. 33. 1.472, P. chr.] — V. Championnière et Rigaud, t. 2, n. 1697; Instr. de la régie, 1422, § 9.

Section III.
Preuve de l'accomplissement des conditions.

985. — En l'absence de toutes dispositions spéciales, la preuve de l'accomplissement des conditions est établie selon les règles de droit commun qui ne sont pas incompatibles avec la loi de frimaire an VII. Pour établir la preuve de la réalisation d'une condition suspensive, la régie peut se fonder sur tous faits et actes parvenus à sa connaissance, tels que partages, inventaires, transactions, liquidations, répertoires de notaire et autres actes soumis à la formalité. Elle est autorisée à invoquer les registres, pièces de comptabilité et autres documents publics, s'appuyer même sur les simples présomptions résultant des actes de l'une des parties. — Dict. des dr. enreg., n. 135. — V., en matière d'ouverture de crédit, *supra*, n. 936 et s.

986. — La déclaration, faite dans une instance, par un vendeur sous condition suspensive, qu'il est tout disposé à opérer la livraison de la chose vendue, démontre que la condition s'est réalisée. — Trib. Bordeaux, 4 avr. 1855, [J. enreg., art. 16046]

987. — De même, quand un entrepreneur de fournitures, qui s'était réservé un délai pour accepter le contrat, fait mentionner dans un acte qu'il consent à ce qu'une inscription hypothécaire prime celle qu'il a prise lui-même sur les biens de celui avec qui il a traité, cette mention de l'acte prouve suffisamment l'acceptation du marché. — Trib. Seine, 2 mai 1851, [J. enreg., art. 15205-2]

988. — On doit considérer comme accomplie la condition suspensive à laquelle un marché avait été soumis qu'une société serait constituée dans un délai déterminé, s'il est constant, en fait, que le marché a reçu son exécution, alors même que le délai imparti pour la constitution de la société aurait été dépassé. — Trib. Vannes, 13 déc. 1876, [J. enreg., art. 20271]

Section IV.
Restitution des droits d'enregistrement.

989. — Le droit proportionnel perçu sur une disposition soumise à une condition suspensive, étant illégalement exigé, et par conséquent, irrégulièrement perçu, doit être restitué. — Championnière et Rigaud, t. 4, n. 3969.

990. — Ainsi le droit proportionnel perçu sur l'acquisition faite par un individu tant pour lui que pour deux personnes absentes, sous la condition qu'à défaut de ratification par ces dernières dans un délai fixé, la vente sera nulle et non avenue, doit être restitué, lorsqu'il est constant que la vente a été annulée pour défaut de ratification dans le délai indiqué (Délib. 12 juill. 1836).

991. — Plus spécialement, il a été jugé que les notaires, étant obligés d'acquitter les droits exigibles lors seulement de l'accomplissement de la condition, si ces droits ont été néanmoins perçus, le notaire est fondé à en demander la restitution. — V. Trib. Seine, 15 févr. 1843, Ligier, [D. *Rép.*, v° *Enreg.*, n. 2552] — Trib. Rennes, 22 janv. 1834, Laumaillier; — Délib. 28 févr. 1834, [P. chr., D. *Rép.*, v° *Enreg.*, n. 5105] — *Sic*, Dict. des dr. d'enreg., v° *Condition*, n. 80. — *Contrà*, Trib. Soissons, 17 janv. 1841, Brocheton, [J. enreg., art. 13436]

992. — Mais la convention qui, soumise à une condition suspensive, est devenue parfaite par l'accomplissement de cette condition et a produit ainsi entre les parties tous les effets dont elle était légalement susceptible, donne ouverture au droit proportionnel d'enregistrement que comporte la nature de son objet; et ce droit est définitivement acquis au Trésor public, encore bien qu'un événement ultérieur, non prévu par les parties contractantes, ait empêché l'exécution de la convention (L. 22 frim. an VII, art. 3 et 4). — Cass., 19 janv. 1885, Lion et Radenac, [S. 85.1.505, P. 85.1.1190, D. 85.1.321, J. enreg., art. 22419] — Ce sont là des principes sur lesquels nous aurons spécialement à revenir lorsque nous aurons à étudier la portée de l'art. 60, L. 22 frim. an VII. — V. *infrà*, v° *Enregistrement*.

993. — Quant au droit fixe perçu au moment où l'acte conditionnel a été présenté à l'enregistrement, il ne peut, en aucun cas, être soumis à restitution. En vain invoquerait-on le principe général de la rétroactivité de la condition accomplie, pour soutenir que l'acte, devant être considéré comme pur et simple dès son origine, n'est passible que du droit proportionnel. La règle spéciale à la matière, édictée par l'art. 60 de la loi de frimaire, s'oppose à cette restitution. Le droit a été « régulièrement perçu ». Cela suffit pour qu'il soit définitivement acquis au Trésor. — Inst. régie, 1968.

994. — L'accomplissement des conditions résolutoires apposées au contrat ne rend donc pas restituable non plus le droit perçu antérieurement, car, quoique l'effet en remonte au jour du contrat résolu, elles n'empêchent pas le contrat d'avoir existé, et, par conséquent, d'avoir donné naissance au droit qui se trouve avoir été régulièrement perçu. — Championnière et Rigaud, t. 4, n. 3962.

995. — C'est encore une nouvelle différence avec la nullité originaire. La nullité radicale qui donne lieu à l'application du droit fixe sur les jugements de résolution de contrats, est celle qui fait supposer qu'il n'y a pas eu de contrat, qui affecte la convention dans son essence même et dans son caractère obligatoire entre les parties. — Cass., 24 déc. 1877, Lagorie, [S. 78.1.82, P. 78.168, D. 78.1.353]

996. — Par suite, les actes frappés dès l'origine d'une nullité radicale, ne peuvent pas donner lieu à la perception d'un droit d'enregistrement. Les droits perçus malgré cette nullité sont sujets à restitution. Dans ce cas, la restitution s'impose, parce que les actes ou les conventions qui sont ainsi entachés de nullité doivent être considérés comme n'ayant jamais eu d'existence. Au contraire, dans les actes qui ne peuvent être anéantis que par une action en nullité, c'est cette action qui cause l'anéantissement, car, sans elle, l'acte eût continué d'être valable; c'est donc un événement ultérieur sans influence sur la perception du droit, qui ne peut être restitué. — Championnière et Rigaud, n. 3953 et s.; Inst., 30 déc. 1825, 1180, § 4.

997. — Ainsi jugé que l'annulation d'un acte ne donne pas lieu au remboursement du droit d'enregistrement qui a été régulièrement perçu à son occasion. — Cass., 2 févr. 1809, Mascrany, [S. et P. chr.]

998. — Jugé encore que lorsqu'il est dit dans un acte de vente qu'à défaut de paiement de tout ou partie du prix, le contrat sera résolu de plein droit, et sans qu'il soit besoin d'en faire prononcer la nullité en justice, il n'y a pas moins lieu de percevoir un second droit proportionnel, si, par suite, la vente est résiliée en vertu de cette clause, et non pour nullité radicale, et avant que l'acquéreur soit entré en jouissance. — Cass., 15 avr. 1823, Hérisson, [S. et P. chr.]

999. — Nous n'envisageons ici que le cas de condition résolutoire proprement dite. — Sur les effets du jugement prononçant la résolution d'une obligation en cas d'inexécution du contrat, V. encore *infrà*, v° *Enregistrement*.

Section V.
Prescription des droits d'enregistrement.

1000. — La règle de l'art. 2257, C. civ., selon laquelle la prescription ne court pas à l'égard d'une créance soumise à une condition, est applicable sans contredit en matière d'enregistrement. Les délais de la prescription ne partent, à l'encontre des droits de la régie, que du jour de l'accomplissement de la condition. Pour que la prescription puisse courir, il faut que l'administration soit mise en mesure d'agir.

1001. — Ainsi, il a été jugé que la prescription des droits d'enregistrement dont l'exigibilité est soumise à une condition suspensive, court seulement du jour où cette condition s'est accomplie. Trib. Béziers, 12 juin 1884, C¹ᵉ régionale des tram-

ways du Midi, [S. 85.2.222, P. 85.1.1265, J. enreg., art. 22508].
1002. — ... Spécialement, que, au cas où la résolution d'une vente a été prononcée conditionnellement par un jugement qui a été enregistré au droit fixe, l'action de la régie en paiement du droit proportionnel de rétrocession, lorsque la résolution est venue à se réaliser, ne se prescrit que par trente ans; que cette action n'est pas soumise à la prescription de deux ans, établie contre les demandes en supplément de droits pour omission ou insuffisance de perception. — Cass., 15 mai 1866, Roubo, [S. 66.1.399, P. 66.908, D. 66.1.216] — *Sic*, Inst. Rég., 20 sept. 1866, n. 2349.
1003. — ... Que le jugement portant qu'un copropriétaire d'immeubles devra renoncer à son droit de propriété, après avoir reçu de ses copropriétaires le prix de sa part dans les biens communs, ne donne pas ouverture au droit de mutation; que ce droit n'est exigible, et que, par suite, la prescription pour le réclamer ne court que du jour où la mutation s'est ultérieurement réalisée par l'événement de la condition. — Cass., 6 mars 1872, Coudrin, [S. 72.1.246, P. 72.573, D. 72.1.201]
1004. — ... Qu'au cas d'un legs fait avec clause de réversibilité au profit d'un tiers pour tout ce qui restera, lors du décès du premier légataire, des biens recueillis par lui, la libéralité que ce legs renferme à l'égard du second légataire, ne devant se réaliser qu'au décès du premier, est réputée faite sous une condition suspensive qui ne permet pas à la régie d'exiger, avant ce décès, le paiement du droit proportionnel de mutation à pour cette libéralité; que, par suite, aucune prescription n'est opposable à l'action de la régie, lorsque le droit est réclamé dans les deux ans du décès du premier légataire. — Cass., 1er juill. 1868, Fouquernie, [S. 69.1.230, P. 69.543]

TITRE VIII.

DROIT COMPARÉ.

§ 1. ALLEMAGNE.

1005. — Nous croyons utile de traduire ici, en les résumant, les dispositions que le *Projet de Code civil allemand* consacre aux conditions, parce que, en cette matière très-théorique, elles font connaître les doctrines qui ont actuellement cours en Allemagne. Elles seraient intéressantes à ce point de vue, alors même que ces textes tarderaient encore plus ou moins longtemps à recevoir force de loi. — V. *Projet*, art. 128 et s.; *Exposé des motifs*, t. 1, p. 248 et s.; R. de la Grasserie, *Projet de Code civil allemand*, traduit avec introduction, Paris (*Coll. de Codes étrangers*), 1893.
1006. — Quand un acte juridique est accompagné d'une condition suspensive, l'effet juridique subordonné à la condition se produit dès le moment où la condition est accomplie (art. 128).
1007. — Quand un acte juridique est accompagné d'une condition résolutoire, l'effet juridique de l'acte prend fin au moment où la condition est accomplie, de telle sorte que les choses sont remises dans le *statu quo ante* (art. 129).
1008. — S'il résulte du contenu de l'acte juridique que l'effet doit ou commencer ou en prendre fin rétroactivement à un autre moment, les parties ont, en cas d'accomplissement de la condition, les mêmes droits et les mêmes obligations que si l'effet de l'acte avait déjà commencé ou pris fin à cette époque antérieure (art. 130).
1009. — Si la condition suspensive vient à défaillir, l'effet juridique subordonné à son accomplissement ne peut pas se produire. Si c'est une condition résolutoire qui vient à défaillir, l'acte juridique est réputé définitif (art. 131).
1010. — Le droit et l'obligation conditionnels se transmettent par héritage tout comme s'ils étaient purs et simples (art. 132).
1011. — Celui qui a un droit conditionnel peut demander des sûretés lorsqu'il se trouve dans les circonstances qui autorisent la condition d'après les art. 796 et 797, C. proc. civ. Si le concours est ouvert sur les biens d'une personne obligée sous une condition suspensive, celui à qui compète le droit conditionnel corrélatif a les mêmes droits que ceux que le Code du concours lui accorde pour le cas où le débiteur commun doit fournir des sûretés (art. 142 et 158 dudit Code). Les dispositions

qui précèdent ne sont pas applicables lorsque le droit conditionnel, vu la possibilité éloignée de l'accomplissement de la condition, ne peut être considéré comme un élément de fortune actuel. L'admission de mesures provisoires se règle aussi, en matière de droits conditionnels, d'après les art. 814 à 822, C. proc. civ. (art. 133).
1012. — Si, tandis que la condition est en suspens, la personne obligée conditionnellement paralyse ou met en péril, volontairement ou par négligence, le droit subordonné à la condition, elle répond, en cas d'accomplissement de la condition, du dommage qu'elle a causé à l'ayant-droit. La négligence à raison de laquelle elle peut être recherchée est déterminée par la nature de l'affaire dont il s'agit (art. 134).
1013. — Si un droit a été transféré ou éteint, ou si un droit ou une chose a été grevé sous condition, et que, tandis que la condition est en suspens, il ait été disposé de ce droit ou de cette chose soit par la personne obligée conditionnellement, soit en suite d'une procédure d'exécution forcée ou de contrainte exercée contre elle, la disposition est frappée de nullité, en cas d'accomplissement de la condition, en tant qu'elle paralyse ou met en péril l'effet juridique qui devait se produire par le fait de cet accomplissement. Il y a lieu d'appliquer ces dispositions au profit de ceux qui ont reçu des droits de personnes à qui ils ne compétent point (art. 135).
1014. — Si la personne obligée conditionnellement empêche l'accomplissement de la condition d'une façon qui est contraire au contenu de l'acte juridique, la condition est réputée accomplie (art. 136).
1015. — Si la condition se trouve déjà accomplie au moment où l'on procède à l'acte juridique, ledit acte est réputé pur et simple, si la condition est suspensive, et non avenu, si elle est résolutoire. L'inverse se produit si, audit moment, la condition était déjà venue à défaillir. Tant que l'on ne sait pas encore si la condition est accomplie ou défaillante, on applique les dispositions de l'art. 133 (V. *suprà*, n. 1011). — Art. 137.
1016. — La condition peut consister en une action dépendant du bon plaisir de l'obligé. Mais si, dans ce cas, elle est résolutoire, l'obligation elle-même est nulle (art. 138).
1017. — L'acte juridique subordonné à une condition incompréhensible ou absurde est nul (art. 139).
1018. — Lorsqu'une condition fait dépendre l'effet juridique d'une circonstance dont il dépend déjà sans nulle manifestation de la volonté du déclarant, rien n'est changé dans la détermination juridique des rapports existants (art. 140).

§ 2. AUTRICHE.

1019. — Le Code autrichien traite, tout d'abord, des conditions à propos des actes de dernière volonté (art. 696 et s.); puis, dans le titre des *contrats*, il s'en réfère « en général » aux dispositions précédentes (art. 897 et s.). Nous allons résumer les règles posées dans les deux parties du Code.
1020. — L'art. 696 donne des conditions affirmatives ou négatives, suspensives ou résolutoires les définitions classiques.
1020 bis. — Une condition absolument incompréhensible est réputée non écrite (art. 697).
1021. — Une disposition faite sous une condition suspensive impossible est sans effet, bien que l'accomplissement de la condition ne soit devenu impossible que plus tard et que le testateur ait eu aucune connaissance de l'impossibilité. Une condition résolutoire impossible est réputée non écrite (art. 698).
1022. — Les mêmes règles s'appliquent aux conditions illicites (Même art.).
1023. — Lorsqu'une condition est tout à la fois possible et licite, le droit qui en dépend n'est acquis qu'après qu'elle est exactement accomplie; peu importe qu'elle dépende soit du hasard, soit de la volonté de l'héritier, du légataire ou d'un tiers (art. 699).
1024. — Il en est ainsi même quand la condition est si difficile que, selon toutes les probabilités, l'héritier ou légataire sera impuissant à l'accomplir ou ne vivra pas jusqu'à son accomplissement (*Hofkanzleidekret*, 16 nov. 1826, *Polit. Ges. Samml.*, t. 54).
1025. — La condition que l'héritier ou légataire ne se marie pas, même après avoir atteint sa majorité, est réputée non écrite; elle n'est obligatoire que pour une personne en état de veuvage ayant un ou plusieurs enfants. Mais on peut valablement im-

poser à l'héritier ou légataire la condition de ne pas épouser une personne déterminée (art. 700).

1026. — Cette prescription du Code ne s'applique pas aux dispositions par lesquelles le testateur laisse à sa femme la jouissance de tout ou partie de sa fortune ou d'un legs, sous la condition que la libéralité ne durera que tant qu'elle ne se remariera pas, ou pourvoit, d'une manière analogue, à l'entretien d'une autre personne jusqu'à l'époque où elle contractera mariage (*Hofdekret*, 23 mai 1844, n. 807, *Justizgesetzsamml.*).

1027. — La condition imposée à une personne en état de veuvage de ne pas se remarier cesse de produire ses effets dès que cette personne perd les enfants qu'elle avait à l'époque de la mort du testateur. — Cour suprême, 23 déc. 1862, n. 8231, [*Judic. B.*, n. 52]

1028. — Si la condition formulée dans les dernières volontés du testateur est déjà accomplie dès son vivant, il n'y a lieu d'en renouveler l'accomplissement après son décès qu'autant qu'elle consiste en une action de l'héritier ou légataire qui soit susceptible d'être reproduite art. 701).

1029. — Une condition imposée à l'héritier ou légataire ne s'étend pas, à moins d'une manifestation expresse de la volonté du testateur, à l'héritier ou légataire appelé à défaut des premiers désignés (art. 702).

1030. — Pour acquérir une hérédité subordonnée à une condition suspensive, il est indispensable que le bénéficiaire soit encore en vie et capable de succéder, au moment où la condition s'accomplit (art. 703).

1031. — En matière de contrats, les règles relatives aux conditions sont, en général, mêmes qu'en matière de dispositions de dernière volonté (art. 897).

1032. — Les conventions faites sous des conditions qui, en matière testamentaire, sont réputées non écrites, sont nulles (art. 898).

1033. — Si une condition apposée dans un contrat était déjà accomplie antérieurement, il n'y a lieu de l'accomplir à nouveau après coup que si elle consiste en une action de celui qui doit acquérir le droit et si elle peut être répétée par lui (art. 899).

1034. — Un droit concédé sous une condition suspensive n'en passe pas moins aux héritiers du créancier (art. 900).

§ 3. *Bavière.*

1035. — Les règles relatives aux conditions varient suivant qu'il s'agit d'actes de dernière volonté ou d'actes entre-vifs, et sont exposées dans deux livres différents du *Codex civilis Maximilianeus* ou *Landrecht* bavarois (III, 3, § 10, et IV, 1, § 8).

1036. — I. *Dispositions testamentaires.* — En matière testamentaire, les conditions impossibles *naturâ, lege aut facto*, les conditions *perplexæ*, c'est-à-dire incompréhensibles. les conditions extravagantes ou ridicules, sont réputées non écrites (III, 3, § 10, n. 1).

1037. — Il en est de même des conditions qui entraveraient un héritier à réserve dans la libre disposition de sa légitime (*ibid.*, n. 2).

1038. — Toutes autres conditions posées par le testateur, qu'elles soient potestatives, casuelles ou mixtes, doivent être exactement accomplies, soit spécifiquement, soit, dans des choses tout à fait indifférentes, d'une façon équipollente (n. 3).

1039. — Les conditions potestatives peuvent, si leur nature ou la disposition du testateur ne s'y oppose pas, être accomplies au gré de l'héritier, soit avant, soit après le décès du testateur (n. 4).

1040. — On applique la même règle aux conditions casuelles ou mixtes (n. 5).

1041. — Les conditions qui sont impossibles, non d'une façon absolue, mais seulement pendant un temps donné, sont assimilées aux conditions possibles et doivent être également accomplies en leur temps (n. 6).

1042. — Les conditions potestatives négatives qui ne sont pas limitées à une période déterminée ne peuvent, en principe, être réputées définitivement accomplies qu'au décès de l'héritier (n. 7).

1043. — Une fois qu'une condition est accomplie, il n'est pas nécessaire que la situation persiste indéfiniment si le testateur ne l'a expressément ordonné (n. 8).

1044. — Une institution d'héritier peut être, en partie, pure et simple et, en partie, conditionnelle (n. 9).

1045. — Si plusieurs héritiers sont institués sous une même condition indivisible, cette condition est considérée comme unique, et il suffit qu'elle soit accomplie par l'un d'entre eux; au cas contraire, elle doit l'être par chacun (n. 10).

1046. — En principe, une condition de faire est essentiellement personnelle, en ce sens que l'accomplissement ne peut en avoir lieu par substitution (n. 11).

1047. — Une condition non accomplie est réputée accomplie lorsque l'exécution en a été empêchée par un tiers à qui elle était préjudiciable, ou, s'il s'agit d'une condition potestative, lorsque ce n'est pas par la faute de l'héritier qu'elle n'a pas été accomplie (n. 12).

1048. — L'héritier peut être contraint par les créanciers, par un héritier substitué ou par tous autres intéressés, à accomplir une condition potestative affirmative (consistant en un fait de sa part), sous peine *conditionis pro non impletâ habendæ* (n. 13).

1049. — L'effet d'une condition est variable, suivant qu'elle a été accomplie, qu'elle est venue à défaillir, ou qu'elle est encore en suspens; dans le premier cas, l'institution est à considérer désormais comme pure et simple à compter du décès du testateur; dans le second cas, l'institution devient caduque; dans le troisième, elle demeure en suspens, mais l'héritier institué a le droit d'exiger de l'héritier *ab intestat* des sûretés et, s'il n'en peut obtenir, de se faire envoyer en possession de l'hérédité moyennant des sûretés fournies par lui-même : s'il meurt avant l'accomplissement de la condition, celle-ci est réputée non accomplie, et son droit, définitivement éteint, ne passe pas à ses propres héritiers comme ce serait le cas en matière d'actes entre-vifs (n. 14).

1050. — En général, les conditions sont *strictissimæ interpretationis* et ne sont susceptibles d'aucune extension; néanmoins elles passent des institués aux substitués (n. 15).

1051. — Lorsqu'on a à se demander si une disposition doit être réputée conditionnelle ou non, on doit moins s'en tenir à la lettre qu'au sens général de la disposition et examiner si réellement ladite disposition est subordonnée, ou non, à un événement futur et incertain (n. 16).

1052. — Ce que la chose contient déjà, tacitement, à raison de sa nature ou en vertu de la loi, ne saurait être regardé comme une condition (art. 17).

1053. — Mais, afin d'éviter les contestations ou les erreurs pouvant provenir d'expressions ambiguës, il est recommandé aux testateurs, ou à ceux qui tiennent la plume pour eux, d'être aussi clairs que possible (art. 18).

1054. — En ce qui concerne spécialement la condition connue *si sine liberis decesserit*, il est à remarquer : 1° que les petits-enfants sont compris sous l'expression générique de *liberi*, et que celui qui, sans laisser d'enfants au premier degré, laisserait d'autres descendants, serait réputé, au point de vue de la condition, n'être pas mort *sine liberi*; 2° que les enfants ne sont pas à considérer comme coinstitués et qu'on doit appliquer la règle *positus in conditione non censetur esse positus in institutione* (n. 19).

1055. — II. *Obligations.* — En matière de contrats, les conditions impossibles *naturâ, lege aut facto* et les conditions ambiguës ou incompréhensibles annulent la convention à laquelle elles sont attachées (4, 3, § 8, n. 1).

1056. — Il en est de même en cas de condition dépendant uniquement de la volonté du débiteur, à moins que la condition ne porte bien moins sur la substance de l'obligation que sur le mode de paiement (n. 2).

1057. — Les conditions casuelles, potestatives ou mixtes, attachées à un contrat, peuvent être suspensives ou résolutoires (n. 3).

1058. — Dans le doute, on les tient plutôt pour résolutoires (n. 4).

1059. — Ce qui est subordonné, non à un fait à venir, mais à un fait actuel ou passé, ne constitue pas une condition, mais est immédiatement valable si le fait existe, et de nul effet s'il n'existe pas (n. 5).

1060. — Tant qu'une condition est en suspens, elle ne peut être supprimée que du commun accord des parties contractantes (n. 6).

1061. — La *spes obligationis*, en cas d'existence d'une obligation conditionnelle, se transmet activement et passivement aux héritiers, pourvu que la condition imposée à leur auteur puisse être également accomplie par eux (n. 7).

1062. — Lorsque la condition est accomplie, l'effet de l'obligation rétrogit au jour où elle a été contractée; ou, en d'autres termes, l'obligation est réputée avoir été, dès le principe, pure et simple (n. 8).

1063. — Pour le surplus, on applique les dispositions résumées ci-dessus à propos des testaments, et, notamment, les n. 2, 8 à 11, et 13 à 17 du § 10, 3° part., ch. 3. — V. *suprà*, n. 1037, 1040 et s., 1048 et s.

§ 4. BELGIQUE.

1064. — La Belgique est régie par le Code civil français.

§ 5. ESPAGNE.

1065. — Le Code civil espagnol de 1888-1889 traite également des conditions, d'abord à propos de l'institution d'héritier et du legs (art. 791 et s.), puis à propos des contrats (art. 1114 et s.). Mais, à l'inverse du Code autrichien, il donne la théorie générale à l'occasion des contrats et déclare, pour les actes de dernière volonté, qu'on leur applique ladite théorie en tant qu'il n'y est pas expressément dérogé dans cette partie spéciale du Code. Nous devons donc commencer par analyser les règles posées au livre des *Obligations*, bien que, d'après l'ordre des numéros, elles soient énoncées après les autres.

1066. — I. *Obligations*. — « Dans les obligations conditionnelles, l'acquisition des droits, ainsi que la résolution ou la perte des droits déjà acquis, dépendent de la survenance de l'événement qui constitue la condition » (art. 1114).

1067. — Quand l'accomplissement de la condition dépend exclusivement de la volonté du débiteur, l'obligation conditionnelle est nulle; s'il dépend du hasard ou de la volonté d'un tiers, l'obligation produit tous ses effets (art. 1115).

1068. — Les conditions impossibles, immorales ou illicites annulent l'obligation qui y est subordonnée; la condition de ne pas faire une chose impossible est réputée non écrite (art. 1116).

1069. — La condition qu'un événement s'accomplisse dans un temps déterminé éteint l'obligation dès que ce temps est passé ou qu'il est indubitable que l'événement ne se produira pas (art. 1117).

1070. — La condition qu'un événement ne se produira pas dans un temps déterminé rend l'obligation efficace à partir du moment où ce temps est écoulé, ou du moment où il est évident que l'événement ne se produira pas; s'il n'y a pas de temps fixé, la condition est réputée accomplie dans celui que, vraisemblablement, on aurait indiqué vu la nature de l'obligation (art. 1118).

1071. — La condition est réputée accomplie lorsque l'obligé en empêche volontairement l'accomplissement (art. 1119).

1072. — Les effets de l'obligation conditionnelle de donner, une fois la condition accomplie, rétroagissent au jour où l'obligation a été contractée. Néanmoins, si l'obligation impose des prestations réciproques aux intéressés, les fruits et intérêts seront réputés réciproquement compensés depuis le moment où la condition était en suspens. Si l'obligation est unilatérale, le débiteur fait siens les fruits perçus à moins qu'on ne doive inférer de la nature ou des circonstances de l'obligation que l'intention des parties était différente. Dans les obligations de faire ou de ne pas faire, les tribunaux règlent, dans chaque cas, l'effet rétroactif de la condition accomplie (art. 1120).

1073. — Le créancier peut, avant l'accomplissement de la condition, exercer les actions voulues pour assurer la conservation de son droit. Le débiteur peut réclamer ce qu'il a payé dans le même temps (art. 1121).

1074. — Quand des conditions sont apposées dans le but de suspendre l'efficacité d'une obligation de donner, on observe les règles suivantes, en cas d'amélioration, de perte ou de détérioration de la chose tandis que la condition est en suspens : 1° si la chose périt sans la faute du débiteur, l'obligation est éteinte; 2° si elle a péri par sa faute, il est tenu des dommages et intérêts; 3° si la chose se détériore sans la faute du débiteur, la moins-value est pour le créancier; 4° si c'est par la faute du débiteur, le créancier peut opter entre la résolution de l'obligation ou l'exécution de l'obligation, avec dommages et intérêts dans les deux cas; 5° si la chose s'améliore rationnellement ou par l'effet du temps, l'amélioration profite au créancier; 6° si elle s'améliore aux frais du débiteur, il a les mêmes droits qu'un usufruitier, c'est-à-dire qu'il peut enlever les améliorations susceptibles d'être enlevées sans détérioration de la chose ou les compenser avec les moins-values qui peuvent s'être produites d'autre part (V. C. civ., art. 487 et 488). — Art. 1122.

1075. — Lorsqu'une condition a pour objet de résoudre une obligation de donner, les intéressés, une fois que la condition est accomplie, sont tenus de se restituer ce qu'ils ont perçu. En cas de perte, de détérioration ou d'amélioration de la chose, on applique à celui qui doit restituer les règles indiquées au numéro précédent pour le débiteur. Quant aux obligations de faire ou de ne pas faire, on applique, quant aux effets de la résolution, la disposition pénale de l'art. 1120. — V. *suprà*, n. 1072.

1076. — La faculté de résoudre les obligations est réputée sous-entendue dans les obligations réciproques pour le cas où l'une des parties n'accomplirait pas sa part d'obligation. Celle d'entre elles qui subit un préjudice de ce chef peut choisir entre l'exécution ou la résolution de l'obligation avec dommages et intérêts dans les deux cas; elle peut également demander la résolution, même après avoir opté pour l'exécution, si celle-ci se trouve être impossible. Le tribunal prononce la résolution qui est demandée, à moins qu'il n'y ait de bonnes raisons pour accorder un délai, et sans préjudice des droits de tiers acquéreurs (V. C. civ , art. 1295 et 1298). — Art. 1124.

1077. — II. *Dispositions testamentaires*. — Ainsi qu'on l'a vu plus haut (*suprà*, n. 1065), on applique aux conditions jointes à un acte de dernière volonté, les règles qui précèdent, sauf les quelques dispositions spéciales que nous allons résumer (art. 791).

1078. — Les conditions impossibles, illicites ou immorales sont réputées non écrites, même si le testateur a ordonné le contraire (art. 792).

1079. — La condition absolue de ne pas contracter un premier ou ultérieur mariage est réputée non écrite, à moins qu'elle n'ait été imposée à un veuf ou une veuve par son défunt conjoint ou par les ascendants ou descendants de ce dernier. Néanmoins, on peut valablement léguer à quelqu'un un droit d'usufruit, d'usage ou d'habitation, ou une pension personnelle, pour le temps pendant lequel il restera dans l'état de célibat ou de veuvage (art. 793).

1080. — Est nulle, la disposition faite sous cette condition que l'héritier ou légataire insère dans son testament une disposition en faveur du testateur ou d'un tiers (art. 794).

1081. — La condition purement potestative imposée à l'héritier ou légataire doit être accomplie par lui, une fois qu'il en est informé, à partir de la mort du testateur; hormis le cas où la condition, déjà accomplie, ne peut l'être une seconde fois (art. 795).

1082. — Quand une condition est casuelle ou mixte, il suffit qu'elle s'accomplisse à un moment quelconque, soit avant, soit après le décès du testateur, à moins qu'il n'ait prescrit autre chose à cet égard; si elle existait ou était déjà accomplie lors de la confection du testament, mais à l'insu du testateur, elle est réputée accomplie; si le testateur avait connaissance du fait, elle n'est réputée accomplie que si elle est de nature à ne pouvoir l'être à nouveau (art. 796).

1083. — L'indication de l'objet de l'institution ou du legs, ou celle de l'affectation à donner aux choses léguées, ou la charge imposée au testateur, n'a le caractère d'une condition qu'autant que telle paraît avoir été sa volonté; ce qui est laissé de cette façon peut être réclamé tout de suite et transmis aux héritiers qui donnent les sûretés pour l'accomplissement des volontés du testateur, avec les fruits et les intérêts, des choses reçues, s'ils venaient à manquer à cette obligation (art. 797).

1084. — Quand, sans faute ou fait propre de l'héritier ou légataire, l'institution ou le legs dont il est parlé à l'article précédent ne peut produire son effet dans les termes mêmes ordonnés par le testateur, on doit chercher à se conformer le mieux possible à ses intentions; si l'empêchement provient du fait de l'intéressé sans nulle faute ou fait personnel de l'héritier ou du légataire, la condition est réputée accomplie (art. 798).

1085. — La condition suspensive n'empêche pas l'héritier ou légataire d'acquérir ses droits respectifs ou de les transmettre à ses propres héritiers, même avant qu'elle ne soit accomplie (art. 799).

1086. — Si la condition potestative imposée à l'héritier ou légataire est négative, ou de ne pas faire, ou de ne pas donner, il l'accomplit en donnant caution de ne pas faire ou donner ce qui est défendu par le testateur ou, en cas de contravention, de restituer ce qu'il a perçu, avec les fruits et intérêts (art. 800).

1087. — Si l'héritier a été institué sous condition suspensive, les biens de la succession sont mis en régie jusqu'à ce que la condition soit accomplie ou qu'on ait la certitude qu'elle ne pourra pas l'être; il en est de même si l'héritier ou légataire, dans le cas de l'article précédent, n'est pas en mesure de donner caution (art. 801).

1088. — L'administration dont il vient d'être parlé est confiée à l'héritier ou aux héritiers institués sans condition, lorsqu'entre eux et l'héritier conditionnel, il y a droit d'accroissement. On applique la même règle quant aux légataires (art. 802).

1089. — Si l'héritier conditionnel n'a pas de cohéritiers ou qu'il n'y ait pas entre eux de droit d'accroissement, c'est à lui-même qu'est confiée l'administration, moyennant caution; s'il ne peut donner caution, elle l'est à l'héritier présumé, également sous caution; s'ils sont tous deux hors d'état de donner caution, le tribunal charge de l'administration un tiers qui soit en mesure de fournir des sûretés (art. 803).

1090. — Les administrateurs ont les mêmes droits et obligations que ceux des biens d'absents (art. 804). — V., sur toute cette matière, Ernest Lehr, *Éléments de droit civil espagnol*, 2° part., 1890, n. 412, 490, 633, 705 à 709, 808.

§ 6. GRANDE-BRETAGNE.

1091. — I. ANGLETERRE. — Le droit anglais traite des conditions à propos des restrictions à l'acquisition de la propriété et des obligations. — V. Ernest Lehr, *Éléments de droit civil anglais*, n. 498 à 501, 801 et 809.

1092. — Les conditions auxquelles est subordonnée la jouissance d'un immeuble découlent le plus souvent des clauses d'un testament ou d'un contrat de mariage. Il est assez rare qu'on en insère dans un contrat de vente, hormis le cas où l'immeuble n'est transmis qu'à terme ou à vie.

1093. — Lorsque des biens sont tenus sous des conditions expresses, les conditions peuvent être suspensives ou résolutoires. Les conditions impossibles, illicites ou immorales empêchent, si elles sont suspensives, la transmission de l'immeuble; si elles sont résolutoires, elles sont elles-mêmes entachées de nullité, et la transmission est réputée avoir été pure et simple.

1094. — On désigne sous le nom de conditions *répugnantes* celles qui sont contraires à l'essence même de la possession qu'on entendait subordonner; telle serait, en cas de vente ou de donation d'un fief simple à une personne et à ses héritiers, la condition imposée à cette personne de ne pas aliéner le bien. Les conditions répugnantes sont réputées non écrites.

1095. — Les conditions peuvent aussi être expresses ou implicites. Ainsi, quand un immeuble est donné à vie moyennant le paiement d'une redevance, la concession est faite sous la condition implicite que la redevance sera payée régulièrement, et, qu'au cas contraire, le donataire sera passible d'expulsion; une semblable condition produirait ses effets, bien que non formulée dans l'acte.

1096. — Les obligations conditionnelles sont de trois sortes, suivant que la condition est *subséquente*, *concurrente* ou *précédente*.

1097. — La condition subséquente est, en réalité, ce que, dans les autres législations, on appelle condition résolutoire; le créancier jouit toute de suite de tous ses droits, mais ces droits s'éteignent si tel événement donné vient à se produire.

1098. — La clause résolutoire peut s'appliquer à une seule des parties ou aux deux; elle peut notamment avoir le caractère d'un pacte commissoire.

1099. — On admet, dans le contrat de transport, une condition résolutoire implicite, en ce sens que, même sans stipulation expresse, le voiturier est libéré de ses obligations en cas de force majeure, et il lui suffit, pour pouvoir invoquer cette cause de libération, de prouver que l'accident n'aurait pu être empêché, vu les circonstances, par aucune précaution raisonnable. — *Nugent c. Smith*, 1 Comm. Pleas Div., 441.

1100. — Dans la condition concurrente, les droits de l'une des parties sont subordonnés à l'accomplissement par elle d'un certain acte au moment même où toute partie doit s'acquitter de sa propre part d'obligations; c'est ce qui arrive dans les ventes où aucun terme n'a été stipulé pour le paiement du prix : le paiement du prix et la délivrance de la chose sont deux conditions concurrentes, le droit du vendeur de recevoir le prix et le droit de l'acheteur de recevoir la chose dépendant de ce qu'ils sont respectivement prêts, l'un à délivrer, l'autre à payer. — *Bloxam c. Sanders*, 4 B. et C., 941.

1101. — Enfin, dans le cas d'une condition précédente, le créancier ne peut se prévaloir en justice de l'engagement du débiteur qu'après tel événement certain ou incertain ou après tel laps de temps; les jurisconsultes anglais rangent sous cette rubrique, d'une part, les obligations sous condition suspensive, de l'autre, les obligations ajournées du droit français.

1102. — Lorsqu'un engagement, au lieu d'être absolu, est simplement conditionnel, celui qui l'a pris peut en être déchargé : 1° par ce fait que l'autre partie n'accomplit pas une condition concurrente; 2° par le fait qu'elle omet d'accomplir la totalité ou une partie essentielle de ses propres obligations; 3° à raison de l'inexactitude de l'une des allégations ou de la violation de l'une des clauses que les parties considéraient comme essentielles. Les clauses essentielles sont, au premier chef, des conditions aux yeux des jurisconsultes anglais.

1103. — II. ÉCOSSE. — En matière d'obligations, le droit écossais reconnaît les conditions suspensives ou résolutoires, possibles ou impossibles, potestatives, casuelles ou mixtes, avec leurs effets ordinaires.

1104. — Les conditions ne produisent leur effet qu'autant qu'elles ne sont pas contraires à la loi.

1105. — Elles peuvent être expresses ou implicites; ainsi, l'engagement de payer une dot est tacitement subordonné à la célébration du mariage.

1106. — Le créancier sous une condition suspensive a le droit de demander des sûretés pour le cas où, la condition s'accomplissant, sa créance deviendrait efficace. En cas de faillite du débiteur, il ne peut exiger le paiement immédiat d'un dividende, mais seulement la mise de côté de sa part éventuelle jusqu'au jour où l'on saura définitivement s'il a ou non un droit à faire valoir.

1107. — Le créancier sous condition résolutoire a, dans ce cas, un droit immédiat à la chose ou à sa quote-part, et peut en exiger la délivrance (V. St. 19 et 20, Vict., c. 79, § 53).

1108. — Les conditions impossibles ou illicites annulent l'obligation à laquelle elles ont été attachées.

1109. — Si un débiteur a fait tout ce qui dépendait de lui pour accomplir la condition qui lui était imposée, il est réputé y avoir satisfait. — Bell, *Principles of the law of Scotland*, n. 47-50.

1110. — En matière d'actes de disposition *mortis causâ* concernant des immeubles, il peut y avoir des conditions implicites ou expresses.

1111. — Les conditions implicites se distinguent des conditions expresses, au point de vue de leurs effets. Il y a une présomption légale ou une condition implicite (spécialement dans un acte de disposition affectant tout le patrimoine d'une personne), que la disposition est subordonnée à l'absence d'enfants légitimes du disposant « *si testator sine liberis decesserit* ». Si un enfant légitime que l'on croyait mort vient à reparaître, ou si un enfant naturel a été légitimé par mariage subséquent, on applique le même principe et la disposition est réputée implicitement révoquée. Si l'enfant ne survit pas au disposant, la présomption de révocation tombe. L'effet ne serait pas le même s'il y avait une condition expresse. — Bell, *op. cit.*, n. 1175-1181.

1112. — Les conditions expresses attachées à un acte de disposition, lorsqu'elles sont claires, intelligibles et licites, produisent leur effet contre le gratifié. — Bell, *op. cit.*, n. 1781.

1113. — Elles ne produisent point d'effet lorsqu'elles excèdent les droits du disposant, ou qu'elles sont impossibles ou immorales. — Bell, *op. cit.*, n. 1783.

1114. — Dans un acte de disposition, une condition physiquement impossible est réputée non écrite; et la loi assimile aux conditions impossibles les conditions illicites ou immorales.

1115. — On a souvent voulu faire rentrer dans cette catégorie les restrictions au mariage. Mais elles n'ont le caractère que quand il s'agit d'une interdiction absolue ou lorsque le disposant prétend les imposer à une personne qui a droit à son héritage indépendamment de l'acte de disposition. Au contraire, les restrictions « raisonnables » seraient parfaitement valables;

telle serait l'obligation imposée au gratifié de ne se marier qu'avec le consentement de certaines personnes, ou qu'avec une personne déterminée, ou de ne pas se marier avec une personne désignée dans l'acte, pourvu, dans le premier de ces trois cas, que les personnes dont le consentement préalable fait l'objet de la condition, justifient leur opposition par de bonnes raisons. — Bell, *op. cit.*, n. 1785.

1116. — Un legs peut également être subordonné à une condition. La condition produit son effet si elle est possible; sinon, elle est réputée non écrite.

1117. — Lorsqu'un legs est subordonné à un événement incertain seulement quant à l'époque où il se produira, par exemple à la mort d'une personne, il est immédiatement acquis au légataire, mais le paiement en demeure suspendu; lors, au contraire, que l'événement est incertain en lui-même, on est en présence d'une véritable condition, et le legs n'est acquis au légataire qu'après l'accomplissement de la condition, à moins que le testateur n'en ait expressément décidé autrement, par exemple en disposant que le legs portera intérêt au profit du légataire jusqu'au moment où il lui écherra en pleine propriété. — Bell, *op. cit.*, n. 1885.

§ 7. Italie.

1118. — Les dispositions du Code civil italien (art. 1157 à 1174) sont, au fond, identiques à celles du Code français; l'ordre est seulement un peu différent. L'art. 1157 correspond à notre art. 1168; 1158, à 1181 et 1183; 1159, à 1169-1171; les art. 1160-1162, à nos art. 1172-1174; 1163, à 1182; 1164, à 1183-2; 1165, à 1184, 1654 et 1741; les art. 1166-1171, à nos art. 1175-1180.

§ 8. Monténégro.

1119. — Le nouveau *Code général des biens* du Monténégro, composé par M. Bogisic et traduit en français par MM. R. Dareste et Rivière (Imprimerie nationale, 1892), renferme, sur les conditions en matière de contrats, un certain nombre de dispositions qu'il peut être intéressant de résumer ici (art. 939 et s., 566 et s.).

1120. — La condition peut être suspensive ou résolutoire (art. 940).

1121. — Elle est réputée réalisée quand c'est le débiteur lui-même qui, d'une manière quelconque, en empêche la réalisation (art. 941).

1122. — Quand l'effet d'un contrat doit commencer à se produire qu'à une certaine époque ou à l'arrivée d'un certain événement inévitable (tel que le décès de quelqu'un), tous les droits dérivant du contrat sont acquis définitivement du moment où il est devenu parfait : l'exécution seule se trouve suspendue jusqu'à l'époque fixée ou jusqu'à l'arrivée de l'événement prévu (art. 942).

1123. — Tant qu'on attend et qu'on peut raisonnablement attendre la réalisation d'une condition suspensive, le débiteur ne peut rien faire qui soit de nature à empêcher l'entière exécution de ce à quoi il s'est conditionnellement obligé (art. 566).

1124. — Les conditions illicites ou immorales sont nulles et annulent l'obligation qui en dépend (art. 567).

1125. — Aussitôt après l'accomplissement de la condition suspensive, l'obligation produit son effet à partir de ce moment, sauf convention ou intention contraire des parties; si la condition ne se réalise pas, le contrat est réputé n'avoir jamais été conclu, sauf intention contraire des parties (art. 568).

1126. — Au moment où se réalise une condition résolutoire, le contrat prend fin avec toutes ses conséquences, à moins qu'il ne résulte de son contexte ou d'autres circonstances que les parties avaient en vue une époque antérieure; si la condition résolutoire ne se réalise pas et qu'il soit évident qu'elle ne se réalisera pas, le contrat est réputé avoir été conclu sans condition (art. 569).

§ 9. Pays-Bas.

1127. — Le Code civil néerlandais présente, avec la législation française, la même analogie que le Code italien (art. 1289 à 1303).

1128. — L'art. 1289 correspond à notre art. 1168. Mais, ensuite, le Code omet la définition des conditions casuelles, potestatives ou mixtes (C. fr., art. 1169-1171). Les art. 1290 et 1291 sont identiques à nos art. 1172 et 1173.

1129. — « Toute obligation est nulle lorsque son exécution dépend exclusivement de la volonté de celui qui s'oblige; toutefois, l'obligation produit son effet si elle dépend d'un fait dont l'accomplissement est en son pouvoir et que le fait est accompli » (C. civ. néerl., art. 1292). — V. C. civ. fr., art. 1174.

1130. — Les art. 1293-1301 correspondent à nos art. 1175-1182; le Code néerlandais omet la définition de la condition résolutoire (C. fr., art. 1183); l'art. 1302, qui correspond à notre art. 1184, est ainsi conçu : « La condition résolutoire est toujours sous-entendue dans les contrats synallagmatiques pour le cas où l'une des parties ne satisfera point à son engagement. Dans ce cas, le contrat n'est pas résolu de plein droit, mais la résolution doit en être demandée en justice. Il en est de même lorsque la condition résolutoire pour inexécution de l'obligation est formellement inscrite dans le contrat; si elle ne l'a pas été, le juge peut, selon les circonstances, accorder au défendeur, sur sa demande, un délai pour remplir son obligation, sans que ce délai puisse dépasser un mois ». L'art. 1303 correspond au second alinéa de notre art. 1184.

§ 10. Portugal.

1131. — En matière de contrats, les parties son libres d'ajouter à leurs conventions telles clauses ou conditions que bon leur semble; ces clauses et conditions font partie intégrante du contrat et sont régies par les mêmes règles que lui (C. civ. port., art. 672).

1132. — Les règles auxquelles cet article fait allusion sont les suivantes : 1° est nul le contrat dont l'objet est physiquement ou légalement impossible (art. 669).

1133. — 2° On ne doit considérer comme physiquement impossible que ce qui l'est absolument eu égard à l'objet du contrat, mais non eu égard à la personne qui s'oblige (art. 670).

1134. — 3° Ne peuvent faire légalement l'objet d'un contrat : *a*) les choses que la loi met hors du commerce; *b*) les choses ou actions qui ne peuvent se ramener à une valeur exigible; *c*) les choses dont l'espèce n'est ou ne peut pas être déterminée; *d*) les actions contraires à la morale publique ou les obligations imposées par la loi (art. 671).

1135. — Lorsqu'un contrat dépend d'une condition de fait ou de temps, le contrat, une fois la condition accomplie, est réputé parfait depuis le moment où il a été conclu; mais, lorsqu'il est avéré que la condition ne pourra pas s'accomplir, elle est réputée d'ores et déjà n'avoir pas été accomplie (art. 678).

1136. — La condition est réputée accomplie si elle ne l'a pas été par suite d'un fait de la personne obligée conditionnellement, à moins que celle-ci n'ait agi dans les limites de son droit (art. 679).

1137. — Si un contrat est conclu sous la condition qu'il sera résolu à partir de tel fait ou événement déterminé, chacune des parties, une fois la condition réalisée, doit être remise en possession de tous les droits qui lui compétaient au moment du contrat, sauf convention contraire (art. 680).

1138. — Si la résolution du contrat dépend d'un tiers et que celui-ci ait été déterminé par fraude à le résoudre, le contrat est réputé non résolu (art. 681).

1139. — Les parties dont les droits contractuels sont subordonnés à une condition, peuvent, avant son accomplissement, faire tous actes licites nécessaires à la conservation desdits droits (art. 682).

1140. — La nullité de la condition, pour cause d'impossibilité physique ou légale, entraîne la nullité de l'obligation subordonnée à la condition (art. 683).

1141. — En matière de successions, le testateur peut disposer purement et simplement, ou sous certaines conditions, pourvu qu'elles ne soient ni impossibles, absolument ou relativement, ni contraires à la loi; les conditions impossibles ou illégales sont réputées non écrites et ne portent nulle atteinte aux droits des héritiers ou légataires, encore que le testateur ait ordonné le contraire (art. 1743).

1142. — Si l'accomplissement d'une condition est empêché par quelqu'un qui a intérêt à ce qu'elle ne s'accomplisse pas, elle est réputée accomplie (art. 1744).

1143. — Est réputée non écrite la condition qui interdit à l'héritier ou légataire de se marier ou de s'abstenir de se marier, à moins qu'elle n'ait été imposée à un veuf ou une veuve avec enfants par le conjoint décédé ou par les ascendants ou descendants de ce conjoint; il en est de même de la condition qui l'oblige à embrasser ou à ne pas embrasser l'état ecclésiastique ou une profession déterminée (art. 1808).

1144. — Est nulle la disposition faite sous la condition que l'héritier ou légataire fasse également dans son testament une disposition en faveur du testateur ou d'un tiers (art. 1809).

1145. — La condition, qui ne fait que suspendre pour un certain temps l'exécution de la disposition, n'empêche pas l'héritier ou légataire d'acquérir un droit à l'hérédité ou au legs, et il peut le transmettre à ses propres héritiers (art. 1809).

1146. — Lorsqu'une succession ou un legs est attribué à quelqu'un sous la condition de ne pas donner ou de ne pas faire une chose déterminée, l'héritier ou légataire peut être tenu, à la requête des intéressés, de fournir caution de se conformer à cette injonction, sauf la disposition (*supra*, n. 1143) de l'art. 1808 (art. 1848).

1147. — Si un legs est fait sous condition ou pour produire son effet à partir d'une certaine époque, le légataire a le droit d'exiger des sûretés de celui qui est chargé de l'acquitter (art. 1849).

1148. — Lorsqu'un héritier est institué sous une condition suspensive, l'hérédité est mise en régie jusqu'à ce que la condition soit accomplie ou qu'il soit avéré qu'elle ne pourra pas s'accomplir; l'administration est confiée au cohéritier testamentaire non conditionnel, si, entre lui et l'héritier conditionnel, il peut exister un droit d'accroissement (art. 1822).

1149. — Si l'héritier conditionnel n'a pas de cohéritier du tout ou pas de cohéritier avec possibilité de droit d'accroissement, l'administration est dévolue à l'héritier légitime présumé, à moins que l'héritier conditionnel n'ait de justes motifs de s'y opposer; ce dernier peut aussi prendre personnellement cette administration, à charge de donner caution (art. 1823).

§ 11. Prusse.

1150. — Le *Landrecht* prussien consacre aux conditions de longues et minutieuses dispositions dans les titres relatifs aux *déclarations de volonté* (*Willenserklärungen*, I, 4, §§ 100 à 144), aux *Contrats* (I, 5, §§ 226 et s.), aux promesses de mariage (II, 1, §§ 93-98), à la vente (I, 11, §§ 258 et s.), aux institutions d'héritier (I, 12, §§ 478 à 518), etc. Nous devons nous borner à analyser ces nombreux articles, qui ne présentent d'ailleurs que peu de particularités dignes de remarque.

1151. — Les articles insérés dans le titre relatif aux *déclarations de volonté* renferment la théorie générale de la condition. Le *Landrecht* définit successivement la condition suspensive (I, 4, §§ 101 à 113), la condition résolutoire (§§ 114 à 125), les conditions possibles ou impossibles (§§ 126 à 132), les conditions inutiles (§§ 133 à 135), les conditions illicites (§§ 136 à 138).

1152. — Lorsqu'une condition suspensive dépend d'un acte volontaire du créancier ou d'un tiers, et que le débiteur en empêche intentionnellement l'accomplissement, la condition est réputée accomplie vis-à-vis de lui (§ 105).

1153. — Il en est de même si le débiteur détermine, par fraude ou par d'autres moyens illicites, la décision d'après laquelle la condition vient à défaillir (§ 106); mais s'il n'a usé, à cet effet, que de moyens licites, il n'encourt aucune responsabilité vis-à-vis du créancier (§ 107).

1154. — Une condition suspensive, dépendant du pur caprice du déclarant ou du débiteur, ne produit aucun effet juridique (§ 108).

1155. — En matière de condition résolutoire, si celui qui doit bénéficier de la résolution détermine, par fraude ou par d'autres moyens illicites, la décision qui fait produire à la condition son effet, la condition est réputée, quant à lui, n'avoir pas été accomplie (§ 119).

1156. — Si un droit ou un avantage est concédé à une personne sous la condition de rester en état de veuvage, cette personne, en cas de nouveau mariage, ne peut jamais être obligée à restituer les fruits qu'elle a perçus antérieurement (§ 120).

1157. — Celui dont le droit est subordonné à une condition résolutoire peut être tenu de fournir des sûretés (§ 121).

1158. — Lorsqu'une disposition est subordonnée à la condition qu'un événement nécessaire et inévitable ne se produira pas, elle est nulle (§ 129).

1159. — Une disposition subordonnée à la condition qu'un événement impossible ne se produira pas, est réputée pure et simple (§ 130); si, au contraire, la condition est que cet événement se produise, la disposition est nulle (§ 131).

1160. — Est également nulle la disposition subordonnée à une condition inintelligible (§ 132).

1161. — Une condition dont il est impossible de comprendre l'utilité n'en doit pas moins être observée, tant que le disposant vit et persiste à en exiger l'accomplissement (§ 133); mais, s'il meurt sans s'être expliqué sur le but qu'il se proposait en la posant, l'intéressé peut demander au juge de le relever de l'obligation de l'accomplir (§ 134). Le juge, avant de statuer, doit entendre ceux qui peuvent avoir intérêt au maintien de la condition ou dispenser de l'accomplir si elle est manifestement inutile (§ 135).

1162. — Les conditions illicites annulent le contrat auquel elles sont attachées (§ 137; I, 5, § 227). En matière de dispositions testamentaires, elles sont réputées non écrites (I, 12, § 63).

1163. — Lorsqu'il a été posé plusieurs conditions licites dont l'une ou l'autre doit être accomplie, c'est, en général, le débiteur qui est libre de choisir celle qu'il préfère remplir (I, 4, § 139).

1164. — Rien n'empêche de faire une condition d'un événement passé; mais celui qui a un droit subordonné à une condition de cette nature ne peut le faire valoir qu'après avoir clairement démontré que cet événement s'est effectivement produit (§§ 140 et 141).

1165. — Une promesse de mariage subordonnée à une condition suspensive peut être révoquée par chacune des deux parties tant que la condition n'est pas accomplie (2, 1, § 95).

1166. — La vente sous condition suspensive ne devient effective qu'après l'accomplissement de la condition; jusqu'à ce moment, l'acquéreur, s'il a été mis immédiatement en possession, est considéré comme un simple administrateur de la chose d'autrui (1, 1, §§ 258 et 259).

1167. — Si une chose a été vendue et livrée sous certaines conditions, ces conditions ne sont opposables à un tiers, au point de vue de l'acquisition d'un droit sur la chose, qu'autant que notoirement il en avait connaissance (§ 264); il est réputé en avoir eu connaissance si, en matière immobilière, les conditions étaient inscrites sur le registre foncier (§ 265).

1168. — En matière de dispositions testamentaires (1, 12, §§ 478 et s.), si quelqu'un a été institué héritier sous une condition suspensive, l'héritier *ab intestat* reste, sauf prescription contraire du testateur, en possession et en jouissance de la succession jusqu'à l'accomplissement de la condition (§ 478); s'il est inconnu, la succession est gérée à son compte par un curateur, sous la surveillance du juge (§ 479). Les rapports entre l'héritier légitime (ou le curateur) et l'héritier conditionnel sont régis par les mêmes règles que ceux entre l'héritier fiduciaire et l'héritier appelé (§ 480. — V. §§ 466 et s.). Il en est de même de l'héritier ou légataire sous condition résolutoire, par rapport à celui qui doit recueillir la succession ou le legs en cas d'accomplissement de la condition (§ 489).

1169. — Lorsque le testateur a imposé conjointement à plusieurs personnes une condition qui peut valablement être accomplie par une seule d'entre elles, l'accomplissement de la condition par cette dernière profite à toutes les autres (§ 498).

1170. — Lorsque la condition est déjà accomplie du vivant du testateur ou antérieurement à la publication du testament, elle est réputée dûment remplie, et l'héritier ou légataire n'a plus à y satisfaire après coup que si elle consiste en une action de sa part qu'il soit en mesure de renouveler (§§ 501 et 502); encore faut-il que ce renouvellement soit de quelque utilité, eu égard aux circonstances ou aux intentions manifestées par le testateur; sinon, on applique les règles indiquées ci-dessus (n. 1161) sur les conditions inutiles (§ 503).

1171. — On apprécie également, d'après les principes généraux posés ci-dessus (n. 1159), les conditions impossibles ajoutées à un legs ou une institution d'héritier (§ 504). Si l'accomplissement de la condition, possible en lui-même, était encore impossible pour l'héritier ou le légataire du vivant du testateur, et que celui-ci ait connu cette circonstance, il est réputé, sauf disposition contraire, y avoir renoncé (§ 505). Si, au contraire, le testateur ignorait l'impossibilité, ou si elle n'est survenue qu'après son décès, l'institution ou le legs devient caduc (§ 506).

1172. — Lorsqu'une condition a été manifestement posée dans l'intérêt public, il appartient à l'Etat d'en exiger l'accomplissement (§ 514).

1173. — Si ce ne sont pas des actes précis que le testateur a imposé l'obligation de faire ou d'omettre, s'il s'est borné, en leur donnant la forme d'une condition, à des recommandations d'avoir de l'ordre, de l'économie, une bonne conduite, etc., l'héritier ou le légataire n'est lié que dans sa conscience (§ 516). Mais, si le testateur a soumis la conduite de l'héritier ou légataire à la surveillance de personnes désignées, et que celles-ci signalent au juge des actes manifestement contraires aux volontés du testateur, l'institution ou le legs devient caduc après un avertissement judiciaire demeuré infructueux (§ 517).

§ 12. Russie.

1174. — I. *Loi de l'empire.* — La première partie du t. 10 du *Svod*, consacrée aux *Lois civiles*, ne contient pas, comme le *Landrecht* prussien, une théorie complète de la condition. On y trouve qu'un certain nombre de dispositions éparses, que la jurisprudence a, d'ailleurs, interprétées conformément aux principes en vigueur dans le reste de l'Europe.

1175. — D'après l'art. 1530, en dehors des clauses contraires aux lois, les parties sont libres de subordonner l'effet de leurs conventions à tels termes ou conditions que bon leur semble.

1176. — S'il est démontré que l'événement auquel le contrat était subordonné est irréalisable et l'était déjà au moment de la conclusion du contrat, qu'en conséquence, l'accomplissement de la condition est impossible, l'engagement doit être annulé. — Département civil de cassation, 1879, n. 223. — Ernest Lehr, *Éléments de droit civil russe*, t. 2, n. 740, 742.

1177. — Lorsqu'un engagement a été conclu sous une condition suspensive, il ne devient parfait qu'au moment où la condition s'est accomplie. — Départ. civ. de Cass., 1875, n. 414 et 705. — Ern. Lehr, *op. cit.*, t. 2, n. 751.

1178. — En matière de succession, les dispositions conditionnelles sont aussi licites que les dispositions pures et simples. Ainsi, le testateur peut décider que l'héritier n'entrera en jouissance que sous une condition suspensive ou résolutoire. — Dép. civ. de Cass., 1869, n. 816; 1871, n. 863; 1876, n. 460; 1879, n. 78. — Ern. Lehr, *op. cit.*, t. 2, n. 649.

1179. — Un mari peut disposer que sa veuve ne jouira du bien légué que tant qu'elle ne se remariera point, et que, en cas de nouvelle union, le bien fera retour aux héritiers légitimes. — Dép. civ. de Cass., 1879, n. 27.

1180. — II. *Provinces baltiques.* — Le Code des provinces baltiques consacre quarante-cinq articles aux conditions diverses auxquelles peut être subordonnée l'exécution d'un contrat : conditions suspensives et résolutoires, affirmatives et négatives, casuelles, potestatives et mixtes, physiquement ou juridiquement impossibles, fausses et « perplexes » (c'est-à-dire, impliquant une contradiction), illicites et immorales (C. civ. balt., art. 3130 à 3163).

1181. — Une condition ne vaut qu'autant qu'elle a été formulée en pleine connaissance de cause et sérieusement; au cas contraire, la disposition même qu'elle accompagne est à considérer comme non avenue (art. 3161).

1182. — Il en est de même si la condition manque de précision, est inintelligible, ou dépend exclusivement du bon plaisir du débiteur (art. 3162 et s.).

1183. — Les effets des conditions suspensives ou résolutoires sont ceux de droit commun (art. 3167-3176).

1184. — Les conditions impossibles, fausses ou perplexes, annulent le contrat quand elles sont affirmatives, et sont réputées non écrites, au cas contraire (art. 3178-3180).

1185. — Les conditions illicites ou immorales entraînent la nullité de la disposition principale; mais est valable le contrat par lequel une personne se soumet à un préjudice pour le cas où elle ne s'abstiendrait pas de tel acte illicite et immoral; il en serait autrement du contrat par lequel elle stipulerait un avantage à son profit à condition de s'abstenir d'un acte semblable ou d'accomplir son devoir (art. 3183-3185).

1186. — La condition à laquelle est subordonnée l'exécution d'un contrat doit être observée, alors même que l'acte ou l'événement dont il s'agit serait, en lui-même, dépourvu de toute utilité (art. 3188).

1187. — S'il a été convenu que la condition doive s'accomplir dans un délai donné et que ce délai s'écoule sans qu'elle se soit accomplie, elle est réputée défaillie; toutefois, il y a lieu de défalquer le temps pendant lequel le débiteur a été empêché de l'accomplir sans nulle faute de sa part (art. 3189).

1188. — Une condition est réputée accomplie quand l'autre partie en a entravé l'accomplissement ou y renonce. Si le débiteur sous condition exécute l'obligation avant l'accomplissement de la condition, dans la croyance que la condition s'était réalisée, il a le droit de se faire restituer, tant en fait, la condition n'est pas accomplie (art. 3192-3194). — Ernest Lehr, *Eléments de droit civil russe*, t. 2, n. 774.

1189. — En matière de successions, les institutions d'héritier, les legs et les substitutions peuvent être subordonnées à des conditions, soit suspensives, soit résolutoires. Les conditions peuvent être expresses ou tacites (art. 2358-2360).

1190. — Les conditions immorales ou illicites affirmatives, les conditions impossibles, fausses, juridiquement impossibles, sont réputées non écrites; lorsque l'accomplissement d'une condition, sans être impossible, est seulement difficile, on n'est pas dispensé de l'accomplir (art. 2364, 2365).

1191. — Dans les dispositions de dernière volonté, sont interdites toutes les conditions tendant à restreindre, par la menace d'un préjudice, la liberté personnelle de l'héritier ou du légataire (notamment son droit de changer de résidence ou de se fixer dans un endroit déterminé) et sa liberté de tester (art. 2366).

1192. — Il n'est pas permis non plus d'imposer un changement de religion; mais, s'il s'agit d'un culte non prohibé, on peut imposer valablement la condition de n'en pas changer (art. 2367).

1193. — Est illicite la condition de divorcer, ou de rester célibataire, ou de n'épouser qu'une personne désignée par un tiers, fût-ce le père; il est permis, au contraire, d'imposer la condition : 1° de se marier, soit absolument, soit avec une personne déterminée, pourvu que la condition ne se heurte à aucune prescription de la loi, et sans préjudice de ce qui peut être commandé par la dignité ou par les convenances; 2° de ne pas épouser une personne déterminée, pourvu que la condition n'ait pas pour objet d'empêcher absolument de se marier celui à qui elle est imposée, ou de rendre son mariage plus difficile; 3° à une veuve de ne pas se marier durant la minorité de ses enfants (art. 2368).

1194. — On peut également faire un legs à son conjoint sous la condition qu'il ne se remarie point (Même art.).

1195. — La condition de prendre un nom déterminé doit être accomplie, lorsque ce nom n'a pas un sens odieux ou méprisant ou ridicule, ou que la personne n'a pas des raisons majeures pour conserver le sien (art. 2369). — Ernest Lehr, *op. cit.*, n. 657.

1196. — Quand des conditions sont attachées à une institution contractuelle, elles sont régies, en tant qu'elles s'appliquent aux contractants, par les règles concernant les conditions attachées à un contrat, et, en tant qu'elles visent d'autres personnes, par les règles posées en matière de testament (art. 2490).

§ 13. Saxe royale.

1197. — Le Code civil saxon consacre de nombreux articles à la théorie des conditions (art. 108 à 113, 874 à 892, 2117 à 2148). Les règles posées étant sensiblement les mêmes que dans les législations analysées précédemment, il suffira d'en indiquer certains traits.

1198. — Si une condition suspensive vient à défaillir, le contrat est réputé n'avoir pas été conclu, et, si la chose promise conditionnellement a déjà été livrée, elle doit être restituée avec tous les fruits perçus (art. 872).

1199. — Dans une vente sous condition suspensive, le vendeur supporte la perte accidentelle de la chose, tant que la condition n'est pas accomplie; si la chose vient à périr, celui qui devait l'acquérir est dispensé de sa contre-prestation. Les détériorations accidentelles sont au compte de l'acquéreur; il doit sa contre-prestation sans diminution, à moins qu'on ne lui ait promis certaines qualités de la chose qui feraient défaut au moment de l'accomplissement de la condition (art. 873).

1200. — Les fruits produits par la chose avant l'accomplissement de la condition appartiennent, si elle se réalise, à celui qui a promis la chose, à moins qu'il ne se soit déjà dessaisi de la chose en faveur de la personne éventuellement appelée à la recevoir, auquel cas les fruits appartiennent à cette dernière (art. 874).

1201. — En matière de conditions résolutoires, les fruits produits par la chose avant l'accomplissement de la condition appartiennent à celui qui les a perçus. Si, pendant le même temps, l'une des parties a accordé à un tiers des droits sur la chose, ces droits subsistent, mais celle qui les a concédés est tenue envers l'autre de les faire disparaître et, si cela est impossible, de l'indemniser du préjudice causé (art. 875).

1202. — On ne peut faire dépendre une obligation de la volonté pure et simple de celui qui la contracte. Mais on peut la subordonner à un acte extérieur dépendant de son bon plaisir (art. 876).

1203. — « Un engagement pour le cas où celui qui le prend ferait un acte contraire aux lois ou aux bonnes mœurs, est valable; un engagement pour le cas où celui qui le prend ne ferait pas un acte semblable ou remplirait son devoir, est nul » (art. 877).

1204. — Est nul l'engagement pris sous la condition que l'autre partie fasse un acte illicite ou immoral ou ne commette pas un délit par lui projeté (art. 878).

1205. — Est également nul l'engagement pris sous la condition que l'une des parties ou un tiers change de religion ou n'en change pas (art. 879).

1206. — Si, dans les cas prévus aux trois numéros précédents, la condition est résolutoire, c'est la condition seule qui est réputée non écrite, à moins qu'elle n'ait eu pour objet de favoriser un acte illicite ou immoral (art. 880-109).

1207. — Si l'on fait une condition suspensive d'un événement passé ou présent, le contrat est réputé pur et simple, si l'événement s'est produit, et nul, au cas contraire (art. 881).

1208. — Si l'événement dont on a fait une condition suspensive ou résolutoire a déjà eu lieu au moment de la conclusion du contrat, mais est susceptible de se reproduire une ou plusieurs fois, il est indispensable qu'il se reproduise si les parties savaient qu'il avait déjà eu lieu (art. 882-883).

1209. — Si l'on fait, d'un événement passé ou présent, une condition résolutoire, le contrat est nul, si l'événement s'est produit, et pur et simple, au cas contraire (art. 883).

1210. — La condition suspensive impossible est réputée non écrite, si elle est négative, et annule le contrat, si elle est affirmative (art. 884). À l'inverse, la condition résolutoire impossible annule le contrat, si elle est négative, et est réputée non écrite, si elle est affirmative (art. 885).

1211. — Les conditions inintelligibles ou contradictoires suspensives annulent le contrat; résolutoires, elles sont réputées non écrites (art. 886).

1212. — Le contrat subordonné à un événement nécessaire est réputé pur et simple; si l'époque où l'événement doit se produire est incertaine, le contrat n'est efficace qu'à partir du moment où l'événement s'est produit. Si le créancier conditionnel est décédé avant que l'événement se produit, le contrat ne vaut qu'autant que le créancier est effectivement en vie à ce moment (art. 887).

1213. — Si les parties ont subordonné leurs engagements à une circonstance qui aille de soi, le contrat est réputé pur et simple (art. 888).

1214. — Les relations juridiques découlant d'un contrat conditionnel se transmettent, après la mort des parties, à leurs héritiers (art. 889).

1215. — Une condition consistant en un acte imposé à une des parties peut être accomplie par ses héritiers si l'acte n'a pas un caractère strictement personnel (art. 890); mais, quand il s'agit de l'acte d'un tiers, la condition ne peut être remplie par les héritiers de ce dernier (art. 891). Si celui qui doit accomplir l'acte indiqué ne peut ou ne veut pas remplir la condition, elle est à considérer comme n'ayant pas été remplie, et le refus de la remplir est irrévocable (art. 892).

1216. — En matière de successions, si le droit de succession est subordonné à une condition, l'hérédité n'échoit à l'héritier qu'après l'accomplissement de la condition et si, à ce moment, il est encore en vie (art. 2009).

1217. — Si une personne a été instituée à partir d'une époque ou sous une condition suspensive, la succession est dévolue aux héritiers légitimes jusqu'à cette époque ou à l'accomplissement de la condition ; s'il s'agit d'une condition résolutoire, les héritiers légitimes entrent en possession de la succession au lieu et place de l'institué, aussitôt que la condition s'est réalisée (art. 2013).

1218. — Lorsqu'un testateur omet d'insérer dans ses dernières volontés une condition qu'il avait l'intention d'y insérer, le testament est nul ; lors, au contraire, qu'il y a inséré une condition qu'il ne voulait pas y mettre, la condition est réputée non écrite (art. 2082).

1219. — Une disposition de dernière volonté subordonnée à des circonstances qui s'entendent d'elles-mêmes est réputée pure et simple (art. 2117).

1220. — La condition que l'héritier ou légataire devra recevoir la chose quand il voudra est réputée accomplie du moment où il se déclare prêt à l'accepter (art. 2118).

1221. — Si le testateur a fait d'un événement passé ou présent une condition suspensive, la disposition est valable, si l'événement s'est produit, et caduque, au cas contraire (art. 2119); s'il en a fait une condition résolutoire, c'est l'inverse (art. 2120). S'il s'agit d'un événement futur dont la date seule est incertaine, la disposition ne vaut que quand l'événement s'est produit (art. 2121).

1222. — Une disposition de dernière volonté, sous condition suspensive, ne produit son effet au profit du bénéficiaire qu'après l'accomplissement de la condition, et devient caduque si la condition ne s'accomplit pas (art. 2122).

1223. — Une disposition de dernière volonté sous condition résolutoire produit un effet immédiat, dès la mort du testateur, mais devient caduque dès l'accomplissement de la condition ; et le bénéficiaire doit restituer ce qu'il avait reçu, en ne conservant que les fruits (2123).

1224. — Sont réputées non écrites : 1° les conditions impossibles, affirmatives ou négatives (art. 2125), à moins que l'impossibilité ne soit survenue que postérieurement à la confection du testament (art. 2127); 2° les conditions incompréhensibles ou contradictoires (art. 2128); 3° la condition suspensive, pour le légataire, de faire un acte contraire aux lois ou aux bonnes mœurs ou d'omettre un acte commandé par la loi ou la morale; si la condition est inverse, c'est-à-dire de ne pas commettre un acte illicite ou immoral ou de faire un acte prescrit par la loi ou la morale, le bénéficiaire peut réclamer ce qui lui est attribué, mais le perd s'il agit à l'encontre de la condition posée (art. 2129); 4° la condition résolutoire de faire un acte contraire aux lois ou aux bonnes mœurs ou de s'abstenir d'un acte commandé par la loi ou la morale, la condition inverse devant, au contraire, produire son effet (art. 2130).

1225. — Est valable la condition suspensive que la personne chargée de l'acquittement du legs fasse un acte contraire aux lois ou aux bonnes mœurs ou omette un acte commandé par la loi ou la morale; la condition suspensive que cette personne ne fasse pas un acte interdit ou ne s'abstienne pas d'un acte obligatoire pour elle et que la contrainte à accomplir le legs si elle agit contrairement à la condition (art. 2131). La règle est inverse si la condition est résolutoire (art. 2132).

1226. — Une condition tendant à rendre le légataire ridicule est assimilée à une condition immorale (art. 2134). Il en est de même d'une condition lui imposant le célibat ou un mariage au gré d'un tiers; toutefois, un usufruit ou la jouissance d'une rente peut être valablement limité au temps pendant lequel il ne sera pas marié (art. 2135), et un conjoint peut valablement imposer à son conjoint la condition de ne pas se remarier (art. 2136).

1227. — Toute condition relative à un changement ou à une interdiction de changement de religion est réputée non écrite: néanmoins un droit d'expectative en faveur de membres de la famille peut être subordonné à la condition qu'ils professeront un culte déterminé (art. 2137).

1228. — Le Code entre dans de longs détails pour le cas où un legs conditionnel est commun à plusieurs personnes et divisible ou non (art. 2139, 2140).

1229. — Lorsque l'accomplissement de la condition devient fortuitement impossible après que le légataire désigné s'était montré prêt à y satisfaire, la condition est réputée accomplie, à moins que le testateur n'ait expressément prescrit le contraire (art. 2142).

1230. — Si le légataire meurt avant l'accomplissement de condition, celle-ci est réputée défaillie (art. 2144).

1231. — Si le testateur a disposé que la personne désignée doit ne pas recevoir ou perdre le legs si elle attaque le testament, cette disposition est sans effet lorsque la contestation porte uniquement sur l'authenticité ou le sens des dernières volontés ou sur la consistance des objets légués (art. 2148).

§ 14. Suisse.

1232. — En Suisse, la matière des conditions est réglée par le Code fédéral des obligations, en ce qui concerne les obligations, et plus ou moins parcimonieusement par les législations cantonales, en ce qui concerne les dispositions de dernière volonté.

1233. — I. *Droit fédéral.* — L'obligation ne produit ses effets qu'à partir du moment où la condition s'accomplit, à moins que les parties n'aient manifesté une intention contraire (C. féd., art. 171).

1234. — Tant que la condition n'est pas accomplie, le débiteur doit s'abstenir de tout acte de nature à empêcher que l'obligation ne soit dûment accomplie; le créancier dont les droits conditionnels sont mis en péril peut prendre les mêmes mesures conservatoires que si sa créance était pure et simple (art. 172).

1235. — Si ce créancier se trouve d'avance nanti de la chose, peut, lorsque la condition s'accomplit, conserver les fruits perçus; lorsque la condition vient à défaillir, il est tenu de les restituer (art. 173).

1236. — Quand la résolution de l'obligation a été subordonnée à un événement incertain, l'obligation cesse de produire ses effets à partir du moment où la condition s'accomplit; en principe, il n'y a point d'effet rétroactif (art. 174).

1237. — Si la condition est que l'une des parties fasse une chose sans qu'il soit essentiel qu'elle la fasse elle-même, son héritier peut y satisfaire en son lieu et place (art. 175).

1238. — La condition est réputée accomplie, lorsque l'une des parties en a empêché, de mauvaise foi, l'accomplissement (art. 176).

1239. — Est nulle l'obligation subordonnée à une condition ayant pour objet de provoquer à commettre un acte illicite ou immoral (art. 177).

1240. — II. *Législations cantonales.* — Il s'en faut de beaucoup que toutes les législations civiles cantonales posent des principes spéciaux quant aux conditions qui peuvent modifier une disposition de dernière volonté; pour celles qui sont muettes, on s'en tient purement et simplement aux règles générales. — V. Grison, § 512.

1241. — La règle de l'art. 900, C. civ. français, en vigueur à Genève et dans le Jura Bernois, est reproduite, plus ou moins textuellement, dans les Codes de Fribourg (art. 752), Neuchâtel (art. 637), Tessin (art. 610), Valais (art. 672) et Vaud (art. 559).

1242. — Le Code valaisan y ajoute un art. 673, ainsi conçu : « Toute condition qui empêcherait quelqu'un de se marier, ou de se remarier, est contraire à la loi; toutefois celui à qui l'on aurait légué un usufruit, un droit d'usage ou d'habitation, une pension ou autre redevance périodique, dans le cas où il serait célibataire ou veuf, ou pour le temps qu'il resterait tel, ne pourra en jouir que pendant la durée de son célibat ou de sa viduité. La condition de viduité, apposée dans les dispositions testamentaires de l'un des époux au profit de l'autre, sera également valable; cette condition, quoique non exprimée, sera toujours censée apposée lorsque le disposant aura laissé des enfants ou descendants. »

1243. — L'art. 709 du même Code impose au bénéficiaire d'une disposition conditionnelle de dernière volonté l'obligation de donner des sûretés à ceux qui, la condition venant à s'accomplir, auraient droit à la restitution des objets légués.

1244. — Les législations cantonales de la Suisse allemande ne contiennent, en général, aucune règle sur les dispositions testamentaires conditionnelles. Seule, la loi successorale de Saint-Gall renferme deux articles ainsi conçus : « Art. 105 : Le testateur a le droit, si bon lui semble, de subordonner ses dispositions à des conditions,..... pourvu que ces conditions ne soient pas immorales, illicites, impossibles ou tout à fait inintelligibles, auxquels cas elles seraient réputées non écrites. — Art. 106 : Si la validité des conditions donne lieu à contestation, le tribunal de district statue en première instance ». — V. Eugen Huber, *System und Geschichte des schweizerischen Privatrechts*, t. 2, p. 239 et s.

CONDITIONNEMENT DES LAINES ET SOIES.

Législation.

Décr. 23 germ. an XIII (*créant à Lyon la première condition officielle des soies établie en France*); — Décr. 13 fruct. an XIII (*établissant la condition des soies d'Avignon*); — Décr. 15 janv. 1808 (*constitutif de la condition des soies de Saint-Étienne*); — Ord. 26 juill. 1829 (*modifiant l'art. 14. Décr. 23 germ. an XIII*); — Ord. 23 avr. 1841 (*autorisant l'emploi du procédé Léon Talabot pour le conditionnement des textiles*); — Décr. 25 mars 1852 (*sur la décentralisation administrative*); — Décr. 2 mai 1853 (*autorisant la création du bureau de conditionnement de Paris*); — Décr. 25 juin 1856 (*créant un bureau public de titrage*); — Décr. 13 avr. 1861 (*qui modifie celui du 25 mars 1852 sur la décentralisation administrative*); — L. 13 juin 1866 (*sur les usages commerciaux*).

V. à la Section VI les différents décrets qui ont établi en France des bureaux publics de conditionnement.

Bibliographie.

Alcan, *Essai sur l'industrie des matières textiles.* — Block, *Dictionnaire de l'administration française*, 3e édit., 1891, v° *Conditionnement.* — *Dictionnaire universel du commerce et de la navigation*, 1861, 2 vol., v¹ˢ *Soies, Lainages.* — Musin, *Observations sur le conditionnement des matières textiles*, Roubaix, 1875. — Perret (Adr.), *Monographie de la condition des soies de Lyon*, 1 vol., 1878, publié par les soins de la chambre de commerce de Lyon. — Persoz (J.), *Essai sur le conditionnement, le titrage et décreusage de la soie, suivi de l'examen des autres matières textiles*, 1 vol., 1878. — Rondot (Nat.), *L'art de la soie*, 2 vol., Paris, 1885. — Storhay (Jean), *Renseignements pratiques sur les conditions publiques*, 1 vol. in-8°, Lille, 1888. — Tauquelle (E.), *Traité pratique de l'industrie lainière*, 1 vol. in-8°, 1884, Lille. — Thorex (César), *Sul titolo o numero dei filati*, Turin, 1874. — Vignon (L.), *La soie*, 1 vol. in-16, 1890.

Index alphabétique.

Allemagne, 56.
Amiens, 53.
Angleterre, 58.
Ancône, 60.
Aubenas, 39, 42.
Autriche, 59.
Avignon, 54.
Baccigaluppi, 67.
Bâle, 70.
Bergame, 61.
Brescia, 62.
Bulletin, 31, 37 et 38.
Côme, 63.
Conditionnement des laines, 17 et s., 37.
Conditionnement des soies, 1 et s., 37.
Conditionnement des textiles, 20, 37.
Contribution foncière, 38 et 39.
Crefeld, 68.
Decreusage de la soie, 34 et s.
Dessiccation (procédés de), 7 et s., 13 et s.
Elberfeld, 70.
Essayage, 27 et s.
Étrangers (bureaux), 55 et s.
Florence, 64.
Fourmies, 48.
Fraude, 5.
Gênes, 65.
Grès 34.
Italie, 6, 52 et s.
Laines, 17 et s., 32 et s.
Lecco, 66.
Lyon, 8, 11, 36, 39, 51.
Marseille, 43.
Milan, 67.
Paris, 52.
Patente, 38 et 39.
Persoz (appareil), 16.
Pesage de la soie, 21 et s.
Piquage d'once, 28.
Poids, 1 et s.
Privas, 38, 39, 41.
Prix, 4.
Reims, 18, 47.
Reprise des laines, 19.
Reprise des soies, 14, 16, 38.
Reprise des textiles, 20.
Roanne, 45.
Roubaix, 39, 49.
Saint-Étienne, 46.
Soies, 25 et s., 34 et s.
Suisse, 70 et 71.
Table de conversion, 31.
Timbre, 38 et 39.
Titrage de la soie, 25, 26, 37.
Titrage des laines, 32, 33, 37.
Tourcoing, 50.
Turin, 6, 7, 27, 68.
Udine, 69.
Valence, 44.
Vienne, 59.
Zurich, 71.

Division.

Sect. I. — Objet du conditionnement.
§ 1. — *Soies* (n. 1 à 16).
§ 2. — *Laines* (n. 17 à 19).
§ 3. — *Autres textiles* (n. 20).

Sect. II. — Pesage de la soie (n. 21 à 24).
Sect. III. — Titrage ou essayage.
§ 1. — *Soies* (n. 25 à 31).
§ 2. — *Laines* (n. 32 et 33).
Sect. IV. — Décreusage de la soie (n. 34 à 36).
Sect. V. — Régime légal (n. 37 à 40).
Sect. VI. — Nomenclature des bureaux publics de conditionnement établis en France et des décrets particuliers qui les réglementent (n. 41 à 52).
Sect. VII. — Législation comparée (n. 55 à 71).

SECTION I.

Objet du conditionnement.

§ 1. *Soies*.

1. — La nature hygrométrique des fibres textiles, en modifiant leur poids suivant l'état de la température, oblige les commerçants à tenir compte de leur degré de siccité ou d'humidité, pour la détermination du poids de la marchandise achetée ou vendue. Le *conditionnement* est l'opération qui consiste à déterminer ce poids, eu égard à l'état hygrométrique de la matière.

2. — La nécessité d'y recourir s'impose surtout en ce qui concerne la soie, tant à cause de sa propriété d'absorber l'humidité ambiante que de son prix élevé.

3. — Cette matière qui, en général, dans les pays secs, contient environ 8 à 10 p. 0/0 de son poids d'eau, peut en absorber facilement 15 p. 0/0 sans paraître mouillée et même en contenir jusqu'à 25 p. 0/0. Aussi est-ce par kilogrammes que se traduisent les variations de poids, aux différentes températures, des balles de soie, dans la dimension en usage dans le commerce.

4. — Or, la soie, sans avoir aujourd'hui la valeur qu'elle avait autrefois, est encore d'un prix très-élevé. « Certaines grèges fines, de qualité exceptionnelle, étaient immédiatement avant la guerre de 1870 estimées à Paris 175 fr. le kilog., soit presque les 7/8 du prix de l'argent fin », dit Persoz (*Essai sur le conditionnement de la soie*, ch. 14, p. 105). Aujourd'hui, le prix de la soie, d'après l'évaluation du tableau statistique du commerce de la France pour 1892, est de 34 fr. 50 le kilog.

5. — On conçoit, dès lors, que les négociations de ballots de soie aient été autrefois l'objet de nombreuses fraudes et contestations. Les vendeurs veillaient à maintenir leur marchandise dans un état exagéré d'humidité. Les acheteurs, mis en défiance, exigeaient des réductions de prix ou n'achetaient qu'avec des garanties et dans des conditions particulières. De là des difficultés sans nombre dont le résultat était d'entraver les transactions sans profit ni pour les uns ni pour les autres.

6. — Vers le milieu du XVIIIe siècle, en Italie et à Turin particulièrement, l'usage s'était établi d'acheter la soie *à condition*, c'est-à-dire d'après son poids après exposition à l'air libre pour un temps sec pendant un certain nombre d'heures déterminé.

7. — En 1750, une ordonnance du roi de Sardaigne créa à Turin le premier établissement public de conditionnement. C'était une grande salle où la soie suspendue à des crochets fixés au mur, était exposée pendant un temps déterminé. La dessiccation se faisait à l'air libre pendant l'été, et l'hiver, la salle était chauffée et maintenue à une température égale.

8. — Après plusieurs démarches infructueuses pour obtenir du gouvernement la création d'un établissement officiel de conditionnement, Rast-Maupas, en 1780, fonda à Lyon la première condition des soies qui ait fonctionné en France. Ce n'était d'ailleurs qu'un établissement privé, dépourvu de tout caractère officiel et le procédé employé était assez analogue à celui de la condition de Turin.

9. — La soie était soumise à la dessiccation pendant vingt-quatre heures. Après ce délai, elle était pesée et le marché était conclu d'après ce poids si la déperdition n'excédait pas 3 p. 0/0.

Dans le cas contraire, la soie était soumise à une nouvelle épreuve de vingt-quatre heures.

10. — Rast-Maupas eut bientôt de nombreux concurrents, dont chacun opérant d'une façon différente, obtenait aussi par là même des résultats différents, et les abus ne tardèrent pas à se manifester.

11. — Aussi, le 23 germ. an XIII (13 avr. 1805), sur la demande déjà plusieurs fois formulée de la chambre de commerce de Lyon, un décret impérial supprima-t-il toutes les conditions privées, qui furent d'ailleurs indemnisées. Ce même décret attribua le monopole du conditionnement à un établissement unique et officiel dont il confia la gestion à la chambre de commerce et fixa en même temps le procédé de conditionnement qui devait être employé. Ce procédé était celui de Rast-Maupas avec quelques perfectionnements. Mais la tolérance qui, autrefois, était de 3 p. 0/0, fut réduite à 2 1/2 p. 0/0.

12. — Ce procédé de conditionnement fut appliqué sans changement notable jusqu'en 1842. Cependant il présentait de nombreuses imperfections.

13. — En 1841, une ordonnance royale du 23 avril, autorisa à appliquer pour le conditionnement des soies un procédé nouveau dû à l'invention de M. Léon Talabot et qui, depuis 1831, avait été l'objet de nombreuses expériences faites en présence, tantôt de la chambre de commerce, tantôt du comité consultatif des arts et manufactures, de commissions composées de marchands de soies et de fabricants, d'ingénieurs et de savants.

14. — Par ce procédé, le ballot de soie était pesé dans l'état où il se trouvait en magasin. On en retirait une petite quantité déterminée. Cette petite quantité était amenée dans un appareil spécial à un état de siccité absolue, et d'après le poids d'eau perdu par cette quantité de soie, on déterminait le poids du ballot entier à l'état absolument sec. Enfin, pour fixer le poids marchand du ballot, on ajoutait au poids ainsi déterminé 11 p. 0/0, c'est-à-dire la quantité moyenne d'humidité dont la soie est imprégnée dans nos pays à la température normale. Ce poids de 11 p. 0/0 est appelé « taux de reprise. »

15. — Ce dessiccateur présentait une grande supériorité sur les appareils antérieurs; il avait toutefois l'inconvénient d'exiger une durée de six heures pour la vérification du poids des soies.

16. — Aujourd'hui, l'appareil usité est celui dû à l'invention de M. J. Persoz, directeur de la condition des soies à Paris. Rapide, et d'une exactitude rigoureuse, il n'occasionne aucun déchet; le taux de reprise reste toujours de 11 p. 0/0. Les échantillons rendus au déposant conservent, après l'opération, toutes leurs qualités industrielles et toute leur valeur. Seules, les soies *teintes* pourraient s'altérer au conditionnement. Aussi sont-elles rarement soumises à cette opération.

§ 2. *Laines*.

17. — La possibilité d'établir officiellement le poids marchand des balles de soie présentait de tels avantages que l'on ne tarda pas à chercher le moyen d'appliquer les mêmes procédés à la laine, matière encore plus hygrométrique que la soie.

18. — A la suite d'expériences faites à Reims devant un congrès de marchands et de fabricants, un décret du 20 juill. 1853 créa à Reims le premier bureau public de conditionnement des laines.

19. — Les laines se conditionnent suivant les mêmes procédés que la soie, mais comme elles sont plus hygrométriques, le taux de reprise, c'est-à-dire la quantité à ajouter au poids de la balle à l'état de siccité absolue pour en établir le poids marchand, a été fixé par la loi du 13 juin 1866, sur les usages commerciaux, à 17 p. 0/0 au lieu de 11 p. 0/0, à défaut, bien entendu, de conventions contraires entre les parties. Ce taux de reprise n'est plus, du reste, lui-même en usage pour les laines peignées; la majeure partie de ces laines est conditionnée à Paris, Reims, Roubaix, Tourcoing, au taux de reprise de 18 1/4.

§ 3. *Autres textiles*.

20. — On conditionne également aujourd'hui le coton, le lin, le chanvre et toutes les matières textiles. Mais le taux de reprise de ces fibres n'ayant pas été fixé légalement, on ne peut leur appliquer qu'un taux conventionnel. Ce taux est, en général, de 8 1/2 pour le coton, de 10 à 12 p. 0/0 pour le lin, et de 12 à 13 p. 0/0 pour les chanvres.

Section II.
Pesage de la soie.

21. — Dès le principe, les bureaux publics de conditionnement, sans y être assujettis par une disposition légale, se chargèrent, à la demande des commerçants, du simple pesage des ballots de soie.

22. — D'ailleurs, jusqu'en 1857 environ, le commerce n'avait que rarement recours au bureau de conditionnement pour cette opération. Mais, vers cette époque, le commerce de la soie commença à faire l'objet de nombreuses et importantes spéculations.

23. — Les balles de soie, achetées, puis revendues suivant les fluctuations du marché, reparaissaient plusieurs fois à la condition. Aussi, pour éviter des frais considérables, les négociants se contentaient-ils le plus souvent de ne faire conditionner qu'un certain nombre de balles prises au hasard dans le lot faisant l'objet de la transaction et de faire simplement peser les autres d'une façon officielle par le bureau de conditionnement.

24. — Des tarifs, de beaucoup inférieurs à ceux du conditionnement, ont été établis pour le simple pesage des balles, et ce service « répond si bien aux exigences commerciales, qu'il a été successivement adopté dans toutes les conditions de France et de l'étranger ». — Adrien Perret, *Monographie de la condition des soies de Lyon*, p. 153.

Section III.
Titrage ou essayage.
§ 1. *Soies.*

25. — Avant de passer un marché de soie, il est indispensable que l'acheteur soit fixé sur la grosseur du fil. « Outre que cette donnée permet au fabricant de décider si le fil peut servir à une destination déterminée, elle lui procure encore le moyen de calculer la quantité de matière première qu'il lui faudra employer pour produire tel résultat désiré, et d'établir à l'avance le prix de revient de la marchandise ». — Jules Persoz, *Essai sur le conditionnement de la soie*, p. 208.

26. — Or on comprend aisément qu'il est impossible de mesurer le diamètre du fil. Ce diamètre, en effet, est toujours très irrégulier et varie suivant que le fil est plus ou moins tordu ou plus ou moins pressé. Ce que l'on mesure, c'est le rapport du poids à la longueur sur une certaine masse de fil à essayer. Cette opération s'appelle le *titrage*.

27. — L'*essayage* des soies, comme le conditionnement, paraît avoir pris naissance à Turin vers 1775. En France, ce n'est que vers la fin du siècle dernier, à Lyon, que l'on commença à essayer les soies. Cette opération était faite avec des appareils piémontais par des industriels qui prirent le nom d'essayeurs et qui recevaient en paiement les échantillons mêmes qui avaient servi à l'expérience. Cette organisation offrait de nombreux et graves inconvénients. L'essai ne présentait aucune certitude, variant selon la précision des instruments employés et les habitudes des différents essayeurs.

En outre, le mode de paiement, qui consistait à remettre à l'essayeur des échantillons qu'il était obligé de revendre, avait pour effet de jeter sur le marché une grande quantité de petites parties de soie dont il était impossible de constater l'origine, facilitant ainsi la fraude bien connue dans l'industrie lyonnaise sous le nom de *piquage d'once* (V. suprà, v° Complicité, n. 146). Aussi la chambre de commerce de Lyon, se faisant l'interprète des commerçants de sa circonscription, réclama-t-elle à maintes reprises la création d'établissements d'essai public officiel.

28. — Des décrets impériaux, du 2 mai 1833 et du 25 juin 1856, autorisèrent la création de bureaux publics de titrage des soies annexés aux bureaux de conditionnement. Le bureau de titrage des soies de Paris fut ouvert au public au mois de juillet 1853, et celui de Lyon au mois d'avril 1858.

30. — Les essayeurs avaient adopté l'usage d'évaluer le titre d'une soie d'après le poids exprimé en deniers, d'une longueur constante de 400 aunes de cette soie, c'est-à-dire d'environ 475 mètres 1/2.

31. — Or aujourd'hui, suivant la loi du 13 juin 1866, le titre légal d'une soie représente le poids moyen exprimé en grammes, ou fractions de gramme, d'une échevette de 500 mètres de cette soie. Le poids moyen est établi sur vingt échevettes de 500 mètres chacune. Cependant, ce titre légal n'offrirait encore aujourd'hui qu'un renseignement incomplet et surtout incommode à la plupart des négociants qui, soit par routine, soit peut-être pour donner aux transactions internationales une base fixe, comme une sorte de commune mesure d'une appréciation plus répandue, ont conservé l'usage de l'ancien titre, exprimant en deniers le poids de 400 aunes ou 476 mètres de cette soie. Aussi le bureau de conditionnement, pour satisfaire les exigences des commerçants, indique-t-il sur le bulletin de titrage délivré au déposant, non seulement le titre légal mais aussi le titre ancien en deniers, calculé au moyen d'une table de conversion.

§ 2. *Laines.*

32. — On titre ou numérote également les fils de laine, de cotons et autres textiles. Le numéro d'un fil de laine s'évalue non pas comme la soie, d'après le poids d'une longueur constante de ce fil, mais au contraire d'après la longueur de ce fil nécessaire pour en obtenir un poids déterminé.

33. — En France, depuis 1810, le titre légal des fils de laine est représenté par le nombre de 1,000 mètres fournis par un kilogramme de fil. Cependant, de même que pour la soie, les négociants ont conservé l'habitude de se servir de préférence de l'ancien titre, établi d'après le nombre d'écheveaux fournis par une livre ou un demi-kilogramme de fil.

Section IV.
Décreusage de la soie.

34. — La soie ne saurait être employée telle que le ver la sécrète. La fibre soyeuse, en effet, est alors recouverte d'une sorte d'enveloppe imperméable appelée grès.

35. — Or, pour obtenir cette soie brillante, appelée soie cuite, il est nécessaire d'éliminer entièrement cette matière. C'est cette élimination que l'on appelle *décreusage* ou *cuite*.

36. — Ce n'est qu'en 1847, à Lyon, qu'un bureau public de décreusage fut annexé à la condition des soies. Cette opération, qui donnait d'abord lieu à la perception d'une taxe spéciale, est pratiquée d'office et gratuitement depuis 1856 sur tous les échantillons présentés au conditionnement.

Section V.
Régime légal.

37. — Aucune loi n'impose au commerce ces différentes épreuves, conditionnement, pesage officiel, titrage ou numérotage et décreusage. Les transactions peuvent toujours se faire de gré à gré et les négociants peuvent, soit vérifier eux-mêmes soit faire vérifier par des essayeurs dépourvus de tout caractère officiel la qualité de la marchandise qui leur est livrée. En cas de litige, toutefois, ce sont les bulletins délivrés par les bureaux publics de conditionnement qui font foi devant les tribunaux.

38. — Ces bureaux eux-mêmes ne sont pas régis par une législation générale et uniforme. La loi du 13 juin 1866 sur les usages commerciaux fixe, il est vrai, d'une façon générale, les taux de reprise du conditionnement de la soie et de la laine, mais cette loi ne règle pas les taux de reprise des cotons ni des autres textiles. En outre, les différents bureaux publics qui existent en France sont soumis chacun, par les lois ou décrets qui ont autorisé leur création, à une réglementation particulière. Leurs tarifs varient suivant les localités, tantôt fixés par les lois ou décrets de création ou par des règlements postérieurs, tantôt laissés à la discrétion de la municipalité, de la chambre de commerce ou de l'administration publique ou favorisée dans les attributions de laquelle le bureau a été placé. Les bulletins délivrés par ces bureaux sont soumis au droit de timbre lorsque la condition ne relève pas directement de la municipalité et en sont dispensés dans le cas contraire, comme tout certificat délivré par un établissement municipal. Il en est de même pour la patente et la contribution foncière.

39. — Certaines conditions, comme celle de Lyon, sont tenues d'acquitter ces deux impôts, tandis que d'autres en sont exonérées, soit à raison de leur qualité d'établissement municipal, soit par une disposition spéciale du décret de création. Ainsi, la condition de Saint-Étienne ne paie pas la patente, qui est au contraire perçue à Paris, Marseille et Reims, bien que la condition de cette dernière place soit gérée par la municipalité. Par contre, les conditions de Privas, Aubenas et Roubaix jouissent, à l'égard de ces deux contributions, d'une immunité absolue.

40. — En résumé, il n'existe pas de législation uniforme pour les différents bureaux publics de conditionnement existant en France, et l'on est obligé de se reporter aux différentes dispositions législatives spéciales concernant chacun d'eux pour connaître leur réglementation particulière, leurs tarifs, les charges qui leur sont imposées et l'emploi qu'ils doivent faire des fonds leur provenant de l'application des tarifs.

SECTION VI.

Nomenclature des bureaux publics de conditionnement établis en France et des décrets particuliers qui les réglementent.

41. — ARDÈCHE. — *Privas*. — Bureau public de conditionnement des soies, géré par l'administration municipale (Décr. 26 nov. 1856).

42. — *Aubenas*. — Bureau public de conditionnement des soies géré par l'administration municipale (Décr. 11 août 1860).

43. — BOUCHES-DU-RHÔNE. — *Marseille*. — Bureau public pour le conditionnement des soies et des cocons, le titrage des soies et le dévidage des cocons, géré par la chambre de commerce (Décr. 15 juill. 1858).

44. — DRÔME. — *Valence*. — Bureau public de conditionnement des soies, géré par l'administration municipale (Décr. 8 déc. 1862).

45. — LOIRE. — *Roanne*. — Bureau public pour le conditionnement des soies, des laines et des cotons, pour le titrage et le décreusage des soies et le numérotage des fils autres que la soie (Décr. 15 mars et 11 mai 1891).

46. — *Saint-Étienne*. — Bureau public de conditionnement des soies (Décr. 15 janv. 1808). Bureau public de titrage des soies et autres matières textiles (Décr. 29 août 1873). Ces deux établissements sont gérés par la chambre de commerce.

47. — MARNE. — *Reims*. — Bureau public du conditionnement des laines, géré par l'administration municipale (Décr. 20 juill. 1853). Bureau public pour le numérotage des fils de laine, géré par l'administration municipale (Décr. 24 juill. 1878).

48. — NORD. — *Fourmies*. — Bureau public pour le titrage des soies, le numérotage des fils, le conditionnement des diverses fibres textiles employées dans la fabrication des tissus et pour le mesurage des tissus, géré par la société dite « Condition publique de Fourmies » (Décr. 10 juill. 1879).

49. — *Roubaix*. — Bureau public pour le conditionnement des soies et laines brutes ou ouvrées, le conditionnement des cotons bruts ou filés, le titrage des soies et le numérotage des fils de tout genre, géré par l'administration municipale (Décr. 31 août 1858, 15 janv. 1852 et 18 sept. 1865).

50. — *Tourcoing*. — Bureau public pour le conditionnement des soies et des laines brutes ou ouvrées, le conditionnement des cotons bruts ou filés, le titrage des soies et le numérotage métrique des fils de tout genre, géré par l'administration municipale (Décr. 11 févr. 1863, 10 sept. 1863 et 10 janv. 1866).

51. — RHÔNE. — *Lyon*. — Bureau public de conditionnement des soies (Décr. 23 germ. an XIII). Bureau public de conditionnement des laines (Décr. 22 juin 1853). Bureau public pour le titrage des soies et autres matières textiles (Décr. 15 juin 1856). Bureau public de conditionnement des cotons (Décr. 29 mars 1888). Ces bureaux sont administrés par la chambre de commerce.

52. — SEINE. — *Paris*. — Bureau public pour le titrage des soies, le numérotage des fils et le conditionnement des diverses fibres employées dans la fabrication des tissus, géré par la chambre de commerce (Décr. 2 mai 1853 et 7 juill. 1861).

53. — SOMME. — *Amiens*. — Bureau public pour le conditionnement des soies, des laines et des poils de chèvre bruts ou ouvrés, pour le conditionnement des cotons bruts ou filés, pour le titrage des soies et le numérotage métrique des fils de toute matière, pour le métrage de toutes les étoffes, pour le pesage de toutes matières brutes ou ouvrées, géré par l'administration municipale (Décr. 20 oct. 1863, 13 juill. 1886 et 2 mai 1892).

54. — VAUCLUSE. — *Avignon*. — Bureau public de conditionnement des soies, géré par le Mont-de-piété (Décr. 13 fruct. an XIII).

SECTION VII.
Législation comparée.

55. — Les différents pays de l'Europe où l'industrie textile est le plus répandue n'ont pas plus que la France établi de législation spéciale et uniforme concernant les bureaux publics de conditionnement et de titrage. Les différentes conditions établies dans les villes industrielles de l'étranger sont gérées tantôt par des particuliers ou des sociétés d'actionnaires avec ou sans la surveillance du gouvernement, tantôt par des administrations publiques, chambres de commerce ou municipalités. Aussi, les règlements de ces bureaux, leurs procédés de conditionnement et de titrage varient-ils souvent d'une place à l'autre dans le même État. Nous croyons utile de donner ici la nomenclature des principaux bureaux publics de conditionnement établis à l'étranger.

§ 1. ALLEMAGNE.

56. — CREFELD. — Cette condition, fondée en 1843 par une société d'actionnaires, a été reconnue comme établissement d'utilité publique en 1869. Le bureau de titrage y a été ouvert en 1848 et celui de décreusage en 1862.

57. — ELBERFELD. — Bureau créé par une société d'actionnaires autorisée par décret du 14 oct. 1844.

§ 2. ANGLETERRE.

58. — Les bureaux principaux sont ceux de Manchester créés en 1850 et de Londres créés en 1852.

§ 3. AUTRICHE.

59. — Il existe à Vienne une condition fondée en 1853 par une société d'actionnaires.

§ 4. ITALIE.

60. — ANCÔNE. — Bureau de conditionnement des soies créé en 1870. Ce bureau est la propriété de la chambre de commerce, qui en a la gestion.

61. — BERGAME. — Bureau fondé en 1846, par une société d'actionnaires, sous la raison sociale Etienne Bérizzi et Cie. Un bureau de titrage a été annexé en 1849 au bureau de conditionnement; il donne le titrage légal italien avec l'échevette de 450 mètres et le demi-décigramme comme unité de poids.

62. — BRESCIA. — Bureau fondé par une compagnie d'actionnaires, autorisée par le décret royal du 19 mars 1868. Ce bureau se charge du titrage des soies, et le titre y est exprimé par le poids en deniers milanais d'une longueur de fil de 400 aunes.

63. — CÔME. — Ce bureau a été organisé en 1854 dans un but philanthropique par cinquante associés. L'excédent des recettes est employé en œuvres de bienfaisance.

64. — FLORENCE. — Bureau créé par une ordonnance royale du 22 mai 1857 et géré par la chambre de commerce. Le bureau de titrage qui y a été annexé en 1877 donne le titre légal italien.

65. — GÊNES. — Ce bureau, fondé en 1853 par une société d'actionnaires, appartient depuis 1858 à la chambre de commerce. Le mode de titrage employé est le mode italien.

66. — LECCO. — Ce bureau, peu important, a été fondé en 1865 par une société d'actionnaires.

67. — MILAN. — On compte sur cette place trois conditions principales, les conditions Baccigaluppi, Serra Gropelli et Ratti.

68. — TURIN. — Condition officielle fondée en 1750 et administrée par la chambre de commerce. L'ordonnance royale du 9 mai 1860 l'a autorisée à faire usage de l'appareil Talabot-Persoz-Rogeat. Ce bureau opère le titrage suivant le mode italien depuis 1854 et le décreusage depuis 1874. En outre de l'établissement officiel, il existe à Turin deux conditions appartenant à des sociétés par actions : la condition Bertholdo, fondée en 1862, et la condition Maurizio Pouzone, fondée en 1874.

69. — UDINE. — Bureau créé en 1847 et géré depuis 1850

par la chambre de commerce. Ce bureau se charge du titrage depuis 1875.

§ 5. SUISSE.

70. — BALE. — Ce bureau, fondé en 1872, appartient à une société d'actionnaires soumise à la surveillance du gouvernement. Il se charge également des opérations de titrage et de décreusage, et donne le titre italien.

71. — ZURICH. — Le bureau de Zurich, comme celui de Bâle, se charge du titrage et du décreusage. Il donne le titre italien et conditionne au moyen de l'appareil Talabot-Persoz-Rogeat.

CONDUCTEUR DES PONTS ET CHAUSSÉES. —
V. AGENT-VOYER. — CHEMIN DE FER. — CHEMIN VICINAL. — PONTS ET CHAUSSÉES. — VOIRIE.

CONFESSEUR. — V. ABUS ECCLÉSIASTIQUE. — DONATIONS. — LEGS. — SECRET PROFESSIONNEL. — TESTAMENT.

CONFESSOIRE (action). — V. ACTION CONFESSOIRE. — USUFRUIT.

CONFIRMATION.

LÉGISLATION.

C. civ., art. 1311, 1338 à 1340.

BIBLIOGRAPHIE.

Arntz, *Cours de droit civil français*, 1879, 2ᵉ édit., 4 vol. in-8°, t. 3, p. 182 et s. — Aubry et Rau, *Cours de droit civil français*, 1869-1879, 4ᵉ édit., 8 vol. in-8°, t. 3, p. 269, 270, 473; t. 4, p. 261 à 270; t. 5, p. 248 et 249; t. 6, p. 130; t. 7, p. 75, 88, 95, 508. — Baudry-Lacantinerie, *Précis de droit civil*, 1892, 4ᵉ édit., 4 vol. in-8°, t. 1, n. 652; t. 2, n. 346 et s., 722, 1153, 1200, 1240 et s.; t. 3, n. 17, 413, 1288. — Berriat Saint-Prix, *Notes élémentaires sur le Code civil*, 1845-1856, 3 vol. in-8°, t. 3, n. 4995, 4998. — Boileux, *Commentaire sur le Code civil*, 6ᵉ édit., 7 vol. in-8°, t. 4, sur les art. 1311, 1338 à 1340. — Colmet de Santerre, *Manuel élémentaire de droit civil*, 1884-1886, 3 vol. in-18, t. 5, n. 309 et s. — Delaporte, *Pandectes françaises*, 1803-1809, 15 vol. in-12, t. 11, p. 351 et s. — Delvincourt, *Cours de Code civil*, 1834, 5ᵉ édit., 3 vol. in-4°, t. 2, p. 177, 602, 811 et s. — Demante et Colmet de Santerre, *Cours analytique de Code civil*, 1873-1884, 9 vol. in-8°, t. 5, n. 274, 306 et s. — Demolombe, *Cours de Code civil*, 31 vol. in-8°, t. 21, n. 46 et s.; t. 29, n. 721 et s. — *Dictionnaire du notariat*, 1856-1887, 4ᵉ édit., 18 vol. in-8°, y compris le supplément, v° *Ratification*. — Duranton, *Cours de droit français*, 1844, 4ᵉ édit., 22 vol. in-8°, t. 8, n. 390 et s.; t. 9, n. 12, 174, 345; t. 12, n. 294, 557; t. 13, n. 264 et s. — Favard de Langlade, *Répertoire de la nouvelle législation*, 1823, 5 vol. in-4°, v° *Acte récognitif et confirmatif*, § 2. — Fuzier-Herman, *Code civil annoté*, 1884-1894, 4 vol. gr. in-8°, t. 3, art. 1311, 1338 à 1340. — Gide (Paul), *Étude sur la condition privée de la femme dans le droit ancien et moderne*, 1884, 2ᵉ édit., 1 vol. in-8°, p. 430 et s. — Grenier, *Traité des donations, des testaments, etc.*, 1847, 4ᵉ édit., 4 vol. in-8°, t. 1, n. 57, 156, 325, 342; — *Traité des hypothèques*, 1829, 3ᵉ édit., 2 vol. in-4°, t. 1, n. 50. — Lansel et Didio, v° *Confirmation*. — Larombière, *Théorie et pratique des obligations*, 1885, 7 vol. in-8°, t. 5, art. 1304, n. 62 et art. 1311; t. 6, art. 1338 à 1340. — Laurent, *Principes du droit civil français*, 1869-1878, 3ᵉ édit., 33 vol. in-8°, t. 3, n. 165 et s.; t. 4, n. 226; t. 13, n. 459, 466; t. 18, n. 558 et s.; t. 21, n. 46, 296 et s. — Locré, *Législation civile, commerciale et criminelle de la France*, 31 vol. in-8°, t. 12, p. 284, 404, 523, 585. — Marcadé et Pont, *Explication théorique et pratique du Code civil*, 1877, 2ᵉ édit., 2 vol. in-8°, t. 4, art. 1311; t. 5, art. 1338 à 1340. — Merlin, *Répertoire universel et raisonné de jurisprudence*, 1827-1828, 5ᵉ édit., 18 vol. in-4°, v⁽ˢ⁾ *Confirmation, Convention matrimoniale*, § 2, *Ratification, Testament*, sect. 2, § 1 et 5; — *Recueil alphabétique des questions de droit*, 4ᵉ édit., 8 vol. in-8°, v⁽ˢ⁾ *Mineur*, § 3, *Ratification*. — Perrin, *Traité des nullités en matière civile*, 1846, 1 vol. in-8°, p. 328, 388. — Picot, *Code civil expliqué article par article*, 1871, 2 vol. in-8°, sur les art. 1311, 1338 à 1340.

— Pothier et Bugnet, *Œuvres*, 1861-1862, 11 vol. in-8°, t. 10, p. 336 et s. — Poujol, *Traité des obligations*, 1846, 3 vol. in-8°, t. 2, p. 495; t. 3, p. 207 et s. — Rolland de Villargues, *Répertoire de la jurisprudence du notariat*, 1840-1845, 2ᵉ édit., 9 vol. in-8°, v⁽ˢ⁾ *Confirmation, Ratification*. — Sébire et Carteret, *Encyclopédie du droit* (20 livraisons), gr. in-8°, v° *Confirmation*. — Solon, *Théorie sur la nullité des actes et des conventions de tout genre, en matière civile*, 1835, |2 vol. in-8°, t. 1, n. 327, 330 et s., 411, 432, 446. — Taulier, *Théorie raisonnée du Code civil*, 1840-1846, 7 vol. in-8°, t. 4, p. 503 et s. — Thiry (Victor), *Cours de droit civil*, 1873, 4 vol. gr. in-8°, t. 3, p. 172 et s. — Toullier et Duvergier, *Droit civil français*, 1844-1848, 6ᵉ édit., 21 vol. in-8°, t. 5, n. 174, 390; t. 7, n. 73, 561 et s.; t. 8, n. 141, 491 et s. — Troplong, *Le droit civil expliqué*, 27 vol. in-8° : *Du mandat*, n. 608 et s.; — *Des hypothèques*, t. 2, n. 493 et s. — Vaudoré, *Bibliothèque de législation ou le droit civil usuel*, 1856, 3 vol. in-8°, v° *Ratification*. — Vigié, *Cours élémentaire de droit civil français*, 1889-1890, 3 vol. in-8°, t. 2, n. 1619 et s. — Zachariæ, Massé et Vergé, *Le droit civil français*, 1854-1860, 5 vol. in-8°, t. 3, p. 483 et s.

INDEX ALPHABÉTIQUE.

Abandon de succession, 60.
Absence, 293.
Abus de blanc-seing, 227.
Acceptation, 233, 314.
Acquiescement, 285 et s.
Acte authentique, 110 et s.
Acte innommé, 326.
Acte notarié, 36, 111, 228, 350.
Acte sous-seing privé, 32, 34, 36, 38, 110, 228, 326, 328, 350, 352.
Action immobilière, 48.
Adjudication, 344.
Adoption, 30.
Agent de change, 186.
Aliénation, 203.
Amende, 351.
Appel, 46, 48, 153, 179.
Appréciation souveraine, 175, 178 et s.
Approbation de sommes, 51.
Arbitrage, 42.
Arrérages, 265.
Assurance maritime, 18.
Autorisation maritale, 100, 135.
Autorité administrative, 165.
Aveu, 246.
Ayant-cause, 200, 217 et s., 223, 227, 254.
Ayant-droit, 136.
Bail, 41, 120, 161, 216, 341.
Bailleur de fonds, 124.
Bénéfice d'inventaire, 60.
Billet à ordre, 100.
Bon pour., 51.
Bonne foi, 182.
Capacité, 65, 69, 260, 319.
Captation, 264, 305.
Cassation, 184, 276.
Cause, 17, 18, 65, 118.
Caution, 41, 224.
Cautionnement, 56.
Cession, 160, 164, 249.
Clause pénale, 115.
Codicille, 321.
Cohéritiers, 58, 147, 148, 167, 292, 343.
Commandement, 168.
Communauté conjugale, 16.
Compensation, 153, 164.
Compromis, 42.
Compte de tutelle, 72, 127, 196, 225.
Conciliation, 57.
Concordat, 128.
Condition, 146, 199, 331.
Confirmation expresse, 81 et s., 240, 261, 283.
Confirmation tacite, 116 et s., 240 et s., 283.
Conseil de famille, 60, 105, 170, 322.
Conseil judiciaire, 73 et 74.

Consentement, 65, 235.
Constructions, 121.
Contrainte par corps, 126.
Contrat à titre gratuit, 203.
Contrat à titre onéreux, 203.
Contrat de mariage, 31, 34, 133, 232, 265, 274.
Contrat solennel, 230.
Contre-lettre, 76.
Conventions matrimoniales, 134, 138. — V. *Communauté conjugale, Régime dotal*.
Convention verbale, 354.
Convoi, 162.
Créanciers, 60, 78, 152 et s., 273.
Créanciers chirographaires, 217 et s.
Curateur, 197.
Date, 84, 86, 311, 321.
Déchéance, 97.
Délai, 14, 156.
Délégation, 169.
Délivrance de la chose, 140.
Démence, 290.
Dépôt, 246.
Divorce, 138.
Dol, 44, 67, 68, 141, 147, 156, 235, 256, 279.
Don manuel, 244 et 245.
Donataire, 253.
Donation, 33, 124, 136 et s., 169, 205, 230 et s., 288.
Donation (révocation de), 260, 275.
Donation de biens présents et à venir, 232.
Donation déguisée, 288, 239, 259.
Donation par contrat de mariage, 62.
Dot, 162, 269, 288. — V. *Régime dotal*.
Double écrit, 50, 114.
Droit fixe, 325 et s.
Droit proportionnel, 329 et s.
Droit romain, 311.
Échange, 46, 152.
Effet rétroactif, 192 et s.
Enfant, 236.
Enregistrement, 85, 270, 319, 325 et s.
Erreur, 44, 67, 68, 235, 304.
Erreur de droit, 171, 177, 308, 320.
Erreur de fait, 171 et s., 308.
État estimatif, 271.
Éviction, 46.
Exception, 141, 172.
Exécution, 59.
Exécution forcée, 239.
Exécution partielle, 12, 51, 118.
Exécution volontaire, 17, 19 et s., 41, 42, 47, 61, 68, 94, 116 et s., 232, 240 et s., 261, 283 et s.

Expédition d'acte, 307, 309.
Expertise, 179.
Faillite, 128.
Faux, 294, 296, 316.
Femme mariée, 48, 49, 54 et s., 71, 75, 100, 104, 128, 134 et s., 212 et s., 229, 313.
Fonds de commerce, 127.
Forfait, 47.
Français, 234.
Fraude, 79. 144, 156, 167, 201, 256.
Héritiers, 33, 34, 63, 75, 135, 139, 146, 228, 241, 254 et s.
Héritier *ab intestat*, 304, 319.
Héritier bénéficiaire, 60.
Héritier naturel, 289.
Huissier, 349.
Hypothèque, 32, 112, 152, 158, 159, 191, 194, 207, 209 et s., 218, 228.
Hypothèque judiciaire, 212.
Hypothèque légale, 212 et s.
Imputation de paiement, 138.
Incapacité, 43, 44, 239.
Indemnité, 165.
Indivision, 146.
Inscription hypothécaire, 209 et s.
Institution d'héritier, 162, 288, 292.
Intention, 98, 105, 119, 129, 140, 172 et s., 195, 264 et s., 299, 302, 304.
Intérêts de capitaux, 140.
Intervention, 249.
Inventaire, 148.
Legs, 5, 288, 294 et s., 346.
Legs particulier, 321.
Legs universel, 62, 298, 306, 316, 324.
Lésion, 44, 68, 93, 94, 121, 140, 229.
Liquidation, 139.
Loi, 291.
Mainlevée, 347.
Mandat, 46, 57, 102 et s., 135, 145, 243 et s., 330, 337, 344, 345.
Marché à terme, 19.
Mari, 54 et s., 75, 306, 313.
Mariage (célébration du), 138 et 134.
Mariage (dissolution du), 75 et s.
Mentions, 82 et s., 270.
Meubles, 242 et s., 269.
Mines, 151.
Mineur, 13, 47, 58 et s., 70 et s., 78, 105, 122 et s., 170, 176, 181, 191, 193, 195, 204, 209 et s., 218, 293, 322.
Minute, 307.
Motifs de jugements, 179.
Moyens de droit, 89.
Moyens de fait, 89.
Moyen nouveau, 187.
Notaire, 265.
Novation, 7, 248 et 249.
Nullité absolue, 10, 30, 220 et s.
Nullité relative, 30.
Objet de l'obligation, 65.
Obligation naturelle, 11, 297.
Offres, 157.
Ordre, 153. 209.
Ordre public, 31.
Originaux (nombre des), 50, 113, 151.
Pacte sur succession future, 23 et s., 257, 282.
Paiement, 5, 120 et s., 131, 140, 169, 176, 273.
Pari, 143.
Partage, 16, 26, 28, 129, 147, 195, 269, 274, 291, 293.
Partage d'ascendant, 149.
Pension viagère, 247.

Pétition d'hérédité, 301.
Porte-fort, 226.
Possession, 275, 293.
Procédure, 319.
Préciput, 274.
Prescription, 27, 97, 190, 191, 277, 278, 333.
Présomptions, 95, 173 et 174.
Prêt, 160, 194.
Preuve, 39, 96, 107 et s., 136, 171 et s., 317 et s.
Preuve par écrit (commencement de), 108.
Preuve testimoniale, 113.
Privilège, 195.
Prix, 357.
Procuration, 105, 236 et 237.
Prodigue, 197.
Promesse, 289.
Protêt, 97.
Qualité des parties, 64.
Quittance, 123, 141, 170, 176, 267, 292, 337, 338, 356.
Ratification, 1 et s., 23, 102 et s.
Reconnaissance de dettes, 97.
Reconnaissance d'enfant, 111.
Régime dotal, 49, 71, 136 et s.
Remploi, 139.
Renonciation, 5, 25, 95, 97.
Renonciation à succession, 60.
Rente, 228.
Rente viagère, 265.
Reprises matrimoniales, 138.
Réserves, 123, 135, 139, 142, 148, 164, 167, 168, 267.
Réserve légale, 90, 294.
Révocation, 189, 260, 275, 306.
Saisie-arrêt, 198.
Saisie-immobilière, 152.
Serment (prestation de), 549.
Servitude, 208.
Signature, 36, 38 et s, 270.
Signification, 271.
Simulation, 159, 164.
Société, 52, 150, 163, 180.
Solidarité, 14.
Subrogation, 124, 214.
Subrogé tuteur, 322.
Substitution prohibée, 20 et s.
Successeurs irréguliers, 258.
Succession, 60, 127, 257, 267, 282.
Succession future, 23 et s., 257, 282.
Survenance d'enfants, 275.
Syndic de faillite, 164.
Témoin, 234, 307.
Testament, 90, 100, 252, 261, 280 et s.
Testament (révocation de), 306.
Testament olographe, 320 et 321.
Tiers, 21, 177, 278.
Timbre, 357 et 358.
Transaction, 8, 58, 114, 263, 275, 291, 298.
Tuteur, 54 et s., 72, 93, 105, 122, 123, 127, 131, 170, 194.
Usufruit, 286.
Usure, 161, 272.
Vente, 28, 45, 47, 87, 93, 121 et s., 135, 138, 140 et s., 161, 167, 169, 182, 194, 204, 207, 227, 238, 295, 337, 338, 351, 352, 356.
Vente d'immeubles, 105, 170, 193, 356.
Veuve, 78, 135 et s., 169, 267.
Vice apparent, 261, 318.
Vice caché, 307 et 308.
Vice de forme, 230 et s., 285 et 286.
Viduité. — V. *Veuve*.
Violence, 44, 67, 99, 147, 235, 264, 305.

DIVISION.

CHAP. I. — NOTIONS GÉNÉRALES (n. 1 à 9).

CHAP. II. — DES OBLIGATIONS SUSCEPTIBLES DE CONFIRMATION OU DE RATIFICATION (n. 10 à 52).

CHAP. III. — QUI PEUT CONFIRMER OU RATIFIER, ET A QUELLE ÉPOQUE (n. 53 à 79).

CHAP. IV. — DES CONDITIONS INTRINSÈQUES ET DE FORME REQUISES POUR LA CONFIRMATION OU RATIFICATION (n. 80).

Sect. I. — De la confirmation ou ratification expresse (n. 81 à 115).

Sect. II. — De la confirmation ou ratification tacite (n. 116 à 191).

CHAP. V. — DES EFFETS DE LA CONFIRMATION OU RATIFICATION (n. 192 à 229).

CHAP. VI. — DE LA CONFIRMATION OU RATIFICATION DES DISPOSITIONS ENTRE-VIFS OU TESTAMENTAIRES.

Section I. — De la confirmation ou ratification des donations entre-vifs (n. 230 à 279).

Section II. — De la confirmation ou ratification des testaments (n. 280 à 324).

CHAP. VII. — ENREGISTREMENT ET TIMBRE.

Section I. — Enregistrement (n. 325 à 357).

Section II. — Timbre (n. 358 et 359).

CHAPITRE I.

NOTIONS GÉNÉRALES.

1. — On appelle *confirmation* ou *ratification* l'acte juridique par lequel une personne fait disparaître les vices dont se trouve entachée une obligation consentie par elle-même ou par son auteur, et dont elle aurait pu faire prononcer la nullité ou la rescision. Les deux termes de *confirmation* et de *ratification* sont, pour le législateur, synonymes en cette matière, et le Code civil les emploie comme tels, concurremment, dans les art. 1338 et 1340. — *Exposé des motifs*, par Bigot de Préameneu (Locré, *Législation civile*, t. 12, p. 404, n. 203).

2. — Le mot *ratification* a aussi un sens spécial. C'est l'acte juridique par lequel une personne donne son approbation, après coup, à un acte auquel elle n'a point concouru, et qui a été fait en son nom par un tiers. C'est en ce sens qu'Ulpien disait : *Ratihabitio mandato comparatur* (L. 12, § 3, D., *De solut.*, XLVI, 3; L. 1, § 14, D., *De vi et de vi arm.*, XLIII, 16). Cette espèce de ratification est régie par les dispositions de l'art. 1998, C. civ., qui exige seulement la volonté de ratifier, et non par l'art. 1338 qui prescrit certaines formalités. — V. *infrà*, n. 102 et s., et v[ris] *Gestion d'affaires*, *Mandat*.

3. — Nous emploierons presque toujours le mot *confirmation* tout seul. L'emploi simultané des deux mots *confirmation* ou *ratification* est une redondance inutile. D'autre part, par la préférence donnée au mot *confirmation*, on évite une confusion avec le sens particulier donné au mot *ratification* en matière de mandat ou de gestion d'affaires. — V. Laurent, t. 18, n. 560.

4. — Toute confirmation suppose un droit antérieurement acquis. Elle a un rapport nécessaire avec le titre confirmé, qu'elle ne peut ni étendre ni diminuer, parce que confirmer ce n'est pas faire une concession sur une disposition nouvelle, mais seulement en approuver une précédente, telle qu'elle se comporte (Toullier, t. 8, n. 476). C'est dans le même sens que l'on dit : *Qui confirmat nihil dat*; confirmer n'est pas donner. D'Aguesseau explique très-bien que « la nature de la confirmation n'est pas d'introduire un droit nouveau, de donner un nouveau titre, de faire une nouvelle disposition, mais, au contraire, d'approuver un droit ancien, de fortifier un titre précédent, d'affermir les premières dispositions et d'en assurer l'exécution » (26e plaidoyer). — V. aussi Merlin, *Rép.*, v° *Confirmation*, n. 1.

5. — La confirmation implique renonciation au droit qu'a une personne de former une action en nullité ou en rescision contre une convention consentie par elle ou son auteur. Mais si toute confirmation contient implicitement une renonciation, toute renonciation n'équivaut pas à une confirmation. Ainsi, le paiement d'un legs nul ne peut être regardé comme la confirmation d'une obligation, quoique ce soit une renonciation au droit de l'attaquer. — Massé et Vergé, sur Zachariæ, *Droit civil franç.*, t. 3, p. 483, § 586, note 3; Aubry et Rau, t. 4, § 337, p. 261, texte et note 1. — V. aussi Demolombe, *Traité des contrats ou des obligations conventionnelles*, t. 6, n. 723.

6. — La confirmation emporte aussi reconnaissance de l'obligation, car il est certain que confirmer une obligation, c'est la reconnaître. Cependant la confirmation ne doit pas être confondue avec la simple reconnaissance. La reconnaissance suppose seulement que l'on constate l'existence de l'obligation. La confirmation, au contraire, a pour but et pour effet de réparer les vices dont l'obligation peut être entachée et en quelque sorte de les supprimer. — Riom, 10 janv. 1857, Pewerstoffs, [S. 57.2.494, P. 58.504, D. 58.2.6] — *Sic*, Larombière, t. 6, art. 1338, n. 2; Aubry et Rau, t. 4, § 337, p. 261, texte et note 2; Demolombe, *op. cit.*, t. 6, n. 724.

7. — La confirmation ne doit pas être assimilée non plus à la novation. L'effet de la novation est de créer une obligation nouvelle qui est substituée à une obligation ancienne préexistante. La confirmation a pour seul objet, nous l'avons dit (*suprà*, n. 4), de réparer les vices de l'obligation à laquelle elle se rapporte, sans pour cela en créer une nouvelle. Mais, quoique la confirmation et la novation soient deux opérations juridiques très-différentes, la novation peut offrir toutefois un moyen de donner force légale à une obligation susceptible d'être annulée ou rescindée, sans qu'il soit besoin de remplir les conditions prescrites par l'art. 1338, C. civ., pour la confirmation. L'obligation qui résulte d'une convention sujette à une action en nullité ou en rescision peut, en effet, être la cause d'une novation; la novation devient alors elle-même la confirmation de l'obligation. — Duranton, t. 10, n. 345; t. 12, n. 294; t. 13, n. 269; Massé et Vergé, sur Zachariæ, t. 3, § 586, texte et note, p. 283; Aubry et Rau, t. 4, § 337, p. 261, texte et note 3; Demolombe, t. 5, n. 246; t. 6, n. 725; Laurent, t. 18, n. 562.

8. — On ne doit pas non plus confondre la ratification avec la transaction; elle en diffère en ce que la transaction emporte de part et d'autre abandon de quelque prétention, des sacrifices réciproques, tandis que, dans l'acte de ratification, s'il n'est pas nécessairement fait gratuitement, le prix du moins est ordinairement en dehors de l'acte, et consiste en une prestation qui, d'ordinaire, ne faisait pas l'objet de l'acte ratifié. — Duranton, t. 13, n. 270.

9. — Il faut bien distinguer l'approbation ou la ratification de l'acte même, de l'instrument de l'approbation du contrat ou de la convention, car les conditions requises pour la validité des contrats ne sont pas les mêmes que les conditions requises pour la validité des actes qui renferment les conventions. Par suite, on peut approuver un acte nul pour vice de forme et renoncer expressément ou tacitement à opposer ces vices, sans pour cela à faire valoir les vices de la convention, et notamment ceux qui résultent de l'incapacité des parties. Mais, à l'inverse, on ne peut pas ratifier le contrat ou la convention sans renoncer à l'attaquer, sans renoncer implicitement par cela même à faire valoir les vices de forme que l'acte présente. — Toullier, t. 8, n. 492. — V. *infrà*, n. 39 et s.

9 bis. — Faisons remarquer, en terminant ces notions générales, que l'acte confirmatif dont nous venons de déterminer les principaux caractères, ne doit pas être confondu avec l'acte récognitif, qui a pour objet de rajeunir une preuve que l'ancienneté d'un titre rendait douteuse, ni avec l'acte nouveau qui est dressé en vue d'interrompre une prescription sur le point d'être acquise. — V., à ces différents points de vue, *suprà*, v° *Acte récognitif*, et *infrà*, v° *Titre nouvel*.

CHAPITRE II.

DES OBLIGATIONS SUSCEPTIBLES DE CONFIRMATION OU DE RATIFICATION.

10. — La confirmation, ayant pour seul effet de faire disparaître les vices à raison desquels on pouvait faire prononcer la nullité ou rescision d'une obligation, suppose que l'obligation à laquelle elle s'applique existe, mais est soumise à une action en nullité ou en rescision. Les obligations annulables peuvent seules être confirmées, à l'exclusion des obligations nulles ou inexistantes. Une obligation inexistante ne peut produire aucun effet; elle ne donne lieu à aucune action en nullité, et ne peut donc être confirmée. C'est en ce sens que, d'après les travaux préparatoires, il faut entendre l'art. 1338. — Locré, t. 12, p. 284, 523, 524 et 585; Aubry et Rau, t. 4, § 337, p. 262, note 6; Laurent, t. 18, n. 564 à 567.

11. — On ne peut pas, par conséquent, confirmer les obligations naturelles. La confirmation n'est, en effet, possible qu'à l'égard des obligations contre lesquelles la loi admet l'action en nullité ou en rescision. Or, celui qui est tenu d'une obligation naturelle n'a pas à exercer une action en nullité ou en rescision pour s'y soustraire. Les obligations naturelles ne sont donc pas de celles susceptibles d'être confirmées aux termes de l'art. 1338. — Cass., 25 oct. 1808, Darry, [S. et P. chr.]; — 27 juill. 1818, Kromenaker, [S. et P. chr.] — Angers, 31 juill. 1822, de Serrant, [S. et P. chr.] — Orléans, 23 avr. 1842, Ville de Caen, [S. 43.2.383, P. 42.1.640] — *Sic*, Larombière, t. 6, art. 1338, n. 6; Zachariæ, sur Massé et Vergé, t. 3, § 586, p. 483, texte et note 6; Aubry et Rau, t. 4, § 207, p. 9, texte et note 22; § 337, texte; Demolombe, *op. cit.*, t. 6, n. 730 et 730 *bis*. — V. cependant, en sens contraire, Toullier, t. 6, n. 186, 390 et 391, qui enseigne que l'obligation naturelle peut être confirmée, à moins qu'un vice d'ordre public ne s'y oppose. — V. aussi Marcadé, v. 5, art. 1338, n. 2. — Cet auteur reconnaît lui-même que le mot confirmation n'est pas exact dans ce sens; c'est qu'en réalité, il ne peut y avoir, dans ce cas, de véritable confirmation. Laurent (t. 17, n. 31 et t. 18, n. 569), tout en admettant qu'on ne peut, d'après la rigueur des principes, confirmer les obligations naturelles, y voit une contradiction avec la règle d'après laquelle l'obligation naturelle devient une obligation civile par le paiement volontaire qu'en fait le débiteur.

12. — On ne saurait, d'ailleurs, contester que l'exécution partielle d'une obligation naturelle n'autorise pas le créancier à réclamer, par voie d'action, le paiement du solde qui reste dû; il en serait différemment si l'obligation naturelle était susceptible de confirmation.

13. — Mais il est à remarquer que, parmi les obligations naturelles, celles des consent un mineur ou une autre personne incapable de contracter peuvent être valablement confirmées. Ces obligations sont, en effet, non pas nulles de plein droit, mais seulement annulables, et ce sont précisément là les cas pour lesquels la loi admet l'action en nullité ou en rescision, et, par conséquent, la confirmation. — Demolombe, *op. cit.*, t. 6, n. 731.

14. — Par la raison qu'on ne peut confirmer une convention réputée inexistante, la confirmation est sans effet lorsqu'elle a pour objet un acte qui ne pouvait être fait dans un délai de rigueur et qu'elle a eu lieu après l'expiration de ce délai. — Solon, t. 2, n. 327.

15. — On ne peut non plus confirmer une obligation qui serait nulle, en ce sens qu'elle manquerait de l'une des conditions essentielles à la formation de toute convention, comme l'absence totale de consentement, le défaut de cause ou le défaut d'objet. On peut créer, en effet, d'une telle obligation qu'elle n'existe pas. — Duranton, t. 13, n. 271; Merlin, *Répertoire*, v° *Ratification*, n. 9; Championnière et Rigaud, *Traité des droits d'enregistrement*, t. 1, n. 267; Zachariæ, Massé et Vergé, t. 3, p. 484, § 586, note 11; Solon, *Théorie des nullités*, t. 2, p. 330 et s.; Curasson, v° *Compétence des juges de paix*, t. 1, n. 10; Marcadé, v. 5, sur l'art 1338, n. 1; Demolombe, *op. cit.*, t. 6, n. 729-730; Laurent, t. 18, n. 572; Baudry-Lacantinerie, t. 2, n. 1148 et 1149. — *Contrà*, Toullier, t. 6, n. 180; Merlin, *Questions*, v° *Ratification*, § 5, n. 3 (cet auteur avait d'abord émis l'opinion contraire). — Suivant Delvincourt (t. 2, p. 813), la ratification peut alors avoir lieu d'une manière tacite, par exécution; mais elle ne peut avoir lieu expressément, à moins qu'elle n'énonce l'intention de donner.

16. — Pour qu'un partage soit valable, le concours de toutes les personnes qui ont part à l'indivision est nécessaire; un partage qui ne réunit pas tous les consentements nécessaires, est le produit d'une volonté unique, est sans force obligatoire, qui ne produit aucun effet et ne peut être confirmé (Laurent, t. 18, n. 571). C'est ainsi que le partage de la communauté fait par l'un des époux, avant sa dissolution, est nul, nonobstant la ratification de l'époux survivant.—Cass., 13 nov. 1849, Dupont, [S. 49.1.733, P. 49.2.609, D. 49.1.314]; — 23 déc. 1861, Saint-Hérand, [S. 62.1.29, P. 62.311, D. 62.1.31]

17. — De même il a été jugé que la nullité dont est vicié un contrat sans cause n'est pas couverte par l'exécution volontaire donnée à ce contrat. — Bordeaux, 24 déc. 1844, Bibard, [S. 45.

2.356, P. 43.1.571] — Bruxelles, 14 févr. 1859, [Pasicr., 59.2. 163] — Contrà, Larombière, t. 6, art. 1338, n. 8.

18. — On ne peut davantage confirmer une obligation dont la cause serait illicite. Il faut envisager notamment comme telle toute obligation contractée en contravention d'une prohibition de la loi. Jugé, en conséquence, que la défense que fait l'art. 347, C. comm., d'assurer le fret d'un navire étant d'ordre public, il ne peut y être dérogé par des conventions particulières entre l'assuré et l'assureur, et que la nullité qui en résulte est tellement absolue, qu'elle ne serait pas couverte par la ratification ou l'exécution des parties. — Cass., 5 juin 1832, François, [S. 32.1.324, P. chr.] — Sic, Laurent, t. 18, n. 374.

19. — Avant la loi du 28 mars 1885, il avait été décidé, par application du même principe, qu'un marché à terme reconnu illicite ne pouvait être validé en raison de l'exécution volontaire et de bonne foi précédemment donnée à des conventions de même nature. — Lyon, 31 déc. 1832, Odérieu, [P. chr.]

20. — De même, la prohibition des substitutions fidéicommissaires se lie intimement à l'ordre public et, aux termes de l'art. 6, on ne peut y déroger par des conventions particulières. La nullité résultant d'une clause de substitution prohibée ne peut donc être couverte par aucune confirmation, soit expresse, soit tacite, et notamment par l'exécution donnée au legs entaché de substitution prohibée par l'héritier ou le légataire universel tenus de la délivrance de ce legs. — Cass., 2 mars 1858, Lapie, [D. 58.1.308]

21. — Il a été jugé, au contraire, qu'une substitution prohibée est susceptible de confirmation, en ce sens que celui qui a le droit d'en demander la nullité peut y renoncer, soit expressément, soit tacitement, par suite d'exécution volontaire. — Montpellier, 24 mars 1841, Cabrolier, [D. Rép., v° Obligations, n. 4538, note t]

22. — Il est certain que le grevé de substitution peut bien exécuter la disposition en transmettant les biens substitués à l'appelé par un acte volontaire de sa part. Mais ce qu'on ne peut admettre, c'est qu'il puisse renoncer de son vivant au droit de faire annuler la substitution. Ni lui, ni son héritier, ne peuvent être liés par l'exécution donnée par eux à la disposition entachée de substitution, et aucune fin de non-recevoir ne peut être tirée de cette exécution contre l'action en nullité.

23. — On ne peut davantage confirmer la vente d'une succession future, car la confirmation serait viciée par la même cause que le pacte lui-même. — Championnière et Rigaud, t. 3, n. 2006; Toullier et Duvergier, Vente, t. 1, n. 228; Laurent, t. 18, n. 575.

24. — Mais, quand la convention a cessé d'être illicite, il devient possible de la confirmer. C'est ainsi que la stipulation portant sur une succession future, la vente de cette succession par exemple, peut être valablement confirmée après l'ouverture de la succession, parce que l'obligation pourrait alors prendre naissance. — Toullier, t. 8, n. 316. — Contrà, Laurent, t. 18, n. 373 et s.

25. — Pour la même raison, un individu qui a renoncé à la succession d'une personne vivante, peut ratifier cet acte de renonciation après le décès de cette personne. — Cass., 11 août 1825, Bevy, [S. et P. chr.] — Grenoble, 25 mars 1831, Clément, [P. chr.] — Rouen, 30 déc. 1823, Bougaut, [S. et P. chr.] — Mais il est évident que cette ratification doit satisfaire, en outre, aux formes exigées par la loi pour une ratification à succession.

26. — Le partage d'une succession fait avant son ouverture peut aussi être confirmé après que la succession s'est ouverte. — Toullier, loc. cit.

27. — Jugé, néanmoins, que la convention sur une succession future n'existant pas, ne peut être validée ni par un acte confirmatif, ni par l'exécution, ni par la prescription de dix ans. — Cass., 8 nov. 1842, Mattei, [S. 43.1.33, P. 43.1.73]; — 14 nov. 1843, Prodhomme, [S. 44.1.229, P. 44.1.560]

28. — Dans tous les cas, on ne peut considérer comme ayant le caractère d'un pacte sur une succession future l'acte par lequel des enfants, du vivant de leur père et en son absence, se partagent un immeuble appartenant à ce dernier, et sur lequel ils ont hypothèque, et disposent de leur part dans cet immeuble. Un tel acte n'est, en réalité, qu'une vente de la chose d'autrui, et, dès lors, la nullité dont il est entaché peut être couverte par la ratification. — Cass., 23 janv. 1832, Fargeot, [S. 32.1.666, P. chr.]

29. — On ne peut confirmer un contrat ou un acte solennel nul pour défaut d'observation des formes requises par la loi. Dans ce cas, en effet, le contrat n'est pas seulement nul, il est inexistant; en sorte que nous appliquons à tous les contrats solennels la règle de l'art. 1339 pose expressément pour les donations entre-vifs (Laurent, t. 18, n. 591). — V., spécialement, en ce qui concerne la donation et le testament, infrà, n. 230 et s. — V. aussi infrà, v¹ˢ Mariage, Reconnaissance d'enfant naturel.

30. — L'adoption est un contrat solennel. Elle n'est donc pas susceptible de confirmation lorsque l'une des conditions requises pour la solennité de l'acte n'a pas été remplie. Dans ce cas, en effet, la nullité est absolue, l'acte n'existe pas. Mais si le contrat n'est entaché que d'une nullité relative, provenant par exemple d'un vice du consentement, la confirmation pourra avoir lieu. — Laurent, t. 4, n. 226. — V. suprà, v° Adoption, n. 307 et s., 330.

31. — Il faut dire de même que le contrat de mariage fait par acte sous seing privé ne peut être confirmé. — Caen, 9 mai 1844, Loupie, [S. 45.2.75, P. 44.2.286] — Cet arrêt s'appuie sur ce que le contrat de mariage ne doit pas être considéré comme une convention de pur droit privé et que les nullités qui s'y rattachent sont des nullités d'ordre public qui ne sont pas susceptibles d'être couvertes. Nous croyons qu'il faut ici aller plus loin encore et dire que le contrat de mariage n'existe pas. — Laurent, t. 21, n. 46. — V. aussi Aubry et Rau, t. 5, § 303, p. 249, note 9. — V. infrà, v° Contrat de mariage.

32. — Lorsqu'une hypothèque a été consentie par acte sous seing privé, il n'est pas possible de la rendre valable par la confirmation. Le contrat d'hypothèque étant solennel, l'authenticité est de l'essence de l'acte. — Laurent, t. 30, n. 447. — Contrà, Cass., 7 févr. 1854, de Barante, [S. 54.1.322, P. 54.1.152, D. 54.1.49] — Marton, t. 3, p. 89, n. 985. — V. infrà, v° Hypothèque.

33. — Les contrats solennels, nuls en la forme, ne peuvent davantage être confirmés par les héritiers des personnes intéressées. L'art. 1340, il est vrai, déroge à cette règle en matière de donation, en permettant de confirmer un acte qui légalement n'existe pas; mais c'est là une disposition tout exceptionnelle, qui ne saurait être étendue. — Laurent, t. 18, n. 596.

34. — Le contrat de mariage fait sous seing privé ne peut donc pas être confirmé par les héritiers. — Laurent, t. 21, n. 46. — Contrà, Cass., 31 janv. 1833, Quintard, [S. 33.1.471, P. chr.] — 26 avr. 1869, Lebec, [S. 69.1.297, P. 69.750, D. 69.1.246] — Aubry et Rau, t. 5, § 503, p. 249, note 10. — La Cour de cassation dit que les motifs d'ordre public qui empêchent la confirmation des conventions matrimoniales pendant le mariage cessent d'exister après la dissolution du mariage. Sans doute, les héritiers peuvent régler leurs intérêts comme bon leur semble, mais ce n'est pas là une confirmation.

35. — « L'art. 1338, C. civ., a dit la Cour de cassation, n'est relatif qu'aux obligations contre lesquelles la loi admet l'action en nullité ou en rescision, et non aux actes sous seing privés non signés par les parties et faussement qualifiés de contrats ». — Cass., 27 mars 1812, Fillon, [S. et P. chr.] — Sic, Merlin, Rép., v° Ratification, n. 9; Toullier, t. 8, n. 141, 318 et 320; Rolland de Villargues, v° Ratification, n. 21; Sebire et Carteret, Encyclop. du dr., v° Acte notarié, n. 26.

36. — Sont, par conséquent, inexistantes et non susceptibles de confirmation, les obligations contenues, soit dans des actes notariés nuls comme tels, et qui, d'ailleurs, ne sont pas revêtus de la signature de l'obligé, soit dans des actes sous seing privés non signés par les parties ou par l'une d'entre elles. — Cass., 6 juill. 1836, Flotta, [S. 36.1.876, P. chr.] — Bourges, 29 avr. 1823, Raisonnier, [S. et P. chr.] — Besançon, 13 mars 1827, Grandvaux, [S. et P. chr.] — Toulouse, 18 janv. 1828, Bousquet, [S. et P. chr.] — Sic, Marcadé, art. 1318, n. 3 in fine, et 1338, n. 1. — V. aussi Pau, 17 déc. 1821, Faure, [S. et P. chr., p. 202] — Toullier, t. 8, n. 518; Aubry et Rau, t. 4, § 337-1°, p. 262, note 8. — D'après ces auteurs, il faut remonter à la cause de l'absence de signature pour apprécier le mérite de cette jurisprudence. Ainsi, lorsqu'au moment de conclure la convention, l'une ou l'autre partie a refusé de signer l'acte qui doit en constater l'existence, ce refus équivaut à un refus de contracter, et la convention, étant réputée non avenue, ne saurait être confirmée. Au contraire, le défaut de signature tenant à ce que l'une des parties ne savait pas signer n'empêche pas l'existence d'une convention à laquelle la partie a pu donner son consentement, et alors la confirmation est admissible.

37. — La solution que nous avons adoptée doit être appliquée alors surtout que l'exécution a eu lieu dans l'ignorance de la nullité. — Cass., 27 mars 1812, précité.

38. — De même, la nullité d'un acte sous seing privé résultant du défaut de signature de l'une des parties qui y figurent, n'est pas couverte par la déclaration que fait cette partie postérieurement au procès engagé sur la nullité, qu'elle entend exécuter l'acte, alors que les autres parties n'ont pas accepté cette déclaration. — Cass., 8 nov. 1842, Mattei, [S. 43.1.33, P. 43.1.73]

39. — D'autres arrêts ont consacré une distinction entre la convention et l'acte qui la constate. Lorsque l'acte est nul parce qu'il n'est pas signé des parties, celui qui prétend que la convention existe néanmoins est admis à en faire la preuve, et il peut invoquer les actes d'exécution, non pas, il est vrai, comme confirmation, mais comme preuve de l'existence du contrat. — Grenoble, 15 nov. 1834, Robin, [S. 35.2.188, P. chr.] — V. aussi Douai, 7 janv. 1836, Strudy, [S. 37.2.137, P. chr.]

40. — Mais, on a jugé, en principe, contrairement à l'opinion exprimée *suprà*, n. 35, que, dans les contrats consensuels, toute nullité qui n'est pas d'ordre public, bien que substantielle ou provenant d'un vice de forme, peut être réparée par la confirmation ou l'exécution volontaire des parties ; qu'ainsi, la nullité provenant, dans un acte d'échange, du défaut de signature de l'une des parties contractantes, est couverte par l'exécution volontaire. — Pau, 17 déc. 1821, précité.

41. — ... Que, si un bail passé un mari et à sa femme solidairement a été volontairement exécuté par eux, la caution ne peut prétendre que le bail est nul pour défaut de la signature de la femme. — Cass., 22 nov. 1825, Morichon, [S. et P. chr.]

42. — ... Que, dans le cas où un compromis n'a été fait qu'en un seul original, la nullité qui en résulte est couverte par l'exécution volontaire de ce compromis de la part des parties qui l'ont signé. — Cass., 15 févr. 1814, Bonzi, [S. et P. chr.] ; — 1er mars 1830, Rivarez, [S. et P. chr.] — V. *infrà*, n. 50.

43. — D'autre part, toutes les obligations sujettes à nullité ou à rescision sont, en règle générale, susceptibles de confirmation, sans distinction, pour les nullités à couvrir, entre les nullités de fond ou de forme, relatives ou absolues. Cette règle est la conséquence de la généralité des termes de l'art. 1338, et est conforme à l'intention du législateur. — *Rapport fait au Tribunat*, par Jaubert (Locré, *Lég.*, t. 12, p. 523 et 524, n. 24). — Aubry et Rau, t. 4, § 337, texte et note 9.

44. — Ainsi, les obligations annulables ou rescindables pour vice de violence ou de dol, d'erreur ou de lésion, ou qui ont été consenties par des personnes incapables, peuvent être confirmées de même que les engagements qui sont constatés par des actes nuls pour vice de forme. — Cass., 19 déc. 1820, Lescours, [S. et P. chr.] ; — 22 févr. 1854, Pénéat, [S. 54.1.173, P. 54.1.404, D. 54.1.239] — *Sic*, Duranton, t. 13, n. 272. — Toutefois, comme nous l'avons vu *suprà*, n. 29 et s., si le vice de forme était de ceux qui rendent l'acte inexistant, la confirmation ne serait pas possible.

45. — La vente de la chose d'autrui devant être considérée comme nulle ou annulable, il en résulte que l'acheteur peut, quand il découvre l'erreur dans laquelle il est tombé, confirmer ou ratifier le contrat, c'est-à-dire consentir à la transformation de la vente translative de propriété qu'il a entendu souscrire, en une vente simplement productive d'obligations (Baudry-Lacantinerie, t. 3, n. 503-505). Il est évident qu'il en serait autrement si l'on admettait que la vente de la chose d'autrui est nulle faute de cause, par conséquent inexistante. — V. *infrà*, v° *Vente*.

46. — Il en est de même de l'échange de la chose d'autrui, qui n'est pas tellement nul qu'il ne puisse être ratifié. La reconnaissance du véritable propriétaire sous c'est d'après son mandat verbal que l'échange a eu lieu, et la ratification dudit échange avec promesse de garantir, en cas d'éviction, intervenue par acte authentique antérieurement à l'exploit d'appel dans lequel ce moyen de nullité a été proposé pour la première fois, ont pour effet de valider l'échange. — Bastia, 8 déc. 1834, Simonetti, [P. chr.] — V. Troplong, *Echange*, n. 35 ; Duranton, *Vente*, t. 2, n. 414.

47. — La nullité d'une vente faite à forfait de biens de mineurs par leur mère tutrice non autorisée, et avant qu'aucun partage de communauté eût été fait entre elle et les mineurs, est couverte par l'exécution volontaire que ceux-ci ont donnée à l'acte après leur majorité. — Cass., 20 avr. 1842, Aulas, [S. 42.1.434, P. 42.1.719] — *Sic*, Toullier, t. 8, n. 515 et s.

48. — La nullité résultant du défaut de qualité dans la personne du mari, pour intenter seul et sans le concours de sa femme une action relative aux immeubles de celle-ci, est purement relative et peut être effacée par la ratification ultérieure de la femme, alors même que cette ratification n'interviendrait qu'en cause d'appel. — Bruxelles, 15 févr. 1812, Valravens, [S. et P. chr.]

49. — L'obligation qu'une femme mariée sous le régime dotal contracte, pendant le mariage, sur ses biens dotaux, peut être par la suite confirmée ou ratifiée par elle ; mais d'après le principe posé plus loin, ce ne peut être qu'après la dissolution du mariage. Ainsi de l'obligation de la nullité dont l'engagement de la femme se trouvait entaché. — Bordeaux, 20 déc. 1832, Masmontet, [S. 33.2.279, P. chr.] — V. *suprà*, v° *Autorisation de femme mariée*, n. 886. — Ceci suppose admis que l'inaliénabilité de la dot est une règle d'incapacité et non une règle d'indisponibilité. Dans le système de la dot indisponible, il n'y aurait pas, en effet, à parler de ratification ou confirmation de la part de la femme. Le vice de l'obligation ne dépend pas, dans ce système, de la volonté du débiteur ; aussi n'est-ce pas dans une manifestation de volonté de sa part que pourrait être le remède. — Paul Gide, *Etude sur la condition privée de la femme*, p. 450 et s. — V. *infrà*, v° *Dot*.

50. — Lorsqu'un acte synallagmatique est nul pour défaut de double écrit, il est susceptible de ratification, et il doit avoir effet, si les parties déclarent ultérieurement le vouloir ainsi. — Paris, 13 avr. 1813, Bertrand, [S. et P. chr.] — V. *suprà*, n. 42, et *infrà*, v° *Double écrit*.

51. — De même, lorsqu'un acte sous seing privé, nul pour omission du *bon* ou *approuvé* de la somme en toutes lettres, a été exécuté en partie par le débiteur, cette exécution emporte de sa part ratification de l'acte et le rend non recevable à en demander ultérieurement la nullité. — Agen, 7 août 1813, de Saint-Pé, [S. et P. chr.] — Quant à l'effet de cette ratification à l'égard de la caution, V. *suprà*, v° *Approbation de somme*, n. 2241.

52. — De même encore, la nullité d'un acte de société, résultant du défaut de publicité, est couverte entre les associés, par une exécution accompagnée de reconnaissances et de déclarations judiciaires. — Cass., 30 janv. 1839, Ramel, [S. 39.1.393, P. 39.1.334] — Bruxelles, 16 janv. 1830, Chell, [S. et P. chr.] — *Contra*, Rennes, 22 juin 1837, Maheu, [S. 37.2.441, P. 37.2.536] — V. *infrà*, v° *Société*.

CHAPITRE III.

QUI PEUT CONFIRMER OU RATIFIER, ET A QUELLE ÉPOQUE.

53. — La ratification de l'acte ou de la convention annulable doit évidemment émaner de la personne dans l'intérêt de laquelle la nullité est établie. — Toullier, t. 2, n. 648.

54. — Ainsi, la nullité de l'obligation contractée par la femme sans l'autorisation de son mari ne serait pas couverte par la ratification, même écrite, qui aurait été donnée par le mari seul postérieurement à l'obligation. — Cass., 26 juin 1839, Sauguier, [S. 39.1.878, P. 39.2.12] — Rouen, 18 nov. 1825, Delabrière, [S. et P. chr.] — Grenoble, 26 juill. 1828, Chapais, [S. et P. chr.] — *Sic*, Duranton, t. 2, n. 518. — *Contra*, Dijon, 1er août 1818, Lantissier, [S. et P. chr.] — Delvincourt, t. 1, p. 195 ; t. 2, p. 603 ; Vazeilles, t. 2, n. 379. — V. *suprà*, v° *Autorisation de femme mariée*, n. 887 et s.

55. — D'autre part, l'exécution, de la part du mari, d'un acte qu'il a lui-même consenti, mais sans droit, relativement aux biens de la femme, n'élève aucune fin de non-recevoir contre l'action de la femme en nullité de cet acte. — Bourges, 17 nov. 1829, Dapremont, [S. et P. chr.]

56. — Depuis le Code civil, qui lui a rendu la capacité de s'obliger pour autrui, la femme mariée a pu ratifier un cautionnement par elle souscrit sous l'empire du sénatus-consulte velléien. — Turin, 23 févr. 1807, Valperga, [S. et P. chr.] — *Sic*, Chabot, *Quest. trans.*, v° *Sénatus-consulte velléien*, n. 3 ; Merlin, v° *Effet rétroactif*, sect. 3, § 3.

57. — Et notamment, le pouvoir donné par cette femme à un tiers, de paraître pour elle en conciliation, a conféré au mandataire celui de reconnaître et de ratifier un pareil engagement. — Même arrêt.

58. — Des cohéritiers, qui, après avoir souscrit une transaction en minorité, l'ont ratifiée depuis leur majorité, soit dans un acte passé avec plusieurs de leurs cohéritiers majeurs, soit par la prise de possession des biens, sont non recevables à demander la nullité de la transaction, vis-à-vis de celui de ces derniers qui n'avait pas figuré dans l'acte de ratification, alors que ce cohéritier s'est appuyé tant sur cet acte que sur la transaction, pour demander le rejet d'une demande en rapport. — Cass., 1er mai 1832, Duboispéan, [P. chr.] — V. aussi les lois 10, D., *De rebus eorum*, et 29, *De pactis*. — Toullier, t. 7, n. 562, et t. 8, n. 517.

59. — Mais le pupille qui a fait un acte seul ne peut se voir privé de l'action en nullité qu'il pourrait intenter à sa majorité, par l'approbation que le tuteur donnerait après coup à cet acte. On ne peut voir là une confirmation, car c'est à l'incapable seul, devenu capable, qu'il appartient la faire. En effet, si l'acte est avantageux au pupille, l'exécution pourra en être poursuivie par lui et même par le tuteur, quoiqu'il n'y ait pas eu d'approbation. Et, dans le cas contraire, l'approbation postérieure du tuteur, si elle pouvait avoir quelque effet, n'en aurait d'autre que de priver le pupille de cette alternative favorable pour lui, et de l'obliger à l'exécution de l'acte, avantageux ou non. — Delvincourt, t. 2, p. 603; Solon, t. 2, n. 316.

60. — L'abandon que l'art. 802, C. civ., autorise l'héritier bénéficiaire à faire aux créanciers de la succession n'est pas, de la part du tuteur agissant pour l'héritier mineur, un simple acte d'administration qu'il puisse faire sans l'autorisation du conseil de famille. Et il a été jugé que l'absence de cette autorisation et des formalités prescrites par les art. 457 et 458, C. civ., vicie l'abandon, et ne peut être réparée par une délibération postérieure du conseil de famille, alors surtout que cette délibération, sans s'expliquer sur l'abandon déjà fait et sans le ratifier expressément, connaissance prise des causes qui y ont donné lieu, se borne à autoriser le tuteur à répudier la succession. Comme, en effet, cet acte d'autorisation est absolument étranger à l'acte abandonné, on ne saurait admettre ici l'argument *à fortiori*. — Cass., 12 mars 1839, Chambon, [S. 39.1.274, P. 39.1.324]

61. — L'exécution volontaire d'un acte par une partie, en une qualité qu'elle possédait alors, ne peut lui être opposée comme emportant ratification ou renonciation de sa part à demander la nullité de cet acte en une autre qualité qui ne lui a été attribuée que postérieurement aux faits d'exécution. — Cass., 18 août 1840, Bourguignon, [S. 40.1.785, P. 40.2.200]

62. — Spécialement, le donateur par contrat de mariage, qui a exécuté cet acte en délivrant la chose donnée, est recevable, après le décès du donataire qui l'a institué son légataire universel, à demander, en cette qualité, la nullité du contrat de mariage, pour faire tomber les dispositions que par cet acte le donataire avait faites de ses biens. — Même arrêt.

63. — Du principe que l'héritier succède aux droits et actions du *de cujus*, il suit que la confirmation peut être faite par les héritiers de la personne dans l'intérêt de laquelle la nullité est établi, car ils succèdent au droit d'intenter l'action en nullité à la condition, toutefois, que l'acte soit en lui-même susceptible de ratification. — V. *supra*, n. 33 et 34.

64. — Les textes n'avant pas déterminé l'époque précise à laquelle peut avoir lieu la confirmation d'une convention sujette à une action en nullité ou en rescision, rien ne s'oppose à ce qu'elle ait lieu immédiatement après cette convention elle-même. — Aubry et Rau, t. 4, § 337-2°, p. 263; Demolombe, *Traité des successions*, t. 5, n. 477; *Traité des contrats*, t. 6, n. 754.

65. — Mais l'obligation ne peut être confirmée qu'à partir de l'époque où elle aurait pu prendre naissance. La confirmation doit réunir, à l'époque où elle a lieu, dans la personne de celui qui la fait, toutes les conditions nécessaires pour la formation de la convention, à savoir les conditions relatives à la capacité et au consentement, et aussi à l'objet et à la cause. Ce n'est pas que confirmer une convention soit consentir à nouveau, une seconde fois, cette convention; car nous avons vu que la confirmation ne crée pas la convention, ne fait que la consolider rétroactivement (V. *supra*, n. 4). Mais, comme dit Demolombe, « cette rétroactivité même témoigne que si la confirmation ne crée pas la convention, elle ne s'en rattache pas moins aux conditions essentielles de son existence, et qu'elle devient elle-même l'un des éléments constitutifs de sa formation originaire » (*Contrats*, t. 6, n. 755).

66. — Il est évident d'après cela que, si le vice dont il s'agit est de nature à se perpétuer pendant un temps plus ou moins long, la confirmation ne peut avoir lieu qu'autant que ce vice a cessé. Si l'on n'observait pas cette condition, la confirmation serait entachée du même vice que l'obligation elle-même. — Merlin, *Rép.*, v° *Conventions matrimoniales*, § 2; Toullier, t. 8, n. 515 et 516; Colmet de Santerre, t. 5, n. 309 bis-II; Aubry et Rau, *loc. cit.*; Demolombe, *Contrats*, t. 6, n. 754. — Autrement dit, on ne peut confirmer qu'à partir du moment où l'on pourrait intenter l'action en nullité. La confirmation emporte renonciation à l'action en nullité, et ne peut avoir lieu qu'après l'ouverture de cette action. *Quod quis, si velit, habere non potest, repudiare non potest.* — Caen, 15 juin 1835, Jourdan, [S. 38.2.524, P. chr.] — *Sic*, Aubry et Rau, *loc. cit.*, p. 266. — C'est par application des mêmes principes que l'art. 1304, C. civ., ne fait commencer la prescription décennale, qui est fondée sur l'idée d'une confirmation tacite, qu'à compter du jour où le vice qui donnait lieu à l'action en nullité ou en rescision, a disparu. — V. *infra*, v° *Minorité*. — V. aussi *supra*, n. 24 et s.

67. — Ainsi, les nullités résultant de la violence, de l'erreur, ou du dol, dont le consentement de l'obligé se trouve infecté, ne peuvent être effacées par la confirmation qu'après la cessation de la violence, et la découverte de l'erreur ou du dol (C. civ., art. 892, 1115, 1304 al. 2, 1338 al. 2 rapprochés). — Toullier, t. 8, n. 505; Duranton, t. 13, n. 277; Aubry et Rau, t. 4, § 337-2°, p. 263; Demolombe, t. 6, n. 736.

68. — La convention entachée de lésion peut être confirmée de suite, soit expressément par un acte, soit tacitement par une exécution volontaire. L'art. 1674, C. civ., qui défend de renoncer dans le contrat même à l'action en rescision, n'empêche pas une confirmation immédiate. La seule condition est que la confirmation ait lieu en connaissance de cause (V. *infra*, n. 119 et s.). Ce vice présentant souvent un mélange d'erreur ou dol, il faut vérifier exactement si la partie a connu le vice de la convention qu'elle a confirmée; cette vérification est utile surtout lorsque la confirmation résulte tacitement de l'exécution volontaire et que cette exécution a suivi de peu de temps la formation de la convention. — Toullier, t. 8, n. 505; Larombière, t. 6, art. 1338, n. 26; Demolombe, *Traité des successions*, t. 5, n. 480, 493, 497; *Traité des contrats*, t. 6, n. 757.

69. — Si l'obligation est sujette à annulation ou à rescision par suite de l'incapacité personnelle de l'obligé, celui-ci ne pourra la confirmer qu'autant que son incapacité aura cessé. — Paris, 15 mars 1831, Bonar, [P. chr.] — *Sic*, Toullier, t. 8, n. 504 et 505; Duranton, t. 13, n. 277; Aubry et Rau, *loc. cit.*; Demolombe, *op. cit.*, t. 6, n. 758.

70. — Le mineur, par exemple, qui s'est obligé, ne peut confirmer son obligation qu'à compter du jour de sa majorité (C. civ., art. 1311). — Grenoble, 29 janv. 1825, James, [P. chr.] — V. aussi, Cass., 28 nov. 1866, Struillon, [S. 67.1.18, P. 67.24] — V. *infra*, v° *Minorité*.

71. — De même, les actes faits et les obligations contractées par une femme mineure, non régulièrement autorisée ou assistée, sont susceptibles d'être ratifiés par elle après sa majorité, alors même qu'elle serait mariée sous le régime dotal. Cette ratification sera, il est vrai, sans effet, quant aux biens dotaux de la femme, car ils sont inaliénables, mais non quant aux biens non dotaux lui être donnés ou légués sous la clause formelle qu'ils échapperont à la dotalité. — Riom, 11 juill. 1864, de Beaucaire, [S. 64.2.161, P. 64.836]

72. — On doit admettre, conformément aux mêmes principes, que le mineur, devenu majeur, qui a consenti une convention avec son tuteur, sans avoir accompli les formalités prescrites par l'art. 472, C. civ., ne pourra la confirmer, qu'après l'accomplissement de ces formalités. Si, en effet, on ne les observait pas, la confirmation serait entachée de ce vice d'incapacité qui se prolonge, même après la majorité, entre l'ex-mineur et son ex-tuteur. — V. *supra*, v° *Compte de tutelle*, n. 164 et s., et *infra*, n. 196.

73. — Pareillement, un individu pourvu d'un conseil judiciaire, qui a contracté une obligation sans l'assistance de ce conseil, ne peut la confirmer qu'après le jugement qui aura donné mainlevée de son incapacité. — Demolombe, *Contrats*, t. 6, n. 759.

74. — Mais si la personne pourvue d'un conseil judiciaire confirme l'obligation, au cours même de son incapacité, avec l'assistance de son conseil, cette confirmation se trouve néanmoins valable. La convention, en effet, intervient alors avec les mêmes conditions de validité sous lesquelles elle pouvait être faite à l'origine, et elle émane d'une partie à ce moment capable, puisque l'assistance du conseil judiciaire a fait disparaître son incapacité. — Cass., 6 juin 1860, Jamard, [S. 60.1.593, P. 61.613, D. 60.1.339] — *Sic*, Demolombe, *loc. cit.*

75. — En ce qui concerne la confirmation de l'obligation consentie par la femme au cours du mariage sans autorisation de son mari, V. *suprà*, v° *Autorisation de femme mariée*, n. 885 et s.

76. — D'autre part, la nullité d'une contre-lettre par laquelle les époux auraient, après la célébration du mariage, modifié leurs conventions matrimoniales, ne peut être couverte, tant que dure le mariage, par aucun acte confirmatif, mais elle peut l'être après sa dissolution. — Cass., 31 janv. 1833, Quintard, [S. 33. 1.471, P. chr.] — Metz, 26 nov. 1823, Gilbert, [S. et P. chr.] — Toulouse, 19 janv. 1833, Tannebier, [S. 54.2.33, P. 53.2.366] — Montpellier, 9 déc. 1833, Malleville, [S. 54.2.33, P. 54.2.250, D. 53.2.244] — Riom, 23 juin 1833, Chara, [S. 54.2.37, P. 54.2.235, D. 54.1.207] — 29 mai 1854, Barjou, [S. 54.1.437, P. 54.2.251, D. 54.1.207] — *Sic*, Merlin, *Répertoire*, v° *Conventions matrimoniales*, § 2; Pont et Rodière, *Du contrat de mariage*, t. 1, n. 158; Aubry et Rau, t. 4, § 337-2°, p. 265; Larombière, t. 6, art. 1338, n. 21-23; Demolombe, t. 6, n. 760. — V. *infrà*, v¹ˢ *Contrat de mariage*, *Contre-lettre*.

77. — Le mariage étant dissous, l'obstacle qui existait pendant le mariage a cessé d'exister. — Mêmes arrêts.

78. — Toullier avait d'abord soutenu (t. 7, n. 567) que les actions rescisoires sont inhérentes au débiteur, et que ses créanciers ne peuvent les exercer sans son concours; que, dès lors, ils ne sauraient se plaindre que le mineur devenu majeur et la femme devenue veuve renoncent à une action qu'ils ne pouvaient eux-mêmes exercer, et ratifient des actes faits pendant la minorité ou le mariage. Mais plus tard cet auteur a admis la distinction suivante : si les créanciers agissent avant que le mineur devenu majeur ou la femme veuve aient ratifié l'action en rescision ou y aient renoncé, ils peuvent l'exercer en leur lieu et place. Mais ils n'ont plus cette faculté lorsque leurs débiteurs ont ratifié ou ont été déboutés de leur action en nullité par un jugement en dernier ressort. — Toullier, t. 7, n. 569, note 1; Merlin, *Quest. de dr.*, v° *Hypothèque*, § 4.

79. — Au surplus, les créanciers sont fondés, par application des règles générales en matière de fraude, à exercer l'action révocatoire lorsqu'il est prouvé que cette renonciation ou ratification a été faite pour frauder leurs droits. — Toullier, *loc. cit.*

CHAPITRE IV.

DES CONDITIONS INTRINSÈQUES ET DE FORME REQUISES POUR LA CONFIRMATION.

80. — La confirmation, en ce qui concerne les conditions de forme, peut avoir lieu de deux façons : elle peut être expresse ou tacite. Nous en étudierons les conditions intrinsèques, en même temps que nous traiterons des deux formes dont elle est susceptible.

SECTION I.

De la confirmation ou ratification expresse.

81. — La confirmation ou ratification expresse est celle qui résulte d'une manifestation formelle de volonté exprimée par celui qui confirme.

82. — L'acte de confirmation ou ratification d'une obligation contre laquelle la loi admet l'action en nullité ou en rescision « n'est valable », aux termes de l'art. 1338, C. civ., qu'autant qu'on y trouve : 1° la substance de l'obligation confirmée; 2° la mention du motif de l'action en nullité ou en rescision; 3° l'intention de réparer le vice sur lequel cette action est fondée.

83. — Ce que la loi entend par la *substance* de l'obligation, ce n'est pas précisément sa teneur, c'est une désignation assez précise de l'obligation annulable pour que l'identité en soit déterminée d'une façon non équivoque, afin qu'on ne puisse la confondre avec aucune autre obligation. Il n'y a pas de formule sacramentelle, ni aucune désignation absolument nécessaire. On peut indiquer l'obligation annulable par son caractère, par le nom qui lui a été donné, par ses clauses principales, peu importe, pourvu qu'il n'y ait aucun doute possible sur l'obligation à laquelle on entend appliquer la confirmation que l'on fait. — Cass., 5 juill. 1836, Aribert, [S. 36.1.600, P. chr.] — Rennes, 28 avr. 1830, Penquer, [P. chr.] — *Sic*, Teste, *Encycl. du droit*, v° *Actes confirmatifs*, n. 11; Demolombe, *op. cit.*, t. 6, n. 763.

84. — Mais l'indication seule de la date de l'obligation serait insuffisante pour en établir l'identité. — Demolombe, *loc. cit.* — *Contrà*, Larombière, t. 6, art. 1338, n 28.

85. — Ces mots : *Je ratifie le présent billet*, apposés par un majeur sur une obligation constatant qu'elle a été souscrite en minorité, remplissent toutes les conditions exigées par l'art. 1338, C. civ., pour la validité d'une ratification. — Poitiers, 7 juill. 1825, R..., [S. et P. chr.] — *Sic*, Toullier, t. 8, n. 490; Rolland de Villargues, *Rép. du not.*, v° *Ratification*, n. 47; Sébire et Carteret, *Encycl. du dr.*, v° *Acte récognitif et confirmatif*.

86. — Il a été jugé qu'en admettant que les contraintes et commandements décernés par la régie de l'enregistrement puissent équivaloir aux actes dressés en conformité de l'art. 1328, C. civ., pour donner date certaine aux contrats, il suffit que ces contraintes et commandements contiennent une énonciation positive des obligations renfermées dans la convention dont la date est litigieuse, ni celle des mentions relatives à l'acquittement de ces obligations, pour qu'on puisse en conclure qu'ils ne renferment pas la substance de la convention, ainsi que le prescrit l'art. 1338. et que, dès lors, ils sont insuffisants pour en assurer l'identité et en constater la date. — Cass., 23 nov. 1841, Dulugat, [S. 42.1.134, P. 42.1.130]

87. — Par application du principe posé, l'acte confirmatif d'une vente doit, pour être valable, faire mention du prix et désigner la chose vendue de manière à ne pouvoir la méconnaître. — Toullier, t. 8, n. 496.

88. — La loi exige, en second lieu, pour la confirmation, la mention du vice qui donnait naissance à l'action en nullité ou en rescision. S'il y en a plusieurs, il est nécessaire de les mentionner tous.

89. — Au reste, la disposition de l'art. 1338, C. civ., suivant laquelle un acte de ratification n'est valable qu'autant qu'il contient l'indication des moyens de nullité opposables à l'acte ratifié, s'applique aux moyens tirés du droit comme aux moyens tirés du fait. — Cass., 20 avr. 1839, Guilbaud, [S. 60.1.964, P. 60.934, D. 59.1.509]

90. — Ainsi, au cas où un testament pourrait être attaqué comme portant atteinte à la réserve légale de l'héritier, les actes dont on voudrait faire résulter la ratification et l'exécution du testament par ce dernier, ne sauraient produire cet effet, s'ils ne contiennent ni la mention de la ratification de l'acte entaché, ni rien qui indique l'intention de réparer cette nullité ou de renoncer à s'en prévaloir. — Même arrêt.

91. — Mais qu'arrivera-t-il si, au cas où il y a plusieurs vices, l'acte énonce seulement un ou plusieurs d'entre eux, sans les indiquer tous, ou s'il n'en énonce aucun? Envisageons ces deux hypothèses.

92. — Si l'acte confirmatif énonce un ou plusieurs des vices, sans les indiquer tous, il faut admettre que la partie n'a pas renoncé aux actions en nullité qui lui appartiendraient à raison des vices qu'elle n'a pas mentionnés. — Cass., 12 juin 1836, Dessain, [S. 39.1.659, P. 39.2.16] — *Sic*, Duranton, t. 13, n. 273; Toullier, t. 8, n. 498; Solon, t. 2, n. 392; Teste, *Encycl. du dr.*, v° *Actes récognitifs et confirmatifs*, n. 13 et 14; Demolombe, *op. cit.*, t. 6, n. 764. — V. aussi Favard de Langlade, *Rép.*, v° *Acte récognitif*, § 2; Zachariæ, Massé et Vergé, t. 3, p. 486, § 586, note 28.

93. — En conséquence, la vente faite par un tuteur peut être attaquée soit à raison de l'inobservation des formalités tracées par la loi pour les partages des biens de mineurs, soit pour cause de lésion, le mineur qui, dans un acte de ratification, n'a exprimé l'intention que de couvrir le vice de l'inobservation des formes, conserve encore la faculté d'attaquer la cession pour cause de lésion. — Limoges, 13 déc. 1847, Debord, [S. 48.2.466, P. 49.2.636]

94. — Jugé, de même, que l'exécution volontaire d'un acte, qui couvre le vice résultant de ce qu'il a été fait en minorité, n'est pas un obstacle à l'action en rescision de cet acte pour cause de lésion. — Cass., 8 févr. 1841, Florand, [S. 41.1.436, P. 41.1.632]

95. — Cependant, comme les vices de forme sont patents et ne peuvent guère être ignorés que par erreur de droit, si le vice qui n'a pas été mentionné dans l'acte, lorsqu'un autre l'a été, était un vice de forme, la partie ne pourrait revenir sur la confirmation ou ratification une fois faite. On présumerait facilement chez elle la connaissance de ce vice et la renonciation au droit de l'opposer. — Duranton, t. 13, n. 274. — *Contra*, Rolland de Villargues, v° *Ratification*, n. 43 et s.

96. — Si l'acte confirmatif n'énonce aucun des vices dont l'obligation se trouve entachée, il faut dire aussi que la partie n'a renoncé à aucun de ces vices, puisqu'aucun d'eux n'a été mentionné dans l'acte confirmatif. Mais il faut corriger ce que cette solution aurait de trop absolu en admettant que l'acte confirmatif, qui ne ferait pas une preuve complète de la confirmation, faute de contenir les mentions exigées par l'art. 1338, pourrait fournir un commencement de preuve, et que la confirmation pourrait, en dehors de l'acte confirmatif, être prouvée par les modes de preuves de droit commun. — Demolombe, *op. cit.*, t. 6, n. 764 et 764 *bis*. — V. *infra*, n. 106 et 107.

97. — L'art. 1338, C. civ., exigeant que le vice que l'on a voulu réparer soit énoncé dans l'acte confirmatif, ne s'applique d'ailleurs, qu'aux conventions à l'égard desquelles la ratification a pour objet de prévenir ou d'arrêter une action en nullité ou en rescision. Ainsi, la simple reconnaissance d'une dette et la renonciation à une prescription ou à une déchéance, et notamment à la déchéance résultant du défaut de signification d'un protêt, ne sont subordonnées, dans leur forme, à aucune condition substantielle. — Cass., 3 mai 1852, Baltrand, [S. 52.1.447, P. 52.2.729, D. 52.1.143]; — 8 mars 1853, Capdeville, [S. 54.1.769, P. 53.1.668, D. 54.1.336]

98. — La troisième mention exigée par l'art. 1338 est l'intention exprimée de réparer le vice sur lequel est fondée l'action en nullité ou en rescision. C'est l'intention manifestée de confirmer l'obligation annulable, qui donne à l'acte confirmatif sa véritable signification et sa force. — Demolombe, *op. cit.*, t. 6, n. 765.

99. — L'art. 1115, C. civ., en posant seulement le principe que le vice de violence se purge par une approbation, soit expresse, soit tacite, soit en laissant passer le temps fixé par la loi pour pouvoir exercer l'action en nullité, ne détermine point les conditions et formalités que doit contenir l'acte même d'approbation : c'est l'art. 1338 qui est la règle à observer à cet égard. — Duranton, t. 13, n. 267.

100. — Il a été jugé que la ratification d'un billet à ordre souscrit par une femme sans autorisation du mari ne résulte pas d'un testament dans lequel la femme s'est bornée à exprimer la volonté qu'après sa mort, toutes ses dettes soient payées sur l'actif de sa succession ; une telle disposition ne renferme ni la substance de l'obligation nulle, ni le motif de l'action en rescision, ni l'intention de réparer le vice de l'obligation. Peu importe même que la testatrice ait spécialement rappelé la dette du billet à ordre, en ajoutant que le bénéficiaire du billet n'a d'autre garantie que sa parole; cette nouvelle disposition n'implique pas nécessairement l'existence d'un motif quelconque de nullité ou de rescision, et en tous cas ne constitue pas la mention du motif de l'action en nullité ou en rescision exigée par l'art. 1338, C. civ. — Cass., 7 nov. 1877, Borel de Montchauvel, [S. 78.1.62, P. 78.136, D. 78.1.169]

101. — La ratification devant avoir lieu en parfaite connaissance de cause, il a été jugé que la nullité qui tient à la forme d'un acte ne peut être l'objet d'une ratification expresse ou tacite, qu'autant que l'acte est représenté à la personne ayant qualité pour couvrir le vice dont il est entaché. — Cass., 8 janv. 1838, Barbotte, [S. 38.1.646, P. 38.2.282]; — 31 janv. 1844, Hamard, [S. 44.1.368, P. 44.2.629] — V. aussi Cass., 5 déc. 1826, Debray, [S. et P. chr.]

102. — Les formalités de l'art. 1338 ne sont pas applicables à la ratification des actes consentis au nom d'une personne par un tiers. Nous avons dit, en effet, *suprà*, n. 2, que, dans ce cas, c'est l'art. 1998 qui doit être appliqué. — Cass., 26 déc. 1815, Lapierre-Dalard, [S. et P. chr.] — Bordeaux, 27 mai 1873, sous Cass., 12 févr. 1873, Mounier, [S. 73.1.457, P. 73.1.161, D. 73.1.143] — V. aussi Cass., 4 avr. 1821, Vincent, [S. et P. chr.] —

Favard de Langlade, *Répertoire*, v^{is} *Acte récognitif*, § 2, n. 1, et *Mandat*, § 2, art. 2, n. 2; Larombière, *Obligations*, t. 6, art. 1338, n. 3; Toullier, t. 8, n. 491 et 502; Duranton, t. 13, n. 265; Troplong, *Du mandat*, n 608-609; Marcadé, t. 5, art. 1338, n. 5 *in fine*; Domenget, *Mandat*, t. 1, n. 417-424; Zachariæ, Massé et Vergé, t. 3, § 735, p. 52, note 4; Aubry et Rau, t. 4, § 337, p. 264, texte et note 4 ; Delamarre et Lepoitvin, *Traité de droit commercial*, t. 2, n. 126 et 127; Teste, *Encyclopédie du droit*, v° *Actes récognitifs*, n. 9; Rolland de Villargues, *Répertoire du notariat*, v° *Ratification*, n. 13; *Dictionnaire du notariat*, v° *Ratification*, n. 29 et s.; Demolombe, *op. cit.*, t. 6, n. 752.

103. — A la différence de la confirmation, la ratification, dans les termes de l'art. 1998, C. civ., d'un engagement contracté par un tiers sans mandat, n'est soumise à aucune forme.

104. — Spécialement, l'acte par lequel une femme mariée déclare ratifier ce qui a pu être fait légalement par son mari agissant et se portant fort pour elle, n'est pas soumis aux exigences de l'art. 1338, C. civ., pour la validité des actes de ratification, spécialement à la nécessité de l'énonciation du vice à réparer. — Bordeaux, 8 août 1870, Leymérigie et Breton, [S. 71.2.10, P. 71.81, D. 71.2.174]

105. — Il a été jugé, dans le même sens, que si une vente des biens d'un mineur a été consentie en vertu d'une procuration du tuteur portant à tort qu'il était autorisé par le conseil de famille, et que le mineur, devenu majeur, ait ratifié la vente en donnant une nouvelle procuration, cette ratification sera soumise à l'art. 1998 et non à l'art. 1338, C. civ. — Cass., 1er juin 1880, Aubry de Naraumont, [S. 80.1.403, P. 80.1029] — Mais cet arrêt n'est pas à l'abri de toute critique, car on peut soutenir que c'est le mineur qui a consenti la vente, le tuteur étant son représentant légal, et, dès lors, les règles de l'art. 1338 seraient applicables à l'espèce. — V. la note sous l'arrêt.

106. — Au reste, si la ratification d'un engagement contracté par un tiers sans mandat n'est assujettie à aucune forme, elle doit cependant résulter d'un acte qui annonce une volonté certaine d'approuver l'engagement. — Cass., 12 févr. 1873, précité; — 11 nov. 1879, Mandroux, [S. 81.1.163, P. 81.1.437, D. 80.1.421] — V. au surplus, *infra*, v^{is} *Gestion d'affaires, Mandat*.

107. — En ce qui concerne la confirmation proprement dite, il convient de remarquer que la validité n'en est pas subordonnée aux énonciations indiquées par l'art. 1338, comme pourrait le faire croire son texte. Elles ne sont exigées que comme formes extrinsèques, destinées à procurer le moyen de prouver l'existence de ces conditions. En sorte que l'acte, soit authentique, soit sous seing privé, ne fait à lui seul preuve complète de la confirmation, qu'autant qu'il contient ces trois énonciations. Mais rien n'empêche d'établir le concours de ces conditions, en dehors de tout acte confirmatif, par les divers moyens de preuve que la loi admet. — V. Poitiers, 7 juill. 1825, R...., [S. et P. chr.] — Toullier, t. 8, n. 499; Duranton, t. 13, n. 276; Teste, *Encyclopédie du droit*, v° *Actes confirmatifs*, n. 13-15; Aubry et Rau, t. 4, § 337-3°, p. 268 et note 23; Colmet de Santerre, t. 5, n. 309 *bis*-IV; Larombière, t. 6, art. 1338, n. 28 ; Demolombe, *op. cit.*, t. 6, n. 764 *bis*; Laurent, t. 18. n. 619.

108. — La preuve que la volonté de réparer le vice de l'obligation a été donnée en pleine connaissance de cause peut notamment résulter d'écrits autres que l'acte ratificatif. Cet acte, en le supposant imparfait à raison de l'insuffisance des énonciations, pourrait en outre, comme commencement de preuve par écrit, autoriser l'admission de la preuve testimoniale. — Toullier, t. 8, n. 499 et 500; Laurent, *loc. cit.*

109. — C'est au créancier qui se prévaut de la confirmation à prouver que les conditions nécessaires sont réunies. C'est, en effet, lui qui est demandeur en opposant la confirmation, et c'est à lui de prouver que son moyen est fondé. — Demolombe, *op. cit.*, t. 6, n. 766.

110. — La confirmation expresse peut être faite par acte authentique, ou par acte sous seing privé.

111. — Elle doit être faite nécessairement par acte authentique, quand l'obligation qu'il s'agit de confirmer est soumise à cette forme pour garantir la liberté et l'indépendance des parties, et pour assurer par là la sincérité de leur consentement. Ainsi, une reconnaissance d'enfant naturel, contenue dans un acte notarié ni en la forme, ne peut être confirmée que par un acte authentique. — Aubry et Rau, t. 4, § 337-3°, p. 267 et note 24; Demolombe, *op. cit.*, t. 6, n. 767.

112. — De même, s'il s'agit de confirmer une constitution d'hypothèque, la confirmation devra être donnée en la forme authentique. — Grenier, *Hypothèques*, t. 1, n. 50.

113. — Mais il ne faut pas croire, malgré l'apparence des termes de l'art. 1338, qui pourrait laisser quelques doutes à cet égard, que la loi exige pour la confirmation un acte écrit. Elle peut être faite même verbalement. Dans ce cas, la preuve testimoniale est soumise aux règles contenues dans les limites fixées par les art. 1341 et s., C. civ. — Demolombe, *op. cit.*, t. 6, n. 764 *bis* et 767.

114. — Il n'est pas non plus nécessaire que l'acte simplement ratificatif soit fait en double original, à moins qu'il ne présente les caractères d'une transaction, car il devient alors synallagmatique. — Duranton, t. 13, n. 275; Toullier, t. 8, n. 501. — V. *infra*, v° *Double écrit*.

115. — Lorsqu'une peine a été stipulée dans l'obligation, pour le cas où la partie reviendrait contre l'acte irrégulièrement confirmé, la clause pénale produit ses effets en cas d'inexécution de l'acte confirmatif, car elle constitue ici une obligation principale sous condition, et dès lors n'est pas atteinte par la disposition de l'art. 1227, aux termes de laquelle la nullité de l'obligation principale entraîne celle de la clause pénale. — Duranton, t. 13, n. 268.

Section II.

De la confirmation ou ratification tacite.

116. — La confirmation ou ratification tacite est celle qui résulte de l'exécution volontaire de la convention sujette à l'action en nullité ou en rescision.

117. — L'exécution d'une obligation consiste, pour le débiteur, dans le paiement de ce qu'il doit; pour le créancier, dans la réception de ce qui lui est dû, ou dans les poursuites faites pour l'obtenir. — Cass., 27 juill. 1829, Rochette, [S. et P. chr.]; — 28 juill. 1829, Mirabal, [S. et P. chr.]

118. — L'exécution, même partielle de l'obligation, opère confirmation pour le tout. En effet, la confirmation porte sur l'obligation telle qu'elle est, sans qu'il soit possible d'en modifier l'étendue. — Cass., 4 therm. an IX, Bordenave, [S. et P. chr.] — Sic, Merlin, *Questions de droit*, v° *Mineur*, § 3; Toullier, t. 8, n. 508; Duranton, t. 13, n. 280; Larombière, § 4, art. 1338, n. 43; Aubry et Rau, t. 4, § 337-3°, p. 268; Zachariæ, Massé et Vergé, t. 3, § 586, p. 486; Demolombe, t. 6, n. 438, 495 et 776. — Cependant, s'il s'agissait d'une obligation sans cause, exécutée volontairement en partie, le porteur de la promesse ne pourrait exiger le surplus, car ce surplus resterait toujours sans cause. — Duranton, t. 13, n. 281.

119. — L'exécution est volontaire quand elle est faite : 1° avec la connaissance du motif de l'action en nullité ou en rescision; 2° avec l'intention de réparer ce vice. Ces conditions, formellement exigées par l'art. 1338, C. civ., pour la confirmation expresse, doivent l'être aussi pour la confirmation tacite, et se retrouvent dans l'exécution. En disposant que l'obligation doit être exécutée *volontairement*, l'art. 1338 veut dire qu'elle doit être en connaissance de cause. C'est ce que signifient aussi ces mots, « après l'époque à laquelle l'obligation pouvait être valablement confirmée ou ratifiée ». Si l'on attend cette époque, c'est pour que les conditions exigées pour la confirmation expresse puissent être remplies aussi pour la confirmation tacite. Ces conditions ne sont pas simplement des conditions extrinsèques, qui seraient particulières à la confirmation expresse, ce sont des conditions intrinsèques de toute confirmation. — Cass., 27 mars 1812, Filion, [S. et P. chr.]; — 5 déc. 1826, précité; — 12 déc. 1827, Guillon, [P. chr.]; — 24 janv. 1833, Béranger, [S. 33.1.209, P. chr.]; — 12 juill. 1837, Valory, [S. 37.1.964, P. 37.2.432]; — 19 déc. 1853, Bascle, [S. 54.1.686, P. 55.2.335]; — 29 juill. 1856, Allès, [S. 57.1.824, P. 57.425]; — 25 nov. 1857, Sollier, [S. 58. 1.209, P. 58.987, D. 57.1.425]; — 27 juill. 1863, Lerestif, [S. 63. 1.437, P. 64.171, D. 63.1.460]; — 28 nov. 1866, Struillon, [S. 67.1.18, P. 67.24, D. 66.1.469]; — 16 juin 1869, Aczeat, [S. 70. 1.163, P. 70.384, D. 69.1.478]; — 12 févr. 1873, Mounier, [S. 73. 1.437, P. 73.1161, D. 73.1 413]; — 25 nov. 1878, de Lescoët et Blin, [S. 79.1.57, P. 79.126, D. 79.1.415]; — 2 févr. 1881, Chabaneau, [S. 81.1.340, P. 81.1.838, D. 81.1.181]; — 22 juill. 1885, Monaque, [S. 87.1.248, P. 87.1.603, D. 87.1.228]; — 29 févr. 1888, Ségur, [S. 88.1.453, P. 88.1.1128, D. 88.1.224]; — 5 mars 1889, Bénard, [S. 90.1.12, P. 90.1.17, D. 89.1.343] — Grenoble,

8 mai 1835, Dorey, [S. 35.2.554, P. chr.]; — 15 nov. 1837, Boulieux, [S. 38.2.180, P. 39.2.288] — Caen, 15 févr. 1842, Barbérel, [S. 42.2.199, P. 42.2.567]; — 27 mai 1843, Lemarchand, [S. 43.2.575, P. chr.] — Riom, 10 janv. 1837, Pewerstof, [S. 37.2. 494, P. 58.504, D. 58.2.6] — Lyon, 6 août 1857, Allès, [S. 58. 2.485, P. 58.288] — Nancy, 20 déc. 1879, Grosjean, [S. 81.2.7, P. 81.1.89, D. 80.2.203] — Sic, Merlin, *Rép.*, v° *Ratification*, n. 9 et *Questions de droit*, *eod.* v°, § 3, n. 3; Toullier, t. 8, n. 504; Duranton, t. 13, n. 277 et s.; Marcadé, sur l'art. 1338, n. 3; Solon, t. 2, n. 411; Perrin, *Nullités*, p. 328; Teste, *Encyclopédie du droit*, v° *Actes récognitifs et confirmatifs*, n. 19; Larombière, t. 4, art. 1338, n. 35; Colmet de Santerre, t. 5, n. 310 *bis*; Massé et Vergé, sur Zachariæ, t. 3, § 586, p. 485; Aubry et Rau, t. 4, § 337-3°, p. 266 et note 21; Demolombe, t. 6, n. 770 et 771; Laurent, t. 18, n. 628 et s. — V. toutefois, Delvincourt, t. 2, p. 812. — V. aussi Grand, note sous Metz, 28 janv. 1858, Pigeon, [P. 58.364]

120. — Ainsi jugé que la perception des loyers d'un bail à long terme n'emporte pas ratification de cet acte, alors qu'il n'est pas établi que celui qui a perçu les loyers a su qu'il s'agissait, non d'un bail d'une durée ordinaire, mais d'un bail dont la durée était en quelque sorte indéfinie. — Cass., 9 mai 1842, Deicambre, [S. 42.1.563, P. 42.2.10]

121. — ... Que le vendeur qui exerce des poursuites pour le paiement du prix, et qui, en outre, fait sur l'immeuble vendu des constructions mises à sa charge par le contrat, sans que d'ailleurs rien indique qu'il ait connaissance d'une lésion existant à son préjudice, ne se rend pas par là non recevable à demander la nullité pour cause de lésion de la vente par lui consentie. — Cass., 19 déc. 1853, précité.

122. — Mais il a été décidé que lorsque les biens d'un mineur ont été vendus par le tuteur, sans remplir les formalités voulues, si le mineur devenu majeur a touché le prix, il y a ratification tacite de sa part. — Cass., 4 therm. an IX, Bordenave, [P. chr.] — Metz, 28 janv. 1858, précité. — Sic, Toullier, t. 7, n. 562.

123. — ... Que la ratification donnée par les enfants devenus majeurs à la vente faite par leur mère, tutrice, à l'époque de leur minorité, fait disparaître l'irrégularité de cette vente; que cette ratification résulte suffisamment des quittances données sans réserve par les enfants. — Lyon, 19 mai 1840, Berthelier, [P. 41.2.704]

124. — ... Que, dans le cas d'un achat d'immeuble fait au nom du mineur et entaché de nullité, le fait du mineur, devenu majeur, d'avoir repoussé l'action en résolution du vendeur, ou du bailleur de fonds subrogé à ses droits, en se prévalant uniquement d'une prétendue donation du prix qui lui aurait été faite par ce bailleur de fonds, peut être considéré comme emportant ratification de l'acte, alors que le mineur devenu majeur connaissait le vice de l'acte a entendu le couvrir. — Cass., 22 juill. 1885, précité.

125. — Mais le fait que le mineur devenu majeur serait entré en jouissance des biens acquis avec le prix provenant de l'aliénation illégale de son immeuble ne saurait être considéré comme une ratification tacite de cet acte, s'il n'est pas établi que c'est avec connaissance de cause et en exécution de l'acte d'aliénation volontaire que la prise de possession s'est effectuée. — Bastia, 27 déc. 1843, Santa-Maria, [P. 44.2.169]

126. — Jugé, d'autre part, en matière commerciale, et antérieurement à la loi du 22 juill. 1867, que la ratification donnée par un majeur à une condamnation, avec contrainte par corps, prononcée contre lui en minorité, est nulle si elle ne contient pas la mention des vices de l'acte ratifié et l'intention manifeste de les réparer. — Rouen, 13 nov. 1825, Amyot, [S. et P. chr.] — L'arrêt décide, en outre, en ce qui concerne spécialement la contrainte par corps, que la ratification est radicalement nulle, cette peine ayant été prononcée dans l'espèce hors des cas prévus par la loi.

127. — Au contraire, il a été décidé que la vente faite par la mère seule, et sans l'observation des formalités légales, de la part revenant à son enfant mineur dans un fonds de commerce dépendant de la succession du père, peut être réputée avoir été valablement ratifiée par l'enfant, lorsque, depuis sa majorité, celui-ci a reçu son compte de tutelle et le reliquat de ce compte, connaissance prise de tous les titres et papiers relatifs à ladite succession. — Cass., 9 nov. 1869, Champy, [S. 70.1.71, P. 70. 150, D. 70.1.165]

128. — ... Que la femme qui, devenue majeure, se présente à la faillite de son mari comme créancière du prix d'un de ses propres aliénés pendant sa minorité, et vote, en cette qualité, au concordat, ratifie par cela même l'aliénation, et se rend non recevable à en demander la nullité. — Caen, 8 déc. 1832, Delahaye, [S. 53.2.480, P. 54.2.98, D. 53.2.135]

129. — Jugé encore, par application du même principe, que l'exécution volontaire d'un acte contre lequel l'action en rescision était ouverte (et spécialement d'un acte de partage) n'emporte ratification ou confirmation de l'acte qu'autant que l'exécution a eu lieu avec connaissance des vices dont il était entaché, et dans l'intention de réparer ces vices. — Grenoble, 8 mai 1835, précité.

130. — ... Que, par suite, s'il résulte des faits et inductions fournis par la cause, la preuve que les parties n'ont consenti à un partage que sous l'influence d'une erreur, en croyant à la validité d'actes antérieurs formant la base de ce partage, on ne peut leur opposer l'exécution volontaire qu'elles y auraient donnée comme impliquant renonciation à la faculté d'invoquer ultérieurement les vices qui affectent lesdits actes. — Lyon, 6 août 1857, Allès, [S. 58.2.485, P. 38.288]

131. — ... Que le partage fait, entre des enfants mineurs devenus majeurs, d'un immeuble acquis par leur tuteur avec les deniers qu'il avait touchés d'une vente indûment faite par leur auteur, n'emporte pas de leur part ratification de cette vente, lorsqu'il n'est pas établi que les copartageants aient eu, à l'époque du partage, connaissance de la vente dont il s'agit. — Riom, 16 mai 1842, Chaloing, [S. 42.2.360]

132. — ... Que l'action en nullité d'un acte formée par une partie qui l'avait antérieurement exécuté, ne peut être rejetée sur le simple motif que cette partie avait connu ou dû connaître, au moment de l'exécution de l'acte, les vices dont il se trouvait atteint ; qu'elles ont pu et dû les vérifier, et qu'il a dépendu d'elles d'en avoir connaissance ; une telle décision n'emporte pas, en effet, avec elle l'idée d'une connaissance formelle du vice à réparer, ni de l'intention de réparer ce vice, et viole, dès lors, les art. 1338 et 1340, C. civ. — Cass., 29 juill. 1856, Verdier, [S. 57.1.824, P. 57.423, D. 56.1.292] — Lyon, 6 août 1857, précité.

133. — La nullité d'un contrat de mariage, résultant de ce qu'il a été passé postérieurement à la célébration du mariage, est couverte par l'exécution volontaire de ce contrat, après la dissolution du mariage. — Cass., 31 janv. 1833, Quintard, [S. 33.1.471, P. chr.]

134. — Quant aux conventions matrimoniales arrêtées par le père au nom de sa fille, non présente, pour laquelle il se porte fort, il a été jugé à bon droit qu'elles sont ratifiées par la célébration du mariage, alors surtout qu'elles ont été exécutées par la femme durant le mariage. — Montpellier, 3 juill. 1847, Huc, [S. 49.2.129, P. 47.2.323, D. 47.2.144] — V. au surplus, *infra*, v° *Contrat de mariage.*

135. — De même encore, il a été décidé que l'action en nullité d'une vente consentie par une femme mariée sans autorisation de son mari, n'est pas recevable de la part de la femme ou de ses héritiers, lorsque le mandataire de la femme ayant touché le prix de vente et l'ayant porté en recette dans son compte lors d'un procès au sujet de sa gestion, la femme devenue veuve et maîtresse de ses droits a donné à cet article du compte, en connaissance de cause, une approbation sans restriction ni réserve ; qu'une pareille approbation, qui a servi de base au règlement définitif du compte, a eu nécessairement pour but et pour effet de confirmer la vente par son exécution volontaire, nul ne pouvant à la fois garder la chose et le prix. — Cass., 25 nov. 1878, de Lescoet et Blin, [S. 79.1.37, P. 79.126, D. 79.1.415]

136. — ... Que la femme qui, ayant fait une donation de ses biens dotaux pendant le mariage, a exécuté volontairement cette donation depuis qu'elle est devenue veuve, doit être réputée l'avoir par là valablement ratifiée, et qu'elle ne peut dès lors en demander la nullité, si elle, ou ses ayants-droit, n'établissent point qu'elle ne connaissait pas alors le vice dont sa libéralité était entachée ; que c'est à celui qui attaque l'acte ainsi exécuté à prouver que le donataire n'a point agi sciemment en le confirmant. — Cass., 11 juill. 1859, Lenoble, [S. 60.1.33, P. 60.935, D. 59.1.323] — Il est à remarquer que, si la confirmation est possible, c'est qu'on a admis une inaliénabilité de la dot qui est une règle d'incapacité et non d'indisponibilité. — V. *supra*, n. 49 et *infra*, v° *Dot.*

137. — A plus forte raison en est-il ainsi lorsqu'il est constaté qu'en exécutant cette donation, la donataire avait connaissance de la cause qui la pouvait faire annuler. — Même arrêt.

138. — Mais, lorsqu'un bien dotal a été aliéné pendant le mariage, hors les cas dans lesquels la loi permet cette aliénation, et qu'après la dissolution du mariage arrivée par le divorce, la femme comprend au nombre de ses reprises contre son mari le prix de l'immeuble dotal aliéné, elle ne ratifie pas, par cela seul, la vente de cet immeuble, et ne renonce point à son action en nullité de la vente contre les acquéreurs, lorsqu'elle n'a point été remplie par son mari du montant de ses reprises. — Poitiers, 5 mai 1825, Dubut, [S. et P. chr.]

139. — De même encore, le fait par l'héritier du mari d'assister sans protestation ni réserve à une liquidation dans laquelle un immeuble a été déclaré propre à la femme, ne forme pas obstacle à ce qu'ultérieurement il demande la nullité du remploi en vertu duquel l'immeuble a été attribué à la femme. — Cass., 2 févr. 1881, Chabaneau, [S. 81.1.340, P. 81.1.838]

140. — Le vendeur, en livrant la chose, l'acheteur, en payant le prix ou les intérêts du prix, avec la connaissance du vice dont le contrat est infecté, témoignent, en principe, la volonté de le confirmer. — Toulouse, 3 févr. 1838, Compayré, [S. 38.2.378, P. 38.2.411] — *Sic*, Duranton, t. 13, n. 278. — V. aussi, Colmar, 13 nov. 1831, Wahl, [P. chr.] — Il est cependant à noter que, dans le cas de lésion dans le prix de la vente d'un immeuble, ce vice n'est point purgé le fait seul de la délivrance de la chose et du paiement du prix ; autrement le vendeur ne jouirait jamais du bénéfice que lui accorde la loi. — Duranton, t. 12, n. 557, et t. 13, n. 279 ; Delvincourt, t. 2, p. 602, notes ; Perrin, *Des nullités*, p. 388 ; Solon, t. 2, n. 432. — D'après cet auteur, il faut apprécier si le vendeur, en exécutant, entendait ou non faire acte d'exécution à l'effet de ratifier. D'après Toullier (t. 8, n. 505), l'exécution emporte dans tous les cas ratification.

141. — Il a été également décidé que l'exécution volontaire d'un acte de vente portant quittance du prix, couvre non seulement les moyens de nullité et de rescision que le vendeur pouvait invoquer contre cet acte pour cause de dol et de fraude, mais encore l'exception de non-paiement du prix. — Cass., 5 janv. 1830, Rigot, [S. et P. chr.] — *Sic*, Toullier, t. 8, n. 506.

142. — ... Qu'on ne peut attaquer comme nul ou simulé un acte de vente que l'on a volontairement exécuté, encore qu'en l'exécutant on se soit vaguement réservé ses droits et exceptions. — Agen, 19 déc. 1809, Buzenac, [S. et P. chr.]

143. — Que le fait par le vendeur de demander la résiliation d'un acte de vente à terme, avec offre d'une indemnité, au lieu d'en demander la nullité, constitue un acte d'exécution volontaire, qui le rend non recevable à opposer que cette vente n'était qu'un pari (antérieurement à la loi du 28 mars 1885). — Montpellier, 29 déc. 1827, Caum..., [P. chr.]

144. — ... Qu'il y a, de la part du propriétaire, ratification de la vente de son fonds faite par un tiers, lorsqu'il réclame l'exécution du contrat de vente, bien que, sur le sens et la portée de cet acte, il ne soit pas d'accord avec l'acquéreur. — Cass., 10 févr. 1869, Lasvigne, [S. 69.1.309, P. 69.771, D. 69.1.176]

145. — Que la déclaration que fait un vendeur dans un contrat de vente, que l'immeuble qu'il aliène est attenant à tel autre immeuble qui lui appartient, est une ratification suffisante de l'acquisition faite pour son compte, par un tiers, de cet immeuble voisin. — Paris, 3 niv. an XI, Saint-Pierre, [S. et P. chr.]

146. — ... Que l'exécution volontaire par le communiste de la vente des biens indivis qu'a faite son copropriétaire, emporte ratification non seulement de la vente, mais encore de toutes les conditions auxquelles elle a eu lieu ; que, dès lors, ni lui ni ses héritiers ne sont recevables à prétendre que le prix stipulé dans l'acte n'est pas le véritable prix. — Grenoble, 7 mai 1834, Sestier, [P. chr.]

147. — ... Qu'en matière de partage, il y a ratification tacite lorsque le cohéritier, comme le prévoit l'art. 892, C. civ., aliéné son lot en tout ou en partie ; qu'il n'est plus recevable à intenter l'action en rescision pour dol ou violence, si l'aliénation qu'il a faite est postérieure à la découverte du dol ou à la cessation de la violence. — Duranton, t. 12, n. 536.

148. — Que lorsque, dans un inventaire, des héritiers ont reconnu la légitimité de la réclamation d'un de leurs cohéritiers, relativement à des objets qu'il prétend mal à propos com-

CONFIRMATION. — Chap. IV.

pris dans ceux de la succession et lui appartenir personnellement, ils sont non recevables à revenir plus tard contre leur déclaration, quand bien même ils auraient, à la fin de l'inventaire, fait des réserves de tous leurs droits et exceptions. — Agen, 19 déc. 1809, Buzenac, [S. et P. chr.] — Sic, Merlin, *Quest.*, v° *Mineur*, § 3; Toullier, t. 8, n. 506 et s.; Duranton, t. 13, n. 277 et s.; Rolland de Villargues, *Rép.*, v° *Ratification*, n. 53 et s.; Domat, *Lois civ.*, 1re part., liv. 4, t. 6, sect. 2, n. 31.

149. — ... Que l'exécution d'un partage d'ascendant, même postérieure au décès de l'ascendant, n'emporte renonciation aux moyens de nullité, de rescision ou de réduction du partage, qu'autant qu'il est établi que cette exécution a eu lieu avec connaissance du vice dont l'acte pouvait être infecté, et qu'on peut induire de cette connaissance et de l'exécution l'intention de le purger de ce vice. — Agen, 28 mai 1850, Rossignol, [S. 51.2. 177, P. 52.1.669, D. 51.2.8] — Bordeaux, 23 mars 1853, de Saint-Ours, [S. 53.2.403, P. 53.2.649, D. 53.2.223] — V. aussi Cass., 18 juin 1867, Boisset, [S. 67.1.297, P. 67.761, D. 67.1.274]; — 30 nov. 1868, Catala, [S. 69.1.66, P. 69.142, D. 69.1.21]

150. — ... Qu'après qu'un acte de société passé en forme non authentique entre lui et l'un de ses enfants a été exécuté volontairement et sans réserves par les autres enfants depuis le décès du père, il n'est plus permis de ne voir dans cet acte qu'une simple donation de la quotité disponible; que c'est là méconnaître les effets de la ratification par exécution volontaire, qui couvre les vices de l'acte. — Cass., 6 juill. 1869, Valery, [S. 69.1.459, P. 69.1199, D. 69.1.479]

151. — ... Que lorsque la demande en concession d'une exploitation de mines a été formée le même jour qu'un traité qui aurait fixé le mode de jouissance entre les pétitionnaires, on a pu regarder cette demande comme une exécution de ce traité dans le sens de l'art. 1338, C. civ, et par suite comme couvrant la nullité de cet acte, résultant de ce qu'il ne mentionnerait pas le nombre des originaux; qu'il en doit être ainsi surtout lorsqu'il existe d'autres actes d'exécution. — Cass., 4 juill. 1833, Rolland, [S. 33.1.787, P. chr.]

152. — ... Que le fait, par le créancier d'un échangiste inscrit sur l'immeuble donné en échange par son débiteur, d'exercer des poursuites de saisie sur l'immeuble reçu en contre-échange, emporte de sa part confirmation du contrat d'échange, et le rend non recevable à faire valoir ses droits d'hypothèque sur l'immeuble passé dans les mains du copermutant. — Bordeaux, 5 juin 1835, Bouchon, [S. 35.2.467, P. chr.]

153. — ... Que lorsque, dans un ordre, un créancier a reconnu soit l'existence de la créance d'un autre créancier, soit la qualité hypothécaire de cette créance, il s'est rendu par là non recevable à critiquer cette créance sur l'appel, même sous prétexte qu'elle serait éteinte par compensation. — Cass., 18 nov. 1833, Chalambel, [S. 33.1.817, P. chr.]

154. — Le débiteur, qui a exécuté l'obligation pour se soustraire aux poursuites du créancier, n'a pas fait une confirmation; car il n'a pas eu, aux termes de l'art. 1338, l'intention de réparer le vice sur lequel l'action en nullité est fondée; il a exécuté, mais par contrainte. Toutefois, il agira prudemment en faisant insérer dans les actes d'exécution ses protestations et réserves. — Demolombe, t. 6, n. 777. — V. anal. *supra*, v° *Acquiescement*, n. 241 et s., et *infra*, n. 239.

155. — D'autre part, il faut que l'intention de réparer le vice se manifeste par un acte d'exécution effective. « C'est l'intention *incluse* qui est nécessaire », dit Demolombe (t. 6, n. 778).

156. — Ainsi, il a été jugé que la demande d'un délai pour le paiement d'une obligation n'est point une exécution de cette obligation, qui rende le débiteur non recevable à l'attaquer en nullité pour cause de dol et de fraude. — Rennes, 8 avr. 1835, Arnauld, [S. 36.2.37, P. chr.] — V. aussi Lyon, 24 déc. 1852, [P. 53.2.516, D. 53.5.295]

157. — ... Qu'il en est de même des offres de paiement d'une obligation, si elles n'ont pas été acceptées. — Cass., 8 avr. 1835, Hazard, [S. 36.1.37, P. chr.]

158. — ... Que des affectations hypothécaires consenties par un débiteur ne peuvent non plus être considérées comme une exécution volontaire de l'obligation que l'hypothèque a pour objet de garantir, et ne couvrent pas dès lors les vices dont cette obligation est entachée. — Cass., 20 déc. 1832, Guérard, [S. 34.1.34, P. chr.]

159. — ... Que l'inscription prise en vertu d'un acte qui, depuis, a été déclaré simulé, n'en est point une confirmation ou ratification, même en la supposant connue de l'auteur de l'acte vicieux. — Cass., 24 janv. 1833, Solirène, [P. chr.]

160. — ... Qu'on ne doit pas non plus considérer comme un acte confirmatif exprimant clairement et nécessairement l'intention de renoncer à la nullité d'une obligation l'acceptation par l'emprunteur de cessions qu'un tiers, entre les mains duquel les fonds sont censés déposés, lui remet pour le couvrir du montant de l'obligation qu'il a souscrite, alors que cette acceptation n'avait en réalité d'autre objet de la part de l'emprunteur que de se procurer des garanties supplémentaires, sans renoncer d'ailleurs aux droits qui lui appartiennent contre le véritable prêteur. — Lyon, 3 août 1850, Rolland, [P. 51.2.218, D. 54.5.634]

161. — ... Que, dans le cas d'une vente à réméré, avec relocation au profit du vendeur, le fait par ce dernier de consentir un second bail après l'expiration du délai stipulé pour le rachat ne peut être réputé constituer une exécution volontaire du contrat qui aurait déguisé un prêt usuraire, et comme une reconnaissance de sa part de la sincérité de la vente, alors surtout qu'au moment de la relocation l'acquéreur avait en main des titres de créance exécutoires contre le vendeur, qui se trouvait dans l'impossibilité de s'acquitter. — Limoges, 26 mai 1838, Thévenot, [P. 38.2.508]

162. — ... Que lorsqu'un père, après avoir, par contrat de mariage, institué son fils son héritier universel et fixé la dot que celui-ci devra constituer à ses sœurs, prend sur lui d'abandonner à l'une d'elles, en paiement de sa dot, un propre de son héritier institué, la présence à l'acte et le défaut de réclamation du fils institué n'équivalent pas à une ratification; que ce silence est présumé l'effet d'une révérence paternelle bien plus que d'une libre adhésion. — Riom, 24 juill. 1817, Giraud, [S. et P. chr.]

163. — ... Que le fait, de la part d'un associé, d'avoir, depuis la délibération, payé son contingent dans les dépenses et reçu sa part dans les produits, n'étant que la conséquence de sa qualité d'associé, ne constitue pas à lui seul un acte d'exécution de cette délibération qui l'empêche d'en demander la nullité. — Cass., 10 mars 1841, Michaud, [S. 41.1.337, P. 41.1.487]

164. — ... Que les syndics qui admettent un cessionnaire du failli au passif de la faillite pour le montant des frais d'enregistrement du transport dont il a fait d'avance, ne ratifient pas par là ce transport, lorsque cette admission n'a eu lieu que sous la réserve, stipulée par le juge-commissaire, d'opposer au cessionnaire, créancier à d'autres titres, les compensations résultant des créances cédées et qu'il aurait touchées : dans ce cas, les syndics sont donc encore recevables à demander la nullité du transport. — Cass., 4 janv. 1847, Laurent, [S. 47.1.161, P. 47.1.231, D. 47.1.130]

165. — ... Que la renonciation à l'indemnité due à raison d'un fait de l'administration, ne peut résulter que d'une exécution volontaire s'appliquant à ce fait lui-même, et d'énonciations vagues et insignifiantes s'appliquant à un fait et à des objets différents. — Cass., 5 juill. 1836, Aribert, [S. 36.1.600, P. chr.]

166. — La demande en exécution d'un titre annulable est, comme l'exécution volontaire, un moyen de ratifier ce titre. — Solon, *Nullités*, t. 2, n. 446.

167. — Ainsi, est non recevable à attaquer comme faite en fraude de ses droits la vente consentie par son cohéritier, sans sa participation, d'un immeuble dépendant de la succession à partager, lorsqu'il a poursuivi lui-même l'effet d'une délégation faite à son profit dans le contrat : une telle poursuite produit l'effet d'une approbation ou ratification, qui ne peut être détruite par des réserves ou protestations contraires. — Cass., 28 juill. 1829, Marabal, [S. et P. chr.]

168. — De même, le commandement de payer fait en vertu d'un acte est réputé une exécution volontaire de cet acte et rend non recevable à l'attaquer ultérieurement. — Peu importe que le commandement n'ait pas été fait qu'avec des réserves. — Cass., 27 juill. 1829, Rochette, [S. et P. chr.]

169. — Pour que l'exécution puisse être réputée faite en connaissance de cause, il faut tout naturellement que le motif de nullité ou de rescision ait déjà pris naissance au moment où s'accomplit l'acte d'où on prétend induire la ratification (*supra*, n. 119). Jugé, par exemple, que l'exécution ou le concours à l'exécution d'un acte ne peut être réputé confirmation, emportant renonciation à un droit *alors éventuel* de quereller l'acte; que, spécialement, l'enfant qui reçoit le prix d'un immeuble vendu par sa mère veuve, et qu'elle tenait de la libéralité de son premier mari, peut réclamer plus tard l'immeuble vendu, lorsque ce droit s'ouvre à son profit par l'effet du convol et du prédécès de sa mère. — Cass., 11 janv. 1825, Jammarin, [S. et P. chr.] — Cet arrêt, statuant sur des droits acquis antérieurement au Code civil, a fait application de l'édit des secondes noces, de 1560, aux termes duquel les avantages qu'un mari faisait en propriété à sa femme étaient entachés d'une substitution légale en faveur des enfants issus du mariage, pour le cas où la femme avantagée contracterait une nouvelle union; il importe de faire remarquer que cette disposition de l'édit n'a rien de commun avec la loi du 14 nov. 1792, qui a aboli les substitutions.

170. — Décidé aussi que la nullité d'une vente d'immeuble consentie par un mineur qui est venu à décéder laissant lui-même des enfants mineurs n'est pas couverte non plus par la quittance du prix donnée par le tuteur de ces mineurs dûment autorisé, alors que ni le conseil de famille qui a accordé l'autorisation de toucher le prix, ni le tribunal qui l'a homologuée, n'ont été appelés à prononcer sur cette nullité. — Riom, 16 mai 1842, Chaloing, [S. 42.2.360]

171. — Si maintenant nous supposons que l'exécution volontaire de l'obligation a eu lieu après l'ouverture du droit à l'annulation, laquelle des deux parties doit prouver qu'elle a eu lieu conformément aux conditions que la loi exige, et qu'elle est exempte d'erreur? Est-ce au débiteur de la faire, c'est-à-dire à celui de qui émane la confirmation, ou au créancier, c'est-à-dire à la partie au profit de laquelle la confirmation est faite? Il faut distinguer s'il s'agit d'une erreur de fait ou d'une erreur de droit.

172. — Lorsqu'il s'agit d'une erreur de fait, c'est au créancier à prouver l'existence de cette double condition, la connaissance du vice et l'intention de le réparer. En effet, d'après la règle *reus excipiendo fit actor*, c'est évidemment au créancier, qui veut tirer de l'exécution de l'obligation une fin de non-recevoir contre l'action en nullité ou en rescision, à établir l'existence des conditions moyennant le concours desquelles l'exécution volontaire vaut confirmation. — Cass., 19 déc. 1853, Bascle, [S. 54.1.686, P. 55.2.335, D. 54.1.31] — Agen, 28 mai 1850, Rossignol, [S. 51.2.177, P. 52.1.669, D. 51.2.8] — *Sic*, Marcadé, sur l'art. 1338, n. 4; Larombière, t. 6, art. 1338, n. 37; Zachariæ, t. 2, § 339, note 20; Aubry et Rau, t. 4, § 337-3°, p. 267 et note 22; Demolombe, *Contrats*, t. 6, n. 772 et 773.

173. — D'autres auteurs avaient pensé cependant que la présomption devait être en faveur de la ratification, et par suite, que c'est à la partie de qui sont émanés les actes d'exécution à prouver qu'elle n'a agi que dans l'ignorance du vice reproché à l'acte. — Merlin, *Rép.*, v° *Testament*, sect. 2, § 3, n. 3, et *Quest.*, v° *Ratification*, § 3, n. 5 (il avait d'abord adopté l'opinion contraire); Toullier, t. 8, n. 519; Rolland de Villargues, *Rép. du notar.*, v° *Ratification*, n. 59; Massé et Vergé, sur Zachariæ, t. 3, § 586, p. 485, note 19.

174. — La preuve de l'existence des conditions d'où le législateur fait découler la confirmation pourra être tirée des circonstances du fait même et être tirée de simples présomptions abandonnées à la prudence du juge. Ces présomptions peuvent résulter, en ce qui concerne la condition relative à la connaissance du vice, de la nature même du vice à couvrir, et, en ce qui concerne la condition relative à l'intention de réparer ce vice, de la nature même de l'acte d'exécution. — V. Cass., 22 déc. de Chalais, [S. 43.1.141, P. chr.]; Aubry et Rau, *loc. cit.*; Demolombe, *op. cit.*, t. 6, n. 774.

175. — Il n'est donc pas nécessaire que l'intention de réparer le vice soit explicitement manifestée, cette intention pouvant s'induire du fait d'exécution lui-même. — Toulouse, 3 févr. 1838, Compayré, [S. 38.2.378, P. 38.2.411] — Nîmes, 10 mars 1847, Garnier, [S. 48.2.560, P. 48.2.153, D. 48.2.175]

176. — Il a été jugé, cependant, que la réception, par le mineur devenu majeur, du prix d'un bien irrégulièrement vendu pendant sa minorité, n'est pas une ratification de la vente, qui en couvre la nullité, quand nulle expression dans la quittance ne fait présumer l'intention de ratifier. — Bourges, 10 mai 1808, Dachin, [S. et P. chr.]

177. — Lorsqu'il s'agit d'une erreur de droit, c'est-à-dire lorsque le débiteur, après avoir exécuté, allègue qu'il ignorait les conséquences juridiques du vice et le droit qu'il avait d'intenter une action en nullité, c'est à lui au contraire à faire la preuve de cette erreur, par ce motif que nul n'est censé ignorer la loi.

Le créancier a fourni toute la preuve que l'art. 1338 exigeait de lui; ce n'est pas à lui à prouver que la confirmation est exempte d'erreur de droit. — Cass., 11 juill. 1859, Lenoble, [S. 60.1.35, P. 60.935, D. 59.1.323] — *Sic*, Larombière, t. 6, art. 1338, n. 38; Aubry et Rau, t. 4, § 337-3°, texte et note 23, p. 267; Demolombe, *op. cit.*, t. 6, n. 773.

178. — La question de savoir s'il y a eu ou non exécution volontaire est une question de fait soumise à l'appréciation des juges du fond. Il a été jugé, en ce sens, que la ratification tacite d'un acte entaché de nullité est suffisamment établie par la déclaration des juges que cet acte a été exécuté volontairement et en connaissance de cause. — Cass., 16 juin 1869, Aczeat, [S. 70.1.163, P. 70.384, D. 69.1.478]

179. — ... Que l'arrêt qui déclare non recevable, pour cause d'exécution volontaire, l'appel d'un jugement qui a ordonné une expertise, n'est pas tenu d'indiquer chacun des faits qui constituent cette exécution. — Cass., 1er avr. 1857, Leroux, [P. 37.639, D. 57.1.164]

180. — ... Que la décision par laquelle une cour d'appel admet comme résultant de certains actes déterminés, la ratification tacite, de la part d'un mineur devenu majeur, d'une obligation pour laquelle on s'était porté fort en son nom pendant sa minorité, échappe, comme décision en fait, à la censure de la Cour de cassation, alors même qu'elle n'indique pas expressément que cette ratification provienne d'une exécution volontaire dans les termes de l'art. 1338, C. civ. — Cass., 16 juill. 1835, Roblot, [P. 35.3.240]

181. — ... Qu'il en est de même de la décision des juges du fond qui, tout en reconnaissant qu'un associé a donné une ratification à l'occasion d'achats excessifs faits par son coassocié, restreint cette ratification aux seules opérations déjà liquidées au moment de la rupture de la société. — Cass., 5 avr. 1875, Taubels, [S. 75.1.152, P. 75.365, D. 75.1.295]

182. — ... Que l'arrêt qui déclare le vendeur non recevable à attaquer une vente comme nulle, par le motif qu'en exécutant le contrat, et en renonçant par là à invoquer la nullité en question, il n'a fait qu'un acte de bonne foi, exprime suffisamment que le vendeur connaissait la nullité et exécutait l'acte avec l'intention de la couvrir. — Cass., 23 nov. 1841, Dubugat, [S. 42.1.134, P. 42.1.130]

182 bis. — Il a été jugé aussi qu'on doit considérer comme souveraine la décision des juges du fond qui, déclarent que les documents produits et les circonstances de la cause, déclarent qu'il n'est justifié d'aucun fait indiquant la connaissance de l'engagement à ratifier et l'intention de le ratifier. — Cass., 12 févr. 1873, Mounier, [S. 73.1.457, P. 73.1161, D. 73.1.413]

183. — Mais la Cour de cassation a le droit et le devoir d'apprécier le caractère légal des faits retenus par les juges du fond comme constituant l'exécution volontaire de l'obligation annulable ou rescindable; il lui appartient de vérifier si ces faits ont été légalement qualifiés, et de rectifier au besoin cette qualification. Si donc il n'est pas indispensable d'énumérer les actes d'où résulte l'exécution volontaire, il faut, au moins, que la Cour de cassation trouve dans les circonstances de fait relevées par le juge du fond, la preuve que la confirmation a été respectée et que les juges n'ont pas violé l'art. 1338 en qualifiant d'exécution volontaire des actes n'ayant pas réellement ce caractère. — Cass., 8 janv. 1838, Barbotte, [S. 38.1.646, P. 38.2.282]; — 31 janv. 1844, Hunard, [S. 44.1.368, P. 44.2.629]; — 28 nov. 1866, Struillon, [S. 67.1.18, P. 67.24, D. 66.1.469]; — 18 janv. 1870, Haws, [S. 70.1.143, P. 70.353, D. 70.1.427]; — 7 nov. 1877, Borel de Montchauvel, [S. 78.1.62, P. 78.136, D. 78.1.169]; — 3 mai 1881, Beigbeder, [S. 83.1.413, P. 83.1.1043, D. 82.1.10]; — 16 janv. 1882, Meyer, [S. 82.1.199, P. 82.1.491, D. 82.1.412]; — 29 févr. 1888, Ségur, [S. 88.1.453, P. 88.1.1128, D. 88.1.224] — *Sic*, Laurent, t. 18, n. 638. — *Contra*, Cass., 22 févr. 1827, Bertrand, [S. et P. chr.]; — 22 déc. 1842, de Chalais, [S. 43.1.141, P. chr.]

184. — Par suite, est sujet à cassation le jugement qui, arrêt déclarant que la confirmation ou ratification d'une convention a eu lieu, sans préciser les faits ou les documents desquels il la fait résulter. — Cass., 29 févr. 1888, précité.

185. — Jugé également que la décision d'un arrêt déclarant un acte obligatoire pour une partie qui n'y a pas concouru, en raison de l'exécution volontaire donnée par elle à cet acte, mais sans énoncer spécialement en quoi consiste cette exécution, n'échappe pas, comme pure décision de fait, à la censure de la Cour de cassation, et qu'il appartient à cette cour de rechercher, dans les éléments de la cause, s'il y a eu ou non exécution emportant ratification de l'acte. — Cass., 10 mars 1841 (sol. impl.), Michaud, [S. 41.1.357, P. 41.1.487]

186. — Mais on doit considérer comme suffisamment motivé et contient tous les éléments nécessaires au contrôle de la Cour de cassation, l'arrêt qui, pour écarter la demande en nullité d'une société formée pour l'exploitation d'une charge d'agent de change, avant la loi de 1862, constate les faits d'exécution émanant des demandeurs, et impliquant, de leur part, renonciation à invoquer la nullité du contrat. — Cass., 3 mai 1881, précité.

187. — En tout cas, la preuve des faits constituant l'exécution volontaire d'un acte nul ne peut être proposée pour la première fois devant la Cour de cassation. — Cass., 8 nov. 1842, Mattei, [S. 43.1.33, P. 43.1.73]

188. — Au contraire, en cas de ratification dans les termes de l'art. 1998, l'appréciation des faits et actes desquels résulte la volonté d'approuver l'engagement appartient souverainement aux juges du fond. — V. *infrà*, v° *Mandat*.

189. — La confirmation est un acte unilatéral; ce n'est pas un contrat. Elle n'exige pas le consentement de l'autre partie, et on ne peut la révoquer sous prétexte que cette partie ne l'a pas acceptée. C'est que le consentement de la partie au profit de qui a lieu la confirmation existe, déjà, et que cette partie est censée y avoir donné son adhésion, par anticipation, du jour où la convention a été formée. — Cass., 10 nov. 1874, Pelletier, [S. 75. 1.343, P. 75.745, D. 75.1.40] — *Sic*, Merlin, *Questions de droit*, v° *Mineur*, § 3 et v° *Testament*, § 18, n. 1; Toullier, t. 8, n. 509; Larombière, t. 6, art. 1338, n. 47; Demolombe, t. 6, n. 768; Aubry et Rau, t. 4, § 337-3°, p. 269, et note 32; Laurent, t. 18, n. 363. — *Contrà*, Zachariæ, Massé et Vergé, t. 3, p. 485, § 586, et note 20. — D'après ces auteurs, la confirmation aurait besoin d'être acceptée par le créancier, à moins qu'il ne s'agisse d'une confirmation par acte de dernière volonté. — V. en ce sens, Cass., 8 avr. 1835, Razand, [S. 36.1.37, P. chr.]

190. — La prescription de dix ans à laquelle sont soumises, en vertu de l'art. 1304, les actions en nullité et en rescision, est fondée sur une présomption de renonciation ou de confirmation. C'est en quelque sorte un autre cas de confirmation ou de ratification tacite. — Toullier, t. 7, n. 564; Duranton, t. 12, n. 338; Marcadé, sur l'art. 1304, n. 4; Vazeille, *Des prescriptions*, t. 2, n. 546; Larombière, t. 4, art. 1304, n. 23; Colmet de Santerre, t. 5, n. 265 *bis*-I; Aubry et Rau, t. 4, § 339, p. 270 et note 3. — *Contrà*, Zachariæ, § 339, note 15. — V. aussi Demolombe, *op. cit.*, t. 6, n. 727-728.

191. — Ainsi, le contrat passé en minorité est censé ratifié tacitement, par cela seul qu'il n'a point été attaqué dans les dix ans depuis la majorité. — Toullier, t. 7, n. 563. — V. sur cette question, *infrà*, v° *Minorité*.

CHAPITRE V.

DES EFFETS DE LA CONFIRMATION OU RATIFICATION.

192. — Les effets de la confirmation sont différents suivant qu'il s'agit d'une obligation simplement annulable ou rescindable, ou d'une obligation radicalement nulle et inexistante. La confirmation ou ratification d'une obligation annulable ou rescindable produit un effet rétroactif au jour du contrat, relativement aux parties, c'est-à-dire à l'égard de celui qui l'a faite et à l'égard de celui au profit de qui elle a été faite. L'art. 1338 dit en effet : « La confirmation, ratification, ou exécution volontaire, dans les formes et à l'époque déterminées par la loi, emporte la renonciation aux moyens et exceptions que l'on pouvait opposer contre cet acte... ». C'est bien dire que la convention annulable ou rescindable est à considérer comme ne l'ayant jamais été, et qu'elle est réputée avoir été toujours valable. Elle produit ses effets non pas *ut ex nunc*, comme du jour de la confirmation, mais bien *ex tunc*, comme du jour de sa formation. — Toullier, t. 8, n. 513, 514; Duranton, t. 13, n. 287-289; Larombière, t. 6, art. 1338, n. 27; Aubry et Rau, t. 4, § 337-4°, p. 269; Demolombe, *op. cit.*, t. 6, n. 785; Marcadé, sur l'art. 1338, n. 5; Magnin, *Minorités*, t. 2, n. 1147; de Fréminville, *Traité de la minorité et de la tutelle*, t. 2, n. 926; Mourlon, *Transcription*, p. 330; Flandin, *Transcription*, t. 1, n. 476 et 5.

193. — En ce qui concerne le mineur, notamment, l'art. 1311, C. civ., porte : « Le mineur n'est plus recevable à revenir contre l'engagement qu'il avait souscrit en minorité lorsqu'il l'a ratifié en majorité, soit que cet engagement fût nul en la forme, soit qu'il fût seulement sujet à restitution. » — V. *infrà*, v° *Minorité*.

194. — Cependant le principe d'après lequel l'effet de la ratification remonte au jour de l'acte ratifié n'a lieu, lorsqu'il s'agit de la ratification d'un mineur devenu majeur, que pour les actes consentis par lui personnellement, tels qu'un emprunt, une vente, une hypothèque, actes qui ne sont pas radicalement nuls et par lesquels le mineur s'oblige véritablement. Mais la règle ne s'applique pas aux actes consentis par le tuteur sans l'accomplissement des formalités légales. Ces actes étant radicalement nuls, à ce point que le mineur n'est même pas obligé de s'en faire relever dans les dix ans qui suivent sa majorité, et qu'il peut exciper en tout temps de la nullité, il s'ensuit que, s'ils sont ratifiés par le mineur devenu majeur, l'obligation de celui-ci ne date que de la ratification. — Metz, 2 avr. 1824, Rousseau, [S. et P. chr.]

195. — Jugé cependant que la ratification, par un héritier mineur devenu majeur, d'un partage consenti par son tuteur pendant sa minorité, sans les formalités de justice, rétroagit au jour de partage. Dès lors, le délai de soixante jours pour l'inscription du privilège du copartageant court, pour cet héritier, à partir de l'acte même de partage, et non point seulement à partir de l'acte de ratification. — Cass., 10 nov. 1862, Faisse, [S. 63.1.129, P. 63.823, D. 62.1.470]

196. — Il a été décidé, d'autre part, que l'acte de ratification d'une obligation contractée par un mineur envers son tuteur, mais nulle, faute d'avoir été précédée de la reddition du compte de tutelle dans les formes prescrites par la loi, a un effet rétroactif au jour de l'acte primitif, tellement que des créanciers qui ont acquis hypothèque, dans l'intervalle de la date de l'acte nul et de sa ratification, doivent être primés par l'hypothèque publique, alors qu'elle a été inscrite avant la leur. — Paris, 15 déc. 1830, Lange, [S. et P. chr.] — V., à cet égard, *suprà*, n. 72.

197. — De même que pour le mineur, la ratification que fait le prodigue, relevé ben son interdiction, des actes passés pendant cette interdiction, sans l'assistance de son curateur, remonte au jour du contrat ratifié. — Paris, 14 prair. an X, Boudet, [S. et P. chr.]

198. — On décide encore, par application du même principe que, quand le tiers saisi vient à ratifier une obligation annulable par lui consentie au profit du saisissant, cette ratification rétroagira contre le tiers saisi, qui ne saurait dès lors se libérer entre les mains du saisi au préjudice de l'opposition antérieure. — Solon, *Théorie des nullités*, t. 2, n. 363.

199. — La confirmation peut être conditionnelle. On applique alors les principes qui régissent la condition. Si elle défaillit, il n'y aura jamais de confirmation et le débiteur conserve alors tous les moyens et exceptions qu'il pouvait faire valoir contre l'acte. — Cass., 19 août 1857, Lemarié, [D. 57.1.339] — *Sic*, Laurent, t. 18, n. 656. — V. *suprà*, v° *Condition*, n. 613 et s.

200. — Au reste, les confirmations, comme toutes les conventions, sont opposables, avec tous leurs effets, aux ayants-cause à titre particulier comme aux ayants-cause universels ou à titre universel, entre les parties, et les autres tenant leurs droits d'actes postérieurs à la confirmation. — Demolombe, *op. cit.*, t. 6, n. 788.

201. — L'art. 1338, C. civ., après avoir déterminé l'effet rétroactif de la confirmation ou ratification entre les parties, ajoute : « Sans préjudice néanmoins du droit des tiers ». Cette restriction a été ajoutée sur les observations du Tribunat. La confirmation ne peut donc porter aucune atteinte aux droits acquis à des tiers avant qu'elle intervienne. Les tiers ne sont pas, comme les créanciers dans le cas de l'art. 1167, obligés de prouver la fraude; il leur suffit d'invoquer le droit qu'ils ont acquis avant la confirmation. — Locré, t. 6, p. 136; Demolombe, t. 6, n. 786; Laurent, t. 18, n. 657.

202. — Ainsi les tiers qui sont à l'abri de l'effet rétroactif de la confirmation, sont ceux qui ont acquis, antérieurement à la confirmation, sur la chose qui en fait l'objet, un droit propre et distinct, qui, par son caractère essentiel de réalité, soit incompatible avec le droit qui résulte de la confirmation. Il faut, disons-nous, que ce droit ait été concédé antérieurement à la confirmation, car s'il l'avait été après, celui qui l'aurait acquis serait non pas un tiers, mais un ayant-cause de celui qui a fait la confirmation. — Duranton, t. 13, n. 285; Demolombe, *op. cit.*, t. 6, n. 787-789.

203. — L'acquéreur à titre onéreux ou à titre gratuit de celui qui a fait la confirmation est un tiers par rapport à ce dernier et on ne peut lui opposer la confirmation avec son effet rétroactif.

204. — Ainsi, la confirmation faite, par un majeur, d'une vente qu'il a consentie pendant sa minorité, ne peut être opposée à un second acheteur auquel ce majeur aurait consenti une vente avant d'avoir confirmé la première. Le second acheteur d'un immeuble est, par excellence, un tiers, relativement au vendeur qui a confirmé, postérieurement à la seconde vente, la première vente annulable qu'il avait consentie antérieurement. — Cass., 16 janv. 1837, Brunet, [S. 37.1.103, P. 37.1.108] — *Sic*, Demolombe, *op. cit.*, t. 6, n. 793. — *Contrà*, Taulier, t. 4, p. 509; Troplong, *Hypothèques*, t. 2, n. 493 et s., et *Vente*, t. 1, n. 246; Chardon, *Dol et fraude*, t. 2, n. 286; Duranton, t. 16, n. 275.

205. — La disposition restrictive de l'art. 1338, C. civ., peut aussi être invoquée par les donataires du débiteur. Ces derniers sont, en effet, des tiers, dans le sens de l'art. 1338, C. civ. — Cass., 24 mars 1880, Noirot, [S. 83.1.461, P. 83.1.1134, D. 81.1.374]

206. — Il en est ainsi même dans le cas où la donation a affecté le caractère d'un partage par avancement d'hoirie : les donataires, bien qu'héritiers présomptifs, tenant, dans le cas, leurs droits de l'acte de donation. — En conséquence, l'action paulienne ne peut être intentée contre les enfants donataires par un créancier même antérieur, alors que l'obligation de la donatrice envers ce créancier, nulle pour défaut d'autorisation maritale, n'a été ratifiée que postérieurement à la donation. — Cass., 24 mars 1880, Noirot, [S. 83.1.461, P. 83.1 107, D. 81.1.374] — V. *suprà*, v° *Action paulienne*, n. 142.

207. — De même, la confirmation faite, par un majeur, d'une hypothèque consentie pendant sa minorité, ne peut être opposée à un acheteur auquel ce majeur aurait consenti une vente avant d'avoir confirmé l'hypothèque. C'est l'application des mêmes principes. — Demolombe, *op. cit.*, t. 6, n. 795. — *Contrà*, Colmet de Santerre, t. 5, n. 811 *bis*-I.

208. — La même solution est applicable au cas où une servitude a été constituée par le propriétaire de l'immeuble en minorité, et où il veut ensuite, devenu majeur, la confirmer, au préjudice de l'acheteur auquel il a transmis la propriété de son immeuble. Cet acheteur est un tiers auquel la confirmation de la servitude ne peut préjudicier (Demolombe, *op. cit.*, t. 6, n. 796, p. 683). On a objecté (V. Colmet de Santerre, *loc. cit.*) qu'il arrive souvent qu'un immeuble vendu est grevé d'une servitude, et qu'il n'y a pas incompatibilité entre ces deux droits, dont l'un n'est pas exclusif de l'autre. Mais, ainsi que le fait remarquer avec beaucoup de raison Demolombe, le vendeur d'un immeuble s'engage nécessairement à en transmettre la propriété à l'acheteur, *cum omni causa*, avec toutes les actions qui s'y rattachent et qui peuvent servir à défendre ce droit absolu et exclusif, dans lequel la propriété consiste; il ne peut rien faire, postérieurement à la vente, qui soit de nature non seulement à anéantir, mais même à modifier ou à restreindre le droit de l'acheteur. Or, la constitution de la servitude était, au moment de la vente, annulable; l'action en nullité s'est trouvée cédée à l'acheteur. Le vendeur ne peut plus l'exercer, pas plus qu'il ne peut y renoncer par une confirmation au préjudice de l'acheteur.

209. — Lorsqu'un individu ayant consenti des obligations hypothécaires, en minorité, les a ratifiées à sa majorité, mais a conféré d'autres hypothèques, dans l'intervalle du jour de la majorité à celui de la ratification, cette ratification ne peut pas rétroagir au jour où ont été souscrites les premières obligations, et le créancier porteur des inscriptions consenties en majorité doit être colloqué le premier dans l'ordre. — Nancy, 1er mai 1812, B..., [S. et P. chr.] — Paris, 25 juill. 1838, Cadet, [S. 39.2.5, P. 38.2.44] — Montpellier, 6 janv. 1866, Tissié-Sarrus, [S. 66.2.280, P. 66.1028, D. 66.2.41] — *Sic*, Grenier, *Hypothèques*, t. 1, n. 42 à 47; Persil, *Commentaire*, art. 2124, n. 12; Delvincourt, t. 3, p. 159; Rolland de Villargues, *Répertoire*, v° *Hypothèques*, n. 297 et 298; Battur, t. 1, n. 196 et s.; de Fréminville, *De la minorité*, t. 2, n. 926; Marcadé, art. 1338, n. 5; Massé et Vergé, sur Zachariæ, t. 3, § 586, p. 486, texte et note 29; Martou, *Des privilèges et hypothèques*, t. 3, n. 279; Laromière, t. 6, art. 1338, n. 53 et s.; Demolombe, *op. cit.*, t. 6, n. 800.

210. — Toutefois, cette question a été très-vivement controversée. Dans un système opposé, on a soutenu que l'effet rétroactif de la confirmation est opposable au créancier hypothécaire postérieur à l'hypothèque confirmée. Les créanciers hypothécaires postérieurs pouvaient, dit-on, s'attendre à ce que l'hypothèque consentie en minorité ou pendant le mariage fût confirmée, puisqu'en constituant, à leur profit, une nouvelle hypothèque, leur débiteur ne renonçait pas, par cela seul, à la faculté de confirmer celle qu'il avait précédemment consentie. — Paris, 13 déc. 1830, Lange, [S. et P. chr.] — *Sic*, Aubry et Rau, t. 3, § 266, p. 270, texte n. 1 et note 31; Merlin, *Questions de droit*, v° *Hypothèque*, n. 6 et 7; Toullier, t. 4, n. 324, et t. 8, n. 564 et 565; Troplong, *Des hypothèques*, t. 1, n. 487 et s.; Pont, *Des privilèges et hypothèques*, n. 616.

211. — Dans un système intermédiaire, on a enseigné que la solution de cette question n'est pas susceptible de recevoir, en principe, une solution doctrinale toujours la même, et qu'il y a lieu de tenir compte des faits et de l'intention. Il s'agit, dit M. Colmet de Santerre, de découvrir, d'après les faits, si le deuxième créancier a dû compter sur une renonciation du propriétaire au droit de confirmer la première constitution d'hypothèque, ou s'il a accepté la situation d'un créancier hypothécaire primé par un plus ancien. — Colmet de Santerre, t. 5, n. 811 *bis*-II.

212. — Le premier système est le seul qui nous paraisse conforme aux termes de l'art. 1338, d'après lequel la confirmation de l'obligation annulable ne peut pas avoir d'effet rétroactif *au préjudice du droit des tiers*. Le second créancier hypothécaire est bien un tiers, en effet, puisqu'il est muni d'un droit réel auquel le débiteur ne peut plus ni directement, ni indirectement porter atteinte (Demolombe, *loc. cit.*). Laromière dit aussi très-bien : « qu'il s'agisse d'un droit de propriété, d'hypothèque ou de tout autre droit réel, il y a. pour celui qui l'a transféré, une égale impossibilité de rien faire après sa transmission, qui en restreigne ou modifie les effets » (t. 4, art. 1338, n. 58).

212 bis. — Peu importe que le droit des tiers résulte d'une hypothèque conventionnelle, légale ou judiciaire; car chacune d'elles confère un droit réel. Aussi a-t-il été jugé que, dans le cas de ratification faite par un mineur devenu majeur d'une constitution hypothécaire qu'il avait consentie en état de minorité, si, dans l'intervalle écoulé entre cette constitution et cette ratification, ce mineur a contracté mariage, l'hypothèque légale de la femme, qui, dans ce cas, se trouve postérieure en date à la constitution hypothécaire primitive, n'en prime pas moins celle-ci. — Douai, 18 mars 1840, Lethierry, [S. 40.2.289, P. 40.1.620] — *Sic*, Demolombe, *Contrats et obligations*, t. 6, n. 802.

213. — D'autre part, la ratification donnée à un engagement pris au nom du ratifiant par un tiers, sans mandat de celui-ci, ne peut avoir, à l'égard des tiers, aucun effet rétroactif au jour de l'obligation. La ratification d'un semblable engagement est, en effet, moins encore opposable aux tiers, que la ratification d'une obligation consentie par celui-là même qui pouvait ratifier. — Basnage, *Des hyp.*, chap. 3; Pothier, *Des hyp.*, ch. 1; Denizart, v° *Ratification*; Duranton, t. 13, n. 286, et t. 10, n. 237; Championnière et Rigaud, *Droits d'enreg.*, t. 1, n. 227.

214. — Jugé, en conséquence, que l'acte d'obligation par lequel celui qui a stipulé s'est fait fort pour un individu de qui il n'avait pas reçu mandat à cet effet, et qui a été ratifié postérieurement par ce dernier, produit son effet, à l'égard des tiers, à dater du jour de la ratification seulement, et non du jour de l'obligation; qu'ainsi, une femme ratifie l'obligation souscrite en son nom par son mari et subroge le créancier dans son hypothèque légale, cette subrogation n'est d'aucun effet à l'égard des tiers qui ont acquis hypothèque seulement depuis l'acte ratifié, mais dont l'inscription a précédé la ratification. — Cass., 24 janv. 1825, Burdin, [S. et P. chr.]

215. — ... Que lorsque le mari ayant vendu le bien de sa femme sans le consentement de celle-ci, les enfants ont, après le décès de leur mère ratifié la vente, l'hypothèque légale leur appartenant pour le prix de cette aliénation ne peut être exercée sur les immeubles dont le père s'était dépouillé depuis la vente, mais avant la ratification. — Cass., 6 juill. 1831, Garnier, [S. 31.1.307, P. chr.]

216. — ... Que la ratification d'un bail fait par un fondé de pouvoir qui n'avait pas le droit de le consentir, n'a pas d'effet rétroactif. Le bail n'a pas d'autre date que la ratification. — Bourges, 29 juin 1823, Kriger, [P. chr.]

217. — Mais les créanciers chirographaires de la partie qui a consenti la confirmation ne sont pas des tiers auxquels l'effet rétroactif de la confirmation ne puisse être opposé; ce sont des ayants-cause de l'auteur de la confirmation, n'ayant pas de droit propre et direct de leur chef. La confirmation produit à leur égard son effet rétroactif ordinaire. — Cass., 8 mars 1854, Colin, [S. 54.1.684, P. 55.2.479, D. 54.1.191] — Sic, Colmet de Santerre, t. 5, p. 588, n. 311 bis-IV; Marcadé, sur l'art. 1338, t. 3, n. 5; Larombière, sur l'art. 1338, t. 6, n. 55; Demolombe, op. cit., t. 6, n. 792. — Contrà, Duranton, t. 19, n. 346.

218. — En conséquence, lorsqu'un mineur a consenti une hypothèque et que, devenu majeur, il la ratifie, ses créanciers chirographaires, porteurs de titres ayant date certaine au temps de la ratification, ne peuvent s'opposer à ce que le créancier, dont l'hypothèque a été ratifiée, l'exerce à leur préjudice. — Mêmes auteurs; Larombière, loc. cit.

219. — Ajoutons, cependant, que les créanciers chirographaires peuvent attaquer la confirmation par l'action paulienne quand le débiteur l'a faite en fraude de leurs droits, pourvu, bien entendu, qu'ils se conforment aux conditions exigées par la loi dans l'art. 1167, C. civ. — V. suprà, v° Action paulienne, n. 142.

220. — Lorsque la confirmation ou ratification est appliquée non plus à une obligation simplement annulable ou rescindable, mais à une obligation nulle et inexistante, elle ne produit aucun effet rétroactif, ni entre les parties, ni au regard des tiers. La raison en est que ces obligations, nulles et inexistantes, nous l'avons dit (suprà, n. 10), en dehors de l'art. 1338, qui ne s'en occupe pas parce qu'elles ne sont pas susceptibles de confirmation. La confirmation ou ratification d'une obligation entachée d'une telle nullité (si toutefois on peut employer ces expressions véritablement impropres pour ce cas), doit être considérée comme un nouveau titre devant avoir son exécution indépendamment du premier, et, par conséquent, sans effet rétroactif. — Demolombe, op. cit., t. 6, n. 790. — V. aussi Toullier, t. 7, n. 563.

221. — Si les actes absolument nuls de droit, et ensuite confirmés, n'ont effet que du jour de la confirmation et non du jour où ils ont été passés, il s'ensuit qu'ils doivent être régis par les lois du jour où ils ont été confirmés, s'il y a eu changement à cet égard dans la législation. — Duranton, t. 13, n. 287.

222. — On le voit, le principe de l'art. 1338, d'après lequel l'effet rétroactif de la confirmation n'a pas lieu au préjudice du droit des tiers, est applicable aux obligations annulables, et à celles-là seulement. Sans doute, on a, tout au contraire, soutenu dans l'ancien droit et depuis le Code civil, que ce principe est applicable seulement aux obligations nulles et non pas aux obligations annulables. — En ce sens, Basnage, Des hypothèques, ch. 3; Denisart, v° Ratification; Nouveau Denisart, v° Hypothèques, t. 2, n. 496, 499. — Mais cette thèse est manifestement contraire au texte de l'art. 1338, qui régit l'obligation contre laquelle la loi admet l'action en nullité ou en rescision. Ces obligations sont celles que l'on dit annulables et qui existent tant qu'elles ne sont pas annulées. C'est pour celles-là que l'art. 1338 dispose que la confirmation qui en est donnée ne peut pas avoir d'effet rétroactif au préjudice du droit des tiers. — Demolombe, loc. cit.

223. — La confirmation ou ratification ne profite qu'à ceux qui ont été parties dans l'acte d'où elle résulte et à leurs ayants-cause. — Metz, 28 nov. 1817, Gallez, [S. et P. chr.] — Sic, Delvincourt, t. 2, p. 602.

224. — Ainsi jugé que la ratification d'une obligation entachée de nullité substantielle, postérieurement consentie par le débiteur principal, ne prive pas la caution du bénéfice de la nullité qui lui était acquise au moment de la signature de l'acte. — Cass. belge, 18 nov. 1833, Walkier, [P. chr.]

225. — ... Qu'un tiers ne peut exciper de la ratification d'un acte nul (par exemple, d'un remboursement de deniers pupillaires irrégulièrement fait à un tuteur), lorsque cette ratification est contenue dans un autre acte (par exemple, un compte de tutelle) auquel il n'a point été partie. — Trib. Nevers, 11 mai 1842, sous Cass., 20 janv. 1847, Maumigny, [S. 47.1.775, P. 48.1.279, D. 48.1.17]

226. — Toutefois, la partie à laquelle la ratification d'un acte a été promise par un porte-fort peut invoquer cette ratification, alors même qu'elle n'a pas figuré à l'acte qui la consiste, le porte-fort ayant, en effet, stipulé à la fois pour lui et pour elle. — Bordeaux, 21 août 1848, de Brezetz, [S. 48.2.721, P. 49.2.208, D. 49.2.41]

227. — Jugé également que la ratification, par le propriétaire d'un immeuble, de la vente qu'un individu, agissant comme mandataire par suite d'un abus de blanc seing, a faite de cet immeuble à un tiers, profite à l'acquéreur, bien qu'il n'ait pas été partie à l'acte intervenu à cet effet entre le propriétaire et le prétendu mandataire : l'acquéreur doit être considéré en un tel cas comme l'ayant-cause de ce dernier. — Cass., 21 déc. 1859, Polge-Montalbert, [S. 60.1.449, P. 60.843, D. 60.1.26]

228. — La ratification pure et simple des héritiers, consentie par acte notarié, d'une vente sous signature privée faite à leur auteur, et contenant affectation hypothécaire de ses biens, emporte virtuellement avec elle constitution d'hypothèque sur tous les biens indiqués dans l'acte privé, et soumet chacun des héritiers détenteurs d'une partie de ces biens au paiement de la dette pour sa part virile et hypothécairement pour le tout. — Cass., 15 févr. 1832, Verdier, [S. 32.1.792, P. chr.]

229. — La promesse qu'un mari a faite dans un acte, de faire ratifier sa femme en majorité, doit être considérée comme ayant trait à la rescision qui peut être demandée pour cause de minorité, mais non pour cause de lésion. — Bordeaux, 1er févr. 1826, Sarlandie, [P. chr.]

CHAPITRE VI.

DE LA CONFIRMATION OU RATIFICATION DES DISPOSITIONS ENTRE-VIFS OU TESTAMENTAIRES.

Section I.

De la confirmation ou ratification des donations entre-vifs.

230. — Le principe d'après lequel toutes les nullités, aussi bien de forme que de fond, sont susceptibles d'être couvertes par la confirmation ou ratification, ne s'applique pas en ce qui concerne les nullités de forme qui vicient une donation entre-vifs. L'art. 1339, C. civ., dit, en effet : « Le donateur ne peut réparer, par aucun acte confirmatif, les vices d'une donation entre-vifs; nulle en la forme, il faut qu'elle soit refaite en la forme légale ». S'il en est ainsi, c'est que, conformément à ce que nous avons dit, suprà, n. 10, 29 et s., les obligations annulables peuvent seules être confirmées, et non pas les obligations nulles et inexistantes. Or, la donation entre-vifs est un contrat solennel; d'où, si elle vient à manquer des formes solennelles nécessaires à la constitution du contrat, elle est à envisager comme une convention nulle, c'est-à-dire inexistante; les formes y sont exigées, en effet, non pas seulement ad probationem, mais encore ad solemnitatem. C'est pour ce motif que le législateur a décidé que, à l'égard du donateur, la donation entre-vifs, nulle en la forme, ne peut pas être confirmée. — Aubry et Rau, t. 4, § 337-1°, p. 264; Demolombe, op. cit., t. 6, p. 735; Laurent, t. 18, n. 585 et s.; Demante et Colmet de Santerre, t. 5, n. 312. — Il ne faut donc pas dire que l'art. 1339 est une exception aux principes du droit commun; il en est au contraire l'application.

231. — Cette impossibilité pour le donateur de couvrir la nullité de forme d'une donation entre-vifs par aucun acte confirmatif, s'applique à toutes les nullités de forme, sans qu'il y ait à distinguer si cette nullité résulte de l'inobservation de formes exigées par les art. 931 et s., C. civ., ou de la violation des formes requises par la loi du 25 vent. an XI, sur le notariat, pour la régularité des actes notariés : Lex non distinguit. Quelle que soit la règle qui est demeurée inobservée, il y a une nullité de forme à laquelle les termes de l'art. 1339 paraissent applicables. — Aubry et Rau, t. 4, § 337-1°, p. 264, note 10; Larombière, t. 6, n. 736. — V. aussi Demolombe, Traité des donations entre-vifs et des testaments, t. 3, n. 8 et s.

232. — La cour de Grenoble a méconnu le texte même de l'art. 1339 en rendant une décision contraire. Elle a décidé que la nullité pour vice de forme d'une donation de biens présents et à venir, faite par contrat de mariage, peut être couverte par l'exécution volontaire de la part du donateur. — Grenoble, 21 déc. 1827, Lassarre, [S. et P. chr.]

233. — L'art. 1339 s'applique même au défaut d'acceptation expresse exigée par l'art. 932, car cette question d'acceptation est une question de forme. — Bastia, 10 avr. 1834, Arrighi, [S. 34.2.236, P. 55.1.94, D. 54.2.216]

234. — Il a été jugé, par application de la même règle, que lorsqu'une donation entre-vifs est nulle parce que l'un des deux témoins qui ont assisté le notaire n'était pas Français, l'exécution de la donation de la part du donateur ne le rend pas non recevable à opposer ce moyen de nullité. — Colmar, 10 août 1818, Well, [S. et P. chr.]

235. — Mais l'art. 1339, ne parlant que de nullité de forme, sa disposition exceptionnelle ne pourrait être étendue à d'autres nullités. D'où il suit que le donateur pourrait confirmer, en se conformant à l'art. 1338, la donation qui serait entachée d'une autre sorte de nullité, telle par exemple qu'un vice de consentement, comme dol, erreur ou violence. — Duranton, t. 13, n. 294; Aubry et Rau, *loc. cit.*; Larombière, *loc. cit.*; Demolombe, *Contrats*, t. 6, n. 737. — V. aussi Cass., 21 mars 1826, Agam, [S. et P. chr.]

236. — La disposition de l'art. 1339 n'est pas non plus applicable aux donations nulles pour vice de pouvoir, car elle n'a trait qu'aux vices de forme qui entachent l'acte même de donation. Ainsi, la donation aux enfants faite par le mari au nom de sa femme sans un pouvoir exprès de celle-ci est nulle; mais cette nullité peut être couverte par une ratification postérieure. — Bordeaux, 9 janv. 1839, Durand, [P. 39.1.385]

237. — Il a d'ailleurs été jugé que, dans ce cas, celui qui a acquis du donateur des biens compris dans la donation est personnellement non recevable à contester cette donation, lorsqu'elle a été reconnue et ratifiée par le donateur, dans des actes postérieurs, et que l'acquéreur lui-même l'a exécutée, en payant une partie de son prix au mandataire. — Cass., 21 mars 1826, précité.

238. — De même, en supposant une donation faite par une voie indirecte sans l'accomplissement des formes auxquelles ce contrat est soumis par les art. 931 et s., par exemple sous l'apparence d'une vente simulée, la nullité de forme dont l'acte de vente se trouverait entaché pourrait être, sans difficulté, couverte par un acte confirmatif du donateur. C'est que la donation entre-vifs ne peut être, comme telle, nulle pour vice de forme qu'autant qu'elle a été soumise à des formes. Or ici elle n'a été soumise à aucune forme; elle est donc susceptible de confirmation. Au surplus, il est bon de faire remarquer que la question ne se pose que parce qu'une jurisprudence constante valide les donations par voie indirecte. — Larombière, t. 6, art. 1339-1340, n. 4 et 5; Demolombe, *op. cit.*, t. 6, n. 737 bis, p. 637. — V. *infrà*, v° *Donation entre-vifs*.

239. — Mais, conformément au principe posé, *suprà*, n. 154, l'exécution d'une donation déguisée faite à un incapable, même à une époque où l'incapacité avait cessé, ne peut valider cette donation, si elle n'a lieu, de la part du donateur, qu'afin de faire cesser les poursuites dirigées contre lui en paiement des choses données. En un tel cas, l'exécution doit être réputée forcée, et par suite, sans effet confirmatif. — Cass., 19 janv. 1830, Calvet, [S. et P. chr.]

240. — Remarquons qu'en prohibant la confirmation expresse, l'art. 1339 prohibe *à fortiori* la confirmation tacite. Le texte de l'art. 1339 est absolu quand il dit de la donation nulle pour vice de forme : « Nulle en la forme, il faut qu'elle soit refaite en la forme légale ». Si la confirmation expresse la plus formelle est impuissante, la confirmation tacite ne pourrait produire plus d'effet. On peut ajouter que l'art. 962 qui est démontré par l'art. 1339, lorsque la donation entre-vifs est réduite à néant, elle ne saurait revivre, *lors même que le donataire serait en possession des biens donnés*. — Cass., 6 juin 1821, Chenneveau, [S. et P. chr.] — Bourges, 30 août 1834, Delagrange, [S. 32.2.111, P. chr.] — *Sic*, Rolland de Villargues, v° *Ratification*, n. 70; Grenier, *Donations*, t. 1, n. 57; Solon, *Traité des nullités*, t. 2, n. 356, 358; Marcadé, t. 5, art. 1339, 1340, n. 4; Aubry et Rau, t. 4, § 337-1°, p. 264, note 11. — Toutefois, ce système est combatu par un certain nombre d'auteurs. — Merlin, *Questions de droit*, v° *Testament*, t. 6, p. 300; Toullier, t. 8, n. 326; Teste, *Encyclopédie du droit*, v° *Actes confirmatifs*, n. 28. — Dans cette seconde opinion, on invoque la différence de rédaction qui existe entre les art. 1339 et 1340. Ce dernier, relatif à la confirmation par les héritiers, ne se borne pas aux mots *confirmation ou ratification*, il a ajouté *ou exécution volontaire*; c'est donc, dit-on, qu'à la différence du précédent article, il embrasserait la confirmation tacite tout comme la confirmation expresse.

241. — Lorsqu'on admet, contrairement à notre opinion, que la confirmation tacite est possible, la question se pose de savoir si la ratification tacite, qui résulte de l'exécution volontaire faite par le donateur, lie ses héritiers et les rend non recevables à opposer la nullité de la donation. Toullier enseigne qu'il faut distinguer si l'action en nullité en rescision est introduite dans leur intérêt ou dans celui du donateur. Dans le cas où l'action en révocation est établie en faveur de ce dernier, l'exécution volontaire, émanée de lui, lie ses héritiers, mais elle ne les lie pas dans le cas contraire. — Toullier, t. 8, n. 526.

242. — On a soutenu aussi, sur la question de savoir si la confirmation tacite est prohibée, qu'il fallait distinguer entre les donations de meubles et celles d'immeubles. Duranton admet que, dans l'hypothèse d'une donation d'immeubles nulle en la forme, l'exécution volontaire de la part du donateur par la délivrance des immeubles n'en purgerait point le vice, et, que le donateur pourrait revendiquer encore les biens, malgré cette délivrance (Duranton, t. 13, n. 292. — V. aussi *suprà*, n. 224). Au contraire, la tradition d'une somme d'argent ou autre chose mobilière, en exécution d'une donation entre-vifs nulle en la forme, pour défaut d'état estimatif ou autrement, couvrirait les vices de l'acte de donation. — Duranton, t. 8, n. 390 et 405; t. 13, n. 293; Vazeille, sur l'art. 948, n. 8; Toullier, t. 5, n. 390; Malpel, n. 286.

243. — Il faut dire, au contraire, que l'art. 1339 est général et régit les donations de meubles aussi bien les donations d'immeubles. En supposant que le donateur ait fait tradition au donataire des meubles compris dans une donation nulle en la forme, dans la pensée d'exécuter cette donation, cette tradition sera sans effet en tant que confirmation. — Delvincourt, t. 2, p. 252 et s.; Chabot, sur l'art. 808, n. 5; Vazeille, sur cet article, n. 2; Demolombe, *op. cit.*, t. 6, n. 740.

244. — Toutefois, la tradition faite dans les conditions ci-dessus pourrait valoir comme don manuel, à supposer qu'elle eût été faite en connaissance de cause, c'est-à-dire dans la pensée et la volonté de refaire manuellement la donation, ou plus exactement d'en faire une nouvelle. On a en donné cette raison que l'art. 1339 était inapplicable aux cas où, par exception, la validité de la donation serait indépendante des formes prescrites par les art. 931 et s. (V. *suprà*, n. 238). Or, la donation de meubles corporels peut être faite valablement de main à la main, par la seule tradition (V. *infrà*, v° *Don manuel*). — Cass., 23 mai 1822, Duert-Kerch, [S. et P. chr.] — *Sic*, Demolombe, *loc. cit.*; Larombière, t. 6, art. 1339-1340, n. 5; Delvincourt, t. 2, p. 253; Duranton, t. 8, n. 390 et s.; t. 13, n. 293; Aubry et Rau, t. 4, § 337-1°, p. 264 et note 12.

245. — Comme conséquence de ce que la tradition ne peut valoir, et encore aux conditions indiquées ci-dessus, que comme donation, en non comme confirmation de la première donation, il faut dire qu'elle ne produirait effet que quant aux meubles compris dans la tradition effectuée. Si donc d'autres meubles, compris dans la donation nulle en la forme, ne se trouvaient pas compris dans la tradition nouvelle, le donataire n'aurait aucun titre pour en demander la délivrance au donateur. — Demolombe, *loc. cit.*; Colmet de Santerre, t. 5, n. 312 bis; Larombière, t. 6, art. 1339-1340, n. 7.

246. — Par application de la règle qu'aucune confirmation ni expresse, ni tacite ne peut rendre valable une donation nulle en la forme, nous dirons que ni le dépôt chez un notaire, ni la reconnaissance du donateur ne couvrirait la nullité d'une donation faite sous seing privé. — Grenier, *Donat.*, t. 1, n. 156; Toullier, t. 5, n. 174.

247. — Il a été jugé, il est vrai, qu'un acte de donation d'une pension viagère, bien que non revêtu des formalités prescrites pour les donations, était susceptible d'une ratification tacite, lorsqu'il avait pour objet la récompense de services rendus, et qu'il s'agissait d'une modique pension. — Colmar, 10 déc. 1808, Arbogast, [S. et P. chr.]; — 18 juill. 1809, Duvernois, [S. et P. chr.] — Mais ces deux arrêts constatent que l'acte ratifié constituait, en réalité, non une donation, mais une dation en paiement; dès lors, les dispositions de l'art. 1339 cessaient d'être applicables.

248. — La donation, nulle en la forme, ne pouvant être que refaite en la forme légale, il en résulte que cette donation ne pourrait pas être, de la part du donateur, la cause valable d'une novation proprement dite. — Demolombe, *op cit.*, t. 6, n. 744. — *Contrà*, Aubry et Rau, t. 4, § 337-1°, p. 264, note 12. — V. aussi Larombière, t. 6, art. 1339-1340, n. 7-8. — Aubry et Rau font remarquer que la novation transforme la donation en un autre contrat. A cela Demolombe répond avec raison que rien n'empêche sans doute le donateur de faire une convention nouvelle avec le donataire; mais précisément ce ne peut être qu'une convention nouvelle, distincte et indépendante de la convention nulle en la forme, et qui devra réunir, par elle-même, toutes les conditions essentielles pour la validité des conventions en général.

249. — Il a été jugé cependant le donateur, dont la donation est nulle pour défaut d'acceptation, mais qui, lorsque le donataire a cédé à un tiers le bénéfice de la donation, est intervenu dans l'acte de cession et s'est obligé à payer au cessionnaire, ne peut invoquer la nullité de la donation, sans se dispenser de payer ce dernier ; que son intervention au transport a opéré une novation, qui le rend personnellement obligé. — Cass., 23 mai 1822, Guérin, [S. et P. chr.] — Mais cette décision ne doit pas s'expliquer par une idée de confirmation; elle se justifie par le fait que le donateur a contracté envers un tiers une obligation nouvelle, indépendante de la donation, dont il peut d'ailleurs demander la nullité.

250. — D'autre part, si, craignant pour la validité, quant à la forme, d'une donation entre-vifs, les parties déclarent, dans un second acte passé dans les formes légales, qu'elles renouvellent et approuvent la donation textuellement insérée dans le nouvel acte. ce dernier n'est pas simplement confirmatif, ce qui le rendrait inefficace pour couvrir les vices de forme de la première donation : il constitue une nouvelle donation valable par elle-même. — Bruxelles, 11 janv. 1822, N..., [P. chr.]

251. — Mais en pareil cas, bien qu'une donation immobilière et une donation mobilière soient comprises dans le même acte, la ratification de la première n'emporte pas nécessairement la ratification de la seconde. — Orléans, 9 janv. 1843, Deneveu, [P. 45.1.441]

252. — Si le donateur, en vue de confirmer la donation nulle en la forme, a fait un testament au profit du donataire, ce testament peut être parfaitement valable, mais il n'y a là aucune confirmation de la donation. Celui qui bénéficie de cette libéralité est légataire, non donataire. — Demolombe, *Contrats*, t. 6, n. 742.

253. — Bien que l'art. 1339 ne refuse expressément qu'au donateur la faculté de réparer par acte confirmatif les vices d'une donation nulle en la forme, il faut dire que le donataire ne pourrait pas davantage confirmer la donation, expressément ou tacitement. Il ne pourrait pas, par conséquent, en exécutant volontairement les charges de la donation, se rendre non recevable à l'attaquer plus tard personnellement, soit pour vice de forme, soit pour tout autre vice. L'inobservation des formes de la donation, contrat solennel, entraîne la nullité de ce contrat aussi bien au regard du donataire qu'au regard du donateur; la donation ne saurait être *nulle* à l'égard du donateur, *annulable* seulement à l'égard du donataire. — Demolombe, *op. cit.*, t. 6, n. 743. — *Contrà*, Teste, *Encyclopédie du droit*, v° *Actes confirmatifs*, n. 26; Larombière, t. 6, art. 1339-1340, n. 12.

254. — Mais, tandis que l'art. 1339 s'oppose à ce que le donateur puisse réparer, par un acte confirmatif, les vices d'une donation entre-vifs nulle en la forme, l'art. 1340, au contraire, ajoute : « La confirmation ou ratification, ou l'exécution volontaire, d'une donation par les héritiers ou ayants-cause du donateur, après son décès, emporte leur renonciation à opposer soit les vices de forme, soit toute autre exception ». Il semble qu'il y ait une contrariété de doctrine à ce que la confirmation d'une donation nulle, impossible de la part du donateur, devienne possible de la part de ses héritiers. On a essayé d'en donner diverses raisons. On a dit que la rigueur des formes et, en général, des conditions auxquelles est assujettie la validité d'une donation, n'ayant son fondement que dans la faveur due aux héritiers légitimes, la nullité qu'entraîne leur omission n'est vraiment établie que dans l'intérêt de ceux-ci; ce qui explique comment ils peuvent renoncer à se prévaloir de cette nullité (Demante et Colmet de Santerre, t. 5, n. 313). Mais on peut objecter que les formes de la donation semblent avoir été établies aussi bien dans l'intérêt du donateur que dans l'intérêt des héritiers légitimes. On a dit aussi que la donation nulle pouvant imposer aux héritiers légitimes du donateur une obligation naturelle, la loi a dû la déclarer susceptible d'être ratifiée par eux (Demante, *loc. cit.*; Marcadé, art. 1339, n. 1 et 2). On peut répondre que rien ne révèle la trace de cette idée d'obligation naturelle, et qu'on ne voit pas d'ailleurs pourquoi la donation nulle ne pourrait pas aussi imposer au donateur lui-même cette obligation naturelle. D'autres ont dit que le législateur a voulu seulement, dans l'art.

1339, assurer l'observation des formes solennelles prescrites pour les donations dans l'intérêt des tiers, en prononçant une sorte de sanction pénale qui atteint le donateur et le donataire. Dans l'art. 1340, n'envisageant que l'intérêt des héritiers, il a simplement pensé qu'il fallait laisser à ceux-ci toute faculté de renoncer à opposer les vices de la donation, et de l'exécuter s'ils le jugent à propos (Note de Devill. sous Bastia, 10 avr. 1854, Arrighi, S. 54.2.236). Ces considérations paraissent exactes. On peut y ajouter ce que dit Demolombe, à savoir que l'art. 1339 contient une disposition spéciale et dérogeant au droit commun, d'après lequel les nullités de forme sont, en général, susceptibles de confirmation. Or si elle impose au donateur l'obligation de refaire la donation nulle en la forme, c'est parce que celui-ci peut la refaire; mais la situation des héritiers qui veulent respecter la donation faite par leur auteur serait tout autre, car si on leur imposait le devoir de refaire la donation, ce seraient eux qui deviendraient les donateurs, « ... tandis que, dit Demolombe, en confirmant la donation faite par leur auteur, ils ne font eux-mêmes aucune donation; et c'est bien, en effet, la donation faite par leur auteur, qui reçoit son exécution, aux dépens des biens qui lui appartenaient ». — Demolombe, t. 6, n. 744.

255. — Jugé, par application de ce principe, que la ratification, par des héritiers, d'un titre nul renfermant des dispositions à titre gratuit, produit une fin de non-recevoir contre toute action ultérieure. — Grenoble, 26 août 1808, Lebaly, [P. chr.]

256. — Et, dès avant le Code civil, il avait été jugé, de même, que l'héritier qui avait consenti, après la mort du donateur, l'exécution de la donation, ne pouvait plus attaquer cette donation, si le consentement qu'il avait donné n'était pas l'œuvre du dol et de la fraude. — Caen, 28 therm. an VIII, Querpel, [S. et P. chr.]

257. — La confirmation que feraient les héritiers ou ayants-cause du donateur, conformément à l'art. 1340, ne peut avoir lieu bien entendu qu'après le décès de celui-ci; faite avant son décès, elle aurait un caractère d'un pacte sur succession future, et serait nulle comme telle (art. 791, 1130, 1600). — Bastia, 10 avr. 1854, Arrighi, [S. 54.2.236, P. 55.1.94, D. 54.2.216] — Bigot-Préameneu, *Exposé des motifs* (Locré, *Légist. civ.*, t. 12, p. 405, n. 207). — *Sic*, Delvincourt, t. 2, p. 253; Toullier, t. 8, n. 526 : Favard de Langlade, *Répertoire*, v° *Acte confirmatif*, § 2, n. 7; Duranton, t. 13, n. 294; Zachariæ, § 239, texte et note 13; Aubry et Rau, t. 4, § 337-1°, note 14, p. 265 ; Demolombe, *op. cit.*, t. 6, n. 745.

258. — Il résulte de cette observation que les ayants-cause dont parle l'art. 1340 sont ceux dont le droit s'ouvre par le décès du donateur, à savoir ses héritiers légitimes et successeurs irréguliers qui tiennent leur droit de la loi, et ceux qui recueillent les biens du donateur en vertu de sa volonté, par donation de biens à venir ou par testament. — Demolombe, *op. cit.*, t. 6, n. 746; Larombière, t. 6, art. 1339-1340, n. 14.

259. — L'art. 1340, C. civ., est applicable aux donations déguisées sous la forme de contrats à titre onéreux aussi bien qu'aux donations directes.

260. — Spécialement, des successibles en ligne directe qui ont ratifié du vivant de leur auteur la vente d'un immeuble faite à l'un de ceux par ce dernier, à charge de rente foncière, sont néanmoins recevables à attaquer cette vente comme contenant une donation déguisée excédant la quotité disponible, et à demander que cet excédant soit rapporté à la masse. — Cass., 12 nov. 1827, Leprestre, [S. et P. chr.]

261. — D'autre part, l'art. 1340, C. civ., disposant, en termes généraux, que les héritiers ou ayants-cause du donateur renoncent, par le fait de leur confirmation, à opposer soit les vices de forme, *soit toute autre exception*, il en résulte qu'ils ne peuvent plus opposer, soit les exceptions qu'aurait pu opposer le donateur, comme celle fondée sur la révocation de la donation pour survenance d'enfant, soit les exceptions qu'ils auraient pu opposer de leur propre chef, comme celles fondées sur une incapacité de disposer ou de recevoir ou sur l'atteinte portée à leur réserve. — Cass., 6 juill. 1869, Valery, [S. 69.1.459, P. 69.1199, D. 69. 1.479] — V. Demolombe, *Traité des donations entre-vifs et des testaments*, t. 3, n. 784-786; Larombière, t. 6, art. 1339-1340, n. 16.

262. — La confirmation par les héritiers ou ayants-cause du donateur peut avoir lieu, comme toute confirmation, soit par un acte exprès, soit par l'exécution volontaire (art. 1338). — Aubry et Rau, t. 4, § 337-1°, p. 265; Demolombe, *Contrats*, t. 6, n. 748. — V. *supra*, n. 116 et s.

263. — Mais, pour valoir, soit comme ratification, soit comme transaction, un acte contenant exécution d'une donation nulle doit présenter les conditions exigées par l'art. 1338, C. civ., pour les actes confirmatifs. — Cass., 25 nov. 1824, Leblanc, [S. et P. chr.]

264. — Par conséquent, pour que l'exécution d'une donation par les héritiers ou ayants-cause du donateur, après le décès de celui-ci, emporte renonciation à opposer soit les vices de forme, soit toute autre exception, il faut que cette exécution ait été volontaire et consentie librement, et avec la connaissance de la circonstance qui constituait le vice de l'acte attaqué. — Cass., 15 nov. 1824, précité. — Bourges, 23 mai 1840, de C..., [P. 40.2.351] — Sic, Delvincourt, t. 2, p. 605; Favard de Langlade, v° *Acte récognitif*, § 2, n. 7; Toullier, t. 8, n. 326. — Ce n'est là qu'une application du principe posé *suprà*, n. 119.

265. — Il a été jugé, par application de cette règle, qu'un héritier peut, après avoir exécuté un testament, l'attaquer comme extorqué par violence ou surpris par captation, si les faits de violence ou de captation n'étaient pas connus de lui lors de l'exécution. — Cass., 27 août 1818, Fauchey, [S. et P. chr.]

266. — ... Que le fils au profit duquel une rente viagère a été constituée comme charge des libéralités faites à sa sœur par son père dans le contrat de mariage de celle-ci, est encore, bien qu'il ait, depuis la mort de son auteur, touché des arrérages, recevable à critiquer le contrat de mariage comme ayant été reçu et signé en l'absence du notaire en second. — Bourges, 23 mai 1840, précité.

267. — ... Que l'héritier de l'époux donateur ne peut pas être réputé avoir renoncé à attaquer la donation pour inexécution de la condition de viduité, par cela seul qu'antérieurement à la demande, il aurait délivré, sans réserves, au donataire survivant, quittance de diverses sommes que celui-ci, agissant à la fois comme héritier et comme donataire, lui remettait en vertu de la liquidation de la succession de l'époux prédécédé. — Nancy, 20 déc. 1879, Grosjean, [S. 81.2.7, P. 81.1.89, D. 80.2.203]

268. — ... Que l'exécution volontaire devant émaner d'actes positifs et personnels de la part de ceux à qui on l'oppose, ne résulte pas, notamment, de faits qui ne supposent, de la part, que la connaissance de l'existence de la donation (alors même que cette connaissance aurait été suivie d'un silence plus ou moins long), et non la volonté de renoncer à l'exercice de leur action. — Cass., 12 juin 1839, Dessain, [S. 39.1.659, P. 39.2.16] — Sic, Merlin, *Rép.*, v° *Chose jugée*, § 1 bis, n. 2.

269. — ... Qu'on ne peut considérer comme exécution volontaire d'une donation faite par un père à quelques-uns de ses enfants le fait, de la part des autres, d'avoir reçu une dot avant le décès de leur père, ou de l'avoir touchée depuis, ni celui d'avoir concouru, après le décès, au partage égal du mobilier. — Cass., 8 janv. 1838, Barbotte, [S. 38.1.646, P. 38.2.282] ; — 31 janv. 1844, Hamard, [S. 44.1.368, P. 44.2.269]

270. — Qu'on ne peut considérer comme une ratification de nature à couvrir la nullité d'une donation non portant pas la mention régulière de la signature d'une partie, la circonstance que les héritiers du sang qui l'attaquent auraient payé les droits de succession seulement sur la part qui devait leur revenir, déduction faite des biens compris dans la donation. — Metz, 2 mars 1840, Grenez, [P. 41.2.524]

271. — ... Que les héritiers du donateur ne peuvent être censés avoir tacitement renoncé à se prévaloir du vice de la donation résultant de l'absence des formes ou de l'état estimatif, tant que ladite donation ne leur a pas été signifiée par le donateur. — Bordeaux, 6 août 1834, Viveille, [S. 35.2.64, P. 35.1.437]

272. — ... Que la reconnaissance ou exécution de l'obligation de la part de l'héritier du donateur, ne le rend pas non recevable à en opposer la nullité s'il n'est pas prouvé que, lors de cette reconnaissance, il savait que la donation était usuraire. — Bordeaux, 17 déc. 1827, Maze, [S. et P. chr.]

273. — D'autre part, la confirmation par les héritiers, dès lors qu'elle est permise, peut être tacite aussi bien qu'expresse et peut, notamment, résulter d'actes d'exécution volontairement accomplis. Il a été jugé, notamment, que lorsqu'une donation a été faite à la charge par le donataire de payer les dettes du donateur, l'héritier créancier de ce dernier, qui agit contre le donataire pour obtenir le paiement de la somme qui lui est due, ratifie la donation, et se rend, par suite, non recevable à en demander la nullité. — Cass., 12 juin 1839, précité.

274. — ... Qu'une donation préciputaire, faite par contrat de mariage, et volontairement exécutée pendant plus de vingt ans par un partage définitif, ne peut plus être attaquée. — Lyon, 10 août 1838, Joly, [P. 39.1.531]

275. — ... Que, quand un arrêt a rejeté une demande en révocation d'une donation pour cause de survenance d'enfant, l'exécution sans réserves donnée à cet arrêt par la remise des biens de la part de la personne qui a succombé, et la transaction par elle faite sur des difficultés auxquelles cette exécution a donné lieu, peuvent être considérées comme une exécution volontaire dans le sens de l'art. 1338 et de l'art. 1340, C. civ. — Cass., 3 juin 1821, Girault, [S. et P. chr.] — V. cependant Bourges, 11 déc. 1824, Mêmes parties, [P. chr.]

276. — ... Que s'il résulte des faits et des documents de la cause, sainement interprétés, que l'héritier a seul consenti l'exécution d'une donation faite par le défunt, il ne peut pas être restitué contre son consentement, à moins qu'il ne prouve que ce consentement a été le résultat du dol ou de la surprise. — Caen, 28 therm. an VIII, Querpel, [S. et P. chr.]

277. — Rappelons, à cet égard, que le caractère légal des faits qui constituent l'exécution volontaire d'une donation, peut être apprécié par la Cour de cassation. — Cass., 8 janv. 1838, précité. — V. *suprà*, n. 183 et s.

278. — La confirmation par les héritiers ou ayants-cause du donateur ne résulterait pas du silence gardé par eux, pendant dix ans, à compter du jour du décès du donateur. Il faut, en effet, pour que l'art. 1304 puisse être appliqué, que l'action soit formée par l'une des deux parties contre l'autre, et non par un tiers, étranger à la convention, agissant de son chef, en son propre nom. Or, les héritiers du donateur ne succèdent pas à une action en nullité transmise par celui-ci, qui, lorsque seulement annulable à l'égard des héritiers, était nulle à l'égard du donateur; ces héritiers sont des tiers lorsqu'ils exercent l'action qui leur appartient. C'est donc l'art. 2262, fixant la prescription à trente ans, qui est applicable aux héritiers du donateur et non l'art. 1304. Il n'y a pas, dans ce cas, corrélation entre l'art. 1304 et l'art. 1338; ceci ne doit pas nous surprendre, car si la prescription établie par l'art. 1304 ne peut recevoir son application qu'autant qu'existe la possibilité de confirmer, il ne serait pas exact de dire à l'inverse que, dès que la confirmation est possible, il y aurait lieu d'admettre également cette prescription. — Cass., 8 janv. 1838, précité. — Sic, Bigot-Préameneu, *Exposé des motifs* (Locré, *Législation civile*, t. 12, p. 405); Marcadé, t. 5, sur l'art. 1340, n. 3; Larombière, t. 5, sur l'art. 1304, n. 62; Saintespès-Lescot, *Des donations*, t. 3, n. 581; Aubry et Rau, t. 4, § 339, p. 276, texte et note 19; Demolombe, *Contrats*, t. 6, n. 121 et 749.

279. — Toutefois, de nombreux arrêts et quelques auteurs adoptent la solution contraire, en se fondant sur ce que la prescription de dix ans devient applicable du moment où la confirmation est possible. — Cass., 5 mai 1862, Dubernat, [S. 62.1.361, P. 63.629, D. 62.1.341]; — 26 nov. 1862, Bachelier, [S. 63.1.15, P. 63.329, D. 63.1.74] — Angers, 22 mai 1834, Richaud, [S. 34.2.337, P. chr.] — Bordeaux, 26 janv. 1841, Oulès, [S. 41.2.616 — Riom, 16 juin 1843, de Goulange, [S. 43.2.543] — Lyon, 20 août 1869, Levrat, [S. 70.2.124, P. 70.574] — Sic, Vazeille, *Des prescriptions*, t. 2, n. 546; Troplong, *Des donations*, t. 3, n. 1086; Colmet de Santerre, t. 5, n. 313 *bis*.

Section II.

De la confirmation ou ratification des testaments.

280. — L'art. 1339, C. civ., suivant lequel une donation entre-vifs, nulle en la forme, ne peut être validée par aucun acte confirmatif, est évidemment applicable aux testaments. Il est hors de doute que le testateur ne saurait réparer, par aucun acte confirmatif, les vices d'un testament nul en la forme, et qu'il ne peut que le refaire en la forme légale. — Cass., 7 nov. 1833, Dommangeau, [S. 53.1.684, P. 34.2.356, D. 54.1.27]; — 3 févr. 1873, Bonhoure, [S. 73.1.107, P. 73.242, D. 73.1.467]; — Besançon, 19 mai 1809, Duport, [S. et P. chr.] — Turin, 19 mars 1810, Bongioanni, [S. et P. chr.] — Sic, Merlin, *Répertoire*, v° *Testament*, sect. 2, § 1, art. 4, n. 2 à 5; Grenier, t. 1, n. 342; Bayle-Mouillard, sur Grenier, t. 2, n. 222, note a; Duranton, t. 9, n. 12; Troplong, t. 3, n. 1438; Demolombe, t. 21, n. 46 et 47;

Aubry et Rau, t. 7, § 664-8°, p. 93, texte et note 9; § 724, p. 508, texte et note 3; Laurent, t. 13, n. 459.

281. — Par cela même, il est évident aussi que l'art. 1340 est applicable aux héritiers ou ayants-cause du testateur. Un héritier ou ayant-cause peut donc renoncer à faire valoir la nullité d'un testament, et consentir à ce qu'il soit exécuté. Il n'y a aucune raison d'établir une différence entre la donation et le testament; tout au contraire, les motifs sont les mêmes. — Cass., 5 févr. 1829, Faure, [S. et P. chr.]; — 24 juill. 1839, Molinié, [S. 39.1.653, P. 39.2.289]; — 16 août 1841, Lafargue, [S. 41.1.609, P. 41.2.399]; — 10 nov. 1874, Pelletier, [S. 75.1.313, P. 75.743, D. 75.1.40] — Toulouse, 18 mai 1824, Anglas, [S. et P. chr.] — Nîmes, 28 janv. 1831, Vigue, [S. 31.2.292, P. chr.] — Montpellier, 22 avr. 1831, Pous, [S. 32.2.620, P. chr.] — Rennes, 26 juill. 1843, Lafargue, [S. 44.2.342, P. 44.2.486] — Toulouse, 7 févr. 1844, Penavayre, [S. 45.2.256, P. 44.2.660, P. 51.2.23] — Rennes, 12 mai 1854, Hamonier, [S. 52.2.287, P. 51.2.180, P. 53.2.32] — Sic, Grenier, t. 1, n. 325; Merlin, *Répertoire*, v° *Testament*, sect. 2, § 5; Rolland de Villargues, v° *Testament*, n. 548 à 551; Toullier, t. 7, n. 73; Duranton, t. 9, n. 174; Solon, *Traité des nullités*, t. 2, n. 411; Vazeille, sur l'art. 1001, n. 9; Colmet de Santerre, t. 5, n. 313 *bis*-II; Larombière, t. 4, art. 1339-1340, n. 17; Demolombe, *Traité des donations entre-vifs et des testaments*, t. 4, n. 491-492; *Traité des contrats ou obligations*, t. 6, n. 750; Zachariæ, § 664, texte et note 12; Aubry et Rau, t. 7, § 664-8°, texte et note 10, § 724, p. 508.

282. — Mais il faut, pour que cette confirmation soit valable, qu'elle soit postérieure au décès du testateur, car toute convention sur une succession non ouverte est prohibée. — Laurent, t. 13, n. 466.

283. — Nul n'étant présumé renoncer à ses droits, il a été jugé que la renonciation à se prévaloir de la nullité d'un testament ne peut être opposée à l'héritier légitime qu'autant qu'elle est expresse, ou tout au moins qu'elle est la conséquence nécessaire du fait qui lui est imputé. — Besançon, 5 août 1811, Blanc, [P. chr.]

284. — Mais l'exécution volontaire des testaments, comme celle des donations, quand elle présente les caractères requis, empêche les héritiers de former contre les testaments une réclamation quelconque. — Paris, 24 févr. 1814, Joly, [S. et P. chr.] — Pau, 27 févr. 1827, Hau, [S. et P. chr.] — V. *suprà*, n. 273 et s.

285. — Ainsi il a décidé que l'héritier légitimaire qui a reconnu le testament pour valable et qui s'est fait délivrer sa portion héréditaire, n'est plus recevable à attaquer le testament pour vice de forme. — Toulouse, 2 juill. 1807, Lamothe, [S. et P. chr.]

286. — ... Que l'héritier qui a connu le testament par lequel la testatrice a légué sous un conjoint l'usufruit de tous ses biens et qui, pendant onze ans, a laissé le légataire en paisible jouissance du legs, n'est plus recevable à revenir sur cet acquiescement et à demander la nullité du testament pour vice de forme. — Colmar, 29 mai 1823, Nuffer, [S. et P. chr.]

287. — ... Que les héritiers ou ayants-cause d'un testateur peuvent attaquer les dispositions de son testament après y avoir acquiescé et avoir promis de ne pas revenir contre ces dispositions. — Rennes, 28 févr. 1831, Duleslay, [P. chr.]

288. — ... Que, lorsqu'une fille à qui son père a légué sa légitime, à titre d'institution, se constitue en dot le montant de ce legs, en déclarant qu'il lui est dû par l'héritier institué de son père, et que celui-ci, présent à l'acte, a même fait à cette fille une donation moyennant laquelle elle a déclaré renoncer à tout supplément de légitime, il y a eu, dans ce cas, exécution du testament qui la rend non recevable à demander rien de plus dans la succession paternelle. — Toulouse, 18 mai 1824, Anglas, [S. et P. chr.]

289. — ... Que lorsque des héritiers naturels, après avoir promis au testateur d'exécuter ses dernières volontés mises par écrit, mais qu'il n'a pas eu le temps de consigner dans un acte public, ont, depuis la mort du testateur, exécuté cette promesse, ils sont non recevables à demander ultérieurement l'annulation des dispositions de leur auteur. — Bruxelles, 28 juill. 1817, Brion, [P. chr.]

290. — ... Que l'héritier qui a attaqué le testament pour cause de démence et qui, après avoir été débouté de cette demande, a exécuté le jugement, ne peut plus soulever la même difficulté à l'égard d'un autre légataire. — Cass., 5 déc. 1831, Brechard, [S. 32.1.360, P. chr.]

291. — Mais il faut, d'autre part, conformément aux principes de la matière, qu'aucun doute ne subsiste sur la volonté, de la part de l'héritier, de renoncer à invoquer le vice affectant le testament. C'est ainsi qu'il a été jugé que le partage d'une succession en exécution d'un testament n'empêche pas que l'on ne puisse demander la nullité de ce testament, lorsqu'il n'y a pas eu transaction formelle sur la nullité. — Grenoble, 7 août 1819, Richard, [S. et P. chr.]

292. — ... Qu'une quittance de la part d'un cohéritier, dans laquelle il déclare être entièrement satisfait de ses droits légitimaires pour le présent et l'avenir, ne peut être considérée comme une ratification des institutions d'héritier faites en faveur d'un autre cohéritier, contrairement aux lois existantes à l'époque de ces institutions, et ne l'empêche pas, dès lors, de demander le partage de la succession par égales portions. — Pau, 28 août 1824, Borda, [S. et P. chr.] — Cette décision peut surprendre, en présence des termes catégoriques et absolus de la quittance donnée par le réclamant. Mais il résultait des faits de la cause que cette décharge n'avait été consentie que par ignorance de la nullité existante, et par erreur.

293. — Décidé aussi qu'il n'y a pas exécution volontaire emportant ratification du testament nul d'un absent dans le fait d'un partage amiable, suivi de jouissance, entre le légataire et les héritiers encore mineurs, alors qu'au moment de ce partage les parties n'ont point fait déclarer l'absence du testateur, qu'elles ne se sont point expliquées sur le testament, qu'elles n'ont point signé l'acte de partage dressé sous seing privé, et qu'enfin la jouissance du légataire n'a pas duré trente ans. — Cass., 31 mai 1848, Gravoi, [S. 48.1.475, P. 48.2.162, D. 48.1.123]

294. — Le paiement ou la réception d'un legs entraîne-t-elle une approbation du testament, qui rende non recevable à attaquer celui qui a reçu ou payé le legs? Cette question, suivant Grenier (t. 1, n. 325), porte sur trois cas différents qu'il faut bien distinguer, parce qu'ils sont susceptibles d'une application de règles différentes. Le premier cas est celui où l'on prétendrait invoquer l'approbation du testament contre la personne qui aurait un droit supérieur au legs qu'elle aurait reçu, tel qu'un droit de réserve. Le deuxième est celui où l'on voudrait, au moyen de l'approbation, résister à une réclamation qui aurait lieu contre le paiement ou la réception du legs, à raison d'un faux qui aurait été découvert contre le testament. Le troisième a trait à une nullité qu'il s'agirait d'opposer contre le testament, après le paiement ou la réception des legs.

295. — A l'égard de la première hypothèse, il est évident que celui qui est saisi par la loi d'un droit à une hérédité ne peut en être privé que par une renonciation précise ou par une vente. Les libéralités ne se supposent pas; elles doivent être établies. Ainsi, en recevant simplement le legs, en lui donnant quittance, ce qu'on peut réclamer; mais l'action en supplément ne laisse pas que de subsister.

296. — Quant à la seconde hypothèse, tout le monde est d'accord. « Il n'y a pas de doute, dit Chabra (*Coutume d'Auvergne*), qu'en quelque temps qu'on fasse la découverte du faux, elle met en droit de revenir sur ce qui a été fait : c'est un principe que le faux ne se couvre jamais à moins qu'il n'ait été proposé, et qu'en connaissance de cause on ne s'en soit départi ». Il en serait de même du cas où, après l'approbation du testament qu'on voudrait faire résulter du paiement ou de la réception d'un legs, on découvrirait un testament qui dérogerait au premier.

297. — Enfin, relativement à la troisième hypothèse, qui concerne le cas où il s'agirait d'une réclamation postérieure au paiement ou à la réception du legs, fondée sur une nullité du testament, il y a plus de difficulté. Ricard s'est décidé pour une distinction entre les nullités apparentes et les nullités cachées : il admet la réclamation pour les dernières, et il l'exclut pour les premières. Cette distinction nous paraît devoir être maintenue, parce que l'intéressé a pu vouloir exécuter le testament malgré la nullité, soit parce que les formalités n'ont pour objet que d'assurer la vérité du testament, et que l'héritier qui a bien voulu exécuter un testament nul est censé s'être rendu certain par d'autres moyens de la volonté du testateur, soit parce que, malgré la nullité, il subsiste une sorte d'obligation naturelle qu'il doit être libre à l'héritier d'accomplir. — Grenier, t. 1, n. 325 et s.; Rolland de Villargues, n. 559, 561 et s.; Toullier, t. 11, n. 73.

298. — Il a été jugé que les héritiers qui ont transigé avec le légataire universel sur l'exécution du testament qui annonce, de la part du testateur, des dispositions secrètes dont l'exécution est abandonnée à la foi de ce légataire, ne peuvent, quand ils ont eu une pleine connaissance de ce testament, être admis à se pourvoir contre la transaction, sur le fondement qu'il n'a pas été statué spécialement sur la nullité résultant des dispositions secrètes. — Paris, 21 févr. 1814, Joly, [S. et P. chr.]

299. — Mais, en général, les deux règles d'après lesquelles la confirmation pour être valable doit avoir été faite en *connaissance du vice* qui affecte le testament et avec intention de la réparer (*suprà*, n. 119), sont applicables ici comme en toute autre occasion. — Merlin disait avec raison que l'héritier *ab intestat* encore recevable à attaquer comme nul le testament fait à son préjudice, lorsqu'après en avoir pris connaissance, il a passé un acte par lequel, en l'absence et sans la participation de celui ou de ceux au profit desquels le défunt avait disposé, il a déclaré qu'il en approuvait les dispositions, et consentait qu'elles eussent leur plein effet, sans néanmoins y exprimer le vice dont ce testament est entaché ni manifester l'intention de réparer ce vice. — Merlin, *Quest.*, v° *Testament*, § 18.

300. — Il a été jugé, en ce sens, que l'héritier qui a exécuté le testament en recevant le legs qui lui était fait, mais sans avoir vu ni discuté ce testament, est recevable à en demander plus tard la nullité. — Cass., 12 nov. 1816, Girou, [S. et P. chr.] — Montpellier, 22 avr. 1831, Pons, [S. 32.2.620, P. chr.]

301. — ... Que le fait, par un individu, d'avoir demandé la délivrance d'un legs, dans l'ignorance d'une circonstance qui le rendait héritier du testateur, n'opère pas ratification du testament, en ce sens qu'il ne puisse former plus tard une action en pétition d'hérédité, tant que la prescription n'est pas accomplie. — Cass., 12 mars 1834, Lagoutte, [S. 34.1.260, P. chr.]

302. — Et, d'une manière générale, l'exécution volontaire d'un testament entaché de nullité n'emporte confirmation de cet acte qu'autant que cette exécution a eu lieu avec connaissance des vices dont il était infecté. — Cass., 24 juill. 1839, Molinié, [S. 39.1.653, P. 39.2.289] — Caen, 15 févr. 1842, Barberel, [S. 42.2.199, P. 42.2.567] — S'il n'est pas question dans cet arrêt de l'*intention* de renoncer à l'action en nullité, c'est que le débat ne portait pas sur ce point. — V. aussi Cass., 5 févr. 1829, Faure, [S. et P. chr.]

303. — Il a donc été jugé à tort qu'à la différence de la confirmation expresse, qui ne peut être valablement faite qu'en connaissance de cause, l'exécution du testament en emporte la confirmation tacite, lors même qu'elle a eu lieu dans l'ignorance des vices dont cet acte se trouvait entaché. — Bastia, 27 juin 1865, Filippi, [S. 66.2.265, P. 66.1.018, D. 66.2.162] — Une pareille exécution n'est pas une exécution volontaire dans le sens du second alinéa de l'art. 1338. — Aubry et Rau, t. 7, § 664, p. 95, texte et note 10.

304. — Et la connaissance des vices et l'intention de les réparer ne sauraient s'induire d'actes équivoques, de probabilités plus ou moins chanceuses; elles ne peuvent résulter que de faits avérés constituant un abandon de droits positifs fait sans erreur ni surprise. — Colmar, 30 juin 1837, Touvet, [D. 58.2.42]

305. — Jugé qu'un héritier peut, après avoir exécuté un testament, l'attaquer comme extorqué par violence ou surpris par captation, si les faits de violence ou de captation n'étaient pas connus de lui lors de l'exécution. — Cass., 27 août 1818, Fauchey, [S. et P. chr.]

306. — ... Que le fait par un mari, institué légataire universel par un testament révoqué ultérieurement, d'assister sa femme, comme mari, dans la demande qu'elle fait au légataire institué par le second testament, d'une somme qui lui était due par la défunte, ne peut être considéré comme emportant de sa part exécution volontaire de ce testament, alors qu'il en ignorait le vice au moment où il a figuré à la quittance. — Cass., 24 juill. 1839, précité.

307. — ... Que l'exécution du testament par l'héritier naturel n'emporte pas une renonciation à l'attaquer en nullité, lorsque cette exécution n'a eu lieu que dans l'ignorance de la nullité, et que cette nullité n'était pas apparente, comme s'il s'agit de l'incapacité d'un témoin. — Nimes, 28 janv. 1831, Vigne, [S. 31.2.292, P. chr.] — Ou bien encore si le vice matériel de l'acte avait été déguisé dans l'expédition qui en avait été délivrée à l'héritier. — Cass., 9 nov. 1814, Seyssel, [S. et P. chr.]

308. — Toutefois, l'héritier ne peut être restitué pour erreur de fait contre l'exécution du testament, qu'autant que la nullité dont il argue le testament n'était pas apparente; et pour qu'il puisse être relevé de son adhésion pour erreur de droit, il faut qu'elle en ait été l'unique cause. Mais lorsqu'on est incertain si sa conduite a eu pour motif l'ignorance des vices du testament, ou l'intention de ne pas s'en prévaloir et de respecter la volonté du défunt, on doit suivre la maxime : *In dubio erranti nocet error*. — Grenier, *Donations*, t. 1, n. 325; Duranton, t. 9, n. 174; Delvincourt, t. 2, p. 298; Vazeille, art. 1001, n. 9.

309. — Jugé que, par cela que, sur la représentation d'une expédition régulière, des héritiers naturels ont consenti l'exécution d'un testament, ils ne sont pas non recevables à attaquer ce même testament pour des vices existants dans la minute, et qu'ils n'ont découverts qu'après. — Angers, 20 mai 1825, sous Cass., 23 mars 1829, Corvasier, [P. chr.]

310. — ... Mais qu'il en serait autrement si les héritiers naturels avaient pu ou dû connaître ces vices de la minute. — Nimes, 22 juin 1841, Charasse, [P. 41.2.158]

311. — ... Que le consentement donné par un héritier à l'exécution pure et simple du testament de son auteur, avec renonciation à l'attaquer pour quelque cause que ce soit, ne met pas obstacle à ce que cet héritier demande ultérieurement la nullité de ce testament pour fausseté de la date et apposée, alors que, ce vice n'ayant été découvert que plus tard, il n'est réellement intervenu à cet égard ni consentement ni transaction entre les parties. — Cass., 14 mai 1867, Legoubé, [S. 67.1.236, P. 67.614, D. 67.1.201]

312. — D'autre part, pour que l'approbation, soit expresse, soit tacite, produise ses effets, il faut qu'elle soit donnée par la personne même à laquelle le testament préjudicie; cette personne devant d'ailleurs avoir pleine et entière capacité. — Rolland de Villargues, n. 506.

313. — Par suite, l'exécution par le mari d'un testament que la femme peut attaquer comme héritière légitime, ne rend pas celle-ci non recevable à agir en nullité. — Colmar, 1er févr. 1812, Christ, [S. et P. chr.]

314. — L'acte confirmatif ne devient irrévocable que par l'acceptation des légataires; jusque-là l'héritier n'est pas lié. — Merlin, *Rép.*, v° *Testament*, sect. 2, § 1, art. 4; Rolland de Villargues, n. 557.

315. — Il convient de faire observer que la délivrance du legs et l'accomplissement des formalités prescrites par les art. 1007 et 1008, C. civ., peuvent être suppléés par l'exécution volontaire donnée au testament par les parties intéressées; exécution qui peut résulter, par exemple, de la transcription du testament, de la déclaration de mutation, du paiement des droits d'enregistrement, et d'actes judiciaires. — Cass., 5 févr. 1829, Faure, [S. et P. chr.]; — 16 nov. 1836, Juin, [S. 36.1.901, P. 37.1.187]

316. — Le légataire universel qui a accepté le legs et exécuté le testament olographe n'est plus recevable à méconnaître l'écriture du testateur, et il ne peut plus attaquer le testament que par la voie de l'inscription de faux. — Paris, 8 mai 1815, d'Asnières, [S. et P. chr.]

317. — Lorsqu'on oppose à l'action en nullité d'un testament une exception tirée de l'exécution donnée à cet acte, on est en général tenu de prouver que cette exécution a eu lieu en connaissance du vice dont le testament était entaché. C'est l'application de la règle : *Reus excipiendo fit actor*, que déjà nous avons faite quant à la confirmation des obligations annulables. — Aubry et Rau, t. 7, § 664, p. 96. — V. *suprà*, n. 172.

318. — Mais s'il s'agit d'un vice apparent, il suffit d'établir que le demandeur en nullité avait pris connaissance du testament avant de l'exécuter. — Duranton, t. 9, n. 174; Aubry et Rau, t. 7, § 664, p. 96.

319. — Dans les provinces régies par le droit romain, l'exécution volontaire d'un testament de la part de l'héritier *ab intestat* rendait cet héritier non recevable à l'attaquer, lorsque la nullité provenant de l'incapacité du testateur était apparente. — Cass., 13 mars 1816, Parent, [S. et P. chr.]

320. — S'il est établi que l'héritier a eu connaissance du vice sur lequel il fonde son action en nullité, et si celui-ci prétend qu'il n'a exécuté le testament que par suite d'une erreur de droit, ce serait à lui de prouver la réalité de son erreur. En effet, l'erreur de droit ne se présume pas, et comme, d'autre part, on peut supposer que l'héritier a eu l'intention d'honorer la mémoire du défunt en accomplissant ses dernières volontés, on sera plus volontiers porté à admettre que c'est là le motif qui l'a déterminé à exécuter le testament. — Merlin, *Rép.*, v° *Testament*, sect. 2, § 3, n. 3; Aubry et Rau, t. 7, § 664, p. 96 et note 13. — V. *suprà*, n. 177.

321. — Les effets de l'exécution volontaire, en ce qui concerne la confirmation, sont limités par la portée qui a été donnée à cette exécution. Ainsi, l'exécution volontaire, par le légataire universel, de quelques legs particuliers contenus dans un codicille nul comme n'ayant pas de date, ne peut profiter à d'autres légataires particuliers, auxquels le légataire universel oppose la nullité de ce codicille, qu'il n'a exécuté ni ratifié à leur égard. — Paris, 15 oct. 1829, Robert, [S. et P. chr.]

322. — D'autre part, le légataire qui, en qualité de parent et subrogé tuteur de mineurs, a concouru à une délibération du conseil de famille, autorisant un tuteur à demander en justice la délivrance d'un legs, n'est pas non recevable à contester plus tard les droits des mineurs, et on ne peut assimiler son consentement, dans cette circonstance, à une confirmation, ratification ou exécution volontaire, dans le sens de l'art. 1340, C. civ. — Rennes, 4 juin 1826, Ollivier, [P. chr.]

323. — Le silence des héritiers prolongé pendant plus de dix ans ne peut être interprété comme un acquiescement ou une confirmation tacite du testament. L'art. 1304, en effet, ne concerne que les conventions, il est étranger aux testaments. Telle est, du moins, la solution que nous avons adoptée à l'égard des héritiers du donateur (*suprà*, n. 278); et bien que les art. 1339 et 1340 ne disposent que pour les donations, ils doivent, par identité de raison, s'appliquer aussi aux testaments. — Marcadé, t. 5, art. 1339-1340, n. 4.

324. — Ajoutons que, pour que la confirmation d'un testament soit possible, il faut que le vice qu'il s'agit de réparer ne viole aucun principe d'ordre public. Par exemple, la nullité d'un legs fait à une personne inconnue étant d'ordre public, l'exécution volontaire du testament par les héritiers ne les rend pas, dans ce cas, non recevables à en critiquer plus tard les dispositions. — Lyon, 13 févr. 1836, Chausson, [S. 37.2.263, P. 37.2.325]

CHAPITRE VII.

ENREGISTREMENT ET TIMBRE.

Section I.

Enregistrement.

325. — La loi du 22 frim. an VII a tarifé expressément au droit fixe les ratifications pures et simples d'actes en forme. Ce droit fixe de 1 fr. (art. 68, § 1, n. 38) a été successivement porté à 2 fr. (L. 18 mai 1850, art. 8), et en dernier lieu à 3 fr. (L. 28 févr. 1872, art. 4).

326. — Quant aux actes de confirmation ils n'ont pas été nommément compris dans le tarif, mais on les assimile généralement aux actes de ratification en on leur applique les mêmes règles de perception. Nous n'aurons donc pas, au point de vue fiscal, à distinguer, ainsi que nous l'avons fait en droit civil (*suprà*, n. 2 et 3) entre les actes de confirmation et les actes de ratification. Nous traiterons ici des uns et des autres puisqu'ils obéissent aux mêmes principes au point de vue de l'impôt. Il est d'ailleurs à remarquer que le tarif serait le même, soit qu'on les considère comme des actes ne contenant que l'exécution, le complément et la consommation d'actes antérieurs enregistrés (art. 68, § 1, n. 6, L. 22 frim. an VII), soit qu'on les classe parmi les actes innommés (art. 68, § 1, n. 51).

327. — L'expression d'actes en forme a été interprétée dans le sens d'acte en forme authentique. — Naquet, *Traité des droits d'enregistrement*, t. 3, n. 1087; Demante, *Principes de l'enregistrement*, n. 847.

328. — Néanmoins, ajoute cet auteur, on ne pourrait percevoir un droit proportionnel sur la ratification d'un acte sous seing privé enregistré, qui rentrerait, par son objet même, dans la classe des actes de complément.

329. — Mais il semble que la disposition de l'art. 68, § 1, n. 38, L. 22 frim. an VII, suppose simplement que le droit proportionnel a été perçu sur l'acte ratifié. — Championnière et Rigaud, *Traité des droits d'enregistrement*, n. 216.

330. — Il importe, en effet, de distinguer dans quelles conditions l'acte ratifié a été soumis à la formalité de l'enregistrement. Lorsque le mandataire ou le porte-fort ont conclu la convention sans réserver d'une manière expresse la ratification des parties qu'ils représentent et sans en faire une condition de la validité de la convention, il est de jurisprudence que le droit proportionnel auquel donne lieu la convention est immédiatement exigible, et par conséquent la ratification ne peut entraîner que le droit fixe. — Cass., 4 févr. 1839, [J. enreg., n. 12244]; — 18 janv. 1881, Jouteux, [S. 81.1.184, P. 81.413, D. 81.1.361, Inst. gén., n. 2650-3°, J. enreg., n. 21560, Garnier, *Rép. pér.*, n. 5669] — Sol. 4 mars 1876, mai 1878, mars 1879, [Garnier, *Rép. gén.*, v° *Ratification*, n. 11]

331. — Il n'en serait pas de même si les parties avaient entendu subordonner la validité des conventions insérées dans l'acte ratifié à la ratification des intéressés. Le premier acte aurait été affecté d'une condition suspensive qui aurait mis obstacle à la perception du droit proportionnel, lequel deviendrait exigible lors de la présentation à la formalité de la ratification, laquelle, dans cette hypothèse, renferme le consentement définitif de l'une des parties indispensable pour la formation du contrat. — V. *suprà*, v° *Condition*, n. 843 et s.

332. — En principe, la ratification ne doit donc être assujettie au droit fixe que si elle intervient pour approuver un contrat sur lequel les droits ont été régulièrement perçus, c'est-à-dire qui a acquitté tous les droits auxquels les conventions ratifiées sont tarifées.

333. — Toutefois, si le contrat ratifié avait été enregistré moyennant un droit fixe et que la prescription biennale fût devenue opposable à la réclamation des droits exigibles, la ratification ne serait assujettie qu'au droit fixe, sans que l'on pût arguer de l'erreur commise pour exiger les droits non perçus. Puisque le premier contrat renfermait tous les éléments nécessaires pour que la convention fût formée et que le droit fût perçu, la ratification ne peut pas être considérée comme un nouveau titre passible du droit proportionnel.

334. — La perception du droit fixe soulève elle-même plusieurs difficultés. Ce droit doit-il être perçu lorsque la ratification forme une disposition d'un acte complexe? Doit-il être perçu plusieurs droits fixes si la ratification est consentie par plusieurs personnes ou si elle s'applique à plusieurs actes? — A défaut de règles spéciales insérées dans la loi fiscale, il est nécessaire de demander la solution de ces difficultés à la règle générale qui régit les dispositions indépendantes, et qui a été formulée dans l'art. 11, L. 22 frim. an VII.

335. — Si la ratification n'est pas donnée par un acte distinct, si elle est donnée à la suite du contrat ratifié, elle en constitue un élément essentiel, et elle ne peut être considérée comme une disposition indépendante passible d'un droit particulier. — Garnier, *Rép. gén.*, v° *Ratification*, n. 24 et s.

336. — La ratification peut également se rencontrer comme disposition secondaire dans un acte autre que le contrat ratifié; presque toujours elle est la conséquence des nouvelles conventions, et elle n'est assujettie, par conséquent, à aucun droit.

337. — Décidé, en ce sens, que la quittance d'un prix de vente portant en même temps ratification de la vente, soit par le mineur devenu majeur, soit par le mandant, ne donne ouverture qu'au droit proportionnel de 50 cent. p. 0/0. — Sol. 2 sept. 1813, [Dict. notar., t. 10, p. 490, n. 93]

338. — Par application des règles développées *suprà*, n. 330 et s., il a été encore décidé que, si, dans un acte de vente, il a été stipulé que la transmission ne serait consommée que par la ratification du vendeur, la quittance du prix portant en même temps ratification ne donne ouverture ni au droit de quittance, ni au droit fixe de ratification, et que le droit de vente est seul exigible. — Sol. 29 avr. 1842, [J. notar., n. 11332]

339. — La jurisprudence s'était d'abord prononcée contre la pluralité du droit fixe en matière de ratification, laquelle n'était édictée par aucune disposition formelle de la loi de frimaire. — Trib. Vervins, 8 janv. 1836, [J. enreg., n. 11638-4] — Trib. Epernay, 7 avr. 1837. — Trib. Tonnerre, 16 août 1837, [J. notar., n. 9830] — Trib. Vitry-le-François, 12 juin 1838, [J. notar., n. 10132] — Trib. Dreux, 21 juill. 1841. — Trib. Tournon, 16 août 1850, [Garnier, *Rép. gén.*, v° *Ratification*, n. 33]

340. — Mais il a été reconnu, depuis, que les dispositions de l'art. 11, L. 22 frim. an VII, devaient régir la perception de ce droit fixe, et qu'il y avait lieu de percevoir autant de droits fixes qu'il y avait de ratifiants ayant un intérêt distinct.

341. — Décidé, en ce sens, qu'il est dû un droit par chaque propriétaire ratifiant un bail de chasse consenti par un mandataire. — Sol. 16 août 1866, [Garnier, *Rép. gén., loc. cit.*, n. 34]

342. — Il est dû également un droit particulier par chaque créancier ratifiant une obligation consentie en son nom. — Trib. Lille, 5 nov. 1886, [Garnier, *Rép. pér.*, n. 6761]

343. — Mais si les ratifiants avaient un intérêt commun, qu'ils fussent cointéressés ou cohéritiers, il est évident qu'il ne pourrait être perçu qu'un seul droit fixe. — Sol. 8 oct. 1841, [J. enreg., n. 12842-3]

344. — La pluralité des droits fixes est non seulement subordonnée au nombre des ratifiants, mais encore elle peut l'être à la pluralité des actes ou plutôt à celle des conventions. Il a été jugé, en conséquence, que la ratification d'une adjudication donne ouverture à autant de droits fixes qu'il y a, non pas de lots adjugés, mais d'adjudicataires distincts et non solidaires. — Trib. Dijon, 2 déc. 1839, [J. enreg., n. 12795-4] — Trib. Fontainebleau, 23 déc. 1841, [J. notar., n. 11224] — Trib. Clermont, 10 févr. 1842, [J. enreg., n. 13176] — Trib. Arcis-sur-Aube, 15 juill. 1842 [Garnier, *Rép. gén., loc. cit.*, n. 37]; — Metz, 17 mars 1842 [*Ibid.*]

345. — Jugé, dans le même sens, que la ratification de cinq ventes distinctes consenties par un porte-fort donne lieu à la perception de cinq droits fixes. — Cass., 20 févr. 1839, [S. chr., Inst. gén., n. 1590-12, J. enreg. n. 12243] — Trib. Marseille, 12 mai 1859, [J. enreg., n. 16953, Garnier, *Rép. pér.*, n. 1191]

346. — Il en serait de même de la ratification de plusieurs délivrances de legs, chaque légataire ayant un intérêt distinct.

347. — ... Et de la ratification de mainlevées consenties au profit de divers acquéreurs. — Sol. 16 nov. 1869, Garnier, *Rép. pér.*, n. 3172] — *Contrà*, Trib. Doullens, 21 oct. 1872, [Garnier, *Rép. pér.*, n. 3317]

348. — Mais la ratification d'actes qui se réfèrent à un même intérêt, qui concernent, par exemple, une même succession, n'est possible que d'un seul droit fixe.

349. — Il n'est dû que 1 fr. (actuellement 3 fr.), comme acte de complément, sur la prestation de serment d'un huissier désigné pour faire le service des audiences d'une cour, quand il a déjà acquitté le droit de 15 fr. sur l'acte de sa prestation de serment comme huissier près d'un tribunal de première instance (Délib. 3 janv. 1822.]

350. — Enfin, la ratification peut avoir pour objet un acte ou une convention non enregistré. Si la ratification est donnée par acte notarié, et si elle a pour objet un acte sous seing privé, elle entraîne nécessairement l'enregistrement de l'acte ratifié.

351. — Un notaire ne peut, en effet, avant d'avoir fait enregistrer un acte de vente, recevoir la ratification de cette même vente. — En conséquence, il est passible de l'amende prononcée par l'art. 41, L. 22 frim. an VII, encore bien qu'il prétende que cette ratification était, non la conséquence, mais la suite et le complément de la vente. — Cass., 12 déc. 1808, Halot, [S. et P. chr.]

352. — Si la ratification d'un acte non enregistré est donnée dans un acte sous seing privé présenté à la formalité, il y a lieu d'examiner si ce second acte peut constituer le titre de la convention, par exemple, en matière de vente, s'il constate le consentement des parties, la nature de l'objet vendu et le prix, auquel cas le droit de mutation est exigible sur l'acte de ratification.

353. — Si au contraire la ratification est pure et simple le droit fixe est seul exigible.

354. — La ratification de conventions verbales est assujettie aux mêmes règles.

355. — Nous avons dit (*suprà*, n. 326), que l'acte portant confirmation d'un acte antérieur était assujetti au même tarif que la ratification. La perception du droit est soumise à des règles identiques; c'est-à-dire que si l'acte nul a supporté le droit proportionnel, il ne peut être perçu qu'un droit fixe sur l'acte qui le confirme. Mais, si le droit afférent à la convention n'a pas été perçu lors de l'enregistrement du premier acte, la confirmation qui fait disparaître la nullité et qui rend le contrat parfait en traine, comme dans l'hypothèse de la ratification d'un acte affecté de condition suspensive, l'exigibilité du droit proportionnel.

356. — Le droit fixe ne s'applique évidemment qu'à la confirmation pure et simple; si elle est la conséquence d'autres dispositions, il faut appliquer le tarif propre à chacune de ces dispositions. Ainsi l'acte par lequel le véritable propriétaire d'un immeuble confirme une vente entachée de nullité et donne quittance du prix, donne ouverture au droit de quittance à l'exclusion du droit fixe. — Sol. 1er févr. 1828, [J. enreg., n. 8941]; — 8 févr. 1828, [J. enreg., n. 9102]

357. — Enfin, il arrive fréquemment que la confirmation a lieu moyennant un prix; dans ce cas, le droit fixe doit être écarté en principe et il conviendra d'examiner suivant chaque espèce s'il y a lieu d'exiger un droit de mutation sur la somme stipulée qui peut être considérée comme un supplément de prix, ou bien s'il n'est dû que le droit de 50 cent. p. 0/0 ou de 1 fr. p. 0/0 suivant que l'indemnité convenue est payée comptant ou non.

Section II.

Timbre.

358. — Les actes de ratification ou de confirmation sont assujettis au timbre en exécution de l'art. 12, L. 13 brum. an VII.

359. — L'art. 23 de la même loi permet d'écrire à la suite des actes passés en l'absence des parties et sur la même feuille de timbre les ratifications; nous avons indiqué (*suprà*, v° *Acte écrit à la suite d'un autre acte*, n. 105 à 123), quelles étaient les règles applicables à cette disposition législative.

CONFISCATION.

Législation.

C. comm., art. 240; — C. instr. crim., art. 33; — C. pén., art. 11, 176, 180, 286, 287, 314, 318, 364, 410, 413, 423 et s.; 427, 428, 464, 470, 472, 477, 481; — C. for., art. 81, 112, 146, 154, 190, 204; — C. just. milit., art. 139.

L. 21 janv. 1790 (*portant abolition de la confiscation générale*); — L. 19 juill. 1793 (*sur la propriété littéraire*), art. 3; — LL. 1er brum. an II et 14 flor. an III (*sur la confiscation générale*); — Décr. 19 brum. an VI (*sur les matières d'or et d'argent*); — Décr. 1er germ. an XIII (*sur les contributions indirectes*); — Décr. 7 germ. an XIII (*concernant l'impression des livres d'église*); — Charte de 1814 (*abolissant la confiscation générale*), art. 66; — L. 21 oct. 1814 (*sur la liberté de la presse*), art. 15; — L. 28 avr. 1816 (*sur les contributions indirectes*), art. 19, 46, 93, 96, 106, 216; — L. 15 avr. 1829 (*sur la pêche fluviale*); — Charte de 1830 (*confirmant la suppression de la confiscation générale*), art. 57; — L. 10 avr. 1831 (*sur les attroupements*), art. 7; — L. 29 mars 1832 (*relative à l'octroi de Paris*), art. 8; — L. 24 mai 1834 (*sur les armes prohibées*), art. 3; — L. 21 mai 1836 (*sur les loteries*), art. 3 et 4; — L. 25 juin 1841 (*sur les ventes aux enchères publiques*); — L. 3 mai 1844 (*sur la chasse*), art. 16; — L. 5 juill. 1844 (*sur les brevets d'invention*); — Const. 4 nov. 1848 (*confirmant l'abolition de la confiscation générale*); — L. 27 mars 1851 (*sur les fraudes dans la vente de marchandises*), art. 5; — L. 9 janv. 1852 (*sur la pêche côtière*), art. 14; — L. 5 mai 1855 (*sur les boissons falsifiées*); — L. 23 juin 1857 (*sur les marques de fabrique*); — L. 14 juill. 1860 (*relative aux fraudes sur les vins*), art. 12 et 14; — Décr. 12 févr. 1870 (*sur les octrois*); — L. 4 sept. 1871 (*sur les droits de fabrication du papier*), art. 7; — L. 28 févr. 1872 (*réprimant les fraudes sur les spiritueux*), art. 3 et 4; — L. 26 mars 1872 (*sur les spiritueux*), art. 10; — L. 2 août 1872 (*sur les distillateurs et bouilleurs de cru*); — L. 21 juin 1873 (*sur les contributions indirectes*); — L. 30 déc. 1873 (*sur les impôts indirects*); — L. 8 mars 1875 (*sur la fabrication de la dynamite*); — L. 28 janv. 1875 (*sur les allumettes chimiques*); — L. 17 juill. 1875 (*sur les vinaigres et acides acétiques*); — L. 14 déc. 1875 (*sur les bouilleurs de cru*); — L. 29 juill. 1881 (*sur la presse*), art. 49 et 60); — L. 14 août 1885 (*sur la liberté de la fabrication et du commerce des armes*); — L. 11 juill. 1891 (*sur les vins et spiritueux*); — L. 16 mars 1893 (*sur la liberté de la presse*).

CONFISCATION.

BIBLIOGRAPHIE.

Berriat Saint-Prix, *Cours de droit criminel*, 1853, 1 vol. in-8°, p. 82, 85, note 10. — Bertauld, *Cours de Code pénal et leçons de législation criminelle*, 1873, 4e édit., 1 vol. gr. in-8°, p. 306. — Blanche et Dutruc, *Etudes pratiques sur le Code pénal*, 1888-1891, 2e édit., 7 vol. in-8°, t. 1, sur l'art. 11 ; t. 7, sur les art. 464 et 470. — Boitard, de Linage et Villey, *Leçons de droit criminel*, 1890, 13e édit., 1 vol. in-8°, n. 39, 40, 504. — Bourguignon, *Jurisprudence des Codes criminels*, 1825, 3 vol. in-8°, t. 3, p. 18 et 308 ; — *Dictionnaire raisonné des lois pénales de France*, 1811, 3 vol. in-8°, v° *Confiscation spéciale*. — Carnot, *Commentaire sur le Code pénal*, 1836, 2 vol. gr. in-8°, t. 1. sur l'art. 11 ; t. 2, sur les art. 464 et 470. — Casati, *Code pénal commenté par la jurisprudence la plus récente*, 1890-1891, 1 vol. in-8°, sur les art. 11, 464 et 470. — Chauveau, F. Hélie et Villey, *Théorie du Code pénal*, 1887-1888. 6 vol. in-8°, t. 1, n. 136 et 137; t. 6, n. 2729. — Duvergier, *Code pénal annoté*, 1833, 1 vol. in-8°, sur les art. 11, 464 et 470. — Garraud, *Précis de droit criminel*, 1892, 4e édit., 1 vol. in-8°, n. 466 et s.; — *Traité théorique et pratique de droit pénal français*, 1888-1890, 5 vol. in-8°, t. 1, n. 254, 358 et s.; t. 2, n. 159, 172, 411; t. 5, n. 382, 490, 533, 541. — Haus, *Principes généraux de droit pénal belge*, 1885, 2 vol. in-8°, t. 2, n. 780 et s. — Laborde, *Cours élémentaire de droit criminel*, 1890, 1 vol. in-8°, p. 227 et s. — Lautour, *Code usuel d'audience ; Code pénal*, 1887-1890, 2e édit., 2 vol. in-8°, t. 1, sur les art. 11, 464, 470. — Lefort, *Cours élémentaire de droit criminel*, 1879, 2e édit., 1 vol. in-8°, p. 137, 139. — Legraverend et Duvergier, *Traité de la législation criminelle en France*, 1830, 3e édit., 2 vol. in-4°. t. 2, p. 128, 365. — Merlin, *Répertoire universel et raisonné de jurisprudence*, 1827-1828, 5e édit., 18 vol. in-4°, v° *Confiscation* ; — *Recueil alphabétique des questions de droit*, 4e édit., 8 vol. in-4°, v° *Confiscation*. — Molinier et Vidal, *Traité théorique et pratique de droit pénal*, 1893-1894 (en cours de publication), t. 1, p. 471 et s. — Morin, *Répertoire général et raisonné du droit criminel*, 1851, 2 vol. in-8°, v° *Confiscation*. — Mouton, *Les lois pénales de la France*, 1868, 2 vol. in-8°, t. 1, p. 19. — Ortolan et Desjardins, *Eléments de droit pénal*, 1886, 3e édit., 2 vol. in-8°, t. 2, n. 1394 et s., 1573 et s. — Rauter, *Traité théorique et pratique de droit criminel français*, 1836, 2 vol. in-8°, t. 1, n. 168, 175. — Rolland de Villargues, *Les Codes criminels*, 1877, 5e édit., 2 vol. in-8°, C. pén., art. 11, 464 et 470. — Rossi, *Traité de droit pénal*, 1872, 4e édit., 2 vol. in-8°, t. 2, p. 339. — Sébire et Carteret, *Encyclopédie du droit* (20 livraisons), v° *Confiscation*. — Thiry, *Cours de droit criminel*, 1891, 1 vol. gr. in-8°, p. 223 et s. — Tissot, *Le droit pénal étudié dans ses principes, dans ses usages*, 1880, 2e édit., 3 vol. in-8°, p. 487 et s. — Trébutien, Laisney-Deshayes et Guillouard, *Cours élémentaire de droit criminel*, 1878, 2 vol. in-8°, t. 1, n. 376 et s. — Vidal, *Cours résumé de droit pénal*, 1894, 1 vol. in-8°, n. 164 et s.

Questions relatives à la confiscation d'objets saisis, dans le cas de délit comportant une réparation civile : J. de dr. crim., année 1870, p. 33.

INDEX ALPHABÉTIQUE.

Acquittement, 67 et s., 76 et s.
Administration des domaines, 9, 97.
Amnistie, 94 et s.
Angleterre, 112 et s.
Aliments, 15.
Allemagne, 100 et s.
Appel, 28.
Armes de guerre, 80.
Armes prohibées, 55.
Attentat contre la sûreté de l'Etat, 11.
Auteur inconnu, 85.
Autriche-Hongrie, 115 et s.
Bâle, 140 et 141.
Belgique, 123 et s.
Berne, 142.
Boulanger, 37 et 38.
Chasse, 36, 58.
Circonstances atténuantes, 91 et s.
Colportage, 48.
Compétence, 9, 28.
Conclusions du ministère public, 65.
Condamnation, 31.
Confiscation d'office, 64.
Confiscation générale, 17, 19 et 20.
Connaissement, 40.
Conseil de guerre, 28.
Contrainte par corps, 99.
Contravention, 25, 26, 35 et s., 59 et s., 88.
Contrebande, 28.
Contrefaçon, 76 et s., 88.
Contributions indirectes, 56, 71 et s., 95.
Corruption de fonctionnaires, 89.
Cumul des peines, 57, 90.
Décès du prévenu, 86 et s., 96.
Délit forestier, 49, 50, 54.
Denrées, 26, 81 et s., 88.
Dépens, 82.
Dettes, 15.
Domaine de l'Etat, 14, 22.
Dommages-intérêts, 14, 22, 48, 55, 56, 69 et s., 98.
Douanes, 28, 45, 55.
Emigré, 19.
Espagne, 128 et s.
Falsification de denrées, 81 et s., 88.
Fausse monnaie, 10, 19.
Faux témoignage, 89.
Fraude commerciale, 84.
Fribourg, 143 et 144.
Genève, 145 et s.
Immeubles, 6.
Impôts, 69 et s.
Indemnité, 48, 55, 56, 69 et s.
Interprétation restrictive, 32 et s.
Italie, 131 et s.
Jeu, 60, 89.
Loterie, 60, 89.
Maraudage, 32.
Marchandises, 26.
Matières d'or et d'argent, 88.
Meubles, 6, 9.
Mort civile, 6.
Navire, 40, 53.
Neuchâtel, 148 et s.
Objets confisqués (attribution des), 22.
Objets confisqués (propriété des), 29.
Octroi, 55, 75.
Ordonnance de non-lieu, 83.
Pays-Bas, 134 et s.
Pêche, 44.
Peine, 22, 31 et s.
Peine de mort, 19.
Peine substituée, 42 et s.
Pharmacie, 33.
Pièces à conviction, 41.
Plaignant, 22.
Poids et mesures, 62, 63, 68, 92.
Portugal, 137 et 138.
Procès-verbal (nullité du), 70, 72 et s.
Propriété (droit de). 29.
Propriété de l'Etat, 77.
Propriété industrielle. 76 et s.
Propriété littéraire, 89.
Rébellion, 58.
Recouvrement, 9, 97.
Règlement municipal, 36 et s., 75.
Remèdes secrets, 33.
Restitution, 95.
Saint-Gall, 151.
Saisie (défaut de), 42 et s.
Saisie de navire, 40, 53.
Suisse, 139 et s.
Tabac, 48.
Transaction, 95.
Travaux forcés à perpétuité, 6.
Tromperie sur la marchandise, 84.
Usufruit, 30.
Vaud, 152 et 153.
Viol, 41.
Vol, 10, 39.
Zurich, 151 et 155.

DIVISION.

Sect. I. — Notions préliminaires et historiques (n. 1 à 23).

Sect. II. — Nature et caractères de la confiscation (n. 24 à 99).

Sect. III. — Droit comparé (n. 100 à 155).

SECTION I.

Notions préliminaires et historiques.

1. — La confiscation est l'attribution au fisc de tout ou partie des biens appartenant aux personnes condamnées pour certains crimes, délits ou contraventions.

2. — La confiscation a été introduite dans la législation romaine par la loi Cornelia *De proscriptis*, et fut successivement étendue à un assez grand nombre de cas, dont plusieurs ne pourraient aujourd'hui, eu égard à la différence des mœurs, se représenter.

3. — Quelques empereurs, néanmoins, tels que Trajan, Antonin le Pieux, Marc-Antonin, Adrien, Valentinien, Théodose le Grand, ne profitèrent point de ces dispositions rigoureuses et remettaient toujours, au moins en partie, la peine de la confiscation, soit en faveur des condamnés eux-mêmes, soit au profit de leurs descendants, ou, à leur défaut, de leurs ascendants. Justinien enfin abolit, par sa Novelle 17, la confiscation, excepté (Nov. 34) pour le crime de lèse-majesté (L. 7, § 3, ff. *De bonis damnatorum*).

4. — En France, la confiscation paraît remonter aux premiers temps de la monarchie ; un édit de Dagobert Ier, de l'an 630, un autre de Pépin, rendu vers l'an 744, la prononcent déjà dans les cas qu'ils prévoient. Depuis, un grand nombre d'ordonnances de nos rois, d'arrêts de parlements, de chartes ou de coutumes locales en ont fait de fréquentes applications. Il y avait sur ce point beaucoup de diversité dans le royaume. — Merlin, *Rép.*, v° *Confiscation*, § 1, n. 1.

5. — Dans les pays de droit écrit, sauf le parlement de Toulouse, qui suivait le droit commun, on n'admettait la confiscation que pour le crime de lèse-majesté divine et humaine. — Merlin, *Rép.*, v° *Confiscation*, § 1, n. 2.

6. — Dans les pays coutumiers, quelques coutumes, notamment celles du Berry, Touraine, Lodunois, La Rochelle, Angoumois, ne prononçaient également la confiscation que dans le cas de lèse-majesté divine et humaine. Les coutumes de Normandie, Bretagne, Anjou, Maine, Poitou, Ponthieu, le Perche, n'en permettaient l'application qu'aux meubles, et non aux immeubles. Celle de Paris et un grand nombre d'autres admettaient en principe que, qui confisque le corps confisque les biens : on y confisquait donc les immeubles aussi bien que les meubles des condamnés à la mort naturelle ou à une peine emportant la mort civile, par exemple les galères perpétuelles. Enfin, il y avait des coutumes qui, étant muettes sur la confiscation, la repoussaient par cela même pour toute espèce de crime. — Merlin, *Rép.*, v° *Confiscation*, § 1, n. 3.

7. — On tenait pour principe que la confiscation était un fruit de la haute justice. Par suite, les biens confisqués appartenaient généralement, non au roi, mais aux seigneurs hauts-justiciers dans l'étendue de leur haute justice, même en matière de crimes désignés par l'art. 11, tit. 1, Ord. 1670, sous le nom de cas royaux, et dont la connaissance était attribuée aux baillis et sénéchaux, à l'exclusion des autres juges royaux et seigneuriaux.

8. — Le roi n'avait donc de confiscation dans les terres des hauts-justiciers que pour le crime de lèse-majesté. Ainsi, les biens d'un condamné pouvaient appartenir en partie au roi et en partie à différents seigneurs. Seulement, sur les confiscations appartenant aux seigneurs, on levait une amende au profit du roi pour réparation du crime envers le public. Ce ne fut qu'après l'abolition des justices seigneuriales que les confiscations furent toutes attribuées au roi. — Merlin, *Rép.*, v° *Confiscation*, § 1, n. 4.

9. — Le recouvrement des confiscations adjugées au roi était fait par l'administration des domaines; s'il s'élevait, à cet égard, des discussions, les trésoriers de France, des bureaux de finances, et, dans les provinces où il n'y en avait point, les autres juges qui connaissaient des domaines, étaient seuls compétents pour y statuer. — Quant aux meubles, ils appartenaient au fermier du lieu où ils étaient trouvés. — Merlin, *Rép.*, v° *Confiscation*, § 1, n. 11 et 12.

10. — Les effets saisis sur les voleurs étaient rendus aux personnes qui en étaient propriétaires; si elles n'étaient pas connues, ces effets étaient confisqués. — Merlin, *Rép.*, v° *Confiscation*, § 1, n. 12 bis.

11. — La confiscation avait été abolie dans toute la France par la loi du 21 janvier 1790; mais bientôt rétablie pour les crimes attentatoires à la sûreté générale de l'Etat, par les lois des 30 août 1792 et 19 mars 1793, et pour le crime de fausse monnaie par la loi du 1er brum. an II, elle fut confirmée d'une manière toute spéciale par celle du 14 flor. an III, à l'égard des conspirateurs, émigrés et leurs complices, fabricateurs et distributeurs de faux assignats, fausse monnaie, dilapidateurs de la fortune publique et à l'égard de la famille des Bourbons.

12. — Le Code pénal de 1810 mit la confiscation générale au nombre de ses peines. — Après en avoir posé le principe dans les art. 7 et 37, et avoir dans les art. 38, 39 et 54 réglé quelques-unes de ses conséquences, il précisa, dans les art. 75, 76, 77, 79, 80, 81, 82, 86, 87, 91, 92, 93, 94, 95, 96, 97, 123, 132 et 139, les cas dans lesquels cette peine serait encourue.

13. — D'après la législation établie par le Code de 1810, la confiscation ne pouvait être prononcée que concurremment avec une autre peine afflictive, et seulement dans les cas expressément déterminés par la loi (art. 7); de plus, à la différence de ce qui avait lieu dans l'ancien droit coutumier, où elle était la conséquence ordinaire de toute condamnation à la mort naturelle ou civile, elle n'était, sous le même Code, la suite nécessaire d'aucune condamnation (art. 37). Enfin, elle n'avait lieu que lorsque la condamnation qui l'avait prononcée était devenue irrévocable et avait été exécutée soit réellement, soit par effigie, au cas de contumace.

14. — Le Code pénal de 1810 attribuait les produits de toutes les confiscations au domaine de l'Etat (art. 37).

15. — Suivant l'ordonnance de François Ier, du mois d'août 1530, la confiscation n'avait lieu qu'à la charge par l'administration de payer les dettes du condamné, excepté dans le cas de crime de lèse-majesté, où elle était déchargée des douaires, substitutions, dettes, hypothèques et autres charges quelconques. Au contraire, le Code de 1810 n'avait pas maintenu cette exception et la confiscation générale demeurait, sans distinction des crimes pour lesquels elle était prononcée, grevée de toutes les dettes légitimes jusqu'à concurrence des biens confisqués; et, en outre, de l'obligation de fournir aux enfants ou autres descendants du condamné une moitié de la portion dont le père n'aurait pu les priver, ainsi que les aliments à qui il en était dû de droit (art. 38). En outre, suivant l'art. 39, le souverain pouvait disposer des biens confisqués en faveur soit des père et mère et autres ascendants, soit de la veuve, soit des enfants ou autres descendants légitimes, naturels ou adoptifs, soit des autres parents du condamné.

16. — La charte constitutionnelle du 4 juin 1814 fit disparaître la confiscation par son art. 66, ainsi conçu : « La peine de la confiscation des biens est abolie et ne pourra pas être rétablie ». La charte de 1830 a pleinement confirmé cette disposition en en transportant le texte dans son art. 57. Aussi, dans l'édition officielle qui en a été publiée en 1832, a-t-on retranché tout ce qui, dans le Code pénal, avait trait à la confiscation.

17. — La constitution de 1848 déclara de nouveau, par son art. 12, que la confiscation des biens ne pourrait jamais être rétablie. La constitution du 14 janv. 1852 ne contient aucune disposition expresse sur ce point, mais la confirmation générale faite par son art. 1, des grands principes proclamés en 1789, comprenait évidemment l'abolition de la confiscation générale.

18. — Néanmoins, à peine la nouvelle constitution était-elle promulguée que, par un décret du 22 janv. 1852, les biens ayant appartenu au roi Louis-Philippe personnellement, avant son avènement au trône, et transmis par lui à ses enfants au moment de cet avènement, étaient déclarés réunis au domaine de l'Etat. Par la loi du 24 déc. 1872, les effets de cette confiscation ont disparu, et les biens non aliénés ont été restitués aux princes de la famille d'Orléans, qui, de leur côté, ont renoncé à exercer contre l'Etat aucune répétition en ce qui concerne les biens précédemment vendus au profit du domaine. Le décret de 1852 a été le dernier exemple de confiscation générale. Lors de la discussion de la loi du 22 juin 1886, qui a interdit le séjour du territoire de la République aux chefs des familles ayant régné en France, et à leurs héritiers directs, la question de la confiscation de leurs biens n'a même pas été officiellement posée devant le Parlement.
— En ce qui concerne la confiscation dont avaient été frappés les biens des émigrés pendant la période révolutionnaire, V. *infra*, v° *Emigré*.

19. — Par suite de l'abolition de la confiscation générale, il a été jugé spécialement, qu'aujourd'hui, la peine de la confiscation des biens ne peut plus être prononcée cumulativement avec la peine de mort, pour crime de fausse monnaie (C. pén., art. 132). — Cass., 15 avr. 1819, Giboulot, [S. et P. chr.]; — 3 mars 1826, Lafiteau, [S. chr.]

20. — Mais l'abolition de la confiscation des biens ne s'étend pas aux confiscations particulières qui, pour la répression des délits, et en vertu de lois spéciales, frappent sur les objets qui ont été la matière ou l'instrument de ces délits. — Cass., 22 févr. 1822, Guillaume Marie, [S. et P. chr.] — *Sic*, Chauveau et Hélie, t. 1, n. 139; Rauter, n. 273 et 283.

21. — En résumé, notre droit moderne n'a laissé subsister que la confiscation particulière qui ne frappe que certains objets bien déterminés ayant servi à commettre certains crimes, délits ou contraventions, ou qui en ont été le produit.

22. — Les divers cas dans lesquels il y a lieu à confiscation ont été déterminés soit par le Code pénal, soit par les lois spéciales. Nous avons donné, en donnant la législation en vigueur, les textes de lois qui prévoient des cas de confiscation particulière; nous ne reviendrons pas sur cette énumération; nous rappellerons seulement que la confiscation, suivant les hypothèses, est une peine criminelle, correctionnelle ou de simple police.

23. — Nous nous bornerons, d'ailleurs, ici, à l'exposé des principes généraux applicables à la confiscation, les règles spéciales à chacune des matières où elle trouve son application étant étudiées à ces mots mêmes. — V. *suprà*, v^{is} *Abandon d'armes ou instruments*, *Acquit-à-caution*, *Admission temporaire*, *Armes*, *Armes de guerre*, *Bière*, *Boissons*, *Boucherie*, *Bougies*, *Boulangerie*, *Cartes à jouer*, *Chasse*, *Colportage*, *Comestibles gâtés*, et *infrà*, v^{is} *Contrefaçon*, *Contributions indirectes*, *Débit de boissons*, *Dessins et modèles*, *Douanes*, *Fraude commerciale*, *Jeu et pari*, *Marques de fabriques*, *Matières d'or et d'argent*, *Pêche*, *Poids et mesures*, *Propriété littéraire*, *Substances nuisibles*, *Sucres*, *Tabac*, etc.

SECTION II.

Nature et caractères de la confiscation.

24. — La confiscation spéciale trouve sa base dans l'art. 11, C. pén., ainsi conçu : « ... La confiscation spéciale, soit du corps du délit, quand la propriété en appartient au condamné, soit des choses produites par le délit, soit de celles qui ont servi ou qui ont été destinées à le commettre, est une peine commune aux matières criminelles et correctionnelles. »

25. — En matière de contravention, l'art. 464, C. pén., met également la confiscation au rang des peines de simple police, et l'art. 470 permet aux tribunaux de police « de prononcer dans les cas déterminés par la loi la confiscation soit des choses saisies en contravention, soit des choses produites par la contravention, soit des matières ou des instruments qui ont servi ou étaient destinés à la commettre. »

26. — Enfin, dans les contraventions spéciales, la confiscation s'applique toujours aux objets qui forment le corps même du délit, par exemple aux choses assujetties à certains droits, aux marchandises prohibées, etc.

27. — La confiscation n'a pas lieu de plein droit; elle doit être prononcée par le jugement. — Carnot, sur l'art. 137, C. inst. crim., t. 1, p. 534, n. 18.

28. — Mais elle peut être ordonnée par toutes les juridictions répressives. Ainsi, dans le cas où les conseils de guerre ont à connaître de délits de douane (en Algérie, par exemple), l'administration des douanes ou des contributions indirectes est autorisée à intervenir et à demander la confiscation des objets transportés en contrebande. — Cass., 9 juin 1866, Mohamed Merabat, [S. 67.1.444, P. 67.320, D. 67.1.189]

29. — L'art. 11, C. pén., prévoit expressément que la confiscation pourra porter soit sur le corps du délit quand la propriété en appartient au condamné, soit sur les choses produites par le délit, soit sur celles qui ont servi ou qui ont été destinées à le commettre. Ces mots limitatifs « quand la propriété en appartient au condamné » ne se réfèrent qu'au corps du délit; il suit de là que les tribunaux peuvent confisquer les produits ou les instruments d'un délit, soit qu'ils appartiennent, soit qu'ils n'appartiennent pas à l'auteur de ce délit. — Chauveau et Hélie, *Théor. du C. pén.*, t. 1, n. 137. — V. sur ce point, en matière de chasse, *supra*, v° *Chasse*, n. 1663 et s.

30. — Toutefois, quelques difficultés peuvent se présenter pour le cas où la confiscation porte sur des choses dont le délinquant n'avait que l'usufruit et non la propriété entière. Proudhon (*Usufruit*, n. 2011) pense que, dans ce cas, le fisc, comme subrogé aux droits de l'usufruitier, a le droit de toucher le prix de la vente qui a lieu des objets confisqués, à la charge de le restituer aux propriétaires, à l'extinction de l'usufruit; mais aussi, que si l'époque de cette extinction était prochaine, le propriétaire devrait obtenir la faculté de conserver sa chose en en payant le loyer au fisc jusqu'à cette époque. Enfin, suivant le même auteur, si les objets saisis avaient été, lors de l'entrée en jouissance de l'usufruitier, estimées en vue de lui conférer la propriété de ces objets, en le rendant seulement débiteur de leur valeur, la confiscation devrait avoir, dans ce cas, son plein et entier effet, sauf l'action du propriétaire contre l'usufruitier.

31. — La confiscation est une véritable condamnation pécuniaire, car, ainsi que le font justement remarquer les auteurs de la *Théor. du C. pén.* (t. 1, n. 136), « elle se résout en une perte, une privation plus ou moins grave d'une valeur quelconque ». C'est aussi une peine; les termes des art. 11 et 464 du Code pénal ne laissent à cet égard aucune incertitude. Cependant, il convient d'établir, à cet égard, une distinction entre les cas où le produit de la confiscation est attribué à l'Etat, au fisc, qui est la généralité, et ceux plus rares où les objets confisqués sont remis et deviennent la propriété d'un plaignant. Dans le premier cas, la confiscation a le caractère d'une véritable peine, tandis que, dans le second, tout en conservant son caractère pénal, elle devient plutôt un supplément de dommages-intérêts, une réparation civile au bénéfice de celui qui a souffert du délit commis. — Sur les applications de cette distinction, V. *infra*, n. 55 et s., 69 et s.

32. — Le caractère pénal de la confiscation entraîne un certain nombre de conséquences importantes. Il en résulte tout d'abord qu'aucune confiscation ne peut être prononcée si elle n'est formellement autorisée par un texte de loi. Il n'appartient pas, en effet, aux tribunaux de suppléer aux pénalités prononcées par le législateur. C'est ce qu'a virtuellement reconnu la Cour de cassation, en décidant qu'un tribunal de simple police ne pouvait prononcer la confiscation des instruments d'un délit de maraudage sans citer un texte de loi autorisant cette confiscation. — Cass., 21 avr. 1826, Beaufils, [S. et P. chr.] — *Sic*, Chauveau et F. Hélie, *loc. cit.*

33. — Ainsi encore, M. Laferrade (*Code des pharm.*, p. 189 et 190) dit que, en condamnant un individu pour annonce d'un remède secret, les tribunaux ne peuvent ordonner la confiscation de ceux de ces remèdes qui auraient été saisis, aucun texte de loi n'autorisant cette confiscation...; mais qu'il en serait autrement des drogues vendues au poids médicinal, ou sur les théâtres ou étalages, et des médicaments saisis comme mal préparés ou détériorés. — V., au surplus, *infra*, v° *Médecine et pharmacie*, *Remèdes secrets*, etc.

34. — La confiscation ne peut être prononcée par les tribunaux hors des cas prévus par la loi, alors même qu'il existerait à cet égard un décret impérial qui l'autoriserait dans un cas particulier. — Cass., 22 nov. 1838, Desnolly, [S. 40.1.446, P. 39. 2.635]

35. — Il a été jugé, par application du même principe, que la confiscation, en matière de contravention, de certains objets saisis comme une peine, ne peut être ordonnée par les tribunaux de police que dans les cas où la loi les y autorise spécialement, en termes formels. — Cass., 10 févr. 1854, Boyer et Pascal, [S. 54.1.400, P. 54.2.394, D. 53.1.336] — V. encore Morin, *Rép. du dr. crim.*, v° *Confiscation*, n. 2

36. — ... Qu'ainsi, le tribunal de police qui condamne un individu à l'amende pour avoir contrevenu à des règlements municipaux en vendant et en achetant du gibier ailleurs que sur le marché, ne peut ordonner la confiscation de ce gibier, bien qu'il ait été saisi, puisque la loi ne le prescrit point. — Cass., 24 nov. 1833, Pollin, [S. 54.1.152, P. 54.1.444, D. 53.1.336] — Sic, Chauveau et Hélie, *loc. cit.*; Bertauld, *Cours de C. pén.*, p. 296; Trébutien, *Cours de dr. crim.*, t. 1, p. 264.

37. — ... Que la confiscation, ne pouvant être prononcée que dans les cas où elle est expressément autorisée par la loi, ne saurait être ordonnée par application d'un arrêté municipal prescrivant la confiscation du pain vendu en dehors des conditions prescrites par cet arrêté. — Cass., 18 juill. 1861, Le Dantec, [S. 62.1.448, P. 62.162, D. 61.1.452]; — 10 févr. 1854, précité.

38. — ... Que la peine de la confiscation n'étant point prononcée par la loi contre les boulangers qui vendent le pain au dessous du poids fixé par les règlements de police, cette confiscation ne saurait être prononcée. — Cass., 31 janv. 1833, Izard, [S. 33.1.777, P. chr.] — V. *supra*, v° *Boulangerie*, n. 148 et 149.

39. — ... Que la confiscation prévue par l'art. 11, C. pén., ne peut être prononcée qu'à titre de peine et qu'autant que la loi l'ordonne par une disposition expresse; et que, nulle disposition de loi ne prononçant la confiscation d'objets provenant d'un vol ou achetés avec le produit de ce vol, l'arrêt qui ordonne cette confiscation doit être cassé au chef qui la prononce. — Cass., 12 juin 1856, Caffarel-Delong, [S. 56.1.765, P. 57.833, D. 56.1.382]; — 4 mars 1892, Nguyen-van-Sanh, [S. et P. 93. 1.153]

40. — ... Qu'aucune loi n'autorisant les tribunaux à prononcer la confiscation des vaisseaux ou bâtiments qui naviguent sans connaissement, une pareille confiscation ne peut être prononcée. — Cass., 22 juill. 1825, Rougon, [S. et P. chr.]

41. — ... Qu'aucune disposition légale n'autorisant la confiscation des objets saisis comme *pièces à conviction* à l'occasion d'une poursuite pour viol, les tribunaux ne sont pas autorisés à prononcer cette peine en cette matière. — Cass., 3 févr. 1887, Hovan-Maüh, [D. 87.1.462]

42. — Une autre conséquence du caractère pénal de la confiscation consiste en ceci, que, dans le cas où l'objet du délit, dont la loi ordonne la confiscation, n'a pu être saisi, les juges ne peuvent substituer à la confiscation une autre pénalité équivalente, et notamment, convertir cette peine en une condamnation pécuniaire égale à la valeur de cet objet. — Cass, 23 mai 1823, Ducoudray, [S. et P. chr.]; — 29 juin 1826, Delhorme, [S. et P. chr.] — *Sic*, Chauveau et Hélie, t. 1, n. 136.

43. — Jugé, en ce sens, qu'à défaut de saisie aucune disposition ne confère aux tribunaux le droit de substituer à la confiscation et pour en tenir lieu la condamnation personnelle du prévenu à la valeur estimative des objets confiscables. — Nancy, 27 févr. 1878, Lambert et Bodenty, [S. 78.2.242, P. 78.995, D. 79.2.46]

44. — Décidé, spécialement, que lorsqu'un engin de pêche prohibé a été laissé à la garde du délinquant, et n'a pas été représenté, le juge ne peut condamner le prévenu à payer la valeur représentative de l'engin dans le cas où le prévenu ne le déposerait pas au greffe. — Cass., 17 nov. 1887, Vieublé, [D. 88.1.283]

45. — ... Qu'à défaut de saisie soit contemporaine au procès-verbal, soit postérieure au délit, l'administration des douanes ne peut que poursuivre l'exécution du jugement qui prononce la confiscation des marchandises prohibées et des moyens de transport, ordonnée par les art. 41 et 51, L. 28 avr. 1816, et autres lois en matière de douanes, à la charge de prouver l'identité des objets déclarés confisqués. Aucune disposition de loi ne donne aux tribunaux le droit de substituer définitivement ou éventuellement à la confiscation et pour en tenir lieu, soit en faveur de l'administration, soit en faveur du prévenu, la condamnation personnelle de celui-ci à la valeur estimative des objets confisqués ou confiscables. — Cass., 19 août 1858, Huart, [S. 59.1.444, P. 59.165, D. 58.1.473]

46. — Du reste, il n'est pas absolument nécessaire que l'objet confiscable ait été saisi pour que la confiscation puisse être prononcée. — Cass., 17 févr. 1809, N... [P. chr.] — Sic, Carnot, Instr. crim., art. 137, n. 24.

47. — Mais, en pareil cas, le tribunal ne peut, en l'absence d'une disposition expresse, condamner le prévenu à en payer la valeur. — Cass., 23 mai 1823, précité. — Sic, Chauveau et F. Hélie, loc. cit.

48. — Jugé, spécialement, que la confiscation des objets servant au transport par colportage du tabac doit être prononcée même si les objets n'ont pas été saisis, et que le tribunal ne peut, dans ce cas, substituer à la confiscation une condamnation au paiement de la valeur des objets non saisis. — Pau, 13 avr. 1889, Meller, [S. 89.2.451, P. 89.1.851, D. 90.2.271]

49. — La Cour de cassation a pourtant jugé que lorsque les objets dont il's prononcent la confiscation ne sont pas représentés, et spécialement en matière de délit forestier, les tribunaux peuvent condamner le représenter sous la contrainte d'une somme déterminée. — Cass., 22 févr. 1822, Marie, [S. et P. chr.]

50. — Et cette doctrine a été suivie par un arrêt de la cour de Metz, décidant que le prévenu d'un délit forestier contre lequel la confiscation des haches, scies et instruments est prononcée, doit être condamné à rapporter ces objets au greffe, dans un délai déterminé, lorsqu'ils n'ont pas été saisis, sinon à en payer la valeur suivant l'estimation faite par le jugement. — Metz, 22 sept. 1835, Schaff, [S. 37.2.117, P. chr.] — V. infra, v° Délit forestier.

51. — Mais cette doctrine ne pouvait prévaloir ; il est évident, en effet, que la confiscation est une peine qui affecte la chose plutôt que la personne. Substituer à la confiscation une condamnation pécuniaire, c'est créer une véritable amende, une peine personnelle, dénaturer complètement la confiscation, enfin, remplacer une peine par une autre peine, ce qu'un texte formel de la loi pourrait seul autoriser.

52. — Ce qui vient encore confirmer cette opinion, c'est que la loi, lorsqu'elle veut que la confiscation puisse être remplacée par une condamnation pécuniaire, s'en explique formellement. — V., comme exemple, l'art. 16, L. 5 juill. 1844, et suprà, v° Chasse, n. 1659 et s. — V. aussi infrà, v^{is} Contributions indirectes, Douanes, Octroi.

53. — C'est donc avec beaucoup plus de raison qu'il a été jugé que, lorsque la loi se borne à prononcer la confiscation de l'instrument du délit, les tribunaux ne peuvent, sous le prétexte qu'il a été mis hors de la main de justice, condamner les prévenus à verser au trésor sa valeur estimative. Ainsi, sous la loi du 15 avr. 1818, relative à la traite des noirs, il y avait excès de pouvoir dans la disposition du jugement qui ordonnait le versement au trésor d'une somme égale à la valeur du navire confiscable, comme ayant servi à la traite. — Cass., 29 juin 1820, Delhorme, [S. et P. chr.]

54. — Et, par un arrêt rendu en matière forestière, la Cour de cassation a encore décidé formellement que lorsque les instruments qui ont servi à commettre un délit forestier n'ont pas été saisis, le tribunal ne peut condamner le prévenu au paiement d'une somme, pour tenir lieu de ces instruments, attendu que cette disposition, qui n'est pas dans la loi, présenterait les caractères d'une nouvelle peine ajoutée arbitrairement à celle que la loi a prononcée. — Cass., 11 juin 1840, N..., [S. 40.1.968, P. 41. 1.624]

55. — La loi, avons-nous dit, a apporté au principe que nous venons de poser diverses dérogations. Elles s'appliquent principalement aux contraventions fiscales. La raison en est que la confiscation revêt alors beaucoup moins le caractère d'une peine que celui d'une réparation civile (V. suprà, n. 31). C'est ainsi qu'il a été jugé qu'en matière de douanes et d'octroi, la confiscation doit être prononcée même si les objets sujets à confiscation n'ont pu être saisis réellement, soit qu'ils n'aient pas été représentés par le prévenu, soit par suite de leur mélange avec un autre produit destiné à masquer la fraude; et que le prévenu doit, dans ce cas, être condamné à payer la valeur du produit non représenté. — Cass., 12 janv. 1877, Délaissement, [S. 78.1.93, P. 78.191, D. 78.1.41]

56. — La confiscation en matière d'impôts ayant moins le caractère d'une peine que d'une réparation civile du préjudice causé au Trésor, la Cour peut ordonner la confiscation sur le seul appel de l'administration des contributions indirectes, simple partie civile, lorsque le tribunal a omis de l'ordonner. — Cass., 14 mai 1875, Fredja-Abil-Teboul, [D. 76.1.332]

57. — Les tribunaux ne peuvent, avons-nous dit, prononcer la confiscation dans les cas non prévus ni substituer à la confiscation une peine équivalente. D'autre part, ils sont tenus de la prononcer dès que la loi a frappé de cette pénalité la contravention ou le délit relevé à la charge du prévenu. Dès que le prévenu a été reconnu coupable du fait qui donne lieu nécessairement à la confiscation, le juge ne peut se dispenser de l'ordonner, alors même que ledit fait concourait avec un délit plus grave, la peine encourue pour ce délit serait seule applicable, aux termes de l'art. 365, C. instr. crim.

58. — Ainsi, lorsqu'un individu ayant été reconnu coupable d'un délit de chasse et de rébellion est condamné aux peines portées contre ce dernier délit, la confiscation du fusil de chasse doit néanmoins être également prononcée. — Nîmes, 14 janv. 1836, Arnaud, [P. chr.]

59. — En matière de contravention, la confiscation est tantôt obligatoire et tantôt facultative. La confiscation des choses saisies, autorisée par l'art. 470, C. pén., est facultative de la part du juge de police ; le ministère public ne peut, dès lors, se faire un moyen de cassation de ce qu'elle n'a pas été prononcée par le tribunal de police (V. les art. 477 et 481, C. pén.). — Cass., 7 mars 1828, Girod, [S. et P. chr.]

60. — Mais lorsque la loi applique obligatoirement la confiscation à une certaine nature de contravention, cette confiscation doit être prononcée, quelle que soit d'ailleurs la peine dont la contravention soit passible (V. infrà, n. 91). Ainsi, il a été jugé que la confiscation des appareils ayant servi à l'établissement des loteries ou jeux de hasard tenus dans les rues (art. 475, n. 8, et 477), ne pouvait être écartée sous prétexte qu'il n'y avait lieu de la prononcer qu'autant que le prévenu pouvait encourir la peine de l'emprisonnement. — Cass., 14 déc. 1832, Stramasse, [S. 33.1.510, P. chr.]

61. — ... Que, quelle que soit la valeur des objets dont la loi ordonne la confiscation, le tribunal de police doit prononcer cette confiscation, dans tous les cas où la contravention est de sa compétence. — Cass., 28 niv. an XII, Ledru, [S. et P. chr.]

62. — ... Que la confiscation prescrite par l'art. 481, C. pén., des poids et mesures différents de ceux que la loi a reconnus comme seuls valables, est obligatoire, et que le juge de police ne peut se dispenser de l'ordonner. — Cass., 15 juill. 1882, Min. publ., [D. 82.5.319]

63. — Et le tribunal de police ne peut se borner à prononcer éventuellement la confiscation des poids et mesures dont un prévenu a fait usage en contravention aux lois; il doit la prononcer purement et simplement. — Cass., 18 oct. 1822 (int. de la loi), Delabrière, [S. et P. chr.]

64. — La confiscation doit même être prononcée d'office par les tribunaux, alors même que l'administration intéressée ne l'aurait pas demandée. — Pau, 13 avr. 1889, précité.

65. — Elle peut être prononcée même dans le cas où le ministère public aurait conclu à la non-confiscation. — Cass., 8 janv. 1857, Niganne, [D. 57.1.96]

66. — Si les tribunaux sont tenus de prononcer la confiscation, c'est à la condition cependant que le fait punissable qui y donne lieu ait été déclaré constant. Cela résulte du caractère que nous avons reconnu à la confiscation. C'est une pénalité, avons-nous dit; or, pour qu'une peine puisse être prononcée, il faut qu'un fait légalement répréhensible ait été accompli. La confiscation ne peut donc être prononcée que lorsque les objets saisis se rapportent à une contravention légalement constatée. Aucune contravention n'étant établie, la confiscation ne peut être prononcée. — Cass., 18 août 1877, Contr. ind., [S. 77.1.437, P. 77.1131, D. 78.1.192]

67. — Par suite, au cas où le prévenu serait acquitté parce que la preuve du délit ou de la contravention ne serait pas faite, le tribunal ne pourrait prononcer contre lui la peine accessoire de la confiscation. Il y a contradiction, dit la Cour de cassation, dans le jugement d'un tribunal de simple police qui déclare que les prévenus n'ont commis aucune contravention, et qui, néanmoins, prononce la confiscation des objets saisis. — Cass., 15 mars 1828 (int. de la loi), Lafontaine, [P. chr.]

68. — On lit également dans un autre arrêt, rendu par application des art. 25, 479-3°, 481-1° et 62, C. pén., que la confiscation de faux poids et mesures n'est que l'accessoire de la peine principale dont la loi punit ceux qui en ont été trouvés détenteurs, et que dès lors elle ne peut être ordonnée lorsqu'il n'est prononcé aucune peine principale. — Cass., 19 avr. 1833, Jaussand, [P. chr.]

69. — Ce principe fléchit lorsque la confiscation perd son caractère pénal pour prendre celui de réparation civile (V. *suprà*, n. 31), ainsi que cela se produit, nous l'avons vu, en matière d'impôts (V. *suprà*, n. 53). C'est ainsi qu'aux termes des art. 26 et 34, Décr. 1er germ. an XIII, 17 et 19, L. 28 avr. 1816, 1, L. 28 févr. 1872, et 6, L. 21 juin 1873, en matière d'impôts directs, toute contravention régulièrement établie a pour objet la confiscation des objets saisis, alors même que l'auteur de la contravention ne peut être atteint. Cette peine est la réparation nécessaire du préjudice éprouvé par le Trésor. — Agen, 20 nov. 1878, Contr. indir., [D. 80.2.158]

70. — Même en cas de nullité du procès-verbal. — Poitiers, 23 mai 1879, Contr. ind., [S. 79.2.214, P. 79.959, D. 80.2.48]

71. — Il a été jugé, par application du même principe, qu'en matière de contributions indirectes, la confiscation doit être prononcée même en cas d'acquittement des prévenus si le jugement constate l'existence de la contravention tout en reconnaissant que les prévenus ne sont pas les auteurs de la fraude. — Cass., 21 mai 1876, Contr. ind., [S. 77.1.88, P. 77.178, D. 78.1.43]

72. — Que, en matière de *contributions indirectes*, lorsque le fait de la contravention demeure constant, les tribunaux doivent, nonobstant la nullité du procès-verbal, prononcer la confiscation des objets saisis, mais sans pouvoir prononcer aucune amende (L. 28 avr. 1816, art. 19; Décr. 1er germ. an XIII, art. 28; L. 1er germ. an XIII, art. 34). — Cass., 31 juill. 1807, Droits réunis, [S. et P. chr.]; — 16 mars 1822, Roussel, [S. et P. chr.]; — 6 févr. 1836, Tissot, [S. 36.1.495, P. chr.]; — 1er déc. 1888, Gigault, [S. 90.4.431, P. 90.1.1019]

73. — Cependant, lorsque l'action de la régie est repoussée comme *tardivement intentée*, il n'y a pas lieu à la confiscation dans les termes de l'art. 34, Décr. 1er germ. an XIII, comme au cas où le procès-verbal de saisie est seulement annulé pour vice de forme. — Cass., 9 juin 1837, Chevalier, [S. 38.1.174, P. 38.1.15]

74. — Jugé aussi qu'en matière de contributions indirectes, si le procès-verbal est déclaré nul, l'amende ne peut être prononcée, mais la confiscation peut l'être si la contravention résulte suffisamment de l'instruction. — Cass., 8 juill. 1844, [D. Rép., v° *Impôts indirects*, p. 496 et 509]; — 4 juin 1875, Delgutte, [*Bull. crim.*, n. 172]; — Lyon, 21 nov. 1872, Badinard, [D. 74.2.144]; — 22 août 1877, Partille, [D. 78.2.239]; — 6 mars 1879, Contrib. ind., [D. 79.1.317]

75. — Il en est de même pour les règlements municipaux établissant des taxes d'octroi, qui peuvent contenir une clause ordonnant la confiscation même en cas de nullité du procès-verbal. — Riom, 14 juin 1880, Gibon, [S. 82.2.240, P. 82.1.1212, D. 81.2.96]

76. — En matière de contraventions aux lois sur la propriété industrielle, la confiscation a également le caractère de réparation civile. Elle peut alors aussi être prononcée indépendamment de toute condamnation pénale; et la conséquence en est qu'elle peut l'être même par les tribunaux civils. Il a été jugé, en ce sens, que la confiscation des objets reconnus contrefaits et le cas échéant celle des instruments ou ustensiles destinés à leur fabrication est obligatoire, même pour les tribunaux civils, et en dehors de toute poursuite criminelle, contre le contrefacteur, le recéleur, l'introducteur ou le débitant, et que les objets confisqués doivent être remis au propriétaire du brevet sans préjudice de plus amples documents. — Cass., 1er févr. 1892, Sourbé, [S. et P. 92.1.137]

77. — ... Que la confiscation doit être prononcée même lorsque les objets reconnus contrefaits sont la propriété de l'Etat. — Même arrêt.

78. — ... Qu'il y a lieu de prononcer la confiscation des objets contrefaits même en cas d'acquittement des prévenus à raison de leur bonne foi. — Paris, 29 juin 1878, Lepée, [D. 80.2.71]

79. — ... Que la confiscation des objets vendus, exposés en vente ou introduits en France doit être prononcée encore bien que le vendeur ou l'introducteur serait relaxés des poursuites comme ayant agi de bonne foi. — Douai, 15 mai 1885, Kolb, [S. 87.2.85, P. 87.1.465]

80. — De plus, la confiscation s'impose quel que soit le sort réservé à la poursuite, au principal, si les objets dont la confiscation est prononcée ne pourraient être laissés en la possession du prévenu acquitté sans contravention à la loi (V. *infra*, n. 88). Ainsi en est-il en ce qui concerne la détention des armes de guerre. La confiscation peut être prononcée même au cas où le prévenu aurait été acquitté par ce motif que l'arme aurait été découverte au cours d'une perquisition illégale et sans qu'aucun acte extérieur en eût révélé la possession. — Bourges, 12 mars 1869, Schneider, [S. 70.2.21, P. 70.198]

81. — De même, en est-il du délit de falsification de denrées alimentaires. Les denrées falsifiées doivent, dans tous les cas, être confisquées. La confiscation doit toujours être prononcée même lorsque le prévenu est acquitté à raison de sa bonne foi, du moment que la falsification est établie. — Cass., 3 janv. 1857, Tridon, [S. 57.1.398, P. 57.1137, D. 57.1.77]

82. — Jugé aussi que la confiscation des vins falsifiés peut être prononcée par le tribunal, même au cas où une ordonnance de non-lieu est intervenue en faveur du négociant entre les mains duquel ils ont été saisis, si ces vins renferment des substances nuisibles pour la santé. — Bordeaux, 20 août 1884, Dörr, [S. 86.2.135, P. 86.1.808]

83. — Et la confiscation ne perd pas pour cela son caractère pénal (V. *suprà*, n. 31). Il en résulte que le prévenu de falsification de boissons, acquitté en raison de sa bonne foi, mais contre lequel la confiscation des boissons falsifiées a été prononcée, doit être condamné aux frais et dépens de l'instance correctionnelle, la confiscation seule constituant une peine. — Trib. comm. Lyon, 10 juin 1886, Freyssin, D. 89.3.53]

84. — Il a été jugé que le tribunal qui prononce des peines contre un vendeur coupable d'avoir trompé l'acheteur sur la nature des marchandises vendues ne peut se dispenser d'ordonner, en outre, la confiscation *des marchandises semblables saisies en la possession du prévenu*, lorsque le ministère public l'a expressément requise. — Cass., 11 juin 1830, Bonnemaison, [P. chr.] — La loi n'ordonnant la saisie que des *objets du délit*, c'est-à-dire de ceux qui ont servi à le commettre, la Cour suprême s'est sans doute préoccupée de cette pensée, qu'il y a lieu de présumer que le vendeur a laissé à l'acheteur le choix parmi les objets de même nature qui ont été saisis sur lui; et que, par conséquent, on doit les considérer comme faisant partie des objets du délit. Toutefois cette doctrine ne nous paraît devoir être admise qu'avec beaucoup de circonspection.

85. — En principe, avons-nous dit, la confiscation est une pénalité accessoire qui suppose une contravention ou un délit déclaré constant, et partant, une peine principale frappant le contrevenant. Il en résulte que la confiscation de l'instrument du délit ne peut être légalement prononcée lorsque l'auteur du délit est resté inconnu. Spécialement, lorsque l'auteur resté inconnu d'un délit de chasse a été assigné par citation directe devant le tribunal de police correctionnelle, ce tribunal ne peut, en annulant la citation, prononcer, sur les réquisitions à l'audience du ministère public, la confiscation du fusil abandonné par le délinquant. — Cass., 24 juill. 1838, N..., [S. 39.1.79, P. 40.1.304]

86. — Le décès du prévenu met-il obstacle à la confiscation? — Il faut distinguer : si la confiscation n'est prononcée qu'à titre de pénalité accessoire contre le délinquant, et sans se préoccuper de la nature des objets confisqués, le décès met obstacle à la confiscation comme il met obstacle à la poursuite. Si, au contraire, le délit a été précisément la conséquence de la fabrication ou de la possession des objets qu'il s'agit de confisquer, le décès du prévenu ne mettra pas obstacle à la confiscation. Mangin (Tr. de l'act. publ., t. 2, n. 280) fait apparaître cette distinction. Le décès du prévenu, dit-il, en matière de tabacs saisis en contravention, n'éteint pas l'action publique pour la confiscation des choses saisies en contravention; car, ainsi que le dit Merlin (Rép. de jurisp., v° Tabac, t. 17, p. 10), « la confiscation affecte les choses saisies; ce sont les choses saisies qui forment le corps de la contravention à laquelle la loi inflige la peine de la confiscation. La peine de la confiscation doit donc atteindre les choses saisies, tant qu'elles existent; elle doit donc les atteindre partout où elles se trouvent; elle doit donc les atteindre même entre les mains des tiers à qui le contrevenant les a transmises; elle doit donc les atteindre même entre les mains de l'héritier du contrevenant ». — V. aussi une note du président Barris, rapportée par Mangin (loc. cit.).

87. — Et la Cour de cassation a consacré ce principe, en matière de confiscation de marchandises prohibées. — Cass., 9 prair. an IX, Beaussaert, [S. et P. chr]; — 9 déc. 1813, Vanbrabant, [S. et P. chr.] — Le principal motif de ce dernier arrêt porte : « Attendu que la confiscation d'une marchandise prohibée n'a rien de personnel; qu'elle affecte la marchandise; qu'elle doit donc l'atteindre en quelque main qu'elle se trouve. »

88. — « Ces principes, ajoute Mangin (loc. cit.), s'appliquent nécessairement à tous les cas où la loi prononce la confiscation d'objets, denrées et marchandises, parce que le délit réside dans les objets mêmes, tels que les armes prohibées, les boissons falsifiées, les marchandises à l'égard desquelles il y a eu violation des règlements relatifs aux produits des manufactures françaises, les matières d'or ou les pierres sur le titre et la qualité desquelles on a trompé, les ouvrages contrefaits, ainsi que les planches, moules et matrices, tel les autres cas prévus par les art. 477 et 481, C. pén. »

89. — « Mais, ajoute-t-il, le décès du prévenu éteint l'action publique pour la confiscation, lorsque le délit ne gît pas dans la chose qu'elle doit atteindre, lorsqu'elle n'est qu'une aggravation de peine personnelle au coupable. Telle est la confiscation... des choses livrées par le corrupteur d'un fonctionnaire public qui est prononcée au profit des hospices; de l'argent reçu par un faux témoin; des fonds ou des effets exposés au jeu ou mis à la loterie dans les rues; celle des recettes de représentations d'ouvrages dramatiques faites au mépris des règlements concernant la propriété des auteurs. »

90. — Bien qu'elle ait un caractère pénal, la confiscation n'est pas comprise dans la règle qui prohibe le cumul des peines. — Cass., 13 mars 1856 (2° esp.), Relier, [S. 56.1.625, P. 57.487, D. 56.5 331]; — 26 juin 1886, Gauthier, [S. 86.1.396, P. 86.1. 948, D. 86.1.478]

91. — La confiscation n'étant pas une amende il en résulte que l'art. 463, C. pén., sur les circonstances atténuantes, n'autorise pas les juges à faire remise de la confiscation dans les cas où elle est ordonnée. — Cass., 14 déc. 1832, Stramasse, [S. 33.1.510, P. chr.] — V. supra, n. 60 et s.

92. — Ce principe a été de nouveau appliqué en matière de faux poids et mesures. La cour a jugé qu'en pareille matière, la confiscation n'était pas à proprement parler une peine, mais une précaution prise par la loi pour retirer de la circulation l'instrument d'une contravention ou d'une fraude, et que dès lors les juges ne pouvaient refuser de la prononcer, sous prétexte de circonstances atténuantes, et par application de l'art. 463, C. pén. — Cass., 4 oct. 1839, Tripier, [S. 40.1.540, P. 46.1.417]

93. — Par la même raison, le bénéfice de la loi du 26 mars 1891, qui excepte de son application les dommages-intérêts, ne peut être accordé à la confiscation. — Cass., 19 nov. 1891, Morize, [S. et P. 92.1.107, D. 92.1.109]

94. — Hormis le cas où la confiscation affecte les objets eux-mêmes à raison de leur nature (V. supra, n. 86 et s.), l'amnistie efface cette peine comme les autres.

95. — Mais il a été jugé que l'amnistie du 14 août 1869, accordée pour toutes condamnations prononcées en matières de contributions indirectes, bien qu'elle s'appliquant à la confiscation aussi bien qu'à l'amende, ne saurait profiter à une condamnation déjà exécutée par le délinquant qui a payé l'amende et les frais, et abandonné à titre de transaction les objets saisis dont la confiscation avait été ordonnée. — Dijon, 3 mai 1871, Pouffier, [S. 71. 2.239, P. 71.801]

96. — En conséquence, la veuve et les héritiers du condamné décédé postérieurement ne peuvent plus réclamer en vertu de l'amnistie la restitution des objets saisis, ou, si ces objets ont été vendus par la régie à la suite de l'exécution du jugement de condamnation, le paiement de leur estimation contenue dans le procès-verbal de saisie. — Même arrêt.

97. — Le recouvrement des confiscations (hors le cas où la chose confisquée profite aux parties lésées) est poursuivi, au nom du procureur de la République, par le directeur de la régie de l'enregistrement et des domaines (C. instr. crim., art. 197), ou par l'administration qui a dirigé l'action. — Bourguignon, Jurisp. des codes crim., t. 1, p. 389.

98. — En cas de concurrence de la confiscation spéciale avec les dommages-intérêts sur les biens insuffisants du condamné, ces dernières condamnations doivent obtenir la préférence (art. 54, C. pén.)

99. — De ce que la confiscation revêt, en principe, un caractère pénal, il suit que la contrainte par corps est régulièrement prononcée pour l'exécution de cette condamnation, la contrainte par corps ayant été maintenue en matière répressive. — Cass., 4 juin 1875, Delgutte, [Bull. crim., n. 172] — Encore faut-il cependant qu'elle soit prononcée par les tribunaux répressifs. Les tribunaux civils, qui peuvent, ainsi que nous l'avons vu (supra, n. 76), être appelés à prononcer la confiscation à titre de supplément de dommages-intérêts, n'auraient aucune qualité pour appliquer la contrainte par corps. Ils ne pourraient que condamner à une clause pénale déterminée par chaque jour de retard, pour le cas où leur décision relative à la confiscation ne serait pas suivie d'exécution.

Section III.

Droit comparé.

§ 1. Allemagne.

100. — Le droit moderne allemand n'a plus conservé la confiscation (Einziehung) que pour certains objets isolés. Le Code pénal allemand, d'accord à cet égard avec la plupart des législations contemporaines, pose, en matière de confiscation, les règles suivantes :

101. — 1° La confiscation est admise, en général, par rapport à des crimes et délits intentionnels (C. pén. all., art. 40), et seulement exceptionnellement en matière de contravention (art. 360, n. 1, 2, 4-6, 14; art. 367, n. 7-9; art. 369, n. 2). La confiscation d'exemplaires contrefaits destinés à la vente est prononcée même en l'absence d'une intention dolosive de la part du contrefacteur (L. féd., 11 juin 1870, art. 25; 9, 10 et 11 janv. 1876). — V. supra, n. 76 et s.

102. — 2° Peuvent être confisqués : a) les objets produits d'une façon dolosive et criminelle; b) les objets qui ont servi à la perpétration d'un crime ou délit ou qui, du moins, étaient destinés à y servir. Par exception, la valeur peut en être attribuée à l'État au lieu et place des objets eux-mêmes; tel est le cas des objets donnés en vue de corrompre un fonctionnaire (art. 335).

103. — 3° Il faut que les objets à confisquer appartiennent à l'auteur du délit ou à ses complices (V. supra, n. 29). Toutefois, la loi prévoit plusieurs dérogations à ce principe; ainsi des engins de chasse, des plans de fortifications, des provisions d'armes, des sceaux falsifiés, des liquides ou comestibles altérés ou corrompus, etc., peuvent être confisqués même quand ils n'appartiennent pas au condamné (art. 295, 360, 367).

104. — 4° Sous les diverses conditions qui précèdent, le juge peut prononcer la confiscation dans les cas prévus par la loi; mais la confiscation n'est plus obligatoire que dans certaines circonstances expressément déterminées : délits de chasse (art. 295), délits en matière de monnaie (art. 152), et emploi de faux poids ou de fausses balances (art. 369).

105. — Toute confiscation doit être ordonnée dans le jugement. — V. supra, n. 27.

106. — Il n'est indiqué qu'exceptionnellement, dans le droit pénal de l'Empire, au profit de qui s'opèrent les confiscations. En général, c'est au profit du fisc, lequel acquiert un droit sur la chose aussitôt que le jugement est devenu définitif.

107. — Mais, par exception, le fisc peut être tenu de délivrer les objets à un établissement de charité; et, d'autre part, il doit, dans diverses circonstances, détruire les objets ou les mettre hors d'état de servir. Ainsi, dans les délits commis par la voie de la presse (écrits, images, etc.), tous les exemplaires qu'on parvient à saisir doivent être détruits, ainsi que les planches qui ont servi à les faire (art. 41).

108. — La procédure à suivre en matière de confiscation est réglée par les art. 477 et s., C. proc. crim. de 1877.

109. — Dans les cas où l'art. 42, C. pén., ou d'autres dispositions de la loi permettent, indépendamment de toute autre poursuite, de confisquer ou d'anéantir certains objets ou de les mettre hors d'état de servir, ces mesures, lorsqu'elles ne sont pas prises conjointement avec une condamnation au principal, sont requises, par le ministère public ou par le plaignant, par devant le tribunal qui serait compétent en matière de poursuites dirigées contre une personne déterminée ; la cour d'assises est remplacée par la chambre correctionnelle du lieu où siège la cour (art. 477).

110. — L'affaire est instruite et jugée suivant les dispositions applicables au débat principal ; les personnes ayant un droit sur l'objet à confisquer sont, autant que faire se peut, citées à l'audience et admises à exercer les droits qui appartiendraient à un accusé (art. 478).

111. — Le ministère public, le plaignant et lesdites personnes peuvent se pourvoir contre le jugement (art. 478). — V. Dochow, dans le *Rechtslexicon* de Holtzendorff, v° *Einziehung* ; Binding, *Grundriss zur Vorlesung, über gem. deutsches Strafrecht*, 2e éd., t. 1, § 83.

§ 2. ANGLETERRE.

112. — Jusqu'à une époque récente, la confiscation (*forfeiture*) non pas seulement de certains objets isolés, mais bien de tous les fiefs du coupable, était le corollaire nécessaire de toute condamnation pour haute trahison ou félonie et atteignait ainsi souvent, de la façon la plus rigoureuse, les héritiers innocents en même temps que le criminel ; les biens, conformément à la règle féodale, étaient dévolus à la Couronne, suzeraine de tout possesseur d'immeubles en Angleterre. Les fiefs simples étaient confisqués purement et simplement, soit à jamais, soit pour un temps déterminé ; les fiefs *in tail* l'étaient, depuis Henri VIII, au préjudice du condamné et de ses héritiers substitués jusqu'à extinction, en cas de haute trahison, et seulement jusqu'à la mort du condamné, et sauf retour aux héritiers substitués, en cas de simple *felony* (St. 26, Henr. VIII, c. 13, § 3).

113. — Une première atténuation dans l'intérêt des héritiers avait été apportée à ces règles par une loi de George III (St. 54, Geo. III, c. 145).

114. — Depuis, la loi du 4 juill. 1870 (*the felony act*, 1870, 33 et 34, Vict., c. 23) a complètement aboli la confiscation dans ces diverses hypothèses. — V. Ernest Lehr, *Éléments de droit civil anglais*, n. 37, 218, 269, 330 ; Stephen, *Comm. on the laws of England*, t. 4, liv. 6, c. 19, p. 458 et s.

§ 3. AUTRICHE-HONGRIE.

115. — I. AUTRICHE. — Le Code pénal autrichien range parmi les peines des délits et des contraventions la confiscation (*Verfall*) de marchandises, denrées ou ustensiles (art. 240).

116. — Cette confiscation a lieu au profit de la caisse de bienfaisance de la localité où l'infraction a été commise, dans les cas où des lois spéciales n'en affectent pas le produit à une autre caisse (art. 241).

117. — Doivent être confisqués : 1° la caisse et le matériel appartenant à une société secrète (art. 296) ; 2° les exemplaires contrefaits d'une œuvre artistique ou littéraire, sauf à les appliquer, après entente, à l'indemnité due à l'auteur lésé (art. 467) ; 3° les armes dont le port n'a pas été autorisé ou n'est pas justifié par la nécessité de se défendre contre un péril imminent (L. 24 oct. 1852, n. 223, art. 36, 46 et 47).

118. — II. HONGRIE. — Les objets provenant d'un crime ou d'un délit ou ayant servi à le commettre sont confisqués s'ils appartiennent à l'auteur ou au complice ; lorsque la possession, l'usage ou la distribution en sont interdits par une disposition spéciale, même s'ils appartiennent à un tiers (C. pén. hongrois, art. 61).

119. — La valeur des objets confisqués, lorsqu'ils ne doivent pas être détruits, est affectée au même but que les amendes (Même art.).

120. — La mort du propriétaire ne met pas obstacle à la confiscation (art. 118), et la grâce du condamné n'entraîne pas la restitution des objets confisqués (art. 119).

121. — La confiscation peut aussi, s'il y a lieu, être prononcée en matière de simples contraventions (C. pén. des contrav., art. 23).

122. — En cas de contravention aux dispositions sur les jeux de hasard, les enjeux et le matériel doivent toujours être confisqués (Même Code, art. 90).

§ 4. BELGIQUE.

123. — La confiscation générale a été abolie par l'art. 171, L. fondamentale du 24 août 1815, qu'a confirmé l'art. 12 de la Constitution.

124. — La loi pénale belge admet la confiscation spéciale : 1° pour les choses formant l'objet d'une infraction ; 2° pour celles qui, appartenant au condamné, ont servi ou ont été destinées à la commettre ; 3° pour celles qui ont été produites par l'infraction (C. pén., art. 42).

125. — La confiscation doit toujours être prononcée en matière de crime ou de délit ; elle ne l'est, en matière de contravention, que dans les cas déterminés par la loi (art. 43).

126. — Les peines de confiscation spéciale, à raison de plusieurs crimes, délits ou contraventions, sont toujours cumulées (art. 64).

127. — Doivent être confisquées, en vertu des règles générales ou particulières qui précèdent : 1° les choses livrées par le corrupteur ; elles sont confisquées au profit des hospices ou du bureau de bienfaisance (art. 253) ; 2° les lots et le matériel des loteries non autorisées (art. 302) ; 3° les enjeux et le matériel saisis dans une maison de jeux de hasard (art. 305) ; 4° les armes prohibées, indûment fabriquées, détenues ou portées (art. 318) ; 5° les comestibles, denrées ou boissons mélangés (art. 457), ou falsifiés (art. 513), ou gâtés (art. 561-3°) ; 6° les instruments ou ustensiles dont pourraient abuser des malfaiteurs et qui ont été imprudemment laissés sur la voie publique ou dans les champs (art. 552-2°) ; 7° les armes à feu ou pièces d'artifice dont on s'est servi en certains lieux au mépris d'une défense de l'autorité (art. 553-1°) ; 8° les jeux de loterie ou de hasard établis sur la voie publique (art. 557-3°) ; 9° les poids, mesures ou instruments faux (art. 561-4°) ; 10° les prix ou enjeux, dans des jeux ou spectacles où l'on torture des animaux (art. 561-6°) ; 11° les instruments, ustensiles et costumes servant ou destinés à l'exercice du métier de devin, pronostiqueur ou interprète des songes (art. 563-1°).

§ 5. ESPAGNE.

128. — Le Code pénal de 1870 range parmi les peines accessoires la confiscation « des instruments et effets du délit » (art. 26).

129. — D'après l'art. 622, doivent toujours être confisqués : 1° les armes qui ont servi à causer un dommage ; 2° les boissons et comestibles falsifiés ou nuisibles ; 3° tous objets falsifiés, altérés ou avariés, qui ont été livrés comme bons et de bon aloi ; 4° les comestibles à raison desquels il y a eu tromperie sur la qualité ou sur la quantité ; 5° les faux poids ou mesures ; 6° le matériel servant pour des jeux ou loteries ; 7° les objets qui servent à prédire l'avenir ou à d'autres tromperies analogues.

130. — Néanmoins l'article suivant (art. 623) admet que, dans ces divers cas, les tribunaux prononcent la confiscation *à su prudente arbitrio*, et selon les circonstances, ce qui n'est pas en harmonie parfaite avec le commencement de l'art. 622, qui semble exclure la possibilité d'une remise de cette peine. — V. La Serna et Montalban, *Elementos del derecho español civil y penal*, t. 3, p. 431.

§ 6. ITALIE.

131. — La confiscation générale est depuis longtemps proscrite en Italie. Mais le nouveau Code pénal maintient avec raison la confiscation spéciale frappant le produit du délit ou les objets qui ont servi à le commettre.

132. — « En cas de condamnation, le juge peut ordonner la confiscation des choses qui ont servi ou qui étaient destinées à servir à la perpétration du délit, ou de celles qui en sont le produit, à moins qu'elles n'appartiennent à des personnes étrangères au délit. Lorsqu'il s'agit de choses dont la fabrication, le port, la détention ou la vente constituent une infraction, la vente est toujours ordonnée, alors même qu'une condamnation n'est pas prononcée et qu'elles n'appartiennent pas au prévenu » (art. 36).

133. — Il résulte de ce texte que la confiscation des objets ayant servi à commettre un délit n'est plus obligatoire, comme d'après le *Projet* du Code; elle est simplement facultative pour le juge. — V. Lacointa, *Le Code pénal d'Italie*, traduit et annoté, p. 30 et 31.

§ 7. Pays-Bas.

134. — La confiscation spéciale est l'une des peines prévues par le Code pénal (art. 9).

135. — Les objets appartenant au condamné, et acquis au moyen d'un délit ou ayant servi à le commettre avec intention, peuvent être confisqués; dans les condamnations pour délits commis sans intention ou pour contravention, la confiscation ne peut être prononcée que dans les cas prévus par la loi (art. 33).

136. — Si les objets confisqués, mais non saisis, ne sont pas remis, ou si la valeur estimative n'en est pas payée dans les deux mois, la confiscation est remplacée par une détention d'un jour à six mois, à raison d'un jour au plus pour chaque demi-florin de l'estimation. La remise des objets affranchit de la détention ; un paiement partiel en affranchit proportionnellement (art. 34, 24, 25).

§ 8. Portugal.

137. — Le Code pénal de 1886 a maintenu, sinon textuellement, du moins en principe, les dispositions des Codes de 1832 et de 1884 relatives à la confiscation spéciale. L'art. 75 attribue à l'Etat les instruments du crime, à moins que la victime ou un tiers ne soit fondé à en réclamer la restitution. D'autre part, d'après le § unique de l'art. 486, les objets et instruments saisis en suite d'une contravention peuvent être confisqués dans les cas prévus par la loi.

138. — Sont notamment sujets à confiscation (*perda*) : 1° les dons reçus pour prêter un faux témoignage (art. 240, § 1); 2° les denrées altérées ou corrompues, en quelque endroit qu'on les trouve (art. 251, § 1); 3° les armes prohibées (art. 253, § 3); 4° les enjeux et le matériel (mobilier, instruments, ustensiles) saisis dans une maison de jeux (art. 267, § unique); 5° les lots mobiliers ou immobiliers d'une loterie non autorisée (art. 270, §§ 3 et 4); 6° les choses reçues en vue d'une corruption, ou leur valeur (art. 323); 7° les objets qui ont servi à tromper l'acheteur (denrées falsifiées, faux poids, etc.; 456, § 4); 8° les objets contrefaits (art. 457); 9° la recette d'un spectacle donné au mépris des droits d'auteur (art. 458 ; 10° les objets fabriqués au mépris des droits de l'inventeur (art. 459). Dans ces derniers cas, les objets saisis sont attribués à la personne lésée à titre de dédommagement (art. 460).

§ 9. Suisse.

139. — La confiscation spéciale est mentionnée dans la plupart des Codes pénaux cantonaux : Appenzell (Rh. ext.), Argovie, Bâle, Berne, Fribourg, Genève, Glaris, Lucerne, Neuchâtel, Obwalden, Saint-Gall, Schwitz, Soleure, Tessin, Thurgovie, Valais, Vaud, Zoug et Zurich. Nous citerons, à titre d'exemple, quelques-unes de ces dispositions.

140. — I. Bâle. — Le jugement de condamnation peut prononcer la confiscation d'objets appartenant au condamné qui ont servi à la perpétration du crime ou qui ont été produits par suite du crime (C. pén., art. 19).

141. — Et le Code de police ajoute, dans son art. 8, que la confiscation peut être prononcée, en matière de police, dans les cas prévus par la loi.

142. — II. Berne. — A la peine principale peut se joindre la confiscation des objets qui ont servi ou qui étaient destinés à la perpétration du crime ou qui ont été produits par un moyen délictueux, à la condition qu'ils appartiennent au condamné (C. pén., art. 22). — V. *suprà*, n. 29.

143. — III. Fribourg. — Peuvent être confisqués, mais seulement dans les cas spécialement prévus, et notamment en matière correctionnelle, « les choses produites par le crime et celles qui ont servi à le commettre, pourvu qu'elles appartiennent soit à l'auteur de l'infraction, soit à celui qui y a participé » (C. pén., art. 27, 308).

144. — Le décès du condamné n'éteint pas la confiscation (L. 17 août 1875).

145. — IV. Genève. — Quand il s'agit de crimes ou délits, le juge *peut* prononcer la confiscation soit du corps du délit, quand il appartient au condamné, soit des choses produites par l'infraction, soit de celles qui ont servi ou qui ont été destinées à la commettre; si le corps de délit appartient à des tiers, le juge en ordonne la restitution au légitime propriétaire (C. pén., art. 13).

146. — La confiscation n'est prononcée pour contravention que dans les cas déterminés par la loi (art. 14).

147. — Lorsque la confiscation de certains objets a été prononcée, la propriété en reste acquise à l'Etat, nonobstant le décès du condamné (art. 62).

148. — V. Neuchâtel. — Même règle qu'à Genève; seulement la confiscation *doit* être prononcée avec la condamnation principale (C. pén., art. 39).

149. — « Les salaires et présents qui ont servi à provoquer ou à récompenser un délit peuvent être confisqués et servir, au besoin, à indemniser la partie lésée » (art. 40).

150. — Le décès du condamné n'éteint pas la confiscation (art. 102).

151. — VI. Saint-Gall. — Lorsque la confiscation n'a pas lieu de plein droit en vertu de dispositions spéciales de la loi, et qu'elle est prononcée à titre de peine, il faut que le jugement l'ordonne expressément (C. pén., art. 20). — V. *suprà*, n. 27.

152. — VII. Vaud. — Indépendamment des cas où la confiscation est prononcée en vertu d'une disposition spéciale de la loi, le juge peut ordonner la saisie et la confiscation, soit du corps du délit, quand il appartient au condamné, soit des choses produites par le délit, soit de celles qui ont servi ou qui ont été destinées à le commettre (C. pén., art. 29).

153. — Le décès du condamné n'éteint pas la confiscation (art. 74).

154. — VIII. Zurich. — « La confiscation a lieu (*tritt ein*), pourvu qu'elle ne porte pas atteinte aux droits d'innocents », pour les divers objets énumérés dans les législations qui précèdent (C. pén., art. 24).

155. — Elle peut être exercée, après la mort de l'accusé, contre sa succession, encore qu'aucun jugement n'ait été prononcé de son vivant (art. 51).

CONFLIT. — V. Acte administratif. — Compétence administrative.

Législation.

Arr. 13 brum. an X (*relatif aux conflits d'attribution*); — Ord. 12 déc. 1821 (*ayant pour objet de faire cesser les difficultés qui se sont élevées sur l'intervention des parties au jugement des conflits entre les tribunaux et l'administration*); — Ord. 1er juin 1828 (*relative aux conflits d'attribution entre les tribunaux et l'autorité administrative*); — Ord. 12 mars 1831 (*qui modifie celle du 2 févr. 1831 sur la publicité des séances du Conseil d'Etat et le mode de décision des affaires contentieuses et des conflits*), art. 6 et 7; — Arr. 30 déc. 1848-20 mars 1850 (*relatif aux conflits d'attribution entre les tribunaux et l'autorité administrative en Algérie*); — Décr. 11-18 oct. 1849 (*sur le costume des membres du tribunal des conflits*); — Règl. d'adm. publ. 26 oct. 1849 (*déterminant les formes de procéder du tribunal des conflits*); — L. 4 févr. 1850 (*sur l'organisation du tribunal des conflits*); — L. 24 mai 1872 (*portant réorganisation du Conseil d'Etat*), art. 25; — Décr. 5-10 août 1881 (*concernant l'organisation de la compétence des conseils du contentieux administratif dans les colonies de la Martinique, de la Guadeloupe et de la Réunion, et réglementant la procédure à suivre devant ces conseils*), art. 4; — Décr. 7 sept. 1881-7 janv. 1882 (*qui rend applicable à toutes les colonies françaises le décret du 5 août 1881 concernant l'organisation et la compétence des conseils du contentieux administratif, et règle la procédure à suivre devant ces conseils*); — Décr. 15-19 juill. 1885 (*portant modification de l'art. 15 du règlement d'administration publique du 26 octobre 1849, qui détermine les formes de procéder du tribunal des conflits*); Décr. 24 juill. 1885 (*concernant le tribunal des conflits*).

Bibliographie.

Aucoc, *Conférences sur l'administration et le droit administratif*, 1882, 2e édit., 3 vol. in-8°, t. 1, n. 397 et s. — Batbie,

CONFLIT.

Traité théorique et pratique de droit public et administratif, 1886, 2ᵉ édit., 8 vol. in-8°, t. 7, n. 334 et s.; — *Précis du cours de droit public et administratif*, 1885, 5ᵉ édit., in-8°, p. 619 et s. — Blanche, *Dictionnaire général d'administration*, 1884-1891, 2 vol. gr. in-8°, vᵒ *Conflit*. — Block, *Dictionnaire de l'administration française*, 1891, 3ᵉ édit., 1 vol. gr. in-8°, vᵒ *Conflit*. — Cabantous et Liégeois, *Répétitions écrites sur le droit administratif*, 1887, 1 vol. in-8°, n. 854, 893 à 914, 924. — Chauveau et Tambour, *Code d'instruction administrative*, 1888-1890, 5ᵉ édit., 2 vol. in-8°, t. 1, n. 429 et s. — Cormenin, *Droit administratif*, 1840, 5ᵉ édit., 2 vol. in-8°, t. 1, p. 436 et s. — Cotelle, *Cours de droit administratif appliqué aux travaux publics*, 1862, 3ᵉ édit., 4 vol. in-8°, t. 4, n. 1478 et s. — Dareste, *La justice administrative en France*, 1862, in-8°. — Ducrocq, *Cours de droit administratif*, 1881, 6ᵉ édit., 2 vol. in-8°, t. 1, n. 272, 657 à 678, 746, 747, 1549 ter. — Dufour, *Traité général de droit administratif*, 1868-1870, 3ᵉ édit, 8 vol. in-8°, t. 3, n. 577 et s. — Dutruc, *Mémorial du ministère public*, 1871, 2 vol. in-8°, t. 1, vᵒ *Action publique*, n. 10. — Duvergier de Hauranne, *De l'ordre légal en France et des abus de l'autorité*. — Faustin Hélie, *Traité de l'instruction criminelle*, 1866-1867, 2ᵉ édit., 8 vol. in-8°, t. 1, n. 452, 465, 477, 513, 518, 521, 523, 524, 540, 758 ; t. 2, n. 1077 et 1078; t. 6, n. 2861 ; — *Pratique criminelle des cours et tribunaux*, 1877, 2 vol. in-8°, t. 1, n. 136. — Foucart, *Éléments du droit public et administratif*, 1856, 4ᵉ édit., 3 vol. in-8°, t. 1, n. 158 et s. — Fuzier-Herman, *La séparation des pouvoirs d'après l'histoire et le droit constitutionnel comparé*, 1880, in-8°, p. 503 et s. — Gérando (de), *Institutes du droit administratif français*, 1829-1830, 4 vol. in-8°, t. 1, p. 399 et s. — Hauriou, *Précis de droit administratif*, 1893, 1 vol. in-8°, n. 567 et s. — Laferrière, *Cours de droit public et administratif*, 1860, 5ᵉ édit., 2 vol. in-8°, t. 2, p. 567 et s.; — *Traité de la juridiction administrative et des recours contentieux*, 1887-1888, 2 vol. gr. in-8°, t. 1, passim. — Lerat de Magnitot et Huard-Delamarre, *Dictionnaire de droit public et administratif*, 1837, 2 vol. in-8°, vᵒ *Conflit*. — Macarel, *Cours d'administration et de droit administratif*, 1852, 2 vol. in-8°, t. 2, p. 628 et s. — Rolland de Villargues, *Les Codes criminels*, 1877, 5ᵉ édit., 2 vol. gr. in-8°, sur art. 182, C. instr. crim., n. 33 et s. — Saint Girons, *Essai sur la séparation des pouvoirs dans l'ordre politique, administratif et judiciaire*, 1880, in-8°, p. 528 et s. — Serrigny, *Traité de l'organisation, de la compétence et de la procédure en matière contentieuse administrative*, 1865, 3 vol. in-8°, t. 1, n. 152 et s. — Simonet, *Traité élémentaire de droit public et administratif*, 1893, 2ᵉ édit., 1 vol. in-8°, n. 353 et s. — Solon, *Répertoire des juridictions civile, commerciale et administrative ou règles générales sur la compétence*, 1845, 4 vol. in-8°, t. 2, vᵒ *Conflit*, p. 257 et s. — Trolley, *Traité de la hiérarchie administrative*, 1847-1854, 5 vol. in-8°, t. 5, n. 2135 et s.

Bavoux, *Des conflits ou empiétements de l'autorité administrative sur l'autorité judiciaire*, 1829, 2 vol. in-8°. — Clément, *Exposé pratique de la procédure suivie devant le Conseil d'État et le tribunal des conflits*, 1882, in-8°. — Collignon, *Des conflits d'attribution*, 1882, in-8°. — Lacanal, *Des conflits positifs d'attribution*, 1885, in-8°. — Pascaud, *La séparation des pouvoirs et les conflits d'attribution*, 1879, in-8°. — Poisson, *Des conflits d'attribution*. — Taillandier, *Commentaire sur l'ordonnance des conflits*, 1829, in-8°.

Tribunal des conflits (G. Dufour) : J. Le Droit, 17 nov. 1849. — Chambre du conseil. Jurisprudence. Tribunal de la Seine. Conflits (Bertin) : J. Le Droit, 26 oct. 1853. — Des conflits élevés devant la juridiction criminelle (P. S.) : J. Le Droit, 25 nov. 1880. — Du conflit en matière criminelle (Albin Curet) : Fr. jud., 5ᵉ année, p. 385. — De l'abus des conflits : Gaz. des trib., 12 janv. 1828. — Le tribunal des conflits : Gaz. des trib., 13 nov. 1880. — Les jugements du tribunal des conflits (Léon Béquet) : J. La Loi, 2, 3, 4 janv. 1881. — Examen doctrinal (Desjardins) : Rev. crit., année 1881, p. 186 et s. — Conflit; dépens exposés devant l'autorité judiciaire (Rodolphe Rousseau) : Rec. pér. de proc. de Rousseau et Laisney, année 1881, p. 114.

Index alphabétique.

Abus ecclésiastique, 213.
Acquiescement, 250, 258, 261 et s., 271 et s., 283, 306, 595 et 596.
Acte administratif, 118, 389.
Acte conservatoire, 97.
Acte d'appel, 507 et s., 536, 537, 623.
Acte d'appel (signification de l'), 507 et s.
Acte de dépôt, 612.
Acte de gouvernement, 115.
Action civile, 166, 174, 175, 178 et s.
Action domaniale, 437.
Action en bornage, 759.
Action en responsabilité, 167.
Action possessoire, 106 et s., 235.
Action publique, 165, 166, 175, 178 et s.
Adjoints, 246.
Administration des postes, 280.
Administration publique, 427.
Affaires urgentes, 471.
Agents de l'autorité judiciaire, 391.
Ajournement, 614.
Alignement, 87.
Allemagne, 798 et s.
Alsace-Lorraine, 801.
Amende, 144, 490.
Angleterre, 803 et s.
Annulation, 128, 249, 410, 547, 592, 683, 684, 686, 688.
Appel, 105, 257, 291 et s., 302, 310, 335, 385, 434, 440, 441, 444, 447, 448, 457, 507 et s., 515, 536, 537, 623, 776, 778.
Arrêt définitif, 250, 265.
Arrêté de conflit, 84, 128, 389, 411, 415, 502, 534, 562, 618.
Arrêté préfectoral, 126, 196, 409. — V. Préfet.
Assemblée du contentieux, 782.
Audience publique, 465.
Autorisation administrative, 89, 198, 213, 217.
Autorisation de plaider, 472, 716 et s.
Autorisation préalable, 208 et 209.
Autorité administrative, 386, 387, 391.
Autorité judiciaire, 366, 389.
Autriche-Hongrie, 806 et s.
Avocat, 438.
Avocat au Conseil d'État, 68, 640, 754, 760.
Avoué, 465, 565, 566, 604, 615, 630.
Bade, 815 et s.
Bâle-Campagne, 878.
Bavière, 821 et s.
Belgique, 821 et s.
Berne, 877.
Bornage, 759.
Bureau de bienfaisance, 214.
Cahier des charges, 147, 153.
Canal, 269, 332.
Capacité électorale, 34.
Cassation, 304 et s., 343, 386, 699.
Chambre des mises en accusation, 775.
Chambre du conseil, 465, 581.
Chapelle, 360.
Chefs de service, 318.
Chemin de fer, 165.
Chemin public, 130, 725.
Chemin vicinal, 132, 153.
Chose jugée, 36, 253, 255, 257, 269 et s., 299, 309, 310, 316, 425, 435, 754.
Citation, 390.
Citation directe, 169 et s., 179, 182, 184, 187, 192, 197.
Clôture des débats, 438.
Commandement, 746.
Commissaire du gouvernement, 50, 54, 642 et s.
Commissaire de police, 240.
Communauté religieuse, 66, 88, 196, 361.
Commune, 86, 87, 198, 213, 217, 218, 279, 429, 472.
Compétence, 80 et s., 264, 297, 387, 390, 394 et s., 413, 617, 780 et s.
Comptabilité, 129.
Comptable, 747.
Conclusions, 615, 678, 790.
Conflit de juridiction, 771 et s.
Conflit négatif, 711 et s.
Connexité, 671.
Conseil de guerre, 244.
Conseil de préfecture, 9, 144, 198, 213, 248, 249, 318, 319, 325, 390, 716, 718, 727, 746.
Conseil de prud'hommes, 237.
Conseil d'État, 26, 27, 29, 38, 42, 124, 209, 249, 323, 369, 375, 384.
Conseil municipal, 156 et s., 732.
Conseiller d'État, 50.
Contrariété de jugement, 728, 737.
Contravention, 179.
Corps législatif, 19, 23 et 24.
Cour d'appel, 222, 406, 409.
Cour d'assises, 182.
Cour de cassation, 38, 247, 691, 703.
Cour des aides, 14.
Cour des comptes, 69.
Crime, 137 et s., 173, 175 et s.
Culte, 213.
Danemark, 865 et 866.
Date, 423.
Déchéance, 133, 392, 518, 521, 665, 764 et 765.
Décision ministérielle, 100.
Déclinatoire, 198, 218, 226, 255, 289, 295 et s., 334, 339, 342, 382, 402, 404, 411 et s., 426 et s., 489, 561, 616, 688.
Défaut, 303, 431, 439, 518.
Défenses, 151, 762, 766.
Délai, 405, 437, 497, 508, 517, 518, 521, 523 et s., 531, 533, 534, 608, 609, 632, 652 et s., 762 et s.
Délibéré, 438.
Délimitation, 92.
Délits correctionnels, 177, 179.
Demande en décharge, 746.
Demande en révision de compte, 747.
Déni de justice, 322, 473, 654.
Dépens. — V. Frais et dépens.
Dernier ressort, 385.
Déshérence, 96.
Désistement, 105, 171, 172, 197, 283 et s., 285, 701.
Dies a quo, 525.
Diffamation, 159 et 160.
Directeur d'administration, 427.
Directoire exécutif, 23 et 24.
Domaine, 88, 154, 484, 489.
Domicile, 97, 330, 604.
Dommages, 332, 380, 741.
Dommages futurs, 305.
Dommages-intérêts, 170, 171, 179, 180, 188, 189, 268, 270, 305, 314, 731.
Droits de place, 727.
Eau (cours d'), 89.
Égypte, 827 et 828.
Élections, 34.
Enquête, 466.
Enregistrement, 677.
Entrepreneur de travaux publics, 380.
Espagne, 829 et s.
Établissements publics, 198, 213.
État, 436 et 437.
États-Unis, 839.
Évocation (droit d'), 13 et s., 18.
Exception péremptoire, 102.
Excès de pouvoirs, 69, 97, 239, 371, 401, 485, 587.
Exécution du jugement, 307, 309, 314, 590, 698.
Exécution provisoire, 543.
Exequatur, 101.
Expédition, 544.
Expertise, 227, 262, 268, 269, 479.
Expropriation, 238 et s., 270.
Expulsion, 165.
Fabrique, 215, 472.
Fonctionnaire public, 176, 177, 195, 208 et s.

232 CONFLIT.

Force motrice, 270.
Force probante, 499.
Forclusion, 509.
Forêts, 150, 154.
Forfaiture, 16, 17, 289, 586, 592, 687 et 688.
Formalité substantielle, 392, 424.
Frais et dépens, 400, 418, 483 et s., 478 et s., 491, 509, 758, 764.
Fribourg, 877.
Garantie, 329.
Gouvernement (décision du), 386, 388.
Grèce, 840.
Greffe, 327, 406, 461, 494, 523, 524, 528, 562 et s., 584, 607, 609, 612, 686.
Greffier, 461, 579, 582.
Halles, 727.
Hambourg, 877.
Haute-Cour de justice, 243.
Homicide par imprudence, 163.
Hospice, 216.
Huissier, 677.
Identité de parties, 751.
Identité d'objet, 755 et s.
Incompétence, 234, 266, 268, 270, 293, 371, 701.
Incompétence (déclaration d'), 713.
Incompétence (exception d'). — V. Déclinatoire.
Indemnité. — V. Dommages-intérêts.
Injonction, 541.
Injure, 159.
Intendants de la marine, 323.
Interprétation, 118, 147, 154, 698, 723, 724, 727, 739.
Inventaire, 97, 625.
Italie, 841 et s.
Jonction des instances, 670.
Jour férié, 534.
Juge, 387.
Juge de paix, 108, 228, 527.
Juge d'instruction, 176, 187, 188, 190, 191, 193, 197, 198, 203, 342.
Jugement, 386, 426.
Jugement (dénonciation de), 384.
Jugement (exécution de), 309, 311, 316, 590, 698.
Jugement (motifs de), 134, 135, 554.
Jugement (signification de), 437.
Jugement définitif, 259, 288, 306.
Jugement en dernier ressort, 250, 306.
Jugement interlocutoire, 259, 272, 460, 478, 570, 720.
Jugement par défaut, 303, 431, 439, 518.
Jugement préparatoire, 259, 720.
Jugement sur le fond, 203, 266, 288, 298, 501, 535 et s., 590, 597.
Jury d'expropriation, 83, 132, 238 et s., 893.
Legs, 33.
Lettre missive, 415, 416, 499, 540, 604.
Liquidation, 129.
Lucerne, 877.
Maire, 144, 246, 604.
Marchés, 727.
Matières criminelles, 242 et s., 388, 627. — V. Cour d'assises, Tribunal correctionnel, Tribunal de simple police.
Mémoire, 68, 220, 644, 648, 677, 784, 790.
Mer (ravages de la), 92.
Mesures conservatoires, 98.
Mesures d'ordre, 548.
Mesures préparatoires, 477.
Ministres, 68, 243, 323, 324, 628, 695, 780.
Ministre de la Justice, 43, 50, 52, 53, 55, 61, 62, 66, 418, 613, 625, 636, 752, 755, 763, 780.
Ministre de l'Intérieur, 249, 358, 375.

Ministère public, 104, 178, 406, 421, 426, 438, 448, 465, 466, 517, 620, 622.
Mise en cause, 477.
Mise en délibéré, 438.
Motifs, 134, 135, 540, 554, 563.
Navigabilité, 152.
Négligence, 391.
Neuchâtel, 877.
Norvège, 867.
Notification, 658, 659, 664, 666, 668, 669, 677. — V. Signification.
Nullité, 392, 404, 459, 469, 470, 520, 523, 538, 540, 560, 582, 605, 608, 631, 665, 667, 668, 686, 691, 746.
Octroi, 135.
Officier de police judiciaire, 176.
Opposition, 193, 257, 303, 431, 439, 518, 674, 770.
Ordonnance de non-lieu, 193.
Ordonnance de soit communiqué, 763 et s.
Ordre public, 181, 334, 605.
Parcours (droit de), 732.
Paris (ville de), 332.
Partie civile, 178, 181, 182, 185, 188, 191 et s., 203.
Parties en cause, 374 et s., 419, 420, 432, 434, 436, 448, 465, 488, 492 et s., 570, 585, 603, 605 et s., 644, 647 et s., 674, 695, 754, 755, 785.
Parties intéressées, 324, 678, 761, 763.
Pays-Bas, 847.
Pêche, 152.
Percepteur, 129.
Plaidoirie, 438, 644, 648.
Plainte, 186, 192, 194 et s., 203.
Portugal, 848.
Postes et télégraphes, 146, 167, 280.
Pourvoi en cassation, 306, 699.
Pouvoir exécutif, 10, 45, 47.
Pouvoir judiciaire, 45, 46, 386.
Pouvoir législatif, 10, 45, 48.
Préfet, 87, 88, 92, 116, 129, 129, 130, 141, 160, 196, 198, 226, 227, 248, 249, 255, 261, 268, 271, 300, 320 et s., 383, 384, 409, 413, 432 et s., 486, 489, 695, 753, 777.
Préfet de la Seine, 357, 358, 360.
Préfet de police, 353 et s., 360.
Préfet maritime, 363, 364, 417.
Premier président, 342.
Première instance, 434, 440 et s.
Prescription, 133, 185, 192.
Président de la République, 243.
Prise à partie, 322.
Procès-verbaux, 544.
Procureur de la République, 324, 422, 462, 494, 499, 531, 576 et s., 582, 604.
Procureur général, 386.
Prorogation, 661.
Prud'hommes, 237.
Prusse, 849 et s.
Question des parties, 110.
Question préjudicielle, 118, 119, 121, 124, 126, 129, 131, 137, 141, 142, 147, 149, 150, 599, 685, 702, 733 et 734.
Rapport, 641, 642, 786 et 787.
Rapporteur, 641, 642, 643, 644, 785.
Récépissé, 660.
Récoltes, 149.
Recours contentieux, 371, 375 et 376.
Recours hiérarchique, 104, 756 et s.
Récusation, 63 et s.
Référé, 97, 223, 224, 226, 227, 314 et 315.
Registre de mouvement, 497 et s.
Règlement de juges, 679, 772, 775, 776, 779.

Relais de mer, 333.
Renvoi, 103, 104, 121, 383, 387.
Renvoi (tribunal de), 304.
Requête, 540, 754, 760.
Requête civile, 308.
Revendication, 391.
Revendication de compétence, 780 et s.
Rivière navigable, 131.
Roulage, 144.
Roumanie, 853 et 854.
Russie, 855.
Saxe (royaume de), 856 et s.
Scandinaves (États), 865.
Scellés, 97, 360.
Schaffhouse, 877.
Schwytz, 877.
Scrutin secret, 52.
Secrétariat du tribunal, 55, 635, 638 et 639.
Section du contentieux, 780 et s.
Sénat, 243.
Séparation des pouvoirs, 10, 16, 17, 53, 100, 112, 160, 168, 202, 205, 210, 211, 253, 257, 366, 368, 558.
Servitude, 86, 725.
Servitudes militaires, 145.
Signification, 437, 507 et s., 531, 540, 687, 763, 766.
Sous-préfet, 126.
Suède, 868.
Suisse, 869 et s.
Suppléant, 50, 54, 62.
Sursis, 126, 131, 139, 202, 218, 328, 399, 401 et s., 410, 418, 522, 542, 580, 586 et s., 592, 593, 596, 727, 789, 791.

Syndicat, 746.
Télégraphe, 146.
Tierce-opposition, 307, 490, 675.
Traité diplomatique, 96.
Transaction, 283 et s., 701.
Travaux publics, 126, 147, 149, 155, 330, 380.
Travaux publics communaux, 741.
Trésor public, 22.
Tribunal, 390.
Tribunal civil, 169, 222, 236, 328.
Tribunal correctionnel, 109 et s., 752, 773.
Tribunal de commerce, 228 et s., 417, 442, 743.
Tribunal des conflits (composition du), 50 et s.
Tribunal des conflits (délibération du), 60.
Tribunal des conflits (secrétariat du), 55, 635, 638 et 639.
Tribunal de simple police, 245 et s., 752, 773.
Tribunaux maritimes, 244.
Uri, 877.
Usine, 89, 270.
Vacances judiciaires, 58, 602, 786 et 787.
Valais, 869, 879.
Vaud, 878.
Vente domaniale, 154.
Visa, 536, 537, 560, 621.
Visite des lieux, 478.
Voirie, 143.
Wurtemberg, 880 et s.
Zug, 877.
Zurich, 878.

DIVISION.

TITRE I. — NOTIONS GÉNÉRALES ET HISTORIQUES.

§ 1. — *Notions générales* (n. 1 à 10).

§ 2. — *Notions historiques* (n. 11 à 44).

§ 3. — *Organisation actuelle de la juridiction des conflits* (n. 45 à 78).

TITRE II. — DU CONFLIT POSITIF D'ATTRIBUTION.

CHAP. I. — DU CAS OÙ IL Y A LIEU D'ÉLEVER LE CONFLIT.

Sect. I. — En quelles matières il y a lieu d'élever le conflit (n. 79 à 135).

Sect. II. — Hypothèses exceptionnelles dans lesquelles le conflit ne peut être élevé (n. 136).

§ 1. — *Matières criminelles* (n. 137 à 142).

§ 2. — *Matières correctionnelles* (n. 143 à 165).

§ 3. — *Action civile* (n. 166 à 203).

§ 4. — *Matières diverses* (n. 206 à 221).

CHAP. II. — DEVANT QUELLES JURIDICTIONS LE CONFLIT PEUT ÊTRE ÉLEVÉ ET À QUEL MOMENT IL PEUT L'ÊTRE.

Sect. I. — Devant quelles juridictions le conflit peut être élevé (n. 222).

§ 1. — *Juge des référés* (n. 223 à 227).

§ 2. — *Tribunaux de commerce; juges de paix jugeant en matière civile; conseils de prud'hommes* (n. 228 à 237).

§ 3. — *Jurys d'expropriation* (n. 238 à 241).

§ 4. — *Juridictions répressives* (n. 242).

1° Sénat constitué en Haute-Cour de justice (n. 243).
2° Conseils de guerre. — Tribunaux maritimes (n. 244).
3° Tribunaux de simple police (n. 245 et 246).

§ 5. — *Cour de cassation* (n. 247).

§ 6. — *Juridiction administratives* (n. 248 et 249).

Sect. II. — A quel moment le conflit peut être élevé (n. 250 à 316).

CHAP. III. — Par qui le conflit peut être élevé (n. 317).

Sect. I. — **Autorité administrative** (n. 318 à 324).

§ 1. — *Quels préfets sont compétents pour élever le conflit* (n. 325).

   1° Préfets des départements (n. 326 à 352).
   2° Préfet de police (n. 353 à 362).
   3° Préfets maritimes (n. 363 à 365).

Sect. II. — Autorité judiciaire (n. 366 à 373).

Sect. III. — Parties (n. 374 à 380).

CHAP. IV. — De la procédure a suivre pour élever le conflit.

Sect. I. — Généralités (n. 381 à 411).

Sect. II. — Du déclinatoire (n. 412 et 413).

§ 1. — *Formes du déclinatoire* (n. 414 à 461).
§ 2. — *Autorité à laquelle doit être remis le déclinatoire* (n. 462 à 467).
§ 3. — *Effets du déclinatoire* (n. 468 à 501).

Sect. III. — De l'arrêté de conflit.

§ 1. — *Quand l'arrêté de conflit peut être pris* (n. 502 à 536).
§ 2. — *Formes de l'arrêté de conflit* (n. 537 à 561).
§ 3. — *Dépôt de l'arrêté de conflit au greffe et communication au tribunal* (n. 562 à 583).
§ 4. — *Effets de l'arrêté de conflit* (n. 584 à 601).

CHAP. V. — De l'instruction sur conflit et des effets des décisions sur conflit.

Sect. I. — De l'instruction et du jugement sur conflit (n. 602 à 682).

Sect. II. — Effets des décisions sur conflit (n. 683 à 710).

TITRE III. — **DU CONFLIT NÉGATIF D'ATTRIBUTION** (n. 711).

CHAP. I. — Des cas dans lesquels il y a conflit négatif (n. 712 à 751).

CHAP. II. — Qui peut élever le conflit négatif (n. 752 à 755).

CHAP. III. — Procédure et jugement du conflit négatif (n. 756 à 770).

TITRE IV. — **CONFLIT DE JURIDICTION** (n. 771 à 779).

TITRE V. — **DES REVENDICATIONS DE COMPÉTENCE DEVANT LA SECTION DU CONTENTIEUX DU CONSEIL D'ÉTAT** (n. 780 à 796).

TITRE VI. — **LÉGISLATION COMPARÉE** (n. 797 à 885).

TITRE I.

NOTIONS GÉNÉRALES ET HISTORIQUES.

§ 1. *Notions générales.*

1. — On donne le nom de *conflit* au dissentiment qui se manifeste entre deux ou plusieurs autorités de même ordre ou d'ordre différent, lorsque chacune d'elles réclame ou répudie la connaissance d'une même affaire.

2. — Si le dissentiment existe entre deux autorités d'ordre différent (dans la pratique administrative et l'autorité judiciaire), il prend le nom de conflit d'*attribution*.

3. — Si le différend, au contraire, s'élève entre deux autorités de même ordre, il prend le nom de conflit de *juridiction*. S'il se produit entre deux tribunaux de l'ordre judiciaire, il est réglé par les art. 363 et s., C. proc. civ. (V. *infrà*, v° *Règlement de juges*). Pour le conflit entre deux autorités administratives, aucun texte n'existe, et sur ce point la jurisprudence a dû suppléer la loi. — V. *infrà*, n. 776 et s.

4. — Soit qu'il s'agisse d'un conflit d'attribution, soit qu'il s'agisse d'un conflit de juridiction, il peut arriver que les deux autorités en lutte veuillent l'une et l'autre retenir la connaissance de l'affaire; on dit en pareil cas que le conflit est positif, et on peut définir ce genre de conflit: la contestation qui s'élève entre l'administration et l'autorité judiciaire, ou deux tribunaux de même ordre, qui prétendent tous deux connaître d'une même affaire.

5. — Il y a, au contraire, conflit négatif lorsque deux autorités déclarent qu'une affaire soumise à leur décision ne rentre pas dans leurs attributions respectives. De même que le conflit positif, le conflit négatif peut être de *juridiction*, c'est-à-dire entre deux autorités de même ordre, ou d'*attribution*, c'est-à-dire entre deux autorités d'ordre différent.

6. — On s'est demandé si ce que, dans la pratique, on appelle un conflit négatif d'attribution est bien véritablement un conflit. Au sens technique du mot, la négative sur cette question nous paraît s'imposer. Le conflit suppose essentiellement une lutte entre deux autorités qui prétendent s'attribuer la connaissance d'une affaire déterminée. Or, dans l'hypothèse du conflit négatif rien de semblable. Les juridictions ne revendiquent nullement la connaissance d'une affaire; tout au contraire, elles refusent d'en connaître. Il n'y a pas là conflit au sens qui s'attache naturellement à ce mot. Aussi les quelques textes que nous possédons sur le conflit ne parlent-ils jamais du conflit négatif. L'ordonnance réglementaire du 12 déc. 1821 ne voyait dans ce genre de conflit qu'une sorte de règlement de juge. L'ordonnance du 1er juin 1828 n'en fait aucune mention. Comme disposition écrite sur ce genre de conflit, nous n'avons qu'un règlement des 26-28 oct. 1849, qui s'en est occupé pour régler la procédure à suivre en pareille occasion devant le tribunal des conflits créé en 1848.

7. — Ce défaut de réglementation à peu près complet peut recevoir une explication. Cette explication peut d'abord être tirée de la différence profonde qui existe au point de vue social entre les deux espèces de conflit : le conflit positif existe dans un intérêt d'ordre public, pour sauvegarder le principe fondamental de la séparation des pouvoirs. Au contraire, comme le fait remarquer Serrigny (t. 1, n. 240), le conflit négatif ne trouble pas la société, il n'établit pas de collision entre des pouvoirs rivaux. Il affecte principalement les intérêts privés, en mettant les parties dans l'impossibilité momentanée de trouver des juges. « Certes, dit Serrigny, c'est toujours là une chose grave dans l'ordre social, mais elle l'est infiniment moins que le conflit positif qui établit une lutte entre les pouvoirs organisés... ». A cette considération théorique, on peut ajouter qu'en pratique, le conflit négatif se présente fort rarement, et n'a pas dû, par suite, solliciter bien vivement l'attention du législateur.

8. — Il ressort de la définition que le conflit ne consiste pas dans le seul fait qu'un même litige a été soumis à deux juridictions d'ordre différent ou de même ordre; il faut de plus qu'une contestation s'élève entre ces deux autorités, soit qu'elles veuillent l'une et l'autre retenir la connaissance de l'affaire, soit au contraire qu'elles refusent d'en connaître.

9. — Par application de cette idée il a été décidé avec raison que si un conseil de préfecture et un tribunal civil, saisis en même temps de la même affaire, n'ont pas encore prononcé sur le litige, il n'existe ni conflit positif ni conflit négatif. — Cons. d'Ét., 3 mars 1825, Saint-Arnaud, [S. chr., P. adm. chr.]

10. — Dans notre législation moderne, le conflit est avant tout une arme donnée à l'administration pour résister aux empiétements de l'autorité judiciaire. Sous ce rapport il apparaît comme une des sanctions les plus énergiques du principe fondamental dans le droit public moderne de la séparation des pouvoirs. Toutefois, si le conflit constitue une sanction énergique de la séparation des pouvoirs, cette sanction n'est pas générale et réciproque. Elle n'est pas réciproque parce que l'autorité judiciaire n'a point à sa disposition le conflit pour se préserver des empiétements de l'autorité administrative (V. *suprà*, v° *Compétence administrative*, et *infrà*, n. 366 et s.). Elle n'est pas générale, car le pouvoir législatif ne jouit point de cette garantie vis-à-vis du pouvoir exécutif. Elle serait pour lui sans utilité : l'étendue de ses pouvoirs et son importance prépondérante dans l'Etat lui fourniront toujours le moyen de se faire respecter. En outre, il ya par elle-même des caractères assez définis pour qu'il soit impossible de confondre sa confection, qui revient au pouvoir législatif, et son exécution, qui revient au pouvoir exécutif.

§ 2. Notions historiques.

11. — Avant 1789, la nécessité de prévenir les collisions et les empiètements réciproques des diverses autorités judiciaires avait depuis longtemps appelé l'attention des rois. Investis d'un pouvoir absolu, c'est à eux qu'incombait tout naturellement le soin de maintenir les diverses autorités dans leur sphère d'action respective, ou de les y ramener lorsqu'elles s'en étaient écartées. — Dareste, p. 209; de Tocqueville, *l'Ancien régime et la Révolution*, chap. 2, p. 2 et s.; Block, v° *Conflit*, n. 2.

12. — Dans l'origine sans doute, l'autorité royale, encore mal établie, ne pouvait guère avoir sur des juridictions qui ne dérivaient pas de sa puissance une autorité certaine et assurée. Pour éviter autant que possible les conflits sans cesse renaissants, entre des juridictions souvent rivales à attributions mal définies, les rois se virent obligés de négocier. C'est ainsi qu'en 1204, intervint entre le roi Philippe-Auguste, les clercs et les barons un Etablissement touchant les questions de compétence entre les juridictions séculières et ecclésiastiques. — Isambert, *Anciennes lois françaises*, t. 1, p. 194.

13. — Mais, avec le développement du pouvoir royal en France, les rois, pour régler les questions de compétence, furent dispensés de recourir à des conventions. Ils procédèrent à ce règlement de leur propre autorité. Déjà, en 1401, on voit le roi évoquer en son conseil l'appel porté devant le Parlement par un contrôleur de la Chambre des comptes contre une décision de la Cour des comptes. — Isambert, t. 7, p. 8 et la note. — V. aussi Dareste, p. 210.

14. — Plus tard, et à l'occasion des questions de compétence qui s'élevaient fréquemment entre le Parlement et la Cour des aides, l'ordonnance du 20 déc. 1359 voulut que ces deux corporations « s'entendissent par l'intermédiaire des gens du roi, pour amiablement et fraternellement accorder, décider et terminer leurs différends, sinon en référer respectivement au roi pour en être par lui ordonné ». Ces principes furent rappelés par l'art. 70 de l'ordonnance de Louis XIII, de janvier 1629.

15. — Au roi, en son conseil, pouvoir suprême de l'Etat, appartenait donc dès lors et incontestablement le règlement des compétences; mais ce droit, légitime en son principe, était devenu la source d'abus nombreux : évoquant les affaires de toute nature, non plus seulement pour régler les questions de compétence, mais encore statuant au fond et méconnaissant l'autorité de la chose jugée, même celle résultant des arrêts des parlements, le conseil bouleversait souvent l'ordre des juridictions. « Le roi en son conseil, dit M. de Cormenin, revisait de pleine science et de pleine autorité tous les jugements, il réglait les compétences, il évoquait le fond, il cassait les arrêts des parlements, il posait la borne où il le voulait » (Rapport sur l'Ord. de 1828).

16. — L'Assemblée constituante, par la loi des 16-24 août 1790, sur l'organisation judiciaire, porta remède à ce double mal en proclamant (art. 17) que nul ne pouvait être distrait de ses juges naturels, par aucune commission, ni par d'autres attributions ou évocations que celles déterminées par les lois; en même temps, elle consacrait par l'art. 13 le principe de la séparation des autorités judiciaire et administrative. « Les fonctions judiciaires sont distinctes et demeureront toujours séparées des fonctions administratives. — Les juges ne pourront, à peine de forfaiture, troubler, de quelque manière que ce soit, les opérations des corps administratifs, ni citer devant eux les administrateurs pour raison de leurs fonctions » (art. 13). Ce texte fondamental est le point de départ de toute notre législation sur les conflits. Ainsi qu'on l'a justement fait remarquer, cette loi « ... ne pose pas le principe de la séparation des pouvoirs, mais le suppose et se borne à indiquer une application. Cet seulement entre deux des pouvoirs ou autorités de l'Etat qu'elle marque une séparation. La loi des 16-24 août 1790 était issue d'un besoin général, mais sa rédaction était commandée par des circonstances particulières et pressantes, que l'on a eu surtout en vue en la faisant... La pensée dominante du législateur de cette époque a toujours été de protéger l'autorité administrative, et d'enlever aux tribunaux certaines attributions des parlements. Ce fut la conséquence due à ce fait que dans le passé l'usurpation, et par suite, la confusion étaient venues de l'autorité judiciaire, et l'effet inévitable de la loi des réactions ». — Collignon, p. 11. — V. dans le même sens, le discours prononcé par M. Cuvier devant le conseil des Cinq-Cents pour défendre le droit du pouvoir exécutif à régler les conflits. — Taillandier, p. 106 et s.

17. — L'art. 13 contenait une sanction pénale destinée à assurer l'exacte observation du principe de la séparation des pouvoirs (peine de la forfaiture). Toutefois, il était facile de s'apercevoir que cette sanction, à raison même de sa gravité, ne serait jamais appliquée. Toute pénalité suppose une intention criminelle, et dans la très-grande majorité des cas, la preuve de cette intention devait être impossible à fournir. C'est de très-bonne foi que le juge peut outrepasser ses droits et faire une fausse application de la loi. Alors même qu'il serait établi que, sciemment, il a outrepassé ses droits, la sanction de la loi de 1790 pouvait encore paraître excessive. A tous les points de vue, elle était donc destinée à ne pas être appliquée.

18. — Toutefois, si, en ce qui concerne le droit d'évocation au fond et le règlement des juridictions entre autorités de même ordre, l'autorité royale se trouvait dépouillée par la loi nouvelle, cette même loi n'avait nullement entendu lui enlever le pouvoir de statuer sur les conflits d'attribution.

19. — Aussi, moins de deux mois après, et par suite de difficultés survenues sur ce dernier point, l'Assemblée constituante déclara (L. 7-14 août 1790) que les réclamations d'incompétence à l'égard des corps administratifs n'étaient pas du ressort des tribunaux; qu'elles devaient être portées au roi, chef de l'administration générale, et que dans le cas où l'on prétendrait que les ministres auraient fait rendre une décision contraire aux lois, il en serait référé au Corps législatif. A partir de cette loi, la théorie moderne du conflit est établie, car le principe d'où elle découle est proclamé, et le juge qui doit en connaître, désigné pour la première fois.

20. — Mais l'Assemblée constituante, après avoir en principe institué les conflits, n'eut pas le temps de compléter son œuvre en en réglant l'exercice. Evidemment, cela n'était pas suffisant, et dans une matière si grave et qui prenait une importance si grande, par suite de la séparation formellement posée des pouvoirs, il importait au législateur de laisser le moins possible à l'arbitraire.

21. — Le droit de statuer sur les règlements de conflits passa bientôt du pouvoir royal à la Convention nationale, que l'on vit, réunissant en elle l'exercice de tous les pouvoirs, annuler les jugements soit par voie de référé, soit sur les propositions de ses comités, soit par l'organe de ses représentants (Magnitot et Delamarre, *Dict. de dr. admin.*, v° *Conflit*, sect. 1). C'était, en définitive, le retour aux pratiques de l'ancien régime. Comme le roi en son conseil, la Convention annulait les jugements qui lui paraissaient entachés d'incompétence. — V., notamment, les décrets législatifs des 21 prair. an II, 15 pluv. et 1er fruct. an III.

22. — Et même, par la loi du 16 fruct. an III, elle déclara « annuler toutes procédures et jugements rendus par les tribunaux judiciaires contre les corps administratifs et comités de surveillance, sur réclamations d'objets saisis, de taxes révolutionnaires et autres actes d'administration émanés desdites autorités et arrêtés des représentants du peuple en mission, ou sur répétition des sommes et effets versés au Trésor public. »

23. — Quelques jours après, la loi du 21 fruct. an III (art. 27) transféra la connaissance des conflits d'attribution au ministre intéressé, dont la décision devait être confirmée par le Directoire exécutif. Cette loi reconnaissait, en outre, la faculté pour le Directoire d'en référer au Corps législatif. Cette loi est la première qui ait tenté une réglementation de la matière des conflits en vue d'assurer une certaine sécurité contre l'arbitraire du pouvoir exécutif. Elle présentait néanmoins de très-graves lacunes : c'est ainsi, notamment, qu'elle ne déterminait pas les personnes qui pourraient élever le conflit et les moments auxquels il pourrait l'être.

24. — La loi de fructidor reconnaissait au Directoire la faculté d'un référé au Corps législatif. En fait, ce référé n'eut lieu qu'une seule fois (Décr. 23 fruct. an VII), « tant il est vrai de dire, selon la remarque de M. de Cormenin (*Rapport à la commission sur l'ordonnance de 1828*), que, même sous le gouvernement républicain, le droit de décision des conflits doit reposer uniquement entre les mains du pouvoir exécutif ». — V., toutefois, Taillandier, p. 3.

25. — « A cette époque, dit encore M. de Cormenin, les conflits étaient établis pour les causes les plus diverses : tantôt ils avaient un but *politique*, protéger les acquéreurs des biens nationaux, surveiller la rentrée des proscrits; tantôt un but *administratif*, protéger la personne des agents secondaires du pouvoir et leurs actes contre les entreprises des juges ordinaires; tantôt encore un but *fiscal*, assurer la perception des impôts de toute nature, l'exécution des marchés publics, la liquidation des créances du Trésor ». Au point de vue de la critique historique, on peut, toutefois, remarquer que les abus qui, d'après M. de Cormenin, furent si nombreux sous le régime de la loi du 21 fruct. an III, ne paraissent point avoir frappé ses contemporains. Ainsi l'opposition, ayant voulu essayer de retirer au gouvernement le règlement des conflits, invoqua au sein du pouvoir législatif non pas les abus auxquels donnait lieu l'exercice de ce droit, mais une prétendue inconstitutionnalité de l'art. 27, L. 21 fruct. an III (V. Collignon, p. 20 et s.). Quoi qu'il en soit, le nombre des conflits élevés de l'an III à l'arrêté de brumaire an X fut de 196 : 33 furent annulés en entier, 5 en partie, 158 furent maintenus. — V., sur la jurisprudence directoriale en matière de conflit, le rapport de M. de Cormenin, n. 9 à 29, qui en contient une analyse très-détaillée.

26. — La constitution de l'an VIII ne contient sur le règlement du conflit aucune disposition expresse; le seul art. 52 porte qu'au Conseil d'État appartient, outre la rédaction des projets de loi et des règlements d'administration publique, la solution des difficultés en matière administrative.

27. — Plus explicite, l'arrêté consulaire du 5 niv. an VIII (art. 11) déclara que, sur le renvoi des consuls, le Conseil d'État connaîtrait des conflits d'attribution. Mais cet arrêté ne décidait rien sur la forme et l'instruction des conflits. On a beaucoup critiqué l'attribution faite au Conseil d'État de la mission de juger les conflits. La faute était d'autant plus grave que, sous la constitution de l'an VIII, le Conseil d'État participait non seulement à l'œuvre législative, mais remplissait en outre des fonctions judiciaires. Il était une sorte de tribunal suprême administratif, et de même qu'on avait écarté la Cour de cassation comme juridiction des conflits, parce qu'elle appartenait à l'ordre judiciaire, de même on aurait dû écarter le Conseil d'État comme appartenant à l'ordre administratif. On pourra toutefois se convaincre par les développements qui suivent que pendant longtemps on n'a point tenu compte de cette objection cependant fort grave.

28. — La lacune de l'arrêté du 5 niv. an VIII, sur la forme et l'instruction des conflits, ne fut remplie que par l'arrêté du 13 brum. an X, qui pendant longtemps est resté à peu près le seul règlement en ces matières.

29. — Sous la Restauration, et dès ses premiers jours, deux ordonnances successives, des 29 juin 1814 (art. 9) et 23 août 1815 (art. 13), intervinrent : la première, pour maintenir la connaissance des conflits au Conseil d'État; la seconde, pour régler l'instruction en cette matière.

30. — Mais ces ordonnances, tout en modifiant sur certains points les règlements qui les avaient précédées, n'avaient point résolu les questions soulevées par l'application de la loi de fructidor an III et de l'arrêté du 13 brum. an X, qui étaient restés les lois principales de la matière.

31. — Une ordonnance ultérieure et plus complète, du 12 déc. 1821, apporta des modifications assez notables à la procédure des conflits. Mais les changements qu'elle introduisait étaient encore loin d'être suffisants pour fixer la jurisprudence.

32. — Malgré ces diverses ordonnances, la réglementation du conflit restait essentiellement incomplète. Ainsi notamment l'arrêté de brumaire n'avait point déterminé qui élèverait le conflit; le règlement du 5 niv. an VIII, qui en serait juge, et l'ordonnance de 1821 avait indiqué quelques règles de procédure, mais aucun texte n'indiquait à quel moment le conflit pourrait être élevé. Sur ce point, la jurisprudence du Conseil d'État avait fini par poser en principe que le conflit ne pourrait plus être élevé quand la contestation serait terminée par les jugements ayant acquis l'autorité de la chose jugée. — Cons. d'Ét., 15 janv. 1853, Commune de Rémoville, [P. adm. chr.] — Mais il considérait qu'il n'y avait chose jugée qu'après l'expiration des délais du pourvoi en cassation, ce qui laissait à l'administration une latitude beaucoup trop grande pour faire annuler les jugements et arrêts.

33. — De même, le décret de brumaire n'indiquait pas dans quels cas et devant quelles juridictions on pourrait élever le conflit. L'administration argua de ce silence son intérêt était la seule règle qu'elle dût suivre. On aboutit ainsi à l'arbitraire le plus complet, et à l'usage le plus abusif du conflit. Les affaires les plus étrangères à l'administration furent enlevées à leurs juges naturels. Il y a un exemple célèbre des prétentions exorbitantes de l'administration. Grétry ayant légué son cœur à la ville de Liège où il était né, une contestation s'éleva sur le point de savoir si le cœur du testateur devait être remis à ses légataires afin qu'ils pussent accomplir ses dernières volontés. La cour de Paris décida la question en faveur des légataires. Il semblait que cette décision ne portait aucune atteinte aux prérogatives de l'administration. Cependant elle éleva le conflit, et finalement l'arrêt de la cour de Paris demeura sans exécution (V. Taillandier, p. 133). Les choses en étaient venues à ce point qu'un ministre put affirmer qu'il dépendait de lui de donner à n'importe quelle affaire un caractère plus ou moins administratif et de l'enlever au moins provisoirement au juge réellement compétent, par le moyen du conflit. — Rapport de M. de Cormenin, sur l'ordonnance de 1828, n. 52.

34. — C'est surtout en matière électorale que, sous la Restauration, on fit un usage abusif du conflit, et notamment à propos des questions de capacité électorale. Par la voie du conflit, l'administration en arrivait ainsi facilement à retarder la solution de la question jusqu'après l'élection. — Taillandier, p. 130; Dupin, *Discussion de la loi sur la révision des listes électorales : Moniteur*, 9 août 1828.

35. — Ces abus finirent par émouvoir l'opinion publique. C'est ce qui décida le gouvernement (ministère de Martignac) à nommer une commission de dix membres, chargée d'étudier les réformes à apporter à la législation du conflit et de rédiger une ordonnance qui consacrerait ces réformes (Arr. du garde des sceaux, 16 janv. 1828). Les membres de la commission (Henrion de Pansey, de Cormenin, Taillandier, etc.) auraient été partisans, en principe, de réformes radicales. Mais comme ils avaient charge de préparer, non pas une loi, mais simplement une ordonnance, ils étaient entravés dans leur liberté d'action par le souci de ne point franchir la légalité, et, d'autre part, ils étaient contrariés par le pouvoir exécutif qui, se voyant contraint par l'opinion de consentir des réformes, voulait du moins ne consentir que l'indispensable. Des travaux de cette commission est sortie l'ordonnance de 1828. Sa rédaction fut précédée d'un très-remarquable rapport dû à M. de Cormenin, et qui est encore aujourd'hui utile à consulter.

36. — Cette ordonnance, amendant et fixant la jurisprudence, établit d'une manière nette et précise les règles à suivre. C'est elle qui, modifiée depuis sur quelques points secondaires par des ordonnances postérieures du 12 mars 1831 et du 18 sept. 1839, régit encore aujourd'hui les conflits. Elle détermine les cas dans lesquels le conflit pourra être élevé et les formes qui devront être observées. Elle contiendrait, en définitive, une réglementation assez satisfaisante du conflit, si on ne pouvait prétendre qu'elle est entachée d'illégalité. Elle statue incontestablement, en effet, sur une matière qui est du domaine législatif, puisqu'il s'agit de déterminer quels sont les cas dans lesquels la chose jugée doit être respectée.

37. — Mais le gouvernement n'osa pas soumettre la question aux Chambres. L'opinion publique était tellement surexcitée qu'il craignit de tout porter en livrant la question à l'examen du pouvoir législatif. Il préféra publier une ordonnance incomplète et dont la légalité a pu être contestée jusqu'à nos jours.

38. — L'ordonnance de 1828 laissa le jugement des conflits au Conseil d'État. Le débat s'éleva de nouveau sur le point de savoir s'il ne conviendrait pas d'instituer la Cour de cassation juge des conflits. Mais, en définitive, on maintint au Conseil d'État sa fonction de juge des conflits. La pensée qui a prévalu de nos jours, et d'après laquelle ce qu'il y a encore de préférable c'est de remettre le jugement du conflit à un tribunal mixte n'appartenant ni à l'ordre administratif, ni à l'ordre judiciaire, ne se fit point jour dans la discussion et la préparation de l'ordonnance de 1828.

39. — En 1836, un projet de loi fut préparé sur les conflits. Mais ce projet, dont les dispositions étaient loin de valoir celles contenues dans l'ordonnance de 1828, n'a pas été soumis aux Chambres : « Son premier tort, dit M. de Cormenin, était de vouloir légiférer lorsque personne ne le demandait. Son second tort était de légiférer mal. »

40. — Nous sommes tout disposés à croire, avec M. de Cormenin, que le projet de 1836 n'était pas acceptable, mais nous ne saurions admettre avec lui qu'il soit, suivant ses expressions, « inutile de légiférer en cette matière »; elle touche, en effet, aux intérêts les plus graves; tout aurait donc besoin d'y être déterminé d'une manière précise et nette pour prévenir les abus.

41. — Tel est, au surplus, le vœu que, dès 1828, et à l'occasion de l'ordonnance du 1er juin, exprimaient M. de Barante et M. de Cormenin lui-même dans son rapport (V. Duvergier, Collect. des lois, t. 28 : Notes sur l'ordonnance du 28 juin 1828). Ce vœu a depuis été bien des fois renouvelé. Quoi qu'il en soit, et en l'absence d'une loi spéciale, l'ordonnance du 1er juin 1828, rendue par le pouvoir exécutif dans les limites de ses attributions, doit être tenue comme faisant règle en ces matières. — Rennes, 8 juill. 1833, Lègue et Nicoï, [P. chr.]

42. — Des ordonnances du 18 sept. 1839 et du 19 juin 1840 ajoutèrent quelques articles à la législation en matière de conflit sans y apporter aucune amélioration ni aucune modification importante. La loi du 19 juill. 1845, sur le Conseil d'Etat, comprit les conflits dans les affaires contentieuses sans contenir aucune disposition expresse à leur égard.

43. — La Révolution de 1848 inaugure une ère nouvelle dans la législation des conflits. Des principes nouveaux apparaissent en même temps que les institutions politiques se modifient. C'est ainsi que la constitution du 4 nov. 1848 décida, dans son art. 89, qu'il y avait lieu de substituer au Conseil d'Etat comme juge des conflits un tribunal mixte, composé de quatre conseillers à la Cour de cassation, de quatre conseillers d'Etat et présidé par le ministre de la Justice, et à son défaut par le ministre de l'Instruction publique. Le nouveau tribunal des conflits fut organisé par la loi des 3-8 mars 1849. La législation de cette période fut complétée par un règlement d'administration publique du 26-28 oct. 1849, qui déterminait les formes de procéder devant le tribunal des conflits, et par une loi des 4-8 févr. 1850. Le nouveau tribunal fut installé le 7 mars 1850 et rendit ce jour-là sa première décision.

44. — Le régime établi par la République de 1848 constitue un notable progrès. Notamment, on ne peut qu'approuver l'idée, qui a définitivement prévalu, de confier à un tribunal mixte planant au-dessus de toutes les juridictions et ne participant pas de leur esprit de corps le jugement des conflits. Cependant, l'excellence de l'institution ne devait pas en empêcher la suppression. Le gouvernement impérial, par un décret des 18-25 févr. 1852, supprima le tribunal des conflits et rendit au Conseil d'Etat le règlement des conflits. Cet état de choses a duré jusqu'à la loi du 24 mai 1872, qui a rétabli le tribunal des conflits, et qui est encore actuellement en vigueur.

§ 3. *Organisation actuelle de la juridiction des conflits.*

45. — Les développements qui précèdent démontrent que, pour la détermination et la constitution de l'autorité qui devra être chargée de régler les conflits, les systèmes les plus divers peuvent être proposés. On peut concevoir que le pouvoir de juger les conflits soit remis à un organe de l'un des trois pouvoirs que l'on distingue généralement : le législatif, l'exécutif ou le judiciaire. On peut concevoir également que la mission de régler les conflits soit remise à un tribunal mixte dont la composition peut varier à l'infini. L'étude de la législation comparée démontrera que ces systèmes divers ont tous reçu une application chez des peuples différents. — V. *infrà*, n. 797 et s.

46. — De tous les systèmes possibles, le plus mauvais est assurément celui qui remet exclusivement à l'une des deux autorités judiciaire ou administrative le jugement des conflits. Cette autorité, directement intéressée dans le conflit, serait à la fois juge et partie. Spécialement, en France, où le conflit a précisément toujours été considéré comme une arme donnée à l'administration contre les empiétements de l'autorité judiciaire, il serait bizarre de confier à cette autorité le soin de réfréner ses propres empiétements.

47. — Le système qui remet au chef de l'Etat le règlement des conflits confère au pouvoir exécutif un moyen précieux de gouvernement qui sera surtout utile dans les moments de troubles et de révolutions. Il n'en constitue pas moins toujours un pouvoir qui peut devenir dangereux. D'autre part, ce système n'échappe pas plus que le précédent au reproche de constituer une partie du conflit juge du conflit. Le gouvernement est, en effet, responsable des actes de l'administration : c'est lui qui les a ordonnés; c'est sous sa direction qu'ils ont été accomplis. C'est vainement que pour échapper à cette critique on a proposé de distinguer entre l'administration et le gouvernement.

48. — Bien supérieur aux deux précédents est le système dans lequel c'est le pouvoir législatif qui est institué juge des conflits. L'existence d'un conflit suppose une lacune ou tout au moins une obscurité dans la législation. Il semble donc naturel de laisser le législateur éclaircir ou compléter la règle législative à l'occasion de laquelle s'élève le conflit. D'autre part, l'intervention du pouvoir législatif supprime désormais toutes difficultés pour l'avenir. Au contraire, des décisions judiciaires, de quelques autorités qu'elles émanent, n'ont aucun caractère général et réglementaire. A ce système on ne peut que reprocher de méconnaître le rôle que dans notre conception moderne nous attribuons au législateur. Le législateur doit faire la loi, mais il ne lui appartient pas de l'interpréter ou de l'appliquer à un cas particulier. Aucune raison suffisante ne permet de déroger à ce principe fondamental en matière de conflit.

49. — A notre avis, le meilleur système est certainement celui qui attribue à un tribunal mixte, dominant à la fois l'autorité judiciaire et l'autorité administrative, le jugement des conflits. C'est celui qui, consacré pour la première fois en France en 1848, a définitivement prévalu en 1872. Etudions comment la loi du 24 mai 1872 en a fait l'application.

50. — Cette loi, en rétablissant le tribunal des conflits, a remis en vigueur, sauf de très-légères modifications, toutes les dispositions législatives antérieures (L. 4 févr. 1850 et Règl. 26 oct. 1849). En vertu de ces dispositions, le tribunal des conflits se compose de neuf membres : 1° le garde des sceaux, ministre de la Justice, président; 2° trois conseillers d'Etat en service ordinaire, élus par les conseillers en service ordinaire; 3° trois conseillers à la Cour de cassation nommés par leurs collègues; 4° deux membres et deux suppléants élus par la majorité des autres juges nommés conformément aux règles qui précèdent. Les membres et suppléants élus le sont pour trois ans, et sont indéfiniment rééligibles (art. 25, L. 24 mai 1872). Il y a, en outre, deux commissaires du gouvernement, choisis par le Président de la République, l'un parmi les maîtres des requêtes au Conseil d'Etat, l'autre dans le parquet de la Cour de cassation. Chacun de ces deux commissaires a un suppléant désigné de la même manière que lui.

51. — Dans les premières années qui ont suivi la loi de 1872, le tribunal des conflits avait adopté pour règle de choisir les membres qu'il est appelé à élire pour se compléter parmi les personnes ayant appartenu au Conseil d'Etat et à la Cour de cassation, mais n'en faisant plus partie. On voulait que, tout en s'inspirant des traditions des corps auxquels ils avaient appartenu, ils fussent dégagés d'un esprit trop exclusif. Depuis 1879, une jurisprudence différente s'est formée, et l'usage s'est établi d'appeler à compléter le tribunal des conseillers à la Cour de cassation et des membres du Conseil d'Etat actuellement en exercice.

52. — Les membres du tribunal des conflits choisissent un vice-président au scrutin secret et à la majorité absolue des voix. Le droit de convocation appartient au président seul, c'est-à-dire au ministre de la Justice (Règl. 26 oct. 1849, art. 1). Aucune prérogative spéciale n'est attachée à la vice-présidence qui, en vertu d'un usage de courtoisie, est à tour de rôle attribuée à un membre du Conseil d'Etat et de la Cour de cassation.

53. — On peut remarquer qu'aucun des juges qui composent la juridiction des conflits n'est formé, ni l'usage ni le pouvoir exécutif. A ce point de vue, la loi de 1872 a sacrifié l'influence du pouvoir exécutif. La disposition qui attribue la présidence au garde des sceaux est la seule concession faite à ce pouvoir. On pourrait très-bien soutenir que cette organisation assure dans les meilleures conditions possibles l'observation intégrale du principe tutélaire de la séparation des pouvoirs. A certains esprits cependant la part faite à l'exécutif dans la composition du tribunal des conflits a paru trop restreinte. On a prétendu que tout au moins il serait bon d'assurer au Parlement une représentation au sein du tribunal.

54. — Les nominations des commissaires et des suppléants doivent être renouvelées chaque année avant la reprise des travaux du tribunal (art. 6, L. 4 févr. 1850).

55. — Un secrétaire nommé par le ministre de la Justice est attaché au tribunal des conflits (Règl. 26 oct. 1849, art. 5).

56. — Le tribunal des conflits siège comme le Conseil d'Etat, à Paris, au Palais-Royal (Arr. min. 3 janv. 1878 et 14 mai 1884). Les audiences sont publiques (Règl. 28 oct. 1849, art. 8).

57. — Pour les costumes des membres du tribunal des conflits, V. Décr. 11-18 oct. 1849.

58. — Un décret du 24 juill. 1885 a fixé les vacances du tribunal du 15 août au 15 octobre, comme pour les autres corps judiciaires.

59. — La police du tribunal des conflits est soumise aux règles des art. 88 et s., C. proc. civ. (Règl. 26 oct. 1849, art. 11). Cet art. 11 ne déclare point *in terminis* l'art. 1036, C. proc. civ., applicable. On s'accorde, cependant, à en admettre l'application devant le tribunal des conflits.

60. — Un tribunal délibère valablement lorsque cinq ou moins de ses membres sont présents (L. 24 mai 1872, art. 25). M. Ducrocq trouve le nombre minimum exigé trop faible. En théorie, la critique est peut-être exacte, car il est à craindre que l'élément administratif et l'élément judiciaire soient très-inégalement représentés avec un chiffre aussi faible de membres présents (Ducrocq, t. 1, n. 664). On peut seulement faire remarquer que si les rédacteurs de la loi de 1872 se sont arrêtés au chiffre de cinq membres, c'est que l'expérience avait démontré la difficulté de réunir en général les neuf membres exigés par le règlement du 20 oct. 1849.

61. — Le président n'a pas voix prépondérante. Mais il a été admis implicitement que, dans le cas où les huit membres titulaires ayant pris part à une délibération, il y a partage, le garde des sceaux, président de droit du tribunal, qui n'a pas par hypothèse pris part à la première délibération, peut jouer le rôle de juge départiteur. — V. Cons. d'Et., 14 janv. 1880 (sol. impl.), Frères des Ecoles chrétiennes, Maille et autres, [S. 81.3.39, P. adm. chr., D. 80.3.91]

62. — Et l'on admet aussi qu'un membre suppléant ne peut, dans ce cas, être appelé à siéger qu'autant que le garde des sceaux qui n'a pas présidé la séance où s'est produit le partage, se trouve encore dans l'impossibilité de présider la nouvelle audience. Si cette proposition peut être rigoureusement légale, elle devrait, en pratique, recevoir un correctif nécessaire. Lorsque l'acte administratif qu'il s'agit d'apprécier émane du gouvernement, dont fait partie le garde des sceaux, et à plus forte raison, lorsque cet acte a été contresigné par le garde des sceaux lui-même, celui-ci devrait s'abstenir de siéger, et, on cas de partage, appeler un suppléant à le remplacer. En se faisant à lui seul juge départiteur, le garde des sceaux se fait arbitre et, remarquons-le, arbitre souverain ou à peu près de sa propre cause. Il est vrai qu'en matière administrative, le fonctionnaire, auteur de l'acte attaqué, peut connaître de la validité de cet acte, soit comme juge unique (le ministre), soit comme président d'un tribunal collectif (le préfet). Mais ces décisions sont rendues en des matières dont le jugement n'est pas contesté à la juridiction administrative que les parties ont d'avance acceptée, et, d'autre part, ces décisions sont d'ordinaire, à la différence du cas dont nous venons de parler, soumises à un recours devant le Conseil d'Etat.

63. — Les membres du tribunal des conflits peuvent-ils être récusés? Des opinions divergentes se sont produites sur ce point. D'après certains auteurs, la récusation est de droit commun devant toutes les juridictions, et comme on ne peut se refuser à voir dans le tribunal des conflits une juridiction, en l'absence de toutes dispositions spéciales dérogeant au droit commun, les parties intéressées à la solution du litige pourraient exercer le droit de récusation contre les membres du tribunal des conflits conformément aux art. 378 et s., C. proc. civ.

64. — En sens inverse, on a soutenu que le tribunal des conflits n'était pas véritablement une juridiction. Il n'examine pas et ne statue jamais sur les droits des parties en cause. Ses décisions ne résultent jamais la reconnaissance ou la privation d'un droit. Dans cette opinion, les règles sur la récusation ne seraient point applicables aux membres du tribunal des conflits, les règles tracées par le Code de procédure civile n'étant applicables qu'aux juridictions ordinaires, en matière civile ou commerciale, et ne concernant pas les tribunaux administratifs, dont le Code de procédure est à faire.

65. — Entre ces deux systèmes opposés est apparu un système mixte : d'après ceux qui l'adoptent, le tribunal des conflits ne constitue pas, sans doute, une juridiction véritable, puisque les intéressés dans les procès n'ont pas, suivant lui, la qualité de parties en cause. Dès lors, les art. 378 et s, C. proc. civ., ne sont point applicables de droit devant lui. — Toutefois, si les actes de ce tribunal n'ont pas le caractère de véritables jugements, ils se rapprochent du moins des jugements à beaucoup d'égard. En définitive, les parties peuvent avoir un très-grand intérêt à ce que le tribunal des conflits adopte une solution plutôt qu'une autre : l'impartialité des membres du tribunal ne peut leur être indifférente. A cet égard, le tribunal jouira d'une latitude entière d'appréciation. Il pourra décider soit d'office, soit sur les observations des parties intéressées, si parmi ses membres il en est qui doivent s'abstenir de prendre part aux débats. La question est laissée sur ce point à son arbitraire.

66. — La tendance du tribunal des conflits est de ne point admettre l'application des règles du droit commun sur la récusation. C'est ce qui ressort très-nettement d'un arrêt du 4 nov. 1880. A l'occasion d'une requête en récusation dirigée contre le garde des sceaux, dans les affaires se référant à l'exécution des décrets du 29 mars 1880, sur les congrégations religieuses, le tribunal, sans s'expliquer sur les autres questions qui lui étaient soumises, décida que la juridiction des conflits n'étant appelée à trancher aucune contestation d'intérêt privé, les parties, dans l'instance qui donne lieu à l'arrêté de conflit, ne peuvent pas proposer devant ce tribunal une récusation par application des art. 378 et s., C. proc. civ. — Trib. confl., 4 nov. 1880 (1re espèce, 1er jugement), Marquigny et autres, [S. 81.3.81, P. adm. chr., D. 80.3.121]; — 5 nov. 1880 (1re espèce, 2e jugement), Mêmes parties, [*Ibid.*]; — 5 nov. 1880, Bouffier et autres, [*Ibid.*]; — 13 nov. 1880, Gautrelet et autres, de Nolhac, Jovard et Sambin, [*Ibid.*]; — 17 nov. 1880, de Saune et autres, Rival et autres, [*Ibid.*]; — 20 nov. 1880, Thierry et autres, [*Ibid.*]

67. — En faveur de l'opinion que la récusation n'est point admise contre les membres du tribunal des conflits, V. Dufour, t. 2, n. 346; Dareste, *Justice admin.,* p. 663; Cormenin, *Dr. admin.*, t. 1, p. 69; Foucart, *Elém. de dr. publ. et admin.*, n. 1952. — *Contrà*, Serrigny, *Tr. de l'organis. et de la compét. admin.* (2e édit.), t. 1, n. 343; Trolley, t. 5, n. 2313; Bazille, *Dissert. sur la proc. admin.,* p. 284 et s.; Blanche, *Dict. gén. de l'admin. franç.,* vo *Conflit*, p. 569; Tarbé, *Pourvois*, p. 228; Bernard, *Manuel des pourvois en mat. civ.,* p. 313.

68. — Les parties, n'étant point directement en cause dans la procédure du conflit, n'ont pas besoin de se faire représenter par un avocat. Toutefois, si elles le jugent utile, la loi leur reconnaît le droit de présenter au tribunal des mémoires et des observations : ce sont alors les avocats au Conseil d'Etat et à la Cour de cassation qui sont chargés de les présenter en leur nom (Règl. 20 oct. 1849, art. 4). — V. *infra*, n. 644 et s. — Comme les parties, les ministres ont la faculté de produire des mémoires dans les affaires qui intéressent leur département.

69. — De même que le tribunal des conflits institué par la loi de 1872 diffère du tribunal des conflits de 1848 quant à sa composition, il en diffère également quant à ses attributions. L'art. 90 de la constitution de 1848 donnait à la juridiction des conflits la connaissance des recours pour excès de pouvoir contre les arrêts de la Cour des comptes. Cet article n'a point été reproduit par la loi du 24 mai. Le nouveau tribunal ne connaît que des conflits d'attribution, c'est-à-dire des contestations qui s'élèvent, sur leur compétence réciproque, entre l'autorité judiciaire et l'autorité administrative. M. Ducrocq apprécie en ces termes la décision du législateur de 1872, par laquelle a été retirée au tribunal des conflits la connaissance des recours pour excès de pouvoir, incompétence et violation de la loi contre les arrêts de la Cour des comptes : « sous prétexte d'assurer le principe de la séparation des autorités administrative et judiciaire, c'était le méconnaître en soumettant à un tribunal composé en partie de magistrats de l'ordre judiciaire la décision d'une juridiction de l'ordre administratif, sans que d'aucune question du domaine de l'autorité judiciaire s'y trouvât mêlée » (t. 1, n. 662).

70. — De 1799 à 1814, le nombre moyen des conflits d'attribution a été de 65 à 70 par an. Sous la Restauration, la moyenne annuelle a été de 40. Le conflit, à cette époque, est principalement élevé en matière électorale. Dans une seule année (1827-1828), l'application d'une loi électorale nouvelle, qui fut presque immédiatement abrogée, fit monter le nombre des conflits à 103.

71. — De 1830 à 1846, le nombre total des conflits a été de 415, soit environ 27 par an. Ces conflits sont presque tous relatifs à des litiges concernant les travaux publics ou les cours d'eau.

72. — En 1850 et 1851, le tribunal des conflits a été saisi de 144 conflits. Mais à raison d'une suspension particulière des délais prononcés par la loi du 3 mars 1849, qui réorganisait le Conseil d'Etat, il a jugé en réalité les affaires introduites pendant trois années : la moyenne s'est donc élevée à 47 par an.

73. — De 1852 à 1865, le total des conflits positifs a été de 268, soit environ 19 par an.

74. — Du 19 sept. 1870 au mois d'août 1872 (la statistique de

1863 à 1870 n'a pas été publiée), 23 conflits ont été soumis au Conseil d'État, c'est-à-dire environ 12 par an.

75. — Depuis le rétablissement du tribunal des conflits, à la fin de l'année 1872, jusqu'à la fin de l'année 1878, le tribunal a été saisi de 118 conflits ce qui donne une moyenne annuelle de 19. — V. aussi, sur cette question de statistique, le tableau dressé par M. Laferrière, *Traité de la juridiction administrative*, t. 1, p. 260 et 261.

76. — Enfin, si l'on recherche le nombre des conflits positifs qui ont été confirmés et de ceux qui ont été annulés, on trouve les chiffres suivants : du mois d'octobre 1828 au 1er janv. 1847, sur 548 conflits élevés, il y a eu 344 confirmations intégrales, 50 confirmations partielles, et 133 annulations, dont 42 pour vice de forme; du 7 mars 1850 au 22 nov. 1851, le tribunal des conflits, sur les 144 conflits qui lui ont été déférés, en a confirmé 61 intégralement, 17 en partie, en a annulé 26 au fond et 8 pour vices de forme; de 1852 à 1865, 96 arrêtés de conflit ont été confirmés intégralement, 49 l'ont été en partie, 101 ont été annulés au fond et 22 pour vices de forme; de 1872 à 1878, 57 conflits ont été validés intégralement, 7 partiellement, 49 ont été annulés au fond et 4 pour vices de forme; la proportion des conflits annulés au fond dans ces diverses périodes a donc été de 20 p. 0/0 de 1828 à 1847, de 20 p. 0/0 également de 1850 à 1852, de 37 p. 0/0 de 1852 à 1865, de 41 p. 0/0 de 1872 à 1878.

77. — M. Ducrocq (t. 1, n. 666), tire les déductions suivantes de ces renseignements statistiques : « ces renseignements statistiques, dit-il, s'appliquant aux diverses époques de l'histoire de l'institution et au droit actuel jusqu'en 1879, permettent d'en déduire les conséquences les plus favorables. Les conflits positifs sont devenus de moins en moins fréquents; cela prouve que les luttes de compétence entre l'autorité administrative et l'autorité judiciaire ont moins de raison d'être et que l'accord s'est fait entre la jurisprudence du Conseil d'État et celle de la Cour de cassation sur presque toutes les questions relatives à la détermination des limites de la compétence administrative et de la compétence judiciaire. Des questions nouvelles peuvent surgir et susciter accidentellement sur un même sujet un nombre plus ou moins considérable de conflits, sans modifier les résultats généraux de cette statistique allant de 1800 à 1879. »

78. — Après ces notions générales, abordons l'étude directe du conflit, et commençons par le plus important de tous : le conflit d'attribution positif.

TITRE II.

DU CONFLIT POSITIF D'ATTRIBUTION.

CHAPITRE I.

DES CAS OÙ IL Y A LIEU D'ÉLEVER LE CONFLIT.

Section 1.

En quelles matières il y a lieu d'élever le conflit.

79. — Aucun texte, dans notre législation, n'indique d'une façon précise les matières dans lesquelles le conflit peut être élevé. L'art. 6, Ord. 1er juin 1828, est ainsi conçu : « Lorsqu'un préfet estimera que la connaissance d'une question portée devant un tribunal de première instance est attribuée par une disposition législative, à l'autorité administrative, il pourra, alors même que l'administration ne serait pas en cause, demander le renvoi de l'affaire devant l'autorité compétente »; il est permis d'en induire que le conflit peut être élevé toutes les fois qu'une affaire soit active, soit contentieuse, de la compétence de l'administration, est portée devant un tribunal de l'ordre judiciaire. Il faut donc que l'affaire : 1° soit administrative; 2° qu'elle ait été soumise à l'autorité judiciaire. Nous verrons en outre qu'il faut qu'on ne se trouve pas dans une des hypothèses exceptionnelles où la législation, pour des motifs à préciser, n'autorise pas à élever le conflit. — V. *infrà*, n. 136 et s.

80. — L'art. 6 précité exige *in terminis* que la compétence de l'administration soit déclarée par une loi. A interpréter rigoureusement ce texte, il semblerait donc qu'il faudrait décider que toutes les affaires qui ne sont point attribuées à l'administration par un texte formel ne pourront point faire l'objet d'un conflit. Mais, en adoptant cette solution, on négligerait toute une catégorie d'affaires administratives qui « sont telles en raison de leur nature et abstraction faite des textes » (Ducrocq, t. 1, n. 246). Or, rien n'autorise à supposer que les rédacteurs de l'art. 6 de l'Ordonnance aient entendu consacrer cette exclusion. Aussi la pratique s'ost-elle formée en ce sens qu'il n'y avait point à appliquer à la lettre le texte de l'Ordonnance. C'est ce que nous verrons plus en détail en étudiant la procédure du conflit.

81. — Jugé toutefois, en sens contraire, que les préfets ne peuvent élever le conflit sur une question actuellement pendante devant les tribunaux qu'autant que la connaissance de cette question est attribuée par la loi à l'autorité administrative. — Cons. d'Ét., 18 mars 1818, Cazenand, [P. adm. chr.]; — 11 août 1819, Préfet de l'Oise, [P. adm. chr.]; — 29 déc. 1819, Commune de Saledan, [P. adm. chr.]; — 1er nov. 1820, Joberi, [P. adm. chr.]; — 1er juin 1840, Fulchiron, [P. adm. chr.]

82. — Nous avons fait connaître quelles affaires doivent être considérées comme administratives V. *suprà*, v° *Compétence administrative*); nous n'avons à indiquer ici que les décisions plus spécialement rendues sur des questions de conflit d'attribution, à titre d'applications du principe que nous venons de poser.

83. — Il a été jugé, spécialement, que le préfet ne peut, par voie de conflit, demander le renvoi d'une affaire ou d'une instance demande devant le jury d'expropriation pour cause d'utilité publique; qu'il n'est fondé à revendiquer par cette voie que les questions qui lui paraissent être de la compétence de l'autorité administrative. — Cons. d'Ét., 13 déc. 1833, Mignerot, [S. 54.2.405, P. adm. chr., D. 54.3.30]; — 12 mars 1863, Broyer, [S. 63.2.119, P. adm. chr., D. 63.3.28]

84. — ... Que, d'une façon générale, tout arrêté de conflit sur une matière dont la connaissance n'est pas réservée à l'autorité administrative doit être annulé. — Cons. d'Ét., 10 sept. 1806, Paldgry, [P. adm. chr.]; — 13 janv. 1809, Pelletier, [P. adm. chr.]; — 28 mai 1809, Pecquet, [P. adm. chr.]; — 18 sept. 1809, Rochetti, [P. adm. chr.]; — 23 oct. 1816, Trésor, [P. adm. chr.]; — 16 janv. 1822, Bonneau, [P. adm. chr.]; — 6 nov. 1822, Robert, [P. adm. chr.]; — 11 janv. 1826, Villeneuve, [P. adm. chr.]; — 18 avr. 1826, Jouin, [P. adm. chr.]; — 30 août 1843, Charrau, [P. adm. chr.]; — 30 mars 1844, Richarme, [P. adm. chr.]; — 26 juill. 1844, Bersalin, [P. adm. chr.]; — 30 mai 1845, Champostive, [P. adm. chr.]

85. — Il en est ainsi alors même que le conflit serait motivé sur ce que les décisions à intervenir pourraient être de nature à porter atteinte aux droits de l'administration. — Cons. d'Ét., 22 août 1814, Bourdon, [P. adm. chr.]; — 24 mars 1824, Mouton, [P. adm. chr.]

86. — Jugé notamment, en ce sens, que lorsqu'un litige s'élève entre une commune et un de ses habitants sur l'exercice ou l'existence d'un droit de servitude, le préfet ne peut élever de conflit en alléguant pour seul motif qu'il est à craindre que l'autorité judiciaire, dans le cas où la servitude ne serait pas reconnue au profit de la commune, ne prétende avoir le droit d'ordonner la destruction d'ouvrages que l'administration a fait exécuter sur la voie publique, parce qu'elle croyait à l'existence réelle de la servitude. — Cons. d'Ét., 25 mai 1861, Pelitville, [P. adm. chr., D. 61.3.68]

87. — ... Que lorsqu'un particulier assigne une commune pour se faire déclarer propriétaire d'un terrain situé entre sa maison et un ruisseau bordant la voie publique, le préfet ne pourrait élever le conflit en alléguant qu'il y a, dans l'espèce, une question d'alignement à décider. — Cons. d'Ét., 21 août 1816, Commune d'Aprey, [P. adm. chr.]

88. — ... Que le préfet ne peut non plus élever de conflit en prétextant qu'il s'agit de déterminer, d'après l'interprétation d'un décret, si des travaux exécutés sur des immeubles affectés par l'État au service d'une congrégation doivent être mis à la charge de l'État ou de la congrégation, lors du moins qu'à ce moment sur le déclinatoire, et le conflit est proposé, le décret n'a été opposé par aucune des parties. — Cons. d'Ét., 28 mars 1838, Barrau, [P. adm. chr.]

89. — ... Que lorsque, sur la demande d'un usinier tendant à obtenir la suppression d'une autre usine située en aval, et non autorisée par l'administration, l'autorité judiciaire ordonne une expertise à l'effet de vérifier le préjudice que l'usine d'aval cause à celle d'amont, cette décision ne peut être considérée comme portant atteinte au droit de police sur les cours d'eau, dont est investie l'administration, et que le conflit ne peut être élevé. — Cons. d'Et., 24 juill. 1856, Robo, [P. adm. chr., D. 57.3.17]

90. — ... Que doit être annulé comme sans objet le conflit élevé sous l'empire d'une législation qui saisissait l'autorité administrative, lorsque depuis il est intervenu une loi nouvelle qui attribue les questions de même nature à l'autorité judiciaire. — Cons. d'Et., 30 juill. 1828, Boulot, [P. adm. chr.]; — 30 juill. 1828, Duchange, Dubost et Guigoud, [P. adm. chr.]; — 27 août 1828, Tiret, [P. adm. chr.]

91. — ... Qu'il en est encore ainsi quand, par suite d'une loi rendue depuis l'arrêté, l'État, dans l'intérêt duquel avait été pris cet arrêté, se trouve désintéressé; que, dans ce cas, l'autorité administrative est sans qualité pour connaître de la contestation. — Cons. d'Et., 1er mai 1816, Thévenot, [P. adm. chr.]; — 20 juin 1816, Richelieu, [P. adm. chr.]; — 25 juin 1817, Duveyrier, [P. adm. chr.]; — 16 juill. 1817, Colleville, [P. adm. chr.]

92. — ... Que quand, sur une contestation relative à la propriété de terrains attenant aux rivages de la mer, engagée entre un particulier et l'État, le particulier invoque des actes d'acquisition ou d'autres actes de propriété privée dont l'appréciation et l'application rentrent dans les attributions de l'autorité judiciaire, le préfet ne peut élever le conflit, sous le prétexte qu'il y a lieu de faire fixer préjudiciellement, par l'autorité administrative, les limites du rivage de la mer. — Cons. d'Et., 30 mai 1845, Bouvron, [P. adm. chr.]

93. — ... Que lorsqu'une instance est engagée devant les tribunaux entre deux particuliers sur le point de savoir à qui des deux appartient une île située dans un fleuve, c'est à tort, l'État n'étant pas en cause, que le préfet élève le conflit à l'effet de revendiquer pour l'autorité administrative la question de délimitation du lit du fleuve au droit des terrains litigieux; et qu'il en est ainsi surtout alors que le préfet, avant d'élever le conflit, a procédé par un arrêté à la reconnaissance des limites du fleuve au point litigieux. — Cons. d'Et., 2 déc. 1853, Champel, [P. adm. chr.]

94. — ... Que le conflit élevé devant un tribunal correctionnel sur des poursuites intentées par un particulier contre un facteur de l'administration des postes, à raison d'un fait de ses fonctions, et fondé sur ce que ce fait devrait être l'objet d'une enquête administrative à l'effet de reconnaître si le facteur s'est conformé aux règlements de l'administration des postes, doit être annulé lorsqu'il n'apparaît pas que le jugement à rendre par le tribunal correctionnel dépende d'une question dont la connaissance soit réservée à l'administration. — Cons. d'Et., 10 avril 1855, Saint-Sèbe, [P. adm. chr.]

95. — Si, dans le cours d'une affaire dont la connaissance appartient à l'autorité administrative, il s'élevait quelque difficulté accessoire, de la compétence du pouvoir judiciaire, mais dont la solution ne fût de nature à préjuger en rien la question du fond, le conflit ne serait pas valablement élevé devant les tribunaux ordinaires qui en auraient été saisis.

96. — Ainsi jugé, à l'occasion de la succession d'un étranger appréhendée par l'État pour cause de déshérence, et réclamée en vertu de traités par l'ambassadeur du pays du défunt, que l'appréciation de cette réclamation ne fût pas de la compétence du pouvoir judiciaire, il n'en était pas de même des demandes qu'un tiers pouvait former contre cette succession. — Cons. d'Et., 17 mai 1826, Braudao, [P. adm. chr.]

97. — . . Qu'en conséquence, n'était point entachée d'excès de pouvoir, et ne pouvait être attaquée par la voie du conflit, alors qu'aucune contestation n'existait encore sur le fond, l'ordonnance de référé qui, sur la demande et dans l'intérêt d'un créancier de la succession, n'avait fait qu'ordonner la mainlevée des scellés et l'inventaire des objets qui se trouvaient au domicile du défunti. — Même arrêt.

98. — ... Qu'il en était de même du jugement sur requête qui avait ordonné que des mesures conservatoires tendant à mettre tous prétendants quelconques à la succession en mesure de faire valoir leurs droits. — Même arrêt.

99. — De même, une condition essentielle de la déclaration de conflit étant l'existence d'une contestation judiciaire, il faut avant tout que le débat porte sur la question du fond; et en conséquence, s'il ne s'agissait dans une instance que de mesures conservatoires, prises dans un intérêt général, aucun procès n'existant sur la question principale, le conflit ne pourrait être élevé. — Cons. d'Et., 17 mai 1826, précité.

100. — Bien plus, le seul fait que l'autorité judiciaire est saisie d'une contestation dont la connaissance est réservée à l'administration ne suffirait pas pour justifier l'arrêté de conflit ; il est nécessaire qu'il y ait résistance de la part des tribunaux, qui, retenant l'affaire, violent ainsi le principe de l'indépendance des deux pouvoirs. — Cons. d'Et., 13 mars 1822, Commune de Montoir, [S. chr., P. adm. chr.]; — 12 sept. 1829, Préfet de l'Eure, [P. adm. chr.]; — 20 janv. 1835, Montgommery, [P. adm. chr.]; — 3 févr. 1835, Jantes, [P. adm. chr.]; — 23 oct. 1835, Nicol, [P. adm. chr.]

101. — D'où il suit que, lorsqu'un tribunal saisi d'une contestation sur l'exécution d'une décision ministérielle, se borne, dans le dispositif de son jugement, à se déclarer incompétent sur le fond et à refuser l'*exequatur*, ce jugement ne faisant pas obstacle à ce que l'administration poursuive l'exécution de la décision administrative, il n'y a pas lieu d'élever le conflit. — Cons. d'Et., 22 févr. 1821, Admin. de la marine, [P. adm. chr.]

102. — A plus forte raison, le préfet ne devrait-il point élever le conflit, si l'autorité judiciaire, en se déclarant incompétente, avait prononcé le renvoi à l'autorité administrative. — Cons. d'Et., 13 janv. 1813, Gaudriault, [P. adm. chr.]

103. — C'est donc à bon droit que le préfet refuserait d'élever le conflit contre le renvoi prononcé par l'autorité judiciaire, et le pourvoi dirigé contre son refus devrait être rejeté. — Cons. d'Et., 16 juill. 1817, Cézan, [P. adm. chr.]

104. — Il n'y aurait d'autre voie à suivre, pour les parties lésées par ledit renvoi, ou pour le ministère public, s'il pensait que le tribunal s'est dessaisi à tort, que de se pourvoir par les voies ordinaires. — Cons. d'Et., 18 juill. 1809, Bouffier, [P. adm. chr.]

105. — Enfin, s'il y avait désistement par les parties de l'appel dirigé contre le jugement de première instance, la cause du conflit cessant d'exister, il n'y aurait plus lieu de statuer sur le conflit. — Cons. d'Et., 22 févr. 1833, Laurent, [P. adm. chr.] — V. *infra*, n. 283 et s.

106. — Le conflit ne peut non plus être élevé dans les matières suivantes : 1° lorsque le jugement statue simplement sur une action possessoire et ne préjuge pas la compétence ou le fond. — Cons. d'Et., 24 mars 1806, Mauduit, [P. adm. chr.]; — 9 sept. 1806, Gramme, [P. adm. chr.]; — 25 janv. 1807, Sergeant, [P. adm. chr.]; — 16 août 1808, Aurival, [P. adm. chr.]; — 8 oct. 1810, Schludenshaufen, [P. adm. chr.]; — 7 oct. 1812, de Buscher, [P. adm. chr.]; — 19 déc. 1821, Picon, [P. adm. chr.]; — 17 avr. 1822, Orillard, [P. adm. chr.]; — 31 juill. 1822, Brunet, [P. adm. chr.]; — 13 nov. 1822, Colomb, [P. adm. chr.]; — 18 févr. 1824, Graillat, [P. adm. chr.]; — 24 mars 1824, Mouton, [P. adm. chr.]; — 26 juill. 1826, Desarcis, [P. adm. chr.]; — *Sic*, Cormenin, t. 1, p. 447, note 2; Chauveau et Tambour, t. 1, n. 435.

107. — Il en serait cependant autrement si le juge du possessoire avait voulu entraver l'exécution d'un acte administratif. — Chauveau et Tambour, t. 1, n. 435.

108. — De plus, il est un cas où le juge de paix devrait surseoir à prononcer l'action possessoire, et par conséquent, le conflit pourrait être élevé : c'est celui où une décision administrative aurait reconnu légal le fait donnant lieu à l'action. — Cass., 19 août 1808, Monneron, [P. chr.]; — 10 mars 1816, Marty, [P. chr.] — V. *infra*, n. 121, 123 et s.

109. — Il dépasserait encore les limites de sa compétence, si, ne se bornant pas à statuer sur la question possessoire qui lui est soumise, il ordonnait la destruction d'un ouvrage construit par l'autorité administrative. — Cons. d'Et., 22 janv. 1824, Garcement de Fontaines, [S. chr., P. adm. chr.]; — 18 févr. 1824, Graillat, [P. adm. chr.] — C'est la conséquence du principe qui veut que chaque pouvoir respecte les actes émanés de l'autre. — V. *supra*, v° *Compétence administrative*, n. 16 et s., 179 et s.

110. — 2° Les jugements sur des questions de qualité ne peuvent pas davantage donner lieu à conflit. Ainsi que les jugements sur actions possessoires, ils ne statuent point sur la compétence ; le conflit devrait donc être annulé comme prématurément élevé. — Cons. d'Et., 8 nov. 1829, Espagne, [P. adm. chr.]

111. — 3° De même, lorsqu'il n'y a ni contestation ni difficulté sur le point auquel pourrait s'appliquer le conflit. — Cons. d'Et., 16 janv. 1822, Fabrique de Pin-les-Magny, [P. adm. chr.] — Sic, Chauveau et Tambour, t. 1, n. 433.

112. — D'ailleurs, s'il est nécessaire que l'affaire à l'occasion de laquelle le conflit est élevé soit de la compétence de l'administration, il n'importe pas du moins que celle-ci soit directement en cause. En effet, le motif de l'institution du conflit est avant tout de sauvegarder le principe tutélaire de la séparation des pouvoirs. Or, ce principe peut être compromis alors même que l'administration ne se trouverait point en cause. Il y a un intérêt d'ordre public à ce que les autorités administratives ne se laissent point dépouiller de leurs fonctions normales, ou ne permettent pas à l'autorité judiciaire de réaliser des empiètements qu'on pourrait ensuite leur opposer.

113. — Il suffit donc, pour justifier le conflit, que la matière soit du ressort de l'autorité administrative; et alors même que l'administration ne serait pas en cause, si le préfet estime que la connaissance d'une question portée devant la juridiction ordinaire est attribuée par une disposition législative à l'autorité administrative, il peut demander le renvoi de l'affaire devant l'autorité compétente (Ord. 1er juin 1828, art. 6). — V. suprà, n. 79.

114. — Jugé spécialement, en ce sens, que, pour qu'il y ait lieu d'élever le conflit, il n'est pas nécessaire que le fond de la demande portée devant un tribunal soit une matière administrative; il suffit que l'issue de la contestation soit nécessairement subordonnée à l'examen de questions administratives, comme, par exemple, s'il fallait préalablement liquider la comptabilité d'un percepteur communal. — Cons. d'Et., 7 août 1816, Marty, [S. chr., P. adm. chr.]

115. — Et il y a la possibilité d'élever le conflit aussi bien lorsqu'il s'agit d'un acte de gouvernement que lorsqu'il s'agit d'un acte administratif proprement dit. Ce principe a été appliqué en 1832 à l'occasion du procès relatif aux biens de la famille d'Orléans. — Cons. d'Et., 18 juin 1852, Hérit. d'Orléans, [S. 52.2.307, P. adm. chr., D. 52.3.17]

116. — Ainsi, il y aurait lieu pour le préfet d'élever le conflit si l'autorité judiciaire prétendait connaître des difficultés survenant sur l'exécution d'une ordonnance royale. — Cons. d'Et., 30 juin 1824, Cambacérès, [P. adm. chr.]; — 17 nov. 1824, Mêmes parties, [P. adm. chr.]; — 30 avr. 1828, Beaudenet, [P. adm. chr.]; — 6 sept. 1842, de Tauriac, [P. adm. chr.]

117. — On ne saurait distinguer non plus entre les affaires contentieuses de l'administration et celles sous purement administratives. — Magnitot et Delamarre, Dict. de droit public et admin., v° Conflit, sect. 2, § 2, p. 283.

118. — Pareillement, lorsque dans une cause soumise aux tribunaux, il y a lieu préalablement d'interpréter un acte de l'administration, la juridiction ordinaire doit surseoir jusqu'à la décision de la question préjudicielle par l'autorité administrative, et le conflit peut être élevé si l'autorité judiciaire retient l'affaire. — Cons. d'Et., 11 mai 1807, Préfet du Gard, [P. adm. chr.]; — 8 août 1821, Chavagnac, [P. adm. chr.]; — 28 août 1822, Gazette de France, [P. adm. chr.]; — 2 août 1838, de la Rochefoucauld, [P. adm. chr.]; — 30 mars 1842, Marmier, [P. adm. chr.]; — 6 sept. 1842, de Tauriac, [P. adm. chr.]; — 31 juill. 1843, Action. du moulin de Sainte-Livrade; — 8 août 1844, Rency, [P. adm. chr.]. — V. suprà, v° Acte administratif, n. 73 et s.; Compétence administrative, n. 23 et s.

119. — Et, lors même que l'arrêté de conflit pris par un préfet qui revendiquait pour l'autorité administrative la connaissance d'une affaire dont la juridiction ordinaire est saisie aurait été annulé, cela ne ferait point obstacle à ce que ce fonctionnaire pût revendiquer ultérieurement la connaissance d'une question préjudicielle que la même affaire présenterait. — Cons. d'Et., 30 mars 1842, Blanchet, [S. 42.2.325, P. adm. chr.]

120. — Jugé qu'en matière de travaux publics, si, dans une affaire soumise à la juridiction ordinaire, une question préjudicielle s'élève sur la légalité d'un arrêté du sous-préfet suspendant l'exécution des arrêtés du préfet approuvés par une décision ministérielle, c'est là une question préjudicielle dont la solution n'appartient pas à l'autorité judiciaire, qui doit en conséquence surseoir, quant au fond du procès, jusqu'après la décision administrative, et qu'en cas contraire le conflit peut être élevé. — Cons. d'Et., 9 mai 1827, Dupont de Boréson, [S. chr., P. adm. chr.]

121. — ... Que lorsque, dans une instance possessoire pendante entre deux particuliers, l'autorité administrative intervient pour prétendre que l'action porte sur le bras d'une rivière navigable, qui, contrairement aux assertions des plaideurs, n'a point cessé de faire partie de la rivière, cette prétention constitue une question administrative qui doit être renvoyée à l'autorité administrative par l'autorité judiciaire. Cette autorité doit surseoir à statuer jusqu'à ce que l'administration ait tranché cette question préjudicielle. — Cons. d'Et., 2 mai 1866, Hodouin, [P. adm. chr., D. 67.3.14]

122. — Mais nous rappelons que le renvoi devant l'autorité administrative ne doit avoir pour objet que la question préjudicielle, et que le tribunal doit retenir la connaissance du fond de l'affaire. — Cons. d'Et., 18 nov. 1818, Frété, [P. adm. chr.] — V. suprà, v° Compétence administrative, n. 472 et s.

123. — Le conflit pourrait encore être élevé si l'on portait devant les tribunaux une action qui tendrait à remettre en question ce qui a été décidé par l'autorité administrative. — Cons. d'Et., 20 vent. an IX, Enregistr., [P. adm. chr.]; — 9 août 1808, Monneron, [P. adm. chr.]; — 11 déc. 1808. Commune de Coussel, [P. adm. chr.]; — 3 janv. 1813, Questel, [P. adm. chr.]; — 18 avr. 1821, Noue, Soubiron, [P. adm. chr.]; — 20 mars 1822, Mariette, [P. adm. chr.]; — 17 août 1825, Bergeras, [P. adm. chr.]; — 1er juin 1828, Meunet, [P. adm. chr.]; — 26 oct. 1828, Hérit. de Bigu, [P. adm. chr.]; — 14 juill. 1830, Matignon, [P. adm. chr.]; — 17 févr. 1832, Préfet du Bas-Rhin, [P. adm. chr.] — V. suprà, v° Compétence administrative, n. 204 et s.

124. — Il a été jugé, spécialement, que lorsque le Conseil d'Etat, saisi d'une contestation, a retenu le fond de l'affaire et renvoyé les parties devant l'autorité judiciaire pour statuer sur une question préjudicielle, si l'une des parties reproduit sa demande entière devant les tribunaux, il y a lieu d'élever le conflit. — Cons. d'Et, 26 oct. 1823, Romey, [P. adm. chr.]

125. — ... Que, si l'administration a prononcé sur l'objet d'une contestation, bien que le litige ait été porté devant les tribunaux, l'autorité judiciaire ne peut juger contrairement à ce que cette administration a décidé; qu'ainsi, dans ce cas, il y aurait lieu à un conflit. — Cass., 13 mars 1810, Marty, [S. et P. chr.] — Cons. d'Et., 19 juill. 1809, Bouffin, [S. chr.]; — 17 juin 1818, Jousselin, [P. adm. chr.]

126. — Le conflit peut également être élevé pour sauvegarder les attributions appartenant au pouvoir exécutif en ce qui concerne les rapports internationaux. — Trib. confl., 30 juin 1877, Villebrun, [S. 79.2.159, P. adm. chr.]; — 15 nov. 1879, Sicard, [S. 81.3.17, P. adm. chr., D. 80.3.93]

127. — Du principe que le conflit ne peut être élevé que lorsque l'autorité judiciaire est saisie d'une affaire qui doit être jugée par l'autorité administrative, il résulte que si l'affaire est complexe, c'est-à-dire relève, sur certains points, de la compétence de l'autorité judiciaire et, sur d'autres, de la compétence pour les matières administratives. Encore faut-il qu'il n'y ait point indivisibilité. — Cons. d'Et., 19 janv. 1814, Béni, [P. adm. chr.]; — 27 nov. 1814, Dubret, [P. adm. chr.]; — 11 déc. 1816, Chassaigne, [P. adm. chr.]; — 20 nov. 1822, Directeur du télégraphe, [P. adm. chr.]; — 22 janv. 1824, Garcement de Fontaines, [S. chr., P. adm. chr.]; — 6 mai 1848, Stègre, [Leb. chr. p. 253] — Trib. confl., 11 janv. 1873, de Paris-Labrosse, [S.73. 2.25, P. adm. chr., D. 73.3.65] — Sic, Block, v° Conflit, n. 35; Cormenin, t. 1, p. 449; Lerat de Magnitot et Delamarre, v° Conflit, t. 1, p. 289; Chauveau et Tambour, t. 1, n. 433; Colligon, p. 68.

128. — Donc, si le préfet ne se bornait pas à revendiquer la partie du litige qui relève de l'autorité administrative et s'il évoquait en même temps la connaissance des questions qui rentrent dans la compétence de l'autorité judiciaire, il y aurait lieu d'annuler son arrêté de conflit sur ce point. — Cons. d'Et., 21 janv. 1813, Dupuichaud, [P. adm. chr.]; — 23 avr. 1818, Aubry, [P. adm. chr.]; — 6 déc. 1820, Reynaud, [P. adm. chr.]; — [P. août 1823, Bunel, [P. adm. chr.]; — 10 avril 1840, Guillon, [P. adm. chr.]; — 7 déc. 1844, Finot, [P. adm. chr.]; — 5 juin 1845, Chappelain, [P. adm. chr.]

129. — Jugé spécialement, en ce sens, que lorsque la solution d'un litige déféré à l'autorité judiciaire dépend de la liquidation de la comptabilité d'un percepteur, le préfet n'a le droit d'élever le conflit que sur cette question préjudicielle. — Cons. d'Et., 7 août 1816, Marty, [S. chr., P. adm. chr.]

130. — ... Que lorsque l'auteur d'une action portée devant les tribunaux réclame à la fois la propriété et la possession d'un chemin, le préfet ne peut élever de conflit qu'à l'égard de la portion de chemin comprise dans la déclaration de vicinalité. — Cons. d'Et., 21 févr. 1837, Prévost, [Leb. chr , p. 293]

131. — De même, le conflit ne pourrait être valablement élevé si la décision rendue par les tribunaux laissait dans son entier la question administrative qui s'y trouvait mêlée. — Cons. d'Et., 24 mars 1824, Mouton, [P. adm. chr.]

132. — Jugé, en ce sens, que si, sur une demande ayant pour objet le paiement d'indemnités dues pour occupation de terrains destinés aux chemins vicinaux, les tribunaux, saisis de l'affaire par les parties, se bornent, après le déclinatoire proposé, à retenir la cause pour procéder à la composition du jury, cette décision ne peut donner lieu à un arrêté de conflit, attendu qu'il n'y a rien dans cette décision qui ait un caractère administratif, et qui puisse motiver le retrait de la cause des mains de l'autorité judiciaire. — Cons. d'Et., 23 févr. 1839, Préfet de la Corrèze, [P. adm. chr.]

133. — ... Que si, à l'occasion d'une réclamation dirigée contre l'Etat, et qui est de sa compétence, le tribunal, malgré l'opposition de l'administration des domaines excipant d'une déchéance ou prescription dont l'examen appartient à l'autorité administrative, a statué sur le fond de l'affaire, en faisant réserve de la question de déchéance, le préfet ne peut valablement élever le conflit. — Cons. d'Et., 23 juill. 1844, Commune de Riel-les-Eaux, [P. adm. chr.]

134. — Le conflit ne peut non plus être élevé par cela seul que l'autorité judiciaire a donné, comme motifs de sa décision, des arguments de droit administratif, lors du moins que, quant au fond, elle est restée dans les limites de sa compétence. — Cormenin, t. 1, p. 449, note 2; Chauveau et Tambour, t. 1, n. 433.

135. — Jugé, en ce sens, que lorsqu'une décision judiciaire n'excède point, dans le dispositif, la compétence du tribunal qui l'a rendue, les motifs, quels qu'ils soient, ne suffisent point pour autoriser le préfet à élever le conflit. Ainsi le conflit ne peut être élevé, en matière d'octroi, sur un arrêt dont le dispositif se borne à décharger des prévenus de contraventions des condamnations prononcées contre eux, quels que soient les motifs sur lesquels cette décision a été basée. — Cons. d'Et., 1er déc. 1819, Habitants du hameau de la Poquinisie, [S. chr., P. adm. chr.]; — 18 janv. 1826, Millot, [P. adm. chr.]

SECTION II.

Hypothèses exceptionnelles dans lesquelles le conflit ne peut être élevé.

136. — Dans un certain nombre de matières, il y a impossibilité d'élever le conflit, alors même que la matière présenterait un caractère administratif. C'est ce qui résulte des art. 1 et 2, Ord. 1er juin 1828 : art. 1. « A l'avenir, le conflit d'attribution ne sera jamais élevé en matière criminelle ». Art. 2. « Il ne pourra être élevé de conflit en matière correctionnelle que dans les deux cas suivants : 1° lorsque la répression du délit est attribuée par une disposition législative à l'autorité administrative; 2° lorsque le jugement à rendre par le tribunal dépendra d'une question préjudicielle dont la connaissance appartiendrait à l'autorité administrative en vertu d'une disposition législative. Dans ce dernier cas, le conflit ne pourra être élevé que sur la question préjudicielle. »

§ 1. *Matières criminelles.*

137. — Serrigny (t. 1, n. 167) apprécie en ces termes la valeur de l'art. 1 de l'Ordonnance, prohibant le conflit en matière criminelle : « Cette disposition est fondée sur ce que le conflit étant la revendication d'une affaire administrative ne peut être élevé qu'autant qu'il s'agit d'une affaire de la compétence de l'administration. Or, le jugement des matières criminelles proprement dites n'est jamais dévolu aux administrateurs ou aux corps administratifs.... ». Ce raisonnement, qui a semblé péremptoire aux rédacteurs de l'Ordonnance, nous semble pécher par sa trop grande généralité. Sans doute, les matières criminelles proprement dites ne sont jamais de la compétence de l'autorité administrative, mais il peut très-bien arriver que la décision d'une affaire criminelle soit subordonnée à une question de la compétence de l'autorité administrative..... Pourquoi ne pas permettre d'élever le conflit dans les matières criminelles, non pas pour revendiquer le jugement du crime, mais la connaissance de la question préjudicielle à résoudre avant de statuer sur l'action publique? Pourquoi n'avoir pas admis que les matières criminelles comportent une disposition analogue à celle de l'art. 2, n. 2, de l'ord. de 1828? Il nous semble qu'il y avait évidemment même raison de décider dans les deux cas; il aurait fallu, ou admettre dans les matières criminelles, le conflit sur les questions administratives préjudicielles, ou la rejeter dans les matières correctionnelles ». — Dufour, t. 3, n. 587.

138. — Au point de vue doctrinal, la critique de Serrigny est exacte, et la disposition de l'art. 1 de l'Ordonnance peut être considérée comme une concession faite par ses rédacteurs à l'opinion publique, encore effrayée des conflits trop fréquemment élevés en matière criminelle sous le Directoire, le Consulat et l'Empire. En pratique, cependant, l'utilité du conflit en matière criminelle est douteuse, à raison même de notre organisation de la juridiction répressive en matière criminelle. En effet, le jury n'a à se prononcer que sur la culpabilité de l'accusé, c'est-à-dire sur une pure question de fait. Il ne statue jamais sur la question administrative à l'occasion de laquelle on conçoit que le conflit pourrait être élevé; tout au plus cette question peut-elle influer indirectement sur les motifs qui détermineront sa conviction. Ce danger a paru insuffisant pour motiver l'admission du conflit en matière criminelle. — Chauveau et Tambour, t. 1, n. 437.

139. — Quoi qu'il en soit, il est certain qu'au point de vue du droit positif actuel, les tribunaux criminels ne peuvent plus être dessaisis, par la voie du conflit, des affaires qui leur sont soumises. D'ailleurs, l'exception d'incompétence peut néanmoins toujours être proposée et les tribunaux peuvent toujours ordonner un sursis. Le ministère public et l'accusé conservent l'un et l'autre le droit de demander le renvoi préalable à l'autorité administrative. La cour pourrait même d'office surseoir à statuer jusqu'à ce que la question eût été réglée par le pouvoir compétent. — Aucoc, *op. cit.*, t. 1, n. 401; Ducrocq, t. 1, n. 668, 746 et 747; t. 2, n. 1548 et s.; Duvergier, sur l'ord. du 1er juin 1828, Collect. des lois, t. 28, p. 144 *ad notam*; de Gerando, *Inst. du droit adm.*, t. 1, p. 402, art. 1133; Proudhon, *Domaine public*, t. 1, p. 370; Foucart, t. 3, n. 1904; Trolley, t. 3, n. 2166; Laferrière, *Cours de droit public et administratif*, t. 2, n. 574; Cotelle, *Cours de droit public et administratif*, t. 4, n. 1500; Gautier, *Mat. administr.*, t. 1, p. 26; de Cormenin, t. 1, p. 448; Dufour, t. 3, n. 526; Blanche, v° *Conflit*, p. 464; Batbie, t. 7, n. 339; Cabantous et Liégeois, p. 817 et s.; Fuzier-Herman, note sous Trib. confl., 22 déc. 1880, [S. 82.3.57, P. adm. chr.]; Jessionesse, note sous Trib. confl., 2 avr. 1881, [S. 83.3.1, P. adm. chr.]

140. — « L'ordonnance, dit M. Duvergier (*Coll. des lois*, t. 28, p. 144), s'en rapporte à la prudence et à l'impartialité des tribunaux; elle suppose avec raison que les magistrats reconnaîtront eux-mêmes leur incompétence sur telle ou telle question qui rentrerait dans les attributions administratives et qui se présenterait dans le cours d'une instruction criminelle ou lors des débats. »

141. — Il a été jugé, en ce sens, que si la juridiction criminelle passe outre, sans tenir compte d'une question administrative préjudicielle, le préfet ne peut élever le conflit; mais que la Cour de cassation peut annuler l'arrêt sur le pourvoi du ministère public ou des parties. — Cass., 15 juill. 1819, Fabry, [S. et P. chr.]; — 17 nov. 1842, Fabus, [S. 43.1.91]; — 9 janv. 1852, Vocances, [S. 53.1.274, P. 52.1.346]; — 3 août 1835, Picot, [S. 55.1.766, P. 56.1.584] — Cons. d'Et., 31 janv. 1817, Fabry, [P. adm. chr.]; — 12 mai 1819, Même partie, [P. adm. chr.] — *Sic*, Dufour, t. 3, n. 588; Lerat de Magnitot et Delamarre, t. 1, p. 284; Collignon, p. 73.

142. — La prohibition d'élever le conflit en matière criminelle est si absolue qu'on ne pourrait même élever le conflit sur une simple question préjudicielle. L'art. 1 ne fait aucune distinction. Les rédacteurs de l'Ordonnance ont pensé que dans les poursuites criminelles, qui intéressent au plus haut degré l'honneur et la liberté des citoyens, on devait laisser à l'autorité judiciaire sa complète indépendance et proscrire toute intervention de l'administration ayant pour conséquence d'interrompre le cours de la juridiction pénale (Garraud, *Précis de droit criminel*, n. 466). Telle fut, du reste, l'opinion formellement émise par le ministre de l'Intérieur en 1880. « Une question préjudicielle, disait-il, ne se détache pas de l'affaire elle-même comme l'action civile se détache de l'action publique. Au premier cas, il n'y a qu'une seule action, l'action criminelle, comprenant seulement des éléments divers; au second cas, l'action criminelle et l'action civile, quoique portées devant la même juridiction, n'en constituent pas moins deux actions. Aussi, au premier cas, la prohibition absolue de l'art. 1 de l'ordonnance est littéralement applicable, et, dès lors, elle doit recevoir son application.... ». — Observations sur l'affaire jugée par le Tribunal des conflits le 22 déc. 1880, Roucanières, [S. 82.3.57, P. adm. chr., D. 81.3.18] — Block, v° *Conflit*, n. 27; Dufour, t. 3, n. 587; Laferrière, *Traité de droit public et administratif*, t. 2, p. 579; Mangin, *Traité de l'action publique*, t. 2, n. 276.

§ 2. *Matières correctionnelles.*

143. — Le principe dominant qui veut que le conflit ne puisse être élevé en matière pénale souffre deux exceptions en matière correctionnelle : 1° Lorsque la répression du délit est attribuée par une disposition législative à l'autorité administrative. C'est ce qui a lieu notamment en matière de grande voirie. Diverses lois ont attribué à l'autorité administrative la répression de ce genre de contraventions. Si un tribunal judiciaire prétendait en connaître, il y aurait lieu d'élever le conflit (Chauveau et Tambour, t. 1, n. 438). Il faut noter seulement ici que la jurisprudence a établi une distinction quant à l'application des peines : les conseils de préfecture peuvent appliquer les peines pécuniaires, mais ils doivent renvoyer aux tribunaux pour l'application des peines corporelles. — Cons. d'Et., 23 avr. 1807, Pavillon, [P. adm. chr.]; — 2 févr. 1808, Habit. de Loochristy, [P. adm. chr.] — V. *supra*, v^{is} *Compétence administrative*, et *infra*, v^{is} *Conseil de préfecture, Voirie*.

144. — Une autre loi du 29 flor. an X, et un décret du 23 juin 1806, donnent aux maires et aux conseils de préfecture le droit de statuer sur les contraventions en matière de police de roulage (Duvergier, t. 28, p. 177, note 1). Si les tribunaux judiciaires s'arrogeaient le droit de connaître de ces contraventions, il y aurait également lieu d'élever le conflit.

145. — C'est ce qui a lieu aussi en matière de contravention aux lois sur les servitudes militaires (Décr. 10 août 1853; L. 21 mai 1838).

146. — ... Ou sur la conservation des lignes télégraphiques (Décr. 27 déc. 1851).

147. — 2° Lorsque le jugement à rendre par le tribunal dépendra d'une question préjudicielle dont la connaissance appartiendrait à l'autorité administrative en vertu d'une disposition législative.

148. — Ainsi, un entrepreneur de travaux publics est poursuivi en police correctionnelle pour avoir extrait des matériaux sur la propriété d'un particulier. Il se défend en disant qu'il a agi conformément aux clauses contenues au cahier des charges. S'il s'élève des difficultés sur l'interprétation de ces clauses, le tribunal correctionnel devra surseoir et renvoyer à l'autorité administrative l'examen préalable de cette question d'interprétation. — Cons. d'Et., 8 mai 1830, Poulain, [P. adm. chr.]

149. — Ou bien encore, qu'un individu est poursuivi pour avoir dévasté des récoltes (art. 444, C. pén.). Il soutient qu'il a agi comme entrepreneur de travaux publics et en conformité des ordres de l'administration. Si sa qualité est méconnue, il y a la une question préjudicielle, et le conflit peut être élevé. — Cons. d'Et., 31 mars 1843, Balias de Soubran, [S. 47.2.426, P. adm. chr., D. 48.3.4]

150. — Jugé encore qu'il y a lieu d'élever le conflit lorsque le jugement d'un délit porté devant le tribunal correctionnel dépend du point de savoir si un adjudicataire de travaux publics s'est conformé aux clauses de son cahier des charges, et s'il a pleinement exécuté les ordres de l'administration, ces questions préjudicielles ne pouvant être résolues que par le pouvoir administratif. — Cons. d'Et., 23 avr. 1840, Sauphar, [P. adm. chr.]

151. — Ou bien, l'existence d'un délit forestier que l'on prétend avoir été commis dans une forêt soumise au régime forestier, dépend d'une question soit de possibilité .. — Cons. d'Et., 7 déc. 1847, Préfet de la Moselle, [D. 49.3.20]

152. — ... Soit de défensabilité (art. 67, C. forest.). — Dufour, t. 3, n. 589.

153. — De même pour les délits de pêche, si la question de la navigabilité de la rivière est contestée ou douteuse, et que les tribunaux judiciaires veuillent la résoudre, il y a lieu d'élever le conflit. — Chauveau et Tambour, t. 1, n. 438.

154. — Sur la question de savoir dans quels cas le tribunal de répression doit surseoir à statuer, en cas de poursuites exercées pour contraventions commises sur les chemins vicinaux, V. *supra*, v° *Chemin vicinal*, n. 2642 et s.

155. — Lorsqu'un individu, prévenu d'avoir déraciné un arbre dans une forêt de l'Etat, prétend qu'il est propriétaire du terrain où était planté l'arbre, comme l'ayant acquis nationalement, le tribunal correctionnel ne peut statuer sur le délit avant que la juridiction administrative ait connu de l'interprétation de l'acte de vente. — Cons. d'Et., 11 janv. 1813, Piquet, [P. adm. chr.] — V. *infra*, v° *Délit forestier*.

156. — Le conflit pourrait-il être élevé par l'administration pour se faire attribuer la connaissance des délits de droit commun émanés des corps municipaux? Le Conseil d'Etat avait fort longtemps admis la possibilité du conflit dans cette hypothèse. Pour justifier cette opinion il invoquait principalement l'art. 60, L. 14 déc. 1789 : « Si un citoyen croit être personnellement lésé par quelque acte du corps municipal, il pourrait exposer ses sujets de plainte à l'administration ou au directoire du département (au préfet actuellement) qui y fera droit sur l'avis de l'administration du district (du sous-préfet) qui sera chargé de vérifier le fait. »

157. — Cette interprétation, à notre avis, n'était pas exacte. Ce que le législateur de 1789 a voulu établir dans l'art. 60, c'est un recours possible à l'autorité administrative supérieure contre les actes des autorités municipales. En ce sens l'instruction rédigée à la suite de la loi du 14 août 1789 est très-formelle. Elle indique que la constitution soumet les membres des municipalités à la surveillance et à l'inspection des corps administratifs, parce qu'il importe à la grande communauté nationale que toutes les communautés particulières qui en sont les éléments soient bien administrées, et que tous les particuliers qui se prétendraient lésés par l'administration puissent obtenir le redressement des griefs dont ils se plaindront.

158. — Mais ce n'est point à dire que la règle doive rester la même et le droit commun être écarté dans le cas où les griefs dont parle l'instruction dégénéreraient en délits. Il semble que la loi de 1789 elle-même condamne cette interprétation puisque son art. 61 réserve à l'administration supérieure le droit d'autoriser ou de refuser les poursuites contre les seuls administrateurs. Or les conseillers municipaux ne sont certainement pas des administrateurs.

159. — Par application de sa première jurisprudence, le Conseil d'Etat avait décidé qu'il est interdit à un particulier qui se prétend injurié ou diffamé par les énonciations d'une délibération prise par un conseil municipal de se pourvoir contre le maire par la voie correctionnelle, que ce texte ne lui laisse pour obtenir réparation que le recours à l'autorité administrative supérieure. — Cons. d'Et., 18 mai 1831, Lefrileur et Savalle, [P. adm. chr.]; — 17 août 1866, Benoist-d'Azy, [S. 67.2.331, P. adm. chr., D. 67.3.59]; — 25 mai 1870, Girod, [S. 70.2.194, P. adm. chr., D. 70.3.74]

160. — Dans sa jurisprudence récente, le Conseil d'Etat a abandonné son premier système, qui a été définitivement condamné par le tribunal des conflits. D'après la jurisprudence nouvelle, le principe de la séparation des pouvoirs, sainement appliqué, conduit aux deux solutions suivantes, spécialement au cas de diffamations contenues dans les délibérations d'un conseil municipal : 1° conformément au droit commun, auquel rien n'autorise à déroger ici, les tribunaux judiciaires sont compétents pour prononcer sur l'action en diffamation, intentée à raison du contenu des délibérations du conseil municipal; 2° mais la compétence reconnue à l'autorité judiciaire n'enlève point cependant toute portée au texte de l'art. 60 de la loi de 1789. Le préfet conserve le droit, sur la plainte des particuliers qui se croient personnellement lésés par les énonciations contenues dans une délibération du conseil municipal, de censurer les énonciations, et d'ordonner la transcription de l'arrêté contenant l'expression de son blâme sur le registre des délibérations de ce conseil. Ainsi s'harmonisent les droits respectifs des autorités administrative et judiciaire. Chacune reçoit une sphère d'action très-bien déterminée, et le principe de la séparation des pouvoirs est pleinement respecté. — V. sur la jurisprudence nouvelle, Trib. confl., 28 déc. 1878, Moulis, [S. 80.2.188, P. adm. chr.,

D. 79.3.56]; — 13 déc. 1879, Anduze, [S. 81.3.31, P. adm. chr., D. 80 3.102]; — 22 mars 1884, Bérauld, [S. 86.3.4, P. adm. chr., D. 83.3.118] — V. aussi Cass., 27 déc. 1886 (sol. impl.), Renard et autres, [S. 87.1.110, P. 87.1.263] — *Sic*, Collignon, p. 75, note 4.

161. — D'ailleurs, pour qu'il y ait lieu d'élever le conflit, il faut réellement qu'on se trouve en présence d'une question préjudicielle ressortissant à la compétence administrative, c'est-à-dire d'une question dont la solution soit de nature à exercer une influence sur la solution du litige soumis au tribunal.

162. — C'est ainsi qu'il a été jugé que c'est à tort que le conflit a été élevé dans une instance correctionnelle lorsque le tribunal a admis une exception péremptoire proposée par le défendeur, et n'a point eu ainsi à s'occuper de l'examen du fond. — Cons. d'Et., 7 août 1863, Gonot, [P. adm. chr., D. 63.3.81]

163. — De même, lorsqu'un agent ou fonctionnaire de l'Etat poursuivi pour homicide par imprudence n'invoque pour se disculper aucun acte administratif dont l'existence et la portée soient contestées, il n'y a pas lieu d'élever le conflit. — Trib. confl., 31 juill. 1875, Pradines, [D. 76.3.51]

164. — Les deux exceptions apportées par l'art. 2 au principe en vertu duquel le conflit ne peut être élevé en matière correctionnelle restreignent singulièrement, comme on a pu s'en convaincre, la portée de la règle. Ainsi que le dit M. Batbie (t. 7, n. 340), il est difficile d'imaginer en matière correctionnelle d'autres cas que les deux cas cités par l'art. 2 dans lesquels l'administration puisse avoir un conflit à élever. — V. aussi Dufour, t. 3, n. 590.

165. — Aucun conflit, toutefois, ne peut être élevé lorsque les tribunaux correctionnels sont saisis de l'action publique tendant à l'application de la sanction pénale d'un acte administratif, soit réglementaire comme en matière de police de chemin de fer, soit individuel comme un arrêté d'expulsion. « Le jugement de ces délits, dit à ce sujet M. Laferrière, peut rendre nécessaire la vérification préalable de l'acte administratif dont la sanction est requise... Aucun texte ne proclame en ce cas la plénitude de juridiction des tribunaux correctionnels, comme l'art. 471, § 15, l'a fait pour les tribunaux de police, mais les tribunaux correctionnels n'en sont pas moins compétents pour résoudre ces questions, non qu'ils puissent invoquer par analogie cet art. 471, § 15, qui ne vise que des règlements de moindre importance, mais parce que ce texte lui-même est plutôt déclaratif qu'attributif de compétence, et parce que le droit qu'il proclame est inhérent à la mission de tout tribunal de répression, lorsqu'on lui demande de procurer une sanction pénale à un acte administratif ». — Laferrière, *Traité de la juridiction administrative*, t. 1, p. 581.

§ 3. Action civile.

166. — La restriction au droit d'élever le conflit établie en matière criminelle et correctionnelle par les art. 1 et 2 de l'Ordonnance s'applique-t-elle exclusivement à l'action publique tendant à faire prononcer des peines et exercée par le ministère public, ou s'étend-elle, en outre, à l'action civile tendant à obtenir des dommages-intérêts? Un point paraît tout d'abord certain : si l'action en dommages-intérêts est intentée séparément de l'action publique et portée devant le tribunal civil, le conflit pourra incontestablement être élevé; les raisons qui ont amené à écarter, en principe, le conflit en matière criminelle ne se retrouvent plus, lorsqu'il s'agit de demandes civiles d'indemnité pour faits délictueux. La faculté que les dispositions de notre droit criminel donnent aux parties lésées d'intenter l'action civile devant les tribunaux judiciaires est subordonnée à l'existence de leur compétence. Elle ne peut amener à déroger aux lois spéciales qui, à raison de considérations d'ordre public, attribuent dans des cas déterminés les connaissances des actions privées à l'autorité administrative. — Block, v° *Conflit*, n. 27 et s.; Dufour, t. 3, n. 4; Serrigny, t. 1, n. 169 *bis*; Collignon, p. 77; Raoul Clément, *Exposé pratique de la procédure suivie devant le Cons. d'Et. et le trib. des conflits*; Aucoc, t. 1, n. 401; Ducrocq, t. 1, n. 668; Chauveau et Tambour, t. 1, n. 439 *bis*; Fuzier-Herman, note sous Trib. des conflits, 22 déc. 1880, [S. 82.3.57, P. adm. chr.]; [essionesse, note (col. 7) sous Trib. des conflits du 2 avr. 1881, [S. 83.3.4, P. adm. chr.]

167. — Jugé, en ce sens, que le conflit peut être élevé sur une action en responsabilité dirigée à fins civiles devant le tribunal civil contre le directeur général des postes, bien que le fait sur lequel repose l'action puisse éventuellement donner lieu à des poursuites criminelles contre son auteur. — Cons. d'Et., 9 févr. 1847, Légat, [S. 47.2.378, P. adm. chr., D. 47.3. 113] — V. aussi Trib. des confl., 17 avr. 1851, Rougier, [S. 51. 2.577, P. adm. chr.]; — 22 déc. 1880 (3 espèces), Roucanières, Taupin, Kervennic, [S. 82.3.57, P. adm. chr., D. 81.3.17]; — 29 janv. 1881, Moricet et Barthet, [S. 82.3.74, P. adm. chr.]; — 12 mars 1881, Gimet, Bayle, [S. 82.3.75, P. adm. chr., D. 81.3.90]

168. — Cette solution se déduit, du reste, tout naturellement du motif généralement donné de la prohibition du conflit en matière criminelle et correctionnelle (V. *suprà*, n. 142). Les poursuites criminelles et correctionnelles tendent à l'application de la loi pénale, par conséquent, de questions qui touchent à l'honneur, à la liberté et peut-être même à la vie des citoyens. On a pensé que, dans les procès de cette nature, il convenait de laisser à l'autorité judiciaire sa complète indépendance, et on a voulu proscrire toute intervention de l'administration, venant arrêter, interrompre ou suspendre le cours de la justice ordinaire (V. Dufour, t. 3, n. 522 et s.; Serrigny, t. 1, n. 167). — Ce motif de la prohibition en détermine la portée et suffit à montrer que la prohibition du conflit en matière criminelle et en matière correctionnelle concerne seulement l'action publique et l'application des peines; elle ne s'étend pas à l'action civile ou aux dommages-intérêts née du prétendu crime ou délit. Il ne s'agit plus, dans ce dernier cas, du jugement d'un crime ou d'un délit; il s'agit d'une simple question de responsabilité civile, ne touchant qu'aux intérêts pécuniaires. Le principe de séparation des deux autorités reprend son empire, et l'administration recouvre le droit d'élever le conflit, si elle estime que le fait dont se plaint la partie lésée ne constitue qu'un acte administratif.

169. — En matière correctionnelle, on décide assez généralement, que le conflit est recevable sur l'action civile, même d'un délit ou prétendu délit, que cette action soit intentée devant un tribunal civil, ou devant un tribunal correctionnel par voie de citation directe. — Trib. confl., 17 avr. 1851, précité; — 29 déc. 1877, *Bull. des communes*, [S. 79.2.309, P. adm. chr., D. 78. 3.20] — Il faut remarquer que le jugement de 1851 s'applique à une action en responsabilité civile dirigée au cours d'un procès correctionnel contre une personne autre que l'auteur du fait; cependant les termes du jugement sont généraux. Quant au jugement de 1877, il n'a résolu la question qu'implicitement : il admet le conflit sur l'action civile d'une partie lésée qui avait usé de la voie de la citation directe, mais la question ne paraît pas avoir été discutée. La plupart des auteurs s'accordent pour admettre le conflit sur l'action civile. — Dufour, *Dr. admin.*, 2° édit., t. 3, n. 526; Foucart, *Dr. publ. et admin.*, t. 3, n. 1905; Serrigny, *Organisat. et compét. admin.*, t. 1, n. 169 *bis*; Aucoc, *Confér. de dr. admin.*, t. 1, n. 401; Ducrocq, *Dr. admin.*, 6° édit., t. 1, n. 668; Collignon, p. 77; Raoul Clément, *Exposé prat.*, n. 285.

170. — On a fait toutefois, à cette solution, deux objections. La première consiste à dire que l'on ne conçoit pas comment, si un délit a été commis (et la question est pendante), l'action en dommages-intérêts résultant de ce délit pourrait être considérée comme dérivant d'un acte administratif, ce qui serait nécessaire pour justifier le conflit. Mais il faut se garder ici d'une confusion : quand on dit que le conflit peut être élevé sur l'action civile, on entend dire que le conflit est recevable, mais non pas qu'il est fondé. Ceci demande explication. Un fonctionnaire a commis un délit ou un prétendu délit. Si le ministère public poursuit, le conflit n'est pas recevable sur l'action du ministère public, encore bien que le prétendu délit puisse ne pas exister et ne constituer qu'un acte administratif; l'action publique doit suivre son cours. Si le ministère public s'est abstenu et si c'est la partie lésée qui a exercé son action civile par la voie de la citation directe, le conflit est recevable sur l'action civile. Le conflit est-il fondé? Oui, si l'acte reproché constitue un acte administratif. Non, s'il ne constitue qu'un acte administratif et ne constitue qu'un fait personnel au fonctionnaire. Le tribunal des conflits appréciera. S'il décide que l'acte reproché n'est qu'un fait personnel au fonctionnaire, il annulera l'arrêté de conflit, et l'instance engagée devant le tribunal correctionnel reprendra son cours; s'il décide que l'acte reproché est un acte administratif, il validera l'arrêté de conflit et annulera tous les actes de l'instance engagée devant le tribunal correctionnel par la partie lésée, sauf à celle-ci à porter son action devant les tribunaux administratifs, qui sont seuls compétents pour statuer sur les demandes en dommages-intérêts à raison d'actes administratifs.

171. — La seconde objection est celle-ci : le tribunal correctionnel, saisi par la citation de la partie civile, est en même temps et irrévocablement saisi de l'action publique, à ce point que celle-ci ne peut ensuite être arrêtée, suspendue ou modifiée, même par le désistement de la partie lésée (V. *suprà*, v° *Action civile*, n. 432 et s.). — Cass., 11 août 1884, Duc de Doudeauville, [S. 82.1.142, P. 82.1.300, D. 84.5.279] — V. aussi Nancy, 16 nov. 1842, Lepetit, [P. 43.1.268] — Pau, 17 mars 1854 (motifs), Triep-Herranat, [P. 54.2.438] — Bourguignon, *Jurispr. des Codes crim.*, sur l'art. 182, C. instr. crim.; Rolland de Villargues, *C. instr. crim. annoté*, sur l'art. 182, n. 33 et s.; Morin, *Journ. du dr. crim.*, 1859, p. 172. — *Contrà*, Dutruc, *Mémor. du min. publ.*, t. 1, v° *Action publique*, n. 10, lequel cite un arrêt d'Amiens, 24 mars 1859, [*Journ. min. publ.*, t. 2. p. 118, et *Journ. de dr. crim.*, 1859, p. 169] — Après le désistement de la partie lésée, le tribunal correctionnel ne peut plus statuer sur l'action civile, sur les dommages-intérêts; mais, nonobstant le désistement, le tribunal restant saisi de l'action publique peut statuer sur cette action et prononcer des peines. Il doit en être de même dans le cas où l'action civile a été frappée d'un arrêté de conflit. L'arrêté de conflit ne porte que sur l'action civile et laisse intacte l'action publique. Or, par suite de la citation de la partie lésée, le tribunal est saisi de l'action publique, et il n'en peut être dessaisi que par un acte qui épuise sa juridiction. Sans doute, par le conflit, le tribunal est dessaisi de l'action civile et il ne peut accorder des dommages-intérêts; mais il demeure saisi de l'action publique, et il peut appliquer la peine.

172. — On répond, dans le système opposé, que l'objection repose sur une assimilation inexacte entre les effets du désistement de la partie civile et les effets d'un arrêté de conflit. L'action civile légalement et régulièrement introduite par la partie lésée a pour effet de mettre en mouvement l'action publique, et d'en saisir le tribunal. L'action publique devient alors l'action principale, au point que le tribunal n'est saisi de l'action civile qu'accessoirement à l'action publique (C. instr. crim., art. 3). Peu importe qu'ensuite la partie civile se désiste. Le désistement de la partie civile n'a d'effet que quant aux intérêts civils, la renonciation à l'action civile ne pouvant arrêter l'action publique ou en suspendre l'exercice (C. instr. crim., art. 4). Tout autre est la situation quand l'action civile est frappée d'un arrêté de conflit. La prétention de l'administration qui élève le conflit, c'est que l'action introduite par la partie civile a été incompétemment portée devant le tribunal correctionnel, en sorte que, si l'arrêté de conflit est confirmé, la citation de la partie lésée sera déclarée nulle et non avenue. Or, si le tribunal correctionnel n'est saisi de l'action publique que par la citation de la partie lésée, et si cette citation est déclarée nulle et non avenue, il s'ensuit que le tribunal n'aura jamais été saisi de l'action publique. Il en est de ce cas comme du cas où l'action de la partie civile est déclarée non recevable pour défaut de qualité ou d'intérêt. — V. Cass., 20 août 1847, Devers, [S. 47.1.832, P. 47.2. 385, D. 47.1.302] — Liège, 13 juill. 1859, [*Journ. du min. public.*, t. 2, p. 231]

173. — Le conflit peut-il être élevé sur l'action civile résultant d'un crime ou prétendu crime? La question présente alors plus de difficulté. Par un arrêt du 9 févr. 1847, Légat, [S. 47. 2.378, P. chr.], le Conseil d'État a jugé que, si la partie qui se prétend lésée par un crime exerce son action contre la personne civilement responsable devant les tribunaux *civils*, la circonstance que le fait serait de nature à être poursuivi devant les tribunaux criminels ne fait point obstacle à ce que l'autorité administrative le revendique par la voie du conflit. C'est l'application du principe posé *suprà*, n. 166. — Serrigny, n. 167, *in fine*. — Les auteurs vont plus loin et admettent, pour la plupart, la possibilité du conflit sur l'action civile proprement dite, que cette action soit intentée devant le tribunal civil ou qu'elle soit jointe à la juridiction criminelle. — Foucart, t. 3, n. 1905, *in fine*; Dufour, t. 3, n. 588; Aucoc, t. 1, n. 401; Ducrocq, t. 1, n. 668, 746, et t. 2, n. 1348 *ter* et 1349 *ter*; Cabantous et Liégeois, *Rép. de dr. admin.*, p. 821; Clément, n. 285; Collignon, p. 78. — En effet, disent-ils, les rédacteurs de l'ordonnance de 1828 auraient en vue, lorsqu'ils ont écrit l'art. 1, de donner satisfaction à l'opinion publique en édictant que jamais les accusés ne seraient distraits de leurs juges. C'était l'action publique seule qu'ils visaient. La preuve s'en trouve dans les paroles de M. Taillandier, rapporteur de la commission, lequel, répondant à l'objection tirée des entraves qui pourraient résulter pour l'administration de l'impossibilité d'élever le conflit en matière criminelle, disait : « C'est uniquement sur la plainte de l'administration que la Chambre des mises en accusation et ensuite la Cour d'assises peuvent être saisies. Si l'administration ne se plaint pas, l'action criminelle n'est pas exercée ». — Collignon, p. 73 et 79.

174. — Ce système cependant n'est pas universellement accepté. Chauveau (*C. instr. admin.*, t. 1, p. 243, n. 439 *bis*) admet la possibilité du conflit sur l'action civile exercée directement devant le tribunal civil, mais non sur l'action civile exercée devant la juridiction criminelle. M. Desjardins (*Rev. crit.*, 1881, p. 186, 187) estime également qu'en présence du texte général et absolu qui interdit d'élever le conflit en matière criminelle, il n'y a pas lieu de distinguer entre l'action publique et l'action civile.

175. — Si l'on admet que le conflit puisse être élevé sur l'action civile née d'un crime ou d'un prétendu crime, une question subsidiaire se pose, celle de savoir si la partie lésée qui porte plainte en se constituant partie civile devant le magistrat instructeur exerce l'action civile ou l'action publique. Si la plainte n'est autre chose que l'exercice de l'action civile, le conflit est recevable; si la plainte constitue l'exercice de l'action publique, le conflit n'est pas recevable.

176. — Cette question suppose préalablement résolue une autre question : la plainte avec constitution de partie civile de la personne lésée devant le magistrat instructeur met-elle en mouvement l'action publique, en telle sorte que le magistrat instructeur puisse et doive informer en dehors du ministère public ? il y a controverse sur ce point (V. *suprà*, v° *Action publique*, n. 178 et s.). La question se présente dans des conditions spéciales lorsque, comme dans les espèces qui se sont produites lors de l'exécution des décrets du 29 mars 1880, le magistrat instructeur est le premier président de la cour d'appel faisant office de juge d'instruction dans les termes de l'art. 484, C. instr. crim., c'est-à-dire en cas d'inculpation, contre certains fonctionnaires, de crimes commis dans l'exercice de leurs fonctions. Il y a ici des raisons particulières de décider. Il résulte, dit-on, des art. 479 et 483, combinés, C. instr. crim., que le procureur général a exclusivement qualité pour poursuivre en police correctionnelle les officiers de police judiciaire (V. *suprà*, v° *Citation directe*, n. 36 et s.); à plus forte raison en est-il de même devant la juridiction criminelle : il n'est pas admissible qu'un particulier ait, devant cette juridiction, le droit d'engager une action à fin de répression pénale, par l'œuvre de sa simple volonté, alors que ce droit lui est refusé devant le tribunal correctionnel : donc, en l'absence de poursuites exercées par le procureur général, la plainte avec constitution de partie civile ne met pas l'action publique en mouvement contre le fonctionnaire inculpé de crime.

177. — A quoi l'on répond que, si les art. 479 et 483, C. instr. crim. (et 10, L. 20 avr. 1810) dérogent au droit commun pour certains fonctionnaires en ce qui touche les délits, en réservant au procureur général le droit exclusif de saisir la cour d'appel, il en est autrement en matière de crime; les art. 480 et 484 ne contiennent aucune dérogation du même genre, et font que substituer des magistrats à d'autres, sans rien changer aux attributions ordinaires des substitués. Le législateur, qui, pour de simples délits, a pu vouloir soustraire certains fonctionnaires à l'action de la partie civile, n'a pas voulu la laisser sans recours en cas de crime. — Desjardins, *Revue crit.*, 1881, p. 196 et 197.

178. — La question est délicate et a suscité certaines divergences entre les auteurs. Dans une première opinion, on fait dépendre la solution du point de savoir quel est, dans le système du Code d'instruction criminelle, le véritable caractère du droit de plainte avec constitution de partie civile que l'art. 63, C. instr. crim., accorde à la personne lésée, et on raisonne de la façon suivante : le système du Code d'instruction criminelle est celui-ci : au ministère public seul appartient l'exercice de l'action publique; à la partie lésée appartient l'action civile (C. instr. crim., art. 1). Les parties lésées n'ont pas l'exercice de l'action publique : tel est le principe qui domine toute la matière. Mais pendant longtemps le législateur a confondu les deux actions, et leur distinction récente n'a pu être si absolue que leurs limites ne soient restées encore incertaines, et que parfois elles n'empiètent sur le domaine l'une de l'autre. — F. Hélie, *Inst. crim.*, t. 1, n. 477.

179. — Ainsi, quand il s'agit de contraventions et de délits, la partie lésée a le droit de citation directe (C. instr. crim., art. 145 et 182), et, en usant de ce droit, elle met nécessairement en mouvement l'action publique. — V. *suprà*, v° *Action civile*, n. 432 et s.

180. — En d'autres termes, la partie lésée soumet à la juridiction répressive une action en réparation du dommage causé; elle cite l'auteur du délit devant le tribunal correctionnel pour obtenir par cette voie la réparation du préjudice qu'elle a éprouvé, elle exerce son action civile devant le tribunal de répression. Du même coup, et par le motif que l'action civile ne peut être portée devant les tribunaux de répression qu'accessoirement à l'action publique, la partie lésée met l'action publique en mouvement, saisit le tribunal de l'action publique. La partie lésée n'exerce pas l'action publique, elle la met en mouvement. Ceci n'est pas une subtilité, mais un point de doctrine parfaitement établi par les auteurs. — V. F. Hélie, *Instruct. crim.*, t. 1, n. 463, 513, 518, 521, 523, 524; Haus, *Droit pén. belge*, t. 2, n. 1129, 1140.

181. — Autre chose, en effet, est le droit d'exercer l'action publique, autre chose le droit de la mettre en mouvement. L'action publique ne peut être exercée que par les fonctionnaires auxquels la loi l'a confiée (V. *suprà*, v° *Action publique*, n. 85 et s.). Mais l'action publique, comme toute autre action, est mise en mouvement par tout acte qui a pour effet d'en saisir le juge (V. *suprà*, v° *Action publique*, n. 123 et s.). C'est ainsi que la partie civile qui cite l'auteur du délit devant le tribunal correctionnel, bien qu'elle n'exerce pas l'action civile, met en mouvement l'action publique et la soumet au juge, qui est ainsi saisi de cette action (V. *suprà*, v° *Action publique*, n. 156 et s.). Mais c'est là un résultat qui se produit par voie de conséquence. La mise en mouvement de l'action publique n'est en effet qu'une suite de l'exercice de l'action civile. L'exercice de l'action civile, voilà le principe générateur du droit de citation directe. Le législateur, en accordant ce droit à la partie lésée, ne s'est préoccupé que des intérêts civils de celle-ci et n'a pas entendu lui donner le droit d'exercer l'action publique. Cela est si vrai que la partie lésée doit limiter sa demande à des dommages-intérêts; elle ne peut demander l'application des peines; ce serait là de sa part une usurpation sur les droits du ministère public, usurpation qui, si elle était effectivement commise, engendrerait une nullité d'ordre public. — V. dans les motifs, Aix, 17 déc. 1863 (2 espèces), Philis, [S. 64.2.171, P. 64.921, D. 64.2.64] — Paris, 31 déc. 1880, Ruffenot, [S. 81.2.16, P. 81.1.404, D. 82.2.139]

182. — Le droit de citation directe, qui existe en matière de contravention et de délit, n'existe pas en matière de crime. La partie lésée ne peut porter son action civile devant la cour d'assises que quand la cour d'assises a été saisie de l'action publique sur l'initiative du ministère public (V. *suprà*, v° *Citation directe*, n. 47, 51). Mais la partie qui se prétend lésée par un crime (la partie lésée par un délit a du reste le même droit) peut porter plainte et se constituer partie civile devant le juge d'instruction, et (selon une doctrine qui s'appuie sur des autorités sérieuses) provoquer une information du magistrat instructeur. Ici encore la partie lésée met en mouvement l'action publique, saisit le juge d'instruction de cette action. Mais ce n'est encore là qu'un résultat de la plainte-avec constitution de partie civile. En accordant à la personne lésée le droit de former une plainte et de se constituer partie civile devant le magistrat instructeur, la loi n'a pas entendu conférer à la partie lésée le droit d'exercer l'action publique; la loi n'a voulu que lui permettre de sauvegarder ses intérêts privés. « La plainte, et à plus forte raison la constitution de la partie civile, dit F. Hélie (*Instr. crim.*, t. 1, p. 649, n. 540), ne tendent qu'à obtenir des dommages-intérêts. Autrement, quels en seraient le caractère et le but? Les citoyens, dans notre droit, n'ont pas la mission de poursuivre les crimes et les délits; ils peuvent en provoquer la poursuite; mais cette faculté même ne leur a été donnée par la loi, que comme moyen de surveiller leurs intérêts et de les faire valoir. »

183. — Faustin Hélie dit encore : « Le droit de plainte de la partie lésée n'est que la conséquence rigoureuse de l'art. 3, C. instr. crim., qui ouvre à l'action civile la juridiction criminelle. Car, puisque la partie civile est autorisée à porter son action devant cette juridiction, comment pourrait-il lui être interdit de la saisir »? (*Instr. crim.*, t. 1, n. 452). On invoque en sens contraire le passage suivant de Faustin Hélie : « Le droit de saisir le juge par une plainte est un dernier vestige de l'ancien droit d'accusation que les citoyens exerçaient en France au xviie siècle » (*Instr. crim.*, t. 1, p. 627). Mais, dit-on, ce passage n'est pas décisif, surtout si on le rapproche des passages qui viennent d'être cités du même auteur. Or, ajoute-t-on, voici un autre passage qui ne laisse aucun doute : « Il faut remarquer que, si la partie civile, lorsqu'elle agit par voie de citation directe ou en se constituant devant le juge d'instruction, met en mouvement l'action publique, elle n'exerce néanmoins que l'action civile » (*Instr. crim.*, t. 6, n. 2861). — V. aussi *Prat. crim.*, t. 1, n. 156.

184. — Legraverend, de son côté (*Législ. crim.*, t. 1, p. 78) dit : « La plainte réunie à la déclaration de se constituer partie civile est une véritable demande, une introduction d'action civile résultant du délit », et il ajoute : « Puisqu'aux termes de la loi, la citation directe que donne la partie civile tient lieu de plainte, à son tour, la plainte réunie à la déclaration de se constituer partie civile équivaut à la citation et doit en tenir lieu ». Haus (*Dr. pén. belge*, t. 2, n. 1142, p. 365, note 11), est encore plus précis : « La loi autorise formellement les personnes lésées par un crime ou par un délit à saisir de l'action civile le juge d'instruction (art. 63, C. instr. crim.), ce qui ne peut avoir lieu qu'autant que l'action publique lui est en même temps soumise; car, en vertu de l'art. 3, C. instr. crim., la première doit être exercée simultanément avec la seconde. »

185. — Il y a d'autres auteurs dans le même sens. Mangin se demande si la plainte de la partie civile interrompt la prescription de l'action civile, et répond : « Les parties lésées par un fait punissable peuvent en poursuivre la réparation devant le juge de l'action publique; et la plainte de la partie civile, quand elle est portée devant le magistrat compétent pour la recevoir, et qu'elle est revêtue des formes prescrites par les art. 31 et 63, C. instr. crim., est réellement un acte introductif de sa demande, une véritable poursuite dans ses intérêts. Si le ministère public se croit dispensé d'agir, à lui permis. C'est ce que j'ai démontré, mais son inaction n'empêche pas que la partie civile n'ait fait ce que la loi lui indiquait de faire pour exercer son action, et conséquemment pour la conserver » (*Traité de l'action publique*, t. 2, n. 365).

186. — On invoque, en outre, l'autorité du législateur lui-même. La loi des 16-20 sept. 1791, tit. 5, art. 1, porte : « Tout particulier qui se prétendra lésé par le délit d'un autre particulier pourra porter plainte ». L'instruction pour la procédure criminelle, en forme de décret, du 29 sept. 1791, avait expliqué ces termes : « Tout dommage donne lieu à une action. L'action résultant du dommage causé par le délit se nomme plainte ». L'art. 94, C. 3 brum. an IV, avait reproduit la disposition de la loi de 1791. L'art. 63, C. instr. crim., a reproduit à son tour l'art. 94, C. 3 brum. an IV. La définition de la plainte, telle que l'avait donnée l'instruction en forme de décret du 29 sept. 1791, peut donc toujours être invoquée. Nous répétons cette définition : la plainte est l'action résultant du dommage causé par un délit, c'est-à-dire l'action civile.

187. — Donc, c'est bien l'action civile que la partie lésée exerce en portant plainte et en se constituant partie civile devant le magistrat instructeur. Il est vrai que, du même coup, et par voie de conséquence, la partie lésée met en mouvement l'action publique et en saisit le juge d'instruction; mais cela ne change pas le caractère primitif de la plainte, qui n'en reste pas moins le simple exercice de l'action civile. Il se produit ici un résultat semblable à celui qui se produit en cas de citation directe devant le tribunal de police correctionnelle; dans les deux cas, c'est l'action civile qui seule est exercée, bien que l'exercice de cette action ait pour conséquence de mettre en mouvement l'action publique et d'en saisir le juge.

188. — On fait une objection. Comment, dit-on, peut-il y avoir une action civile portée devant le juge d'instruction? N'est-il pas certain que le juge d'instruction ne saurait avoir qualité pour instruire sur une action civile et pour statuer sur le préjudice subi, et que ce n'est pas devant lui que peut se débattre une question de dommages-intérêts? N'est-il pas certain que, de quelque manière qu'il ait été saisi, que ce soit par la réquisition du ministère public ou par une plainte accompagnée d'une constitution de partie civile, le magistrat instructeur ne s'occupe des faits qu'au point de vue criminel, et que la seule question qui lui soit soumise et qu'il ait à résoudre est celle de savoir s'il y a lieu ou non à une poursuite criminelle?

189. — Cette objection, répond-on, procède d'une vue superficielle des choses. La partie lésée n'a qu'un droit : obtenir des dommages-intérêts ; son droit d'action est toujours restreint à ses intérêts civils, et ne peut avoir pour objet qu'une réparation pécuniaire. Quand elle cite l'auteur du délit devant le tribunal correctionnel, elle est censée dire au tribunal : « Je demande au tribunal des dommages-intérêts ; mais, pour que ces dommages-intérêts puissent m'être accordés, il faut que le tribunal prononce préalablement une condamnation pénale : que le tribunal prononce donc cette condamnation pour pouvoir ensuite m'accorder les dommages-intérêts ». De même, quand la personne lésée porte plainte et se constitue partie civile devant le juge d'instruction, elle est censée dire : « Un crime a été commis, qui me donne droit à des dommages-intérêts ; instruisez, informez, recueillez les renseignements, les preuves, de manière à arriver devant la cour d'assises, pour que je puisse ensuite obtenir une réparation pécuniaire. »

190. — Ceci peut s'éclairer par un rapprochement tiré du droit italien. En cette matière, le droit italien s'est inspiré des principes du droit français, mais il a développé ces principes, et il en a tiré les conséquences. C'est ainsi que l'art. 84, C. proc. pén. ital., dispose que, lorsqu'il y a dans l'information une partie civile, le juge d'instruction doit procéder à tous actes d'instruction nécessaires que celle-ci aura requis à l'effet d'établir le montant des dommages qu'elle aura soufferts. — Henri Marcy, *C. proc. pén. ital.*, t. 1, p. 74, et t. 2, p. 68.

191. — Voilà le juge d'instruction mis à la disposition de la partie lésée et de ses intérêts civils. Sans doute, il n'en est pas de même en droit français. Mais on peut dire que cette disposition n'est que l'application d'une règle générale commune aux deux législations, française et italienne : à savoir, que le juge d'instruction qui, sur la provocation de la partie lésée, ouvre une information, agit à la fois dans l'intérêt de l'action publique et dans l'intérêt de l'action civile. En d'autres termes, par l'effet de la plainte avec constitution de partie civile, l'instruction tendant à la répression pénale se lie et se confond avec l'instruction tendant à la réparation du dommage causé à la partie civile. Mais, si l'on regarde la situation au point de vue de la partie lésée, on se rend compte ainsi que sa plainte n'est que le simple exercice de l'action civile, exercice qui a pour effet de mettre en mouvement l'action publique, tout comme en cas de citation directe devant le tribunal correctionnel.

192. — On peut concevoir une autre objection. La plainte avec constitution de partie civile est un acte d'instruction et de poursuite (C. instr. crim., art. 637), qui interrompt la prescription de l'action publique. — V. Cass., 29 mars 1856, Gentil, [S. 56.1.753, P. 57.459, D. 56.1.269] — F. Hélie, *Instr. crim.*, t. 2, n. 1077; Haus, *Dr. pén. belge*, t. 2, n. 1346. — Ce qui prouve que la plainte avec constitution de partie civile est un acte d'exercice de l'action publique. — Il n'en est rien, répond-on. La prescription de l'action publique est interrompue aussi bien par les actes au moyen desquels le ministère public intente son action que par les actes au moyen desquels la partie civile la met en mouvement (V. Haus, *loc. cit.*). Or, nous l'avons vu (*supra*, n. 181), la plainte avec constitution de partie civile met en mouvement l'action publique, et voilà pourquoi elle interrompt la prescription de cette action. La plainte étant un acte de citation directe donnée par la partie lésée en police correctionnelle interrompt également la prescription de l'action publique. — V. Cass., 4 avr. 1873, [*Bull. crim.*, n. 92] — F. Hélie, *op. cit.*, n. 1078.

193. — On objecte encore l'art. 135, C. instr. crim., qui donne à la partie civile le droit de former opposition aux ordonnances de non-lieu, et à toutes autres faisant grief à ses intérêts civils. L'opposition de la partie civile conserve l'action civile, et la fait même revivre quand le ministère public n'a pas formé son opposition dans le délai (Mangin et F. Hélie, *Instr. écrite*, t. 2, n. 46; F. Hélie, *Instr. crim.*, t. 5, n. 2104). La partie civile participe donc ainsi à l'exercice de l'action publique (F. Hélie, *loc. cit.*). — L'opinion reçue est, en effet, que la disposition de l'art. 135 renferme une exception au principe de la séparation et de l'indépendance de l'action publique et de l'action civile (V. les autorités précitées). Cette exception, qui ne se justifie pas en théorie législative (F. Hélie, n. 2103), s'explique par l'incertitude qui existait encore, pour les rédacteurs du Code d'instruction criminelle, sur les limites des deux actions. En tout cas, la disposition de l'art. 135, C. instr. crim., étant en dehors du droit commun, ne saurait être étendue. — V. dans les motifs, Cass., 22 juill. 1831, Prince de Rohan, [S. 31.1.299, P. chr.]; — 30 sept. 1841, Bidel, [S. 42.1.320, P. 42.1.627]; — 14 juill. 1859, Yonner, [S. 59.1.779, P. 60 555, D. 59.1.328]; — 8 janv. 1870, Mirès, [S. 70.1.328, P. 70.815, D. 71.1.356]; — F. Hélie, *Instr. crim.*, t. 5, n. 2295. — De ce que, par exception, dans le cas de l'art. 135, la partie civile exercerait l'action publique, on n'en saurait induire que la partie civile exerce également l'action publique dans le cas de l'art. 63, en portant plainte et en se constituant devant le juge d'instruction.

194. — On arrive ainsi à la solution de la question posée *supra*, n. 175. Le conflit, avons-nous dit (*supra*, n. 166, 173), est recevable en matière criminelle et en matière correctionnelle sur l'action civile. Or, dit-on, la plainte avec constitution de partie civile de la partie lésée devant le magistrat instructeur n'est que l'exercice de l'action civile. Donc le conflit peut être élevé sur cette plainte. — Ducrocq, *Dr. admin.*, 6ᵉ édit., t. 1, n. 746, et t. 2, n. 1549 ter; Cabantous et Liégeois, *Répét. de dr. admin.*, p. 821; Clément, *loc. cit.*; Collignon, *loc. cit.*. — *Contrà*, Desjardins, *Revue crit.*, 1881, p. 185 et s.; Curet, *Les congrégat. religion. non autorisées*, p. 227 et s.; Fuzier-Herman, note précitée.

195. — Et cela alors même que la partie lésée aurait porté plainte devant le magistrat instructeur. L'acte par lequel un particulier se disant lésé par un fonctionnaire public dépose une plainte contre ce fonctionnaire en se portant partie civile, ne constitue pas l'exercice d'une action publique, et permet dès lors à l'administration d'élever le conflit. — Trib. confl., 22 déc. 1880 (3 esp.), Roucanières, Taupin, Kervennic, [S. 82.3.57, P. adm. chr., D. 81.3.171]; — 29 janv. 1881, Moricet et Barthet [S. 82.3.74, P. adm. chr.]; — 12 mars 1881, Gimet, [S. 82.3.75, P. adm. chr., D. 81.5.40]; — 2 avr. 1881 (3 esp.), Chartier, Juveneton, Léo de Cahuzac, [S. 83.2.1, P. adm. chr.]

196. — Et, spécialement, le conflit est recevable sur une plainte relevant, en les qualifiant d'attentats à la liberté individuelle, des faits qui ne sont autres que des mesures prises pour assurer l'exécution d'un arrêté préfectoral, poursuivant la dissolution d'une congrégation non autorisée et l'évacuation de l'établissement. — Trib. confl., 2 avr. 1881, précité.

197. — Ce système est vivement combattu par une partie de la doctrine. Nous avons déjà fait connaître, en développant les raisons sur lesquelles repose le premier système, quelles objections y ont été faites. Le magistrat instructeur, dit-on, une fois saisi de l'action publique par la plainte avec constitution de partie civile de la personne lésée, est irrévocablement saisi de l'action publique, laquelle ne peut être arrêtée même par le désistement du plaignant (V. Cass., 31 juill. 1830, Delorme, [P. chr.] — F. Hélie, *Instr. crim.*, t. 2, n. 758). De même, le juge d'instruction peut continuer à informer, malgré le conflit élevé sur la plainte.

198. — On répond à cette objection, dans le système opposé, qu'à défaut de réquisition du ministère public, le juge d'instruction ne peut informer qu'en vertu d'une plainte régulièrement formulée devant lui. Or, si cette plainte est annulée par un arrêté de conflit confirmé par le tribunal des conflits, il se trouve que le magistrat instructeur n'a pas été saisi. Dès lors toute la procédure tombe, il n'y a pas d'action publique. Il en est de ce cas comme du cas où le conflit est élevé sur l'action civile de la partie lésée en cas de citation directe devant le tribunal correctionnel. — V. *supra*, n. 171 et 172.

199. — On insiste, et l'on dit que c'est sur l'ordonnance du juge d'instruction que le conflit est élevé, et l'on se demande comment un acte juridictionnel d'un juge n'ayant que des attributions répressives, qui n'a aucune qualité pour statuer sur les intérêts civils de la partie lésée, peut être considéré comme ne rentrant pas dans les matières criminelles. Or, l'ordonnance de 1828 ne souffre aucune distinction en ce qu'elle interdit d'élever le conflit en matière criminelle. En donnant au mot « matière criminelle » la même signification que le mot « action publique », on interprète l'ordonnance d'une façon contraire. L'expression matière criminelle a un sens précis, non équivoque.

200. — On répond que le conflit, s'il est élevé à propos de l'ordonnance du juge d'instruction, est effectivement élevé à l'égard de la plainte et de la décision dont elle a été l'objet. Il en est de même en matière correctionnelle quand le conflit est élevé sur l'action civile contre le jugement du tribunal correctionnel. Aussi bien, ajoute-t-on, il faut prendre garde que le juge d'instruction n'est saisi de l'action publique que par la plainte; c'est cette plainte qui seule lui donne qualité et compétence pour informer. C'est donc à la plainte qu'il faut s'attacher c'est la plainte que le conflit doit frapper. Et on revient ainsi à l'argument qui consiste à dire que la plainte n'est pas l'exercice d'une action pénale, mais l'exercice d'une action civile.

201. — Jusqu'en 1880, ces controverses étaient restées purement théoriques, aucun conflit, avant cette époque, n'ayant été élevé en fait devant un juge criminel. L'exécution des décrets du 29 mars 1880, relatifs aux congrégations religieuses non autorisées, leur donna une portée pratique, et fit naître une divergence notable entre les cours d'appel et le tribunal des conflits.

202. — La jurisprudence des cours d'appel se prononça en ce sens que l'art. 1, Ord. 1er juin 1828, interdisait absolument à l'autorité administrative d'élever le conflit devant une juridiction criminelle. Elle réserva seulement la faculté pour l'autorité judiciaire, dans le cas où elle reconnaîtrait qu'elle ne peut statuer sans porter atteinte au principe de la séparation des pouvoirs, de se déclarer incompétente ou tout au moins de surseoir à statuer. — Ord. du premier président de la cour de Bordeaux, 11 août 1880, sous Trib. confl., 22 déc. 1880, Roucanières, [S. 82.3.57, P. adm. chr., D. 81.3.20] — Ord. du premier président de la cour de Poitiers, 9 sept. 1880, Taupin et Thébault, [Ibid.] — Chambre d'accus. de la cour d'appel de Poitiers. 19 sept. 1880, sous Trib. confl., 22 déc. 1880, Taupin et Thébault, [Ibid.]. — Chambre d'accus. de la cour d'appel d'Angers, 21 sept. 1880, sous Trib. confl., 22 déc. 1880, Kervenic, [Ibid.].

203. — Subsidiairement enfin, certaines cours décidaient que la plainte avec constitution de partie civile de la personne lésée devant le magistrat instructeur (juge d'instruction ou premier président) met en mouvement l'action publique, de telle sorte que le magistrat instructeur peut et doit informer en dehors des réquisitions du ministère public, et sans que le conflit puisse être élevé devant lui. — Ord. du premier président de la cour de Bordeaux, précité. — V. dans le sens de la jurisprudence des cours d'appel, Duvergier, *Manuel du juge d'instruction* (3e édit.), t. 3, n. 505; Ortolan, *Eléments de droit pénal* (3e édit.), t. 2, n. 2191; F. Hélie, *Inst. crim*, n. 522 et 524, et t. 2, n. 758; Desjardins, *Rev. crit.*, 1881, t. 10, p. 185 et s.; Carnot, *Inst. crim.*, sur l'art. 63, p. 303; Morin, *Répert. de droit criminel*, vo *Action publique*, n. 7; Curet, *Les congrégations religieuses non autorisées*, p. 227 et s.; Boullaire, *Gazette des tribunaux*, 31 janv.-1er févr. 1881; Fuzier-Herman, note sous Trib. confl., 22 déc. 1880, précité.

204. — Le tribunal des conflits n'adopta point cette opinion. Dans la doctrine qui prévalait devant lui, l'art. 1 de l'ordonnance de 1828 a eu simplement pour objet de prévenir le retour des abus qui s'étaient souvent produits pendant la Révolution et le premier Empire. Le gouvernement élevait alors le conflit pour soustraire aux juridictions répressives le jugement d'actions criminelles intentées contre les émigrés ou autres criminels politiques (Bavoux, *op. cit.*; Sirey, *Du Conseil d'Etat selon la charte*, n. 139; Bathie, t. 7, n. 339). De là une atteinte complète de sécurité. C'est, a-t-on dit, pour fermer la porte à de pareils abus que la prohibition d'élever le conflit en matière criminelle a été édictée par l'art. 1 de l'ordonnance. Désormais, le conflit ne permettra plus de soustraire les citoyens à leurs juges naturels : l'art. 1 assure pleinement le libre exercice de l'action publique devant la juridiction criminelle et la compétence exclusive de cette juridiction pour statuer sur cette action. Mais là se borne la portée de cette disposition : elle n'a point eu pour objet et ne peut avoir pour effet de soustraire au principe de la séparation des pouvoirs l'action civile formée par la partie lésée, quelle que soit la juridiction devant laquelle cette action est portée. — Trib. confl., 22 déc. 1880, Roucanières (1re espèce), Taupin et Thébault (2e espèce), Kervennic (3e espèce), [S. 82.3.57, P. adm. chr., D. 81.3.17, les observations du ministre de l'Intérieur et les conclusions des commissaires du gouvernement Chante-Grellet et Rivière]; — 29 janv. 1881, Moricet et Barthet, [S. 82.3.74, P. adm. chr.]; — 12 févr. 1881, Merlin, [P. adm. chr., D. 81.5.90]; —19 févr. 1881 (3 espèces), de Sèze, Laplace, Boulbon, [D. 81.5.90] — 26 févr. 1881 (3 espèces), Bacon, Baude, Fonteneau, [Ibid.]; — 12 mars 1881, Grimet et autres (1re espèce), Bayle (2e espèce), [S. 82.2.75, P. adm. chr., D. 81.5.90]; — 2 avr. 1881, Charton et consorts (1re espèce), Léo de Cahuzac (2e espèce), Juvenelte (3e espèce), [S. 83.3.1, P. adm chr., et la note de M. Jessionesse, D. 82.3.74] — V., toutefois, pour la jurisprudence antérieure à 1880, Trib. des confl., 17 avr. 1851,

Rougin, [S. 51.2.577, P. adm. chr.] — V. dans le sens de la jurisprudence du tribunal des conflits, Serrigny, t. 1, n. 167; Foucart, t. 3, n. 1905; Dufour, t. 3, n. 526; Battbie, t. 7, n. 332, note 1; Aucoc, t. 1, n. 401; Ducrocq, t. 1, n. 668 et 746, et t. 2, n. 1348 ter et 1349 ter; Cabantous et Liégeois, p. 824; Raoul Clément, *Exposé pratique de la procédure suivie devant le Conseil d'Etat et le tribunal des conflits*, n. 285; Collignon, p. 78; Jessionesse, note sous Trib. confl., 2 avr. 1881, précité.

205. — Et même, la chambre des mises en accusation ne peut, tout en rejetant le déclinatoire d'incompétence, déclarer surseoir à toute information, jusqu'à ce que la légalité des actes incriminés ait été appréciée à la diligence des plaignants, par l'autorité compétente, alors que, malgré cette réserve, la Cour se reconnaît à tort compétente sur le fond même du litige. — Trib. des confl., 12 mars 1881, précité.

§ 4. — *Matières diverses.*

206. — « Ne donneront pas lieu non plus au conflit : 1o le défaut d'autorisation, soit de la part du gouvernement, lorsqu'il s'agit des poursuites dirigées contre ses agents, soit de la part du conseil de préfecture, lorsqu'il s'agira de contestations judiciaires dans lesquelles les communes ou les établissements publics seront parties; 2o le défaut d'accomplissement des formalités à remplir devant l'administration préalablement aux poursuites judiciaires » (art. 3, Ord. 1er juin 1828).

207. — Si, dans ces différents cas prévus par ce texte, le conflit ne peut être élevé, c'est que le défaut des formalités qu'il vise ne fait que constituer une irrégularité pouvant, le cas échéant, donner lieu à une exception ou entraîner la nullité de la procédure. Mais, au fond, l'affaire n'est pas administrative : c'est pour ce motif que le conflit ne peut être élevé. — Chauveau et Tambour, t. 1, n. 440; Foucart, t. 3, n. 1908; Duvergier, t. 28, p. 180 et s.; Serrigny, t. 1, n. 170; Chevalier, t. 1, p. 216; Dufour, t. 3, n. 597 et 598; Lerat de Magnilot et Delamarre, t. 1, p. 284; Blanche, vo *Conflit*, p. 469.

208. — En ce qui concerne la première partie du § 1 de l'art. 3, la constitution de l'an VIII disposait dans son art. 75 : « Les agents du gouvernement ne peuvent être poursuivis pour des faits relatifs à leurs fonctions qu'en vertu des décisions du Conseil d'Etat : en ce cas, la poursuite a lieu devant les tribunaux ordinaires ». Désormais, il devenait donc inutile d'élever le conflit. La poursuite ne pouvait avoir lieu qu'avec l'autorisation du Conseil d'Etat, et tant que cette autorisation n'avait point été accordée, la procédure dirigée contre le fonctionnaire était frappée de nullité. — Cons. d'Et., 10 sept. 1835, Saint-Sèbe, [P. adm. chr.] — Sic, Chauveau et Tambour, t. 1, n. 440; Taillandier, *op. cit.*, p. 122.

209. — Cette partie du premier paragraphe de l'art. 3 précité, en ce qui concerne l'autorisation de poursuivre les fonctionnaires, ne peut plus recevoir d'application depuis l'abrogation de l'art. 75 de la constitution de l'an VIII par le décret du 19 sept. 1870.

210. — Mais ce décret n'a point eu pour effet, comme ont paru le croire un moment les tribunaux judiciaires, d'étendre la compétence de ces tribunaux relativement aux procès intentés par des particuliers contre des fonctionnaires publics. Ce décret n'a eu qu'un but : supprimer la fin de non-recevoir qui pouvait être déduite jadis, par le fonctionnaire, du défaut d'autorisation. Désormais, les tribunaux judiciaires recouvrent leur pleine liberté d'action dans les procès intentés contre des fonctionnaires publics en ce sens qu'ils peuvent connaître de ces procès dans les limites de leur compétence. Mais l'abrogation de l'art. 75 de la constitution de l'an VIII n'a point eu pour conséquence d'étendre leur juridiction et de supprimer la prohibition générale qui leur est faite de connaître des actes administratifs. Le principe de la séparation des pouvoirs est resté intact, ainsi que les règles sur la compétence qui en sont l'application et la sanction. Sur ce point, la jurisprudence est constante. — V. *supra*, vo *Compétence administrative*.

211. — Toutefois, il faut bien reconnaître que cette abrogation a exercé une notable influence sur la jurisprudence du tribunal des conflits, et a changé le but en même temps que la conception du conflit. A la garantie personnelle qui résultait pour le fonctionnaire de l'art. 75, le tribunal des conflits a substitué une sorte de garantie réelle s'appliquant, non plus à la personne du fonctionnaire, mais à l'acte par lui accompli. Il a été amené à dessaisir par voie de conflit l'autorité judiciaire des poursuites à fin correctionnelle ou civile contre le fonctionnaire afin de déjouer la tactique qui consistait à menacer l'agent de perpétuelles condamnations à des dommages-intérêts, « afin d'entraver son action et de ruiner ainsi l'indépendance de l'autorité administrative que le principe de la séparation des pouvoirs a pour but de sauvegarder ». — Conclusions de M. Flourens, commissaire du gouvernement devant le tribunal des conflits, sous Trib. confl., 28 déc. 1878, Moulis, [S. 80.2.188, P. adm. chr., D. 79.3.56].

212. — D'après une opinion soutenue autrefois, une garantie analogue à celle qui résultait pour les fonctionnaires publics et civils de l'art. 75 de la constitution de l'an VIII, découlerait en faveur des ministres du culte de l'art. 8, L. 18 germ. an X. On s'est demandé si ce texte n'avait pas fait de la déclaration préalable d'abus la condition nécessaire de la validité des poursuites contre les ecclésiastiques, de sorte que si l'abus n'avait pas été déclaré, l'administration aurait été investie du droit d'élever le conflit par application de l'art. 3 de l'ordonnance de 1828. Il semble fort difficile d'assimiler la déclaration d'abus dont il est question dans l'art. 8 de la loi de germinal an X à l'autorisation visée par l'art. 3 de l'ordonnance. Aussi déciderions-nous sans hésiter que le défaut préalable d'abus n'autorise jamais l'administration à élever le conflit dans une poursuite dirigée contre un ecclésiastique (Batbie, t. 7, n. 342, p. 364, note 2; Dufour, t. 3, n. 64). Il est seulement à remarquer que, dans l'état actuel de la jurisprudence, la question ne se pose pas. On décide, en effet, que les poursuites contre les ministres du culte ne sont subordonnées à aucun recours préalable devant l'autorité administrative. — V. *suprà*, v° *Abus ecclésiastique* et *infrà*, v° *Culte*.

213. — L'art. 3 de l'ordonnance de 1828 exclut encore le conflit fondé sur le défaut d'autorisation de la part du conseil de préfecture lorsqu'il s'agit de contestations judiciaires dans lesquelles les communes ou établissements publics sont parties. L'absence de cette autorisation constitue bien une infraction à la loi, qui peut vicier de nullité la procédure, mais elle n'affecte en rien la nature de la contestation; il y a donc lieu de se pourvoir par les voies ordinaires pour faire prononcer cette nullité, mais non d'élever le conflit.

214. — Cette solution a été admise à l'égard des actions judiciaires intéressant les bureaux de bienfaisance. — Cons. d'Et., 29 avr. 1809, Bureau de bienfaisance d'Hézèkle, [P. adm. chr.]

215. — ... Les fabriques. — Cons. d'Et., 24 juin 1808, Fabrique de Dirinsteim, [P. adm. chr.]; — 7 févr. 1809, Fabrique de Lens-l'Étang, [P. adm. chr.]

216. — ... Les hospices. — Cons. d'Et., 23 mai 1806, Féa, [P. adm. chr.]; — 19 oct. 1808, Gandericksen, [P. adm. chr.]; — 11 févr. 1820, Leroux, [S. chr., P. adm. chr.]

217. — Jugé, spécialement, que le défaut d'autorisation d'une commune qui plaide devant l'autorité judiciaire ne permet pas d'élever le conflit, si d'ailleurs la question en litige n'appartient pas à l'autorité administrative. — Cons. d'Et., 29 déc. 1819, Commune de Soudan, [S. chr., P. adm. chr.]

218. — ... Qu'on doit tenir pour prématuré le conflit élevé sur le premier jugement d'un tribunal qui a admis une commune et une fabrique d'église à plaider devant lui d'après une simple requête de la commune, et sur un second jugement qui, après un déclinatoire proposé par le préfet, a sursis à statuer jusqu'à ce que la commune et la fabrique aient été autorisées à ester en justice sur la demande de la première, ou au moins sur le déclinatoire. — Cons. d'Et., 4 juill. 1837, Commune de Carpentier, [P. adm. chr.]

219. — Le défaut d'accomplissement des formalités à remplir devant l'administration préalablement aux poursuites judiciaires, ajoute l'ordonnance, ne peut pas davantage motiver un conflit (Ord. 1er juin 1828, *ibid.*)

220. — L'ordonnance veut parler ici de l'obligation imposée par la loi du 28 oct. 1790, tit. 3, art. 15, aux particuliers qui ont une contestation avec l'Etat, de fournir à l'administration un mémoire préalable. — V. *suprà*, v° *Autorisation de plaider*.

221. — Ainsi que le défaut d'autorisation, le défaut d'observation de ces formalités peut vicier la procédure; mais il ne change en rien la nature de la contestation.

CHAPITRE II.

DEVANT QUELLES JURIDICTIONS LE CONFLIT PEUT ÊTRE ÉLEVÉ ET A QUEL MOMENT IL PEUT L'ÊTRE.

Section I.
Devant quelles juridictions le conflit peut être élevé.

222. — L'ordonnance de 1828 prévoit *in terminis* (art. 4, 6, 7, 8, 10, 22, etc.) que le conflit peut être élevé devant les tribunaux de première instance et les cours d'appel. Elle ne dit rien des autres juridictions : le conflit peut-il être élevé devant elles? Examinons successivement les différentes juridictions.

§ 1. *Juge des référés.*

223. — Dès avant l'ordonnance de 1828, il était admis que le conflit pouvait être élevé devant le juge des référés. — Cons. d'Et., 19 oct. 1825, Vicquelin, [D. *Rép.*, v° *Conflit*, n. 66]

224. — Postérieurement à l'ordonnance, un avis du Conseil d'Etat du 3 mai 1844, a décidé que le conflit pouvait être élevé devant le juge des référés, par les motifs suivants : « Considérant qu'il n'existe aucun obstacle à ce que le conflit soit élevé en référé; que le président d'un tribunal de première instance, jugeant en référé, n'exerce pas une juridiction exceptionnelle; qu'il exerce la juridiction ordinaire du tribunal dont l'autorité lui a été déléguée par la loi pour les cas d'urgence et l'exécution des titres exécutoires; que, dès lors, l'administration, quand elle est citée en référé, se trouve devant la juridiction où le préfet est autorisé à élever le conflit; que rien ne s'oppose à ce que le procureur du roi assiste au référé; qu'il doit y assister lorsque l'État en est cause, la généralité des art. 83 et 112, C. proc. civ., comprenant les référés comme les causes ordinaires; que le préfet devra, comme il le ferait devant le tribunal de première instance, adresser son déclinatoire au procureur du roi; que le président sera tenu de statuer sur le déclinatoire et d'ordonner lui-même, après l'arrêté de conflit, qu'il soit sursis à l'exécution; que les délais de l'ordonnance du 1er juin 1828, introduits dans l'intérêt des justiciables comme maximum du temps laissé à l'administration pour revendiquer les questions qui lui paraissent être de sa compétence, ne font pas obstacle à ce que le déclinatoire soit présenté et l'arrêté du conflit déposé au greffe le même jour, à ce que le préfet prenne connaissance de l'ordonnance sur minute, etc. Est d'avis : 1° que, quand l'administration des travaux publics est citée en référé, elle ne peut empêcher l'exécution provisoire d'une ordonnance sur référé qu'en élevant le conflit dans les questions qui lui paraissent de la compétence administrative; 2° que le conflit peut être régulièrement élevé devant le président du tribunal civil qui exerce la juridiction du tribunal par délégation de la loi; que le préfet devra suivre les formes ordinaires, en renonçant toutefois à tous les délais incompatibles avec la célérité des référés ». V. aussi dans le même sens, Dufour, t. 3, n. 529 et 594; Chauveau et Tambour, t. 1, n. 447 *ter*; Blanche, v° *Conflit*, n. 38; Block, *cod.* v°, p. 458; Serrigny, *Comp. adm.*, t. 1, n. 173; Ducrocq, n. 668; Batbie, t. 7, n. 352.

225. — La jurisprudence s'est ralliée à la doctrine de cet avis. Elle décide d'une façon constante que le conflit peut être élevé devant le juge des référés. — Cons. d'Et., 22 janv. 1867, Pajot, [S. 68.2.125, P. adm. chr., D. 67.3.26]; — 18 nov. 1869, Mohamed-ben-Cheikh, [S. 70.2.302, P. adm. chr.]; — 14 janv. 1873, Coignet, [S. 73.2.57, P. adm. chr., D. 73.3.1]; — 27 janv. 1883 (3 espèces), Muller et Derieu, Millard et autres, Cazeneuve, [D. 84.3.73]

226. — Jugé spécialement que le conflit peut être élevé à la suite d'une ordonnance de référé, non seulement lorsque le juge s'est borné à rejeter le déclinatoire du préfet, mais encore lorsqu'il a statué, à la fois et sur la compétence et sur l'objet même du référé. — Trib. confl., 23 janv. 1888, Serra et d'Ortoli, [S. 90.3.4, P. adm. chr., D. 89.3.38]

227. — Le juge du référé n'est compétent pour statuer par provision que dans les matières où le tribunal dont il fait partie serait compétent lui-même pour statuer sur le principal et au fond. En conséquence, le préfet peut élever le conflit même sur une demande d'expertise portée en référé devant le président du tribunal civil dans une matière dont la connaissance est réservée à l'autorité administrative. — Trib. confl., 13 déc. 1890, Mir-Izern et autres, [S. P. 92.3.150, D. 92.3.58]

§ 2. *Tribunaux de commerce, juges de paix jugeant en matière civile, conseils de prud'hommes.*

228. — Quant à ces juridictions deux systèmes ont été soutenus :
Premier système. — Le conflit est possible, les motifs qui ont amené le législateur à consacrer la possibilité du conflit subsistant même devant une juridiction d'exception. Si l'on considérait le conflit comme impossible devant elles, il en résulterait que certains tribunaux pourraient impunément méconnaître les lois qui attribuent en certaines matières juridiction à l'autorité administrative, dans toutes les affaires qu'ils jugent en dernier ressort. Quant aux affaires qu'ils jugent à charge d'appel, la possibilité pour l'administration d'élever le conflit serait subordonnée à la condition de l'appel. Il est impossible de laisser ainsi l'administration à la discrétion des tribunaux, et aussi des particuliers qui, en formant ou en ne formant pas l'appel, pourront donner ou retirer à l'administration le droit d'élever le conflit. — Duvergier, 1828, p. 183, note; Foucart, t. 3, n. 1907.

229. — *Deuxième système.* — Le conflit n'est jamais possible devant les tribunaux de commerce, les juges de paix jugeant en matière civile. La faculté d'élever le conflit constitue, dit-on, l'exercice d'un droit très-dangereux, puisque le conflit aboutit à établir une lutte ouverte entre deux autorités légalement constituées. Dès lors, le droit d'élever le conflit n'existe qu'autant qu'un texte formel le consacre. Or, aucun texte ne autorise devant les juridictions dont nous nous occupons en ce moment. Bien plus, les formalités et les règles prescrites par l'ordonnance de 1828, règles dont l'inobservation est substantielle et entraine nullité, ne peuvent être suivies devant ces juridictions, qui n'ont point de ministère public. Il serait aussi impossible d'observer les formes et délais prescrits par l'ordonnance soit pour exposer le déclinatoire, soit pour élever le conflit, soit enfin pour le juger. C'est ainsi notamment que l'art. 6 suppose une contestation portée devant un tribunal de première instance, lorsqu'il indique les formalités préliminaires du conflit. — V. aussi les art. 6, 7, 12, 13, 14 et 17, qui impliquent que dans tous les cas les rédacteurs de l'ordonnance n'ont en vue que les juridictions civiles proprement dites.

230. — En faveur de ce second système on peut ajouter que les considérations politiques et d'ordre public qui ont fait introduire le conflit ne se rencontrent point ici. Les juges des juridictions commerciales, des justices de paix ou des conseils de prud'hommes n'ont point l'indépendance des juges appartenant aux juridictions civiles. L'inamovibilité confère à ces derniers une indépendance qui aurait pu les amener à empiéter sur les matières administratives, si l'on n'avait point armé l'administration en lui donnant le droit d'élever le conflit. De pareils empiètements sont-ils à craindre des juges de paix, des juges consulaires et des prud'hommes? Non, dit-on. Les juges de paix, juges amovibles et subalternes, pourront être contraints par l'administration, d'une manière indirecte, à se dessaisir des affaires administratives, sans qu'il y ait nécessité d'élever le conflit. Quant aux juges de commerce et aux prud'hommes, en théorie tout au moins, ils ne restent que fort peu de temps en fonction. On n'a point à craindre, en ce qui les concerne, cet esprit de corps, si vivace parmi les juges des juridictions civiles. Enfin l'appel étant toujours recevable pour cause d'incompétence contre les jugements rendus au fond (art. 454, C. pén.), il résulte de cette règle que la partie intéressée pourra toujours interjeter appel, de sorte qu'à partir de ce moment le préfet pourra élever le conflit.

231. — A notre avis, les raisons données à l'appui de ce système sont loin d'avoir toutes la même valeur. Cependant c'est celui qui nous paraît le plus conforme à l'esprit de l'ordonnance. C'est notamment ce qu'attestent les travaux préparatoires. Pour faire adopter les formalités prescrites par les art. 6, 7, 12, etc. (mémoire à adresser au procureur de la République, communication à faire au tribunal par le procureur, etc.), l'argument constamment mis en avant fut que la consécration de ces formalités, qui impliquent toutes l'existence d'un ministère public auprès de la juridiction saisie, aurait pour conséquence

de rendre désormais impossible le conflit devant les tribunaux de commerce et les juges de paix. On considéra que la rédaction de ces articles indiquait très-nettement que désormais le conflit ne pourrait être élevé que devant les tribunaux civils. Et ce fut si bien là la pensée des rédacteurs de l'ordonnance que précisément une controverse s'éleva sur la valeur de la distinction prohibitive qu'on allait consacrer. La majorité estima que les cas dans lesquels les juges de paix, les tribunaux de commerce jugent sans appel sont trop minimes pour que le gouvernement ait un intérêt réel à en revendiquer la connaissance. Le rapport de M. Cormenin sur le projet de l'ordonnance indiquait nettement que la commission considérait la suppression des conflits devant les trois juridictions sus-indiquées comme réalisant une importante amélioration du droit antérieur. — Collignon, p. 90 et 91; Cormenin, t. 1, p. 446, note 3; Dufour, t. 3, n. 392 et 593; Serrigny, t. 1, n. 171; Chauveau et Tambour, n. 445 et 446; Aucoc, *Conférences sur le droit administratif*, t. 1, n. 402.

232. — La jurisprudence est très-nettement en ce sens que le conflit ne peut être élevé devant les juges de paix et les tribunaux de commerce. — V. pour les juges de paix : Cons. d'Et., 3 déc. 1828, Bruhat, [S. chr., P. adm. chr.]; — 11 janv. 1829, Hab. de Serbonne, [S. chr., P. adm. chr.]; — 28 mai 1829, Ourq, [S. chr., P. adm. chr]; — 12 août 1829, Commune de Serbonne, [S. chr., P. adm. chr.]; — 12 janv. 1835, Petit-Gars, [P. adm. chr.]; — 5 sept. 1836, Lavaud, [S. 37.2.57, P. adm. chr.]; — 4 avril 1837, Dampartin, [P. adm. chr.]; — 27 juin 1837, Foullon, [P. adm. chr.]

233. — ... Et pour les tribunaux de commerce : Cons. d'Et., 29 mars 1832, Després, [S. 32.2.319, P. adm. chr.]; — 2 mai 1845, Carisey, [P. adm. chr.]

234. — Jugé, toutefois, que si la sentence du juge de paix, rendue en dernier ressort, venait à être attaquée pour cause d'incompétence, le conflit pourrait être élevé. — Cons. d'Et., 19 oct. 1838, Leclerc, [S. 39.2.504, P. adm. chr.]; — 7 déc. 1844, Jouan, [P. adm. chr.]

235. — ... Et, d'une façon générale, que le conflit peut toujours être élevé devant la juridiction d'appel. Spécialement, le conflit peut être élevé, en matière possessoire, devant le tribunal civil saisi, sur appel, de la sentence du juge de paix. — Cons. d'Et., 5 sept. 1836, Lavaud, [S. 37.2.57, P. adm. chr.]; — 4 avr. 1837, précité; — 27 juin 1837, précité; — 22 juin 1889, de Rolland, [S. 91.3.81, P. adm. chr., D. 91.3.5] — Trib. confl., 24 nov. 1888, Commune de Saint-Cyr-du-Doret, [S. 90.3.66, P. adm. chr., D. 90.3.2]

236. — Il faut, du reste, bien remarquer que la prohibition d'élever le conflit en matière commerciale tient à la nature et à l'organisation des juridictions commerciales, et nullement au caractère commercial du litige. C'est ce qui résulte avec évidence de ce fait que la jurisprudence admet la possibilité d'élever le conflit en appel d'un jugement commercial (V. *suprà*, n. 235). D'où cette conséquence que dans les arrondissements où il n'existe pas de tribunaux de commerce, et où les matières commerciales sont jugées en premier ressort par les tribunaux civils, le conflit pourra être élevé sur le litige commercial soumis au tribunal civil. L'organisation de la juridiction appelée à juger permet en pareil cas à la procédure du conflit de suivre son cours.

237. — Quant aux conseils de prud'hommes ils procèdent tout à la fois des justices de paix et des tribunaux de commerce. Nous déciderons donc que, comme devant ces deux juridictions, le conflit ne peut être élevé devant eux. Cette solution s'impose avec d'autant plus de raison que les conseils de prud'hommes n'ont que des attributions fort peu étendues qui ne sont guère de nature à porter atteinte aux prérogatives de l'administration.

§ 3. *Jurys d'expropriation.*

238. — Pour décider que le conflit peut être élevé devant les jurys d'expropriation, on fait remarquer que cette juridiction est un corps judiciaire de l'ordre civil, appelé à remplacer les tribunaux civils qui, sous l'empire de la loi du 8 mars 1810, jugeaient eux-mêmes les litiges soulevés par l'expropriation. En réalité donc, les jurys d'expropriation, dans les limites de leur compétence, font office de tribunaux civils. Par suite, ils doivent être soumis aux règles de l'Ordonnance, dont ils ne sont affranchis par aucune disposition. La possibilité d'élever le conflit est d'autant plus indispensable en matière d'expropriation que ce sont dans les matières d'expropriation que la ligne de démarcation entre la compétence de l'autorité administrative et la compétence de l'autorité judiciaire est le plus difficile à fixer. C'est ici surtout que les empiètements de l'autorité judiciaire sont à craindre : l'administration doit donc pouvoir élever le conflit. — Serrigny, t. 1, n. 174.

239. — Dans un système opposé, on fait remarquer que les empiètements des jurys d'expropriation sont moins à craindre que ceux des tribunaux civils, car ils sont composés de juges essentiellement amovibles et souvent renouvelés, par suite plus ou moins à la discrétion de l'administration. On ajoute que pour les jurys d'expropriation l'argument produit à propos des tribunaux de commerce, justices de paix, conseils de prud'hommes, et d'après lequel ces juridictions ne sont pas organisées de manière à rendre possible l'observation des formalités prescrites par l'ordonnance de 1828, conserve toute sa force. Il n'y a point notamment devant les jurys d'expropriation un ministère public. Dès lors, les travaux préparatoires de l'ordonnance n'autorisent-ils pas pour l'expropriation une solution identique à celle adoptée pour les justices de paix, tribunaux de commerce, conseils de prud'hommes? Comme dernier argument on a prétendu aussi que si, à raison de l'impossibilité où se trouve l'administration d'élever le conflit, l'autorité judiciaire empiétait sur les attributions de l'administration, il y aurait là un excès de pouvoir qui pourrait être dénoncé à la Cour de cassation par le préfet. Cet argument est dépourvu de toute valeur. En le prenant à la lettre, on arriverait à cette conclusion qu'il n'y aura jamais utilité d'élever le conflit, puisque, dans tous les cas, le recours en cassation est permis pour excès de pouvoir contre les jugements des tribunaux judiciaires. Cet argument amènerait donc à supprimer indistinctement dans tous les cas le conflit. — V. en ce sens, Cons. d'Et., 15 déc. 1853, Mignerot, [S. 53.2.403, P. adm. chr., D. 54. 3.30]; — 12 mars 1863, Broyer, [S. 63.2.119, P. adm. chr., D. 63. 3.28]; — 28 mars 1866, Fleury, [S. 66.2.431, P. adm. chr.] — Dufour, t. 3, n. 593; Dareste, *op. cit.*, p. 213.

240. — Il est évident, du reste, que le conflit pourrait être élevé devant la cour qui désigne le jury. Rien en pareil cas ne s'oppose à ce que le conflit puisse être élevé. — Cons. d'Et., 28 mars 1866, précité. — *Sic*, Blanche, v° *Conflit*, p. 518.

241. — Mais il ne pourrait être élevé dans une instance qui ne serait introduite qu'en vue d'obtenir l'exécution d'une décision d'un jury d'expropriation devenue définitive. — Même arrêt.

§ 4. *Juridictions répressives.*

242. — Des développements antérieurs il résulte que le conflit ne peut être élevé devant ces juridictions puisque les matières criminelles ou correctionnelles dont elles connaissent ne souffrent pas en principe que le conflit soit élevé à leur occasion (V. *supra*, n. 136 et s.). Quelques développements sont cependant à donner sur certaines de ces juridictions.

243. — 1° *Sénat constitué en Haute-Cour de justice.* — Le conflit pourrait-il être élevé devant le Sénat réuni en Haute-Cour de justice, conformément à l'art. 9 de la loi constitutionnelle du 24 févr. 1875, pour juger le président de la République, les ministres ou tous autres individus accusés d'attentat contre la sûreté de l'État? Aucun texte ni aucune décision judiciaire n'existe sur ce point. Il nous semble toutefois que le principe général, d'après lequel le conflit ne peut être élevé en matière criminelle, doit ici recevoir une application d'autant plus naturelle que le Sénat constitué en Haute-Cour de justice constitue une juridiction criminelle d'exception.

244. — 2° *Conseils de guerre et tribunaux maritimes.* — De même, les conseils de guerre et les tribunaux maritimes ne connaissant que de crimes et délits comportant l'application des art. 1 et 2 de l'ordonnance de 1828, le conflit ne peut être élevé devant eux. — Block, v° *Conflit*, p. 45; Blanche, v° *Conflit*, p. 517.

245. — 3° *Tribunaux de simple police* — Que décider pour les tribunaux de simple police? On a quelquefois soutenu que le conflit peut être élevé, en prétendant que l'art. 1, Ord. 1er juin 1828, procède par voie d'exclusion en indiquant les tribunaux devant lesquels le conflit ne peut être élevé. Comme il ne parle point des tribunaux de police, c'est qu'ils ne sont pas compris dans l'exclusion : le conflit peut donc, conformément à la règle générale, être élevé devant eux. — V. Cons. d'Et., 13 janv. 1813, Gaudriault, [P. adm. chr.]; — 4 mars 1819, Préfet de Seine-et-Marne, [P. adm. chr.] — Chauveau et Tambour, t. 1, n. 439; Foucart, t. 3, n. 1906; Dufour, t. 3, n. 592; Duvergier, t. 28, p. 180; Lerat de Magnitot, t. 1, p. 284.

246. — Cet argument n'est point décisif. Les raisons que nous avons données pour exclure la possibilité du conflit devant les justices de paix jugeant en matière civile conservent toute leur force pour les justices de paix statuant en matière de simple police (*supra*, n. 229 et s.). Sans doute, devant les tribunaux de police il y a un ministère public dont les fonctions sont remplies par des commissaires de police, maires, adjoints (art. 144 et 167, C. instr. crim.). Mais dans l'ordonnance de 1828 il n'est jamais question que des tribunaux de première instance (art. 6), ou de police correctionnelle (art. 2 et 17), et aussi du procureur du roi (art. 6, 7, 12, 13, 14 et 17). Nulle part les rédacteurs de l'ordonnance ne paraissent avoir supposé que le conflit pourrait être élevé devant les tribunaux de police. Enfin les formalités du conflit ne sont-elles pas trop compliquées pour le ministère public tel qu'il est organisé devant ces juridictions? « Essayez, dit Serrigny, de remplir des formalités, et de tenir les registres prescrits par l'ordonnance avec les maires de village! Et puis la raison décisive c'est que notre puissance administrative n'a pas besoin de l'arme du conflit pour se défendre contre les envahissements des tribunaux de simple police, dont les jugements en dernier ressort ne peuvent excéder 3 fr., amendes, restitutions et autres réparations civiles comprises ». — Serrigny, t. 1, n. 172; Collignon, p. 94. — Depuis l'arrêt du Conseil d'État du 16 juill. 1846, la jurisprudence est fixée en ce sens que le conflit ne peut être élevé devant les tribunaux de simple police. — Cons. d'Et., 9 déc. 1845, Mouton et Naissant, [P. adm. chr.]; — 16 juill. 1846, Prost et Jamault, [P. adm. chr., D. 47.3.49]

§ 5. *Cour de cassation.*

247. — Le conflit ne peut être élevé devant la Cour de cassation. La Cour de cassation n'est point, en effet, un degré de juridiction. Jusqu'à ce que la cassation ait eu lieu, le jugement en dernier ressort ou l'arrêt produisent tout leur effet et peuvent même en principe recevoir exécution. Il ne peut appartenir à l'administration de venir contrarier l'application de ces règles par un conflit tardivement élevé. Mais on verra que dans le cas où la cassation est prononcée, le conflit peut être élevé devant la cour ou le tribunal de renvoi. — V. *infrà*, n. 304 et s.

§ 6. *Juridictions administratives.*

248. — Enfin, lorsque la question de compétence se présente entre deux autorités administratives, notamment entre un préfet et un conseil de préfecture, le conflit ne peut non plus être élevé. — Cons. d'Et., 24 mars 1832, Ministre des Finances, [P. adm. chr.]; — 24 août 1832, Ministre de l'Intérieur, [P. adm. chr.]; — 15 oct. 1832, Préfet de Seine-et-Oise, [P. adm. chr.]; — 16 nov. 1832, Préfet de la Haute-Vienne, [P. adm. chr.] — *Sic*, Dufour, t. 3, n. 596; Serrigny, t. 1, n. 208.

249. — Lors donc qu'un conseil de préfecture, saisi d'une contestation, se déclare incompétent, et renvoie devant l'autorité judiciaire, si le préfet pense que la matière est administrative, ce n'est point par voie de conflit qu'il doit provoquer l'annulation de l'arrêté du conseil de préfecture, mais par voie d'appel au Conseil d'État par l'intermédiaire du ministre de l'Intérieur. — Cons. d'Et., 6 sept. 1820, Griport, [S. chr. P. adm. chr.] — Il ne s'agit plus en effet ici, et quelles que soient les autorités administratives en désaccord, d'un conflit d'*attribution*, les autorités saisies étant de même ordre; ce n'est plus là qu'un règlement de *juridiction* qui reste à faire. — V. *infrà*, n. 776 et s.

Section II.

A quel moment le conflit peut être élevé.

250. — L'art. 4, Ord. 1er juin 1828, dispose : « hors le cas prévu ci-après par le dernier paragraphe de l'art. 8 de la présente ordonnance, il ne pourra jamais être élevé de conflit après des jugements rendus en dernier ressort ou acquiescés, ni après des arrêts définitifs. Néanmoins, le conflit pourra être élevé en cour d'appel s'il ne l'a pas été en première instance, ou s'il l'a été irrégulièrement après les délais prescrits par l'art. 8 de la présente ordonnance. »

251. — Cette disposition de l'ordonnance est fort sage. Il aurait été dangereux de permettre à l'autorité administrative de revendiquer par voie de conflit les affaires de sa compétence à n'importe quel moment. Il y avait un double écueil à éviter; il ne fallait point d'abord permettre à l'autorité administrative d'élever le conflit avant que l'autorité judiciaire eût été régulièrement saisie. Le conflit est toujours une chose grave; il est aussi dangereux qu'inutile de permettre qu'on l'élève par anticipation. — Il ne fallait pas non plus qu'il fût possible d'élever le conflit après que l'affaire aurait été réglée par une décision définitive; c'eût été troubler d'une façon trop grave l'administration de la justice et porter atteinte au principe tutélaire de la chose jugée.

252. — Avant l'ordonnance de 1828, aucun délai n'était imparti pour élever le conflit. Il fut parfois élevé après des arrêts de rejet rendus par la Cour de cassation. — V. notamment Cons. d'Et., 20 juin 1821, Loustalet, [S. chr., P. adm. chr.]; — 4 sept. 1822, Palmerini, [S. chr., P. adm. chr.]; — 2 août 1823, Flamant-Grétry, [S. chr., P. adm. chr.]; — 14 janv. 1824, Dubreuil, [P. adm. chr.]; — 30 juin 1824, Sainte-Marie, [P. adm. chr.]; — 28 juill. 1824, Coudert, [P. adm. chr]. — V. aussi Cass., 13 mars 1821, Princesse de Wagram, [S. et P. chr.] — Il y avait là un abus préjudiciable à la dignité de la justice, dont les jugements ou arrêts étaient mis à néant, par l'admission du conflit, et dans l'intérêts des plaideurs dont les décisions de justice ne garantissaient plus incommutablement les droits. C'était enfin une cause de frais considérables, puisqu'un procès poussé jusqu'au bout devait être recommencé en entier.

253. — Pour justifier ce système, on faisait remarquer que l'intérêt social qui s'attache à ce que le principe de la séparation des pouvoirs soit respecté subsiste tout entier, même après que la décision de la justice est intervenue. Une usurpation consommée ne peut, disait-on, être moins grave qu'une usurpation simplement commencée. Cet argument, à notre avis, n'était pas décisif. Lorsque l'autorité judiciaire a rendu un jugement, il y a à tenir compte d'un autre intérêt social, celui qui s'attache au respect de la chose jugée, et la question qui se pose est de savoir si, en réalité, l'intérêt social n'exige pas plus impérieusement le maintien des jugements rendus et des droits qu'ils consacrent, que le respect du principe de la séparation des pouvoirs. Or, en se plaçant à ce point de vue, il nous semble que l'intérêt qu'il y a à assurer le respect de la chose jugée l'emporte. Ainsi que le dit Serrigny dans un langage imagé « le respect de la chose jugée est la sauvegarde et l'ancre de salut des sociétés civiles » (t. 1, n. 175). — V. aussi Dufour, t. 3, n. 600.

254. — C'est ce que comprirent les rédacteurs de l'ordonnance de 1828, et dans l'art. 4, ils ont décidé que le conflit ne pourrait plus être élevé lorsque le procès est terminé par un jugement en dernier ressort ou acquiescé, ou par un arrêt définitif. — V. déjà, pour la période antérieure à l'ordonnance, les décisions suivantes qui avaient essayé de faire prévaloir la règle qu'elle devait consacrer : Cons. d'Et. 6 févr. 1815, Donat, [S. chr., P. adm. chr.]; — 22 juill. 1818, Berger, [S. chr. P. adm. chr.]; — 28 sept. 1816, Bidermann, [S. chr., P. adm. chr.]; — 23 juin 1819, Fabre, [S. chr., P. adm. chr.]. — V. aussi, pour la période postérieure, les arrêts suivants qui ont nettement appliqué la règle de l'ordonnance : Cons. d'Et., 18 avr. 1829, Rives, [P. adm. chr.]; — 9 mars 1831, Préfet de la Haute-Vienne, [P. adm. chr.]; — 3 juin 1831, Préfet de la Haute-Saône, [P. adm. chr.]; — 12 oct. 1831, Préfet du Cher, [P. adm. chr.]; — 14 nov. 1834, Lair, [P. adm. chr.]; — 31 mars 1835, Legond, [P. adm. chr.]; — 4 déc. 1835, de Rudder, [P. adm. chr.]; — 1er févr. 1844, Douche, [P. adm. chr.]; — 22 juill. 1845, Luigi, [P. adm. chr.]

255. — Remarquons qu'il ne faut pas confondre le jugement définitif avec le jugement passé en force de chose jugée, un jugement peut être définitif sans être passé en force de chose jugée. Or, nous allons voir que pour que le conflit ne puisse plus être élevé, il suffit que le jugement ait statué définitivement sur la contestation, et que, bien qu'il soit sujet à une voie de recours, cela n'autorise pas le préfet à élever le conflit. Mais, d'un autre côté, il importe peu qu'un litige analogue se soit déjà déroulé entre les mêmes parties sans que le conflit ait été élevé; si une nouvelle instance s'engage, qui ne puisse être repoussée par l'exception de chose jugée, le conflit est possible.

256. — Il a été jugé, en ce sens, que quand, après un jugement définitif, s'engage une nouvelle instance, même entre les mêmes parties agissant en mêmes qualités, ce jugement ne fait pas obstacle à ce que le préfet présente un déclinatoire d'incompétence dans la seconde instance, si cette dernière n'a pas le même objet que la précédente, et si, par conséquent, la nouvelle action ne peut être repoussée par l'exception de chose jugée. — Trib. confl., 25 nov. 1882, Serre, [S. 84.3.64, P. adm. chr., D. 84.3.38]

257. — Le conflit, porte l'art. 4, ne peut plus être élevé quand la contestation s'est terminée par un jugement rendu en dernier ressort, ou par un jugement qui, sans être en dernier ressort, a été acquiescé. Nous avons vu *suprà*, v° *Appel* (mat. civ.), ce qu'on doit entendre par jugement en dernier ressort. En principe, le jugement en dernier ressort est celui qui n'est pas susceptible d'appel. Si l'on entendait cette expression en ce sens dans l'art. 4 de l'ordonnance, il en résulterait que le conflit pourrait être élevé après les jugements rendus en premier ressort, c'est-à-dire susceptibles d'appel, et cela alors même que l'appel n'aurait pas été interjeté. Cette interprétation serait en contradiction avec l'intention bien avérée des rédacteurs de l'ordonnance de faire prédominer le principe de la chose jugée sur celui de la séparation des pouvoirs, toutes les fois que ces deux principes sont en jeu. Aussi, bien qu'elle soit conforme au texte de l'ordonnance, est-elle généralement repoussée. On s'accorde à reconnaître que le conflit ne peut être élevé après aucun *jugement sur le fond*, fût-il susceptible d'appel, si l'appel n'est pas interjeté. La règle fondamentale est donc que tout jugement sur le fond fait obstacle à ce que le conflit soit élevé, à moins qu'il ne soit susceptible d'une voie de recours ordinaire (opposition ou appel) et que les ayants-droit usent de cette voie de recours. — Cass., 7 mai 1884, Albano, [S. 85.1.437, P. 85.1.1036, D. 84.1.520] — Sic, Cormenin, *Rapport sur l'ordonnance de 1828*, n. 77; Duvergier, t. 28, p. 183; Dufour, t. 3, n. 603.

258. — Rien de plus facile à justifier que cette proposition. Indépendamment de l'intention bien arrêtée des rédacteurs de l'ordonnance, sur laquelle aucun doute n'existe, on peut remarquer que l'art. 4 assimile aux jugements en dernier ressort les jugements acquiescés. Or, une fois le jugement sur le fond rendu en premier ressort, tant que la partie ne fait point appel, on peut dire qu'elle acquiesce? L'acquiescement, en effet, n'est pas nécessairement exprès; il peut être tacite et résulter des circonstances. Il s'induira notamment de ce que la partie ne fait point appel. — V. *suprà*, v° *Acquiescement*, *Appel* (mat. civ.).

259. — Lorsque, dans une instance, un seul jugement a été rendu par le tribunal, aucune difficulté ne peut s'élever sur le moment auquel le préfet doit, à peine de déchéance, élever le conflit; mais qu'arrive-t-il dans le cas où un jugement interlocutoire ou préparatoire a été rendu sans que le préfet ait songé à revendiquer l'affaire? On admet que le jugement définitif dont parle l'ordonnance est le jugement prononcé sur le fond du droit.

260. — Il a été jugé formellement, en ce sens, qu'un disposant que le conflit ne pourra être élevé après des jugements rendus en dernier ressort ou acquiescés, ni après des arrêts définitifs, l'art. 4, Ord. 1er juin 1828, a eu seulement en vue les décisions sur le fond qui terminent la contestation. — Toulouse, 1er avr. 1886, Vincens et Barrière, [S. 88.2.58, P. 88.1.338]; — 31 juill. 1875, Renaux, [S. 75.2.305, P. adm. chr., D. 76.3.45]; — 27 mai 1876, de Chargère, [S. 78 2.223, P. adm. chr., D. 77.3 15]

261. — Le conflit peut donc être encore élevé bien qu'un jugement interlocutoire ait été rendu sur la contestation. Il a été jugé, en ce sens, que l'acquiescement donné par les parties à un jugement interlocutoire ne fait pas obstacle à ce que le préfet propose ultérieurement un déclinatoire et élève le conflit. — Cons. d'Et., 30 août 1845, Caisse hypothécaire, [S. 46.2.90, P. adm. chr., D. 46.3.4]

262. — ... Que, spécialement, l'acquiescement des parties au jugement qui a ordonné une expertise ne fait pas obstacle à ce que le préfet élève le conflit. — Même arrêt.

263. — ... Que le conflit peut être élevé après un jugement interlocutoire, lors même que ce jugement serait acquiescé d'une manière expresse ou passé en force de chose jugée ou aurait rejeté une exception d'incompétence proposée par l'une des parties en cause; que, dans ce cas, l'autorité judiciaire reste saisie, au fond, d'une contestation qu'il appartient au préfet de revendiquer, s'il y a lieu, pour l'autorité administrative. — V. Cons. d'Et., 2 déc. 1853, Champole, [P. adm. chr.]; — 21 oct. 1871, Allendy, [S. 73.2.128, P. adm. chr., D. 72.3.82] — Serrigny, *Com-*

pét. admin., t. 1, n. 175 et s.; Aucoc, *Confér. sur le dr. admin.*, t. 1, n. 389.

264. — ... Que, bien qu'un tribunal ait ordonné un avant faire droit, la contestation restant toujours entière, le conflit peut encore être élevé. — Cons. d'Et., 22 mai 1840, Borey, [P. adm. chr.]; — 4 juill. 1843, Gérard, [P. adm. chr.]; — 14 sept. 1832, Saladin, [P. adm. chr.]; — 2 sept. 1853, Champel, [P. adm. chr.]

265. — ... Que l'expression *arrêts définitifs* ne s'applique pas à ceux qui, quoique définitifs, comme les arrêts d'instruction, laissent encore quelques parties des objets litigieux soumises au jugement d'une cour. — Rennes, 20 févr. 1830, Villemain et Breillot, [P. chr.]

266. — ... Et même qu'un jugement rendu entre un préfet exerçant les actions judiciaires de l'Etat et des particuliers ne fait pas obstacle à ce que ce même préfet puisse, comme représentant de la puissance publique, élever le conflit tant que le tribunal n'a pas statué définitivement sur le fond de la contestation. — Cons. d'Et., 30 déc. 1842. Association des vidanges de Tarascon, [S. 43.2.135, P. adm. chr.]; — 1er févr. 1844, Douche, [P. adm. chr.]

267. — Il a été jugé aussi que s'il n'a pas été interjeté appel distinct du jugement interlocutoire, comme cet appel peut toujours être formé en même temps que celui du jugement définitif, on ne peut réputer tardif le conflit élevé sur l'appel des deux jugements. — Cons. d'Et., 28 févr. 1828, Ducommun, [P. adm. chr.] — Toutefois, dans l'espèce de cet arrêt, le Conseil d'Etat qualifiait de jugement interlocutoire la décision par laquelle l'autorité judiciaire s'était déclarée compétente; or, cette qualification est contraire à la jurisprudence, qui voit dans la décision rendue sur la compétence, non un jugement interlocutoire, mais bien un jugement définitif. Le motif qui paraît avoir décidé le Conseil d'Etat manque donc de base.

268. — Il a été jugé, dans le même sens, qu'un jugement qui condamne, à raison d'un préjudice causé, à payer des dommages-intérêts à estimer par experts, laisse encore entier le droit d'élever le conflit. — Cons. d'Et., 29 avr. 1840, Lombard, [P. adm. chr.]

269. — Ce principe doit cependant se concilier avec celui de la chose jugée, qui, nous l'avons vu, domine le débat. Or, il peut se faire que le jugement interlocutoire ne soit rendu que par application d'une décision antérieure passée en force de chose jugée. Il va de soi qu'il ne suffira pas à faire renaître le droit d'élever le conflit sur le point définitivement tranché. Jugé, par exemple, que le conflit ne peut plus être élevé après un jugement *passé en force de chose jugée* qui une question de propriété d'un canal et de ses eaux et sur le principe de la responsabilité d'un dommage, alors même que ce jugement a ordonné une expertise pour fixer le montant de l'indemnité. — Trib. confl., 28 nov. 1891, Vve Estable, [S. et P. 93.3.112, D. 93.3.16] — V. aussi Trib. confl., 29 nov. 1890, Jumel de Noireterre, [S. et P. 92.3.119, D. 91.3.11]

270. — De même, lorsque, devant le jury où des usiniers expropriés avaient porté leur demande d'indemnité, l'administration a opposé l'incompétence du jury pour apprécier les conséquences de la suppression de la force motrice concédée, et que, le jury ayant fixé hypothétiquement une indemnité, le pourvoi formé par l'administration contre la décision a été rejeté, si les expropriés demandent ensuite au tribunal que l'indemnité hypothétique leur soit définitivement acquise, l'administration ne peut plus proposer de déclinatoire ni élever de conflit sur le motif que l'appréciation des indemnités dues à des usiniers pour suppression de la force motrice à eux concédée rentre dans les attributions exclusives de l'autorité administrative. — Cons. d'Et., 28 mars 1866, Fleury, [S. 66.2.131, P. adm. chr.]

271. — Sans porter sur le fond même de l'affaire, un jugement pourrait avoir été rendu sur la compétence et être, quant à ce, définitif; or, en supposant, bien entendu, que l'on ne se trouve pas dans le cas exceptionnel de jugement rendu malgré le déclinatoire proposé, quel sera le droit du préfet? Peut-il élever le conflit? Avant l'ordonnance du 1er juin 1828, on décidait sans hésiter que, bien qu'un tribunal eût rendu un jugement définitif et contradictoire sur sa compétence, néanmoins, tant que le jugement sur le fond n'avait pas été rendu, le conflit pouvait être élevé utilement. — Cons. d'Et., 7 août 1816, Jeannet, [P. adm. chr.]; — 1er sept. 1819, Dittes et Muller, [S. chr., P. adm. chr.]

272. — Doit-il en être de même aujourd'hui? La raison de douter vient de ce que l'art. 4, Ord. 1er juin 1828, en parlant d'arrêts définitifs, ne spécifie pas expressément ceux qui concernent le fond du litige. Or, les jugements rendus sur la compétence étant définitifs, on en a conclu qu'à leur égard le conflit doit échouer. Et la cour de Rennes a décidé, en ce sens, que le conflit ne peut plus être élevé devant le tribunal après qu'il a été statué par un jugement qui, bien qu'interlocutoire quant au fond de la cause, est définitif relativement à la compétence. — Rennes, 2 déc. 1835, Préfet de la Loire-Inférieure, [P. chr.]

273. — Mais depuis longtemps la jurisprudence est formée en ce sens que le conflit peut être élevé tant qu'il n'a pas été statué sur le fond de la contestation, et quelles que soient les décisions intervenues sur des exceptions proposées par les parties, notamment sur une exception d'incompétence. — Cass., 7 mai 1884, Albano, [S. 85.1.437, P. 85.1.1056, D. 84.1.220]— Pau, 30 janv. 1854, Commune de Cadéac, [S. 54.2.268, P. 56.2.190, D. 54.2.230] — Nancy, 6 juin 1868, Commune de Xeuilley, [S. 69.2.132, P. 69.590, D. 69.2.86] — Trib. Avallon, 4 nov. 1885, [*Gaz. pal.*, 86.1.40] — Cons. d'Et., 28 mars 1838, Guyot, [S. 39.2.59, P. adm. chr.]; — 8 janv. 1840, Commune de Cortenay, [P. adm. chr.]; — 29 avr. 1840, Desbrosses, [P. adm. chr.]; — 22 mai 1840, Borey, [P. adm. chr.]; — 5 mars 1841, Lecointre, [S. chr., P. adm. chr.]; — 16 avr. 1841, l'Epine, P. adm. chr.]; — 30 mars 1842, Mocquet, [S. 42.2.325, P. adm. chr.]; — 9 juin 1842, Coulonel, [S. 42.2.377, P. adm. chr.]; — 15 déc. 1842, Menestrel, [S. 43.2.106, P. adm. chr.]; — 1er août 1848, Lagoy, [S. 49.2.63, P. adm. chr.]; — 15 janv. 1863, Pelatan, [S. 63.2.29, P. adm. chr., D. 63.3.10]; — 6 avr. 1863, Desloges, [D. 63.3.25]; — 12 déc. 1868, Clément, [S. 69.2.309, P. adm. chr., D. 69.3.100] — Trib. confl., 7 mars 1850, Préfet de Seine-et-Oise, [D. 50.3.34]; — 3 avr. 1850, Mallez, [P. adm. chr., D. 50.3.52]; — 24 juill. 1831, de Latude, [P. adm. chr., D. 51.3.70]; — 22 nov. 1854, Lauvernay, [P. adm. chr., D. 60.3.18]; — 21 oct. 1871, Allendy, [S. 73.2.128, P. adm. chr., D. 72.3.82]; — 17 janv. 1880, Bruno, [S. 81.3.49, P. adm. chr., D. 80.3.103]; — 15 déc. 1883, Dézétrée, [S. 85.3.67, P. adm. chr., D. 85.3.59]; — 24 mai 1884, Sanze et autres, [S. 86.3.17, P. adm. chr., D. 85.3.111]; — 11 janv. 1890, Veil, [S. et P. 92.3.49, D. 91.3.10]

274. — Il a été jugé, notamment, que l'acquiescement des parties à un jugement de compétence n'empêcherait pas le préfet de revendiquer pour l'administration la connaissance d'une contestation portée devant l'autorité judiciaire. — Cons. d'Et., 5 mars 1841, Lecointre, [S. 42.2.325, P. adm. chr.]

275. — ... Que le conflit peut être élevé après l'arrêt par lequel une cour d'appel a déclaré l'autorité judiciaire compétente et renvoyé les parties devant le tribunal pour être statué au fond. — Trib. confl., 20 déc. 1879, Ville de Beaucaire, [S. 81.3.35, P. adm. chr.]

276. — Toutefois, si le déclinatoire d'incompétence peut être proposé tant qu'il n'est pas intervenu une décision sur le fond dessaisissant d'une manière absolue et complète l'autorité judiciaire, c'est là un privilège spécial dont jouit exclusivement l'administration lorsqu'elle fait valoir les intérêts publics et généraux, et ne peut être revendiqué par les parties, dont les intérêts débattus en justice n'ont qu'un caractère privé et individuel. Le déclinatoire ne peut être notamment proposé par la partie qui a acquiescé à un premier jugement, l'a exécuté, et à qui l'exception de chose jugée est opposable. — Toulouse, 1er avr. 1886, précité.

277. — La jurisprudence qui déclare le conflit possible même après un jugement rendu sur la compétence nous paraît fondée; rien n'indique dans l'ordonnance que ses rédacteurs aient voulu réformer la jurisprudence jusque-là suivie; le texte de l'art. 4 semble, au contraire, n'exiger qu'une seule chose pour que le conflit puisse être encore élevé, l'existence d'une contestation judiciaire; or, dans l'espèce, il y a encore contestation judiciaire : donc le conflit peut être élevé. Cette marche est donc légale; toutefois, on ne peut guère se dissimuler qu'il n'est pas parfaitement conforme au respect dû à la justice de lui demander de se déjuger, dans une circonstance surtout où le préfet était déjà en cause dans le jugement de compétence comme représentant l'Etat. Il n'en serait pas de même s'il avait été étranger à l'instance, car alors son déclinatoire pourrait être assimilé à une tierce opposition ordinaire. Toutefois, il est à remarquer que la tierce opposition est admise même contre les jugements définitifs, tandis que le conflit ne l'est pas, et que s'il en est ainsi quant aux jugements sur le fond, on ne voit pas trop pourquoi il en serait différemment lorsque les jugements définitifs n'ont été rendus que sur la compétence.

278. — Néanmoins, la jurisprudence ne distingue pas entre les cas où le préfet était étranger au litige et celui où il y figurait comme partie. Il a été jugé que le préfet doit élever le conflit, bien que l'exception d'incompétence ait été opposée par le préfet lui-même, comme représentant l'Etat. — Trib. confl., 17 janv. 1880, précité.

279. — ... Alors même que l'exception d'incompétence aurait été proposée au nom d'une commune. — Cons. d'Et., 6 févr. 1836, Favry, [P. adm. chr.]; — 20 févr. 1846, Martinot, Grodidier et Vanneton, [P. adm. chr.]

280. — ... Ou par l'administration des postes. — Trib. confl., 14 mars 1850, Willay, [P. adm. chr.]

281. — En résumé, les jugements préparatoires et interlocutoires n'empêchent pas que le conflit puisse être élevé, et cette solution est rationnellement exacte. Le jugement préparatoire ne crée aucun droit pour les parties, il ne touche pas au fond du procès. Quant aux jugements interlocutoires, sans doute, ils préjugent bien à certains égards le fond, mais cependant ils laissent au tribunal son entière liberté de décision. — V. en ce sens, Cons. d'Et., 14 mars 1860, Commune de Colombey-les-deux-Eglises, [S. 60.2.218, P. adm. chr., D. 60.3.29]

282. — Quant aux jugements rendus sur le fond, ils empêchent le conflit dès qu'ils ont un caractère définitif, et notamment lorsqu'ils sont acquiescés. La transaction et le désistement des parties peuvent-elles, comme l'acquiescement, rendre le conflit impossible? Pour la négative, on peut dire que l'événement imprévu, qui termine ainsi l'instance, ne saurait préjudicier aux droits de l'administration; et qu'en conséquence, dans l'intérêt de l'ordre public, le conflit est toujours recevable, sauf à n'annuler le jugement que dans l'intérêt de la loi.

283. — Néanmoins l'affirmative nous paraît certaine. Le principe est toujours qu'il ne peut y avoir conflit qu'autant qu'un litige existe. Dès l'instant qu'un fait quelconque y met fin, la possibilité du conflit disparaît avec lui. Sans doute, le conflit régulièrement élevé met obstacle à toute procédure et à tout jugement : mais il ne condamne pas les parties à plaider malgré elles. Elles restent toujours libres de régler leurs affaires comme elles l'entendent. Et d'ailleurs, on n'aperçoit pas le motif qui pourrait justifier le conflit. Dès que, par suite du fait des parties, l'autorité judiciaire est dessaisie de la connaissance du litige, l'autorité administrative n'a plus à se plaindre ni à prétendre que les tribunaux civils empiètent sur ses attributions. Si, en l'absence de toute contestation, le tribunal des conflits statuait, il ne pourrait statuer que par voie de disposition générale, c'est-à-dire en violation de l'art. 5, C. civ. — Collignon, p. 102.

284. — Jugé, en ce sens, que le désistement, régulièrement signifié et accepté, remettant les choses au même état qu'elles étaient avant la demande, il n'y a plus contestation judiciaire, et par conséquent plus possibilité d'élever le conflit. — Cons. d'Et., 1er juin 1828, Tiers, [S. chr., P. adm. chr.]

285. — ... Que la transaction, lors même qu'elle serait postérieure à l'arrêté de conflit, faisant cesser le procès, rend le conflit sans objet. — Cons. d'Et., 27 févr. 1831, Barigny et Quatrelivre, [Leb. chr., p. 131]; — 8 nov. 1831, Dubost, [Leb. chr., p. 655]

286. — ... Que le conflit ne peut être élevé après un jugement qui a donné acte du désistement de la demande. — Cons. d'Et., 1er juin 1828, Tiers, [S. chr., P. adm. chr.]

287. — Mais la transaction et le désistement, aussi bien que l'acquiescement, ne rendent impossible le conflit qu'autant qu'ils portent sur le fond du procès. — Cons. d'Et., 30 août 1843, Caisse hypothécaire, [S. 46.2.90, P. adm. chr.]; — Sic, Collignon, p. 103, note 2; Serrigny, t. 1, n. 176; Trolley, t. 5, n. 2170.

288. — C'est au juge des conflits qu'il appartient de décider souverainement si des jugements sont ou non définitifs, et de déterminer s'ils statuent sur le fond du droit. — Collignon, p. 104.

289. — Dans deux cas cependant le conflit peut être élevé après un arrêt définitif ou un jugement sur le fond. C'est : 1° Lorsque le jugement ou l'arrêt a été rendu en dépit du déclinatoire proposé par le préfet. Il y a même là un cas de forfaiture puni par l'art. 182, C. pén. — Serrigny, t. 1, n. 182; Trolley, t. 5, n. 2171.

290. — Jugé que le conflit peut être élevé même après l'arrêt statuant sur le fond lorsque la cour, sans s'arrêter au décli-

natoire proposé par le préfet, a statué en même temps sur la compétence et sur le fond. — Cons. d'Et., 15 juill. 1833, Rossini, [S. 35.2.544, P. adm. chr.]; — 30 nov. 1869, Pascal, [S. 70.2.334, P. adm. chr.] — Sic, Serrigny, t. 1, n. 194.

291. — 2° Lorsque le tribunal, jugeant *ultra petita*, a statué sur une matière administrative qui ne lui était pas soumise. Ici très-évidemment le préfet ne pouvait élever le conflit avant le jugement, puisque la nature du litige ne faisait pas craindre un empiètement de l'autorité judiciaire sur le domaine administratif. La force des choses amène donc à l'autoriser à élever le conflit après le jugement.

292. — L'appel interjeté redonne à l'autorité administrative le droit d'élever le conflit devant la cour d'appel. Cette règle s'applique même à l'égard de l'appel des sentences de ceux des tribunaux devant lesquels le conflit ne peut jamais être élevé. — Cons. d'Et., 7 déc. 1825, Pierron, [S. chr., P. adm. chr.] — Sic, Serrigny, t. 1, n. 178; Chauveau et Tambour, n. 451 et 452. — V. *suprà*, n. 235.

293. — Il a été jugé, toutefois, que le conflit peut être élevé pendant le délai d'appel, alors même que l'appel n'aurait pas été interjeté. — Cons. d'Et., 1er mars 1815, Bazin, [S. chr., P. adm. chr.]; — 4 août 1819, Audran, [S. chr., P. adm. chr.] — *Contrà*, Cons. d'Et., 8 avr. 1829, Rives, [S. chr., P. adm. chr.]

294. — La règle d'après laquelle l'appel redonne le droit d'élever le conflit lorsqu'il est interjeté serait également applicable quand bien même l'appel n'aurait été interjeté que pour cause d'incompétence, conformément à l'art. 454, C. proc. civ., dans une affaire dont le fond était de la compétence en dernier ressort des premiers juges. — Cons. d'Et., 7 déc. 1825, Pierron, [S. chr., P. adm. chr.]; — 4 mai 1843, Clément, [S. 43.2.356, P. adm. chr.]; — 7 déc. 1844, Jouan, [P. adm. chr.] — Sans doute alors, l'appel ne porte pas sur le fond, mais il n'en est pas moins certain qu'indirectement le litige est remis en question : cela suffit pour que l'autorité administrative puisse utilement revendiquer la connaissance de l'affaire. — Serrigny, t. 1, n. 180; Collignon, p. 105; Duvergier, *Collect. des lois*, t. 28, p. 182; Chauveau et Tambour, t. 1, n. 453.

295. — Et dans ce cas le conflit est valable, bien que l'appel ait été déclaré mal fondé. — Cons. d'Et., 19 oct. 1838, Leclerc, [S. 39.2.504, P. adm. chr.]

296. — En résumé, le conflit pourra être élevé en appel lorsqu'il ne l'aura point été en première instance. Il pourra l'être aussi lorsque le déclinatoire présenté en première instance ayant été accueilli par le tribunal, la partie intéressée interjette appel de ce jugement.

297. — Jugé que le déclinatoire préalable au conflit peut être présenté par le préfet en appel et tant qu'il n'a pas été statué au fond, notamment après un jugement rejetant à la fois et le déclinatoire présenté par ce fonctionnaire en première instance et l'exception d'incompétence invoquée par une autre partie vis-à-vis de laquelle la décision est devenue définitive. — Cass., 7 mai 1884, Albano, [S. 85.1.437, P. 85.1.1056, D. 84.1.220]

298. — Du principe que le conflit peut être élevé tant qu'il n'est pas intervenu de décision définitive au fond il résulte qu'il peut l'être lorsque, ayant été élevé en première instance, il l'a été irrégulièrement, et a été annulé pour ce motif; dans le cas où, pour un vice de forme quelconque, le conflit serait déclaré nul, le préfet pourrait donc élever un second conflit tant que la décision sur le fond ne serait pas intervenue. — Chauveau et Tambour, t. 1, n. 456; Collignon, p. 110.

299. — Notamment, le conflit irrégulièrement proposé en première instance peut être de nouveau proposé en appel, tant qu'il n'est pas intervenu d'arrêt définitif sur le fond, bien que le jugement préalablement intervenu sur la compétence ait acquis l'autorité de la chose jugée. — Cons. d'Et., 20 févr. 1840, Roquelaine, [S. 40.2.329, P. adm. chr.] — Trib. confl., 27 mai 1876, de Chargère, [S. 78.2.223, P. adm. chr., D. 77.3.15]

300. — Pareillement, le conflit annulé pour défaut de qualité du préfet qui l'avait élevé ne fait point obstacle à ce qu'il en soit élevé un nouveau par le préfet compétent. — Cons. d'Et., 29 juin 1842, Desfourniers, [P. adm. chr.]

301. — Il a même été jugé, que, dans cette dernière hypothèse, le préfet compétent peut se dispenser de proposer un nouveau déclinatoire, et élever de suite le conflit, le tribunal ayant été appelé à statuer sur sa compétence au point de vue du conflit. — Cons. d'Et., 15 août 1839, Ruix, [P. adm. chr.] — V. *infrà*, n. 328 et s.

302. — Pour autoriser l'administration à élever le conflit, l'appel doit être régulièrement interjeté. Ainsi un appel introduit après l'expiration des délais légaux ne rendrait pas le conflit possible. Telle est la solution admise sans hésitation par le tribunal des conflits : elle est seule pratique. Admettre qu'un appel interjeté dix ou vingt ans après la reddition du premier jugement peut autoriser le conflit, ce serait compromettre de la façon la plus grave la stabilité des droits acquis et conférer à l'administration des pouvoirs exorbitants. De plus, n'est-ce pas violer les principes les plus certains et les plus utiles de l'appel ? — Cons. d'Et., 30 juill. 1857, Garrigat et Girald, [P. adm. chr., D. 58. 3.27]

303. — L'opposition à un jugement par défaut statuant sur le fond permet-elle d'élever le conflit ? Il nous semble que la solution doit être la même que pour l'appel. Tant que l'opposition n'a pas été formée, un conflit n'est pas possible. Mais il le devient avec l'opposition. Celle-ci comme l'appel remet le litige en question, et rend légitime et possible la revendication de compétence de l'administration. — Serrigny, t. 1, n. 179; Foucart, t. 3, n. 1909; Collignon, p. 108 et 109.

304. — Comme l'appel et l'opposition, la cassation rend la vie au litige lorsque la Cour de cassation renvoie le jugement de l'affaire devant un tribunal ou devant une cour. Le conflit peut alors être élevé devant le tribunal ou la cour de renvoi. — Cons. d'Et., 23 oct. 1835, Niol, [S. chr., P. adm. chr.] — Sic, Cormenin, t. 1, p. 446, note 2; Foucart, t. 3, n. 1909; Serrigny, t. 1, n. 177; Dufour, t. 3, n. 604; Chauveau et Tambour, t. 1, n. 455; Block, n. 57 et 58; Collignon, p. 108.

305. — Spécialement, de ce qu'un arrêt portant cassation d'une décision du jury d'expropriation qui allouait au propriétaire exproprié une indemnité éventuelle pour des dommages futurs, a renvoyé l'affaire devant un autre jury, il ne résulte pas de là un obstacle à ce que le conflit soit élevé en cet état par l'autorité administrative, bien qu'il ne l'ait pas été lors de l'introduction de l'instance ; l'effet du renvoi devant un second jury, prononcé par la Cour suprême, est subordonné à la question de compétence. — Cons. d'Et., 19 mars 1847, André, [S. 47.2.427, P. adm. chr.]

306. — Il a été décidé toutefois que lorsqu'un arrêt de cour d'appel, méconnaissant l'autorité de l'ordonnance confirmative d'un arrêté de conflit, renvoie les parties devant le tribunal de première instance dont le jugement a été annulé, si cet arrêt n'a pas été frappé d'un arrêté de conflit, et qu'il ne soit l'objet que d'un pourvoi en cassation, dont l'effet n'est pas suspensif, le préfet ne peut élever le conflit devant le tribunal auquel l'affaire est renvoyée; il n'est plus temps, dans ce cas, de contester la compétence judiciaire. — Cons. d'Et., 2 juill. 1836, Pierre, [P. adm. chr.]

307. — Que décider en matière de tierce opposition? Une distinction nous semble s'imposer : comme le dit M. Boulatignier (Blanche, v° *Conflit*, p. 533), « il ne saurait, en principe, y avoir lieu à conflit, puisque la tierce opposition ne fait point renaître la contestation et soulève seulement la question de savoir si la décision attaquée est ou non opposable à un tiers, mais il en serait autrement si la tierce opposition était admise ». Ainsi, le seul fait d'une tierce opposition n'autorise pas le conflit, mais l'admission de la tierce opposition faisant renaître le procès, redonne à l'administration le droit d'élever le conflit.

308. — La solution serait la même en cas de requête civile (C. proc. civ., art. 501). — Collignon, p. 108 ; Blanche, *loc. cit.*

309. — D'autre part, les difficultés que soulève l'exécution des jugements et arrêts constituent des litiges entièrement distincts qui ne font nullement revivre le débat sur le fond. C'est pour ce motif que l'on ne pourrait le conflit être élevé dans les hypothèses suivantes : *a)* lorsque des contestations s'élèvent sur l'exécution d'un jugement passé en force de chose jugée. — Cons. d'Et., 26 mai 1824, Hérit. Brunaud, [P. adm. chr.] ; — 2 juill. 1836, Pierre, [P. adm. chr.]

310. — *b)* Lorsqu'il est fait appel d'un jugement qui ne fait que reproduire les dispositions d'un jugement antérieur ayant déjà acquis l'autorité de la chose jugée. — Cons. d'Et., 16 janv. 1822, Serventeau, [S. chr., P. adm. chr.]

311. — *c)* Lorsqu'il est fait appel d'une ordonnance de référé qui n'a fait que régler l'étendue, les effets et le mode d'exécution d'un jugement définitif. — Cons. d'Et., 12 mai 1824, Mosselmann, [S. chr., P. adm. chr.]

312. — *d)* Lorsqu'un débat s'élève devant le président d'un tribunal pour faire interpréter une ordonnance de référé devenue définitive. — Cons. d'Et., 5 déc. 1838, Tauriac, [S. 39.2.548, P. adm. chr.] — Sic, Duvergier, *Coll. des lois*, notes sur l'art. 4, Ord. de 1828.

313. — *e)* Lorsque les parties s'adressent au tribunal qui a rendu la sentence définitive pour en obtenir l'interprétation.

314. — Cependant il a été jugé qu'une demande en dommages-intérêts pour inexécution d'une ordonnance de référé, pouvait être considérée comme donnant naissance à une demande nouvelle autorisant le conflit. — Cons. d'Et., 16 mars 1848, de Pastoret, [P. adm. chr.] — Sic, Chauveau et Tambour, t. 1, n. 434.

315. — ... Qu'autoriserait le conflit l'instance en référé tendant à l'exécution d'un arrêt définitif. — Cons. d'Et., 12 août 1854, Etienne, [P. adm. chr.] — Sic, Chauveau et Tambour, *loc. cit.*

316. — Au surplus, s'il arrivait que le mode d'exécution d'un jugement ne fût susceptible d'être réglé que par l'autorité administrative, cette autorité pourrait élever le conflit dans le cas où la détermination du mode d'exécution serait demandée à l'autorité judiciaire. Dans ce cas, en effet, le conflit ne porte aucune atteinte à l'autorité de la chose jugée. Il s'agit, non pas d'en entraver l'application, mais, au contraire, de s'assurer que cette application sera faite d'une façon régulière. — Chauveau et Tambour, t. 1, n. 434 *bis*; Collignon, p. 110.

CHAPITRE III.

PAR QUI LE CONFLIT PEUT ÊTRE ÉLEVÉ.

317. — Le conflit d'attribution met en présence : 1° l'autorité administrative ; 2° l'autorité judiciaire; 3° les parties intéressées dans le litige qui donna lieu au conflit. Quels sont les droits respectifs de ces autorités et parties en ce qui concerne la faculté d'élever le conflit ?

Section I.

Autorité administrative.

318. — Dans tous les cas où nous avons reconnu qu'il y avait possibilité d'élever le conflit, il pourra être élevé par l'autorité administrative. Mais quel sera l'agent de l'autorité administrative qui sera compétent ? Antérieurement à l'arrêté du 13 brum. an X, aucune règle précise n'existait sur ce point. Tous les chefs de service de l'administration pouvaient élever le conflit. Il pouvait même l'être par les conseils de préfecture.

319. — L'arrêté de brumaire donna aux préfets seuls le droit d'élever le conflit. Toutefois, le défaut de précision de son texte rendit possible le maintien, au moins partiel, de la pratique antérieure, et l'on vit le Conseil d'Etat valider encore pendant quelque temps les conflits élevés par les conseils de préfecture ou autres agents de l'administration. — Cons. d'Et., 29 juin 1811, Galand, [P. adm. chr.] — Sic, Cormenin, t. 1, p. 441 et 442.

— Peu à peu, cependant, le Conseil abandonna sa jurisprudence première, et lorsque l'ordonnance du 1er juin 1828 parut, il était définitivement admis, en pratique, que le préfet avait seul compétence pour élever le conflit. — V. notamment Cons. d'Et., 9 avr. 1817, Niam, [S. chr., P. adm. chr.] — C'est cette pratique que l'ordonnance de 1828 a consacrée. — Cormenin, *loc. cit.*; Blanche, v° *Conflit*, p. 724; Collignon, p. 216.

320. — Aux termes de l'ordonnance du 1er juin 1828, art. 5 : « A l'avenir le conflit d'attribution ne pourra être élevé que dans les formes et de la manière déterminée par les articles suivants ». Art. 6. « Lorsqu'un préfet estimera que la connaissance d'une question (portée devant un tribunal de première instance) est attribuée (par une disposition législative) à l'autorité administrative, il pourra, alors même que l'administration ne serait pas en cause, demander le renvoi de l'affaire devant l'autorité compétente. A cet effet, le préfet adressera au procureur du roi (de la République) un mémoire.... Le procureur fera connaître dans tous les cas au tribunal la demande formée par le préfet..... »

321. — De ce texte et de ceux qui suivent (art. 7, 8, 9, 10, 13, 14), il résulte bien que le conflit peut être élevé par le préfet, *et par le préfet seul*, à l'exclusion de tous autres fonctionnaires ou corps constitués. Tous ces textes n'indiquent, en effet, que le préfet comme pouvant élever le conflit, et rapportent à lui toutes les formalités. — Chauveau et Tambour, *op. cit.*, t. 1, n. 462;

Ducrocq, t. 1, n. 673; Serrigny, t. 1, n. 164; Cormenin, *loc. cit.*; Chevalier, t. 2, p. 218; Block, v° *Conflit*, n. 71 et s.

322. — De ce que le préfet seul peut élever le conflit, il résulte, ainsi que le fait observer M. Solon (*Rép. des jurid.*, v° *Conflit*, n. 23), « qu'un tribunal ne devrait pas surseoir à juger sur une déclaration de conflit qui n'émanerait pas d'un préfet : il devrait passer outre; et si, malgré l'insistance d'une des parties pour obtenir jugement, il se refusait de prononcer, il pourrait être pris à partie et poursuivi pour déni de justice. Vainement dirait-il qu'il y avait obstacle à ce qu'il jugeât, car son indépendance, à laquelle se lie non seulement l'ordre public, mais encore l'intérêt des justiciables, lui fait un devoir de ne s'arrêter que devant un obstacle légal. Or, il est positif que les préfets seuls ont qualité pour élever cet obstacle. »

323. — Le droit d'élever le conflit n'appartient donc pas aux ministres, aux conseils de préfecture, aux intendants de la marine, au Conseil d'Etat. — Chauveau et Tambour, t. 1, n. 462 ; Cormenin, t. 1, p. 441. — Avant l'ordonnance de 1828, on avait reconnu au ministre le droit de saisir le Conseil d'Etat de la demande en annulation d'arrêts rendus par des cours d'appel. — Cons. d'Et., 6 janv. 1807, Ministre des Finances, [P. adm. chr.]; — 23 janv. 1807, Préfet de la Sarthe, [P. adm. chr.] — Aujourd'hui, on ne reconnaît plus au ministre que le droit d'ordonner aux préfets d'élever le conflit (Collignon, p. 217, note 1 ; Trolley, t. 3, n. 2174). Doctrinalement, cette solution se justifie par cette considération que le conflit intéresse l'Etat ou la société tout entière, et que le préfet seul est investi de toutes les actions qui appartiennent à l'Etat (L. 28 oct.-5 nov. 1798, tit. 3, art. 13; C. proc. civ., art. 69-(°).

324. — Les préfets élèvent le conflit soit d'office, soit sur l'invitation du ministre, comme nous venons de le dire, soit sur l'information du procureur de la République, soit à la demande des parties intéressées. Théoriquement, les préfets sont juges souverains de l'opportunité qu'il y a à élever le conflit. Ils sont toujours libres de refuser de recourir à cette mesure. En pratique cependant, leur indépendance ne sera jamais complète vis-à-vis des ministres, et l'invitation qui leur sera adressée par le ministre sera l'équivalent d'un ordre. Souvent dans la pratique les préfets, soit pour donner à la revendication administrative un caractère plus sérieux et important, soit pour dégager leur responsabilité, visent dans leurs arrêtés de conflit l'intervention ministérielle.

§ 1. Quels préfets sont compétents pour élever le conflit.

325. — Dans l'organisation administrative française, trois catégories de fonctionnaires ont le titre de préfet : les préfets des départements, le préfet de police, à Paris, les préfets maritimes. Nous avons à rechercher si tous ces fonctionnaires ont qualité pour élever le conflit.

1° Préfets des départements.

326. — Aucun doute possible pour les préfets des départements. Ils peuvent et doivent élever le conflit toutes les fois que les intérêts de l'administration l'exigent (Arr. 13 brum. an X, art. 3 et 4; Ord. 1er juin 1828). — Duvergier, 1849, p. 436.

327. — A cet égard, les préfets d'Algérie ont les mêmes pouvoirs que les préfets de France (Ord. 30 déc. 1848).

328. — Le conflit doit être élevé par le préfet du département où siège le tribunal saisi de la contestation qui y donne lieu (Chauveau et Tambour, t. 1, n. 438; Collignon, p. 228). Ce principe s'applique intégralement devant les tribunaux de première instance. Le préfet compétent est toujours celui du département où siège le tribunal de première instance saisi.

329. — Jugé, en conséquence, qu'un préfet appelé en garantie dans une instance engagée devant un tribunal siégeant hors de son département, ne peut élever le conflit devant ce tribunal. — Cons. d'Et., 14 avr. 1838, Préfet du Cher, [S. 40.2.40, P. adm. chr.]

330. — ... Que lorsque, sur une action en dommages-intérêts résultant de travaux publics, il y a lieu d'élever le conflit, c'est au préfet du domicile du défendeur, non à celui du lieu où les dommages ont été commis, qu'il appartient de l'élever. — Cons. d'Et., 17 août 1841, Desfourniers, [S. 42.2.139, P. adm. chr.]

331. — ... Qu'un préfet est sans qualité pour élever le conflit dans une affaire soumise à un tribunal d'un autre département, alors même qu'une grande partie de l'immeuble qui fait l'objet du litige est située dans son département. — Lyon, 9 déc. 1840, Comp. du canal de Roanne à Digoin, [S. 41.2.237, P. 41.1.378]

332. — ... Que le préfet dans le département duquel siège la cour d'appel devant laquelle le litige a été porté, est compétent pour élever le conflit devant cette cour, à l'exclusion du préfet dans le département duquel se trouvent les immeubles, objets du litige (dans l'espèce des grèves et des relais de mer faisant l'objet d'une contestation dans laquelle l'Etat était partie). — Cons. d'Et., 28 juill. 1864, Pallix, [P. adm. chr., D. 63.3.36]

333. — ... Que, spécialement, il appartient au préfet du département de l'Aisne de proposer le déclinatoire et d'élever le conflit dans une instance engagée devant le tribunal d'un arrondissement de ce département entre un particulier demandeur d'une part, la ville de Paris représentée par le préfet de la Seine, d'autre part, relativement aux dommages causés à ce particulier par des travaux ayant pour objet le canal de l'Ourcq, bien que les pouvoirs du préfet de la Seine en ce qui concerne ce canal s'étendent jusque dans le département de l'Aisne. — Cons. d'Et., 27 mai 1862, Tabard, [S. 62.2.299, P. adm. chr., D. 62.3.76] — Sic, Serrigny, t. 1, n. 190; Foucart, t. 3, n. 1902; Chauveau et Tambour, t. 1, n. 438; Dufour, t. 3, n. 609.

334. — Nous avons eu cependant l'occasion de signaler un arrêt en sens contraire (*supra*, n. 301). Cette jurisprudence, qui n'a point persisté, pouvait se justifier par cette considération que le conflit, existant surtout dans un intérêt d'ordre public, l'ordre public reçoit satisfaction dès qu'il est élevé; peu importe qu'il le soit d'une manière plus ou moins régulière. Dans cette opinion, le conflit n'est qu'une sorte de mesure conservatoire susceptible de profiter à qui de droit, quel que soit le préfet dont elle émane.

335. — Lorsque la cour d'appel et le tribunal dont est appel se trouvent dans le même département il n'y a aucune difficulté. Le préfet compétent pour élever le conflit en première instance le sera également pour l'élever en appel.

336. — Lorsque le tribunal de première instance et la cour d'appel se trouvent dans des départements différents, des doutes peuvent s'élever lorsque le conflit est élevé en appel ou sur renvoi après cassation. Quel est alors le préfet compétent? Sur cette question trois systèmes principaux ont été proposés.

337. — *Premier système.* — Le préfet qui était compétent pour élever le conflit devant le tribunal de première instance est compétent pour l'élever en appel, à l'exclusion de tout autre préfet. Pour justifier cette opinion, on dit que c'est ce préfet qui est le mieux à même de connaître les détails de l'affaire qui donne lieu au conflit, et, par suite, de la diriger et de faire triompher les prétentions de l'administration. Enfin, on fait remarquer « que le préfet dans le département duquel une instance judiciaire s'est engagée, et qui avait qualité pour revendiquer au profit de l'autorité administrative le litige qui avait son origine possède en quelque sorte un *droit de suite* sur ce même litige dans les divers degrés de juridiction qu'il peut parcourir ». — Boulatignier, p. 486; Block, v° *Conflit*, n. 80 et s.

338. — *Deuxième système.* — Dans ce système, on admet, comme dans le premier, la possibilité pour le préfet d'élever le conflit devant une cour d'appel située en dehors de son département. Seulement, on n'admet ce droit à son profit que dans le cas où il a élevé le conflit en première instance. S'il est resté inactif jusqu'au moment de l'appel, le préfet du département où se trouve la cour sera seul compétent. Nulle raison alors, en effet, de déroger au principe que la compétence des préfets est territoriale. Le préfet du département où siège le tribunal de première instance ne connaît pas mieux l'affaire que celui du département de la cour puisqu'il ne l'a point suivie. D'autre part, il est moins bien placé pour élever le conflit.

339. — Dans le cas, au contraire, où le préfet a proposé un déclinatoire en première instance, il est à la fois naturel et pratique qu'il suive l'affaire en appel. Il l'a étudiée, il pourra la diriger en connaissance de cause. De plus, le conflit est la suite du déclinatoire. Enfin, ajoute-t-on, ce système s'appuie sur le texte de l'art. 8 de l'ordonnance de 1828. Dans l'hypothèse spéciale qu'il prévoit, ce texte, en effet, dispose : « si le déclinatoire est admis, *le préfet* pourra élever le conflit dans la quinzaine qui suivra la signification de l'acte d'appel ». Or, ces mots « *le préfet* » se rapportent au préfet dont il a été parlé antérieurement, c'est-à-dire à celui qui a proposé le déclinatoire en première instance.

340. — *Troisième système*. — Dans tous les cas, le conflit ne peut être élevé que par le préfet du département où siège la cour d'appel. Le principe fondamental est que le préfet n'a aucune attribution en dehors des limites de son département. Aucun texte ne vient en notre matière apporter une dérogation à ce principe fondamental. — Chauveau et Tambour, t. 1, n. 458.

341. — En doctrine, on peut hésiter à adopter l'un ou l'autre de ces systèmes. Les raisons produites à l'appui de chacun d'eux sont sérieuses. Il semble cependant que le deuxième système, principalement défendu par Serrigny, est supérieur aux deux autres. Il se concilie très-bien avec les nécessités pratiques et tient compte des textes : l'art. 8, précité, de l'ordonnance, n'est point, en effet, à négliger. Quoi qu'il en soit, la jurisprudence s'est depuis longtemps très-nettement prononcée en faveur du premier système. Elle décide que le préfet compétent pour élever le conflit devant la cour d'appel est celui dans le département duquel siégeait le tribunal primitivement saisi de l'affaire. — Cons. d'Et., 20 août 1840 (2 arrêts), Dufour et Anvers, [S. 41.2.107, P. adm. chr.]; — 27 mai 1848, Commune des Angles, [S. 48.2.634, P. adm. chr.]; — 13 déc. 1848, Commune des Angles, [P. adm chr.]; — 15 mai 1858, Chemin de fer de l'Est, [S. 59.2.263, P. adm. chr., D. 59.3.42]; — 13 déc. 1861, Ville de Saint-Germain, [S. 62.2.571, P. adm. chr., D. 62.3.9]; — 1er juin 1889, Cauvet, [S. 91.3.73, P. adm. chr., D. 90.3.49] — Trib. confl., 26 mars 1892, Verdier, [S. et P. 94.3.24] — M. Boulatignier a compté 55 arrêts consacrant implicitement ce système depuis l'ordonnance du 1er juin 1828 jusqu'au 1er janv. 1847, et 31 de cette date au 1er janv. 1878. — V. aussi Blanche, v° *Conflit*, p. 544, note 1. — V. cependant en faveur du troisième système : Cons. d'Et., 15 mai 1858, Dumont, [P. adm. chr., D. 59.3.41] — Il faut, du reste, faire remarquer que dans cet arrêt consacrant accidentellement un système aujourd'hui définitivement abandonné en pratique, le juge des conflits a donné compétence au préfet de la cour d'appel sans la refuser *in terminis* au préfet du tribunal de première instance. — Blanche, v° *Conflit*, p. 545.

342. — Par application de ce système, lorsque le préfet aurait été compétent pour proposer le déclinatoire et élever le conflit devant le juge d'instruction de l'arrondissement où se sont produits les faits incriminés, il peut exercer le même droit devant le premier président de la cour d'appel, siégeant dans un autre département, au cas où le premier président de la cour, à raison de la qualité de fonctionnaire des inculpés, est substitué, pour ce qui touche l'information, au juge d'instruction. — Trib. confl., 2 avr. 1881, Chartier et consorts, Trappistes de Soligny, [S. 83.3.4, P. adm. chr., et la note de M. Jessionesse]; — 2 avr. 1881, Juveneton, Dominicains de Dijon, [S. 83.3.4, P. adm. chr., D. 82.3.74]; — 2 avr. 1881, Léo de Cahuzac et Augé, Carmes de Bagnères, [P. adm. chr., D. 82.3.74]

343. — La question de compétence pour élever le conflit s'élève avec des complications encore plus grandes dans le cas où, après cassation, une affaire a été renvoyée devant une cour ou un tribunal situés dans un département autre que celui où elle est née. Sur ce point les divergences des auteurs sont aussi accusées, et les mêmes opinions ont été enseignées. De son côté, la jurisprudence ne présente pas la même netteté que pour le cas où il y a appel. Chaque auteur peut invoquer des arrêts en sa faveur.

344. — Il a été soutenu : 1° que le préfet compétent en pareille hypothèse est celui qui a élevé le conflit en première instance, ou qui tout au moins pouvait l'élever. — Cons. d'Et., 13 déc. 1861, Ville de Saint-Germain-en-Laye, [S. 62.2.571, P. adm. chr., D. 62.3.9] — *Sic*, Block, v° *Conflit*, n. 81. — V. aussi Trib. confl., 2 avr. 1881, précité.

345. — 2° Que c'est le préfet du département où est située la cour de renvoi. — Cons. d'Et., 21 août 1845, Héritier Hoche, [S. 46.2.88, P. adm. chr.]; — 24 déc. 1845, Dame de Nazelle, [P. adm. chr.] — *Sic*, Blanche, v° *Conflit*, p. 543; Dareste, *op. cit.*, p. 216; Foucart, t. 3, n. 1902.

346. — ... 3° Que le préfet compétent sera celui du tribunal de première instance s'il a élevé le conflit devant ce tribunal, et dans le cas contraire, le préfet de la cour d'appel. — Blanche, *loc. cit.*

347. — 4° Que le préfet du tribunal de première instance et le préfet de la cour d'appel sont l'un et l'autre compétents.

— Cons. d'Et., 15 mai 1858, Dumont, [S. 59.2.263, P. adm. chr., D. 59.3.41] — *Sic*, Ducrocq, t. 2, n. 673; Dufour, t. 3, n. 609.

348. — Dans ce conflit d'opinions, la jurisprudence paraît cependant s'être fixée en faveur de la première qui attribue compétence au préfet qui a élevé le conflit en première instance ou aurait pu l'élever. L'arrêt précité du 13 déc. 1861 paraît l'avoir fixée en ce sens. C'était du reste la solution logique, pouvant seule concorder avec le système adopté par elle en matière d'appel, et qui accorde précisément au préfet du tribunal de première instance le droit d'élever le conflit en appel. La cassation, en effet, en supprimant l'arrêt déféré à la Cour suprême, replace les parties au point où elles étaient en cause d'appel. — Block, v° *Conflit*, n. 81 ; Collignon, p. 238.

349. — Mais lorsque, sur l'appel d'un jugement du tribunal de première instance relatif à la compétence, la cour a infirmé le jugement et renvoyé les parties devant un tribunal situé dans un autre département, le préfet compétent est celui du tribunal de renvoi. Régulièrement, en effet, il n'y avait plus que devant ce nouveau tribunal seul compétent : ce n'est que par suite d'une erreur que le préfet du département du tribunal incompétent a pu élever le conflit. — Dufour, *loc. cit.*

350. — Il a été jugé formellement, en ce sens, que lorsque sur l'appel d'un jugement de première instance, une cour d'appel a renvoyé les parties devant un tribunal situé dans un département autre que celui où l'action judiciaire a été intentée, le préfet du département dans lequel se trouve le tribunal primitivement saisi n'est pas recevable à élever le conflit devant la juridiction où les parties ont été renvoyées. — Cons. d'Et., 12 août 1854, Commune de Cusset, [S. 55.2.280, P. adm. chr., D. 55.3.35]

351. — Le principe d'après lequel le préfet du département où lieu à conflit a été jugée en première instance l'affaire donnant souffre exception au profit du préfet du département du Rhône. Aux termes, en effet, de l'art. 104, L. 5 avr. 1884, « le préfet du Rhône exerce dans les communes de Lyon, Caluire et Cuire, Oullins, Sainte-Foy, Saint-Rambert, Villeurbane, Vaux-en-Velin, Bron, Vénissieux et Pierre-Bénite du département du Rhône, *et dans celle de Sathonay du département de l'Ain*, les mêmes attributions que le préfet de police dans les communes suburbaines de la Seine. »

352. — Il n'est pas douteux qu'en vertu de ce texte, le préfet du Rhône ait le droit d'élever le conflit dans le département de l'Ain pour revendiquer les affaires de sa compétence qui se rattachent à la commune de Sathonay. Cette solution est indispensable pour laisser au préfet du Rhône le libre exercice des droits qu'il peut avoir à revendiquer dans le département de l'Ain.

2° *Préfet de police.*

353. — La compétence du préfet de police pour élever le conflit ne lui a pas toujours été reconnue. L'arrêté du 13 brum. an X ne désignait *in terminis* que les préfets des départements comme ayant le droit d'élever le conflit. Ainsi l'art. 2 de cet arrêté disposait : « Si le tribunal refuse le renvoi, ils (les procureurs de la République) en instruiront sur-le-champ le préfet *du département* ». C'est en invoquant cet argument de texte que le Conseil d'Etat, qui, primitivement, avait reconnu au préfet de police le droit d'élever le conflit, revint sur sa jurisprudence première et décida que le préfet de police ne pouvait élever le conflit. — Cons. d'Et., 29 mai 1822, Lebel, [S. chr., P. adm. chr.]

354. — C'était, en réalité, méconnaître le caractère véritable de ce fonctionnaire, qui n'est qu'un préfet chargé d'une partie de l'administration départementale. Aussi une ordonnance du 18 déc. 1822 intervint-elle pour lui donner expressément le droit d'élever le conflit. « Les dispositions de l'art. 4, Arr. 13 brum. an X, qui autorisent le préfet à élever le conflit entre deux autorités, sont déclarées communes au préfet de police de Paris; en conséquence, il élèvera le conflit dans les affaires qui, étant par leur nature de la compétence de l'administration, sont placées dans ses attributions. »

355. — Peu après cette ordonnance, le Conseil d'Etat décidait que le préfet de police de Paris peut élever le conflit sur un arrêt de cour d'appel, encore que l'exécution de cet arrêt doive avoir lieu hors de sa juridiction territoriale, lorsqu'il s'agit de l'interprétation d'actes émanés de son prédécesseur. — Cons. d'Et., 2 août 1823, Grétry, [S. chr., P. adm. chr.]

356. — Lors de la rédaction de l'ordonnance du 1er juin 1828, une controverse très-vive s'engagea sur le point de savoir s'il convenait de conserver au préfet de police le droit que lui avait formellement attribué l'ordonnance du 18 déc. 1822. La commission, après avoir entendu les orateurs adverses, ne prit aucune résolution. Dans le projet qu'elle soumit au gouvernement, le texte correspondant à l'art. 6 actuel visait « le préfet du département », ce qui, étant données les controverses qui s'étaient produites sur le sens de ces mots sous l'empire de l'arrêté du 13 brum. an X, semblait bien impliquer que la commission, écartant le système de l'ordonnance du 18 déc. 1822, entendait retirer au préfet de police le droit d'élever le conflit. Mais le gouvernement retrancha de l'article les mots « du département » qui paraissaient exclure le préfet de police. Cet incident de rédaction a paru déterminant tant aux auteurs qu'aux tribunaux, et l'on s'accorde unanimement à reconnaître aujourd'hui que le préfet de police peut élever le conflit. — Cons. d'Et., 2 juin 1853, Préfet de police, [D. 54.3.154]; — 15 déc. 1858, Guiot, [S. 59.2.640, P. adm. chr., D. 60.3.7] — Sic, Taillandier, p. 161; Dareste, n. 938.

357. — Mais cette première question résolue, une autre se pose. La compétence du préfet de police est-elle, dans les matières rentrant dans ses attributions, exclusive de la compétence du préfet de la Seine, ou bien, nonobstant cette compétence spéciale, le préfet de la Seine conserve-t-il le droit d'élever le conflit, même sur les matières rentrant dans la compétence du préfet de police, de telle sorte que, relativement à une même affaire, le préfet de la Seine et le préfet de police soient l'un et l'autre compétents pour élever le conflit ? Sur cette question, deux systèmes ont été proposés.

358. — *Premier système* — Sur les matières rentrant dans les attributions du préfet de police, la faculté d'élever le conflit appartient concurremment au préfet de police et au préfet de la Seine. L'ordonnance du 18 déc. 1822 a déclaré les dispositions de l'arrêté de brumaire communes au préfet de police, sans restreindre aucunement la compétence du préfet de la Seine, qui dès lors demeure entière. D'ailleurs, ce système n'offre aucun inconvénient sérieux. Il ne pourrait en offrir que si un antagonisme surgissait entre les deux préfets, l'un voulant élever le conflit dans un cas précisément où l'autre jugerait qu'il ne doit point être élevé. Mais cet antagonisme n'est point à présumer, et d'autre part, s'il venait à naître, le ministre de l'Intérieur, supérieur hiérarchique des deux préfets, aurait toujours les moyens de le faire cesser. — Dalloz, *Rép.*, n. 29.

359. — *Deuxième système.* — Le préfet de police et le préfet de la Seine ne peuvent élever le conflit chacun que relativement aux affaires qui le concernent. De la sorte on évite toutes dissidences. De plus, le premier système est en contradiction manifeste avec l'esprit de l'arrêté de l'an X et de l'ordonnance de 1828 dont les rédacteurs ont voulu avant tout concentrer, pour la même affaire, dans les mains d'un seul fonctionnaire, le droit d'élever le conflit. Enfin l'ordonnance du 18 déc. 1822 consacre implicitement un partage d'attributions quant au droit d'élever le conflit entre les deux préfets de la Seine en disposant que le préfet de police élèvera le conflit « dans les affaires qui..... sont placées dans ses attributions ». — Chauveau et Tambour, t. 4, n. 489; Block, v° *Conflit*, n. 76 et s.; Trolley, t. 3, n. 2178; Blanche, v° *Conflit*, p. 482. — Ce système, qui nous paraît théoriquement préférable, est celui que la pratique a consacré. En fait, le préfet de la Seine et le préfet de police ont adopté pour règle de se renfermer, quant au conflit, dans les limites de leur compétence respective.

360. — Notons toutefois que le déclinatoire a été présenté collectivement par le préfet de la Seine et par le préfet de police dans certaines affaires relatives au maintien des scellés sur des chapelles dont l'autorité administrative avait ordonné la fermeture. — Trib. conf., 9 juill. 1880, de Ravignan, [D. 80. 3.81]

361. — ... A la dispersion des membres des congrégations religieuses non autorisées. — Trib. conf., 20 nov. 1880, de Guilhermy, [P. adm. chr., D. 81.3.22]

362. — On sait que le préfet de police exerce des attributions de police en dehors du département de la Seine dans les communes de Meudon, Saint-Cloud et Sèvres (Seine-et-Oise). Peut-il, sur les affaires rentrant dans ses attributions, élever le conflit dans le département de Seine-et-Oise ? La réponse affirmative à cette question n'est pas douteuse selon nous. Elle se déduit du motif déjà donné plus haut au sujet du préfet du Rhône. — V. *suprà*, n. 352.

3° *Préfets maritimes.*

363. — La question de savoir si les préfets maritimes auraient le droit d'élever le conflit ne s'est pas présentée devant la commission de rédaction de l'ordonnance de 1828, et cette ordonnance ne contient aucune disposition réglant la question. On peut seulement invoquer le même argument déjà produit pour le préfet de police (*suprà*, n. 356) : dans le texte de l'ordonnance le gouvernement a remplacé les mots « préfets de département » par les mots « le préfet » avec l'intention bien établie de donner une portée plus large au texte de l'art. 6 de l'ordonnance. D'ailleurs, la jurisprudence n'a jamais contesté aux préfets maritimes le droit d'élever le conflit. — Cons. d'Et., 23 avr. 1840, Josserand, [S. 40.2.377, P. adm. chr.]; — 12 févr. 1841, Blanchet, [S. 40.2.377, P. adm. chr.]; — 26 juin 1852, Martin, de Bérenguier, [P. adm. chr.]; — 8 juin 1854, Saurin, [P. adm. chr.] — Trib. conf., 17 janv. 1874, Ferrandini, Ribitti, Valéry, [S. 75.2.341, P. adm. chr., D. 75.3.2] — Sic, Foucart. t. 3, n. 1902; Serrigny, t. 1, n. 163; Blanche, *loc. cit.* — Block (v° *Conflit*, n. 79) critique la pratique suivie qui reconnaît aux préfets maritimes le droit d'élever le conflit.

364. — Conformément à la solution que nous avons adoptée pour les rapports entre le préfet de police et le préfet de la Seine (*suprà*, n. 359), il faut décider que, dans toutes les affaires qui rentrent dans sa compétence, le préfet maritime aura le droit d'élever le conflit à l'exclusion des préfets des départements compris dans son arrondissement maritime. Les raisons de décider sont les mêmes. — Blanche, v° *Conflit*, p. 483; Collignon, p. 227.

365. — En ce qui concerne les fonctionnaires qui ont le droit d'élever le conflit dans les colonies, V. *suprà*, v° *Colonies*, n. 573. Un décret du 5 août 1881, seul indiqué à l'endroit précité, ne statuait *in terminis* que relativement aux colonies de la Martinique, de la Guadeloupe et de la Réunion. Il a été étendu à toutes les colonies françaises par le décret du 7 sept. 1881.

Section II.

Autorité judiciaire.

366. — Théoriquement, le conflit étant considéré comme la sanction du principe de la séparation des pouvoirs, il semblerait que l'autorité judiciaire dût posséder, en matière de conflit, des droits identiques à ceux de l'autorité administrative, c'est-à-dire, eût le droit de revendiquer les affaires de sa compétence qui auraient été portées devant l'autorité administrative et qui auraient été retenues par elle. Au début du siècle, le Conseil d'État reconnut aux tribunaux judiciaires le droit d'élever le conflit dans les espèces suivantes :

367. — A la suite de difficultés qui s'étaient élevées entre l'administration des domaines et le sieur Gillet, fermier d'un moulin national à Morteau, relativement à la liquidation du fermage, le sieur Gillet, pour échapper aux effets de la contrainte que l'on menaçait, s'adressa au tribunal de première instance qui déclara l'État redevable. A la suite de ce jugement, le préfet prit un arrêté de conflit qui fut confirmé par un décret du 29 juin 1811 ainsi conçu : « Considérant que le tribunal de Neufchâteau a excédé ses pouvoirs en procédant à la liquidation de fermage du sieur Gillet, puisqu'il existait déjà un décret de l'administration des forêts qui réglait ce décompte; que le tribunal, s'il se croyait compétent, n'avait pas d'autre voie que celle du conflit pour retenir la connaissance de la contestation; mais que ce conflit n'eût pas été fondé, puisque c'est à l'administration qu'il appartient de procéder à la liquidation des sommes dues par l'État aux détenteurs des domaines nationaux, par suite de baux à eux consentis. »

368. — De cet arrêté il semblait bien résulter que le Conseil d'État reconnaissait aux tribunaux judiciaires le droit d'élever le conflit lorsqu'ils considéraient leur compétence menacée par les empiétements de l'autorité judiciaire. Et cette jurisprudence pouvait très-bien se soutenir comme assurant plus complètement l'exacte observation du principe de la séparation des pouvoirs.

369. — Cependant le Conseil d'État ne persista pas longtemps dans cette jurisprudence qui fut définitivement condamnée par un arrêt du 3 juill. 1822, Chalette, [S. chr., P. adm. chr.]

370. — En l'état actuel de la législation, cette solution s'imposait. Nulle disposition législative ne donne à l'autorité judiciaire le droit d'élever le conflit (V. *suprà*, v° *Compétence administrative*). Il est vraisemblable, cependant, que, si on avait voulu lui reconnaître ce droit, des textes en auraient réglé l'exercice. En théorie, on peut regretter cette lacune qui autorise tous les empiètements de l'autorité administrative sans aucun moyen de les empêcher. Il en pourra résulter que l'administration s'emparera d'affaires contentieuses dont la connaissance ne devrait point lui appartenir, et cela sans aucun moyen légal pour les tribunaux judiciaires de revendiquer l'affaire. Sans doute, le fait par les autorités administratives de retenir la connaissance d'affaires qui, par leur nature, échappent à leur compétence pourrait tomber sous l'application des art. 130 et 131, C. pén. Mais cette sanction possible de la séparation des pouvoirs vis-à-vis de l'administration est précisément trop forte pour espérer qu'on en fasse une application sérieuse. — Blanche, v° *Conflit*, p. 460; Dareste, *op. cit.*, p. 212; Fuzier-Herman, p. 411.

371. — Cette lacune dans la législation s'est encore accusée depuis la création du tribunal des conflits. Lorsque le Conseil d'Etat était juge des conflits, toutes les parties intéressées pouvaient, d'après la loi des 7-14 oct. 1790, lui déférer tous les actes administratifs qui empiétaient sur le domaine de l'autorité judiciaire. Peu importait, en définitive, le nom que dût prendre le recours des parties devant le Conseil d'Etat (conflit, recours pour excès de pouvoirs, pour incompétence, etc.). C'était toujours un tribunal essentiellement administratif qui jugeait le litige et y donnait une solution. Depuis que le tribunal des conflits est devenu une juridiction distincte, l'intérêt à décider qu'il pourrait y avoir conflit a considérablement augmenté. N'appartenant pas essentiellement par sa composition à l'ordre administratif, le tribunal des conflits est bien mieux placé que le Conseil d'Etat pour fixer le départ entre la compétence des autorités administrative et judiciaire. Comme on l'a dit, « le tribunal des conflits statue, quand il est sollicité par l'autorité administrative pour déterminer le point où s'arrête la compétence des tribunaux judiciaires; il serait utile qu'il pût statuer sur la demande de l'autorité judiciaire pour déterminer le point où doit s'arrêter la compétence administrative. Cela ferait naître un équilibre qui manque dans la législation..... ». — Collignon, p. 253.

372. — Selon nous, la véritable explication de l'inégalité établie entre l'autorité administrative et l'autorité judiciaire au point de vue du droit d'élever le conflit est une explication historique. Les législateurs de la Révolution ont eu constamment la préoccupation de rendre désormais impossibles les empiètements dont les anciens corps judiciaires, les parlements surtout, s'étaient si souvent rendus coupables vis-à-vis de l'administration. C'est cette idée persistante qui jusqu'à présent nous paraît avoir influencé les législateurs dans leur réglementation de la matière du conflit. Ils ont craint les empiètements du pouvoir judiciaire, dont le passé leur offrait de nombreux exemples : ils n'ont point songé que l'autorité administrative pourrait à son tour devenir envahissante, et qu'il était nécessaire de prévenir cette éventualité.

373. — L'annulation du jugement par lequel un tribunal aurait à tort élevé le conflit ne peut être poursuivie que devant les tribunaux supérieurs dans l'ordre judiciaire, et à la requête, soit des parties, soit du procureur général. Elle ne peut être demandée par forme de pourvoi devant le Conseil d'Etat. — Cons. d'Et., 3 juill. 1822, précité.

SECTION III.
Parties.

374. — Les parties intéressées dans un litige qui pourrait donner lieu à conflit n'ont aucune qualité pour l'élever. Le conflit est une lutte de compétence entre deux autorités, et les parties ne représentent aucune de ces autorités. Leurs droits se réduisent d'abord à opposer l'exception d'incompétence devant le tribunal indûment saisi, à leur avis, du procès, ou encore à avertir le préfet, à lui exposer les raisons qui doivent le déterminer à élever le conflit (V. *suprà*, n. 324). Il est à noter seulement qu'en 1872, lors de la discussion du projet de loi sur la réorganisation du Conseil d'Etat, et par voie d'amendement, un député, M. Roger Marvaise, proposa de conférer aux parties le droit d'élever le conflit. Mais le rapporteur de la loi proposa le rejet de l'amendement en faisant remarquer que la reconnaissance au profit des parties du droit d'élever le conflit, serait un prétexte facile favorisant la mauvaise foi des plaideurs qui voudraient user de moyens dilatoires. Un projet fut déposé sur cette même question par M. Roger Marvaise en 1877. Comme dans son amendement, M. Roger Marvaise proposait de donner aux parties le droit d'élever le conflit. Cette proposition n'est jamais venue en discussion. — V. *Revue générale d'administration*, 1879, 2e partie, p. 73 et s.

375. — Le refus du préfet d'obtempérer à la demande des parties les autorise-t-il à se pourvoir au contentieux devant le Conseil d'Etat? Jusqu'en 1817 on avait admis l'affirmative. — Cons. d'Et., 17 juin 1809, Roussel, [P. adm. chr.]; — 16 juill. 1817, Cézan, [P. adm. chr.] — Puis, le 6 déc. 1820, le Conseil d'Etat rendit une ordonnance décidant qu'en cas de refus du préfet d'élever un conflit, sur la réquisition des personnes intéressées, celles-ci ne pouvaient attaquer directement cet arrêté devant le Conseil d'Etat, mais devaient porter l'affaire devant le ministre de l'Intérieur, sauf à se pourvoir ensuite devant le Conseil d'Etat si le ministre ne faisait pas plus droit à leur réclamation que le préfet. — Cons. d'Et., 6 déc. 1820, Faudas, [S. chr., P. adm. chr.] — *Sic*, Cormenin, t. 1, p. 442.

376. — Cette solution ne nous paraît point exacte. A notre avis, le droit du préfet d'élever le conflit rentre essentiellement dans la catégorie des actes d'administration qui échappent par leur nature à tout recours contentieux. Admettre la solution contraire ce serait rendre possible de la part des particuliers une immixtion fâcheuse dans le domaine administratif. Sans doute, en fait, les parties pourront s'adresser au préfet, et en cas de refus de celui-ci au ministre. Mais le refus de ces deux autorités ne pourra donner lieu à aucun recours contentieux. Tout ce qui se rattache au conflit est d'ordre public, et le préfet doit rester seul juge de l'opportunité qu'il y a à élever le conflit. On peut ajouter que l'unique objet du conflit est de maintenir les diverses juridictions dans leurs attributions respectives. Il ne doit point être pour les plaideurs un moyen de dessaisir une juridiction qu'ils estiment devoir leur être défavorable, ou encore de gagner du temps et d'allonger la procédure. C'est ce qui arriverait cependant inévitablement si l'on reconnaissait aux parties le droit de se pourvoir au contentieux contre la décision du préfet qui aurait refusé d'élever le conflit. — Collignon, p. 240 et s.

377. — Jugé, en ce sens, que le juge des conflits ne peut être saisi de la demande en revendication de compétence que par un arrêté du préfet, et non sur le pourvoi des parties. — Cons. d'Et., 13 juin 1821, Camy, [P. adm. chr.]; — 13 juill. 1825, Bonnefon et Violle, [P. adm. chr.]

378. — ... Que les parties ne peuvent requérir l'autorité judiciaire de l'appréciation d'un décret, sous prétexte de le faire interpréter par l'autorité administrative, lorsqu'il n'existe dans la cause ni conflit élevé, ni renvoi de la part des tribunaux. — Cons. d'Et., 28 févr. 1831, de Montmorency, [P. adm. chr.]

379. — ... Que la demande en nullité de jugements ou arrêts ne peut être portée devant le juge des conflits lorsque le préfet n'a pas élevé le conflit, sauf aux parties à se pourvoir devant l'autorité judiciaire compétente. — Cons. d'Et., 17 mars 1812, Bayle, [S. chr., P. adm. chr.]; — 6 nov. 1813, Brisac, [P. adm. chr.]; — 18 avr. 1816, de Lauzière, [S. chr., P. adm. chr.]; 10 sept. 1817, de Siran, [P. adm. chr.] — V. Chauveau et Tambour, t. 1, n. 464; Cormenin, t. 1, p. 450; Foucart, t. 3, n. 1902.

380. — On admet spécialement, en vertu du principe posé, que les entrepreneurs de travaux publics actionnés devant les tribunaux judiciaires pour dommages causés à la propriété privée, sans autorisation administrative ou en dehors des termes de cette autorisation, ne peuvent en pareil cas contraindre le préfet à élever le conflit pour dessaisir l'autorité judiciaire. — V. *infrà*, v° *Travaux publics*.

CHAPITRE IV.
DE LA PROCÉDURE A SUIVRE POUR ÉLEVER LE CONFLIT.

SECTION I.
Généralités.

381. — Pour prévenir toute possibilité d'abus dans l'exercice du conflit, il ne suffisait pas de déterminer dans quels cas il peut être élevé ; un point non moins important consistait à en régler les formes, la procédure.

382. — Longtemps on resta sans règle fixe à cet égard : on pensait qu'une simple demande de renvoi à l'autorité administrative suffisait pour suspendre l'action du pouvoir judiciaire, pourvu, bien entendu, qu'elle émanât de l'autorité compétente et qu'elle ne résultât pas simplement d'une exception d'incompétence soulevée par les parties. — Cass., 25 oct. 1809, Mary, [P. chr.]

383. — Ainsi, on décidait que les conclusions par lesquelles un préfet, représentant l'administration des domaines, demandait le renvoi devant l'autorité administrative équivalaient à un arrêté de conflit. — Cons. d'Et., 29 août 1809, Berrina, [P. adm. chr.]

384. — ... Et que le préfet, au lieu d'élever le conflit, pouvait se borner à dénoncer au ministre le jugement incompétemment rendu, qui alors était annulé par le Conseil d'Etat. — Cons. d'Et., 25 janv. 1807, Préfet de la Sarthe, [P. adm. chr.]

385. — ... Ce jugement fût-il même en dernier ressort et rendu par un tribunal d'appel. — Cons. d'Et., 6 janv. 1807, Min. des fin., [P. adm. chr.]

386. — Plusieurs fois on vit la Cour de cassation elle-même surseoir, en l'absence de tout conflit, et malgré les efforts de son procureur général, à statuer sur des pourvois jusqu'à ce que le gouvernement eût décidé qui du pouvoir judiciaire ou de l'autorité administrative devait connaître des matières sur lesquelles avaient été rendus les jugements attaqués. — V. Merlin, *Rép.*, v° *Pouvoir judiciaire*, § 11, n. 16.

387. — On finit cependant par reconnaître qu'une simple demande en renvoi devant l'autorité administrative ne devait pas suffire pour dessaisir le juge, et l'avis du Conseil d'Etat du 5 nov. 1811 consacra le pouvoir qu'a tout juge de prononcer sur sa compétence.

388. — Ce fut désormais un point constant que, s'il appartient au gouvernement de prononcer sur les questions de compétence entre les deux pouvoirs, cette règle néanmoins n'est applicable qu'autant qu'il existe un conflit soit négatif, soit positif, et que, hormis ce cas, la juridiction saisie doit prononcer elle-même sur les exceptions qui lui sont soumises. — Henrion de Pansey, *De l'autorité judiciaire*, chap. 45, p. 676.

389. — Il est donc aujourd'hui de règle, comme de principe absolu que, pour que l'autorité judiciaire soit tenue de se dessaisir d'une affaire, il ne suffit plus que des contestations s'élèvent sur le sens et l'étendue d'un acte administratif quelconque, mais qu'il est indispensable qu'il y ait arrêté de conflit élevé suivant les formes prescrites. — Cass., 8 juill. 1835, de Fitz-James, [P. chr.]

390. — Spécialement, un tribunal régulièrement saisi d'une contestation n'en est point dessaisi par une citation devant le conseil de préfecture, notifiée relativement au même objet par l'une des parties. Le tribunal, malgré cette instance administrative, et sauf le cas où un conflit serait élevé, n'en doit pas moins juger lui-même sa compétence. — Cass., 22 juin 1836, Daniel [S. 36.1.700, P. chr.]

391. — Dans la procédure du conflit telle qu'elle est organisée par l'ordonnance du 1er juin 1828, les formes prescrites sont substantielles, c'est-à-dire doivent être observées à peine de nullité, et l'expiration des délais entraîne déchéance. C'est ce qui résulte de l'art. 3 de l'ordonnance : « A l'avenir, le conflit d'attribution ne pourra être élevé que dans les formes et de la manière déterminée par les articles suivants. »

392. — Toutefois, il faut entendre cela raisonnablement : on conçoit que si l'administration ne remplit pas les conditions qui lui sont imposées, elle puisse être déchue de ses droits ; mais si ce sont les agents de l'autorité judiciaire qui négligent de se conformer aux obligations qui leur sont prescrites, cette négligence ne peut pas faire perdre à l'administration son droit de revendication : la faute des agents de l'ordre judiciaire ne peut profiter à ce pouvoir au détriment des droits de l'autorité administrative. Les irrégularités commises par un représentant de l'autorité judiciaire n'ont donc aucune influence sur la validité de la procédure du conflit. C'est ce que la Cour de cassation a décidé pour les formalités prescrites par les art. 6, 7, 12, 13 et 14 de l'ordonnance. — Cass., 26 mars 1834, Préfet du Finistère, [S. 34.1.324, P. chr.] — C'est un principe fondamental à retenir. Nous aurons bien des fois à le rappeler ou à en faire l'application dans les développements qui vont suivre. — Chauveau et Tambour, t. 1, n. 466 ; Serrigny, t. 1, n. 183.

393. — La raison commune du reste cette distinction. Si l'autorité judiciaire avait pu, en commettant des irrégularités, rendre nulle la procédure de conflit, il aurait été trop à craindre que cette autorité se montrât négligente toutes les fois qu'elle aurait voulu empêcher le conflit de produire son effet. Comme on l'a dit, « on aurait abouti à ce résultat singulier que le conflit institué par le législateur pour protéger l'administration contre l'esprit envahisseur de l'autorité judiciaire aurait été remis entièrement aux mains de cette autorité. »

394. — Mais, en supposant une irrégularité commise par l'administration, à quelle autorité appartient-il de déclarer la nullité de la procédure de conflit ? Cette question est une des plus importantes qu'ait soulevée la théorie des conflits. La jurisprudence des tribunaux judiciaires est ici en complet désaccord avec celle du tribunal des conflits dont les décisions elles-mêmes sont très-flottantes et ne présentent pas un système bien arrêté.

395. — Dans une première opinion, les tribunaux judiciaires sont juges de la régularité de la procédure de conflit. S'ils jugent le conflit irrégulièrement introduit, ils pourront passer outre sans en tenir compte. Il en sera ainsi notamment : 1° lorsque le conflit aura été élevé en matière criminelle ; 2° lorsqu'il aura été élevé en matière correctionnelle en dehors des deux hypothèses exceptionnelles prévues par l'art. 2, ou à défaut d'accomplissement des formalités préalables devant l'administration (art. 3) ; 3° lorsque le conflit aura été élevé hors des cas prévus par l'art. 4 ; 4° s'il a été élevé après l'expiration des délais fixés par les art. 8 et 11 ; 5° enfin, s'il a été élevé sans observation des formalités prescrites par l'art. 9.

396. — Pour justifier cette opinion on dit qu'il serait dérisoire que les dispositions écrites dans l'ordonnance, et qui ont pour but de protéger l'autorité judiciaire contre les empiètements de l'autorité administrative ne puissent recevoir une sanction de l'autorité judiciaire. Si les tribunaux civils sont sans droit pour examiner la validité de la procédure de conflit, ils restent à la discrétion des préfets qui peuvent soulever le conflit devant eux dans les conditions les plus extralégales. Les intérêts des particuliers sont laissés à l'arbitraire administratif. La solution contraire ne tient aucun compte de l'intention avérée des rédacteurs de l'Ordonnance de soumettre l'administration à l'observation de formes précises. Mais nulle autorité, mieux que l'autorité judiciaire, autorité antagoniste dans l'espèce, ne peut assurer cette observation.

397. — Enfin la lecture des textes de l'Ordonnance corrobore cette opinion. Ils s'expriment tous d'une manière impérative, et paraissent bien subordonner la recevabilité du conflit à la régularité de la procédure : le conflit ne sera jamais élevé en matière criminelle (art. 1) ; ..... il ne pourra être élevé en matière correctionnelle que dans deux cas (art. 2) ; ..... il ne pourra être élevé que dans les formes et de la manière prescrites par les articles suivants (art. 3)..... ; si l'arrêté a été déposé en temps utile, le greffier le remettra immédiatement au procureur du roi, etc. Lorsque les formalités prescrites par ces textes ne sont pas remplies, lorsque les délais impartis ne sont pas observés, ils perdent pour les tribunaux leur caractère impératif, puisque la condition à laquelle en est subordonnée l'application fait défaut. Du reste, les tribunaux, en recherchant si les formes et les délais ont été observés, ne se livrent pas à l'appréciation de la valeur d'un acte administratif. Ils ne recherchent pas la valeur du motif qui a déterminé l'administration à élever le conflit ; ils recherchent simplement si pour l'élever elle s'est conformée aux formalités prescrites. Ils ne jugent pas le fond, ils ne jugent que la forme. Leur rôle est ici le même que dans l'expropriation pour cause d'utilité publique. Dans l'expropriation, ils ne sont pas compétents pour apprécier le caractère d'utilité publique de l'expropriation. Mais ils ont compétence pour apprécier la régularité de la procédure d'expropriation. Ce que la loi a jugé possible en matière d'expropriation, l'est également en matière de conflit. On ajoute en dernier lieu que cette solution n'offre aucun inconvénient sérieux, car si le tribunal s'est trompé en refusant de surseoir, le juge des conflits saisi du conflit pourra toujours annuler le jugement. — V. en ce sens le rapport de M. Sallantin, sous Cass., 17 mars 1881, Taupin et Thébaud, [D. 81.1.233] — Foucart, t. 3, n. 1919 ; Duvergier, not. 4, sur l'art. 12 de l'ordonnance de 1828 ; Foucher, *Revue de législation*, t. 1, p. 31 ; Laferrière, *Cours de droit administratif*, t. 2, p. 578 et s — V. aussi Solon (t. 2, n. 36), qui n'admet l'autorité judiciaire à connaître de la régularité du conflit qu'autant qu'il n'y a pas eu de

CONFLIT. — Titre II. — Chap. IV.

déclinatoire préalable, cette formalité lui paraissant substantielle.

398. — Dans une deuxième opinion, on soutient que les tribunaux judiciaires ne sont point compétents pour juger de la régularité de la procédure du conflit. Bien qu'ils s'aperçoivent d'une irrégularité, ils doivent surseoir à statuer : le tribunal des conflits est seul juge du point de savoir si le conflit a été élevé régulièrement. En faveur de ce système, on fait remarquer que la question de savoir s'il y a ou non nullité peut être dans beaucoup de circonstances très-difficile à résoudre. Or, la solution donnée à ces questions n'est pas définitive. Ceux-là même qui attribuent à l'autorité judiciaire compétence, reconnaissent que la question peut toujours être portée devant le tribunal des conflits. Mais ce tribunal peut donner à ces questions des solutions absolument inverses de celles données par le tribunal civil. D'où des contrariétés de jugement toujours fâcheuses.

399. — De plus, l'art. 12 de l'ordonnance de 1828 se réfère purement et simplement à l'art. 27, L. 24 fruct. an III, qui dispose en termes absolus qu'en cas de conflit il doit être sursis jusqu'à la décision du Directoire. Enfin, l'art. 128, C. pén., frappe d'une peine les juges qui, sur la revendication formelle faite par l'autorité administrative d'une affaire portée devant eux, auront néanmoins procédé au jugement : ce texte ne distingue pas si la revendication était fondée ou si elle ne l'était pas, si elle était régulière ou si elle ne l'était pas. Et les criminalistes s'accordent à reconnaître que les magistrats ne peuvent passer outre après la notification régulière du conflit, sans se rendre coupables de forfaiture, quel que soit d'ailleurs le mal fondé de ce conflit. L'ordonnance de 1828 a eu pour objet de faire cesser certains abus, tout en sauvegardant l'indépendance de l'autorité administrative. Cependant on peut considérer à juste titre que cette indépendance serait compromise si l'autorité judiciaire était reconnue juge de la validité des conflits. On peut ajouter que l'intérêt des parties commande cette solution. En effet, l'arrêté de conflit en arrêtant la procédure devant le tribunal judiciaire arrête par là même les frais. Si l'on reconnaissait au tribunal le droit d'examiner le bien ou mal fondé de l'arrêté de conflit, l'admission ultérieure du conflit aurait pour résultat de rendre inutiles tous les frais exposés par les parties pour arriver au jugement : ce seraient des dépenses absolument frustratoires. — V. en faveur de cette deuxième opinion, Trolley, t. 3, n. 2209; Dufour, t. 3, n. 630; Blanche, v° *Conflit*, p. 497 et 498.

400. — Après quelques hésitations, le tribunal des conflits a définitivement consacré ce second système. — Cons. d'Et., 15 oct. 1809, Coutanceau, [S. chr., P. adm. chr.]; — 18 févr. 1839, Préfet de l'Hérault, [S. chr., P. adm. chr.]; — 23 avr. 1840, Bruno-Josserand, [P. adm. chr.]; — 25 avr. 1845, Laurent, [S. 45.2.509, P. adm. chr.]; — 18 déc. 1848, Commune des Angles, [S. 49.2.125, P. chr.].

401. — Jugé, en ce sens, que lorsqu'un conflit a été élevé en matière correctionnelle hors les cas prévus par l'art. 2 de l'ordonnance de 1828, l'autorité judiciaire ne peut refuser de surseoir à statuer sur le fond : d'où cette conséquence qu'une cour, en refusant, contrairement aux réquisitions du ministère public, de surseoir à toute procédure ultérieure malgré l'arrêté de conflit intervenu devant elle, par le motif que cet arrêté est mal fondé, excède ses pouvoirs et méconnaît les dispositions de l'art. 27, L. 24 fruct. an III. — Cons. d'Et., 7 mai 1871, de Cumont, [S. 2.78, P. adm. chr., D. 72.3.17]

402. — ... Que lorsqu'une cour, après avoir réformé un jugement qui avait admis le déclinatoire d'un préfet et avoir renvoyé l'affaire pour être jugée au fond devant un autre tribunal du ressort, est saisie d'un arrêté de conflit qui n'a pas été précédé d'un nouveau déclinatoire, ne peut refuser d'ordonner au tribunal de surseoir, soit parce qu'elle se trouverait dessaisie du litige, soit parce que le conflit serait irrégulier. — Trib. confl., 13 nov. 1875, de Chargère, [S. 77.2.279, P. adm. chr., D. 76.3.38]; — 12 févr. 1881, Meslin, [S. 82.3.46, P. adm. chr., D. 81.3.90]; — 26 févr. 1881, Bacon, [D. 81.3.90]

403. — Mais la jurisprudence des tribunaux judiciaires reconnaît, au contraire, à ces tribunaux le droit de contrôle. Ainsi il a été décidé que l'ordonnance du 1er juin 1828 donne aux tribunaux le droit de vérifier si le conflit élevé devant eux l'a été dans le délai légal, et qu'ils ne sont pas tenus de surseoir sans examen. — Cass., 23 juill. 1839, Germain, [S. 39.1.959, P. 39.2.439] — Angers, 26 déc. 1832, Préfet de la Sarthe, [S. 33.2.100, P. chr.]

404. — ... Que le conflit qui n'a pas été précédé d'un déclinatoire, et dont le texte ne renferme pas textuellement la disposition législative qui attribue connaissance du litige à l'administration est nul et par suite non admissible. — Rennes, 14 avr. 1834, Bourdonnay, [P. chr.]

405. — ... Que si les tribunaux ne peuvent apprécier au fond la valeur des arrêtés de conflit, ils sont toujours compétents pour examiner les délais nécessaires pour la validité de ces actes ont été observés, afin de ne pas se laisser entraver dans leur action. — Dijon, 18 août 1838, Germain, [*Ibid.*]

406. — ... Qu'il rentre dans les pouvoirs d'une cour d'appel de vérifier à son greffe si les formalités du conflit ont été réellement observées, et cela alors même que le ministère public affirmerait qu'elles l'ont été. — Cass., 26 mars 1834, Legué, [*Ibid.*]

407. — ... Que le tribunal peut passer outre lorsque le conflit a été élevé soit en matière correctionnelle en dehors des cas prévus par l'art. 2 de l'ordonnance de 1828... — Angers, 3 mars 1871, de Cumont et Stofflet, [S. 71.2.73, P. 71.296, D. 73.1.286]

408. — ... Soit en matière criminelle contrairement à l'art. 1 de cette ordonnance. — Poitiers, 17 oct. et 19 sept. 1880 (chambr. d'accus.), sous Trib. confl., 22 déc. 1880, Taupin et Thébault, [S. 82.3.67, P. adm. chr., D. 81.3.21]

409. — La cour de Bruxelles a toutefois jugé que lorsqu'un préfet, sous prétexte qu'une affaire est du ressort de l'autorité administrative, prend un arrêté par lequel il fait défenses aux parties d'exécuter un arrêt intervenu entre elles, la cour d'appel ne peut, encore bien que cet arrêté ne fût pas dans la forme régulière des conflits, lever ces défenses : peu importe que réellement l'affaire au fond ne fût pas administrative. — Bruxelles, 14 avr. 1810, Jacobs, [S. et P. chr.]

410. — On peut citer dans le même sens un arrêt sur conflit du Conseil d'Etat, du 31 déc. 1833. Un arrêté de conflit ayant été pris devant le tribunal de Montmorillon après l'expiration du délai de quinzaine fixé par l'art. 11 de l'ordonnance de 1828, le tribunal refusa de surseoir. Le Conseil d'Etat saisi de la question de régularité de cet arrêté de conflit en prononça l'annulation et reconnut la validité du jugement rendu par le tribunal. — Cons. d'Et., 13 déc. 1833, Lacarte, [S. 34.2.632, P. adm. chr.]

411. — La procédure à suivre pour élever le conflit positif d'attribution comporte deux formalités principales : 1° un déclinatoire d'incompétence qui doit être soumis à la juridiction à dessaisir; 2° lorsque les circonstances l'exigent, un arrêté de conflit. Etudions successivement ces deux formalités.

SECTION II.

Du déclinatoire.

412. — « Lorsqu'un préfet estimera que la connaissance d'une question portée devant un tribunal de première instance est attribuée par une disposition législative à l'autorité administrative, il pourra, alors même que l'administration ne serait pas en cause, demander le renvoi de l'affaire devant l'autorité compétente. A cet effet, le préfet adressera au procureur de la République un mémoire dans lequel sera rapportée la disposition législative qui attribue à l'administration la connaissance du litige. Le procureur de la République fera connaître, dans tous les cas, au tribunal la demande formée par le préfet, et requerra le renvoi si la revendication lui paraît fondée » (art. 6, Ord. de 1828).

413. — Le déclinatoire consiste en un mémoire présenté par le préfet au tribunal de l'administration entend dessaisir. C'est une des créations originales de l'ordonnance de 1828. Sous l'arrêté de brumaire an X, le préfet qui voulait revendiquer la connaissance d'une affaire dévolue aux tribunaux judiciaires devait, sans formalités préalables, requérir que le tribunal s'abstînt de juger jusqu'à la décision du Conseil d'Etat sur la question de compétence. Cette réquisition, communiquée au tribunal par le ministère public, paralysait son action, sans qu'il eût été en mesure de se prononcer sur sa compétence. C'était en somme un procédé brutal : aussi les rédacteurs de l'ordonnance décidèrent-ils qu'il y avait lieu d'obliger les préfets à plaider devant le tribunal à dessaisir l'incompétence de ce tribunal. On espérait surtout ainsi contraindre les préfets à se montrer plus circonspects pour élever le conflit : en présence d'un jugement motivé déclarant la compétence du tribunal saisi, le préfet, qui est lui-même obligé de motiver ses arrêtés de conflit, hésitera à élever un conflit si rien ne peut le justifier (Collignon, p. 124 et 125). Cette raison parut décisive aux rédacteurs de l'ordonnance, qui adoptèrent la solution actuellement consacrée. Cette solution fut cependant combattue par le rapporteur, M. de Cormenin, qui s'attacha à démontrer que la solution de l'arrêté de brumaire présentait, du moins, l'avantage d'arrêter l'affaire dès son début et d'épargner aux parties des frais de procédure que le système actuel entraîne forcément.

§ 1. *Formes du déclinatoire.*

414. — Aucune autre forme n'est exigée que la nécessité de rapporter dans le déclinatoire la disposition législative qui attribue à l'administration la connaissance du litige (art. 6, précité). Cette loi sera le plus souvent la loi des 16-24 août 1790 qui, en matière civile, sera toujours suffisante. En matière correctionnelle, ce sera tantôt un texte précis et spécial, tantôt la loi générale qui proclame l'indépendance des corps administratifs des 16-24 août 1790 (tit. II, art. 13). — V. au surplus ce qui est dit *infrà*, n. 550 et s., sur les formes de l'arrêté de conflit.

415. — Hormis cette exigence aucune formalité substantielle n'est prescrite. En général, le déclinatoire a la forme d'un mémoire. Il a été jugé, cependant, que de simples lettres au procureur de la République suffisaient du moment où, sans établir méthodiquement la compétence administrative, le préfet l'indique cependant avec plus ou moins de précision. — Cons. d'Et., 30 déc. 1843, Arnaud, [D. *Rép.*, v° *Conflit*, n. 113]; — 12 janv. 1844, Landfried, [*ibid.*]

416. — Mais il a été jugé, d'autre part, qu'une lettre du préfet annonçant au procureur qu'il va se mettre en mesure d'élever le conflit serait insuffisante. — Cons. d'Et., 6 févr. 1846, Favry, [D. *Rép.*, v° *Conflit*, n. 113]; — 20 févr. 1846, Martinot, [D. 46.3.67]

417. — ... Qu'une lettre écrite par un préfet maritime ou par un commissaire du gouvernement en remplissant les fonctions de président d'un tribunal de commerce, et par laquelle ce fonctionnaire revendique, comme appartenant à l'administration, la connaissance d'une contestation, ne peut être considérée comme un arrêté de conflit qui fasse obstacle à la juridiction des tribunaux ordinaires. — Cons. d'Et., 14 juill. 1819, Aviérino, [S. chr., P. adm. chr.]

418. — ... Que lorsqu'une cour d'appel, saisie d'une contestation qui rentre dans les attributions de la juridiction administrative, a, sans se prononcer sur la question de compétence, et en sursoyant à toute décision, renvoyé le jugement de l'affaire à un jour déterminé, elle ne peut, avant cette époque, se déclarer incompétente et renvoyer la connaissance du procès au Conseil d'Etat, sur la réquisition du procureur général, agissant d'après l'ordre du garde des sceaux. Un conflit, régulièrement élevé, pourrait seul la dessaisir. — Grenoble, 10 févr. 1817, Dideron, [S. chr., P. adm. chr.]

419. — Et cette nécessité d'un déclinatoire préalable ne cesse pas alors même que ce déclinatoire aurait été proposé par l'une des parties elle-mêmes. — Cons. d'Et., 4 févr. 1836, Delavie, [S. 36.2.233, P. adm. chr.]; — 4 févr. 1836, Desmortiers, [*Ibid.*]; — 2 juin 1837, Ailhaud, [S. 37.2.456, P. adm. chr.] — Trib. confl., 7 mars 1850, Petit, [S. 50.2.354, P. adm. chr., D. 50.3.34] — *Sic*, Serrigny, t. 1, n. 182. — V. *suprà*, n. 374, et *infrà*, n. 448.

420. — ... Même alors que la partie qui a proposé le déclinatoire est un ministre (V. *suprà*, n. 324). En conséquence, le délai pour élever le conflit ne court point du jour du jugement qui a rejeté le déclinatoire de la partie, mais seulement du jour du jugement qui a rejeté celui du préfet. — Cons. d'Et., 14 août 1837, Tournois, [S. 38.2.87, P. adm. chr.]; — 4 avr. 1843, Galy, [S. 43.2.508, P. adm. chr.]

421. — ... Même au cas où le déclinatoire a été proposé par le ministère public. — Cons. d'Et., 3 mai 1839, Puisset, [S. 40. 2.89, P. adm. chr.] — *Sic*, Serrigny, *loc. cit.*; Cormenin, t. 1, p. 443.

422. — Si donc, le procureur de la République a refusé à tort de saisir le tribunal du déclinatoire du préfet, le devoir du préfet est de provoquer une décision à cet égard avant de pouvoir élever lui-même le conflit. — Trib. confl., 7 mars 1850, précité.

423. — La pratique se montre très-large, comme on peut s'en convaincre, au point de vue des formes du déclinatoire. Ainsi, par exemple, il ne résulte aucune nullité de ce que le mémoire en déclinatoire du préfet porterait une date antérieure à l'introduction de l'instance dans laquelle le conflit a été élevé. — Cons. d'Et., 30 avr. 1875, Tarbé des Sablons, [S. 77.2.93, P. adm. chr.]

424. — En retour, le déclinatoire est considéré comme une formalité substantielle que rien ne peut suppléer. L'arrêté de conflit qui, sous quelque prétexte que ce soit, serait pris sans déclinatoire devrait être annulé. — Cons. d'Et., 29 mars 1831, Préfet de Seine-et-Marne, [S. 32.2.22, P. adm. chr.]; — 8 juin 1831, Préfet de la Moselle, [S. 32.2.22, P. adm. chr.]; — 12 août 1831, Préfet du Cher, [P. adm. chr.]; — 3 févr. 1835, Jantes, [P. adm. chr.]; — 31 mars 1835, Segond, [P. adm. chr.]; — 26 août 1835, Angiboust, [P. adm. chr.]; — 4 déc. 1835, de Ruddes, [P. adm. chr.]; — 18 nov. 1838, Thunu, [P. adm. chr.]; — 28 août 1844, Abadie-Mounon, [P. adm. chr.] — *Sic*, Cormenin, t. 1, p. 443, n. 4; Serrigny, t. 1, p. 184; Trolley, t. 5, n. 2184; Chauveau et Tambour, t. 1, n. 468; Collignon, p. 128.

425. — Le déclinatoire serait nécessaire alors même que le tribunal viendrait de se déclarer compétent sur l'exception proposée par l'une des parties ou par le ministère public. A raison du déclinatoire, le tribunal sera appelé à statuer une seconde fois sur sa compétence, et, tandis que dans le premier jugement il s'est déclaré compétent, dans le second jugement rendu sur le déclinatoire, il pourra se déclarer incompétent. Ce second jugement aura, par suite, pour effet d'annuler le premier. La jurisprudence est formelle en ce sens. — Cons. d'Et., 12 déc. 1808, Clément, [S. 69.2.309, P. adm. chr., D. 69.3.100]; — 21 oct. 1871, Allendy, [S. 72.2.128, P. adm. chr., D. 72.3.83] — Trib. confl., 31 juill. 1875, Renaux, [S. 75.2.303, P. adm. chr., D. 76.3.43] — V. aussi, Cormenin, t. 1, p. 443; Dufour, t. 3, n. 611; Solon, t. 2, n. 29.

426. — Ainsi que le fait remarquer Serrigny (t. 1, n. 182), on rencontre là un exemple singulier d'un cas où notre législation autorise les juges à revenir sur une décision définitive par eux rendue antérieurement.

427. — Ainsi, décidé que l'exception d'incompétence présentée par le ministère public et le jugement qui l'a rejetée ne suffisent pas pour dispenser le préfet d'élever le déclinatoire. — Cons. d'Et., 3 mai 1839, précité.

428. — Il en serait de même si l'exception avait été proposée dans le débat par le directeur d'une administration publique. — Cons. d'Et., 2 sept. 1829, Préfet de l'Eure, [S. chr., P. adm. chr.]

429. — ... Ou par un ministre. — Cons. d'Et., 14 août 1837, précité; — 4 avr. 1843, précité.

430. — ... Ou par une commune. — Cons. d'Et., 8 juin 1831, précité; — 23 mai 1844, Lemaire, [P. adm. chr.]

431. — ... A plus forte raison s'il s'agissait de simples particuliers. — Cons. d'Et., 12 août 1831, précité; — 2 juin 1837, Ailhaud, [S. 37.2.433, P. adm. chr.]; — 14 janv. 1839, Morisset, [P. adm. chr.]; — 8 janv. 1840, Commune de Cartenay, [P. adm. chr.]

432. — Le déclinatoire est nécessaire, d'après une jurisprudence constante, alors même que le préfet, plaidant pour le domaine de l'Etat, a décliné la compétence du tribunal. Le préfet, qui représente l'Etat, n'agit point en la même qualité que lorsqu'il élève le conflit. L'exception d'incompétence par lui opposée en la première qualité ne le dispense point d'opposer le déclinatoire lorsqu'il s'agit comme représentant du pouvoir administratif, et non plus comme partie. — Cons. d'Et., 9 mai 1841, Bérard, [S. 41.2.458, P. adm. chr.]; — 5 sept. 1842, Rambaud, [S. 43.2.39, P. adm. chr.]; — 6 sept. 1842, Ferriot, [S. 42.2.105, P. adm. chr.]; — 23 août 1843, Dufau de Felzins, [P. adm. chr.]; — 29 mai 1856, Rabourdin, [D 58.3.90]; — 21 déc. 1858, Ben-Scheik-Ahmed, [P. adm. chr.]; — 1er déc. 1859, Gaudeau, [P. adm. chr.] — Trib. confl., 14 déc. 1872, Gros, [D. 73.3.10] — *Sic*, Foucart, t. 3, n. 1911.

433. — C'est en ce sens encore que, dans une affaire où le préfet, représentant l'Etat comme partie principale, avait décliné la compétence du tribunal et plus tard élevé le conflit, sans avoir préalablement proposé un déclinatoire, la cour de Rennes a décidé que le conflit n'avait pas été légalement formé. — V. *suprà*, n. 404.

434. — Jugé, dans le même sens, que lorsque le préfet, partie en cause au nom de l'Etat, a proposé un déclinatoire qui a été rejeté en première instance et en appel, il peut encore, tant qu'il n'a pas été définitivement statué sur le fond, proposer un nouveau déclinatoire au nom de l'autorité administrative, conformément aux dispositions de l'ordonnance du 1er juin 1828. — Cons. d'Et., 14 sept. 1852, Saladin, [S. 53.2.169, P. adm. chr.]

435. — On peut élever des doutes sur le caractère rationnel et l'utilité pratique de cette jurisprudence. Le déclinatoire imposé au préfet, dans l'hypothèse qui nous occupe, ne peut être que la répétition de l'exception antérieurement proposée par le préfet en qualité de partie. Or, bien que le préfet, quand il agit au nom du domaine de l'Etat devant les tribunaux, ne puisse être considéré comme un organe de l'autorité publique, on ne peut nier cependant qu'il représente toujours l'administration. L'incompétence qu'il propose peut faire craindre au tribunal que, s'il rejette l'exception, le conflit pourra être élevé, raison suffisante pour que cette exception soit examinée avec le plus grand soin, et qu'il soit inutile d'attirer à nouveau l'attention des juges par un déclinatoire. Comme le dit M. Collignon (p. 128) : « Est-ce que le tribunal qui vient de se déclarer compétent contre les conclusions du préfet pourra, sur un nouveau déclinatoire présenté par ce même fonctionnaire, proclamer son incompétence dans la même cause et entre les mêmes parties? Une pareille mesure est-elle compatible avec les convenances et avec le respect dû à la chose jugée? » Il faut reconnaître cependant que la jurisprudence du Conseil d'Etat trouve, dans l'ordonnance de 1828, une justification suffisante. L'art. 6 ne fait aucune distinction et exige dans tous les cas le déclinatoire. Peut-être les rédacteurs n'ont-ils pas prévu l'hypothèse spéciale que nous examinons; peut-être aussi, si l'on tient à justifier la jurisprudence et la généralité du texte de la loi, pourrait-on dire avec M. Collignon, qu' « en employant des termes absolus et en exigeant les mêmes formalités dans tous les cas, l'ordonnance a voulu éviter les distinctions, les complications et les difficultés qui naîtraient inévitablement si, dans un cas, on exigeait le déclinatoire, et dans d'autres, on permettait d'élever le conflit sans son secours. »

436. — En tous cas, dans les contestations où le préfet représente l'Etat, ce fonctionnaire peut élever le conflit sans avoir proposé préalablement une exception d'incompétence comme partie en cause. — Trib. confl., 11 janv. 1873, Coignet, [S. 73. 2.57, P. adm. chr., D. 73.3.1]

437. — Il a été jugé que lorsque, dans une contestation entre l'Etat et un particulier en matière domaniale, le préfet a proposé un déclinatoire que le tribunal a rejeté, le préfet ne peut proposer un nouveau déclinatoire sous prétexte que le premier avait été proposé par lui, non comme partie, c'est-à-dire comme exerçant les actions domaniales, mais comme agissant pour le maintien des juridictions. En conséquence, dans ce cas, le délai de quinzaine pour élever le conflit commence à courir du jour où a été signifié au préfet le jugement par lequel il a été statué sur le premier déclinatoire. — Cons. d'Et., 5 juin 1838, Roquelaine, [S. 39.2.167, P. adm. chr.] — *Sic*, Duvergier, t. 38, p. 184. — *Contrà*, Foucart, t. 3, n. 1911; Chauveau et Tambour, t. 1, n. 472.

438. — Le déclinatoire serait valablement proposé, lors même qu'il parviendrait au tribunal les plaidoiries des avocats et les réquisitions du ministère public entendues, les débats clos et l'affaire mise en délibéré. — Cons. d'Et., 28 juill. 1864, Pallix, [P. adm. chr., D. 65.3.36]

439. — Si général que soit le principe qu'un déclinatoire est en tous cas nécessaire, il est cependant des cas où, par le jeu régulier des principes, le préfet se trouvera dispensé d'en proposer un au tribunal. C'est ce qui a lieu dans les hypothèses suivantes : un tribunal, après s'être déclaré compétent par un jugement par défaut et sur le vu du déclinatoire préfectoral, rapporte ce jugement sur l'opposition de la partie défaillante. Le préfet peut, en pareil cas, élever le conflit sans proposer un nouveau déclinatoire. La loi exige toujours un déclinatoire, mais n'en exige jamais deux. — Cons. d'Et., 6 mars 1835, Conte, [P. adm. chr.] — *Sic*, Foucart, t. 3, n. 1913; Chauveau et Tambour, t. 1, n. 468; Collignon, p. 131.

440. — En cause d'appel, ou devant un tribunal ou une cour de renvoi, le déclinatoire est nécessaire si le conflit n'a pas été élevé en première instance, ou s'il l'a été irrégulièrement et a été annulé pour ce motif. — Cons. d'Et., 2 sept. 1829, Préfet de l'Eure, [S. chr., P. adm. chr.]; — 31 mars 1835, Second, [P. adm. chr.]; — 23 avr. 1840, Bruno-Josserand, [S. 40.2.377,

P. adm. chr.]; — 2 mai 1845, Carisey, [P. adm. chr.] — *Sic*, Foucart, t. 3, n. 1912; Serrigny, t. 1, n. 192; Block, v° *Conflit*, n. 89; Chauveau et Tambour, t. 1, n. 469.

441. — Il l'est également lorsque, le déclinatoire ayant été rejeté en première instance, le préfet a négligé d'élever le conflit dans les délais de l'art. 8, ou si, pour toute autre cause, le conflit élevé par lui demeurait sans effet et qu'il voulût plus tard réclamer à nouveau l'affaire en cause d'appel. — Cons. d'Et., 2 sept. 1829, Préfet de l'Eure, [S. chr., P. adm. chr.]; — 23 août 1843, précité; — 6 mars 1846, Caucal, [S. 46.2.410, P. adm. chr.]; — 23 juin 1853, Commune de Cadéac, [P. adm. chr.] — Trib. confl., 13 nov. 1875, de Chargère, [S. 77.2.279, P. adm. chr., D. 76.3.38]

442. — Il en serait de même si le déclinatoire avait été proposé à tort en première instance, par exemple devant un tribunal de commerce. — Cons. d'Et., 19 août 1832, Préfet de la Seine, [P. adm. chr.] — V. *supra*, n. 229 et s.

443. — ... Ou si le déclinatoire présenté en première instance l'avait été tardivement. — Cons. d'Et., 23 avr. 1840, Desbrosses, [P. adm. chr.]

444. — Mais en dehors de ces hypothèses, en somme exceptionnelles, le préfet qui a proposé le déclinatoire en première instance n'a point à le renouveler en appel, lorsque le jugement sur la compétence est déféré à la cour. Antérieurement à 1840, le Conseil d'Etat avait constamment consacré la doctrine contraire : il exigeait en appel un nouveau déclinatoire. — Cons. d'Et., 18 oct. 1833, Benazet, [P. adm. chr.]; — 20 janv. 1835, Héritiers de Montgommery, [P. adm. chr.]; — 24 avr. 1835, Nicol et Légué, [P. adm. chr.]; — 16 déc. 1835, Préfet de l'Aisne, [P. adm. chr.]; — 26 mai 1837, Hérit. Germain, [S. 37.2.455, P. adm. chr.]; — 23 avr. 1840, précité.

445. — La cour d'Orléans avait décidé, dans le même sens, que lorsque le préfet a proposé un déclinatoire en première instance, et que ce déclinatoire a été accueilli par un jugement d'incompétence, le préfet n'est pas dispensé en appel de reproduire le déclinatoire avant de pouvoir prendre un arrêté de conflit. — Orléans, 18 oct. 1833, Bénaret, [S. 34.2.631]

446. — Mais, depuis 1840, le Conseil d'Etat décide qu'il est facultatif pour l'administration de proposer ou de ne pas proposer de déclinatoire en appel, lorsque le déclinatoire a été régulièrement introduit en première instance. — Cons. d'Et., 22 mai 1840, de Bausset, [P. adm. chr.]; — 6 mars 1846, précité; — 30 août 1847, C¹ᵉ des Quatre-Canaux, [P. adm. chr.] — Trib. confl., 19 juin 1850, Hospice de Troyes, [P. adm. chr.]; — 18 nov. 1850, Papillon, [S. 51.2.249, P. adm. chr.] — *Sic*, Foucart, t. 3, n. 1913; Serrigny, t. 1, n. 191; Dufour, t. 3, n. 612; Chauveau et Tambour, t. 1, n. 470; Collignon, p. 133. — *Contrà*, Block, v° *Conflit*, n. 89.

447. — Ce dernier système est seul conforme au texte de l'ordonnance. L'art. 8 exige que le conflit soit élevé par le préfet dans les quinze jours qui suivent la signification de l'acte d'appel; or, ce délai est manifestement insuffisant pour proposer le déclinatoire, le faire juger et élever le conflit. D'autre part, le déclinatoire serait sans utilité, puisque la cour se trouve précisément saisie par l'appel de la question de compétence.

448. — D'ailleurs, il est bien évident que cette dispense de proposer le déclinatoire en appel n'existe qu'autant que le jugement dont est appel a été prononcé sur le déclinatoire du préfet. L'exception d'incompétence proposée par les parties ou même d'office par le procureur de la République ne peut suppléer le déclinatoire du préfet, et autoriser celui-ci à prendre directement son arrêté de conflit devant la cour d'appel. — Cons. d'Et., 14 août 1837, Tournois, [S. 38.2.87, P. adm. chr.]; — 3 mai 1839, Puisset, [S. 40.2.89, P. adm. chr.]; — 25 mars 1848, Miat, [P. adm. chr.]; — 6 mai 1848, Stègre, [Leb. chr., p. 253]; — *Sic*, Serrigny, t. 1, n. 185; Chauveau et Tambour, t. 1, n. 471. — V. *supra*, n. 419 et s.

449. — Lorsque, devant une cour d'appel saisie d'une contestation entre parties, le préfet a, par un premier déclinatoire, revendiqué pour l'autorité administrative la connaissance de tout le litige, et que ce fonctionnaire n'a pas élevé le conflit dans le délai de quinzaine à partir de la communication à lui faite de l'arrêt rejetant ce déclinatoire, il ne peut proposer un nouveau déclinatoire devant la même cour et élever le conflit postérieurement à l'arrêt qui rejette ce second déclinatoire comme tardif. — Trib. confl., 10 févr. 1883, Sauze et autres, [S. 85.3.5, P.

adm. chr., D. 83.3.95] — En effet, si le préfet, après avoir négligé d'élever le conflit dans le délai de quinzaine fixé par l'art. 8, Ord. 1ᵉʳ juin 1828, pouvait proposer un second déclinatoire devant la même juridiction, puis élever le conflit après la décision rejetant ce second déclinatoire, les prescriptions de cet article pourraient être facilement éludées.

450. — Mais, si une cour, statuant sur appel d'un jugement ayant accueilli le déclinatoire du préfet, renvoyait les parties devant un autre tribunal pour être statué au fond, le préfet pourrait présenter un second déclinatoire devant le tribunal de renvoi et, en cas de rejet, élever le conflit. — V. Cons. d'Ét., 22 mai 1869, Selignac, [S. 70.2.197, P. adm. chr., D. 70.3.90]

451. — Dans les cas où le déclinatoire peut être proposé en appel le principe est que les règles prescrites en première instance sur la validité, les formes et les effets du déclinatoire sont également applicables en appel.

452. — Ainsi le déclinatoire peut être proposé par le préfet devant les tribunaux d'appel, tant qu'il n'est pas intervenu de jugement sur le fond du litige. — Cons. d'Ét., 23 avr. 1840, Lombard, [P. adm. chr.] — V. *supra*, n. 259 et s.

453. — ... Et cela, alors même qu'un conflit aurait été élevé irrégulièrement en première instance. — Cons. d'Ét., 20 févr. 1840, Roquelaine, [S. 40.2.329, P. adm. chr.]

454. — De même qu'en première instance, le déclinatoire doit être présenté par le préfet sous la forme d'un mémoire, et par lui transmis au procureur général, qui le soumet à la cour. — Cons. d'Ét., 3 févr. 1835, Jantes, [P. adm. chr.]; — 23 août 1843, Dufau de Felzins, [P. adm. chr.]

455. — Et il ne suffirait pas non plus, pour valider l'arrêté de conflit, que le déclinatoire eût été présenté aux juges d'appel, si ces derniers n'ont point préalablement statué sur leur compétence. — Cons. d'Ét., 2 sept. 1829, Préfet de l'Eure, [S. chr., P. adm. chr.]; — 16 août 1832, Préfet de Lot-et-Garonne, [P. adm. chr.]; — 20 janv. 1835, Montgommery, [P. adm. chr.]; — 3 févr.-23 oct. 1835, Nicol, [P. adm. chr.]; — 27 nov. 1835, Préfet de l'Aude, [P. adm. chr.]; — 16 déc. 1835, Préfet de l'Aisne, [P. adm. chr.]; — 17 août 1836, Taitot-Rebillard, [S. 37.3.58, P. adm. chr.]; — 27 août 1839, Guy, [S. 40.2.181, P. adm. chr.].

456. — Pour que le conflit soit valablement élevé, il faut, en effet, non seulement que le déclinatoire ait été proposé, mais encore que le tribunal ait statué sur sa compétence; c'est ce qui résulte des dispositions des art. 7 et 8 de l'ordonnance de 1828. — Cons. d'Ét., 29 nov. 1834, Préfet de Seine-et-Marne, [P. adm. chr.]; — 3 déc. 1834, Préfet du Haut-Rhin, [P. adm. chr.]; — 23 oct. 1835, précité; — 4 juill. 1837, Commune de Carpentras, [P. adm. chr.]

457. — D'où il suit, si le tribunal ayant rejeté le déclinatoire, le préfet, au lieu d'élever le conflit, avait préféré saisir la cour en réformation de ce jugement, il ne pourrait plus élever le conflit, avant qu'il eût été statué sur son appel. — Colmar, 19 août 1844, Préfet du Haut-Rhin, [P. 45.1.553]; — 10 févr. 1843, Weiss, [P. 45.1.553] — Cons. d'Ét., 27 août 1839, Guy, [S. 40.2.181, P. adm. chr.].

458. — Du reste, c'est au dispositif et non aux motifs du jugement qu'il faut s'attacher pour décider si le tribunal a statué sur un déclinatoire, et par suite si un arrêté de conflit a été pris prématurément ou non. — Cons. d'Ét., 30 mars 1842, Deplines, [P. adm. chr.].

459. — La nullité du conflit élevé sans déclinatoire est absolue, et ne saurait être couverte par un déclinatoire postérieur, dès que le tribunal a statué. — Cons. d'Ét., 16 août 1832, précité; — 26 août 1835, Angiboust, [P. adm. chr.]

460. — Toutefois, si le préfet avait envoyé en temps utile son déclinatoire, et que le tribunal, n'ayant pas eu connaissance du mémoire, eût prononcé sur sa compétence par un jugement interlocutoire, le préfet pourrait élever le conflit sans être tenu de présenter un nouveau déclinatoire. — Cons. d'Ét., 15 déc. 1842, Neuville, [P. adm. chr.]

461. — De même encore, un conflit est valablement élevé bien que la cour saisie de la contestation ait prononcé au fond sans statuer sur le déclinatoire par la faute du greffier, qui n'aurait pas communiqué à la cour le mémoire du préfet déposé au greffe. — Cons. d'Ét., 26 août 1835, Lebreton, [P. adm. chr.]

§ 2. *Autorité à laquelle doit être remis le déclinatoire*.

462. — Aux termes de l'art. 6 de l'ordonnance, le déclinatoire doit être adressé par le préfet au procureur de la République, ou plus généralement au parquet de la juridiction à dessaisir. Dès qu'il est muni du mémoire, le chef du parquet doit le transmettre au tribunal, « dans tous les cas », dit l'ordonnance, c'est-à-dire que le préfet soit ou ne soit pas partie dans l'instance (Collignon, p. 134). Il est seulement à remarquer que l'ordonnance n'a édicté aucune sanction à l'obligation du procureur de transmettre le déclinatoire au tribunal. S'il refuse de faire cette communication il pourra y être contraint hiérarchiquement, et si ses supérieurs hiérarchiques approuvent sa résistance, le préfet devra faire remettre son mémoire directement au président du tribunal, et provoquer ensuite par les voies de droit un débat sur la compétence, car ce n'est qu'autant que le tribunal a statué sur la compétence que le conflit peut être élevé (*supra*, n. 436).

463. — Jugé que le préfet, même alors qu'il est partie en cause, ne peut proposer le déclinatoire que par l'intermédiaire du procureur de la République; il ne peut le faire signifier par huissier à l'avoué de la partie adverse sous forme de conclusions motivées. — Cons. d'Ét., 6 sept. 1842, Ferriot, [S. 42.2.105, P. adm. chr.].

464. — Mais il se peut que le procureur de la République, sans refuser formellement de présenter au tribunal le déclinatoire, s'abstienne en fait de le lui faire connaître ou ne fasse qu'une communication fausse et incomplète. En pareil cas, il y aura lieu d'appliquer le principe général d'après lequel, en matière de conflit, les fautes seules des agents de l'administration peuvent entraîner la nullité de la procédure. Dès lors, si, par suite de la négligence ou du mauvais vouloir du ministère public, le déclinatoire n'est point parvenu au tribunal, le préfet n'en conservera pas moins le droit d'élever le conflit et cela alors même que le tribunal aurait statué au fond. — Cons. d'Ét., 21 août 1835, Girardot, [S. 46.2.88, P. adm. chr.]; — 21 janv. 1847, Donnas, [P. adm. chr.] — *Sic*, Foucart, t. 3, n. 1912. — V. *supra*, n. 392.

465. — L'ordonnance n'indique aucune forme ni aucun délai dans lesquels le ministère public doive communiquer au tribunal le déclinatoire du préfet. L'art. 12 indique bien que le ministère public devra communiquer l'arrêté de conflit au tribunal en la chambre du conseil, mais aucune disposition de ce genre n'existe pour le déclinatoire. La communication devra donc avoir lieu en audience publique : c'est le droit commun. Au reste, le ministère public doit prendre des conclusions : ces conclusions doivent être connues et ne pourront l'être qui si elles sont prises en séance publique (Collignon, p. 136). Enfin le tribunal, étant appelé à rendre un jugement sur la question, doit être saisi publiquement. — V., toutefois, en sens contraire, Maguitot et Delamarre, vᵒ *Conflit*, p. 285. — Ces auteurs estiment que, dans le silence de la loi spéciale sur ce point, le ministère public pourrait, hors de la présence des parties, à huis-clos et dans la chambre du conseil, communiquer le déclinatoire du préfet et le renvoi de l'affaire. Il semble, disent ces auteurs, que, par analogie du cas prévu dans l'art. 13, Ord. 1ᵉʳ juin 1828, le procureur du roi devrait avertir les parties ou leurs avoués de venir prendre communication à son parquet du mémoire que lui a adressé le préfet, ou bien que le procureur du roi devrait lire ce mémoire en audience publique, à l'appel de la cause, se réservant de donner ses conclusions à l'expiration du délai que le tribunal aura accordé aux parties pour contester la revendication. Toutefois, il faut reconnaître qu'aucune de ces formes de procéder, qui paraissent convenables, n'est rigoureusement obligatoire, à défaut d'une disposition formelle; ainsi le procureur du roi pourrait demander le renvoi à huis-clos, dans la chambre du conseil, hors de la présence des parties; et si la revendication était admise, le tribunal prononcerait comme ayant suppléé d'office le moyen d'incompétence ». On arrive avec ce système à ce résultat bizarre de faire considérer le tribunal qui admet le déclinatoire comme ayant statué d'office sur son incompétence, puisqu'aucun acte public n'attestera la communication qu'il aura reçue du déclinatoire.

466. — Mais si le ministère public est obligé de communiquer au tribunal le déclinatoire du préfet, il n'est pas du moins tenu de l'appuyer. Sous ce rapport, l'ordonnance ne lui impose absolument aucune obligation : il ne doit requérir le renvoi que si la prétention de l'administration lui paraît fondée. La circulaire ministérielle du 5 juill. 1828 lui recommande seulement, lorsque le déclinatoire ne lui paraît pas justifié, d'établir avec le préfet des communications officielles propres à prévenir les conflits qui pourraient être inconsidérément élevés. — Serrigny, t. 1, n. 184; Trolley, t. 3, n. 2188; Collignon, p. 136.

467. — Le parquet auquel le déclinatoire doit être envoyé est toujours le parquet de la juridiction à dessaisir. Cette solution n'est pas douteuse pour les tribunaux de première instance. Elle doit être également admise devant les cours d'appel, et cela alors même que le préfet prétendrait que l'appel a été irrégulièrement introduit. — Poisson, p. 39; Collignon, p. 137.

§ 3. Effets du déclinatoire.

468. — Lorsque le tribunal a reçu communication du déclinatoire, il doit, avant de juger au fond, se prononcer sur sa propre compétence. — Cons. d'Et., 8 avr. 1850. — Sic, Trolley, t. 3, n. 2193; Collignon, p. 138.

469. — Il en est ainsi alors même que le déclinatoire serait nul pour vice de forme. Le vice de forme ne peut ici exercer aucune influence, puisque, même en l'absence de tout déclinatoire, le tribunal devrait se déclarer incompétent d'office s'il reconnaissait son incompétence. — Chauveau et Tambour, t. 1, n. 474.

470. — La nullité du déclinatoire n'aura d'influence que sur le droit d'élever le conflit. Le déclinatoire nul ne donne point au préfet le droit d'élever le conflit. Il est nécessaire, pour qu'il ait ce droit, qu'il présente en temps utile un second déclinatoire valable. — Collignon, p. 138.

471. — L'ordonnance de 1828 n'impartit aucun délai au tribunal pour statuer sur le déclinatoire. Cette lacune s'explique toujours par cette idée que l'ordonnance a été faite pour réglementer l'autorité administrative et non pas l'autorité judiciaire. Quoi qu'il en soit, cette dernière autorité reste seule responsable des lenteurs que peut amener son abstention, et des préjudices qui peuvent en résulter. Quant à l'administration, elle n'a point à se plaindre : en présentant le déclinatoire, elle a voulu empêcher un empiétement; cet empiétement ne se produit pas tant que l'affaire reste en suspens. — Serrigny, t. 1, n. 187; Dufour, t. 3, n. 616; Trolley, t. 3, n. 2191. — Une circulaire du garde des sceaux, du 5 juill. 1828, a seulement recommandé de juger les déclinatoires comme affaires urgentes et requérant célérité. Mais cette circulaire ne peut avoir qu'une autorité de raison : elle est insuffisante pour lier les tribunaux.

472. — Jugé, en conséquence, que l'on doit tenir pour prématuré l'arrêté de conflit élevé sur un jugement qui, dans une affaire concernant une commune et une fabrique paroissiale, aurait sursis à statuer jusqu'à ce que la commune et la fabrique eussent été autorisées à ester en justice. — Cons. d'Et., 4 juill. 1837, Commune de Carpentras, [P. adm. chr.]

473. — Toutefois, de ce silence de l'ordonnance, il ne faudrait pas conclure que les juges pussent s'abstenir ou passer outre, sans tenir compte de l'exception d'incompétence soulevée par l'autorité administrative; agir ainsi serait, de leur part, un déni de justice.

474. — ... Et l'obligation qui pèse sur eux, à cet égard, est tellement absolue, qu'il a été jugé que, bien que la contestation soit indiquée à tort par le préfet comme pendante devant la cour, le tribunal n'en doit pas moins prononcer sur le déclinatoire. — Cons. d'Et., 29 juin 1842, Desfourniers, [P. adm. chr.]

475. — Le tribunal auquel le déclinatoire a été remis doit, par un jugement spécial, statuer sur sa compétence. Il ne pourrait rendre un jugement statuant à la fois sur la compétence et sur le fond. — Cass., 21 juin 1859, Mosselmann, [S. 59.1.744, P. 60.59, D. 59.1.252] — Cons. d'Et., 30 nov. 1869 (2 espèces), Donnat et Pérouse, Pascal, [S. 70.2.334, P. adm. chr.] — Sic, Foucart, t. 3, n. 1912; Collignon, p. 140.

476. — Il ne pourrait non plus, au lieu de statuer sur sa compétence, se borner à rejeter le déclinatoire comme tardif et irrécevable; qu'il doit, dans tous les cas, statuer, et statuer exclusivement sur sa compétence. — Cons. d'Et., 3 avr. 1850, Mallez, [P. adm. chr., D. 50.3.52] — Sic, Serrigny, t. 1, n. 188; Collignon, loc. cit.

477. — Toutefois, avant d'avoir statué sur le déclinatoire, le tribunal peut prendre toutes les mesures préparatoires ou d'instruction nécessaires. Toutes ces mesures sont valables dès l'instant qu'elles réservent et laissent intacte la question de compétence. — Cons. d'Et., 5 janv. 1860, d'Harcourt, [P. adm. chr., D. 60.3.28] — Sic, Trolley, t. 3, n. 2193; Serrigny, t. 1, n. 188; Collignon, p. 140.

478. — Elles ne donneraient point au préfet le droit d'élever le conflit. Il a même été jugé que le tribunal peut, malgré le déclinatoire, ordonner, pour s'éclairer sur sa compétence, des interlocutoires. — Cons. d'Et., 30 mars 1842, Deplines, [P. adm. chr.] — C'est une application de la maxime que l'interlocutoire ne lie point le juge. — V. suprà, v° Chose jugée.

479. — Ainsi, un conflit est prématurément élevé alors que, sans prononcer sur la question de compétence, le tribunal saisi de l'affaire s'est borné à ordonner une expertise. — Cons. d'Et., 11 juill 1845, Ser, [S. 46.2.45, P. adm. chr.]

480. — ... Ou une enquête. — Cons. d'Et., 19 déc. 1821, Picou, [S. chr., P. adm. chr.]

481. — Jugé dans le même sens, par la Cour de cassation, que les tribunaux civils, lorsqu'un déclinatoire est proposé devant eux par le préfet, peuvent, avant de statuer sur le déclinatoire, et sans confondre l'examen du déclinatoire et du fond, recourir aux moyens légaux d'instruction, spécialement à une expertise, pour se mettre à même de connaître l'objet de la demande et de vérifier le mérite du déclinatoire proposé. — Cass., 25 nov. 1879, Rey frères, [S. 81.4.20, P. 81.4.30, D. 80.4.308]

482. — Sans doute, la règle est bien que le tribunal saisi par le préfet d'un déclinatoire d'incompétence doit statuer avant tout sur le déclinatoire, et ne peut, en principe, statuer au fond avant l'expiration du délai pendant lequel le préfet peut élever le conflit. — Trib. confl., 17 janv. 1874, précité. — Mais on ne peut dire que le tribunal viole cette règle quand il ordonne une mesure d'instruction qui a précisément pour objet de vérifier le mérite du déclinatoire. Le juge, en effet, a besoin d'examiner les faits de la cause pour voir si le procès a un caractère administratif ou judiciaire, et si le déclinatoire doit être admis ou rejeté; et, si le juge n'est pas suffisamment éclairé à cet égard, il doit pouvoir recourir à une mesure d'instruction. Ce n'est pas là connaître du fond. On peut rapprocher de la décision de l'arrêt ci-dessus recueilli un arrêt de la Cour de cassation, du 7 janv. 1829, d'après lequel le juge de paix saisi d'une demande en complainte peut, lorsqu'une exception d'incompétence est posée devant lui, ordonner une vérification des lieux, pour se mettre à même de connaître avec exactitude l'objet de la demande et s'éclairer sur sa compétence; il n'y a pas là violation de l'art. 172, C. proc. civ., qui défend aux juges de réserver une telle exception pour la joindre au fond.

483. — Le tribunal, en statuant sur sa compétence, peut admettre ou rejeter le déclinatoire. S'il le repousse, il ne peut condamner aux dépens le préfet, car ce fonctionnaire comparait devant lui non pas comme partie, mais comme un administrateur agissant dans l'intérêt général de la société. Ce serait méconnaître son caractère et compromettre son indépendance que d'admettre qu'il pourra encourir une condamnation aux dépens. — Cass., 21 juill. 1874, Langlade, [S. 75.2.410, P. 75.263] — Cons. d'Et., 12 déc. 1868, Clément, [S. 69.2.309, P. adm. chr., D. 69.3.100]; — 21 oct. 1871, Lacave-Laplagne-Barris, [S. 73.2.159, P. adm. chr., D. 72.3.61] — Trib. confl., 16 mai 1874, Commune de Saint-Enogat, [S. 76.2.94, P. adm. chr., D. 75.3.37]; — 18 juill. 1874, Langlade, [S. 76.2.187, P. adm. chr., D. 75.3.94]; — 11 déc. 1875, Maisonnabe, [S. 76.2.280, P. adm. chr., D. 76.3.39]; — 18 mars 1882, Daniel; [S. 84.3.19, P. adm. chr., D. 83.3.83]; — 25 nov. 1882, Cazeaux, [S. 84.3.67, P. adm. chr., D. 84.3.50]; — 15 déc. 1883, Dezetrés, [S. 85.3.67, P. adm. chr., D. 85.3.59]; — 22 janv. 1887, Cauvel, [S. 88.3.2, P. adm. chr., D. 88.3.62]; — 9 mai 1891, Lebel, [S. et P. 93.3.56]

484. — Jugé spécialement, en ce sens, que les tribunaux ne peuvent condamner aux dépens un préfet qui comparaît devant eux, non comme partie, et comme exerçant les actions, soit du domaine public, soit de l'administration départementale, mais pour demander, comme magistrat et fonctionnaire de l'ordre administratif, agissant pour le maintien des juridictions, le renvoi par devant l'autorité administrative d'une affaire à l'égard de laquelle il n'est pas en cause. — Cass., 12 août 1835, Administration de la marine et de l'hospice de Brest, [S. 35.1.399, P. chr.]

485. — ... Que le jugement qui prononce une pareille condamnation aux dépens doit être annulé, comme contenant un excès de pouvoir dans le sens de l'art. 80, L. 27 vent. an VIII). — Même arrêt.

486. — ... Que l'annulation de ce jugement doit, de plein droit, anéantir la condamnation aux dépens prononcée contre le préfet. — Même arrêt.

487. — Et il y a lieu pour le tribunal des conflits de déclarer non avenue la disposition condamnant le préfet aux dépens, alors même qu'il rejette le conflit comme non recevable. — Trib. confl., 25 nov. 1882, précité; — 22 janv. 1887, précité.

488. — L'autorité judiciaire ne peut, même en rejetant pour partie le déclinatoire préalable au conflit, déclarer les dépens compensés entre le préfet et l'une des parties en cause. — Trib. confl., 24 nov. 1877, Gounouilhon, [S. 78.2.157, P. adm. chr.]

489. — Jugé toutefois que, lorsque le préfet ne s'est pas borné à présenter un déclinatoire au tribunal en qualité de représentant de la puissance publique, mais a fait présenter par l'avoué du domaine qui était partie dans l'instance des conclusions tendant à ce que le tribunal se déclare incompétent, le tribunal des conflits ne peut, en annulant le conflit, déclarer non avenues les dispositions de la décision judiciaire condamnant l'État aux dépens. — Trib. confl., 29 nov. 1884 (sol. impl.), Jacquinot, [S. 86.3.41, P. adm. chr., D. 85.3.50]

490. — De même, lorsque l'administration a formé tierce opposition à un jugement et que le déclinatoire présenté à la suite de la tierce opposition est rejeté, l'autorité judiciaire ne viole aucun principe de droit en condamnant l'administration aux dépens de la tierce opposition et à l'amende. — Trib. confl., 6 déc. 1884, Lacombe Saint-Michel, [D. 86.3.44]

491. — D'ailleurs, abstraction faite des règles relatives au préfet, c'est l'autorité judiciaire qui est compétente pour statuer, même lorsqu'elle se déclare incompétente, sur les dépens auxquels a donné lieu l'instance introduite devant elle. Il appartient en principe aux tribunaux, en déclarant leur incompétence pour connaître d'une demande, de statuer sur les dépens de l'instance qui a été la suite de cette demande. — Cons. d'Et., 16 mai 1874, précité.

492. — Quelle est la situation des parties dans le débat qui s'élève sur le déclinatoire proposé par le préfet? Peuvent-elles conclure et plaider, ou doivent-elles, au contraire, rester étrangères au débat? Sur cette question quelques doutes ont existé autrefois, mais ils sont depuis longtemps dissipés. Le débat qui s'engage sur la compétence à la suite du déclinatoire présenté pour les parties une importance capitale. Il s'agit de savoir si elles seront jugées par le tribunal qu'elles avaient peut-être saisi d'un commun accord ou par une autre juridiction. Dans ces conditions, on ne peut rationnellement admettre que les parties devront rester étrangères à la question de compétence. Elles pourront conclure, plaider devant le tribunal, s'efforcer d'obtenir la solution la plus favorable à leurs intérêts.

493. — A cette doctrine on objecte que les art. 6 et 7 de l'ordonnance de 1828 n'ont point explicitement reconnu aux parties le droit d'intervenir dans le débat engagé sur la compétence entre l'autorité administrative et l'autorité judiciaire. Mais on peut répondre que l'ordonnance s'occupe exclusivement des formalités à remplir par l'administration vis-à-vis de l'autorité judiciaire. Elle n'a point statué sur la question, et son silence ne saurait injustice être interprété comme une exclusion. On peut ajouter que certains textes de l'ordonnance impliquent très-nettement pour les parties la faculté de prendre part au débat sur la compétence. L'art. 8, notamment, dispose « que la partie peut porter appel du jugement qui admet le déclinatoire »; c'est donc qu'elle a figuré dans le jugement rendu en première instance. Ou ne peut faire appel d'un jugement dans lequel on n'a point figuré. — V. *suprà*, v° *Appel* (mat. civ.) — D'autre part, nous verrons (*infra*, n. 602 et s.)que les parties sont admises à présenter des observations et à plaider devant le tribunal des conflits; pourquoi n'auraient-elles pas le même droit devant les tribunaux ordinaires? — Serrigny, t. 1, n. 187; Trolley, t. 3, n. 2189; Chauveau et Tambour, n. 474; Collignon, p. 142.

494. — Toutefois, l'ordonnance n'exigeant point que le déclinatoire soit notifié aux parties, elles ne pourront en prendre connaissance que par la voie du greffe. Mais la communication devra toujours leur être accordée. — Foucart, t. 3, n. 1915; Serrigny, t. 1, n. 187; Trolley, t. 3, n. 2189.

495. — « Après que le tribunal aura statué sur le déclinatoire, le procureur de la République adressera au préfet, dans les cinq jours qui suivront le jugement, copie de ses conclusions ou réquisitions et du jugement rendu sur la compétence. La date de l'envoi sera consignée sur un registre à ce destiné ». L'envoi des conclusions du ministère public, prescrit par ce texte, est destiné à éclairer le préfet. Si le procureur de la République a été favorable à l'admission du déclinatoire et que le tribunal se soit néanmoins déclaré compétent, ses conclusions développées pourront servir au préfet dans la rédaction des motifs de l'arrêté de conflit. Dans le cas, au contraire, où les conclusions ont été défavorables, le préfet en en prenant connaissance pourra être amené à se désister de ses prétentions. — Taillandier, p. 164.

496. — Par application du principe posé *suprà*, n. 392, l'irrégularité résultant de ce que la copie des conclusions et du jugement sur la compétence a été adressée par le ministère public au préfet plus de cinq jours après ce jugement, n'est pas de nature à faire annuler le conflit. — Trib. confl., 1er juill. 1850, Poirel, [P. adm. chr.]; — 9 août 1884, Trombert, [S. 86.3.34, P. adm. chr., D. 86.3.43]

497. — Le registre sur lequel l'envoi prescrit par l'art. 7 est mentionné porte dans la pratique le nom de *registre de mouvement*. Ce registre doit constater les dates : 1° de l'envoi du déclinatoire au préfet; 2° de sa communication au tribunal; 3° de l'envoi du jugement au préfet; 4° de la signification de l'acte d'appel; 5° du dépôt de l'arrêté de conflit; 6° de la communication de l'arrêté au tribunal; 7° des réquisitions à fin de sursis et du jugement postérieur; 8° du rétablissement des pièces au greffe; 9° de l'avis donné aux parties; 10° de la remise des observations au parquet par les parties; 11° de l'envoi au ministère de la justice de toutes les pièces produites et relatives à l'affaire (Circ. min. just., 5 juill. 1828).

498. — La constatation de la date de l'envoi, prescrite par l'art. 7, présente une importance capitale lorsque le tribunal a rejeté le déclinatoire; c'est à compter de ce jour, en effet, que commence à courir le délai dans lequel l'arrêté de conflit doit être pris. Il a été jugé, à cet égard, que le registre tenu au parquet, sur lequel doit être constaté l'envoi, fait foi de son contenu, et établit légalement que l'envoi du jugement a été fait au préfet à la date portée sur le registre. — Cons. d'Et., 18 avr. 1850, Brahein, [P. adm. chr.]

499. — En l'absence d'un texte décidant que le registre de mouvement fait pleine foi de son contenu, cette jurisprudence a paru extralégale à certains auteurs (Foucart, t. 3, n. 1912). Elle est cependant approuvée par la majorité des auteurs par ce motif que, si l'on refusait cette foi probante au registre de mouvement, le procureur de la République aurait la facilité de remplacer la lettre d'envoi par une lettre postérieure contraire, ce qui enlèverait aux parties la garantie tirée des énonciations du registre tenu au parquet (Serrigny, t. 1, n. 188; Trolley, t. 3, n. 2195). Ce danger est incontestable, mais il faut bien reconnaître que la foi légale reconnue au registre de mouvement peut très-bien aussi donner lieu à des fraudes. C'est ce qu'atteste précisément l'arrêt du 18 avr. 1850, précité. Dans l'espèce de cet arrêt, un procureur avait écrit au préfet que le tribunal avait fait droit au déclinatoire alors qu'en réalité il l'avait rejeté. Après l'envoi de cette lettre, constatant le registre que le jugement sur déclinatoire a été envoyé au préfet. Or aucun envoi de ce genre n'avait été fait. Sur le reçu de la lettre, le préfet croyant le déclinatoire admis laissa s'écouler le délai imparti pour élever le conflit. Plus tard, ayant reçu la signification du jugement par l'une des parties, il reconnaît l'erreur dans laquelle l'a induit le ministère public, et prend alors un arrêté de conflit. On lui oppose qu'il est tardif : il répond que le délai n'a pu courir contre lui puisque le jugement ne lui a pas été adressé ainsi que l'atteste la lettre du procureur. Néanmoins, le Conseil d'État décida qu'il fallait ajouter foi à la date indiquée sur le registre du parquet par préférence aux énonciations de la lettre.

500. — Ces considérations paraissent avoir influé la jurisprudence, et à une époque relativement récente le Conseil d'État a décidé que ce n'est que du registre de mouvement tenu au parquet de chaque tribunal, et sur lequel est inscrite la date de l'envoi du jugement sur la compétence, ne saurait prévaloir contre la preuve qui serait fournie de l'inexactitude de cette date; et le conflit est dès lors régulier, lorsque, nonobstant les indications du registre, il est établi qu'il a été élevé dans la quinzaine à partir de la véritable date de cet envoi. — Trib. confl., 31 juill. 1886, Coley, [S. 88.3.30, P. adm. chr., D.

87.3.115] — V. aussi Trib. conf., 9 août 1884, précité. — C'est la condamnation du principe absolu posé par l'arrêt du 18 avr. 1850, précité.

501. — Du reste, conformément aux principes généraux de la matière (V. suprà, n. 392, et art. 3, Ord. de 1828), si le procureur de la République négligeait de faire l'envoi du jugement et des conclusions dans le délai de cinq jours imparti par l'art. 8, sa négligence ne pourrait nuire à l'administration. Il en serait de même s'il n'avait fait qu'une communication incomplète. Dans toutes ces hypothèses le délai pour élever le conflit ne courrait pas. Le préfet pourrait donc prendre son arrêté de conflit en tout état de cause, même après un jugement définitif sur le fond. — Cons. d'Ét., 3 févr. 1835, Jantes, [P. adm. chr.]; — 23 oct. 1835, Nicol et Légué, [P. adm. chr.]; — 19 nov. 1837, Levasseur, [S. 40.2.233, ad notam, P. adm. chr.]; — 19 déc. 1838, Hédé, [S. 39.2.548] — Sic, Cormenin, t. 1, p. 444, note 3; Serrigny, t. 1, n. 188; Dufour, t. 3, n. 617; Chauveau et Tambour, t. 1, n. 478.

Section III.

De l'arrêté de conflit.

§ 1. Quand l'arrêté de conflit peut-il être pris?

502. — « Si le déclinatoire est rejeté, dans la quinzaine de cet envoi pour tout délai (l'envoi des conclusions et du jugement sur la compétence), le préfet du département, s'il estime qu'il y ait lieu, pourra élever le conflit. Si le déclinatoire est admis, le préfet pourra également élever le conflit dans la quinzaine qui suivra la signification de l'acte d'appel, si la partie interjette appel du jugement. Le jugement pourra être élevé dans ledit délai, alors même que le tribunal aurait, avant l'expiration de ce délai, passé outre au jugement du fond » (art. 8, Ord. de 1828).

503. — Lorsqu'il résulte du procès-verbal de l'audience que le ministère public a donné connaissance au tribunal du déclinatoire proposé par le préfet, le fonctionnaire peut, bien que le jugement ne fasse pas mention de ce déclinatoire, élever le conflit comme si le jugement avait rejeté ledit déclinatoire en termes exprès. — Trib. confl., 3 juin 1850, Bosq, [P. adm. chr.]

504. — Mais un arrêté de conflit doit être annulé comme non recevable lorsqu'il a été rendu le jour même où le tribunal a rejeté le déclinatoire du préfet et avant que ce fonctionnaire ait pu avoir connaissance du jugement de rejet. — Trib. confl., 22 janv. 1887, Cauvel, [S. 88.3.55, P. adm. chr., D. 88.3.62]

505. — C'est là une application du principe d'après lequel le conflit ne peut être élevé dans une instance où l'autorité judiciaire n'a encore rendu aucune décision. — Trib. confl., 9 déc. 1882, Patissier, [S. 84.3.67, P. adm. chr., D. 84.3.30] — V. suprà, n. 455 et s.

506. — Pour bien déterminer les droits de l'administration, trois hypothèses sont à distinguer et à étudier successivement : 1re hypothèse : le tribunal a accepté les conclusions du déclinatoire et s'est déclaré incompétent; 2e hypothèse : le tribunal a repoussé les conclusions du déclinatoire et s'est déclaré compétent; 3° hypothèse : il a passé outre au jugement sur le fond sans statuer sur le déclinatoire, ou encore il a, par un seul et même jugement, statué sur la compétence et sur le fond.

507. — *Première hypothèse* : Le tribunal, sur le déclinatoire, s'est déclaré incompétent. En pareil cas, si les parties n'appellent pas du jugement, tout est terminé. L'autorité judiciaire est dessaisie : il est absolument inutile d'élever le conflit. Au contraire, si les parties appellent du jugement qui a accepté le déclinatoire, il devient nécessaire de l'élever. C'est ce qu'indique l'art. 8, qui donne au préfet un délai de quinzaine à compter de la signification de l'acte d'appel.

508. — Mais quelle est au juste cette signification? S'agit-il d'une signification spéciale qui devrait être faite au préfet à raison même du rôle qu'il a joué dans le débat en première instance? S'agit-il, au contraire, de la signification ordinaire que tout appelant doit faire à l'intimé? Aucune difficulté sérieuse n'existe dans les affaires où le préfet a été partie. L'appel devra lui être signifié comme à toute autre partie, et c'est à compter de cette signification, faite par application des règles du droit commun, que courra le délai de quinzaine.

509. — Mais que décider dans le cas où le préfet n'a pas été partie en cause? On pourrait très-bien soutenir qu'il n'y a pour les parties aucune obligation de notifier en pareil cas leur appel au préfet. Sans doute, ce fonctionnaire, si l'on n'admet pas dans tous les cas la nécessité de la signification, pourra ne pas être prévenu de l'appel et laisser s'écouler le délai de quinzaine. Mais il n'en résultera pour lui aucune forclusion, car, en vertu de l'art. 4, § 2, de l'ordonnance de 1828, il pourra toujours élever le conflit devant la cour saisie de l'affaire. Le § 2 de l'art. 4 dispose, en effet, formellement, que le préfet pourra toujours élever le conflit en cause d'appel, même si les délais de l'art. 8 sont expirés. De sorte qu'en définitive, la faculté d'élever le conflit au moment même de l'appel existe bien moins dans l'intérêt de l'administration que dans celui des parties. Si l'on a admis la faculté pour le préfet d'élever le conflit immédiatement après que l'appel a été formé, c'est pour éviter aux parties tous les frais qui pourraient résulter pour elles d'une instance d'appel continuée. Au contraire, l'élévation du conflit dès le début de la procédure d'appel supprime les frais et fixe les parties. C'est donc leur intérêt qui se trouve principalement en jeu. Il est, par suite, assez probable qu'elles s'empresseront de faire connaître l'appel au préfet, puisque cette signification sera de nature à les fixer sur les intentions définitives de l'administration. Mais si, pour une cause ou une autre, elles ne font aucune signification à l'autorité préfectorale, leurs intérêts seuls pourront être compromis; ceux de l'administration resteront dans tous les cas intacts. Il n'y a donc point à faire aux parties une obligation d'une formalité que leur intérêt seul commande. — V. en ce sens Trolley, t. 5, n. 2204.

510. — Ces arguments nous paraissent décisifs; nous devons reconnaître, toutefois, que de nombreux auteurs exigent, dans tous les cas, pour que le délai de l'art. 8 commence à courir, une signification spéciale de l'acte d'appel au préfet. « En l'absence de toute disposition expresse à cet égard, disent-ils, la raison indique que le délai ne peut courir qu'en vertu d'une notification spéciale adressée au préfet lui-même. Comment, en effet, ce fonctionnaire serait-il averti si l'on se contentait de signifier l'appel à la partie? Cette signification lui étant étrangère, il serait presque toujours dans l'impossibilité d'élever le conflit en temps utile, alors surtout que l'appelant a intérêt à lui cacher son appel. La brièveté même du délai qui lui est accordé pour exercer la revendication rend indispensable une signification particulière » (Chauveau et Tambour, t. 1, p. 479; Foucart, t. 3, n. 1913; Serrigny, t. 1, n. 188). Il est facile d'apercevoir que ces auteurs partent tous de l'idée erronée que la signification de l'appel est prescrite par l'art. 8 dans l'intérêt de l'administration. Nous croyons avoir démontré que ce n'est pas le point de vue auquel il faut se placer : les intérêts de l'administration sont toujours suffisamment sauvegardés par le § 2 de l'art. 4.

511. — Quoi qu'il en soit, si l'on adopte cette opinion, il est certain que le délai de quinzaine de l'art. 8 ne commencera à courir que du jour de la signification de l'appel au préfet. Tant que cette signification n'aura pas été faite, le préfet pourra élever le conflit, alors même que la cour aurait jugé au fond.

512. — ... Ou aurait sur l'appel confirmé le rejet du déclinatoire. — Cons. d'Ét., 19 déc. 1838, Hédé, [S. 39.2.548]

513. — A supposer que la signification ait été faite, lorsque le préfet a laissé s'écouler la quinzaine perd-il, d'une manière absolue, le droit d'élever le conflit? Si l'on décide que la perte est absolue, le préfet ne pourra pas recommencer toute la procédure du conflit devant la cour : soumettre d'abord un déclinatoire, puis ensuite élever le conflit. Au contraire, on pourrait concevoir de la déchéance encourue pour inobservation des délais de l'art. 8 ne fût que relative, en ce sens que le préfet pourrait toujours, jusqu'au jugement sur le fond, recommencer devant la cour toute la procédure du conflit. Certains auteurs ont soutenu que la déchéance était absolue. Les art. 7 et 8 paraissent bien, disent-ils, attacher une très-grande importance à l'observation des délais. La sanction qu'ils comportent doit donc être une déchéance irrémédiable. On ajoute que l'intérêt des parties exige une prompte solution du procès, et que cette solution pourrait subir des retards excessifs si l'on reconnaissait au préfet déchu par sa faute le droit de faire revivre devant la cour d'appel le procès sur la compétence soulevé et résolu devant le tribunal de première instance. — Serrigny, t. 1, n. 192; Foucart, t. 3, n. 1913.

514. — Sans doute, on doit reconnaître que l'inobservation des délais de l'art. 8 entraîne une déchéance. Seulement, à notre avis, cette déchéance a une portée bien moins grave que celle que veulent lui attribuer Serrigny et Foucart. Le préfet qui a laissé passer le délai de quinzaine ne peut plus *de plano* élever le conflit devant la cour. C'est en cela que consiste la sanction de l'art. 8. Mais l'art. 4, § 2, sauvegarde toujours les droits de l'administration : le préfet, en vertu de ce texte que l'on a trop souvent négligé, conserve toujours le droit de recommencer devant la cour toute la procédure du conflit. Il faut sans doute avouer que cette solution n'est pas sans présenter certains inconvénients pratiques : elle nous semble cependant inéluctablement commandée par l'art. 4, § 2. Telle est, du reste, la solution consacrée par la jurisprudence. — Cons. d'Ét., 6 mars 1846, Cancal, [S. 46.2.410, P. adm. chr.]; — 13 nov. 1875, de Chargère, [S. 77.2.279, P. adm. chr., D. 76.3.38] — *Sic*, Chauveau et Tambour, n. 480; Trolley, t. 5, n. 2206; Block, v° *Conflit*, n. 90 et s.

515. — *Deuxième hypothèse.* — Lorsque le tribunal, repoussant le déclinatoire s'est déclaré compétent, deux procédures s'offrent au préfet : *a)* Il peut interjeter appel du jugement sur la compétence, et attendre que la cour ait elle-même prononcé. Mais le préfet dont le déclinatoire a été rejeté en première instance, et qui a interjeté appel de cette décision, ne peut élever le conflit avant le jugement de l'appel. — Cons. d'Ét., 27 août 1839, Gay, [S. 40.2.181, P. adm. chr.] — *b)* Sans recourir à la voie de l'appel, il peut, s'il le juge opportun et convenable, élever le conflit.

516. — Le rejet implicite, aussi bien que le rejet explicite, du déclinatoire proposé par le préfet, suffit pour autoriser ce magistrat à élever le conflit; tel est, par exemple, le cas où, après connaissance donnée au tribunal de ce déclinatoire, il intervient un jugement qui, sans le mentionner, statue au fond comme s'il n'existait pas. — Trib. confl., 3 avr. 1850, Deherrypon, [S. 50.2.488, P. adm. chr., D. 50.3.49]

517. — Lorsque le préfet s'arrête, comme c'est l'ordinaire, au second parti, il doit élever le conflit dans le délai de quinzaine à compter de l'envoi par le ministère public du jugement et des conclusions (art. 8 et 11, Ord. de 1828).

518. — Jugé que si le jugement est par défaut, le délai de quinzaine ne commence pas moins à courir à compter du jour de l'envoi du jugement et des conclusions. Le jugement confirmatif rendu sur l'opposition de la partie défaillante ne ferait pas courir un nouveau délai. — Cons. d'Ét., 18 févr. 1839, Préfet de l'Hérault, [S. 39.2.504, P. adm. chr.]

519. — Le délai prescrit par l'art. 11 pour le dépôt de l'arrêté de conflit ne s'applique qu'à l'arrêté lui-même. Les pièces qui doivent accompagner cet arrêté peuvent utilement être produites jusqu'au moment où il est prononcé sur la validité du conflit. — Cons. d'Ét., 7 août 1843, Schweighauser, [P. adm. chr.] — Trib. confl., 9 déc. 1882, Patissier, [S. 84.3.67, P. adm. chr., D. 84.3.50] — *Sic*, Foucart, t. 3, n. 1917; Trolley, t. 5, n. 2200; Collignon, p. 167. — V. *infrà*, n. 575 et s.

520. — Mais pour l'arrêté de conflit lui-même, le délai est de rigueur : est frappé de nullité tout arrêté déposé après l'expiration de ce délai. — Cons. d'Ét., 13 déc. 1833, Préfet de la Vienne, Lacarte, [S. 34.2.622, P. adm. chr.]; — 26 déc. 1840, Fournier-Pétillant, [Leb. chr., p. 430]; — 23 juill. 1841, Delert, [S. 42.2.96, P. adm. chr.]; — 24 févr. 1842, Mallet, [S. 42.2.276, P. adm. chr.]; — 14 déc. 1843, Colonna, [P. adm. chr.]; — 30 déc. 1843, Arnaud, [P. adm. chr.]; — 25 avr. 1845, Laurent, [S. 45.2.509, P. adm. chr.]; — 16 févr. 1860, Tarlier, [S. 61.2.42, P. adm. chr.]; — 26 déc. 1862, Hédouville-Martiny, [D. 63.3.9]; — 16 mai 1863, Commune de Forcalquier, [P. adm. chr., D. 63.3.37]; — 22 nov. 1867, Tonnellier, [Leb. chr., p. 838] — *Sic*, Cormenin, t. 1, p. 144, not. 3; Chauveau et Tambour, t. 1, n. 492; Collignon, p. 167.

521. — Et la remise d'un nouveau mémoire devant le tribunal ou devant la cour ne pourrait, en relevant le préfet de la déchéance, faire courir pour lui de nouveaux délais. — Cons. d'Ét., 5 juin 1838, Koquelaine, [S. 39.2.167, P. adm. chr.] — *Sic*, Chauveau et Tambour, *loc. cit.*

522. — Sur la question de savoir si le tribunal devant lequel le conflit tardif est produit, est tenu de surseoir à statuer sur la contestation, jusqu'à ce que l'arrêté de conflit ait été annulé par l'autorité administrative supérieure, ou s'il peut examiner les causes de nullité qui en paralysent l'effet, V. *suprà*, n. 394 et s. — V. aussi, dans le sens de la théorie de l'administration : Cons. d'Ét., 25 avr. 1845, Laurent, [S. 45.2.509, P. adm. chr.];

— V. en sens contraire, Rennes, 8 juill. 1833, Ligué, [S. 34.2.140, P. chr.]

523. — Mais quel est, au juste, le délai dans lequel l'arrêté de conflit doit être pris et déposé à peine de nullité? On a parfois soutenu que les art. 10 et 11, d'une part, et l'art. 8, d'autre part, accordaient au préfet un double délai de quinzaine : premier délai de quinze jours pour prendre l'arrêté de conflit (art. 8); deuxième délai également de quinze jours, pour en faire le dépôt au greffe. Pour justifier cette solution on n'a jamais guère pu invoquer qu'un incident de rédaction de l'ordonnance. Dans le projet de la commission, l'article, qui est devenu, dans le texte définitif, l'art. 11, commençait par ces mots : « Si dans ce délai..... ». L'emploi de l'adjectif *ce* indiquait bien que les rédacteurs de l'ordonnance se référaient au délai prévu et réglementé par l'art. 8. Mais dans le texte définitif de l'art. 11, l'adjectif *ce* a été remplacé par l'article *le*, et ce changement de rédaction indique bien, dit-on, dans la pensée des rédacteurs de l'ordonnance, d'impartir dans l'art. 11 un délai nouveau et distinct de celui de l'art. 8.

524. — Cette opinion a été justement écartée, à notre avis, par le tribunal des conflits, qui n'a vu dans ce changement de rédaction qu'un incident insignifiant, peut-être même une erreur de copie ou de typographie. L'intention incontestable de la commission (V. Taillandier, p. 169) avait été de n'accorder qu'un délai de quinzaine pour prendre et déposer l'arrêté de conflit. Pour prétendre que le gouvernement s'est décidé à bouleverser le système de la commission et à doubler le délai, il faudrait invoquer des arguments plus probants que celui que l'on déduit d'une simple modification de la rédaction Cette observation a d'autant plus de force que l'expression « le délai de quinzaine » peut fort bien s'entendre du délai antérieurement fixé par l'art. 8. La jurisprudence du tribunal des conflits décide donc que le préfet doit prendre l'arrêté de conflit et en faire le dépôt au greffe dans la quinzaine de l'envoi prescrit par l'art. 7 de l'ordonnance. Rationnellement, du reste, on ne trouve point de motifs pour accorder un second délai de quinzaine uniquement pour faire le dépôt de l'arrêté de conflit. — Cons. d'Ét., 23 juill. 1841, précité; — 24 févr. 1842, précité; — 28 nov. 1843, Usquin, [P. adm. chr.] — *Sic*, Foucart, t. 3, n. 1917; Serrigny, t. 1, n. 196; *Ecole des communes*, t. 4, p. 314; Collignon, p. 168; Chauveau et Tambour, t. 1, n. 491.

524 bis. — Il a été jugé cependant que l'arrêté de conflit est valable lorsqu'il a été remis directement au parquet du procureur de la République dans la quinzaine, bien qu'il n'ait été déposé au greffe que postérieurement à ce délai. — Cons. d'Ét., 2 août 1838, Larochefoucauld, [S. 39.2.312, P. adm. chr.] — V. *infrà*, n. 577 et s.

525. — Le délai ainsi déterminé ne comprend pas le *dies a quo* : si, par exemple, l'envoi du jugement et de l'arrêt a eu lieu le 1er du mois, le délai n'expirera que le 16. Mais le dépôt serait tardif s'il s'était écoulé quinze jours entre la date de l'envoi du jugement au préfet et la date du dépôt de l'arrêté. — Cons. d'Ét., 23 juill. 1841, précité; — 10 mars 1858, Leclerc, [P. adm. chr., D. 58.3.68] — Trib. confl., 9 déc. 1882, précité. — *Sic*, Serrigny, t. 1, n. 188; Trolley, t. 5, n. 2197; Collignon, p. 134.

526. — Il en serait ainsi alors même que le dernier jour du délai serait un jour férié. — Cons. d'Ét., 2 janv. 1857, Cte du canal du Midi, [S. 57.2.776, P. adm. chr.] — *Sic*, Chauveau et Tambour, t. 1, n. 491 *bis*; *Journal du droit administratif*, t. 5, p. 249, art. 213, § 1, n. 2.

527. — Le préfet n'est pas tenu d'élever le conflit dans la quinzaine de l'appel d'un jugement de première instance, portant déclaration d'incompétence, lorsque ce jugement a été rendu par un tribunal, tel qu'un juge de paix, devant lequel le conflit n'aurait pu avoir lieu (V. *suprà*, n. 229 et s.). Dans ce cas, le préfet conserve le droit de proposer le déclinatoire devant les juges d'appel, et de n'élever le conflit qu'après le jugement qui rejetterait ce déclinatoire, quel que fût d'ailleurs le temps écoulé depuis l'appel, et quand même les juges d'appel auraient statué sur le déclinatoire et sur le fond par un seul et même jugement. — Cons. d'Ét., 17 août 1836, Tartot, [S. 37.2.58, P. adm. chr.]

528. — Lorsqu'une cour d'appel, saisie par suite de renvoi après cassation, a rejeté le déclinatoire à fin d'incompétence présenté par le préfet, et renvoyé l'affaire devant un tribunal de première instance pour être statué au fond, le préfet n'est pas tenu, s'il estime qu'il y a lieu à conflit, de l'élever dans la quinzaine de l'envoi qui lui a été fait de l'arrêt rejetant le déclinatoire; il peut l'élever régulièrement devant le tribunal de renvoi, tant que celui-ci n'a pas statué définitivement sur le fond, sauf toutefois à présenter au préalable un nouveau déclinatoire devant ce tribunal. — Cons. d'Et., 15 déc. 1853, Mignerot, [S. 54.2. 405, P. adm. chr., D. 54.3.30]; — 22 mai 1869, Selignac, [S. 70.2.497, P. adm. chr., D. 70.3.90]

529. — L'envoi au préfet d'une simple lettre par laquelle le procureur de la République l'informe du rejet de son déclinatoire ne peut servir de point de départ au délai de quinzaine dans lequel le conflit doit être élevé. Ce délai ne court qu'à partir du jour où le préfet a reçu copie du jugement statuant sur la compétence. — Trib. confl., 28 nov. 1885, John Rose, [S. 87.3.34, P. adm. chr , D. 87.3.50]

530. — En principe, l'envoi qui, aux termes de l'art. 7, fixe le point de départ du délai de quinzaine doit être fait dans le délai de cinq jours à compter de la prononciation du jugement. Toutefois, ici encore, l'ordonnance ne s'est pas préoccupée des négligences possibles de l'autorité judiciaire (V. suprà, n. 392), et la règle que l'envoi doit être fait dans le délai de cinq jours ne comporte aucune sanction. D'où cette conséquence, sans doute plus théorique que pratique, mais néanmoins possible, que le conflit ne pourra être élevé, tant que pour un motif ou un autre le procureur de la République s'obstinera à ne pas faire la communication prescrite par l'art. 7. On eût pu permettre aux parties, à défaut de notification faite en temps utile par le parquet, de faire courir elles-mêmes le délai par la signification au préfet du jugement sur la compétence. Les parties, en effet, ont intérêt à voir avancer la procédure. A cela on objecte que la signification du jugement faite par les parties ne pourrait contenir les réquisitions du ministère public, et qu'il est désirable que ces conclusions soient portées à la connaissance de l'autorité préfectorale. L'objection n'est point décisive, car s'il est utile que le préfet connaisse les conclusions du ministère public, l'intérêt cependant qui pourrait s'attacher à la communication de ces conclusions n'est point suffisant pour qu'on expose les parties à voir la solution de leur procès indéfiniment ajournée par la faute du ministère public.

531. — Le mieux serait encore de reconnaître en principe au ministère public seul le droit de faire au préfet la communication des conclusions et du jugement. Ce ne serait qu'à titre subsidiaire, en cas d'inaction dûment constatée de sa part, que les parties auraient le droit de signification. Cette réforme serait à notre avis indispensable pour sauvegarder l'intérêt des parties. — V. Cons. d'Et., 19 nov. 1837, Levasseur, [S. 40.2.233 ad notam, P. adm. chr.] — Serrigny, t. 1, n. 183; Cormenin, t. 1, p. 444, note 3; Chauveau et Tambour, t. 1, n. 478.

532. — Ce n'est pas le jour de l'arrivée des pièces à la préfecture, c'est le jour de l'envoi par le ministère public qui fait courir le délai pour élever le conflit. — Serrigny, loc. cit.; Cormenin, loc. cit.; Chauveau et Tambour, loc. cit.

533. — L'ordonnance ne parlant point, dit M. Serrigny (loc. cit.), de l'augmentation du délai à raison de la distance entre le siège du tribunal et le chef-lieu de la préfecture, il n'y a pas lieu de suppléer à son silence en argumentant des dispositions de l'art. 1003, C. proc. civ., étranger à la matière.

534. — Jugé, en ce sens, que le délai de quinzaine dans lequel les arrêtés de conflit doivent être déposés au greffe du tribunal qui a rejeté le déclinatoire du préfet, n'est pas susceptible d'augmentation, à raison de la distance entre le chef-lieu de préfecture et la ville où siège le tribunal. — Cons. d'Et., 2 janv. 1857, précité.

535. — *Troisième hypothèse.* — Dans le cas où le tribunal passerait outre au jugement du fond sans statuer sur le déclinatoire, ou statueraient à la fois sur le déclinatoire et sur le fond, le préfet pourra élever le conflit dans le même délai de quinzaine, qui partira du jour de la signification qui lui sera faite du jugement. C'est une exception nécessaire au principe général d'après lequel le conflit ne peut être élevé après un jugement ou arrêt définitif (V. suprà, n. 257 et s.). — Chauveau et Tambour, t. 1, n. 482.

536. — Le droit de l'administration deviendrait illusoire si le tribunal saisi du déclinatoire pouvait, en passant outre au jugement du fond, mettre l'administration dans l'impossibilité d'exercer ses droits.

§ 2. *Formes de l'arrêté de conflit.*

537. — Aux termes de l'art. 9 de l'ordonnance de 1828, l'arrêté de conflit doit contenir : 1° le visa du jugement intervenu sur le déclinatoire ou du jugement sur le fond si le tribunal n'a point statué sur le déclinatoire, et le visa de l'acte d'appel s'il y a eu appel; 2° l'insertion textuelle de la disposition législative qui attribue à l'administration la connaissance du point litigieux.

538. — Aucune autre formalité n'est exigée. Ainsi, aucune nullité ne serait encourue si l'arrêté ne contenait pas l'indication du nom des parties. Sans doute, il est à désirer que les parties soient indiquées dans l'arrêté, mais la nullité ne pourrait résulter du silence de l'arrêté sur ce point. Il n'en serait autrement que dans l'hypothèse où les parties n'ayant point été nommées il serait impossible de déterminer, d'une manière précise, l'instance à laquelle le conflit s'applique. — Cons. d'Et., 30 mars 1842, Mocquet, [S. 42.2.325, P. adm. chr.] — *Sic*, Chauveau et Tambour, t. 1, n. 486; Collignon, p. 156.

539. — De même, l'inexactitude et l'insuffisance des énonciations d'un arrêté de conflit en ce qui concerne la question litigieuse débattue devant le tribunal ne sauraient entraîner la nullité dudit arrêté, lorsqu'un seul litige existant et le déclinatoire présenté par le préfet étant visé dans l'arrêté ainsi que le jugement qui l'a rejeté, il ne peut exister aucun doute sur les difficultés à résoudre. — Trib. confl., 7 nov. 1850, Perriat, [S. 51.2.121, P. adm. chr., D. 51.3.5]

540. — De même, enfin, pourvu qu'il y insère les énonciations exigées, le préfet peut donner à son arrêté la forme qui lui convient : une lettre, une requête, voire même une signification adressée au tribunal rempliraient suffisamment le vœu du législateur. L'absence de motifs ne serait certainement pas une cause de nullité. En un mot, l'arrêté de conflit n'est astreint à aucune formalité sacramentelle pourvu qu'il contienne, avec les deux formalités exigées par l'art. 9, une revendication explicite et formelle de la contestation. En pratique, du reste, l'arrêté de conflit est rédigé et motivé suivant les usages administratifs. — Cons. d'Et., 26 déc. 1827, Lemoine, [P. adm. chr.]; — 25 avr. 1828, Janzé, [P. adm. chr.] — V. toutefois, Cons. d'Et., 7 nov. 1850, Perriat, [P. adm. chr]; — 3 janv. 1851, Cie du chemin de fer de Boulogne, [S. 51.2.376, P. adm. chr., D. 51.3.39] — Trib. confl., 3 janv. 1851, Lebeau, [Ibid.] — Ces derniers arrêts ont validé un conflit déclaré commun à deux instances en se fondant sur ce que les deux instances étaient pendantes devant la même juridiction et présentaient à résoudre des questions identiques fondées sur les mêmes textes de loi.

541. — Mais le préfet n'a d'autre droit que celui de revendiquer l'affaire. Il n'a ni ordre, ni injonction à adresser à l'autorité judiciaire, et notamment il ne peut : a) déclarer l'autorité judiciaire dessaisie de la question qu'il revendique, et en attribuer la connaissance à telle ou telle autorité administrative. — Cons. d'Et., 17 août 1836, Taitot-Robillard, [S. 37.2.38, P. adm. chr.] — *Sic*, Cormenin, t. 1, p. 449, n. 9; Chauveau et Tambour, n. 487.

542. — b) Enjoindre au procureur de la République de lui transmettre des expéditions de jugements et de procès-verbaux. — Cons. d'Et., 26 déc. 1827, précité.

543. — c) Ordonner qu'il sera sursis au jugement de la contestation ou à l'exécution de ce jugement, et en général à toutes poursuites judiciaires. — Cons. d'Et., 26 déc. 1827, Lemoine, [P. adm. chr.]; — 25 avr. 1828, précité; — 14 mai 1828, Gacon, [P. adm. chr.]; — 27 août 1833, Préfet du Nord, [P. adm. chr.]; — 14 nov. 1833, Danglemont, [P. adm. chr.] — *Sic*, Block, v° *Conflit*, n. 143; Chauveau et Tambour, loc. cit.

544. — d) Interdire l'exécution provisoire du jugement sur lequel s'élève le conflit. — Cons. d'Et., 23 févr. 1820, Ternaux, [S. chr., P. adm. chr.]

545. — e) Ni, à plus forte raison, sous prétexte que l'affaire dans laquelle il a été rendu un jugement en dernier ressort était de la compétence de l'autorité administrative, défendre l'exécution du jugement. — Bruxelles, 14 avr. 1810, Jacobs, [S. et P. chr.]

546. — Le préfet excéderait encore ses pouvoirs en statuant, par l'arrêté de conflit, soit par un arrêté postérieur sur la difficulté qu'il revendique, avant qu'il ait été prononcé sur le conflit, et cela alors même que cette difficulté serait de sa compétence. — Cons. d'Et., 6 août 1810, Depaw, [S. chr., P. adm. chr.]; — 3 juill. 1822, Chalette, [S. chr., P. adm. chr.]; — 22 janv. 1824, Garument de Fontaine, [S. chr., P. adm. chr.]; — 19 janv. 1825, de Corneille, [P. adm. chr.] — *Sic*, Chauveau et Tambour, t. 1, n. 488.

547. — Sur tous ces points, mais sur ces points seulement, l'arrêté de conflit devrait être annulé.

548. — Mais le préfet peut, dans l'intérêt public, prendre toutes les mesures provisoires d'administration et d'ordre qu'il juge convenables. — Cons. d'Et., 23 févr. 1820, précité; — 22 avr. 1822, Palmerini, [S. chr., P. adm. chr.]; — 2 févr. 1836, Pierre, [P. adm. chr.]. — *Sic*, Collignon, p. 173.

549. — Deux formalités, nous l'avons vu (*suprà*, n. 537), sont formellement exigées par l'ordonnance. La première, le visa du jugement, n'offre aucune difficulté.

550. — Quant à la deuxième, le but que l'on a poursuivi en l'exigeant, est évident : on a voulu autant que possible prémunir les préfets contre la tentation d'élever des conflits sans fondement. Ce but a été clairement exprimé dans une circulaire du ministre de l'Intérieur, du 30 août 1828, qui rappelle aux préfets qu'ils ne doivent jamais élever le conflit qu'après un sévère examen des matières qui peuvent y donner lieu, et une étude approfondie des lois qui en attribuent la connaissance à l'administration. — Chauveau et Tambour, t. 1, n. 484.

551. — L'art. 9 emploie l'expression « disposition législative » au lieu du mot « loi ». Cette expression a été employée par la commission, ainsi que les travaux préparatoires en font foi, principalement pour englober dans les textes sur lesquels l'administration pourra s'appuyer pour élever le conflit, les décrets du gouvernement impérial qui, bien qu'inconstitutionnels, ont cependant acquis l'autorité de la loi par leur insertion au *Bulletin des lois* et le silence du Sénat conservateur qui n'en a pas prononcé l'annulation dans le délai prévu par la constitution de l'an VIII. — Taillandier, p. 167; Serrigny, t. 1, n. 193.

552. — L'art. 9 exige en propres termes que la disposition qui autorise le conflit soit insérée dans l'arrêté. De là il semble bien résulter que la disposition législative doit, dans tous les cas, être transcrite dans l'arrêté de conflit. L'idée est toujours la même : les rédacteurs de l'ordonnance dans le but d'éviter les conflits sans fondement ont voulu une insertion textuelle qui forçât le préfet à connaître exactement ses droits, et permît aux parties de se rendre compte immédiatement, et à la simple lecture de l'arrêté, de la valeur du conflit. — Cormenin, t. 1, p. 445, note 3.

553. — Nonobstant ces motifs et le texte formel de la loi, la jurisprudence se montre fort large. Ainsi il a été jugé qu'il suffisait de viser avec leurs dates les diverses lois qui attribuent à l'autorité administrative la connaissance de la contestation. — Cons. d'Et., 7 nov. 1834, Cacheux, [P. adm. chr.]; — 3 févr. 1835, Jantes, [P. adm. chr.]; — 8 févr. 1838, Marlet, [S. 38.2.385, P. adm. chr.]; — 7 déc. 1844, Léger, [S. chr., P. adm. chr.; Trib. confl., 9 déc. 1882, Patissier, [S. 84.3.67, P. adm. chr., D. 84.3.30]. *Sic*, Serrigny, t. 1, n. 193. — *Contrà*, Cormenin, t. 1, p. 445, note 3; Chevallier, t. 1, p. 220; Foucart, t. 3, n. 1916; Duvergier, *Coll. des lois*, sur l'art. 9 de l'ordonnance de 1828.

554. — Pareillement, il a été jugé que l'arrêté de conflit est valable, bien que ces mêmes dispositions ne soient transcrites que dans les considérants de l'arrêté. — Cons. d'Et., 3 août 1843, Dupouët, [S. 44.2.38, P. adm. chr.]

555. — Il a même été jugé que pour que l'arrêté de conflit soit régulier, il suffit qu'il contienne l'insertion textuelle des articles des lois des 16-24 août 1790 et 10 fruct. an III établissant la séparation et les limites respectives des autorités administrative et judiciaire. — Cons. d'Et., 18 avr. 1835, Lecoupé, [P. adm. chr.]; — 14 oct. 1836, Héritiers Sickingen-Hoenbourg, [P. adm. chr.]; — 25 févr. 1841, Héritiers Louis, [S. 41.2.246, P. adm. chr.]; — Trib. confl., 9 déc. 1882, précité. — Ces arrêts sont très-vivement critiqués par M. Collignon : « s'ils ne sont pas, dit-il, en contradiction avec la lettre de l'ordonnance, ils en violent l'esprit d'une manière flagrante. Le cas avait été prévu par les rédacteurs, et c'est en grande partie pour empêcher ce résultat que l'art. 9 a été rédigé. Il suffit de jeter les yeux sur les procès-verbaux des travaux de la commission pour s'en rendre compte. La citation suffisante de ces articles des lois précitées réduit l'art. 9 absolument à l'état de lettre-morte. Le préfet pourra, sous le régime de l'ordonnance de 1828 comme sous celui du décret de brumaire, élever les conflits les plus fantastiques et aura toujours pour les motiver un texte de loi à citer. L'ordonnance a pris une précaution inutile et manqué son but ». — Collignon, p. 159.

556. — Tous les auteurs s'élèvent en général avec raison contre cette violation du texte formel de l'ordonnance : « Il est rare, dit M. Cormenin (p. 445, note 4, n. 3), que la simple citation puisse suffire dans le plus grand nombre des cas; la revendication s'appuie sur un texte qu'il faut citer littéralement et non simplement viser. Le Conseil d'Etat doit l'exiger : 1° parce que l'ordonnance réglementaire du 1er juin 1828 est impérative à cet égard; 2° parce qu'il faut obliger les préfets à ne pas élever légèrement des conflits; 3° parce qu'il faut que les parties puissent appuyer leurs observations sur une base certaine ». — Magnitot et Delamarre pensent aussi que le défaut d'insertion des dispositions législatives entraînerait la nullité du conflit; et, si l'on consulte le procès-verbal des séances de la commission des conflits, on acquerra la certitude qu'on y eut principalement en vue de proscrire les conflits qui ne s'appuieraient que sur des dispositions générales, telles que celles des lois des 16-24 août 1790 et 16 fruct. an III, qui ont tracé la ligne séparative entre l'autorité judiciaire et l'autorité administrative.

557. — Enfin, il existe sur ce point une circulaire ministérielle du 30 août 1828, qui ne laisse aucun doute sur la nécessité absolue de l'insertion textuelle de la disposition législative dans l'arrêté qui élève le conflit. « Un préfet, porte cette circulaire, ne doit jamais élever de conflit qu'après un sérieux examen des matières qui doivent y donner lieu et une étude approfondie des lois qui en attribuent la connaissance à l'administration. Il est donc tenu *de reproduire textuellement les dispositions de ces lois*... En effet, il est sans doute très-important que l'administration ne se dessaisisse d'aucune des attributions que les lois lui ont confiées dans des vues d'ordre public et dans l'intérêt des citoyens; mais il est aussi de sa dignité qu'elle ne les revendique qu'appuyée de l'autorité des lois. »

558. — Ces critiques ont assurément une certaine valeur; nous préférons cependant, avec certains auteurs, proposer le système suivant : si la compétence de l'autorité administrative résulte d'un texte formel de loi, ce texte devra dans tous les cas être inséré dans l'arrêté. L'art. 9 est formel. Mais bien souvent la compétence administrative ne résulte pas de textes formels. Elle découle des principes généraux de notre droit public qui règlent la séparation des pouvoirs administratif et judiciaire, sans qu'aucune disposition spéciale de loi les consacre. En pareille hypothèse, la revendication de l'administration peut être parfaitement fondée. Cependant aucun texte de loi ne la consacre expressément. Il sera suffisant alors que le préfet rappelle les dispositions générales des lois de 1790 et de l'an III. Décider autrement ce serait interpréter trop étroitement l'art. 9 et restreindre arbitrairement les prérogatives légitimes de l'administration. — Chauveau et Tambour, t. 1, n. 485. — V. *suprà*, v° *Compétence administrative*.

559. — C'est dans cette distinction que se trouve selon nous la solution de cette question. Il faut seulement faire remarquer que la jurisprudence du Conseil d'Etat ne consacre pas nettement le système que nous adoptons. Dans les arrêts où il a admis la dispense de l'insertion textuelle, le Conseil d'Etat ne paraît pas avoir statué en vertu d'un système bien arrêté. Il est surtout déterminé par des considérations de fait, et certaines de ses décisions paraissent bien admettre qu'il peut y avoir dispense de l'insertion textuelle, même dans les hypothèses où existe un texte formel attribuant la connaissance de l'affaire à l'administration. Cette jurisprudence nous semble critiquable, et s'écarte très-nettement du système que nous proposons. — V. notamment Cons. d'Et., 7 nov. 1834, précité; — 3 janv. 1835, précité; — 8 févr. 1838, précité.

560. — L'observation des deux formalités de l'art. 9 est prescrite à peine de nullité. Le défaut de visa du jugement entraînera donc dans tous les cas et sans difficulté la nullité. Quant au défaut d'insertion textuelle de la disposition législative, la nullité sera plus ou moins fréquemment encourue suivant qu'on se ralliera à l'une ou l'autre des diverses opinions qui se sont produites à cet égard dans l'interprétation de l'art. 9. — V. *suprà*, n. 552 et s.

561. — Le préfet jouit-il, en prenant son arrêté de conflit, de la liberté d'étendre ou de restreindre la revendication soumise au tribunal dans le déclinatoire? Peut-il, en d'autres termes, demander plus ou moins dans l'arrêté de conflit qu'il n'a demandé dans le déclinatoire? Nul doute qu'il puisse demander moins. Des divergences existent, au contraire, sur le point de savoir s'il peut demander plus. Mais, à notre avis, cette controverse ne présente aucun intérêt; il est, en effet, de jurisprudence constante que le juge des conflits n'est pas lié par la revendication du préfet telle qu'elle est contenue dans l'arrêté de conflit. Il considère que cet arrêté le saisit intégralement de la question de compétence qui naît de l'affaire, et qu'il est libre de statuer comme il l'entend sans avoir aucunement à se préoccuper de l'arrêté de conflit. Avec cette jurisprudence, la question de savoir si le préfet peut aller au delà du déclinatoire dans l'arrêté de conflit ne présente qu'un très-médiocre intérêt. La question a toutefois été débattue publiquement en Conseil d'Etat, et elle a été résolue en ce sens que le préfet, dans l'arrêté de conflit, a une égale liberté pour étendre ou restreindre la revendication soumise au tribunal dans le déclinatoire. — Cons. d'Et., 9 déc. 1843. — V. Trib. confl. (sol. impl.), 1er févr. 1873, Angeli et Tisco, [S. 74.2.29, P. adm. chr., D. 73.3.57]

§ 3. Dépôt de l'arrêté de conflit au greffe et communication au tribunal.

562. — Lorsque le conflit est élevé en première instance, aucune difficulté ne s'élève sur la détermination du greffe auquel doit être remis l'arrêté de conflit : c'est au greffe du tribunal de première instance qu'il s'agit de dessaisir. — Cons. d'Et., 30 mai 1834, Imbert-Dubey, [P. adm. chr.]

563. — De même, dans le cas où le conflit est élevé pour la première fois en appel, c'est au greffe de la cour d'appel que doit être remis l'arrêté de conflit. — Cons. d'Et., 22 avr. 1842, Menestrel, [P. adm. chr.]

564. — Mais que décider dans le cas où le conflit est élevé devant la cour par application de l'art. 8 de l'ordonnance de 1828? Au greffe de quelle juridiction doit, en pareil cas, avoir lieu le dépôt de l'arrêté de conflit? D'après certains auteurs, le dépôt devrait être fait au greffe de la cour. Les art. 10 et 11 de l'ordonnance indiquent bien, sans doute, qu'en principe l'arrêté doit être déposé au greffe du tribunal qui a statué sur le déclinatoire. Mais ils supposent implicitement qu'il s'agit de dessaisir le tribunal encore saisi. Or, l'appel a précisément pour résultat de dessaisir le tribunal et de saisir la cour d'appel. C'est donc à elle que l'arrêté de conflit doit être communiqué par la voie du greffe. En le décidant ainsi, on ne fait qu'appliquer sainement les règles contenues dans les art. 10 et 11 de l'ordonnance. Suivant l'art. 12, Ord. 1er juin 1828, le tribunal saisi doit, après le dépôt de l'arrêté de conflit, ordonner qu'il sera sursis à toute procédure judiciaire. Or, ce tribunal ne peut prendre une pareille mesure qu'autant que l'arrêté lui est représenté. C'est donc à son greffe que cet acte doit être déposé; d'où il suit que lorsque c'est devant une cour d'appel que le préfet présente le déclinatoire préalable au conflit, le dépôt doit s'effectuer au greffe de cette cour. — V. Bouchené-Lefer, Princip. du dr. admin., p. 700; Pradier-Fodéré, Précis de dr. admin., n. 269; Cotelle, Cours de dr. admin., t. 4, n. 1517; Batbie, Précis du cours de dr. publ. et admin., p. 577; Tr. théor. et prat. de dr. publ. et admin., t. 7, n. 353; Serrigny, t. 1, n. 196; Chauveau et Tambour, t. 1, n. 490; Trolley, t. 5, n. 2207; Foucart, t. 3, n. 1817; Dufour, t. 3, n. 559.

565. — D'après d'autres auteurs, l'arrêté de conflit devrait, même dans l'hypothèse actuelle, être déposé au greffe du tribunal de première instance. On invoque en faveur de cette opinion les termes des art. 10 et 11 qui, il faut le reconnaître, paraissent bien supposer que le dépôt de l'arrêté de conflit doit toujours être fait au greffe du tribunal de première instance. De plus, les art. 13 et 14 chargent le procureur de la République de prévenir les avoués des parties et de transmettre au juge des conflits ses observations sur le conflit. Or, dans le cas qui nous occupe, le procureur de la République près le tribunal peut, bien plus facilement que le procureur général près la cour, remplir cette double mission. En effet, les parties n'ont pas encore d'avoué près la cour, et le procureur général n'a aucune connaissance de l'affaire. — V. en ce sens Lebon, année 1840, p. 149, note.

566. — Enfin, dans une opinion mixte, le conflit pourrait être déposé soit au greffe du tribunal, soit au greffe de la cour. Il y aurait là pour l'administration une pure faculté. Si l'arrêté de conflit était remis au greffe du tribunal de première instance, la justification de son existence serait faite devant la cour ou par le préfet, ou par les parties, ou par le procureur général renseigné par le procureur de la République. Si, au contraire, l'arrêté de conflit était remis au greffe de la cour d'appel, le procureur général pourra toujours demander au procureur de la République ses observations sur le conflit et le charger des avis à transmettre aux avoués. Il n'y a, dit-on, aucune raison de texte ou de bon sens pour trouver en cette matière une règle que les parties devront observer à peine de nullité. — Lebon, loc. cit.

567. — Sur cette question, la jurisprudence inclinait d'abord à décider que le dépôt doit être fait au greffe du tribunal de première instance. — Cons. d'Et., 30 mai 1834, précité.

568. — Un revirement semble toutefois s'être produit. Ainsi il a été jugé que le conflit élevé en cause d'appel doit être déposé au greffe de la cour d'appel, lors même qu'il a été élevé après arrêt de la cour portant confirmation du jugement de première instance qui retenait la connaissance de la cause. — Cons. d'Et., 31 déc. 1844, Arnoud, [S. 45.2.312, P. adm. chr.]

569. — ... Qu'il en est ainsi du cas où la cour d'appel, en rejetant le déclinatoire proposé par le préfet, renvoie l'affaire devant un tribunal de première instance. — Cons. d'Et., 5 sept. 1836, de Praslin, [S. 37.2.59, P. adm. chr.]

570. — ... Que, lorsque le déclinatoire préalable au conflit n'a pas été proposé en première instance, mais seulement en appel, et que la cour, en rejetant ce déclinatoire, a confirmé le jugement attaqué et a renvoyé les parties devant les premiers juges pour être procédé à une mesure interlocutoire par eux ordonnée, l'arrêté de conflit est nul s'il a été déposé au greffe du tribunal de première instance, et non au greffe de la cour qui a statué sur le déclinatoire. — Cons. d'Et., 25 avr. 1857, Guimard, [S. 58.2.516, P. adm. chr., D. 58.3.20]

571. — ... Que le conflit élevé contre un arrêt de la cour doit être déposé au greffe de cette cour. — Cons. d'Et., 15 mai 1858, Ville de Bordeaux, [S. 59.2.265, P. adm. chr., D. 59.3.37]

572. — ... Qu'il en serait ainsi, alors même que cette cour, en rejetant le déclinatoire du préfet, n'aurait fait que confirmer le jugement par lequel le tribunal de première instance se serait déclaré compétent. (Rés. impl.). — Même arrêt.

572 bis. — A quel greffe l'arrêté de conflit doit-il être déposé dans le cas où, le tribunal ayant admis le déclinatoire en première instance, la cour infirme le jugement d'incompétence du tribunal, et renvoie l'affaire au fond devant un autre juge? Sur cette question la jurisprudence est nettement fixée en ce sens que le dépôt de l'arrêté de conflit doit avoir lieu au greffe de la juridiction qui a eu la dernière connaissance du conflit, c'est-à-dire de la cour d'appel. — Cons. d'Et., 5 sept. 1836, précité. — Trib. confl., 10 janv. 1875, Chemin de fer d'Orléans, [S. 75.2.121, P. adm. chr., D. 75.3.95] — Sic, Block, v° Conflit, n. 124; Collignon, p. 166.

573. — Quand un tribunal a jugé au fond avant l'expiration du délai de quinzaine pendant lequel le conflit a été élevé et qu'une des parties a émis appel du jugement, ce n'est pas au greffe de la cour d'appel, mais au greffe du tribunal de première instance que l'arrêté de conflit doit être déposé. — Trib. confl., 14 janv. 1880, Mailles et autres, Frères des écoles chrétiennes, [S. 84.3.39, P. adm. chr., D. 80.3.91]

574. — Le greffier du tribunal ou de la cour doit remettre au préfet un récépissé de l'arrêté de conflit, sans frais, sur papier libre, et qui doit être visé par le procureur de la République (Circ. min., 5 juill. 1828). Le dépôt de l'arrêté de conflit est suffisamment établi par le récépissé du greffier d'une cour d'appel, encore bien que le contraire se trouve énoncé dans les motifs d'un arrêt subséquent de cette même cour, arrêt dans lequel le conflit est considéré comme non avenu faute de dépôt au greffe en temps utile. — Cass., 26 mars 1834, Préfet du Finistère, [S. 34.1.324, P. chr.]

575. — On doit joindre à l'arrêté toutes les pièces qui sont visées dans cet arrêté (art. 18 de l'ordonnance). Mais ces pièces seules sont exigées. Aussi on ne peut demander le dépôt de pièces non visées dans l'arrêté mais dont il est fait mention dans des pièces qui, elles, sont visées dans cet arrêté. — Cons. d'Et., 23 déc. 1845, Bourguignon, [P. adm. chr., D. 46.3.84]

576. — « Si l'arrêté de conflit a été déposé au greffe en temps utile, le greffier le remettra immédiatement au procureur du roi, qui le communiquera au tribunal réuni dans la chambre du conseil, et requerra que, conformément à l'art. 27, L. 24 fruct. an III, il soit sursis à toute procédure judiciaire » (art. 12, Ord. de 1828). Il ne faudrait point conclure de cet article, ainsi que sa rédaction semble l'indiquer, que si l'arrêté de conflit n'a point été déposé au greffe en temps utile, le greffier ne sera pas tenu de le remettre au procureur de la République. Le greffier n'est pas constitué juge de l'efficacité du dépôt, il n'est qu'un simple agent de transmission, et il doit, en conséquence, dans tous les cas, remettre au procureur de la République l'arrêté qu'il aura reçu du préfet. — Cons. d'Ét., 21 févr. 1834, Prévost-Dulas, [P. adm. chr.]; — 29 avr. 1843, Brun, [P. adm. chr.] — *Sic*, Duvergier, t. 28, p. 185, note 2; Chauveau et Tambour, t. 1, n. 493.

577. — La jurisprudence a accusé très-nettement le caractère de simple agent de transmission que nous attribuons en cette matière au greffier, en décidant que le dépôt au greffe de l'arrêté pourrait être remplacé par la remise directe au parquet, sous la seule condition que cette remise ait lieu dans les délais. — Trib. confl., 9 déc. 1882, Pâtissier, [S. 84.3.67, P. adm. chr., D. 84.3.50]

578. — Il a été jugé aussi, en ce sens, que l'arrêté de conflit est valable bien qu'il n'ait été adressé qu'au procureur de la République (ou au procureur général, en cas d'appel), et déposé par ce magistrat au parquet, au lieu de l'avoir été directement au greffe. — Cons. d'Ét., 7 août 1843, Dupouët, [S. 44.2.38, P. adm. chr.]; — 12 févr. 1870, Deville, [S. 71.2.190, P. adm. chr.]

579. — Une pareille manière de procéder ne peut, en effet, compromettre aucun intérêt, puisque, aussitôt après le dépôt au greffe, l'arrêté de conflit doit, suivant l'art. 12 de l'ordonnance de 1828, être remis par le greffier au ministère public, lequel saisit le tribunal. Il importe seulement que l'envoi de l'arrêté ait eu lieu dans le délai de quinzaine, à partir de la réception par le préfet du jugement qui a statué sur son déclinatoire.

580. — Une fois en possession de l'arrêté de conflit, soit qu'il l'ait reçu directement, soit qu'il l'ait reçu par l'intermédiaire du greffier, le procureur doit en donner immédiatement connaissance au tribunal et requérir le sursis. Tandis que nous avons vu que pour le déclinatoire le procureur jouit de la latitude de le soutenir ou de le combattre, cette liberté lui est enlevée dès qu'il y a arrêté de conflit. Il doit alors, dans tous les cas et quel que soit son avis sur la validité du conflit, requérir le sursis conformément aux dispositions de l'art. 27, L. 21 fruct. an III.

581. — La communication doit être faite et le réquisitoire prononcé dans la chambre du conseil. On a voulu par cette disposition ménager la dignité de la magistrature que l'on pourrait considérer comme compromise s'il était possible d'enlever en séance publique aux tribunaux la connaissance d'affaires qu'ils prétendent conserver, alors qu'il ne leur est pas permis de discuter la valeur de l'acte au moyen duquel on la leur enlève.

582. — Du reste, il y a lieu d'appliquer ici le principe général posé dans l'art. 5, et en vertu duquel les fautes des agents de l'autorité administrative seule entachent les procédures de conflit de nullité (V. *suprà*, n. 392). Les fautes du greffier ou du procureur de la République dans les fonctions qui leur sont respectivement confiées n'influent donc jamais sur la procédure du conflit. — Jugé, en ce sens, qu'un conflit est régulier, bien que l'arrêté de conflit déposé au greffe du tribunal dans le délai prescrit n'ait été transmis par le procureur à la chancellerie que plusieurs mois après l'expiration de délai de quinzaine du dépôt au greffe, au lieu de l'être immédiatement, conformément aux dispositions de l'art. 14 de l'ordonnance. — Cons. d'Ét., 19 janv. 1869, Cie des mines de la Grand'Combe, [S. 70.2.129, P. adm. chr., D. 70.3.5] — Trib. confl., 14 avr. 1883, Sœurs de la Providence de Troyes, [S. 85.3.16, P. adm. chr., D. 84.3.73]

583. — ... Que le défaut d'observation des formalités prescrites par les art. 12 et s., Ord. 1er juin 1828, pour la communication du conflit aux juges saisis de l'affaire dans laquelle il a été élevé, n'emporte pas déchéance du conflit. — Cass., 26 mars 1834, Préfet du Finistère, [S. 34.1.324, P. chr.]

§ 4. *Effets de l'arrêté de conflit.*

584. — A partir de la communication qui en est donnée à l'autorité judiciaire par le dépôt au greffe, le conflit cesse d'appartenir au préfet qui l'a élevé. Comme le dit très-bien M. Collignon « ce n'est pas là un de ces actes administratifs que l'administrateur mieux informé peut toujours rétracter ou modifier tant qu'ils n'ont pas conféré des droits aux tiers; c'est un acte *sui generis* et d'une nature trop grave pour qu'il ne doive pas, dès le jour où il s'est accompli, tomber et demeurer dans la compétence exclusive et souveraine du juge supérieur des conflits ». Dès lors, à partir de cette communication, le préfet ne peut pas rapporter son arrêté de conflit. Il ne peut pas davantage en limiter les effets par un arrêté subséquent. — Cons. d'Ét., 20 juin 1821, Loustalet, [S. chr., P. adm. chr.]; — 7 avr. 1824, Leroy et Duhamel, [S. chr., P. adm. chr.] — *Sic*, Chevalier, t. 1, p. 222; Serriguy, t. 1, n. 199; Collignon, p. 171; Cormenin, t. 1, p. 430.

585. — D'autre part, les parties ne peuvent pas non plus venir contester la validité de l'arrêté de conflit. En effet, cet arrêté suspend tous les actes de procédure; il n'y a dès lors plus d'instances ni de contestations contradictoires possibles. Le débat ne porte plus sur des intérêts privés. L'intérêt public est désormais seul en jeu jusqu'au moment où le tribunal des conflits aura statué.

586. — En conséquence, le tribunal ou la cour saisie doit surseoir à statuer jusqu'au jugement sur le conflit. La juridiction saisie ne pourrait, sous peine de forfaiture, ni passer outre au jugement de la cause, ni retenir l'affaire conditionnellement, ni ordonner l'exécution des jugements ou arrêts déjà intervenus, ni enfin déclarer qu'il n'y a pas lieu de s'arrêter au conflit notifié. Tous actes, tous jugements rendus postérieurement à cette notification régulière sont à considérer comme nuls : c'est là un des principes fondamentaux de la matière, que la jurisprudence a nettement consacré et que la doctrine admet sans conteste. — Cass., 18 pluv. an XI, Philipport, [S. chr.] — Cons. d'Ét., 22 janv. 1824, Garcement de Fontaines, [S. chr., P. adm. chr.]; — 25 avr. 1828, Muret de Bord, [P. adm. chr.]; — 29 mars 1831, Préfet de Seine-et-Marne, [S. 32.2.22, P. adm. chr.]; — 2 juill. 1836, Pierre, [P. adm. chr.]; — 7 août 1843, Dupont, [P. adm. chr.] — Trib. confl., 13 nov. 1875, de Chargère, [S. 77.2.279, P. adm. chr., D. 76.3.38] — *Sic*, Foucart, t. 3, n. 1918; Serriguy, t. 1, n. 198; Chauveau et Tambour, n. 494; Collignon, p. 172.

587. — Il a même été jugé que le tribunal ne pourrait pas, en présence de l'arrêté de conflit, se contenter de prononcer l'ajournement de la cause à des dates ultérieures, au lieu d'ordonner le sursis; qu'en agissant ainsi il commettrait un excès de pouvoir. — Trib. confl., 17 janv. 1874, Ferrandini et Ribetti, [S. 75.2.341, P. adm. chr., D. 74.3.2] — *Sic*, Block, v° *Conflit*, n. 132.

588. — ... Que lorsqu'une affaire est portée devant l'autorité administrative après jugement de compétence par l'autorité judiciaire, s'il a été formé une demande en règlement de juges devant la Cour de cassation, cette cour doit surseoir jusqu'à la décision de l'autorité administrative sur le conflit. — Cass., 14 germ. an XI, Despinay, [S. et P. chr.]

589. — Si, sans statuer sur le déclinatoire, le tribunal a rendu un jugement au fond, ou a statué dans le même jugement sur le déclinatoire et sur le fond, l'effet de l'arrêté de conflit sera d'empêcher l'exécution du jugement. — Duvergier, note 6, sous l'art. 12, Ord. 1er juin 1828; Collignon, p. 173.

590. — Jugé, en ce sens, que le conflit élevé par un préfet emporte sursis à toutes poursuites judiciaires, même à l'exécution de l'arrêt définitif d'une cour d'appel, jusqu'à ce que le Conseil d'Etat (aujourd'hui le Tribunal des conflits) ait statué. — Cons. d'Ét., 20 avr. 1822, Palmerini, [S. chr., P. adm. chr.]

591. — Enfin, indépendamment de la sanction civile qui consiste dans l'annulation de toutes les procédures postérieures à la notification, l'obligation pour les juges de surseoir à statuer est encore sanctionnée pénalement par l'art. 128, C. pén., qui déclare coupables de forfaiture et punit d'une amende de 16 à 150 fr. les juges qui ont procédé au jugement d'une affaire réclamée par l'administration, et les officiers du ministère public qui ont fait des réquisitions ou donné des conclusions à l'occasion de ce jugement. — V. aussi art. 130 et 131, C. pén.

592. — Sur la question de savoir si les tribunaux doivent surseoir même au cas de nullité de l'arrêté de conflit, ou s'ils peuvent en examiner la validité extrinsèque, V. *suprà*, n. 594 et s.

593. — Il faut, du reste, remarquer que l'obligation de surseoir à statuer existe aussi bien pour l'autorité administrative que pour l'autorité judiciaire. L'autorité administrative qui se prétend compétente doit s'abstenir de statuer sur la question qu'elle réclame jusqu'à ce qu'elle lui soit renvoyée par le jugdes conflits. Le jugement rendu avant ce renvoi devrait être annulé. — V. *suprà*, n. 546.

594. — Toutefois, l'autorité administrative pourrait, en tout état de cause, prendre des mesures qui se rapporteraient à la question sans la préjuger. — V. *suprà*, n. 548.

595. — On s'est demandé si l'autorité judiciaire pourrait encore statuer pour se dessaisir elle-même et se déclarer incompétente, après qu'elle a reçu communication de l'arrêté de conflit. La question ne peut se présenter que dans l'hypothèse spéciale suivante : c'est lorsque, le tribunal ayant admis le déclinatoire proposé par le préfet, il est fait appel de son jugement devant la cour. On sait qu'en cette hypothèse, le préfet jouit du droit d'élever le conflit dans la quinzaine sans déclinatoire préalable. La cour n'est donc point alors mise en demeure de statuer sur sa compétence par un acte du préfet. Peut-elle statuer sur ce point *proprio motu*, même après la notification de l'arrêté de conflit? Pour admettre l'affirmative sur cette question, on pourrait invoquer les considérations suivantes : il est conforme à l'esprit de l'ordonnance que la juridiction dont il s'agit de dessaisir par le conflit affirme nettement son intention de connaître de l'affaire. D'autre part, en se déclarant incompétente, la juridiction saisie ne fait qu'acquiescer à la revendication exercée par le préfet. Pourquoi prohiber cet acquiescement qui fait disparaître toute idée de conflit?

596. — Nonobstant la valeur de ces raisons, la négative nous paraît préférable. Elle est d'abord plus conforme au texte même de l'ordonnance, qui prescrit d'une manière absolue de surseoir à toute poursuite ou acte judiciaire. D'autre part, il serait illogique de reconnaître au juge le pouvoir de se déclarer incompétente, tandis qu'on est forcément obligé de lui refuser celui de se déclarer compétente. Enfin, l'argument déduit de l'acquiescement n'est pas décisif. Il s'agit, en effet, de savoir si cet acquiescement demeure possible au moment de la procédure où nous sommes placés, ou si, au contraire, le conflit élevé ne crée pas une situation intéressant l'ordre public, et qu'il ne peut dépendre de la cour de modifier. — Chauveau et Tambour, t. 1, n. 495; Collignon, p. 174.

597. — Si l'arrêté de conflit est annulé pour vices de forme, le préfet peut toujours le renouveler jusqu'au jugement définitif sur le fond. — Cons. d'Et., 15 déc. 1842, Menestrel, [S. 43.2.106, P. adm. chr.]

598. — Jugé, en ce sens, que l'annulation d'un conflit élevé par un préfet incompétent ne fait pas obstacle à ce que, dans la même affaire le préfet compétent propose un nouveau déclinatoire et élève le conflit. — Cons. d'Et., 29 juin 1842, Desfourniers, [P. adm. chr.]; — 18 déc. 1848, Commune des Angles, [S. 49.2.125, P. adm. chr.]

599. — Jugé aussi que le préfet, dont l'arrêté de conflit a été annulé comme n'ayant pas été déposé devant le tribunal qui avait statué sur le déclinatoire, a pu proposer de nouveau le déclinatoire et élever le conflit devant le tribunal saisi de l'affaire. — Cons. d'Et., 9 janv. 1843, Audibert, [P. adm. chr.]

600. — Jugé encore que cette annulation ne fait pas obstacle à ce que, sur une question préjudicielle élevée ultérieurement dans le cours de l'instance, un nouveau conflit ne soit élevé. — Cons. d'Et., 30 mars 1842, Blanchet, [S. 42.2.325, P. adm. chr.]

601. — ... Ni à ce qu'il soit élevé un nouveau conflit en cour d'appel, après annulation de celui élevé en première instance. — Cons. d'Et., 31 déc. 1844, Arnoud, [S. 45.2.312, P. adm. chr.]

CHAPITRE V.

DE L'INSTRUCTION SUR CONFLIT ET DES EFFETS DES DÉCISIONS SUR CONFLIT.

Section I.

De l'instruction et du jugement sur conflit.

602. — Une fois le tribunal régulièrement dessaisi par l'arrêté de conflit, comment s'instruit le jugement du conflit? C'est ce que nous devons maintenant examiner. L'art. 13, Ord. 1er juin 1828, indique en ces termes les premières formalités qui doivent être accomplies après le dessaisissement du tribunal :

« après la communication ci-dessus (communication de l'arrêté de conflit au tribunal réuni en la chambre du conseil), l'arrêté du préfet et les pièces seront rétablies au greffe, où ils resteront déposés pendant quinze jours. Le procureur de la République en préviendra de suite les parties ou leurs avoués, lesquels pourront en prendre communication sans déplacement et remettre, dans le même délai de quinzaine, au parquet du procureur de la République, leurs observations sur la question de compétence avec tous documents à l'appui. »

603. — L'art. 13 organise ainsi la mise en œuvre du principe admis par l'ordonnance, d'après lequel les parties peuvent présenter leurs observations devant le juge des conflits. Pour que ces observations aient de la valeur, il est indispensable que les parties puissent prendre connaissance de toutes les pièces de la procédure. Une ordonnance du 12 déc. 1821 a déterminé la manière dont les parties devraient être prévenues.

604. — Elles seront averties par une simple lettre du procureur de la République, dont la réception devra être constatée par un certificat des avoués des parties ou du maire de leur domicile (art. 2). Que décider si le procureur négligeait d'avertir les parties, ainsi que l'art. 2 de l'ordonnance de 1821 lui en fait un devoir? Les parties qui n'auraient pas reçu l'avertissement qu'elles doivent recevoir seraient-elles recevables à attaquer la décision du tribunal des conflits rendue sans qu'elles aient eu connaissance du débat qui s'agitait devant lui?

605. — Les textes et les principes commandent sur cette question une solution négative. Au point de vue des principes d'abord, il est incontestable que la reconnaissance d'un droit de recours au profit des parties entraînerait des délais et une incertitude incompatibles avec le système général des conflits. En outre, on sait que, d'une façon générale, il n'y a que les fautes de l'administration qui puissent influer sur la validité des conflits, celles de l'autorité judiciaire ne viciant en rien cette procédure (V. *suprà*, n. 392). Pour déroger ici à ce principe, il faudrait des raisons très-sérieuses qui n'existent pas. En effet, l'intervention des parties est admise avant tout dans leur intérêt et nullement dans une vue d'ordre public. D'ailleurs, au point de vue du droit positif actuel, la question ne se pose pas. Elle est formellement résolue par l'art. 10, Règl. 28 oct. 1849, duquel il résulte très-nettement que la négligence du procureur qui n'a point averti les parties, n'entraîne aucune nullité de la procédure.

606. — On peut seulement regretter qu'aucune sanction pénale n'existe contre le représentant du ministère public négligent ou infidèle. Les parties, privées par l'art. 10 du règlement de 1849 de la possibilité de faire réviser les décisions du tribunal des conflits, sont sans garantie aucune, et à la merci de l'autorité judiciaire. C'est une lacune regrettable qui peut s'expliquer historiquement par ce fait déjà constaté bien des fois, que pendant longtemps on n'a eu en vue, dans la réglementation du conflit, que les moyens propres à assurer l'indépendance de l'autorité administrative. On ne s'est point préoccupé de réprimer les empiètements qu'elle pourrait elle-même commettre. On a laissé ainsi une trop large part à son arbitraire.

607. — Aussitôt après avoir été prévenues, les parties peuvent prendre connaissance de l'arrêté de conflit au greffe, et des pièces y annexées. La communication doit être faite sans déplacement. Dans le délai de quinzaine durant lequel les pièces doivent rester déposées au greffe aux termes de l'art. 13 précité (et non pas dans un délai de quinzaine qui commencerait à courir, comme on pourrait le croire, à compter du jour où elles ont été averties), les parties doivent remettre leurs observations sur la question de compétence avec tous les documents à l'appui. La remise de ces pièces doit être faite non pas au greffe, mais au parquet du procureur de la République. La raison déterminante qui paraît avoir amené les rédacteurs de l'ordonnance à désigner le parquet du procureur au lieu du greffe, c'est qu'il était d'usage, antérieurement à l'ordonnance de 1828, de percevoir dans les greffes certains droits à l'occasion de ces dépôts. On voulut éviter désormais ces frais aux parties, et pour ce motif on désigna le parquet à la place du greffe. Il y a, du reste, un autre motif très-plausible de cette désignation : c'est le procureur de la République qui est chargé de transmettre les observations des parties avec l'arrêté de conflit au ministère de la justice. Il est donc tout naturel que ce soit à lui que ces pièces soient remises.

608. — On décide, en général, que la remise des pièces au parquet du procureur ne doit pas nécessairement avoir lieu à peine de nullité dans le délai de quinzaine. Si les parties ne déposaient pas leurs mémoires et documents dans ce délai, elles s'exposeraient seulement à ce qu'ils ne soient pas transmis au juge des conflits en même temps que les autres pièces de la procédure, puisque ces pièces doivent être envoyées au garde des sceaux immédiatement après l'expiration du délai prévu par l'art. 13.

609. — Mais à partir de quel moment commence à courir le délai pendant lequel les pièces doivent rester déposées au greffe ? Court-il du jour du dépôt fait par le préfet de son arrêté de conflit, ou seulement du jour où les pièces communiquées au tribunal ont été rétablies au greffe ? Il faut décider, sans hésiter, que c'est seulement à compter du jour du rétablissement des pièces au greffe que commence à courir le délai de quinzaine. Il est, en effet, de toute évidence que l'ordonnance a voulu donner quinze jours aux parties pour prendre communication des pièces et fournir leurs observations ; or, elles ne peuvent prendre communication des pièces qu'à compter du jour où elles ont été remises au greffe ; c'est donc à compter de ce jour seulement que doit commencer à courir le délai de quinzaine. On peut ajouter que l'art. 13 déclare, d'une manière très-explicite, que l'arrêté du préfet et les pièces resteront déposés pendant quinze jours. — Chauveau et Tambour, t. 1, p. 499; Collignon, p. 184.

610. — « Du reste, dit fort bien Serrigny, cette question n'a pas beaucoup d'importance : car l'extension du délai de quinzaine fixé par l'art. 13 serait sans influence sur la régularité du conflit. La raison en est ici qu'il s'agirait de négligence imputable à l'autorité judiciaire, qui ne peut compromettre la revendication de l'autorité administrative (V. *suprà*, n. 392). Ce n'est donc qu'une injonction qui se trouve point à sa sanction immédiate dans les termes de l'ordonnance réglementaire ». — Serrigny, t. 1, n. 200.

611. — D'autre part, pourvu que les parties aient quinze jours pour prendre les communications nécessaires, tout est régulier. Un conflit ne pourrait donc être annulé par ce motif qu'il ne se serait pas écoulé quinze jours entre la communication faite à la cour et l'envoi des pièces, lorsqu'il est, du reste, constant que les parties avaient été averties au moment du dépôt et qu'elles avaient eu, à dater de ce dépôt, le temps prévu par l'ordonnance. — Cons. d'Et., 7 déc. 1847, de Schonendall d'Arimont, [P. adm. chr.] — Sic, Chauveau et Tambour, t. 1, n. 500.

612. — Le dépôt et le rétablissement des pièces au greffe doivent se faire sans frais (Arg., art. 10, Ord. 1er juin 1828). Ils sont constatés, sans qu'il y ait nécessité de dresser un acte de dépôt, par des mentions inscrites sur le registre qui, aux termes de la circulaire du garde des sceaux du 5 juill. 1828, doit être tenu par les greffiers pour assurer l'accomplissement des obligations personnelles qui leur sont imposées.

613. — Le procureur de la République est chargé de transmettre, aussitôt les délais ci-dessus expirés, l'arrêté de conflit et les pièces à l'appui au ministre de la Justice. C'est ce qui résulte de l'art. 14, Ord. 1828 : « Le procureur de la République informera immédiatement notre garde des sceaux, ministre secrétaire d'État au département de la justice, de l'accomplissement desdites formalités et lui transmettra en même temps l'arrêté du préfet, ses propres observations et celles des parties, s'il y a lieu, avec toutes les pièces jointes. Le texte de l'envoi sera consigné sur un registre à ce destiné.......... » (V. art. 12, Règl. 28 oct. 1849).

614. — L'envoi du procureur de la République doit comprendre les pièces suivantes (Circ. chanc. 13 déc. 1847, reproduite par la circulaire du 9 août 1873) : 1° La citation, ou plus généralement l'exploit introductif de l'instance qui donne lieu au conflit (Note de la chancellerie, *Recueil du minist. de la Justice*, t. 3, p. 239, note 3).

615. — 2° Les conclusions des parties. Il n'y a pas à distinguer entre les diverses conclusions possibles : conclusions au fond ou sur la question de compétence. Toutes servent plus ou moins directement à déterminer la nature de l'instance, et elles peuvent fournir au juge des conflits d'utiles indications. Elles devront donc être produites par les avoués, auxquels les originaux et les copies seront rendus après la décision sur le conflit. Et les conclusions de toute nature devraient être comprises dans la production, alors même qu'elles seraient rappelées textuellement dans les jugements ou arrêts (Note de la chancellerie, *loc. cit.*).

616. — ... 3° Le déclinatoire proposé par le préfet (Ord. 12 mars 1831, art. 6).

617. — ...4° Le jugement sur la compétence. Les jugements ou arrêtés doivent être transmis sous la forme d'expéditions complètes et non de simples extraits (Circ. min. just., 15 déc. 1847; Ord. 12 mars 1831, art. 6).

618. — ... 5° L'arrêté de conflit (Ord. 12 mars 1831, art. 6).

619. — ... 6° Les observations des parties ou de leurs avoués, s'il en a été présenté dans le délai fixé (Ord. 1er juin 1828, art. 13 et 14).

620. — ... 7° Celles du ministère public (Ord. 1er juin 1828, art. 14).

621. — ... 8° Les conclusions du ministère public sur le déclinatoire du préfet. Le juge des conflits accorde d'ordinaire une très-grande attention aux conclusions du ministère public. Il les mentionne toujours dans les visas de sa décision (Ord. 1er juin 1828, art. 7).

622. — ... 9° Les observations faites par le ministère public en communiquant l'arrêté de conflit à la juridiction dessaisie (Ord. 1er juin 1828, art. 14).

623. — ...10° Le jugement qui a dû être prononcé sur les réquisitions de sursis faites au tribunal par le ministère public en lui communiquant l'arrêté de conflit (Ord. 1er juin 1828, art. 12; Circ. min. just. 5 juill. 1828).

624. — ... 11° Enfin toutes les pièces visées dans l'arrêté de conflit qui ne seraient pas comprises dans l'énumération qui précède et qui doivent y être jointes par application de l'art. 10 de l'ordonnance de 1828 ; tel serait notamment l'acte d'appel.

625. — Au dossier qu'il envoie au garde des sceaux, le ministère public doit ajouter un inventaire des pièces qui le composent (Circ. 5 juill. 1828) et un extrait du registre de mouvement.

626. — Dans le cas où l'une des pièces mentionnées ci-dessus n'existerait pas, le procureur de la République doit, en transmettant le dossier, signaler l'absence de la pièce et indiquer le motif pour lequel elle ne peut être produite. La déclaration à cet égard équivaut à l'envoi même des pièces manquantes (Note de la Chancellerie, *loc. cit.*).

627. — Au cas où le conflit serait élevé dans des matières correctionnelles comprises dans l'exception prévue par l'art. 2 de la présente ordonnance, il serait procédé conformément aux art. 6, 7 et 8 de l'ordonnance de 1828. Cet article consacre l'application pure et simple aux matières correctionnelles pouvant donner lieu à conflit de la procédure générale du conflit que nous venons d'exposer.

628. — Telles sont les pièces qui, d'après la circulaire ministérielle du 15 déc. 1847, doivent composer le dossier d'une affaire de conflit. Cette circulaire exige certaines observations : d'abord elle est incomplète dans son énumération. C'est ainsi qu'elle n'indique pas comme devant être envoyées les pièces mentionnées dans l'arrêté de conflit. Or l'envoi de ces pièces est certainement obligatoire. En revanche, l'envoi des pièces qu'elle indique n'est pas toujours obligatoire. L'envoi des pièces indiquées aux n. 1°, 2°, 3°, 4°, 5°, 6°, 7°, ci-dessus étant prescrit par les ordonnances de 1828 ou de 1831, est certainement obligatoire. Mais il n'en est plus de même pour les pièces indiquées aux n. 8 à 11, car l'obligation d'envoi pour ces pièces résulte de la circulaire et non pas d'un texte législatif ou d'une ordonnance.

629. — Le défaut d'envoi de l'une quelconque des pièces dont l'envoi est obligatoire, a pour conséquence de suspendre le délai du jugement du conflit. — Block, v° *Conflit*, n. 141 et s.; Collignon, p. 188, note 1.

630. — Dans le cas où, pour entraver la procédure, les parties refuseraient de remettre les pièces dont elles sont nanties, aucun moyen de coërcition spéciale n'existe à leur égard. On ne pourrait que requérir contre leurs avoués l'application des peines disciplinaires dont ces officiers ministériels sont passibles pour ne point obéir à la justice (Circ. min. 1er déc. 1849).

631. — D'ailleurs, l'inobservation de l'une des formalités prescrites par les art. 12, 13 et 14 de l'ordonnance de 1828 n'entraînera jamais la nullité du conflit, puisque ces formalités sont remplies à la diligence des magistrats et agents de l'autorité judiciaire qui, nous l'avons dit (*supra*, n. 392), ne peuvent par leur négligence entraver l'exercice du conflit. — Chauveau et Tambour, t. 1, n. 502; Collignon, p. 189, note 4.

632. — Indépendamment de toutes les pièces ci-dessus indiquées, le juge des conflits serait en droit de réclamer toutes les pièces que l'examen du dossier lui ferait considérer comme nécessaires. — V. *infrà*, n. 661.

633. — Lorsque le dossier relatif à un arrêté de conflit n'a pu être retrouvé, et qu'il n'est pas établi que cet arrêté ait été envoyé au ministère de la Justice, le préfet peut, en cas de reprise d'instance par la partie, proposer un déclinatoire et, le cas échéant, élever de nouveau le conflit. — Trib. confl., 24 juin 1876, Bienfait, [S. 78.2.278, P. adm. chr., D. 77.3.18]

634. — Dans les vingt-quatre heures de la réception du dossier, le ministre doit adresser au procureur un récépissé énonciatif des pièces reçues, qui doit être déposé au greffe du tribunal de première instance ou de la cour. — V. *infrà*, n. 660.

635. — Aussitôt après la réception des mêmes pièces, le ministre de la Justice est tenu de les transmettre au secrétariat du tribunal des conflits (Règl. 28 oct. 1849, art. 12), où elles doivent être enregistrées.

636. — Il doit, en outre, dans les cinq jours de l'arrivée des pièces, en donner communication au ministre dans les attributions duquel se trouve placé le service auquel se rapporte le conflit.

637. — C'est là une innovation du règlement du 28 oct. 1849 (art. 12). Antérieurement, le ministre de la Justice soutenait seul le conflit. On a pensé avec juste raison qu'il y aurait intérêt, afin d'obtenir un jugement éclairé du conflit, à consulter le ministre du service directement intéressé par ce conflit. La date de la communication au ministre compétent est consignée sur un registre à ce destiné.

638. — Ce ministre doit fournir ses observations dans un délai de quinzaine, à l'expiration duquel les pièces doivent être rétablies au secrétariat du tribunal des conflits, sans qu'il y ait à distinguer si le ministre a effectivement ou non fourni ses observations (Règl. 28 oct. 1849, *loc. cit.*). — Collignon, *loc. cit.*

639. — Dès que les pièces sont parvenues au secrétariat du tribunal des conflits elles y sont enregistrées, et la date de la communication est consignée sur un registre spécial afin de garantir l'exactitude de l'envoi et le point de départ du délai dans lequel devra être jugé le conflit. — Collignon, p. 190.

640. — Quant aux avocats des parties, ils peuvent bien prendre communication des pièces, mais sans déplacement (art. 13, Règl. 28 oct. 1849).

641. — On sait que toute affaire soumise au tribunal des conflits ne peut être jugée qu'après la lecture d'un rapport fait par un membre du tribunal désigné par le ministre de la Justice immédiatement après l'enregistrement des pièces au secrétariat du tribunal (art. 6, Ord. 21 mars 1831). Dans les vingt jours qui suivent le dépôt des pièces ou leur rétablissement au greffe, selon qu'il y a lieu ou non de les communiquer à un ministre compétent, le rapporteur désigné doit faire au secrétariat le dépôt du rapport et des pièces (art. 14, Règl. 28 oct. 1849).

642. — Le rapport doit être écrit en entier et transmis par le secrétaire du tribunal des conflits à celui des commissaires du gouvernement que le ministre a désigné pour chaque affaire (art. 7, *Ibid.*).

643. — Dans aucune affaire les fonctions de rapporteur et de ministère public ne pourront être remplies par deux membres pris dans la même corps (Conseil d'Etat et Cour de cassation) (art. 7, Règl. 26 oct. 1849). C'est là une garantie d'impartialité qu'il importe de signaler.

644. — Au jour indiqué pour l'audience, le rapporteur donne lecture de son rapport; les parties sont admises à présenter leurs observations orales, et le commissaire du gouvernement à donner ses conclusions (art. 8, *Ibid.*). Les observations orales que les parties peuvent présenter au cours des débats ne font évidemment aucun obstacle à ce qu'elles soumettent au juge des conflits des observations écrites. Ce sont là deux droits distincts consacrés par des dispositions différentes, l'art. 8 de l'ordonnance de 1849, pour les observations orales, l'art. 14, Ord. 1er juin 1828, pour les observations écrites, et qui ne s'excluent nullement l'un l'autre.

645. — Les parties peuvent-elles être admises à présenter elles-mêmes leurs observations orales, ou doivent-elles recourir forcément au ministère d'un avocat à la Cour de cassation et au Conseil d'Etat? Dans une espèce qui lui était soumise, le tribunal des conflits a admis que les parties pouvaient être admises à présenter elles-mêmes leurs observations orales. — Trib. confl., 17 avr. 1886, O'Corrol, [S. 88.3.10, P. adm. chr., D. 87.3.95]

646. — Cette solution est critiquée. Devant le Conseil d'Etat, a-t-on dit, les parties ne sont pas admises à présenter des observations orales (V. Cons. d'Et., 7 août 1883, Bertot, Leb. chr., p 769); et, d'après la législation sur la matière, il doit en être de même devant le tribunal des conflits. En effet, le décret du 26 oct. 1849, portant règlement d'administration publique sur le mode de procéder devant ce tribunal, réserve implicitement cette faculté aux seuls avocats au conseil. Aussi l'art. 8 de ce décret porte-t-il qu'immédiatement après le rapport, les avocats des parties peuvent présenter des observations orales. D'un autre côté, l'art. 83, C. proc. civ., qui autorise les parties à se défendre elles-mêmes à la condition d'être assistées de leurs avoués, n'est pas au nombre de ceux que l'art. 11 du règlement de 1849 déclare applicables au Tribunal des conflits. — V. note sous Trib. confl., 17 avr. 1886, précité, dans le Recueil Lebon.

647. — Au surplus, nonobstant ce droit de présenter des observations orales ou écrites, on ne peut dire que les parties jouent un rôle actif dans l'instance sur le conflit. Il serait illogique d'en décider autrement dans une législation qui, comme notre législation actuelle, refuse aux plaideurs le droit d'élever le conflit (V. *suprà*, n. 374 et s.). En outre, on ne peut dire que le conflit intéresse directement les parties. C'est avant tout un débat entre l'autorité administrative et l'autorité judiciaire sur une pure question de compétence. — Trolley, t. 3, n. 2161.

648. — On pourrait, dès lors, se demander pour quel motif la loi autorise les parties à présenter des observations orales et des observations écrites. Il y a à cela un double motif : d'abord, si les parties ne sont pas directement intéressées, le jugement sur la compétence ne leur est cependant pas complètement indifférent. Elles peuvent avoir des intérêts divers à être jugées par une juridiction plutôt que par une autre. Les tendances des tribunaux administratifs ne sont certainement pas les mêmes que celles des tribunaux judiciaires. En outre, indépendamment de leur intérêt il y a l'intérêt social. On a considéré qu'il importait de les entendre pour connaître à fond l'affaire; le tribunal des conflits ne peut qu'être mieux éclairé en prenant connaissance de leurs observations.

649. — En définitive donc, les parties ne sont admises qu'à titre de simple renseignement. D'où cette conséquence importante qu'elles ne peuvent pas prendre des conclusions spéciales. Elles ne peuvent exposer que les conclusions prises et les moyens invoqués avant que le conflit ait été élevé et non des chefs de demande qui, n'ayant pas été soumis à l'autorité judiciaire, se produiraient simplement après l'arrêté de conflit. Leur mission se borne à renseigner le juge des conflits. Elles ne peuvent aller au delà.

650. — De même que les observations doivent être circonscrites dans les limites du litige primitif, de même les plaideurs engagés dans le litige doivent être seuls admis à fournir leurs observations. Il a été jugé, en ce sens, qu'une administration publique qui n'a pas été partie dans l'instance à la suite de laquelle un conflit est élevé, ne peut être admise à présenter des observations sur ce conflit. — Cons. d'Et., 7 déc. 1866, Henrys, [S. 67.2.91, P. adm. chr, D. 67.3.90]

651. — Du reste, lorsque les parties jugent à propos de présenter des observations écrites ou orales, quel que soit le jugement sur conflit qui intervient, il ne doit jamais être prononcé de condamnation aux dépens contre elles (Ord. 12 déc. 1821, art. 7). — Serrigny, t. 1, n. 206; Chauveau et Tambour, t. 1, n. 510; Collignon, p. 194.

652. — De droit commun, aucun délai de rigueur n'est imparti aux tribunaux pour statuer sur les contestations qui leur sont soumises. Cette règle générale n'est point cependant applicable au tribunal des conflits, qui doit obligatoirement statuer dans un délai déterminé.

653. — La législation a subi sur ce point de nombreuses modifications. L'art. 27, L. 21 fruct. an III, avait fixé à un mois le délai dans lequel la juridiction des conflits était tenue de statuer. Les arrêtés du 5 niv. an VIII et du 13 brum. an X n'ayant pas reproduit cette disposition de la loi de fructidor, on en conclut qu'elle avait cessé d'être en vigueur et qu'aucun délai n'était désormais imparti au juge des conflits pour statuer. L'ordonnance du 12 déc. 1821, tout en édictant certaines mesures destinées à accélérer l'envoi des pièces et les observations des parties, garda le même silence sur le délai dans lequel la décision sur conflit devra être rendue.

654. — L'absence de réglementation sur ce point ne tarda pas cependant à entraîner de nombreux abus. Quand le gouvernement redoutait de la part des tribunaux une solution défavorable sur une question qui l'intéressait, il élevait le conflit, mais sans le faire juger, ce qui lui était toujours possible, puisque aucun délai de rigueur n'était imparti pour le jugement du conflit. Ce procédé fut usité surtout en matière électorale, comme on l'a vu plus haut (*suprà*, n. 34), et donna lieu à de nombreuses protestations à la Chambre des députés. M. Dupin put comparer le conflit à un interdit lancé sur l'ordre judiciaire, entravant la justice, et se résolvant trop souvent en un déni de jugement. — V. Taillandier, p. 182.

655. — Aussi l'ordonnance du 1er juin 1828 fixa-t-elle un délai qui, en aucun cas, ne pouvait dépasser deux mois, et passé lequel, si aucun jugement sur le conflit n'était intervenu, la justice pouvait reprendre son cours normal. Depuis lors, le principe en vertu duquel le juge des conflits doit statuer dans un délai déterminé a toujours été maintenu.

656. — Le délai de deux mois fixé par l'ordonnance de 1828 a été augmenté par l'ordonnance du 12 mars 1831, dont l'art. 7 dispose : « Il sera statué sur le conflit dans le délai de deux mois à dater de la réception des pièces au ministère de la Justice. Si, un mois après l'expiration de ce délai, le tribunal n'a pas reçu notification de l'ordonnance royale rendue sur le conflit, il pourra procéder au jugement de l'affaire ». Cette augmentation du délai a été motivée par l'introduction, en 1830, du principe de la publicité dans la procédure devant le Conseil d'État, qui était alors le juge des conflits. La publicité devait forcément entraîner une longueur plus grande de la procédure. Le délai de deux mois imparti par l'ordonnance de 1828 eût pu être insuffisant; c'est pourquoi l'ordonnance de 1831 l'augmenta d'un mois. Cette augmentation a conservé sa raison d'être depuis l'organisation du tribunal des conflits, la procédure devant ce tribunal étant également publique. — Block, n. 139; Collignon, p. 197.

657. — Le délai de trois mois à partir de la réception des pièces au ministère de la Justice, dans lequel, aux termes de l'art. 7, Ord. 12 mars 1831 (comme aussi de l'art. 15, Règl. 26 oct. 1849), il doit être statué sur le conflit élevé par le préfet, ne court que d'un envoi comprenant toutes les pièces énumérées dans l'art. 6 de cette ordonnance. Lors donc qu'après un premier envoi incomplet, il en est fait un second complétant le premier, le délai dans lequel le Conseil d'État doit statuer court, non du premier envoi, mais du second. — Cons. d'Ét., 23 juill. 1839, Germain, [S. 39.1.959, P. 39.2.439] — Cet arrêt applique le principe à un conflit élevé en l'an XII, et dont le dossier était resté incomplet jusqu'au 24 sept. 1840.

658. — Certains auteurs n'admettent toutefois la prorogation de délai que pour les pièces dont le dépôt est obligatoire, et non pour celles dont le tribunal a réclamé la représentation (V. *suprà*, n. 632). — V. en sens contraire, Trib. confl., 24 nov. 1877.

659. — Le délai de trois mois comprend deux délais distincts : un délai de deux mois dans lequel la décision sur conflit doit nécessairement intervenir, et un délai d'un mois qui est accordé pour faire connaître au tribunal éventuel la décision prise.

660. — L'ordonnance ne déterminant pas les formes dans lesquelles la notification doit intervenir, il en résulte que cette notification n'est soumise à aucune forme particulière. Il suffirait que le tribunal eût été averti d'une manière non douteuse par le ministre de la Justice. La communication de la décision, donnée à l'audience par le ministère public, pourrait même être considérée comme régulière.

661. — Le point de départ du délai se place au jour de la réception du dossier complet de l'affaire au ministère de la justice. Cette date est constatée par le récépissé envoyé au procureur de la République par le ministre de la Justice dans les vingt-quatre heures de la réception des pièces (art. 6, Ord. 21 mars 1831). Foucart, t. 3, n. 1922; Serrigny, t. 1, n. 204; Chauveau et Lambour, t. 1, n. 507. — V. *suprà*, n. 634.

662. — Les délais ci-dessus sont suspendus pendant les vacances judiciaires (du 15 août au 15 octobre) (art. 1, Décr. 15 juill. 1855).

663. — Lorsque les délais de l'art. 7 n'ont pas été observés, quelle est la conséquence de cette inobservation? Le conflit est-il désormais non avenu et les tribunaux recouvrent-ils leur entière liberté d'action, sans que rien désormais puisse les entraver, ou bien, au contraire, une décision de conflit, intervenant même après les délais, peut-elle lier les tribunaux et produire, en défi-

nitive, les mêmes effets qu'une décision régulièrement rendue sur le conflit? Cette question ne pouvait s'élever sous l'ordonnance de 1828. L'art. 16 de cette ordonnance déclarait, en effet, d'une façon formelle qu'une fois le délai de deux mois expiré, l'arrêté de conflit serait considéré comme non avenu. Il n'y avait donc pas de difficulté : après l'expiration des deux mois, les tribunaux redevenaient complètement libres; l'instance sur le conflit s'évanouissait.

664. — Quoique le contraire ait été soutenu (Duvergier, *op. cit.*, t. 31, n. 5, p 119), il semble bien que l'art. 7 de l'ordonnance de 1831 a abrogé l'art. 16 de l'ordonnance de 1828, et comme il ne statue pas sur la question réglementée par l'art. 16 abrogé, on peut se demander quelle est au juste la sanction qu'il comporte. La question présente surtout de l'intérêt dans les deux cas suivants : 1° le tribunal reçoit, après les trois mois, notification d'une décision prise dans les deux mois; 2° il reçoit, après les trois mois, notification d'une décision prise après les deux mois. Dans ces deux hypothèses précises, la décision du juge des conflits, irrégulièrement notifiée ou rendue, arrêtera-t-elle l'instruction de l'affaire et empêchera-t-elle le tribunal d'en connaître désormais, comme l'aurait fait une décision sur conflit régulière, ou au contraire sera-t-elle considérée comme nulle et non avenue?

665. — La Cour de cassation a, sur ce point, une jurisprudence très-arrêtée. Elle part du principe que les tribunaux ne peuvent prononcer aucune nullité ou déchéance que la loi n'a pas formellement établie. Or l'ordonnance de 1831 qui a totalement, sur ce point spécial, remplacé l'ordonnance de 1828, ne reproduit pas la déchéance prononcée par l'art. 16. Elle se borne à déclarer que, si un mois après l'expiration du délai de deux mois qu'elle accorde pour statuer sur le conflit, le tribunal n'a pas reçu notification du décret rendu sur le conflit, il pourra procéder au jugement de l'affaire. L'obstacle qui s'opposait à la marche de l'instruction et au jugement définitif de l'affaire est momentanément levé, mais dès l'instant qu'une décision sur conflit est rendue il réapparaît avec toute sa force. — Cass., 30 juin 1835, Préfet du Nord, [S. 35.1.499, P. chr.]

666. — Ce système de la Cour de cassation aboutit logiquement aux conséquences suivantes : *a*) L'instance ne peut en aucun cas être reprise avant l'expiration du troisième mois, et la notification dans ce délai de la décision qui valide le conflit, quelle que soit d'ailleurs l'époque à laquelle cette décision a été rendue, oblige le tribunal à se dessaisir. *b*) A défaut de notification de la décision dans le délai de trois mois, le tribunal ne peut pas déclarer le conflit non avenu, mais il peut procéder nonobstant ce conflit au jugement sur le fond. *c*) Enfin la notification faite après l'expiration du délai de trois mois, mais avant le jugement du fond, suffit pour arrêter la procédure et empêcher le tribunal de statuer. — Serrigny, t. 1, n. 205.

667. — Le point de départ du raisonnement adopté par la Cour de cassation nous semble exact. Il est bien difficile de contester que l'art. 7 de l'ordonnance de 1831 n'ait pas entièrement abrogé l'art. 16 de celle de 1828. Cet art. 7 et l'art. 33, Ord. 19 juin 1840, contiennent sur les délais dans lesquels il doit être statué sur le conflit et sur l'époque à laquelle l'instance peut être reprise tout un système complet, incompatible avec celui de l'ordonnance de 1828 qui lui était fort dissemblable. Il est également incontestable, comme le décide aussi la Cour de cassation, que l'instance ne peut jamais être reprise avant l'expiration du délai de trois mois, et que lorsqu'elle est reprise après l'expiration de ce délai, le tribunal est sans droit pour prononcer la nullité du conflit.

668. — Il nous semble, au contraire, très-contestable que, à quelque époque qu'elle intervienne, la notification d'une décision rendue sur le conflit interrompe les procédures et les annule. Décider ainsi c'est décider que l'ordonnance de 1831 est, quant aux délais qu'elle édicte, dépourvue de sanction. Cette solution est cependant difficile à admettre, car le législateur, en imposant certains délais, poursuit ici un but trop important pour qu'il n'ait pas entendu sanctionner par la nullité l'efficacité de sa disposition. Il s'agit, en définitive, de garantir le libre cours de la justice qui serait sans cesse exposé à être arrêté si une décision sur conflit rendue à n'importe quel moment de nouveau pouvait dessaisir le tribunal. C'est précisément le grand défaut du système de la Cour de cassation de laisser l'autorité judiciaire et les plaideurs entièrement à la merci de l'autorité administrative, qui peut laisser reprendre l'instance, la laisser se continuer, et alors que le jugement va être rendu, que des frais considérables ont été exposés, empêcher la reddition du jugement en notifiant une décision qui admet le conflit. Nous concluons donc, contrairement à la jurisprudence de la Cour de cassation, que si les trois mois accordés au juge des conflits se sont écoulés sans notification de la décision au tribunal dessaisi, ce tribunal reprend son entière liberté d'action. La notification qui lui parviendrait ultérieurement serait non avenue.

669. — La Cour de cassation décide également que la notification dans les trois mois d'un jugement sur conflit rendu après le délai de deux mois dessaisit définitivement le tribunal. — Cass., 31 juill. 1837, Préfet d'Ille-et-Vilaine, [S. 37.1.929, P. 37.2.166] — Cette jurisprudence ne soulève pas les mêmes critiques que celle que nous venons de combattre. L'incertitude qui nous a fait écarter la solution de la Cour de cassation, lorsque la notification n'a pas été faite dans le délai de trois mois, n'est plus à craindre ici. Dans tous les cas, le tribunal ne peut statuer avant l'expiration du délai de trois mois. Peu importe, en définitive, le moment auquel la décision sur conflit a été rendue, pourvu qu'elle soit notifiée dans les délais. Ici l'irrégularité ne peut nuire en rien aux parties dans l'intérêt desquels les délais ont été fixés.

670. — Lorsque le tribunal des conflits est saisi de deux affaires semblables entre elles, il faut prononcer la jonction des instances. Jugé en ce sens, que lorsque les conflits élevés par deux arrêtés sont intervenus sur des pièces, sur des conclusions et sur des jugements semblables, il y a lieu de statuer par un seul et même jugement. — Cons. d'Et., 12 avr. 1829, Ville de Strasbourg, [P. adm. chr.]

671. — ... Qu'il y a lieu de statuer par une seule ordonnance sur le conflit et le pourvoi portés en même temps devant le Conseil d'Etat et qui sont connexes. — Cons. d'Et., 21 déc. 1825, Delnâtre, [P. adm. chr.]; — 6 févr. 1828, Maneville Fodor, [P. adm. chr.]; — 2 juill. 1828, Bartier, [P. adm. chr.] — Il est vrai que le pourvoi donne lieu à une instance d'intérêt privé, tandis que le conflit soulève une question d'ordre public; mais le principe de la jonction des affaires pour cause de connexité est tellement général qu'il s'applique même à ce cas. — V. Chevalier, t. 2, p. 316. — V. *infrà*, v° *Connexité*.

672. — Mais la jonction ne pourrait avoir lieu qu'autant que les deux affaires rentreraient dans les attributions du Conseil d'Etat. — Cons. d'Et., 6 nov. 1817, Payer, [P. adm. chr.]

673. — Et s'il s'agissait notamment d'un pourvoi près d'un ministre, le Conseil d'Etat devrait surseoir à statuer jusqu'après la décision du ministre, si l'instruction de celle-ci paraissait pouvoir fournir des renseignements utiles pour la décision du conflit. — Même décision.

674. — Les décisions du tribunal des conflits ne sont jamais susceptibles d'opposition. C'est ce qui résulte de l'art. 10, Règl. 28 oct. 1849, et c'est la conséquence nécessaire du principe d'après lequel les parties ne figurent pas à titre principal dans l'instance. La sentence ne peut donc jamais avoir, par rapport à elles, le caractère d'une instance par défaut...; « la décision qui intervient se réfère exclusivement à l'ordre public ». « D'ailleurs, ajoutent Chauveau et Tambour, les formes spéciales introduites pour l'instruction des conflits et les délais particuliers établis sont exclusifs du droit d'opposition autorisé dans les affaires ordinaires » (t. 1, n. 512; de Cormenin, t. 1, p. 454, n. 11; Chevalier, t. 1, p. 223; Foucart, t. 3, n. 1925; Serrigny, t. 1, n. 203; Dufour, t. 3, n. 637). Antérieurement au règlement de 1849, la jurisprudence du Conseil d'Etat avait déjà consacré le principe suivant lequel les décisions sur conflit ne sont pas susceptibles d'opposition de la part des parties. — V. notamment, Cons. d'Et., 24 avr. 1808, Saint-Véron, [S. chr., P. adm. chr.]; — 22 juill. 1813, Denesson, [S. chr., P. adm. chr.]; — 15 juin 1825, Lebaigue, [S. chr., P. adm. chr.]; — 18 oct. 1832, Leclerc, [P. adm. chr.]

675. — Les mêmes motifs doivent faire écarter la tierce opposition. Cette voie de recours n'est ouverte, en effet, qu'à ceux qui auraient dû figurer dans l'instance et qui n'ont pas été appelés. — Collignon, p. 214; Chauveau et Tambour, t. 1, n. 512.

676. — Aucune disposition législative n'autorise non plus les demandes en révision qui correspondent à la requête civile contre les décisions du tribunal des conflits (art. 32, Règl. 22 juill. 1806). — Chauveau et Tambour, *loc. cit.*

677. — Du principe universellement admis que la décision du tribunal des conflits est avant tout un acte de haute administration et non pas un arrêt proprement dit découlent encore les conséquences suivantes : que l'arrêté de conflit ne doit pas être notifié par huissier. — La lecture qui en est faite à l'audience par le ministère public tient lieu de signification suffisante. — Douai, 14 juin 1834, Préfet du Nord, [S. 34.2.413]

678. — ... Que l'ordonnance doit faire réserve des droits et moyens des parties. — C'est ce que décidait déjà formellement un arrêt du Conseil d'Etat du 18 juin 1818, et ce qui, d'après l'ordonnance du 1er juin 1828, ne peut plus faire l'objet d'aucun doute. — En effet, le caractère le plus notable de l'arrêté de conflit, c'est que jamais aucune solution n'y peut être donnée aux questions du fond. Le tribunal des conflits n'ayant pas qualité pour juger le fait, n'est nullement saisi du droit de résoudre le procès; il exerce dans ce cas une juridiction analogue à celle de la Cour de cassation, lorsqu'elle est saisie d'un pourvoi pour violation de la loi. — Solon, n. 44. — Et le même auteur ajoute (n. 42) : « Outre que les principes s'y opposent, des convenances de toute justice ne le permettent pas. On sait effectivement que les parties ne sont pour rien dans l'instance sur le conflit; qu'elles sont sans qualité pour y figurer, pour y prendre des conclusions; que, dès lors, il y aurait injustice à les condamner sans les entendre. »

679. — Mais si le tribunal des conflits ne peut être juge du fond, du moins peut-il par son arrêt, et en même temps qu'il décide sur la compétence, désigner l'autorité devant laquelle les intéressés doivent se présenter ? Non, évidemment ; s'il annule l'arrêté de conflit ; car en indiquant le tribunal qui doit être saisi de l'affaire, il ferait pas que même un règlement de juges entre les tribunaux judiciaires, en d'autres termes régleraient un conflit de juridiction, tandis qu'il n'a pouvoir que pour le conflit d'attribution. — Foucart, t. 3, n. 1924 et 1925.

680. — Si, au contraire, le tribunal des conflits confirme l'arrêté de conflit, cette interdiction cesse d'exister, et il pourrait désigner dans l'ordre administratif l'autorité compétente pour statuer sur la question du fond.

681. — Toutefois cette désignation n'est pas obligatoire, et peut-être même vaut-il mieux que le tribunal des conflits s'abstienne sur ce point. En effet, ainsi que le fait observer avec raison M. Serrigny (t. 1, n. 209), « l'arrêté de conflit est l'exercice d'une action par laquelle l'administration, en corps, revendique une attribution. Le maintien du conflit donne gain de cause à l'autorité administrative contre l'autorité judiciaire, et voilà tout. Il ne s'agit point, en pareil cas, de faire entre les fonctionnaires administratifs le partage de leurs attributions. C'est aux parties à suivre la voie la plus régulière ». — V. Cormenin, t. 1, p. 454.

682. — M. Cormenin (*loc. cit.*) va même jusqu'à dire que, si le tribunal avait désigné par son ordonnance le tribunal administratif auquel l'action devrait être soumise, les parties ne seraient pas liées par cette désignation (V. Foucart, *loc. cit.*). Mais cette dernière opinion n'est pas partagée d'une manière complète par M. Serrigny. « La question, dit cet auteur, me paraît délicate, et voici la distinction que je hasarderais si toutes les parties litigantes ont plaidé ou conclu devant le Conseil d'Etat (aujourd'hui le Tribunal des conflits), lors du règlement du conflit, on peut dire que l'ordonnance intervenue est obligatoire pour elles, non seulement en tant qu'elle enlève à l'autorité judiciaire la contestation à juger, mais en tant qu'elle attribue à telle ou telle branche de l'autorité administrative. Que si, au contraire, l'ordonnance sur conflit a été rendue en l'absence de l'une des parties, on pourra bien la lui opposer comme jugeant le débat entre les deux pouvoirs judiciaire et administratif, parce qu'il n'y avait point nécessité qu'elle figurât dans cette discussion ; mais on ne pourra pas la lui opposer comme jugeant, dans l'ordre administratif, celle des autorités qui doit statuer sur la contestation, parce qu'elle devait être représentée dans ce débat. »

SECTION II.

Effets des décisions sur conflit.

683. — Pour préciser les effets des décisions sur conflit, plusieurs hypothèses sont à distinguer soigneusement.

Première hypothèse. — Le tribunal des conflits a annulé le conflit. En pareil cas, il faut distinguer si l'annulation a été prononcée parce que le conflit était mal fondé, ou bien si elle a été parce qu'il y avait un vice de forme.

684. — *a)* Dans le cas où le conflit a été annulé parce qu'il était mal fondé, il n'y a aucune difficulté possible. Le tribunal des conflits reconnaît en pareil cas que l'autorité judiciaire avait avec raison proclamé sa compétence. Elle devra donc reprendre les procédures au point où elles avaient été interrompues, sans craindre de les voir à nouveau suspendues par un arrêté de conflit.

685. — Jugé, toutefois, que le préfet pourrait encore, dans la même cause, revendiquer par un nouvel arrêté de conflit, la connaissance d'une question préjudicielle à la solution de laquelle serait subordonné le jugement de la contestation. — Cons. d'Ét., 30 mars 1842, Blanchet, [S. 42.2.325, P. adm. chr.] — *Sic*, Collignon, p. 205, note 1 ; Chauveau et Tambour, t. 1, n 514.

686. — *b)* Lorsque le conflit a été annulé pour vice de forme comme tardif ou irrégulier ou pour incompétence du préfet, un nouvel arrêté de conflit peut être pris. En effet, en pareil cas, la question de validité du conflit n'a point été jugée au fond. Elle demeure intacte et peut, par suite, être soulevée de nouveau. Il n'y aurait d'exception à faire à ce principe que dans l'hypothèse spéciale prévue à l'art. 11 de l'ordonnance de 1828, c'est-à-dire lorsque la nullité résulte du dépôt tardif de l'arrêté de conflit au greffe. On sait qu'en pareil cas l'art. 11 interdit d'élever à nouveau le conflit.

687. — Dans le cas où le conflit est annulé, la décision du tribunal qui a statué à la fois sur la compétence et sur le fond doit-elle néanmoins être annulée en ce qui concerne le fond, bien que l'arrêté de conflit n'ait point été confirmé ? Cette question fut soulevée le 14 déc. 1857 dans l'affaire Mosselmann, mais le Conseil d'État qui était alors saisi des conflits évita de la résoudre. — Cons. d'Ét., 14 déc. 1857, Mosselmann, [S. 58. 2.599, P. adm. chr.] — Il a été jugé depuis que le jugement par lequel un tribunal, après avoir rejeté un déclinatoire, statue au fond, bien que rendu en violation des art. 6 et 7, Ord. 1er juin 1828, ne doit pas être déclaré non avenu si le conflit est annulé. — Cass., 21 juin 1859, Mosselmann, [S. 59.1.744, P. 60.59] — Trib. confl., 17 janv. 1874, Ferrardini, [S. 75.2.341, P. adm. chr., D. 75.3.2]; — 11 juill. 1891, Mohamed-ben-Belkassem, [S. et P. 93.3.63, D. 92.3.125] — On a parfois proposé sur cette question la distinction suivante : il faut distinguer si le jugement a été rendu antérieurement ou postérieurement à l'arrêté de conflit. A-t-il été rendu postérieurement, il sera certainement nul, et même le tribunal qui aura statué sera coupable de forfaiture. Au contraire, a-t-il été rendu antérieurement à la communication de l'arrêté de conflit, aucune disposition légale n'exige qu'il soit maintenu. Cette distinction est proposée par Chauveau et Tambour (t. 1. n. 514 *ter*). Ces auteurs se demandent seulement si la signification du jugement rendu antérieurement à l'arrêté de conflit, et qu'ils déclarent valable, pourra avoir lieu postérieurement à la communication de cet arrêté. Ils se prononcent pour la négative et exigent une nouvelle signification après la décision du Tribunal des conflits annulant le conflit.

688. — A notre avis, la distinction proposée n'est pas fondée. En effet, si la peine de la forfaiture n'est encourue que par les tribunaux qui prononcent un jugement après la communication de l'arrêté de conflit, il ne leur est pas moins interdit, ainsi que nous l'avons vu *suprà*, de prononcer sur le fond tant qu'un délai de quinze jours ne s'est pas écoulé depuis la présentation du déclinatoire. Le jugement rendu avant l'expiration de ce délai est donc illégalement rendu et peut par suite être annulé. La seule question douteuse, à notre avis, et qu'aucun auteur ne résout, c'est de savoir quelle sera la juridiction compétente pour prononcer l'annulation. Le Tribunal des conflits sera-t-il compétent pour la prononcer ? Sa compétence sur ce point spécial nous semble très-douteuse, car il ne faut pas oublier que nous supposons qu'il a annulé le conflit. Par cette annulation, l'affaire lui devient complètement étrangère, et il est difficile d'apercevoir en vertu de quel droit il pourrait annuler un jugement qu'il déclare rendu par une autorité compétente. Si ce jugement est entaché de certaines irrégularités ce sera aux tribunaux supérieurs de même ordre que celui qui a rendu le jugement à en prononcer la réformation. La Cour de cassation, si le jugement est en dernier ressort, serait donc selon nous le seul tribunal compétent pour annuler le jugement rendu sur le fond avant l'expiration du délai de quinzaine de la présentation du déclinatoire.

689. — La validité des arrêtés de conflit ne peut être appréciée que d'après les conclusions prises et les moyens invoqués au moment où le conflit a été élevé, et il n'y a pas lieu, dès lors, par le tribunal des conflits, de prononcer sur une demande qui se trouve formulée, pour la première fois, dans les observations produites devant le tribunal. — Trib. confl., 27 déc. 1879, Sœurs de l'instruction chrétienne de Nevers, [S. 81.3.38, P. adm. chr., D. 80.3.91] — Le tribunal des conflits, en effet, n'a d'autre mission que de régler la compétence entre les autorités administrative et judiciaire, et il ne peut statuer, par suite, que sur les questions à raison desquelles ces deux autorités étaient divisées.

690. — Quand le tribunal des conflits a déclaré que le tribunal civil, tout en étant compétent sur le fond du litige, aurait dû surseoir à statuer jusqu'à l'interprétation par l'autorité administrative d'actes dont se prévalaient les parties, il y a chose souverainement jugée sur la nécessité de cette interprétation. — Cons. d'Ét., 7 août 1891, Lacombe-Saint-Michel, [S. et P. 93. 3.96, D. 93.3.13]

691. — *Deuxième hypothèse*. — Le conflit est confirmé par le tribunal des conflits. En pareil cas, la prétention de l'administration à connaître de l'affaire étant reconnue bien fondée l'autorité judiciaire est dessaisie, et toutes les procédures engagées devant elle ayant été irrégulièrement faites sont considérées comme nulles et non avenues — Cons. d'Ét., 22 janv. 1824, Garcement de Fontaines, [S. chr., P. adm. chr.] ; — 30 juin 1824, Cambacérès, [P. adm. chr.] ; — 17 déc. 1847, Grandin, [P. adm. chr.]

692. — Et l'annulation s'appliquerait même aux jugements qui auraient pu intervenir, par exemple au jugement par lequel le tribunal aurait statué à la fois sur la compétence et sur le fond. — Collignon, p. 206 ; Chauveau et Tambour, n. 514.

693. — Jugé spécialement, en ce sens, que le conflit dûment approuvé fait disparaître même un jugement préparatoire qui était passé en force de chose jugée, de telle sorte que le débat se rouvre entre toutes les parties, même sur les questions tranchées par ce jugement. — Pau, 30 janv. 1854, Commune de Cadéac, [S. 54.2.268, P. 56.2.190, D. 54.2.230]

694. — Lorsque, à la suite d'un conflit élevé par l'autorité administrative, la sentence d'un juge de paix a été annulée comme portant atteinte à un acte administratif, s'il arrive que, plus tard, cet acte administratif soit lui-même annulé et que la question du procès soit de nouveau portée devant le juge de paix, il ne peut se refuser à la juger, sous prétexte qu'il serait lié par sa première décision, et qu'il ne pourrait se déjuger. Ici ne s'applique pas la maxime *non bis in idem*. — Cass., 3 déc. 1808, Bouis, [S. chr., P. chr.]

695. — Qu'arriverait-il si un tribunal persistait, même après la notification de la sentence des juges des conflits qui l'a dessaisi, à vouloir connaître de l'affaire. Foucart (t. 3, n. 1829) prétend que les parties auraient le droit d'annuler la décision rendue en pareil cas par le tribunal nonobstant l'arrêté de conflit, non pas sans doute sur le recours des parties qui devrait être déclaré irrecevable, mais sur le pourvoi direct du préfet ou du ministre, sans nouvelle revendication de compétence. Cette solution nous inspire les doutes les plus sérieux ; il nous semble que le tribunal des conflits, en déclarant le conflit valable, a épuisé complètement sa juridiction. Aucun texte ne lui confère le droit d'annuler les jugements contraires à ses décisions, et un droit aussi exorbitant ne peut être admis en l'absence d'une disposition législative formelle.

696. — En tous cas, les juges qui statueraient nonobstant l'arrêté de conflit tomberaient incontestablement sous l'application des art. 127 et 128, C. pén. Si ces textes sont applicables aux juges qui statuent malgré l'existence d'un arrêté de conflit, *à fortiori* doivent-ils l'être à ceux qui refusent de se soumettre à une décision du tribunal des conflits. De plus, s'il s'agissait d'un jugement rendu par une juridiction administrative, les parties pourraient, dans le cas où la juridiction qui a statué n'était pas le Conseil d'État, s'adresser à cette juridiction qui est le juge d'appel de toutes les décisions rendues par les juridictions administratives inférieures. — V. *suprà*, v° *Compétence administrative*.

697. — Et s'il s'agissait d'un tribunal ordinaire ou d'une cour d'appel, les parties pourraient poursuivre la réformation du jugement ou l'annulation de l'arrêt, suivant les voies de recours ordinaires, mais elles ne pourraient s'adresser elles-mêmes au Conseil d'État. — Cons. d'Ét., 10 sept. 1817, de Sirou, [P. adm. chr.]

698. — L'effet de la confirmation du conflit étant de dessaisir d'une manière absolue l'autorité judiciaire, il en résulte encore : 1° que cette autorité ne pourrait décider que l'arrêt ou le jugement frappé de conflit peut continuer à être exécuté, en alléguant que la décision du juge des conflits nécessite une interprétation. — Cass., 17 nov. 1812, de Lubersac, [S. et P. chr.]

699. — 2°... Que si, pendant une instance en cassation, un arrêt du juge des conflits a annulé le jugement confirmé par l'arrêt attaqué, et renvoyé les parties devant l'autorité administrative, ce dernier arrêt se trouve anéanti avec le jugement, et que, dès lors, il n'y a pas lieu de statuer sur le pourvoi. — Cass., 27 déc. 1808, Mauléon, [D. *Rép.*, v° *Conflit*, n. 218]

700. — *Troisième hypothèse.* — Le tribunal des conflits peut confirmer l'arrêté sur certains points et l'annuler sur d'autres. Il n'y aura qu'à appliquer cumulativement les solutions admises dans les deux hypothèses précédentes.

701. — *Quatrième hypothèse.* — Il n'y a pas lieu de statuer pour le tribunal des conflits. C'est ce qui se rencontrera dans les cas suivants : *a*) La partie qui avait introduit le litige reconnaît l'incompétence de l'autorité judiciaire par un acte de désistement ou par une transaction. — Cons. d'Ét., 22 févr. 1833, Laurent, [P. adm. chr.]; — 20 juill. 1854, [Leb. chr., p. 677] — V. *suprà*, n. 283 et s.

702. — *b*) Une juridiction criminelle ou correctionnelle a déclaré prescrite l'action à propos de laquelle l'arrêté de conflit revendiquait une question préjudicielle. — Cons. d'Ét., 4 juin 1857, Leconte, [P. adm. chr.]

703. — *c*) La Cour de cassation, saisie d'un pourvoi contre l'arrêt qui avait admis la compétence judiciaire, a cassé cet arrêt. — Cons. d'Ét., 19 juill. 1855, Hubert, [P. adm. chr., D. 80.3.20, *ad notam*]

704. — *d*) Une loi postérieure à l'arrêté de conflit est venue déterminer la compétence des différentes autorités à l'égard du litige. Il a été jugé, notamment, que doit être considéré comme non avenu l'arrêté de conflit par lequel un préfet revendique pour l'autorité administrative la connaissance d'une contravention résultant de ce qu'un particulier avait construit ou réparé des pêcheries sur le rivage de la mer, contrairement à l'ordonnance de 1681, alors que le décret du 9 janv. 1852, sur l'exercice de la pêche côtière, est venue depuis attribuer aux tribunaux correctionnels la connaissance des contraventions de cette nature. — Cons. d'Ét., 2 avr. 1852, Mestre, [P. adm. chr.]

705. — *e*) La partie, sans se désister sur le fond, a reconnu l'incompétence de l'autorité judiciaire en abandonnant l'instance introduite devant elle. — Trib. confl., 8 nov. 1834, Dubost, [Leb. chr., p. 655]

706. — *f*) ... Ou en restreignant ses conclusions. — Cons. d'Ét., 14 déc. 1859, Bailly, [Leb. chr., p. 720]

707. — *g*) L'arrêté de confusion est devenu sans objet, par suite de circonstances de fait. — Trib. confl., 22 déc. 1880 (3 espèces), Roucanières, Taupin et Thébault, Kervennic, [S. 82.3.57, P. adm. chr., D. 81.3.47]

708. — *h*) La procédure à la suite de laquelle avait été élevé le conflit a été déclarée non avenue par le tribunal des conflits, à raison de ce qu'elle était postérieure à un précédent arrêt de conflit. — Trib. confl., 22 déc. 1880, précité.

709. — À qui appartient l'interprétation des décisions sur conflit? À notre avis elle ne peut appartenir qu'au tribunal des conflits et elle lui sera demandée de la façon suivante : si le préfet estime que l'autorité judiciaire devant laquelle les parties ont été renvoyées se prétend saisie de questions que la décision sur conflit avait réservées à l'autorité administrative, il élèvera un nouveau conflit, et c'est par ce moyen que le tribunal des conflits se trouvera indirectement appelé à déterminer le sens et la portée de sa première décision.

710. — Jugé que l'interprétation, à raison même de la procédure par laquelle elle est obtenue, ne peut être demandée que par le préfet et jamais par les parties. — Cons. d'Ét., 23 mars 1836, Préfet de la Seine, [S. 36.2.377, P. adm. chr.]

TITRE III.

DU CONFLIT NÉGATIF D'ATTRIBUTION.

711. — Nous avons donné plus haut (*suprà*, n. 5) une idée du conflit négatif d'attribution. Il ne nous reste maintenant qu'à entrer dans les détails.

CHAPITRE I.

DES CAS DANS LESQUELS IL Y A CONFLIT NÉGATIF.

712. — Pour qu'il y ait conflit négatif quatre conditions sont nécessaires. Il faut : 1° que les autorités administrative et judiciaire ayant été l'une et l'autre saisies de la contestation se soient déclarées incompétentes et dessaisies de la contestation; 2° que l'une de ces autorités se soit à tort déclarée incompétente; 3° qu'il y ait identité de litige; 4° identité de parties.

713. — 1° Les autorités administrative et judiciaire doivent s'être l'une et l'autre déclarées incompétentes et dessaisies du litige dont elles avaient été saisies. Si une seule des autorités avait été saisie il n'y aurait pas lieu d'élever le conflit, car le conflit suppose nécessairement une prétention rivale qui ne s'est pas produite puisque l'affaire n'a été portée que devant une seule juridiction. En pareil cas, les parties n'ont pas d'autre ressource que de s'adresser à l'autorité supérieure hiérarchique pour faire réformer le jugement s'il y a lieu. C'est la solution qui a été consacrée par un avis du Conseil d'État du 12 nov. 1811.

714. — Jugé, en ce sens, que c'est devant la cour d'appel et non au juge des conflits qu'on doit demander la réformation de jugements de tribunaux de première instance qui se sont à tort déclarés incompétents sous le prétexte que la contestation était du ressort de l'autorité administrative, alors que cette dernière autorité n'avait pas été saisie. — Cons. d'Ét., 18 juill. 1809, Bouffier, [P. adm. chr.]; — 6 nov. 1812, Brisac, [P. adm. chr.] — Il en est ainsi, bien que l'autorité judiciaire ait renvoyé au Conseil d'État à prononcer sur une contestation qu'elle croyait *administrative*, tandis qu'elle était réellement *judiciaire*. — Dans ce cas, le Conseil d'État, sur le recours porté devant lui, se borne à renvoyer devant les juges compétents. — Cons. d'Ét., 11 juin 1817, Latour-Daligny, [S. chr., P. adm. chr.]

715. — Aucune difficulté sérieuse ne peut s'élever sur le point de savoir si l'autorité judiciaire a été saisie et si elle a statué. Les actes qui révèlent l'une ou l'autre de ces circonstances sont trop nets pour qu'il puisse s'élever aucun doute. Il n'en est pas de même pour l'autorité administrative dont les actes, sous des formes semblables, ont parfois un caractère différent, et peuvent ainsi, selon les cas, constituer ou ne pas constituer des décisions de justice. Le doute s'est élevé notamment dans les espèces suivantes :

716. — *a*) Un conseil de préfecture accorde à une commune l'autorisation d'intenter une action devant le tribunal civil, en donnant pour motif de sa décision que la connaissance de cette action revient à l'autorité judiciaire. Le tribunal saisi se déclare ensuite incompétent. Y a-t-il, en pareil cas, un conflit négatif? En faveur de l'affirmative, on pourrait faire remarquer que l'on rencontre bien, dans l'espèce, la double déclaration d'incompétence d'où résulte le conflit négatif. Sans doute, cette déclaration n'a été consignée par le conseil de préfecture que dans les motifs de sa décision et non dans le dispositif. Mais il n'importe, l'intention de la juridiction administrative n'est pas douteuse, elle a nettement déclaré que le litige échappait à sa compétence. Il serait tout à la fois onéreux pour les parties et puéril d'obliger le conseil de préfecture à rendre un second jugement pour émettre une seconde fois l'opinion par lui émise dans le premier. Ces raisons, selon nous, sont absolument insuffisantes. L'arrêté du conseil de préfecture qui accorde simplement à une commune l'autorisation de plaider devant les tribunaux n'est point un acte de juridiction, mais simplement un acte de tutelle administrative. Il ne statue point au fond, il ne présente donc aucun des caractères de la chose jugée ni vis-à-vis de la commune, ni vis-à-vis de l'autorité judiciaire, ni vis-à-vis du conseil de préfecture lui-même qui, s'il venait à être saisi de la question comme juge, ne serait nullement lié par sa décision antérieure. On ne peut donc point dire que le conseil de préfecture ait statué sur la question soumise au tribunal civil. Par suite, il n'y a pas lieu à conflit négatif. — Cons. d'Ét., 12 janv. 1825, Grund, [P. adm. chr.]; — 11 janv. 1826, Toussaint, [S. chr., P. adm. chr.] — *Sic*, Block, v° *Conflit*, n. 172.

717. — Jugé, spécialement, qu'une autorisation de plaider délivrée à une commune par un conseil de préfecture, et tous autres actes de tutelle émanés de l'administration, ne peuvent être considérés comme des décisions contentieuses établissant l'incompétence de l'autorité administrative, et susceptibles, au cas où il existe déjà une déclaration d'incompétence de l'autorité judiciaire, de donner naissance à un conflit négatif. — Cons. d'Et., 11 janv. 1826, Commune d'Octeville, [S. chr., P. adm. chr.]

718. — *b*) Le conseil de préfecture, au lieu d'accorder à la commune l'autorisation de porter son action devant les tribunaux civils, lui refuse cette autorisation sous le prétexte que la connaissance du litige n'appartient pas à l'autorité judiciaire. Puis, ensuite aussi comme juge, il se déclare incompétent. Y a-t-il conflit négatif? Non, sans doute, car l'autorité judiciaire n'a point été saisie du litige. — Collignon, p. 281; Block, *loc. cit.*

719. — Il ne suffit pas que les juridictions administrative et civile aient été saisies. Il faut, en outre, qu'elles se soient déclarées incompétentes. Ainsi, il n'y a pas conflit négatif dans le cas où un conseil de préfecture et un tribunal civil étant saisis de la même affaire, aucun d'eux n'a statué, ou encore lorsqu'un seul des deux a statué, soit en prononçant sur le fond, soit en statuant sur la qualité et l'intérêt des parties. — V. Cons. d'Et., 13 juin 1821, Camy, [P. adm. chr.]; — 19 déc. 1821, Jassaud, [S. chr., P. adm. chr.]; — 17 avr. 1822, Préfet de l'Oise, [S. chr., P. adm. chr.]; — 31 juill. 1822, Rocheron, [S. chr., P. adm. chr.]; — 6 mars 1828, [Morin, [P. adm. chr.]; — 13 juill. 1828, Aubin-Bernadière, [P. adm. chr.]

720. — De même, les jugements préparatoires ou interlocutoires ne dessaisissant pas les juridictions qui les rendent, ne donneraient pas naissance au conflit. Il en serait spécialement ainsi des arrêtés ou des jugements interlocutoires par lesquels un conseil de préfecture et un tribunal, se bornant à exprimer des doutes sur leur compétence, se référeraient respectivement à ce qui serait décidé, quant à cette compétence, par l'autorité supérieure. — Cons. d'Et., 13 juill. 1825, Bonnefon, [S. chr., P. adm. chr.]

721. — Le conflit ne naît pas non plus lorsque l'autorité judiciaire s'étant seule dessaisie, le Conseil d'Etat s'est borné à annuler pour incompétence et excès de pouvoir un arrêté d'un tribunal administratif inférieur, sans déclarer d'ailleurs l'autorité administrative incompétente — Cons. d'Et., 23 août 1843, Cartier, [P. adm. chr.]

722. — ... Lorsque la partie qui se pourvoit ne justifie ni qu'il ait été donné suite à une instance judiciaire, ni que l'autorité administrative ait pris aucune décision sur le litige. — Cons. d'Et., 3 mars 1825, Héritiers Saint-Amand, [S. chr., P. adm. chr.]

723. — Et les autorités administrative et judiciaire doivent s'être dessaisies d'une manière absolue. Si l'une d'elles ne l'avait fait que conditionnellement, il n'y aurait pas conflit négatif. C'est ainsi notamment que l'autorité judiciaire pourrait, faire naître le conflit en retenant la connaissance d'une affaire au fond, renvoyer l'interprétation d'un acte administratif devant l'autorité administrative. Peu importe que cette autorité se déclare incompétente, le dessaisissement de l'autorité judiciaire n'étant pas complet, le conflit négatif ne peut naître. — Cons. d'Et., 4 mars 1829, Levillain, [P. adm. chr.]

724. — De même, lorsque, sur le renvoi d'une cause devant l'autorité administrative pour faire interpréter un acte administratif, celle-ci refuse de statuer sur la contestation ne peut être décidée que d'après les règles du droit commun, dont l'application appartient aux tribunaux, il ne s'ensuit pas qu'il y ait conflit négatif. Le conflit n'existerait qu'autant qu'après cette déclaration, l'autorité judiciaire, saisie de nouveau, refuserait de statuer. — Cons. d'Et., 19 déc. 1821, précité; — 17 juill. 1822, Courtois, [S. chr., P. adm. chr.]

725. — Il n'y a pas non plus conflit négatif par cela seul que, sur le renvoi fait aux tribunaux par l'autorité administrative d'une contestation relative à un chemin, comme ne touchant qu'à une question de servitude du ressort de l'autorité judiciaire, les tribunaux, déniant l'existence de la servitude, déclarent qu'il appartient à l'autorité administrative de prononcer sur l'existence du chemin. — Cons. d'Et., 31 juill. 1822, précité.

726. — De même, on ne peut demander la nullité d'un jugement pour incompétence, à raison d'un conflit négatif entre l'administration et les tribunaux, lorsque l'autorité judiciaire a été saisie par les deux parties, postérieurement à la décision administrative de laquelle on veut faire résulter ce conflit. — Limoges, 6 juill. 1816, Brisset, [S. et P. chr.]

727. — Il n'y a pas non plus conflit négatif lorsque, d'une part, l'autorité judiciaire saisie par le fermier des droits de place dans les halles et marchés d'une commune d'une demande en réduction du prix de son adjudication ou en résiliation du bail pour inexécution par la commune des clauses de ce bail, a ordonné le sursis et renvoyé les parties devant l'autorité administrative pour faire interpréter ce bail, et que, d'autre part, le préfet refuse de soumettre la demande en interprétation au conseil de préfecture, par le motif que ce n'est pas ce conseil, mais lui, préfet, en conseil, qui est compétent pour statuer. — Cons. d'Et., 8 avr. 1832, Istria, [P. adm. chr.]

728. — ... Ou lorsqu'il y a contrariété entre une ordonnance royale, confirmative d'un arrêté par lequel un conseil de préfecture a refusé d'autoriser une commune à intenter devant les tribunaux une demande en revendication d'un hospice, et un autre arrêté par lequel le même conseil s'est déclaré incompétent pour statuer au fond sur cette demande. — Cons. d'Et., 21 janv. 1847, Ville d'Avignon, [P. adm. chr.]

729. — Les décisions par lesquelles une cour d'appel et un préfet se déclarent respectivement incompétents pour connaître d'une question dont la solution appartient à un ministre, ne constituent pas non plus un conflit négatif. — Cons. d'Et., 10 juill. 1822, Belmond, [S. chr., P. adm. chr.] — V. *infra*, n. 742.

730. — Il y a conflit négatif, donnant lieu à règlement de juges par le Conseil d'Etat, lorsqu'un tribunal civil et un conseil de préfecture, successivement saisis du même litige, se sont respectivement déclarés incompétents. — Cons. d'Et., 15 mars 1829, Bernardière, [S. chr., P. adm. chr.]

731. — ... Lorsque les tribunaux refusent de juger une question de dommages-intérêts, nonobstant la déclaration d'incompétence de l'autorité administrative. — Cons. d'Et., 9 avr. 1817, Perreau, [S. chr., P. adm. chr.]

732. — ... Lorsque, d'une part, un conseil municipal appelé à régler un droit de parcours entre des particuliers, conformément à l'art. 13, sect. 4, L. 28 sept.-6 oct. 1791, se déclare incompétent, en ce qu'il ne s'agirait pas d'une propriété communale, et que, d'autre part, un tribunal se déclare également incompétent, sur le motif que la contestation est du ressort de l'autorité administrative. — Cons. d'Et., 2 févr. 1823, Escaille, [S. chr., P. adm. chr.]

733. — ... Si l'autorité administrative se déclare incompétente pour prononcer sur une question préjudicielle dont l'appréciation lui a été renvoyée par les tribunaux. — Cons. d'Et., 3 sept. 1823, Béthune, [P. adm. chr.]

734. — ... Si un tribunal judiciaire refuse de juger le fond d'une contestation, après la décision de l'autorité administrative sur une question préjudicielle qui avait lui-même renvoyée à l'examen de cette autorité. — Cons. d'Et., 26 févr. 1823, Jeannin, [P. adm. chr.]

735. — ... Si les autorités administrative et judiciaire devant lesquelles les parties sont renvoyées à la suite d'un conflit positif, se déclarent incompétentes. — Cormenin, t. 1, p. 464; Chauveau et Tambour, t. 1, n. 524; Collignon, p. 284.

736. — De même, lorsque, d'une part, un jugement passé en force de chose jugée a déclaré l'autorité judiciaire incompétente pour statuer sur une demande de l'Etat, et, d'autre part, le Conseil d'Etat reconnaît l'incompétence de l'autorité administrative, il résulte de cette double déclaration d'incompétence un conflit négatif. — Cons. d'Et., 22 janv. 1857, Laurence, [S. 57.2.713, P. adm. chr.]

737. — La contrariété existant entre un premier jugement du tribunal de police, d'une part, et un arrêté du conseil de préfecture, d'autre part, constitue un conflit négatif; mais ce conflit se produisant entre deux juridictions, dont l'une relève de l'autorité administrative, et l'autre de l'autorité judiciaire, il n'appartient pas à la Cour de cassation d'en connaître. — Cass., 29 mai 1880, Valette, [S. 82.1.387, P. 82.1.959]

738. — Le conflit négatif peut aussi résulter d'une décision judiciaire et d'une décision ministérielle sur un même objet. — Cons d'Et., 28 févr. 1873, Commune de Bussang, [S. 75.2.63, P. adm. chr.]

739. — Il y a conflit négatif donnant lieu à un règlement de compétence par le tribunal des conflits, lorsque l'autorité judiciaire, saisie d'un litige, a, tout en retenant le fond, sursis à statuer jusqu'à ce que l'autorité administrative compétente ait interprété certains actes auxquels elle attribuait un caractère administratif, et lorsque l'autorité administrative, saisie en vertu du renvoi de l'autorité judiciaire, s'est refusée à interpréter lesdits actes, par le motif qu'ils constituent des contrats de droit commun. — Trib. confl., 12 juill. 1890, Ville de Paris, [S. et P. 92.3.125]; — 21 mars 1892, Cahen d'Anvers, [S. et P. 93.3.41]

740. — Lorsque deux tribunaux refusent successivement de connaître d'un délit, qui est nécessairement de la compétence de l'un ou de l'autre, il y a conflit négatif de juridiction, et lieu à règlement de juges pour conflit négatif. — Cass., 22 mai 1810, Massayon, [S. chr.]

741. — Jugé enfin qu'il y a lieu pour le tribunal des conflits de régler la compétence, dans le cas où un conflit négatif résulte de deux déclarations d'incompétence émanant, l'une de la cour d'appel, l'autre du conseil de préfecture, dans une même cause, portant d'une façon générale sur les dommages résultant d'un travail communal, alors même que les conclusions présentées devant les deux juridictions n'étaient pas formulées de la même manière, et que le demandeur, qui a agi seul devant l'autorité judiciaire, s'est adjoint, dans sa demande au conseil de préfecture, ses enfants, co-propriétaires avec lui de l'immeuble qui a donné lieu au litige. — Trib. confl., 7 mai 1892, Tardy, [S. et P. 94.3.38]

742. — 2° L'une des autorités doit avoir méconnu sa compétence. Il n'y a donc pas conflit négatif dans le cas où les deux autorités qui ont été saisies et qui ont déclaré leur incompétence étaient réellement incompétentes. — Cons. d'Et., 31 déc. 1828, Hocart, [S. chr., P. adm. chr.] — Ainsi la déclaration respective d'incompétence d'un tribunal judiciaire et d'un conseil de préfecture ou d'un préfet ne constitue pas un conflit négatif si la contestation devait être portée, soit devant le ministre, soit devant le Conseil d'Etat, soit devant tout autre tribunal administratif ou judiciaire. — Cons. d'Et., 10 juill. 1822, Belmont, [S. chr., P. adm. chr.]; — 26 juill. 1826, de Witzthum, [P. adm. chr.]; — 16 févr. 1827, de Graveron, [P. adm. chr.]; — 29 mars 1851, Dutour, [P. adm. chr., D. 53.3.2]; — 6 juill. 1865, Menaard, [S. 63.2.313, P. adm. chr., D. 66.3.7]; — 24 juin 1868, Jaume, [S. 69.2.222, P. adm. chr., D. 72.3.63] — En ce sens, conclusions de M. Aucoc sous Cons. d'Et., 6 juill. 1865, précité; Chauveau et Tambour, t. 1, n. 525; Reverchon, n. 173; Collignon, p. 284.

743. — Il n'y a pas non plus conflit négatif lorsque, après la déclaration d'incompétence par les tribunaux civils et par l'administration, l'affaire est portée devant un tribunal de commerce, qui s'en attribue la connaissance. — Turin, 18 juill. 1809, Sallussolin, [P. chr.]

744. — Le conflit négatif n'existe qu'autant que la juridiction compétente pour connaître du litige a repoussé la demande sur une exception d'incompétence. Il n'existe pas lorsqu'elle a statué sur la demande, alors même qu'elle l'aurait déclarée non recevable. Spécialement, lorsqu'un tribunal s'est déclaré incompétent pour prononcer la nullité du commandement en matière de taxe syndicale, le conflit négatif ne résulte pas d'un arrêté du conseil de préfecture rejetant comme non recevable la demande en décharge de cette même taxe, alors même que, dans une autre partie du dispositif, le conseil de préfecture s'est déclaré incompétent pour connaître de la légalité du rôle. — Trib. confl., 12 juin 1880, Pagès-Raymond, [D. 82.3.26]

745. — Une fois le conflit négatif élevé, l'autorité qui s'est déclarée incompétente ne peut plus statuer de nouveau sur sa compétence. Ainsi jugé notamment à l'égard d'un arrêté d'un conseil de préfecture qui, après et nonobstant un conflit négatif, avait rapporté sa déclaration d'incompétence. — Cons. d'Et., 14 oct. 1825, Roux, [P. adm. chr.]

746. — De même aussi, en cas de conflit négatif entre l'autorité administrative et l'autorité judiciaire, la Cour de cassation ne peut, avant la décision du Conseil d'Etat (aujourd'hui Tribunal des conflits) sur ce conflit, prononcer sur la demande en cassation du jugement par lequel l'autorité judiciaire s'est déclarée incompétente. — Cass., 14 germ. an XI, Despinay, [S. et P. chr.]; — 8 vent. an XII, Cocquerel, [S. et P. chr.]; — 23 vend. an XIV, Blettery, [S. et P. chr.]; — 26 nov. 1806, Desimple, [S. et P. chr.]; — 21 janv. 1807, Roger, [S. et P. chr.]

747. — 3° Il doit y avoir identité dans l'objet du litige. Si chacune des deux autorités avait prononcé son incompétence sur des questions différentes, il n'y aurait pas de conflit négatif et le recours devrait être rejeté (Chauveau et Tambour, t. 1, n. 526; Collignon, p. 284; Block, v° *Conflit*, n. 172). Ainsi notamment il n'y aura pas conflit négatif dans les cas suivants : *a)* lorsque,

sur le renvoi d'un comptable devant les tribunaux judiciaires pour faire décider une question de faux, la partie ne présente qu'une demande en révision de compte à l'égard de laquelle l'autorité judiciaire se déclare incompétente. — Cons. d'Et., 14 nov. 1821, Jégun-Laroche, [P. adm. chr.]

748. — *b)* ... Lorsque, d'un côté, l'autorité judiciaire, en refusant de juger au fond, renvoie les parties devant l'autorité administrative pour statuer sur un point de sa compétence, et que, d'un autre côté, l'autorité administrative, après avoir prononcé sur ce point, se déclare incompétente pour juger le fond, ou s'abstient simplement de le juger. — Cons. d'Et., 18 juill. 1821, Commune d'Etinchon, [P. adm. chr.]; — 17 juill. 1822, Courtois, [S. chr., P. adm. chr.]; — 14 nov. 1822, Luogier, [P. adm. chr.]

749. — *c)* ... Lorsque, sur la remise d'une contestation faite à un tribunal par l'autorité administrative, ce tribunal a décidé la question de sa compétence sans examiner les questions administratives. — Cons. d'Et., 31 juill. 1822, Rocheron, [S. chr., P. adm. chr.]; — 2 févr. 1825, Escaille, [S. chr., P. adm. chr.]

750. — *d)* ... Ou bien encore quand, sur une contestation relative au point de savoir si deux billets produits dans une liquidation administrative ont pour objet la même créance, le conseil de préfecture s'est borné à interpréter la décision de l'administration centrale qui avait prononcé sur la liquidation, et que, de son côté, la cour d'appel ne s'est pas dessaisie de la question d'identité des deux billets, laquelle est en effet du ressort des tribunaux. — Cons. d'Et., 6 juin 1830, Sauzillon, [P. adm. chr.]

751. — 4° Il doit enfin y avoir identité de parties. Le principe général de l'autorité de la chose jugée se restreint aux parties en cause s'applique aussi bien aux décisions administratives qu'aux décisions judiciaires. Dès lors, il n'y a point lieu à conflit lorsque deux décisions, l'une d'une juridiction administrative, l'autre d'une juridiction civile, ont jugé une question de compétence en sens contraire, mais entre des parties différentes. — Cons. d'Et., 18 févr. 1858, Dombre, [P. adm. chr., D. 58.3.59] — Sic, Chauveau et Tambour, t. 1, n. 527; Collignon, p. 285; Block, v° *Conflit*, n. 172.

CHAPITRE II.

QUI PEUT ÉLEVER LE CONFLIT NÉGATIF.

752. — Le conflit peut d'abord, lorsque l'affaire intéresse directement l'Etat, être élevé par le ministre dans les attributions duquel se trouve placé le service public que l'affaire concerne. Il peut aussi être élevé par le ministre de la Justice dans le cas où le tribunal qui se déclare incompétent est un tribunal de simple police ou un tribunal de police correctionnelle (V. art. 18 et 19, Règl. 26 oct. 1849).

753. — Le préfet pourrait-il élever le conflit négatif? On s'accorde à reconnaître que dans ce genre de conflit le préfet n'a point les mêmes prérogatives que dans le conflit positif. Il ne peut jamais, on sa seule qualité de préfet, élever le conflit négatif. Il ne peut le faire qu'autant que dans l'instance il a qualité de partie comme représentant de l'Etat. — Cons. d'Et., 3 sept. 1823, Cénac, [P. adm. chr.]; — 24 mars 1824, Guy, [P. adm. chr.]; — 12 janv. 1825, Grand, [P. adm. chr.]; — 11 janv. 1826, Toussaint, [S. chr., P. adm. chr.] — Sic, Block, v° *Conflit*, n. 170; Chauveau et Tambour, t. 1, n. 527.

754. — On sait qu'à la différence du conflit positif, le conflit négatif ne suppose aucune collision entre l'autorité judiciaire et l'autorité administrative. Il affecte principalement les intérêts privés des parties qui, à un moment donné, ne peuvent trouver de juge pour faire trancher le litige qui les divise. De cette nature du conflit négatif résulte cette conséquence que les parties ont le droit d'élever le conflit négatif. C'est la solution qui a été formellement consacrée par l'art. 17, Règl. 26 oct. 1849. « Lorsque l'autorité administrative et l'autorité judiciaire se sont respectivement déclarées incompétentes sur la même question, le recours devant le tribunal des conflits, pour faire régler la compétence, est exercé directement par les parties intéressées. Il est formé par requête signée d'un avocat au Conseil d'Etat et à la Cour de cassation. »

755. — Mais lorsque les parties négligent de faire régler conflit négatif, le ministre de la Justice pourrait-il en provoquer le règlement en employant la voie extraordinaire du pourvoi dans l'intérêt de la loi? Pour nous, la négative n'est pas douteuse. Elle découle naturellement du caractère du conflit négatif qui, on le sait, ne met en jeu que des intérêts privés. La solution du conflit négatif que les parties négligent de faire régler, probablement parce qu'elle ne présente pour eux qu'un très-médiocre intérêt, n'est pas assez importante pour l'ordre public pour conférer au ministre le droit d'exercer un recours dans l'intérêt de la loi. La question se présenta en 1846 devant le Conseil d'Etat qui était alors juge des conflits. Elle parut si grave que la section du contentieux, avant de procéder au jugement de l'affaire, crut nécessaire d'indiquer, dans un avis du 27 août 1846, les doutes que pouvait faire naître la légalité du pourvoi formé dans ces conditions par le ministre. Elle n'eut point toutefois à statuer définitivement, le ministre de la Justice ayant retiré sa demande en règlement du conflit négatif dans l'intérêt de la loi. — Collignon, p. 270.

CHAPITRE III.

PROCÉDURE ET JUGEMENT DU CONFLIT NÉGATIF.

756. — Lorsqu'un conflit négatif se produit, les parties ont le choix entre deux procédures. Elles peuvent ou bien se pourvoir par la voie ordinaire devant les juridictions supérieures à celles qui se sont déclarées incompétentes, à supposer bien entendu qu'il y ait des juridictions supérieures au-dessus d'elles, et leur demander de réformer le jugement d'incompétence indûment prononcé, ou bien, alors même que les décisions respectives d'incompétence pourraient faire l'objet d'une voie de recours de droit commun, laissant de côté ce recours ordinaire, elles peuvent se pourvoir immédiatement devant le juge des conflits.

757. — Cette liberté laissée aux parties de négliger les voies de recours ordinaires n'a pas toujours existé. L'ordonnance d'août 1737, tit. 2, art. 24, voulait qu'on se pourvût d'abord par les voies ordinaires et hiérarchiques avant de demander un règlement de juge. « Lorsque sur le déclinatoire proposé par l'une des parties, les premiers juges se seront dépouillés de la connaissance de la contestation, le défendeur au déclinatoire ne pourra être reçu à se pourvoir en notre conseil pour être réglé de juges, sauf à lui à *interjeter appel de la sentence qui aura eu égard au déclinatoire*, ou à se pourvoir en notre Conseil contre l'arrêt qui l'aura confirmé..... ». Cette règle pouvait se justifier par cette considération que le désir de justice qu'implique le conflit négatif ne peut être considéré comme réellement existant qu'autant que tous les tribunaux ont manifesté l'intention de ne pas connaître de l'affaire.

758. — Il a été jugé que cette disposition avait été abrogée par le Code de procédure civile qui a tracé les règles à suivre pour le règlement de juges et prononcé, par son art. 1041, l'abrogation de toutes les lois antérieures sur la procédure civile. — Cass. 26 mars 1838, Huard, [S. 38.1.377, P. 38.1.401]; — 20 janv. 1841, Gallice, [S. 41.1.142. P. 41.1.409] — Bien que cet arrêt n'ait statué *in terminis* que sur un conflit de juridiction, il n'est pas douteux que le principe de l'abrogation de l'article précité de l'ordonnance de 1737 s'applique aux conflits négatifs d'attribution. Il y a même raison de décider dans les deux cas. — Chauveau et Tambour, t. 1, n. 528; Foucart, t. 3, n. 1926; Collignon, p. 272. — Il serait irrationnel et peu pratique d'obliger les parties à épuiser tous les degrés de juridiction de droit commun, à exposer par suite des frais inutiles, lorsqu'elles ont un moyen direct de faire cesser le doute et l'incertitude dans lequel elles se trouvent : le conflit. La jurisprudence est définitivement fixée en ce sens. C'est ainsi qu'un arrêt du Conseil d'Etat du 15 juin 1847 a réglé un conflit négatif qui résultait des déclarations d'incompétence définitives, mais non en dernier ressort, émanées l'une du tribunal de première instance de Versailles, l'autre, du conseil de préfecture de Seine-et-Oise. — Cons. d'Et., 15 juin 1847, Rigault, [S. 47.2.622, P. adm. chr., D. 47.3.78] — V. aussi Cons. d'Et., 21 juin 1839, Commune de Thiray, [P. adm. chr.]; — 29 janv. 1840, Hosp. de Loudun, [P. adm. chr.]

759. — Jugé encore que lorsque l'autorité administrative a renvoyé aux tribunaux une action en bornage, bien que le tribunal de première instance se soit ultérieurement déclaré incompétent, les parties ne sont pas tenues, avant que la cour d'appel ait statué, de se pourvoir directement au Conseil d'Etat. — Rennes, 20 nov. 1810, Paradis, [P. chr]

760. — Lorsque les parties recourent à la procédure du conflit elles introduisent leur recours au moyen d'une requête signée d'un avocat au Conseil d'Etat et à la Cour de cassation (art. 17 précité, Règl. du 20 oct. 1849).

761. — Ce recours doit être communiqué aux parties intéressées (art. 20). Ces parties intéressées peuvent prendre, par elles-mêmes ou par leurs avocats, communication des productions au secrétariat, sans déplacement et dans le délai déterminé par le rapporteur (art. 24). Aucun délai préfixe n'est imparti aux parties pour provoquer le règlement du conflit négatif. La faculté de s'adresser au tribunal des conflits subsiste aussi longtemps que le droit à l'égard duquel les tribunaux se sont déclarés incompétents peut être utilement invoqué en justice (V. art. 2262, C. civ.).

762. — L'obligation pour les parties d'observer des délais ne commence que lorsqu'elles ont saisi le tribunal. Des délais leur sont alors impartis : 1° pour appeler la partie adverse devant le tribunal des conflits; 2° pour produire des défenses.

763. — En premier lieu, un délai est imparti pour appeler la partie adverse : « Lorsque le recours est formé par des particuliers, l'ordonnance de soit communiqué, rendue par le ministre de la Justice, président du tribunal des conflits, doit être signifiée par les voies de droit dans le délai d'un mois. Ceux qui demeurent hors de la France continentale ont, outre le délai d'un mois, celui qui est réglé par l'art. 75, C. proc. civ. (art. 21, Règl. 26 oct. 1849). Art. 22 : « Lorsque le recours est formé par un ministre, il en est, dans le même délai, donné avis à la partie intéressée par la voie administrative. Dans les affaires qui intéressent l'État directement, si le recours est formé par la partie adverse, le ministre de la Justice est chargé d'assurer la communication du recours au ministre que l'affaire concerne. »

764. — Le défaut de communication de l'ordonnance de soit communiqué dans les délais ci-dessus indiqués, emporte-t-il déchéance du droit de faire régler le conflit? Il est certain que la déchéance serait le seul moyen d'assurer la sanction des délais impartis par le règlement de 1849. Nonobstant cette considération, la pratique s'est formée en sens contraire, et elle décide que l'inobservation des délais pour appeler la partie adverse n'entraîne point déchéance. Pour justifier cette solution, on a fait surtout remarquer que si l'on admettait ici une fin de non-recevoir, les parties resteraient sans juges comme elles étaient avant la demande de règlement, et qu'elles se trouveraient par suite dans la nécessité de former une nouvelle demande pour en obtenir, de telle sorte que la déchéance n'aboutirait à autre chose qu'à exposer les parties à des frais et à des lenteurs frustratoires. — De Cormenin, t. 1, p. 462; Serrigny, t. 1, n. 248. — Cet argument n'est point décisif : on peut, en effet, très-bien considérer la nécessité d'exposer de nouveaux frais comme la sanction de l'observation des délais. Cette sanction, d'ailleurs relativement très-faible, est d'autant plus importante qu'il y a intérêt à la bonne administration de la justice à ce que le jugement des affaires soumises au tribunal des conflits ne soit pas indéfiniment retardé.

765. — La jurisprudence est toutefois en sens contraire. Il a été jugé que le défaut de signification dans les délais, de l'ordonnance de soit communiqué, ne peut être une cause de déchéance en matière de conflit négatif, les parties ne pouvant rester sans juge. — Cons. d'Et., 23 juin 1819, Fillèle-Ducheux, [P. adm. chr].

766. — En second lieu, un délai est accordé pour produire des défenses. Art. 23 du règlement de 1849 : « La partie à laquelle la notification est faite est tenue, si elle réside sur le territoire continental, de répondre et de fournir ses défenses dans le délai d'un mois à partir de la notification. A l'égard des colonies et des pays étrangers, les délais seront réglés ainsi qu'il appartiendra, par l'ordonnance de soit communiqué ».

767. — Hormis les différences indiquées ci-dessus, les conflits négatifs d'attribution s'instruisent et se jugent comme les conflits positifs.

768. — Cependant le tribunal des conflits dûment saisi indique quelle est la juridiction compétente. C'est là une différence avec le conflit positif dans lequel, ainsi que nous l'avons vu, il ne peut jamais indiquer, au cas de confirmation du conflit, quelle est l'autorité compétente. — V. *suprà*, n. 679 et s.

769. — Il ne peut jamais, du reste, retenir l'affaire au fond. — Collignon, p. 286.

770. — Les parties jouant dans le conflit un rôle actif et prépondérant ont le droit de former opposition à la décision du tribunal des conflits. C'est là encore une différence entre le conflit positif et le conflit négatif. Nous avons vu que, dans le conflit positif, les parties n'étaient jamais admises à former opposition (V. *supra*, n. 674). — Collignon, p. 286. — La différence s'explique par la situation qui leur est faite dans les deux conflits.

TITRE IV.
DU CONFLIT DE JURIDICTION.

771. — On sait que le conflit de juridiction peut exister soit entre deux tribunaux de l'ordre judiciaire, soit entre deux tribunaux de l'ordre administratif. Il importe de distinguer soigneusement les deux hypothèses. — V. *supra*, n. 3.

772. — I. *Le conflit de juridiction s'élève entre deux tribunaux de l'ordre judiciaire.* — Il est alors réglé par l'autorité judiciaire elle-même, soit au moyen de l'appel porté devant le tribunal supérieur, s'il y en a un, soit au moyen de la procédure du règlement de juge, conformément aux art. 363 et s., C. proc. civ. Bien que nous n'ayons pas à nous en occuper ici (V. *infra*, v° *Règlement de juge*), notons cependant les quelques espèces suivantes, afin de préciser les idées.

773. — Le conflit négatif entre un tribunal de simple police et un tribunal correctionnel, donne lieu à règlement de juges par la Cour de cassation, encore que les deux tribunaux soient situés dans le ressort de la même cour d'appel (C. instr. crim., art. 526). — Cass., 27 juin 1811, Daguino, [S. chr.]; — 26 mars 1813, Alimo, [S. chr.]; — 17 juin 1823, [S. chr.] — Grenoble, 21 sept. 1823, Roudet Corneille, [S. chr.].

774. — Il y a conflit négatif de juridiction à vider par la Cour de cassation lorsque deux autorités judiciaires, indépendantes l'une de l'autre, se sont successivement déclarées incompétentes. La première de ces autorités ne peut se ressaisir de l'affaire, après que la deuxième a refusé de juger. — Cass., 28 nov. 1812, Chambes, [S. chr.].

775. — De même, il y a lieu a règlement de juges par la Cour de cassation, lorsque, par un jugement passé en force de chose jugée, un tribunal de police correctionnelle s'est déclaré incompétent pour connaître d'une affaire qui lui avait été renvoyée par un arrêt de la chambre des mises en accusation. — Cass., 25 févr. 1813, Persiani, [S. chr.].

776. — II. *Le conflit de juridiction s'élève entre deux tribunaux de l'ordre administratif.* — En pareil cas, que le conflit de juridiction soit positif ou qu'il soit négatif, les parties ont le droit de se pourvoir devant le Conseil d'Etat, soit par la voie de l'appel, soit en règlement de juge. — Serrigny, t. 1, n. 222; Chauveau et Tambour, t. 1, n. 530. — V. comme exemples de règlement de juge émané du Conseil d'Etat, les arrêts des 10 sept. 1817, Héreau, [S. chr., P. adm. chr.]; — 25 févr. 1818, Hasslawer, [S. chr., P. adm. chr.]; — 26 juill. 1837, Allard, [P. adm. chr.]

777. — Le conflit de juridiction ne peut être élevé par le préfet. — Cons. d'Et., 24 août 1832, Min. int., [P. adm. chr.]; — 16 nov. 1832, Préfet de la Haute-Vienne, [P. adm. chr.]. — *Sic*, Cormenin, t. 1, p. 448, n. 8; Chauveau et Tambour, t. 1, n. 531.

778. — La voie de l'appel est ouverte aux parties lorsque, l'affaire étant déférée en premier ressort à un autre juge administratif que le Conseil d'Etat, celui-ci est appelé à connaître de l'affaire comme juge d'appel, l'affaire comportant cette voie de recours. Le Conseil d'Etat pourrait encore, en qualité de juge d'appel, faire cesser le conflit si le jugement du tribunal administratif au premier degré lui était déféré pour incompétence. En pareil cas, s'il confirmait la décision du tribunal sur la compétence, il pourrait retenir l'affaire au fond pour la juger après que les parties auraient régulièrement plaidé devant lui. MM. Chauveau et Tambour décident même qu'il pourrait prononcer sur la compétence et sur le fond par un même arrêt, si les conclusions des parties tendent à ce qu'il soit statué sur l'un et sur l'autre (*op. cit.*, n. 536).

779. — Lorsque le Conseil d'Etat statue par voie de règlement de juge, son rôle consiste à fixer l'autorité administrative compétente et à renvoyer les parties devant cette autorité, afin qu'elle connaisse de la contestation. Si cette autorité s'était déclarée incompétente, sa décision serait annulée (V. Lois des 7-14 oct. 1790, art. 1; 27 avr.-25 mai 1791). — Chauveau et Tambour, t. 1. 332-535.

TITRE V.
DES REVENDICATIONS DE COMPÉTENCE
DEVANT
LA SECTION DU CONTENTIEUX DU CONSEIL D'ETAT.

780. — On sait qu'en principe, les représentants de l'autorité administrative ne peuvent pas élever le conflit devant les tribunaux administratifs. L'art. 26, L. 24 mai 1872, est venu toutefois reconnaître aux ministres un certain droit qui remplace dans une assez large mesure le droit dont ils sont privés d'élever le conflit devant la juridiction administrative. « Les ministres ont le droit de revendiquer devant le tribunal des conflits les affaires portées à la section du contentieux et qui n'appartiendraient pas au contentieux administratif. Toutefois, ils ne peuvent se pourvoir devant cette juridiction, qu'après que la section du contentieux a refusé de faire droit à la demande en revendication qui doit lui être préalablement communiquée » (art. 26, L. 24 mai 1872). Cette disposition a son origine dans l'art. 47, L. 3 mars 1849, relative à l'organisation actuelle du Conseil d'Etat. Seulement, l'art. 47 n'accordait le droit de revendication qu'au garde des sceaux; l'art. 26, au contraire, l'a reconnu à tous les ministres.

781. — La revendication organisée actuellement par la loi de 1872 est, en réalité, un véritable conflit, restreint à une seule juridiction administrative : le Conseil d'Etat. Dans la pensée des rédacteurs de la loi de 1849, elle paraît avoir été surtout organisée pour préserver l'administration active contre les envahissements de l'administration contentieuse, pour laisser aux ministres toute liberté d'action pour prendre les mesures que commanderait l'intérêt public, sans qu'ils eussent à se préoccuper de répondre de leurs actes devant un autre pouvoir que le pouvoir politique.

782. — L'art. 26 de la loi de 1872, qui parle de la revendication devant la section du contentieux du Conseil d'Etat, n'est plus en harmonie avec l'organisation actuelle du Conseil d'Etat, statuant en matière contentieuse. En l'état, en effet, les affaires contentieuses peuvent être jugées ou par l'Assemblée du contentieux, ou par la section permanente, ou par la section temporaire (L. 24 mai 1872 et 26 oct. 1888). — V. *infra*, v° *Conseil d'Etat*. — Il n'est pas douteux, nonobstant les termes de la loi, que la revendication des ministres puisse s'exercer soit devant l'Assemblée du contentieux, soit devant les sections temporaire et permanente.

783. — Le Conseil d'Etat ne peut être dessaisi par la revendication du ministre qu'autant que celui-ci aura manifesté formellement son intention de connaître de l'affaire à l'égard de laquelle sa compétence est contestée (art. 26, § 2 précité, L. de 1872).

784. — Les formalités à remplir pour dessaisir le Conseil d'Etat sont les suivantes : 1° Le ministre qui revendique doit présenter un mémoire au président de la section, dit l'art. 28 du règlement du 26 oct. 1849, c'est-à-dire au président de l'assemblée du contentieux, au président de la section permanente ou permanente, suivant les cas. Ce mémoire, qui rappelle le déclinatoire exigé dans le conflit positif d'attribution, est enregistré au secrétariat du contentieux (art. 28, § 2, *Ibid.*).

785. — Dans les trois jours de l'enregistrement le président désigne un rapporteur. Avis est donné aux parties de la revendication dans la forme administrative : elles peuvent prendre communication du mémoire dans un délai spécialement fixé par le président (art. 28, § 2 et 3, *Ibid.*).

786. — Le rapport est déposé au secrétariat dans le mois qui suit l'envoi des pièces au rapporteur. Il est ensuite transmis au ministère public. Le règlement de 1849 décide que le délai d'un mois est suspendu par les vacances judiciaires qui, en vertu d'un décret du 24 juill. 1885, ont lieu du 15 août au 15 oct. (art. 28, Régl. 26 oct. 1849).

787. — Le rapport se fait en audience publique. Depuis la loi du 20 oct. 1888, les séances des sections contentieuses peuvent être publiques. L'assemblée ou la section doit prononcer dans le mois qui suit le rapport. Le délai est de rigueur; si le Conseil d'Etat n'a pas statué, le ministre peut, à l'expiration du mois, former son recours devant le tribunal des conflits (art. 29, Règl. de 1849). Le délai n'est suspendu que par les vacances judiciaires (Décr. 24 juill. 1885).

788. — Si le tribunal statue dans les délais, il peut, ou bien accueillir ou bien rejeter les conclusions du ministre. S'il admet les conclusions, le président envoie au ministre la décision, et l'affaire se trouve terminée par le dessaisissement spontané du Conseil d'Etat (art. 31, Règl. de 1849).

789. — Si, au contraire, les conclusions du ministre sont rejetées, l'assemblée ou la section du contentieux doit surseoir à statuer pendant un délai de quinzaine à compter de l'envoi de la décision au ministre (art. 31, *Ibid.*). Ce délai est exigé afin de donner au ministre le temps nécessaire pour examiner s'il doit ou non se pourvoir devant le tribunal des conflits. Dans le même délai de quinzaine le ministre doit porter à la connaissance du Conseil d'Etat la décision qu'il a prise. S'il ne l'en informe pas, le Conseil d'Etat peut connaître de l'affaire sans nouveau délai (art. 31, *Ibid.*).

790. — Dans le cas où le ministre se pourvoit devant lui, le tribunal des conflits est saisi par un nouveau mémoire qui contient l'exposé de l'affaire, les conclusions prises devant le Conseil d'Etat, la demande en revendication adressée au Conseil d'Etat et la décision qui a rejeté les conclusions du ministre (art. 32, (*Ibid.*).

791. — Le recours formé devant le tribunal des conflits impose au Conseil d'Etat un nouveau sursis à statuer. Ce sursis diffère du précédent en ce qu'il est indéterminé dans sa durée : il se prolonge jusqu'à la décision du tribunal des conflits.

792. — L'affaire est instruite devant le tribunal des conflits suivant la procédure prescrite par les art. 13 et s. de l'ordonnance de 1828 pour les conflits positifs d'attribution. — V. *suprà*, n. 602 et s.

793. — Le tribunal des conflits peut, ou rejeter les conclusions du ministre ou les admettre. S'il les rejette, le Conseil d'Etat peut connaître de l'affaire. S'il les admet, le Conseil d'Etat est dessaisi. Mais, conformément aux principes généraux et à la donnée même de son institution, le tribunal des conflits n'a point qualité pour indiquer la juridiction qui, à défaut du Conseil d'Etat, sera compétente pour connaître du litige. — V. *suprà*, n. 679 et s.

794. — Dans toutes les hypothèses, « la décision qui intervient (sur le recours du ministre) est transmise au président de la section (permanente, temporaire ou de l'assemblée) du contentieux du Conseil d'Etat. Il en est fait mention en marge de la décision qui a donné lieu au recours du ministre » (art. 33, *Ibid.*).

795. — Les termes de l'art. 26, L. 24 mai 1872, étant aussi larges que possible, il en résulte que les ministres peuvent revendiquer devant la section du contentieux non seulement les affaires administratives qui, d'après eux, n'appartiennent pas au contentieux administratif, mais encore celles qui, étant de la compétence judiciaire, auraient été portées devant le Conseil d'Etat. D'où ce résultat intéressant que, si, conformément à ce que nous avons vu plus haut, le conflit ne peut être élevé par l'autorité judiciaire, il peut du moins l'être dans son intérêt par un organe de l'autorité administrative. — V. *suprà*, n. 366 et s.

796. — Il ne faudrait point, du reste, se méprendre sur la portée de la garantie qui résulte pour l'autorité judiciaire du droit reconnu aux ministres d'exercer la revendication dans son intérêt. D'abord le ministre, représentant de l'ordre administratif, sera généralement peu disposé à exercer la revendication en faveur des tribunaux. D'autre part, le droit de revendication n'est possible que devant la section du contentieux : l'autorité judiciaire reste donc sans défense devant les autres tribunaux administratifs et contre l'administration active. Ces considérations diverses expliquent suffisamment que ni sous l'empire de la loi du 3 mars 1849, ni depuis la promulgation de la loi du 24 mai 1872, aucune affaire appartenant à l'ordre judiciaire ait été revendiquée devant la section du Conseil d'Etat par un ministre, de sorte que, comme le dit très-bien M. Collignon : « Si, en théorie, la situation de l'ordre judiciaire a été améliorée au point de vue du conflit par la législation nouvelle, en fait, cette situation est la même que sous les régimes précédents. En fait, le conflit est toujours et seulement un moyen donné à l'administration de recouvrer la connaissance des affaires de sa compétence qui auraient été retenues par l'autorité judiciaire ». — Collignon, p. 263.

TITRE VI.

LÉGISLATION COMPARÉE.

797. — La matière des conflits a reçu une organisation forcément variable dans les différents pays civilisés. Souvent, elle est très-loin de présenter l'importance qu'elle a en France, car, ou bien la juridiction administrative n'y existe pas du tout, ou bien elle est loin d'y avoir le rôle prépondérant qu'elle a dans la législation française. C'est ce que nous allons constater en étudiant l'organisation du conflit dans les pays les plus importants.

§ 1. ALLEMAGNE.

798. — En Allemagne, la loi fédérale sur l'organisation judiciaire, du 27 janv. 1877 (art. 17), laisse à la législation particulière de chacun des Etats confédérés le soin d'organiser la juridiction appelée à régler les conflits dans l'Etat, à la condition toutefois d'observer les règles suivantes : 1° les membres de la juridiction des conflits doivent être nommés pour toute la durée de l'emploi qu'ils occupent au moment de la nomination, ou bien ils doivent être nommés à vie, si à l'époque de leur nomination ils ne sont investis d'aucune fonction.

799. — 2° La moitié aux moins des membres du tribunal doit appartenir à la Cour suprême de l'Empire, ou au Tribunal suprême d'un Etat confédéré, ou à un tribunal régional supérieur. Les sentences ne peuvent être rendues que par des magistrats siégeant en nombre impair. Le nombre minimum est de cinq.

800. — 3° Les jugements doivent être rendus en audience publique, en présence des parties dûment appelées.

801. — Du reste, les Etats confédérés ne sont point obligés d'organiser un tribunal des conflits. Dans le cas où ils ne procéderaient point à cette organisation pour une cause quelconque, le tribunal judiciaire supérieur de l'Etat est juge souverain de la compétence. Dans un assez grand nombre d'Etats allemands, le conflit n'a point été organisé, notamment en Alsace-Lorraine, dans les duchés d'Anhalt et de Saxe-Weimar et dans la ville libre de Hambourg.

802. — L'art. 17, précité, de la loi sur l'organisation judiciaire, décide aussi qu'une ordonnance impériale peut, sur la demande d'un Etat confédéré et sur l'avis conforme du conseil fédéral, renvoyer devant le tribunal de l'Empire les débats et le jugement des conflits. La ville de Brême a demandé et obtenu ce renvoi (L. de Brême sur les conflits du 23 juin 1879). — V. pour l'organisation qu'a reçue en fait et en droit l'institution des conflits dans différents Etats de l'Allemagne, *infrà*, n. 813 et s., 849 et s., 856 et s., 880 et s.

§ 2. ANGLETERRE.

803. — En Angleterre, l'institution des conflits est inconnue pour les raisons suivantes : d'abord, il n'y a point de pays de juridictions administratives proprement dites. En outre, les conflits entre les tribunaux judiciaires et les autorités administratives sont impossibles, parce qu'il est de principe fondamental que les tribunaux judiciaires ont plein pouvoir pour déterminer eux-mêmes et souverainement les limites de leur compétence. — V. Glasson, *Histoire du droit et des institutions politiques, civiles et judiciaires de l'Angleterre*, t. 6, p. 471.

804. — Si le conflit s'élève entre deux tribunaux judiciaires (conflit de juridiction), il est réglé par la cour du Banc de la Reine.

805. — Le banc de la Reine dispose des moyens suivants : 1° du *Writ of mandamus* en cas de conflit négatif ou de déni de justice; 2° du *Writ of prohibition* en cas d'excès de pouvoir; 3° du *Writ of certiorari* lorsqu'il s'agit d'invoquer une affaire, de l'enlever à une autre cour pour la déférer au Banc de la Reine.

§ 3. AUTRICHE-HONGRIE.

806. — I. AUTRICHE. — En Autriche, il n'y a qu'un seul tribunal administratif : la cour de justice administrative. Les conflits de compétence entre ce tribunal administratif et les tribunaux ordinaires sont vidés par le tribunal d'Empire. L'art. 1, L. 22 oct. 1875, portant modification à la loi constitutionnelle du 21 déc. 1867, règle les conflits de compétence entre la cour de justice administrative et les tribunaux ordinaires ou le tribunal d'Empire. — *Ann. de lég. étr.*, 1876, p. 524 et s.

807. — Le tribunal de l'Empire est, en définitive, le tribunal des conflits d'Autriche-Hongrie. Institué par une des lois constitutionnelles du 21 déc. 1867, le tribunal de l'Empire a été organisé par la loi du 18 avr. 1869 qui règle son fonctionnement et sa procédure. Il se compose d'un président et d'un vice-président nommés à vie par l'Empereur, de douze membres titulaires et de quatre suppléants nommés également à vie sur une liste de candidats proposés par chacune des deux chambres du *Reichsrath*.

808. — En ce qui touche le règlement des compétences, ses pouvoirs s'étendent à tous ces conflits d'attribution. Ils sont définis par la loi du 21 déc. 1867 (art. 1, 2 et 3) : « Il est créé un tribunal de l'Empire pour trancher les conflits d'attribution... Il statue définitivement sur les conflits : 1° entre les autorités judiciaires et administratives, sur la question de savoir si une affaire doit être décidée par les voies judiciaires ou par les voies administratives, dans les cas déterminés par la loi.

809. — Le tribunal de l'Empire a aussi la mission de juger les différends qui s'élèvent entre l'Empire et les territoires de la Cisleithanie, ou entre plusieurs territoires, communes ou corporations.

810. — Les conflits de compétence entre la cour de justice administrative et le tribunal d'Empire sont tranchés par une commission composée de quatre membres de la cour de justice et de quatre membres du tribunal d'Empire, et présidée par le président ou le vice-président de la Cour suprême (art. 2, al. 1, *Ibid.*).

811. — Les membres de cette commission sont désignés pour chaque affaire par les présidents de la cour de justice administrative et du tribunal d'Empire (art. 2, al. 2, *Ibid.*).

812. — La procédure devant la commission est publique et orale.

813. — L'instance est engagée soit par l'administration supérieure, soit par la partie intéressée, suivant que les deux juridictions ont déclaré ou décliné leur compétence. La demande introduite par une partie doit être revêtue de la signature d'un avocat (art. 3, *Ibid.*).

814. — II. HONGRIE. — Les conflits de compétence entre les autorités judiciaires et administratives sont, jusqu'à nouvel ordre, décidées par le ministère. — Marquardsen, IV, I, 1, p. 166 ; Laferrière, p. 62.

§ 4. BADE (Grand-Duché de).

815. — Dans le Grand-Duché de Bade, seul le ministre intéressé a le droit d'élever le conflit. C'est, comme on l'a observé (Jacquelin, p. 259), le seul État où ce droit se trouve centralisé à ce point.

816. — Le conflit, dans le Grand-Duché de Bade, est jugé par la cour de compétence.

817. — La cour de compétence badoise se compose de treize membres. Elle comprend huit membres du tribunal régional supérieur de Carlsruhe, et cinq hauts fonctionnaires, ou membres de la cour de justice administrative, nommés par le gouvernement (L. 30 janv. 1879, et Ord. 24 juin 1879 : *Ann. de lég. étr.*, 1880). — Laferrière, p. 42.

§ 5. BAVIÈRE.

818. — Jusqu'à la loi du 28 mai 1850, la Bavière possédait un Sénat, composé de quatre membres du Tribunal suprême de l'État et de trois hauts fonctionnaires administratifs (quatre juges et trois administrateurs), pour la décision des conflits d'attribution. Mais cette juridiction a été réformée, à la suite de la loi impériale de 1877, sur l'organisation judiciaire de l'Empire, par la loi du 18 août 1879, suivant laquelle la nouvelle cour de compétence est composée de onze membres, y compris le président, tous nommés par le roi pour la durée de leurs fonctions respectives. Toutefois, le président doit être choisi parmi les membres du tribunal supérieur ou de la Cour suprême de justice de Munich, et six des membres du tribunal des conflits doivent appartenir à l'un ou à l'autre de ces tribunaux, et les cinq autres doivent appartenir au tribunal administratif.

819. — Le conflit positif d'attribution ne peut être élevé que par la régence de cercle ou par l'administration centrale, ou encore par le ministère public près la cour de justice administrative, et le conflit négatif, par la partie intéressée. En outre, le ministère public près le tribunal administratif, quand il estime qu'une affaire est de la compétence de ce tribunal, peut provoquer de la cour une décision préliminaire, qu'il communique, si elle est favorable à sa décision, au ministre qui, dans le délai de deux semaines, peut élever le conflit. La procédure est publique et le jugement définitif. — V. Sarivey, *Oeffentliches Recht*, 2e part., § 71, p. 683 à 386 ; *Ann. de lég. étr.*, 9e année, 1880, p. 204-202 ; Cordon, *La giustizia e l'amministrazione*, p. 104 ; Block, p. 637 ; Laferrière, p. 42.

820. — Il y a encore, en Bavière, un tribunal spécial pour trancher les conflits entre les tribunaux civils et les tribunaux militaires (L. 23 févr. 1879 : *Ann. de lég. étr.*, 9e année, 1880). Ce tribunal est composé : 1° du président et de trois conseillers de la cour supérieure de Munich ; 2° de trois juges du tribunal militaire supérieur. — V. Demombynes, t. 2, p. 868.

§ 6. BELGIQUE.

821. — D'après la loi fondamentale du 24 août 1815 et l'arrêté royal du 5 mai 1816, inspirés sur ce point par une idée de réaction contre le système français, le conflit ne pouvait plus jamais être élevé. Bien plus, une loi du 16 juin 1816 fut même déclarer nuls et non avenus tous les conflits antérieurement élevés et non encore vidés. Mais cet état de choses ne dura pas longtemps, et l'institution des conflits ne tarda pas à être rétablie par deux arrêtés du roi des Pays-Bas, en date, l'un, du 16 juill. 1820, et l'autre, du 5 oct. 1822, aux termes desquels le droit d'élever le conflit appartenait exclusivement au gouverneur de la province, et le droit de le trancher, au roi lui-même.

822. — La Belgique ayant réussi à recouvrer son indépendance, à la suite de la Révolution de 1830, la Constitution belge du 7 févr. 1831 prit soin d'indiquer, dans son art. 106, le tribunal qui serait chargé de statuer sur les conflits. Mais c'était là tout, et, bien que la Constitution, dans cet article, disposât que la Cour de cassation devait prononcer « d'après le mode réglé par la loi », un tel mode ne fut point alors déterminé, et ni l'élévation ni la procédure du conflit n'ont été, même depuis, réglées par aucun texte. Des projets de loi, conçus dans cette vue et destinés à combler cette lacune, l'un, du 24 janv. 1845 (V. *Belg. judic.*, 1845, p. 273 ; Nypels, *Examen du projet de loi sur les conflits présenté aux Chambres belges en 1845*, dans la *Revue de droit franç. et étr.*, de Fœlix, vol. 2, p. 474), l'autre, du 22 avr. 1856 *Projet de loi sur l'organisation judiciaire*, tit. 6, chap. 2, art. 224 à 262), n'ont pas abouti. Seule la loi d'organisation judiciaire du 18 juin 1869 (tit. 1, chap. 6, art. 132) contient sur ce point une très-brève disposition sur laquelle nous aurons à revenir.

823. — De là, il résulte que, aujourd'hui encore, la matière des conflits n'est pas législativement réglée en Belgique. Mais ce n'est pas une raison pour aller jusqu'à dire, avec Giron (*Le droit administratif de la Belgique*, 1883, t. 1, p. 225, cité par Jacquelin, p. 358, qui l'approuve) que « depuis 1831, la pratique des conflits a de fait cessé en Belgique ». — V. *Répertoire de l'administration et du droit administratif de la Belgique*, v° *Conflit*, et Pand. belg., v° *Conflit d'attribution*, n. 1 et 6.

824. — La loi belge étant restée muette sur cette question, il y a controverse sur la question de savoir qui peut élever le conflit. C'est la solution que consacrait le projet du 21 janv. 1845. D'après les autres, au contraire, les particuliers ont seuls le droit d'élever le conflit par voie de requête à la Cour de cassation. C'est cette dernière opinion qui a été admise par la Cour de cassation elle-même, par un arrêt du 30 janv. 1837. — V. Thonissen, *De la constitution belge*, p. 327 et 328 ; Giron, *Le droit administratif de la Belgique*, t. 1, p. 226 ; Jacquelin, p. 358.

825. — La procédure d'élévation du conflit n'a pas non plus été réglée par la loi belge. « La Cour de cassation, dit seulement l'art. 106 de la Constitution belge, prononce sur les conflits d'attribution d'après le mode réglé par la loi ». La Cour de cassation doit statuer toutes chambres réunies (LL. 4 août 1832 et 18 juin 1869).

826. — La procédure du conflit n'ayant pas été organisée par la loi, l'administration, dans la pratique, y supplée par les moyens du droit commun; elle soulève, en première instance, l'incompétence, qu'elle reproduit, en cas de besoin, en appel et en cassation, et, de cette façon elle finit par arriver au véritable juge du conflit. — V. Jacquelin, p. 359.

§ 7. ÉGYPTE.

827. — Le conflit d'attribution entre les tribunaux ordinaires et l'autorité administrative est soumis à un conseil, présidé par le ministre de la Justice, et composé de deux magistrats désignés par le président de la cour d'appel du Caire, et de deux hauts fonctionnaires désignés par le président du conseil des ministres (Décr. khédival 9 chaban 1300 (14 juin 1883), portant réorganisation des tribunaux indigènes, chap. 10, *Des conflits*, art. 82 à 85).

828. — Les conflits négatifs d'attribution sont, à la requête des parties, portés par le ministre de la Justice devant les conseils des conflits, composés, suivant les cas, comme il vient d'être dit. La requête est accompagnée des pièces et mémoires justificatifs (art. 83).

§ 8. ESPAGNE.

829. — La matière des conflits d'attribution a été réglementée assez récemment par le législateur espagnol. Elle est, en effet, régie aujourd'hui par le décret du 8 sept. 1887 et par la loi du 13 sept. 1888. Elle se trouve réglée presque complètement de la même manière qu'en France. L'ordonnance du 1er juin 1828 a été évidemment suivie par le législateur espagnol.

830. — Nous avons vu (*suprà*, v° *Compétence administrative*) que, actuellement, en Espagne, la justice administrative est, selon le système français, entièrement dans les mains de l'administration. Une conséquence de ce système, c'est que les conflits d'attribution eux-mêmes sont décidés par le roi en Conseil d'Etat. — Pedro de la Serna, *Institutiones del derecho administrativo*; Colmeiro, *Derecho administrativo español*, Madrid, 1863, t. 2; Saint Girons, *Séparation des pouvoirs*, liv. 2, chap. 3, p. 48.

831. — Indépendamment des conflits d'attribution, d'autres questions de compétence encore sont tranchées par décret royal rendu après avis de l'assemblée plénière du Conseil d'Etat.

832. — Les questions de compétence sont tranchées de cette façon dans les cas suivants : 1° lorsqu'il y a conflit d'attribution, positif ou négatif, entre les ministres ou entre diverses autorités administratives; 2° lorsque la décision d'une autorité administrative ou d'un tribunal administratif est attaquée devant le gouvernement, pour incompétence ou pour excès de pouvoir, par une autorité judiciaire qui se prétend lésée dans ses attributions; 3° lorsqu'il y a conflit positif ou négatif entre l'autorité administrative et l'autorité judiciaire. — V. Laferrière, t. 1, p. 33-34.

833. — La faculté d'élever le conflit, au nom de l'administration, devant les tribunaux ordinaires, est réservée exclusivement, par l'art. 2 du décret de 1887, au gouverneur de la province. Par contre, les tribunaux ordinaires ne peuvent pas élever le conflit devant les tribunaux ou les fonctionnaires administratifs. Cependant l'autorité judiciaire n'est pas entièrement désarmée, comme elle l'est en France, et, lorsque les autorités administratives empiètent sur les attributions des tribunaux judiciaires, la Chambre de gouvernement (*Sala de gobierno*) du Tribunal suprême, ou celle des *audiencias*, c'est-à-dire de la Cour de cassation ou des cours d'appel, a, sur la réclamation des parties intéressées ou du ministère public de chaque tribunal judiciaire, la faculté de former un recours en plainte (*recurso de queja*), qui est jugé par l'assemblée générale ou plénière du Conseil d'Etat. — V. Abella, *Tratado de derecho administrativo español*, Madrid, 3 vol., 1886-1889, t. 3, p. 469 à 471.

834. — A l'instar de l'ordonnance française de 1828, le décret espagnol de 1887 (art. 5 et 8) dispose que le conflit ne peut être élevé par le gouverneur de province qu'en vertu d'une disposition de loi donnant compétence à l'autorité administrative, et qui doit être expressément citée.

835. — De plus, aux termes des art. 2 et 3 du décret de 1887, le conflit ne peut jamais être élevé en matière criminelle. Il ne peut pas l'être davantage contre une décision judiciaire passée en force de chose jugée.

836. — Le tribunal est tenu d'obéir à la réquisition de défense (*requerimiento de inhibicion*) du gouverneur de la province, et de suspendre toute procédure jusqu'au jugement du conflit ou jusqu'au désistement de l'administration. Le tribunal qui résisterait et passerait outre en continuant la procédure encourrait les peines édictées par l'art. 390, C. pén. esp.

837. — La décision définitive du conflit, porté d'abord devant le Conseil d'Etat, appartient au roi.

838. — Le Conseil d'Etat, devant lequel, nous venons de le dire, le conflit est d'abord porté, délibère et donne son avis en assemblée générale ou plénière. Cette délibération est transmise au président du conseil des ministres, au ministre de l'Intérieur et aux parties intéressées. Chaque ministre peut, pendant quinze jours, demander que le conflit soit jugé par le conseil des ministres. Si cette demande est faite dans le délai, le roi statue, en conseil des ministres, sur le conflit de compétence ou d'attribution. Si le délai se passe sans réclamation, le roi rend un décret conforme à l'avis du Conseil d'Etat, à moins que le roi, de sa propre autorité, préfère, ce qui du reste est fort rare en fait, attirer à lui l'affaire, la retenir et la juger. — V. Abella, *op. cit.*, t. 3, p. 438 à 469; Laferrière, t. 1, p. 33 et 34; Jacquelin, p. 296-298; Marquardsen, IV, 1, 8, p. 111 à 114.

§ 8. ÉTATS-UNIS.

839. — Pas plus qu'en Angleterre, l'institution du conflit d'attribution n'existe aux Etats-Unis, et cette question ne peut même pas s'y poser. D'une part, en effet, il n'y a pas, aux Etats-Unis, une justice administrative à côté de la justice ordinaire. Et, d'autre part, le juge y est administrateur en même temps que magistrat de l'ordre judiciaire. Par suite, les empiètements du pouvoir judiciaire sur le pouvoir exécutif et administratif existant, comme on l'a dit, à l'état normal et permanent, on ne saurait s'inquiéter de ses empiètements illégaux et accidentels. — Jacquelin, p. 225.

§ 9. GRÈCE.

840. — Les conflits entre les tribunaux ordinaires et l'administration sont décidés par la Cour de cassation ou Aréopage (Constitution des 10-28 nov. 1864). — V. Demombynes, t. 1, p. 701.

§ 10. ITALIE.

841. — En Italie, la juridiction administrative n'existe plus depuis la loi du 25 mars 1865. Il ne peut donc plus y avoir de conflit qu'entre les tribunaux judiciaires et les agents de l'administration active, à raison d'actes que ces agents prétendraient garder dans leurs attributions et soustraire par suite aux tribunaux judiciaires. La matière est actuellement réglée par la loi du 7 avr. 1877 (*Annuaire de la société de législation comparée*, année 1878, p 334 et s.).

842. — La Cour de cassation de Rome est le juge des conflits.

843. — Le conflit est élevé par un arrêté préfectoral communiqué par le procureur du roi au tribunal et notifié aux parties intéressées.

844. — Une fois cet arrêté notifié, l'autorité judiciaire n'a plus le droit de prendre que des mesures conservatoires.

845. — La discussion est contradictoire et publique, et l'arrêt rendu toutes chambres réunies.

846. — Si l'administration est partie en cause, elle ne peut élever le conflit que dans le cours de la première instance. Dans le cas contraire, elle peut élever le conflit en tout état de cause jusqu'à ce qu'il soit intervenu un jugement passé en force de chose jugée.

§ 11. PAYS-BAS.

847. — Les Pays-Bas ont eu, en substance, jusqu'à ces derniers temps, le même système qu'en Belgique, mais plus tranché.

Le contentieux administratif y est de la compétence des tribunaux ordinaires, en vertu de la constitution de 1815, modifiée en 1848, et de la loi du 16 juin 1816. « Tout litige sur la propriété ou sur les droits qui en dérivent, sur les créances et autres droits civils, dit l'art. 4 de la constitution du 11 oct. 1848, sont de la compétence exclusive du pouvoir judiciaire. C'est à ce pouvoir également qu'il appartient de prononcer sur les droits politiques, sauf les exceptions à déterminer par la loi ». Ainsi les tribunaux civils sont compétents pour statuer sur toute question de propriété et d'obligation, ou sur toutes les actions tendant à obtenir une somme d'argent ou à faire respecter un droit de propriété ou tout autre droit privé. Bien qu'il puisse, par suite, surgir de véritables conflits d'attribution, la loi promise par l'art. 130 de la constitution de 1848, pour les régler, n'a jamais été faite. Toutefois, les recours formés selon la loi du 5 oct. 1822 sont jugés définitivement par la Haute-Cour ou Cour de cassation, en vertu du décret du 26 mai 1844. — V. Saint Girons, *Séparation des pouvoirs*, liv. 2, ch. 3, p. 479; Demombynes, *Constitutions européennes*, t. 1, p. 244, 261, 262; R. Cardon, *op. cit.*, p. 282, 283.

§ 12. PORTUGAL.

848. — C'est la Haute-Cour administrative qui prononce, en Portugal, sur les conflits d'attribution (Décr. 25 nov. 1886). — V. Tavarès de Medeiros, *Das Staatsrecht des königsreichs Portugal* (Le droit public du Portugal), § 16, dans Marquardsen, IV, 1, 9, p. 44.

§ 13. PRUSSE.

849. — En Prusse, la Cour des conflits organisée par une ordonnance du 1er août 1879 se compose de onze membres âgés de trente-cinq ans au moins : six de ces membres doivent appartenir au tribunal régional supérieur de Berlin. Les cinq autres sont pris parmi les fonctionnaires administratifs, ou les personnes ayant l'aptitude aux fonctions judiciaires. — *Annuaire de la société de législation comparée*, année 1880, p. 190.

850. — Les membres de la Cour des conflits sont nommés à vie s'ils n'occupent aucune fonction, ou pour la durée de leurs fonctions s'ils sont fonctionnaires. Ils sont nommés par le roi sur la proposition du ministre d'Etat. Ils ne sont révocables que d'après les formes à suivre pour la révocation des membres du tribunal de l'Empire. Le tribunal ainsi constitué statue et sur les conflits positifs et sur les conflits négatifs.

851. — Le conflit est élevé par une déclaration de l'autorité administrative portant sur les règles sur la compétence n'ont point été observées. Cette déclaration peut émaner soit de l'autorité centrale, soit de l'autorité provinciale. Cette déclaration dûment motivée est notifiée au tribunal saisi du litige.

852. — Si la Cour décide que le tribunal saisi était incompétent, il n'est perçu aucun frais de justice, et ceux qui ont été payés sont restitués. Toutefois, les frais exposés par les parties ne sont point remboursables.

§ 14. ROUMANIE.

853. — En Roumanie, il n'existe plus de juridiction administrative proprement dite : une loi du 12 juill. 1866 a supprimé le Conseil d'Etat.

854. — Les conflits qui peuvent néanmoins s'élever entre la juridiction ordinaire et les autorités administratives sont réglés par la Cour de cassation.

§ 15. RUSSIE.

855. — En Russie, les conflits d'attribution sont jugés par l'assemblée générale du premier département (département administratif) et des deux départements de cassation du Sénat (Ukase, 20 nov. 1864).

§ 16. SAXE (*Royaume de*).

856. — Les conflits d'attribution, ou conflits de compétence entre les tribunaux et les autorités administratives, sont jugés par une cour spéciale, instituée sous le nom de Cour des conflits de compétence (*Kompetenzgerichtshof*) par une loi du 3 mars 1879, rendue par application de l'art. 17 du Code d'organisation judiciaire, et qui abroge la législation antérieure contenue dans la loi du 13 juin 1840, sur les conflits entre l'autorité judiciaire et l'administration. Nous savons, en effet, que l'art. 17 du Code d'organisation judiciaire allemand a permis aux différents Etats de la Confédération d'attribuer à des juridictions spéciales la connaissance des conflits de compétence, sauf à se conformer à certaines conditions déterminées. — V. *suprà*, n. 801.

857. — La Cour des conflits se compose du président de la Cour suprême de Dresde, qui remplit les fonctions de président; et de dix assesseurs nommés par le roi, et pris, moitié parmi les membres de la Cour suprême, moitié parmi les conseillers des ministères (L. 3 mars 1879, art. 1).

858. — Dans tout procès porté devant l'autorité judiciaire, la juridiction saisie, si elle estime que l'administration est seule compétente, ou si la question d'incompétence est soulevée par les parties en cause, peut surseoir à statuer jusqu'à ce que l'autorité administrative supérieure ait été consultée et ait déclaré si elle entend ou non revendiquer pour elle le droit de décision (art. 2).

859. — L'administration peut aussi élever le conflit spontanément et sans avoir été mise en demeure de le faire (art. 3).

860. — Le droit d'élever le conflit est éteint à partir du moment où il est intervenu un jugement passé en force de chose jugée.

861. — En cas de conflit, le tribunal devant lequel l'instance se trouve engagée doit suspendre la procédure, à moins qu'il ne considère comme fondées les prétentions de l'administration et qu'il ne consente à se déclarer incompétent (art. 5).

862. — La Cour des conflits est saisie par le ministre de la Justice (art. 9).

863. — L'affaire est jugée en audience publique, sur le rapport d'un conseiller. Les décisions de la Cour des conflits ne sont susceptibles d'aucun recours (art. 13 et 15).

864. — Lorsque, dans une affaire, l'autorité judiciaire et l'administration se sont déclarées toutes deux incompétentes, c'est-à-dire en cas de conflit négatif, c'est aux parties intéressées qu'il appartient de provoquer la décision de la Cour des conflits (art. 17). — V. F. Daguin, *Notice sur les principales lois promulguées en 1879 : Ann. de lég. étr.*, 9e ann., 1880, p. 210; Demombynes, t. 2, p. 869.

§ 17. SCANDINAVES (*Etats*).

865. — I. DANEMARK. — En Danemark, les conflits, si on peut leur donner ce nom, sont jugés par les tribunaux. La loi fondamentale de 1866, dans son § 92, dispose que « les tribunaux ont le droit de prononcer sur les contestations relatives aux limites de l'autorité administrative ». Toutefois, plusieurs lois de date plus récente disposent expressément, pour certaines questions, qu'elles seront décidées par l'administration sans qu'il puisse y avoir de recours aux tribunaux. Même dans le cas où ce recours est admis, il n'est pas suspensif.

866. — Ajoutons que certains auteurs interprètent un passage de la constitution de 1873 en ce sens qu'il accorderait aux tribunaux le droit d'examiner si la loi qu'on leur demande d'appliquer est ou non conforme à la constitution, et de la regarder comme non valable si elle la contrarie. — Block, p. 657.

867. — II. NORVÈGE. — Les mêmes principes sont reconnus en Norvège. Quoique la loi fondamentale de ce pays ne s'exprime pas aussi clairement sur le point que la constitution danoise, on constate néanmoins, et dans la doctrine et dans la jurisprudence, une certaine tendance à reconnaître aux tribunaux le droit d'infirmer une décision administrative qui semble violer des droits particuliers. — Block, p. 657.

868. — III. SUÈDE. — Si, en Danemark et en Norvège ce sont les tribunaux, en Suède, par contre, c'est le conseil des ministres, présidé par le roi, qui juge les conflits. — V. Block, *loc. cit.*

§ 18. SUISSE.

869. — En Suisse, le conflit y est de différente nature et peut s'y présenter en différents cas. Il peut, en effet, s'élever entre l'administration active et les tribunaux judiciaires dans les cantons qui répartissent entre ces deux autorités les affaires relevant du contentieux administratif, et dans un canton au moins, le Valais, entre les tribunaux judiciaires, d'une part, et l'administration et le tribunal connaissant du contentieux administratif, de l'autre.

870. — I. *Législation fédérale.* — Dans la Confédération helvétique, les conflits de compétence ou conflits d'attribution entre les autorités fédérales et les autorités cantonales sont tranchés par le tribunal fédéral (Const. féd., 29 mai 1874, art. 113-1°).

871. — Mais le Conseil fédéral pouvoir exécutif) ayant, comme nous l'avons vu (V. *suprà*, v° *Compétence administrative*), l'exercice de la juridiction contentieuse en matière de droit administratif, il s'ensuit naturellement que, entre lui et le Conseil fédéral, surgissent des conflits de compétence, qui sont alors décidés par l'assemblée fédérale (pouvoir exécutif) (Const. de 1874, art. 85, n. 13).

872. — Le tribunal fédéral, qui juge en matière de conflits, connaît : 1° des conflits de compétence entre les autorités fédérales et les autorités cantonales; 2° des différends entre cantons, lorsqu'ils sont du domaine du droit public, notamment les questions de compétence entre les autorités de cantons différents, lorsqu'un gouvernement de canton saisit le tribunal fédéral.

873. — Les conflits portés devant le tribunal fédéral, qui statue sur procédure écrite, et, par exception seulement, après des débats oraux, lorsque l'une des parties le requiert et qu'il existe des motifs particuliers pour le faire (L. de 1874, art. 64).

874. — Les conflits de compétence entre le tribunal fédéral et le Conseil fédéral sont jugés par l'assemblée fédérale (L. de 1874, art. 56). — V. Demombynes, t. 2, p. 352; Laferrière, p. 64.

875. — II. *Législation des différents cantons.* — L'examen du conflit, et particulièrement celui de la fixation de l'autorité chargée de statuer sur le conflit, donnent lieu, en Suisse, à l'application des systèmes les plus variés.

876. — Dans la Confédération, d'après l'art. 83, § 13 de la Constitution fédérale, c'est l'assemblée fédérale qui tranche les conflits entre le Conseil fédéral et le tribunal fédéral. C'est donc le pouvoir législatif qui joue le rôle de médiateur entre le pouvoir exécutif et le pouvoir judiciaire. Ce système, qui fait échec au principe de la séparation des pouvoirs, puisqu'il reconnaît à l'assemblée législative le droit de juger, n'est, du reste, possible que dans les très-petits États, où le pouvoir législatif n'est pas surchargé.

877. — Un grand nombre de cantons ont adopté le système fédéral. Ce sont les cantons de Berne, Fribourg, Lucerne, Neuchâtel, Schaffhouse, Schwyz, Uri et Zug.

878. — D'autres cantons, comme ceux de Bâle-Campagne, Vaud et Zurich, confient le jugement du conflit à une commission mixte, dans laquelle se trouvent représentés les trois pouvoirs, législatif, exécutif et judiciaire. La commission comprend, en effet, des membres du grand conseil (pouvoir législatif), du Conseil d'État (pouvoir exécutif) et du tribunal suprême (pouvoir judiciaire).

879. — C'est à ce dernier système, qui fait, dans la formation de l'autorité chargée de statuer sur le conflit, la part légitime des trois pouvoirs, que se rattache, sans se confondre pourtant entièrement avec lui, la législation du canton du Valais. Dans ce canton, une loi du 25 mai 1877 (V. *Ann. de lég. étr.*, 1878, analysée par M. Ernest Lehr, p. 648 et 649) a institué une cour des conflits de compétence. Cette cour se compose de trois membres, le président du grand Conseil, le président du Conseil d'État et le président de la cour d'appel du canton, qui sont respectivement suppléés par les vice-présidents ou par les doyens d'âge de chaque corps. — V. Jacquelin, p. 338-339; Laferrière, t. 1, p. 64; Dareste, p. 288; Dubos, *Le droit public de la Confédération suisse*, t. 2, p. 127 et 128.

§ 19. WURTEMBERG.

880. — Autrefois, les conflits d'attribution étaient tranchés par le souverain en Conseil d'État; mais, pour se conformer à la loi d'empire de 1877 (*suprà*, n. 798), la loi wurtembergeoise du 25 août 1879 a créé un tribunal spécial des conflits ou cour de compétence.

881. — Le tribunal des conflits wurtembergeois est composé de sept membres, y compris le président, et de leurs suppléants en égal nombre, nommés par le roi pour la durée des fonctions dont ils sont revêtus au moment de leur nomination.

882. — Parmi les membres qui composent ce tribunal, quatre doivent appartenir au tribunal supérieur et les trois autres son choisis dans le sein du tribunal administratif ou parmi les hauts fonctionnaires publics.

883. — Selon cette loi de 1879, le conflit positif ne peut être élevé que par l'autorité administrative suprême ou par le ministre. Le conflit négatif est élevé par la partie intéressée.

884. — La procédure est publique et le jugement, rendu après débat oral, est définitif.

885. — Le royaume de Wurtemberg diffère, en cette matière, des autres États allemands; tandis, en effet, que le tribunal ou cour des conflits instituée par la loi wurtembergeoise du 25 août 1879 statue non seulement sur les conflits d'attribution pour savoir si, oui ou non, est ouverte la voie judiciaire en opposition avec la compétence des tribunaux administratifs, mais aussi sur les conflits de juridiction pour déclarer si la voie administrative est ouverte, ou si c'est seulement le recours par la voie hiérarchique, ces dernières questions sont tranchées, en Prusse, par le Tribunal suprême administratif, et en Bavière, par un Sénat spécial. Une proposition, ayant pour objet de séparer les autorités qui doivent décider sur les deux espèces de conflits, a été soumise à la Chambre des seigneurs, mais elle a été repoussée par la Chambre des députés dans la crainte que deux tribunaux ainsi constitués ne puissent rendre, dans une même hypothèse, des sentences opposées, l'un, par exemple, déclarant ouverte la voie judiciaire, l'autre, au contraire, la voie administrative, ce qui ferait surgir ainsi une nouvelle cause de conflits. — V. Sarwey, 2° part., § 71, p. 683-686. — V. aussi l'analyse de la loi du 25 août 1879, par M. Daguin : *Ann. de lég. étr.*, 9° année, 1880, p. 216-217; Cardon, *op. cit.*, p. 199-200.

CONFRÉRIE. — V. COMMUNAUTÉ RELIGIEUSE.

CONFRONTATION. — V. INSTRUCTION CRIMINELLE. — JUGE D'INSTRUCTION.

CONFUSION.

LÉGISLATION.

C. civ., art. 705, 1209, 1234, 1300 et 1301.

BIBLIOGRAPHIE.

Aubry et Rau, *Cours de droit civil français*, 1869-1879, 4° édit., 8 vol. in-8°, t. 4, p. 27, 244 et s.; 443 et s.; t. 6, p. 443. — Baudry-Lacantinerie, *Précis de droit civil*, 1892, 4° édit., 3 vol. in-8°, t. 2, n. 200, 974, 1133 et s. — Berriat Saint-Prix, *Notes élémentaires sur le Code civil*, 1845-1856, 3 vol. in-8°, t. 3, n. 4930 et s. — Boileux, *Commentaire sur le Code civil*, 6° édit., 7 vol. in-8°, t. 4, sur les art. 1300 et 1301. — Bost, *Encyclopédie des justices de paix et des tribunaux de simple police*, 1834, 2° édit., 2 vol. in-8°, v° *Confusion*. — Delaporte, *Pandectes françaises*, 1803-1809, 13 vol. in-12, t. 10, p. 99, 317 et s. — Delvincourt, *Cours de Code civil*, 1834, 5° édit., 3 vol. in-4°, t. 2, p. 170, 796 et s. — Demante et Colmet de Santerre, *Cours analytique de Code civil*, 1873-84, 9 vol. in-8°, t. 5, n. 252 et s. — Demolombe, *Cours de Code civil*, 31 vol. in-8°, t. 28, n. 696 et s. — Duranton, *Cours de droit français*, 1844, 4° édit., 22 vol. in-8°, t. 12, n. 467 et s. — Favard de Langlade, *Répertoire de la nouvelle législation*, 1823, 5 vol. in-4°, v° *Confusion*. — Fuzier-Herman, *Code civil annoté*, 4 vol. grand in-8°, 1881-1894, t. 3, art. 1300 et 1301. — Lansel et Didio, *Encyclopédie du notariat et de l'enregistrement*, 20 vol. parus, v° *Confusion*. — Larombière, *Théorie et pratique des obligations*, 1885, 7 vol. in-8°, t. 5, art. 1300 et 1301. — Laurent, *Principes du droit civil français*, 1869-1878, 3° édit., 33 vol. in-8°, t. 10, n. 1, 3 et s., 75, 76; t. 18, n. 484 et s. — Marcadé et Pont, *Explication théorique et pratique du Code civil*, 1877, 2° édit., 2 vol. in-8°, t. 4, art. 1300 et 1301. — Merlin, *Répertoire universel et raisonné de jurisprudence*, 1827-1828, 5° édit., 18 vol. in-4°, v° *Confusion de droit et d'action; — Recueil alphabétique des questions de droit*, 4° édit., 8 vol. in-4°, v° *Inscription hypothécaire*, § 1-7°. — Picot, *Code civil expliqué article par article*, 2 vol. in-8°, sur les art. 1300 et 1301. — Pothier et Bugnet, *Œuvres*, 1861-1862, 11 vol. in-8°, t. 2, p. 352 et s. — Poujol, *Traité des obligations*, 1846, 3 vol. in-8°, t. 2, p. 414 et s. — Rogron, de Boislisle et Grattery, *Les Codes français expliqués; Code civil*, 1885, 20° édit., 2 vol., t. 1, sur les art. 1300 et 1301. — Rolland de Villargues, *Réper-*

toire de la jurisprudence du notariat, 1840-1845, 2ᵉ édit., 9 vol. in-8°, v° *Confusion de dettes*. — Sébire et Carteret, *Encyclopédie du droit*, 20 livr. gr. in-8°, v° *Confusion*. — Taulier, *Théorie raisonnée du Code civil*, 1840-1846, 7 vol. in-8°, t. 4, p. 424 et s. — Thiry (Victor), *Cours de droit civil*, 1893, 4 vol. gr. in-8°, t. 3, p. 114 et s. — Toullier et Duvergier, *Droit civil français*, 1844-1848, 6ᵉ édit., 21 vol. in-8°, t. 7, n. 421 et s. — Vaudoré, *Bibliothèque de législation, ou le droit civil usuel*, 1836, 3 vol. in-8°, v° *Confusion*. — Vigié, *Cours élémentaire de droit civil français*, 1889-1890, 3 vol. in-8°, t. 2, n. 1553 et s. — Zachariæ, Massé et Vergé, *Le droit civil français*, 1854-1860, 5 vol. in-8°, t. 3, p. 462.

INDEX ALPHABÉTIQUE.

Acceptation de succession, 22 et s.
Acceptation de succession (nullité de l'), 68.
Adjudication, 46 et s.
Allemagne, 88 et 89.
Angleterre, 98.
Autriche, 90 et 91.
Bavière, 92 et 93.
Belgique, 94.
Bénéfice d'inventaire, 23 et s.
Billet à ordre, 53.
Cautionnement, 62 et s., 72, 74.
Cession de créance, 42 et s., 73, 84 et 85.
Cession de droits successifs, 71.
Codébiteurs, 85.
Codébiteurs solidaires, 16 et s.
Communauté conjugale, 48.
Compensation, 3, 6 et s., 12, 81.
Compte courant, 9.
Condition, 47, 51, 78.
Condition résolutoire, 78.
Condition suspensive, 47.
Confusion partielle, 65.
Confusion totale, 65.
Corps fongibles, 51.
Corruption, 51.
Créance à terme, 51.
Créance conditionnelle, 51.
Créance hypothécaire, 47.
Créances solidaires, 18 et s.
Déclaration de succession, 86.
Délit, 51.
Dette liquide, 12.
Dette naturelle, 51.
Donataire à titre particulier, 34.
Donataire à titre universel, 34.
Donataire universel, 34.
Droits réels, 21.
Écosse, 99.
Effets de commerce, 53 et s.
Endossement, 55.
Enregistrement, 81 et s.
Escompte, 9.
Espagne, 95 et s.
Faillite, 11.
Femme mariée, 39, 40, 48.
Folle enchère, 46 et 47.
Fruits, 11.
Gage, 74.
Garantie, 61.
Grande-Bretagne, 98 et 99.
Héritier *ab intestat*, 34.
Hypothèque, 20, 21, 47, 57, 61, 72, 74, 76.
Indignité, 70.
Intérêts, 39 et s.
Italie, 100.
Legs (nullité du), 76.
Légataire à titre particulier, 34.
Légataire à titre universel, 34.
Légataire universel, 34.
Lettre de change, 9, 53 et s.
Mari, 39, 40, 48.
Mauvaise foi, 56.
Monténégro, 101 et 102.
Novation, 3, 6.
Nue-propriété, 38.
Nullité, 68, 69, 76, 86.
Ordre, 46, 57 et 58.
Paiement, 3, 6.
Partage, 15, 48.
Partage d'ascendant, 35 et s.
Plus-value, 11.
Portugal, 103 et s.
Prescription (interruption de), 24.
Privilège, 57, 72, 74.
Prix, 10.
Propriété, 33, 38.
Prusse, 106 et s.
Quasi-contrat, 51.
Quasi-délit, 51.
Quotité disponible, 14, 87.
Reconnaissance de dettes, 24.
Reprises matrimoniales, 40.
Réserve, 14.
Résolutions, 10, 11, 74 et s.
Rétroactivité, 68.
Russie, 116 et 117.
Saisie-arrêt, 57.
Saxe-Royale, 118.
Séparation des patrimoines, 28 et s.
Servitude, 21.
Solidarité, 16 et s.
Soulte, 87.
Substitution, 77.
Succession, 48.
Succession en déshérence, 26.
Succession irrégulière, 27.
Suisse, 119.
Testament, 83.
Testament (nullité du), 69.
Tiers, 74 et s.
Tiers détenteur, 61.
Titre universel, 33 et s.
Usufruit, 21, 38 et s.
Vente (résolution de), 10 et 11.

DIVISION

Sect. I. — **Nature et caractères de la confusion** (n. 1 à 21).

Sect. II. — **Conditions de la confusion** (n. 22 à 58).

Sect. III. — **Dans quels cas la confusion existe** (n. 59 à 64).

Sect. IV. — **Effets de la confusion** (n. 65 à 80).

Sect. V. — **Enregistrement** (n. 81 à 87).

Sect. VI. — **Législation comparée** (n. 88 à 119).

Section I.

Nature et caractères de la confusion.

1. — Pothier définissait la confusion, dans son acception la plus étendue, et dans son application aux personnes : *le concours de qualités contraires et incompatibles qui s'entredétruisent*. Mais au point de vue spécial qui nous occupe ici, elle est la réunion dans la même personne des qualités de créancier et de débiteur d'une seule et même obligation. Telle est aussi la définition de Pothier. M. Labbé a également donné la définition suivante de la confusion : « la confusion est un effet produit par la réunion, dans une personne, de deux qualités juridiques, qui doivent, pour être valables et efficaces, reposer sur deux têtes distinctes ». — Pothier, *Obligations*, n. 605; Labbé, *Étude sur quelques difficultés relatives à la perte de la chose due et à la confusion en droit romain*, n. 130.

2. — « Lorsque les qualités de créancier et de débiteur se réunissent dans la même personne, dit l'art. 1300, C. civ., il se fait une confusion de droit, qui éteint les deux créances.

3. — La confusion est donc classée par le Code parmi les modes d'extinction des obligations. Il y a là une source d'erreur qui a été critiquée avec raison par tous les interprètes. Au point de vue théorique, en effet, et surtout au point de vue pratique, il importe de distinguer nettement la confusion des autres modes d'extinction des obligations, paiement, novation, compensation; suivant la formule célèbre des anciens interprètes : *Personam eximit ab obligatione potius quam extinguit obligationem*. « La confusion, disait Pothier, fait seulement que la personne du débiteur en qui se trouve concourir la qualité de créancier cesse d'être obligée parce qu'elle ne le peut envers elle-même ».

4. — Dans la confusion, le débiteur ne faisant aucune prestation, le créancier ne reçoit rien; par suite, son droit subsiste. La créance n'est pas éteinte, mais elle est dénuée de toute efficacité pratique et juridique, à raison de l'impossibilité dans laquelle se trouve le créancier d'exercer son action contre lui-même. Mais il importe de ne pas confondre cette créance, qui existe réellement mais est dénuée d'efficacité et d'utilité, avec une créance éteinte définitivement. — Pothier, *op. cit.*, n. 645; Aubry et Rau, t. 4, § 331, p. 441, note 7.

5. — La cour de Chambéry, faisant application de ces principes, les a très-bien dégagés et résumés : « Attendu, a-t-elle dit, que si la confusion opérée par la réunion sur une même tête des qualités de créancier et de débiteur est classée par l'art. 1300, C. civ., au nombre des causes d'extinction des obligations, ce mode d'extinction se distingue de tous les autres par une différence essentielle; qu'en réalité ce n'est pas l'obligation elle-même qui dans ces conditions cesse d'exister, mais que l'action du créancier se trouve seule paralysée par l'impossibilité où ce dernier se trouve de l'exercer utilement; qu'il suit de là que si, par une circonstance quelconque se produisant en dehors de tout préjudice pour les tiers que la confusion peut intéresser, la réunion des deux qualités dont s'agit cesse d'exister, l'inefficacité qui atteignait l'action du créancier disparaissant, à son tour, l'obligation dont ce dernier est bénéficiaire recouvre, en ce qui le touche, ses effets utiles ». — Chambéry, 18 mars 1884, [*Gaz. du Pal.*, 84.2, supp., p. 22]

6. — La confusion doit donc être distinguée des autres modes d'extinction des obligations. En cas de paiement, la dette est radicalement éteinte puisque le créancier a reçu la prestation qui lui était due. En cas de compensation puisque l'une des deux dettes est acquittée par l'autre. Enfin, dans la novation, la première dette est éteinte moyennant la substitution d'une dette nouvelle que le créancier consent à recevoir en paiement de ce qui lui est dû. — Colmet de Santerre, t. 5, n. 252 *bis*-IV.

7. — En parlant, dans l'art. 1300, de l'extinction des *deux créances*, le Code attribue à la confusion ce qui n'est qu'un effet de la compensation. Il y a en effet deux créances en matière de compensation, tandis que dans la confusion il n'y en a qu'une seule. Par suite, la compensation procure l'extinction de deux créances tandis que la confusion n'en éteint qu'une seule. Dans la compensation, les qualités de créancier et de débiteur ne se réunissent dans la même personne que par le concours de créances et de dettes réciproques; dans la confusion au contraire elles se réunissent sur la même tête, comme découlant d'une seule et même obligation. Dans la compensation existe un concours de personnes et de créances, et chaque personne est à la fois créancière et débitrice de l'autre. Dans la confusion, il y a une seule personne, une seule obligation; par suite, la même personne est à la fois créancière et débitrice envers elle-même. — Larombière, art. 1300, n. 1; Demolombe, *Contrats et obligations*, t. 5, n. 697; Laurent, t. 18, n. 484; Aubry et Rau, t. 4, § 330, p. 241, note 2; Colmet de Santerre, t. 5, p. 477, n. 232 *bis*-I.

8. — La jurisprudence elle-même et un ancien interprète, Toullier, se sont laissés tromper par cette rédaction vicieuse de l'art. 1300. Des arrêts parlent de deux dettes éteintes par confusion, alors que la confusion ne peut en éteindre qu'une seule. Quand deux dettes sont réellement éteintes, c'est par la compensation. Cette erreur dans la rédaction de l'art. 1300, C. civ., avait cependant été signalée depuis longtemps par tous les auteurs. — V. notamment Marcadé, sur l'art. 1300; Zachariæ, Massé et Vergé, t. 3, § 575, p. 462, et note 1; Aubry et Rau, 4e édit., t. 4, § 330, p. 241, note 2; Mourlon, *Rép. écr.*, t. 2, n. 1461; Colmet de Santerre, t. 5, n. 252 *bis*-I; Larombière, *Oblig.*, t. 3, sur l'art. 1300, n. 1; Massé, *Dr. commerc.*, t. 4, n. 2330.

9. — C'est ainsi que, contrairement à la distinction qu'on doit faire entre la confusion et la compensation, il a été jugé que lorsqu'un banquier débiteur par compte courant d'un commerçant, se rend acquéreur, avant leur échéance, au moyen de l'escompte qu'il en fait, de lettres de change tirées sur lui par son correspondant, et auxquelles il avait annoncé que bon accueil était réservé, il s'opère dans sa personne réunion des deux qualités de créancier et de débiteur, et par suite *confusion* qui éteint les *deux dettes*, de telle sorte que, la faillite de ce banquier étant survenue avant l'échéance des traites escomptées, les syndics ne peuvent pas en poursuivre le remboursement contre le tireur. — Cass., 11 déc. 1832, Aubertot, [S. 33.1.140, P. chr.]

— Dans cette espèce, il y avait deux dettes dont l'une éteignait l'autre, et la cour avait à juger un cas de compensation et non pas un cas de confusion. Il y avait compensation puisqu'il y avait deux personnes qui étaient à la fois débitrices et créancières l'une de l'autre; mais qu'au contraire, dans la confusion il n'y a qu'une personne réunissant sur sa tête les qualités de créancier et de débiteur.

10. — Il a été jugé également que lorsque, par suite de la résolution d'une vente, le vendeur se trouve tenu de restituer une portion du prix par lui touchée, s'il arrive que la chose vendue ait éprouvé des détériorations entre les mains de l'acquéreur, et qu'il soit dû une indemnité au vendeur, il s'opère *confusion*, dans la personne de ce dernier, en telle sorte qu'il ne doit la restitution du prix que déduction faite du montant des détériorations. — Cass., 13 mai 1833, Legros, [S. 33.1.670, P. chr.] — Dans ce cas encore, le vendeur était en même temps créancier et débiteur. La Cour suprême en a tiré à tort cette conclusion que la *confusion* avait opéré l'extinction de son obligation jusqu'à concurrence de la valeur des objets enlevés.

11. — La cour d'Angers a également commis la même erreur et confondu la confusion et la compensation dans une espèce où, à l'occasion d'une vente d'immeubles, résolue pour défaut de paiement du prix, le vendeur et l'acheteur avaient été déclarés respectivement débiteurs, le vendeur de la plus-value donnée à l'immeuble par l'acheteur, et l'acheteur des fruits qu'il en avait perçus. La cour a décidé que les deux dettes devaient s'éteindre mutuellement par *confusion*, jusqu'à concurrence du montant de la moins forte. Et elle en a tiré cette conséquence que, puisque l'acheteur était en faillite lors de la résolution de la vente, le vendeur ne devait à cette faillite que l'excédant du montant de la plus-value sur celui des fruits, le surplus des deux dettes s'éteignant par la confusion. — Angers, 23 août 1830, Tournade, [D. 36.2.300.] — Or, il y avait là deux dettes distinctes, éteintes par compensation et non par confusion.

12. — Et il a été décidé aussi que lorsqu'un créancier se rend adjudicataire des biens appartenant à son débiteur, et devient ainsi, de son côté, débiteur du son prix envers celui-ci, la réunion des deux qualités de créancier et de débiteur dans la même personne opère, au moment même de l'adjudication, une confusion de droit qui éteint les deux créances jusqu'à concurrence de la plus faible. — Ile de la Réunion, 25 août 1871, de Greslon, [S. 72.2.92, D. 72. 2.53] — Et qu'il en est ainsi, alors même que la somme due à l'adjudicataire n'est pas liquide, la règle d'après laquelle la compensation ne s'opère qu'entre deux dettes également liquides n'étant pas applicable à la confusion. — Même arrêt. — Dans l'espèce encore, il existait certainement deux créances, et, par conséquent, deux dettes tout à fait distinctes. C'était, par conséquent, les règles de la compensation qu'il fallait appliquer, et, comme l'une des deux dettes n'était pas liquide, il y avait lieu de décider qu'elles n'avaient pu se compenser.

13. — La nature de la confusion étant ainsi caractérisée, il est facile de voir qu'en pratique, l'effet en sera beaucoup moins étendu que celui qui découle du paiement ou d'un autre mode d'extinction. C'est ce qu'on peut résumer en disant que le débiteur étant dégagé sans que l'obligation soit éteinte, l'impossibilité d'agir étant la seule raison pour laquelle la confusion éteint la créance, cette créance doit être envisagée comme non éteinte dans tous les cas où il n'est pas question d'exercer une action contre le débiteur. — Colmet de Santerre, *loc. cit.*

14. — Ainsi, en premier lieu, et cela est admis, sans discussion, par tous les interprètes, on doit compter pour le calcul de la réserve et de la quotité disponible la créance éteinte par confusion. La solution contraire pourrait, en effet, selon les circonstances, diminuer les droits, soit des héritiers à réserve, soit des légataires ou donataires. Par exemple, les héritiers à réserve seraient lésés, si l'on suppose qu'un créancier n'a pour toute fortune qu'une créance dont un étranger est débiteur. Au cas où le débiteur est institué par le créancier légataire universel, si la créance était radicalement et *erga omnes* éteinte par la confusion, le patrimoine héréditaire serait anéanti et par conséquent il ne pourrait plus être question de réserve. Le légataire universel aurait bénéficié, par cet effet absolu de la confusion, de la totalité de la succession. Or il n'en est rien. La créance est considérée à l'égard des héritiers à réserve comme existant dans la succession, comme une créance dont le légataire universel aurait touché le montant. De même, si l'on suppose que le défunt laisse trois héritiers, dont un est son débiteur, cet héritier est, il vrai, par confusion, libéré du tiers de la dette; mais si l'on assimilait d'une façon absolue l'effet de cette confusion à l'effet d'un paiement, l'actif total de la succession serait diminué du tiers de la créance ainsi éteinte par confusion, d'où découlerait une réduction de la quotité disponible, qui pourrait préjudicier aux légataires et donataires. Ceux-ci ont, au contraire, le droit d'exiger que la créance soit considérée comme faisant partie de l'actif en son entier. — Colmet de Santerre, t. 5, n. 232 *bis*-IV; Laurent, n. 488.

15. — Mais cette créance éteinte par confusion ne peut pas être comprise dans le partage, puisque le partage ne porte que sur les biens et les droits qui peuvent être saisis et qu'une créance éteinte par confusion ne peut l'être. Par suite, on doit composer la masse à partager sans tenir compte de cette créance. Il le calcul des soultes doit être fait de telle façon que celui des héritiers qui reçoit plus que sa part dans les biens héréditaires ne peut pas déduire sur l'excédant les portions attribuées à ses cohéritiers dans cette créance évanouie, afin de diminuer d'autant le retour dont il est tenu. — Cass., 23 mars 1833, de Loynes d'Auteroche, [D. 33.1.102]

16. — De même, et toujours par application du même principe, lorsque le créancier devient l'unique héritier de l'un des débiteurs solidaires ou, au contraire, lorsque l'un de ces débiteurs solidaires devient l'héritier unique du créancier, il n'y a extinction de la dette solidaire par la confusion que pour la part et portion du débiteur ou du créancier. Sans doute, chacun des débiteurs solidaires est tenu de toute la dette, et cependant la dette n'est pas éteinte pour le tout parce que l'impossibilité de poursuivre n'existe que pour la part du débiteur qui est devenu héritier ou dont le créancier est devenu héritier. C'est à raison de l'impossibilité d'agir que la confusion éteint la dette, c'est donc seulement dans les limites de cette impossibilité que cette extinction se produit. — Laurent, n. 490; Demolombe, n. 729; Larombière, n. 9.

17. — Lorsque le codébiteur solidaire succède à un autre, il cumule alors les obligations, sans lui succéder, pour la portion suivant laquelle il succède. Ces deux obligations restent même distinctes et séparées. C'est pourquoi le codébiteur solidaire peut faire valoir les exceptions qui lui appartenaient personnellement, ou du chef du codébiteur auquel il a succédé, suivant qu'il est poursuivi en l'une ou l'autre qualité. Il s'agit, dans cette hypothèse, de deux engagements qui se cumulent mais qui ne se confondent pas. — L. 5, ff., *De fidejuss.*; Larombière, n. 10.

18. — Mais les textes ne se sont occupés que de la solidarité passive, de la solidarité entre codébiteurs. Ils sont muets sur la solidarité active, c'est-à-dire la solidarité entre créanciers. Les jurisconsultes agitent donc la question de savoir s'il faut appliquer, en sens inverse, la même règle, lorsque le débiteur devient héritier de l'un des créanciers, ou lorsque l'un des créanciers devient héritier du débiteur. Pour Demolombe, l'action résultant de la créance solidaire est seulement paralysée pour la part de celui des créanciers qui réunit, dans sa personne, la qualité de débiteur, de telle façon qu'il peut, déduction faite de cette part, exercer l'action solidaire contre le débiteur. — Demolombe, *loc. cit.*, et t. 3, *Des contrats*, n. 195.

19. — Au contraire, d'après Colmet de Santerre, si la confusion s'opère entre la personne d'un des créanciers solidaires et celle du débiteur commun, elle éteint l'obligation solidaire et ne laisse plus subsister que l'action en recours de chaque cocréancier contre celui en la personne de qui s'est opérée la confusion. L'argument principal donné en faveur de cette solution c'est que le débiteur a le droit de choisir celui des créanciers auquel il fait le paiement et qu'il est incontestable qu'il a dû se payer à lui-même, quand il est en personne d'un des créanciers. Il n'y a pas analogie entre cette hypothèse et celle des art. 1209 et 1301. Ces textes admettent l'effet partiel de la confusion lorsqu'un débiteur solidaire devient héritier du créancier unique, et réciproquement. Ici, c'est le créancier qui peut choisir le débiteur auquel il demande le paiement, et il faut bien lui reconnaître le droit de s'adresser aux autres débiteurs. Au contraire, quand il s'agit de plusieurs créanciers solidaires, il faut partir de cette idée que le débiteur qui a le droit de choisir celui à qui il fait le paiement est présumé avoir voulu se payer à lui-même. — Colmet de Santerre, t. 5, n. 130 *bis*-V.

20. — On répond à cette argumentation par ce principe du jurisconsulte romain, Paul, posé par lui à l'occasion des obligations corréales : *Confusione obligationis eximit personam* (L. 71, *Princip. de Fidej.*). On dit que, sans aucun doute, le débiteur devenu héritier de l'un des créanciers solidaires doit être présumé se payer à lui-même sa part dans sa créance. Mais il n'y a aucun motif pour admettre la présomption qu'il doit être présumé se payer à lui-même les parts des autres créanciers solidaires. C'est pourquoi la confusion ne produit qu'une extinction restreinte et relative seulement aux droits de celui qui succède à l'autre. Elle n'a pas pour résultat d'éteindre l'obligation elle-même, mais seulement d'affranchir du lien de l'obligation l'une des personnes qui s'y trouvait engagée. Dans le système de Demolombe, et sur le terrain pratique, l'un des créanciers peut demander au débiteur le total, déduction faite seulement d'une part. Les sûretés accessoires, par exemple les hypothèques qui servent de garantie à la créance solidaire subsistent toujours avec cette créance. Dans le système de Colmet de Santerre, ces sûretés s'évanouissent avec la créance solidaire qui s'est elle-même évanouie. Les créanciers subsistants doivent exercer divisément leur action contre le débiteur pour leur part et portion. — Labbé, *op. cit.*, n. 230; Demolombe, t. 3, n. 197 *in fine*.

21. — Il importe de faire remarquer que la confusion, considérée comme résultant de la réunion dans la même personne de deux qualités incompatibles, s'applique aux droits réels aussi bien qu'aux droits personnels. Le Code en fournit des exemples : 1° dans l'art. 617, en matière d'usufruit, lorsque le législateur dispose que l'usufruit s'éteint : *par la consolidation ou la réunion sur la même tête des deux qualités d'usufruitier et de propriétaire;* 2° en matière de servitude, dans l'art. 705, par lequel le législateur dispose que : *toute servitude est éteinte, lorsque le fond à qui elle est due, et celui qui la doit, sont réunis dans la même main;* 3° en matière d'hypothèques, lorsque les deux qualités de créancier hypothécaire et de propriétaire de l'immeuble hypothéqué se réunissent dans la même personne, etc... — V. cependant *infra*, n. 49.

SECTION II.

Conditions de la confusion.

22. — Pour que la confusion s'opère lorsque le créancier devient héritier du débiteur, ou le débiteur héritier du créancier, il faut tout d'abord que la succession ait été acceptée purement et simplement. C'est alors seulement qu'il y a réunion de deux patrimoines en un seul, et que les droits actifs et passifs qui composent chacun d'eux sont confondus. — Larombière, sur l'art. 1300, n. 6; Demolombe, n. 706; Aubry et Rau, p. 241, § 330.

23. — Mais lorsque la succession a été acceptée sous bénéfice d'inventaire, la confusion ne se produit pas puisque les deux patrimoines sont alors séparés. Suivant la remarque de Pothier, c'est une des conséquences du bénéfice d'inventaire que l'on considère comme deux personnes différentes l'héritier bénéficiaire et la succession; il ne peut donc pas y avoir de confusion de leurs droits respectifs. — Pothier, *op. cit.*, n. 642; Demolombe, *loc. cit.*, Larombière, n. 6.

24. — De ce que l'acceptation bénéficiaire empêche l'extinction, par confusion, soit des créances, soit des dettes de l'héritier bénéficiaire envers la succession, la jurisprudence a tiré cette conclusion : que la reconnaissance d'une dette de la succession par un héritier bénéficiaire est interruptive de la prescription au profit de la succession bénéficiaire, alors même que cet héritier aurait également succédé au créancier. — Cass., 7 août 1860. Lavergneau, [S. 61.1.258]

25. — L'héritier est bénéficiaire à partir de l'ouverture de la succession, puisqu'il est de principe que toute acceptation rétroagit au jour de l'ouverture de l'hérédité. Par suite, il n'y a jamais eu confusion, et, il serait faux de dire que la confusion s'est tout d'abord opérée, puis qu'elle a pris fin lorsque l'héritier a fait au greffe sa déclaration d'acceptation bénéficiaire. Comme le dit très-justement Laurent : « à l'instant où la confusion devait s'opérer, elle est empêchée par le bénéfice d'inventaire ». — Laurent, n. 491 *in fine*.

26. — L'État qui succède à son débiteur, en cas de déshérence, doit être assimilé à l'héritier bénéficiaire. L'État n'étant tenu des dettes que comme détenteur des biens et jusqu'à concurrence seulement de l'émolument actif qu'il en retire, aucune confusion ne peut s'opérer dans sa personne des qualités de débiteur et de créancier. Il n'y a pas de coïncidence entre ses droits comme créancier et ses obligations comme débiteur. Il est donc impossible de les éteindre les uns par les autres. Si donc l'État était créancier du défunt, il reste créancier, sauf qu'il est tenu de la dette jusqu'à concurrence de l'actif héréditaire qu'il recueille. — Larombière, n. 7.

27. — Cette doctrine doit être généralisée et étendue à tous les successeurs irréguliers, si l'on admet, avec certains interprètes, qu'ils ne sont que de simples successeurs aux biens. — Laurent, n. 493 *in fine* et t. 17, n. 336.

28. — Mais faut-il assimiler la séparation des patrimoines au bénéfice d'inventaire, et dire que les effets de la confusion cessent lorsque les créanciers demandent cette séparation ? Demante a soutenu cette opinion. M. Colmet de Santerre fait, à juste titre, remarquer que cette assimilation est trop absolue. En cas d'acceptation bénéficiaire, il n'y a jamais eu de confusion, tandis que la confusion s'est tout au moins momentanément opérée, lorsqu'il y a séparation des patrimoines, puisque cette séparation implique l'acceptation pure et simple de la succession. Mais l'héritier pouvait être ou créancier ou débiteur du défunt. Pour la solution de ces deux hypothèses, il faut faire application du principe qui domine la matière, à savoir, que la confusion n'est pas un paiement, et qu'elle n'a lieu que pour autant qu'elle met le créancier dans l'impossibilité d'agir. — Colmet de Santerre, n. 255 *bis*-I; Larombière, n. 12; Demolombe, n. 707.

29. — L'héritier est créancier du défunt; par son acceptation pure et simple, sa créance est évanouie. Mais si les créanciers du défunt viennent ensuite à réclamer la séparation des patrimoines contre les créanciers de l'héritier, les deux patrimoines deviennent distincts. Les créanciers de l'héritier pourront alors exercer sa créance contre la succession, c'est-à-dire contre les créanciers héréditaires. On ne peut pas leur opposer la confusion dès lors qu'il y a possibilité d'exercer l'action; or, ce n'est plus l'héritier à la fois créancier et débiteur qui agit; par la séparation des patrimoines, il est mis hors de cause; ce sont les créanciers du défunt qui agissent directement contre les créanciers de l'héritier; et, par suite, il n'existe aucun obstacle juridique à l'exercice de leur action, donc il n'y a pas de confusion.

30. — De plus, la confusion ne doit nuire aux tiers, et la solution contraire leur porterait préjudice. Les patrimoines étant séparés, en effet, les créanciers de l'héritier devraient se faire colloquer du chef de leur débiteur sur l'actif héréditaire en concurrence avec les créanciers de la succession, et, si la confusion avait éteint la créance de l'héritier leur débiteur, ils seraient dépossédés de ce droit. — Colmet de Santerre, n. 255 *bis*-II.

31. — Si l'héritier est, au contraire, débiteur du défunt, il n'y a pas non plus confusion parce qu'il n'y a pas davantage impossibilité d'agir. Par suite de la séparation des patrimoines, les créanciers de la succession ont droit sur toute la masse active héréditaire, et par conséquent sur la créance que le défunt avait contre son héritier. Aucun obstacle juridique ne vient valablement paralyser l'action que les créanciers héréditaires ont contre l'héritier débiteur. L'héritier, pour soutenir qu'il est libéré, ne peut donc pas se retrancher derrière la confusion.

32. — De plus, la confusion ne peut pas nuire à des tiers; or, ici, si elle était admise elle porterait préjudice aux créanciers de la succession, car elle aurait pour résultat de diminuer l'actif. Or, sur cet actif, les créanciers de la succession ont un droit de préférence par rapport aux créanciers de l'héritier. — Colmet de Santerre, n. 255 bis.

33. — Pour qu'il y ait confusion il faut, en outre : 1° que le créancier succède au débiteur ou le débiteur au créancier en vertu d'un titre universel; 2° que l'héritier succède en pleine propriété à la créance ou à la dette; 3° que la créance ou la dette du défunt contre l'héritier existe encore dans le patrimoine de ce défunt lors de l'ouverture de l'hérédité.

34. — I. Le créancier succède au débiteur ou le débiteur succède au créancier en vertu d'un titre universel lorsqu'il succède comme héritier *ab intestat*. On assimile aux héritiers légitimes les donataires universels et les légataires universels. Quant aux légataires et donataires à titre universel, ce sont de simples successeurs aux biens, d'après certains interprètes. Dans cette opinion, cette succession n'opère pas confusion. Il en est de même, à plus forte raison, pour les legs et les donations à titre particulier, puisque les légataires et les donataires à titre particulier ne sont pas tenus des dettes.

35. — Ce principe a été appliqué par la Cour suprême au partage d'ascendant. Lorsque le partage comprend l'universalité des biens de l'ascendant, par exemple, en cas de partage fait par un père entre tous ses enfants par testament, les enfants sont tenus des dettes comme légataires universels. S'ils sont en même temps créanciers, les qualités de créancier et de débiteur se trouvent réunies dans la même personne; cette confusion éteint la dette. — Cass., 12 août 1840, Leroux, [S. 40.1.994, P. 41.1. 460] — Il importe de faire observer que cet arrêt, confondant également la confusion avec la compensation, nous parle à tort d'extinction des deux créances. — V. *suprà*, n. 8 et s.

36. — Si le partage est fait entre-vifs, la solution dépend de la question de savoir si la donation est à titre universel. — Même arrêt.

37. — En ce qui concerne la succession de l'ascendant donateur, on appliquera la même solution, si l'on admet (ce qui est l'opinion généralement reçue) que cette succession est à titre universel et dont il était débiteur envers elle. Dans cette opinion la confusion s'opèrera, si l'ascendant qui succède est tout ensemble créancier et débiteur. — Toulouse, 9 août 1844, de Villeneuve, [P. 4.2.446]

38. — II. Il n'y a de confusion possible que lorsque l'héritier succède en pleine propriété de la créance. C'est seulement lorsque l'on est propriétaire absolu du droit que l'on est créancier. La confusion est impossible si cette même personne n'acquiert que la nue-propriété ou l'usufruit de la créance ou de la dette, et une confusion imparfaite est impuissante à éteindre la créance. En effet, les qualités de créancier et de débiteur ne se sont pas réunies dans la même personne. L'héritier était débiteur de la créance, mais le défunt n'en était que le créancier. — Cass., 19 déc. 1838, Poujol, [S. 39.1.133, P. 39.1.63] — Laurent, n. 496; Larombière, n. 7; Demolombe, n. 711.

39. — Mais il y a confusion lorsqu'une femme mariée, après avoir institué un légataire universel étranger par testament, a légué à son mari l'usufruit des sommes qu'elle avait apportées en mariage et dont il était débiteur envers elle. — Cass., 21 août 1872, Trémouille, [D. 73.1.278] — Le mari se trouve à la fois créancier de ce legs et débiteur des intérêts de la dot; il s'opère alors une confusion qui éteint sa créance et ne lui permet pas d'en faire à un tiers une cession valable. Ici la dette consiste en intérêts, et le mari en est devenu plein propriétaire.

40. — La cour de Grenoble s'est écartée à tort de cette doctrine incontestable dans l'hypothèse suivante : un mari, au décès de sa femme, se trouve tout à la fois débiteur des reprises de celle-ci, c'est-à-dire débiteur de sommes productives d'intérêts, et usufruitier de ces sommes, c'est-à-dire créancier des intérêts

de ces mêmes reprises, en vertu d'une donation d'usufruit qui lui a été faite par sa femme dans son contrat de mariage. La cour a décidé que la confusion n'était pas possible, dans la personne du mari à la fois créancier et débiteur d'intérêts. « Attendu, dit-elle, que la confusion prévue par l'art. 1300, C. civ., ne peut s'appliquer qu'à une créance et à une dette de même nature, tandis que, dans l'espèce, il s'agissait, d'un côté, d'un capital liquide exigible de suite, et de l'autre, d'un usufruit viager venant à échéance chaque année de la vie de l'usufruitier, et ne pouvant par conséquent s'éteindre qu'au fur et à mesure des échéances ». — Grenoble, 26 avr. 1856, Balaudrand, [D. 57.2.159]

41. — C'est une exagération manifeste de doctrine. Il y a possibilité de confusion entre la dette d'intérêts et la créance de ces mêmes intérêts puisqu'il y a dans la même personne réunion de deux qualités incompatibles, celle de créancier et celle de débiteur. Peu importe qu'il s'agisse d'une dette et d'une créance de nature diverse. La confusion, comme sa cause, se produira au fur et à mesure des échéances. elle sera viagère et temporaire. Suivant la remarque fort juste de Laurent, la cour, en disant que la confusion ne peut s'appliquer qu'à une créance et à une dette de même nature, suppose qu'il y a deux dettes; or, dans la confusion, il n'y en a jamais qu'une (V. *suprà*, n. 7 et s.). — Laurent, n. 496.

42. — III. La troisième condition exigée pour que la confusion soit possible c'est que la créance ou la dette du défunt contre l'héritier existe encore dans le patrimoine de ce défunt lors de l'ouverture de l'hérédité.

43. — Il a été jugé, en ce sens, que le principe suivant lequel l'acceptation d'une succession opère extinction, par confusion, des créances que l'héritier acceptant a contre le défunt, est inapplicable au cas où, dès avant l'ouverture de la succession, ces créances avaient été cédées à des tiers, qui s'en trouvaient ainsi seuls et irrévocablement investis. — Cass., 17 déc. 1856, Morin-Dumanoir, [S. 59.1.121, P. 58.701, D. 57.1.263]

44. — Encore faut-il cependant que le cessionnaire ait été régulièrement saisi de la créance, avant l'ouverture de la succession, conformément aux dispositions de l'art. 1690; si c'était seulement après l'ouverture de la succession que le cessionnaire avait fait accepter ou signifier son transport, comme, à l'égard des tiers, il n'est saisi que par l'accomplissement de l'une ou de l'autre de ces formalités, il serait permis aux tiers d'opposer la confusion qui de droit s'est opérée au décès du débiteur cédé, et dont le cédant est devenu héritier pur et simple; sauf la garantie dont ce dernier est tenu envers le cessionnaire, à raison de l'extinction de la créance. — Pothier, *Oblig.*, n. 610; Demolombe, n. 711; Larombière, n. 8. — V. *suprà*, v° *Cession de créances*, n. 284 et s.

45. — Et le cessionnaire doit être indemnisé de toute la valeur de la créance en vertu de cette garantie, et non pas seulement du prix de la cession et du montant de ses autres déboursés. Le transport est, en effet, valable et définitif entre le cessionnaire et le cédant, qui devient débiteur de la créance en sa qualité d'héritier pur et simple du débiteur cédé. — Pothier, *loc. cit.*; Duranton, t. 12, n. 480.

46. — Puisqu'elle peut cesser, la confusion n'est jamais définitive, et lorsque le fait d'où elle procède est anéanti, elle est détruite et révoquée nécessairement. *Cessante causa, cessat effectus.* D'après la cour de Paris, il ne faudrait pas appliquer ce principe à l'adjudication suivie de folle enchère. Par le fait du paiement. l'adjudicataire est subrogé aux créanciers inscrits, mais il est en même temps seul débiteur du prix d'adjudication; de là cumul en sa personne des qualités de créancier et de débiteur. Ne faut-il pas, dès lors, admettre l'extinction des créances par confusion? La cour a décidé la négative par ce motif que les créances payées devant subir l'épreuve de l'ordre, et que l'adjudicataire se trouvant ainsi soumis à la possibilité de la dépossession, les qualités de créancier et de débiteur ne reposent pas irrévocablement sur la tête de l'adjudicataire. Cette décision a été cassée par la Cour suprême pour des motifs étrangers à la confusion. Mais l'avocat général Delangle combattit cette doctrine. « La confusion, disait-il, ne peut être subordonnée au résultat de l'ordre ultérieur qui ne crée pas, mais constate seulement les qualités de débiteur et de créancier réunies dans la même personne ». De plus, la folle enchère n'anéantit pas l'adjudication, et par suite l'effet qu'a produit la confusion, puisque l'adjudicataire reste débiteur du prix, bien qu'il cesse d'être propriétaire de l'immeuble. — Paris, 3 août 1843, Banque hypothécaire, [S. 46.1.279 et le réquisitoire de M. Delangle]

47. — Mais la Cour de cassation a décidé que l'adjudication sur saisie immobilière est soumise à la condition suspensive du paiement du prix; de telle sorte que si l'adjudicataire ne paie pas et que l'immeuble soit revendu à sa folle enchère, cette revente anéantit, *ab initio*, la première adjudication qui, relativement au fol enchérisseur, est réputée n'avoir jamais existé. Par suite, la créance hypothécaire du fol enchérisseur qui avait obtenu une collocation sur le prix qu'il n'a pas payé, n'est pas éteinte par confusion ou compensation, par l'effet de l'adjudication prononcée à son profit, et continue dès lors de subsister après la revente sur folle enchère. — Cass., 24 juin 1846, Chevallier, [S. 47.1.563]

48. — Pour que l'extinction d'une créance par confusion se produise, il faut que la réunion des deux qualités de débiteur et de créancier sur la même tête se soit réellement produite. Une réunion fictive de ces qualités de débiteur et de créancier serait insuffisante. Par exemple, en cas de mariage sous la communauté d'acquêts, la femme hérite d'une créance par succession ouverte pendant la durée de la communauté. Mais cette créance n'est définitivement attribuée à la femme que par un partage postérieur à la dissolution de cette communauté. La femme est censée avoir été propriétaire de la créance à partir de l'ouverture de la succession à raison de la fiction de l'effet rétroactif de l'art. 883. Si le mari en est devenu débiteur à partir de cette époque, il en résulte que la créance est éteinte par confusion, puisque le mari est à la fois débiteur et créancier comme maître de la communauté. La Cour de cassation dit qu'il n'y a là qu'une fiction dont il ne faut pas tenir compte, et que, dans la réalité, la créance est étrangère à la communauté qui n'en a jamais eu la propriété, et que par suite la confusion était impossible. — Cass., 16 juill. 1836, Hennon, [S. 36.1.865, P. 56.2.337, D. 36.1.281]

49. — La confusion suppose un droit de créance; elle ne peut se réaliser lorsque l'on se trouve en présence, non pas d'un créancier, mais d'un propriétaire. La Cour de cassation a consacré cette doctrine qui résulte du texte. Jugé, en effet, que le légataire est propriétaire de la chose léguée et non pas seulement créancier de la succession; par suite, le legs fait par le mari à sa femme, et dont celle-ci n'a pas demandé la délivrance, ne s'éteint pas, comme une créance, par la confusion en la personne des héritiers communs des deux époux. — Cass., 14 nov. 1853, Matet, [S. 54.1.102, P. 55.2.290, D. 53.1.325] — V. cep. *suprà*, n. 21.

50. — En conséquence, les créanciers de l'un des héritiers, qui ont formé opposition au partage de la succession du débiteur légataire, sont fondés à demander que ce legs soit compris dans le montant de la succession à partager, pour être soumis à l'exercice de leurs droits. — Même arrêt.

51. — La cause de la dette, son objet, les différentes modalités dont elle pourrait être affectée n'empêchent nullement la confusion. Peu importe que la dette ait pour cause un contrat ou un quasi-contrat, un délit ou un quasi-délit; qu'elle ait pour objet un corps certain ou des qualités fongibles ou non fongibles; qu'elle soit pure et simple, à terme ou conditionnelle. Au contraire, en matière de compensation, ces diverses circonstances ont la plus grande importance. — Cass., 18 juill. 1820, Augé, [S. et P. chr.]; — 11 déc. 1832, Aehertot, [S. 33.1.140, 1'. chr.]; — 19 avr. 1848, Guilot, [S. 48.4.385] — *Sic*, Demolombe, n. 708; Larombière, n. 3; Aubry et Rau, p. 241, note 4. — V. *suprà*, v° Compensation.

52. — Il importe peu, également, que la dette soit civile ou naturelle; cela n'empêche, en aucune manière, la confusion. Sans doute, le créancier d'une dette naturelle n'a pas d'action. Mais comme, dans la confusion, le débiteur et le créancier sont représentés par la même personne, on ne peut pas légitimement dire que le paiement soit exigé par le créancier contre la volonté du débiteur. M. Labbé disait à juste titre : « Le créancier, devenu l'héritier du débiteur, représente et soutient à la fois les deux termes de l'obligation. Lorsque la dette naturelle est exécutée par une mutation de valeurs entre l'hérédité et la fortune propre de l'héritier, c'est aussi bien le débiteur, continué par son héritier, qui s'acquitte volontairement, que le créancier qui s'empare de ce qui lui est dû. Les volontés du créancier et du débiteur s'accordent puisqu'elles n'en font plus qu'une » (n. 146). — Demolombe, n. 709.

53. — La confusion s'étend pareillement aux effets de commerce, tels que billets à ordre et lettres de change, comme mode d'extinction des obligations. Ces obligations commerciales sont éteintes par la confusion, lorsque les qualités de débiteur et de créancier se sont réunies sur la même personne avant ou après leur échéance. Par suite, lorsque le tiré, après avoir accepté la lettre de change, en est devenu propriétaire, même avant l'échéance, la lettre est réputée éteinte et ne peut plus être ultérieurement transmise à un tiers, envers le tireur originaire, à défaut de paiement à l'échéance de la part du tiré. — Larombière, n. 5.

54. — Et il a été décidé qu'une lettre de change qui est devenue, avant son échéance, la propriété du tiré lui-même, qui l'avait acceptée, a produit tous ses effets possibles, par la confusion, dans la personne du tiré, des deux qualités de débiteur et de créancier de la lettre de change. Dès lors, le tiré ne peut plus valablement transmettre cet effet à un tiers, de manière à lui donner action contre le tireur originaire à défaut de paiement de la part du tiré à l'époque de l'échéance. Peu importe qu'il ne fût pas établi que le tiré avait une provision. — Cass., 19 avr. 1848, précité.

55. — Spécialement, le tiré ne peut plus valablement endosser cet effet au profit d'un tiers — Cass., 14 flor. an IX, Hayaert, [S. chr.] — Riom, 12 mars 1844, Daubré, [S. 44.2.609]

56. — Cependant on ne peut opposer qu'aux tiers de mauvaise foi l'effet de la confusion accomplie. Ainsi le veulent les principes juridiques qui gouvernent la transmission des effets de commerce. Sont de mauvaise foi les tiers qui ont accepté ces effets de commerce en connaissance de cause, par exemple, lorsque la confusion opérée était révélée par l'état matériel lui-même du titre transmis. — Larombière, *loc. cit.*, *in fine*.

57. — Nous avons vu *suprà*, n. 42 et s., que la cession de créance empêche la confusion de se produire. Il en est de même de la saisie-arrêt et de la demande en sous-ordre. Il n'est pas nécessaire que le jugement validant l'opposition ait saisi de la créance le saisissant; la saisie-arrêt a empêché toute confusion au préjudice du saisissant. Le jugement qui plus tard en prononce la validité, et déclare rétroactivement le droit du saisissant, a pour effet de le saisir de la créance, et de prononcer impossible sur la même tête la réunion des qualités de créancier et de débiteur. Dès lors que le débiteur n'a pas à se payer à lui-même mais doit payer au saisissant, la confusion ne saurait se produire. Le saisissant est créancier personnel et direct du débiteur; mais il a cependant intérêt à faire prononcer la validité de son opposition, dans l'hypothèse où la créance sur laquelle elle portait est garantie par un privilège, une hypothèque, un cautionnement. — Larombière, n. 9.

58. — « Pareillement, dit Larombière, je demande à être colloqué en sous-ordre sur le montant de votre collocation; durant l'instance et avant le règlement définitif, je succède, ou vous succédez au débiteur. Nul sans doute ne peut être colloqué sur lui-même; cependant ma demande en sous-ordre subsiste avec la collocation principale, sans qu'on puisse opposer que la confusion qui s'est opérée sur votre tête ou sur celle du débiteur a eu pour effet de les faire tomber. Le successeur soutient sa double qualité de créancier ou de débiteur; ou plutôt c'est moi qui suis, par ma demande en collocation en sous-ordre, censé créancier, ce qui empêche la réunion sur sa tête des qualités contradictoires de créancier et de débiteur ». — Larombière, n. 9 *in fine*.

Section III.

Dans quels cas la confusion existe.

59. — La confusion se réalise lorsque le débiteur succède au créancier, ou lorsque le créancier succède au débiteur. Elle s'opère aussi lorsqu'une tierce personne succède à l'un et à l'autre, en vertu d'un titre héréditaire ou autre ayant pour effet de transporter sur la même tête la créance et la dette. La plupart du temps, ce concours des qualités de débiteur et de créancier résulte d'une transmission à titre universel en cas d'hérédité naturelle ou testamentaire. Mais ce concours peut également avoir lieu par suite d'une transmission à tout autre titre. — Cass., 11 déc. 1832, précité; — 19 avr. 1848, précité. — *Sic*, Laurent, n. 500; Larombière, n. 2; Colmet de Santerre, n. 252 *bis*-II]; Aubry et Rau, p. 241, § 330; Demolombe, n. 699 et 700.

60. — L'obligation est également éteinte par confusion lorsque le créancier succède, non au débiteur, mais à un tiers qui était obligé d'acquitter le débiteur, ou *vice versa*. Mais, dans cette hypothèse, il y a une compensation d'actions plutôt qu'une confusion proprement dite, puisque la même personne ne réunit pas les qualités de créancier et de débiteur de la même obligation. Il y a une compensation d'actions puisque lorsque le créancier actionne le débiteur, ce débiteur a aussitôt contre le créancier un recours qui neutralise son action. — Larombière, n. 4.

61. — Ainsi, lorsqu'un créancier hypothécaire devient héritier d'un tiers qui a garanti le détenteur de l'immeuble contre l'exercice de l'hypothèque, il s'opère dans la personne du créancier une confusion de droit qui éteint l'hypothèque.

62. — Jugé, en ce sens, que lorsqu'un créancier, ayant un droit d'hypothèque sur un immeuble, succède à celui qui a garanti le détenteur de l'immeuble de l'effet de cette hypothèque, il s'opère dans la personne du créancier une confusion de droits qui, d'une part, éteint le droit d'hypothèque du créancier, et, de l'autre, le libère de la garantie promise par son auteur. En conséquence, il peut demander la radiation de l'inscription prise sur les biens de son auteur par le détenteur de l'immeuble. — Cass., 18 juill. 1820, précité.

63. — D'après l'art. 1301, la confusion qui profite au débiteur principal profite à la caution. Il y a également libération de la caution, lorsque le débiteur succède à la caution ou la caution au débiteur.

64. — Sur l'extinction du cautionnement par confusion, V. au surplus, *suprà*, v° *Cautionnement*, n. 604 et s.

SECTION IV.
Effets de la confusion.

65. — Les effets de la confusion sont plus ou moins étendus, selon qu'elle est totale ou partielle. On peut, en effet, concevoir ces deux espèces de confusion. La confusion est totale et, par suite, la dette est éteinte pour le tout lorsque le débiteur intégral de la dette devient seul et unique héritier du créancier. Au contraire, la confusion n'est que partielle lorsque la personne débitrice de la totalité de la dette ne succède au créancier que pour partie. C'est seulement alors jusqu'à concurrence de la part héréditaire que la confusion s'opérera, car le débiteur n'est devenu créancier que jusqu'à concurrence de sa part héréditaire. Naturellement la même solution devra être admise, lorsque celui qui est créancier de la totalité de la dette devient, au contraire, héritier du débiteur, c'est-à-dire que la confusion sera totale ou partielle, selon qu'il succédera au débiteur pour le tout ou pour partie. — Laurent, n. 505; Colmet de Santerre, t. 5, p. 482, n. 234 *bis*-III.

66. — En principe, celui qui, étant créancier, devient en même temps débiteur de la créance, n'a plus aucun des droits attachés à ladite créance.

67. — Toutefois, nous avons dit *suprà*, n. 3 et s., que la confusion a pour effet moins d'éteindre l'obligation en elle-même que de détruire l'action qui la sanctionne. Nos anciens interprètes disaient : « *Potius eximit personam debitoris ab obligatione confusio, quam extinguit obligationem* » (Pothier, *Des obligations*, n. 645; Demolombe, n. 713). — En exposant ce principe, nous avons eu l'occasion d'exposer déjà la plupart des effets de la confusion, soit entre les parties, soit à l'égard des tiers. — V. *suprà*, n. 13.

68. — Ces effets de la confusion cessent rétroactivement quand l'acceptation de la succession est annulée. La confusion est censée n'avoir jamais eu lieu, la cause qui l'a produite étant, et, par conséquent, les accessoires, les cautionnements et les hypothèques, subsistent également. Vrainement les tiers soutiendraient-ils qu'on les dépouille d'un droit acquis; il n'y a pas de droit acquis lorsque la cause qui engendre le droit est détruite. — Demolombe, n. 713; Larombière, n. 15; Laurent, n. 506; Aubry et Rau, p. 242 *in fine*, et note 4; Colmet de Santerre, t. 5, p. 483, n. 255 *bis*.

69. — De même, la confusion est révoquée lorsque l'héritier perd sa qualité par la reconnaissance d'un héritier plus proche, par la nullité ou la révocation du testament qui l'instituait. — Larombière, *loc. cit.*

70. — Il faut donner la même solution si l'héritier est exclu comme indigne. L'indigne est censé n'avoir jamais été héritier, et, par suite, la confusion ne s'est jamais opérée. Cette solution des interprètes contemporains était déjà donnée par Lebrun qui, sur ce chef, avait, à juste titre, rompu avec la tradition romaine. — Lebrun, *Des success.*, liv. 3, chap. 9, n. 20; — Laurent, *loc. cit.*; Larombière, *loc. cit.*; Aubry et Rau, *loc. cit.*

71. — Les effets de la confusion cessent également quand l'héritier vend ses droits héréditaires. Cette solution découle des art. 1697 et 1698. Si l'héritier était créancier du défunt, il exercerait contre l'acheteur ses droits héréditaires. Si, au contraire, l'héritier était débiteur du défunt, il devrait compte de cette créance à l'acheteur, sauf convention contraire entre les deux contractants. La raison en est que l'impossibilité d'agir, sur laquelle, nous l'avons vu, est fondée la confusion, disparaît quand l'héritier vend l'hérédité; la confusion n'a plus de raison d'être du moment que la possibilité d'intenter l'action renaît. — Laurent, n. 507.

72. — On devrait logiquement en conclure que les créances ou les dettes revivent avec leurs accessoires, car les accessoires pas plus que le principal n'ont été éteints définitivement. Il en est ainsi, en effet, entre les parties intéressées, le vendeur et l'acheteur de l'hérédité. Mais les interprètes ne l'admettent pas en ce qui concerne les tiers. On admet généralement que les hypothèques sont éteintes et que les cautions sont libérées. Si les accessoires subsistent dans les rapports des parties entre elles, c'est qu'on présume que telle a été l'intention des parties contractantes. Mais comme la vente ne peut avoir d'effet contre les tiers, il est naturel que les cautions et les hypothèques restent éteintes en ce qui les concerne. — Colmet de Santerre, t. 5, p. 483, n. 255 *bis*-III; Laurent, n. 507.

73. — La confusion ne cesse pas par le transport que l'héritier ferait de la créance éteinte. Il n'y a aucune analogie entre cette hypothèse et celle de la vente de l'hérédité. L'héritier ne peut transporter à d'autres plus de droits qu'il n'en a lui-même; or, tant qu'il reste héritier et propriétaire de l'hérédité, il n'a aucun droit utile relativement aux créances qu'il possédait contre le défunt. — Laurent, n. 507 *in fine*; Aubry et Rau, t. 5, p. 243 et note 13, § 330.

74. — La question la plus pratique, en ce qui concerne les effets de la confusion, est celle de savoir si, vis-à-vis des tiers, lorsqu'elle s'est une fois opérée, elle peut être ensuite anéantie ou résolue rétroactivement. Cela importe surtout au point de vue des sûretés accessoires dont la créance était munie : gage, hypothèque ou cautionnement. Les interprètes disent que la créance reprendra toute sa force, et toute son efficacité juridique si la confusion procède d'une cause ancienne et nécessaire, *ex causâ antiquâ et necessariâ*. Et réciproquement, il faudra donner une solution diamétralement opposée, si la cessation de la confusion procède d'une cause nouvelle et volontaire, *ex causâ novâ et voluntariâ*. — Demolombe, n. 738.

75. — Que faut-il entendre par cette cause ancienne et nécessaire qui fait que la créance reprend toute sa force à l'encontre des tiers? La cause de la confusion est *ancienne* lorsqu'elle est antérieure ou tout au moins contemporaine du fait juridique qui l'a engendrée. Elle est *nécessaire* lorsqu'elle est indépendante de la volonté de celui dans la personne duquel la confusion s'était opérée. Dans cette hypothèse, la cause de la confusion est censée n'avoir jamais existé puisqu'elle se trouve anéantie rétroactivement dans le passé. On dit alors de la créance, *non a morte sed a somno resurgit*. Cet effet se produit lorsque l'on a prononcé la nullité du titre juridique d'où la confusion était résultée en apparence, ou la rescision ou la résolution de ce titre.

76. — Par exemple, le débiteur a été institué par le créancier légataire universel. Une caution et une hypothèque avaient été données pour sûreté de la dette. La confusion a libéré le débiteur. Mais si l'héritier légitime fait annuler le legs, la créance renaît avec l'hypothèque et le cautionnement; la confusion est censée n'avoir jamais existé. C'est l'application de la règle : *quod nullum est, nullum producit effectum*. — Demolombe, n. 740 et 741.

77. — Par exemple, encore, en matière de substitution, les créances du grevé contre l'instituant et les créances de l'instituant contre le grevé, qui se trouvaient, pendant la durée de la substitution, paralysées par l'effet de la confusion, ressaisissent toute leur énergie, au moment de son ouverture, soit au profit de la succession du grevé contre les appelés, soit au profit des appelés contre la succession du grevé. — Demolombe, n. 744; Labbé, n. 178; Larombière, art. 1300, n. 13.

78. — Il faudrait donner la même solution si le titre juridique, en vertu duquel la confusion s'est opérée, au lieu d'être déclaré nul, était détruit par l'accomplissement d'une condition résolutoire. Le résultat de la condition résolutoire réalisée est précisément de remettre les choses au même état que si le titre résolu n'avait pas existé. — Demolombe, n. 742. — V. *suprà*, v° *Condition*, n. 709 et s.

79. — Si, au contraire, celui dans la personne duquel la confusion s'est réalisée, la fait revivre par son propre fait, il ne peut ainsi préjudicier aux tiers (Aubry et Rau, p. 243). Nous en avons donné des exemples en cas de cession des droits successifs. — V. *suprà*, n. 72 et s.

80. — Jugé aussi, par application du même principe, que la cession d'une créance, par celui qui est tout à la fois le bénéficiaire et le débiteur des droits qui la constituent, ne peut porter atteinte aux droits que la réunion momentanée sur la même tête de ces qualités de créancier et de débiteur peut créer pour des tiers, en dehors même des cas spécifiés en l'art. 1301, C. civ.; mais, que ceux-là seulement, auxquels ces droits appartiennent, peuvent être admis à en exciper, à l'encontre de la cession dont il s'agit. — Chambéry, 18 mars 1884, [*Gaz. Pal.*, 84.2, suppl. 22]

Section V.
Enregistrement.

81. — La distinction que nous avons faite *suprà*, n. 3 et s., entre la confusion et la compensation, a un sérieux intérêt pratique au point de vue fiscal. Tandis que la compensation, en effet, peut donner lieu à la perception du droit de libération, du moins dans le système de l'administration (V. *suprà*, v° *Compensation*, n. 667 et s.), la confusion ne saurait y donner ouverture puisque, ainsi que nous l'avons vu, il n'y a pas libération, que la dette subsiste en principe, que seulement elle ne donne plus lieu à aucune action tant que dure l'impossibilité où se trouve le débiteur d'agir contre lui-même (Sol. 18 janv. 1870). — Cass., 3 févr. 1868. [S. 68.1.185, P. 68.421, D. 68.1.225, Inst. gén., n. 2366-5°; J. enreg., n. 18478; Garnier, *Rép. pér.*, n. 2600] — Trib. Ruffec, 25 août 1873, [Garnier, *Rép. gén.*, v° *Confusion*, n. 16]

82. — Jugé que le droit d'obligation n'est dû ni sur le capital, ni sur les intérêts d'une somme à payer par l'un des héritiers sans titre enregistré, et attribuée en nue-propriété seulement au débiteur. — Trib. Seine, 5 févr. 1864, [Garnier, *Rép. gén.*, v° *Confusion*, n. 14]

83. — ... Que le droit de reconnaissance de dettes n'est pas exigible des enfants qui présentent à la formalité le testament de leur père dans lequel celui-ci se reconnaît débiteur de sa femme prédécédée. Les enfants créanciers de leur père par suite du prédécès de leur mère, sont devenus leurs propres débiteurs après le décès du père, et aucun droit n'est dû de ce chef. — Trib. Pamiers, 30 déc. 1856, [J. enreg., n. 16450; Garnier, *Rép. pér.*, n. 816]

84. — Toutefois, le droit de libération est dû lorsqu'un créancier cède sa créance au débiteur. On ne doit pas percevoir le droit de cession, car on ne transmet en réalité aucune créance au débiteur qui ne peut se payer lui-même. Mais le droit de libération est dû (Sol. 5 mars 1847). — Garnier, *Rép.*, v° *Confusion*, n. 841.

85. — Par suite, lorsqu'un codébiteur se fait céder la créance, le droit de quittance est dû pour sa part de la dette, éteinte par confusion; et le droit de cession est dû pour le surplus. — Championnière et Rigaud, n. 1286; Garnier, v° *Confusion*, n. 19.

85 bis. — La donation faite par une mère à ses enfants éteint par confusion la créance qu'avait la veuve contre ses enfants héritiers de leur père. — Trib. Moissac, 24 févr. 1874, [J. enreg., n. 19417]

86. — L'héritier doit comprendre dans la déclaration de succession les créances dont il était débiteur envers le défunt, alors même qu'elles sont éteintes par la confusion. — Trib. Chartres, 25 mars 1839, Régien, [D. 59.3.80]

87. — Et la créance éteinte par confusion devant être comptée pour le calcul de la quotité disponible (V. *suprà*, n. 14), le droit de soulte est exigible du cohéritier non débiteur dans le lot duquel la créance entre pour la totalité. — Cass., 23 mars 1853, [J. enreg., n. 15640] — Trib. Châteaudun, 16 août 1850, [J. enreg., n. 15045] — *Sic*, Garnier, v° *Confusion*, n. 24.

Section VI.
Droit comparé.

§ 1. Allemagne.

88. — « L'obligation s'éteint lorsque les qualités de créancier et de débiteur se réunissent en une même personne » (*Projet de Code civil all.*, art. 291); la confusion porte, en Allemagne, le nom de *Vereinigung*, réunion.

89. — Le *Projet* ne contient pas de règle générale pour le cas où la confusion viendrait ultérieurement à cesser; il expose les conséquences de ce fait à propos de chaque contrat en particulier (V. art. 499, 1833, 2114, 2133). — *Motive*, t. 2, p. 117.

§ 2. Autriche.

90. — « Toutes les fois que, de n'importe quelle manière, le droit se confond en une personne avec l'obligation, tous les deux s'éteignent, à moins qu'il ne soit encore loisible au créancier de demander que ses droits demeurent séparés (*Absonderung seiner Rechte*) », — par exemple, lorsqu'il s'agit d'une succession acceptée seulement sous bénéfice d'inventaire (art. 802), ou que la séparation des patrimoines a été obtenue par un créancier héréditaire (art. 812), « ou qu'il ne naisse des relations d'une nature tout à fait différente. Aussi le fait que le débiteur hérite de son créancier ne modifie-t-il en rien les droits des créanciers héréditaires, des cohéritiers ou des légataires, non plus que les droits du créancier ne sont modifiés par le fait que le débiteur et la caution héritent l'un de l'autre » (C. civ. autr., § 1445).

91. — Les droits et obligations inscrits sur les registres publics ne sont pas supprimés par la confusion, tant que la radiation n'en a point été opérée (§ 1446).

§ 3. Bavière.

92. — Le *Landrecht* bavarois pose, dans les termes ordinaires, le principe de l'extinction des obligations par la confusion (IV, 15, § 3), mais prévoit une série de cas dans lesquels le droit du créancier ou bien ne s'éteint pas, ou bien revit.

93. — C'est ce qui arrive notamment : 1° pour l'héritier fiduciaire, quand la quarte trébellienne ne lui vaut pas une somme égale au montant de sa créance contre le défunt; 2° pour l'héritier institué *in re certâ* et qui a un ou plusieurs cohéritiers; 3° lorsque le créancier ou débiteur n'hérite du défunt que pour partie et en concours avec d'autres héritiers; 4° pour les obligations corréales, lorsque l'un des *correi* succède à un autre; 5° en matière d'acceptation bénéficiaire, où l'héritier peut faire valoir comme tout autre créancier ses droits contre la masse (§ 3, n. 1 à 9).

§ 4. Belgique.

94. — La Belgique est régie par le Code civil français.

§ 5. Espagne.

95. — La confusion éteint l'obligation, hormis le cas où elle a lieu en vertu d'un titre d'héritier accepté seulement sous bénéfice d'inventaire (C. civ. de 1888-1889, art. 1192).

96. — La confusion qui s'opère en la personne du débiteur ou du créancier principal profite aux cautions. Celle qui s'opère en la personne d'une caution n'éteint pas l'obligation (art. 1193).

97. — La confusion n'éteint une dette solidaire (*mancomunada*) que pour la part qui en revient au débiteur ou créancier en la personne duquel se réunissent les deux qualités (art. 1194).

§ 6. Grande-Bretagne.

98. — I. Angleterre. — En Angleterre, la confusion n'est pas expressément mentionnée par les auteurs parmi les modes d'extinction des obligations; ils la comprennent implicitement parmi ceux qui découlent de la loi (*release or discharge by operation of law*).

99. — II. Écosse. — Quand les deux qualités de créancier et de débiteur se réunissent en la même personne, le *jus crediti* est suspendu, et, si le créancier n'a pas un intérêt quelconque à laisser subsister la dette, elle s'éteint par confusion. Si, au contraire, le créancier préfère qu'elle subsiste, elle reste simplement suspendue, sans s'éteindre. — Bell, *Principles of the law of Scotland*, n. 580.

§ 7. ITALIE.

100. — Les art. 1296 et 1297 du Code civil italien sont la traduction littérale des art. 1300 et 1301 du Code civil français.

§ 8. MONTÉNÉGRO.

101. — Quand il arrive que, par cession, succession ou autrement, la même personne devient à la fois créancière et débitrice d'une même obligation, cette obligation s'éteint de plein droit par confusion (*Code général des biens*, trad. R. Dareste et Rivière, art. 620).

§ 9. PAYS-BAS.

102. — Les art. 1472 et 1473 du Code civil néerlandais sont la traduction littérale des art. 1300 et 1301 du Code civil français.

§ 10. PORTUGAL.

103. — Les art. 796 à 799 du Code civil portugais sont la reproduction des divers alinéas des art. 1300 et 1301 du Code français.
104. — « Il n'y a pas confusion lorsque les qualités de créancier et de débiteur se réunissent en la même personne, à titre de succession acceptée sous bénéfice d'inventaire » (art. 800).
105. — « Si la confusion cesse, l'obligation renaît avec tous ses accessoires, même à l'égard des tiers, si le fait a un effet rétroactif » (art. 801).

§ 11. PRUSSE.

106. — Le *Landrecht* prussien ne consacre pas moins de 37 articles à la confusion envisagée sous ses diverses faces (I, 16, §§ 476 à 512). Nous nous bornerons à y relever les dispositions les plus intéressantes.
107. — Lorsque le contrat ou l'acte d'où découle la confusion est révocable, les droits et obligations ne sont suspendus que pour le temps pendant lequel dure la confusion (§ 479).
108. — Lorsque la confusion a été produite par l'effet d'une succession et que l'hérédité doit être transmise à un héritier substitué, les droits et obligations de l'héritier substitué en première ligne reprennent vie par rapport à la masse (§ 481).
109. — Les effets de la confusion par suite de succession sont suspendus par la réserve du bénéfice d'inventaire (§ 486). Mais celui qui accepte une succession sans réserve ne peut faire valoir ses droits contre la masse au préjudice des autres créanciers ou des légataires (§ 489).
110. — Le fait que le débiteur devient l'héritier du créancier ne peut opérer une confusion au préjudice des créanciers héréditaires, des cohéritiers ou des légataires (§ 490). Bien plus, le cohéritier est tenu d'accepter dans son lot tout ce dont il se trouve être débiteur vis-à-vis de la masse (§ 491).
111. — Quand il y a plusieurs cocréanciers ou codébiteurs, la confusion opérée en la personne de l'un d'eux ne modifie en rien la situation des autres (§§ 492 et s.).
112. — La confusion qui s'opère entre le débiteur et la caution ne modifie en rien les droits du créancier (§ 495).
113. — La confusion qui s'opère entre le créancier et la caution éteint le cautionnement, mais ne modifie point les obligations du débiteur (§ 496).
114. — La confusion qui s'opère entre le créancier et le débiteur principal éteint le cautionnement, alors même que la caution aurait déjà été condamnée à désintéresser le créancier (§ 497). En revanche, la caution qui a supporté des frais ou dommages conserve le droit de se récupérer sur les biens ou la succession du débiteur (§ 498). Il en est de même lorsque, antérieurement à la confusion, la caution a payé le créancier au lieu et place du débiteur principal (§ 499).
115. — Les §§ 500 à 512 sont consacrés à la séparation des patrimoines.

§ 12. RUSSIE.

116. — Le *Svod*, excessivement sommaire, comme on le sait, en ce qui concerne la théorie générale des obligations, ne renferme aucune disposition sur la confusion. — Ernest Lehr, *Eléments de droit civil russe*, t. 2, n. 778.
117. — Le Code des provinces baltiques, dans ses art. 3665 et s., pose les mêmes règles que les art. 1300 et 1301, C. civ. franç. — Ern. Lehr, *op. cit.*, n. 790 et 1380.

§ 13. SAXE-ROYALE.

118. — « Lorsque les qualités de créancier et de débiteur se réunissent en une même personne, l'obligation s'éteint. Si la confusion n'est que partielle, l'extinction n'est aussi que partielle. L'obligation renaît si la confusion cesse rétroactivement, de telle sorte qu'elle doive être considérée comme ne s'étant pas opérée » (C. civ. sax., art. 1008).

§ 14. SUISSE.

119. — « Lorsque les qualités de créancier et de débiteur se trouvent réunies dans la même personne, l'obligation est éteinte par confusion; toutefois elle renaît, si la confusion vient à cesser » (C. féd. oblig., art. 144).

CONGÉ. — V. BAIL (en général). — BAIL A COLONAGE PARTIAIRE. — BAIL A FERME. — BAIL A LOYER. — V. aussi CHEMIN DE FER. — LOUAGE D'OUVRAGE. — LOUAGE DE SERVICES. — OUVRIER.

CONGÉ. — CONTRIBUTIONS INDIRECTES.

1. — On désigne sous le nom de congé, en matière de contributions indirectes, une des expéditions de la régie qui doivent être levées à chaque déplacement de boissons. — V. *suprà*, v° *Boissons*, et *infrà*, v° *Contributions indirectes*.
2. — Le congé entraîne paiement du droit à l'enlèvement, c'est-à-dire au moment où il est délivré par le receveur buraliste, contrairement à l'acquit à caution (V. ce mot) qui emporte crédit du droit, lequel est payé ou garanti à destination.

CONGÉ (Défaut). — V. JUGEMENT PAR DÉFAUT.

CONGÉABLE (Domaine). — V. BAIL A DOMAINE CONGÉABLE.

CONGÉMENT. — V. BAIL A DOMAINE CONGÉABLE.

CONGÉS ET PERMISSIONS MILITAIRES.

LÉGISLATION.

L. 15 juill. 1889 (sur le recrutement de l'armée); — Régl. 25 nov. 1889 (sur le service de santé); — Décr. 1er mars 1890 (sur la concession des congés et permissions); — Décr. 29 mai 1890 (sur le service de la solde); — Décr. 20 oct. 1892 (sur le service intérieur des troupes).

BIBLIOGRAPHIE.

L. Beaugé, *Manuel de législation, d'administration et de comptabilité militaires*, 2 vol. in-12, 1891, t. 1, n. 19, 45, 1189, 1205, 1224, 1367, 1886, 1896, 1905, 2147; t. 2, n. 2413, 2919, 5100, 5299, 5333, 5838, 5995. — Crétin, *Cours de législation et d'administration militaires*, 1884, in-8°. — Delaperrière, *Traité de l'administration militaire*, 1879, 4 tomes en 2 vol. in-8°.

V. *suprà*, v° *Armée de terre*.

INDEX ALPHABÉTIQUE.

Affaires personnelles, 10.
Algérie, 24, 40.
Ancienneté de service, 48.
Autorisation ministérielle, 30.
Avancement dans l'armée, 48.
Blessures, 21 et 22.
Certificat de visite, 14, 28.
Changement de résidence, 8.
Chef de corps, 4, 5, 15, 18, 38.
Commandant de corps d'armée, 11, 12, 17, 25, 28, 32.
Commandant de recrutement, 25.
Commis d'administration, 17.
Commission de réforme, 23.

CONGÉS ET PERMISSIONS MILITAIRES.

Commissionnés militaires, 10.
Compétence, 3 et s., 46.
Congé, 2, 6, 9 et s.
Conseil de guerre, 46.
Conseil de révision, 27.
Conseil d'Etat, 23.
Conseil municipal, 18.
Contributions directes, 18.
Convalescence, 13, 14, 41, 43.
Corse, 40.
Costume, 30, 36.
Délit militaire, 46.
Désertion, 45.
Discipline, 45.
Durée, 2, 4, 6, 8, 11, 12, 14, 32, 39 et 40.
Eaux minérales ou thermales, 28.
Elections, 47.
Etranger (pays), 29 et 30.
Feuille de route, 34 et s.
Frais de voyage, 35.
Gratifications, 21 et 22.
Infirmiers, 17.
Infirmités, 21 et 22.
Intendance, 25, 44.
Liste électorale, 47.
Médecin, 14, 29.
Ministre, 11, 12, 14, 17, 23, 29 et 30.
Mobilisation, 37, 43.
Officiers, 4, 10, 14, 38, 41.
Officiers généraux, 5, 14, 25, 38, 40.
Paris (ville de), 39.
Pension de retraite, 31 et s., 48.
Permission, 2 et s., 41 et 42.
Prolongation, 5, 6, 12, 14, 40.
Recours, 23.
Réforme, 20 et s., 48.
Rengagement, 10, 41.
Réserve de l'armée active, 19.
Retraite, 31 et s., 48.
Secrétaires d'état-major, 17.
Solde, 41 et 42.
Sous-intendant militaire, 25.
Sous-officier rengagé, 41.
Soutien de famille, 15 et s., 43.
Sursis d'arrivée, 7 et 8.
Tirailleurs algériens, 17.
Troupe, 4, 14, 38, 39, 41.
Vote (droit de), 47.

DIVISION.

Sect. I. — **Notions générales** (n. 1 et 2).

Sect. II. — **Des permissions** (n. 3 à 8).

Sect. III. — **Des congés** (n. 9).

§ 1. — *Congés pour affaires personnelles* (n. 10 à 12).

§ 2. — *Congés de convalescence* (n. 13 et 14).

§ 3. — *Congés à titre de soutien de famille* (n. 15 à 19).

§ 4. — *Congés de réforme* (n. 20 à 27).

§ 5. — *Congés pour aller faire usage des eaux* (n. 28).

§ 6. — *Congés pour aller à l'étranger* (n. 29 et 30).

§ 7. — *Congés en attendant la liquidation de la retraite* (n. 31 à 33).

Sect. IV. — **Droits et obligations des militaires en congé ou en permission** (n. 34 à 48).

Section I.
Notions générales.

1. — Les permissions et les congés sont des absences légales d'une durée limitée et qui n'occasionnent, par conséquent, que des diminutions temporaires du contingent de l'armée.

2. — La *permission* est une absence légale d'une durée maximum de trente jours; le *congé* est une absence d'au moins un mois; il se décompte par mois, la permission par jour; c'est surtout cette différence qui les distingue l'un de l'autre.

Section II.
Des permissions.

3. — Les permissions sont accordées, suivant leur durée, par les diverses autorités militaires; les droits dévolus à chaque grade se trouvent définis dans le règlement sur le service intérieur.

4. — Dans la nouvelle réglementation sur cette matière, on s'est surtout proposé de faciliter aux officiers et aux cadres l'obtention de permissions de longue durée; aussi a-t-on simplifié les formalités dont leur délivrance était autrefois entourée; à cet effet, des pouvoirs plus étendus ont été donnés aux diverses autorités militaires et particulièrement aux chefs de corps qui peuvent accorder quinze jours de permission aux officiers et trente jours à la troupe.

5. — Les permissions peuvent être prolongées; mais le droit de prolongation est réservé aux généraux qui exercent le commandement du territoire dans l'étendue duquel se trouvent les militaires absents; toutefois, la prolongation n'est accordée, en principe, que si le militaire qui la sollicite justifie de l'assentiment de son chef de corps.

6. — La prolongation ne peut porter la durée totale de l'absence à plus de trente jours; autrement elle aurait pour résultat de la transformer en congé et devrait être demandée d'après les règles applicables aux congés. — V. *infrà*, n. 10 et s.

7. — Dans certaines circonstances la permission prend un nom particulier et s'appelle *sursis d'arrivée*.

8. — Des permissions à titre de sursis d'arrivée peuvent être accordées aux militaires de tous grades, changeant isolément de résidence, à moins que leur ordre de service ne leur prescrive de rejoindre immédiatement et sans délai leur nouvelle destination; la durée de ces permissions ne peut dépasser quinze jours et elles sont accordées par l'autorité militaire du point de départ.

Section III.
Des congés.

9. — Les congés sont de différente nature, suivant la raison qui en motive la délivrance; on peut les classer comme il suit :
1° congés pour affaires personnelles; 2° congés de convalescence; 3° congés à titre de soutien de famille; 4° congés de réforme; 5° congés pour aller faire usage des eaux; 6° congés pour aller à l'étranger; 7° congés en attendant la liquidation de la retraite.

§ 1. *Congés pour affaires personnelles.*

10. — Les congés pour affaires personnelles sont exclusivement accordés aux officiers, aux militaires rengagés ou commissionnés, et aux engagés volontaires pour plus de trois ans; pour les autres militaires, la loi du 15 juill. 1889 sur le recrutement de l'armée a posé le principe que la durée du service actif ne peut être interrompue par des congés, sauf pour raisons de santé ou à titre de soutien de famille.

11. — Dans la limite de trois mois, ces congés sont accordés par les généraux commandant les corps d'armée; au delà, le ministre seul a qualité pour statuer.

12. — Les prolongations de congé sont soumises aux généraux ou au ministre, suivant qu'elles doivent avoir ou non pour conséquence de porter la durée totale de l'absence à plus de trois mois.

§ 2. *Congés de convalescence.*

13. — Les congés de convalescence peuvent être accordés à tous les militaires sans distinction de grade ou d'emploi, quand leur état de santé en motive la nécessité.

14. — Les médecins des hôpitaux ou des corps constatent le besoin de ces congés au moyen de certificats de visite et de contre-visite; ils sont accordés par les généraux commandant les subdivisions territoriales dans la limite de trois mois, aux officiers, et de six mois aux hommes de troupe. Le ministre statue sur les prolongations qui ont pour effet de porter l'absence à plus de six mois.

§ 3. *Congés à titre de soutien de famille.*

15. — Les congés, à titre de soutien de famille, sont délivrés par les chefs de corps ou de service, aux militaires ayant un an ou deux ans de présence sous les drapeaux, possédant une instruction militaire suffisante et n'ayant rien laissé à désirer sous le rapport de la conduite et de la manière de servir.

16. — La proportion maximum de ces congés, déterminée par la loi de recrutement, est de 1 p. 0/0 après la première année et de 2 p. 0/0 après la deuxième année de service; elle est calculée d'après l'effectif des hommes de la classe appartenant au corps.

17. — Il est des corps qui ne reçoivent pas annuellement un contingent de cent hommes incorporés pour trois ans; tels sont les régiments des tirailleurs algériens, les bataillons d'Afrique, la plupart des sections de commis et ouvriers militaires d'administration, d'infirmiers, les sections de secrétaires d'état-major, etc.; on a dû adopter pour eux des dispositions spéciales. L'ensemble des corps dépendant d'une même arme ou d'un même service est considéré comme ne formant qu'un seul corps, et les demandes de congé sont adressées avec les pièces justificatives au ministre, qui assure la répartition des congés entre les différents corps, et fait connaître aux commandants de corps d'armée les noms des militaires auxquels ils peuvent être accordés.

18. — Toute demande de congé à titre de soutien de famille doit être appuyée : 1° d'un relevé des contributions payées par la famille, certifié par le percepteur ; 2° d'un certificat de position de famille portant l'avis motivé de trois pères de famille, ainsi que celui du conseil municipal. Ces demandes sont examinées par les chefs de corps et classées par eux suivant leur ordre d'urgence.

19. — Les congés à titre de soutien de famille sont valables jusqu'à l'époque du passage des titulaires dans la réserve de l'armée active ; s'ils sont gradés, ils n'ont pas à faire la remise de leurs galons.

§ 4. *Congés de réforme.*

20. — Les hommes de troupe appartenant à un titre quelconque à l'armée active, à la réserve de l'armée active, à l'armée territoriale et à la réserve de cette armée, qui, avant l'époque de leur libération, sont jugés hors d'état de faire un service actif, reçoivent ce qu'on appelle *congés de réforme*. Ces congés sont désignés par les numéros 1 et 2.

21. — Le congé numéro 1 est délivré lorsque l'homme est dans l'impossibilité de servir, bien que pouvant encore pourvoir à sa subsistance, soit par suite de blessures reçues dans un service commandé, soit par suite d'infirmités contractées dans les armées de terre et de mer, soit enfin par suite d'infirmités existant antérieurement à l'incorporation, mais ayant ultérieurement acquis, en raison des fatigues du service, un développement entraînant l'incapacité de servir. Il ouvre le droit à la dispense pour un frère puîné, et le titulaire peut être proposé pour une gratification de réforme renouvelable. — V. *infrà*, v° *Pensions*.

22. — Le congé numéro 2 est délivré dans le cas où la réforme a été prononcée, soit pour blessures reçues hors du service, soit pour des infirmités contractées hors des armées de terre et de mer. Il n'ouvre droit ni à la dispense, ni à la gratification renouvelable. Les infirmités contractées pendant le séjour sous les drapeaux, n'ouvrent donc droit au congé numéro 1 que s'il existe entre ces infirmités et les obligations de l'état militaire un lien direct.

23. — Dans chaque subdivision de région ainsi qu'à Paris, Versailles et Lyon, les réformes sont prononcées par une commission spéciale de réforme, composée comme il suit : le général de brigade, ou, à son défaut, un colonel ou un lieutenant-colonel, président ; le sous-intendant militaire, le commandant de recrutement, le commandant de gendarmerie de l'arrondissement, membres. La commission est assistée de deux médecins militaires ou civils qui contre-visitent les hommes et constatent, dans un certificat, le résultat de cette opération. Cette commission n'agit que par délégation ministérielle; celui qui se prétend lésé par ses décisions peut en appeler au ministre, sauf recours au Conseil d'État.

24. — En Algérie, la commission est composée comme en France, mais comme il n'y a qu'un commandant de recrutement résidant au chef-lieu de la division, un officier supérieur le remplace dans la commission de réforme des autres subdivisions.

25. — Les congés de réforme numéro 1 sont délivrés par le commandant de recrutement, signés par le sous-intendant militaire et le général de brigade, et soumis à l'approbation du général commandant le corps d'armée.

26. — Quant aux militaires réformés par congé numéro 2, ils ne reçoivent pas de titre de réforme ; le commandant de recrutement se borne à mentionner les causes de la cessation de service de l'homme réformé sur le livret individuel.

27. — L'engagé réformé par congé numéro 1, c'est-à-dire pour blessures ou infirmités contractées dans les armées de terre ou de mer, est dégagé de toutes les obligations du service militaire et considéré comme ayant payé sa dette à la patrie. Au contraire, l'engagé réformé par congé numéro 2 avant l'appel de sa classe est tenu d'accomplir le temps de service exigé par la loi, s'il est reconnu propre au service par le conseil de révision ; mais il lui est tenu compte du temps qu'il a déjà passé sous les drapeaux.

§ 5. *Congés pour aller faire usage des eaux.*

28. — Ces congés, dont la durée ne peut dépasser deux mois, sont délivrés par les généraux commandant les corps d'armée, sur la proposition des médecins des hôpitaux ou des corps, qui constatent le besoin d'un traitement par les eaux dans des certificats de visite.

§ 6. *Congés pour aller à l'étranger.*

29. — Les congés pour aller à l'étranger sont exclusivement accordés par le ministre ; le titulaire doit laisser à son corps les moyens de lui faire parvenir toute communication le concernant.

30. — L'uniforme ne peut être porté à l'étranger que sur une autorisation spéciale du ministre de la Guerre.

§ 7. *Congés en attendant la liquidation de la retraite.*

31. — En principe, les militaires en instance de retraite doivent attendre, au corps, la notification de leur pension ; toutefois, sur leur demande, ils peuvent obtenir des congés pour attendre la liquidation de la pension dans leurs foyers.

32. — Ces congés présentent ce caractère particulier d'être concédés sans durée limitée ; ils sont accordés par les généraux commandant les corps d'armée.

33. — Dans cette position, les militaires continuent de compter dans les cadres et restent à la disposition du ministre jusqu'au jour de la notification de la pension, qui seule entraîne cessation du service d'activité.

Section IV.
Droits et obligations des militaires en congé ou en permission.

34. — Tout militaire en congé ou en permission doit être porteur d'un titre authentique, justifiant son absence, et délivré par l'autorité militaire compétente.

35. — En vertu de ce titre, les militaires voyagent à prix réduit sur les voies ferrées ; dans quelques cas (congés de convalescence, congés pour aller faire usage des eaux, congés à titre de soutien de famille, congés de réforme), les frais de voyage sont à la charge de l'État.

36. — Le porteur d'un titre d'absence ne peut se dispenser de l'exhiber sur la réquisition qui lui en est faite par la gendarmerie, ou, s'il voyage en tenue bourgeoise, par les agents des chemins de fer.

37. — En cas de mobilisation, le militaire en permission doit se mettre immédiatement en route pour rejoindre son corps, sans attendre aucune notification individuelle ; la gendarmerie, qui est toujours prévenue du séjour des permissionnaires, veille à l'exécution de cette prescription.

38. — Les généraux commandant les subdivisions de région peuvent accorder aux hommes de troupe en permission ou en congé l'autorisation de se rendre dans des localités autres que celles désignées sur le titre d'absence ; avis en est donné aux chefs de corps. Les officiers de tous grades peuvent changer de résidence sans autorisation, à la condition d'en informer par écrit l'autorité militaire dont ils relèvent.

39. — Il ne peut être accordé de congés ou de permissions, pour en jouir à Paris, qu'aux hommes de troupe qui justifient y avoir leur famille ou qui peuvent certifier qu'ils y ont des moyens d'existence. Les hommes de troupe qui, pour se rendre à leur destination, ont à passer par Paris, ne peuvent y séjourner que quarante-huit heures.

40. — Les congés ou permissions accordés aux militaires employés en Afrique ou en Corse, ou faisant partie d'une armée active, ou d'un rassemblement hors du territoire, ne commencent que du jour du passage de la frontière ou du débarquement ; ils sont considérés comme rentrés à leur poste, s'ils sont rendus à la frontière ou au port d'embarquement au jour fixé pour l'expiration de leur titre d'absence. Par exception, les généraux peuvent prolonger, au delà de trente jours, les permissions du temps nécessaire pour attendre au port d'embarquement le jour du départ du premier paquebot.

41. — L'état d'absence modifie plus ou moins les droits des militaires. Les permissions sont, en principe, accordées avec solde de présence, c'est-à-dire avec solde entière, aux officiers et sous-officiers rengagés. Pour les autres militaires, la concession d'une permission entraîne perte du droit avec diverses prestations en deniers et en nature. Les congés sont, suivant la même distinction, accordés sans solde à la troupe, et avec solde d'absence, c'est-à-dire avec demi-solde, aux officiers et sous-officiers rengagés. Exceptionnellement, cette dernière catégorie peut recevoir la solde entière pendant la durée des congés de convalescence, quand l'état de santé nécessite la continuation d'un traitement dispendieux.

42. — Les permissions entraînant pour la troupe privation de solde, le ministre trouve dans leur concession un moyen d'alléger les charges budgétaires. Il est fait état, dans les prévisions du budget annuel, de l'économie de solde et de vivres qui doit résulter de la délivrance des permissions.

43. — La durée de la permission ou du congé peut, en dehors du cas de mobilisation, se trouver abrégée. Les militaires en congé de convalescence ou à titre de soutien de famille, sont susceptibles de rappel, en cas d'inconduite, sur la plainte de l'autorité municipale, ou si vient à cesser la cause qui avait motivé la délivrance du congé.

44. — Le militaire, dont le titre d'absence est à terme, doit rejoindre son corps le jour de l'expiration du terme; sa rentrée est constatée par un visa de l'intendance.

45. — Tout militaire qui n'a pas rejoint, à l'expiration de son congé ou de sa permission, est puni disciplinairement; s'il n'a pas rejoint au bout de quinze jours, il est considéré comme déserteur à l'intérieur; dans cette circonstance, la loi a étendu de six à quinze jours les délais de repentir accordés aux militaires en état d'absence illégale. — V. *infra*, v° *Désertion*.

46. — En position d'absence, permission ou congé, les militaires ne sont justiciables des conseils de guerre que pour les délits limitativement prévus par le Code de justice militaire; considérant que l'absence du drapeau a relâché le lien qui attache les militaires au corps, le législateur leur applique le droit commun, sauf pour délits militaires.

47. — Les militaires de tous grades ne prennent part à aucun vote, quand ils sont présents à leurs corps, à leur poste ou dans l'exercice de leurs fonctions. Ce n'est pas à dire que la loi leur enlève la jouissance du droit de vote; le droit existe, et les militaires peuvent réclamer leur inscription sur les listes électorales; mais l'exercice de leur droit est suspendu, sauf pour ceux qui, au moment d'une élection, se trouvent en congé, en non-activité, en disponibilité ou dans le cadre de réserve.

48. — Les congés ou permissions ne modifient en rien les droits de ceux à qui ils sont accordés, en ce qui concerne l'ancienneté, l'avancement, la durée du service ou la retraite; le militaire qui les obtient est toujours réputé présent à son corps et sous les drapeaux; toutefois, les congés de réforme entraînent radiation des cadres de l'armée.

CONGO. — V. Colonies.

Législation.

I. État indépendant. — Acte général de la conférence de Bruxelles, 2 juill. 1890; — Protocole de Lisbonne, 8 avr. 1892 (*déterminant le régime douanier dans le bassin occidental du Congo*).

En ce qui concerne la législation spéciale de l'État du Congo, V. tit. 1, chap. 3, n. 104 et s.

II. Congo français (1).
Ord. 7 sept. 1840 (*portant organisation administrative de la colonie du Sénégal et de ses dépendances*); — Arr. 15 avr. 1853 (*sur la publication des lois, décrets et arrêtés dans la colonie du Sénégal et dépendances*); — Décr. 1er nov. 1854 (*relatif aux attributions du commandant de Gorée*); — Décr. 26 févr. 1850 (*rattachant au Sénégal Gorée et les possessions françaises au nord de Sierra-Leone et plaçant sous l'autorité du commandant de la division navale les possessions françaises situées au sud de Sierra-Leone*); — Arr. loc. 20 nov. 1864 (*sur les concessions de terrains*); — Arr. loc. 31 déc. 1864 (*portant création de taxes*); — Arr. loc. 8 déc. 1866 (*établissant des droits de patente et licence*); — Arr. loc. 9 sept. 1875 (*sur le service des routes*); — Arr. loc. 16 juill. 1876 (*portant interdiction du système des otages*); — Arr. loc. 21 juill. 1876 (*réglementant l'immigration*); — Arr. loc. 17 oct. 1876 (*instituant le régime du livret pour les traitants*); — Déc. loc. 1er nov. 1877 (*abolissant le régime des prestations*); — Arr. loc. 10 déc. 1877 (*sur la contribution foncière et mobilière*); — Décr. 1er juin 1878 (*portant réorganisation de la justice au Gabon*); — Décr. 20 août 1879 (*portant création d'une commission militaire*); — Décr. 10 déc. 1880 (*abrogeant l'art. 47, Ord. 7 sept. 1840*); — Déc. présid. 24 janv. 1881 (*sur l'organisation administrative du Gabon*); — Décr. 21 déc. 1881 (*instituant un emploi de juge-président au tribunal de première instance du Gabon*); — Déc. loc. 15 févr. 1881 (*portant promulgation du Code pénal*); — Décr. 29 juin 1882 (*créant au Gabon un conseil d'administration*); — Décr. 9 avr. 1883 (*organisant l'enseignement primaire au Gabon*); — Arr. loc. 23 avr. 1883 (*fixant les conditions pour les concessions accordées à titre locatif dans les vingt-cinq mètres réservés du rivage*); — Décr. 16 déc. 1883 (*portant organisation des établissements français du golfe de Guinée*); — Arr. loc. 8 févr. 1884 (*réglant les conditions pour les établissements créés ou à créer sur les terrains réservés du rivage*); — Arr. loc. 13 avr. 1884 (*sur les contributions*); — Décr. 16 nov. 1884 (*sur les poids et mesures dans les établissements français du golfe de Guinée*); — Décr. 26 déc. 1884 (*déclarant le commandant particulier de l'Ogooué investi des fonctions de juge de paix*); — Arr. loc. 10 avr. 1885 (*sur l'exécution des condamnations*); — Décr. 27 avr. 1886 (*portant nomination aux fonctions de commissaire général du gouvernement dans le Congo français*); — Décr. 29 juin 1886 (*portant création d'un lieutenant-gouverneur*); — Déc. loc. 25 sept. 1886 (*portant délimitation du Gabon et du Congo*); — Décr. 27 sept. 1886 (*portant création d'un commandant de la marine*); — Décr. 11 oct. 1886 (*modifiant la composition du conseil d'administration*); — Décr. 27 oct. 1886 (*sur l'administration de la justice*); — Arr. loc. 5 nov. 1886 (*rétablissant les permis de séjour*); — Arr. loc. 16 nov. 1886 (*portant interdiction de l'émigration des naturels de Loango*); — Arr. loc. 26 févr. 1887 (*déterminant les attributions du lieutenant de juge*); — Arr. loc. 8 mars 1889 (*sur l'organisation administrative du Congo français*); — Arr. loc. 27 mai 1887 (*portant réglementation du service de l'imprimerie*); — Arr. loc. 6 juin 1887 (*réglementant le fonctionnement de l'état civil*); — Arr. loc. 28 juin 1887 (*sur les patentes*); — Arr. loc. 1er juill. 1887 (*sur les concessions de terrains*); — Arr. loc. 7 juill. 1887 (*portant tarif des experts, interprètes, témoins et gardiens*); — Arr. loc. 7 juill. 1887 (*portant tarif des honoraires dus aux médecins et pharmaciens experts requis*); — Arr. loc. 18 août 1887 (*portant promulgation de l'édit de juin 1776 sur la création d'un dépôt de papiers publics*); — Arr. loc. 3 sept. 1887 (*prohibant dans la colonie le système des otages*); — Arr. loc. 7 nov. 1887 (*portant taxe des huissiers*); — Arr. loc. 8 nov. 1887 (*portant tarif des notaires*); — Décr. 1er déc. 1887 (*portant création d'un établissement pénitentiaire*); — Déc. loc. 15 déc. 1887 (*sur les concessions de terrain*); — Décr. 23 déc. 1887 (*conférant au chef de service de l'intérieur le titre de directeur de l'intérieur*); — Arr. loc. 17 mars 1888 (*remaniant l'assiette des impôts au Gabon*); — Arr. loc. 13 août 1888 (*portant création d'une patente de boulanger*); — Décr. 11 déc. 1888 (*réorganisant l'administration du Congo*); — Décr. 27 févr. 1889 (*portant organisation du personnel européen des stations et postes de la colonie*); — Décr. 12 mars 1889 (*élevant le lieutenant-gouverneur du Gabon-Congo au rang de gouverneur de troisième classe*); — Décr. 28 juin 1889 (*sur l'organisation de l'état civil dans le Congo français*); — Arr. loc. 4 nov. 1889 (*organisant les bureaux de l'état civil au Congo*);

---

(1) Nous ne donnons ici que les textes spéciaux à la colonie. Les textes généraux ont été rapportés en tête du mot *Colonies*. On trouvera les lois, ordonnances et décrets, soit dans les Recueils ordinaires, soit dans le *Bulletin officiel de la marine*, pour ce qui précède 1887, et, pour ce qui suit 1887, dans le *Bulletin officiel des colonies*. Quant aux arrêtés locaux, on peut les trouver au *Bulletin officiel administratif de la colonie*. Le premier volume de la collection comprend la période de 1849 à 1879; le tome II va de 1880 à 1884; le tome III de 1885 à 1889 inclusivement. A partir de 1887, chaque volume correspond à une année. Les six premiers volumes (la table des quatre premiers forme un volume séparé, le tome V) ont été imprimés à Paris en 1889-1890. Depuis 1889, le *Bulletin* paraît mensuellement à Libreville.

— Décr. 8 nov. 1889 (portant création de justices de paix à Loango, Franceville et Brazzaville); — Arr. loc. 29 janv. 1890 (rendant applicables dans toute la colonie du Gabon-Congo les arrêtés des 7 juillet, 1er, 7 et 21 nov. 1887, portant tarif des droits de greffe, des honoraires des médecins et pharmaciens, experts, interprètes, témoins, et des droits de notariat); — Décr. 4 févr. 1890 (autorisant le serment par écrit des membres des tribunaux de paix de Lambaréné, Loango, Brazzaville et Franceville); — Arr. loc. 6 févr. 1890 (rendant applicables dans toute la colonie les arrêtés des 5 mars 1887, 7 juill. 1887, 1er et 7 nov. 1887, portant tarif des commissaires-priseurs, droits de greffe, taxe des huissiers, etc.); — Arr. loc. 15 févr. 1890 (portant modification de celui du 10 déc. 1877, concernant l'impôt foncier localif au Gabon); — Décr. 21 févr. 1890 (portant réorganisation de la direction de l'intérieur du Gabon et du Congo français); — Arr. min. 28 févr. 1890 (sur le même sujet); — Décr. 7 mai 1890 (portant institution d'un conseil de défense au Gabon-Congo); — Règl. 1er juill. 1890 (sur l'organisation de la police et du régime pénitentiaire); — Acte général de la conférence de Bruxelles, 2 juill. 1890; — Décr. 25 nov. 1890 (sur les douanes); — Arr. loc. 22 janv. 1891 (relatif aux actes de l'état civil); — Décr. 28 févr. 1891 (portant suppression du corps des tirailleurs gabonais); — Arr. min. 3 mars 1891 (portant règlement des questions de détail relatives à la suppression du corps des tirailleurs gabonais); — Décr. 30 avr. 1891 (portant nouvelle dénomination de la colonie); — Arr. loc. 30 avr. 1891 (réglementant les licences sur les territoires de Sette-Cama, Mayumba, Quillon et Loango); — Arr. loc. 30 avr. 1891 (réglementant les patentes); — Arr. 4 août 1891 (portant limites des territoires de Loango et de Brazzaville dans la région du Niari); — Arr. loc. 26 sept. 1891 (concernant les ventes et concessions de terrains); — L. 29 déc. 1891 (portant approbation de l'acte de Bruxelles et de la déclaration en date du même jour); — Arr. loc. 29 déc. 1891 (portant création d'une formule de patente ou de licence); — Arr. loc. 29 déc. 1891 (portant création d'un droit de phare, d'ancrage et de balisage); — Décr. 6 janv. 1892 (portant réorganisation de la direction de l'intérieur du Congo français); — Décr. 12 févr. 1892 (qui prescrit la promulgation de la loi du 29 déc. 1891 précitée); — Arr. 24 févr. 1892 (portant modification à l'art. 1, Arr. 20 oct. 1890, accordant des indemnités pour prolongation de séjour dans la colonie); — Protocole de Lisbonne, 8 avr. 1892 (déterminant le régime douanier dans le bassin occidental du Congo); — Décr. 11 mai 1892 (au sujet des notifications et significations d'actes d'huissier dans la colonie); — Arr. loc. 19 mai 1892 (portant réglementation sur les entrepôts d'armes et munitions); — Arr. loc. 19 mai 1892 (portant règlement sur le transit); — Arr. loc. 21 sept. 1892 (créant de nouveaux postes d'état civil au Congo); — Arr. loc. 20 oct. 1892 (déterminant le mode de notification et signification des actes d'huissier dans la colonie); — Décr. 29 nov. 1892 (modifiant, pour le Congo, le tarif général des douanes); — Arr. loc. 29 déc. 1892 (portant modification du régime des licences sur les territoires de Sette-Cama, Quillon et Loango); — Arr. loc. 29 déc. 1892 (portant fixation des taxes de consommation sur les spiritueux); — Décr. 30 déc. 1892 (relatif à l'introduction des armes à feu et des munitions dans les colonies du Sénégal et dépendances et du Congo français); — Arr. loc. 11 févr. 1893 (portant création d'une taxe de consommation sur les poudres, munitions et armes); — Arr. loc. 18 avr. 1893 (réglementant la vente des timbres-poste dans les stations de la colonie); — Arr. loc. 2 sept. 1893 (complétant l'art. 5, Arr. 27 févr. 1892, portant création d'un timbre de police de 10 cent.); — Arr. loc. 12 déc. 1893 (fixant les droits à percevoir à la sortie de la zône maritime ne faisant pas partie du bassin conventionnel du Congo, pour le 1er trimestre de 1894).

BIBLIOGRAPHIE.

L. Hébette et L. Petit, Les Codes du Congo, suivis des décrets, ordonnances et arrêtés complémentaires. 2e édit., 1 vol. in-8°, Paris et Bruxelles, 1892. — Edmond Picard, Consultation relative aux biens sans maître, à la propriété foncière, au droit de chasse, etc., au Congo, Bruxelles, in-4°, nov. 1892. — Picard et d'Hoffschmidt, Pandectes belges (en cours de publication), v° Congo.

Almanach de Gotha, 1893. — Bulletin officiel de l'Etat indépendant du Congo, in-8°, 1885-1892 (depuis 1886, il paraît un fascicule par mois). — Rapport au Roi-souverain du 16 juill.

1891: Bull. off., 1891, p. 165-211. — L'Etat indépendant du Congo; procédés de colonisation (Chailley): L'Economiste français, 21 déc. 1889. — Congo: J. du dr. intern. pr., année 1887, p. 686. — La libre navigation du Congo (Sir Travers Twiss): Rev. de dr. intern., année 1883, p. 437, 547, et année 1884, p. 237. — Articles divers sur l'Etat indépendant du Congo: Rev. de dr. intern., année 1889, p. 168 (G. Rolin-Jaequemyns); p. 491 (A. de C.); p. 495 (Ed. Rolin).

INDEX ALPHABÉTIQUE.

Absence, 20, 31, 36, 38.
Acte de Bruxelles, 211.
Acte notarié, 107.
Affaires étrangères, 17, 21.
Agent diplomatique et consulaire, 21, 104.
Agriculture, 21.
Ajournement, 107.
Alcool, 215.
Amende, 66, 71, 75.
Annexion, 8.
Appel, 78, 81, 84, 92, 107.
Approbation, 34.
Aptitude, 167.
Archives, 150.
Armée, 21, 105. 218.
Armes, 106, 109, 157 et 158.
Arrêté, 101, 133.
Assesseurs, 66, 80.
Assistance publique, 21.
Association, 106.
Audiences foraines, 165.
Audience publique, 98.
Auditeur, 96 et 97.
Avis, 47, 86.
Avoués, 169.
Belgique, 1, 3 et s.
Blessés militaires, 104.
Boissons, 106, 109.
Brevet d'invention, 109.
Budget, 21, 196 et 197, 205 et s.
Cadastre, 21, 110.
Caisse d'épargne, 106.
Cassation, 180.
Chasse, 106.
Chefs de poste, 193.
Chef de station, 193.
Chemin de fer, 105.
Climat, 113.
Code civil, 102, 110, 139.
Code d'instruction criminelle, 108.
Code pénal, 59, 102, 108, 154 et 135.
Colis postaux, 106.
Colonies internationales, 1.
Comité consultatif, 29, 32, 46 et s., 104.
Comité exécutif, 36, 104.
Commerce et industrie, 21, 109, 113, 114, 152.
Commis, 42, 55 et s.
Commissaire de district, 31, 50 et s.
Commissaire extraordinaire, 33.
Commissaire général, 187 et 188.
Commission militaire, 179.
Comparution personnelle, 99.
Compétence, 61, 77 et s., 82 et s., 91, 107, 172, 176.
Comptabilité publique, 21, 41 et 42.
Concession, 143, 145 et 146.
Conseil d'administration, 194.
Conseil de défense, 216.
Conseil de guerre, 67, 78 et s., 105, 177.
Conseil d'Etat, 22 et s.
Conseil du contentieux, 195.
Conseil supérieur, 16, 19 et s., 91 et s., 104, 181.
Conservateur des titres fonciers, 42.
Contributions, 198 et 199.
Contrôleur des impôts, 42, 44.
Contrôleur des postes, 44.
Convention de Genève, 104.
Cour d'appel, 22, 94 et 95.

Cour d'assises, 178.
Cour de cassation, 22, 91 et s.
Cour supérieure, 107.
Crimes, 178.
Crimes politiques, 177, 179.
Cultes, 21.
Cumul de fonctions, 164.
Décorations, 106.
Désertion, 108.
Dette publique, 21, 106.
Directeur, 37, 39.
Directeur de la justice, 68, 89.
Directeur des finances, 40 et s.
Directeur général, 37.
Discipline judiciaire, 108.
District, 48 et s., 106.
Domaine, 10, 21, 109, 143 et s., 148.
Douanes, 106, 208 et s.
Droits de navigation, 203.
Droits politiques, 182.
Elections, 181.
Empêchement, 20, 31, 36, 38, 65.
Emprunt, 7 et s., 34.
Enclaves, 112.
Enregistrement, 222.
Entrepôt, 109.
Epizootie, 106.
Esclavage, 2, 108, 137 et 138.
Etat civil, 21, 102, 110, 140 et s.
Etranger, 81, 82, 110, 136.
Expert, 75, 76, 107.
Exportation, 210.
Expropriation pour cause d'utilité publique, 110.
Expulsion, 106.
Extradition, 21, 108.
Faillite, 109.
Finances, 17, 40 et s., 106.
Frais et dépens, 108.
Gabon, 117, 124.
Géomètre, 42.
Gouverneur (pouvoirs du), 189 et s., 196, 198.
Gouverneur général, 28, 30 et s., 51, 56, 65, 100.
Greffier, 64.
Huissier, 74, 169.
Hypothèque, 150.
Immigration, 21, 220 et 221.
Importation, 157.
Impôt, 21, 41 et s., 106, 109.
Impôt foncier, 200.
Impôt mobilier, 200.
Indigènes, 21, 85, 86, 136 et 137.
Inspecteur d'Etat, 36 et 37.
Instruction criminelle, 102, 153.
Instruction publique, 21.
Intérêts, 10.
Intérim, 20, 31, 36, 38, 51.
Interprète, 76, 107.
Juge de paix, 171.
Juge suppléant, 25.
Jugements et arrêts, 98.
Justice, 17, 21. 166.
Justice criminelle, 173 et 174.
Justice militaire, 67.
Législation, 107.
Législation, 21, 100 et s., 116, 120.
Liberté du commerce, 2.
Licences, 202.
Lieutenant-gouverneur, 192.
Limites, 111, 124.
Livrets, 149.
Lois françaises, 136.

Louage de services, 110.
Magistrature, 164, 167.
Mandataire *ad litem*, 99.
Mariage, 110.
Marine, 105.
Marque de fabrique, 109.
Mines, 110, 150.
Ministère public, 68 et s.
Monnaies, 21, 106.
Motifs de jugement, 98.
Munitions, 158.
Nationalité, 104.
Naturalisation, 104.
Navigation, 2, 21, 106.
Neutralité, 2, 5, 104.
Nomination, 24, 31, 32, 37, 42, 51, 56, 65, 68.
Notaire, 150.
Notariat, 107.
Occupation, 2.
Officier de police, 73, 107.
Opposition, 107.
Ordonnance, 34, 101.
Organisation, 121, 123, 125.
Organisation administrative, 21, 28 et s., 48 et s., 106, 184 et s.
Organisation judiciaire, 22 et s., 58 et s., 101, 102, 107, 163.
Organisation militaire, 216.
Organisation politique, 14 et s., 104.
Otages, 138.
Patentes, 201.
Peine, 35, 66, 108.
Peine de mort, 66, 80.
Pénitencier, 160.
Permis de séjour, 183.
Poids et mesures, 152.
Police, 21, 106.
Police judiciaire, 175.
Population, 13, 114.
Postes et télégraphes, 21, 41, 106.
Poudre, 157.
Pouvoirs des gouverneurs, 189 et s., 196, 198.
Pouvoir législatif, 100, 127 et s., 133.
Prescription, 108.
Prêt, 7 et s.
Preuve, 149.
Prise à partie, 91.
Prisons. — V. *Régime pénitentiaire*.
Procédure civile, 102, 107, 151.
Procureur d'État, 68.
Promulgation, 127, 134, 154 et 155.
Propriété, 144, 147.
Propriété foncière, 21, 42, 43, 110.
Protocole de Lisbonne, 211 et s.

Publicité des jugements, 98.
Receveur, 42.
Recrutement militaire, 105, 218.
Régime législatif, 127 et s.
Régime pénitentiaire, 21, 87 et s., 108, 159.
Règlement d'administration publique, 35.
Règlement de police, 35, 108.
Réquisitions militaires, 75, 105.
Révocation, 37.
Roulement, 95.
Saisie-immobilière, 107.
Salubrité publique, 106.
Secrétaire d'État, 18 et s., 100.
Secrétaire général, 37.
Sénégal, 119.
Séparation, 119.
Serment, 76, 168.
Servitude pénale, 66, 71, 75.
Servitude pénale perpétuelle, 66, 80.
Signification, 151.
Société commerciale, 109.
Sous-commissaire de district, 55 et s.
Spiritueux, 215.
Statistique, 11.
Substitut, 69, 71.
Succession, 21, 110.
Superficie, 114.
Taxes, 204.
Témoin, 107.
Terres vaines et vagues, 148.
Territoire, 111 et 112.
Timbre, 222.
Tirailleurs gabonais, 217.
Traites, 122.
Traite des esclaves, 2, 108.
Traité de commerce et de navigation, 109.
Traité international, 2, 6, 7, 21.
Transit, 214.
Travaux publics, 90.
Tribunal, 161, 162, 166, 172 et s.
Tribunal civil, 82 et s., 169.
Tribunal criminel, 176.
Tribunal de première instance, 61, 77.
Tribunal d'appel, 22, 61, 78, 81, 84.
Tribunal de commerce, 82 et s.
Tribunal de paix, 170.
Tribunal de police, 174.
Tribunaux indigènes, 85 et 86.
Tribunaux militaires, 219.
Vente, 147.
Vérificateur, 42.
Vice-gouverneur, 36 et 37.
Voirie, 21, 106.

DIVISION.

TITRE I. — ÉTAT INDÉPENDANT DU CONGO.

CHAP. I. — NOTIONS PRÉLIMINAIRES.

Sect. I. — Historique (n. 1 à 10).

Sect. II. — Statistique (n. 11 à 13).

CHAP. II. — ORGANISATION POLITIQUE.

Sect. I. — Généralités (n. 14 et 15).

Sect. II. — Gouvernement central à Bruxelles (n. 16).

§ 1. — *Gouvernement central proprement dit* (n. 17 à 21).
§ 2. — *Conseil supérieur* (n. 22 à 27).

Sect. III. — Gouvernement local.

§ 1. — *Généralités* (n. 28 et 29).
§ 2. — *Gouverneur général* (n. 30 à 36).
§ 3. — *Fonctionnaires supérieurs* (n. 37 à 45).
§ 4. — *Comité consultatif* (n. 46 et 47).

CHAP. III. — ORGANISATION ADMINISTRATIVE LOCALE.

Sect. I. — Divisions administratives au Congo (n. 48 et 49).

Sect. II. — Administration des districts.

§ 1. — *Commissaires de districts* (n. 50 à 54).
§ 2. — *Sous-commissaires et commis* (n. 55 à 57).

CHAP. IV. — ORGANISATION JUDICIAIRE.

Sect. I. — Justice répressive au Congo.

§ 1. — *Généralités* (n. 58 à 60).
§ 2. — *Tribunaux répressifs de première instance et d'appel* (n. 61 à 67).
§ 3. — *Ministère public et officiers de police judiciaire* (n. 68 à 73).
§ 4. — *Huissiers, interprètes, experts, etc.* (n. 74 à 76).
§ 5. — *Compétence des tribunaux* (n. 77 et 78).
§ 6. — *Conseils de guerre* (n. 79 à 81).

Sect. II. — Justice civile et commerciale au Congo (n. 82 à 84).

Sect. III. — Justice pour les indigènes (n. 85 et 86).

Sect. IV. — Régime pénitentiaire (n. 87 à 90).

Sect. V. — Conseil supérieur à Bruxelles (n. 91 à 99).

CHAP. V. — LÉGISLATION.

Sect. I. — Généralités (n. 100 à 103).

Sect. II. — Législation constitutionnelle et politique (n. 104).

Sect. III. — Législation relative à la force publique et à la marine (n. 105).

Sect. IV. — Législation relative à l'administration et à la police (n. 106).

Sect. V. — Législation relative à l'organisation judiciaire et à la procédure civile (n. 107).

Sect. VI. — Législation pénale (n. 108).

Sect. VII. — Législation commerciale (n. 109).

Sect. VIII. — Législation civile (n. 110).

TITRE II. — CONGO FRANÇAIS.

CHAP. I. — NOTIONS GÉNÉRALES ET HISTORIQUES (n. 111 à 126).

CHAP. II. — RÉGIME LÉGISLATIF DU CONGO (n. 127 à 135).

CHAP. III. — LÉGISLATION CIVILE, COMMERCIALE ET CRIMINELLE EN VIGUEUR AU CONGO (n. 136 à 138).

§ 1. — *Droit civil et droit commercial* (n. 139 à 152).
§ 2. — *Droit criminel* (n. 153 à 160).

CHAP. IV. — ORGANISATION JUDICIAIRE.

§ 1. — *Histoire, nominations, conditions d'aptitude, serment, etc.* (n. 161 à 165).
§ 2. — *Justice civile* (n. 166 à 172).
§ 3. — *Justice criminelle* (n. 173 à 179).
§ 4. — *Recours en cassation* (n. 180).

CHAP. V. — RÉGIME POLITIQUE ET ADMINISTRATIF.

§ 1. — *Droits politiques* (n. 181 à 183).
§ 2. — *Organisation administrative* (n. 184 à 195).

CHAP. VI. — ORGANISATION FINANCIÈRE (n. 196 à 207).

CHAP. VII. — RÉGIME COMMERCIAL (n. 208 à 215).

CHAP. VIII. — MATIÈRES DIVERSES.

§ 1. — *Organisation militaire* (n. 216 à 219).
§ 2. — *Immigration et émigration* (n. 220 et 221).

CHAP. IX. — ENREGISTREMENT ET TIMBRE (n. 222).

TITRE I.

ÉTAT INDÉPENDANT DU CONGO.

CHAPITRE I.

NOTIONS PRÉLIMINAIRES.

Section I.
Historique.

1. — La fondation de l'Etat indépendant du Congo est un phénomène nouveau et jusqu'ici unique dans l'histoire du droit international. Le Congo est une colonie, en ce sens qu'il a reçu et qu'il continue à recevoir du dehors tous les éléments de son existence politique. Mais c'est une colonie sans métropole apparente; une colonie qui n'est ni française, ni anglaise, ni portugaise, ni même belge, malgré les liens particuliers qui l'unissent à la Belgique. C'est, ainsi que l'a très-bien défini l'un des hommes qui ont été les mieux placés pour en suivre l'évolution, M. G. Rolin-Jaequemyns, « une colonie internationale, *sui generis*, fondée par l'Association internationale du Congo, dont le généreux promoteur (le roi des Belges, Léopold II) a été investi du pouvoir et de la mission de gouverner, dans l'intérêt de la civilisation et du commerce général, des territoires africains compris dans certaines limites conventionnellement déterminées » (*Revue de droit internat.*, t. 24, p. 168).

2. — Au point de vue de sa situation internationale, l'Association a commencé par conclure avec les diverses puissances des traités qui, parmi leurs clauses, contenaient une disposition reconnaissant son pavillon « comme celui d'un Etat ou d'un gouvernement ami ». Lors de la réunion, en février 1885, de la conférence de Berlin, le président de l'Association fit porter, le 23 dudit mois, le fait de ces reconnaissances isolées à la connaissance des plénipotentiaires réunis sous la présidence du prince de Bismarck, et la haute assemblée, en lui en donnant acte, admit par là même, l'existence du Congo dans le concert des puissances. C'est de la séance de la conférence du 26 févr. 1885, que date, en réalité, l'existence du Congo comme Etat indépendant et dûment reconnu; son premier acte, comme tel, a été d'adhérer à l'*Acte général de la conférence*, qui renferme, on le sait, les cinq chapitres suivants : 1° Déclaration relative à la liberté du commerce dans le bassin du Congo, ses embouchures et pays circonvoisins, et dispositions connexes; 2° Déclaration concernant la traite des esclaves; 3° Déclaration relative à la neutralité des territoires compris dans le bassin conventionnel du Congo; 4° Acte de navigation du Congo; 5° Déclaration relative aux conditions à remplir pour que des occupations nouvelles sur les côtes du continent africain soient considérées comme effectives. — V. le texte de l'*Acte général* dans le *Bulletin officiel de l'Etat du Congo*, 1885, p. 7, et dans Geffcken, *Recueil de traités et conventions par Martens et de Cussy*, 2° série, t. 3, p. 606. Le même ouvrage publie, à la p. 580, à titre de spécimen, le traité conclu, le 8 nov. 1884, par l'Association internationale du Congo avec l'Allemagne, et emportant de la part de l'empire la reconnaissance de ladite association comme « Etat ami. »

3. — Une fois le nouvel Etat reconnu par les puissances, le président de l'Association, le roi Léopold II, pour obéir à l'art. 62 de la constitution belge, a sollicité et obtenu des Chambres législatives du royaume, par deux résolutions des 28 et 30 avr. 1885, l'autorisation de devenir le chef de l'Etat fondé en Afrique par l'Association, l'union entre la Belgique et le nouvel Etat devant être exclusivement personnelle.

4. — Le 1er août 1885, et à des dates ultérieures, Léopold II a notifié aux puissances que les possessions de l'Association internationale du Congo formeront désormais « l'Etat indépendant du Congo », et que, d'accord avec l'Association, il a pris le titre de « Souverain » dudit Etat. Toutes les puissances ont répondu à cette notification.

5. — Aux mêmes dates, l'Etat du Congo s'est déclaré perpétuellement neutre, sur les bases indiquées au ch. 3 de l'Acte général de la conférence de Berlin. Tous ces faits sont constatés dans le *Bulletin officiel de l'Etat du Congo*, aux pages indiquées *infrà*, n. 164.

6. — Il convient de rappeler ici que, en 1884, antérieurement à la Conférence de Berlin, l'Association internationale s'était engagée à reconnaître à la France un droit de préemption sur tout autre acquéreur, « pour le cas où, par des circonstances imprévues, elle serait amenée un jour à réaliser ses possessions ». — Lettre de M. Strauch, président de l'Association, à M. Jules Ferry, du 23 avr. 1884. — En 1887, l'Etat indépendant du Congo, une fois reconnu souverain, fit connaître au gouvernement français que, dans sa pensée, ce droit de préemption, s'il était opposable à toutes les autres puissances, ne pouvait néanmoins être opposé à la Belgique, dont le roi Léopold était souverain, mais « qu'il allait de soi que l'Etat du Congo ne pourrait céder ces mêmes possessions à la Belgique sans lui imposer l'obligation de reconnaître, à son tour, le droit de préférence de la France, pour le cas où elle viendrait elle-même à les réaliser ». M. Bourée, ministre de France à Bruxelles, fut autorisé par son gouvernement à *prendre acte* de cette interprétation. — V. G. Moynier, *La fondation de l'Etat indépendant du Congo au point de vue juridique*, Paris, 1887, p. 18; E. Banning, *Le partage politique de l'Afrique d'après les transactions internationales les plus récentes*, Bruxelles, 1888, p. 140; Florent Desoer, *Le Congo belge*, Liège, 1890, p. 33 et s.

7. — Depuis lors, il a été conclu, entre l'Etat indépendant du Congo et l'Etat belge, une convention, en date du 3 juill. 1890, approuvée le 8 août suivant par Léopold II, en sa qualité de souverain du premier de ces Etats, et qui est de nature à modifier éventuellement, du tout au tout, la situation du Congo (*Bull. off.*, 1890, p. 124). En vertu de cette convention, l'Etat belge s'est engagé à avancer, à titre de prêt, à l'Etat du Congo une somme de 25 millions de francs, savoir 5 millions après l'approbation de la législature belge, et 2 millions par an, pendant dix ans, à partir de ce premier versement. Pendant ces dix années, les sommes ainsi prêtées ne seront point productives d'intérêt (Conv., art. 1).

8. — Six mois après l'expiration dudit terme de dix ans, l'Etat belge pourra, s'il le juge bon, s'annexer l'Etat indépendant du Congo avec tous les biens, droits et avantages attachés à la souveraineté de cet Etat, à charge de reprendre également ses obligations envers les tiers, le roi-souverain refusant expressément toute indemnité du chef des sacrifices personnels qu'il s'est imposés; une loi devra régler le régime spécial sous lequel les territoires du Congo seront alors placés (*Ibid.*, art. 2).

9. — Dès la signature de l'acte, l'Etat du Congo s'est engagé à tenir l'Etat belge au courant de sa situation économique, commerciale et financière, et, tout en conservant encore son autonomie, à ne contracter aucun nouvel emprunt sans l'assentiment du gouvernement belge (*Ibid.*, art. 3).

10. — Si, au terme sus-indiqué, la Belgique décidait de ne pas accepter l'annexion de l'Etat du Congo, les 25 millions prêtés ne deviendraient exigibles qu'après un nouveau terme de dix ans, mais produiraient, entre temps, un intérêt de 3 1/2 p. 0/0; et, même avant ce terme, le Congo devrait affecter à des remboursements partiels toutes les sommes à provenir de cessions de terres ou de mines domaniales (*Ibid.*, art. 4).

Section II.
Statistique.

11. — Le territoire du nouvel Etat mesure une superficie évaluée diversement, entre 2,094,000 kil. carrés (Wauters, juin 1887) et 2,735,500 kil. carrés (Kaltbrunner, *Atlas Schrader*, 1890). Il s'étend au centre du continent africain, entre le 5° degré de latitude nord et le 13° de latitude sud; il est borné, à l'est, par une ligne à peu près verticale passant le long du lac Tanganyica, et, à l'ouest, en grande partie par le cours du Congo et de l'Oubanghi, qui le séparent du Congo français. Vers l'endroit où le fleuve du Congo atteint le 5° degré de latitude australe, la frontière de l'Etat le franchit et se dirige directement à l'ouest, de façon à lui assurer sur l'Atlantique un débouché par environ 35 kil. de côtes au nord de l'estuaire du fleuve; dans la partie inférieure de son cours, le Congo sert de frontière entre l'Etat indépendant et la colonie portugaise du Loanda.

12. — La capitale, Boma, se trouve située sur la rive droite du fleuve dans l'étroite bande de terre ainsi comprise entre les possessions françaises, au nord, et les possessions portugaises, au midi.

13. — Les évaluations sont aussi approximatives quant au chiffre de la population que pour la superficie, on oscille entre 12 et 40 millions d'habitants (Schrader, 27 millions).

CHAPITRE II.

ORGANISATION POLITIQUE.

Section I.
Généralités.

14. — Par la force même des choses, l'Etat du Congo ne peut pas avoir la constitution parlementaire et représentative des puissances européennes. Tous les pouvoirs, législatif et exécutif, se concentrent en la personne du roi-souverain, et toute autorité émane de lui.

15. — Par la même raison, l'Etat a un double gouvernement : un gouvernement central en Europe, à Bruxelles, et un gouvernement local au Congo, à Boma, le second étant chargé de pourvoir à l'exécution, sur place, des décrets du premier et, dans la mesure de la délégation dont il est investi, aux besoins urgents et imprévus de l'administration locale.

Section II.
Gouvernement central, à Bruxelles.

16. — Le gouvernement central a été constitué par un décret royal du 30 oct. 1885 (*Bull. off.*, 1885, p. 25) et complété par un autre décret du 16 juill. 1889 (*Bull. off.*, 1889, p. 161), qui institue à Bruxelles un Conseil supérieur.

§ 1. *Gouvernement central proprement dit.*

17. — Le gouvernement central proprement dit comprend trois départements : Affaires étrangères et Justice, Finances, Intérieur (Décr. de 1885, art. 1).

18. — Chaque département est géré par un haut fonctionnaire nommé par le roi-souverain (art. 2); ce fonctionnaire, qualifié d'abord administrateur général, porte, depuis septembre 1891, le titre de secrétaire d'Etat (*Bull. off.*, 1891, p. 237).

19. — Les secrétaires d'Etat sont égaux en rang (*Bull. off.*, 1891, p. 237); réunis en conseil, ils délibèrent sur toutes les mesures qu'il peut être utile de prendre dans l'intérêt de l'Etat; ils soumettent ces mesures à l'approbation du roi-souverain (art. 3).

20. — Les secrétaires d'Etat sont chargés, chacun pour les affaires de son département, de l'exécution des mesures décrétées par le roi-souverain (art. 4); en cas d'absence ou d'empêchement, ils sont remplacés par le secrétaire général de leur département respectif ou par un intérimaire désigné par le souverain (*Bull. off.*, 1891, p. 237).

21. — Les attributions de chaque département sont réglées de la façon suivante :
I. Département des Affaires étrangères et Justice : *a*) *Affaires étrangères* : rapports avec les pays étrangers; traités et autres actes internationaux; services diplomatique et consulaire; extraditions, état civil, successions, etc., des étrangers; *b*) *Commerce et postes* : commerce intérieur et extérieur : navigation marchande; ports et rades; sociétés de commerce; immigration; relations postales et télégraphiques; *c*) *Justice* : organisation judiciaire; législation civile et commerciale; législation pénale; prisons; bienfaisance; cultes; *Bulletin officiel.*
II. Département des Finances : *a*) *Impôts* : création et perception des impôts de toute nature; *b*) *Régime des terres* : terres occupées par les indigènes et par les non-indigènes; acquisitions de terres par des particuliers; enregistrement des terres; cadastre; domaine de l'Etat; *c*) *Comptabilité générale et trésorerie* : comptabilité générale des recettes et des dépenses de l'Etat; comptes des comptables; budget général de l'Etat; dette publique; service de la trésorerie; *d*) *Système monétaire* : monnaies et questions monétaires.

III. Département de l'Intérieur : *a*) Division administrative du territoire; administration des provinces et des communes; instruction publique; collections scientifiques; hygiène publique; voiries; police; *b*) Voies de communication; service des transports par terre et par eau; construction, entretien, mobilier des bâtiments publics; *c*) Force publique; matériel d'artillerie; armes, munitions; achats de marchandises d'échange; industrie et agriculture (art. 5).

§ 2. *Conseil supérieur.*

22. — Un décret du 16 avr. 1889 (*Bull. off.*, 1889, p. 161) a institué à Bruxelles un « Conseil supérieur », qui est, tout d'abord, un corps judiciaire supérieur : Cour d'appel et Cour de cassation, mais qui est également appelé, comme Conseil d'Etat, à donner son avis sur les questions dont le souverain juge à propos de le saisir.

23. — Nous indiquerons, dans le chapitre sur l'*organisation judiciaire*, comment ce corps est composé et comment il fonctionne, quand il agit comme cour de justice. Mais, en tant que Conseil d'Etat, il est évidemment une autorité gouvernementale, et il y a lieu de faire connaître ici, d'après le décret de 1889 et d'après un décret du 8 oct. 1890 (*Bull. off.*, 1890, p. 154) qui pourvoit à « l'organisation » du corps, de quelle manière il est constitué en général et comment il fonctionne en cette qualité spéciale.

24. — Le Conseil supérieur se compose d'un président, de conseillers, d'auditeurs et d'un secrétaire, nommés par le roi-souverain; le secrétaire et les auditeurs n'ont pas voix délibérative; les auditeurs sont chargés de faire rapport dans les affaires déférées au conseil (Décr. de 1889, art. 4).

25. — Comme Conseil d'Etat, il est saisi par l'intermédiaire de son président, et le gouvernement se fait, s'il y a lieu, représenter à ses délibérations (Décr. de 1890, art. 19 et 20).

26. — Pour toute question soumise à son examen, le conseil nomme une commission préparatoire composée de trois conseillers et de trois auditeurs, chargée de lui faire un rapport sur lequel il délibère en assemblée générale. En cas d'urgence, le rapport de la commission est définitif et transmis directement au gouvernement (*Ibid.*, art. 21).

27. — Le décret royal du 21 août 1889, qui a nommé les membres du conseil, a nommé, outre le président et le secrétaire, dix-sept conseillers et dix auditeurs; un décret du 17 nov. 1889 (*Bull. off.*, 1889, p. 221) a désigné parmi les conseillers deux vice-présidents. La grande majorité des conseillers sont pris parmi les jurisconsultes belges; on y remarque toutefois un Anglais, un Russe et un Suisse, appartenant tous trois à l'Institut de droit international. Les dix auditeurs sont des avocats belges (*Bull. off.*, 1889, p. 164).

Section III.
Gouvernement local.

§ 1. *Généralités.*

28. — Après une période transitoire pendant laquelle on a pourvu le mieux possible, dans les premières années de la constitution du nouvel Etat, aux nécessités de l'administration du pays, le gouvernement local dans le territoire du Congo a été définitivement organisé par un décret du 16 avr. 1887 (*Bull. off.*, 1887, p. 49), légèrement amendé depuis par un décret du 22 juin 1889 (*Bull. off.*, 1889, p. 133). Il comporte un gouverneur général, assisté d'un certain nombre de fonctionnaires supérieurs.

29. — D'autre part, il avait été institué dès 1886, à Boma, un comité consultatif, dont les attributions ont été expressément confirmées par les deux décrets ultérieurs (V. Décr. du 30 juill. 1886 : *Bull. off.*, 1886, p. 134).

§ 2. *Gouverneur général.*

30. — Le gouverneur général représente, dans le territoire de l'Etat, l'autorité souveraine; il est chargé d'administrer le territoire et d'y assurer l'exécution des mesures décidées par le gouvernement central. Il a la haute direction de tous les services administratifs et militaires établis dans l'Etat (Décr. de 1887, art. 1).

31. — Le gouverneur général est autorisé à pourvoir provisoirement, par la désignation d'intérimaires, à tous les emplois qui deviendraient vacants ou dont les titulaires seraient momentanément absents ou empêchés (*Ibid.*, art. 4). Il nomme, en particulier, les commissaires de district lorsqu'ils n'ont pas reçu de nomination du gouvernement central (art. 3).

32. — C'est à lui aussi qu'il appartient de nommer, pour le terme d'une année, les membres du comité consultatif (V. *infra*, n. 46) qui n'y siègent pas de droit (art. 9).

33. — Il peut, s'il le juge utile, commettre, pour un terme maximum d'un an, un fonctionnaire aux fins d'inspecter ou d'administrer une partie du territoire de l'Etat; une lettre de commission détermine l'étendue et la durée des pouvoirs délégués à ce fonctionnaire (art. 5).

34. — Le gouverneur général peut édicter des ordonnances ayant force de loi; il peut aussi, en cas d'urgence, suspendre par ordonnance l'exécution d'un décret du souverain. Ces ordonnances cessent leurs effets à l'expiration de six mois, si elles n'ont pas été approuvées par le souverain dans ce délai. Il ne peut néanmoins, sans l'autorisation expresse du souverain, contracter aucun emprunt ni prendre aucun engagement envers les pays étrangers (art. 6).

35. — Il est autorisé, en outre, à faire des règlements obligatoires de police et d'administration publique; ces règlements peuvent établir des peines ne dépassant pas sept jours de servitude pénale et 200 fr. d'amende (art. 7).

36. — En cas d'absence ou d'empêchement, le gouverneur général est remplacé provisoirement par le vice-gouverneur général, ou par l'inspecteur d'Etat, ou enfin par un intérimaire désigné par le souverain. A défaut de ces trois personnes, il peut désigner lui-même l'intérimaire. Dans le cas où aucun intérimaire n'aurait été ainsi désigné, les fonctions de gouverneur général sont exercées par un « Comité exécutif », composé du secrétaire général, des directeurs et, s'il y a lieu, d'un ou plusieurs membres choisis par le souverain pour faire éventuellement partie de ce comité. La présidence appartient au plus ancien des membres. Le comité prend ses décisions à la majorité des voix; en cas de partage, la voix du président est prépondérante (Décr. de 1887, art. 8, modifié par l'art. 1, Décr. de 1889).

§ 3. *Fonctionnaires supérieurs.*

37. — Le gouverneur général est assisté d'un vice-gouverneur général, de trois inspecteurs d'Etat, d'un secrétaire général, d'un directeur général et de deux directeurs, tous nommés et révoqués par le roi-souverain. Les attributions de ces fonctionnaires, pour autant qu'elles n'ont pas été déterminées par le souverain, sont réglées par le gouverneur général (Décr. de 1887, art. 2, modifié par l'art. 1, Décr. de 1889).

38. — En cas d'absence ou d'empêchement momentané, il est pourvu à leur remplacement provisoire par le gouverneur général; les intérimaires jouissent, pendant leur intérim, de la même autorité que les titulaires de l'emploi (Décr. de 1887, art. 4).

39. — Un décret du 24 juin 1886 (*Bull. off.*, 1886, p. 83) avait fixé le nombre des directeurs à trois, pour les finances, la justice, la marine et les transports. Ce décret a été abrogé par l'art. 11 du décret de 1887, et, d'après l'*Almanach de Gotha*, il n'y a plus actuellement au Congo que deux directeurs : celui des finances et celui de la justice.

40. — La direction des finances et, en général, l'administration financière au Congo ont fait l'objet d'un décret organique du 25 sept. 1888 (*Bull. off.*, 1888, p. 256), dont voici les principales dispositions :

41. — Le directeur a dans ses attributions le service des terres, le service des impôts et de la comptabilité et le service des postes; ses attributions peuvent être étendues à d'autres services de l'Etat par des décisions du gouvernement central ou du gouverneur général (art. 1 et 2).

42. — Le service des terres comprend les emplois de conservateur des titres fonciers, de géomètre principal et de géomètre; celui des impôts et de la comptabilité comprend ceux de contrôleur, de receveur, de vérificateur et de commis (art. 3). Le conservateur des titres fonciers et le contrôleur des impôts sont nommés par le souverain; les autres agents susdénommés le sont par le gouverneur général, pour autant qu'il n'y a pas été pourvu par l'administrateur général du département (aujourd'hui secrétaire d'Etat) des finances à Bruxelles (art. 4).

43. — Les attributions des agents des deux services des terres et des impôts sont réglées, soit par le gouvernement central, soit par le gouverneur général au Congo (art. 5).

44. — Le contrôleur des impôts fait, *ex officio*, fonctions de contrôleur des postes (Arr. de l'admin. général des finances, 5 oct. 1888, [*Bull. off.*, 1888, p. 260], art. 1).

45. — Les fonctionnaires supérieurs se classent en cinq catégories : *A.* gouverneur général; *B.* vice gouverneur général; *C.* inspecteur d'Etat; *D.* directeur général; *E.* secrétaire général (*Tableau hiérarchique des fonctionnaires; Bull. off.*, 1892, p. 230).

§ 4. *Comité consultatif.*

46. — Il est institué, sous la présidence du gouverneur général, un « comité consultatif », comprenant, outre les fonctionnaires supérieurs énumérés *supra*, n. 37, le juge d'appel, le conservateur des titres fonciers et un certain nombre de membres, ne dépassant pas cinq, à choisir par le gouverneur général pour le terme d'un an. A défaut du gouverneur général, la présidence appartient à son remplaçant, puis au président du conseil exécutif (*supra*, n. 36). — Décr. de 1887, art. 8; Décr. de 1889, art. 1.

47. — Le gouverneur général prend l'avis du conseil sur toutes les mesures d'intérêt général qu'il peut y avoir lieu d'adopter ou de proposer au gouvernement central; il n'est pas tenu de se conformer à cet avis (Décr. de 1887, art. 10).

CHAPITRE III.

ORGANISATION ADMINISTRATIVE LOCALE.

Section I.

Divisions administratives au Congo.

48. — Par un décret du 1er août 1888 (*Bull. off.*, 1888, p. 244), le territoire de l'Etat du Congo a été divisé en onze districts : Banana, Boma, Matadi, les Cataractes, Stanley-Pool, Kassaï, l'Equateur, Oubandji et Ouellé, Arouwimi et Ouellé, les Stanley-Falls, le Loualaba; le décret en indique les limites exactes, sauf certaines modifications de détail introduites par un décret du 16 oct. 1891, en suite d'une convention avec le Portugal (*Bull. off.*, 1891, p. 257).

49. — Un décret du 10 juin 1890 (*Bull. off.*, 1890, p. 77) a créé un douzième district, sous le nom de Kwango Oriental.

Section II.

Administration des districts.

§ 1. *Commissaires de district.*

50. — L'administration générale de l'Etat est représentée dans chaque circonscription par des « commissaires de district ». Leurs attributions, en tant qu'elles ne résultent pas des décrets et des arrêtés du gouvernement central, sont réglées par le gouverneur général (Décr. organ. 16 avr. 1887; *Bull. off.*, 1887, p. 49, art. 3).

51. — De même, ils sont nommés par ce dernier lorsqu'ils n'ont pas reçu de nomination du gouvernement central, et c'est le gouverneur général qui fixe le lieu de leur résidence (Même art.). Les intérimaires jouissent, pendant leur intérim, de la même autorité que les titulaires de l'emploi (art. 4, al. 2).

52. — Il y a trois classes de commissaires de district (Décr. royal, 5 août 1888 : *Bull. off.*, 1888, p. 249, art. 1).

53. — La première et la seconde classe comporte quatre titulaires, la troisième six. En cas de besoins extraordinaires, il peut être créé des emplois supplémentaires. Des grades peuvent aussi être accordés hors cadre, à titre honorifique et personnel, sans que cette nomination donne droit au traitement correspondant (Décr. 24 avr. 1889 : *Bull. off.*, 1889, p. 128, art. 1 et s.).

54. — Les commissaires de première classe ont, dans la hiérarchie, le même rang que les directeurs (catégorie E). Viennent ensuite : *F* les commissaires intérimaires de première classe;

G les commissaires de deuxième classe; *H* ceux de troisième (*Tableau hiérarchique des fonctionnaires: Bull. off.*, 1892, p. 230).

§ 2. *Sous-commissaires et commis.*

55. — Il existe, d'autre part, trois classes d'adjoints aux commissaires, sous la dénomination de sous-commissaires de district, de commis de première classe, et de commis de deuxième classe (catégories *I*, *J*, *K* de la hiérarchie). — Même Décr. de 1888, art. 2.

56. — Ces fonctionnaires sont nommés par le gouverneur général, quand ils ne l'ont pas été par l'administrateur général du département de l'intérieur à Bruxelles (art. 3).

57. — Les cadres comportent, sauf les besoins extraordinaires, douze sous-commissaires, six commis de première classe, neuf de seconde (Décr. 24 avr. 1889, précité, art. 1 et 2).

CHAPITRE IV

ORGANISATION JUDICIAIRE.

Section I.

Justice répressive au Congo.

§ 1. *Généralités.*

58. — Des les premiers mois de l'existence de l'Etat indépendant du Congo, par un décret du 7 janv. 1886, le roi-souverain avait pourvu au maintien du bon ordre par la création des tribunaux de répression et par la promulgation de dispositions pénales provisoires.

59. — Depuis lors, un Code pénal a été promulgué le 26 mai 1888 (*Bull. off.*, 1888, p. 75) et complété par un décret du 26 janv. 1889 (*Bull. off.*, 1889, p. 43). D'autre part, la justice répressive a été définitivement organisée par des *Dispositions* en 118 articles, annexées à un décret du 27 avr. 1889 et applicables à dater du 1er août suivant (*Bull. off.*, 1889, p. 87). Ces dispositions constituent tout à la fois, en matière criminelle, un Code d'organisation judiciaire et un Code de procédure, sans préjudice d'un certain nombre d'articles sur l'exécution des peines.

60. — Le personnel de l'administration judiciaire du Bas-Congo est recruté parmi les docteurs en droit : le directeur de la Justice, les juges d'appel et de première instance, le procureur d'Etat et ses substituts sortent des universités belges. La situation n'est pas encore aussi avancée sous ce rapport dans le Haut-Congo (*Rapport au Roi : Bull. off.*, 1891, p. 173).

§ 2. *Tribunaux répressifs de première instance et d'appel.*

61. — Il est institué, non pas dans chaque district, mais dans les localités déterminées par le souverain suivant les besoins, un tribunal répressif de première instance dont un décret fixe le ressort. Un tribunal répressif d'appel est établi dans la capitale, Boma (*Dispositions* de 1889, art. 1). Il n'y a encore, dans ce moment, pour tout l'Etat du Congo, qu'un seul tribunal de première instance, siégeant à Banana, et compétent, quant aux non-indigènes, pour tout l'Etat (Décr. 6 mai 1887 : *Bull. off.*, 1887, p. 86, art. 2).

62. — Les tribunaux sont autorisés à siéger dans toutes les localités de leur ressort, lorsque la bonne administration de la justice l'exige (*Disp.*, art. 2). Le tribunal actuel de Banana va, suivant les nécessités du service, siéger également à Ponta de Lenha, Boma et Matadi (*Rapport des administrateurs généraux* de 1891 : *Bull. off.*, 1891, p. 172).

63. — Chaque tribunal est composé d'un juge, d'un officier du ministère public et d'un greffier (art. 3).

64. — Les fonctions de juge sont remplies par un magistrat nommé par le souverain; celles de greffier, par des fonctionnaires nommés par le gouverneur général et, à son défaut, par le juge (art. 44).

65. — Le gouverneur général nomme les suppléants chargés de remplacer le juge titulaire empêché. Lorsque, à raison de la difficulté des communications, le juge titulaire est empêché de siéger régulièrement dans certaine partie de son ressort, le gouverneur général peut autoriser le suppléant par lui désigné à y siéger d'une manière permanente, comme juge territorial, avec telle juridiction territoriale qu'il déterminera ; et il règle, comme il le juge bon, la composition du tribunal et la procédure (art. 3).

66. — Lorsque la peine applicable est la mort ou la servitude pénale à perpétuité, il peut être adjoint au tribunal de première instance deux assesseurs, et au tribunal d'appel quatre assesseurs, désignés par le sort sur une liste composée de fonctionnaires, officiers et notables, et dressée par le gouverneur général (art. 7). Les assesseurs ont, comme le juge, voix délibérative, mais sur la question de culpabilité seulement ; les décisions sont rendues à la majorité (art. 8). A l'une des audiences publiques, le juge de première instance tire au sort le nom de six assesseurs, le juge d'appel, de douze (art. 12), de façon que le prévenu et le ministère public puissent écarter chacun, par voie de récusation, en tant que le nombre des assesseurs présents le permet, un nombre d'assesseurs égal à celui que la loi requiert pour le jugement de l'affaire (art. 17). Les assesseurs qui, dûment convoqués, ne se présentent pas, encourent, à défaut d'excuse valable, une amende de 200 à 1,000 fr. (art. 14).

67 — Au delà du district du Stanley-Pool fonctionne la justice militaire; il y a des conseils de guerre dans une dizaine de localités (*Rapport* de 1891 précité, *Bull. off*, 1891, p. 172). — V. *infrà*, n. 79 et s.

§ 3. *Ministère public et officiers de police judiciaire.*

68. — Les fonctions du ministère public sont exercées auprès de chaque tribunal, sous la haute surveillance du directeur de la Justice, par un magistrat nommé par le souverain et portant le titre de procureur d'Etat. Le procureur d'Etat est assimilé aux juges titulaires (art. 18 et 19). Il veille au maintien de l'ordre dans tous les tribunaux (art. 21).

69. — Il peut être assisté par des substituts placés sous son autorité immédiate et nommés par le gouverneur général (art. 19).

70. — Dans l'exercice de leurs fonctions, les officiers du ministère public ont le droit de requérir la force publique (art. 32).

71. — Le procureur d'Etat peut commettre près de chaque substitut un suppléant, qui est tenu d'obtempérer aux ordres légaux du substitut (art. 33). Le substitut ou son suppléant qui refuse d'obtempérer aux ordres légaux qu'il reçoit est passible d'une amende de 26 à 200 fr., ou d'une servitude pénale ne dépassant pas quinze jours (art. 34).

72. — Actuellement, il y a un procureur d'Etat à Boma; des substituts à Banana et Matadi.

73. — Le gouverneur général est autorisé à désigner des officiers de police judiciaire, chargés de constater les infractions et d'en dresser procès-verbal dans les limites territoriales par lui fixées; il détermine les infractions qu'ils ont mission de constater, leur mode de procéder et l'étendue de leurs pouvoirs (art. 33 et 36). Ces officiers sont tous placés sous la surveillance immédiate du procureur d'Etat (art. 38).

§ 4. *Huissiers, interprètes, experts,* etc.

74. — Le juge désigne près chaque tribunal des agents remplissant les fonctions d'huissier (art. 47).

75. — Toute personne, fonctionnaire et agent de l'Etat ou non, est tenue de prêter son ministère comme interprète, traducteur, expert ou médecin dans les opérations judiciaires en matière civile, pénale ou commerciale, où elle aura été requise par le juge ou par le ministère public, moyennant une indemnité fixée à sa requête par le juge, et sous peine d'amende et de servitude pénale si elle refuse d'obtempérer (art. 49 à 52).

76. — Toute personne appelée à remplir des fonctions judiciaires ou à prêter son concours à la justice comme interprète, expert, etc., est tenue de jurer de remplir fidèlement la mission qui lui est confiée (art. 51, 54).

§ 5. *Compétence des tribunaux.*

77. — Au point de vue de la compétence, le tribunal répressif de première instance connaît de toutes les infractions aux décrets, arrêtés, ordonnances et règlements en matière pénale, commises dans son ressort, ou en dehors de son ressort si le prévenu réside dans ledit ressort ou peut y être trouvé (art. 60).

78. — Le tribunal répressif d'appel connaît : 1° de l'appel des jugements répressifs ordinaires; 2° de l'appel des arrêts rendus par les conseils de guerre (art. 61).

§ 6. *Conseils de guerre.*

79. — En vertu d'un décret organique du 22 déc. 1888 (*Bull. off.*, 1889, p. 14), sur les conseils de guerre, confirmé par l'art. 6 des *Dispositions* de 1889, c'est le tribunal répressif de première instance qui est compétent pour statuer, en qualité de conseil de guerre, sur les infractions commises par les militaires. Ou, pour mieux dire, c'est le juge ou suppléant de ce tribunal qui est, de droit, juge du conseil de guerre si le gouverneur général n'en décide autrement par ordonnance spéciale.

80. — Lorsque la peine applicable est la mort ou la servitude pénale à perpétuité, le juge *peut* adjoindre au conseil deux assesseurs qu'il désigne et qui ont voix délibérative (Décr. de 1888, art. 8).

81. — Cette identité du juge de première instance dans les deux sortes de tribunaux explique pourquoi c'est le tribunal d'appel ordinaire qui connaît également de l'appel des arrêts rendus par un conseil de guerre. Tous ces arrêts sont susceptibles d'appel (*ibid.*, art. 11), sauf un cas tout spécial : lorsque, dans une région déterminée, la sécurité publique l'exige, le gouverneur général peut, par arrêté, rendre toutes les personnes indistinctement se trouvant dans la région justiciables du conseil de guerre; le conseil n'applique aux non-militaires que les lois pénales ordinaires, mais ses arrêts sont sans appel, sauf pour les non-indigènes non-militaires (*ibid.*, art. 27).

Section II.
Justice civile et commerciale au Congo.

82. — Le tribunal de première instance du Bas-Congo, à Banana, qui est le seul tribunal de répression de cet ordre, est aussi, quant à présent, le seul tribunal civil et commercial. D'après l'ordonnance de l'administrateur général au Congo, du 14 mai 1886 (*Bull. off.*, 1886, p. 89), approuvée par décret du 12 nov. (*ibid.*, p. 188), ce tribunal connaît des contestations en matière civile et commerciale dans lesquelles un non-indigène, l'État ou une administration est partie (art. 1). La même ordonnance précise les cas dans lesquels les étrangers peuvent être assignés devant les tribunaux de l'État, soit par un congolais, soit par un étranger, et ceux où ils peuvent ou sont présumés décliner la juridiction des tribunaux congolais (art. 5 et 6).

83. — Un décret du 6 mai 1887 (*Bull. off.*, 1887, p. 86) a étendu expressément à tout le territoire de l'État la compétence du tribunal de première instance du Bas-Congo, en matière de contestations civiles et commerciales dans lesquelles un non-indigène est partie (art. 1), et pour connaître des infractions commises par des non-indigènes, en dehors de son ressort (art. 2).

84. — Les appels sont portés devant le tribunal d'appel de Boma (Ord. 14 mai 1886, art. 2).

Section III.
Justice pour les indigènes.

85. — Le gouverneur général est autorisé à instituer, hors du ressort du tribunal du Bas-Congo, des juges territoriaux, chargés de juger les indigènes. Il détermine les infractions à poursuivre, la procédure, les pénalités, et le ressort de chaque juge (Décr. 6 mai 1887, art. 3).

86. — Lorsque la décision d'un litige entraîne l'application d'une coutume locale, le juge peut prendre l'avis d'un ou plusieurs indigènes ou non-indigènes choisis parmi les notables les plus capables. — *Principes* posés par une ordonnance du 14 mai 1886 et approuvés par décret du 12 nov. (*Bull. off.*, 1886, p. 188).

Section IV.
Régime pénitentiaire.

87. — Des prisons ont été érigées à Boma, Banana et Matadi. Celle de Boma, dont la population est la plus élevée (30 individus en moyenne), est construite en fer (*Rapport au roi* : *Bull. off.*, 1891, p. 176).

88. — Dans le Moyen-Congo, il existe des maisons de dépôt.

89. — La surveillance des établissements pénitentiaires rentre dans les attributions de la direction de la Justice; les instructions du gouvernement prescrivent la plus grande humanité dans le traitement des prisonniers.

90. — Les condamnés sont employés à des travaux d'intérêt public; ils comblent les marais, transportent les charges, travaillent la terre, entretiennent les routes. Leur nourriture est la même que celle des soldats (Même *Rapport*, p. 177).

Section V.
Conseil supérieur à Bruxelles.

91. — La Cour suprême instituée à Bruxelles sous le nom de Conseil supérieur, par décret du 16 avr. 1889, et dont la composition a été indiquée *suprà*, n. 24, connaît, comme Cour de cassation, des pourvois dirigés contre tous jugements rendus en dernier ressort, en matière civile et commerciale, et des prises à partie (Décr. 8 oct. 1890 : *Bull. off.*, 1890, p. 154, art. 1).

92. — Le Conseil supérieur connaît aussi, en les mêmes matières, lorsque la valeur du litige excède 25,000 fr., de l'appel des jugements rendus sur premier appel par le tribunal de Boma (Même art.).

93. — En matière pénale, il connaît des infractions commises par les juges et officiers du ministère public (Même art.).

94. — Il siège, comme Cour de cassation, au nombre de cinq membres; comme cour d'appel, au nombre de trois (art. 2). Le président préside la Cour de cassation, l'un des vice-présidents la cour d'appel; l'autre vice-président les remplace en cas d'empêchement; un roulement annuel a lieu entre les vice-présidents (art. 4).

95. — Tous les deux ans, dans le courant d'octobre, le conseil se réunit en assemblée générale et arrête la composition des deux cours (art. 3), à raison de dix conseillers pour la Cour de cassation et de cinq pour la cour d'appel (art. 5). Lors de chaque roulement, les cinq membres les plus anciens de la Cour de cassation en sortent de droit, et sont remplacés par les cinq membres de la cour d'appel, qu'ils remplacent à leur tour; l'ancienneté est déterminée par le rang d'inscription au tableau qui, la première fois, se fait par voie de tirage au sort (art. 6).

96. — Six auditeurs siègent en cassation, quatre en appel; le roulement s'effectue pour eux comme pour les conseillers (art. 7).

97. — Le président de chaque cour détermine l'ordre dans lequel les conseillers sont appelés à siéger, et les auditeurs à faire rapport (art. 8, 13).

98. — Les débats sont publics, à moins que la cour n'en décide autrement; les arrêts sont rendus après rapport et conclusions d'un auditeur, sur décision prise en chambre du conseil, à la majorité des membres ayant siégé effectivement dans la cause; ils sont motivés et prononcés en audience publique (art. 9, 10, 14 et 15).

99. — Les parties sont tenues de comparaître en personne ou par le ministère d'un fondé de procuration spéciale agréé par la cour (art. 11 et 16).

CHAPITRE V.
LÉGISLATION.

Section I.
Généralités.

100. — La législation de l'État indépendant du Congo est recueillie, en ce qui concerne tant les actes du gouvernement supérieur siégeant à Bruxelles que ceux du gouvernement local au Congo, dans un *Bulletin officiel de l'État indépendant du Congo*, qui paraît à Bruxelles par fascicules mensuels in-8°, et dans lequel « sont insérés tous les actes du gouvernement qu'il y a intérêt à rendre publics » (Décr. 16 janv. 1886 : *Bull. off.*, p. 22).

101. — A défaut de corps représentatifs, le pouvoir législatif appartient sans partage au roi-souverain, sauf les délégations temporaires ou partielles qu'il a jugé à propos d'en faire au gouverneur général. Il s'ensuit que, pour cet Etat, il n'y a pas à mentionner de lois au sens technique du mot, mais seulement des *décrets* royaux ayant force de loi, des *arrêtés* des secrétaires d'Etat ou ministres siégeant à Bruxelles, et des *ordonnances* du gouverneur général au Congo.

102. — Bien que l'Etat du Congo n'existe guère que depuis six ou huit ans, on sera frappé de voir combien sa législation est déjà complète et avancée. Il possède, notamment, des lois d'organisation judiciaire et de procédure civile, un Code d'instruction criminelle, un Code pénal, et le commencement d'un Code civil (*Droit des obligations*); l'état civil y est introduit depuis 1885, et l'on verra, par la longueur même de la section 4 (*infrà*), que la sollicitude du gouvernement s'est déjà portée sur la plupart des matières administratives susceptibles de réglementation. Il serait injuste de ne pas ajouter que la législation du jeune Etat s'est inspirée, en toutes choses, des doctrines les plus larges et les plus généreuses; elle fait grand honneur aux jurisconsultes qui l'ont préparée.

103. — Tous nos renvois se réfèrent au *Bulletin officiel*.

Section II.
Législation constitutionnelle et politique.

104. — Acte général de la conférence de Berlin, 26 févr. 1885 : *Bull. off.*, 1885, p. 7. — Résolution de la Chambre des représentants de Belgique, du 28 avr. 1885 et du Sénat du 30 du même mois, autorisant le roi des Belges à devenir le chef de l'Etat fondé en Afrique par l'Association internationale du Congo, avec union exclusivement personnelle entre la Belgique et le nouvel Etat : *Bull. off.*, 1885, p. 21. — Déclaration de neutralité de l'Etat du Congo, 1er août 1885 : *Bull. off.*, 1885, p. 22, et 1888, p. 237. — Décret du 30 oct. 1885, organisant le gouvernement central de l'Etat du Congo : *Bull. off.*, 1885, p. 23. — Décret du 16 janv. 1886, sur la publication des actes officiels, *Bull. off.*, 1886, p. 22. — Décret du 28 mars 1886, sur les pouvoirs de l'administrateur général au Congo : *Bull. off.*, 1886, p. 44. — Décret du 24 juin 1886, organisant le gouvernement local : *Bull. off.*, 1886, p. 83. — Décret du 30 juill. 1886, instituant au Congo un comité exécutif et un comité consultatif : *ibid.*, p. 132. — Décisions fixant le sceau de l'Etat : *ibid.*, p. 153. — Instructions pour les agents de l'Etat quant à leurs rapports avec les consuls étrangers : *ibid.*, p. 195. — Décret du 16 avr. 1887, sur l'organisation du gouvernement local et les pouvoirs du gouverneur général : *Bull. off.*, 1887, p. 49; modifié par décret du 22 juin 1889, *Bull. off.*, 1889, p. 133. — Décret du 30 avr. 1887, relatif à l'usage des pavillons : *Bull. off.*, 1887, p. 75. — Accession à la convention de Genève, 27 déc. 1888 : *Bull. off.*, 1889, p. 1. — Décret du 16 avr. 1889, instituant à Bruxelles un conseil supérieur : *ibid.*, p. 101; décret du 8 oct. 1890, organisant ce conseil : *Bull. off.*, 1890, p. 154. — Décret du 8 août 1890, approuvant une convention conclue avec l'Etat belge pour l'autoriser à s'annexer éventuellement sous certaines conditions l'Etat indépendant du Congo : *Bull. off.*, 1890, p. 124. — Décret du 6 oct. 1891, relatif aux chefs indigènes et à l'investiture qu'ils peuvent recevoir : *Bull. off.*, 1891, p. 259. — Décret du 27 déc. 1892, sur la nationalité congolaise et la naturalisation : *Bull. off.*, 1892, p. 326.

Section III.
Législation relative à la force publique et à la marine.

105. — Décret du 10 janv. 1886, réglant l'usage du port de Banana : *Bull. off.*, 1886, p. 30. — Décret du 25 févr. 1886, relatif aux lettres de mer et à l'acquisition par les navires de la nationalité congolaise : *Bull. off.*, 1886, p. 32. — Décret des 5 août et 17 nov. 1888, organisant la force publique : *Bull. off.*, 1888, p. 251 et 294. — Décret du même jour, organisant le service de la marine : *ibid.*, p. 253. — Décret du 20 oct. 1888, sur la formation de corps de volontaires : *ibid.*, p. 277. — Décret du 22 déc. 1888, sur l'organisation, la compétence et la procédure des conseils de guerre : *Bull. off.*, 1889, p. 14. — Décret du 16 juill. 1890, sur les réquisitions militaires : *Bull. off.*, 1890, p. 93. — Décret du 9 août 1890, instituant, sous le nom de compagnie auxiliaire de chemin de fer, un corps destiné à la garde des voies ferrées : *ibid.*, p. 129. — Décret du 14 févr. 1891, constituant une milice du chemin de fer pour la protection des travaux et la garde de la voie ferrée : *Bull. off.*, 1891, p. 73. — Décret du 30 juill. 1891, sur le recrutement de la force publique : *ibid.*, p. 230.

Section IV.
Législation relative à l'administration et à la police.

106. — Décret du 16 sept. 1885, sur l'organisation des postes : *Bull. off.*, 1885, p. 36; arrêtés d'exécution du 18 du même mois : *ibid.*, p. 43; adhésion à la convention postale universelle : même page. — Décret du 13 déc. 1885, sur les droits de sortie à percevoir au Congo : *Bull. off.*, 1886, p. 40. — Décret du 23 oct. 1886, approuvant deux ordonnances des 25 mars et 8 mai, de l'administrateur général au Congo sur les droits de sortie : *Bull. off.*, 1886, p. 161 et s. — Ordonnance sur la franchise de port, du 3 sept. 1886 : *ibid.*, p. 193. — Arrêté sur les colis postaux, du 22 mars 1887 : *Bull. off.*, 1887, p. 42; instructions du 5 juill. suivant : *ibid.*, p. 183. — Décret du 26 avr. 1887, sur la navigation dans les eaux de l'Etat : *ibid.*, p. 81. — Décret du 27 juill. 1887, sur le système monétaire : *ibid.*, p. 118. — Règlement du 5 sept. 1887, sur l'immatriculation des non-indigènes : *Bull. off.*, 1887, p. 194; arrêté modificatif du 1er sept. 1890 : *Bull. off.*, 1891, p. 76. — Décret des 20 oct. 1887 et 28 févr. 1888, approuvant les ordonnances des 19 oct. et 15 déc. 1887, sur les droits de sortie : *Bull. off.*, 1888, p. 1. — Décret du 25 févr. 1887, sur le trafic des spiritueux : *ibid.*, p. 3. — Décret des 7 et 17 févr. 1888, relatifs à la création d'une dette publique : *ibid.*, p. 23 et 41. — Décret du 1er août 1888, délimitant les circonscriptions administratives : *ibid.*, p. 244; complété par un décret du 10 juin 1890, *Bull. off.*, 1890, p. 77 — Décret du 3 août 1888, organisant l'administration des districts : *Bull. off.*, 1888, p. 249. — Décret du 25 sept. 1888, organisant l'administration des finances en Afrique : *ibid.*, p. 256. — Arrêté du 5 oct. 1888, relatif aux employés des postes : *ibid.*, p. 260. — Décret du 22 oct. 1888, approuvant une ordonnance du 22 août sur les maladies contagieuses et les épizooties : *ibid.*, p. 280 et s. — Décret du 11 oct. 1888, interdisant le trafic des armes à feu : *ibid.*, p. 286. — Décret du 17 nov. 1888, organisant l'administration centrale du département de l'intérieur : *ibid.*, p. 301. — Règlement du 17 nov. 1888 sur le traitement des noirs engagés au service de l'Etat : *ibid.*, p. 302. — Décret du 28 déc. 1888, sur les institutions et associations scientifiques, religieuses, philanthropiques, etc. : *Bull. off.*, 1889, p. 5. — Décret des 31 déc. 1888, 30 janv. et 23 mars 1889, relatifs à la formation et aux statuts d'une association africaine de la Croix rouge : *ibid.*, p. 10, 32 et 125. — Décret du 30 déc. 1888, instituant l'ordre de l'Etoile africaine : *ibid.*, p. 34. — Décret du 16 janv. 1889, instituant l'Etoile de service : *ibid.*, p. 38. — Décret du 16 janv. 1889, sur les dépôts d'armes à feu : *ibid.*, p. 47. — Décret des 12 mars et 19 nov. 1889, sur le recrutement des porteurs et travailleurs : *ibid.*, p. 66 et 225. — Décret du 24 avr. 1889, fixant les cadres organiques de l'administration des districts : *ibid.*, p. 128. — Décret du 30 avr. 1889, instituant une médaille à décerner aux chefs indigènes pour services rendus à l'Etat : *ibid.*, p. 133. — Décret du 25 juill. 1889, sur la chasse : *ibid.*, p. 169. — Décret du 15 sept. 1889, sur l'expulsion : *ibid.*, p. 174. — Décret du même jour, sur les impositions directes et personnelles : *ibid.*, p. 143. — Décret du 14 août 1890, sur la voirie : *ibid.*, p. 118. — Décret du 12 juill. 1890, sur la création de colonies d'enfants indigènes : *ibid.*, p. 120; décret complémentaire du 4 mars 1892 : *Bull. off.*, 1892, p. 18; règlement organique du 23 avr. 1892 : *ibid.*, p. 188. — Décret du 1er mars 1891, organisant le service de l'intendance : *Bull. off.*, 1891, p. 71. — Décret du 9 avr. 1891, instituant l'ordre royal du Lion : *ibid.*, p. 224; décret du 28 juill. suivant, réglant l'organisation et les insignes du même ordre : *ibid.*, p. 224. — Arrêté du gouverneur général du 5 oct. 1891, portant organisation d'un corps de police administrative à Boma : *ibid.*, p. 268. — Décret du 9 déc. 1891, instituant une caisse d'épargne sous la garantie de l'Etat : *ibid.*, p. 274. — Décret du 10 mars 1892, sur l'importation et le trafic des armes à feu.

Section V.
Législation relative à l'organisation judiciaire et à la procédure civile.

107. — Décret du 7 janv. 1886, sur l'organisation judiciaire : *Bull. off.*, 1886, p. 1. — Décret du 5 déc. 1885, relatif aux législations : *ibid.*, p. 27. — Ordonnance du 12 mars 1886, sur les assignations, appels, oppositions et témoins : *Bull. off.*, 1886, p. 68. — Ordonnance du 14 mai 1886, sur la compétence en matière civile et commerciale et sur l'organisation de la procédure : *Bull. off.*, 1886, p. 89 ; approbation par le roi, 12 nov. 1886 : *ibid.*, p. 188. — Décret du 23 sept. 1886, approuvant une ordonnance en date du 12 juillet, sur l'authentication des actes des particuliers et le notariat : *Bull. off.*, 1886, p. 144 et s. — Ordonnance du 23 juill. 1886, sur les devoirs des interprètes, traducteurs, médecins ou experts : *ibid.*, p. 190. — Ordonnances des 4 et 12 nov. 1886, sur la saisie immobilière : *Bull. off.*, 1887, p. 2, approuvées par décret royal du 3 mai 1877 : *ibid.*, p. 123. — Décret du 30 avr. 1887, sur l'établissement d'officiers de police judiciaire : *ibid.*, p. 83 ; ordonnance d'exécution : *Bull. off.*, 1888, p. 51. — Décret du 6 mai 1887, sur l'établissement de juges territoriaux dans le Haut-Congo : *ibid.*, p. 86, et ordonnance du 17 août, réglant l'organisation et la compétence de ces tribunaux, ainsi que la procédure : *Bull. off.*, 1888, p. 7. — Tarif des actes notariés, du 25 sept. 1888 : *ibid.*, p. 303. — Décret du 27 avr. 1889, portant réorganisation de la justice répressive : *Bull. off.*, 1889, p. 87, complété par décret du 14 nov. 1890 : *Bull. off.*, 1890, p. 170. — Décrets des 16 avr. 1889 et 8 oct. 1890, sur le conseil supérieur : *Bull. off.*, 1889, p. 161, et 1890, p. 134. — Décret du 4 mai 1891 (en 91 art.), réglant la procédure devant ledit conseil : *Bull. off.*, 1891, p. 111.

Section VI.
Législation pénale.

108. — Décret du 7 janv. 1886, déterminant provisoirement les faits punissables et la procédure à suivre pour leur répression : *Bull. off.*, 1886, p. 1. — Décret du 12 avr. 1886, sur l'extradition : *Bull. off.*, 1886, p. 46. — Ordonnance du 12 mars 1886, sur l'organisation de la justice répressive, le règlement des frais en matière pénale, l'exécution des jugements et le régime pénitentiaire : *Bull. off.*, 1886, p. 56 et s. — Décret du 30 juill. 1886, sur l'atténuation des peines : *ibid.*, p. 121. — Décret du 11 août 1886, sur la répression des contraventions aux règlements administratifs de police : *ibid.*, p. 141. — Ordonnance du 23 juill. 1886, sur la prescription des infractions et des peines (*ibid.*, p. 181) et sur la discipline des magistrats et fonctionnaires de l'ordre judiciaire : *ibid.*, p. 184. — Décret du 11 avr. 1888, sur l'arrestation des marins déserteurs : *Bull. off.*, 1888, p. 59. — Code pénal en date du 26 mai 1888 : *Bull. off.*, 1888, n. 6, p. 75, complété par décrets des 26 janv. 1889 (*Bull. off.*, 1889, p. 43) et 14 nov. 1890 : *Bull. off.*, 1890, p. 166. — Code d'instruction criminelle du 27 avr. 1889 : *ibid.*, p. 88 ; modifié par décret du 28 avr. 1891 : *Bull. off.*, 1891, p. 132. — Décret du 1er juill. 1891, contenant la législation pénale contre la traite : *Bull. off.*, 1891, p. 144.

Section VII.
Législation commerciale.

109. — Décret du 29 oct. 1886, sur les brevets d'invention, et arrêté d'exécution du 30 : *Bull. off.*, 1886, p. 135. — Décret du 27 févr. 1887, sur les sociétés commerciales : *Bull. off.*, 1887, p. 23. — Ordonnance sur les faillites, du 24 sept. 1886, approuvée par décret du 18 mars 1887 : *ibid.*, p. 137. — Décret du 17 déc. 1887, sur le trafic des spiritueux : *Bull. off.*, 1888, p. 5. — Décret du 26 avr. 1888, sur les marques de fabrique : *ibid.*, p. 62 ; arrêté d'exécution du 27 : *ibid.*, p. 64. — Décret du 17 oct. 1889, sur l'exploitation du caoutchouc et autres produits végétaux : *Bull. off.*, 1889, p. 218. — Décret du 9 juill. 1890, sur la récolte de l'ivoire : *Bull. off.*, 1890, p. 80. — Décret du 16 juill. 1890, sur le trafic des spiritueux : *ibid.*, p. 106. — Décret du 8 août 1891, sur la même matière : *Bull. off.*, 1891, p. 233. — 2 févr. 1892, Traité de commerce et de navigation avec les Etats-Unis d'Amérique. — Décret du 9 avr. 1892, réglant les droits d'entrée à percevoir dans la zone occidentale du bassin conventionnel du Congo, et règlement de perception, du 10 du même mois : *Bull. off.*, 1892, p. 113. — Règlement du 10 avr. 1892, sur les entrepôts : *ibid.*, p. 141. — Règlement du 16 juin 1892, sur le trafic des armes : *ibid.*, p. 234. — Décret du 30 oct. 1892, sur l'exploitation du caoutchouc dans les terres domaniales : *ibid.*, p. 307.

Section VIII.
Législation civile.

110. — Ordonnance du 1er juill. 1885, relative au régime foncier : *Bull. off.*, 1885, p. 30. — Décret sur le même objet, du 22 août 1885 : *Bull. off.*, 1885, p. 31 ; — du 24 avr. 1886 : *ibid.*, p. 53 ; — du 14 sept. 1886 : *Bull. off.*, 1886, p. 138 ; — du 30 avr. 1887 : *Bull. off.*, 1887, p. 70. — Décret du 12 nov. 1885, sur l'état civil : *Bull. off.*, 1885, p. 47. — Décrets modificatifs du 5 janv. 1888 (*Bull. off.*, 1888, p. 67) et du 14 mars 1889, *Bull. off.*, 1889, p. 69. — Ordonnance des 15 mars et 8 nov. 1886, relative au régime foncier (arpentage, extraits de plans cadastraux, enregistrement des terrains) : *Bull. off.*, 1886, p. 78 et 204. — Décret du 30 juill. 1886, sur le mariage : *Bull. off.*, 1886, p. 127. — Décret du 4 févr. 1887, sur l'expropriation pour cause d'utilité publique : *Bull. off.*, 1887, p. 19. — Arrêté d'exécution du 28 : *ibid.*, p. 21. — Arrêté du 14 févr. 1887, sur les déclarations de naissance et de décès : *ibid.*, p. 28. — Ordonnance du 30 juin 1887, relative au régime foncier : *Bull. off.*, 1887, p. 129 et 143. — Règlement du 3 sept. 1887, sur l'immatriculation des non-indigènes en vue de la constitution de l'état civil : *ibid.*, p. 194. — Décret du 8 juin 1888, sur les mines : *Bull. off.*, 1888, p. 99. — Code civil (Code des obligations, en 660 art.), du 30 juill. 1888 : *ibid.*, n. 8, p. 109. — Décret du 8 nov. 1888, sur le louage ou contrat de service entre noirs et non-indigènes : *ibid.*, p. 270. — Décret du 28 déc. 1888, relatif aux successions : *Bull. off.*, 1889, p. 223. — Décret du 1er mars 1891, sur les étrangers et l'application des lois : *Bull. off.*, 1891, p. 68. — Arrêté du 31 juill. 1891, sur la liquidation des successions d'étrangers décédés au Congo : *Bull. off.*, 1892, p. 4.

TITRE II.

CONGO FRANÇAIS.

CHAPITRE I.

NOTIONS GÉNÉRALES ET HISTORIQUES.

111. — Le Congo français s'est successivement appelé Gabon et Gabon-Congo (l'appellation de « Congo français » n'est officielle que depuis le décret du 30 avr. 1891). Il a pour limite, au nord, le Rio-Campo (Convention franco-allemande, 24 déc. 1885). Au sud, il est séparé : 1° de la possession portugaise de Landana, par une ligne frontière partant de la pointe de Chamba et se tenant à égale distance des rivières de Loema et Lubinda (Conv. franco-portugaise, 12 mai 1886) ; 2° de l'Etat indépendant du Congo par une ligne qui suit le Chiloango jusqu'à sa source et va rejoindre le fleuve Congo entre Manyanga et la cataracte de Ntombo-Matoka (Conv. du 5 févr. 1885 entre la France et l'association internationale du Congo). A l'est, le Congo français est limité par le grand fleuve du même nom jusqu'à son confluent avec l'Oubanghi, puis par l'Oubanghi jusqu'à son intersection avec le 4° longitude nord (Même convention du 5 févr. 1885 et protocole du 29 avr. 1887). A l'ouest, il borde l'Océan Atlantique.

112. — L'Espagne possède, au cap Saint-Jean, un petit territoire enclavé dans notre colonie, et, de plus, l'île Corisco, dans la baie du même nom. Un litige est pendant entre cette puissance et la France, à propos du Rio-Mouni et des îles Elobey.

113. — Le Gabon, c'est-à-dire la côte septentrionale, sur laquelle se trouvent les principaux et les plus anciens établissements des Européens, ainsi que le chef-lieu de la colonie, Libreville, est moins chaud et plus sain qu'on ne le croit généralement. Le thermomètre y monte rarement au-dessus de 30°, à l'ombre. Les fièvres y sont communes; mais la dyssenterie et l'hépatite y sont très-rares. On y a régulièrement huit mois de pluies et quatre mois de saison sèche (*Annuaire colonial*, 1893, p. 381 et s.). Quant aux territoires compris dans le bassin du Congo, le climat y varie naturellement suivant les localités. Certaines régions y sont extrêmement fertiles et, s'il faut renoncer à en faire jamais pour les Européens une colonie de peuplement, on peut espérer que, sous la direction des colons, de riches exploitations pourront être créées par le travail des noirs.

114. — La superficie du Congo français peut être évaluée à 670,000 kilomètres carrés (ce qui est la superficie de l'Algérie). On estime que la population dépasse cinq millions d'habitants (Petit, *Organisation des colonies*, p. 40). Si la France peut regretter de ne pas posséder l'embouchure du Congo, il n'en est pas moins vrai que nos possessions sont bordées et traversées par un magnifique réseau de cours d'eau qui pourront être utilisés tant pour le commerce que pour l'agriculture. Actuellement, les principaux produits exportés sont les huiles de palme, les arachides, les bois, la canne à sucre, le caoutchouc et l'ivoire. On importe surtout les cotonnades communes, le sel, les verroteries, la quincaillerie et les spiritueux. Ce commerce d'exportation et d'importation ne peut que s'accroître. Il en sera ainsi surtout quand les traitants pourront user de la voie de pénétration qui leur est ouverte, sur la rive droite de l'Oubanghi, vers les régions centrales de l'Afrique. En effet, l'Etat indépendant du Congo s'est engagé à n'exercer aucune action politique sur la rive droite de l'Oubanghi, au nord du quatrième parallèle nord. Bref, on peut espérer pour cette colonie, si elle est sagement administrée, un avenir dont son état actuel ne saurait donner qu'une faible idée.

115. — La colonie du Congo français a pour origine la cession qui fut consentie à la France (Convention du 14 déc. 1838 et traité du 9 févr. 1839) d'un territoire sur la rive gauche de l'estuaire du Gabon. Elle fut suivie d'une série d'autres traités, notamment ceux des 18 mars 1842, 1er avr. 1844, 6 et 7 juill. 1844, 10 sept. 1832, 1er juin 1862 et 14 janv. 1868. — V. De Clercq, *Rec. chron. des traités*.

116. — Au début, le Gabon se trouva, ainsi que tous les comptoirs de la côte occidentale d'Afrique, rattaché au Sénégal, comme une dépendance de cette colonie. Il en résulta que toute la législation alors en vigueur au Sénégal se trouva, par cela même, et sans qu'il y eût lieu à promulgation spéciale, en vigueur au Gabon. Aussi, l'ordonnance organique du 7 sept. 1840 est-elle constamment visée dans les arrêtés postérieurs (V. Arr. loc., 28 août 1863, 26 juin 1869, 11 juill. 1871). — V. surtout Arr. 19 juill. 1879, qui porte : « Les établissements du Gabon continuant d'être régis, sauf les exceptions prévues au décret du 1er juin 1878, par la législation civile, commerciale et criminelle du Sénégal... »: *Bull. off. Gabon-Congo*, t. 1, p. 41, 94, 118, 223. Le gouverneur du Sénégal prit d'ailleurs, dans cette période, des arrêtés spéciaux au Gabon (V. notamment l'arrêté du 12 juill. 1849, sur les concessions de terres : *Bull. off. Gabon-Congo*, t. 1, p. 1). Il est à peine besoin d'ajouter que les tribunaux du Sénégal comptaient le Gabon dans leur ressort. — Dépêche ministérielle du 9 févr. 1863 (*Bull. off.*, t. 1, p 37).

117. — Un décret du 1er nov. 1854 (*Mon. off.*, 9 nov. 1854) détacha du Sénégal le Gabon et les comptoirs intermédiaires, pour les placer sous la haute direction du commandant en chef de la division navale des côtes occidentales d'Afrique. En voici le texte, qui présente, comme on le verra, une importance considérable. Art. 1 : « Le commandement et l'administration de Gorée et des établissements français situés au sud de cette île sur la côte occidentale d'Afrique sont confiés à un commandant résidant à Gorée et placé sous les ordres supérieurs du commandant de la division navale des côtes occidentales d'Afrique ». Art. 2 : « Un sous-commissaire de la marine et le magistrat chargé du ministère public dirigent, sous les ordres du commandant de Gorée et dépendances, les différentes parties du service administratif et judiciaire. Un agent du commissariat y remplit les fonctions de contrôleur ». L'art. 3 institue un conseil d'administration présidé par le commandant (de Gorée). Enfin l'art. 4 décide que « le commandement et l'administration de Gorée et dépendances seront soumis, en tout ce qui n'est pas contraire au présent décret, aux dispositions prescrites pour le Sénégal, par l'ordonnance organique du 7 sept. 1840 et par celle du 13 févr. 1846 relative au mode de remplacement du gouverneur. »

118. — Le décret du 1er nov. 1854 séparait le Sénégal de contrées qui, comme l'île de Gorée, devaient naturellement y être rattachées. De plus, il chargeait le commandant de la division navale d'une surveillance que celui-ci ne pouvait exercer, à raison de l'étendue trop considérable des côtes à surveiller. Un nouveau décret du 26 févr. 1859 (*Bull. off. Sénég.*, 1859, p. 373) replaça sous l'autorité du gouverneur du Sénégal, Gorée et toutes les possessions au nord de Sierra-Leone. Les autres, et spécialement le Gabon, restèrent sous l'autorité du commandant de la division navale.

119. — Le décret du 26 févr. 1859 porte : Art. 1 : « L'île de Gorée et les établissements français situés au nord de Sierra-Leone sont placés sous l'autorité du gouverneur du Sénégal ». Art. 2 : « Les établissements français au sud de Sierra-Leone continuent à être placés sous l'autorité du commandant de la division navale des côtes occidentales d'Afrique ». Art. 3 : « Le décret du 1er nov. 1854 est maintenu en tout ce qui n'est pas contraire au présent décret ». Ce texte ne pouvait avoir pour effet, comme on l'a dit, même dans des documents officiels, d'opérer une séparation administrative entre le Gabon et le Sénégal, puisque cette séparation existait depuis 1854. Mais il la confirmait. Il importe de faire cette remarque : car il en résulte que le Gabon est devenu une colonie spéciale, pourvue de sa législation propre dès 1855 et non pas seulement en 1883. Jusqu'en 1855 seulement il s'est trouvé régi par la législation du Sénégal.

120. — Cette nouvelle organisation devint elle-même insuffisante, quand la colonie du Gabon prit de l'extension. Le commandant de la division, obligé de surveiller les deux rives de l'Atlantique, ne pouvait donner à la colonie des soins suffisants. Aussi ses pouvoirs de gouvernement et d'administration furent-ils transférés par le décret du 24 janv. 1881 (*Bull. off. marine*, 1881, p. 232) au commandant du stationnaire, lequel prit le titre de commandant du Gabon, au lieu du titre de commandant par intérim qu'il avait eu jusque-là. Le commandant du Gabon devait avoir la direction des services qui y fonctionnent et correspondre directement avec le ministre pour toutes les affaires coloniales. Le décret du 16 déc. 1883 lui conféra le titre de commandant supérieur des établissements de Guinée, mais il ne résulta de cette adjonction aucune modification de ses pouvoirs sur le Gabon lui-même.

121. — C'est l'époque de la transformation du Gabon. Le gouvernement en fait une colonie indépendante des autres possessions de la côte d'Afrique et se préoccupe de lui donner une organisation propre, à l'image des autres colonies. Les décrets des 1er juin 1878, 20 août 1879 et 21 déc. 1881, y organisent ou réorganisent les tribunaux. Ceux des 29 juin 1882, sur la création d'un conseil d'administration, du 20 nov. 1882, sur le service de l'intérieur, enfin du 11 déc. 1884 dotent la colonie d'une administration régulière. En même temps, les gouverneurs, par leurs arrêtés locaux, améliorent la police de la navigation, l'instruction primaire, les finances locales, etc., etc. Le commandant de la division navale de l'Atlantique-Sud resta investi de la direction supérieure de la colonie jusqu'au 4 mai 1884 (V. dépêche du 4 mai 1884 : *Bull. off. Gabon*, t. 2, p. 183), mais il n'apparaît pas que cette attribution ait été autre chose qu'un droit de contrôle supérieur purement théorique. Tous les arrêtés locaux sont pris par le commandant de la colonie.

122. — D'autre part, à la suite des explorations tentées sur le Congo et l'Ogooué, des traités avaient été passés avec des chefs indigènes, qui donnaient à la France la souveraineté de plusieurs territoires dans le bassin de ces deux fleuves. Mais la France y rencontrait les compétitions rivales d'autres puissances européennes. Le 26 févr. 1885, une convention fut signée par les principaux Etats d'Europe, qui fixa le droit de prises de possession ultérieures dans les parages du Niger et du Congo. Déjà la France avait, le 5 févr. 1885, passé un traité de délimitation avec l'Association internationale du Congo. De ces traités et de ceux du 24 déc. 1885, avec l'Allemagne, du 12 mai 1886, avec le Portugal, et du 29 avr. 1887, avec l'Etat indépendant du Congo, résultent les limites de notre colonie actuelle, du moins au regard des autres nations.

123. — Les premiers essais d'organisation administrative des territoires situés dans les bassins du Congo, de l'Ogooué et du Niari-Quilliou datent du décret du 27 avr. 1886, par lequel M. de Brazza fut nommé commissaire général du gouvernement dans le Congo français. Le décret plaçait sous son autorité le lieutenant-gouverneur du Gabon et des résidents, lesquels commandaient à des chefs de poste. Il en résultait que le Gabon, bien qu'organisé depuis longtemps déjà, semblait ainsi rattaché au Congo proprement dit, comme l'accessoire au principal, bien que l'organisation du Congo fût toute rudimentaire. Mais cette subordination était plus apparente que réelle. En fait, le représentant de l'autorité française au Gabon conservait, à très-peu de chose près, sa situation antérieure. Il disposait des bâtiments de la station locale et, pour toutes les affaires concernant le Gabon, correspondait directement avec le gouvernement central. Pour les questions intéressant à la fois le Gabon et le Congo et pour celles-là seulement, il devait se conformer aux instructions du commissaire général (Rapport précédant le décret du 29 juin 1886).

124. — Cette organisation rendit nécessaire une délimitation exacte du Congo et du Gabon. La ligne frontière partait de N'djolé sur l'Ogooué, se dirigeait sur Kakamonaka et de là sur le point extrême de la ligne frontière qui sépare les possessions portugaises de l'Etat indépendant du Congo (Décr. 26 juill. 1886; Déc. loc., 25 sept. 1886 : *Bull. off. Congo*, t. 3, p. 141). Le Gabon comprenait, par conséquent, toute la côte et c'est de son gouvernement que relevait le commandant de la marine (Décr. 27 sept. 1886).

125. — Dans la pensée du gouvernement, les décrets de 1886 ne créaient qu'un état de choses provisoire, destiné à disparaître dès que la situation le permettrait. Aussi, quoique les vastes territoires du Congo, dont l'exploration n'est pas même achevée, ne puissent être encore assimilés au Gabon, toutefois, l'administration tend visiblement, et peut-être un peu hâtivement, à cette assimilation. Le décret du 11 déc. 1888 opère une sorte de fusion administrative et budgétaire des deux provinces. Le lieutenant-gouverneur du Gabon a reçu le droit d'exercer son action sur l'une comme sur l'autre, sous l'autorité du commissaire général. Un autre décret du 30 avr. 1891 donne à la colonie tout entière la dénomination de *Congo français*, celles de Gabon et de Gabon-Congo encore usitées, en fait, devraient avoir disparu de tous les documents officiels.

126. — En résumé, l'histoire de la colonie peut donc se diviser en cinq périodes. 1° Pendant la première (1839-1854), le Gabon n'est qu'une dépendance du Sénégal. 2° De 1858 à 1881, il est gouverné, avec les comptoirs de la côte occidentale d'Afrique, par le commandant de la division navale. 3° De 1881 à 1886, le gouvernement en fait une colonie distincte, avec son administration propre. C'est l'époque des tentatives de pénétration et d'établissement dans le bassin du Congo. 4° De 1886 à 1888, le Gabon et le Congo constituent deux colonies, dotées chacune de son administration propre, mais réunies sous un seul chef. 5° Enfin, depuis 1889, le gouvernement tente de fusionner les services, et le Gabon tend à perdre de son importance à mesure que la domination française se fortifie dans les vastes territoires du Congo.

CHAPITRE II.

RÉGIME LÉGISLATIF.

127. — De la législation du Sénégal, ce qui précède la promulgation du décret du 1er nov. 1854 a été incontestablement trouvé applicable au Gabon, sans qu'aucune promulgation spéciale y ait été nécessaire. En effet, le Gabon et le Sénégal ne constituaient pas, avant 1854, deux colonies, mais bien deux fractions d'une même colonie séparées par la mer. Comme on l'a vu plus haut, le décret du 1er nov. 1854 opéra entre elles une séparation administrative complète, sous cette seule réserve que le Gabon continuait, à défaut de tribunaux, à dépendre judiciairement du Sénégal. Le Gabon cessait d'être placé directement ou indirectement sous les ordres du gouverneur du Sénégal. Il avait son chef propre, son administration et son conseil d'administration. Il devait donc aussi avoir sa législation particulière. On a vu que le décret du 26 févr. 1859 confirma cet état de choses.

128. — Il résulte de là : 1° que le gouverneur du Sénégal perdit, à partir de la promulgation du décret de 1854, le droit de légiférer pour le Gabon, c'est-à-dire, soit d'y promulguer les lois ou décrets, soit de prendre des arrêtés locaux applicables à cette colonie; 2° que ce droit de légiférer, depuis la même époque, appartint au commandant de la division navale ou à ses remplaçants intérimaires; 3° que les décrets du chef de l'Etat, postérieurs au décret du 1er nov. 1854, ne doivent être considérés comme applicables au Gabon que si cette colonie s'y trouve spécialement visée. Il ne suffit donc pas qu'ils aient été pris pour le Sénégal. Telles sont les règles à appliquer pour la période qui s'étend de 1854 au 24 janv. 1881.

129. — En fait, on ne voit pas, dans les collections des *Bulletins officiels* du Sénégal et du Gabon, que les gouverneurs du Sénégal aient, postérieurement à 1854, légiféré pour le Gabon. C'est avec le commandant de la division navale que correspond le ministre pour les affaires du Gabon (V. notamment, *Bull. off. Congo*, t. 1, p. 19, 20, 27, 31, 41, etc.). C'est également le commandant de la division qui prend les arrêtés locaux nécessaires (*eod. loc.*, p. 21, 25, 41, etc.). Pour n'en donner qu'un exemple, il abroge expressément, par un arrêté du 28 août 1863, un arrêté pris par le gouverneur du 12 juill. 1849 (*Bull. off. Congo*, t. 1, p. 44). C'est lui qui promulgue dans la colonie les lois ou décrets (V. par exemple, Arr. 12 nov. 1866, du 6 juill. 1876 : *Bull. off. Congo*, t. 1, p. 71, 167). D'ailleurs, l'administration elle-même a reconnu, dans des documents officiels, qu'une « séparation définitive » entre le Gabon et le Sénégal avait été opérée, sinon par le décret de 1854, du moins par celui du 26 févr. 1859 (Dépêche minist., 9 févr. 1863 : *Bull. off. Congo*, t. 1, p. 37).

130. — Cependant, il est nécessaire d'examiner un autre système, formulé par l'administration supérieure, dans une dépêche ministérielle du 4 déc. 1881 (*Bull. off. Congo*, t. 2, p. 55), d'après lequel la législation du Sénégal s'appliquerait *de plano* au Gabon, non seulement pour tout ce qui précède le décret du 11 nov. 1854, mais même pour les textes postérieurs à cette date. Ce système aurait été, d'après le document précité, confirmé par l'art. 14, Décr. 1er juin 1878, aux termes duquel le Gabon « continue d'être régi par la législation du Sénégal ». C'est là dénaturer le sens de cet article. Il ne porte, en effet, aucune innovation et maintient le *statu quo*, c'est-à-dire laisse le Gabon sous l'empire de la législation qui s'appliquait alors, et notamment celle du Sénégal antérieure à 1854.

131. — La question présente une importance pratique considérable. On verra plus bas, en effet, que, d'après l'administration, les décrets rendu pour le Sénégal et ses dépendances, notamment le décret du 6 mars 1877, devraient s'étendre au Gabon. D'ailleurs il semblerait, à en croire la dépêche du 4 déc. 1881, que la séparation législative qui date, suivant nous, de 1854, n'aurait été effectuée ni à cette date, ni en 1859, ni même après la décision présidentielle du 24 janv. 1881. On peut donc se demander si, même aujourd'hui, cette séparation existe et à quelle date l'administration la fait remonter.

132. — Le pouvoir de légiférer passa, après 1881, au commandant du Gabon (qui, au début de l'année 1884, prit le titre de commandant supérieur des établissements de Guinée). Il le conserva même après la création d'un commissaire général du gouvernement dans le Congo (Décr. 27 avr. 1886), bien que ce commissaire fût le supérieur du commandant du Gabon. Ce n'est qu'en vertu du décret du 11 déc. 1888, que le commissaire général a reçu, pour le Gabon, le pouvoir de légiférer, qu'il possédait déjà pour le Congo.

133. — Actuellement, c'est-à-dire depuis la promulgation du décret du 11 déc. 1888, le commissaire général ou le fonctionnaire qui le remplace légalement en cas d'absence, a-t-il seul qualité pour prendre des arrêtés? Le lieutenant-gouverneur pourrait-il, de son autorité propre, en prendre également, en les faisant contresigner par le commissaire général? En fait, depuis le mois de janvier 1889, il semble bien que tous les arrêtés locaux ont été pris par le commissaire général en titre ou par le commissaire général intérimaire. Mais dans les premiers mois qui ont suivi le 19 févr. 1889, date à laquelle a été promulgué le décret du 11 déc. 1888, plusieurs arrêtés ont été pris qui ne portent d'autre signature que celle du lieutenant-gouverneur (V. *Bull. off. Congo*, 1889, p. 107-114). A notre avis, ces arrêtés sont illégaux. Le décret du 11 déc. 1888 a fait du Congo une seule colonie, laquelle n'a qu'un chef, le commissaire général. Le lieutenant-gouverneur n'est autre chose qu'un subordonné, placé près de lui pour prendre l'intérim dans les fréquentes absences de son supérieur, absences que nécessite l'immense étendue de la colonie. Le commissaire général est d'ailleurs, quand il est présent, le président de droit du conseil d'administration. On concevrait mal que son inférieur saisît le conseil d'un projet d'arrêté.

134. — Conformément au décret du 15 janv. 1853, la promulgation des lois, décrets et arrêtés se fait par l'insertion au journal officiel de la colonie, lequel paraît au chef-lieu, c'est-à-dire à Libreville. Les actes promulgués y sont donc obligatoires le jour même de cette insertion. Mais à quel moment le deviennent-ils sur tous les autres points de la colonie? On a vu (*supra*, v° *Colonies*, n. 117) qu'il appartient au gouverneur de chaque colonie de régler cette question par un arrêté. Nous n'en avons trouvé aucun dans la collection des bulletins spéciaux à la colonie.

135. — Le décret du 11 nov. 1869, sur l'organisation judiciaire du Gabon, contient, il est vrai, un article (art. 30), relatif à la promulgation, mais il ne fait guère que rééditer le décret du 15 janv. 1853. D'ailleurs il a été expressément abrogé par celui du 1er juin 1878. Il faut, par conséquent, considérer comme étant encore en vigueur un arrêté du gouverneur du Sénégal du 15 avr. 1853, aux termes duquel les lois, décrets et arrêtés sont exécutoires dans la colonie du jour de la publication par voie d'affiches de l'arrêté qui les promulgue.

CHAPITRE III.

LÉGISLATION CIVILE, COMMERCIALE ET CRIMINELLE.

136. — Les Français résidant au Congo sont régis par la loi française, sous les modifications qui seront ultérieurement indiquées. Quant aux indigènes, ils conservent leurs coutumes. Toutefois ils sont tenus de respecter les lois de police françaises. (Il en est de même des étrangers.) Ces lois sont d'ailleurs modifiées, pour les noirs, dans une certaine mesure. — V., par exemple : arrêté local 10 avr. 1885, sur la conversion en journées d'emprisonnement des condamnations aux frais et à l'amende (*Bull. off. Congo*, t. 3, p. 17); dépêche ministérielle, 2 août 1878 (*Bull. off. Congo*, t. 1, p. 191).

137. — L'esclavage est aboli au Congo comme dans toutes nos colonies par le décret du 27 avr. 1848, et le gouvernement ne pourrait l'y rétablir (Sénatus-consulte, 3 mai 1854, art. 3). Ces dispositions s'appliquent sans restrictions aux Français qui y résident. Ils ne pourraient, en quelque partie que ce fût du territoire, posséder des esclaves sans s'exposer aux pénalités édictées, puisqu'ils n'ont pas ce droit, même en pays étranger. Mais cette législation régit-elle également les indigènes? Peut-on dire que tous les esclaves des territoires placés sous la souveraineté de la France sont affranchis par le fait de la conquête et que ceux des peuplades voisines peuvent gagner la liberté en se réfugiant dans nos possessions? Une telle interprétation serait assurément de nature à créer au gouvernement français des embarras inextricables, voire même à nous aliéner à jamais les indigènes et à rendre impossible notre établissement dans ces contrées. Aussi l'administration a-t-elle toujours considéré que le décret du 27 avr. 1848 était sans application aux indigènes, et que l'esclavage, considéré comme faisant partie de leurs coutumes propres, devait subsister tant que les gouverneurs en jugeraient l'abolition impossible. Toutefois, cette exception ne s'applique pas aux indigènes eux-mêmes ne peuvent amener d'esclaves dans les villes et postes occupés par les autorités françaises. Il y a là un sol complètement français où les indigènes eux-mêmes ne peuvent amener d'esclaves (Dépêches ministérielles des 7 mai et 26 oct. 1848, 18 avr. 1849, 21 juin 1855 au gouverneur du Sénégal : *Bull. sén.*, 1848, 1849 et 1855; dépêche 16 janv. 1863 : *Bull. off. Congo*, 1863, p. 33).

138. — Des arrêtés locaux, du 16 juill. 1876 et du 5 sept. 1887, interdisent à *tout individu*, par conséquent aux indigènes comme aux européens, de recevoir comme otages, en garantie de leurs créances, des femmes et des enfants, conformément aux usages locaux (*Bull. off. Congo*, t. 4, p. 168, IV, p. 171). Ces prescriptions nous semblent ne pouvoir être appliquées en dehors des villes et postes occupés par les autorités françaises. On comprendrait mal la prohibition de cet esclavage déguisé, alors que l'esclavage ordinaire est toléré.

§ 1. *Droit civil et droit commercial.*

139. — Le Code civil s'est trouvé, dès l'origine, applicable dans la colonie. Il était en effet promulgué au Sénégal dès avant les premiers établissements fondés au Gabon. Or, on sait que le Gabon commença par être une simple annexe du Sénégal. Quand il en fut séparé, la législation civile demeura la même *ipso jure*. Néanmoins, bien qu'une pareille disposition fût surérogatoire, l'art. 14, Décr. 1er juin 1878, s'exprime ainsi : « Sauf les exceptions prévues au présent décret, les établissements français du Gabon continueront d'être régis par la législation civile, commerciale et criminelle du Sénégal ». Il n'est donc pas douteux que le Code civil soit, en principe, applicable au Congo. Nous allons brièvement examiner les exceptions que ce principe comporte.

140. — I. *Etat civil.* — Jusqu'en 1887, le service de l'état civil ne fonctionna dans la colonie que d'une façon insuffisante et irrégulière. D'une part, il n'y existait pas de municipalité constituée. D'autre part, la population locale n'avait rien qui ressemblât à des registres réguliers. Un arrêté du 6 juin 1887 créa au Gabon sept bureaux d'état civil. Les registres tenus en triple expédition devaient être centralisés à Libreville. Le chef du service de l'intérieur avait seul le titre d'*officier d'état civil*. Il déléguait ses pouvoirs aux chefs des postes de l'intérieur (*Bull. off. Congo*, t. 4, p. 85). Des instructions détaillées étaient jointes à l'arrêté (*Bull. off. Congo*, t. 4, p. 74). Ces dispositions laissaient subsister une double lacune. D'une part, il semble bien qu'elles n'obligeaient que la population européenne. D'autre part, elles ne s'appliquaient pas au Congo proprement dit. Là on dressait alors, en cas de décès (il n'y eut, avant 1889, ni mariage, ni naissance, dans la population européenne du Congo), un procès-verbal, à la suite duquel un jugement était rendu par le tribunal de Libreville, qui tenait lieu d'acte d'état civil.

141. — L'augmentation du nombre des immigrants européens au Congo rendait nécessaire l'organisation du service de l'état civil. Un décret du 28 juin 1889 y pourvut. Les fonctions d'officier de l'état civil durent être confiées aux officiers ou agents désignés par le commissaire général.

142. — Pour régulariser les services et en étendre le bienfait à la population indigène (celle-là, sans doute, qui habite les postes où résident les autorités françaises), un arrêté local a été pris le 22 janv. 1891 (*Bull. off. Congo*, 1891, p. 21). Les chefs de bureaux d'état civil sont invités à tenir rigoureusement la main à l'inscription régulière des actes. Pour les actes de naissance, un extrait de la déclaration faite est délivré aux déclarants, extraits qu'ils doivent présenter à toute réquisition. Le délai de déclaration des naissances est d'un mois. De nouveaux postes d'état civil ont été créés depuis lors (Déc. 21 sept. 1892 : *Bull. off. Congo*, 1892, p. 244).

143. — II. *Domaine, Concessions.* — De nombreux essais ont été faits par les administrateurs successifs du Gabon et du Congo tant pour y constituer un domaine à l'Etat et à la colonie, que pour y organiser la propriété foncière, régulariser les translations de terres consenties aux Européens, et provoquer des défrichements et des établissements nouveaux. Les arrêtés primitifs des 12 juill. et 6 oct. 1849, et du 28 août 1863 sont abrogés, ou peu s'en faut, dans toutes leurs dispositions (*Bull. off. Congo*, t. 4, p. 1, 41 et 46). Les principaux arrêtés en vigueur sont ceux du 20 nov. 1864, du 1er déc. 1883, du 8 févr. 1884, du 15 déc. 1887, et surtout celui du 26 sept. 1891 (*Bull. off. Congo*, t. 1, p. 57; t. 2, p. 134, 168; t. 4, p. 235; 1891, p. 200).

144. — Les arrêtés précités constatent que le territoire de la colonie comprend : 1° des terrains domaniaux, aliénables ou inaliénables; 2° les terrains possédés par les indigènes, sur lesquels la France reconnaît le droit de propriété et auxquels elle permet de transmettre ce droit aux Européens, sous certaines conditions; 3° les terrains vagues (Arr. 20 nov. 1864, art. 1; Arr. 26 sept. 1891, art. 1).

145. — Sur le littoral est réservée une zône de 25 mètres à partir du point du rivage baigné par la plus haute marée. Elle appartient au domaine colonial et est inaliénable. Toutefois le chef de la colonie peut, en conseil d'administration, y accorder des permis de s'y établir, mais à titre essentiellement précaire et révocable, sans que l'administration puisse jamais être tenue d'indemniser le concessionnaire au cas de déguerpissement (Arr. 20 nov. 1864, art. 6; dépêche minist. 31 déc. 1883; Arr. 8 févr. 1884; dépêche minist. 21 juin 1886; Arr. 26 sept. 1891; *Bull. off. Congo*, t. 1, p. 57; t. 2, p. 158, 168; t. 3, p. 108; 1891, p. 206).

146. — En dehors de cette réserve et des terrains affectés aux divers services publics, existent des terres domaniales deslinées à être vendues ou concédées. Mais l'administration veut et les arrêtés imposent qu'elles soient employées à former des établissements commerciaux, industriels ou agricoles. Les concessions sont faites à titre gratuit ou à titre onéreux, selon les cas, avec l'autorisation du commissaire général et sous la condition expresse d'être mises en valeur dans les délais déterminés par les arrêtés. L'inobservation de cette condition entraîne déchéance. L'enregistrement des actes a lieu aux frais de l'acquéreur (Arr. 20 nov. 1864, art. 3-9; 7 oct. 1883; 15 déc. 1887; 26 sept. 1891, art. 5. 17 et 20). — Des concessions provisoires sont parfois accordées à des condamnés annamites. — V., par exemple : arrêtés 13 mai, 12 juin, 14 juillet, 23 sept. 1890 (*Bull. off. Congo*, 1890, p. 136, 157, 194, 241).

147. — Les indigènes peuvent céder ou vendre tout ou partie des terres qui leur appartiennent à des Français ou à des étrangers. Mais l'acte doit être soumis à l'approbation de l'administration, qui seule peut délivrer le titre de propriété définitive (Arr. 26 sept. 1891, art. 18). L'acte est enregistré à Libreville, aux frais de l'acquéreur (art. 20). Les contestations que feraient naître ces ventes, comme d'ailleurs celles qui naîtraient à la suite de concessions domaniales, sont jugées administrativement (art. 26).

148. — Les terres inoccupées ou non utilisées (terres vagues), et les terrains abandonnés dont nul ne peut revendiquer légitimement la propriété font partie du domaine colonial et peuvent, à ce titre, être aliénées dans les conditions que nous avons vues (Arr. 26 sept. 1891, art. 19).

149. — III. *Livrets*. — A raison des contestations fréquentes qui s'élevaient entre traitants et indigènes pour leurs règlements de comptes, l'administration a organisé ce régime des livrets. Tout engagement conclu entre un traitant et un indigène, portant convention d'une solde à payer à l'engagé pour un service promis, doit être transcrit sur un livret coté et paraphé par le greffier de la justice de paix, lequel livret reste aux mains de l'engagé. Tout paiement fait à l'engagé sera porté sur ce livret : l'inscription tient lieu de reçu. En cas de contestation, le livret seul fait preuve, quand la valeur litigieuse atteint 150 fr., « à l'exclusion, dit l'arrêté, de toute preuve verbale ou testimoniale » (Arr. loc., 17 oct. 1876 : *Bull. off. Congo*, t. 1, p. 172). Il résulte de là que la convention ou le paiement pourraient être établis par tout autre écrit. Nous estimons même que les art. 1341 à 1348 demeurent applicables, car il n'appartient pas à un gouverneur d'y déroger.

150. — Pour toutes autres matières de droit civil, notamment ce qui concerne le domicile, les successions et biens vacants, V. *suprà*, v° *Colonies*, n. 164-226, et ce qui sera dit *infrà*, v° *Sénégal*. — Nous ne trouvons pas trace, dans les bulletins, d'une organisation hypothécaire. — Sur les lois modificatives du Code civil, V. *suprà*, v° *Colonies*, n. 238.

150 bis. — IV. *Mines, notarial, etc.* — Le greffier du tribunal civil de Libreville est chargé par le décret organique du 1er juin 1878 (art. 2) des fonctions de notaire. Un arrêté du 8 nov. 1887 porte tarif général des frais et émoluments dus au notaire (*Bull. off. Congo*, t. 4, p. 230). L'édit de juin 1776, sur l'envoi des duplicata des actes judiciaires au dépôt des archives coloniales, a été promulgué à la colonie le 18 août 1887 (*Bull. off. Congo*, t. 4, p. 163). Les mines situées sous les terrains concédés par l'administration sont soumises aux règles de la législation métropolitaine, à moins de conventions contraires (Arr. 26 sept. 1891, art. 21). Un projet de décret avait été préparé sur cette matière en 1883. Il n'y a point été donné suite, bien que le conseil d'administration de la colonie l'eût approuvé (*Bull. off. Congo*, t. 3, p. 27).

151. — V. *Procédure*. — Le Code de procédure civile a toujours été en vigueur au Gabon (Ord. 24 avr., 22 juin 1823; Décr. 1er juin 1878, art. 4, 14). Toutefois, les notifications et significations d'actes d'huissiers ne sauraient être faites comme en France. La distance considérable qui sépare les centres principaux et la difficulté des communications s'y opposent. Aussi un décret du 11 mai 1892 permet-il que les notifications et significations dont il s'agit soient faites par l'intermédiaire des chefs de poste et agents de la force publique. Le chef de la colonie a reçu le pouvoir de régler par arrêtés les détails d'exécution de ce décret (art. 2). — V., à cet égard, l'arrêté du 29 oct. 1887 (*Bull. off. Congo*, p. 233). — Il peut de plus, en cas de nécessité, autoriser, pour chaque cas spécial, un chef de poste à faire les actes d'exécution. — V., en outre, *infrà*, n. 170, 174, 176,

179 — Un arrêté du 5 nov. 1887 règle le tarif des droits de greffe; un autre, du 7 novembre suivant, la taxe des huissiers (*Bull. off. Congo*, t. 4, p. 212, 223).

152. — VI. *Commerce*. — Le Code de commerce avait été appliqué au Sénégal par la loi du 7 déc. 1850. Le décret du 1er juin 1878 en confirme l'application au Gabon (art. 14). Sur les dérogations qu'il comporte pour les colonies, et sur la promulgation des lois commerciales postérieures à 1806, V. *suprà*, v° *Colonies*, n. 275 et s., et *infrà*, v° *Sénégal*. — Un décret du 16 nov. 1884 oblige les négociants européens à se pourvoir des poids et mesures de France et promulgue les lois des 4 juill. 1837 et 27 mars 1851. — V. la circulaire locale du 3 août 1883, invitant les négociants faisant le commerce sur le territoire français à se pourvoir de ces poids (*Bull. off. Congo*, t. 6, p. 12). — Certains commerces, comme celui des armes et de la poudre, ont été l'objet de mesures restrictives. Citons seulement le décret du 30 déc. 1892. — Sur les droits qui frappent certaines marchandises, V. *infrà*, n. 208 et s.

§ 2. *Droit criminel*.

153. — Le Code d'instruction criminelle avait été promulgué au Sénégal par ordonnances du 29 mars 1836 et du 14 févr. 1838. Son application au Gabon s'est trouvée confirmée par le décret du 1er juin 1878 (art. 14). Nous verrons *infrà*, n. 173 et s. quelles dérogations y ont été apportées. — Sur les lois complémentaires de ce Code, V. *suprà*, v° *Colonies*, n. 286 et s.

154. — Le Code pénal métropolitain doit-il être considéré comme en vigueur au Congo? L'administration tient l'affirmative pour certaine. — V. dépêche min., 4 déc. 1881, et déc. loc., 13 févr. 1882 (*Bull. off. Congo*, t. 2, p. 55, 64 et note). Il nous semble que c'est là une erreur. Les décrets du 6 mars 1877, en ne mentionnant pas le Gabon dans l'énumération qu'ils font des colonies auxquelles ce Code est applicable. Il est vrai qu'ils parlent du Sénégal et *de ses dépendances*. Mais, depuis 1854, le Gabon a cessé de compter parmi *les dépendances* du Sénégal. Enfin, pour qu'une décision locale, du 13 févr. 1882, précitée, soit portée au *Bulletin officiel* comme « promulguant le Code pénal au Gabon ». Outre qu'elle est ambiguë, il ne dépendait pas d'un gouverneur de faire cette promulgation, s'il n'y était autorisé par décret.

155. — Nous devons ajouter, toutefois, que les considérants de plusieurs décrets postérieurs à 1877 visent les décrets du 6 mars 1877 et supposent le Code pénal métropolitain régulièrement promulgué au Gabon. — V. par exemple, Décr. 30 déc. 1892 où il est dit : « Vu l'art. 3, Décr. 6 mars 1877, sur l'application du Code pénal métropolitain dans la colonie du Sénégal et dépendances, et l'art. 14, Décr. 1er juin 1878 ». — Peut-on voir là une promulgation régulière? Le point est au moins très-discutable.

156. — La plupart des lois pénales postérieures à 1877 ont été rendues applicables au Congo comme dans les autres colonies. — V. *suprà*, v° *Colonies*, n. 292 et s., et la collection des *Bulletins officiels*.

157. — Parmi les délits spéciaux à la colonie du Congo, il convient de signaler le fait d'emporter, ou vendre, ou faire passer en transit des armes ou munitions de guerre, en dehors des conditions prévues. Il est inutile d'insister sur la raison d'être de ces prohibitions. Le petit nombre des européens relativement aux indigènes et le danger que leur ferait courir l'importation libre des armes, les justifient aisément. D'autre part, le gouvernement n'a pas cru devoir empêcher le commerce des armes de pacotille qui, dans ces régions, figurent comme les objets ordinaires du négoce avec les noirs. Un décret du 20 nov. 1882 portait interdiction d'introduire toute arme autre que les fusils à silex et à canon lisse. Un autre décret, du 25 nov. 1884, adoucit un peu le précédent. Enfin, à la suite de la conférence de Bruxelles (acte du 2 juill. 1890), un arrêté local du 19 mai 1892 réglemente l'admission, dans les entrepôts, des armes et munitions. Mais il était sanctionné par des pénalités qui, pour être régulièrement applicables, devaient être confirmées par décret.

158. — De là est sorti le décret du 30 déc. 1892. Il interdit, en principe, l'importation, la vente, le transport et la détention des armes à feu et munitions. Toutefois, le commissaire général du gouvernement peut autoriser la vente, la détention ou le transport des fusils à silex non rayés et des poudres dites de traite, dans les conditions prévues par l'art. 10 de l'acte de la conférence de Bruxelles. Les infractions sont punies d'une amende de 1,000 à 2,000 fr., et d'emprisonnement, avec confiscation des armes et munitions. Il peut être fait application de l'art. 463, C. pén.

159. — Les individus punis d'emprisonnement sont affectés aux divers travaux d'utilité publique, tels que l'entretien des routes, l'embarquement et le débarquement des marchandises du service local, les travaux de terrassement, de broussement et assainissement. — Règlement local, 1er juill. 1890 (art. 43). On a vu (*suprà*, v° *Colonies*, n. 296), que la légalité de pareils règlements est fort douteuse.

160. — Le Congo n'ayant pas de maison de réclusion, les condamnés à la réclusion doivent être envoyés en France. Les Européens condamnés aux travaux forcés, subissent leur peine suivant la règle générale (V. *suprà*, v° *Colonies*, n. 298). En établissement pénitentiaire spécial aux condamnés de race asiatique a été créé. — Décr. 1er déc. 1887; arrêtés locaux, 4 mai 1888; dépêche, 5 oct. 1888 (*Bull. off. Congo*, 1888, p. 38, 39, 80).

CHAPITRE IV.

ORGANISATION JUDICIAIRE.

§ 1. *Histoire, nominations, conditions d'aptitude, serment, etc.*

161. — Malgré la séparation administrative opérée entre le Gabon et le Sénégal par les décrets de 1854 et 1859, les établissements du Gabon continuèrent à se trouver judiciairement compris dans le ressort des tribunaux sénégalais. La rareté et la lenteur des communications rendaient ce régime aussi onéreux qu'incommode aux intéressés, et dès 1863, des projets furent soumis au gouvernement pour doter le Gabon d'une organisation judiciaire. — Dépêche ministérielle du 9 févr. 1863 (*Bull. off. Congo*, t. 1, p. 37).

162. — Les réclamations formulées à cet égard n'aboutirent cependant qu'en 1878. Un premier décret du 17 janv. 1863 parait être resté sans effet. Un autre décret, du 11 sept. 1869, institua au Gabon des tribunaux d'arrondissement, dont le commandant devait déterminer le ressort, et un tribunal supérieur. Chaque tribunal d'arrondissement, sorte de justice de paix à compétence étendue, était composé d'un juge, d'un lieutenant de juge, d'un officier du ministère public et d'un greffier. Le tribunal supérieur, composé d'un président, de deux juges, d'un procureur et du greffier, connaissait en annulation des causes portées devant les tribunaux d'arrondissement. Les appels en matière civile et commerciale étaient portés devant la cour de Saint-Louis (Sénégal). Le recours en cassation était ouvert en matière civile et commerciale, mais non en matière correctionnelle et criminelle, sauf dans l'intérêt de la loi. Cette organisation n'était pas en rapport avec la faible importance de la colonie et le petit nombre de ses résidents. Aussi le décret du 11 sept. 1869 fut-il abrogé par celui du 1er juin 1878. Ce dernier demeure le texte fondamental en cette matière. Toutefois, le développement pris par la colonie et la fusion administrative du Congo et du Gabon ont nécessité, soit des modifications au décret du 1er juin 1878, soit la création de nouveaux tribunaux. — V. notamment les décrets des 21 déc. 1881; 26 déc. 1884; 27 oct. 1886; 8 nov. 1889.

163. — Le Congo aura sans doute un jour un système judiciaire tout à fait à lui, quand les populations indigènes seront mieux connues et les colons plus nombreux. Aujourd'hui il continue à relever judiciairement du Sénégal. C'est au Sénégal que sont portées directement les affaires criminelles ordinaires et les appels de toute nature. Toutefois le Congo possède, pour les affaires de moindre importance, une organisation judiciaire à lui propre. Dans les principaux postes ont été créés des tribunaux à juge unique, qui cumulent les fonctions des tribunaux de paix et des tribunaux d'arrondissement. Au chef-lieu (Libreville) siège un tribunal à deux juges, qui joint aux mêmes attributions le pouvoir de juger en appel. Enfin le gouverneur peut, s'il croit à l'urgence, déférer les criminels à une juridiction militaire au lieu de les envoyer au Sénégal.

164. — La magistrature du Congo présente un caractère très-particulier que les fonctions de juge y sont cumulées avec les fonctions administratives. Ainsi le décret du 1er juin 1878 confiait (art. 2) les fonctions de juge unique au commandant de la colonie. Il n'en est plus ainsi aujourd'hui ni pour le juge-président du tribunal de Libreville (Décr. 21 déc. 1881), ni pour le lieutenant de juge (Décr. 27 oct. 1886), mais les juges de paix (à compétence étendue) sont des administrateurs (Décr. 26 déc. 1884; 8 nov. 1889; Arr. loc., 25 juill. 1891 : *Bull. off. Congo*, 1891, p. 167). Le respect du principe de la séparation des fonctions judiciaires et administratives eût entraîné des frais qu'on a jugé inutile de faire. En effet, les procès entre Européens sont très-rares et vis-à-vis des indigènes, le cumul de ces fonctions présente autant d'avantages que d'inconvénients.

165. — Pour épargner aux justiciables les déplacements onéreux et incommodes que devait nécessiter le très-petit nombre des tribunaux, eu égard à l'étendue considérable de chaque ressort, le décret du 11 sept. 1869 autorisait les audiences foraines. Elles n'existent plus dans le ressort de Libreville, le décret du 1er juin 1878 n'en faisant pas mention. Mais les juges de paix peuvent être autorisés et même obligés par le gouverneur à en tenir (Décr. 26 déc. 1884, art. 10; Décr. 8 nov. 1889, art. 10).

§ 2. *Justice civile*.

166. — La justice civile est rendue au Congo : 1° par un tribunal de première instance séant à Libreville, composé d'un juge-président, d'un lieutenant de juge et d'un greffier; 2° par des tribunaux de paix à compétence étendue, lesquels siègent à Loango, Brazzaville, Franceville et N'djolé. Les juges et le greffier-notaire de Libreville sont nommés par décret, les juges de paix et les greffiers des tribunaux de paix, par le gouverneur. Les commissaires de police remplissent près de ces juridictions les fonctions du ministère public. En cas d'absence ou d'empêchement d'un magistrat, il est pourvu au remplacement suivant les règles ordinaires (V. *suprà*, v° *Colonies*, n. 347-360). Le gouverneur peut choisir le magistrat intérimaire parmi les administrateurs. — V., par exemple, Arr. loc., 8 avr. 1893 (*Bull. off. Congo*, 1893, p. 82), et Décr. 24 déc. 1884 (art. 3). — Le président du tribunal de Libreville est chef du service judiciaire de la colonie.

167. — Le juge-président du tribunal de Libreville doit être âgé de vingt-sept ans au moins et pourvu d'un diplôme de licencié en droit (Décr. 21 déc. 1881, art. 2). Le lieutenant de juge et le greffier doivent avoir au moins vingt-cinq ans et, s'ils ne sont licenciés en droit, avoir rempli pendant trois ans les fonctions de greffier, ou pendant cinq ans celles de commis-greffier (Décr. 27 oct. 1886, art. 2).

168. — Les membres du tribunal de première instance de Libreville prêtent serment entre les mains du gouverneur de la colonie (Décr. 27 oct. 1886, art. 4). Le serment des membres des tribunaux de paix peut être reçu par écrit par le tribunal de Libreville (Décr. 4 févr. 1890).

169. — Il n'existe, près de ces tribunaux, ni avoués ni collège d'avocats ou agréés commissionnés, ce qui implique que chacun peut se faire représenter par qui lui convient. Les huissiers sont désignés par le gouverneur de la colonie (Décr. 1er juin 1878, art. 2; Décr. 8 nov. 1889, art. 9).

170. — Le juge de paix connaît : 1° en premier et dernier ressort de toutes affaires attribuées aux juges de paix en France, de toutes actions personnelles et mobilières dont la valeur n'excède pas 1,500 fr., et des demandes immobilières jusqu'à 100 fr. de revenu; 2° en premier ressort seulement, et à charge d'appel, de toutes autres actions. L'appel est porté devant le tribunal de Libreville (Décr. 8 nov. 1889, art. 2). La procédure est la même que devant les tribunaux de paix de la métropole (art. 3). Les affaires y sont dispensées du préliminaire de conciliation, mais soumises à la nécessité d'un avertissement, conformément à la loi du 2 mai 1855 (art. 1), à moins que la cause ne requière célérité ou que le défendeur ne soit domicilié hors du ressort (art. 5).

171. — Indépendamment des fonctions ordinairement attribuées aux juges de paix, les juges de paix du Congo ont, en outre, les attributions dévolues aux tribunaux de première instance. Ils surveillent l'administration des successions vacantes (art. 4).

172. — Le tribunal de première instance connaît, en matière civile et commerciale : 1° pour le district de Libreville (où il n'y a pas de juge de paix) des affaires attribuées partout ailleurs aux juges de paix; 2° des appels formés contre les jugements rendus par les juges de paix de la colonie. Au-dessous de 1,500 francs (ou 60 fr. de revenu), il connaît en dernier ressort; au-dessus de ce chiffre il ne connaît qu'à charge d'appel (Décr. 1er juin 1878, art. 3; Décr. 8 nov. 1889). Les appels sont portés à la cour de Saint-Louis (Sénégal).

§ 3. *Justice criminelle.*

173. — La justice criminelle est administrée au Congo par des tribunaux de simple police, un tribunal de police correctionnelle séant à Libreville et un conseil de guerre. Les crimes n'ayant pas un caractère politique de nature à réclamer une répression urgente sont jugés à la cour d'assises du Sénégal. C'est aussi la cour d'appel de cette colonie qui juge les appels de police correctionnelle.

174. — Les administrateurs de Loango, Brazzaville, Franceville et N'djolé connaissent : 1° en premier et dernier ressort, de toutes contraventions et des délits punis d'amende ou de moins de deux mois d'emprisonnement; 2° sauf appel, des délits punis d'une peine supérieure (Décr. 8 nov. 1889, art. 6). Les appels sont portés devant le tribunal de Libreville. Les fonctions du ministère public sont remplies par le commissaire de police ou, à défaut, par un fonctionnaire que désigne le gouverneur (art. 8). La procédure est celle des tribunaux de police métropolitains. Toutefois les juges-administrateurs sont investis des pouvoirs conférés par les art. 268 et 269, C. instr. crim., et les jugements contradictoires sont exécutés sans signification préalable (art. 7).

175. — Les chefs de poste sont officiers de police judiciaire auxiliaires. Ils peuvent, en cas de flagrant délit, procéder à l'arrestation du délinquant (art. 11). Quand un indigène du ressort a commis un crime ou un délit nécessitant une instruction, le chef de poste peut, sans attendre un réquisitoire du magistrat compétent, instruire le procès et statuer préventivement sur les inculpés (art. 12). L'instruction terminée, il dirige le prévenu sur le tribunal du ressort ou le met en liberté (sans ordonnance de non-lieu). Les pièces de l'instruction sont envoyées au magistrat du ressort qui, selon les cas, classe l'affaire, ou demande un supplément d'enquête, ou prononce le renvoi du prévenu devant le tribunal (art. 13).

176. — Le tribunal de Libreville fonctionne à la fois comme juridiction d'appel et juridiction de premier ressort. Il connaît en appel des affaires correctionnelles jugées en premier ressort par les tribunaux dont nous venons de parler. Il juge de plus en premier ressort, pour la circonscription de Libreville, dans la même compétence que ces tribunaux. La procédure est également la même. Les appels sont portés à la cour du Sénégal (art. 7). Les attributions du ministère public sont confiées au commissaire de police (art. 2). L'instruction est faite par le lieutenant de juge, ou, s'il en est besoin, par un fonctionnaire que désigne le gouverneur (Décr. 27 oct. 1886, art. 2).

177. — Les crimes ou délits ayant un caractère politique ou qui paraissent de nature à compromettre l'action de l'autorité française peuvent être déférés par le gouverneur aux conseils de guerre (Décr. 1er juin 1878, art. 11; Décr. 20 août 1879). L'objet de cette disposition était la répression rapide des nombreux assassinats commis par les indigènes que fanatisaient les pratiques de leurs superstitions. Le gouverneur est seul juge des circonstances, et le conseil de guerre saisi par lui ne pourrait se déclarer incompétent. Il ne peut, à cet égard, être critiqué que par le ministre des Colonies. Dans un cas donné, celui-ci, a jugé que les faits de traite rentraient dans la catégorie des faits dont il s'agit (dépêche du 31 août 1888 : *Bull. off. Congo*, 1888, p. 71).

178. — Les crimes commis dans la colonie sont déférés à la cour d'assises du Sénégal (Décr. 1er juin 1878, art. 10). D'après cet article, le commandant de la colonie (qui alors était juge unique du tribunal de Libreville) était chargé d'en faire l'instruction. Nous pensons que cette fonction appartient maintenant au lieutenant de juge, à Libreville, et aux chefs de poste partout ailleurs.

179. — Avant le développement pris par la colonie, il arrivait souvent que le conseil de guerre, appelé à juger les crimes politiques, ne pouvait être composé, faute du nombre d'officiers nécessaires. C'est pour remédier à cette situation que le décret du 20 août 1879 organisa un tribunal criminel spécial appelé à en connaître, à défaut de conseil de guerre. Bien qu'aujourd'hui la garnison du Congo soit plus considérable, ce tribunal subsiste. Il est présidé par le lieutenant-gouverneur et comprend, comme membres, deux assesseurs, pris parmi les officiers ou fonctionnaires assimilés de la colonie et nommés par le commissaire général du Congo. Les fonctions du ministère public et de greffier près de ce tribunal spécial sont remplies par les titulaires de ces emplois près le tribunal de Libreville (art. 2). La procédure est celle qu'on suit en matière correctionnelle. Les décisions de ce tribunal criminel ne sont pas sujettes à appel (art. 3).

§ 4. *Recours en cassation.*

180. — Le recours en cassation est ouvert, en matière civile et commerciale, contre les jugements rendus en dernier ressort par le tribunal de Libreville (Décr. 1er juin 1878, art. 13). Les décrets des 26 déc. 1884 et 8 nov. 1889 (qui créent les tribunaux de paix à compétence étendue), étant restés muets sur ce recours, il en faut conclure qu'il n'est pas ouvert. Il en est de même en matière de simple police ou de police correctionnelle. Quant aux décisions du tribunal criminel spécial, elles ne peuvent être portées en cassation que dans l'intérêt de la loi et conformément aux art. 441-442, C. instr. crim.

CHAPITRE V.

RÉGIME POLITIQUE ET ADMINISTRATIF.

§ 1. *Droits politiques.*

181. — En raison du petit nombre des colons et du caractère récent de notre domination, le Congo n'a pas dans le Parlement de représentant spécial, et il n'y existe pas de conseils électifs. Le décret du 29 mai 1890 lui attribue toutefois un délégué dans le conseil supérieur des colonies. Il est élu par les citoyens français âgés de vingt et un ans, jouissant de leurs droits civils et politiques et résidant dans la colonie depuis au moins six mois. Lui-même doit être citoyen français, âgé de vingt-cinq ans et jouir des mêmes droits que les électeurs. Son mandat ne peut se cumuler avec une fonction publique (Décr. 19 oct. 1883). — V., pour le détail des élections, un arrêté du 5 avr. 1892 (*Bull. off. Congo*, 1892, p. 125).

182. — Les Français d'origine qui résident au Congo ont virtuellement les mêmes droits politiques que ceux de la métropole. Nous examinerons plus loin si les gouverneurs n'ont pas conservé les pouvoirs extraordinaires que leur conférait l'ordonnance du 7 sept. 1840 (V. *infrà*, n. 190 et 191). Les indigènes sont sujets français, mais non citoyens français; d'où résulte qu'ils n'ont l'exercice d'aucun droit politique. Quant aux étrangers, ils peuvent certainement être expulsés en vertu des pouvoirs que donne au gouverneur la loi du 3 déc. 1849 rendue applicable aux colonies par celle du 29 mai 1874.

183. — Il paraît probable que, dès l'origine de la colonie, des permis de séjour furent exigés de ceux qui n'en étaient pas originaires (peut-être s'était-on borné à y appliquer l'arrêté pris le 5 nov. 1847 par le gouverneur du Sénégal : les bulletins ne permettent pas de s'en assurer). Ces permis de séjour, abolis par arrêté du 4 févr. 1884, ont été rétablis le 5 nov. 1886 (*Bull. off. Congo*, t. 2, p. 167 et t. 3, p. 169). Tous autres que les indigènes de la côte, sont soumis à l'obligation de s'en munir dans les trois jours du débarquement dans la colonie, sous peine de 15 fr. d'amende et d'un à cinq jours de prison. L'obligation paraît concerner aussi bien les Français que les étrangers.

§ 2. *Organisation administrative.*

184. — Lorsque le Gabon figurait parmi les dépendances du Sénégal, l'ordonnance du 7 sept. 1840 était le texte fondamental de son organisation administrative. La séparation des deux colonies ne changea rien à ce régime, c'est-à-dire que l'ordonnance du 7 sept. 1840 resta en vigueur au Gabon (Décis. présid., 24 janv. 1881). Quant au Congo français proprement dit, lorsqu'on commença à l'organiser, ce fut sur des bases différentes. Le commissaire général reçut des pouvoirs à la fois très-larges et fort peu définis. La situation était, en effet, sans précédents. La colonie nouvelle comprenait un territoire plus vaste que la France, mais encore inexploré et insoumis. Si elle demeurait maîtresse au regard des puissances civilisées, d'y étendre sa domination, la conquête en était à peine abordée. Il ne pouvait donc être question d'y créer un organisme administratif aussi compliqué et aussi coûteux que dans notre vieille colonie du Sénégal. Ce qu'il fallait, c'était développer l'influence pacifique de la France dans ces régions et y établir des relations commerciales avec la côte. C'est dans ce but et sous ces inspirations que fut rendu le décret du 27 avr. 1886.

185. — Le décret du 27 avr. 1886 confiait la mission qui vient d'être exposée à un commissaire général (on évitait avec intention de lui donner la qualification de gouverneur, pour bien marquer qu'on soumettait la colonie à un régime particulier). Il avait comme auxiliaires quatre résidents ou commandants particuliers ayant chacun sous ses ordres un petit nombre de chefs de station et de chefs de poste. C'était là une organisation très-rudimentaire. Le Gabon conservait la sienne et devait être administré par un lieutenant-gouverneur sous l'autorité du commissaire général du Congo.

186. — A en croire le rapport joint au décret du 11 déc. 1888, le Gabon et le Congo seraient maintenant assujettis aux mêmes règles. La fusion administrative des deux colonies serait accomplie. Il nous semble que cette formule dépasse la pensée des auteurs du décret. Il est vrai que l'autorité du commissaire général, ainsi que celle du lieutenant-gouverneur s'étendent sur le Congo et le Gabon, et que les services administratifs leur sont communs. Mais le décret ne dit pas que les règles à appliquer soient identiques. L'ordonnance du 7 sept. 1840 reste pour le Gabon le texte capital en matière d'organisation administrative. Mais il serait maintenant impossible de l'appliquer rigoureusement au Congo. Le commissaire général y a besoin de pouvoirs plus absolus, et ses fonctions sont plutôt celles d'un explorateur que d'un administrateur : il suffit, pour s'en assurer, de jeter les yeux sur les arrêtés rendus depuis 1889.

187. — Le commissaire général du Congo est nommé et révoqué par décret du chef de l'Etat. En cas de décès, d'absence ou empêchement, il est remplacé par le lieutenant-gouverneur, ou, à défaut, par un des membres du conseil d'administration (Décr. 11 déc. 1888, art. 4). Il serait superflu d'énumérer les pouvoirs que lui confère l'ordonnance du 7 sept. 1840. On sait que cette ordonnance reproduit dans ses traits essentiels celle du 9 févr. 1827 (Antilles), et surtout celle du 27 août 1828 (Guyane). Il suffit d'en indiquer les grandes lignes et les particularités qui distinguent le Congo des autres colonies. Pour les détails, V. *suprà*, v° *Colonies*, n. 546-610.

188. — Le commissaire général est le chef de toute l'administration coloniale et, par conséquent, a la haute direction de tous les services. Il a seul qualité pour disposer de la force armée et le commandant des troupes stationnaires sur le territoire de la colonie est soumis à son autorité. Le décret du 24 janv. 1888, que nous avons analysé (V. *suprà*, v° *Colonies*, n. 532-536), paraît n'avoir pas été promulgué au Congo ; et la circulaire ministérielle du 9 déc. 1889, adressée au lieutenant-gouverneur (*Bull. off. Congo*, 1890, p. 9), n'eût pu lui ôter le droit de prendre le commandement des troupes. Mais l'art. 4, Décr. 7 mai 1890, sur la création du conseil de défense, en interdisant au commissaire général et au lieutenant-gouverneur « d'intervenir dans la direction technique des opérations », assimile les deux gouverneurs à ceux des colonies où le décret de 1888 a été promulgué. Ils peuvent d'ailleurs prescrire aux commandants des troupes ou de la marine de continuer, suspendre ou faire cesser les opérations suivant les nécessités de la politique générale du pays (art. 4).

189. — On sait que les gouverneurs des colonies les plus importantes ont reçu pouvoir d'entrer directement en relations avec les gouvernements étrangers désignés dans les ordonnances (V. *suprà*, v° *Colonies*, n. 589-594). Le commissaire général du Congo n'a été l'objet d'aucune disposition de ce genre. Nous ne pensons pas qu'on puisse lui reconnaître, à cet égard, les prérogatives que l'art. 49, Ord. 7 sept. 1840, conférait au gouverneur du Sénégal. Partout où ces pouvoirs existent, ils sont donnés en raison de la situation géographique de chaque colonie, pour traiter avec des voisins limitativement désignés. Il en résulte que le commissaire général, pour négocier avec les peuplades voisines de la colonie, doit prendre les instructions du ministère et s'y conformer.

190. — L'ordonnance du 7 sept. 1840 (art. 54-58) conférait au gouverneur du Sénégal, vis-à-vis des résidents et des fonctionnaires, des pouvoirs extraordinaires que supprima le décret du 15 nov. 1879. En est-il de même pour le Congo? Et d'abord les gouverneurs du Gabon ont-ils jamais pu exercer ces pouvoirs? Une dépêche ministérielle du 19 mars 1880 déclare « qu'aucun acte du chef de l'Etat n'a consacré au Gabon l'exercice de pouvoirs extraordinaires » (*Bull. off. Congo*, t. 2, p. 3). Il y a là une erreur manifeste, puisque l'ordonnance du 7 sept. 1840 a toujours été reconnue applicable au Gabon. Elle l'était évidemment dans toutes ses parties, pour les art. 54 à 58, comme pour le reste. Or ce régime n'a été modifié ni par le décret du 7 nov. 1879, ni par celui du 15 nov. suivant, ni par celui du 20 févr. 1880. Le Gabon n'est pas au nombre des colonies visées par eux. Il est vrai que celui du 15 novembre 1879 parle du Sénégal *et de ses dépendances*. Mais le Gabon ne figurait plus alors parmi les dépendances du Sénégal. Quoi qu'il en soit, une circulaire ministérielle du 27 févr. 1880 y supprima les pouvoirs dont il s'agit ; on croyait cette circulaire suffisante, parce que l'administration était imbue de cette idée que les pouvoirs extraordinaires des gouverneurs n'avaient été consacrés par aucun acte réglementaire. Nous venons de voir que cette opinion est inexacte. — *Contrà*, Dislère, *Traité de législ. col.*, t. 2, p. 571, en note.

191. — De la discussion qui précède ressort cette conclusion que le commissaire général du Congo demeure légalement investi des pouvoirs extraordinaires que lui confèrent les art. 54-58, Ord. 7 sept. 1840, puisqu'une dépêche ministérielle ne saurait abroger un décret. Il pourrait donc, à la rigueur, exclure les colons ou les mettre en surveillance, refuser aux individus suspects le droit de tenir des échoppes ou boutiques, etc. Ajoutons qu'en présence des ordres ministériels qui lui recommandent de se conformer aux décrets des 7 et 15 nov. 1879, il n'en use pas. — Dépêches du 19 mars 1880 et du 27 oct. 1883 (*Bull. off. Congo*, t. 2, p. 2, 138). Cette observation toutefois s'applique surtout aux territoires colonisés depuis longtemps. On conçoit que, dans les régions nouvellement explorées, le commissaire général soit tenu à moins de réserve, et que le pays soit traité comme pays de conquête.

192. — On a vu que la fonction de lieutenant-gouverneur, créée par décret du 29 juin 1886, est aujourd'hui régie par ce décret et celui du 11 déc. 1888. Le titulaire est nommé par le chef de l'Etat. Bien qu'il soit subordonné au commissaire général, il exerce, en réalité, la plupart des attributions du gouverneur et c'est dans ce but qu'il a été créé. Le commissaire général, le plus souvent retenu à des distances considérables de Libreville, privé des facilités de communication, et absorbé par les fonctions très-spéciales qu'il exerce dans l'Est, ne peut guère régler lui-même les détails d'une administration régulière. Aussi délègue-t-il le plus souvent ses fonctions au lieutenant-gouverneur. Celui-ci est considéré comme un véritable gouverneur, bien qu'il ne puisse, ainsi qu'on l'a vu, prendre d'arrêtés locaux que lorsqu'il remplace le commissaire général empêché (Décr. 12 mars 1889).

193. — L'administration de la colonie est dirigée, sous l'autorité du commissaire général et du lieutenant-gouverneur, par un directeur de l'intérieur, le chef du service judiciaire, lesquels sont nommés par décret (V. pour le directeur de l'Intérieur, Décr. 21 févr. 1890 : *Bull. off. Congo*, 1890, p. 118), et des chefs de service. Les différentes circonscriptions de la colonie sont placées sous l'autorité de chefs ou commandants de station, et chefs de poste, qui sont choisis par le commissaire général et administrés sous le contrôle et celui du lieutenant gouverneur (Décr. 11 déc. 1888). On compte actuellement dix chefs de station et quinze chefs de poste (sans parler de sept chefs d'exploration, dont les fonctions ne sont pas prévues, semble-t-il, par les décrets). — *Annuaire colonial*, 1893.

194. — Le décret du 29 juin 1882 créa au Gabon un conseil d'administration. Il fonctionnait (art. 2) dans les conditions établies par l'ordonnance du 7 sept. 1840. Le commandant supérieur en était président. Cette fonction passa au lieutenant-gouverneur, en vertu du décret du 29 juin 1886. Le commissaire général *pouvait* présider le conseil, lorsqu'il se trouvait à Libreville (Décr. 11 oct. 1886). Aujourd'hui, le commissaire général a le titre de président du conseil et le lieutenant-gouverneur celui de vice-président. Le conseil comprend en outre le commandant de la marine, le directeur de l'Intérieur, le chef du service administratif, le chef du service judiciaire et deux notables habitants désignés par le commissaire général (Décr. 11 déc. 1888, art. 2). En l'absence de conseils électifs, le conseil d'administration remplit au Congo, outre les attributions ordinaires des conseils privés (V. *suprà*, v° *Colonies*, n. 619-631), une partie de celles qui appartiennent dans les autres colonies aux conseils généraux, notamment en matière de budget.

195. — Le conseil d'administration se constitue en conseil du contentieux administratif par l'adjonction, à défaut de magistrats, de fonctionnaires en service dans la colonie et titulaires du diplôme de licencié en droit. Un officier du commissariat, que désigne chaque année le commissaire général, remplit, près de ce tribunal, les fonctions de ministère public. Le secrétaire archiviste du conseil d'administration remplit celles de greffier (Décr. 11 déc. 1888, art. 3). Ce conseil fonctionne conformément au décret du 5 août 1881 (Décr. 29 juin 1882, art. 3). — Sur la procédure et la compétence du conseil, V. *suprà*, v° *Colonies*, n. 727-801). — Le décret du 25 janv. 1890, concernant les délais d'opposition ou d'appel, a été promulgué au Congo (Arr. 11 mars 1890 : *Bull. off. Congo*, 1890, p. 99).

CHAPITRE VI.

ORGANISATION FINANCIÈRE.

196. — En l'absence de conseil général, c'est le conseil d'administration qui délibère le budget local, que le commissaire général rend ensuite exécutoire par un arrêté (Décr. 20 nov. 1882, art. 40-46). En cas d'urgence, le commissaire général a qualité pour ouvrir des crédits supplémentaires destinés à assurer les services locaux (art. 49, **226**). Il peut ouvrir aussi des crédits provisoires pour assurer les services coloniaux, c'est-à-dire ceux qui sont payés par la métropole.

197. — Les ressources du budget local comprennent : 1° les taxes et contributions ; 2° les droits de douane ; 3° les revenus des propriétés de la colonie et autres produits divers ; 4° les subventions accordées par la métropole.

198. — Comme dans toutes les colonies qui n'ont pas de conseil général, c'est le commissaire général qui, par arrêtés pris en conseil d'administration, détermine l'assiette, le tarif, les règles de perception et le mode de poursuites des taxes et contributions, sauf ce qui sera dit en matière de douanes. Ces arrêtés doivent être soumis à l'approbation du ministre des Colonies ; mais ils sont provisoirement exécutoires (Décr. 30 janv. 1867).

199. — Les principales contributions sont : 1° l'impôt foncier locatif ; 2° l'impôt des patentes ; 3° les droits de licence ; 4° les diverses taxes de navigation ; 5° les droits de douane.

200. — L'impôt foncier et mobilier a été l'objet de nombreuses modifications successives. Un arrêté local du 11 juill. 1871 taxait tous les résidents européens, tant pour leur habitation personnelle, que pour les locaux destinés au commerce. Le taux était fixé à 5 p. 0/0 de la valeur locative (*Bull. off. Congo*, t. 1, p. 117). Un autre arrêté du 10 déc. 1877 soumit à cette taxe les propriétaires indigènes de Libreville et Glass, et les commerçants indigènes de toute la colonie (*eod. loc.*, t. 1, p. 183). L'arrêté du 15 févr. 1890 n'a guère fait que changer les dénominations antérieures, et adjoindre aux imposés les propriétaires non commerçants des villages voisins de Libreville et Glass (*Bull. off. Congo*, 1890, p. 67).

201. — L'impôt des patentes est réglementé par les arrêtés des 8 déc. 1884, 28 juin 1887, 13 août 1888 et 30 avr. 1891. Ce dernier soumet à la contribution tout individu français ou étranger qui exerce dans la colonie un commerce ou une industrie. Il constitue un véritable Code de la matière. — V. *Bull. off. Congo*, 1891, p. 101. (On peut trouver le taux des droits à percevoir dans l'*Annuaire colonial*, 1893, p. 311). — La patente de commerçant proprement dit est de 600 fr.; celle de traitant ou détaillant, de 150 fr.; celle de capitaine ou subrécargue varie de 50 à 300 fr.; celle de boulanger, de 100 fr.

202. — Les droits de licence sont réglementés par les arrêtés des 8 déc. 1866, 30 avr. 1891 et 29 déc. 1892 (*Bull. off. Congo*, t. 1, p. 73 ; 1891, p. 99 ; 1892, p. 313 ; *Annuaire colonial*, 1893, p. 394). Ils sont très-différents suivant qu'il s'agit de l'ancien Gabon ou des territoires compris dans le bassin conventionnel du Congo. La licence de cabaretier coûte beaucoup moins cher dans le Congo du sud et de l'est, parce que l'administration ne veut pas qu'elle se cumule avec les droits d'importation sur les spiritueux établis pour cette région en conformité de l'Acte de Bruxelles. Il y aurait à craindre, si les spiritueux étaient taxés sur notre territoire à un taux sensiblement plus élevé que dans le Congo belge, de voir le commerce et même les populations émigrer vers ce dernier. On verra toutefois plus loin que dans l'ancien Gabon (Congo nord) il existe, outre le droit de licence, un droit de consommation sur les spiritueux.

203. — Les droits de navigation sont déterminés par les arrêtés des 31 déc. 1864, 29 déc. 1891 et 26 nov. 1892 (*Bull. off. Congo*, t. 1, p. 62 ; 1891, p. 282 ; *Annuaire colonial*, 1893, p. 390). On comprend, sous ce nom, les droits sanitaires sur les bâtiments arrivant dans la colonie (de 9 à 15 fr.); les droits de phare, d'ancrage et de balisage (25 cent. par tonne) pour les navires de plus de trente tonnes; l'acte de francisation (10 fr.); les congés de mer, passeports, permis de navigation intérieure, enfin les permis de charger et décharger.

204. — Mentionnons en outre : 1° la taxe de consommation sur les spiritueux (V. *infrà*, n. 215) ; 2° le droit de statistique perçu dans tous les ports de la colonie sur les marchandises de toute nature et de toute origine, importées ou exportées, à l'exception de celles expédiées par cabotage d'un port de la colonie à un autre (budget de 1893, p. 31); 3° les droits d'enregistrement, de timbre et de greffe (V. *infrà*, n. 222) ; 4° les droits perçus pour le service d'imprimerie, de la poste aux lettres, les frais d'expédition des actes d'état civil, etc.

205. — Nous croyons devoir donner, à titre d'exemple, le budget arrêté en conseil d'administration, le 30 déc. 1892, pour l'année 1893. Les recettes y sont divisées en recettes ordinaires et recettes extraordinaires. Les recettes ordinaires, qui s'élèvent au total à 2,118,650 fr., se subdivisent ainsi :

CHAPITRE I.

CONTRIBUTIONS DIRECTES.

Impôt foncier locatif......................	10.000f »c
Patentes.................................	55.000 »
Licences.................................	20.000 »
Redevances pour location de terrains et concessions sur la réserve du rivage.............	3.000 »
Total du chapitre 1............	88.000f »

CHAPITRE II.

CONTRIBUTIONS INDIRECTES.

Importations (région sud).................	72.000f »c
Importations (région nord)................	120.000 »
Exportations.............................	270.000 »
Taxe sur les spiritueux...................	120.000 »
Droits de statistique.....................	5.000 »
Taxes de navigation, etc..................	12.800 »
Total du chapitre 2............	599.800f »

CHAPITRE III.

DIVERS PRODUITS ET REVENUS.

Droits d'enregistrement et de timbre........	1.800f »c
Greffe et hypothèques.....................	Mémoire.
Amendes.................................	1.500f »
Vente d'objets...........................	1.000 »
Poste aux lettres........................	7.500 »
Droits sur les caravanes..................	25.000 »
Subvention métropolitaine.................	1.292.230 »
Autres produits..........................	101.800 »
Total du chapitre 3............	1.430.830f »

Les recettes extraordinaires se composent :

1° D'allocations de la métropole pour diverses missions.................................	120.000f »c
2° De prélèvement sur la caisse de réserve...	154.196 50
Total des recettes extraordinaires......	274.196f 50
Total général................	2.392.846f 50

206. — Les dépenses, qui s'élèvent au total à la somme de 2.392.846 fr. 50, sont réparties entre les vingt-quatre chapitres suivants :

Dettes exigibles	6.860f »c
Gouvernement colonial	43.452 50
Direction de l'intérieur	98.910 »
Affaires politiques	745.852 50
Milice	383.607 50
Flotille locale	82.020 »
Justice	4.490 »
Instruction publique	42.900 »
Cultes	3.880 »
Trésor	24.300 »
Enregistrement; curatelles	1.220 »
Douanes	121.934 40
Postes	11.680 ′»
Police	31.077 »
Imprimerie	17.960 »
Service sanitaire	22.972 »
Cultures	18.700 »
Travaux publics	222.309 80
Ports et rades, vigies et phares	42.538 10
Magasins et vivres	289.982 70
Accessoires de la solde	67.300 »
Dépenses diverses	99.400 »
Dépenses imprévues	7.500 »
Exercices clos	Mémoire.
Total	2.392.846f 50

207. — Il convient d'ajouter que le Parlement a inscrit au budget colonial pour le Congo, en 1892 :

Personnel des services civils	73.200f »c
Personnel de la justice	22.625 »
Personnel des services militaires	» » »
Agents du matériel	13.467 »
Frais de voyage, etc	15.900 »
Vivres	10.046 »
Hôpitaux : personnel	32.490 »
Hôpitaux : matériel	2.289 »
Matériel des services civils	» » »
Matériel des services militaires	» » »
Dépenses diverses	4.000 »
Subvention	1.292.250 »
Transportation : personnel	41.000 »
Transportation : matériel	3.000 »
Total	1.507.267f »

CHAPITRE VII.

RÉGIME COMMERCIAL.

208. — Les droits de douane, d'après le décret du 30 janv. 1867, devaient être réglés par décrets du chef de l'Etat. Cependant les premiers gouverneurs du Gabon crurent pouvoir en établir (Dépêche minist. 21 févr. 1867 : *Bull. off. Congo*, t. 1. p. 79). L'administration centrale les rappela à l'observation de la loi, et des décrets des 12 sept. 1868, 4 juill. 1876, 9 nov. 1879 et 20 juin 1883, constituèrent au Gabon un régime douanier régulier. Ils furent rapportés et remplacés par le décret du 27 août 1884, qui est resté en vigueur jusqu'à l'application du tarif actuel. Aujourd'hui, les droits sont fixés, pour le Gabon proprement dit, par la loi du 11 janv. 1892 et le décret du 29 novembre suivant, qui apporte quelques exceptions au tarif général. On verra que la situation des territoires de l'est est différente.

209. — La loi du 11 janv. 1892 (art. 3) soumettait au tarif métropolitain les marchandises étrangères importées au Gabon.

C'était accroître considérablement les droits établis en 1884 et 1890. Pour dégrever un peu le commerce local, un décret du 29 nov. 1892 exempte quelques produits (la plupart des animaux vivants, les viandes fraîches, les fruits et les graines) et abaisse les droits sur d'autres. Ceux-ci se trouvent néanmoins très-supérieurs encore à ce qu'ils étaient. Sur certaines marchandises (viandes salées, fromages, vins), ils sont doublés; sur les céréales, ils sont élevés de 0 fr. 50 cent. à 2 ou 4 fr., selon qu'elles sont importées en grains ou en farines.

210. — Un décret du 25 nov. 1890 autorise en outre le commissaire général à frapper d'un droit de 7 p. 0/0 au maximum les produits exportés du Gabon, sauf l'ébène et le bois rouge. En vertu de ce texte, le caoutchouc et l'ivoire avaient été imposés à leur sortie par arrêté du 14 mars 1891. Cet arrêté fut rapporté le 28 novembre suivant. Actuellement, ces deux produits sont soumis au droit de sortie de 7 p. 0/0. Tous les six mois le commissaire général, sur avis d'une commission des mercuriales, fixe le prix moyen du kilogramme de caoutchouc et d'ivoire, de façon que les droits *ad valorem* soient remplacés par des droits spécifiques. — Arrêtés des 11 déc. 1891, 20 mai et 16 nov. 1892, 30 mai et 12 déc. 1893 (*Bull. off. Congo*, 1891, p. 276; 1892, p. 158, 272; 1893, p. 108 et 252).

211. — Sauf pour les armes à feu et les spiritueux, considérés comme marchandises dangereuses, dont il faut restreindre l'importation en Afrique, la déclaration annexée à l'acte général de la conférence de Bruxelles du 2 juill. 1890, laisse aux puissances signataires ou adhérentes toute liberté pour établir sur les produits importés dans le bassin conventionnel du Congo des droits s'élevant au maximum à 10 p. 0/0 de la valeur de ces produits (*Bull. off. Congo*, 1892, p. 74 et 102). Les tarifs doivent être, dans ces limites, déterminés par accord direct entre les puissances qui ont des possessions dans ces régions. C'est pourquoi un protocole a été dressé le 8 avr. 1892, à Lisbonne, entre la France, l'Etat du Congo et le Portugal pour l'établissement d'un tarif unique (*Bull. off. Congo*, 1892, p. 130).

212. — D'après ce tarif, valable pour dix ans, les produits importés dans le bassin occidental du Congo sont taxés à 6 p. 0/0 de leur valeur, sauf les armes, la poudre, les munitions et le sel, qui acquitteront le taux de 10 p. 0/0 (Ajoutons pour les armes, les art. 8-14 de l'acte général de Bruxelles, du 2 juill. 1890). Les alcools sont réservés. Les bateaux, machines et outils d'un usage industriel ou agricole sont exempts à l'entrée pour une période de quatre ans et peuvent être ensuite imposés à 3 p. 0/0. Le matériel de chemin de fer est exempt jusqu'au jour de l'exploitation et pourra ensuite être imposé de 3 p. 0/0. Les instruments de science et de précision, les objets servant au culte, les effets d'habillement et bagages à l'usage des voyageurs ou immigrants sont exempts.

213. — A la sortie, les produits déterminés dans le protocole doivent acquitter des droits de 10 p. 0/0 (pour le caoutchouc et l'ivoire seulement) et de 5 p. 0/0 (pour les arachides, le café, l'huile de palme, le copal, les noix palmistes et le sésame) Le protocole fixe les bases sur lesquelles ces droits seront perçus, c'est-à-dire le prix moyen du kilogramme de ces deux matières. Mais ces bases sont révisables d'année en année. Des arrêtés locaux complètent le protocole en fixant la valeur moyenne des marchandises imposées à 5 p. 0/0.

214. — Le territoire de la colonie pouvant être emprunté pour le transit des produits indigènes et des marchandises d'importation, il était indispensable de préciser les conditions dans lesquelles elles seraient admises à transiter et les formalités auxquelles elles devaient être soumises. Tel est l'objet de l'arrêté arrêté le 19 mai 1892 par le commissaire général. Le transit ne peut s'effectuer : 1º dans la zône maritime que par les ports ouverts au commerce; 2º sur les frontières de terre que par les bureaux de Brazzaville et Mayanga (art. 2). Les art. 3-8 déterminent les formalités; art. 9 à 15, les conséquences des infractions aux règles édictées (*Bull. off. Congo*, 1892, p. 134).

215. — Un arrêté du 29 déc. 1892 (*Bull. off. Congo*, 1892, p. 310) détermine les taxes de consommation auxquelles sont soumis les spiritueux, en dehors du bassin conventionnel du Congo. Pour les territoires compris dans ce bassin, les alcools ne peuvent être imposés à moins de 15 fr. par hectolitre (Acte 2 juill. 1890, art. 92). Le droit est de 50 fr. dans le Congo français (*Annuaire colonial*, 1893, p. 389).

CHAPITRE VIII.

MATIÈRES DIVERSES.

§ 1. *Organisation militaire.*

216. — On a vu que le commissaire général, et, en son absence, le lieutenant-gouverneur sont chargés de pouvoir à la défense extérieure et intérieure de la colonie. Néanmoins, le décret du 7 mai 1890 a institué, pour les y aider, un conseil de défense dont ils ont la présidence. Le commandant de la marine, et le chef du service administratif en sont membres. Un lieutenant ou sous-lieutenant du même corps en est secrétaire. Le conseil est convoqué par le commissaire général ou le lieutenant-gouverneur, quand les circonstances l'exigent. Il délibère sur les questions qui lui sont soumises. Ses délibérations ne sont valables que si tous ses membres sont présents ou suppléés régulièrement.

217. — La défense de la colonie est assurée par les troupes envoyées de la métropole et par une milice locale, pour l'entretien de laquelle une somme est inscrite au budget colonial. Le corps des tirailleurs gabonais, créé par décret du 6 juill. 1887 et réorganisé par décret du 25 août 1889, a été supprimé par décret du 28 févr. 1891.

218. — La loi du 15 juill. 1889, sur le recrutement de l'armée, a été promulguée au Congo le 3 décembre suivant (*Bull. off. Congo*, 1889, p. 314). — V. pour ses effets, *suprà*, v° *Colonies*, n. 946 et s.

219. — Le 3 déc. 1889, a été promulgué également le décret du 4 oct. 1889 modificatif de celui du 21 juin 1858 portant règlement d'administration publique pour l'application aux colonies du Code de justice militaire pour l'armée de mer (*Bull. off. Congo*, 1889, p. 313). Un conseil de guerre siège dans la colonie (art. 4). En appel, les affaires sont portées au conseil de révision du Sénégal (art. 7).

§ 2. *Immigration et émigration.*

220. — Au début de la colonisation du Gabon, la nécessité de l'immigration de travailleurs étrangers se fit sentir. Les premiers traitants engagèrent donc des *Krowmen* sur la côte, mais ces contrats, passés hors de la présence de tous fonctionnaires français ou étrangers, ne tardèrent pas à donner lieu à de sérieuses difficultés, d'autant mieux que les engagés se plaignaient d'avoir à subir de mauvais traitements. Le recrutement des Krowmen, indispensable au commerce comme à l'industrie, de devenir fort difficile. Un arrêté du 21 juill. 1876 réglementa l'immigration. Un bureau spécial fut créé à Libreville et des mesures prises pour protéger les immigrants (*Bull. off. Congo*, t. 1, p. 168). Il ne paraît pas que cet arrêté ait été rapporté; mais il est probable que l'administration n'a plus occasion de l'appliquer.

221. — Lorsqu'en effet la colonie s'est étendue vers le Sud et vers l'Est, le recrutement des travailleurs a pu s'opérer sur son territoire, et, notamment dans la région de Loango, des engagements ont été effectués pour les colonies voisines. L'émigration qui en résultait menaçant de dépeupler nos possessions, les gouverneurs se sont efforcés de l'entraver. Un premier arrêté, du 13 juin 1885, soumet l'expatriation des indigènes à la formalité du permis; un autre, du 28 août suivant, modifiait les détails du premier. Mais comme l'émigration continuait, au grand détriment de la France et des indigènes, l'émigration a été provisoirement interdite par l'arrêté du 16 nov. 1886, qui semble n'avoir pas été rapporté (*Bull. off. Congo*, t. 3, p. 30, 50 et 177).

CHAPITRE IX.

ENREGISTREMENT ET TIMBRE.

222. — Les droits d'enregistrement ont été établis dans la colonie par arrêté du 31 déc. 1864. Ils sont de 1 fr. pour chaque expédition, copie ou extrait d'acte, par rôle. Ils s'appliquent à tous les actes de procédure civile et à tous les actes notariés. Les droits de greffe sont établis par arrêté du 5 nov. 1887. Enfin, les droits de timbre sont déterminés par l'arrêté du 27 févr. 1892. Le droit est dû pour chaque acte, reçu, décharge ou quittance. Il est de 10 cent. (Budget de 1893, p. 32).

CONGRÉGATION RELIGIEUSE. — V. COMMUNAUTÉ RELIGIEUSE.

CONGRÈS. — V. ASSEMBLÉE NATIONALE.

CONGRÈS DIPLOMATIQUE. — V. AGENT DIPLOMATIQUE OU CONSULAIRE. — TRAITÉ DIPLOMATIQUE, etc.

CONJOINT. — V. COMMUNAUTÉ CONJUGALE. — COMPLICITÉ. — CONTRAT DE MARIAGE. — DIVORCE. — DON MANUEL. — DONATION ENTRE ÉPOUX. — DONATION PAR CONTRAT DE MARIAGE. — DOT. — MARIAGE. — RÉGIME DOTAL. — SÉPARATION DE BIENS. — SÉPARATION DE CORPS. — SUCCESSION. — VOL, etc.

CONJURATION. — V. ATTENTAT ET COMPLOT CONTRE LA SURETÉ DE L'ÉTAT. — ATTROUPEMENT. — BANDES ARMÉES. — HAUTE-COUR. — INSURRECTION.

CONNAISSEMENT. — V. AFFRÈTEMENT.

LÉGISLATION.

Art. 281 à 285, C. comm.

BIBLIOGRAPHIE.

Alauzet, *Commentaire du Code de commerce et de la législation commerciale*, 1879, 8 vol. in-8°, t. 5, n. 1858 et s. — Beaussant, *Code maritime ou lois de la marine marchande*, 1842, 2 vol. in-8°, t. 1, n. 174, t. 2, n. 639. — Bédarride, *Du droit maritime*, 1876, 2° édit., 5 vol. in-8°, t. 2, n. 675 et s. — Boistel, *Précis de droit commercial*, 1884, 3° édit., 1 vol. in-8°, n. 1243 et s. — Boulay-Paty, *Cours de droit commercial maritime*, 1834, 4 vol. in-8°, t. 2, p. 300 et s. — Bravard-Veyrières et Demangeat, *Traité de droit commercial*, 1888-1892, 2° édit., 6 vol. in-8°, t. 4, p. 364 et s. — Caumont, *Dictionnaire universel de droit maritime*, 1867, 1 vol. in-8°, v° *Connaissement*. — Courcy (de), *Questions de droit maritime*, 1877-1887, 4 vol. in-8°, t. 1, p. 20 et 21. — Cresp et Laurin, *Cours de droit maritime annoté, complété et mis au courant de la jurisprudence*, 1876-1882, 4 vol. in-8°, t. 2, p. 139 et s. — Dageville, *Code de commerce expliqué par la jurisprudence*, 1827, 4 vol. in-8°, t. 2, p. 361 et s. — Danjon, *Éléments de droit maritime commercial*, 1893, 1 vol. in-8°, n. 220 et s. — Delamarre et Lepoitvin, *Traité théorique et pratique de droit commercial*, 1860-1861, 6 vol. in-8°, t. 5, p. 59 et s.; t. 6, p. 434 et s. — Desjardins, *Traité de droit commercial maritime*, 9 vol. in-8°, 1878-1890, t. 4, n. 904 et s. — Devilleneuve, Massé et Dutruc, *Dictionnaire du contentieux commercial et industriel*, 1875, 6° édit., 2 vol. in-8°, v° *Connaissement*. — Favard de Langlade, *Répertoire de la nouvelle législation civile, commerciale et administrative*, 1823, 5 vol. in-4°, v° *Connaissement*. — Fournel, *Code de commerce accompagné de notes et observations*, 1819, 1 vol. in-8°, p. 212 et s. — Goujet, Merger et Ruben de Couder, *Dictionnaire de droit commercial*, 1877-1881, 3° édit., 6 vol. in-8°, v° *Connaissement*. — Lansel et Didio, *Encyclopédie du notariat et de l'enregistrement*, 1879-1890, 30 vol., v° *Connaissement*. — Laurin, *Cours élémentaire de droit commercial*, 1887-1890, 3° édit., 1 vol. in-8°, p. 635. — Lyon-Caen et Renault, *Précis de droit commercial*, 1879-1885, 2 vol. in-8°, t. 2, n. 1877 et s.; — *Manuel de droit commercial*, 1889, 1 vol. in-8°, n. 869; — *Traité de droit commercial*, 1894, 2° édit., t. 5, p. 695 et s. — Massé, *Le droit commercial dans ses rapports avec le droit des gens et le droit civil*, 1874, 3° édit., 4 vol. in-8°, t. 3, n. 1526 et s.; t. 4, n. 2663 et s. — Merlin, *Répertoire universel et raisonné de jurisprudence*, 1827-1828, 5° édit., 18 vol. in-4°, v° *Connaissement*. — Pardessus et de Rozière, *Cours de droit commercial*, 1856-1857, 6° édit., 14 vol. in-8°, t. 2, n. 722 et 723. — Paulmier, *Manuel pratique du capitaine de navire au point de vue légal*, 1883, 1 vol. in-8°, n. 191 et s. — Picard et d'Hoffschmidt, *Pandectes belges* (en cours de publication), v° *Connaissement*. — Rivière, *Répétitions écrites sur le Code de commerce*, 1882, 8° édit., 1 vol. in-8°, p. 588 et s. — Rogron et de Boislisle, *Code de commerce expliqué*, 1891, 14° édit., 1 vol. in-8°, sur les art. 281 à 285. —

Rolland de Villargues, *Répertoire de la jurisprudence du notariat*, 1840-1845, 9 vol. in-8°, v° *Connaissement*. — Toussaint, *Code manuel des armateurs et des capitaines de la marine marchande*, 1872, 2e édit., 1 vol. in-8°, p. 167 et s. — Valin et Bécane, *Commentaire sur l'ordonnance de la marine d'août 1681*, 1840, 2e édit., 1 vol. in-4°, p. 341 et s. — Valroger (de), *Droit maritime. Commentaire théorique et pratique du liv. 2, C. comm.*, 1882-1886, 5 vol. in-8°, t. 2, n. 730 et s. — Vincens, *Exposition raisonnée de la législation commerciale*, 1834, 3 vol. in-8°, t. 3, p. 153 et s. — Vincent et Pénaud, *Dictionnaire de droit international privé*, 1887-1889, 3 vol. in-8°, v° *Transport maritime*, n. 6, 16, 24, 25, 87, 90.

Ditharbide, *Du connaissement*, 1893, 1 vol. in-8°.

Journal international du droit maritime, passim. — *Le négociant à qui des marchandises sont envoyées en consignation peut-il donner les connaissements de ces marchandises en nantissement pour sa dette personnelle?* Gaz. des trib., 2 mars 1831. — *D'un projet de « connaissement modèle » conforme pour les transports maritimes* (Ulrich) : J. de dr. int. pr., année 1886, p. 313.

ENREGISTREMENT ET TIMBRE. — *Dictionnaire des droits d'enregistrement, de timbre, de greffe et d'hypothèques*, 1874-1885, 6 vol. in-4°, v° *Connaissement*. — Garnier, *Répertoire général et raisonné de l'enregistrement*, 1879, 6e édit., 5 vol. in-4°, v° *Connaissement*. — Masson-Delongpré, *Code annoté de l'enregistrement*, 1858, 4e édit., 2 vol. in-8°, t. 1, p. 23 ; t. 2, p. 5 et 19. — M. C. A., *Nouveau dictionnaire d'enregistrement et de timbre*, 1874-1873, 2 vol. in-4°, v° *Connaissement*.

INDEX ALPHABÉTIQUE.

Abus de confiance, 115.
Acheteur, 117, 118, 152, 192.
Acquit-à-caution, 54.
Acquit de paiement, 54.
Acte authentique, 6.
Acte conservatoire, 285.
Action directe, 118 et 119.
Affrètement, 3, 56, 95.
Agent, 23, 230 et 231.
Allemagne, 237 et s.
Amende, 7, 220, 229 et s., 236.
Angleterre, 189, 252 et s.
Antidate, 38, 122.
Appréciation souveraine, 80.
Argentine (République), 261 et s.
Armateur, 41, 45, 52, 56, 73, 177, 229.
Armateur-gérant, 42.
Assurance, 55, 65 et s., 75 et s., 94 et s., 119, 123, 196.
Assureurs, 57.
Avaries, 36, 154, 169, 174, 204.
Avarie commune, 99.
Aveu, 81.
Ayant-droit, 139.
Barque, 8.
Belgique, 280 et s.
Bonne foi, 187, 193.
Cabotage, 214.
Capitaine, 1, 3, 8, 13 et s., 38, 40, 46, 51, 55, 56, 60, 62, 67, 69, 76, 81 et s., 88 et s., 99, 128, 141 et s., 172, 178, 180, 181, 183, 202, 205, 207, 208, 222, 224, 229, 231.
Caution, 184, 285, 293, 333.
Cession, 291.
Chapeau du capitaine, 36, 261, 302.
Chargement, 53, 56, 58, 74, 93 et s.
Chargeur, 3, 25, 28, 38, 40, 46 et s., 51, 56, 60, 64, 67, 71 et s., 75 et s., 81 et s., 88 et s., 94 et s., 114, 146, 148, 154, 159, 182, 183, 190, 225, 229.
Charte-partie, 3, 14, 35, 88 et s., 95, 146.
Chili, 291.
Clause à ordre, 109 et s. — V. *Connaissement à ordre*.
Clause *A qui pour lui*, 110.
Clause de non-responsabilité, 22, 23, 176 et 177.
Clause de style, 76.
Clause *que dit être*, 155 et s., 173.
Colis (nombre des), 12, 158.
Colonies, 18.
Commis, 70, 82.
Commissionnaire, 81, 104, 115, 199.
Complicité, 123, 167.
Compte, 34.
Conditionnement, 169, 204.
Conditionnement extérieur, 17.
Connaissement (transmission du), 100 et s., 142.
Connaissement à ordre, 26, 39, 100, 109 et s., 183.
Connaissement à personne dénommée, 39, 100, 181.
Connaissement au porteur, 26, 39, 100, 134, 138.
Consignataire, 56, 62, 88 et s., 110, 115, 121, 144, 216, 222, 224, 227, 333.
Contravention, 230, 231, 236.
Contribution (action en), 99.
Contributions indirectes, 230.
Créancier, 122.
Date, 37, 79, 80, 194.
Déchargement, 171.
Déclaration, 8.
Déclaration d'entrée, 86.
Déclaration de sortie, 86.
Délai, 53 et 54.
Dépôt judiciaire, 249, 269, 274, 310, 321, 338, 340, 353, 360, 364.
Destinataire, 20, 34, 40, 180, 182, 190, 202 et s., 216.
Dol, 166.
Domicile, 27.
Dommages-intérêts, 202.
Douane, 7, 9, 230 et 231.
Double décime, 215.
Double écrit, 40 et s., 71.
Droit fixe, 232.
Droit proportionnel, 234.
Effraction, 169.
Egypte, 300 et 301.
Endossement, 103 et s., 143, 153, 190 et s., 197, 235, 254 et s., 291, 306, 317, 325.
Endossement de garantie, 112, 131 et s.
Endossement de procuration, 112, 132.
Endossement en blanc, 127 et s., 139.
Endossement irrégulier, 107, 125 et s.
Enonciations, 10 et s.
Enregistrement, 9, 232 et s.
Equipage, 55, 96, 154, 156, 157, 162, 175, 176, 178.
Erreur, 67.
Escales, 33.
Espagne, 302 et s.
Estampille, 213, 224, 227.
Etats-Unis, 312 et s.
Etranger, 107, 221, 224, 226.
Exception, 126.
Exemplaires, 213.
Exemplaires (pluralité d'), 84 et s., 180 et s., 238, 260, 263, 280, 284, 288, 305, 313, 320, 324, 331, 352, 358, 360, 362.
Facture, 117, 137, 152.
Faillite, 117, 118, 150.
Faute, 154, 162, 165, 175 et s.
Force majeure, 82, 175.
Force probante, 45, 49, 56 et s., 282, 283, 297, 316, 326, 335, 355, 363.
Forme, 10 et s.
Frais, 52.
Fraude, 64, 67, 122, 156, 167, 193.
Fret, 24, 34 et s., 42, 88 et s., 146, 245.
Fréteur, 28, 33.
Gage, 105, 131, 135 et s., 190 et s., 199, 259.
Gestion, 161.
Imprimé, 81.
Indemnité, 21, 54.
Inscription hypothécaire, 196.
Intermédiaire, 192.
Italie, 318 et s.
Laissé pour compte, 22, 97.
Lettre, 182.
Lettre de change, 116, 125, 127, 137, 150, 190 et s.
Lettre de voiture, 8.
Lieu de départ, 30.
Lieu de destination, 30.
Livraison, 128, 141 et s., 154, 182 et s., 207.
Livraison (refus de), 208.
Livres, 122, 197.
Mandat, 108, 128, 147, 161, 183, 258.
Mandataire, 144.
Manifeste, 9, 86.
Manquant, 163, 172.
Marchandises (espèce des), 16.
Marchandises (nature des), 10 et 11.
Marchandises (numéros des), 19.
Marchandises (poids des), 12, 14, 15, 63, 156, 159.
Marchandises (qualité des), 10, 16, 155.
Marchandises (quantité des), 10, 12 et s., 155.
Marchandises (réception des), 108.
Marques, 10, 19 et s.
Mauvaise foi, 193.
Mention, 44, 79, 81.
Mesure, 155, 159 et s.
Mexique, 322 et s.
Monnaie, 36.
Nationalité, 237, 280, 300, 318, 349, 365.
Naufrage, 215.
Négligence, 96.
Nom du capitaine, 27.
Nom du chargeur, 24.
Nom du destinataire, 26.
Nom du navire, 28 et 29.
Norvège, 357 et s.
Notaires-greffiers, 6.
Nullité, 176 et 177.
Numéraire, 234.
Numérotage, 19, 186.
Omission, 125.
Opposition, 148, 150, 340, 353.
Ordonnance du juge, 184.
Parties, 61, 236.
Passagers, 55.
Pays-Bas, 330 et s.
Peine, 4.
Perte, 150.
Pesée, 172.
Poids des marchandises, 12, 14, 15, 63, 156, 159.
Poids inconnu, 162 et s., 172 et 173.
Porteur, 141 et s., 180, 183, 184, 190.
Porteurs (pluralité de), 249, 274, 310, 321, 336 et s., 353, 364.
Portugal, 341 et s.
Possession, 200.
Présomption, 60, 72, 93 et s., 120, 124, 129.
Prêt à la grosse, 58.
Preuve, 120, 124, 129, 130, 195, 197, 205, 207, 253, 266, 267, 278, 282, 283, 297, 316, 326, 335, 355, 363.
Preuve complémentaire, 74, 80, 86.
Preuve par écrit, 60.
Preuve par écrit (commencement de), 72, 95.
Preuve testimoniale, 60, 72, 86, 93 et s., 197.
Privilège, 104, 133, 199.
Prix, 118, 149, 245.
Procuration, 125 et s.
Propriétaire, 25, 42, 192.
Propriété, 112 et s., 134, 139, 187.
Quantité de marchandises, 10, 12 et s., 155.
Quantité inconnue, 162 et s.
Récépissé, 202 et s., 279, 286, 296, 301.
Réception des marchandises, 108.
Reçu provisoire, 311, 357.
Réexpédition, 31.
Registre, 9.
Relâche forcée, 285.
Réserves, 204.
Responsabilité, 33, 38, 73, 96, 141 et s., 172, 180, 183, 204. — V. *Clause de non-responsabilité*.
Retard, 4.
Revendication, 105, 117, 151 et s.
Roumanie, 349 et s.
Russie, 354 et s.
Sacs, 170.
Saisie, 122, 276, 338, 340.
Scandinavie, 357 et s.
Signature, 23, 46 et s., 68 et s., 75 et s., 152, 168, 264, 265, 281, 303, 314, 318, 320, 330, 350, 352, 362.
Signification, 102, 105, 181.
Solidarité, 38, 236.
Sommation, 160.
Somme d'argent, 18.
Sous-affrètement, 50.
Suède, 361 et s.
Surestaries, 54.
Syndic de la faillite, 118, 124, 130, 181.
Tiers, 57 et s., 61, 66, 74, 80, 102, 124, 130, 181.
Tiers porteur, 62, 115, 116, 122, 126 et s., 139.
Timbre, 7, 44, 209 et s.
Timbre mobile, 219, 222, 228.
Timbre oblitéré, 225 et s.
Tradition, 134, 153.
Tolérance, 13 et 14.
Tonnage, 28.
Turquie, 365.
Usages, 38, 98, 145, 206.
Valeur entendue, 126.
Valeur fournie, 125.
Vendeur, 105, 117, 118, 151 et s.

Vente, 111.
Vente judiciaire, 275, 276, 295, 339, 340, 353.
Vérification, 159.
Vices cachés, 17.
Vidange, 170.

DIVISION.

CHAP. I. — Notions générales et historiques (n. 1 à 9).

CHAP. II. — De la forme du connaissement (n. 10 à 55).

CHAP. III. — De la force probante du connaissement (n. 56 à 99).

CHAP. IV. — De la transmission du connaissement (n. 100 à 140).

CHAP. V. — Des droits et obligations du porteur du connaissement.

§ 1. — *Responsabilité du capitaine envers le porteur quant à la livraison des marchandises* (n. 141 à 153).

§ 2. — *Responsabilité du capitaine quant à l'état des marchandises et clauses qui la limitent* (n. 154 à 179).

§ 3. — *Difficultés qui résultent de la pluralité des exemplaires et du porteur* (n. 180 à 201).

§ 4. — *Obligation de donner un reçu des marchandises* (n. 202 à 208).

CHAP. VI. — Timbre et enregistrement.

§ 1. — *Timbre* (n. 209 à 231).

§ 2. — *Enregistrement* (n. 232 à 236).

CHAP. VII. — Législation comparée (n. 237 à 365).

CHAPITRE I.

NOTIONS GÉNÉRALES ET HISTORIQUES.

1. — Le connaissement, qu'on appelle aussi *police de chargement*, est un acte par lequel le capitaine reconnaît avoir reçu les marchandises chargées sur son navire.

2. — Il tient lieu, pour les transports maritimes, de la lettre de voiture ou du récépissé qui sont usités dans les transports de terre.

3. — L'existence d'une charte-partie ne dispense pas de dresser un connaissement. La charte-partie, en effet, ne constate que la formation du contrat d'affrètement entre le chargeur et le capitaine : elle ne prouve pas que ce contrat ait reçu un commencement d'exécution, par le fait du chargement des marchandises. — Valin, *Comment. sur l'ordonnance de la marine de 1681*, p. 361; Émérigon, ch. 11, sect. 3.

4. — Au moyen-âge, la preuve du chargement résultait simplement de l'inscription des marchandises par l'écrivain sur le registre du navire. Le *Consulat de la mer* édictait des peines très-graves contre tout écrivain qui aurait inséré sur son registre des énonciations fausses. — Desjardins, *Traité de droit comm. et mar.*, t. 4, n. 904.

5. — On ne tarda pas à comprendre les inconvénients d'un pareil système, qui n'assurait la preuve du chargement qu'au profit de l'une des parties. Aussi voyons-nous l'usage des connaissements en vigueur dès le XVIe siècle. Il en est question dans le *Guidon de la mer* (ch. 2, art. 8). — Desjardins, *loc. cit.*

6. — Un édit de décembre 1657, en instituant de nouveaux notaires greffiers, avait décidé que les connaissements ne seraient foi qu'à la condition d'avoir été dressés par devant ces officiers publics, ou du moins enregistrés par eux. « Cet édit est demeuré sans exécution, nous apprend Valin, comme trop onéreux au commerce ». — Desjardins, *loc. cit.*

7. — Toute marchandise transportée par mer doit-elle être accompagnée d'un connaissement? D'une part, le Code de commerce ne paraît admettre aucune exception à l'obligation pour le capitaine de délivrer un connaissement des marchandises qu'il reçoit à son bord. D'autre part, la loi du 30 mars 1872, en matière de timbre, porte dans son art. 3 : « Tout transport par mer et sur les fleuves, rivières et canaux, dans le rayon de l'inscription maritime, doit être accompagné de connaissements ». Et son art. 6 édicte la sanction de cette obligation : « Les capitaines de navires français ou étrangers devront exhiber aux agents des douanes, soit à l'entrée, soit à la sortie, les connaissements dont ils doivent être porteurs, aux termes de l'art. 3 ci-dessus. Chaque contravention à cette prescription sera punie d'une amende de 100 à 600 fr. »

8. — Cependant, ces prescriptions ne sont pas toujours strictement observées. Pour les chargements faits sur barques ou petits bâtiments, il est d'usage de dresser seulement une lettre de voiture, commune aux divers chargeurs. Et même, lorsqu'il s'agit d'objets de peu de valeur, remis au capitaine au moment du départ, on se contente souvent d'une simple déclaration du capitaine. — Boulay-Paty, *Cours de droit comm. et mar.*, t. 2, p. 307; Alauzet, *Comment. du Code de comm.*, t. 5, n. 1859; Desjardins, t. 4, n. 906.

9. — Même au point de vue fiscal, une certaine tolérance est admise. L'administration de l'enregistrement a décidé qu'il n'y a pas lieu d'exiger de connaissement dans les cas où l'administration des douanes n'exige pas de manifeste, c'est-à-dire pour les transports de faible importance entre lieux très-voisins de la même côte ou entre le continent et les îles du littoral. — Sol. 8 juill. 1872, [D. 73.5.443]

CHAPITRE II.

DE LA FORME DU CONNAISSEMENT.

10. — L'art. 281, C. comm., indique les énonciations qui doivent se trouver dans un connaissement. « Le connaissement doit exprimer la nature et la quantité, ainsi que les espèces ou qualités des objets à transporter. Il présente en marge les marques et numéros des objets à transporter. »

11. — Le connaissement doit donc préciser : 1° la *nature* des marchandises. C'est une condition indispensable pour qu'on puisse en constater l'identité.

12. — 2° Leur *quantité*. — La quantité est exprimée par le poids des marchandises, ou par le nombre des sacs, ballots, fûts, etc., chargés sur le navire. Le capitaine ne peut refuser de mentionner sur le connaissement le nombre des colis embarqués : s'il en ignore le contenu, il n'en doit pas ignorer le nombre. — Trib. Marseille, 8 août 1879, [*J. Marseille*, 79.1.280]

13. — Toutefois, il est d'usage dans les ports maritimes d'admettre au profit du capitaine une certaine tolérance sur la quantité, et aucune réclamation n'est admise contre lui, lorsque la différence au débarquement ne dépasse pas le taux de cette tolérance. — Desjardins, t. 4, n. 909.

14. — Néanmoins, s'il est stipulé dans la charte-partie que le capitaine rédigera les connaissements en calculant le poids de la marchandise moins une certaine tolérance, le capitaine, une fois les connaissements ainsi établis, se trouve lié par la quantité qu'ils renferment et est dès lors responsable de la différence en moins (c'est-à-dire au-dessous de la tolérance) constatée au débarquement. — Rouen, 26 juill. 1881, Dubosc, [D. 82.2.185] — Sic, Desjardins, *loc. cit.*

15. — Lorsqu'un connaissement, en déterminant le taux du fret, indique la quantité chargée, c'est sur cette quantité, et non sur le poids délivré au débarquement que le fret doit être calculé et payé. Il n'en peut être autrement, du moment où le capitaine répond de la quantité chargée. — Rouen, 10 août 1874, [*J. Marseille*, 75.2.33] — Sic, Desjardins, *loc. cit.*

16. — 3° Le connaissement doit exprimer les *espèces ou qualités* des objets à transporter. Le Code de commerce n'a pas voulu dire que le connaissement doive exprimer la qualité bonne ou mauvaise de la marchandise; le capitaine, ne procédant pas à une vérification intérieure des colis, ne peut être en aucune façon responsable de ce chef. Cela signifie seulement que le connaissement doit énoncer, non seulement le genre, mais encore l'espèce particulière de la chose transportée : par exemple, si c'est du vin, spécifier de quel crû : si c'est du coton, de quelle provenance. — Cresp et Laurin, *Cours de droit maritime*, t. 2, p. 140, note; Desjardins, t. 4, n. 910.

17. — Cependant rien n'empêche les contractants d'indiquer sur le connaissement, s'ils le jugent convenable, que la marchandise est en bon état. Mais cette mention exceptionnelle ne peut engager la responsabilité du capitaine qu'en ce qui concerne l'état extérieur et apparent de la marchandise. Elle ne prouverait rien, quant aux vices propres non apparents dont cette marchandise peut être atteinte, et qui sont de nature à la détériorer pendant le voyage. — Desjardins, *loc. cit.*

18. — Il a été jugé qu'un connaissement portant qu'*une somme de*... (le chiffre de la somme sans autre désignation) est chargée sur le navire, peut être considéré comme exprimant suffisamment la nature, la quantité et les espèces ou qualités des objets à transporter : on doit entendre que la somme chargée est une somme d'argent de France, et cela encore bien que le connaissement ait été souscrit aux colonies. — Cass., 8 nov. 1832, Dagneau-Symousen, [S. 32.1.806, P. chr.].

19. — 4° Le connaissement présente en marge *les marques et numéros* des objets à transporter. Cette indication achève de préciser la marchandise confiée au capitaine. C'est grâce à elle que le connaissement peut devenir un titre représentatif de cette marchandise pendant le voyage.

20. — Cette prescription doit être strictement observée, surtout lorsque le chargement comprend un certain nombre de marchandises similaires, expédiées à des personnes différentes. Il ne peut y avoir, en ce cas, d'autre moyen de reconnaître ce qui revient à chacun des intéressés. — Desjardins, t. 4, n. 911.

21. — Les consignataires ont le droit d'exiger que le capitaine leur livre les marchandises avec les marques indiquées au connaissement. Celui-ci ne pourrait les obliger à prendre livraison de marchandises similaires, ne portant pas les mêmes marques : il serait obligé de garder ces marchandises pour son compte et d'indemniser les consignataires du préjudice que leur cause l'inexécution de son engagement. — Trib. Hâvre, 3 févr. 1880, [J. Hâvre, 80.1.119]; — 20 sept. 1880, [J. Hâvre, 81.1.152] — *Sic*, Desjardins, *loc. cit.*

22. — Il a été jugé que la clause par laquelle un capitaine ou un commissionnaire de transports maritimes déclare ne répondre des marques des colis, si elle peut l'exonérer à cet égard des suites d'une erreur ou d'un défaut d'identité, ne saurait l'autoriser à rendre des colis dépourvus de marques, lorsque le connaissement indique qu'ils portaient des marques déterminées; et que le destinaire peut alors laisser la marchandise pour compte. — Aix, 22 décembre 1880, [*J. Marseille*, 81.1.31]

23. — Le tribunal de commerce du Hâvre a également jugé que, dans le cas où les connaissements ont été signés par les agents des armateurs, ceux-ci ne peuvent invoquer une clause de non-responsabilité pour se dispenser de délivrer les marchandises avec les marques insérées dans les connaissements. — Trib. Hâvre, 20 sept. 1880, [*J. Hâvre*, 81.1.152].

24. — En outre, le connaissement doit indiquer : 5° *Le nom du chargeur*. Il faut que le capitaine sache à qui renvoyer la cargaison, si elle est refusée par le consignataire; contre qui exercer son recours, si le prix de vente de la marchandise avariée ne couvre pas le montant du fret.

25. — Le chargeur n'est pas toujours le propriétaire de la marchandise. Les auteurs du Code, comme ceux de l'ordonnance, n'ont pas exigé l'indication du véritable propriétaire. On avait proposé d'ajouter à l'article : le tout sans préjudice de la désignation du propriétaire dans les cas de guerre et autres qui exigent la justification de ce caractère; mais, après de longs débats, la proposition fut rejetée, et on se borna à consigner dans le procès-verbal que l'article ne changeait rien aux principes suivis en matière de prises. — Locré, sur l'art. 281 ; Boulay-Paty, t. 2, p. 310.

26. — 6° *Le nom et l'adresse de celui à qui l'expédition est faite.* — Cette mention ne se trouve pas dans la charte-partie : elle est spéciale au connaissement. L'utilité en est évidente. Toutefois, ce n'est pas une prescription absolue. On s'en écarte forcément lorsque le connaissement est à ordre ou au porteur, la personne du destinataire n'étant pas, dans ce cas, connue au moment du chargement. — Bédarride, t. 2, n. 678; Desjardins, t. 4, n. 913; de Valroger, n. 732.

27. — 7° *Le nom et le domicile du capitaine.* — Il est important de connaître la personne du capitaine, puisque sa responsabilité est engagée vis-à-vis des intéressés (art. 222).

28. — 8° *Le nom et le tonnage du navire.* — Le fréteur, en effet, ne s'acquitte de son obligation qu'en mettant à la disposition de l'affréteur le navire convenu; il ne peut lui en substituer un autre (V. *suprà*, v° *Affrétement*, n. 228 et s.). Le chargeur a d'ailleurs intérêt, au point de vue des assurances qu'il veut contracter, à connaître le navire sur lequel sont placées ses marchandises.

29. — Cependant certaines compagnies de navigation délivrent quelquefois des connaissements sans y faire figurer le nom d'un navire. Ces actes ne peuvent être considérés que comme des projets de connaissement : ce ne sont pas des connaissements réguliers. Le connaissement est un acte justificatif du chargement, et la constatation du chargement implique la connaissance du navire qui a reçu les marchandises. — Desjardins, n. 915.

30. — 9° *Le lieu du départ et celui de la destination.* — Cette indication est nécessaire pour préciser le transport dont se charge le capitaine, et le lieu où les marchandises devront être réclamées.

31. — Le connaissement autorise quelquefois le capitaine à conduire les marchandises au delà du lieu de destination, à charge de les y réexpédier. Le tribunal de commerce de Marseille a jugé que cette clause s'appliquait bien au cas où le navire va directement au-delà du lieu de destination de la marchandise, mais non à ceux où, s'y arrêtant d'abord, il n'y décharge pas cette marchandise, ou ne la décharge qu'en partie et repart ensuite pour un autre port, d'où elle est réexpédiée. C'est là une interprétation raisonnable de la volonté des parties. — Trib. comm. Marseille, 8 févr. 1875, [*J. Marseille*, 75.1.127]

32. — Beaucoup de connaissements prévoient le cas où la marchandise ne pourrait être débarquée au port de destination par suite du mauvais temps, ou d'autres obstacles de force majeure, et autorisent le capitaine à la débarquer, en ce cas, au port le plus convenable, à son choix. — Desjardins, n. 916.

33. — Si le navire doit faire une ou plusieurs escales avant d'arriver au lieu de destination des marchandises, il est nécessaire de l'indiquer dans le connaissement. A défaut d'une stipulation en ce sens, le retard résultant des escales engagerait la responsabilité du capitaine et du fréteur. — Desjardins, *loc. cit.*

34. — 10° *Le prix du fret.* — Le destinataire, du moment où il reçoit la marchandise, est tenu par là même de payer le fret stipulé au connaissement. Il ne peut contester le compte dressé par le capitaine en vertu de cette pièce, qu'à la condition de prétendre que ce compte n'est pas conforme à la teneur même du connaissement. — Desjardins, n. 917.

35. — Sur la question de savoir comment le montant du fret devrait être déterminé, dans le cas où il ne se trouverait aucune stipulation à cet égard, ni dans la charte-partie, ni dans le connaissement, V. *suprà*, v° *Affrétement*, n. 206.

36. — Souvent le connaissement indique, en outre, dans quel lieu, en quelle monnaie le fret devra être payé. Il stipule aussi le paiement d'un tant p. 0/0 pour avaries et droit de chapeau. — V. *suprà*, v° *Affrétement*, n. 890 et s.

37. — L'art. 281 ne dit pas que le connaissement doive être daté. Mais on ne comprendrait pas qu'un acte aussi important ne le fût pas. Outre l'argument d'analogie qu'on peut tirer de l'art. 102, relatif à la lettre de voiture, l'intention de la loi à cet égard apparaît dans l'art. 282, qui exige que les quatre originaux soient signés dans les vingt-quatre heures après le chargement. Or, l'observation de cette règle ne peut être vérifiée qu'autant que le connaissement est daté. — Lyon-Caen et Renault, *Traité de droit commercial*, t. 5, n. 697.

38. — Le capitaine doit inscrire au connaissement la date exacte. L'antidate, mise à dessein de concert avec les chargeurs et dans le but de tromper les destinataires, constituerait une fraude dont le capitaine serait responsable solidairement avec les chargeurs. En vain offrirait-il de prouver que les usages du port de charge autorisent l'antidate des connaissements. — Anvers, 24 nov. 1876 et 2 mars 1877, [*J. Anvers*, 77.1.37 et 118] — *Sic*, Desjardins, n. 919.

39. — Le connaissement peut être à ordre, ou au porteur, ou à personne dénommée (art. 281). Le procédé à employer pour la transmission dépend de celle de ces trois formes qui lui aura été donnée, ainsi qu'il sera expliqué *infrà*, n. 100 et s.

40. — L'ordonnance de 1681 exigeait que le connaissement fût fait en trois originaux : l'un pour le chargeur, le second pour le destinataire, le troisième pour le capitaine. « Il est juste, disait Valin, que chaque partie intéressée au chargement en ait un double, le chargeur pour être en état de convaincre le maître qu'il lui a confié les effets qui y sont énoncés; celui auquel les marchandises sont adressées, afin qu'il puisse les réclamer à l'arrivée du navire, et le maître pour l'autoriser à demander le paiement du fret stipulé. »

41. — Indépendamment de ces trois originaux, le Code de commerce (art. 282) exige qu'il en soit dressé un quatrième, pour l'armateur du bâtiment. Le projet de révision du livre 2, C. comm., imprimé en 1867, proposait la suppression de ce quatrième exemplaire, comme faisant double emploi avec celui qui est entre les mains du capitaine. La chambre de commerce de Marseille s'éleva avec raison contre cette idée. L'exemplaire réservé à l'armateur est utile à divers égards. Il lui permet de contrôler les comptes du capitaine en ce qui concerne les frets perçus. De plus, au cas où le connaissement du capitaine viendrait à se perdre, dans un sinistre, par exemple, il ne faut pas que l'armateur soit exposé à rester sans titres contre les chargeurs. — Lyon-Caen et Renault, *Précis de droit comm.*, n. 1880; Desjardins, n. 925; de Valroger, n. 736.

42. — Il est à remarquer que, dans le cas où il y a un armateur distinct du ou des propriétaires du navire, c'est à cet armateur, d'après les termes mêmes de l'art. 282, que le quatrième exemplaire est destiné : c'est lui, en effet, qui est chargé d'administrer le navire et d'encaisser le fret. — De Valroger, *loc. cit.*

43. — La loi prescrit quatre originaux *au moins*. Elle ne s'oppose pas à ce qu'il en soit fait davantage. Aussi en est-il assez souvent dressé plusieurs exemplaires en vue du destinataire. Le chargeur, qui doit lui faire parvenir le connaissement, peut craindre qu'un exemplaire unique ne lui arrive pas (surtout en temps de guerre maritime), et demander au chargeur lui-même d'en délivrer plusieurs, qui seront expédiés par des voies différentes. Cette multiplicité d'exemplaires peut être féconde en inconvénients. Si, à l'arrivée du navire, les originaux du connaissement se trouvent dans les mains de diverses personnes, des difficultés graves pourront s'élever quant aux droits de ces porteurs et à la responsabilité du capitaine. Ces difficultés seront examinées *infrà*, n. 180 et s. On peut craindre aussi que le chargeur ou le consignataire ne profite de la pluralité des exemplaires pour se faire avancer plusieurs fois, par divers prêteurs, la valeur présumée de la cargaison, en donnant le titre en garantie. Les auteurs du projet de 1867 avaient cherché à atténuer ces inconvénients, en exigeant que les originaux dressés pour le destinataire fussent numérotés, comme le sont, en pareil cas, les exemplaires d'une lettre de change. Mais cette précaution ne peut être considérée comme obligatoire dans le silence du Code de commerce. — Mêmes auteurs, *loc. cit.*

44. — Ne faut-il pas tout au moins que chaque original porte mention du nombre des originaux qui ont été rédigés? D'après Boistel (n. 245), « cela n'est pas exigé légalement et à peine de nullité : car les art. 281 et 282 ne reproduisent pas l'exigence de l'art. 1325, C. civ., et le législateur a entendu ici être complet sur la question de forme ». Cette doctrine paraît exacte en présence des seuls textes du Code de commerce; c'est, en effet, un principe généralement admis, que l'art. 1325, C. civ., ne doit pas être étendu aux matières commerciales. Mais il faut tenir compte, en notre matière, des dispositions spéciales de la loi sur le timbre du 30 mars 1872. Aux termes de l'art. 5 de cette loi, lorsqu'il est créé plus de quatre connaissements, chacun de ces connaissements supplémentaires sont soumis à un droit de 50 cent. Les droits peuvent être perçus au moyen de timbres mobiles, qui seront apposés sur le connaissement existant entre les mains du capitaine, en un nombre égal à celui des originaux qui auront été rédigés, *et dont le nombre doit être mentionné conformément à l'art. 1325*, C. comm. A défaut de cette mention, il serait perçu sur l'original du capitaine un droit triple du droit ordinaire. Malgré le but évidemment fiscal de ces dispositions, il en résulte forcément que la mention du nombre des originaux est, à tous égards, obligatoire. Les contrevenants pourraient donc être déclarés responsables du préjudice que l'inobservation de cette règle causerait à des tiers. Le connaissement dépourvu de cette mention ne pourrait cependant pas être réputé inexistant, et il faudrait réserver aux intéressés le droit d'établir par tous moyens le nombre des exemplaires, conformément au principe général de l'art. 109, C. comm. — Desjardins, *loc. cit.*

45. — Il a d'ailleurs été jugé à bon droit que l'énonciation, dans un connaissement, que cet acte a été dressé en quatre originaux, fait pleine foi contre l'armateur, et ne peut être détruite par l'allégation de ce dernier qu'il n'a pas reçu l'original qui lui était destiné ;... peu importe d'ailleurs que cet acte ne se trouvât pas énoncé parmi les pièces de bord. — Cass., 8 nov. 1832, Dagneau-Symousen, [S. 32.1.806, P. chr.]

46. — L'art. 282 ajoute que les quatre originaux sont signés par le chargeur et par le capitaine dans les vingt-quatre heures après le chargement. Le connaissement étant un reçu des marchandises délivré par le capitaine, il semble que la signature de celui-ci aurait suffi ; et, en effet, l'ordonnance de 1681 s'en contentait. Mais les rédacteurs du Code ont pensé qu'il était utile d'y joindre la signature du chargeur, pour deux motifs : d'une part, il arrive très-souvent que, à défaut de charte-partie, le connaissement est le seul titre que puisse invoquer le capitaine pour réclamer le fret; d'autre part, en cas de contestation, les assureurs pourront se prévaloir contre le chargeur des termes du connaissement signé par lui. — Lyon-Caen et Renault, t. 3, n. 702.

47. — Mais faut-il que chacun des exemplaires du connaissement soit revêtu à la fois des deux signatures du capitaine et du chargeur? D'une part, il importe peu que la signature du capitaine manque sur un ou plusieurs exemplaires, si le chargeur ou le destinataire peut en présenter au moins un portant cette signature. Ceux-ci ne sauraient avoir à souffrir, comme dit Valin, de ce que « par négligence ou malice, le maître aurait manqué de signer le double resté par devers lui ». — Desjardins, n. 922.

48. — D'autre part, on admet généralement que la signature du chargeur n'est indispensable que sur les exemplaires destinés à l'armateur et au capitaine. Il serait peu raisonnable d'exiger cette signature, à peine de nullité, sur l'exemplaire que conserve le chargeur lui-même et sur celui qu'il envoie au destinataire (de Valroger, n. 737). Le plus souvent, dans la pratique, le chargeur se contente de signer les deux exemplaires de l'armateur et du capitaine.

49. — Il sera parlé plus loin (n. 69 et s.) de la force probante du connaissement auquel manque l'une des signatures exigées par la loi.

50. — En cas de sous-affrétement, le sous-affréteur peut-il exiger que le connaissement soit signé par l'affréteur principal? Le tribunal de commerce de Marseille s'est prononcé avec raison pour la négative (8 août 1879, *J. Marseille*, 79.1.280); en effet, même dans ce cas, c'est le capitaine seul qui se charge du transport des marchandises du sous-affréteur, l'affréteur principal s'engageant seulement à les laisser charger sur le navire qu'il a entièrement loué. — Desjardins, *loc. cit.*

51. — L'ordonnance disait que les marchands seront tenus de présenter au maître leurs connaissements pour les signer. Emérigon en concluait très-justement que le capitaine ne pourra être obligé de se transporter au domicile des chargeurs pour signer leurs connaissements (t. 1, p. 312). Cette solution, que le bon sens impose, doit encore être suivie aujourd'hui.

52. — Par conséquent, si les chargeurs laissaient partir le navire sans avoir fait signer leurs connaissements, ils devraient, comme le dit encore Emérigon, l'imputer à leur négligence, et s'ils assignaient l'armateur pour signer ses connaissements, sous l'offre de vérifier que leurs marchandises ont été chargées dans le navire, tous les frais de procédure resteraient à leur charge.

53. — Les chargeurs, disait Valin sur l'ordonnance, « ne sont nullement obligés d'attendre que le navire soit entièrement chargé pour obliger le capitaine de signer les connaissements, à cause de l'intérêt qu'ils peuvent avoir d'en être nantis... Ainsi, dès qu'ils ont fait leur chargement dans le navire, ils sont en droit de demander au maître qu'il ait à signer le connaissement et de le faire assigner pour l'y faire condamner ». Ceci nous montre comment il faut interpréter la disposition de l'art. 282 d'après laquelle les originaux sont signés dans les vingt-quatre heures *après le chargement*. Ces derniers mots ne signifient pas que le capitaine puisse attendre que le chargement de son navire soit complètement terminé avant de délivrer aucun connaissement; ils indiquent, au contraire, que le connaissement relatif à chaque marchandise doit être signé au plus tard vingt-quatre heures après le chargement de cette marchandise. — De Valroger, n. 737.

54. — Le chargeur est tenu de fournir au capitaine, dans le même délai, les acquits (de paiement ou à caution) des marchandises chargées (art. 282, dern. al.). Etant donnée la façon dont nous avons interprété le délai de vingt-quatre heures dans la disposition précédente, nous devons décider que le capitaine a également le droit d'exiger de chaque chargeur la délivrance de ces acquits dans les vingt-quatre heures du chargement de sa marchandise, alors même que le navire ne serait pas encore complètement chargé. Toutefois, il ne pourrait réclamer d'indemnité aux chargeurs que dans le cas où, le chargement du navire étant terminé, son départ se trouverait retardé par leur fait. Il y aurait lieu alors au paiement de surestaries, conformément aux conditions de l'affrétement (V. *suprà*, v° *Affrétement*, n. 570 et s.). — De Valroger, *loc. cit.*

55. — Lorsque les marchandises sont chargées pour le compte du capitaine, des gens de l'équipage ou des passagers, le connaissement destiné à prouver contre les assureurs, en cas de perte, la valeur et la consistance de ces marchandises, est soumis, outre les formalités ordinaires, à certaines prescriptions particulières. — V. *suprà*, v° *Assurance maritime*, n. 1879 et s.

CHAPITRE III.

DE LA FORCE PROBANTE DU CONNAISSEMENT.

56. — Le connaissement prouve que les marchandises indiquées par lui ont été chargées à bord du navire. Il en fait foi : 1° entre toutes les personnes intéressées au chargement, comme dit l'art. 283, C. comm., c'est-à-dire entre l'armateur et le capitaine, d'une part, et, d'autre part, le chargeur et le destinataire, qui peuvent invoquer le contrat fait à son profit par le chargeur, autrement dit, entre les parties au contrat d'affrétement.

57. — 2° Entre ces parties et les assureurs, dit l'art. 283. Ainsi, bien que les assureurs aient la qualité de tiers et soient restés complètement étrangers à la rédaction du connaissement, les énonciations de cet acte peuvent être invoquées par eux et contre eux. La plupart des auteurs considèrent cette disposition comme dérogatoire aux principes du droit commun (Boistel, n. 1247; Cresp et Laurin, t. 2, p. 144; Alauzet, t. 5, n. 1873). M. Lyon-Caen, sa note sous Cass., 24 juill. 1883, Cie d'assurances *le Zodiaque*, [S. 84.1.57, P. 84.1.126], — et dans son *Traité de droit commercial*, t. 5, n. 705, a démontré que c'est là une erreur. « On paraît confondre, dit-il, la question de savoir à l'égard de quelles personnes un acte juridique peut produire effet, avec la question toute différente de savoir à l'égard de quelles personnes un écrit (authentique ou sous seing privé) a force probante. S'il est certain qu'un acte juridique n'a pas d'effet à l'égard des tiers, il est hors de doute qu'un écrit a force probante *erga omnes* (qu'il soit authentique ou sous seing privé). Cela n'a pas d'inconvénient, puisque la preuve contraire est toujours possible de la part des tiers. Avec un système différent, celui qui a des titres nombreux et décisifs à l'appui de son droit serait exposé à des procès sans nombre. L'art. 283 ne fait donc que confirmer le droit commun en accordant force probante au connaissement à l'égard des assureurs. »

58. — Il faut, par conséquent, généraliser l'art. 283 et décider que le connaissement fait foi à l'égard de tous les tiers sans exception. Ainsi, dans le cas d'un prêt à la grosse fait sur marchandises, l'emprunteur, pour se dispenser du remboursement, doit prouver, non seulement le fait du sinistre, mais celui du chargement des marchandises : il pourra faire cette preuve contre son prêteur au moyen d'un connaissement (Lyon-Caen et Renault, *loc. cit.*). Cette généralisation paraît admise, du reste, même par les auteurs qui voient dans l'art. 283 une disposition dérogatoire au droit commun. — Boistel, n. 1247; Alauzet, n. 1873.

59. — Jusqu'à quel point le connaissement fait-il foi de son contenu? Peut-il être fourni des preuves contraires à ses énonciations? Cette question doit être résolue à l'aide d'une distinction.

60. — Dans les rapports des parties au contrat d'affrétement, c'est-à-dire du chargeur et du capitaine, il n'est pas interdit en principe de faire une preuve contraire aux énonciations du connaissement. Toutefois, comme le contrat d'affrétement n'est susceptible d'être prouvé que par écrit (V. *suprà*, v° *Affrétement*, n. 75 et s.), cette preuve ne pourrait être fournie qu'à l'aide d'autres documents écrits : il ne serait permis de recourir ni à des témoins, ni à de simples présomptions, l'art. 1341, C. civ., s'opposant à ce qu'il soit reçu aucune preuve contre et outre le contenu aux actes. — Lyon-Caen et Renault, *Précis de dr. comm.*, n. 1883; et *Traité de dr. comm.*, t. 5, n. 708.

61. — Quant aux rapports des parties signataires du connaissement avec les tiers, ils sont régis par les deux principes suivants : 1° les parties ne sont pas recevables à démontrer, par quelque moyen que ce soit, la fausseté du contenu d'un acte qu'elles ont certifié par leur signature (art. 1341, C. civ.).

62. — Ainsi le capitaine ne pourrait prouver contre le destinataire ou contre un tiers porteur du connaissement que les marchandises mentionnées dans cet acte n'ont pas été réellement chargées. — Trib. Marseille, 18 févr. 1873, [*J. Marseille*, 73.1.130] — Sic, Lyon-Caen et Renault, *loc. cit.*

63. — Il ne pourrait pas non plus, après avoir certifié le poids d'une marchandise sur le connaissement, alléguer qu'il n'a pas vérifié par lui-même le fait dont il s'est ainsi porté garant. — Trib. Marseille, 17 févr. 1880, [*J. Marseille*, 80.1.144]

64. — Il n'y aurait lieu de s'écarter de ce principe, que dans le cas où le capitaine prétendrait que telle ou telle partie de sa reconnaissance lui a été surprise par une fraude du chargeur, car la fraude fait exception à toutes les règles. — Desjardins, n. 928. — V. Cass., 3 janv. 1872, Simonnet, [S. 72.1.270, P. 72.679, D. 72.1.73]

65. — De leur côté, les chargeurs ne sauraient être admis à prouver, contre leurs assureurs, que la quantité des marchandises chargées dépassait celle qu'indique le connaissement. — Lyon-Caen et Renault, *loc. cit.*

66. — 2° Au contraire, les tiers, notamment les assureurs, ne sauraient être liés par les termes d'un acte à la rédaction duquel ils sont restés étrangers. Ils ont donc toujours le droit de prouver, par toute espèce de moyens, que telle ou telle énonciation du connaissement est inexacte. — Desjardins, *loc. cit.*; Lyon-Caen et Renault, *loc. cit.*

67. — Ce droit leur appartient, non seulement dans le cas prévu par Valin (t. 1, p. 638) et Emérigon (t. 1, p. 316), où une fraude concertée à leur détriment entre le chargeur et le capitaine, mais toutes les fois qu'une erreur, même involontaire, s'est glissée dans la rédaction du connaissement. — Mêmes auteurs, *loc. cit.* — V. au surplus, *suprà*, v° *Assurance maritime*, n. 1851 et s.

68. — Telle est la force probante du connaissement lorsqu'il est régulier, c'est-à-dire lorsqu'il renferme toutes les mentions voulues, qu'il est rédigé en quatre originaux, et revêtu des signatures du capitaine et du chargeur, conformément à l'art. 282.

69. — Quelles sont les conséquences de l'inobservation de l'une ou l'autre de ces règles? Lorsqu'aucun des originaux du connaissement n'a été signé par le capitaine (ni par une personne agissant en son nom), le connaissement n'existe pas en réalité. La signature du capitaine est essentielle. — Desjardins, t. 4, n. 922.

70. — Cependant M. de Courcy (*Quest. de droit maritime*, t. 1, p. 20) affirme que souvent les connaissements délivrés par les compagnies d'armement sont signés dans leurs bureaux par des commis, et non par le capitaine du navire. Il n'est pas douteux qu'un pareil acte puisse être opposé à la compagnie. Mais il ne paraît pas possible de lui faire produire le caractère d'un véritable connaissement. En tout cas, cet acte n'étant plus, ainsi que le fait remarquer M. Desjardins (*loc. cit.*), une reconnaissance du chargé, mais seulement de ce qui a été déposé dans un bureau d'expédition, comment la responsabilité du capitaine en dériverait-elle?

71. — Le connaissement auquel manque la signature du chargeur, ou qui n'a pas été fait en autant d'exemplaires que le prescrit la loi, n'est pas dénué de valeur. C'est un acte irrégulier, qui ne suffit pas pour faire par lui-même preuve complète du chargement (arg. *a contrario* de l'art. 283); mais les juges peuvent en tenir compte, lorsque d'autres éléments de preuve viennent s'y joindre. — Lyon-Caen et Renault, *Traité de dr. comm.*, t. 5, n. 707.

72. — Dans les rapports des parties à l'affrétement, le connaissement irrégulier, mais revêtu de la signature de celui à qui on l'oppose, constitue le commencement de preuve par écrit prévu par l'art. 1347, C. civ., et dès lors la preuve du chargement peut être complétée à l'aide de témoins et de simples présomptions de fait. Il ne serait pas rationnel de se montrer plus rigoureux pour la preuve de l'affrétement que pour celle d'un contrat civil.

73. — La Cour de cassation a même jugé que l'absence de la signature du chargeur sur un connaissement ne faisait pas obstacle à ce que celui-ci réclamât sa marchandise et invoquât la responsabilité de l'armateur, si d'ailleurs le fait du chargement n'était pas dénié. — Cass., 8 nov. 1832, Dagneau-Symouson [S. 32.1.806, P. chr.]

74. — Au regard des tiers, le chargement étant un fait matériel, peut être prouvé par toute espèce de moyens; le connaissement irrégulier peut donc être invoqué, à condition de se trouver corroboré par d'autres éléments de preuve.

75. — La cour de Rouen, dans un procès entre un chargeur et ses assureurs, a été appelée à se prononcer sur la valeur d'un connaissement signé seulement du capitaine, et elle a décidé que la signature du chargeur, n'étant pas exigée par la loi à peine de nullité, n'est pas une formalité substantielle; que cette signature se trouve en quelque sorte suppléée par l'acceptation que fait le chargeur des connaissements qui lui sont remis, soit pour lui, soit pour les destinataires de la marchandise. — Rouen, 6 avr. 1882, sous Cass., 24 juill. 1883, Cie d'assurance le *Zodiaque*, [S. 84.1.38, P. 84.1.126, et la note de M. Lyon-Caen, D. 84.1.41]

76. — M. Lyon-Caen, dans sa note sous Cass., 24 juill. 1883, précité, a critiqué avec raison cette interprétation trop élastique. L'art. 282 exigeant formellement la signature du chargeur, il est impossible de se contenter d'équivalents plus ou moins exacts. Cette sévérité de la loi peut d'ailleurs se justifier rationnellement. « Le capitaine signe le connaissement presque toujours sans connaître le contenu des colis chargés à bord de son navire, par cela qu'il ne peut guère les ouvrir pour procéder à une vérification. C'est de dont témoignent les clauses des connaissements : *que dit être, poids et contenu inconnus*, ... et qui sont pour ainsi dire devenues de style. La signature du capitaine constate donc bien qu'il y a eu un chargement, mais elle ne peut servir à prouver à elle seule quelle en est la nature et partant la valeur. La signature du chargeur certifie le contenu; elle constitue dans une certaine mesure une garantie pour l'assureur à l'égard duquel la nature du chargement a une grande importance, puisqu'avec de l'indemnité à payer peut varier d'une façon très-notable ». — En ce sens, Cresp et Laurin, t. 2, p. 142; Bédarride, t. 2, n. 693; de Valroger, n. 742. — *Contrà*, Aix, 30 août 1833, Boy de la Tour, [S. 34.2.161, P. chr.] — Ruben de Couder, n. 40.

77. — La Cour suprême, saisie du pourvoi formé contre l'arrêt de la cour de Rouen, a évité de se prononcer sur la question de la force probante du connaissement non signé du chargeur. Elle s'est contentée de déclarer que cet arrêt n'a pas violé la loi, « puisqu'il ne fait pas résulter exclusivement du connaissement la preuve du chargé, mais qu'il se base aussi sur les actes justificatifs et autres documents produits, qu'il appartenait aux juges du fond d'apprécier souverainement ». — Cass., 24 juill. 1883, précitée. — En effet, vis-à-vis des assureurs, le connaissement n'est pas le seul document qui puisse être invoqué pour prouver le chargé; cela résulte implicitement de l'art. 383, C. comm., qui prescrit de signifier à l'assureur *les actes justificatifs* du chargement, sans préciser davantage. Cette solution est d'ailleurs conforme aux principes établis, *suprà*, n. 74, en ce qui concerne la force probante du connaissement irrégulier à l'égard des tiers.

78. — Du reste, d'après un arrêt beaucoup plus ancien de la chambre des requêtes, le connaissement n'est obligatoire pour les assureurs qu'autant qu'il a été signé par le capitaine et les chargeurs, ou par le capitaine et deux des principaux de l'équipage. Il en est ainsi, alors même que le chargement a lieu pour un tiers absent; il ne pourrait produire aucun effet s'il n'était signé que par le capitaine. — Cass., 6 juill. 1829, Galoz, [S. et P. chr.]

79. — Les règles ci-dessus sont également applicables au connaissement qui est irrégulier par suite de l'omission d'une des mentions exigées par la loi, ou même de la date, puisque cette indication a été reconnue essentielle. — V. *suprà*, n. 37.

80. — Jugé, en conséquence, qu'un connaissement non daté ou dont la date ne pourrait faire naître aucune fausse ne fait point foi à l'égard des tiers. L'assuré ne peut s'en prévaloir contre l'assureur; mais il peut établir la preuve du chargé par des preuves supplémentaires qui sont à l'arbitraire du juge. — Trib. comm. Marseille, 31 janv. 1823, [cité par Dageville, t. 2, p. 283]

81. — Les connaissements sont très-souvent rédigés à l'aide de formules imprimées dont on n'a qu'à remplir les blancs. Dans le cas où les énonciations des divers exemplaires d'un connaissement ainsi dressé ne concordent pas, l'exemplaire du capitaine fait foi, d'après l'art. 284, C. comm., s'il a été rempli de la main du chargeur ou de son commissionnaire. Le chargeur ne peut, en effet, récuser les termes d'un acte qui a été rédigé par lui-même ou par son représentant : c'est son propre aveu qu'on invoque contre lui. — Lyon-Caen et Renault, *Traité de dr. comm.*, t. 5, n. 709.

82. — Il en serait de même, *à fortiori*, si le connaissement du capitaine avait été rempli par un commis du chargeur, car le plus souvent, remarque Valin (t. 1, p. 637), ce sont les commis qui remplissent les connaissements pour les négociants chez qui ils travaillent. — Cresp et Laurin, t. 2, p. 144; Desjardins, t. 4, n. 929; Bravard-Veyrières et Demangeat, *Traité de dr. comm.*, t. 4, p. 395.

83. — Réciproquement, et en vertu de la même disposition, dans le cas plus rare où le connaissement du chargeur aura été rédigé par le capitaine, les énonciations en seront opposables à celui-ci.

84. — L'art. 284 embrasse le cas de diversité entre les connaissements remplis de la même main. Ainsi, lorsqu'ils ont tous été remplis par le chargeur, celui-ci est obligé de s'en rapporter à la rédaction de l'exemplaire qui est entre les mains du capitaine; c'est ce que faisait remarquer Emérigon (t. 1, p. 316). — Desjardins, *loc. cit.*

85. — Mais l'art. 284 suppose que l'exemplaire détenu par le capitaine et rédigé par le chargeur renferme une énonciation contraire à la prétention de celui-ci, ou inversement. Il ne peut être appliqué en dehors de ce cas, où l'on oppose à la partie son propre aveu.

86. — Donc, si chacune des parties possédait un exemplaire écrit de la main de l'autre, et si ces exemplaires différaient entre eux, il n'y aurait pas de raison *à priori* pour préférer l'un à l'autre. La situation des deux adversaires étant égale, et les deux témoignages se neutralisant, les juges devraient recourir à d'autres éléments de preuve, tels que les manifestes, les déclarations d'entrée et de sortie, les attestations de l'équipage. — De Valroger, n. 743; Cresp et Laurin, *loc. cit.*; Desjardins, *loc. cit.*; Lyon-Caen et Renault, *Précis*, t. 2, n. 1884, et *Traité*, *loc. cit.*; Bravard-Veyrières et Demangeat, t. 4, p. 396.

87. — Le tribunal de commerce d'Anvers a jugé que si les connaissements n'ont pas été rédigés conformément aux prescriptions de l'art. 283, il n'y a plus lieu d'appliquer ni l'art. 283, ni l'art. 284, qui s'y rattache pour un lien étroit : les difficultés que peut faire naître la diversité des connaissements doivent alors se résoudre d'après les circonstances et, conformément aux règles générales du droit. — Trib. comm. Anvers, 28 avr. 1879, [*J. Anvers*, 79.1.348]

88. — Lorsqu'il y a divergence entre le connaissement et la charte-partie, notamment en ce qui concerne le montant du fret, auquel de ces deux actes faut-il s'attacher de préférence? Il y a lieu de distinguer, suivant que le capitaine se trouve en conflit avec l'affréteur ou avec le destinataire.

89. — Dans les rapports entre le capitaine et l'affréteur, la charte-partie doit l'emporter en principe, parce que c'est l'acte spécialement dressé pour constituer les conditions de l'affrétement. Le montant du fret ne figure que d'une façon accessoire dans le connaissement. — De Valroger, n. 746; Lyon-Caen et Renault, *Précis*, t. 2, n. 1885, et *Traité*, t. 5, n. 710. — V. aussi Bédarride, t. 2, n. 701; Desjardins, t. 4, n. 927; Bravard-Veyrières et Demangeat, *loc. cit.*; Ruben de Couder, n. 124; Alauzet, t. 5, n. 1875.

90. — Il a été jugé, en ce sens, que le fret d'une marchandise stipulé dans la charte-partie à tant la mesure, et fixé ensuite dans le connaissement à une somme déterminée en bloc, doit être payé au capitaine d'après la convention primitive. — Trib. Marseille, 19 déc. 1834, [*J. Marseille*, 13.1.210]

91. — Les juges devraient néanmoins s'écarter de ce principe, s'ils constataient en fait que les parties ont modifié leurs conventions primitives, et que la divergence entre les deux actes est la conséquence de cette modification. — Mêmes auteurs.

92. — Dans les rapports entre le capitaine et le destinataire de la marchandise, c'est, au contraire, au connaissement qu'il faut se référer : car le destinataire ne connaît que cet acte, et est en droit de compter sur les énonciations qu'il renferme. Donc, si le connaissement porte un fret inférieur à celui qu'indique la charte-partie, le destinataire a le droit d'exiger du capitaine la livraison de la marchandise, moyennant le paiement de ce fret. Il n'en serait autrement que dans le cas, assez fréquent du reste, où le connaissement se référerait à le charte-partie. — Mêmes auteurs.

93. — S'il n'avait pas été dressé de connaissement, le fait du chargement et l'importance de la cargaison pourraient-ils être prouvés par d'autres moyens? Il est généralement admis que les intéressés peuvent fournir cette preuve, non seulement à l'aide d'autres documents écrits, tels que les expéditions de la douane, les manifestes d'entrée et de sortie, mais encore par témoins et par de simples présomptions. « Il est vrai, disent MM. Lyon-Caen et Renault (*Précis*, t. 2, n. 1886), que, dans les matières maritimes, la preuve par témoins est ordinairement exclue : mais cette exclusion ne s'applique qu'à la preuve des actes juridiques, et non des simples faits, pour lesquels, même en matière civile, la preuve testimoniale est admise sans aucune restriction. Le chargement est un fait, et non un acte juridique ». — V. aussi de Valroger, n. 744; Desjardins, n. 926.

94. — Cette doctrine est incontestable, en tant qu'il s'agit de prouver le chargement à l'égard des tiers. Ainsi le chargeur qui est obligé, pour invoquer la responsabilité de son assureur, de démontrer que telle marchandise a été embarquée sur le navire, peut fournir cette preuve, soit par des actes justificatifs autres que le connaissement (l'art. 383, C. comm., y fait allusion), soit même par témoins et par présomptions. « Attendu, porte un arrêt, que si, aux termes de l'art. 283, le connaissement fait preuve du chargement, aucune disposition de loi n'interdit les autres moyens de preuve admis en matière commerciale; que l'arrêt attaqué a donc pu le faire résulter d'autres actes justificatifs qu'il appartenait aux juges du fond d'apprécier souverainement ». — Cass., 18 févr. 1863, *l'Aquitaine*, [S. 63.1.498, P. 64.183, D. 63.1.372]

95. — Mais nous croyons devoir apporter une restriction à la doctrine ci-dessus, en ce qui concerne les rapports des parties entre elles, et dans le cas où il n'y a ni charte-partie, ni aucune preuve écrite de l'affrètement. Si on permettait, soit au capitaine qui agit en paiement du fret, soit à l'affréteur ou au consignataire qui demande la livraison des marchandises, de prouver par témoins le fait du chargement, on arriverait à éluder la règle de l'art. 273, C. comm., qui exige que le contrat d'affrètement soit constaté par écrit. Ce que le demandeur réclame en pareil cas, c'est l'exécution d'une obligation dérivant de ce contrat. Sa prétention n'est donc pas recevable, s'il n'apporte pas de preuve écrite. Tout au plus devrait-il produire, pour que l'audition des témoins fût autorisée, un commencement de preuve par écrit conforme à l'art. 1347, C. civ.

96. — Cette considération nous paraît expliquer le jugement du Trib. comm. Marseille, 15 nov. 1880, critiqué par Desjardins (n. 926), d'après lequel celui qui a chargé une marchandise sans connaissement ne peut plus, si la marchandise se perd et quand même elle se perdrait par la négligence de l'équipage, rendre le capitaine responsable de cette perte. — Trib. comm. Marseille, 15 nov. 1880 [*J. Marseille*, 81.1.54]

97. — Toutefois il a été jugé que « si, en principe, le chargeur ou les destinataires doivent justifier du chargement par un connaissement signé du capitaine, et si ce titre peut et doit être requis pour le retirement de la marchandise, cette exigence de la compagnie des transports maritimes ne pouvait être maintenue du jour où elle savait qu'aucun document n'avait été signé et qu'aucun tiers ne pouvait ultérieurement se prévaloir contre elle d'un pareil document. Dans ce cas, l'entrepreneur de transports n'a pas le droit d'offrir la marchandise au réclamateur à titre provisoire et sauf revendication : faute par lui de la livrer purement et simplement, il doit en subir le *laissé pour compte* ». — Aix, 11 juill. 1872, [*J. Marseille*, 73.1.126]

98. — Jugé aussi que la preuve de l'embarquement d'une marchandise à bord d'un navire peut résulter de tous les modes admis en matière commerciale, lorsqu'il est établi que, dans l'usage, les agents de transport ne délivrent pas de connaissements à ceux qui leur confient leurs marchandises. — Trib. Nantes, 14 mars 1885, [*J. Nantes*, 85.1.257]

99. — En tout cas, il est certain que le chargeur qui ne s'est pas fait délivrer de connaissement ou déclaration du capitaine ne peut, dans le cas où celui-ci sacrifierait tout ou partie de ses marchandises pour le salut commun, agir en contribution contre les autres intéressés au navire et au chargement. C'est ce que déclare formellement l'art. 420, C. comm. — V. *supra*, v° *Avarie*, n. 113, 126 et s.

CHAPITRE IV.

DE LA TRANSMISSION DU CONNAISSEMENT.

100. — Le mode de transmission du connaissement dépend de la forme qui lui a été donnée. D'après l'art. 281, C. comm., dernier alinéa, le connaissement peut être à ordre, ou au porteur, ou à personne dénommée.

101. — I. *Connaissement à personne dénommée.* — C'est celui qui désigne par son nom la personne qui aura le droit de réclamer la marchandise au capitaine.

102. — Pour transmettre un pareil connaissement, il faut se conformer à l'art. 1690, C. civ. Le transport n'aura effet à l'égard des tiers, et particulièrement du capitaine, détenteur de la marchandise, qu'autant qu'il lui aura été signifié par exploit d'huissier.

103. — Un connaissement à personne dénommée ne peut donc être régulièrement transmis par voie d'endossement : « attendu que les lettres de clôture ou connaissement ne peuvent être régulièrement négociées par endossement que lorsqu'ils sont à ordre; que, pour ce cas, la transmission qui en est faite ne constitue qu'un transport ordinaire qui ne produit pas les effets attachés par le Code de commerce à l'endossement ». — Cass., 12 janv. 1847, Crouzet, [S. 47.1.273, P. 47.1.184, D. 47.1.60] — Cette solution est unanimement approuvée dans la doctrine. — V. not. Cresp et Laurin, t. 2, p. 148; Alauzet. t. 5, n. 1868; Lyon-Caen et Renault, *Traité*, t. 5, n. 714; Bravard-Veyrières et Demangeat, t. 4, p. 382.

104. — Donc un commissionnaire auquel on aurait endossé un connaissement à personne dénommée n'aurait pas de privilège sur les marchandises transportées, puisqu'il ne pourrait être considéré comme investi légalement de la possession de ces marchandises. — Même arrêt.

105. — De même, un connaissement à personne dénommée ne peut être régulièrement donné en gage que par la signification de l'acte de nantissement aux détenteurs de la marchandise (art. 2075, C. civ., et 91, C. comm.). L'endossement de ce connaissement à un créancier du porteur n'empêcherait pas la revendication exercée par le vendeur non payé. — Cass., 13 août 1879, Droche, [S. 81.1.157, P. 81.1.373]

106. — Il suit aussi de là que celui à qui un connaissement nominatif aurait été endossé n'aurait pas le droit de donner la marchandise en gage à ses propres créanciers, et que ceux d'entre eux auxquels le connaissement aurait été remis à ce titre seraient obligés de la restituer à son véritable propriétaire. — Trib. Marseille, 31 mars 1865, (*J. Marseille*, 65.1.53)

107. — Il en est ainsi, même dans le cas où le nantissement aurait été donné à un créancier étranger et dans un pays étranger d'après la loi duquel l'endossement serait translatif de propriété, si du reste l'endossement dont il s'agit a été fait en France, et si c'est en France que doit être reçue la marchandise désignée au connaissement. — Même jugement.

108. — On pourrait toutefois considérer le porteur, investi par un endossement du connaissement nominatif, comme ayant reçu pouvoir du propriétaire de recevoir les marchandises au débarquement. — Desjardins, t. 4, n. 938.

109. — II. *Connaissement à ordre.* — Le connaissement qui renferme la clause à ordre se transmet par voie d'endossement.

110. — Les mots *à ordre* ne sont pas sacramentels. Par exemple, doit être considéré comme étant à ordre le connaissement qui porte que « la marchandise sera consignée à tel destinataire ou à qui pour lui ». — Trib. Marseille, 11 mai 1860, [*J. Marseille*, 60.1.228] — *Sic*, Cresp et Laurin, t. 2, p. 148, note; Desjardins, n. 939.

111. — Le connaissement étant un titre représentatif de la cargaison, la possession de cette cargaison est censée transmise à celui qui profite de qui le connaissement est endossé. « Rien n'empêche donc, disent MM. Lyon-Caen et Renault, le chargeur qui vend ses marchandises en voyage d'en transmettre immédiatement la possession à son acheteur qui lui-même, à l'aide d'un nouvel endossement, peut les mettre à la disposition d'autres personnes à qui il les revend. Il arrive ainsi que, dans le cours d'un seul voyage de plusieurs mois ou de plusieurs semaines, les marchandises transportées par mer sont l'objet de plusieurs ventes successives ». — Lyon-Caen et Renault, *Précis*, t. 2, n. 1888.

112. — Le connaissement à ordre, comme la lettre de change, peut être l'objet de trois sortes d'endossements : endossement translatif de propriété, — endossement à titre de procuration, — endossement de garantie.

113. — A. Lorsque l'endossement est *régulier*, c'est-à-dire qu'il renferme les mentions exigées par l'art. 137, C. comm. (date, valeur fournie, clause à ordre suivie du nom du preneur), il fait présumer que la propriété des marchandises a été transférée au porteur. Tel est le principe reconnu aujourd'hui en doctrine et en jurisprudence, malgré l'opinion contraire émise autrefois par Émérigon (*Assur.*, ch. 11, sect. 3, § 8). — Boulay-Paty, t. 2, p. 314; Cresp et Laurin, t. 2, p. 148; Lyon-Caen et Renault, *Traité*, t. 3, n. 716.

114. — Ce principe a été affirmé dans un grand nombre d'arrêts : La Cour de cassation a jugé que la propriété du chargement d'un navire est valablement transmise, même à l'égard du véritable propriétaire, par la remise du connaissement faite par le capitaine à celui que cet acte désigne comme chargeur. — Peu importe que le chargement ait ensuite été expédié à la consignation du véritable propriétaire et sur son propre navire. — Cass., 11 juill. 1837, Ducarrey, [S. 37.1.785, P. 37.2.334]

115. — Elle a également décidé, dans un cas où le connaissement à ordre, confié à un tiers par le destinataire des marchandises pour leur réception et réexpédition, avait été régulièrement endossé par ce tiers à un porteur de bonne foi, que celui-ci devait être considéré comme propriétaire des marchandises; et cela malgré la mauvaise foi de l'endosseur, qui n'avait disposé du connaissement que par un abus de confiance commis au préjudice de celui qui le lui avait remis. — Cass., 17 août 1859, Noël, [S. 60.1.61, P. 60.506, D. 59.1.347]

116. — Dans ce cas, celui qui est à la fois porteur de ce connaissement et de lettres de change auxquelles les marchandises expédiées servent de provision, a le droit, en vertu du connaissement, de demander que les marchandises lui soient remises, alors même que le tiré aurait refusé d'accepter les lettres de change. — Même arrêt.

117. — Jugé encore que l'endossement d'un connaissement est translatif de la propriété des marchandises auxquelles ce connaissement s'applique et qui se trouvent en cours de voyage. ... Sans qu'il soit nécessaire, vis-à-vis des tiers autres que le vendeur primitif qui revendiquerait ces marchandises dans la faillite de l'acheteur, que la revente faite par ce dernier ait été faite à la fois sur connaissement et sur facture. — Cass., 13 janv. 1862, Thiriez, [S. 62.1.207, P. 62.668, D. 62.1.133]

118. — D'après un autre arrêt, le tiers auquel un connaissement a été transmis par endossement régulier a le droit d'exiger de l'acheteur le prix du chargement, comme l'aurait pu le vendeur lui-même. Il agit alors, non comme créancier du vendeur dont il exercerait les droits, mais bien comme créancier de l'acheteur, et celui-ci ne peut, en conséquence, exciper de ce que le vendeur serait tombé en faillite depuis la transmission du connaissement, si la validité de l'endossement n'a pas été attaquée par le syndic. — Cass., 31 mai 1869, Petersson, [S. 69.1.339, P. 69.869, D. 69.1.302]

119. — De même, l'assureur sur facultés qui a payé à l'assuré le montant de l'assurance après sinistre et délaissement, justifie de sa qualité et de son droit à agir contre les tiers par la possession de ce connaissement : comme porteur de ce connaissement régulièrement endossé, il exerce, non pas les droits du chargeur, mais un droit propre et personnel. — Trib. Hâvre, 6 mars 1878, [J. *Marseille*, 78.2.223]

120. — Toutefois, la présomption de propriété que l'endossement régulier fait naître au profit du porteur n'est pas absolue, et peut être détruite par la preuve contraire. — Cass., 3 janv. 1872, Simonnet, [S. 72.1.270, P. 72.679, D. 72.1.74]; — 17 mai 1892, Fantoni, [S. et P. 92.1.296, D. 92.1.485] — *Sic*, Desjardins, t. 4, n. 939.

121. — Ainsi il a été jugé que celui en faveur de qui le connaissement a été endossé ne peut pas dire que la propriété lui en ait été transmise, s'il savait que l'endosseur n'était que le consignataire des marchandises. — Cass., 13 août 1822, Thuret et Cie, [S. et P. chr.]

122. — De même, les créanciers de l'endosseur sont toujours admis à prouver que l'endossement déguise une fraude concertée à leur détriment entre leur débiteur et le tiers porteur du connaissement. Et il a été jugé que cette preuve résulte suffisamment des énonciations d'un arrêt constatant que « par l'acceptation d'un connaissement antidaté et ayant une cause supposée, le tiers porteur n'a fait que prêter son nom au débiteur pour soustraire des marchandises lui appartenant à la saisie d'un créancier, fraude démontrée d'ailleurs par l'altération des livres produits ». — Cass., 3 janv. 1872, précité.

123. — Jugé également que l'assureur des marchandises peut, pour se soustraire au paiement du montant de l'assurance, exciper utilement, vis-à-vis dudit porteur, le cas échéant, de la complicité de l'endosseur propriétaire des marchandises assurées dans les faits de baraterie du capitaine, qui ont amené la perte du navire et de la cargaison. — Cass., 17 mai 1892, précité.

124. — Mais à l'égard des tiers avec qui il peut contracter, le porteur investi par un endossement régulier est présumé propriétaire d'une façon absolue, et on ne saurait être admis à prouver, à l'encontre de ces tiers, que l'intention des parties à l'endossement n'a pas été de transférer au porteur la propriété. La possibilité d'une pareille preuve enlèverait toute sécurité aux transactions commerciales. — Bruxelles, 17 juill. 1865, [J. *Anvers*, 67.1.106] — *Sic*, Desjardins, *loc. cit.*

125. — B. Lorsque l'endossement d'un connaissement est *irrégulier*, conformément à un principe général en matière d'effets de commerce (art. 138, C. comm.), il ne vaut qu'à titre de procuration. « Attendu, porte un arrêt, qu'il résulte des art. 137 et 138, C. comm., que, lorsqu'un endossement n'exprime pas la *valeur fournie*, il n'opère pas de transport et n'est qu'une procuration; attendu que ces articles posent des règles générales en matière d'endossement et que ces règles s'appliquent non seulement aux lettres de change et billets à ordre, mais à tous les autres actes faits à ordre et susceptibles, dès lors, de négociation et de transmission par voie d'endossement, tels que les polices d'assurance, les contrats de grosse et les connaissements... ». — Cass., 1er mars 1843, Muller, [S. 43.1.185, P. 43.1.367]

126. — Jugé encore que, si l'endossement d'un connaissement a été causé *valeur entendue*, cette mention vague, incertaine, ne faisant point connaître si une valeur a été fournie et quelle est la nature de cette valeur, ne satisfait pas au vœu de la loi : il n'y a donc là qu'une procuration, permettant d'opposer au porteur de l'endossement irrégulier toutes les exceptions dont on peut se prévaloir contre l'endosseur. — Cass., 30 janv. 1850, Arnaud, [S. 50.1.244, P. 50.2.634, D. 50.1.51]

127. — L'endossement en blanc, étant une espèce d'endossement irrégulier, ne constitue qu'une procuration. Par conséquent, le porteur de la traite et de l'un des originaux du connaissement, chargé de remettre ce connaissement à l'acheteur contre acceptation de la traite, ne pourrait se prévaloir d'un endossement en blanc pour prétendre que la propriété des marchandises lui a été transférée et les revendiquer de son chef. — Gand, 27 avr. 1866, [J. *Anvers*, 66.2.64]

128. — Mais, vis-à-vis du capitaine, on peut se porter réclamateur de la marchandise, alors même qu'on n'aurait qu'un endossement en blanc, car, pour se faire délivrer la marchandise, il n'est pas nécessaire d'en être propriétaire : il suffit qu'on ait reçu mandat du propriétaire. — Boistel, n. 1248; de Valroger, t. 2, n. 734.

129. — Le porteur investi par un endossement irrégulier peut-il prouver, contrairement à la présomption de l'art. 138, C. comm., qu'il s'est rendu acquéreur du connaissement et qu'il doit en être considéré comme propriétaire? Suivant les principes admis en matière de lettres de change, il peut faire cette preuve à l'égard de son endosseur. — Cass., 7 août 1867, Dats, [S. 67.1.381, P., 67.1045, D. 67.1.328]; — 12 mars 1879, Bruguier-Roure, [S. 80.1.143, P. 80.251, D. 80.1.118]

130. — Mais il ne le peut pas au regard des tiers. — Cass., 5 janv. 1864, Fenaille, [S. 64.1.83, P. 64.364, D. 64.1.140] — V. *infra*, v° *Lettre de change*.

131. — C. Enfin, le connaissement peut être endossé par un débiteur à son créancier, à titre de nantissement. Dans ce cas, l'endossement doit être régulier et indiquer que le connaissement a été remis en garantie (art. 91, C. comm.).

132. — Si cet endossement à titre de garantie n'était pas régulier, la sanction de l'art. 138, C. comm., serait encourue : il n'aurait que les effets d'un endossement de procuration. — V. *supra*, n. 125.

133. — C'est à une hypothèse d'endossement à titre de garantie, que se réfère un arrêt décidant que le connaissement ne constituait pas, au profit de celui à qui il avait été endossé, un titre de propriété de la marchandise; mais qu'il conférait au porteur du connaissement un droit de mainmise sur cette marchandise, avec attribution d'un privilège jusqu'à concurrence de la somme, en principal et accessoires, qu'il justifiait avoir déboursée en échange de la réception de ce connaissement. — Aix, 31 mars 1865, Sorvillo, [S. 66.2.31, P. 66.203]

134. — III. *Connaissement au porteur.* — Le connaissement rédigé au porteur se transmet par la simple remise de main en main. Cette tradition suffit pour en transférer la propriété, comme celle d'un meuble corporel.

135. — Il peut également être donné en gage par le même moyen, conformément aux règles tracées par l'exposé des motifs de la loi du 23 mai 1863.

136. — Toutefois, le nantissement peut alors être restreint, par la convention des parties, à une partie des marchandises que représente le connaissement. — Desjardins, n. 940.

137. — Ainsi, celui qui accepte des traites contre remise du connaissement, mais à qui il a été indiqué, soit par des lettres de l'expéditeur, tireur des traites, soit par les énonciations de la facture d'expédition remise entre ses mains, que le capitaine était propriétaire d'un tiers de la marchandise, doit se borner à exercer ses droits de créancier nanti sur les deux tiers appartenant à ceux avec qui il a traité. — Aix, 26 juill. 1866, [J. Marseille, 66.1.264]

138. — Lorsqu'un connaissement contient la clause à ordre, sans qu'aucun nom de destinataire y soit indiqué, c'est, malgré les mots *à ordre*, un véritable connaissement au porteur. — Trib. Hâvre, 12 nov. 1881, [J. Hâvre, 81.2.255] — Sic, Desjardins, *loc. cit.*

139. — Il a été jugé, dans le même sens, que le connaissement contenant l'invitation de délivrer *à ordre ou aux ayants-droit* la marchandise expédiée, sans indiquer le nom ni l'adresse du destinataire, a le caractère d'un connaissement au porteur, bien que le chargeur l'ait revêtu d'un endossement, si cet endossement a été fait en blanc et non à ordre. Par suite, un tel connaissement est transmissible par la seule tradition, et translatif de la propriété de la marchandise au profit de tout porteur de bonne foi. — Cass., 16 juill. 1860, Huard, [S. 61.1.541, P. 61. 889, D. 60.1.505]

140. — En tout cas, l'effet translatif d'un semblable connaissement ne saurait être contesté par un tiers ne figurant pas sur ce titre, et prétendant seulement, sans que le fait soit établi, avoir antérieurement acquis la marchandise à laquelle s'applique le connaissement, et en avoir payé le prix. — Même arrêt.

CHAPITRE V.

DES DROITS ET OBLIGATIONS DU PORTEUR DU CONNAISSEMENT.

§ 1. *De la responsabilité du capitaine envers le porteur, quant à la livraison des marchandises.*

141. — En principe, le porteur du connaissement a droit à la délivrance des marchandises, telles qu'elles sont indiquées par ce document, et aux conditions qu'il détermine.

142. — Toutefois, ce droit n'appartient qu'à la personne investie régulièrement du connaissement par le mode de transmission qui lui est applicable d'après sa forme (*supra*, n. 100 et s.). — Desjardins, n. 944; Lyon-Caen et Renault, *Traité*, t. 5, n. 722.

143. — La responsabilité du capitaine est engagée, toutes les fois que les marchandises ne sont pas livrées à qui de droit. Nous avons déjà fait connaître diverses applications de cette règle (*supra*, v° *Capitaine de navire*, n. 395 et s.). Il a été jugé, en outre, que le détenteur d'un connaissement à ordre non endossé par l'expéditeur est sans droit pour réclamer la livraison de la marchandise. — Trib. Marseille, 28 févr. 1861, [J. Marseille, 61.1.94]

144. — Le même jugement décide qu'il ne pourrait même pas, en qualité de mandataire, demander le dépôt de la marchandise entre les mains d'un tiers consignataire.

145. — Le capitaine ne peut obliger le porteur du connaissement à supporter d'autres charges que celles qui résultent des termes de cet acte ou des usages du commerce. — Desjardins, *loc. cit.*

146. — C'est en vain qu'il invoquerait contre lui les énonciations de la charte-partie si elles diffèrent de celles du connaissement, notamment en ce qui concerne le montant du fret et les surestaries; le porteur d'un connaissement à ordre a des droits distincts de ceux de l'affréteur et les puise dans le connaissement même. — Trib. Hâvre, 19 juill. 1881, [J. Hâvre, 81.1.166] — Sic, Desjardins, *loc. cit.* — V. *supra*, n. 92.

147. — Il n'en serait autrement que dans le cas où le porteur du connaissement agirait, non pas pour son propre compte, mais pour celui de l'affréteur, dont il serait le représentant. — Desjardins, *loc. cit.*

148. — En vertu du même principe, le capitaine, s'étant obligé directement envers le porteur du connaissement négociable, doit livrer les marchandises à ce montant, malgré toute opposition de la part du chargeur. — Desjardins, *loc. cit.*

149. — Le capitaine qui refuse à tort de délivrer la marchandise à ce porteur, est responsable des conséquences de ce refus, par exemple, de la baisse survenue pendant l'indue rétention. — Anvers, 24 déc. 1878, [J. Anvers, 79.1.75]

150. — Il ne peut être fait opposition à la livraison de la marchandise entre les mains du porteur d'un connaissement négociable, que dans les cas où l'art. 149, C. comm., admet l'opposition au paiement d'une lettre de change, c'est-à-dire dans ceux de perte du connaissement et de faillite du porteur. — Alauzet, n. 1868; Ruben de Couder, n. 87.

151. — Le porteur investi régulièrement du connaissement n'a pas à craindre non plus la revendication que prétendrait exercer sur les marchandises un vendeur précédent non payé.

152. — Cependant l'art. 576, C. comm., ne déclare irrecevable la revendication du vendeur non payé, portant sur des marchandises non encore parvenues dans les magasins de l'acheteur, que dans les cas où elles ont été revendues sans fraude sur factures et connaissements ou lettres de voiture signés par l'expéditeur. Il semble donc, si l'on prend ce texte à la lettre, que le sous-acheteur, porteur du connaissement, ne soit à l'abri de la revendication du premier vendeur qu'à la condition d'avoir entre les mains, non seulement le connaissement, mais encore une facture, ces deux titres devant d'ailleurs porter également la signature du premier vendeur. — En ce sens, Desjardins, n. 946.

153. — D'après une interprétation qui nous semble préférable, l'art. 576 ne tranche pas la question actuelle. Il écarte la revendication du vendeur, du moment où la revente a été faite sur la simple présentation d'une facture et d'un connaissement ou d'une lettre de voiture signés par lui. Il ne prévoit pas le cas où le sous-acheteur a été régulièrement investi du connaissement (par un endossement translatif s'il est à ordre, par la tradition, s'il est au porteur). Dans ce dernier cas, le porteur doit être considéré comme un tiers possédant de bonne foi la marchandise, et en vertu du principe général de l'art. 2279, C. civ., aucune revendication ne saurait être exercée contre lui. Cette solution est seule conforme aux besoins du commerce, car il n'est pas d'usage de faire les factures à ordre, et de les transmettre, en cas de revente, au sous-acheteur. — En ce sens, Paris, 1er déc. 1860, Noël, [S. 61.2.117, P. 61.514, D. 61.2.88] — Sic, Cresp et Laurin, p. 149; Lyon-Caen et Renault, *Précis*, n. 3022.

§ 2. *De la responsabilité du capitaine quant à l'état des marchandises, et des clauses qui la limitent.*

154. — En principe, le capitaine (en tant que représentant le fréteur) est tenu de livrer les marchandises au porteur du connaissement dans le même état où elles lui ont été remises par le chargeur, sauf les avaries qu'elles peuvent avoir subies dans le voyage par fortune de mer, sans la faute du capitaine ou des gens de l'équipage. — V. *supra*, v° *Affrètement*, n. 408 et s.

155. — Mais il est d'usage d'insérer dans les connaissements des clauses qui restreignent à cet égard la responsabilité du capitaine. Ainsi la clause *que dit être* indique que le capitaine n'a pas vérifié la qualité ni la quantité de la marchandise déclarée par le chargeur. Elle décharge donc le capitaine de toute responsabilité en ce qui concerne la qualité et même le poids ou la mesure des objets chargés sur son navire. — Emérigon, t. 1, p. 327; Bédarride, t. 2, n. 697; Desjardins, t. 4, n. 935; Ruben de Couder, n. 903. — V. *suprà*, v^{is} *Affrétement*, n. 456 et s. et *Capitaine de navire*, n. 428.

156. — Toutefois, il faut réserver le cas où les réclamateurs prouveraient que la différence entre le poids constaté au débarquement et celui que porte le connaissement provient d'une fraude du capitaine ou de l'équipage. — Trib. Hâvre, 18 juill. 1857, [*J. Hâvre*, 57.1.156]; — 13 janv. 1863, [*J. Hâvre*, 63.1.46]; — 19 mars 1864, [*J. Hâvre*, 64.1.27]

157. — ... Ou simplement du fait du capitaine ou de l'équipage. — Trib. Anvers, 20 avr. 1864, [*J. Anvers*, 64.1.246]

158. — D'ailleurs, le capitaine continue, malgré cette clause, à répondre du nombre des colis (caisses, ballots, tonneaux, etc.), car il s'agit ici d'une constatation que le capitaine a dû faire lors du chargement. — Aix, 28 janv. 1880, [*J. Marseille*, 80.1.190] — *Sic*, Emérigon, t. 1, p. 332; Locré, sur l'art. 281; Alauzet, t. 5, n. 1876; Desjardins, *loc. cit.*; Ruben de Couder, n. 105; Bédarride, *loc. cit.*

159. — Il a toujours été reconnu que les affréteurs ne peuvent s'opposer à l'insertion de la clause *que dit être*, ni exiger du capitaine une signature pure et simple, à moins qu'ils n'offrent de faire vérifier en sa présence le poids ou la mesure et la qualité de la marchandise. — Pothier, *Cont. maritimes*, n. 17; Bédarride, *loc. cit.*; Desjardins, *loc. cit.*; Ruben de Couder, n. 108.

160. — Le tribunal de commerce de Marseille a jugé non seulement qu'un capitaine n'est tenu de signer le connaissement indiquant la mesure de la marchandise qu'avec la clause *que dit être*, mais qu'il en serait ainsi quand même le chargeur lui aurait fait sommation d'assister au mesurage. — Trib. comm. Marseille, 21 juill. 1868, [*J. Marseille*, 68.1.280] — Et cette solution doit être approuvée, du moment où aucune clause de la charte-partie n'autorisait, même implicitement, le chargeur à faire vérifier la mesure ou le poids en présence du capitaine. — Desjardins, *loc. cit.*

161. — Mais le capitaine commis pour l'achat et le chargement des marchandises ne saurait se prévaloir de la clause *que dit être* en l'insérant dans le connaissement qu'il dresse lui-même. En qualité de mandataire, il doit toujours rendre un compte exact de sa gestion. — Emérigon, t. 1, p. 329, et les sentences, citées par lui, de l'amirauté de Marseille; Desjardins, *loc. cit.*; Ruben de Couder, n. 109.

162. — La clause *poids inconnu*, ou *mesure inconnue*, ou *quantité inconnue*, décharge également le capitaine de la responsabilité du poids indiqué au connaissement (ou de la mesure, ou de la quantité), à moins qu'on ne prouve que le déficit provient d'une faute imputable à lui-même ou à son équipage. — Desjardins, *loc. cit.*; Bédarride, *loc. cit.*

163. — Le capitaine cesse-t-il de pouvoir invoquer cette clause, lorsque la différence est assez considérable pour qu'il ait dû s'en apercevoir au moment de l'embarquement? Le tribunal de commerce d'Anvers s'est, à plusieurs reprises, prononcé pour l'affirmative. — Trib. comm. Anvers, 22 juin 1870, [*J. Anvers*, 70.1.279]; — 30 oct. 1871, [*J. Anvers*, 72.1.34]; — 4 mai 1874, 16 nov. 1874, [*J. Anvers*, 74.1.304]; — 27 mai 1875, [*J. Anvers*, 75.1.98 et 133]; — 10 janv. 1879, [*J. Anvers*, 79.1.73]

164. — Le tribunal de commerce de Dunkerque a également jugé que, dans le cas où la différence est considérable, où elle dépasse un sixième, par exemple, et où il est inadmissible que le capitaine ait pu croire avoir embarqué la quantité mentionnée, il doit être considéré responsable de cette différence, moins le déchet de route ordinaire. — Trib. comm. Dunkerque, 13 juill. 1880, [*J. Hâvre*, 80.2.220]

165. — Nous pensons, au contraire, avec Desjardins (*loc. cit.*), qu'il est arbitraire de présumer, par cela seul que la différence est considérable, que le capitaine *a dû* s'en apercevoir. La clause *poids inconnu* doit continuer, même dans ce cas, à protéger le capitaine, tant que les réclamateurs n'établissent pas l'existence d'une faute à sa charge. Il appartient seulement au juge de rechercher, comme l'a très-bien dit le tribunal de commerce du Hâvre dans son jugement du 21 mars 1879, « dans les faits et circonstances de chaque affaire, et en tenant compte de la nature des marchandises chargées, si, par un abus de la clause restrictive *poids inconnu*, le capitaine s'efforce d'échapper aux conséquences de quelque faute dont il ne peut, en aucun cas, éviter la responsabilité ». — Trib. comm. Hâvre, 21 mars 1879, [*J. Hâvre*, 79.1.156]

166. — Mais la clause *poids inconnu*, d'après la jurisprudence constante de ce tribunal, soustrait le capitaine à la responsabilité de la différence, même extraordinaire, entre le poids constaté au débarquement et le poids indiqué au connaissement, lorsqu'il n'est établi à la charge du capitaine aucun dol, ni aucune faute. Rouen, 8 juill. 1881, [*J. Hâvre*, 81.2.167] — Trib. Hâvre, 6 juill. 1880, [*J. Hâvre*, 80.1.223]; — 25 août 1880, [*J. Hâvre*, 80.1.226]; — 29 déc. 1880, [*J. Hâvre*, 81.1.81]

167. — Quant aux fautes qui peuvent, malgré cette clause, faire revivre la responsabilité du capitaine, il suffit d'en signaler quelques exemples. Le capitaine redevient responsable : 1° s'il s'est rendu complice d'une fraude ou s'il a su que les quantités indiquées n'existaient pas. — Trib. Hâvre, 27 avr. 1867, [*J. Hâvre*, 67.1.118]

168. — 2° S'il a signé les connaissements avant d'avoir la marchandise à sa disposition. — Trib. Hâvre, 4 avr. 1859, [*J. Hâvre*, 59.1.71]

169. — 3° S'il présente, sans raison plausible, les colis en mauvais état de conditionnement extérieur. — Trib. Hâvre, 8 janv. 1877, [*J. Hâvre*, 77.1.58] — ... Et particulièrement dans le cas où les colis portent les traces évidentes d'une ouverture ou effraction. — Trib. Marseille, 5 nov. 1869, [*J. Marseille*, 70.1.27]

170. — 4° Si, la vidange des sacs étant constatée au débarquement, il ne l'explique pas d'une façon satisfaisante. — Trib. Hâvre, 27 avr. 1875, [*J. Hâvre*, 75.1.127]

171. — 5° S'il a mis de la négligence dans les opérations du débarquement. — Trib. Anvers, 4 mai 1874, [*J. Anvers*, 74.1.304]

172. — La clause *poids inconnu*, par cela même qu'elle ne supprime pas absolument la responsabilité du capitaine en cas de manquant, ne saurait enlever au destinataire la faculté d'exiger la pesée contradictoire de la marchandise au débarquement. — Trib. Anvers, 13 mai 1869, [*J. Anvers*, 69.1.254] — *Sic*, Desjardins, t. 4, n. 935.

173. — Au surplus, sur les clauses *que dit être*, *poids et quantité inconnus*, etc., V. *suprà*, v^{is} *Affrétement*, n. 457 et s., *Capitaine de navire*. n. 430 et s.

174. — Souvent aussi, le connaissement renferme des clauses qui ont pour objet de soustraire le capitaine à la responsabilité de certaines avaries déterminées. Telles sont les clauses *franc de bris* ou *de casse, franc de mouille, franc de coulage*.

175. — Ces clauses ne suppriment pas absolument la responsabilité du capitaine à raison des avaries qu'elles prévoient. Mais elles le dispensent de prouver que ces avaries sont dues à une force majeure. Il reste au réceptionnaire la ressource de démontrer qu'elles proviennent d'une faute du capitaine ou de l'équipage. — Cresp et Laurin, t. 2, p. 128; Desjardins, t. 4, n. 933.

176. — Il est, en effet, généralement admis que le capitaine ne saurait être, par une convention, déchargé de la responsabilité de ses fautes personnelles, ni même de celles de l'équipage, qui est placé sous son autorité et sa surveillance. La jurisprudence considère que toute clause de ce genre, insérée dans un contrat de transport au profit d'un voiturier quelconque, est illicite et contraire à l'ordre public. De pareilles clauses, stipulées dans le connaissement au profit du capitaine, seraient donc frappées d'une nullité absolue. — Anvers, 31 déc. 1885, Mamersheim, [S. 87.4.11, P. 87.2.21] — *Sic*, Desjardins, n. 932. — V. *suprà*, v° *Capitaine de navire*, n. 452 et s.

177. — Il en est de même de la clause par laquelle l'armateur s'exonérerait de ses fautes personnelles. — V. *suprà*, v° *Armateur*, n. 135 et s.

178. — Au contraire, la jurisprudence reconnaît la validité de la clause par laquelle l'armateur stipule qu'il ne répondra pas des fautes du capitaine et des gens de l'équipage. — Cass., 11 juill. 1892, Cie générale transatlantique, [S. et P. 92.1.344, D. 92.1.463]; — 12 juill. 1892, Cie Havraise péninsulaire, [S. et P. 92.1.441, D. 92.1.463]

179. — Nous nous contentons de signaler ici les apprécier ici, les solutions de la jurisprudence, qui sont vivement controversées en doctrine. — V. *suprà*, v^{is} *Armateur*, n. 135 à 201; *Capitaine de navire*, n. 452 à 454; *Chemin de fer*, n. 3764 et s., et *infrà*, v° *Voiturier*.

§ 3. *Des difficultés qui résultent de la pluralité des exemplaires et des porteurs.*

180. — La pluralité des exemplaires du connaissement doit en être remis au moins deux au chargeur, l'un qu'il garde, l'autre qu'il envoie au destinataire, mais la loi permet d'en dresser un plus grand nombre) peut donner lieu à des conflits entre plusieurs personnes, chacune étant porteur d'un exemplaire différent. Il importe de préciser, dans ce cas, envers qui le capitaine est responsable, et quel est, des divers porteurs, celui qui doit être préféré.

181. — Quand le connaissement a été fait à personne dénommée, le capitaine n'a pas à se préoccuper des tiers qui ont pu recevoir un exemplaire du connaissement, tant que ces tiers ne lui ont pas fait connaître, par une signification, leur qualité de cessionnaires (art. 1690, C. civ.). — De Valroger, t. 2, n. 749. — C'est à tort que la cour d'Aix a jugé le contraire, le 20 juin 1866, sous Cass., 1er janv. 1869, Albrecht,^f [S. 69.1.49, P. 69. 113, D. 69.1.436] — V. suprà, n. 102.

182. — Par conséquent, à défaut d'une pareille signification, le chargeur conserve le droit de changer la destination des marchandises. Le capitaine ou l'armateur engage dès lors sa responsabilité, s'il ne se conforme pas à l'ordre que le chargeur lui a donné par lettre de ne pas livrer les marchandises au destinataire jusqu'à de nouvelles instructions. — Cass., 20 nov. 1878, Flornoy, [S. 80.1.101, P. 80.233, D. 79.1.446]

183. — Au contraire, lorsque le connaissement est à ordre ou au porteur, le capitaine s'est constitué débiteur envers le tiers quelconque qui lui présentera le connaissement à l'arrivée au port de destination. Il ne doit donc, avant ou pendant le voyage, rendre les marchandises au chargeur ou à un mandataire du chargeur qu'à la condition qu'on lui remette tous les exemplaires du connaissement. En agissant autrement, il engagerait sa responsabilité vis-à-vis des tiers porteurs qui pourraient ensuite se faire connaître. — De Valroger, loc. cit.

184. — Mais, lors de l'arrivée à destination, le capitaine n'est-il tenu de livrer les marchandises au réclamateur, qu'autant que celui-ci lui présente tous les exemplaires du connaissement négociable? A défaut de clause particulière sur ce point, la question est discutable. Laurin (t. 2, p. 147) enseigne l'affirmative. D'après lui, le connaissement négociable doit être régi par les mêmes principes que la lettre de change. Donc le porteur doit, en principe, représenter tous les exemplaires (art. 147, C. comm.). S'il lui en manque un, il ne peut obtenir la livraison des marchandises que sur ordonnance du juge et en donnant caution (art. 151). S'il avait perdu tous les exemplaires, il devrait, en outre, justifier de sa propriété par ses livres (art. 152). Le capitaine qui n'exigerait pas du réclamateur l'observation de ces dispositions engagerait sa responsabilité envers le tiers porteur de bonne foi d'un autre exemplaire. — V. dans le même sens, Lyon-Caen et Renault, *Précis*, t. 2, n. 1881.

185. — Toutefois ces derniers auteurs admettent une exception au profit du capitaine qui ignorerait la pluralité des exemplaires (*loc. cit.*).

186. — M. de Valroger (t. 2, n. 749) écarte, au contraire, l'application de ces dispositions, par ce motif que si les lettres de change doivent être numérotées (art. 110, C. comm.), aucun texte n'oblige à numéroter les connaissements. « Quand le capitaine, dit-il, a fait connaître son arrivée à destination, c'est aux ayants-droit à se présenter. Si un seul réclamateur se présente, sans que personne lui fasse opposition, le capitaine devra lui remettre la marchandise. »

187. — Un autre auteur exonère également le capitaine, « lorsqu'il a été de bonne foi et qu'il n'a commis aucune faute. Il ne faut pas oublier que ce capitaine ne peut pas soulever contre le porteur la *question de propriété* ». — Desjardins, t. 4, n. 945.

188. — Il cite en ce sens un jugement du tribunal de commerce d'Anvers, du 24 mai 1856, qui, tout en reconnaissant que le porteur de l'original du connaissement envoyé au consignataire ou à l'acquéreur d'une marchandise a un droit exclusif à la délivrance, déclare le capitaine valablement libéré, si, avant toute opposition, il a, de bonne foi, délivré la marchandise au porteur de l'original du connaissement qui était resté entre les mains de l'expéditeur. — Trib. comm. Anvers, 24 mai 1856, [J. *Anvers*, 56.1.175] — Cette dernière solution nous paraît plus équitable et plus conforme aux usages du commerce.

189. — Toute difficulté disparaîtrait si chacun des exemplaires du connaissement portait la clause : « *lequel accompli, les autres seront de nulle valeur* ». Cette clause, qui est surtout usitée en Angleterre et qui tend à se répandre dans les autres pays maritimes, met le capitaine à l'abri de toute réclamation postérieure à la délivrance des marchandises faite à l'un des porteurs d'un exemplaire du connaissement. — Lyon-Caen et Renault, *loc. cit.*; Desjardins, *loc. cit.*

190. — Un conflit peut s'élever entre le destinataire, porteur du connaissement, et le porteur d'une lettre de change tirée sur ce destinataire, représentant la valeur présumée des marchandises, qu'il a avancée au chargeur. Aucun doute n'est permis, dans le cas où le porteur de la lettre de change n'a pas été investi du connaissement par un endossement. Il ne peut, dès lors, invoquer sur la marchandise un droit de gage opposable au destinataire, qui en est devenu propriétaire par la transmission du connaissement. Il n'a, comme le dit M. Laurin (t. 2, p. 150), « d'autre provision que la créance générale de l'expéditeur sur le destinataire, et si cette créance, par suite de la balance des comptes ou de la faillite du débiteur, se trouve réduite à zéro, la provision disparaît du même coup ». — En ce sens, Cass., 26 nov. 1872, Durand, [S. 73.1.155, P. 73.370, D. 72. 436] — Rouen, 14 févr. 1867, Cabuzac, [S. 67.2.321, P. 67.1. 1223, D. 68.2.13] — Trib. Marseille, 20 juin 1870, [J. *Marseille*, 70.1.202]; — 19 juin 1874, [J. *Marseille*, 75.1.105]

191. — La situation est toute différente, lorsque le porteur de la traite, par suite de l'endossement qui lui a été fait d'un exemplaire du connaissement, se prétend investi d'un droit de gage sur la marchandise.

192. — La même difficulté se présente, lorsque deux personnes ont successivement acheté la même marchandise, et que chacune possède un exemplaire du connaissement. D'une façon générale, il s'agit de rechercher suivant quels principes on résoudra le conflit qui se produit entre deux porteurs d'exemplaires différents du même connaissement, qu'ils invoquent la qualité de propriétaires ou celle de créanciers gagistes. Ce conflit a nécessairement son point de départ dans une fraude commise, soit par le chargeur lui-même, qui a négocié successivement les deux exemplaires, soit par un intermédiaire qui, ayant reçu l'un des exemplaires du connaissement dans un but déterminé (par exemple, pour recevoir et réexpédier les marchandises) s'en est fait abusivement un moyen de crédit.

193. — Il est évident que, si le tiers à qui un exemplaire du connaissement a été endossé dans ces conditions, a eu dès ce moment connaissance de la fraude commise, il ne saurait invoquer aucun droit à l'encontre de celui qui est devenu porteur d'un autre exemplaire en vertu d'une opération loyale et régulière. Mais s'il a été de bonne foi, le caractère délictueux de l'endossement qui lui a été fait ne peut avoir aucune influence sur la validité de son droit. C'est là un principe nécessaire à la sécurité des transactions commerciales, et qui ne saurait être sérieusement contesté.

194. — Dès lors, le conflit entre les porteurs des deux exemplaires du connaissement ne peut être résolu que par la comparaison de la date des deux endossements, abstraction faite de la personne des endosseurs, et des circonstances dans lesquelles se sont produites les négociations. Le porteur auquel le connaissement a été endossé en premier lieu, qui a été investi par là même de la possession des marchandises et qui l'a conservée, ne saurait, quelle que soit sa qualité (propriétaire ou créancier gagiste), avoir rien à redouter des négociations postérieures dont le même titre a pu être l'objet. — Il faudra donc préférer celui des deux porteurs dont l'endossement a une date antérieure. — Lyon-Caen et Renault, *Traité*, t. 5, n. 727. — V. aussi Cass., 31 mai 1892, Genestal, [S. et P. 94.1.81]

195. — L'application de ce principe sera généralement facile, les endossements devant être datés dans les connaissements comme dans les lettres de change (art. 137, C. comm.). — Il est d'ailleurs reconnu que l'art. 1328, C. civ., ne s'appliquant pas en matière commerciale, les titres à ordre font foi de leur date même à l'égard de tiers, sauf le droit pour ceux-ci d'en contester la sincérité par toute espèce de moyens, conformément à l'art. 109, C. comm. — V. Cass., 21 avr. 1869, Artaud, [S. 69.1. 330, P. 69.886, D. 69.1.407], et sur renvoi : Grenoble, 23 nov. 1870, Mêmes parties, [S. 71.2.12, P. 71.84, D. 71.2.173]

196. — Mais une difficulté particulière se présente, lorsque les deux endossements sont datés du même jour. — La jurisprudence a décidé que, dans ce cas, il y avait lieu de rechercher les heures auxquelles ils ont eu lieu. En effet, notre droit admet, en règle générale, la recherche de l'heure, lorsqu'on se trouve en présence de faits portant la date du même jour, et entre lesquels il faut établir un ordre chronologique pour déterminer les droits des intéressés. Il en est ainsi, par exemple, lorsqu'il s'agit de décider, entre deux assurances cumulatives, quelle est celle qui doit être maintenue et celle qui doit être annulée. L'art. 2147, C. civ., en matière d'inscription hypothécaire s'écarte, il est vrai, de cette règle; mais c'est par une disposition exceptionnelle. — Pour plus de développement, V. Chavegrin, note sous Cass., 12 mai 1885, Bossière, [S. 86.1.473, P. 86.1.1161]

197. — Toutefois, comme il n'est pas d'usage de dater les endossements de l'heure à laquelle ils sont intervenus, les juges ne parviendront généralement à connaître l'heure, qu'en recourant à des éléments pris en dehors du titre, tels que la correspondance, les livres des parties, les dépositions de témoins, etc. Notamment, dans l'espèce de l'arrêt ci-dessus, la Cour suprême a admis les recherches faites dans les livres de caisse tenus par les parties. Il n'y a là rien que de conforme aux principes généraux de la législation commerciale, les juges ayant le droit, en pareille matière, de se former une conviction à l'aide de toute espèce de moyens (art. 109, C. comm.).

198. — C'est seulement dans le cas où ces recherches ne pourraient aboutir, qu'il y aurait lieu de mettre les deux porteurs sur le pied d'égalité, en les appelant à concourir sur la marchandise qui est leur gage commun. — Cass., 12 mai 1885, précité.

199. — En pareil cas, la circonstance que l'un des deux porteurs, ayant un commissionnaire, ayant fait des avances à l'endosseur, son commettant, ne serait pas une raison suffisante pour trancher le conflit en sa faveur. En effet, le privilège que l'art. 95, C. comm., confère au commissionnaire repose, d'après l'opinion générale, sur une constitution de gage tacite. Il s'agit donc, même dans ce cas, d'un conflit entre deux créanciers gagistes, et du moment où leurs droits ont pris naissance simultanément, il est impossible de préférer l'un à l'autre. — Même arrêt.

200. — C'est en vain que le commissionnaire, pour éviter le concours de l'autre porteur du connaissement, se prévaudrait de ce que les marchandises ont été consignées dans ses magasins, et de ce qu'il en a la détention matérielle. Les marchandises étant identifiées par le lien avec le titre qui les représente, la possession juridique dépend uniquement de la détention du connaissement. Comme l'a dit, dans ses conclusions, M. l'avocat général Desjardins, « le législateur aurait commis une grave inconséquence, s'il avait mis sur le même plan, dans l'art. 92, C. comm., la possession symbolique et la possession effective pour sacrifier ensuite l'une à l'autre. On arriverait à un résultat déplorable, si l'on permettait à un endosseur d'intervertir l'ordre des privilèges créés par la remise des endossements, en donnant après coup à l'un de ses créanciers la clef de son magasin. »

201. — Si juridique qu'elle soit, la solution de la Cour suprême, en ce qui concerne les commissionnaires, est de nature à éveiller chez ces intermédiaires une défiance trop légitime, et à nuire, en fin de compte, au crédit commercial. — Sur l'étendue de ce danger, et sur les remèdes que le législateur pourrait y apporter, V. la note précitée de M. Chavegrin, et les conclusions de M. l'avocat général Desjardins, sous Cass., 12 mai 1885, précité.

§ 4. De l'obligation de donner un reçu des marchandises.

202. — Le commissionnaire ou consignataire qui reçoit les marchandises mentionnées dans le connaissement est tenu d'en donner reçu au capitaine qui le demande, sous peine de tous dépens et dommages-intérêts, même ceux de retardement (art. 285, C. comm.).

203. — Dans la pratique, le consignataire inscrit généralement ce reçu au dos de son exemplaire du connaissement, qu'il remet au capitaine. — Desjardins, n. 948; de Valroger, t. 2, n. 752; Lyon-Caen et Renault, *Traité*, t. 3, n. 722 *bis*.

204. — Le reçu sans réserves délivré par le consignataire le rend non recevable à invoquer la responsabilité du capitaine et du prêteur, à raison des avaries de la marchandise (V. *supra*, v° *Avarie*, n. 327 et s.). Par conséquent, le consignataire est en droit de refuser le reçu, tant qu'il n'a pas été mis à même de vérifier l'état de la marchandise. — De Valroger, *loc. cit.*

205. — A défaut de reçu, la remise au capitaine de l'exemplaire du connaissement que détenait le consignataire ne suffit-elle pas pour faire preuve de sa libération? En règle générale, l'affirmative doit être admise par application de l'art. 1282, C. civ. — Lyon-Caen et Renault, *loc. cit.*

206. — Mais il a été jugé que ce ne serait pas une preuve suffisante de la libération du capitaine, dans le cas où, d'après les usages du port, les connaissements seraient remis par les consignataires avant le débarquement des marchandises. — Trib. Marseille, 2 févr. 1871, [*J. Marseille*, 71.1.87] — Sic, Lyon-Caen et Renault, *loc. cit.*

207. — Le capitaine peut d'ailleurs fournir par toute espèce de moyens la preuve de la livraison des marchandises. — Desjardins, *loc. cit.*

208. — Quant aux droits que peut exercer le capitaine dans le cas où le destinataire refuse de prendre livraison des marchandises et dans celui où aucun porteur du connaissement négociable ne se présente, V. *supra*, v° *Affrétement*, n. 948 et s.

CHAPITRE VI

TIMBRE ET ENREGISTREMENT.

§ 1. Timbre.

209. — Les connaissements ont toujours été soumis à l'impôt du timbre.

210. — La loi du 6 prair. an VII, art. 5, avait décidé qu'ils seraient inscrits sur du papier timbré à 1 fr.

211. — Mais un décret du 3 janv. 1809 a autorisé les parties à « se servir de telles dimensions de papier timbré qu'elles jugeront convenable, sans être tenues d'employer exclusivement à cet usage du papier frappé du timbre d'un fr. »

212. — La loi du 30 mars 1872 a pris de nouvelles dispositions pour assurer la perception des droits de timbre sur les connaissements, qui trop souvent échappaient au Trésor.

213. — Elle a réuni sur l'original destiné au capitaine les droits de timbre exigibles pour les quatre exemplaires. « A partir du 1er mai 1872, porte son art. 3, 2° alin., les quatre originaux prescrits par la loi dans l'art. 282, C. comm., seront présentés simultanément à la formalité du timbre. Celui des originaux qui sera destiné à être remis au capitaine sera soumis à un droit de timbre de 2 fr.; les autres originaux seront timbrés gratis, mais ils ne seront revêtus que d'une estampille sans indication de prix. »

214. — Le droit de 2 fr. est réduit à 1 fr. pour les expéditions par le petit cabotage de port français à port français. — Même art., 3° alin.

215. — Il y a lieu d'ajouter au principal de ces droits les deux décimes établis par la loi du 23 août 1871, art. 2.

216. — D'après une solution de l'administration de l'enregistrement, du 19 janv. 1874 (D. 75.5.439), il n'est pas interdit de comprendre sur un connaissement unique plusieurs colis adressés à un seul consignataire pour des destinataires différents. Toutes les fois qu'il ne résulte pas du connaissement original entre les mains du capitaine, et revêtu de l'empreinte du timbre portant l'indication du prix, que les parties ont dû créer nécessairement un nombre de connaissements supérieur à quatre, le Trésor est désintéressé par la perception du droit de 2 fr. 40 sur ce connaissement.

217. — Mais lorsque le connaissement original en la possession du capitaine constate que les marchandises transportées sont à l'adresse de destinataires distincts, un connaissement devant être rédigé pour chacun d'eux d'après l'art. 1325, C. civ., il y a lieu de percevoir, indépendamment du droit de 2 fr. 40 un droit de 60 cent. pour le connaissement supplémentaire de chaque destinataire, sans tenir compte de la mention inexacte mise sur le connaissement original. — Même solution.

218. — Les connaissements supplémentaires, c'est-à-dire créés en sus des quatre originaux prescrits par la loi, sont soumis chacun à un droit de 50 cent. (L. 30 mars 1872, art. 5, 1er alin.).

219. — Ces droits supplémentaires, ajoute le même art., 2° alin., pourront être perçus au moyen de timbres mobiles. Ils seront apposés sur le connaissement existant entre les mains du capitaine, et en nombre égal à celui des originaux qui auraient été rédigés, et dont le nombre doit être mentionné conformément à l'art. 1325, C. civ.

220. — Dans le cas où cette mention ne serait pas faite sur l'original représenté par le capitaine, il sera perçu un droit triple de celui fixé par l'art. 3 de la loi (Même art., 3e alin.).

221. — Les connaissements venant de l'étranger sont soumis, avant tout usage en France, à des droits de timbre équivalents à ceux établis sur les connaissements créés en France (L. 30 mars 1872, art. 4, 1er alin.).

222. — Il est perçu sur l'original en la possession du capitaine un droit minimum d'un franc, représentant le timbre de cet original et celui de l'exemplaire destiné au consignataire de la marchandise. Le droit est perçu par l'apposition de timbres mobiles (Même art., 2e et 3e alin.).

223. — Le décret du 30 avr. 1872 a organisé la mise en pratique de cet impôt, conformément aux prévisions de l'art. 7, L. 30 mars de la même année.

224. — D'après l'art. 1 de ce décret, le timbre mobile destiné aux connaissements se compose de deux empreintes. L'une, portant le prix, est apposée sur l'original destiné au capitaine, l'autre, appelée *estampille de contrôle*, est appliquée, s'il s'agit d'un connaissement créé en France, sur chaque original supplémentaire; s'il s'agit d'un connaissement venant de l'étranger, sur l'original destiné au consignataire et sur tous ceux qui sont représentés par le capitaine.

225. — Le timbre est apposé sur les originaux supplémentaires des connaissements créés en France au moment même de leur rédaction; il est immédiatement oblitéré à l'aide d'une signature ou d'une griffe faisant connaître le nom du chargeur et la date de l'oblitération (Même décret, art. 2).

226. — Pour les connaissements étrangers, le timbre d'un franc est apposé par les agents des douanes et immédiatement oblitéré.

227. — Lorsque le connaissement du consignataire n'est pas produit en même temps que celui du capitaine, l'estampille est remise à ce dernier. Elle doit être également oblitérée par le consignataire comme il a été dit plus haut.

228. — Quand un capitaine venant de l'étranger représente plus de deux connaissements, le droit de 50 cent. par connaissement est perçu au moyen de timbres mobiles de la même manière.

229. — Tout connaissement créé en France et non timbré donne lieu à une amende de 50 fr. contre le chargeur. En outre, une amende d'égale somme est exigée, personnellement et sans recours, tant du capitaine que de l'armateur ou de l'expéditeur du navire (L. 30 mars 1872, art. 6, 1er alin.).

230. — Les contraventions sont constatées par les employés des douanes, par ceux des contributions indirectes et par tous autres agents ayant qualité pour verbaliser en matière de timbre. Il leur est alloué un quart des amendes recouvrées (Même art., 2e et 3e alin.).

231. — Les capitaines de navires français ou étrangers sont tenus d'exhiber aux agents des douanes, soit à l'entrée, soit à la sortie des ports, les connaissements dont ils doivent être porteurs, aux termes de l'art. 3 de la loi. Chaque contravention à cette prescription est punie d'une amende de 100 à 600 fr. (Même art., 4e et 5e alin.).

§ 2. *Enregistrement.*

232. — L'enregistrement des connaissements donne lieu à la perception d'un droit fixe, que la loi du 28 avr. 1816, art. 44, avait fixé à 3 fr., et qui, ayant été augmenté de moitié par la disposition générale de la loi du 28 févr. 1872, art. 4, s'élève aujourd'hui à 4 fr. 50.

233. — Ce droit est dû autant de fois qu'il existe de consignataires différents des marchandises transportées.

234. — Les connaissements ne sont en aucun cas soumis au droit proportionnel, alors même qu'ils auraient pour objet des sommes d'argent.

235. — L'endossement des connaissements n'est soumis à aucun droit, pas plus que celui des autres effets de commerce.

236. — Tous les signataires des connaissements non timbrés ou enregistrés sont solidaires pour le paiement des amendes ou doubles droits auxquels les contraventions peuvent donner lieu (L. 28 avr. 1816, art. 75).

CHAPITRE VII.

LÉGISLATION COMPARÉE.

§ 1. *Allemagne.*

237. — Le connaissement contient, en dehors des mentions exigées par le Code français, la nationalité du navire, le lieu et le jour de la délivrance du connaissement, le nombre des exemplaires délivrés (C. comm. allem., art. 644 et s.).

238. — Il doit être fait en autant d'originaux que le chargeur le demande. Tous les exemplaires doivent être rédigés de la même façon, porter la même date et indiquer le nombre des exemplaires délivrés.

239. — Le connaissement peut être à l'ordre du destinataire ou du chargeur, ou être fait au nom du capitaine.

240. — Les stipulations de la charte-partie non portées au connaissement ne sont pas opposables au destinataire, à moins de convention contraire (art. 653). — V. *suprà*, n. 92.

241. — Le fréteur est responsable, vis-à-vis du destinataire, de l'exactitude des énonciations du connaissement quant à la désignation des marchandises (art. 654).

242. — Toutefois, si les marchandises ont été livrées dans des caisses ou récipients clos, la responsabilité du fréteur, à l'égard du destinataire, quant à l'identité entre les marchandises désignées au connaissement et les marchandises livrées, cesse si les inexactitudes dont celui-ci se plaint devaient échapper à l'attention d'un capitaine suffisamment vigilant (art. 655).

243. — Au surplus, si les marchandises sont livrées ainsi dans des emballages clos, le capitaine peut faire insérer au connaissement la clause « contenu inconnu », ce qui l'exonère de toute responsabilité à cet égard, à moins qu'il ne soit prouvé qu'il ne livre pas les colis mêmes qui lui ont été remis (art. 656), ou que les emballages étaient visiblement de mauvais conditionnement au moment de la réception des marchandises (art. 660).

244. — Le capitaine peut aussi insérer au connaissement la clause « nombre, mesure, poids inconnus », ce qui exonère les fréteurs de toute responsabilité en ce qui concerne la différence entre les marchandises reçues et celles portées au connaissement, lorsqu'elles se comptent, se pèsent ou se mesurent (art. 657).

245. — Toutefois, malgré cette clause, le prix du fret se calcule sur les quantités portées au connaissement, sauf stipulation contraire (art. 658).

246. — Le Code allemand n'admet pas que le connaissement puisse être au porteur. Mais il peut être fait usage du connaissement à ordre avec endossement en blanc, qui en tient lieu.

247. — La remise du connaissement à ordre à celui qui est ainsi autorisé à prendre livraison des marchandises lui fait acquérir, dès qu'elles sont chargées, les mêmes droits que la livraison même de ces marchandises (art. 649).

248. — En ce qui concerne, au contraire le connaissement nominatif, la question doit être résolue d'après les législations des divers États et les principes du droit commun allemand. — Desjardins, t. 4, n. 941.

249. — Le capitaine n'est tenu de délivrer les marchandises que contre remise d'un exemplaire du connaissement, sur lequel cette remise est certifiée (art. 632). Mais tout porteur d'un exemplaire du connaissement peut exiger cette remise. Si plusieurs porteurs se présentent, le capitaine doit effectuer le dépôt judiciaire des marchandises et en informer tous les porteurs (art. 648), ou faire constater par acte authentique les mesures qu'il prend en vue de sauvegarder les intérêts de qui il appartiendra. Il a privilège, pour ces frais, sur les marchandises.

250. — Le porteur d'un connaissement à ordre qui se présente après qu'un autre porteur plus diligent du même connaissement a obtenu la livraison régulière des marchandises, ne peut plus élever de prétention à l'exercice des droits attachés à la possession du connaissement, sauf son recours contre qui de droit.

251. — Si les marchandises n'ont pas encore été livrées, la préférence est accordée à celui auquel la remise du connaissement a été faite en premier lieu. Pour fixer cette date, on s'attache au moment de l'expédition et non au moment de la réception du connaissement (art. 651).

§ 2. ANGLETERRE.

252. — Le récépissé provisoire que le capitaine doit remettre au chargeur au moment de la réception des marchandises est remplacé par un connaissement spécial pour les marchandises de chaque chargeur. Un exemplaire reste entre les mains du capitaine ; les autres sont remis au consignataire, au chargeur, et quelquefois à un ou plusieurs de ses agents.

253. — Le connaissement fait preuve, au profit du consignataire ou de son représentant à l'encontre du capitaine, de la nature et des quantités du chargement, à moins que le porteur du connaissement n'ait su, au moment où il devenait cessionnaire du connaissement, que le chargement était incomplet (Act 14 août 1855, art. 3).

254. — Le connaissement peut, par la voie de l'endossement, transférer la propriété des marchandises, si les parties l'ont ainsi entendu. C'est là une question d'intention que les tribunaux ont à trancher (Act 14 août 1855, art. 1).

255. — L'endossement des connaissements à ordre n'est soumis à aucune forme spéciale ; l'endossement en blanc lui-même est translatif de propriété. — Trib. Anvers, 7 févr. 1874, [Clunet, 75.215]

256. — Si l'endossement du connaissement a eu pour objet de transférer la propriété du porteur, celui-ci peut, en l'endossant lui-même, transférer les mêmes droits à un sous-cessionnaire.

257. — Dans ce cas, le porteur a à remplir toutes les obligations qu'impose la propriété du chargement. Mais le dernier porteur est seul tenu de ces obligations, sans qu'il y ait à cet égard solidarité entre les divers endosseurs comme pour la lettre de change.

258. — Si la transmission du connaissement a simplement conféré un mandat, il ne donne pas au porteur le droit d'exercer les actions dérivant du contrat.

259. — La transmission du connaissement peut aussi n'avoir lieu qu'à titre de gage, pour sûreté d'un prêt.

260. — Lorsque plusieurs exemplaires du connaissement ont été délivrés, le capitaine n'encourt d'ordinaire aucune responsabilité envers la marchandise à celui qui se présente en premier lieu. Et même il est d'usage d'insérer une clause aux termes de laquelle la remise d'un des exemplaires faite au capitaine annule les autres.

§ 3. ARGENTINE (République).

261. — En dehors des indications dont parle l'art. 281 du Code français, le connaissement doit contenir le port d'attache du navire, et, outre le prix du fret, le chapeau, s'il en a été stipulé, ainsi que le lieu et la forme du paiement (art. 1028). — V. *Code de commerce argentin, de 1890*, traduit et annoté par H. Prudhomme, 1893 (Collect. des Codes étrangers, t. 6).

262. — Bien qu'il ait été dressé une charte-partie, le porteur du connaissement n'est responsable d'aucune des conditions ou obligations spéciales contenues dans la dite charte-partie, à moins que le connaissement ne contienne la clause : *Suivant la charte-partie (segun la poliza de fletamento)* (art. 1029).

263. — Le capitaine doit signer autant d'exemplaires du connaissement que le chargeur en exige, et lesdits exemplaires doivent avoir tous la même teneur et la même date, et mentionner le numéro de l'exemplaire. Un exemplaire demeure en la possession du capitaine et les autres appartiennent au chargeur. — Si le capitaine est en même temps chargeur, ou si le chargeur est un de ses parents, les connaissements respectifs sont signés par les deux individus de l'équipage qui le suivent immédiatement dans le commandement du navire, et un exemplaire est déposé entre les mains de l'armateur ou du consignataire.

264. — Les connaissements sont signés et délivrés dans les vingt-quatre heures après le chargement terminé, contre remise des récépissés provisoires, sous peine, aussi bien pour le capitaine que pour les chargeurs qui auraient apporté de la négligence dans la délivrance des connaissements, d'être responsables de tous les dommages résultant du retardement du voyage (art. 1031).

265. — Aucun capitaine ne peut signer des connaissements avant d'avoir reçu les récépissés dont il est parlé dans l'article précédent. S'il le fait, en outre des responsabilités civiles encourues par cet acte, il est tenu comme faussaire ou comme complice du délit, s'il vient à être fait usage du connaissement ainsi donné par avance (art. 1032).

266. — Le connaissement rédigé en la forme prescrite dans l'art. 1028, fait loi entre toutes les personnes intéressées dans le chargement et dans le fret, ainsi qu'entre lesdites personnes et les assureurs. La preuve contraire demeure toutefois réservée à ces derniers et aux propriétaires du navire (art. 1033).

267. — Si les connaissements d'un même chargement ne sont pas conformes entre eux, on s'en tient à celui qui a été rédigé de la manière la plus régulière. Si les connaissements non concordants réunissent toutes les conditions énoncées en l'art. 1028, on s'en tient, sur les points où il y a divergence entre eux, aux résultats de la preuve produite par les intéressés (art. 1034).

268. — Lorsque les connaissements sont à ordre, tous les droits et actions appartenant à l'endosseur sur le chargement, sont transmis à la personne au profit de laquelle lesdits connaissements viennent à être endossés (art. 1035).

269. — Le porteur d'un connaissement à ordre doit le représenter au capitaine, avant de commencer le déchargement, pour obtenir de lui directement la remise des marchandises. — S'il ne le représente pas, tous les frais occasionnés par le dépôt judiciaire, sont à sa charge (art. 1036).

270. — Que le connaissement ait été dressé à ordre ou au porteur, ou qu'il ait été fait au profit d'une personne déterminée, on ne peut changer la destination ni la consignation des marchandises, sans remettre préalablement au capitaine tous les exemplaires par lui signés. Le capitaine qui signe un nouveau connaissement sans avoir reçu tous les exemplaires du premier, est responsable envers les porteurs légitimes qui se présentent munis de l'un des exemplaires de ce connaissement, sauf son recours contre qui de droit (art. 1037).

271. — S'il est allégué que les premiers connaissements ont été égarés, le capitaine n'est pas obligé d'en signer d'autres, à moins que le chargeur ne lui donne caution suffisante pour le chargement porté auxdits connaissements (art. 1038).

272. — Si le capitaine d'un navire vient à décéder ou à cesser ses fonctions par suite d'un accident quelconque, avant d'entreprendre le voyage, les chargeurs ont le droit d'exiger que son successeur revalide par sa signature les connaissements signés par le capitaine précédent, après avoir comparé le chargement avec les connaissements. S'ils ne le font pas, le nouveau capitaine est seulement responsable de ce que le chargeur prouve avoir existé sur le navire au moment de son entrée en fonctions, sauf son recours du chargeur contre l'armateur et de ce dernier contre l'ancien capitaine ou son représentant. Le capitaine qui signe les connaissements de son prédécesseur, sans avoir procédé à la vérification du chargement, est responsable des manques, à moins que les chargeurs ne consentent à ce que le capitaine mentionne sur les connaissements qu'il n'a pas vérifié le chargement. Les frais que peut occasionner la vérification de la cargaison embarquée sont à la charge de l'armateur, en cas de décès du capitaine ou dans celui où ledit capitaine a été congédié sans motif légitime, et à la charge du capitaine, si le congé à lui donné a été motivé par son fait (art. 1039).

273. — Si les effets chargés n'ont pas, au moment de la remise, été comptés, pesés ou mesurés, ou s'il y a contestation sur le compte, le capitaine peut déclarer sur les connaissements que le poids, le nombre ou la mesure lui est inconnu. Si le chargeur n'admet pas cette déclaration, il doit être procédé à un nouveau comptage, pesage ou mesurage, et les frais de cette opération sont à la charge de celui qui les a occasionnés. Si le chargeur accepte la déclaration sus-énoncée, le capitaine est tenu seulement de livrer, dans le port du déchargement, les effets appartenant au chargeur qui se trouvent sur le navire, à moins qu'il ne soit prouvé qu'il y a eu dol de la part du capitaine ou de l'équipage (art. 1040).

274. — Si le capitaine constate qu'il y a plusieurs porteurs des différents exemplaires d'un connaissement de la même cargaison, ou s'il survient une saisie, il est tenu de demander le dépôt judiciaire (art. 1041).

275. — Les intéressés ou le dépositaire peuvent demander la vente des effets susceptibles de se détériorer facilement ou dont la conservation occasionnerait des frais dispendieux. Le produit de la vente, déduction faite des frais, doit être déposé judiciairement (art. 1042).

276. — Nulle saisie faite par un tiers, non porteur de l'un des exemplaires du connaissement, ne peut, en dehors du cas de revendication introduit en conformité des dispositions du présent Code, priver le porteur du connaissement de la faculté de demander la vente judiciaire des effets, sauf le droit du saisissant ou du tiers sur le produit de la vente (art. 1043).

277. — Le connaissement rédigé en la forme prescrite par l'art. 1028, vaut titre exécutoire (*aparejada ejecution*) comme s'il était fait par acte public, toutes les fois que la signature est reconnue. Les capitaines ne sont pas recevables à exciper qu'ils ont signé les connaissements de confiance, et sous la promesse qu'il leur serait fait livraison de la cargaison désignée sur lesdits connaissements. Cependant le capitaine a le droit, dans tous les cas, de prouver que son navire ne pouvait contenir la quantité de marchandises mentionnée sur le connaissement. Malgré cette preuve, le capitaine doit indemniser les consignataires, si, sur la foi des connaissements, ils ont payé au chargeur plus que le navire ne contenait, sauf le recours du capitaine contre le chargeur. Ces indemnités ne peuvent être à la charge des armateurs (art. 1044).

278. — Aucune action en justice entre le capitaine et les chargeurs ou assureurs, fondée sur des stipulations de la charte-partie ou du connaissement n'est recevable, si la demande n'est pas accompagnée des exemplaires du document respectif. La remise du chargement peut être prouvée, cependant, par les récépissés provisoires et par les autres moyens de preuve admis en matière commerciale (art. 1045).

279. — Au moment de la livraison du chargement, les connaissements sont restitués au capitaine, et il lui est donné reçu sur l'un des exemplaires. Le consignataire qui différerait cette remise serait responsable des dommages et préjudices (art. 1046).

§ 4. BELGIQUE.

280. — Jusqu'en 1879, la Belgique a été régie par nos art. 281 et s. La loi du 21 août 1879 y a apporté quelques modifications. L'art. 40 exige, en outre des énonciations dont parle l'art. 281, que le connaissement indique la nationalité du navire ainsi que le nombre des exemplaires délivrés.

281. — Chaque connaissement est fait en quatre originaux au moins : un pour le chargeur, un pour celui à qui les marchandises sont adressées, un pour le capitaine, un pour l'armateur du bâtiment. L'exemplaire du connaissement destiné au capitaine est signé par le chargeur; les autres exemplaires sont signés par le capitaine. Lorsqu'il y a plusieurs exemplaires pour celui à qui les marchandises sont adressées, chacun de ces exemplaires énonce s'il est fait par 1er, 2e ou par 3e, etc. Le connaissement doit être signé dans les vingt-quatre heures du chargement. Le chargeur est tenu de fournir au capitaine, dans le même délai, les acquits des marchandises chargées (art. 41).

282. — Le connaissement, rédigé en la forme ci-dessus prescrite, fait foi entre toutes les parties intéressées au chargement, et entre elles et les assureurs (art. 42).

283. — En cas de diversité entre le connaissement signé par le chargeur et ceux qui sont signés par le capitaine, chaque original fait foi contre la partie qui l'a signé (art. 43).

284. — Le porteur du connaissement, même en vertu d'un endossement en blanc, a seul le droit de se faire délivrer le chargement par le capitaine. S'il est produit plusieurs exemplaires d'un connaissement, le capitaine doit s'adresser, en Belgique, au tribunal de commerce; en pays étranger, au consul de Belgique ou au magistrat du lieu, pour faire nommer un consignataire auquel il fera la délivrance du chargement contre le paiement du fret (art. 44).

285. — En cas de naufrage ou de relâche forcée, tout porteur d'un connaissement, même qu'il serait à personne dénommée, peut exercer tous les droits du chargeur, se faire délivrer la marchandise par le capitaine et en toucher le produit, à la charge de fournir caution et en se faisant autoriser, en Belgique, par le tribunal de commerce; en pays étranger, par le consul de Belgique ou le magistrat du lieu, qui prescrit telles mesures conservatoires des droits des tiers qu'il juge convenables (art. 45).

286. — Tout commissaire ou consignataire qui reçoit les marchandises mentionnées dans les connaissements ou chartes-parties, est tenu d'en donner reçu au capitaine qui le demande,

à peine de tous dépens, dommages-intérêts, même de ceux de retardement (art. 46).

§ 5. CHILI.

287. — Le Code de commerce argentin, de 1890, s'est inspiré des dispositions du Code chilien, de 1867. Nous retrouvons donc ici la plupart des prescriptions que nous avons exposées *suprà*, n. 261 et s. C'est ainsi que l'art. 1047 du Code chilien est, à peu de chose près, la reproduction de l'art. 1028 du Code argentin, et l'art. 1048, celle de l'art. 1030, § 1. — V. *Code de commerce chilien*, traduit et annoté par H. Prudhomme, 1892 (Collect. des *Codes étrangers*, t. 5).

288. — Toutefois, aux termes de l'art. 1048, le connaissement doit être rédigé ou donné en quatre originaux : pour le chargeur, le consignataire, le capitaine et l'armateur.

289. — L'art. 1049 est analogue à l'art. 1031, C. argentin. Il dispose, en outre, que l'exemplaire destiné au chargeur sera écrit par le capitaine ou rempli par lui, s'il est imprimé.

290. — Les art. 1050, 1052, 1055, 1061, 1065 et 1066 sont respectivement la reproduction presque littérale des art. 1030, § 2, 1040, 1039, 1033, 1044, § 2, et 1045, § 1, C. argentin.

291. — Les connaissements peuvent être dressés soit au profit d'une personne déterminée avec la clause *à ordre*, soit au profit d'une personne déterminée sans cette clause, soit au profit du porteur. Dans le premier cas, les droits de l'affréteur sur le chargement se transmettent au moyen d'un endossement, fait conformément aux prescriptions contenues dans le § 5, tit. 10, liv. 2 du présent Code; dans le second cas, au moyen d'une cession notifiée au capitaine dans la forme indiquée dans l'art. 1903, C. civ., et, dans le troisième cas, par la simple tradition du connaissement. Le fréteur peut opposer au cessionnaire toutes les exceptions qu'il pourrait faire valoir contre le cédant toutes les fois que lesdites actions dérivent de l'affrétement (art. 1051).

292. — Les chargeurs ne peuvent débarquer leurs marchandises ni modifier la consignation, sans restituer au capitaine tous les connaissements qui lui ont été délivrés. Si le capitaine consent au débarquement ou au changement du consignataire sans avoir retiré les connaissements, il est responsable du chargement envers le porteur légitime desdits connaissements (art. 1053).

293. — Toutes les fois que les chargeurs ne peuvent restituer les connaissements, ils doivent donner la caution jugée suffisante par le capitaine pour garantir la valeur du chargement; et, faute par eux de donner cette caution, le capitaine ne peut être contraint de livrer les marchandises, ni de signer de nouveaux connaissements pour une consignation différente (art. 1054).

294. — Avant de commencer le déchargement, le porteur d'un connaissement doit le présenter au capitaine, pour qu'on lui remette directement les marchandises; et, faute par lui de le faire, les frais de magasinage et la commission de dépôt, si le capitaine l'a voulu, restent à sa charge (art. 1056).

295. — Les art. 1059 et 1060 ont leurs analogies dans les art. 1041 et 1042, C. argentin, avec cette différence que la vente des marchandises susceptibles de se détériorer est pour le dépositaire non plus une faculté, mais une obligation.

296. — L'art. 1058, après avoir reproduit les dispositions de l'art. 1046, C. argentin, ajoute : le consignataire n'est pas considéré comme étant en retard lorsqu'il diffère la remise du récépissé jusqu'au résultat de la reconnaissance de ses marchandises.

297. — Lorsque les connaissements d'un même chargement ne sont pas conformes entre eux, on s'en tient au contenu de celui qui est respectivement signé par le capitaine, par le chargeur ou rempli de la main du chargeur lui-même ou du commis qu'il a chargé de gérer son commerce, ou au contexte de celui qui est exhibé par le chargeur, s'il est écrit ou rempli par le capitaine. Si les connaissements représentés ont tous respectivement la qualité ci-dessus spécifiée, on s'en tient aux autres preuves produites par les parties (art. 1062).

298. — A défaut de charte-partie, l'affrétement est réputé contracté dans les termes et sous les conditions énoncées dans les connaissements. Les points obscurs présentés par la charte-partie sont éclaircis au moyen des connaissements (art. 1063).

299. — Le connaissement annule les récépissés provisoires portant une date antérieure, que le capitaine ou ses subordonnés auraient donnés au chargeur (art. 1064).

§ 6. Égypte.

300. — Les art. 99 et 100 reproduisent les art. 281 et 282 du Code français. Toutefois, le connaissement doit indiquer la nationalité du navire.

301. — Tout commissionnaire ou consignataire qui a reçu les marchandises mentionnées dans les connaissements ou chartes-parties est tenu d'en donner reçu au capitaine qui le demande, à peine de tous dépens, dommages-intérêts, même de ceux de retardement. De même, le capitaine est tenu de demander acquit des marchandises qu'il a consignées au receveur et, à son défaut, de se munir d'un certificat de la douane constatant la décharge des marchandises conformément au connaissement, à peine de tous dommages-intérêts envers les propriétaires ou receveurs (art. 103).

§ 7. Espagne.

302. — Comme en droit argentin, le Code espagnol exige que le connaissement contienne, outre les indications de l'art. 281, C. franç., le port d'attache du navire ainsi que le chapeau convenu (art. 706). — V. *Code de commerce espagnol de 1885*, traduit et annoté par H. Prudhomme, 1891 (Collect. des *Codes étrangers*, t. 3).

303. — Aux termes du § 2 du même art. 706, le connaissement peut être au porteur, à ordre, ou au nom d'une personne déterminée; il doit être signé dans les vingt-quatre heures de la réception des marchandises, faute de quoi le chargeur peut exiger le déchargement de la cargaison aux frais du capitaine.

304. — L'art. 709 correspond à l'art. 1033, C. arg., l'art. 710 correspond à l'art. 284, C. franç., l'art. 711 à l'art. 1036, C. arg., l'art. 714 à l'art. 1039 du même Code, l'art. 718 à l'art. 1046.

305. — Il doit être dressé quatre exemplaires du connaissement original; ils doivent avoir la même teneur et sont signés du capitaine et du chargeur. Le chargeur conserve l'un de ces exemplaires et il en remet un autre au consignataire. Le capitaine a deux exemplaires, un pour lui-même, l'autre pour l'armateur. Les intéressés peuvent, en outre, dresser autant de connaissements qu'ils le jugent convenable. Toutefois, si les connaissements sont à ordre ou au porteur, on indique sur tous les exemplaires, qu'il s'agisse des quatre premiers exemplaires ou des exemplaires supplémentaires, la destination de chacun d'eux et l'on mentionne s'il est destiné à être remis à l'armateur, au capitaine, au chargeur ou au consignataire. Si l'exemplaire destiné à ce dernier est dressé par duplicata, on doit mentionner cette circonstance et indiquer que le duplicata ne sera valable qu'à défaut du premier (art. 707).

306. — Les connaissements au porteur destinés au consignataire sont transmissibles par la remise matérielle du document, et en vertu d'un endossement, s'ils sont rédigés à ordre. Dans les deux cas, celui à qui est transféré le connaissement acquiert, sur les marchandises qui s'y trouvent désignées, tous les droits et actions appartenant au cédant ou à l'endosseur (art. 708).

307. — Le capitaine ne peut modifier par lui-même la destination des marchandises. S'il consent à la modifier sur la demande du chargeur, il doit recueillir préalablement les connaissements par lui délivrés, sous peine d'être responsable de la cargaison envers le porteur de ces connaissements (art. 712).

308. — Si, avant de faire la remise du connaissement, on exige du capitaine un nouveau connaissement, en alléguant que la non-représentation des connaissements antérieurs provient de ce qu'ils ont été égarés, ou de toute autre cause légitime, le capitaine est tenu de délivrer ce nouveau connaissement, toutes les fois qu'on lui donne une garantie suffisante de la valeur du chargement, sans toutefois modifier la consignation et en indiquant, dans le nouveau connaissement, les circonstances prévues dans le dernier paragraphe de l'art. 707, lorsqu'il s'agit de connaissements auxquels le nouveau se réfère, et ce, sous peine d'être responsable dudit chargement dans le cas où, par suite de son omission, il serait livré indûment (art. 713).

309. — Les connaissements produisent une action très-sommaire ou de contrainte, suivant les cas, pour obtenir la livraison de la cargaison et le paiement du fret et des frais (art. 715).

310. — Si plusieurs personnes présentent des connaissements au porteur ou à ordre endossés à leur profit, et réclament les mêmes marchandises, le capitaine doit donner la préférence, pour effectuer la remise desdites marchandises, à celui qui présente l'exemplaire qui a été délivré le premier, sauf dans le cas où l'exemplaire postérieur aurait été délivré sur la justification que le premier avait été égaré et où ces deux exemplaires se trouvent dans des mains différentes. Dans ce cas, comme dans celui où l'on représente des seconds ou troisièmes exemplaires délivrés sans que cette justification ait été faite, le capitaine doit s'adresser au juge ou au tribunal civil pour faire ordonner le dépôt des marchandises et leur livraison par son intermédiaire à qui il appartient (art. 716).

311. — La remise du connaissement annule tous les reçus provisionnels de date antérieure, donnés par le capitaine ou par ses subalternes en reconnaissance des remises partielles qui lui ont été faites du chargement (art. 717).

§ 8. États-Unis.

312. — Le connaissement doit contenir, outre les énonciations accoutumées, telles que les énumère l'art. 281, C. franç., le chapeau convenu et autres accessoires du fret en usage au port de destination.

313. — Il peut être fait en plusieurs originaux.

314. — Il est signé par le capitaine après réception des marchandises qui y sont énumérées.

315. — S'il est énoncé, au connaissement, que la marchandise a été reçue en bon état, cela ne s'entend que de l'état extérieur et apparent.

316. — Le connaissement fait foi aussi bien entre l'armateur et les divers intéressés du chargement qu'entre le capitaine et le chargeur.

317. — Le connaissement est transmissible par endossement. La propriété de la cargaison se transmet avec le connaissement lui-même. Telle est, du moins, l'opinion de Dixon et la jurisprudence des tribunaux de l'Union. — Desjardins, *op. cit.*

§ 9. Italie.

318. — Comme l'art. 281, C. franç., l'art. 555, C. comm. ital., indique les énonciations que doit contenir le connaissement. Aux mentions de la loi française, il ajoute la nationalité du navire, et de plus, il est dit au § 3 du même article, que le capitaine ne doit pas signer le connaissement avant le chargement. — V. *C. comm. ital. de 1882*, traduit et annoté par Ed. Turral, 1892 (Collect. des *Codes étrangers*, t. 4).

319. — L'art. 558 est la reproduction de l'art. 283, C. franç., l'art. 559, celle de l'art. 284, et l'art. 560, celle de l'art. 285, même Code.

320. — Le connaissement est fait en quatre originaux, savoir : un pour le capitaine, un pour le propriétaire ou armateur du navire, un pour le chargeur et un pour celui à qui les marchandises sont adressées. Chacun des originaux doit indiquer la personne à laquelle il est destiné. Si le chargeur a besoin d'un ou plusieurs duplicata de l'original destiné à la personne à qui les marchandises sont adressées, les duplicata sont établis en conformité des dispositions des art. 277 et 278 du présent Code. Les originaux destinés au capitaine et au propriétaire ou armateur du navire sont signés par le chargeur; les autres le sont par le capitaine. La signature et la remise des originaux à leurs destinataires respectifs doivent avoir lieu dans les vingt-quatre heures après le chargement terminé. Le capitaine doit remettre au capitaine dans le même délai les feuilles d'expédition des marchandises chargées ou les quittances de paiement, ou les acquits-à-caution de la douane (art. 556).

321. — Au lieu de destination, le capitaine doit remettre le chargement entre les mains de celui qui lui présente le connaissement quel que soit le numéro qu'il porte, si aucune opposition ne lui a été notifiée. En cas d'opposition, ou s'il se présente plusieurs porteurs du connaissement, le capitaine doit opérer le dépôt judiciaire du chargement; il peut même se faire autoriser à en vendre la quantité nécessaire pour couvrir le paiement du fret (art. 557).

§ 10. Mexique.

322. — La matière du connaissement est traitée dans les art. 781 à 793, C. comm. Le connaissement énonce les nom, matricule et tonnage du navire; les nom et domicile du capitaine; le port de chargement et de déchargement; le nom du chargeur;

le nom du consignataire, si le connaissement est fait à personne dénommée ; les quantités, la qualité des marchandises chargées, ainsi que le nombre et les marques des caisses ; le fret et le chapeau convenus (art. 784).

323. — Le connaissement peut être au porteur, à ordre ou à personne dénommée (Même art.).

324. — Le connaissement doit être rédigé en quatre exemplaires de même teneur, signés par le capitaine et le chargeur : un pour le chargeur, un pour le consignataire, deux pour le capitaine, un pour lui et l'autre qui reste annexé aux pièces du bord. On peut, en outre, en rédiger autant d'exemplaires que cela peut être nécessaire (art. 782).

325. — Le connaissement au porteur se transfère par la remise du titre ; le connaissement à ordre, par l'endossement. Dans les deux cas, celui auquel est transférée la propriété du connaissement acquiert tous les droits et actions qui appartenaient au cédant ou à l'endosseur (art. 783).

326. — Le connaissement, rédigé suivant les formes exigées, fait foi entre les intéressés du chargement et entre ceux-ci et les assureurs, sauf pour ceux-ci la preuve contraire (art. 784).

327. — L'art. 785 est la reproduction de l'art. 284, C. franç.; l'art. 789 est l'analogue des art. 1039, C. arg., et 1035, C. chil.; l'art. 792 correspond à l'art. 1064, C. chil.

328. — Le capitaine ne peut changer la destination de la marchandise. S'il le fait, à la demande du chargeur, il doit au préalable se faire remettre tous les connaissements qui auront été expédiés, sous peine de répondre de la valeur du chargement vis-à-vis du porteur légitime (art. 787).

329. — L'art. 791 est la reproduction de l'art. 716, C. esp.

§ 11. PAYS-BAS.

330. — Les art. 508 à 520 reproduisent, à peu de chose près, les dispositions du Code français. Toutefois, en dehors des mentions exigées en droit français, le connaissement contient : ... 8° la signature du capitaine et celle du chargeur, ou de celui qui fait l'expédition pour lui (art. 508). — V. Tripels, *Les Codes néerlandais*, 1886.

331. — Il doit être délivré par le capitaine autant de connaissements de la même teneur, que l'affréteur ou le chargeur en exige (art. 510).

332. — Le capitaine a, dans tous les cas, le droit de prouver que son navire ne pouvait contenir la quantité de marchandises énoncées dans le connaissement (art. 514). Il est néanmoins tenu d'indemniser ceux à qui les marchandises ont été expédiées, si, sur la foi des connaissements, ils en ont payé au chargeur plus que le navire ne contenait, sauf le recours du capitaine contre le chargeur (Même art.).

333. — Les affréteurs ne peuvent retirer les marchandises déjà chargées, sans restituer au capitaine les connaissements qu'il leur en a délivrés. En cas de plusieurs connaissements sont expédiés, la décharge ne peut être faite que par autorisation de justice, rendue en connaissance de cause, et moyennant une caution suffisante du chargeur pour les suites que pourraient avoir les connaissements expédiés, et dans ce cas, à charge de payer le fret en entier, les frais du déchargement et ceux causés par le déplacement du reste de la cargaison, le tout sauf ce qui est statué à l'art. 473 (art. 511).

334. — Si les marchandises chargées n'ont pas été livrées au capitaine par nombre, poids ou mesure, il peut annoter sur le connaissement, que leur espèce, nombre, poids ou mesure lui sont inconnus (art. 513).

335. — En cas de diversité entre les connaissements d'un même chargement, celui des connaissements qui est le plus régulier fait foi de préférence (art. 515).

336. — Si différents individus sont porteurs chacun d'un connaissement pour les mêmes marchandises, celui qui présente un connaissement en son nom est préféré pour la délivrance provisoire, à celui qui n'a qu'un connaissement à ordre ou au porteur (art. 516).

337. — Si tous les connaissements de la même marchandise portent les noms des porteurs respectifs, ou s'ils sont tous à ordre ou au porteur, le juge décide auquel d'entre eux la délivrance provisoire sera faite (art. 517).

338. — Il est interdit au capitaine de décharger les marchandises sans autorisation du tribunal d'arrondissement, s'il lui est connu que plusieurs individus sont porteurs d'un connaissement pour les mêmes effets, ou qu'il a été fait saisie-arrêt sur les marchandises. Dans ces cas, il peut demander, sous réserve des droits de tout intéressé, une ordonnance à l'effet d'être autorisé à déposer les marchandises dans un tel lieu ou entre les mains de tel individu qui sera désigné par le juge (art. 518).

339. — Les intéressés, et la personne chargée du dépôt, peuvent demander au juge l'autorisation de vendre les marchandises, si elles sont sujettes à dépérissement, soit par leur nature, soit par l'état où elles se trouvent. Le produit de la vente, les frais déduits, remplace les marchandises et est consigné judiciairement (art. 519).

340. — Aucune saisie ou opposition de la part d'un tiers, non porteur de connaissement, ne peut priver le porteur de la faculté de requérir le dépôt ou la vente judiciaire des marchandises ; sauf le droit du saisissant ou de l'opposant sur le produit de la vente (art. 520).

§ 12. PORTUGAL.

341. — Le capitaine doit délivrer autant d'exemplaires du connaissement que le chargeur en exige, sans que le nombre puisse être inférieur à quatre : un pour le chargeur, un pour le destinataire, un pour le capitaine et un autre pour l'armateur (art. 538, § 2). — V. *Code de commerce portugais de 1888*, traduit et annoté par Ernest Lehr, 1889.

342. — Chaque exemplaire doit indiquer l'intéressé auquel il est destiné (Même art., § 3).

343. — Le capitaine doit signer tous les exemplaires, excepté ceux qui lui sont destinés, lesquels sont signés par le chargeur (Même art., § 4).

344. — Les marchandises sont remises par le capitaine au lieu de destination, à bord ou en douane, conformément à l'usage du port ou aux clauses de l'affrètement ou du connaissement, à la personne désignée dans cette dernière pièce (art. 539).

345. — S'il se présente plus d'une personne munie d'un connaissement régulier relatif aux mêmes marchandises, celles-ci demeurent déposées en douane jusqu'à ce que les tribunaux compétents aient déclaré à qui elles doivent être livrées, sans préjudice des droits fiscaux et autres charges imposées par la loi sur lesdites marchandises (Même art., § unique).

346. — Le connaissement régulier fait foi tant entre les intéressés au chargement qu'entre ceux-ci et les assureurs et le chargeur, sauf la preuve du dol (art. 540).

347. — Le dol du chargeur ne peut être opposé au tiers porteur (Même art., § 4).

348. — Les tiers étrangers au contrat d'affrètement, et notamment les assureurs, peuvent prouver la fausseté du connaissement par tous moyens de preuve (Même art., § 2).

§ 13. ROUMANIE.

349. — Aux énonciations exigées par la législation française le Code de commerce roumain, de 1887, ajoute, comme la plupart des autres législations, la nationalité du navire. — V. *Code de commerce du royaume de Roumanie*, traduit par J. Blumenthal, 1889.

350. — De plus, l'art. 565 dispose que le connaissement ne peut pas être signé par le capitaine avant le chargement.

351. — Les art. 568, 569 et 570 sont la reproduction des dispositions contenues dans les art. 283, 284, 285 du Code de commerce français.

352. — Le connaissement doit être fait en quatre originaux, destinés au capitaine, au propriétaire ou à l'armateur du navire, au chargeur et à la personne à laquelle les choses chargées doivent être remises. Sur chaque original, la personne à laquelle il est destiné doit être indiquée. Si des chargeurs demandent un ou plusieurs duplicata de l'original destiné à la personne à laquelle doivent être remises les choses chargées, les dispositions des art. 299 et 300 sont appliquées. Les originaux destinés au capitaine et au propriétaire ou à l'armateur du navire sont signés par le chargeur ; les autres par le capitaine. La signature et la remise respective des originaux a lieu dans les vingt-quatre heures après que le chargement a été terminé. Le chargeur remet en même temps au capitaine, les factures des choses chargées, les acquits de paiement et les acquits-à-caution de la douane (art. 566).

353. — Le capitaine remet, au lieu de destination, les

marchandises à celui qui lui présente le connaissement quel que soit son numéro, si aucune opposition ne lui a été notifiée. En cas d'opposition, ou s'il y a plusieurs porteurs du connaissement, le capitaine, avec l'autorisation de la justice, dépose les marchandises dans les lieux qui lui sont désignés; il peut encore obtenir l'autorisation d'en vendre une partie pour le paiement du fret (art. 567).

§ 14. *Russie.*

354. — Le capitaine dresse, en autant d'originaux qu'il y a de parties intéressées, un état détaillé des marchandises qu'il prend à bord et de la nature du chargement (sect. 2, tit. 1, chap. 6, art. 736, 737). L'exemplaire destiné au capitaine est signé de l'armateur.

355. — En cas de dissemblance entre les divers exemplaires du connaissement, l'exemplaire signé du capitaine et de l'armateur fait foi, à moins de dol ou de fraude (art. 739).

356. — A l'arrivée au lieu de destination, le capitaine délivre les marchandises en échange du connaissement qui lui est remis, et des frais de transport.

§ 15. *Etats Scandinaves.*

357. — I. Norvège. — En recevant les marchandises, le capitaine doit donner un reçu provisoire qui est échangé contre le connaissement (art. 56, C. mar.).

358. — Si le connaissement est dressé en plusieurs exemplaires, le nombre des exemplaires est indiqué sur chacun d'eux.

359. — Comme dans toutes les autres législations, le connaissement doit indiquer clairement les marchandises qui font l'objet du chargement. Mais pour celles qui sont emballées, il suffit d'énoncer les formes de l'emballage, le nombre et les marques des caisses, sans qu'il soit nécessaire d'en indiquer le contenu.

360. — Si plusieurs porteurs se présentent pour recevoir la marchandise, le capitaine doit la déposer en douane, ou chez un tiers accepté par les parties ou désigné par le tribunal, en attendant le règlement de la contestation entre les divers porteurs du connaissement.

361. — II. Suède. — En dehors des mentions ordinaires, exigées en droit français, le connaissement doit énoncer le jour et le lieu où il a été délivré (art. 94 et s.).

362. — Le connaissement peut être rédigé en plusieurs exemplaires, pourvu qu'ils soient tous conçus dans les mêmes termes, qu'ils portent la même date, que chacun d'eux indique le nombre des exemplaires qui ont été rédigés, et qu'ils portent tous la signature du capitaine. L'affréteur ne signe que l'exemplaire remis aux mains du capitaine.

363. — En cas de contradiction entre diverses énonciations du ou des connaissements, les tribunaux décident. En cas de dissemblance entre la charte-partie et le connaissement, le connaissement fait foi (art. 101).

364. — En cas de conflit entre plusieurs porteurs, le capitaine doit déposer la marchandise chez un tiers désigné par l'officier de la douane, le bourgmestre, le bailli ou son lieutenant.

§ 16. *Turquie.*

365. — Les art. 101, 102, 103, 104, C. turc, sont la reproduction de nos art. 281, 282, 283, 284. Cependant, en dehors des conditions exigées par la loi française, le connaissement doit énoncer la nationalité du navire, et les assureurs sont admis à fournir la preuve contraire contre les énonciations du connaissement. L'art. 105 est la reproduction de l'art. 1, C. égypt. — V. *suprà*, n. 301.

CONNEXITÉ. — V. Compétence.

I. Matière civile.

Législation.

C. proc. civ., art. 171.

Décr. 30 mars 1808 (contenant règlement pour la police et la discipline des cours et tribunaux), art. 23, 59, 63.

Bibliographie.

Berriat Saint-Prix, *Cours de procédure civile*, 1855, 7e édit., 2 vol. in-8o, t. 1, p. 253 et 254. — Bioche, *Dictionnaire de procédure civile et commerciale*, 1867, 5e édit., 6 vol. in-8o, vo *Exception*, sect. 2, § 2. — Boitard, Colmet-Daage et Glasson, *Leçons de procédure civile*, 1890, 15e édit., 2 vol. in-8o, t. 1, n. 357 et s. — Boncenne et Bourbeau, *Théorie de la procédure civile*, 1837-1863, 2e édit., 7 vol. in-8o, t. 3, p. 219 et s. — Bonfils, *Traité élémentaire d'organisation judiciaire, de compétence et de procédure en matière civile et commerciale*, 1891, 2e édit., 2 vol. in-8o, t. 1, n. 671 et s. — Bonnier, *Eléments de procédure civile*, 1853, in-8o. — Bonnin, *Commentaire de la procédure civile*, 1845, in-8o, p. 165 et 166. — Carré et Chauveau, *Lois de la procédure civile et commerciale*, 5e édit., 7 tomes en 9 vol. in-8o, t. 2, quest. 726 et s., p. 189 et s., suppl., p. 221 et s. — Carré et Foucher, *Traité des lois sur l'organisation judiciaire*, 1839, 9 vol. in-8o, t. 2, p. 12, 276, 296, 305 et 458. — Chauveau et Glandaz, *Formulaire général et complet de procédure civile*, 1892, 2 vol. in-8o, t. 1, p. 31 et s., n. 24 et s. — Delziers, *Cours de procédure civile et commerciale*, 1843, 2 vol. in-8o, t. 2, p. 133 et 134. — Demiau-Crouzilhac, *Explication sommaire du Code de procédure civile*, 1888, 2e édit., 4 vol. in-8o, vo *Exception*, § 5. — Favard de Langlade, *Répertoire de la nouvelle législation civile, commerciale et administrative*, 1823, 5 vol. in-4o, vis *Exception*, § 2, n. 8 et s., *Règlement de juges*, sect. 1, § 1, n. 1 et 2. — Garsonnet, *Précis de procédure civile*, 1893, 2e édit. in-8o, n. 196; — *Traité théorique et pratique de procédure*, 1882-1894, 5 vol. in 8o parus, t. 1, n. 187-B, p. 756 et s. — Goubeau de la Billennerie, *Traité des exceptions en matière de procédure civile*, 1823, in-8o. — Joccoton, *Des exceptions de procédure en matière de procédure civile et commerciale*, 1858, in-8o, n. 49. — Lemerle, *Traité des fins de non-recevoir*, 1819, in-8o. — Marc Desfaux, Harel et Dutruc, *Encyclopédie des huissiers*, 1888-1892, 4e édit., 12 vol. in-8o, vo *Connexité*, *Exception*, § 3. — Merlin, *Répertoire universel et raisonné de jurisprudence*, 1827-1828, 5e édit., 18 vol. in-4o, vo *Connexité*, § 1; — *Recueil alphabétique des questions de droit*, 4e édit., 8 vol. in-4o, vo *Connexité*, § 1. — Mourlon et Naquet, *Répétitions écrites sur le Code de procédure*, 1885, 5e édit., gr. in-8o, n. 457 et 461. — Pigeau et Crivelli, *La procédure civile des tribunaux de France*, 1837, 5e édit., 2 vol. in-4o, t. 1, p. 205 et s. — Rauter, *Cours de procédure civile*, 1834, in-8o, p. 196. — Rodière, *Traité de compétence et de procédure en matière civile*, 1878, 5e édit., 2 vol. in-8o, t. 1, p. 331 et 332. — Rogron, Dufraisse et Lefèvre, *Code de procédure expliqué*, 1891, 11e édit., 2 vol. in-18, t. 1, sur l'art. 171. — Rousseau et Laisney, *Dictionnaire théorique et pratique de procédure civile et commerciale*, 1886, 2e édit., 9 vol. in-8o, vo *Exception*. — Thomine-Desmazures, *Commentaire sur le Code de procédure civile*, 1832, 2 vol. in-4o, t. 1, p. 323 et 324.

II. Matière criminelle.

Législation.

C. instr. crim., art. 226, 227, 308, 526, 540.

Bibliographie.

Berriat Saint-Prix, *Des tribunaux correctionnels en première instance et en appel*, 1854-1857, 2 vol. in-8o, t. 1, n. 215 et s. — Bonnin, *Commentaire du Code d'instruction criminelle*, 1845, in-8o. — Bourguignon, *Jurisprudence des Codes criminels*, 1825, 3 vol. in-8o, t. 1, sur les art. 226 et 227, C. instr. crim. — Carnot, *De l'instruction criminelle*, 1846, 2e édit., 3 vol. in-8o, t. 2, p. 212 et s., sur les art. 226 et 227, C. instr. crim. — Duverger, *Manuel des juges d'instruction*, 1862, 3e édit., 3 vol. in-8o, t. 1, p. 304, 327 et s.; t. 3, p. 26 et s. — F. Hélie, *Pratique criminelle des cours et tribunaux*, 1877, 2 vol. in-8o, t. 1, n. 572 et s.; — *Traité de l'instruction criminelle*, 1866-1867, 2e édit., 8 vol. in-8o, t. 5, n. 2359 et s. — Favard de Langlade, *Répertoire de la nouvelle législation civile, commerciale et administrative*, 1823, 5 vol. in-4o, vo *Règlement de juges*, sect. 2, § 1, n. 1. — Garraud, *Traité théorique et pratique du droit pénal français*, 1888-1894, 5 vol. in-8o, t. 2, n. 283 et s. — Lacuisine, *Traité du pouvoir judiciaire dans la direction des débats criminels*, 1844, in-8o,

p. 183. — Lefort, *Cours élémentaire de droit criminel*, 1879, 2ᵉ édit., in-8°, p. 270 et s. — Legraverend, *Traité de la législation criminelle en France*, 1830, 3ᵉ édit., 2 vol. in-4°, t. 1, p. 436 et s., 508 et 509. — Le Poittevin, *Dictionnaire-formulaire des parquets*, 1894, 2ᵉ édit. (en cours de publication), vᵒ *Connexité*. — Le Sellyer, *Traité de la compétence et de l'organisation des tribunaux chargés de la répression*, 1875, 2 vol. in-8°, t. 2, n. 1090 et s. — Mangin et F. Hélie, *De l'instruction écrite et du règlement de la compétence en matière criminelle*, 1847, 2 vol. in-8°, t. 2, n. 205 et s. — Mangin et Sorel, *Traité de l'action publique et de l'action civile en matière criminelle*, 1876, 3ᵉ édit., 2 vol. in-8°, t. 2, n. 407 et 408. — Merlin, *Répertoire universel et raisonné de jurisprudence*, 1827-1828, 5ᵉ édit., 18 vol. in-4°, vᵒ *Connexité*, § 2 et s.; — *Recueil alphabétique des questions de droit*, 4ᵉ édit., 8 vol. in-4°, vˡˢ *Connexité*, § 2 et s., *Incompétence*, § 2 et 3. — Morin, *De la discipline des cours et tribunaux*, 1867-1868, 3ᵉ édit., 2 vol. in-8°, t. 2, p. 217 et s.; — *Répertoire général et raisonné du droit criminel*, 1850, 2 vol. in-4°, vᵒ *Connexité*. — Nouguier, *La cour d'assises*, 1860-1870, 4 tomes en 5 vol., t. 2, n. 882 et s. — Ortolan, *Eléments de droit pénal*, 1885, 5ᵉ édit., 2 vol. in-8°, t. 1, n. 1239 et s. — Rauter, *Traité théorique et pratique du droit criminel français*, 1836, 2 vol. in-8°, t. 2, n. 641, 769, 771. — Rogron, *Le Code d'instruction criminelle expliqué*, 1865, 5ᵉ édit., 1 vol. in-18, sur les art. 226 et 227. — Rolland de Villargues, *Les Codes criminels*, 1877, 5ᵉ édit., 2 vol. gr. in-8°, t. 1, sur les art. 226 et 227, C. instr. crim. — Trébutien, Laisné-Deshayes et Guillouard, *Cours élémentaire de droit criminel*, 1878-1883, 2ᵉ édit., 2 vol. in-8°, t. 2, p. 201 et s. — Villey, *Précis d'un cours de droit criminel*, 1890, 5ᵉ édit., n-8°, p. 161 et 162.

Questions sur la connexité en matière criminelle (H. Lespinasse) : Rev. crit., 1873-1874, p. 625 et s.

INDEX ALPHABÉTIQUE.

Abordage, 18.
Abus de confiance, 252, 400.
Abus ecclésiastique, 288.
Accident. 98.
Acquéreur, 51, 52, 57, 172.
Acte d'accusation. 282, 295.
Acte de l'état civil, 38, 40.
Action publique, 215, 217.
Adjudicataire, 83 et 84.
Administrateur, 95.
Affaire civile, 184.
Affaire commerciale, 184.
Affaire ordinaire, 172, 182 et 183.
Affaire sommaire, 183.
Agents (pluralité d'), 202 et s., 247.
Aliments, 42, 101.
Allumettes chimiques, 217.
Appel, 26, 27, 44, 45, 85, 90, 156, 157, 170, 184 et s., 188, 191.
Appréciation souveraine, 31, 276, 320 et 321.
Arbitre, 141.
Armes (port d'), 423 et 424.
Arrérages, 94, 121.
Arrestation arbitraire et illégale, 266, 268, 427.
Assassinat, 285, 383.
Association de malfaiteurs, 223, 238 et s., 274.
Associé, 67, 70, 93, 112.
Assurance, 72 et s., 132.
Assurances mutuelles, 144.
Attentat à la pudeur, 254.
Attentat contre la sûreté de l'Etat, 259.
Aubergiste, 54, 213.
Avaries (règlement d'), 72.
Avocat, 219.
Avortement, 277.
Bail, 91, 110.
Banqueroute frauduleuse, 249, 347.
Banqueroute simple, 249, 347.
Baraterie, 350.
Brevet d'invention, 64.

Capitaine de navire, 18.
Cassation, 116, 312 et s.
Cautionnement, 56.
Certificat (faux), 425.
Cession d'office, 90.
Chambre d'accusation, 303, 346 et 347.
Chambres de tribunal, 174 et s.
Chasse, 282.
Chose jugée, 116, 151, 437 et s.
Circonstances aggravantes, 405, 406, 421 et s.
Collocation, 83.
Commis, 134.
Commissaire de police, 367.
Communauté conjugale, 39, 49, 166 et s., 153.
Compétence, 2, 113 et s., 115, 196, 269, 334.
Compétence *ratione loci*, 341 et s.
Complicité, 195, 196, 280.
Compte (reddition de), 48, 59, 69, 81, 84, 95, 100, 101, 111, 177.
Compte (reliquat de), 45.
Compte de tutelle, 49.
Compte-rendu, 219.
Concert préalable, 230, 236 et s.
Concierge, 378.
Condamnation, 6.
Conditions (inexécution de), 94.
Conseil de guerre, 392, 395, 397, 404 et 405.
Conseil de prud'hommes, 142.
Consignation de marchandises, 129.
Contestation d'état, 39 et s.
Contrat, 43 et s., 81, 133.
Contravention, 207, 209 et s., 362 et s., 411.
Contrebande, 267, 386.
Contrefaçon, 64, 125.
Contribuable, 105.
Contumace, 418 et 419.
Corrélation, 232, 264 et s., 395.
Correspondance avec une puissance étrangère, 426.

Corruption, 271, 396, 399.
Costume (usurpation de), 423, 427 et 428.
Coups et blessures, 254, 257, 261, 277, 363.
Cour d'appel, 26, 27, 179, 183, 189, 271, 367.
Cour d'assises, 304, 316, 323, 344, 346 et s., 388, 391, 402, 418 et 419.
Cour de cassation, 190.
Cour des pairs, 307, 409 et 410.
Cour prévôtale, 389.
Créancier, 47, 50, 102, 115.
Créancier hypothécaire, 89.
Crime, 207, 214, 346 et s., 413, 419.
Crimes successifs, 243.
Débiteur, 47, 115.
Défendeur, 29.
Défendeurs (pluralité de), 171 et s.
Défense, 147, 318 et s.
Délaissement, 61, 62, 72.
Délits, 207, 211 et s., 291, 346 et s., 413, 418, 419, 431.
Délit de presse, 242, 278, 360.
Délit forestier, 289.
Délit militaire, 208, 401, 404.
Délit politique, 360, 361, 434 et s.
Délits spéciaux, 208.
Délivrance, 21, 96.
Demande accessoire, 87, 88, 118 et s.
Demande principale, 87, 88, 118 et s.
Demandeur, 29 et 30.
Dépens, 169.
Dernier ressort, 170.
Désertion, 403 et s.
Dessaisissement, 311, 417.
Dessin, 270.
Diffamation, 244, 357 et 358.
Discipline, 219, 289.
Disjonction, 308 et s.
Distribution par contribution, 78.
Domestique, 261.
Domicile conjugal, 42.
Dommages-intérêts, 15, 18, 52, 54, 56, 90, 97 et 98.
Douanes, 227, 267, 386.
Droits civiques, 257.
Effets de commerce, 65 et 66.
Election, 258.
Emprisonnement, 137, 424.
Entrepreneur de travaux, 55.
Epizootie, 213.
Escroquerie, 263, 279, 350.
Etat, 13.
Etat de siège, 392.
Etranger, 153.
Excès de pouvoirs, 364.
Exécution, 44, 46, 56, 75, 133, 172.
Exécution des jugements, 85.
Exploit (date de l'), 117.
Extradition, 433 et 434.
Evasion, 251, 261, 349, 378, 402.
Eviction, 91.
Evocation, 139.
Faillite, 66 et s., 99.
Fait disciplinaire, 219, 289.
Faits distincts, 292.
Falsification, 260, 281.
Faux, 250, 252, 253, 256, 289, 330, 350, 354, 379, 390.
Faux témoignage, 283.
Fin de non-recevoir, 313 et s.
Folle enchère, 83, 84, 177.
Fonctionnaire public, 211, 228, 244, 357 et s.
Forêt, 13, 286.
Frais frustratoires, 97, 161.
Fraude. 397.
Garantie, 53 et s., 82, 98, 112, 187.
Garde-chasse, 262.
Garde forestier, 289.
Gardien de prison, 261.
Gérant de journal, 219.

Homicide, 259.
Homicide par imprudence, 263.
Homologation, 66.
Hypothèque, 89, 102.
Identité de demandes, 6 et s., 32.
Identité de parties, 16 et s., 32.
Immobilisation, 80.
Imprimeur, 242, 270.
Incapacité, 91.
Incident, 187.
Incompétence, 113.
Incompétence relative, 165.
Indivisibilité, 194, 201 et s., 414, 431.
Injures, 229, 288, 363.
Inscription hypothécaire, 61, 76.
Insurrection, 428.
Interruption, 55.
Ivresse, 213.
Jonction de cause, 178 et s., 293 et s.
Jonction d'office, 181.
Jonction obligatoire, 299 et 300.
Journal, 278.
Juge de paix, 142 et s., 365.
Juge d'instruction, 337.
Jugement définitif, 160.
Jugement préparatoire, 160.
Juridictions différentes, 154 et s.
Juridiction spéciale, 136 et s.
Legs, 21, 96.
Lésion, 92.
Licitation, 89, 186.
Liquidateur, 70, 112.
Liquidation, 48 et s., 68, 93, 99, 111, 153.
Litispendance, 4 et s., 117.
Livraison, 52, 57.
Louage de services, 134.
Loyer, 80, 110.
Magistrat, 268, 271.
Mainlevée, 77, 90.
Maire, 365.
Mandat, 59.
Mandataire, 69, 95.
Menaces, 255, 291.
Mendiant, 424 et 425.
Mendicité, 255.
Meurtre, 267, 291, 386, 405 et s., 422, 429 et 430.
Militaire, 390, 395, 399, 400 et 401.
Mineur de seize ans, 355, 360.
Ministère public, 312, 327.
Ministre des Cultes, 426.
Motifs, 337 et 338.
Mort, 422, 429 et 430.
Moyen nouveau, 186, 314 et 315.
Nantissement, 79.
Navire, 429 et 430.
Notaire, 82, 187.
Notification, 330.
Nullité, 39, 51, 64, 65, 68, 75, 82, 83, 91, 92, 96, 105, 187, 302, 319 et s., 331.
Officier ministériel, 97.
Offres, 71.
Opposition, 74, 90.
Ordonnance, 177, 330, 337.
Ordonnance d'*exequatur*, 71.
Ordre public, 166.
Outrages, 211, 228, 258, 268, 359, 375.
Paiement, 47, 52, 65, 66, 81, 93, 98, 115, 121, 133 et 134.
Pair de France, 409 et 410.
Partage, 40, 41, 48 et s., 75, 106 et s., 111, 130, 153.
Passeport (faux), 425.
Pénalité, 421 et s.
Pension alimentaire, 42, 101.
Piraterie, 398, 429, 430.
Police d'assurance, 132.
Poursuites (simultanéité de), 412 et s.
Première instance, 156 et 157.

Premier président de la cour d'appel, 179.
Préposés des douanes, 227, 267, 386.
Proscription, 432.
Président des assises, 328 et s.
Président du tribunal, 174, 176.
Présomption, 280.
Presse (délit de), 242, 278, 360.
Prêtre, 288.
Prévenu, 312 et s.
Prise à partie, 97.
Privilège, 78, 129.
Procédure frustratoire, 97, 161.
Prorogation de compétence, 335, 341 et s.
Provocation, 359.
Publication, 270.
Question d'état, 38 et s., 130.
Rébellion, 227, 266, 375, 396.
Récèlement de conscrit, 396.
Réclusion, 424.
Règlement de juges, 190, 420.
Relégation, 435 et 436.
Remontrance, 321.
Rente, 121.
Rente viagère, 94.
Renvoi, 113, 116, 139.
Renvoi d'office, 161.
Renvoi facultatif, 28, 168.
Renvoi obligatoire, 28, 167.
Réparations locatives, 110.
Répétition, 15.
Reprise d'instance, 114.
Rescision, 92.
Résidence, 105.
Résolution, 46, 56, 74, 94, 133.
Revendication, 13.
Revente, 281.
Saisie-arrêt, 77, 81.
Saisie-exécution, 105.
Saisie immobilière, 75, 80, 82 et s., 94, 120, 186 et 187.
Saisie mobilière, 76, 78 et 79.
Séparation de biens, 50, 109.
Séparation de corps, 101, 109, 114.
Société, 68 et s., 99.
Société (dissolution de), 68, 69, 141.
Société en participation, 67, 69, 141.

Sous-acquéreur, 83
Sous-traitant, 55.
Succession, 40, 62, 89, 106 et s., 111, 130, 153.
Sursis à statuer, 101, 269.
Tapage nocturne, 228.
Tentative, 291.
Territoire civil, 391.
Territoire militaire, 391.
Testament, 96.
Tiers détenteur, 61, 62, 102.
Titre, 60, 79.
Titre (restitution de), 47, 115.
Traite des noirs, 398.
Traité diplomatique, 152, 434.
Transport, 54.
Travaux forcés, 422, 429 et 430.
Tribunal civil, 71, 138, 142 et s., 149.
Tribunal correctionnel, 211, 270, 271, 323, 342, 343, 357, 362 et s., 413, 414, 431.
Tribunal de commerce, 18, 71, 138, 142, 145, 147 et s.
Tribunal d'exception, 369 et s.
Tribunal de police, 363 et s.
Tribunal étranger, 151 et s.
Tribunal maritime, 398, 402.
Usure, 279.
Union, 65.
Vagabondage, 377, 424 et 425.
Vendeur, 51, 57.
Vente, 51, 57, 92, 133, 281.
Vente de certificats de remplacement, 379.
Vente d'effets militaires, 401.
Vente de substances falsifiées, 260.
Vente d'immeubles, 172.
Vente mobilière, 79.
Violation de domicile, 266.
Violences, 225, 226, 232, 254, 255, 375, 424.
Voies de fait, 227, 229, 232, 363.
Voiturier, 54.
Vol, 225, 250, 285, 323, 352, 354, 383, 402, 423.
Vol avec effraction, 377.
Vol d'objets appartenant à l'État, 400.

DIVISION.

CHAP. I. — CONNEXITÉ EN MATIÈRE CIVILE.

Sect. I. — **Généralités.** — Différence entre la connexité et la litispendance (n. 1 à 30).

Sect. II. — **Quelles demandes sont connexes** (n. 31 à 37).

§ 1. — *Espèces de connexité reconnues par la jurisprudence* (n. 38 à 84).

§ 2. — *Cas où il n'y a pas connexité* (n. 85 à 112).

Sect. III. - Effets de la connexité.

§ 1. — *Instances pendantes devant des tribunaux différents* (n. 113 à 170).

§ 2. — *Instances pendantes devant un même tribunal* (n. 171 à 187).

§ 3. — *Règlement de juges* (n. 188 à 191).

CHAP. II. — CONNEXITÉ EN MATIÈRE CRIMINELLE.

Sect. I. — **Notions historiques et caractères de la connexité** (n. 192 à 205).

Sect. II. — **Cas de connexité.**

§ 1. — *Infractions auxquelles s'applique l'art. 227* (n. 206 à 263).

§ 2. — *Cas de connexité non prévus par l'art. 227* (n. 264 à 292).

Sect. III. — Effets de la connexité.

§ 1. — *Jonction des procédures* (n. 293 à 295).

1° Etendue des pouvoirs du juge (n. 296 à 326).

2° Qui peut joindre; dans quels cas on peut joindre; formes de la jonction (n. 327 à 338).

§ 2. — *Effets de la connexité quant à la compétence* (n. 339 et 340).

1° Conflit *ratione loci* (n. 341 à 344).

2° Concours de juridictions ordinaires de degrés différents (n. 345 à 368).

3° Concours d'un tribunal ordinaire et d'un tribunal exceptionnel (n. 369 à 410).

4° Conflits entre tribunaux d'exception (n. 411).

5° Nécessité de la simultanéité des poursuites (n. 412 à 419).

§ 3. — *Règlement de juges.* — *Renvoi* (n. 420).

§ 4. — *Effets de la connexité quant à la pénalité* (n. 421 à 432).

§ 5. — *Effets divers* (n. 433 à 437).

CHAPITRE I.

CONNEXITÉ EN MATIÈRE CIVILE.

SECTION I.

Généralités. — **Distinction entre la connexité et la litispendance.**

1. — Il y a connexité lorsque deux affaires ont entre elles un rapport direct, une liaison intime. Il est alors de l'intérêt des parties qu'elles soient réunies dans une même instance et jugées par une même décision; on épargne ainsi des frais et des lenteurs, et l'on a surtout l'avantage de prévenir des jugements opposés sur des contestations qui doivent recevoir la même solution. — Carré, t. 2, quest. n. 129; Merlin, *Rép.*, v° *Connexité*; Garsonnet, t. 1, § 187 B, p. 756; Bioche, v° *Exception*, n. 85; Boitard, Colmet-Daage et Glasson, t. 1, n. 357.

2. — De là le droit pour le tribunal régulièrement saisi d'une affaire, de connaître de toutes les autres contestations connexes, bien que, sans leur liaison avec la première instance, ces contestations n'eussent pas été de sa compétence.

3. — « S'il a été formé précédemment, en un tribunal, une demande pour le même objet, porte l'art. 171, C. proc. civ., ou si la contestation est connexe à une cause déjà pendante à un autre tribunal, le renvoi pourra être demandé et ordonné ». La première hypothèse prévue par l'art. 171 constitue la litispendance, la seconde la connexité.

4. — Ce sont, du reste, les mêmes motifs qui ont porté le législateur à admettre le déclinatoire pour cause de connexité et pour cause de litispendance. Il s'agit toujours d'épargner des frais et des embarras aux parties, et d'empêcher que deux jugements contraires interviennent dans une même contestation. — Carré, *loc. cit.*; Poncet, *Tr. de législ. et de proc.*, n. 184.

5. — Toutefois, quoiqu'il existe une grande analogie entre la connexité et la litispendance, des différences importantes les séparent l'une de l'autre.

6. — 1° Pour qu'il y ait litispendance, il faut que la même contestation ait déjà été portée devant un autre tribunal où elle se trouve pendante, tandis que la connexité suppose seulement une affaire précédemment engagée, ayant une affinité directe avec le nouveau débat. — Boitard, Colmet-Daage et Glasson, *loc. cit.*; Garsonnet, t. 1, § 187, p. 756; Bioche, v° *Exception*, n. 86; Favard de Langlade, *Rép.*, v° *Régl. de juges*, sect. 1, § 1; Rousseau et Laisney, v° *Régl. de juges*, n. 4 et s.; Bonceune et Bourbeau, t. 5, p. 383 et s.

7. — Jugé que, pour qu'il y ait entre deux demandes connexité donnant lieu à règlement de juges il n'est pas nécessaire que l'objet des deux demandes soit absolument identique, et qu'il suffit que l'une et l'autre demande reposent sur le même fondement, que leur succès soit subordonné à la décision d'une même question. — Cass., 5 mai 1829, Ouvrard, [S. et P. chr.]; — 24 mai 1880, Schaefeldt, [S. 82.1.114, P. 82.1.255].

8. — ... Qu'il y a connexité toutes les fois que deux tribunaux sont saisis sinon de la même demande, comme en matière de litispendance, du moins de demandes ayant entre elles un rapport si intime, une liaison si étroite, que le jugement de l'une doit exercer sur le jugement de l'autre une influence plus ou moins décisive. — Nancy, 5 juin 1869, May, [D. 72.2.115]

9. — ... Qu'il y a lieu à renvoi devant une seule et même juridiction pour cause de connexité, bien qu'il n'y ait pas, dans les deux instances, identité absolue de but et de moyens, lorsqu'elles exigent l'examen des mêmes questions pour l'appréciation des obligations mutuelles des parties. — Cass., 6 déc. 1875, Syndic Scott, [S. 76.1.165, P. 76.386]; — 23 févr. 1876, Buette, Vidal, [S. 76.1.165, P. 76.387]

10. — Le renvoi d'un litige d'un tribunal à un autre, pour cause de connexité ou de litispendance, ne peut être ordonné (spécialement par la Cour de cassation) que dans le cas où des demandes portées à plusieurs cours ou tribunaux (ne ressortissant pas à la même cour) sont unies par un lien tellement étroit qu'elles constituent un même différend. — Cass., 11 mars 1872, Genevay, [S. 72.1.384, P. 72.1013, D. 72.1.304]

11. — Par suite, la connexité ne saurait être utilement invoquée lorsque l'une des demandes a pour objet l'allocation de dommages-intérêts pour réparation d'un préjudice, tandis que l'autre a pour objet une répétition de sommes fondée sur des condamnations judiciaires. — Même arrêt.

12. — 2° D'autre part, la litispendance ne saurait exister qu'entre les mêmes parties, tandis que l'identité de parties n'est pas nécessaire pour qu'il y ait connexité. — Carré et Chauveau, t. 3, quest. 1320; Pigeau, t. 1, sur l'art. 363, p. 635; Thomine-Desmazures, t. 1, n. 416; Berriat Saint-Prix, p. 378; Favard de Langlade, *Rép.*, v° *Régl. de juges*, n. 2, p. 794; Boncenne, et Bourbeau, t. 5, p. 353 et s.; Bonnier, *Eléments de procédure*, t. 2, n. 278. — La jurisprudence, cependant, n'a pas toujours consacré ce principe, et on peut signaler un certain nombre d'arrêts dans lesquels il paraît y avoir quelque confusion entre la litispendance, la connexité et le règlement de juges.

13. — Aussi, il a été jugé, par exemple, que lorsqu'un demandeur qui a assigné deux parties devant deux tribunaux se voit opposer de leur part une exception tendant à faire statuer les deux tribunaux sur un même objet, il peut, par voie de règlement de juges, obtenir que les deux affaires soient envoyées à un seul tribunal. — Cass., 3 pluv. an X, Dalbis, [S. et P. chr.]

14. — ... Qu'il suffit que le tribunal de commerce du port où les capitaines de deux navires se sont dirigés après un abordage et ont procédé au déchargement et à la réparation de leurs navires ait été saisi d'une action en dommages-intérêts par les passagers domiciliés en ce port à qui l'abordage a fait éprouver un préjudice pour que ce tribunal soit compétent pour statuer par voie de connexité sur l'action de l'un des capitaines contre l'autre en responsabilité de la perte de son navire causée par la faute de ce dernier, et cela quoique les deux capitaines soient étrangers et qu'ils appartiennent à deux nationalités différentes. — Trib. Livourne, 16 août 1842, Le Pollux, [D. *Rép.*, v° *Except.*, n. 214]

15. — ... Que peuvent être considérées comme connexes deux instances ayant le même objet et dans chacune desquelles figurent certaines parties, encore bien que l'un des litigants ne soit pas en cause dans l'une de ces instances, quoiqu'il s'y est représenté, comme créancier d'une faillite, par le failli lui-même. — Cass., 23 mars 1864, Lippman, [S. 64.1.224, P. 64.671, D. 64.1.479]

16. — ... Qu'il y a lieu à règlement de juges lorsque deux demandes ayant le même objet et reposant sur la même cause, sont portées devant deux tribunaux distincts, encore que les demandeurs ne soient pas les mêmes devant l'un et l'autre tribunal. — Cass., 18 août 1840, Barbet, [S. 40.1.836, P. 40.2.293]; — 5 déc. 1848, Faillite Delhalle, [S. 49.1.428, P. 49.1.82, D. 49.1.218]

17. — Pour qu'il y ait connexité entre deux instances, s'il n'est pas indispensable que les parties soient toutes les mêmes, au moins faut-il que la seconde demande soit l'accessoire de la première et qu'il y ait entre les deux actions une corrélation telle que la décision de l'une influe nécessairement sur la décision de l'autre. — Poitiers, 16 mai 1894, Dervieux, [*Gaz. des trib.*, 14 sept. 1894]

18. — Jugé, toutefois, que quand même plusieurs demandes auraient été formées devant le même tribunal, contre une même personne, si c'est par des individus ayant des intérêts différents, il n'y a pas lieu à jonction. — Paris, 31 août 1808, Vital, [D. *Rép.*, v° *Exception*, n. 208]

19. — ... Qu'il n'y a pas lieu d'ordonner une jonction d'instance lorsque les demandes distinctes formées par le même demandeur ne se réfèrent pas à une question pour la solution de laquelle tous les défendeurs aient un intérêt identique. — Bastia, 13 nov. 1841, Préfet de la Corse, [D. *Rép.*, v° *Instr. civ.*, n. 49]

20. — ... Spécialement, que dans le cas où l'État agit en revendication par actions séparées d'une forêt dont les portions distinctes sont possédées en vertu de droits divers par les défendeurs, la jonction des instances isolément formées peut être refusée, lorsqu'il en résulterait pour certaines parties l'obligation d'être présentes à des demandes totalement différentes de celle qui est individuellement engagée contre elles. — Même arrêt.

21. — ... Que la connexité suppose l'identité des parties, et qu'en conséquence il n'y a pas lieu de joindre les instances en délivrance de legs intentées par des héritiers particuliers contre des héritiers présomptifs. — Amiens, 23 févr. 1822, Imbert, [D. *Rép.*, v° *Except.*, n. 207]

22. — ... Que deux instances ne peuvent être jointes qu'autant qu'elles ont lieu entre deux parties procédant en la même qualité. — Bordeaux, 13 mai 1833, Bedout, [P. chr.]

23. — M. Bioche (v° *Exception*, n. 87) professe la même doctrine. Il cite également M. Carré comme partageant cette opinion. Mais nous croyons que cet auteur n'a entendu parler que de litispendance; il se borne, en effet, à indiquer, comme ayant résolu la question, un arrêt de la cour de Rennes du 18 nov. 1814, Guesnot, [P. chr.], qui a statué en matière de litispendance et non dans un cas de connexité.

24. — Il faut néanmoins reconnaître qu'il existe rarement entre deux instances pendantes entre deux parties différentes, un rapport assez intime pour constituer une connexité susceptible de motiver un renvoi.

25. — 3° Il est nécessaire pour qu'il y ait litispendance que les deux instances soient pendantes devant deux tribunaux différents. Il n'en est pas de même pour la connexité : elle peut résulter de deux demandes soumises au même juge.

26. — Ainsi jugé qu'une cour peut joindre en appel deux jugements rendus par des tribunaux différents sur des affaires connexes. — Rennes, 28 avr. 1817, X..., [P. chr.]; — 18 avr. 1820, Dusault, [P. chr.]

27. — ... Qu'une cour d'appel saisie par appel de deux instances l'une civile et l'autre commerciale peut en prononcer la jonction pour cause de connexité et statuer par un seul arrêt. — Cass., 23 mars 1864, précité.

28. — 4° En matière de litispendance le renvoi est obligatoire, tandis que la jonction pour cause de connexité est facultative. Toutefois, la question est controversée.

29. — 5° L'exception de connexité diffère encore de la litispendance en ce que le droit accordé par l'art. 171 appartient, en matière de connexité, aussi bien au demandeur qu'au défendeur. En matière de litispendance, il n'appartient pas au demandeur de proposer l'exception : il peut seulement se désister.

30. — Si l'art. 171 ne parle que du défendeur, c'est parce qu'il a eu en vue le cas qui se présente le plus souvent, mais le demandeur est autorisé à porter son action devant un autre tribunal que celui du domicile du défendeur, si le tribunal devant lequel il porte son action est déjà saisi d'une cause connexe. Il a intérêt en effet à ne pas plaider devant deux tribunaux différents. — Cass., 8 avr. 1807, Warthemann, [S. et P. chr.]; — 17 nov. 1830, Paulinat, [P. chr.] — Sic, Carré, t. 2, quest. 729; Favard de Langlade, v° *Règlement de juges*, § 2, n. 409.

Section II.

Quelles demandes sont connexes.

31. — La loi ne déterminant pas dans quelles circonstances il y a connexité, c'est aux juges qu'il appartient d'apprécier souverainement les circonstances de fait, l'influence que peut exercer une instance sur l'autre, et le danger de la contrariété des jugements. — Cass., 23 mars 1864, Lippmann, [S. 64.1.224, P. 64.671]; — 14 janv. 1890, Peulevey et Roure [S. et P. 93.1.460] — Poitiers, 16 mai 1894, Dervieux, [*Gaz. des trib.*, 14 sept. 1894]

32. — Jugé que, quoiqu'il n'y ait pas litispendance entre deux instances qui n'ont pas été engagées par les mêmes démandeurs, il y a du moins connexité lorsqu'elles sont dirigées contre les mêmes défendeurs, qu'elles ont le même objet et qu'elles sont fondées sur la même cause. — Cass., 19 juill. 1887, Des Garets, [S. 88.1.80, P. 88.1.165, D. 88.1.147]

33. — Mais les magistrats doivent se montrer très-circonspects. Si l'intérêt public et l'intérêt privé exigent aussi impérieusement que deux procédures distinctes ne puissent aboutir à deux jugements contradictoires, il y a même raison de veiller à ce que nul ne soit distrait de ses juges naturels. — Bioche, v° *Except.*, n. 86; Rodière, t. 1, p. 331 et s.; Garsonnet, t. 1, p. 756; Favard de Langlade, v° *Except.*, § 2, n. 9 et 10.

34. — Ainsi, lorsque plusieurs instances pendantes dans différents tribunaux ressortissant à des cours différentes n'ont pas une connexité parfaite entre elles et entre les mêmes parties, il n'y a pas lieu d'ordonner qu'elles soient renvoyées à un seul et même tribunal. — Cass., 1er juill. 1817, Guillot, [S. et P. chr.]

35. — De même, il ne suffit pas, pour qu'il y ait connexité entre deux demandes, que la plus générale embrasse accessoirement parmi ses divers éléments ce qui fait l'objet spécial de l'autre demande, lorsque d'ailleurs elles ne peuvent donner lieu à des décisions contradictoires, relativement à cet objet. — Orléans, 27 juin 1851, de Quatrebarbe, [S. 51.2.779, P. 51.2.186, D. 51. 2.166]

36. — Le droit romain nous a transmis trois exemples de connexité : la demande en louage d'immeubles entre cohéritiers et communistes qui seraient déjà en instance de partage de la succession ou de la communauté d'où dépendrait cet immeuble (Digeste, liv. 11, tit. 2, *de quib. rebus ad eumdum jud. eatur*); le recours en garantie formé par un tuteur contre ses cotuteurs, lorsqu'il a été actionné par le pupille à raison de son administration; l'obligation, également imposée aux collatéraux ou à leurs héritiers lorsqu'ils doivent rendre leurs comptes devant les mêmes juges (L. 5, tit. 2, *Arbitrium tutelæ*).

37. — En droit français, nous l'avons dit, aucune règle fixe n'est à poser; à part certaines dispositions comme celles de l'art. 181 C. proc. civ., la détermination de la connexité dépend des circonstances et de l'appréciation des tribunaux. Il en résulte que pour savoir si une demande est ou non connexe, il n'y a qu'à interroger les solutions d'espèce et à se décider par analogie.

§ 1. Espèces de connexité reconnues par la jurisprudence.

38. — I. *Questions d'état*. — En matière de questions concernant les personnes et leur état, il a été jugé qu'il y a connexité : entre une demande en rectification d'état civil et une question d'état à la solution de laquelle cette demande en rectification est subordonnée. — Paris, 4 janv. 1847, Demoiselle de B..., [D. 47.2.34]

39. — ... Entre l'action en nullité du rétablissement de la communauté entre deux époux séparés de corps et l'action en contestation d'état de leur enfant, lorsque les deux demandes ont toutes deux pour objet d'écarter cet enfant de la succession de son aïeule maternelle. — Rouen, 14 mars 1877, Letellier, [D. 77.2.193]

40. — La Cour de cassation, ayant jugé par arrêt du 9 mai 1855, Muiron, [S. 56.1.743, P. 56.2.334, D. 55.1.228], que le tribunal saisi d'une demande en rectification de l'acte de naissance d'un individu se prétendant enfant naturel d'une personne décédée et en partage de la succession de cette personne peut, si l'*état civil n'est pas contesté*, délaisser le demandeur à se pourvoir en rectification de son acte de naissance par les voies ordinaires et se borner à statuer seulement sur la demande en partage, il s'ensuit, *à contrario*, que si l'état civil eût été contesté, les deux demandes eussent été jointes comme connexes.

41. — Il n'y a pas connexité entre l'action en contestation d'état intentée contre un héritier et l'action en partage, alors même que la contestation d'état est soulevée à l'occasion du partage. Mais il en est autrement si la solution de la question d'état doit influer sur la fixation de la quotité des droits du défendeur. — Toulouse, 4 juin 1879, de Bellissen, [S. 81.2.253, P. 81.1. 1240, D. 80.2.213]

42. — II. *Pension alimentaire.* — Sont connexes et doivent être jugées par le même jugement la demande d'une pension intentée par une femme contre son mari et la demande reconventionnelle de celui-ci tendant à ce que sa femme habite le domicile conjugal. — Orléans, 15 juin 1814, N..., [P. chr.]

43. — III. *Contrats.* — Jugé, d'une façon générale, qu'il y a

connexité entre deux instances qui procèdent de contrats où les mêmes parties ont figuré et dont la solution est soumise à l'interprétation de ces conventions communes. — Trib. Lyon, 3 août 1881, [*Gaz. du Pal.*, 82.1.80]

44. — Spécialement, que la jonction de deux appels interjetés, l'un dans une instance commerciale, et l'autre dans une instance civile, peut être ordonnée alors qu'il s'agit de l'exécution du même contrat, que ces instances existent entre les mêmes parties, et que les tribunaux dont les jugements sont attaqués ressortissent à la même cour. — Bourges, 11 janv. 1851, sous Cass., 17 déc. 1851, Lerasle, [P. 52.1.42]

45. — Jugé aussi que, lorsqu'un jugement statue sur un reliquat de compte, et un autre sur les moyens de se procurer le paiement du reliquat, il y a entre eux une telle concordance, qu'une fin de non-recevoir proposée contre l'appel de l'un d'eux doit être jointe au fond à juger sur les appels de ces deux jugements. — Rennes, 2 juill. 1819, Margin, [P. chr.]

46. — Il y a connexité entre la demande à fin d'exécution d'un contrat et la demande en résiliation de ce même contrat. — Cass., 4 mai 1869, Aubin et Duhomme, [S. 69.1.376, P. 69. 931, D. 70.1.423]; — 27 févr. 1888, Le Glouahec, [S. 91.1.263, P. 91.1.631, D. 89.1.24]; — 30 nov. 1891, Perrusson, [S. et P. 92.1.77]

47. — ... Entre la demande d'un prétendu créancier en paiement de la somme portée dans un billet et la demande du prétendu débiteur en restitution de ce billet. — Cass., 3 déc. 1890, Beauchamp, [S. 91.1.255, P. 91.1.617]

48. — IV. *Liquidations et partages.* — En matière de liquidations et partages, il y a connexité entre : les demandes relatives à la vente des biens dépendant d'une succession et à la reddition d'un compte de bénéfice d'inventaire et celles en partage et liquidation de la même succession. — Cass., 12 nov. 1822, Aumont, [D. *Rép.*, v° *Exception*, n. 204]

49. — Entre la demande formée par un fils contre son père à fin de compte de tutelle et en partage de la communauté dissoute par la mort de la femme et celle intentée à ce dernier par un créancier en licitation des biens de cette communauté. — Amiens, 16 déc. 1825, Guillaume, [D. *Rép.*, v° *Compét. des trib. d'arrond.*, n. 253]

50. — ... Entre la contestation élevée par une femme sur la qualité de créanciers d'individus qui interviennent dans une liquidation devant notaire ordonnée par jugement de séparation de biens, et l'instance en liquidation dont se trouve encore saisi le tribunal qui a prononcé la séparation. — Cass., 3 janv. 1825, Levacher, [S. et P. chr.]

51. — V. *Vente.* — En matière de vente on verrait, par exemple, la connexité dans ce fait que l'acheteur agit en délivrance de l'immeuble vendu devant le tribunal de la situation pendant que le vendeur agit en nullité de la vente devant le tribunal de l'acheteur. — Garsonnet, t. 1, p. 756, § 187 B.

52. — Il y a connexité entre l'action par laquelle le vendeur réclame le paiement du reliquat du prix de vente et l'action en dommages-intérêts intentée par l'acheteur contre son vendeur, à raison du retard apporté dans la livraison de la chose. — Cass., 6 déc. 1875, Scott, [S. 76.1.165, P. 76.386, D. 77.1.178]

53. — VI. *Garantie.* — En matière de garantie, il a été jugé qu'il y a connexité : entre deux actions en garantie exercées contre l'acquéreur primitif par deux sous-acquéreurs pour cause d'éviction. — Cass., 5 déc. 1848, Delhalle, [S. 49.1.428, P. 49.1.82, D. 49.1.218]

54. — ... Entre la demande en dommages-intérêts intentée à un voiturier à raison de la perte des marchandises qu'il devait transporter et l'action en garantie exercée par le voiturier contre le maître de l'auberge où ils ont eu lieu. — Cass., 27 févr. 1854, Musy, [S. 54.1.538, P. 55.1.180, D. 54.1.98]

55. — ... Entre l'action dirigée contre l'entrepreneur de travaux par un tiers avec lequel il avait sous-traité, à raison de l'interruption des travaux par un fait étranger au sous-traitant, et l'action en garantie par laquelle l'entrepreneur de travaux prétend que l'interruption serait due au propriétaire pour le compte duquel les travaux sont faits. — Cass., 18 août 1864, Chemin de fer du Midi, [S. 64.1.459, P. 64.1238, D. 65.1.62]

56. — ... Entre une demande en garantie fondée sur l'inexécution d'une convention et les demandes en résolution de la convention, en dommages-intérêts et en restitution d'un cautionnement. — Cass., 22 déc. 1869, Riche, [S. 70.1.202, P. 70.509, D. 70.1.55]

57. — ... Entre la demande formée par l'acheteur de marchandises contre le vendeur en retard d'effectuer la livraison à l'époque convenue et l'action en garantie formée par ce dernier contre son propre vendeur qu'il entend faire déclarer responsable des suites de ce retard. — Cass., 4 juill. 1889, Maurel, [S. et P. 92.1.405]

58. — En résumé, il y a connexité entre l'action principale et l'action en garantie toutes les fois que l'action en garantie se rattache intimement à l'action principale et que l'obligation sur laquelle on prétend la fonder a un rapport étroit avec cette action principale. — Pau, 29 déc. 1857, Lecomte, [D. 58.2.141] — Dijon, 23 janv. 1872, Samuel, [S. 72.2.16, P. 72.103, D. 73. 2.99]; — 18 févr. 1874, Frecinet, [D. 76.2.207] — V. aussi *infrà*, v° *Garantie*.

59. — VII. *Mandat.* — Jugé que, dans le cas où un mandataire s'est substitué un sous-mandataire, le mandant peut les assigner l'un et l'autre devant le domicile de l'un d'eux, à son choix, à fin de reddition de compte de leur gestion alors même que la contestation porte sur l'existence du mandat. Les juges qui décident qu'il y a connexité entre l'action contre le prétendu mandataire et l'action contre celui qu'il s'est substitué, ne violent aucune loi. — Cass., 25 avr. 1849, Delamarre, [S. 49.1.392, D. 49.1.131]

60. — VIII. *Hypothèque.* — Il y a connexité entre la demande en radiation d'une inscription hypothécaire et celle en validité du titre constitutif de la créance. — Cass., 5 mai 1812, Juteau, [S. et P. chr.]

61. — ... Entre l'action réelle en délaissement d'immeubles formée contre un tiers détenteur, et les incidents relatifs à cette action, notamment les contestations que le débiteur personnel soutiendrait à cette occasion devant le tribunal de son domicile. — Dijon, 3 févr. 1832, Prudent, [P. 52.1.290, D. 54.5.435]

62. — Spécialement, lorsque le cessionnaire d'une créance a assigné en délaissement les tiers détenteurs d'immeubles affectés à la garantie de cette créance, c'est le tribunal saisi de cette action qui doit statuer sur la prétention du débiteur, soumise à un autre tribunal, de ne rien devoir au cédant, alors même qu'il s'agirait de comptes d'une succession ouverte dans le lieu de ce dernier tribunal et déjà appréciés par lui. — Même arrêt.

63. — Il n'y aurait donc pas lieu, en pareil cas, de la part du premier tribunal, de surseoir à statuer jusqu'après la décision du second. — Même arrêt.

64. — IX. *Contrefaçon.* — L'action en contrefaçon d'un brevet d'invention portée devant un tribunal civil est connexe avec la demande en nullité de ce brevet portée devant un autre tribunal civil par celui qui est actionné en contrefaçon. — V. *suprà*, v° *Brevet d'invention*, n. 1541 et 1542.

65. — X. *Effets de commerce.* — M. Garsonnet (t. 1, p. 756) indique, comme espèce de connexité, la demande en paiement d'un effet de commerce formée devant le tribunal du lieu où il est payable en même temps que le souscripteur agit en nullité de son engagement devant le tribunal de son créancier.

66. — En matière de faillite, il a été jugé qu'il y a connexité entre la demande en homologation du contrat d'union et la demande en paiement de billets appartenant à la faillite. — Cass., 8 avr. 1807, Watherman, [S. et P. chr.]

67. — XI. *Société.* — Sont unies par le lien de la connexité : la demande en déclaration de faillite de deux commerçants domiciliés à de grandes distances, mais unis par une société en participation. — Cass., 30 déc. 1811, Cauvet, [S. et P. chr.]

68. — ... La demande en dissolution et liquidation de société et l'action en nullité dirigée par le syndic de la faillite d'un associé contre un traité passé par le failli avec l'un de ses coassociés. — Cass., 27 juin 1864, Blanchard, [S. 64.1.336, P. 64. 888]

69. — ... La demande en dissolution de société formée contre un associé, et celle par laquelle cet associé prétend que la société était en participation et non pas en nom collectif. — Cass., 30 avr. 1828, Théroueu, [S. et P. chr.]

70. — ... La demande en reddition de compte formée par des associés contre un individu qu'ils prétendent être leur mandataire, et celle intentée par ce dernier, se qualifiant associé, afin d'être nommé liquidateur de la société. — Cass., 7 avr. 1825, Ouvrard, [S. et P. chr.]

71. — ... L'opposition formée devant un tribunal de commerce à une ordonnance d'*exequatur* rendue par le président de ce tribunal sur une décision arbitrale entre associés, et l'instance engagée devant un tribunal civil, sur la validité d'offres faites en exécution de cette sentence. — Paris, 23 oct. 1812, Lancel Correz, [S. et P. chr.]

72. — XII. *Assurances.* — Sont connexes dans les rapports de l'assureur et de l'assuré, l'action en règlement d'avaries et l'action en délaissement. — Rouen, 19 juill. 1871, Assureurs, [D. 72.2.42]

73. — Il y a connexité entre deux demandes formées devant deux tribunaux différents, l'une par un assuré contre la compagnie d'assurances, l'autre par cette compagnie contre le même associé lorsque ces deux demandes mettent en question l'existence du contrat d'assurance passé entre les parties. — Cass., 25 févr. 1884, C¹ᵉ de l'*Assur. française*, [S. 85.1.120, P. 85.265, D. 85.1.144]

74. — Spécialement, il y a connexité lorsque l'assuré en réclamant à la famille d'un de ses ouvriers victime d'un accident arrivé dans son usine demande l'exécution de sa police personnelle tout en demandant la résiliation pour l'avenir, et lorsque, de son côté, la compagnie demande à l'assuré en vertu de la même police la restitution des sommes qu'elle a payées pour des sinistres précédents, c'est-à-dire la résiliation de ce contrat à partir du jour où l'assuré a employé un nombre d'ouvriers supérieur à celui qui avait été convenu. — Même arrêt.

74 bis. — Une cour d'appel a pu considérer, à bon droit, deux instances, dont elle est simultanément saisie, comme ayant entre elles un lien de dépendance, et prononcer la jonction de ces deux instances pour cause de connexité, en se fondant : 1° sur ce qu'il s'agit, dans les deux instances, d'apprécier la validité d'assurances consenties sur diverses marchandises faisant l'objet d'un même chargement; 2° sur ce que les mêmes faits sont, dans les deux instances, imputés au chargeur pour faire prononcer la nullité de toutes les polices; 3° sur ce que, si le chargeur ne figure pas en nom dans l'une de ces instances, son consignataire agit comme substitué à ses droits et à ses obligations. — Cass., 14 janv. 1890, Peulevey et Roure, [S. et P. 93.1.460]

75. — XIII. *Saisie.* — Doivent être considérées comme connexes : la demande en partage par des cohéritiers des biens saisis immobilièrement sur l'un d'eux, et celle en nullité de cette saisie, à raison de l'indivision. — Cass., 22 juill. 1822, Babaud, [S. et P. chr.]

76. — ... L'action sur le mérite d'une inscription hypothécaire et celle sur la validité d'une saisie mobilière reposant sur le même titre. — Cass., 20 août 1817, Yvonnet, [S. et P. chr.]

77. — ... La demande en condamnation des sommes qui motivent une saisie-arrêt, et celle en mainlevée partielle de cette saisie. — Cass., 1ᵉʳ juill. 1823, Tual, [P. chr.]

78. — ... La demande en distribution du prix des meubles saisis et celle en réclamation de privilèges allégués pour gage ou nantissement. — Cass., 21 juin 1820, Goldschmit, [S. et P. chr.]

79. — ... L'instance en validité d'un titre en vertu duquel une saisie et une vente d'objets mobiliers ont été faites, en validité de ces saisie et vente. — Cass., 7 brum. an XIV, Rivière, [D. *Rép.*, v° *Except.*, n. 204]

80. — ... Deux demandes portant, l'une sur la régularité de l'immobilisation des loyers d'un immeuble saisis par application de l'art. 685, C. proc. civ., l'autre sur l'étendue des collocations. — Cass., 4 déc. 1888, Bertrand, [S. 90.1.443, P. 90.1077, D. 89.1.384]

81. — ... Dans une instance en validité de saisie-arrêt opérée pour obtenir paiement des sommes indéterminées dues en vertu d'une convention verbale, les contestations élevées par le débiteur sur la validité de cette convention et l'action formée par le créancier en reddition du compte des sommes qui peuvent être dues en vertu de la convention, et cela quand même celles-ci seraient commerciales. — Paris, 20 janv. 1840, Sorbe et Barré, [P. 40.1.346]

82. — ... Dans une poursuite de saisie immobilière, un moyen de nullité relatif à la créance du saisissant et une demande en garantie dirigée contre le notaire devant lequel avait été passé l'acte constatant cette créance. — Riom, 7 déc. 1852, [cité par Chauveau, t. 5, 2ᵉ part., quest. 2424, p. 1170]

83. — ... Deux demandes formées par l'adjudicataire d'un immeuble, l'une contre un créancier porteur d'un bordereau de collocation sur le prix de l'immeuble, en nullité du commandement à fin de folle enchère signifié par celui-ci, et l'autre contre des sous-acquéreurs de cet immeuble pour les forcer à payer leur prix entre les mains des créanciers porteurs de bordereaux. — Cass., 26 févr. 1868, Eymard, [S. 68.1.147, P. 68.356, D. 68.1.223]

84. — ... La demande d'un compte à rendre par l'adjudicataire d'un immeuble poursuivi sur folle enchère, alors qu'une autre demande en distribution du prix de l'adjudication est déjà pendante devant une autre chambre du même tribunal. — Cass., 17 août 1853, Mounier, [S. 54.1.777, P. 55.2.186, D. 54.1.383]

§ 2. *Espèces dans lesquelles la jurisprudence n'a pas reconnu la connexité.*

85. — Il n'y a aucune connexité : entre deux instances d'appel lorsque l'un des jugements attaqués prononce une condamnation, et que l'autre a été rendu sur les difficultés élevées au sujet de la mise à exécution de cette condamnation. — Caen, 28 juin 1854, Legobilleux, [D. 55.5.199]

86. — ... Entre les demandes intentées respectivement par deux parties en suppression d'écrits différents. — Cass., 6 avr. 1808, Lacan, [S. et P. chr.]; — 5 juill. 1808, Mêmes parties, [S. et P. chr.]

87. — ... Entre toutes les demandes principales et les demandes accessoires. — Cass., 21 juin 1820, précité. — V. cependant *suprà*, n. 53 et s.

88. — Par exemple, une demande en déclaration de jugement commun doit être portée devant le tribunal saisi de la demande principale. — Cass., 22 déc. 1807, Prévot, [S. et P. chr.]

89. — Ne sont pas connexes la licitation des immeubles d'une succession provoquée par les créanciers des héritiers, et l'expropriation de ces biens, poursuivie par un créancier hypothécaire du de unt. — Cass., 29 oct. 1807, Daguilard, [P. chr.]

90. — Jugé que lorsqu'une partie condamnée au paiement de dommages-intérêts, par sentence dont il y a appel, a fait ordonner par jugement passé en force de chose jugée, mainlevée d'une opposition sur le prix d'un office en paiement de dommages-intérêts et a obtenu celle-ci même des dommages-intérêts, il n'y a pas entre ces deux condamnations connexité qui exige leur renvoi pour la liquidation devant le même tribunal. — Cass., 23 mai 1810, Baudichon, [D., *Rép.*, v° *Except.*, n. 206]

91. — Ne sont pas réputées connexes : l'action en diminution de prix d'un bail, intentée pour éviction soufferte par le preneur, et celle en nullité du même bail formée par des créanciers du bailleur, pour incapacité de celui-ci. — Cass., 3 juill. 1810, de Crenay, [S. et P. chr.]

92. — ... L'action en rescision d'une vente pour lésion et la demande en nullité de la même vente. — Paris, 13 juill. 1810, Pontheil, [S. et P. chr.]

93. — ... La demande dirigée contre un associé liquidateur en vue de faire décider qu'il n'a pu engager ses coassociés et tendant à la restitution des sommes payées et la question de savoir si ces sommes ont été réellement payées. — Cass., 8 mai 1816, Michel, [P. chr.]

94. — ... La poursuite de saisie immobilière pour arrérages échus d'une rente viagère et la demande en résolution de cette rente pour inexécution des conditions. — Cass., 4 juin 1817, Robert, [S. et P. chr.]

95. — Jugé que l'administrateur d'une succession, assigné en reddition de compte par les héritiers ou, qui, de son côté, a formé une demande contre des mandataires qu'il a chargés d'administrer sous lui, n'est pas recevable à demander pour cause de connexité, le renvoi de la demande formée contre lui, devant le tribunal saisi de la demande qu'il a formée contre ses mandataires. — Cass., 1er juill. 1817, Guillot, [S. et P. chr.]

96. — Ne sont pas connexes la demande en délivrance d'un legs et celle en nullité du testament intentées par deux individus contre l'héritier. — Montpellier, 4 mars 1824, Lapierre, [P. chr.]

97. — Il n'y a pas *connexité* (ni nécessairement lieu à renvoi) entre une demande en dommages-intérêts contre des officiers ministériels, pour procédures frustratoires et frauduleuses, et une demande en *prise à partie* contre les jugements qui auraient favorisé ces actes tortionnaires : ces deux demandes sont distinctes par leur nature, et l'une doit être portée devant les juges de première instance, tandis que l'autre doit être portée devant une cour. — Cass., 25 avr. 1827, de Preigne, [S. et P. chr.]

98. — Jugé que si l'acheteur d'une machine qui a fait explosion, actionné par une personne victime de l'accident, appelle en garantie le fabricant de cette machine, cette demande n'est pas connexe avec l'action par laquelle le fabricant réclame le reliquat du prix de la machine. — Cass., 31 mai 1827, Aitken, [P. chr.]

99. — Ne sont pas connexes les demandes en liquidation et celle en déclaration de faillite d'une société. — Cass., 14 janv. 1829, Janc, [S. et P. chr.]

100. — Il n'y a pas non plus *connexité* : entre l'appel d'un jugement qui a rejeté *pour vice de forme* la demande en paiement formée contre un comptable, et la demande en apurement du compte présenté par le comptable. Les juges saisis de cette seconde demande, ne sont donc pas obligés de surseoir à prononcer jusqu'à ce que l'appel du jugement intervenu sur la première demande ait été vidé. — Paris, 6 juill. 1830, Pigalle, [S. et P. chr.]

101. — Il n'y a pas connexité : entre la demande formée par un époux contre l'autre époux, dans le cours d'une instance en séparation de corps, à fin de paiement d'une somme contributive aux charges du ménage, et la demande formée par ce même époux, après la séparation de corps prononcée, en paiement d'une pension alimentaire. Si donc ces deux demandes ont été portées devant deux tribunaux différents, et s'il a été sursis à statuer sur la première jusqu'à reddition d'un compte par l'époux demandeur, il n'y a pas lieu à renvoi pour litispendance de la seconde demande devant les juges saisis de la première. On ne peut prétendre, non plus, que le sursis prononcé jusqu'à reddition du compte sur la première demande, doive avoir l'effet de la chose jugée à l'égard de la seconde. — Cass., 5 juin 1832, Dufriche, [S. et P. chr.]

102. — ... Entre deux demandes à fin de déclaration d'hypothèque au profit du même créancier contre des tiers détenteurs distincts, portées devant des tribunaux différents, l'une par l'effet d'un renvoi après cassation, l'autre par le créancier lui-même qui a saisi les juges de cette situation. — Cass., 1er mars 1844, Loisel, [S. 41.1.361, P. 41.1.648]

103. — Ce créancier n'est recevable ni à se pourvoir en règlement de juges à fin de renvoi du second litige devant les juges saisis par l'arrêt de cassation et à distraire ainsi le tiers détenteur de ses juges naturels. — Même arrêt.

104. — Dans l'espèce, non seulement le mineur devenu majeur avait lui-même introduit d'abord la juridiction qu'il voulait écarter, mais tandis que l'une des juridictions avait à statuer sur le point de savoir si l'hypothèque légale avait pu être valablement réduite, l'autre devait apprécier si le mineur était réellement, comme il le prétendait, créancier de son père et tuteur, et avait par suite à exercer son hypothèque légale.

105. — Jugé qu'un contribuable ayant plusieurs résidences dans des arrondissements différents, est en retard de payer l'impôt, et que des saisies-exécutions ont été commencées dans chacune de ces résidences, la circonstance qu'une demande en nullité de la saisie pratiquée dans l'une de ces résidences est pendante devant le tribunal du ressort, ne fait pas obstacle à ce qu'une autre demande en nullité de la saisie pratiquée dans une autre résidence, reçoive sa solution immédiate devant le tribunal du ressort de cette dernière résidence. — Paris, 20 janv. 1848, Genoude, [S. 49.2.158, D. 49.2.167]

106. — Il n'y a pas connexité entre une demande en partage de succession, et la demande en partage de la communauté ayant existé entre le défunt et son conjoint. — Orléans, 27 juin 1851, de Quatrebarbe, [S. 51.2.779, P. 51.2.186, D. 51.2.160]

107. — Si, en effet, avant de procéder à une liquidation de succession, il est en général nécessaire de liquider la communauté qui a existé entre l'époux prédécédé et le survivant, parce que la créance qui en résultera en faveur du premier formera le premier actif de sa succession, il n'est pas douteux cependant qu'on ne puisse opérer la liquidation de la communauté avant celle de la succession, et que le jugement qui sera rendu sur les difficultés à survenir dans le cours de cette opération n'aura aucune influence sur celui des contestations auxquelles la liquidation de la succession donnera naissance. Il en est ainsi surtout lorsque, comme dans l'espèce jugée par la cour d'Orléans, les héritiers de l'époux prédécédé sont étrangers à l'époux survivant, et doivent, dès lors, rester aussi étrangers à la liquidation de sa succession.

108. — Par suite, le tribunal du lieu de l'ouverture de la succession ne peut être saisi, sous prétexte de connexité de la demande en liquidation de la communauté, lorsqu'il n'est ni celui du domicile du défendeur, ni celui du lieu où la communauté a été dissoute. — Orléans, 27 juin 1851, précité.

109. — Décidé aussi que la femme qui poursuit sa séparation de corps devant un tribunal peut néanmoins former devant un autre tribunal une demande en séparation de biens à raison du péril de sa dot, sans que le mari soit fondé à exciper contre elle de la litispendance, ou de la connexité des deux demandes, ou même à réclamer un sursis. — Paris, 30 janv. 1854, Sobeaux, [P. 54.2.85, D. 54.5.327]

110. — La demande en paiement de loyers dus en vertu d'un bail dont le prix annuel est supérieur à 400 fr., et celle en paiement d'une somme inférieure à 1,500 fr. pour réparation de dégradations commises dans les lieux loués, n'étant, d'une part, ni indivisiblement liées, ni l'accessoire l'une de l'autre, et rentrant, d'autre part, la première dans la compétence du tribunal de première instance, et la seconde dans celle du juge de paix, ne peuvent être valablement jointes et portées devant le tribunal de première instance, qui doit se déclarer incompétent pour statuer sur la seconde. — Bastia, 28 janv. 1856, Rossi, [S. 56.2.213, P. 56.2.166, D. 56.2.87]

111. — Il n'y a pas non plus connexité entre deux demandes dont l'une est formée par un héritier contre son cohéritier en compte, liquidation et partage de la succession de l'auteur commun, et dont l'autre, ultérieurement formée par l'héritier défendeur contre le premier demandeur, a pour objet le compte de la liquidation, à laquelle il a procédé avec le mandat de ce dernier, des opérations d'une maison de commerce dépendant de la succession. — Cass., 9 juin 1856, Robbe, [S. 57.1.689, P. 58.39, D. 56.1.125]

112. — ... Entre l'action intentée par le liquidateur d'une société d'assurances mutuelles contre un associé mutualiste et l'action qualifiée par lui d'action en garantie que cet associé mutualiste intente contre les membres du conseil d'administration pour les faire déclarer responsables de fraudes et malversations qu'il allègue contre le directeur de la société et les faire condamner à payer en son lieu et place les sommes que réclame le liquidateur. — Pau, 29 déc. 1857, Lecomte, [D. 58.2.141]

SECTION III.

Effets de la connexité.

§ 1. *Instances pendantes devant des tribunaux différents.*

113. — Lorsque les instances connexes ont été portées devant des tribunaux différents, l'effet de l'admission de l'exception est de faire renvoyer la seconde affaire devant le premier tribunal saisi, même lorsque ce tribunal est incompétent, et sauf le droit des parties de proposer devant ce tribunal le déclinatoire pour incompétence. — Cass., 6 avr. 1808, Lacan, [S. et P. chr.]; — 23 avr. 1807, Leclerc, [P. chr.]; — 2 févr. 1809, Perrin, [S. et P. chr.] — Sic, Carré, t. 2, q. 726; Boitard, t. 2, p. 36; Favard de Langlade, *Rép.*, t. 2, p. 459; Thomine-Desmazures, p. 324; Boncenne, t. 3, p. 221; Jocotton, *Exception*, n. 49.

114. — Jugé que lorsqu'une instance en séparation de corps intentée par la femme devant le tribunal du domicile des époux, après avoir été provisoirement suspendue du consentement des deux époux, a été ultérieurement reprise par la femme, à la suite d'une instance en séparation également formée par le mari devant le tribunal d'un nouveau domicile, la cour est autorisée à raison de la connexité à renvoyer par voie de règlement de juges les deux instances devant le tribunal originairement saisi. — Cass., 8 déc. 1880, Rousselin, [S. 82.1.103, P. 82.1.235, D. 81.1.260]

115. — ... Que lorsque deux tribunaux différents ne ressortissant pas à la même cour d'appel ont été saisis, l'un d'une demande du prétendu créancier en paiement de la somme portée dans un billet, l'autre d'une demande du prétendu débiteur en restitution de ce billet, il y a lieu, en ce cas, d'attribuer compétence au tribunal premier saisi par le prétendu débiteur, alors que le prétendu créancier n'a aucun motif appréciable pour vouloir enlever la connaissance du litige à ses juges naturels. — Cass., 3 déc. 1890, Beauchamp, [S. 91.1.235, P. 90.1.617]

116. — Lorsqu'un jugement passé en force de chose jugée a attribué à un tribunal la connaissance d'une contestation, et que, par un arrêt ultérieur, une cour d'appel d'un ressort différent confirme un jugement rendu auparavant, et qui a reconnu un autre tribunal compétent pour juger une demande connexe à la première, la Cour de cassation, saisie sur cet arrêt d'une demande en règlement de juges et d'une demande subsidiaire en cassation, doit renvoyer les parties devant le tribunal dont le jugement a le premier acquis l'autorité de la chose jugée. Par suite, il n'y a pas lieu à statuer sur la demande en cassation formée contre l'arrêt qui se trouve en opposition avec ce jugement. — Cass., 9 janv. 1821, Thouret, [S. et P. chr.]

117. — Au cas de connexité comme au cas de litispendance, c'est la date de l'exploit et non le jour indiqué par l'audience qui doit servir à déterminer que le tribunal a été le premier saisi. — V. *infrà*, v° *Litispendance*.

118. — Toutefois, si l'une des deux demandes était principale et l'autre seulement accessoire, cette dernière, quoique formée antérieurement, devrait être renvoyée devant les juges saisis de la demande principale. — Cass., 21 juin 1820, Goldschmit, [S. et P. chr.] — *Sic*, Carré, t. 2, quest. 726, note 2, p. 491; Bioche, v° *Exception*, n. 128; Thomine-Desmazures, *loc. cit.*; Rousseau et Laisney, v° *Exception*, n. 112.

119. — Ainsi, une demande accessoire doit être portée devant le tribunal saisi de la demande principale, bien que ce tribunal ne soit compétent, ni à raison du domicile du défendeur, ni à raison de la situation de l'immeuble litigieux. — Cass., 22 déc. 1807, Archimbaut, [S. et P. chr.]

120. — De même, il doit être ordonné que la saisie immobilière dernière en date, mais la plus importante, attire la première, mais moins importante, devant le tribunal dernier saisi. — Cass., 17 avr. 1811, Champy, [S. et P. chr.]

121. — Jugé que, lorsque deux demandes connexes ayant pour objet l'une un capital réservé sur le prix de vente d'un immeuble affecté au service des arrérages d'une rente prétendue éteinte, l'autre le paiement des arrérages de la rente se trouvent portées devant deux tribunaux différents, la première devant le tribunal du défendeur détenteur du capital réservé, la seconde devant le tribunal de la situation de l'immeuble affecté au service de la rente, l'une et l'autre demande doivent être réunies devant le tribunal saisi de la demande principale relative au capital réservé et non celui qui est saisi de la demande secondaire relative au paiement des arrérages. — Cass., 18 avr. 1842, Chagot, [S. 42.1.720, P. 42.2.358]

122. — ... Que, au cas où deux demandes connexes sont formées devant deux tribunaux différents, le renvoi n'en doit pas nécessairement être ordonné devant le tribunal premier saisi : que les juges ont la faculté de se décider à cet égard, soit d'après la nature et la portée des deux litiges, soit d'après les circonstances qui mettent l'un des tribunaux saisis en mesure de rendre meilleure justice. Ainsi, lorsque les deux demandes l'une est principale et l'autre accessoire, celle-ci, quoique formée la première, doit être reportée devant le tribunal où la demande principale est pendante. — Cass., 22 janv. 1862, Michaut, [S. 62.1.310, P. 62.705, D. 62.1.172]

123. — Spécialement, lorsqu'un négociant, actionné devant un tribunal par son préposé à fin de maintien du contrat de louage de services intervenu entre eux, a actionné à son tour devant un autre tribunal en résiliation du même contrat, et en outre à fin de reddition de comptes et de condamnation à des dommages-intérêts pour le préjudice résultant de la mauvaise gestion et des fautes du préposé, la première demande n'étant en réalité qu'une conséquence et un accessoire de la seconde, doit être soumise au tribunal saisi de celle-ci. — Même arrêt.

124. — ... Et cela alors surtout que c'est dans l'arrondissement de ce tribunal qu'ont été accomplis les faits donnant lieu aux contestations, qu'est situé l'établissement dont la gestion était confiée au préposé, et qu'est domicilié ce dernier. — Même arrêt.

125. — ... Que le tribunal saisi d'une action en contrefaçon dirigée tout à la fois contre un fabricant et contre un acquéreur d'objets livrés par celui-ci ne saurait se dessaisir du procès provenant de connexité en faveur du tribunal saisi d'une action

CONNEXITÉ. — Chap. I.

semblable contre le fabricant seul, cette action restreinte étant de moindre importance. — Trib. Lyon, 9 juill. 1870, Vallet, [D. 71.3.34]

126. — ... Que lorsque deux tribunaux saisis sont également compétents aux termes de l'art. 420, C. proc. civ., c'est au tribunal saisi de la demande la plus générale et la plus compréhensive dans laquelle l'autre demande est absorbée que le litige entier doit être renvoyé. — Cass., 30 nov. 1891, Perrasson, [S. et P. 92.1.77]

127. — Mais que faut-il entendre par demande principale et demande accessoire? Il a été jugé, à cet égard, que lorsqu'une partie assigne son adversaire pour voir prononcer sur deux chefs de demandes connexes ou liés l'un à l'autre, et que, pour fixer la compétence, il faut déterminer ce qui constitue la demande principale et ce qui constitue la demande accessoire, la demande principale n'est constituée ni par la priorité de demande, ni par son importance plus étendue; mais qu'il faut voir quel est l'objet final de l'action et y placer le siège de la demande principale. — Paris, 9 mars 1813, de Vaignon, [S. et P. chr.]

128. — Ainsi, dans un procès tendant à la nullité d'un contrat et à la nullité des inscriptions hypothécaires prises par suite, c'est la demande en radiation des inscriptions hypothécaires qui est la demande principale; en ce cas, l'action est réelle et doit être soumise au tribunal de la situation des immeubles grevés. — Même arrêt.

129. — Une demande tendant à l'exercice d'un privilège sur des marchandises, ne peut pas être considérée comme l'accessoire d'une demande à fin de consignation et de dépôt de ces mêmes marchandises, dont se trouverait saisi un tribunal spécial : c'est une demande principale qui doit être portée devant le juge ordinaire, par exemple devant le juge du lieu où s'est ouverte la succession à laquelle appartiennent les marchandises sur lesquelles on prétend exercer le privilège. — Cass., 21 vend. an XII, Missilier, [S chr.]

130. — On peut dire, d'ailleurs que si, la plupart du temps, le renvoi, en cas de connexité, a lieu devant le tribunal premier saisi, ce n'est pas là une règle invariable non plus qu'au cas où il s'agit d'une demande principale ou d'une demande accessoire. On décide, d'une façon générale, qu'aucune loi n'attribue au tribunal premier saisi en matière de connexité une préférence absolue et que les circonstances de la cause peuvent autoriser à attribuer compétence au tribunal second saisi. — Cass., 6 déc. 1875, Syndics Scott, [S. 79.1.165, P. 76.388, D. 77.1.178]

131. — Aussi la jurisprudence a-t-elle écarté la compétence du tribunal premier saisi dans diverses espèces où l'intérêt d'une bonne administration de la justice paraissait exiger cette mesure. C'est ainsi qu'il a été jugé que, si la question d'état est intimement liée à la question de quotité des droits du défendeur dont le tribunal du lieu de la succession demeure saisi; et si de la connexité de ces deux instances résultent des décisions contradictoires, il y a lieu de renvoyer la décision de la question d'état au tribunal saisi de la demande en partage. — Toulouse, 4 juin 1879, de Bellissen, [S. 81.2.253, P. 81.1.1240, D. 80.2.213]

132. — Qu'on peut attribuer compétence au tribunal saisi en second lieu s'il est également saisi d'une troisième action connexe aux deux premières. — Cass., 6 déc. 1875, précité.

133. — ... Que, dans le cas de deux demandes formées devant deux tribunaux différents, l'une par un assuré contre la compagnie d'assurances, l'autre par cette compagnie contre le même assuré, lorsque les deux demandes mettent en question l'existence du contrat d'assurance passé entre les parties, c'est devant le tribunal du lieu où la compagnie a son siège social que les parties doivent procéder, lorsque la police personnelle, par sa référence à une police collective du même jour, porte elle-même que toutes les contestations entre l'assuré et la compagnie doivent être soumises à ce tribunal. — Cass., 23 févr. 1884, Assurances françaises, [S. 85.1.120, P. 85.265, D. 83.1.144]

134. — ... Que, lorsqu'un tribunal étant saisi d'une demande tendant à l'exécution d'un contrat de vente de marchandises, un autre tribunal est saisi d'une demande en résolution de la même convention, que les tribunaux sont également compétents en vertu de l'art. 420, C. proc. civ., et que la demande en résolution est fondée sur l'inexécution du contrat en ce qui concerne, soit la qualité de la marchandise dont les échantillons se trouvent dans le ressort du tribunal saisi de cette demande, soit les conditions de publicité locale et de monopole régional assuré

au demandeur, il convient de laisser au tribunal devant lequel est portée la demande en résolution le soin de statuer tant sur la résolution que sur la réclamation tendant au paiement du prix. — Cass., 27 févr. 1888, Le Glouahec, [S. 91.1.263, P. 91. 1.631, D. 89.1.24]

135. — ... Qu'au cas où deux tribunaux sont saisis d'une demande de règlement de comptes entre l'agent d'une maison de commerce et celui qu'il représente, l'action doit être laissée au tribunal dans le ressort duquel a été passé le contrat dont l'exécution est litigieuse, où le paiement doit être effectué et où enfin sont centralisés tous les intérêts de la maison représentée, alors d'ailleurs que l'intérêt de l'emprisonnement, de la justice indique également le tribunal de ce lieu. — Cass., 27 févr. 1888, Samuat, [S. 91.1.263, P. 91.1.631, D. 89.1.24]

135 bis. — ... Que la loi n'attribue pas une préférence absolue au tribunal devant lequel l'une des deux instances connexes a été introduite la première en date : qu'il y a lieu de consulter à cet égard l'intérêt des plaideurs et l'exercice d'une bonne administration de la justice. — Cass., 13 févr. 1888, Raynaud, [S. 88.1.256, P. 88.1.619, D. 88.1.430]

136. — Lorsque la loi a attribué spécialement la connaissance de certaines contestations à un tribunal, c'est nécessairement devant ce tribunal que doit être fait le renvoi. — Carré, quest. 730; Bioche, v° *Exception*, n. 127.

137. — Ainsi, le renvoi pour connexité ne peut être demandé, encore que l'issue des deux contestations dépende d'un même point de fait ou de droit..., si la demande en renvoi a pour objet de faire juger de la validité de l'emprisonnement, par des juges autres que les juges du lieu où l'emprisonnement a été opéré. — Cass., 20 mars 1810, Berthot et Caillier, [S. et P. chr.]

138. — Cependant, la distinction n'a pas été admise sans contestation. Pigeau (t. 1, p. 206) et Boitard (t. 1, n. 357) enseignent que, dans tous les cas, le renvoi ne peut être fait que devant le tribunal premier saisi.

139. — La connexité est une cause de renvoi, et non une cause d'évocation. Ainsi, c'est devant les juges que l'on veut dessaisir qu'il faut proposer l'exception de connexité : on ne peut demander l'évocation devant les juges que l'on veut saisir. — Cass., 7 juin 1810, Barberini et Tornani, [S. et P. chr.]

140. — La connexité déroge aux règles de la compétence *ratione materiæ* en ce qu'une demande est portée devant un tribunal qui n'en pouvait connaître sans cette circonstance. — Cass., 17 févr. 1868, Marc Lévy, [D. 68.1.279] — Angers, 20 juin 1860, Lemarchaud, [D. 60.2.206]

141. — Jugé, notamment, que lorsque l'un des membres d'une société de commerce en demande la dissolution pour inexécution des clauses du contrat et a été renvoyé devant un arbitre, si l'autre associé consentant à l'anéantissement de l'acte demande néanmoins à prouver qu'il a été formé, à défaut de cet acte entre les parties, une société en participation, cette demande étant incidente et connexe à la première doit être jugée par le tribunal arbitral. — Cass., 30 avr. 1828, Thérouenne, [D., *Rép.*, v° *Except.*, n. 196]

142. — Le tribunal civil qui a la plénitude de juridiction peut être appelé à statuer sur un litige de la compétence d'une juridiction d'exception si ce litige est connexe à une affaire dont ce tribunal est saisi. Ainsi, une demande soumise au juge de paix, au tribunal de commerce ou au conseil de prud'hommes pourra être renvoyée pour cause de connexité devant le tribunal de première instance premier saisi. — V. *suprà*, v° *Compétence civile et commerciale*, n. 130 et s.

143. — Par exemple, le tribunal saisi d'une demande rentrant dans sa compétence devient également compétent pour connaître d'une autre demande connexe qui par sa nature ressortirait de la justice de paix. — Trib. Castres, 20 mai 1886, [*Gaz. des trib. du Midi*, 25 juill. 1886]

144. — De même, si dans une demande unique comprenant plusieurs faits, les uns de la compétence du juge de paix, les autres relevant du tribunal, il existe un lien d'étroite connexité, le tribunal peut statuer sur le tout sans dépasser les limites de sa compétence. — Trib. Villefranche, 21 nov. 1885, [*Gaz. des trib. du Midi*, 6 juin 1886] — V. *infrà*, v° *Juge de paix*.

145. — De même encore, à l'égard des tribunaux de commerce, une demande de nature commerciale peut être portée devant un tribunal civil saisi d'une première demande de sa compétence. — V. *suprà*, v° *Compétence civile et commerciale*, n. 139 et s.

146. — Mais la réciproque ne serait pas vraie, et le tribunal de première instance saisi le second ne se dessaisira pas en faveur du tribunal d'exception. — Bruxelles, 23 oct. 1835, Busso, [D., *Rép.*, v° *Compét.*, n. 269] — *Sic*, Garsonnet, t. 1, p. 757, n. 187-B.

147. — En conséquence, un tribunal de commerce ne peut juger une question incidente qui est hors de sa compétence, encore qu'elle constitue un moyen de défense dans un procès dont il est saisi. — Cass., 28 mai 1811, Ghevardé, [D. *Rép.*, v° *Except.*, n. 197]

148. — Lorsqu'une question de la compétence du tribunal de commerce est connexe à une question de la compétence du tribunal civil, le tribunal de commerce saisi le premier doit-il statuer sur la cause civile? Il a été jugé à ce sujet qu'un tribunal de commerce peut statuer même sur ceux des derniers chefs de demande qui sortent de ses attributions quand ceux-ci ne forment qu'un faible accessoire aux autres chefs de demande dont il est compétemment saisi, par exemple dans le cas où la demande formée devant un tribunal de commerce a tout à la fois pour objet le paiement d'une créance commerciale et d'une créance civile beaucoup moins importante. — Metz, 22 juin 1849, Mengueuil, [P. chr.]

149. — Cependant, les tribunaux de commerce étant des tribunaux d'exception, on décide généralement qu'ils doivent se renfermer strictement dans les limites de leur compétence, et au cas de connexité entre une affaire civile et une affaire commerciale, renvoyer l'affaire tout entière devant les tribunaux civils. — Boitard, Colmet-Daage et Glasson, t. 1, n. 358 *in fine.* — V. *suprà*, v° *Compétence civile et commerciale*, n. 864 et s.

149 bis. — Il a été jugé, cependant, que le tribunal de commerce saisi le premier d'une demande connexe à une autre contestation introduite postérieurement devant le tribunal civil ne doit pas se dessaisir, mais doit juger l'affaire dans les limites de sa compétence. — Nancy, 5 juin 1869, May, [D. 72.2.116]

150. — Il faut décider, également, qu'un tribunal civil ne pourrait connaître d'une affaire criminelle connexe à celle dont il serait saisi, et réciproquement. — V. *infrà*, n. 216 et s.

151. — Il n'y aurait pas lieu à renvoi pour connexité si les deux tribunaux saisis n'étaient pas tous les deux français, car entre deux jugements rendus l'un par un tribunal français, l'autre par un tribunal étranger, le conflit de décisions n'aura pas de conséquences sérieuses. En effet, le jugement étranger n'est pas exécutoire par lui-même en France, et on peut lui refuser l'*exequatur* en opposant l'exception de chose jugée. — Favard de Langlade, *Rép.*, v° *Exception*, § 8; Boncenne, t. 3, p. 233; Bonfils, n. 999; Rodière, t. 1, n. 306; Rousseau et Laisney, v° *Except.*, n. 90; Mourlon et Naquet, *C. proc.*, n. 417. — V. *suprà*, v° *Chose jugée*, et *infrà*, v° *Jugement étranger*.

152. — Mais si le tribunal étranger appartient à un pays avec lequel a été signé un traité portant que les jugements rendus par les tribunaux de chaque Etat sont exécutoires dans l'autre sans examen du fond et pourvu qu'ils satisfassent à certaines conditions déterminées, la solution serait-elle la même? Nous pensons qu'il n'y a pas lieu de distinguer, alors même que, d'après ce traité, la connaissance de l'un des litiges connexes est expressément dévolue au tribunal étranger.

153. — Jugé que les tribunaux français sont compétents en vertu du dernier paragraphe de l'art. 1 de la convention franco-suisse du 15 juin 1869 pour connaître de la demande en partage de la communauté d'une femme suisse décédée en France et si les parties y résident au moment du procès. Une pareille demande est expressément distincte de la liquidation de la succession de la femme dont le règlement est réservé aux tribunaux suisses par l'art. 5 de la convention précitée. — Cass., 3 juin 1874, Oger, [S. 75.1.245, P. 75.599, D. 75.1.30] — V. Bioche, *Comment. prat. et théor. du traité franco-suisse du 15 juin 1869*; Lehr, *Le traité franco-suisse du 15 juin 1869*, p. 13 et 14.

154. — Quelle que soit la liaison existant entre deux affaires, le renvoi pour cause de connexité cesse de pouvoir être demandé si ces deux affaires ne sont pas pendantes devant des tribunaux de même ordre. — Garsonnet, t. 1, p. 717, n. 187-B; Pigeau, t. 1, p. 7; Carré et Chauveau, t. 1, quest. 6; Boitard, Colmet-Daage et Glasson, t. 1, n. 357.

155. — Jugé, en ce sens, que le renvoi pour cause de connexité ne peut être demandé qu'autant que les deux juridictions saisies occupent, dans la hiérarchie des pouvoirs judiciaires, une position identique et sont investies des mêmes attributions. — Bastia, 28 janv. 1856, Rossi, [S. 56.2.213, P. 56.2.166, D. 56.2.87]; — 3 juill. 1862, Rhil, [S. 62.2.532, P. 63.277, D. 62.2.145]

156. — Il en résulte que lorsque deux demandes soumises à deux tribunaux différents, sont portées l'une en première instance et l'autre en appel, on ne peut, pour cause de connexité, en demander la réunion ou le renvoi devant l'un de ces tribunaux. — Cass., 14 juin 1815, Lemercier, [S. et P. chr.]

157. — Par suite, un tribunal civil ne peut, sous prétexte de connexité, statuer par une seule et même décision sur une demande principale dont il serait saisi, et sur l'appel d'un jugement rendu par un juge de paix. — Carré, *Compét.*, t. 2, n. 458, p. 447; Merlin, *Quest.*, v° *Dernier ressort*, § 2.

158. — Jugé encore qu'on ne peut réunir deux instances qui, bien qu'offrant dans leur objet une certaine analogie, sont pendantes devant des juridictions de degré différent. — Cass., 11 mars 1872, Genevoy, [S. 72.1.384, P. 72.1013, D. 72.1.304]

159. — S'il en était autrement, la connexité aurait, en effet, pour conséquence de priver les parties du double degré de juridiction, ce qui est inadmissible. — Garsonnet, t. 1, p. 757, note 18; Boitard, Colmet-Daage et Glasson, t. 1, n. 357; Mourlon et Naquet, n. 457 et 461; Rousseau et Laisney, v° *Except.*, n. 117; Favard de Langlade, *Rép.*, v° *Règl. de juges*, § 1.

160. — Mais lorsque sur deux chefs de demandes distincts il y a eu jugement définitif sur l'une et préparatoire sur l'autre, les juges d'appel peuvent statuer conjointement sur les deux chefs, s'ils sont connexes et si toutes les parties y ont conclu, encore que l'appel ne soit dirigé que contre la décision définitive. — Cass., 16 août 1820, Dobler, [S. et P. chr.]

161. — Dans tous les cas, le renvoi par connexité ne peut être prononcé qu'autant qu'il est demandé par les parties; les juges ne sauraient l'ordonner d'office. — Bruxelles, 10 févr. 1836, N..., [D. *Rép.*, v° *Except.*, n. 190] — *Sic*, Chauveau, sur Carré, quest. 732; Garsonnet, t. 1, n. 187-B, p. 758.

162. — Favard de Langlade enseigne cependant que la connexité peut être prononcée d'office, sauf à mettre les frais frustratoires à la charge du demandeur (t. 2, p. 460). Mais cette opinion ne saurait être admise.

163. — La demande de renvoi pour cause de connexité doit être proposée avant toute défense au fond. Sans doute, en thèse générale, la connexité de deux affaires est un motif déterminant pour renvoyer la plus récente au tribunal qui, avant qu'elle fût connue, se trouvait saisi de la première; mais cette règle perd toute sa force dans le cas où le consentement de la partie qui conclut à ce renvoi a fixé l'affaire la plus récente dans le tribunal où elle a été portée originairement. — Bioche, v° *Exception*, n. 125; Garsonnet, *loc. cit.* — *Contrà*, Boitard, Colmet-Daage et Glasson, t. 1, n. 359.

164. — C'est une règle à peu près établie par la jurisprudence en matière de litispendance, et il n'y a pas lieu de distinguer. — V. *infrà*, v° *Litispendance*.

165. — L'incompétence résultant de la connexité est, en effet, purement relative; la partie qui a une fois consenti à plaider devant un tribunal compétent à raison de la nature de l'affaire ne peut donc plus revenir sur son consentement. — Garsonnet, t. 1, p. 758; Bioche, n. 125. — *Contrà*, Carré, t. 2, quest. 732; Boncenne, t. 3, p. 249; Pigeau, t. 1, p. 147; Chauveau, sur l'art. 171.

166. — Il est vrai que les motifs sur lesquels on s'appuie pour admettre les exceptions de connexité aussi bien que de litispendance, permettent de voir qu'elles intéressent, dans une certaine mesure, l'ordre public. En effet, ce ne sont pas seulement les intérêts privés, c'est l'intérêt général qui commande d'éviter la contrariété des jugements. Cependant en matière commerciale, aux termes de l'art. 424, l'exception d'incompétence *ratione materiæ* est la seule qu'on puisse opposer en tout état de cause devant le tribunal de commerce, d'où la conclusion qu'aux yeux de la loi la connexité comme la litispendance en matière commerciale ne peut y avoir deux règles. Ce qui est d'ordre privé en matière commerciale ne peut être d'ordre public en matière civile. — Thomine-Desmazures, sur l'art. 171.

167. — Le tribunal est-il forcé de prononcer le renvoi demandé? Dans une certaine opinion, les parties seules ont le droit de demander ou de ne pas demander le renvoi; dès qu'il est proposé, les juges ne sont tenus de l'ordonner que la connexité leur est démontrée. — Berriat Saint-Prix, p. 763; Bioche, v° *Exception*, n. 114.

168. — L'opinion contraire a prévalu. Elle s'induit des expressions de l'art. 171, C. proc. civ. : « Le renvoi peut être demandé et ordonné ». Jugé, en ce sens, que le tribunal devant lequel l'exception de connexité est invoquée n'est pas tenu d'y faire droit et que le renvoi est facultatif pour lui. — Cass., 5 juill. 1808, Alix, [S. et P. chr.]; — 24 juin 1820, Goldsmith, [S. et P. chr.]; — 22 janv. 1862, Michaut, [S. 62.1.310, P. 62. 703, D. 62.1.172] — Bruxelles, 15 avr. 1830, Bertaut, [P. chr.] — *Sic*, Jocotton, *Des except.*, n. 49; Thomine-Desmazures, t. 1, n. 206; Favard de Langlade, t. 2, n. 459; Carré et Chauveau, quest. 726; Delzers, t. 2, p. 133.

169. — Les dépens de renvoi doivent être réservés pour être joints à l'instance principale, et ils comprennent tous les actes de procédure faits dans l'intérêt du litige commun. Jugé que la connexité doit être réputée exister non à partir seulement de l'arrêt ou du jugement de jonction, mais à partir des conclusions prises pour obtenir la jonction. — Douai, 13 mai 1840, Dannjanx, [P. 40.2.266]

170. — On peut toujours appeler d'un jugement sur la connexité; peu importe que le fond du débat doit être jugé en premier et dernier ressort. — Chauveau, sur Carré, t. 4, quest. 1653 *quater*. — *Contrà*, Bruxelles, 15 avr. 1830, précité.

§ 2. *Instances pendantes devant un même tribunal.*

171. — Aux termes de l'art. 59, § 2, C. proc. civ., en matière personnelle, le défendeur doit être assigné, s'il y a plusieurs défendeurs, devant le tribunal du domicile de l'un d'eux, au choix du demandeur. — V. *suprà*, v° *Compétence civile et commerciale*, n. 236 et s.

172. — Ainsi, par exemple, dans le concours de deux ventes du même immeuble, celui de deux acquéreurs qui a formé le premier contre le vendeur une action en exécution du contrat devant les juges du domicile de ce dernier peut assigner l'autre acquéreur devant les mêmes juges en déclaration de jugement commun. — Cass., 2 févr. 1809, Perrin, [S. et P. chr.]

173. — En ce qui concerne les causes pendantes devant un même tribunal, il y a lieu de sous distinguer. La procédure est différente suivant que l'affaire est audienciée ou non.

174. — Dans cette dernière hypothèse, si l'une des deux demandes était portée devant une chambre du même tribunal lorsque la seconde se produit, on appliquerait l'art. 59, Décr. 30 mars 1808, modifié par le décret du 10 nov. 1879. « Il (le président du tribunal) renverra aussi à chaque chambre les affaires dont elle doit connaître pour cause de litispendance ou de connexité. »

175. — ... Et il n'y aurait pas lieu dans ce cas à l'exception de connexité qui a pour objet de dessaisir un tribunal d'une contestation portée devant lui. — Bioche, n. 54; Boitard, Colmet-Daage et Glasson, t. 1, n. 360; Garsonnet, t. 1, p. 750, note 9; Mourlon et Naquet, *Procéd. civ.*, n. 457; Bonfils, *Procéd. civ.*, n. 996.

176. — Ce renvoi, d'après les art. 25 et 63, Règl. 30 mars 1808, doit être prononcé par le président, qui statue sans forme de procès et sans frais; et même, dans l'usage, on demande à l'audience le renvoi à la distribution.

177. — Jugé que la chambre des saisies immobilières devant laquelle a été régulièrement formée une poursuite en folle enchère a pu être plus tard saisie par ordonnance du président du tribunal d'une demande en apurement de compte entre les mêmes parties lorsqu'il y a connexité entre les deux demandes. — Cass., 17 août 1853, Mounier, [S. 54.1.777, P. 53.2.486, D. 54.1.382]

178. — Quand deux demandes connexes sont audienciées devant le même tribunal, il y a lieu à la jonction des deux causes. Mais on sait toutes deux en état, on les décide par un seul et même jugement : savoir, le tribunal examine d'abord celle qui est préjudicielle à l'autre et disjoint cette dernière pour y être fait statué séparément.

179. — Jugé que l'art. 23, Décr. 30 mars 1808, qui investit le premier président de la cour d'appel du droit de résoudre, sans forme de procès et sans frais, les difficultés élevées sur la distribution des causes, la litispendance ou la connexité, ne s'entend que des cas où la difficulté s'élève avant toute distribution. — Cass., 1er juill. 1835, Gambon, [S. 35.1.820, P. chr.]

180. — Ainsi, lorsqu'une chambre de cour d'appel est saisie d'une affaire connexe à un appel pendant devant une autre chambre de la même cour, c'est à cette chambre, et non au premier président qu'il appartient de prononcer le renvoi. — Même arrêt.

181. — La jonction de deux causes connexes portées devant le même tribunal peut être prononcée d'office : ce n'est pas là une litispendance, dans le sens de l'art. 171, C. proc. civ., où le renvoi ne peut être ordonné d'office (V. *suprà*, n. 101). — Cass., 30 nov. 1852, Comm. de Beuvry et Jacquin, [S. 54.1.21, P. 54. 1.321, D. 53.1.270]

182. — Mais la jonction ne saurait résulter implicitement de ce fait qu'il a été statué par une seule décision sans qu'elle ait été formulée. — Chambéry, 7 avr. 1886, [*Monit. jud. Lyon*, 12 janv. 1886]

183. — La classification de deux instances connexes s'agitant entre les mêmes parties devant la même cour d'appel, l'une comme affaire ordinaire, l'autre comme affaire sommaire, ne s'oppose pas à leur jonction et ne fait pas obstacle à ce qu'il soit statué sur toutes les deux par un seul et même arrêt. — Lyon, 2 mars 1884, [*Gaz. Pal.*, 86.2.94]

184. — Une cour saisie par appel de deux instances l'une civile et l'autre commerciale peut en prononcer la jonction pour cause de connexité et y statuer par un seul et même arrêt. — Cass., 23 mars 1864, Lipmann, [S. 64.1.224, P. 64.671, D. 64.1.479]

185. — Toutefois la jonction n'a pas pour effet de modifier la nature des deux demandes. Ainsi, au cas où l'adjudicataire d'un immeuble a formé deux demandes distinctes, l'une contre un créancier, porteur d'un bordereau de collocation sur le prix de l'immeuble, en nullité de commandement à fin de folle enchère signifié par celui-ci, et l'autre contre les sous-acquéreurs de cet immeuble pour les contraindre à payer leur prix entre les mains des créanciers porteurs de bordereaux, la circonstance que les deux instances ont été jointes et qu'il a été statué par un seul et même jugement n'a pas pour effet de changer la constitution des deux demandes, notamment en ce qui touche le délai d'appel. — Cass., 26 févr. 1868, Eymarel, [S. 68.1.147, P. 68.356, D. 68.1.223]

186. — Le même principe a été consacré par un arrêt de la Cour de cassation du 21 avr. 1857, Giuria, [S. 57.1.760, P. 58.474, D. 57.1.190], par lequel il a été décidé que le jugement rendu sur un incident de saisie immobilière ne perd pas ce caractère par cela seul que l'instance engagée sur l'incident a été jointe à une demande en licitation de l'immeuble exproprié; que, par suite, le saisi ne peut opposer en appel d'autres moyens que ceux qui ont été proposés en première instance.

187. — Dans une autre espèce, il s'agissait d'un jugement qui, dans une poursuite de saisie immobilière, avait statué à la fois sur un moyen de nullité relatif à la créance du saisissant et sur une demande en garantie dirigée contre le notaire devant lequel avait été passé l'acte constatant cette créance. La cour de Riom a décidé que le jugement devait être considéré comme un jugement sur incident en ce qui touche le chef de nullité et comme un jugement ordinaire en ce qui touche le chef de garantie. — Riom, 7 déc. 1852, [cité par Chauveau, *Saisie immob.*, quest. 2424, p. 1170] qui dit que cette solution n'est pas sans difficulté.

§ 3. *Règlement de juges.*

188. — Il n'est pas impossible que les deux tribunaux saisis à la fois rejettent le déclinatoire et veuillent tous deux retenir la cause et les plaideurs. Les deux juridictions se trouvent-elles subordonnées au même tribunal supérieur, la question de compétence pourra être vidée par voie d'appel : car en pareille matière, lors même que le fond du procès serait dans les limites du dernier ressort, il est toujours permis d'appeler.

189. — Jugé que, si, à raison de la connexité de plusieurs contestations, il y a lieu d'en attribuer la connaissance à un seul tribunal, il faut recourir, à cet effet, à la cour d'appel de laquelle ressortissent les divers tribunaux qui auraient pu connaître de ces contestations, non à la Cour de cassation. — Cass., 28 déc. 1807, Boisset, [S. et P. chr.]

190. — L'autorité du tribunal supérieur ne s'étend-elle pas sur l'une ou l'autre des justices rivales, il deviendra nécessaire de se pourvoir devant la Cour de cassation en *règlement de juges*.

191. — Mais, même dans le cas où l'on pourrait interjeter appel afin de faire cesser le conflit, les parties ont le choix entre l'exception de connexité et le pourvoi en règlement de juges. — V. *infrà*, v° *Règlement de juges*.

CHAPITRE II.

CONNEXITÉ EN MATIÈRE CRIMINELLE.

Section I.

Notions historiques. — Caractères de la connexité.

192. — On appelle généralement ainsi, en matière criminelle, la liaison qui existe entre plusieurs crimes ou délits commis par une ou plusieurs personnes.

193. — Lorsque plusieurs délits ont été commis par le même individu, et lorsque des délits commis par plusieurs personnes ont entre eux un lien étroit, l'intérêt de la justice exige qu'ils soient jugés en même temps par le même juge, afin que les éléments de décision ne soient pas divisés, qu'on n'affaiblisse pas les preuves ou qu'il ne soit pas nui à la défense en séparant les prévenus. La législation, au besoin, doit pour ce cas proroger la juridiction du juge qui a compétence de droit à raison du fait principal. — Garraud, *Traité théor. et prat. du dr. pén. franç.*, t. 2, n. 284.

194. — La connexité a souvent été confondue avec l'indivisibilité. Il faut reconnaître cependant une différence entre elles. L'indivisibilité réunit tous les éléments d'un même fait, la connexité rapproche des faits différents qui ont entre eux une liaison commune. L'indivisibilité suppose un seul délit commis par plusieurs personnes; la connexité suppose plusieurs délits qui ont entre eux des rapports plus ou moins prochains, plus ou moins intenses. — F. Hélie, *Inst. crim.*, t. 5, n. 2359; Sébire et Carteret, v° *Connexité*; Carnot, *Inst. crim.*, t. 2, p. 246; Villey, *Revue pratique*, 1875, p. 25; Lespinasse, *Revue critique*, 1874, p. 625; Garraud, t. 2, n. 285; Villey, *Droit criminel*, p. 161. — V. *supra*, v° *Compétence criminelle*, n. 278 et s., et *infrà*, v° *Indivisibilité*.

195. — La connexité diffère également de la complicité en ce qu'elle suppose plusieurs délits se rattachant l'un à l'autre ou les uns aux autres, tandis que la complicité implique l'existence d'un seul crime ou délit auquel ont participé, par des faits intrinsèques, plusieurs personnes. — V. *supra*, v° *Complicité*, n. 37.

196. — Toutefois, cette distinction n'amène entre la complicité et la connexité aucune différence quant à la compétence, et dans l'un comme dans l'autre cas, les tribunaux compétents pour connaître du crime ou du délit principal sont également compétents pour connaître des faits accessoires attribués aux complices, ainsi que pour connaître des crimes ou des délits connexes, lors même que, sans la circonstance de complicité ou de connexité, ces faits ou ces crimes ou délits n'eussent pas été soumis à leur juridiction.

197. — Le droit romain admettait-il la jonction ? *Major enim quæstio minorem ad se trahit*, porte la loi 54, Dig., *De judiciis*; et Morin, v° *Connexité*, en conclut à l'affirmative. De son côté, F. Hélie (*loc. cit.*) fait observer que « aucun texte ne s'explique formellement sur ce point (V. L. 1, Cod. *ubi de criminibus agi oportet* et Matheus, *De crim.*, tit. *De accusat.*, cap. tit. 5, 16). Même, d'après Quintilien, si dans les jugements privés un juge peut prononcer sur plusieurs chefs distincts, il n'en est pas ainsi en matière criminelle, *quoniam prætor certâ lege sortitur.*

198. — On trouve une application de ce principe dans deux textes de l'ancien droit français : l'art. 23 de l'ordonnance de 1670, ainsi conçu : « Si après le procès commencé pour un crime prévôtal, il survient de nouvelles accusations dont il n'y a point ou de plaintes en justice pour crimes non prévôtaux, elles seront introduites conjointement et jugées prévôtalement », et l'art. 17 de la déclaration du 5 févr. 1731 : « Si les accusés se trouvent poursuivis pour des cas ordinaires et des cas prévôtaux, la connaissance des deux accusations appartiendra aux baillis et sénéchaux à l'exclusion des prévôts, s'ils avaient informé avant ces derniers juges. »

199. — Ce principe était enseigné par nos anciens auteurs criminalistes comme une nécessité de la justice et une règle de compétence. « Lorsque des causes sont connexes, dit Jousse (*Comment. de l'ord. de 1670*, tit. 1, art. 1), le juge qui est saisi d'une affaire criminelle peut connaître des crimes ou délits qui y sont accessoires, ainsi le juge qui connaît du crime d'un accusé peut aussi connaître incidemment des autres crimes de cet accusé quoique commis hors de son ressort et quoique cet accusé eût son domicile en une autre juridiction, ce qui a lieu même dans le cas où le juge du délit requerrait que l'accusé y fût renvoyé, pourvu qu'il n'y ait point eu ailleurs de plainte en justice pour raison de ces autres crimes (Cout. de Cambrai, tit. 22, art. 3). En effet, il est convenable que ces crimes ne soient pas divisés : le juge connaît mieux par ce moyen la vie de l'accusé et quelles peines il mérite; au lieu que si les accusations étaient divisées, chaque crime en particulier ne pourrait être puni avec la même sévérité ni avec la juste proportion que mérite la mauvaise conduite de l'accusé. Il faut cependant que le juge soit d'ailleurs compétent pour connaître de ces autres crimes par la qualité du délit, etc. ». — V. encore le même auteur, *Traité de la justice crim.*, t. 1, p. 506 et s. — V. aussi dans le même sens Papon, *Recueil d'arrêts notables*, liv. 24, tit. 10, n. 9. — Pothier (*Tr. de la procéd. civ. et crim.*, t. 2, p. 209), en rapportant l'opinion de Jousse, ajoute que « cela lui paraît néanmoins souffrir quelque difficulté. »

200. — D'ailleurs, on ne voit point la connexité fût invoquée comme une cause de jonction de délits distincts qu'un certain rapport pouvait lier entre eux. Notre ancien droit rencontrait dans les privilèges personnels trop d'entraves pour proroger facilement la compétence d'un juge. — F. Hélie, *Instr. crim.*, t. 5, n. 2359.

201. — Sous la législation de 1791 et sous le Code du 3 brum. an IV, la connexité résultait pour ainsi dire de l'indivisibilité des délits. Ainsi, l'art. 234 de ce Code défendait au directeur du jury, « sous peine de nullité, de diviser en plusieurs actes d'accusation, à l'égard d'un seul et même individu, soit les différentes branches et circonstances du même délit, soit les délits connexes dont les pièces se trouvaient en même temps produites devant lui ». — V. Bourguignon, *Manuel d'instr. crim.*, t. 1, p. 329, n. 1.

202. — La loi du 18 germ. an IV prescrivait aussi aux accusateurs publics de demander la jonction des actes d'accusation formés, à raison du même délit, contre différents accusés.

203. — C'est encore ce qui résultait d'une circulaire du ministre de la Justice du 23 frim. an V, n. 16, laquelle exprimait clairement que l'indivisibilité du délit entraîne l'indivisibilité de la procédure. — V. Merlin, *Rép.*, v° *Connexité*, § 2, n. 1.

204. — Mais l'indivisibilité ne se trouvait déterminée dans aucun cas; elle était alors dans le domaine de l'arbitraire; c'était un inconvénient réel auquel l'art. 227, C. instr. crim., a eu pour but d'obvier en spécifiant les cas dans lesquels il y a connexité.

205. — « Les délits sont connexes, porte cet article, soit lorsqu'ils ont été commis en même temps par plusieurs personnes réunies, soit lorsqu'ils ont été commis par différentes personnes même en différents temps et en divers lieux, mais par suite d'un concert formé à l'avance entre elles, soit lorsque les coupables ont commis les uns pour se procurer les moyens de commettre les autres, pour en faciliter, pour en consommer l'exécution ou pour en assurer l'impunité ». Il en résulte que la condition d'indivisibilité n'est plus exigée pour établir la connexité, elle en découle seulement comme conséquence. Sous ce rapport donc, les dispositions de la loi nouvelle sont évidemment plus complètes que celles auxquelles elles ont succédé.

Section II.

Cas de connexité.

§ 1. *Infractions auxquelles s'applique l'art. 227.*

206. — Toutes les infractions punissables comportent l'application des règles de la connexité : l'expression *délits*, dont se sert l'art. 227, C. instr. crim., doit s'entendre dans le sens le plus général comme l'indiquent les termes mêmes qui s'y réfèrent. — Morin, *Rép. dr. crim.*, v° *Connexité*.

207. — Ainsi l'art. 227 comprend : les crimes, infractions graves pour lesquels surtout la justice doit s'entourer de tous les éléments possibles de conviction, les délits correctionnels à l'égard desquels la connexité aussi peut commander une jonction, et même les simples contraventions dont la gravité secondaire n'exclut pas la possibilité ni les effets d'une connexité réelle. — Morin, *loc. cit.*

208. — L'art. 227 s'applique également aux délits militaires ainsi qu'aux délits spéciaux de la compétence des tribunaux exceptionnels pour lesquels précisément le principe a plus d'importance.

209. — Toutefois, Rauter (t. 2, n. 708) et Carnot (t. 3, sur l'art. 526, n. 6), se fondant sur le texte des art. 526 et 527, C. instr. crim., enseignent que les règles de la connexité ne sont point applicables aux contraventions. Carnot dit formellement qu'un tribunal de police ne peut être autorisé, sous prétexte de connexité, à instruire et à juger une contravention commise hors de sa juridiction. — M. Rauter (t. 2, n. 708) adopte le même sentiment.

210. — M. le Sellyer, au contraire (*Compét.*, t. 2, n. 1138), croit cette doctrine repoussée par le texte même de l'art. 340, § 2, C. instr. crim., portant que, « lorsque deux tribunaux de police simple seront saisis de la connaissance de la même contravention ou de *contraventions connexes*, les parties seront réglées de juge par le tribunal auquel ils ressortissent l'un et l'autre, etc. ». Par là, dit cet auteur, le législateur reconnaît non seulement la connexité en matière de contravention, mais encore que la connexité influe sur les infractions comme sur les crimes et délits. — Morin, v° *Connexité*, n. 5; F. Hélie, *Instr. crim.*, t. 5, n. 2366; Ortolan, *Droit pénal*, t. 1, n. 1250.

211. — La Cour de cassation paraît s'être rapprochée de cette dernière opinion en décidant que lorsqu'à un délit d'outrages envers un fonctionnaire public dans l'exercice de ses fonctions, se trouve jointe une contravention connexe à la compétence du tribunal de police, l'indivisibilité des deux faits entraîne la compétence du tribunal correctionnel. — Cass., 7 oct. 1809, Malverina, [S. et P. chr.]; — 15 juin 1809, Baudouin, [P. chr.]

212. — ... Que dans le cas où les délits imputés à plusieurs individus habitant des localités différentes ont été déclarés connexes, ils doivent être soumis à une seule et même juridiction, alors même qu'ils auraient des caractères différents de gravité, que l'un, par exemple, serait un délit correctionnel et les autres des contraventions de simple police et que, dans un pareil cas, tous les prévenus doivent être renvoyés devant la juridiction compétente pour connaître du délit principal, d'après la règle, que le fait le plus grave attire les faits accessoires. — Cass., 18 janv. 1839, Marie Lazardi, [D. *Rép.*, v° *Compét.*, n. 153]

213. — ... Qu'il y a connexité entre la contravention commise par un aubergiste qui donne à boire à un homme en état d'ivresse et celle imputable au buveur, les deux faits ayant été commis dans le même temps, le même lieu et avec la participation des deux prévenus. — Cass., 17 août 1877, Jobin, [*Bull. crim.*, n. 195]

214. — La connexité peut donc exister entre : 1° des crimes différents, un crime et un délit, un crime et une contravention, un crime et un délit militaire ou tout autre délit spécial; 2° des délits divers, un délit et une contravention, un délit ordinaire et un délit militaire ou un autre délit spécial; 3° des contraventions différentes, une contravention et un délit militaire ou un autre délit spécial. — Morin, v° *Connexité*, n. 5; F. Hélie, *Instr. crim.*, t. 5, n. 2366.

215. — Faisons remarquer toutefois, qu'il ne peut y avoir de connexité qu'entre des faits qui donnent tous également lieu à l'exercice de l'action publique. — Morin, *loc. cit.*; F. Hélie, *loc. cit.* — V. *supra*, v° *Compétence criminelle*, n. 324.

216. — La circonstance qu'un fait dommageable serait connexe à un délit ou à une contravention ne suffit donc pas pour autoriser les tribunaux de répression à en connaître, si ce fait ne constitue par lui-même ni délit, ni contravention. — Cass., 30 juill. 1829, Courtin, [S. et P. chr.]

217. — Par application de ce principe, il a été jugé que le ministère public ne pouvant poursuivre les contrevenants aux lois et règlements sur les allumettes chimiques que si le contrevenant est passible de l'emprisonnement, son action ne pouvait s'exercer alors même que le contrevenant aurait été arrêté préventivement à raison de délits connexes. — Agen, 7 janv. 1880, Catala, [S. 82.2.136, P. 80.557, D. 80.2.84]

218. — Cette restriction toutefois ne s'applique pas aux faits qui, sans être qualifiés crime, délit ou contravention, peuvent être justiciables d'une juridiction répressive : tels sont, dans certains cas, les faits disciplinaires. — F. Hélie, t. 5, n. 2367.

219. — Ainsi jugé qu'il y a connexité entre la poursuite disciplinaire exercée contre un avocat à raison de fraudes qui lui ont été attribuées dans le compte-rendu d'une audience, et la poursuite correctionnelle exercée à raison du même fait contre le gérant d'un journal, pour infidélité de compte-rendu. — Cass., 20 déc. 1836, Dupont, [S. 37.1.11, P. 37.1.334]

220. — Bien que les termes de l'art. 227 semblent fort explicites, quelques difficultés se sont néanmoins élevées sur le point de savoir quand il y a ou non connexité.

221. — I. *Première hypothèse.* — Le premier cas de connexité, d'après l'art. 227, est celui où les délits ont été commis en même temps par plusieurs personnes réunies. Cette proposition se justifie d'elle-même, et ainsi que le fait remarquer Nouguier (*Cour d'assises*, t. 2, n. 894), la réunion des circonstances qu'elle suppose va même plus loin, d'ordinaire, que la connexité; elle constitue, souvent, une véritable indivisibilité. — Morin, *loc. cit.*

222. — Le projet portait : les délits sont connexes lorsqu'ils ont été commis en même temps par les *mêmes personnes*. La commission du Corps législatif y substitua les mots « *par plusieurs personnes réunies* », par les motifs suivants : « Une diligence est attaquée par plusieurs personnes particulières. Les uns en embuscade tuent le conducteur, les autres tuent les voyageurs, les autres volent les effets qui sont dans la diligence. Il se commet des délits de diverses natures de la part de chacun de ces particuliers. Mais il est évident que ces délits sont connexes et se fondent même pour ainsi dire en un seul. Or, ce cas et les autres semblables ne paraissent pas avoir été rendus par les expressions de l'article du projet : soit lorsqu'ils ont été commis en même temps par les mêmes personnes. D'après l'énergie que doivent avoir les mots « *ces mêmes personnes* », l'esprit se reporte principalement à deux délits qui auraient été commis par les mêmes individus à des époques différentes sans qu'il résultât nécessairement une connexité entre ces délits. Dès qu'il est question dans le projet de délits commis en même temps, il semble qu'il est plus à propos de dire : par plusieurs personnes réunies. »

223. — Mais est-il nécessaire, dans cette hypothèse, que les délits aient été commis dans un but commun ? A cet égard, une dissidence s'est élevée entre les criminalistes. Mangin (*Instr. crim.*, t. 2, n. 206) se prononce pour l'affirmative. « Ce n'est pas, dit-il, une réunion accidentelle, une rencontre fortuite que la loi a en vue. Deux délits commis en même temps, dans le même lieu, par plusieurs personnes différentes, ne seraient pas connexes si ces personnes ne s'étaient pas concertées pour s'y rendre et y agir en commun ». — Trébutien, *Cours de dr. crim.*, t. 2, n. 201.

224. — F. Hélie (*Instr. crim.*, t. 5, n. 2361) ne croit pas que cette opinion soit exacte et, se fondant sur le sens littéral de la loi, il admet qu'il suffit que les délits émanent de la même réunion et qu'ils soient unis par des rapports de temps et de lieu, pour qu'ils soient réputés connexes. — Rolland de Villargues, sur l'art. 227, n. 4; Le Sellyer, *Compét.*, t. 2, n. 1093; Nouguier, *Cour d'assises*, t. 2, n. 895.

225. — La jurisprudence a suivi cette dernière interprétation, qui est conforme au sens littéral de la loi. Ainsi jugé qu'il y a connexité entre le vol commis sur une diligence et les violences exercées envers la force armée qui l'escorte. — Cass., 19 juin 1806, Emonts, [P. chr.]

226. — Que lorsque des violences ont été commises, tant envers la force armée qu'envers un maire ou adjoint qui l'accompagnait, et qui l'avait requise pour la répression d'un attroupement, ces violences ne forment qu'un seul délit de nature parfaitement identique; et qu'en supposant qu'elles en constitueraient deux, ces délits seraient tellement connexes qu'il n'y aurait pas possibilité de diviser l'instruction. — Cass., 21 janv. 1808, Lod et Jacquot, [S. et P. chr.]

227. — ... Que lorsque plusieurs individus sont prévenus d'opposition à l'exercice des préposés et de voies de fait envers ces préposés, l'opposition à l'exercice se confond avec le délit de rébellion et rentre, à raison de la connexité, dans la compétence de la juridiction correctionnelle. — Cass., 13 août 1836, Deck, [P. chr.]; — 8 déc. 1837, Boulanger, [P. 38.2.525]

228. — ... Qu'il en est de même du délit d'outrages envers un fonctionnaire public et de la contravention de tapage nocturne, lorsque l'outrage a été commis au milieu de ce tapage. — Cass., 5 juill. 1832, Kœnig, [S. 33.1.126, P. chr.]

229. — ... Qu'il y a connexité entre le fait d'injures verbales et de voies de fait légères et la plainte récriminatoire pour coups portés contre le plaignant. — Cass., 9 juill. 1807, Queray, [P. chr.]

230. — Les infractions de cette catégorie n'ont pas non plus besoin d'être concertées à l'avance, car s'il y avait concert, on tomberait dans la seconde classe des délits connexes que nous étudions *infrà*, n. 236 et s.

231. — Jugé que le concert préalable n'est nullement nécessaire pour qu'il y ait connexité entre les faits définis par la première disposition de l'art. 227, et que, bien que des infractions imputées à plusieurs prévenus aient été commises sans concert, il y a lieu, si elles sont de même nature et si elles ont été commises dans le même temps et dans le même lieu, de joindre la poursuite pour statuer par une seule et même décision. — Cass., 13 janv. 1863, Michel Léon, [D. 63.1.322]; — 31 déc. 1864, N..., [D. 65.1.197]

232. — Jugé cependant que, pour qu'il y ait connexité entre deux faits délictueux, il ne suffit pas qu'ils aient été commis dans un même trait de temps et par des personnes réunies dans un même lieu; mais qu'il faut encore que les auteurs de ces faits se soient réunis pour agir de concert et dans un but commun; autrement qu'il y aurait corrélation et non connexité entre les infractions. — Bordeaux, 9 déc. 1883, [*Rec. de Bordeaux*, 88.1.32]

233. — Ainsi, ne sont pas connexes les délits commis par des individus qui s'imputent respectivement des violences et voies de fait dont ils prétendent avoir été victimes les uns des autres. — Même arrêt.

234. — Mais il est à remarquer que la distinction faite par cet arrêt entre les délits connexes et les délits simplement corrélatifs est en contradiction avec les termes de l'art. 227.

235. — Toutefois, et comme le fait remarquer M. Nouguier (*Cour d'assises*, t. 2, n. 895), si l'art. 227 n'exige pas que les délits, pour être connexes, aient été commis dans un but commun, ce même article, en exigeant non l'action de personnes *différentes*, mais l'action de personnes *réunies*, présuppose du moins nécessairement un rapport quelconque entre ces personnes, et exclut par cela même l'hypothèse de malfaiteurs entièrement étrangers les uns aux autres qui, par une de ces coïncidences qui peuvent se rencontrer, se trouveraient en même temps et dans le même lieu, pour y commettre séparément des délits.

236. — II. *Deuxième hypothèse.* — La deuxième hypothèse de l'art. 227 est celle des délits commis par différentes personnes même en différents temps et en divers lieux, mais par suite d'un concert formé à l'avance entre elles.

237. — Ici, les délits ne sont plus reliés entre eux par les rapports de temps, de lieu et de personnes, mais par un but commun, par suite du concert formé à l'avance entre leurs auteurs. C'est ce concert préalable, ce but commun, qui les rend connexes.

238. — En supposant une association de malfaiteurs, exerçant successivement des brigandages dans plusieurs localités, les crimes commis par les malfaiteurs sont évidemment connexes dès qu'il y a eu concert formé pour leur exécution. — F. Hélie, t. 5, p. 2362; Garraud, t. 2, n. 284; Morin, *Rép.*, v° *Connexité*, n. 7; Nouguier, *Cour d'assises*, t. 2, n. 898.

239. — La connexité naît ici de la force des choses : elle est une conséquence nécessaire du crime, tel qu'il a été organisé. Aussi, à cet égard, la jurisprudence avait-elle, en quelque sorte, devancé la loi. En effet, et bien qu'en l'an IX, il n'existât pas encore, sur ce point, de disposition législative, la Cour de cassation jugeait déjà que l'intérêt public, lié à la manifestation de la vérité, exige que l'instruction sur des crimes commis en des lieux différents, soit commune et cumulée, lorsque ces crimes paraissent dériver d'une même cause; qu'en un tel cas, il y a lieu de la part de la Cour de cassation d'attribuer par voie de règlement de juges, à un seul directeur du jury, la poursuite de tous ces crimes, quoiqu'ayant eu lieu dans plusieurs départements. — Cass., 11 niv. an IX, Guyot, [S. et P. chr.]

240. — Jugé aussi que l'instruction sur des crimes commis par différents individus et en divers lieux doit être commune et cumulée lorsque les crimes paraissent dériver d'une association de malfaiteurs. — Cass., 18 pluv. an V, N..., [P. chr.] — En sens contraire, pour le cas où l'objet de l'association est indéterminé, Carnot, sur l'art. 227.

241. — C'est l'arrêt de l'an IX qui a été la source du second paragraphe de l'art. 227. La Cour de cassation en a consacré définitivement la doctrine par un arrêt du 20 mars 1828, Guillard, [P. chr.]; et, depuis cette époque, la règle créée par l'art. 227 n'a plus été débattue.

242. — Ainsi jugé, par application de cette règle, qu'il y a connexité entre le délit d'un imprimeur prévenu d'avoir imprimé un écrit sans désigner son nom ni sa demeure, et la contravention, à laquelle cet imprimeur a participé, de publication et de distribution de cet écrit. — Cass., 18 janv. 1839, Lacaze, [S. 40.1.469]

243. — ... Qu'il y a connexité entre la diffamation dirigée contre un fonctionnaire comme simple particulier, et celle dont il a été l'objet en sa qualité de fonctionnaire lorsque la première ainsi que celle-ci sont renfermées dans les mêmes écrits atteignant le même individu et tendant au même but. — Cass., 13 janv. 1837, Edeline, [S. 37.1.908, P. 37.2.61]; — 20 nov. 1846, de Bouillenois, [S. 47.1.152] — Grenoble, 23 janv. 1884, Gerbout, [D. 84.2.117]

244. — Les crimes successifs, c'est-à-dire ceux qui se commettent dans un lieu, se continuent et s'achèvent dans un autre, doivent être réputés connexes. — Legraverend, *Législ. crim.*, t. 1, p. 436. — V. *suprà*, v° *Compétence criminelle*, n. 312.

245. — III. *Troisième hypothèse.* — Ce n'est plus ni l'unité de temps, ni l'unité de lieu, ni même l'unité de volonté, attestée par un concert préalable qui, dans cette hypothèse, relie les délits entre eux ; c'est une relation de cause à effet, c'est l'enchaînement d'une série de faits distincts nés les uns des autres, et qui, dès lors, peuvent être considérés comme le développement d'une même action. — F. Hélie, *Instr. crim.*, t. 5, n. 2363.

246. — Les délits sont connexes, dit l'art. 227 *in fine*, lorsque les coupables ont commis les uns pour se procurer les moyens de commettre les autres, pour en faciliter, pour en consommer l'exécution ou pour en assurer l'impunité. — Pour les applications faites par la jurisprudence de ce principe, V. *suprà*, v° *Compétence criminelle*, n. 313 et s.

247. — Remarquons d'ailleurs que dans cette troisième hypothèse, la connexité n'exige plus le concours de plusieurs personnes ; les délits peuvent être commis successivement par un ou par plusieurs agents. C'est ce qu'indique la rédaction même de la loi et c'est ce que démontrent également plusieurs des arrêts qui suivent. — Nouguier, *C. d'ass.*, t. 2, n. 902; Le Sellyer, *Compét.*, t. 2, n. 1091; Ortolan, t. 1, n. 1329; Morin, v° *Connexité*, n. 8.

248. — La commission du Corps législatif, pour bien rendre cette idée, proposait d'ajouter dans le troisième membre de phrase de l'art. 227 : « Soit lorsque le *coupable* ou les *coupables* ». Cette dernière modification parut inutile au Conseil d'État, sans doute parce qu'elle ne changeait rien au sens véritable du projet.

249. — Jugé qu'il y a connexité entre le crime de banqueroute frauduleuse et le délit de banqueroute simple, parce qu'il y a lieu de présumer que les infractions qui constituent le délit n'ont été commises que pour consommer la fraude qui constitue le crime. — Cass., 18 nov. 1813, Detenre, [S. et P. chr.]

250. — ... Entre le crime de faux et le délit de vol commis à l'aide de ce faux. — Cass., 29 avr. 1813, N..., [S. et P. chr.]

251. — ... Entre la tentative d'évasion de la part d'un détenu et le crime ou délit principal dont elle avait pour but de procurer l'impunité. — Cass., 13 oct. 1815, Daumas-Dupin, [S. et P. chr.] — *Sic*, Bourguignon, *Manuel d'instr. crim.*, t. 1, p. 330, note 6 ; Carnot, sur l'art. 226, t. 2, n. 2, et sur l'art. 227, n. 6. — *Contrà*, Metz, 3 juill. 1821, Louis Simonet, [S. et P. chr.]

252. — ... Entre le crime de faux et le délit d'abus de confiance, pour la perpétration duquel le faux avait été un moyen. — Cass., 29 avr. 1825, Leclercq, [S. et P. chr.]

253. — ... Entre le délit de violation d'un règlement sur les épizooties et les faux commis dans un certificat du maire, ayant pour objet de dissimuler cette violation. — Cass., 28 févr. 1828, Bugnet, [P. chr.]

254. — ... Entre le crime d'attentat à la pudeur avec violence et le délit de coups volontaires, lorsque ces coups ont été le moyen de faciliter et de consommer l'attentat. — Cass., 6 févr. 1829, Jehan, [S. et P. chr.]

255. — ... Entre le délit de mendicité avec menaces et les violences exercées en même temps par le prévenu. — Angers, 26 mai 1829, Cabaret, [P. chr.]

256. — ... Entre le crime de faux et celui d'usage des pièces fausses. — Cass., 14 germ. an XIII, Pommez, [S. et P. chr.]; — 28 avr. 1831, Jouen, [S. 32.1.197, P. chr.]

257. — ... Entre le délit d'obstacle par violence à l'exercice de droits civiques et le délit de coups volontaires, lorsque les coups ont été le moyen de faciliter et de consommer le premier délit. — Cass., 3 mai 1832, Sarraud, [S. 32.1.695, P. chr.]

258. — Le délit d'outrage au président d'une assemblée électorale par un électeur qui empêche les citoyens de voter est connexe au délit politique et doit avoir le même juge. — Cass., 18 janv. 1844, France, [J. du dr. crim., art. 2986]

259. — Il y a connexité entre l'attentat commis dans le but de changer la forme du gouvernement et l'homicide volontaire qui a accompagné cet attentat. — Cass., 10 avr. 1852, Millelot, [S. 52.1.580, P. 54.2.402, D. 52.1.188]

260. — ... Entre le fait de vente et de livraison de substances falsifiées et le fait de falsification des mêmes substances. — Nancy, 10 janv. 1877, Vique-Benoit, [D. 77.2.209]

261. — ... Entre les coups portés à un gardien de prison et l'évasion des coupables à la suite de ces coups. — Cass., 25 mars 1880, Hurel, [S. 81.1.231, P. 81.1.544, D. 80.1.439]

262. — ... Entre un délit de chasse et le délit d'outrage envers le garde à l'occasion de la constatation du délit de chasse. — Cass., 31 juill. 1880, Pluchart, [S. 81.1.331, P. 81.1.793, D. 81.1.139]

263. — ... Entre l'homicide par imprudence résultant d'un ensemble indivisible de faits, consistant, par exemple, tant dans l'embarquement et le transport d'émigrants dans des conditions sanitaires défectueuses que dans leur abandon dans une île lointaine, et le délit d'escroquerie commis en France à l'égard des émigrants. — Cass., 11 août 1882, du Breil, [S. 85.1.184, P. 85.1.419, D. 83.1.96]

§ 2. Cas de connexité non prévus par l'art. 227.

264. — En dehors des trois hypothèses prévues par l'art. 227, il n'y a plus de connexité strictement légale, et comme nous l'allons voir (infrà, n. 275), les dispositions de cet article ne sont pas rigoureusement restrictives, du moins doit-on en conclure qu'il ne faut pas confondre avec la connexité la simple corrélation qui peut exister entre des délits. — Mangin, Instr. crim., t. 2, n. 207; F. Hélie, Instr. crim., t. 5, n. 2364.

265. — Jugé, en effet, que deux délits qui sont corrélatifs, en ce sens que les uns n'auraient pas eu lieu, si les premiers n'avaient pas été commis, ne sont pas pour cela des délits connexes. — Cass., 18 juill. 1828, Depigny, [P. chr.]

266. — ... Qu'ainsi, il n'y a pas connexité entre les délits de violation de domicile, d'arrestation arbitraire commis par un individu, et celui de résistance avec violences contre la force armée commis par un autre, dans le but de faire mettre en liberté la personne arbitrairement arrêtée. — Même arrêt.

267. — ... Entre le meurtre commis par un préposé des douanes sur un contrebandier, et le délit de contrebande imputé aux complices de l'homicide. — Cass., 7 oct. 1808, Hardy, [S. et P. chr.]

268. — ... Entre le délit d'outrage envers un magistrat dans l'exercice de ses fonctions et l'arrestation arbitraire du prévenu de ce délit, ordonnée par le magistrat outragé. — Bruxelles, 11 avr. 1833, Legros, [P. chr.]

269. — Un tribunal saisi simultanément de deux actions, dont l'une est de sa compétence et dont l'autre appartient à une juridiction différente, ne peut, sans méconnaître sa propre compétence, s'abstenir de statuer sur celle dont il est le juge naturel, par le motif qu'il doit être prononcé en même temps sur les deux chefs de poursuite, si, d'ailleurs, aucune circonstance n'établit entre l'un et l'autre une connexité réelle et légale. — Cass., 13 oct. 1837, Baron, [P. 40.1.35]

270. — Spécialement, dans le cas d'une poursuite pour délit de réimpression et de mise en vente d'un ouvrage déjà condamné et pour contravention à la loi qui défend de publier des dessins sans autorisation, le tribunal correctionnel, incompétent pour juger le délit, doit retenir la connaissance de la contravention, s'il n'y a connexité réelle. — Même arrêt.

271. — De même, le tribunal de police correctionnelle qui se trouve saisi de la plainte du ministère public contre un individu pour tentative de corruption d'un juge de paix, et de la plainte récriminatoire de ce prévenu contre le juge de paix pour excès et mauvais traitements, n'a pas le droit de joindre les deux causes, et, par suite, de se déclarer incompétent. Il doit retenir la première, qui entre dans ses attributions, et se déclarer incompétent sur la seconde dont la connaissance n'appartient qu'à la première chambre civile de la cour d'appel. Il n'y a là ni connexité ni indivisibilité. — Cass., 14 avr. 1827, Vincente Brunel, [S. et P. chr.]

272. — Il ne suffit donc pas, pour que les délits soient connexes, suivant la définition de la loi, qu'ils aient été commis dans les mêmes lieux, dans le même temps et qu'ils se soient même produits dans les mêmes circonstances; il faut encore qu'il existe entre eux une relation, non point fortuite, mais dérivant du mode et de l'enchaînement de leur manifestation. — F. Hélie, loc. cit. — V. suprà, v° Compétence criminelle, n. 317.

273. — Mais si la loi n'a posé que trois cas de connexité, s'ensuit-il que l'application de cette règle doive être limitée dans le cercle tracé par l'art. 227?

274. — Selon Carnot (t. 2, sous l'art. 227) et Rauter (t. 2, p. 428, n. 774), il n'y aurait pas connexité hors des cas spécifiés par l'art. 227 et ceux analogues : « Elle ne pourrait résulter, dit Carnot, d'une simple association de brigands, quoique cette association eût pour objet de commettre des vols ou des assassinats, si cet objet était indéterminé et que les vols et les assassinats prémédités n'eussent pas eu celui de se procurer la facilité d'en commettre d'autres ou d'assurer l'impunité des crimes commis. Il devrait alors être procédé par instruction séparée sur chacun d'eux. »

275. — La Cour de cassation n'a point, et avec raison suivant nous, consacré cette doctrine. Elle a décidé par de nombreux arrêts que les termes de l'art. 227 ne sont pas limitatifs, mais seulement énonciatifs de certains cas dans lesquels la loi reconnaît la connexité des crimes et délits. — Cass., 16 août 1832, Paulin, [S. 33.1.456, P. chr.]; — 29 nov. 1834, Bouron, [P. chr.]; — 26 déc. 1835, Lacenaire, [P. chr.]; — 4 nov. 1836, Horner, [S. 37.1.988, P. 37.2.88]; — 24 déc. 1836, Dupont, [S. 37.1.11, P. 37.1.334]; — 25 nov. 1837, Phétu, [P. 40.1.140]; — 28 avr. 1838, Cochard, [P. 42.2.706]; — 28 déc. 1838, Sicre, [P. 39.2.643]; — 3 avr. 1847, Chaix, [S. 47.1.702, P. 47.2.347]; — 22 févr. 1855, Jeannerot, [D. 55.3.259]; — 20 sept. 1855, Butterlin, [P. 57.654, D. 55.1.426]; — 18 sept. 1856, Ville, [Bull. crim., n. 344]; — 30 mars 1864, Jamois, [S. 64.1.730, P. 62.189]; — 15 juill. 1892, Reynaud, [S. et P. 92.1.600] — V. aussi, suprà, v° Compétence criminelle, n. 319.

276. — En effet, dit Nouguier (t. 2, n. 887), « la connexité n'est pas un état de chose, mais de fait. La loi ne la décrète pas, ne la crée pas; mais elle l'accepte et la gouverne. Or, comme la connexité est, soit le rapport plus ou moins direct qui existe entre plusieurs délits, soit le lien plus ou moins étroit qui unit plusieurs accusés, il n'était pas possible que le législateur pût prévoir toutes les formes sous lesquelles elle aurait à se produire; qu'il eût, surtout, la prétention d'enserrer d'avance, dans les termes circonscrits d'une formule restrictive, tous les cas dans lesquels elle pourrait se rencontrer. Il a donc dû se borner à donner des indications aux magistrats, en confiant à leur sagesse le soin d'apprécier, au contrôle de ces indications, si dans telle espèce donnée, la connexité existe ou n'existe pas ». — F. Hélie, Instr. crim., t. 5, n. 2365; Trébutien, t. 2, p. 202 et 379; Cubain, Cour d'assis., n. 351; de Lacuisine, Du pouv. judic. dans la dir. des déb. crim., p. 183; Le Sellyer, Compétence, t. 2, n. 1132; Sébire et Carteret, v° Connexité, n. 9; Legraverend, Légist. crim., t. 2, p. 100; Haus, t. 2, n. 444; Lespinasse, p. 627; Dutruc, Minist. public, v° Connexité; Villey, Droit criminel, p. 162; Garraud, t. 2, n. 284; Morin, Répert., v° Connexité, n. 13.

277. — C'est ainsi qu'en appliquant la règle que l'art. 227 est purement démonstratif, la Cour de cassation a successivement déclaré que le crime d'avoir procuré un avortement et le crime de violences ayant occasionné la mort, sans intention de la donner, sont connexes, lorsqu'ils résultent d'un même fait matériel. — Cass., 6 nov. 1840, Mallevigne, [P. 41.1.590]

278. — ... Qu'il y a lieu de renvoyer devant les mêmes juges le gérant d'un journal qui a publié un article incriminé et le gérant d'un autre journal qui a reproduit cet article; « attendu que loin que la prévention fût distincte pour chacun d'eux et dût déterminer une décision séparée pour chaque prévenu, elle était identique pour l'un et pour l'autre. — Cass., 4 déc. 1846, Gazette de France, [S. 47.1.474, P. 47.1.604, D. 47.1.299]

279. — ... Que le tribunal saisi du délit d'usure peut se saisir du délit d'escroquerie que les débats révèlent comme se rattachant aux faits d'usure. — Cass., 7 août 1847, Portanier, [S. 48.1.143, P. 47.2.741]

280. — ... Que de simples présomptions de complicité entre plusieurs prévenus du délit d'usure, suffisent pour faire rejeter la demande de ces prévenus tendant à être jugés séparément. — Cass., 3 juin 1826, Mas, [S. et P. chr.]

281. — ... Que le fait reproché à un prévenu d'avoir fabriqué et vendu du poivre falsifié est connexe au fait imputé à d'autres prévenus d'avoir revendu dans un autre arrondissement où ils avaient leur domicile les poivres achetés du premier. — Cass., 13 juill. 1892, Reynaud, [S. et P. 92.1.600]

282. — D'autre part, la jonction des actes d'accusation ne saurait avoir lieu s'il n'y avait entre les accusations aucun lien de connexité, ou si elles n'étaient point intentées contre le même accusé. — V. suprà, v° *Acte d'accusation*, n. 27.

283. — Y a-t-il connexité entre le faux témoignage et l'accusation principale pendant les débats de laquelle le faux témoignage a été porté? La question n'est pas sans difficulté. — V. infrà, v° *Faux témoignage*.

284. — Il ne suffit pas, d'ailleurs, que les délits soient identiques ou qu'ils soient commis par la même personne pour qu'ils puissent être réputés connexes, s'ils ont été commis à une époque éloignée les uns des autres, et s'ils ne sont liés entre eux par aucun rapport. — F. Hélie, *Instr. crim.*, t. 5, n. 2364; Mangin, *Instr. écrit.*, t. 2, n. 207; Rauter, t. 2, n. 641.

285. — Jugé qu'il n'existe aucune connexité entre une prévention d'assassinat et une prévention de vol, quoique ces deux délits aient été commis par le même individu, s'ils n'ont pas été commis à la même époque et s'ils n'ont aucune relation directe ou indirecte entre eux. — Cass., 15 avr. 1808, Datto, [S. et P. chr.]

286. — ... Entre le délit constaté dans une coupe de bois avant le récolement et les autres délits constatés ultérieurement par le procès-verbal de récolement. — Cass., 13 févr. 1815, Florentin, [P. chr.]

287. — ... Que des infractions commises en des temps et des lieux différents, et par un seul délinquant, ne sont pas connexes. Les délits qui en résultent peuvent être jugés séparément et par des juridictions distinctes suivant les cas. — Montpellier, 21 déc. 1840, M..., [S. 41.2.592]

288. — ... Que, spécialement, un prêtre qui, dans l'exercice du culte, adresse des injures à quelques personnes, peut invoquer le bénéfice de l'art. 6, L. 18 germ. an X; tandis qu'il est justiciable des tribunaux correctionnels pour les injures proférées contre les mêmes personnes à la suite des premières, mais hors de l'exercice de ses fonctions. — Même arrêt.

289. — ... Que le délit d'apposition de fausses empreintes des marteaux de l'État, commis par un garde forestier dans des coupes exploitées après sa révocation, n'a aucun lien légal de connexité avec le même délit commis par le même garde dans des coupes différentes exploitées séparément pendant l'exercice de ses fonctions. — Cass., 30 janv. 1845, Jeannin, [S. 45.1.760, P. 45.1.656]

290. — De même, il ne suffit pas, pour constituer la connexité entre deux faits imputables au même prévenu, que ces faits se soient réalisés dans le même trait de temps et dans le même lieu : il faut en outre qu'ils soient reliés par un rapport de cause à effet. — V. suprà, v° *Compétence criminelle*, n. 317.

291. — Il n'y a pas connexité entre un crime et un délit par cela seul que leur auteur les aurait commis sous l'influence du même mobile. Par suite, lorsqu'une tentative de meurtre et un délit de menaces de mort ont été commis par le même inculpé, même sous l'influence d'un mobile unique, c'est à bon droit que le tribunal correctionnel saisi du délit décline sa compétence pour en connaître (C. instr. crim., art. 227). — Cass., 20 juill. 1882, Castel, [S. 84.1.330, P. 84.1.846, D. 83.1.46]

292. — A plus forte raison, n'y aurait-il pas connexité au cas de poursuites pour délits de même nature commis au préjudice d'une même personne, mais résultant de faits distincts et personnels à des prévenus différents. — Cass., 24 août 1854, Gaudet, [S. 54.1.668, P. 56.1.526, D. 54.1.293]

SECTION III.

Effets de la connexité.

§ 1. *Jonction des procédures.*

293. — La connexité, quand elle est constatée, a pour résultat, aux termes des art. 226 et 307, C. instr. crim., la jonction des procédures instruites à raison des délits connexes, et, par conséquent, la réunion des prévenus dans un seul et même débat.

294. — Le juge criminel doit, autant que possible, non seulement comprendre les faits connexes dans le même jugement, mais encore les réunir dans la même poursuite. L'art. 226, C. instr. crim., ne laisse subsister aucun doute sur ce point ; il est ainsi conçu : « La cour (la chambre des mises en accusation) statuera par un seul et même arrêt sur les délits connexes dont les pièces se trouveront en même temps produites devant elle. »

295. — Il n'en était pas ainsi sous le Code du 3 brum. an IV. Un acte d'accusation était déclaré nul lorsqu'il présentait plusieurs délits, dont les uns étaient du ressort du Code pénal criminel et les autres de la police correctionnelle, et qu'il présentait le prévenu comme coupable d'autres délits non spécifiés. — Cass., 19 frim. an X, Tubeuf, [S. et P. chr.]

1° *Étendue du pouvoir du juge.*

296. — Mais la connexité rend-elle obligatoire, pour les tribunaux, la simultanéité des procédures et la jonction des causes, ou bien les laisse-t-elle facultatives?

297. — L'art. 226 paraît assez formel; il porte que « la cour statuera... ». Quant à l'art. 307, moins impératif que l'art. 226, et même que l'ancienne législation, suivant laquelle le ministère public était tenu de requérir la jonction des divers actes d'accusation dressés à raison du même délit, il se borne à dire que, « lorsqu'il aura été formé à raison du même délit plusieurs actes d'accusation contre différents accusés, le procureur général *pourra* en requérir la jonction, et le président *pourra* l'ordonner même d'office. »

298. — Dans ce dernier cas, dit Carnot (sur l'art. 307, n. 4), ce ne serait donc plus une obligation imposée au ministère public, mais une simple faculté que la loi accorde au procureur général et au président de la cour d'assises.

299. — MM. Mangin (*Act. publ.*, n. 337) et Rauter (*Dr. crim.*, t. 2, n. 771, p. 428) enseignent, sans faire aucune distinction, que dans le cas de connexité il y a obligation pour les tribunaux d'instruire et de juger en même temps les crimes et délits connexes.

300. — Selon M. Le Sellyer (*Compét.*, t. 2, n. 1124), la poursuite simultanée des affaires connexes ne serait obligatoire que lorsque l'instruction est terminée sur tous les délits. — V. aussi Bourguignon, *Jur. C. crim.*, art. 226, n. 3.

301. — D'autres auteurs, enfin, pensent que la jonction n'est point strictement obligatoire pour les tribunaux, et qu'elle ne constitue qu'une faculté dont ils sont armés dans l'intérêt de l'administration de la justice et qu'ils peuvent employer ou rejeter, suivant qu'ils le jugent utile. — Merlin, *Rép.*, v° *Faux témoignage*; F. Hélie, *Instr. crim.*, t. 5, n, 2368; Nouguier, *Cour d'assises*, t. 2, n. 874; Trébutien, t. 2, n. 405; Morin, v° *Connexité*, n. 13; Ortolan, t. 2, n. 1248; Garraud, t. 2, n. 285 *in fine*; Haus, t. 2, n. 407.

302. — Telle est aussi la doctrine constamment appliquée par la jurisprudence, qui décide que les dispositions du Code d'instruction criminelle sur la jonction des procédures et des causes, en cas de connexité, ne sont pas prescrites à peine de nullité.

303. — ... Spécialement, l'art. 226, qui prescrit à la chambre d'accusation de statuer par un seul et même arrêt. — Cass., 28 déc. 1816, Amyot, [P. chr.]; — 16 août 1832, Paulin, [S. 33.1. 156, P. chr.]

304. — ... Et l'art. 307 relatif à la jonction des affaires devant la cour d'assises. — Cass., 24 déc. 1836, Dupont, [S. 37. 1.11, P. 37.1.334]; — 28 avr. 1836, Cochard-Demeuves, [P. 42. 2.707]; — 18 mars 1841, Gonin, [D. 41.1.610]

305. — Il a paru, en effet, dit F. Hélie (*loc. cit.*), « qu'en faisant dériver de la connexité une jonction nécessaire de procédures, on apporterait aux poursuites des entraves souvent inutiles, que tel n'avait pas été l'esprit de la loi, puisque l'art. 226 ne prescrit la jonction des procédures que lorsque les pièces se trouvent en même temps produites devant la chambre d'accusation, et que l'art. 307 ne donne au procureur général et au président de la cour d'assises qu'une simple faculté de requérir ou d'ordonner la jonction; que le législateur n'avait point voulu fonder sur la connexité qu'une jonction facultative, dont les juges doivent apprécier l'utilité et qu'ils ne doivent ordonner que lorsqu'ils la jugent nécessaire à la manifestation de la vérité. »

306. — Par application de ce principe, la Cour de cassation décide que la connexité des délits est sans doute un motif légitime de la réunion des procédures, mais qu'elle ne suffit pas pour la faire opérer, lorsque de cette réunion pourraient résulter des retards qui amèneraient le dépérissement des preuves et nuiraient à l'action de la justice. — V. *suprà*, v° *Compétence criminelle*, n. 350 et 351.

307. — Décidé aussi que la Cour des pairs, saisie de la connaissance d'un attentat dont le jugement lui a été déféré par ordonnance royale a le droit, dans le silence même de cette ordonnance, de joindre au procès qu'elle instruit, tous les faits connexes qui s'y rattachent; mais qu'elle peut aussi disjoindre des causes connexes pour en opérer séparément l'examen et le jugement. — Cour des pairs, 22 janv. 1836, Affaire de l'attentat d'avril 1834, [P. chr.] — E. Cauchy, *Précédents de la Cour des pairs*, p. 214.

308. — ... Que la règle de la connexité ne fait pas obstacle à ce que le juge, saisi de la poursuite d'un délit auquel ont concouru plusieurs agents, ne disjoigne les causes de quelques-unes de celles des autres, alors que la disjonction ne préjudicie à aucun des prévenus, et que, à raison de l'état de la procédure, les prévenus ne peuvent plus figurer dans le même débat. — Cass., 19 déc. 1868, Casabella, [*Bull. crim.*, n. 253]; — 19 déc. 1884, Société *la Lessive Phénix*, [S. 87.1.339, P. 87.1.806]

309. — ... Que lorsque, indépendamment de la connexité existant entre quelques-uns des délits imputés à deux accusés, l'un d'eux se trouve en outre poursuivi à raison d'un délit qui lui est particulier, il n'y a pas nécessité d'ordonner la jonction des deux actes d'accusation. — Cass., 27 vend. an VII, Bonifay, [S. et P. chr.]

310. — ... Que l'accusé peut être jugé séparément de son coaccusé qui est en fuite : et que celui-ci ne peut se plaindre de la disjonction. — Cass., 2 avr. 1853, Paoli, [D. 53.5.143] — V. *suprà*, v° *Complicité*, n. 141.

311. — ... Que, si l'art. 226, C. instr. crim., autorise les juges à statuer sur tous les délits connexes dont les pièces se trouvent en même temps produites devant eux et proroge ainsi leur compétence, il ne les oblige nullement, lorsqu'ils sont régulièrement saisis de délits dont la connaissance leur appartient, à s'en dessaisir, sous le prétexte d'une prétendue connexité avec d'autres poursuites qui seraient engagées devant d'autres tribunaux. — Cass., 7 févr. 1889, Gilly, [S. 89.1.191, P. 89.1.431]

312. — Le ministère public peut requérir et les prévenus peuvent provoquer soit la jonction, soit la disjonction des procédures; et la décision rendue à cet égard peut être appréciée par la Cour de cassation. — F. Hélie, *Instr. crim.*, t. 5, n. 2369. — V. aussi *suprà*, v° *Compétence criminelle*, n. 352 et s.

313. — Mais les prévenus ne seraient pas recevables à critiquer devant la Cour de cassation l'exercice qui a été fait de la mesure de la jonction ou de la disjonction des procédures, s'ils n'avaient, à cet égard, fait aucune réclamation devant le tribunal ou devant la cour.

314. — Ainsi jugé que le moyen pris de ce que deux poursuites qui n'avaient entre elles aucune connexité auraient été confondues dans une seule procédure ne peut être présenté pour la première fois devant la Cour de cassation. — Cass., 8 mai 1828, Alard, [S. et P. chr.]; — 8 févr. 1850, *Le National*, [S. 50.1.320, P. 50.1.644]

315. — Et que, d'autre part, lorsque deux individus ont été condamnés par des jugements séparés comme coupables du même délit d'entraves apportées à la liberté des enchères, ils ne sont pas recevables à opposer devant la Cour de cassation le moyen pris de ce que la jonction des deux affaires n'a pas été prononcée, s'ils n'ont demandé cette jonction ni en première instance, ni en appel. — Cass., 23 nov. 1849, Picard, [P. 51. 1.381, D. 50.5.83]

316. — La même décision a été appliquée aux accusations portées devant la cour d'assises, et il a été jugé que lorsque les accusés n'ont, devant la cour d'assises, élevé aucune réclamation contre l'ordonnance du président qui a réuni les procédures, il y a lieu de présumer que la jonction des accusations a porté aucune entrave à leur défense, et qu'ils sont non recevables à se faire ultérieurement un grief de cette mesure. — Cass., 18 mars 1841, Gouin, [P. 42.1.610]; — 18 mai 1850, Buvignier, [S. 50.1.371, P. 52.2.244, D. 50.5.83]; — 11 mars 1853, Trabaud, [S. 53.1.638, P. 54.1.322, D. 53.5.259]; — 20 sept. 1855, Butterlin, [P. 57.654, D. 55.1.426]; — 18 sept. 1856, Ville, [*Bull. crim.*, n. 344]; — 9 juin 1866, Leroy, [*Bull. crim.*, n. 149] — V. aussi *infrà*, v° *Cour d'assises*.

317. — Comme on le voit, la fin de non-recevoir que les arrêts qui précèdent opposent à la réclamation des prévenus, est uniquement fondée sur ce qu'elle aurait été tardivement proposée. Mais si cette réclamation avait été présentée devant la cour ou le tribunal, le refus d'y faire droit pourrait-il devenir le fondement d'une annulation, et, dans ce cas, l'exercice abusif du droit de jonction ou de disjonction pourrait-il donner ouverture à cassation?

318. — F. Hélie (*Instr. crim.*, t. 5, n. 2371) n'hésite pas à le croire. Sans doute, dit-il, « les tribunaux peuvent discrétionnairement, lorsqu'ils ne sortent pas du cercle de leurs attributions, admettre ou rejeter la jonction; la loi leur a donné une faculté qu'ils exercent d'après leurs lumières; et lorsqu'ils n'excèdent pas leur pouvoir, il est vrai de dire que la loi n'ayant pas prononcé de nullité, son application ne peut être censurée. Mais si la mesure a été ordonnée, non pas seulement en dehors des termes de la loi, mais contrairement à ses termes, si la jonction a été rejetée quand elle était nécessaire aux intérêts de l'action publique, si elle a été prescrite arbitrairement, quand aucun lien de connexité n'enchaînait les faits et les prévenus, pourrait-on soutenir encore, en présence des réclamations de l'accusation et de la défense, que la loi n'ayant pas prononcé de nullité, son inobservation ne peut entraîner aucune censure? »

319. — « Les arrêts qui précèdent, dit encore F. Hélie (*Instr. crim.*, t. 5, n. 2370), supposent même que l'illégalité de la jonction peut fonder un moyen de nullité; il y a plus, l'arrêt du 11 mars 1853, précité, le décide en termes exprès, lorsqu'il déclare dans ses motifs « que cette mesure ne peut être étendue, arbitrairement et au détriment de la défense, à des accusations qui n'auraient entre elles aucun lien de connexité ou qui ne seraient pas intentées contre les mêmes accusés ». C'est encore, ce qui résulte implicitement d'un autre arrêt. — Cass., 3 avr. 1847, Sausset, [S. 47.1.702, P. 47.2.347] — qui rejette le moyen pris de la jonction irrégulière de deux accusations distinctes, par le motif « que rien n'établit au procès les inconvénients prétendus qui seraient résultés, pour la défense, de l'adoption de cette mesure. »

320. — Nouguier (*C. d'ass.*, t. 2, n. 888) pense, au contraire, que les jonctions et les disjonctions sont de simples actes d'administration judiciaire, que les décisions prises à cet égard ont un caractère péremptoire de souveraineté, et que les parties ne peuvent jamais les attaquer utilement devant la Cour de cassation. « En effet, dit-il, aucun des griefs sur lesquels se fondent les annulations n'apparaît ici. En premier lieu, il s'agit dans les art. 226, 227, 307 et 308 de dispositions purement énonciatives; or, en droit, on ne peut pas faire au juge le reproche d'avoir franchi la limite de ses pouvoirs, lorsqu'à ces pouvoirs, il n'existe pas de limite légale. En second lieu, la peine de nullité n'est prononcée ni dans les art. 307 et 308, ni dans les art. 226 et 227. En troisième lieu, la matière ne touche, par aucun point, à l'ordre public, et rien, dans la manière dont elle a pu être traitée, n'est contraire *aux droits substantiels de la défense*, puisque l'accusé peut acquiescer, même par son silence, aux mesures ordonnées. »

321. — Suivant cet auteur, les restrictions contenues dans les motifs des arrêts de 1847 et de 1853 n'auraient donc pas la portée que leur donne F. Hélie; « faites pour rappeler à l'exécution d'une obligation de conscience, elles ne sauraient, dit-il, être envisagées comme ayant eu également pour but de rappeler à l'exécution d'une obligation de droit ». En résumé, et s'appuyant sur la latitude souveraine accordée à la jurisprudence au droit d'appréciation du juge, en ce qui touche le droit de jonction ou de disjonction, M. Nouguier « se refuse à croire que l'abus de ce droit puisse être contrôlé autrement que par une remontrance consignée dans les motifs de l'arrêt de la Cour de cassation. »

322. — A l'appui de cette opinion, M. Nouguier cite un arrêt qui a décidé, en effet, que les dispositions de l'art. 226, C. instr. crim., n'étant pas prescrites à peine de nullité, leur inobservation ne peut être censurée par la Cour de cassation. — Cass., 28 déc. 1816, Amyot, [P. chr.] — V. *suprà*, n. 303.

323. — Mais cette décision, que contredisent déjà, dans leurs motifs, les arrêts plus récents que nous venons de rapporter, a été elle-même répudiée formellement par un arrêt de la Cour de cassation intervenu dans l'espèce suivante. Une chambre d'accusation avait renvoyé devant la cour d'assises divers individus accusés du crime d'association de malfaiteurs, et devant la juridiction correctionnelle, ces mêmes individus sous la prévention d'un délit de vol. Sur le pourvoi du ministère public, son arrêt a été cassé « attendu que le vol dont il s'agit est connexe au crime d'association de malfaiteurs, à raison duquel l'arrêt attaqué a renvoyé les prévenus devant la cour d'assises; qu'il est même un des éléments de la preuve de ce crime; d'où résulte que, quand même ledit vol n'aurait constitué qu'un simple délit, il y avait obligation par la chambre d'en attribuer la connaissance à la cour d'assises, en même temps qu'elle lui attribuait celle du crime d'association de malfaiteurs ». — Cass., 20 mars 1828, Guillard, [S. et P. chr.]

324. — Enfin, et comme on l'a vu par tous les arrêts qui précèdent, lorsque les accusés se font un grief de la décision prise par une cour d'assises ou par un tribunal, soit pour joindre, soit pour disjoindre, la Cour de cassation ne les déclare pas non recevables dans leur recours; elle reçoit, au contraire, ce recours et en examine, au fond, le mérite. Or, quelle serait l'utilité de cet examen au fond, si l'opinion de M. Nouguier devait prévaloir, et si, comme le dit cet auteur, les décisions relatives à la jonction et à la disjonction « ont un caractère péremptoire de souveraineté, » si « les parties ne peuvent jamais les attaquer utilement devant la Cour de cassation », et si le contrôle de cette cour ne peut s'exercer à cet égard « que par une remontrance consignée dans les motifs de son arrêt? »

325. — Il a été jugé, encore, sur ce point, que les dispositions de l'art. 307, C. instr. crim., relatives à la jonction des procédures, ne sont point limitatives; que cette jonction peut être ordonnée toutes les fois qu'elle paraît utile à la manifestation de la vérité, si, d'ailleurs, elle n'est pas en opposition, ni avec les lois touchant la compétence et l'ordre des juridictions, *ni avec les droits essentiels de l'accusation ou de la défense*. — Cass., 30 mars 1861, Jamoir, [S. 61.1.750, P. 62.189]

326. — ... Que la jonction de deux procédures est une mesure administrative qui n'est pas susceptible d'être attaquée lorsqu'elle a été prononcée régulièrement et qu'elle n'a causé aucun préjudice à l'accusé. — Cass., 2 janv. 1874, Jamet, [*Bull. crim.*, n. 1.

2° *Qui peut joindre.* — *Dans quels cas on peut joindre.* — *Formes de la jonction.*

327. — Nous avons dit, *suprà*, n. 312, que les prévenus peuvent provoquer soit la jonction, soit la disjonction des procédures; mais ils ne pourraient pas requérir cette mesure; le droit n'appartient qu'au ministère public. — Cass., 24 janv. 1828, Berson, [S. et P. chr.] — *Sic*, Nouguier, *Cour d'assises*, t. 2, n. 878 et 879.

328. — Les cours et tribunaux peuvent d'ailleurs ordonner d'office cette mesure; le président des assises a le même droit (C. instr. crim., art. 307 et 308).

329. — Jugé que, lorsque les faits imputés à différents accusés se lient entre eux par des circonstances de temps et de lieu ou autres, le président des assises peut pour la manifestation de la vérité les réunir dans un même débat. — Cass., 28 déc. 1838, Sicre et Amillis, [S. 39.1.522, P. 39.2.643]

330. — ... Que deux procédures relatives à des crimes de faux qui sont imputés à deux individus peuvent être réunies par ordonnance du président des assises: et que la notification de l'ordonnance n'est pas prescrite à peine de nullité. — Cass., 26 mars 1842, Orsat, [*Journ. du dr. crim.*, art. 3153] — V. *infrà*, v° *Cour d'assises*.

331. — Et il a même été jugé, qu'aucune loi ne limitant le droit de jonction au cas où les crimes et délits sont connexes, le président peut ordonner la jonction lorsqu'il y a plusieurs actes d'accusation dirigés contre le même individu à raison de plusieurs délits différents, si cette jonction lui paraît utile à la bonne et prompte administration de la justice. — Cass., 29 oct. 1835, Lacenaire, [P. chr.]; — 24 déc. 1836, Dupont, [S. 37.1.11, P. 37.1.334]; — 28 avr. 1838, Cochard-Denieures, [P. 42.2.706]

332. — ... Comme il est également loisible à une cour d'assises d'ordonner la jonction de plusieurs instructions criminelles non connexes, ayant pour objet des faits distincts, lorsqu'elles sont dirigées contre la même personne. — Cass., 7 févr. 1828, Devichi, [S. et P. chr.]

333. — Mais une interprétation aussi large des règles posées dans les art. 226, 227 et 307, C. instr. crim., conduirait à la destruction complète des principes que la législation a pris soin de déterminer en matière de connexité.

334. — Il faut, du moins, faire ici une observation importante : le droit de jonction ayant sa source, non plus dans la connexité des faits, mais dans un intérêt de bonne et prompte administration de la justice, il s'ensuit que la jonction ne peut s'opérer que dans les limites de la compétence de la juridiction saisie. — Cass., 15 avr. 1808, Datte, [S. et P. chr.]; — 7 oct. 1808, Gardy, [S. et P. chr.] — *Sic*, Nouguier, *Cour d'assises*, t. 2, n. 904.

335. — Au contraire, lorsque les faits sont connexes, la règle change; le juge, compétent pour connaître de l'un des délits, puise dans la connexité une prorogation de compétence relativement au délit connexe, quoique ce délit ne rentre pas dans le cercle de ses pouvoirs. — Cass., 14 mai 1847, Battet, [P. 47.2.387] — *Sic*, F. Hélie, *Instr. crim.*, t. 5, n. 2374; Nouguier, *loc. cit.*

336. — Il peut y avoir intérêt à distinguer entre la jonction de plusieurs crimes ou délits imputés au même inculpé et la jonction de plusieurs affaires concernant des inculpés différents. Dans le premier cas, en effet, la jonction ne pouvant nuire au droit de défense, l'accusé ne saurait s'en faire un moyen de cassation. Dans le second cas, au contraire, il est possible que la jonction nuise aux accusés dont la défense se trouverait plus restreinte : ils doivent donc pouvoir s'en plaindre, et il y a lieu de le ordonner que lorsque l'utilité en est clairement établie. Autrement, ce serait violer le droit qu'a chaque inculpé de demander à être jugé seulement sur ce qui le concerne.

337. — Les arrêts qui ordonnent une jonction sont des arrêts de pure administration qui n'ont pas besoin d'être motivés. Ainsi jugé que le cas où la connexité de plusieurs faits criminels ressort des faits eux-mêmes, il n'est pas nécessaire qu'elle soit textuellement affirmée dans le dispositif de l'arrêt de renvoi, alors surtout qu'elle est constatée dans les ordonnances du juge d'instruction, contre lesquelles l'accusé ne s'est pas pourvu. — Cass., 10 janv. 1873, Sidi-ben-Ali-Chérif, [S. 73.1.428, P. 73.1023, D. 73.1.271] — V. aussi Cass., 25 nov. 1837, Phétu, [P. 40.1.140]

338. — Au contraire, l'arrêt qui déclare n'y avoir lieu à s'arrêter à la demande de renvoi devant une autre juridiction, formée par le ministère public pour cause de connexité, doit, à peine de nullité, être motivé. — Cass., 6 oct. 1831, Morel, [P. chr.]

§ 2. *Effets de la connexité quant à la compétence.*

339. — En thèse générale, la connexité a pour principal effet d'attribuer au tribunal saisi compétence pour juger tous les faits connexes.

340. — Cependant certains conflits peuvent se présenter suivant que les faits incriminés rentrent dans la compétence de juridictions de même ordre mais ont été commis dans le ressort de tribunaux différents, qu'il y a concours de juridictions de degrés différents, ou encore que les faits sont de la compétence les uns de juridictions ordinaires, les autres de juridictions d'exception.

1° *Conflit ratione loci.*

341. — Si les délits connexes appartiennent tous à la même catégorie d'infractions, s'ils doivent tous être jugés par des tribunaux égaux dans la hiérarchie judiciaire, le conflit peut se présenter seulement au point de vue de la compétence *ratione loci*. Dans ce cas, la compétence territoriale des juridictions criminelles se trouve prorogée et le tribunal compétent pour connaître de l'un des faits peut être saisi de la connaissance des autres. — Garraud, t. 2, n. 286. — V. *suprà*, v° *Compétence criminelle*, n. 322 et s.

342. — Jugé qu'en cas de connexité de plusieurs délits, le tribunal compétent pour connaître de l'un d'eux peut les juger tous. — Cass., 14 mai 1847, Battet et de Boisfontaine, [P. 47.2.387]; — 18 août 1848, Lagagne, [*J. de dr. crim.*, 4355]; — 7 déc. 1860, Chaussaiet, [D. 61.5.269]

343. — ... Que, lorsqu'il y a connexité dans les délits, il ne peut y avoir lieu à disjonction à raison de l'incompétence *ratione loci*; que le tribunal correctionnel saisi du fait le plus important doit connaître des faits accessoires. — Cass., 18 janv. 1839, Marie, [D. *Rép.*, v° *Compétence criminelle*, n. 153] — *Sic*, F. Hélie, t. 5, n. 2372. — V. *suprà*, n. 118 et s.

344. — ... Que la cour d'assises saisie d'un crime commis dans son ressort est également compétente pour statuer sur un autre crime commis dans un autre ressort s'il est connexe au premier. — Cass., 14 germ. an XIII, Pommez, [S. et P. chr.]

2° *Concours de juridictions ordinaires de degrés différents.*

345. — Lorsque les faits incriminés sont de la compétence de tribunaux de degrés différents, la connaissance en appartient toujours à la juridiction dont les solennités présentent le plus de garantie, et qui a les pouvoirs les plus étendus; et tous les prévenus y doivent suivre celui ou ceux dont la coopération dans les délits connexes a rendu cette juridiction nécessaire. Il y a compensation pour les inculpés au préjudice qu'ils peuvent éprouver d'être distraits de leurs juges naturels, dans les garanties plus grandes qu'offre la juridiction supérieure. D'ailleurs, la juridiction inférieure ne peut étendre sa compétence à des faits qui excèdent les limites qui lui ont été posées. — Legraverend, t. 1, p. 463; Morin, v° *Connexité*, n. 10; F. Hélie, t. 5, n. 2372. — V. *suprà*, v° *Compétence criminelle*, n. 325.

346. — En cas de connexité entre un crime et un délit, la cour d'assises est donc seule compétente. La chambre d'accusation est tenue de lui en envoyer la connaissance. — Cass., 20 mars 1828, Guillard, [S. et P. chr.] — *Sic*, F. Hélie, *loc. cit.* — V. aussi *suprà*, v° *Compétence criminelle*, n. 326.

347. — Spécialement, la chambre d'accusation saisie de deux préventions connexes de banqueroute simple et de banqueroute frauduleuse a compétence pour statuer sur l'une ou sur l'autre par un seul et même arrêt, et par conséquent pour renvoyer l'une et l'autre à la cour d'assises. — Cass., 18 nov. 1813, Detenie, [S. et P. chr.]

348. — Ainsi, lorsqu'un même individu a commis un crime et un délit, et que ces deux faits sont connexes, la cour d'assises est seule compétente pour connaître du délit accessoirement au jugement du fait qualifié crime. — Cass., 29 avr. 1825, Leclerc, [S. et P. chr.] — V. cependant Metz, 3 juill. 1824, Simonet, [S. et P. chr.]

349. — ... Par exemple, pour connaître de la tentative d'évasion attribuée à un accusé. — Cass., 13 oct. 1815, Daumas, [S. et P. chr.]

350. — ... D'un délit d'escroquerie renvoyé régulièrement devant elle, comme connexe avec un crime de baraterie et un crime de faux. — Cass., 17 août 1821, Dieudonné et Flandin, [S. et P. chr.]

351. — La Cour de cassation en a ainsi décidé, même avant la promulgation du Code pénal actuel. Jugé que lorsque plusieurs prévenus d'une même délit, poursuivis conjointement, ont été renvoyés pour cause de connexité, devant un tribunal criminel, où l'un d'eux, passible de peines plus graves, a attiré les autres, qui, sans l'indivisibilité des poursuites, n'eussent été justiciables que de la police correctionnelle, ils doivent tous être soumis au jugement par jurés, à peine de nullité du jugement. — Cass., 8 prair. an VIII, Marchand et Lemercier, [S. et P. chr.]; — 4 nov. 1813, Van Esse, [S. et P. chr.] — *Sic*, Legraverend, t. 1, p. 436; Merlin, *Quest. de dr.*, v° *Incompétence*, § 2, et *Rép.*, v° *Connexité*, § 3. — V. aussi *suprà*, v° *Compétence criminelle*, n. 295.

352. — Par application du même principe, il a été jugé que lorsque de deux coprévenus l'un est domestique de la personne volée il y a lieu, bien que de la part de l'autre le fait ne constitue qu'un délit, de traduire les deux en cours d'assises. — Cass., 24 mars 1827, Massiolo, [P. chr.]

353. — ... Que le tribunal de police correctionnelle qui se trouve saisi d'une poursuite présentant à la fois les apparences d'un crime et ceux d'un délit, quoiqu'il s'agisse d'une seule et même action, doit, à raison de la connexité, se déclarer incompétent sur le tout, et ne peut retenir la connaissance du délit. — Cass., 26 juin 1829, Bachemant, [P. chr.]

354. — ... Spécialement que, un tribunal correctionnel ne peut prononcer sur un délit de vol commis à l'aide d'un faux. — Cass., 11 juin 1819, Courtès, [P. chr.]

355. — ... Que le tribunal correctionnel auquel le législateur a donné mission de juger certains crimes lorsque l'accusé est âgé de moins de seize ans, est incompétent pour juger les individus au-dessus de cet âge prévenus de délits connexes. Dans ce cas, l'indivisibilité de la poursuite entraîne la juridiction de la cour d'assises, même pour le mineur de seize ans. — Cass., 18 nov. 1824, Hutchinson, [S. et P. chr.] — V. *suprà*, v° *Complicité*, n. 650.

356. — La même règle de compétence doit être étendue aux infractions connexes à des délits placés exceptionnellement dans les attributions de la cour d'assises.

357. — Ainsi, au cas de diffamation, lorsque les diffamations concernent la vie privée des personnes désignées en l'art. 31,

L. 29 juill. 1881, le tribunal correctionnel est seul compétent. Mais si les propos ou écrits sont en même temps diffamatoires à raison des fonctions ou de la qualité, la question de connexité se présente.

358. — S'il n'y a aucune relation ou indivisibilité entre les imputations au sujet des fonctions ou de la qualité et celles afférentes à la vie privée, le fonctionnaire a le droit de choisir celles des diffamations qu'il entend poursuivre et il peut restreindre sa plainte aux faits relatifs à la vie privée, ce qui rend la juridiction correctionnelle compétente. Dans le cas contraire, la diffamation à l'égard de sa vie publique emportant la compétence de la cour d'assises, le délit connexe de diffamation à l'égard de sa vie privée sera déféré aux mêmes juges. — V. *infrà*, v° *Diffamation*.

359. — Jugé, avant le décret du 17 févr. 1852, que lorsque la prévention comprenait un délit de provocation non suivie d'effet et un délit d'outrage envers un fonctionnaire, il y avait lieu de renvoyer les deux délits en cour d'assises. — Cass., 10 nov. 1832, Duc, [P. chr.]

360. — *Quid* si les infractions de la compétence correctionnelle sont connexes à un délit de presse commis par un mineur de seize ans? L'art. 68, C. pén., ne serait point applicable aux délits politiques ou commis par la voie de la presse. Dans ce cas, la garantie accordée par la loi du 29 juill. 1881, ne peut être refusée aux mineurs, même prévenus de simples délits, et par suite l'inculpé, quoique mineur de seize ans, serait jugé par la cour d'assises.

361. — Il a été jugé, en effet, que tous les délits connexes à un délit politique doivent être renvoyés avec lui devant la cour d'assises. — Cass., 3 mai 1832, Sarraud, [S. 32.1.693, P. chr.]; — 18 janv. 1849, Javanaud, [S. 50.1.127, P. 49.2.561, D. 49.1.279]

362. — De même, le tribunal correctionnel compétent pour juger du délit doit aussi connaître de la contravention connexe encore bien qu'elle ait été commise dans un autre lieu et par une autre personne. — Cass., 26 mai 1809, Leprêtre, [S. et P. chr.]; — 18 mai 1839, [*J. de dr. crim.*, art. 2358] — *Sic*, F. Hélie, t. 5, n. 2373; Mangin, *Instr. écrit.*, t. 2, p. 211. — V. aussi *suprà*, v° *Compétence criminelle*, n. 327.

363. — Jugé, en ce sens, que, le tribunal de simple police est incompétent pour statuer sur des plaintes réciproques dont l'une a pour objet des injures et voies de fait légères, mais dont l'autre comprend des coups violents et qui ont mis la personne battue dans l'impossibilité de se servir de son bras pendant plusieurs jours. — Cass., 9 juill. 1807, Quevay, [P. chr.]

364. — ... Que le tribunal de police qui retient la connaissance d'une contravention dont la juridiction correctionnelle se trouve régulièrement saisie, par suite de la connexité de cette contravention avec un délit, commet un excès de pouvoir. — Cass., 27 vend. an XIII, Lechevalier, [S. et P. chr.]

365. — Par application des mêmes principes, avant la loi du 27 janv. 1873 qui a abrogé les art. 166 à 172, C. instr. crim., et supprimé la juridiction de police des maires, il a été également jugé que les contraventions connexes dont l'une était de la compétence du juge de paix ne pouvaient être attribuées au tribunal de police tenu par le maire. — Cass., 20 août 1818, Parage, [D. *Rép.*, v° *Compétence criminelle*, n. 164]

366. — Lequel des deux juges doit être préféré lorsque, parmi les coprévenus d'un délit, se trouve une personne privilégiée? La règle que nous venons de poser est applicable, lorsque la juridiction plus élevée soit compétente uniquement à raison de la qualité d'un des prévenus, ce qui a lieu relativement aux fonctionnaires de l'ordre judiciaire dans les cas prévus par les art. 479 et s., 483, 501, C. instr. crim., et les autres prévenus ne peuvent se plaindre d'être privés d'un degré de juridiction puisqu'ils ont toutes les garanties possibles.

367. — Le prévenu qui, à raison de sa qualité, est justiciable d'une juridiction privilégiée, entraîne donc les auteurs de délits connexes devant la même juridiction. Spécialement, lorsqu'un délit commis par de simples particuliers se trouve connexe à un délit commis par un commissaire de police dans l'exercice de ses fonctions, il n'appartient qu'à la première chambre civile de la cour d'appel de statuer sur le tout. — Bruxelles, 20 mars 1832, B..., [P. chr.] — V. *suprà*, v° *Chasse*, n. 1820 et s., *Compétence criminelle*, n. 297 et s., *Complicité*, n. 703.

368. — F. Hélie (*Instr. crim.*, t. 5, n. 2377) dit même qu'il semble difficile de classer parmi les tribunaux d'exception une chambre d'une cour d'appel, composée comme les autres chambres par le roulement, soumise comme le tribunal correctionnel aux formes du débat oral et public, et dont les arrêts peuvent être attaqués par la voie du recours en cassation. Ce sont les mêmes juges, les mêmes pouvoirs, les mêmes formes; c'est un juge ordinaire qui remplit exceptionnellement les fonctions d'un autre juge ordinaire. — Mangin, *Instr. écrit.*, t. 2, n. 211; Le Sellyer, *Traité de la compét.*, t. 2, n. 1111, 1119, 1120; Morin, v° *Complicité*, n. 13, et v° *Connexité*, n. 10; Villey, *Précis dr. crim.*, n. 177.

3° *Concours entre tribunaux de droit commun et tribunaux exceptionnels.*

369. — Si parmi les délits connexes, il s'en trouvait qui rentrassent dans la compétence d'un tribunal exceptionnel, on s'est demandé si ce tribunal pourrait attirer à lui tous les prévenus et statuer sur tous les délits, même sur ceux qui, sans la circonstance de connexité, fussent restés soumis à la juridiction commune, ou s'il devrait, au contraire, se déclarer incompétent sur le tout et renvoyer devant les juges ordinaires.

370. — Les tribunaux d'exception comprennent seulement les juridictions investies du pouvoir de juger : 1° le chef de l'Etat et les ministres, les personnes prévenues d'attentat contre la sûreté de l'Etat (Haute-Cour de justice); 2° les militaires et les navires (conseils de guerre, conseils maritimes, tribunaux de la marine marchande); 3° les membres des corps enseignants (conseils académiques et conseils supérieurs de l'université).

371. — Les criminalistes ne sont pas d'accord sur le choix du tribunal qui, dans ce cas, serait compétent. — Nous avons sommairement exposé la controverse, *suprà*, v° *Compétence criminelle*, n. 288 et s.; mais nous devons maintenant y revenir avec plus de détails.

372. — Selon Bourguignon, dont la doctrine (sous l'art. 226, C. instr. crim.) est entièrement adoptée et développée par Le Sellyer, « si le tribunal d'exception, par le grand nombre de juges dont il est composé et par la solennité que la loi lui charge de mettre dans sa manière de procéder, offre aux prévenus une garantie plus assurée, il doit être préféré aux tribunaux ordinaires. S'il présente moins de solennité et de garantie, les tribunaux ordinaires doivent obtenir la préférence ». En d'autres termes, le tribunal d'exception sera préféré toutes les fois qu'il sera plus élevé dans la hiérarchie judiciaire que le tribunal de droit commun. Si le tribunal d'exception est moins élevé que le tribunal de droit commun ou lui est même égal, c'est ce dernier qui devra être saisi. — Le Sellyer, *Compét.*, t. 2, n. 1111; Garraud, t. 2, n. 288.

373. — D'après une seconde opinion, quand le tribunal exceptionnel tient son pouvoir de la constitution politique, il doit prévaloir sur tous autres, puisque tel a dû être le vœu du pacte fondamental; autrement, les tribunaux ordinaires doivent être préférés, à moins d'une loi positive attribuant compétence au tribunal d'exception. Sous le régime actuel, c'est donc la Haute-Cour de justice qui devrait avoir la préférence sur toute autre juridiction. — Mangin, *Instr. écrit.*, t. 2, n. 212 et s.; Morin, v° *Connexité*, n. 11.

374. — Merlin pense, au contraire, que le tribunal d'exception doit l'emporter, alors même, soit par la manière dont il est organisé, soit par la forme d'instruction qui lui est particulière, soit par le privilège qu'il aurait de juger sans recours en cassation, il n'offrirait pas aux prévenus la même garantie qu'un tribunal ordinaire : autrement, dit le président Barris, dont il invoque l'opinion conforme, exprimée dans une note qu'il rapporte en partie, on éluderait le but de la loi qui n'a créé les tribunaux d'exception que par des motifs d'intérêt public, pour la prompte répression des crimes qui, par leur nature ou par la qualité des personnes qui les commettent, exigent une punition plus rapide et plus sévère. — Merlin, *Rép.*, v° *Connexité*, § 4; *Quest. de dr.*, v° *Incompétence*, § 3. — V. aussi, Carnot, *Inst. crim.*, art. 301, n. 1.

375. — Le sentiment de Merlin et du président Barris semble avoir été consacré par la jurisprudence de la Cour de cassation. Il a été décidé notamment, avant la promulgation du Code pénal et sous une législation qui admettait dans certains cas la compétence de cours spéciales criminelles, que la cour spéciale qui est saisie de la connaissance du crime de rébellion à main armée, est compétente pour juger le délit d'outrages et violences commis envers les fonctionnaires publics qui se sont présentés au milieu de la rébellion pour la dissiper, sauf à elle, au cas où le premier fait ne serait pas établi par les débats, à se déclarer incompétente pour statuer sur le délit secondaire dont elle ne connaît qu'à raison de la connexité. — Cass., 21 janv. 1808, Lod, Jacquot et autres, [S. et P. chr.] — V. aussi *suprà*, v° *Compétence criminelle*, n. 313.

376. — ... Que, sous la loi du 18 pluv. an IX, qui avait établi les cours spéciales, une cour spéciale pouvait connaître de crimes ou délits non compris dans le cercle de sa compétence, lorsqu'ils étaient connexes et corrélatifs aux crimes de sa compétence imputés aux mêmes prévenus. — Cass., 12 pluv. an XIII, Brizoux, [P. chr.]

377. — ... Que, lorsque, parmi les prévenus d'un vol avec effraction, il se trouvait des vagabonds, la cour spéciale était compétente pour procéder à l'instruction et au jugement, même à l'égard de ceux qui n'étaient pas vagabonds. — Cass., 14 avr. 1808, Metz, [S. et P. chr.]

378. — ... Qu'une cour spéciale, compétente pour connaître de l'évasion d'un condamné, facilitée par le concierge d'une maison d'arrêt, l'était aussi pour prononcer sur l'évasion d'une personne, facilitée par le même concierge, lorsqu'il y avait connexité, et qu'elle ne pouvait, sous prétexte de l'indivisibilité des poursuites, se déclarer incompétente et renvoyer pour le tout devant la juridiction ordinaire. — Cass., 6 juill. 1810, Gannion, [P. chr.]

379. — ... Qu'une cour spéciale, saisie du délit de vente de faux certificats de remplacement militaire et des faits de complicité de ce délit, ne pouvait, en scindant la poursuite, déclarer qu'elle ne s'occuperait pas des faux, quant à présent, et se borner à retenir la connaissance de la vente des faux certificats de remplacement. — Cass., 6 flor. an XIII, Blachier, [S. et P. chr.]

380. — Une dernière opinion enseigne, d'une manière générale, que les prévenus justiciables des tribunaux ordinaires entraînent avec eux devant cette juridiction les prévenus qui, seuls, eussent dû être traduits devant le tribunal d'exception. C'est cet avis qui nous semble le plus juridique et le seul conforme à ce principe essentiel et incontesté, surtout en matière criminelle, que les juridictions exceptionnelles ne peuvent jamais étendre les limites de leur compétence au delà des bornes rigoureuses que leur a assignées la loi spéciale de leur institution. — Legraverend, t. 1, p. 436 et s.; F. Hélie, *Instr. crim.*, t. 5, n. 2378 et s.; Villey, p. 177.

381. — Le principe est facile à justifier. Les tribunaux qui étendent leur compétence à des personnes qui n'appartiennent pas à leur juridiction ne peuvent atteindre ces personnes que par une prorogation de leur juridiction. « En effet, provoquer une autorité, a dit Henrion de Pansey, ce n'est pas la dénaturer. C'est, et rien de plus, l'étendre au delà de ses limites naturelles : à cette extension près, la juridiction prorogée demeure après la juridiction ce qu'elle était auparavant » (*De l'autorité judiciaire*, t. 1, p. 378). Les juges ordinaires ne changent donc pas, en la prorogeant, le caractère de leurs pouvoirs. « Ce sont, dit Loyseau, juges des lieux et du territoire, *ubi tanquam jus tenendi habent* (L. 239, § 8, Dig., *De verb. signif.*), et ont justice régulièrement et universellement sur toutes les personnes et les choses qui sont dans icelui de laquelle justice les autres justices extraordinaires sont desmembrées, *et extra ordinem utilitatis causa constitutæ* » (*Des offices*, liv. 1, ch. 6, n. 48). Telle n'est pas la position des juges d'exception : circonscrits dans un certain cercle de délits, restreints à une classe de personnes, tous les autres prévenus leur sont absolument étrangers. Leur pouvoir, au delà des limites qui leur ont été fixées par la loi, n'existe plus. « Quant aux officiers de justice extraordinaire, dit encore Loyseau, ils ont plutôt une simple puissance de juge qu'une véritable juridiction ». — Dumoulin, *lib.* 3, Code, tit. 13.

382. — Il avait été jugé déjà, sous l'empire de la loi du 18 pluv. an IX, qu'il ne résultait pas de l'art. 13 de cette loi que les tribunaux spéciaux pussent connaître accessoirement des faits qui n'étaient pas de leur compétence, mais seulement que l'instruction et le jugement de ceux compris dans leurs attributions n'en pouvaient être suspendus ou retardés. — Cass., 29 fruct. an IX, Béchet, [S. et P. chr.]; — 7 therm. an IX, N..., [S. et P. chr.]; — 8 therm. an IX, Revert, [S. et P. chr.]; — 9 therm. an IX, Brec, [S. et P. chr.]; — 9 fruct. an IX, Lattier, [S. et P. chr.]; — 18 fruct. an IX, Mageante, [S. et P. chr.]

383. — ... Que la cour spéciale compétente pour connaître du crime d'assassinat ne pouvait pas connaître accessoirement d'un vol commis par le même individu, mais à une autre époque, et n'ayant aucun rapport audit assassinat. — Cass., 15 avr. 1808, Datto, [S. et P. chr.]

384. — Jugé de même que la connexité existant entre deux délits n'autorise pas les tribunaux d'exception à enlever à leurs juges naturels des prévenus qui ne sont leurs justiciables sous aucun rapport. — Cass., 19 févr. 1813, Gau, [P. chr.]

385. — ... Que, lorsque, parmi plusieurs prévenus de crimes connexes qui, par la seule qualité des personnes, sont attribués à la connaissance des tribunaux d'exception, il s'en trouve qui n'ont point cette qualité personnelle, le procès et les parties doivent être renvoyés devant les tribunaux ordinaires. — Cass., 4 déc. 1812, Peters, [S. et P. chr.] — V. suprà, v° *Compétence criminelle*, n. 203.

386. — De même, sous la loi du 13 flor. an XI, une cour spéciale ne pouvait retenir la connaissance du meurtre commis par un préposé aux douanes sur un contrebandier, sous prétexte de connexité avec le délit de contrebande par attroupement et port d'armes. — Cass., 7 oct. 1806, Hardy, [P. chr.] — V. Merlin, *Rép.*, v° *Connexité*, § 6, n. 2.

387. — Si, par arrêt de contumace, la cour spéciale ne s'était déclarée compétente pour connaître de deux délits qu'à raison de leur connexité avec un autre délit placé seul dans ses attributions, et s'il était reconnu que l'accusé n'était ni auteur ni complice de ce dernier délit, elle ne pouvait retenir la connaissance des deux autres. — Cass., 9 sept. 1808, Desfarges, [S. et P. chr.]

388. — L'art. 15, L. 20 déc. 1815, qui a substitué les cours prévôtales aux cours spéciales du Code d'instruction criminelle, contenait la même prescription et l'application du même principe. Les cours prévôtales ont cessé d'exister après la session législative de 1817 (L. 20 déc. 1815, art. 55).

389. — Il n'en serait pas de même si la juridiction appelée à connaître des faits connexes était, non une juridiction spéciale, mais la cour d'assises; dans ce cas en effet, la cour, ayant plénitude de juridiction et étant saisie irrévocablement par l'arrêt de renvoi, devrait procéder au jugement de simples délits, alors même que le crime qui lui en a fait attribuer la connaissance disparaîtrait par suite des débats.

390. — Jugé encore que, quand un individu non militaire a commis le crime de faux, de complicité avec un militaire, en fabriquant un faux acte de naissance et en se faisant inscrire sous un faux nom sur le contrôle de l'armée, comme remplaçant d'un jeune soldat, c'est à la juridiction ordinaire, et non au conseil de guerre, qu'il appartient d'en connaître, parce que l'un des prévenus n'étant pas militaire lorsqu'il a commis le crime, et que c'est à l'aide de ce crime qu'il a été admis au corps. Et si, par suite du même faux, les deux prévenus ont commis envers celui dont le nom a été emprunté des escroqueries et des tentatives d'escroquerie, soit conjointement, soit séparément, ces délits, étant connexes aux faits principaux, doivent être également poursuivis devant la juridiction ordinaire. — Cass., 7 mai 1824, Pernot et Klinger, [S. et P. chr.] — V. suprà, v° *Complicité*, n. 706.

391. — La cour d'assises est également compétente si les faits criminels accomplis dans la zône militaire sont connexes avec d'autres faits criminels accomplis sur un territoire civil et poursuivis simultanément. — Cass., 10 janv. 1873, Sidi-Ben-Ali-Chérif, [S. 73.1.428, P. 73.1023, D. 73.1.274]

392. — Réciproquement, lorsqu'un conseil de guerre a compétence en vertu d'une déclaration d'état de siège, il doit connaître même des crimes ou délits connexes aux faits d'insurrection. — V. discours à l'Assemblée nationale, *J. du dr. crim.*, art. 4442 et 4446; *Moniteur*, 13 oct. 1849.

393. — Il y a d'ailleurs lieu de remarquer que ce n'est que dans le cas où la connexité exige impérieusement la réunion des délits que le fait spécial doit être déféré au juge ordinaire. Si le jonction des procédures pour cause de connexité a peu d'inconvénients lorsque les différents délits appartiennent à l'une ou à l'autre des juridictions ordinaires, il en est autrement quand ils appartiennent l'un à la juridiction ordinaire, l'autre à une juridiction exceptionnelle. Les motifs qui ont fait attribuer à des tribunaux spéciaux telle ou telle classe de délits s'opposent à ce qu'un tribunal ordinaire puisse s'en saisir. — F. Hélie, *Instr. crim.*, t. 5, n. 2383.

394. — Ainsi jugé que le militaire prévenu d'un délit commis au corps doit être jugé par le conseil de guerre, si ce délit est simplement corrélatif et non connexe à d'autres délits imputés à des individus non militaires, de telle sorte que les deux affaires puissent se juger séparément sans violer la règle de l'indivisibilité des procédures connexes. — Cass., 18 juill. 1828, Depigny, [P. chr.]

395. — ... Que le délit de recèlement de conscrit est complètement indépendant de celui de rébellion à la gendarmerie. — Cass., 18 fruct. an XIII, [P. chr.]

396. — ... Que le délit de fraude simple n'a pas, avec le crime de corruption, une connexité telle qu'il ne puisse être jugé séparément. — Cass., 19 févr. 1813, Gau et Rouanet, [S. et P. chr.]

397. — ... Que le crime d'embauchage pour les rebelles doit être jugé par le conseil de guerre permanent, quoiqu'il ait été commis par des individus non militaires, et malgré sa coexistence avec un autre crime de la compétence de la juridiction ordinaire. — Cass., 2 août 1822, Caron et Roger, [S. et P. chr.]

398. — .. Que le tribunal maritime devant lequel sont traduits des individus à raison des faits de piraterie et de traite de noirs, ne peut connaître que du premier de ces crimes, malgré la connexité existant entre eux, qu'il doit renvoyer à la juridiction ordinaire la connaissance du délit de traite des noirs. — Cass., 25 mars 1830, Vincent et autres, [S. et P. chr.]

399. — ... Que le corrupteur d'un militaire et le militaire corrompu doivent être renvoyés chacun devant leurs juges naturels, ces deux crimes étant distincts. — Orléans, 8 juill. 1864, Lamarille, [D. 64 2.148]

400. — ... Que le vol d'objets appartenant à l'État, par des militaires, est un délit militaire essentiellement distinct de l'abus de confiance commis au préjudice de ces militaires par un individu non militaire. — Cass., 3 févr. 1853, Maurer, [*Bull. crim.*, n. 44]

401. — De même, une jurisprudence constante décide que le fait par des individus non militaires d'avoir acheté ou échangé des effets militaires à leur égard non un fait de complicité, mais un fait principal puni de peines particulières dont la connaissance appartient tant par sa nature que par la qualité du prévenu aux tribunaux ordinaires. — V. *infrà*, v° *Justice militaire*.

402. — Enfin, à l'égard d'un forçat qui s'était évadé en volant l'arme du garde-chiourme et qui avait commis des vols postérieurs, la Cour de cassation a attribué la connaissance du crime d'évasion et du crime concomitant au tribunal maritime et celle du crime postérieur à la cour d'assises. — Cass., 14 mars 1845, Hernandez, [D. 45.2.568]

403. — Les effets de la connexité quant à la compétence cesseraient de se produire si une loi ordonnait formellement que, malgré la connexité, entre plusieurs crimes ou délits, chacun d'eux devrait être porté séparément à la connaissance de la juridiction dont il relève ordinairement. C'est ce qui avait lieu notamment dans le cas des art. 1 et 22, Décr. 5 germ. an XII, relatif aux conseils de guerre maritimes spéciaux (remplacés d'après l'ordonnance des 22-30 mai 1816, quant à la connaissance du crime de désertion, par les conseils de guerre permanents et par les conseils de révision), portant : « Art. 1. Les officiers mariniers, matelots et novices embarqués ou levés pour être embarqués sur les bâtiments de la République, qui seront accusés de désertion, seront jugés par un conseil de guerre maritime spécial. — Art. 22. ... Si, outre le crime de désertion, le conseil trouve que l'accusé en a commis un de nature à être plus sévèrement puni par les lois, il renverra l'accusé, la procédure et les pièces du procès par-devant le tribunal ordinaire compétent, et il en rendra compte au ministre de la Marine. Si, au contraire, le conseil trouve que l'accusé n'a pas commis le crime de désertion, il le renverra, pour être puni, au tribunal du chef militaire compétent, etc. »

404. — Sous la législation actuelle, aux termes des lois des 9 juin 1857 et 4 juin 1858, le crime ou délit de désertion, comme tous les faits essentiellement militaires, ne peut être jugé par l'autorité judiciaire ordinaire, fût-il connexe à d'autres faits de droit commun, et il y a lieu dans ce cas à appliquer la disposition de l'art. 60, C. just. milit., qui édicte que l'individu justiciable en même temps des tribunaux militaires et des tribunaux ordinaires doit être traduit devant le juge de l'infraction la plus grave, puis, s'il y a lieu, renvoyé devant le juge compétent pour l'autre fait.

405. — Il a été jugé que la cour d'assises ne peut être appelée à connaître d'un fait de désertion même pas comme circonstance aggravante d'un meurtre. — Cass., 14 mai 1825, Ottevaer, [S. et P. chr.]

406. — Il s'agissait ici d'un marin de l'Etat accusé d'avoir commis le crime de meurtre sur un gendarme pour assurer et favoriser un fait de désertion, et, en même temps que ce meurtre était connexe à la désertion, la circonstance qu'il avait eu lieu dans le but de faciliter l'exécution d'un délit en constituait, d'après l'art. 304, C. pén., une cause d'aggravation.

407. — Un certain nombre d'auteurs se prononcent dans un sens contraire à l'arrêt de 1825, précité. — Mangin, t. 2, p. 214; F. Hélie, *Instr. crim.*, t. 5, n. 2384; Merlin, *Quest. de droit*, v° *Connexité*, §4. — Les critiques de la doctrine nous semblent fondées. En effet, le juge ordinaire, quand c'est lui qui est le premier saisi, doit avoir le pouvoir d'apprécier l'infraction réservée, sinon pour lui infliger la peine spéciale qu'elle entraîne, du moins pour en faire un élément de la peine qui rentre dans ses attributions; autrement, la répression serait forcément insuffisante.

408. — La règle que nous venons d'admettre, d'après laquelle les tribunaux ordinaires attireraient à eux, en cas de connexité, la connaissance de délits placés dans les attributions de la juridiction exceptionnelle, doit encore recevoir exception, si les tribunaux de droit commun ne peuvent, à un titre quelconque, être juges des auteurs des délits connexes. Dans ce cas, si la connexité est telle que les divers faits ne puissent être séparés, c'est au contraire la juridiction exceptionnelle qui attire à elle tous les prévenus justiciables d'ordinaire des tribunaux de droit commun.

409. — Ainsi, il avait été jugé que, bien que la cour des pairs fût une juridiction exceptionnelle, comme il était de principe, d'une part, qu'un pair ne pouvait être jugé en matière criminelle que par la chambre dont il était membre, et que d'autre la procédure suivie contre les prévenus d'un même délit est indivisible, la cour des pairs était compétente pour juger les individus qui s'étaient rendus coauteurs ou complices de crimes ou délits connexes imputés à des pairs de France, alors même que ces individus n'étaient ni par leur qualité ni par la nature du délit, justiciables de cette haute juridiction. — Cour des pairs, 31 janv. 1818, Saint-Morys, [P. chr.]; — 24 nov. 1830, Kergorlay, [S. et P. chr.]

410. — ... Que, s'il y avait plusieurs prévenus du même délit dont les uns n'étaient pas revêtus de la qualité de pair, la chambre des pairs devait connaître de l'affaire entière. — Cour des pairs, 20 sept. 1831, Montalembert, [P. chr.]; — 23 déc. 1841, Quénisset, [*J. de dr. crim.*, art. 2983]; — 26 juin 1847, Cubières, [*J. de dr. crim.*, art. 4130]

4° *Concours entre juridictions exceptionnelles.*

411. — Les codes de justice militaire de l'armée de terre (9 juin 1857, art. 79) et de l'armée de mer (4 juin 1858, art. 105) ont décidé qu'en cas de complicité de soldats et de marins, c'est la compétence des conseils de guerre qui doit l'emporter. La plénitude de juridiction est attribuée aux tribunaux de l'armée de terre : elle doit certainement être étendue aussi bien au cas d'infractions connexes qu'au cas de complicité. — V. *suprà*, v° *Compétence criminelle*, n. 331 et 332, et *infrà*, v° *Justice militaire*.

5° *Nécessité de simultanéité dans les poursuites.*

412. — Si le juge saisi d'une infraction connexe à d'autres doit les renvoyer toutes à la juridiction compétente pour la connaître, ce n'est qu'à la condition que les auteurs seront simultanément poursuivis. — F. Hélie, *Instr. crim.*, t. 5, n. 2380.

413. — Ainsi il a été jugé que c'est à bon droit que la juridiction correctionnelle, en se déclarant incompétente pour connaître d'un des faits qui lui étaient déférés, ce fait présentant le caractère de crime, retient la connaissance d'un délit dont elle était en même temps saisie, et ce malgré la connexité de ces faits, s'ils ne sont pas indivisibles, et alors que la poursuite n'est pas encore introduite à raison du crime. — Cass., 1er mars 1884, Catté, [*Bull. crim.*, n. 63] — Pour toute la jurisprudence, dont les décisions sont identiques à cet arrêt, V. *suprà*, v° *Compétence criminelle*, n. 333 et s.

414. — Jugé toutefois qu'un tribunal correctionnel ne doit pas connaître de faits qui, pris isolément, seraient de la compétence correctionnelle s'ils forment un tout indivisible avec d'autres faits dont la connaissance appartient à la cour d'assises bien que ces derniers faits n'aient donné lieu à aucune poursuite. — Paris, 24 janv. 1868, Parent, [D. 68.2.4]

415. — Dans tous les cas, les tribunaux ordinaires seraient seuls compétents pour juger les prévenus de délits connexes, si les poursuites dirigées contre eux ne se trouvaient commencées qu'après le jugement de l'individu prévenu du délit spécial. C'est ce que la Cour de cassation a maintes fois décidé en matière de complicité. — V. *suprà*, v° *Complicité*, n. 704.

416. — De même, l'individu justiciable du tribunal exceptionnel ne pourrait être traduit que devant ce tribunal, présentât-il moins de garanties que les tribunaux ordinaires, si déjà l'auteur de délits connexes soumis, non aux tribunaux d'exception, mais aux tribunaux ordinaires, avait été jugé. — V. *suprà*, v° *Complicité*, n. 707.

417. — Toutefois, si l'événement qui retranche de la procédure l'individu ou le fait qui occasionnait la prorogation de juridiction ne survenait que postérieurement au règlement de la compétence et à un arrêt de la chambre d'accusation attribuant juridiction à un tribunal dont il a prorogé la compétence, cet arrêt devrait produire ses effets et le tribunal ne pourrait se dessaisir. — Cass., 16 frim. an XII, Pradal, [P. chr.] — *Sic*, Mangin, t. 2, n. 218.

418. — C'est ainsi qu'il a été jugé que, lorsque, à raison de connexité, deux individus ont été renvoyés à la cour d'assises, l'un comme accusé d'un crime, l'autre comme prévenu d'un simple délit, par arrêt non attaqué dans les délais, la cour d'assises reste compétente pour juger le prévenu de délit, encore bien que l'accusé de crime soit contumax et qu'il y ait lieu de suivre contre ce dernier une procédure différente. — Cour sup. Bruxelles, 1er mai 1817 (arrêt sans date, rapporté au 1er mai), Vermeulen, [P. chr.]

419. — Legraverend pense même que, si un individu qui, renvoyé devant la cour d'assises pour un crime et pour un délit connexe, a été condamné par contumace par la cour d'assises à raison du crime, vient purger sa contumace, ce sera encore la cour d'assises qui devra le juger, et non le tribunal correctionnel (Argum. de l'art. 476, C. instr. crim.). — Legraverend, t. 1, p. 436; Morin, v° *Connexité*, n. 17. — *Contrà*, Carnot, *Instr. crim.*, art. 226, n. 3.

§ 3. *Règlement de juges.*

420. — La connexité peut, en matière criminelle comme en matière civile, donner lieu à un règlement de juges. Les art. 526, 540, § 1, C. instr. crim., prévoient le cas en ce qui concerne les délits et crimes pour lesquels il y aurait conflit entre deux juridictions saisies. L'art. 540, § 2, applique la même règle aux contraventions. — V. *infrà*, v° *Règlement de juges*.

§ 4. *Effets de la connexité sur la pénalité.*

421. — Les effets de la connexité se font aussi sentir quant à la pénalité dans quelques cas particuliers. D'abord, elle est souvent, en fait, une cause d'aggravation de la peine par le juge. De plus, dans quelques hypothèses spéciales, l'aggravation est même légale.

422. — Ainsi, tandis que le meurtre est puni des travaux forcés à perpétuité, le meurtre connexe à un autre crime ou délit est puni de mort (art. 304, C. pén.).

423. — En cas de vol, la circonstance de port d'armes est une cause d'aggravation (art. 385 et 386, C. pén.). Il en est de même du fait de s'être revêtu de l'uniforme d'un fonctionnaire civil ou militaire (art. 381 et 384, C. pén.).

424. — Les mendiants ou les vagabonds travestis, ou porteurs d'armes, ou munis d'instruments propres à commettre des délits ou à pénétrer dans les maisons, sont punis d'un emprisonnement de deux à cinq ans (art. 277, C. pén.). Les mendiants qui emploient la violence encourent la même peine. Mais ceux qui mendient avec violence, et travestis ou porteurs d'instruments suspects, encourent la réclusion (art. 279, C. pén.).

425. — Le fait de fabriquer de faux certificats, passeports et feuilles de route, est puni par les art. 153 et 161, C. pén.; aux termes de l'art. 281, C. pén., les peines seront toujours portées au maximum quand elles seront appliquées aux mendiants.

426. — D'après l'art. 207, C. pén., la correspondance des ministres du culte avec des cours étrangères sur des matières de religion est un délit puni d'un emprisonnement de un mois à deux ans et d'une amende de 100 fr. à 300 fr. Mais si la correspondance a été accompagnée ou suivie d'autres faits contraires aux dispositions formelles d'une loi ou d'un décret, la peine du bannissement est encourue, et si la peine résultant de la nature de ces faits est plus forte, elle sera appliquée (art. 208, C. pén.).

427. — L'arrestation et la séquestration jointe à l'usurpation de costume, est une cause de majoration de la peine (art. 344, C. pén.). — V. suprà, v° *Arrestation et détention arbitraire*, n. 57 et s.

428. — Le port d'un uniforme civil ou militaire dans un mouvement insurrectionnel est également une circonstance aggravante (art. 5, L. 24 mai 1834). — V. suprà, v° *Attroupement*, n. 44.

429. — L'art. 2, § 1 et 2, L. 10 avr. 1825, sur la piraterie, porte que les déprédations ou violences à main armée contre des navires étrangers ou d'une nation en guerre avec la France sont punis de la peine de mort, vis-à-vis des chefs, et des travaux forcés vis-à-vis des hommes. Mais si ces déprédations ou violences ont été précédées, accompagnées ou suivies d'homicide ou de blessures, la peine de mort sera toujours prononcée (art. 6).

430. — D'après l'art. 4 de la même loi, le fait de s'emparer, par fraude ou violences envers le capitaine, d'un bâtiment, alors qu'un fait partie de l'équipage, est passible de la peine de mort pour les officiers, pour les autres, des travaux forcés à perpétuité. Si le fait a été précédé, accompagné, ou suivi d'homicide ou blessures la peine sera la peine de mort contre tous. La connexité des blessures et de l'homicide avec des faits de piraterie est une cause d'aggravation dans les deux hypothèses ci-dessus pour les individus non qualifiés.

431. — En dehors de ces cas, rien n'est changé que la juridiction, et la pénalité doit évidemment rester la même. Ainsi, lorsqu'à raison de l'indivisibilité de la poursuite, un tribunal correctionnel se trouve saisi de la connaissance d'une contravention connexe à un délit, si quelques-uns des prévenus ne sont convaincus que de la contravention, ils ne peuvent être punis que des peines de simple police, et non des peines correctionnelles. — Cass., 15 juin 1809, Baudouin, [P. chr.]

432. — La connexité ne modifie pas davantage la durée de la prescription. Ainsi la connexité entre un délit prescriptible par quelques mois ou par trois ans et un délit ou un crime pour lequel il faut une plus longue durée n'empêche pas la prescription de s'accomplir, pour le premier, dans le délai légal. — Cass., 29 avr. 1830, [J. du dr. crim., art. 394] — V. infrà, v° *Prescription*.

§ 5. *Effets divers.*

433. — Lorsqu'une accusation dirigée pour crime contre un individu extradé comprend un délit connexe non compris dans l'ordre d'extradition, ce délit peut-il être jugé en même temps ? L'affirmative résulte d'un arrêt de la cour d'assises du Pas-de-Calais du 15 févr. 1843, L..., [S. 43.2.223] — Mais le ministre de la Justice en a pensé autrement. — V. la note sous cet arrêt.

434. — Il est de principe, en matière d'extradition, que les États n'accordent jamais la remise d'un individu qui s'est réfugié sur leur territoire après avoir commis une infraction politique. Plusieurs traités signés par la France portent aussi que l'immunité s'étendra aux faits de droit commun qui seraient connexes à des délits politiques. Il appartient à l'État à qui l'extradition est demandée de décider si, en l'espèce, il y a ou non connexité. V. conventions passées avec les puissances suivantes : Grand-Duché de Bade, 27 juin 1844, art. 6; Pays-Bas, 7 nov. 1844, art. 3; Suisse, 9 juill. 1869, art. 2; Bavière, 29 nov. 1869, art. 3; Luxembourg, 18 déc. 1875, art. 3; Belgique, 14 août 1874, art. 3; Monaco, 8 juill. 1876, art. 3; Grande-Bretagne, 14 août 1876, art. 5; Danemark, 28 mars 1877, art. 3; Espagne, 14 déc. 1877, art. 3. — V. *infrà*, v° *Extradition*.

435. — L'art. 3, L. 27 mai 1885, sur la relégation des récidivistes, porte : « les condamnations pour crimes ou délits politiques, ou pour *crimes ou délits qui leur sont connexes*, ne seront en aucun cas comptées pour la relégation », ce qui signifie qu'une infraction de droit commun qui, considérée isolément, rentrerait dans les termes de l'art. 4 de la loi, et aurait pour résultat d'amener l'application de la relégation, cesse d'avoir ce caractère et cet effet par une simple connexité avec un délit politique.

436. — La recherche de la connexité en pareille matière est assez souvent délicate. Il y a toujours lieu de se référer aux règles posées par l'art. 227, C. instr. crim. En cas de doute, la question doit être résolue en faveur du condamné. — Berton, *De la relégation*, p. 29, et *Code de la relégation*, n. 46; Sauvajol, *Observations sur la relégation*, [Gaz. trib., 18 déc. 1885] — V. infrà, v° *Relégation*.

437. — Conformément aux principes exposés *suprà*, v° *Chose jugée*, l'acquittement pour l'un des faits connexes ne produit l'effet de la chose jugée que si la décision rendue implique par elle-même la non-existence des faits connexes. — Cass., 5 juill. 1834, Fernet, [S. 34.1.844, P. chr.]; — 8 nov. 1838, Bouchardy, [P. 40.1.440] — V. suprà, v° *Chose jugée*, n. 925 et s., 931 et s.

CONQUÊTE. — V. Annexion et démembrement de territoires. — Belligérants.

CONQUÊTS. — V. Communauté conjugale. — Dot.

CONSCRIPTION MILITAIRE. — V. Recrutement militaire.

CONSEIL. — V. Agréé. — Avocat. — Avoué. — Conseil judiciaire. — Cour d'assises. — Défense.

CONSEIL ACADÉMIQUE. — V. Instruction publique.

CONSEIL COLONIAL. — V. Colonies.

CONSEIL D'ADMINISTRATION. — V. Société anonyme. — Société commerciale, etc....

CONSEIL D'ADMINISTRATION DES CORPS DE TROUPE.

Législation.

L. 16 mars 1882 (*sur l'administration de l'armée*); — Décr. 14 janv. 1889 (*sur l'administration des corps*); — Décr. 10 juin 1889 *sur l'administration des corps en campagne*); — Décr. 12 avr. 1893 (*sur l'administration de la gendarmerie*); — Décr. 26 juill. 1893 (*sur l'administration des écoles militaires*).

Bibliographie.

Beaugé, *Manuel de législation et d'administration militaire*, 1892, 9e édit., 2 vol. in-8°. — *Cours de l'école d'administration militaire de Vincennes* (inédit). — Crétin, *Conférences sur l'administration militaire*, 1884. — Delaperrière, *Cours de législation et d'administration militaires*, 1879, 2 vol. en 4 tomes, in-8°. — Guillot, *Législation et administration militaires*. — Remy, *Traité de la comptabilité publique*, 1894, in-8°.

Bulletin officiel du ministère de la Guerre (périodique).

V. *suprà*, v° *Armée de terre*.

Index alphabétique.

Achats de fournitures, 25.
Archives, 52.
Arrêté de débet, 97 et s.
Autorisation, 26.
Bons de vivres et fourrages, 56.
Bulletin officiel, 72.
Caisse, 28, 46, 47, 53, 87 et s., 113.
Capitaine, 62.
Chef de corps, 9, 15, 48, 67, 79.
Chef de musique, 19, 62.
Chef ouvrier, 61.
Colonel, 5.
Commandant de corps d'armée, 43, 66.
Commandant de détachement, 12.
Comptabilité, 32, 39, 45, 52 et s., 60, 62, 70 et s.
Contestation, 49.
Corps détachés, 12, 18, 27, 94.
Corps de troupe, 10 et s.
Correspondance, 33, 34, 39, 57.
Débet, 97 et s.
Dépenses, 47, 54.
Dépôt, 11, 70.
Discipline, 82, 87, 90, 95.
Dissolution, 20 et s.
Dol, 100.
Écoles militaires, 13, 17.
Enquête administrative, 86.
Erreur, 90, 91, 106.
Établissements pénitentiaires, 13, 17.
Gendarmerie, 10, 16.
Grandes manœuvres, 28.
Guerre, 68 et s.
Habillement, 48, 52, 57 et s., 65, 78, 92.
Indemnité de route, 55.
Infirmiers, 14.
Installation, 20, et s., 43, 67, 87.
Intendance, 20 et s., 36.
Logement, 78.
Major, 1, 5, 15, 18, 34, 39, 44 et s., 54, 81, 89.
Mandat de paiement, 29, 39, 53, 87.

Marché de fournitures, 24 et s., 57, 65, 67.
Médecin, 19, 62, 93.
Ministre, 43, 86, 97 et s.
Officier d'administration, 17.
Officier d'approvisionnement, 19, 62.
Officier d'armement, 4.
Officier de casernement, 62.
Officier d'habillement, 4, 15, 18, 57 et s., 90, 92.
Officier général, 20, 21, 43.
Officier payeur, 18.
Ordonnance de paiement, 29, 39, 53, 87.
Ouvrier, 14, 58, 64.
Paiement, 29, 30, 54, 81, 91, 112.
Partage des voix, 38.
Président, 33 et s., 38, 39, 43, 87 et 88.
Procès-verbal, 21, 22, 40 et s.
Quittance, 29, 47, 55.
Recettes, 30, 53.
Recours, 111.
Registre journal, 46.
Registre de route, 47, 55.
Remonte, 13, 14, 17.
Responsabilité, 67, 79 et s.
Scrutin, 38.
Séance, 35 et s.
Signature, 34, 40 et s.
Soldat, 7.
Solde, 54, 66, 77.
Solidarité, 89, 99 et s.
Sous-intendant, 21, 26, 43, 67, 87.
Sous-officier, 7, 17.
Subrogation, 111.
Traité, 55.
Trésorier, 2, 15 et s., 29, 30, 46, 47, 52 et s., 81, 87, 90, 91, 106, 110 et 111.
Vétérinaire, 19, 62, 93.
Voix consultative, 42.
Vol, 89.

DIVISION

CHAP. I. — NOTIONS HISTORIQUES (n. 1 à 9).

CHAP. II. — ORGANISATION ET COMPOSITION DES CONSEILS.
Sect. I. — Corps et portions de corps pourvus de conseil ; établissements considérés comme corps de troupe (n. 10 à 13).
Sect. II. — Corps non pourvus de conseil (n. 14).
Sect. III. — Composition des conseils ; leurs agents (n. 15 à 19).
Sect. IV. — Installation et dissolution des conseils (n. 20 à 22).

CHAP. III. — ATTRIBUTIONS DES CONSEILS ET DE LEURS AGENTS.
Sect. I. — Attributions des conseils (n. 23 à 34).
Sect. II. — Séances du conseil (n. 35 à 43).
Sect. III. — Attributions du major (n. 44 à 51).
Sect. IV. — Attributions du trésorier (n. 52 à 56).
Sect. V. — Attributions de l'officier d'habillement (n. 57 à 61).
Sect. VI. — Attributions des divers agents, non membres du conseil (n. 62 et 63).
Sect. VII. — Attributions des commandants de compagnies (n. 64 à 66).
Sect. VIII. — Commandants de corps n'ayant pas de conseil (n. 67).
Sect. IX. — Corps en campagne (n. 68 à 72).

CHAP. IV. — VOIES ET MOYENS MIS A LA DISPOSITION DES CONSEILS (n. 73 à 76).
Sect. I. — Prestations en deniers (n. 77).
Sect. II. — Prestations en nature (n. 78).

CHAP. V. — RESPONSABILITÉ DU CONSEIL ET DES DIVERS AGENTS DU CONSEIL (n. 79 à 113).

CHAPITRE I.

NOTIONS HISTORIQUES.

1. — Sous l'ancienne monarchie, jusqu'en 1762, les compagnies, éléments des corps de troupe, étaient la propriété des capitaines qui les commandaient ; à cette époque, une ordonnance royale mit fin à cette propriété, l'administration fut réservée à l'état-major du corps, et le major, officier supérieur, en fut spécialement chargé, sous la direction du chef de corps et avec l'assistance d'aides et de sous-aides majors.

2. — En confiant l'administration à l'état-major du corps, on institua un trésorier, *non militaire*, qui fut du reste supprimé quelques années après ; ses attributions passèrent au quartier-maître, qui avait été créé, en même temps que le trésorier, pour s'occuper, supérieurement aux fourriers, des distributions et du casernement, et soumis, comme le trésorier, à l'obligation d'un cautionnement. Par suite de ces doubles fonctions, le titulaire prit le nom de quartier-maître trésorier, et l'ordonnance prescrivit qu'il serait aidé par le porte-drapeau pour le casernement et les distributions.

3. — Ce système, en modifiant un ordre vicieux, ne fit que déplacer les abus et ne créa aucune garantie pour les militaires dont l'existence était exclusivement entre les mains d'un chef absolu, presque toujours absent de son corps.

4. — L'institution des conseils d'administration apparut, en 1776, sous le ministère du comte de Saint-Germain ; les aides et sous-aides majors furent supprimés, et leurs attributions données à des officiers d'habillement et d'armement.

5. — Les conseils d'administration, composés du colonel ou mestre de camp commandant, du colonel ou mestre de camp en deuxième, du lieutenant-colonel, du major et du plus ancien capitaine, ne répondirent pas d'abord aux espérances que l'on avait conçues ; car en laissant aux mains des cinq principaux chefs du régiment les attributions dévolues jusqu'alors aux colonels seuls, on ne fit qu'atténuer le mal existant et améliorer très-peu le sort de la masse des militaires.

6. — Sous le gouvernement républicain, la loi du 12 août 1793 introduisit dans la constitution de l'armée les principes représentatifs consacrés dans l'ordre civil ; la composition des conseils fut complètement modifiée ; le nombre des membres s'éleva à dix-sept ; cette extension rendit l'ordre impossible par la confusion des opérations confiées à une assemblée délibérante aussi nombreuse.

7. — En l'an V, le nombre des membres fut réduit à sept, parmi lesquels on comptait un sous-officier et un soldat (L. 25 fruct. an V).

8. — Sous l'Empire, et depuis lors, sous tous les régimes qui lui ont succédé, les conseils ne sont composés exclusivement d'officiers.

9. — Actuellement, la loi du 16 mars 1882, qui est le texte législatif en vigueur sur la matière, édicte « que l'administration intérieure des corps de troupe et établissements considérés comme tels, est dirigée par un conseil d'administration que préside le chef de corps ». Le règlement du 14 janv. 1889 contient toutes les dispositions relatives à l'organisation et aux attributions des conseils.

CHAPITRE II.

ORGANISATION ET COMPOSITION DES CONSEILS.

SECTION I.

Corps et portions de corps pourvus de conseil ; établissements considérés comme corps de troupe.

10. — Les corps de troupes organisés en régiments (infanterie, cavalerie, artillerie, génie), en bataillons (chasseurs à pied, artillerie), en escadrons (train des équipages), sont pourvus d'un conseil d'administration. Il existe aussi un conseil d'administration dans les compagnies départementales de gendarmerie.

11. — En cas de division du corps, la portion qui comprend le dépôt prend le nom de portion centrale. La portion centrale est administrée par le conseil d'administration central, qui demeure chargé de toutes les opérations concernant l'ensemble du corps ; chacune des autres portions est administrée d'après les règles ci-après.

12. — L'administration des portions détachées de la portion centrale est exercée, savoir : dans les portions de régiment d'infanterie ou de cavalerie, composées au moins de six compagnies ou de trois escadrons, par un conseil d'administration éventuel ; dans les portions de corps d'infanterie ou de cavalerie, composées de moins de six compagnies, ou de trois escadrons, dans les batteries ou compagnies d'artillerie, dans les compagnies du génie ou du train des équipages, réunies ou non dans la même localité, par l'officier commandant; dans toute fraction de compagnie, d'escadron ou de batterie détachée isolément de la portion principale, par l'officier ou le sous-officier commandant.

13. — Certains établissements sont, au point de vue de l'administration, considérés comme corps de troupe, et, à ce titre, pourvus d'un conseil d'administration; tels sont les écoles militaires, les établissements pénitentiaires militaires et les établissements du service de la remonte.

Section II.
Corps non pourvus de conseil.

14. — Les corps organisés sous le nom de compagnies ou de sections ne possèdent pas de conseil (compagnies d'ouvriers d'artillerie; compagnies de remonte; sections d'ouvriers d'administration; sections d'infirmiers). Dans ces corps, l'administration est exercée par les officiers commandants.

Section III.
Composition des conseils; leurs agents.

15. — Les conseils d'administration ou des corps de troupe sont composés comme il suit, savoir : 1° pour chaque régiment et pour chaque corps organisé sous le titre de bataillon ou d'escadron, cinq membres : le chef de corps, ou le commandant de la portion centrale, président; le major, rapporteur; le trésorier, secrétaire; l'officier d'habillement; un commandant d'unité administrative. Ce dernier est désigné par rang d'ancienneté et renouvelé au 1er janvier de chaque année; il ne peut refuser le mandat qui lui est confié. Lorsque le major commande le corps ou la portion centrale, le conseil d'administration est réduit à quatre membres; le major conserve ses fonctions. S'il ne reste que trois officiers à la portion centrale, le conseil est constitué avec ces trois officiers et, si, par suite de circonstances imprévues, le nombre des officiers présents est inférieur à trois, l'officier commandant prend, sous sa responsabilité, les mesures nécessaires pour assurer le service jusqu'à ce que le commandement ait pu reformer le conseil d'administration à la composition de trois membres.

16. — 2° Dans les compagnies de gendarmerie, le conseil comprend seulement trois membres : le commandant de la compagnie, président; le capitaine commandant l'arrondissement du chef-lieu du département; le trésorier.

17. — Dans les établissements considérés comme corps de troupe, les conseils ont la composition suivante : *Écoles.* Sept membres à l'école de Saint-Cyr et à l'école de Saint-Maixent; cinq membres dans les autres écoles. Le conseil est présidé par le commandant ou le directeur de l'école et comprend toujours le major ou l'administrateur, le trésorier et le comptable du matériel. Le ministre détermine, pour chaque école, le grade et la qualité des autres officiers et fonctionnaires qui doivent entrer dans la composition du conseil d'administration. *Établissements pénitentiaires :* 1° dans les prisons importantes : un conseil de trois membres : le commandant président, un lieutenant de la garnison et l'agent principal de la prison; 2° *dans les pénitenciers et les ateliers de travaux publics :* un conseil de trois membres : le commandant, son officier adjoint, et l'officier d'administration comptable. *Établissements de la remonte.* Un conseil de trois membres : le commandant de l'établissement, un des officiers (capitaine ou lieutenant) qui y sont détachés, l'officier comptable remplissant les fonctions de trésorier, secrétaire et rapporteur.

18. — Les conseils d'administration éventuels, formés dans les portions de corps de six compagnies ou de trois escadrons au moins, sont composés de cinq membres : le commandant de la portion de corps, président; l'officier remplissant les fonctions de major, rapporteur; l'officier payeur, secrétaire; l'officier délégué pour l'habillement; un commandant d'unité administrative.

19. — Il existe, en outre, dans les corps de troupe, divers agents ou diverses commissions qui participent à l'administration sous l'autorité du conseil; tels sont : les médecins, chefs de service; les vétérinaires, chefs de service; les officiers chargés des écoles, ou d'exercices comportant affectation de matériel; les officiers d'approvisionnement; les officiers de casernement; les chefs de musique; la commission des ordinaires; la commission de réception.

Section IV.
Installation et dissolution des conseils.

20. — Les conseils sont installés ou dissous par les officiers généraux assistés des fonctionnaires de l'intendance, d'après les instructions du ministre de la Guerre.

21. — Les sous-intendants dressent les procès-verbaux d'installation ou de dissolution des conseils; ces actes sont signés par les officiers généraux qui ont présidé aux opérations et par les membres du conseil.

22. — En cas de dissolution, les fonctionnaires de l'intendance constatent dans le procès-verbal l'entière et complète reddition des comptes du corps dissous.

CHAPITRE III.
ATTRIBUTIONS DES CONSEILS ET DE LEURS AGENTS.

Section I.
Attributions des conseils.

23. — Les conseils dirigent l'administration dans tous ses détails et surveillent les commandants d'unités administratives dans l'exercice des fonctions qui leur sont attribuées. Ils prennent toutes les mesures nécessaires pour la bonne exécution des règlements et des ordres ou instructions concernant l'administration.

24. — Ils passent, sans autorisation préalable, les marchés pour toutes fournitures, confections et réparations dont la dépense est autorisée par les règlements ou instructions du ministre, à la condition de ne pas dépasser les quantités et les prix déterminés.

25. — Ils peuvent, en outre, sans passer de marchés, faire des achats de fournitures livrées immédiatement, prescrire des confections et des réparations, si ces dépenses doivent être définitivement imputées aux masses et si elles ne dépassent pas 1,500 fr.

26. — En dehors des cas prévus aux deux numéros précédents, l'autorisation doit être demandée au sous-intendant militaire, qui la donne ou en réfère, s'il y a lieu, à l'autorité supérieure. Lorsque le conseil a été régulièrement autorisé, sa responsabilité est dégagée.

27. — Les conseils d'administration éventuels et les commandants de détachement ne passent de marchés, ou ne prescrivent d'achats qu'après entente avec le conseil d'administration central.

28. — Les conseils sont autorisés à recevoir des avances de fonds, proportionnées à leurs besoins, mais ne pouvant excéder 20,000 fr., lorsque les fonds, tant en caisse qu'en dépôt au Trésor, sont insuffisants pour faire face aux achats nécessaires à l'alimentation des hommes et des chevaux pendant les grandes manœuvres.

29. — Ils quittancent, à l'échéance du paiement, les ordonnances et mandats délivrés au profit du corps, et les remettent au trésorier pour en recevoir le montant chez les agents des finances.

30. — Ils constatent et vérifient les recettes faites *directement* par le trésorier; ils lui remettent les fonds nécessaires pour les paiements exigibles d'après les pièces probantes que ce comptable leur présente, pour l'acquittement de la solde, le paiement des frais de route et le montant approximatif de deux prêts; cette remise s'effectue après justification, par le trésorier, de l'emploi des fonds qu'il a précédemment reçus.

31. — Ils font procéder, par les membres qu'ils délèguent ou par des commissions spéciales, à la réception du matériel; ils en prescrivent la prise en charge et autorisent les sorties du magasin.

32. — Ils arrêtent, en conseil, les registres de comptabilité, après avoir reconnu que les recettes et les entrées, les dépenses et les sorties ont été régulièrement autorisées et qu'elles sont justifiées par les pièces à l'appui.

33. — Le président seul ouvre les lettres et les dépêches adressées au conseil.

34. — La correspondance du conseil est signée, en principe, par tous les membres; cependant, le président signe seul les lettres qui ont pour objet l'envoi ou la transmission des pièces qui sont revêtues de la signature du conseil, les bordereaux d'envoi et les accusés de réception; il peut déléguer sa signature au major.

Section II.
Séances du conseil.

35. — Les conseils ne peuvent délibérer qu'en séance et lorsque tous les membres sont présents; le conseil s'assemble sur la convocation et au domicile du président ou, en cas d'empêchement, dans le lieu que celui-ci désigne.

36. — Les fonctionnaires de l'intendance peuvent assister aux séances du conseil et en requérir la convocation toutes les fois qu'ils le jugent nécessaire.

37. — Les membres du conseil d'administration prennent place à droite et à gauche du président, dans l'ordre hiérarchique. L'autorité militaire qui a provoqué la réunion du conseil se place en face du président; les personnes qui l'accompagnent prennent place à sa droite et à sa gauche.

38. — Le conseil prononce à la majorité des voix. Le président recueille les voix en commençant par le membre le moins élevé en grade et, à égalité de grade, par le moins ancien, il émet son opinion le dernier. En cas de partage égal des voix, celle du président est prépondérante.

39. — Le président seul met les affaires en délibération. Il communique ou fait communiquer au conseil, par le major rapporteur, les lettres, dépêches, ordonnances ou mandats de paiement et autres pièces relatives à l'administration ou à la comptabilité du corps, qu'il a reçues depuis la dernière séance, ainsi que les instructions ou décisions que le conseil doit connaître.

40. — Chaque séance du conseil est constatée par un procès-verbal qui est signé séance tenante au registre des délibérations. Lorsque des autorités militaires étrangères au conseil assistent à la séance, leur présence est mentionnée au procès-verbal et elles apposent leur signature au bas de ce document.

41. — Les membres qui n'adhèrent pas à l'avis de la majorité ont le droit de consigner, à la suite du procès-verbal, en séance, les motifs de leur opposition.

42. — Les officiers comptables assistent, avec voix consultative seulement, aux délibérations sur les questions concernant leur gestion; ils signent les procès-verbaux de ces délibérations. Dans ce cas, les décisions du conseil sont prises à la majorité des membres votants.

43. — Le président donne les ordres nécessaires pour l'exécution des décisions du conseil. Il peut suspendre l'effet d'une décision qui lui paraît contraire aux lois, aux décrets, aux règlements en vigueur ou aux intérêts du corps : mais il est tenu d'en saisir le général de brigade et d'en informer le sous-intendant militaire en leur adressant immédiatement un extrait textuel de la délibération. Le commandant du corps d'armée, après avoir pris l'avis de l'intendant militaire, prononce ou en réfère au ministre.

Section III.
Attributions du major.

44. — Le major veille, sous l'autorité du président du conseil d'administration, à l'exécution des délibérations.

45. — Il exerce une surveillance permanente sur tous les détails d'administration et de comptabilité dont les officiers comptables et autres agents du conseil, ainsi que les commandants d'unités administratives, sont respectivement chargés, et signale au conseil les abus ou irrégularités qu'il reconnaît. Il soumet au conseil d'administration et au chef de corps les mesures qui lui paraissent devoir être prises pour la bonne exécution du service de l'habillement dans l'ensemble du corps. Il peut exiger pour ses vérifications, avec l'autorisation du conseil, le déplacement des registres de comptabilité en deniers ou en matières et des pièces à l'appui. Quand les fonctions de major sont remplies par un capitaine, celui-ci n'a aucune surveillance à exercer sur les registres des unités administratives.

46. — Il veille à ce que le trésorier touche exactement, aux échéances de paiement et aux époques fixées par les règlements, cahier des charges, marchés ou conventions, les sommes dont la recette doit être effectuée sur les quittances de ce comptable, et à ce que ces sommes soient inscrites, le jour même, au registre-journal. Il prescrit le versement, dans la caisse du conseil, de celles qui excèdent les besoins.

47. — Il s'assure que le trésorier acquitte les dépenses pour lesquelles des fonds lui ont été remis à la dernière séance du conseil. Il appose son visa sur les quittances ou récépissés. Il vise le registre de route chaque jour où des inscriptions y sont faites; il vérifie la situation matérielle de la caisse du trésorier inopinément et, en outre, chaque fois que le conseil est convoqué pour une séance où il doit être délibéré sur une remise de fonds à faire à ce comptable.

48. — Il surveille l'exécution des ordres donnés par le commandant du corps pour les distributions et les réintégrations en magasin. Il s'assure au moins une fois par trimestre, par des vérifications et des recensements inopinés et partiels, du bon état de conservation et de l'existence du matériel, ainsi que de l'assortiment en tailles et pointures des effets du service de l'habillement; il consigne, en tête du registre des entrées et sorties du matériel, les résultats de ces opérations.

49. — Il prononce, sauf révision par le conseil, si la partie intéressée y recourt, sur les contestations survenues entre les agents du conseil et les commandants d'unités administratives.

50. — Il vise et délivre aux officiers comptables et aux commandants d'unités administratives les extraits des délibérations, lorsque le conseil décide que la notification leur en sera faite par écrit.

51. — Il vérifie l'exactitude des registres et de toutes les pièces établies par les officiers comptables pour être soumises à la signature du conseil ou du président.

Section IV.
Attributions du trésorier.

52. — Le trésorier est chargé de toutes les écritures concernant la comptabilité en deniers; il rédige la correspondance du conseil, à l'exception de celle qui est relative au service de l'officier d'habillement; il est l'archiviste du corps, et, comme tel, dépositaire de tous les registres et pièces quelconques conservées à titre de renseignements et du *Bulletin officiel* du ministère de la Guerre.

53. — Il effectue toutes les recettes. Il verse immédiatement dans la caisse du conseil celles qui proviennent : 1° de l'acquittement des ordonnances et mandats délivrés au profit du corps; 2° du remboursement des dépôts faits au Trésor; 3° des versements effectués par les portions de corps ayant une administration distincte et par d'autres corps ou services à l'aide de mandats sur le Trésor.

54. — Il paye les dépenses dont l'acquittement a été autorisé par le conseil. Il paye, sans autorisation préalable du conseil, mais après vérification sur pièces et à crédit régulier, la solde, les accessoires de solde, les primes ou indemnités et le montant des fournitures, travaux ou réparations réglés par abonnement. Il peut également acquitter les dépenses non prévues lors de la dernière délibération sur le « vu bon à payer » signé par le major, pourvu que chacune d'elles ne dépasse pas 200 fr. A la séance suivante, les paiements ainsi faits sont ratifiés par le conseil.

55. — Il ne peut faire de paiement qu'aux ayants-droit ou à leurs représentants munis de leurs quittances, aux porteurs de traites ou de pouvoirs en due forme, et enfin, aux agents du Trésor sur leurs récépissés; les pouvoirs restent annexés aux quittances des mandataires. Toutefois, pour le paiement des indemnités de route, l'inscription sur le registre de route tient lieu de quittance.

56. — Il établit et signe, d'après les bons particuliers fournis à cet effet par les commandants d'unités administratives, les bons d'ensemble pour les distributions de vivres et de fourrages.

Section V.
Attributions de l'officier d'habillement.

57. — L'officier d'habillement est chargé du service du matériel appartenant à l'État ou au corps et des écritures qui s'y rattachent. Ce service embrasse toutes les opérations relatives au matériel, prises en charge, emmagasinement, entretien, conservation, confections, transformations, réparations, distributions, réintégrations et versements ou expéditions. Il est chargé, en ce qui concerne le matériel, de rédiger la correspondance du conseil et de préparer les projets de marchés ou d'abonnements.

58. — Il prend en charge le matériel provenant des magasins de l'Etat, des confections du corps, des fournisseurs et d'autres corps, lorsque ce matériel a été reçu par les commissions compétentes. Il délivre aux commandants des unités administratives les effets, matières et objets nécessaires à l'exécution de leur service : il en reçoit les effets et objets qu'ils ont à réintégrer en magasin. Il fait les versements et les expéditions de matériel. Il remet aux chefs ouvriers les matières et accessoires nécessaires aux confections, aux transformations, aux réparations, ainsi qu'aux poses d'insignes ou d'attributs, lorsque la fourniture de ces matières et accessoires ne doit pas leur être faite par les commandants d'unités administratives.

59. — Il prend les mesures propres à assurer l'entretien et la conservation du matériel renfermé ou déposé dans les magasins mis à sa disposition.

60. — Il établit tous les comptes relatifs au matériel.

61. — Il a sous ses ordres directs les chefs ouvriers; il surveille l'exécution des travaux dont ils sont chargés, quand ces travaux sont exécutés dans les ateliers du corps. Il s'assure que ces chefs ouvriers n'entreprennent point de travaux pour des personnes étrangères à l'armée.

Section VI.
Attributions des divers agents qui ne sont pas membres du conseil.

62. — Les médecins et les vétérinaires chefs de service, les officiers chargés d'écoles ou d'exercices comportant affectation de matériel, les officiers d'approvisionnement, de casernement et les chefs de musique tiennent, sous l'autorité du conseil d'administration et la surveillance du major, les registres et toutes les écritures de détail déterminés par les règlements et instructions concernant la gestion des fonds et du matériel confiés à chacun d'eux. Dans les portions de corps sans conseil, ces registres et écritures sont tenus sous l'autorité du commandant.

63. — Les officiers qui ont l'administration d'une portion de corps sans conseil réunissent les attributions et les responsabilités des conseils, de leur président, du major, des officiers comptables et des autres agents du conseil. Ils peuvent se faire aider par un lieutenant ou un sous-lieutenant et par des sous-officiers, dans les écritures et les détails relatifs à l'administration dont ils sont chargés; mais le concours ne dégage nullement leur responsabilité.

Section VII.
Attributions des commandants de compagnie.

64. — Les commandants d'unités administratives sont chargés de la garde, de l'entretien et de l'emploi du matériel qui leur est confié ainsi que de tous les détails et écritures qui ont pour objet l'administration de la troupe placée sous leurs ordres. Ils font tenir les écritures par les sergents-majors ou maréchaux des logis chefs et les fourriers.

65. — Les commandants d'unités passent les marchés prévus par le règlement sur le service de l'habillement pour l'entretien des effets, lorsque le conseil d'administration n'a pas jugé utile de traiter pour l'ensemble du corps ou de la portion de corps.

66. — Ils adressent leurs réclamations au conseil, lorsque le paiement de la solde ou les distributions n'ont pas lieu aux époques réglementaires, que les fournitures sont défectueuses ou incomplètes et que, en une retenue illégale est faite à leur troupe. Si leurs réclamations restent sans effet, ils peuvent les porter, par la voie hiérarchique, devant le commandant du corps d'armée.

Section VIII.
Commandant de corps n'ayant pas de conseil.

67. — Les commandants de corps organisés sous le titre de compagnie ou de section réunissent les attributions et les responsabilités des conseils, de leur président, du major, des officiers comptables et des autres agents du conseil. Toutefois, ils soumettent à l'approbation du sous-intendant militaire les marchés autres que ceux que les commandants d'unités administratives sont autorisés à passer dans les corps pourvus de conseil d'administration. L'approbation du sous-intendant dégage leur responsabilité.

Section IX.
Corps en campagne.

68. — Les dispositions qui régissent l'administration intérieure des corps de troupe en temps de paix, sont applicables aux corps de troupe en campagne.

69. — Si la composition de certains corps sur le pied de guerre ne comporte pas tous les emplois du temps de paix (officier faisant fonctions de major, officier payeur, officier délégué à l'habillement), le conseil ramené à quatre ou à trois membres, selon le cas, est régulièrement constitué.

70. — Dès la mobilisation il est formé, au dépôt de chaque corps, un bureau spécial de comptabilité, pour l'établissement des comptes des unités administratives qui se séparent de la portion centrale; ce bureau demeure, en outre, chargé de la reddition de leurs comptes.

71. — Le chef du bureau spécial de comptabilité est substitué aux commandants d'unités administratives sur le pied de guerre pour tout ce qui concerne l'établissement des feuilles de journées et autres documents de comptabilité.

72. — Le bureau spécial de comptabilité est dissous aussitôt après la reddition des comptes afférents à la période de guerre.

CHAPITRE IV.
VOIES ET MOYENS MIS A LA DISPOSITION DES CONSEILS.

73. — L'Etat exige du militaire un dévouement absolu et de tous les instants à son pays; du jour où il appelle des hommes sous les drapeaux, il leur enlève tous moyens de pourvoir personnellement à leurs divers besoins et s'engage à y pourvoir lui-même.

74. — Le conseil d'administration et, sous sa surveillance, les divers agents et les commandants d'unités administratives, ont le devoir de veiller à la satisfaction de tous les besoins matériels des militaires.

75. — Pour arriver à ce but, l'Etat met à la disposition des conseils diverses prestations en deniers et en nature, dont l'allocation diffère suivant qu'il s'agit du temps de paix ou du temps de guerre.

76. — Dans l'un et l'autre cas, le rôle d'administrateur, dévolu au conseil et à ses agents consiste à constater les droits, à employer les voies et moyens réglementaires pour y satisfaire et à produire la justification de l'emploi des deniers ou des matières.

Section I.
Prestations en deniers.

77. — Les prestations en deniers comprennent la solde, diverses indemnités et les masses. — V. *infrà*, v° Solde.

Section II.
Prestations en nature.

78. — Les prestations en nature se composent des diverses denrées et matières nécessaires pour assurer l'alimentation, l'habillement, le couchage, etc..., des troupes. — V. *infrà*, v^is *Habillement, Logement et couchage, Subsistances.*

CHAPITRE V.
RESPONSABILITÉ DU CONSEIL ET DES DIVERS AGENTS DU CONSEIL.

79. — La loi du 16 mars 1882, art. 21 et 22, pose les principes suivants en matière de responsabilité : « Le chef de corps et le conseil d'administration sont solidairement responsables envers l'État. Les agents du conseil sont responsables envers le conseil d'administration. »

80. — Ces principes généraux ont reçu leur développement dans le règlement du 14 janv. 1889, qui définit, dans les divers cas de gestion, la responsabilité respective du conseil, du président, des membres du conseil et de ses divers agents, en distinguant d'une façon précise les cas de responsabilité pécuniaire et ceux de responsabilité simplement disciplinaire.

81. — Le conseil d'administration, considéré dans son ensemble comme une espèce de personne morale, est *pécuniairement* responsable : 1° des paiements, sorties ou distributions qu'il ordonne ou autorise contrairement aux dispositions en vigueur ; 2° de l'existence effective des fonds et du matériel au moment où il en constate la situation dans l'arrêté des registres tenus par les officiers comptables ; 3° des irrégularités ou erreurs signalées par le major et dont il n'a pas, malgré cet avis, prescrit le redressement en temps utile ; 4° des pertes ou déficits de fonds, jusqu'à concurrence de la somme que le conseil a laissée entre les mains du trésorier en excédent des besoins du service ; 5° du bon entretien du matériel qui lui est confié.

82. — Le conseil n'est que *disciplinairement* responsable des irrégularités, erreurs ou omissions reconnues involontaires.

83. — Les membres du conseil qui n'ont point adhéré à une mesure adoptée par la majorité et qui ont consigné le motif de leur opposition au registre des délibérations (V. *suprà*, n. 41) ne sont point passibles de la responsabilité que peut entraîner la mesure adoptée contrairement à leur avis formellement exprimé.

84. — Les membres qui participent, par leur vote subséquent, à l'exécution d'une mesure adoptée, contrairement aux règlements, avant leur entrée en fonctions, partagent la responsabilité de l'application de la mesure ; toutefois cette responsabilité n'est engagée que du jour où le vote a été émis et inscrit au registre des délibérations.

85. — Lorsque, à la suite de vérifications, un conseil a concouru la responsabilité pécuniaire, les sommes dont il est reconnu débiteur sont réparties par ses soins entre les membres qui ont commis l'irrégularité ou confirmé la mesure, au prorata de la solde du grade dont chacun d'eux était alors titulaire.

86. — Si le conseil n'accepte pas l'imputation, ou s'il ne peut en faire la répartition avec l'assentiment unanime des intéressés, il en est référé au ministre qui, d'après les résultats de l'enquête administrative, fixe les sommes dont le conseil doit être constitué débiteur et en arrête la répartition.

87. — Le président est *disciplinairement* responsable des conséquences du non-versement en caisse du montant des ordonnances ou mandats remis au trésorier, s'il ne donne point avis par écrit de ce fait au sous-intendant militaire le jour même où les fonds perçus auraient dû être déposés dans la caisse du conseil.

88. — Le président, qui détient dans son logement la caisse du conseil, est *pécuniairement* responsable de tout vol résultant d'un défaut de prévoyance de sa part.

89. — Le major, possesseur de la seconde clef de la caisse du conseil, est *pécuniairement* responsable, solidairement avec le président du conseil, de tout vol qu'aurait permis un défaut de soins de sa part, comme détenteur de cette clef.

90. — Il est *disciplinairement* responsable du préjudice résultant pour l'État des supputations inexactes ou erreurs de calcul dans les pièces de recette et de dépense, d'entrée et de sortie, et dans les registres tenus par le trésorier et par l'officier d'habillement, s'il néglige de les faire redresser ou de les signaler en temps utile au conseil.

91. — Le trésorier est *pécuniairement* responsable : 1° des fonds qu'il a reçus et dont il doit faire le versement dans la caisse du conseil ; 2° de tout paiement illégal, des omissions de recettes, erreurs de calcul, doubles emplois, surcharges ou altérations d'écritures. Il doit prendre toutes mesures pour la garde et la conservation de la caisse déposée dans son logement.

92. — L'officier d'habillement est *pécuniairement* responsable : 1° de l'existence et du bon entretien du matériel dont il est comptable ; 2° des sorties ou distributions irrégulières, des omissions d'entrées ou réintégrations, erreurs de calcul, doubles emplois, surcharges et altérations d'écritures.

93. — Les divers agents du conseil (médecins, vétérinaires, etc...) sont *pécuniairement* responsables de l'existence des fonds qui leur sont confiés, ainsi que de l'existence et du bon entretien du matériel dont ils ont la disposition.

94. — Les officiers qui ont l'administration d'une portion de corps sans conseil réunissent les responsabilités des conseils, de leur président, du major, des officiers comptables et des autres agents du conseil ; ils peuvent se faire aider par un officier et des sous-officiers dans les écritures et les détails relatifs à l'administration ; mais ce concours ne dégage pas leur responsabilité, qui demeure entière.

95. — Les commandants d'unités administratives sont *pécuniairement* responsables : 1° de l'existence des fonds dont ils ont quittance et non encore employés ; 2° de l'existence et du bon entretien du matériel dont ils ont donné récépissé et non encore distribué ; 3° des paiements et des distributions de toute nature effectués contrairement aux règlements et instructions. Ils ne sont que *disciplinairement* responsables de l'existence et du bon entretien du matériel en service, sauf les cas de perte, dégradations, ou mise hors de service par force majeure.

96. — En ce qui concerne la responsabilité des commandants de corps organisés sous le titre de compagnie ou de section, dans lesquels il n'existe pas de conseil, V. *suprà*, n. 67.

97. — L'examen des responsabilités diverses incombant aux conseils d'administration ressortit à la juridiction ministérielle et c'est par des arrêtés de débit que le ministre de la Guerre met en jeu ces responsabilités quand il est nécessaire ; la législation sur les arrêtés de débit s'applique en effet à tous les comptables ; or les conseils d'administration sont responsables envers l'État des sommes dont ils ont le maniement.

98. — Quand des irrégularités sont dûment constatées, les membres du conseil d'administration ne sauraient se retrancher, pour mettre leur responsabilité à couvert, derrière ce fait que, postérieurement à l'irrégularité commise, les registres ont été vérifiés et approuvés par les fonctionnaires de l'intendance. — Cons. d'Ét., 16 févr. 1826, de Saint-Mars, [D. *Rép.*, v° *Trésor public*, n. 1047]

99. — Les conseils d'administration sont donc responsables ; mais comment cette responsabilité se partagera-t-elle entre leurs membres au point de vue du droit de poursuite appartenant au ministre de la Guerre ? Le ministre ne pourra-t-il poursuivre chacun des membres que pour sa part dans le déficit, auquel cas l'État devrait supporter la perte résultant de l'insolvabilité ou du décès de l'un de ses débiteurs, ou bien le ministre pourra-t-il poursuivre pour le tout tous les membres solvables ; sauf à ceux-ci à recourir contre leurs codébiteurs ?

100. — La solidarité ne se présume pas ; il faut qu'il ait été établi par une convention expresse ou par la loi ; mais, en ce qui concerne la responsabilité des membres des conseils, ce lien de droit a été précisément établi par la loi du 16 mars 1882 sur l'administration de l'armée.

101. — Avant que ce texte législatif n'intervînt, la solidarité entre les membres était déjà édictée par les règlements et admise par la jurisprudence.

102. — Sur quoi cette solidarité était-elle fondée ? Ce ne pouvait être, ni sur un contrat, car aucun contrat ne liait entre eux les membres des conseils, ni sur la loi puisque la loi était muette. La jurisprudence la faisait dériver de la nature des choses qui, en cette matière, s'opposait à ce qu'on pût discerner dans la faute commune la faute de chacun.

103. — Cette jurisprudence qui, pour des raisons d'utilité pratique, établit la solidarité hors les cas précis déterminés par la loi est fort discutable. L'ordonnance du 10 mai 1844, sur l'administration des corps de troupes, avait refusé de l'admettre et décidé « qu'à l'avenir chacun des membres du conseil ne serait pécuniairement responsable que pour sa quote-part du résultat des actes auxquels il aurait concouru. »

104. — La loi du 16 mars 1882 est venue substituer une décision législative formelle à la jurisprudence hésitante qui l'avait précédée ; aujourd'hui la solidarité des membres du conseil est fondée sur la loi et ne saurait plus faire de doute.

105. — Le conseil d'administration est donc, dans tous les cas, responsable pécuniaire envers l'État, de la faute de ses agents, sauf son recours contre eux ; la formule peu heureuse de la loi pourrait le faire croire ; cependant, sa responsabilité a des limites que commande l'équité.

106. — On comprend, en effet, que le conseil puisse être rendu responsable du dommage causé à l'État par l'erreur ou le dol du trésorier, quand ce dommage provient de ce qu'il a manqué de surveillance ou de ce qu'il a négligé de se conformer aux prescriptions réglementaires.

107. — Ainsi, le règlement du 14 janv. 1889 indique les limites dans lesquelles des avances pourront être faites par le conseil au trésorier ; si, ces limites ayant été dépassées, le trésorier a perdu ou dissipé des sommes qu'il n'aurait pas dû détenir, le conseil sera à juste titre rendu responsable de cette perte.

108. — Mais s'il s'est renfermé dans les limites réglementaires, on ne saurait en bonne justice l'obliger à répondre d'une perte dans laquelle il n'est pour rien ; dans ce cas, le trésorier sera directement responsable envers l'Etat.

109. — Ainsi la responsabilité des comptables militaires des corps existe, soit à l'égard de l'Etat, soit à l'égard des conseils.

110. — A l'égard de l'Etat, quand le préjudice causé provient exclusivement de leur fait, sans qu'il y ait faute de la part du conseil ; dans ce cas, l'arrêté de débet sera pris par le ministre de la Guerre contre le trésorier.

111. — A l'égard du conseil, quand celui-ci, par négligence ou inobservation des règlements, a rendu possible la faute ou le dol du trésorier ; dans ce cas, le conseil sera directement responsable envers l'Etat, c'est contre lui que sera pris l'arrêté de débet, sauf à ses membres à recourir contre le trésorier et à mettre en jeu sa responsabilité envers le conseil ; ils seront d'ailleurs, dans leurs poursuites, subrogés aux droits de l'administration. C'est en ce sens seulement que l'on peut dire que les comptables militaires sont responsables envers les conseils.

112. — En principe, un comptable militaire ne doit rien payer de ses deniers ; il ne peut effectuer aucun paiement sans l'autorisation du conseil ; de nombreuses décisions du Conseil d'Etat ont consacré formellement la défense de faire des avances, en déniant aux trésoriers le droit d'en exiger le remboursement. — Cons. d'Et., 16 janv. 1822, Demangeat, [P. adm. chr.] ; — 15 déc. 1824, Métrot, [P. adm. chr.] ; — 16 févr. 1825, Ferrin, [P. adm. chr.] — Néanmoins, comme nul ne doit s'enrichir aux dépens d'autrui, si la dépense eût nécessairement incombé à l'Etat, le comptable qui a fait l'avance pourrait s'en faire restituer le montant. — V. *suprà*, v° *Comptabilité publique*, n. 282.

113. — Les comptables militaires ne doivent pas déposer dans leur caisse de fonds personnels ; tous les fonds trouvés dans leur caisse au moment d'une vérification sont présumés appartenir à l'Etat. — Cons. d'Et., 15 déc. 1824, Vandewade, [P. adm. chr.]

CONSEIL D'AGRICULTURE. — V. AGRICULTURE.

CONSEIL D'AMIRAUTÉ. — V. MARINE.

CONSEIL D'ARRONDISSEMENT. — V. ARRONDISSEMENT. — SOUS-PRÉFET.

LÉGISLATION.

L. 28 pluv. an VIII (*concernant la division du territoire de la République et l'administration*), tit. 2, art. 8 à 11 ; — L. 22 juin 1833 (*sur l'organisation des conseils généraux de département et des conseils d'arrondissement*), art. 7, 9, 10, 13 à 21, 24 à 28 ; — L. 20 avr. 1834 (*sur l'organisation du conseil général et des conseils d'arrondissement de la Seine, et l'organisation municipale de la ville de Paris*), art. 9 ; — L. 10 mai 1838 (*sur les attributions des conseils généraux et des conseils d'arrondissement*), art. 39 à 46 ; — L. 3 mai 1841 (*sur l'expropriation pour cause d'utilité publique*), art. 8 ; — Décr. 3 juill. 1848 (*relatif au renouvellement des conseils municipaux et des conseils d'arrondissement et de département*), art. 4 et 14 ; — L. 7 juill. 1852 (*sur le renouvellement des conseils généraux, des conseils d'arrondissement et de conseils municipaux, et sur la nomination des maires et des adjoints*), art. 6 ; — L. 23 juill. 1870 (*portant modification de diverses dispositions relatives aux conseils généraux et aux conseils d'arrondissement*), art. 1 et 2, § 1 et 2, art. 3 et 6 ; — L. 10 août 1871 (*sur les conseils généraux*), art. 5 et 12 ; — L. 21 nov. 1872 (*sur le jury*), art. 11 ; — L. 30 juill. 1874 (*qui fixe l'époque de la prochaine session ordinaire des conseils généraux*), art. 3 ; — L. 24 févr. 1875 (*relative à l'organisation du Sénat*), art. 4 ; — L. 2 avr. 1880 (*qui supprime les sous-préfectures de Sceaux et de Saint-Denis*) ; — L. 9 déc. 1884 (*portant modification aux lois organiques sur l'organisation du Sénat et les élections de sénateurs*), art. 6 ; — Décr. 9 mai 1887 (*qui modifie le tableau de répartition des conseillers d'arrondissement*) ; — L. 15 juill. 1889 (*sur le recrutement de l'armée*), art. 18 ; — L. 23 juill. 1891 (*étendant les cas d'inéligibilité au conseil général et au conseil d'arrondissement*) ; — L. 14 avr. 1892 (*modifiant l'art. 11, L. 22 juin 1833, sur l'élection des conseils d'arrondissement*) ; — L. 23 juin 1892 (*relative à l'élection des conseillers généraux et des conseillers d'arrondissement*).

BIBLIOGRAPHIE.

Aucoc, *Conférences sur l'administration et le droit administratif*, 1882-1886, 2ᵉ édit., 3 vol. gr. in-8°, t. 1, n. 163 et s. — Batbie, *Traité théorique et pratique de droit public et administratif*, 1885, 2ᵉ édit., 8 vol. in-8°, t. 3, n. 435 et s. — Béquet, Dupré et Laferrière, *Répertoire du droit administratif*, 1882-1894 (en cours de publication), v° *Département*. — Blanche, *Dictionnaire général de l'administration*, nouv. édit., 1894, 2 vol. gr. in-8°, v° *Département*. — Block, *Dictionnaire de l'administration française*, 1891, 3ᵉ édit., 1 vol. gr. in-8°, v° *Arrondissement*. — Cabantous et Liégeois, *Répétitions écrites sur le droit administratif*, 1881, 6ᵉ édit., 1 vol. in-8°, n. 392 et s. — Colin, *Cours élémentaire de droit administratif*, 1889, 1 vol. in-8°, p. 66 et 67. — *Les conseils généraux. Interprétation de la loi organique du 10 août 1870*. Recueil des lois, décrets, etc., 1890, 2 vol. in-8°, n. 134, 135, 660, 661, 688, 786, 1069, 1075, 1077. — Ch. Constant, *Code départemental ou manuel des conseillers généraux et d'arrondissement*, 1880, 2 vol. in-18. — Ducrocq, *Cours de droit administratif*, 1881-86, 6ᵉ édit., 3 vol. in-8°, t. 1, n. 178 et s. — Dufour, *Traité général de droit administratif appliqué*, 1869, 3ᵉ édit., 8 vol. in-8°, t. 4, n. 56 et s. — Foignet, *Manuel élémentaire de droit administratif*, 1891, 1 vol. in-8°, p. 61 et s. — Foucart, *Eléments de droit public et administratif*, 1856, 4ᵉ édit., 3 vol. in-8°, t. 3, n. 1517 et s. — Gautier, *Précis des matières administratives dans leurs rapports avec le droit public*, 1880, 1 vol. in-8°, p. 123 et s. — Gérando (de), *Institutes de droit administratif français*, 1829-1830, 4 vol. in-8°, t. 1, p. 204 et s. — Hauriou, *Précis de droit administratif*, 1893, 2ᵉ édit., n. 223 et 224. — Laferrière, *Cours de droit public et administratif*, 1860, 5ᵉ édit., 2 vol. in-8°, t. 2, p. 391 et s. — Lerat de Magniton et Huard de Lamarre, *Dictionnaire de droit public et administratif*, 1841, 2ᵉ édit., 2 vol. gr. in-8°, v° *Elections départementales, Organisation départementale*. — Macarel et de Pistoye, *Cours d'administration et de droit administratif*, 1857, 3ᵉ édit., 4 vol. in-8°, t. 2, p. 96 et s. — Marie, *De l'administration départementale. Les conseils généraux*, 1882, 1 vol. in-8°, p. 388 et s. — Merlin, *Répertoire universel et raisonné de jurisprudence*, 1827-1828, 5ᵉ édit., 18 vol. in-4°, v° *Conseil d'arrondissement*. — Sentupery, *Manuel pratique d'administration*, 2 vol. in-8°, t. 1, n. 866 et s. — Simonet, *Traité élémentaire de droit public et administratif*, 2ᵉ édit., 1893, 1 vol. in-8°, n. 721 et s. — Thibaut-Lefebvre, *Constitution et pouvoirs des conseils généraux et des conseils d'arrondissement*, 1843, 1 vol. in-8°, p. 104 et s., 571. — Trolley, *Traité de la hiérarchie administrative ou de l'organisation, de la compétence des diverses autorités administratives*, 1847-1854, 5 vol. in-8°, t. 3, n. 1555 et s. — Verteillac, *Des conseils généraux de département et des conseils d'arrondissement*, 1819, 1 vol. in-8°. — X..., *Réflexions sur l'organisation municipale et sur les conseillers généraux de département et les conseils d'arrondissement*, Paris, 1818.

INDEX ALPHABÉTIQUE.

Administration générale, 91.
Age, 15, 41.
Agents forestiers, 20.
Algérie, 64.
Alsace-Lorraine, 9.
Amende, 12.
Architectes départementaux, 20, 24.
Arrêté préfectoral, 51, 53.
Assemblée électorale, 3, 30.
Attributions, 65 et s.
Attributions politiques, 108.
Autorité administrative, 20.
Avis, 66.
Avis facultatif, 101 et s.
Avis obligatoire, 93 et s.
Belfort, 63.
Budget départemental, 120.
Bureau (élection du), 40 et s.
Chef de l'Etat, 2 et 3.
Chef-lieu d'arrondissement, 36.
Chemin de grande communication, 84, 97.
Chemin vicinal, 96.
Centimes additionnels, 86.
Circonscription territoriale, 95.
Colonie, 64.
Commission départementale, 97, 111, 120.
Composition, 65 et s.
Comptable public, 20 et s.
Conducteur des ponts et chaussées, 23 et 24.
Congrès, 52.
Conseil d'arrondissement (attributions du), 65 et s.
Conseil d'arrondissement (composition du), 4 et s.
Conseil d'arrondissement (dissolution du), 35.

Conseil d'Etat, 34.
Conseil de préfecture, 10, 73, 119.
Conseil de révision, 63, 111 et s.
Conseil général, 10, 11, 16, 27, 44 et s., 59, 73, 79, 82 et s., 88, 91, 96, 97, 105, 106, 115.
Conseil municipal, 96.
Conseillers d'arrondissement (nomination des), 2 et 3.
Conseillers d'arrondissement (répartition des), 5.
Conseillers généraux, 110, 117.
Construction, 104.
Contributions (réduction des), 71 et s.
Contributions directes, 15 et s., 44 et s., 65 et s.
Convocation, 37.
Corruption de fonctionnaire, 13, 31.
Déclaration d'utilité publique, 99, 115 et 116.
Délibération, 49.
Démission, 33.
Diffamation, 12.
Dissolution, 35.
Domicile, 15, 16, 18.
Economie politique, 91.
Edifices publics, 104.
Elections, 10, 14 et s., 30, 40 et s., 108.
Elections sénatoriales, 108.
Éligibilité, 15.
Employé, 20.
Emprisonnement, 12.
Etablissement de bienfaisance, 114.
Etangs, 100.
Exécution provisoire, 71, 94.
Excès de pouvoirs, 83, 85, 112.
Enregistrement, 99, 115 et 116.
Foires et marchés, 98.
Fonctionnaire public, 13.
Français, 15.
Ingénieur, 115.
Ingénieur des ponts et chaussées, 20, 23.
Instruction publique, 92.
Juge de paix, 25, 117.

Jury, 117.
Lettre missive, 34.
Magistrat, 26.
Maire, 115.
Mandat (durée du), 10 et 11.
Meurthe-et-Moselle, 8.
Militaire, 26.
Navigation, 102.
Option (droit d'), 31 et 32.
Paris (ville de), 62.
Peines, 51, 53 et 54.
Percepteur, 22.
Préfecture de la Seine, 61.
Préfet, 37, 46, 53, 56, 73, 75, 76, 88, 100, 110, 111, 115.
Président, 40.
Président de la République, 35, 50, 52 et 53.
Président de tribunal, 117.
Presse, 54.
Procès-verbaux, 36.
Procureur général, 51, 53.
Publicité des séances, 49.
Receveur buraliste, 21.
Règlement intérieur, 55.
Renouvellement partiel, 10 et 11.
Route, 102.
Route départementale, 103.
Saint-Denis (arrondissement de), 60 et s.
Sceaux (arrondissement de), 60 et s.
Secrétaire, 40.
Seine (département de la), 60 et s.
Sénat, 108.
Session, 36 et s.
Sessions (durée des), 47.
Session extraordinaire, 38, 42.
Session ordinaire, 42 et s.
Sous-préfet, 40, 46, 58, 59, 81, 110.
Suppléant de juge de paix, 25.
Suspension, 42.
Tirage au sort, 10.
Vice-président, 40.
Vœux, 52, 58, 66, 88 et s.
Vœux politiques, 90.
Voirie, 102.
Vosges (département des), 7.

DIVISION.

CHAP. I. — NOTIONS GÉNÉRALES ET HISTORIQUES (n. 1 à 3).

CHAP. II. — ORGANISATION ET FONCTIONNEMENT.

Sect. I. — Composition.
§ 1. — *Nombre des membres.* — *Durée des fonctions.* — *Caractères généraux* (n. 4 à 13).
§ 2. — *Electorat.* — *Conditions d'éligibilité.* — *Incompatibilités.* — *Incapacités* (n. 14 à 30).
§ 3. — *Option.* — *Démission.* — *Dissolution* (n. 31 à 35).

Sect. II. — Fonctionnement. — Sessions, séances, délibérations des conseils d'arrondissement. — Publication. — Rôle du sous-préfet (n. 36 à 59).

Sect. III. — Règles spéciales à certains arrondissements.
§ 1. — *Département de la Seine* (n. 60 à 62).
§ 2. — *Belfort* (n. 63).
§ 3. — *Algérie et colonies* (n. 64).

CHAP. III. — ATTRIBUTIONS (n. 65 et 66).

Sect. I. — Attributions des conseils d'arrondissement comme délégués du pouvoir législatif et comme représentants légaux de l'arrondissement (n. 67 et 68).
§ 1. — *Délégation du pouvoir législatif* (n. 69 à 77).
§ 2. — *Représentation légale de l'arrondissement* (n. 78 à 87).

Sect. II. — Vœux et avis.
§ 1. — *Vœux* (n. 88 à 92).
§ 2. — *Avis.*
1° Avis obligatoires (n. 93 à 100).
2° Avis facultatifs (n. 101 à 107).

Sect. III. — Attributions politiques. — Elections du Sénat (n. 108).

Sect. IV. — Attributions individuelles des membres des conseils d'arrondissement (n. 109 à 120).

CHAPITRE I.

NOTIONS GÉNÉRALES ET HISTORIQUES.

1. — On peut trouver l'origine des conseils d'arrondissement dans certaines assemblées locales établies pendant la dernière période de l'ancien régime, et dans les assemblées de district créées par la loi du 22 déc. 1789.

2. — Mais la constitution du 5 fruct. an III ayant supprimé le district pour ne conserver que le département et la commune, l'institution des conseils d'arrondissement ne date à proprement parler que de la loi du 28 pluv. an VIII qui créa l'arrondissement. Aux termes de cette loi, dont certaines dispositions sont encore en vigueur (art. 10), les conseils d'arrondissement étaient uniformément composés de onze membres pour toute la France; ces membres étaient nommés par le chef de l'Etat pour trois ans sur une liste de notabilité communale. Le sénatus-consulte du 16 therm. an X, puis le décret du 13 mai 1806 modifièrent le mode de candidature, tout en maintenant le droit de nomination, entre les mains du chef de l'Etat.

3. — La loi du 22 juin 1833 retira au chef de l'Etat le droit de nommer les conseillers d'arrondissement, pour le donner à une assemblée électorale (art. 20 et s.). Cette loi constitue la loi organique des conseils d'arrondissement et n'a subi que peu de modifications, malgré les lois plus récentes qui régissent l'administration départementale. Une circulaire du ministre de l'Intérieur, du 30 oct. 1871 (*Les cons. gén.*, t. 1, p. 134), dit que, s'il en était autrement, le législateur aurait laissé les conseils d'arrondissement sans organisation et sans attributions, en abrogeant les lois par lesquelles cette organisation et ces attributions sont réglées sans y rien substituer. C'est là une supposition inadmissible, ajoute cette circulaire, et l'on doit maintenir en tout et pour tout, à l'égard des conseils d'arrondissement, les dispositions des lois de 1833 et de 1838. Le motif de cette abstention du législateur réside dans les discussions qui ont mis en question l'existence même des conseils d'arrondissement. Dès 1828, on en proposa la suppression, qui a été périodiquement demandée par les assemblées législatives sous les différents régimes. — Ducrocq, t. 1, n. 178. — V., au surplus, en ce qui concerne l'historique, *supra*, v° *Arrondissement*, n. 16 et s.

CHAPITRE II.

ORGANISATION ET FONCTIONNEMENT.

SECTION I.

Composition.

§ 1. *Nombre des membres.* — *Durée des fonctions.* — *Caractères généraux.*

4. — Il y a dans chaque arrondissement de sous-préfecture un conseil d'arrondissement, composé d'autant de membres que l'arrondissement a de cantons, sans que le nombre des conseillers puisse être au-dessous de neuf (L. 22 juin 1833, art. 20).

5. — Si le nombre des cantons d'un arrondissement est inférieur à neuf, un décret répartit entre les cantons les plus peuplés le nombre des conseillers à élire pour complément (Même loi, art. 21).

6. — Cette répartition a été faite à l'origine pour toute la France par une ordonnance du roi des 20 août et 30 sept. 1833. — Duvergier, *Collect. des lois*, t. 33, p. 413. — Des décrets subséquents, rendus à la suite de chaque recensement quinquennal de la population, fixent cette répartition des conseillers d'arrondissement à élire dans les arrondissements qui ont moins de neuf cantons (V. notamment, Décr. 10 nov. 1862, 20 févr. 1867, 21 févr. 1873, 16 juill. 1878, 10 avr. 1883, 9 mai 1887. — V. aussi, Circ. min. Int., 5 juill. 1892, [*Rev. gén d'adm.*, années 1892, 2ᵉ part., p. 503] — Ces décrets contiennent tous un art. 2 conçu dans les mêmes termes, et disposant que les cantons dont le nombre des représentants devront être réduits, subiront cette réduction, lorsqu'il y aura lieu de pourvoir soit au renouvellement de la série dont ils font partie, soit au remplacement d'un de leurs conseillers, en cas de vacances partielles. Les cantons, dont le contingent doit être augmenté, éliront alors le nouveau conseiller qui leur est attribué.

7. — Il peut encore y avoir lieu de faire de nouvelles répartitions dans diverses circonstances, et notamment, lorsqu'une commune est distraite d'un canton pour être réunie à un autre canton. Dans ce cas, de nouveaux décrets introduiraient les modifications reconnues nécessaires. C'est ce qui est arrivé notamment pour les cantons de Darney et de Dompaire, dans le département des Vosges (Ord. 25 oct., 8 nov. 1833). — Duvergier, *Collect. des lois*, t. 33, p. 478.

8. — ... Ou lorsque de nouveaux cantons ont été créés (V. notamment, L. 8 avr. 1879, pour les cantons de Nancy et de Badonviller, Meurthe-et-Moselle; L. 7 avr. 1882, pour le canton du Raincy, Seine-et-Oise).

9. — De nouvelles répartitions ont également été motivées par suite des démembrements de territoire résultant de l'annexion de l'Alsace-Lorraine à l'Empire d'Allemagne (circonscriptions du département de Meurthe-et-Moselle : L. 7 sept. 1871; territoire de Belfort : Décr. 16 sept. 1871). Nous verrons, en ce qui concerne ce dernier territoire, que les attributions du conseil d'arrondissement sont exercées par une commission de cinq membres qui remplit également les fonctions de conseil général. — V. *infrà*, vᵒ *Conseil général*.

10. — L'art. 25, L. 22 juin 1833, porte que les membres du conseil d'arrondissement sont élus tous les six ans. Ils sont renouvelés tous les trois ans. A la session qui suit la première élection, le conseil général divise en deux séries les cantons de chaque arrondissement. Il est procédé à un tirage au sort pour régler l'ordre de renouvellement entre les deux séries. Ce tirage se fait en conseil de préfecture et en séance publique. Ainsi, le conseil général excéderait ses pouvoirs en statuant sur l'ordre de renouvellement des séries des conseils d'arrondissements. Ce droit continue d'appartenir au préfet, en conseil de préfecture, en vertu de l'art. 25, précité. — Déc. min. Int., 16 nov. 1871, Eure, [*Les cons. gén.*, t. 1, p. 135] — Circ. min. Int., 20 oct. 1871, [*Ibid.*, p. 139]

11. — Une loi du 23 juin 1892 a eu pour but de faire cesser la simultanéité des élections au conseil général et au conseil d'arrondissement; en conséquence, elle réduit à trois ans le mandat des conseillers d'arrondissement élus en 1892 et 1895, dans des renouvellements partiels, dans les cantons où cette simultanéité se produit. Les renouvellements partiels subséquents dans les cantons dont il s'agit sont faits conformément aux dispositions actuellement en vigueur de la loi du 22 juin 1833. — Circ. min. Int., 5 juill. 1892, [*Rev. gén. d'adm.*, année 1892, 2ᵉ part., p. 503]

12. — Les conseils d'arrondissement sont des corps constitués, au sens légal du mot; par suite, la diffamation commise à leur égard tombe sous l'application de l'art. 30, L. 29 juill. 1881, qui punit le délinquant d'un emprisonnement de huit jours à un an et d'une amende de 100 fr. à 3,000 fr., ou de l'une de ces deux peines seulement. — Fabreguettes, *Traité des infractions de la parole, de l'écriture et de la presse*, t. 1, n. 1261, 1262.

13. — Doit-on comprendre parmi les *fonctionnaires*, dans le sens des art. 177 et 179, C. pén., relatifs au crime de corruption, les conseillers d'arrondissement? La Cour de cassation, appelée à juger la question, a tranché par l'affirmative en décidant que le conseiller d'arrondissement qui trafique de son influence est passible des peines édictées par les art. 177 et s., C. pén. — Cass., 29 mai 1886, Labrugière, [S. 88.1 489, P. 88.1.1188, D. 87.1.238]

§ 2. *Électorat.* — *Conditions d'éligibilité.* — *Incompatibilités.* — *Incapacités.*

14. — Le principe est que les conditions de l'électorat et de l'éligibilité, les incompatibilités, incapacités, etc., sont les mêmes pour les conseils d'arrondissement que pour les conseils de département. — Cons. d'Et., 5 août 1887, Elect. de Gannat, [Leb. chr., p. 634, *Rev. gén. d'adm.*, année 1887, 3ᵉ part., p. 315] — Aucoc, *Conférences*, t. 1, n. 163. — Nous n'indiquons ici que les règles générales de la matière, et nous renvoyons pour un examen plus approfondi *infrà*, vᵒ *Élections*.

15. — Sous l'empire de la loi de 1833, les membres des conseils d'arrondissement devaient être choisis parmi les citoyens âgés de vingt-cinq ans accomplis, payant dans le département, depuis un an au moins, 150 fr. de contributions directes, dont le tiers dans l'arrondissement, et qui avaient leur domicile réel ou politique dans le département. Si le nombre des éligibles n'était pas sextuple du nombre des membres du conseil d'arrondissement, le complément était formé par les plus imposés. L'introduction du suffrage universel dans notre régime politique a eu nécessairement pour conséquence l'abrogation des dispositions de l'art. 22, L. 22 juin 1833, sur les conditions d'aptitude électorale en ce qui concerne la nomination des conseillers d'arrondissement. Aussi, depuis le décret du 3 juill. 1848 (art. 14), pour être éligible au conseil d'arrondissement, suffit-il de jouir de ses droits civils et politiques, d'avoir vingt-cinq ans, d'être domicilié dans l'arrondissement ou d'y payer une contribution directe. Enfin, bien entendu, il faut avoir la qualité de Français. — Cons. d'Et., 16 janv. 1885, Elect. de Moreuil, [Leb. chr., p. 46]

16. — Les conseils généraux doivent être composés, pour le quart au moins, de membres *domiciliés* (art. 14, Décr. 3 juill. 1848). Cette limitation, exclusivement écrite pour les conseils généraux, est inapplicable aux conseils d'arrondissement. Ceux-ci, par suite, pourraient être exclusivement composés de membres inscrits au rôle des contributions directes mais qui n'auraient pas dans l'arrondissement leur domicile légal. — Batbie, t. 3, n. 455; Cabantous, *Répétitions écrites*, n. 399.

17. — Le fait, de la part d'un acquéreur, de s'engager envers son vendeur à acquitter l'impôt afférent à la parcelle acquise ne peut tenir lieu d'une inscription régulière au rôle des contributions directes, et ne suffit pas pour rendre l'acquéreur éligible *ipso facto* au conseil d'arrondissement. — Cons. d'Et., 28 mai 1872, Elect. de Fanjeaux, [D. 73.3.28]

18. — Au contraire, est éligible au conseil d'arrondissement non domicilié dans l'arrondissement, mais propriétaire, antérieurement au 1ᵉʳ janvier de l'élection, d'un immeuble situé dans l'arrondissement, et débiteur, par suite, de l'impôt foncier, bien que la mutation n'ait pas encore été faite. — Cons. d'Et., 5 août 1887, précité.

19. — Nous nous bornons ici à énoncer le principe et à donner les applications qui en ont été faites spécialement aux élections des conseils d'arrondissement. Sur la confection des listes électorales les difficultés que peuvent faire naître les conditions d'éligibilité et d'électorat, la convocation des électeurs, la tenue des assemblées électorales, les réclamations, les réélections, etc., V. *infrà*, vᵒ *Élections départementales et d'arrondissement*.

20. — En ce qui concerne les cas d'inéligibilité et d'incompatibilité, les art. 5, L. 22 juin 1833, 4 et 14, Décr. 3 juill. 1848, L. 30 juill. 1874, sont applicables au conseil d'arrondissement. — Circ. min Int., 10 juill. 1886, [*Bull. min. Int.*, 1886, p. 198] — Cons. d'Et., 29 avr. 1887, Elect. de Carbon-Blanc, [S. 89.3. 25, P. adm. chr., D. 88.3.86] — Ainsi, ne peuvent être membres du conseil d'arrondissement : les fonctionnaires de l'ordre administratif (préfets, sous-préfets, secrétaires généraux, conseillers de préfecture), les agents et comptables employés à la recette, à la perception ou au recouvrement des contributions et au paiement des dépenses publiques de toute nature; les ingénieurs des ponts et chaussées et les architectes actuellement employés par l'administration dans le département; les agents forestiers en fonction dans le département et les employés des bureaux des préfectures et sous-préfectures. — V., sur ce point, *infrà*, vᵒ *Élections départementales et d'arrondissement*.

21. — Un receveur buraliste doit être considéré comme un des agents comptables déclarés inéligibles par les art. 5, L. 22 juin 1833 et 14, Décr. 3 juill. 1848. — Cons. d'Et., 26 janv. 1865, Élection de Lembeye [S. 65.2.318, P. adm. chr., D. 65.3.91]

Av. min. Int., 18 juin 1893, [*Rev. gén. d'adm.*, année 1893, 3ᵉ part., p. 440]

22. — Il en est de même des percepteurs. — Cons. d'Et., 29 avr. 1887, précité.

23. — ... Et des ingénieurs des ponts et chaussées. Mais un conducteur des ponts et chaussées, sous les ordres d'un ingénieur ordinaire, n'est ni agent forestier, ni ingénieur des ponts et chaussées ; par suite, il est éligible. — Cons. d'Et., 30 mai 1884, Elect. de Brioux, [Leb. chr., p. 465]

24. — Il en est des architectes départementaux comme des ingénieurs. Mais on ne saurait considérer comme étant un architecte départemental, le conducteur des ponts et chaussées qui a été chargé, comme architecte, de travaux de construction de maisons d'écoles pour le compte des communes et non du département. Il est, par suite, éligible. — Même arrêt.

25. — Un juge de paix ne peut se présenter au conseil d'arrondissement dans le canton où il exerce ses fonctions ; mais il n'en est pas de même des suppléants du juge de paix (Circ. min. Just., 26 janv. 1870).

26. — Une loi du 23 juill. 1891 a comblé une lacune en disposant que les personnes ci-après désignées ne peuvent faire partie des conseils d'arrondissement : les premiers présidents, présidents de chambre, conseillers à la cour d'appel, procureurs généraux, avocats généraux et substituts du procureur général dans l'étendue du ressort de la cour ; le militaire des armées de terre et de mer en activité de service. Cette disposition n'est applicable ni à la réserve de l'armée active, ni à l'armée territoriale, ni aux officiers maintenus dans la première section du cadre de l'état-major général comme ayant commandé en chef pendant l'ennemi. Cette loi n'a pas d'effet rétroactif.

27. — Aux termes de l'art. 24, L. 22 juin 1833, toujours en vigueur : nul ne peut être membre de plusieurs conseils d'arrondissement, ni d'un conseil d'arrondissement et d'un conseil général. Par application du principe posé dans cet article, il a été décidé que le conseiller d'arrondissement élu conseiller général ne pourrait prendre part aux travaux du conseil d'arrondissement, même avant la validation de son élection, car si son élection est validée, l'effet de cette décision remontant au jour de l'élection, ce candidat se trouverait en fait avoir exercé un mandat incompatible avec sa qualité de conseiller général. — Déc. min. Int., 9 oct. 1874, Haute-Savoie, [*Les cons. gén.*, t. 1, p. 688]

28. — La loi du 10 août 1871, en s'abstenant de parler des conseils d'arrondissement, créait une anomalie regrettable dans le mode d'élection du conseil général et du conseil d'arrondissement. Ainsi, tandis que le conseil d'arrondissement continuait à être élu par les électeurs portés sur les listes politiques, et que le scrutin restait ouvert deux jours (L. 7 juill. 1852), la loi de 1871 faisait élire les conseillers généraux par des procédés différents. La loi du 30 juill. 1874 (art. 3) a mis un terme à cette anomalie, en appliquant aux élections du conseil d'arrondissement les art. 5 et 12, L. 10 août 1871 (Circ. min. Int., 30 août 1874 : *L s cons. gén.*, t. 1, p. 660).

29. — Ces distinctions ne présentent plus, d'ailleurs, qu'un intérêt rétrospectif, toutes les élections, municipales, départementales ou politiques, se faisant d'après une liste unique (L. 5 avr. 1884).

30. — Les collèges électoraux sont convoqués par décret du Président de la République et le scrutin ne doit rester ouvert qu'un jour : de sept heures du matin à six heures du soir. Il doit y avoir un intervalle de quinze jours francs au moins entre la date du décret de convocation et le jour de l'élection, qui est toujours un dimanche. Le dépouillement est fait immédiatement. Lorsqu'un deuxième tour de scrutin est nécessaire, il y est procédé le dimanche suivant (L. 30 juill. 1874, art. 3 ; L. 10 août 1871, art. 5 et 12 ; Circ. min. Int., 30 août 1874, précitée). — V. au surplus, sur les difficultés que peut présenter l'application de ces principes, *infrà*, v° *Elections*.

§ 3. *Option. — Démission. — Dissolution.*

31. — L'art. 10, L. 22 juin 1833, veut que le conseiller d'arrondissement élu dans plusieurs cantons ou circonscriptions électorales déclare son option au préfet dans le mois qui suit les élections. A défaut d'option dans ce délai, le préfet, en conseil de préfecture et en séance publique, décide, par la voie du sort à quel canton ou circonscription électorale le conseiller appartiendra. On doit faire observer que les art. 7 (manquement à deux sessions consécutives), 9 (dissolution du conseil), 10 (nomination multiple, option), L. 22 juin 1833, ne s'appliquent plus aujourd'hui aux conseils de département, mais qu'ils sont toujours applicables aux conseils d'arrondissement (*Ibid.*, art. 26), par suite de l'observation faite, *suprà*, n. 3.

32. — Une loi du 14 avr. 1892 a remplacé l'art. 11 de la loi de 1833 ; elle est conçue dans les termes suivants : « En cas de vacance par option, décès, démission, perte des droits civils ou politiques, l'assemblée électorale qui doit pourvoir à la vacance sera réunie dans le délai de deux mois. Toutefois, si le renouvellement légal de la série à laquelle appartient le siège vacant doit avoir lieu avant la prochaine session ordinaire du conseil d'arrondissement, l'élection partielle se fera à la même époque. »

33. — Lorsqu'un membre du conseil d'arrondissement a manqué à deux sessions consécutives sans excuses légitimes ou empêchements admis par le conseil, il est considéré comme démissionnaire et il est pourvu à son remplacement (L. 22 juin 1833, art. 7 et 26). L'expression *sessions consécutives*, s'applique aux sessions extraordinaires comme aux sessions ordinaires, la loi ne faisant aucune distinction. Le membre démissionnaire d'off° se peut toujours être réélu puisque la loi ne prononce aucune exclusion contre lui.

34. — Une loi du 7 juin 1873 atteint aussi les conseillers d'arrondissement qui refusent de remplir les fonctions dont ils sont individuellement chargés. Aux termes de cette loi, le conseiller d'arrondissement qui, sans excuse valable, refuse de remplir une des fonctions qui lui sont dévolues par les lois, est déclaré démissionnaire (art. 1). Le refus résulte soit d'une déclaration expresse à qui de droit, ou rendue publique par son auteur, soit encore de l'abstention persistante après avertissement de l'autorité chargée de faire la convocation (art. 2). Le membre ainsi démissionnaire ne peut être réélu avant le délai d'un an (art. 3). Ces diverses dispositions sont appliquées par le Conseil d'Etat, sur l'avis transmis au préfet par l'autorité qui aura donné l'avertissement suivi du refus. Le ministre de l'Intérieur doit saisir le Conseil d'Etat dans le délai de trois mois, à peine de déchéance. La contestation est instruite et jugée sans frais dans le délai de trois mois (art. 4). Il a été décidé, par application de cette loi, que le conseiller d'arrondissement qui a refusé, dans une lettre adressée au préfet, et rendue publique, de faire partie du conseil de révision où il avait reçu mission de siéger en vertu d'une décision de l'autorité compétente, doit être déclaré démissionnaire. — Cons. d'Et., 4 juill. 1884, Catala, [D. 86.3.6]

35. — De même que le conseil général, le conseil d'arrondissement peut être dissous par le président de la République, sous la condition qu'une nouvelle élection aura lieu avant la session annuelle, et dans les trois mois au plus tard à dater du jour de la dissolution. L'art. 6, L. 7 juill. 1852, n'a fait que reproduire sur ce point les prescriptions de l'art. 9, L. 22 juin 1833.

SECTION II.

Fonctionnement. — Sessions, séances, délibérations des conseils d'arrondissement. — Publication. — Rôle du sous-préfet.

36. — C'est au chef-lieu de l'arrondissement que le conseil se réunit. Là est le centre de l'action administrative de l'arrondissement : il convenait d'y placer le corps délibérant. — Thibaut-Lefebvre, p. 109 et 110.

37. — I. *Convocation.* — Les conseils d'arrondissement ne peuvent se réunir s'ils n'ont été convoqués par le préfet, en vertu d'un décret qui détermine l'époque et la durée de la session (L. 22 juin 1833, art. 27).

38. — Le conseil peut aussi être convoqué extraordinairement pour un objet spécial et déterminé. Mais, dans tous les cas, les formalités pour les réunions sont les mêmes. — Trolley, t. 3, n. 1538 ; Dufour, t. 4, n. 60.

39. — Au jour indiqué pour la réunion d'un conseil d'arrondissement, le sous-préfet donne lecture du décret du président de la République qui convoque les conseils d'arrondissement pour toute la France, et déclare la session ouverte. Quant à la prestation du serment entre les mains du président du conseil par tout nouveau conseiller (L. 22 juin 1833, art. 27), elle n'est plus exigée.

40. — II. *Bureau.* — Le conseil, formé sous la présidence du doyen d'âge, le plus jeune faisant les fonctions de secrétaire, nomme, au scrutin et à la majorité absolue des voix, son président et ses vice-présidents et secrétaires (L. 22 juin 1833, art. 27 ; L. 23 juill. 1870, art. 1 et 6 ; L. 28 pluv. an VIII, art. 10).

41. — L'élection du bureau a lieu à la majorité absolue des suffrages. Quand les deux premiers tours de scrutin ne donnent pas de résultats, il est procédé à un scrutin de ballotage, entre les deux candidats qui ont obtenu le plus de voix. En cas d'égalité de suffrages, le plus âgé est nommé (L. 23 juill. 1870, art. 1 et 6).

42. — III. *Sessions.* — Les sessions du conseil d'arrondissement sont ordinaires ou extraordinaires. Dans les sessions ordinaires, les délibérations peuvent porter, sans restrictions, sur tous les objets qui rentrent dans les attributions du conseil. Dans les sessions extraordinaires, le conseil d'arrondissement ne peut délibérer que sur les affaires qui font l'objet spécial de la session.

43. — La session annuelle et ordinaire du conseil d'arrondissement se divise en deux parties, dont la première précède et la seconde suit la session du conseil général (Arr. 19 flor. an VIII ; L. 10 mai 1838, art. 39). La session du conseil général qui est visée ici est celle du mois d'août. La raison de cette prescription est de permettre au conseil d'arrondissement de remplir l'une de ses attributions les plus importantes, la répartition de l'impôt entre les communes ; cette répartition ne peut naturellement se faire que quand le conseil général a déjà établi la répartition entre les arrondissements, ce qu'il accomplit au mois d'août.

44. — Dans la première partie de la session, le conseil s'occupe de toutes les matières qui rentrent dans ses attributions, à l'exception toutefois de la répartition des contributions directes ; il instruit alors un grand nombre d'affaires qui doivent être soumises au conseil général, dont il est, en quelque sorte, l'auxiliaire (L. 10 mai 1838, art. 40 et s.).

45. — Dans la seconde, il se borne à répartir entre les communes le contingent des impositions directes mis à la charge de l'arrondissement par le conseil général (L. 10 mai 1838, art. 41).

46. — Si le conseil ne se réunissait pas, ou s'il se séparait avant d'avoir arrêté la répartition, les mandements de ces contingents assignés à chaque commune seraient délivrés par le préfet d'après les bases de la répartition précédente. Le conseil est tenu de se conformer, dans la répartition de l'impôt, aux décisions rendues par le conseil général. C'est là l'occupation essentielle du conseil dans la deuxième partie de la session, mais rien ne s'oppose à ce que le sous-préfet soumette à l'examen de l'assemblée d'autres affaires, si les besoins du service l'exigent (Block, *Dict. de l'admin. française*). En fait, les conseils d'arrondissement ont été appelés, à plusieurs reprises, à émettre des avis sur les questions qui leur étaient posées dans la seconde partie de la session par différents ministères sur des questions urgentes, ou en voie de préparation législative.

47. — La durée de la session ne peut excéder quinze jours, aux termes de l'art. 10, L. 28 pluv. an VIII. Dans la pratique, la durée des sessions est très courte ; actuellement, la durée de chaque partie de la session est fixée à cinq jours au maximum (Circ. min. Int., 11 juill. 1891, *Rev. gén. d'adm.*, année 1891, 2ᵉ part., p. 504 ; Circ. min. Int., 4 févr. 1891, année 1891, 1ʳᵉ part., p. 377). C'est une durée suffisante, étant donnée la méthode suivie relativement à la sous-répartition de l'impôt ; les conseillers d'arrondissement n'ont, en effet, à leur disposition, aucun élément de discussion ; l'état de répartition entre les communes leur est soumis tout dressé par l'administration des contributions directes, et prêt à recevoir leurs signatures. Ils n'ont d'autre ressource que d'accepter en bloc ce qui est soumis à leur examen.

48. — IV. *Séances. Délibérations.* — Aux termes de l'art. 28, L. 22 juin 1833, les art. 13, 14, 15, 16, 17, 18 et 19 même loi, relatifs à la session des conseils généraux de département, sont applicables à la session des conseils d'arrondissement. Il y a lieu d'observer que ces articles bien qu'ils ne soient plus applicables aux conseils généraux, régis actuellement par la loi du 10 août 1871, continuent à être en vigueur en ce qui concerne les conseils d'arrondissement.

49. — Ces articles sont ainsi conçus : « Les séances du conseil d'arrondissement ne sont pas publiques ; il ne peut délibérer que si la moitié plus un des conseillers sont présents ; les votes sont recueillis au scrutin secret toutes les fois que quatre des conseillers présents le réclament » (art. 13, L. 22 juin 1833). Devenues publiques en vertu de l'art. 3, Décr. 3 juill. 1848, les séances des conseils d'arrondissement sont aujourd'hui secrètes, comme sous la loi du 22 juin 1833 (L. 7 juill. 1852, art. 5), l'art. 28, L. 10 août 1871, n'étant pas applicable aux conseils d'arrondissement. Mais tout habitant ou contribuable du département a le droit de demander communication sans déplacement et de prendre copie de leurs délibérations (L. 23 juill. 1870, art. 3 et 6).

50. — « Tout acte ou toute délibération d'un conseil d'arrondissement, relatifs à des objets qui ne sont pas légalement compris dans ses attributions, sont nuls et de nul effet. La nullité sera prononcée par une ordonnance du roi (aujourd'hui un décret du président de la République) » (art. 14, L. 22 juin 1833).

51. — « Toute délibération prise hors de la réunion légale du conseil d'arrondissement est nulle de droit. Le préfet, par un arrêté pris en conseil de préfecture, déclare la réunion illégale, prononce la nullité des actes, prend toutes les mesures nécessaires pour que l'assemblée se sépare immédiatement, et transmet son arrêté au procureur général du ressort pour l'exécution des lois et l'application, s'il y a lieu, des peines déterminées par l'art. 258, C. pén. En cas de condamnation, les membres condamnés sont exclus du conseil et inéligibles aux conseils de département et d'arrondissement, pendant les trois années qui suivront la condamnation » (art. 15).

52. — L'art. 16 (L. 22 juin 1833 et art. 28) interdit à tout conseil d'arrondissement de se mettre en correspondance avec un ou plusieurs conseils d'arrondissement ou de département. En cas d'infraction à cette disposition, le conseil d'arrondissement est suspendu par le préfet, en attendant que le président de la République ait statué. Un décret a annulé la délibération par laquelle le conseil d'arrondissement de Bordeaux a émis le vœu que, dans le courant de l'année 1888, un congrès où seraient représentés tous les conseils d'arrondissement de France, se réunisse à Paris pour étudier les réformes législatives à demander, afin d'obtenir pour ces conseils des attributions utiles aux intérêts du pays. — Décr. et circ. min. Int., 6 nov. 1888, (*Rev. gén. d'adm.*, année 1888, 3ᵉ part., p. 484)

53. — « Il est interdit à tout conseil d'arrondissement de faire ou de publier aucune proclamation ou adresse. En cas d'infraction à cette disposition, le préfet déclarera par arrêté que la session du conseil d'arrondissement est suspendue. Il sera statué définitivement par décret du président de la République » (art. 17, L. 22 juin 1833 et art. 28). L'art. 18 établit la sanction de cette règle : « dans les cas précités, le préfet transmettra son arrêté au procureur général du ressort, pour l'exécution des lois et l'application, s'il y a lieu, des peines déterminées par l'art. 123, C. pén. »

54. — L'art. 19, L. 22 juin 1833, portait : « tout éditeur, imprimeur, journaliste ou autre, qui rendra publics les actes interdits au conseil d'arrondissement par les art. 15, 16 et 17, sera passible des peines portées par l'art. 123, C. pén. ». Mais on admet généralement que cette disposition a été abrogée d'une manière implicite par l'art. 68, L. 29 juill. 1881, sur la liberté de la presse.

55. — Le conseil d'arrondissement règle l'ordre de ses délibérations. Il peut, s'il le juge convenable, adopter un règlement intérieur (L. 23 juill. 1870, art. 5, § 1, 2 et 6).

56. — De la combinaison des art. 2 et 6 précités, il ressort que l'art. 6, n'ayant pas rendu applicable aux conseils d'arrondissement la disposition de l'art. 2, autorisant les conseils généraux à publier leurs procès-verbaux, les conseils d'arrondissement ne peuvent pas, en droit strict, ordonner cette publication. Mais, ainsi que nous l'avons vu, tout habitant ou contribuable de l'arrondissement a le droit de demander communication sans déplacement et de prendre copie des délibérations (L. 23 juill. 1870, art. 3 et 6).

57. — Le conseil général peut, conformément à un usage suivi dans la plupart des départements, décider l'impression des délibérations des conseils d'arrondissement. Toutefois, le préfet n'est pas tenu de faire imprimer les délibérations des conseils d'arrondissement qui auraient été régulièrement annulées. — Av. min. Int., 1ᵉʳ oct. 1883, Veudée, [*Les cons. gén.*, t. 2, p. 325]

58. — Le sous-préfet a entrée dans le conseil d'arrondissement ; il est entendu quand il le demande et assiste aux délibérations (art. 27, L. 22 juin 1833). Dans la pratique, le sous-préfet lit un rapport sur les différents services de l'arrondissement, et sur la suite donnée aux vœux du conseil. C'est ce rapport qui généralement sert de base à la discussion qui s'ouvre au sein du conseil. Ce qui n'empêche point naturellement l'initiative individuelle de chaque membre de s'exercer par la proposition de vœux ou de toute autre manière.

59. — D'autre part, le sous-préfet représente le pouvoir central dans le sein du conseil; il doit veiller à ce que celui-ci ne sorte pas de ses attributions et lui fournir les renseignements et documents dont il dispose. Ainsi on conçoit que le conseil d'arrondissement doive avoir communication des délibérations du conseil général sur les demandes qu'il a faites.

Section III.

Règles spéciales à certains arrondissements.

§ 1. *Département de la Seine.*

60. — En ce qui concerne le département de la Seine, la loi du 20 avr. 1834 contient quelques dispositions spéciales qu'il importe de rapporter ici. Ainsi, aux termes de l'art. 8, les conseillers d'arrondissement sont élus dans chacun des cantons des arrondissements de Sceaux et Saint-Denis par des assemblées électorales composées des électeurs appartenant à chaque canton, et portés sur les listes, conformément aux dispositions relatives à la confection des listes pour le conseil général du département de la Seine. Ces dispositions spéciales trouvent encore aujourd'hui leur application, car les arrondissements de Sceaux et de Saint-Denis continuent d'exister en tant qu'arrondissement, bien qu'ils n'aient plus aujourd'hui de sous-préfet à leur tête (L. 2 avr. 1880). Une loi du 12 avr. 1893, augmente le nombre des circonscriptions cantonales des arrondissements de Sceaux et de Saint-Denis ; le nombre des cantons est fixé à vingt et un.

61. — Les conseils d'arrondissement des arrondissements de Sceaux et Saint-Denis se réunissent à la préfecture de la Seine (L. 2 avr. 1880). — Ducrocq, t. 1, n. 178. — Toutes les dispositions de la loi du 22 juin 1833, sur l'organisation départementale, qui ne sont pas contraires aux dispositions qui viennent d'être indiquées, sont applicables aux conseils des arrondissements de Sceaux et de Saint-Denis dans le département de la Seine (L. 20 avr. 1834, art. 10). Leurs attributions ne diffèrent pas de celles des autres conseils d'arrondissement.

62. — Pour la ville de Paris elle-même, il n'y a point de conseil d'arrondissement (L. 20 avr. 1834, art. 9).

§ 2. *Belfort.*

63. — Le territoire de Belfort ne possède pas de conseil d'arrondissement, mais une commission, instituée par un décret du 16 sept. 1871, y tient lieu provisoirement de conseil général et de conseil d'arrondissement (V. *infrà*, v° *Conseil général*). Comme il n'existe, dans cette circonscription, ni conseil d'arrondissement, ni commission départementale, l'art. 18, L. 16 juill. 1889, désigne un deuxième membre du conseil général pour siéger au conseil de révision. — Ch. Rabany, *La loi sur le recrutement*, t. 1, p. 282.

§ 3. *Algérie et colonies.*

64. — Il n'existe de conseils d'arrondissement, ni dans les colonies, ni en Algérie, bien que ce dernier pays possède des sous-préfectures.

CHAPITRE III.

ATTRIBUTIONS.

65. — Les principales attributions des conseils d'arrondissement consistent dans la répartition des contributions directes. On peut dire que c'est la première raison d'être de ces conseils et que c'est en cette matière qu'ils ont un pouvoir propre. Sur toutes les autres questions, ils ne font guère que donner des appréciations auxquelles on n'est pas obligé de se conformer. — Ducrocq, t. 1, n. 181; Marie, *De l'administration départementale*, t. 4, p. 391; Dufour, t. 4, n. 56; Aucoc, *Conférences*, t. 1, n. 163.

66. — Les attributions des conseils d'arrondissement peuvent se répartir ainsi : 1° attributions des conseils d'arrondissement comme délégués du pouvoir législatif et comme représentants légaux de l'arrondissement; 2° comme organes des besoins de l'arrondissement (vœux et avis); 3° attributions politiques (élection des sénateurs); 4° attributions individuelles des conseillers d'arrondissement. En résumé, dit M. Batbie, « le conseil d'arrondissement répartit le contingent départemental entre les communes, et, de ce chef, ses délibérations sont exécutoires et même souveraines comme celles du conseil général sur le même objet ; il donne des avis que l'administration n'est pas tenue de suivre, mais qu'elle est, en certain cas, obligée de demander; il donne des avis lorsqu'il est consulté par l'administration, bien que la loi n'exige pas cet avis; il donne des avis spontanément dans les cas prévus par l'art. 42; il émet des vœux ». — Batbie, t. 3, n. 463.

Section I.

Attributions des conseils d'arrondissement comme délégués du pouvoir législatif et représentants légaux de l'arrondissement.

67. — De même que les sous-préfets sont les auxiliaires des préfets, les conseils d'arrondissement peuvent être considérés comme les auxiliaires des conseils de département : aussi leurs attributions, bien que calquées sur celles de ces conseils, sont-elles moins étendues. On peut ajouter qu'alors que les conseils généraux ont vu leurs attributions augmenter et devenir considérables, celles des conseils d'arrondissement sont restées les mêmes. C'est qu'en effet la suppression de ces conseils ayant été souvent proposée, le législateur n'a pas cru devoir s'occuper d'étendre leurs attributions.

68. — Les attributions du conseil d'arrondissement peuvent, comme celles du conseil général, être considérées sous trois points de vue différents : il agit : 1° comme délégué du pouvoir législatif; 2° comme représentant légal de l'arrondissement; 3° comme organe des besoins de l'arrondissement. Nous examinerons ce dernier point, *infrà*, n. 88 et s.

§ 1. *Délégation du pouvoir législatif.*

69. — Comme délégué du pouvoir législatif, le conseil d'arrondissement, dans la deuxième partie de sa session, répartit entre les communes les contributions directes (L. 28 pluv. an VIII, art. 10; L. 10 mai 1838, art. 45).

70. — Pour opérer ainsi la répartition de l'impôt, le conseil est investi d'un pouvoir propre, d'une autorité quasi-législative et par conséquent plus élevée que celle de l'administration elle-même; c'est de la loi que lui vient cette délégation. Toutefois, Laferrière tend plutôt à considérer la répartition faite par la loi du budget entre les départements, comme un acte de haute administration accompli en forme de loi, qu'à assimiler à une décision législative les sous-répartitions opérées par les conseils locaux dans l'intérieur de chaque département (*Traité de la juridiction administrative*, t. 2, p. 255). — V. Cons. d'Ét., 29 août 1834, Salines de l'Est, [P. adm. chr.]; — 14 juin 1837, Witz-Witz, [S. 37.2. 510, P. adm. chr.]. — V. aussi Aucoc, t. 1, n. 141; Macarel, *Cours de dr. admin.*, t. 2, tit. 5, § 2, p. 96.

71. — Le conseil d'arrondissement ne prononce qu'en premier ressort, en ce sens que sa répartition est attaquable devant le conseil général : mais elle est néanmoins exécutoire par provision : on ne peut, en effet, attendre pour dresser les rôles qu'il ait été statué sur le recours de la commune : si elle obtient un dégrèvement, ce dégrèvement est réimposé l'année suivante (Arg. art. 46, L. 10 mai 1838). — Trolley, t. 3, n. 1557.

72. — Le conseil d'arrondissement est tenu de se conformer, dans la répartition de l'impôt, aux décisions rendues par le conseil général sur les réclamations des communes; faute par le conseil d'arrondissement de s'y être conformé, le préfet, en conseil de préfecture, établit les répartitions d'après lesdites décisions. En ce cas, la somme dont la contribution de la commune déchargée se trouve réduite est répartie au centime le franc, sur toutes les autres communes de l'arrondissement (L. 10 mai 1838, art. 46).

73. — La somme dont la contribution d'une commune se trouve réduite est répartie au centime le franc, mais le contingent assigné à chaque circonscription doit être versé au Trésor en totalité, tel qu'il a été fixé, à moins qu'il n'intervienne une disposition législative en faveur du département.

74. — Les décisions du conseil d'arrondissement pour répartir l'impôt ne peuvent être contestées devant le ministre des Finances ou devant le conseil de préfecture, ni directement par les collectivités intéressés, ni indirectement par les contribuables. — Cons. d'Ét., 29 août 1834, précité; — 26 déc. 1834, Commune de Goux,

[P. adm. chr.]; — 14 juin 1837, précité. — *Sic*, Laferrière, *Juridiction administrative*, t. 2, p. 255. — V. *infra*, v° *Conseil général*.

75. — Si le conseil d'arrondissement ne se réunissait pas, ou s'il se séparait sans avoir arrêté la répartition des contributions directes, les mandements des contingents assignés à chaque commune seraient délivrés par le préfet, d'après les bases de la répartition précédente, sauf les modications à apporter dans le contingent en exécution des lois (L. 10 mai 1838, art. 47).

76. — Enfin, le préfet communique au conseil d'arrondissement le compte de l'emploi des fonds de non-valeur en ce qui concerne l'arrondissement. Le conseil n'a pas à délibérer sur ce compte. Il doit se borner à donner acte de cette communication qui n'a d'autre objet que de porter à sa connaissance la part qu'a eue l'arrondissement dans la distribution des remises et modérations, et de lui permettre de formuler ses réclamations à cet égard (LL. 10 mai 1838, art. 43 ; 23 juill. 1820, art. 36). — Block, *Dict. de l'admin. franç.*

77. — Ainsi les représentants des contribuables sont mis à même de s'assurer que la distribution des fonds de non-valeur a été faite selon la destination qui leur est donnée par la loi, et de signaler au conseil général les abus qui auraient été commis. — Thibaut-Lefebvre, *Const. et pouv. des cons. génér.*, p. 585.

§ 2. *Représentation légale de l'arrondissement.*

78. — Comme représentant légal de l'arrondissement, le conseil d'arrondissement délibère sur les réclamations auxquelles donnerait lieu la fixation du contingent de l'arrondissement dans les contributions directes (L. 10 mai 1838, art. 40).

79. — Lorsque la loi de finances fixant le contingent du département a été promulguée, et avant que le conseil général ne soit réuni pour arrêter la sous-répartition de ce contingent entre les arrondissements, les conseils d'arrondissement sont convoqués pour une première partie de leurs sessions. Aux termes de l'art. 40, L. 10 mai 1838, le conseil d'arrondissement délibère, dans cette première partie de sa session « sur les réclamations auxquelles donnerait lieu la fixation du contingent de l'arrondissement dans les contributions directes. »

80. — Aux termes de l'art. 4, L. 8 août 1890, il n'est plus assigné de contingents aux départements, arrondissements et communes en matière de contribution foncière des propriétés bâties.

81. — Pour éclairer ses délibérations sur cet objet, ainsi que sur les réclamations auxquelles pourrait donner lieu la fixation de son contingent dans les contributions directes, le conseil d'arrondissement s'aide des documents qu'il croit nécessaires et dont le sous-préfet doit lui donner connaissance. On avait proposé de placer un employé des contributions dans chaque arrondissement, chargé de fournir au conseil, pendant la session, tous les renseignements dont il aurait besoin pour prononcer sur les demandes en réduction formées par les communes. Mais cette proposition fut repoussée sur la promesse formelle du ministre que le sous-préfet fournirait tous ces renseignements. — Duvergier, *Collect. des lois*, t. 38, p. 304, note; Thibaut-Lefebvre, *Constit. et pouv. des cons. gén. et d'arr.*, p. 571.

82. — Le recours est formé devant le conseil général, qui prononce définitivement sur les demandes en réduction de contingent formées par les communes (L. 10 août 1874, art. 38); il n'existe d'autre mode de recours contre les décisions du conseil d'arrondissement en matière de répartition d'impôts. — Laferrière, *Juridiction administrative*, t. 2, p. 255. — V. *supra*, v° *Commission départementale*, n. 27.

83. — Mais, de son côté, le conseil général ne pourrait, sans excès de pouvoir, statuer sur les réclamations formées par des communes en réduction de leur contingent, si les demandes n'avaient préalablement été soumises au conseil d'arrondissement. — V. *infra*, v° *Conseil général*.

84. — Jugé, à cet égard, qu'il suffit pour la validité de la décision prise par le conseil général, relativement à la fixation du contingent annuel des communes dans la dépense d'entretien d'un chemin de grande communication, que le conseil d'arrondissement ait été préalablement consulté. Il n'est pas nécessaire, à peine de nullité, qu'il ait effectivement exprimé son avis. Si le conseil d'arrondissement n'a pas cru devoir exprimer son avis, la délibération du conseil général n'en est pas moins valable. — Cons. d'Et., 26 déc. 1873, Commune d'Ambarès, [S. 75.2.311, P. adm. chr., D. 74.3.82]

85. — Le conseil d'arrondissement ne peut statuer sur des réclamations individuelles : chargé seulement de répartir entre les communes le contingent qui lui est assigné, son pouvoir ne peut s'exercer que sur ce qui a rapport à cette répartition par masse. S'il allait au delà, il empièterait sur les pouvoirs des commissaires-répartiteurs.

86. — Le projet de loi présenté par le gouvernement portait que le conseil d'arrondissement délibérerait sur la part que l'arrondissement devrait supporter dans la dépense des travaux qui lui seraient utiles. La Chambre des députés repoussa ce système, qui ne faisait que reproduire l'art. 28, L. 10 sept. 1807, et les art. 7 et 19, Décr. 16 déc. 1811, et qui fut cependant jugé utile et juste par la Chambre des pairs. Mais, présenté de nouveau à la Chambre des députés, il fut rejeté par la commission, et définitivement par les Chambres, sur le motif qu'une autorisation de délibérer sur ces dépenses semblerait reconnaître à l'arrondissement une existence et une individualité qu'il n'a pas. — Rapport à la Chambre des députés, rapporté par M. Duvergier, *loc. cit.*; Trolley, t. 3, n. 1557. — L'arrondissement n'est, en effet, qu'une division administrative qui n'est pas même propriétaire des édifices qui le concernent spécialement, la loi du 10 mai 1838 ayant gardé un silence absolu sur la personnalité civile de l'arrondissement. — Aucoc, *Conférences*, t. 1, n. 162; Dufour, t. 4, n. 56. — V. *supra*, v° *Arrondissement*, n. 30 et s. — D'où il résulte encore que le conseil d'arrondissement n'a pas le droit de voter des centimes additionnels.

87. — Les délibérations du conseil d'arrondissement, exécutoires par elles-mêmes en matière de répartition, ne sont, au contraire, que *consultatives* en matière de dégrèvement comme en toute autre matière. — Batbie, t. 3, n. 461, *in fine*, et 462.

SECTION II.

Vœux et avis. — Attributions du conseil d'arrondissement comme organe des besoins de l'arrondissement.

§ 1. *Vœux.*

88. — Comme *organe des besoins de l'arrondissement*, le conseil d'arrondissement peut adresser directement au préfet, et par l'intermédiaire de son président, son opinion sur les besoins et l'état des différents services publics, en ce qui touche l'arrondissement (L. 10 mai 1838, art. 7 et 44). Comme on le voit, ce n'est pas au pouvoir central, mais au préfet, sans toutefois passer par l'intermédiaire du sous-préfet, que ces vœux sont transmis, et pour qu'ils arrivent nécessairement au ministre compétent, il faut que le conseil général se les soit appropriés.

89. — Le droit du conseil d'arrondissement, en ces matières, se borne à émettre des doléances ou des vœux. Privé de la qualité de personne morale, il ne peut prendre aucune délibération exécutoire ou même simplement consultative, sur les questions de nature à intéresser un régiment du patrimoine départemental situé sur le territoire de l'arrondissement.

90. — Les vœux politiques sont interdits aux conseils d'arrondissement, qui ne sont pas considérés comme des corps investis d'un pouvoir de cette nature, en dehors du droit de vote sénatorial accordé isolément à chacun de leurs membres.

91. — Ces conseils ne pourraient même pas émettre des vœux sur les questions d'administration générale et d'économie politique, et encore moins critiquer et blâmer les actes de l'autorité. L'art. 51, L. 10 août 1871, est spécial aux conseils généraux. — Batbie, t. 3, n. 462; Ducrocq, t. 1, n. 182. — Circ. min. Int., 30 oct. 1871, [*Les cons. gén.*, t. 1, p. 134] — Décr. 28 déc. 1872, [*Bull. off. min. int.*, 73.55]; — 11 août 1879, [*Rev. gén. d'adm.*, année 1879, 3e part., p. 51]; — 30 août 1880, [*Rev. gén. d'adm.*, année 1881, 1re part., p. 439]

92. — En conséquence, ont été annulés : des vœux sur la liberté de l'enseignement ou contraires à la loi sur l'enseignement. — Décr. 11 août 1879, [*Rev. gén. d'adm.*, année 1879, 3e part., p. 51] — Un avis contenant un blâme sévère à des instituteurs et à l'inspecteur primaire. — Décr. 30 août 1881, [*Rev. gén. d'adm.*, année 1881, 1re part., p. 439] — Un vœu tendant à ce qu'un congrès, où seraient représentés tous les conseils d'arrondissement de France, se réunisse à Paris pour étudier les réformes législatives à demander, afin d'obtenir pour ces conseils des attributions utiles aux intérêts du pays. — Décr. et circ. min. Int., 6 nov. 1888, *Rev. gén. d'adm.*, année 1888. 3º part., p. 484]

§ 2. *Avis.*

1º *Avis obligatoires.*

93. — Le conseil d'arrondissement donne son avis, dans la première partie de sa session, sur un certain nombre de matières, sur lesquelles il doit nécessairement être consulté, et qui sont énumérées dans l'art. 41. Mais il faut observer que si l'administration supérieure est légalement obligée de solliciter l'avis du conseil d'arrondissement, elle peut passer outre du moment où le conseil d'arrondissement, régulièrement saisi, a refusé d'émettre un avis, ou en a donné un défavorable. — Cons. d'Ét., 26 déc. 1873, précité. — Alors que l'art. 41 dit que le conseil d'arrondissement donne son avis sur les points qu'il énumère, l'art. 42 porte que le conseil d'arrondissement *peut* donner son avis dans les cas qu'il prévoit. Faut-il conclure de cette différence que, au cas de l'art. 42, l'administration soit obligée de consulter le conseil, sauf à lui à répondre ou à ne pas répondre ? « Ce serait, dit M. Trolley (t. 3, n. 1357, le sens littéral de l'art. 42, mais il ne nous semble pas le plus rationnel. En aucun cas, le conseil d'arrondissement ne peut être contraint de donner son avis. Il suffit, pour saisir la pensée de la loi, de rapprocher les art. 41 et 42; sur certaines matières, l'administration est tenue de lui demander son avis; elles sont énumérées dans l'art. 41; pour d'autres, et l'art. 42 en donne la nomenclature, elle a la faculté de le consulter. »

94. — En aucun cas, les avis du conseil d'arrondissement ne sont obligatoires pour l'autorité supérieure qui peut se dispenser de les suivre, mais ils sont des éléments toujours utiles, parfois nécessaires à l'instruction des affaires, et il y aurait excès de pouvoir et violation de la loi de la part du conseil général si, dans les cas déterminés par la loi et les règlements, il procédait sans l'avis du conseil d'arrondissement. — Thibaut-Lefebvre, p. 574. — Jugé, en conséquence, que la décision qui n'a pas été précédée de cette demande d'avis lorsque la loi l'exige, est entachée d'excès de pouvoirs, et peut être déférée de ce chef au Conseil d'État. — Cons. d'Ét., 28 mars 1884, Commune de Chef-Boutonne, [S. 86.3.5, P. adm. chr., D. 85.3.117]

95. — Le conseil d'arrondissement donne son avis, et c'est une formalité rigoureusement prescrite : sur les changements proposés à la circonscription du territoire de l'arrondissement, des cantons et des communes, et à la désignation de leurs chefs-lieux (L. 10 mai 1838, art. 41). Ainsi pour transférer le chef-lieu d'une commune, pour réunir plusieurs communes en une seule, ou pour distraire une section d'une commune, soit pour la réunir à une autre, soit pour l'ériger en commune séparée, cet avis est obligatoire (L. 10 mai 1838, art. 3). — L. Morgand, *La loi municipale*, t. 1, p. 78; P. Gérard *Rev. gén. d'adm.*, 1880, 1ʳᵉ part., p. 20 et 149; 1880, 2ᵉ part., p. 385. — V. *suprà*, vº *Commune*, n. 103 et s.

96. — ... Sur le classement et la direction des chemins vicinaux de grande communication (L. 10 mars 1838, art. 41, § 2; L. 10 août 1871, art. 46, § 7), et des chemins vicinaux d'intérêt commun (art. 46, § 7), Faisons remarquer que la loi de 1838 aurait pu se dispenser de parler des attributions des conseils d'arrondissement en matière de chemins vicinaux, puisque la loi du 21 mai 1836 (art. 7) avait tracé à cet égard les règles de leur compétence. — V. *suprà*, vº *Chemin vicinal*, n. 463, 464, 866 et *infrà* vº *Conseil général*. — Jugé que l'art. 46, § 7, en disant que le conseil général statue définitivement sur le classement et la direction des chemins vicinaux précités, sur l'avis *des conseils compétents*, désigne par ces mots les conseils municipaux et d'arrondissement. Faute de cet avis préalable, la décision du conseil général est entachée d'excès de pouvoirs. — Cons. d'Ét., 28 mars 1884, précité.

97. — Il a été décidé que lorsqu'un conseil général a délégué à la commission départementale le droit de fixer le contingent annuel des communes dans la dépense d'entretien d'un chemin de grande communication après avis du conseil d'arrondissement, il n'est pas nécessaire, pour que la décision soit valable, que le conseil d'arrondissement ait exprimé un avis; il suffit qu'il soit constaté qu'il a été préalablement consulté. — Cons. d'Ét., 26 déc. 1873, précité.

98. — Le conseil d'arrondissement donne encore son avis sur l'établissement et la suppression ou le changement des foires et des marchés (L. 10 mai 1838, art. 41). Cet article ne s'applique pas aux marchés d'approvisionnement ou de menues denrées (art. 68, § 13, L. 5 avr. 1884, mais seulement aux foires et marchés aux bestiaux (Décr. 13 août 1864 et L. 10 août 1871, art. 46, § 24; Av. Cons. d'Ét., 5 déc. 1872; Cir. min. Agr. et Comm., 1ᵉʳ févr. 1873 : *Bull. off. min. int.*, 1873, p. 60; Circ. min. des Trav. publics, 12 oct. 1871, [S. *Lois annotées*, 1871, p. 98]; Décr. Cons. d'Ét., 2 janv. 1875 : *Les cons. gén.*, t. 1, p. 748]. — V. aussi Ducrocq, *Cours de dr. adm.*, n. 182, *ad notam*; L. Morgand, *La loi municipale*, t. 1, p. 365. — C'est le conseil d'arrondissement dans lequel se trouve la commune en instance qui, d'après l'usage, est seul consulté. — Av. min. Agr. et Comm., 28 déc. 1876 (*Les cons. gén.*, t. 1, p. 980).

99. — Enfin, généralement, le conseil d'arrondissement donne son avis sur tous les objets sur lesquels il est appelé à donner son avis en vertu des lois et règlements, et sur lesquels il serait consulté par l'administration (L. 10 mai 1838, art. 41). Ainsi l'avis du conseil d'arrondissement et celui du conseil général sont exigés parmi les mesures qui doivent précéder la déclaration d'utilité publique touchant la restauration ou la mise en défens des terrains en montagne (L. 4 avr. 1882, art. 2 et 8).

100. — Cet avis est également obligatoire pour que le préfet puisse ordonner la suppression des étangs insalubres ou sujets à inondation, en vertu de la loi du 11-19 sept. 1792. — Cons. d'Ét., 16 déc. 1858, de Martainville, [S. 59.2.457, P. adm. chr.]; — 13 mars 1891, Dupuy, [S. et P. 93.3.34, D. 92.3.100] — Saulaville, *De l'occupation définitive sans expropriation*, n. 33, p. 129.

2º *Avis facultatifs.*

101. — Le conseil d'arrondissement peut donner son avis d'abord sur tous les objets sur lesquels l'administration juge opportun de le consulter (L. 10 mai 1838, art. 41, § 5).

102. — En second lieu, le conseil d'arrondissement peut, spontanément et sans être consulté, donner son avis, 1º sur les travaux de route, de navigation et autres objets d'utilité publique qui intéressent l'arrondissement (L. 10 mai 1838, art. 42).

103. — ... 2º Sur le classement et la direction des routes départementales qui intéressent l'arrondissement (L. 10 mai 1838, art. 42).

104. — ... 3º Sur les acquisitions, aliénations, échanges, constructions et reconstructions des édifices et bâtiments destinés à la sous-préfecture, au tribunal de première instance, à la maison d'arrêt, et à d'autres services publics spéciaux à l'arrondissement, ainsi que sur le changement de destination de ces édifices (L. 10 mai 1838, art. 42).

105. — Quoique ces travaux intéressent l'arrondissement, son avis favorable serait insuffisant pour que les Chambres pussent autoriser une imposition extraordinaire; on a reconnu, pendant la discussion à la Chambre des pairs, que l'avis du conseil général est indispensable. — *Moniteur* du 15 mars 1837.

106. — ... Et généralement sur tous les objets sur lesquels le conseil général est appelé à délibérer, en tant qu'ils intéressent l'arrondissement (L. 10 mai 1838, art. 42).

107. — Le conseil d'arrondissement agit en émettant ces avis comme organe des intérêts locaux; c'est pour lui l'exercice d'un droit sans être une obligation. — Aucoc, *Conférences*, t. 1, n. 165.

Section III.

Attributions politiques des membres du conseil d'arrondissement.

108. — La loi constitutionnelle du 24 févr. 1875 (art. 4), sur l'organisation du Sénat, a attribué aux conseillers d'arrondissement une fonction nouvelle et sans contredit la plus importante de toutes.

Bien que les conseils d'arrondissement n'aient pas le droit d'aborder les questions politiques (*suprà*, n. 90), elle a compris les membres de ces conseils parmi les électeurs de droit des sénateurs, au même titre que les députés et les conseillers généraux. Ces dispositions sont maintenues par l'art. 6, L. 9 déc. 1884. Toutefois, à la différence des délégués sénatoriaux des communes, qui reçoivent une indemnité de déplacement, les conseillers d'arrondissement ne sont fondés à en réclamer d'aucune espèce.

Leur qualité d'électeur de droit est une conséquence de leur mandat de conseiller d'arrondissement.

Section IV.
Attributions individuelles des membres des conseils d'arrondissement.

109. — Indépendamment des fonctions que les conseillers d'arrondissement exercent lorsqu'ils se réunissent en corps, il leur en est attribué d'autres qu'ils exercent individuellement.

110. — Les conseillers d'arrondissement peuvent être choisis par le préfet pour remplacer temporairement le sous-préfet dans l'administration de l'arrondissement (Ord. 29 mars 1821, art. 3). Dans ce cas, c'est un conseiller général qui a la signature en l'absence du sous-préfet. En cas d'empêchement de ce conseiller (celui du chef-lieu d'arrondissement généralement), un conseiller d'arrondissement est appelé à la suppléance.

111. — Un membre du conseil d'arrondissement, autre que le représentant élu dans le canton où la révision a lieu, fait partie du conseil de révision. Ce conseiller d'arrondissement est désigné par la commission départementale, conformément à l'art. 32, L. 10 août 1871 (L. 15 juill. 1889, art. 18). Ces dispositions sont analogues à celles de la loi du 27 juill. 1872 qui avait retiré au préfet le droit de désignation, pour le transporter à la commission départementale. La commission départementale ne pourrait déléguer ce droit de désignation soit à son président (Déc. min. Int., 1873, [Gard] *Les cons. gén.*, t. 1, p. 359), soit au préfet (Av. min. Int., 27 oct. 1874, [Marne] : *ibid.*, p. 698). Le conseil général n'a pas le droit de se substituer à la commission départementale pour cette désignation (Déc. min. Int., 28 oct. 1874, [Loire-Inférieure] : *ibid.*, p. 698). — Ch. Rabany, *La loi sur le recrutement*, t. 1, p. 280. — V. *suprà*, v° *Commission départementale*, n. 74 et 75.

112. — Si on méconnaissait la règle posée par l'art. 18, exigeant que la désignation porte sur un conseiller d'arrondissement autre que le conseiller élu dans le canton où a lieu la révision, la désignation ainsi faite constituerait un excès de pouvoirs, et toutes les décisions auxquelles ce conseiller aurait participé devraient être annulées. Ch. Rabany, t. 1, p. 279 et 280; *Rev. gén. d'adm.*, année 1882, 1re part., p. 89. — V. *suprà*, v° *Commission départementale*, n. 74 et 75, et *infrà*, v° *Conseil général*.

113. — Enfin, l'art. 18 met fin à une ancienne controverse. En cas d'empêchement des membres du conseil général ou du conseil d'arrondissement, dit cet article, le préfet les fait suppléer d'office par des membres appartenant à la même assemblée que l'absent; ceux-ci, désignés d'office, ne peuvent être les représentants élus du canton où la révision a lieu.

114. — Des conseillers d'arrondissement peuvent être appelés à faire partie de la commission chargée de l'examen administratif de comptes de deniers des établissements charitables (Décr. 7 flor. an XIII).

115. — Quand il y a lieu d'exécuter des travaux d'intérêt public, la déclaration d'utilité publique est faite par une commission composée de quatre membres du conseil général ou du conseil d'arrondissement, nommés par le préfet, ainsi que de l'un des ingénieurs chargés de l'exécution des travaux (L. 3 mai 1841, art. 8).

116. — Un membre du conseil d'arrondissement, mais d'un autre canton que celui où se trouve le périmètre des terrains sur lesquels les travaux de restauration ou de mise en défense des terrains en montagne doivent être effectués, fait partie de la commission spéciale, présidée par le préfet, qui donne son avis avant la déclaration d'utilité publique (L. 4 avr. 1882, art. 2 et 8).

117. — La loi du 21 nov. 1872 (art. 11) décide qu'en cas d'empêchement du conseiller général du canton, c'est le conseiller d'arrondissement qui siège dans la commission composée des juges de paix et des conseillers généraux réunis sous la présidence du président du tribunal de première instance de l'arrondissement ou de son délégué, pour établir la liste annuelle du jury.

118. — Le conseiller d'arrondissement qui refuserait de remplir une de ces fonctions, devrait être déclaré démissionnaire. — V. *suprà*, n. 34.

119. — Les conseillers d'arrondissement, à la différence des conseillers généraux, n'ont pas qualité pour compléter le nombre des membres du conseil de préfecture, l'arrêté du 19 fruct. an IX ne s'appliquant qu'aux conseils généraux. — Cons. d'Et., 30 nov. 1883, Renouard, [S. 85.3.58, P. adm. chr., D. 85.3.54]

120. — Les conseillers d'arrondissement n'ont pas non plus le droit de se substituer ou d'être substitués aux agents de l'administration dans l'instruction des affaires (L. 10 août 1871, art. 3). Décidé, en conséquence, qu'à supposer qu'une commission départementale ait le droit de distribuer le crédit inscrit au budget départemental pour encourager la substitution de la tuile au chaume, elle ne saurait émettre la prétention de consulter pour chaque demande le conseiller d'arrondissement représentant le canton. — Déc. min. Int., 2 mars 1875 (Côte-d'Or) : *Les cons. gén.*, t. 1, p. 786.

CONSEIL DU COMMERCE. — V. Commerce et industrie.

CONSEIL DU CONTENTIEUX. — V. Colonies.

CONSEIL DE DISCIPLINE. — V. Avocat. — Avoué. — Commissaire-priseur. — Discipline. — Huissier. — Notaire.

CONSEIL D'ENQUÊTE. — V. Officier.

CONSEIL D'ÉTAT.

Législation.

Décr. 11 juin 1806 (*sur l'organisation et les attributions du Conseil d'Etat*), art. 15-23, 33-36; — Déc. 22 juill. 1806 (*sur les affaires contentieuses portées au Conseil d'État*); — Déc. 27 mars 1809 (*relatif au mode de communication à la commission du contentieux de pièces justificatives déposées aux archives de la Cour des comptes, dont la représentation sera jugée nécessaire dans le cas de pourvoi au Conseil d'Etat contre un arrêt de cette cour*); — Ord. 18 janv. 1826 (*relative au tarif des dépens pour les procédures qui s'instruisent au Conseil d'Etat*); — Déc. 2 nov. 1864 (*relatif à la procédure devant le Conseil d'Etat en matière contentieuse et aux règles à suivre par les ministres dans les affaires contentieuses*); — Déc. 30 déc. 1808 (*portant que les fonctions d'auditeur au Conseil d'Etat sont incompatibles avec toutes autres fonctions publiques salariées*); — L. 24 mai 1872 (*portant réorganisation du Conseil d'Etat*); — Déc. 21 août 1872 (*portant règlement intérieur du Conseil d'Etat*); — Déc. 14 oct. 1872 (*portant règlement du concours pour les nominations des auditeurs de deuxième classe au Conseil d'Etat*); — L. 1er août 1874 (*sur le Conseil d'Etat : présidence de la section du contentieux, âge des auditeurs de deuxième classe*); — Déc. 19 févr. 1878 (*modifiant les art. 5 et 8 du décret portant règlement des concours pour la nomination des auditeurs de deuxième classe au Conseil d'Etat*); — L. 13 juill. 1879 (*relative au Conseil d'Etat*); — Déc. 2 août 1879 (*portant règlement intérieur du Conseil d'Etat*); — Déc. 14 août 1879 (*portant modification du règlement du concours pour les nominations des auditeurs de deuxième classe au Conseil d'Etat*); — L. 23 mars 1880 (*relative au renouvellement des auditeurs de deuxième classe au Conseil d'Etat*); — Déc. 9 déc. 1884 (*abrogeant l'art. 21, Décr. 2 août 1879, portant règlement intérieur du Conseil d'Etat et remettant en vigueur l'art. 22, Décr. 21 août 1872*); — Déc. 3 avr. 1886 (*portant modification de l'art. 7 du règlement intérieur du Conseil d'Etat*); — L. 1er juill. 1887 (*relative aux auditeurs de deuxième classe au Conseil d'Etat*); — L. 26 oct. 1888 (*relative à la création d'une section temporaire du contentieux au Conseil d'Etat*); — Déc. 9 nov. 1888 (*portant règlement d'administration publique pour l'exécution de la loi du 26 oct. 1888*); — L. 22 juill. 1889 (*sur la procédure à suivre devant les conseils de préfecture*); — Décr. 16 juill. 1890 (*qui modifie l'art. 1, Décr. 2 août 1879, portant règlement intérieur du Conseil d'Etat*).

Bibliographie.

Aucoc, *Conférences sur l'administration et le droit administratif*, 1885, 3e édit., in-8°, t. 1, p. 143 et s., p. 649 et s. — Batbie, *Traité théorique et pratique de droit public et administratif*, 1885-1894, 2e édit., 8 vol. in-8°, t. 7, p. 431 et s. — Béquet et Dupré, *Répertoire du droit administratif* (en cours de publication), v° *Conseil d'Etat*. — Blanche, *Dictionnaire général* d'administration, 1884-1891, 2 vol. gr. in-8°, v° *Conseil d'Etat*. — Bloch, *Dictionnaire de l'administration française*, 1891, 3° édit., v° *Conseil d'Etat*. — Cabantous et Liégeois, *Répétitions écrites sur le droit administratif*, 1881, 6° édit., 1 vol. in-8°, p. 721 et s. — Colin (M.), *Cours élémentaire de droit administratif*, 1890, p. 132 et s. — Cormenin, *Droit administratif*, 1840, 5° édit., in-8°, t. 1, p. 3 et s.; appendice, t. 2, p. 55 et s. — Ducrocq, *Cours de droit administratif*, 1881, 6° édit., 2 vol. in-8°, t. 1, n. 74 et s., 244 et s. — Dufour, *Traité général de droit administratif*, 1868-1870, 3° édit., 8 vol. in-8°, t. 2, p. 188 et s. — Favard de Langlade, *Répertoire de la nouvelle législation*, 1823, 5 vol. in-4°, v° *Conseil d'Etat*. — Foucart, *Eléments de droit public*, 1856, 4° édit., n. 70, 119, 120-122, 1974-2020. — Gérando, *Institutes du droit administratif*, 1829, in-8°, t. 1, p. 265 et s. — Hauriou, *Précis de droit administratif*, 1893, 2° édit., p. 285 et s., 715 et s. — Laferrière, *Cours de droit public et administratif*, 1860, in-8°, t. 1, p. 153 et s.; — *Traité de la juridiction administrative*, 1887, 2 vol. in-8°, t. 1, passim. — Lerat de Magnitot et Huard-Delamarre, *Dictionnaire de droit public et administratif*, 1841, 2° édit., 2 vol. gr. in-8°, v° *Conseil d'Etat*. — Macarel, *Cours d'administration et de droit administratif*, 1852, 2° édit., 2 vol. in-8°, t. 2, p. 333 et s. — Marie, *Eléments de droit administratif*, 1890, in-8°. — Merlin, *Répertoire*, 1827-1828, 3° édit., 18 vol. in-4°, v° *Conseil du roi*. — Sébire et Carteret, *Encyclopédie du droit*, 20 livr. gr. in-8°, v° *Conseil d'Etat*. — Serrigny, *Traité de l'organisation, de la compétence et de la procédure en matière contentieuse administrative*, 1865, 3 vol. in-8°, n. 46 et s. — Simonnet, *Traité de droit public et administratif*, 1893, 2° édit., 1 vol. in-8°, p. 214 et s. — Solon, *Répertoire de juridiction civile, commerciale et administrative*, 1843, 4 vol. in-8°, t. 2, p. 318 et s. — Trolley, *Traité de la hiérarchie administrative*, 1854, t. 5, p. 1 et s.

Aucoc, *Le Conseil d'Etat avant et depuis 1789*, 1876, gr. in-8°. — Barthélemy (Ed. de), *Du Conseil d'Etat en 1859*, 1859, in-8°. — Bavoux (Ed.), *Conseil d'Etat. Conseil royal. Chambre des pairs*, 1838, in-8°. — Béquet (L.), *Le Conseil d'Etat, organisation, fonctionnement*, 1891, in-8°. — Clément (R.), *Exposé pratique de la procédure suivie devant le Conseil d'Etat*, 1882, in-8°. — Cormenin, *Du Conseil d'Etat envisagé comme conseil et comme juridiction sous notre monarchie constitutionnelle*, Paris, 1818, in-8°; — X... : (en réponse à l'écrit précédent) : *Du jugement du contentieux d'administration par le roi en son Conseil d'Etat*, 1830. — Cotelle, *Un mot sur le contentieux du Conseil d'Etat*, 1830. — Delagarde et Godfernaux, *Guide de procédure devant les sections administratives du Conseil d'Etat*, 1890, in-12. — Delamalle, *Du jugement du contentieux de l'administration par le roi en son Conseil d'Etat*, 1818. — Delarbre, *Organisation du Conseil d'Etat. Loi du 24 mai 1872 annotée*, 1872, in-8°; — *Le Conseil d'Etat, son organisation et ses attributions sous la constitution de 1875*, 1876, in-8°. — Devaux, *Guide élémentaire des recours au Conseil d'Etat, Section du contentieux*, 1861, in-8°. — Ducrocq (Ph.), *Le Conseil d'Etat et son histoire*, 1867, broch. in-8°. — Gilbert des Voisins, *Des empiètements du Conseil d'Etat sur les tribunaux*, 1824, 1 vol. in-8°. — Hastron (A.), *Le Conseil d'Etat sous les différentes constitutions*, 1891, in-8°. — Laisné de Villevêque, *Opinion sur le Conseil d'Etat*, Paris, 1818. — Lanjuinais, *Différents écrits et discours sur le Conseil d'Etat* (dans les Œuvres de Lanjuinais, 1832, 4 vol. in-8°). — De Larochefoucauld, *Des attributions du Conseil d'Etat*, 1830, in-8°. — Locré, *Du Conseil d'Etat, de sa composition, de ses attributions, de son organisation intérieure, de sa marche et du caractère de ses actes*, 1810, in-8°. — Migneret, *Souvenirs et études historiques. Le Conseil d'Etat du second Empire*, 1889, in-8°. — Pichon, *Du Conseil d'Etat, de ses attributions administratives et de sa juridiction*, 1830. — Pistoye (A. de), *Du Conseil d'Etat, de son organisation, de son autorité, de ses attributions*, Paris, 1843. — Regnault, *Histoire du Conseil d'Etat depuis 1808 jusqu'en 1850*, 1853, 2° édit., in-8°. — Routhier, *Du Conseil d'Etat*, 1830. — De Ségur, *Le Conseil d'Etat*, 1881, in-8°. — Siméon (fils), *Du Conseil d'Etat*, 1830. — Sirey (J.-B.), *Du Conseil d'Etat selon la charte constitutionnelle*, 1818, in-4°. — Valois (N.), *Etude historique sur le Conseil du roi*, 1886. — De Vidaillan, *De la juridiction directe du Conseil d'Etat, de ses attributions et de sa composition selon le projet de loi du 1er janv. 1840*, 1841, in-8°. — X..., *Législation relative au Conseil d'Etat*, 1832, in-4°. — *Recueil des ordonnances et règlements de Louis XVIII sur la charte constitutionnelle, sur l'organisation et les attributions du Conseil d'Etat*, Paris, 1814.

Du Conseil d'Etat (H. L.) : J. Le Droit, 10 juill. 1839. — *Travaux du Conseil d'Etat depuis sa réorganisation* (Ch. Viasnes) : J. Le Droit, 18 sept. 1851. — *Histoire et statistique du Conseil d'Etat* : J. Le Droit, 26 sept. 1839. — *Du Conseil d'Etat, de sa compétence et de son inamovibilité* (Lignier) : J. Le Droit, 21 févr. 1840. — *Le Conseil d'Etat sous le Consulat, l'Empire et la Restauration* (G. Dufour) : J. Le Droit, 29 déc. 1848, 17 janv. 1849, 4 févr. 1849, 11 févr. 1849. — *Observations sur les réformes récemment apportées à la procédure devant le Conseil d'Etat* (E. Reverchon) : J. Le Droit, 28-29 déc. 1864. — *De la réorganisation du Conseil d'Etat* (E. Reverchon) : J. Le Droit, 13-14 nov. 1872. — *Du droit de contrôle du Conseil d'Etat sur les décisions de la section du contentieux et les actes administratifs sujets à annulation pour excès de pouvoir et dans l'intérêt de la loi* Cotelle) : Rev. crit., t. 1, p. 373. — *Jurisprudence du Conseil d'Etat sur diverses matières* (Serrigny) : Rev. crit., t. 11, p. 103 et s. — *Du Conseil d'Etat en 1859* (Ed. de Barthélemy) : Rev. crit., t. 14, p. 526 et s. — *Recours au Conseil d'Etat* (Gautier) : Rev. crit., nouv. sér., t. 11, p. 1 et s. — *Le Conseil d'Etat et les recours pour excès de pouvoir* (L. Aucoc) : Rev. des Deux-Mondes, sept. 1878. — *La nouvelle loi sur les auditeurs de deuxième classe au Conseil d'Etat* : Rev. gén. d'adm., année 1887, t. 2, p. 411 et s. — *Examen du projet de loi sur la réorganisation du Conseil d'Etat* (de Pistoye) : Rev. prat., t. 32, p. 145 et s. — *Compte-rendu des travaux du Conseil d'Etat depuis 1840 jusqu'à 1845* (Martin du Nord) : Rev. Wolowski, t. 22, p. 411 et s. — *Loi organique du Conseil d'Etat* (Vivien) : Rev. Wolowski, t. 34, p. 77 et s.

INDEX ALPHABÉTIQUE.

Abus, 268, 270 et s., 279, 297.
Abus (recours pour), 50, 229.
Acquiescement, 465 et s., 1075, 1080, 1343.
Acte administratif, 424, 494, 789, 1029, 1265.
Acte contractuel, 424.
Acte de gestion, 432 et s., 1272.
Acte extrajudiciaire, 696, 698.
Adjoint, 979.
Adjudication, 1112, 1117.
Affaire en état, 1125 et s., 1150.
Affaires étrangères, 173, 177.
Affouage, 455, 531.
Agent diplomatique, 26.
Algérie, 177, 718.
Aliénation, 279.
Alignement, 234, 847, 1267, 1271.
Allemagne, 1414 et s.
Amarrage, 885.
Amende, 1083, 1085, 1201, 1247, 1280, 1348 et s., 1376, 1395 et s.
Amendement, 103 et s.
Angleterre, 1455 et s.
Annexion et démembrement de territoire, 404.
Appel, 442 et s. 486, 812, 1187.
Appel incident, 1084.
Arrêté de police, 877.
Arrêté du conseil, 26.
Arrêté municipal, 797.
Arrêté préfectoral, 274, 516, 878.
Arrimage, 216.
Arts et manufactures (chambres consultatives des), 234, 525.
Assemblée générale, 36, 37, 86, 117, 152, 198 et s., 206, 228, 273, 305 et s., 376 et s., 395.
Assemblée statuant au contentieux, 102, 362, 370, 376, 400, 519, 1011 et s., 1362.
Assurance sur la vie, 203.
Auditeurs, 3, 52 et s., 63 et s., 71, 81, 91, 105, 112 et s., 161, 164, 168, 185, 187, 292, 313.
Auditeurs de deuxième classe, 135 et s.
Auditeurs de première classe, 133 et s., 146.

Authenticité, 556.
Autorisation de plaider, 270, 279, 297.
Autriche, 1436 et s.
Avis, 295 et s.
Avis interprétatifs. — V. *Lois* (interprétation des).
Avocat au Conseil d'Etat, 61, 88, 265, 397, 504 et s., 671, 809 et s., 987 et s., 1006, 1015, 1140, 1201 et s., 1275 et s., 1308 et s., 1345, 1360, 1363, 1376, 1388 et s., 1395 et s.
Avoué, 563, 812.
Bade (grand-duché de), 1420 et 1421.
Banque de France, 416, 1261, 1354.
Bâtonnier, 1119.
Belgique, 1447.
Bibliothèque, 154.
Biens communaux, 529.
Bois, 1351.
Boissons, 511.
Bornage, 458, 892.
Bulles, 203, 228 et s.
Bulletin des lois, 874, 886, 889.
Bureau, 33, 152.
Bureau (employés du), 154.
Cadastre, 1145.
Caisse d'épargne, 175.
Canaux, 921, 1096.
Cassation, 11, 14, 22, 30, 482 et s.
Caution judicatum solvi, 644, 1282, 1284.
Cautionnement, 672, 940, 1108, 1282, 1284.
Certificateur de caution, 672.
Cession de créance, 1328.
Cession de territoire, 404.
Chambre consultative des arts et manufactures, 234, 525.
Chambre de commerce, 203, 234.
Chancellerie (conseil de), 26.
Chapelle, 231.
Chef de cabinet, 161.
Chemin de fer, 212, 651, 675, 721, 1114.
Chemin vicinal, 460, 507, 533, 571, 588, 655, 825, 880, 931. — V. *Voirie*.

CONSEIL D'ÉTAT.

Chose jugée, 1068, 1296 et s., 1323.
Clôture, 528.
Colonies, 176, 590, 647 et s., 796, 1158.
Commissaire de police, 761, 805.
Commissaire du gouvernement, 323, 356 et s., 369, 663, 1164 et s., 1365.
Commissions, 194 et s., 303.
Commission départementale, 515, 573, 685, 824, 879, 931, 936, 1120.
Commission scolaire, 891.
Communes, 203, 212, 232, 621, 664 et s., 676, 707, 709, 727, 731, 751, 755 et s., 764 et s., 769 et s., 825, 832, 848, 857 et s., 892, 932, 946, 979 et s., 1103, 1145 et s., 1131, 1278, 1294, 1308 et s., 1330, 1333.
Communauté religieuse, 203, 230.
Communication de pièces, 1005 et s.
Compensation des dépens, 1147, 1213, 1218.
Compétence, 497, 1128.
Compromis, 431, 448.
Comptabilité, 479.
Comptabilité commerciale, 909.
Comptables, 488, 800, 1259, 1279, 1282.
Compte général, 196.
Concession, 419, 1098, 1114.
Conclusions additionnelles, 1171.
Concours, 133, 135 et s., 196.
Conflit, 48, 99, 102, 270, 318, 497 et s., 546.
Conflit négatif, 631.
Congés, 170.
Congrégation religieuse, 203, 230.
Connexité, 1173.
Conseil d'arrondissement, 512, 569, 937.
Conseil d'en haut, 9, 16, 72.
Conseil de préfecture, 109, 195, 405, 445 et s., 683 et s., 730, 744, 750 et s., 759 et s., 763, 773, 789, 794, 799, 811 et s., 845, 851, 865, 908, 933, 940, 1038, 1287.
Conseil de revision, 412, 484, 489, 915, 925.
Conseil des colonies, 590, 1158.
Conseil des dépêches, 17.
Conseil des finances, 10.
Conseil des prises, 1256.
Conseil du roi, 4 et s., 1340.
Conseil général, 203, 298, 343, 411, 512, 569, 586, 669, 720, 881, 1120.
Conseil municipal, 274, 414, 512, 540, 569, 575, 594, 605, 644, 848.
Conseil supérieur de l'instruction publique, 485, 491, 524.
Conseiller d'État, 2, 5 et s., 13, 23, 31, 51, 71, 78, 91, 101, 105, 106, 112, 118 et s., 168.
Conseiller de préfecture, 164.
Consistoire, 574, 1238.
Constitution de nouvel avocat, 1125 et s.
Consulat, 34 et s.
Contentieux, 28, 33, 75, 95, 103, 108, 401 et s.
Contentieux (section du), 60, 75, 86, 94, 98, 117, 159, 178, 179, 320 et s., 362, 377, 400, 502, 519, 547, 942, 999, 1008 et s., 1168, 1363.
Contentieux (section temporaire du), 111, 178, 197, 337, 342 et s., 634.
Contrainte, 953.
Contrainte par corps, 1280.
Contravention, 660 et s.
Contributions directes, 326 et s., 344, 350, 360 et s., 398, 468, 508, 520, 570, 588, 595, 700, 702, 776, 819, 821, 1392.
Contributions extraordinaires, 1294.
Contributions indirectes, 433, 510.

Cours d'eau, 255, 790, 1254.
Cour des comptes, 479, 484, 488.
Créances de l'État, 432.
Créanciers, 1105 et s.
Cultes, 176.
Curage, 1085.
Débat oral, 1167.
Décharge, 668.
Déchéance, 688 et s., 735, 741, 965, 967.
Décisions confirmatives, 714 et s.
Décisions interlocutoires, 737 et s.
Décisions ministérielles, 432 et s.
Décisions préparatoires, 459.
Décret, 75, 92 et s., 103, 107, 108, 204, 223, 842, 876, 889, 1338 et s.
Défaut, 744, 852, 998, 1076, 1301 et s., 2014.
Défaut profit-joint, 1305.
Défenses, 966, 999 et s., 1304, 1306 et s.
Délai, 680 et s., 966 et s., 987, 993, 998 et s., 1001 et s., 1051 et s., 1062, 1078 et s., 1093, 1314, 1341 et s., 1386 et s.
Délibéré, 1168.
Délimitation, 473, 1268.
Démission, 412.
Département, 720, 755 et s., 764, 769 et s., 824, 832, 855, 881, 1278, 1294, 1308.
Dépens, 1147, 1213, 1218, 1262 et s., 1330, 2003, 2008 et s.
Désaveu, 1137 et s.
Descente sur les lieux, 1027, 1034 et s., 1045.
Désistement, 1143 et s., 1218, 1227 et s.
Dessèchement de marais, 419, 522, 1241.
Dette publique, 432.
Discipline, 120, 265.
Dies ad quem, 894 et s., 969.
Dies a quo, 894 et s., 908.
Dispositif, 1178, 1188, 1293.
Domaine, 766, 981, 1235, 1252, 1303.
Domicile, 613, 837 et s.
Domicile (élection de), 555.
Dommage, 1085.
Dommages-intérêts, 464, 2003, 1348, 1350 et s.
Dons, 231, 279, 431, 1024, 2026.
Eaux, 1329.
Effet non suspensif, 926 et s.
Effet suspensif, 935.
Egypte, 1448
Élection, 326 et s., 350, 360 et s., 398, 588, 776, 937, 1037, 1049, 1050, 1132 et s., 1311.
Élections départementales, 701.
Élections municipales, 343, 701 et s., 938.
Emprunt, 279, 1232.
Enchères, 946.
Endiguement, 203.
Engagiste, 1331.
Enquête, 1027, 1038 et s., 1045, 1049.
Enregistrement, 564 et s., 616, 705, 1231 et s., 1237.
Entrepreneurs, 1279, 1282.
Entreprise, 1113.
Epizootie, 1253.
Espagno, 1449 et s.
Etablissements dangereux, incommodes et insalubres, 203, 413, 457, 527.
Etablissement public ou d'utilité publique, 231, 279, 826, 8 32, 1278.
Etablissement religieux, 668. — V. Communauté religieuse.
Etat, 691, 762 et s., 766 et s., 777, 855, 864, 906, 9,91 et s., 1242 et s., 1288 et s., 1294.
Evocation, 11, 12, 16, 21, 73, 474 et s.
Evêque, 828.

Excès de pouvoir, 140, 255, 326, 421 et s., 484, 490, 494, 515, 572, 726, 729, 775, 1024, 1065, 1120, 1135, 1192 et s., 1225 et s., 1232, 1234, 1236, 1239, 1265 et s., 1287, 1295, 1333 et s., 1391.
Exécution d'actes et jugements, 835, 849, 1273 et s.
Exécution volontaire, 466 et s.
Expédition, 843 et s.
Expertise, 471, 618, 854, 919, 1027, 1040 et s., 1047, 1050.
Expropriation, 573, 883, 930, 949 et s., 1231.
Fabrique, 707, 828, 1225.
Facultés de droit, 1257.
Finances (direction des), 26.
Fonctionnaire, 263, 270.
Forêts, 939.
Formule exécutoire, 1273, 1278, 1288.
Fournisseurs, 1279, 1282.
Frais frustratoires, 1229.
Fraude, 433.
Garantie administrative, 49, 261.
Garantie d'intérêts, 721.
Garde champêtre, 760 et s.
Garde des sceaux, 117.
Garde nationale, 484.
Gaz, 1101.
Génie, 785.
Grand conseil, 12, 30.
Grande voirie, 326, 455, 571, 588, 660, 663, 867, 1083.
Hesse, 1426.
Hongrie, 1446.
Honorariat, 168.
Hospices et hôpitaux, 431, 707, 827, 850, 951, 1100.
Huissier, 748, 756, 762, 768, 773, 793, 971, 994, 1209, 1276.
Hypothèque, 1281, 1289.
Imposition, 1232.
Impression de documents, 307.
Inamovibilité, 109.
Incapacité, 639, 679.
Incompatibilité, 155 et s., 892.
Incompétence, 421, 452, 477, 484, 486, 490, 491, 1220, 1222 et s.
Indemnité, 440 et s., 1066 et s., 1069, 1110, 1171, 1253, 1260.
Indemnité de plus-value, 480, 522, 524.
Indivision, 458.
Injures, 1198 et s.
Insaisissabilité, 1288.
Inscription de faux, 1088 et s.
Inscription des requêtes, 632.
Instituteur, 535.
Instruction, 324, 339, 371, 545, 1008 et s., 1126 et s., 1169, 1171.
Intérêts, 1004 et s.
Interprétation, 424 et s., 1283 et s., 1290 et s. — V. Lois (interprétation des).
Intervention, 1092 et s., 1227, 1236, 1332 et s.
Italie, 1468 et s.
Jour férié, 896.
Journal officiel, 876, 886.
Jugement, 1161 et s.
Juré, 166.
Jury, 412.
Jury d'examen, 141.
Légion d'honneur, 526, 1255.
Législation (section de), 105, 107, 173, 192.
Legs, 231, 279, 431, 1024, 2026.
Lésion, 428 et s., 390.
Lettre de rappel, 999, 1018.
Logements insalubres, 446, 910.
Lois (discussion des), 40 et s., 74, 82, 92, 97, 103, 107, 143, 203, 209 et s.
Lois (initiative des), 210.
Lois (interprétation des), 42 et s., 83 et s., 241 et s., 299, 487.

Maire, 664 et s., 711, 750, 758 et s., 774, 790, 825, 833, 857 et s., 979 et s., 1103, 1153 et s.
Maître des requêtes, 5 et s., 23, 31, 56 et s., 78, 91, 105, 112 et s., 130 et s., 143, 168, 185, 354 et s.
Mandat, 561, 810 et s.
Mandat ad litem, 1140.
Mandat collectif, 162.
Marais, 203.
Marais (desséchement des), 419, 522, 1241.
Marché de fournitures, 403, 432, 1117, 1252.
Marchés de l'État, 195.
Marchés de travaux publics, 424.
Marine, 781.
Matières mixtes, 267 et s., 280 et s.
Médaille militaire, 804.
Mémoire, 1003.
Mines, 203, 234, 237, 255, 419, 628, 1024.
Mineur, 708, 806 et s.
Ministère public, 88, 356, 369, 386, 637, 659, 663.
Ministre, 16, 115 et s., 160, 419, 434 et s., 481, 492, 499, 506, 542, 591, 609, 622, 627, 647 et s., 664 et s., 707, 728, 778, 783 et s., 816 et s., 828, 862, 864, 905 et s., 943, 987 et s., 993, 996 et s., 1014 et s., 1071 et s., 1121, 1181, 1235, 1271, 1278, 1288, 1290 et s., 1295, 1308, 1330.
Ministre de la Justice, 117.
Mise en cause, 1027.
Motifs, 1178, 1184 et s.
Nationalité, 238.
Naturalisation, 203, 235, 238.
Navire, 1352.
Nivellement, 738.
Noms, 415.
Nom (changement de), 235.
Non-lieu à statuer, 1070, 1130.
Notes, 294 et s.
Notes de jurisprudence, 317.
Notification, 643, 723, 743, 746 et s., 777 et s., 841 et s.
Notification collective, 871 et s.
Occupation de terrains, 1077.
Octroi, 190, 203, 252.
Officiers, 887.
Opposition, 449, 463, 692, 717 et s., 744, 852, 1076, 1097, 1181, 1211, 1301 et s., 1371.
Ordonnance. — V. Décret.
Ordonnance de soit communiqué, 959 et s., 987, 992, 1001.
Ordonnancement, 1288.
Ordre de séance, 169.
Ordre public, 742.
Paris (ville de), 203.
Parlement, 4, 12.
Partage, 387.
Pavage (taxe de), 703.
Pays-Bas, 1471 et s.
Peage, 203.
Pêche fluviale, 874.
Pensions et retraites, 235, 326, 432, 436, 517, 775, 888.
Péremption, 1161.
Personnes morales, 646 et s., 815.
Pétition (droit de), 246.
Pièces (communication de), 1005 et s.
Pièces (production de), 635.
Pièces décisives, 1381.
Pièces fausses, 1379 et s.
Pilotage, 882.
Plaidoirie, 542, 1126.
Plus-value, 761, 1241.
Police administrative, 261 et s.
Portugal, 1474 et 1475.
Postes et télégraphes, 175, 440, 786.
Pourvoi, 553.

Pourvoi dans l'intérêt de la loi, 191, 905 et s., 1116.
Pourvoi non suspensif, 1075.
Pourvoi disciplinaire, 265.
Pourvoi propre, 1186.
Préfet, 710, 719, 727, 750, 765 et s., 771, 778, 780, 799, 816, 824, 825, 855 et s., 867, 932, 943.
Préfet maritime, 781.
Prescription, 834 et s.
Présidence du Conseil d'Etat, 117 et s.
Prestations, 507.
Prises maritimes, 203, 235, 268, 270 et s., 1338.
Procédure, 62, 278 et s., 500 et s.
Procès-verbal, 313, 854, 1046.
Procureur de la République, 983.
Procureur général, 796.
Profession, 610.
Projet de décision, 1164.
Projet de lois, 40 et s., 279.
Provision, 934.
Prud'hommes, 234.
Prusse, 1427 et s.
Publicité, 88, 94, 316, 330, 1127.
Qualité des parties, 638 et s., 731, 920 et s.
Question d'état, 1053 et s.
Question de fait, 912 et s.
Question préjudicielle, 1054 et s.
Rapport, 289 et s.
Rapporteur, 309, 636, 1161 et s., 1179.
Récépissé, 796 et s.
Receveur municipal, 536.
Recours, 245 et s., 288, 274, 279, 297, 553.
Recours direct, 435 et s.
Recours en révision, 1359 et s.
Recours pour abus, 50, 229.
Récusation, 1158 et s.
Réforme (projet de), 111, 119, 122.
Régisseur, 670.
Règlement d'administration publique, 215 et s., 223, 224, 394, 515.
Règlement d'eau, 1329.
Règlement de juges, 497.
Relief de laps de temps, 897 et s.
Reprise d'instance, 1125 et s.
Requête, 550 et s., 796, 988, 1002 et s., 1056 et s., 1092, 1321.
Requête ampliative, 600 et s.
Requête civile, 1215.
Requête collective, 614 et s.
Retrait, 122.
Revendication, 1115.
Revenu cadastral, 1145.
Révision, 694, 1359 et s.
Révocation, 121, 131, 150.
Rivage, 654.
Rivière, 654.
Rôles (établissement des), 522.
Roulage (police du), 518, 866, 909.
Roulement, 187.
Route départementale, 653.
Saisie administrative, 1282, 1284.
Saisie-arrêt, 1280, 1289.
Saisie-exécution, 1280.
Saisie immobilière, 1280, 1289.
Saisie mobilière, 1289.
Salubrité publique, 446, 946.
Saxe, 1434.
Scandinaves (Etats), 1476.
Scrutin, 312, 318.

Secrétaire du contentieux, 114, 153, 603, 1273.
Secrétaire général, 114, 151 et s., 154, 165, 302, 306, 311, 315.
Sections, 172 et s. — V. *Contentieux* (section du). *Vacations* (section des).
Sections réunies, 302.
Séminaire, 828.
Séparation des pouvoirs, 840.
Serbie, 1477 et s.
Serment, 1050.
Service extraordinaire, 39, 58, 63, 65, 78, 88, 91, 96, 101, 106, 112, 126 et s., 144 et s., 167, 183 et s., 376.
Services maritimes, 440.
Service militaire, 946, 1194.
Servitudes d'utilité publique, 653, 656.
Signification, 963, 1001, 1275 et s., 1315, 1318. — V. *Notification*.
Société, 829 et s., 973, 982, 1118.
Société de secours mutuels, 539, 576.
Solidarité, 782.
Sous-préfet, 739 et s., 770.
Sous-secrétaire d'Etat, 160.
Sous-traitant, 1111.
Stage, 164.
Sténographe, 313.
Subrogation, 1109.
Subrogé tuteur, 806.
Sursis, 849.
Sursis à statuer, 1027, 1029 et s., 1054, 1090.
Sursis d'exécution, 928, 940 et s.
Suspension, 1125.
Syndical, 523, 625, 1239 et s., 1307.
Syndicat de communes, 238.
Tableau, 169.
Taxe d'assèchement, 419.
Taxe de pavage, 509.
Témoignage, 167.
Tierce opposition, 390, 1096, 1302, 1303, 1320 et s.
Timbre, 564 et s., 1231 et s., 1237.
Tonnage (droits de), 203.
Traitement, 120, 149, 151, 439 et s., 1258.
Tramways, 203.
Travaux publics, 175, 203, 283, 447, 464, 480, 532, 614, 618, 761, 820, 823, 919, 953, 1037, 1066 et s., 1106, 1112 et s., 1252, 1279.
Trésor, 707, 1261.
Tribunal des conflits, 546.
Tribunaux civils, 203.
Tribunaux de commerce, 234.
Tutelle, 165.
Tuteur, 640, 806 et s.
Usine, 1069, 1069, 1145.
Vacances, 206, 400.
Vacations (section des), 206.
Vente aux enchères, 946.
Vente nationale, 1029.
Vérification d'écritures, 1026, 1089.
Vice de forme, 474, 486, 491.
Vice-présidence, 117, 181, 322, 381.
Visa, 691, 980, 1178 et s.
Visite des lieux, 1027, 1034 et s., 1045.
Voirie, 653, 738, 911, 1034, 1237, 1246 et s., 1262, 1280. — V. *Chemin vicinal*.
Wurtemberg, 1485.

DIVISION

TITRE I. — **NOTIONS GÉNÉRALES ET HISTORIQUES** (n. 1 à 111).

TITRE II. — **ORGANISATION** (n. 112 à 117).

CHAP. I. — Composition du personnel.

Sect. I. — Membres du Conseil d'Etat.

§ 1. — *Conseillers d'Etat en service ordinaire*.
1° Nomination (n. 118 et 119).
2° Traitement (n. 120).
3° Révocation (n. 121).
4° Retraite (n. 122).
5° Fonctions (n. 123 à 125).

§ 2. — *Conseillers d'Etat en service extraordinaire* (n. 126 à 129).

§ 3. — *Maîtres des requêtes* (n. 130 à 132).

§ 4. — *Auditeurs*.
1° Auditeurs de première classe (n. 133 et 134).
2° Auditeurs de deuxième classe (n. 135 à 149).
3° Dispositions communes aux deux classes d'auditeurs (n. 150).

§ 5. — *Secrétaire général* (n. 151 et 152).

Sect. II. — Fonctionnaires et employés attachés au Conseil d'Etat.

§ 1. — *Secrétaire du contentieux* (n. 153).
§ 2. — *Employés des bureaux* (n. 154).

CHAP. II. — Régime du personnel.

§ 1. — *Incompatibilités*.
1° Fonctions publiques (n. 155 à 162).
2° Fonctions d'ordre privé (n. 163 à 167).

§ 2. — *Honorariat* (n. 168).
§ 3. — *Ordre de séance* (n. 169).
§ 4. — *Congés* (n. 170).

TITRE III. — **FONCTIONNEMENT ET ATTRIBUTIONS DU CONSEIL D'ÉTAT** (n. 171).

CHAP. I. — Du Conseil d'Etat considéré comme conseil de gouvernement.

Sect. I. — Fonctionnement.

§ 1. — *Sections*.
1° Nombre et détermination des sections (n. 172 à 178).
2° Composition des sections (n. 179 à 189).

§ 2. — *Sections réunies* (n. 190 à 193).
§ 3. — *Commissions* (n. 194 à 197).
§ 4. — *Assemblée générale*.
1° Composition de l'assemblée générale (n. 198 à 200).
2° Affaires portées à l'assemblée générale (n. 201 à 205).

§ 5. — *Vacances* (n. 206).

Sect. II. — Attributions (n. 207).

§ 1. — *Attributions législatives* (n. 208 à 212).
§ 2. — *Attributions administratives* (n. 213).
1° Cas dans lesquels le Conseil d'Etat doit être appelé à donner son avis (n. 214 à 238).
2° Cas où le Conseil d'Etat peut être consulté (n. 239 à 266).
3° Observations sur les recours administratifs qualifiés parfois de matières mixtes (n. 267 à 277).

Sect. III. — Mode de procéder.

§ 1. — *Règles générales* (n. 278 à 286).
§ 2. — *Mode de procéder des sections* (n. 287 à 304).
§ 3. — *Mode de procéder de l'assemblée générale* (n. 305 à 318).

CHAP. II. — Du Conseil d'Etat considéré comme tribunal administratif.

Sect. I. — Fonctionnement (n. 319).

§ 1. — *Section du contentieux*.
1° Origine (n. 320).
2° Composition (n. 321 à 323).

CONSEIL D'ÉTAT. — Titre I.

3° Fonctionnement (n. 324 à 340).
4° Différence entre les sections du contentieux et les sections administratives (n. 341).

§ 2. — *Section temporaire du contentieux.*
1° Origine (n. 342 à 346).
2° Institution (n. 347 à 351).
3° Composition (n. 352 à 358).
4° Fonctionnement (n. 359 à 363).
5° Comparaison de la section du contentieux et de la section temporaire (n. 364 à 372).
6° Résultats de l'institution de la section temporaire n. 373 à 375).

§ 3. — *Assemblée publique du Conseil d'Etat statuant au contentieux.*
1° Historique (n. 376 à 379).
2° Composition (n. 380 à 396).
3° Fonctionnement (n. 397 à 399).

§ 4. — *Vacances du Conseil d'Etat statuant au contentieux* (n. 400).

Sect. II. — Attributions.

§ 1. — *Nature des attributions contentieuses du Conseil d'Etat* (n. 401 à 409).

§ 2. — *Exercice des attributions contentieuses du Conseil d'Etat.*
1° Attributions du Conseil d'Etat comme juge unique (n. 410 à 441).
2° Attributions du Conseil d'Etat comme juge d'appel (n. 442 à 481).
3° Attributions du Conseil d'Etat comme juge de cassation (n. 482 à 499).

Sect. III. — Mode de procéder (n. 500 à 502).

§ 1. — *Règles générales de la procédure* (n. 503).
1° Représentation par avocat (n. 504 à 546).
2° Procédure écrite (n. 547 à 549).

§ 2. — *Introductions des instances.*
1° Dépôt et forme des requêtes (n. 550 à 631).
2° Inscription des requêtes (n. 632 à 637).

§ 3. — *Qualité des parties* (n. 638 à 679).

§ 4. — *Délai du recours.*
1° Durée du délai (n. 680 à 742).
2° Point de départ du délai.
I. — Actes susceptibles d'une notification individuelle (n. 743 à 870).
II. — Actes non susceptibles d'une notification individuelle (n. 871 à 892).
3° Calcul du délai (n. 893 à 896).
4° Dispositions spéciales et transitoires. Relief du laps de temps (n. 897 à 904).

§ 5. — *Règles spéciales au pourvoi dans l'intérêt de la loi* (n. 905 à 925).

§ 6. — *Effet suspensif du recours.*
1° Principe général (n. 926 à 934).
2° Exceptions (n. 935 à 956).

§ 7. — *Communication de la requête à la partie adverse* (n. 957).
1° Cas où le défendeur est partie privée (n. 958 à 990).
2° Cas où le défendeur est l'Etat (n. 991 à 999).

§ 8. — *Défenses* (n. 1000 à 1004).

§ 9. — *Communication de pièces* (n. 1005 à 1007).

§ 10. — *Mesures d'instruction* (n. 1008 à 1013).
1° Communications et vérifications administratives (n. 1014 à 1024).
2° Mesures d'instruction proprement dites (n. 1025 à 1055).

§ 11. — *Incidents.*
1° Demandes incidentes (n. 1056 à 1087).
2° Inscription de faux (n. 1088 à 1091).
3° Intervention (n. 1092 à 1124).
4° Reprise d'instance et constitution de nouvel avocat (n. 1125 à 1136).
5° Désaveu (n. 1137 à 1141).
6° Désistement, récusation, péremption (n. 1142 à 1160).

§ 12. — *Jugement.*
1° Rapport et projet de décision (n. 1161 à 1164).
2° Procédure à l'audience (n. 1165 à 1173).
3° Forme de la décision (n. 1174 à 1197).
4° Suppression de passages injurieux (n. 1198 à 1207).
5° Dépens (n. 1208 à 1272).

§ 13. — *Exécutions des décisions du Conseil d'Etat.*
1° Principes généraux (n. 1273 à 1278).
2° Exécution à l'égard des parties privées (n. 1279 à 1287).
3° Exécution à l'égard de l'Etat (n. 1288 à 1293).
4° Exécution à l'égard des départements et des communes (n. 1294).
5° Exécution des arrêts statuant sur des recours pour excès de pouvoirs (n. 1295).

§ 14. — *Chose jugée* (n. 1296 à 1299).

§ 15. — *Voies de recours contre les décisions du Conseil d'Etat* (n. 1300).
1° Opposition (n. 1301 à 1319).
2° Tierce opposition (n. 1320 à 1358).
3° Recours en révision (n. 1359 à 1401).

TITRE IV. — **Timbre et enregistrement** (renvoi).

TITRE V. — **Législation comparée** (n. 1402 à 1479).

TITRE I.

NOTIONS HISTORIQUES.

1. — Il faut remonter très-loin dans notre histoire nationale pour trouver l'origine première du Conseil d'Etat. L'existence d'un conseil destiné à apporter à la royauté le concours de ses lumières devait être plus nécessaire dans le gouvernement absolu que sous le régime parlementaire, puisque tous les pouvoirs, tous les attributs de la souveraineté se trouvaient concentrés dans une seule main. Aussi, dès les deux premières races de la monarchie, trouve-t-on près du roi un conseil chargé de l'aider dans l'exercice de son autorité et de coopérer avec lui à la gestion des affaires publiques. Ce conseil portait le nom de *curia regis*; ses attributions, illimitées à l'origine, se restreignirent peu à peu; d'une façon générale, on peut dire qu'elles comprenaient tout ce qui touchait à la haute administration de la justice et à la direction des affaires du gouvernement. La *curia regis* était ambulatoire; elle suivait le roi partout où il allait.

2. — La composition de la *curia regis* n'était pas déterminée d'une manière fixe et précise : « On prenait pour conseillers, dit Hincmar, archevêque de Reims, des hommes qui, soit laïques, soit ecclésiastiques, craignissent Dieu, chacun selon sa qualité ou ses fonctions; ensuite, qui fussent si fidèles, que, hors la vie éternelle, ils ne préférassent rien au roi et au royaume; des hommes qui ne fussent ni amis, ni ennemis, ni donneurs de présents, ni flatteurs, ni emportés, ni remplis de cette sagesse hypocrite et trompeuse, qui est celle du siècle, et n'est pas aimée de Dieu, mais pourvus de cette sagesse et de cette intelligence qui sert à réprimer et même à ruiner entièrement ceux qui se confient en cette sagesse humaine. Les conseillers élus tenaient pour principe que tout ce qui se disait familièrement entre eux, tant sur l'état du royaume que sur les individus, personne, sans le consentement de tous, ne pouvait le confier dans sa famille, ni à d'autre, parce qu'il était possible que la chose dût être cachée, soit un jour, soit deux, soit une année entière, ou même à perpétuité ». Ces conseillers, dont Hincmar nous vante la discrétion et la prudence, étaient généralement les leudes et les grands dignitaires de l'Église. — Œuvr. d'Hincmar, t. 2, p. 206 et s.

3. — On risquerait de s'égarer en voulant trouver dans les institutions mérovingiennes et carolingiennes l'origine directe du Conseil d'État ; c'est ainsi qu'il ne suffit pas de comparer les *missi dominici*, aux auditeurs que Napoléon envoyait porter ses ordres dans les pays conquis, pour conclure à une similitude. — V. *infra*, n. 68.

4. — Avec les Capétiens, on commence à entrevoir l'origine du Conseil d'État. Dans le cours du XIIIe siècle, les attributions politiques et judiciaires de la *curia regis* donnèrent naissance à deux institutions : le Parlement, qui fut chargé de la justice, le conseil du roi, à qui on réserva les affaires politiques et administratives. Ce conseil délibérait sur les affaires qui lui étaient soumises par le roi, mais les décisions qu'il prenait ne s'imposaient pas au roi ; le conseil n'avait pas de pouvoir propre. Le Parlement, au contraire, avait une juridiction propre ; ses décisions n'avaient pas besoin de l'homologation royale.

5. — Le conseil se composait de seigneurs, prélats, officiers de « l'hostel » (*ministeriales hospitii domini regis*). Les rois capétiens avaient en outre attaché à leur personne des hommes de confiance, ordinairement des clercs ou des légistes ; ces personnages, qui figuraient déjà dans les assises de la *curia regis*, furent chargés d'expédier les requêtes et les plaids de la porte : telle fut l'origine de la maîtrise.

6. — Le conseil du roi ne s'organisa véritablement qu'au XIVe siècle, sous Philippe le Long, notamment (Noël Valois, *Inventaire*, p. 17) ; il forma alors un corps ayant une unité mais portant des noms divers : grand conseil, conseil étroit, conseil privé. En dehors de ce conseil, le roi n'eut plus d'autres conseillers intimes que les maîtres des requêtes.

7. — Le nombre des membres du conseil fut très-variable. A la fin du XVIe et au commencement du XVIIe siècle, le conseil comprenait : 1° des conseillers en titre recevant des gages ; 2° des membres de droit : pairs, princes du sang, grands officiers de la couronne, surintendant et contrôleur général des finances ; 3° des conseillers à brevet, qui avaient reçu leur titre du roi, étaient le plus souvent choisis parmi les prélats et les nobles, mais, en fait, ne négociaient presque jamais ; 4° des maîtres des requêtes affectés à un triple service : requêtes du palais, requêtes de l'hôtel, service du conseil du roi.

8. — Si, jusqu'à Louis XIV, le conseil du roi conserva une apparence d'unité, la complexité de l'administration royale devait amener à la longue une espèce de sectionnement.

9. — Le roi réserva à certains conseillers choisis, la discussion des affaires politiques les plus importantes. Ce conseil, qui se constitua au XVe et surtout au XVIe siècle, prit le nom de *conseil secret* ou de *conseil des affaires du matin*.

10. — Le conseil des finances se constitua à partir de 1563 ; ce fut le moins stable de tous. — Lebret, *De la souveraineté*, liv. 2, ch. 3, p. 42.

11. — Les empiètements du conseil sur la justice ordinaire se multiplièrent aux XIVe et XVe siècles en se fondant sur l'idée de justice retenue ; les évocations, les règlements de juges, le droit de cassation, etc., furent des applications de ce principe. Il en résulta la formation au sein du conseil d'une section plus spécialement compétente dans les affaires judiciaires ; elle constitua au XVIe siècle le *conseil privé*. — V. *suprà*, v° *Cassation* (Cour de), ch. 1.

12. — Les évocations devinrent tellement nombreuses qu'en 1497, Charles VIII détacha de son conseil une nouvelle section qu'on appela le *grand conseil*. Outre les évocations, celui-ci jugeait certains procès concernant les évêchés, abbayes, etc., les induits des membres du Parlement et des maîtres des requêtes, les causes de l'ordre de Cluny, les règlements de juges entre les prévôts des maréchaux et les juges ordinaires, etc. Le grand conseil devint un rouage secondaire maintenu pour servir de contre-poids au Parlement ; il fonctionnait parallèlement au conseil des parties.

13. — Avec Louis XIV, le conseil du roi se modifia profondément. On en écarta d'abord les membres inutiles : les conseillers à brevet furent supprimés ; les pairs, princes du sang, etc., laissèrent tomber leur droit en désuétude. Les conseillers ordinaires constituèrent l'élément fondamental du conseil. Certaines places de conseillers ordinaires étaient réservées à des ecclésiastiques ou à des seigneurs : ce furent les conseillers d'église et d'épée. — Enfin le conseil perdit son apparence d'unité ; il fut divisé en sections dont le nombre varia au cours des XVIIe et XVIIIe siècles.

14. — Dès cette époque, la constitution du conseil du roi s'est trouvée assise sur les bases qu'elle a conservées jusqu'en 1789. Son organisation intérieure, fixée définitivement, sous la minorité de Louis XIV, par le règlement de 1644, a seule subi différentes modifications. Il serait aujourd'hui sans intérêt de développer les divers règlements successifs pris à cet égard. Il nous suffira d'indiquer ici quelle était alors l'étendue de ses attributions, et comment il se répartissait les nombreuses fonctions qui lui étaient dévolues. On peut, au surplus, si l'on tient à approfondir les divers changements que le conseil du roi a subis, consulter les ordonnances de Charles VII, de 1413, qui se trouvent dans un recueil imprimé à Paris en 1611, un règlement du 23 nov. 1463 ; les cahiers des états tenus à Tours en 1483 ; les règlements des 3 avr. 1540, 18 févr. 1566, 11 janv. 1570, 28 juill. 1571, 24 oct. 1572, 7 févr. 1573, 1er mars et 3 oct. 1579, 31 mai 1582, 4 mai 1584, 1er-3 janv. 1585, mai 1588, 25 nov. 1594, 30 juin 1597, 3-9 févr. 1599, et 21 juin 1611, 29 avr. et 4 août 1619, 12 oct. 1622, 31 mai-1er juin et 2 sept. 1624, 28 févr. 1625, 11 mars et 26 août 1626, 3 janv. 1628, 14 juin 1629, 18 janv. 1630, 3 janv. 1673, août 1737, et enfin le règlement du 28 juin 1738, qui est d'autant plus important encore aujourd'hui que l'exécution en a été ordonnée par le décret des 27 nov. et 1er déc. 1790, institutif de la Cour de cassation, et dont les dispositions forment la base de la procédure suivie devant cette cour, comme devant le Conseil d'État (Décr. 22 juill. 1806). — V. *suprà*, v° *Cassation* (Cour de), n. 30 et s.

15. — Il y avait cinq départements principaux, comprenant : le conseil des affaires étrangères, autrement dit le Conseil d'État ; celui des dépêches, le conseil royal des finances, le conseil royal de commerce, le conseil privé, particulièrement connu sous le nom de *conseil des parties*.

16. — Le Conseil d'État ou des affaires étrangères était celui dans lequel s'occupait de tout ce qui était relatif aux négociations avec les puissances étrangères, ainsi que de la paix et de la guerre. Il rendait parfois des arrêts, notamment quand il s'agissait de police intérieure, ou qu'il plaisait au roi d'évoquer une affaire. Il était composé d'un petit nombre de personnes choisies par le roi et auxquelles on donnait le titre de ministres d'État. Ce conseil, désigné à diverses époques sous différentes dénominations, telles que grand conseil, conseil étroit ou secret, conseil du cabinet, etc., était encore souvent appelé conseil d'en haut, dénomination qu'une ordonnance royale du 29 juin 1814 a cherché à faire revivre plus tard.

17. — Le conseil des dépêches connaissait de toutes les affaires relatives à l'administration de l'intérieur du royaume ; il rendait des arrêts surtout en matière administrative. Il tirait son nom de ce que, dans l'origine, les décisions qu'il prenait étaient renfermées dans des dépêches ou lettres signées par celui des secrétaires d'État que la matière concernait. Il se composait du chancelier de France, de quatre secrétaires d'État, de tous les membres composant le Conseil d'État ou des affaires étrangères, et des autres ministres et conseillers d'État que le roi jugeait convenable d'y appeler.

18. — Les attributions du conseil royal des finances, destiné à remplacer la surintendance des finances, comprenaient tous les objets concernant l'administration des finances et les revenus de l'État. On y portait toutes les affaires intéressant le domaine, les droits de la couronne, les fermes du roi, etc. ; on y jugeait aussi les différends qui survenaient entre les fermiers et les traitants. Ce conseil se composait du chancelier, d'un chef du conseil des finances et des ministres et conseillers d'État appelés par le roi ; il subit de nombreuses modifications.

19. — Devant le conseil royal de commerce étaient portées toutes les affaires appartenant au commerce de l'intérieur ou de l'extérieur du royaume : il se composait du chancelier, du secrétaire d'État ayant dans son département les affaires du commerce, d'un conseiller d'État chargé d'examiner les affaires dont le conseil devait connaître avant qu'elles lui fussent soumises, et des autres membres que le roi appelait à y venir siéger. Ce conseil subit plusieurs transformations.

20. — Selon l'expression de Denisart (v° *Conseil du roi*, p. 233 et s.), le conseil privé était « le centre » du conseil du roi.

21. — Les attributions et le caractère tout juridique du conseil des parties le rapprochaient beaucoup de notre Cour de cassation actuelle. C'est de là, en effet, qu'elle tient son origine; presque toutes les attributions de l'ancien conseil des parties lui ont été dévolues. — V. *suprà*, v° *Cassation* (Cour de), n. 26 et s.

22. — Le conseil privé se composait, en 1789, de trois conseillers d'église, trois d'épée et vingt-quatre de robe. Le nombre des maîtres des requêtes fut fixé à quatre-vingts; c'était parmi eux qu'on choisissait de préférence les administrateurs.

23. — Le conseil des parties était intérieurement divisé en différents bureaux correspondant aux différentes sortes d'affaires susceptibles d'être portées devant le conseil.

24. — Chaque affaire, avant d'être discutée en assemblée générale, était, suivant sa nature et d'après la désignation du chancelier, préalablement examinée par le bureau qu'elle concernait. Un maître des requêtes était ensuite chargé d'en faire le rapport. Les membres du bureau qui l'avaient examinée devaient opérer les premiers.

25. — La présidence appartenait de droit au chancelier : cependant le roi était toujours réputé « présent en son conseil ». Le garde des sceaux (lorsque cette charge était séparée de celle de chancelier) assistait également au conseil. Il prenait séance après le chancelier.

26. — Indépendamment de ses fonctions judiciaires, que nous avons fait connaître *suprà*, v° *Cassation* (Cour de), le conseil privé connaissait de diverses affaires intéressant particulièrement le gouvernement; sous ce rapport, il avait une partie des attributions qui ont été de nos jours dévolues au Conseil d'Etat. Ainsi, il connaissait de toutes les contestations intéressant les finances de l'Etat. Les assemblées où ces affaires étaient portées avaient le nom de grande et de petite direction des finances. Une autre subdivision du conseil privé formait le conseil de chancellerie. On y traitait de toutes les affaires concernant la librairie, l'imprimerie, les lettres de relief de laps de temps, etc. Enfin, le conseil des parties comprenait encore différentes commissions nommées par le roi pour connaître de certaines affaires particulières. Les commissions se composaient ordinairement d'un ou plusieurs conseillers d'Etat et de plusieurs maîtres des requêtes. Chacune d'elles avait un procureur général et un greffier. On peut, au surplus, consulter le règlement précité de 1738, relativement à la procédure qui devait y être suivie. Les décisions prises par le conseil du roi étaient intitulées : *Arrêts du conseil*. — V. *suprà*, v° *Conseil d'Etat*.

27. — Telle était l'organisation du conseil du roi lorsque éclata la Révolution de 1789. Dès le 9 août de cette année, le roi « ayant reconnu la nécessité de faire régner, entre toutes les parties de l'administration, cet accord et cette unité désirables dans tous les temps, et qui ne sont nécessaires encore dans les temps difficiles », réunit au Conseil d'Etat ou des affaires étrangères le conseil des dépêches et le conseil royal des finances et du commerce pour ne former à l'avenir qu'un seul et même conseil (Régl. 9 août 1789, art. 1).

28. — Sous le titre de comité du contentieux des départements, une réunion composée d'un certain nombre de conseillers d'Etat et de maîtres des requêtes fut chargée d'examiner toutes les demandes et affaires contentieuses précédemment portées au conseil des parties et renvoyées de chaque département (Règl. précité, art. 3). Cette innovation, dit Laferrière (*Juridict. admin.*, t. 1, p. 137), nous fait assister aux premières origines de la section du contentieux, mais elle fut de courte durée.

29. — On peut regarder ce règlement comme la dernière organisation que reçut le conseil du roi; à partir de ce moment, les différents actes dont il fut l'objet ne tendirent plus qu'à l'anéantir. Le conseil du roi avait participé à l'omnipotence législative et exécutive du roi; le principe de la séparation des pouvoirs devait en changer le caractère.

30. — Par une loi du 20 oct. 1789, l'Assemblée nationale, tout en l'autorisant à continuer provisoirement ses fonctions et à prononcer sur les instances dont il était saisi, jusqu'à ce que le pouvoir judiciaire et le pouvoir administratif eussent été définitivement organisés, disposa que les arrêts de propre mouvement et les évocations avec retenue du fond des affaires étaient immédiatement interdits. Une autre loi des 6 et 7-11 sept. 1790, en abolissant toutes les juridictions privilégiées, supprima formellement le grand conseil (art. 13). La loi des 27 nov.-1er déc. 1790 supprima le conseil des parties, et attribua à la cour de cassation toutes les demandes en cassation contre les jugements rendus en dernier ressort, les demandes de renvoi d'un tribunal à un autre pour cause de suspicion légitime, les conflits de juridiction, les règlements de juges, les demandes de prise à partie contre un tribunal entier, etc.

31. — Enfin, la loi des 27 avr.-25 mai 1791 vint faire disparaître tout ce qui restait encore de l'ancien conseil du roi, en supprimant définitivement les maîtres des requêtes et les conseillers d'Etat (art. 35) et en substituant à l'ancien conseil un *Conseil d'Etat*, composé du roi et des ministres (art. 15). C'était conserver le nom en supprimant la chose. Il est permis de dire que depuis lors jusqu'au Consulat, il n'y eut pas en France de Conseil d'Etat; ce qu'on appelait un Conseil d'Etat était, en réalité, un conseil des ministres.

32. — Le prétendu Conseil d'Etat organisé par la Constituante subsista jusqu'à la loi du 12 germ. an II, laquelle remplaça les ministères par des commissions. La constitution du 5 fruct. an III (art. 131) décida que la réunion des ministres ne constituerait point un conseil.

33. — Jusqu'à l'an VIII, il n'y eut réellement aucune autorité compétente pour statuer sur les plus graves difficultés du contentieux administratif. Le contentieux prenait cependant une grande importance vu les questions que soulevaient les affaires concernant le clergé et les émigrés, ainsi que les marchés passés pour subvenir à l'entretien des armées : ce fut aux bureaux qu'incomba alors le soin de décider dans toutes ces matières.

34. — La constitution du 22 frim. an VIII rétablit la grande institution supprimée. L'art. 52 porte que, « sous la direction des consuls, un Conseil d'Etat est chargé de rédiger les projets de loi et les règlements d'administration publique, et de résoudre les difficultés qui s'élèvent en matière administrative... »

35. — Le règlement du 5 niv. an VIII vint fixer l'organisation du Conseil d'Etat et préciser ses attributions.

36. — Le nombre des membres fut fixé de trente à quarante (art. 1). Napoléon créa l'assemblée générale (art. 2 et s.), dont on a pu, avec quelque justesse, trouver l'origine première dans l'ordonnance du 9 août 1789. Le conseil fut divisé en cinq sections, savoir : une section des finances, une section de législation civile et criminelle, une section de la guerre, une section de la marine, une section de l'intérieur (art. 5). — V. Sén.-cons. du 28 flor. an XIII.

37. — La présidence de l'assemblée générale fut attribuée au premier consul, et, en son absence, à l'un des deux autres consuls (art. 3). — Quant aux sections, l'art. 6 portait qu'elles étaient présidées chacune par un conseiller d'Etat nommé chaque année par le premier consul; que lorsque le second ou troisième consul se trouvait à une section, il la présidait.

38. — Cinq conseillers d'Etat étaient spécialement chargés, quant à l'instruction seulement, de diverses parties d'administration. Ils en suivaient les détails, signalaient la correspondance, recevaient et appelaient toutes les informations, et portaient aux ministres les propositions de décision, que ceux-ci soumettaient aux consuls. — L'un d'eux était chargé des bois et forêts et anciens domaines; un autre, des domaines nationaux; un autre, des ponts et chaussées, canaux de navigation, et cadastre; un autre, des sciences et arts; un autre, des colonies (art. 7). Ces membres n'avaient point de voix au Conseil d'Etat lorsqu'il se prononçait sur le contentieux de la partie de l'administration dont ils étaient chargés (art. 12).

39. — Ce fut peu de temps après le règlement du 5 niv. an VIII que fut établi le service extraordinaire, qui existe encore aujourd'hui. — Un arrêté du 7 fruct. an VIII décida qu'à partir du 1er vendém. an IX, les conseillers d'Etat seraient partagés en service ordinaire et en service extraordinaire. Cette distribution en deux services, à la différence du système actuel, fut étendue plus tard, par le décret du 11 juin 1806, aux maîtres des requêtes et aux auditeurs. Le service extraordinaire devint très-vaste, tandis que le service ordinaire forma, à proprement parler, le Conseil d'Etat. Les membres du service extraordinaire étaient employés au dehors; on les trouvait dans les grandes administrations, dans les préfectures, et jusque dans les parties les plus éloignées de l'Empire.

40. — L'importance du rôle du Conseil d'Etat de l'an VIII, au point de vue législatif, n'a échappé ni aux historiens, ni aux jurisconsultes (Locré, *Le Conseil d'Etat*, t. 1, p. 30). Rédiger les projets de loi, telle était la première attribution que la constitution de l'an VIII avait confiée au conseil. C'est au Conseil d'Etat de cette époque que nous sommes redevables de la codification et de la rédaction de nos lois.

41. — Les art. 8 et 9 du règlement du 5 nivôse, source de cette importante attribution du Conseil d'État, portaient : « La proposition d'une loi ou d'un règlement d'administration publique est provoquée par les ministres, chacun dans l'étendue de ses attributions. Si les consuls adoptent leur opinion, ils renvoient le projet à la section compétente, pour rédiger la loi ou le règlement. Aussitôt le travail achevé, le président de la section se présente auprès des consuls pour les en informer. Le premier consul convoque alors l'assemblée générale du Conseil d'État. Le projet y est discuté, sur le rapport de la section qui l'a rédigé. Le Conseil d'État transmet son avis motivé aux consuls. Si les consuls approuvent la rédaction, ils arrêtent définitivement le règlement; ou, s'il s'agit d'une loi, ils arrêtent qu'elle sera proposée au Corps législatif. Dans le dernier cas, le premier consul nomme, parmi les conseillers d'État, un ou plusieurs orateurs qu'ils chargent de présenter le projet de loi et d'en soutenir la discussion. Les orateurs, en présentant les projets de lois, développent les motifs de la proposition du gouvernement ». Ainsi furent élaborés nos Codes.

42. — En outre, d'après l'art. 11 du même règlement, le Conseil d'État était chargé « de développer le sens des lois, sur le renvoi qui lui était fait par les consuls des questions qui leur avaient été présentées ». D'après la législation de l'an VIII, il était toujours loisible au gouvernement de solliciter du Conseil d'État des avis interprétatifs. Il s'agit ici de l'interprétation « législative », par opposition à ce qu'on a appelé quelquefois l'interprétation « judiciaire », laquelle est visée dans l'art. 1, L. 16 sept. 1807 : « Il y a lieu à interprétation de la loi si la Cour de cassation annule deux arrêts ou jugements en dernier ressort, rendus dans la même affaire, entre les mêmes parties, et qui ont été attaqués par les mêmes moyens »; c'est le système du référé obligatoire et suspensif. La même loi ajoutait, dans son art. 2, que cette interprétation est donnée dans la forme des règlements d'administration publique.

43. — M. Serrigny (*Traité de l'organisation, de la compét. et de la procéd. en matière content. admin.*, n. 51) a critiqué comme inconstitutionnelle cette disposition qui attribuait au Conseil d'État le pouvoir de développer le sens des lois, c'est-à-dire de les interpréter. « Le droit d'interpréter les lois d'une manière générale, et non par voie doctrinale, dit cet auteur, ne doit appartenir qu'à la puissance législative, suivant la règle *Cujus est condere legem, ejusdem est interpretari* ». Mais M. Duchesne (*Encyclop. du droit*, v° *Conseil d'État*, n. 16) a fait justement observer qu'à cette époque, si le Conseil d'État n'était pas lui-même la puissance législative, il s'y trouvait du moins assez intimement associé pour qu'il pût être investi, sans une violation trop choquante des principes, appelé à interpréter les lois à la confection desquelles il avait pris une part si importante.

44. — Le Conseil d'État a rendu, en vertu des dispositions précitées, de nombreux avis interprétatifs. On peut citer, notamment, l'avis du 16 therm. an XII, sur les effets des contraintes décernées par les administrateurs, et les avis du 4 juill. 1807 et du 12 avr. 1808, sur les partages de biens communaux.

45. — Les avis interprétatifs, ainsi rendus par le Conseil d'État d'alors, confirmés par le chef de l'État et insérés au Bulletin des lois, ont force de loi puisqu'ils n'ont point été attaqués dans les dix jours pour inconstitutionnalité (L. 22 frim. an VIII, art. 38, 40, 42, 44).

46. — Ainsi que nous aurons plus loin l'occasion de le rappeler, le Conseil d'État n'a plus aujourd'hui ce pouvoir d'interprétation des lois. Il arrive encore assez fréquemment que les ministres consultent le conseil sur le sens de certaines dispositions législatives. Mais les avis donnés n'ont plus maintenant que la valeur de renseignements, c'est-à-dire qu'ils ne mettent pas obstacle à ce que les tribunaux jugent en sens contraire et qu'ils ne lient même pas l'administration. — V. *infra*, n. 243.

47. — Il y a lieu de remarquer également que les avis interprétatifs du Conseil d'État de l'an VIII quoique approuvés par l'empereur, ne sont obligatoires aujourd'hui qu'autant qu'ils ont été légalement promulgués avant la chute de l'Empire. Ainsi, et spécialement, n'est pas obligatoire l'avis du Conseil d'État des 30 sept.-15 oct. 1809, relatif aux compagnies d'assurances mutuelles, qui n'a pas été promulgué pendant la durée de l'Empire. — Douai, 15 nov. 1851, Duchesne, [S. 52.2.38, P. 53.2.446] — V. Trib. Seine, 15 nov. 1848, [J. *Le Droit*, 12 déc. 1848] — Sur la force obligatoire des décrets impériaux et des avis du Conseil d'État, V. encore *infra*, v° *Lois et Décrets*.

48. — Pour compléter l'indication des fonctions attribuées alors au Conseil d'État, il convient d'ajouter que l'art. 2, Régl. 5 niv. an VIII, le chargeait de prononcer : 1° sur les conflits qui peuvent s'élever entre l'administration et les tribunaux; 2° sur les affaires contentieuses dont la décision était précédemment remise aux ministres. Nous verrons plus loin l'interprétation qui doit être donnée de ce dernier paragraphe.

49. — L'art. 75, Const. 22 frim. an VIII, chargeait le Conseil d'État de statuer sur les demandes formées à l'effet d'obtenir l'autorisation de poursuivre devant les tribunaux les agents du gouvernement autres que les ministres. Le caractère administratif de ce texte lui valut de survivre aux dispositions politiques de la constitution de l'an VIII, mais ce texte a cessé d'être en vigueur. — V. *infra*, v° *Fonctionnaire public*.

50. — La loi du 18 germ. an X, destinée à régler les rapports des divers cultes reconnus en France avec la puissance civile, conféra au Conseil d'État, en cette matière, d'importantes attributions qui existent encore aujourd'hui. — V. *supra*, v° *Abus ecclésiastique*.

51. — Le Conseil d'État, tel qu'il avait été organisé en l'an VIII, ne comprenait que les conseillers d'État. Les deux autres catégories de membres du conseil, à savoir les maîtres des requêtes et les auditeurs, ne furent instituées qu'un peu plus tard.

52. — Un arrêté du 19 germ. an XI créa, près des ministres et des sections du Conseil d'État, seize auditeurs destinés, après un certain nombre d'années de service, à remplir des places dans la carrière judiciaire. Ils étaient distribués ainsi qu'il suit : quatre auprès du grand-juge ministre de la justice et de la section de législation; — deux auprès du ministre du Trésor public et de la section des finances; — quatre auprès du ministre et de la section de l'intérieur; — deux auprès du ministre, du directeur-ministre, et de la section de la guerre; — enfin deux auprès du ministre et de la section de la marine (art. 1).

53. — Les auditeurs étaient chargés de développer, auprès des sections du Conseil d'État, les motifs soit des propositions de lois ou de règlements faites par les ministres, soit des avis ou décisions qu'ils auraient rendus sur les diverses matières qui étaient l'objet des rapports soumis par eux au gouvernement et dont le renvoi était fait au Conseil d'État (art. 2).

54. — L'art. 6 du même arrêté portait que les auditeurs seraient présents au Conseil d'État, qu'ils y auraient séance, sans voix délibérative, et se placeraient derrière les conseillers d'État de la section à laquelle ils seraient attachés; qu'ils n'auraient la parole que pour donner les explications qui leur seraient demandées.

55. — Quelques modifications furent apportées à l'organisation du Conseil d'État, par le sénatus-consulte du 16 therm. an X, puis, après la substitution de l'empire au gouvernement consulaire, par le sénatus-consulte du 28 flor. an XII. Ces dispositions n'étaient que le prélude des décrets qui bientôt devaient mettre l'organisation du Conseil d'État en harmonie avec le rôle important que ce grand corps était appelé à remplir.

56. — Le décret du 11 juin 1806 institua des maîtres des requêtes qui devaient faire le rapport de toutes les affaires contentieuses sur lesquelles le Conseil d'État prononçait, de quelque manière qu'il en fût saisi, à l'exception de celles concernant la liquidation de la dette publique et les domaines nationaux, dont les rapports devaient continuer à être faits par les conseillers d'État chargés de ces deux parties d'administration publique (art. 4 et s.).

57. — Les maîtres des requêtes prenaient séance au Conseil d'État après les conseillers d'État (art. 6). Ils pouvaient prendre part à la discussion de toutes les affaires portées au Conseil d'État. Dans les affaires contentieuses, la voix du rapporteur était comptée (art. 8).

58. — Le même décret voulait que les auditeurs seraient, comme les conseillers et les maîtres des requêtes, distribués en service ordinaire et extraordinaire.

59. — Aux attributions que le Conseil d'État avait reçues des lois antérieures, le décret du 11 juin 1806 (art. 14) ajouta la connaissance : 1° des affaires de haute police administrative, lorsqu'elles lui auraient été renvoyées par les ordres de l'empereur; 2° de toutes contestations ou demandes relatives, soit aux marchés passés avec les ministres, avec l'intendant de la maison de l'empereur ou en leur nom, soit aux travaux ou fournitures faits pour le service de leurs départements respectifs, pour le service personnel de l'empereur ou celui des maisons impériales;

3° des décisions de la comptabilité nationale et du conseil des prises.

60. — Le même décret institua une commission chargée de faire l'instruction et de préparer le rapport sur toutes les affaires contentieuses sur lesquelles le Conseil d'État avait à prononcer, et traça quelques formes pour l'instruction de ces affaires. Cette commission du contentieux était présidée par le grand juge, ministre de la justice, et formée de six maîtres des requêtes et de six auditeurs (art. 24 et s.).

61. — Enfin, il disposa qu'il y aurait près du Conseil d'État des avocats qui seuls auraient le droit de signer les mémoires et requêtes des parties en matière contentieuse (art. 33). Ces avocats devaient être nommés par l'empereur sur une liste de candidats qui lui seraient présentés par le grand-juge ministre de la justice (art. 34).

62. — Le dernier article du décret du 11 juin 1806 portait qu'il serait fait un règlement qui contiendrait les dispositions relatives à la forme de procéder. Cette promesse fut réalisée par le décret du 22 juillet de la même année, qui est encore en vigueur aujourd'hui, et dont les dispositions seront ultérieurement exposées et développées. — V. *infrà*, n. 278 et s., 500 et s.

63. — Le service des auditeurs près le Conseil d'État, établi, comme nous l'avons vu, par l'arrêté du 19 germ. an XI, fut réorganisé par un décret du 26 déc. 1809. La division des auditeurs en service ordinaire et service extraordinaire fut maintenue. Le service ordinaire fut lui-même divisé en deux classes : l'une comprenant les auditeurs remplissant près des ministres et des sections du conseil les fonctions déterminées par l'arrêté du 19 germ. an XI; l'autre comprenant les auditeurs attachés au ministère de la police, aux préfets du département de la Seine et de la police, et aux diverses administrations (art. 5, 6 et 7). Le nombre des auditeurs composant la première classe fut fixé à quarante. Quant aux auditeurs composant la seconde classe, ils furent fixés à cent vingt.

64. — Le service de la commission du contentieux, de la commission des pétitions et de celle de haute police était fait par les auditeurs attachés aux sections, d'après les désignations faites sur les listes de trimestre (art. 10). Le portefeuille du conseil était porté à l'empereur, de Paris sur tous les points de l'Europe par les auditeurs attachés aux sections, et, à leur défaut, par ceux de la seconde classe (art. 13).

65. — Quant au service extraordinaire, il se composait d'abord des auditeurs en service ordinaire, nommés à une fonction permanente qui les obligeait à résider hors Paris, et de ceux qui, chargés d'une mission purement temporaire, avaient été classés, par une détermination spéciale, dans le service extraordinaire (art. 14). En outre, il était placé, près du préfet de chaque département, un auditeur qui avait le titre et qui faisait les fonctions de sous-préfet de l'arrondissement du chef-lieu (art. 15). Enfin, il y avait de plus un auditeur en service extraordinaire auprès des préfets de trente et un départements, dont l'état était annexé au décret. Ils étaient mis à la disposition du préfet pour remplacer, au besoin, les sous-préfets du département, ou préparer l'instruction des affaires contentieuses qui leur étaient confiées (art. 17).

66. — Indépendant des prérogatives honorifiques attachées au titre d'auditeur, le décret du 26 déc. 1809 réservait le quart des sous-préfectures qui viendraient à vaquer à ceux qui auraient été auditeurs en service ordinaire ou extraordinaire, pendant deux ans au moins, et aux auditeurs qui auraient été pendant quatre ans en service auprès des ministres (art. 20). Enfin, le même décret déclarait applicable à tous les auditeurs sans distinction un décret du 1er mars 1806, qui appelait les auditeurs aux places de secrétaires d'ambassade et de légation (art. 21).

67. — L'auditorat reçut encore une nouvelle extension du décret du 7 avr. 1811. Le nombre des auditeurs en service ordinaire fut alors porté à trois cent cinquante, répartis en trois classes, savoir : quatre-vingts dans la première, quatre-vingt-dix dans la seconde, et cent quatre-vingts dans la troisième (art. 1 et 2).

68. — L'auditorat, ainsi constitué, se trouvait alors dans la situation la plus brillante. Servant de préparation aux fonctions administratives, il formait une pépinière d'où sont sortis une foule d'hommes du mérite le plus éminent. « Les auditeurs, a dit avec raison M. le comte Portalis, dans l'éloge funèbre de M. le baron Mounier, lu à la Chambre des pairs le 25 janv. 1834

(V. *Moniteur* du 28), entraient en campagne à la suite de l'Empereur; ils le suivaient dans les camps, sur les champs de bataille; messagers rapides et confidentiels, ils portaient de Paris à l'armée les nouvelles, les affaires et la politique de l'intérieur, et rapportaient du quartier général dans la capitale de l'empire les ordres souverains du maître. Dans les pays conquis, ils organisaient, administraient, gouvernaient, inspectaient; c'étaient les délégués du nouveau Charlemagne, de véritables *missi dominici*. »

69. — Tel fut le Conseil d'État jusqu'à la chute de l'Empire; sa part dans la gestion des affaires publiques était, comme on le voit, large et brillante; aussi jetait-il un éclat que la gravité des événements survenus depuis n'a pu encore faire oublier. « Dans son Conseil d'État, dit M. de Cormenin (dans l'introduction placée en tête du *Droit administratif*, p. 24), Napoléon faisait les lois et les expliquait, réglementait et dirigeait l'intérieur, surveillait les ministres et jugeait souverainement les procès administratifs, sur l'appel des arrêtés du conseil de préfecture et des décisions des ministres. Le Conseil d'État était alors le premier corps de l'Empire, puisqu'il était le seul qui eût de la vie et de la puissance. Il était la seule assemblée politique qui possédât des orateurs et qui formât des hommes d'État, parce qu'il était le seul qui, portes fermées, il est vrai, discutât librement les lois, les décrets impériaux et les grandes affaires. Il recevait, comme en famille, les confidences de Napoléon. Il était la plus haute personnification du gouvernement; il était l'empereur même. »

70. — La chute de l'Empire et l'avènement de la Restauration eurent pour effet de transformer complètement le Conseil d'État. Le rôle qu'il avait rempli jusque-là ne s'accordait plus avec les nouvelles institutions de la France. Tandis que le pouvoir législatif se trouvait rétabli dans la plénitude de ses droits, le principe de la responsabilité ministérielle, proclamé par la charte, avait pour conséquence nécessaire de restituer aux ministres la direction suprême de toutes les parties de l'administration. On pouvait donc demander alors ce que serait désormais le Conseil d'État, quelle place occuperait dans l'ensemble des pouvoirs publics cette institution dont la charte de 1814 ne faisait nulle mention.

71. — Ces questions ne restèrent pas longtemps indécises. En effet, dès le 29 juin 1814, parut une ordonnance par laquelle le gouvernement, annonçant l'intention de compléter incessamment l'organisation du conseil du roi, réglait par avance quelques points de cette organisation nouvelle. Aux termes de cette ordonnance, le conseil devait être composé : des princes de la famille royale, du chancelier de France, des ministres secrétaires d'État, des ministres d'État, de conseillers d'État, de maîtres des requêtes (art 1). Le nouveau Conseil d'État ne comprenait pas d'auditeurs.

72. — Pour l'ordre du service, les membres du conseil étaient ainsi classés et distribués : le conseil d'en haut ou des ministres, le conseil privé ou des parties, qui devait prendre le titre de *Conseil d'État*. Il devait y avoir en outre : 1° un comité de législation; 2° un comité du contentieux; 3° un comité de l'intérieur; 4° un comité des finances; 5° un comité du commerce; lesquels comités devaient être placés auprès du chancelier et des ministres secrétaires d'État des départements auxquels ils se rattachaient (art. 5).

73. — Le conseil d'en haut ou des ministres devait délibérer, en présence du roi, sur les matières de haute administration, sur la législation administrative, sur tout ce qui tient à la police générale, à la sûreté du trône et du royaume, et au maintien de l'autorité royale. Le roi pouvait y évoquer les affaires du contentieux de l'administration qui se lierait à des vues d'intérêt général (art. 7).

74. — Le Conseil d'État, composé des ministres secrétaires d'État, de conseillers d'État et maîtres des requêtes ordinaires, était chargé d'examiner les projets de lois et règlements qui auraient été préparés dans les divers comités, de vérifier et enregistrer les bulles et actes du Saint-Siège, ainsi que les actes des autres communions et cultes, de juger les appels comme d'abus (art. 8).

75. — Chaque comité, à l'exception du comité du contentieux, était principalement chargé de la préparation des projets de lois ou règlements sur toutes matières civiles, criminelles et ecclésiastiques, lesquels projets devaient ensuite être délibérés en Conseil d'État avant d'être définitivement soumis au roi (art. 10). Quant au comité du contentieux, l'art. 9 de l'ordonnance lui attribuait la connaissance de tout le contentieux de l'administration de tous les départements, des mises en jugement des administrateurs et préposés, des conflits. Le même article ajoutait que des avis seraient rédigés en forme d'arrêts ou de jugements, qui ne seraient définitifs qu'après avoir été rapportés et délibérés dans le Conseil d'Etat, et après avoir reçu la sanction directe du roi.

76. — Le Conseil d'Etat ainsi organisé fut supprimé par l'empereur à son retour de l'île d'Elbe; il rétablit l'ancien conseil avec ses attributions (Décr. 31 mars 1815).

77. — Depuis lors, le Conseil d'Etat fut soumis au régime des ordonnances (art. 15).

78. — Après la seconde Restauration, le Conseil d'Etat fut réorganisé sur d'autres bases par une ordonnance du 23 août 1815; à la différence du conseil de 1814, le nouveau ne rappela plus celui de l'ancienne monarchie. Les conseillers d'Etat et maîtres des requêtes furent distribués en service ordinaire et service extraordinaire, dont le tableau devait être soumis, au 1er janvier de chaque année, par le garde des sceaux, à l'approbation du roi (art. 4 et 5). Le Conseil d'Etat fut divisé en cinq comités, savoir : le comité de législation, le comité du contentieux, le comité des finances, le comité de l'intérieur et du commerce, le comité de la marine et des colonies (art. 7). Les articles suivants réglaient les attributions des divers comités. Une ordonnance du 19 avr. 1817 prescrivit la formation d'un sixième comité auprès du ministre de la Guerre.

79. — Lorsque le roi ne jugeait pas à propos de présider le Conseil d'Etat, cette présidence appartenait au président du conseil des ministres; en son absence, au garde des sceaux. Comme la session des Chambres pouvait s'opposer à ce que le Conseil d'Etat réuni fût présidé soit par le président du conseil, soit par le garde des sceaux, il fut décidé, par une ordonnance du 13 nov. 1815, qu'en cas d'empêchement ils seraient remplacés par l'un des ministres secrétaires d'Etat, si l'un d'eux était présent, et suivant l'ordre des ministères, si plusieurs étaient présents; et que, dans le cas où aucun des ministres secrétaires d'Etat ne serait présent, la présidence appartiendrait à un des conseillers, qui serait nommé à cet effet pour l'année.

80. — La situation précaire des membres du Conseil d'Etat, la dépendance où, par suite, ils se trouvaient vis-à-vis du pouvoir, avaient donné lieu à de vives et justes critiques : « Que peut-on espérer, s'écriait Manuel à la Chambre des députés, en 1821, dans une discussion relative au Conseil d'Etat, que peut-on espérer de prétendus juges qui n'ont aucune existence légale, d'hommes qui sont à la discrétion absolue des ministres, et qu'à chaque trimestre on peut exclure du Conseil d'Etat avec autant de facilité qu'on déplace les pièces d'un échiquier? » L'ordonnance du 26 août 1824 donna satisfaction à ces plaintes en disposant (art. 6) que les conseillers d'Etat, maîtres des requêtes et auditeurs, ne pourraient être révoqués qu'en vertu d'une ordonnance individuelle et spéciale, rendue par le roi, sur la proposition du garde des sceaux.

81. — La même ordonnance avait en effet rétabli l'institution des auditeurs qui, après avoir pris, sous l'Empire, une part si active aux travaux du Conseil d'Etat, avaient cessé d'exister au début de la Restauration.

82. — L'un des traits principaux de l'histoire du Conseil d'Etat à cette époque, est la perte de ses attributions législatives qui lui avaient donné tant d'éclat sous le précédent régime. Le gouvernement de la Restauration ne le consulta que rarement sur les projets de loi. En droit, le Conseil d'Etat avait encore de hautes attributions, mais la loi ne lui permettait plus de les exercer.

83. — On admit en outre que la charte de 1814 avait supprimé implicitement le droit qu'exerçait le chef de l'Etat, d'assisté du Conseil d'Etat, d'interpréter la loi *proprio motu*, en vertu du règlement du 5 niv. an VIII. C'est ce que le Conseil d'Etat lui-même reconnut par le Conseil d'Etat lui-même dans un avis du 17 déc. 1823.

84. — Mais une loi formelle était nécessaire pour supprimer l'interprétation « judiciaire » attribuée au Conseil d'Etat par la loi du 16 sept. 1807. Par l'avis du 17 déc. 1823, le Conseil d'Etat décida que cette loi n'avait été abrogée ni explicitement ni implicitement, et que dès lors elle devait continuer à recevoir son exécution, mais il limita en même temps les effets de ses avis eu cette matière à l'espèce pour laquelle ils avaient été donnés. Quelques années après, la loi du 30 juill. 1828 prononça l'abrogation formelle de la loi du 16 sept. 1807, et attribua expressément au pouvoir législatif le droit d'interpréter les lois.

85. — Bien que dépouillé de ses attributions législatives, le Conseil d'Etat n'en conservait pas moins un rôle important en matière administrative et en matière contentieuse. Si d'ailleurs ses fonctions avaient été insignifiantes, il n'aurait pas donné lieu aux attaques vives, répétées, dont il fut l'objet sous la Restauration. Et d'abord on contestait la légalité de son existence : on prétendait que la charte, en gardant le silence à son égard, l'avait virtuellement aboli, et que, depuis, de simples ordonnances n'avaient pu constitutionnellement avoir l'effet de le faire revivre. Mais on l'attaquait surtout comme juge du contentieux : privé, disait-on, de la puissante garantie de l'inamovibilité, il formait un tribunal sans indépendance, un docile instrument du pouvoir. Le gouvernement répondait à ces attaques par l'organe de l'illustre Cuvier, qu'en ce qui concerne la légalité, elle ne pouvait être sérieusement contestée. En effet, la charte maintenait toutes les lois existantes en tant qu'elles n'étaient pas formellement contraires à la charte elle-même; or, le Conseil d'Etat existait en vertu de ces lois, il continuait donc de subsister comme les préfets, les sous-préfets, les maires, comme toute la hiérarchie administrative, à la tête de laquelle il se trouvait placé, sous la direction du ministère. Quant aux autres critiques, elles reposaient sur une notion fausse du Conseil d'Etat, de sa nature et de sa destination. — V. les observations de Cuvier à la séance du 27 mai 1819.

86. — Cependant il était regrettable que le comité du contentieux fût placé sous la présidence du ministre de la Justice, et que le jugement des affaires appartînt à l'assemblée générale où siégeaient non seulement tous les membres du service ordinaire, mais aussi les ministres, les conseillers d'Etat en service extraordinaire et même les membres du conseil qui avaient concouru, dans les comités ou les ministères, à la préparation des décisions attaquées (Laferrière, *Jurid. adm.*, t. 1, p. 196). Le gouvernement, comprenant que les critiques dont le Conseil d'Etat était l'objet renfermaient une part de vérité, avait institué une commission chargée de préparer un projet de loi; la révolution de 1830 vint ajourner ses travaux.

87. — Comme la charte de 1814, la charte de 1830 ne fit pas mention du Conseil d'Etat. Le comte Portalis, rapporteur d'un projet de loi présenté à la Chambre des pairs en 1833, établit nettement, comme déjà Cuvier l'avait fait sous la Restauration, qu'on ne pouvait rien induire de ce silence contre l'existence du Conseil d'Etat. « La charte, disait-il, après avoir établi les droits publics des Français, pose les limites qui séparent les pouvoirs politiques, et n'entre point dans le détail de leurs éléments divers. Dans l'ordre administratif, elle ne fait mention ni des préfets, ni des sous-préfets, ni des maires; elle ne parle ni des conseils municipaux, ni des conseils d'arrondissement, ni des conseils généraux de département, ni des conseils de préfecture, ni de la Cour des comptes. Dans l'ordre judiciaire, elle se tait sur les tribunaux de simple police, les tribunaux de première instance, les cours royales; elle garde le même silence sur la Cour de cassation. Pourrait-on en conclure que cette double hiérarchie administrative et judiciaire est inconstitutionnelle? Il est évident que la conclusion serait forcée; il résulte seulement de cette prétérition que ces sortes d'institutions ne sont point fondées sur la loi fondamentale du royaume, et que s'il s'agissait de les réformer ou de les supprimer, on n'aurait à examiner que la convenance, l'utilité ou la nécessité de ces institutions en elles-mêmes, et non la nécessité, l'utilité ou la convenance de revoir, de modifier ou d'altérer la charte. Dès lors, la question de savoir s'il doit y avoir en France un Conseil d'Etat ne doit pas se résoudre par les termes de la charte, mais par la convenance, l'utilité ou la nécessité de l'institution. »

88. — Néanmoins, parmi les plaintes si vives qui, sous la Restauration, s'étaient élevées contre le Conseil d'Etat, il en était de légitimes; la monarchie de Juillet s'efforça de leur donner satisfaction. L'un de ses premiers actes fut l'ordonnance du 2 févr. 1831 qui établit la publicité des séances pour le jugement des affaires contentieuses, et permit aux avocats des parties de présenter des observations orales avant de délibérer. Une autre ordonnance du 12 mars 1831 disposa qu'au commencement de chaque trimestre, le ministre président du Conseil d'Etat désignerait trois maîtres des requêtes qui exerceraient les fonctions de ministère public, et que dans chaque affaire, l'un d'eux devrait être entendu (art. 2). Elle exclut les membres du Conseil d'Etat en service extraordinaire des séances publiques du conseil et de toute participation au jugement des affaires contentieuses (art. 4).

89. — La publicité des séances, la discussion orale, la création d'un ministère public, c'étaient là sans doute de grandes et précieuses améliorations; mais le mal qu'il importait surtout de détruire, c'était l'instabilité qu'entretenait au sein de cette grande institution le régime des ordonnances (Aucoc, *op. cit.*, p. 100). Divers projets de loi furent successivement présentés, en 1833, 1834, 1835, 1836 et 1837, tant à la Chambre des pairs qu'à la Chambre des députés. Mais ils n'arrivèrent point jusqu'à l'épreuve de la discussion publique. Pour ne pas soumettre à de nouveaux retards les améliorations qui pouvaient être immédiatement réalisées, une ordonnance du 18 sept. 1839, suivie d'un règlement en date du 19 juin 1840, introduisit quelques utiles modifications.

90. — Le 1er févr. 1840, il fut présenté un cinquième projet de loi à la Chambre des députés. M. Dalloz, nommé rapporteur, déposa son rapport le 10 juin de la même année; mais, la session touchant à sa fin, la discussion n'eut pas lieu. La reprise de ce projet fut demandée à la session suivante, dans la séance de la Chambre des députés du 29 mars 1841; cette demande n'eut pas d'autre suite. Le 30 janv. 1843, présentation d'un nouveau projet de loi à la Chambre des pairs. Ce projet, ayant été adopté le 7 avril suivant, sur le rapport de M. Persil, fut présenté le 26 du même mois à la Chambre des députés. Repris le 16 janv. 1844, sur la demande de M. Chasseloup-Laubat, ce projet fut enfin discuté les 24, 25, 26, 27, 28 février et 1er mars 1845, et adopté ce dernier jour. Présenté de nouveau à la Chambre des pairs, le 17 mars 1845, par suite des modifications qu'il avait subies à la Chambre des députés, il y fut, sur le rapport de M. Persil, discuté et adopté et devint la loi du 19 juill. 1845.

91. — Sans entrer dans les détails de cette grande loi, la première qui soit intervenue sur l'organisation du Conseil d'État depuis son institution en l'an VIII, nous dirons seulement que d'après ses dispositions le Conseil d'État renfermait, comme aujourd'hui, des conseillers d'État, des maîtres des requêtes, des auditeurs. La distinction du service ordinaire et du service extraordinaire était conservée pour les conseillers d'État et les maîtres des requêtes. La loi de 1845 reproduisait l'art. 10, Ord. 18 sept. 1839, disposant que « le nombre des conseillers en service extraordinaire appelés à participer aux travaux du conseil ne pourrait excéder les deux tiers du nombre des conseillers en service ordinaire. »

92. — Le Conseil d'État pouvait être appelé à donner son avis sur les projets de loi ou d'ordonnance et, en général, sur toutes les questions qui lui étaient soumises par les ministres; l'art. 12 continue en disant qu'il est « nécessairement appelé à donner son avis sur toutes les ordonnances portant règlement d'administration publique ou qui doivent être rendues dans la forme de ces règlements. Il propose les ordonnances qui statuent sur les affaires administratives ou contentieuses, dont l'examen lui est déféré par des dispositions législatives ou réglementaires. »

93. — Pour l'examen des affaires non contentieuses, le Conseil d'État était divisé en comités correspondant aux divers départements ministériels; la division était opérée par une ordonnance royale. Les ministres secrétaires d'État présidaient les comités correspondant à leur ministère. Une ordonnance déterminait, parmi les projets d'ordonnance qui devaient être délibérés en la forme des règlements d'administration publique, quels étaient ceux qui ne seraient soumis qu'à l'examen des comités, et qui pouvaient ne pas être portés à l'assemblée générale (art. 13).

94. — Outre les comités dont il vient d'être question, un comité spécial était chargé de diriger l'instruction écrite et de préparer le rapport de toutes les affaires contentieuses (art. 18). Trois maîtres des requêtes remplissaient les fonctions de commissaires du roi (art. 20). Le rapport des affaires contentieuses était fait dans une séance publique où ne pouvaient siéger que les Conseillers d'État et les maîtres des requêtes en exercice ordinaire (art. 21).

95. — La question des pouvoirs respectifs du Conseil d'État et du gouvernement en matière contentieuse fut vivement agitée au cours de la préparation de la loi de 1845. La juridiction du conseil s'exercerait-elle comme justice retenue ou déléguée? Le problème s'était déjà posé avant la loi de 1845. Si on ne contestait pas que les ministres pussent ne pas soumettre à la sanction royale les projets préparés par le conseil, on se demandait s'ils pouvaient les lui soumettre après les avoir modifiés. Sur ce dernier point, l'affirmative était enseignée par MM. Macarel (*Cours de droit administratif*), Serrigny (*Traité de l'organisation*, etc., t. 1, n. 83 et s.), Dufour (*Droit administratif appliqué*, t. 1, n. 179), et elle fut également soutenue par M. Persil dans son rapport de 1845, à la Chambre des pairs. — V. le *Moniteur*, p. 1151. — Mais elle fut combattue par M. Vivien et par M. de Pistoye. — V. à cet égard l'ouvrage de ce dernier intitulé : *Du Conseil d'État, de son organisation, de son autorité et de ses attributions*, p. 21 et s. — L'art. 24, L. 19 juill. 1845, trancha la question par une disposition portant que : Si l'ordonnance n'était pas conforme à l'avis du Conseil d'État, elle ne pourrait être rendue que de l'avis du conseil des ministres, qu'elle serait motivée et insérée au *Moniteur* et au *Bulletin des lois*. Cet article, comme on le voit, reconnaissait aux ministres le droit de modifier le projet préparé par le Conseil d'État : il maintenait le principe de la justice retenue, en introduisant seulement dans son application une certaine garantie.

96. — La révolution de 1848 amena plusieurs innovations importantes, tant dans l'organisation que dans les attributions du Conseil d'État. Le gouvernement provisoire avait supprimé le service extraordinaire (Décr. 12 mars et 18 avr. 1848). La constitution du 4 nov. 1848 créa un Conseil d'État dont le vice-Président de la République était président, et dont les membres étaient élus pour six ans par l'Assemblée nationale (art. 71 et s.). La loi du 3 mars 1849 compléta les dispositions de la constitution. Le conseil fut partagé en trois sections : législation, administration, contentieux.

97. — La constitution de 1848 rendit au Conseil d'État une partie de ses attributions législatives, sans toutefois lui confier la défense des projets de loi devant les Chambres. Les trois sections pouvaient se réunir en assemblée générale chargée de délibérer sur les projets de loi et de règlement d'administration publique, sur les projets de décret que le règlement du Conseil d'État déférait à l'examen de l'assemblée générale, et sur ceux qui lui étaient renvoyés par les diverses sections (L. 3 mars 1849, art. 45).

98. — Un pouvoir propre fut conféré au Conseil d'État en matière contentieuse (L. 3 mars 1849, art. 6). Le jugement des affaires contentieuses cessait d'être remis à l'assemblée générale : il était confié à la section du contentieux seule, qui était composée de neuf membres (L. 3 mars 1849, art. 36 et s.).

99. — Les conflits d'attribution n'étaient plus soumis au Conseil d'État, mais il était créé à cet effet un tribunal composé, moitié de conseillers d'État, moitié de conseillers à la Cour de cassation (Même loi, art. 64; Règl. 26 oct. 1849; L. 4 févr. 1850). — V. *supra*, v° *Conflit*, n. 43.

100. — Le Conseil d'État de 1849, dont les fonctions étaient autant politiques qu'administratives, prépara de nombreux projets de loi dont les exposés de motifs sont tout à fait remarquables. — Aucoc, *op. cit.*, p. 127.

101. — La constitution du 14 janv. 1852 (tit. 6) réorganisa le Conseil d'État sur des bases différentes. Le décret du 25 janv. 1852 développa les règles nouvelles. Tous les membres du Conseil d'État étaient nommés par le chef de l'État. Le service extraordinaire était rétabli, le conseil était divisé en six sections. L'organisation intérieure fut d'ailleurs plusieurs fois modifiée dans la suite (Décr. 10 déc. 1852, 6 nov. 1858, 1er oct. 1860, 10 mai 1863, 4 nov. 1865, etc.).

102. — Le conseil était dépouillé de son pouvoir propre de juridiction en matière contentieuse, et il ne faisait que proposer les décrets qui statuaient sur le contentieux administratif. En fait, les projets proposés par le Conseil d'État devenaient toujours les « décrets rendus au contentieux »; et ceux-ci gardaient dans l'usage le nom d'arrêts. L'art. 19, Décr. 25 janv. 1852, créait, par une innovation heureuse, l'assemblée spéciale du Conseil d'État délibérant au contentieux. Le tribunal des conflits était supprimé ; la préparation des décrets relatifs aux conflits d'attribution était rendue au Conseil d'État.

103. — Les traditions du premier Empire étaient reprises en ce qui touchait les fonctions législatives du conseil; la proclamation adressée le 2 déc. 1851 par le président de la République au peuple français annonçait déjà que le Conseil d'État, dont elle prévoyait l'institution, préparerait les lois et en soutiendrait la discussion devant le Corps législatif. C'est ce que décida l'art. 1, Décr. 25 janv. 1852. Tous les projets de loi lui étaient soumis, y compris les lois de finances portant fixation et règlement du budget de l'État. L'initiative des lois, d'après l'art. 8 de la constitution, n'appartenait pas aux députés; l'art. 4 décidait que tout amendement adopté par la commission chargée d'examiner un projet de loi devait être renvoyé sans discussion au Conseil d'Etat par le président du Corps législatif, et si l'amendement n'était pas adopté par le Conseil d'Etat, il ne pouvait être soumis à la délibération du Corps législatif. Le conseil pouvait enfin être appelé à examiner les projets de sénatus-consultes ; des conseillers d'Etat pouvaient être désignés pour en soutenir la discussion (Décr. 31 déc. 1852, art. 1, 3 et 4).

104. — Le Conseil d'Etat de 1852, dont les attributions étaient plus considérables encore que sous le premier Empire, participa très-activement à l'œuvre législative (Aucoc, *op. cit.*, p. 132 et s.), mais il vit son influence restreinte par le sénatus-consulte du 8 sept. 1869, qui rendait au Corps législatif l'initiative des lois et qui réduisait le rôle du conseil, en matière d'amendement, à donner un avis lorsque le gouvernement et la commission du Corps législatif étaient en désaccord.

105. — Le gouvernement de la Défense nationale, par un décret du 15 sept. 1870, suspendit les membres du Conseil d'Etat de l'Empire et institua une commission provisoire chargée de l'expédition des affaires urgentes. Elle était composée de huit conseillers, on y attachait aussi dix maîtres des requêtes nommés par le gouvernement et douze auditeurs élus par les conseillers et les maîtres des requêtes. Cette commission provisoire fonctionna jusqu'au mois d'août 1872.

106. — De même que le second Empire avait emprunté certains traits au Conseil d'Etat du premier, la troisième République, dans la loi du 24 mai 1872, reproduisit quelques-unes des dispositions du système de 1849 ; c'est ainsi que les conseillers en service ordinaire durent être élus par l'Assemblée nationale le 24 mai 1872 (art. 3). Cette règle subsista jusqu'à la constitution de 1875 qui prescrivit la nomination des conseillers d'Etat par le président de la République en conseil des ministres (L. const. 25 févr. 1875, art. 4). De plus, la loi de 1872 supprima le titre d'auditeur et de maître des requêtes en service extraordinaire. Cette loi est encore en grande partie en vigueur, mais elle a été modifiée sur quelques points, notamment par la loi du 13 juill. 1879, qui a augmenté le nombre des membres du conseil et qui a aussi rétabli la section de législation que la loi de 1872 avait supprimée. — V. aussi Décr. 2 août 1879; L. 6 juill. 1887, etc.

107. — Le Conseil d'Etat n'est plus obligatoirement consulté en matière législative, et, bien que la loi du 13 juill. 1879 ait, comme nous venons de le dire, restauré la section de législation, le Conseil d'Etat n'est toujours que facultativement appelé à concourir à l'élaboration des lois. Mais, si sous notre régime d'initiative parlementaire et de responsabilité ministérielle, ce corps ne peut plus exercer le rôle prépondérant qui lui a appartenu sous le premier Empire, du moins, il a conservé d'importantes attributions administratives : il prépare les règlements d'administration publique ; il donne son avis sur les affaires les plus multiples, et les plus variées, ainsi qu'on le verra plus loin ; il examine et il résout des questions du plus haut intérêt.

108. — La question des droits du Conseil d'Etat en matière contentieuse a été reprise lors de la discussion de la loi de 1872, et résolue en 1849 dans le sens du pouvoir propre de juridiction, pouvoir qui avait toujours été refusé au Conseil d'Etat sous le régime monarchique où le conseil ne faisait que préparer l'exercice de la justice retenue par l'exécutif. Il faut toutefois reconnaître que le gouvernement n'avait, pour ainsi dire, jamais usé du droit de rendre de décret au contentieux non conforme à l'avis du Conseil d'Etat (V. *supra*, n. 102). On a cependant rapporté un cas qui s'est présenté en 1802, à propos d'un marché de fournitures pour la marine et où la sanction du décret préparé par le Conseil fut refusée (V. *Rev. gén. d'admin.*, 1894, t. 2, p. 43). — On peut citer enfin deux autres exemples dans lesquels il y a eu, non pas modification, mais ajournement de la décision. Le Conseil d'Etat avait rendu, en 1842, une décision contentieuse reconnaissant au ministre des Finances le droit d'intervenir, à titre de représentant de l'Etat, pour la nue-propriété, dans les instances relatives aux biens du domaine de la couronne, quand celui que l'intendant général de la liste civile soutenait qu'il avait seul qualité pour plaider. Il s'agissait d'une instance engagée par la liste civile contre des propriétaires qui prétendaient avoir, en vertu de ventes nationales, des droits de vue, d'accès et d'égout sur le bois de Vincennes. Bien que la décision fût favorable au fond à la liste civile, l'intendant obtint du roi l'ajournement de la signature à raison de la question de qualité. La législation sur la liste civile ayant été modifiée sur ce point après 1852, l'affaire fut reprise et jugée à nouveau le 18 août 1856 (P. adm. chr.). La seconde affaire a consisté en un projet de décret adopté en 1852 par le Conseil d'Etat, sur une action en répétition d'arrérages de traitements, intentée par des magistrats révoqués ou suspendus en 1848 par le gouvernement provisoire et réintégrés depuis : la décision du conseil n'a reçu la signature de l'empereur que le 4 mai 1861, sans que de nouveaux débats aient été nécessaires. — Ducrocq, *op. cit.*, n. 269 ; Aucoc, *Conférences*, n. 363.

109. — Quelque restreint qu'ait été l'usage que le pouvoir exécutif a fait de son droit de ne pas sanctionner les décisions du Conseil d'Etat en matière contentieuse, de pareils faits ne pourraient se reproduire sous la législation actuelle : le Conseil d'Etat rend aujourd'hui « souverainement », selon l'expression de la loi (L. 24 mai 1872, art. 9), de véritables arrêts. A la commission de l'Assemblée nationale, cette innovation fut combattue par plusieurs membres qui demandaient le maintien de la tradition d'après laquelle le Conseil d'Etat n'était que l'organe de la « justice retenue ». La délégation, ajoutaient-ils, n'est qu'un premier pas vers l'inamovibilité et la consécration du principe devrait immédiatement être suivie de ses conséquences logiques. La majorité de la commission ne pensa pas que la délégation dût nécessairement avoir l'inamovibilité pour corollaire ; c'est ainsi que, depuis l'an VIII, les conseils de préfecture rendent des arrêtés exécutoires et que leurs membres n'ont cependant pas cessé d'être amovibles (V. *infra*, v° *Conseil de préfecture*). On ne faisait donc qu'appliquer au second degré ce qui avait été pratiqué au premier. Pourquoi la justice administrative aurait-elle été déléguée pour la première instance et retenue en appel ? Au reste, nous avons vu que les projets de décrets préparés par le Conseil d'Etat étaient, en fait, de véritables arrêts (*supra*, n. 102, 108). « Pourquoi, dès lors, dit M. Batbie dans son rapport, maintenir une fonction et ne pas mettre dans la loi une disposition conforme à la réalité ? Nous le comprendrions si la faculté de refuser l'approbation pouvait influer utilement sur les décisions du Conseil d'Etat ; mais il est reconnu que si le chef du pouvoir exécutif usait de ce droit, la bonne administration de la justice y perdrait beaucoup. Il y aurait à craindre que le caprice ou la passion politique ne fussent plus écoutés que l'avis mûrement délibéré par le Conseil d'Etat, ce pouvoir pouvant être aussi avant le vote un moyen de pression pour obtenir, par la menace d'une réformation, une majorité factice. Nous avons brisé une arme dont il serait possible de faire un si dangereux usage. »

110. — Devenu juridiction souveraine et le plus haut tribunal administratif de la France, le Conseil d'Etat a conservé, en bien des matières, la jurisprudence qu'il avait déjà créée ; mais dans bien des cas se sont produites des variations importantes qui laissent indécises les solutions qu'on voudrait voir plus solidement motivées.

111. — Les recours en matière contentieuse sont devenus si nombreux que l'organisation du conseil, telle qu'elle résultait des lois précitées, était devenue insuffisante. Une loi du 26 oct. 1888 a autorisé le pouvoir exécutif à créer, quand les besoins du service l'exigeraient, une section temporaire du contentieux, pour concourir au jugement des affaires d'élections et de contributions directes ou taxes assimilées. Ainsi que nous aurons occasion de le montrer, cette section temporaire a déjà fourni une somme considérable de travail ; mais l'innovation n'a pas encore donné des résultats suffisants, et divers projets et propositions ont été présentés au Parlement dans le but de modifier plus profondément le contentieux du Conseil d'Etat. — V. le projet de loi relatif à la création d'une seconde section du contentieux (Chambre, sess. 1891, n. 1282) ; la proposition de loi de M. Camille Krantz, qui proposait l'organisation d'une section du contentieux divisée en deux comités ; la proposition de loi modifiant les attributions du Conseil d'Etat, réduisant le contentieux administratif et augmentant la compétence des tribunaux judiciaires, présentés par M. Louis Ricard (Chambre, sess. 1891, n. 1452). — Ces divers projets et propositions furent renvoyés à l'examen du Conseil d'Etat (9 déc. 1891) et donnèrent lieu ensuite à un rapport de M. Camille Krantz au nom de la commission (Chambre, sess. 1892, n. 2104), rapport suiv. du projet de la commission. Actuellement la Chambre est saisie d'un nouveau projet de loi déposé le 15 janv. 1894, par M. Antonin Dubost, garde des sceaux, remplaçant également la section temporaire du contentieux par une section permanente (Chambre, sess.

1894, n. 245). Ces projets de réforme n'ont pas seulement pour objet de hâter l'expédition des affaires contentieuses, mais aussi de faire participer le Conseil d'Etat à l'œuvre législative. — V. Varagnac, *Le Conseil d'Etat et les projets de réforme; Revue des Deux-Mondes*, 15 août et 15 sept. 1892.

TITRE II.

ORGANISATION.

112. — Le Conseil d'Etat comprend : 1° des conseillers d'Etat en service ordinaire, au nombre de trente-deux (L. 13 juill. 1879, art. 1); 2° des conseillers d'Etat en service extraordinaire, au nombre de dix-huit; 3° des maîtres des requêtes, au nombre de trente; 4° des auditeurs, au nombre de trente-six et divisés en deux classes : douze auditeurs de première classe et vingt-quatre de seconde.

113. — La loi de 1872 (art. 1) portait : « il y a auprès du Conseil d'Etat : 1° *vingt-quatre* maîtres des requêtes; 2° *trente* auditeurs ». Telle était également la forme de rédaction suivie par le projet primitif du gouvernement, lors de la présentation de la loi de 1879 (*J. off.*, 1879, p. 2541). A cette rédaction la commission du Sénat substitua celle qui fut définitivement adoptée. Il semblait résulter de la rédaction primitive (*J. off.*, 1879, p. 247) que les maîtres des requêtes et les auditeurs n'étaient pas membres du Conseil d'Etat. Cette rédaction, qui pouvait s'expliquer par la différence du mode de nomination des conseillers, d'une part, des maîtres des requêtes et auditeurs, d'autre part, quoum l'empire de la loi de 1872, n'avait plus de raison d'être. — V. Const. de 1848, tit. 6; L. 3 mars 1849, art. 10.

114. — A ces divers membres il faut ajouter le secrétaire général qui a rang et titre de maître des requêtes (L. 24 mai 1872, art. 1). Un secrétaire spécial est attaché au contentieux, mais il ne figure point parmi les membres du Conseil d'Etat; la loi ne le rattache à aucune des classes dont ce corps se compose.

115. — Les ministres ont rang et séance à l'assemblée générale du Conseil d'Etat (L. 24 mai 1872, art. 2). Chacun des ministres a voix délibérative, en matière non contentieuse, pour les affaires qui dépendent de son ministère. Les mots « en matière non contentieuse » sont peut-être superflus, la loi ne donnant aux ministres le droit de siéger qu'à l'assemblée générale *administrative*, du Conseil d'Etat; l'introduction de ces mots dans le texte a eu pour but d'affirmer, en termes formels, la pensée du législateur, de refuser le droit aux ministres de participer au jugement des affaires contentieuses; pensée à laquelle se rattachent les dispositions qui, d'une part, tout en permettant au garde des sceaux de présider soit l'assemblée générale, soit les sections, font cependant exception pour celle du contentieux, et, d'autre part, excluent de cette même section les conseillers d'Etat en service extraordinaire. — V. *infrà*, n. 128.

116. — Béquet pose la question de savoir si les ministres ont entrée dans les sections administratives du Conseil d'Etat et la résout affirmativement, en déduisant cette solution de cette même règle, à savoir que les ministres ont voix délibérative en matière non contentieuse; règle qui ne peut être appliquée d'une manière absolue que si le ministre, pour les affaires qui concernent son département, a entrée et voix délibérative à celle à laquelle ressortit celui-ci. En outre, l'art. 14 de la loi de 1872 (V. *infrà*, n. 189) permet au gouvernement d'appeler à prendre part aux séances de l'assemblée ou des sections avec voix consultative, les personnes qu'il juge utile d'y appeler. Les ministres peuvent sans doute se désigner eux-mêmes, et ils bénéficieraient alors de la voix délibérative que leur attribue l'art. 2 de la loi de 1872 (*Rép. du dr. admin.*, v° *Cons. d'Et.*, n. 36). On peut noter que les ministres n'useut pas du droit qui leur est conféré de prendre séance au Conseil d'Etat. Ils y sont, en effet, représentés chacun pour son département ministériel par les conseillers d'Etat en service extraordinaire. — V. *infrà*, n. 125.

117. — La présidence du Conseil d'Etat, qui a varié selon les régimes, est aujourd'hui attribuée au garde des sceaux, ministre de la Justice (L. 24 mai 1872, art. 4). Celui-ci préside l'assemblée générale lorsqu'il y assiste; il a le droit de présider les sections, hormis la section du contentieux (Même loi, art. 10, § 4). Le garde des sceaux a voix délibérative toutes les fois qu'il préside soit l'assemblée générale, soit les sections (Même loi, art. 2, § 2). En l'absence du garde des sceaux, le Conseil d'Etat est présidé par un vice-président, nommé par décret du président de la République et choisi parmi les conseillers d'Etat en service ordinaire (L. 24 mai 1872, art. 4). Le vice-président est, en réalité, le véritable président du Conseil d'Etat, le garde des sceaux ne dirigeant que très-rarement les débats du Conseil. En l'absence du garde des sceaux et du vice-président, le Conseil d'Etat est présidé par le plus ancien des présidents de section, en suivant l'ordre du tableau. Chacune des cinq sections du Conseil d'Etat a, en effet, à sa tête, un président nommé par décret et choisi parmi les conseillers en service ordinaire (L. 24 mai 1872, art. 10, § 3).

CHAPITRE I.

COMPOSITION DU PERSONNEL.

SECTION I.

Membres du Conseil d'Etat.

§ 1. *Conseillers d'Etat en service ordinaire.*

1° *Nomination.*

118. — Nous avons dit que la loi du 24 mai 1872 avait confié à l'Assemblée nationale le soin d'élire les conseillers d'Etat. L'élection avait lieu en séance publique, au scrutin de liste et à la majorité absolue. Après deux épreuves, il était procédé à un scrutin de ballottage entre les candidats qui avaient obtenu le plus de suffrages, en nombre double de ceux qui restaient encore à élire. Les conseillers d'Etat devaient être renouvelés par tiers tous les trois ans; les membres sortants étaient désignés par le sort et indéfiniment rééligibles (L. 24 mai 1872, art. 3).

119. — La constitution de 1875 revint au système de la nomination des conseillers d'Etat par décret. Ce décret est pris par le président de la République, en conseil des ministres (L. const., 25 févr. 1875, art. 4). Nul ne peut être nommé conseiller d'Etat s'il n'est âgé de trente ans accomplis (L. 24 mai 1872, art. 6). C'est la seule condition imposée au gouvernement pour le choix des conseillers d'Etat, à l'inverse de ce qui existait, par exemple, sous la Restauration alors que l'on exigeait que les futurs conseillers fussent ou eussent été revêtus de certains titres. M. de Ravignan avait proposé d'attribuer le tiers des places de conseillers d'Etat aux maîtres des requêtes ayant dix ans de service. Le rapporteur répondit qu'il était impossible d'accorder à l'ancienneté une proportion quelconque de places vacantes dans des fonctions d'un ordre aussi élevé, que cette innovation serait dangereuse et créerait un précédent fâcheux (séance du Sénat, 26 mai 1879; La proposition méritait, suivant nous, un meilleur sort, ou tout au moins un examen plus sérieux. Il n'était pas, d'ailleurs, question de donner des places de conseillers d'Etat à l'ancienneté, mais simplement d'obliger le gouvernement à choisir une certaine proportion des conseillers parmi les maîtres des requêtes, avec cette condition qu'il s'agit de maîtres des requêtes ayant dix ans de fonctions. Une proposition du même genre a été présentée plus récemment. Le projet de loi sur le Conseil d'Etat, que la commission de la Chambre avait élaboré dans la précédente législature, portait que la moitié des places de conseillers d'Etat serait réservée aux maîtres des requêtes. — V. Chambre, session 1892, annexes, n. 2104 (*Docum. parlem.*, 1892, p. 1074 et s.). — L'installation des membres du Conseil d'Etat a lieu en assemblée générale; il n'y a plus aujourd'hui de prestation de serment.

2° *Traitement.*

120. — Le traitement des conseillers d'Etat en service ordinaire, fixé par la loi de finances, est de 16,000 fr. Celui du vice-président du Conseil d'Etat est de 25,000 fr., et celui des présidents de section, de 18,000 fr. On peut prendre contre un conseiller d'Etat une mesure de discipline temporaire consistant dans la suspension du traitement (Décr. 2 août 1879, art. 29).

3° *Révocation.*

121. — Les conseillers d'Etat ne peuvent être révoqués que suivant le mode déterminé pour leur nomination, c'est-à-dire par décret rendu en conseil des ministres (L. const. 25 févr. 1875, art. 4, § 2). D'après la loi du 24 mai 1872, art. 3, les conseillers d'Etat en service ordinaire pouvaient être suspendus pour un temps ne pouvant excéder deux mois, par décret du président de la République, et, pendant la durée de la suspension, le conseiller suspendu était remplacé par le plus ancien maître des requêtes de la section. L'Assemblée nationale était, de plein droit, saisie de l'affaire par le décret qui avait prononcé la suspension ; à l'expiration du délai, elle maintenait ou révoquait le conseiller d'Etat. En cas de révocation, il était procédé au remplacement dans le mois. Cette disposition a été implicitement abrogée par l'art. 4, L. const. 25 févr. 1875, qui donne au président de la République le droit de révocation, et ne parle plus de la suspension. Le même article portait une disposition transitoire, visant les conseillers nommés en vertu de la loi de 1872, mais cette disposition n'a plus qu'un intérêt historique ; à la suite des nombreuses démissions survenues en 1879, il ne restait plus en fonction, dès le mois d'août de cette année, un seul des conseillers d'Etat nommés par l'Assemblée nationale.

4° *Retraite.*

122. — La limite d'âge n'existe pas pour les conseillers d'Etat, à la différence de ce qui a lieu pour les magistrats de l'ordre judiciaire. L'une des propositions ci-dessus rappelées comportait cette limite d'âge. La question sera sans doute reprise lors de la discussion du projet de loi actuellement soumis aux Chambres. Les conseillers d'Etat peuvent être admis à faire valoir leurs droits à la retraite quand l'âge ou les infirmités les ont, en fait, rendus incapables de remplir leurs fonctions. La retraite des conseillers d'Etat est régie par la loi du 22 août 1790, et non par celle du 9 janv. 1853. — V. *infrà*, v° *Pensions et retraites.*

5° *Fonctions.*

123. — Les fonctions générales des conseillers d'Etat ne sont inscrites dans aucun texte ; elles résultent des attributions mêmes du Conseil d'Etat et consistent naturellement à prendre part aux délibérations des affaires soumises au conseil. La loi ne dit même pas quelle voix ont les conseillers d'Etat en service ordinaire dans ces délibérations, mais par cela même qu'elle limite par des dispositions que nous indiquerons *infrà*, n. 127, 132 et 150, l'autorité qui s'attache à la voix des conseillers d'Etat en service extraordinaire, maîtres des requêtes et auditeurs, il en faut conclure que les conseillers en service ordinaire ont voix délibérative pour toute affaire, tant en assemblée générale qu'en section. Il y a lieu toutefois de faire exception pour les conseillers d'Etat nommés à des fonctions publiques, conformément à l'art. 3, L. 19 juill. 1879 (Décr. 2 août 1879, art. 3). — V. *infrà*, n. 155 et s. — Il est bien entendu que lorsque nous disons que les conseillers d'Etat ont voix délibérative en section, ils ne l'ont que dans la section à laquelle ils appartiennent. S'ils ont été appelés dans l'intérieur d'une section dont ils ne font pas partie, afin d'y prendre part à une discussion déterminée, ils n'ont, dans cette section, que voix consultative (Béquet, n. 82). Il en est autrement si, par suite de vacance, d'absence ou d'empêchement, une section ne se trouve pas en nombre pour délibérer ; si alors un conseiller est appelé à compléter la section, il se trouve investi de tous les droits des conseillers qui y appartiennent. — Béquet, n. 83.

124. — Outre les attributions générales dont il vient d'être parlé, les conseillers d'Etat sont appelés, en certaines circonstances, à remplir des fonctions d'une nature particulière. Ainsi des conseillers d'Etat peuvent être chargés par le gouvernement de soutenir devant les Chambres les projets de loi qui ont été renvoyés à l'examen du Conseil (L. 24 mars 1872, art. 8, § 2). Le législateur a pensé qu'il était particulièrement utile, lorsqu'un projet de loi avait été préparé de cette manière, que les conseillers d'Etat fussent chargés de soutenir devant les Chambres la rédaction du Conseil. Mais la loi constitutionnelle du 16 juill. 1875, dans son art. 6, contient une disposition plus large : elle permet aux ministres de se faire assister, pour la discussion d'un projet de loi déterminé, par des commissaires désignés par décret du président de la République ; et il est évident que le choix du gouvernement peut porter sur des conseillers d'Etat. — Aucoc, *Le Conseil d'Etat*, p. 149.

125. — En outre, certaines lois spéciales et quelques décrets et arrêtés ministériels ont appelé les conseillers d'Etat à faire partie de juridictions, de conseils ou de comités particuliers. Ainsi le tribunal des conflits doit comprendre trois conseillers d'Etat ; le conseil des prises, un conseiller ; la commission mixte des travaux publics, quatre conseillers ; le comité consultatif des chemins de fer, six conseillers d'Etat. Il est également de tradition et d'usage de faire toujours une place à un ou plusieurs conseillers dans un grand nombre de conseils et de comités, tels que le conseil de l'ordre de la Légion d'honneur, le conseil supérieur de l'instruction publique, le comité consultatif d'hygiène publique, la commission de distribution des bureaux de tabac, etc., etc. — Béquet, *op. cit.*, n. 17.

§ 2. *Conseillers d'Etat en service extraordinaire.*

126. — Les conseillers d'Etat en service extraordinaire sont nommés par le président de la République (L. 24 mai 1872, art. 3). Ils doivent être âgés de trente ans accomplis, l'art. 6 de la loi de 1872 ne distinguant pas entre le service ordinaire et le service extraordinaire. Les conseillers d'Etat en service extraordinaire sont choisis à raison de leur situation administrative. Ce sont des fonctionnaires, ordinairement des directeurs des ministères, qui sont appelés ainsi, par décret spécial, à prendre part aux travaux du conseil. Ils perdent leur titre de conseillers d'Etat de plein droit, dès qu'ils cessent d'appartenir à l'administration active. Ils ne reçoivent aucun traitement en tant que conseillers d'Etat.

127. — A la différence des conseillers d'Etat en service ordinaire, les conseillers d'Etat en service extraordinaire n'ont voix délibérative, soit à l'assemblée générale, soit à la section, que dans les affaires qui dépendent du département ministériel auquel ils appartiennent. Ils n'ont que voix consultative dans les autres affaires (L. 24 mai 1872, art. 11). Le conseiller en service extraordinaire a voix délibérative dans les affaires qui dépendent du département ministériel auquel il est attaché, et non pas seulement de la direction à la tête de laquelle il est placé. Par exemple, le conseiller d'Etat, directeur de l'administration départementale et communale au ministère de l'intérieur, a voix délibérative dans toutes les affaires dépendant de ce ministère, qu'elles soient présentées par sa direction ou par celles de l'administration pénitentiaire ou de l'assistance et de l'hygiène publique. La loi qui a donné droit de vote aux conseillers en service extraordinaire dans les affaires « *dépendant* » du ministère auquel ils appartiennent, ne leur a pas donné ce droit dans toutes les affaires « *intéressant* » le ministère. Pour qu'une affaire soumise au conseil soit considérée comme dépendant d'un ministère, il faut qu'elle ait été envoyée par le ministre titulaire, ou, si elle est connexe à plusieurs ministères, que les titulaires de ces divers ministères se soient associés dans la résolution d'en saisir le conseil ; un simple avis émis au cours d'une instruction ne saurait suffire. — Béquet, n. 112.

128. — Les conseillers d'Etat en service extraordinaire ne peuvent pas être attachés à la section du contentieux (L. 24 mai 1872, art. 10, § 4). L'exclusion des conseillers en service extraordinaire du droit de participer au jugement des affaires contentieuses remonte à l'ordonnance du 20 août 1830 ; elle se justifie d'elle-même, ces fonctionnaires appartenant à l'administration active, et, à ce titre, étant le plus souvent intéressés dans les litiges portés devant le Conseil d'Etat statuant au contentieux.

129. — L'institution du service extraordinaire a donné lieu à de nombreuses critiques ; cependant son utilité nous paraît évidente. Le service extraordinaire, ainsi que l'a dit M. Dunion en 1845, est le lien entre l'administration et le Conseil d'Etat ; c'est l'instrument d'une réaction réciproque, qui donne aux faits administratifs une juste influence sur la jurisprudence du Conseil d'Etat, et qui rend à la jurisprudence du Conseil d'Etat une juste influence sur la pratique administrative.

§ 3. *Maîtres des requêtes.*

130. — Les maîtres des requêtes ont été institués par le décret du 11 juill. 1806. Le titre qui leur a été conféré, en souvenir de l'ancien régime, n'est plus aujourd'hui absolument d'accord avec les attributions de ces fonctionnaires. Les maîtres des requêtes sont nommés par décret, sur les présentations du vice-président et des présidents de section (L. 24 mai 1872, art. 5, § 2, 3). Il est de tradition que le ministre de la Justice demande en conseil des ministres, l'avis de ses collègues sur la nomination des maîtres des requêtes, mais ce n'est pas là une formalité obligatoire. Le tiers au moins des places de maîtres des requêtes est réservé aux auditeurs de première classe. Pour être nommé maître des requêtes, il faut être âgé de vingt-sept ans accomplis (Même loi, art. 6). Les maîtres des requêtes jouissent d'un traitement de 8,000 fr.

131. — Les maîtres des requêtes ne peuvent être révoqués que par décret individuel rendu après avis des présidents (Même loi, art. 5, § 2 et 4). Il est à remarquer que les décrets qui, en 1879, ont relevé de leurs fonctions un certain nombre de maîtres des requêtes, ont été rendus en conseil des ministres. — V. notamment *J. off.*, 1879, p. 6811. — Mais, de même que pour la nomination, il n'y a là rien d'obligatoire.

132. — Les maîtres des requêtes ont voix délibérative, soit à l'assemblée générale, soit à la section, lorsque les affaires dont le rapport leur a été confié, et voix consultative dans les autres (Même loi, art. 11, § 2). De même que les conseillers, les maîtres des requêtes peuvent entrer dans la composition de plusieurs commissions et conseils établis auprès des administrations générales.

§ 4. *Auditeurs.*

1° *Auditeurs de première classe.*

133. — Aux termes de la loi du 24 mai 1872, les auditeurs de première classe étaient nommés à la suite d'un concours auquel les auditeurs de deuxième classe étaient seuls appelés à prendre part (L. 24 mai 1872, art. 5, § 7). Ce système a été modifié par la loi du 13 juill. 1879, le concours ayant surtout sa raison d'être pour l'entrée dans la carrière; l'exercice de leurs fonctions constitue, d'ailleurs, pour les auditeurs un examen permanent; aujourd'hui les auditeurs de première classe sont nommés par décret du président de la République, sur la présentation du vice-président et des présidents de section (L. 13 juill. 1879, art. 2). Ils sont choisis parmi les auditeurs de seconde classe, ou parmi les anciens auditeurs sortis du conseil qui comptent quatre années d'exercice, soit de leurs fonctions, soit des fonctions publiques auxquelles ils auraient été appelés.

134. — La loi du 24 mai 1872 (art. 6) imposait comme condition pour la nomination aux fonctions d'auditeur de première classe, à la fois un maximum et un minimum d'âge : nul ne pouvait être nommé auditeur de première classe, s'il avait plus de trente ans et moins de vingt-cinq. Le maximum d'âge a été porté, depuis, à trente-trois ans, qui sont comptés du 1er janvier de l'année de la nomination (L. 1er juill. 1887, art. 2). Quant au minimum d'âge, il a été supprimé par une loi du 1er août 1874. Les auditeurs de première classe reçoivent un traitement égal à la moitié de celui des maîtres des requêtes, c'est-à-dire 4,000 fr. (L. 24 mai 1872, art. 5, § 10). La durée de leurs fonctions n'est pas limitée. Ainsi que nous le verrons un peu plus loin, il en est autrement pour les fonctions des auditeurs de deuxième classe : c'est la principale différence entre les deux classes d'auditeurs. Rappelons que le tiers au moins des places de maîtres des requêtes est réservé aux auditeurs de première classe. — V. *supra*, n. 130.

2° *Auditeurs de deuxième classe.*

135. — Les candidats aux fonctions d'auditeur au Conseil d'Etat furent soumis d'abord à un examen obligatoire par le décret du 26 déc. 1809, puis par la loi du 15 juill. 1845 (V. l'art. 8 de cette loi). Leur choix par la voie du concours a été institué par la loi du 3 mars 1849 (art. 20), et le règlement d'administration publique du 9 mai 1849 a déterminé d'abord les formes et les conditions. Le décret du 25 nov. 1853 revint au système de la loi de 1845. Le concours, rétabli par le décret du 10 mars 1870, a été conservé par la loi du 24 mai 1872 à laquelle les lois subséquentes n'ont pas dérogé sur ce point. Aux termes de l'art. 5, § 6, L. 24 mai 1872, les auditeurs de deuxième classe sont nommés au concours, dans des formes et aux conditions qui seront déterminées « dans un règlement que le Conseil d'Etat sera chargé de faire ». La loi du 3 mars 1849 (art. 20) portait : « dans un règlement d'administration publique que le Conseil d'Etat sera chargé

de faire ». A cette époque, d'après le régime établi par la constitution du 4 nov. 1848 (art. 75), et confirmé par la loi du 3 mars 1849 (art. 4), le Conseil d'Etat pouvait recevoir du législateur une délégation directe pour faire des règlements d'administration publique. — V. Aucoc, *Le Conseil d'Etat avant et depuis 1789*, p. 123. — La loi de 1872 a substitué aux mots « règlement d'administration publique » celui de « règlement », manifestant ainsi son intention de déléguer au Conseil d'Etat le soin de faire, non pas un règlement d'administration publique, mais un simple règlement d'ordre intérieur (Ducrocq, *Cours de dr. adm.*, n. 80). Il n'en est pas moins vrai qu'en 1872, comme en 1849, le Conseil d'Etat était doté, pour la rédaction de ce règlement, d'un pouvoir propre de décision, et que le gouvernement ne pouvait apporter de modifications au texte arrêté par le conseil. — V. la discussion qui a eu lieu sur ce point à la séance du Sénat du 31 mai 1880, *J. off.*, 1880, p. 5910 et s.). — Le règlement prévu par la loi du 24 mai 1872 est intervenu à la date du 14 octobre de la même année.

136. — Le concours est ouvert chaque année, il a lieu, dans le mois de décembre, pour la nomination d'autant d'auditeurs qu'il y a de places vacantes (L. 1er juill. 1887, art. 4). Par cette disposition, se trouvent abrogées les dispositions de la loi du 10 août 1876 qui : 1° fixaient à six le nombre des places à mettre annuellement au concours (V., d'autre part, les dispositions transitoires de la loi du 23 mars 1880) ; 2° portaient que les auditeurs dont les places deviendraient vacantes avant le terme légal de leurs fonctions ne seraient remplacés que lors du renouvellement de la série à laquelle ils appartiennent, et que le ministre de la Justice pouvait autoriser un ou plusieurs auditeurs, pris dans l'ordre du tableau parmi ceux qui achèvent leur dernière année, à remplir pendant une année les places ainsi devenues vacantes. Aujourd'hui, le nombre des places à mettre au concours peut varier chaque année; il peut même arriver que, par suite de certaines circonstances exceptionnelles, il n'y ait pas lieu d'ouvrir le concours. Mais, d'autre part, toute place vacante dans l'année de concours, quelle que soit la cause de la vacance, mise au concours au mois de décembre suivant. — *La nouvelle loi sur les auditeurs* (Rev gén. adm., 1887, t. 2, p. 418).

137. — Le président du Conseil d'Etat indique par un arrêté le nombre de places à mettre au concours et détermine l'époque à laquelle le concours doit s'ouvrir (Décr. 14 oct. 1872, art. 1). L'arrêté du président du Conseil d'Etat est inséré au *Journal officiel*, avec le texte des art. 4, 5, 6, 7 et 11 du règlement, et adressé immédiatement aux préfets des départements ainsi qu'aux recteurs des académies (Même décr., art. 2). Le délai entre l'insertion de l'arrêté au *Journal officiel* et le jour fixé pour l'ouverture du concours est de deux mois. Dans le cas où des places deviennent vacantes pendant cet intervalle, elles peuvent être ajoutées par un nouvel arrêté pris avant l'ouverture du concours au nombre de celles précédemment indiquées (Même décr., art. 3).

138. — Les aspirants se font inscrire au secrétariat du Conseil d'Etat dans les vingt jours à partir de l'insertion de l'arrêté au *Journal officiel* ; ils déposent au secrétariat leur acte de naissance, ainsi que les pièces justificatives des conditions énoncées dans l'article suivant. Les aspirants ont aussi la faculté de se faire inscrire et de produire les pièces au secrétariat de la préfecture de leur résidence dans le même délai. La liste des inscriptions et les pièces sont transmises dans les dix jours par les préfets au secrétariat du Conseil d'Etat (Même décr., art. 4). Nul ne peut se faire inscrire en vue du concours : 1° s'il n'est français jouissant de ses droits ; 2° s'il a, au 1er janvier de l'année du concours, moins de vingt et un ans ou plus de vingt-cinq ans ; 3° s'il ne produit, soit un diplôme de licencié en droit, ès-sciences ou ès-lettres, obtenu dans une des Facultés de l'Etat, soit un diplôme de l'Ecole des chartes, soit un certificat attestant qu'il a satisfait aux examens de sortie de l'Ecole polytechnique, de l'école nationale des mines, de l'école nationale des ponts et chaussées, de l'école centrale des arts et manufactures, de l'école forestière, de l'école spéciale militaire ou de l'école navale, un brevet d'officier dans les armées de terre et de mer ; 4° s'il ne justifie avoir satisfait aux obligations imposées ainsi qu'à lui sur le recrutement de l'armée (Décr. 14 août 1879). Les mots « diplôme ... obtenu dans une des Facultés de l'Etat » avaient pour objet d'exclure les diplômes délivrés après examens subis devant les jurys mixtes établis par la loi du 12 juill. 1875, mais qui n'ont subsisté que jusqu'à celle du 18 mars 1880.

139. — La liste des inscriptions est close par le secrétaire général du Conseil d'Etat cinq jours après l'expiration du délai fixé par l'art. 4 pour l'envoi des pièces (Décr. 14 oct. 1872, art. 6). La liste des candidats qui sont admis à concourir est dressée et arrêtée définitivement par le vice-président du Conseil d'Etat, assisté des présidents de sections. Cinq jours au moins avant l'ouverture du concours, elle est déposée au secrétariat du Conseil d'Etat, où toute personne peut en prendre communication (Même décr., art. 7).

140. — De la disposition qui précède, il résulte que le bureau du conseil a pouvoir pour admettre les candidats à concourir, et a le droit d'éliminer, avant toute épreuve, ceux à l'égard desquels cette mesure se justifierait par des considérations dont il est seul juge (V. Béquet, n. 147). La réunion du vice-président du Conseil d'Etat et des présidents de sections, chargés de statuer sur ce point, constitue une autorité administrative dont la décision peut être attaquée pour incompétence ou excès de pouvoir en vertu des lois des 7-14 oct. 1790 et du 24 mai 1872. — Cons. d'Et., 21 mars 1873, Trubert, [S. 75.2.121, P. adm. chr., D. 73. 3.85] — Mais aucun recours n'étant ouvert par la loi contre cette décision, elle ne peut être attaquée pour violation ou fausse interprétation de la loi. — Même arrêt.

141. — Le jury du concours se compose de trois conseillers d'Etat, dont un faisant fonction de président, et de deux maîtres des requêtes, choisis par le président du Conseil d'Etat (Même décr., art. 8, modifié par Décr. 19 févr. 1878). Le président du jury a la direction et la police du concours; il a voix prépondérante en cas de partage, sauf pour la nomination des candidats (Même art.). Le nombre de juges présents jusqu'à la fin du concours ne peut être moindre de trois (Décr. 14 oct. 1872, art. 9). Il est dressé procès-verbal de chaque séance, et le procès-verbal est signé par chacun des juges (Même décr., art. 10).

142. — Les épreuves du concours portent : 1° sur les principes du droit politique et constitutionnel français; 2° sur les principes généraux du droit des gens; 3° sur les principes généraux du droit civil français et l'organisation judiciaire de la France; 4° sur l'organisation administrative et sur les matières administratives indiquées dans le programme joint au règlement; 5° sur les éléments de l'économie politique (Même décr., art. 11). Lorsque les épreuves sont terminées, le président prononce la clôture du concours, et le jury procède immédiatement, en séance secrète, à la délibération (Décr. 14 oct. 1872, art. 23). Si d'après le résultat du concours, le jury estime qu'il n'y a pas lieu à nomination, ou qu'il n'y a pas lieu de nommer à toutes les places vacantes, il en est fait déclaration en séance publique (Même décr., art. 24). La liste des nominations est dressée par ordre de mérite (Même décr., art. 25). Le jury peut faire procéder à une nouvelle épreuve orale entre les candidats qui se trouveraient placés sur le même rang (Même décr., art. 26). Le jugement est rendu sans désemparer et le résultat du concours proclamé en séance publique. Extrait du procès-verbal, signé par le président et tous les juges, est transmis immédiatement au président de la République (Même décr., art. 27).

143. — La principale différence entre les deux classes d'auditeurs consiste dans la durée de leurs fonctions : tandis qu'elle n'est pas limitée pour les auditeurs de première classe, pour les auditeurs de seconde classe elle est, au contraire, limitée à huit années (L. 1er juill. 1887, art. 1). Cette limitation de la durée des fonctions des auditeurs remonte aux origines de l'auditorat. L'arrêté du 19 germ. an XI qui créa les auditeurs, au nombre de seize, et qui les chargeait de développer, près des sections, les motifs, soit des projets de lois ou de règlements, soit des avis ou décisions rendus par les ministres, destinait (art. 1) ces auditeurs, après un certain nombre d'années de services, à remplir d'autres fonctions dans la carrière administrative et dans la carrière judiciaire. Dès le début, la fonction d'auditeur était donc une préparation à d'autres fonctions exigeant des connaissances analogues à celles que les auditeurs étaient à même d'acquérir au Conseil d'Etat. A cette époque d'ailleurs, les maîtres des requêtes n'existaient pas, et le mode de nommer les auditeurs, sans aucun intermédiaire, au grade de conseiller, ou de les maintenir sans aucun avancement dans leurs fonctions, il était impossible d'assurer leur avenir dans les cadres du conseil.

144. — Bien que créant les maîtres des requêtes, le décret du 11 juin 1806 et celui du 26 déc. 1809 conservaient aux fonctions d'auditeur leur caractère temporaire. Il importe néanmoins de faire remarquer que des changements notables étaient apportés à l'institution, d'abord par un accroissement considérable du nombre des auditeurs, et ensuite par la division de ceux-ci en service ordinaire et service extraordinaire. Les auditeurs en service ordinaire étaient répartis en deux classes : l'une comprenait les auditeurs qui remplissaient près du ministre et des sections du conseil, les fonctions déterminées par l'arrêté du 19 germ. an XI; l'autre se composait d'auditeurs répartis entre diverses administrations de l'Etat. Les auditeurs en service extraordinaire comprenaient, outre ceux qui se trouvaient nommés à une fonction permanente les obligeant à résider hors de la capitale, les auditeurs placés auprès des préfets des départements.

145. — Le second empire rétablit un système analogue à celui du premier; le décret du 25 nov. 1853, prévoyait le placement d'auditeurs auprès des préfets avec cette différence qu'ils portaient le titre d'auditeurs en service ordinaire. Les auditeurs nommés secrétaires généraux de préfecture, ou sous-préfets, pouvaient être autorisés à conserver le titre d'auditeurs en service extraordinaire. Les décrets du 7 sept. 1863 et du 6 nov. 1867 réservèrent aux auditeurs, comme des dispositions analogues l'avaient déjà fait, un certain nombre de places dans l'administration et dans la magistrature. Les considérants placés en tête du premier de ces décrets rapportent formellement « que le temps pendant lequel les auditeurs sont attachés au Conseil d'Etat est un temps d'épreuve et de préparation, non seulement aux fonctions du conseil, mais aussi aux autres fonctions publiques. »

146. — On peut donc dire que l'auditorat au Conseil d'Etat a, d'une façon générale, été considéré comme une véritable école d'administration préparant non seulement aux fonctions de maître des requêtes, mais aussi à d'autres fonctions, et principalement à celles de l'administration départementale. Ce principe fut personnellement rappelé par M. Batbie, dans son rapport à l'Assemblée nationale, sur le projet qui devint la loi du 24 mai 1872. Il n'y a donc pas lieu de s'étonner que cette loi ait fixé une durée limitée pour les fonctions d'auditeurs de deuxième classe. Les auditeurs de première classe, pouvant rester à demeure au Conseil d'Etat, sont en principe destinés à y faire leur carrière. Les considérations ci-dessus exposées sur les caractères de l'auditorat continuent, au contraire, à s'appliquer aux auditeurs de deuxième classe. La loi du 24 mai 1872, qui limitait à quatre années la durée des fonctions de l'auditorat de deuxième classe, ne reproduisait pas les dispositions antérieures concernant les places réservées aux auditeurs. Elle impliquait pour le gouvernement le devoir moral d'appeler à d'autres fonctions les auditeurs qui n'avaient pas trouvé place dans l'auditorat de première classe; mais elle ne contenait aucune règle formelle. En fait, depuis 1872 jusqu'en 1886, sur quatre-vingt-cinq auditeurs, vingt d'entre eux rentrèrent dans la vie privée. De là un certain découragement sur les auditeurs en fonction et parmi les jeunes gens qui se préparaient à subir le concours. Ces circonstances amenèrent le vote de la loi du 1er juill. 1887.

147. — La durée de quatre ans pour les fonctions d'auditeur de deuxième classe était trop courte; l'auditeur, à peine entré au conseil, voyait approcher le moment où il était obligé d'en sortir, à moins que la chance ne lui permit de trouver place parmi les auditeurs de première classe. La loi de 1887 (art. 1) porta le maximum de durée des fonctions d'auditeurs de deuxième classe à huit ans. Comme conséquence, la limite d'âge pour la nomination aux fonctions de première classe, qui avait été fixée à trente ans par la loi de 1872 (art. 6), a été relevée afin de permettre à tout auditeur d'arriver à la première classe. La limite d'âge pour pouvoir être nommé auditeur de deuxième classe étant de vingt-cinq ans au 1er janvier de l'année du concours, et la durée des fonctions pouvant être de huit ans, la limite en question a été portée à trente-trois ans, comptés au 1er janvier de l'année de la nomination (L. 1er juill. 1887, art. 2).

148. — Un autre inconvénient de la législation antérieure était l'incertitude de l'avenir pour les auditeurs de deuxième classe. Afin d'y remédier, une disposition réservant un certain nombre de places aux auditeurs de deuxième classe a été introduite dans la loi. Chaque année, le gouvernement doit faire connaître par une décision prise en conseil des ministres et insérée au *Journal officiel* dans le mois de janvier, les fonctions qui seront mises à la disposition des auditeurs de deuxième classe ayant au moins quatre ans de services. Ces fonctions seraient les suivantes : commissaire du gouvernement près le conseil de préfecture de la Seine, secrétaire général d'une préfecture de première ou deuxième classe, sous-préfet de première ou deuxième classe, substitut dans un tribunal de deuxième classe (L. 1er juill. 1887, art. 3). — V. *La nouvelle loi sur les auditeurs* (Rev. gén. d'adm., année 1887, 2e part., p. 416 et s.). L'art. 3 de la loi de 1887 impose au gouvernement une véritable obligation, mais qui n'a d'autre sanction que la responsabilité ministérielle.

149. — Aux termes de l'art. 5, § 6, L. 24 mai 1872, les fonctions d'auditeurs de deuxième classe étaient entièrement gratuites, comme d'ailleurs d'après certaines dispositions antérieures. — V. notamment, Ord. 26 août 1824, art. 22; 5 nov. 1828, art. 6; Décr. 25 janv. 1852, art. 25. — V. en sens contraire Arr. 19 germ. an XI, art. 8; Décr. 26 déc. 1809, art. 22 et 23; L. 3 mars 1849, art. 22. — La loi du 23 mars 1880 (art. 4) attribue aux auditeurs de deuxième classe, après une année de service, un traitement annuel déterminé par une loi de finances et ne pouvant être cumulé. Ce traitement a été fixé à 2,000 fr. On peut remarquer que cette disposition se justifie d'autant mieux, aujourd'hui que la loi du 1er juill. 1880 a augmenté la durée des fonctions des auditeurs de deuxième classe.

3° *Dispositions communes aux deux classes d'auditeurs.*

150. — Les auditeurs, tant de seconde que de première classe, ne peuvent être révoqués que par des décrets individuels et après avis du vice-président du Conseil d'Etat délibérant avec les présidents de sections (L. 24 mai 1872, art. 5, § 12). Les auditeurs ont voix délibérative à leur section et voix consultative à l'assemblée générale, seulement dans les affaires dont ils sont rapporteurs (Même loi, art. 11).

§ 5. *Secrétaire général.*

151. — Le secrétaire général du Conseil d'Etat est nommé par décret, sur la présentation du vice-président et des présidents de sections (L. 24 mai 1872, art. 5, §§ 2 et 3). Le secrétaire général a le rang et le titre de maître des requêtes. Mais il ne fait pas nombre parmi les trente maîtres des requêtes que comprend cette catégorie du personnel. Son traitement est de 12,500 fr. Le secrétaire général ne pourrait être révoqué, comme les maîtres des requêtes, que par décret, après avis des présidents (Même loi, art. 5, §§ 2 et 4).

152. — Le secrétaire général est placé à la tête des bureaux du conseil (L. 24 mai 1872, art. 1, § 3). Il tient la plume à l'assemblée générale. Il signe et certifie les expéditions des actes, des décrets et des avis du Conseil d'Etat délivrés aux personnes qui ont qualité pour les réclamer, sauf pour les décisions rendues en matière contentieuse (Décr. 2 août 1879, art. 6). Nous avons dit, en effet, qu'un secrétaire spécial est attaché au contentieux. Il dresse par section séance de l'assemblée générale un rôle des affaires qui doivent être délibérées (Même décr., art. 14). En cas d'absence ou d'empêchement, le secrétaire général est suppléé par un maître des requêtes désigné par le ministre de la Justice (art. 6).

Section II.
Fonctionnaires et employés attachés au Conseil d'Etat.

§ 1. *Secrétaire du contentieux.*

153. — D'après ce que nous avons dit (*suprà*, n. 114), le secrétaire du contentieux ne fait point partie des membres du Conseil d'Etat. Le mode de nomination du secrétaire du contentieux est le même que celui du secrétaire général (L. 24 mai 1872, art. 5, §§ 2 et 3), à la différence de ce qui existe pour les secrétaires des autres sections du conseil, qui sont nommés par arrêté du vice-président (V. *infrà*, n. 134). Les attributions du secrétaire du contentieux, en matière contentieuse, des fonctions analogues à celles du secrétaire général en matière administrative. Nous les indiquerons en matière contentieuse, lorsque nous étudierons la procédure devant le Conseil d'Etat statuant au contentieux. En cas d'empêchement du secrétaire du contentieux, un suppléant peut être désigné par le vice-président du Conseil d'Etat, sur la proposition du président de la section du contentieux (Décr. 2 août 1879, art. 23).

§ 2. *Employés des bureaux.*

154. — Auprès du Conseil d'Etat ont été institués des bureaux chargés de l'enregistrement des affaires, des écritures, des expéditions, de la partie matérielle des travaux du conseil. On distingue les bureaux du secrétariat général, au nombre de deux; et les bureaux des sections. Le secrétariat de chaque section constitue un bureau. Les employés de ces bureaux sont : les secrétaires des quatre sections administratives, et les chefs, sous-chefs et commis répartis entre les bureaux du secrétariat président des sections. Il faut y ajouter le bibliothécaire-archiviste et le sous-archiviste, les rédacteurs sténographes et l'agent du matériel. La bibliothèque est placée sous la surveillance d'une commission de trois conseillers d'Etat élus au scrutin, qui règlent tout ce qui concerne l'acquisition, le prêt et l'usage des livres (Décr. 2 août 1879, art. 32). Ces divers agents et employés sont nommés par le vice-président du Conseil d'Etat, sur la proposition du secrétaire général (L. 24 mai 1872, art. 5 *in fine*).

CHAPITRE II.
RÉGIME DU PERSONNEL.

§ 1. *Incompatibilités.*

1° *Fonctions publiques.*

155. — La loi a posé le principe de l'incompatibilité des fonctions de conseiller en service ordinaire et de maître des requêtes avec toute fonction publique salariée (L. 24 mai 1872, art. 7). Deux tempéraments sont apportés à cette règle absolue. Le premier résulte du même article de la loi de 1872 : « Néanmoins, porte-t-il, les officiers généraux ou supérieurs de l'armée de terre et de mer, les inspecteurs et ingénieurs des ponts et chaussées, des mines et de la marine, les professeurs de l'enseignement supérieur peuvent être détachés au Conseil d'Etat. Ils conservent, pendant la durée de leurs fonctions, les droits attribués à leurs positions, sans pouvoir toutefois cumuler leur traitement avec celui du Conseil d'Etat. »

156. — Une autre dérogation au principe de l'incompatibilité résulte de la loi du 13 juill. 1879, qui a admis pour le gouvernement la faculté d'appeler des membres du Conseil d'Etat à des fonctions publiques, sans que la nomination à ces fonctions leur fasse perdre ni leur titre, ni leur rang dans le conseil. Cette disposition a le double avantage de permettre, dans une circonstance urgente, de confier à un membre du Conseil d'Etat des fonctions délicates auxquelles il serait tout préparé par ses travaux, et de donner au conseil lui-même des éléments de force et d'activité; les membres du conseil, ainsi détachés pendant quelque temps, rentrent, en effet, dans son sein avec l'expérience acquise dans les divers services administratifs (Rapport de M. Emile Lenoël au Sénat : *J. off.*, mai 1879, p. 4246, col. 3). Pour ces motifs, il a été introduit dans la loi une disposition portant que les conseillers d'Etat en service ordinaire, maîtres des requêtes et auditeurs de première classe, après trois années depuis leur entrée au Conseil d'Etat, peuvent, sans perdre leur rang au conseil, être nommés à des fonctions publiques pour une durée qui n'excède pas trois ans. Pendant ces trois années, ils ne seront pas remplacés. Les traitements ne pourront être cumulés (L. 13 juill. 1879, art. 3). Le nombre des membres du conseil ainsi nommés à des fonctions publiques ne peut excéder le cinquième du nombre des conseillers, maîtres des requêtes et auditeurs (Même art.).

157. — La loi exige que le délégué appartienne depuis trois ans au moins au conseil. Mais il n'est pas nécessaire qu'il en ait, pendant ces trois années, fait partie au même titre. Il est certain, par exemple, qu'un conseiller peut joindre à ces services ceux qu'il a pu rendre antérieurement comme maître des requêtes (Béquet, n. 88, note 2). Mais peut-on compter au conseiller en service ordinaire la durée des fonctions qu'il aurait remplies dans le service extraordinaire? Oui, si l'on ne consulte que le texte de la loi, qui prend pour point de départ des trois années l'*entrée* au conseil. M. Béquet (*loc. cit.*) admet cette solution, et la pratique est, croyons-nous, en ce sens. Mais, si l'on se reporte à l'esprit de la disposition qui a permis la désignation la question apparaît plus douteuse. Cette disposition, en effet, a apporté une dérogation à la règle absolue de l'incompatibilité, et nous croyons, en conséquence, qu'elle doit être interprétée dans un sens étroit. Pour qu'un membre du service ordinaire du Conseil d'Etat puisse, en y conservant son rang, être nommé à des fonctions publiques, la loi a voulu qu'il ait exclusivement consacré trois années aux travaux du conseil, années dans lesquelles on ne peut faire entrer en ligne de compte le temps passé dans le service extraordinaire, où la participation aux travaux du corps n'a lieu qu'à raison de l'exercice d'autres fonctions, et ne constitue, en quelque sorte, que l'accessoire de ces fonctions.

158. — Le rapport de M. Franck Chauveau porte « qu'il est bien entendu que les membres du Conseil d'Etat nommés à des fonctions publiques ne conserveront pas, pendant la durée de ces fonctions, le droit de prendre part aux délibérations du conseil ». S'inspirant de ce principe posé dans le rapport, devait-on exclure les conseillers nommés à des fonctions publiques du droit de prendre part, même aux délibérations concernant le service dont ils sont chargés ? C'eût été aller contre l'esprit de la loi, qui a voulu étendre les droits du gouvernement et non les restreindre. Or, il eût été illogique que le gouvernement, qui peut faire des conseillers en service extraordinaire avec voix délibérative pour les affaires de leur département ministériel, ne pût placer dans les mêmes conditions les conseillers en service ordinaire appelés à des fonctions publiques. Aussi a-t-il été disposé que les conseillers d'Etat en service ordinaire, maîtres des requêtes et auditeurs de première classe, qui sont nommés à des fonctions publiques conformément à la disposition précitée, ont entrée à la section administrative à laquelle ils appartiennent et à l'assemblée générale (Décr. 2 août 1879, art. 3). Toutefois, les conseillers d'Etat ainsi nommés à des fonctions publiques ne peuvent prendre part aux travaux du conseil que dans les conditions prévues, pour les conseillers d'Etat en service extraordinaire, par l'art. 11, L. 24 mai 1872 (Même art.), c'est-à-dire qu'ils n'ont voix délibérative que dans les affaires qui dépendent du ministère ministériel auquel ils appartiennent; ils n'ont que voix consultative pour les autres. — V. suprá, n. 127.

159. — Nous déduirons également de l'art. 3, Décr. 2 août 1879, cette conséquence que les conseillers nommés à des fonctions publiques ne peuvent pas être attachés à la section du contentieux. Sans doute l'art. 3 ne se réfère, en ce qui concerne les conditions dans lesquelles les conseillers nommés aux fonctions publiques pourront prendre part aux délibérations, qu'à l'art. 11 de la loi de 1872, et la disposition qui exclut de la section du contentieux les conseillers en service extraordinaire est contenue dans l'art. 10; mais cette solution est conforme à l'esprit de la loi, qui ne permet pas que les représentants des services intéressés puissent participer au jugement des affaires contentieuses. Par application du même principe, nous déciderons que les conseillers en service ordinaire nommés à des fonctions publiques ne peuvent être désignés pour faire partie de l'assemblée publique du Conseil d'Etat statuant au contentieux.

160. — Nous venons de voir les deux dérogations apportées à la règle de l'incompatibilité des fonctions des membres du Conseil d'Etat avec d'autres fonctions publiques. Il n'est pas sans intérêt de comparer les dispositions de l'art. 7, L. 24 mai 1872, avec la loi du 13 juill. 1879 et le décret du 2 août suivant. Il existe entre les fonctionnaires détachés du Conseil d'Etat et les membres du conseil nommés à des fonctions publiques une seule analogie : c'est qu'ils ne peuvent cumuler les traitements. Par contre, il existe entre eux une ou plusieurs différences importantes : 1° les fonctionnaires énumérés à l'art. 7 de la loi de 1872 peuvent être détachés du Conseil d'Etat sans aucune condition de durée des services antérieurs. Au contraire, les membres du Conseil d'Etat ne peuvent être délégués dans des fonctions publiques, aux termes de la loi de 1879, que s'ils ont trois années de services au conseil; 2° aucune limite de durée n'est non plus imposée à la situation ainsi créée pour les premiers, tandis que le cumul des deux fonctions, pour les autres, ne peut excéder trois ans ; 3° les fonctionnaires détachés du Conseil d'Etat ne continuent pas à exercer effectivement leurs fonctions ; ils conservent pas le grade ou la situation administrative qu'ils occupaient au moment de leur nomination (Béquet, n. 91). Les membres du conseil délégués dans des fonctions publiques peuvent, au contraire, être chargés d'un double service : le service du Conseil d'Etat et celui auquel ils sont appelés. Nous disons *peuvent être*, car si les fonctions dont ils sont investis doivent être exercées hors de la capitale, il y aurait un obstacle matériel à ce que ces membres pussent continuer à participer aux travaux du conseil; 4° les fonctionnaires détachés dans les fonctions de conseiller d'Etat sont complètement assimilés dans les délibérations aux autres conseillers : les conseillers d'Etat délégués dans des fonctions publiques n'ont voix délibérative que dans les affaires qui dépendent du ministère auquel ils appartiennent. L'exclusion du contentieux, qui frappe ceux-ci, n'est pas non plus applicable à ceux-là ; 3° les fonctionnaires détachés peuvent faire partie de l'effectif du conseil dans une proportion quelconque ; le nombre des membres délégués dans des fonctions publiques ne peut excéder le cinquième du nombre des conseillers, maîtres des requêtes et auditeurs; 6° ne peuvent être détachés au Conseil d'Etat que les fonctionnaires énumérés à l'art. 7 de la loi de 1872 : les catégories n'en sont pas nombreuses (V. *supra*, n. 155), et l'énonciation est strictement limitative (Béquet, n. 91). Au contraire, la loi de 1879 permet la délégation des membres du conseil dans des *fonctions publiques*, de la manière la plus générale. Toutefois, on a fait observer, avec raison, que les fonctions de conseiller d'Etat sont incompatibles avec les fonctions de ministre. Cette incompatibilité résulte de la responsabilité des ministres comme de la nature des travaux des conseillers d'Etat. En fait, d'ailleurs, cette incompatibilité a toujours été reconnue; il est arrivé que des ministres ont été choisis parmi les conseillers d'Etat, mais le gouvernement a toujours considéré qu'il y avait lieu de les remplacer au conseil (Béquet, n. 93). La même incompatibilité naturelle n'existe pas pour la position de sous-secrétaire d'Etat; les sous-secrétaires d'Etat, en effet, sont de simples fonctionnaires publics associés seulement, d'une manière directe, à la gestion de la fonction politique du ministre titulaire. — Béquet, n. 94.

161. — Il arrive assez fréquemment que des auditeurs au Conseil d'Etat sont appelés à remplir les fonctions de chef de cabinet des ministres. Ces fonctions étant de leur nature essentiellement précaires, ont toujours été considérées comme compatibles avec celles d'auditeur, même indépendamment des termes de la loi de 1879. Cette loi, en pratique, n'est pas appliquée aux auditeurs, même de première classe, nommés chefs de cabinet; ils peuvent remplir ces fonctions sans être soumis aux restrictions précédemment indiquées.

162. — Les fonctions dans le Conseil d'Etat sont-elles incompatibles avec un mandat électif ? Les lois électorales sur les élections du Sénat et sur celles de la Chambre des députés ne permettent pas de cumuler les fonctions de membre du Conseil d'Etat avec le mandat de sénateur ou de député; mais la même incompatibilité n'existe pas en ce qui touche le mandat de conseiller général, de conseiller d'arrondissement, de conseiller municipal ou de maire et d'adjoint. — V. L. 10 août 1871, art. 10 ; L. 2 août 1875, art. 20 ; L. 30 août 1875, art. 8 et 14 ; L. 5 avr. 1884, art. 33, 34 et 80.

2° *Fonctions d'ordre privé.*

163. — Quant aux fonctions d'ordre privé, la loi s'est bornée à déclarer l'incompatibilité des fonctions de conseiller d'Etat et de maître des requêtes avec celles d'administrateur de toute compagnie privilégiée ou subventionnée (L. 24 mai 1872, art. 7, § 3). La loi n'a pas voulu qu'un membre du conseil pût administrer une société dont il pourrait avoir à apprécier les contrats comme juge ou à examiner les statuts comme administrateur.

163 bis. — Mais cette disposition ne crée qu'un empêchement légal : un membre du conseil ne saurait, le même, participer comme membre d'un conseil d'administration ou d'un conseil de surveillance aux opérations de toute société commerciale anonyme ou en commandite. *A fortiori*, ne saurait-il faire partie d'une société commerciale en nom collectif. Il y a, en effet, un obstacle moral dans le caractère commercial des opérations. — Béquet, n. 95.

164. — En principe, les fonctionnaires publics ne peuvent exercer aucune autre profession. Cette prohibition, qui résulte, pour les conseillers de préfecture, de l'art. 3, L. 21 juin 1865, n'est pas expressément édictée pour les membres du Conseil d'Etat, mais elle nous paraît résulter de la nature même de ces fonctions. Toutefois, les auditeurs de deuxième classe ont été admis à faire leur stage d'avocat; ce n'est pas sans intérêt pour eux, puisque cela permet à ceux qui n'avaient pas encore deux années de stage, au moment de leur entrée au conseil, d'être appelés à occuper les places de substitut, mises à leur disposition en vertu de la loi du 1er juill. 1887. — V. suprà, n. 48.

165. — Les membres du Conseil d'Etat sont dispensés de la tutelle, en vertu de l'art. 427, C. civ., qui accorde cette dispense aux personnes désignées dans le titre IX de l'acte du 18 mai 1804. La dispense doit-elle être étendue aux maîtres des requêtes et auditeurs? Le titre IX de l'acte de 1804 ne visait que les conseillers qui seuls à cette époque étaient « membres » du Conseil d'Etat ; aujourd'hui, ainsi que nous l'avons dit suprà, n. 113, les maîtres des requêtes et les auditeurs sont membres du Conseil d'Etat, et nous estimons en conséquence que la dispense de la tutelle doit leur être accordée. Par la même raison, cette dispense de tutelle doit s'appliquer au secrétaire général du Conseil d'Etat ; mais il n'y aurait pas lieu de l'étendre au secrétaire du contentieux (V. suprà, n. 114), ni aux secrétaires des sections administratives, ni à plus forte raison aux simples employés des bureaux. Il ne s'agit, d'ailleurs, que d'une dispense volontaire et facultative, et non d'un empêchement ou d'une incompatibilité.

166. — La loi du 21 nov. 1872, art. 3, a déclaré les fonctions de juré « incompatibles » avec celles de membre du Conseil d'Etat. Nous ferons ici la même observation que ci-dessus, et nous considérerons cette incompatibilité comme s'étendant à tous les membres du conseil, quel que soit leur titre.

167. — Les règles spéciales relatives au témoignage en justice, résultant des art. 514 à 517, C. instr. crim., et du décret du 4 mai 1812, sont d'une application plus restreinte. Elles ne visent, en effet, que les présidents du Conseil d'Etat (Décr. 4 mai 1812, art. 6), ce qui comprend, d'une part, le garde des sceaux, ministre de la Justice, dont le témoignage est soumis d'ailleurs à la règle de l'autorisation préalable prévue par l'art. 510, C. instr. crim., et étendue à tous les ministres par l'art. 1 du décret de 1812, et, d'autre part, le mot *présidents* étant au pluriel, le vice-président du Conseil d'Etat et les présidents de section. Aux présidents du Conseil d'Etat il faut ajouter les conseillers « chargés d'une partie dans l'administration publique » (C. instr. crim., art. 514; Décr. 4 mai 1812, art. 6). Le sens de cette expression nous est fourni par l'arrêté consulaire du 5 niv. an VIII (art. 7). « Cinq conseillers d'Etat sont spécialement chargés de diverses parties d'administration, quant à l'instruction seulement; cinq en suivent les détails, signent la correspondance, reçoivent et appellent toutes les informations et portent aux ministres les propositions de décision que ceux-ci soumettent aux conseils. Un d'eux est chargé des bois et forêts et anciens domaines; un autre des domaines nationaux ; un autre des ponts et chaussées, canaux de navigation et cadastre; un autre des sciences et des arts; un autre des colonies ». L'art. 12 ajoutait : « les conseillers d'Etat chargés de la direction de quelque partie de l'administration publique n'ont point de voix au Conseil d'Etat, lorsqu'il prononce sur le contentieux de cette partie ». Il ressort de ces textes que les conseillers chargés d'une partie de l'administration publique sont aujourd'hui : 1° les conseillers d'Etat en service extraordinaire (V. suprà, n. 125 et s.); 2° les conseillers d'Etat en service ordinaire nommés à des fonctions publiques conformément à la loi du 13 juill. 1879 (V. suprà, n. 156). A ces deux catégories seulement de membres du Conseil d'Etat, il y a donc lieu d'appliquer les dispositions concernant le témoignage en justice.

§ 2. *Honorariat.*

168. — Les conseillers d'Etat et les maîtres des requêtes, lorsqu'ils quittent leurs fonctions, peuvent être nommés conseillers ou maîtres des requêtes honoraires (L. 24 mai 1872, art. 7, § 4). La loi du 13 juill. 1879, art. 3, § 5, dit, de même : « Les conseillers et maîtres des requêtes qui seront remplacés dans leurs fonctions pourront obtenir le titre de conseiller et de maître des requêtes honoraire ». Cet article est relatif à la nomination des membres du conseil à des fonctions publiques pour une durée n'excédant pas trois ans (V. suprà, n. 156). Le législateur a voulu rappeler que ceux qui, à l'expiration des trois années, continueraient ces fonctions et seraient, en conséquence, remplacés au conseil, pourraient obtenir l'honorariat. En ce qui concerne les auditeurs, la loi de 1879 a introduit une disposition nouvelle. Pour le titre d'auditeur, l'honorariat n'existe pas : mais la loi de 1879 porte (art. 3, § 6) que les auditeurs de première classe, remplacés dans leurs fonctions, peuvent être nommés maîtres des requêtes honoraires, s'ils comptent huit ans de fonctions au Conseil d'Etat.

§ 3. *Ordre de séance.*

169. — Les présidents de sections et les conseillers d'Etat siègent dans l'ordre du tableau (Décr. 2 août 1879, art. 26). Le tableau comprend : 1° le vice-président; 2° les présidents de sections ; 3° les conseillers d'Etat en service ordinaire; 4° les conseillers d'Etat en service extraordinaire; 5° les maîtres des requêtes et les auditeurs. Il y sont tous inscrits dans l'ordre de leur nomination (Même art.). C'est la date seule de la nomination qui détermine, dans la colonne spéciale à chaque grade, l'ordre d'inscription. Le tableau ne comprend pas les ministres ; ils ont en effet entrée au conseil comme membres du gouvernement, et l'ordre des préséances est réglé à leur égard par des dispositions spéciales.

§ 4. *Congés.*

170. — Les conseillers d'Etat ne peuvent s'absenter sans un congé donné par le ministre de la Justice, après avoir pris l'avis du vice-président et du président de leur section. Les maîtres des requêtes et les auditeurs ne peuvent s'absenter sans un congé donné par le vice-président, après avoir pris l'avis du président de la section dont ils font partie (Décr. 2 août 1879, art. 27). Tout conseiller d'Etat, maître des requêtes ou auditeur qui s'absente sans congé ou qui excède la durée du congé qu'il a obtenu, subit la retenue intégrale de la portion de son traitement afférente au temps pendant lequel a duré son absence non autorisée. Si l'absence non autorisée dure plus d'un mois, le ministre de la Justice en informe le président de la République (Même décr., art. 29). — V. infrà, n. 206 et s., les dispositions relatives aux vacances du Conseil d'Etat.

TITRE III.

FONCTIONNEMENT ET ATTRIBUTIONS
DU CONSEIL D'ÉTAT.

171. — Le Conseil d'Etat est, d'une part, un conseil chargé de donner ses avis au gouvernement, de l'autre un tribunal administratif investi du droit de rendre des arrêts au contentieux; nous diviserons donc l'étude du fonctionnement et des attributions du Conseil d'Etat en deux chapitres; chacun de ces chapitres se subdivisera, et comprendra l'examen, pour chaque matière, de l'organisation intérieure et du fonctionnement, des attributions et enfin des pouvoirs, du mode de procéder du conseil.

CHAPITRE I.

DU CONSEIL D'ÉTAT CONSIDÉRÉ COMME CONSEIL DE GOUVERNEMENT.

Section I.
Fonctionnement.

§ 1. *Sections.*

1° *Nombre et détermination des sections.*

172. — L'importance et la multiplicité des attributions du Conseil d'Etat exigent que ce corps soit divisé en sections distinctes entre lesquelles soient réparties les diverses catégories d'affaires. La division en sections apparaît dès l'an VIII, dans l'art. 2 du règlement du 5 nivôse. Le nombre des sections, appelées à certaines époques « comités », n'a pas toujours été le même. Il a été souvent de cinq (Arr. 5 niv. an VIII, art. 5; Ord. 29 juin 1814, art. 5; 26 août 1824, art. 29). La loi du 3 mars 1849 le réduisit à trois : section de législation, section d'administration, section du contentieux ; remarquons, toutefois, que la section dite

« d'administration » était divisée en comités correspondant aux divers départements ministériels. — Il y eut six sections sous le second Empire; cela tenait à ce que la guerre et la marine formaient alors une section distincte de celle des finances.

173. — La loi du 24 mai 1872 n'institua que quatre sections : la section de législation était supprimée. Les attributions administratives concernant, d'une part, le ministère de la justice, d'autre part, celui des affaires étrangères, étaient transférées, les premières à la section de l'intérieur, les secondes à la section des travaux publics, agriculture et commerce. La loi du 13 juill. 1879 rétablit la section de législation, ce qui porte à cinq le nombre des sections du conseil.

174. — La loi du 13 juill. 1879 (art. 4) s'est bornée à poser le principe de la division du Conseil d'Etat en cinq sections, et à fixer le nombre de ces sections; il décide en outre, il est vrai, qu'une de ces sections sera section du contentieux, une autre section de législation; mais il laisse au pouvoir exécutif le soin de faire ou changer la répartition des services administratifs entre les sections, et, par suite, de dénommer les sections administratives (Ducrocq, *Cours de dr. admin.*, n. 83). Ce droit a d'ailleurs été expressément conféré au pouvoir exécutif par l'art. 4, § 4, de la loi de 1879, qui charge un règlement d'administration publique du soin de statuer « sur l'ordre intérieur des travaux du conseil, sur la répartition des membres *et des affaires* » entre les sections, sur la nature des affaires qui devront être portées à l'assemblée générale, sur le mode de roulement des membres entre les sections et sur les mesures d'exécution non prévues par la loi. »

175. — Le décret du 2 août 1879, portant règlement d'administration publique, est venu donner satisfaction à la loi de 1879. Au point de vue spécial de la répartition des affaires entre les sections administratives, le décret de 1879 a été modifié par un décret du 16 juill. 1890 concernant les postes et télégraphes ; de la section des finances, le décret précité les a transportés à la section des travaux publics, de l'agriculture, du commerce et de l'industrie. La direction générale des postes et télégraphes, qui dépendait antérieurement du ministère des Finances, ayant été rattachée au ministère du Commerce par le décret du 5 janv. 1889, il y avait déjà une raison d'opérer la modification correspondante dans la répartition des affaires entre les sections du Conseil d'Etat. Il faut ajouter, d'ailleurs, que les questions relatives aux lignes télégraphiques et téléphoniques sont de véritables questions de travaux publics, la loi du 28 juill. 1885 imposant à la propriété privée, pour l'établissement de ces lignes, des servitudes qui doivent être placées à côté des autres servitudes de voirie; il est donc naturel de les renvoyer à la section des travaux publics. Cette section, enfin, ayant déjà dans ses attributions les caisses d'épargne privées, il convenait de lui attribuer les questions touchant le service de la caisse nationale d'épargne ou caisse d'épargne postale.

176. — Il ne faudrait pas croire cependant que le transport d'un service d'un ministère à un autre ait pour conséquence nécessaire une modification corrélative dans les attributions des sections du conseil. Le rattachement des postes et télégraphes au ministère du Commerce n'eût pas été, peut-être, un motif suffisant pour amener une modification. Il est vrai que, pendant la période du 14 nov. 1881 au 29 janv. 1882, où les colonies ont été rattachées au ministère du Commerce, les affaires coloniales ont été examinées par la section des travaux publics, de l'agriculture et du commerce; mais bien que cette administration érigée en sous-secrétariat d'Etat puis transformée en ministère spécial par la loi du 20 mars 1894 ait été replacée au ministère du Commerce par le décret du 14 mars 1889, les affaires qui la concernent ont continué d'être renvoyées à la section des finances, de la guerre et de la marine. Ajoutons que la direction des cultes, généralement rattachée au ministère de l'Instruction publique, parfois à celui de l'Intérieur, l'a été fréquemment à celui de la Justice et que néanmoins les affaires concernant cette direction n'ont jamais cessé d'être placées dans les attributions de la section de l'intérieur, de l'instruction publique et des beaux-arts. Signalons enfin une modification apportée à la dénomination de la section des travaux publics, de l'agriculture et du commerce, et consistant dans l'adjonction des mots « et de l'industrie », qui, ajoutés par le décret du 7 janv. 1886 au titre du ministère du Commerce, l'ont été *ipso facto* au nom de la section correspondante.

177. — Aux termes de l'art. 1, Décr. 2 août 1879, modifié, ainsi qu'il a été dit, par les dispositions précitées, les projets et la proposition de loi renvoyés au Conseil d'Etat, soit par les Chambres, soit par le gouvernement, et les affaires administratives ressortissant aux différents ministères, sont aujourd'hui répartis entre les quatre sections suivantes : 1° section de législation, de la justice et des affaires étrangères (V. art. 10, Décr. 25 janv. 1852); 2° section de l'intérieur, des cultes, de l'instruction publique et des beaux-arts; 3° section des finances, de la guerre, de la marine et des colonies; 4° section des travaux publics, de l'agriculture, du commerce, de l'industrie et des postes et télégraphes. Les projets et les propositions de loi, les projets de règlement d'administration publique et les affaires administratives concernant l'Algérie sont examinés par les différentes sections, suivant la nature du service auquel ils se rattachent.

178. — Les cinq sections entre lesquelles est divisé le Conseil d'Etat comprennent, outre les quatre sections administratives, la section du contentieux. A ces cinq sections il y a lieu, d'ailleurs, d'ajouter la section temporaire du contentieux, dont la formation facultative permet de porter éventuellement à six le nombre des sections du conseil.

2° Composition des sections.

179. — Chacune des quatre sections administratives est composée de cinq conseillers d'Etat en service ordinaire et d'un président. La section du contentieux est composée de six conseillers en service ordinaire et d'un président (L. 13 juill. 1879, art. 4).

180. — Nous avons dit que les présidents de section sont des conseillers en service ordinaire, auxquels ce titre et cette fonction sont attribués par décret. Nous avons également vu que le ministre de la Justice a le droit de présider les sections, hormis la section du contentieux, et qu'en l'absence du président de la section, la présidence appartient à celui des conseillers d'Etat qui est le premier inscrit sur le tableau (Décr. 2 août 1879, art. 11). — V. *suprà*, n. 117.

181. — Les sections pourraient-elles être présidées par le vice-président du Conseil d'Etat? Lors de la discussion de la loi du 1er août 1874, qui a créé à nouveau un président spécial pour la section du contentieux, jadis présidée, en vertu de la loi de 1872, par le vice-président, M. Bertauld, rapporteur, a déclaré que l'institution de ce président n'aurait pas pour effet, dans « l'intention de la commission, de réduire le vice-président du Conseil d'Etat à la présidence de l'assemblée générale du conseil.... La loi du 19 juill. 1845, a-t-il ajouté, à laquelle la loi de 1872 a emprunté la combinaison du garde des sceaux, président, et d'un vice-président, donnait à ce vice-président le droit de présider chacune des sections entre elles, lorsque le garde des sceaux ne présidait pas lui-même. La même disposition était écrite dans l'art. 5, Décr. 25 janv. 1852. Cette solution nous paraît devoir s'imposer aujourd'hui pour les sections administratives ». Nous ignorons si M. Bertauld a rendu bien exactement la pensée de la commission de 1874, qui nous semble avoir été simplement de conserver au vice-président la présidence de l'assemblée publique du contentieux, présidence qui ne lui appartenait antérieurement, dit M. Bertauld lui-même, qu'à titre de président de la section du contentieux. L'argument tiré de la loi de 1845 et du décret de 1852 nous touche peu, et précisément aucune disposition analogue n'a été reproduite dans la loi de 1872. D'après le projet primitif, le Conseil d'Etat était doté d'un président *qui n'était pas le garde des sceaux*, et il n'y avait pas de vice-président. L'art. 10 de ce projet permettait à ce président de présider les sections, *même* la section du contentieux (V. *J. off.*, 1872, p. 1225, col. 2; p. 2987, col. 2). Entre la deuxième et la troisième délibération, la commission proposa de confier la présidence au garde des sceaux, et par voie de conséquence de ne pas donner à ce membre, président du Conseil d'Etat, la présidence de la section du contentieux (V. rapp. suppl. de M. Batbie : *J. off.*, 1872, p. 3584 et s., p. 3604). De là l'institution d'un vice-président que la loi de 1872 chargeait de présider l'assemblée générale, l'assemblée publique du contentieux et la section du contentieux, mais non les sections administratives. Le décret du 2 août 1879 (art. 12) confie donc seulement au vice-président la présidence des sections réunies (V. *infrà*, n. 199 et s.). — *Contrà*, Béquet, n. 54.

182. — La loi se borne à mentionner les conseillers d'Etat en service ordinaire dans la composition des sections; or, le

Conseil d'Etat se composant, en outre, de conseillers en service extraordinaire, de maîtres des requêtes ou d'auditeurs, il est certain que chacune de ces catégories de membres du conseil doit entrer, en règle générale, pour une certaine proportion, dans l'organisation de chaque section.

183. — En ce qui touche les conseillers d'Etat en service extraordinaire, la loi ne pouvait fixer le nombre qui serait attribué à chaque section. Il est essentiel à l'exercice même de leurs fonctions au conseil que les conseillers en service extraordinaire soient attachés à la section à laquelle ressortit le ministère dont ils dépendent. Il n'est donc pas possible de régler, d'une manière immuable, une répartition que les circonstances peuvent, à tout moment, obliger à modifier. Aussi la loi du 24 mai 1872 (art. 10) se borne-t-elle à prescrire que les conseillers en service extraordinaire sont distribués entre les sections (sauf la section du contentieux) par arrêté du ministre de la Justice, suivant les besoins du service.

184. — Cet état de choses entraîne la conséquence que le nombre des conseillers en service extraordinaire, représentant un ministère au sein d'une section, pourrait être supérieur au nombre des conseillers en service ordinaire : il en résulterait que, pour les affaires de ce ministère, les voix délibératives du service extraordinaire pourraient toujours faire pencher la balance. Il appartient aux différents ministres de se concerter pour empêcher ce résultat qui aurait pour effet de diminuer l'autorité des délibérations du conseil. Le ministère représenté actuellement par le plus grand nombre de conseillers en service extraordinaire (cinq) est celui des finances : ce nombre, équivalent à celui des conseillers en service ordinaire de la section des finances, non compris le président, nous paraît être la limite extrême ; le dépasser serait donner raison aux critiques formulées contre le service extraordinaire par M. Fresneau (*J. off.*, 1872, p. 2900), aux séances de l'Assemblée nationale des 30 avril et 3 mai 1872. Il lui fut répondu alors que chaque conseiller en service extraordinaire ne voterait que dans les fonctions relatives au service placé sous ses ordres, ce qui réduirait à une seule, dans chaque affaire, les voix du service extraordinaire ; nous avons vu que ce n'était pas exact. — V. *suprà*, n. 127.

185. — Quant aux maîtres des requêtes et aux auditeurs, la loi a également cru devoir laisser au pouvoir exécutif le soin de les répartir entre les sections suivant les exigences du service ; la loi du 24 mai 1872 (art. 10) avait même chargé le ministre de la Justice de décider à cet égard. La loi du 13 juill. 1879 renvoya au règlement d'administration publique prévu dans son art. 4, § 4, cette partie de l'organisation intérieure du conseil. L'art. 4, Règl. 2 août 1879, porte : « les trente maîtres des requêtes, les douze auditeurs de première classe et les vingt-quatre auditeurs de deuxième classe sont répartis ainsi qu'il suit : 1° à la section de législation, etc. : trois maîtres des requêtes, deux auditeurs de première classe, trois auditeurs de deuxième classe ; 2° à la section du contentieux : douze maîtres des requêtes, y compris quatre commissaires du gouvernement, quatre auditeurs de première classe, dix auditeurs de deuxième classe ; 3° à la section de l'intérieur, etc. : cinq maîtres des requêtes, deux auditeurs de première classe, quatre auditeurs de deuxième classe ; 4° à la section des finances, etc. : cinq maîtres des requêtes, deux auditeurs de première classe, trois auditeurs de deuxième classe ; 5° à la section des travaux publics, etc. : cinq maîtres des requêtes, deux auditeurs de première classe, quatre auditeurs de deuxième classe ». Le même article ajoute une disposition qui a pour effet d'enlever aux règles précédentes tout caractère absolu : « néanmoins, porte le dernier paragraphe, cette répartition, dans le cas où les besoins du service le rendraient nécessaire, pourra être modifiée par le vice-président du Conseil d'Etat, sur la proposition des présidents de section. »

186. — Comment les membres du Conseil d'Etat sont-ils désignés pour faire partie de telle ou telle section ? Les conseillers en service ordinaire sont répartis entre les sections par décret du président de la République, et les conseillers en service extraordinaire par arrêté du ministre de la Justice. En ce qui concerne ceux-ci, l'arrêté ne peut que faire application du principe ci-dessus posé, à savoir que les conseillers en service extraordinaire sont nécessairement attachés à la section administrative à laquelle ressortit le ministre dont ils dépendent. Il en est également des arrêtés du ministre de la Justice qui assignent aux maîtres des requêtes et aux auditeurs la section à laquelle ils doivent être attachés (L. 24 mai 1872, art. 10, § 5).

187. — Le roulement des membres entre les sections, qui permet de ne pas maintenir indéfiniment les mêmes membres à la même section et de les initier successivement à la pratique des divers travaux du conseil, a été formellement prévu par la loi du 13 juill. 1879, qui, dans une disposition (art. 4) précédemment citée, en a fait l'un des objets du règlement d'administration publique dont elle a ordonné la confection. Il a été disposé en conséquence, par ce règlement, que « tous les trois ans, il peut être procédé à une nouvelle répartition des conseillers d'Etat et des maîtres des requêtes entre les diverses sections. Cette répartition est faite par décret du président de la République, et en ce qui concerne les conseillers d'Etat, et par arrêté du ministre de la Justice, sur la proposition du vice-président et des présidents de section ». En dehors des époques fixées pour le roulement, les conseillers d'Etat ne peuvent être déplacés par décret du président de la République que sur leur demande et de l'avis du vice-président du Conseil d'Etat. Chaque année, au 15 octobre, le ministre de la Justice arrête, sur la même proposition, la répartition des auditeurs entre les sections (Décr. 2 août 1879, art. 3).

188. — Les sections administratives ne peuvent délibérer valablement que si trois conseillers en service ordinaire sont présents. En cas de partage, la voix du président est prépondérante (L. 24 mai 1872, art. 12). Dans le cas où, par suite de vacance, d'absence ou d'empêchement d'un ou de plusieurs conseillers d'Etat, une section ne se trouve pas en nombre pour délibérer, le vice-président du conseil, de concert avec le président de section, la complète par l'appel des conseillers d'Etat pris dans les autres sections. En cas d'urgence, la décision est prise par le président de la section (Décr. 2 août 1879, art. 28).

189. — Le gouvernement peut appeler à prendre part aux séances des sections, avec voix consultative, les personnes que leurs connaissances spéciales mettraient en mesure d'éclairer la discussion (L. 24 mai 1872, art. 14). De cette disposition, il résulte évidemment qu'un membre faisant partie d'une section peut être exceptionnellement appelé à prendre part à une discussion dans une autre section. Mais, alors même qu'il s'agirait d'un conseiller en service ordinaire, il n'aurait que voix consultative (V. *suprà*, n. 123). Aucune condition n'est d'ailleurs imposée au gouvernement pour la désignation des personnes appelées à prendre part à telle ou telle discussion.

§ 2. *Sections réunies.*

190. — Chacune des sections administratives du Conseil d'Etat est naturellement saisie des affaires émanant des départements ministériels auxquels elle correspond. Mais il peut arriver qu'une affaire, par sa nature, intéresse plusieurs sections à la fois. En pareil cas, la section à laquelle le dossier est transmis peut toujours le communiquer à une autre section pour avoir son avis. C'est un mode d'instruction dont il est fréquemment usé au Conseil d'Etat. Il est même de règle que les affaires d'octroi, qui sont toujours communiquées pour avis par la section des finances à celle de l'intérieur.

191. — Il sera souvent jugé préférable de convier les sections intéressées à une étude en commun : ce système a l'avantage de provoquer un échange d'observations entre les membres des deux sections et de jeter sur la discussion plus de lumière. Aussi le décret du 2 août 1879 porte (art. 2) que le ministre de la Justice ou le vice-président du Conseil d'Etat peut toujours réunir à la section compétente, soit la section de législation, soit telle autre section qu'il croira devoir désigner. Par section compétente, il faut entendre celle correspondant au ministère qui a saisi de l'affaire le Conseil d'Etat.

192. — La section de législation est ici spécialement désignée pour être réunie à une autre, parce que, si le gouvernement ou le Parlement renvoie au Conseil d'Etat l'examen d'un projet de loi, il est utile de réunir la section de législation à celle des autres sections administratives qui compte dans ses attributions la matière spéciale à laquelle ce projet de loi se réfère. La section par législation peut aussi être utilement réunie à la section compétente pour la préparation des règlements d'administration publique et la solution de certaines demandes d'avis sur l'interprétation à donner à tel ou tel texte de loi. Par contre, il y a des affaires qui peuvent exiger la réunion d'autres sections ; c'est ainsi que la perception de droits de stationne-

par une commune sur les berges d'un cours d'eau navigable intéresse la section de l'intérieur en même temps que celle des travaux publics.

193. — Nous avons dit que le ministre de la Justice peut présider, soit l'assemblée générale, soit les sections administratives (V. *suprà*, n. 117); il pourra donc présider les séances de sections réunies. En son absence, la présidence appartient au vice-président, ou à celui des présidents de ces sections qui est le premier dans l'ordre du tableau (Décr. 2 août 1879, art. 12).

§ 3. *Commissions.*

194. — L'art. 12, Règl. 2 août 1879, prévoit la réunion de *plusieurs* sections. Mais l'art. 2 semble bien ne permettre que la réunion de deux sections, et il n'est pas dans les traditions du conseil de procéder autrement. Lorsqu'une affaire intéresse plus de deux sections, on en saisit l'assemblée générale, alors même que cette affaire ne devrait pas nécessairement y être portée par sa nature. Une commission, instituée par arrêté du vice-président du Conseil d'Etat et composée de membres pris dans les sections compétentes, est chargée d'examiner le projet dont il s'agit et de présenter, par l'organe d'un de ses membres, un rapport à l'assemblée générale.

195. — Parmi ces commissions, citons celles qui ont été chargées de l'examen d'un règlement d'administration publique en vue de l'application de la loi du 27 mai 1885, sur la relégation des récidivistes (Arrêté du vice-président en date du 11 août 1885); du projet de loi relatif à l'organisation et à la compétence des conseils de préfecture (Arr. 2 mars 1888); du projet de décret, relatif à l'admission des sociétés ouvrières à l'adjudication des marchés de l'Etat (Arr. 26 avr. 1888); du projet de décret portant règlement d'administration publique pour l'exécution de l'art. 90, C. comm., et de la loi du 28 mars 1885 (Arr. 8 août 1889); du projet de décret portant règlement d'administration publique sur le tarif des frais devant les conseils de préfecture (Arr. 14 nov. 1889); des projets relatifs à la juridiction du Conseil d'Etat en matière contentieuse; toutes les sections du conseil y étaient représentées (Arr. 24 juill. 1891).

196. — Il est institué à des époques périodiques une commission chargée de préparer le compte général des travaux du Conseil d'Etat; ce compte est dressé par périodes quinquennales; le dernier publié se rapporte à la période 1883-87. On peut encore regarder comme une commission spéciale, le jury institué pour les concours de l'auditorat. — V. *suprà*, n. 141.

197. — Le bureau du conseil, c'est-à-dire la réunion du vice-président et des présidents de section, forme une commission toute composée et chargée de prononcer en certaines matières. Ainsi, nous avons vu que c'est au vice-président du Conseil d'Etat, délibérant avec les présidents de section, qu'il appartient d'arrêter la liste des candidats admis à concourir pour l'auditorat de deuxième classe (V. *suprà*, n. 139); de modifier, s'il y a lieu, la répartition des maîtres des requêtes entre les sections telle qu'elle résulte du décret du 2 août 1879 (V. *suprà*, n. 185); de désigner les conseillers d'Etat en service ordinaire pris dans les sections administratives qui devront, avec les membres de la section du contentieux, composer l'assemblée publique du Conseil d'Etat statuant au contentieux (V. *infrà*, n. 380); de désigner les auditeurs des sections administratives qui présenteront, concurremment avec ceux de la section du contentieux, des rapports devant la section temporaire du contentieux (V. *infrà*, n. 353); de faire des présentations pour la désignation des membres de cette section et des commissaires suppléants du gouvernement (V. *infrà*, n. 333); de faire des présentations pour les places vacantes de maître des requêtes et d'auditeurs de première classe, ainsi que pour la nomination du secrétaire général du Conseil d'Etat et du secrétaire du contentieux (V. *suprà*, n. 151, 153). Le bureau du conseil se réunit encore parfois en commission pour l'examen de projets qui ne comportent pas une réunion préalable de section ou de commission spéciale, et dont le rapport est alors directement présenté au nom du bureau, en assemblée générale, par l'un des présidents de section. Il en est ainsi pour les projets de décret portant règlement sur le service intérieur du Conseil d'Etat, ou instituant lorsque les besoins du service l'exigent, la section temporaire du contentieux (V. *infrà*, n. 347).

§ 4. *Assemblée générale.*

1° *Composition de l'assemblée générale.*

198. — L'assemblée générale du Conseil d'Etat se compose de tous les membres du conseil, savoir : des trente-deux conseillers d'Etat en service ordinaire avec voix délibérative, sauf la restriction vue plus haut (V. *suprà*, n. 158); des dix-huit conseillers d'Etat en service extraordinaire, ayant voix délibérative dans les affaires qui dépendent du département ministériel auquel ils appartiennent et voix consultative dans les autres affaires; des trente maîtres des requêtes ayant voix délibérative dans les affaires dont le rapport leur est confié et voix consultative dans les autres; des trente-six auditeurs ayant voix consultative seulement dans les affaires dont ils sont les rapporteurs (L. 24 mai 1872, art. 11; L. 13 juill. 1879, art. 1; Décr. 2 août 1879, art. 3). — Sur la présidence de l'assemblée générale, V. *suprà*, n. 117.

199. — A une époque où le Conseil d'Etat était moins nombreux qu'il ne l'est aujourd'hui, l'art. 12, L. 24 mai 1872, portait que le Conseil d'Etat, en assemblée générale, ne pourrait délibérer si « treize au moins de ses membres ayant voix délibérative » n'étaient présents. Aujourd'hui, l'art. 6, L. 13 juill. 1879, exige la présence de « seize au moins des conseillers en service ordinaire ». Ce dernier texte ne s'est pas borné à une simple rectification de chiffres, justifiée par l'augmentation du nombre des membres du conseil, il a, en outre, modifié le système de calcul pour le nombre des membres dont la présence est exigée : les conseillers en service extraordinaire ayant voix délibérative dans les affaires qui dépendent du ministère auquel ils appartiennent, et les maîtres des requêtes ayant voix délibérative dans les affaires dont le rapport leur est confié, il pouvait arriver que le nombre de treize fût complété par les conseillers en service extraordinaire et par les maîtres des requêtes-rapporteurs; il ne suffit plus aujourd'hui de seize membres ayant voix délibérative; il faut seize conseillers en service ordinaire. En cas de partage, la voix du président est prépondérante (L. 13 juill. 1879, art. 6).

200. — Le gouvernement peut appeler à prendre part aux séances de l'assemblée générale, comme aux séances des sections, avec voix consultative, les personnes dont les connaissances spéciales peuvent être utiles à la discussion (L. 24 mai 1872, art. 14). — V. *suprà*, n. 189.

2° *Affaires portées à l'assemblée générale.*

201. — L'assemblée générale du Conseil d'Etat n'est pas nécessairement appelée à examiner toutes les affaires : pour un grand nombre, la délibération de la section est suffisante. Nous dirons même quelle est la règle, les affaires qui doivent être soumises à l'assemblée générale étant énumérées limitativement, sauf le droit de renvoi à cette assemblée, qui existe pour toute affaire.

202. — Les affaires à porter à l'assemblée générale ont été énumérées par l'art. 7, Décr. 2 août 1879. Mais un décret du 3 avr. 1886 a modifié cette énumération en la restreignant dans le but de décharger le rôle de l'assemblée générale d'un certain nombre d'affaires d'une importance relativement minime, et de lui permettre ainsi de consacrer plus de temps à l'étude des projets de loi, le gouvernement paraissant disposé à développer l'exercice des attributions législatives du conseil. — V. le commentaire du décret précité, dans la *Rev. gén. adm.*, 1886, t. 2, p. 84 et s., notes.

203. — Aux termes du décret de 1886, sont portés à l'assemblée générale du Conseil d'Etat : 1° les projets et les propositions des lois renvoyés au Conseil d'Etat; 2° les projets de règlement d'administration publique; 3° l'enregistrement des bulles et des autres actes du Saint-Siège; 4° les recours pour abus; 5° les autorisations sollicitées par les congrégations religieuses et la vérification de leurs statuts; 6° la création des établissements ecclésiastiques ou religieux; 7° l'autorisation d'accepter les dons et legs excédant 50,000 fr., lorsqu'il y a opposition des héritiers; 8° l'annulation des délibérations prises par les conseils généraux des départements dans les cas prévus par les art. 33 et 47, L. 10 août 1871; 9° les impositions d'office établies sur les départements dans les cas prévus par l'art. 61, L. 10 août 1871; 10° les traités passés par la ville de Paris pour les objets énumérés dans

CONSEIL D'ÉTAT. — Titre III. — Chap. I.

l'art. 16, L. 14 juill. 1867; 11° les changements à apporter à la circonscription territoriale des communes; 12° la création des octrois; 13° la création des tribunaux de commerce et des conseils de prud'hommes; la création ou la prorogation des chambres temporaires des cours et tribunaux; 14° la création des chambres de commerce; 15° la naturalisation des étrangers accordée à titre exceptionnel, en vertu de l'art. 2, L. 29 juin 1867 (aujourd'hui sans application), la loi du 26 juin 1889 ayant supprimé l'avis du Conseil d'État en cette matière; 16° les prises maritimes; 17° la délimitation des rivages de la mer; 18° les demandes en concession de mines, soit en France, soit en Algérie; 19° l'exécution des travaux publics à la charge de l'État, qui peuvent être autorisés par décrets; 20° l'exécution des tramways; 21° la concession de dessèchement de marais, les travaux d'endiguement et ceux de redressement des cours d'eau non navigables; 22° l'approbation des tarifs de ponts à péage et de bacs, et le rachat des concessions de ponts à péage; 23° l'établissement de droits de tonnage dans les ports maritimes; 24° l'autorisation des sociétés d'assurances sur la vie, des tontines et les modifications des statuts des sociétés anonymes autorisées avant la loi du 24 juill. 1867; 25° la suppression des établissements dangereux, incommodes et insalubres, dans les cas prévus par le décret du 15 oct. 1810; 26° toutes les affaires non comprises dans cette nomenclature sur lesquelles il doit être statué, en vertu d'une disposition spéciale, par décrets rendus en la forme des règlements d'administration publique; 27° enfin, les affaires qui, à raison de leur importance, sont renvoyées à l'examen de l'assemblée générale, soit par les ministres, soit par le président de la section, d'office ou sur la demande de la section.

204. — On peut remarquer que cette énumération est fort large. En effet, l'assemblée générale est appelée à examiner, non seulement les règlements d'administration publique (§ 2), mais les décrets rendus dans la même forme, lesquels sont si multipliés dans notre législation; d'autre part, toute affaire ne devant pas par sa nature être portée à l'assemblée générale, peut lui être renvoyée dans les formes prévus par le § 27.

205. — Lorsque le Conseil d'État doit statuer « le Conseil d'État entendu » le décret peut être rendu après avis d'une seule section, quand la matière ne rentre dans aucune des catégories énumérées dans le décret du 3 avr. 1886. Il en est ainsi, par exemple, des décrets relatifs à l'autorisation aux établissements publics d'accepter des libéralités dont la valeur n'excède pas 50,000 fr. — Cons. d'Ét., 1er avr. 1887, Juillac, [D. 88.3.74] — Mais lorsqu'il doit être statué *dans la forme du règlement d'administration publique*, le Conseil d'État doit être consulté en assemblée générale. — Cons. d'Ét., 23 févr. 1861, Dabuc, [D. 61.3.83]; — 13 mars 1867, Guiringaud, [D. 68.3.13]

§ 3. *Vacances du Conseil d'État.*

206. — L'époque des vacances du Conseil d'État est fixée, chaque année, par un décret du président de la République. Le même décret nomme deux sections pour délibérer sur les affaires urgentes et désigne neuf conseillers d'État en service ordinaire, huit maîtres des requêtes et dix auditeurs pour composer ces sections (Décr. 2 août 1879, art. 31). Les sections des vacations sont purement administratives; aussi parlons-nous des vacations du Conseil d'État à la suite des sections administratives et de l'assemblée générale. L'assemblée générale ne peut délibérer pendant les vacations qu'autant que neuf au moins de ses membres, ayant voix délibérative, sont présents. Les conseillers d'État désignés pour faire partie de la section des vacations peuvent se faire remplacer, de l'agrément du président, par un autre conseiller d'État (Même art.). La question de savoir si une affaire présente un caractère d'urgence, suffisant pour être soumise à l'examen du Conseil d'État siégeant en vacations, n'est pas de nature à être portée devant le Conseil d'État siégeant au contentieux comme moyen d'annulation pour excès de pouvoir du décret qui a été rendu sur avis de la section des vacations. — Cons. d'Ét., 6 août 1887, Brousse, [D. 88.3.125]

Section II.
Attributions.

207. — « Le domaine du Conseil d'État, a dit M. Dumon, dans son rapport sur le projet qui est devenu la loi du 19 juill. 1845 (*Moniteur*, 7 juill. 1843, supp. B), a presque les mêmes limites que celui de l'administration. Il serait bien téméraire d'entreprendre l'énumération des attributions, si nombreuses et si mobiles, de l'autorité administrative. Les lois civiles, destinées à régler les rapports de famille et les conventions privées qui constituent l'état social, ont quelque chose de la stabilité du principe qui leur sert de base. Malgré les différences des temps, des lieux, des institutions, elles conservent chez tous les peuples des ressemblances générales et nécessaires. Les plus beaux titres de notre Code civil sont une rédaction rajeunie de nos vieilles coutumes, ou même une heureuse traduction des lois romaines. Les lois administratives qui régissent les relations de la puissance publique avec les intérêts privés, se modifient, s'étendent, se compliquent suivant les vicissitudes des institutions, les progrès de la civilisation, l'accroissement de la richesse; elles varient d'un peuple à l'autre; elles varient chez un même peuple. Les sources des lois administratives se tarissent, pour ainsi dire, et se rouvrent sans cesse : un changement de politique, une découverte de la science, un perfectionnement de l'industrie, créent, modifient ou détruisent même toute une matière administrative. Les questions des domaines nationaux, autrefois si nombreuses, sont maintenant épuisées; l'extension du système électif a créé le contentieux électoral; le gaz et la vapeur ont déjà leur Code ». Si les attributions du conseil ne peuvent, à raison de leur multiplicité et de leur variété infinies, faire l'objet d'une énumération complète, on peut du moins, en s'attachant à leurs caractères généraux, les ramener à quelques classes principales, sauf à subdiviser ensuite ces dernières. Nous avons déjà divisé en deux grandes catégories les attributions du Conseil d'État selon la nature du rôle qu'il est appelé à jouer. Nous diviserons ici les attributions du Conseil d'État, considéré comme conseil de gouvernement, en attributions législatives et attributions administratives, renvoyant l'étude des attributions contentieuses à celle du Conseil d'État considéré comme tribunal administratif.

§ 1. *Attributions législatives.*

208. — Nous avons vu, dans la partie historique, le rôle important dévolu au Conseil d'État en matière législative à certaines époques. Il n'en est plus ainsi de nos jours; le Conseil d'État n'est plus obligatoirement appelé à exercer des attributions législatives.

209. — Aux termes de l'art. 8, L. 24 mai 1872, le Conseil d'État donne son avis : 1° sur les projets d'initiative parlementaire que l'Assemblée nationale (aujourd'hui le Sénat ou la Chambre des députés) juge à propos de lui renvoyer; 2° sur les projets de loi préparés par le gouvernement et qu'un décret spécial ordonne de soumettre au Conseil d'État. Ce n'est donc jamais qu'une faculté pour le Parlement, soit pour le gouvernement, de consulter le Conseil d'État en matière législative (Aucoc, *Conférences*, t. 1, n. 77). Il appartient aux Chambres ou au pouvoir exécutif d'ordonner si le Conseil d'État sera consulté en cette matière.

210. — L'initiative des lois est attribuée concurremment au président de la République et aux membres des deux Chambres (L. const., 25 févr. 1875, art. 3). Lorsqu'il s'agit d'une proposition de loi, c'est-à-dire d'un projet d'initiative parlementaire, le renvoi au Conseil d'État peut être ordonné, en vertu du texte précité de la loi de 1872, par le Sénat ou la Chambre des députés. Lorsqu'il s'agit d'un projet de loi, c'est-à-dire d'un projet émanant du gouvernement, c'est au gouvernement à ordonner par décret spécial qu'il sera soumis au Conseil d'État. Toutefois, il a été constamment reconnu que rien ne limite le droit des Chambres de consulter le Conseil d'État, et qu'elles peuvent lui renvoyer tout projet ou proposition de loi. De plus, la Chambre ou le Sénat peut faire étudier par le conseil un projet, alors même qu'il a été délibéré par une commission parlementaire ou même par l'autre assemblée et par l'assemblée elle-même. Le gouvernement peut encore demander au conseil de préparer lui-même un projet de loi, dont il indique seulement l'objet. — Béquet, n. 174.

211. — Les projets législatifs rédigés par le Conseil d'État revêtent la forme qu'aurait la loi elle-même si elle était adoptée. Le conseil présente non seulement une rédaction complète, mais encore un exposé des motifs généraux de la loi et de ceux spéciaux à chaque article (Béquet, n. 175 et 176). La loi préparée par le Conseil d'État peut être soutenue devant les Chambres par des conseillers délégués par le gouvernement. — V. *suprà*, n. 124.

212. — Il est deux catégories de projets de loi qui doivent nécessairement, en vertu de textes législatifs, être soumis au Conseil d'Etat. Ce sont : 1° les projets de loi relatifs à la création de communes nouvelles (L. 5 avr. 1884, art. 5); 2° les projets de loi autorisant l'exécution de chemins de fer d'intérêt local (L. 11 juin 1880, art. 2). Il n'est cependant point permis de voir là un exemple d'intervention obligatoire du Conseil d'Etat en matière législative, les lois dont il s'agit n'étant pas des lois, à proprement parler, mais plutôt des mesures administratives prises par les chambres. — V. Laferrière, *Jur. dr. admin.*, t. 2, p. 15 et s.

§ 2. *Attributions administratives.*

213. — Les attributions administratives du Conseil d'Etat se divisent en deux groupes, suivant qu'il s'agit des cas dans lesquels le Conseil d'Etat *doit* ou *peut* être appelé à donner son avis

1° *Cas où le Conseil d'Etat doit être appelé à donner son avis.*

214. — A la différence des attributions législatives, les attributions administratives du Conseil d'Etat n'ont guère varié suivant les régimes politiques; elles dérivent presque toutes, non de la législation spéciale du Conseil d'Etat, mais des lois et des règlements qui régissent aujourd'hui les divers services publics, et auxquels la loi du 24 mai 1872 se réfère. — Aucoc, *Le Conseil d'Etat*, p. 149.

215. — I. *Règlements d'administration publique.* — Le Conseil d'Etat est appelé nécessairement à donner son avis sur les règlements d'administration publique (L. 24 mai 1872, art. 8; Décr. 9 avr. 1886). On désigne sous le nom de *règlement d'administration publique* ou de *décret portant règlement d'administration publique*, un règlement émanant du chef de l'Etat et intervenant à la suite d'une délégation spéciale du législateur. Bien que l'art. 3 de la loi constitutionnelle du 25 févr. 1875 permette au gouvernement de faire tous règlements nécessaires pour assurer l'exécution des lois, cependant il y a intérêt, à plusieurs points de vue, à prescrire dans une loi la confection d'un règlement — V. *infra*, v° *Règlement d'administration publique.*

216. — L'avis du Conseil d'Etat n'est obligatoirement pris qu'au cas où le législateur, dans sa délégation, emploie l'expression « règlement d'administration publique ». Ainsi notamment, les actes réglementaires intervenus en exécution de la loi du 3 mars 1822, sur la police sanitaire (art. 4 : *Le roi déterminera par des ordonnances...* »), et le décret du 22 févr. 1876, n'ont pas été soumis au Conseil d'Etat. De même, la loi du 20 déc. 1892 relative à l'arrimage des marchandises à bord des navires de commerce en disposant que des *décrets* détermineront les règles d'après lesquelles devra être effectué cet arrimage, a prévu, non des règlements d'administration publique, mais des décrets réglementaires ordinaires. Si, en fait, le décret intervenu en exécution de cette loi, a été rendu en Conseil d'Etat, le gouvernement n'était pas obligé de le soumettre à cette assemblée.

217. — On peut toutefois se demander si la distinction des décrets réglementaires en deux catégories est bien justifiée. La question s'est posée de savoir si tous les règlements émanés du chef de l'Etat ne sont pas des règlements d'administration publique, si tous ne devraient pas être élaborés par le Conseil d'Etat. La constitution du 22 frim. an VIII, qui a, la première, dans son art. 52, employé le mot de « règlements d'administration publique » en chargeant le Conseil d'Etat de les rédiger, ne renfermait aucune allusion à une délégation du pouvoir législatif; elle entendait certainement que tous les règlements destinés à régir les différentes branches de l'administration, et prescrivant les mesures d'être obligatoires pour les citoyens, seraient faits avec le concours du Conseil d'Etat, et c'est en ce sens que cette disposition a été appliquée sous le premier Empire. Mais sous la Restauration, le gouvernement fit, sans consulter le Conseil d'Etat, des règlements considérables, notamment l'ordonnance du 1er août 1827 pour l'exécution du Code forestier. Bien que la pratique de la monarchie de Juillet ait été différente, on arriva néanmoins à admettre la doctrine que l'intervention du Conseil d'Etat dans la rédaction des règlements n'était obligatoire que pour le cas où une loi aurait disposé expressément que certaines mesures complémentaires ou d'exécution seraient déterminées par un règlement d'administration publique.

218. — Une nouvelle distinction entre les divers règlements fut introduite par la constitution de 1848 et par la loi du 3 mars 1849 sur le Conseil d'Etat : tous les règlements généraux, ayant pour objet l'organisation des services publics ou applicables à la totalité du territoire, étaient qualifiés de *règlements d'administration publique*, et le Conseil d'Etat était appelé dans tous les cas à les rédiger. La distinction qui veut que le règlement soit ou non prévu spécialement par une loi subsistait, mais n'avait plus les mêmes conséquences : si la confection du règlement était ordonnée par une disposition législative particulière, le Conseil d'Etat était chargé non plus seulement de le préparer, mais de le faire avec un pouvoir de décision propre; dans le cas contraire, le Conseil d'Etat était appelé seulement à donner son avis sur la rédaction. C'est ce qui résultait, d'une part, de l'art. 75, § 2, Const. 4 nov. 1848, ainsi conçu : « Il (le Conseil d'Etat) prépare les règlements d'administration publique; il fait seul ceux de ces règlements à l'égard desquels l'Assemblée nationale lui a donné une délégation spéciale », et, d'autre part, de l'art. 4, L. 3 mars 1849, aux termes duquel « le Conseil d'Etat fait, sur le renvoi de l'Assemblée nationale, les règlements d'administration publique, à l'égard desquels il a reçu la délégation spéciale énoncée en l'art. 75 de la constitution. Seront seules considérées comme contenant cette délégation, les lois portant expressément que le Conseil d'Etat fera un règlement d'administration publique pour en assurer l'exécution. Il prépare, sur le renvoi du gouvernement, tous les autres règlements d'administration publique ». — V. la réponse de M. Vivien aux observations de M. Valette, lors de la discussion de la constitution de 1848 (Duvergier, *Lois annotées*, 1848, p. 593, note 1) et l'extrait de son rapport cité dans le même ouvrage (1849, p. 53, note 1). Ce système n'eut qu'une existence éphémère, la durée de la constitution qui l'avait établi.

219. — En 1872, lors de la discussion de la loi sur la réorganisation du Conseil d'Etat, un amendement fut proposé par MM. Savoye et Louis La Caze (séances des 2 et 3 mai 1872 : *J. off.*, p. 2960 et 2982), afin d'exiger l'avis du Conseil d'Etat, non seulement sur les règlements d'administration publique faits en vertu d'une délégation de la loi, mais sur tous les règlements permanents faits par le gouvernement. Les raisons qui prévalurent contre cette proposition furent surtout empruntées aux traditions antérieures. On ne manqua pas non plus de faire ressortir les difficultés pratiques qui eussent résulté de son adoption dans les termes où elle était présentée, et de la distinction entre les règlements permanents et ceux qui n'ont pas ce caractère. Au point de vue légal, aujourd'hui, la question n'est plus discutable, et il faut reconnaître que le Conseil d'Etat n'est obligatoirement consulté que sur les règlements d'administration publique faits en vertu d'une délégation du législateur.

220. — Ce n'est pas à dire que la division des règlements, suivant qu'ils sont soumis à l'avis du Conseil d'Etat ou qu'ils échappent à son contrôle, soit purement artificielle; elle a paru telle à d'éminents auteurs, et entre autres, à M. Aucoc. Où serait, en effet, dit-il, la raison de distinguer? Si l'intervention du Conseil d'Etat est jugée nécessaire, quand il s'agit de déterminer certaines règles de détail dans les limites fixées par une loi spéciale, comment ne le serait-elle plus quand le gouvernement prend l'initiative d'un règlement pour combler les lacunes de la loi, pour organiser un service public, pour imposer aux citoyens des obligations? N'est-ce pas alors plus que jamais qu'il importe que des garanties soient données à l'intérêt public et aux intérêts privés contre les erreurs, contre les abus possibles du pouvoir réglementaire, contre une sorte d'usurpation du pouvoir législatif? En faisant même abstraction des dangers d'empiètements et des excès de pouvoir, on ne peut nier l'avantage que présente la consultation du Conseil d'Etat sur tous les règlements. Une assemblée, a dit Vivien, dans laquelle on conserve les traditions, où l'on a des vues d'ensemble, où des esprits divers se rencontrent, et qui correspond à tous les départements ministériels, est bien placée pour opérer l'unité d'application des règles administratives, pour empêcher que les solutions ne varient avec les services ou avec les ministères, pour donner à la rédaction l'ordre, la simplicité, la clarté qui en sont les mérites essentiels (Vivien, *Etudes administratives*, t. 1, p. 312; Aucoc, *Le Conseil d'Etat avant et depuis 1789*, p. 151 et s.). Nous reconnaissons qu'il y a dans les observations précédentes une part de vérité; toutefois, l'examen de l'étendue du pouvoir réglementaire dans les deux cas en question laisse entrevoir, à notre avis, que la distinction entre les deux catégories de règlements ne manque pas absolument de base rationnelle. — V. Dejamme, *Du pouvoir réglementaire*. — V. *infrà*, v° *Règlement d'administration publique*.

221. — Par application de la disposition précitée de la loi du 24 mai 1872, il a été jugé que le gouvernement ne peut modifier un règlement d'administration publique sans consulter à nouveau le Conseil d'Etat. — Cons. d'Et., 6 janv. 1888, Salle, [S. 89.3. 62, P. adm. chr., D. 89.3.37] — V. aussi Cons. d'Et., 30 mai 1884, Mercier, [P. adm. chr., D. 85.3.107]

222. — Quelle serait la sanction de cette obligation imposée au gouvernement de demander l'avis du Conseil d'Etat? En d'autres termes, qu'arriverait-il si une ordonnance portant règlement d'administration publique était rendue sans que le Conseil d'Etat eût été consulté? Ainsi que nous le verrons plus loin, le recours pour excès de pouvoir n'est pas recevable contre les règlements d'administration publique, parce que ceux-ci participent de la nature législative. Mais comme un règlement rendu dans ces conditions serait entaché d'illégalité dans la forme, les tribunaux devraient refuser de l'appliquer et spécialement de prononcer, à l'égard des contrevenants, les peines portées par l'art. 471, n. 15, C. pén. — Serrigny, n. 94; Dufour, *Dr. adm. appliqué*, t. 1, n. 182; Chauveau, *Principes de compét. et de juridi. admin.*, t. 3, n. 1043; Trolley, *Cours de dr. admin.*, t. 1, n. 125 et 139.

223. — II. *Décrets rendus en forme de règlement d'administration publique*. — Le Conseil d'Etat est aussi appelé à donner son avis sur les décrets en forme de règlement d'administration publique (L. 24 mai 1872, art. 8; Décr. 2 août 1879, art. 7, § 26, modifié par Décr. 3 avr. 1886). Un grand nombre de lois ou de décrets, en réglant les conditions dans lesquelles le gouvernement prononcerait sur certaines affaires concernant les intérêts généraux, des intérêts collectifs et même des intérêts privés, ont disposé qu'il y serait statué par ordonnance ou décret rendu en la forme des règlements d'administration publique, entendant par là prescrire l'intervention obligatoire du Conseil d'Etat en assemblée générale (Décr. de 1879, même art.). — Aucoc, *Le Conseil d'Etat*, p. 154 et s.

224. — Si les décrets rendus en forme de règlement d'administration publique sont, ainsi que les décrets portant règlement d'administration publique, soumis au Conseil d'Etat, il ne faut cependant pas les confondre avec ces derniers; l'intérêt de la distinction apparaît dans les voies de recours, qui sont différentes selon qu'il s'agit des uns ou des autres. — V. *infrà*, v^{ls} *Lois et Décrets*, *Règlement d'administration publique*.

225. — Ainsi qu'il a été dit *suprà*, n. 215 et 216, les décrets qui doivent, en vertu d'un texte, être rendus dans la forme des règlements d'administration publique sont soumis au Conseil d'Etat en assemblée générale : l'avis de la section ne serait pas suffisant; et le décret rendu après le seul avis de section devrait être annulé pour violation des formes prescrites. — Cons. d'Et., 23 févr. 1861, Dabuc, [S. 61.3.83]; — Cons. d'Et., 2 mars 1877, Guirin-gaud, [D. 68.3.13]

226. — *Autres affaires soumises au Conseil d'Etat en vertu d'un texte*. — Des textes très-nombreux portent que le gouvernement doit statuer en Conseil d'Etat, ou après avis du Conseil d'Etat. Dans ce cas, si la matière considérée n'est pas classée, aux termes du même décret, parmi celles qui sont portées à l'assemblée générale du Conseil d'Etat, elle est simplement examinée par la section compétente (V. *suprà*, n. 177), ou les sections réunies, s'il y a lieu (V. *suprà*, n. 190); en sauf le droit de renvoi à l'assemblée générale (V. *suprà*, n. 201).

227. — IV. *Attributions dérivant des deux origines ci-dessus indiquées*. — Les attributions administratives qui dérivent pour le Conseil d'Etat des deux origines ci-dessus indiquées (*suprà*, n. 223 et s.) sont fort étendues. Le Conseil d'Etat est consulté obligatoirement sur les décrets qui doivent être rendus en forme de règlement d'administration publique et sur toutes les affaires qui doivent lui être soumises en vertu de textes soit postérieurs, soit antérieurs à la loi du 24 mai 1872, sauf dispositions contraires. Le Conseil d'Etat, en effet, aux termes de l'art. 8 de cette loi, « exerce en outre, jusqu'à ce qu'il en soit autrement ordonné, toutes les attributions qui étaient conférées à l'ancien Conseil d'Etat par les lois ou règlements qui n'ont pas été abrogés. »

228. — Le Conseil d'Etat est étroitement associé à l'exercice par le gouvernement de la haute police des cultes. Il vérifie et enregistre les bulles et autres actes du Saint-Siège, les décrets des synodes étrangers, les décisions doctrinales sur des pratiques de communions protestantes (Béquet, n. 203 et s.). Aux termes, notamment, de l'art. 1, L. 18 germ. an X, « aucune bulle, bref, rescrit, mandat, provision, signature servant de provision, ni autres expéditions de la cour de Rome, même ne concernant que les particuliers, ne peuvent être reçus, publiés, imprimés, ni autrement mis à exécution, sans l'autorisation du gouvernement ». Cette autorisation doit nécessairement être précédée d'un examen, d'une vérification, à l'effet de s'assurer que l'acte du Saint-Siège ne contient rien qui puisse s'opposer à sa publication. Bien que la loi de germinal an X ne détermine point par quelle autorité doivent être faits la vérification et l'enregistrement, ils avaient été, dans l'usage, constamment déférés au Conseil d'Etat, quand l'ordonnance du 29 juin 1814 vint s'en expliquer par une disposition formelle : « Le Conseil d'Etat, porte l'art. 8, § 4, de cette ordonnance, vérifiera et enregistrera les bulles et actes du Saint-Siège, ainsi que les actes des autres communions ». L'ordonnance du 18 sept. 1839 (art. 17) avait attribué au comité de législation la préparation des projets des ordonnances sur la vérification des bulles. C'est aujourd'hui à la section de l'intérieur et des cultes qu'appartient cette attribution, et c'est sur le rapport de cette section que ces affaires sont portées devant l'assemblée générale. — Sur la forme du décret d'autorisation, V. *suprà*, v° *Bulle*, n. 25.

229. — Dans le même ordre d'idées, le Conseil d'Etat est appelé à examiner le recours pour abus. — V. *suprà*, v° *Abus ecclésiastique*.

230. — La loi du 24 mai 1825 (art. 2) porte qu'aucune congrégation religieuse de femmes ne sera autorisée qu'après que les statuts, dûment approuvés par l'évêque diocésain, auront été vérifiés et approuvés en Conseil d'Etat, en la forme requise pour les bulles d'institution canonique; et que ces statuts ne pourront être approuvés s'ils ne contiennent la clause que la congrégation sera soumise, dans les choses spirituelles, à la juridiction de l'ordinaire. Ainsi qu'il a été dit (*suprà*, v° *Communauté religieuse*, n. 127), lorsque les statuts ont été ainsi approuvés et enregistrés, si la congrégation existait avant le 1er janv. 1825, et n'a pas cessé d'exister depuis lors, l'autorisation peut être accordée par décret; si elle n'existait pas à cette époque, l'autorisation ne peut être accordée que par une loi (L. 24 mai 1825, art. 2).

231. — Doivent être rendus, le Conseil d'Etat entendu, les décrets qui accordent l'autorisation nécessaire pour l'érection de chapelles et oratoires. — V. *suprà*, v° *Chapelle*, n. 4.

231 bis. — Ce conseil est consulté sur la création des établissements publics d'utilité publique, l'autorisation des libéralités faites à ces établissements, et dans certains cas, aux départements et aux communes, enfin en maintes questions touchant à leur administration.

232. — La question suivante avait été posée sous le régime de la loi du 18 juill. 1837, sur l'administration communale. Il existe beaucoup d'actes concernant cette administration pour lesquels la loi du 18 juill. 1837 exigeait une ordonnance du roi, sans dire que cette ordonnance dût être rendue en Conseil d'Etat. Etait-il néanmoins nécessaire de consulter le Conseil d'Etat, ou pouvait-il être statué par de simples ordonnances rendues sur le rapport du ministre? M. Ad. Chauveau paraît avoir interprété en ce sens les termes de la loi de 1837. C'est de qui résulte de la comparaison des n. 1045, 1060 et 1061, au t. 1 de ses *Principes de compétence et de juridiction administrative*. M. Duchesne, au contraire (*Encyclop. du droit*, v° *Cons. d'Et.*, n. 81), énumère indistinctement ces mêmes actes avec les autorisations d'emprunts parmi ceux sur lesquels le Conseil d'Etat est appelé à délibérer. D'un autre côté, M. Dumon, dans son rapport (du 6 juill. 1843), traçant le tableau des attributions si variées du Conseil d'Etat, s'exprime ainsi : « L'administration des départements et des communes ne consulte que les autorisations innombrables dont se compose la tutelle administrative ». Bien que cette dernière interprétation ait paru alors préférable, nous croyons que la même question soulevée en présence de la loi du 5 avr. 1884, devrait être résolue autrement. Si on examine attentivement cette loi, on trouvera, en effet, des articles qui opposent, l'un à l'autre, le *décret simple* au décret rendu *en Conseil d'Etat*. Ainsi, l'art. 143 porte : « Toute contribution extraordinaire dépassant le maximum fixé par le conseil général, et tous emprunts remboursables sur cette contribution sont autorisés par *décret du président de la République*. Si la contribution est établie pour une durée de plus de trente ans, ou si l'emprunt remboursable sur ressources extraordinaires doit excéder cette durée, *le décret est rendu en Conseil d'Etat* » (V. aussi l'art. 119).

Nous en concluons donc, qu'en matière d'administration communale, comme d'ailleurs en toute autre matière, le gouvernement n'est tenu de consulter le Conseil d'Etat qu'autant qu'un texte de loi en impose l'obligation. Mais, ainsi que nous le rappellerons un peu plus loin, il a toujours la faculté de recourir à l'avis du conseil dans les cas où il n'y est pas obligé, et il en use fréquemment.

233. — Le Conseil d'Etat est appelé à préparer un grand nombre d'actes concernant le service des travaux publics, par exemple, l'autorisation des travaux de routes, ponts, canaux, canalisation des rivières, des ports maritimes, mais depuis la loi du 27 juill. 1870, c'est au pouvoir législatif qu'il appartient d'autoriser les grands travaux publics. Les décrets portant déclaration d'utilité publique d'un travail communal peuvent être rendus sans que l'administration ait demandé l'avis soit du Conseil d'Etat, soit de la section de l'intérieur dudit conseil. — Cons. d'Et., 20 avr. 1888, Syndicat du canal du Vernet et Plà, [S. 90.3.30, P. adm. chr., D. 89.3.76]

234. — Le Conseil d'Etat est encore consulté nécessairement sur les plans généraux d'alignement en matière de grande voirie (V. *suprà*, v° *Alignement*); sur les demandes en concession de mines (V. *infrà*, v° *Mines*). Il est encore appelé a se prononcer sur la création des tribunaux de commerce, ainsi que sur le nombre des juges et celui des suppléants; sur les droits, vacations et devoirs des greffiers et des huissiers près les tribunaux (C. comm., art. 615, 617 et 624); sur l'établissement des conseils de prud'hommes (V. *infrà*, v° *Prud'hommes*); sur l'organisation des chambres de commerce, des chambres consultatives des arts et manufactures (L. 22 germ. an XI, art. 2; Arr. 10 therm. an XI). — V. *suprà*, v° *Chambre de commerce*, n. 32.

235. — Le Conseil d'Etat apporte encore son concours aux services financiers; c'est ainsi que toutes les pensions civiles et militaires sont examinées en Conseil d'Etat. Le Conseil statue en dernier ressort sur la validité de prises maritimes faites en temps de guerre (V. *infrà*, v° *Conseil des prises*); sur les demandes en changement de nom (V. *infrà*, v° *Noms et prénoms*). En ce qui concerne la naturalisation, la loi du 26 juin 1889, à la différence de celle du 29 juin 1867, n'exige plus l'avis du Conseil d'Etat pour les décrets statuant à cet effet.

236. — Pour connaître d'une manière complète les attributions administratives du Conseil d'Etat, il serait donc nécessaire de se reporter aux textes très-nombreux où le gouvernement doit statuer, soit *dans la forme des règlements d'administration publique*, soit *en Conseil d'Etat* ou *après avis du Conseil d'Etat*, sur telles ou telles matières.

237. — Lorsque le Conseil d'Etat doit être consulté, l'omission de cette formalité pourrait, dans certains cas, donner ouverture à un recours contentieux. Ainsi, par exemple, en matière de mines, l'acte de concession fait après l'accomplissement des formalités prescrites n'est susceptible d'aucun recours, et purge, en faveur du concessionnaire, tous les droits du propriétaire de la surface et des inventeurs (L. 21 avr. 1810, art. 17). Mais si toutes ces formalités n'avaient pas été remplies, et spécialement, si le Conseil d'Etat n'avait pas été consulté, le décret de concession pourrait être attaqué par la voie contentieuse. — Cons. d'Et., 13 mai 1818, Liotard, [S. chr., P. adm. chr.] — V. aussi Serrigny, *Traité de l'organisation*, etc., n. 96. — V. au surplus *infrà*, v° *Mines*.

238. — Dans l'exercice de toutes ces attributions administratives, si le Conseil est obligatoirement consulté, ces avis ne sont pas obligatoirement suivis par le gouvernement, qui peut toujours, qu'il s'agisse soit d'un règlement d'administration publique, soit d'un décret spécial, adopter un texte ou rendre une décision différente de la rédaction ou de la solution proposée par le conseil. On peut toutefois citer deux cas dans lesquels le gouvernement ne peut statuer contrairement à l'avis du Conseil d'Etat : 1° Aux termes de l'art. 179, L. 5 avr. 1884 (article ajouté à cette loi par celle du 22 mars 1890, sur les syndicats de communes), le syndicat peut être dissous d'office par un décret rendu sur l'avis *conforme* du Conseil d'Etat (V. *suprà*, v° *Commune*, n. 1716); 2° l'art. 3, L. 22 juill. 1893, modifiant l'art. 9, C. civ., porte que « tout individu né en France d'un étranger et qui n'y est pas domicilié à l'époque de sa majorité pourra, jusqu'à l'âge de vingt-deux ans accomplis, faire sa soumission de fixer en France son domicile et s'il l'y établit dans l'année à compter de l'acte de soumission, réclamer la qualité de Français par une déclaration qui sera, à peine de nullité, enregistrée au ministère de la Justice... L'enregistrement pourra être refusé, pour cause d'indignité, au réclamant qui réunirait toutes les conditions légales; mais dans ce cas, il devra être statué, le déclarant dûment avisé, par décret rendu sur l'avis *conforme* du Conseil d'Etat... ». — V. l'art. 1, L. 3 déc. 1849, aujourd'hui abrogé, portant que la naturalisation ne pouvait être accordée que sur l'avis *favorable* du Conseil d'Etat.

2° *Cas où le Conseil d'Etat peut être consulté.*

239. — A. *Principe général.* — Le Conseil d'Etat donne son avis sur les projets de décret, et en général sur toutes les questions qui lui sont soumises par le Président de la République ou par les ministres (L. 24 mai 1872, art. 8). Le Conseil d'Etat n'est donc pas seulement appelé à examiner les affaires qui doivent lui être déférées en vertu d'un texte, il peut aussi être consulté en toutes matières, et ainsi, par la seule volonté du gouvernement, des décrets peuvent être rendus « le Conseil d'Etat entendu. »

240. — Il faut noter une différence importante entre les décrets rendus en Conseil d'Etat en vertu, soit d'un texte formel, soit de la volonté du gouvernement. Les premiers ne peuvent être modifiés qu'en suivant les formes dans lesquelles ils ont été rendus (V. *suprà*, n. 221); quant aux seconds, le chef de l'Etat n'est pas tenu de consulter le Conseil d'Etat pour les abroger en tout ou en partie. — Cons. d'Et., 30 juill. 1880, Brousse, [S. 82.3.8, P. adm. chr., D. 81.3.73]; — 29 juin 1883, Archevêque de Sens, [S. 85.2.35, P. adm. chr., D. 84.3.89]

241. — Nous venons de dire que le Conseil d'Etat peut être consulté sur l'interprétation des lois : il est appelé, en pareil cas, à rédiger des avis généraux sur les questions qui lui sont soumises. On peut dire qu'aujourd'hui cette consultation du Conseil d'Etat sur l'interprétation des lois est doctrinale facultative, en ce sens que le gouvernement n'est jamais obligé de se conformer à l'avis du Conseil d'Etat.

242. — Nous avons vu (*suprà*, n. 42 et s.), qu'il n'en a pas toujours été de même, et que le Conseil d'Etat rendait des avis interprétatifs obligatoires en vertu du règlement du 5 niv. an VIII (art. 11), et de la loi du 16 sept. 1807 (art. 1 et 2); nous avons cité (*suprà*, n. 44) deux exemples des avis interprétatifs donnés à cette époque par le Conseil d'Etat; on a vu également (*suprà*, n. 83 et 84), comment ce pouvoir d'interprétation fut enlevé au Conseil d'Etat sous la Restauration.

243. — Aujourd'hui, si le Conseil d'Etat peut être appelé à donner des avis généraux interprétatifs, ces avis n'ont qu'une valeur purement facultative et ne sont donnés qu'à titre de renseignements; ils ne lient ni l'administration, ni les tribunaux; ils n'engagent pas non plus la décision du Conseil d'Etat statuant au contentieux, qui peut juger contrairement au système précédemment admis par les sections administratives ou par l'assemblée générale. — V. Serrigny, *Traité de l'organisation*, etc., t. 1, n. 92; Chauveau, *Principes de compét. et de jurid. admin.*, t. 3, n. 1034. — V. *suprà*, n. 46.

244. — B. *Matières spéciales.* — A côté de la règle générale ci-dessus posée, nous devons examiner quatre matières spéciales dans lesquelles le Conseil d'Etat peut être consulté. Il s'agit : a) 1° du recours prévu par l'art. 40, Décr. 22 juill. 1806; b) 2° des affaires de haute police administrative attribuées au Conseil d'Etat par l'art. 14, § 1, Décr. 11 juin de la même année.

245. — a) *Recours prévus par l'art. 40, Décr. 22 juill. 1806.* — Le recours prévu par l'art. 40, Décr. 22 juill. 1806, bien que contenu dans le texte qui régit la procédure en *matière contentieuse*, est un recours administratif et non contentieux; il doit, en principe, être examiné, non par la section de l'assemblée du contentieux, mais par la section administrative compétente et, s'il y a lieu, par l'assemblée générale administrative du Conseil d'Etat.

246. — Par les termes mêmes dans lesquels il est prévu, ce recours semble revêtir un caractère exclusivement gracieux; le gouvernement en apprécie souverainement la recevabilité. On a pu, en conséquence, se demander s'il ne fallait pas voir simplement dans l'art. 40 un exemple de réclamation gracieuse qui eût pu être adressée au chef de l'Etat, même en l'absence d'un texte, en un mot, la consécration du droit de pétition.

247. — Il n'a jamais été formé qu'un très-petit nombre de recours de cette nature, et il n'y en a presque pas qui aient abouti à un résultat favorable (Aucoc, *Conférences*, n. 57). Le recours ouvert par l'art. 40 du décret de 1806 avait, cependant, dans la pensée des auteurs de ce décret, une assez grande importance. C'est ce que l'on comprendra mieux en examinant l'historique de sa rédaction.

248. — Lorsqu'une partie, porte l'article précité, se croira lésée dans ses droits ou dans sa propriété par l'effet d'une décision de notre Conseil d'Etat rendue en matière non contentieuse, elle pourra nous présenter une requête pour, sur le rapport qui nous en sera fait, être l'affaire renvoyée, s'il y a lieu, soit à une section du Conseil d'Etat, soit à une commission ». Par « décision de notre Conseil d'Etat rendue en matière non contentieuse », il faut évidemment entendre les décrets administratifs rendus en Conseil d'Etat. Nous verrons (*infrà*, n. 390 et s.), les conditions dans lesquelles sont jugés les recours contentieux fournis contre ces décrets; le recours contentieux en pareil cas, déjà admis par la jurisprudence, ne fut prévu pour la première fois que par l'ordonnance de 1831. De l'an VIII à 1806, lorsque la commission du contentieux n'était pas encore instituée, il n'existait aucun recours contre les décisions administratives du Conseil d'Etat. En 1806, lors de la préparation du décret du 22 juillet sur la procédure en matière contentieuse, la commission du conseil eut l'idée d'admettre un recours administratif contre les décisions administratives du Conseil d'Etat; elle proposa donc une disposition ainsi conçue : « Lorsqu'une partie se croira lésée dans ses droits ou dans sa propriété par l'effet d'une décision de notre Conseil d'Etat, rendue en matière non contentieuse, elle pourra présenter une requête qui sera déposée avec les pièces au secrétariat du conseil. Il en sera donné connaissance par un auditeur au ministre du département que l'affaire concerne; et si la commission du contentieux estime qu'il y a lieu de recevoir la réclamation, elle fera son rapport au conseil, qui statuera ». Cette disposition, sous la forme qu'on lui avait donnée, fut repoussée parce qu'on trouvait anormal que la commission du contentieux, composée seulement de maîtres des requêtes et d'auditeurs, pût être juge du recours formé contre les décisions prises par le Conseil tout entier ou par une de ses sections; on retoucha donc l'article; on fit disparaître l'intervention de la commission du contentieux, et l'on transforma le recours contentieux en un recours administratif soumis d'abord à l'appréciation du gouvernement, puis, sur son renvoi, à l'examen d'une section ou d'une commission spéciale, et finalement à celui du Conseil d'Etat en assemblée générale.

249. — Ce remaniement de l'art. 40 explique la place qu'il occupe dans le paragraphe du décret de 1806, relatif à la tierce opposition. Avec la rédaction primitive, cette place était justifiée, puisque la commission avait proposé une véritable tierce opposition contentieuse à des décisions administratives. « En substituant un recours administratif à un recours contentieux, on a transformé le système, mais on n'a pas déplacé l'article; de là le défaut de concordance entre la teneur de l'art. 40 et l'intitulé du paragraphe dont il a continué de faire partie. » — Laferrière, *Jurid. adm.*, t. 2, p. 385 et s.

250. — Il résulte du texte même du décret de 1806 que le recours de l'art. 40 n'était pas admis contre les décisions rendues en matière contentieuse. Toutefois, à l'époque où le Conseil d'Etat n'avait pas de pouvoir propre en matière contentieuse, où il était statué en cette matière par décret sur avis du Conseil d'Etat comme en matière administrative, où, par suite, il pouvait se produire certaines confusions, aujourd'hui impossibles, il a été jugé : 1° que, bien qu'il soit dit dans un décret qu'il a été rendu sur le rapport de la commission du contentieux, s'il résulte de sa teneur qu'il n'a pas statué sur les questions en litige, qu'il n'énonce pas les noms et qualités des parties, etc., ce décret ne peut avoir d'autre caractère que celui d'un acte purement administratif, rendu par l'autorité souveraine, et contre lequel les réclamations peuvent être formées et admises, suivant les termes de l'art. 40 du règlement de 1806. — Cons. d'Et., 7 août 1816, Corbineau, [S. chr., P. adm. chr.]; — 2° que sur une requête présentée au roi en la forme prescrite par l'art. 40, Règl. 22 juill. 1806, il peut y avoir renvoi au comité du contentieux, et que, par cette attribution spéciale, ce comité est autorisé à statuer sur la demande en révision. — Cons. d'Et., 11 déc. 1816, Entreprise des lits militaires, [S. chr., P. adm. chr] — Ici, comme dans l'affaire des créanciers de Saint-Domingue (Cons. d'Et.,

11 déc. 1816, Legay et Crevel, [S. chr., P. adm. chr.]), la raison d'Etat rendait irrévocable et définitive la mesure contre laquelle les réclamants s'étaient pourvus devant le roi en son conseil; mais il est à remarquer que le décret qu'ils attaquaient avait été rendu contradictoirement, et qu'en en demandant la révision, ils prenaient la voie contentieuse. — V. la note spéciale à cette affaire placée par M. Cormenin, sous l'art. 40 du règlement de 1806 (*Droit adm.*, 4ᵉ édit., t. 1, p. 124). — V. encore Cons. d'Et., 26 août 1818, Lurat Vitalis, [S. chr., P. adm. chr.]

251. — A l'inverse, le recours contentieux n'était pas ouvert, dans l'esprit de la législation de 1806, contre les décrets rendus en Conseil d'Etat; plusieurs arrêts ont, en conséquence, décidé que le recours prévu par l'art. 40 était le seul qui pût être formé contre les décrets rendus après avis du Conseil d'Etat et qu'il excluait toute réclamation par la voie contentieuse. — Cons. d'Et., 11 mai 1807, Desmazures, [S. chr., P. adm. chr.]; — 3 janv. 1813, Verneur, [P. adm. chr.]; — 28 juill. 1819, Commissaires-priseurs, [P. adm. chr.]; — 19 févr. 1823, Truffaut, [P. adm. chr.]

252. — Spécialement, la demande en annulation d'arrêtés de l'administration supérieure ne pouvait être introduite au Conseil d'Etat que par le renvoi ordonné par le chef de l'Etat d'après un rapport du ministre, lorsque cette réclamation attaquait un règlement, notamment en matière d'abonnement pour droit d'octroi. — Av. Cons. d'Et., 31 mai 1807, Les habitants des faubourgs et écarts de Poitiers, [S. chr., P. adm. chr.]

253. — La jurisprudence admettait aussi qu'aucun recours contentieux ne pouvait être formé, soit contre la décision du garde des sceaux refusant de donner suite à la requête, et d'en saisir une commission... — Cons. d'Et., 17 déc. 1813, Vandenberghe, [P. adm. chr.] — Sic, Serrigny, *Comp. admin.*, t. 1, n. 357. — ... Soit contre la décision du Conseil d'Etat rendue sur le rapport de la commission. — Cons. d'Et., 15 févr. 1823, Truffaut, [P. adm. chr.] — Sic, Serrigny, *op. cit.*, n. 359.

254. — Cette rigueur ne fut pas maintenue, et le recours contentieux fut admis contre des décisions ministérielles et même contre des ordonnances rendues en Conseil d'Etat. Cette jurisprudence fut implicitement consacrée par l'ordonnance du 12 mars 1831 qui, dans son art. 3, prévoit des recours contentieux contre les décisions délibérées par un comités du Conseil d'Etat, et qui décide que les membres de ce comité ne doivent pas participer au jugement de l'affaire.

255. — Faudrait-il conclure qu'aujourd'hui le recours de l'art. 40 n'a plus de raison d'être pratiqué, parce que le recours par la voie contentieuse est ouvert contre les décisions à l'égard desquelles ce recours spécial avait été prévu ? On peut répondre que le recours de l'art. 40 n'est point encore de nos jours inutile.

256. — Il a, en effet, une portée plus grande que le recours contentieux et il permet d'obtenir la réformation plus ou moins complète d'une décision erronée, tandis que le recours pour excès de pouvoir ne pourrait aboutir qu'à l'annulation d'une décision illégale. Il permettrait même de tenir compte de réclamations qui ne seraient pas fondées sur un droit, mais qui invoqueraient un intérêt respectable. En particulier, M. Laferrière cite comme exemple le cas de l'inventeur d'une mine à qui le décret de concession aurait refusé une indemnité d'invention faute de renseignements suffisants sur la valeur de ses recherches, et aussi le cas de riverains d'un cours d'eau non navigable qu'on aurait omis de comprendre dans un décret de répartition des eaux entre l'agriculture et l'industrie. — Laferrière, *op. cit.*, t. 2, p. 386-387.

257. — Ajoutons que le recours de l'art. 40 n'est assujetti à aucune règle de délai (Serrigny, *loc. cit.*). Spécialement, les délais fixés par l'art. 29, Règl. 22 juill. 1806, en matière contentieuse, ne s'appliquent point au recours autorisé par l'art. 40. — Cons. d'Et., 10 sept. 1817, Corbineau, [S. chr., P. adm. chr.] — V. Cormenin, *Quest. de dr. adm.* (*Comment. sur le règlement du conseil*, note sur l'art. 40). — Ce recours n'est soumis non plus à aucune condition de forme. — Serrigny, *loc. cit.*

258. — Il y a donc lieu d'admettre que cette disposition du décret de 1806 conserve encore de l'intérêt, et comme elle n'a été abrogée ni expressément, ni implicitement par aucun texte postérieur, le recours qu'elle prévoit doit continuer à figurer parmi les recours par la voie administrative dont le Conseil d'Etat ne connaît que comme corps consultatif.

259. — Un avis des sections réunies de l'intérieur et du contentieux, en date du 4 juin 1878, a d'ailleurs résolu affirmativement de la question de savoir si l'art. 40 du décret de 1806 est encore en vigueur. Aux termes de cet avis, l'art. 40 « a eu pour but d'ouvrir aux tiers, à défaut de recours par la voie contentieuse, une voie régulière pour solliciter la réformation des décrets rendus en Conseil d'Etat, et par lesquels ils se croiraient lésés dans leurs droits ou leur propriété. Il n'est pas impossible qu'il se présente des cas où des droits seraient lésés par un décret en Conseil d'Etat, sans que cependant le recours pour excès de pouvoir fût ouvert. D'autre part, l'art. 40 n'ouvre pas un recours dans le sens juridique du mot, tel que le recours contentieux saisissant une juridiction qui est tenue de statuer et dont la décision s'impose à tous avec l'autorité de la chose jugée; il autorise seulement à présenter une requête qui provoque, plus énergiquement qu'une pétition ordinaire, l'examen des dépositaires du pouvoir; mais le chef de l'Etat reste libre de ne donner aucune suite à la requête. »

260. — L'avis du 4 juin 1878 porte, en outre, que la commission prévue par l'art. 40 doit être formée dans le sein du Conseil d'Etat; qu'elle ne peut que donner un avis et non rendre une décision; que la révision du décret attaqué ne peut résulter que d'un nouveau décret proposé et contresigné par le même ministre que le décret primitif; et que, si ce nouveau décret porte lui-même atteinte à la loi ou à un droit acquis, l'art. 40 ne fait pas obstacle à ce qu'il soit attaqué par la voie contentieuse.

261. — *b) Haute police administrative.* — La constitution de l'an VIII confiait au Conseil d'Etat une attribution importante de haute police administrative. Par son art. 75, elle le chargeait de statuer sur les demandes en autorisation de poursuites, dirigées contre les agents du gouvernement, pour faits relatifs à leurs fonctions. Cette disposition, reproduite par les constitutions postérieures, a été abrogée par le décret-loi du 19 sept. 1870 : elle n'a donc plus qu'un intérêt historique.

262. — Un autre texte, l'art. 14, Décr. 11 juin 1806, porte que le Conseil d'Etat connaît « des affaires de haute police administrative lorsqu'elles lui seront renvoyées par nos ordres. » Suivant Béquet (n. 212), ce texte est encore en vigueur; il faut reconnaître, en effet, qu'il n'a jamais été abrogé; or, aux termes de l'art. 8, L. 24 mai 1872, le Conseil d'Etat exerce, jusqu'à ce qu'il en soit autrement ordonné, toutes les attributions qui étaient conférées à l'ancien Conseil d'Etat par les lois ou les règlements qui n'ont pas été abrogés.

263. — La haute police administrative dont il s'agit ici consiste dans le droit d'examiner la conduite des fonctionnaires dont la responsabilité morale se trouve engagée. C'est ce que nous apprend le même décret du 11 juin 1806 dans son titre III (art. 15 à 23), consacré au développement du principe posé dans l'article précédent. « Le décret de 1806 a voulu que, dans certains cas, il y eût entre le pouvoir exécutif et le fonctionnaire un corps qui ne formât son avis qu'après une instruction régulière, après une mûre discussion, éclairant sa justice et donnant au fonctionnaire et au public l'assurance qu'elle n'a pas été surprise ». — Béquet, n. 213.

264. — La procédure, en pareille matière, telle qu'elle résulte des art. 15 et s., Décr. 11 juin 1806, peut se résumer comme il suit : les rapports et pièces qui concernent la conduite du fonctionnaire sont renvoyés à une commission composée d'un président de section et de deux conseillers (Décr. 11 juin 1806, art. 16). Si la commission estime qu'il y a lieu d'entendre celui dont elle doit examiner la conduite, elle en informe, dit l'art. 17, le ministre de la Justice qui mande le fonctionnaire inculpé et l'interroge en présence de la commission. Aujourd'hui, il y aurait lieu d'admettre que l'interrogatoire du fonctionnaire, en vertu du principe de la responsabilité ministérielle, serait fait par le ministre dont il dépend par la nature de ses fonctions. Les membres de la commission peuvent eux-mêmes adresser des questions. Mais la commission ne peut ordonner de son chef la comparution de l'inculpé; ses pouvoirs, même en ce qui touche l'instruction, se bornent à poser de simples questions (Béquet, n. 213). Le procès-verbal des demandes et des réponses est tenu par un auditeur (art. 18).

265. — Lorsque la commission reconnaît, soit par la seule inspection des pièces, soit par l'interrogatoire, que l'inculpation n'est pas fondée, le président en informe le ministre de la Justice, qui en rend compte au gouvernement (art. 17). Si la commission estime que les faits peuvent donner lieu à des poursuites judiciaires, elle en rend de même compte, afin que l'affaire reçoive telle suite que de droit (art. 19). Enfin, si la commission est d'avis que les faits en question ne peuvent entraîner que des peines disciplinaires, la commission fait un rapport au Conseil d'Etat (art. 20). Le fonctionnaire inculpé peut être entendu devant le Conseil d'Etat, soit sur sa demande, soit par délibération du conseil. Il a aussi la faculté de produire sa demande par écrit, au moyen de mémoires signés par lui ou par un avocat au conseil, et qui ne seront point imprimés (art. 21). Le Conseil d'Etat peut prononcer qu'il y a lieu à réprimander, conserver, suspendre, ou même destituer le fonctionnaire inculpé. Il est statué par décret sur l'avis du conseil (art. 22 et 23).

266. — Nous avons cru devoir rappeler ici cette procédure dont le gouvernement pourrait encore user aujourd'hui ; mais nous devons observer qu'elle n'a jamais reçu aucune application depuis 1814.

3° *Observation sur les recours administratifs qualifiés parfois de matières mixtes.*

267. — Nous venons d'énumérer, non pas d'une manière complète, mais simplement pour en donner une idée et citer les principales, les nombreuses attributions du Conseil d'Etat en matière administrative. Ici se place une observation qui, pour être rétrospective, nous paraît néanmoins ne pas devoir être passée sous silence, car elle permettra peut-être de comprendre mieux le rôle du Conseil d'Etat.

268. — Nous avons vu que le Conseil d'Etat est appelé à examiner un certain nombre de *recours administratifs*, lesquels il se borne à donner un avis qui ne lie pas l'administration. Cette attribution du conseil, en ce qui concerne les recours administratifs, forme-t-elle une classe à part? On a été jadis conduit à répondre affirmativement et à voir, entre les matières purement administratives et les matières contentieuses, une troisième catégorie d'affaires qui, sans se distinguer par un caractère bien tranché, ne se confondraient cependant pas tout à fait avec les deux autres, et constitueraient ce qu'on a appelé les *matières mixtes*. C'est ce que nous apprennent les observations du rapporteur, M. de Chasseloup-Laubat, à la Chambre des députés, dans la discussion de l'article de la loi du 19 juill. 1845, où devaient se trouver indiquées les diverses attributions du Conseil d'Etat. M. Odilon Barrot ayant émis cette idée qu'il n'y avait, pour les affaires soumises au Conseil d'Etat, que deux ordres d'idées : que le Conseil d'Etat était consulté, tantôt facultativement, tantôt nécessairement, et qu'il suffisait d'une rédaction qui rappelât cette double fonction, M. de Chasseloup-Laubat fit observer que c'était là une erreur, et que les affaires soumises au Conseil d'Etat se présentaient sous quatre aspects différents : « Premièrement, dit-il, le Conseil d'Etat est consulté *facultativement* par les ministres ; secondement, il est *nécessairement* appelé à délibérer sur les règlements d'administration publique et sur les ordonnances qui doivent être rendues dans la forme des règlements d'administration publique (ce sont deux classes que nous avons réunies sous le titre de *matières purement administratives*) ; troisièmement, il *prépare* les ordonnances qui statuent sur les affaires de nature mixte ; quatrièmement enfin, il fait l'instruction des affaires contentieuses, et prépare également les ordonnances que statuent sur ces sortes d'affaires ». Et plus loin : « Pourquoi ces expressions : le Conseil d'Etat est *chargé de préparer* les ordonnances qui statuent : 1° sur les appels comme d'abus ; 2° sur la validité des prises, etc. ? En voici la raison : lorsque le Conseil d'Etat délibère sur les règlements d'administration publique, ou les ordonnances qui doivent être rendues dans cette forme, les ministres se bornent à lui transmettre ces ordonnances, qui sont toutes tout préparées. Au contraire, lorsque le Conseil d'Etat est appelé à se prononcer sur les appels comme d'abus, sur la validité des prises maritimes, etc., alors les ministres lui remettent toutes les pièces de la procédure, et l'*initiative* de la décision lui appartient. Cela se conçoit : dans toutes ces affaires, il y a des droits privés engagés; ce sont des affaires mixtes, et il ne faut pas que l'administration supérieure envoie au conseil une décision arrêtée d'avance, et sur laquelle il paraîtrait seulement consulté. L'initiative de la décision y appartient, appartient, dans ce cas, au conseil ; et c'est ce que nous avons voulu exprimer par ces mots : le Conseil d'Etat *chargé de préparer* les ordonnances... »

269. — Ces idées semblent avoir reçu une consécration de la loi du 19 juill. 1845, bien que les affaires mixtes ne s'y trouvent pas formellement mentionnées. En effet, l'art. 12 de cette loi, après avoir indiqué la *faculté* de consulter le Conseil d'État dans certains cas, et la *nécessité* de le consulter dans d'autres, ajoute : Il *propose les ordonnances qui statuent sur les affaires administratives et contentieuses dont l'examen lui est déféré par des dispositions législatives ou réglementaires* ». La dénomination de « matières mixtes » a été employée par les commentateurs qui ont écrit sous le régime de cette loi et qui ont adopté la classification qu'elle paraissait établir.

270. — On s'accordait généralement à considérer comme affaires mixtes : les recours formés par les communes et les établissements publics contre les arrêtés des conseils de préfecture qui leur refusaient l'autorisation de plaider; la mise en jugement des fonctionnaires et agents du gouvernement; la contestation sur la validité des prises maritimes; les appels contre d'abus. — V. notamment Ad. Chauveau, *Principes de jurid. et de comp.*, t. 3, n. 1459 et s. — On y ajoutait aussi le règlement des conflits qui, comme nous l'avons dit, *suprà*, n. 48, rentrait alors dans les attributions du Conseil d'État. — V. *suprà*, vº *Conflit*, n. 27, 38.

271. — L'article précité de la loi de 1845 rapprochait, on le voit, les matières dites mixtes des matières contentieuses. C'est qu'en effet, à cette époque où le Conseil d'État n'avait pas de pouvoir propre de juridiction pour ces dernières, il y avait une singulière analogie entre les recours administratifs, tels qu'ils existent encore aujourd'hui, et les recours contentieux. Sur les uns comme sur les autres, le conseil ne faisait que proposer la décision : le dernier mot appartenait au gouvernement. D'autre part, on ne peut nier que l'autorité qui statue sur un recours administratif n'exerce une véritable juridiction. C'est ce qu'a compris et exprimé M. Laferrière lorsque, dans son *Traité de la juridiction administrative*, il a consacré deux chapitres (Liv. IV, chap. III et IV), l'un à la *juridiction* spéciale du gouvernement en matière de prises maritimes, l'autre à la *juridiction* spéciale du gouvernement en matière d'abus. Sans doute, l'éminent auteur signale ces deux juridictions comme les limites de la compétence de la juridiction administrative, le livre IV est intitulé : « Limites de la compétence administrative à l'égard des autorités législative, parlementaires et gouvernementale ». Mais il indique suffisamment la nature des décisions rendues en cette double matière, et par l'expression employée de « juridiction », et par la définition qu'il donne de l'autorité gouvernementale : nous entendons par là, dit-il, « celle qui appartient au pouvoir exécutif lorsqu'il fait des actes se rattachant à des attributions politiques et non à des attributions administratives; et aussi lorsqu'il *exerce*, en *Conseil d'État, les pouvoirs spéciaux de juridiction gouvernementale* qu'il s'est réservés en matière d'abus et de prises maritimes, et qui ne se confondent pas avec les pouvoirs de juridiction contentieuse » (*op. cit.*, t. 2, p. 3).

272. — Il y a donc lieu de voir, dans les actes dont il s'agit, de véritables décisions juridictionnelles; et cela est si vrai, que, suivant les époques, il est de ces matières qui ont été soumises, soit au gouvernement en Conseil d'État statuant administrativement, soit au Conseil d'État délibérant ou statuant au contentieux. Nous en trouvons deux exemples dans des ordres d'idées tout différents.

273. — D'abord, pour les prises maritimes, les recours contre les décisions du conseil des prises ont été, de 1806 à 1815, instruits par la commission du contentieux et jugés sur son rapport par l'assemblée générale dans la même forme que les affaires contentieuses. L'ordonnance du 9 janv. 1815 vint même supprimer le conseil des prises et décida que les affaires de prises seraient directement portées devant le comité du contentieux. Bien qu'une ordonnance du 9 sept. 1834 ait rappelé le caractère diplomatique et par suite gouvernemental des décisions rendues en matière de prises, c'est seulement depuis la loi du 3 mars 1849 que les affaires sont délibérées en assemblée générale administrative du Conseil d'État. — V. *infrà*, vis *Conseil des prises, Prises maritimes.*

274. — Notre second exemple est emprunté à la législation municipale. Les réclamations formées contre les arrêtés préfectoraux déclarant nulles des délibérations des conseils municipaux constituaient, d'après l'art. 23, L. 5 mai 1855, des recours administratifs; elles étaient examinées par la section de l'intérieur. Aujourd'hui, en vertu de l'art. 67, L. 5 avr. 1884, le pouvoir en cette matière est introduit et jugé dans les formes du recours pour excès de pouvoirs, c'est-à-dire qu'il est jugé au contentieux. — V. *suprà*, vº *Commune*, n. 295.

275. — L'intérêt n'était pas très grand à distinguer le recours administratif du recours contentieux, à l'époque où il n'y avait pas de débat public, où la décision appartenait au chef de l'État, et où il n'y avait de différence que dans la désignation de section chargée du rapport. La question commença déjà à devenir plus sérieuse après 1830, lorsque furent établies les règles de la publicité des audiences, du débat oral, de la composition de l'assemblée générale réduite, pour les délibérations en matière contentieuse, au service ordinaire. L'intérêt est encore bien plus considérable, aujourd'hui que le Conseil d'État au contentieux ne se borne plus à donner des avis, et qu'il est devenu une juridiction souveraine. Dès lors, aucun rapprochement n'est possible entre les attributions respectivement confiées au conseil pour ces deux genres de recours.

276. — Mais y a-t-il lieu de faire une classe à part des recours administratifs, ou faut-il les faire rentrer purement et simplement dans les attributions administratives? En d'autres termes, faut-il ou non maintenir la catégorie des matières mixtes? La loi du 24 mai 1872 ne contient pas de dispositions analogues à l'art. 12 de la loi de 1845; dès lors, non seulement elle laisse la classification libre, mais elle ne la dirige d'aucune manière. Aussi croyons-nous qu'aujourd'hui, pour diviser les attributions du Conseil d'État, selon le mode qui permette de se rendre le compte le plus exact de son rôle, il convient de se borner à distinguer, suivant qu'il est seulement conseil du gouvernement, ou bien juridiction souveraine, ce qui conduit à placer dans la même classe toutes les attributions qui consistent à ne donner que des avis.

277. — Est-il d'ailleurs bien nécessaire de voir, ainsi que le proposait M. de Chasseloup-Laubat, une différence dans la nature des pouvoirs du conseil, selon que les ministres transmettent un projet tout préparé, ou lui envoient les pièces de la procédure sans décision arrêtée d'avance? C'est une distinction de forme et non de fond : dans les deux cas, le conseil propose une rédaction qui, dans le premier, peut différer du projet gouvernemental; qui, dans le second, est abandonnée à son initiative, mais à laquelle le gouvernement n'est jamais obligé de se conformer. Dira-t-on que l'indépendance du Conseil est bien plus assurée dans la seconde hypothèse que dans la première, parce qu'il n'est pas en présence d'un projet tout préparé? Il est bien rare que l'opinion du ministre ne se fasse pas jour, même en ce cas, car les conseillers en service extraordinaire ne manqueront généralement pas de la faire connaître et de la défendre. Il ne faut donc voir là, encore une fois, qu'une simple différence dans les règles de la procédure : nous aurons occasion de revenir sur ce point en traitant ci-après du mode de procéder du Conseil d'État en matière administrative.

Section III.

Mode de procéder.

§ 1. *Règles générales.*

278. — Le mode de procéder des sections administratives et de l'assemblée générale est, en quelque sorte, tout tracé par la nature même de leurs attributions.

279. — Si le Conseil d'État est consulté sur un projet de loi ou de décret, le ministère compétent envoie au Conseil d'État les diverses pièces qui constituent le dossier de l'affaire; il y joint, en général, un projet tout préparé que le conseil pourra adopter, rejeter ou modifier; mais l'administration peut aussi indiquer seulement l'objet de la décision à prendre, en laissant au conseil le soin de la préparer et de la rédiger. Le premier procédé est généralement suivi, lorsqu'il s'agit, soit de projets de loi, soit de projets de décrets portant création d'établissements publics ou d'utilité publique (dans ce dernier cas un projet de statuts est annexé), ou portant autorisation de dons et legs, d'acquisitions, d'aliénations, d'emprunts, etc. La décision est, au contraire, rédigée par le conseil, en ce qui concerne la plupart des *recours* administratifs sur lesquels il est appelé à statuer : autorisation de plaider, recours pour abus.

280. — C'est cette différence de forme qui avait conduit à faire de ce recours une classe à part d'affaires, sous le nom de « matières mixtes ». Or, cette différence qui n'affecte d'ailleurs que le mode employé par le ministère pour saisir le Conseil d'État, résulte de la pratique et non de la loi. En effet, malgré l'apparente allusion contenue dans la disposition précitée de la loi de 1845, on peut dire que la loi n'a jamais reconnu de matières mixtes. Cette dénomination a été créée par la doctrine pour désigner certaines affaires qui ont paru ne rentrer parfaitement et à tous égards dans aucune des deux classes principales des attributions du Conseil d'Etat, mais jamais elle n'a passé dans la législation, qui ne reconnaît que des matières purement administratives et des matières contentieuses.

281. — N'ayant pas fait une classe spéciale des matières mixtes dans les attributions du conseil, nous agirons de même en traitant de son mode de procéder. Peu importe que le conseil soit ou non saisi d'un projet de rédaction, d'autant plus que c'est toujours sur les propositions du rapporteur que porte la discussion. — V. *infra*, n. 291.

282. — Les demandes d'avis sont formulées dans une lettre adressée par le ministre intéressé au président du Conseil d'Etat. A cette lettre sont joints, s'il y a lieu, les documents qui peuvent être utiles à la solution de la question. Aux ministres seuls appartient le droit de saisir le Conseil d'Etat. Les chefs de service, quelque haut placés qu'ils soient dans la hiérarchie, ne peuvent exercer ce droit que par délégation et par ordre, la délégation et l'ordre étant formellement énoncés. — Béquet, n. 231.

283. — La procédure du Conseil d'Etat en matière administrative diffère essentiellement de la procédure en matière contentieuse, en ce que les parties intéressées dans les affaires administratives qui sont soumises au conseil ne peuvent le saisir directement, mais font parvenir leurs pièces au ministre appelé à préparer le projet de décision et à le soumettre au conseil (Delagarde et Godfernaux, *Guide de procédure devant les sections administratives du Conseil d'Etat*, p. 3). Il faut cependant excepter le cas où une commune ou un établissement public se pourvoient contre un arrêté de conseil de préfecture leur refusant l'autorisation de plaider; en ce cas, le recours est adressé directement au Conseil d'Etat (*op. et loc. cit.*). Les parties intéressées peuvent d'ailleurs adresser au Conseil d'Etat des mémoires écrits dans lesquels elles exposent leurs prétentions; elles peuvent recourir, pour la rédaction de ces mémoires, au ministère des avocats au conseil; mais, contrairement à ce qui a lieu pour la section du contentieux, le ministère des avocats n'est qu'exceptionnellement employé devant les sections administratives (*op. cit.*, Introduction).

284. — L'art. 3, L. 22 juill. 1893, relative aux déclarations effectuées en vue d'acquérir la nationalité française, reconnaît formellement au déclarant auquel le gouvernement refuse l'enregistrement de sa déclaration, la faculté de produire devant le Conseil d'Etat des pièces ou des mémoires.

285. — Il faut noter que, soit devant les sections administratives, soit devant l'assemblée générale, les avocats ne sont jamais admis à prononcer une plaidoirie.

286. — Toutes les affaires dont le Conseil d'Etat est saisi sont enregistrées au secrétariat général dès leur arrivée. Le secrétaire général fait le départ de ces affaires entre les différentes sections (Arr. 5 niv. an VIII, art. 13). C'est ainsi que la section compétente se trouve saisie de l'affaire et en possession du dossier. Nous allons examiner maintenant d'abord le mode de procéder des sections, puis celui de l'assemblée générale.

§ 2. *Mode de procéder des sections.*

287. — Il est tenu dans chaque section un rôle sur lequel toutes les affaires sont inscrites d'après leur ordre de date (Décr. 2 août 1879, art. 8). Pour faciliter l'examen des affaires importantes, les projets présentés sont souvent imprimés. L'impression est destinée à faciliter la méditation et la discussion, et non à donner de la publicité au projet. Aussi les exemplaires ne sont distribués qu'aux membres du conseil et aux ministres et ne doivent pas être communiqués au dehors. — Béquet, n. 266.

288. — Le président de la section distribue les affaires entre les rapporteurs; il désigne celles des affaires qui sont réputées urgentes, soit par leur nature, soit par des circonstances spéciales (Décr. 2 août 1879, art. 8). La date de la distribution des affaires, avec l'indication de leur nature, est inscrite sur un registre particulier qui reste à la disposition du président de la section (Même décr., art. 9).

289. — L'affaire est examinée par le rapporteur qui a été désigné. Celui-ci en rend compte à la section ou aux sections réunies. Il propose, soit l'adoption du projet du gouvernement sans modification, soit le projet nouveau qu'il croirait devoir y substituer, en y joignant un projet de note explicative des motifs des modifications. Le rapporteur doit rédiger lui-même un projet, si le gouvernement n'a pas présenté de rédaction. S'il pense que la proposition du gouvernement ne puisse être admise d'aucune manière, il rédige un projet d'avis pour motiver son opinion. — Béquet, n. 253.

290. — D'après l'art. 3, Décr. 30 janv. 1852, portant règlement intérieur du Conseil d'Etat, « les rapporteurs devront présenter leurs rapports dans le délai le plus bref, et dans l'ordre déterminé par le président de la section. Les affaires portées au rôle comme urgentes sont toujours à l'ordre du jour, et, si l'instruction est terminée, le rapport doit être prêt, au plus tard, à la deuxième séance qui suit l'envoi des pièces. Lorsqu'une affaire exige un supplément d'instruction, le rapporteur doit en entretenir la section au commencement de la première séance qui suit la remise du dossier entre ses mains ». Les décrets postérieurs sur le règlement intérieur du Conseil d'Etat n'ont pas reproduit ces règles qui étaient de nature à accélérer la solution des affaires. L'application rigoureuse en serait peut-être difficile; nous ne savons si elles ont été bien scrupuleusement observées. C'est au président de chaque section de diriger les travaux au mieux des intérêts publics et des graves intérêts qui sont souvent liés à la solution des affaires.

291. — La section peut approuver, rejeter ou modifier la proposition du rapporteur. Mais c'est toujours cette proposition qui est délibérée d'abord et mise aux voix. — Béquet, n. 256.

292. — Nous avons déjà fait connaître les conditions auxquelles sont soumises les délibérations des sections administratives (V. *suprà*, n. 188). Le président peut charger un auditeur de recueillir la discussion (Décr. 2 août 1879, art. 30).

293. — Quant à la forme qui doit être donnée à la décision de la section, elle est déterminée par la nature de la décision prise au sujet du projet émané du gouvernement. Lorsque le projet de loi ou de décret soumis à la section par le ministre est adopté purement et simplement, le rapporteur en signe la minute et la remet au secrétaire de la section chargé de faire expédier (Décr. 30 janv. 1852, art. 3, *in fine*).

294. — Il peut arriver que l'affaire exige un supplément d'instruction. La section, avant de statuer, exprimera alors le désir que l'instruction soit complétée dans tel ou tel sens, et transmettra au ministre une note à ce sujet. Les notes transmises par le Conseil d'Etat aux ministres ne sont destinées qu'au gouvernement et ne doivent pas être communiquées aux parties intéressées.

295. — Si le projet est complètement transformé ou s'il est rejeté, on rédige un avis. L'avis diffère de la note, d'abord, en ce qu'il est rédigé en termes plus solennels, ensuite en ce qu'il comporte les *visa* relatifs aux principales pièces du dossier et aux textes appliqués, et des *considérants* dans lesquels sont exposés les motifs de la décision. A la différence de la note qui n'est signée que du rapporteur seul et visée pour expédition par le président, l'avis est signé du président, du rapporteur et du secrétaire de la section. Disons cependant qu'à la section des travaux publics, les notes portent les mêmes signatures que les avis.

296. — De ce que nous venons de dire sur le but des avis, il résulte qu'ils peuvent, soit accompagner un projet préparé par le gouvernement, lorsque le conseil croit devoir, à raison de leur importance, expliquer les modifications qu'il y a apportées, sous cette forme, au lieu d'employer la note, soit, ce qui est le cas le plus fréquent, avoir proclamé le rejet d'un projet auquel il n'y a pas lieu de substituer une autre décision.

297. — Lorsque le gouvernement n'a pas envoyé de projet préparé, il n'y a pas lieu pour le conseil de rédiger un avis, puisqu'il n'est saisi d'aucune proposition du gouvernement, et qu'il lui appartient de préparer lui-même la décision. C'est ce qui a lieu notamment lorsqu'il s'agit des recours administratifs en matière d'autorisation de plaider et en matière d'abus.

298. — En ce qui concerne les recours tendant à l'annulation des délibérations des conseils généraux, par application des art. 33 et 47, L. 10 août 1871, le gouvernement se met dans l'usage de proposer un projet de décret; mais comme le recours ne peut être qu'admis ou rejeté, avec parfois une simple modification de rédaction qu'une note explique, les avis, en pareil cas, n'accompagnent jamais un décret; ils ont toujours pour but de justifier le rejet du projet de décret soumis au Conseil d'État. — Compte général des travaux du Conseil d'État, 1878-82, p. 45, note B.

299. — Lorsque le conseil est saisi d'une question d'interprétation législative, il y a toujours lieu, pour la section compétente, de rédiger un avis puisque la rédaction de cet avis est le but même de la demande présentée par le gouvernement.

300. — Le secrétaire de chaque section tient note, sur un registre spécial, des affaires délibérées à chaque séance et de la décision prise par la section. Il y fait mention de tous les membres présents (Décr. 2 août 1879, art. 10).

301. — Les décisions des sections sont signées à la minute par le président, le rapporteur et le secrétaire de la section, sauf les notes qui ne sont, en général, signées que du rapporteur ; les expéditions sont rectifiées conformes par le secrétaire. Les décrets rendus après délibération d'une ou par plusieurs sections mentionnent que ces sections ont été entendues (L. 24 mai 1872, art. 13).

302. — Certaines affaires peuvent donner lieu, on l'a vu, à un examen par plusieurs sections réunies. « Les lettres de convocation contiendront l'indication des affaires qui doivent être traitées dans ces réunions » (Décr. 2 août 1879, art. 12). Les expéditions des affaires délibérées en sections réunies sont signées par le secrétaire général du Conseil d'État. Cette règle, qui vient de la pratique et non d'un texte, est une conséquence de celle qui attribue la présidence des sections réunies au ministre de la Justice ou au vice-président du conseil ou, à leur défaut, à celui des présidents de section qui est le premier dans l'ordre du tableau ; les sections réunies se trouvant assimilées à l'assemblée générale pour la présidence, il était logique de poursuivre l'assimilation dans le service du secrétariat et l'expédition des décisions.

303. — Quand une commission est formée dans le sein du conseil, l'arrêté du vice-président qui l'institue et désigne les membres en nomme le secrétaire.

304. — Les projets délibérés et expédiés ainsi qu'il vient d'être dit sont immédiatement transmis au ministre intéressé, s'il s'agit d'affaires pour lesquelles l'examen en section est suffisant. Dans le cas contraire, la rédaction délibérée par la section ou les sections réunies, imprimée s'il y a lieu, est soumise à l'assemblée générale.

§ 3. Mode de procéder de l'assemblée générale.

305. — Les jours et heures des assemblées générales sont fixés par le Conseil d'État, sur la proposition du ministre de la Justice. En cas d'urgence, le conseil est convoqué par le vice-président » (Décr. 2 août 1879, art. 13).

306. — « Il est dressé par le secrétaire général, pour chaque séance, un rôle des affaires qui doivent être délibérées en assemblée générale. Ce rôle mentionne le nom du rapporteur et contient la notice de chaque affaire rédigée par le rapporteur » (Même décr., art. 14).

307. — « Le rôle est imprimé et adressé aux conseillers d'État, maîtres des requêtes et auditeurs, deux jours au moins avant la séance. Sont imprimés et distribués en même temps que le rôle, s'ils n'ont pu l'être antérieurement, les projets de loi et de règlement d'administration publique, ceux des avis proposés par les sections, ainsi que les documents à l'appui desdits projets dont l'impression aura été jugée nécessaire par les sections. Les documents non imprimés sont déposés au secrétariat général le jour où a lieu la distribution du rôle et des impressions, et ils sont tenus à la disposition des membres du conseil, sauf les cas d'urgence » (Même décr., art. 15).

308. — « Le procès-verbal contient les noms des conseillers d'État présents ; les conseillers d'État et les maîtres des requêtes qui sont empêchés de se rendre à la séance doivent en prévenir d'avance le vice-président du Conseil d'État. Il en est de même des auditeurs qui sont chargés de rapports inscrits à l'ordre du jour. En cas d'urgence, les rapporteurs empêchés doivent, de l'agrément du président de leur section, remettre l'affaire dont ils sont chargés à un de leurs collègues » (Même décr., art. 16).

309. — La discussion s'engage devant l'assemblée générale comme devant les sections ; elle est précédée du rapport présenté par le membre qui a été désigné à cet effet ; remarquons toutefois que, devant l'assemblée générale, le rapporteur doit être, dans son rapport, non l'interprète de son opinion personnelle,

mais celui de la section dont il présente la proposition. Le rapporteur, en faisant connaître les diverses opinions qui ont pu être formulées lors de la délibération de la section, doit conserver une impartialité absolue : il ne doit pas faire connaître son sentiment, qu'il ait appartenu à la majorité ou à la minorité. Mais les usages du conseil l'autorisent, dès que la discussion est engagée, à reprendre sa propre liberté et à défendre son opinion personnelle. — Béquet, n. 269.

310. — Lorsque les bases du projet de la section sont rejetées ou modifiées, le conseil prononce, soit un renvoi à la section pour préparer un projet dans le sens des idées émises en assemblée générale, soit un rejet définitif. Lorsque le système général du projet est admis, il est discuté article par article. — Béquet, n. 270.

311. — « Le président a la police de l'assemblée ; il dirige les débats, résume la discussion, pose les questions à résoudre. Nul ne peut prendre la parole sans l'avoir obtenue » (Même décr., art. 17). Le secrétaire général tient la plume à l'assemblée générale ; en cas d'absence ou d'empêchement, il est suppléé par un maître des requêtes désigné par le ministre de la Justice (Même décr., art. 8).

312. — Les votes ont lieu par assis et levé ou par appel nominal ; le président en proclame le résultat (Même décr., art. 18). Contrairement à la règle admise par le même article pour les élections qui ont lieu dans le Conseil d'État (V. infrà, n. 318), les votes sur les affaires soumises au conseil ne peuvent donc pas avoir lieu au scrutin secret. Notons que les séances du Conseil d'État n'étant point publiques, et les membres du conseil étant astreints au secret rigoureux des délibérations, cette disposition n'a pas pour effet de faire connaître au dehors le sens dans lequel tel ou tel conseiller a voté ; elle n'a pour conséquence que de laisser à chacun la responsabilité de son vote vis-à-vis de ses collègues.

313. — La discussion en assemblée générale du Conseil d'État, est recueillie par des sténographes. En outre, l'art. 30, Décr. 2 août 1879, porte qu'au « procès-verbal des sections et des assemblées générales est annexé un résumé des discussions relatives aux projets de loi, aux règlements d'administration publique et aux affaires pour lesquelles, en raison de leur importance, le président jugerait que la discussion doit être recueillie. Ce résumé est fait par un auditeur désigné par le président et assisté d'un rédacteur spécial. Il reproduit sommairement les discussions ; il est soumis à la révision du président ou de l'un des conseillers d'État ou maîtres des requêtes présents à la séance, délégué par le président ». La rédaction de ce compte-rendu analytique, complètement indépendant du compte-rendu sténographique, est devenue d'un usage général ; depuis le mois de novembre 1890, elle a lieu pour toutes les affaires discutées en assemblée générale. Elle est confiée aux auditeurs de deuxième classe, d'après un roulement établi entre eux, pour les affaires présentées par leurs sections respectives. Le compte-rendu des séances, en vertu d'un principe déjà plusieurs fois rappelé, est d'ordre tout intérieur, et n'est communiqué qu'aux membres du conseil.

314. — L'assemblée générale peut adopter purement et simplement la décision qui lui est proposée par la section ; l'expédition de la décision de l'assemblée générale vaut alors minute de la décision de la section avec l'indication suivante : « Ce projet de décret (ou cette note, ou cet avis) a été délibéré et adopté par le Conseil d'État dans la séance du ...... » ; elle porte enfin la signature du président, du rapporteur et du secrétaire général. L'assemblée générale peut aussi prendre une décision différente de celle de la section : adopter, par exemple, le projet primitif du gouvernement alors qu'il aurait été rejeté ou modifié par la section. Les décisions (notes ou avis) de l'assemblée générale sont formulées comme celles des sections, avec cette différence qu'elles portent comme intitulé, au lieu de « la section de ...... », « le Conseil d'État ...... »

315. — Les expéditions en sont signées et certifiées par le secrétaire général (Décr. 2 août 1879, art. 6). Les décrets rendus après délibération de l'assemblée générale mentionnent que le Conseil d'État a été entendu (L. 24 mai 1872, art. 13).

316. — De la nature même des attributions du Conseil d'État comme conseil du gouvernement, il résulte que les solutions données par lui aux questions dont il est saisi ne doivent, en principe, être communiquées qu'aux ministres et ne sont pas destinées à être livrées à la publicité. Du moins c'est au ministre intéressé seul qu'il appartient d'autoriser la publication des avis du conseil ; et, en fait, certains de ces avis sont insérés dans les *Bulletins officiels* des divers ministères, ou dans les *Revues* publiées sous leurs auspices, telles que la *Revue générale d'administration*.

317. — En outre, à une époque récente, M. Coulon, président de la section de l'intérieur, a pris l'initiative de la rédaction de *Notes de jurisprudence*, concernant les affaires portées devant cette section. Ces notes de jurisprudence, qui se réfèrent à la période comprise entre le mois d'août 1879 et le 31 déc. 1891, ont été recueillies et classées par M. Bienvenu Martin, maître des requêtes, et MM. Simon, Dejamme, Noël, Silhol, Mouilé, auditeurs au Conseil d'Etat. Destinées d'abord, d'une manière exclusive, aux travaux intérieurs du Conseil d'Etat, elles ont été insérées dans la *Revue générale d'administration*. Cette publication qui a commencé dans l'année 1892 (t. 3, p. 385), n'est pas encore terminée à l'heure actuelle (V. *loc. cit.*, note 1, et 1894, t. 1, p. 5, note 2). Une partie de ces *Notes de jurisprudence*, a été également publiée par la *Revue communale*, 1894, livr. 28 et s.

318. — Le Conseil d'Etat est appelé à faire, dans son sein, certaines élections. Citons le cas le plus important en rappelant que les conseillers en service ordinaire choisissent, pour trois ans, trois de leurs collègues pour faire partie du tribunal des conflits (L. 24 mai 1872, art. 25). — V. *supra*, v° *Conflit*, n. 50. — Toutes les élections ont lieu au scrutin secret, à la majorité absolue des membres présents et sur convocations spéciales (Décr. 2 août 1879, art. 18).

CHAPITRE II.

DU CONSEIL D'ÉTAT CONSIDÉRÉ COMME TRIBUNAL ADMINISTRATIF.

SECTION I.
Fonctionnement.

319. — Pour étudier le fonctionnement du Conseil d'Etat statuant au contentieux, nous devons examiner la constitution et le rôle : 1° de la section du contentieux ; 2° de la section temporaire du contentieux ; 3° de l'assemblée publique du Conseil d'Etat statuant au contentieux.

§ 1. *Section du contentieux.*

1° *Origine.*

320. — L'origine de la section du contentieux apparaît dans la commission instituée par l'art. 24, Décr. 11 juin 1806, présidée par le « grand juge ministre de la Justice », composée de six maîtres des requêtes et de six auditeurs, et chargée, aux termes de l'art. 25, de faire l'instruction et de préparer le rapport de toutes les affaires contentieuses sur lesquelles le Conseil d'Etat avait à prononcer. Cette section, créée par l'ordonnance du 29 juin 1814, sous le nom de « comité contentieux », d'une organisation analogue à celle qui existe aujourd'hui, a été subdivisée à certaines époques en deux sections (V. notamment, Ord. 26 août 1824, art. 30). La section du contentieux a toujours été l'objet d'une mention spéciale dans les textes qui ont successivement régi le Conseil d'Etat, soit qu'elle n'ait eu, comme en 1806, 1814-1815 et 1831, que des pouvoirs d'instruction et de préparation des décisions, soit qu'elle ait, comme sous le régime de la loi du 3 mars 1849, jugé les recours à l'exclusion de toute autre assemblée, soit qu'enfin elle ait été investie, comme elle l'a été constamment depuis 1852, de la double attribution, d'une part, d'instruire certaines affaires et de préparer en ce qui concerne la décision à soumettre à l'assemblée publique, et d'autre part, de statuer elle-même sur certaines autres catégories de recours. L'existence de la section du contentieux est formellement consacrée par la législation actuelle : la loi du 13 juill. 1879 (art. 4) la met au nombre des cinq sections du Conseil d'Etat.

2° *Composition.*

321. — La section du contentieux est composée de six conseillers en service ordinaire et d'un président (L. 13 juill. 1879, art. 4, § 2).

322. — La loi de 1872 avait dévolu au vice-président du Conseil d'Etat la charge de présider la section du contentieux (art. 10, § 2). La loi du 1er août 1874 (art. 1) vint décider que la section du contentieux serait présidée par un président de section, nommé dans les conditions et les formes déterminées pour les autres présidents de section. Cette disposition a-t-elle enlevé au vice-président le droit de présider, s'il le juge convenable, la section du contentieux ? Les doutes qui peuvent s'élever sur la question ont été indiqués *supra*, n. 184). Rappelons que le ministre de la Justice ne peut présider la section du contentieux et que les conseillers en service extraordinaire ne peuvent être attachés à cette section ; il en est de même des conseillers en service ordinaire nommés à des fonctions publiques, conformément à l'art. 3, L. 13 juill. 1879. — V. *supra*, n. 117, 128, 139.

323. — La section du contentieux comprend en outre douze maîtres des requêtes, y compris les quatre commissaires du gouvernement, quatre auditeurs de première classe, dix auditeurs de deuxième classe, sans préjudice des modifications qui peuvent être apportées à cette répartition par le vice-président du Conseil d'Etat (Décr. 2 août 1879, art. 4). Quatre maîtres des requêtes sont désignés par le président de la République pour remplir au contentieux les fonctions de commissaires du gouvernement. Ils assistent aux délibérations de la section (L. 24 mai 1872, art. 10 ; L. 13 juill. 1879, art. 4, § 3).

3° *Fonctionnement.*

324. — La section du contentieux fonctionne de deux manières : tantôt elle se borne à instruire les affaires, tantôt elle les juge elle-même (Aucoc, *Conférences*, t. 1, n. 384). En effet, d'après l'art. 13, L. 24 mai 1872, « la section du contentieux est chargée de diriger l'instruction écrite et de préparer le rapport des affaires contentieuses qui doivent être jugées par le Conseil d'Etat ». La section du contentieux « dirige l'instruction écrite » ; autrement dit, elle recueille, tant dans les requêtes et mémoires que dans les différentes pièces qui lui sont communiquées par les parties, tous les éléments de la décision. De plus, elle prépare sur les affaires contentieuses un rapport qui doit reproduire ces divers éléments et qui est suivi d'un projet de décision. La loi, en parlant « des affaires contentieuses qui doivent être jugées *par le Conseil d'Etat* », vise, non le Conseil d'Etat tout entier, mais l'assemblée publique du contentieux, que l'on appelle également « le Conseil d'Etat statuant au contentieux. »

325. — A l'égard de certains litiges, la section du contentieux joue le rôle d'une juridiction qui statue souverainement. En effet, la section du contentieux juge les affaires pour lesquelles il n'y a pas de constitution d'avocat : ces affaires ne sont portées à l'assemblée publique que si ce renvoi a été demandé par l'un des conseillers de la section, ou par le commissaire du gouvernement à qui elles sont préalablement communiquées. Si le renvoi n'a pas été demandé, ces affaires sont jugées par la section du contentieux, sur le rapport de celui de ses membres que le président en a chargé, et après les conclusions du commissaire du gouvernement (art. 19, L. 24 mai 1872).

326. — Il est de jurisprudence constante que les recours pour excès de pouvoir, les réclamations en matière de pensions et les contraventions de grande voirie, pour lesquels le ministère de l'avocat n'est pas obligatoire, sont portés de plein droit à l'audience publique de l'assemblée du contentieux. Les recours en matière d'élections et de contributions directes ou de taxes assimilées sont, dans la pratique, les seules affaires dont la section conserve le jugement lorsque le renvoi n'en est pas spécialement demandé. — Laferrière, *Jurid. admin.*, t. 1, p. 272.

327. — Cette jurisprudence ne saurait donner au renvoi des affaires sans avocat un caractère obligatoire : elle n'est qu'une règle d'ordre intérieur à laquelle la section pourrait déroger.

328. — Malgré le caractère facultatif que l'art. 19 donne au renvoi, il est des cas où il serait légalement obligatoire : ce sont ceux où les recours introduits devant la section du contentieux sans ministère d'avocat seraient dirigés, par la voie de l'opposition, de la tierce opposition ou de la révision, contre des arrêts rendus par l'assemblée du contentieux. On ne saurait admettre qu'un arrêt rendu par l'assemblée du contentieux soit annulé ou réformé par un arrêt émané de la section seule ; il est d'ailleurs, de principe, que les recours dont nous venons de parler soient portés devant les juges qui ont rendu la décision attaquée. — Laferrière, *loc. cit.*, note 2.

329. — La section du contentieux peut statuer, en audience publique, sur les affaires d'élections et de contributions directes ou taxes assimilées dans lesquelles il y a constitution d'avocat. Cette innovation a été introduite par la loi du 26 oct. 1888 (art. 3), relative à la création d'une section temporaire du contentieux.

330. — Les affaires d'élections et de contributions directes ou taxes assimilées dans lesquelles il y a constitution d'avocat ne sont donc plus nécessairement portées à l'assemblée spéciale du contentieux. La section du contentieux peut les juger à elle seule, mais en audience publique.

331. — Le renvoi de ces affaires à l'assemblée du Conseil d'État statuant au contentieux peut avoir lieu dans les conditions prévues par l'art. 19, L. 24 mai 1872 (art. 3, § 2, L. 26 oct. 1888).

332. — Le nombre des membres dont la présence est exigée à la section du contentieux pour la validité des délibérations a varié. D'après l'art. 15, L. 24 mai 1872, la section du contentieux ne pouvait délibérer que si trois au moins de ses membres ayant voix délibérative étaient présents.

333. — Lors de la confection du règlement de 1872, on s'est aperçu qu'il y avait des inconvénients à ce que la section du contentieux pût trancher définitivement des affaires avec deux conseillers seulement et un maître des requêtes, ou même un auditeur, puisque deux auditeurs ont voix délibérative à la section. Il était d'ailleurs permis de penser que l'art. 15 de la loi de 1872 visait seulement la délibération des affaires à soumettre à l'assemblée publique et ne concernait nullement le jugement des affaires sans avocat dont il n'était question que dans l'art. 19. N'était-il pas naturel d'admettre que la section du contentieux, dans ce dernier cas, devait être soumise à la même règle que la section administrative, c'est-à-dire à la présence de trois conseillers en service ordinaire ?

334. — Aussi le décret du 21 août 1872 exigea-t-il la présence de trois conseillers d'État pour « statuer, en exécution de l'art. 19, L. 24 mai 1872, sur les affaires introduites par le ministère d'un avocat au Conseil d'État » (art. 22). Le règlement peut être considéré comme ayant purement et simplement confirmé la loi qu'il ne pouvait modifier ; on peut d'ailleurs se demander s'il est illégal d'augmenter dans un règlement les garanties données aux justiciables.

335. — Il résultait de là que, pour délibérer sur les affaires devant être portées à l'assemblée publique, la présence de trois membres ayant voix délibérative était suffisante, et que pour statuer sur les affaires qu'il appartenait à la section de juger, il fallait que trois conseillers d'État fussent présents.

336. — Le décret du 2 août 1879 (art. 21) vint effacer toute distinction entre ces deux classes d'affaires, en exigeant pour chacune la présence de cinq membres au moins ayant voix délibérative ; le décret du 9 déc. 1884 remplaça en son tour ce texte par une disposition remettant en vigueur la règle de 1872.

337. — Une nouvelle réglementation survint encore en 1888, lors de la création de la section temporaire. L'art. 3, L. 26 oct. 1888, ne dit rien relativement au nombre de membres devant composer soit la section du contentieux, soit la section temporaire, pour qu'elle puisse statuer valablement ; l'indication du nombre de cinq membres ayant voix délibérative avait été proposée par le gouvernement dans un projet primitif : « La section du contentieux peut statuer en audience publique sur les affaires d'élection, de contributions et de taxes assimilées dans lesquelles il y a constitution d'avocat. Dans ce cas, elle ne peut juger qu'en nombre impair, et si cinq au moins de ses membres ayant voix délibérative sont présents ». La Chambre modifia sur ce point le projet du gouvernement ; elle décida que la section du contentieux et la section temporaire seraient toutes deux sur le même pied au point de vue du droit de juger en audience publique ; mais la rédaction de la Chambre n'indiquait pas le nombre nécessaire pour la validité des délibérations. Sur une observation présentée à ce sujet, M. le commissaire du gouvernement répondit que la disposition qui avait disparu par le fait de la commission figurerait dans le règlement d'administration publique.

338. — Le décret du 9 nov. 1888 (art. 6) a édicté la règle que « la section du contentieux ne peut statuer que si cinq au moins de ses membres, ayant voix délibérative, conformément à la loi du 24 mai 1872, sont présents. En cas de partage, on appellera le plus ancien des maîtres des requêtes assistant à la séance ». Le règlement ne porte pas : statuer en *audience publique*. Le nombre de cinq membres est donc exigé pour toutes les affaires que la section du contentieux et la section temporaire sont appelées à juger souverainement, qu'il y ait ou non constitution d'avocat.

339. — Les auteurs ne sont pas d'accord sur la question de savoir si la présence de ces cinq membres est nécessaire pour toutes les décisions à prendre par la section du contentieux, alors qu'il s'agit, soit d'une mesure d'instruction, soit d'un projet de décision à soumettre à l'assemblée publique. Sous le régime du décret de 1879, M. Ducrocq admettait que la présence de cinq membres ayant voix délibérative n'était pas nécessaire pour ordonner les mesures d'instruction dans les affaires qu'il appartenait à la section de juger seule : la présence de trois membres ayant voix délibérative était suffisante, conformément à l'art. 15 de la loi de 1872 (V. *Cours de dr. admin.*, n. 84). Ce système est arbitraire ; rien dans les divers textes qui ont successivement régi la matière, n'autorise à distinguer les décisions avant faire droit des décisions définitives. Mais suivant nous, il y a lieu d'admettre que la présence de trois membres ayant voix délibérative est suffisante pour la préparation des projets de décision à soumettre à l'assemblée publique : la disposition du règlement de 1879, qui exigeait également cinq membres pour ce cas, est abrogée par le décret de 1884, et le décret de 1888 n'exige la présence de cinq membres que pour *statuer*, c'est-à-dire pour prendre une décision définitive.

340. — Béquet propose la même distinction. Toutefois, d'après cet auteur, dans le premier cas il faudrait la présence de *trois conseillers en service ordinaire*. Nous ne savons pourquoi Béquet qui renvoie en note à l'art. 15 de la loi de 1872, n'a pas dit ici « trois membres ayant voix délibérative » conformément à cette loi ; il ne peut plus être question, en effet, du règlement de 1872 qui est abrogé, et si on consulte le texte même du décret de 1884, on voit qu'il a remis en vigueur, non le décret, mais la loi même de 1872.

4° *Différences entre la section du contentieux et les sections administratives.*

341. — De tout ce qui précède, il résulte plusieurs différences entre la section du contentieux et les sections administratives : 1° la section du contentieux est la seule qui, à raison de la nature de sa mission, ne corresponde spécialement à aucun ministère (Décr. 2 août 1879, art. 1. — Ducrocq, *op. cit.*, n. 84) ; — 2° elle est la seule que ne puisse présider le garde des sceaux, ministre de la Justice, président du Conseil d'État (L. 24 mai 1872, art. 10) ; 3° elle est la seule où le président n'ait pas voix prépondérante en cas de partage (Même loi, art. 12, *in fine* et 15) ; 4° elle est la seule d'où soient exclus les conseillers d'État en service extraordinaire ou appelés à occuper temporairement des fonctions publiques sans sortir des cadres du conseil (Même loi, art. 4 ; Décr. 2 août 1879, art. 3) ; 5° elle comprend un personnel plus nombreux que les sections administratives (V. *suprà*, n. 321 et s.). A ses délibérations assistent, quatre maîtres des requêtes, commissaires du gouvernement (V. *suprà*, n. 323) ; 6° le nombre des membres dont la présence est nécessaire pour la validité des délibérations n'est pas le même, pour la section du contentieux que pour les sections administratives (V. *suprà*, n. 332 et s.) ; 7° nous verrons que la section du contentieux est la seule des sections du conseil qui entre tout entière dans l'assemblée du Conseil d'État statuant au contentieux (V. *infrà*, n. 320) ; 8° enfin la section du contentieux est appelée par la loi du 26 oct. 1888 à tenir des séances publiques, ce qui n'a jamais lieu pour les sections administratives.

§ 2. *Section temporaire du contentieux.*

1° *Origine.*

342. — L'encombrement du contentieux du Conseil d'État et l'insuffisance d'une seule section pour examiner le nombre toujours croissant des pourvois ont motivé la loi du 26 oct. 1888, relative à la création d'une section temporaire du contentieux au Conseil d'État.

343. — Le vice-président du Conseil d'État, M. Laferrière, qui, lors de la discussion de cette loi, a pris la parole en qualité de commissaire du gouvernement, a signalé un arriéré de 2,992 affaires. Cet état de choses venait de la loi du 31 juill. 1875, qui confère au Conseil d'Etat la vérification des pouvoirs des conseillers généraux (V. *infrà*, v° *Conseil général*), et surtout de l'art. 40, L. 5 avr. 1884, qui accorde un effet suspensif aux recours formés devant le Conseil d'Etat contre les décisions des conseils de préfecture en matière d'élections municipales (V. *infrà*, v° *Elections municipales*) : ceux dont l'élection a été annulée par la juridiction du premier degré ayant un moyen de prolonger leurs pouvoirs et de continuer à siéger dans l'assemblée communale jusqu'au jugement de ce recours, il en est résulté un accroissement énorme dans le nombre des pourvois, et des retards dans la solution des affaires par la section du contentieux.

344. — De là la création d'une section temporaire qui, instituée quand les besoins du service l'exigeront, composée au moyen de membres pris dans les sections administratives, concourra au jugement des affaires d'élections et de contributions qui sont les plus nombreuses, et constituera ainsi un précieux auxiliaire pour la section du contentieux qui pourra, dès lors, résoudre plus rapidement toutes les autres affaires qui lui sont soumises.

345. — La loi a été combattue : on a voulu lui attribuer un caractère politique, l'accuser d'instituer un tribunal d'exception; on a ajouté que cette section temporaire serait formée de juges improvisés n'offrant pas aux plaideurs les mêmes garanties que la section du contentieux et l'assemblée publique. M. Laferrière a démontré le peu de fondement de ces reproches. Il a fait observer que le gouvernement qui, non seulement nomme les conseillers d'Etat, mais encore les répartit dans les sections, dont il fixe ainsi la composition (V. *suprà*, n. 183 et s.), ne fera qu'user du même droit pour la section temporaire. De plus, comme nous le verrons dans la suite, un simple arrêté du vice-président du Conseil d'Etat délibérant avec les présidents de section, désigne les membres des sections administratives qui sont appelés à faire partie de l'assemblée publique; en conséquence, les conseillers d'Etat sont tous virtuellement investis de la fonction de juge. — Séance du Sénat, 22 oct. 1888, [*J. off.*, 1888, p. 1371]

346. — Le projet fut voté, et devint la loi du 26 oct. 1888. Cette loi a prévu, dans son art. 3, un règlement d'administration publique pour déterminer les mesures propres à en assurer l'exécution, notamment celles qui concernent le service des rapporteurs, des commissaires du gouvernement et du secrétariat. Ce règlement d'administration publique intervint le 9 novembre suivant.

2° *Institution.*

347. — La loi du 26 oct. 1888 porte, dans son art. 1 : « Lorsque les besoins du service l'exigent, il sera formé, par décret en Conseil d'Etat, une section temporaire qui concourra au jugement des affaires d'élection et de contributions directes ou taxes assimilées. »

348. — Il résulte du texte précédent que : 1° Le droit de décréter la formation d'une section temporaire appartient au gouvernement, qui a un pouvoir discrétionnaire pour apprécier si les besoins du service exigent cette formation.

349. — 2° Cette section sera temporaire, c'est-à-dire qu'elle ne fonctionnera que lorsque le besoin s'en fera sentir. La loi ne dit pas de quelle manière en sera fixée la durée; mais il est évident que le droit de déterminer cette durée appartient à l'autorité chargée d'instituer la section. En pratique, ainsi qu'on le verra plus loin, les décrets qui sont successivement intervenus pour instituer la section temporaire en ont fixé la durée à une année à compter de son installation, s'il n'en était autrement ordonné par un décret postérieur; sa durée ainsi fixée a parfois été l'objet de prorogations en cette forme; inversement, le décret postérieur aurait pu assigner un terme plus rapproché au fonctionnement de la section. En l'absence de toute mesure de ce genre, le fonctionnement prend fin de plein droit par l'expiration de la durée primitivement fixée.

350. — 3° La section temporaire n'est pas appelée à juger les affaires contentieuses de toute nature ; sa compétence est limitée et bornée aux affaires d'élection et de contributions directes ou taxes assimilées.

351. — 4° La section temporaire ne doit pas juger la totalité des affaires précédentes; elle ne doit que *concourir* au jugement de celles-ci, dont une partie, d'après l'esprit de la loi, continuera à appartenir à la section du contentieux. Ainsi que nous allons le voir, le partage a lieu par moitié entre les deux sections.

3° *Composition.*

352. — La section temporaire est composée d'un président de section et de quatre conseillers d'Etat pris dans les différentes sections du conseil auxquelles ils continuent d'appartenir (L. 26 oct. 1888, art. 2). La loi dit que ces conseillers continuent de faire partie de la section à laquelle ils appartenaient ; ils ont donc un double service à faire, celui de la section temporaire et celui de la section administrative à laquelle ils appartiennent. Nous disons « de la section *administrative* »; car bien que la loi ne le dise pas formellement, il est essentiellement de son esprit que ce soient les sections administratives seules et non la section du contentieux qui fournissent le contingent de la section temporaire.

353. — Les membres de la section temporaire sont désignés par décret du président de la République, sur la présentation du vice-président du Conseil d'Etat et des présidents de section (L. 26 oct. 1888, art. 2).

354. — Trois maîtres des requêtes sont attachés à la section temporaire (Décr. 9 nov. 1888, art. 3). Le texte ne dit point comment ces maîtres des requêtes sont désignés : mais il n'y a qu'à appliquer, à cet égard, par extension, la règle de l'art. 5, Décr. 2 août 1879, chargeant le ministre de la Justice de répartir les maîtres des requêtes entre les sections, sur la proposition du vice-président et des présidents de section. C'est donc par arrêté du ministre de la Justice, que sont désignés les maîtres des requêtes attachés à la section temporaire. — V. notamment, Arr. 10 nov. 1888, [*J. off.*, 1888, p. 4714] — V. *suprà*, n. 183.

355. — « Les rapports sont présentés devant la section temporaire par ces maîtres des requêtes, par les auditeurs de la section du contentieux, et par ceux des autres sections désignés à cet effet par le vice-président du Conseil d'Etat délibérant avec les présidents de section » (Décr. 9 nov. 1888, art. 3).

356. — Les fonctions de ministère public près la section temporaire sont remplies par les maîtres des requêtes, commissaires du gouvernement près la section du contentieux. Il peut en outre y avoir auprès de la section temporaire un ou deux commissaires suppléants du gouvernement, nommés par arrêté du ministre de la Justice et qui peuvent être choisis parmi les auditeurs de première classe, sur la présentation du vice-président du Conseil d'Etat et des présidents de section (L. 26 oct. 1888, art. 2 ; Décr. 9 nov. 1888, art. 3).

357. — La loi du 26 oct. 1888, par la disposition portant que les commissaires suppléants du gouvernement *pourront* être choisis parmi les auditeurs de première classe, a simplement voulu indiquer que ces commissaires suppléants ne seraient pas obligatoirement pris, comme les commissaires titulaires, parmi les maîtres des requêtes. Mais les commissaires suppléants ne pourraient pas évidemment être recrutés en dehors des membres du Conseil d'Etat (Sénat, séance du 22 oct. 1888 : *J. off.*, Débats parlementaires, 1888, p. 1373, art. 3).

358. — « Le secrétariat du contentieux fait fonction de secrétariat de la section temporaire ; le secrétaire du contentieux est remplacé aux séances de la section temporaire par un secrétaire adjoint désigné par le vice-président du Conseil d'Etat, conformément à l'art. 23, Régl. 2 août 1879 » (Décr. 9 nov. 1888, art. 7).

4° *Fonctionnement.*

359. — Nous avons vu que la loi du 26 oct. 1888 s'était bornée à dire que la section temporaire concourrait au jugement des affaires d'élection et de contributions directes ou taxes assimilées, sans indiquer dans quelle proportion et suivant quel mode de répartition les affaires seraient distribuées à l'une ou à l'autre des deux sections. De là une objection qui avait été présentée au Sénat (séance précitée) par M. Léon Clément. Il fut reproché à la loi de créer une sorte de tribunal d'exception, devant lequel on pourrait arbitrairement renvoyer tel ou tel justiciable. Aujourd'hui, avait-on dit, le juge est toujours certain, il est désigné par la loi elle-même. Au contraire, dans la combinaison proposée, le juge est absolument incertain : or, il est impossible d'admettre que le gouvernement ait le libre choix d'envoyer un justiciable devant telle ou telle juridiction.

360. — L'art. 1, Décr. 9 nov. 1888, a répondu à cette critique : « les affaires d'élections et de contributions directes ou taxes assimilées sont réparties, sauf jonction des affaires connexes, entre la section du contentieux et la section temporaire en nombre égal, et alternativement d'après l'ordre fixé par l'enregistrement des pourvois ». En tranchant ainsi la question, le règlement a exclu tout arbitraire : ce sont les numéros du registre sur lequel sont inscrits au secrétariat du contentieux, au fur et à mesure de leur arrivée, tous les pourvois formés devant le Conseil d'Etat, qui déterminent si l'affaire sera portée devant la section du contentieux ou devant la section temporaire. Un simple mécanisme d'enregistrement indique la juridiction dont relèvera le justiciable.

361. — La section temporaire peut statuer en audience publique sur les affaires d'élections et de contributions directes ou taxes assimilées dans lesquelles il y a constitution d'avocat (L. 26 oct. 1888, art. 3). Ce texte donne le même droit, ainsi qu'il a été dit *suprà*, n. 329, à la section du contentieux.

362. — Le renvoi de ces affaires à l'assemblée publique est ordonné, s'il est demandé par l'un des conseillers de la section ou par le commissaire du gouvernement (Même art.). Ce renvoi est établi par un extrait du procès-verbal de la séance dans laquelle il a été ordonné (Décr. 9 nov. 1888, art. 8). Lorsque le renvoi est ainsi prononcé à la section du contentieux, la décision de celle-ci devient un simple projet qui doit être soumis à l'assemblée publique ; la section du contentieux présente ce projet précédé d'un rapport. Il est procédé autrement lorsqu'il s'agit d'une affaire qui avait été portée devant la section temporaire. Cette dernière qui, à la différence de la section du contentieux, n'entre pas dans la composition de l'assemblée publique, ne pourrait venir défendre ses propositions devant cette assemblée : elle ne peut donc s'en saisir. Aussi, lorsqu'une affaire soumise à la section temporaire est renvoyée par elle à l'assemblée du Conseil d'Etat, statuant au contentieux, le dossier est immédiatement transmis à la section du contentieux, qui est chargée d'en préparer le rapport (Même art.). Le dossier est donc remis à un nouveau rapporteur, il est fait un nouveau rapport, et il est préparé un projet de décision qui peut être différent de celui de la section temporaire : ce dernier, croyons-nous, doit même rester ignoré du rapporteur et des membres, tant de la section du contentieux que de l'assemblée publique, afin que rien ne puisse influencer l'arrêt que le renvoi prononcé les appelle à rendre.

363. — La section temporaire ne peut statuer que si cinq au moins de ses membres ayant voix délibérative, conformément à la loi du 24 mai 1872, sont présents. En cas de partage, on appelle le plus ancien des maîtres des requêtes assistant à la séance (Décr. 9 nov. 1888, art. 6). — V., pour plus de détails sur la distinction des arrêts préparatoires et interlocutoires, *infrà*, v° *Conseil de préfecture*.

5° *Comparaison de la section du contentieux et de la section temporaire.*

364. — I. *Ressemblances.* — 1° L'une et l'autre sont, chacune dans les limites de sa compétence, des juridictions souveraines, rendant des décisions exécutoires ; 2° l'une et l'autre sont soumises, pour la préparation de ces décisions, aux règles générales de la procédure devant le Conseil d'Etat en matière contentieuse.

365. — 3° L'une et l'autre ne peuvent statuer que si cinq membres au moins, ayant voix délibérative, sont présents. Dans l'une comme dans l'autre, on appelle, en cas de partage, le plus ancien des maîtres des requêtes présents à la séance.

366. — 4° L'une et l'autre statuent en audience publique sur les affaires d'élections et de contributions directes ou taxes assimilées dans lesquelles il y a constitution d'avocat.

367. — 5° Le renvoi d'une affaire à l'assemblée publique du Conseil d'Etat statuant au contentieux, peut être demandé de la même manière devant la section du contentieux et devant la section temporaire, et lorsqu'il est demandé, il est de plein droit dans les deux cas.

368. — II. *Différences.* — Si l'on met à part la différence capitale tenant au caractère permanent de l'une de ces sections, au caractère temporaire de l'autre, différence qui tient à la nature même de l'institution, il existe, en outre, entre les deux sections du contentieux, des distinctions très-importantes : 1° La section temporaire est moins nombreuse : elle ne comprend que quatre conseillers et un président, au lieu de six conseillers et un président ; trois maîtres des requêtes au lieu de huit y sont attachés comme rapporteurs. Il n'y a point parmi eux de membres qui en fassent partie d'une manière exclusive. Le président, les quatre conseillers, les trois maîtres des requêtes, sont pris dans les sections administratives, auxquelles ils continuent d'appartenir. Les auditeurs rapporteurs devant la section temporaire sont ceux de la section du contentieux, et quelques-uns de ceux des sections administratives. — V. *suprà*, n. 355.

369. — 2° Les fonctions du ministère public devant la section du contentieux sont remplies exclusivement par quatre maîtres des requêtes, commissaires du gouvernement. Devant la section temporaire, il peut y avoir en outre un ou deux commissaires suppléants du gouvernement, pris parmi les auditeurs de première classe.

370. — 3° La section du contentieux entre tout entière dans l'assemblée du Conseil d'Etat statuant au contentieux ; il en est autrement de la section temporaire.

371. — 4° La section du contentieux a un double fonctionnement : elle instruit les affaires qui doivent être portées à l'assemblée publique, elle juge elle-même certaines affaires. La section temporaire ne prépare point d'affaires pour l'assemblée publique ; les affaires qu'elle doit juger elle-même lui sont seules transmises. Nous avons vu, *suprà*, n. 362, quelles conséquences il y a lieu d'en tirer au cas de renvoi.

372. — 5° A l'inverse de la section du contentieux, la compétence de la section temporaire est exclusivement limitée aux affaires d'élections et de contributions directes ou taxes assimilées.

6° *Résultats de l'institution de la section temporaire.*

373. — En présence des raisons qui justifiaient l'institution de la section temporaire, le gouvernement en décida la formation dès la promulgation des dispositions réglementaires nécessaires à son fonctionnement. A la même date que le règlement dont nous venons d'expliquer les principales dispositions, parut un décret du 9 nov. 1888, rendu en Conseil d'Etat, et créant une section temporaire du contentieux : « Il est nommé au Conseil d'Etat, pour l'expédition des affaires d'élections, de contributions directes ou taxes assimilées, une section temporaire du contentieux, dont la durée est fixée à une année à compter de son installation, s'il n'en est autrement ordonné par un décret postérieur ». A la suite sont insérés au *Journal officiel* du 11 novembre : 1° un décret désignant un président de section et quatre conseillers d'Etat pour composer la section temporaire ; 2° un arrêté du garde des sceaux, ministre de la Justice, attachant à la section temporaire trois maîtres des requêtes et un auditeur de première classe, ce dernier en qualité de commissaire suppléant du gouvernement ; 3° un arrêté du vice-président du Conseil d'Etat désignant plusieurs auditeurs pour présenter des rapports concurremment avec les auditeurs de la section du contentieux, et une autre décision nommant le secrétaire adjoint de la section temporaire.

374. — Le décret d'institution avait fixé à une année la durée de la section temporaire ; un décret du 8 nov. 1889 la prorogea pour six mois et prescrivit que ses fonctions prendraient fin le 16 mai 1890, s'il n'en était autrement ordonné. Il n'intervint pas de nouvelle prorogation, la section temporaire cessa donc d'exister. Dès l'année suivante, un décret du 9 déc. 1891 venait créer à nouveau, pour une année, une section temporaire dont les fonctions furent encore prorogées postérieurement jusqu'au 15 août 1893 (Décr. 14 nov. 1892). L'interruption dans le fonctionnement de la section temporaire fut de courte durée, car un décret du 6 janv. 1894 est de nouveau intervenu pour faire l'application de la loi de 1888.

375. — Durant les deux premières périodes où elle a siégé, la section temporaire a tenu 107 séances et a rendu 2,837 décisions, travail considérable qui a été obtenu sans aucune dépense supplémentaire, puisque la loi de 1888 n'a prévu aucune augmentation de personnel. La création de la section temporaire néanmoins n'a remédié qu'imparfaitement à l'encombrement du contentieux du Conseil d'Etat. C'est que sa compétence restreinte ne permet guère de hâter la solution des affaires dites « de grand contentieux », qui doivent être portées à l'assemblée publique du Conseil d'Etat statuant au contentieux. Aussi est-il question de transformer la section temporaire en section permanente, c'est-à-dire de créer une seconde section du contentieux. — V. le projet de loi déposé par M. Antonin Dubost, garde des sceaux, cité *suprà*, n. 111.

§ 3. *Assemblée publique du Conseil d'Etat statuant au contentieux.*

1º Historique.

376. — Pendant longtemps, depuis l'institution du Conseil d'Etat de l'an VIII jusqu'en 1849, ce fut l'assemblée générale qui fut chargée de juger, ou plutôt de délibérer en matière contentieuse. Toutefois, dans le but de garantir l'impartialité des décisions, l'art. 12, Règl. 5 niv. an VIII, portait déjà que les conseillers chargés de la direction de quelque partie de l'administration publique n'auraient point voix au Conseil d'Etat, lorsqu'ils prononceraient sur le contentieux de cette partie. Il faut voir dans cette disposition l'origine de la règle posée par l'ordonnance du 20 août 1830, retranchant les membres au service extraordinaire de la composition de l'assemblée générale lorsque celle-ci était appelée à délibérer en matière contentieuse.

377. — Ce système présentait des inconvénients ; une assemblée nombreuse est peu propre à examiner les matières juridiques et à trancher les questions qu'elles soulèvent (Aucoc, *Conférences*, t. 1, n. 361). La loi du 3 mars 1849 adopta un système diamétralement contraire : la section du contentieux délibérait seule sur les affaires contentieuses ; l'assemblée générale n'avait plus à en connaître. Rappelons, en outre, que les décisions de la section étaient exécutoires par elles-mêmes, sans approbation du chef de l'Etat.

378. — Le décret du 25 janv. 1852, qui revint au système de la « justice retenue » créa, pour l'examen des affaires contentieuses, une assemblée spéciale, composée de deux éléments, l'un permanent, représenté par les membres de la section du contentieux, et destiné à conserver, au sein de ce tribunal administratif supérieur, les principes juridiques et la fixité de la jurisprudence ; l'autre mobile, destiné à y porter les connaissances propres à chaque spécialité administrative, et représenté par des conseillers d'Etat pris en nombre égal dans chacune des sections administratives. — Ducrocq, *Cours de droit administratif*, t. 1, n. 261.

379. — Ce système est même celui de la législation actuelle, avec une simple différence dans le nombre des membres. N'oublions pas que la loi du 24 mai 1872 a conféré au Conseil d'Etat un pouvoir propre en matière contentieuse ; l'assemblée du Conseil d'Etat « délibérant » au contentieux est devenue l'assemblée du Conseil d'Etat « statuant » au contentieux. Notons enfin que, si l'usage persiste à désigner cette assemblée sous le nom d'assemblée *publique*, elle n'est plus aujourd'hui la seule assemblée publique instituée au sein du Conseil d'Etat, depuis qu'en vertu de la loi du 26 oct. 1888, la section du contentieux et la section temporaire jugent certaines affaires en séance publique.

2º Composition.

380. — L'assemblée publique du Conseil d'Etat, statuant au contentieux, se compose : 1º du vice-président ; 2º des membres de la section du contentieux ; 3º de huit conseillers en service ordinaire pris dans les autres sections et désignés par le vice-président du conseil délibérant avec les présidents de section (L. 24 mai 1872, art. 17, modifié par l'art. 3, L. 13 juill. 1879). « Les conseillers adjoints à la section du contentieux ne peuvent y être remplacés que par une procédure prise dans la forme qui est suivie pour leur désignation » (art. 17, L. de 1872). La durée de cette délégation n'est pas fixée par la loi. Elle est considérée dans la pratique comme étant de trois années, par analogie avec la période prévue pour le roulement des conseillers d'Etat entre les sections. La délégation est indéfiniment renouvelable. — Laferrière, *Jurid. adm.*, t. 1, p. 271.

381. — En l'absence du vice-président du Conseil d'Etat, la présidence de l'assemblée du conseil, statuant au contentieux, appartient au président de la section du contentieux (L. 1er août 1874, art. 1 ; Décr. 2 août 1879, art. 23), quel que soit d'ailleurs le rang qu'il occupe sur le tableau des présidents de section. Cette préférence se justifie suffisamment par l'aptitude spéciale que la connaissance des affaires portées devant l'assemblée du contentieux donne pour la direction des débats au président de la section du contentieux. — Laferrière, *loc. cit.*

382. — En l'absence du vice-président du Conseil d'Etat et du président de la section du contentieux, la présidence appartient-elle au plus ancien conseiller d'Etat de la section du contentieux, ou aux membres des sections administratives, qui les précéderaient sur le tableau ? La question était résolue dans le premier sens par le décret du 21 août 1872, portant règlement intérieur du Conseil d'Etat ; d'après l'art. 24, la présidence appartenait, à défaut du vice-président, à celui des conseillers d'Etat de la section du contentieux qui était le premier dans l'ordre du tableau. Il faut dire que cette disposition date d'une époque où la section du contentieux n'avait en fait de président que le président spécial, et où, la présidence de cette section appartenant au vice-président du Conseil d'Etat, le plus ancien conseiller remplissait fréquemment les fonctions de président de section.

383. — Lors de la révision du règlement de 1872 par le décret du 2 août 1879, cette disposition ne fut pas reproduite ; l'art. 23 du règlement actuel n'a déféré la présidence, à défaut du vice-président, qu'au président de la section du contentieux. En cas d'empêchement de la part de l'un et de l'autre, on ne peut qu'appliquer la règle générale du décret du 2 août 1879 (art. 26), c'est-à-dire que la présidence reviendrait de plein droit au président de section ou au conseiller du contentieux, à quelque section qu'il appartienne, qui serait le premier dans l'ordre du tableau. Le 11 juin 1880, l'assemblée du contentieux, par une délibération mentionnée sur ses procès-verbaux, s'est prononcée en ce sens (Archives du contentieux du Conseil d'Etat, vol. 44, p. 2753, citée par M. Laferrière, *op. et loc. cit.*).

384. — L'assemblée du contentieux ne décide valablement que si neuf membres au moins ayant voix délibérative sont présents. Pour compléter l'assemblée, les conseillers d'Etat absents ou empêchés peuvent être remplacés par d'autres conseillers en service ordinaire, suivant l'ordre du tableau (L. 24 mai 1872, art. 21).

385. — Lorsque les membres de l'assemblée du contentieux délibèrent dans une affaire sont en nombre pair, le dernier des conseillers dans l'ordre du tableau doit s'abstenir (L. 13 juill. 1879, art. 3).

386. — Les règles pour le partage ne sont donc pas les mêmes pour l'assemblée du Conseil d'Etat statuant au contentieux et pour la section du contentieux ; d'ailleurs, le mode de procéder dans cette dernière section diffère aussi de celui des sections administratives.

387. — Au Conseil d'Etat les partages se trouvent ainsi réglés de trois manières : 1º dans les sections administratives et à l'assemblée générale, la voix du président est prépondérante (L. 24 mai 1872, art. 12 ; L. 13 juill. 1879, art. 6).

388. — 2º A la section du contentieux et à la section temporaire, on appelle le plus ancien des maîtres des requêtes assistant à la séance (Décr. 9 nov. 1888, art. 6).

389. — 3º A l'assemblée du Conseil d'Etat, statuant au contentieux, le dernier des conseillers dans l'ordre du tableau doit s'abstenir (L. 13 juill. 1879, art. 3).

390. — De la composition de l'assemblée du Conseil d'Etat statuant au contentieux, il résulte, comme le dit M. Laferrière (*Jurid. adm.*, t. 1, p. 273), que ses membres « n'en sont pas moins membres du Conseil d'Etat délibérant comme corps administratif et politique ; les uns, membres de la section du contentieux, participent aux travaux de l'assemblée générale du conseil ; les autres, délégués des sections administratives, participent à la fois aux travaux de cette assemblée et de leurs sections respectives. Ils peuvent donc être appelés à prendre part, soit en section, soit en assemblée générale, sous ces deux formes successivement, à des décrets ou autres décisions administratives contre lesquels des recours contentieux pourront être formés ». Le législateur a dû se préoccuper de cette circonstance qui appellerait à participer au jugement du recours dirigé contre une décision ceux mêmes qui ont contribué à la préparer. Nous avons examiné, *suprà*, n. 245 et s., l'art. 40, Décr. 22 juill. 1806. On avait conclu, de la teneur de cet article, que les décisions administratives rendues en Conseil d'Etat n'étaient point susceptibles de recours contentieux, même si les parties invoquaient des droits lésés, et qu'on ne pouvait se pourvoir contre ces décisions que par la voie gracieuse ou plutôt par une espèce de tierce opposition administrative dont la recevabilité était laissée à l'appréciation souveraine du gouvernement. « Il est à remarquer que l'art. 40 du décret de 1806 formait le dernier article du § 3 du titre III du décret, intitulé : « De la tierce opposition », dont les autres dispositions règlent la tierce opposition par la voie contentieuse ». — Laferrière, *op. cit.*, p. 274, n. 2.

391. — Le Conseil d'Etat (12 mai 1819, Longtuite et Desjardins, S. chr., P. adm. chr.) paraissait consacrer cette jurisprudence en posant en principe que l'opposition à une ordonnance n'est recevable par la voie contentieuse que quand cette ordonnance a été rendue par la même voie. Remarquons, cependant, qu'en l'espèce l'acte attaqué était un règlement d'administration publique et qu'on s'accorde encore de nos jours à reconnaître que de pareils actes ne peuvent donner lieu à un recours contentieux.

392. — L'ordonnance du 12 mars 1831 (art. 3) a prévu la possibilité de recours contentieux contre les décisions délibérées en Conseil d'Etat, puisqu'elle décide que, dans ce cas, les membres du comité par lequel les décisions ont été préparées ne pourront prendre part au jugement du recours. L'art. 3 ne prévoyait que les décisions des ministres, mais il devait être et a été interprété comme s'appliquant également aux ordonnances royales. Cette disposition a toujours figuré dans les lois organiques du Conseil d'Etat, avec cette seule différence que l'incompatibilité, appliquée en 1831 à tous les membres du comité intéressé, n'a été maintenue qu'à l'égard des membres de ce comité ayant personnellement pris part à la délibération administrative, et ne vise pas, en conséquence, ceux qui auraient été absents lors de cette délibération. — Laferrière, *op. cit.*, t. 1, p. 274.

393. — Aujourd'hui, d'après l'art. 20, L. 24 mai 1872 : « Les membres du Conseil d'Etat ne peuvent participer au jugement des recours dirigés contre les décisions qui ont été préparées par les sections auxquelles ils appartiennent, s'ils ont pris part à la délibération ». Si le recours est dirigé contre une décision préparée « *par une section* », il n'y a pas de difficulté. Les membres de cette section qui ont connu de l'affaire sont récusés de plein droit à l'assemblée du contentieux. Mais que décider quand les décisions ont été préparées par l'assemblée générale du Conseil d'Etat ?

394. — On ne peut évidemment pas écarter de l'assemblée du contentieux tous les membres qui ont participé à la décision attaquée, l'assemblée générale comprenant l'ensemble des membres du Conseil d'Etat.

395. — Faut-il encore obéir à l'art. 20, en ce sens qu'on appliquerait la récusation aux membres qui auraient concouru, au sein de la section compétente, à préparer la décision ultérieurement soumise à l'assemblée générale, laquelle ne prend jamais de décision que sur le rapport d'une ou de plusieurs sections administratives ? Doit-on étendre l'expression « décisions préparées par les sections » aux décisions qui ont été ensuite portées à l'assemblée générale ? Cette dernière interprétation n'a pas prévalu. En effet, la décision adoptée par l'assemblée générale n'est pas « préparée » par une section, mais bien par l'assemblée générale elle-même, qui, en matière administrative, est un corps consultatif. La décision est prise par le président de la République ou par le ministre, et n'est pas préparée par le Conseil d'Etat. La préparation de la décision passe donc, dans ce cas, de la section à l'assemblée générale ; il en résulte que l'art. 20, qui ne prévoit que les décisions préparées par les sections, ne s'appliquera pas.

396. — Enfin, en pratique, le projet présenté par la section n'est point toujours adopté par l'assemblée générale : celle-ci souvent y substitue un nouveau projet ; récuser alors les membres de la section en vertu de l'art. 20, serait écarter des juges réellement étrangers à la décision prise, en maintenant ceux qui en sont les auteurs. — Laferrière, *op. cit.*, t. 1, p. 275-276.

3° *Fonctionnement.*

397. — L'assemblée du Conseil d'Etat statuant au contentieux est appelée à juger : 1° les affaires (autres que celles d'élections et de contributions directes ou taxes assimilées) dans lesquelles il y a constitution d'avocat (art. 15, L. 24 mai 1872 ; art. 3, L. 26 oct. 1888).

398. — 2° Les affaires d'élections et de contributions directes ou taxes assimilées portées à la section du contentieux ou à la section temporaire, dans lesquelles il y a constitution d'avocat et dont le renvoi a été demandé par l'un des conseillers d'Etat ou par le commissaire du gouvernement (art. précité, L. 26 oct. 1888).

399. — 3° Les affaires dans lesquelles il n'y a pas de constitution d'avocat et dont le renvoi a été demandé dans la même forme (art. 19, L. 24 mai 1872).

§ 4. *Vacances du Conseil d'Etat statuant au contentieux.*

400. — Nous avons dit *supra*, n. 206, que les sections de vacations du Conseil d'Etat n'ont que des attributions administratives. En général, le jugement des affaires contentieuses est suspendu pendant les vacances du conseil. Ce n'est pas à dire, qu'en cas d'urgence, la section du contentieux ne pourrait être convoquée extraordinairement. On trouve un exemple de convocation extraordinaire de cette section dans un décret du 28 août 1889 (*J. off.*, 29 août, p. 4212). En pareil cas, il n'est pas douteux que l'assemblée publique du Conseil d'Etat statuant au contentieux puisse être également appelée à tenir séance. Aux conseillers de la section du contentieux viendraient s'ajouter des conseillers pris dans la section des vacations, conformément à l'art. 21, L. 24 mai 1872, de manière à compléter le nombre de neuf membres ayant voix délibérative, exigé par le même article.

Section II.
Attributions.

§ 1. *Nature des attributions contentieuses du Conseil d'Etat.*

401. — Le principe, en matière d'attributions contentieuses, est contenu dans l'art. 9, L. 24 mai 1872, aux termes duquel « le Conseil d'Etat statue souverainement sur les recours en matière contentieuse administrative et sur les demandes d'annulation, pour excès de pouvoir, formées contre des actes de diverses autorités administratives ». Ce texte proclame que la juridiction du Conseil d'Etat est « *générale* » et *souveraine*. » — Laferrière, *Jur. adm.*, t. 1, p. 277.

402. — La juridiction du Conseil d'Etat est *générale*, c'est-à-dire que toute affaire contentieuse peut être portée devant lui, sur quelques points de territoire qu'elle ait pris naissance, quels que soient les services publics qu'elle concerne et les autorités qui en aient connu.

403. — On ne peut renoncer d'avance au droit de déférer au Conseil d'Etat un litige de sa compétence. Ainsi la disposition d'un cahier des charges portant que la décision du fonctionnaire de l'intendance prononçant, après l'accomplissement de certaines formalités, la validité et la saisie des denrées présentées par un fournisseur, est sans appel et doit être exécutée sur-le-champ, ne peut avoir pour effet de priver le fournisseur du droit de soutenir devant le ministre et, le cas échéant, devant le Conseil d'Etat, que cette décision n'était pas justifiée. — Cons. d'Et., 24 mars 1882, Hertz, [D. 83.3.94].

404. — Nous venons de dire que la juridiction du Conseil d'Etat s'étend à la totalité du territoire ; mais elle est restreinte, comme toute juridiction, à l'étendue de la France. Il est de règle générale qu'en cas de cession de territoire, le droit de justice appartenant à la nation de qui cette cession émane, cesse de plein droit à partir du traité intervenu entre les contractants. La convention du 11 déc. 1871, additionnelle au traité du 10 mai précédent, entre la France et l'Allemagne, a fait exception à cette règle en ce qui concerne les procès engagés, en matière civile, sur les territoires cédés à cette dernière puissance. Mais cette convention ne contient aucune disposition relative aux instances administratives. Ces dernières restent donc soumises au principe ci-dessus. — V. sur les questions de compétence internationale nées de l'exécution du traité du 10 mai 1871, Cons. d'Et., 13 mars 1872, Le Bel, [S. 73.2.310, D. 72.3.58] — V. en outre, Cass., 22 janv. 1872, Fontaine, [S. 72.1.433, P. 72.304, D. 72.1.53] ; — 12 févr. 1872, Gœrner, [S. 72.1.37, P. 72.58, D. 72.1.174]; — 20 nov. 1872, Ostermann, [S. 73.1.136, P. 73.291, D. 72.1.458] — V. *supra*, v° *Annexion et démembrement de territoire*, n. 208 et s.

405. — Aussi a-t-il été jugé qu'il n'appartenait pas au Conseil d'Etat de statuer sur les pourvois contre les décisions des conseils de préfecture qui, avant le traité de paix du 10 mai 1871, fonctionnaient sur les territoires que ce traité a cédés à l'Allemagne. — Cons. d'Et., 24 janv. 1873, Comm. de Roussy-le-Village, [S. 74.2.296, P. adm. chr., D. 73.3.94]

406. — Il n'y a pas lieu, non plus, pour le Conseil d'Etat, de statuer sur une demande en interprétation d'une décision par lui rendue au contentieux, avant le traité de paix du 10 mai 1871, dans une contestation intéressant des communes et des établissements publics situés sur les territoires que ce traité a cédés à l'Allemagne. — Cons. d'Et., 14 févr. 1873, Comm. de Melsheim et autres, [S. 73.2.30, P. adm. chr., D. 73.3.91]

407. — La juridiction du Conseil d'Etat est souveraine, c'est-à-dire que ses décisions ne peuvent être infirmées ni réformées par aucune autorité juridictionnelle ou gouvernementale. Il en est ainsi depuis la loi du 24 mai 1872. Antérieurement, sauf sous la République de 1848, le Conseil d'Etat ne rendait point par lui-même des jugements : il les préparait, et ceux-ci n'avaient de force que par la volonté et la signature du chef de l'Etat (V. suprà, n. 93). Aujourd'hui le Conseil d'Etat seul peut réviser ses propres décisions, dans les cas et suivant les procédures spéciales prévues par la loi. — Laferrière, *op. et loc. cit.*

408. — La juridiction du Conseil d'Etat en matière contentieuse embrasse en général toutes les branches de l'administration. Quant à la détermination précise des affaires rentrant dans la compétence du Conseil d'Etat, comme appartenant au *contentieux administratif*, elle ne résulte que des lois particulières à chaque matière et de l'ensemble de la jurisprudence. — V. suprà, v° *Compétence administrative*.

409. — La juridiction du Conseil d'Etat, bien que générale et souveraine, laisse toutefois place à d'autres juridictions administratives. Un grand nombre d'affaires contentieuses sont en effet portées devant d'autres juges que le Conseil d'Etat, soit en premier ressort et sauf appel au Conseil d'Etat, soit même en dernier ressort, et sous la seule réserve d'un recours en cassation formé devant le conseil. Nous devons donc diviser les attributions contentieuses du Conseil d'Etat en trois groupes, suivant qu'il est juge unique, juge d'appel ou juge de cassation. — Ducrocq, t. 1, n. 271 et s. ; Laferrière, *op. cit.*, t. 1, p. 278.

§ 2. *Exercice des attributions contentieuses du Conseil d'Etat.*

1° *Attributions du Conseil d'Etat comme juge unique.*

410. — Les attributions du Conseil d'Etat comme unique degré de juridiction sont aujourd'hui beaucoup plus nombreuses que d'après les systèmes antérieurement suivis. Ainsi qu'on le verra tout à l'heure, il est maintes circonstances dans lesquelles on considérait jadis le Conseil d'Etat comme juge d'appel ou même comme juge de cassation et où il est maintenant, avec raison, regardé comme juge unique. L'étude de ce groupe d'attribution comprend l'examen successif de cinq questions : 1° le cas où les textes confèrent sans nul doute au Conseil d'Etat un pouvoir de juge unique ; 2° les attributions du Conseil d'Etat comme juge des recours pour excès de pouvoir ; 3° ses attributions comme juge des recours en interprétation ; 4° la question longtemps controversée de savoir si les actes de gestion des ministres ont encore le caractère de jugement, et si, par suite, le Conseil d'Etat saisi des recours formés contre les actes est juge d'appel ou juge unique ; 5° la question encore plus discutée du juge de droit commun du contentieux administratif au premier degré.

411. — I°. *Attributions que le Conseil d'Etat exerce comme juge unique en vertu d'un texte.* — A. *Réclamations formées contre les élections aux conseils généraux.* — Cette attribution n'a pas toujours appartenu au Conseil d'Etat. L'art. 31, L. 22 juin 1833, donnait compétence au conseil de préfecture, sauf recours au Conseil d'Etat ; celui-ci ne connaissait donc que comme juge d'appel. L'art. 16, L. 10 août 1871, conféra au conseil général le droit de procéder lui-même à la vérification des pouvoirs de ses membres, sans recours contre les décisions prises. Cet article resta en vigueur jusqu'à la loi du 31 juill. 1875, qui attribue le contentieux des élections aux conseils généraux au Conseil d'Etat en premier et dernier ressort. — V. infrà, v° *Conseil général*.

412. — B. *Déclaration de démissions prononcées à la requête du ministre de l'Intérieur contre les conseillers généraux, d'arrondissement et municipaux, qui refusent de remplir une des fonctions qui leur sont attribuées par la loi* (L. 7 juin 1873, art. 4). — Cette disposition vise notamment les membres des conseils électifs qui refusent de faire partie des conseils de révision ou des commissions chargées, soit d'arrêter pour chaque arrondissement la liste annuelle du jury en matière criminelle, soit de dresser dans les chefs-lieux de canton la liste préparatoire de cette liste annuelle. — Ducrocq, *op. cit.*, t. 1, n. 134. — V. suprà, v¹ˢ *Commune*, n. 261, *Conseil d'arrondissement*, n. 34, et infrà, v° *Conseil général*, n. 134.

413. — C. *Recours formés par les industriels exploitant ou demandant à exploiter des établissements dangereux, insalubres ou incommodes, de première ou de seconde classe.* — Ces recours sont dirigés contre les arrêtés par lesquels les préfets refusent d'autoriser lesdits établissements, ou retirent les autorisations accordées, ou imposent des conditions d'exploitation contestées par l'industriel (Décr. 15 oct. 1810, art. 7 ; 13 avr. 1861, art. 1 B, § 7). — V. infrà, v° *Etablissements dangereux, insalubres ou incommodes*.

414. — D. *Recours formés en matière de déclaration de nullité de droit ou d'annulation des délibérations des conseils municipaux.* — L'art. 63, L. 5 avr. 1884, énumère les délibérations qui seront nulles de plein droit, et l'art. 64, celles qui seront seulement annulables. C'est au préfet en conseil de préfecture qu'il appartient, soit de déclarer la nullité de droit, soit de prononcer l'annulation. Il statue, soit d'office, soit sur la réclamation des parties intéressées (Même loi, art. 65 et 66). De l'exercice de cette attribution peuvent résulter des recours formés, soit par les conseils municipaux eux-mêmes ou par toute partie intéressée contre les arrêtés déclarant la nullité de droit ou prononçant l'annulation, soit par les parties intéressées contre les arrêtés refusant de déclarer nulles ou d'annuler ces délibérations. Ces recours sont portés devant le Conseil d'Etat. Le pourvoi s'introduit et est jugé dans les formes du recours pour excès de pouvoir (Même loi, art. 67). — V. suprà, v° *Commune*, n. 294 et s.

415. — E. *Oppositions formées contre les décrets rendus en Conseil d'Etat et autorisant un changement ou une addition de noms.* — Le recours doit être formé dans le délai d'un an à partir de l'insertion, au *Journal officiel*, du décret d'autorisation (L. 11 germ. an XI, art. 7). — V. infrà, v° *Noms et prénoms*. — Aucun recours n'est ouvert au particulier à qui l'on a refusé de changer ou de modifier son nom. — Ducrocq, *op. cit.*, t. 1, n. 249.

416. — F. *Infractions aux lois et règlements qui régissent la Banque de France, les contestations relatives à la Banque et à son administration intérieure, ou entre ses agents ou employés.* — Aux termes de l'art. 21, L. 22 avr. 1806, le Conseil d'Etat est chargé : 1° de connaître, sur le rapport du ministre des Finances, des infractions aux lois et règlements qui régissent la Banque de France, et des contestations relatives à la police et son administration intérieure ; 2° de juger de même définitivement et sans recours entre la Banque et les membres de son conseil général, ses agents ou employés, toute condamnation civile, y compris les dommages-intérêts et même soit la destitution, soit la cessation de fonctions. — V. suprà, v° *Banque d'émission*, n. 433 et s.

417. — Les applications de ce texte sont extrêmement rares. D'abord, le Conseil d'Etat n'a jamais été appelé à se prononcer sur des cas d'infraction aux lois et règlements de la Banque. Il a été jugé, d'ailleurs, que la disposition précitée concernant cet objet n'a pas eu pour effet de soustraire à la compétence des tribunaux judiciaires les contraventions de police imputées aux agents de la Banque. — Cass., 9 nov. 1872, Bouly, [S. 73.1.185, P. 73.421, D. 72.1.473]

418. — Quant aux contestations entre la Banque et ses employés, on en cite un seul exemple ; il s'agissait d'une réclamation en matière de pension formée contre la Banque par la veuve d'un employé ; cette réclamation a été pour le Conseil l'occasion de reconnaître que cette attribution exceptionnelle n'avait pas cessé de lui appartenir. — Cons. d'Et., 9 févr. 1883, Doisy, [S. 85.3.4, P. adm. chr., D. 84.3.100] — Sic, Laferrière, *op. cit.*, t. 1, p. 284, note.

419. — G. *Recours formés contre les décisions portant suspension ou interdiction de travaux exécutés dans les mines, ou retrait de la concession, notamment pour défaut de paiement de la taxe d'assèchement ou pour suspension d'exploitation.* — Ces recours résultent des art. 6, 7, 8 et 10, L. 27 avr. 1838 (V. infrà, v° *Mines*). Il s'agit ici non pas uniquement d'un recours en annulation pour excès de pouvoir, mais, aux termes des art. 6 et 7 de la loi de 1838, d'un recours « par la voie contentieuse », c'est-à-dire, d'après les dénominations alors usitées, d'un recours assimilable à un appel. Aussi des auteurs ont-ils considéré, à tort suivant nous, comme ayant un caractère contentieux les décisions par lesquelles le ministre prononce en ces matières.

420. — Nous ferons remarquer que pour toutes les attributions qui précèdent, nous nous sommes bornés à les indiquer, sans présenter une étude détaillée de chacune d'elles ; cette étude étant faite aux différents mots relatifs à ces matières.

421. — II. *Attributions du Conseil d'Etat comme juge des recours pour excès de pouvoir.* — On admet, d'une façon générale, que le recours pour excès de pouvoir a sa base dans la loi des 7-14 oct. 1790, qui dispose : « les réclamations d'incompétence à l'égard des corps administratifs ne sont en aucun cas du ressort des tribunaux ; elles seront portées au roi, chef de l'administration générale ». La constitution du 22 frim. an VIII ayant attribué au Conseil d'Etat la solution de toutes les difficultés qui peuvent s'élever en matière administrative, il s'est trouvé par là même investi de la connaissance de ces réclamations. De là est venue la règle, consacrée par une jurisprudence constante, que c'est au Conseil d'Etat qu'il appartient de prononcer sur les recours dirigés pour incompétence ou excès de pouvoir contre toutes les décisions administratives. A la vérité, la disposition que nous avons citée de la loi de 1790 ne parle que des réclamations d'incompétence ; mais il est clair que par là le législateur a voulu désigner tout ce qui excède la limite dans laquelle sont circonscrites les attributions des agents ou des corps administratifs, c'est-à-dire et l'incompétence proprement dite et l'excès de pouvoir. — Serrigny, *Tr. de l'org.*, n. 227 ; Ducrocq, t. 1, n. 232 ; Aucoc, *Conférences*, n. 275.

422. — La jurisprudence du Conseil d'Etat a considérablement étendu la notion de ces recours, et la loi du 24 mai 1872 a confirmé implicitement cette jurisprudence en disposant (art. 9), que le Conseil d'Etat statue souverainement sur les demandes d'annulation pour excès de pouvoir formées contre les actes de diverses autorités administratives.

423. — Le jugement des recours tendant à l'annulation des actes administratifs entachés d'excès de pouvoir est mis, par la plupart des auteurs, au nombre des attributions que le Conseil d'Etat exerce comme Cour de cassation (V. notamment Ducrocq, *op. cit.*, t. 1, n. 272 ; Aucoc, *Conférences*, n. 367. — V. Serrigny, *Tr. de l'org.*, n. 226 et s.). M. Laferrière est, croyons-nous, le premier qui ait établi nettement le véritable caractère de ces recours. Si l'on peut assimiler au pourvoi en cassation judiciaire les recours formés devant le Conseil d'Etat contre les décisions rendues en dernier ressort par les tribunaux administratifs spéciaux, la Cour des comptes, les conseils de révision, le conseil supérieur de l'instruction publique, c'est parce que le pourvoi a été précédé d'une procédure contentieuse ayant abouti à un jugement définitif ; il n'en est pas de même du recours en annulation formé contre un acte administratif ; l'action ne naît, la procédure contentieuse ne s'engage que devant le Conseil d'Etat qui seul instruit et juge l'affaire (*op. cit.*, t. 1, p. 278). C'est ce qui nous détermine à mentionner ici, parmi les attributions du Conseil d'Etat comme juge unique, le recours pour excès de pouvoir dirigé contre les actes administratifs (V. pour l'étude détaillée de ce recours, *infrà*, v° *Excès de pouvoir*). — Nous traiterons des recours formés contre les décisions des tribunaux administratifs jugeant en dernier ressort, lorsque nous arriverons aux attributions du Conseil d'Etat, comme Cour de cassation. — V. *infrà*, n. 482 et s.

424. — III. *Attributions du Conseil d'Etat comme juge des recours en interprétation d'actes administratifs et des questions de validité de ces actes.* — Ainsi qu'il a été dit (*suprà*, v° *Compétence administrative*, n. 1753 et s.) : 1° les tribunaux judiciaires sont incompétents pour interpréter les actes administratifs ; 2° l'interprétation des actes contractuels appartient à la juridiction compétente pour connaître du contentieux de ces actes, par exemple au conseil de préfecture s'il s'agit de marchés de travaux publics ; 3° l'interprétation des actes administratifs et réglementaires est d'abord donnée par l'autorité de qui l'acte émane, sauf recours au supérieur hiérarchique, et ensuite au Conseil d'Etat au contentieux, de plano au Conseil d'Etat ; 4° l'interprétation des actes émanés du chef de l'Etat est donnée par le Conseil d'Etat directement.

425. — Dans ce dernier cas qui constitue, comme on l'a vu (*loc. cit.*), une dérogation à la règle *ejus est interpretari, cujus est condere*, le Conseil d'Etat est, sans aucun doute, juge unique. A l'époque où le souverain exerçait la justice retenue, il rendait à l'égard de ses propres actes des décisions interprétatives en son conseil et dans les formes établies pour le jugement des affaires contentieuses. La loi du 24 mai 1872 ayant donné au Conseil d'Etat une juridiction propre et ayant substitué, pour le jugement du contentieux administratif, le Conseil d'Etat au chef de l'Etat statuant en Conseil d'Etat, on a été amené à attribuer au conseil l'interprétation directe des décrets et actes de l'autorité souveraine.

426. — On a dit que cette procédure n'était pas régulière, et que l'autorité qui a rendu l'acte à interpréter devrait, dans ce cas, comme dans les autres, être appelée à rendre une décision qui serait susceptible d'un recours devant le Conseil d'Etat (Aucoc, *Conférences*, n. 293). On peut répondre que la loi de 1872 a eu pour effet « de transformer la justice retenue en justice déléguée et par suite de transférer au Conseil d'Etat toutes les attributions contentieuses qui appartenaient au souverain et parmi lesquelles figurait le droit d'interpréter ses propres décrets ; un texte spécial aurait été nécessaire pour réserver ce droit au chef de l'Etat ». — Laferrière, *op. cit.*, t. 2, p. 384.

427. — Si cette dernière opinion devait prévaloir d'une manière absolue, on serait conduit à admettre que le Conseil d'Etat est, non pas juge unique, mais juge d'appel, dans les autres cas où il s'agit par exemple d'arrêtés municipaux, préfectoraux ou ministériels, et où l'application de la règle *ejus est interpretari* a amené à demander d'abord l'interprétation à l'auteur de l'acte. Pourquoi, en effet, faudrait-il voir une attribution juridictionnelle dans le droit du souverain d'interpréter ses actes, et refuser au contraire le caractère contentieux à une décision interprétative rendue par un préfet ou un maire? Et cette décision, on l'a vu (v° *Compétence administrative*, n. 1772), doit en pareil cas intervenir nécessairement avant que le Conseil d'Etat puisse être saisi du recours en interprétation.

428. — Nous estimons cependant que l'interprétation donnée par l'auteur de l'acte n'a pas le caractère d'un véritable jugement et qu'il faut voir simplement dans l'application de la règle *ejus est interpretari*... une mesure d'instruction préalable, qui tire son utilité de ce que c'est l'autorité qui a accompli l'acte, et qu'elle peut, mieux que personne, en fixer le sens et la portée ; mais la règle, qui d'ailleurs n'est pas formulée dans notre droit public, n'a rien d'absolu ; s'il en était autrement, la décision interprétative ainsi rendue serait souveraine et sans recours, alors qu'au contraire, il a toujours été reconnu que le supérieur hiérarchique d'abord, le Conseil d'Etat ensuite, ou celui-ci, *de plano*, pourrait toujours la modifier. Attribuer le caractère contentieux aux décisions interprétatives des agents de l'administration serait d'ailleurs multiplier singulièrement les degrés de juridiction, en faire en outre dépendre le nombre, contrairement à tous les principes, de la volonté des parties.

429. — Tout ce qu'il y a lieu de constater, c'est que si la jurisprudence, par des considérations tirées de la suppression de la justice retenue, ne demande pas au chef de l'Etat l'interprétation préalable de ces actes, elle continue à la demander aux autres autorités administratives. M. Laferrière trouve même qu'il y aurait un véritable progrès si la jurisprudence « reconnaissait que le caractère contentieux de l'interprétation est suffisamment affirmé par le jugement de renvoi et que la règle *ejus est interpretari* peut fléchir, dans ce cas, devant la plénitude de juridiction du Conseil d'Etat » (t. 2, p. 590, note 1). Le même auteur semble admettre que la jurisprudence, qui s'est jusqu'à présent refusée à entrer dans cette voie, pourrait néanmoins accomplir cette réforme, reconnaissant par là que la règle « *ejus est interpretari*... » est loin de constituer un principe dont l'application s'impose dans le fonctionnement de notre juridiction administrative.

430. — Notre conclusion est donc que le Conseil d'Etat agit comme unique degré de juridiction lorsqu'il rend des décisions interprétatives sur les actes émanant d'agents de l'administration. En ce qui concerne d'ailleurs l'appréciation de la validité des actes administratifs, le Conseil d'Etat est incontestablement juge unique. — V. *suprà*, v° *Compétence administrative*, n. 1794 et s.

431. — Ainsi, dans le cas où l'autorité judiciaire renvoie les parties devant l'autorité administrative à l'effet de faire statuer sur la validité d'un acte administratif (dans l'espèce, d'un compromis consenti par un ministre), la question peut être portée directement devant le Conseil d'Etat. — Cons. d'Et., 23 déc. 1887, Evêque de Moulins, [S. 89.3.57, P. adm. chr., D. 89.3.1] — V. aussi pour l'appréciation de la validité d'un arrêté préfectoral, autorisant *un hospice à accepter une donation*, Cons. d'Et., 6 mars 1894, Clermont, [S. et P. 93.3.30, D. 92.3.93]

432. — IV. *Réclamations formées contre les décisions ministérielles ayant le caractère d'actes de gestion.* — Les décisions ministérielles dont il s'agit ici comprennent : la passation, l'exécution, la résiliation des marchés et autres contrats de l'État (L. 12 vend. an VIII, art. 4; Décr. 11 juin 1806, art. 14); la liquidation et le paiement des dettes de l'État (Arr. 2 germ. an V); la liquidation des pensions de retraites (L. 11 avr. 1831, art. 25; L. 18 avr. 1831, art. 27; L. 9 juin 1853, art. 24); le recouvrement de certaines créances de l'État au moyen d'ordres de recouvrement ou d'arrêtés de débet, et en général toutes les mesures ayant pour objet le règlement d'intérêts pécuniaires relatif aux services publics; toutes décisions qui sont susceptibles d'être référées au Conseil d'État statuant au contentieux.

433. — C'est ainsi que celui qui a dénoncé les fraudes commises au préjudice de l'administration des contributions indirectes est recevable à demander au Conseil d'État la réformation d'une décision par laquelle le ministre des Finances refuse de lui attribuer la portion des amendes allouée aux indicateurs par l'art. 7, Arr. min. 17 oct. 1816. — Cons. d'Ét., 26 nov. 1886, Barrielle, [S. 88.3.42, P. adm. chr., D. 88.3.28]

434. — Pendant longtemps ces attributions ont été classées parmi celles où le Conseil d'État fait fonction, non pas de juge unique, mais de juge d'appel, parce que la décision ministérielle était considérée comme constituant un jugement de premier degré dont l'appel était alors déféré au Conseil d'État. Nous renvoyons sur cette question à ce qui a été dit *suprà*, v° *Compétence administrative*, n. 849 et s. Nous nous bornons ici à résumer, conformément à la théorie la plus moderne, la conclusion qui reconnaît dans les actes accomplis par les ministres en pareille matière, des actes administratifs pouvant donner lieu à des recours contentieux mais ne constituant pas, par eux-mêmes, des actes de juridiction; le Conseil d'État, en statuant sur les recours dirigés contre ces actes, est donc juge en premier et dernier ressort.

435. — V. *Du juge de droit commun du contentieux administratif.* — Le rôle du Conseil d'État comme juge unique, déjà très-important d'après ce qui précède, est encore plus étendu, d'après le dernier état de la jurisprudence. Ainsi qu'on l'a vu (*suprà*, v° *Compétence administrative*, n. 830 et s.), la doctrine qui faisait des ministres les juges de droit commun du contentieux administratif au premier degré est aujourd'hui abandonnée. On sait d'ailleurs sur quelles bases fragiles elle reposait. Il n'est donc pas exact de dire que les litiges administratifs pour lesquels la loi n'a attribué compétence à aucune juridiction doivent être déférés au ministre statuant comme juge de premier degré et au Conseil d'État en appel.

436. — Le Conseil d'État déclare aujourd'hui recevables des recours formés directement devant lui sans qu'ils aient été préalablement soumis au ministre. Ainsi, un ancien employé communal est recevable à déférer directement au Conseil d'État par la voie contentieuse un arrêté préfectoral réglant sa pension de retraite, conformément au décret du 25 mars 1852. — Cons. d'Ét., 24 juin 1881, Bougard, [S. 82.3.48, P. adm. chr., D. 82.3.51, et les conclusions de M. Gomel]; — 22 mai 1885, Roux, [S. 86. 3.132, P. adm. chr., D. 86.3.133]

437. — « S'il est vrai que les ministres, en liquidant les pensions, font simplement des actes de gestion, il est également vrai que les préfets font acte d'administrateurs, et non de juges, en opérant la liquidation des pensions des employés communaux, et des leurs, l'attribution que leur confère le n. 38 du tableau A annexé au décret du 25 mars 1852, a la même nature que toutes les autres attributions, purement administratives, qui leur sont données par les décrets de décentralisation. Mais en exerçant cette attribution, le préfet peut porter atteinte à un droit privé; alors un contentieux se produit et la partie lésée peut réclamer directement devant le Conseil d'État ». — Conclusions de M. Gomel, précitées.

438. — Le Conseil d'État a affirmé, d'une manière plus complète encore, sa nouvelle jurisprudence lorsqu'il s'est déclaré compétent pour connaître de la demande en indemnité directement formée devant lui par un ancien ingénieur-directeur des travaux d'une ville, pour l'atteinte à sa considération par des allégations insérées dans une délibération du conseil municipal, et pour le préjudice résultant de la privation de son emploi. — Cons. d'Ét., 13 déc. 1889, Cadot, [S. et P. 92.3.17, D. 91.3. 41]. — V. Chareyre, *Rev. gén. d'adm.*, 1890, 1re part., p. 454 et s.

439. — Il existe des décisions qui sont, en apparence, contraires à cette doctrine. C'est ainsi qu'il a été jugé que les demandes relatives au paiement des traitements de non-activité auxquels les préfets, sous-préfets et conseillers de préfecture ont droit après dix années de service, en vertu du décret du 15 avr. 1877, sont soumises à la règle ordinaire du double degré de juridiction et doivent être jugées en premier ressort par le ministre, et que, par conséquent, la demande formée directement devant le Conseil d'État est irrecevable. — Cons. d'Ét., 19 nov. 1886, Gorjeu, [S. 88.3.38, P. adm. chr., D. 88.3.22]

440. — De même, une demande d'indemnité relative aux services maritimes postaux doit être soumise au ministre, avant d'être portée au Conseil d'État; l'art. 7, Décr. 2 nov. 1864, est inapplicable en pareille matière. — Cons. d'Ét., 16 déc. 1887, Cie Morelli, [Leb. chr., p. 824, *J. de dr. adm.*, 88.23]

441. — Ces arrêts ne sont qu'en opposition apparente avec la règle du recours direct au Conseil d'État; la jurisprudence doit, en effet, être interprétée de la manière suivante : si la partie ne se trouve en présence d'aucune décision véritable donnant ouverture à des recours et en constituant la base, le recours ne sera pas recevable : c'est ce qu'on exprime en disant que les réclamations relatives au paiement d'indemnités ou de traitements doivent être portées devant le ministre, et ne peuvent être formées pour la première fois devant le Conseil d'État; c'est ce qui résulte d'un des considérants ci-après d'un arrêt du 14 mai 1852, Ronconi, [S. 52.2.353, D. 53.3.4] — « Sur les conclusions à fin d'indemnité : considérant que le sieur Ronconi ne produit et qu'il n'attaque aucune décision ayant statué sur sa demande à cette fin; considérant que cette demande ne peut pas être présentée directement au Conseil d'État. — Rapport du Cons. d'Ét., 26 déc. 1890, Michaël, [D. 92.3.66] — Mais lorsque l'autorité administrative s'est prononcée sur la réclamation de l'intéressé et a rendu une décision à son égard, celui-ci peut, s'il se voit lésé par cette décision, la déférer directement au Conseil d'État, sans qu'il y ait lieu de distinguer si elle émane des ministres ou de tout autre agent à qui il appartient de statuer. C'est en ce sens, selon nous, que la jurisprudence a renversé le système qui faisait du ministre le juge de droit commun du contentieux administratif.

2° *Attributions du Conseil d'État comme juge d'appel.*

442. — Le Conseil d'État connaît de l'appel dirigé contre toutes les décisions administratives qui ne sont pas rendues en dernier ressort. A l'appui de ce principe, incontesté d'ailleurs et consacré par une jurisprudence constante, on cite ordinairement l'art. 52, L. 22 frim. an VIII, qui attribue au Conseil d'État la solution des difficultés qui s'élèvent en matière administrative, et l'art. 11, Arr. 5 niv. an VIII, qui charge le Conseil d'État de prononcer sur les affaires contentieuses dont la décision était précédemment remise aux ministres. Il paraît plus juste d'en chercher le fondement dans la nature même du pouvoir administratif, dans les rapports hiérarchiques qui existent entre les divers éléments de ce pouvoir. — Serrigny, n. 242; Duchesne, *Encycl. du dr.*, v° *Conseil d'État*, n. 110.

443. — Le rôle du Conseil d'État, dans le cas où un appel est porté devant lui, est analogue à celui des cours d'appel dans l'ordre judiciaire : il ne se borne pas à annuler la décision mal rendue, mais il juge lui-même le fond, et fait ce que les premiers juges auraient dû faire. — Serrigny, n. 241; Dufour, n. 226 et 227.

444. — Mais quelles sont les juridictions dont les décisions, en matière contentieuse, peuvent être déférées au Conseil d'État par la voie d'appel?

445. — Ce sont d'abord les conseils de préfecture. Cette règle ne résulte explicitement d'aucun texte; mais il n'existe pas non plus de texte qui attribue une juridiction de dernier ressort aux conseils de préfecture. Aussi le recours peut-il être formé contre leurs décisions, quelque minime que soit la quotité du litige, car la loi n'a apporté, à cet égard, aucune restriction au droit d'appel (Serrigny, n. 243). C'est là différencie essentiellement cette juridiction des tribunaux inférieurs de l'ordre judiciaire. — Laferrière, *Jurid. adm.*, t. 1, p. 282 et s.

446. — La jurisprudence a fait une application de la règle précédente en une matière où le législateur semblait avoir voulu donner implicitement au conseil de préfecture le droit de statuer en dernier ressort. En vertu des art. 6 à 10, L. 13 avr. 1850, sur les logements insalubres, le conseil de préfecture prononce sur les recours formés contre les décisions de l'autorité municipale prescrivant les travaux à exécuter dans les logements insalubres ou interdisant provisoirement la location. L'art. 10 ajoute que l'interdiction absolue de louer ne pourra être prononcée que par le conseil de préfecture, et que « dans ce cas » il y aura recours de sa décision au Conseil d'État. Bien que le texte semblât exclure le recours dans les cas autres que l'interdiction absolue, et que cette interprétation parût même confirmée par les travaux préparatoires de la loi de 1850, cependant la jurisprudence n'a pas dérogé au principe d'après lequel le conseil de préfecture ne décide jamais qu'en premier ressort, et elle a admis le recours devant le Conseil d'État contre toutes les décisions rendues par application de la loi de 1850. — Cons. d'Et., 7 avr. 1865, de Madre, [S. 65.2.338, P. adm. chr., D. 66.3.1]; — 1er août 1884, Thuilleux, [S. 86.3.29, P. adm. chr.]

447. — Et même, on ne peut renoncer, en matière administrative, avant toute contestation, au bénéfice des deux degrés de juridiction. En conséquence, est nulle la clause insérée dans le cahier des charges d'une entreprise de travaux publics et portant que les contestations relatives à l'exécution des travaux seront jugées en dernier ressort par le conseil de préfecture. — Cons. d'Et., 31 août 1863, Maret-Besson, [S. 64.2.85, P. adm. chr., D. 63.3.85]; — 26 nov. 1863, Ville de Conches, [S. 63.2.270, P. adm. chr., D. 63.3.85]

448. — Du moins, la renonciation, dans un marché de travaux publics, au droit de faire appel au Conseil d'État des arrêtés du conseil de préfecture, constitue un compromis; par suite, une commune, qui n'a pas le droit de faire un compromis (V. suprà, v° *Commune*, n. 972), n'a pas le droit non plus de faire cette renonciation, et elle ne peut opposer la clause qui la contient comme constituant une fin de non-recevoir au pourvoi de l'entrepreneur. — Cons. d'Et., 11 juill. 1884, Comp. des eaux d'Oran, [D. 86.3.14].

449. — Nous verrons, en traitant de la procédure, les règles relatives aux délais et autres conditions du recours devant le Conseil d'État contre les arrêtés des conseils de préfecture (V. aussi, *infrà*, v° *Conseil de préfecture*). La recevabilité des recours devant le Conseil d'État est, en outre, soumise à la plupart des règles générales tracées par le code de procédure, quant à la recevabilité de l'appel. C'est ainsi, par exemple, que le pourvoi au Conseil d'État contre les arrêtés des conseils de préfecture n'est pas recevable tant qu'ils sont susceptibles d'être attaqués par la voie de l'opposition. — Cons. d'Et., 25 févr. 1818, Cuel, [S. chr., P. adm. chr.]; — 16 août 1820, Beaudet, [S. chr., P. adm. chr.]; — 29 août 1821, Chambaud, [S. chr., P. adm. chr.]; — 24 mars 1824, Bancel, [S. chr., P. adm. chr.]; — 5 juill. 1851, Leroux, [P. adm. chr.]; — 2 août 1851, Chambon, [P. adm. chr.]; — 2 avr. 1852, Chavana, [P. adm. chr.]; — 12 janv. 1853, de Moyria, [P. adm. chr.]; — 22 févr. 1855, Laporte de Belviala, [S. 55.2.526, P. adm. chr.]; — V. en matière civile, *suprà*, v° *Appel* (mat. civ.), n. 770 et s.

450. — Il a été jugé aussi que lorsqu'une partie n'a pas été régulièrement citée devant le conseil de préfecture et n'a pris aucunes conclusions, l'arrêté rendu doit, malgré les conclusions contraires, être considéré comme ayant été rendu par défaut et, que, dès lors, le recours directement formé devant le Conseil d'État peut être recevable. — Cons. d'Et., 17 déc. 1886, Duffaut, [Leb. chr., p. 912]

451. — Néanmoins, si un tel pourvoi vient à être formé, le Conseil d'État peut statuer quant à la question de savoir si le conseil de préfecture était compétent. — Cons. d'Et., 1er août 1834, Préfet du Bas-Rhin, [S. 34.2.627]

452. — Comme en matière civile, le recours au Conseil d'État ne peut être dirigé contre les motifs d'un arrêté de conseil de préfecture, il ne peut l'être que contre le dispositif. — Cons. d'Et., 26 nov. 1845, Ménard, [P. adm. chr.]; — 13 déc. 1845, Bournet-Auberlot et Gardien, [P. adm. chr.]; — 8 févr. 1851, Chemins de fer de Tours à Nantes, [P. adm. chr.]; — 2 août 1854, Concessionnaires du Pont de Pouzin, [P. adm. chr.]; — 27 févr. 1852, Portes, [P. adm. chr.]; — 19 déc. 1868, Élections de Voscovat, [S. 69.2.342, P. adm. chr.] — V. *suprà*, v° *Appel* (mat. civ.), n. 132.

453. — De même devant la juridiction civile, on ne peut porter au Conseil d'État, lorsqu'il statue comme second degré de juridiction, que les questions précédemment soumises au juge du premier degré (V. *suprà*, v° *Appel* (mat. civ.), n. 3212 et s.). à moins qu'il ne s'agisse de questions touchant à l'ordre public, que les juges pourraient résoudre même d'office. C'est ainsi que l'exception d'incompétence à raison de la matière pouvant être

opposée d'office en tout état de cause, l'arrêté par lequel un conseil de préfecture, saisi de la question de savoir si c'était à ce conseil ou bien au ministre qu'il appartenait de connaître d'un litige, s'est déclaré compétent, ne fait pas obstacle à ce qu'il soit ultérieurement décidé que l'affaire devait être portée devant l'autorité judiciaire. — Cons. d'Et., 2 mai 1873, Barliac, [S. 75.2.125, P. adm. chr., D. 74.3.1] — V. *infrà*, n. 607 et s.

454. — Par suite d'un principe également incontesté (V. *suprà*, v° *Appel* [mat. civ.], n. 1302 et s.), pour pouvoir porter l'affaire devant le Conseil d'État, il faut avoir été partie en cause devant le conseil de préfecture. On ne peut donc attaquer devant le Conseil d'État un arrêté du conseil de préfecture dans lequel on n'a pas été partie. — Cons. d'Et., 9 juin 1849, Crassous, [P. adm. chr.]; — 14 mars 1852, Léguillon et Cottenest, [P. adm. chr.]

455. — Spécialement, l'acquéreur d'un établissement industriel est non recevable à se pourvoir au Conseil d'État contre un arrêté du conseil de préfecture qui avait condamné son vendeur à une amende pour contravention de grande voirie. — Cons. d'Et., 8 juin 1847, Parmentier, [S. 47.2.624, P. adm. chr.]

456. — Il a été jugé encore, à cet égard, que les habitants d'une commune qui n'ont pas été parties dans une instance suivie entre la commune et d'autres habitants sur le mode de distribution des affouages n'ont point qualité pour se pourvoir contre l'arrêté qui a terminé cette instance; et cela, bien que cet arrêté ait été signifié aux habitants qui réclament. — Cons. d'Et., 13 juill. 1850, Yot, [S. 51.2.59, P. adm. chr.] — V. *infrà*, n. 642 et s.

457. — ... Que les tiers, qui n'ont pas fait opposition devant le conseil de préfecture à un arrêté préfectoral autorisant la création d'un établissement insalubre, ne sont pas recevables à attaquer devant le Conseil d'État l'arrêté du conseil de préfecture qui a rejeté l'opposition formée par d'autres parties. — Cons. d'Et., 5 août 1887, Marchal, [Leb. chr., p. 624]

458. — Il faut, de plus, pour être recevable à se pourvoir devant le Conseil d'État, y avoir intérêt. Une partie n'est donc pas recevable à se pourvoir contre l'arrêté d'un conseil de préfecture qui n'a pour but que d'assurer l'exécution d'arrêtés antérieurs, passés en force de chose jugée. — Cons. d'Et., 13 août 1823, Vidal, [S. chr., P. adm. chr.].

459. — Aux termes de l'art. 451, C. proc. civ., les décisions purement préparatoires ne sont pas susceptibles d'être déférées en appel avant le jugement définitif (V. *suprà*, v° *Appel* [mat. civ.], n. 826 et s.). Le même principe a été consacré en ce qui concerne les conseils de préfecture; et avant que la loi du 22 juill. 1889 fût venue consacrer cette règle en déclarant applicables aux recours formés contre les décisions des conseils de préfecture les dispositions du Code de procédure civile relatives à l'appel des jugements préparatoires et interlocutoires, la jurisprudence décidait déjà constamment en ce sens. — V. Cons. d'Et., 21 févr. 1814, Commune d'Aurillac, [P. adm. chr.]; — 23 juin 1819, Picot et les notes, [S. chr., P. adm. chr.]; — 2 févr. 1823, Perary, [S. chr., P. adm. chr.]; — 29 mai 1822, Eaux de Trébon, [S. chr., P. adm. chr.]; — 20 déc. 1880, Min. des Trav. publ., [Leb. chr., p. 1035] — V. d'ailleurs *infrà*, v° *Conseil de préfecture*.

460. — Jugé, spécialement, que l'arrêté par lequel le conseil de préfecture, saisi d'un procès-verbal dressé contre un particulier pour avoir anticipé sur le sol d'un chemin vicinal, se borne à renvoyer devant la commission départementale, tous droits réservés, la question préjudicielle de l'interprétation d'un arrêté de classement dudit chemin, n'est pas susceptible d'être déféré au Conseil d'Etat. — Cons. d'Et., 12 avr. 1889, Tardif, [D. 90.3.84]

461. — Mais, conformément au principe du § 2 de l'art. 451, C. proc. civ., l'arrêté interlocutoire, c'est-à-dire la décision avant faire droit qui n'a pas le caractère d'une simple mesure préparatoire et d'instruction, peut être immédiatement déférée au Conseil d'Etat. — Cons. d'Et., 24 avr. 1885, Min. des Travaux publics, [Leb. chr., p. 839]; — 24 mai 1886, Min. des Travaux publics, [Leb. chr., p. 470] — V. *suprà*, v° *Appel* (mat. civ.), n. 880 et s.

462. — ... Ce qui n'empêche pas d'ailleurs le recours formé contre l'arrêté interlocutoire d'être recevable lorsqu'il est formé en même temps que le recours contre l'arrêté définitif. — Cons. d'Et., 9 déc. 1892, Min. de la Guerre, [Leb. chr., p. 883] — V. aussi Cons. d'Et., 23 juin 1819, Picot, [S. chr., P. adm. chr.]

463. — Spécialement, la circonstance qu'un particulier, en faisant opposition à un arrêté définitif par défaut d'un conseil de préfecture, a gardé le silence sur l'arrêté interlocutoire qui l'avait précédé, ne le rend pas irrecevable à attaquer ce dernier arrêté, en même temps que l'arrêté définitif, devant le Conseil d'Etat. — Cons. d'Et., 8 mars 1827, Pichon, [S. chr., P. adm. chr.] — V. pour plus de détails sur la distinction des arrêtés préparatoires et interlocutoires, *infra*, v° *Conseil de préfecture*.

464. — Lorsque l'indemnité réclamée par un particulier à raison de dommages causés à sa propriété par les travaux de construction d'une route a été réglée par le conseil de préfecture, l'assentiment donné à ce règlement par le directeur général des ponts et chaussées ne peut être considéré comme une décision qui fasse disparaître celle du conseil de préfecture. C'est, en conséquence, contre cette dernière décision seule que le pourvoi peut être formé devant le Conseil d'Etat. — Cons. d'Et., 25 avr. 1820, Bissé, [S. chr., P. adm. chr.]

465. — L'acquiescement est, en notre matière, un obstacle à la recevabilité du recours, comme il est, en matière civile, un obstacle à la recevabilité de l'appel. Mais, pour être opposable, l'acquiescement, on le sait, doit constituer une acceptation consciente et libre du jugement. Il faut donc, tout d'abord, que l'acquiescement résulte d'un acte indiquant, chez son auteur, la volonté de tenir la décision de première instance pour bonne et valable. Ainsi en est-il de l'exécution de l'arrêté du conseil de préfecture. Si elle a été volontaire, elle rend le recours irrecevable ; si elle a été forcée, elle n'est pas opposable à l'auteur du recours. Jugé, d'une part, que bien que le pourvoi au Conseil d'Etat ne soit pas suspensif, il peut résulter de certaines circonstances du fait qu'en exécutant une décision administrative, la partie a renoncé à tout recours contre cette décision. — V. en ce sens, Cons. d'Et., 10 janv. 1856, Lejeune, [P. adm. chr., D. 56.3.66] — V. aussi Cons. d'Et., 11 juin 1808, Coppens, [S. 69.2.191, P. adm. chr.] — Et, d'autre part, que l'exécution, même sans réserves, d'un jugement ou arrêt, ne rend pas le pourvoi en cassation non recevable, lorsque cette exécution a été forcée. — Cass., 22 juill. 1873, Bouyer, [S. 74.1.127, P. 74.292, D. 73.1.460]

466. — ... Qu'une commune n'est irrecevable à se pourvoir contre l'acte qui a réglé la jouissance de biens indivis entre elle et une autre commune, par cela seul que son maire aurait assisté à l'opération du bornage prescrit par cet acte, si d'ailleurs ce dernier n'a pas été régulièrement notifié. La présence du maire à l'opération du bornage ne peut constituer acquiescement de la part de la commune. — Cons. d'Et., 28 déc. 1825, Commune de Lahaieville, [P. adm. chr.]

467. — ... Que l'invitation faite à une partie par le greffier du conseil de préfecture de nommer un expert, en exécution d'un arrêté de ce conseil, n'équivaut pas à une notification de cet arrêté, et ne fait pas courir. dès lors, le délai du pourvoi, et, d'autre part, que la nomination d'un expert faite par une partie en exécution d'un arrêté du conseil de préfecture ne constitue pas un acquiescement à cet arrêté. — Cons. d'Et., 22 déc. 1882, Syndicat de Lancey à Grenoble, [S. 84.2.72, P. adm. chr., D. 84.3.60]

468. — En effet, le pourvoi devant le Conseil d'Etat n'est pas suspensif, et, dès lors, lorsqu'un arrêté de conseil de préfecture prescrit une expertise, la partie ne peut se dispenser d'exécuter cet arrêté. La nomination par elle d'un expert n'emporte donc pas acquiescement à l'arrêté.

469. — De même, il a été jugé qu'une formule imprimée au bas de laquelle un contribuable a apposé sa signature et qui contient : 1° un récépissé d'une expédition administrative d'un arrêté du conseil de préfecture ; 2° acquiescement à cet arrêté à fin de dispenser des frais de signification par huissier, ne peut pas être considérée comme un acte d'acquiescement donné en connaissance de cause : d'où la conséquence que le pourvoi est recevable. — Cons. d'Et., 29 déc. 1870, Duval, [Leb. chr., p. 1145]

470. — A plus forte raison, la partie qui n'a assisté aux opérations de délimitation prescrites par un arrêté du conseil de préfecture qu'en faisant des protestations formelles contre cet arrêté, et en déclarant qu'elle n'entend nullement y acquiescer, et qu'elle se réserve expressément de l'attaquer par toutes les voies de droit, ne peut être considérée comme ayant exécuté volontairement cet arrêté, et s'étant ainsi rendue non recevable à se pourvoir contre lui. — Cons. d'Et., 12 juill. 1855, Guérin, [P. adm. chr.]

471. — L'ancienne jurisprudence avait admis que lorsqu'il y avait eu paiement volontaire et sans réserve des sommes auxquelles une partie avait été condamnée par arrêté administratif, il y avait acquiescement et par suite fin de non-recevoir contre tout recours au Conseil d'Etat. — Cons. d'Et., 25 févr. 1815, Voyneau-Duplessis-Brossard, [S. chr., P. adm. chr.] ; — 20 nov. 1815, Ville de Lyon, [P. adm. chr.] ; — 8 janv. 1817, Arexi, [P. adm. chr.] ; — 16 juill. 1817, Montagnou, [S. chr., P. adm. chr.] — V. Cormenin, *Dr. admin.*, 5e édit., v° *Rejet des requêtes*, § 6.

472. — Mais plus récemment, il fut reconnu que le seul fait d'avoir acquitté, sans réserves, le montant des condamnations prononcées par un arrêté du conseil de préfecture, ne peut être considéré comme un acte d'exécution volontaire, de nature à rendre non recevable le pourvoi au Conseil d'Etat qui serait ultérieurement formé contre cette arrêté. — Cons. d'Et., 14 déc. 1853, Simonet, [S. 54.2.406, P. adm. chr., D. 54.3.76]

473. — Le fait, par la partie, d'avoir acquitté, sans protestation ni réserve, les condamnations prononcées contre elle par le conseil de préfecture, ne constitue donc pas, aux yeux du Conseil d'Etat, un acte d'exécution volontaire rendant non recevable le pourvoi au Conseil d'Etat. — Cons. d'Et., 7 mai 1875, Fabrique de Pludual, [S. 76.2.312, P. adm. chr., D. 76.3.12] ; — 9 févr. 1877, Fortin-Hermann, [Leb. chr., p. 155] ; — 21 janv. 1881, Bridet, [Leb. chr., p. 104, D. 82.5.6] — V. sur cette question, en droit civil, *supra*, v° *Acquiescement*, n. 282 et s.

473 bis. — Spécialement, le remboursement, fait à un contribuable par les agents des contributions directes, de la somme dont il lui a été accordé décharge par un arrêté du conseil de préfecture ne fait pas obstacle à ce que le ministre forme un recours contre cet arrêté. — Cons. d'Et., 15 janv. 1849, Lacordaire-Delyver, [P. adm. chr.] ; — 27 avr. 1877, Ministre des Finances, [S. 79.2.96, P. adm. chr., D. 77.3.75] — Sic, Dufour, *Tr. du dr. admin.*, t. 2, n. 349 ; Cotelle, *Cours de dr. admin.*, t. 1, n. 633.

474. — Les arrêtés du conseil de préfecture peuvent être déférés au Conseil d'Etat pour vice de forme : mais le Conseil d'Etat jouit du droit d'évocation et peut statuer au fond en annulant l'arrêté du conseil de préfecture quand l'affaire est en état. — Cons. d'Et., 1er mai 1885, [*Gaz. du Pal.*, 85.1.732]

475. — Ainsi, l'arrêté du conseil de préfecture qui ne mentionne pas l'empêchement à raison duquel un membre du conseil général a été appelé à compléter le conseil de préfecture, doit être annulé pour vice de forme ; mais l'affaire étant en état, le Conseil d'Etat peut statuer par voie d'évocation. — Cons. d'Et., 8 mai 1885, Franceschi, [Leb. chr., p. 495]

476. — De même, le Conseil d'Etat, en annulant un arrêté d'un conseil de préfecture pour vice de forme, peut retenir l'affaire et statuer au fond, lorsque, dans le cours de l'instruction à laquelle il a été procédé devant lui, les pièces qui n'avaient pas été communiquées au requérant devant le conseil de préfecture lui ont été régulièrement communiquées devant le Conseil d'Etat. — Cons. d'Et., 17 nov. 1882, Arnould, [D. 84.3.35]

477. — Le Conseil d'Etat qui annule, pour incompétence *ratione materiæ*, une décision dont il aurait dû connaître comme juge d'appel, et si elle avait été rendue par le juge compétent, peut aussi évoquer le fond lorsque l'affaire est en état. — Cons. d'Et., 19 juill. 1860, Lesage-Goëtz, [S. 61.2.316, P. adm. chr.] — (sol. impl.), 3 juin 1869, Pellerin, [S. 70.2.230, P. adm. chr.]

478. — Le Conseil d'Etat connaît également en appel des décisions des conseils du contentieux des colonies. — V. *supra*, v° *Colonies*, n. 843 et s.

479. — Aux principes qui précèdent, il y a lieu de faire exception pour les décisions en matière de comptabilité, dont l'appel est porté devant la Cour des comptes. — V. *infra*, v° *Cour des comptes*.

480. — Le Conseil d'Etat statue également comme juge d'appel des décisions rendues par les commissions instituées pour fixer les indemnités de plus-value. — V. *infra*, v° *Travaux publics*.

481. — Les ministres, dans les matières contentieuses dont la connaissance leur est attribuée, ressortissent aussi au Conseil d'Etat. Mais, ainsi que nous l'avons dit plus haut, les cas où il appartient au ministre de statuer comme juge sont beaucoup plus restreints que la plupart des auteurs l'admettaient autrefois. — V. aussi *supra*, v° *Compétence administrative*, n. 883.

3° *Attributions du Conseil d'Etat comme juge de cassation.*

482. — I. *Pourvois formés contre les décisions des tribunaux administratifs statuant en dernier ressort.* — Le Conseil d'Etat exerce ses attributions de juge de cassation à l'égard de tous les tribunaux administratifs statuant en dernier ressort. Son pouvoir en cette matière dérive des dispositions de la loi des 7-14 oct. 1790.

483. — Le principe général qui ressort de cette loi s'applique, en effet, aux décisions juridictionnelles aussi bien qu'aux décisions administratives proprement dites, parce qu'il importe également, dans l'un et l'autre cas, de vérifier les compétences et d'assurer l'observation des formes légales. Aussi toutes les décisions rendues en dernier ressort en matière administrative sont-elles soumises à ce recours en cassation devant le Conseil d'Etat. — Laferrière, *Jurid. admin.*, t. 1, p. 283.

484. — Nous avons vu que l'art. 9, L. 24 mai 1872, a confirmé les règles que la jurisprudence du Conseil d'Etat avait établies. Certains textes spéciaux ont, en outre, fait des applications particulières de la juridiction de cassation du Conseil d'Etat : tels sont l'art. 17, L. 16 sept. 1807, relatif à l'annulation des arrêts de la Cour des comptes, et l'art. 32, L. 15 juill. 1889, concernant l'annulation des décisions des conseils de révision. Telles étaient aussi les dispositions relatives à des juridictions aujourd'hui abolies, comme les jurys de révision de la garde nationale dont les décisions pouvaient être attaquées pour incompétence, excès de pouvoir et violation de la loi, d'après l'art. 26, L. 14 juill. 1837 et l'art. 30, L. 13 juin 1851.

485. — Alors même qu'il n'existe pas de textes prévoyant le recours en cassation à l'égard d'une juridiction déterminée, ce recours n'en est pas moins ouvert en vertu des principes généraux résultant des lois des 7-14 oct. 1790 et 24 mai 1872. La jurisprudence du Conseil d'Etat a fait de tout temps application de cette règle, notamment aux décisions du conseil supérieur de l'instruction publique. — Laferrière, *Jurid. admin.*, t. 2, p. 330, 333 et s.

486. — De même qu'en matière civile (V. *suprà*, v° *Cassation*, [mat. civ., n. 656 et s.], seules les décisions rendues en dernier ressort sont susceptibles d'un recours en cassation devant le Conseil d'Etat. Si une décision est sujette à appel soit devant le Conseil d'Etat lui-même, soit devant une autre juridiction, elle ne peut pas être déférée directement au Conseil d'Etat par la voie de recours en annulation, et cela quand même on relèverait contre elle le grief d'incompétence ou de vice de forme. Ce grief doit d'abord être dénoncé à la juridiction d'appel. Il en résulte que si cette juridiction d'appel est le Conseil d'Etat, c'est comme juge d'appel que celui-ci connaîtra de la décision qui lui sera déférée : si la matière le comporte, le pourvoi ne pourra donc pas être formé sans avocat, malgré les dispositions du décret du 2 nov. 1864 (V. *infrà*, v° *Excès de pouvoir*). — Cons. d'Et., 16 août 1887, Commune de Giry, [Leb. chr., p. 630] — *Sic*, Laferrière, *op. cit.*, t. 2, p. 553.

487. — Les textes spéciaux ci-dessus indiqués auraient donc été inutiles s'ils n'avaient eu pour effet que d'autoriser, à l'égard des juridictions administratives, l'annulation pour incompétence ou vice de forme qui résultait des principes généraux : ils ont, en outre, étendu la compétence du Conseil d'Etat aux cas de violation et de fausse interprétation de la loi, ce qui exigeait une disposition spéciale. La jurisprudence, moins large à l'égard des recours formés contre les décisions juridictionnelles, n'a pas admis que pour celles-ci, comme pour les actes administratifs, la violation de la loi fût un moyen d'annulation, en l'absence d'une disposition législative formelle.

488. — Mais l'art. 17, L. 16 sept. 1807, dispose formellement que les comptables et le ministre des Finances peuvent se pourvoir au Conseil d'Etat, conformément au règlement sur le contentieux, en cassation des arrêts de la Cour des comptes qu'ils croient devoir être cassés pour violation des formes ou de la loi. — V. *infrà*, v° *Cour des comptes*.

489. — En ce qui concerne les conseils de révision, on peut remarquer que l'art. 30, L. 27 juill. 1872, n'ouvrait le recours aux particuliers contre les décisions de ces juridictions, que pour incompétence ou excès de pouvoirs, et qu'elles ne pouvaient être attaquées pour violation de la loi, que par le ministère de la Guerre seulement, et dans l'intérêt de la loi. Aussi, sous le régime de cette législation, les parties intéressées n'étaient-elles pas recevables à déférer au Conseil d'Etat pour violation ou fausse interprétation de la loi, les décisions rendues par les conseils de révision dans les limites de leur compétence. — Cons. d'Et., 3 août 1887, Kervran, [S. 89.3.46, P. adm. chr., D. 88.3.128] — Toutefois, l'annulation prononcée à la requête du ministre profitait aux parties lésées. — Même arrêt.

490. — Aujourd'hui, l'art. 32, L. 15 juill. 1889, ouvre à toute partie intéressée le recours devant le Conseil d'Etat pour incompétence, excès de pouvoirs ou violation de la loi, en maintenant, d'ailleurs, les effets de l'annulation prononcée sur le recours du ministre de la Guerre.

491. — Les décisions du conseil supérieur de l'Instruction publique peuvent aussi être déférées au Conseil d'Etat, en vertu de la règle générale posée *suprà*, n. 485, bien qu'aucun texte ne le prévoit, mais seulement pour incompétence ou vice de forme. — Laferrière, *op. cit.*, t. 2, p. 553 et s. — V. *infrà*, v¹ᵃ *Excès de pouvoirs*, *Instruction publique*.

492. — Le recours en cassation devant le Conseil d'Etat peut d'ailleurs être formé par les ministres comme par les parties lésées. Les ministres représentant la puissance publique, on a admis que, de même que le ministre de la Justice peut provoquer, et que le procureur général près la Cour de cassation peut requérir, dans l'intérêt de la loi, la cassation des jugements et arrêts entachés d'illégalité, de même, chaque ministre peut directement demander l'annulation par le Conseil d'Etat, dans l'intérêt de la loi, des décisions contentieuses intéressant son département. Le ministre exerce ce recours même contre les décisions dont il aurait pu appeler, sans qu'on puisse lui reprocher, comme aux particuliers, de n'avoir point épuisé cette voie de réformation.

493. — Mais alors l'annulation ainsi prononcée ne peut préjudicier aux parties, et la chose jugée leur demeure acquise ; la censure infligée à la décision qui viole la loi est purement doctrinale et n'infirme pas ses effets légaux. — Laferrière, *op. cit.*, t. 1, p. 284.

494. — Dans la doctrine, les recours pour excès de pouvoir dirigés contre les actes administratifs, sont souvent confondus avec les recours en cassation contre les décisions des tribunaux administratifs rendus en dernier ressort : on les a mis tous deux au nombre des matières sur lesquelles le Conseil d'Etat statue comme Cour de cassation (V. *suprà*, n. 401). M. Laferrière distingue nettement l'une de l'autre ces deux sortes de recours (*op. cit.*, t. 2, p. 531 et s.), et signale entre elles trois différences : 1° Ainsi qu'il a déjà été dit, la violation de la loi qui constitue un cas d'annulation pour les actes administratifs, n'en est pas un de plein droit pour les décisions juridictionnelles.

495. — 2° A l'égard des actes administratifs, l'annulation produit ses effets *erga omnes*; au contraire, l'annulation des décisions juridictionnelles ne produit ses effets que *inter partes*, et les tiers étrangers au recours ne peuvent s'en prévaloir ; elle est à leur égard *res inter alios judicata*.

496. — 3° Lorsqu'un acte administratif est annulé, l'autorité administrative n'est nullement tenue de le refaire dans d'autres conditions; au contraire, lorsqu'une décision juridictionnelle est annulée, il faut, en général, qu'elle soit remplacée par une autre décision, pour que l'affaire ne reste pas sans solution au fond ; c'est pourquoi l'arrêt d'annulation emporte de plein droit le renvoi de cette affaire à la juridiction qui avait irrégulièrement statué, à bien entendu moins, que le vice de sa décision ne consiste dans une incompétence faisant obstacle à ce que cette juridiction soit saisie à nouveau.

497. — II. *Demandes en règlement de juges*. — Le Conseil d'Etat fait également office de Cour de cassation lorsqu'il statue sur les règlements de compétence ou conflits de juridiction entre les diverses autorités administratives en matière contentieuse. — Ducrocq, *op. cit.*, n. 272.

498. — Quant aux conflits d'attribution qui surgissent entre l'autorité administrative et l'autorité judiciaire, ils ont été pendant longtemps aussi attribués au Conseil d'Etat ; ou plutôt au Souverain en Conseil d'Etat; ils sont aujourd'hui jugés par le tribunal des conflits. — V. *suprà*, v° *Conflit*.

499. — En matière administrative, le Conseil d'Etat a conservé ses attributions de règlements de juges, attributions qui lui ont été notamment reconnues aux époques où un pouvoir de juridiction était reconnu aux ministres (V. *suprà*, n. 435 et s.); lorsqu'un particulier n'avait pu obtenir des différents ministres auxquels il s'était adressé une décision sur sa réclamation, il pouvait se pourvoir en règlement de juges devant le Conseil d'Etat. — Cons. d'Et., 10 sept. 1807, Hasslawer, [S. chr., P. adm. chr.]; — 23 févr. 1818, Hereau, [S. chr., P. adm. chr.]; — 26 juill. 1837, Allard, [S. 38.2.37, P. adm. chr.]

Section III.
Mode de procéder.

500. — La procédure suivie devant le Conseil d'État en matière contentieuse est fixée par le décret du 22 juill. 1806 « contenant règlement sur les affaires contentieuses portées au Conseil d'État »; celui-ci a emprunté une grande partie de ses dispositions au règlement de 1738 (V. *supra*, v° *Cassation* (Cour de), n. 30 et 31). Il faut ajouter au décret de 1806 les art. 1, 2, 3, 4 et 8, Décr. 2 nov. 1864, les art. 15 à 24, L. 24 mai 1872, les art. 19 à 26 du décret portant règlement d'administration publique du 2 août 1879, avec les modifications apportées par la loi du 26 oct. 1888, sur la création de la section temporaire, et par le règlement du 9 nov. 1888 rendu pour l'exécution de cette loi.

501. — D'après l'art. 24, § 1, L. 24 mai 1872, « le décret du 22 juill. 1806, les lois et règlements relatifs à l'instruction et au jugement des affaires contentieuses continuent à être observés devant la section et l'assemblée du Conseil d'État statuant au contentieux. »

502. — Remarquons ici que les attributions conférées au « grand juge », ministre de la Justice, par le décret de 1806, sont aujourd'hui exercées par le président de la section du contentieux.

§ 1. Règles générales de procédure.

503. — Il y a lieu de poser préalablement deux règles qui dominent toute la procédure devant le Conseil d'État au contentieux : 1° les parties doivent être représentées par des avocats au conseil : on verra cependant qu'il existe d'assez nombreuses exceptions à cette règle; 2° la procédure est essentiellement écrite.

1° Représentation par avocat.

504. — La règle de la représentation par avocat résulte de l'art. 33, Décr. 11 juin 1806, et des art. 1 et 44, Décr. 22 juill. 1806.

505. — L'art. 1 du même décret pose en principe que « le recours des parties au Conseil d'État en matière contentieuse, sera formé par requête signée d'un avocat au conseil ». Par ces mots *des parties*, il faut entendre toute personne privée ou civile : particuliers, communes, établissements publics, départements; au gouvernement seul, et aux administrations qui en dépendent, le ministère des avocats au conseil n'est pas nécessaire. — Serrigny, *Tr. de l'organ., de la comp. et de la procéd.*, t. 1, p. 274; Dufour, *Dr. admin. appl.*, t. 1, n. 256. — V. *supra*, v° *Avocat au Conseil d'État*, n. 7, 59 et s.

506. — Aux termes de l'art. 49, Décr. 22 juill. 1806, les avocats au conseil seront, suivant les circonstances, punis de l'amende ou de la suspension ou destitution prononcées par l'art. 32 du même décret, « dans le cas de contravention aux règlements, et notamment s'ils présentent comme contentieuses des affaires qui ne le seraient pas, ou s'ils portent au Conseil d'État des affaires qui seraient de la compétence d'une autre autorité ».

507. — Les peines prévues supposent, bien entendu, une malversation sciemment faite ou une faute grave de la part de l'avocat. — Serrigny, *Compét. admin.*, t. 1, n. 370. — V. d'ailleurs pour les règles professionnelles concernant les avocats au Conseil d'État, *supra*, v° *Avocat au Conseil d'État et à la Cour de cassation*.

508. — D'après la législation de 1806, les ministres seuls étaient dispensés de la représentation par avocat, et pouvaient, au nom de l'État, former des recours ou y défendre par de simples rapports (art. 16 et 17, Décr. 22 juill. 1806). — V. Cons. d'Ét., 21 nov. 1890, Ministre des Travaux publics, [S. et P. 92.3.144, D. 92.3.40] — V. *supra*, v° *Avocat au Conseil d'État*, n. 65.

509. — Dans la suite, des exceptions concernant les parties privées, furent apportées à cette règle. La première eut lieu pour les réclamations en matière de prestations pour les chemins vicinaux qui, d'après la loi du 28 juill. 1824 (art. 5), devaient être jugées sans frais. D'autres exceptions s'ajoutèrent ensuite. Nous avons fait connaître la plupart d'entre elles *supra*, v° *Avocat au Conseil d'État*, n. 62.

510. — De ce nombre sont les réclamations relatives aux contributions directes et aux taxes établies au profit de l'État ou des communes, qui sont recouvrées dans les mêmes formes que ces contributions (art. 30, L. 21 avr. 1832). — V. *supra*, v° *Avocat au Conseil d'État*, n. 63.

511. — Mais les pourvois formés en matière de contributions indirectes ne jouissent pas de la même faveur; ils doivent être introduits, sous peine de nullité, par une requête signée d'un avocat aux conseils. — Cons. d'Ét., 24 févr. 1842, Ville de Tarare, [P. adm. chr.]

512. — Spécialement, le pourvoi au Conseil d'État en matière d'abonnement pour les boissons doit, à peine de nullité, être formé par requête signée d'un avocat au conseil. — V. *supra*, v° *Avocat au Conseil d'État*, n. 64. — V. aussi Cons. d'Ét., 30 août 1845, Vital-Huc, [P. adm. chr.]; — 30 août 1845, Cie *l'Association*, [Ibid.]; — 28 nov. 1845, Gigandet, [P. adm. chr.]; — 26 févr. 1846, Guidou, [P. adm. chr.]; — 21 janv. 1847, Galland et Chartrousse, [P. adm. chr.]; — 22 févr. 1851, Gauthier, [P. adm. chr.]; — 8 mars 1851, Praslin, [P. adm. chr.]; — 4 juin 1852, Sarrouy et Gaucher, [P. adm. chr.]; — 3 juin 1892, Ministre des Finances, [D. 93.3.100]

513. — En dehors des exceptions signalées *loc. cit.*, mentionnons encore : les recours formés par les membres des conseils électifs déclarés démissionnaires pour refus de remplir certaines fonctions (L. 7 juin 1873, art. 4). — V. *infra*, n. 540.

514. — ... Les recours dirigés contre les arrêtés préfectoraux soit déclarant nulles ou annulant, soit refusant de déclarer nulles ou d'annuler les délibérations des conseils municipaux (L. 5 avr. 1884, art. 67).

515. — ... Les recours contre les décisions portant refus de liquidation ou contre les liquidations de pensions (Décr. 2 nov. 1864, art. 1, § 2).

516. — Si les parties usent de la dispense, la section du contentieux est compétente pour juger seule l'affaire.

517. — Mais il est toujours permis aux parties de constituer avocat. Lorsqu'il en est ainsi, l'affaire doit être portée à l'assemblée publique du Conseil d'État statuant au contentieux. — V. *supra*, n. 397 et s.

518. — Il convient de rappeler ici que : 1° même lorsqu'il n'y a pas de constitution d'avocat, l'affaire peut être renvoyée à l'assemblée publique, sur la demande de l'un des conseillers de la section ou du commissaire du gouvernement (L. 24 mai 1872, art. 19).

519. — 2° Les affaires d'élections ou de contributions directes ou taxes assimilées, dans lesquelles il y a constitution d'avocat sont jugées, non par l'assemblée du Conseil d'État statuant au contentieux, mais par la section du contentieux ou la section temporaire en séance publique, à moins que le renvoi ne soit demandé dans les formes ci-dessus (L. 26 oct. 1888, art. 3).

520. — La règle, avons-nous dit, est que la requête doit être signée d'un avocat au conseil. — V. Cons. d'Ét., 18 déc. 1839, Ville de Caen, [P. adm. chr.] — Les exceptions que nous avons énumérées sont limitatives : elles ne peuvent être étendues par voie d'analogie.

521. — Ainsi, les recours au Conseil d'État dont sont l'objet des arrêtés de conseils de préfecture qui, en matière de dessèchement de marais, statuent, à l'occasion du classement des propriétés, sur l'existence ou le règlement des indemnités de plus-value, ne peuvent être formés que par une requête signée d'un avocat au conseil et introduite conformément au décret du 22 juill. 1806, L. 16 sept. 1807, art. 46 (V. L. 21 juin 1865, art. 26). — Cons. d'Ét., 16 juill. 1870, Dhaveras, [S. 72.2.213, P. adm. chr., D. 72.3.2]

522. — Mais il en serait autrement s'il s'agissait de difficultés relatives aux taxes imposées aux propriétaires, ou de contestations élevées à propos des opérations préalables à l'établissement des rôles. Dans ces derniers cas, le recours pourrait être formé par un simple mémoire déposé à la préfecture, comme en matière de contributions directes (V. *supra*, n. 510).

523. — L'action intentée par un membre d'une association syndicale à l'effet de faire condamner les héritiers d'un ancien président du syndicat à produire un compte détaillé de la gestion et de l'emploi des fonds versés entre les mains de leur auteur, ne peut être non plus assimilée à une contestation en matière de contributions directes, et n'est pas de celles dans lesquelles les parties peuvent former un recours au Conseil d'État sans le ministère d'un avocat au conseil. — Cons. d'Ét., 1er janv. 1883, Moralis, [D. 84.3.113]

524. — Ne peuvent encore être présentées sans ministère

d'avocat : les recours contre les décisions ministérielles statuant sur des réclamations en matière d'élections au conseil supérieur de l'instruction publique. — Cons. d'Et., 16 nov. 1883, Picard, [D. 83.3.76]

525. — ... Les recours en matière d'élections aux chambres consultatives des arts et manufactures. — Cons. d'Et., 23 déc. 1887, Courvisy, [S. 89.3.57, P. adm. chr., D. 89.3.14]; — 26 déc. 1891, Marotte, [D. 93.3.152]

526. — ... Le recours contre une décision du grand chancelier de la Légion d'honneur, refusant un traitement aux chevaliers. — Cons. d'Et., 15 juill. 1892, Bourrel, [Leb. chr., p. 619]

526 bis. — ... La requête par laquelle un ancien fonctionnaire réclame à l'Etat une indemnité à raison du préjudice que lui aurait causé sa mise à la retraite anticipée. — Cons. d'Et., 22 juill. 1892, Tisseau, [S. et P. 94.3.67] — V. anal., Cons d'Et., 31 juill. 1891, Lefèvre, [S. et P. 93.3.94]

527. — ... Les recours en matière d'ateliers insalubres. — Cons. d'Et., 13 mars 1891, Tambourée, [Leb. chr., p. 207]

528. — ... Le recours contre une décision du ministre de l'Intérieur, refusant d'allouer une indemnité à un propriétaire, à raison de travaux de clôture exécutés d'office sur ses terrains par le préfet de police. — Cons. d'Et., 31 juill. 1891, Lefèvre, [S. et P. 93.3.94]

529. — ... Les contestations concernant le droit de jouissance de biens communaux. — Cons. d'Et., 26 mars 1891, Sicroit, [Leb. chr., p. 234]

530. — ... Et notamment la réclamation formée par un particulier à l'effet de faire déclarer que c'est à tort que le conseil municipal a refusé d'admettre à profiter du pâturage communal les animaux lui appartenant, cette réclamation ayant pour objet un litige sur l'étendue du droit de jouissance du réclamant, et non une demande en décharge ou en réduction de taxe. — Cons. d'Et., 1er déc. 1882, Pinçon, [D. 84.3.59]

531. — ... Le recours d'une commune contre un arrêté du conseil de préfecture la condamnant à comprendre un habitant dans les rôles et la répartition de l'affouage, et à lui payer une somme à titre de dommages-intérêts. — Cons. d'Et., 6 août 1887, Commune de Giry, [Leb. chr., p. 650] — V. Cons. d'Et., 1er déc. 1882, précité.

532. — ... Les contestations relatives aux offres de concours pour les travaux publics. — Cons. d'Et., 10 mai 1891, Mélet, [Leb. chr., p. 333]

533. — ... Telles que la contestation touchant le paiement d'une somme qu'un particulier s'est engagé à fournir pour l'exécution d'un chemin vicinal à titre de souscription volontaire. — Cons. d'Et., 27 avr. 1883, Louault, [D. 84.5.114]

534. — ... Le recours dirigé contre un arrêté du conseil de préfecture condamnant un particulier à payer à l'Etat une indemnité à titre de plus-value donnée à des propriétés par l'exécution d'un travail public. — Cons. d'Et., 8 août 1890, Maupas, [D. 92.5.173]

535. — ... Le recours contre une décision ministérielle fixant le traitement d'un instituteur. — Cons. d'Et., 3 juill. 1891, Rioy, [Leb. chr., p. 310]

536. — ... Le recours d'un receveur municipal contre la décision du ministre de l'Intérieur annulant un arrêté par lequel le préfet a procédé à la révision de son traitement. — Cons. d'Et., 8 août 1888, Mollinger, [S. 90.3.56, P. adm. chr., D. 89.3.110]

537. — ... Le recours contre la décision ministérielle rejetant une demande d'indemnité formée contre l'Etat. — Cons. d'Et., 31 juill. 1891, précité. — V. aussi Cons. d'Et., 3 juill. 1885, Lazare, [Leb. chr., p. 640]

538. — ... Une action en dommages-intérêts ou une pension de retraite exceptionnelle formée par un ancien receveur qui se prétend indûment relevé de ses fonctions. — Cons. d'Et., 18 mars 1892, Cuynat, [Leb. chr., p. 296] — V. aussi Cons. d'Et., 22 juill. 1892, Tisseau, [Leb. chr., p. 642]

539. — ... Une demande formée par une société de secours mutuels contre une commune en remboursement de fournitures. — Cons. d'Et., 18 mars 1892, La Vigneronne, [S. et P. 94.3.21, D. 93.3.61]

540. — ... Le recours formé par les conseillers municipaux déclarés démissionnaires d'office par le préfet pour avoir manqué à trois convocations consécutives et dont la réclamation a été rejetée par le conseil de préfecture. — Cons. d'Et., 8 déc. 1857, Pambet, [D. 58.3.59]; — 11 nov. 1887, Daune, [S. 89.3.47, P. adm. chr., D. 89.3.5]; — 17 févr. 1888, Andreucci, [D. 89.3.5];

— 29 avr. 1892, Vinsonnaud, [Leb. chr., p. 409] — La loi du 7 juin 1873 ne s'applique qu'au cas de déclaration de démission pour refus de remplir certaines fonctions. — V. suprà, n. 513.

541. — Si une affaire n'est pas dispensée de constitution d'avocat, lorsque la requête présentée directement par les parties n'a été renouvelée par le ministère d'un avocat qu'après l'expiration du délai légal du recours, elle doit être rejetée comme non recevable. — Cons. d'Et., 27 avr. 1883, précité.

542. — On s'est demandé si, dans les affaires où les parties sont dispensées de constitution d'avocat, elles ont le droit de présenter elles-mêmes des observations orales. La négative est généralement admise. Le droit de plaider n'a été reconnu aux parties par aucun texte : toutes les dispositions législatives qui, depuis l'ordonnance de 1831, ont prévu les observations orales devant le Conseil d'Etat, n'ont jamais supposé que les observations présentées *par les avocats des parties*. D'autre part, des observations orales ne se conçoivent pas sans une audience publique ; or, toutes les affaires sans avocat peuvent être jugées en séance non publique de la section du contentieux. Il faut ajouter que ni les lois organiques, ni les règlements du conseil, n'ont jamais prévu aucune convocation adressée aux parties lorsque la section juge à propos de renvoyer leur affaire à l'audience ; il n'y a même pas lieu de leur communiquer les « questions » dans lesquelles le rapporteur résume les points de fait et de droit posés par le rapport, parce que la communication de ces questions n'est pas faite aux avocats qu'en vue des observations orales qu'ils peuvent seuls présenter. — Cons. d'Et., 7 août 1883, Bertot, [D. 83.3.63] — Sic, Laferrière, op. cit., t. 1, p. 286 et s. — Les ministres sont soumis à la même règle : s'ils ne sont pas obligés de faire présenter leurs requêtes par un avocat, ils doivent y recourir pour les observations orales. — Laferrière, op. et loc. cit.

543. — Les parties pourraient-elles, du moins, obtenir du président l'autorisation de présenter leurs observations à l'audience ? On l'avait quelquefois admis peu après la mise en vigueur des ordonnances de 1831. — V. de Cormenin, Dr. adm., p. 44, note 3, édit. de 1840. — Toutefois, on n'en pouvait citer que quatre exemples depuis ces ordonnances. — Cormenin, loc. cit.

544. — Cette tolérance, d'ailleurs, ne semble pas s'être prolongée ; on n'en cite, dit-on, pas d'exemple de 1832 à 1870 ; elle n'a pas non plus été d'usage depuis 1872, bien que le président en ait été quelquefois sollicité. — Laferrière, loc. cit., t. 1, p. 287.

545. — M. Laferrière (loc. cit.) estime que le président ne saurait prendre sur lui d'autoriser une partie à présenter elle-même des observations orales à l'audience, parce qu'il y aurait là une atteinte portée au droit exclusif que les avocats tiennent de la loi ; mais qu'on ne pourrait refuser au conseil lui-même la faculté d'ordonner ou d'autoriser l'audition d'une partie, non comme un élément du débat oral prévu par la loi, mais comme une mesure spéciale d'instruction commandée par les circonstances.

546. — Ce serait en ce sens que devrait être entendue une décision du tribunal des conflits, dont les audiences sont soumises aux mêmes règles que celles du Conseil d'Etat (V. Règl. 26 oct. 1849, art. 8), qui porte mention de l'audition d'une partie autorisée à présenter des observations orales. — Trib. confl., 17 avr. 1886, Carroli, [S. 88.3.10, P. adm. chr., D. 87.3.96]

2° *Procédure écrite*.

547. — Devant le Conseil d'Etat, la procédure est essentiellement écrite. Toutes les pièces doivent être produites à la section du contentieux, toutes conclusions doivent lui être présentées. Des conclusions qui seraient prises à la barre, après la lecture du rapport, seraient non avenues. — Laferrière, op. cit., t. 1, p. 288.

548. — Ces règles constituent une précieuse garantie de bonne justice et rendent toute surprise impossible. La stricte observation en a toujours été exigée par le Conseil d'Etat, qui interdit aux avocats la lecture de tout document qui n'aurait pas fait l'objet d'une production régulière devant la section du contentieux. — Cons. d'Et., 20 févr. 1862, Avoués d'Annecy, [Leb. chr., p. 126]; — 30 juin 1876, Chartier, [Leb. chr., p. 625]

549. — M. Laferrière (loc. cit.) rappelle, en outre, un fait dont la relation figure seulement dans les procès-verbaux du Conseil d'Etat, et qui s'est produit à l'audience du 5 mai 1883, lors des débats sur l'affaire qui donna lieu à l'arrêt du 15 juin 1883, Société du matériel agricole, [S. 83.3.32, P. adm. chr., D. 85.3.21] — Un avocat ayant produit au cours de ses observations orales une pièce importante qui n'avait pas été versée au dossier et dont la section du contentieux n'avait pas eu connaissance, le conseil délibéra séance tenante sur l'incident, et décida que l'affaire serait remise pour que la pièce fût régulièrement produite. L'instruction fut rouverte devant la section du contentieux, où elle fut l'objet d'un nouveau rapport et d'un nouveau débat oral, suivi des conclusions du commissaire du gouvernement.

§ 2. Introduction des instances.

1° Dépôt et forme des requêtes.

550. — L'instance s'engage par une requête adressée au Conseil d'État (Décr. 22 juill. 1806, art. 1 et 2).

551. — A la différence de ce qui a lieu devant les tribunaux ordinaires où le demandeur assigne directement le défendeur à comparaître (C. proc. civ., art. 61 et 436), le recours au Conseil d'État ne peut être formé que par une requête adressée au conseil. C'est un des traits distinctifs de la procédure administrative : le juge est saisi directement, le défendeur n'est avisé qu'ensuite. — Dufour, op. cit., n. 236; Serrigny, n. 275; Cormenin, Dr. adm., v° Mode de procéder devant le Conseil d'État, t. 1, p. 44, en note; Foucart, Élém. de dr. publ. et adm., 3° édit., t. 3, n. 1942; Ducrocq, n. 278; Laferrière, op. cit., t. 1, p. 288.

552. — Le pourvoi au Conseil d'État doit être formé par requête, à peine de nullité; toute déclaration de pourvoi faite par acte signifié à domicile serait sans effet, et ne conserverait aucunement le délai utile pour le pourvoi. — Cons. d'Et., 25 juin 1817, Bouilliat, [S. chr., P. adm. chr.]; — 1er nov. 1837, Com. de Montaud, [P. adm. chr.] — Sic, Cormenin, Quest. de dr. adm., t. 1, p. 59; Serrigny, t. 1, n. 277.

553. — Cette requête est l'acte introductif d'instance; elle constitue le « recours » ou « pourvoi ». Ces deux expressions sont à peu près synonymes dans les textes et dans la pratique; l'une et l'autre sont successivement employées par les art. 11 et 12, Décr. 22 juill. 1806, et dans l'art. 1, Décr. 2 nov. 1864. M. Laferrière estime qu'on pourrait « rendre cette terminologie un peu plus rigoureuse, en appelant « pourvois » les appels ou les pourvois en cassation formés contre les décisions juridictionnelles des tribunaux administratifs et « recours » les réclamations dirigées contre les actes et décisions des autorités administratives ». — Laferrière, op. cit., t. 1, p. 289.

554. — La requête, avons-nous dit, doit être signée d'un avocat du conseil. Un avocat au conseil est suffisamment autorisé à introduire un pourvoi devant le Conseil d'État, par la remise des pièces que lui a faite le mandataire de la partie. — Cons. d'Et., 22 déc. 1824, Orcorard, [S. chr., P. adm. chr.] — Sic, Cormenin, Droit admin., v° Du mode de procéder devant le Conseil d'État, sur l'art. 26, Régl. 22 juill. 1806; Serrigny, Compét. et proc. admin., t. 1, n. 336. — Ce n'est du reste qu'une application de la règle admise en matière de constitution d'avoué. — Rennes, 15 avr. 1816, Jouvencelle, [S. chr., P. chr.] — V. aussi Lyon, 30 août 1824, M° G..., [S. chr., P. chr.]

555. — La signature de l'avocat au pied de la requête, soit en demande soit en réponse, vaut constitution et élection de domicile chez lui (Décr. 22 juill. 1806, art. 3). Ainsi, tandis que, en matière civile, les parties peuvent élire domicile où bon leur semble (C. proc. civ., art. 61-1°), cette faculté n'existe pas en matière administrative; l'élection de domicile a toujours lieu chez l'avocat.

556. — Dans le cas où il y a dispense de constitution d'avocat, la requête est présentée par la partie elle-même, avec légalisation de sa signature par le maire de sa commune. — Ducrocq, n. 278.

557. — Si les parties ne savent pas signer, elles peuvent évidemment s'adresser à un notaire pour faire donner à leurs requêtes le caractère qui leur manque, l'authenticité. M. Dufour (t. 1, n. 238) va plus loin, il pense que le maire pourrait valablement suppléer le notaire. « La loi, dit-il, n'ayant point déterminé les formes dans lesquelles doivent être passés les actes administratifs et attribuant néanmoins aux maires, sous-préfets et préfets, le pouvoir de rendre authentiques les contrats de bail, vente et échange qu'ils reçoivent, on est autorisé à supposer que son intention a été de les appeler à remplir l'office des notaires dans la sphère administrative ». Mais il faut se garder d'induire, suivant nous, du pouvoir des agents de l'administration lorsqu'ils accomplissent des actes dans l'intérêt de celle-ci, le droit de remplacer les notaires à l'égard des particuliers. Ils peuvent légaliser une signature, mais non signer au lieu et place des parties intéressées comme le ferait un officier ministériel.

558. — Une requête en matière électorale doit être déclarée non recevable lorsqu'elle ne porte pas la signature de l'électeur de qui elle est censée émaner et qu'elle est l'œuvre d'un tiers qui s'est borné à y apposer le nom de cet électeur. — Cons. d'Et., 20 févr. 1883, Elect. de Bastia, [D. 86.5.112]

559. — De même, lorsqu'il résulte de l'examen des pièces que la signature apposée au bas d'une requête présentée sans le ministère d'un avocat est l'œuvre du rédacteur du pourvoi, et non du réclamant au nom duquel elle est présentée, bien que celui-ci fût en état de l'apposer, cette requête doit être immédiatement déclarée non recevable. — Cons. d'Et., 21 avr. 1882, Perin, [D. 83.5.127]

560. — Il en est ainsi notamment lorsqu'il résulte clairement de la comparaison de la signature apposée sur le pourvoi en matière électorale avec celle qui est apposée sur la protestation, que la requête n'émane pas de l'auteur de la protestation. — Cons. d'Et., 20 janv. 1882, Elect. de Chantein, [D. 83.5.128]

561. — La requête peut-elle être présentée par mandataire? Le Conseil d'État l'admet, mais il exige que le mandataire qui forme le pourvoi au nom de l'intéressé produise un mandat l'autorisant spécialement à cet effet. — Cons. d'Et., 27 déc. 1890, Droux, [S. 92.3.61]; — 17 janv. 1891, Nicoux, [S. et P. 93.3.7] — Il a été jugé que le mandat de faire « auprès de qui de droit » toutes démarches nécessaires pour obtenir le dégrèvement d'une contribution directe ne donne pas qualité au mandataire pour se pourvoir au nom du contribuable devant le Conseil d'État contre l'arrêté par lequel le conseil de préfecture a rejeté la réclamation portée devant lui. — Cons. d'Et., 15 janv. 1892, Hyllested, [S. et P. 93.3.143]

562. — A plus forte raison, on doit rejeter le pourvoi formé par une requête signée d'un tiers sans justification d'aucun pouvoir. — Cons. d'Et., 5 mars 1841, Leroy pour Morin, [P. adm. chr.]; — 9 déc. 1843, Nicard au nom de Vergnol, [P. adm. chr.]

563. — Un avoué, qui a qualité devant les tribunaux ordinaires, ne jouit pas du même privilège devant le Conseil d'État; il ne peut s'y former un pourvoi au nom d'un tiers, s'il ne justifie pas d'un pouvoir spécial. — Cons. d'Et., 2 sept. 1840, Montal, [P. adm. chr.]

564. — Aux termes de l'art. 48, Décr. 22 juill. 1806, les écritures des parties, signées par les avocats au conseil, seront sur papier timbré. Les pièces par elles produites ne seront point sujettes au droit d'enregistrement des exploits d'huissier pour chacun desquels il sera perçu un droit fixe de 1 fr. (porté à 3 fr. par l'art. 45, § 1, L. 28 avr. 1816 et à 7 fr. 30 par l'art. 2, L. 19 févr. 1874).

565. — « N'entendons néanmoins, porte le texte, dispenser les pièces produites devant notre Conseil d'État des droits d'enregistrement auxquels l'usage qui en serait fait ailleurs pourrait donner ouverture. N'entendons pareillement dispenser du droit d'enregistrement les pièces produites devant notre Conseil d'État, qui par leur nature sont soumises à l'enregistrement dans un délai fixe ». — V. infra, v° Enregistrement.

566. — La requête est soumise à un droit d'enregistrement fixe et invariable de 25 fr. (L. 28 avr. 1816, art. 47); dès lors, les dispositions de la loi du 22 frim. an VII, art. 8, § 1, n. 30, ne lui sont pas applicables (Serrigny, n. 314).

567. — Ajoutons que ce n'est point l'enregistrement qui donne date au recours, mais le dépôt au secrétariat par lequel seulement le conseil est saisi.

568. — Il résulte des règles qui viennent d'être posées que les requêtes doivent être faites sur papier timbré et être enregistrées, sauf dans les cas où la loi dispense de tous frais. Il est plusieurs cas où la dispense de tous frais est prononcée par la loi. Dans ces cas il y a dispense, non seulement de constitution d'avocat, mais aussi de timbre et d'enregistrement.

569. — Il en est ainsi pour les réclamations en matière d'élections aux conseils généraux (L. 31 juill. 1875, modifiant l'art. 46, L. 10 août 1871), d'arrondissement (art. 53, L. 22 juin 1833) et municipaux (art. 40, L. 5 avr. 1884). — V. art. 61-2°, L. 22

juill. 1889, sur la procédure devant les conseils de préfecture. — V. *infrà*, v° *Conseil de préfecture*.

570. — Il faut y ajouter : les recours contre les arrêtés des conseils de préfecture en matière de contributions directes ou de taxes assimilées à ces contributions pour le recouvrement (art. 61-1°, L. 22 juill. 1889); toutefois l'exemption du droit de timbre n'est applicable aux recours en matière de contributions directes et de taxes assimilées à ces contributions, sauf les prestations en nature, que lorsque la cote est moindre de 30 fr. — Cons. d'Et., 16 janv. 1892, Commune de Rouvres, [D. 93.3.155] — V. *infrà*, v° *Contributions directes*.

571. — ... Les recours en matière de contraventions aux lois et règlements sur la grande voirie et autres contraventions dont la répression appartient au conseil de préfecture, ainsi que d'anticipation sur les chemins vicinaux. — V. *supra*, v° *Chemin vicinal*, n. 2405 et s., et *infrà*, v° *Voirie*.

572. — L'exemption d'un impôt ne peut être prononcée que par une loi et doit l'être en termes formels; aussi les dispositions relatives à la dispense de frais devant le Conseil d'Etat sont-elles essentiellement limitatives. On ne pourrait invoquer l'affranchissement du ministère d'avocat pour se dispenser des droits de timbre et d'enregistrement, il faut s'en tenir rigoureusement à la lettre et aux exceptions spéciales de la loi sur ce point (Dufour, n. 259). Ainsi les recours pour excès de pouvoir sont bien dispensés de constitution d'avocat, mais il sont assujettis au timbre et à l'enregistrement (Décr. 2 nov. 1864, art. 1). — Cons. d'Et., 26 juin 1889, Normand, [D. 91.3.129]

573. — Il n'est fait exception que lorsque le recours est dirigé contre une des décisions des commissions départementales énumérées dans les art. 86 et 87, L. 10 août 1871 ; il y a dispense de tous frais (art. 88, même loi). Il en est de même des recours dirigés contre les décrets et arrêtés en matière d'expropriation (art. 58, L. 3 mai 1841).

574. — Les recours contre les décisions du ministre des Cultes statuant sur les réclamations formées en matière d'électorat de l'Eglise réformée (art. 6, Décr. 12 avr. 1880), devant être jugés comme les recours pour excès de pouvoir (art. 16), ne sont pas exempts de frais de timbre et d'enregistrement. — Cons. d'Et., 17 avr. 1885, Consist. de l'Egl. réf. de Paris, [S. 87. 3.3, P. adm. chr., D. 86.3.105]; — 18 juill. 1890, Turbina, D. 92.5.178]

575. — De même, les pourvois formés par application de l'art. 67, L. 5 avr. 1884, contre les arrêtés pris par le préfet en conseil de préfecture dans les cas des réclamations tendant à faire déclarer la nullité des délibérations du conseil municipal, devant être introduits dans la forme des recours pour excès de pouvoir, doivent, à peine de déchéance, être présentés sur papier timbré et soumis au droit d'enregistrement. — Cons. d'Et., 24 mai 1889, Meilhan, [D. 90.5.25]

576. — Nous avons vu *supra*, n. 539, que l'exemption de droits de timbre et d'enregistrement, accordée par l'art. 11, Décr. 25 mars 1852, aux sociétés de secours mutuels régulièrement approuvées, ne pouvait les dispenser de recourir au ministère d'un avocat pour introduire devant le Conseil d'Etat un pourvoi qu'aucune disposition de loi ou de règlement n'a dispensé de cette formalité. La question pouvait sembler plus douteuse en ce qui concerne les droits de timbre et d'enregistrement de la requête.

577. — Mais il a été jugé, par le même arrêt précité, que cette disposition n'a pas pour effet de dispenser ces sociétés de se conformer aux règles spéciales de procédure prescrites pour l'introduction des recours devant le Conseil d'Etat par les décrets des 22 juill. 1806 et 2 nov. 1864.

578. — ... Qu'en conséquence, lorsqu'une de ces sociétés présente une requête qui tend, non à l'annulation pour excès de pouvoir d'un acte administratif, mais à la condamnation d'une commune au remboursement de certaines fournitures, cette requête n'est pas dispensée des droits de timbre et d'enregistrement.

579. — En résumé, on peut dire qu'à ce point de vue, les requêtes se divisent, suivant la nature des affaires, en trois classes : 1° requêtes soumises à la fois à la constitution d'avocat et aux frais de timbre et d'enregistrement; 2° requêtes dispensées de constitution d'avocat et soumises aux frais; 3° requêtes dispensées de tous frais.

580. — Si le Conseil d'Etat peut être appelé à vérifier l'enregistrement d'un pourvoi formé devant lui, c'est seulement au point de vue de la recevabilité de ce pourvoi ou des condamnations aux dépens dont la partie qui succombera peut être l'objet ; mais il ne lui appartient pas d'examiner si un droit d'enregistrement a été régulièrement perçu.

581. — Ainsi, il ne peut statuer sur une demande en remboursement d'un droit d'enregistrement perçu sur une requête produite devant lui. Une réclamation de cette nature ne peut être appréciée que par l'autorité judiciaire. — Cons. d'Et., 8 août 1873, Vian, [S. 75.2.220, P. adm. chr.]; — 5 déc. 1879, Juan, [S. 81. 3.21, P. adm. chr., D. 80.3.52]

582. — Le décret du 22 juill. 1806 édicte les règles suivantes, en ce qui concerne la forme matérielle des requêtes : « L'impression d'aucun mémoire ne passera en taxe. Les écritures seront réduites au nombre de rôles qui sera réputé suffisant pour l'instruction de l'instance » (art. 43).

583. — « Les requêtes et mémoires seront écrits correctement, et lisiblement, en demi-grosse seulement; chaque rôle contiendra au moins cinquante lignes, et chaque ligne douze syllabes au moins; sinon, chaque rôle où il se trouvera moins de lignes et de syllabes sera rayé en entier, et l'avocat sera tenu de restituer ce qui lui aurait été payé à raison de ces rôles » (art. 46).

584. — « Les copies signifiées des requêtes et mémoires, et autres actes seront écrites lisiblement et correctement; elles seront conformes aux originaux, et l'avocat en sera responsable » (art. 47).

585. — Les requêtes et en général toutes les productions des parties, doivent être déposées au secrétariat du contentieux (art. 2, Décr. 22 juill. 1806).

586. — Cependant, en matière d'élections aux conseils généraux, la réclamation peut être consignée au procès-verbal, ou déposée dans les dix jours qui suivent l'élection, soit au secrétariat de la section du contentieux du Conseil d'Etat, soit au secrétariat général de la préfecture du département où l'élection a eu lieu. Il en est donné récépissé (L. 31 juill. 1875 modifiant l'art. 15, L. 10 août 1871).

587. — Le préfet transmet au Conseil d'Etat, dans les dix jours qui suivent leur réception, les réclamations consignées au procès-verbal ou déposées au secrétariat général de la préfecture (Même loi).

588. — Lorsqu'il s'agit de recours au Conseil d'Etat contre les arrêtés des conseils de préfecture en matière : 1° de contributions directes ou de taxes assimilées; 2° d'élections; 3° de contraventions de grande voirie et autres contraventions dont la répression appartient au conseil de préfecture, ainsi que d'anticipation sur les chemins vicinaux, le recours peut, de même, être déposé soit au secrétariat du Conseil d'Etat, soit à la préfecture, soit à la sous-préfecture (L. 22 juill. 1889, art. 61).

589. — Dans ces deux derniers cas, il est marqué d'un timbre qui indique la date de l'arrivée, et il est transmis par le préfet au secrétariat général du Conseil d'Etat. Il en est délivré récépissé à la partie qui le demande (Même loi).

590. — Jugé, en matière de recours contre une décision du conseil du contentieux administratif d'une colonie en matière d'élection au conseil général est non recevable lorsqu'elle n'a pas été enregistrée dans les délais du règlement, soit au secrétariat du Conseil d'Etat au contentieux, soit au secrétariat du contentieux de la colonie. La date du recours au secrétariat du conseil du contentieux administratif. — Cons. d'Et., 30 nov. 1888, Elect. de Lamendine, [D. 90.3.4]; — 28 déc. 1888, Elect. de Marin, [D. 90.3.4]; — 11 janv. 1889, Elect. de Capesterre, [D. 90.3.4]; — 6 déc. 1889, Elect. de Lamentin, [D. 91.3.126]

591. — Les ministres forment leur recours par l'envoi au président d'un rapport signé et même, dans la pratique, d'une simple lettre.

592. — La requête doit contenir l'exposé sommaire des faits et des moyens, les conclusions, les noms et demeures des parties ; l'énonciation des pièces dont on entend se servir, et qui y seront jointes (Décr. 22 juill. 1806, art. 1).

593. — Le décret de 1806 exigeant que la requête contienne l'exposé sommaire des faits et moyens, une requête non motivée serait irrecevable. — Cons. d'Et., 12 juin 1885, Elect. de Tôtes, [Lob. chr., p. 579]

594. — Une jurisprudence constante exige qu'une expédition de la décision attaquée soit jointe à la requête. — Cons. d'Et., 24 mai 1851, Dadant, [P. adm. chr.]; — 24 févr. 1879,

Ponsol, [Leb. chr., p. 151]; — 12 mars 1880, Moulins, [Leb. chr., p. 276] — Il en est ainsi, même en matière d'élections municipales, où, aux termes de l'art. 40, L. 5 avr. 1884, le préfet transmet au ministre de l'Intérieur avec le recours, les défenses, et une expédition de l'arrêté attaqué; il a été jugé que cette mesure relative à l'instruction du pourvoi n'a pas eu pour objet de dispenser les parties de joindre à leur requête une expédition de l'arrêté. — V. *suprà*, v° *Cassation* (mat. civ.), n. 161 et s.

595. — Jugé, de même, que la production de l'arrêté attaqué est nécessaire en matière de contributions directes. — Cons. d'Et., 16 janv. 1892, Chescoy, [D. 93.5.252] — Cons. d'Et., 29 janv. 1892, Tarascon, [D. 93.5.152]

596. — Lorsque plusieurs parties ont interjeté appel devant le Conseil d'Etat, par des recours distincts, d'un même arrêté du conseil de préfecture, il n'est pas nécessaire que chaque recours soit accompagné du dépôt de la décision attaquée. Il suffit de la production de cette décision lors du recours enregistré le premier, et d'une simple référence à ladite décision dans les recours ultérieurs. — Cons. d'Et., 29 janv. 1886, Viviant, [S. 87.3.47, P. adm. chr., D. 87.3.59]

597. — De même, dans le cas où le ministre joint à son premier recours une copie intégrale du premier des arrêtés déférés par lui au Conseil d'Etat, aucune fin de non-recevoir ne peut être opposée à son second pourvoi à raison de ce qu'il s'est borné à produire avec ce recours un extrait du second arrêté fondé sur les mêmes motifs que le premier. — Cons. d'Et., 21 mars 1890, Min. des Finances, [S. et P. 92.3.86, D. 91.3.93]

598. — Cependant, une requête présentée au Conseil d'Etat sans que la décision attaquée y soit jointe, ne doit pas être déclarée non recevable lorsque l'administration, en notifiant cette décision, n'en a pas laissé copie. — Cons. d'Et., 11 mai 1883, Dusart, [D. 85.3.3]

599. — De même, lorsque l'administration, mise en demeure de statuer sur une réclamation, s'abstient de prendre une décision, ou se borne à refuser verbalement de répondre. La partie intéressée est recevable, après avoir fait constater le refus par huissier, à se pourvoir directement devant le Conseil d'Etat sans qu'on puisse lui objecter le défaut de production de la décision attaquée (Décr. 2 nov. 1864, art. 7). — Cons. d'Et., 28 janv. 1864, Anglade, [S. 64.2.22, P. adm. chr., D. 64.3.83]

600. — L'usage est de permettre aux parties de réparer l'insuffisance des motifs et l'omission du dépôt de la décision attaquée et autres pièces, s'il y a lieu, par une requête ampliative. M. de Cormenin a critiqué, dans l'intérêt de la célérité et de la prompte expédition des affaires, cette admission des requêtes provisoires et sommaires. « Le règlement de 1806, dit-il, n'autorise pas les requêtes sommaires ou provisoires. Les parties ont trois mois pour se pourvoir contre les décisions des autorités qui ressortissent au Conseil d'Etat à dater du jour de la signification de ces décisions. Ce délai est suffisant pour qu'elles rassemblent leurs pièces, déjà produites le plus souvent par elles ». Cette opinion de M. de Cormenin est évidemment conforme à la lettre de la loi; toutefois, ainsi que le fait remarquer M. Dufour (*op. cit.*, n. 262), en convient M. de Cormenin lui-même, il est désormais passé en maxime de droit commun devant le Conseil d'Etat, comme devant la Cour de cassation, que l'introduction de l'instance peut être valable par le dépôt d'une requête provisoire; mais cette requête doit nécessairement contenir l'objet du recours et mentionner exactement les noms des parties et l'exposé sommaire des faits et moyens. — V. *suprà*, v° *Cassation* (mat. civ.), n. 32 et s.

601. — Le défaut de production d'un mémoire ampliatif peut entraîner, devant le Conseil d'Etat, le rejet du pourvoi, si la requête ne contient ni une indication suffisante des faits ni le développement des moyens, alors même qu'un avocat se présenterait pour développer et soutenir les prétentions de la partie. — Cons. d'Et., 23 juin 1853, Mekalski, [D. 55.3.9] — V. aussi Cons. d'Et., 22 janv. 1824, Marchal et Martin, [S. chr., P. adm. chr.]; — 22 nov. 1878, Daumas, [Leb. chr., p. 926] — V. sur ce point, un avis du comité de l'intérieur du 14 avr. 1824 (*Lois annotées*, à sa date).

602. — Du reste, lorsqu'on n'a pas suppléé par un mémoire ampliatif à l'insuffisance de la requête provisoire, qu'on n'a pas produit la décision attaquée, et cela dans le temps suffisant et après l'avertissement officieux du contentieux donné par une lettre du secrétariat à l'avocat, alors le pourvoi formé sur la requête sommaire seulement est non recevable. — Cons. d'Et., 31 janv. 1838, Berthe, [P. adm. chr.]; — 5 mars 1841, Briois, [P. adm. chr.]; — 30 juin 1841, Granges et Vignes, [P. adm. chr.] — Sic, Dufour, *op. cit.*, n. 264; Serrigny, n. 280 *in fine*; Cormenin, p. 46, note 1.

603. — Il était, en effet, autrefois dans l'usage que le secrétariat du contentieux avertit expressément les parties d'avoir à compléter leurs requêtes non motivées par un mémoire ampliatif et à produire la décision attaquée. Mais cette pratique n'est plus aujourd'hui suivie, sauf dans des cas exceptionnels.

604. — D'autre part, la production de ce mémoire est recevable même après le dépôt des défenses, la loi n'ayant fixé aucun délai. — Cons. d'Et., 23 juin 1853, précité.

605. — Toutefois, depuis la loi du 5 avr. 1884, le Conseil d'Etat a adopté une jurisprudence plus rigoureuse en ce qui concerne les élections municipales. Le recours formé dans le délai légal doit contenir les énonciations exigées par l'art. 1 du décret de 1806; dans le cas contraire, il est irrecevable alors même qu'un mémoire ampliatif contenant l'indication des moyens a été produit, s'il ne l'a été qu'après l'expiration du délai. — Cons. d'Et., 16 janv. 1885, Elect. de Futeau, [D. 86.3.79]; — 23 janv. 1885, Elect de Villespy, [D. 86.3.79] — V. *suprà*, v° *Cassation* (mat. civ.), n. 81 et s.

606. — Cette jurisprudence est justifiée en présence de la procédure organisée par l'art. 40 de la loi de 1884. D'après cet article, le délai du pourvoi est d'un mois, et le préfet doit communiquer immédiatement le pourvoi aux intéressés en leur donnant, pour déposer leurs défenses, un délai de quinze jours à l'expiration duquel le pourvoi est transmis au ministre de l'Intérieur. Il est évident que le requérant ne peut être admis à mettre obstacle à l'application de ces dispositions, en ne présentant qu'après l'expiration du délai imparti les moyens qu'il estime faire valoir à l'appui de son pourvoi, ce qui obligerait le préfet, sous peine d'un véritable déni de justice, à impartir aux défenseurs un nouveau délai de quinzaine.

607. — Devant le Conseil d'Etat, comme devant la juridiction civile, on peut, d'une part, invoquer dans la requête des moyens nouveaux, mais non pas proposer des demandes nouvelles (V. *suprà*, v° *Appel* [mat. civ.], n. 3207 et s.). C'est ainsi qu'il a été jugé qu'on ne peut proposer devant le Conseil d'Etat des moyens de nullité contre un arrêté par défaut du conseil de préfecture, lorsqu'on formant opposition à cet arrêté on n'a pas fait valoir ces moyens. — Cons. d'Et., 24 avr. 1837, Bonjour, [S. 37.2.377, P. adm. chr.]

608. — ... Mais que les parties sont recevables à invoquer devant le Conseil d'Etat les moyens nouveaux à l'appui de conclusions déjà soumises au conseil de préfecture. — Cons. d'Et., 23 déc. 1892, Ministère des Travaux publics, [Leb. chr., p. 963]

609. — Nous avons vu que, devant la juridiction civile, s'en rapporter à justice, c'est contester (V. *suprà*, v° *Appel* [mat. civ.], n. 982). Il en est de même devant le Conseil d'Etat. Jugé, en ce sens, que le ministre qui défère au Conseil d'Etat une décision du conseil de préfecture rendue contre l'Etat, et déclare s'en rapporter à la sagesse de ce conseil sur l'un des points en litige, doit néanmoins être considéré comme prenant des conclusions suffisantes pour engager le débat sur ce point, alors surtout que le défendeur n'a contesté les moyens qu'il a élevés à l'appui du pourvoi. — Cons. d'Et., 11 août 1861, Glass, [S. 62.2.570, P. adm. chr., D. 62.3.19]

610. — La profession du demandeur n'est point comprise dans l'énumération des énonciations que doit contenir la requête, aux termes de l'art. 1 du règlement de 1806. On ne doit donc pas l'exiger. — Cons. d'Et., 10 sept. 1833, Guyot, [P. adm. chr.]

611. — Au reste, la peine de nullité n'est pas attachée par le règlement de 1806 à l'omission de telle ou telle formalité, ce qui laisse au conseil toute latitude pour décider si telle formalité omise est substantielle ou non. — Serrigny, t. 1, n. 280; Dufour, t. 1, n. 269.

612. — Il a été décidé, notamment, que l'omission de la demeure, quoique la mention exigée par le règlement, n'est pas une cause de nullité. — Cons. d'Et., 10 sept. 1823, précité. — V. *suprà*, v° *Cassation* (mat. civ.), n. 49.

613. — Mais, d'autre part, il a été jugé que le recours formé par un préfet contre un arrêté du conseil de préfecture qui a accordé à un certain nombre de contribuables décharge de centimes départementaux, est non recevable lorsqu'il ne contient aucune indication des noms et demeures des défendeurs, bien que cette indication se trouve dans un bordereau joint à la requête, alors que ce bordereau, signé par le directeur des contributions directes seul, n'est pas même revêtu du visa du préfet. — Cons. d'Ét., 9 nov. 1888, Préfet d'Oran, [D. 89.3.120]

614. — Le recours formé collectivement par plusieurs parties est-il recevable ? Il faut distinguer : si le pourvoi formé au nom de plusieurs porte sur la même question, si l'intérêt engagé dans la question leur est commun, le recours collectif par une seule requête est permis. Ainsi, plusieurs propriétaires d'usines lésés par les mêmes travaux publics peuvent se réunir et porter leur demande en indemnité au conseil de préfecture par une requête collective, alors qu'avant de déterminer distinctement le montant de l'indemnité à attribuer à chacun d'eux, le conseil doit statuer sur les questions générales et communes à tous. — Cons. d'Ét., 26 nov. 1841, Honnorez, [S. 42.2.188, P. adm. chr.] — Sic, Dufour, n. 261.

615. — Si les parties qui figurent dans le pourvoi collectif ont des intérêts distincts, le pourvoi est non recevable. — Cons. d'Ét., 18 avr. 1891, de Clermont-Lounerre, [S. et P. 93.3.43] — Décidé, en ce sens, que le pourvoi collectivement formé au nom de plusieurs individus, contre une décision ministérielle, alors que l'intérêt de chacune des parties est distinct, doit être rejeté, sauf aux réclamants à se pourvoir chacun en leur propre et privé nom. — Cons. d'Ét., 4 juin 1823, Cie de Cheppe et Étienne, [S. chr., P. adm. chr.]; — 22 janv. 1824, Favre, [S. chr., P. adm. chr.]

616. — Bien qu'il ait été statué sur les réclamations de deux parties par un seul et même arrêté de conseil de préfecture, ces parties ne sont pas recevables à se pourvoir par la même requête contre ledit arrêté, si, devant le conseil de préfecture, elles avaient des intérêts complètement distincts. — Cons. d'Ét., 17 avr. 1869, Josse, [S. 70.2.94, P. adm. chr.] — Si on admettait, dans ce cas, les parties à ne présenter qu'une seule requête, il en résulterait une confusion dans la procédure, et, d'un autre côté, on leur donnerait un moyen facile d'éluder le droit d'enregistrement qui se perçoit sur chaque requête. — V. *suprà*, n. 566.

617. — Il a été jugé, dans le même sens, que les acquéreurs de diverses portions d'un même domaine, qui ont des intérêts distincts, et à l'égard desquels il a d'ailleurs été statué séparément par le conseil de préfecture, ne sont pas recevables à se pourvoir collectivement contre les décisions qui leur font grief. — Cons. d'Ét., 22 janv. 1824, Hache, [S. chr., P. adm. chr.] — V. aussi Cons. d'Ét., 27 avr. 1825, Gouliart, [P. adm. chr.]; — 29 déc. 1840, Hivert, [Leb. chr., p. 466]

618. — ... Que le propriétaire qui réclame une indemnité pour dommage résultant d'un travail public, et l'expert qui demande l'allocation de ses frais et honoraires, ont des intérêts distincts, et doivent présenter devant le Conseil d'État des requêtes séparées ; que leur recours collectif n'est recevable qu'en ce qui concerne le premier dénommé dans la requête. — Cons. d'Ét., 14 mars 1890, Abissel et Chevrol, [S. et P. 92.3.83, D. 91.3.93]

619. — Que plusieurs propriétaires riverains d'un polygone militaire ne peuvent former par une requête collective leurs demandes en réparation du préjudice causé à leurs immeubles par les exercices de tir, bien que, dans cette espèce, les demandes soient fondées sur le même fait et présentent la même question à juger. — Cons. d'Ét., 22 févr. 1889, Raoux, [D. 90.3.43]

620. — ... Qu'une requête dirigée contre plusieurs arrêtés du conseil de préfecture rendus en faveur des contribuables dont les intérêts sont distincts, n'est valable qu'en ce qui concerne celui de ces contribuables qui est dénommé le premier. — Cons. d'Ét., 16 mars 1888, Ville de Lorient, [S. 90.3.20, P. adm. chr., D. 89.3.41]

621. — ... Que le pourvoi des habitants d'une commune ne peut être formé au nom de ses habitants « collectivement » ; que l'avocat doit, à peine d'être personnellement passible des dépens, les dénommer individuellement dans la requête. — Cons. d'Ét., 3 déc. 1817, [S. chr., P. adm. chr.]

621 bis. — ... Que des propriétaires, réunis en association syndicale et réclamant contre les taxes qui leur sont imposées sur le rôle de cette association, ont des intérêts distincts, et doivent se pourvoir chacun par une requête séparée contre l'arrêté du conseil de préfecture qui rejette leurs réclamations ; qu'en conséquence, la requête collective qu'ils présentent au Conseil d'État n'est recevable qu'en ce qui concerne le premier d'entre eux qui y est dénommé. — Cons. d'Ét., 21 mai 1892, Vrigonneau, [S. et P. 94.3.42]

622. — D'autre part, il a été jugé que le ministre des Finances peut se pourvoir devant le Conseil d'État par un seul recours contre deux arrêtés du conseil de préfecture, rendus sur les réclamations d'un même contribuable relativement à la même contribution pour deux années différentes. — Cons. d'Ét., 21 mars 1890, Ministre des Finances, [S. et P. 92.3.86, D. 93.3.93]

623. — Toutefois, lorsqu'il s'agit de contribuables différents, et, en général, de parties ayant des intérêts distincts, le Conseil d'État applique une procédure plus rigoureuse, et exige que le ministre forme des recours séparés même qu'aucun intérêt fiscal ne soit en jeu, le ministre étant dispensé dans tous les cas de former son recours sur papier timbré. — Cons. d'Ét., 9 nov. 1889, Ministre du Commerce, [S. et P. 92.3.7, D. 91.3.31]

624. — Ainsi un recours formé par un ministre contre plusieurs arrêtés du conseil de préfecture rendus, en faveur de contribuables dont les intérêts sont distincts, n'est valable qu'en ce qui concerne celui de ces contribuables qui est dénommé le premier. — Même arrêt.

625. — Jugé encore, sur la même question, qu'un membre d'une association syndicale peut se pourvoir par une seule requête contre deux arrêtés du conseil de préfecture relatifs à la même nature de taxe pour deux années différentes. — Cons. d'Ét., 22 déc. 1882, Syndicat de Lancey, [S. 84.3.72, P. adm. chr., D. 84.3.60]

626. — ... Que des officiers peuvent se pourvoir par une requête collective contre les décrets portant, selon eux, atteinte à leurs droits acquis, alors que le préjudice qu'ils prétendent avoir éprouvé serait identique et qu'ils invoquent les mêmes moyens. — Cons. d'Ét., 20 avr. 1888, Casse, [S. 90.3.25, P. adm. chr., D. 89.3.65]

627. — ... Qu'est régulier le pourvoi formé devant le Conseil d'État contre une décision du ministre des Finances, et, en tant que de besoin, contre toutes décisions du ministre de la Guerre qui auraient pu intervenir ; et que les décisions rendues dans l'affaire par ce dernier ministre seront, dès lors, atteintes par ce pourvoi, alors surtout qu'il y a défendu. — Cons. d'Ét., 13 janv. 1853, Teschoueyre, [P. adm. chr.]

628. — Au contraire, des conclusions tendant à l'annulation d'un décret de concession de mine ne peuvent être soumises au Conseil d'État à l'occasion d'un recours formé contre l'arrêté d'un conseil de préfecture rendu sur une demande d'indemnité pour travaux de découverte de gisements miniers. — Cons. d'Ét., 3 juin 1892, Pissot, [Leb. chr., p. 522]

629. — Le pourvoi ne peut profiter qu'aux demandeurs dénommés dans la requête. L'expression de *consorts*, dont on fait généralement abus dans certains actes judiciaires, *brevitatis causâ*, est insuffisante devant le Conseil d'État pour conserver les droits de ceux qui sont compris sous cette désignation générale. — Cons. d'Ét., 1er août 1834, Mazet, [S. 34.2.627, P. adm. chr.] — Sic, Chevalier, *Jurispr. adm.*, v° *Procédure*, t. 2, p. 329, chap. 1, sect. 1, § 2.

630. — Néanmoins, lorsque, dans l'arrêté déféré au Conseil d'État, des héritiers, agissant dans un intérêt commun, ont été désignés par l'expression de « consorts », suivie du nom de leur auteur, cette désignation reproduite, dans la requête sommaire du recours est suffisante ; alors surtout qu'elle a été complétée par le mémoire ampliatif qui contient les noms et demeures de tous les héritiers. — Cons. d'Ét., 21 juill. 1858, Charbonnel, [Leb. chr., p. 537] — V. *suprà*, v° *Cassation* (mat. civ.), n. 47 et s.

631. — Dans le cas où le Conseil d'État, après avoir admis en la forme une requête, a statué sur cette requête en se déclarant incompétent, et où l'affaire revient devant lui par suite de l'annulation de sa décision par suite d'un conflit négatif, une partie n'est plus recevable à opposer au pourvoi une fin de non-recevoir tirée de ce qu'il n'aurait pas été introduit régulièrement. — Cons. d'Ét., 6 avr. 1887, Jablin, [D. 88.3.76]

2° *Inscription des requêtes.*

632. — L'art. 2, Règl. 22 juill. 1806, exige que les requêtes et en général toutes les productions des parties soient déposées au secrétariat du Conseil d'État : elles y sont inscrites sur un registre suivant leur ordre de date.

633. — Cette inscription a pour objet de certifier la formation du recours, et d'en préciser la date. Elle permet de reconnaître si le recours est ou non recevable, comme ayant été introduit dans le délai légal, ou présenté tardivement. — V. *infrà*, n. 680 et s.

634. — Nous avons vu ; en outre, qu'aux époques où fonctionne la section temporaire, l'ordre d'inscription détermine quelles sont les affaires d'élection et de contributions directes ou taxes assimilées qui sont portées à la section du contentieux ou à la section temporaire. — V. *supra*, n. 360.

635. — Quant à l'inscription des pièces produites, elle a pour objet d'assurer la production régulière, par les parties, des pièces relatives au litige ; nous avons vu, en effet, qu'on ne peut produire de nouvelles pièces au cours du débat oral ; toutes doivent être régulièrement versées au dossier.

636. — Le rapporteur, pour chaque affaire, est désigné par le président de la section du contentieux ; son nom est inscrit sur le registre dont nous venons de parler (Décr. 22 juill. 1806, art. 2).

637. — C'est également le président du contentieux qui distribue les affaires entre les quatre maîtres des requêtes remplissant les fonctions du ministère public (Décr. 2 août 1879, art. 20).

§ 3. *Qualité des parties.*

638. — La recevabilité des requêtes est soumise à la condition essentielle que celles-ci soient présentées par des parties ayant qualité à cet effet.

639. — Il est d'abord certaines conditions générales d'aptitude juridique à ester en justice, qui doivent tout naturellement se trouver réunies pour plaider devant le Conseil d'Etat comme devant toute autre juridiction (V. *supra*, v° *Action* (en justice), n. 136 et s.). Rappelons que ce droit est refusé aux mineurs, aux interdits et autres incapables, s'ils ne sont pas assistés de leurs représentants légaux, aux femmes mariées si elles ne sont pas autorisées de leur mari, aux communes et aux établissements publics, si ceux qui les représentent ne sont pas pourvus des autorisations exigées par la loi. — V. *supra*, v° *Action* (en justice), n. 238 et s., *Autorisation de femme mariée, Autorisation de plaider,* et *infra*, v° *Conseil judiciaire, Interdit, Mineur.*

640. — Jugé que, le tuteur naturel et légal étant décédé en cours d'instance, l'ascendant, tuteur datif, nommé en remplacement, a qualité pour représenter ses enfants mineurs devant le Conseil d'Etat. — Cons. d'Et., 8 août 1892, Ministre des Travaux publics, [D. 93.3.111]

641. — Aux termes du décret du 7 févr. 1809, l'étranger demandeur peut être tenu de fournir la caution *judicatum solvi* devant le Conseil d'Etat, aussi bien que devant les autres juridictions. — Cons. d'Et., 26 août 1824, Roguin et Delafléchère, [P. adm. chr.] — V. *supra*, v° *Caution judicatum solvi,* n. 94.

642. — Il est en outre évident qu'ici, comme devant les tribunaux ordinaires, il est indispensable que les personnes qui veulent se pourvoir aient été parties devant le premier juge. Ainsi on ne peut se pourvoir devant le Conseil d'Etat contre les arrêtés du conseil de préfecture dans lesquels on n'a point été partie. — V. *supra*, n. 436 — V. aussi Cons. d'Et., 26 mars 1823, Prevost, [S. chr., P. adm. chr.]

643. — Dans le cas où un arrêté de conseil de préfecture a été notifié par erreur à un tiers qu'il ne concerne pas, le tiers n'est donc pas recevable à le déférer au Conseil d'Etat. — Cons. d'Et., 13 déc. 1889, Dufour, [D. 91.3.52]

644. — Par la même raison, des membres du conseil municipal, agissant en leur nom personnel, qui n'ont pas été parties devant le préfet dans la demande en annulation d'une délibération du conseil municipal, ne sont pas recevables à déférer au Conseil d'Etat l'arrêté qui a rejeté cette demande. — Cons. d'Et., 9 mai 1890, Commune de Saint-Leu-Taverny, [S. et P. 92.3.103, D. 91.3.107]

645. — De même, celui qui n'a pas été partie dans une instance n'est pas recevable à demander l'interprétation d'une décision contentieuse intervenue au Conseil d'Etat sur cette instance. — Cons. d'Et., 14 août 1822, Peschery, [S. chr., P. adm. chr.] — V. Cons. d'Et., 13 juin 1821, Duparc, [S. chr., P. adm. chr.]

646. — La question de la qualité des parties mérite particulièrement d'être examinée lorsqu'il s'agit de pourvois formés au nom de personnes morales, telles que l'Etat, les départements ou les communes. Ces personnes civiles doivent être représentées par des agents ayant qualité à cet effet.

647. — Tout d'abord, les ministres ont seuls qualité pour former des pourvois au nom de l'Etat. — Cons. d'Et., 31 mars 1874, Ministre de la Guerre, [D. 75.3.29] — Il n'appartient qu'aux ministres, et non aux préfets, de déférer au Conseil d'Etat, au nom de l'administration, les arrêtés des conseils de préfecture dont il peut y avoir lieu de poursuivre la réformation. — Cons. d'Et., 7 avr. 1836, Siméon-Chaumier. — Par application du même principe, le mémoire présenté par ministère d'avocat au nom de l'administration pénitentiaire d'une colonie et une dépêche signée du sous-directeur des colonies pour le sous-secrétaire d'Etat au ministère de la Marine ne peuvent valablement saisir le conseil d'un pourvoi formé dans l'intérêt de l'Etat. — Cons. d'Et., 27 juill. 1888, Administration pénitentiaire de la Nouvelle-Calédonie, [S. 90.3.51, P. adm. chr., D. 89.3.99]

648. — La ratification donnée par le ministre au pourvoi ainsi formé irrégulièrement après l'expiration du délai accordé aux parties pour se pourvoir devant le Conseil d'Etat, ne peut faire obstacle à l'application de la déchéance encourue. — Même arrêt.

649. — Mais le pourvoi formé par l'administration pénitentiaire d'une colonie est, au contraire, recevable, s'il porte que cette administration est représentée en tant que de besoin dans l'instance par le ministre des Colonies. — Cons. d'Et., 23 avr. 1890, Administration pénitentiaire de la Guyane française, [S. et P. 92.3.92, D. 91.3.103] — Dans cette dernière espèce, le pourvoi était formé par un avocat au conseil, qui pouvait agir au nom du ministre aussi bien qu'au nom de l'administration pénitentiaire. Si la requête avait été présentée par cette administration directement et sans le ministère d'un avocat, il aurait fallu, pour la régulariser, que le ministre déclarât s'approprier le pourvoi, et cette déclaration n'est efficace que si elle intervient avant l'expiration du délai de recours.

650. — De même, une dépêche signée « pour le ministre et par son ordre » par un directeur du ministère ne constitue pas une décision susceptible d'être déférée au Conseil d'Etat par la voie contentieuse. — Cons. d'Et., 8 juill. 1892, Hugot, [S. et P. 94.3.63]

650 bis. — Spécialement, est non recevable le recours formé pour le ministre de la Guerre et par son ordre par l'adjoint au directeur du contrôle. — Cons. d'Et., 9 déc. 1892, Ministre de la Guerre, [Leb. chr., p. 883] ; — 25 juill. 1890, Société des fournitures militaires, [D. 92.3.25] ; — 9 déc. 1892, Ministre de la Guerre, [S. et P. 94.3.96]

651. — ... Et une décision signée par le ministre de la Guerre, et reproduisant les termes de la première dépêche, ne peut être considérée comme ayant été notifiée régulièrement à un entrepreneur de travaux militaires, alors que le directeur du génie s'est borné à l'informer que l'indication, portée sur la copie de la décision primitivement notifiée, d'une signature pour le ministre et par son ordre, était inexacte et devait être remplacée par celle du ministre lui-même. — Cons. d'Et., 8 juill. 1892, précité.

651 bis. — Est également non recevable le recours formé par le directeur des chemins de fer, agissant pour le ministre des Travaux publics et par autorisation. — Cons. d'Et., 21 nov. 1890, 16 et 30 janv. 1891, Ministre des Travaux publics, [S. et P. 93.3.12, D. 92.3.40] ; — 3 juin 1892, Ministre des Travaux publics, [Leb. chr., p. 521]

652. — Il en est ainsi, bien que le ministre ait signé lui-même le mémoire ampliatif produit à l'appui du recours, alors que cette production a été faite après le délai légal. — Cons. d'Et., 30 janv. 1891, précité.

653. — Mais le ministre des Travaux publics a qualité pour se pourvoir devant le Conseil d'Etat contre l'arrêté du conseil de préfecture qui déclare une propriété affranchie de la servitude d'extraction des matériaux nécessaires à l'entretien d'une route départementale, la confection et l'entretien des routes départementales étant placés sous la direction et la surveillance de ce ministre. — Cons. d'Et., 6 janv. 1853, Ministre des Travaux publics, [D. 53.3.49]

654. — Par contre, le ministre de l'Intérieur n'a pas qualité pour se pourvoir au Conseil d'Etat un arrêté de conseil de préfecture renvoyant un particulier des fins d'un procès-verbal dressé contre lui pour contravention commise sur une rivière navigable, les rivières étant placées sous l'autorité du ministre des Travaux publics. — Cons. d'Et., 2 déc. 1881, Ministre de l'Intérieur, [S. 83.3.37, P. adm. chr., D. 83.3.24]

655. — Inversement, il n'appartient pas au ministre des Travaux publics de demander, par application de la loi du 9 vent. an XIII, la suppression d'un ouvrage constituant une anticipation sur le sol d'un chemin vicinal. — Cons. d'Et., 7 août 1886, Ministre des Travaux publics, [D. 88.3.12]

656. — Le ministre des Travaux publics, agissant au nom de l'État, n'est pas recevable à demander l'annulation d'un arrêté du conseil de préfecture admettant la réclamation d'un propriétaire contre un arrêté préfectoral qui a autorisé un entrepreneur, dans l'intérêt exclusif de celui-ci, à extraire des matériaux dans les terrains de ce propriétaire. — Cons. d'Et., 11 juill. 1884, Ministre des Travaux publics, [D. 85.5.118]

657. — ... Ni à déférer au Conseil d'Etat un arrêté du conseil de préfecture qui aurait fixé à une somme insuffisante l'indemnité due par le Trésor à un entrepreneur, alors même qu'il déclare former ce pourvoi dans l'intérêt des principes. — Cons. d'Et., 10 févr. 1882, Ministre des Travaux publics, [S. 84.3.8, P. adm. chr., D. 83.3.62]

658. — Le ministre ne peut, en pareil cas, former un recours contre ledit arrêté que dans l'intérêt de la loi. — Même arrêt.

659. — Un ministre peut toujours se pourvoir devant le Conseil d'Etat, contre l'arrêté d'un conseil de préfecture, dans l'intérêt des droits de l'administration. — Cons. d'Et., 17 déc. 1823, Ministre de l'Intérieur, [S. chr., P. adm. chr.] — La raison en est qu'il n'y a pas, auprès du Conseil d'Etat, de procureur de la République ayant pouvoir de dénoncer la violation de la loi, d'office ou sur la demande des ministres, et que dès lors ceux-ci doivent avoir le droit de se pourvoir directement devant le conseil, chacun dans les matières qui le concernent. — V. Cormenin, t. 1, p. 180; Serrigny, Comp. et proc. admin., t. 2, n° 928 bis.

660. — Ainsi, en matière de contraventions, c'est au ministre, représentant de l'autorité publique, qu'il appartient de saisir le Conseil d'Etat par voie d'appel, s'il y a lieu. — V. quant aux contraventions de grande voirie, Cons. d'Et., 23 avr. 1880, Département de Seine-et-Oise, [S. 81.3.73, P. adm. chr., D. 81.3.23] — V. aussi les observations du ministre de l'Intérieur, sous Cons. d'Et., 23 nov. 1883, Secrétaire général de la préfecture du Puy-de-Dôme, [S. 85.3.53, P. adm. chr., D. 85.3.46]

661. — Spécialement, aucune disposition de loi n'autorisant le préfet à se pourvoir contre les arrêtés du conseil de préfecture rendus en matière de contravention de grande voirie, ce droit n'appartenant qu'au ministre des Travaux publics sous l'autorité duquel sont placées, à moins de dispositions contraires, les voies publiques dépendant de la grande voirie, est non recevable le recours formé par un préfet contre un arrêté de conseil de préfecture relaxant d'un procès-verbal de contravention le riverain d'une route départementale. — Cons. d'Et., 23 avr. 1880, précité; — 15 mai 1891, Préfet de l'Aube, [S. et P. 93.3.60, D. 92.5.178]

662. — Il a été jugé aussi que le secrétaire général de la préfecture, agissant comme commissaire du gouvernement près le conseil de préfecture, n'est pas recevable à déférer au Conseil d'État un arrêté par lequel le conseil de préfecture a renvoyé un particulier des fins d'un procès-verbal de contravention. — Cons. d'Et., 23 nov. 1883, précité.

663. — On ne saurait assimiler, en effet, le rôle de commissaire du gouvernement près le conseil de préfecture à celui du ministère public auprès des tribunaux de l'ordre judiciaire. Il y a entre les deux situations une différence notable : tandis que l'exercice de l'action publique est confié au chef du parquet, l'intervention du commissaire du gouvernement est strictement restreinte au droit de présenter des conclusions comme organe de l'administration; le soin de poursuivre la répression des contraventions de grande voirie devant le conseil de préfecture est réservé au préfet, chef de l'administration active dans le département, ou aux sous-préfets, en vertu d'une délégation qu'ils tiennent, soit d'une loi, soit d'un règlement d'administration publique. Le commissaire du gouvernement n'ayant pas le droit d'action, on ne comprendrait pas qu'il eût le droit d'interjeter appel. — V. les observations de M. Le Vavasseur de Précourt : Rev. gén. d'adm., 1884, t. 1, p. 69.

664. — Le pourvoi d'une commune contre un arrêté du conseil de préfecture ne peut être introduit que par la commune elle-même, agissant en la personne de son maire, ou de celui qui le remplace (V. suprà, v° Commune, n. 874 et s.); cette action ne peut être exercée, au nom de la commune, à défaut du maire, adversaire de la commune, par le directeur de l'administration communale. L'art. 16, Règl. 22 juill. 1806, relatif à l'introduction des affaires par les ministres, n'est applicable qu'aux affaires administratives intéressant l'État. — Cons. d'Et., 8 sept. 1819, Commune de Gonès, [S. chr., P. adm. chr.] — V. dans le même sens Cons. d'Et., 24 mars 1819, Habitants d'Arboux, [S. chr., P. adm. chr.]; — 19 déc. 1821, Commune de Molay, [S. chr., P. adm. chr.]; — 22 nov. 1829, Ministre de l'Intérieur, [S. chr., P. adm. chr.] — M. de Cormenin pensait que si le ministre de l'Intérieur, et à plus forte raison, le directeur de l'administration communale sont sans qualité pour exercer les actions d'une commune devant les tribunaux, il en serait autrement dans le cas où le maire aurait des intérêts opposés à la commune, et qu'en pareil cas, le ministre se trouverait appelé à la défendre devant l'administration. « Devant le Conseil d'Etat, disait cet auteur, si le maire est l'adversaire de la commune, il est de l'intérêt de celle-ci que le ministre la défende sans frais et sans dépens, surtout s'il s'agit d'un excès de pouvoir du conseil de préfecture » (Droit adm., v° Commune, § 43). — V. dans le sens de cette opinion, Cons. d'Et., 26 nov. 1828, Frédéric, [S. chr., P. adm. chr.]; — 6 janv. 1830, Ministre de l'Intérieur, [S. chr., P. adm. chr.]

665. — La question ne se pose plus depuis que l'art. 83, L. 5 avr. 1884, a prévu le cas où les intérêts du maire se trouveraient en opposition avec ceux de la commune et dispose qu'en ce cas, le conseil municipal désignera un autre de ses membres pour représenter la commune, soit en justice, soit dans ses contrats. — V. suprà, v° Commune, n. 888 et s.

666. — Conformément au principe posé, suprà, v° Commune, n. 875 et s.; un maire est sans qualité pour intervenir au nom de sa commune, dans une instance portée devant le Conseil d'État, s'il n'y est autorisé par le conseil municipal, alors même qu'il s'agirait, au fond, du maintien d'un règlement arrêté par lui. — Cons. d'Et., 8 sept. 1819, Ruellan, [S. chr., P. adm. chr.] — V. suprà, v° Commune, n. 879.

667. — Est également non recevable le pourvoi formé au Conseil d'État, au nom d'une commune et en vertu d'une délibération du conseil municipal, lorsque cette délibération a été révoquée par un décret dont la notification est antérieure à l'enregistrement de la requête au secrétariat du contentieux du Conseil d'Etat. — Cons. d'Et., 19 déc. 1884, Commune de Cherré, [D. 85.5.118]

668. — Il a été jugé que les établissements religieux non régulièrement reconnus en France n'ont pas qualité pour se pourvoir au Conseil d'Etat. — Cons. d'Et., 18 nov. 1838, Conseil d'administration de l'Eglise angl., [S. 39.2.349, P. adm. chr.] — V. sur la question, suprà, v° Communauté religieuse, n. 839 et s.

669. — Le président d'un conseil général n'a pas qualité, en dehors de toute délégation de ce conseil donnée à cet effet, pour former un pourvoi au Conseil d'Etat, au nom dudit conseil, contre une décision ministérielle. — Cons. d'Et., 19 nov. 1880, Montjaret de Kerjégu, [S. 82.3.16, P. adm. chr., D. 82.3.34] — V. les conclusions de M. le commissaire du gouvernement Gomel et les décisions qui y sont citées. — V., dans le même sens, Gautier, Rev. crit., 1882, p. 17.

670. — En ce qui concerne plus spécialement les personnes privées, le principe en vertu duquel nul ne peut agir en justice par procureur, est applicable devant le Conseil d'État comme devant toute autre juridiction (V. suprà, v° Action [en justice], n. 144 et s.). C'est ainsi qu'il a été décidé qu'un régisseur n'a pas, à ce titre, qualité pour déférer au Conseil d'Etat un acte administratif intéressant le propriétaire des biens dont il a la gestion. — Cons. d'Et., 29 juill. 1881, Teste, [D. 82.5.125]

671. — ... Qu'un avocat n'est pas recevable, en sa seule qualité et sans justification d'un mandat, à former un pourvoi au Conseil d'Etat au nom du client pour lequel il a plaidé devant le conseil de préfecture. — Cons. d'Et., 2 nov. 1888, Elections de Lalbenque, [D. 89.5.126]

672. — Que le tiers qui a sous-cautionné la caution d'un débiteur de l'Etat, n'est pas recevable à se pourvoir contre une décision administrative, ni contre les actes d'exécution qui l'ont suivie, lorsque ces actes ont été régulièrement signifiés à la caution, et que celle-ci ne les a pas attaqués dans les délais du règlement. — Cons. d'Et., 25 févr. 1829, Poncy, [S. chr., P. adm. chr.]

673. — Mais le créancier ayant droit d'exercer les actions de son débiteur (art. 1166), est recevable à attaquer devant le Conseil d'Etat, les arrêtés rendus contre ce débiteur. — Cons. d'Et., 17 juill. 1816, Lepointe, [S. chr., P. adm. chr.]

674. — L'intérêt est une condition nécessaire pour qu'une partie ait qualité pour agir devant le Conseil d'Etat : ici, comme en matière judiciaire, il est vrai de dire : « Pas d'intérêt, pas d'action. » — V. *suprà*, v° *Action* (en justice), n. 64 et s.

675. — Ainsi, le rejet, par un arrêté du conseil de préfecture, de la demande en indemnité formée pour dommage causé à une propriété privée par les travaux de confection d'un chemin de fer, rend non recevable, pour défaut d'intérêt, le pourvoi de la compagnie du chemin de fer contre la disposition dudit arrêté qui a également rejeté la demande en garantie formée par elle contre l'État. — Cons. d'Ét., 8 mars 1851, Chemin d'Avignon à Marseille, [P. adm. chr.]

676. — Une commune n'est pas non plus recevable à déférer au Conseil d'État la disposition d'un arrêté de conseil de préfecture qui a fixé, conformément à ses conclusions, le montant de la somme due à un entrepreneur. — Cons. d'Ét., 15 févr. 1889, Commune de Villeneuve de Berg, [D. 90.3.46]

677. — Mais une partie qui s'était désistée d'une demande en interprétation d'un acte administratif formée devant le Conseil d'État, à la suite d'un renvoi ordonné par un tribunal de première instance pour se conformer à un arrêt infirmant le jugement et déclarant l'interprétation inutile, est recevable à former une nouvelle demande d'interprétation, alors que la réfraction de l'arrêt a fait revivre le jugement. — Cons. d'Ét., 20 mars 1891, Ville de Rouen, [S. et P. 93.3.37, D. 92.3.89]

678. — La partie qui n'a pas contesté en première instance la qualité de son adversaire n'est pas recevable à la critiquer pour la première fois devant le Conseil d'État. — Cons. d'Ét., 26 déc. 1885, Ville de Besançon, [Leb. chr., p. 1013, *J. de dr. adm.*, 1886, p. 72]

679. — Ainsi, lorsqu'une femme mariée a intenté une action devant le conseil de préfecture sans l'autorisation de son mari, le défendeur n'est pas recevable à invoquer pour la première fois cette irrégularité devant le Conseil d'État et à demander de ce chef l'annulation de l'arrêté attaqué. — Cons. d'Ét., 3 juin 1892, Commune d'Allègre, [Leb. chr., p. 340] — La femme, au contraire, a ce droit en tout état de cause. — V. *suprà*, v° *Autorisation de femme mariée*, n. 929 et s.

§ 4. *Délais du recours.*

1° *Durée du délai.*

680. — L'art. 11, Décr. 22 juill. 1806, pose la règle générale que le recours ou pourvoi du Conseil d'État contre la décision d'une autorité qui y ressortit n'est pas recevable après trois mois, du jour où cette décision a été notifiée.

681. — Ceux qui demeurent hors de la France continentale ont, outre ce délai de trois mois, celui qui est réglé par l'art. 73, C. proc. civ. (Même décr., art. 13).

682. — Tel est le principe général, il s'applique toutes les fois que la loi n'y a pas dérogé par une disposition spéciale.

683. — Une importante dérogation est inscrite dans la loi du 22 juill. 1889, sur la procédure devant les conseils de préfecture. Cette loi (art. 37) a réduit à deux mois le délai du pourvoi au Conseil d'État contre les arrêtés de ces conseils en matière contentieuse.

684. — Ce délai de deux mois est augmenté, conformément à l'art. 73, C. proc. civ., modifié par la loi du 3 mai 1862, lorsque le requérant est domicilié hors de la France continentale (Même loi, art. 58).

685. — L'art. 58, L. 22 juill. 1889, aux termes duquel le délai du pourvoi est augmenté d'un mois quand le requérant est domicilié en Corse, est applicable au cas où le pourvoi est adressé à l'une des sous-préfectures de la Corse dans les matières où ce mode de dépôt du pourvoi est autorisé. — Cons. d'Ét., 17 avr. 1891, Elect. de Moïta, [D. 92.3.104]

686. — Les autres exceptions à la règle du délai de trois mois sont rares. Elles résultent : 1° de l'art. 88, L. 10 août 1871, qui fixe à deux mois le délai du recours formé contre les décisions des commissions départementales énumérées aux art. 86 et 87.

687. — 2° De l'art. 40, § 2, L. 5 avr. 1884, qui réduit à un mois le délai des pourvois dirigés contre les décisions des conseils de préfecture rendus en matière d'élections municipales.

688. — Comme on le voit, les dérogations à la règle du délai de trois mois tendent à réduire ce délai et non à l'augmenter.

689. — Le recours qui a été formé passé le délai légal est non recevable. — Cons. d'Ét., 21 août 1816, Guidé, [S. chr., P. adm. chr.]; — 3 avr. 1841, Tavernier, [P. adm. chr.]; — 17 janv. 1879, Charamaule, [Leb. chr., p. 40]; — 27 nov. 1885, Société des abattoirs municipaux, [Leb. chr., p. 873]; — 12 nov. 1886, Monge, [Leb. chr., p. 790]

690. — Le pourvoi dirigé contre une décision ministérielle par un entrepreneur habitant la Grande-Bretagne, plus de quatre mois après la communication de cette décision donnée au représentant de cet entrepreneur, est donc non recevable comme formé tardivement. — Cons. d'Ét., 16 janv. 1891, Francis Son, [S. et P. 93.3.4, D. 92.3.78]

691. — Vainement la partie qui a tardivement introduit le pourvoi allèguerait-elle que les pièces de son dossier étaient retenues par la partie adverse : elle pouvait arrêter le cours du délai de trois mois, en présentant une requête introductive de son pourvoi, appuyée de la copie certifiée de l'arrêté attaqué. — Cons. d'Ét., 16 juill. 1817, Montagnon, [S. chr., P. adm. chr.]

692. — La déchéance doit également être prononcée au cas où la partie aurait pris par erreur la voie de l'opposition, la décision étant contradictoire. — Cons. d'Ét., 27 août 1817, Bostelier, [S. chr., P. adm. chr.]

693. — Il en est de même au cas où, s'agissant d'une décision ministérielle, la partie se serait pourvue en révision devant le ministre; ce pourvoi ne conserve pas les délais. — Cons. d'Ét., 2 juin 1819, Dubignon, [S. chr., P. adm. chr.]

694. — Il a été, il est vrai, jugé en sens contraire, que la déchéance du pourvoi ne peut être opposée à la partie qui attaque une décision ministérielle, lorsque, depuis cette décision, elle n'a cessé d'être en instance et de réclamer auprès du ministre. — Cons. d'Ét., 26 févr. 1817, Raymond, [S. chr., P. adm. chr.] — Mais la première opinion nous paraît plus juste. Lorsque le ministre a statué, il est dessaisi : la circonstance que la partie lui a demandé de revenir sur sa décision ne peut avoir pour effet d'augmenter la durée du délai. Autrement, il dépendrait des particuliers d'empêcher les décisions ministérielles de devenir définitives.

695. — La partie qui s'est pourvue, après expiration du délai, contre un arrêté par lequel un conseil de préfecture s'est déclaré saisi à tort, et qui a utilisé le délai à faire juger de nouveau la demande par le conseil de préfecture qu'elle croyait compétent, ne peut invoquer comme excuse de nature à la relever de sa déchéance, la circonstance qu'elle aurait été induite en erreur par l'arrêté attaqué lui-même sur l'autorité à laquelle elle devait soumettre sa réclamation. — Cons. d'Ét., 19 juill. 1854, Causse, [P. adm. chr., D. 55.3.40]

696. — C'est la requête introductive elle-même qui doit être déposée dans les délais. Tout autre acte judiciaire ou extrajudiciaire ne suffirait pas à empêcher la déchéance de l'accomplir. Il a été jugé, en ce sens : 1° que la signification au préfet du département et la transmission au secrétariat général du Conseil d'État d'un acte extrajudiciaire, par lequel un électeur déclare avoir déféré au Conseil d'État les arrêtés du conseil de préfecture, ne tient pas lieu de la requête introductive du recours annoncé. — Cons. d'Ét., 31 janv. 1838, Boyer, [P. adm. chr.]; — 1er avr. 1840, Michau, [P. adm. chr.] — *Sic*, Cormenin, *op. cit.*, p. 44, note 2; — 2° que l'acte extrajudiciaire par lequel on déclare vouloir se pourvoir contre un arrêté ne suffit pas pour saisir le Conseil d'État; qu'il ne peut suppléer à la requête. — Dufour, *op. cit.*, n. 268.

697. — ... Qu'est non recevable le pourvoi devant le Conseil d'État formé au nom d'une commune contre un arrêté du conseil de préfecture lorsque ce pourvoi n'a été enregistré au secrétariat du Conseil d'État que passé le délai légal, alors même que le maire aurait écrit au préfet une lettre par laquelle, tout en lui demandant l'envoi de plusieurs pièces, il l'aurait prié de lui donner acte du pourvoi qu'il déclarait faire par cette lettre dans le but de prévenir la déchéance. — Cons. d'Ét., 13 déc. 1845, Ville de Chauny, [P. adm. chr.]; — 18 avr. 1845, Bouillé, [P. adm. chr.]

698. — Qu'est non recevable le pourvoi au Conseil d'État formé après le délai par un particulier contre un arrêté rendu par l'un des conseils de préfecture de l'Algérie, bien que ce particulier ait fait signifier, dans le délai légal, au directeur des domaines, à Alger, un acte extrajudiciaire dans lequel il déclarait être dans l'intention de se pourvoir. — Cons. d'Ét., 2 févr. 1854, Oxéda, [P. adm. chr., D. 54.3.33]

699. — On le décidait ainsi, même dans le cas où les parties avaient la faculté de transmettre leurs pièces par l'intermédiaire des préfets; elles devaient déposer leur requête ou veiller à ce que le dépôt en fût effectué au secrétariat du conseil dans les délais déterminés par l'art. 11 (Serrigny, n. 282; Dufour, n. 267). Si elle n'était déposée qu'après l'expiration de ces délais, la déchéance aurait été prononcée contre le demandeur, encore bien qu'il eût déposé sa requête au secrétariat de la préfecture, et que le retard fût dû à un oubli, à une faute même de l'autorité locale.

700. — Ainsi, en matière de contributions directes, les pourvois au Conseil d'Etat, contre les arrêtés des conseils de préfecture, étaient frappés de déchéance lorsqu'ils n'étaient pas enregistrés au secrétariat du Conseil d'Etat dans les trois mois de la notification faite au contribuable. Il ne suffisait pas que la requête eût été déposée dans les trois mois au secrétariat de la préfecture. — Cons. d'Et., 5 sept. 1836, Le supérieur du petit séminaire de Nantes, [P. adm. chr.]

701. — Il était jugé, dans le même sens, en matière d'élections départementales. — Cons. d'Et., 20 juill. 1853, Elections du canton de Buis, [P. adm. chr.]; — 2 févr. 1850, Elections de Wazommes, [P. adm. chr.]

702. — Au sujet de ces différentes décisions, M. Serrigny (*Organis. et compét.*, t. 1, n. 282) faisait les observations suivantes : « Dans le cas où la loi déclare que le pourvoi au conseil aura lieu sans frais, comme, par exemple, en matière de contributions directes ou d'élections, cela dispense bien la partie réclamante d'employer le ministère d'un avocat au Conseil d'Etat, mais non de déposer sa requête au secrétariat du conseil dans le délai fixé par l'art. 11 du règlement. Le demandeur ne serait pas à l'abri de la déchéance, s'il avait déposé sa requête entre les mains de l'autorité locale dans les trois mois qui ont suivi la signification de l'arrêt attaqué, par exemple au secrétariat de la préfecture. C'est ce qu'a décidé le conseil en matière d'élections municipales. La question serait plus délicate en matière de contributions directes, parce que l'art. 30, L. 21 avr. 1832, dit que le recours pourra être transmis par l'intermédiaire du préfet, mais néanmoins on le décide de même, parce que c'est là une simple faculté pour la partie, faculté qu'elle exerce à ses risques et périls. »

703. — On peut toutefois citer un arrêt par lequel il avait été jugé que le pourvoi en matière de taxe de pavage eût été enregistré dans le délai légal à la préfecture du département. — Cons. d'Et., 9 mars 1853, Ravoil, [S. 53.2.729, P. adm. chr.]. — Mais, dans l'espèce, le conseil s'était sans doute déterminé par la faveur qui est due, au point de vue de la procédure, à la matière des contributions directes ou des taxes qui y sont assimilées, et par cette considération que les pièces peuvent être transmises avec une grande rapidité de la préfecture de la Seine au secrétariat du Conseil d'Etat.

704. — Aujourd'hui, l'ancienne jurisprudence ne saurait être maintenue. En effet, la loi du 22 juill. 1889 dispose que, dans le cas où le recours peut être déposé à la préfecture ou à la sous-préfecture, il y est marqué d'un timbre qui ne indique la date de l'arrivée; cette date doit être considérée comme celle du pourvoi. — V. *suprà*, n. 589.

705. — Il suffit, d'ailleurs, que le pourvoi au Conseil d'Etat ait été formé dans le délai; il est recevable, lors même que l'enregistrement de ce pourvoi au secrétariat du conseil aurait été ajourné pour l'accomplissement de formalités étrangères à sa recevabilité; dans l'espèce, jusqu'à l'envoi des fonds nécessaires pour payer les droits d'enregistrement. — Cons. d'Et., 10 févr. 1882, Brun, [S. 84.3.7, P. adm. chr., D. 83.3.39] — V. aussi Cons. d'Et., 28 nov. 1873, Aymé, [Leb. chr., p. 857]

706. — Le délai du recours au Conseil d'Etat est général. Il court non seulement contre les particuliers mais également contre les personnes civiles soumises aux mêmes prescriptions qu'eux (C. civ., art. 2227). C'est un point constant en doctrine et jurisprudence. — Foucart, n. 1934; Dufour, n. 283; Serrigny, n. 306; Cormenin, p. 34.

707. — Décidé, en conséquence, qu'il court contre les départements et contre les communes. — Cons. d'Et., 25 févr. 1818, Commune de Marsillargues, [P. adm. chr.]; — 9 mars 1832, Dumas, [P. adm. chr.]; — 21 mai 1854, Commune de Chigy, [P. adm. chr.]; — 21 juin 1854, Préfet du Pas-de-Calais, [S. 54.2. 743, P. adm. chr.] — ... Contre le Trésor. — Cons. d'Et., 28 juill. 1819, Damou, [P. adm. chr.] — ... Contre les fabriques, hospices et autres établissements. — Foucart, t. 3, p. 389. — ... Contre l'Etat et les ministres lorsqu'ils exercent le recours dans l'intérêt des administrations qui ressortissent à leur département. —

Cons. d'Et., 5 juill. 1826, Min. des Finances, [P. adm. chr.]; — 4 juill. 1838, Min. des Travaux publics, [P. adm. chr.] — ... Contre les mineurs. — Cons. d'Et., 14 mai 1817, Sallier, [S. chr., P. adm. chr.]

708. — Il suffit, d'après cette dernière décision, pour faire courir les délais, que la signification en ait été faite aux tuteurs (Cormenin, p. 56). D'où il résulte non seulement que le privilège que confère aux mineurs l'art. 2252, C. civ., ne peut leur servir dans les pourvois devant le Conseil d'Etat, mais qu'ils ne jouissent même pas du bénéfice des dispositions de l'art. 444, C. proc. civ., qui ne fait courir le délai d'appel contre eux qu'à partir de la signification faite aux subrogés tuteurs. — V. *infrà*, n. 806.

709. — De ce que le délai court contre les communes, il faut tirer cette conséquence qu'est non recevable, comme tardif, le pourvoi au Conseil d'Etat formé par une commune contre un décret qui a inscrit d'office une somme à son budget, lorsque ce pourvoi n'a été introduit que plus de trois mois après la notification qui a été faite dudit décret à la commune par le préfet du département. — Cons. d'Et., 27 févr. 1847, Ville d'Orléans, [P. adm. chr.]

710. — Il a été jugé que le pourvoi contre les décisions ministérielles rendues au préjudice d'un département doit, à peine de déchéance, être formé par le préfet dans les trois mois de la notification qui lui en a été faite, sans attendre la réunion du conseil général; sauf la délibération ultérieure de ce conseil sur les suites à donner audit pourvoi. — Cons. d'Et., 17 mai 1850, Département de la Vienne, [P. adm. chr.]

711. — Il y aurait évidemment lieu de décider dans le même sens pour les communes; le maire peut d'ailleurs sans autorisation faire tous actes conservatoires (L. 5 avr. 1884, art. 122). — V. *suprà*, v° *Commune*, n. 880 et s.

712. — Le délai ne peut être prorogé par une convention entre les parties. — Dufour, t. 1, n. 335.

713. — Le délai légal s'applique aux pourvois formés sans frais comme aux autres. — Cons. d'Et., 28 nov. 1839, Elect. de Robiac, [S. 40.2.544]; — 1er avr. 1840, Elect. des Rosiers, [*eod. loc.*]

714. — Pour remédier à la déchéance encourue, certaines parties avaient imaginé de renouveler leur prétention première, et de provoquer une seconde décision, contre laquelle ils pussent user du recours; mais la jurisprudence a constamment fait justice de ces voies détournées en rejetant le pourvoi formé contre les deux arrêtés (Dufour, n. 285; Serrigny, n. 308). Ainsi, il a été jugé qu'irrecevable le recours contre les arrêtés d'un conseil de préfecture qui ne sont que la conséquence et l'exécution de précédents arrêtés, si on n'a déféré ces derniers au Conseil d'Etat dans les délais du règlement. — Cons. d'Et., 4 juill. 1837, Bouteron, [S. 37.2.514, P. adm. chr.]

715. — ... Qu'est irrecevable le pourvoi contre une décision ministérielle que l'on fait que se référer à une décision antérieure, si celle-ci n'a pas été attaquée dans le délai légal. — Cons. d'Et., 5 déc. 1837, Ville de Toulouse, [P. adm. chr.]; — 7 févr. 1848, Placié, [P. adm. chr.]; — 25 janv. 1851, Passama, [P. adm. chr.]; — 21 mai 1852, Comp. franç. du filtrage, [P. adm. chr.]

716. — ... Que le particulier qui n'a pas formé, dans le délai légal, un pourvoi contre une décision ministérielle, n'est pas recevable à déférer au Conseil d'Etat une seconde décision se bornant à confirmer la première. — Cons. d'Et., 23 janv. 1874, Fauchet, [S. 75.2.342, P. adm. chr., D. 75.3.12] — V. aussi Cons. d'Et., 26 janv. 1854, Trochu, [D. 54.5.182]; — 2 août 1854, Duran, [D. 55.5.106]; — 20 juin 1873, Com. des Dombes, [D. 73.5.135]; — 2 juill. 1880, Durrieu, [D. 81.3.54]; — 24 févr. 1890, Drouet, [S. et P. 92.3.74, D. 91.3.84]; — 7 mars 1890, Com. de Quinçay, [S. et P. 92.3.80, D. 91.3.89]

717. — ... Qu'il en est ainsi, lors même que la première décision aurait été rendue sans que l'intéressé eût été appelé à faire valoir ses moyens de défense, la règle d'après laquelle les jugements rendus par défaut doivent être attaqués par la voie de l'opposition ne s'appliquant pas aux décisions de cette nature. — Cons. d'Et., 2 juill. 1880, précité.

718. — ... Que le particulier qui n'a pas attaqué devant le Conseil d'Etat, dans le délai réglementaire, une décision du gouverneur général de l'Algérie, n'est pas recevable à former un pourvoi contre une seconde décision par laquelle le gouverneur général n'a fait que confirmer la première. Il en est ainsi, lors même qu'avant la première décision, l'intéressé n'aurait pas été appelé à présenter ses moyens de défense.—Cons. d'Et., 20 févr. 1880, Carrière, [S. 81.3.37, P. adm. chr., D. 81.3.24] — En décidant ainsi, le Conseil d'Etat a condamné implicitement une thèse qui prétendait assimiler, dans certains cas, à des jugements par défaut les décisions du gouvernement général de l'Algérie, ou, plus généralement, les décisions ministérielles qui statuent sur des difficultés élevées entre l'Etat et des particuliers. Les décisions de cette nature paraissent, en effet, devoir être considérées, non comme des jugements, mais comme de simples actes d'administration contre lesquels on ne saurait recourir à la voie de l'opposition.

719. — Une commune qui n'a pas contesté, en temps utile, la régularité d'un décret ne peut se prévaloir de ce que ce décret aurait été rendu après une instruction irrégulière, pour demander l'annulation d'un arrêté pris par le préfet à l'effet d'assurer, dans les conditions prescrites par la loi, l'exécution dudit décret. — Cons. d'Et., 15 juin 1888, Com. de Rieux, [S. 90.3.38, P. adm. chr., D. 89.3.94]

720. — Jugé, dans le même ordre d'idées : 1° que le département n'est pas recevable à contester les modifications apportées aux comptes votés par le conseil général par un décret de règlement qu'il n'a pas attaqué en temps utile, à l'occasion des décrets relatifs au règlement des comptes des exercices postérieurs dans lesquels il a été fait état de ces modifications. — Cons. d'Et., 29 nov. 1889, Dép. de Constantine, [D. 91.3.43]

721. — ... 2° Que lorsque le ministre des Travaux publics a pris un arrêté portant, pour un exercice, règlement du compte d'établissement, pour effet de la garantie d'intérêts, et que cet arrêté n'a été l'objet d'aucun recours de la part de la compagnie concessionnaire, celle-ci n'est pas recevable à remettre en question, à l'occasion de la décision relative à un autre exercice, le compte ainsi arrêté, dont elle ne conteste, en temps utile, aucun des éléments, et qu'on doit considérer comme définitifs, d'une part, l'inscription de toutes les dépenses qui y ont été portées, et d'autre part, l'inscription pour tous les exercices postérieurs des recettes correspondant à ces dépenses. — Cons. d'Et., 23 mai 1890, Ch. de fer Paris-Lyon-Méditerranée, [D. 91.5.126]

722. — Toutefois, il ne faut pas étendre trop loin la règle qui exclut les recours contre les décisions confirmatives.

723. — Ainsi, d'abord, la décision primitive n'a pas été notifiée, l'intéressé n'a pu la déférer au Conseil d'Etat, et son recours est valablement formé dans les trois mois de la notification qu'il reçoit. Un particulier est donc recevable à déférer au Conseil d'Etat une décision ministérielle rendue à son égard, alors même qu'elle serait la confirmation pure et simple d'une précédente décision non attaquée dans les délais légaux, si cette précédente décision ne lui a pas été régulièrement notifiée. — Cons. d'Et., 26 févr. 1892, Guinle, [S. et P. 94.3.12, D 93.3.50]

724. — En outre, la règle ne peut être appliquée qu'au cas où il s'agit d'une décision purement et simplement confirmative. Ainsi, quand, par une première décision, le ministre a fait connaître à un réclamant que, tout en ne considérant pas sa demande comme fondée, il l'invitait à proposer un arrangement, la seconde décision par laquelle, à défaut d'arrangement intervenu, le ministre déclare rejeter la demande n'est pas purement confirmative de la première, et qu'elle peut, dès lors, être attaquée devant le Conseil d'Etat. — Cons. d'Et., 18 mai 1877, Banque de France, [S. 78.2.28, P. adm. chr., D. 77.3.81]

725. — De même, lorsque les décisions ministérielles fixant les bases de l'indemnité allouée à une personne ont été notifiées à un tiers qui prétend avoir seul droit à cette indemnité, et que, sur les réclamations élevées par ce tiers contre la liquidation, il a été procédé à une instruction nouvelle, la lettre par laquelle le ministre informe le réclamant qu'il persiste dans ses décisions précédentes doit être considérée, à l'égard dudit réclamant, comme une décision nouvelle contre laquelle il peut se pourvoir dans les délais du règlement. — Cons. d'Et., 3 juill. 1855, Fabus, [P. adm. chr.] — V. aussi sur la question des décisions confirmatives, Cons. d'Et., 7 août 1891, Morelli, [D. 93.3.18]

726. — Inversement, il arrive parfois que l'administration, avertie du recours formé contre un acte, remplace cet acte par un autre où elle évite l'irrégularité qui a donné lieu au recours. En pareil cas, le recours devient sans objet et le Conseil d'Etat déclare qu'il n'y a lieu de statuer. — V. *infrà*, v° *Excès de pouvoir*.

727. — Mais, dans le cas où une commune a déféré au Conseil d'Etat, comme irrégulier et mal fondé, un arrêté par lequel un préfet a déclaré la nullité d'une délibération du conseil municipal et où, postérieurement au pourvoi, le préfet a pris un arrêté régulier dans la forme et reproduisant exactement le premier arrêté, ce dernier arrêté ne constitue pas une décision nouvelle contre laquelle la commune soit tenue de former un nouveau pourvoi. — Cons. d'Et., 23 janv. 1891, Commune de Montagnac, [D. 92.3.76]

728. — Le recours au Conseil d'Etat doit être formé dans les trois mois de la notification de la décision ministérielle qui a rejeté la requête d'une compagnie concessionnaire de transports tendant à l'exonération d'une somme mise à sa charge pour avaries, et non dans les trois mois de la décision ministérielle subséquente qui s'est bornée à rectifier une erreur matérielle de décompte et à accorder une indemnité pour déchet de route, en maintenant la décision primitive sur la responsabilité de la compagnie. — Cons. d'Et., 7 janv. 1887, Compagnie générale transatlantique, [D. 88.3.21]

729. — Sur la question du recours contre les décisions confirmatives en matière d'excès de pouvoir, et spécialement du délai du recours pour excès de pouvoir lorsqu'il est précédé d'un recours au ministre, V. *infrà*, v° *Excès de pouvoir*.

730. — Le pourvoi formé en temps utile contre l'un des chefs d'un arrêté de conseil de préfecture ne rend pas recevable le pourvoi formé en dehors du délai contre d'autres chefs tout à fait distincts du même arrêté. — Cons. d'Et., 27 janv. 1859, Lemée-Cuvet, [D. 60.3.3]

731. — Un pourvoi formé par une partie sans qualité ne fait pas obstacle à la déchéance. Ainsi une commune, contre l'intérêt de laquelle le ministre de l'Intérieur a formé un pourvoi (V. *supra*, n. 664), ne peut, malgré ce pourvoi, être relevée de la déchéance qu'elle a encourue pour ne s'être pas pourvue elle-même dans les délais du règlement. — Cons. d'Et., 19 déc. 1821, Commune de Molay, [S. chr., P. adm. chr.]

732. — Mais de ce qu'une partie n'est plus recevable à se pourvoir contre une décision ministérielle, à raison de l'expiration du délai, il ne s'ensuit pas qu'elle soit non recevable à défendre dans une instance introduite en temps utile par une autre partie, son coobligé solidaire, lorsque cette instance a pour objet de remettre en question la solidarité prononcée par la décision attaquée. — Cons. d'Et., 1er déc. 1819, Lépine, [S. chr., P. adm. chr.] — V. dans un sens analogue, en matière civile, Grenoble, 4 janv. 1815, Devron et autres, [S. chr.]

733. — Cependant une partie, qui n'a pas déféré au Conseil d'Etat, dans le délai réglementaire, un arrêté de conseil de préfecture, n'est pas recevable, dans son mémoire en réponse au pourvoi formé par l'un de ses adversaires, à demander, par voie de recours incident, l'annulation d'une disposition de cet arrêté qui a mis un autre de ses adversaires hors de cause. — Cons. d'Et., 29 avr. 1892, Chemins de fer de l'Est, [S. et P. 94.3.36]

734. — Le délai du pourvoi est suspendu par le décès de la partie à laquelle la décision a été signifiée, et ne reprend son cours qu'à dater d'une signification nouvelle faite à ses héritiers : ici s'applique la règle de l'art. 447, C. proc. civ. — Cons. d'Et., 18 août 1833, Zanino, [S. 34.2.565, P. adm. chr.]

735. — C'est à la partie qui prétend que le pourvoi est tardif, à justifier qu'elle a fait signifier l'arrêté attaqué plus de trois mois avant ce pourvoi ; la partie adverse ne peut être astreinte à aucune justification. — Cons. d'Et., 2 déc. 1829, Marais de Bouin, [S. chr., P. adm. chr.]

736. — Dans les cas où le pourvoi contre un arrêté du conseil de préfecture peut être déposé à la préfecture, la date d'une requête adressée à la préfecture par pli recommandé et qui n'est pas retrouvée peut être établie par la date de la réception de la poste. — Cons. d'Et., 9 mai 1884, Chemin de fer d'Orléans, [D. 85.5.115]

737. — Ainsi qu'il a déjà été dit *supra*, n. 462, le recours contre les décisions interlocutoires peut être formé jusqu'à l'expiration du délai de recours contre la décision définitive. — Cons. d'Et., 23 juin 1819, Picot, [S. chr., P. adm. chr.] — 2 févr. 1826, d'Faudros, [P. adm. chr.] ; — 27 janv. 1853, Wenger, [P. adm. chr.]

738. — Doit être considéré comme interlocutoire, l'arrêté par lequel le conseil de préfecture, appelé à statuer sur une demande en indemnité à raison de dommages résultant de l'inexécution par une ville de travaux de nivellement conformes aux cotes délivrées au requérant, décide que la responsabilité de la ville n'est pas engagée par la délivrance desdites cotes, un pareil arrêté ne faisant qu'écarter un des moyens de la requête ; et, dès lors, le recours contre cet arrêté est recevable jusqu'à l'expiration du délai pour se pourvoir contre l'arrêté définitif. — Cons. d'Et., 6 juill. 1888, Harriot, [S. 90.3.44, P. adm. chr., D. 89.3.100]; — 9 déc. 1892, Ministre de la Guerre, [S. et P. 94.3.96]

739. — La partie contre laquelle a été rendu un arrêté interlocutoire peut d'ailleurs soit l'attaquer devant le Conseil d'Etat dans les trois mois de sa notification, sans qu'il soit nécessaire d'attendre le prononcé de l'arrêté définitif, soit attendre que l'arrêté définitif ait été rendu pour se pourvoir à la fois contre les deux arrêtés. — Cons. d'Et., 8 mars 1866, de Chassey, [S. 67. 2.368, P. adm. chr.]

740. — Mais le pourvoi au Conseil d'Etat contre un arrêté interlocutoire contenant un chef définitif et un chef préparatoire doit être, comme le pourvoi contre un arrêté de tout point définitif, formé dans le délai de trois mois à partir de la signification, sous peine de déchéance. — Cons. d'Et., 3 déc. 1817, Danthon, [S. chr., P. adm. chr.]

741. — La déchéance prononcée par l'art. 11 contre les pourvois formés après les trois mois qui suivent la notification de la décision attaquée est d'ordre public et peut être prononcée même d'office. — Cons. d'Et., 7 juin 1826, de Watigny, [P. adm. chr.]; — 9 juin 1849, de Carbon, [S. 49.2.508, P. adm. chr.] — 13 août 1851, Costes, [S. 52.2.148, P. adm. chr., D. 52.3.9]

742. — M. Serrigny (n. 307) distinguait selon que le pourvoi est dirigé contre l'État ou formé contre un simple particulier et pensait que, dans ce dernier cas, l'expiration du délai ne pouvait constituer une exception d'ordre public. Mais, malgré certaines hésitations, la jurisprudence est aujourd'hui fixée, et avec raison, suivant nous, dans le sens du caractère d'ordre public du délai. — V. Laferrière, t. 1, p. 289; t. 2, p. 422, et note 4.

2° Point de départ du délai.

743. — I. *Actes susceptibles de notification individuelle.* — Le point de départ du délai, quand la décision est contradictoire, est la notification de la décision attaquée (Décr. 22 juill. 1806, art. 11; L. 22 juill. 1889, art. 57).

744. — Ce délai court de l'expiration du délai d'opposition à l'égard des arrêtés des conseils de préfecture, lorsqu'ils ont été rendus par défaut (L. 22 juill. 1889, art. 57).

745. — La jurisprudence antérieure avait décidé que le délai du pourvoi contre un arrêté par défaut de conseil de préfecture ne courait que du jour de l'exécution de cet arrêté, bien qu'il eût été antérieurement notifié. — Cons. d'Et., 13 mars 1867, Piot, [S. 68.2.136, P. adm. chr.]

746. — Le délai pour se pourvoir contre une décision, alors que la notification indique seulement le mois, et non le jour, où elle a été faite, ne commence pas à courir seulement du dernier jour du mois, mais bien du jour même de la notification, si la date se trouve établie par un récépissé de la personne à laquelle la copie notifiée a été remise en l'absence de la partie. — Cons. d'Et., 27 nov. 1836, Letellier-Delafosse, [P. adm. chr., D. 57. 3.36]

747. — A. *Formes de la notification.* — Le règlement de 1806 ne s'explique pas sur le mode de notification; d'après une distinction depuis longtemps admise par le Conseil d'Etat, ce mode varie selon que les décisions à notifier ont été prises entre particuliers ou personnes morales, ou bien entre les particuliers et l'État.

748. — a) *Notification dans les litiges entre particuliers.* — Dans ce cas, la jurisprudence a établi, pour faire courir le délai de trois mois, qu'il était nécessaire, pour faire courir le délai de trois mois, que la décision fût notifiée à personne ou à domicile, conformément à l'art. 143, C. proc. civ., c'est-à-dire par ministère d'huissier. — V. notamment, Cons. d'Et., 1er févr. 1813, Régie des domaines, [P. adm. chr.]; — 30 mai 1821, Caumia-Bailleux, [S. chr., P. adm. chr.]; — 30 mai 1821, Torcat, [S. chr., P. adm. chr.]; — 18 juill. 1821, Commune de Goderville, [S. chr., P. adm. chr.]; — 6 sept. 1826, Coquet, [P. adm. chr.]; — 5 nov. 1828, Regnault, [S. chr., P. adm. chr.]

749. — Un particulier qui veut faire courir contre un autre particulier les délais de l'art. 11, Règl. 22 juill. 1806, doit manifester son intention d'exécuter la décision qu'il a obtenue, en la faisant signifier par acte d'huissier : la notification par voie administrative n'ayant pas lieu dans l'intérêt des particuliers, ne peut être invoquée par eux. — Cons. d'Et., 28 juill. 1820, Hospice de Bouxwiller, [S. chr., P. adm. chr.] — V. Cons. d'Et., 18

mars 1816, Ponts et chaussées, [S. chr., P. adm. chr.] — Sic, Serrigny, Compét. et proc. adm., t. 1, n. 297. — V. aussi Cons. d'Et., 17 avr. 1822, Boizet, [S. chr., P. adm. chr.]; — 26 févr. 1817, Mordret, [S. chr., P. adm. chr.] — Cormenin, notes sur l'art. 11, Règl. 22 juill. 1806, *Droit admin.*, v° *Règlement du conseil*, ainsi que les observations du même auteur, *Quest. de dr. adm.*, v° *Délai du recours*.

750. — Ainsi jugé que la communication d'un arrêté du conseil de préfecture par le préfet au maire d'une commune, et par celui-ci aux intéressés, ne peut tenir lieu de la signification régulière que doivent faire les parties au profit desquelles la décision a été rendue et ne fait pas courir les délais du pourvoi au Conseil d'État. — Cons. d'Et., 23 juin 1824, Lachallerie, [S. chr., P. adm. chr.]; — 30 mai 1821, Association des vidanges de Tarascon, [S. chr., P. adm. chr.]

751. — ... Que le pourvoi des habitants d'une commune contre un arrêté du conseil de préfecture, est toujours recevable, même hors des délais fixés par le règlement, tant que l'arrêté attaqué n'a pas été régulièrement signifié. — Cons. d'Et., 7 oct. 1812, Communes de Dalheim et de Filsdorff, [S. chr., P. adm. chr.]

752. — ... Que le délai pour se pourvoir contre un arrêté du conseil de préfecture, ne court point si l'arrêté n'a pas été signifié par un officier légalement investi du pouvoir de faire cette notification; qu'est nulle, notamment, la notification faite par le porteur de contraintes des contributions. — Cons. d'Et., 6 mars 1816, Barreaux, [S. chr., P. adm. chr.]

753. — Le fait que les travaux de construction autorisés par un arrêté préfectoral ont été commencés n'a pas pour effet de faire courir, à l'encontre des particuliers lésés par ces travaux, le délai du pourvoi devant le Conseil d'État. — Cons. d'Et., 18 déc. 1891, Du Boscq, [S. et P. 93.3.1258, D. 93.3.44]

754. — Mais, la signification d'un arrêté préfectoral par l'une des parties au profit desquelles il a été rendu, fait courir le délai du pourvoi contre la partie adverse, aussi bien à l'égard de celle qui n'a pas fait de signification qu'à l'égard de celle qui a signifié l'arrêté. — Cons. d'Et., 13 août 1852, Hérit. Lucot, [S. 53.2. 166, P. adm. chr.]

755. — a) *Notification au nom des départements et des communes.* — b) *Notification pour les litiges où sont intéressés les départements ou les communes.* — Les départements et les communes sont-ils assimilés aux particuliers, ou peuvent-ils signifier les décisions rendues à leur profit, par la voie administrative? La jurisprudence avait plusieurs fois varié.

756. — Il avait d'abord été décidé pendant longtemps par le Conseil d'État, qu'entre particuliers « ou personnes morales assimilées à des particuliers », comme les communes, les significations, pour faire courir le délai du recours, devaient être faites par huissier. — V. notamment, Cons. d'Et., 8 mars 1827, Pichon, [S. chr., P. adm. chr.] — M. Chauveau (*Code d'inst. admin.*, n. 180), pose la même règle en ces termes : « La notification d'une décision rendue en faveur d'une commune est insuffisante, lorsqu'elle a été faite sans le ministère d'un huissier, par l'adjoint, *par un garde champêtre*, par un appariteur ou valet de ville... »

757. — Mais ensuite, la jurisprudence se modifia en ce sens que la notification administrative des décisions rendues *au profit* des communes fut jugée suffisante pour faire courir le délai contre les particuliers.

758. — Décidé, spécialement, que la notification d'un arrêté rendu au profit d'une commune contre un particulier, lorsqu'elle a été faite par le maire et constatée par un certificat signé de lui, suffit pour faire courir contre ce particulier le délai du recours au Conseil d'État. — Cons. d'Et., 15 juill. 1852, Duplessis, [S. 53.2.85, P. adm. chr.]

759. — ... Que la notification administrative, faite par le sous-préfet à un particulier, d'un arrêté du conseil de préfecture rendu au profit d'une commune, suffit pour faire courir contre ce particulier le délai du recours au Conseil d'État, alors que cette notification est constatée par un acte revêtu de la signature du particulier lui-même. — Cons. d'Et., 14 juin 1831, Grandidier, [S. 31.2.741, P. adm. chr., D. 52.3.8]

760. — ... Que la notification d'un arrêté du conseil de préfecture rendu au profit d'une commune peut être faite par un garde champêtre. Bien qu'une telle notification ait été déclarée nulle par un arrêt passé en force de chose jugée, elle n'en peut pas moins être déclarée valable par le Conseil d'État, et susceptible de faire courir le délai du recours. — Cons. d'Et., 17 févr.

1853, Blasion, [S. 53.2.721, P. adm. chr.] — Le Conseil d'Etat, par cette dernière décision, appliquait une jurisprudence d'après laquelle la notification administrative d'une décision rendue en faveur d'une commune faisait courir le délai d'appel à son profit. Or, le Conseil d'Etat décidait ainsi dans une espèce où un arrêt de cour d'appel, passé en force de chose jugée, acquiescé, et, qui plus est, exécuté, avait décidé, en se fondant précisément sur la jurisprudence antérieure du Conseil d'Etat, que la notification administrative avait été insuffisante pour faire courir le délai de recours au Conseil d'Etat contre des arrêtés rendus au profit d'une commune, et pour faire acquérir à ces arrêtés l'autorité de chose jugée... En admettant même que la notification administrative fût suffisante pour faire courir le délai d'appel, on s'expliquait difficilement comment il n'était tenu aucun compte de l'arrêt souverain qui avait jugé entre les parties, à tort ou à raison, que cette notification n'avait pas pu faire courir ce délai.

761. — Il a encore jugé qu'à la notification à un particulier d'un arrêté de conseil de préfecture intervenu sur un litige élevé entre lui et une commune, ne fait pas courir le délai du pourvoi si elle a été faite par le commissaire de police, sur l'invitation du sous-préfet; mais que la signification d'un semblable arrêté, faite par le garde champêtre, en vertu d'un ordre du maire, donne, au contraire, ouverture audit délai. — Cons. d'Et., 19 déc. 1873, Chevaux, [S. 75.2.309, P. adm. chr., D. 74.3.93] — V. sous Cons. d'Et., 6 janv. 1853, Jacquet, [P. adm. chr.] — V. aussi les conclusions du commissaire du gouvernement, 22 janv. 1863, Milon, [S. 63.2.69, P. adm. chr., D. 63.3.2]

762. — Plus récemment, une troisième évolution se produisit dans la jurisprudence qui décida que la notification au nom d'une personne morale autre que l'Etat ne peut être valable que si elle est faite par exploit d'huissier, et qu'elle ne peut avoir lieu en la forme administrative. — Cons. d'Et., 2 févr. 1877, Lefèvre-Deumie, [S. 77.2.341, P. adm. chr., D. 77.3.48]

763. — C'est ce dernier système qui est consacré législativement. Aujourd'hui, en ce qui concerne les arrêtés des conseils de préfecture, la loi du 22 juill. 1889 (art. 31) n'autorise la notification en la forme administrative que lorsque l'instance a été engagée *par l'État ou contre lui*, ou lorsque le conseil de préfecture a prononcé en matière répressive.

764. — Dans les autres cas, la notification est faite par exploit d'huissier (Même art.). Ce mode de notification est donc exigé pour les significations au nom des départements, communes, etc.

765. — Dans une instance entre une commune et un particulier, la notification fût-elle faite au nom par la commune mais par le préfet, ne fait pas courir le délai du pourvoi. — Cons. d'Et., 20 juin 1890, Ville de Méru, [D. 92.3.11]

766. — Il a été jugé que la signification par exploit est également nécessaire de la part des simples particuliers, à l'effet de faire courir contre l'État le délai du pourvoi. — Cons. d'Et., 30 sept. 1830, Min. des Fin., [P. adm. chr.] — D'un côté, en effet, les particuliers qui ont obtenu gain de cause ne peuvent signifier eux-mêmes la décision qu'ils ont obtenue aux agents du gouvernement; d'un autre côté, ces derniers ne peuvent se les signifier par la voie administrative à l'effet de se forclore, suivant la règle que *nul ne se forclôt soi-même* (Serriguy, n. 300). Ainsi, la notification faite en pareil cas au ministre, par le préfet, d'un arrêté du conseil de préfecture, ne peut suppléer la signification par huissier, et ne fait par conséquent pas courir le délai du pourvoi. — Cons. d'Et., 27 août 1833, Ministre de la Guerre, [P. adm. chr.] — Ainsi encore, en matière de domaines engagés, l'expédition d'un arrêté, adressée par le préfet au directeur des domaines des départements, ne peut tenir lieu d'une signification. — Cons. d'Et., 3 mai 1832, Ministre des Finances, [P. adm. chr.]

767. — L'art. 51, précité, L. 22 juill. 1889, n'a pas dérogé à cette règle. Il faut en effet le rapprocher de l'art. 59 portant que le délai du pourvoi court contre l'Etat... « soit à dater du jour où la notification de l'arrêté a été faite par les parties au préfet, soit à dater du jour où la notification a été faite aux parties par les soins du préfet ».

768. — Donc, à moins que la partie n'ait reçu notification par le préfet de l'arrêté qui a été rendu, elle ne peut faire courir le délai à l'égard de l'État qu'en la notifiant elle-même, et cette notification ne peut être faite que d'après le droit commun, c'est-à-dire par ministère d'huissier. — V. Brémond, *Examen critique de la loi du 22 juill. 1889* (Rev. gén. d'admin., 1891, p. 426 et s.).

769. — Que faut-il décider pour les notifications faites aux départements ou aux communes. Il avait été anciennement jugé que l'envoi officiel fait à une commune d'un arrêté du conseil de préfecture intervenu entre elle et un particulier, ne faisait pas courir contre elle le délai du pourvoi au Conseil d'Etat; que ce délai ne pouvait courir que par notification de la partie adverse. — Cons. d'Et., 30 déc. 1822, Commune de Gonès, [S. chr., P. adm. chr.]; — 29 janv. 1823, Commune de Thann, [S. chr., P. adm. chr.]

770. — Mais dans le dernier état de la jurisprudence, antérieur à la loi du 22 juill. 1889, il était admis que le délai du pourvoi courait contre une commune à partir du jour où la décision qui l'intéressait avait été portée à la connaissance, non seulement du maire, mais du conseil municipal. — Cons. d'Et., 16 avr. 1880, Comm. de Capvern, [S. 81.3.71, P. adm. chr., D. 81.3.261]; — 25 juin 1880, Comm. de Millonfosse, [S. 82.3.2, P. adm. chr., D. 81.3.26] — Dans l'affaire du 16 avr. 1880, la décision avait été notifiée au maire par le sous-préfet; dans une autre affaire, jugée le 16 déc. 1881, Ville de Paris, [S. 83.3.42, P. adm. chr., D. 83.3.37], le Conseil d'Etat parut considérer comme suffisante la transmission de la décision au conseil municipal par le préfet de la Seine. Il résultait donc de ces arrêts qu'en général, les communes ne pouvaient se prévaloir de la règle suivant laquelle le délai de pourvoi ne court, entre particuliers, qu'à partir d'une notification directe faite par l'une des parties à l'autre. Pour expliquer cette exception, on disait que, si l'on exigeait qu'une notification par huissier fût faite à la commune par son adversaire, le coût de cet acte serait excessif dans de petites affaires, et que, d'autre part, une notification par voie administrative serait souvent impossible, la partie n'ayant pas à sa disposition les agents de la commune. — V. dans ce sens, Leb. chr., 1881, p. 1011. — Une communication de la décision au conseil municipal faisait donc courir le délai, pourvu qu'elle fit connaître au conseil le texte complet de cette décision. — V. Cons. d'Et., 23 déc. 1881, Comm. d'Aubervilliers, [S. 83.3.52, P. adm. chr., D. 83.3.37]

771. — Il a été jugé, dans le même sens, que le délai du pourvoi formé au Conseil d'Etat par un préfet au nom de son département, courait du jour où le conseil général avait eu connaissance pleine et entière de l'arrêté attaqué. — Cons. d'Et., 21 juin 1851, Département du Pas-de-Calais, [S. 51.2.743, P. adm. chr., D. 52.3.9]

772. — Cette jurisprudence ne peut, suivant nous, être maintenue, en présence des termes de la loi de 1889 qui exige une signification par huissier, et qui pose ainsi d'une manière précise une règle que la jurisprudence n'avait pas cru devoir établir, dans le silence des textes.

773. — Mais cette règle ne s'impose que pour la notification des décisions de conseil de préfecture, auxquelles seules s'applique la législation de 1889.

774. — D'ailleurs, il résulte de cette jurisprudence que la notification administrative au maire de la décision intéressant la commune ne suffit pas pour faire courir le délai du pourvoi; que il faut, en outre, que cette décision ait été communiquée au conseil municipal. — V. Cons. d'Et., 24 déc. 1850, Bertaux, [P. adm. chr.]; — 14 nov. 1873, Ville de Marseille, [S. 75.2.227, P. adm. chr., D. 74.3.65]

775. — Et il y aura lieu de décider encore qu'est non recevable le recours pour excès de pouvoir formé par une commune contre l'arrêté préfectoral liquidant une pension de retraite qui est pour partie à sa charge, lorsque ce recours a été formé plus de trois mois après le jour où cet arrêté, après avoir été notifié par le préfet au maire, a été porté par ce dernier à la connaissance du conseil municipal. — Cons. d'Et., 20 mars 1862, Ville de Châlons-sur-Marne, [S. 63.2.92, P. adm. chr.]

776. — La loi du 22 juill. 1889 déclare elle-même qu'il n'est pas dérogé aux règles spéciales établies pour la notification des décisions en matière de contributions directes et de taxes assimilées à ces contributions, ainsi qu'en matière électorale (art. 51). — V. *infrà*, v° *Contributions directes, Elections municipales*. — V. aussi *suprà*, v° *Conseil de préfecture*.

777. — c) *Notification au nom de l'État*. — Nous passons maintenant au cas où il s'agit de décisions rendues au profit de l'Etat. La notification peut alors avoir lieu en la forme administrative.

778. — Dans ce cas, il a toujours été admis qu'une simple lettre des ministres, ou des directeurs généraux, chefs de bureaux ou autres agents à ce spécialement délégués, à Paris, et des préfets, intendants militaires et autres agents, dans les départements, est suffisante pour faire courir les délais d'appel contre les parties condamnées. — Cons. d'Ét., 27 févr. 1836, Commune des Angles, [P. adm. chr.]; — 6 avr. 1836, Hutter, [P. adm. chr.]; — 24 mai 1836, Commune de Saint-Jean, [P. adm. chr.]; — 22 nov. 1836, Ville de Château-Thierry, [S. 37.2.193, P. adm. chr.]; — 13 août 1840, Gosselin, [P. adm. chr.]

779. — M. de Cormenin (t. 1, p. 57) considérait ce dernier mode comme très-irrégulier, sans doute parce que la distinction établie par le Conseil d'État n'était fondée sur aucun texte formel du règlement de 1806. M. Serrigny (n. 298), répondait à cette objection par des considérations puissantes qui suffisaient pour justifier rationnellement, sinon légalement, les solutions de la jurisprudence.

780. — La loi du 22 juill. 1889, sur la procédure devant les conseils de préfecture, a confirmé, de même que la nécessité d'une signification d'huissier dans les autres cas, le droit des représentants de l'État de notifier par voie administrative les arrêtés rendus à son profit. — La notification de toute décision du conseil de préfecture est faite, au nom de l'État, par les soins du préfet (art. 31).

781. — Jugé que, dans les instances relatives à des travaux de la marine, le délai du recours à l'encontre de l'État part de la notification de l'arrêté du conseil de préfecture faite par le préfet du département; qu'une notification du préfet maritime n'est pas nécessaire. — Cons. d'Ét., 27 janv. 1893, Min. de la Marine, [Leb. chr., p. 74]

782. — Il n'y a aucun obstacle à maintenir la jurisprudence antérieure pour la notification des décisions émanant d'autres autorités.

783. — D'ailleurs, aux termes de l'art. 6, Décr. 2 nov. 1864, « les ministres statuant par des décisions spéciales sur les affaires qui peuvent être l'objet d'un recours par la voie contentieuse : ces décisions seront notifiées *administrativement* aux parties intéressées. »

784. — Ainsi, est non recevable le recours formé contre une décision ministérielle, plus de trois mois après la réception de la lettre renfermant cette décision. — Cons. d'Ét., 26 juill. 1837, Lemaire, [P. adm. chr.]; — 6 mars 1846, Charbonnel et Gaubert, [P. adm. chr.]; — 15 mai 1856, Langlois, [P. adm. chr.]

785. — La notification à un entrepreneur par un adjoint du génie, d'une lettre du directeur du génie faisant connaître une décision du ministre de la Guerre portant rejet de ses réclamations et les motifs de ce rejet, fait courir le délai du recours au Conseil d'État. — Cons. d'Ét., 21 déc. 1888, Sautereau, [D. 90.3.14]

786. — Mais un ministre ne peut invoquer contre un particulier l'envoi d'une décision par la poste, comme une notification régulière susceptible de faire courir le délai du pourvoi au Conseil d'État contre cette décision. — Même arrêt. — V. cependant, Cons. d'Ét., 14 juill. 1824, Hamon, [S. chr., P. adm. chr.]

787. — Jugé, de même, que le délai du pourvoi court contre la partie qui reconnaît avoir eu connaissance de la décision du ministre, à elle signifiée seulement en la forme administrative. — Cons. d'Ét., 4 août 1819, Vanloren, [S. chr., P. adm. chr.]

788. — Que le fait qu'une décision ministérielle a été communiquée à un entrepreneur qui en a pris copie fait courir contre lui le délai du pourvoi. — Cons. d'Ét., 16 janv. 1891, Francis Son, [S. et P. 93.3.4, D. 92.3.78]

789. — A plus forte raison en est-il ainsi pour les actes administratifs qui n'ont pas, même en apparence, de caractère juridictionnel.

790. — Ainsi, il a été jugé que la notification par le maire aux parties intéressées d'une décision administrative relative à la réglementation d'un cours d'eau, fait courir contre elles le délai du recours au Conseil d'État. — Cons. d'Ét., 13 août 1863, de Gromard, [S. 63.2.238, P. adm. chr.]

791. — Mais la lettre par laquelle le ministre refuse à un cessionnaire de lui notifier des décisions rendues à l'égard de son cédant ne peut faire courir contre ce cessionnaire le délai du pourvoi. — Cons. d'Ét., 3 juill. 1855, Fabus, [P. adm. chr.]

792. — La notification d'une décision ministérielle faite à un tiers qui prétend exercer les droits de la partie à l'égard de laquelle cette décision a été rendue ne fait courir les délais du pourvoi, ni contre la partie elle-même, ni contre ses cessionnaires. — Même arrêt.

793. — Les parties qui peuvent faire des notifications en la forme administrative ont, d'ailleurs, toujours le droit de les faire par ministère d'huissier (L. 22 juill. 1889, art. 51).

794. — Il faut bien reconnaître, en effet, que le mode de signification par voie administrative offre des inconvénients dans l'intérêt de l'État lui-même, car celui-ci doit toujours justifier de la signification à la partie, prouver la date (V. *suprà*, n. 735) le plus souvent c'est chose assez difficile, et les administrations perdent souvent les bénéfices de la notification, faute de preuves à cet égard. Comme c'est la partie qui a l'original, puisque cet original consiste dans une simple lettre, il peut même arriver que la preuve de la signification devienne impossible.

795. — Aussi a-t-il été décidé que, lorsqu'il n'est pas justifié qu'un arrêté du conseil de préfecture a été signifié à la partie contre laquelle il a été rendu, ni qu'il a été exécuté par elle, cet arrêté peut être argué de nullité devant le Conseil d'État, bien qu'il se soit écoulé quinze ans depuis sa prononciation. — Cons. d'Ét., 2 janv. 1838, Gruter, [P. adm. chr.]

796. — Pour remédier à ces inconvénients et s'assurer que la notification a été faite, on devrait toujours prendre la précaution qu'avait exigée l'ordonnance du 31 août 1828, art. 6, relative au mode de procéder devant le conseil privé des colonies, et qu'a reproduit l'art. 19, Décr. 5 août 1881, sur le même objet, pour la notification des requêtes d'introduction d'instance. Cette mesure consiste en un récépissé daté et signé, soit par la personne à laquelle la notification est faite, soit, si la notification est faite à un domicile élu, par la personne chez laquelle a été faite l'élection de domicile; soit enfin, si la notification est faite au parquet du procureur général, par le magistrat ou son substitut.

797. — Aux termes de l'art. 96, L. 5 avr. 1884, la notification des arrêtés municipaux individuels est établie par le récépissé de la partie intéressée ou, à son défaut, par l'original de la notification conservée dans les archives de la mairie. Cette notification en la forme administrative fait évidemment courir le délai du recours par la voie contentieuse contre les arrêtés ainsi portés à la connaissance des intéressés.

798. — La notification administrative pour être valable, doit en outre être régulière et satisfaire à certaines conditions.

799. — Ainsi, dans le cas où un arrêté du conseil de préfecture est intervenu dans une instance entre l'État et un particulier, la lettre par laquelle le préfet notifie l'arrêté à ce dernier ne fait courir le délai du pourvoi qu'autant que ledit arrêté y est inséré textuellement et dans toute sa teneur. Il ne suffit pas que cette notification reproduise le dispositif de l'arrêté. — Cons. d'Ét., 13 avr. 1881, Boistelle, [S. 82.3.82, P. adm. chr., D. 82.3.100] — V. dans le même sens, Cons. d'Ét., 11 déc. 1874, Roussel, [S. 73.2.190, P. adm. chr., D. 72.3.65] — A plus forte raison, le délai du pourvoi ne courrait-il pas à partir de la notification à un particulier d'une pièce dans laquelle la décision qui l'intéresse se trouverait simplement visée, sans indication des motifs, ni du dispositif. — V. Cons. d'Ét., 12 août 1879, Hirsch, [S. 81.3.10, P. adm. chr., D. 80.3.30]; — 12 mars 1880, Vachier, [S. 81.3.65, P. adm. chr., D. 81.3.23]

800. — Jugé, en sens, que les notifications des décisions ministérielles, conformément à l'art. 6, Décr. 2 nov. 1864, ne sont régulières qu'à la condition de renfermer le texte complet de chaque décision ministérielle, ou, tout au moins, un extrait contenant toutes les énonciations que la partie a intérêt à connaître; qu'ainsi, la notification, faite à un comptable, d'un extrait de la décision ministérielle qui l'a constitué débiteur envers l'État, ne suffit pas pour faire courir, contre lui, le délai du pourvoi au Conseil d'État, à l'égard de ladite décision, si cet extrait ne contient pas le détail des imputations dont l'ensemble compose le montant du débet mis à sa charge. — Cons. d'Ét., 11 déc. 1874, précité.

801. — ... Que le pourvoi au Conseil d'État formé contre une décision ministérielle, par un particulier, est recevable bien que formé plus de trois mois après que ce particulier eut été informé verbalement de l'existence de la décision, s'il n'est pas établi qu'il lui en ait été donné une complète connaissance. — Cons. d'Ét., 30 avr. 1808, Desauges, [S. 68.2.153, P. adm. chr., D. 68.3.83]

802. — ... Que la notification par l'administration d'un arrêté du conseil de préfecture visant, sans le reproduire, un arrêté antérieur, et contenant des réserves de recours contre ce premier arrêté, ne fait pas courir le délai du pourvoi contre celui-ci. — Cons. d'Ét., 12 mars 1880, précité.

803. — ... Que la notification à un fournisseur d'une pièce dans laquelle se trouve simplement visée la décision par laquelle le ministre a statué sur ses réclamations, ne fait pas courir le délai du pourvoi contre cette décision. — Cons. d'Et., 12 août 1879, précité.

804. — ... Que, dans le cas où la collation à un particulier de la médaille militaire a été révoquée par une décision du président de la République, la remise à ce particulier, par le chef de cabinet du président, d'un état de services mentionnant cette décision n'a pas pour effet de faire courir le délai du pourvoi au Conseil d'Etat. — Cons. d'Et., 12 janv. 1877, W..., [S. 79.2.30, P. adm. chr., D. 77.3.25]

805. — Mais le fait qu'un arrêté de conseil de préfecture a été notifié à la partie elle-même ou à ses représentants légaux, est suffisamment établi par le procès-verbal d'un commissaire de police énonçant que ce fonctionnaire a fait cette notification le jour même où ledit procès-verbal a été dressé. — Cons. d'Et., 10 mars 1865, Millot, [S. 65.2.317, P. adm. chr.]

806. — B. *A qui doit être faite la notification.* — La notification doit être faite à la partie elle-même ou à ses représentants légaux. Il a été jugé, que l'art. 444, C. proc. civ., qui, à l'égard d'un mineur non émancipé, ne fait courir le délai de l'appel que du jour où le jugement a été signifié au subrogé tuteur comme au tuteur, n'est point applicable à l'instruction des causes pendantes au Conseil d'Etat; il suffit que la décision administrative intervenue ait été signifiée au tuteur. — Cons. d'Et., 14 mai 1817, Sallier, [S. chr., P. adm. chr.]

807. — Cette jurisprudence mérite certaines critiques; car on pourrait dire que le règlement du 22 juill. 1806 n'exige pas davantage la signification au tuteur; d'où s'induirait la conséquence inadmissible que la signification au mineur suffirait. Lorsque, dans le silence des règlements sur la procédure administrative, on est obligé de recourir aux règles du droit civil, il semble qu'elles devraient être appliquées dans leur entier, et non arbitrairement, dans quelques-unes de leurs parties. — V. en ce sens, Teissier et Chapsal, *Procéd. devant les conseils de préfecture,* p. 393. — V. *suprà*, n. 708.

808. — Toutefois, M. Brémond critique l'*examen* de la loi du 22 juill. 1889 (*Rev. gén. d'adm.,* 1891, t. 2, p. 144), s'exprimant dans le même sens que l'arrêt précité.

809. — En tous cas, est non recevable, comme tardif, le pourvoi au Conseil d'Etat formé contre une décision ministérielle plus de trois mois après la notification de cette décision à l'avocat ou conseil chargé par la partie de présenter et de soutenir, devant le ministre, la réclamation sur laquelle la décision a statué. — Cons. d'Et., 13 août 1868, Bouvet-Maréchal, [S. 69.2.246, P. adm. chr.]

810. — De même, il a été décidé que le mandat donné à un avocat au Conseil d'Etat pour soutenir un pourvoi, prend fin par l'arrêt qui statue sur le pourvoi, encore bien que cet arrêt ait renvoyé la partie devant l'autorité administrative pour y être procédé à une liquidation nouvelle de sa créance; que, par suite, la notification, par l'administration, à l'avocat, de la décision ministérielle intervenue sur la liquidation nouvelle, ne fait pas courir le délai du pourvoi contre cette décision. — Cons. d'Et., 23 mai 1864, Andrieu, [S. 61.2.348, P. adm. chr., D. 61.3.43]

811. — Que la notification à une partie de la décision du conseil de préfecture qui l'intéresse, ne fait pas courir contre elle le délai du pourvoi au Conseil d'Etat, si cette notification a été faite, non au domicile de la partie, mais à celui du mandataire par lequel elle a été représentée devant le conseil de préfecture. — Cons. d'Et., 7 janv. 1869, Flasselière, [S. 70.2.30, P. adm. chr.]

812. — ... Que la notification d'un arrêté, faite à l'avoué qui a représenté une partie devant le conseil de préfecture, ne fait pas courir le délai du pourvoi. — Cons. d'Et., 17 juill. 1822, Friedel, [S. chr., P. adm. chr.]; — 2 août 1889, Hautin-Tétard, [S. 91.3.93, P. adm. chr., D. 91.3.27] — Cette solution, généralement admise pour la signification de l'appel en matière civile, paraît incontestable à l'égard de la notification des arrêtés des conseils de préfecture, pour l'obtention desquels les avoués n'ont pas, comme devant les tribunaux, un caractère légal comme représentants des parties.

813. — Il en serait cependant autrement au cas où le mandat contiendrait le pouvoir de recevoir la signification de la décision du conseil de préfecture. — Cons. d'Et., 9 août 1870, Rosendo, [Leb. chr., p. 1045] — V. aussi, Cons. d'Et., 23 déc. 1852, Hubert et Davise, [P. adm. chr.]

814. — Ne fait pas courir le délai du pourvoi : la notification d'un arrêté à une personne qui n'avait aucun mandat pour représenter un entrepreneur et qui lui avait seulement servi de conseil en vue du règlement des difficultés relatives à l'exécution du marché. — Cons. d'Et., 28 mai 1880, Giacometti, [Leb. chr., p. 457]

815. — Les décisions intéressant des personnes morales doivent être notifiées à ceux qui ont qualité pour les représenter devant la juridiction administrative.

816. — Ainsi, c'est au préfet qu'est notifié l'arrêté rendu contre l'Etat, bien que le ministre ait seul le droit d'interjeter appel au nom de l'Etat contre les décisions des conseils de préfecture. — V. Cons. d'Et., 18 mai 1870, Département de la Manche, [Leb. chr., p. 603] — V. *suprà*, n. 647 et s.

817. — Les significations faites à tout autre agent de l'Etat ne seraient donc pas opposables au ministre. Il en serait ainsi d'une signification faite à un ingénieur des ponts et chaussées ou à un inspecteur des forêts. — Cons. d'Et., 15 juin 1825, Guyot, [P. adm. chr.]; — 22 nov. 1826, Seyler, [P. adm. chr.]; — 17 août 1841, Soullier, [S. 42.2.140, P. adm. chr.] — *Contrà,* 5 juill. 1826, Ministre des Finances, [S. chr., P. adm. chr.]

818. — Toutefois, le Conseil d'Etat, après avoir appliqué pendant de longues années la disposition qui exige l'acte de notification d'une manière absolue, a pensé qu'on pouvait, dans certains cas, s'écarter de la rigueur de ses termes, et a jugé en conséquence, par de nombreuses décisions, que le délai du pourvoi au Conseil d'Etat court contre un ministre du jour où la décision attaquée a été portée officiellement à sa connaissance. — Cons. d'Et., 9 juill. 1846, Ministre des Travaux publics, [P. adm. chr.]; — 20 avr. 1847, Ministre des Travaux publics, [P. adm. chr.]; — 31 août 1847, Ministre des Travaux publics, [P. adm. chr.] — Et que cette connaissance officielle est suffisamment établie par la lettre que le ministre a reçue d'un de ses agents. — Cons. d'Et., 10 déc. 1846 (2 arrêts), Ministre des Travaux publics, Ministre des Finances, [P. adm. chr.]; — 27 févr. 1847, Richard, [P. adm. chr.]

819. — En conséquence, il a été décidé que le délai du pourvoi dirigé par le ministre des Finances contre l'arrêté du conseil de préfecture, rendu sur une demande en réduction du revenu cadastral assigné à une propriété non bâtie, court du jour où le ministre a eu connaissance de cet arrêté par une lettre du directeur des contributions directes. — Cons. d'Et., 8 juin 1847, Ministre des Finances, [P. adm. chr.] — V. aussi Cons. d'Et., 24 mars 1819, Gauhert, [P. adm. chr.]

820. — Mais est-il nécessaire que le ministre lui-même ait été officiellement informé, ou suffit-il que la décision ait été connue par l'un de ses agents, pour que le délai ait commencé à courir en ce qui concerne le pourvoi à former par le ministre compétent? La jurisprudence du Conseil d'Etat a varié. Le Conseil d'Etat a généralement estimé que la connaissance de l'arrêté devait avoir été portée au ministre personnellement. Cependant, en 1846, et en matière de travaux publics, alors que les agents du ministre seuls avaient eu connaissance de l'arrêté, le conseil décida que ce fait suffisait pour déclarer non recevable comme tardif le pourvoi formé par le ministre après le délai légal. — Cons. d'Et., 25 mars 1846, Ministre des Travaux publics, [S. 46.2.411, P. adm. chr., D. 46.3.130]; — 27 mai 1846, Vicary, [P. adm. chr.] — V. aussi Cons. d'Et., 8 juin 1847, Ministre des Finances, [P. adm. chr.]

821. — Il est aujourd'hui de jurisprudence certaine que le délai du pourvoi ne courait qu'à partir du jour où le ministre a eu connaissance de cette décision par l'envoi qu'a dû lui en faire le fonctionnaire qui représentait l'administration devant le conseil de préfecture. — V. notamment, Cons. d'Et., 23 nov. 1850, Mourier, [S. 51.2.303, P. adm. chr., D. 52.3.10]; — 16 avr. 1852, Lheurin, [S. 52.2.477, P. adm. chr.]; — 28 janv. 1858, Marcelin, [S. 58.2.741, P. adm. chr.]

822. — Jugé, en ce sens, que la notification au directeur des contributions directes d'un arrêté de conseil de préfecture ne suffit pas pour faire courir le délai du pourvoi contre le ministre des Finances; que ce délai ne commence à courir que du jour où le ministre a eu connaissance dudit arrêté. — Cons. d'Et., 12 mai 1876, Bourdeau, [S. 78.2.191, P. adm. chr., D. 76.3.87]

822 bis. — La loi du 22 juill. 1889, a posé nettement la règle à suivre en cette matière, en ce qui touche les arrêtés des conseils de préfecture. Il résulte de l'art. 39 que c'est au *préfet* que la notification doit être faite pour que le délai coure contre l'Etat;

et que la notification faite aux parties par les soins du préfet produit également ce résultat. — V. *infrà*, n. 857, et v° *Conseil de préfecture*.

823. — ... Que l'adversaire de l'État, dans une affaire de travaux publics, ne peut se prévaloir de ce que l'ingénieur en chef aurait eu connaissance de l'arrêté du conseil de préfecture plus de trois mois (aujourd'hui deux) avant le pourvoi du ministre, pour soutenir que ce pourvoi est non recevable, alors qu'il n'a pas fait notifier l'arrêté à l'État et qu'il ne justifie pas que cet arrêté ait été transmis au ministre par ses agents locaux plus de *trois* mois avant la date du pourvoi. — Cons. d'Ét., 18 juill. 1884, Trotey-Marange, [D. 85.5.115].

824. — Les notifications qui intéressent le département sont faites au préfet. Toutefois, au cas où l'État plaide contre le département, ce dernier est représenté par un membre de la commission départementale. — V. *infrà*, v° *Département*.

825. — Lorsqu'il s'agit de la commune, le maire, ou à son défaut l'adjoint, a qualité pour recevoir les notifications ; sauf dans le cas où il s'agit de chemins vicinaux de grande communication ou d'intérêt commun, le préfet représentant alors les communes intéressées. — V. *suprà*, v^is *Chemin vicinal*, n. 300 et s., *Commune*, n. 874 et s.

826. — Les établissements publics et d'utilité publique reçoivent les notifications en la personne de leurs administrateurs et représentants, dans leurs bureaux ou au siège de leur administration.

827. — Il en est ainsi, spécialement de l'administration de l'assistance publique. — V. *suprà*, v° *Assistance publique*, n. 2058 et s. — Il a été décidé, cependant, que la notification d'un arrêté du conseil de préfecture, faite en la personne du receveur de l'hospice, est valable et fait courir les délais du pourvoi. — Cons. d'Ét., 3 juill. 1816, Hospices de Moulins, [S. chr., P. adm. chr.] — Mais v. *suprà*, v° *Assistance publique*, n. 2046, 2060.

828. — La communication faite par l'évêque et le ministre des Cultes à un séminaire, d'un arrêté du conseil de préfecture rendu entre cet établissement et une fabrique d'église, ne fait pas courir au profit de celle-ci des délais du pourvoi au Conseil d'État. Le délai ne peut courir que par une signification régulière faite par l'un des deux établissements qui est intéressé à la faire. — Cons. d'Ét., 17 nov. 1824, Séminaire d'Évreux, [S. chr., P. adm. chr.]

829. — Les notifications à des associations ou des sociétés, sont faites en la personne de leurs gérants, directeurs ou liquidateurs. — Cons. d'Ét., 27 févr. 1852, Cie du chemin de fer de Saint-Étienne à Lyon, [P. adm. chr.]; — 31 mai 1853, Cie générale du défrichement, [Leb. chr., p. 377]

830. — Spécialement, il a été jugé que le délai du pourvoi court contre une société à partir du jour où l'arrêté du conseil de préfecture a été notifié à l'un des associés gérants, alors surtout que cet associé avait signé, au nom de la société, la réclamation qui saisissait le conseil de préfecture. — Cons. d'Ét., 25 juill. 1860, Société des forges de Châtillon et de Commentry, [S. 60.2.514, P. adm. chr., D. 60.3.82]

831. — ... Que le délai du pourvoi court contre la notification faite à un directeur dans une succursale. — Cons. d'Ét., 27 févr. 1852, précité; — 24 févr. 1893, Cie générale des eaux, [Leb. chr., p. 176] — Cette solution n'est, du reste, que l'application faite à un cas spécial de la jurisprudence constante des tribunaux civils eux-mêmes. — V. *suprà*, v° *Appel (mat. civ.)*, n. 2230.

832. — Les personnes chargées de recevoir les significations adressées à l'État, au département, aux communes et aux établissements publics doivent viser les exploits (C. proc. civ., art. 69). — Tessier et Chapsal, p. 394 et note 3.

833. — Ainsi, l'exploit par lequel l'adversaire d'une commune lui fait signification d'un arrêté du conseil d'État rendu contre elle, peut faire courir les délais du pourvoi au Conseil d'État, lorsqu'il n'est pas visé par le maire ou par l'un des fonctionnaires indiqués dans l'art. 69, C. proc. civ. — Cons. d'Ét., 23 juill. 1823, Hospices de Strasbourg, [S. chr., P. adm. chr.] — V. toutefois Cass., 20 août 1816, Enregistrement, [S. et P. chr.] — Nancy, 20 avr. 1826, Commune de Maubert-Fontaine, [P. chr.] — Cons. d'Ét., 23 déc. 1845, Commune de Crans, [S. 46.2.275, P. adm. chr.]

834. — Si la décision administrative n'avait pas été notifiée, évidemment le recours serait toujours admissible. Le jugement ou l'arrêté non signifié n'a en effet aucune existence légale pour celui contre lequel il est rendu, et la prescription même trentenaire ne peut lui être opposée, s'il n'a fait aucun acte d'exécution : *Contrà non valentem agere non currit præscriptio* (Dufour, n. 287). C'est du reste, en ce sens, que la Cour de cassation et le Conseil d'État ont décidé la question. — Cass., 26 nov. 1834, Commune de Belesta, [S. 35.1.77, P. chr.] — Cons. d'Ét., 17 juill. 1816, Burri, [Leb. chr., p. 91]; — 23 avr. 1839, Commune de Baleroy, [S. 40.2.89, P. adm. chr.] — Sic, Serrigny, n. 313.

835. — Il n'en serait pas de même si la décision administrative avait été suivie d'exécution ; le droit d'interjeter appel d'un jugement non signifié se prescrit par trente ans. — Cass., 15 nov. 1832, Préfet de la Meurthe, [S. 32.4.821, P. chr.]

836. — Les moyens de nullité proposés contre la signification de ces arrêtés attaqués devant le Conseil d'État rentrent dans sa compétence, lorsqu'ils tiennent à la forme extérieure de l'acte de signification. — V. par exemple Cons. d'Ét., 23 juill. 1823, précité.

837. — Mais si un citoyen soutient qu'une décision n'a pas été signifiée à son véritable domicile, cette contestation soulève une question de domicile qu'il n'appartient qu'aux tribunaux administratifs de résoudre, et qui doit faire surseoir au jugement de la cause soumise à l'autorité administrative. — Cons. d'Ét., 6 avr. 1836, Gay de Taradel, [S. 36.2.377, P. adm. chr.]

838. — Les questions de domicile sont considérées par le Conseil d'État comme des questions incidentes appartenant aux tribunaux ordinaires, comme s'acquérant et se perdant par les moyens du droit commun. — Serrigny, n. 310.

839. — Ce motif, quelque puissant qu'il puisse être, ne suffit pas, selon Serrigny (*loc. cit.*), pour justifier cette décision. En effet, dans l'espèce soumise au Conseil d'État, la question de domicile n'était pas la question principale; elle n'était que l'accessoire d'une instance déjà pendante devant un tribunal administratif. Ce n'était, en un mot, qu'une exception portant sur la validité ou la régularité d'un acte de procédure et que devait résoudre le Conseil d'État, juge du fond.

840. — Nous considérons toutefois la jurisprudence du Conseil d'État comme parfaitement fondée; les questions de domicile étant exclusivement de la compétence des tribunaux judiciaires. La règle d'après laquelle le juge de l'action est juge de l'exception doit s'effacer devant la règle de la séparation des pouvoirs. — V. en ce sens, Laferrière, t. 1, p. 447, 463 et s.

841. — C. La connaissance acquise de la décision peut-elle suppléer à une notification régulière? — La question de savoir si la connaissance acquise par la partie intéressée d'une décision ou d'un arrêté lui faisant grief, peut, tout aussi bien qu'une notification régulière, faire courir contre celle-ci partie le délai du pourvoi, a reçu des solutions diverses suivant les espèces dans lesquelles elle a été posée. — V. par exemple, Cons. d'Ét., 29 janv. 1841, de Champigny-Soutif, [S. 41.2.247, P. adm. chr.]; — 4 juill. 1838, Buteno de Balin, [P. adm. chr.]

842. — Mais le Conseil d'État reconnaît déjà depuis assez longtemps qu'il faut une notification régulière et que la connaissance acquise ne peut y suppléer. Jugé, en ce sens, que le délai du pourvoi contre un décret d'intérêt individuel non inséré au *Bulletin des lois* ne court qu'à partir de la notification régulièrement faite à la partie intéressée: que la connaissance que celle-ci aurait acquise du décret par une communication verbale et officieuse ne suffirait pas pour faire courir ce délai. — Cons. d'Ét., 22 janv. 1863, Milon, [S. 63.2.69, P. adm. chr., D. 63.3.2]

843. — La délivrance qui est faite à un particulier, sur sa demande, de l'expédition d'un arrêté de conseil de préfecture dans lequel il a été partie, n'a pas pour effet de faire courir contre lui le délai du pourvoi au Conseil d'État contre cet arrêté. — Cons. d'Ét., 22 août 1868, de Grammont, [S. 69.2.341, P. adm. chr.]

844. — Cependant, il résulterait implicitement de plusieurs autres arrêts qu'un particulier n'est pas recevable à se pourvoir devant le Conseil d'État, contre une décision administrative, plus de trois mois après le jour où il lui a été donné une connaissance complète de cette décision. — V. aussi Cons. d'Ét., 13 août 1851, Coste, [S. 52.2.148, P. adm. chr., D. 52.3.9]; — 28 déc. 1854, Jollivet, [P. adm. chr.]; — 24 janv. 1856, Gaucan, [S. 56.2.632, P. adm. chr., D. 56.3.56]; — 30 avr. 1868, Desaugos, [S. 68.2.155, P. adm. chr., D. 68.3.83]

845. — On peut toutefois citer des arrêts qui ont décidé qu'est non recevable le pourvoi au Conseil d'État formé contre un arrêté municipal d'alignement, plus de trois mois après le jour où cet arrêté a été mis à exécution à l'égard du réclamant par le tracé qui a été fait de l'alignement sur les lieux en sa présence : qu'il en est ainsi surtout si le propriétaire, avant commencé à construire en saillie sur l'alignement ainsi fixé, a été condamné à l'amende et à la démolition des ouvrages. — Cons. d'Et., 5 août 1868, Michon, [S. 69.2.246, P. adm. chr.]

846. — ... Que le pourvoi au Conseil d'Etat formé par des membres d'un conseil municipal contre des actes de l'autorité supérieure intéressant la commune, est non recevable si, lors de ce pourvoi, plus de trois mois s'étaient écoulés depuis une délibération par laquelle le conseil municipal avait autorisé le maire à former un semblable pourvoi et à laquelle les demandeurs avaient participé. — Cons. d'Et., 15 juin 1870, Catusse, [S. 72.2.213, P. adm. chr., D. 71.3.82]

847. — ... Que la partie qui, après avoir pris connaissance d'un arrêté préfectoral, demande et obtient un sursis à l'exécution de cet arrêté, doit être considérée comme en ayant reçu notification, et que, dès lors, les délais du pourvoi au Conseil d'Etat courent contre elle. — Cons. d'Et., 29 nov. 1855, Lefort, [S. 56.2.376, P. adm. chr.]

848. — ... Que lorsque la commission administrative d'un hospice a reconnu, dans une de ses délibérations, qu'elle avait une connaissance officielle d'un arrêté préfectoral la concernant, le pourvoi formé par elle contre ledit arrêté plus de trois mois après cette délibération est tardif, et, par conséquent, non recevable. — Cons. d'Et., 12 janv. 1850, Hospice de Montdidier, [P. adm. chr.]

849. — ... Que la partie contre laquelle le conseil de préfecture a rendu un arrêté par défaut ne pourrait attaquer cet arrêté devant le Conseil d'Etat plus de trois mois après la date où elle y a formé opposition; et cela, quand même l'arrêté ne lui aurait pas été notifié régulièrement. — V. Cons. d'Et., 16 août 1866, Elections de Sains, [S. 67.2.300, P. adm. chr.]; — 26 juin 1883, Guelpa, [S. 87.3.15, P. adm. chr., D. 87.3.9]

850. — Il avait été jugé, dans le même sens, que la déclaration faite par une partie, sur un procès-verbal d'expertise dressé par le juge de paix, que la contestation qui avait l'objet de l'expertise a été définitivement jugée par un arrêt du conseil de préfecture, équivaut à une notification de cet arrêté lorsque le procès-verbal énonce sa date et son objet; et que, dès lors, elle fait courir, à l'égard de l'autre partie, les délais du pourvoi. — Cons. d'Et., 22 nov. 1855, Cⁱᵉ du canal de Beaucaire, [P. adm. chr.]

851. — Ces diverses solutions ne sauraient facilement se concilier entre elles; mais celles qui exigent une notification régulière nous semblent les plus légales. Il est vrai que la remise à la partie d'une expédition de la décision qui l'intéresse est le moyen le plus efficace de lui donner une complète connaissance de cette décision. Cette expédition, si elle est régulière, doit contenir le texte exact et entier de la décision. En outre, la partie a l'avantage de conserver l'expédition entre ses mains et de pouvoir ainsi examiner à loisir les termes de la décision avant de se décider à l'attaquer. Néanmoins, la seule doctrine qui, en cette matière, semble rationnelle et satisfaisante, est celle qui exige dans tous les cas une notification comme point de départ du délai du pourvoi.

852. — En effet, au lieu d'empêcher les procès administratifs de se multiplier, comme on le pensait, le système qui avait, à certaines époques, tendu à prévaloir, et d'après lequel le délai du pourvoi au Conseil d'Etat couru contre lui du jour où la partie intéressée a eu connaissance avouée par elle de la décision, du jour où cette décision lui a été notifiée, tendait à produire le résultat contraire : car, dans l'incertitude où ils étaient sur ce qui constituait la connaissance acquise d'une décision, les plaideurs étaient souvent entraînés à former un pourvoi à tout événement et pour éviter la déchéance, ce qui augmentait le nombre des instances administratives. Cette jurisprudence avait surtout cette conséquence fâcheuse que, dans chaque affaire, le Conseil d'Etat devait apprécier si la partie qu'on prétendait avoir connu à telle époque la décision qui lui faisait grief, en avait en effet une connaissance suffisante et assez complète pour pouvoir l'attaquer, ce qui entraînait, pour chaque contestation, des appréciations de fait dans lesquelles il était impossible aux justiciables de trouver une règle fixe qui leur permît d'éviter la déchéance avec certitude. On peut dire, en outre, que la doctrine aujourd'hui suivie est complètement en harmonie avec les termes et l'esprit du règlement de 1806. — V. Serrigny, *Organis. et compét.*, t. 1, n. 297 et s.; Cormenin, *Dr. admin.*, vᵒ *Mode de procéder devant le Conseil d'Etat*, § 11, et *Rejet des requêtes*, § 4, t. 1, p. 33 et 138; Chevalier, *Jurispr. admin.*, vᵒ *Procéd.*, t. 2, p. 330 et s.

853. — En ce qui touche spécialement les arrêtés des conseils de préfecture, soumis aux règles précises de la loi de 1889, aucun fait ne peut être considéré comme équivalant à une notification régulière.

854. — Il était également décidé autrefois que la signification d'une décision administrative fait courir le délai du pourvoi contre l'auteur de la signification lui-même, par cette raison que la notification implique nécessairement la connaissance de la décision notifiée. — Cons. d'Et., 1ᵉʳ févr. 1855, Itam et Mennechet, [S. 55.2.436, P. adm. chr.]

855. — ... Qu'une commune ne pourrait se pourvoir contre une décision plus de trois mois après la signification que son maire en aurait faite à son adversaire. — Cons. d'Et., 14 déc. 1836, Commune de Millery, [P. adm. chr.]

856. — Il avait été jugé du moins que la notification d'un arrêté dans lequel une commune est insérée, adressée par le maire aux autres parties, ne faisait pas courir contre la commune le délai du pourvoi, lorsque le maire avait déclaré dans la notification elle-même qu'il se conformait à l'invitation qu'il avait reçue du préfet, mais qu'il n'agissait pas au nom de la commune et qu'il réservait au contraire expressément le droit de se pourvoir contre l'arrêté sans que la notification pût lui être opposée. — Cons. d'Et., 4 déc. 1856, Ville de Rouen, [S. 57.2.584, P. adm. chr.]

857. — Aujourd'hui, il n'y a même plus lieu de rechercher si le maire a fait une telle déclaration. La thèse que la signification d'une décision fait courir les délais du pourvoi devant le Conseil d'Etat contre la partie de qui émane cette signification n'étant plus admise.

858. — Mais cette manière de voir, en opposition avec les principes du Code de procédure civile (V. *suprà*, vᵒ *Appel* [mat. civ.], n. 2107), n'a pas triomphé, et il a été plus tard jugé que la notification d'un arrêté du conseil de préfecture faite par l'une des parties à ses adversaires ne lui est pas opposable. Le délai du recours ne peut courir contre elle qu'à partir de la notification que les autres parties lui feraient du même arrêté. — Cons. d'Et., 1ᵉʳ août 1890, Ministre des Travaux publics, [S. et P. 92.3.132, D. 92.3.45] — Il est, en effet, de principe que nul ne peut se forclore soi-même.

859. — Cependant, le Conseil d'Etat a toujours admis que la notification d'un arrêté du conseil de préfecture faite par le préfet fait courir le délais du recours contre l'Etat. — Cons. d'Et., 28 juin 1851, Gauseran, [S. 51.2.742, P. adm. chr. D. 52.3.8]; — 15 mars 1889, Ministre des Travaux publics, [S. 91.3.29, P. adm. chr., D. 90.3.53] — ... Ou contre le département. — Cons. d'Et., 16 avr. 1851, Département du Pas-de-Calais, [S. 53.2.604, P. adm. chr.]

860. — Cette jurisprudence a été confirmée par l'art. 59, L. 22 juill. 1889. Mais cette disposition exceptionnelle ne saurait être étendue aux particuliers. Elle ne s'applique même qu'aux administrations représentées par le préfet. — V. Teissier et Chapsal, *Tr. de la procéd. devant les cons. de préf.*, p. 440.

861. — Il avait été jugé, antérieurement, qu'en matière d'indemnité pour la plus-value résultant de travaux publics, la commune ou ses ayants-droit qui ont fait notifier à quelques-unes seulement des parties intéressées la décision de la commission spéciale nommée pour prononcer à ce sujet, sont recevables, même après l'expiration du délai de trois mois à partir de cette notification, à se pourvoir au Conseil d'Etat vis-à-vis des autres parties. — Cons. d'Et., 26 déc. 1856, Berlin et Morel, [S. 57.2.651, P. adm. chr., D. 57.3.51] — Aujourd'hui on déciderait avec raison que le délai ne courrait contre la commune à l'égard d'aucune des parties.

862. — Conformément au principe posé *suprà*, n. 859, il a été jugé que la notification par le préfet à un particulier d'un arrêté du conseil de préfecture rendu entre l'Etat et ce dernier n'emporte pas, bien qu'elle ait été faite sans réserves, acquiescement de l'Etat à cet arrêté, et ne fait pas obstacle, dès lors, à ce que le ministre compétent défère ledit arrêté au Conseil d'Etat. Une telle notification a seulement pour effet de faire courir le délai du recours contre le ministre. — Cons. d'Et., 4 août 1866, de Peyronny, [S. 67.2.299, P. adm. chr.] — V. aussi Cons. d'Et.,

24 oct. 1832, Fraixe, [P. adm. chr.]; — 25 août 1841, Commune de Saint-Étienne du Bar, [P. adm. chr.]; — 15 juill. 1842, Préfet de la Seine, [S. 42.2.303, P. adm. chr.]; — 31 mai 1853, Baudson, [S. 36.2.39, P. adm. chr.]; — 20 juill. 1834, Dagieu, [S. 55.2.150, P. adm. chr., D. 55.3.25]; — 18 déc. 1862, de Montagnac, [P. adm. chr.]; — 16 avr. 1863, Guibert, [S. 63.2.93, P. adm. chr., D. 03.3.36] — V. aussi Serrigny, *Compét. admin.*, t. 1, n. 316.

863. — Mais le greffier d'un conseil de préfecture n'ayant pas qualité pour notifier une décision au nom de l'Etat, l'envoi à une partie, par le greffier du conseil de préfecture, de l'expédition d'un arrêté de ce conseil, ne fait pas courir le délai du pourvoi contre le ministre. — Cons. d'Et., 9 janv. 1874, Ministre des Finances, [S. 75.2.337, P. adm. chr., D. 75.3.1]

864. — De la règle, confirmée d'ailleurs par la loi du 22 juill. 1889, d'après laquelle le délai du pourvoi court à l'égard de l'Etat du jour de la notification faite par l'une des parties à son adversaire, combinée avec l'autre règle concernant les notifications faites à l'Etat, il résulte que, le recours d'un ministre, formé moins de trois mois après la notification administrative d'un arrêté du conseil de préfecture donnée à un entrepreneur est recevable, alors même que le préfet avait transmis l'arrêté à l'ingénieur des ponts et chaussées plus de trois mois avant le recours. — Cons. d'Et., 19 juill. 1889, Ministre des Travaux publics, [S. 91.3.87, P. adm. chr., D. 91.3.17]

865. — D. *Cas où le délai court de la décision elle-même.* — Il est des cas où le délai du pourvoi court de la décision elle-même. C'est ce qui a lieu à l'égard de l'administration pour les arrêtés du conseil de préfecture rendus en matière de répression répressive (L. 22 juill. 1889, art. 59, § 2).

866. — C'est ce que décidait déjà, en matière de police du roulage, la loi du 30 mai 1851, art. 25, *in fine.*

867. — L'ancienne jurisprudence admettait seulement, conformément à un principe alors consacré, et consacré d'ailleurs aujourd'hui en ce qui touche les décisions signifiées par l'administration au nom de l'Etat, que la notification, faite par le préfet, d'une décision du conseil de préfecture rendue en matière de grande voirie, fait courir contre l'administration elle-même les délais du pourvoi au Conseil d'Etat. — Cons. d'Et., 28 juin 1851, Bienaimé, [S. 51.2.742, P. adm. chr., D. 53.3.8]; — 23 juin 1853, Rabourdin, [S. 54.2.154, P. adm. chr., D. 54.3.36].

868. — Mais plus tard, il fut jugé que le délai du pourvoi au Conseil d'État pour l'administration contre l'arrêté du conseil de préfecture qui a statué sur une contravention (par exemple, une contravention de voirie), court à partir de cet arrêté, et qu'une signification de l'arrêté n'est pas nécessaire pour faire courir ce délai. — Cons. d'Et., 13 déc. 1866, Dupin, [S. 67.2.362, P. adm. chr., D. 68.3.37]; — 23 avr. 1868, Petit, [S. 69.2.190, P. adm. chr.]; — 1er mai 1869, Guilhou, [S. 70.2.200, P. adm. chr.]

869. — Il a été jugé de même pour une contravention en matière de servitudes militaires. — Cons. d'Et., 3 janv. 1873, Lecerf, [S. 74.2.323, P. adm. chr., D. 73.3.55]

870. — Ce système, on vient de le voir, a été formellement consacré par la loi du 22 juill. 1889.

871. — II. *Actes non susceptibles de notification individuelle.* — Il est des actes qui ne sont pas susceptibles de notification individuelle. Il y a lieu dès lors de rechercher pour le délai un autre point de départ que la signification ou notification dont il a été parlé ci-dessus.

872. — Il en est ainsi d'abord pour les actes ayant un caractère général et réglementaire. Applicables à tous ou du moins à toute une catégorie d'individus, ils ne sont pas susceptibles d'être notifiés individuellement à chacun des intéressés, à la connaissance desquels ils doivent être portés d'une autre manière.

873. — C'est au moment où les intéressés en ont connaissance du règlement par les moyens légaux qu'il faut se reporter pour trouver le point de départ du délai.

874. — Jugé, en ce sens, que l'insertion au *Bulletin des lois* d'une ordonnance qui peut porter atteinte à des droits privés, vaut notification aux parties intéressées, et spécialement, que l'insertion au *Bulletin des lois* de l'ordonnance royale du 10 juill. 1835, rendue pour l'exécution de la loi du 15 avr. 1829, sur la pêche fluviale, a valu notification aux riverains et les a mis en demeure d'attaquer cette ordonnance dans les trois mois devant le Conseil d'Etat, en ce qu'elle porterait atteinte à des droits de pêche qu'ils prétendraient leur appartenir. — Cons. d'Et., 1er juill. 1839, Fermy, [S. 40.2.233] — V. Serrigny, t. 1, n. 302. — *Contrà*, Chauveau, n. 210.

875. — Dans notre opinion, qui diffère peu de la doctrine de l'arrêt précédent, il conviendrait de faire partir le délai du jour où le règlement a été censé porté à la connaissance du public *et est devenu par suite pour eux obligatoire.*

876. — Ainsi nous déciderons que le délai du recours contre un décret réglementaire court de l'expiration du délai d'un jour franc après que le *Journal officiel* qui le contient est parvenu au chef-lieu de l'arrondissement (Décr. 5 nov. 1870, art. 2). — V. *infrà*, v° *Lois et Décrets.*

877. — Contre un arrêté de police, du jour où cet arrêté a été publié et mis à exécution (L. 5 avr. 1884, art. 96). — Cons. d'Et., 24 janv. 1879, Le Marais, [S. 80.2.224, P. adm. chr., D. 79.3.60]

878. — Nous dirons aussi que l'insertion d'un arrêté préfectoral au *Recueil des actes administratifs de la préfecture*, jugé insuffisant pour suppléer à la publication de l'arrêté (V. *supra*, v° *Arrêté administratif*, n. 75 et s.) ne saurait non plus être considéré comme faisant courir le délai.

879. — Le délai pendant lequel un département peut se pourvoir contre le décret portant règlement définitif du compte administratif des recettes et des dépenses d'un exercice court du jour où il est donné communication de ce décret au conseil général par le préfet. — Cons. d'Et., 29 nov. 1889, Département de Constantine, [D. 91.3.43]

880. — En ce qui touche les décisions des commissions départementales dont la *communication* aux parties intéressées est prévue comme point de départ du délai du recours, par l'art. 88, L. 10 août 1871, une circulaire ministérielle du 9 août 1879 s'exprime ainsi : « La communication aux parties intéressées peut être faite individuellement ou collectivement. Si la communication individuelle était toujours facile, elle devrait seule être adoptée, comme faisant connaître d'une façon plus certaine et plus directe la décision aux personnes qu'elle intéresse. Il convient, par conséquent, de l'employer lorsqu'il y a un nombre restreint de parties intéressées ». Ainsi que le dit cette circulaire, il y avantage à notifier individuellement, quand c'est possible, les actes qui intéressent un nombre plus ou moins grand d'habitants, mais de semblables notifications ne sont pas indispensables, et elles peuvent toujours être suppléées par des affiches.

881. — Aussi a-t-il été jugé que le délai de deux mois, dans lequel peut être déféré au Conseil d'état une décision de la commission départementale fixant la largeur d'un chemin vicinal, court à partir du jour où cette décision a été portée à la connaissance des intéressés par voie d'affiches. — Cons. d'Et., 8 août 1882, de Colmont, [S. 84.3.53, P. adm. chr., D. 84.3.30]

882. — ... Qu'une chambre de commerce n'est pas recevable à se pourvoir contre un décret portant règlement sur le pilotage dans un port, lorsqu'il s'est écoulé plus de trois mois depuis l'insertion de ce décret au *Bulletin des lois.* — Cons. d'Et., 17 juill. 1885, Chambre de commerce de Dunkerque, [D. 86.5.109] — V. aussi Cons. d'Et., 30 juill. 1880, Brousse, [S. 82.3.8, P. adm. chr., D. 81.3.73]

883. — ... Que la publication régulière, dans une commune, du décret autorisant l'expropriation, pour utilité publique, de terrains pour l'agrandissement d'un cimetière, et du plan indiquant les parcelles nécessaires, constitue une notification suffisante de ladite ordonnance, qui fait courir le délai du pourvoi. — Cons. d'Et., 14 déc. 1850, Commune de Batignolles-Monceaux, [P. adm. chr.]

884. — Il est encore des actes qui, bien que n'ayant pas de caractère général, ne sont pas susceptibles de notification individuelle à ceux qui peuvent en souffrir préjudice : tels sont les actes portant concession à tel ou tel particulier d'un droit privatif. Le délai de recours contre de tels actes court, à l'égard des tiers, du jour de leur publication.

885. — Ainsi il a été décidé que le délai du recours contre un décret portant concession d'un service d'amarrage dans un port court, à l'égard des tiers, du jour où ce décret a été inséré au *Bulletin des lois.* — Cons. d'Et., 30 avr. 1880, Albrecht, [S. 81.3.73, P. adm. chr., D. 81.3.20]

886. — Il est d'autres actes qui, bien que susceptibles de notification individuelle, sont, néanmoins, en vertu des dispositions législatives, portées à la connaissance des intéressés par voie de publication, par exemple au *Journal officiel* ou au Bulletin *des lois*. La jurisprudence décide, en pareil cas, que ces publications font courir le délai.

887. — L'application de l'art. 22, L. 14 avr. 1832, conduit à une telle solution. Ce texte est ainsi conçu : « Toutes les promotions d'officiers seront immédiatement rendues publiques par mention au *Journal militaire officiel*, avec l'indication du tour de l'avancement, du nom de l'officier qui était pourvu de l'emploi devenu vacant et de la cause de la vacance ». En exigeant que la publication des nominations d'officiers fût accompagnée d'indications aussi précises, le législateur a clairement manifesté sa volonté que cette publication emportât notification à tous les intéressés. — Le pourvoi contre l'acte portant nomination d'un officier doit donc être formé dans les trois mois à partir de l'insertion de cet acte au *Journal militaire officiel*. — Cons. d'Et., 8 janv. 1875, Faidherbe, [S. 76.2.57, P. adm. chr.]

888. — Le délai du recours contre un décret portant concession d'une pension de retraite court du jour de l'insertion de ce décret au *Bulletin des lois*. — Cons. d'Et., 29 avr. 1837, [P. adm. chr.]

889. — Toutefois, l'insertion au *Bulletin des lois* d'un décret qui vise un arrêté préfectoral n'a pas pour effet de faire courir le délai du pourvoi au Conseil d'Etat contre cet arrêté, lorsque le décret ne contient dans ses visa que la mention sommaire dudit arrêté et ne précise pas quelles en sont les dispositions. — Cons. d'Et., 20 mai 1868, Borral de Pontèves, [S. 69.2.191, P. adm. chr.]

890. — Mais il est de règle que l'insertion au *Bulletin des lois* d'un acte de l'autorité, par exemple, d'une ordonnance ou d'un décret, vaut notification aux intéressés, et fait, dès lors, courir le délai du pourvoi, lorsque cette insertion donne une connaissance suffisante de la teneur de l'acte. — V. Cons. d'Et., 1er juill. 1839, Fermy, [S. 40.2.233, P. adm. chr.]; — 9 juin 1849, de Carbon, [S. 49.2.508, P. adm. chr., D. 49.3.84] — C'est une application de la maxime que nul n'est censé ignorer la loi. — V. Serrigny, *Compét. adm.*, t. 1, n. 304.

891. — Le pourvoi au Conseil d'Etat contre une décision d'une commission scolaire n'est pas recevable s'il a été formé plus de trois mois à partir du jour où cette décision a été affichée publiquement. — Cons. d'Et., 8 août 1884, Anaclet, [S. 86.3.31, P. adm. chr., D. 86.3.41]

892. — S'il est permis d'examiner une question dont l'intérêt n'est plus que purement historique, nous rappellerons que la jurisprudence du Conseil d'Etat a varié au sujet de la déchéance applicable aux décisions antérieures à la publication du règlement de 1806. Ainsi, par arrêt du 15 janv. 1809, Culoz, [P. adm. chr.], il a été décidé que les communes ont dû se pourvoir dans les trois mois à partir de l'établissement de la commission du contentieux, contre les anciennes ordonnances homologatives de procès-verbaux de bornage qui leur avaient été signifiées, et que, passé ce délai, toute réclamation de leur part était non recevable. Cependant, par arrêt du 29 déc. 1812, Bizot, [P. adm. chr.], le Conseil d'Etat a décidé qu'on pouvait toujours se pourvoir contre un arrêté qui avait été signifié avant le règlement du 22 juill. 1806, et qui ne l'avait pas été depuis la publication de ce règlement. — V. dans le même sens, 1er févr. 1813, Bentz, [P. adm. chr.] — Mais le conseil ne tarda pas à revenir à sa première jurisprudence et à décider que la déchéance est applicable aux décisions antérieures à la publication du règlement, lorsque les parties ne se sont pas pourvues dans les trois mois qui ont suivi sa publication. — Cons. d'Et., 11 nov. 1813, Guivogne, [P. adm. chr.]; — 8 juill. 1818, Maurer, [P. adm. chr.]; — 24 mars 1819, Thibault, [S. chr., P. adm. chr.]

3° *Calcul du délai.*

893. — Comment doivent se compter les mois pendant lesquels le recours est ouvert? Le calendrier grégorien étant reconnu comme ayant force de loi en France (V. *suprà*, v° *Calendrier*), il est certain qu'ils doivent se compter d'après le calendrier, c'est-à-dire du quantième d'un mois au quantième d'un autre mois, quel que soit le nombre de jours dont chaque mois se trouve composé.

894. — Doit-on comprendre dans le délai le jour de la signification et celui de l'échéance? Le Conseil d'Etat avait d'abord adopté l'affirmative. — Cons. d'Et., 17 juin 1818, Huot, [P. adm. chr.] — Mais depuis, il est revenu à une jurisprudence opposée : il ne comprend donc dans le délai, conformément à l'art. 1033,

C. proc. civ., ni le jour *à quo* ni le jour *ad quem*. — Cons. d'Et., 15 juill. 1832, Ministre des Finances, [S. 32.2.505, P. adm. chr.]; — 14 déc. 1843, Colonna, [P. adm. chr.] — V. Cormenin, t. 1, p. 55, en note; Serrigny, t. 1, n. 296; Foucart, t. 1, n. 1933. — Les mots « après trois mois », qui se trouvent dans l'art. 11 du règlement, indiquent, en effet, suffisamment que les mois doivent être francs, et qu'il y a lieu d'appliquer la règle *dies termini non computatur in termino*, qui est d'ailleurs celle de l'art. 1033, C. proc. civ. Dès lors, le pourvoi formé le 13 août contre un arrêté signifié le 12 mai précédent est recevable. — Cons. d'Et., 20 juill. 1832, Ville de Troyes, [S. 32.2.615, P. adm. chr.] — V. aussi, Cons. d'Et., 20 janv. 1859, Etienne, [S. 59.2.633, P. adm. chr., D. 59.3.39]; — 12 mars 1880, Lamarre, [S. 81.3.65, P. adm. chr., D. 80.3 109]; — 20 avr. 1883, Elect. de Sermano, [Leb. chr., p. 382]; — 26 juin 1885, Guelpa, [S. 87.3.15, P. adm. chr., D. 87.3.9]; — 19 juill. 1889, Ministre des Travaux publics, [P. adm. chr.]

895. — Cependant quelques auteurs sont d'avis que le jour de l'échéance du délai (*dies ad quem*) doit être compris dans le délai. C'est en ce dernier sens que se prononcent MM. Pradier-Fodéré (*Précis de dr. admin.*, p. 176), et Dufour (*Dr. admin.*, 2e édit., t. 2, n. 309). Ce dernier auteur semblait même considérer la question comme nettement tranchée par la jurisprudence, et il invoquait à cet égard les décisions rendues par le Conseil d'Etat les 20 juill. 1832, précité, 27 févr. 1847, Ville d'Orléans, [P. adm. chr.]; — 23 nov. 1850, Pavy, [Leb. chr., p. 858]; — 23 nov. 1850, Mourier, [S. 51.2.303, P. adm. chr., D. 52.3.10] — Or, la première et la dernière de ces décisions déclarent valables des pourvois formés, l'un le 13 août contre un arrêté signifié le 12 mai, l'autre le 6 décembre contre un arrêté signifié le 5 septembre; elles ne comprennent donc dans le délai, ni le *dies a quo*, ni le *dies ad quem*, et par conséquent, elles ne confirment point l'opinion de M. Dufour. Quant à la seconde et à la troisième, elles déclarent tardifs des pourvois formés, l'un le 12 mai contre un arrêté signifié le 10 février, l'autre le 24 janvier contre un arrêté signifié le 19 octobre; elles ne prouvent donc rien non plus en faveur de cette doctrine, puisque le délai fixé par l'art. 11, Décr. 22 juill. 1806, était expiré, soit qu'on dût y comprendre le *dies ad quem*, soit qu'on dût l'en exclure. Au surplus, le même auteur ajoutait : « le 13 avril serait le dernier jour pour le recours à former contre une décision notifiée le 12 janvier ». L'exemple choisi est évidemment contraire au principe posé, car il ne comprend ni le *dies a quo*, ni le *dies ad quem*. Constatons que M. Dufour est revenu sur son opinion dans la 3e édition de son ouvrage (t. 2, n. 327). — V. Aucoc, *Conférences*, n. 374. — V. aussi Cons. d'Et., 8 août 1892, Houriet, [D. 93.5.153]

896. — Lorsque le dernier jour du délai est férié, le défaut d'enregistrement du recours à cette date n'entraîne pas la déchéance, alors qu'il est constaté qu'il a été présenté le jour même. — Cons. d'Et., 14 mai 1886, Elect. de Cascastel, [S. 88.3.13, P. adm. chr., D. 87.3.106]; — 21 févr. 1890, Valladon, [Leb. chr., p. 190]; — 18 août 1890, Imprimerie nouvelle, [Leb. chr., p. 403]; — 8 août 1892, précité.

4° *Dispositions spéciales et transitoires. — Relief de laps de temps.*

897. — A la suite de certains événements exceptionnels qui, par le trouble qu'ils avaient jeté dans le pays et par les entraves qu'ils avaient apportées aux communications, étaient de nature à empêcher les parties de former leurs pourvois dans les délais légaux, il est arrivé que certaines dispositions spéciales sont venues proroger ces délais, en accordant des « reliefs de laps de temps. »

898. — Ainsi une ordonnance réglementaire du 29 nov. 1815, a décidé que les parties qui, à raison des événements politiques de 1815, n'avaient pu se pourvoir au Conseil d'Etat dans les délais fixés par le règlement du 22 juill. 1806, pourraient être relevées de la déchéance résultant de l'expiration de ces délais. Mais le relief de laps de temps n'a pas été accordé pour se pourvoir contre des décisions antérieures au 20 mars 1815, lorsque cette époque le délai du pourvoi était expiré. — Cons. d'Et., 6 mars 1816, habitants de Tiais, [S. chr., P. adm. chr.] — V. sur l'application de cette ordonnance, Cons. d'Et., 6 mars 1816, de Grandchamp, Marcotte, Rugard de Cambronne, Pelletier, Ramus, [S. chr., P. adm. chr.]

899. — MM. Devilleneuve et Carette, dans leurs observations sous les arrêts qui précèdent, ont exprimé l'opinion que malgré le caractère évidemment transitoire de l'ordonnance du 23 nov. 1815, le principe qu'elle consacre pourrait encore être invoqué à l'avenir, dans des circonstances analogues de force majeure, et qu'il ne serait pas nécessaire qu'une ordonnance nouvelle vînt expressément accorder, d'une manière générale, un relief de laps de temps. A notre avis, un tel système était admissible à la rigueur, lorsque le Conseil d'Etat n'avait pas le pouvoir propre de juridiction. Le chef de l'Etat qui pouvait accorder ce relief de laps de temps par mesure générale, le pouvait également par une décision particulière ; dans un cas comme dans l'autre, il était toujours seul appréciateur souverain des circonstances de nature à faire accorder cette faveur. Cependant M. Macarel enseigne, dans ses *Elém. de jurispr. adm.*, t. 1, p. 52, qu'un recours au Conseil d'Etat, hors des délais, n'est pas susceptible d'être admis, à moins que le roi n'ait, dans une ordonnance générale, autorisé les parties à lui présenter en son conseil des requêtes en relief de laps de temps. — *Sic*, Cormenin, *Quest. de dr. adm.*, Comment. du règl., 22 juill. 1806, sur l'art. 11, p. 87. — Aujourd'hui, à plus forte raison, il ne pourrait appartenir à une juridiction constituée d'accorder des délais plus longs que ceux qui sont régulièrement établis sans qu'une disposition spéciale l'y autorise ; et le Conseil d'Etat s'est constamment refusé, en l'absence d'un règlement limitant la nature et les effets de cette mesure d'exception, à accorder des reliefs de laps de temps (Cormenin, *loc. cit.*). Notons qu'en matière civile, la Cour de cassation a parfois consacré le principe contraire, et a admis, notamment par ses arrêts des 5 août 1817, Cavagnari, [S. et P. chr.], et 9 avr. 1818, Rougemont de Lowemberg, [S. et P. chr.] — que la force majeure résultant de la guerre peut être un motif suffisant de relever les parties des déchéances ou prescriptions par elles encourues, bien qu'aucune loi ou règlement général n'ait prévu le cas. — V. aussi, *suprà*, v° *Cassation* (mat. civ.], n. 887, 888, 903.

900. — On trouve un autre exemple d'une mesure exceptionnelle de cette nature dans les décrets du gouvernement de la Défense nationale des 9 sept.-3 oct. 1870, qui ont suspendu les délais impartis par les décisions des tribunaux judiciaires et administratifs au profit de ceux qui résidaient dans un département investi ou occupé par l'ennemi ; la loi du 26 mai 1871 a fixé l'époque à laquelle ces délais recommençaient à courir.

901. — Il a été jugé que ces dispositions étaient applicables aux personnes domiciliées dans le département de la Seine qui avaient à se pourvoir contre des arrêtés de conseils de préfecture d'autres départements. — Cons. d'Et., 14 févr. 1872, Fanien, [D. 73.3.53]

902. — D'après l'art. 2, L. 6 brum. an V, aucune prescription, expiration de délais ou péremption d'instance ne pouvait être requise contre les défenseurs de la patrie et autres citoyens au service des armées de terre et de mer. La loi ajoutait : « pendant tout le temps qui s'est écoulé ou s'écoulera depuis le départ de leur domicile, s'il est postérieur à la déclaration de la présente guerre, ou depuis ladite déclaration, s'ils étaient déjà au service, jusqu'à l'expiration d'un mois après la publication de la paix générale, ou après la signature d'un congé absolu qui leur serait délivré avant cette époque. »

903. — Il résulte des termes de ce texte qu'il ne contenait pas une disposition générale et applicable à toutes les guerres qui pourraient éclater dans l'avenir, mais une disposition spéciale, limitée aux guerres alors engagées, et qui cesserait d'être en vigueur aux époques qu'elle déterminait.

904. — Une règle analogue a été posée par la loi du 21 déc. 1814, portant prorogation, jusqu'au 1er avr. 1815, du délai établi par l'art. 2 de la loi de la loi du 6 brum. an V. Ainsi, il a été jugé que la déchéance résultant de l'expiration des délais établis par le décret du 22 juill. 1806, quant aux pourvois devant le Conseil d'Etat, est applicable aux fournisseurs des armées françaises en pays étranger, comme à tous autres demandeurs, sans que lesdits fournisseurs puissent invoquer le bénéfice de la loi du 6 brum. an V. — Cons. d'Et., 10 févr. 1869, Souberbielle, [D. 70.3.8]

§ 5. *Règles spéciales aux pourvois dans l'intérêt de la loi.*

905. — Il est reconnu par la jurisprudence qu'indépendamment des pourvois qui peuvent être dirigés par les parties intéressées contre les décisions qui leur font grief, les ministres sont recevables à former des pourvois dans l'intérêt de la loi.

906. — Les ministres, en effet, représentent non seulement l'Etat considéré comme personne civile, mais encore la puissance publique. Ils ont des pouvoirs généraux de surveillance et de contrôle d'où la jurisprudence a fait dériver, à l'égard des juridictions administratives, des attributions analogues à celles qui permettent au ministre de la Justice de provoquer, et au procureur général près la Cour de cassation de requérir la cassation, dans l'intérêt de la loi, des jugements et arrêts entachés d'illégalité. — Laferrière, t. 1, p. 284.

907. — Chaque ministre peut donc demander directement au Conseil d'Etat, dans l'intérêt de la loi, l'annulation des décisions juridictionnelles qui intéressent son département (*op. et loc. cit.*). — V. les critiques adressées à ce droit des ministres par M. Dufour, t. 2, n. 352.

908. — Ainsi jugé que les ministres sont recevables à se pourvoir dans l'intérêt de la loi contre les décisions des conseils de préfecture. — Cons. d'Et., 8 févr. 1838, Ministre des Finances, [S. 38.2.272, P. adm. chr.]

909. — ... Spécialement, en matière de comptabilité communale. — Cons. d'Et., 8 févr. 1838, précité. — ... — Et en matière de police du roulage. — Cons. d'Et., 26 mai 1837, Rabourdin, [S. 37.2.459, P. adm. chr.]

910. — Ce recours dans l'intérêt de la loi est ouvert même après l'expiration du délai de trois mois aux ministres comme chargés de tout ce qui tient à l'exécution des lois, spécialement dans l'ordre administratif. Chacun d'eux a donc le droit de se pourvoir, pour violation de la loi ou incompétence, contre les arrêtés des autorités ressortissant à son département. — Cons. d'Et., 8 févr. 1838, précité; — 11 août 1841, Ministre des Travaux publics, [P. adm. chr.]; — 26 nov. 1841, Ministre des Travaux publics, [P. adm. chr.]; — 30 déc. 1841, Ministre des Travaux publics, [P. adm. chr.]; — V. Serrigny, t. 1, n. 313 ; Foucart, t. 3, n. 1936 ; Chauveau, *C. inst. adm.*, n. 832.

911. — Jugé encore que, lorsqu'un ministre a laissé expirer les délais du règlement pour se pourvoir au Conseil d'Etat contre une décision du conseil de préfecture en matière de contravention de voirie, son pourvoi, quoique tardif, doit être examiné par le Conseil d'Etat dans l'intérêt de la loi. — Cons. d'Et., 3 sept. 1836, Ministre de l'Intérieur, [S. 37.2.63, P. adm. chr.]

912. — Mais ce pourvoi ne peut être fondé que sur une violation ou une fausse interprétation de la loi : le ministre ne serait pas recevable à alléguer une fausse appréciation des faits sur lesquels le conseil de préfecture a prononcé. — Cons. d'Et., 3 févr. 1843, Prevost, [S. 43.2.234, P. adm. chr.]

913. — Jugé, en ce sens, qu'un ministre ne peut se pourvoir devant le Conseil d'Etat, dans l'intérêt de la loi, contre une décision qui, en la supposant erronée, ne constituerait qu'un mal jugé. — Cons. d'Et., 20 août 1847, Ministre de la Guerre, [P. adm. chr.]

914. — ... Que le ministre des Travaux publics, notamment, n'est pas recevable à se pourvoir dans l'intérêt de la loi, contre un arrêté du conseil de préfecture qui a renvoyé aux fins du procès-verbal un particulier, alors que la question litigieuse ne peut être résolue que par l'examen de la situation topographique spéciale à l'espèce. — Cons. d'Et., 3 janv. 1881, Ministre des Travaux publics, [D. 82.3.36]

915. — ... Que le ministre de la Guerre n'est pas non plus recevable à déférer dans l'intérêt de la loi au Conseil d'Etat une décision du conseil de révision qui, par suite d'une erreur de fait, a accordé une dispense du service militaire. — Cons. d'Et., 13 déc. 1878 et 28 févr. 1879, Ministre de la Guerre, [D. 79.3.44]

916. — Le pourvoi dans l'intérêt de la loi, formé contre un arrêté du conseil de préfecture annulant l'injonction faite à un propriétaire d'amener de l'eau dans un immeuble, n'est pas fondé lorsque le ministre n'établit pas que le conseil de préfecture ait violé aucune disposition de loi en décidant que, dans les espèces qui lui étaient soumises, l'absence d'eau ne constituait pas une cause d'insalubrité inhérente à l'immeuble. — Cons. d'Et., 11 nov. 1881, Ministre de l'Agriculture et du Commerce, [S. 83.3.31, P. adm. chr., D. 83.3.20] — V. *infrà*, v° *Logements insalubres*.

917. — En outre, le pourvoi des ministres dans l'intérêt de la loi n'est recevable qu'après que les délais pendant lesquels les parties intéressées sont admises à se pourvoir sont expirés, et qu'autant que les chefs sur lesquels porte le pourvoi du ministre, n'auraient pas été attaqués par les parties elles-mêmes. — Cons. d'Et., 8 avr. 1842, Duvergier, [S. 42.2.322, P. adm. chr.]; — 2 août 1854, Ministre de l'Intérieur, [P. adm. chr.]; — 28 mars

1884, Ministre des Travaux publics, [Leb. chr., p. 259]; — 1er août 1884, Ministre du Commerce, [D. 83.5.117]

918. — Un ministre n'est donc recevable à se pourvoir au Conseil d'Etat, dans l'intérêt de la loi, contre une décision, qu'autant que les parties intéressées ne l'auraient pas attaquée elles-mêmes dans les délais du règlement. — Cons. d'Et., 2 août 1854, Canouine, [S. 55.2.217, P. adm. chr., D. 55.3.37]; — 18 févr. 1864, Ministre des Travaux publics, [S. 64.2.86, P. adm. chr., D. 64.3.87]; — 29 avr. 1872, Coulonges, [S. 74.2.62, P. adm. chr., D. 73.3.3]; — 13 déc. 1878, [D. 79.5.96]

919. — Spécialement, est non recevable le pourvoi formé dans l'intérêt de la loi par le ministre des Travaux publics, contre un arrêté du conseil de préfecture qui n'est même pas définitif, en ce qu'il s'est borné à désigner un expert dans une contestation relative à des dommages provenant de travaux publics. — Cons. d'Et., 18 févr. 1864, précité.

920. — La jurisprudence a assimilé au cas où les parties ne se sont pas pourvues dans les délais, celui où elles ont introduit un pourvoi non recevable pour défaut de qualité. Dans les deux hypothèses, en effet, il est certain que la solution à intervenir sur le recours dans l'intérêt de la loi ne peut amener aucune contrariété de décisions dans la même affaire.

921. — Ainsi il a été jugé que le concessionnaire d'un canal d'irrigation n'a pas qualité pour déférer au Conseil d'Etat un arrêté par lequel le conseil de préfecture a statué sur un procès-verbal constatant une anticipation sur les dépendances du canal. — Cons. d'Et., 28 mai 1880, Yvert, [S. 81.3.79, P. adm. chr., D. 81.3.23]

922. — .. Et que le ministre est alors recevable à former un pourvoi, dans l'intérêt de la loi, contre un arrêté de conseil de préfecture frappé d'un pourvoi par la partie si, d'une part, ce dernier pourvoi n'est pas recevable pour défaut de qualité du demandeur, et si, d'autre part, le délai pendant lequel l'administration pouvait attaquer l'arrêté est expiré. — Même arrêt.

923. — Le ministre peut demander au Conseil d'Etat, dans ses observations sur un pourvoi dirigé contre un arrêté de conseil de préfecture, de prononcer l'annulation de cet arrêté dans l'intérêt de la loi. — Même arrêt.

924. — Lorsqu'un ministre s'est pourvu au Conseil d'Etat, dans l'intérêt de la loi, il n'y a pas lieu de statuer en ce qui concerne les parties intéressées qui n'ont pas été mises en cause. — Cons. d'Et., 19 mars 1823, Ministre de l'Intérieur, [S. chr., P. adm. chr.]; — 23 avr. 1823, Laporte, [P. adm. chr.] — La chose jugée demeure acquise aux parties.

925. — Il y a des cas cependant où, par une faveur spéciale de la loi, l'annulation provoquée par le ministre peut profiter à la partie : ce cas qui a lieu pour l'annulation des décisions du conseil de révision (L. 15 juill. 1889, art. 32). Mais en aucun cas elle ne peut lui nuire. — Laferrière, t. 1, p. 285.

§ 6. *Effet non suspensif du recours.*

1° *Principe général.*

926. — Selon l'art. 3 du règlement du 22 juill. 1806, « le recours au Conseil d'Etat n'a point d'effet suspensif, s'il n'en est autrement ordonné. — Lorsque l'avis de la commission établie par le décr. 11 juin 1806 est d'accorder le sursis, il en est fait rapport au Conseil d'Etat qui prononce. » Ce principe lorsque le Conseil d'Etat statue comme tribunal de cassation (V. *suprà*, n. 482 et s.), n'est que l'application des règles admises en matière civile (V. *suprà*, v° *Cassation*, [mat. civ.], n. 1934 et s.). Lorsqu'il statue comme juge du second degré, au contraire (V. *suprà*, n. 442 et s.), la règle générale de droit commun veut que l'appel soit suspensif (V. *suprà*, v° *Appel*, [mat. civ.], n. 2876 et s.). Tout autre est la règle applicable au pourvoi porté devant le Conseil d'Etat; cette différence tient à la présomption d'urgence et de célérité, inhérente, pour ainsi dire, aux affaires administratives, et qui se rencontre, au contraire, rarement dans les affaires civiles. — Serrigny, n. 284; Cormenin, p. 48, note 2.

927. — Jugé que le pourvoi au Conseil d'Etat, n'étant point suspensif de sa nature, ne saurait empêcher l'exécution d'un arrêté de conseil de préfecture qui ordonne la démolition de bâtiments pour cause de ruine ou de vétusté. — Cons. d'Et., 24 mars 1820, Josset, [S. chr., P. adm. chr.]; — 31 juill. 1822, Giraud, [P. adm. chr.]

928. — Le principe d'après lequel le recours au Conseil d'E-tat n'est pas suspensif, est applicable alors même que ce recours se trouve accompagné de conclusions tendant à ce qu'il soit sursis à l'exécution de l'arrêté attaqué. — Cass., 8 janv. 1838, Garest, [S. 39.1.285, P. 58.369, D. 58.1.138]

929. — De ce que le recours au Conseil d'Etat n'est pas suspensif, la jurisprudence a tiré diverses conséquences en décidant qu'un tel recours ne peut néanmoins mettre obstacle aux poursuites pour infraction à l'arrêté administratif contre lequel il serait dirigé. — Même arrêt. — V. aussi Bruxelles, 5 févr. 1806, Cordais, [S. et P. chr.]

930. — ... Que le recours formé contre un décret déclaratif d'utilité publique ne fait pas obstacle à ce qu'il soit procédé, en exécution de ce décret, à l'enquête devant précéder l'arrêté de cessibilité. — Cons. d'Et., 24 févr. 1882, Roger, [S. 84.3.12, P. adm. chr., D. 83.3.57]

931. — ... Que la commission départementale peut prononcer le classement d'un chemin vicinal, nonobstant le pourvoi formé devant le Conseil d'Etat contre l'arrêté préfectoral qui a refusé d'annuler la délibération du conseil municipal votant l'établissement de ce chemin. — Cons. d'Et., 28 mars 1890, Dô, [D. 91.3.100]

932. — ... Que le préfet peut mandater d'office le montant d'une dépense pour laquelle un crédit a été aussi inscrit d'office au budget d'une commune, nonobstant le pourvoi formé par cette commune contre l'arrêté portant cette inscription. — Cons. d'Et., 15 juin 1888, Ville d'Alger, [D. 89.3.73]

933. — Cependant, bien que le pourvoi formé contre un arrêté du conseil de préfecture ne soit pas suspensif, la partie à laquelle cet arrêté est favorable n'en peut néanmoins poursuivre l'exécution qu'à ses risques et périls. Spécialement, il y a lieu, si elle succombe en fin de cause devant le Conseil d'Etat, de la condamner, sur la réclamation du demandeur, à tenir compte à celui-ci des intérêts des sommes dont le remboursement est ordonné à son profit, et ce, à partir du jour de l'indue réception. — Cons. d'Et., 11 janv. 1855, Chemin de fer d'Avignon à Marseille, [D. 55.3.47]; — 29 mars 1860, Chemin de fer de l'Ouest, [S. 60.2.308, P. adm. chr., D. 60.3.33]; — 22 févr. 1866, Barre, [Leb. chr., p. 126]; — 7 juin 1866, Chemin de fer de Paris à Lyon, [Leb. chr., p. 637] — *Sic*, Ducrocq, n. 280.

934. — D'autre part, la partie qui a triomphé devant le conseil de préfecture pouvant poursuivre à ses risques et périls l'exécution de l'arrêté nonobstant le recours formé par son adversaire, il n'y a pas lieu de lui allouer une provision. — Cons. d'Et., 30 juin 1882, Grelault, [D. 83.5.125]

2° *Exceptions.*

935. — I. *Exceptions résultant de dispositions légales.* — Il n'est dérogé à la règle de l'effet non suspensif du recours que dans certaines procédures spéciales, régies par des dispositions particulières. Ces exceptions sont d'ailleurs assez rares et faciles à énumérer.

936. — Ainsi, l'art. 88, L. 10 août 1871, relatif aux décisions déjà citées de la commission départementale, porte que le recours formé contre ces décisions « est suspensif dans tous les cas. »

937. — Un effet suspensif est accordé aux recours formés contre les décisions des conseils de préfecture annulant des élections au conseil d'arrondissement (L. 22 juin 1833, art. 54).

938. — Une disposition semblable existe en matière d'élections municipales (L. 5 avr. 1884, art. 40).

939. — Enfin, nous trouvons une exception à la règle dans l'ordonnance du 1er août 1827 rendue pour l'exécution du Code forestier; l'art. 117 est ainsi conçu : « En cas de contestation sur l'état et la possibilité des forêts, et sur le refus d'admettre les animaux au pâturage et au panage dans certains cantons déclarés non défensables, le pourvoi contre les décisions rendues par les conseils de préfecture, en exécution des art. 65 et 67 C. forest., aura effet suspensif jusqu'à la décision rendue par nous en Conseil d'Etat ». Et il a été jugé que cette disposition, quoique contraire au droit commun, ne contient aucun excès de pouvoir de la part du pouvoir exécutif, et dès lors est obligatoire. — Cass., 5 juill. 1834, Commune de Marchienne, [S. 35.1.138, P. chr.]

940. — II. *Tempéraments résultant de décisions juridictionnelles. Sursis.* — Deux autres tempéraments sont apportés à la règle de l'effet non suspensif du pourvoi. Aux termes de l'art. 24, § 4, L. 24 mai 1872, les conseils de préfecture pourront seuls subordonner l'exécution de leurs décisions, en cas de recours, à la charge de donner caution ou de justifier d'une solvabilité suffisante, et les formalités édictées par les art. 440 et 441, C. proc. civ., doivent être observées pour la présentation de la caution ». Ce tempérament, on le voit, ne s'applique qu'aux pourvois formés contre les décisions des conseils de préfecture, qui semblent d'ailleurs peu portés à user de cette faculté. — Laferrière, t. 1, p. 290, note 2.

941. — L'autre tempérament peut s'appliquer à toutes les décisions attaquées devant le Conseil d'Etat; il consiste dans le droit, pour le Conseil, d'ordonner qu'il sera sursis à l'exécution de la décision, droit qui lui est conféré par l'art. 3 précité, Décr. 22 juill. 1806.

942. — Il résulte du § 2 dudit article, que le sursis doit être demandé par la partie intéressée, à la section du contentieux, qui appréciera si elle doit ou non le proposer à l'assemblée du contentieux, qui n'est saisie de la demande que si la section conclut elle-même au sursis. — Laferrière, loc. cit.

943. — Il résulte également de ces dispositions, que le Conseil d'Etat peut seul prononcer sur la demande en sursis; et qu'un préfet, un ministre, dépasseraient les limites de leur compétence, en la recevant et en y répondant.

944. — Le Conseil d'Etat n'est pas obligé de statuer sur toutes les conclusions de sursis qui sont prises devant lui; un arrêt est nécessaire pour prononcer le sursis, il ne l'est pas pour e refuser. — Laferrière, loc. cit.

945. — Avant de prononcer sur la demande, le comité en ordonne quelquefois la communication au défendeur, dont les droits et les intérêts peuvent autant souffrir du défaut d'exécution que ceux du demandeur de l'exécution elle-même (Cormenin, p. 49). Mais cela n'arrive que dans les cas ordinaires, et lorsque la destruction ou la perte de la chose litigieuse n'est pas irréparable; car, alors, le Conseil d'Etat accorde le sursis sans communication préalable. La jurisprudence du conseil est constante sur ce point.

946. — Il faut toutefois noter que la jurisprudence du Conseil d'Etat ne tend pas facilement à accorder le sursis. Comme exemple du cas où il a été accordé, le conseil a jugé qu'il y avait lieu de surseoir à l'exécution d'une ordonnance qui avait autorisé la vente aux enchères d'un ancien presbytère, et contre laquelle il y avait pourvoi, lorsque d'une exécution immédiate il pouvait résulter pour le réclamant un préjudice irréparable. — Cons. d'Et., 13 août 1823, Decaix, [P. adm. chr.]; — 27 déc. 1833, Guilion-Delabarre, [P. adm. chr.]; — 14 févr. 1834, Commune de Bray-et-Singlais, [P. adm. chr.]; — 14 nov. 1834, Lecocq, [P. adm. chr.]; — 4 nov. 1892, Pioche, [S. et P. 94.3.82]

946 bis. — ... Que quand l'exécution d'un arrêté de conseil de préfecture peut nuire au service militaire et entraîner une commune dans des dépenses inutiles, il y a lieu pour le Conseil d'Etat d'ordonner un sursis à son exécution, bien que le pourvoi formé par le ministre contre cet arrêté ait été déclaré non recevable. — Cons. d'Et., 22 févr. 1821, Ville de Lyon, [P. adm. chr.]

947. — De façon générale, lorsqu'il n'y a pas péril en la demeure, et que l'exécution de l'arrêté attaqué peut avoir des conséquences irréparables, s'il venait à ne pas être confirmé, c'est le cas d'accorder le sursis à l'exécution pendant la litispendance. — Cons. d'Et., 6 août 1823, Lamerville, [P. adm. chr.]; — 8 sept. 1824, Cretté, [P. adm. chr.]; — 5 mars 1841, Commune de Brienon-l'Archevêque, [S. 43.2.298, P. adm. chr.]

948. — Ainsi, un arrêté du conseil de préfecture ordonnant la démolition d'un mur, est du nombre de ceux auxquels il peut être sursis sur le pourvoi formé au Conseil d'Etat, en ce que son exécution causerait un préjudice irréparable. — Cons. d'Et., 31 mars 1819, Gonard, [S. chr., P. adm. chr.] — Par décision du même jour, le conseil a encore jugé, dans un sens analogue et par les mêmes motifs, qu'il y avait lieu de surseoir à l'exécution d'un arrêté de conseil de préfecture ordonnant un abatis d'arbres. — V. aussi Cons. d'Et., 12 janv. 1830, Jam, [P. adm. chr.] — V. du reste, sur les droits qui pourraient résulter pour la partie lésée, d'une exécution au mépris d'un sursis, ou précipitamment, avant d'attendre la décision du Conseil d'Etat, note sous Cons. d'Et., 2 juill. 1820, Biberon, [S. chr., P. adm. chr.]

949. — On trouve encore des exemples de sursis ... à la démolition d'une maison par mesure de sûreté publique, la maison étant devenue par expropriation la propriété de la ville; afin que l'immeuble pût être visité par les membres du jury chargé de régler l'indemnité. — Cons. d'Et., 10 juill. 1861, Allard, [Leb. chr., p. 591]

950. — ... A l'exécution d'un décret déclarant d'utilité publique l'agrandissement d'un cimetière et autorisant l'acquisition des propriétés nécessaires. — Cons. d'Et., 12 nov. 1880, Jugy, [D. 82.3.76] — V. toutefois en sens contraire, un arrêt du même jour, Trescases, [D. 82.3.77] — ... à l'arrêté ordonnant la suppression d'une fabrique de produits chimiques. — Cons. d'Et., 8 avr. 1852, Estienne et Jalabert, [P. adm. chr.]

951. — ... A l'exécution d'un arrêté préfectoral ordonnant le remplacement des sœurs desservant un hôpital. lorsque cette exécution aurait pu compromettre gravement les intérêts d'un service public. — Cons. d'Et., 23 nov. 1888, Sœurs hospitalières de l'Hôtel-Dieu de Paris, [S. 90.3.64, P. adm. chr., D. 90.3.7]

952. — Aux termes de l'art. 32, § 2, L. 15 juill. 1889, le Conseil d'Etat ne peut accorder de sursis à l'exécution des décisions des conseils de révision qui lui sont déférées. Toutefois, il a été jugé que cette disposition n'est pas applicable au recours formé contre une décision du ministre de la Guerre maintenant un jeune homme sous les drapeaux, contrairement à une décision du conseil de révision qui lui avait accordé une dispense. — Cons. d'Et., 4 nov. 1892, Pioche, [S. et P. 94.3.82]

953. — Il a été quelquefois accordé des sursis à l'exécution des décisions ou contraintes lorsqu'elles n'avaient rien d'urgent, et que les intérêts du Trésor ne se trouvaient nullement compromis par le sursis (Cormenin, p. 49, in fine). Ainsi, la contrainte décernée par le ministre des Finances contre un entrepreneur de travaux publics, faisant courir les intérêts des sommes dues, il n'y a aucun inconvénient à accorder un sursis, pendant la litispendance, à l'exécution de la contrainte, lorsque l'entrepreneur justifie qu'il possède des propriétés suffisantes pour garantir au Trésor le paiement des sommes réclamées. — Cons. d'Et., 24 déc. 1823, Leblond, [P. adm. chr.] — Sic, Chevalier, Jurisp. adm., t. 2, p. 444. — Il en est de même lorsque le dépôt à la Caisse des consignations du montant des condamnations conserve tous les droits des parties. — Cons. d'Et., 25 avr. 1834, Bouquet-Crouzier, [P. adm. chr.]

954. — Le sursis ne peut porter que sur une partie des dispositions d'un arrêté à raison duquel il y a recours au Conseil d'Etat. — Cons. d'Et., 9 sept. 1818, Bochard de Champigny, [P. adm. chr.] — Sic, Cormenin, loc. cit., p. 50.

955. — En fait, dès que l'administration sait qu'il y a pourvoi, elle sursoit à l'exécution de la décision attaquée. Du reste, afin de parer à toutes les demandes de sursis dont on abuse fréquemment pour gagner du temps, la section du contentieux, en pratique, en communiquant l'affaire au ministre, attire son attention sur la demande de sursis; le ministre examine si l'intérêt public lui permet de différer l'exécution; et, dans le cas où il s'y opposerait, le Conseil d'Etat trouverait alors dans les motifs de refus les éléments de sa propre décision.

956. — Dans le cas contraire, le conseil s'est trouvé ainsi provoquer un sursis administratif que le ministre prescrit aux autorités compétentes. Mais, ici, l'ordre de sursis émane du ministre, qui n'est pas légalement tenu de le donner. — Laferrière, t. 1, p. 290.

§ 7. Communication de la requête à la partie adverse.

957. — Ainsi qu'il a été dit suprà, n. 350 et s., le recours au Conseil d'Etat se forme par une requête déposée au secrétariat, du contentieux. Mais celle-ci ne s'adresse qu'au Conseil d'Etat, et jusqu'ici le défendeur n'en a pas connaissance. Comment en sera-t-il avisé? Il faut distinguer si l'instance est engagée contre une partie privée ou contre l'État.

1° Cas où le défendeur est une partie privée.

958. — Ce cas se subdivise encore suivant que le demandeur est lui-même une partie privée, ou que l'affaire est introduite sur le rapport d'un ministre.

959. — I. *Affaire introduite par une partie privée.* — Lorsque le litige existe entre deux parties privées, la requête doit être signifiée au défendeur en vertu d'une ordonnance de *soit communiqué*, qui est rendue par le président de la section du contentieux (Décr. 22 juill. 1806, art. 4 et 12).

960. — Dans l'origine, et jusqu'en 1830, le Conseil d'Etat usait de son droit de rejeter immédiatement les requêtes qui ne lui paraissaient pas sérieuses et dignes d'un débat contradictoire. Ce droit était, en effet, exprimé dans l'art. 29, Décr. 11 juin 1806, aux termes duquel le grand juge ordonnait, *s'il y a lieu*, la communication aux parties intéressées. Mais depuis que les ordonnances de 1831 ont établi la publicité des audiences, il a été reconnu que la communication de toutes les requêtes est devenue une nécessité; autrement, il faudrait admettre le demandeur à plaider la fin de non-recevoir, avant et à part les moyens du fond.

961. — M. de Cormenin (t. 1, p. 87, note 1) a blâmé ce nouveau mode de procéder, et s'est efforcé de démontrer que l'ancien était de beaucoup préférable et devait encore être suivi; mais son système a été combattu, avec raison selon nous, par M. Serrigny (t. 1, n. 76). « En effet, dit ce dernier auteur, si l'organisation première permet d'abréger l'instruction des recours évidemment mal fondés, elle allonge en pure perte l'instruction et le jugement des affaires dans lesquelles le pourvoi est admis. Il faut alors deux instructions et deux arrêts. Tout cela ne se fait pas sans perte de temps et d'argent. S'il y a célérité et économie pour les affaires dans lesquelles la requête est rejetée, il y a lenteur et augmentation de frais pour celles dont le pourvoi est admis. Il pourrait bien se faire que la balance des inconvénients l'emportât sur celle des avantages. »

962. — L'ordonnance du président de la section du contentieux qui prescrit la communication de la requête est mise en bas en marge; elle est ainsi conçue : « Soit la présente requête *communiquée*, par le premier huissier des lieux, à N..., à l'effet de quoi il peut, si bon lui semble, faire prendre connaissance, au secrétariat du comité du contentieux, desdites requêtes et des pièces à l'appui, pour y faire ses défenses dans les délais du règlement ». — Cet acte est de même nature que celui dont il est parlé dans le § 2, art. 72, C. proc. civ. — Serrigny, n. 290.

963. — Cette ordonnance de soit communiqué doit être signifiée dans le délai de deux mois, sous peine de déchéance (Décr. 22 juill. 1806, art. 12; Décr. 2 nov. 1864, art. 3). L'application textuelle de cette disposition a été faite par un grand nombre de décisions. — Cons. d'Et., 22 nov. 1811, Smith, [P. adm. chr.]; — 18 août 1811, Navire *La Flora*, [P. adm. chr.]; — 25 avr. 1820, Desnoyers, [P. adm. chr]; — 18 janv. 1826, Boizet, [P. adm. chr.]; — 19 juill. 1826, Andron, [P. adm. chr.]; — 22 nov. 1836, Marteau, [P. adm. chr.]; — 1er nov. 1837, Commune de Montaud, [P. adm. chr.]; — 8 mai 1841, Berdoly, [P. adm. chr.]; — 9 août 1870, Alazard, [Leb. chr., p. 1046]; — 13 mars 1885, Elleaume, [Leb. chr., p. 325] — V. aussi Chevalier, *Jurisprud. admin.*, v° *Procédure*, t. 2, p. 340.

964. — Jugé même qu'il en est ainsi, encore bien que l'arrêté attaqué n'ait point été signifié à la partie qui a formé le pourvoi. — Cons. d'Et., 8 mars 1814, Etignard, [P. adm. chr.]

965. — Dans tous les cas, la déchéance peut être prononcée d'office par le Conseil d'Etat, car, d'après les termes de l'art. 12, elle est prononcée à titre *de peine*. — Serrigny, n. 317; Cormenin, p. 59, *in fine*.

966. — Ceux qui demeurent hors de la France continentale ont, outre le délai énoncé ci-dessus, celui qui est réglé par l'art. 73, C. proc. civ. (Décr. 22 juill. 1806, art. 12). Cette rédaction est littéralement la même que celle de l'art. 443, C. proc. civ. Il en résulte que, dans la France continentale, le délai est le même pour toutes les parties. C'est évidemment un résultat regrettable, car les délais ne devraient pas être les mêmes pour le défendeur qui habite Paris que pour ceux qui habitent les extrémités de la France. Le système de graduation adopté par l'art. 4 pour la production des défenses est plus juste et plus rationnel.

967. — Les délais fixés par les dispositions précédentes sont de rigueur. Les cas de force majeure, tels que des événements de guerre, ou autres semblables, peuvent seuls motiver des relevés de déchéance, et encore à la condition de dispositions spéciales prononçant des reliefs de laps de temps. — V. *supra*, n. 897 et s.

968. — Le règlement garde le silence sur le point de départ de ce délai : il faut regarder comme telle la date de l'ordonnance rendue par le président du contentieux au bas de la requête en pourvoi (Serrigny, n. 316). Le jour de l'ordonnance ne doit pas être compté dans le délai. — Cons. d'Et., 20 janv. 1859, Etienne, [S. 59.2.633, P. adm. chr., D. 59.3.39]

969. — Que faut-il décider pour le *dies ad quem*? Nous avons vu *supra*, n. 894 et s , que pour le délai du recours au Conseil d'Etat, ce jour n'est pas compté : cette manière de décider se fonde sur la locution *après*, qui se trouve dans le texte de l'art. 11. Mais ici l'expression n'est plus la même; le mot *dans*, dont se sert l'art. 12, nous semble renfermer une idée plus restrictive et nécessite une distinction entre le jour où l'ordonnance est rendue et celui où le délai expire. Pour être dans le délai, il ne faut pas sortir du délai; c'est dire qu'il faut y comprendre le jour de l'échéance. — Serrigny, n. 316.

970. — Le délai n'est donc pas ici complètement franc : par exemple, l'ordonnance étant rendue le 8, le délai ne commence il est vrai à courir que le 9; mais il a pour dernier jour le 8 du deuxième mois : le lendemain n'est plus compris *dans* le délai de deux mois.

971. — La signification de l'ordonnance de soit communiqué se fait par exploit d'huissier, à la personne ou domicile du défendeur. Mais la signification de l'ordonnance de soit communiqué, n'est pas nulle par cela seul qu'elle ne mentionne ni la profession, ni le domicile du demandeur. — Cons. d'Et., 10 sept. 1823, Guyot Walcknœr, [S. chr., P. adm. chr.] — Notons que le Conseil d'Etat s'écarte, en ce point, des formalités prescrites par l'art. 61, C. proc. civ., dont sa jurisprudence tend néanmoins à se rapprocher dans la plus grand nombre de cas. — V. au surplus dans le sens de la décision précitée, Serrigny, *Compet. et proc. admin.*, t. 1, n. 279.

972. — La signification de l'ordonnance ne peut être suppléée par l'assignation à comparaître devant le Conseil d'Etat que le demandeur aurait signifiée à son adversaire avant de déposer la requête contenant son recours. — Cons. d'Et., 1er nov. 1837, Commune de Montaud, [P. adm. chr.]

973. — La teneur de l'ordonnance doit être, avons-nous dit, inscrite en marge ou au pied de la requête; cependant il a été jugé qu'elle est suffisamment notifiée par l'exploit de signification de la requête en pourvoi. — Cons. d'Et., 18 janv. 1831, Bouchet, [P. adm. chr.]

974. — L'obligation imposée par l'art. 12, Règl. 22 juill. 1806, de signifier une ordonnance de soit communiqué, dans le délai qu'il prescrit doit être entendue en ce sens que le demandeur doit signifier à toutes les personnes reconnues comme ses adversaires. — Cons. d'Et., 21 mai 1817, Mallet de Vandègre, [S. chr., P. adm. chr.] — La section du contentieux, en effet, avant d'ordonner le soit communiqué, a toujours soin de rechercher, sur l'exposé sommaire du rapporteur, si les individus, établissements ou administrations, indiqués comme défendeurs dans la requête en pourvoi, sont, ou du moins paraissent être les véritables adversaires du requérant. L'ordonnance de soit communiqué porte toujours très-exactement le nom de toutes les personnes auxquelles la communication doit être faite (Cormenin, sur l'art. 12 du règlement). Dès lors c'est ne pas obéir à l'ordonnance de soit communiqué, c'est méconnaître la disposition de l'art. 12 du règlement, qui impose impérativement l'obligation de signifier cette ordonnance, que de ne pas la notifier à tous les adversaires que le poursuivant s'est reconnus.

975. — Si l'ordonnance de soit communiqué doit être signifiée exactement à toutes les personnes contre lesquelles le pourvoi est dirigé, elle ne peut être signifiée surabondamment et par extension à une personne qui ne figure pas au procès (Cormenin, p. 59.) Aussi lorsque, par suite d'une fausse indication de nom, une ordonnance de soit communiqué a été signifiée dans un individu étranger à la cause, les frais doivent-ils en être supportés par la partie qui a fait la fausse indication. — Cons. d'Et., 20 nov. 1822, Fourson, [S. chr., P. adm. chr.]

976. — D'ailleurs, dans le cas où l'auteur d'un pourvoi contre un arrêté du conseil de préfecture n'a présenté aucunes conclusions contre une des parties, l'arrêté doit être considéré comme définitif à l'égard de cette partie, alors même que la section du contentieux aurait ordonné que le pourvoi lui serait communiqué. — Cons. d'Et., 29 nov. 1889, Ministre des Travaux publics, [S. et P. 92.3.26, D. 94.3.23]

977. — Lorsqu'une ordonnance de soit communiqué rendue contre un propriétaire et son locataire a été signifiée dans le délai au locataire et hors du délai au propriétaire, le recours est non recevable contre ce dernier. — Cons. d'Et., 26 févr. 1892, Ollagnier, [Leb. chr., p. 222]

978. — La signification destinée aux personnes morales, établissements ou sociétés, doit être faite aux personnes ayant qualité pour la recevoir (V. *supra*, n. 638 et s.). Jugé que la signification d'une ordonnance prescrivant la communication d'un pourvoi à une compagnie de desséchement, partie principale dans l'instance, ne peut être faite, postérieurement à la dissolution de cette compagnie, au président du syndicat organisé après le desséchement pour entretenir et conserver les travaux, et qu'il y a lieu, dans ce cas, de signifier l'ordonnance individuellement à tous les membres qui composaient la société dissoute. — Cons. d'Et., 5 mars 1852, Brossard, [S. 52.2.381, P. adm. chr.]

979. — Bien que la loi dise que les communes doivent être assignées en la personne de leur maire (V. *suprà*, v° *Communes*, n. 874 et s.), la signification d'une requête au Conseil d'Etat peut être faite à la personne de l'adjoint, le règlement du 22 juill. 1806, ne prononçant pas de nullité. — Cons. d'Et., 31 mars 1819, Habitants de Vernoy-sur-Mance, [S. chr., P. adm. chr.] — V. Cass., 8 mars 1834, Commune d'Ambutrix, [S. 34.1.161, P. chr.]

980. — Jugé toutefois que la signification de l'ordonnance de soit communiqué, faite à une commune, est nulle et comme non avenue, si l'original n'est pas visé par le maire. En conséquence, à défaut d'une autre signification régulière dans le délai légal, il y a déchéance du pourvoi. — Cons. d'Et., 7 avr. 1824, Gauthier et Bonvalot, [S. chr., P. adm. chr.] — V. aussi *suprà*, n. 664 et s.

981. — D'autre part, le défaut de signification de l'ordonnance de soit communiqué, et la déchéance établie par l'art. 12, Règl. 22 juill. 1806, peuvent être opposées aux communes aussi bien qu'aux particuliers. — Cons. d'Et., 19 mars 1817, Commune de Poincourt, [S. chr., P. adm. chr.] — Jugé dans un sens analogue, que la déchéance dont il s'agit, peut être opposée par le domaine, comme par les particuliers. — Cons. d'Et., 30 sept. 1814, Chastenet, [P. adm. chr.] — V. encore Cormenin, sur l'art. 12, Règl. du 22 juill. 1806.

982. — La signification d'une ordonnance de soit communiqué à une société anonyme dont le siège social est à l'étranger, est faite valablement au siège social, alors même que cette société a en France un siège administratif. — Cons. d'Et., 27 févr. 1885, Villes de Roubaix et Tourcoing, [D. 86.3.89]

983. — Cette signification peut être faite, conformément aux dispositions de l'art. 69, § 9, C. proc. civ., au procureur de la République près le tribunal de la Seine. Elle est valable alors même que le procureur de la République n'en aurait pas transmis copie au ministre des Affaires étrangères. — Même arrêt.

984. — La jurisprudence a étendu, dans certains cas, aux matières administratives, les dispositions de lois qui régissent la procédure civile, mais, en principe, les dispositions ne s'appliquent pas de plein droit à ces matières. — V. Cons. d'Et., 30 juill. 1875, Ville de la Châtre, [Leb. chr., p. 754] — Et il en doit être ainsi des prescriptions de l'art. 61, C. proc. civ., sur les conditions de validité des exploits. L'infraction à ces prescriptions ne serait une cause de nullité qu'autant qu'elle porterait grief au défendeur. — V. en ce sens, Cons. d'Et., 21 nov. 1834, Ville de Barcelone, [P. adm. chr.] — *Contrà*, Chauveau et Tambour, *Cod. instr. admin.*, 3° édit., t. 1, n. 201.

985. — Ainsi, la circonstance que la copie d'un exploit, portant signification d'une ordonnance de soit communiqué, ne contient aucune date, n'entraîne pas la déchéance du pourvoi, lorsqu'il est constant que cette signification a été faite dans le délai réglementaire. — Cons. d'Et., 16 mai 1879, Chemin de fer de Paris-Lyon-Méditerranée, [S. 80.2.342, P. adm. chr., D. 79.3.106]

986. — La preuve de la notification de l'ordonnance de soit communiqué dans le délai légal, peut résulter d'un extrait littéral du répertoire de l'huissier et des notes extrajudiciaires du bureau de l'enregistrement. — V. Cons. d'Et., 17 avr. 1856, Commune de Remilly, [Leb. chr., p. 315]

987. — II. *Affaires introduites sur le rapport d'un ministre.* — L'art. 16, Règl. 22 juill. 1806, porte : « Dans les affaires contentieuses introduites au conseil sur le rapport d'un ministre, il sera donné, dans la forme administrative ordinaire, avis à la partie intéressée de la remise faite au grand-juge des mémoires et pièces fournis par les agents du gouvernement, afin qu'elle puisse prendre communication dans la forme prescrite aux art. 8 et 9, et fournir ses réponses dans le délai du règlement. Le rapport du ministre ne sera pas communiqué. »

988. — Lorsque le gouvernement est demandeur dans une instance au Conseil d'Etat, comme le suppose l'art. 16, il se trouve dispensé de la nécessité de déposer une requête au secrétariat du conseil, de constituer un avocat, d'obtenir et de faire signifier par le ministère d'huissier une ordonnance de soit communiqué. Seulement le délai du recours est le même pour lui que pour les particuliers. — V. *suprà*, n. 707. — V. aussi Serrigny, n. 322 ; Dufour, n. 304 ; Cormenin, p. 63.

989. — La dispense du ministère d'avocats au conseil, accordée aux ministres (*suprà*, n. 506), est fondée sur le même motif qui dispense l'Etat de constituer avoué pour paraître devant les tribunaux ordinaires (Arr. 10 therm. an IV, art. 1 ; V. *suprà*, v° *Avoué*, n. 307 et s.); mais elle est purement facultative ; ils peuvent donc y recourir quand ils le veulent, et surtout quand la gravité de l'affaire semble l'exiger.

990. — Dans les affaires introduites sur le rapport d'un ministre, il suffit de donner avis au défendeur de la remise des mémoires et pièces fournis à l'appui du pourvoi ; il n'est pas nécessaire que cet avis soit accompagné de la copie des pièces elles-mêmes. — Cons. d'Et., 25 avr. 1839, Ministre des Finances, [S. 40.2.41, P. adm. chr.]

2° Cas où le défendeur est l'Etat.

991. — Ce cas, fort simple, est prévu par l'art. 17, Décr. 22 juill. 1806, ainsi conçu : « Lorsque, dans les affaires où le gouvernement a des intérêts opposés à ceux d'une partie, l'instance est introduite à la requête de cette partie, le dépôt qui sera fait au secrétariat du conseil de la requête et des pièces vaudra une notification aux agents du gouvernement ; il en sera de même pour la suite de l'instruction. »

992. — Lorsqu'une partie plaide contre l'Etat, elle n'est pas dispensée de la présentation d'une requête ni de la constitution d'un avocat ; mais l'économie des frais ménagés à l'Etat lui profite, en ce sens qu'elle n'a pas besoin d'obtenir du président une ordonnance de soit communiqué et de la notifier au ministre. — Serrigny, n. 326.

993. — Le texte de l'art. 17 est trop rigoureux relativement au point de départ du délai accordé pour fournir réponse ; aussi la jurisprudence, d'accord avec ce qui se pratique journellement, a-t-elle admis que le gouvernement défendeur n'est censé averti du pourvoi que par la lettre qui transmet le pourvoi au ministre.

994. — Le dernier paragraphe de l'art. 17 est une exception aux dispositions générales de l'art. 51, qui exigent le ministère des huissiers pour les significations à faire entre particuliers ; les significations au gouvernement se font donc sans le concours d'officiers ministériels.

995. — La signification d'avocat à avocat que croirait devoir faire l'administration de quelques-uns des mémoires par elle produits ne fait pas obstacle à ce que son adversaire procède simplement par voie de dépôt de ses pièces au secrétariat du conseil, conformément à l'art. 17, Règl. 22 juill. 1806, et ne l'oblige pas à signifier lui-même ses requêtes et mémoires à l'avocat de l'administration. En conséquence, les frais de telles notifications ne doivent pas rester à sa charge. — Cons. d'Et., 24 mai 1834, Garreau, [P. adm. chr.]

996. — La forme seule de la notification au ministre est différente : celui-ci doit pouvoir présenter au nom de l'Etat, comme un particulier en son propre nom, ses moyens de défense, conformément au droit commun.

997. — Aussi a-t-il été jugé que dans un procès contre l'Etat, lorsque le ministre n'a pas été mis à même de contredire de nouvelles conclusions, il y a lieu de surseoir à statuer jusqu'à ce que ces conclusions lui aient été communiquées. — Cons. d'Et., 15 sept. 1831, Méjan, [P. adm. chr.]

998. — Toutefois, on avait cru devoir soutenir que les délais étant de droit strict, le gouvernement devait être tenu de les observer comme les simples particuliers ; que les ministres devaient donc, dans les quinze jours, fournir leurs réponses à la notification qui leur était faite par la lettre du président. — M. Cormenin (t. 1, p. 65), voulait même, qu'en cas de retard de leur part, ils fussent condamnés par défaut, sans que l'opposition leur fût permise.

999. — Aujourd'hui, l'art. 8, Décr. 2 nov. 1864, porte que la section du contentieux fixe, eu égard aux circonstances de l'affaire, le délai dans lequel les défenses et observations du ministre devront être produites. Mais ce délai est dépourvu de sanction, et le président de la section du contentieux ne peut guère, après son expiration, qu'adresser au ministre une « lettre de rappel ». — Laferrière, t. 1, p. 291.

§ 8. Défenses.

1000. — Nous venons de voir comment le défendeur est mis en cause; nous avons maintenant à rechercher comment il doit fournir ses défenses.

1001. — Lorsque la communication aux parties intéressées a été ordonnée, elles sont tenues de répondre et de fournir leurs défenses dans les délais suivants : dans le délai de quinze jours, si leur demeure est à Paris, ou n'en est pas éloignée de plus de cinq myriamètres; dans le mois, si elles demeurent à une distance plus éloignée dans le ressort de la cour d'appel de Paris ou dans l'un des ressorts des cours d'appel d'Orléans, Rouen, Amiens, Douai, Nancy, Metz, Dijon et Bourges; — dans deux mois, pour les ressorts des autres cours d'appel de France. A l'égard des colonies et des pays étrangers, les délais doivent être réglés ainsi qu'il appartiendra par l'ordonnance de *soit communiqué*. — Ces délais commencent à courir du jour de la signification de la requête à personne ou domicile par le ministère d'un huissier. Dans les matières provisoires ou urgentes, les délais peuvent être abrégés par le président du contentieux (Décr. 22 juill. 1806, art. 4). — La fixation des délais trouve sa sanction dans le décret du 11 juin 1806, art. 29), dont le § 2 porte : « A l'expiration du délai, il sera passé outre au rapport. »

1002. — Le demandeur peut, dans la quinzaine après les défenses fournies, donner une seconde requête, et le défendeur répondra dans la quinzaine suivante. Il ne peut y avoir plus de deux requêtes de la part de chaque partie, y compris la requête introductive (Règl. 22 juill. 1806, art. 6). On peut remarquer que ces dispositions sont plus favorables au défendeur que celles du Code de procédure (art. 77 à 83), qui, en matière civile, ne lui permettent qu'une requête. — Serrigny, n. 292.

1003. — La tolérance des requêtes sommaires porte même à trois, au lieu de deux, le nombre des requêtes que le demandeur peut produire. Ajoutons encore que, dans les affaires importantes, indépendamment des requêtes, on fait aussi distribuer des mémoires imprimés, mais ils n'entrent jamais en taxe. — V. *suprà*, n. 600 et s.

1004. — « Lorsque le jugement est poursuivi contre plusieurs parties, dont les unes auraient fourni leurs défenses et les autres seraient en défaut de les fournir, il doit être statué à l'égard de toutes par la même décision » (Règl. 22 juill. 1806, art. 7). C'est là une des dispositions du règlement qui en fait le mieux ressortir l'esprit; elle a pour objet d'éviter les lenteurs que nécessite, en matière civile, par exemple, la réassignation de la partie défaillante (C. proc. civ., art. 153); mais, comme le fait remarquer avec raison M. Serrigny (n. 293), il faut que les parties en retard de fournir leurs moyens aient le même intérêt que celles qui les ont fournis.

§ 9. Communication de pièces.

1005. — « Les avocats des parties peuvent prendre communication des productions de l'instance au secrétariat, sans frais. Les pièces ne pourront en être déplacées, si ce n'est qu'il y en ait minute ou que la partie y consente » (Décr. 22 juill. 1806, art. 8).

1006. — Lorsqu'il y a déplacement de pièces, le récépissé, signé de l'avocat, doit porter son obligation de les rendre dans un délai qui ne peut excéder huit jours; et, après ce délai expiré, le grand juge peut condamner personnellement l'avocat à dix francs au moins de dommages-intérêts par chaque jour de retard, et même ordonner qu'il soit contraint par corps (*Ibid.*, art. 9). Dans aucun cas, les délais pour signifier requête ne peuvent être prolongés par l'effet des communications (art. 10).

1007. — Ces dispositions, empruntées au Code de procédure civile (art. 189 et 190), sont rigoureuses; toutefois, la pratique les a rendues simplement comminatoires dans l'intérêt même des parties, qui commande souvent de modérer la rapidité de l'instruction. — Serrigny, n. 295.

§ 10. Mesures d'instruction.

1008. — De même que toute autre juridiction, le Conseil d'Etat peut recourir à des mesures d'instruction. Ces mesures peuvent être ordonnées par la section du contentieux, soit que le jugement de l'affaire lui appartienne, soit qu'elle en prépare seulement l'instruction pour être statué par l'assemblée publique.

1009. — Il a toujours été reconnu, depuis qu'il existe au Conseil d'Etat une section du contentieux chargée de diriger l'instruction écrite et de préparer le rapport de toutes les affaires contentieuses, que l'intervention du Conseil d'Etat n'est pas nécessaire pour prescrire les diverses mesures d'instruction qui sont jugées utiles.

1010. — Aux termes de l'art. 19, Décr. 2 août 1879, « la communication des recours aux parties intéressées et aux ministres, s'il y a lieu, les demandes de pièces, les mises en cause et tous les autres actes d'instruction sont délibérés par la section du contentieux sur l'exposé du rapporteur. Les décisions relatives aux actes d'instruction sont signées par le président de la section. »

1011. — Cette disposition ne met pas obstacle à ce que l'assemblée du contentieux ordonne telles mesures d'instruction qu'elle estimerait nécessaires, par un arrêt avant faire droit qui soit interlocutoire ou purement préparatoire, selon qu'il préjuge ou non le fond. — Laferrière, t. 1, p. 292.

1012. — Ainsi, il appartient au Conseil d'Etat, délibérant en assemblée du contentieux, d'ordonner qu'il sera sursis à statuer jusqu'à ce qu'il ait été procédé à un supplément d'instruction par les soins de la section du contentieux. — Cons. d'Et., 25 juill. 1890, Société des fournitures militaires, [D. 92.3.25]

1013. — Il existe deux sortes de mesures d'instruction. Les unes, qui ont surtout le caractère de renseignements, consistent en de simples avis ou constatations demandés à des fonctionnaires administratifs; les autres sont des mesures d'instruction proprement dites, analogues en conséquence à celles qui sont ordonnées dans la procédure judiciaire et qui, plus que les premières, décident de la solution du litige.

1° Communications et vérifications administratives.

1014. — L'art. 19, Décr. 2 août 1879, prévoit la communication des recours *aux ministres*. Il ne s'agit pas là seulement de la communication, en la forme administrative, au ministre intéressé, des pourvois formés contre l'Etat. Toutes les contestations portées devant le Conseil d'Etat, même lorsqu'elles s'agitent entre parties privées, touchent par quelque point à l'intérêt public; cet intérêt doit être représenté par le ministre auquel ressortit le service intéressé. Aussi la section du contentieux lui envoie-t-elle le dossier afin qu'il ait connaissance du litige. — Laferrière, t. 1, p. 291.

1015. — Les observations que le ministre présente en réponse à cette communication n'ont pas le caractère de conclusions, mais seulement celui d'un avis administratif. Elles sont toujours communiquées aux avocats des parties pour y faire telle réponse qu'ils jugent convenable. — Laferrière, *loc. cit.*

1016. — Il a été jugé qu'il appartient aux ministres de produire, à l'appui des observations qu'ils présentent sur les recours portés devant le Conseil d'Etat, toutes pièces administratives et autres documents qu'ils jugent utiles à la préparation de la décision à intervenir. — Cons. d'Et., 23 févr. 1884, Delabarre, [P. adm. chr.]; — 12 juill. 1833, Duclos, [P. adm. chr.] — En conséquence, la partie qui a formé le recours ne peut demander que, faute par son adversaire (une commune) d'avoir présenté sa défense conformément au règlement, les pièces produites par le ministre dans l'intérêt de ce dernier soient rejetées de l'instruction. — Mêmes arrêts.

1017. — A la suite du renvoi prononcé par l'assemblée du contentieux, le président de cette assemblée peut rendre une ordonnance invitant un ministre à produire un original ou une copie dûment certifiée par lui de la pièce administrative sur le texte exact de laquelle il y a incertitude. — Cons. d'Et., 25 juill. 1890, précité.

1018. — La section du contentieux peut, conformément à l'art. 8, Décr. 2 nov. 1864, fixer un délai dans lequel les observations devront être produites. Cette disposition sert à remédier aux retards provenant de la communication des dossiers aux ministres. Le délai est en général fixé à quarante jours, mais il ne semble pas très-exactement observé dans la pratique; en cas d'inobservation, celle-ci ne peut donner lieu qu'à une lettre de rappel.

1019. — En dehors de l'avis demandé aux ministres intéressés, le Conseil d'Etat s'est toujours reconnu la faculté d'ordonner des vérifications et des constatations qui peuvent être demandées aux fonctionnaires compétents, et qui ont un caractère administratif plutôt que contentieux. — Laferrière, t. 1, p. 293.

1020. — Ces vérifications peuvent résulter d'une ordonnance du président de la section du contentieux. — Cons. d'Et., 30 juill. 1863, Commune de Champlive, [Leb. chr., p. 615]; — 19 déc. 1868, Daugé, [Leb. chr., p. 1071]

1021. — Ainsi, il peut être ordonné en cette forme qu'un ingénieur des ponts et chaussées procédera, en présence des parties, ou elles dûment appelées, à une vérification de l'état des lieux, et que cet ingénieur devra donner son avis sur les points litigieux. — Cons. d'Et., 30 juill. 1863, précité.

1022. — Les vérifications de cette nature peuvent aussi résulter d'un arrêt avant faire droit. — Cons. d'Et., 27 juin 1884, de la Tombelle, [Leb. chr., p. 538]

1023. — Rappelons que ces vérifications purement administratives, ne peuvent remplacer les mesures d'instruction proprement dites dans les affaires où la loi les prévoit. — Laferrière, loc. cit.

1024. — La communication des requêtes peut être ordonnée en dehors du ministre, à des personnes intéressées dans l'affaire; c'est ce qui a lieu notamment dans les recours pour excès de pouvoir, où l'on ordonne souvent des communications du recours aux personnes ayant un intérêt direct et personnel au maintien de l'acte attaqué, par exemple, au propriétaire d'une usine, quand cet acte est un arrêté préfectoral réglant la retenue d'un établissement voisin; au concessionnaire d'une mine, quand il s'agit d'un décret de concession à l'établissement légataire, si l'acte attaqué est un décret autorisant l'acceptation d'un legs. Mais ces communications ne sont pas obligatoires; elles dépendent de l'appréciation de la section du contentieux. — Laferrière, t. 2, p. 335.

2° Mesures d'instruction proprement dites.

1025. — Toutes les mesures d'instruction sont admises de la manière la plus générale par les textes qui régissent la procédure devant le Conseil d'Etat.

1026. — Le Conseil d'Etat a donc, comme les tribunaux civils, le droit de surseoir et de recourir à toutes mesures qu'il croit nécessaires et propres à éclairer sa religion. Ainsi, il peut ordonner des mises en cause, des enquêtes, des interrogatoires, des rapports d'experts, des descentes sur les lieux, des auditions de témoins, des vérifications d'écriture, etc. (Ord. réglem. 31 août 1828, art. 81).

1027. — Le règlement du 22 juill. 1806, art. 14, dispose, en effet, que si, d'après l'examen d'une affaire, il y a lieu d'ordonner que des faits ou des écritures soient vérifiés, ou qu'une partie soit interrogée, le grand juge désignera un maître des requêtes ou commettra sur les lieux; il réglera la forme dans laquelle il sera procédé à ces actes d'instruction. Les termes de l'art. 19, Décr. 2 août 1879, sont tout aussi larges : « Les vérifications sont ordonnées par le président du contentieux sur la demande de la section. »

1028. — La marche de l'instruction n'étant pas tracée par le règlement, il appartient à la section ou à l'assemblée de la déterminer. Celles-ci doivent s'inspirer des règles substantielles édictées par le Code de procédure civile pour les mesures analogues, mais elles ne sont point tenues d'appliquer les règles secondaires et de forme. — Serrigny, n. 327; Laferrière, t. 1, p. 292.

1029. — Comme exemple des mesures d'instruction, on peut citer de nombreux arrêts qui ont décidé, notamment, que lorsque les pièces produites ne suffisent pas pour éclairer les questions à résoudre et qu'il importe de connaître les actes administratifs concernant les biens à raison desquels l'indemnité est réclamée, il y a lieu de surseoir et d'ordonner l'apport de ces pièces. — Cons. d'Et., 29 août 1834, Ministre des Finances, [P. adm. chr.]; — 11 mai 1883, Petit, [D. 83.3.7]

1030. — Jugé spécialement, que, lorsque la difficulté roule sur la teneur d'un acte de vente nationale et au cas où l'avocat d'une partie cite à l'audience une pièce non produite jusque-là, qui diffère de l'acte de vente lui-même, il y a lieu d'ordonner la communication et de surseoir à cet effet. — Cons. d'Et., 2 mars 1832, Goupil, [P. adm. chr.]

1031. — ... Que lorsque, devant le Conseil d'Etat, l'une des parties en cause excipe d'un acte authentique, notamment d'un acte d'adjudication nationale qui n'est pas représenté et qui serait de nature à trancher le litige, il y a lieu de surseoir à statuer jusqu'à ce que cet acte ait été produit. — Cons. d'Et., 10 janv. 1834, Pernot, [S. 35.2.529, P. adm. chr.]; — 31 janv. 1831, Grégoire, [P. adm. chr.]

1032. — ... Que lorsque les parties sont en désaccord sur les faits, il y a lieu de surseoir pour compléter l'instruction. — Cons. d'Et., 6 juin 1834, Commune de Coligny, [P. adm. chr.]; — 27 juin 1834, Préfet du Bas-Rhin, [P. adm. chr.]; — 19 déc. 1834, Hadji-Mohammed-Edmin-Zecca, [P. adm. chr.]

1033. — ... Que si une instruction n'est pas assez complète, le Conseil d'Etat peut surseoir à statuer jusqu'après une instruction nouvelle. — Cons. d'Et., 29 août 1821, Nausé, [S. chr., P. adm. chr.]

1034. — La jurisprudence du Conseil d'Etat offre aussi plusieurs exemples d'affaires dans lesquelles le conseil, ou son président, a confié une mission spéciale à un ou plusieurs maîtres des requêtes ou auditeurs. C'est ainsi que, par une décision du 14 juill. 1831, Mayet, [S. 32.2.21, P. adm. chr.], le conseil a tranché une question de voirie urbaine après une visite des lieux que le garde des sceaux avait confiée à deux maîtres des requêtes. Lors d'un arrêt du 3 juill. 1855, Porro, [Leb. chr., p. 302], le président du Conseil d'Etat a commis l'auditeur rapporteur pour procéder à une visite des lieux. — V. Aucoc, Conf. sur le dr. admin., t. 1, n. 363.

1035. — Le Conseil d'Etat peut encore ordonner une visite de lieux, notamment à l'effet de reconnaître les limites respectives de la mer et d'un fleuve. — Cons. d'Et., 22 juill. 1881, Duval, [S. 83.3.47, P. adm. chr., D. 83.3.7] — Et il lui appartient de décider qu'il sera procédé à cette visite par une commission prise dans le sein du conseil. — Cons. d'Et., 22 juill. 1881, précité. — 6 juin 1890, Ministre des Travaux publics, [S. et P. 92.3.111, D. 92.3.84]

1036. — Il appartient aussi au président de la section du contentieux du Conseil d'Etat de déléguer un membre du conseil pour procéder à la vérification d'un fait contesté, notamment, en recevant la déclaration des témoins. Ainsi en est-il, notamment, en matière électorale. — Cons. d'Et., 21 nov. 1871, Elect. de Saint-Nizier d'Azergues, [Leb. chr., p. 252] — ... Et en matière de travaux publics. — Cons. d'Et., 9 févr. 1877, Violet, [S. 79.2.90, P. adm. chr., D. 77.3.50]

1037. — Une semblable procédure est certainement régulière; seulement on n'y a recours que dans des cas très-rares et tout à fait exceptionnels.

1038. — Lorsqu'une enquête prescrite par le conseil de préfecture a été annulée, le Conseil d'Etat peut d'ailleurs statuer sans ordonner une nouvelle enquête, si l'état de l'instruction lui permet de prononcer immédiatement au fond. — Cons. d'Et., 21 nov. 1884, Elect. de Buzançais, [D. 86.3.38]; — 23 janv. 1885, Elect. de Villeneuve de Berg, [D. 86.3.38]; — 13 mars 1885, Elect. d'Eyragues, [D. 86.3.110]

1039. — Lorsqu'une enquête ordonnée par le Conseil d'Etat n'a pas été suivie conformément à l'arrêt avant dire droit, ce n'est pas un motif suffisant pour décider qu'il soit procédé à une nouvelle enquête, alors qu'il a été suppléé à l'insuffisance de la première par des déclarations produites à l'appui. — Cons. d'Et., 6 août 1881, Elect. de Réalmont, [Leb. chr., p. 802]

1040. — Le Conseil d'Etat peut ordonner une expertise. — Cons. d'Et., 16 mai 1879, Radiguet, [Leb. chr., p. 403]

1041. — Dans ce cas, il décide d'ordinaire que chaque partie désignera son expert. — Cons. d'Et., 24 mars 1879, Mercier, [S. 80.2.300, P. adm. chr., D. 79.3.75]; — 8 août 1885, Millerand, [Leb. chr., p. 798]

1042. — Tantôt il désigne lui-même le tiers expert, tantôt il remet cette désignation au président de la section du contentieux ou au vice-président du conseil de préfecture. — Cons. d'Et., 8 août 1883, précité.

1043. — Il a encore été parfois décidé qu'il serait procédé aux vérifications par trois experts, deux désignés par les parties et un troisième par le président de la section du contentieux. — Cons. d'Et., 3 juin 1879, Fontanèle, [Leb. chr., p. 352]

1044. — Les mesures d'instruction doivent être prises contradictoirement. — Cons. d'Et., 30 juill. 1875, Ville de la Châtre, [Leb. chr., p. 754]

1045. — Aussi les parties doivent-elles être appelées à désigner leurs experts; à appeler leurs témoins au cas d'enquête; à suivre les opérations en personne ou par représentants au cas de visites de lieux.

1046. — Les résultats de toute mesure d'instruction doivent être consignés dans un procès-verbal ou rapport écrit qui est versé au dossier et peut être consulté et discuté par les parties.

1047. — Ainsi, lorsque, dans une instance pendante au Conseil d'Etat, il a été produit un rapport d'experts, et que les pièces qui ont servi de base au travail des experts n'y sont pas annexées, il y a lieu de surseoir à statuer jusqu'à ce que ces pièces aient été déposées au secrétariat du conseil et contradictoirement débattues. — Cons. d'Et., 15 mai 1833, Huyot, [P. adm. chr.]

1048. — Nous avons dit (suprà, n. 1028) que le Conseil d'Etat n'est pas lié par toutes les dispositions prescrites de la procédure civile. Aussi, en dehors de formes substantielles, nécessaires à l'exercice du droit de la défense, il s'écarte des autres règles qu'il regarde comme secondaires.

1049. — Notamment en matière d'enquêtes, et surtout d'enquêtes électorales, le Conseil d'Etat considère que les formalités édictées par les art. 261 et s., C. proc. civ., ne sont pas applicables; sauf ensuite au Conseil d'Etat à apprécier, non la validité, mais la valeur de l'enquête. — Cons. d'Et., 9 août 1880, Elect. de Rabastens, [P. adm. chr.] — V. les observations jointes à l'arrêt dans la *Rev. gén. d'admin.*, 1881.4.312.

1050. — De même, le conseil, bien qu'il exige le serment des experts, ne le prescrit pas toujours aux témoins, surtout dans les enquêtes électorales, qui ont plutôt le caractère de supplément d'information que d'enquêtes véritables. — Laferrière, t. 1, p. 293; *Rev. gén. d'admin.*, *loc. cit.*

1051. — L'exécution des mesures d'instruction exige un certain temps, et retarde d'autant plus la solution du litige. Afin que ce retard ne soit pas trop prolongé, il y a lieu de fixer, autant que possible, un délai dans lequel il doit être procédé à la mesure prescrite.

1052. — C'est ce qu'a voulu l'art. 15, Décr. 22 juill. 1806, en disposant que, « dans tous les cas où les délais ne sont pas fixés par le présent décret, ils seront déterminés par l'ordonnance du grand-juge », c'est-à-dire aujourd'hui le président de la section du contentieux.

1053. — Les questions d'état sont de la compétence des tribunaux judiciaires et échappent à celle de la juridiction administrative. — V. suprà, v° *Compétence administrative*, n. 884 et s.

1054. — Aussi, dès que le litige porté devant le Conseil d'Etat nécessite la solution préalable d'une semblable question, il doit être sursis à statuer, jusqu'à ce que la question préjudicielle ait été tranchée par les tribunaux compétents.

1055. — Jugé en pareil cas, lorsqu'avant de faire droit sur une instance portée devant lui, le Conseil d'Etat ordonne qu'une question préjudicielle sera soumise aux tribunaux, on ne doit revenir devant le Conseil d'Etat qu'après qu'il y a eu chose jugée, soit par jugement de premier ressort acquiescé, soit par arrêt ou jugement en dernier ressort. — Cons. d'Et., 10 avr. 1818, Alziary, [S. chr., P. adm. chr.] — V. Cons. d'Et., 17 janv. 1814, Itier, [S. chr., P. adm. chr.]

§ 11. *Incidents.*

1° *Demandes incidentes.*

1056. — I. *Formation et communication du pourvoi incident.* — On entend par demandes incidentes les contestations qui naissent et surviennent, dans le cours du débat, sur la demande principale. Aux termes de l'art. 18, Décr. 22 juill. 1806, les demandes incidentes doivent être formées par une requête sommaire déposée au secrétariat du contentieux; le président en ordonne, s'il y a lieu, la communication à la partie intéressée, pour y répondre dans les trois jours de la signification, ou autre bref délai qui est déterminé.

1057. — Le texte porte que la communication est ordonnée, *s'il y a lieu* : c'est l'expression employée par le décret du 11 juin 1806 (art. 29), pour la communication des requêtes principales. — Serrigny, n. 336. — V. *suprà*, n. 961 et s.

1058. — II. *Jugement du pourvoi incident.* — Les demandes incidentes sont jointes au principal pour y être statué par la même décision. — S'il y avait lieu, néanmoins, à quelque disposition provisoire et urgente, le rapport en serait fait à la prochaine séance de la commission, pour y être pourvu par le conseil, ainsi qu'il appartiendrait (Décr. 22 juill. 1806, art. 19).

1059. — III. *Recevabilité du pourvoi incident.* — Les demandes incidentes, ainsi qu'il vient d'être dit, sont jointes au principal, afin que la décision sur le fond ne soit pas retardée par le jugement des incidents. Mais le conseil doit se montrer sévère pour l'admission des demandes incidentes qui ne sont pas évidemment connexes à l'action principale; autrement, il méconnaîtrait l'esprit du règlement, qui, comme nous l'avons déjà dit, exige l'économie et la célérité.

1060. — Il ne suffirait donc pas, pour qu'une demande fût admise, qu'elle se rattachât à de précédents arrêts dont elle serait le complément. — Cormenin, p. 63, note 1.

1061. — Du reste, la recevabilité du pourvoi incident est subordonnée à celle du pourvoi principal; dès lors, lorsque ce dernier pourvoi n'est pas recevable, le pourvoi incident doit être également rejeté. — Cons. d'Et., 26 août 1842, Commune de Rivel, [S. 43.2.41, P. adm. chr.]; — 21 juin 1834, Département du Pas-de-Calais, [S. 51.2.743, P. adm. chr., D. 52.3.9]; — 20 juill. 1854, Dagien, [S. 55.2.150, P. adm. chr., D. 55.3.25]; — 31 mai 1855, Baudson, [S. 56.2.59, P. adm. chr.]; — 26 févr. 1875, Commune d'Hautmont, [D. 75.5.114]

1062. — Spécialement, le recours incident n'est pas recevable lorsque le recours principal a été introduit après l'expiration du délai légal. — Cons. d'Et., 16 avr. 1863, Guibert, [P. adm. chr., D. 63.3.36]; — 16 avr. 1880, Commune de Capvern, [S. 81.3.71, P. adm. chr., D. 81.3.26]; — 10 févr. 1882, Léger, [S. 84.3.8, P. adm. chr., D. 83.3.62]

1063. — Il a encore été jugé qu'une demande incidente est non recevable devant le Conseil d'Etat, lorsqu'elle est subordonnée à une demande principale sur laquelle est intervenu un arrêt interlocutoire qui surseoit à statuer jusqu'après l'exécution des mesures qu'il ordonne. — Cons. d'Et., 18 avr. 1821, Ternaux, [S. chr., P. adm. chr.]

1064. — De ce que nous avons dit de la nature des demandes incidentes, il résulte que des conclusions subsidiaires, tendant à l'annulation d'une décision ministérielle, et posées incidemment à une action dirigée contre un fonctionnaire inférieur dont cette décision a approuvé la conduite, ne peuvent pas être considérées comme un pourvoi régulier qui mette le Conseil d'Etat à même de statuer; il faut qu'il y ait pourvoi formé par action principale. — Cons. d'Et., 22 févr. 1821, Lambert, [S. chr., P. adm. chr.]

1065. — De même, la partie qui a formé devant le Conseil d'Etat un pourvoi contre un arrêté du conseil de préfecture statuant sur des frais de curage, n'est pas recevable à demander, par des conclusions incidentes, l'annulation pour excès de pouvoirs d'actes administratifs déterminant l'assiette du cours d'eau soumis au curage. — Cons. d'Et., 11 févr. 1887, Beau, [S. 88.3.38, P. adm. chr., D. 88.3.67] — Dans cette affaire, le mémoire par lequel le réclamant demandait l'annulation de l'arrêté préfectoral et de la décision ministérielle fixant les limites de la Devèze n'avait pas été enregistré comme un recours nouveau, mais déposé seulement au greffe comme une réplique au mémoire de l'administration relatif aux taxes de curage.

1066. — En ce qui concerne la recevabilité du recours incident, il a encore été jugé qu'un propriétaire qui, dans une instance engagée devant le conseil de préfecture, entre lui et un entrepreneur de travaux publics, a déclaré se réserver de faire valoir ultérieurement ses droits en ce qui touche la privation de jouissance de son immeuble, de sorte que le conseil de préfecture n'a été appelé à statuer que sur l'indemnité de dépréciation, n'est pas recevable à présenter directement au Conseil d'Etat, par voie de recours incident, des conclusions tendant à l'allocation d'une indemnité pour privation de jouissance. — Cons. d'Et., 10 janv. 1890, Fortier, [D. 91.3.131]

1067. — ... Qu'un propriétaire appelé à défendre devant le Conseil d'Etat à un pourvoi formé par un entrepreneur de travaux publics, contre un arrêté du conseil de préfecture réglant l'indemnité due à un propriétaire, n'est pas recevable à fournir immédiatement un recours pour le cas où les conclusions prises par un fermier devant le Conseil d'Etat, mais dans une autre instance, seraient rejetées. — Même arrêt.

1068. — ... Que l'autorité de la chose jugée s'oppose à ce que le défendeur au recours formé contre un arrêté du conseil de préfecture demande, par forme de conclusions, la réformation d'une disposition de cet arrêté contre lequel il n'a pas formé de recours incident. — Cons. d'Et., 18 juin 1846, Saget, [P. adm. chr., D. 47.3.18]

1069. — ... Que lorsque l'Etat, tout en se pourvoyant contre un arrêté de conseil de préfecture qui l'a condamné à payer diverses indemnités aux locataires successifs d'une usine, a attaqué exclusivement les dispositions de cet arrêté concernant quelques-uns desdits locataires, un autre locataire n'est pas recevable à se pourvoir, par voie de recours incident, contre la disposition qui lui est applicable, en s'associant à la défense présentée par ceux-ci. — Cons. d'Et., 3 juin 1869, Morel, [D. 70.3.83]

1070. — ... Qu'il n'y a pas lieu de statuer sur le recours incident alors que, sur les conclusions du requérant principal, l'arrêté est annulé pour vice de forme et que les parties sont renvoyées devant le conseil de préfecture. — Cons. d'Et., 13 juin 1884, Crédit Lyonnais, [D. 83.5.119]

1071. — ... Qu'un ministre n'est pas recevable à former devant le Conseil d'Etat un recours incident contre sa propre décision. — Cons. d'Et., 15 janv. 1892, Cie Franco-Algérienne, [Leb. chr., p. 16]

1072. — ... Que la communication du pourvoi donnée à un ministre le mettant à même de faire valoir, au nom de l'Etat, à l'encontre de l'arrêté attaqué, tous les droits qui peuvent lui appartenir, il n'y a lieu de lui donner acte de sa déclaration de se pourvoir incidemment pour le cas où le pourvoi serait reconnu recevable. — Cons. d'Et., 8 déc. 1882, Lahaye, [D. 84.5.115]

1073. — Sous le bénéfice des observations précédentes, le pourvoi incident devant le Conseil d'Etat est recevable en tout état de cause. — Chauveau, *Inst. adm.*, n. 666.

1074. — On ne peut même opposer à la partie qui a formé un tel pourvoi des actes d'exécution ou d'acquiescement antérieurs au pourvoi principal. — Cons. d'Et., 31 mai 1848, Richard, [S. 48.2.640, P. adm. chr.]; — 16 avr. 1851, Brouillet, [P. adm. chr.] — C'est là que l'application d'une règle également reconnue en matière civile, et d'après laquelle l'irrecevabilité de l'appel, par suite d'actes d'exécution ou d'acquiescement, est subordonnée à l'adhésion à la sentence, de la part de la partie adverse et, par conséquent, laisse subsister le droit d'émettre appel incidemment au recours de l'adversaire. — V. *suprà*, v^o *Acquiescement*, n. 367 et s.

1075. — Spécialement, la partie au profit de laquelle un arrêté du conseil de préfecture a prononcé des condamnations est recevable à former un recours incident contre cet arrêté, bien qu'elle ait poursuivi le paiement desdites condamnations postérieurement au pourvoi en Conseil d'Etat introduit par son adversaire contre l'arrêté. — Cons. d'Et., 21 juin 1878, Département du Rhône, [S. 80.2.88, P. adm. chr., D. 79.3.13]; — 25 févr. 1887, Foy, [S. 88.3.64, P. adm chr., D. 88.3.66] — Cette solution peut aussi être considérée comme la conséquence de la règle, qu'en matière administrative le pourvoi n'est pas suspensif. Il résulte de ce dernier principe, qu'en général, l'exécution d'un arrêté du conseil de préfecture n'est pas considérée comme emportant acquiescement à cet arrêté, et qu'il en est ainsi, non seulement à l'égard de la partie condamnée, pour laquelle cette exécution est forcée, mais même à l'égard de celle qui a obtenu les condamnations. Il n'y a cependant rien d'absolu, et il pourrait se présenter des circonstances dans lesquelles l'exécution de l'arrêté, même par la partie condamnée, aurait le caractère d'un acquiescement formant obstacle à l'introduction postérieure d'un recours. — V. Cons. d'Et., 7 mai 1875, Fabrique de Pludual, [S. 76.2.312, P. adm. chr. D. 76.3.12] — V. *suprà*, n. 463 et s.

1076. — Il a été encore jugé que la partie contre laquelle un arrêté du conseil de préfecture a été rendu par défaut est recevable, sur le pourvoi dirigé par le demandeur contre cet arrêté, à former elle-même un recours incident, encore bien qu'elle ne se soit pas pourvue contre ledit arrêté par voie d'opposition et qu'ainsi elle ne fût pas recevable à l'attaquer par un recours principal. — Cons. d'Et., 21 juin 1866, Champy, [D. 69.3.81]

1077. — ... Que, bien que saisi seulement du recours formé par une compagnie de chemin de fer contre une décision du conseil de préfecture déclarant illégale une occupation de terrain effectuée par cette compagnie, le Conseil d'Etat peut, sur les conclusions subsidiaires du propriétaire du terrain, défendeur au pourvoi, prononcer l'annulation de l'arrêté préfectoral qui avait autorisé cette occupation, sans qu'on puisse tirer une fin de non-recevoir de ce que le propriétaire n'aurait pas attaqué ledit arrêté dans le délai de trois mois fixé par l'art. 11, Décr. 12 juill. 1806. — Cons. d'Et., 20 févr. 1868, Cie du chemin de fer et des docks de Saint-Ouen, [S. 69.2.28, P. adm. chr., D. 69.3.9]

1078. — La question de savoir si le pourvoi incident est recevable même après l'expiration du délai a été controversée.

Elle est résolue formellement par l'affirmative en matière civile (C. proc. civ., art. 443).

1079. — Elle semblait bien avoir été jugée négativement par arrêt du Conseil d'Etat du 16 avr. 1823, Perret, [P. adm. chr.], et la même solution paraît se déduire implicitement de l'arrêt du 23 juin 1824, Commission des marais de Montferran, [S. chr., P. adm. chr.], par lequel il a été jugé que la partie qui a formé un pourvoi principal devant le Conseil d'Etat, n'est pas recevable à exciper de la tardiveté du pourvoi incident formé par son adversaire, si elle ne lui a pas signifié l'arrêté, objet de leur double attaque.

1080. — Ce système était considéré par M. Serrigny (*Comp. et proc. adm.*, t. 1, n. 320), comme constituant la règle devant le Conseil d'Etat. Néanmoins, ajoutait le même auteur, « on peut dire que l'appel incident est une défense de l'intimé contre l'appelant; que d'après la règle *favorabiliores rei quàm actores*, il n'est soumis à aucune forme, à aucun délai; qu'il est tellement favorable que l'appel principal relève l'intimé de son acquiescement au jugement; qu'enfin les règles du droit commun en matière d'appel, sont applicables au recours devant le Conseil d'Etat, quand il n'y est pas dérogé par le décret de 1806. »

1081. — Cette dernière opinion a prévalu plus tard en jurisprudence. — V. Cons. d'Et., 12 févr. 1847, Achardy, [P. adm. chr.]; — 16 mars 1850, Trouin, [S. 50.2.335, P. adm. chr., D. 51.3.8]

1082. — Il a été jugé, en ce sens, que le pourvoi, même distinct, introduit contre un arrêté du conseil de préfecture, déjà déféré au Conseil d'Etat par l'autre partie, est un recours incident, recevable dès lors en tout état de cause. — Cons. d'Et., 25 févr. 1887, précité.

1083. — Toutefois, en matière de contravention de grande voirie, le recours incident du ministre, tendant à faire élever l'amende prononcée par le conseil de préfecture est non recevable, s'il est présenté plus de trois (aujourd'hui deux) mois après l'arrêté attaqué. — Cons. d'Et., 17 juin 1887, Collignon, [S. 89.3.35, P. adm. chr., D. 88.3.89]

1084. — La décision qui précède peut être rapprochée de la jurisprudence des tribunaux judiciaires qui refusent d'étendre à l'appel incident, en matière pénale, la règle qui l'affranchit de tout délai en matière civile. — V. les observations jointes à l'arrêt : *Rev. gen. d'admin.*, 1887.3.430. — V. *suprà*, v^o *Appel (mat. répr.)*, n. 232, 608.

1085. — Dans cette affaire, le recours incident portait uniquement sur l'amende; la solution serait-elle la même s'il s'agissait de la réparation du dommage? D'après les observations précitées, il y aurait lieu d'admettre, en ce cas, la recevabilité du pourvoi incident; si, dans un semblable litige, les formes suivies sont celles adoptées en matière répressive, les conclusions semblent avoir un caractère exclusivement civil; en outre, l'intérêt du domaine public pourrait faire écarter la déchéance comme il a fait rejeter, dans la même circonstance, la prescription de l'art. 640, C. instr. crim.

1086. — D'ailleurs, c'est seulement entre les deux parties en cause d'appel que le pourvoi incident est recevable en tout état de cause. Ainsi, lorsqu'à la suite de l'arrêté rendu par un conseil de préfecture dans une instance entre une commune, un entrepreneur et un architecte, les dispositions de cet arrêté qui concernent l'architecte n'ont été attaquées ni par celui-ci, ni par la commune dans le délai légal, la commune n'est pas recevable, sur le pourvoi formé devant le Conseil d'Etat par l'entrepreneur, à former un recours incident contre l'architecte. — Cons. d'Et., 9 août 1865, Mazelin, [D. 66.3.25]

1087. — De même, un architecte ayant déféré au Conseil d'Etat un arrêté statuant sur un procès intervenu entre lui, une commune et un entrepreneur, la commune ne peut, sans mémoire en défense, demander l'annulation de la partie de l'arrêté qui a réglé sa situation avec l'entrepreneur. La commune ne s'étant pas pourvue contre l'arrêté, celui-ci est devenu définitif dans les rapports de la commune avec l'entrepreneur. — Cons. d'Et., 18 mars 1892, Loiselot, [D. 93.3.60]

2e *Inscription de faux.*

1088. — Dans le cas d'une demande en inscription de faux contre une pièce produite, le président de la section du contentieux fixe le délai dans lequel la partie qui l'a produite sera tenue de déclarer si elle entend s'en servir. Si la partie ne satisfait pas à cette ordonnance, ou si elle déclare qu'elle n'entend pas se servir de la pièce, le Conseil d'Etat statue sur l'avis de la section, soit en ordonnant qu'il sera sursis à la décision de l'instance principale jusqu'après le jugement du faux par le tribunal compétent, soit en prononçant la décision définitive si elle ne dépend pas de la pièce arguée de faux (Décr. 22 juill. 1806, art. 20).

1089. — Nous avons vu (*suprà*, n. 1025 et s.) que le Conseil d'Etat peut, comme tous les tribunaux, ordonner des mesures d'instruction et notamment une vérification d'écriture; cependant l'art. 20 lui défend de connaître d'une inscription de faux. D'où vient cette différence et pourquoi cette dérogation à la règle suivant laquelle le juge du fond est juge de l'exception? Cette différence naît de celle même qui existe entre la nature des deux incidents. Dans le premier cas, il s'agit de prouver la *sincérité* d'une écriture (C. civ., art. 1324); dans le second cas, au contraire, sa *fausseté* (C. civ., art. 1319), ce qui peut entraîner, comme conséquence, la mise en mouvement de l'action publique (V. C. proc. civ., art. 214, 240 et 251). — Serrigny, t. 1, n. 327. — V. aussi à cet égard, Chauveau et Tambour, *Instr. adm.*, t. 1, n. 394; Trolley, *Tr. de la hiérarch. adm.*, t. 3, n. 2787; Arnauld de Praneuf, *Traité des jurid. adm.*, p. 261 ; Bazille, *Inssert. sur la proc. adm.*, p. 33 et s.

1090. — Pour s'inscrire en faux, il est nécessaire avant tout d'y être autorisé. Le Conseil d'Etat a donc d'abord à examiner le mérite d'une pareille demande, son opportunité et l'influence de la pièce arguée de faux sur la décision à intervenir. Ainsi, lorsque la pièce arguée de faux ne peut exercer aucune influence sur le jugement de la contestation, ou même si le rôle que doit jouer cette pièce dans le procès n'est que secondaire et non décisif, le Conseil d'Etat passe outre. — V. Cons. d'Et., 29 janv. 1875, Riverain Collin, [S. 76.2.306, P. adm. chr., D. 75.3.99]; — 1er avr. 1892, d'Engente, [S. et P. 94.3.25, D. 93.3.78] — Il en est ainsi quand bien même la pièce se rattacherait au fond du droit, d'ailleurs le pourvoi n'est pas jugé recevable. — Cons. d'Et., 19 mai 1815, Teusch, [P. adm. chr.].

1091. — Si, au contraire, il est reconnu que la décision définitive peut dépendre de la pièce arguée, le Conseil renvoie les parties devant les tribunaux civils pour faire vider l'incident, et ordonne le sursis jusqu'après le jugement du faux; quelquefois même il fixe le délai du sursis, afin d'obliger les parties à apporter toutes les diligences nécessaires pour obtenir un jugement sur l'incident.

3° *Intervention*.

1092. — I. *Formation et communication de la demande en intervention*. — « L'intervention doit être formée par voie de requête : le président de la section du contentieux ordonne, s'il y a lieu, que cette requête soit communiquée aux parties, pour y répondre dans le délai qui sera fixé par l'ordonnance; néanmoins, la décision de l'affaire principale qui sera instruite ne peut être retardée par une intervention » (Décr. 22 juill. 1806, art. 21). Ici, comme au cas de l'art. 18, nous ferons observer que, dans la pratique, la communication n'est jamais refusée.

1093. — Quant au délai dans lequel l'ordonnance de soit communiqué doit être signifiée aux parties, il est également abandonné au pouvoir discrétionnaire du président.

1094. — II. *Recevabilité de l'intervention*. — L'art. 20 n'énumère aucun des cas dans lesquels l'intervention peut être déclarée recevable; il faut alors rester dans les termes du droit commun, « mesurer les droits d'intervention à l'intérêt des parties (Serrigny, t. 1, n. 338; Dufour, t. 2, n. 357; Cormenin, t. 1, p. 66; Foucart, t. 3, n. 1948). Cette règle a été, à l'instar des tribunaux de première instance, constamment suivie par le Conseil d'Etat. — V. *infrà*, vo *Intervention*.

1095. — Ainsi, doit être rejetée la requête d'intervention qui n'énonce aucun moyen, et alors que les intervenants ne justifient pas de leur intérêt. — Cons. d'Et., 23 févr. 1820, Bochard de Champigny, [P. adm. chr.]; — 1er sept. 1832, Lafitte, [P. adm. chr.]; — 31 août 1837, Cie concessionnaire de la canalisation de la Dive, [P. adm. chr.]

1096. — Mais le Conseil d'Etat ne suit point la disposition exceptionnelle de l'art. 466, C. proc. civ., qui n'autorise l'intervention devant les cours d'appel que « de la part de ceux qui auraient droit de former tierce opposition ». Il admet donc que l'intérêt suffit pour rendre l'intervention recevable, même dans les espèces où il juge comme tribunal d'appel.

1097. — Décidé, en ce sens, qu'un tiers est recevable à former opposition à un arrêt rendu en son absence ou à intervenir au pourvoi, s'il justifie de son intérêt. — Cons. d'Et., 16 déc. 1830, Barbaste, [S. chr., P. adm. chr.]; — 16 août 1832, Schenck, [S. 33.2.219, P. adm. chr.]

1098. — ... Que les tiers qui ont intérêt dans la contestation relative à l'interprétation d'un décret de concession, comme acquéreurs d'une partie des biens litigieux, sont recevables à y intervenir. — Cons. d'Et., 23 janv. 1833, de Lavauguyon et Staub, [P. adm. chr.]

1099. — ... Que l'on doit recevoir l'intervention de toute partie intéressée au maintien d'une décision attaquée. — Cons. d'Et., 28 mai 1833, Lemoine-Desmarres, [S. 33.2.344, P. adm. chr.]; — 7 avr. 1846, Roy, [S. 46.2.475, P. adm. chr.]; — 15 avr. 1846, Préfet de la Seine, [P. adm. chr.]; — 27 févr. 1852, Chemin de fer Saint-Etienne à Lyon, [P. adm. chr.]; — 6 août 1852, Mathias, [S. 53.2.172, P. adm. chr.]; — 13 janv. 1853, Nicolle Hervieu, [S. 53.2.316, P. adm. chr. P. adm. chr., D. 53.3.39]; — 9 févr. 1854, Poirier, [P. adm. chr.]; — 24 juill. 1856, de Galiffet, [P. adm. chr.] — *Sic*, Serrigny, n. 338; Cormenin, t. 1, p. 66.

1100. — Ainsi, une ville qui subventionne ses hospices est recevable à intervenir dans une contestation relative aux charges de ces établissements. — Cons. d'Et., 22 juin 1854, Hospices de Montpellier, [P. adm. chr., D. 55.3.9]

1101. — Une ville est de même recevable à intervenir dans l'instance existant entre l'ancien et le nouveau concessionnaire de l'éclairage au gaz; elle a, en effet, intérêt à voir accueillir les prétentions du nouvel adjudicataire. — Cons. d'Et., 14 févr. 1879, Cie industrielle du Gaz, [P. adm. chr., p. 124]

1102. — L'intervention est recevable, non seulement de la part de ceux qui justifient d'un intérêt direct et personnel et qui auraient pu, à ce titre, recevoir communication du recours, mais aussi de la part de ceux qui n'ont qu'un intérêt moins immédiat. Les arrêts qui admettent l'intervention ne parlent point de la nécessité d'un intérêt direct et personnel mais constatent, en termes généraux, que l'intervenant « a intérêt au maintien de l'arrêté attaqué... » ou qu'il « justifie d'un intérêt suffisant pour que son intervention soit déclarée recevable ». — Cons. d'Et., 22 janv. 1875, Cie générale des phosphates fossiles du bassin du Rhône, [Leb. chr., p. 64]; — 9 août 1880, Ville de Bergerac, [S. 82.3.11, P. adm. chr., D. 81.3.92]

1103. — Ainsi, l'ancien maire d'une commune est recevable à intervenir lorsqu'il justifie d'un intérêt de nature à lui donner qualité pour demander le maintien d'une délibération attaquée. — Cons. d'Et., 9 mai 1890, Commune de Saint-Leu-Taverny, [S. et P. 92.3.103, D. 91.3.107]

1104. — Il y a même des arrêts qui se bornent à dire que le requérant « peut avoir intérêt ». — Cons. d'Et., 13 avr. 1884, Lallouette, [S. 82.3.82, P. adm. chr., D. 82.3.84]

1105. — Les créanciers sont-ils admissibles à intervenir? La négative est admise par M. de Cormenin (t. 1, p. 67), parce que, dit-il, ils n'ont pas plus de droits que leur débiteur; et il cite à l'appui de son opinion un arrêt du 16 août 1833, d'Annebault, [P. adm. chr.] — Mais, M. de Cormenin fait dire à cet arrêt précisément le contraire de ce qu'il a jugé. Voici, en effet, les motifs de cette décision : « En ce qui touche l'intervention des créanciers de ladite dame Daninae, considérant qu'ils ont intérêt à la cause, et qu'ainsi ils ont droit d'y être admis comme parties intervenantes ». Il résulterait de cette jurisprudence du Conseil d'Etat, et toujours par suite du principe d'intérêt, que les créanciers auraient le droit d'intervenir, même dans les instances engagées par leurs débiteurs.

1106. — Toutefois, il a été jugé que les créanciers d'un adjudicataire de travaux publics sont sans qualité pour intervenir en leur nom sur le pourvoi formé par l'adjudicataire contre les arrêtés administratifs qui règlent ses comptes. — Cons. d'Et., 22 févr. 1821, Dubournial, [S. chr., P. adm. chr.]

1107. — M. Serrigny (t. 1, n. 339) exprime l'idée que le conseil devrait refuser, sans doute, de compliquer les instances suivies devant lui, pour sauvegarder un intérêt purement éventuel; car un débiteur a qualité pour représenter ses créanciers en jugement, et la chose jugée contre lui leur est opposable, sauf le cas de fraude ou collusion. Ils n'ont donc qu'un intérêt éventuel à « prévoir cette collusion ». « Cela vaut-il la peine, ajoute cet auteur, d'ouvrir l'accès de l'intervention de créanciers qui peuvent être en nombre considérable? Les tribunaux judiciaires disent oui, parce que cet intérêt leur paraît suffisant pour rendre applicable l'art. 466, C. proc. civ.; le Conseil d'Etat dit non, parce qu'il pense que les matières administratives sont urgentes et doivent être simplifiées. »

1108. — Dans tous les cas, il a été jugé que les créanciers ayant un privilège de second ordre sur le cautionnement d'un fournisseur sont admis à intervenir dans les contestations portant sur l'attribution de ce cautionnement à l'Etat. — Cons. d'Et., 5 avr. 1831, Cie Hérom et de Handel [Leb. chr., p. 244] — V. aussi Cons. d'Et., 13 août 1830, Bénier, [S. 31.2.123, P. adm. chr.]

1109. — Le droit d'intervention ne doit pas être confondu avec l'exercice des droits qui sont conférés aux créanciers par l'art. 1166, C. civ. L'exercice de ces droits leur est reconnu en jurisprudence administrative, comme en droit civil; toutefois, il est nécessaire que la subrogation soit prononcée à leur profit. — Serrigny, t. 1, n. 339; Dufour, n. 313; Proudhon, *Tr. des dr. d'usufruit*, etc., n. 2237 et s.

1110. — Ainsi décidé, sous l'empire de la loi du 27 avr. 1825, sur l'indemnité des émigrés, qu'il ne suffisait pas, pour que les créanciers pussent réclamer l'indemnité, qu'ils représentassent un jugement qui validât leurs oppositions, quoiqu'il fallait encore que ce jugement prononcât subrogation à leur profit dans les droits des propriétaires dépossédés. — Cons. d'Et., 24 janv. 1824, Sénat, [P. adm. chr.]. — V. aussi, Cons. d'Et., 22 févr. 1824, Dubourniac, [S. chr., P. adm. chr.]

1111. — Les sous-traitants d'un fournisseur sont-ils recevables à intervenir dans une instance où le fournisseur est partie? Evidemment, les sous-conventions des entrepreneurs sont étrangères à l'administration, qui ne reconnaît que le titulaire pour obligé; vice versa par rapport donc, leur intervention ne serait pas admissible, s'ils prétendaient saisir le Conseil d'Etat des questions nées de leurs conventions avec le fournisseur. C'est, du reste, la jurisprudence du conseil qui, notamment, a décidé que les sous-traitants d'un fournisseur, avec lesquels la décision attaquée par celui-ci n'a pas été rendue, ne sont pas recevables à intervenir devant le Conseil d'Etat pour en demander l'annulation. — Cons. d'Et., 18 avr. 1821, Boubée, [S. chr., P. adm. chr.] — V. Chevalier, *Jurisp. adm.*, v° *Fournitures*, t. 2, p. 114.

1112. — ... Qu'une convention intervenue entre un adjudicataire de travaux publics et un tiers, aux termes de laquelle une part d'intérêt dans les pertes et bénéfices de l'entreprise est attribuée à ce dernier, ne donne pas qualité pour intervenir devant le Conseil d'Etat dans une instance relative au règlement de compte. — Cons. d'Et., 17 déc. 1880, Mayout, [S. 82.3.11]

1113. — ... Que la cession de la concession d'un chemin de fer sans l'autorisation de l'administration étant nulle, le prétendu cessionnaire n'a pas qualité pour intervenir dans une instance pendante devant la juridiction administrative entre le cédant et l'administration. — Cons. d'Et., 31 mai 1878, de Meritens, [S. 80.2.64, P. adm. chr., D. 78.3.62]

1114. — Toutefois, il a été jugé que le cessionnaire des droits d'un entrepreneur de travaux publics a qualité pour intervenir devant le Conseil d'Etat dans une instance relative au règlement d'une indemnité due par l'administration à cet entrepreneur. — Cons. d'Et., 7 août 1886, Ministre des Travaux publics, [D. 88.3.24]

1115. — Le fait qu'un industriel a pris part à une adjudication d'un marché de fournitures qui n'a pas été prononcée à son profit, ne suffit pas pour lui donner droit d'intervenir dans une instance introduite devant le Conseil d'Etat, dans une instance introduite par l'adjudicataire contre le ministre de la Guerre relativement à l'exécution de son marché. — Cons. d'Et., 19 juill. 1889, Collin, [D. 91.3.123]

1116. — Le propriétaire d'un fonds qu'une commune revendique contre le fermier, comme usurpés à son préjudice, est recevable à intervenir dans la contestation pendante à ce sujet, devant le Conseil d'Etat. — Cons. d'Et., 15 août 1821, Brûlé, [S. chr., P. adm. chr.]

1117. — Mais il a été jugé, d'autre part, que le particulier en faveur duquel a été rendue une décision contre laquelle un ministre s'est pourvu dans l'intérêt de la loi n'est pas recevable à intervenir dans l'instance engagée devant le Conseil d'Etat, sur ce pourvoi. — Cons. d'Et., 28 avr. 1876, Hallet, [S. 78.2.189, P. adm. chr., D. 76.3.84] — V. Chauveau et Tambour, *C. d'instr. adm.*, t. 2, n. 830.

1118. — ... Que les actionnaires d'une société, qui ne justifient d'aucun intérêt distinct de celui de la société, ne sont pas recevables à intervenir devant le Conseil d'Etat dans une instance engagée par les administrateurs. — Cons. d'Et., 29 mars 1878 (2° arrêt), Cie des allumettes, [S. 80.2.57, P. adm. chr., D. 78.3.57]

1119. — ... Que l'intervention du bâtonnier de l'ordre des avocats n'est pas recevable dans l'instance engagée devant le Conseil d'Etat par un avocat qui, frappé d'une peine par un conseil de préfecture pour outrages commis à l'audience contre les membres de ce conseil, s'est pourvu contre l'arrêté qui l'a condamné. — Cons. d'Et., 5 mars 1880, Legré, [S. 87.3.35, P. adm. chr., D. 86.3.33]

1120. — ... Que le conseil général n'a pas qualité pour intervenir dans une instance tendant à obtenir l'annulation pour excès de pouvoir d'une décision de la commission départementale. — Cons. d'Et., 5 janv. 1877, Commune de Pleurtuit, [S. 77.2.220, P. adm. chr., D. 77.3.27]

1121. — ... Que l'agent de qui émane une décision attaquée n'est pas recevable à intervenir; que les autorités publiques sont représentées par le ministre; que c'est par lui qu'elles figurent dans l'instance; qu'elles ne peuvent donc pas plus prendre de conclusions d'intervention que de conclusions en défense. — Cons. d'Et., 11 janv. 1878, Badaroux, [Leb. chr., 1878, p. 33]

1122. — Le particulier qui intervient devant le Conseil d'Etat pour poursuivre, de concert avec l'auteur du pourvoi principal, l'annulation d'un acte administratif, doit être considéré comme ayant lui-même un pourvoi soumis aux délais ordinaires des recours; car, dans une pareille hypothèse, il s'agit en réalité d'un pourvoi qui a été introduit sous forme d'intervention. — Cons. d'Et., 30 juill. 1880, Brousse, [S. 82.3.8, P. adm. chr., D. 81.3.73]

1123. — La partie intervenante devant le Conseil d'Etat n'est d'ailleurs pas recevable à demander l'annulation de décisions autres que celles qui sont attaquées par le demandeur principal. — Cons. d'Et., 13 août 1830, Benier, [S. 31.2.123, P. adm. chr.]

1124. — Ajoutons que la non-recevabilité du pourvoi principal entraîne celle des interventions. — Cons. d'Et., 31 mai 1855, Monestier, [P. adm. chr.]

4° Reprise d'instance et constitution de nouvel avocat.

1125. — Dans les affaires qui ne sont point en état d'être jugées, la procédure reste suspendue par la notification du décès de l'une des parties, ou par le seul fait du décès, de la démission, de l'interdiction ou de la destitution de son avocat. Cette suspension dure jusqu'à la mise en demeure pour reprendre l'instance ou constituer l'avocat (Décr. 22 juill. 1806, art. 22). Dans aucun des cas énoncés en l'article précédent, la décision d'une affaire en état ne peut être différée (art. 23).

1126. — L'art. 23 ne précise point le sens et la portée de ces mots: *d'une affaire en état*; mais l'art. 443, C. proc. civ., explique ce qu'il faut entendre par là. Il porte: « L'affaire sera en état lorsque la plaidoirie sera commencée; la plaidoirie sera réputée commencée quand les conclusions auront été contradictoirement prises à l'audience. Dans les affaires qui s'instruisent par écrit, la cause sera en état quand l'instruction sera commencée, ou quand les délais pour les productions et réponses seront expirés. » Or, si nous considérons que ce n'est que vingt-cinq ans après le décret de 1806 que les parties en instance devant le Conseil d'Etat ont été appelées à jouir du bénéfice de la publicité des audiences et de la plaidoirie orale, il est bien certain qu'avant l'esprit de l'art. 23, on n'a pu appliquer ces mots *affaires en état* qu'à celles dont l'instruction écrite était complète.

1127. — Ainsi, jusqu'aux ordonnances de 1831, il n'a pu s'élever aucune difficulté à cet égard; l'introduction de la publicité a-t-elle changé cet état de choses? Nous ne le croyons pas. L'instruction continue toujours à se faire par écrit, et la décision à se rendre sur rapport, les avocats pouvant seulement présenter des observations orales après le rapport (Ord. 2 févr. 1831, art. 3, et 18 sept. 1839, art. 29°). — Serrigny, n. 343; Foucart, n. 1949; Dufour, n. 360.

1128. — C'est en ce sens qu'il a été décidé que la notification du décès de l'une des parties ne peut faire différer la décision du Conseil d'Etat, lorsque la cause se trouve en état d'après les pièces produites. — Cons. d'Et., 13 janv. 1816, Bezanger, [S. chr., P. adm. chr.] — *Sic*, Serrigny, *loc. cit.*; Dufour, *loc. cit.*; Foucart, *loc. cit.*; Cormenin, p. 67, note 1. — Mais cette solution ne s'applique qu'au cas où le Conseil d'Etat est appelé à décider une question de compétence; il en serait autrement si le litige portait sur le fond du droit (Arg. de l'art. 22, Règl. 22 juill. 1806). De même, si le décès arrivait après signification de pièces, il suspendrait le recours à l'égard des héritiers.

1129. — Il a été jugé que dans le cas où il s'agit d'une opposition à une addition de nom autorisée, le décès du requérant en cours d'instance, alors que l'affaire est en état, n'entraîne pas le rejet du recours comme non recevable. — Cons. d'Et., 18 mars 1892, d'Espiard, [D. 93.3.60] — V. *Rev. gén. d'adm.*, 1892, t. 2, p. 176.

1130. — Mais il n'y a lieu de statuer sur un recours formé par une partie décédée en cours d'instance, alors que d'une part sa succession a été répudiée par ses héritiers qui n'ont repris l'instance, et que, d'autre part, un arrêté du conseil de préfecture, passé en force de chose jugée, a prononcé sur le litige entre le défendeur et un cessionnaire que ledit défendeur avait accepté comme représentant le requérant. — Cons. d'Et., 26 déc. 1890, Segeral, [D. 92.3.63]

1131. — D'ailleurs, tous les litiges ne donnent pas lieu à reprise d'instance. Pour que les héritiers puissent exercer cette reprise, il faut qu'ils soient, dans une certaine mesure, intéressés à l'action intentée par leur auteur.

1132. — Jugé, en ce sens, que, dans le cas où l'auteur d'une protestation en matière électorale vient à décéder, il n'y a lieu de statuer sur sa réclamation. — Cons. d'Et., 11 juin 1868, Elect. d'Ajaccio, [Leb. chr., p. 653]; — 18 juill. 1884, Elect. de Luzech, [S. 86.3.26, P. adm. chr., D. 86.3.9]

1133. — ... Et que l'instance ne peut être reprise par son fils. — Cons. d'Et., 26 févr. 1875, Delhomel, [S. 76.2.305, P. adm. chr., D. 75.3.146]

1134. — Il peut en résulter que le décès du réclamant ait pour effet de maintenir en fonctions jusqu'aux élections générales un candidat dont la nomination est peut-être des plus irrégulières. Pour éviter cette éventualité regrettable, les électeurs feront sagement de veiller à ce que les protestations qui les intéressent soient toujours présentées au nom de plusieurs réclamants. — Note sous Cons. d'Et., 18 juill. 1884, précité.

1135. — Jugé, de même, que le recours pour excès de pouvoir formé par un électeur contre une décision du maire lui refusant le droit de copier les listes d'émargement en matière d'élections municipales, n'est pas au nombre des actions qui se transmettent aux héritiers. — Cons. d'Et., 14 nov. 1890, de Veye, [S. et P. 92.3.143, D. 92.3.38]

1136. — L'acte de révocation d'un avocat par sa partie est sans effet pour la partie adverse, s'il ne contient pas la constitution d'un autre avocat (Décr. 22 juill. 1806, art. 24). — V. C. proc. civ., art. 342 et s.

5° *Désaveu.*

1137. — Le désaveu doit être considéré séparément dans deux cas, suivant qu'il est relatif à des actes ou procédures faits ailleurs qu'au Conseil d'Etat ou accomplis au Conseil d'Etat même.

1138. — Si une partie veut former un désaveu relativement à des actes ou procédures faits en son nom ailleurs qu'au Conseil d'Etat, et qui peuvent influer sur la décision de la cause qui y est portée, sa demande doit être communiquée aux autres parties. Si le président de la section du contentieux estime que le désaveu mérite d'être instruit, il renvoie l'instruction et le jugement devant les juges compétents, pour y être statué dans le délai qui est réglé. A l'expiration de ce délai, il est passé outre au rapport de l'affaire principale, sur le vu du jugement du désaveu, ou faute de le rapporter (Décr. 22 juill. 1806, art. 25).

1139. — Si le désaveu est relatif à des actes ou procédures faits au Conseil d'Etat, il doit être procédé contre l'avocat sommairement et dans les délais fixés par le président (art. 26). — V. C. proc. civ., art. 352 et s.

1140. — Le rôle d'avocats-avoués que remplissent les avocats au conseil les a généralement fait assimiler aux avoués près les tribunaux, sous le rapport du mandat *ad litem*; on peut donc qu'il leur suffit d'être porteurs des pièces principales du procès pour se soustraire à la demande en désaveu. — Dufour, n. 363; Serrigny, n. 336; Pothier, *Traité du mandat*, n. 129. — V. *suprà*, v° *Avoué*, n. 421 et s.

1141. — Ainsi, un avocat est légalement autorisé à introduire un pourvoi par la remise des pièces que lui a faite un mandataire de la partie intéressée, et il ne peut être désavoué par elle, sous prétexte que le tiers qui a remis les pièces n'était pas son mandataire. — Cons. d'Et., 22 déc. 1824, Ouvrard, [S. chr., P. adm. chr.] — V. *infrà*, v° *Désaveu d'officier ministériel.*

6° *Désistement, récusation, péremption.*

1142. — Les cinq incidents que nous venons d'examiner sont les seuls qui soient prévus dans le règlement de 1806; le Code civil en prévoit trois autres, savoir : le désistement, la récusation et la péremption. Le silence du règlement à leur égard a-t-il cette conséquence rigoureuse, de les rendre inadmissibles en matière de contentieux administratif? C'est ce que nous allons examiner successivement pour chacun d'eux.

1143. — A. *Désistement.* — Les deux formes sous lesquelles le désistement peut se produire, renonciation à l'instance de la part du demandeur, et acquiescement de la part du défendeur, peuvent tout aussi bien recevoir leur application devant le Conseil d'Etat que devant les tribunaux ordinaires (C. proc. civ., art. 402 et 403, et *suprà*, v° *Acquiescement*, n. 741 et s.). Seulement la jurisprudence ne l'accepte pas dans tous les cas où il peut être offert, ainsi que nous allons le voir.

1144. — D'une part, en effet, il a été décidé que le désistement pur et simple donné par une partie, doit être admis. — Cons. d'Et., 20 avr. 1835, Suin, [P. adm. chr.]

1145. — Ainsi jugé que lorsque la commune qui s'est pourvue au Conseil d'Etat contre l'arrêté d'un conseil de préfecture réduisant le revenu cadastral d'une usine renonce à son pourvoi par suite de la proposition que les propriétaires de l'usine lui ont faite d'élever le revenu, le conseil doit donner acte du désistement de la commune et de la proposition des propriétaires. — Cons. d'Et., 26 mai 1837, Commune d'Istres, [P. adm. chr.]

1146. — ... Que doit être considéré comme sans objet le pourvoi d'une commune contre un arrêté du conseil de préfecture annulant un autre arrêté, si, postérieurement, elle consent, ainsi que ses adversaires, à exécuter ce dernier arrêté; qu'en conséquence, l'arrêté qui annule celui-ci doit être réputé non avenu. — Cons. d'Et., 23 janv. 1837, Commune de Lardier-Valença, [P. adm. chr.]

1147. — ... Que lorsque la partie qui s'est pourvue devant le Conseil d'Etat déclare se désister de son pourvoi à la seule condition que les dépens seront compensés, et que ce désistement a été accepté par la partie adverse, il y a lieu, de la part du conseil, de donner purement et simplement acte du désistement, en compensant les dépens. — Cons. d'Et., 4 mai 1854, Dehaynin, [P. adm. chr., D. 54.3.60]

1148. — Mais il est de règle que, pour qu'une partie puisse être tenue d'accepter un désistement, cet acte doit être pur et simple, sans condition, ni réserve. — V. *infrà*, v° *Désistement.*

1149. — Aussi, il n'appartient au Conseil d'Etat de donner acte du désistement d'un pourvoi, qu'autant que ce désistement est pur et simple. — Cons. d'Et., 18 nov. 1887, Duverdy et Dailly, [S. 89.3.50, P. adm. chr., D. 89.3.3]

1150. — De plus, si le désistement est donné quand l'affaire est en état, et est refusé par la partie adverse, le Conseil d'Etat passe outre. — Cons. d'Et., 29 août 1834, Hospices d'Apt, [P. adm. chr.]

1151. — Il a été jugé que, devant le Conseil d'Etat, le désistement du pourvoi par le demandeur, lorsqu'il n'est pas accepté par le défendeur, ne peut faire obstacle à ce qu'il soit statué sur le recours incident formé par celui-ci. — Cons. d'Et., 16 mars 1850, Trouin, [S. 50.2.355, P. adm. chr., D. 51.3.8]; — 12 mai 1853, Saudino et Leo, [S. 54.2.155, P. adm. chr., D. 54. 3.60]; — 3 déc. 1880, Société des mines de Portes et Sénéchas, [S. 82.3.19, P. adm. chr.]

1152. — Le désistement n'est d'ailleurs valable, que s'il est donné par une partie ayant qualité à cet effet. Ainsi, il n'y a pas lieu de donner acte du désistement d'un pourvoi formé par un contribuable actuellement décédé, alors que le désistement est formé par le gendre du requérant, déclarant agir en qualité d'héritier, mais ne justifiant pas de cette qualité. — Cons. d'Et., 9 mars 1888, Guerrapin, [D. 89.3.122]

1153. — Il n'y a pas lieu non plus de donner acte du désistement présenté par le maire en vertu d'une autorisation non régulière du conseil municipal. — Cons. d'Et., 3 déc. 1828, de Lantage, [P. adm. chr.]

1154. — De même, bien que l'adversaire d'une commune se soit désisté de l'action qu'il avait introduite devant le conseil de préfecture avec engagement de payer les frais, il n'y a pas lieu pour le Conseil d'Etat de donner acte du désistement, présenté par le maire, du pourvoi formé devant lui, alors que le maire ne justifie pas d'une acceptation régulière du désistement de l'adversaire, à la suite de laquelle le conseil municipal l'aurait autorisé à se désister à son tour. — Cons. d'Et., 23 mars 1888, Ville de Bourges, [D. 89.3.122]

1155. — En matière civile, le désistement doit être signifié par acte d'avoué à avoué (C. proc. civ., art. 402). En matière administrative contentieuse, il résulte d'une déclaration de l'avocat déposée au secrétariat du contentieux, s'il s'agit d'une matière dans laquelle il a dû y avoir obligatoirement constitution d'avocat.

1156. — Le Conseil d'Etat n'exige pas de l'avocat la justification d'un mandat spécial, sauf à celui-ci à se prémunir d'une autorisation de son client, pour se mettre à l'abri d'un désaveu. — Dufour, t. 2, n. 368; Serrigny, n. 346.

1157. — La déclaration du désistement est faite par la partie elle-même dans les affaires dispensées de constitution d'avocat. La partie qui a constitué avocat dans une instance, si elle avait la faculté de former directement son pourvoi, peut donner son désistement sans recourir au ministère de cet avocat. — Cons. d'Et., 11 févr. 1887, Elect. de Montmartin-sur-Mer, [D. 88.3.69]

1158. — II. *Récusation.* — M. Serrigny (n. 337) pensait que la garantie de la récusation devait être accordée aux parties dans tous les cas énumérés par l'art. 378, C. proc. civ.; et se fondait sur les dispositions analogues de l'art. 33, Ord. 18 sept. 1839, qui excluait des délibérations les membres qui avaient préparé une décision ministérielle attaquée devant le Conseil d'Etat, et de l'art. 118, Ord. 31 août 1828, qui permettait les récusations devant les conseils privés des colonies dans les cas prévus par les art. 378, 379, 380 et 381, C. proc. civ. Il invoquait en outre une décision du Conseil d'Etat du 2 avr. 1828 (Bernault), qui, sur la récusation proposée contre un membre d'une commission de dessèchement, portait que, les causes de récusation devant les tribunaux administratifs n'ayant été déterminées par aucune loi, il y avait lieu de suivre les règles tracées par le Code de procédure.

1159. — Cette opinion a été jadis combattue, avec raison, ce nous semble, par MM. Dufour (t. 2, n. 364), Cormenin (p. 69), Foucart (n. 1952). Ces auteurs se fondaient principalement sur ce que les conseillers d'Etat d'alors n'étaient point des juges, qu'ils n'étaient appelés qu'à émettre un avis, et que par suite la récusation, qui ne convient qu'aux juges, ne pourrait leur être appliquée. Aujourd'hui même que le Conseil d'Etat a un pouvoir propre de décision en matière contentieuse, il ne nous parait pas possible d'admettre la récusation en l'absence d'un texte qui l'autorise.

1160. — III. *Péremption.* — Quant à la péremption d'instance, elle est, comme toutes les déchéances, de droit rigoureux, et ne peut s'établir par induction, ni par analogie. Dans le silence du règlement de 1806, elle est repoussée par le Conseil d'Etat. — Cons. d'Et., 9 janv. 1832, Truelle-Mallet, [S. 32.2.256, P. adm. chr.] — *Sic*, Cormenin, p. 69, § 4; Dufour, n. 365; Serrigny, n. 338; Chevalier, *Jurispr. admin.*, v° *Procédure administrative.*

§ 12. Jugement.

1° Rapport et projet de décision.

1161. — Un rapporteur est désigné pour chaque affaire, par le président de la section du contentieux. Ce rapporteur peut être choisi parmi les conseillers d'Etat, les maîtres des requêtes ou les auditeurs; il n'y a pas de règle absolue; d'ordinaire, on a égard à l'importance de l'affaire.

1162. — Le rapport est écrit (L. 24 mai 1872, art. 15, § 3); la procédure écrite à laquelle les parties et les ministres ont pris part, et aussi les mesures d'instruction et les vérifications administratives auxquelles l'affaire a donné lieu, y sont analysées.

1163. — Le rapport se termine par des « questions » où sont formulées brièvement les points de fait et de droit à résoudre. Les questions posées par les rapports sont communiquées sans déplacement, aux avocats, quatre jours au moins avant la séance (Même loi, art. 18).

1164. — Le rapport est également accompagné d'un projet de décision préparé par le rapporteur, qui donne lecture de son travail à la section du contentieux. Le dossier est ensuite envoyé au commissaire du gouvernement qui doit donner ses conclusions à l'audience. Si l'examen qu'il fait de l'affaire et du projet d'arrêt le conduit à une solution différente de celle que ce projet propose, il est d'usage qu'il en fasse part à la section du contentieux, qui débat à nouveau les points contestés et modifie, s'il y a lieu, le projet d'arrêt. Si le désaccord subsiste, le commissaire du gouvernement a le droit et même le devoir d'exposer son opinion propre devant l'assemblée du contentieux. — Laferrière, t. 1, p. 294.

2° Procédure à l'audience.

1165. — Le rôle de chaque séance publique du Conseil d'Etat est préparé par le commissaire du gouvernement chargé de porter la parole dans la séance; il est arrêté par le président (Décr. 2 août 1879, art. 22).

1166. — Ce rôle, imprimé et contenant sur chaque affaire une notice sommaire rédigée par le rapporteur, est distribué, quatre jours au moins avant la séance, à tous les conseillers d'Etat de service à l'assemblée du conseil statuant au contentieux, ainsi qu'aux maîtres des requêtes et auditeurs de la section du contentieux. Il est également remis aux ministres qui ont pris des conclusions et aux avocats dont les affaires doivent être appelées (*Ibid.*).

1167. — Le rapporteur donne lecture du rapport et des « questions » à l'assemblée publique (L. 24 mai 1872, art. 17). Après le rapport, les avocats des parties présentent leurs observations orales. Le commissaire du gouvernement donne ses conclusions dans chaque affaire (Même loi, art. 18).

1168. — Là se termine le débat oral. Le délibéré, qui a lieu en séance secrète, s'ouvre par la lecture du projet d'arrêt présenté par la section du contentieux, et que l'assemblée est appelée à discuter. Ce projet peut être ou adopté, ou modifié, ou remplacé par une décision nouvelle. L'arrêt une fois formulé, il ne reste plus qu'à le porter à la connaissance des parties par la lecture en audience publique (L. de 1872, art. 22). Les décisions sont transcrites sur le procès-verbal des délibérations et signées par le vice-président, le rapporteur et le secrétaire du contentieux; il y est fait mention des membres ayant délibéré (Même art.).

1169. — Le Conseil d'Etat peut, dans le cours de son délibéré, prescrire un supplément d'instruction à la suite duquel les débats seront rouverts, sans qu'il soit nécessaire qu'il intervienne à cet effet une décision en forme régulière. — Cons. d'Et., 8 août 1882, P..., [S. 84.3.53, P. adm. chr., D. 84.3.28] — V. *suprà*, n. 1008 et s.

1170. — La question de savoir s'il doit être nécessairement fait état, pour l'assemblée du Conseil d'Etat statuant au contentieux, de conclusions déposées au moment même de l'ouverture d'audience s'est posée dans une affaire qui a donné lieu à un arrêt du 29 nov. 1889, Omnès, [S. et P. 92.3.16]

1171. — Dans cette affaire, il s'était passé le fait suivant : à l'ouverture de l'audience de l'assemblée générale du Conseil d'Etat, des conclusions additionnelles tendant à ce qu'avant toute décision sur le fond, l'affaire fût soumise à un nouvel avis de l'administration, avaient été produites par l'avocat du requérant. A l'appui de ses conclusions, celui-ci se fondait sur ce que, depuis l'introduction du recours, divers entrepreneurs de travaux exécutés dans la même chefferie avaient été réglés conformément aux prétentions exposées dans la requête. En droit, le renvoi demandé pouvait sans doute être prononcé; le Conseil d'Etat a, en effet, toujours le droit d'ordonner une mesure d'instruction s'il la juge utile. Mais le conseil pouvait-il se dispenser de statuer expressément sur les conclusions additionnelles déposées avant l'ouverture des débats? Il y a lieu de distinguer : le Conseil d'Etat, s'il avait rejeté les prétentions du requérant sur le fond de l'affaire, aurait dû commencer par se prononcer explicitement sur la demande de supplément d'instruction; mais, comme il annulait l'arrêté attaqué, reconnaissait à l'entrepreneur droit à un supplément de prix pour les transports non effectués au tombereau, et le renvoyait devant le ministre, et, en cas de contestation, devant le conseil de préfecture pour la fixation de ce supplément de prix, ne se trouvait plus dans l'obligation de statuer formellement sur la demande de complément d'instruction; sa décision, qui admettait en principe les prétentions de l'entrepreneur à une indemnité, et qui réservait tous les droits de ce dernier pour la détermination de cette indemnité, pouvait rester muette sur les conclusions additionnelles. Du reste, on peut avoir des doutes sur la recevabilité de telles conclusions, prises après que l'instruction est terminée. — Note sous l'arrêt précité.

1172. — Nous avons vu, en effet (*suprà*, n. 547), que devant le Conseil d'Etat la procédure est essentiellement écrite, et que l'une des principales conséquences de cette règle est que toutes les productions et prétentions des parties doivent faire l'objet de pièces régulièrement versées au dossier. A plus forte raison, la production de pièces nouvelles devant le Conseil d'Etat après la clôture des débats, alors que le conseil n'a pas ordonné que les débats seraient rouverts, doit être considérée comme non avenue. — Cons. d'Et., 30 juin 1876, Chartier, [S. 77.2.61, P. adm. chr., D. 76.3.97]

1173. — La connexité de deux ou plusieurs requêtes conduit parfois le Conseil d'Etat à en prononcer la jonction pour y être statué par une seule décision. C'est ce qui se produit notamment au cas où les recours sont fondés sur les mêmes moyens et sur le même objet. — Cons. d'Et., 29 janv. 1886, Huguenin, [Leb. chr., p. 88]

3° *Forme de la décision.*

1174. — Les sentences rendues par le Conseil d'Etat sont dénommées « *décisions* » dans les divers textes législatifs et réglementaires (V. Décr. 22 juill. 1806, art. 27; L. 24 mai 1872, art. 22; Décr. 2 août 1879, art. 24).

1175. — On peut remarquer que cette expression « *décisions* » était également employée par le règlement du 22 juill. 1806, alors que le Conseil d'Etat donnait son avis, rédigeait des projets, mais ne décidait jamais.

1176. — La dénomination d' « *arrêts* » est plutôt usitée dans la pratique et dans les recueils de jurisprudence du Conseil d'Etat : et elle l'était déjà à la même époque. — Laferrière, t. 1, p. 298, note 3).

1177. — Les décisions rendues par le Conseil d'Etat statuant au contentieux ou par la section du contentieux contiennent les noms et demeures des parties, leurs conclusions, le vu des pièces principales et des lois appliquées. Elles portent en tête la mention suivante : « Au nom du peuple français, le Conseil d'Etat statuant au contentieux, ou la section du contentieux du Conseil d'Etat » (Décr. 22 juill. 1806, art. 27; Décr. 2 août 1879, art. 24).

1178. — La forme des décisions ou arrêts du conseil est analogue, mais non identique, aux arrêts et jugements des cours et tribunaux. On y distingue : les visas, qui forment le préambule de la décision et qui correspondent aux qualités des jugements; 2° les motifs ou considérants; 3° le dispositif. — Ducrocq, n. 282; Laferrière, t. 1, p. 298 et s.

1179. — I. *Visas.* — A la différence des qualités des jugements, qui sont préparées par les représentants légaux des parties et peuvent donner lieu à des oppositions sur lesquelles le juge prononce, les visas sont exclusivement rédigés par le rapporteur et soumis à la section. — Laferrière, *loc. cit.*

1180. — Les visas contiennent l'analyse des conclusions et moyens des parties, la mention des avis et observations des ministres; mais ils ne doivent pas relater la teneur de ces avis si les ministres ne sont intervenus qu'à titre consultatif et n'ont pas eu à conclure en qualité de parties. Les visas contiennent aussi l'indication des principales pièces du dossier et ils se terminent par la citation des dispositions législatives ou réglementaires dont l'arrêt fait application. — Laferrière, *loc. cit.*

1181. — Le visa des pièces principales est important, afin de constater, en cas de requête civile, ou même d'opposition, quelles sont les pièces qui ont servi de base à la décision attaquée.

1182. — Le visa des dispositions législatives et réglementaires appliquées a pour effet de lui donner plus d'autorité en indiquant la loi dont le juge n'a fait que l'application.

1183. — Bien que les visas ne fassent pas partie de la décision proprement dite, ils en constituent un élément souvent utile à consulter pour déterminer la véritable portée de l'arrêt.

1184. — II. *Motifs ou considérants.* — Les « motifs » ou « considérants » sont analogues à ceux des décisions judiciaires, mais généralement moins développés. — V. *infrà*, v° *Motifs des jugements et arrêts.*

1185. — Autrefois, la brièveté des motifs a pu sembler excessive; elle tenait à l'état d'une législation et d'une jurisprudence encore mal définies; on évitait alors l'emploi des formules trop arrêtées. En outre, on admettait volontiers, avant 1872, que les décisions rendues par le chef de l'Etat en son Conseil, n'étaient pas soumises à la même rigueur doctrinale que de véritables sentences judiciaires.

1186. — Depuis que le Conseil d'Etat est investi d'une juridiction propre, il montre plus de tendance à développer les motifs de ses décisions et à faire connaître les bases de sa jurisprudence. — Laferrière, t. 1, p. 299.

1187. — Les décisions du Conseil d'Etat sont toujours motivées. Lorsqu'il statue comme juge d'appel, il motive toujours explicitement son arrêt, et se refuse la faculté, que la Cour de cassation a reconnue aux cours d'appel, de confirmer les décisions attaquées par adoption pure et simple des motifs des premiers juges.

1188. — III. *Dispositif.* — Le « dispositif » contient, dans des articles distincts, toutes les solutions données à l'affaire ainsi que les condamnations principales et accessoires prononcées contre les parties. Un article final de ce dispositif porte qu'une expédition de la décision sera transmise au ministre compétent.

1189. — Comme en matière civile, où les tribunaux ne peuvent statuer *ultra petita* (V. *infrà*, v° *Requête civile*), la décision ne doit porter que sur les points déterminés dans les conclusions respectives des parties, elle doit s'arrêter là où les parties se sont arrêtées elles-mêmes. — Foucart, n. 1957.

1190. — Ainsi, il n'y a pas lieu, par le Conseil d'Etat, de prononcer sur un chef à l'égard duquel l'arrêté attaqué n'a point statué dans son dispositif. — Cons. d'Et., 9 juin 1830, Joly, [P. adm. chr.]; — 11 oct. 1833, Bernard, [P. adm. chr.]

1191. — Et le Conseil d'Etat saisi par un ministre d'un pourvoi dans l'intérêt de la loi, ne peut statuer en ce qui concerne les parties intéressées lorsqu'elles ne le réclament pas. — Cons. d'Et., 19 mars 1823, Ministre de l'Intérieur, [S. chr., P. adm. chr.] — Sic, Serrigny, t. 1, n. 313. — V. aussi Cons. d'Et., 26 mai 1837, Rabourdin, [S. 37.1.459, P. adm. chr.]

1192. — Lorsque le Conseil d'Etat annule un acte comme entaché d'excès de pouvoir, il ne lui appartient pas de prescrire les mesures auxquelles cette annulation peut donner lieu. — Cons. d'Et., 16 janv. 1874, Frères des Ecoles chrétiennes, [S. 75.2.340, P. adm. chr., D. 74.3.100]; — 5 févr. 1875, Labarbe, [S. 76.2.307, P. adm. chr., D. 75.3.103]; — 13 juill. 1877, Hospice de Gray, [S. 79.2.189, P. adm. chr., D. 77.3.108]

1193. — Spécialement, lorsque le Conseil d'Etat annule un acte comme entaché d'excès de pouvoir, il ne lui appartient pas de prescrire le remboursement des sommes qui ont été payées en exécution de cet acte. — Cons. d'Et., 28 juill. 1876, Commune de Giry, [S. 78.2.309, P. adm. chr., D. 77.3.33] — V. *infrà*, v° *Excès de pouvoir.*

1194. — De même, la délivrance de pièces constatant la situation des citoyens sous le rapport militaire est une mesure administrative rentrant dans les attributions du ministre de la Guerre auquel la juridiction contentieuse ne peut se substituer. Ainsi il n'appartient pas au Conseil d'Etat d'ordonner qu'il sera délivré un certificat de passage dans la réserve de l'armée territoriale. — Cons. d'Et., 7 juin 1889, Babinet, [S. 91.3.75, P. adm. chr., D. 91.3.4]

1195. — Le Conseil d'Etat est également soumis aux dispositions de l'art. 5, C. civ. Il ne lui appartient donc pas non plus, lorsqu'il statue au contentieux, de prononcer par voie de disposition générale et réglementaire, et de déclarer la décision par lui rendue à l'occasion d'un litige, obligatoire pour les tiers qui y sont étrangers. — Cons. d'Et., 8 mars 1851, C¹ᵉ Usquin, [S. 52.2.577, P. adm. chr.]

1196. — Ainsi, il ne pourrait déclarer l'interprétation du traité de concession des droits établis sur un canal, quant au point de savoir si cette concession comprend une certaine taxe, est donnée une fois pour toutes, et que ses effets ne seront pas limités à l'espèce à l'occasion de laquelle elle a été demandée. — Même arrêt.

1197. — Si le Conseil d'Etat ne peut statuer que sur les points litigieux qui lui sont soumis, il doit, d'autre part, comme toutes les autres juridictions, les trancher entièrement par une décision. Cependant, il appartient au Conseil d'Etat de réparer, par une décision nouvelle, l'omission de statuer que présenterait un décret rendu par lui au contentieux. — Cons. d'Et., 9 mai 1873, Bausson, Bouves et Cⁱᵉ, [S. 75.2.124, P. adm. chr., D. 74.3.52] — Cela n'est peut-être pas, dit M. Serrigny (t. 1, n. 367), très-conforme à la règle, *judex posteà quam semel sententiam dixit, judex esse desinit*. Mais il ne faut pas oublier que la requête civile n'étant pas admise devant le Conseil d'Etat quand il a été omis de prononcer sur l'un des chefs de demande comme dans l'art. 480, n. 5, C. proc. civ., il est juste que le conseil puisse réparer son omission. — V. *infrà*, n. 1215.

4° *Suppression de passages injurieux.*

1198. — Le Conseil d'Etat peut, comme les juridictions civiles, ordonner la supression d'un mémoire injurieux publié dans une instance pendante devant lui et enjoindre à l'avocat d'être plus circonspect à l'avenir (V. C. proc. civ., art. 1036; L. 29 juill. 1881, art. 41). — Cons. d'Et., 29 août 1807, Moreau, [P. adm. chr.]; — 4 juin 1823, Langlade, [S. chr.]; — 30 oct. 1833, Petit, [P. adm. chr.]

1199. — Ce droit de suppression appartient au conseil alors même que le mémoire ne serait pas imprimé. — Cons. d'Et., 14 juill. 1819, Aubry, [S. chr., P. adm. chr.]

1200. — Il appartient également au Conseil d'Etat de prononcer d'office la suppression de la partie d'un mémoire produit devant lui lorsqu'elle est outrageante pour le conseil de préfecture dont l'arrêté lui est déféré. — Cons. d'Et., 25 févr. 1887, Elect. d'Hyet, [D. 88.5.384]

1201. — L'avocat signataire des requêtes dont le Conseil d'Etat ordonne la suppression, comme étant injurieuses, doit être condamné à l'amende, encore qu'il n'ait signé que pour la validité des conclusions seulement, et sans adoption ni approbation du contenu dans lesdites requêtes. — Cons. d'Et., 23 juin 1824, Lachallerie, [S. chr., P. adm. chr.]

1202. — Il a toutefois été jugé, en sens contraire, qu'il n'y a pas lieu, par le Conseil d'Etat, de statuer sur une demande en suppression de la partie d'un mémoire ampliatif qui contiendrait des injures envers un fonctionnaire public, si, ce mémoire ayant été produit dans une affaire où le ministère d'avocat était obligatoire, l'avocat a déclaré ne pas s'en approprier la partie incriminée. — Cons. d'Et., 18 avr. 1866, de Colmont, [S. 67.2.204, P. adm. chr., D. 69.3.63]

1203. — La partie qui s'est rendue coupable de ces injures contre son adversaire, peut être condamnée aux dépens, encore que, sur la demande principale, ses conclusions soient accueillies par le Conseil d'Etat. — Cons. d'Et., 14 juill. 1819, précité. — V., sur le point de savoir quand les juges peuvent accorder des dommages-intérêts à raison des écrits injurieux dont ils ordonnent la suppression : Chassan, *Délits de la parole et de la presse*, t. 4, p. 80.

1204. — Il n'y a pas lieu de supprimer comme injurieux certains passages d'un mémoire, lorsqu'ils n'excèdent pas la limite de la discussion permise. — Cons. d'Et., 17 nov. 1882, Commune de Jars, [Leb. chr., p. 904]

1205. — ... Ou lorsque, bien qu'au cours de ces mémoires plusieurs écarts de langage aient été relevés, ils ne renferment cependant pas d'imputations injurieuses ou diffamatoires suffisamment caractérisées. — Cons. d'Et., 29 déc. 1893, Laune, [Rev. gén. d'adm., 94.2.174]

1206. — D'ailleurs, lorsque les parties se sont respectivement servies deux mémoires d'expressions peu mesurées, le Conseil d'Etat peut refuser à l'une d'elles la suppression des mémoires de l'autre. — Cons. d'Et., 14 juill. 1819, Aviérino, [S. chr., P. adm. chr.]

1207. — Il a, en outre, été jugé que le Conseil d'Etat ne peut ordonner la suppression comme injurieux des passages contenus dans des actes qui sont antérieurs au pourvoi formé devant lui. — Cons. d'Et., 27 oct. 1837, Beslay, [S. 38.2.14, P. adm. chr.]

5° *Dépens.*

1208. — I. *Liquidation et taxe des dépens.* — L'art. 41, Décr. 22 juill. 1806, portait qu'en attendant qu'il fût fait un nouveau tarif des dépens et statué sur la manière dont il devait être procédé à leur liquidation, on suivrait provisoirement les décrets antérieurs relatifs aux avocats au Conseil, et qui seraient applicables aux procédures mentionnées dans le Conseil d'Etat. Cette disposition a été en vigueur jusqu'à l'ordonnance du 18 janv. 1826, qui est venue mettre fin au provisoire et a réglé le tarif qui devrait désormais être appliqué aux actes et procédures suivis devant le Conseil d'Etat.

1209. — Il ne doit être employé dans la liquidation des dépens aucuns frais de voyage, séjour ou retour des parties, ni aucuns frais de voyage d'huissier au delà d'une journée (Décr. 22 juill. 1806, art. 42 ; Ord. 18 janv. 1826, art. 2).

1210. — La liquidation et la taxe des dépens sont faites, à la section du contentieux, par le rapporteur (Décr. 22 juill. 1806, art. 43). La taxe est rendue exécutoire par le président (Ord. 18 janv. 1826, art. 4).

1211. — L'opposition à la taxe est recevable dans les trois jours de la signification de l'exécutoire. Elle est jugée par le président (Décr. 22 juill. 1806, art. 43; Ord. 18 janv. 1826, art. 5).

1212. — II. *Condamnation aux dépens.* — A. *Règles relatives aux parties privées.* — La règle de droit commun, écrite dans l'art. 130, C. proc. civ., et d'après laquelle les dépens doivent rester à la charge de la partie qui succombe, reçoit complètement son application dans les affaires contentieuses administratives. — V. *infrà*, v° *Dépens*.

1213. — De même aussi, et d'après l'art. 331 du même Code, les dépens peuvent être compensés en tout ou en partie, si les adversaires succombent respectivement sur quelques chefs. — Dufour, t. 2, n. 389 ; Ducrocq, t. 1, n. 286 ; Aucoc, *Conférences*, t. 1, n. 383.

1214. — En conséquence, il a été jugé que lorsqu'une décision du Conseil d'Etat accorde à une des parties litigantes toutes ses conclusions, il y a nécessité de condamner l'autre aux dépens, encore qu'elle se soit laissée condamner par défaut. — Cons. d'Et., 18 nov. 1818, Bodard, [S. chr., P. adm. chr.]; — 18 nov. 1818, de Perrier, [P. adm. chr.]

1215. — Lorsqu'une ordonnance rendue en matière contentieuse a omis de condamner aux dépens la partie succombante, cette omission peut être réparée par une ordonnance nouvelle. — Cons. d'Et., 18 nov. 1818, précité; — 1er déc. 1819, Dittres, [S. chr., P. adm. chr.]; — et sans qu'il soit besoin pour cela de recourir à la voie du recours en révision. — Cons. d'Et., 28 mai 1838, Commune de Saint-Nabord, [S. 39.2.169, P. adm. chr.] — V. cependant, Serrigny, t. 1, n. 367. — V. aussi *suprà*, n. 1197.

1216. — Mais, à la différence de la Cour de cassation qui admet que le juge peut allouer des dépens, même lorsqu'il n'a pas été conclu à leur égard, — Cass., 22 août 1871, Synd. Bourdonnaye, [S. 74.1.197, P. 71.1.611]; — 15 déc. 1873, Delafolie, [S. 74.1.199, P. 74.507, D. 74.1.113] — le Conseil d'Etat a posé explicitement en principe qu'une condamnation aux dépens ne peut être prononcée au profit de la partie qu'autant qu'elle a pris des conclusions formelles à cet effet.

1217. — Ainsi n'y a pas lieu, par le Conseil, de statuer sur les dépens d'une instance dans laquelle est intervenu un précédent arrêt si, au cours de cette instance, la partie réclamante n'avait pas pris de conclusions à fin de dépens. — Cons. d'Et., 9 mai 1873, Bausson, Bouves et Cie, [S. 75.2.124, P. adm. chr., D. 74.3.52]

1218. — Quand il n'y a pas de jugement sur le fond de la contestation, aucune partie ne succombe dans ses moyens; dès lors, il y a lieu de compenser les dépens. — Cons. d'Et., 3 juin 1820, Heullant, [P. adm. chr.]

1219. — Il y a lieu encore de compenser les dépens lorsqu'une partie produit des actes par lesquels, moyennant le paiement et le désistement de son adversaire, elle renonce : 1° à exercer ses droits à raison d'indemnités qu'elle avait à prétendre; 2° à toute répétition de frais et dépens par elle faits. De tels actes ne présentent pas un désistement pur et simple, emportant la condamnation aux dépens envers la partie qui l'a donné; c'est une concession réciproque qui a le caractère d'une transaction. — Cons. d'Et., 27 déc. 1820, Castellane, [P. adm. chr.]

1220. — Dans le cas, où le Conseil d'Etat se déclare d'office incompétent, les dépens doivent être supportés par la partie qui a saisi à tort la juridiction administrative. — Cons. d'Et., 28 mars 1888, Commune de Saissac, [D. 89.3.53]

1221. — De même, la partie qui, ayant saisi à tort une juridiction incompétente, a demandé ensuite à la juridiction supérieure d'annuler, pour incompétence, la décision intervenue, et obtenu, sans opposition de la partie adverse, cette annulation, peut être condamnée à supporter les dépens de première instance et d'appel. — Cons. d'Et., 15 nov. 1878, Commune de Montastruc, [D. 79.3.28]

1222. — ... Ou à supporter une partie de ces dépens, bien que, devant la juridiction supérieure, son adversaire ait soutenu que la décision des premiers juges était rendue compétemment. — Cons. d'Et., 5 janv. 1883, de Hainque, [D. 84.3.70]

1223. — ... Ou à supporter une partie des dépens auxquels a donné lieu son pourvoi contre la décision émanée de la juridiction incompétente. — Cons. d'Et., 30 mai 1884, Laval, [D. 85.3.108]

1224. — Lorsque le Conseil d'Etat, saisi d'une affaire contentieuse, renvoie les parties à se faire juger par les tribunaux, pour ensuite juger lui-même les questions administratives subordonnées aux questions de propriété, ce n'est pas là une condamnation prononcée contre la partie qui a saisi le Conseil d'Etat; dans ce cas il y a lieu de réserver, et non de prononcer la condamnation aux dépens. — Cons. d'Et., 18 avr. 1816, Domaine, [S. chr., P. adm. chr.]

1225. — Une partie qui n'a pas été mise en cause, ne peut être condamnée aux dépens. Ainsi, une fabrique qui n'a pas été mise en cause devant le Conseil d'Etat dans l'instance en annulation pour excès de pouvoir introduit par la commune, ne peut être condamnée aux dépens. — Cons. d'Et., 24 mai 1875, Ville de Moulins, [D. 76.3.21]; — 12 mai 1876, Ville de Moulins, [D. 76.3.86]

1226. — De même, dans le cas où l'arrêté préfectoral portant autorisation d'accepter un legs fait à un établissement public est, sur le recours des héritiers, annulé par le Conseil d'Etat pour excès de pouvoir, il n'y a pas lieu de condamner aux dépens l'établissement auquel l'autorisation avait été accordée, s'il n'a pas été mis en cause pour défendre son pourvoi. — Cons. d'Et., 1er août 1867, Dezaibats, [S. 68.2.239, P. adm. chr., D. 68.3.81]

1227. — La partie intervenue dans une instance pendante devant le Conseil d'Etat, et qui, avant décision, se désiste de son intervention, n'est pas passible des frais postérieurs à son désistement. — Cons. d'Et., 31 juill. 1822, Regnaud, [S. chr., P. adm. chr.]

1228. — Mais les frais de la défense doivent être mis à la charge du demandeur qui s'est désisté, lorsque cette défense, bien que postérieure au désistement, est antérieure à la notification qui en a été faite. — Cons. d'Et., 21 déc. 1883, Chemin de fer de l'Etat, [D. 85.3.265]

1229. — Les frais frustratoires faits par une partie qui, après avoir formé un recours incident, a reproduit ensuite les mêmes conclusions dans un pourvoi principal, doivent rester à sa charge, quelle que soit l'issue du procès. — Cons. d'Et., 13 janv. 1882, Villiermot, [S. 84.3.2, P. adm. chr., D. 83.3.46]

1230. — Il n'y a pas lieu d'allouer des dépens dans les matières pour lesquelles le pourvoi peut être formé sans frais. — Cons. d'Et., 18 mai 1870, Ville de Carcassonne, [S. 72.2.120, P. adm. chr., D. 71.3.88]

1231. — Ainsi, par application de l'art. 58, L. 3 mai 1841, une commune défendant à un recours formé contre un décret l'autorisant à acquérir un terrain par la voie de l'expropriation pour cause d'utilité publique, est dispensée des droits de timbre et d'enregistrement, et, par suite, la demande en dépens formée par elle est sans objet. — Cons. d'Et., 31 juill. 1883, du Fresne de Beaucourt, [D. 86.5.113]

1232. — Mais la partie qui attaque pour excès de pouvoir une délibération du conseil municipal en matière d'emprunt et d'imposition extraordinaire peut être condamnée à rembourser à la commune les frais de timbre auxquels donne lieu sa défense. — Cons. d'Et., 12 janv. 1883, Guicheux, [D. 84.3.76]

1233. — Les recours dispensés de constitution d'avocat ne peuvent d'ailleurs donner lieu à d'autres dépenses que le remboursement des frais de timbre et d'enregistrement. — Cons. d'Et., 25 févr. 1876, Duboys d'Angers, [S. 78.2.92, P. adm. chr., D. 76.3.49]

1234. — Il en est ainsi spécialement dans les instances auxquelles donnent lieu les recours pour excès de pouvoir. — Cons. d'Et., 4 mars 1887, Mainguet, [S. 88.3.63, P. adm. chr., D. 87.3.68] — V. aussi Cons. d'Et., 25 févr. 1876, précité; — 2 mai 1879, Germain, [Leb. chr., p. 345]; — 8 août 1882, Roussaire, [Leb. chr., p. 791]

1235. — De même, l'art. 16, Décr. 22 juill. 1806, autorisant implicitement les ministres à prendre des conclusions devant le Conseil d'Etat au contentieux sans recourir au ministère d'un avocat au Conseil, et sans exposer aucun frais, il a été jugé que, dans les instances devant le Conseil d'Etat, où les ministres, comme représentant le domaine, ont cru devoir recourir au ministère d'un avocat, il n'y a pas lieu, en cas de rejet des conclusions de la partie adverse, de condamner cette dernière aux dépens. — Cons. d'Et., 4 août 1866, Dufils, [S. 67.2.330, P. adm. chr.] — V. Cons. d'Et., 8 mai 1874, Valéry, [P. adm. chr., D. 75.3.32]; — 28 juill. 1876, Ministre des Finances, [D. 77.3.1]; — 17 févr. 1882, Lemaître, [S. 84.3.10, P. adm. chr., D. 83.3.58] — *Sic*, Laferrière, t. 2, p. 540.

1236. — Mais si, dans un recours pour excès de pouvoir, une partie privée a combattu les conclusions du demandeur, et si ce dernier succombe, il doit rembourser les frais de la défense et de l'intervention. — Cons. d'Et., 1er juin 1870, Baudelocque, [Leb. chr., p. 683] — *Sic*, Laferrière, *loc. cit.*

1237. — Dans le cas où l'auteur d'une contravention de grande voirie est condamné à la réparation du dommage causé, les frais de timbre et d'enregistrement auxquels a donné lieu la poursuite devant le conseil de préfecture peuvent être mis à sa charge. — Cons. d'Et., 13 janv. 1882, précité.

1238. — Le consistoire qui a été mis en cause devant le Conseil d'Etat dans une instance introduite par la commune pour excès de pouvoir à l'occasion d'un décret portant inscription d'office à son budget du supplément de traitement des ministres du culte protestant, peut, si le décret est annulé, être condamné aux frais d'enregistrement auxquels a donné lieu le pourvoi. — Cons. d'Et., 18 juin 1880, Ville de Paris, [S. 81.3.103, P. adm. chr., D. 81.3.61]

1239. — Les contestations relatives aux apports des membres d'une association syndicale rentrent dans les contestations concernant la répartition des dépenses entre les intéressés, qui peuvent être instruites sans frais, et dès lors, en cette matière, il ne peut être prononcé de condamnation aux dépens. — Cons. d'Et., 18 mars 1881, Synd. des digues de la Gresse, [D. 83.3.78]

1240. — Mais lorsque l'engagement souscrit par un particulier en faveur d'une association syndicale a été annulé, le syndicat peut être condamné aux dépens envers le souscripteur. — Cons. d'Et., 19 déc. 1884, de Bernis, [D. 86.3.55]

1241. — Les pourvois au Conseil d'Etat, en matière d'indemnité de plus-value pour dessèchement des marais, ne peuvent pas être formés sans frais, comme en matière de taxe assimilée pour le recouvrement aux contributions directes, et par suite, la partie qui succombe peut être condamnée aux dépens. — Cons. d'Et., 27 févr. 1880, Clerc, [S. 81.3.60, P. adm. chr., D. 81.3.34]

1242. — **B.** *Règles relatives à l'Etat.* — La jurisprudence, tout en admettant entre particuliers l'application de la règle d'après laquelle partie qui succombe supporte les dépens, la rejeta longtemps en ce qui concernait l'Etat, qu'elle se refusait à assimiler aux autres parties.

1243. — Aussi était-il de jurisprudence constante qu'aucune condamnation de dépens, ni au profit ni à la charge de l'Etat, ou des administrations publiques qui en dépendent, ne devait avoir lieu. — V. Cons. d'Et., 2 août 1838, Schaas, [S. 39.2.310, P. adm. chr.]; — 28 janv. 1841, Jouannin, [Leb. chr., p. 21]; — 31 août 1845, Ouvré, [P. adm. chr.]; — 6 mars 1846, Suquet, [P. adm. chr.]; — 24 juin 1846, Duché, [P. adm. chr.]; — 26 avr. 1847, Taillandier, [P. adm. chr.]; — 14 mai 1847, Laffite et Gaillard, [P. adm. chr.]; — 20 août 1847, Caussanel, [P. adm. chr.] — Serrigny, n. 362.

1244. — Cependant cette règle souffrait exception dans les cas fort rares où les administrations se faisaient représenter par des avocats. — Cons. d'Et., 18 nov. 1818, Thierry ; — 12 déc. 1818, Piot, [P. adm. chr.] — V. Serrigny, *loc. cit.*

1245. — Telle ne fut pas cependant la pensée du législateur de 1849. En effet, l'art. 49 de la loi du 3 mars 1849 faisait en termes formels application à la section du contentieux de l'art. 130, C. proc. civ., relatif à la condamnation aux dépens. Cette disposition avait été ajoutée, lors de la seconde lecture, par la commission chargée de la rédaction du projet de loi, et ainsi que le faisait remarquer M. Martin de Strasbourg, avec la parole ne fut contredite par personne dans l'Assemblée, il convenait désormais de dissiper toute incertitude, et d'appliquer ici la règle de justice et d'équité consacrée par le droit commun.

1246. — La condamnation de l'Etat aux dépens fut, en effet, prononcée tant que cette loi resta en vigueur, c'est-à-dire pendant deux ans et demi. La section du contentieux n'a été dans le cas d'y faire qu'une seule exception, qui n'était même pas, à vrai dire, une exception : elle a décidé que l'article qui précède ne devait pas être appliqué aux poursuites exercées par l'administration en matière de grande voirie. — V. Cons. d'Ét., 22 févr. 1850, Sicard-Duval, [P. adm. chr.]; — 22 juin 1850, Ternaux-Compans, [S. 50.2.684, P. adm. chr.]; — 9 août 1851, Odiot, [P. adm. chr.]

1247. — La distinction ainsi faite entre les différents rôles que l'Etat peut être appelé à jouer devant la haute juridiction administrative, parait en effet rationnelle. « Il est admis en droit commun, dit M. Serrigny (t. 2, n. 897), que, dans les poursuites exercées par action publique pour la répression des délits ou contraventions, il n'y a pas lieu à condamnation aux dépens contre la société représentée par le ministère public. Or, dans la poursuite des contraventions de grande voirie, les préfets et le ministre représentent le ministère public et non l'administration proprement dite. »

1248. — De même, disait M. le commissaire du gouvernement Reverchon, dans ses conclusions sur l'arrêt du 25 févr. 1832 ci-après, « ces poursuites ont, quant à l'amende du moins, un caractère pénal maintenant incontesté. Or, même dans le droit commun, l'action de la justice répressive ne donne lieu contre l'autorité qui l'exerce à aucune condamnation aux dépens. »

1249. — La loi de 1849 fut abrogée par l'art. 27, Décr. 25 janv. 1852. L'art. 19, Décr. 30 janvier de la même année, portant règlement sur le service intérieur du conseil, se bornait à déclarer applicables à la tenue des séances publiques les art. 88 et s., C. proc. civ., sur la police des audiences et ne rappelant pas l'art. 130 du même Code, le Conseil d'Etat revint à son ancienne jurisprudence.

1250. — Il décida à plusieurs reprises qu'aucune condamnation aux dépens ne pouvait être prononcée à la charge ou au profit des administrations publiques dans les instances portées devant le Conseil d'Etat. — Cons. d'Et., 27 févr. 1852, Mioui, [S. 52.2.373, P. adm. chr., D. 52.3.22]; — 5 mars 1852, de Fermon, [P. adm. chr.]; — 5 mars 1852, Bocage, [P. adm. chr.]; — 21 mai 1852, L..., [P. adm. chr.]; — 15 juill. 1852, Gaudry, [P. adm. chr.]; — 19 mai 1853, Commune de Monneren, [P. adm. chr.]; — 19 janv. 1854, de Jovyac, [P. adm. chr.]; — 24 mai 1854, Garreau, [P. adm. chr.]; — 10 janv. 1856, Thiboust, [P. adm. chr.]; — 4 mai 1861, Mérilhou, [S. 62.2.491, P. adm. chr., D. 62.3.49]; — 16 déc. 1863, Ville de Ham, [S. 64.2.22, P. adm. chr.]

1251. — Mais cette jurisprudence était combattue par les commissaires du gouvernement eux-mêmes. M. Reverchon, dans ses conclusions sur le 27 févr. 1852, précité, constatait que la loi du 3 mars 1849 était expressément et intégralement abrogée par l'art. 27 du décret organique du 25 janv. 1852 précité... et que la question se trouvait donc placée sur le même terrain qu'avant 1849. La jurisprudence du Conseil d'Etat, qui depuis de longues années refusait d'allouer les dépens à l'Etat ou contre lui, était-elle fondée sur une saine interprétation de la législation existante et des principes généraux de la matière? M. Reverchon n'hésitait pas à se prononcer en sens contraire. Dans une savante discussion, il repoussait d'abord successivement les moyens secondaires tirés, soit du silence de la loi, silence qui, fût-il plus complet qu'il ne l'est en réalité, ne prouverait rien à lui tout seul; soit de la raison que l'Etat, lorsqu'il agit ou se défend devant le Conseil d'Etat, ne ferait pas de frais, n'exposerait pas de dépens, d'où l'on conclut qu'il n'y a pas lieu d'en allouer contre lui, conclusion complètement fausse, attendu qu'il faut bien reconnaître que, lorsque l'Etat refuse d'admettre un droit, il force nécessairement celui qui veut faire prévaloir son droit à des déboursés, à des frais qui constituent un dommage; soit de l'intérêt pécuniaire de l'Etat, qui pourrait encourir des condamnations considérables par leur nombre, argument sans valeur si l'on fait la statistique des condamnations prononcées contre l'Etat sous l'empire de la loi de 1849, et qui en définitive ne saurait prévaloir contre le principe de stricte justice, obligatoire pour l'Etat aussi bien que pour les particuliers, que toute partie qui succombe doit être condamnée aux dépens; soit enfin du faible intérêt de la question pour les parties elles-mêmes, intérêt au contraire qui a pu être fort grave dans certains cas, et qui en définitive, quelque minime qu'il soit, ne peut être méconnu. « La raison principale et fondamentale de l'ancienne jurisprudence est celle-ci : L'Etat, dit-on, lorsqu'il revendique ou défend les droits de la puissance publique contre les empiètements ou les prétentions des tiers, n'est pas une partie dans le vrai sens du mot : donc l'art. 130, C. proc. civ., aux termes duquel toute partie qui succombe doit être condamnée aux dépens, ne peut pas lui être appliqué. Mais, tout en admettant le principe, ne doit-on pas contester la conséquence qu'on voudrait en tirer? Pourquoi, en effet, l'Etat, devant les tribunaux ordinaires, serait-il toujours condamné aux dépens, alors même qu'il agit comme représentant la puissance publique, par exemple en matière d'expropriation pour cause d'utilité publique, ou de recouvrement de droits d'enregistrement ou de contributions indirectes en général, et cesserait-il de l'être du moment où le débat a lieu devant le tribunal administratif? Dire que c'est parce qu'alors l'autorité administrative administre plutôt qu'elle ne juge, ne serait-ce pas condamner le principe de la juridiction administrative elle-même? Ne faut-il pas reconnaître au contraire, et n'est-ce pas ce que la législation et la jurisprudence n'ont jamais perdu de vue, « que là où les droits des tiers sont mis en question par les actes de l'administration, il importe de leur accorder certaines garanties, de leur présenter certaines formes protectrices..., qui ont l'avantage de rassurer ces mêmes droits, de leur faire accepter avec plus de confiance la juridiction administrative, sans compromettre en rien les besoins et les règles des services publics, et de consolider, de fortifier par là la juridiction elle-même ». Quand on a reconnu l'utilité, tant pour l'administration elle-même que pour les parties, de la publicité en matière de contentieux administratif, d'abord combattue lorsqu'elle fut introduite, « il ne faut pas craindre, sur une question de forme et de procédure, sur un point qui est même sans intérêt pour l'Etat, d'accorder aux tiers la garantie qui résultera pour eux de l'application de cette règle si profondément conforme à la justice et à l'équité, sur laquelle repose la condamnation aux dépens ». Dans l'espèce qui a donné lieu à l'arrêt précité du 16 déc. 1863, le même système a été reproduit avec une nouvelle force par M. Robert, commissaire du gouvernement (V. Le Droit du 4 janv. 1864 ; Leb. chr., 1863, p. 806 et s.] — Dufour, t. 2, n. 390; Ducrocq, t. 1, n. 286 ; Aucoc, Conférences, t. 1, n. 383.

1252. — Les nombreuses et vives critiques soulevées par la jurisprudence du Conseil d'Etat sur ce point recurent une satisfaction partielle de l'art. 2, Décr. 2 nov. 1864, ainsi conçu : « Les art. 130 et 131, C. proc. civ., sont applicables dans les contestations où l'administration agit comme représentant le domaine de l'Etat et dans celles qui sont relatives, soit aux marchés de fournitures, soit à l'exécution des travaux publics aux cas prévus par l'art. 4, L. 28 pluv. an VIII ». Ce texte prévoit donc la condamnation de l'Etat aux dépens dans trois cas : lorsque la contestation est relative : 1° au domaine de l'Etat; 2° aux marchés de fournitures; 3° à l'exécution des travaux publics, c'est-à-dire tant aux marchés de travaux publics, qu'aux dommages causés aux propriétés par l'exécution de ces travaux.

1253. — Mais l'Etat ne peut être condamné aux dépens que dans les litiges spécifiés par le décret du 2 nov. 1864. — Cons. d'Et., 27 févr. 1874, Verley, [S. 76.2.29, P. adm. chr., D. 74.3.100] — Il ne peut être, notamment, dans les contestations auxquelles donne lieu l'allocation d'indemnités en cas d'abatage d'animaux pour cause d'épizootie. — Même arrêt.

1254. — ... Ou dans une contestation relative à l'exercice des droits conférés à l'administration par les lois sur la police des cours d'eau. — Cons. d'Et., 30 mars 1867, de Croix, [S. 67.2.368, P. adm. chr.]; — 27 juill. 1870, Crétée, [S. 72.2.211, P. adm. chr, D. 72.3.22]

1255. — ... Ou à la révocation des membres de la Légion d'honneur. — Cons. d'Et., 30 mai 1873, B..., [S. 75.2.156, P. adm. chr., D. 74.3.21]

1256. — ... Ou à l'exécution des décisions du conseil des prises. — Cons. d'Et., 7 août 1875, Andrew Ambler et Avery, [S. 77.2.277, P. adm. chr., D. 76.3.36]

1257. — ... Ou à la rétribution des membres d'une faculté de droit. — Cons. d'Et., 27 juill. 1870, Serrigny, [S. 72.2.286, P. adm. chr., D. 72.3.20]

1258. — ... Ou plus généralement aux traitements des fonctionnaires. — Cons. d'Et., 8 août 1885, Largillier, [D. 86.5.247]

1259. — Ne rentrent pas non plus dans les cas où les dépens peuvent être mis à la charge de l'Etat : les recours formés par les comptables contre les décisions ministérielles, statuant sur leur responsabilité. — Cons. d'Et., 5 déc. 1884, Ticier, [D. 86.3.83]; — 20 févr. 1885, Hubert, [S. 86.3.56, P. adm. chr., D. 86.3.92]

1260. — ... L'action en indemnité formée contre l'État par un ancien fabricant d'allumettes chimiques à raison du préjudice que lui a causé la fermeture de son établissement, en exécution d'un acte administratif fait dans l'intérêt du monopole de l'État. — Cons. d'Ét., 4 déc. 1879, Laumonier-Carriol, [D. 80.3.41]

1261. — ... La contestation tendant à faire déclarer le Trésor responsable d'un vol envers la Banque de France. — Cons. d'Ét., 9 mars 1883, Banque de France, [D. 84.3.105]

1262. — On peut dire que dans les différentes hypothèses prévues par l'article précité du décret du 2 nov. 1864, l'administration se trouve assimilée aux particuliers défendant leurs intérêts. Mais lorsqu'elle représente l'autorité publique, elle n'est pas passible des dépens. C'est ce qui a lieu, notamment, quand elle poursuit la répression d'une contravention de grande voirie. — Cons. d'Ét., 8 août 1865, Benoit-Pasquier, [S. 66.2.206, P. adm. chr.]; — 25 janv. 1866, Eustache, [S. 67.2.62, P. adm. chr., D. 66.3.69]; — 18 mai 1870, Ville de Carcassonne, [S. 72.2.120, P. adm. chr., D. 71.3.88]

1263. — Il en est ainsi, encore que les poursuites aient été exercées par une compagnie. — Même arrêt.

1264. — Rappelons que, même pendant la période d'application de la loi du 3 mars 1849, le Conseil d'État se refusait à condamner l'administration aux dépens en pareille matière. — V. *suprà*, n. 1246 et s.

1265. — En ce qui concerne le recours pour excès de pouvoir, il a été jugé que lorsqu'un recours pour excès de pouvoir a été formé contre des actes administratifs, tels que des arrêtés préfectoraux et une décision ministérielle confirmative desdits arrêtés, il n'y a pas lieu, par le Conseil d'État, d'allouer des dépens au demandeur en cas d'annulation des décisions attaquées. — Cons. d'Ét., 18 févr. 1876, d'Anselme du Puisaye, [S. 76.2.157, P. adm. chr.]; — V. aussi Cons. d'Ét., 23 nov. 1865, Vivenot, [P. adm. chr.]; — 12 mai 1876, Ville de Moulins, [D. 76.3.86]; — 6 déc. 1878, Ville de Grenoble, [D. 79.3.29]; — 14 mai 1880, Commune de Bruyères-le-Châtel, [Leb. chr., p. 452]

1266. — Il avait été admis par un ancien arrêt que la partie qui a introduit un recours au Conseil d'État contre un arrêté du préfet, vicié d'excès de pouvoir ou d'incompétence, doit obtenir une condamnation aux dépens, si le recours est fondé, encore que l'arrêté dénoncé ait été rapporté depuis l'instance au Conseil d'État, et que cette rétractation ne laisse plus lieu à une annulation par le Conseil d'État. — Cons. d'Ét., 18 nov. 1818, Millard de Martigny, [S. chr., P. adm. chr.]

1267. — La jurisprudence contraire prévaut aujourd'hui d'une manière constante. Ainsi jugé, spécialement, qu'en cas d'annulation pour excès de pouvoir d'un arrêté pris en matière d'alignement par le maire ou par le préfet, l'administration ne peut être condamnée aux dépens. — Cons. d'Ét., 25 juin 1880, Chabaud et Mille, [S. 82.3.2, P. adm. chr., D. 84.3.34]

1268. — Il en est de même, lorsqu'il est statué par le Conseil d'État sur un pourvoi formé contre un arrêté de délimitation. — Cons. d'Ét., 10 mars 1882, Duval, [S. 84.3.15, P. adm. chr., D. 83.3.73]

1269. — La règle qui précède doit recevoir son application, alors même que l'administration, reconnaissant le recours fondé, rapporte ou annule elle-même l'acte attaqué, et provoque ainsi un arrêt décidant qu'il n'y a pas lieu de statuer sur le pourvoi devenu sans objet. — Cons. d'Ét., 24 mars 1875, Giovanelli, [Leb. chr., p. 259] — *Sic*, Laferrière, t. 2, p. 539 et s.

1270. — Il est, d'ailleurs, de principe qu'un fonctionnaire public ne peut être condamné aux dépens dans l'instance relative à une mesure qu'il a prise comme représentant la puissance publique. — Note sous Cons. d'Ét., 25 juin 1880, précité.

1271. — Ainsi le ministre, en statuant sur la réclamation d'un propriétaire contre un arrêté portant refus d'alignement, agit comme représentant la puissance publique et ne peut être condamné aux dépens. — Cons. d'Ét., 21 mars 1879, Ville de Saintes, [Leb. chr., p. 230]; — 23 févr. 1883, Grellety, [S. 85.3.6, P. adm. chr., D. 84.3.77]

1272. — De tout ce qui précède il résulte que les particuliers plaidant devant le Conseil d'État contre l'État ou ses représentants ne peuvent obtenir de condamnation aux dépens que lorsque le procès a été soulevé, non par un acte de puissance publique, mais par un acte de gestion, et encore seulement dans les cas déterminés par le décret du 2 nov. 1864. — Aucoc, *Conférences*, n. 382.

§ 13. *Exécution des décisions du Conseil d'État.*

1° *Principes généraux.*

1273. — Les expéditions des décisions délivrées par le secrétaire du contentieux, sont revêtues de la formule exécutoire (L. 24 mai 1872, art. 22).

1274. — Cette formule exécutoire est la suivante : « La République mande et ordonne aux ministres de (on ajoute le département ministériel désigné par la décision), en ce qui les concernent, et à tous huissiers le ce requis, en ce qui concerne les voies de droit commun contre les parties privées, de pourvoir à l'exécution de la présente décision (Décr. 2 août 1879, art. 25).

1275. — Les décisions du Conseil d'État ne peuvent être mises à exécution contre une partie qu'après avoir été préalablement signifiées à l'avocat au Conseil qui a occupé pour elle (Décr. 22 juill. 1806, art. 28). Cette disposition est semblable à celle prescrite par l'art. 147, C. proc. civ. La signification est faite à la partie elle-même, s'il n'y a pas eu de constitution d'avocat. — V. *suprà*, n. 507 et s.

1276. — « Les significations d'avocat à avocat, et celles aux parties ayant leur demeure à Paris, sont faites par des huissiers au Conseil » (Régl. 22 juill. 1806, art. 51).

1277. — Les huissiers admis à exploiter devant le Conseil d'État sont les mêmes que ceux attachés à la Cour de cassation; ils sont au nombre de huit, nommés conformément à l'art. 11, L. 2 brum. an IV, et à l'art. 70, L. 27 vent. an VIII. — V. *infrà*, v° Huissier.

1278. — La formule exécutoire, ne mentionne que les ministres et les parties privées, et passe sous silence les administrations publiques, départements, communes, établissements publics. Elle n'avait point à les mentionner, parce que les mesures d'exécution à prendre à leur égard sont, comme nous allons le voir, comprises dans celles dont les ministres sont chargés.

2° *Exécution à l'égard des parties privées.*

1279. — Sont réputées parties privées celles qui ne constituent pas une administration publique et dont les propriétés ont le caractère d'un patrimoine privé comme les particuliers; les entrepreneurs, les fournisseurs, les comptables ; citons aussi les concessionnaires de travaux publics, mais seulement à l'égard des biens qu'ils possèdent privativement, et non des ouvrages publics qu'ils sont chargés de construire ou de gérer et des dépendances de ces ouvrages.

1280. — Contre les parties privées, les arrêts du Conseil d'État permettent les mesures établies par le droit commun pour assurer l'exécution des décisions de justice : saisie-exécution sur les meubles, saisie-arrêt sur les créances, saisie immobilière sur les immeubles, contrainte par corps dans les cas exceptionnels où elle a été maintenue par la loi du 22 juill. 1867, et qui ne peuvent guère d'ailleurs trouver d'application que pour le recouvrement des amendes de grande voirie.

1281. — Les décisions du Conseil d'État entraînent hypothèque en vertu des avis du Conseil d'État des 16 therm. an XII, 29 oct. 1811 et 24 mars 1812, lesquels ont force législative.

1282. — Outre les voies d'exécution du droit commun, il convient d'ajouter certaines voies d'exécution de nature administrative, comme la saisie administrative des cautionnements versés par les comptables, fournisseurs, entrepreneurs ou concessionnaires de travaux publics, saisie prévue par des lois spéciales ou par les clauses des cahiers des charges.

1283. — On a souvent formulé la règle que les tribunaux administratifs ne connaissent point de l'exécution de leurs décisions, c'est-à-dire que si, par exemple, des difficultés s'élèvent au sujet de l'exécution d'un arrêt du Conseil d'État, elles doivent être portées devant les tribunaux judiciaires. Cette règle est loin d'être aussi générale. — Aucoc, *Conférences*, n. 284.

1284. — Il existe, en effet, deux exceptions : d'une part, si la mesure d'exécution contestée consiste dans une mesure d'exécution administrative, par exemple dans une saisie de cautionnement prononcée par le ministre ou par l'autorité locale qui aura stipulé cette garantie, la contestation doit être portée non devant les tribunaux judiciaires, mais devant le tribunal administratif qui a juridiction sur l'auteur de la saisie. La règle générale rappelée ci-dessus ne s'applique donc qu'aux voies d'exécution de droit commun.

1285. — D'autre part, si l'opposition faite à la mesure d'exécution résulte d'une difficulté sur le sens et la portée de l'arrêt du Conseil d'Etat, c'est au Conseil qu'il appartient d'en fixer l'interprétation et les parties devront être renvoyées devant lui à cet effet; toutefois ce renvoi n'a qu'un caractère préjudiciel; le tribunal judiciaire reste saisi du fond du litige, si d'ailleurs les voies d'exécution litigieuses relèvent du droit commun. — V. supra, v° *Acte administratif*, n. 134 et s.

1286. — C'est en ce sens qu'il a été jugé que le Conseil d'Etat est seul compétent pour connaître des difficultés portant sur le sens ou l'exécution des décisions par lui rendues au contentieux. — Cons. d'Et., 30 janv. 1874, Montjoye, [S. 75.2.343, P. adm. chr., D. 75.3.15] — V. aussi, sur cette règle incontestable, Cons. d'Et., 9 août 1851, Benassy, [S. 52.2.71, P. adm. chr.] — V. supra, v° *Compétence administrative*, n. 24 et s., 1753 et s.

1287. — Mais les difficultés relatives à l'exécution d'un arrêté de conseil de préfecture confirmé par arrêt du Conseil d'Etat, devraient être portées devant le conseil de préfecture. — Cons. d'Et., 15 mars 1855, Boulland, [P. adm. chr.] — Quant aux arrêts du conseil statuant sur des recours pour excès de pouvoir, V. Cons. d'Et., 16 janv. 1874, Frères des écoles chrétiennes, [S. 75.2.340, P. adm. chr., D. 74.3.100]

3° *Exécution à l'égard de l'Etat.*

1288. — Il doit être pourvu à l'exécution à l'égard de l'Etat par le ministre compétent, en vertu du mandement contenu dans la formule exécutoire. Si ce mandement reste sans effet, on ne peut employer ni contre le ministre, ni contre l'Etat, aucune voie d'exécution. Le paiement des sommes auxquelles l'Etat est condamné ne peut résulter que d'une ordonnancement fait par le ministre dans la limite des crédits dont il dispose. Si les crédits sont insuffisants, le ministre doit s'adresser aux Chambres; mais il n'y a pas d'autre sanction que la responsabilité ministérielle. En outre, les biens de l'Etat sont insaisissables : l'aliénation doit en être consentie par les représentants de la nation (L. 22 nov.-1er déc. 1790, art. 8 et 9). — Laferrière, t. 1, p. 302 et s.

1289. — On ne peut, par conséquent, agir à l'égard de l'Etat par voie d'inscription d'hypothèque, de saisie mobilière ou immobilière, de saisie-arrêt; l'Etat doit être réputé solvable et « honnête homme », a dit M. Thiers. Cette présomption n'a d'ailleurs jamais été démentie, et la difficulté prévue ici ne présente qu'un intérêt théorique. — Laferrière, *loc. cit.*

1290. — Il faut se garder de confondre l'inexécution d'un arrêt du Conseil d'Etat qui résulterait de l'inaction du ministre, avec les difficultés résultant d'une fausse interprétation de l'arrêt, se manifestant par des décisions ou des actes contraires à la chose jugée. Ici, il y aurait matière à réclamation contentieuse, parce qu'on serait en présence non d'une simple abstention, mais d'une décision violant un droit. Ainsi, il n'appartient pas au ministre de refuser le paiement d'une partie des sommes auxquelles l'Etat aurait été condamné envers un particulier, en ce qui sur ce que l'Etat s'était antérieurement libéré en partie du montant de ces condamnations par la remise d'un mandat à un tiers représentant ce particulier. — Cons. d'Et., 5 janv. 1883, Bloch, [Leb. chr., p. 8] *Sic*, Laferrière, *loc. cit.*

1291. — Le ministre ne peut davantage subordonner le paiement d'une indemnité à une clause qui ne résulte pas de l'arrêt. — Cons. d'Et., 27 mai 1863, Pensa, [Leb. chr., p. 456]

1292. — Toutefois, les décisions du conseil ne peuvent encore que déclarer l'obligation de l'Etat, annuler ou réformer toute décision contraire, et non prescrire des mesures d'exécution contre l'Etat ou son représentant. — Même arrêt.

1293. — Lorsque le dispositif d'un arrêt porte qu'« il sera délivré un nouveau mandat sans motif ni réserve », on doit l'interpréter en ce sens qu'il interdit l'insertion de motifs et réserves dans le mandat qui sera ultérieurement délivré, plutôt qu'il ne prescrit la délivrance même du mandat. — Même arrêt. — *Sic*, Laferrière, *loc. cit.*

4° *Exécution à l'égard des départements et des communes.*

1294. — A l'égard des départements et communes, l'exécution, de même qu'à l'égard de l'Etat, ne peut avoir lieu par les voies de droit commun : elle ne peut se poursuivre que par la voie administrative. Il existe cependant une différence importante : à l'égard de l'Etat, l'exécution administrative a toujours le caractère d'une exécution volontaire, les représentants de l'Etat les ministres et les Chambres, agissant à l'abri de toute mesure coercitive. A l'égard des départements et des communes, l'exécution, tout en restant administrative, peut être forcée. Il n'existe pas au même degré, en leur faveur, la présomption de solvabilité et de fidélité aux engagements envers les créanciers. Mais comme leurs biens ne sont pas assimilables à ceux des particuliers, et que leurs ressources consistent en des contributions publiques dont l'emploi est fixé par un budget, les seules mesures de coercition que ces administrations puissent subir, sont des mesures administratives ordonnées par l'autorité supérieure. Elles consistent : pour les départements et les communes, dans l'imposition d'office de contributions extraordinaires (L. 10 août 1871, art. 61; L. 5 avr. 1884, art. 149); pour les communes seulement, dans la vente dûment autorisée de leurs biens mobiliers et immobiliers (L. 5 avr. 1884, art. 110). — Av. Cons. d'Et., 18 juill. 1807. — Laferrière, t. 1, p. 300-307. — V. supra, v° *Commune*, n. 811 et s.; et *infra*, v° *Département*.

5° *Exécution des arrêts statuant sur les recours pour excès de pouvoir.*

1295. — Ainsi qu'il a été dit *supra*, n. 1192 et s., le Conseil d'Etat lorsqu'il annule un acte pour excès de pouvoir, ne peut lui substituer aucune décision; il ne peut même ordonner aucune mesure d'exécution. Cette exécution doit être assurée par les ministres. — V. *infra*, v° *Excès de pouvoir*.

§ 14. *Chose jugée.*

1296. — Les décisions du Conseil d'Etat ont tout aussi bien que les décisions émanées des tribunaux judiciaires, l'autorité de la chose jugée. Les litiges déjà tranchés par arrêt du Conseil ne peuvent donner naissance à de nouveaux débats, *infra*, n. 1300 et s.

1297. — Ainsi il a été décidé qu'une commune ne peut se prévaloir des vices constatés dans l'installation d'une cloche, pour en refuser le paiement à l'entrepreneur, alors que ce dernier a été condamné, par décision passée en force de chose jugée, à exécuter les travaux nécessaires pour faire disparaître les vices d'installation et que la commune a été autorisée à faire exécuter ces travaux aux frais dudit entrepreneur, sauf à la commune à retenir sur le prix les sommes dépensées pour les travaux. — Cons. d'Et., 8 août 1873, Dencausse, [Leb. chr. p. 779]

1298. — Les éléments de la chose jugée sont les mêmes devant le Conseil d'Etat que devant les tribunaux judiciaires (V. *supra*, v° *Chose jugée*, n. 1360 et s.)? L'identité d'objet est assurément exigée pour qu'il y ait autorité de chose jugée. — Cons. d'Et., 11 juin 1875, Mercam, [Leb. chr., p. 582]

1299. — En ce qui concerne l'identité de parties, on peut citer un ancien arrêt duquel il résulte que les décisions du Conseil d'Etat ont l'effet de la chose jugée, non seulement à l'égard des parties, mais encore à l'égard de tous autres ayant le même intérêt. — Cons. d'Et., 11 déc. 1816, Mardeile, [S. chr., P. adm. chr.]; — Cette décision paraît contraire aux dispositions de l'art. 1351, C. civ., qui pose la règle générale en vertu de laquelle se forme l'autorité de la chose jugée. Cependant il faut remarquer que l'un des intervenants dans le pourvoi jugé par l'arrêt qui précède, s'était opposé à une première fois pourvu contre la même décision, et que cette circonstance, jointe à l'identité d'intérêts de ses consorts, a pu déterminer cette opinion que la première décision devait avoir une égale valeur pour toutes les parties ayant le même intérêt, qu'elles eussent ou non pris part à l'instance. — V. au surplus, sur la chose jugée en matière administrative, les conclusions de M. le commissaire du gouvernement Marguerie, sous Cons. d'Et., 7 déc. 1883, C¹ᵉ des chemins de fer de Paris à Orléans, [S. 85.3.60, P. adm. chr., D. 85.3.65] — V. aussi *supra*, v° *Chose jugée*, n. 1343 et s.

§ 15. *Voies de recours contre les décisions du Conseil d'Etat.*

1300. — Les décisions du Conseil d'Etat au contentieux sont rendues en dernier ressort, mais peuvent toutefois être l'objet de recours formés devant le Conseil d'Etat lui-même dans les cas déterminés par la loi. Ces voies de recours sont l'opposition, la tierce opposition, la révision.

1° *Opposition.*

1301. — A. *Par quelle partie, et contre quelle décision peut être formée l'opposition.* — L'opposition est une voie de recours contre les décisions rendues par défaut (Décr. 22 juill. 1806, art. 29).

1302. — Il n'y a que les parties appelées en cause qui puissent former opposition. Quant à celles qui veulent attaquer des ordonnances qui leur sont préjudiciables, sans y avoir été appelées et représentées, la voie de l'opposition ne leur est pas ouverte, mais seulement celle de la tierce opposition, dont nous parlons *infrà*, n. 1320 et s.

1303. — Jugé, avant le décret de 1811, que l'instruction des affaires contentieuses relatives aux domaines nationaux avait lieu en la forme administrative, et n'était pas soumise aux formes établies par le règlement de 1806 ; qu'en conséquence, n'était pas susceptible d'opposition la décision par défaut qui avait réformé un arrêté rendu avant 1811, en matière de biens nationaux. — Cons. d'Et., 10 févr. 1816, de la Garde, [S. chr., P. adm. chr.] — Mais, dans ce cas, la voie de la tierce opposition était ouverte. — Serrigny, n. 348.

1304. — Est défaillante la partie qui a été mise en cause et qui n'a pas fourni de défenses. Pour pouvoir former opposition, il ne suffit pas d'avoir été partie en cause, il faut avoir été partie défaillante. C'est un principe qu'on peut poser en droit administratif comme en droit civil. Mais il y a lieu de remarquer la différence qui existe entre les décisions par défaut en matière administrative et les jugements par défaut en matière civile. Ces derniers sont de deux sortes : ceux rendus contre partie, ceux rendus contre avoué ; les premières, au contraire, ne supportent pas la distinction ; elles sont toutes contre parties, et faute de fournir les défenses exigées par l'art. 4. — V. *suprà*, n. 1000 et s.

1305. — La procédure devant le Conseil d'Etat diffère également de la procédure judiciaire dans le cas où il y a plusieurs défendeurs, dont l'un conclut et l'autre fait défaut. Le Conseil d'Etat ne rend point de jugement de défaut « profit-joint », tel que le prévoit l'art. 153, C. proc. civ. Mais, aux termes de l'art. 31 du règlement de 1806, l'opposition d'une partie défaillante à une décision rendue contradictoirement avec une autre partie ayant le même intérêt n'est pas recevable. Ainsi l'autorité de la décision contradictoire se trouve appliquée immédiatement et de la même manière aux deux parties, défaillante et présente. Le résultat est, par cette marche rapide, absolument le même que celui qui, en matière civile, est subordonné à un jugement joignant le profit du défaut au fond.

1306. — Il faut considérer comme une décision par défaut susceptible d'opposition celle même qui a été rendue sur un pourvoi régulièrement communiqué, si la partie n'a fourni aucune défense en réponse à cette communication. La déclaration faite par le préfet, chargé de communiquer le pourvoi au défendeur éventuel, que celui-ci a répondu n'avoir aucune observation à faire, ne suffit pas pour établir que le défendeur s'en est rapporté à justice et que la décision intervenue a été contradictoire. — Cons. d'Et., 10 août 1850, Forbin des Issarts, [P. adm. chr.]

1307. — Spécialement, la déclaration du préfet que, sur la communication par lui faite au syndicat d'une digue du pourvoi formé par un propriétaire intéressé contre la décision par laquelle ce syndicat fixait la taxe à sa charge, ledit syndicat a répondu qu'il n'avait pas d'observations à faire, n'équivaut pas à la défense écrite requise pour que la décision à intervenir soit réputée contradictoire. En conséquence, cette décision est par défaut, et, dès lors, susceptible d'opposition de la part dudit syndicat. — Même arrêt.

1308. — En l'absence d'une disposition législative qui affranchisse les départements ou les communes de la règle générale, ils sont obligés, en principe, comme les simples particuliers, de recourir au ministère d'un avocat dans les instances qu'ils ont à soutenir devant le Conseil d'Etat. Toute défense qu'ils pourraient présenter d'une autre manière est, par conséquent, irrégulière. Or, si la défense est irrégulière, c'est comme s'il n'y avait pas eu de défense, et la décision qui intervient est une décision par défaut. Aussi a-t-il été jugé que l'arrêt qui statue sur le pourvoi formé contre un département doit être réputé par défaut, et dès lors susceptible d'opposition de la part de ce département, bien que le ministre ait transmis au Conseil d'Etat, en déclarant s'y référer, un mémoire rédigé par le préfet pour le département, après signification de l'ordonnance de soit communiqué. — Cons. d'Et., 12 mai 1859, Département des Ardennes, [S. 60.2.157, P. adm. chr.] — Le Conseil d'Etat, en déclarant recevable l'opposition du département, dans l'espèce, n'a fait que se conformer aux principes de procédure les plus incontestables. Sans doute, on crée ainsi une sorte d'inégalité entre le département et son adversaire, au désavantage de ce dernier, mais il ne nous semble guère possible qu'il en soit autrement. Personne assurément ne contestera au ministre le droit de présenter des observations sur le pourvoi intéressant un département, alors même que celui-ci ne se serait pas fait représenter légalement devant le Conseil d'Etat. Personne ne lui contestera non plus le droit de s'éclairer lui-même en demandant des renseignements au préfet, ni même de joindre à son avis personnel les notes, les mémoires que le préfet aura pu lui transmettre soit sur sa demande, soit spontanément. Or, l'avis du ministre ne saurait suffire à imprimer à la décision à intervenir le caractère d'une décision contradictoire ; car, d'une part, le ministre n'a pas qualité pour représenter le département, et, d'autre part, son avis ne saurait équivaloir à une défense, puisqu'il peut être entièrement contraire aux prétentions du département. On ne peut pas davantage considérer comme une défense, dans l'acception légale du mot, les notes, les mémoires adressés par le préfet, non pas au Conseil d'Etat, mais à son supérieur hiérarchique, le ministre. Ainsi, soit qu'on s'attache au texte de la loi, soit qu'on considère la nature même des choses, l'arrêt du 12 mai 1859, précité, se trouve à l'abri de toute critique.

1309. — Par une raison analogue, l'arrêt rendu contre une commune, sur le pourvoi de son adversaire, et sur les renseignements donnés au ministre de la Justice par le préfet, est par défaut, si d'ailleurs aucune communication n'a été faite à l'avocat que la commune avait constitué. — Cons. d'Et., 14 nov. 1821, Commune des Essarts, [S. chr., P. adm. chr.] — V. anal. Cons. d'Et., 8 sept. 1819, Commune de Gonès, [S. chr., P. adm. chr.]

1310. — Mais lorsqu'une commune a produit un mémoire signé d'un avocat au Conseil, en défense à un pourvoi dirigé contre elle, la décision rendue par le Conseil d'Etat est contradictoire, et la ville ne saurait se prévaloir du défaut de production de la délibération du conseil municipal l'autorisant à défendre pour soutenir que la décision a été rendue par défaut. — Cons. d'Et., 17 nov. 1893, Ville de Paris, [Leb. chr., p. 757]

1311. — Un conseiller municipal qui n'a présenté devant le Conseil d'Etat aucun mémoire en défense à la communication qui lui a été donnée dans les formes prescrites par l'art. 40, L. 5 avr. 1884, du pourvoi formé contre l'arrêté du conseil de préfecture rejetant la protestation dirigée contre son élection, est recevable, par application de l'art. 40 précité et de l'art 29, Décr. 22 juill. 1806, à former opposition contre la décision du Conseil d'Etat annulant son élection. — Cons. d'Et., 17 juill. 1886, Elect. de Djidjelli, [D. 86.5.107]

1312. — Un arrêt rendu sur le rapport du ministre des Finances, doit être considéré comme contradictoire et non susceptible d'opposition, bien qu'il ne vise pas la défense des réclamants, s'il est établi que dans une pétition adressée au chef du gouvernement, ils n'ont combattu les conclusions du directeur général de la dette publique dont ce département a confirmé la décision. — Cons. d'Et., 8 janv. 1817, Gilbert de Voisins, [S. chr., P. adm. chr.]

1313. — De même, lorsqu'une partie en instance devant le Conseil d'Etat demande la production de pièces nouvelles, cette exception dilatoire ne la dispense pas de discuter les pièces produites et de conclure au fond. Dès lors, on doit considérer comme contradictoire l'arrêt qui, visant en cet état les requêtes et conclusions de la partie, statue au fond, et par suite, cet arrêt n'est pas susceptible d'opposition. — Cons. d'Et., 28 mai 1835, Lemoine, [S. 35.2.544, P. adm. chr.]

1314. — II. *Délais, formes et effets de l'opposition.* — L'opposition doit être formée dans le délai de deux mois à compter du jour où la décision par défaut a été notifiée. Après ce délai, l'opposition n'est plus recevable (Décr. 22 juill. 1806, art. 29, modifié par Décr. 2 nov. 1864, art. 4).

1315. — Entre parties dont l'intérêt est identique, la nullité d'une signification faite à l'une d'elles empêche de courir le délai d'opposition à l'égard de toutes les autres parties ayant le même intérêt. — Cons. d'Et., 23 déc. 1815, Lafaulote, [S. chr., P. adm. chr.] — V. aussi Cons. d'Et., 23 déc. 1815, Lubersat, [P. adm. chr.]

1316. — Quant au mode régulier et légal de notification de l'opposition, nous croyons pouvoir admettre ici la distinction que nous avons précédemment faite, entre les décisions rendues au profit de l'État et celles obtenues par toute autre partie, soit simple particulier, soit personne civile.

1317. — L'opposition n'est point suspensive, à moins qu'il n'en soit autrement ordonné (Décr. 22 juill. 1806, art. 29). L'urgence a fait introduire ici, comme pour l'appel, une dérogation à la règle de droit commun écrite dans l'art. 155, C. proc. civ.

1318. — Si la section est d'avis que l'opposition doive être reçue, elle fait son rapport au conseil, qui remet, s'il y a lieu, les parties dans le même état où elles étaient auparavant. La décision qui a admis l'opposition doit être signifiée dans la huitaine, à compter du jour de cette décision, à l'avocat de l'autre partie (Décr. 22 juill. 1806, art. 30). Cette disposition semble exiger deux décisions distinctes, l'une sur la recevabilité de l'opposition et l'autre sur le fond. Mais la pratique, par l'usage ont introduit une marche plus rapide : on communique à la partie défenderesse à l'opposition la requête de la partie demanderesse, afin qu'elle réponde en même temps et sur les moyens et sur le fond; et l'arrêt qui intervient statue également sur les deux à la fois (Laferrière, t. 1, p. 293). Il n'y a, dit M. de Cormenin (t. 1, p. 74), nécessité d'appliquer la disposition du règlement telle qu'elle est écrite, que lorsque l'opposant fait valoir pour unique moyen, dans la forme, qu'il n'a pas été entendu lors de la décision par défaut. Encore la section peut-elle, dans ce cas, prescrire à l'opposant de produire ses moyens au fond dans une requête ampliative et dans un délai fixé.

1319. — En justice administrative comme en justice ordinaire, l'opposition n'est pas recevable sur une décision rendue après une première opposition à une décision par défaut. « Opposition sur opposition ne vaut. » — Cons. d'Et., 27 août 1817, Bosteller, [S. chr., P. adm. chr.]

2° Tierce-opposition.

1320. — I. *Par quelles parties et contre quelles décisions peut être formée la tierce-opposition.* — La tierce-opposition est ouverte aux parties qui n'ont pas été mises en cause, ni représentées dans l'instance. Ainsi qu'il vient d'être dit, une partie ne peut être réputée défaillante que si elle n'a pas défendue quoique ayant été appelée. Si donc une partie qui n'a point été appelée veut recourir contre la décision, elle doit, conformément au droit commun, employer non la voie de l'opposition, mais celle de la tierce-opposition.

1321. — C'est ce qu'exprime l'art. 37, Décr. 22 juill. 1806 : « Ceux qui veulent s'opposer à des décisions du Conseil d'Etat rendues en matière contentieuse, et lors desquelles ni eux ni ceux qu'ils représentent n'ont été appelés, ne peuvent former leur opposition que par requête en la forme ordinaire; et, sur le dépôt qui en doit être fait au secrétariat du conseil, il est procédé conformément aux dispositions du titre I. »

1322. — Le texte appelle ce recours une opposition; mais l'expression de tierce-opposition est employée par les articles suivants. On a parfois qualifié de : « tierce-opposition » le recours prévu par l'art. 40, qui, dans certains cas, peut être formé contre les décrets rendus en Conseil d'Etat administratif. — V. *suprà*, n° 245 et s.

1323. — Quand est-on censé avoir été appelé lors d'une décision? C'est là une question de fait qui se rattache aux principes du droit civil sur l'identité de personnes considérée comme élément constitutif de la chose jugée (V. à cet égard, *suprà*, v° *Chose jugée*, n. 475 et s.). La jurisprudence du Conseil d'Etat est conforme à ces règles de droit commun. — Serrigny, n. 355; Dufour, n. 384.

1324. — C'est ainsi que les décisions prononcées contre une partie le sont contre ses successeurs universels; par suite, est censé rendu avec les héritiers l'arrêt qui a été rendu contre leur auteur, et les héritiers sont non recevables à attaquer cet arrêt par la voie de la tierce-opposition. — Cons. d'Et., 9 avr. 1817, Fabrique de Cambrai, [S. chr., P. adm. chr.] — V. *suprà*, v° *Chose jugée*, n. 482 et s.

1325. — Elles le sont aussi à l'égard des successeurs à titre particulier, et notamment à l'égard des cessionnaires, d'où il suit qu'un cessionnaire ne peut former tierce-opposition à un arrêt rendu contre son cédant. — Cons. d'Et., 18 août 1807, Meinier, [S. chr., P. adm. chr.]; — 1er sept. 1825, Clausel de Coussergues, [S. chr., P. adm. chr.] — V. Cons. d'Et., 5 sept.

1821, Neuilly, [P. adm. chr.]; — 4 juin 1826, Delabane; — 27 mai 1831, Eliou. — V. *suprà*, v° *Chose jugée*, n. 485 et s.

1326. — ... A l'égard des acquéreurs, et spécialement, lorsque, dans un acte de vente, il a été stipulé que le vendeur serait chargé de suivre l'instance concernant le bien vendu et pendante à cette époque, l'acquéreur n'est plus recevable à former tierce-opposition à la décision rendue après la vente contre le vendeur. — Cons. d'Et., 29 janv. 1841, Le Prévost, [S. 41.2.250, P. adm. chr.]

1327. — ... Pour une raison analogue on a jugé également que les créanciers d'un munitionnaire général n'étaient pas recevables à former tierce-opposition à l'arrêt rendu contradictoirement avec leur débiteur. — Cons. d'Et., 19 mars 1823, Fournier et Creton, [S. chr., P. adm. chr.]

1328. — Toutefois, les cessionnaires partiels d'une créance, sont recevables à former tierce-opposition à une décision du Conseil d'Etat, rendue entre le créancier primitif et le débiteur, postérieurement à la signification du transport de la partie de créances à eux cédées. On ne peut dire, dans ce cas, qu'ils ont été représentés par leur auteur. — Cons. d'Et., 3 juill. 1822, Barbe, [S. chr., P. adm. chr.]

1329. — Le particulier qui, lors d'une instance engagée devant le préfet relativement à un règlement d'eau, figurait au nombre des contestants, et qui n'a pas été appelé devant le Conseil d'Etat sur le pourvoi dirigé contre l'arrêté du préfet, est recevable à attaquer par la voie de la tierce-opposition l'arrêt intervenu sur le pourvoi. — Cons. d'Et., 10 janv. 1827, Gomart, [S. chr., P. adm. chr.]

1330. — Le ministre de l'Intérieur n'ayant pas qualité pour former un pourvoi devant le Conseil d'Etat dans l'intérêt particulier d'une commune, il en résulte que la commune est recevable à former tierce-opposition à l'arrêt qu'a pu intervenir sur le pourvoi du ministre. Mais, par suite du même principe, elle ne peut, malgré ce pourvoi, être relevée de la déchéance qu'elle a encourue pour ne s'être pas pourvue elle-même dans les délais du règlement. Ainsi, elle doit seulement être relevée de la condamnation aux dépens prononcée contre elle par l'arrêt rendu sur le pourvoi du ministre. — Cons. d'Et., 19 déc. 1821, Commune de Molay, [S. chr., P. adm. chr.]

1331. — Pour que la tierce-opposition soit recevable, il ne suffit pas que la partie n'ait pas été appelée, il faut encore que la décision attaquée lui soit réellement préjudiciable (Serrigny, n. 355; Cormenin, p. 78). Jugé, en conséquence, que la tierce-opposition à un arrêt qui ne préjuge rien sur les droits respectifs des représentants d'un engagiste, est non recevable. — Cons. d'Et., 24 oct. 1821, Duparc, [S. chr., P. adm. chr.]

1332. — Il y a dans le droit commun un lien très-étroit entre le droit d'intervention et celui de tierce opposition. D'après les art. 466 et 474, C. proc. civ., les parties qui auraient qualité pour former tierce opposition sont recevables à intervenir, et réciproquement. Le décret du 22 juill. 1806 s'est borné à tracer les formes de l'intervention et de la tierce-opposition; il s'en est référé pour le fond aux règles du droit commun qu'il y a lieu d'observer. Celui qui avait le droit d'intervenir pour empêcher qu'un jugement ne fût rendu, doit avoir aussi le droit de critiquer ce jugement, quand il a été rendu à son insu et à son préjudice. — Laferrière, t. 2, p. 537 et s.

1333. — Le Conseil d'Etat a paru admettre cette règle en matière de recours pour excès de pouvoir : il a déclaré recevable une tierce-opposition formée par une commune, parce que cette commune avait « qualité pour intervenir dans l'instance qui avait donné lieu à l'annulation pour excès de pouvoir. » — Cons. d'Et., 28 avr. 1882, Ville de Cannes, [S. 84.3.27, P. adm. chr., D. 83. 3.89]

1334. — La doctrine de cet arrêt est trop générale. Si le lien entre l'intervention et la tierce-opposition existe dans le droit commun, c'est parce que le Code de procédure et le décret de 1806 disposent à l'égard des parties qui ont des droits à faire valoir à l'encontre du jugement qu'elles frappent de tierce-opposition, qu'une partie peut former « tierce-opposition à un jugement qui préjudicie à ses droits » et lors duquel ni elle, ni ceux qu'elle représente n'ont été appelés (art. 474, C. proc. civ.).

1335. — Or, en matière d'excès de pouvoir, l'intervention est permise même à ceux qui justifient d'un simple intérêt, et la base de la tierce-opposition fait défaut quand on ne peut invoquer un droit lésé. L'étendue accordée au droit d'intervention en matière d'excès de pouvoir ne peut modifier les conditions de recevabilité de la tierce-opposition. S'il en était autrement, il n'y aurait presque pas d'arrêts prononçant une annulation pour excès de pouvoir qui ne pût être remis en question par une tierce-opposition; car il n'y a presque pas d'actes administratifs au sort desquels quelque tiers ne puisse se dire intéressé. — Laferrière, *loc. cit.*

1336. — Mais si l'acte annulé avait conféré des droits à des tiers ou aurait servi de base à un contrat ultérieur, la tierce-opposition devrait, conformément à la règle, qui reprendrait alors tout son empire, être déclarée recevable. — Laferrière, *loc. cit.*

1337. — La tierce-opposition formée contre un acte par une personne qui en a poursuivi antérieurement l'exécution, n'est pas recevable. — Cons. d'Et, 11 mai 1872, Forges d'Aubenas, [D. 73.3.92]

1338. — La tierce-opposition n'est pas recevable non plus devant le Conseil d'État statuant au contentieux, contre les décrets rendus, le Conseil d'État entendu, en matière administrative, notamment contre un décret rendu en matière de prises maritimes. — Cons. d'Et., 14 juin 1878, Gumesindo Ceballos y Mendez, [S. 80.2.91, P. adm. chr., D. 78.3.93]

1339. — De même, un décret déclarant un travail d'utilité publique n'est pas susceptible d'être déféré au Conseil d'État au contentieux, par la voie de la tierce-opposition. — Cons. d'Et., 20 avr. 1888, Syndic du canal de Vernet et Pia. [S. 90.3.30, P. adm. chr., D. 89.3.76]

1340. — La tierce-opposition à des arrêts rendus par l'ancien conseil du roi sur une question de propriété, ne peut, d'après les lois actuelles, être jugée par le Conseil d'État; elle doit être portée devant les tribunaux ordinaires. — Cons. d'Et., 11 juin 1817, Latour-Duligny, [S. chr., P. adm. chr.] — Mais c'est au Conseil d'État seul qu'il appartient de connaître de la tierce-opposition formée aux anciens arrêts du conseil en matière administrative. — V. Cons. d'Et., 23 sept. 1810, Fabre, [S. chr., P. adm. chr.]; — 6 févr. 1811, Ling, [S. chr., P. adm. chr.] — Le renvoi devant les tribunaux, prononcé par la loi des 27 avr.-6 juill. 1791, des causes pendantes devant l'ancien conseil, ne doit s'entendre que des affaires qui, par leur nature, rentrent dans les attributions des tribunaux tels qu'ils sont aujourd'hui constitués. — Cass., 20 avr. 1830, Fleurdelix, [S. chr.]

1341. — II. *Délai de la tierce-opposition.* — Le délai de la tierce-opposition n'est pas fixé. On doit s'inspirer ici de la doctrine et de la jurisprudence qui ont prévalu en matière judiciaire, et d'après lesquelles les tiers étant censés ignorer la décision, sont recevables à l'attaquer à toute époque. Ainsi les délais établis pour l'opposition (*supra*, n. 1314) ne sont pas applicables à la tierce-opposition. — Cons. d'Et., 28 mars 1821, Ville de Rochefort, [S. chr., P. adm. chr.] — Sic, Serrigny, n. 355; Dufour, n. 382; Chevalier, *Procédure administrative*, t. 2, p. 364.

1342. — Des arrêts plus anciens avaient admis le système contraire, et avaient jugé, dans les hypothèses où la décision était susceptible d'être publiée et l'avait été en effet, que le délai était de trois mois après cette publication. — Cons. d'Et., 31 janv. 1817, Marvillet, [S. chr., P. adm. chr.]; — 9 avr. 1817, l'abrique de Cambrai, [S. chr., P. adm. chr.] — V. aussi Ord. 4 juin 1816, *Tontine du pacte social*, [S. chr., P. adm. chr.] — Macarel, t. 1, p. 83.

1343. — Toutefois, on doit considérer l'exécution de la décision à l'égard des intéressés comme mettant fin à leur droit de recours, car leur silence, dans ce cas, équivaut à un acquiescement.

1344. — III. *Formes de la tierce-opposition.* — L'art. 37 précité du décret de 1806 porte que, sur la demande en tierce-opposition, il est procédé conformément aux dispositions du titre I, c'est-à-dire que la tierce-opposition doit être instruite et jugée dans les mêmes formes que le recours principal.

1345. — La tierce-opposition peut-elle être formée sans ministère d'avocat dans les matières pour lesquelles la loi dispense les parties de ce ministère? L'affirmative a été admise par plusieurs auteurs, avec cette raison que la tierce-opposition suit les règles d'introduction applicables aux recours ordinaires devant le Conseil d'État. — Dufour, t. 2, n. 386; Serrigny, n. 354.

1346. — « Les art. 34 et 35, concernant les recours contre les décisions contradictoires, sont communs à la tierce-opposition » (Décr. 22 juill. 1806, art. 39), c'est-à-dire que lorsque la tierce-opposition sera déclarée recevable dans le cours de l'année où la décision attaquée a été rendue, la communication devra être faite, soit au défendeur, soit au domicile de l'avocat qui a occupé pour lui, et qui sera tenu d'occuper sur ce recours, sans qu'il soit besoin d'un nouveau pouvoir.

1347. — Si le recours n'est admis qu'après l'année, depuis la décision, la communication en sera faite aux parties, à personne ou domicile, pour fournir réponse dans le délai du règlement.

1348. — IV. *Cas où la partie succombe dans la tierce-opposition.* — La partie qui succombe dans sa tierce-opposition doit être condamnée en 150 fr. d'amende, sans préjudice des dommages-intérêts de la partie, s'il y a lieu (Décr. 22 juill. 1806, art. 38; disposition conforme à celle de l'art. 479, C. proc. civ.). Le conseil peut réduire le taux de cette amende de 150 fr. à 50 fr. en prenant égard à la position des parties. — Cons. d'Et., 31 oct. 1821, Schmith, [P. adm. chr.]

1349. — Cette amende a été édictée afin que les parties ne forment point témérairement un recours en tierce-opposition; il arrive, en effet, assez souvent que des intéressés qui ont été légalement représentés dans l'instance cherchent à remettre en question ce qui a été jugé contre elles.

1350. — Il résulte de l'interprétation donnée à l'art. 38 du règlement, par l'arrêt précité du 31 oct. 1821, que, dans le cas où une requête en tierce-opposition est rejetée par le Conseil d'État, il statue immédiatement sur les dommages-intérêts réclamés par l'adversaire.

1351. — Cependant Macarel (t. 1, p. 91, n. 123) et après lui de Cormenin (t. 1, p. 79), posent en principe général que : « les tribunaux seuls ont le pouvoir de prononcer sur les dommages-intérêts réclamés par les parties, soit devant les conseils de préfecture, soit devant le Conseil d'État ». Ces auteurs invoquent à l'appui de leur opinion deux décisions du Conseil d'État desquelles il résulte : 1° que, dans le cas où le voisin d'un adjudicataire de coupe de bois national se plaint que celui-ci a dépassé les limites de son adjudication, le conseil de préfecture est compétent pour déterminer ces limites, mais que c'est aux tribunaux seuls qu'il appartient de statuer sur les dommages-intérêts. — Cons. d'Et., 3 mai 1810, Ravier, [P. adm. chr.]

1352. — ...2° Que le Conseil d'État, compétent pour connaître de la revendication d'un navire, doit, après avoir déclarée mal fondée, renvoyer devant l'autorité judiciaire l'action en dommages-intérêts à raison de la saisie. — Cons. d'Et., 22 juill. 1818, Perier, [S. chr., P. adm. chr.]

1353. — Comme le démontre clairement M. Serrigny (n. 368), cette proposition pèche par sa généralité. Dans les deux décisions invoquées il s'agissait de questions d'intérêt purement privé des deux parts; le Conseil d'État avait dès lors raison de juger dans ces cas. Mais toutes les fois que la question à juger rentre dans le contentieux administratif, ou qu'une disposition expresse d'une loi ou règlement autorise le conseil à statuer sur les dommages-intérêts, nous croyons, avec M. Serrigny, qu'il est compétent pour le faire, et qu'il doit le faire.

1354. — Ainsi, outre l'art. 38 du règlement, on peut citer la loi du 22 avr. 1806 (art. 21, § 2), ainsi conçu : « Le Conseil d'État prononcera de même définitivement et sans recours entre la Banque de France et les membres de son conseil général, ses agents ou employés, toute condamnation civile, y compris les dommages-intérêts, et même soit la destitution, soit la cessation des fonctions. »

1355. — La jurisprudence offre elle-même une foule d'exemples à l'appui de l'opinion de M. Serrigny. — V., comme exemples de demandes en dommages-intérêts portées devant l'autorité administrative, — Cons. d'Et., 27 août 1833, Préfet du Nord, [P. adm. chr.]; — 8 nov. 1833, Cie des Trois-Ponts, [P. adm. chr.]; 1841, Jones, [P. adm. chr.] — C'est donc, ainsi que le dit fort bien le même auteur, la nature du litige et non la circonstance que la contestation porte sur des dommages-intérêts, qui détermine, quant à ce, la compétence ou l'incompétence du Conseil d'État.

1356. — Dans la matière qui nous occupe, c'est-à-dire en ce qui touche le rejet de la tierce-opposition et les dommages-intérêts auxquels il peut donner lieu, on peut citer un arrêt duquel il résulte implicitement que le Conseil d'État est compétent pour statuer sur une demande en dommages-intérêts formée contre la partie dont la tierce-opposition est rejetée. — Cons. d'Et., 1er juin 1883, Armand et autres, [S. 85.3.28, P. adm. chr., D. 85 3.1] — Sic, Dufour, t. 2, n. 383; Chauveau et Tambour, *Instr. adm.*, t. 2, n. 785 bis.

1357. — L'art. 38, Décr. 22 juill. 1806, ne distingue pas entre le cas où la tierce-opposition est rejetée au fond et celui où elle est repoussée comme non recevable. Il y avait d'autant moins lieu d'admettre une distinction de cette nature, quant aux dommages-intérêts, que, de même que l'amende, ils peuvent être considérés, quand ils sont dus, comme un moyen de réprimer la témérité du plaideur. — Cons. d'Et., 1er juin 1883, précité et les conclusions de M. le commissaire du gouvernement Gomel.

1358. — La demande en dommages-intérêts doit être rejetée lorsqu'en fait la tierce-opposition n'a causé aucun préjudice à la partie adverse. — Cons. d'Et., 1er juin 1883, précité.

3° Recours en révision.

1359. — Le recours en révision correspond à la procédure exceptionnelle désignée devant les tribunaux judiciaires sous le nom de requête civile. Le décret du 22 juill. 1806 l'appelait « recours contre les décisions contradictoires ». L'expression « recours en révision » usitée en pratique, est, du reste, consacrée par l'art. 20, Décr. 30 janv. 1852.

1360. — I. *Dans quels cas peut être formé le recours en révision.* — Le décret du 22 juill. 1806 ne prévoyait que deux cas d'ouverture du recours en révision. « Défenses sont faites, portait l'art. 32, sous peine d'amende, et même, en cas de récidive, sous peine de suspension ou de destitution, aux avocats en notre Conseil, de présenter requête en recours contre une décision contradictoire, si ce n'est dans ces deux cas : si la requête a été rendue sur pièces fausses; si la partie a été condamnée faute de représenter une pièce décisive qui était retenue par son adversaire. » — V. *infrà*, v° *Requête civile*.

1361. — Un troisième cas fut introduit par l'art. 20, Décr. 30 janv. 1852, qui avait pour objet de sanctionner les règles établies par les ordonnances de 1831, touchant le débat oral, la publicité des audiences, les conclusions du commissaire du gouvernement, la composition du Conseil d'Etat délibérant au contentieux.

1362. — Cet article est aujourd'hui remplacé par l'art. 23, L. 24 mai 1872, qui en reproduit à peu près les termes. Il est ainsi conçu : « Le procès-verbal des séances de la section et de l'assemblée du Conseil d'Etat statuant au contentieux, mentionne l'accomplissement des dispositions contenues dans les art. 15, 17, 18, 19, 20, 21 et 22. Dans le cas où ces dispositions n'ont pas été observées, la décision peut être l'objet d'un recours en révision, qui est introduit dans les formes établies par l'art. 33, Décr. 22 juill. 1806, et dans les délais fixés par le décret du 2 nov. 1864. »

1363. — Il résulte du texte précédent que les dispositions dont l'inobservation donne ouverture au recours en révision sont relatives : 1° aux formes de la délibération de la section du contentieux (L. 24 mai 1872, art. 15).

1364. — 2° A la composition de l'assemblée du contentieux (Même loi, art. 17 modifié par L. 13 juill. 1879, art. 8).

1365. — 3° Aux observations orales des avocats et aux conclusions du commissaire du gouvernement (Même loi, art. 18).

1366. — 4° Au renvoi à l'assemblée du contentieux des affaires sans avocat, lorsqu'il a été demandé par un conseiller d'Etat de la section ou par le commissaire du gouvernement (Même loi, art. 19).

1367. — 5° A l'abstention des conseillers d'Etat qui ont pris part, dans les sections administratives, à la préparation de la décision attaquée (art. 20).

1368. — 6° A la formation de l'assemblée du contentieux en nombre impair et à la présence du minimum légal de ses membres (art. 21). Notons que le minimum fixé à neuf membres par cet article n'a pas été modifié par la loi du 13 juill. 1879.

1369. — 7° A la lecture des décisions à l'audience et à leur rédaction en minute portant trois signatures, celles du président, du rapporteur et du secrétaire du contentieux (art. 22).

1370. — Tels sont les trois cas d'ouverture du recours en révision; le troisième cas comprenant toute infraction aux règles de procédure ci-dessus énumérés, dont la violation constituerait un vice de forme, rend la décision annulable par cette voie.

1371. — Aux termes de l'art. 32 du décret de 1806, le recours en révision n'est admis que contre les décisions *contradictoires*. Pourquoi cette différence avec les matières civiles, où la requête civile est admise aussi contre les jugements par défaut en dernier ressort (C. proc. civ., art. 480). « Cela vient, dit M. Serrigny (n. 345), de ce que, devant le Conseil d'Etat, le délai de l'opposition étant le même que celui du recours en révision (V. *infrà*, n. 1386), et l'opposition étant préférable à la révision, il ne peut y avoir lieu à la révision, ni pendant, ni après le délai d'opposition, tandis que, devant les tribunaux, le délai de l'opposition étant plus court que celui de la requête civile, cette dernière voie peut succéder à l'autre. »

1372. — Les décisions contradictoires antérieures au décret de 1806 ont été déclarées soumises à la voie de recours en révision comme celles qui l'ont été postérieurement. — Cons. d'Et., 20 nov. 1815, Pujet, [P. adm. chr.]

1373. — Il a été également jugé qu'une ordonnance du roi, rendue sur le rapport d'un ministre, dans une matière contentieuse, sans les formalités prescrites par le règlement du 22 juill. 1806, pour les affaires de cette nature, était susceptible d'être attaquée devant le Conseil d'Etat, par la voie contentieuse. — Cons. d'Et., 8 mai 1822, Petit, [S. chr., P. adm. chr.] — V. Sirey, *Du Conseil d'Etat selon la charte*, p. 284. — Cons. d'Et., 29 janv. 1823, Defermon, [S. chr., P. adm. chr.]

1374. — Les cas de révision dont nous venons de parler sont les seuls qui puissent rendre la demande admissible; toute demande en révision d'une décision contradictoire en dehors des cas prévus par les art. 23, L. 24 mai 1872, et 32, Décr. 22 juill. 1806, doit être déclarée non recevable. — Cons. d'Et., 11 janv. 1808, Combes, [S. chr., P. adm. chr.]; — 3 oct. 1811, Schmitz, [S. chr., P. adm. chr.]; — 23 déc. 1815, Duplessis, [S. chr., P. adm. chr.]; — 23 déc. 1815, Lizet, [S. chr., P. adm. chr.]; — 5 sept. 1821, Neuilly, [P. adm. chr.]; — 3 déc. 1846, Dal, [P. adm. chr.]; — 1er avril 1881, Elect. de Saint-Amand-Roche-Savine, [D. 82.3.86] ... — Alors même que le recours serait fondé sur une erreur matérielle de calcul. — Cons. d'Et., 1er avr. 1881, précité.

1375. — On peut toutefois citer deux arrêts qui ont admis qu'une décision contradictoire rendue par le Conseil d'Etat pouvait être attaquée en rétractation par voie de demande en révision, dans le cas où cette décision était fondée sur l'existence et l'effet de règlements de police, qui, dans la réalité, n'existaient plus. — Cons. d'Et., 26 août 1818, Levgris, [S. chr., P. adm. chr.]; — 26 août 1818, Messageries de l'Eclair, [S. chr., P. adm. chr.] — Ces deux décisions sembleraient ouvrir une voie de recours en rétractation d'ordonnances contradictoires, autres que celles ci-dessus déterminées. Mais il nous paraît fort douteux que la voie de révision admise par les deux arrêts eût aujourd'hui de grandes chances de succès.

1376. — Quelquefois on cache le recours sous le voile de l'interprétation ; mais il a été décidé que le demandeur en révision n'est pas recevable à demander l'interprétation de l'arrêt qui a jugé contradictoirement et souverainement la contestation, surtout lorsque cette interprétation tend à remettre tout en question. — Cons. d'Et., 2 mai 1834, de Castellane, [P. adm. chr.] — Dans ce cas même, l'avocat est également condamné à l'amende. — Cons. d'Et., 24 mai 1836, Faloubis-Cazade, [P. adm. chr.] — Sic, Dufour, n. 378.

1377. — C'est à la partie qui attaque devant le Conseil d'Etat, par la voie du recours en révision, une décision rendue au contentieux par ce conseil, qu'il appartient de faire toutes les justifications propres à mettre le conseil à même de statuer. Elle ne peut donc être admise à faire ordonner par le conseil, soit une instruction nouvelle, soit la recherche et l'apport de pièces non encore produites. — Cons. d'Et., 22 août 1853, Schweig-hauser, [P. adm. chr.] — V. *infrà*, n. 1384.

1378. — Etant donné que les cas ainsi prévus sont essentiellement limitatifs, examinons les conditions nécessaires pour qu'ils se présentent et puissent donner ainsi ouverture au recours.

1379. — *a) Premier cas : Pièces fausses.* — La condition ainsi exprimée doit s'entendre en ce sens que les pièces arguées de faux aient été de nature à jeter les juges dans l'erreur. Ainsi, on ne peut demander la rétractation d'une décision n'est pas fondée exclusivement sur ce titre, et qu'au contraire il existe d'autres éléments de solution. — Cons. d'Et., 11 janv. 1808, Combes, [S. chr., P. adm. chr.] — Sic, Serrigny, n. 352; Cormenin, p. 75, note 2.

1380. — Une décision ne peut être réputée avoir été rendue sur pièces fausses, dans le sens de l'art. 32, Règl. 22 juill. 1806, par cela seul que le pourvoi sur lequel elle est intervenue, a été formé au nom d'une personne décédée, au lieu de l'être au nom de son héritier, alors surtout que cette différence de noms n'a eu aucune influence sur la décision. — Cons. d'Et., 30 déc. 1822, Corsaire le Brave, [S. chr., P. adm. chr.]

1381. — b) *Deuxième cas : Pièce décisive retenue par l'adversaire.* — Ce second cas s'entend en ce sens que : 1° la pièce ait été décisive, et 2° retenue par la partie adverse. Ainsi est inadmissible la requête civile fondée sur la rétention d'une pièce qui n'est pas décisive et qui était connue du réclamant avant l'ordonnance contradictoire attaquée. — Cons. d'Et., 19 juill. 1826, Latruffe, [P. adm. chr.]; — 2 mai 1834, précité; — 4 mai 1835, Gilbert-Lefort, [P. adm. chr.]; — 10 juill. 1835, Genty, [P. adm. chr.] — *Sic*, Dufour, n. 377.

1382. — De même, il n'y a lieu à attaquer par voie de révision un arrêt rendu sur une contestation avec un ministre, pour rétention d'une pièce, que dans le double cas où cette pièce serait décisive et aurait été retenue par le ministre lors de la décision contradictoire attaquée. — Cons. d'Et., 4 juin 1816, Lefebvre, [P. adm. chr.]; — 4 juin 1816, Suremain de Flaremans, [P. adm. chr.] — *Sic*, Serrigny, n. 352; Cormenin, p. 75; Macarel, t. 1, p. 85.

1383. — De même encore, on ne peut considérer comme pièces décisives, donnant lieu à révision, dans le cas où elles ont été retenues par l'une des parties, des certificats qui, bien qu'attestant des faits restés ignorés lors de la décision, n'en présentent aucun qui eût pu être de nature à influer sur la décision. Ainsi, dans l'un et l'autre cas, la requête en révision est inadmissible. — Cons. d'Et., 30 déc. 1822, Corsaire le Brave, [S. chr., P. adm. chr.]; — 2 févr. 1821, Habit. de Bischoffsheim, [S. chr., P. adm. chr.] — *Sic*, Serrigny, t. 1, n. 345.

1384. — La requête civile n'est pas admissible devant le Conseil d'Etat, lorsque la partie ne représente pas la pièce qu'elle prétend avoir été retenue par son adversaire, et que d'ailleurs cette pièce n'est pas décisive. — Cons. d'Et., 20 févr. 1822, Chollet, [S. chr., P. adm. chr.] — V. toutefois un arrêt du 23 juill. 1821, Meynard, [S. chr., P. adm. chr.], qui semble admettre qu'au cas d'impossibilité de représenter la pièce servant de base à la révision, il suffirait d'en prouver l'existence.

1385. — c) *Troisième cas : Vice de forme.* — Dans les affaires introduites devant le Conseil d'Etat, aucune disposition de loi n'a étendu aux parties le droit de présenter des observations orales, ni prescrit la communication aux parties des questions posées par les rapports. Par suite, une partie n'est pas recevable à se prévaloir de ce qu'elle n'aurait pas reçu cette communication pour demander révision de la décision intervenue. — Cons. d'Et., 7 août 1883, Bertot, [D. 85.3 63]

1386. — II. *Formes et délais du recours en révision.* — Le recours en révision doit être formé dans le même délai et admis de la même manière que l'opposition à une décision par défaut (Décr. 22 juill. 1806, art. 33). Ce délai est de deux mois (Décr. 2 nov. 1864, art. 4). Mais il ne doit courir que du jour où le faux a été reconnu ou les pièces découvertes (Arg. art. 488, C. proc. civ.).

1387. — Ainsi jugé que le délai de deux mois, pendant lequel le recours en révision peut être formé contre une décision contradictoire du Conseil d'Etat, à raison de ce qu'une pièce décisive aurait été retenue par l'adversaire, court du jour où cette pièce a été découverte. — Cons. d'Et., 21 janv. 1838, Pramotton, [P. adm. chr., p. 86]; — 4 août 1876, Goguelat, [S. 78.2. 312, P. adm. chr., D. 76.3.99] — V. aussi Cons. d'Et., 20 févr. 1868, Goguelat, [S. 69.2.29, P. adm. chr., D. 69.3.18]

1388. — Le ministère d'un avocat est-il toujours nécessaire pour former le recours en révision, même s'il s'agit d'affaires où il n'est pas obligatoire? On pourrait dire que la révision constitue une procédure spéciale qui ne se confond pas avec le recours primitif et à laquelle le législateur n'a pas présumé avoir accordé la même faveur. L'assistance de l'avocat peut être très utile pour éclairer et guider les parties. — Laferrière, t. 1, p. 298, note 2.

1389. — Il avait été d'abord jugé en ce sens, par arrêt du 1ᵉʳ mars 1842, Tavernier, [S. 42.2.277, P. adm. chr.] : un recours en matière d'élections municipales formé par requête non signée d'un avocat au conseil, avait été déclaré non recevable.

1390. — Plus tard, cependant, la section du contentieux a statué en fond sur de semblables recours formés sans avocat, et n'a opposé aucune fin de non-recevoir. — Cons. d'Et., 30 juin 1882, Elect. de Saint-Hilaire, [Leb. chr., p. 630]; — 23 nov. 1883, Taupin, [Leb. chr., p. 838] (Ce deuxième arrêt concernait une affaire de contributions). En tout cas, fait observer M. Laferrière (*loc. cit.*), en admettant même que le ministère de l'avocat ne soit pas obligatoire, il n'en serait pas moins nécessaire de renvoyer l'examen du recours à l'assemblée du contentieux, si l'arrêt attaqué avait été rendu par elle.

1391. — Le Conseil d'Etat est revenu à la jurisprudence antérieure, qui n'avait pas d'ailleurs été explicitement contredite, et il a jugé que le ministère d'avocat était nécessaire pour la présentation d'un recours en révision dirigé contre un arrêt rendu en matière d'excès de pouvoir, où les parties sont pourtant dispensées de constitution d'avocat. — Cons. d'Et., 12 avr. 1889, Decamps, [S. 91.3.52, P. adm. chr., D. 90.3.85]

1392. — Jugé, de même, en matière de contributions directes. — Cons. d'Et., 24 avr. 1891, de Biermont, [D. 92.5.173]

1393. — Lorsque le recours contre une décision contradictoire a été admis dans le cours de l'année où elle avait été rendue, la communication est faite soit au défendeur, soit au domicile de l'avocat qui a occupé pour lui, et qui est tenu d'occuper sur ce recours, sans qu'il soit besoin d'un nouveau pouvoir (Décr. 22 juill. 1806, art. 34; disposition conforme à celles des art. 492 et 1038, C. proc. civ.).

1394. — Si le recours n'a été admis qu'après l'année depuis la décision, la communication est faite aux parties, à personne ou à domicile, pour y fournir réponse dans le délai du règlement (Même décr., art. 35).

1395. — III. *Cas où le recours en révision a été irrégulièrement présenté.* — Aux termes de l'art. 32, si le recours en révision est présenté sans qu'on se trouve dans un des cas prévus par les textes, l'avocat peut être condamné à l'amende et même, en cas de récidive, à la suspension ou à la destitution.

1396. — Le taux de l'*amende* n'est point fixé par le règlement; il est, dès lors, arbitraire et laissé à l'appréciation du Conseil d'Etat. Le chiffre fixé par le Code de procédure civile (art. 494) est de 300 fr.; mais il n'est jamais élevé à cette somme par le conseil; il est, le plus souvent, de 5, 25, 30 fr. — Cons. d'Et., 24 juill. 1848, Caussidon, [Leb. chr., p. 449] — *Sic*, Cormenin, p. 74, note 2. — On peut citer plusieurs décisions qui ont fixé l'amende à 10 fr. — Cons. d'Et., 23 déc. 1815, Lizet, [S. chr., P. adm. chr.]; — 23 déc. 1815, Duplessis, [S. chr., P. adm. chr.]; — 22 août 1853, Schweighauser, [P. adm. chr.]; — 21 janv. 1858, Pramotton, [Leb. chr., p. 86]

1397. — La *destitution* et la *suspension* n'ont jamais été prononcées, dit Cormenin, (*loc. cit.*); mais l'avocat est quelquefois condamné personnellement aux dépens. — V. notamment Cons. d'Et., 19 avr. 1826, Rougemont, [P. adm. chr.]; — 19 juill. 1823, Latruffe, [P. adm. chr.]

1398. — IV. *Cas où il a déjà été statué par un recours en révision contre la décision attaquée.* — Lorsqu'il a été statué sur un premier recours contre une décision contradictoire, un second recours contre la même décision n'est pas recevable. L'avocat qui a présenté la requête doit être puni de l'une des peines énoncées en l'art. 32 (Décr. 12 juill. 1806, art. 36).

1399. — Ainsi jugé qu'après un premier recours en révision contre une décision contradictoire, un second recours, fondé sur la prétendue rétention de pièces décisives par le fait de l'adversaire est inadmissible, et que l'avocat signataire de la requête doit être condamné à l'amende. — Cons. d'Et., 17 janv. 1834, Latruffe, [P. adm. chr.]

1400. — Le texte ne distingue pas si le second recours se fonde ou non sur des moyens différents. — Laferrière, t. 1, p. 297-298.

1401. — Mais l'arrêt qui a statué sur le recours en révision pourrait être attaqué lui-même à son tour par la voie de la révision, si l'on relevait contre lui un des vices prévus par la loi (*op. et loc. cit.*).

TITRE IV.

ENREGISTREMENT ET TIMBRE.

1402. — I. *Enregistrement.* — Nous avons fait connaître, *supra*, n. 564 et s., les exemptions d'impôt qui ont été accordées aux actes de procédure et aux arrêts du Conseil d'Etat statuant au contentieux; il nous reste à exposer quelles sont les règles générales auxquelles ces mêmes actes ont été assujettis en matière fiscale. Le premier acte de recours au Conseil d'Etat, requête, mémoire ou déclaration a été tarifé à un seul droit fixe de 25 fr. (L. 28 avr. 1816, art. 47-1; L. 19 févr. 1874, art. 2, et L. 28 avr. 1893, art. 22); les significations d'avocat à avocat sont passibles d'un droit fixe de 3 fr. (L. 28 avr. 1816, art. 44, n. 11; L. 19 févr. 1874, art. 2 et L. 28 avr. 1893, art. 22); les exploits et autres actes du ministère des huissiers devant le Conseil d'Etat sont assujettis à un seul droit fixe de 5 fr. (L. 28 avr. 1816, art. 45-4; L. 19 févr. 1874, art. 2 et L. 28 avr. 1893, art. 22); enfin, le droit d'enregistrement est de 15 fr. pour les arrêts interlocutoires ou préparatoires et les ordonnances (L. 28 avr. 1816, art. 46; L. 28 févr. 1872, art. 4), et de 37 fr. 50 pour les arrêts définitifs (L. 28 avr. 1816, art. 47-3 et L. 28 févr. 1872, art. 4). Il est dû un droit particulier pour chaque disposition indépendante (Sol. 17 mars 1838). En outre, le Trésor fait recette, sous le titre de Recouvrement de frais de greffe du Conseil d'Etat, des droits qui sont perçus par le secrétaire général en vertu de l'ordonnance du 18 janv. 1826 (L. 21 avr. 1832, art. 7; Circ. compt. gén. 30 avr. 1832). On remarquera que les droits d'enregistrement et de greffe dans les procédures devant le Conseil d'Etat n'ont pas été modifiés par la loi du 26 janv. 1892 et qu'ils ont simplement bénéficié de la réduction générale opérée sur les actes extrajudiciaires par l'art. 22, L. 28 avr. 1893.

1402 bis. — II. *Timbre.* — Tous les actes et arrêts du Conseil d'Etat assujettis à l'enregistrement sont également passibles du droit de timbre de dimension. Sont encore soumis au timbre les recours contre les arrêtés des conseils de préfecture sur les réclamations en matière de contributions directes dispensées de l'enregistrement (L. 21 avr. 1832, art. 30). Enfin, les écritures des parties signées par les avocats au conseil et les pièces produites par elles doivent être timbrées. A l'égard des expéditions, elles ne peuvent être délivrées aux parties que sur papier timbré. Toutefois, il a été apporté certaines facilités pour l'acquittement des droits de timbre et d'enregistrement. Les minutes et les expéditions des arrêts de la section du contentieux peuvent être écrits sur du papier non timbré; les arrêts sont enregistrés et visés pour timbre dans les vingt jours de leur date lorsque les parties ont consigné les droits aux mains du secrétaire du conseil, et les expéditions sont timbrées à l'extraordinaire avant leur délivrance aux parties. Dans le cas où les parties n'ont pas consigné les droits d'enregistrement et de timbre avant l'expiration des délais, le secrétaire délivre un extrait, conformément à l'art. 37, L. 22 frim. an VII, au receveur, qui poursuit contre les parties le recouvrement des droits simples et en sus (Déc. min. Fin., 17 févr. 1851 et 27 mai 1865). Enfin tous actes, titres ou pièces émanés de l'autorité administrative et destinés à être produits au Conseil d'Etat sont visés pour timbre au comptant mais sans amende, à la condition que chaque acte ou pièce porte en marge une mention signée d'un avocat au conseil constatant sa destination. — Déc. min. Fin., 10 janv. 1823, [J. enreg., n. 7372]

TITRE V.

LÉGISLATION COMPARÉE.

1403. — Nous avons indiqué plus haut (v° *Compétence administrative*, n. 1826 et s.) les solutions diverses qu'a reçues dans les principales législations étrangères le problème de la juridiction administrative. Nous nous bornerons à signaler ici les institutions qui présentent, avec le Conseil d'Etat français, au point de vue d'une ou de plusieurs de ses différentes classes d'attributions, d'assez sérieuses analogies.

1403 bis. — Presque tous les pays de l'Europe ont plus ou moins imité le système français sur le Conseil d'Etat. Pourtant quelques-uns des Etats européens, dont l'organisation présente le plus d'originalité, soit au point de vue du gouvernement, soit au point de vue de l'administration, soit au point de vue de la justice, l'Angleterre, la Suisse et même la Prusse, n'ont pas, à proprement parler, de Conseil d'Etat. Cependant les fonctions que ce grand corps, qui peut être à la fois un conseil de législation, un conseil de gouvernement et d'administration et un tribunal administratif supérieur, exerce chez nous semblent assez importantes pour qu'il y ait lieu de se demander comment elles sont remplies dans les Etats où il n'existe pas. C'est ce qui fait que nous ne nous bornerons pas seulement à exposer la législation des pays qui ont un Conseil d'Etat, mais que nous rechercherons aussi, dans les autres, comment et par quels organes sont remplies les fonctions exercées par le Conseil d'Etat français. Nous nous ferons, du reste, une loi, dans les uns comme dans les autres, de ne signaler que les points essentiels et caractéristiques.

1404. — Certains Etats, comme l'Angleterre et la Prusse, qui ont depuis longtemps un Conseil d'Etat, n'ont pas donné à cette institution tout le développement dont elle était susceptible, et l'ont même, en fait, laissé presque complètement tomber en désuétude.

1405. — Le Conseil d'Etat prussien, en effet, dont l'organisation et les attributions différent, du reste, très-sensiblement de celles du Conseil d'Etat français, n'est plus que bien rarement convoqué, et le Conseil privé anglais est dans le même cas. — Comme la Suisse, la Belgique n'a pas de Conseil d'Etat. — Le *Consejo real* espagnol, tel que nous le décrit Don Manuel Colmeiro (*Derecho administrativo español*, Madrid, 2ᵉ édit.), devenu le *Consejo de Estado*, ne diffère pas sensiblement du Conseil d'Etat français, qui en a évidemment été le modèle. — Il en est de même aussi du Conseil d'Etat des Pays-Bas, et surtout de celui de la Turquie. — Dans les Etats scandinaves, le Conseil d'Etat est, à proprement parler, le conseil des ministres. — En Portugal, la Cour d'Etat a des attributions plus étendues encore. Son avis doit même être demandé, lorsqu'il s'agit de dissoudre les Chambres, suspendre les magistrats, gracier les condamnés et accorder des amnisties. Il jugeait en outre, avant 1870, le contentieux administratif.

1406. — Il est des pays où, comme en France, le Conseil d'Etat joue un grand rôle et a une très-grande importance. Au nombre de ces Etats se trouvent notamment l'Autriche et la Bavière. En Autriche, le Conseil d'Etat (*Staatsrath*) prend principalement part à la préparation des lois, toutes les fois que le gouvernement soumet ses projets de loi à l'avis du Conseil avant de les présenter au Reichsrath, tandis que, pour les projets dus à l'initiative parlementaire, le Conseil les examine avant qu'ils soient soumis à la sanction impériale. En matière administrative, le Conseil d'Etat autrichien donne son avis sur les règlements généraux d'administration, et sur toutes les affaires soumises par l'empereur à son examen. — V. Bluntschli, *Staats-Wörterbuch*, v° *Das Kaiserthum Oesterreich*, art. de Beer, fasc. 68, p. 593; Batbie, *Tr. de dr. adm.*, t. 4, p. 132.

1407. — En Bavière, le Conseil d'Etat exerce ses fonctions, tant en matière législative, qu'en matière contentieuse et administrative. — En matière législative, le Conseil d'Etat bavarois doit toujours donner son avis, avec cette différence que s'il s'agit des projets d'initiative gouvernementale, l'avis du Conseil est requis deux fois : la première, quand les projets sont soumis aux chambres, la seconde, quand, après le vote des Chambres, ils sont présentés à la sanction royale, tandis que pour les projets d'initiative parlementaire, l'avis est requis seulement avant la sanction royale.

1408. — En matière contentieuse, le conseil prononce sur les recours formés contre les actes des régences de cercle (*Kreisregierungen*), sur les recours des fonctionnaires publics contre les mesures disciplinaires prises contre eux par les ministres, sur les réclamations en matière d'élections communales, sur les recours des avocats en matière disciplinaire, et sur quelques questions relatives à la mise en jugement des fonctionnaires publics. — Avant la loi du dr. août 1850, le Conseil d'Etat bavarois prononçait aussi sur les conflits de juridiction. — Enfin, en matière administrative, il est ordinairement consulté sur les conflits qui s'élèvent entre les différents ministres et sur les difficultés plus graves qui surgissent à l'occasion de l'exécution des lois. — V. de Poezl, *Lehrbuch des bayerischen Verwaltungsrechts* (Manuel du droit administratif bavarois), Munich, 3ᵉ édit., 1871. — Mais, pour le contentieux administratif, il existe depuis 1878, en Bavière, un tribunal administratif supérieur, la Cour de justice administrative. — V. *infrà*, n. 1422 à 1425.

1409. — Dans la législation des divers Etats qui admettent des conseillers extraordinaires prévaut un double système. Quelques Etats étrangers, l'Espagne, notamment, suivant l'exemple de la France, ont un nombre déterminé de conseillers d'Etat extraordinaires, choisis ordinairement parmi les hauts fonctionnaires de l'ordre administratif et judiciaire, appelés à faire partie du conseil en vertu de décrets du chef de l'Etat (V. L. franç. 31 mai 1872, sur le Conseil d'Etat, art. 5).

1410. — Dans d'autres Etats, comme la Bavière, le roi a le droit d'appeler au Conseil d'Etat, non seulement les conseillers extraordinaires, mais encore les fonctionnaires publics en qui il a confiance, bien qu'ils n'aient pas le titre ni le rang de conseillers; tandis qu'en Autriche, où le nombre des conseillers d'Etat est illimité, le président du Conseil d'Etat a le droit d'appeler aux séances toutes les personnes qui lui semblent pouvoir éclairer l'assemblée, indépendamment des chefs des divers services publics de l'administration centrale.

1411. — En Italie, l'art. 9 de la loi de 1859 donnait au président la faculté d'inviter, avec l'autorisation du ministre, les personnes distinguées par leurs connaissances spéciales, à intervenir aux séances du Conseil pour y donner leur opinion ou y fournir des éclaircissements. Mais cet article n'a pas été reproduit dans la loi de 1865, où l'art. 20 donne bien faculté au ministre de déléguer des commissaires spéciaux, mais principalement pour que ceux-ci fassent connaître les intentions du ministre, et non plus pour qu'ils augmentent par leurs lumières l'autorité du conseil. — Entre ces deux systèmes, le second est ordinairement préféré par les auteurs. — V. Colmeiro, *Derecho administrativo español*, Madrid, 3ᵉ édit., 1865, t. 1, p. 183. — V. aussi Manna, *Principii di diritto amministrativo*, 3ᵉ édit., 1876-78, 2 vol. in-8°, t. 1, p. 203, 204.

1412. — En ce qui touche à l'organisation interne du Conseil, il devrait, semble-t-il, se diviser en autant de sections, qu'il y a de ministères différents auxquels il est appelé à donner conseil. C'est, à quelque chose près, le système qui prévaut en Espagne, où le nombre des sections du conseil correspond à peu près à l'organisation des divers ministères. (V. Colmeiro, *op. cit.*, t. 1, § 411, p. 185).

1413. — Enfin, une dernière comparaison doit être faite relativement à la situation des conseillers d'Etat en ce qui touche leur révocation. Le caractère élevé de leurs fonctions semble conseiller d'entourer de quelque garantie la révocation de leur mandat. Quelques auteurs ont même soutenu que l'on devrait accorder aux conseillers d'Etat une inamovibilité complète. Ainsi, en Angleterre, les conseillers privés sont nommés à vie, et le cas de la révocation de quelqu'un d'entre eux est très-rare. Mais c'est une maxime que leurs fonctions finissent avec la vie du roi qui les a nommés, bien que l'usage veuille qu'ils soient confirmés par son successeur. — V. Gneist, *Das heutige englische Verfassungs-und Verwaltungsrechts*, Berlin, 1857 et 1859, t. 1, p. 320 et s.; Manna, *op. cit.*, t. 1, p. 204-205.

§ 1. ALLEMAGNE.

1414. — Les lois d'empire ont maintenu les tribunaux administratifs, juges du contentieux, qui pouvaient exister dans chacun des Etats confédérés. Il en est ainsi notamment en Alsace-Lorraine, Bade, Bavière, Prusse, Saxe et Wurtemberg. — V. Demombynes, t. 2, p. 849.

1415. — I. *Empire*. — L'organisation de la cour de justice administrative ou tribunal administratif supérieur (*Verwaltungsgerichtshof, Administrativjustizhof,* ou *Oberverwaltungsgericht*), à la différence de la juridiction des degrés inférieurs, relève, dans chaque Etat, non plus de l'administration autonome (*Selbstverwaltung*) de l'Etat, mais directement du pouvoir central. C'est ce qui résulte des art. 17 et 18, L. prussienne du 3 juill. 1875, dont les lois des autres Etats reproduisent les dispositions. — V. *infra*, n. 1416, 1417, 1430 et s.

1416. — En ce qui concerne, d'une manière générale, les conditions d'aptitude, l'art. 17, L. 3 juill. 1875, dispose : « Une moitié des membres doit être légalement apte à remplir les fonctions judiciaires et à remplir les devoirs administratifs supérieurs. »

1417. — Quant au mode de nomination des membres, il est fixé par l'art. 18 de la même loi : « Les membres du tribunal administratif supérieur sont nommés par le roi sur la proposition du ministère d'Etat ».

1418. — Il importe de faire remarquer, en passant, que, à la différence de ce qui existe chez nous, où le Conseil d'Etat a un droit de contrôle sur la Cour des comptes, la Chambre des comptes n'est, dans aucun Etat allemand, soumise au contrôle de la cour de justice administrative ou du tribunal administratif supérieur. Indépendante des ministres, cette juridiction relève directement du souverain.

1419. — II. BADE. — C'est dans le Grand-Duché de Bade que fut pour la première fois tentée en Allemagne l'introduction des tribunaux administratifs. Une loi du 5 oct. 1863 a confié la juridiction administrative, en première instance, à des conseils de district, *Bezirksräthe*, et, au second degré, à une cour de justice administrative, *Verwaltungsgerichtshof*.

1420. — Cette cour de justice administrative, considérée comme tribunal de seconde instance pour les litiges administratifs, correspond, sous ce rapport, à notre Conseil d'Etat quand il juge comme instance d'appel les procès administratifs. La législation badoise de 1863 a été complétée par la loi du 26 févr. 1880 et par la loi du 14 juin 1884. — V. Dareste, *Les constitutions modernes*, Paris, 1893, 2 vol., t. 1; *La justice administrative dans les divers Etats* (*Bulletin de la Société de législation comparée*, 1873, p. 283); Laferrière, *Traité de la juridiction administrative et du recours au contentieux*, t. 1, p. 34; Stengel, *Wörterbuch des deutschen Verwaltungsrecht* (Dictionnaire du droit administratif), Freiburg, 1889-1890, 2 vol., t. 2, p. 713 et 744 à 747; Schulze, *Das preussische Staatsrecht* (Le droit public prussien), Leipzig, 1872-1877, 2 vol., t. 2, p. 870; Meier, *Das Verwaltungsrecht*, dans l'*Encyclopædie des Rechtswissenschaft*, d'Holtzendorff, t. 1, p. 1169 et 1170.

1421. — Sur la composition et les attributions de la cour de justice administrative, V. *suprà*, v° *Allemagne*, n. 336 et s.

1422. — III. BAVIÈRE. — La matière est régie par la loi du 8 août 1878 et par celle du 10 mars 1879. — La cour de justice administrative (*Verwaltungsgerichtshof*) est le tribunal administratif supérieur de la Bavière. Elle a, au-dessous d'elle, les régences de cercle, *Kreisregierungen*, et les conseils de district, *Bezirksrräthe*. — Dareste, p. 279 et 280; Meier, p. 1168 et 1169; Stengel, t. 2, p. 734 à 738; Jacquelin, p. 246.

1423. — N'ayant à nous occuper ici que de la juridiction administrative (V. *suprà*, n. 1407-1408), nous ne ferons connaître que les seules attributions contentieuses de la cour de justice administrative. Les questions qui relèvent du contentieux administratif font, dans la loi du 8 août 1878 (art. 8), l'objet d'une longue énumération, que nous devons reproduire. On y verra que les matières relevant du contentieux administratif sont beaucoup plus étendues qu'en France, et qu'elles comprennent notamment les droits civils et politiques. Ce sont les différends ou litiges relatifs : 1° à l'acquisition, la possession ou à la perte de la qualité de citoyen allemand ou bavarois; 2° à l'exercice des droits civiques et à la prestation du serment constitutionnel; 3° à la liberté d'émigration d'un Etat dans un autre; 4° à l'éducation religieuse des enfants; 5° au refus ou à la délivrance du certificat mentionné par la loi du 16 avr. 1868, concernant le domicile, le mariage et la résidence, dans ses art. 33, 36 et 38; 6° à la dissolution d'associations, conformément à l'art. 19, §§ 1 à 3, L. 29 févr. 1850; 7° à l'acceptation obligatoire des fonctions de membre d'un comité de contributions; 8° à l'exercice d'un métier ou profession dans les cas prévus par les art. 20 et 21 de la loi sur l'industrie; 9° au refus d'autorisation pour la création d'une caisse de secours et à la suppression de caisses de ce genre; 10° à la cession forcée de la propriété et à la constitution forcée de servitudes; 11° à la fixation, la modification ou au rachat des charges foncières, droits forestiers, etc.; 12° à la jouissance et au rachat des droits de pacage sur le terrain d'autrui; 13° à la réunion de plusieurs fonds de terre en un seul; 14° à l'usage des eaux; 15° à l'entretien des rives des cours d'eau et aux mesures à prendre pour prévenir les inondations; 16° au bornage des fonds de terre; 17° à l'exercice du droit de chasse dans certains cas spéciaux; 18° au refus d'un permis de chasse ou au retrait d'un permis délivré; 19° à la perception des droits de péage; 20° aux secours qui doivent être fournis par l'Etat aux hommes et aux enfants des militaires de la réserve et de la landwehr; 21° à l'application de l'art. 2-b, L. 28 mai 1852, relative aux conseils de district; 22° à l'application de l'art. 37 de ladite loi de 1852; 23° au droit des communes de participer à la jouissance des établissements appartenant au district, et à l'obligation pour elles de contribuer à l'entretien de ces établissements; 24° à l'obligation de contribuer aux impositions du district; 25° à l'attribution d'un fonds à tel ou tel territoire communal; 26° aux droits civiques communaux; 27° à l'acquittement des taxes afférentes à ces droits; 28° à la jouissance des avantages communaux et aux obligations qui en découlent; 29° au partage des fonds communaux; 30° à la participation aux charges communales; 31° à l'acquittement des impositions communales, à la jouissance des établissements communaux; 32° aux prestations mentionnées en l'art. 35 de la loi communale en vigueur pour la partie du royaume située sur la rive droite du Rhin, et en l'art. 40 de la loi communale applicable au Palatinat; 33° au droit de vote et d'éligibilité en matière d'élections municipales; 34° à l'attribution d'un chemin, d'un pont, d'un canal de décharge, etc., au domaine public; 35° à la jouissance des revenus des fondations et à la participation à cette jouissance; 36° aux droits résultant de l'affiliation à l'union israélite; 37° au droit de vote et d'éligibilité en matière d'administration religieuse; 38° à la contribution aux charges communales afférentes à l'instruction publique; 39° aux droits concernant la nomination des instituteurs primaires et des fonctionnaires ecclésiastiques inférieurs; 40° enfin, à un certain nombre de questions concernant les assurances immobilières contre l'incendie.

1424. — En dehors de ces matières contentieuses, la cour de justice administrative statue en dernier ressort sur les pourvois formés contre les décisions et ordonnances des régences de cercles, du comité supérieur des mines (*Oberbergamt*), et de l'administration générale des douanes dans un certain nombre de cas (art. 10). La cour juge également en dernier ressort les contestations qui peuvent s'élever à la suite de modifications apportées à la constitution d'une commune, d'un district, d'un cercle ou d'une union scolaire, au sujet du partage des biens appartenant à ces diverses personnes morales et au sujet de leurs droits et obligations respectifs (art. 11).

1425. — Mais la cour de justice administrative, unique pour tout le royaume de Bavière, est incompétente pour statuer : 1° sur les affaires qui sont du ressort des tribunaux civils et criminels; 2° sur la valeur des mesures provisoires et des décisions d'administration prises par les tribunaux dans les limites de leurs attributions légales; 3° sur les questions que les autorités administratives ont le pouvoir de trancher souverainement (art. 13). Les arrêts rendus par la cour de justice administrative dans les limites de sa compétence ne sont pas susceptibles d'être réformés par décision ministérielle (art. 15). *Gesetz betreffend die Errichtung eines Verwaltungsgerichtshofes und das Verfahren in Verwaltungsrechtssachen* (Loi concernant la création d'une cour de justice administrative et la procédure en matière contentieuse administrative). — V. *Bulletin des lois et ordonnances* pour 1878, n. 38. — V. aussi la notice sur les principales lois bavaroises promulguées en 1878, par M. Daguin : *Annuaire de législation étrangère*, 8° année, 1879, p. 179-180.

1426. — IV. HESSE. — Dans la législation antérieure du grand-duché de Hesse, la cour de justice administrative (*Administrativjustizhof*), compétente, aux termes des édits du 6 juin 1832, du 4 févr. 1835, du 12 mai 1832 et de la loi du 10 févr. 1853, pour connaître de certaines affaires du contentieux administratif, attribuées en première instance aux conseils de cercle (*Kreisräthe*), ne statuait que sauf recours du Conseil d'Etat ou au ministre de l'Intérieur. La Hesse, à l'heure actuelle, est régie, en ce qui touche la composition et les attributions de la cour de justice administrative par les lois du 11 janv. 1875 et du 16 avr. 1879. — V. Dareste, *op. cit.*, p. 282; Meier, *op. cit.*, p. 1170; Stengel, *op. cit.*, p. 747 à 750.

1427. — V. PRUSSE. — En Prusse, où le Conseil d'Etat date de 1604, les traités de droit administratif allemand parlent encore du Conseil d'Etat et en indiquent la composition. Mais comme la Constitution de 1850 ne lui confère aucune attribution déterminée, il est arrivé qu'en fait il ne fonctionne plus. Cependant le roi peut le convoquer et lui demander son avis, sans que l'avis donné lie les ministres. Ces attributions purement consultatives mises à part, le Conseil d'Etat n'a aucune attribution ni juridiction propre. — Manna, t. 1, p. 188.

1428. — « Quant à la Prusse, dit M. Maurice Block (p. 676), si l'on consulte les textes, on sera porté à croire que le Conseil d'Etat, dont le rôle était si important avant 1848, continue d'exister, et, en effet, un certain nombre de personnages, princes et hauts fonctionnaires, sont désignés comme en étant membres de droit, et d'autres fonctionnaires d'un rang élevé, de même des savants, de grands manufacturiers, etc., sont nommés, comme ayant été appelés, par la confiance du roi, à en faire partie ». Comme on le voit, il n'y a pas de conseillers d'Etat proprement dits, « en service ordinaire », pour employer l'expression française. C'est donc là une première différence importante, capitale même, entre le Conseil d'Etat français et le Conseil d'Etat prussien. De plus, ce conseil est très-rarement convoqué. Dans un mémoire de M. de Manteuffel, président du conseil des ministres, en date du 5 janv. 1855, la seule attribution qui soit revendiquée pour le Conseil d'Etat, que la Chambre des députés considérait alors comme inconstitutionnel, c'était de discuter, avec voix consultative, les projets de loi. Toute commission nommée *ad hoc*, et composée différemment selon l'objet de la loi, devait évidemment rendre le même service. Il a fonctionné ainsi en 1890. Pour donner des avis sur la durée de la journée de travail et sur diverses questions qui s'y rattachent, il a présenté un rapport à l'empereur-roi. Mais le Conseil d'Etat prussien n'a ni les attributions administratives, ni les attributions contentieuses de notre Conseil d'Etat. Il y a, pour les unes, le conseil des ministres, dit ministère d'Etat, ou simplement le ministre compétent, et, pour les autres, un tribunal des conflits et un tribunal suprême de contentieux administratif.

1429. — Au point de vue du jugement du contentieux administratif du second degré, et même du premier degré dans des affaires importantes, la législation prussienne, en effet, a organisé, en 1875, un tribunal administratif supérieur. A l'exemple de ce tribunal, des cours de justice administrative ont été successivement organisées, sur des bases analogues, dans les principaux Etats de l'Allemagne : dans le Wurtemberg, par la loi du 16 déc. 1876 (V. *Ann. lég. étr.*, 1877, p. 314); en Bavière, par la loi du 8 août 1878 (*Ann. lég. étr.*, 1879, p. 179; V. *suprà*, n. 1423); dans le grand-duché de Bade, par la loi du 24 févr. 1880 (*Ann. lég. étr.*, 1881, p. 164-165).

1430. — En Prusse, le tribunal administratif supérieur (*Oberverwaltungsgericht*), organisé par la loi du 3 juill. 1875 (V. *Ann. de lég. étr.*, 1876, p. 402), qui siège à Berlin et qui est unique pour tout le royaume, exerce en appel la juridiction supérieure administrative, tandis que la juridiction administrative inférieure est attribuée aux comités de cercle, *Kreisausschüsse*, et aux comités de district, *Bezirksausschüsse*. — Dareste, p. 278 et 279; Schulze, t. 2, p. 871 à 882; Meier, p. 1176 à 1181; Laferrière, t. 2, p. 44 à 51; Stengel, t. 2, p. 720 à 734; Jacquelin, p. 245. — Ce tribunal est composé de membres nommés à vie par le roi et répartis en sections. Lorsqu'une section veut s'écarter sur un point de droit d'une décision antérieure émanée d'une autre section ou de toutes les sections réunies, elle est tenue de renvoyer l'affaire à la réunion plénière ou assemblée générale du tribunal.

1431. — L'indépendance des membres du tribunal administratif supérieur est, comme celle de tous les membres des tribunaux administratifs allemands de juridiction supérieure, des plus fortement organisée. Ainsi, on lit dans les art. 18 et 21 de la loi prussienne du 3 juill. 1875 : « Ils sont nommés à vie. Lorsqu'un membre a été condamné par jugement en dernier ressort, pour une action infamante, à une peine d'emprisonnement de plus d'une année, il peut être déclaré par décision du tribunal supérieur, statuant toutes sections réunies, déchu de ses fonctions et privé de son traitement ». Et l'art. 20 de cette même loi précise encore davantage en disposant que les membres du tribunal administratif supérieur « ne sont soumis à aucune autre procédure disciplinaire ».

1432. — Le tribunal administratif supérieur ne statue pas seulement comme tribunal d'appel contre les décisions rendues par les comités de districts, mais il prononce encore comme Tribunal ou Cour de cassation contre les décisions administratives rendues en dernier ressort.

1433. — Enfin, le tribunal administratif supérieur statue, en premier et dernier ressort : 1° sur les recours formés contre les décisions administratives rendues elles-mêmes, à l'occasion de recours contre les arrêtés de police des autorités locales, par le président de gouvernement ou par le président supérieur; 2° sur les recours des présidents supérieurs de province contre les décisions de l'assemblée provinciale ou du comité provincial, entachées d'excès de pouvoir; 3° sur les conflits de compétence entre l'administration elle-même et les tribunaux administratifs. Ainsi, en résumé, le tribunal administratif supérieur prussien joue en partie le rôle d'un véritable Conseil d'Etat, et connaît des affaires administratives contentieuses, soit sur appel, soit sur recours en révision, et en premier comme en dernier ressort. Il exerce également la juridiction disciplinaire de dernier ressort à l'égard des fonctionnaires et des membres des conseils ou corps administratifs du cercle ou du district.

1434. — VI. SAXE. — C'est la délégation de cercle (*Kreisrath*) qui est, aux termes de la loi du 21 avr. 1873, la juridiction administrative du second degré ou d'appel, tandis que la juridiction administrative est exercée en premier ressort par la délégation de district (*Bezirksausschuss*), et que la juridiction supérieure appartient à une commission composée du ministre compétent, de deux fonctionnaires et de deux magistrats. — V. Dareste, p. 280 et 281; Laferrière, t. 1, p. 54; Stengel, t. 2, p. 738 à 742. — On voit que, aujourd'hui encore, la Saxe repousse l'institution de la juridiction administrative proprement dite, et se contente de la compétence de l'administration active. — V. Jacquelin, p. 244. — V. *suprà*, v° *Allemagne*, n. 358 et s.

1435. — VII. WURTEMBERG. — Il existe, en Wurtemberg, une cour de justice administrative, qui a été organisée par la loi organique du 16 sept. 1876 (V. *Ann. de lég. étr.*, 1877, p. 311), laquelle a remplacé la loi du 13 nov. 1855 sur les recours en matière contentieuse administrative. Cette cour statue, tantôt comme instance d'appel, tantôt comme tribunal de premier et dernier ressort. Elle connaît, en appel, des décisions rendues par les *régences de cercle* (*Kreisregierungen*) et diverses autres juridictions spéciales, le conseil supérieur des mines, la direction centrale de l'agriculture, et la commission, instituée par la loi du 8 oct. 1874, pour statuer sur les difficultés relatives à l'abolition des droits féodaux. Elle statue en premier et dernier ressort à la fois, sur diverses matières administratives, notamment sur les demandes d'annulation dirigées contre certains actes de l'autorité administrative. « La cour, dit à ce sujet l'art. 13 de la loi organique de 1876, statue sur tout recours d'un particulier, d'une association ou d'une corporation, tendant à l'annulation d'une décision ou d'un arrêté de l'autorité administrative pour illégalité, violation d'un droit ou imposition d'une charge contraire à la loi. » — V. Laferrière, *op. cit.*, t. 1, p. 53-54.

§ 2. AUTRICHE-HONGRIE.

1436. — I. AUTRICHE. — Nous avons vu *suprà*, v° *Autriche-Hongrie*, n. 304 et s., que la création d'une cour de justice administrative décidée en principe par l'art. 15 de la loi constitutionnelle du 21 déc. 1867, a été réalisée par une loi spéciale du 22 oct. 1875, qui a institué la cour de justice administrative.

1437. — A côté de la cour de justice administrative fonctionne, en Autriche, le tribunal d'Empire (*Reichsgericht*), qui siège aussi à Vienne, et qui est chargé de statuer sur certaines contestations de droit public, aux termes de la loi constitutionnelle du 21 déc. 1867 et d'une autre loi du 22 oct. 1875. — V. *suprà*, v° *Autriche-Hongrie*, n. 310 et s.

1438. — En ce qui concerne l'organisation de la cour de justice administrative et du tribunal d'Empire, V. *suprà*, v° *Autriche-Hongrie*, n. 307, 313.

1439. — La loi autrichienne a pourvu à l'indépendance de ces deux tribunaux administratifs. D'après l'art. 10, L. 22 oct. 1875, les membres de la cour de justice administrative « sont assimilés pour le rang et les prérogatives aux membres de la Cour suprême ». Ainsi, ce texte se contente de renvoyer à la loi du 21 déc. 1867, sur le pouvoir judiciaire, notamment aux art. 5 et 6, qui consacrent en termes formels le principe de l'inamovibilité des juges.

1440. — D'après l'art. 5, L. 21 déc. 1867, sur la création du tribunal d'Empire, les mêmes garanties d'indépendance existent au profit de ce tribunal, qui se compose de membres nommés à vie par l'empereur.

1441. — Contrairement à presque toutes les législations européennes, et, par exemple, aux législations française et allemande, la législation autrichienne ne procède pas par voie d'énumération pour indiquer les attributions de la cour de justice administrative (V. Ulbrich, *Lehrbuch des œsterreichischen Staatsrecht*, *Manuel du droit public autrichien*, Berlin, 1882, p. 713 et 714). La législation autrichienne pose un principe général d'après lequel la compétence de la cour de justice administrative s'étend à tous les actes administratifs. « La cour de justice administrative, dit en effet l'art. 2, L. 22 oct. 1875, connaît de tous les recours portés devant elle par les personnes qui se prétendent lésées dans leurs droits par une décision ou une mesure illégale de l'autorité administrative. »

1442. — Ainsi, la loi pose un principe général, et l'art. 3 ne fait qu'énumérer, d'une manière limitative, les affaires qui ne rentrent pas dans cette compétence. — V. *suprà*, v° *Autriche-Hongrie*, n. 306.

1443. — Si l'on compare la compétence de la cour de justice administrative autrichienne avec celle des tribunaux administratifs français et des tribunaux administratifs allemands, on trouve que ses attributions, plus étendues si l'on envisage le cercle d'affaires dans lequel elles se meuvent, sont infiniment plus restreintes, au contraire, si l'on considère le rôle qu'elle est appelée à remplir à l'égard de chaque affaire. La juridiction de la cour de justice administrative doit, en effet, se borner à statuer sur l'illégalité de l'acte administratif attaqué, sans pouvoir statuer sur son opportunité. Par suite, elle peut seulement annuler l'acte, sans avoir le droit de le réformer, de le modifier. Comme on l'a dit (V. Jacquelin, p. 273), son rôle est à peu près celui d'une Cour de cassation administrative. « Lorsque la cour de justice administrative admet le recours, dispose l'art. 7, L. 22 oct. 1875, elle doit annuler comme illégale, par une sentence motivée, la mesure ou la décision attaquée. Les autorités administratives sont obligées de prendre toutes mesures ultérieures pour la suite de l'affaire, sont liées par les principes qui ont servi de base à la sentence de la cour de justice administrative ». — Ulbrich, p. 713 à 719; Laferrière, t. 1, p. 59 et 60. — V. cependant Jacquelin, p. 273-274.

1444. — La cour de justice administrative autrichienne constitue le seul tribunal administratif de l'Empire, et n'a, comme on le voit, d'analogue dans aucune autre législation de l'Europe. Elle n'est appelée, en effet, qu'à prononcer en droit sur la légalité ou l'illégalité des mesures ou décisions qui lui sont déférées. Mais elle ne peut être saisie que lorsque le requérant a épuisé la voie hiérarchique. Ainsi que l'a fait observer M. P. Dareste (Notice sur la loi du 22 oct. 1875 : *Ann. de lég. étr.*, 1876, p. 514), le recours de justice administrative tient à la fois du pourvoi en cassation et du recours pour excès de pouvoir. La cour ne juge pas le fait, comme le Conseil d'Etat français, et n'a pas le droit d'évocation.

1445. — Les attributions du tribunal d'Empire, à la différence de celles de la cour de justice administrative, qui font l'objet d'une disposition édictant une règle générale, sont limitativement déterminées par la loi du 21 déc. 1867, art. 1 à 4. — V. *suprà*, v° *Autriche-Hongrie*, n. 311 et 312. — V. Ulbrich, p. 722 à 724; Jacquelin, p. 274.

1446. — II. HONGRIE. — Depuis la loi du 24 juill. 1883, la Hongrie, ainsi que nous l'avons dit (V. *suprà*, v° *Compétence administrative*, n. 1954; V. aussi *Ann. de lég. étr.*, 1884, p. 410), possède un tribunal administratif financier supérieur, qui connaît en dernier ressort du contentieux des contributions publiques. C'est, suivant la remarque que nous en avons faite, le premier essai, dans ce pays, d'une juridiction administrative. Il est, paraît-il (V. Laferrière, t. 1, p. 62), depuis longtemps question d'y mettre à l'étude l'organisation d'un Conseil d'Etat, qui ferait fonction de cour de justice administrative. — V. *suprà*, v° *Autriche-Hongrie*, n. 349 et s.

§ 3. BELGIQUE.

1447. — La Belgique n'a pas de Conseil d'Etat. — V., sur les tentatives faites dans ce pays pour y introduire un Conseil d'Etat, tout au moins un conseil réduit au rôle de simple comité de législation, Edmond Picard, introduction au t. 6 des *Pandectes belges*, notamment p. 66, et v° *Comité de législation*, ainsi que, pour les explications échangées à la Chambre des représentants, le 20 nov. 1879, le *Journ. de proc.*, 2e série, t. 5, p. 291.

§ 4. EGYPTE.

1448. — Un décret du 19 févr. 1884 a suspendu le fonctionnement du Conseil d'Etat.

§ 5. ESPAGNE.

1449. — C'est une loi du 6 juill. 1845 qui institua le conseil royal (*el Consejo real*) comme tribunal administratif supérieur. Lors de la Révolution de 1854, les attributions contentieuses du conseil royal furent supprimées, et un décret du 7 août 1854 déféra le contentieux administratif du second degré à un tribunal supérieur spécial. Mais, à la suite de la Révolution de 1856, un décret du 14 juill. 1858 rétablit l'état de choses antérieur à 1854, et la loi du 17 août 1860 vint organiser complètement la juridiction du Conseil d'Etat (*Consejo de Estado*). Survint la Révolution de 1868. Le décret du 13 octobre de cette année supprima la juridiction administrative et transporta au Tribunal suprême de justice les attributions juridictionnelles du Conseil d'État. Dans ce Tribunal suprême, qui est la Cour de cassation de l'Espagne, était créée une chambre des recours contre les actes de l'administration.

1450. — Lorsque, pour la première fois en Espagne, les affaires contentieuses administratives eurent été attribuées aux conseils administratifs, elles furent considérées comme une partie de leurs nombreuses attributions, sans néanmoins que leur objet fût suffisamment précisé. En 1868, après la Révolution de septembre, toutes les affaires contentieuses, qui, auparavant, étaient attribuées au Conseil d'État et aux conseils provinciaux, furent placées, nous venons de le dire (n. 1449), dans la compétence des cours judiciaires et du Tribunal suprême, et les dispositions de fond et de procédure concernant les matières contentieuses administratives devinrent dès lors applicables, pour ces mêmes litiges, au pouvoir judiciaire. Après la restauration des Bourbons sur le trône d'Espagne, en 1870, l'état de choses consacré par la Révolution de septembre fut maintenu.

1451. — Lors de la restauration de la monarchie en 1875, le décret-loi du 20 janvier vint décider que le Conseil d'État serait le tribunal administratif supérieur (V. *Ann. de lég. étr.*, 1876, p. 609). Enfin, c'est la loi du 13 sept. 1888 qui est en vigueur à l'heure actuelle (art. 12 à 14, 68 et 98). Cette loi n'a aucunement touché au fonctionnement intérieur du Conseil d'État, qui continue à exercer la juridiction administrative supérieure.

1452. — Comme le Conseil d'État français, le Conseil d'État espagnol est un conseil d'administration et de gouvernement en même temps qu'un tribunal administratif. Par suite, toujours comme le Conseil d'État français, il est divisé en sections administratives et comprend en outre une section du contentieux. D'après les textes de loi qui le régissent actuellement (art. 12 et s.), et que nous avons indiqués plus haut, le Conseil d'État est composé entièrement de fonctionnaires nommés par le roi. Il comprend aujourd'hui sept sections : grâce et justice, guerre et marine, finances, intérieur, commerce, colonies, contentieux.

1453. — La section du contentieux comprend treize conseillers dont cinq au moins doivent être jurisconsultes (*letrados*). Les décisions contentieuses du Conseil d'État sont rendues sous trois formes différentes. Tantôt c'est la section du contentieux qui statue, tantôt c'est la chambre du contentieux (*Sala de lo contencioso*), qui se compose de la section du contentieux et, de plus, d'un délégué de chaque section nommé par le roi ; tantôt enfin, la décision peut être rendue par l'assemblée générale ou plénière (*in pleno*) du Conseil d'État, pour dans certains cas assez rares, comme, par exemple, pour statuer sur les recours dirigés contre les décisions de la section ou de la chambre du contentieux.

1454. — Le Conseil d'État espagnol n'a aucun pouvoir propre de juridiction. C'est le roi qui décide par décret en son conseil. C'est la fiction de la justice retenue, en vigueur en France sous tous les régimes monarchiques jusqu'en 1870 (V. *supra*, n. 95, 102 et s.). Sous ce rapport, l'Espagne est donc restée en deçà du système français actuel. — V. Abella, *Tratado de derecho administrativo español* (Traité de droit administratif espagnol), Madrid, 1886-1889, 3 vol., t. 3, p. 323 et 324. — Mais la différence n'est pas si sensible qu'on pourrait le croire, le droit du gouvernement, en Espagne, comme en France avant 1870, de ne pas ratifier la décision du Conseil d'État étant bien « plutôt théorique que réellement exercé dans la pratique ». — V. Laferrière, t. 1, p. 30 ; Jacquelin, p. 290.

§ 6. États-Unis.

1455. — L'un des traits caractéristiques du système de l'Union américaine et des États qui la composent, c'est, ainsi que nous l'avons déjà fait remarquer (V. *supra*, v° *Compétence administrative*, n. 1987 et s.), l'absence de juridictions spéciales, et notamment l'absence de juridiction administrative. D'après la constitution du 17 sept. 1787, art. 3, sect. 2, § 1, c'était le pouvoir judiciaire, la Cour suprême des États-Unis, qui jugeait les litiges administratifs soit de l'Union, soit de chaque État particulier. — V. Carlier, *La République américaine, États-Unis*, 1890, 4 vol., t. 4, p. 57 et 58 ; Dareste, *Les Constitutions modernes*, t. 2, p. 399. — Depuis la création de la cour des réclamations (*Court of claims*), qui juge les litiges administratifs concernant les États-Unis eux-mêmes, la Cour suprême joue vis-à-vis de cette cour le rôle de tribunal d'appel, que joue aussi, dans certains cas, notre Conseil d'État (V. *supra*, n. 442 et s.). Mais, même sous ce rapport, la Cour suprême connaît en seconde instance des litiges administratifs, de même que la cour des réclamations, en première instance. On ne saurait donc, bien qu'elle exerce une partie de ses attributions, la comparer à notre Conseil d'État. — V. Jacquelin, p. 220-221.

§ 7. Grande-Bretagne.

1456. — L'institution qui représente, en Angleterre, notre Conseil d'État, c'est le conseil privé des souverains anglais (*Her Majesty's most honourable privy council*), qui, détaché, depuis l'époque de Richard II, du grand conseil ou Parlement, constitue légalement l'organe à l'aide duquel le souverain anglais exerce tous ses pouvoirs, législatif, judiciaire et administratif. Le Conseil d'État anglais porte même, comme on le voit, le nom de l'une des sections de l'ancien conseil du roi de la vieille monarchie française, qui reparut même sous la Restauration, celui de *Conseil privé*.

1457. — Le conseil privé anglais, souvent appelé simplement *Council*, le conseil, est composé de membres non rétribués, à la différence de ce qui existe chez nous pour notre Conseil d'État. Les membres du conseil privé sont nommés par le souverain. Ils sont révocables par lui. Le nombre des membres est illimité. En font partie notamment : les membres de la famille royale, les membres du ministère, les archevêques de Cantorbéry et d'York, l'évêque de Londres, le *speaker* ou président de la Chambre des communes, les ambassadeurs, plusieurs présidents des cours supérieures, etc.

1458. — Le *Privy Council* se divise en plusieurs comités. Ces comités sont les suivants : 1° le comité qui a la direction des comités scolaires, et qui pourrait être comparé au ministère français de l'instruction publique, plutôt qu'à la section de l'intérieur, de l'instruction publique et des cultes du Conseil d'État français; 2° le comité judiciaire (*Judicial committee of the privy council*), composé de membres du conseil privé auxquels sont adjoints quatre membres salariés. Il a des attributions judiciaires, et statue en dernier ressort en matière ecclésiastique, en matière de prises maritimes, d'aliénés, d'appels des cours coloniales, etc. Sa compétence, d'ailleurs, a été considérablement restreinte par les lois judiciaires votées en 1873, 1875, 1876 et 1881.

1459. — Le conseil privé de la couronne, placé à côté du conseil des ministres, a des attributions politiques et judiciaires, et assiste à la fois le souverain et le conseil des ministres. A la différence du Conseil d'État français, il n'a pas d'attributions administratives. D'une manière générale, il donne son avis sur toutes les décisions qui, d'après un acte du Parlement, doivent être prises par le chef de l'État. Les proclamations les plus importantes, l'ordre de convoquer ou de dissoudre le Parlement, les lois et les ordonnances ou règlements pour les colonies qui n'ont pas une législature propre, la désignation des lieux où il convient de tenir les assises, les ordonnances ou règlements pour les quarantaines et pour les contrefaçons, sont des actes que légalement la reine n'accomplit qu'avec son conseil privé, sans l'approbation duquel un ministre pourrait se refuser à exécuter un ordre souverain. Mais, en substance, toutes ces résolutions sont prises d'abord par le cabinet, et ne sont portées au conseil que pour y recevoir une sanction de pure forme, puisqu'il suffit, pour la validité d'une réunion du conseil, de l'intervention de six conseillers et d'un secrétaire (*clerk of the council*), tandis que le nombre des conseillers est indéterminé, et qu'ils ne sont appelés aux séances du conseil que par convocations individuelles.

1460. — Une loi du 21 août 1871 (34 et 35 Victoria, ch. 91), relative au comité judiciaire du conseil privé (*Judicial committee of the Privy council*), remettait l'expédition des affaires de ce comité à quatre membres, qui pouvaient être choisis dans le sein ou en dehors du conseil privé. Pour être nommé membre du comité judiciaire, il fallait avoir siégé comme juge dans l'une des cours supérieures de Westminster ou comme *chief-justice* au Bengale, à Madras ou à Bombay. Le traitement des membres du comité judiciaire du conseil privé était fixé par la loi de 1871 à 5,000 £ (125,000 fr.), par an (V. Notice générale sur les sessions de 1870 et 1871 dans la Grande-Bretagne, par Demongeot, *Ann. de lég. étr.*, 1re ann., 1872, p. 5). Mais le conseil privé juridiction d'appel, chargé de juger, comme on sait (V. *supra*, n. 1458), tous les appels venant des colonies anglaises ou de la cour de l'amirauté ou des tribunaux ecclésiastiques, a fini par être supprimé, et ses attributions ont été dévolues, ainsi que les attributions judiciaires de la Chambre des lords, à une institution nouvelle, la Haute-Cour d'appel, placée au sommet de l'ordre judiciaire. — V. Notice sur la session de 1872 en Grande-Bretagne, par A. Ribot : *Ann. de lég. étr.*, 2ᵉ ann., 1873, p. 2.

1461. — L'Angleterre, nous l'avons déjà fait observer (V. *suprà*, vᵒ *Compétence administrative*, n. 1999 et s.), n'a presque pas de contentieux administratif. Elle n'a donc pas besoin d'un tribunal spécial. Ses juges de paix remplacent en plus d'un cas nos conseils de préfecture et même nos préfets (V. *suprà*, vᵒ *Compétence administrative*, n. 2900 et s.). Mais, même quand ils exercent des fonctions administratives, ils restent juges, et l'appel, quand il est admis, est porté devant les tribunaux. Quant à l'une des fonctions de notre Conseil d'Etat, sa collaboration à l'œuvre législative ou réglementaire, elle est, en principe, exercée en Angleterre, par le Parlement lui-même. C'est par lui que sont généralement faits les règlements d'administration publique, soit qu'il développe les lois au point de rendre les règlements inutiles, soit qu'il leur donne la forme de la loi d'intérêt privé (*private acts*). Dans certains cas cependant, le conseil privé, et non le conseil des ministres, comme le dit à tort M. Block (*Dictionnaire d'administration*, vᵒ *Conseil d'Etat*, 3ᵉ édit., p. 676), c'est-à-dire le roi en son conseil (*King in Council*), émet des règlements qu'on peut qualifier d'administration publique. Enfin, depuis quelque temps, des ministres reçoivent aussi quelquefois le pouvoir de réglementation dans un cas déterminé. On dit alors qu'ils sont *empowered*.

1462. — Le Conseil d'Etat anglais comprend, il est vrai (V. *suprà*, n. 1458), à l'instar des sections de notre Conseil d'Etat, des comités spéciaux et permanents (*Standing committees*), institués en vertu d'actes du Parlement, comme, par exemple, le département du commerce (*Board of trade*), le comité pour l'éducation nationale (*Committee for education*) et le comité judiciaire, qui a pour mission d'exercer la juridiction contentieuse appartenant à la reine (*the judicial committee*). Mais, si l'on met de côté le dernier de ces comités, qui exerce des fonctions judiciaires, les autres forment de véritables administrations actives et détachées, ressemblant plus à nos ministres qu'à un Conseil d'Etat tel que nous l'entendons. On peut à bon droit en conclure que l'Angleterre n'a pas un Conseil d'Etat véritablement analogue au nôtre par ses attributions. — Fischel, *Histoire de la constitution anglaise*, t. 1, liv. 3, ch. 2, p. 244; Gneist, *Das heutige englische Verfassungs-und Verwaltungsrecht*, t. 2; Manna (édit. Telesio), *Principii di diritto amministrativo*, p. 188).

1463. — L'institution qui s'en rapproche le plus, bien qu'avec des différences nombreuses et considérables, est celle du *Local government board*, bureau ou comité du gouvernement local, de création relativement récente. On sait que des lois de 1834 et de 1848 avaient déjà centralisé, en Angleterre, les services de l'assistance publique et de la salubrité publique, en en confiant l'administration, retirée aux juges de paix, à des conseils électifs reliés à un bureau central. Mais ces lois n'avaient donné à ces administrations nouvelles par elles créées, aucun pouvoir de juridiction proprement dite (V. *suprà*, vᵒ *Compétence administrative*, n. 2004). La juridiction administrative en effet, nous l'avons vu (V. *eod. verb.*, n. 2016), de création plus récente en Angleterre. Elle n'y date que d'une loi du 2 août 1858, qui donna au secrétaire d'Etat de l'Intérieur le droit de trancher les contestations survenues entre les particuliers et les bureaux, ou entre ceux-ci et les administrations locales électives.

1464. — Cette loi du 2 août 1858 a été abrogée par une loi du 14 août 1871, qui est aujourd'hui le texte fondamental en ce qui touche l'organisation de la juridiction administrative, et qui a remplacé le secrétaire d'Etat de l'Intérieur par une espèce de ministère collectif, appelé *Local government board*, lequel exerce, à l'heure actuelle, la juridiction administrative jusque-là confiée au secrétaire d'Etat de l'Intérieur, et dont les attributions administratives ont encore été augmentées depuis, ainsi que nous le verrons plus bas (V. *infrà*, n. 1467). — V. Laferrière, *op. cit.*, t. 1, p. 89 à 92; Bugnottet et Noirpoudre de Sauvigny, *Etudes administratives et judiciaires sur Londres et l'Angleterre*, Paris, 1889-1890, 2 vol., t. 1, p. 365 à 506 ; Gneist, *La Constitution communale de l'Angleterre*, son histoire, son état actuel (trad. Th. Hippert), Paris, 1867-1870, 5 vol., t. 5, p. 117 à 124.

1465. — Le *Local government board*, composé de fonctionnaires actifs nommés par le pouvoir central, comprend : un membre du cabinet, président, le lord président du conseil, le garde des sceaux privé, et les cinq principaux secrétaires d'Etat.

1466. — Comme la loi du 14 août 1871 est le texte fondamental en ce qui touche la juridiction administrative anglaise des différents degrés, de même la loi du 11 août 1875 est le texte fondamental en ce qui concerne ses attributioins. Cette loi, qui ne comprend pas moins de 343 articles et cinq annexes, est un véritable code de la juridiction administrative (V. *Ann. de lég. étr.*, 1876, notice, traduction et notes, par MM. Bertrand, Laneyrie et Gourd, p. 26 et s.). Nous n'avons à nous occuper ici que de celles des attributions conférées par la loi au *Local government board*, qui peuvent être rapprochés à celles confiées au Conseil d'Etat français. De même que celui-ci joue le rôle de tribunal d'appel vis-à-vis des conseils de préfecture ou des ministres, statuant comme juges de première instance, de même le *Local government board* joue, à l'heure actuelle, le rôle de tribunal d'appel en ce qui touche les contestations d'un caractère administratif tranchées en première instance par les bureaux centraux. — V. *infrà*, vᵒ *Conseil de préfecture*.

1467. — La loi de 1875 place dans les attributions du *Local government board* comme juridiction administrative de seconde instance : toutes les mesures intéressant la santé et la salubrité publiques, les hôpitaux, les morgues, la voirie (routes, rues, constructions, marchés et abattoirs), les taxes urbaines. Ces attributions ont été augmentées par plusieurs lois postérieures, telles que l'acte du 15 août 1876, pour prévenir la corruption de l'eau des rivières (V. *Ann. de lég. étr.*, 1877, notice, traduction et notes par M. Bertrand, p. 20 et s.); l'acte du 14 août 1877, pour réglementer les bateaux servant à l'habitation sur les canaux (V. *Ann. de lég. étr.*, 1878, notice et traduction par M. Bertrand, p. 65 et s.); l'acte du 18 août 1882, modifiant les lois sur les logements ouvriers (V. *Ann. de lég. étr.*, notice et traduction par M. G. Picot, 1878, p. 257 et s.); l'acte du 20 août 1883, pour procurer une meilleure organisation et une meilleure administration des fonds affectés à la charité paroissiale dans la cité de Londres (V. *Ann. de lég. étr.*, analyse par M. Hubert-Valleroux, 1884, p. 53 et s.).

§ 8. Italie.

1468. — Jusqu'en 1865, le Conseil d'Etat italien exerçait, en matière administrative, le rôle de juridiction supérieure. Mais la loi du 20 mars de cette même année a supprimé, en même temps que les attributions des conseils de préfecture italiens, les attributions du Conseil d'Etat en matière contentieuse. Toutefois le Conseil d'Etat avait conservé, par exception, un certain nombre d'attributions importantes. On sait, et nous l'avons dit plus haut (V. *suprà*, vᵒ *Compétence administrative*, n. 2024) que la suppression de la justice administrative en Italie avait soulevé de graves critiques et de très-vives réclamations, et que, en 1884, M. Depretis, président du conseil des ministres d'Italie, avait soumis au Sénat un projet tendant à restituer au Conseil d'Etat ses attributions en matière contentieuse, « non , disait l'exposé des motifs, pour envahir le domaine réservé à l'autorité judiciaire, mais pour donner un juge à des affaires qui actuellement n'en ont plus ». Ce projet a fini par aboutir et est devenu la loi du 31 mars 1889, complétée par plusieurs décrets, et dont nous parlons plus loin. — V. *infrà*, n. 470.

1469. — Le Conseil d'Etat italien, aux termes de la loi du 20 mars 1865, se compose d'un président, de trois présidents de section, vingt-quatre conseillers, six référendaires, un secrétaire général et trois secrétaires de section. Les attributions du Conseil d'Etat italien sont : de donner son avis dans toutes les affaires pour lesquelles il est exigé par les lois; de préparer les lois qui lui auront été renvoyées à cet effet par les ministres. Il doit être consulté sur les règlements d'administration publique, sur les demandes d'extradition, sur l'exécution des mesures administratives. C'est à lui aussi qu'on s'adresse pour obtenir le redressement des torts administratifs, causés par suite d'abus de pouvoir, lorsque satisfaction a été refusée par le ministre (L. de 1865, art. 9). Le Conseil d'Etat italien exerce sa juridiction propre sur les matières suivantes : 1ᵒ sur les contestations entre l'Etat et ses créanciers, concernant l'interprétation des contrats et des lois relatives aux dettes de l'Etat, ainsi que le contentieux des opérations qui s'y rattachent (V. Laferrière, t. 1, p. 75); 2ᵒ sur le séquestre des biens de l'Eglise et les droits respectifs du pouvoir civil et du pouvoir ecclésiasti-

CONSEIL DE FAMILLE.

que; 3° sur telle autre matière qui pourrait lui être renvoyée par les lois. Mais, depuis 1875, la connaissance de ces conflits a été enlevée au Conseil d'Etat pour être attribuée à la Cour de cassation de Rome.

1470. — La loi du 31 mars 1889, précitée, crée une nouvelle section du Conseil d'Etat pour le contentieux administratif et modifie, en quelques points, la loi du 20 mars 1865 sur le Conseil d'Etat. En exécution de cette loi, un décret du 2 juin de la même année (*Raccolta*, n. 6166), approuve le texte unique de la loi sur le Conseil d'Etat (L. 20 mars 1865 et 31 mars 1889). Enfin, par deux décrets du 17 oct. 1889 (*Raccolta*, n. 6515 et 6516) sont approuvés les règlements d'administration publique pour l'exécution de cette loi et pour la procédure devant la quatrième section du Conseil d'Etat, section du contentieux. La loi du 31 mars 1889 est entrée en vigueur le 1er janv. 1890 (Décr. 23 nov. 1889). — V. Notice générale sur les travaux du Parlement italien pendant la session de 1889, par M. L. Babinet : *Ann. de lég. étr.*, 19e ann., 1890, p. 401.

§ 9. PAYS-BAS.

1471. — La Constitution néerlandaise de 1848 avait décidé, en principe, la création d'un Conseil d'Etat. La loi d'organisation de ce conseil n'est intervenue que le 21 déc. 1861 (*Staatsblad van het Koningrijk der Nederlanden*, n. 129). Le Conseil d'Etat néerlandais se compose, outre le roi président, d'un vice-président, de quatorze membres nommés par le roi, et du prince royal, s'il est majeur de dix-huit ans, mais seulement avec voix consultative. Le Conseil a dans ses attributions l'examen de tous les projets de loi et de tous les règlements ou arrêtés administratifs, l'examen des décisions des conseils provinciaux et de leurs commissions permanentes. Il a, enfin, le droit de soumettre au roi des projets de loi qui sont ensuite présentés au Parlement. — V. Demombynes, t. 1, p. 292.

1472. — Nous venons de voir que la loi organique du 21 déc. 1861, qui règle la composition et les attributions ou la compétence du Conseil d'Etat néerlandais, institue près de ce corps des référendaires d'Etat et des commis d'Etat. Cette loi porte en même temps que personne ne peut être nommé à ces fonctions avant d'avoir subi un examen spécial, et que les docteurs en droit auront la préférence. Une loi du 11 juill. 1884 modifie ces dispositions. Elle abolit l'examen préliminaire, et exige, comme condition indispensable pour être nommé, les grades de docteur en droit ou de docteur ès-sciences politiques. Enfin, la loi introduit en outre un droit de présentation : chaque fois qu'il y a lieu de nommer un fonctionnaire de l'une des deux classes en question, le Conseil d'Etat doit transmettre une liste de deux candidats au roi, qui statue comme bon lui semble. — V. *Ann. de lég. étr.*, 14e ann., 1885, Notice générale sur les travaux des Etats généraux des Pays-Bas pendant la session de 1883-1884, par M. Beelaerts van Blokland, p. 503.

§ 10. PORTUGAL.

1473. — Nous avons vu plus haut (n. 1405) que le Conseil d'Etat portugais jugeait autrefois le contentieux administratif. Mais cette attribution lui a été retirée. La loi du 16 juin 1870, et a été conférée à un tribunal spécial, dont les membres sont rétribués, tandis que les membres du Conseil d'Etat proprement dit ne reçoivent pas de traitement. C'est à une cour administrative que le décret de 1870 a confié le jugement des affaires administratives contentieuses.

1474. — Quant au Conseil d'Etat portugais, il a conservé des attributions administratives proprement dites et des attributions politiques, les unes et les autres importantes. C'est ainsi que le gouvernement est tenu de prendre son avis pour provoquer ou dissoudre les Chambres, suspendre les magistrats, gracier les condamnés, accorder les amnisties.

§ 11. RUSSIE.

1475. — Le Conseil d'Etat de l'Empire russe a été créé par Alexandre Ier, le 1er janv. 1810. Il a, parmi ses attributions, en général purement consultatives, la discussion et la rédaction des actes législatifs, l'interprétation des lois dans les cas où les tribunaux n'en définissent pas la vraie signification, l'examen des comptes rendus par les ministres, et les affaires politiques sur lesquelles le conseil est interpellé par l'empereur. Ce conseil se divise en quatre sections : 1° pour les affaires civiles; 2° militaires; 3° financières, et 4° de législation. — Manna, t. 1, p. 188.

§ 12. SCANDINAVES (*Etats*).

1476. — Le Conseil d'Etat suédois, qui assiste le roi comme chef du gouvernement, est composé de dix membres par lui nommés, et qui peuvent être pris dans le sein ou en dehors de la Diète. Sept d'entre eux sont chefs des départements ministériels. Les membres du Conseil d'Etat présentent aux Chambres les projets de loi d'initiative gouvernementale. — V. Demombynes, t. 1, p. 104. — Les Conseils d'Etat du Danemark et de la Norvège présentent les mêmes caractères, et ne sont guère que de simples conseils de gouvernement. — V. Demombynes, t. 1, p. 156-157, 203-204.

§ 13. SERBIE.

1477. — La matière est régie par la loi du 15 févr. 1890, sur la composition du Conseil d'Etat et les appointements de son personnel, et par la loi du 2 févr. 1891, sur le règlement intérieur du Conseil d'Etat. — Le Conseil d'Etat serbe est composé de seize membres. Chaque conseiller d'Etat reçoit des appointements qui s'élèvent à 8,500 fr. Les appointements du personnel sont proportionnés au poste et au rang qu'il occupe dans la hiérarchie des fonctionnaires publics. — V. Notice générale sur les travaux législatifs en Serbie pendant la session de 1889-1890, par M. G. Petrovitch : *Ann. de lég. étr.*, 19e ann., 1890, p. 854. — Pour tout ce qui concerne le Conseil d'Etat serbe, V. *Ann. de lég. étr.*, 1888, p. 856; 1889, p. 854; 1890, p. 761-763.

§ 14. SUISSE.

1478. — En Suisse, comme on l'a fort bien remarqué, la division du pays en cantons formant pour ainsi dire autant d'Etats rend inutile l'institution d'un Conseil d'Etat semblable au nôtre (V. M. Block, *op. cit.*, p. 676). L'expression n'y est pas inconnue, soit sous sa forme française, soit sous sa double forme allemande, *Staatsrath* ou *Regierungsrath*, mais elle y a une tout autre signification. Dans tous les cantons de la Suisse romande en effet, le pouvoir exécutif porte le nom de Conseil d'Etat. Dans la plupart des cantons allemands, il porte celui de *Staatsrath*, qui correspond littéralement à l'expression Conseil d'Etat. Quelques cantons allemands ont toutefois préféré, comme plus exacte, l'expression *Regierungsrath*, qui peut se traduire par conseil de gouvernement, ou, par abréviation, gouvernement.

1479. — C'est le tribunal fédéral qui, comme nous l'avons vu, juge les conflits, et qui connaît aussi de plusieurs autres matières du contentieux administratif, qui ressortiraient, en France, à la juridiction du Conseil d'Etat. Mais, observe fort justement M. Block (*loc. cit.*), le pays est si petit que les règlements et autres mesures administratives peuvent être prises par les gouvernements cantonaux, quand elles ne sont pas abandonnées à l'initiative locale.

CONSEIL DE FABRIQUE. — V. FABRIQUE (culte).

CONSEIL DES FACULTÉS. — V. INSTRUCTION PUBLIQUE.

CONSEIL DE FAMILLE. — V. MINORITÉ. — TUTELLE.

LÉGISLATION.

C. civ., art. 406 et s., 442 et s., 494, 495; — C. proc. civ., art. 882 et s., 892, 968; — C. pén., art. 34, 335.

L. 13 brum. an VII (*sur le timbre*), art. 12-1°; — L. 22 frim. an VII (*sur l'enregistrement*), art. 68, § 1, n. 11 et 46; — L. 15 pluv. an XIII (*relative à la tutelle des enfants admis dans les hospices*), art. 1; — Décr. 19 janv. 1811 (*concernant les enfants trouvés ou abandonnés et les orphelins pauvres*), art. 15; — L. 28 avr. 1816 (*sur les finances*), art. 43, n. 4; — L. 19 juill. 1845 (*portant fixation du budget des recettes de l'exercice 1846*), art. 5; — L. 19 janv. 1849 (*sur l'organisation de l'assistance publique à Paris*), art. 3; — L. 10 déc. 1850 (*ayant pour objet de faciliter le mariage des indigents, la légitimation de leurs enfants naturels et le retrait de ces enfants déposés dans les hos-*

pièces), art. 4; — L. 28 févr. 1872 (concernant les droits d'enregistrement), art. 4; — L. 27 févr. 1880 (relative à l'aliénation des valeurs mobilières appartenant aux mineurs ou aux interdits, et à la conversion de ces mêmes valeurs en titres au porteur), art. 8; — L. 24 juill. 1889 (sur la protection des enfants maltraités ou moralement abandonnés), art. 8, 11; — L. 26 janv. 1892 (portant fixation du budget des dépenses et des recettes de l'exercice 1892), art. 12; — L. 28 avr. 1893 (portant fixation du budget général des dépenses et des recettes de l'exercice 1893), art. 24.

BIBLIOGRAPHIE.

Allain et Carré, *Manuel encyclopédique, théorique et pratique des juges de paix*, 1880, 3e édit., 3 vol. in-8°, t. 1, n. 434 et s., 683 et s. — Aubry et Rau, *Cours de droit civil français*, 1869-1879, 4e édit., 8 vol. in-8°, t. 1, § 91 et s., p. 372 et s. — Augier, *Encyclopédie des juges de paix*, 1833-1838, 6 vol. in-8°, v° *Tutelle*. — Baudry-Lacantinerie, *Précis de droit civil*, 1889-1892, 4e édit., 3 vol. gr. in-8°, t. 1, n. 1020 et s. — Berriat Saint-Prix, *Cours de procédure civile*, 1855, 7e édit., in-8°, t. 2, p. 753 et s.; — *Notes élémentaires sur le Code civil*, 1845-1856, 3 vol. in-8°, t. 1, n. 1434 et s. — Bertin, Block et Breuillac, *Chambre du conseil en matière civile et disciplinaire*, 1894, 3e édit., 2 vol. in-8°, t. 1, n. 433 et s. — De la Bigne de Villeneuve et Henry, *Eléments de droit civil*, 1883, 3 vol. in-8°, t. 2, p. 552 et s. — Bioche, *Dictionnaire des juges de paix et de police*, 1866-1867, 3 vol. in-8°, v° *Conseil de famille;* — *Dictionnaire de procédure civile et commerciale*, 1867, 5e édit., 6 vol. in-8°, v° *Conseil de famille*. — Biret, *Recueil général et raisonné de la jurisprudence et des attributions des justices de paix de France*, 1839, 3e édit., 2 vol. in-8°. — Blanc, *Le Code de la chambre du conseil*, 1893, in-18, p. 151 et s., 313 et s. — Boileux, *Commentaire sur le Code civil*, 1866, 6e édit., 7 vol. in-8°, t. 2, sur les art. 406 et s. — Boitard, Colmet-Daage et Glasson, *Leçons de procédure civile*, 1890, 15e édit., 2 vol. in-8°, t. 2, n. 1117 et s. — Bost, *Encyclopédie des justices de paix et des tribunaux de simple police*, 1834, 2e édit., in-8°, v° *Conseil de famille*. — Carou et Bioche, *De la juridiction civile des juges de paix*, 1843, 2e édit., 2 vol. in-8°, t. 2, n. 867 et s. — Carré, *Le droit français dans ses rapports avec la juridiction des juges de paix*, 1839, 4 vol. in-8°, t. 3, n. 1836 et s. — Carré et Chauveau, *Lois de la procédure civile et commerciale*, 5e édit., 7 vol. in-8°, t. 6, p. 750 et s., quest. 2988 et s., suppl., p. 820 et s. — Carré et Foucher, *Traité des lois sur l'organisation judiciaire*, 1839, 9 vol. in-8°, t. 2, p. 224, t. 3, p. 328 et s. — Delvincourt, *Cours de Code civil*, 1834, 3e édit., 3 vol. in-4°, t. 1, p. 106 et s., et notes, p. 432 et s. — Demante et Colmet de Santerre, *Cours analytique du Code civil*, 1873-1884, 9 vol. in-8°, t. 2, n. 131 et s. — Demiau-Crouzilhac, *Explication sommaire du Code de procédure*, 1828, in-8°, p. 352 et s. — Demolombe, *Cours de Code civil*, 31 vol., t. 7, n. 231 et s. — Denizart, *Collection de décisions nouvelles*, édit. Camus et Bazard, 1783-1807, 13 vol. in-4°, v° *Avis de parents*. — Desrues, *Traité des justices de paix*, 1883, in-18, n. 43 et s. — Ducaurroy, Bonnier et Roustain, *Commentaire théorique et pratique du Code civil*, 1851, 2 vol. in-8°, t. 1, n. 604 et s. — Duranton, *Cours de droit français*, 1844, 4e édit., 22 vol. in-8°, t. 3, n. 452 et s. — Dutruc, *Supplément aux lois de la procédure*, 1888, 2e édit., 4 vol. in-8°, v° *Conseil de famille*. — Favard de Langlade, *Répertoire de la nouvelle législation civile, commerciale et administrative*, 1823, 5 vol. in-4°, v¹⁸ *Avis de parents*, *Tutelle*, § 4. — Fuzier-Herman, *Code civil annoté*, 1891-1894 (2 vol. parus), t. 1, sur les art. 406 et s. — Huc, *Commentaire théorique et pratique du Code civil*, 1891-1894, 7 vol. in-8° parus, t. 3, n. 296 et s. — Jay, *Dictionnaire général et raisonné des justices de paix*, 1859, 2e édit., 4 vol. in-8°, v° *Conseil de famille;* — *Traité de la compétence générale des juges de paix*, 1864, 2e édit., in-8°, n. 1684 et s. — Lansel et Didio, *Encyclopédie du notariat et de l'enregistrement* (20 vol. parus), v° *Conseil de famille*. — Laurent, *Principes de droit civil français*, 1869-1878, 3e édit., 33 vol. in-8°, t. 4, n. 428 et s. — Marc Deffaux, Harel et Dutruc, *Encyclopédie des huissiers*, 1888-1892, 12 vol. in-8°, v° *Conseil de famille*. — Marcadé et Pont, *Explication théorique et pratique du Code civil*, 1872-1884, 7 édit., 13 vol. in-8°, t. 2, sur les art. 406 et s., p. 200 et s. — Martin, *Les justices de paix en France*, 1859, in-8°, p. 250 et s. — Massé et Vergé, *Le droit civil français*, 1854-1860, 5 vol. in-8°, t. 1, §§ 199 et s., p. 387

et s. — Merlin, *Répertoire universel et raisonné de jurisprudence*, 1827-1828, 5e édit., 18 vol. in-4°, v¹⁸ *Avis de parents*, *Conseil de famille*, *Ministère public*, *Tutelle*. — Pigeau et Crivelli, *La procédure civile des tribunaux de France*, 1837, 5e édit., 2 vol. in-4°, t. 2, p. 400 et s. — Pigeau et Poncelet, *Commentaire sur le Code de procédure civile*, 1827, 2 vol. in-4°, t. 2, p. 583 et s. — Proudhon et Valette, *Traité sur l'état des personnes*, 1843, 3e édit., 2 vol. in-8°, t. 2, p. 302 et s. — Rodière, *Traité de compétence et de procédure en matière civile*, 1878, 5e édit., 2 vol. in-8°, t. 2, p. 437 et s. — Rogron, *Le Code civil expliqué*, 1884, 20 édit., 2 vol. in-18, sur les art. 406 et s.; — *Le Code de procédure expliqué*, 1891, 11e édit., 2 vol. in-18, t. 2, sur les art. 882 et s. — Rolland de Villargues, *Répertoire de la jurisprudence du notariat*, 1840-1845, 2e édit., 9 vol. in-8°, v° *Conseil de famille*. — Rousseau et Laisney, *Dictionnaire théorique et pratique de procédure civile et commerciale*, 1886, 2e édit., 9 vol. in-8°, v° *Conseil de famille*. — Sébire et Carteret, *Encyclopédie du notariat* (20 livraisons), v° *Conseil de famille*. — Ségeral, *Code pratique de la justice de paix*, 1885, 5e édit., in-8°, n. 583 et s. — Taulier, *Théorie raisonnée du Code civil*, 1840-1846, 7 vol. in-8°, t. 2, p. 24 et s. — Thiry, *Cours de droit civil*, 1892, 4 vol. gr. in-8°, t. 1, n. 343 et s. — Thomine-Desmazures, *Commentaire sur le Code de procédure civile*, 1832, 2 vol. in-4°, t. 2, p. 493 et s. — Toullier et Duvergier, *Droit civil français*, 1844-1848, 6e édit., 21 vol. in-8°, t. 2, n. 1110 et s. — Vaudoré, *Le droit civil des juges de paix*, 1856, 3 vol. gr. in-8°, v° *Conseil de famille*. — Vigié, *Cours élémentaire de droit civil français*, 1889-1891, 3 vol. in-8°, t. 1, n. 693 et s. — X..., *Traité de la compétence judiciaire et de la procédure des justices de paix en matière civile*, 1875, in-8°, n. 1366 et s.

Barret, *Petit traité pratique des conseils de famille*, 1877, Le Puy, in-8°. — Bousquet, *Des conseils de famille*, 1813, 2 vol. in-8°. — Chardon, *Traité des trois puissances paternelle, maritale et tutélaire*, 1841-1843, 3 vol. in-8°, t. 3, n. 290 et s. — De Croos, *Code des tutelles et des conseils de famille*, 1885, 2 vol. in-18. — Desquiron, *Traité de la minorité, de la tutelle et de l'émancipation*, 1810, in-8°. — Dufour, *Traité complet de la tutelle et de l'administration légale*, 1877, in-8°. — De Fréminville, *Traité de la minorité et de la tutelle*, 1846, 2 vol. in-8°, t. 1, n. 84 et s. — Jay, *Traité des conseils de famille*, 1854, 3e édit., in-8°. — Le Senne, *Conseils de famille*, 1880, in-8°. — Magnin, *Traité des minorités, tutelles et curatelles*, 1842, 2 vol. in-8°, t. 1, n. 311 et s. — Marchant, *Code de la minorité et de la tutelle*, 1839, in-8°. — Michau, *Du conseil de famille*, 1886, in-8°. — Michel, *Vade-mecum des juges de paix. Conseils de famille*, 1891, in-18. — Oudot, *Du droit de famille*, 1867, in-8°, p. 7 et s.

L'ascendante, veuve remariée, fait-elle encore, après son mariage, partie du conseil de famille de ses enfants ou de ses petits-enfants? Ann. des juges de paix, année 1863, p. 73 et s., 1866, p. 77 et s., 224 et s. — *L'aïeule d'un enfant naturel peut-elle être nommée tutrice de cet enfant ou faire partie du conseil de famille?* (Bailly) : Ann. des juges de paix, année 1868, p. 218 et s. — *Dans le cas de tutelle légale (celle du survivant des père et mère ou d'un aïeul), le conseil de famille appelé à nommer un subrogé tuteur doit-il être composé de six membres, non compris le tuteur, de sorte qu'il faille, outre lui ascendant tuteur, faire intervenir un septième membre parent ou ami?* Ann. des juges de paix, années 1869, p. 325 et s., 398 et s., 1870, p. 37 et s., 73 et s. — *1° Un greffier peut-il refuser son concours à son juge de paix, lorsque ce magistrat a convoqué, pour un jour férié, les membres d'un conseil de famille qu'il doit présider? 2° A quel moyen le juge de paix peut-il avoir recours pour vaincre la résistance de son greffier?* Corr. des just. de paix, année 1852, t. 2, p. 22. — *Que doit faire le juge de paix pour exécuter l'art. 407, C. civ., si la résidence de ce magistrat est éloignée de plus de deux myriamètres de la commune où la tutelle s'est ouverte, et si le mineur a au moins six parents, tant dans cette dernière commune que dans celle où réside le juge de paix?* Corr. des just. de paix, année 1852, t. 2, p. 84. — *1° Lorsque le conseil de famille se trouve définitivement constitué et qu'il y a dans son sein un ou deux amis de la famille du mineur, convoqués à ce titre, parce qu'il ne se trouvait pas dans le rayon légal un nombre de parents ou alliés suffisant aux termes de la loi, des parents ou alliés de l'une des deux branches, demeurant hors de la distance légale, peuvent-ils, le jour de la première convocation du conseil* de famille, se présenter pour en faire partie à l'exclusion des amis? 2° Le grand-père maternel peut-il faire partie du conseil de famille de son petit-fils, quoique la mère de celui-ci ait institué le grand-père légataire de la quotité disponible, et que, par suite de cette institution, il soit appelé à partager une succession avec son petit-fils? 3° Le fils de ce grand-père maternel du mineur, c'est-à-dire l'oncle maternel de celui-ci, peut-il faire partie du conseil de famille? Corr. des just. de paix, année 1853, t. 3, p. 238. — Lorsqu'un conseil de famille a été convoqué à la diligence du tuteur, pour donner son avis sur la vente d'un immeuble appartenant au mineur, le tuteur peut-il prendre part à la délibération? Peut-il aussi prendre part au vote? Corr. des just. de paix, année 1854, 2ᵉ sér., t. 1, p. 111. — Conseil de famille. Réunion. Salle d'audience. Refus de convocation. Droits du juge de paix : Corr. des just. de paix, année 1856, 2ᵉ sér., t. 3, p. 282. — Un conseil de famille est-il permanent? En d'autres termes, lorsqu'il devient nécessaire, après plusieurs années d'intervalle, de réunir un conseil de famille qui a déjà fonctionné dans l'intérêt d'un mineur ou d'un interdit, est-il indispensable d'appeler aux nouvelles délibérations que les membres qui ont fait partie des anciennes, sauf toutefois les modifications qui peuvent résulter de décès, incapacité, exclusions, absence forcée et autres causes survenues depuis? Corr. des just. de paix, année 1857, 2ᵉ sér., t. 4, p. 328. — 1° Pour la réunion ou des conseils de famille, le juge de paix peut-il agir d'office ou attendre la réquisition du ministère public ou des parents? 2° Comment doit être composé le conseil de famille appelé à délibérer sur la nomination des tuteur et subrogé tuteur de deux frappés d'interdiction? Doit-il y avoir une délibération distincte, l'une pour le mari, l'autre pour la femme? 3° Les mêmes tuteur et subrogé tuteur peuvent-ils être donnés au mari et à la femme? 4° Y a-t-il lieu de nommer aussi un tuteur et un subrogé tuteur aux enfants? Ceux donnés au mari et à la femme ne seront-ils pas de droit tuteur et subrogé tuteur des enfants? Corr. des just. de paix, année 1858, 2ᵉ sér., t. 5, p. 115. — Lorsque le juge de paix convoque le conseil de famille à l'effet de nommer un subrogé tuteur, doit-il se dispenser d'appeler le père des mineurs tuteur légal, par le motif que ce dernier ne doit pas voter dans la délibération qu'il s'agit de prendre, ou bien, au contraire, doit-on, dans tous les cas, convoquer le tuteur légal, sauf à consigner dans le procès-verbal de la délibération que ce dernier s'est abstenu de voter? Corr. des just. de paix, année 1860, 2ᵉ sér., t. 7, p. 231. — Lorsqu'il y a lieu à la réunion d'un conseil de famille, pour autoriser une mineure émancipée par le fait de son mariage à accepter la succession de sa mère, décédée depuis son émancipation, doit-il y être procédé devant le juge de paix du domicile de la mère décédée, qui était celui de son mari, ou encore existant de la mineure, ou bien devant le juge de paix du nouveau domicile de la mineure émancipée, qui est celui de son mari? (Picon) : Corr. des just. de paix, année 1861, 2ᵉ sér., t. 8, p. 405. — Un étranger peut-il faire partie d'un conseil de famille en France? Corr. des just. de paix, année 1862, 2ᵉ sér., t. 9, p. 408. — 1° Un membre du conseil de famille peut-il se faire représenter par un mandataire chargé de donner un avis invariable? 2° Un mineur, une femme, un prodigue, peuvent-ils être chargés de représenter un membre du conseil de famille? (P. Besson) : Corr. des just. de paix, année 1863, 2ᵉ sér., t. 10, p. 92. — Que doit faire le juge de paix lorsque les parents de la mère d'un enfant naturel demandent à ce magistrat de réunir un conseil de famille à l'effet de nommer un tuteur et un subrogé tuteur à un enfant qui ne leur paraît pas être convenablement élevé par sa mère? Corr. des just. de paix, année 1863, 2ᵉ sér., t. 10, p. 95. — Dans quel sens faut-il entendre, en matière de vacations dues aux greffiers pour assistance aux conseils de famille, l'art. 434, Décr. 16 févr. 1807? Corr. des just. de paix, année 1863, 2ᵉ sér., t. 10, p. 148. — Si un conseil de famille, convoqué par le juge de paix, refusait de révoquer un subrogé tuteur parce qu'on n'aurait à lui reprocher que son inertie vis-à-vis du tuteur qui néglige ou refuse de faire l'inventaire prescrit par la loi, le juge de paix aurait-il voie d'action pour se pourvoir contre la délibération de ce conseil? (Valette) : Corr. des just. de paix, année 1863, 2ᵉ sér., t. 10, p. 313. — Que doit faire le juge de paix lorsqu'un ou plusieurs membres du conseil de famille, convoqués par lettres, se refusent de voter? Quid, lorsque, dans un conseil de famille composé de sept membres, y compris le juge de paix et convoqué à l'effet de nommer un tuteur, un de ces membres ne veut pas émettre d'avis, trois membres sont d'une opinion et trois autres d'une opinion con-

traire? Quid si, sur les sept membres, quatre se refusent à donner leurs voix pour la nomination d'un subrogé tuteur, et les trois autres, au nombre desquels se trouve le juge de paix, font un choix? Quid enfin si toute majorité absolue ou relative est impossible? (Nœuvéglise) : Corr. des just. de paix, année 1864, 2ᵉ sér., t. 11, p. 3. — Un conseil de famille pourrait-il sommer une aïeule subrogée tutrice de son petit-fils mineur? (Valette) : Corr. des just. de paix, année 1864, 2ᵉ sér., t. 11, p. 180. — Doit-on considérer comme nulle la délibération d'un conseil de famille dans laquelle le juge de paix a été assisté, non pas par le greffier de son canton, par suite d'empêchement, mais bien par celui de la justice de paix d'un canton voisin? Corr. des just. de paix, année 1864, 2ᵉ sér., t. 11, p. 222. — Le juge de paix convoqué le conseil de famille, à l'effet de nommer un subrogé tuteur, doit-il se dispenser d'appeler le père des mineurs, tuteur légal, par le motif que ce dernier ne doit pas voter dans la délibération qu'il s'agit de prendre, ou bien, au contraire, doit-on, dans tous les cas, convoquer le tuteur légal, sauf à consigner dans le procès-verbal de la délibération, que ce dernier n'a pas pris part au vote? (Angibaud) : Corr. des just. de paix, année 1864, 2ᵉ sér., t. 11, p. 322. — Conseil de famille. Composition. Ascendants. Frères germains. Limitation de nombre : Corr. des just. de paix, année 1865, 2ᵉ sér., t. 12, p. 89. — 1° La mère qui, en se remariant, n'a pas été maintenue par le conseil de famille dans la tutelle de ses enfants mineurs, peut-elle ultérieurement faire partie de ce conseil? 2° Dans le cas de l'affirmative, doit-elle être appelée en sus des six parents exigés par l'art. 407, C. civ., ou bien doit-elle être comprise dans ce nombre? Corr. des just. de paix, année 1865, 2ᵉ sér., t. 12, p. 444. — Un étranger peut-il faire partie d'un conseil de famille ou être investi de la tutelle en France? Corr. des just. de paix, année 1865, 2ᵉ sér., t. 12, p. 445. — Un conseil de famille doit-il rester permanent? En d'autres termes, un conseil de famille qui a déjà fonctionné ne peut-il être modifié par le juge de paix? Corr. des just. de paix, année 1867, 2ᵉ sér., t. 14, p. 45. — 1° Tutelle. Mère tutrice. Convol. 2° Conseil de famille. Composition. Ascendants. Veuves. 3° Tuteur. Vente de valeurs mobilières (Petit) : Corr. des just. de paix, année 1867, 2ᵉ sér., t. 14, p. 103. — Des conseils de famille réunis d'office par le juge de paix à l'effet de nommer des tuteurs aux mineurs indigents (de Felcourt) : Corr. des just. de paix, année 1868, 2ᵉ sér., t. 15, p. 221. — Le juge de paix président du conseil de famille a-t-il le droit, lorsque ce conseil a été régulièrement constitué et a fonctionné, d'en changer la composition? (A. Rendu) : Corr. des just. de paix, année 1868, 2ᵉ sér., t. 15, p. 229. — Un juge de paix peut-il, par application de l'art. 413, C. civ., condamner à l'amende : 1° Les membres d'un conseil de famille qui, cités régulièrement, comparaissent un instant pour dire que c'est pour obéir à la citation et éviter l'amende, mais qu'ils ne voteront ni ne délibéreront, qu'ils ne veulent pas faire partie du conseil de famille et se retirent de suite sans écouter aucune observation ; 2° Ceux qui, convoqués par le juge de paix, à titre d'autres parents dispensés par le magistrat, se sont, dans une délibération précédente, formellement engagés à venir à la prochaine réunion, sans qu'il soit nécessaire de les convoquer, et qui font défaut, bien qu'ils aient été prévenus du jour où cette réunion aurait lieu? 3° Lorsque deux ou trois membres refusent de prendre part à la délibération et au vote, à quel chiffre de votants la délibération est-elle valable? Corr. des just. de paix, année 1868, 2ᵉ sér., t. 15, p. 312. — 1° Lorsque le juge de paix convoque le conseil de famille à l'effet de nommer un subrogé tuteur, peut-il se dispenser d'y appeler la mère tutrice? 2° Si le nombre des frères germains est inférieur à six, les ascendants peuvent-ils être excusés de la tutelle et les ascendantes veuves peuvent-ils compléter ce nombre, ou bien, pour compléter le nombre légal des membres du conseil de famille, faut-il nécessairement y appeler d'autres parents, indépendamment de ces ascendants? Corr. des just. de paix, année 1869, 2ᵉ sér., t. 16, p. 191. — Le père tuteur légal de ses enfants mineurs doit-il être compris dans le nombre de trois parents du côté paternel, pour la nomination d'un subrogé tuteur, alors qu'il n'y a que deux membres présents dudit côté? Corr. des just. de paix, année 1869, 2ᵉ sér., t. 16, p. 104. — Lorsqu'un époux est décédé en laissant des enfants mineurs et que le veuf, ayant quitté le canton et acquis un nouveau domicile, est muet sans avoir fait nommer un subrogé tuteur, dans quel canton doit-on réunir la famille pour la constitution du conseil et la nomination du subrogé tuteur? (Couillault-Delavau et

CONSEIL DE FAMILLE.

Nœuvéglise) : Corr. des just. de paix, année 1869, 2e sér., t. 16, p. 276 et 361. — *Les parents du conjoint de l'interdit peuvent-ils et doivent-ils être admis dans le conseil de famille? Même question pour le conjoint lui-même et les enfants de l'interdit? Comment se réglerait cette admission, en cas de concours de parents ou alliés paternels ou maternels?* (Berriat Saint-Prix) : Corr. des just. de paix, année 1869, 2e sér., t. 16, p. 488. — *Conseil de famille en cas d'interdiction. Tuteur. Subrogé tuteur* (Petit) : Corr. des just. de paix, année 1871, 2e sér., t. 18, p. 59. — *Le tuteur a-t-il le droit de faire partie du conseil de famille convoqué pour nommer le subrogé tuteur?* (de B...) : Corr. des just. de paix, année 1871, 2e sér., t. 18, p. 202. — *Le juge de paix, président du conseil de famille, peut-il s'abstenir de voter?* Corr. des just. de paix, année 1873, 2e sér., t. 20, p. 104 — *Conseil de famille. Puissance paternelle* (Petit) : Corr. des just. de paix, année 1873, 2e sér., t. 20, p. 356. — *Tutelle. Enfants naturels reconnus. Père de ces enfants. Mère de ce père. Tutelle dative. Conseil de famille. Délibération. Validité :* Corr. des just. de paix, année 1873, 2e sér., t. 20, p. 400. — *Un ancien officier public exclu d'un conseil de famille par un jugement d'un tribunal de première instance, à raison d'un procès avec le mineur, peut-il prendre part à une délibération de ce même conseil en qualité de mandataire?* (Nœuvéglise) : Corr. des just. de paix, année 1875, 2e sér., t. 22, p. 3. — *Le pouvoir donné à un tiers par un membre du conseil de famille pour assister à toutes les délibérations et prendre part à tous les votes, subsiste-t-il tant qu'il n'a pas été révoqué?* (Nœuvéglise) : Corr. des just. de paix, année 1876, 2e sér., t. 23, p. 213 — *Le père, tuteur naturel et légal de ses enfants mineurs, doit-il être compris au nombre des six membres convoqués pour composer le conseil de famille qui doit procéder à la nomination de leur subrogé tuteur?* (Angibaud) : Corr. des just. de paix, année 1878, 2e sér., t. 25, p. 58 et 311. — *Le juge de paix a-t-il le droit de se pourvoir devant le tribunal contre la délibération du conseil de famille prise contrairement à son avis?* (Nœuvéglise) : Corr. des just. de paix, année 1878, 2e sér., t. 25, p. 313. — *1o Une ascendante veuve, mais remariée, peut-elle et doit-elle faire partie du conseil de famille de son petit-fils (côté paternel)? 2o Le mari de cette ascendante qui, comme parent proche, doit figurer dans la ligne maternelle, peut-il être nommé subrogé tuteur du mineur petit-fils de sa femme? 3o Dans un conseil de famille un des membres a-t-il le droit de se donner sa voix pour assurer sa nomination en qualité de subrogé tuteur?* Corr. des just. de paix, année 1878, 2e sér., t. 25, p. 398. — *Lorsque le tuteur a été choisi dans le sein du conseil de famille, doit-il continuer à faire partie du conseil, ou doit-on y appeler une autre personne à sa place?* Corr. des just. de paix, année 1880, 2e sér., t. 27, p. 151. — *Une femme séparée de corps d'avec son mari, et à la requête de celui-ci, est condamnée à une peine qui emporte l'interdiction légale. Où doit se réunir le conseil de famille pour nommer un tuteur à cette femme? Le mari peut-il être choisi pour remplir ces fonctions?* (Nœuvéglise) : Corr. des just. de paix, année 1880, 2e sér., t. 27, p. 416. — *Devant quel juge de paix le conseil de famille d'un enfant naturel non reconnu doit-il se réunir pour nommer le tuteur ad hoc, dont le consentement est nécessaire à l'enfant pour pouvoir contracter mariage?* Corr. des just. de paix, année 1881, 3e sér., t. 1, p. 13. — *Une ascendante remariée peut-elle faire partie du conseil de famille de son petit-fils?* Corr. des just. de paix, année 1881, 3e part., t. 1, p. 79. — *Où doit être convoqué le conseil de famille pendant la durée de tutelle dative, lorsque le domicile du mineur est autre que celui où la tutelle est ouverte? Dans la même circonstance, où doit avoir lieu la convocation, si la tutelle est naturelle ou légitime?* (X...) : J. du not., 5 et 9 déc. 1874. — *Conséquences légales de l'irrégularité de la composition des conseils de famille* (A. Lefebvre) : J. du not., n. 20760. — *La grand'mère de l'enfant naturel reconnu peut-elle faire partie de son conseil de famille? Quid quand l'enfant naturel n'a pas été reconnu?* J. de proc. civ. et comm., année 1853, t. 19, p. 20. — *Le juge de paix est-il obligé de convoquer le conseil de famille toutes les fois qu'il en est requis? N'a-t-il pas le droit d'apprécier si la convocation est ou non utile? Y a-t-il déni de justice dans le refus que fait ce magistrat d'obtempérer à la réquisition?* (L. Denier) : J. de proc. civ. et comm., année 1853, t. 19, p. 107. — *Lorsque des frères germains est inférieur à six, les ascendants valablement excusés de la tutelle (et les ascendantes veuves) peuvent-ils compléter le nombre légal en appelant d'autres parents, indépendamment de ces ascendants?* J. de proc. civ. et comm., année 1854, t. 20, p. 274. — *Etranger. Conseil de famille. Tutelle :* J. de proc. civ. et comm., année 1866, t. 32, p. 460. — *Si l'appel d'amis, au lieu de parents effectivement présents, est une nullité substantielle :* Rev. crit., t. 1, p. 136 et s.

Enregistrement et timbre. — C. A., *Nouveau dictionnaire d'enregistrement et de timbre*, 1874, 2 vol. in-4o, vo *Avis de parents*. — *Dictionnaire des droits d'enregistrement, de timbre, de greffe et d'hypothèques*, 1874-1891, 6 vol. en 7 tomes, in-4o, vo *Avis de parents*. — Fessard, *Dictionnaire de l'enregistrement et des domaines*, 1844, 2 vol. in-4o. vo *Avis de parents*. — Garnier, *Répertoire général et raisonné de l'enregistrement*, 1892, 7e édit., 6 vol. in-4o, vo *Avis de parents*. — Masson-Delongpré, *Code annoté de l'enregistrement*, 1858, 4e édit., 2 vol. in-8o, t. 1, n. 2060, t. 2, n. 4673. — Naquet, *Traité des droits de timbre*, 1894, in-8o, n. 35, 101 ; — *Traité théorique et pratique des droits d'enregistrement*, 1884, 3 vol. in-8o, t. 3, n. 1089. — *Indigents. Mineurs. Conseil de famille. Nomination de tuteur. Droits d'enregistrement. Dispense :* Corr. des just. de paix, année 1863, 2e sér., t. 10, p. 154. — *L'autorisation donnée par un conseil de famille pour procéder à la vente d'objets dépendant de la succession, afin d'acquitter des dettes dont le montant est énoncé, ainsi que le nom des créanciers, donne-t-elle ouverture au droit d'obligation sur les créances résultant de titres non enregistrés?* Corr. des just. de paix, année 1863, 2e sér., t. 10, p. 361. — *Il n'est dû qu'un seul droit fixe pour les différentes délibérations que renferme un avis de parents :* J. de proc. civ. et comm., année 1877, t. 42, p. 483.

Index alphabétique.

Absence, 3, 242 et s.
Abstention, 248 et s.
Acceptation de donation, 4, 190 et 191.
Acceptation de succession, 4, 192, 309.
Acquéreur, 188.
Acquiescement, 432, 433, 491 et s.
Acte authentique, 262.
Acte d'administration, 19, 190 et s., 368.
Acte sous seing privé, 229.
Action en justice, 5 et s., 143, 370.
Action incidente, 523, 526, 529.
Action principale, 523, 526 et 527.
Action subsidiaire, 293.
Adjudication, 188, 203.
Administrateur provisoire, 486.
Administrateur salarié, 503.
Administration légale, 20.
Administration provisoire, 86, 152.
Admission légale, 202.
Ajournement, 353, 493 et s., 562.
Aliénation, 4, 84, 345, 350.
Allemagne, 87, 103, 152, 486.
Allemagne, 571 et s.
Allié, 22, 23, 28 et s., 34, 37, 45 et s., 51 et s., 60, 82, 143, 199, 200, 228, 423, 424, 436, 443, 444, 485, 499, 563.
Amende, 217, 218, 224 et s., 340.
Ami, 25, 31, 37, 42, 45 et s., 50 et s., 59, 60, 65 et s., 82, 152, 205, 208, 228, 372, 378, 414, 424, 425, 428, 445 et s., 467, 468, 486, 563.
Annulation, 129, 155.
Appel, 142, 204, 210, 213, 218, 224, 334 et s., 359, 489, 490, 526, 527, 532.
Appréciation souveraine, 58, 71, 89, 90, 114 et s., 141, 142, 183, 191, 223, 295, 363, 383, 407, 420, 431 et s.
Ascendant, 24, 33 et s., 44, 56, 139, 169, 225, 426, 433, 459, 460, 507.
Ascendante veuve, 33 et s., 37, 44, 56, 92, 225, 230.
Assignation, 353, 493 et s., 562. V. *Citation*.
Assistance publique, 84 et s.
Audience publique, 327.

Autorisation de faire le commerce, 16, 323.
Autorisation de plaider, 505.
Autriche, 570.
Avantage excessif, 116.
Avertissement, 216 et s., 225. — V. *Citation*.
Avis de jurisconsultes, 321, 344.
Avis du conseil de famille, 18, 19, 73 et s., 104, 113, 152, 209, 262 et s., 265, 273, 297, 363, 364, 401, 419.
Avis motivé, 269 et s., 280 et s., 382.
Avoué, 330.
Bail, 203.
Bavière, 570.
Beau-frère, 115, 428.
Beaux-frères germains, 24 et s., 36, 40, 56.
Belgique, 591.
Bénéfice d'inventaire, 310.
Berne, 691 et 692.
Bonne foi, 409.
Caisse des dépôts et consignations, 360.
Capacité, 370.
Cassation, 332, 532, 533.
Cession de droits immobiliers, 317 et 334.
Chambre du conseil, 328, 333 et 334.
Chose jugée, 154, 189, 405, 528 et s.
Citation, 213 et s., 217, 224, 243, 382.
Commission administrative, 84, 86 et 87.
Communauté conjugale, 107 et 108.
Commune, 43, 71, 414, 425, 451 et s.
Communication au ministère public, 329.
Comparution, 228.
Compensation des dépens, 537.
Compétence, 523 et s.
Compte de tutelle, 15, 298, 324.
Conclusions, 330.
Conjoint, 73 et s., 109 et 110.
Conseil de famille (composition du), 410 et s.
Conseil de famille (permanence du), 148 et s.

CONSEIL DE FAMILLE. 467

Conseil de famille (reconstitution du), 257 et s.
Conseil judiciaire, 3, 104, 105, 137, 209.
Conseils d'orphelins, 593 et s.
Conseil de surveillance de l'assistance publique, 84.
Conseil de tutelle, 691 et 692.
Contestation, 298.
Contrat avec le tuteur, 4.
Conventions matrimoniales, 322, 371 et 372.
Convocation, 197 et s., 469, 470, 472, 560.
Convocation (refus de), 210 et 211.
Convocation d'office, 198, 554.
Convocation irrégulière, 216 et s., 225.
Convoi, 3, 82, 119, 120, 172, 245, 272, 383, 385 et s., 391 et s., 398, 479, 519 et 520.
Copie, 493 et s.
Correction, 3.
Cour de chancellerie, 649, 652.
Cousin germain, 200.
Créancier, 199, 463.
Curateur, 165, 176, 185, 370, 405, 478, 501, 513, 514, 529, 536, 559.
Curateur *ad hoc*, 3.
Curateur *ad litem*, 202.
Curateur à l'émancipation, 3.
Curateur au ventre, 3.
Débiteur, 111.
Décès, 18.
Dégradation civique, 94.
Délai, 214, 215, 220, 314, 326, 340, 434.
Délégation, 189.
Délibération, 15 et s., 23, 58 et s., 72, 114, 117, 124, 129, 151, 158, 155, 182, 184 et s., 195, 218 et s., 227, 230, 234, 242, 243, 276, 288, 289, 297, 324, 403, 493 et s., 539, 541, 552 et 553.
Délibérations (exécution des), 299, 305 et s., 364.
Délibération non exécutée, 365 et s., 523.
Demandeur à l'interdiction, 73 et s., 135 et 136.
Dénonciation, 201.
Département, 84 et 85.
Dépens, 327, 535 et s.
Déplacement (frais de), 47.
Dernier ressort, 341, 345.
Désaveu de paternité, 65 et s., 158.
Destitution, 3.
Directeur de l'assistance publique, 84 et 85.
Discussion préalable, 293 et 294.
Divorce, 4, 181.
Dol, 122, 292, 295, 461, 462, 475.
Dommages-intérêts, 295, 315.
Donation, 190 et 191.
Donation par contrat de mariage, 307.
Domicile, 43 et s., 71, 156, 195, 414, 425, 451 et s.
Donation entre-vifs, 4, 190, 191, 307, 508.
Droits (exemption de), 555 et s.
Droits (pluralité de), 542 et s.
Droits civils, civiques, de famille (exercice des), 93, 99, 102, 471.
Droits fixes, 539 et s.
Droits proportionnels, 547 et s.
Echange, 317.
Education, 8 et s., 401.
Emancipation, 3, 165, 176, 185, 200, 306, 370, 376, 382, 405, 513, 514, 536, 559.
Empêchement légitime, 90.
Emploi, 359 et 360.
Emprunt, 4, 318, 357, 551.
Enfant, 73, 109, 110, 138.
Enfants (garde des), 4, 181, 273.
Enfants assistés, 84.
Enfant légitime, 65.

Enfant moralement abandonné 85.
Enfant naturel, 68 et s., 92, 456, 556.
Engagement militaire, 555.
Enregistrement, 229, 539 et s.
Enregistrement en débet, 554.
Erreur, 457.
Espagne, 592 et s.
Etranger, 95 et s.
Excès de pouvoirs, 298, 341, 355, 359, 532.
Exclusion, 3, 92 et s.
Excusés, 3, 34, 35, 89 et s., 103, 138, 218, 223 et s., 244, 314, 315, 327, 511, 515.
Expédition, 288, 289, 329, 553.
Expert (nomination d'), 546.
Expropriation publique, 317.
Faible d'esprit, 104.
Failli, 102.
Faute lourde, 292, 295.
Femme, 79 et s., 92, 230. — V. *Conjoint*.
Fonds de commerce, 549.
Formes, 239 et s., 407, 410 et s.
Frais et dépens, 313, 327, 535 et s.
Fraude, 155, 430, 461 et 462.
Frère, 92, 115, 116, 442.
Frères germains, 24, 26, 36, 40, 44, 56, 415, 429 et 430.
Genève, 693 et 694.
Grande-Bretagne, 570.
Greffier, 238, 240, 262, 288, 289, 553.
Grosses réparations, 311.
Héritier bénéficiaire, 310.
Homologation du tribunal, 9, 263 et s., 305 et s., 325, 366, 367, 403 et s., 527 et s., 541, 565 et s.
Homologation (refus d'), 355.
Hospices, 84, 86 et 87.
Huissier commis, 213.
Hypothèque, 4, 318, 360.
Hypothèque légale, 4.
Incapacité, 92 et s., 131, 230, 295, 474.
Incompétence, 58, 477.
Inconduite notoire, 126 et s.
Indigence, 556, 557, 560 et s.
Indignité, 295.
Inscription hypothécaire, 551.
Insolvabilité, 292, 295 et 296.
Inspecteur départemental des enfants assistés, 85.
Interdit, 105, 108, 116, 130, 322, 354, 373, 551, 558.
Interdiction, 3, 4, 25, 31, 63, 68, 73 et s., 113, 135, 136, 152, 178, 179, 212, 232, 265, 268, 278, 425, 428, 460, 486, 569.
Interdiction légale, 3.
Intérêts opposés, 20, 105 et s., 139 et s., 202, 303, 337, 464.
Interprétation, 302 et s.
Intervention, 5, 6, 334, 350, 351, 354, 488 et s., 512.
Italie, 624 et s.
Juge commis, 21.
Juge-commissaire, 329, 362, 363.
Juge de paix, 21, 45 et s., 89, 90, 127, 131, 134, 142, 144 et s., 150, 151, 197, 201, 204, 223, 239, 242, 252 et s., 276 et s., 299, 393, 410 et s., 469, 477, 497, 510.
Jugement, 189, 403 et s., 566.
Jugement d'homologation, 325, 527.
Jugement par défaut, 342 et 343.
Legs, 350.
Legs (acceptation de), 4.
Licitation, 317.
Ligne de parenté, 38 et s., 147, 431, 446.
Ligne maternelle, 67.
Ligne paternelle, 66.
Lord chancelier, 653.
Louisiane, 648.
Maire, 86.
Majorité des suffrages, 87, 250 et s., 418.

Mandat, 296.
Mandat impératif, 412, 231 et s.
Mandataire, 230, 314, 412.
Mari, 126.
Mariage, 4, 270, 306, 376 et s., 472, 556.
Membre du conseil, 334, 335, 338 et s., 352, 359, 372, 395, 401, 474, 478 et s., 501, 509 et s., 561.
Membres du conseil (absence de), 219, 220, 223 et s.
Membres du conseil (nombre de), 226, 227, 242 et s., 411, 415 et s.
Mère, 37, 66, 70, 77, 92, 105, 170 et s., 181, 230, 273, 383, 385 et s., 391 et s., 398, 427.
Mère remariée. — V. *Conjoint*.
Mère tutrice, 59, 115, 119, 120, 128, 156, 172, 186, 245, 272, 468, 479, 519 et 520.
Meubles incorporels, 319, 345.
Mineur, 8 et s., 92, 230, 498, 507, 536, 538.
Mineur (intérêt du), 478, 511 et s.
Mineur émancipé, 274, 501, 513 et 514.
Ministère public, 201 et s., 330 et s., 346 et s., 496.
Minorité, 3, 37.
Mise en cause, 327, 332, 334, 512 et s.
Motifs, 269 et s., 280 et s., 382, 419.
Moyen nouveau, 532.
Neveux germains, 41 et 42.
Notaire, 362 et 363.
Notification, 314, 315, 564.
Nullité, 15 et s., 23, 58 et s., 72, 75, 114, 117, 124, 138, 151, 153, 182, 184 et s., 195, 215, 218 et s., 227, 230, 234, 242, 243, 276, 282, 324, 344, 353, 467, 475, 494, 495, 500.
Nullité absolue, 407, 410 et s., 474, 508.
Office ministériel (cession d'), 320.
Opposition, 218, 224, 334, 338 et s., 532, 568.
Ordonnance, 560.
Ordre public, 432.
Ouverture de la tutelle (lieu de l'), 43.
Parent, 18, 22, 23, 34, 37, 45, 46, 51 et s., 57, 59, 60, 65 et s., 82, 90, 113, 143, 145, 152, 199, 200, 205, 226, 228, 372, 414, 422 et s., 436 et s., 468, 470, 485, 488, 489, 499, 563.
Paris (ville de), 84 et 85.
Partage, 107.
Partage d'opinions, 252 et s., 393.
Partage testamentaire, 116.
Pays-Bas, 637 et s.
Père, 20, 37, 105, 156, 170 et s., 181, 202, 414.
Portugal, 652 et s.
Pourvoi, 567.
Pouvoir du juge, 13 et s., 46 et s., 127, 131, 362. — V. *Appréciation souveraine*.
Préfet, 85.
Préjudice, 473.
Première instance, 290.
Prescription, 294, 525.
Présidence, 239, 410.
Président du tribunal, 329.
Prise à partie, 204, 210, 211, 510.
Prix de vente, 359 et 360.
Procédure sommaire, 523.
Procès, 105, 144, 414.
Procès-verbal, 262 et s., 281 et s., 419, 441, 539, 542, 562.
Procuration, 412, 563.
Procuration spéciale, 228 et s.
Prodigue, 104, 106.
Prorogation, 562.
Protecteur, 177.
Prusse, 675 et s.
Publicité, 239, 353, 354.

Puissance paternelle, 20, 170, 376 et 377.
Puissance paternelle (déchéance de la), 385, 123.
Pupille, 291 et s.
Rapport, 329.
Recours au fonds, 366 et s., 502.
Recours pour vice de forme, 403 et s., 473 et s., 488, 504.
Récusation, 116, 117, 121, 144 et s.
Refus de délibérer, 225.
Règlement de juges, 196.
Religion, 12, 59, 369.
Remplacement, 57, 244.
Renonciation à donation, 307.
Renonciation à la communauté, 308.
Renonciation à succession, 274, 309. 473.
Rente sur l'Etat, 359 et 360.
Requête, 224, 353, 560.
Réquisition, 198 et s.
Résidence. — V. *Domicile*.
Responsabilité, 19, 291 et s.
Retard, 48.
Rétractation, 304.
Réunion (lieu de), 43, 156 et s., 212.
Russie, 684 et s.
Saxe, 687 et s.
Séparations de corps, 4, 156, 181, 273, 373.
Serment (prestation de), 240, 546.
Sexe masculin, 37.
Sourd-muet, 3.
Subrogé tuteur, 3, 122, 133, 135, 139 et s., 143, 164, 175, 188, 191, 198 et s., 289, 298, 306, 316, 336, 337, 352, 464, 467, 468, 472, 478, 485, 490, 506, 515, 516, 518 et s.
Subrogé tuteur *ad hoc*, 140, 303, 464.
Substitution, 68, 82, 83, 159.
Succession, 107, 274, 309. 475.
Succession (acceptation de), 4, 309.
Succession (ouverture de la), 159.
Suisse, 690 et s.
Suppléant du juge de paix, 21.
Testament, 350.
Tierce opposition, 6, 349, 359, 486, 532, 534.
Tiers, 201, 350, 534, 406 et s., 477, 502 et s., 515, 522.
Timbre, 552 et s.
Timbre de dimension, 552.
Titres au porteur, 319.
Titres nominatifs, 319.
Transaction, 115, 321, 344, 526, 547.
Transfert, 319.
Tribunal, 18, 21, 60, 62, 85, 130, 155, 212, 257, 260, 290, 299, 326, 355, 364 et s., 500, 590 et s.
Tribunal tutélaire, 577, 700.
Tutelle dative, 160, 162 et s., 269, 316, 516 et s.
Tutelle (exclusion de la), 118 et s., 269, 316, 516 et s.
Tutelle légale, 168 et s.
Tutelle testamentaire, 160.
Tuteur, 8 et s., 10, 19, 84, 85, 97, 100, 101, 122, 139, 153, 167, 190, 195, 198, 274, 289, 293, 294. 298, 326, 351, 353, 356, 359, 370, 395, 442, 467, 478, 492, 501, 502, 505, 512, 515 et s., 535, 564.
Tuteur *ad hoc*, 3, 20, 65, 67, 115, 158, 190, 303, 457.
Tuteur à la substitution, 3.
Tuteur (nomination du), 3, 15, 82, 130, 131, 175, 180, 183, 196, 200, 291 et s., 306, 313 et s., 376, 383 et s., 388 et s., 396 et s., 404, 480, 491, 525.
Tuteur (destitution du), 118 et s., 132, 163, 200, 275, 280, 316, 352, 468, 492, 516 et s.
Tuteur (réélection du), 399 et 400.
Unanimité, 262, 393, 419, 512.

Valais, 695 et s.
Valeurs mobilières, 84.
Vente, 467.
Vente (mode de), 361.
Vente d'immeubles, 295, 317, 348, 355, 473.
Voisin, 45.

Voix consultative, 73.
Voix délibérative, 74.
Voix prépondérante, 239, 252.
Vote. — V. *Majorité, Partage d'opinions, Unanimité, Voix.*
Zurich, 699 et s.

DIVISION.

CHAP. I. — Origine, caractère juridique et attributions du conseil de famille (n. 1 à 20).

CHAP. II. — Composition du conseil de famille (n. 21 et 22).

Sect. I. — Personnes appelées à faire partie du conseil de famille.

§ 1. — *Règles générales* (n. 23 à 64).

§ 2. — *Règles dans certains cas spéciaux* (n. 65 à 87).

Sect. II. — Causes d'excuse, d'incapacité, d'exclusion (n. 88).

I. Causes d'excuse (n. 89 à 91).

II. Causes d'incapacité et d'exclusion (n. 92 à 147).

Sect. III. — Mutabilité de la composition du conseil de famille (n. 148 à 155).

CHAP. III. — Lieu de réunion. — Mode de convocation et de comparution.

Sect. I. — Lieu de réunion (n. 156 à 196).

Sect. II. — Convocation. — Comparution (n. 197 à 238).

CHAP. IV. — Forme des délibérations. — Expéditions. — Responsabilité des membres du conseil.

Sect. I. — Forme des délibérations. — Expéditions (n. 239 à 290).

Sect. II. — Responsabilité des membres du conseil (n. 291 à 296).

CHAP. V. — A quelles conditions les délibérations du conseil sont exécutoires. — Homologation (n. 297 à 363).

CHAP. VI. — Dans quels cas les délibérations du conseil de famille peuvent être attaquées. — Par qui et comment. — Jugement.

Sect. I. — Dans quels cas les délibérations du conseil de famille peuvent être attaquées (n. 364).

§ 1. — *Instance dirigée contre un acte du conseil de famille avant toute exécution* (n. 365).

1°. — Recours quant au fond (n. 366 à 402).

2°. — Recours pour vice de forme (n. 403 à 472).

§ 2. — *Instance dirigée contre une délibération du conseil de famille après qu'elle a reçu son exécution* (n. 473 à 522).

Sect. II. — Qui peut attaquer une délibération du conseil de famille et contre qui doit être dirigée l'action.

§ 1. — *Qui peut agir en nullité.*

1°. — Action intentée dans l'intérêt du mineur (n. 478 à 501).

2°. — Action intentée dans l'intérêt d'un tiers (n. 502 à 508).

§ 2. — *Contre qui l'action en nullité doit être dirigée* (n. 509 à 522).

Section III. — Tribunal compétent. — Procédure (n. 523 à 538).

CHAP. VII. — Enregistrement et timbre.

Sect. I. — Enregistrement (n. 539 à 551).

Sect. II. — Timbre (n. 552 à 569).

CHAP. VIII. — Législation comparée (n. 570 à 704).

CHAPITRE I.

ORIGINE, CARACTÈRE JURIDIQUE ET ATTRIBUTIONS DU CONSEIL DE FAMILLE.

1. — Le conseil de famille est une assemblée de parents, ou, à défaut de parents, d'amis, réunis sous la présidence du juge de paix pour délibérer d'une façon générale sur les questions pouvant intéresser les mineurs ayant perdu au moins l'un de leurs parents, ou moralement abandonnés et délaissés, les interdits, les absents, ceux, en un mot, qui n'ont pas capacité légale pour diriger leurs personnes et leurs biens. Il a pour mission principale de nommer et de destituer le tuteur et le subrogé tuteur suivant certaines distinctions à faire, de délibérer sur la gestion du tuteur, qui est tenu, dans les cas prévus par la loi, de se conformer aux décisions du conseil. Le conseil de famille a, on le voit, un caractère nettement accusé de tribunal domestique, qui ressort spécialement des art. 405, 446, 447 et 450, C. civ.

2. — L'institution du conseil de famille était inconnue en droit romain, où la surveillance du tuteur, dans l'intérêt du mineur, était confiée à un magistrat public, le préteur, et résultait aussi de l'admission de l'action populaire en destitution. Elle n'existe pas non plus, comme nous le faisons remarquer *infra*, n. 544, 559 et s., dans la plupart des législations étrangères, qui protègent le mineur contre le dol ou l'incapacité de son tuteur par l'intervention parfois très-fréquente d'une autorité publique quelconque. C'est dans notre ancien droit, et spécialement dans le droit coutumier (Argou, *Inst. au dr. franç.*, t. 1, p. 48; Maleville, *Introd. au livre 1 du C. civ.*, tit. 10, ch. 2), que le Code civil a emprunté cette idée; elle avait même été admise dans une certaine mesure par les pays de droit écrit où le magistrat convoquait les conseils de famille avant de nommer les tuteurs, pour avoir leur avis sur ce point. — Massé et Vergé, sur Zachariæ, t. 1, p. 388, note 2.

3. — Les attributions du conseil de famille sont limitativement énumérées par la loi. Il ne siège pas en permanence, et son rôle est intermittent; il y a lieu de le convoquer lorsqu'il s'agit : 1° de nommer un tuteur au mineur, à défaut de tutelle légitime ou testamentaire (C. civ., art. 403), ou de choisir entre deux bisaïeuls de la ligne maternelle (C. civ., art. 404); 2° de nommer un tuteur aux interdits, sauf le cas où le mari est tuteur légal de sa femme interdite (C. civ., art. 506); 3° de nommer un subrogé tuteur aux mineurs en tutelle et aux interdits (C. civ., art. 420 et 505). Il n'y a pas, en effet, de subrogé tuteur testamentaire ou légale : seul, le curateur au ventre, d'ailleurs choisi en cette qualité par le conseil de famille, est de droit subrogé tuteur à la naissance de l'enfant (C. civ., art. 393); 4° de délibérer sur le point de savoir si la tutelle doit être conservée à la mère convolant en secondes noces (C. civ., art. 396); 5° de nommer un tuteur à l'enfant dont les parents ont encouru la destitution de la puissance paternelle (L. 24 juill. 1889), ou d'accepter un tuteur officieux (C. civ., art. 361); 6° de remplacer le tuteur excusé au cours de la tutelle (C. civ., art. 431), ou le père ou la mère dans le cas des art. 28 et 42-6°, C. pén.; 7° de délibérer sur l'exclusion ou la destitution des tuteurs et subrogés tuteurs (C. civ., art. 446), ou sur la confirmation du tuteur choisi par la mère maintenue, lors de son second mariage, dans la tutelle des enfants du premier lit (C. civ., art. 400); 8° de nommer un tuteur provisoire, en cas de décès de la mère, aux enfants dont le père est absent depuis six mois (C. civ., art. 142), ou un tuteur *ad hoc*, soit à l'enfant désavoué (C. civ., art. 318), soit au pupille en opposition d'intérêts avec son tuteur ou avec ses cohéritiers, également en tutelle, dans les hypothèses prévues par les art. 968, C. proc. civ., et 838, C. civ. Il en est encore de même en ce qui concerne l'enfant naturel; 9° de nommer un curateur au ventre (C. civ., art. 393), un curateur à l'émancipation (C. civ., art. 480), un curateur *ad hoc* pour l'acceptation d'une donation faite au sourd-muet qui ne sait pas écrire (C. civ., art. 936), un tuteur au condamné aux travaux forcés ou à la réclusion (C. pén., art. 29); 10° de nommer un tuteur à la substitution, faute de désignation par le donateur ou le testateur (C. civ., art. 1055-1056); 11° d'autoriser le tuteur à provoquer la réclusion de son pupille par voie de correction (C. civ., art. 468), de délibérer sur la collation ou le retrait de l'émancipation (C. civ., art. 478 et 485), sur les causes d'interdiction ou de nomination d'un conseil judiciaire (C. civ., art. 494, 514).

4. — Indépendamment de ces attributions principales, le conseil de famille en a encore d'autres qui seront énumérées sommairement. Ainsi, il autorise dans certains cas le mariage des mineurs, ou s'y oppose (C. civ., art. 160, 175). Il règle sous certains rapports l'administration de la tutelle (C. civ., art. 454) et il autorise certains actes à faire de la part du mineur ou de l'interdit : tels que, négociations entre lui et le tuteur (C. civ., art. 450), emprunts, hypothèques, aliénations (C. civ., art. 457); acceptation de donations ou de legs (C. civ., art. 463) ou de successions (C. civ., art. 461), et cela même sans le concours du tuteur ou du subrogé tuteur (Riom, 8 déc. 1819, Bourderie, S. et P. chr.); actions immobilières ou acquiescements (C. civ., art. 464); action en partage (C. civ., art. 465, 817); transactions (C. civ., art. 467); aliénation de valeurs mobilières appartenant à l'incapable même au-dessous de 1,500 fr. et conversion des titres nominatifs en titres au porteur, fixation de l'emploi des capitaux du mineur et du délai dans lequel il doit être fait (L. 27 févr. 1880, art. 1, 2, 5, 6, 10). Il règle les conventions matrimoniales des enfants de l'interdit (C. civ., art. 511); il décide, lors de décision de la tutelle, s'il y a lieu de restreindre l'hypothèque légale à certains biens du tuteur (C. civ., art. 2141); il donne son avis sur la demande en réduction de cette hypothèque (C. civ., art. 2143); il peut aussi provoquer, en cas de divorce ou de séparation de corps entre deux époux, la remise par le tribunal des enfants issus du mariage à l'un ou à l'autre d'entre eux (C. civ., art. 302).

5. — Mais le conseil de famille, pas plus d'ailleurs que les membres qui le composent pris individuellement, n'a pas le droit, en dehors des cas spécialement prévus par la loi, de s'ingérer dans les rapports de l'incapable avec son tuteur. Il est vrai que, pour les instances judiciaires concernant le mineur, l'art. 449, C. civ., au cas où le tuteur destitué par une délibération du conseil de famille poursuit contre le subrogé tuteur l'annulation de cette délibération, autorise à intervenir dans l'instance les parents ou alliés du mineur qui avaient requis la convocation du conseil de famille; mais c'est là une faculté réservée pour une hypothèse toute spéciale, qui, même dans cette hypothèse, n'entraîne pas pour lesdits parents ou alliés le droit d'agir indépendamment du subrogé tuteur et de renouveler le procès en recourant à la tierce-opposition.

6. — *A fortiori* ne s'applique-t-elle pas aux autres procès du mineur : aussi a-t-il été jugé que le conseil de famille ou les membres qui le composent, agissant individuellement mais à ce seul titre, n'ont ni pouvoir ni qualité pour former tierce-opposition à un jugement intervenu entre le mineur et le tuteur et dont la décision est contraire à la délibération par eux prise. — Grenoble, 31 août 1855, Abry, [S. 56.2.618, P. 46.2.200, D. 56.2.123]

7. — Les membres du conseil de famille ne peuvent, à ce titre, agir en justice que pour défendre leur opinion méconnue par la délibération, soit en attaquant celle-ci devant les tribunaux dans les cas où la loi le permet, soit, si elle est sujette à homologation, en s'opposant à cette homologation.

8. — On a controversé le point de savoir si le tuteur, ayant le gouvernement et la direction de la personne du mineur, était le maître absolu, l'arbitre souverain de son éducation, ou si au contraire le conseil de famille pouvait, quand il le jugeait utile, tracer au tuteur à ce point de vue des instructions obligatoires pour lui. S'appuyant sur l'art. 450 et sur l'art. 468, C. civ., *a contrario*, M. Magnin (*Minorités*, t. 1, n. 607) a refusé tout pouvoir au conseil de famille en cette matière; à son sens, l'autorité du tuteur est ici pleine et entière, sauf au conseil de famille à le destituer s'il fait de cette autorité un usage contraire aux intérêts du pupille.

9. — Il a été jugé en ce sens que, l'art. 450, C. civ., ayant imposé au tuteur l'obligation de prendre soin de la personne du mineur, le conseil de famille n'a pas le droit de lui prescrire le mode d'éducation qu'il doit adopter et qu'un tribunal ne peut homologuer, contre la volonté du tuteur, la délibération déterminant le mode d'éducation qu'il convient de donner au mineur. — Turin, 9 déc. 1808, Busse, [S. et P. chr.]

10. — Mais cette doctrine, contraire aux traditions du droit romain et de l'ancien droit français (D., *Ubi pupillus educ.*, XXVII, 2; Pothier, *Des personnes*, part. 1, tit. 6, art. 4, *in fine*; Merlin, *Rép.*, v° *Education*, § 1, n. 5) présente de graves inconvénients, car le tuteur peut se tromper sur le genre d'éducation à choisir pour son pupille; il peut d'ailleurs, même à son insu, être influencé par quelque sentiment d'intérêt personnel; aussi n'a-t-elle pas prévalu. L'arrêt précité de Turin lui-même en fournit la preuve : tout en refusant au conseil de famille le droit de régler ce qui touche l'éducation du mineur, il autorise cependant, non sans contradiction, le tribunal à indiquer lui-même, sur la demande des parents représentés par le subrogé tuteur, l'éducation qui paraît la mieux appropriée aux intérêts du mineur et à mettre à la charge de ce tuteur les frais de l'instance s'il paraît qu'il a agi dans un intérêt personnel; il permet aussi de destituer ce tuteur s'il refuse de donner ou de faire donner au mineur l'éducation prescrite.

11. — Ces contradictions montrent la fausseté du point de départ. Aussi l'opinion contraire est-elle beaucoup plus suivie. L'art. 454 charge le conseil de famille de régler la somme à laquelle pourra s'élever annuellement la dépense du mineur, il lui attribue donc le droit de tracer au tuteur des instructions relatives à la personne du mineur et lui confère, implicitement tout au moins, le pouvoir de déterminer le but et l'objet de cette dépense, d'indiquer l'emploi auquel sont destinées les sommes qu'il alloue. Dans ce système, le tuteur n'a la direction de l'éducation du pupille, qu'autant que le conseil de famille n'a pas réglé la manière de l'élever; et en ce cas, le conseil est censé s'en être rapporté à la prudence du tuteur; si, au contraire, le conseil de famille a réglé le mode d'éducation, ses délibérations doivent faire loi pour le tuteur, sauf à lui à se pourvoir devant les tribunaux pour les faire réformer, le cas échéant, comme contraires à l'intérêt bien entendu du pupille. — Cass., 8 août 1815, de Nourry, [S. et P. chr.] — *Sic*, Duranton, t. 5, n. 529; Toullier, t. 2, n. 1183 et s., 1205; Valette, sur Proudhon, t. 2, p. 356, obs. 2; Chardon, *Des trois puissances*, t. 3, p. 300; Marchant, *Minorité*, p. 264; Demante, t. 2, n. 203 *bis*; Demolombe, t. 7, n. 533 et s.; Aubry et Rau, t. 1, p. 433 et 434, § 111, notes 4 et 5. — V. *infrà*, v° *Tutelle*.

12. — Un arrêt apporte à ce pouvoir du conseil de famille une restriction très-sage : il lui refuse le droit de s'écarter, quant à la religion dans laquelle le pupille doit être élevé, de la volonté manifestée par le dernier mourant des père et mère. — Colmar, 19 nov. 1857, Bernard Lévy, [S. 58.2.81, P. 58.966, D. 59.2.36]

13. — Le conseil de famille a, dans la sphère des attributions que lui confère la loi, un pouvoir propre et indépendant des tribunaux; c'est ainsi qu'il nomme librement les tuteur, subrogé tuteur, protuteur, curateur, tuteur *ad hoc*, sans que le tribunal puisse infirmer sa décision, si les règles spéciales ont été observées, ou désigner lui-même à nommer, après qu'il a destitué le tuteur en exercice. — Montpellier, 9 prair. an XIII, Pratx, [S. et P. chr.]

14. — De même, un tribunal ne peut, après avoir annulé la nomination d'un tuteur, y procéder lui-même au lieu et place du conseil. — Cass., 27 nov. 1816, Devilliers, [S. et P. chr.] — Orléans, 9 août 1817, Villetard, [S. et P. chr.] — V. *infrà*, v° *Tutelle*.

15. — En dehors du cercle de ses attributions légales, le conseil de famille ne peut prendre aucune délibération valable. Ainsi, c'est aux seuls tribunaux qu'appartient le droit de trancher les contestations s'élevant entre le tuteur et le subrogé tuteur, relativement aux comptes de tutelle; d'où il suit qu'est nulle et ne saurait être homologuée une délibération prise à cet égard par un conseil de famille. — Turin, 5 mai 1810, Paxero, [S. et P. chr.] — *Sic*, Magnin, *Traité des minorités et des tutelles*, t. 1, n. 317; Aubry et Rau, t. 1, p. 372, § 91, note 3.

16. — De même, serait nulle et inefficace l'autorisation donnée au tuteur par le conseil de famille, d'entreprendre un commerce au nom du mineur. — Alger, 4 avr. 1891, Minoti, [S. et P. 92.2.16]

17. — D'autre part, étant dépourvus de toute juridiction, les conseils de famille ne peuvent faire exécuter eux-mêmes leurs décisions, n'ayant en leur qualité aucun moyen pour attaquer sous une forme quelconque les jugements ou arrêts rendus en matière de tutelle, soit pour les contrôler : ainsi, un conseil de famille excède ses pouvoirs en émettant, dans une délibération, l'avis qu'un tribunal a mal interprété, par un de ses jugements, le sens d'une délibération antérieure de ce conseil. — Grenoble, 31 août 1855, Abry, [S. 56.2.618, P. 56.2.200, D. 56.2.123]

18. — Seulement, même en dehors de ses attributions, le

conseil de famille peut être appelé, soit par le tribunal, soit par le tuteur, à exprimer son opinion sur une question. Les tribunaux ont toujours le droit de le consulter et de lui demander son avis sur les affaires à eux soumises, pour s'assurer, par exemple, de l'époque du décès d'un des parents composant la famille; ils peuvent alors déléguer un de leurs membres pour présider l'assemblée, pour recevoir les déclarations et en dresser procès-verbal. — Cass., 10 mars 1813, Pigeollot, [S. et P. chr.] — *Sic*, Demolombe, t. 7, n. 321.

19. — Si, en pareil cas, le conseil de famille est tenu de donner son avis, il en est autrement quand il est consulté par le tuteur au sujet d'un acte d'administration que ce dernier a qualité pour faire seul. Le conseil n'est pas plus tenu alors de donner son avis, que le tuteur n'est obligé de le suivre, et, si le tuteur l'a suivi, sa responsabilité personnelle reste la même, en droit, tout au moins, sinon en fait. — Demolombe, t. 7, n. 322.

20. — Sur la question de savoir si l'administration légale conférée au père pendant le mariage par l'art. 389, C. civ., peut donner lieu au fonctionnement du conseil de famille, V. *suprà*, v° *Administration légale*.

CHAPITRE II.

COMPOSITION DU CONSEIL DE FAMILLE.

21. — La composition du conseil de famille, en cas de tutelle, et aussi, nous le verrons bientôt, en cas d'interdiction, est réglée par les art. 407 et s., C. civ. En fait partie tout d'abord le juge de paix du domicile du mineur; il en est même membre né et indispensable, et président obligatoire à ce point que nul, hormis son suppléant, ne peut remplacer dans ces fonctions. Le tribunal de première instance ne pourrait même pas déléguer un de ses membres pour le remplacer à la présidence sous prétexte de circonstances extraordinaires. — Demolombe, t. 7, n. 307; Aubry et Rau, t. 1, § 93, texte et note 3, p. 378; Laurent, t. 4, n. 430.

22. — En dehors du juge de paix, la loi y appelle six parents ou alliés, pris tant dans la commune où s'ouvre la tutelle que dans un rayon de deux myriamètres, moitié du côté paternel, moitié du côté maternel, et en suivant l'ordre *de* proximité dans chaque ligne; à égalité de degrés, le parent doit l'emporter sur l'allié; entre parents ou alliés du même degré, le plus âgé a la préférence (art. 407). Donc, en principe, et sauf à donner les explications nécessaires sur ces divers points, le conseil de famille ne peut comporter plus de six membres non compris le juge de paix; ces membres doivent être les parents ou les alliés du mineur; ils doivent être mâles et majeurs, les plus proches en degré dans la famille et appartenir par moitié à chacune des deux lignes; ils doivent résider dans la commune où s'est ouverte la tutelle ou dans un rayon de deux myriamètres. Il faut enfin qu'ils soient capables d'en faire partie. Nous allons successivement étudier 1° qui est appelé à faire partie d'un conseil de famille; 2° quelles sont les causes d'excuse, d'incapacité ou d'exclusion; 3° enfin, à quel moment il convient de se placer pour savoir, en fait, quels devront être les membres d'un conseil de famille déterminé.

Section I.

Personnes appelées à faire partie du conseil de famille.

§ 1. *Règles générales.*

23. — I. *Nombre des membres.* — *Membres de droit.* — Dans l'ancien droit le nombre des membres du conseil de famille variait suivant les provinces et le genre d'affaires à eux soumises, et atteignait parfois, comme en Normandie, le chiffre de douze, requis à peine de nullité. Le conseil de famille, aujourd'hui, est composé de six parents ou alliés. Le chiffre de six membres a paru nécessaire pour permettre à ses avis en sens divers de se produire, mais on ne pourrait le dépasser sans nuire aux intérêts du mineur; car il serait difficile de réunir une assemblée plus nombreuse dont chacun de ses membres, sentant diminuer sa responsabilité à mesure qu'elle serait plus partagée, remplirait sa mission avec moins de soins et de sollicitude. Le chiffre indiqué est donc limitatif :

la délibération prise par un conseil comptant plus de six membres l'aurait été par un conseil irrégulièrement composé, et serait, par suite, annulable; deux arrêts la déclarent même radicalement nulle. — Bourges, 2 fruct. an XIII, Maillet, [S. et P. chr.] — Amiens, 11 fruct. an XIII, Carré, [S. et P. chr.] — *Sic*, Magnin, t. 1, n. 336.

24. — Mais l'art. 408 apporte une exception à cette règle en édictant que les ascendants et les ascendantes veuves ainsi que les frères germains ou les maris de sœurs germaines doivent tous faire partie du conseil, quel qu'en soit le nombre; ces personnes, pourvu qu'elles se trouvent dans la commune ou dans le rayon prescrit par la loi, sont membres nécessaires du conseil, et si elles sont moins de six, les autres parents ou alliés ne sont appelés que pour compléter le conseil.

25. — Ce texte ne soulève guère de difficultés en ce qui concerne les frères germains et les maris de sœurs germaines. Il a été jugé, conformément au texte de l'art. 408, qu'un conseil de famille est irrégulièrement composé pour délibérer sur une demande en interdiction, si un ami y est appelé de préférence à un beau-frère demeurant sur les lieux. — Cass., 24 févr. 1825, Roberjot, [S. et P. chr.]

26. — ... Ou si un frère du mineur ou de l'interdit, remplissant les conditions légales, n'avait pas été convoqué. — Metz, 23 vent. an XIII, N..., [P. chr.]; — 6 août 1818, Martini, [S. et P. chr.]

27. — Peu importerait, en ce cas, que six autres frères ou beaux-frères eussent fait partie de ce conseil. — Lyon, 13 mars 1843, Anier, [S. 40.2.429, P. 46.2.416, D. 46.2.186] — *Sic*, Mourlon, t. 1, p. 535.

28. — La seule question qui s'est posée sur ce premier point est relative au mari d'une sœur germaine devenu veuf : la solution dépend du point de savoir si l'alliance subsiste après le décès du conjoint qui l'a produite. Nous avons vu que, d'après l'opinion commune, l'alliance subsiste, et que notamment, elle produit son effet au point de vue de la composition du conseil de famille. — V., à cet égard, *suprà*, v° *Alliance*, n. 14 et s.

29. — ... Alors même que les enfants issus du mariage qui a produit l'alliance sont prédécédés. — V. *suprà*, v° *Alliance*, n. 19 et s.

30. — M. Laurent (t. 4, n. 436), tout en considérant qu'on peut, en théorie, admettre la survivance de l'alliance, soutient qu'en fait les alliés n'étant appelés au conseil de famille qu'à raison de leur affection présumée pour le mineur, ne doivent plus l'être quand, tout lien ayant disparu entre les deux familles, l'affection a dû s'émousser.

31. — Cette doctrine nous paraît erronée. Il est indiscutable que certains effets de l'alliance persistent alors même qu'il n'y a plus personne pour constituer ce lien : nul ne doute, par exemple, que cette circonstance n'empêcherait pas l'alliance de constituer une cause d'empêchement au mariage ou, quoiqu'avec moins d'étendue, une cause de reproche de témoin ou de récusation de juge et d'expert (C. proc. civ., art. 268, 283, 378-2°. — V. *suprà*, v° *Alliance*, n. 25 et s.). — Il en résulte que l'alliance n'est pas détruite par son seul effet. Or, si certains de ses effets cessent ou sont affaiblis alors, l'obligation alimentaire par exemple (V. *suprà*, v° *Aliments*, et *infrà*, v° *Divorce*), il n'en est ainsi que dans les cas spécialement prévus par la loi; d'où il suit que, quant à la vocation au conseil de famille, elle doit, dans le silence de la loi, survivre à la dissolution du mariage, alors même qu'il n'en reste pas d'enfants. Le beau-frère sans enfants doit donc, de préférence à un ami, concourir à la formation d'un conseil de famille appelé à donner son avis sur l'interdiction de sa belle-sœur.

32. — La même règle est applicable, ledit beau-frère se fût-il remarié. — V. sur ces derniers points, *suprà*, v° *Alliance*, n. 20, 22, 24. — V. aussi sur la question, en ce dernier sens, Magnin, t. 1, n. 334; Duvergier, sur Toullier, t. 2, n. 1112, note 6; Valette, sur Proudhon, t. 2, p. 315, obs. 2; Valette, *Cours de C. civ.*, p. 523; Taulier, t. 2, p. 27; Zachariæ, § 93, note 7; Sébire et Carteret, v° *Cons. de fam.*, n. 271; Demante et Colmet de Santerre, t. 1, n. 288 *bis*-III; Aubry et Rau, t. 1, p. 227, § 67, note 11, et p. 378, § 93, note 4; Allain, t. 1, n. 839; Fuzier-Herman, *C. civ. annoté*, sur l'art. 407, t. 1, n. 1 et 2. — V. aussi Brilion, v° *Affinité*, qui cite un arrêt du Parlement d'Aix de 1642; Duperrier, t. 2, p. 419.

33. — En ce qui concerne les ascendants et les ascendantes, il y a un peu plus de difficulté. En effet, les rédacteurs du

Code civil ont considéré l'idée que ces personnes devaient nécessairement faire partie du conseil de famille comme tellement naturelle qu'ils ne l'ont énoncée qu'accessoirement aux règles écrites pour les frères et les beaux-frères germains; encore l'ont-ils fait dans des termes prêtant singulièrement à la critique. L'art. 408 parle des veuves d'ascendants et des ascendants valablement excusés. Il faut entendre par veuves d'ascendants les ascendantes veuves, et exclure du conseil de famille les femmes qui ont été unies à des ascendants par un mariage autre que celui dont descend le mineur; si la loi fait en ce qui concerne les ascendants une exception au principe que les membres du conseil de famille doivent appartenir au sexe masculin, du moins faut-il qu'elles soient rattachées au mineur par les liens du sang; l'art. 442, C. civ., fournit en ce sens un puissant argument d'analogie. Il est à remarquer, d'ailleurs, que presque toujours les secondes femmes des ascendants auraient des intérêts opposés à ceux du mineur. — Delvincourt, t. 1, p. 106, note 5; Duranton, t. 3, n. 459; Taulier, t. 2, p. 28; Valette, sur Proudhon, t. 2, p. 306; Zachariæ, § 93, note; Toullier, t. 2, n. 1111; Demolombe, t. 7, n. 259; Laurent, t. 4, n. 439; Aubry et Rau, t. 1, § 93, note 9, p. 379; Baudry-Lacantinerie, t. 1, n. 1024; Huc, t. 3, n. 304.

34. — Il faut aussi retrancher dans l'art. 408 les mots « valablement excusés » appliqués aux ascendants par suite d'une erreur des rédacteurs du Code civil, qui, traitant alors de l'hypothèse où le conseil de famille se réunit pour nommer un tuteur, ont cru à tort qu'il ne pouvait y avoir lieu à la nomination d'un tuteur datif si tous les ascendants ne s'étaient pas fait excuser. Tous les ascendants font donc partie du conseil de famille, et en première ligne comme appartenant à la ligne directe sans qu'il y ait lieu de distinguer s'ils ont été valablement excusés de la tutelle ou si, n'y étant pas appelés, ils n'ont pas eu besoin de s'en faire excuser. Bien évidemment, d'ailleurs, le nombre plus ou moins grand des frères germains ou des maris de sœurs germaines ne peut être un motif suffisant pour n'admettre au conseil que les ascendants valablement excusés. Tous les ascendants et les ascendantes veuves font donc partie du conseil de famille concurremment avec les parents ou alliés du deuxième degré, quel qu'en soit nombre total, sauf s'ils ont été exclus ou destitués de la tutelle. — Valette, sur Proudhon, t. 2, p. 310, obs. 1; Demolombe, t. 7, n. 261; Aubry et Rau, t. 1, p. 379, § 93, note 8; Laurent, t. 4, n. 439; Baudry-Lacantinerie, t. 1, n. 1024; Huc, t. 3, n. 304.

35. — Non seulement, d'ailleurs, tous les ascendants doivent être convoqués aux réunions du conseil, mais ils y sont convoqués en qualité de membres nécessaires. On a essayé cependant d'argumenter du texte de l'art. 408 pour distinguer suivant qu'ils ne se seraient pas valablement excusés de la tutelle, auquel cas ils feraient partie des six parents nécessaires pour la composition du conseil, ou qu'il s'agirait d'ascendants valablement excusés et d'ascendantes veuves; dans cette seconde hypothèse, simplement appelés par déférence les membres seraient volontaires, ils seraient libres de se présenter ou non et l'on devrait, indépendamment d'eux, convoquer d'autres parents en cas d'insuffisance des frères germains pour atteindre le chiffre de six membres. — Toullier, t. 2, n. 1111; Favard de Langlade, v° *Tutelle*, § 4, n. 3; Taulier, t. 2, p. 28; Marchand, p. 127; Sébire et Carteret, v° *Conseil de famille*, n. 25; Carré, *Juges de paix*, t. 3, n. 1869; Marcadé, sur l'art. 408, t. 2, p. 202; Valette, sur Proudhon, t. 2, p. 311, obs. 2.

36. — Mais cette interprétation ne serait admissible que si elle s'appuyait sur un texte formel, ce qui n'est pas d'ailleurs, car elle est contraire à l'esprit qui a fait écrire les règles concernant la composition du conseil de famille et de la tutelle, et d'où ressort la préférence marquée par la loi pour les ascendants sur les frères germains. L'art. 407 du Code pose un principe général en y appelant les parents d'après leur proximité de degré, et la ligne directe en fait nécessairement partie; sans doute, l'art. 408 apporte une exception à ce principe, mais seulement en ce sens que, pour éviter d'éliminer certains des frères germains ou des maris de sœurs germaines si leur nombre, joint à celui des ascendants, excédait le chiffre de six, il les admet tous ensemble, si nombreux qu'ils soient. Le troisième alinéa de cet article ne vise donc pas l'hypothèse du concours de frères germains ou de maris de sœurs germaines avec des ascendants ou des ascendantes veuves; ces derniers sont membres, non facultatifs, mais nécessaires du conseil, et nul autre parent ne doit être appelé si, réunis aux frères et aux beaux-frères, ils atteignent le chiffre

légal. — De Fréminville, t. 1, n. 87; Duranton, 4° édit., t. 3, n. 459 et 460; Duvergier, sur Toullier, t. 2, n. 1111; Valette, sur Proudhon, t. 2, p. 310; Demante, t. 2, n. 155; Jay, *Tr. du cons. de fam.*, n. 7, p. 23; Demolombe, t. 7, n. 262 et s.; Du Caurroy, Bonnier et Roustain, t. 1, n. 607; Delvincourt, t. 1, p. 110; Magnin, t. 1, p. 275; Massé et Vergé, sur Zachariæ, t. 1, § 391, note 14; Aubry et Rau, t. 1, § 93, note 11, p. 380; Laurent, t. 4, n. 440; Baudry-Lacantinerie, t. 1, n. 1024; Huc, t. 3, n. 304.

37. — II. *Les membres du conseil doivent être mâles et majeurs, les plus proches en degré dans la famille et être pris pour moitié dans chaque ligne.* — Nonobstant la première partie de cette règle, écrite dans l'art. 442, nous avons vu le Code admettre les ascendantes à faire partie du conseil, malgré leur sexe; et, quoique mineur, le père ou la mère y doit être également appelé. En ce qui concerne, au contraire, la règle relative à la proximité du degré, il n'existe pas d'exceptions et, sous la nouvelle législation comme sous l'ancienne, les parents ou alliés qui sont sur les lieux ou dans le rayon de deux myriamètres doivent être appelés de préférence aux parents et alliés moins proches; *à fortiori* n'est-ce qu'à défaut de parents que des amis peuvent être admis à une assemblée de famille. — Paris, 26 pluv. an XI, Brisson, [S. et P. chr.]; — 22 frim. an XII, Bourguignon, [P. chr.] — Angers, 29 mars 1821, Delélée, [S. et P. chr.] — Montpellier, 12 mars 1833, R..., [S. 34.2.42, P. chr.] — Paris, 24 févr. 1842, Sarda-Garriga, [P. 42.1.580]

38. — Enfin, la coopération des deux lignes en nombre égal au conseil de famille est de rigueur lorsque la présence de parents dans le lieu même de la réunion permet de rendre ce nombre égal. — Liège, 4 janv. 1811, Ambros, [S. et P. chr.]

39. — D'où il suit que, bien évidemment, l'insuffisance du nombre de parents ou d'alliés dans une ligne ne saurait être complétée par des membres pris dans l'autre ligne; l'équilibre d'influence recherché par l'art. 407 serait en effet rompu en pareil cas. — Blanchel, § 24; Magnin, t. 1, n. 330; Zachariæ, § 93, texte et note 9; Demolombe, t. 7, n. 267; Aubry et Rau, t. 1, p. 379, § 93, note 7; Laurent, t. 4, n. 473; Baudry-Lacantinerie, t. 1, n. 1025.

40. — Mais les parents appartenant à la fois aux deux lignes peuvent être indifféremment rangés dans l'une ou dans l'autre, suivant les besoins. Cela ne peut faire aucun doute en présence de l'art. 408, C. civ., en ce qui concerne les frères germains ou les maris de sœurs germaines, puisque, s'ils sont en nombre suffisant, ils peuvent à eux seuls constituer le conseil de famille. — Cass., 16 juill. 1810, Chapais, [S. et P. chr.]; — 10 août 1815, Contrastin, [S. et P. chr.] — *Sic*, Merlin, *Rép.*, v° *Tutelle*, sect. 2, § 3, art. 3, n. 7 *bis*; Magnin, t. 1, n. 331; Zachariæ, § 94, texte et note 8; Demolombe, t. 7, n. 257; Aubry et Rau, t. 1, p. 379, § 93, note 6.

41. — Mais la règle est générale et, par exemple, elle s'applique aux neveux, enfants ou descendants de frères germains. L'art. 407 ne dit pas, en effet, que les parents ou alliés à prendre dans chaque ligne doivent appartenir exclusivement à la ligne qu'ils sont chargés de représenter; il suffit qu'ils lui appartiennent; or, les personnes qui sont parentes dans les deux lignes remplissent cette condition sans qu'on puisse les rattacher plutôt à une ligne qu'à l'autre. On ne peut donc exclure du conseil de famille des parents, à raison de cette circonstance qu'ils appartiennent aux deux lignes. Il en résulte que les neveux germains, descendants de frères germains ou de sœurs germaines, pourraient à eux seuls composer le conseil, s'ils étaient en nombre suffisant. — Cass., 16 juill. 1810, précité. — *Sic*, Delvincourt, t. 1, p. 106, note 6; Merlin, *loc. cit.*; Zachariæ, *loc. cit.*; Demolombe, t. 7, n. 269; Aubry et Rau, *loc. cit.*

42. — Et c'est ainsi qu'a fait à tort qu'un arrêt a déclaré que, lorsqu'il n'y a pas sur les lieux de parents appartenant à une seule ligne, il fallait composer le conseil avec des amis bien qu'il existât des neveux germains. — Colmar, 14 juill. 1836, Bour, [S. 37.2.231, P. 37.2.434] — L'art. 408 en faveur des frères germains ne s'étend pas à leurs enfants. Rien n'est plus vrai : mais il s'agissait, dans l'espèce, d'appliquer non la disposition de l'art. 408, mais bien la règle de l'art. 407; en écartant les neveux germains, on en violait et le texte et l'esprit.

43. — III. *Lieu de résidence des membres.* — Les membres du conseil doivent, en principe, résider dans la commune où s'est ouverte la tutelle, ou dans un rayon de deux myriamètres. Il n'est pas nécessaire, d'ailleurs, qu'ils aient leur domicile dans la circonscription déterminée par l'art. 407, ni même qu'ils y aient une résidence fixe. Malgré l'avis contraire de Demolombe (t. 7, n. 277), on se contente d'une résidence accidentelle et passagère; le parent le plus proche qui se trouve momentanément sur les lieux est appelé de préférence au parent plus éloigné qui y aurait son domicile ou une résidence durable. La pratique a sanctionné cette interprétation qui est conforme à l'esprit de la loi. — Locré, t. 7, sur l'art. 407; Delvincourt, t. 1, n. 276; de Fréminville, t. 1, n. 84; Zachariæ, § 93, texte et note 5; Jay, n. 22; Massé et Vergé, sur Zachariæ, t. 1, p. 390, note 6; Laurent, t. 4, n. 432; Aubry et Rau, t. 1, p. 378, § 93, note 5; Baudry-Lacantinerie, t. 1, n. 1023; Huc, t. 3, n. 303.

44. — La règle relative à la circonscription territoriale dans laquelle doivent être pris les membres du conseil de famille est d'ailleurs générale, et l'art. 408, quant aux frères germains et aux ascendants, n'apporte d'exception à l'art. 407 qu'en ce qui touche la limitation du nombre légal et non relativement à la fixation du rayon dans lequel doivent être pris les membres du conseil. Les frères germains, ascendants ou ascendantes veuves, ne sont donc appelés nécessairement à en faire partie que s'ils demeurent dans le rayon légal. — Duranton, t. 3, n. 459; Massé et Vergé, sur Zachariæ, t. 1, p. 391, note 11; Demolombe, t. 7, n. 265; Aubry et Rau, t. 1, p. 380, § 93, note 10; Laurent, t. 4, n. 437; Huc, t. 3, n. 304.

45. — Mais les art. 409 et 410 apportent à notre règle une double modification. L'art. 409 vise le cas où il n'y a pas, dans la commune ou dans la distance des deux myriamètres, de parents ou alliés du mineur en nombre suffisant pour composer le conseil; il autorise alors le juge de paix à y appeler, à son choix et conformément aux intérêts du pupille, soit des parents ou alliés domiciliés à de plus grandes distances sans être tenu en pareil cas, semble-t-il, de suivre l'ordre des degrés de parenté, soit, dans le rayon légal, des personnes connues pour avoir eu des relations habituelles d'amitié avec le père ou la mère du mineur, suivant qu'il s'agit de compléter la représentation de l'une ou l'autre des deux lignes (V. L. 223, D. *de verb. signif.*). On avait pensé tout d'abord à appeler en pareil cas les *voisins* du mineur à ce seul titre, mais on a fait remarquer que les relations de voisinage sont souvent peu intimes, et le mot *voisins* a disparu de la rédaction définitive; ces personnes ne pourront faire partie du conseil qu'en qualité d'amis des parents, s'ils l'ont été. — Locré, t. 7, p. 107 et 132; Meslé, *Des minorités*, part. 1, chap. 12, p. 422; Demolombe, t. 7, n. 270.

46. — Les citoyens non parents ni alliés ne doivent donc être admis au conseil de famille qu'à la double condition d'être domiciliés dans la commune et d'avoir eu des relations d'amitié avec les parents du mineur. Il résulte de l'art. 409 que le juge de paix jouit d'une grande liberté pour la composition du conseil quand il n'y a pas sur les lieux de parents ou d'alliés en nombre suffisant.

47. — Il a été jugé, il est vrai, que des amis ne peuvent être admis dans un conseil de famille par préférence à des parents domiciliés hors de la distance de deux myriamètres qui demandent à en faire partie et offrent de le faire à leurs frais — Besançon, 26 août 1808, Féliker, [S. et P. chr.]; — et cette opinion a trouvé quelques partisans dans la doctrine; ils s'appuient principalement sur cette idée qu'on a voulu éviter des frais retombant à la charge du mineur, et que, dès lors, le juge de paix ne peut user de son droit de libre choix quand ces frais sont supportés par des tiers. — Delvincourt, t. 1, p. 106, note 8; Toullier, t. 7, n. 1112; Sébire et Carteret, v° *Conseil de famille*, n. 32.

48. — Mais cette opinion a été dès longtemps abandonnée. On a fait remarquer d'abord qu'elle est contraire au texte de notre art. 409 qui ne met aucune restriction au libre choix du juge de paix, et aussi à son fondement juridique; car la loi a voulu éviter non seulement les frais, mais les retards qui pourraient être tout aussi préjudiciables au mineur; elle a donc chargé le juge de paix d'apprécier l'opportunité de la mesure à prendre, et lui a laissé dans tous les cas une entière liberté de décision. — Duranton, t. 3, n. 462; Chardon, t. 3, n. 317; Marchand, p. 144, 145; de Fréminville, t. 1, n. 89; Massé et Vergé, sur Zachariæ, t. 1, p. 392, note 18; Demolombe, t. 7, n. 274; Laurent, t. 4, n. 434, qui cite en ce sens un arrêt de Liège du 21 juill. 1817.

49. — Il a été jugé, en conséquence, que lorsque le juge de paix a trouvé dans le rayon de deux myriamètres le nombre de parents ou d'alliés suffisant pour composer le conseil de famille, des parents plus proches, mais domiciliés hors de ce rayon, ne peuvent le contraindre à les admettre au conseil. — Rouen, 29 nov. 1816, Dupré, [S. et P. chr.]

50. — ... Que le juge de paix peut même appeler des amis quand il n'y a pas de parents sur les lieux, y en eût-il dans l'arrondissement. — Paris, 28 févr. 1814, Signette, [P. chr.]

51. — ... Que, sans doute, les parents demeurant hors de la distance légale pourront être admis au conseil de préférence aux parents ou alliés moins proches, et surtout aux amis résidant sur les lieux, mais que ce n'est pas là un droit pour eux et qu'il n'en est ainsi qu'autant que le juge de paix autorise leur admission. — Rennes, 30 juill. 1833, Gaudin, [P. chr.]

52. — Toute protestation leur est interdite contre le choix d'amis fait par le juge de paix. — Demolombe, t. 7, n. 266 et 274; Aubry et Rau, t. 1, p. 380, § 94; Laurent, t. 4, n. 442; Huc, t. 3, n. 305.

53. — Entre les diverses personnes ayant eu des relations d'amitié avec les parents du mineur, le juge de paix exerce aussi souverainement son choix. — Douai, 13 févr. 1844, Leclercq, [S. 45.2.79, P. 46.1.65, D. 45.3.152]

54. — Et il ne peut être valablement suppléé dans cette fonction, sauf acquiescement de sa part, par celui qui a provoqué la nomination du conseil. — Besançon, 9 avr. 1808, de Pouthier, [S. et P. chr.]

55. — Son choix d'ailleurs n'a rien de définitif; il peut toujours rectifier sa première décision pour appeler au conseil d'autres amis plus intimes des parents du mineur. — Aix, 3 août 1838, Pinasque, [D. *Rép.*, v° *Minorité*, n. 199]

56. — L'art. 410 confère, dans l'intérêt du mineur, un pouvoir plus grand encore au juge de paix. Lorsque même qu'il y a sur les lieux un nombre suffisant de parents ou d'alliés, ce magistrat est autorisé à en convoquer d'autres, à quelque distance qu'ils soient domiciliés, en en éliminant assez parmi les présents pour que le chiffre normal de six ne soit pas dépassé. Il faut seulement que les parents ou alliés par lui appelés soient plus proches en degré, ou au moins de même degré que les parents ou alliés présents. Remarquons-le, d'ailleurs, bien que cet article soit conçu en termes généraux, sa disposition est forcément restreinte par celle de l'art. 408 : Le juge de paix ne peut, pour user du droit qui lui est conféré, éliminer des ascendants ou ascendantes veuves et des frères germains ou maris de sœurs germaines habitant dans le rayon légal qui, s'ils le sont, nous l'avons vu, membres nécessaires du conseil de famille. — Duranton, t. 3, n. 462; Demolombe, t. 7, n. 272; Aubry et Rau, t.1, p. 381, § 93, note 14.

57. — Le juge de paix peut s'adresser même à des amis, bien qu'il y ait des parents présents sur les lieux, si ceux-ci négligent de répondre à la convocation. Mais pour que le juge de paix puisse composer le conseil de famille avec des amis, alors qu'il existe sur les lieux des parents ou des alliés, il faut que ceux-ci aient été tout d'abord cités; toutefois, il n'est pas nécessaire d'attendre que ces derniers déclarent qu'ils ne peuvent pas ou ne veulent pas y figurer; il suffit qu'ils ne répondent pas à la convocation. En ce sens, que le juge de paix ne fait qu'user de son droit en remplaçant par un ami de la famille un parent convoqué à la réunion du conseil de famille dans le cas où, quoique présent sur les lieux, ce parent n'a fait aucune réponse à la convocation, ni présenté aucune excuse. — Trib. Lyon, 19 juin 1869, G..., [D. 70.3.104]

58. — IV. *Recours contre la décision du juge de paix.* — C'est donc, en somme, le juge de paix qui est chargé par la loi de composer le conseil de famille, à la condition d'observer les règles écrites dans les art. 407 et s., C. civ. C'est là une disposition très-sage et une garantie sérieuse pour le mineur, mais les pouvoirs de ce magistrat ne sont pas indéfinis, et les personnes qui se croiraient lésées par la façon dont il a rempli sa mission doivent évidemment pouvoir soumettre leurs griefs aux tribunaux. Comment le pourront-ils faire? Rien de plus simple : si le conseil ainsi composé a délibéré, ils attaqueront alors la délibération. Mais s'il n'y a encore aucune délibération à attaquer, M. Demolombe estime (t. 7, n. 276) qu'ils ne peuvent agir; car le juge de paix, s'il ne consentait pas de plein gré à reconstituer le conseil dans le sens indiqué, prendrait une ordonnance rejetant la requête à lui faite, et, sur l'appel, le tribunal de première instance statuerait en dernier ressort; or, c'est là, ajoute cet auteur, un résultat contraire au vœu de la loi qui, dans l'art. 889, C. proc. civ., réserve aux cours d'appel le droit de connaître, en dernière analyse, des questions relatives aux avis de parents. On peut dire surtout que les tribunaux sont incompétents pour statuer sur une question dont le juge de paix a la souveraine appréciation, et que la qualité des membres du conseil n'emportant nullité qu'au cas où l'intérêt du mineur est compromis, il faut attendre une délibération qui lui nuise pour agir. — Laurent, t. 4, n. 446.

59. — La jurisprudence a penché tout d'abord dans un sens opposé. Ainsi, dans une hypothèse où, des causes d'exclusion étant proposées contre la mère tutrice qui professait une religion autre que celle du parent qui les proposait, il était à craindre que cette différence de religion pût influer sur la délibération du conseil, le tribunal a ordonné, avant toute délibération, que les amis appelés à défaut de parents du côté maternel seraient de la même religion que la mère. — Bordeaux, 6 mess. an XII, Delvaille, [S. et P. chr.]

60. — Il a été jugé, de même, qu'une ordonnance du juge de paix ayant composé le conseil avec des amis quand il y avait des parents ou des alliés dans la commune, pouvait être, *à priori*, réformée par les tribunaux. — Paris, 24 févr. 1842, Sarda Garriga, [P. 42.1.580]

61. — Deux arrêts de Bruxelles avaient aussi admis la possibilité d'un recours, soit devant le juge de paix, soit devant les tribunaux, antérieurement à toute délibération du conseil. — Bruxelles, 22 juin 1827, G..., [P. chr.]; — 18 mai 1844, [Pasier., 45.2.264] — Mais les derniers arrêts sont favorables à notre interprétation. Il a été jugé que les membres d'un conseil de famille appelé à délibérer ne peuvent, en principe, attaquer sa composition avant une délibération soit intervenue. — Caen, 31 juill. 1856, R..., [S. 57.2.22, P. 57.940]

62. — ... Que le juge de paix a pleins pouvoirs pour composer le conseil de famille et pour le modifier suivant les circonstances; qu'en cas de contestation, il ne peut renvoyer l'incident devant le tribunal, et que les parties intéressées, qui pourraient poursuivre devant le tribunal l'annulation d'une délibération prise par un conseil de famille irrégulièrement composé, n'ont aucune action pour critiquer la formation de ce conseil en dehors de tout acte de fonctionnement par lui accompli dans les limites de sa compétence. — Bordeaux, 13 juin 1877, Rambaud, [S. 77.2.295, P. 77.1169, D. 78.2.44]

63. — L'arrêt de la cour de Caen apporte cependant une exception à la règle, quand il s'agit d'un conseil de famille appelé à donner son avis sur l'état d'un individu dont l'interdiction est demandée; ce dernier serait recevable à critiquer la composition du conseil avant toute délibération. — Caen, 31 juill. 1856, précité.

64. — *A fortiori* de l'opinion par nous adoptée, nous déclarerons impossible tout recours contre la composition du conseil de famille tant qu'il n'est pas définitivement constitué, et que les convocations ne sont pas faites. Jusqu'au jour de la réunion, en effet, le juge de paix peut rectifier son choix d'après les observations et les renseignements qui lui parviennent, appeler des parents au lieu d'amis précédemment convoqués, des amis au lieu de personnes n'ayant pas cette qualité, et les premiers choisis ne sont pas en droit de réclamer. — Laurent, t. 4, n. 446.

§ 2. *Règles spéciales.*

65. — I. *Désaveu d'enfant.* — Les règles tracées par les art. 407 et s., C. civ., sont expressément applicables toutes les fois qu'il s'agit de convoquer un conseil de famille pour un enfant légitime ou réputé tel par la loi. Elles doivent être suivies, par exemple, au cas de nomination d'un tuteur *ad hoc* à l'enfant contre lequel est dirigé un désaveu; en pareil cas, le conseil ne doit pas être exclusivement composé d'amis, s'il existe des parents dans le rayon fixé par la loi. — Montpellier, 12 mars 1833, R..., [S. 34.2.42, P. chr.]

66. — Dans la même hypothèse et quand l'enfant à désavouer, inscrit sur les registres de l'état civil comme né de père et mère inconnus, est renié par la mère présumée, il a été jugé que les membres du conseil de famille doivent encore être pris, conformément aux articles précités, pour moitié parmi les parents du côté paternel et pour moitié parmi des amis, à défaut de parents dans la ligne maternelle. — Paris, 1er août 1853, X..., [P. 54.1.19] — *Sic*, Favard de Langlade, *Rép.*, v° *Paternité*, n. 8; Proudhon, *État des pers.*, t. 2, p. 59; Toullier, t. 2, n. 843; Duranton, t. 3, n. 96; Magnin, t. 1, n. 209; Zachariæ, § 54;

bis; Rolland de Villargues, v° *Désaveu de paternité*, n. 226 Allain, *Man. encycl. des juges de paix*, n. 1142; Bioche, *Dict. des juges de paix*, v° *Désaveu de paternité*, n. 2; Vaudoré, *Dr. civ. des juges de paix*, v° *Désaveu de paternité*, n. 2; Aubry et Rau, t. 6, p. 60, § 545 *bis*, note 39.

67. — Certains auteurs, il est vrai, estiment qu'au cas de désaveu, le conseil de famille, chargé de nommer le tuteur *ad hoc* qui défendra les intérêts du mineur contre l'action du père légal, ne devrait comprendre aucun parent de la ligne paternelle; il faudrait, suivant eux, le composer exclusivement de parents maternels et d'amis (Richefort, t. 1, n. 74; Marcadé, sur l'art. 318). Mais l'art. 407 ne distingue pas et l'exception qu'on propose d'y apporter doit être rejetée comme purement arbitraire; les règles ordinaires en matière de composition des conseils de famille doivent être suivies ici aussi bien que dans les autres hypothèses. — Cass., 9 mai 1804, Hottin, [S. 64.1.303, P. 64.403, D. 64.1.409] — Paris, 21 févr. 1863, Hottin, [S. 63.2.36, P. 63.246, D. 63.2.37] — V. *infra*, v° *Désaveu*.

68. — II. *Enfant naturel.* — Il est d'autres hypothèses où la convocation d'un conseil de famille est exigée par la loi; ainsi en est-il lorsqu'il s'agit de protéger les intérêts d'un enfant illégitime mineur, ou conférer à un majeur dont on demande l'interdiction (C. civ., art. 494), ou encore de donner un tuteur à une substitution (C. civ., art. 1056). Nos articles devront encore s'appliquer en principe, avec quelques variantes résultant des circonstances ou imposées par les textes.

69. — Ainsi l'enfant naturel n'a, aux yeux de la loi, d'autres parents que ses père et mère; on ne peut donc composer son conseil de famille, conformément à la règle de l'art. 407, avec des parents ou des alliés, alors même qu'il s'agirait d'un enfant naturel reconnu (*Contrà*, Marchand, p. 284). Il faut par suite observer alors la règle de l'art. 409 par analogie, et appeler au conseil des personnes connues pour leurs relations habituelles d'amitié avec le père ou la mère du mineur ou avec ce dernier lui-même. — Cass., 3 sept. 1806, Duston d'Arx, [S. et P. chr.] — Douai, 22 juill. 1856, Wabraud, [S. 57.2.33, P. 58.245] — Bordeaux, 26 juin 1860, sous Cass., 22 août 1861, Marquais, [S. 61.1.929, P. 62.988, D. 62.1.116] — *Sic*, Merlin, *Rép.*, v° *Cons. de fam.*, n. 2; Toullier, t. 2, n. 113; Favard de Langlade, t. 5, n. 820; Hautefeuille, p. 523; Pigeau, t. 2, p. 585; de Fréminville, t. 1, n. 90; Zachariæ, § 93, texte et note 19; Aubry et Rau, t. 1, p. 381, § 93, note 15.

70. — Le conseil de famille d'un enfant naturel doit évidemment comprendre la mère qui l'a reconnu; si cependant cette reconnaissance est toute récente et même postérieure à la nomination du tuteur, la mère ne peut attaquer cette nomination sous le prétexte qu'elle n'a pas été convoquée. — Cass., 7 juin 1820, Virginie-Hours, [S. et P. chr.]

71. — Les amis appelés par le juge de paix doivent, en principe, résider dans la commune du mineur et avoir été en bonnes relations tant avec la mère qu'avec le père. Cependant l'intérêt de l'enfant seul à considérer, et le juge de paix en est appréciateur souverain; on ne saurait donc attaquer la composition du conseil en ce que les membres en auraient été exclusivement choisis parmi les amis du père ou ne seraient pas tous domiciliés dans la commune susdite. — Cass., 7 juin 1820, précité. — Douai, 22 juill. 1856, précité. — *Contrà*, Marcadé, sur l'art. 409; Demante, t. 2, n. 156; Demolombe, t. 7, n. 266.

72. — Mais si, au contraire, la composition du conseil avait été à dessein modifiée pour briser une majorité dévouée à l'enfant naturel mineur en en excluant deux personnes particulièrement connues pour leurs relations d'amitié avec sa mère et pour le vif intérêt qu'ils lui portent; il y aurait là un motif suffisant pour attaquer et faire tomber les délibérations prises par cette assemblée. — Bordeaux, 9 juin 1863, Bertrand, [S. 64.2.9, P. 64.392]

73. — III. *Interdit.* — En ce qui touche le conseil de famille à réunir en matière d'interdiction, il faut distinguer suivant qu'il s'agit pour lui de donner son avis avant toute décision judiciaire sur l'état de la personne à interdire (C. civ., art. 494), ou d'organiser et de surveiller la tutelle une fois l'interdiction prononcée (C. civ., art. 503). Dans les deux cas, ce sont bien encore les art. 407 et s. qui règlent la composition de tels conseils, mais la loi y a apporté, pour la première hypothèse au moins, quelques modifications. Le conseil de famille qui doit donner son avis sur l'état de la personne à interdire est composé, l'art. 494 le dit expressément, selon le mode déterminé pour les mineurs; on y appellera d'ailleurs toujours le conjoint et les enfants de la personne dont l'interdiction est provoquée. Seulement l'art. 495 édicte une règle spéciale à cette matière : quand le conseil de famille est convoqué pour l'objet dont il est ici question, ceux qui auront provoqué l'interdiction n'en pourront pas faire partie, à peine de nullité de la délibération. — Montpellier, 18 mess. an XIII, Latreille, [S. et P. chr.] — L'art. 495 ajoute cependant que, si l'interdiction est provoquée par l'époux, l'épouse ou les enfants, ces personnes peuvent néanmoins être admises au conseil, mais seulement avec voix consultative.

74. — En prenant le second alinéa de l'art. 495 dans un sens absolu et en l'isolant du premier paragraphe, on a soutenu que l'époux, l'épouse et les enfants de la personne à interdire ne pouvaient jamais être admis au conseil qu'avec voix consultative alors même qu'ils n'auraient pas provoqué l'interdiction. — Locré, t. 3, p. 335; Toullier, t. 2, n. 1322; Favard de Langlade, *Rép.*, v° *Interdiction;* Du Caurroy, Bonnier et Roustain, t. 1, n. 720.

75. — Il a été jugé, en ce sens, que la participation des enfants à la délibération du conseil n'est nullement nécessaire et que leur absence ne saurait emporter nullité. — Colmar, 14 juill. 1836, Baur, [S. 37.2.231, P. 37.2.434]

76. — Mais, bien que cette opinion puisse trouver quelque appui dans les travaux préparatoires du Code (V. Locré, *Législ.*, t. 7, p. 322, art. 8, p. 343, n. 4, p. 353, n. 5, p. 369, n. 5), elle doit certainement être répudiée. L'art. 495 forme un tout et chacune de ses parties se relie à l'autre; le deuxième alinéa vise donc uniquement l'hypothèse où les enfants de la personne à interdire sont demandeurs en interdiction. C'est là son sens évident et il est d'autant plus impossible d'en donner une autre interprétation qu'on irait, en le faisant, directement contre la règle de l'art. 494 qui, renvoyant aux principes écrits au titre de la tutelle, prescrit par là même d'appeler au conseil l'époux et les enfants en leur qualité de plus proches parents, et qu'on prononcerait aussi par là une incapacité contraire aux règles du droit commun, ce qui est inadmissible. — Cass., 13 mars 1833, Bouillet, [S. 33.1.257, P. chr.] — Rouen, 30 nov. 1836, Hersent, [S. 37.2.88, P. 37.2.436] — Paris, 2 mai 1853, Remy, [S. 53.2.321, P. 53.2.208, D. 53.2.191]; — 15 juin 1857, Porquet, [S. 58.2.104, P. 57.1032, D. 58.2.91] — *Sic*, Delvincourt, t. 1, p. 323; Duranton, t. 3, n. 729; Valette, sur Proudhon, t. 2, p. 522 et 523, note *a*; Duvergier, sur Toullier, t. 2, n. 1322; Demolombe, t. 8, n. 495, 499, 500; Aubry et Rau, t. 1, p. 514, § 125, notes 12 et 13; Mourlon, t. 1, n. 1278.

77. — Pour les autres parents, les principes ordinaires s'appliquent sans difficulté. Ainsi la mère du défendeur à l'interdiction doit faire partie du conseil de famille; peu importe que l'interdiction soit provoquée par le père. — Caen, 10 juin 1880, Guillouet, [S. 81.2.33, P. 81.1.206, D. 81.2.217]

78. — Si maintenant nous supposons l'interdiction prononcée, et qu'il s'agisse d'organiser la tutelle et de composer un conseil de famille, les règles posées par les art. 407 et s., s'appliquent alors strictement et l'art. 495 ne doit plus être pris en considération. D'où il résulte que celui qui a poursuivi l'interdiction peut être membre du conseil; une fois l'interdiction prononcée, il cesse en effet d'être partie intéressée. — Metz, 24 brum. an XIII, Despinay, [S. et P. chr.] — *Sic*, Duranton, t. 3, n. 756; Du Caurroy, Bonnier et Roustain, t. 1, n. 720; Demolombe, t. 8, n. 572; Aubry et Rau, t. 1, p. 519, § 126, note 8; Laurent, t. 5, n. 291.

79. — Pour la même raison et par ce motif que l'art. 505 renvoie à toutes les règles admises pour la tutelle des mineurs, nous appliquerons ici l'art. 442, C. civ., et déclarerons la femme de l'interdit incapable de faire partie de son conseil de famille. On invoque, il est vrai, contre cette solution le texte de l'art. 507 qui permet de nommer la femme tutrice de son mari interdit; or, dit-on, la femme n'étant exclue du conseil de famille, en matière de tutelle, qu'au cas où elle est exclue de la tutelle, elle peut donc y être appelée dans notre cas. — Bruxelles, 20 juill. 1812, Pauwels, [S. et P. chr.] — *Sic*, Demolombe, t. 7, n. 512.

80. — Mais l'opinion contraire prévaut en jurisprudence; l'exception apportée aux principes par l'art. 507 doit être entendue que restrictivement, et, de ce que la femme est autorisée à être tutrice, il ne s'ensuit pas qu'elle puisse faire partie du conseil réuni pour nommer un tuteur à son mari. — Paris, 24 févr. 1853, Bailleux, [S. 53.2.463, P. 53.1.432, D. 53.2.167] — Montpellier, 29 juill. 1862, S..., [S. 62.2.367, P. 63.372, D. 62.2.195] — *Sic*, Aubry et Rau, t. 1, p. 520, § 126, note 9.

81. — Elle peut cependant être entendue par le conseil dans ses explications et certains arrêts lui reconnaissent même le droit de l'exiger. — Paris, 24 févr. 1853, précité. — Dijon, 15 févr. 1866, Gédéon, [S. 66.2.240, P. 66.927, D. 66.2.63] — *Contrà*, Montpellier, 29 juill. 1862, précité. — V. *infrà*, v° *Interdiction*.

82. — IV. *Substitution.* — Il peut y avoir lieu aussi à convocation d'un conseil de famille pour nommer un tuteur à une substitution (C. civ., art. 1048 et s.). L'art. 1056, il est vrai, ne dit pas expressément par qui devra être faite la nomination du tuteur, mais comme l'art. 1055 renvoie pour les excuses au titre de la tutelle et que, d'ailleurs, la loi parle d'un tuteur à nommer et non d'un curateur, comme disait plus exactement l'ancien droit, on doit admettre que, pour la nomination de ce tuteur, elle a voulu s'en référer aux principes admis pour les tutelles ordinaires. On composera donc le conseil, comme s'il s'agissait de choisir un tuteur pour les appelés, des leurs parents ou alliés, pris par moitié dans chacune des lignes paternelle et maternelle, sauf à n'y appeler que des parents, alliés ou amis du grevé si ce dernier n'était pas marié. — Toullier, t. 3, n. 748; Duranton, t. 9, n. 562, note; Troplong, t. 4, n. 2258; Demolombe, t. 22, n. 469; Aubry et Rau, t. 7, § 696, note 32, p. 339.

83. — Seulement, toute difficulté n'est pas encore écartée et l'on peut se demander de quels éléments devrait être constitué le conseil de famille unique nommé à la substitution, s'il y avait plusieurs appelés dont les parents ou alliés ne fussent pas les mêmes. La question, non résolue par le législateur, ne laisse pas que d'être singulièrement délicate. — V. *infrà*, v° *Substitution*.

84. — V. *Enfants assistés.* — En ce qui concerne les enfants assistés, c'est-à-dire les enfants trouvés, les enfants matériellement abandonnés et les orphelins pauvres confiés à la charité publique pour leur éducation, leur conseil de famille est, d'après la loi du 15 pluv. an XIII et le décret-loi du 19 janv. 1811, constitué par la commission hospitalière de la maison qui les a recueillis dont un des membres exerce les fonctions de tuteur et les autres forment le conseil (L. 15 pluv. an XIII, art. 3; Décret 19 janv. 1811, art. 19). Ces dispositions légales sont encore en vigueur, en droit tout au moins, pour les enfants assistés dans les départements, mais, à Paris, la loi du 10 janv. 1849, qui a confié au directeur de l'administration générale de l'assistance publique la tutelle des enfants assistés de la Seine, a même organisé un conseil de famille à côté de ce tuteur légal. La loi du 27 févr. 1880, art. 8, est venue apporter qu'un tempérament très-spécial à cette anomalie en ce qui concerne l'aliénation des valeurs mobilières appartenant aux enfants : le conseil de surveillance de l'administration de l'assistance publique remplira à ce point de vue étroit, les fonctions de conseil de famille. — V. *infrà*, v° *Enfants assistés*.

85. — Le reproche que nous adressons à la loi du 10 janv. 1849 doit l'être, à bien plus forte raison, à la loi du 24 juill. 1889, qui en ce qui concerne les enfants dont les parents sont déchus de la puissance paternelle, quand la tutelle n'est pas établie par le tribunal dans les termes du droit commun (art. 11), et les enfants moralement abandonnés (art. 21-24), place ces divers pupilles sous l'autorité, à Paris, du directeur général de l'assistance publique, et en province, des préfets et des inspecteurs départementaux des enfants assistés, sans leur constituer de conseils de famille chargés, dans leur intérêt, de surveiller ces divers fonctionnaires. Le tribunal peut, il est vrai, décider que la tutelle sera constituée dans les termes du droit commun (art. 10). — V. *infrà*, v° *Enfants assistés*, *Puissance paternelle*.

86. — Les commissions administratives des hospices sont composées de sept membres avec le maire président (L. 5 août 1879, art. 1). Leur composition se trouve ainsi en harmonie avec celle des conseils de famille. — V. *suprà*, v° *Assistance publique*, n. 444 et s.

87. — VI. *Aliénés.* — Pour les aliénés non interdits, mais placés dans un établissement public ou privé, comme la loi du 27 févr. 1880 leur est applicable (art. 88), c'est la commission administrative de l'établissement qui remplit encore le rôle du conseil de famille. Mais elle n'a cette mission que jusqu'à la nomination d'un administrateur provisoire; celui-ci, une fois nommé, doit convoquer le conseil de famille d'après les règles du droit commun toutes les fois que son autorisation est requise par la loi de 1880. — P. Caulet, *Commentaire et explication pratique de la loi du 27 févr. 1880*, p. 26. — V. *suprà*, v° *Aliéné*.

SECTION II.

Causes d'excuse, d'incapacité, d'exclusion.

88. — Nous venons de voir quelles personnes doivent, en principe, faire partie d'un conseil de famille et dans quel ordre elles doivent être appelées; c'est là, pour elles, un droit et en même temps un devoir. La loi voit en effet dans la tutelle et dans les différentes fonctions dont elle se compose une institution de droit public, des charges publiques en quelque sorte qu'on ne peut décliner à sa volonté mais qu'on ne peut remplir, d'autre part, sans avoir la jouissance de la capacité politique et sans présenter des garanties d'intelligence, de moralité et d'impartialité que l'intérêt du mineur exige. Certaines personnes pourraient donc être appelées à faire partie d'un conseil de famille par leur lien de parenté avec l'individu en tutelle, que la loi en écarte comme incapables, suspectes ou indignes; il en est d'autres qui sont autorisées à se faire décharger de cette fonction.

89. — 1. *Causes d'excuse.* — Si le Code civil n'a pas indiqué de causes précises d'excuse qu'un particulier puisse invoquer pour ne pas faire partie d'un conseil de famille, comme il l'a fait au contraire en ce qui concerne les fonctions de tuteur ou de subrogé tuteur (C. civ., art. 427-441), c'est en raison du caractère moins astreignant et moins gênant du rôle à remplir; il s'en est donc remis au juge de paix du soin d'apprécier si l'excuse présentée est valable et s'il convient de remplacer, temporairement ou non, celui qui la propose (C. civ., art. 414).

90. — Ainsi des parents qui devraient faire partie d'un conseil de famille se trouvent-ils dans des cas d'empêchement légitime fondés soit sur un intérêt pécuniaire au résultat de la délibération, soit sur une impossibilité physique résultant de leur grand âge, ils peuvent être remplacés par d'autres parents en ordre utile. Le juge de paix est juge de la question. — Cass., 3 mai 1842, Bernier, [S. 42.1.493, P. 42.1.707]

91. — Les causes qui dispensent de la tutelle, charge lourde et permanente, ne sont donc pas absolument et nécessairement des motifs d'excuse suffisants en ce qui concerne les fonctions de membres d'un conseil de famille. Quelques-unes d'entre elles, telles qu'une infirmité ou le grand âge, peuvent être admises par le juge; mais il en est autrement du nombre d'enfants, des tutelles ou des fonctions publiques dont on est déjà investi. — Demolombe, t. 7, n. 511.

92. — II. *Causes d'incapacité ou d'exclusion.* — En ce qui concerne, au contraire, les causes d'incapacité ou d'exclusion, elles sont rigoureusement déterminées par la loi, et le juge est lié par cette énumération à laquelle il n'est pas permis d'ajouter que de retrancher. Sont incapables de faire partie d'un conseil de famille, à raison du caractère quasi-public de la fonction, tous ceux qui sont incapables d'être nommés tuteurs, c'est-à-dire : 1° et 2° Les mineurs et les femmes. La loi n'apporte que deux dérogations à cette règle en ce qui concerne les père et mère même mineurs et les ascendants (C. civ., art. 442). Nous avons refusé d'étendre cette exception favorable à la femme de l'interdit pour le conseil de famille à réunir après le prononcé de l'interdiction (V. *suprà*, n. 79 et 80). Certains auteurs, à tort suivant nous, refusent même d'admettre au conseil les père et mère naturels mineurs. — Massé et Vergé, t. 1, p. 392, note 20; Marcadé, sur l'art. 442.

93. — 3° Les individus auxquels une sentence correctionnelle a enlevé, à titre de peine, le droit de vote et de suffrage dans les conseils de famille (C. pén., art. 42, 43 et 335-1°). — V. *infrà*, v° *Droits civils, civiques et de famille.*

94. — ... 4° Ceux qui ont encouru la dégradation civique, soit comme peine principale, soit comme accessoire d'une condamnation à une peine afflictive ou infamante (C. civ., art. 443; C. pén., art. 28 et 34; L. 31 mai 1854, art. 2). — V. *infrà*, v° *Dégradation civile.*

95. — On enseigne assez généralement que les étrangers, alors même qu'ils auraient été admis à jouir des droits civils en France, ne peuvent faire partie d'un conseil de famille (C. civ., art. 13), ne peuvent faire partie d'un conseil de famille (C. civ., art. 13), il s'agit, en effet, d'un droit dont la jouissance forme une sorte de dépendance des droits politiques. — Jay, n. 80; Marchand, n. 150; Demolombe, t. 7, n. 245, 267 et t. 7, n. 512; Aubry et Rau, t. 1, p. 285, § 77, note 6, p. 313, § 79, note 18, p. 373, § 92, texte et note 3.

96. — Pendant longtemps aussi il a été décidé en jurisprudence que l'étranger non naturalisé français, ou qui n'a pas été admis à la jouissance des droits civils, est inhabile à faire partie d'un conseil de famille réuni dans l'intérêt de son parent français, si proche que soit son degré de parenté avec ce dernier. — Bruxelles, 28 juill. 1829, M..., [S. 61.2.209, P. 61.1113, *ad notam*] — Paris, 21 mars 1861, Gilbert, [S. 61.2.209, P.61.1113, D. 61.2.73] — Ce dernier arrêt ajoute même que l'erreur commune sur la capacité putative de l'étranger, convoqué à se prononcer comme membre du conseil, sur une destitution de tuteur, ne couvre pas le vice de la délibération.

97. — Cette opinion se fonde sur une assimilation à ce point de vue entre les fonctions de tuteur et celles de membres du conseil de famille; or on s'accorde en doctrine et en jurisprudence à refuser à l'étranger qui ne jouit pas des droits civils en France le droit d'être nommé tuteur (V. *infrà*, v° *Étranger, Tutelle*). Mais cette assimilation est peut-être un peu forcée. Si un étranger ne peut être tuteur d'un mineur français, c'est surtout parce que le tuteur serait gêné par sa qualité d'étranger le jour où il aurait à exercer en justice une action au nom du mineur et parce qu'il présenterait peu de garanties trop souvent au point de vue de sa responsabilité pécuniaire, ses immeubles sis à l'étranger n'étant pas frappés par l'hypothèque légale du mineur; or, ces considérations sont inapplicables à un membre du conseil de famille puisqu'il n'aura pas, comme tel, à agir en justice au nom du mineur et que ses biens ne sont pas soumis à l'hypothèque légale. D'ailleurs, la base même de cette théorie paraît ébranlée depuis que la Cour de cassation admet qu'un étranger peut être nommé par le conseil de famille tuteur de ses petits-enfants français. — Cass., 16 févr. 1875, Du Breignon, [S. 75.1.193, P. 75.481, D. 76.1.49]

98. — Aussi a-t-il été jugé, depuis lors, que si l'étranger est apte à devenir tuteur, *à fortiori* peut-il être membre d'un conseil de famille relativement à un mineur français. — Paris, 21 août 1879, Baucheron, [S. 80.2.81, P. 80.423, D. 82.5.416] — Trib. Briey, 24 janv. 1878, Grille-Bauchy, [S. 80.2.81, P. 80 423, D. 79.3 40]

99. — Quoi qu'il en soit de cette question délicate et controversée, si l'on doit admettre l'exclusion de l'étranger des conseils de famille, faut-il étendre cette doctrine même au cas où l'étranger a été admis à jouir des droits civils en France? Certains arrêts repoussent formellement cette extension ainsi qu'en ce qui concerne les fonctions de membre du conseil... — Paris, 21 mars 1861 (motifs), précité. — Bruxelles, 28 juill. 1829, précité.

100. — ... Soit même en ce qui touche la tutelle. — Bastia, 5 juin 1838, Ersa, [S. 38.2.439, P. 38.2.520] — V. *infrà*, v° *Tutelle.*

101. — L'opinion contraire, cependant, est logique si l'on considère la fonction de membre du conseil, ainsi que celle de tuteur, comme une dépendance de la capacité politique (Demolombe, *loc. cit.*; Aubry et Rau, *loc. cit.*). Dans cette opinion, l'étranger ne devient capable de figurer dans un conseil de famille que lorsqu'il a obtenu sa naturalisation. A partir de ce jour, sa capacité n'a d'ailleurs jamais été contestée et elle est aujourd'hui consacrée par l'art. 3, L. 16 juin 1889. — V. *infrà*, v*s Étranger, Nationalité, Naturalisation.*

102. — S'il y a seulement pour un individu suspension, et non perte complète de l'exercice de ses droits civiques, il n'en résulte pas pour lui l'impossibilité de faire partie d'un conseil de famille. Il en est ainsi, par exemple, du failli non réhabilité. — Bruxelles, 14 août 1833, N..., [S. 34.2.683, P. chr.] — *Sic*, Delvincourt, t. 1, p. 290; Magnin, t. 1, n. 411 et s.; Demolombe, t. 7, n. 492; Aubry et Rau, t. 1, p. 373 et 374, § 92, note 5. — V. *infrà*, v° *Faillite.*

103. — Doivent encore être considérés comme incapables ou frappés d'exclusion comme suspects ou indignes : 1° les interdits (C. civ., art. 442-2°) et les aliénés non interdits, qu'ils aient déjà été transportés dans un asile ou qu'ils n'y soient pas encore placés, si leur état d'aliénation mentale ne souffre, en fait, aucun doute (Aubry et Rau, t. 1, §92, p. 374, note 6). Cependant, d'après MM. Demolombe (t. 7, n. 269) et Laurent (t. 4, n. 514), il n'y a pas d'incapacité légale pour ces derniers, mais seulement une cause d'excuse pour cause d'infirmité grave.

104. — Toutefois, comme il n'est pas permis d'étendre d'un cas à un autre les incapacités légales, nous n'assimilerons pas aux interdits les personnes pourvues d'un conseil judiciaire pour cause de faiblesse d'esprit ou pour prodigalité (C. civ., art. 513). Il a été décidé ainsi alors même qu'il s'agit pour elles de faire partie d'un conseil appelé à délibérer sur une demande en interdiction. — Cass., 21 nov. 1848, Herbelin, [S. 48.1.677, P. 49.

1.302, D. 48.1.230] — *Sic*, Toullier, t. 2, n. 1169, 1171; Valette, sur Proudhon, t. 2, p. 347; Marcadé, t. 2, art. 442, n. 2; Chardon, n. 366; de Fréminville, t. 1, n. 93; Boileux, sur l'art. 442; Demante, t. 2, n. 191 *bis*-II; Massé et Vergé, t. 1, p. 392, note 21; Demolombe, t. 7, n. 468; Laurent, t. 4, n. 515; Huc, t. 3, n. 350. — *Contrà*, Delvincourt, t. 1, p. 114, note 7; Duranton, t. 3, n. 503; Toullier, t. 2, p. 50; Magnin, t. 1, n. 187; Aubry et Rau, t. 1, p. 374, § 92, note 7.

105. — ... 2º « Ceux qui ont, ou dont les père ou mère ont avec le mineur un procès dans lequel l'état de ce mineur, sa fortune ou une partie notable de ses biens sont compromis » (C. civ., art. 442-4º). Dès lors, est irrégulière et nulle, toute délibération du conseil de famille à laquelle a concouru la partie adverse du mineur, fût-ce son frère. — Aix, 3 févr. 1832, Aillaud, [S. 33.2.307, P. chr.] — Mais il faut, le texte de notre article le prouve, qu'il s'agisse d'un procès actuel et encore pendant.

106. — N'est donc pas incapable de faire partie d'un conseil de famille, convoqué en matière de tutelle ou pour donner son avis sur une demande en nomination d'un conseil judiciaire à un prodigue, l'individu qui a eu antérieurement un procès avec celui-ci, si ce procès est actuellement terminé. — Cass., 21 avr. 1880, Commien, [S. 81.4.75, P. 81.4.156, D. 80.4.430] — Lyon, 24 févr. 1859, M..., [S. 59.2.635, P. 60.526] — *Sic*, Zachariæ, § 104, note 6; Marcadé, sur l'art. 442, n. 4; Demante, t. 2, n. 193 *bis*; Demolombe, t. 7, n. 474; Aubry et Rau, t. 1, p. 374, § 92, texte et note 10; de Fréminville, t. 1, n. 143.

107. — Jugé, dans le même sens, que l'opposition possible d'intérêts et la prévision éventuelle d'un procès entre une personne et l'incapable ne peut la faire écarter du conseil de famille. Spécialement un débiteur du mineur qui, offrant des garanties suffisantes de solvabilité et ne détenant aucune valeur du mineur, n'a jamais contesté sa dette, figure valablement au conseil de famille de ce mineur. — Paris, 10 juill. 1874, Vᵉ D..., [D. 76.2.188]

108. — Surtout, pour que cette cause d'exclusion existe, il faut qu'il y ait un véritable procès pendant entre les parties; le partage de communauté ou de succession que les parents du mineur ont à faire avec lui ne constitue pas un procès au sens de l'art. 442, qui rende ces parents incapables de faire partie du conseil. — Paris, 5 oct. 1809, Lesselin, [S. et P. chr.]

109. — De même, une demande en délivrance de legs universel et une demande en partage formées contre un aliéné en état d'interdiction, ne peuvent être considérées comme un procès, au sens de l'art. 442, n. 4. — Rouen, 30 juill. 1890, Martin, [S. 91.2.37, P. 91.1.221]

110. — Il importe peu que ces instances puissent donner naissance à un procès, si aucune difficulté ni contestation n'était encore née au moment de la convocation du conseil de famille. — Même arrêt. — Dans tous les cas, rien ne s'oppose à ce que celui qui a été exclu d'un conseil de famille, à raison d'un procès qu'il avait avec le mineur, ne soit membre du conseil dans une autre tutelle; il y a une incapacité toute transitoire et subjective. — Toullier, t. 2, n. 1168; de Fréminville, t. 1, n. 92.

111. — D'autre part, et bien que l'opinion contraire soit très-soutenue, nous nous refusons à entendre l'art. 442-4º dans un sens démonstratif et extensif; nous ne déclarerons donc pas incapable de faire partie du conseil de famille celui dont la femme ou les enfants sont actuellement en procès avec le mineur. On nous oppose, il est vrai, les motifs qui ont fait écrire ce texte : si l'art. 442 exclut du conseil celui dont les parents plaident contre le pupille, c'est en raison de l'opposition éventuelle existant entre lui et ce pupille et en raison aussi de l'inimitié qu'un tel procès peut faire naître entre eux. Or ces deux motifs se rencontrent aussi puissants quand le procès est pendant entre le pupille d'une part, et d'autre part le conjoint ou les enfants de celui qui devrait faire partie du conseil; la raison commande donc de faire entre ces hypothèses une assimilation qu'on retrouve d'ailleurs textuellement faite dans les art. 911 et 1100, qui mettent les parents, le conjoint et les enfants sur la même ligne dans d'autres cas. — Delvincourt, t. 1, p. 277; Bloeckel, § 43; Duranton, t. 3, n. 505; Zachariæ, § 104, note 5; de Fréminville, t. 1, n. 143; Taulier, t. 2, p. 50; Aubry et Rau, t. 1, p. 374, § 92, note 9.

111 bis. — Le raisonnement est spécieux sans doute, mais il se heurte à ce principe certain que les incapacités sont exceptionnelles et de droit étroit, et qu'elles ne peuvent pas être étendues d'une hypothèse à l'autre. Or, l'art. 442 ne parle, ni du conjoint, ni des enfants relativement au procès avec le mineur, et ce n'est certes pas oubli du législateur, puisqu'il s'occupe, à ce point de vue, des père et mère. On peut d'autant moins invoquer les motifs qui ont fait écrire ce texte, que ce procédé d'interprétation pourrait conduire fort loin et permettrait d'exclure du conseil toute personne dont un parent proche quelconque serait en procès avec le mineur. Ne peut-on pas supposer enfin que la loi n'a prescrit cette cause d'incapacité, en cas de procès entre le mineur et les père et mère de la personne à exclure, qu'en considérant chez celle-ci le caractère d'héritier présomptif des plaideurs, qui fait pour ainsi dire le procès sien? Nous nous en tenons donc strictement au texte de la loi et admettons à faire partie du conseil celui dont la femme ou les enfants plaident contre le mineur. — Toullier, t. 2, n. 1161; Proudhon, t. 2, p. 345; Marcadé, t. 2, art. 442, n. 4; Massé et Vergé, sur Zachariæ, t. 1, p. 393, § 201; Demante, t. 2, n. 193 *bis*-II; Demolombe, t. 7, n. 476; Laurent, t. 4, n. 517.

112. — 3º On s'accorde cependant à placer sur la même ligne que les personnes en procès avec le mineur, et partant à exclure du conseil de famille réuni, ceux qui ont un intérêt personnel contraire au sien, dans la question qui sera soumise à la délibération du conseil. Aucun texte général n'établit, il est vrai, cette cause d'incapacité, mais plusieurs dispositions de détail (C. civ., art. 420, 423, 426, 493) supposent nécessairement, quoiqu'implicitement, l'existence de la règle, et elle doit être d'autant plus facilement admise qu'elle est l'expression de ce principe de raison et d'équité que nul n'est juge dans sa propre cause, principe essentiel dont la loi n'a pas pu vouloir se départir en ce qui concerne la personne toute favorable du mineur. — Cass., 3 mai 1842, Bernier, [S. 42.1.493, P. 42.1.707]; — 21 avr. 1880, précité. — Riom, 25 nov. 1828, Parra, [S. et P. chr.] — Aix, 3 févr. 1859, précité. — Caen, 29 déc. 1853, Angée, [P. 57.962, D. 56.2.291] — *Sic*, Bloechel, § 25; de Fréminville, t. 1, n. 92; Zachariæ, § 93, texte et note 22; Zachariæ, Massé et Vergé, t. 1, § 201, p. 393; Demolombe, t. 7, n. 516; Aubry et Rau, t. 1, p. 375, § 192, texte et note 1.

113. — Jugé cependant qu'un parent ayant intérêt à ce que l'interdiction de son parent ne soit pas prononcée n'est pas exclu pour cela du conseil de famille qui doit émettre son avis sur l'interdiction. — Caen, 15 janv. 1811, Pierrepont, [S. chr., P. chr.]

114. — Seulement il ne faut rien exagérer et l'on doit laisser aux tribunaux le soin d'apprécier, d'après les circonstances, si l'opposition d'intérêts est telle entre le pupille et les membres du conseil qu'il en doive résulter la nullité d'une délibération. Cela a été jugé notamment au cas où le conseil de famille, ayant autorisé une femme normande à hypothéquer ses biens dotaux, était composé de personnes ayant intérêt, comme parents ou amis des créanciers de la femme, à ce que l'autorisation fût accordée. — Cass., 11 août 1852, de Beaunay, [S. 53.1.299, P. 54.2.52, D. 54.1.318]

115. — Cette règle s'applique *à fortiori*, en ce qui concerne les personnes désignées par l'art. 408 comme membres du conseil. Ainsi la mère tutrice légale et les frères et beaux-frères du mineur doivent être appelés à la délibération ayant pour objet de faire nommer un tuteur spécial pour provoquer la nullité d'une transaction, encore que cette transaction ait été passée entre la mère agissant au nom du mineur et les frères et beaux-frères agissant pour eux, sauf au juge de paix à les écarter après les avoir entendus, s'il voit empêchement à ce qu'ils prennent part au vote. — Metz, 23 vent. an XIII, N..., [S. et P. chr.]

116. — On ne doit cependant pas conclure de ce pouvoir d'appréciation que l'opposition d'intérêts constitue plutôt une cause de récusation qu'une cause d'exclusion proprement dite. D'où il suit que, lorsque le conseil de famille d'un interdit est appelé à donner son avis sur le point de savoir si le partage testamentaire fait par le père commun ne confère pas à certains enfants un avantage excessif au détriment de l'interdit, et si dès lors il n'y a pas lieu de faire annuler ce partage, lesdits enfants sont incapables de faire partie de ce conseil comme ayant des intérêts contraires à ceux de l'interdit. On ne pourrait pas soutenir qu'il y a seulement lieu, en pareil cas, de récuser les membres intéressés, faute de quoi la composition du conseil ne pourrait plus être critiquée; il en est ainsi surtout quand l'interdit, qui ne pouvait agir personnellement, n'était pas même alors représenté par des personnes ayant qualité pour exercer cette récusation. — Caen, 29 déc. 1853, précité. — *Sic*, de Fréminville, t. 1, n. 92, 9º; Massé et Vergé, sur Zachariæ, t. 1, p. 393, § 201; Aubry et Rau, t. 1, p. 375, § 92. — V. aussi Demolombe, t. 7, n. 516.

117. — D'autres auteurs pensent, au contraire, que c'est une cause de récusation, et que, par suite, la délibération du conseil de famille entachée de cette irrégularité ne serait nulle, si la récusation n'avait pas été provoquée, qu'au cas où l'on prouverait qu'elle a été nuisible au mineur. — Laurent, t. 4, n. 539; Massé et Vergé, sur Zachariæ, t. 1, p. 393, § 201, note.

118. — 4° Ne peuvent pas faire partie d'un conseil de famille les personnes exclues ou destituées d'une tutelle (C. civ., art. 445). Pour que cette incapacité soit encourue, il faut que l'exclusion ou la destitution de la tutelle soit vraiment intervenue, et c'est fort sage, étant donné que les vices de nature à entraîner pareille déchéance ont des effets moins redoutables chez le membre d'une assemblée que dans la personne du tuteur; la loi a donc voulu éviter toute inquisition dans la vie privée des personnes appelées à faire partie du conseil.

119. — L'art. 445 ne s'applique d'ailleurs qu'aux causes d'exclusion ou de destitution prévues dans la section dont il fait partie. On ne peut donc pas l'opposer à la mère qui a perdu la tutelle pour s'être remariée sans convoquer le conseil de famille (C. civ., art. 395), ou qui n'a pas été maintenue par lui en fonctions (C. civ., art. 396); elle n'est pas réputée exclue ou destituée au sens de l'art. 445 et reste capable d'être membre du conseil. — Bruxelles, 30 mai 1810, Côme, [S. chr., P. chr.]. — Sic, Duranton, t. 3, n. 514; Magnin, t. 1, p. 406; de Fréminville, t. 1, n. 92, n. 5; Zachariæ, t. 1, § 93, note 21; Massé et Vergé, sur Zachariæ, t. 1, p. 393, § 201; Valette, sur Proudhon, t. 2, p. 347, note a; Demante, t. 2, n. 196 bis-III; Demolombe, t. 3, n. 515; Aubry et Rau, t. 1, p. 374, § 92, note 8; Laurent, t. 4, n. 542. — Contrà, Delvincourt, t. 1, p. 277.

120. — Il a été jugé, il est vrai, en sens contraire, que la mère tutrice qui a perdu la tutelle pour s'être remariée sans observer les prescriptions de l'art. 395 ne peut, ni son mari non plus, faire partie du conseil appelé à nommer un nouveau tuteur. — Aix, 9 mai 1846, Sicard, [S. 46.2.580, P. 46.2.612, D. 46.2.171] — Mais il faut remarquer qu'en pareil cas, l'exclusion se justifie très-bien sans qu'on ait besoin d'assimiler à une destitution la perte de la tutelle, résultat d'un tel convol; elle provient de ce que le conseil de famille, appelé à choisir un nouveau tuteur, devra le plus souvent délibérer sur une question personnelle à la mère, celle de savoir si elle sera réintégrée dans la tutelle et que, ne demandât-elle pas à être réintégrée, il aura à choisir qui recevra d'elle le compte de tutelle, choix auquel elle ne peut participer.

121. — En tout cas, une renonciation volontaire à la tutelle, fût-elle faite pour éviter une destitution, ne peut jamais entraîner pour le renonçant l'incapacité de faire partie du conseil de famille. — Besançon, 26 août 1808, Duvois, [S. et P. chr.]

122. — Mais, bien que l'art. 421, écartant de la tutelle le tuteur qui s'est ingéré sans avoir fait nommer de subrogé tuteur, n'emploie pas le mot destitution, nous appliquons à ce tuteur l'exclusion portée par l'art. 445. Quels que soient les termes employés, il y a bien destitution au cas de l'art. 421, puisque la tutelle est, dans cette hypothèse, retirée au tuteur quand il y a eu dol de sa part. — Demante, t. 2, n. 196 bis-III; Laurent, t. 4, n. 542. — Contrà, Du Caurroy, Bonnier et Roustain, t. 1, n. 636.

123. — 5° Enfin, une loi récente a assimilé aux tuteurs destitués les parents déchus de la puissance paternelle. L'art. 8, L. 24 juill. 1889, déclare ces derniers incapables de faire partie d'un conseil de famille tant qu'ils n'ont pas demandé et obtenu des tribunaux la restitution de leur autorité. Il eût été, en effet, au moins étrange que les personnes déclarées déchues, à raison de leur indignité, de toute autorité sur leurs propres enfants, pussent présider à un titre quelconque à l'éducation et à la protection d'enfants qui leur sont étrangers.

124. — Il y a lieu, pour la composition du conseil, de se conformer scrupuleusement aux prescriptions de la loi relativement aux incapables. Nous verrons, en effet, que la jurisprudence annule les délibérations d'une assemblée où un incapable a figuré tout comme s'il n'y avait pas de conseil constitué.

125. — Mais il ne faut pas allonger davantage cette liste; on ne peut admettre d'autres causes d'incapacité que celles qui sont formellement écrites dans la loi; les articles relatifs à la matière, n'étant pas démonstratifs mais limitatifs, doivent être pris à la lettre. — Cass., 13 oct. 1807, Dasnières, [S. chr.]; — 16 déc. 1829, Beer, [S. et P. chr.] — Besançon, 26 août 1808, Feliker, [S. et P. chr.] — Caen, 15 janv. 1811, Pierrepont, [S. et P. chr.] — Paris, 15 juin 1857, Parquet, [S. 58.2.203, P. 57.1032, D. 58.2.91] — Rouen, 30 juill. 1890, Martin, [S. 91.2.37, P. 91.1.221] — Sic, Toullier, t. 2, n. 1169, 1171; Merlin, Rép., v° Tutelle, sect. 2, § 3, art. 3, n. 7; Hautefeuille, p. 526; Magnin, t. 1, n. 407; Favard de Langlade, v° Tutelle, § 8, n. 26; Chardon, n. 306; Marcadé, sur l'art. 442; Berriat Saint-Prix, t. 1, p. 683, note; Marchand, p. 145; Massé et Vergé, sur Zachariæ, t. 1, p. 393, § 201, texte et note 23; Laurent, t. 4, n. 517; de Fréminville, t. 1, n. 93; Demante, t. 2, n. 191 bis-II; Demolombe, t. 7, n. 468, 469, 475, 476. — V. cep. Aubry et Rau, t. 1, p. 375, § 92, note 12.

126. — Le principe doit surtout être admis sans conteste, en ce sens que les tribunaux ne peuvent créer des incapacités dont la cause, ou du moins le germe, ne se trouveraient pas dans la loi. C'est ainsi, nous l'avons dit, que l'inconduite notoire, non sanctionnée par une exclusion ou destitution antérieure des fonctions de tuteur, serait impuissante à écarter quelqu'un d'un conseil de famille; des parents ne peuvent être exclus sous des prétextes de moralité, la loi ne prononçant pas d'incapacité en ces cas (C. civ., art. 444). — Cass., 13 oct. 1807, précité. — Besançon, 26 août 1808, précité. — Sic, Bloeckel, § 48; Merlin, v° Tutelle, sect. 2, § 3, n. 8; Valette, sur Proudhon, t. 2, p. 308; de Fréminville, t. 1, n. 93; Zachariæ, t. 1, § 93, note 23; Du Caurroy, Bonnier et Roustain, t. 1, n. 636; Massé et Vergé, sur Zachariæ, t. 1, p. 393; Demante, t. 2, n. 196 bis-I; Demolombe, t. 7, n. 514; Aubry et Rau, t. 1, § 92, note 15, p. 376.

127. — Et cela se conçoit. L'intérêt du mineur, compromis gravement quand le tuteur est d'une inconduite notoire, est bien moins en jeu quand il ne s'agit que de la vie privée d'un membre du conseil et sa situation est sujette à critique. En ce cas, d'ailleurs, et d'après Laurent (t. 4, n. 541), le juge de paix sauvegarderait autrement les intérêts du mineur, en écartant, en vertu de son pouvoir discrétionnaire, le parent dont l'inconduite est notoire, du conseil par lui composé.

128. — Il a été jugé, cependant, qu'un conseil de famille, saisi d'une demande en destitution de la mère, tutrice légale, pour cause d'inconduite notoire, peut exclure de la délibération celui qui a pris part aux actes d'inconduite. — Paris, 10 juill. 1874, V° D..., [D. 76.2.188]

129. — Un membre du conseil de famille ne serait pas davantage récusable ou exclu, par cela seul qu'il aurait précédemment émis son avis sur l'objet de la délibération; ce motif de récusation contre les juges (C. proc. civ., art. 378) n'est pas un motif d'exclusion contre les membres d'un conseil de famille. En conséquence, l'annulation d'une délibération n'empêche pas les membres qui avaient concouru à cette délibération, d'être appelés à délibérer à nouveau sur le même objet. — Paris, 7 flor. an XIII, Delespinay, [S. et P. chr.]; — 27 janv. 1820, Pinceloup, [S. et P. chr.] — Sic, Merlin, loc. cit.; Toullier, t. 2, n. 1169; de Fréminville, t. 1, n. 94; Zachariæ, t. 1, § 93, note 24; Demolombe, t. 7, n. 517; Aubry et Rau, t. 1, § 92, p. 375, note 14.

130. — Un tribunal ne pourrait donc pas, en annulant la délibération d'un conseil de famille qui a nommé un tuteur à un interdit, exclure du nouveau conseil appelé à procéder à nouveau à cette nomination, les parents et le juge de paix ayant fait partie du premier, sous prétexte qu'ils ont agi avec précipitation et sans consulter les véritables intérêts du mineur. — Cass., 13 oct. 1807, précité.

131. — Seulement, il appartiendrait au juge de paix, au cas où le conseil persisterait à porter son choix sur un tuteur incapable, et où cette nomination serait à nouveau annulée, de modifier la composition du conseil en vertu de son pouvoir discrétionnaire.

132. — De même, le membre du conseil, auteur d'une proposition pour la discussion de laquelle cette assemblée est convoquée, peut prendre valablement part à la délibération. Cela a été jugé notamment pour le parent qui provoque la destitution du tuteur; il n'est pas pour cela exclu du conseil de famille qui doit délibérer sur sa demande. — Cass., 12 mai 1830, Geffroy, [S. et P. chr.] — Bourges, 20 germ. an XIII, Brisson de Plagny, [S. et P. chr.]

133. — Il en est ainsi tout particulièrement du subrogé tuteur, qui peut voter sur la destitution du tuteur par lui demandée. — Rennes, 14 févr. 1810, N..., [S. et P. chr.] — Rouen, 17 nov. 1810, Epandry, [S. et P. chr.] — Rennes, 30 mai 1831, de Hallot, [P. chr.]

134. — ... Et aussi du juge de paix. — Rennes, 14 févr. 1810, précité.

135. — Cette solution s'impose d'ailleurs. Le système qui tend à faire exclure du conseil le parent, et en particulier le subrogé tuteur qui a provoqué la destitution du tuteur, ne peut s'appuyer que sur une assimilation tirée de l'art. 495, C. civ., qui déclare incapable de figurer au conseil appelé à donner son avis sur l'interdiction, celui qui a provoqué cette mesure. Or, cette assimilation est inadmissible; car, si la loi peut, au cas d'interdiction, supposer que le parent demandeur a quelqu'intérêt à la provoquer, le subrogé tuteur qui provoque la destitution du tuteur ne doit être présumé avoir agi que dans l'intérêt du pupille, auquel cas il n'a fait qu'accomplir son devoir. De plus, tandis que l'interdiction ne peut être prononcée qu'à raison de faits publics et connus du conseil, la destitution du tuteur peut être motivée par des faits de gestion, que seul le subrogé tuteur, ayant mission de surveiller cette gestion, peut bien connaître; dès lors, sa présence est aussi nécessaire pour éclairer le conseil, que celle du demandeur en interdiction est inutile. Enfin, l'art. 426-2° fournit, en ce sens, un puissant argument *à contrario*, car il interdit seulement au tuteur de voter sur la destitution du subrogé tuteur. — Toullier, t. 2, n. 1135; Delvincourt, sur l'art. 446; Carré, t. 2, p 416, note 3; Magnin, t. 1, n. 418; Zachariæ, § 120, texte et note 6; Demolombe, t. 7, n. 498; Aubry et Rau, t. 1, p. 481, § 119, note 6.

136. — Il a même été jugé que la délibération d'un conseil de famille sur une demande en interdiction n'est pas nulle bien que le demandeur ait concouru à la délibération, si ce concours n'a pas exercé d'influence décisive sur le sort de la décision. — Bordeaux, 9 juill. 1845, Memain, [D. 45.4.323]

137. — Toujours dans le même sens, celui qui est l'objet d'une poursuite en nomination d'un conseil judiciaire ne peut attaquer la délibération du conseil de famille favorable à cette nomination sur ce motif qu'un des membres de ce conseil serait animé envers lui d'une animosité notoire ou n'aurait pas eu avec lui des rapports permettant à ce membre d'émettre un avis éclairé sur l'objet de la demande. — Paris, 15 juin 1857, Forquet, [S. 58.2.103, P. 57.1032, D. 58.2.91]

138. — Et c'est de ce que l'on ne peut arguer en pareille matière de motifs de convenance. Sans doute, il est inconvenant qu'un fils fasse partie du conseil de famille appelé à décider s'il son père doit, pour cause d'incapacité, être ôté de la tutelle ou de l'administration des biens de ses enfants mineurs; et il est certain que ce fils pourrait faire agréer par le juge de paix cette cause d'excuse; mais ce n'est pas un motif de nullité de la délibération. — Cass., 16 déc. 1827, Bur, [S. et P. chr.]

139. — Il n'y a d'ailleurs aucune incompatibilité entre les fonctions de tuteur ou subrogé tuteur et celle de membre du conseil de famille. Sans doute, la qualité de tuteur ou de subrogé tuteur ne donne pas à ceux qui en sont investis le droit absolu et nécessaire de prendre place au conseil, mais elle ne les en exclut pas : les art. 423 et 426, C. civ., en fournissent la preuve; ils interdisent au tuteur et au subrogé tuteur de voter en certaines circonstances parce que leurs intérêts personnels se trouvent engagés dans l'objet de la délibération, c'est donc qu'en principe ils peuvent faire partie du conseil, et y figurer. Et il n'y a aucune objection à tirer en sens contraire de l'art. 408. Si les ascendants valablement excusés de la tutelle sont admis au conseil par ce texte, ce n'est pas à l'exclusion des ascendants tuteurs; l'article a, au contraire, pour but d'appeler lesdits ascendants alors même qu'ils ne sont pas tuteurs. Le subrogé tuteur peut donc être membre du conseil de famille et voter en principe, alors que dans la matière en délibération il n'a pas d'intérêts opposés à ceux du mineur. — Cass., 3 sept. 1806, Duston, [S. et P. chr.] — Rennes, 14 févr. 1810, — Rouen, 17 nov. 1810, précité. — *Sic*, Merlin, *Rép.*, v° *Conseil de fam.*, n. 2; Zachariæ, § 123, note; Demolombe, t. 7, n. 519; Aubry et Rau, t. 1, p. 375, § 92, note 13; Laurent, t. 4, n. 540.

140. — Il a même été admis que la participation du subrogé tuteur à la délibération du conseil, nommant en son remplacement un subrogé tuteur *ad hoc* à raison d'une opposition d'intérêts entre lui et le pupille, ne vicie pas la délibération, alors surtout que, sa voix déduite, celles des autres membres restent en nombre légalement suffisant. — Grenoble, 11 janv. 1864, Pallavicino, [S. 64.2.249, P. 64.1164, D. 65.2.57]

141. — Sans doute le subrogé tuteur ferait mieux en pareille hypothèse de s'abstenir, mais aucun texte de loi ne l'exclut d'une façon absolue; les magistrats ont donc le pouvoir d'apprécier si l'opposition d'intérêts constatée est de nature à vicier la délibération.

142. — C'est au juge de paix, chargé de choisir les membres du conseil de famille, qu'il appartient d'apprécier, en premier ressort du moins, leur capacité; il peut toujours être formé d'ailleurs appel de sa décision. — Bruxelles, 22 juin 1827, G..., [P. chr.]

143. — Le parent ou allié qui se croit exclu à tort intentera régulièrement son action devant les tribunaux contre le subrogé tuteur et les membres du conseil de famille qui ont accepté d'en faire partie. — Paris, 24 févr. 1842, Sarda Garriga, [P. 42.1.580]

144. — Les règles que nous venons de poser relativement aux causes d'exclusion applicables aux membres des conseils de famille sont générales et doivent être observées, à notre sens du moins, même en ce qui concerne le juge de paix. Relativement à ce magistrat, on a proposé d'appliquer ici l'art. 44, C. proc. civ., sur la récusation des juges de paix (*Encyclopédie des juges de paix*, v° *Conseil de famille*, n. 17). Mais ce n'est pas comme juge que le juge de paix intervient dans la délibération, c'est comme membre et président né du conseil, représentant la société; on doit donc le traiter, au point de vue des causes d'exclusion ou de récusation, comme les autres membres. Il ne pourra pas siéger au conseil s'il a un intérêt contraire à celui du mineur et que cet intérêt soit suffisamment caractérisé, ou si lui ou ses parents ont un procès actuellement pendant avec le pupille dans les conditions prévues par l'art. 442-4°.

145. — Mais, en revanche, on ne saurait le déclarer récusable par cela seul qu'il aurait donné par écrit son avis dans l'affaire soumise à la délibération du conseil, et, par suite, on doit l'admettre, au cas d'annulation d'une délibération à laquelle il a pris part, à convoquer et à présider l'assemblée réunie de nouveau à ce sujet. Sa compétence n'est pas seulement parce qu'il a connu déjà du fond de la question. — Aubry et Rau, t. 1, p. 378, § 93, texte et note 2. — *Contra*, Trib. Seine, 16 août 1814, D^{lle} Caraillon d'Etillières, sous Paris, 6 oct. 1814, [S. et P. chr.] — V. *suprà*, n. 129.

146. — Et c'est à tort, croyons-nous, qu'il a été jugé que ce magistrat ne peut pas présider le conseil de famille, lorsqu'il est le parent de celui à l'égard duquel il doit être statué. — Bourges, 2 fruct. an XIII, Maillet, [S. et P. chr.] — Metz, 20 avr. 1820, Brendenbourg, [S. et P. chr.]

147. — Il est vrai que ce serait là une cause de récusation contre lui s'il devait siéger au conseil comme juge (C. proc. civ., art. 44), mais précisément, nous nions qu'il y figure en cette qualité. On peut, il est vrai, nous opposer, et c'est là un argument très-sérieux, que le juge de paix prend part aux délibérations du conseil et que sa voix, doublée de l'influence que lui assure sa qualité de président, peut, suivant qu'il appartient à la ligne paternelle ou à la ligne maternelle, donner la prépondérance à l'une d'elles et détruire l'équilibre voulu par la loi. C'est là, en effet, chose possible et même regrettable, mais il n'en est pas moins vrai que l'incapacité de faire partie du conseil en pareil cas n'est écrite pour le juge de paix dans aucune loi; et c'est en principe maintes fois consacré que, pour la composition des conseils de famille, les tribunaux ne peuvent créer aucune cause d'exclusion ou d'incapacité; ce principe doit s'appliquer au juge de paix comme à tous les autres membres. — V. Demolombe, t. 7, n. 516.

Section III.

Mutabilité de la composition du conseil de famille.

148. — Le conseil de famille, une fois formé au début de la tutelle, constitue-t-il désormais un corps permanent et immuable dans sa composition? La question a été résolue en sens divers par la doctrine. M. Demante (t. 2, n. 158) se prononce pour l'affirmative. A son sens, « le conseil, une fois constitué pour la nomination du tuteur, l'est pour toute la durée de la tutelle, et, sauf les mutations que la mort ou le changement d'état des parents ou alliés peut rendre nécessaires, sa composition sera toujours la même dans les divers cas qui donneront lieu à le convoquer. »

149. — MM. Aubry et Rau (t. 1, p. 373, § 91, texte et note 6) soutiennent, au contraire, que le conseil, n'ayant d'existence que relativement à la délibération pour laquelle il est convoqué, « doit, toutes les fois qu'il devient nécessaire de le convoquer, être reconstitué à nouveau, sans égard à sa composition précédente ». En rigueur de droit, c'est un nouveau conseil qui se réunit chaque fois, d'où il résulte que si, dans l'intervalle d'une assemblée à l'autre, des parents ou alliés plus proches que les membres du premier conseil viennent à s'établir sur les lieux, il convient de les choisir de préférence aux autres. — Du Caurroy, Bonnier et Roustain, t. 1, n. 609; Massé et Vergé, sur Zachariæ, t. 1, § 200, p. 390; Laurent, t. 4, n. 451; Huc, t. 3, n. 298.

150. — Demolombe (t. 7, n. 278) proteste contre « tant d'inconsistance et de mobilité » et propose une doctrine intermédiaire, d'après laquelle il n'y aurait pas de règle absolue sur ce point. Cette opinion est également partagée par M. Bianzon (note sous Caen, 30 déc. 1857, Berrurier, S. 58.2.625). Elle reproche au second système de « détruire toute unité, tout esprit de suite, toute vue d'ensemble dans l'administration de la tutelle ». Elle part de ce principe que « le conseil de famille, une fois composé, demeure le même tant que le juge de paix n'y apporte pas de modifications...; c'est au juge de paix qu'il appartient d'apprécier sous ce rapport les circonstances... Il y a là sans doute quelque chose d'incertain et de vague, mais peut-être était-il difficile d'éviter tout à fait cet inconvénient; les règles absolues conviennent peu en cette matière..... »

151. — S'il faut choisir entre les deux derniers systèmes (nous écartons résolument le premier, car il nous paraît exorbitant d'interdire l'introduction au conseil de tel parent proche que son éloignement seul en avait écarté au début), nous ferons remarquer tout d'abord que ce choix, en pratique, n'aurait pas de graves conséquences; les partisans des deux systèmes reconnaissent aux juges de paix des pouvoirs étendus dans l'application de la règle et, d'ailleurs, nous le verrons plus tard, les dérogations apportées de bonne foi et sans préjudice pour l'incapable aux principes posés par la loi sur la composition des conseils de famille n'entraînent pas nullité des délibérations par eux prises. Cela dit, nous considérons comme plus juridique celui qui refuse absolument au conseil de famille le caractère d'un corps permanent. C'est en ce sens que s'est surtout prononcée la jurisprudence. Les arrêts décident que les conseils de famille ne sont pas permanents dans leur composition. — Caen, 30 déc. 1857, Berrurier, [S. 58.2.625, P. 58.665, D. 58.2.146] — Trib. Mâcon, 28 mai 1890, sous Dijon, 14 janv. 1891, Leriche, [D. 91.2.223]

152. — D'où il résulte que, si des amis ont été appelés, à défaut de parents, à faire partie d'un conseil de famille réuni pour délibérer sur la nomination d'un administrateur provisoire aux biens d'une personne placée dans un établissement d'aliénés (L. 30 juin 1838, art. 32), il n'est pas nécessaire, quand il y a lieu ultérieurement à une nouvelle convocation du conseil de famille de la même personne pour donner son avis sur une demande en interdiction formée contre elle, d'appeler ces mêmes amis à cette nouvelle réunion. — Caen, 30 déc. 1857, précité.

153. — Un arrêt a cependant posé le principe de la permanence dans la composition des conseils de famille, et il en a conclu que le juge ne peut prononcer la nullité d'une délibération sous le prétexte d'irrégularité dans la composition du conseil, s'il a été composé des mêmes personnes que celui dont la délibération fait partie à la requête du tuteur lui-même. — Rouen, 9 déc. 1854, Coquin, [P. 55.2.523, D. 55.2.106]

154. — Mais il a été jugé, au contraire, que les conseils de famille ne constituent pas des corps permanents, et que, dès lors, le jugement déclarant régulière la composition d'un conseil de famille réuni pour une délibération donnée n'a pas force de chose jugée quant à la régularité de composition de ce conseil pour une autre délibération. — Caen, 31 juill. 1878, Guéroult, [D. 79.2.269]

155. — Ce qui est vrai, d'ailleurs, c'est que, « s'il n'est pas absolument nécessaire pour la validité des délibérations des conseils de famille qu'ils soient toujours composés des mêmes personnes, lorsque c'est à dessein et pour briser une majorité dévouée au mineur que la composition du conseil a été modifiée. — Bordeaux, 9 juin 1863, Bertrand, [S. 64.2.9, P. 64.392]

CHAPITRE III.

LIEU DE RÉUNION. — MODE DE CONVOCATION ET DE COMPARUTION.

SECTION I.
Lieu de réunion.

156. — Le lieu où doit être réuni le conseil de famille est fort important à connaître, car c'est ce lieu qui détermine la compétence du juge de paix qui le présidera et le choix à faire de parents, d'alliés ou d'amis destinés à le composer. Ce lieu est indiqué par les art. 406 et 407, C. civ., au moment de l'ouverture d'une tutelle. Il s'agit alors de nommer un tuteur et un subrogé tuteur, et l'art. 406 déclare compétent le juge de paix du domicile du mineur; c'est à ce domicile, au moment où la tutelle s'ouvre, que doit être convoqué le conseil (art. 407). Or le mineur non émancipé est domicilié chez son père pendant le mariage (C. civ., art. 108); c'est donc au domicile du père que s'ouvre la tutelle légale par la mort d'un des époux et que doit être formé le conseil; il en est ainsi sans qu'il y ait à distinguer si la tutelle s'ouvre par le prédécès de la mère ou du père, car si le père prédécède, la mère survivante tutrice a en principe le même domicile que le père, et la règle s'applique même au cas où la femme, s'étant séparée de corps, aurait un domicile distinct de celui du mari, car l'enfant, en ce cas, ne reste pas moins en droit domicilié chez son père, et son domicile, au jour où s'ouvre la tutelle, est celui qu'a le père au moment de son décès. — Angers, 5 mai 1885, Bournhonet, [S. 86.2.15, P. 86.2.103]

157. — On ne doit pas admettre de dérogation à ce principe alors même qu'avant de réunir le conseil de famille, le parent survivant, tuteur légal, changerait de domicile; c'est au domicile, lors de l'ouverture de la tutelle, que le conseil doit être constitué, les articles précités sont formels sur ce point. — Demolombe, t. 7, n. 237 et s. — *Contrà*, Magnin, t. 1, n. 70 et s.

158. — Il a été fait application de ce principe en matière de désaveu de paternité. Le conseil de famille en pareil cas, chargé de nommer un tuteur *ad hoc* à l'enfant désavoué, doit être convoqué au domicile du désavouant, domicile légal de sa femme et de l'enfant né de celle-ci. On ne peut le réunir devant le juge de paix du lieu où est né et a été recueilli l'enfant inscrit sur les registres de l'état civil comme né de parents inconnus; la mère, en effet, n'a pas rompu l'unité légale de domicile en faussant le titre de l'enfant et en le transportant au loin pour cacher son existence. — Paris, 1er août 1853, X..., [P. 54.1.19]

159. — Mais la jurisprudence s'est refusée, avec beaucoup de raison d'ailleurs, à appliquer l'art. 406, C. civ., au conseil de famille chargé de nommer un tuteur à une substitution : il a été jugé qu'il devait être convoqué non pas au domicile des appelés, mais au lieu de l'ouverture de la succession. Il est bien certain d'abord que l'art. 406 n'a pas été écrit pour cette hypothèse; puis il peut y avoir plusieurs appelés dont les parents ne sont pas tous les mêmes, alors qu'il doit y avoir un conseil de famille unique pour la substitution : en quel lieu pourrait-il être réuni dans des conditions meilleures pour sauvegarder les intérêts des appelés, qu'au lieu de l'ouverture de la succession? Le véritable pupille dans la circonstance, pourrait-on dire, c'est la substitution, c'est l'ensemble des biens ainsi grevés, et le domicile en est tout naturellement désigné par celui de la succession. — Angers, 12 août 1852, Penault, [S. 32.2.538, P. 53.1.37] — V. *infrà*, v° *Substitution*.

160. — Mais si les art. 406 et 407 sont formels à ce premier point de vue et indiquent expressément la commune où était domicilié le mineur, lors de l'ouverture de la tutelle, comme lieu de convocation du conseil de famille, ces textes ne visent pas, et les art. 405, 421, C. civ., en font foi, les divers cas où postérieurement à la constitution première de la tutelle, le conseil de famille doit être encore réuni dans l'intérêt du mineur. Faut-il néanmoins appliquer leur disposition par analogie à ces hypothèses, et dire que la situation du domicile de la tutelle est désormais en principe immuable, que la compétence du juge de paix et des membres du conseil de famille est irrévocablement fixée par le domicile primitif et naturel du mineur, c'est-à-dire par son domicile au jour du décès du prémourant de ses père et mère? Doit-on, au contraire, admettre que le domicile de la tutelle, et partant le lieu de convocation du conseil puissent être déplacés au cours de la minorité, soit en raison de faits indépendants du tuteur, sa mort par exemple ou sa destitution, soit par son propre fait quand il change personnellement de domicile? La question est assez délicate; en faveur de cette dernière opinion, on peut faire remarquer que le conseil de famille n'est pas un corps permanent (V. *suprà*, n. 151), qu'il se renouvelle à chaque convocation; or il doit être convoqué au domicile du mineur, et ce domicile pendant la tutelle étant fixé par l'art. 108, C. civ., chez le tuteur, ne devrait-on pas y convoquer le conseil; d'autant plus qu'en rapprochant ainsi le conseil du domicile du tuteur qu'il doit surveiller, on évite des frais considérables et des lenteurs au préjudice du mineur. Mais ces arguments ne sont pas suffisamment concluants; l'art. 108 fixe le domicile du mineur au point de vue de ses rapports avec les tiers; il est relatif surtout à la validité des significations et à la compétence judiciaire pendant la durée de la tutelle, il est étranger à l'organisation et au contrôle de la gestion tutélaire, et ne détermine pas le domicile de la tutelle quant aux rapports du tuteur avec le conseil de famille. Si aucun texte général et formel ne résout la question, on ne peut faire abstraction des art. 406, 407, 421, C. civ., et de l'art. 527, C. proc. civ., favorables à la fixité du lieu de convocation; il faut aussi se décider d'après l'intérêt du mineur; or, il est intéressé à ce que le lieu de convocation, choisi par la loi de manière à lui assurer une protection utile, ne puisse pas être ultérieurement modifié. En effet, les amis et même les parents ou alliés n'étant pas tenus de se déplacer pour assister aux assemblées du conseil de famille en dehors d'un rayon de deux myriamètres. il dépendrait du tuteur de se soustraire, en changeant de domicile, à la gêne d'une surveillance active, inspirée par l'intérêt du mineur, et de faire composer un nouveau conseil de famille d'étrangers et d'indifférents. Ce serait grave pour le mineur, ce le serait plus encore pour un interdit dont la tutelle peut durer de longues années, alors que son tuteur est en droit de se faire décharger après un délai de dix ans. Concluons donc en principe que le domicile du mineur au jour de l'ouverture de la tutelle fixe le lieu où doit être convoqué le conseil de famille, non seulement pour la première constitution de la tutelle, mais pour toutes les délibérations ultérieures, pour celles au moins qui ont trait à son organisation et à son fonctionnement. Cette règle est universellement admise en doctrine, au moins en ce qui concerne les tutelles datives et même, sauf quelques dissidences, quant aux tutelles testamentaires. — Favard de Langlade, t. 1, p. 281; Toullier, t. 2, n. 1114; Carré, t. 3, p. 251, note 2; Berriat Saint-Prix, t. 1, p. 618; Delvincourt, t. 1, p. 275 et 284; Duranton, t. 3, n. 453; Magnin, t. 1, n. 78; Valette, sur Proudhon, t. 2, p. 314; Taulier, t. 2, p. 26; Duvergier, sur Toullier, t. 2, n. 1114, note *a;* Rolland de Villargues, v° *Cons. de fam.,* n. 4; de Fréminville, t. 1, n. 98; Du Caurroy, Bonnier et Roustain, t. 1, n. 604; Bioche, v° *Cons. de fam.,* n. 61; Demante et Colmet de Santerre, t. 2. n. 158 *bis*-I-III; Mourlon, t. 1, p. 538; Aubry et Rau, t. 1, § 92 *bis,* note 1, p. 376; Demolombe, t. 7, n. 241-249; Allain, t. 1, n. 859, 860, 1146; Jay, t. 2, n. 871; Vaudoré, v° *Cons. de fam.,* n. 6; Rivière, n. 103 et s. — V. aussi Daniels, note sous Cass., 29 nov. 1809 Gittard, [S. chr.] — V. cependant Huc, t. 3, n. 299 et s.; Marcadé, t. 1, art. 410, n. 3; Massé et Vergé, sur Zachariæ, t. 1, p. 395, § 202.

161. — Seul, M. Laurent (t. 4, n. 447 et s.), adopte une opinion diamétralement opposée. A son sens, le domicile de la tutelle n'est pas immuable, il n'y a pas même, à vraiment parler, un domicile de la tutelle. Il n'y a qu'un domicile du mineur, variant avec celui du tuteur, et ce domicile variable détermine dans chaque hypothèse le lieu où se réunira le conseil, soit pour organiser la tutelle, soit pour prendre toute autre délibération.

162. — Mais la jurisprudence a depuis longtemps adopté l'opinion généralement admise. S'agit-il de remplacer pour un mineur ou un interdit le tuteur datif décédé, la convocation du conseil de famille doit se faire devant le juge de paix du domicile qu'avait ce mineur ou cet interdit au jour de l'ouverture de la tutelle, et non devant celui du domicile du tuteur défunt qu'il faut remplacer. — Cass., 29 nov. 1809, Descepeaux, [S. et P. chr.]; — 23 mars 1819, Magneux, [S. et P. chr.]; — 30 avr. 1834, Roulet, [S. 34.1.444, P. chr.]; — 4 mai 1846, Jeanjean, [S. 46.1.465, P. 46.2.78, D. 46.1.129]; — 17 déc. 1849, Gas, [S. 50.

1.299, P. 50.2.320, D. 50.4.77] — Rennes, 9 févr. 1813, Cadour, [S. et P. chr.] — 31 août 1818, N..., [P. chr.] — Nîmes, 17 mai 1838, Pons-Laugier, [P. 38.2.436] — Nancy, 1er juill. 1853, Hocquard, [S. 53.2.638, P. 53.2.652, D. 54.2.234]

163. — La même règle s'applique quand le conseil est appelé à délibérer sur la demande en destitution et en remplacement du tuteur. — Nîmes, 2 mars 1848, Robert, [S. 48.2.295, P. 48.1. 532, D. 48.2.58]

164. — ... Sur la nomination d'un nouveau subrogé tuteur. — Douai, 4 mars 1859, Bail, [S. 59.2.346, P. 59.249]

165. — ... Ou sur la nomination d'un curateur au mineur, après son émancipation. — Cass., 17 déc. 1849, précité.

166. — C'est encore d'après ces principes qu'il a été jugé que la tutelle des enfants mineurs du duc de Berry, bien qu'organisée suivant l'ordonnance spéciale du 25 avr. 1820, conservait son siège et son domicile dans l'arrondissement de Paris, où était domicilié le prince, lors de son décès. — Paris, 24 juill. 1835, Pastoret, [S. 35.2.403, P. chr.]

167. — ... Et que, d'une façon générale, sauf circonstances graves, toutes les fois que le conseil de famille doit être convoqué au cours d'une tutelle, il faut l'assembler au lieu où était domicilié le mineur à l'ouverture de la tutelle, et non au lieu où le tuteur a pu transférer son propre domicile. — Aix, 7 mai 1846, Sicard, [S. 46.2.580, P. 46.2.612, D. 46.2.171]

168. — En est-il encore de même quand on ne se trouve plus en présence d'un tuteur datif ou instrumentaire, mais en présence d'un tuteur légitime, d'un ascendant ou d'un parent survivant? Si, a-t-on dit, le tuteur datif ne peut changer le domicile de la tutelle, c'est qu'en le faisant, il modifierait la composition du conseil, et qu'il ne peut appartenir au délégué de modifier, par son fait, le pouvoir délégant; or, ce motif n'existe plus s'il s'agit d'un tuteur légitime qui ne tient plus son titre du conseil de famille; d'autre part, le lien du sang, qui unit ce tuteur au mineur, est une garantie que les intérêts de ce dernier seront sauvegardés quelque soit le pays où à craindre qu'un changement de domicile puisse être réalisé dans le but de lui nuire. On devrait donc, en pareil cas, décider que le domicile de la tutelle changera en même temps que celui du tuteur. — Marcadé, t. 2, p. 206; Duranton, t. 3, n. 453.

169. — Mais, sur ce point encore, l'opinion contraire prévaut, et avec raison. Il n'est pas exact de faire cette distinction entre le tuteur datif délégué du conseil de famille et le tuteur légal qui ne l'est pas : l'indépendance d'un tuteur quelconque est la même, ainsi que ses droits et ses devoirs vis-à-vis du conseil, et c'est justice d'ailleurs, car comment expliquer l'existence d'une subordination plus grande de l'ascendant choisi par le conseil, en remplacement de l'ascendant plus proche excusé, que de cet ascendant lui-même. Quel que soit le mode de nomination du tuteur, il n'y a pas confusion complète entre ses intérêts et ceux du pupille, il est toujours placé sous le contrôle du conseil qui a le choix du subrogé tuteur, son surveillant, et qui peut prononcer sa destitution. Enfin, les art. 406, 407, C. civ., et 527, C. proc. civ., s'expriment, pour faire convoquer le conseil de famille au domicile primitif du mineur, en termes généraux qui comprennent tous les tuteurs, et l'art. 421, C. civ., renvoie formellement à l'art. 407, en ce qui concerne les tuteurs légitimes; ceux-ci ne peuvent donc, pas plus que tout autre, changer le domicile de la tutelle en changeant leur propre domicile. — Cass., 4 mai 1846, précitée. — Aix, 7 mai 1846, précité. — Nancy, 1er juill. 1853, précité. — *Sic,* Demante, t. 2, n. 158 *bis*-III; Aubry et Rau, t. 1, § 92-*bis,* p. 377; Demolombe, t. 7, n. 248.

170. — Et la règle s'appliquera, à notre sens, même au survivant des père et mère tuteur légal; même alors nous dirons qu'en toutes hypothèses, le conseil de famille devra être formé et réuni au contraire où était domicilié le père du mineur. Sur ce point cependant la controverse est plus vive en doctrine et a divisé la jurisprudence. On peut dire, en effet, que le tuteur légal, investi de la puissance paternelle, échappe dans cette mesure même à la surveillance stricte du conseil de famille, que le lien d'affection et la communauté d'intérêts qui le relie à ses propres enfants le rendent peu suspect de faire un changement fictif de domicile; on peut ajouter que, dans l'ancien droit, le domicile du survivant des père et mère, quelque part qu'il fût par lui transféré, déterminait toujours celui des enfants (Pothier, *Introd. gén. aux coutumes,* n. 18 et 19). Tout cela est exact, mais nos lois ne portent nulle trace de la distinction indiquée par Pothier; le survivant des père et mère est un tuteur, et comme tel il est soumis au contrôle du conseil de famille ainsi qu'aux règles de la tutelle; il a la puissance paternelle, il est vrai, mais la coexistence de cette qualité avec celle de tuteur dans sa personne n'est nullement un motif suffisant pour le soustraire au principe de la stabilité du lieu où doit être convoqué le conseil de famille, car ce principe ne porte pas atteinte à son autorité comme parent. Enfin, et c'est là l'argument décisif, la règle écrite dans les art. 406 et 407, C. civ., ne reçoit de la loi, en cas de tutelle légale, aucune dérogation formelle ou implicite; sans doute ils sont placés dans la section IV, relative à la tutelle dative, mais l'art. 424 oblige le tuteur légal à faire convoquer un conseil de famille et renvoie à cette section IV pour la composition de ce conseil; la règle qui nous occupe doit donc s'appliquer même aux parents tuteurs de leurs enfants. — Valette, sur Proudhon, t. 2, p. 314; Duvergier, sur Toullier, t. 2, n. 1114, note *a*; Demolombe, t. 7, n. 249; Taulier, t. 2, p. 26; Bioche, v° *Conseil de famille*, n. 61; Aubry et Rau, t. 1, § 92 *bis*, note 2, p. 377; Allain, *Manuel de juges de paix*, t. 1, n. 859 et 860; Rivière, n. 103 et s.; Baudry-Lacantinerie, t. 1, n. 1022; Mourlon, t. I, n. 1117; Huc, t. 3, n. 301. — *Contrà*, Toullier, t. 2, n. 1114; Duranton, t. 3, p. 433; Marcadé, sur l'art. 410, n. 3; Du Caurroy, Bonnier et Roustain, t. 1, n. 604; Demante, t. 2, n. 158 *bis*-III; Rolland de Villargues, v° *Conseil de famille*, n. 5; Massé et Vergé, sur Zachariæ, t. 1, § 202, notes 4 et 5, p. 394, 395.

171. — La jurisprudence a subi sur ce point des variations. La Cour suprême avait d'abord jugé que le conseil de famille est régulièrement convoqué au lieu du domicile du dernier décédé de ses père et mère, en adoptant ainsi l'opinion d'après laquelle le décès du père qui a donné ouverture à la tutelle légale de la mère survivante a fixé irrévocablement au lieu du dernier domicile du père le siège de la tutelle et du conseil de famille, nonobstant tout changement ultérieur du domicile de la mère. — Cass., 10 août 1825, Baud, [S. et P. chr.]

172. — Jugé, en ce sens, que c'est devant le juge du dernier domicile du père tutrice que doit se réunir le conseil de famille appelé à décider si, en cas de convol, la mère conservera ou non la tutelle. — Bruxelles, 24 nov. 1829, Pinson, [P. chr.]

173. — ... Que c'est devant le juge de paix du canton du domicile du mineur, c'est-à-dire du domicile du dernier mourant de ses père et mère, et non devant celui du lieu où la tutelle s'est ouverte, que doit être réuni le conseil de famille appelé à donner un tuteur au mineur. — Metz, 7 mars 1867, Eyen, [S. 67.2.274, P. 67.987, D. 67.2.60]

174. — Mais la thèse contraire prévaut, et la Cour de cassation a décidé que le conseil de famille doit être convoqué au lieu du domicile du mineur lors de l'ouverture de la tutelle, et non au lieu du domicile de son tuteur, encore bien que ce soit un parent survivant, tuteur légal; que le domicile du mineur lors de l'ouverture de la tutelle conserve toujours son effet, quant à la compétence du juge de paix qui doit convoquer le conseil. — Cass., 11 mai 1842, Mouthon, [S. 42.1.661, P. 42.1.711] — Douai, 4 mars 1859, Bail, [S. 59.2.346, P. 59.249]

175. — Cette règle absolue de compétence, en matière de constitution ou de reconstitution de la tutelle, a été de nouveau consacrée dans les termes les plus généraux et les plus précis. Jugé que la compétence du juge de paix et celle des membres du conseil de famille est fixée pour toute la durée de la minorité par le domicile primitif et naturel du mineur, c'est-à-dire par celui qu'il avait au décès du premier mourant de ses père et mère, alors même que le survivant des père et mère, tuteur légal, aurait transporté son domicile dans un autre lieu et y serait mort; que le principe s'applique, en général, à toutes les nominations de tuteur et de subrogé tuteur qui peuvent devenir nécessaires pendant la durée de la minorité. — Cass., 2 mars 1869, Narbonne, [S. 69.1.151, P. 69.379, D. 69.1.199] — Rouen, 24 févr. 1870, Narbonne, [S. 71.2.44, P. 71.130] — Cass. belge, 7 mai 1883, Carlier, [S. 85.4.10, P. 85.2.17]

176. — Et le conseil de famille, convoqué pour la nomination d'un curateur à l'émancipation d'un mineur en tutelle, doit, comme au cas de nomination du tuteur et du subrogé tuteur, se réunir devant le juge de paix du lieu où la tutelle s'est ouverte. Peu importe que l'émancipation émane du père, tuteur légal, qui a transporté ailleurs son propre domicile. — Metz, 31 mai 1870, Nandé et autres, [S. 71.2.107, P. 71.339, D. 70.2.194]

177. — De même, encore, le protuteur doit être nommé par le conseil de famille du lieu où la tutelle s'est ouverte et non pas dans la colonie où sont situés les biens. — Toullier, t. 2, n. 1123.

178. — Nous n'admettrions pas même avec une cour d'appel que, tant que le mineur dont les père et mère sont morts n'est pas pourvu d'un tuteur, son domicile est de droit au lieu du décès du dernier mourant d'entre eux; que, dès lors, le tribunal de ce lieu est compétent, même après la nomination du tuteur, pour statuer sur la demande en interdiction antérieurement formée contre le mineur. — Paris, 28 nov. 1835, Desdouitz de Saint-Père, [S. 35.2.556, P. chr.]

179. — De même, il a été jugé que le juge de paix compétent pour présider le conseil de famille d'un interdit est celui du lieu où s'ouvre la tutelle à l'interdiction, et non celui du lieu de la tutelle à la minorité existant au moment de l'interdiction; que le domicile de la tutelle à la minorité, c'est-à-dire celui du pupille lors du prononcé de l'interdiction, c'est-à-dire celui du tuteur à la minorité. — Tr.b. Seine, 27 févr. 1857, [*Gaz. des trib.*, 1er mars 1857]

180. — ... Que le conseil de famille appelé à remplacer un tuteur décédé, ce tuteur fût-il un tuteur légitime, ne doit pas être convoqué devant le juge de paix du domicile de ce dernier, mais devant celui du lieu où la tutelle s'est ouverte. — Nancy, 1er juill. 1853, Hocquard, [S. 53.2.558, P. 53.2.652, D. 54.2.234]

181. — Se rattache aussi à cette théorie un arrêt qui, en cas de séparation de corps entre deux époux, attribue à l'enfant le domicile de son père, bien que la garde en ait été confiée à la mère, et décide, en conséquence, qu'en cas de mort de la mère, c'est au domicile du père que le conseil de famille doit être convoqué. — Angers, 5 mai 1883, Bournbonet, [S. 86.2.13, P. 86.1.103] — M. Huc (t. 1, n. 387) estime qu'il en serait de même en matière de divorce.

182. — Toutes les fois donc qu'il s'agit d'organiser, reconstituer ou compléter la tutelle, la délibération prise relativement à l'un de ces objets sera nécessairement déclarée nulle si elle émane d'un conseil de famille convoqué en dehors du siège de la tutelle, de quelque nature qu'ait été cette tutelle : légitime, testamentaire ou dative; les tribunaux n'auront pas le droit de la considérer comme régulière.

183. — Un arrêt isolé a jugé cependant que si, en règle générale, le conseil de famille appelé à remplacer un tuteur décédé doit être convoqué devant le juge de paix du domicile qu'avait le mineur à l'ouverture de la tutelle, cette règle, qui n'a d'autre but que de protéger les intérêts du mineur, n'a rien d'absolu, et qu'il appartient dès lors aux tribunaux d'apprécier les circonstances dans lesquelles les intérêts mêmes du mineur commanderaient de s'écarter des prescriptions ordinaires de la loi. — Nancy, 28 juill. 1863, Martin, [S. 66.2.227, P. 66.847, D. 66.5.477] — *Sic*, Oudot, *Droit de famille*, p. 49.

184. — Mais la Cour de cassation a condamné nettement cette théorie : la règle de compétence résultant du domicile du mineur au jour d'ouverture de la tutelle ne permet pas, suivant elle, de rechercher si, en fait, le conseil de famille réuni devant le juge de paix du lieu où le tuteur est décédé a ou non présenté, pour la protection du mineur, des garanties équivalentes à celles que lui aurait assurées la réunion de ce conseil au lieu où la tutelle s'était primitivement ouverte. D'après un premier arrêt, la nullité d'une délibération prise par un conseil de famille réuni ailleurs qu'au lieu de l'ouverture de la tutelle pour délibérer sur la constitution de la tutelle peut et doit être prononcée, bien que la convocation irrégulière ait été faite sans fraude, si du moins les intérêts du mineur en ont pu souffrir. — Cass., 11 mai 1842, Mouthon, [S. 42.1.661, P. 42.1.711]

185. — Mais cette dernière restriction elle-même était de trop, et a disparu des arrêts ultérieurs. Il a été jugé qu'en pareil cas il n'y a pas lieu d'examiner en fait si les intérêts du mineur ont subi ou subiront un préjudice; seul le conseil de famille du lieu de l'ouverture de la tutelle a compétence pour nommer un curateur au mineur émancipé; toute délibération prise par un conseil constitué en un autre lieu doit être *à priori* annulée. — Cass., 17 déc. 1849, Gas, [S. 50.1.299, P. 50.2.320, D. 50.1.77]

186. — Et la même doctrine se retrouve dans un arrêt postérieur. En présence d'une délibération d'un conseil de famille réuni non au domicile d'origine de la tutelle, mais à celui de la mère tutrice décédée, pour nommer un nouveau tuteur, la cour de la Réunion, par arrêt du 1er juin 1866, s'était livrée à l'appréciation du plus ou moins de garanties pour le mineur présentées par ce conseil, et en avait conclu à la maintenue de sa délibération. La

Cour de cassation s'est refusée à la suivre dans cette voie, et a cassé l'arrêt, déclarant nulle toute délibération prise ailleurs qu'au lieu d'origine de la tutelle, dès lors qu'elle a trait à sa constitution ou à son organisation. — Cass., 2 mars 1869, Narbonne, [S. 69.1.131, P. 69.379, D. 69.1.199] — *Sic*, Demolombe, t. 7, n. 251; Aubry et Rau, t. 1, § 92 *bis*, texte et note 3, p. 377.

187. — Il avait été déjà jugé que toute délibération d'un conseil de famille est radicalement nulle lorsqu'il a été convoqué hors du domicile réel du mineur, et que cette nullité n'est pas couverte par une délibération ultérieure prise, sur convocation régulière, par un autre conseil. — Turin, 13 mai 1841, Botton, [S. et P. chr.]

188. — Cette nullité vicie, même à l'égard du tiers acquéreur, l'adjudication faite des biens du mineur en présence du subrogé tuteur ainsi nommé. — Cass., 11 mai 1842, précité.

189. — Si absolue d'ailleurs que soit la règle adoptée d'après l'art. 406, C. civ., on ne devrait pas annuler une délibération prise devant un autre juge de paix que celui du domicile du mineur, s'il y avait eu délégation de ce magistrat faite par un jugement passé en force de chose jugée. — Metz, 20 avr. 1820, Brandebourg, [S. et P. chr.] — V., dans le même sens, Paris, 6 oct. 1814, d'Etilhères, [S. et P. chr.]

190. — Mais les principes s'adoucissent si la délibération du conseil a pour objet non plus d'organiser ou de compléter la tutelle, mais de statuer sur un acte de gestion ou d'administration du tuteur. Dans ce dernier cas, la Cour de cassation admet que le conseil de famille est valablement réuni devant le juge de paix du nouveau domicile du tuteur, pourvu toutefois que les intérêts du mineur n'en éprouvent aucun préjudice; il en est ainsi, par exemple, quand il est appelé à nommer un tuteur *ad hoc* pour accepter une donation faite au mineur par son tuteur, et dans tous les cas, le tuteur qui a convoqué le conseil ne serait pas recevable à se prévaloir de cette circonstance pour demander la nullité de l'acceptation. — Cass., 4 janv. 1842, Créton, [S. 42. 1.244, P. 42.2.417] — *Sic*, Aubry et Rau, t. 1, n. 92 *bis*, p. 378, note 4; Laurent, t. 4, n. 447 et s.; Huc, t. 3, n. 299 et s.

191. — De même, s'il y a lieu d'autoriser le subrogé tuteur à accepter une telle donation faite au mineur ou à l'interdit par le tuteur, le conseil de famille peut être convoqué au nouveau domicile du tuteur, sauf aux juges à apprécier si, par cette translation de domicile pour la tutelle, les intérêts du mineur ou de l'interdit n'ont éprouvé aucun préjudice, leur appréciation sur ce point étant souveraine. — Cass., 4 mai 1846, Jeanjean, [S. 46. 1.463, P. 46.2.78, D. 46.1.129]

192. — Il avait été jugé, en sens contraire, que, même pour délibérer sur l'acceptation d'une succession, c'est le domicile du mineur au jour où s'ouvre la tutelle qui fixe la compétence du juge de paix appelé à convoquer le conseil de famille et à le présider. — Nîmes, 17 mai 1838, Hér. Laugier, [P. 38.2.436] — Nancy, 28 juill. 1865, précité.

193. — La distinction admise par la Cour suprême suivant qu'il s'agit, d'une part, d'organiser ou de reconstruire la tutelle, de l'autre, de délibérer sur les actes de gestion du tuteur, peut être critiquée, car le mineur ou l'interdit sera, dans cette dernière hypothèse, privé des garanties que lui assurait l'invariabilité de la composition du conseil de famille puisqu'aux parents, membres originaires de cette assemblée et connaissant la véritable situation et les vrais intérêts du mineur, on sera parfois obligé, à raison de l'éloignement, de substituer des amis moins éclairés ou plus complaisants, et que le juge de paix de ce nouveau domicile sera lui-même fort peu éclairé pour prendre et conseiller les partis les meilleurs. Sans doute, une cour réserve toujours aux tribunaux la faculté de rechercher si la convocation faite au nouveau domicile du tuteur n'a pas pour objet ou pour résultat de léser les intérêts du pupille, mais ce droit, fort difficile à exercer souvent, n'équivaut pas à une garantie résultant de la loi. C'est pour ce motif que la Cour de cassation belge adopte une opinion contraire à celle de la jurisprudence française : à son sens, le conseil de famille constitué à l'origine de la tutelle doit être convoqué au même lieu par le juge de paix et composé d'après les mêmes règles chaque fois qu'il est appelé à délibérer, fût-ce pour donner son avis ou pour accorder une autorisation relativement à un acte de l'administration tutélaire. — Cass. belge, 7 mai 1883, Carlier, [S. 85.4.10, P. 85.2.17] — *Sic*, Demolombe, t. 7, n. 250, 251.

194. — Mais, la théorie française a, du moins, l'avantage de faciliter les opérations de la tutelle et d'épargner des pertes de temps et des frais. Il semble, d'ailleurs, que la faculté pour les tribunaux d'annuler toute délibération préjudiciable au pupille, peut constituer pour lui une protection suffisante contre les calculs intéressés du tuteur.

195. — Il va de soi, d'ailleurs, qu'il ne suffirait pas d'une résidence accidentelle et passagère du tuteur, dans un lieu, pour permettre de convoquer le conseil de famille, et que les délibérations prises par ce conseil seraient frappées d'une nullité radicale et absolue. — Turin, 13 mai 1841, précité.

196. — Etant donné le caractère parfois délicat de la question de savoir où doit être convoqué le conseil de famille, on conçoit que deux conseils de famille, formés en des lieux différents, puissent nommer deux tuteurs à un même mineur; comment régulariser la situation en ce cas? L'espèce s'étant présentée, on prétendait procéder par voie de règlement de juges, mais c'était chose impossible puisqu'il n'y avait pas contrariété de jugements (C. proc. civ., art. 504). La Cour de cassation a appliqué, en ce cas, les principes généraux du droit : la question d'après elle doit être portée devant le tribunal de celui des tuteurs dont la nomination est attaquée. — Cass., 18 juill. 1826, Moreau Saint-Remy, [S. et P. chr.] — *Sic*, Demolombe, t. 7, n. 251 *bis*.

Section II.
Convocation, comparution.

197. — Le conseil de famille, nous le savons, n'est pas *à priori* composé de personnes strictement énumérées par la loi; au début d'une tutelle, il n'existe pas avant d'être appelé à délibérer. Dans la suite même, comme ce n'est pas un corps permanent (*supra*, n. 131), il doit être constitué à nouveau, en y comprenant non pas les mêmes membres, chaque fois qu'il y a une délibération à prendre. Qui donc a compétence pour ordonner ou autoriser sa convocation? L'art. 406 seule pouvoir au juge de paix du domicile de la tutelle : cette convocation, ajoute-t-il, peut-être ordonnée ou autorisée par ce magistrat, soit sur réquisition, soit d'office.

198. — Le juge de paix peut convoquer d'office le conseil lorsqu'il s'agit de procéder à la nomination, au remplacement ou à la destitution du tuteur ou du subrogé tuteur (C. civ., art. 406, 421, 446). Le peut-il encore relativement aux intérêts d'un mineur pourvu d'un tuteur? Malgré l'opinion de MM. Aubry et Rau (t. 1, § 94, p. 382), qui n'admettent en ce cas la possibilité d'une convocation que sur réquisition du tuteur ou du subrogé tuteur, nous estimons que le droit pour le juge de paix de convoquer le conseil toutes les fois qu'il le croit nécessaire, même au cas d'inaction du tuteur, résulte de la nécessité des faits qui lui laissent plus d'indépendance par rapport aux parents, et du caractère de protecteur né des intérêts de l'incapable que la loi lui attribue. Les articles précités ne sont pas limitatifs — Demolombe, t. 7, n. 280; Laurent, t. 4, n. 432.

199. — Peuvent requérir cette convocation tous les intéressés en général et spécialement les parents ou alliés du mineur sans limitation de degrés (sauf peut-être le douzième, C. civ., art. 755) et ses créanciers (C. civ., art. 406), auxquels il faut joindre le tuteur et le subrogé tuteur. Les art. 175, 421, 424, 444, 468, reconnaissant à l'un ou à l'autre, le droit de le faire ne sont que des applications d'une théorie plus générale. Pour le tuteur, d'ailleurs, il est évident qu'il peut faire convoquer le conseil chaque fois qu'il a besoin de son autorisation pour un acte de gestion; il le peut, puisqu'il le doit. La loi du 27 févr. 1880 paraît bien attribuer cette faculté au subrogé tuteur et aux membres du conseil de famille pendant la gestion du tuteur quand celui-ci ne remplit pas ses devoirs.

200. — Mais ces diverses personnes ne jouissent pas toutes et toujours indistinctement de cette prérogative. Toutes peuvent, sans doute, provoquer la convocation du conseil s'il y a lieu de faire nommer un tuteur ou de le faire destituer dans l'hypothèse spéciale où il s'agit du tuteur légal, qui s'est immiscé dans la tutelle avant d'avoir fait procéder au choix d'un subrogé tuteur (C. civ., art. 421). Mais quand la destitution du tuteur est poursuivie pour une autre cause quelconque, comme le subrogé tuteur est là pour veiller aux intérêts de l'incapable, seuls peuvent agir le subrogé tuteur, et les parents ou alliés du mineur jusqu'au degré de cousin germain inclusivement (C. civ., art. 446). Même restriction dans le nombre des personnes investies du droit de faire réunir le conseil quand il s'agit de destituer un subrogé tuteur, le tuteur n'ayant pas qualité pour demander cette destitution (C. civ., art. 426), et quand il y a lieu de délibérer sur l'émancipation du mineur (C. civ., art. 479). Enfin, aucun parent, en dehors du conseil de famille, ne peut, selon nous, provoquer une délibération pour autoriser le tuteur ou le subrogé tuteur à passer certains actes de sa gestion (C. civ., art. 420, 424, 461, 468).

201. — En dehors des personnes que nous venons de signaler, il n'appartient à qui que ce soit de requérir la convocation du conseil de famille ; cette exclusion s'applique aux tiers et en particulier aux officiers du ministère public, qui ne doivent agir que dans les cas spécifiés par la loi (L. 28 avr. 1810, art. 46). On peut, avec MM. Delvincourt (t. 1, p. 108, note 3) et Demolombe (t. 7, p. 180), regretter que la loi n'ait pas permis au ministère public de protéger plus efficacement les intérêts des mineurs, mais il faut, en présence des textes, lui reconnaître comme à toute personne le seul droit de provoquer la convocation par une dénonciation au juge de paix. — Merlin, *Rép.*, v° *Ministère public*, § 7, n. 2 et *Mineur*, § 4 ; Carré, *Lois de l'organisation et de la compétence*, t. 1, n. 117 et 118 ; Magnin, t. 1, n. 323 ; Bioche et Goujet, v° *Conseil de famille*, n. 21, art. 406 ; Pigeau, t. 2, p. 590, n. 1 ; de Fréminville, t. 1, n. 97 ; Massé et Vergé, sur Zachariæ, t. 1, note 7, § 202, p. 396 ; Demolombe, t. 7, n. 287 ; Aubry et Rau, t. 1, § 94, p. 382, texte et note 1 ; Laurent, t. 4, n. 453 ; Baudry-Lacantinerie, t. 1, n. 1026.

202. — Jugé, par exemple, que le ministère public n'a pas d'action pour provoquer la réunion du conseil, afin de faire nommer un curateur *ad litem* au mineur dont les intérêts se trouveraient en opposition avec ceux du père, tuteur légal. — Cass., 27 frim. an XIII, Gaillard, [S. et P. chr.]

203. — ... Ou afin d'obtenir une nouvelle organisation de la tutelle et de demander que les baux des biens d'un mineur ou d'un interdit soient adjugés sur publications précédées d'affiches. — Cass., 11 août 1818, Berdin, [S. et P. chr.]

204. — Faute par le ministère public de pouvoir requérir, le tribunal ne peut statuer sur ses réquisitions. Sans doute, il a le droit de dénonciation au juge de paix. Mais celui-ci n'est tenu comme en cas de réquisition, ni de répondre à la dénonciation à peine de prise à partie, ni d'admettre la demande à peine d'appel contre sa décision ; il reste libre de convoquer ou non le conseil. — Laurent, t. 4, n. 454 ; Huc, t. 3, n. 297.

205. — Du reste, aussi bien quand la convocation a lieu sur réquisition que quand elle a lieu d'office, et quelle que soit d'ailleurs la personne de qui émane la réquisition, nous savons que c'est, dans tous les cas, au juge de paix qu'il appartient de faire cette convocation et de dresser la liste de ceux qui composeront le conseil de famille. Il en est ainsi surtout s'il y a lieu de convoquer des amis à défaut de parents, ou des parents domiciliés à plus de deux myriamètres de la commune, siège de la tutelle (C. civ., art. 409 et 410). — Besançon, 9 avr. 1808, de Pauthier, [S. et P. chr.] — Rouen, 29 nov. 1816, Dulot, [S. et P. chr.] — Rennes, 20 févr. 1823, de Gillart, [P. chr.] — *Sic*, Duranton, t. 3, n. 456 ; Delvincourt, t. 1, p. 106, n. 10 ; Magnin, t. 1, n. 324 ; de Fréminville, t. 1, n. 96 ; Demolombe, t. 7, n. 275 et 276 ; Aubry et Rau, t. 1, § 94, note 2, p. 382.

206. — Le juge de paix peut, d'ailleurs, pour former cette liste, prendre les renseignements ce nécessaires auprès du requérant ou de toute autre personne. Il est compétent pour juger de la capacité des futurs membres du conseil, sauf le recours de droit contre sa décision. — Bruxelles, 22 juin 1827, G..., [P. chr.] — V. *supra*, n. 58.

207. — Seulement le conseil est régulièrement composé encore qu'il ne soit pas prouvé qu'il l'ait été par le juge de paix. — Rennes, 6 janv. 1814, Lemière, [P. chr.]

208. — ... Et il n'est pas non plus indispensable, alors même qu'il s'agit de convoquer non des parents, mais des amis, que la convocation émane du juge de paix lui-même, car ce dernier est toujours libre d'agréer ou non les personnes qui lui sont présentées ; s'il les accepte, il ratifie le choix qui en a été fait, et est, dès lors, censé les avoir convoquées lui-même. Il a été jugé, en ce sens, que la convocation d'amis pour composer le conseil de famille est valable quoique non faite par le juge de paix lui-même, lorsqu'il l'a approuvée en agréant les membres ainsi choisis qui se présentent volontairement devant lui. — Colmar, 14 juill. 1836, Baur, [S. 37.2.231, P. 37.2.434] — Douai, 13 févr. 1844, Leclerq, [S. 45.2.79, P. 46.1.65, D. 45.2.152] — 22 juill. 1856, Walrand, [S. 57.2.33, P. 58.245] ; — 4 mars 1859, Bail, [S. 59.2.346, P.

59.249] — *Contrà*, Besançon, 9 avr. 1808, Pouthier, [S. et P. chr.]

209. — Jugé, de même, que le conseil de famille peut être appelé à donner son avis sur la demande à fin de nomination d'un conseil judiciaire sur la simple convocation du demandeur ; la loi n'exige pas à peine de nullité qu'il le soit à la diligence personnelle du juge de paix. — Paris, 4 août 1849, Boisgonthier, [P. 50.1.316, D. 50.2.191]

210. — Le juge de paix pourrait parfois se refuser à convoquer le conseil de famille ; quels seraient alors les droits de ceux qui l'en ont requis, et qui ont reçu de la loi qualité pour le faire ? Évidemment, il y aurait lieu de le prendre à partie, s'il ne rendait pas d'ordonnance constatant son refus ; mais en présence d'une telle ordonnance, quelle voie de recours devrait être suivie ? Il y aurait alors lieu à appel disent certains auteurs. — Demolombe, t. 7, n. 281 ; Mourlon, t. 1, p. 538.

211. — Mais nous croyons, pour notre part que, même en ce cas, la voie de la prise à partie serait le seul mode de recours possible. Une pareille ordonnance ne constitue pas un acte de juridiction contentieuse, elle n'est donc pas susceptible d'appel. — Massé et Vergé, sur Zachariæ, t. 1, § 202, note 6, p. 396.

212. — L'assemblée doit, en principe, se tenir chez le juge de paix à moins qu'il ne désigne un autre local (C. civ., art. 415). En raison du texte de l'art. 496, C. civ., exigeant en matière d'interdiction l'interrogatoire du défendeur en la chambre du conseil, on s'est demandé si, en ce cas, la réunion ne devait pas avoir lieu au tribunal ou du moins devant le juge de paix délégué spécialement par le tribunal. Un arrêt, s'appuyant très-fortement sur les art. 415, 416 et 494, C. civ., a répondu négativement. — Metz, 29 déc. 1818, Schweitzer, [P. chr.]

213. — C'est encore le juge de paix qui fixe le jour de la réunion. Les personnes appelées à faire partie du conseil sont convoquées à jour fixe par une citation extrajudiciaire ; tel est du moins le seul mode régulier de convocation. Le juge de paix est sans pouvoirs pour commettre l'huissier par le ministère duquel sera signifiée la cédule de convocation ; les parties sont, en effet, libres de choisir dans ce but tel huissier que bon leur semble, et depuis le 25 mai 1838 tous les huissiers peuvent instrumenter devant les juges de paix, qui, hors des cas prévus par la loi, ne peuvent donner aucune commission spéciale. Dès lors, la nomination d'un huissier faite par lui, comme le refus de la rapporter, sont des actes d'un caractère contentieux, susceptibles d'être déférés sur requête, par voie d'appel, devant le tribunal civil. — Trib. Rouen, 26 mars 1866, Desgnées, [S. 67.2.56, P. 67.236]

214. — Le juge de paix, en fixant le jour de la réunion, doit régler le délai pour comparaître de manière qu'il y ait toujours entre la notification et le jour indiqué un intervalle de trois jours au moins quand toutes les parties citées résident dans la commune ou dans un rayon de deux myriamètres, sauf augmentation d'un jour par cinq myriamètres pour celles qui sont domiciliées en dehors de ce rayon (C. civ., art. 411 ; C. proc. civ., art. 1033, modifié par la loi du 3 mai 1862). Les délais doivent être francs.

215. — Mais la notification et les délais de comparution ne sont pas prescrits à peine de nullité. L'inobservation des délais dans la convocation ne vicie pas la délibération du conseil qui s'est réuni sur lettres le jour même où il a été convoqué. — Cass., 22 juill. 1807, Themins, [S. et P. chr.] — Agen, 10 déc. 1806, Themins, [S. et P. chr.]

216. — Et la convocation peut se faire par simple avertissement, écrit ou verbal, en dehors de toute formalité : si les membres du conseil se présentent spontanément, la délibération qu'ils prendront sera parfaitement valable. Pas n'est besoin d'ailleurs de mentionner l'existence de cette convocation dans la délibération. — Agen, 19 févr. 1830, Dumas, [P. chr.] — *Sic*, de Fréminville, n. 100 ; Marcadé, sur l'art. 411 ; Aubry et Rau, t. 1, § 94, p. 383 ; Demolombe, t. 7, n. 289.

217. — La loi du 25 mai 1838, art. 17, autorise d'ailleurs expressément le juge de paix à remplacer la citation coûteuse pour le mineur par un avertissement quelconque. Voici cependant quelle est la très-grande utilité parfois d'une convocation régulière. En l'absence de cette formalité, les parties, quoiqu'averties de la réunion, peuvent s'abstenir de comparaître, encore qu'elles n'avaient aucune excuse légitime à invoquer, sans encourir pour cela l'amende établie par l'art. 413, C. civ., car on s'accorde à considérer que cette amende de 50 fr. au maximum, qu'il appartient au juge de paix d'infliger sans appel, ne peut s'appliquer qu'aux personnes régulièrement convoquées dans les formes de l'art. 411. — Cass., 22 juill. 1807, Thomins, [S. et P. chr.] — *Sic*, Magnin, t. 1, n. 341; Demolombe, t. 7, n. 290; Mourlon, t. 1, p. 338; Aubry et Rau, t. 1, § 94, p. 383, note 5.

218. — La condamnation à l'amende ne peut être frappée d'appel; mais la loi n'ayant pas prohibé la voie de l'opposition, le juge de paix peut toujours la rapporter en présence d'excuses légitimes.

219. — Autre et plus grave effet d'une convocation irrégulière des parents : la délibération prise en leur absence peut être attaquée et annulée de ce chef. — Durauton, t. 3, n. 465, note; Magnin, t. 1, n. 347; Massé et Vergé, sur Zachariæ, t. 1, § 202, p. 396, note 8; Demolombe, t. 7, n. 290; Aubry et Rau, t. 1, § 94, p. 383, note 6. — Ainsi la délibération d'un conseil de famille est nulle si elle a été prise en l'absence d'un des six parents dont il est composé, encore bien que les trois quarts des parents, nombre strictement nécessaire pour la validité des délibérations (C. civ., art. 415), aient été présents, dès lors que le parent absent n'a pas été convoqué par une citation; peu importe qu'il eût promis verbalement de se rendre au conseil. — Rouen, 7 avr. 1827, Samson, [S. chr.]

220. — Jugé, de même, que l'inobservation du délai des distances pour la convocation des membres qui doivent faire partie d'un conseil de famille entraîne la nullité des délibérations prises par ce conseil en l'absence des membres irrégulièrement convoqués. — Caen, 30 août 1847, Corbin, [S. 48.2.527, P. 48.2.154, D. 48.2.179]

221. — Il s'agit, en effet, ici d'une nullité substantielle; pour qu'il y ait délibération véritable, il faut qu'il y ait eu un conseil de famille de six membres constitué. Or, il n'y a pas plus constitution du conseil quand les six membres n'ont pas été régulièrement convoqués que lorsqu'il n'y en a pas eu six de convoqués. Seule donc, en principe, la présence de tous les membres convoqués verbalement ou par lettre, ou sans observation du délai des distances, peut couvrir ces irrégularités dans la convocation. C'est là un grave inconvénient de la convocation extralégale. — Aubry et Rau, t. 1, § 96, p. 392; Laurent, t. 4, n. 455; Huc, t. 3, n. 322.

222. — La loi n'exige pas que la citation, pour être régulière, indique l'objet de la délibération. Cette énonciation doit cependant être faite autant que possible pour permettre aux membres du conseil de réfléchir par avance sur la décision à prendre. — Laurent, t. 4, n. 455.

223. — En cas d'absence d'un ou de plusieurs membres du conseil de famille au jour indiqué pour la réunion, le juge appréciera souverainement s'il y a lieu ou non de l'excuser (art. 413) et s'il convient de délibérer en son absence, l'assemblée étant d'ailleurs en nombre suffisant; le conseil de famille n'a pas qualité pour trancher ce point. Si le juge de paix estime qu'il y a lieu d'attendre le membre absent ou de le remplacer et, dans tous les cas, de renvoyer à plus tard la décision à prendre par le conseil, il peut soit l'ajourner à une époque indéterminée, soit le proroger à jour fixe. Au premier cas, une nouvelle convocation est nécessaire avec observation du délai des distances; au deuxième, les membres présents n'ont pas besoin d'être à nouveau convoqués. — Aubry et Rau, t. 1, § 94, p. 383; Laurent, t. 4, n. 458.

224. — Mais aussi, si les absents avaient été régulièrement convoqués et ne présentent pas d'excuses valables, ils sont passibles d'une amende de 50 fr. au maximum que le juge de paix prononce sans appel (C. civ., art. 413). La voie de l'opposition est seule ouverte contre cette sentence et l'opposition devra, semble-t-il, être formulée dans une requête au juge de paix, lequel, après avoir entendu par lui-même les explications de l'opposant, s'il se présente, ou d'un tiers, maintient ou rapporte la condamnation prononcée.

224 bis. — Il a été jugé, à cet égard, que lorsqu'un des membres du conseil de famille, ne s'étant pas rendu à la convocation du juge de paix, a été frappé par celui-ci d'une amende pour absence injustifiée, et a fait opposition, la citation qui lui est donnée à comparaître sur son opposition, ne doit porter l'indication d'aucun requérant. — Cass., 23 oct. 1894, Rivière de Chandoye, [*Gaz. des trib.*, 25 oct. 1894]

225. — Cette peine ne peut d'ailleurs frapper que ceux qui sont réellement tenus de se présenter. Elle ne s'applique pas, nous l'avons vu (*suprà*, n. 207), à ceux qui n'ont pas été régulièrement convoqués. En sont aussi exempts, les ascendants valablement excusés et les ascendantes veuves, puisqu'ils sont libres d'assister ou non aux délibérations du conseil (C. civ., art. 460). Elle ne peut pas non plus être étendue par analogie, d'où il suit que l'amende ne saurait être prononcée contre le parent, allié ou ami, qui, régulièrement convoqué, a comparu, mais a refusé de délibérer à la suite d'un incident survenu dans le sein du conseil relativement à l'irrégularité de sa composition. — Cass., 10 déc. 1828, Lehir, [S. et P. chr.] — *Sic*, de Fréminville, t. 1, n. 104 et 105; Bioche et Goujet, v° *Conseil de famille*, n. 34.

226. — Lorsque les parents les plus proches du mineur n'ont pas répondu à la première convocation à eux adressée, le juge de paix peut, tout en appelant à leur défaut des parents plus éloignés une date ultérieure, les convoquer eux-mêmes à nouveau. S'ils comparaissent tous cette fois, seuls les plus proches devront prendre part à la délibération. — Paris, 7 flor. an XIII, Delespinay, [S. et P. chr.]

227. — La délibération serait nulle, ainsi que tout ce qui s'en serait suivi, si le conseil de famille avait délibéré au nombre de plus de six parents ou alliés. — Bourges, 2 fruct. an XIII, Maillet, [S. et P. chr.] — Amiens, 11 fruct. an XIII, Carré, [S. et P. chr.]

228. — Les membres du conseil de famille ainsi convoqués sont tenus de se rendre au lieu désigné en personne ou tout au moins de s'y faire représenter par un fondé de pouvoir spécial. Cependant, si cette obligation incombe strictement aux parents et aux alliés, quelle que soit la distance qu'ils demeurent, elle ne s'impose aux amis qu'autant qu'ils habitent la commune : leur obligation est donc moins étroite que celle des parents (C. civ., art. 409 et 412). Le droit de se faire représenter existe d'ailleurs même pour les personnes domiciliées au siège de la tutelle. La procuration peut donner aux tiers qui en est porteur pouvoir de délibérer et de voter soit sur un objet spécialement indiqué, soit sur les différentes affaires qui se traiteront dans une assemblée spécialement désignée. — Massé et Vergé, sur Zachariæ, t. 1, § 119, p. 193, note 7; de Fréminville, n. 102; Aubry et Rau, t. 1, § 94, p. 384.

229. — Elle n'a pas besoin d'être authentique. La règle admise pour les actes de l'état civil, l'acceptation des donations, etc., n'est pas applicable ici; le mandat peut être donné par acte sous seing privé (C. civ., art. 1985), mais il devra être enregistré et annexé au registre des délibérations. — Metz, 24 brum. an XIII, Despinay, [S. chr., P. chr.] — *Sic*, Durauton, t. 3, n. 456; de Fréminville, n. 103; Aubry et Rau, t. 1, § 94, p. 384; Demolombe, t. 7, n. 292; Laurent, t. 4, n. 457; Baudry-Lacantinerie, t. 1, n. 1027; Huc, t. 3, n. 308.

230. — Mais elle ne peut être donnée à un individu personnellement incapable de faire partie d'un conseil de famille. Si une telle personne pouvait y figurer en qualité de fondé de pouvoir, les dispositions de la loi qui désignent certains individus incapables d'en être membres deviendraient illusoires (V. *suprà*, n. 92 et s.). Doit donc être annulée la délibération à laquelle un des parents convoqués s'est fait représenter par un mineur non émancipé. Sans doute, l'art. 1990, C. civ., permet de choisir pour mandataire une femme ou un mineur non émancipé, mais il est inapplicable dès lors que du choix du mandataire dépendent les intérêts non du mandant, mais d'un tiers, le mineur. Ne peuvent pas faire partie du conseil, à titre de mandataire, un mineur ou une femme autre que la mère ou les ascendantes. — Orléans, 12 janv. 1850, Carpentier, [P. 50.1.75, D. 50.2.60] — *Sic*, Demolombe, t. 7, n. 296; Aubry et Rau, t. 1, § 94, note 9, p. 384; Laurent, t. 4, n. 538; Baudry-Lacantinerie, t. 1, n. 1027; Huc, t. 3, n. 308.

231. — La procuration donnée à un tiers par le parent ou l'ami appelé à faire partie d'un conseil de famille, doit-elle énoncer le sens dans lequel devra être émise l'opinion du mandataire? Non, a répondu la jurisprudence, il n'est nullement nécessaire pour la validité du mandat. — Metz, 24 brum. an XIII, précité.

232. — ... Alors même qu'il s'agit de donner avis sur une demande en interdiction. — Paris, 28 avr. 1831, Rousset de Vauxonnes, [S. 51.2.285, P. 51.2.109, D. 52.2.174]

233. — La doctrine va même beaucoup plus loin; elle conteste la validité du mandat qui imposerait au mandataire l'obligation de voter dans un sens déterminé; c'est la délibération qui doit déterminer le vote, et il n'y a pas de délibération sans liberté; la délibération et le vote ne pourraient plus, en effet, être éclairés par la discussion, puisque, quelles que fussent les lumières en pouvant surgir, le fondé de pouvoir serait toujours lié par son mandat, et ne pourrait voter que de la manière qui lui aurait été prescrite. On peut, d'ailleurs, invoquer en faveur de cette opinion, la discussion au Conseil d'Etat. — Locré, t. 7, p. 181, n. 37; Delvincourt, t. 1, p. 434, note 5; Valette, sur Proudhon, t. 2, p. 303; Magnin, t. 1. n. 342 à la note; de Fréminville, t. 1, n. 102; Taulier, t. 2, p. 30; Chardon, t. 3, n. 320 ; Du Caurroy, Bonnier et Roustain, t. 1, n. 611, art. 412; Massé et Vergé, sur Zachariæ, t. 1, note 10, § 202, p. 396; Demolombe, t. 7, n. 295; Aubry et Rau, t. 1, § 94, note 8, p. 384; Laurent, t. 4, n. 487; Huc, t. 3, n. 308.

234. — Il résulte certainement de là, qu'à la vue d'une procuration énonçant l'avis que doit donner le mandataire, le juge de paix doit déclarer une telle procuration insuffisante et nulle, partant, remplacer le parent absent. Mais l'urgence des circonstances peut ne pas permettre d'ajourner l'assemblée pour donner à ce parent le temps de venir ou de se faire régulièrement représenter; pour tout autre motif, d'ailleurs, la délibération a pu avoir lieu, et le mandataire, porteur de la procuration irrégulière, y a concouru. Cette délibération sera-t-elle nulle? M. Gilbert (note sous Paris, 18 avr. 1851, S. 51.2.285) a soutenu la négative. « Nulle disposition, dit-il, ne prononce cette nullité, et autre chose est de refuser au mandataire le droit de délibérer, parce que son mandat n'est pas régulier; autre chose est d'annuler une délibération consommée, surtout en présence de ce principe, généralement admis, que l'inobservation des règles tracées par le Code civil, pour la composition des conseils de famille, n'emporte pas nullité de plein droit, et que cette peine ne doit être prononcée que selon les circonstances et lorsque les intérêts du mineur ont pu être lésés ». L'opinion contraire paraît devoir être admise: si, d'après la théorie ou la jurisprudence, les irrégularités entachant la composition d'un conseil de famille donnent seulement au juge le pouvoir d'annuler la délibération quand les intérêts du mineur ont été insuffisamment garantis, il n'en peut être de même ici, car il s'agit d'une irrégularité substantielle, entraînant forcément la nullité de la délibération, qui n'a pu être prise en pleine liberté par le mandataire. Cette doctrine a été consacrée par un jugement du tribunal de Chambéry, d'après lequel, l'art. 412, C. civ., en autorisant les membres d'un conseil de famille à se faire représenter par un mandataire spécial, ne les autorise pas à donner un mandat impératif : un tel mandat est frappé d'une nullité radicale, qui doit entraîner la nullité de la délibération elle-même. — Trib. Chambéry, 16 mars 1880, X..., [S. 80.2.217, P. 80.830] — Mêmes auteurs.

235. — Avant le Code civil, comme aujourd'hui, les membres du conseil de famille pouvaient se faire représenter aux délibérations. — Cass., 6 therm. an XII, Rioust, [S. chr.] — Paris, 26 pluv. an XI, Brisson, [S. chr.] — Seulement, sous l'empire de notre ancienne jurisprudence et de l'ancien droit, rien n'empêchait que le fondé de pouvoir représentât plusieurs personnes à la fois, et même tous les membres du conseil de famille, si la procuration n'avait été donnée qu'après délibération entre ces membres. — Rennes, 16 déc. 1833, Lacantinerie, [P. chr.]

236. — La règle est toute autre sous l'empire du Code civil : la seule délibération valable a lieu devant le juge de paix, et elle doit réunir les membres convoqués ou les représentants de chacun d'eux, qui votent en connaissance de cause. Aussi l'art. 412 porte-t-il expressément que le fondé de pouvoir ne peut pas représenter plus d'une personne, et il a été jugé, en conséquence, qu'on ne peut pas figurer au conseil en la double qualité de membre de ce conseil et de représentant d'un autre membre. — Turin, 20 févr. 1807, Grésy, [S. et P. chr.]

237. — Adopter la doctrine contraire, en effet, c'est en arriver, si on en tire les conséquences extrêmes, à admettre qu'une seule personne puisse représenter tout le conseil, ce qui supprime toute discussion et toute délibération. Il a été décidé cependant que, bien qu'un des membres du conseil soit illégalement représenté, la délibération n'en vaut pas moins si le conseil a été d'ailleurs composé d'un nombre suffisant de parents suivant l'art. 415. — Même arrêt.

238. — Par la même raison, le greffier assistant le juge de paix ne peut pas être mandataire; il siégerait en une double qualité.

CHAPITRE IV.

FORME DES DÉLIBÉRATIONS. — EXPÉDITIONS. — RESPONSABILITÉ DES MEMBRES DU CONSEIL.

Section I.

Forme des délibérations. — Expéditions.

239. — Lorsque les membres du conseil de famille ont répondu à l'appel qui leur avait été adressé, la séance se tient au lieu désigné par le juge de paix et, comme nous l'avons dit, à la justice de paix en dehors de toute autre indication (C. civ., art. 413). Elle est présidée par le juge de paix qui, on le sait, fait partie intégrante et nécessaire du conseil de famille (V. *suprà*, n. 21), et à qui la loi donne voix délibérative et même prépondérante en cas de partage pour les décisions à prendre (C. civ., art. 416). Les séances ne sont pas publiques, il ne s'agit pas ici d'un véritable tribunal chargé de rendre la justice au nom de la société et l'art. 8, C. proc. civ., ne s'applique pas. — Duranton, t. 3, n. 454; Magnin, t. 1, n. 346; Demolombe, t. 7, n. 301; Massé et Vergé, sur Zachariæ; t. 1, § 202, p. 396; Aubry et Rau, t. 1, § 94, p. 384, note 11.

240. — Le greffier de la justice de paix est présent et dresse le procès-verbal. En cas d'urgence et d'empêchement de ce fonctionnaire et de ses commis assermentés, le juge de paix peut, pour ne pas arrêter la délibération, nommer un greffier provisoire qui prête serment avant d'accomplir les fonctions auxquelles il est momentanément appelé. Mais il n'est pas nécessaire que le procès-verbal de la délibération mentionne cette prestation de serment; une telle omission ne rendrait pas la délibération annulable, car cette formalité est présumée, jusqu'à preuve contraire, avoir été remplie. — Grenoble, 11 janv. 1864, Pallavicino, [S. 64.2.249, P. 64.1164]

241. — Quoiqu'il n'exerce pas de juridiction, le conseil de famille peut, dans la limite de sa mission, prendre tous les moyens et tous les renseignements capables d'éclairer sa délibération, demander communication des pièces, entendre le tuteur ou le subrogé tuteur quand ils ne font pas partie du conseil, etc.

242. — Pour que la délibération soit régulièrement prise, il faut évidemment que le juge de paix, représentant la société dans cette assemblée, soit présent. La loi exige, en outre, la présence des trois quarts au moins des autres membres ou de leurs mandataires régulièrement nommés (art. 413). Le juge de paix ne doit pas figurer dans le calcul des trois quarts; il en résulte naturellement qu'une délibération serait nulle qui ne serait pas prise en présence du juge de paix, et qu'il en serait de même quand les membres qui ont concouru n'étaient seulement au nombre de cinq, y compris le juge de paix. — Rennes, 9 févr. 1813, Cadour, [S. et P. chr.] — Sic, Demolombe, t. 7, n. 303; Aubry et Rau, t. 1, § 94, note 12, p. 284; Laurent, t. 4, n. 460; Baudry-Lacantinerie, t. 1, n. 1028; Magnin, t. 1, n. 347.

243. — Au contraire, la délibération serait valablement prise par le juge de paix et cinq autres membres, mais il n'en faut pas conclure qu'il suffise de citer les trois quarts des parents ou alliés appelés à faire partie du conseil. La convocation doit être complète, et l'art. 413 n'est applicable qu'au cas d'absence des membres cités; c'est dans ce but expressément indiqué que, sur la demande du Tribunat, le mot « convoqués » a été ajouté au texte de l'art. 413 (Locré, t. 7, p. 219, n. 13), on ne pourrait donc pas valider une délibération prise en présence de trois parents ou alliés, quand ils ont été seuls cités à l'exclusion d'un sixième. En pareil cas, les prescriptions de la loi sont violées, et le conseil de famille étant irrégulièrement composé, sa délibération doit être annulée. — Rouen, 7 avr. 1827, Samson, [S. et P. chr.]

244. — Mais faut-il assimiler au cas d'absence d'un des membres convoqués le cas où l'un des parents appelés au conseil s'abstient par suite d'excuse ou de récusation? Doit-on appliquer encore ici l'art. 413, la délibération restant possible et valable dès lors que les trois quarts des membres convoqués y prennent part?

245. — Entre les deux hypothèses, il existe, remarquons-le, une véritable différence : au cas spécialement prévu par la loi, c'est une impossibilité de fait et transitoire qui entraîne l'absence d'un des membres; au second, c'est un obstacle légal. Aussi a-t-il été jugé qu'en dépit de l'art. 415, le conseil de famille ne peut pas se dispenser de remplacer un de ses membres qui, après avoir comparu, propose une excuse, la fait admettre et se retire ; les cinq autres ne prendront de délibération valable que lorsque le conseil sera complété. — Agen, 26 mars 1810, Gardy, [S. et P. chr.] — *Sic*, Demolombe, t. 7, n. 304.

246. — Il a été décidé cependant que la veuve qui veut se remarier, appelée au conseil de famille qui doit décider si on lui conservera la tutelle de ses enfants, est en droit d'être présente, mais non de voter, et que la délibération est valablement prise par les cinq autres membres réunis au juge de paix. — Bordeaux, 17 août 1825, Letanneur, [S. et P. chr.]

247. — Mais cette décision n'est pas à l'abri de toute critique. Si elle est conforme au texte littéral de l'art. 415, elle paraît tenir peu de compte de l'esprit de la loi. C'est tout à fait exceptionnellement et comme à regret que le Code valide une délibération prise en l'absence d'un des membres convoqués ou en face de l'abstention de l'un des membres présents ; il nous paraît téméraire d'assimiler à ces hypothèses celle où un membre convoqué et présent ne peut pas prendre part au vote; nous préférerions appliquer à cette hypothèse la règle émise par l'arrêt de Rouen du 7 avr. 1827, précité.

248. — Mais dès lors que tous les membres convoqués sont en situation de faire partie du conseil et y consentent, c'est ce conformer au texte de l'art. 415, que d'exiger seulement, pour que la délibération puisse avoir lieu, la présence des trois quarts des membres convoqués sans demander qu'ils délibèrent ou même qu'ils votent. Pareille exigence eût entravé parfois toute délibération, au grand préjudice du mineur; il eût suffi de la mauvaise volonté d'un seul membre pour rendre inefficace l'opinion adoptée par l'unanimité des autres. D'ailleurs, le membre qui s'abstient prend de parti volontairement et en connaissance de cause, puisqu'il a assisté à la discussion ou a constaté l'accord entre ses collègues. Il suffit donc, pour valider la délibération, non que les trois quarts des membres convoqués y aient concouru, mais qu'ils aient été présents, si d'ailleurs la majorité absolue a délibéré et émis un avis unanime. — Bruxelles, 15 mars 1806, Morgat, [S. et P. chr.] — Trib. Bruxelles, 11 févr. 1888, Walvaewers, [*Pasicr.*, 88.3.128] — *Sic*, Duranton, t. 3, n. 465, note; Demolombe, t. 7, n. 305; Laurent, t. 4, n. 460; Huc, t. 3, n. 310.

249. — Jugé aussi, que la délibération vaut alors même que tous les membres convoqués, présents et ayant pris une part active à la délibération, n'ont pas voté, si d'ailleurs la décision a été prise par un nombre de parents égal au moins aux trois quarts. — Rouen, 17 nov. 1810, Epaudry, [S. et P. chr.]

250. — Seulement, quand tous les parents présents ne votent pas, il ne faut pas calculer la majorité sur le nombre des votants, déduction faite des abstentions, mais sur celui des membres présents. — Duranton, t. 3, n. 465.

251. — C'est à la majorité absolue et non à la majorité relative des suffrages, que doivent être prises, à peine de nullité, les délibérations du conseil de famille. La loi n'exige pas explicitement, il est vrai, la majorité absolue, mais tout d'abord c'est la règle ordinaire des tribunaux et dans les assemblées délibérantes et, pour qu'on dût y déroger ici, il faudrait que le texte législatif fût formel. Or l'art. 416, nous semble, au contraire, dicter cette solution, par cela même qu'il n'accorde au juge de paix voix prépondérante qu'en cas de partage, car il doit employer le mot « partage » dans le sens juridique que lui donnent les art. 117 et 118, C. proc. civ. ; il suppose donc l'existence de deux opinions seulement, entre lesquelles ce magistrat choisira pour conférer la majorité absolue à celle qu'il adoptera. L'opinion contraire, d'ailleurs, qui se contente de la majorité relative, aurait cette conséquence inadmissible que, sur sept personnes, deux voix pourraient former la décision et que , par exemple, un individu serait valablement désigné comme tuteur par deux des membres du conseil ou par le seul juge de paix, car il y aurait partage dans le sens du système contraire, si toutes les autres voix s'étaient réparties sur des personnes différentes. La majorité absolue est donc indispensable pour les délibérations du conseil de famille. — Metz, 16 févr. 1812, Bruyère, [S. chr., P. chr.] — Aix, 10 mars 1840, Hubert, [S. 40.1.346] — *Sic*, Duranton, t. 3, n. 466; Delvincourt, t. 1, p. 108, note 1, p. 435; Rolland de Villargues, *Rép.*, v° *Conseil de famille*, n. 16; Favard de Langlade, v° *Tutelle*, § 4, n. 6; Valette, sur Proudhon, t. 2, p. 323, note *a*; Duvergier, sur Toullier, t. 2, n. 1121; de Fréminville, t. 1, n. 107; Du Caurroy, Bonnier et Roustain, t. 1, n. 614; Demante, t. 2, n. 164 *bis*-I; Marcadé, sur l'art. 416; Demolombe, t. 7, n. 311 et s ; Massé et Vergé, sur Zachariæ, t. 1, § 202, note 21, p. 398; Aubry et Rau, t. 1, § 94, note 14, p. 384; Laurent, t. 4, n. 461 et s.; Baudry-Lacantinerie, t. 1, n. 1028. — D'après une seconde opinion, la majorité relative suffit; exiger la majorité absolue pourrait entraîner beaucoup de retards et de difficultés, partant porter préjudice à l'intérêt du mineur. — Proudhon, t. 2, p. 322; Locré, *Esprit du C. civ.*, t. 6, p. 89 et 120; Toullier, t. 2, n. 1121; Biret, *Traité des nullités*, t. 1, p. 185; Zachariæ, t. 1, § 96, p. 195; Chardon, t. 3, n. 291; Taulier, t. 2, n. 32.

252. — L'art. 416 donne au juge de paix voix prépondérante en cas de partage, mais il n'en faut pas conclure que la voix du juge de paix compte pour deux. Si donc, sur sept membres du conseil, y compris le juge, trois votent en un sens, trois, dont le juge de paix, dans un autre sens, et le dernier émet une troisième opinion, l'avis adopté par le juge de paix ne l'emportera pas car il n'a pas réuni la majorité absolue; décider le contraire serait donner tout à la fois au juge double voix et voix prépondérante. — Duranton, t. 3, n. 466; Delvincourt, t. 1, p. 108, note 2.

253. — Si, sur les sept membres, trois d'entre eux , plus le juge de paix adoptent une opinion, cette opinion l'emportera contre l'avis opposé des trois derniers membres, mais parce qu'elle a réuni la majorité absolue, et non par suite de la prépondérance attribuée, en cas de partage, à la voix du juge de paix. — Duranton, *loc. cit.*; Delvincourt, *loc. cit.* — V. aussi Massé et Vergé, sur Zachariæ, *loc. cit.*, note 22 ; Marcadé, sur l'art. 416 ; Demolombe, t. 7, n. 313.

254. — La prépondérance attribuée à la voix du juge servira, au contraire, en cas d'égalité de suffrages accordés à diverses opinions par un conseil réduit à six membres par une absence , pour donner la majorité absolue ou relative à celle de ces opinions que ce magistrat aura adoptée; elle servira à départager les avis contraires.

255. — Remarquons, d'ailleurs, que la déclaration faite par un membre du conseil qu'il acceptera les fonctions de tuteur s'il est nommé, ne peut être considérée comme un vote en sa faveur. Elle ne peut donc pas être comptée comme voix opérant partage et donner lieu à l'application de l'art. 416. — Paris, 14 août 1813, Bourbon Chalus, [P. chr.]

256. — Il sera toujours possible, évidemment, d'obtenir pour la délibération du conseil une majorité absolue, quand il n'y aura que deux avis en présence, puisqu'il suffit pour cela que l'un d'eux réunisse la moitié plus un des votants, ou même la moitié des votants, y compris le juge de paix. Mais on y arrive, alors même que plus de deux opinions sont soutenues en appliquant ici les art. 117 et 118, C. proc. civ.; les partisans des opinions en minorité relative doivent se réunir à l'une de celles qui ont obtenu le plus de voix ; il n'y a donc pas lieu d'en référer aux tribunaux pour qu'ils ordonnent une nouvelle délibération ou la convocation d'un nouveau conseil de famille, composé en tout ou partie de membres différents. — Duranton, t. 3, n. 466; Delvincourt, t. 1, p. 108, note 2; Valette, sur Proudhon, t. 2, p. 323, note *a*; de Fréminville, t. 1, n. 107; Du Caurroy, Bonnier et Roustain, t. 1, n. 614; Demante, t. 2, n. 164 *bis*-I; Marcadé, sur l'art. 416; Demolombe, t. 7, n. 314; Mourlon, t. 1, p. 539; Aubry et Rau, t. 1, § 94, note 15, p. 385. — MM. Laurent (t. 4, n. 462) et Huc (t. 3, n. 312) soutiennent cependant que faute d'un texte analogue à l'art. 117, C. proc. civ., dont la disposition est exceptionnelle, les membres des minorités ne sont pas tenus de changer d'opinion. — V. aussi, Massé et Vergé, sur Zachariæ, t. 1, § 502, note 22, p. 398.

257. — Seulement toutes les opinions émises ont pu réunir le même nombre de voix, ou bien, à côté d'une seule minorité relative , il a pu se former diverses minorités égales. En pareil cas, MM. Du Caurroy, Bonnier et Roustain (*loc. cit.*) et Demolombe (t. 7, n. 317) enseignent qu'il faut recourir aux tribunaux. Ce serait, à notre sens, consacrer au profit de ces derniers une usurpation sur les attributions du conseil de famille : le tribunal ne peut pas, en effet, délibérer au lieu et place du conseil, il ne peut qu'apprécier la régularité et le mérite d'une délibération préexistante, prise à la majorité absolue. Il faut donc, en cette occurrence, reconnaître au juge de paix la faculté de proroger l'assemblée en procédant à une nouvelle composition du conseil. — Aubry et Rau, t. 1, § 94, note 17, p. 385 et 386.

258. — Et nous reconnaîtrions, *à fortiori*, le même pouvoir au juge de paix quand, en cas de partage, deux opinions ayant obtenu la majorité relative, les minorités refusent de s'y rallier. L'intérêt du mineur l'exigeant, le juge de paix pourra reconstituer le conseil en éliminant les membres récalcitrants. Ne peut-on pas dire, en effet, en pareil cas, avec MM. Aubry et Rau (t. 1, § 94, note 16, p. 385), que ceux des membres du conseil qui, par leur persistance dans leurs opinions individuelles, empêchent la formation d'une majorité absolue, nécessaire pourtant, manquent à leur devoir et doivent être considérés comme refusant d'accomplir leur mission comme le veut la loi; dès lors, ils n'ont pas à se plaindre s'ils sont éliminés du conseil, et pourront d'ailleurs attaquer devant les tribunaux la délibération prise en dehors d'eux.

259. — Duranton (t. 3, n. 466) propose d'appeler en pareil cas un nouveau membre comme départageur, par analogie de la règle écrite dans l'art. 118, C. proc. civ. Mais nous ne saurions admettre cette théorie : outre qu'il n'y a pas alors un véritable partage, et qu'il faudrait pour adopter l'avis de l'auteur précité faire abstraction de l'art. 416 qui, attribuant voix prépondérante au juge de paix, écarte toute idée d'adjonction de membres nouveaux, il faut remarquer que ce procédé ne conduirait pas nécessairement à la formation d'une majorité absolue, il doit donc être rejeté. Laurent (t. 4, n. 462), fait d'ailleurs remarquer avec raison que le texte du Code qui fixe le nombre des parents par ligne condamne cette solution.

260. — D'après une autre opinion, il y aurait lieu de s'adresser au tribunal, par argument de l'art. 883, C. proc. civ., qui permet d'attaquer les décisions du conseil toutes les fois qu'elles n'ont pas été prises à l'unanimité; ce serait donc au tribunal à reconstituer le conseil de famille. — Aix, 10 mars 1840, précité. — *Sic*, Du Caurroy, Bonnier et Roustain, t. 1, n. 614; Demolombe, t. 7, n. 317. — Mais la majorité des auteurs estime, à bon droit selon nous, que le tribunal n'a pas à intervenir, cette mission rentrant dans la compétence exclusive du juge de paix. — Laurent, t. 4, n. 462; Huc, t. 3, n. 312; Aubry et Rau, t. 1, § 94, note 17, p. 386.

261. — Le tribunal n'ayant pas d'ailleurs qualité pour prendre une décision aux lieu et place du conseil de famille, il ne reste qu'un parti possible : reconstituer le conseil de famille en écartant les membres récalcitrants. — Marcadé, t. 2, art. 416, n. 2; Aubry et Rau, t. 1, § 94, p. 385 et 386; Laurent, *loc. cit.*; Huc, *loc. cit.*

262. — D'après l'art. 883, C. proc. civ., « toutes les fois que les délibérations du conseil de famille ne seront pas unanimes, l'avis de chacun des membres qui le composent sera mentionné dans le procès-verbal ». Ce procès-verbal est un acte authentique rédigé par le greffier du juge de paix; les délibérations du conseil ne pourraient pas, en effet, être constatées par des actes sous seings privés.

263. — Malgré les termes généraux de l'art. 883, C. proc. civ., on discute sur la portée de l'application qui doit en être faite. Tout le monde est d'accord pour exiger la mention de l'avis émis par chaque parent quand la délibération non prise à l'unanimité a besoin d'être revêtue de l'homologation du tribunal; de nombreux auteurs ajoutent : le cas principal ceux prévus aux art. 455, 461 et 464, C. civ., bien que l'homologation ne soit pas requise, parce que, la délibération pouvant être funeste au pupille, il faut faciliter la tâche de ceux qui voudraient l'attaquer. Mais il y a controverse, au contraire, en ce qui concerne les autres délibérations. Une partie de la doctrine décide qu'en dehors des cas où l'homologation du tribunal est nécessaire, il n'y a lieu de mentionner au procès-verbal l'avis des membres du conseil. — Favard de Langlade, v° *Avis de parents*, n. 2; Duranton, t. 3, n. 477; de Fréminville, t. 1, n. 109; Carré, *Lois de la proc.*, n. 2994; Magnin, t. 1, n. 349.

264. — Il a été jugé, en ce sens, que la disposition de l'art. 883 ne s'applique pas quand il s'agit de délibération ou d'avis sur les intérêts du mineur ou de l'interdit, sur la destitution du tuteur ou sur les excès de celui-ci. — Metz, 16 févr. 1812, Bruyère, [S. et P. chr.]

265. — ... Que la délibération du conseil de famille appelé à donner son avis sur une demande d'interdiction ne doit pas nécessairement énoncer l'avis de chacun des membres du conseil, quoiqu'ils n'aient pas été unanimes, parce qu'elle ne contient pas une décision sujette à homologation. — Cass., 2 août 1860, de Fornier, [S. 61.1.234, P. 61.838, D. 60.1.495]

266. — Cette distinction nous paraît difficile à justifier et nous considérons, au contraire, comme obligatoire la mention au procès-verbal de l'avis de chaque membre du conseil toutes les fois que la délibération non prise à l'unanimité est susceptible d'être attaquée en justice. La règle est, en effet, posée par l'art. 883 en termes formels et sans aucune distinction; de plus, les deux alinéas de cet article sont corrélatifs, la délibération quoique non soumise à l'homologation, peut être attaquée en justice, et l'action en annulation devra être dirigée contre les membres du conseil partisans de la solution adoptée; il en résulte que le procès-verbal doit indiquer nécessairement quels sont ces membres et quels sont au contraire ceux qui s'y sont opposés. — Rennes, 20 févr. 1823, de Gillard, [P. chr.] — Caen, 28 juin 1827, Dufay, [P. chr.] — Bruxelles, 26 juill. 1831, N..., [P. chr.] — Toulouse, 22 févr. 1854, Casse-Bartho, [S. 54.2.197, P. 54.2.371, D. 54.2.239] — *Sic*, Massé et Vergé, sur Zachariæ, t. 1, § 202, note 23, p. 398; Chauveau, sur Carré, n. 2994; Aubry et Rau, t. 1, § 95, note 17, p. 387; Demolombe, t. 7, n. 318.

267. — Seulement cet avis est, à notre sens, suffisamment mentionné par les mots « *je proteste* » ajoutés à la signature du seul dissident. — Cass., 2 août 1860, précité.

268. — Et le vœu de la loi est encore, d'après certains arrêts, suffisamment rempli quand, dans une délibération relative à une demande en interdiction, les membres du conseil se rendent compte que de leurs connaissances personnelles et, notamment quand le juge de paix a déclaré ne pas connaître l'état physique et moral de la personne à interdire ou ne pas la connaître même de vue. — Metz, 29 juill. 1818, Schweitzer, [P. chr.] — Caen, 20 juill. 1842, V° Daun, [P. 43.1.46] — V. cependant, *infrà*, n. 276 et s.

269. — Mais, alors même qu'il s'agit d'une délibération soumise à l'homologation et qu'en conséquence, si elle n'est pas prise à l'unanimité, le procès-verbal doit, sans contestation possible, mentionner l'avis de chacun des membres du conseil, on admet très-généralement qu'en principe ces avis n'ont pas besoin d'être motivés. La délibération doit être motivée (et cela alors même qu'elle a été prise à l'unanimité) quand elle est relative à l'exclusion ou à la destitution du tuteur; l'art. 447, C. civ., l'ordonne en effet expressément (L. 4, § 1, D., *De susp. tut.*) et cette exigence se conçoit puisqu'il s'agit en somme d'un véritable jugement de condamnation tendant à dépouiller le tuteur d'un titre qui lui est acquis (V. *infrà*, v° *Tutelle*). Mais, précisément en raison de ce que la loi a prescrit expressément en ce cas l'énonciation des motifs, on doit conclure, ce nous semble, que c'est là une règle exclusivement applicable à cette hypothèse particulièrement grave, et qu'en général les délibérations du conseil n'ont pas besoin d'être motivées. On nous oppose, il est vrai, l'esprit de la loi : si, dit-on, l'art. 883 exige qu'il soit fait mention de l'avis de chaque membre du conseil au procès-verbal, n'est-ce pas pour soumettre à l'examen du tribunal les opinions divergentes émanées de chacun d'eux; dès lors, le but de la loi ne sera rempli d'une manière satisfaisante qu'autant que les juges pourront apprécier les motifs ayant déterminé ces divers avis.

270. — Il a été jugé, en ce sens, que l'obligation imposée par l'art. 883, C. proc. civ., aux conseils de famille de mentionner au procès-verbal l'avis de chaque membre, quand le vote n'est pas unanime, emporte l'obligation d'indiquer les motifs d'après lesquels chacun d'eux s'est décidé; il s'agissait, dans l'espèce, du mariage du mineur. — Bourges, 8 juin 1813, Bompart, [S. et P. chr.]

271. — Telle ne nous paraît pas être la conséquence du principe posé par l'art. 883; l'énonciation des avis exprimés a pour objet à nos yeux d'indiquer ceux des membres du conseil contre lesquels devra être dirigée la demande en annulation de la délibération; cela résulte du second alinéa de cet article. D'autre part, cet article n'exige pas formellement que ces divers avis soient motivés; il nous semble donc préférable de ne pas imposer d'une façon générale au conseil de famille une obligation que la loi ne prescrit que tout à fait exceptionnellement. C'est l'opinion très-universellement adoptée. — Merlin, *Rép.*, v° *Motifs de jugements*, n. 20; Duranton, t. 3, n. 468; Marchand, *Code de la minorité*, p. 182; Magnin, t. 1, n. 349; Carré et Chauveau, n. 2994; Rodière, *Proc. civ.*, t. 3, p. 348; Demolombe, t. 7, n. 318 et 319; Massé et Vergé, sur Zachariæ, t. 1, § 202, note 23, p.

398; Aubry et Rau, t. 1, § 95, note 8, p. 387; Laurent, t. 4, n. 463; Huc, t. 3, n. 313.

272. — Ainsi jugé que quand la délibération a pour objet de décider si la mère qui se remarie doit ou non conserver la tutelle de ses enfants, la règle de l'art. 447 n'est pas applicable; qu'il ne s'agit pas là d'une destitution. — Cass., 17 nov. 1813, Menosson, [S. et P. chr.] — Paris, 5 mars 1808, Suleau, [S. et P. chr.] — C. sup. Bruxelles, 26 juill. 1831, N..., [P. chr.]

273. — ... Que, l'insertion des motifs n'est pas nécessaire dans l'avis du conseil de famille qui, au cas de séparation de corps, conseille d'attribuer à la mère, à l'exclusion du père, la garde des enfants. — Paris, 11 déc. 1821, Ducayla, [S. et P. chr.]

274. — ... Ou dans la délibération autorisant le tuteur ou le mineur émancipé à renoncer à une succession. — Toulouse, 5 juin 1829, Delboy, [S. et P. chr.]

275. — Au surplus, si la loi veut que la délibération du conseil relative à une demande en destitution d'un tuteur soit motivée, il est donné satisfaction suffisante à cette exigence par une décision prononçant la destitution d'un tuteur en se fondant en termes généraux sur ce que ce tuteur mène une vie déréglée depuis longtemps, et a par là dissipé son patrimoine et celui de ses enfants, sans entrer dans les détails propres à prouver cette affirmation. — Lyon, 30 nov. 1837, Martin, [P. 38.1.215]

276. — Les règles que nous venons de rappeler sont applicables au juge de paix comme à tous les autres membres du conseil, avec cette différence que, membre né et président légal du conseil de famille, toute délibération prise en son absence est radicalement nulle.

277. — Le juge de paix, faisant partie du conseil, ne doit pas se borner à le présider; l'art. 416, en lui donnant voix délibérative et même prépondérante en cas de partage, montre bien que le vœu de la loi est qu'il prenne une part active à la délibération et au vote. Le juge de paix constitue, en effet, dans le conseil de famille, une autorité tutélaire, arbitre d'autant plus impartial qu'il est sans intérêt personnel, et placé par la loi entre les prescriptions législatives et les passions personnelles pour faire triompher les premières sans trop froisser les autres. Si la famille doit, dans le système français, être la première consultée sur l'interdiction d'un de ses membres ou l'organisation de la tutelle d'un mineur, d'aussi graves questions ne peuvent laisser la justice indifférente : il faut protéger les intérêts du mineur ou du futur interdit contre les intérêts contraires, et nul n'est plus apte à remplir ce rôle que le magistrat conciliateur assurant autant que possible la sagesse et la justice des délibérations à prendre. Mais pour cela il faut qu'il joue un rôle actif. — Metz, 23 vent. an XIII, N..., [P. chr.] — Bordeaux, 21 juill. 1808, Palant Lamiraude, [S. et P. chr.] — Paris, 6 oct. 1814, d'Elhières, [P. chr.] — Metz, 6 août 1818, Martini, [S. et P. chr.] — Rennes, 27 nov. 1821, Guillenet, [P. chr.]; — 20 févr. 1823, de Gillard, [P. chr.] — Caen. 28 juin 1827, Dufay-Prémoret, [P. chr.] — Rennes, 30 juill. 1833, Gaudin, [P. chr.] — Rouen, 3 févr. 1834, Fichet, [S. 34.2.564] — Lyon, 30 nov. 1837, Barre, [P. 38.1.215] — Paris, 21 août 1841, Lefebvre, [S. 41.2.488, P. 41.2.405] — Sic, Carré, t. 1, p. 231, note 2, n. 1; Pigeau, Comm., t. 1, p. 584; Favard de Langlade, t. 5, p. 622 ; de Fréminville, t. 1, n. 106; Demolombe, t. 7, n. 309; Aubry et Rau, t. 1, § 93, note 1, p. 378.

278. — Le juge de paix doit donc, comme tout autre membre du conseil, donner son avis. — Grenoble, 18 déc. 1845, Messirel, [S. 46 2.429, P. 46.2.417, D. 46.2.187] — V. cependant, suprà, n. 268.

279. — Mais en revanche, comme le conseil de famille, bien que n'ayant aucune juridiction, doit avoir le droit de prendre des mesures et de faire les informations nécessaires pour éclairer ses résolutions dans les affaires qui lui sont soumises, le juge de paix a pleinement satisfait à l'obligation de donner son avis lorsqu'il a déclaré que les renseignements fournis sur l'objet de la délibération ne lui paraissaient pas suffisants. — Même arrêt.

280. — Le juge doit donc voter à la délibération, et, dans l'hypothèse de l'art. 447, il doit motiver son vote sur la demande en destitution du tuteur. — Lyon, 13 mars 1845, Anier, [S. 46. 2.429, P. 46.2.416, D. 46.2.186]

281. — Si la délibération n'est pas unanime, son avis, comme celui des autres membres du conseil, doit être mentionné au procès-verbal. — Caen, 28 juin 1827, précité.

282. — Il en est ainsi à peine de nullité surtout quand, en raison de la manière dont les avis étaient divisés, ce vote aurait pu entraîner un choix autre que celui qui a été adopté. — Rennes, 20 févr. 1823, précité.

283. — Seulement, nous ne formulerons pas de règle spéciale quant au moyen de constater le vote émis par le juge de paix. Nous ne saurions donc approuver la thèse d'un arrêt déclarant de nullité les délibérations des conseils de famille doivent, à peine de nullité, indiquer que le juge de paix a donné son avis. — Rennes, 30 juill. 1833, précité.

284. — La jurisprudence, en général, est contraire et avec raison. Le juge de paix est présumé connaître et remplir son devoir; il n'est donc pas absolument nécessaire que le fait de sa participation au vote soit spécialement et expressément constaté. Il suffit qu'il résulte implicitement du procès-verbal. — Rennes, 6 janv. 1814, Lemière, [P. chr.]

285. — Son concours résulte suffisamment, par exemple, de la mention au procès-verbal de la délibération à l'unanimité des membres. — Rennes, 27 nov. 1821, Guillemot Treffainguy, [P. chr.] — Paris, 21 août 1841, précité.

286. — ... Ou même de cette énonciation générale que le conseil de famille a délibéré; il y a en effet présomption, dès que le procès-verbal ne constate pas formellement le contraire, que le juge de paix qui en était membre a participé à la délibération. — Lyon, 30 nov. 1837, précité.

287. — De même, nous ne demanderons au procès-verbal d'exprimer le sens dans lequel le juge de paix s'est prononcé que dans les hypothèses où cette nécessité existe pour l'avis des autres membres. Ainsi il n'est pas nécessaire que l'opinion de ce magistrat y soit expressément énoncée, lorsque d'ailleurs il n'y a eu aucun partage d'opinions dans l'assemblée. — Turin, 5 mai 1810, Pasero, [S. et P. chr.]

288. — Les avis et délibérations du conseil de famille ne sauraient être assimilés à des actes publics. Les greffiers des justices de paix, dépositaires de la minute de ces délibérations, ne sont donc pas obligés d'en délivrer expédition à tout requérant, ni même autorisés à le faire. Pour obtenir une expédition, il faut justifier d'un intérêt particulier dont les juges sont appréciateurs. L'art. 853, C. proc. civ., n'est écrit que pour les actes destinés à être transcrits sur des registres publics; il ne s'applique pas ici. — Cass., 30 déc. 1840, Massénat, [S. 41.1. 171, P. 41.1.54]

289. — Le dépôt au greffe n'étant fait que dans l'intérêt privé de la famille, expédition des délibérations ne doit être délivrée qu'au tuteur, au subrogé tuteur ou aux membres du conseil. — Demolombe, t. 7, n. 302; Aubry et Rau, t. 1, § 95, texte et note 6, p. 387; Laurent, t. 4, n. 459. — Ce dernier auteur regrette cependant, dans l'intérêt des tiers qui traitent avec le tuteur, que les délibérations du conseil ne reçoivent aucune publicité.

290. — Ce ne sont pas davantage des jugements, lors même que les délibérations sont revêtues d'une ordonnance du juge de paix. Le tribunal de première instance auquel la réformation en est demandée doit donc prononcer comme juge de première instance et non comme juge d'appel. — Cass., 15 vent. an XIII, Hilken, [S. et P. chr.] — Rennes, 31 août 1818, N..., [P. chr.]

SECTION II.
Responsabilité des membres du conseil.

291. — L'ancien droit avait consacré en certains cas la responsabilité des membres du conseil de famille envers le mineur par suite des délibérations auxquelles ils avaient concouru. Non que jamais l'action subsidiaire *adversus magistratum* accordée au mineur, d'après le § 2, liv. 1, tit. 24, des *Institutes* de Justinien, ait été admise en France, même en pays de droit écrit; mais il en était autrement de l'action contre les nominateurs de tuteurs ou de curateurs : les parents ayant concouru à des nominations étaient considérés comme les cautions du tuteur; ils pouvaient donc être déclarés responsables de son fait (L. 4, § ult., D., *De fidej. tutor.*, nov. 4). Cette action était, il est vrai, inconnue dans la presque totalité des pays coutumiers, et à partir du XVIe siècle, dans les pays de droit écrit ressortissant du Parlement de Paris (Ferrière, *sur les Institutes*, t. 24, § 2; Denizart, v[o] *Avis de parents*, n. 12; Merlin, *Rép.*, v[o] *Tutelle*, sect. 2, § 5), mais elle était admise en pays de droit écrit. Bien que les membres du conseil de famille n'eussent pas paru au jugement et à l'arrêt fixant le reliquat du compte du tuteur, ils pouvaient être poursuivis par le pupille, si ces comptes avaient été vérifiés par des commissaires par eux nommés. — Besançon, 18 juin 1810, Fourcheresse, [P. chr.]

292. — Seulement leur responsabilité était appréciée avec ménagements. Ainsi, suivant Domat (t. 1, sect. 4, n. 4), elle n'était engagée qu'en cas de dol ou de négligence grave, et il a été jugé que les parents qui avaient fait la nomination ne répondaient pas de l'insolvabilité du tuteur survenue depuis sa nomination, quand, lors de cette nomination, il jouissait de la confiance de la famille du pupille et avait une réputation bien établie de probité. — Même arrêt.

293. — D'autre part, l'action à diriger contre eux ne pouvait être que subsidiaire. Les mineurs ou pupilles ne les pouvaient pas actionner directement à raison de la mauvaise administration des biens par le tuteur qu'ils avaient contribué à faire nommer; ils pouvaient seulement être poursuivis par action subsidiaire, et après discussion préalable des biens des administrateurs. — Besançon, 13 mess. an X, Faton, [S. et P. chr.]

294. — Jugé, dans le même sens, que, dans l'ancien droit écrit, la prescription de l'action accordée au pupille contre les membres du conseil de famille qui avaient nommé un tuteur ne courait qu'à dater du jour où les biens de ce tuteur avaient été discutés. — Besançon, 18 juin 1810, précité. — V., sur cette responsabilité, Meslé, p. 133, 417, 418; Merlin, *loc. cit.*

295. — L'un des projets préparatoires au Code civil consacrait également cette responsabilité, pour le cas tout au moins de non-convocation du conseil alors qu'elle eût été nécessaire, mais la théorie coutumière triompha. « La famille, disait le rapporteur au Tribunat, a rempli son devoir lorsqu'elle a fait son choix avec toutes les précautions de bonne foi, avec tous les soins de la tendresse » (Locré, t. 7, p. 144, 276). Le principe d'une responsabilité spéciale contre les nominateurs de tuteurs a disparu, et il en est de même de la responsabilité infligée, dans certaines provinces et notamment en Bretagne, aux parents qui négligeaient de provoquer la convocation d'un conseil de famille dont ils étaient appelés à faire partie. Les membres du conseil ne peuvent, dès lors, encourir de responsabilité que conformément aux principes du droit commun. S'ils ne sont pas responsables en principe, parce qu'ils remplissent un office gratuit, les conséquences d'un avis donné de bonne foi, ils sont soumis à la règle générale des art. 1382, 1383, C. civ. Chacun répond de son dol ou de sa faute lourde équipollente à dol; ils pourraient donc devenir passibles de dommages-intérêts, s'il y avait de leur part dol, prévarication manifeste ou même négligence inexcusable, si par exemple ils avaient nommé un tuteur notoirement incapable, indigne ou insolvable, ou s'ils avaient autorisé la vente de biens immeubles hors des cas de nécessité absolue ou d'avantage évident. Ce point est laissé à l'appréciation souveraine des tribunaux ». — Merlin, *Rép.*, v° *Avis de parents*; Duranton, t. 3, n. 473; Proudhon, t. 2, p. 326, 328; Massé et Vergé, sur Zachariæ, t. 1, § 205, p. 404; Aubry et Rau, t. 1, § 97, p. 398; Demolombe, t. 7, n. 352.

296. — Laurent (t. 5, n. 181) va même jusqu'à dire qu'en cas de nomination d'un tuteur notoirement insolvable, la responsabilité des membres du conseil de famille dérive de l'application des règles du mandat : ils sont, dit-il, des mandataires légaux et encourent une responsabilité quand ils ne remplissent pas ce mandat avec les soins d'un bon père de famille.

CHAPITRE V.

A QUELLES CONDITIONS LES DÉLIBÉRATIONS DU CONSEIL SONT EXÉCUTOIRES. — HOMOLOGATION.

297. — Les actes du conseil de famille, quoique désignés par le Code de procédure civile sous le nom générique d'*avis de parents*, peuvent se distinguer en deux catégories, les *avis* et les *délibérations*; ces deux expressions, souvent employées comme synonymes, même par le législateur, se diversifient cependant. Il y a avis proprement dit quand le conseil se borne à exprimer son sentiment sur une question à lui soumise, soit par la justice, comme dans le cas des art. 892, 893, C. proc. civ., soit par le tuteur, qui le peut toujours et sur toute question. En pareil cas, le conseil peut se refuser à délibérer; d'autre part, l'avis qu'il exprime ne sera pas obligatoirement suivi, il ne lie même pas celui qui l'a demandé; si le tuteur le suit, il n'en reste pas moins responsable des actes qu'il a passés en conséquence, il sera seulement traité à ce point de vue avec plus d'indulgence par les tribunaux. La délibération est un acte par lequel le conseil prend une décision dans la sphère de ses attributions légales soit pour l'organisation, soit pour l'administration de la tutelle : par exemple, quand il nomme le tuteur, l'habilite à faire certains actes ou prescrit certaines mesures. La délibération, au contraire de l'avis, a une vertu qui lui est propre; elle est d'ailleurs ou exécutoire par elle-même ou soumise à l'homologation du tribunal.

298. — Avis ou délibérations, ces actes, nous l'avons vu (*suprà*, n. 290), ne constituent pas des jugements. Le conseil de famille n'est pas un tribunal et n'a aucune espèce de juridiction. Il commet donc un excès de pouvoir lorsqu'il prétend statuer sur les contestations s'élevant entre le tuteur et le subrogé tuteur relativement aux comptes de tutelle. — Turin, 5 mai 1810, Pasero, [S. et P. chr.] — *Sic*, Massé et Vergé, sur Zachariæ, t. 1, § 199, p. 388; Demolombe, t. 7, n. 320; Aubry et Rau, t. 1, § 91, note 3, p. 372.

299. — De même, il n'appartient pas au conseil de faire exécuter lui-même ses décisions et, s'il y a contestation, c'est le tribunal qui en est juge (C. proc. civ., art. 889).

300. — Enfin le conseil n'a pas qualité pour contrôler les décisions de la justice en matière de tutelle; il ne peut les attaquer d'aucune manière en tant que conseil. — Grenoble, 31 août 1835, Abry, [S. 56.2.618, P. 56.2.200, D. 56.2.123]

301. — Et le juge de paix, ne faisant pas acte de juge en présidant le conseil de famille, reste membre et président de cette assemblée quand, après annulation d'une première délibération, elle est appelée à statuer sur le même objet. — Laurent, t. 4, n. 431.

302. — En vertu du principe général *ejus est interpretari cujus est condere*, il appartient aux conseils de famille de fixer le véritable sens des dispositions de leurs délibérations relatives, soit à l'organisation de la tutelle ou de la subrogée tutelle, soit au fonctionnement de la tutelle, quand, par suite de l'emploi d'expressions inexactes ou erronées, les dispositions en semblent obscures, ambiguës, peu compatibles entre elles et font naître l'incertitude. Cette doctrine a été confirmée par un arrêt du 4 déc. 1878, de la cour de Paris, d'après lequel « les conseils de famille n'ont pas le droit sans doute de réformer leurs délibérations erronées par des délibérations ultérieures (cette réformation étant du domaine exclusif des tribunaux), mais il n'est pas interdit à ces conseils de faire connaître ce qui a été dans leur pensée au moment d'une délibération sujette à discussion », et par le rejet du pourvoi dirigé contre cet arrêt devant la Cour suprême, celle-ci reconnaissant formellement aux conseils de famille le droit d'interpréter leurs délibérations. — Cass., 5 août 1879, Broust, [S. 80.1.193, P. 80.465]

303. — Seulement s'agissait-il bien vraiment d'interprétation dans l'espèce ainsi tranchée? On en pourrait douter. A raison d'une opposition d'intérêts entre l'incapable et son tuteur, le conseil de famille avait nommé un nouveau représentant du pupille en le désignant sous le titre de tuteur *ad hoc*; puis, modifiant cet acte par une nouvelle délibération, il avait déclaré avoir voulu nommer un subrogé tuteur *ad hoc* (C. civ., art. 420, 1354), il avait modifié la première qualification inexacte. En réalité, il n'y avait pas là interprétation de la première délibération, il y avait modification apportée à son contenu pour la mettre en harmonie avec la loi, qui charge le subrogé tuteur de représenter le mineur toutes les fois qu'il y a opposition d'intérêts entre lui et son tuteur, et cette modification était appréciable, car les pouvoirs d'un tuteur *ad hoc* ne sont pas les mêmes que ceux d'un subrogé tuteur *ad hoc*. Il semble donc que le pouvoir d'interprétation reconnu au conseil de famille ne suffisait pas pour lui permettre de rectifier ainsi une véritable erreur de fond. — Labbé, note sous l'arrêt du 4 déc. 1878, précité.

304. — Seulement nous pensons avec M. Labbé (*loc. cit.*), contrairement à l'affirmation de l'arrêt de Paris dans ses motifs, que le conseil de famille pourrait valablement rétracter une délibération et la modifier tant qu'elle n'a pas reçu d'exécution à l'égard des tiers. Les délibérations du conseil constituent des actes de juridiction gracieuse ; or, de tels actes, quand ils émanent des tribunaux, n'ont pas l'autorité de la chose jugée et peuvent être rétractés par le tribunal qui les a passés à la demande des intéressés; pourquoi en serait-il autrement des délibérations du conseil de famille? Le tuteur a-t-il été autorisé à faire un acte, tant que cet acte n'est pas fait? l'intérêt du mineur en vue duquel le conseil doit toujours agir ne peut-il pas imposer au conseil mieux informé le retrait d'une autorisation donnée hâtivement et à tort? Sans doute, en ce qui concerne le choix d'un tuteur ou d'un subrogé tuteur, comme un changement de personne équivaudrait à la destitution du premier nommé, et que, partant, l'intérêt du mineur n'est pas seul en jeu, le conseil de famille ne pourra pas *de plano* modifier sa première délibération. Mais si, dans ce choix, le conseil a fait une erreur non pas quant à la personne choisie, mais quant aux attributions à lui conférer, s'il a nommé un tuteur au lieu d'un subrogé tuteur, pourquoi lui défendre une rétractation ou une réformation, seul moyen de prévenir des contestations ultérieures sur la validité des actes passés par ce tuteur irrégulièrement nommé. Il est vrai qu'un recours au tribunal est toujours possible contre la délibération du conseil? Mais les juges ne peuvent qu'annuler la décision prise sans se substituer au conseil pour une telle nomination; dès lors, quel besoin est-il de recourir au tribunal quand l'irrégularité est certaine et que nul ne s'oppose à sa réparation?

305. — Les délibérations du conseil de famille sont, en principe, exécutoires par elles-mêmes, sans être, en général au moins, soumises à la condition de l'homologation judiciaire. Cela résulte *à contrario* des divers articles de lois qui mentionnent expressément la nécessité de cette formalité dans certains cas. Et tout d'abord, les délibérations ne sont pas soumises à l'homologation qui n'excèdent pas les bornes d'une simple administration relativement à la personne ou aux biens du pupille. Mais il ne faut pas s'en tenir là et l'on doit dispenser de ladite formalité toute délibération qui n'y est pas expressément soumise, excédât-elle d'ailleurs les limites de l'administration ordinaire, sous peine de généraliser outre mesure et plus que ne l'a voulu la loi la nécessité de l'homologation. — Duranton, t. 3, n. 474 et 577; de Fréminville, t. 1, n. 110; Rolland de Villargues, v° *Conseil de famille*, § 5, n. 26, 275; Zachariæ, t. 1, § 95, texte et note 19; Jay, n. 264; Demolombe, t. 7, n. 325; Aubry et Rau, t. 1, § 95, texte et note 10, p. 397; Laurent, t. 4, n. 464; Bioche, *Dictionnaire de procédure*, v° *Conseil de famille*, n. 73 et Dictionnaire des juges de paix, *eod. verb.*, n. 349. — *Contrà*, Magnin, t. 1, p. 354.

306. — On ne doit donc pas soumettre à cette formalité : les délibérations prononçant l'émancipation du mineur ou l'habilitant à contracter mariage; celles portant nomination d'un tuteur ou d'un subrogé tuteur à un mineur ou à un interdit. — Metz, 24 brum. an XIII, Despinoy, [S. et P. chr.]. — Montpellier, 9 juill. 1869, Foulpariès, [S. 70.2.148, P. 70.594, D. 70.2.180] — V. aussi Metz, 16 févr. 1812, Bruyère, [S. et P. chr.]

307. — ... Celle qui autorise une femme mineure à répudier la donation à elle faite par son père dans son contrat de mariage. — Toulouse, 30 therm. an XI, Doniès, [S. et P. chr.]

308. — ... Celle qui autorise le tuteur à renoncer à la communauté conjugale. — Cass., 22 nov. 1815, Groux, [P. chr.] — Paris, 2 févr. 1880, sous Cass., 21 mars 1882, Roy, [S. 83.1.301, P. 83.1.741, D. 83.1.61]

309. — ... Celle qui autorise le tuteur ou un mineur émancipé à accepter ou à répudier une succession échue; une telle délibération ne saurait être assimilée à celles qui autorisent l'aliénation des biens immeubles d'un mineur. — Toulouse, 5 juin 1829, Delboy, [S. et P. chr.]; — 11 juin 1829, Calvez, [S. et P. chr.] — Paris, 2 févr. 1880, précité. — *Sic*, Duranton, t. 3, n. 577; de Fréminville, t. 1, n. 110; Demolombe, t. 7, n. 696 et 697; Valette, sur Proudhon, t. 2, p. 381; Demante, t. 2, n. 292 bis-II; Massé et Vergé, sur Zachariæ, t. 1, § 221, p. 438; Aubry et Rau, t. 1, § 93, p. 447; Laurent, t. 5, n. 70. — *Contrà*, Delvincourt, t. 1, p. 456, notes.

310. — De même, la délibération du conseil de famille autorisant un tuteur à vendre, au nom de son pupille, de la faculté accordée à l'héritier bénéficiaire par l'art. 802, C. civ., de faire aux créanciers héréditaires l'abandon de tous les biens de la succession pour échapper au paiement des dettes, n'est pas soumise à la formalité de l'homologation du tribunal. — Douai, 13 août 1855, Vautrayen, [S. 56.2.342, P. 57.411, D. 56.2.92] — *Contrà*, Cass., 12 mars 1839 (sol. impl.), Brachet, [S. 39.1.274, P. 39.1.324]

311. — Et il faudrait en dire autant de la délibération qui autorise le tuteur à faire sur un immeuble qui dépérit, ou qui est susceptible d'améliorations, une dépense excédant les revenus du mineur. — Duranton, t. 3, n. 559.

312. — Ces délibérations, n'étant pas, en droit, soumises à la nécessité de l'homologation, continuent à produire leurs effets légaux, nonobstant le jugement qui aurait refusé l'homologation demandée par erreur, sauf aux parties intéressées à se pourvoir par les voies de droit contre la délibération. — Montpellier, 9 juill. 1869, précité. — *Sic*, Rolland de Villargues, *Rép. du not.*, v° *Conseil de famille*, n. 27; de Fréminville, t. 1, n. 110; Jay, n. 264; Bioche, *Dict. de proc.*, v° *Conseil de famille*, n. 73 et *Dict. des juges de paix*, *eod. verb.*, n. 349.

313. — ... Et les frais de la procédure, mal à propos engagée pour obtenir l'homologation d'une délibération portant nomination d'un tuteur, restent à la charge de ce dernier qui l'a introduite. — Même arrêt.

314. — De telles délibérations sont, disons-nous, exécutoires par elles-mêmes. En ce qui concerne celle portant nomination d'un tuteur, elle doit, au cas où elle a été prise en l'absence de ce tuteur, lui être notifiée, à la diligence d'un membre de l'assemblée désigné par elle, dans les trois jours de délibération avec augmentation du délai des distances (C. proc. civ., art. 882, 1033). Cette notification a pour objet de faire courir le délai pendant lequel, d'après l'art. 439, C. civ., le tuteur peut proposer ses excuses; elle doit être faite, alors même que la personne nommée tutrice aurait été représentée au conseil par un fondé de pouvoirs; ce fait ne doit pas la faire réputer présente, le pouvoir de voter ne contenant pas par lui-même et ne pouvant même contenir celui de proposer ses excuses. — Locré, sur l'art. 439; Carré, art. 882; Delvincourt, t. 1, p. 114, note 1; Duranton, t. 3, n. 494; Massé et Vergé, sur Zachariæ, t. 1, § 216, p. 423; Demolombe, t. 7, n. 452; Aubry et Rau, t. 1, § 108, note 2, p. 427. — *Contrà*, Magnin, t. 1, n. 379.

315. — Si la notification n'est pas faite, le tuteur reste toujours libre de présenter ses excuses et ce retard peut être préjudiciable au mineur; en ce cas, le membre qui était chargé de la faire pourrait être condamné à des dommages-intérêts envers le mineur, toute personne intéressée pouvant d'ailleurs suppléer à son inaction et notifier la délibération au tuteur choisi. — V. *infrà*, v° *Tutelle*.

316. — La loi prévoit spécialement certains cas où les délibérations du conseil doivent être homologuées. Il en est ainsi notamment : 1° en cas d'exclusion ou de destitution d'un tuteur si celui-ci réclame. Le subrogé tuteur doit alors faire homologuer la délibération (C. civ., art. 448-2°).

317. — 2° En cas d'autorisation donnée au tuteur de vendre des biens immeubles appartenant au mineur (C. civ., art. 457 458). Cette règle s'applique non seulement à la vente d'immeubles corporels ou à leur échange, mais encore à la cession de droits immobiliers et à la translation, d'un immeuble sur un autre, d'une hypothèque acquise au mineur. Il n'est fait exception à la règle qu'en ce qui concerne la vente par licitation d'immeubles indivis entre le pupille et les majeurs lorsqu'elle est provoquée par ces derniers ou ordonnée d'office (C. civ., art. 460) et en ce qui concerne la cession amiable, pour cause d'utilité publique, d'immeubles appartenant au mineur (L. 3 mai 1841, art. 13).

318. — L'homologation est encore nécessaire, par application des art. 457 et 458, lorsque le conseil de famille a autorisé le tuteur à emprunter pour le compte du mineur ou à hypothéquer un immeuble de ce dernier. On en a douté en raison des expressions de l'art. 458 qui semblaient ne viser que l'aliénation des immeubles, d'où l'on concluait à l'inutilité de cette formalité au cas d'emprunt ou d'hypothèque. Mais c'est là une thèse insoutenable en présence de l'art. 483, C. civ., qui exige l'homologation du tribunal au cas d'emprunt ou d'hypothèque consentis par le mineur émancipé, aussi bien qu'en cas de vente immobilière. — Merlin, *Rép.*, v° *Hypoth.*, sect. 3, § 3, art. 6; Favard de Langlade, *Rép.*, v° *Tutelle*, § 9, n. 13; Pigeau, t. 2, p. 283; Zachariæ, t. 1, § 113, texte et note 12; Laurent, t. 4, n. 464; Magnin, t. 1, n. 694; Demolombe, t. 7, n. 730; Aubry et Rau, t. 1, § 113, texte et note 23, p. 431. — *Contrà*, Locré, t. 7, p. 299 et 300.

319. — 3° Il faut rapprocher des règles écrites dans les art. 457 et 458, C. civ., celle qu'édicte la loi du 27 févr. 1880, dans son art. 2. La vente des meubles incorporels appartenant au mineur en tutelle ne peut être opérée qu'avec l'autorisation du conseil de famille, et la délibération prise en ce sens doit être homologuée en justice, quand la valeur à aliéner excède 1,500 fr., et il en est de même pour la conversion de titres nominatifs en titres au porteur (L. 27 févr. 1880, art. 10). — V. *infrà*, v° *Tutelle*.

320. — Il avait d'ailleurs été jugé que l'homologation est nécessaire pour les délibérations des conseils de famille qui autorisent les cessions d'offices, dépendant de successions dans lesquelles des mineurs sont intéressés. — Nîmes, 3 juill. 1830, Pradon, [P. 50.2.386, D. 51.2.210] — *Sic*, Rolland de Villargues, v° *Office*, n. 93. — Cette formalité est constamment exigée au ministère de la Justice. — V. *infrà*, v° *Office ministériel*.

321. — 4° L'homologation est encore requise pour les transactions judiciaires ou extrajudiciaires passées par le tuteur au nom du mineur. La transaction doit, de plus, en pareil cas, recevoir l'approbation de trois jurisconsultes (C. civ., art. 467 et 2045). Ces formalités sont prescrites alors même que la transaction a un meuble pour objet.

322. — 5° Il en est de même quand le conseil de famille donne son avis sur la constitution dotale et les autres conventions matrimoniales de l'enfant d'un interdit (C. civ., art. 511).

323. — ... 6° Et quand le conseil autorise le pupille mineur à faire le commerce (C. comm., art. 2). — V. *suprà*, v° *Commerçant*, n. 673 et s.

324. — Les tribunaux ne peuvent pas homologuer des délibérations émanées d'un conseil de famille en dehors des cas spécialement prévus par la loi; *à fortiori* ils ne peuvent homologuer une délibération nulle comme relative à la solution des contestations existant entre le tuteur et le subrogé tuteur quant aux comptes de tutelle. — Turin, 5 mai 1810, Fasero, [S. et P. chr.] — V. *suprà*, n. 298.

325. — Au surplus, le jugement homologatif fait corps avec la délibération homologuée, il en est l'accessoire et suit le sort du principal. Aussi verrons-nous que, pour le faire tomber, il peut suffire, sans recourir à l'opposition ni à l'appel, de faire annuler la délibération homologuée; un tel jugement, rendu simplement pour donner force d'exécution à la délibération, en présuppose nécessairement la régularité et la validité. — Nîmes, 17 mai 1838, Pons-Laugier, [P. 38.2.436]

326. — Les art. 883 à 889, C. proc. civ., règlent la marche à suivre pour demander l'homologation ou pour s'y opposer. L'homologation doit être poursuivie devant le tribunal de première instance soit par le tuteur, soit par celui des membres du conseil qui en est chargé. Si cette poursuite n'a pas lieu dans le délai fixé au plus tard dans la quinzaine, un membre quelconque du conseil peut demander l'homologation contre le tuteur ou celui qui avait été chargé de le faire aux frais de celui-ci et sans répétition (C. proc. civ., art. 887). Le délai de quinzaine n'est pas augmenté à raison de l'éloignement du domicile du poursuivant par rapport au lieu où siège le tribunal; l'art. 1033, C. proc. civ., est inapplicable en ce cas. — Carré, sur l'art. 887, n. 3004; Bioche et Goujet, v° *Conseil de famille*, n. 60.

327. — La condamnation aux dépens constitue la sanction de l'obligation imposée au tuteur ou à un membre du conseil de famille de poursuivre l'homologation; c'est pourquoi, quand il y manque, il doit être mis en cause. C'est aussi pour lui permettre de présenter, s'il y a lieu, des excuses, et d'éviter ainsi la condamnation; il convient donc alors de porter l'affaire en audience publique. — Carré, sur l'art. 887, n. 3005.

328. — Mais, en principe, et quand la délibération soumise à l'homologation du tribunal ne soulève aucune opposition, le jugement est rendu dans la chambre du conseil. — Douai, 1er août 1838, Boitchon, [S. 40.2.21, P. 40.1.643] — *Sic*, Carré, sur l'art. 886; Demiau, p. 589; Bioche et Goujet, *Dict. proc.*, v° *Cons. de famille*, n. 59. — *Contrà*, Pigeau, t. 2, p. 406. — Le Code de procédure civile n'a pas, en effet, dérogé à la règle de l'art. 458, C. civ. — V. *suprà*, v° *Chambre du conseil*, n. 43.

329. — Il en est ainsi, par exemple, pour l'homologation d'une délibération du conseil relative à l'aliénation des biens du mineur. — Même arrêt.

330. — Une expédition de la délibération à homologuer est présentée au président du tribunal « lequel, par ordonnance au bas de ladite délibération, ordonnera la communication au ministère public et commettra un juge pour en faire le rapport le jour indiqué » (C. proc. civ., art. 885).

331. — Il a été jugé, que la formalité du rapport n'était pas prescrite à peine de nullité, alors surtout que le jugement intervient sur conclusions motivées et après débat contradictoire. — Rennes, 30 mai 1831, B..., [P. chr.]

332. — Le ministère public donne ses conclusions au bas de l'ordonnance; c'est à la suite de ces conclusions et sur le même cahier que sera mise la minute du jugement d'homologation (C. proc. civ., art. 886). Dans tous les cas, le ministère des avoués est indispensable.

333. — Le ministère public n'est, d'ailleurs, point partie dans les demandes en homologation; spécialement, l'art. 2, L 27 févr. 1880, prescrit seulement de l'entendre sur la demande d'homologation. — Cass., 15 juill. 1890, Panhard, [S. 91.1.9, P. 91.1.11, D. 90.1.361]

334. — Les membres du conseil qui n'ont pas déclaré leur opposition à l'homologation dans les formes que nous allons voir prescrites par l'art. 888, C. proc. civ., ne sont pas nécessairement mis en cause; ils peuvent seulement intervenir dans l'instance. Faute par eux d'avoir formulé leur opposition et d'avoir été appelés au jugement d'homologation, ils ne peuvent attaquer cette décision par la voie de l'opposition, et même, d'après l'opinion générale, par la voie de l'appel malgré le texte général de l'art. 889, C. proc. civ.

335. — Jugé, en ce sens, que les membres du conseil de famille qui n'ont pas déclaré vouloir s'opposer à l'homologation n'étant pas parties au jugement d'homologation, ne peuvent en interjeter appel, et être reçus à soumettre à la cour un litige qui n'avait pas été présenté aux premiers juges. — Orléans, 16 mai 1868, Legendre, [S. 68.2.210, P. 68.832] — *Sic*, Carré, quest. 3007; Thomine-Desmazures, *Comm. C. proc. civ.*, t. 2, n. 1045; Boitard, Colmet-Daage et Glasson, t. 2, n. 119; Laurent, t. 4, n. 465; Huc, t. 3, n. 317.

336. — Même décision relativement au subrogé tuteur, celui-ci n'ayant, quand il n'y a pas opposition d'intérêts entre le mineur et son tuteur, d'autres droits pour empêcher l'homologation d'une délibération que ceux reconnus par l'art. 888, C. proc. civ., aux membres du conseil de famille. Si donc il n'a pas formé opposition à la délibération par acte extrajudiciaire et n'a pas été partie en première instance devant le tribunal, il ne peut faire appel du jugement d'homologation. — Orléans, 19 déc. 1884, Chainireau, [D. 85.2.197]

337. — Cette opinion, qui se fonde sur les principes réglant les appels en général (V. *suprà*, v° *Appel* [mat. civ.], n. 1302 et s.), a été combattue cependant à raison du texte de l'art. 889. Spécialement en ce qui concerne le subrogé tuteur, il a été décidé que, l'art. 420, C. civ., l'autorisant toujours à interjeter appel pour le pupille quand les intérêts de celui-ci sont en opposition avec ceux du tuteur, il peut (comme le pourrait aussi tout membre du conseil de famille), appeler du jugement d'homologation, quand même il ne se serait pas opposé à l'homologation. — Rennes, 4 avr. 1870, Fourcouche, [D. 72.5. 454] — *Sic*, Lepage, *Nouveau style de la proc.*, p. 751; Chauveau, sur Carré, quest. 3007; Bioche, *Dict. de proc.*, v° *Cons. de famille*, n. 83; de Fréminville, t. 1, n. 117; Rousseau et Laisney, *Dict. de proc.*, v° *Cons. de famille*, n. 61.

338. — Mais les membres du conseil de famille sont en droit de s'opposer à l'homologation et, dans ce cas, l'affaire doit être plaidée et jugée selon les formes ordinaires. Ceux qui ont cette intention la doivent déclarer par acte extrajudiciaire et à celui qui est chargé de la poursuite; ils doivent alors être appelés à l'instance. S'ils ne l'ont pas été, ils peuvent former opposition au jugement (C. proc. civ., art. 888), et cette opposition sera recevable tant que la délibération n'aura pas été exécutée. — Bioche et Goujet, v° *Cons. de famille*, n. 63; Carré, sur l'art. 889. — V. aussi Delvincourt, p. 199, note 2.

339. — Ont-ils été assignés, au contraire, ils doivent venir à l'instance, et en cas d'insuccès devant le tribunal d'arrondissement, ils peuvent en référer à la cour d'appel. De même, en effet, que, sous l'ancien droit, l'opposition à l'homologation d'un avis de parents portant nomination du tuteur, devait parcourir deux degrés de juridiction. — Cass., 26 vend. an VIII, Foisy, [S. et P. chr.]

340. — D'après certains auteurs, les membres du conseil non appelés au jugement d'homologation doivent, quant aux délais de l'opposition, être assimilés à des tiers opposants ordinaires, avec cette différence cependant qu'ils ne sont passibles d'aucune amende. — Delvincourt, t. 1, p. 427, note 2; Carré, quest. 3006.

341. — L'art. 889, C. proc civ., déclare sujets à appel tous les jugements rendus sur délibération du conseil de famille, alors même que l'objet de la délibération serait inférieur au taux du dernier ressort. Commettrait donc un excès de pouvoir le tribunal qui, saisi d'une demande d'homologation, statuerait comme tribunal d'appel et en dernier ressort. — Cass., 15 vent. an XIII, Kilken, [S. et P. chr.]

342. — Si les membres qui, par acte extrajudiciaire, ont déclaré s'opposer à l'homologation, ne se présentent pas sur l'assignation qui leur est donnée, le jugement est pris par défaut contre eux. En pareil cas, Carré (quest. 3009) enseigne qu'ils ne peuvent plus se pourvoir d'aucune manière contre le jugement d'homologation. Mais c'est là une théorie arbitraire en présence des principes généraux du droit en matière d'opposition et d'appel, et, spécialement pour l'appel, en présence des termes absolus de l'art. 889. Cet article soumet à l'appel, conformément à la tradition, tous les jugements d'homologation sans restriction intervenant sur des avis de parents; on ne doit donc pas créer une exception en dehors de la règle. — Chauveau, sur Carré, t. 6, p. 493 et 494; Lepage, p. 714; de Fréminville, t. 1, n. 117.

343. — C'est dire que les membres opposants pourront interjeter appel du jugement rendu contre eux par défaut et aussi y former opposition dans les délais des art. 157 à 159, C. proc. civ. — Delvincourt, t. 1, p. 108, note 3.

344. — Seulement on doit admettre que l'appel ne sera recevable, malgré les termes généraux de l'art. 889, que si l'homologation est devenue contentieuse. S'il s'agissait, au contraire, de l'homologation d'une transaction attaquée exclusivement comme n'ayant pas été précédée de l'examen de trois jurisconsultes, il n'y aurait pas alors d'opposition à l'homologation, qui ne serait plus qu'un acte de juridiction volontaire; l'appel, en pareil cas, n'aurait pas de raison d'être, car l'action en nullité contre la délibération serait toujours possible. — Turin, 29 juill. 1809, Pocchetini, [S. et P. chr.] — Sic, Carré, art. 889; Bioche et Goujet, v° Conseil de famille, n. 65.

345. — Relativement aux délibérations sur l'aliénation des meubles incorporels appartenant aux mineurs, la règle de l'art. 889, C. proc. civ., est écartée. Dans le but de donner satisfaction à ceux qui, en ce cas, voulaient faire repousser la mesure de l'homologation pour éviter des frais et des lenteurs préjudiciables au mineur, le législateur de 1880 a prescrit que « le jugement rendu sera en dernier ressort » (L. 27 févr. 1880, art. 2).

346. — En dehors des membres du conseil de famille, existe-t-il d'autres personnes pouvant intervenir au jugement d'homologation et l'attaquer par la voie de l'opposition ou de l'appel? On s'est posé principalement la question en ce qui concerne le ministère public, considérant la situation faite au mineur par la loi, qui le place sous la protection de la société, on a essayé de soutenir que le ministère public, représentant de la société, pourrait, dans l'intérêt du mineur, interjeter appel d'un jugement d'homologation et aussi être intimé sur l'appel d'un tel jugement. Cette thèse a été admise, implicitement tout au moins, dans deux espèces où il y avait eu délibération unanime du conseil de famille; le tribunal, dans l'un des cas, avait refusé l'homologation, et, dans l'autre, l'avait accordée sauf modifications sur quelques points; la cour de Trèves a déclaré que le ministère public pouvait être intimé sur l'appel de ces jugements. — Trèves, 11 févr. 1811, Aaron, [S. et P. chr.]; — 10 mars 1813, Scholl, [S. et P. chr.]

347. — Mais quelqu'avantageux que puissent être les résultats de cette théorie, elle se heurte au principe qui restreint le droit d'appel à ceux qui ont été parties en cause en première instance; or nous avons dit (suprà, n. 333) que le ministère public n'est pas partie en cause dans les demandes en homologation. Il faut donc, pour se conformer aux règles légales, dire au contraire que le ministère public n'a pas qualité pour interjeter appel, même dans l'intérêt des mineurs, d'un jugement homologuant la délibération d'un conseil de famille. — Cass., 26 août 1807, Harriet, [S. et P. chr.]; — 8 mars 1814, Guill-Leroy, [S. et P. chr.]

348. — ... Et qu'il ne peut pas davantage être intimé sur l'appel du jugement qui, en homologuant une telle délibération, fixe le mode de vente des biens du mineur. Il n'a pas reçu de la loi la mission de représenter celui-ci. — Colmar, 15 avr. 1812, Arnold, [S. et P. chr.] — Sic, Delvincourt, t. 1, p. 108, note 3.

348 bis. — Jugé aussi qu'en cas de pourvoi contre un jugement qui refuse l'homologation, il n'y a pas lieu de mettre le ministère public en cause. — Cass., 15 juill. 1890, Panhard, [S. 91.1.9, P. 91.1.11, D. 90.1.361]

349. — Si le ministère public ne peut attaquer le jugement relatif à l'homologation, une cour a consacré le droit de tierce-opposition contre une telle décision au profit d'un tiers non appelé à l'homologation, quand la délibération du conseil de famille porte un préjudice réel à ses droits. — Rennes, 31 août 1818, N...., [P. chr.]

350. — Il a été également jugé qu'un tiers habile à invoquer l'existence d'un testament de l'interdit qui lui lègue un de ses biens doit être déclaré recevable à intervenir dans l'instance en homologation de la délibération du conseil qui autorise l'aliénation dudit bien pour s'opposer à l'homologation; mais qu'il ne peut le faire que dans l'intérêt de l'incapable, non dans le sien propre. — Lyon, 18 août 1863, Pulin, [S. 66.2.356, P. 66.1273] — Sic, Demolombe, t. 22, n. 242; Troplong, Donations et testaments, t. 4, n. 2097.

351. — D'après un autre arrêt, le nouveau tuteur, nommé par délibération du conseil en remplacement du tuteur destitué, peut, d'après les circonstances, faire admettre son intervention dans l'intérêt du mineur, quoique, n'ayant pas fait partie du conseil, il n'ait pas rigoureusement le droit d'intervenir dans l'instance en homologation. — Angers, 29 mars 1821, Delélée-Préaux, [S. et P. chr.]

352. — La procédure spéciale tracée par les art. 885 et 886, C. proc. civ., pour l'homologation des délibérations prises par les conseils de famille semble bien, si l'on s'en tient au texte, applicable toutes les fois qu'une délibération quelconque est soumise à cette formalité. Néanmoins un arrêt a jugé que, s'il en est nécessairement ainsi pour les délibérations relatives aux intérêts du mineur, à ses biens, à sa personne, la cause doit être au contraire instruite et jugée dans les formes du droit commun quand la délibération concerne uniquement le tuteur et a trait à un débat entre le tuteur et le subrogé tuteur ou les membres du conseil de famille, par exemple à raison d'une destitution prononcée. — Montpellier, 3 déc. 1841, Audey, [S. 42.2.27, P.42.2.406]

353. — Cette distinction doit être, à notre sens, rejetée, car nous ne trouve aucun appui dans les textes; et, d'ailleurs, on peut dire que, même en ce cas, l'intérêt du mineur se trouve engagé. Mais on peut admettre au moins, avec le même arrêt, que le tuteur destitué ne pourrait exciper comme moyen de nullité de ce que la voie de l'ajournement aurait été substituée à celle de la requête et la plaidoirie contradictoire et publique à l'examen en chambre du conseil, le droit de défense se trouvant ainsi plus étendu que restreint; et que, dans tous les cas, la nullité qu'on voudrait fonder sur cette irrégularité de procédure serait couverte dès qu'elle ne serait pas présentée avant toute défense et exception.

354. — Seulement, quand l'intérêt d'un tiers est en jeu, il faut nécessairement abandonner la procédure de la chambre du conseil. Est donc nul, pour défaut de publicité, le jugement rendu en chambre du conseil, sur l'homologation d'une délibération du conseil de famille d'un interdit, lorsque le débat est devenu contradictoire par suite de l'intervention d'un tiers qui élève des prétentions sur l'immeuble dont la vente est ainsi autorisée. — Lyon, 18 août 1865, précité.

355. — Les tribunaux saisis d'une demande en homologation ont le droit strict, s'ils ne partagent pas l'avis du conseil de famille, de refuser l'homologation, mais ils excéderaient leurs pouvoirs en modifiant la délibération de ce conseil et en substituant, par exemple, d'autres mesures à celles qu'il a adoptées. La jurisprudence a fait plusieurs fois l'application de ce principe en matière de vente des biens du mineur, sauf alors à reconnaître au tribunal certains droits que lui confèrent les art. 954 et 955, C. proc. civ. (infra, n. 361). Il résulte des termes exprès de toutes les dispositions législatives que le droit d'homologation ne permet pas aux juges de se mettre pour ainsi dire aux lieu et place du conseil de famille pour faire ou autoriser autre chose que ce conseil a cru à tort ou à raison devoir faire ou autoriser. Ils ne peuvent refuser l'homologation qui leur est demandée si l'opération leur paraît inutile ou nuisible pour le mineur, c'est là leur unique ressource; ils ne peuvent « se substituer au tuteur et au conseil de famille et ordonner d'office des mesures qui n'ont été ni demandées, ni délibérées ». — Cass., 9 févr. 1863, Godard, [S. 63.1.113, P. 63.446, D. 63.1.85] — Sic, Aubry et Rau, t. 1, § 95, p. 388, note 11; Demolombe, t. 7, n. 749 bis.

356. — C'est donc du tuteur qui propose et du conseil de famille qui autorise que doit venir l'initiative de la vente jugée nécessaire et la justice n'intervient que pour approuver ou désapprouver. Les seules ventes possibles sont celles qui, autorisées par le conseil, sont approuvées par les juges; il ne saurait y en avoir de non autorisées par le conseil que la justice seule aurait approuvées en sortant de son rôle de surveillance supérieure pour s'immiscer dans des actes d'administration réservés exclusivement aux divers fonctionnaires de la tutelle. Le tribunal saisi d'une demande à fin d'homologation d'une délibération du conseil de famille d'un mineur ou d'un interdit autorisant le tuteur à vendre certains biens pour payer des dettes, ne peut donc pas subordonner cette homologation à l'avis des créanciers. — Bruxelles, 19 flor. an XIII, Leyniers, [P. chr.]

357. — ... Ni réduire la quotité des biens à vendre à un chiffre inférieur aux dettes, en décidant, par une mesure toute nouvelle et en dehors de cet avis, qu'il serait procédé par voie d'emprunt pour éteindre le surplus du passif que le prix de vente ne suffirait pas à couvrir. — Cass., 9 févr. 1863, précité.

358. — ... Ni ordonner la vente d'autres immeubles que ceux désignés par la délibération. — Cass., 9 févr. 1863, précité; — 17 déc. 1867, de la Blanchère, [S. 68.1.60, P. 68.142, D. 67.1.482] — Toulouse, 8 mai 1882 (sol. impl.), Bach, [S. 83.1.160, P. 83.1.882]

359. — Seulement faut-il aller jusqu'à refuser aux tribunaux qui homologuent la délibération autorisant la vente de tels immeubles le droit de prescrire pour la vente et l'emploi du prix certaines conditions de nature à sauvegarder les intérêts de l'incapable plus complètement encore que ne l'a fait le conseil de famille? Un arrêt l'a pensé, d'après lequel le tribunal commettrait un excès de pouvoir en prescrivant d'office certaines conditions de vente que la délibération n'avait pas prévues, et notamment en ordonnant que les adjudicataires des biens à vendre garderaient le prix entre leurs mains pour être converti en acquisition de rentes sur l'État. Le conseil de famille, et même chacun de ses membres pourrait alors former tierce-opposition au jugement modifiant la délibération, alors même que le tuteur y aurait été partie, car le tuteur ne représente pas le conseil de famille dans le sens de l'art. 474, C. proc. civ.; les mêmes personnes pourraient même interjeter appel de ce jugement comme préjudiciant au mineur malgré le silence ou l'acquiescement du tuteur et sans intimer celui-ci. — Colmar, 11 avr. 1822, Baldeuwech, [S. 63.1.113, *ad notam*, P. chr.]

360. — Cet arrêt se fonde sur des principes certains, mais il en tire des conclusions exagérées semble-t-il, et les mesures accessoires que le tribunal prescrit ainsi ne dénaturent ni ne modifient la délibération soumise à l'homologation; elles en sont seulement la conséquence, le corollaire et le complément. Aussi, d'après Bertin (*Ch. du conseil*, t. 1, n. 543), la jurisprudence constante du tribunal de la Seine est-elle, « lorsque l'emploi proposé du prix des immeubles ne paraît pas devoir garantir suffisamment les intérêts du mineur... d'en prescrire un autre d'office, par exemple un placement hypothécaire ou l'acquisition de fonds publics; la chambre du conseil « peut aussi, selon les circonstances, ordonner que le prix restera déposé à la Caisse des consignations entre les mains d'un officier public, jusqu'à ce que l'emploi ordonné ait été effectué. »

361. — Dans tous les cas, le tribunal puise dans les termes exprès des art. 954 et 955, C. proc. civ., le droit indéniable de déterminer la mise à prix et les conditions de la vente. S'il appartient au conseil de famille seul de décider qu'il y a lieu de vendre les biens des mineurs et quels biens doivent être vendus, c'est au tribunal, appelé à homologuer la délibération du conseil, à fixer le prix, à déterminer les conditions de la vente, par exemple, le point de savoir si les immeubles seront vendus en bloc ou en parcelles, avec ou sans réunion des lots. — Cass., 9 févr. 1863 (motifs), précité. — Toulouse, 8 mai 1882, précité.

362. — Par la même raison, il a d'ailleurs un pouvoir discrétionnaire pour renvoyer la vente des biens devant un juge-commissaire ou devant un notaire commis. — Toulouse, 8 mai 1882, précité. — V. aussi Cass., 20 janv. 1880, Veingartner, [S. 80.1.209, P. 80.491, D. 80.1.161]

363. — Enfin, bien qu'il appartienne aux tribunaux de statuer souverainement sur cette question d'exécution, ce droit n'est nullement exclusif de celui du conseil de famille dont l'autorisation préalable est nécessaire pour la vente : le conseil est donc appelé à donner son avis sur le point de savoir si, dans l'intérêt des mineurs, il convient que la vente ait lieu à l'audience des criées ou devant un notaire. — Rouen, 20 avr. 1883, Caumont, [S. 83.2.191, P. 83.1.1212]

CHAPITRE VI.

DANS QUELS CAS LES DÉLIBÉRATIONS DU CONSEIL DE FAMILLE SONT ATTAQUABLES. — PAR QUI ET COMMENT. — JUGEMENT.

SECTION I.

Dans quels cas les délibérations du conseil de famille peuvent être attaquées.

364. — Une délibération du conseil de famille peut être attaquée, soit avant qu'elle ait été exécutée et dans le but précisément d'en arrêter l'exécution, soit aussi, mais exceptionnellement, après qu'elle a été exécutée. Il importe de distinguer ces deux hypothèses, car elles sont régies par des principes différents quant aux personnes pouvant agir contre la délibération et quant aux motifs que ces personnes peuvent invoquer. Dans tous les cas, il faut avant tout poser ce principe que les conseils de famille ne connaissent pas des difficultés s'élevant sur l'exécution ou à l'occasion de leurs délibérations. Seuls les tribunaux de première instance sont compétents à cet égard. Seules, d'ailleurs, les véritables délibérations sont susceptibles de recours. Les avis donnés à la demande de la justice ou du tuteur n'étant ni exécutoires ni obligatoires pour le juge ou le tuteur qui les ont provoqués ne peuvent être attaqués devant les tribunaux. — Laurent, t. 4, n. 469 *in fine*.

§ 1. *Instance dirigée contre un acte du conseil de famille avant son exécution.*

365. — Les actes du conseil de famille, non encore exécutés, peuvent être attaqués soit quant au fond, soit pour une irrégularité de forme. Ils peuvent l'être dans l'intérêt du mineur par lui-même ou ses représentants; les tiers sont aussi en droit d'agir pour en empêcher l'exécution dans le cas où ils y auraient intérêt. Nous examinerons successivement : 1° les recours possibles quant au fond de la délibération; 2° les recours possibles pour vices de formes.

1° *Recours quant au fond.*

366. — Les actes du conseil de famille, nous l'avons dit, sont susceptibles d'être attaqués quant au fond s'ils lèsent les intérêts du mineur. Ce principe est général et s'applique alors même que la délibération aurait été prise à l'unanimité des membres du conseil. L'art. 883, C. proc. civ., pourrait à première vue sembler contenir une solution contraire, car son second alinéa, surtout si on le rapproche du premier, paraît uniquement viser le cas où la décision adoptée ne l'a pas été à l'unanimité. Mais, d'une part, on peut répondre que le législateur a prévu le *plerumque fit*; d'autre part et surtout, il faudrait un texte bien formel pour exclure la possibilité d'une demande en annulation formée contre une délibération sous prétexte qu'elle est unanime, alors que cependant cette délibération serait manifestement contraire aux intérêts du mineur que l'on veut protéger. Aussi notre solution est-elle universellement adoptée. — Trib. Gaillac, 25 mars 1891 et Toulouse, 14 nov. 1892, sous Cass., 8 nov. 1893, Bosc et autres, [S. et P. 94.1.94] — Mais la règle permettant d'attaquer quant au fond les actes du conseil qui lèsent les intérêts du mineur est encore générale à ce nouveau point de vue que le contrôle judiciaire peut s'exercer en principe quelle que soit la nature de cet acte, qu'il soit ou non soumis à la formalité de l'homologation.

367. — Si les délibérations soumises à l'homologation sont nécessairement soumises au contrôle des tribunaux, il n'en faut pas, en effet, conclure avec les motifs d'un arrêt de Grenoble, 18 janv. 1834, Ollivier, [S. 55.2.737, P. 56.1.397, D. 36.2.35], que les délibérations non sujettes à cette formalité ne peuvent pas être contrôlées par la justice. Ces termes généraux de l'art. 883, C. proc. civ., il résulte au contraire que toutes, en principe du moins, soumises ou non à l'homologation, sont susceptibles d'être attaquées quant au fond devant les tribunaux quand elles ne sont pas prises à l'unanimité des voix.

368. — Cette règle ne souffre pas de difficulté quant aux délibérations ayant pour objet l'administration des biens du mineur : elles peuvent, quoique l'homologation ne soit pas exigée pour elles, être attaquées devant les tribunaux quand elles n'ont pas été prises à l'unanimité, soit par le tuteur, subrogé tuteur ou curateur, soit par les membres du conseil ; l'art. 883 indique, en effet, pour tous cette faculté, sans distinguer entre les diverses délibérations qui, toutes, sont susceptibles de recours. — Angers, 6 août 1819, Reveillère, [S. et P. chr.] — Ainsi, il a été décidé qu'un tribunal peut annuler, comme portant atteinte aux intérêts du mineur, une délibération du conseil de famille qui refuse au tuteur l'autorisation de provoquer un partage au nom du mineur. — Cass., 8 nov. 1893, Bosc et autres, [S. et P. 94. 1.91]

369. — Mais la même règle qui consiste à considérer la disposition de l'art. 883 comme générale et n'admettant aucune exception a été encore appliquée à certaines délibérations exemptes de la formalité de l'homologation, qui, de plus, n'étaient pas relatives à l'administration matérielle des biens du mineur. Il a été jugé, par exemple, que l'art. 883, C. proc. civ., n'établit aucune distinction entre les délibérations réglant les intérêts matériels du pupille et celles touchant à ses intérêts moraux ou religieux : que ces dernières peuvent être l'objet d'un recours comme les premières ; spécialement, que la délibération du conseil de famille qui décide que le mineur sera élevé dans les principes d'une religion de préférence à toute autre, peut être attaquée devant le tribunal par le subrogé tuteur. — Colmar, 19 nov. 1857, Bernard Lévy, [S. 58.2.81, P. 58.966, D. 59.2.36]

370. — De même, peuvent être l'objet d'un recours les délibérations qui touchent à la capacité du pupille, et spécialement celle qui, sur une demande d'autorisation du tuteur pour agir en justice au nom et dans l'intérêt du pupille, prononce l'émancipation de ce pupille et lui nomme un curateur, refusant par la même l'autorisation demandée, peut être déférée au tribunal par le tuteur. — Toulouse, 22 févr. 1854, Casse-Barthe, [S. 54.2. 197, P. 54.2.371, D. 54.2.239]

371. — Il y a lieu encore d'appliquer l'art. 883 au cas où la délibération prise par le conseil de famille pour régler les clauses du contrat de mariage et les conventions matrimoniales d'un mineur, resté sans père ni mère, aïeuls, ni aïeules, ne l'a pas été à l'unanimité ; quoique non sujette à homologation, cette délibération peut être attaquée en justice. — Paris, 24 avr. 1837, Charpillon, [S. 37.2.225, P. 37.1.809]

372. — Et elle peut l'être même par un membre du conseil, non parent du mineur, mais appelé à en faire partie comme ami, à défaut de parents. — Bruxelles, 3 févr. 1827, D..., [P. chr.]

373. — Jugé de même encore qu'est susceptible de recours la délibération autorisant le tuteur d'engager une instance en séparation de corps contre le mari de l'interdite. — Dijon, 14 janv. 1891, Leriche, [D. 91.2.223]

374. — Bref, il faut poser en principe que toutes les délibérations du conseil de famille, qu'elles soient ou non soumises à la formalité de l'homologation, sont susceptibles d'être attaquées devant les tribunaux. — Duranton, t. 3, n. 477, note ; Aubry et Rau, t. 1, § 95, note 12, p. 388. — Contrà, de Fréminville, t. 1, n. 109.

375. — S'agit-il d'une délibération non soumise à homologation l'action en nullité est portée suivant le droit commun, directement et par voie d'action principale devant le tribunal. La délibération est-elle soumise à cette formalité, non seulement il peut y avoir un recours pour empêcher qu'elle s'accomplisse, mais après qu'elle l'a été, une action en nullité est encore possible.

376. — Ce droit de contrôle consacré au profit des tribunaux quant au fond sur les délibérations des conseils de famille est-il à ce point général et absolu qu'il ne comporte aucune exception ? Pour le soutenir, on fait remarquer que le texte de l'art. 883, C. proc. civ., ne comporte aucune exception et c'est, a-t-on dit avec intention, car les auteurs du Code de procédure ont voulu, en l'assurant, remédier aux inconvénients résultant d'une véritable lacune dans le Code civil, en faire un « complément du Code civil », qui établit « dans l'intérêt du mineur, une surveillance combinée du conseil de famille et de la justice pour tous les cas, même lorsqu'il s'agit de la nomination du tuteur » (Berlier et Mouricault, Rapport au Corps législatif). Ne serait-il pas, en effet, étrange qu'alors que le législateur fait intervenir la justice après le conseil de famille relativement à de purs intérêts matériels du mineur, pour un emprunt par exemple, les tribunaux ne pussent pas contrôler les décisions du conseil quand il s'agit d'intérêts bien plus graves, en ce qui touche, par exemple, le choix du tuteur, le maintien dans la tutelle de la mère remariée, le consentement ou l'opposition au mariage ou à l'émancipation du mineur, etc. Les délibérations prises sur ces derniers points peuvent n'être pas unanimes, elles peuvent être erronées ou entachées d'aveuglement et de passion, contraires en somme aux véritables intérêts du mineur. Ne faut-il pas assurer un contrôle à ces décisions bien qu'elles ne soient pas sujettes à homologation ? Cette opinion est naturellement en grande faveur en jurisprudence, mais la doctrine est divisée. De nombreux auteurs consacrent l'omnipotence du conseil de famille en deux circonstances : 1° quand il exerce les attributs de la puissance paternelle, les arrêts précités de Paris, 24 avr. 1837, Toulouse, 22 févr. 1854, Colmar, 19 nov. 1857, admettent la possibilité d'un recours judiciaire contre la délibération du conseil.

378. — L'arrêt de Paris, notamment, consacre la compétence des tribunaux pour connaître quant au fond d'une délibération, non sujette d'ailleurs à homologation, contenant consentement au mariage du mineur. — En ce sens, Liège, 30 avr. 1811, Kauler, [S. et P. chr.]

379. — Le tribunal de la Seine a décidé, de même, que la délibération portant refus de consentir au mariage du pupille est susceptible de recours devant le tribunal, quand elle n'a pas été prise à l'unanimité, et qu'elle est motivée sur le refus qu'elle contient n'est pas motivé aux yeux du tribunal. — Trib. Seine, 6 août 1869, C..., [S. 70.2.189, P. 70.728]

380. — Mais les motifs de ce jugement, rendu d'ailleurs contrairement aux conclusions du ministère public, laissent au doute une large place. Il s'appuie uniquement sur la généralité des termes de l'art. 883, C. proc. civ., et sur le principe certain que les délibérations non soumises à homologation elles-mêmes peuvent être déférées à la justice des tribunaux quand elles ne sont pas unanimes, ce qui était précisément le cas. Est-ce suffisant pour justifier la décision prise dans l'espèce ? Il est permis d'en douter si l'on fait remarquer que l'art. 883 a seulement en vue les cas où le conseil de famille est appelé à donner un avis, une autorisation, tandis que, lorsqu'il est consulté au sujet du mariage, ce n'est ni un avis ni une autorisation qu'il donne, mais c'est un consentement (C. civ., art. 160) ; il est pour cela substitué par la loi aux parents et aux ascendants, et il semblerait dès lors rationnel qu'un refus de consentement de sa part fût aussi inattaquable devant les tribunaux qu'un refus émané des ascendants eux-mêmes. Telle était l'opinion de Merlin (Rép., v° Empêchement à mariage, § 5, art. 14, n. 14), d'après lequel cette fonction a, « dans les mains du conseil de famille la même intensité et les mêmes effets que dans les mains du père... ». Telle est aussi l'opinion de la doctrine en général. « Le consentement du conseil de famille, dit Demolombe (t. 3, n. 86), voilà la condition exigée ; son consentement, c'est-à-dire..., une volonté, un acte d'autorité domestique et de puissance paternelle ; son consentement à lui, conseil de famille et non pas le consentement de tout autre. L'intervention du tribunal serait donc dans tous les cas une violation de la loi... ». Duranton, t. 2, n. 101, 102 ; Merlin, loc. cit. ; Delvincourt, t. 1, p. 316, note 6 ; Vazeille, Mariage, t. 1, n. 129 ; Massé et Vergé, sur Zachariæ, t. 1, § 127, note 8, p. 207 ; Marcadé, sur l'art. 160 ; Aubry et Rau, t. 1, § 96, note 10, p. 390 ; t. 5, § 462, note 40, p. 74 ; Valette, Cours de Code civil, t. 1, p. 178 ; Mourlon, Rép., t. 1, n. 548 ; Allemand, Mariage, t. 1, n. 248 ; Bertin, Le Droit, 8 et 9 nov. 1869.

381. — Mais d'autres auteurs, s'appuyant d'ailleurs sur l'autorité de Pothier (Contrat de mariage, n. 336), font ressortir le danger qu'il y a à laisser au conseil de famille une pleine et entière liberté pour prendre une délibération que pourrait déterminer des considérations étrangères ou contraires à l'intérêt du mineur, et s'élevant contre l'omnipotence absolue qu'on ne reconnaîtrait au conseil, ils réclament comme garantie pour le mineur le droit pour les tribunaux d'intervenir. — Toullier, t. 1, n. 547 ; Sebire et Carteret, v° Actes respectueux, n. 25 et s. ; Demante et Colmet de Santerre, t. 1, n. 216 bis ; Du Caurroy, Bonnier et

Roustain, t. 1, n. 259; Valette, sur Proudhon, t. 1, p. 399, note a-II; Laurent, t. 4, n. 470 et s.; Buc, t. 2, n. 321.

382. — Sans méconnaître la possibilité d'un tel danger dans l'ancien système qui reconnaît une force absolue même à des délibérations dictées par des sentiments inintelligents ou coupables, ce danger n'égale pas en gravité ceux que présente l'opinion contraire. Si l'on déclare, en effet, susceptibles de recours les délibérations prises en matière de consentement à mariage, il faut, en cas de division d'opinions dans le conseil, que la délibération mentionne l'avis motivé de chaque membre, car ce serait le plus souvent paralyser au préjudice du pupille la liberté des délibérants. Les considérations susceptibles de motiver un refus de consentement à mariage peuvent être de la nature la plus délicate et la plus intime; chaque membre du conseil doit exposer au conseil tous les motifs de sa détermination, tous les renseignements même confidentiels qu'il a recueillis; c'est là pour lui un devoir de conscience. Or, la chose n'est possible que si le secret le plus absolu doit être observé; on ne peut exiger des délibérants qu'ils s'expriment en toute sincérité et sans réticence aucune sur des points aussi épineux s'ils ont la perspective de voir leur avis relaté au procès-verbal et d'être obligés de le venir justifier devant les tribunaux. Ce système, loin de présenter des garanties pour le pupille, ne fermera-t-il pas la bouche aux opposants, craignant de s'attirer des haines ou des embarras, et se laissant entraîner à donner un consentement dont les conséquences pourront être déplorables pour le pupille? Eussent-ils d'ailleurs le courage d'accomplir leur devoir, n'y aurait-il pas souvent pour le pupille et son avenir un grave inconvénient à dévoiler certains motifs de refus tirés de sa santé ou de sa conduite passée? Un père de famille ne pourrait pas légitimement rendre publics de pareils faits, il est impossible qu'on en fasse pour le conseil de famille un devoir rigoureux; en pareille matière, tout doit se résumer dans un « oui » ou dans un « non » reposant sur des motifs sérieux mais tenus secrets : le conseil de famille, pas plus que le tribunal, ne pourrait préciser les raisons qui lui font refuser son consentement. Nous adhérons donc pleinement pour notre part à l'opinion admise généralement en doctrine et, ce faisant, nous croyons être en conformité avec l'esprit de la loi sans en violer le texte. Ce n'est pas, en effet, pour de telles délibérations qu'est écrit l'art. 883, C. proc. civ.; il ne s'agit pas ici de l'administration des biens ni d'une matière rentrant en principe dans les attributions du conseil; il exerce en pareil cas un acte d'autorité domestique et de puissance paternelle, il doit, dans le silence de la loi, l'exercer comme le père ou un ascendant. Il convient d'appliquer cette théorie à la délibération par laquelle le conseil de famille admet ou rejette l'émancipation du mineur.

383. — Nous avons signalé l'autre exception apportée en doctrine à la règle de l'art. 883, C. proc. civ., en ce qui concerne les délibérations du conseil de famille relatives à la constitution du personnel de la tutelle. Les délibérations contenant nomination de tuteurs ou de subrogés tuteurs ne peuvent pas, suivant la plupart des auteurs, être annulées quant au fond par les tribunaux, à moins que la personne nommée ne se trouve dans un cas d'incapacité ou d'exclusion, l'art. 442, C. civ., devant avoir en ce cas son sanction; serait, par exemple, souveraine la délibération conservant ou retirant à la mère remariée la tutelle de ses enfants du premier lit, confirmant ou invalidant le choix qu'elle aurait fait d'un tuteur testamentaire (C. civ., art. 395 et 400). Le conseil de famille aurait sur ce point un droit propre et souverain dans son exercice régulier. — Duranton, t. 3, n. 437, 477; Taulier, t. 2, p. 37; Chardon, t. 3, n. 333 et s.; Demolombe, t. 7, n. 140, 167, 335, 336; Massé et Vergé, sur Zachariæ, t. 1, § 204, note 6, p. 401; Aubry et Rau, t. 1, § 96, notes 11 à 13, p. 390, 391. — *Contrà*, Delvincourt, t. 1, p. 435; Zachariæ, t. 1, § 204; Augier, *Encycl. des juges de paix*, v° *Tutelle*, sect. 4, n. 3; Allain, *Man. encycl. des juges de paix*, t. 1, p. 914; Laurent, t. 4, n. 470, p. 588; Huc, t. 3, n. 321.

384. — La jurisprudence est divisée sur la question. Certains arrêts adoptent pleinement cette manière de voir et considèrent l'art. 883, C. proc. civ., comme inapplicable de tous points aux délibérations du conseil de famille relatives à la nomination du tuteur. Ne peut donc pas être attaquée sous prétexte qu'elle n'a pas été prise à l'unanimité des voix, une délibération, d'ailleurs régulière en la forme, nommant un tuteur contre lequel on n'allègue aucune cause d'incapacité ou d'exclusion. Le § 2, art. 883, C. proc. civ., n'a pas dérogé aux principes consacrés par le Code civil, il ne fait que désigner les personnes ayant le droit de se pourvoir et déterminer le mode d'exercice de ce droit, mais il s'en réfère complètement aux dispositions antérieures pour les cas d'ouverture et les causes du pourvoi. — Cass., 17 nov. 1813, Menesson, [S. et P. chr.] — Metz, 16 févr. 1812, Bruyere, [S. et P. chr.] — Paris, 6 oct. 1814, Caraillon d'Etillières, [S. et P. chr.] — Grenoble, 18 janv. 1854, Ollivier, [S. 55.2.737, P. 56.1.397, D. 56.2.53]

385. — Elle est insusceptible, spécialement, d'un recours de la part de la mère qui a perdu la tutelle légale faute de s'y être fait maintenir avant de convoler en secondes noces. — Montpellier, 13 juin 1866, Cau, [S. 67.2.114, P. 67.473, D. 66.2.162]

386. — Jugé, de même, que la délibération régulière qui refuse de conserver la tutelle légale à la mère convolant en secondes noces, ne peut être attaquée au fond devant les tribunaux; elle ne peut l'être que pour vices de forme et par la voie de l'action en nullité. — Grenoble, 18 janv. 1854, précité. — Angers, 11 nov. 1875, Guyon, [S. 76.2.168, P. 76.693, D. 76.2.31]

387. — En présence d'une telle délibération, il n'y a donc pas lieu, pour le tribunal saisi du recours, d'examiner si elle a été ou non prise à l'unanimité des voix; peu importe qu'on la juridiciaire quant au fond est impossible contre elle. — Trib. Rouen, 2 juin 1891, et Rouen, 27 juill. 1891, C..., [S. et P. 92.2.54]

388. — Mais d'autres décisions judiciaires, approuvées par un certain nombre d'auteurs, nous l'avons vu (*suprà*, n. 381), prennent pour point de départ la généralité des termes de l'art. 883, C. proc. civ., et déclarent, dès lors, susceptibles de recours devant les tribunaux, quoique non soumises à homologation, toutes les délibérations des conseils de famille et en particulier celles portant nomination de tuteur. C'est même en ce sens que se sont prononcés la presqu'unanimité des arrêts rendus les plus récemment. Jugé, par exemple, que la disposition de l'art. 883, C. proc. civ., s'appliquant à toutes les délibérations des conseils de famille, la délibération nommant un tuteur peut être attaquée quant au fond et non pas seulement pour vice de forme devant les tribunaux par les membres du conseil contre l'avis desquels cette nomination a eu lieu; peu importe qu'on n'allègue contre le tuteur aucune cause d'incapacité ou d'exclusion légale. En un tel cas, il appartient aux tribunaux de prononcer la nullité de la délibération, lorsqu'ils pensent que le choix du tuteur fait par le conseil de famille est contraire aux intérêts du mineur. — Cass., 1er févr. 1825, Fressinet, [S. et P. chr.] — Angers, 6 août 1819, Turpault, [S. et P. chr.]

389. — Il en est ainsi, quelqu'honorable que soit le tuteur choisi pour le mineur par le conseil de famille; si à raison des circonstances et de la position de l'un et de l'autre, le choix du tuteur peut préjudicier au mineur, ce choix doit être annulé. — Nancy, 3 avr. 1857, Benoist, [S. 57.2.362, P. 57.575, D. 57.2.175]

390. — Jugé encore que la délibération du conseil nommant un tuteur n'est pas souveraine et que le choix de la personne du tuteur peut toujours être déféré aux tribunaux par les parents opposants. — Dijon, 14 mai 1862, Godard, [S. 62.2.449, P. 63.272, D. 62.2.124] — Paris, 19 nov. 1887, Rosset, [S. 88.2.29, P. 88.1.207, D. 88.2.176]

391. — La même solution s'impose dès lors et, *à fortiori*, quant à la mère tutrice que l'on convole en secondes noces. Dans la situation du tuteur exclu ou destitué de la sienne, quand le conseil refuse de la maintenir dans la tutelle, il y a une analogie frappante. Au premier, l'art. 448, C. civ., réserve, il est vrai, expressément un recours aux tribunaux; mais, si l'art. 395 n'en dit pas autant pour la mère, rien dans ce texte ne consacre la souveraineté de la décision du conseil et n'empêche dès lors, la mère d'invoquer le droit conféré par l'art. 883, C. proc. civ. Les tribunaux sont d'ailleurs parfaitement en situation d'apprécier s'il y a avantage pour les enfants à maintenir la mère dans ses fonctions, et un débat public sur ce point n'offre pas plus d'inconvénients que tous ceux relatifs à l'état des personnes et à la constitution des familles.

392. — Jugé, en conséquence, que la délibération du conseil de famille refusant de conserver la tutelle à la mère peut être attaquée, surtout quand elle n'est pas unanime, devant les tribunaux, soit par les membres dissidents, soit par la mère elle-même. — Agen, 24 déc. 1860, Duluc, [S. 61.2.182, P. 62.1141, D. 61.2.20] — Rouen, 25 nov. 1868, Balby, [S. 69.2.48, P. 69.229, D. 69.2.76]

393. — ... Qu'il en est ainsi, spécialement, lorsqu'une dissidence s'étant produite entre les deux branches paternelle et maternelle, la décision de la question du maintien de la tutelle s'est trouvée abandonnée à l'appréciation du juge de paix. — Montpellier, 14 mai 1883, Sabatier, [S. 85.2.50, P. 85.1.322] — Trib. Arbois, 4 juill. 1868, de Siffredi Mornas, [S. 69.2.88, P. 69.365, D. 69.3.7]

394. — De même, est recevable le recours formé par un des membres du conseil de famille contre la délibération par laquelle le conseil, à la majorité des voix, a maintenu la tutelle à la mère qui en était déchue, faute d'avoir convoqué le conseil de famille avant de convoler en secondes noces. — Paris, 19 nov. 1887, précité.

395. — Remarquons-le, d'ailleurs, si toutes ces décisions relèvent la circonstance que la délibération attaquée n'avait pas été prise à l'unanimité, il n'en faudrait pas conclure *à contrario* que les tribunaux déclareraient l'action irrecevable contre une délibération unanime. Le contraire paraît résulter du texte de ces arrêts et est enseigné par les auteurs partisans de ce système ; nous avons dit d'ailleurs nous-même qu'il n'y avait pas corrélation absolue et nécessaire entre les deux alinéas de l'art. 883, C. proc. civ. Une délibération prise à l'unanimité peut encore être attaquée par le tuteur : elle sera également susceptible d'être attaquée par les membres du conseil de famille. — Laurent, t. 4, n. 469. — V. cependant Trib. Rouen, 2 juin 1891, et Rouen, 27 juill. 1891, précités.

396. — Entre les deux opinions le doute est légitime et, malgré le plus grand nombre d'arrêts qui se prononcent en faveur de la seconde, nous avouons ses préférences pour la première. L'autre, en effet, si elle se recommande par des motifs d'utilité publique très-graves, se heurte à notre sens à une énorme difficulté pratique. Il ne faut pas oublier, en effet, et tous l'admettent, qu'au cas même où le tribunal serait certainement en droit d'annuler la délibération portant nomination d'un tuteur dans la personne duquel se rencontrerait une cause d'exclusion ou d'incapacité, il est impossible d'accepter même la thèse d'un arrêt de Toulouse, d'après lequel, à supposer que les tribunaux puissent choisir un tuteur, il est certain du moins qu'ils ne le peuvent d'office. — Toulouse, 18 mai 1832, Bétard, [S. 32.2.470, P. chr.]

397. — Il faut dire que, même au cas où il peut annuler la nomination faite, le tribunal ne peut pas faire une autre ; le choix du tuteur appartenant exclusivement au conseil de famille. — Cass., 27 nov. 1816, Devillers, [S. et P. chr.] — Orléans, 9 août 1817, Devillers, [S. et P. chr.] — 23 févr. 1837, Duc de Bordeaux, [S. 38.2.69, P. 37.2.147] — Sic, Aubry et Rau, t. 1, § 102, texte et note 4, p. 413 ; Laurent, t. 4, n. 407 ; Magnin, t. 1, n. 424.

398. — Il doit donc, même lorsqu'il déclare une mère naturelle déchue de la tutelle, ordonner la convocation d'un conseil de famille pour nommer un tuteur au mineur. La mère ne peut se plaindre de cette convocation en soutenant que la nomination doit émaner directement du juge, alors surtout que son mari, son père et son beau-père ont été appelés à faire partie du conseil de famille. — Cass., 31 août 1813, Lemire, [S. et P. chr.] — Amiens, 23 juill. 1814, Lemire, [S. et P. chr.]

399. — D'ailleurs, l'arrêt qui ordonne simplement une nouvelle organisation de la tutelle n'est pas un obstacle à ce que le tuteur nommé par la délibération annulée soit réélu. — Paris, 14 août 1813, de Bourbon-Busset, [P. chr.]

400. — Sans doute, si en pareil cas le conseil venait à renommer le tuteur incapable ou exclu, comme il faut une sanction aux règles de la loi, notamment à l'art. 442, C. civ., le tribunal pourrait ordonner la convocation d'un nouveau conseil de famille dont seraient écartés les membres qui, en persistant dans leur première opinion, se sont mis en opposition avec la loi. Mais cette dissolution de l'ancien conseil ne pourrait être prononcée si le tuteur renommé n'était dans aucun cas d'incapacité ou d'exclusion légale ; dans ce cas, le conseil n'aurait commis aucune illégalité en lui renouvelant son témoignage de confiance. Dès lors, il y aurait conflit entre le tribunal et le conseil de famille, conflit insoluble et pourtant très-préjudiciable au mineur : la nomination du tuteur deviendrait, en effet, impossible puisque, quelque fondés que fussent les motifs du tribunal pour repousser l'élu du conseil, il ne pourrait contraindre celui-ci à en nommer un autre. Il faut donc dire avec MM. Massé et Vergé (t. 1, § 204, note 6, p. 401) que « si le conseil de famille choisit un tuteur qui n'est atteint par aucune cause d'exclusion, il use d'un droit qui lui est propre et qui, dans son exercice régulier et légitime, ne peut tomber sous le contrôle des tribunaux. »

401. — Dans un autre cas, tout le monde est d'accord pour reconnaître l'impossibilité de recourir judiciairement contre une délibération du conseil de famille, même pour les membres de ce conseil qui ont combattu l'opinion dominante, quand on se trouve en présence non d'une délibération proprement dite mais d'un simple avis qui ne constitue pas une décision à exécuter mais un simple renseignement. Jugé en ce sens que, si le président d'un tribunal de première instance saisi, comme juge de référé, d'une demande tendant à faire retirer une mineure de pension a cru devoir consulter le conseil de famille sur cette question dont la solution appartenait à lui seul, un membre de la minorité du conseil ne peut attaquer la délibération prise et en arrêter l'exécution. — Paris, 22 mars 1824, Devillers, [S. et P. chr.] — V. *infrà*, v° *Tutelle*.

402. — Si, en général, c'est en faveur du mineur et en son nom qu'une attaque est dirigée contre une délibération encore non exécutée du conseil de famille, il ne faut pas hésiter à reconnaître aux tiers, quand leurs intérêts sont lésés par elle, le droit de la critiquer quant au fond ; nous verrons dans notre seconde section quels sont les tiers auxquels peut compéter cette faculté.

2° Recours pour vice de forme.

403. — Toutes les délibérations du conseil de famille peuvent être attaquées en la forme pour les irrégularités commises soit dans la composition ou la constitution de l'assemblée, soit dans le mode de délibération. Le fait qu'une telle délibération a été homologuée par jugement ne constitue pas un obstacle à ce qu'elle soit annulée plus tard pour cause d'incompétence du conseil de famille qui l'a rendue : une telle homologation n'a pas l'effet d'un jugement, c'est un acte de juridiction gracieuse et volontaire n'opérant pas l'effet de la chose jugée ; c'est une formalité sans doute intrinsèque et substantielle, mais n'assurant pas la validité de la délibération.

404. — Ainsi jugé au sujet d'une délibération portant nomination de tuteur et homologuée sans contradiction ni contestation par le juge même qui avait présidé le conseil (ainsi que cela a lieu à la Guadeloupe où les attributions des juges de paix sont réunies à celles de juges du tribunal) : la nullité en peut être demandée devant le tribunal même qui l'a homologuée et qui est celui du tuteur. — Cass., 18 juill. 1826, Henry, [S. et P. chr.]

405. — Jugé encore que le jugement homologatif d'une délibération nommant un curateur à l'émancipation d'un mineur n'a pas le caractère de la chose définitivement jugée et dès lors ne met nul obstacle à ce que toute personne ayant intérêt à contester la qualité du curateur ne fasse prononcer la nullité de sa nomination, soit en procédant par voie d'action principale, soit incidemment à une instance dans laquelle ce curateur figurerait comme assistant le mineur ; cette annulation peut être prononcée par un tribunal autre que celui qui a homologué la délibération. — Cass., 17 déc. 1849, Gas, [S. 50.1.279, P. 50.2.320, D. 50.1.77] — Sic, Aubry et Rau, t. 1, § 95, note 12, p. 388 ; Laurent, t. 4, n. 464.

406. — Seulement le Code civil n'a pas précisé les conséquences de l'inobservation des règles qu'il a prescrites. On n'en doit pas conclure cependant que jamais la nullité d'une délibération ne pourra résulter d'une telle inobservation, car certaines des prescriptions légales constituent des garanties indispensables au mineur et leur inexécution enlève, on peut le dire, l'existence juridique au conseil de famille. On ne doit pas davantage soutenir avec Delvincourt (t. 1, p. 108, note 3), que, quelle que soit l'irrégularité commise, la nullité en découlera nécessairement, car il y aurait là un danger pour les tiers traitant avec les représentants du mineur sans pouvoir s'assurer si toutes les formalités légales ont été scrupuleusement observées, et le mineur ainsi protégé finirait par souffrir de cet excès de protection.

407. — Il appartient donc à l'interprète et à la jurisprudence de distinguer entre les diverses formalités prescrites par la loi, pour faire ou non découler de leur inobservation la nullité de la délibération suivant leur importance. Il y aura nullité de la délibération en dehors même de tout préjudice pour le pupille si la règle violée est une condition essentielle de l'existence juridique d'un conseil de famille ; dans ce cas, en effet, la délibération n'existe pas, à proprement parler ; c'est un acte non seulement nul mais encore inexistant, et toutes personnes, représentant des intérêts du mineur ou tiers, peuvent se prévaloir de cette inexistence; si, au contraire, l'irrégularité relevée ne compromet pas l'existence de la délibération, il y aura lieu de n'annuler cette dernière qu'au profit de l'incapable au cas où elle lui aura été préjudiciable, les intérêts de celui-ci n'ayant pas été suffisamment garantis, alors surtout que l'irrégularité a été commise à dessein. La raison de cette distinction est tirée de ce que nulle part le Code civil ne prononçant la nullité contre une délibération du conseil pour violation des règles relatives à sa composition, on doit rechercher, d'après l'esprit de la loi, quelles sont les formalités dont l'inobservation doit entraîner la nullité virtuelle des actes du conseil. Or le but poursuivi par le législateur en prescrivant les règles pour la composition du conseil de famille est évidemment de garantir les intérêts du pupille; il faut donc en conclure, à défaut de texte, que seule la lésion de ces intérêts peut entraîner l'annulation des actes d'un conseil existant mais irrégulièrement composé. Dès lors, il faut bien le remarquer, c'est là une question de pur fait, variant avec les circonstances particulières de chaque espèce, et, par suite, il est donc impossible de décider en principe si telle ou telle violation de la loi entraîne ou non la nullité virtuelle d'une délibération : la nullité doit être ou non prononcée en fait, d'après l'intérêt du pupille. C'est aux tribunaux qu'est laissé le soin d'apprécier, dans cet ordre d'idées, la gravité de l'infraction.

408. — MM. Duranton (t. 3, n. 479) et Taulier (t. 2, p. 35) exigeaient en outre, pour faire prononcer la nullité, la connaissance par les tiers intéressés de l'irrégularité commise; d'après eux, la bonne foi de ces tiers devrait toujours faire réputer valables, quant à eux, les délibérations du conseil de famille, fût-il de plus irrégulièrement composé. Ce système ne repose sur aucune base juridique. Nulle part, le Code civil ne reconnaît à la bonne foi d'une partie la faculté de valider, d'une façon générale, tous les actes quelconques qui l'intéressent; lorsqu'il a voulu qu'il en fût ainsi, au contraire, il a précisé soigneusement les hypothèses, par exemple dans l'art. 1240. La doctrine contraire serait d'ailleurs très-dangereuse pour les intérêts du pupille que la loi veut pourtant protéger, et en même temps elle exonérerait de toute responsabilité les tiers imprudents et négligents; rien, ni en droit ni en fait, ne s'oppose à ce qu'ils vérifient si l'organisation de la tutelle est régulière; pourquoi, s'ils ne l'ont pas fait, leur préférer, sous prétexte de bonne foi, au pupille qui, lui, n'a rien à se reprocher?

409. — Cette opinion est à peu près universellement admise, avec quelques variantes, par la doctrine. Et c'est celle qui se dégage, en définitive, des décisions de la jurisprudence dont les nombreux arrêts présentent à première vue peu-d'harmonie, ce qui s'explique, étant donné le principe posé et d'après lequel, pour les nullités proprement dites, tout dépend des circonstances de chaque espèce. — V. suprà, v° *Cassation* (mat. civ.), n. 4331 et s.

410. — Il a été jugé, à cet égard, qu'il y a inobservation d'une formalité essentielle et, partant, nullité de la délibération, indépendamment de tout préjudice pour le pupille parce qu'il n'y a pas, à vraiment parler, de décision émanant d'un conseil de famille : si l'assemblée n'a pas été présidée par un juge de paix, ou si le juge de paix président n'a pris part ni à la délibération ni au vote. — Bordeaux, 6 mess. an XII, Belvaille, [S. et P. chr.] — Metz, 23 vent. an XIII, N..., [S. et P. chr.]; — 21 juill. 1808, Palant-Lamiraude, [P. chr.] — Rennes, 6 janv. 1814, Lemère, [P. chr.] — Metz, 6 août 1818, Martini, [S. et P. chr.] — Rennes, 27 nov. 1824, Guillenet, [P. chr.] — 20 févr. 1823, de Gillard, [P. chr.] — Caen, 28 juin 1827, Dufay-Prémorel, [P. chr.] — Rennes, 30 juill. 1833, Gaudin, [P. chr.] — Lyon, 13 mars 1845, Anier, [S. 46.2.429, P. 46.2.417, D. 46.2.186] — Grenoble, 18 déc. 1845, Messarel, [S. 46.2.429, P. 46.2.417, D. 46.2.186] — *Sic*, Carré, t. 1, p. 231, note 2, n. 1; Pigeau, *Comm.*, t. 2, p. 584; Favard de Langlade, t. 5, p. 622; de Fréminville, t. 1, n. 106; Demolombe, t. 7, n. 329; Aubry et Rau, t. 1, § 96, texte et note 15, p. 392; Laurent, t. 4, n. 471 et s.; Huc, t. 3, n. 322.

411. — ... Si le nombre des membres convoqués a été inférieur à six, ou si l'un des six membres appelés a été irrégulièrement représenté. — Metz, 24 brum. an XIII, Despinay, [S. et P. chr.] — Turin, 20 févr. 1807, Grésy, [S. et P. chr.] — *Sic*, Laurent, t. 4, n. 473; Aubry et Rau, t. 1, § 96, p. 392.

412. — ... Si, par exemple le mandataire d'un des membres, était porteur d'une procuration irrégulière, comme énonçant l'avis à donner par lui. — Trib. Chambéry, 16 mars 1880, X..., [S. 80.2.217, P. 80.830]

413. — ... Si un membre était dans un cas d'incapacité légale; s'il appartient, en effet, aux tribunaux d'apprécier le caractère et la portée d'une simple irrégularité commise dans la formation et les délibérations des conseils de famille, ce pouvoir ne va pas jusqu'à les autoriser à méconnaître les conditions de capacité des personnes appelées à siéger. — Aubry et Rau, t. 1, § 96, texte et note 16, p. 392. — *Contrà*, Laurent, t. 4, n. 543.

414. — ... Si à la délibération d'un conseil de famille ont concouru : 1° à défaut de parents, des amis non domiciliés dans la commune; 2° des personnes dont le père, au moment de la convocation du conseil, avait avec le mineur un procès pendant dans lequel la fortune de celui-ci était intéressée. — Chambéry, 13 janv. 1879, Gielly, [S. 79.2.136, P. 79.590, D. 80.2.9] — V. aussi Montpellier, 18 mess. an XIII, Latreille, [S. et P. chr.] — Agen, 26 mars 1810, Bonis, [S. et P. chr.] — Aix, 3 févr. 1832, Ailhaud, [S. 33.2.307, P. chr.] — Paris, 21 mars 1861, Gilbert, [S. 61.2.209, P. 61.1113, D. 61.2.73]

415. — ... Si le nombre des membres présents et délibérant était, au contraire, hors le cas où il y aurait des frères et beaux-frères germains, supérieur à six. Il se pourrait, en effet, que la délibération n'eût été prise que sous l'influence des membres dont la présence était illégale, et la limitation du chiffre de six est précisément sous ce rapport une formalité substantielle pour la validité du conseil de famille et de ses délibérations. — Amiens, 11 fruct. an XIII, Carré, [S. et P. chr.] — Turin, 20 févr. 1807, précité. — *Sic*, de Fréminville, t. 1, n. 85 *in fine*; Laurent, t. 4, n. 473. — *Contrà*, Aubry et Rau, t. 1, § 96, note 28, p. 394.

416. — ... Si on a délibéré en l'absence d'un membre irrégulièrement et non officiellement convoqué, ce qui ne laissait pas le conseil composé de six membres, bien que d'ailleurs les trois quarts des parents eussent été présents. — Rouen, 7 avr. 1827, Samson, [S. et P. chr.] — Caen, 30 août 1847, Corbin Desboissières, [S. 48.2.527, P. 48.2.154, D. 48.2.179] — *Sic*, Magnin, t. 1, n. 347; Duranton, t. 3, n. 465, note; Demolombe, t. 7, n. 290; Aubry et Rau, t. 1, § 96, texte et note 18, p. 392.

417. — ... Si plus du quart des membres convoqués n'a pas assisté à la délibération. — Bruxelles, 13 mars 1806, Morgat, [S. chr., P. chr.] — *Sic*, Duranton, t. 3, n. 465, note; Demolombe, t. 7, n. 329; Aubry et Rau, t. 1, p. 392, texte et note 19, § 96.

418. — ... Ou si la décision n'a pas été prise à la majorité absolue des voix émises par les membres présents. — Metz, 16 févr. 1812, Bruyère, [S. et P. chr.] — Aix, 10 mars 1840, Imbert, [S. 40.2.346] — *Sic*, Delvincourt, t. 1, p. 278; Duranton, t. 3, n. 466; Duvergier, sur Toullier, t. 2, n. 1121, note 6; de Fréminville, t. 1, n. 107; Rolland de Villargues, v° *Conseil de famille*, n. 46; Ducaurroy, Bonnier et Roustain, t. 1, n. 614; Demante, t. 2, n. 104 *bis*-1; Demolombe, t. 7, n. 313; Aubry et Rau, t. 1, p. 392, texte et note 20, § 96.

419. — Il en faudrait encore dire autant au cas où, la délibération n'étant pas unanime, le procès-verbal ne mentionnerait pas l'avis de chaque membre, et dans l'hypothèse où la délibération sur l'exclusion ou la destitution d'un tuteur ne serait pas motivée, ou encore si le conseil de famille avait été convoqué et réuni pour prendre une délibération relative à l'organisation de la tutelle dans un lieu autre que le siège initial de la tutelle.

420. — L'annulation dépend, au contraire, des circonstances de la cause quand il s'agit d'une décision prise dans un vote régulier par un véritable conseil de famille; les juges peuvent maintenir la délibération, bien qu'il se soit glissé quelque irrégularité dans la composition du conseil, par exemple, s'ils estiment que les intérêts du pupille ont été suffisamment garantis.

421. — La question s'est posée le plus souvent devant les tribunaux en ce qui concerne la qualité des parents, alliés ou amis, appelés à composer le conseil. La jurisprudence inclinait d'abord vers une solution absolue. L'inobservation des règles posées par les art. 407 et s., C. civ., pour la composition des conseils était considérée par les tribunaux, soit comme emportant nullité des délibérations prises, soit comme inopérante à ce point de vue, les délibérations restant parfaitement valables.

422. — D'après certains arrêts, les juges doivent suppléer la peine de nullité dans l'art. 407, C. civ. La délibération est donc nulle lorsque le conseil de famille a été composé de parents, mais non des parents les plus proches du mineur. — Lyon, 15 févr. 1812, Chanteret, [S. et P. chr.] — Rouen, 7 avr. 1827, Samson, [S. et P. chr.]

423. — ... Lorsqu'on a convoqué un allié de préférence à un parent. — Bruxelles, 24 nov. 1829, Pinson, [P. chr.]

424. — ... Ou un ami de préférence à un parent ou allié. — Angers, 29 mars 1821, Delelée Préaux, [S. et P. chr.] — Montpellier, 12 mars 1833, R..., [S. 34.2.42, P. chr.]

425. — Un arrêt a jugé de même, en matière d'interdiction il est vrai, que lorsque le conseil a été composé, en totalité ou en partie, d'amis non domiciliés dans la commune où la personne à interdire avait son domicile légal, des parents domiciliés à la distance légale n'étant pas appelés bien qu'aucun empêchement physique ou moral s'y opposât, la nullité doit alors être prononcée, la composition du conseil ne fût-elle le résultat ni du dol, ni de la connivence, et qu'elle s'étend au jugement qui, en vertu d'une telle délibération, nomme un conseil judiciaire. — Cass., 19 août 1850, Boisgonthier, [S. 50.4.644, P. 50.2.334, D. 50.1.281] — V. aussi, dans des conditions d'espèce qui justifient la décision prise, Chambéry, 13 janv. 1879, précité.

426. — De même, a été considérée comme entraînant nécessairement la nullité des délibérations, les juges, devant, en ce cas, suppléer la peine de nullité dans l'art. 408, C. civ., l'omission d'appeler au conseil de famille un ascendant qui devait y être convoqué. — Colmar, 27 avr. 1813, Rœderer, [S. et P. chr.]

427. — Par exemple, la mère du mineur. — Toulouse, 5 juin 1829, Delbos, [S. et P. chr.]

428. — Jugé encore qu'il y aurait nullité nécessaire de la délibération d'un conseil de famille relative à une demande en interdiction, si un ami était appelé préférablement à un beau-frère demeurant sur les lieux. — Cass., 24 févr. 1825, Roberjot, [S. et P. chr.]

429. — Ou si un frère du mineur ou de l'interdit n'avait pas été appelé. — Metz, 23 vent. an XIII, N..., [S. et P. chr.]; — 6 août 1818, Martini, [S. et P. chr.] — Contrà, Aubry et Rau, t. 1, § 96, p. 394; Laurent, t. 4, n. 483, qui voient là une nullité simplement facultative dans l'intérêt du mineur.

430. — Peu importerait, en ce cas, que six autres frères ou beaux-frères eussent fait partie de ce conseil. — Lyon, 13 mars 1843, Anior, [S. 46.2.429, P. 46.2.416, D. 46.2.186] — Ce dernier arrêt relève, il est vrai, cette circonstance capitale que l'omission du frère germain avait été intentionnelle et motivée par la crainte de le trouver opposé à la mesure qu'il s'agissait de voter.

431. — La nullité a encore été prononcée quand le conseil avait été composé de parents en nombre inégal dans les deux lignes, alors que la connaissance du lieu même de la réunion du conseil permettait de rendre ce nombre égal. — Liège, 4 janv. 1814, Ambros, [S. et P. chr.]

432. — Certaines de ces décisions vont jusqu'à déclarer qu'en pareil cas, la nullité, résultant de l'inobservation des règles écrites dans les art. 407 et 408, C. civ., étant d'ordre public, ne peut être couverte par l'acquiescement des parties. — Angers, 29 mars 1821, précité.

433. — ... Et peut être demandée même par l'ascendant qui aurait acquiescé, expressément ou tacitement, à la délibération irrégulière. — Colmar, 27 avr. 1813, précité.

434. — Jugé, dans le même sens, que le délai de distances déterminé par l'art. 411, C. civ., pour la convocation d'un conseil de famille, est prescrit à peine de nullité. — Caen, 30 août 1847, Corbin, [S. 48.2.527, P. 48.2.131, D. 48.2.179]

435. — Mais depuis longtemps d'autres arrêts se sont refusés à consacrer cette doctrine rigoureuse. L'intérêt du mineur luimême commande de laisser au juge une grande liberté d'appréciation dans la composition du conseil de famille, car, en fait, il y a bien des circonstances délicates dont il faut tenir compte, bien des ménagements à garder; d'ailleurs, l'existence de parents plus proches que ceux appelés au conseil peut être ignorée. Dès lors, bien qu'il soit conforme au vœu de la loi que l'ordre de proximité dans chaque ligne et que les prescriptions des art. 407 et 408, C. civ., soient observés, ces formes ayant, avant tout, pour objet de garantir les intérêts du mineur, on peut s'en départir si ces intérêts sont sauvegardés. Les juges de paix doivent sans doute être fort réservés, quant aux éliminations dérogeant aux règles légales; cependant dès l'instant qu'il est reconnu par le tribunal que, malgré le défaut d'accomplissement de quelqu'une de ces formes, ces intérêts n'ont aucunement souffert, pourquoi prononcer une nullité qu'aucun texte n'établit? Par contre aussi, s'il est démontré que l'inobservation de la loi a préjudicié au mineur, comment maintenir une opération ne remplissant pas toutes les conditions exigées par la loi? La jurisprudence s'est donc fixée peu à peu en ce sens que les juges ont plein pouvoir d'appréciation pour prononcer ou non la nullité d'une délibération prise par un conseil composé irrégulièrement, mais sans dol, au mieux des intérêts du mineur ou de l'interdit.

436. — Il a été jugé en ce sens : qu'il n'y a pas nullité de délibération, par cela seul que le conseil de famille n'a pas été composé des plus proches parents ou alliés, si les parents omis n'étant pas connus à l'époque de la convocation, le juge de paix n'a pas été à même d'en faire une plus régulière. — Bruxelles, 13 mars 1806, Morgat, [S. et P. chr.]

437. — ... Ou bien, si les parents omis avaient un intérêt direct à l'objet de la délibération. — Cass., 3 mai 1842, Bernier, [S. 42.1.493, P. 42.1.707]

438. — ... Ou s'ils étaient d'un âge tellement avancé qu'ils pussent être réputés dans l'impossibilité d'y prendre part. — Même arrêt.

439. — ... Que les délibérations prises par un conseil de famille ne sont pas nulles, par cela seul que le conseil de famille n'a pas été composé des parents les plus proches du mineur, si d'ailleurs, alors surtout que le conseil a été convoqué d'office, le choix qu'on a fait ne présente aucun caractère de fraude. — Turin, 10 avr. 1811, Durletti, [S. chr., P. chr.] — Paris, 14 août 1813, de Bourbon-Busset, [P. chr.]

440. — ... Ou lorsqu'il est constant que les parents appelés à siéger offrent toutes les garanties voulues et que les intérêts de l'incapable ont été pleinement sauvegardés. — Cour just. civ. Genève, 16 sept. 1893, Binet, [S. et P. 94.4.3]

441. — Peu importe même que la délibération ne fasse pas mention de la cause pour laquelle les parents les plus proches n'y ont pas été appelés, lorsque cette omission ne résulte d'aucune exclusion volontaire et frauduleuse. — Turin, 5 mai 1810, Pasero, [S. et P. chr.]

442. — Jugé de même, dans une espèce où il s'agissait de la destitution d'un tuteur légal et où un frère du tuteur n'avait pas été appelé au conseil. — Rennes, 28 mars 1822, Marc, [S. et P. chr.]

443. — Jugé aussi que la convocation d'un allié au lieu et place d'un parent d'un degré égal ou même plus rapproché n'entraîne pas nécessairement la nullité des opérations de ce conseil. — Cass., 22 juill. 1807, Philippeaux, [S. et P. chr.]; — 10 août 1815, Contrastin, [S. et P. chr.] — Agen, 10 déc. 1806, Philippeaux, [S. et P. chr.] — Rennes, 2 févr. 1835, Brindejane, [P. chr.]

444. — ... Alors surtout que l'intérêt de ce parent à l'objet de la délibération le rendait suspect. — Riom, 25 nov. 1828, Parra, [S. et P. chr.]

445. — ... Que la délibération d'un conseil de famille à laquelle ont concouru des amis, quoiqu'il y eût des parents dans le rayon de deux myriamètres, n'est pas nécessairement nulle, s'il est établi, d'une part, que la famille avait été réellement représentée soit du côté paternel, soit du côté maternel, le mineur a trouvé dans le conseil toutes les garanties que la loi tient à lui assurer; d'autre part, que cette composition a eu lieu sans dol, ni connivence, et qu'on a agi de bonne foi, s'il est démontré, par exemple, que le juge de paix ignorait l'existence des parents omis ou que ces parents étaient intéressés à la délibération. — Cass., 3 avr. 1838, Bernard, [S. 38.4.368, P. 38.4.431]; — 3 mars 1856, Wey, [S. 56.4.408, P. 56.2.266, D. 56.4.290]; — 1er avr. 1856, Lenoble, [S. 56.4.391, P. 57.298, D. 56.4.290]; — 4 nov. 1874, Roquebert, [S. 75.1.52, P. 75.119, D. 75.1.214] — Orléans, 9 déc. 1807, N..., [P. chr.] — Paris, 28 févr. 1814, Vignette, [P. chr.] — Montpellier, 12 mars 1833, R..., [S. 34.2.42, P. chr.] — Aix, 2 mai 1846, Sicard, [S. 46.2.580, P. 46.2.612, D. 46.2.171] — Paris, 4 août 1849, Boisgontier, [P. 50.1.316, D. 50.2.191] — Orléans, 10 janv. 1850, Carpentier, [P. 50.1.75]

446. — Et quand, en matière d'interdiction ou de tutelle, des amis sont appelés par le juge de paix à faire partie du conseil de famille pour représenter une ligne, on doit présumer que les parents de cette ligne étaient empêchés ou que le juge de paix avait des motifs pour les récuser. — Aix, 9 mai 1846, précité.

447. — Dans tous les cas, la délibération du conseil composé d'amis seulement, quoiqu'il y eût des parents domiciliés à la distance légale peut, d'après les circonstances, être maintenue, alors notamment que l'état de santé de ces parents rendait impossible leur présence à la délibération ; vainement, on dirait que ces parents pouvaient légalement se faire représenter à la délibération par des fondés de pouvoir, si d'ailleurs les amis appelés au conseil ont été réunis sans fraude et présentaient, par leur honorabilité, toute garantie à la personne que devait protéger le conseil. — Douai, 4 juill. 1855, Marescaux, [S. 56.2.668, P. 57.297, D. 57.2.47]

448. — Il en est ainsi surtout, si les opérations ont eu lieu de bonne foi et pour le plus grand avantage du mineur. — Paris, 1er août 1853, X...., [P. 54.1.19]

449. — Si en effet la loi appelle les parents au conseil, c'est à raison de l'affection qu'elle leur suppose pour le mineur, or cette présomption n'est pas toujours l'expression de la vérité ; mieux vaut un ami dévoué qu'un parent indifférent. La question doit se décider par une appréciation de fait, en consultant l'intérêt du mineur. Il n'y a pas, par exemple, nullité du conseil auquel le juge de paix, compétent pour apprécier l'idonéité des membres du conseil, a convoqué des amis de l'interdit aux lieu et place de parents qui se sont abstenus de prendre place au conseil pour des raisons de convenance, et notamment parce qu'ils avaient acheté une partie du patrimoine de l'interdit. — Chambéry, 19 janv. 1886, Aymard Simonet, [S. 88.2.16, P. 88.1.104, D. 87.2.161] — *Sic*, Aubry et Rau, t. 1, § 96, notes 22 et s., p. 393 ; Laurent, t. 4, n. 485 ; Huc, t. 3, n. 306.

450. — Nous savons que la loi demande, en ce qui concerne les amis appelés à faire partie d'un conseil de famille, qu'ils aient eu avec les parents du mineur ou du défendeur à l'interdiction des relations habituelles d'amitié. Pareille exigence ne se rencontre pas quand il s'agit de parents ou d'alliés, et il ne faut pas être plus sévère que le législateur. Est donc valable, en matière d'interdiction, la délibération prise par un conseil de famille composé des plus proches parents ou alliés habitant la commune, en dehors de toute fraude ou collusion, alors même qu'ils ont déclaré n'avoir jamais eu ou n'avoir plus depuis longtemps de rapports avec le défendeur à l'interdiction. — Bordeaux, 17 janv. 1860, Courtez, [D. 60.2.93]

451. — Et même, la disposition de l'art. 409, C. civ., qui, en autorisant le juge de paix à composer le conseil de famille d'amis, indique que les personnes appelées à ce titre doivent remplir la double condition du domicile dans la commune et de relations habituelles d'amitié avec l'un des auteurs de l'incapable, n'est pas prescrite à peine de nullité, et l'exécution en est laissée à l'appréciation souveraine du juge de paix. Si l'affection pour le mineur a été à bon droit considérée par le législateur comme devant, avant toute autre considération, être recherchée par le juge de paix chez les étrangers qu'il appelle au conseil de famille, on ne voit pas dans l'art. 409 qu'il s'agisse d'une condition essentielle dont l'absence entraînerait une inaptitude absolue, et c'est très-juste. En effet, il peut se produire telle circonstance ou, à défaut de parents ou d'alliés, personne dans la commune n'aurait eu avec les parents du mineur des relations habituelles d'amitié ; en faudra-t-il donc conclure à l'impossibilité de constituer un conseil de famille ? Nullement suivant nous. Seulement, si l'étranger appelé au conseil de famille ne réside pas dans la commune ou n'a pas eu de relations habituelles d'amitié avec les parents du mineur, la délibération sera annulable quand l'intérêt du mineur l'exigera. — Aubry et Rau, t. 1, § 96, note 25, p. 393 ; Laurent, t. 4, n. 486.

452. — Certains arrêts ont cependant décidé que les deux conditions précitées étaient essentielles pour rendre les étrangers aptes aux fonctions de membres du conseil de famille, et que l'omission de l'une d'elles chez un membre constituait une irrégularité essentielle, entraînant nécessairement la nullité de la délibération. Tout en reconnaissant que les règles des art. 407 à 409 n'ont pas pour sanction nécessaire et absolue la peine de nullité, ces arrêts décident que le pouvoir des tribunaux ne pouvait aller jusqu'à conférer à des étrangers, en dehors des conditions d'aptitude légalement déterminées, une mission que la loi réserve aux membres de la famille et, dans certains cas exceptionnels seulement, aux amis de celui dont l'interdiction est demandée. — Cass., 19 août 1850, Boisgonthier, [S. 50.1.644, P. 50.2.534, D. 50.1.281] — Chambéry, 13 janv. 1879, Gielly, [S. 79.2.436, P. 79.590, D. 80.2.9]

453. — Cette doctrine est rigoureuse et ne paraît pas devoir prévaloir, avec raison d'ailleurs. Sans doute, le premier venu n'est pas un ami, mais un ami ne cesse pas de l'être par cela seul qu'il habite hors de la commune. La résidence dans la commune semble être exigée moins dans l'intérêt du mineur que dans celui des amis que le juge de paix voudrait appeler au conseil ; c'est une excuse qu'ils sont en droit d'invoquer, non une incapacité dont la loi les frappe. Pas de nullité en conséquence, sauf si l'intérêt du mineur le demande.

454. — Jugé, d'une part, que le fait pour le juge de paix d'appeler à la place de parents absents ou empêchés des amis même domiciliés hors de la commune où a été convoqué le conseil n'entraîne pas la nullité de la délibération, alors qu'il n'est établi ni que cette composition ait porté atteinte aux intérêts du mineur, ni qu'elle ait eu lieu dans une pensée de fraude. — Cass., 20 janv. 1875, Meissonnier, [S. 75.1.217, P. 75.521, D. 76.1.28] — Lyon, 14 juin 1853, de C..., [S. 53.2.618, P. 54.2.80, D. 54.2.33] — Douai, 4 juill. 1855, précité.

455. — ... Que l'obligation pour le juge de paix de choisir dans la commune même les amis appelés à faire partie du conseil de famille n'est pas si rigoureuse que la délibération ne puisse être validée si elle est exempte de dol et ne peut préjudicier aux intérêts du mineur. — Limoges, 17 juin 1889, Durand, [D. 90.2.336]

456. — Même décision en ce qui concerne le conseil de famille d'un enfant naturel : sa composition est laissée à l'appréciation souveraine du juge de paix, qui peut y appeler des amis même domiciliés dans une autre commune. — Douai, 22 juill. 1856, Walrand, [S. 57.2.33, P. 58.245]

457. — Jugé, d'autre part (la Cour suprême abandonnant ainsi le principe par elle posé dans son arrêt de 1850), que la délibération d'un conseil de famille à laquelle a concouru à titre d'ami un individu n'ayant eu aucune relation d'amitié avec le père ou la mère du mineur n'est pas nécessairement nulle s'il est établi que c'est par erreur et de bonne foi, sans dol ni fraude, que cet individu a été appelé ; qu'il en est ainsi alors même que, par suite de la même erreur, cet individu aurait été nommé par ladite délibération tuteur *ad hoc* pour représenter le mineur dans une instance contre la mère tutrice. — Cass., 19 juill. 1858, Mathieu, [S. 58.1.785, P. 59.590, D. 59.1.13]

458. — ... Et qu'en cas d'insuffisance de parents et d'alliés, le juge de paix peut, pour compléter le conseil, choisir des citoyens n'ayant pas eu avec les parents de l'incapable des relations habituelles, si nul ne remplit sur les lieux cette condition, sauf au tribunal à apprécier les conséquences de cette irrégularité. — Bordeaux, 17 janv. 1860, Courtez, [D. 60.2.93]

459. — La jurisprudence a fait application de cette théorie alors même que les parents omis et remplacés au conseil par des amis sont des ascendants de l'incapable. La Cour suprême a déclaré valable la composition d'un conseil de famille dans lequel des amis auraient été appelés à l'exclusion de l'aïeule et des parents se trouvant dans la distance légale, alors qu'il est établi : 1° que l'aïeule était fort âgée ; 2° que parmi les parents omis, les uns avaient une connaissance imparfaite de l'objet de la délibération et d'autres étaient illettrés. — Cass., 4 nov. 1874, Roquebert, [S. 75.1.52, P. 75.119, D. 75.1.214]

460. — Un autre arrêt rendu dans le même sens est d'autant plus remarquable qu'il s'agissait, dans l'espèce, d'un conseil réuni en matière d'interdiction et que la personne non appelée au conseil était une aïeule, laquelle, bien loin d'avoir laissé ignorer son existence, avait formellement réclamé sa place dans ce conseil. Or, d'une part, la jurisprudence est disposée à exiger plus sévèrement l'observation des formes prescrites quand il s'agit d'interdiction qu'en cas de convocation de conseils de famille pour cause de minorité, et, d'autre part, les aïeuls sont, et cela résulte de l'art. 408, C. civ., considérés comme les membres les plus importants et même en principe comme les membres nécessaires du conseil de famille. Dans aucune autre hypothèse donc, le magistrat chargé de veiller à la régularité de la composition du conseil ne devrait moins dévier des règles prescrites par la loi, sauf si l'intérêt de l'interdit, loin d'être sacrifié par l'élimination de l'aïeule, reçoit au contraire de cette élimination même une vraie protection. Tel était le cas dans l'espèce ; aussi a-t-il été jugé que l'omission, purement volontaire, faite de l'aïeule, lors de la réunion du conseil appelé à délibérer en suite d'une demande en interdiction, ne constitue pas une cause de nullité de la délibération intervenue, s'il est constaté en fait que cette aïeule n'était, ni à raison de sa situation morale, ni à cause de sa santé, en état de participer à cette délibération. Peu importait qu'elle eût formellement demandé à y figurer, sa réclamation ne semblant pas d'ailleurs avoir le caractère désirable de spontanéité. — Cass., 7 mai 1873, Marret, [S. 73.1.297, P. 73.750, D. 73.1.243]

461. — Seulement, à cette étendue du pouvoir reconnu au juge de paix dans la composition du conseil de famille, il y a une limite essentielle : il ne faut pas que les irrégularités commises soient le résultat du dol ou de la fraude. Si donc les règles du Code civil, relatives à la composition du conseil de famille, ne sont pas prescrites à peine de nullité, il n'en faut pas moins annuler une délibération prise par un conseil, alors que l'erreur commise dans sa composition provient de la mauvaise foi d'un de ses membres qui a laissé intentionnellement ignorer au juge de paix l'existence de parents plus proches dans le rayon de deux myriamètres. — Orléans, 14 nov. 1850, Boisgontier, [P. 51.2. 522, D. 51.2.72]

462. — Et s'il n'est pas absolument nécessaire, pour la validité des délibérations d'un conseil de famille, qu'il soit toujours composé des mêmes personnes, est nulle toutefois la délibération lors de laquelle la composition du conseil a été à dessein modifiée pour briser une majorité dévouée au mineur, et spécialement celle prise par le conseil de famille d'un enfant naturel mineur, duquel ont été exclues deux personnes spécialement connues pour avoir eu des relations d'amitié avec la mère de ce mineur et pour porter un vif intérêt à celui-ci. — Bordeaux, 9 juin 1863, Bertrand, [S. 64.2.9, P. 64.392]

463. — Des décisions analogues ont été rendues relativement à d'autres irrégularités commises dans la composition des conseils de famille, c'est notamment où l'un des membres du conseil de famille était atteint d'une cause d'exclusion non expressément édictée par la loi. Ainsi, la délibération du conseil autorisant une femme normande à hypothéquer ses biens dotaux, n'est pas nécessairement nulle en ce que des parents ou amis des créanciers de la femme, ayant, à ce titre, intérêt à ce que l'autorisation fût accordée, auraient fait partie dudit conseil. C'est aux tribunaux d'apprécier, d'après les circonstances, s'il y a là un vice de nature à entraîner la nullité de la délibération. — Cass., 11 août 1852, de Beaunay, [P. 54.2.52, D. 54.1.318]

464. — De même, la délibération du conseil nommant un subrogé tuteur *ad hoc*, pour opposition d'intérêt existant entre le mineur et le subrogé tuteur, ne doit pas être annulée par ce fait que ce dernier y a participé, alors surtout que, lui retranché, le conseil qui a pris la délibération à l'unanimité, comprenait à ce moment plus des trois quarts des membres obligatoires. — Grenoble, 11 janv. 1864, Pallavicino, [S. 64.2.249, P. 64.1164, D. 65.2.57]

465. — Et la présence au conseil de personnes contre lesquelles le tuteur demande l'autorisation d'intenter une action au nom du mineur, n'entraîne pas la nullité de la délibération à ce relative, quand l'autorisation a été accordée à la majorité des voix. — Trib. Briey, 24 janv. 1878, Bouchy, [D. 79.3.40] — *Contra*, Chambéry, 4 janv. 1879, Gielly, [S. 79.2.436, P. 79.590, D. 80.2.9]

466. — Beaucoup d'arrêts ont posé d'ailleurs en principe que les art. 407 à 409, concernant la composition des conseils de famille, ne disposant pas à peine de nullité, il suit que les tribunaux, saisis d'une demande en nullité, ont plein pouvoir pour apprécier les circonstances et pour excuser les irrégularités commises ; la loi laisse à leur sagesse et à leur prudence le soin de rechercher si ces irrégularités ont été le résultat du dol ou de la connivence, si elles ont préjudicié au mineur, et s'il y a eu violation des prescriptions légales dans une pensée de fraude, la délibération dudit conseil ne devant être annulée que dans ce cas. — Cass., 30 avr. 1834, Raulet, [S. 34.1.444, P. chr.]; — 3 avr. 1838, Bernard, [S. 38.1.308, P. 38.1.431]; — 11 août 1852, précité; — 3 mars 1856, Wey, [S. 56.1.408, P. 56.2.266, D. 56.1.290]; — 1er avr. 1856, Lenoble, [S. 56.1.591, P. 57.294, D. 59.1.13]; — 19 juill. 1858, Mathieu, [S. 58.1.783, P. 59.590, D. 59.1.13]; — 7 mai 1873, Marret, [S. 73.1.297, P. 73.750, D. 73.1.243]; — 4 nov. 1874, Roquebert, [S. 75.1.52, P. 75.119, D. 75.1.214]; — 20 janv. 1875, Meissonnier, [S. 75.1.217, P. 75.521, D. 76 1.28]. — Rennes, 28 mars 1822, Maze, [S. et P. chr.] — Toulouse, 1er févr. 1827, Turle, [S. et P. chr.] — Riom, 25 nov. 1828, Porra, [S. et P. chr.] — Grenoble, 4 juin 1836, Brachet, [S. 37.2.109, P. chr.] — Colmar, 14 juill. 1836, Baur, [S. 37.2.231, P. 37.2.434] — Paris, 13 oct. 1836, Lambert, [P. 37.1.236] — Aix, 19 mai 1837, Caire, [P. 37.2.105] — Lyon, 30 nov. 1837, Barre, [P. 38.1.213] — Douai, 1er août 1838, Boitchau, [S. 40.2.21, P. 40.1.643] — Agen, 18 févr. 1841, Sauvage, [P. 41.1.649] — Même date, sous Cass., 26 janv. 1848, Sauvage, [S. 48.1.177] — Rouen, 30 mars 1844, Debous, [P. 44.1.613] — Orléans, 12 janv. 1850, Carpentier, [P. 50.1.75, D. 50.2.60] — Lyon, 14 juin 1853, de C..., [S. 53.2.618, P. 54.2.80, D. 54.2.33] — Rouen, 9 déc. 1854, Coquin, [P. 56.2.523, D. 55.2.106] — Douai, 4 juill. 1855, Marescaux, [S. 56.2.668, P. 57.297, D. 57.2.47] — Bastia, 3 mars 1858, Casile, [S. 58.2.241, P. 58.748] — Pau, 1er avr. 1873, Delist, [S. 73.2.250, P. 73.1067] — Chambéry, 19 janv. 1886, Aymard Simonet, [S. 88.2.16, P. 88.1.104, D. 87.2. 161] — Orléans, 9 mars 1894, Collin, [J. *Le Droit*, 27 sept. 1894] — Sic, Toullier, t. 2, n. 1111 et 1119; Valette, sur Proudhon, t. 2, p 328; Marchand, *Code de la minorité*, p. 134; Magnin, t. 1, note 327; Marcadé, t. 2, sur l'art. 407 et l'art. 410; de Fréminville, t. 1, n. 85 et 86; Demolombe, t. 7, n. 328 et s.; Boileux, sur l'art. 407; Rolland de Villargues, *Rép.*, v° *Conseil de famille*, n. 6; Bioche, *Dict. des juges de paix*, v° *Conseil de famille*, n. 31; Allain, *Manuel encyclop. des juges de paix*, t. 1, n. 1127; Jay, *Manuel des justices de paix*, t. 2, n. 877 et *Traité des conseils de famille*, n. 3 et 5; Massé et Vergé, sur Zachariæ, t. 1, note 15, § 261, p. 390; Aubry et Rau, t. 1, § 96, notes 21 et s., p. 392 et s.; Laurent, t. 4, n. 477 et s.; Fuzier-Herman, *Code civil annoté*, sur les art. 407 et 409; Huc, t. 3, n. 306. — *Contra*, Delvincourt, p. 108, note 3.

467. — Pourtant, la délibération du conseil de famille convoqué par le subrogé tuteur à l'effet d'être autorisé à poursuivre la nullité d'une vente faite par le tuteur sans autorisation préalable doit être validée, quoique le conseil n'ait été composé que d'amis, si l'acquéreur, défendeur à l'action en nullité, n'indique pas d'autres parents dans la distance légale. — Orléans, 9 déc. 1807, N..., [P. chr.]

468. — Et la mère tutrice qui a indiqué elle-même les parents qui ont composé le conseil de famille appelé à nommer un subrogé tuteur à ses enfants, est irrecevable, quand plus tard le conseil composé des mêmes personnes a prononcé sa destitution, sans réclamation de sa part contre la composition de ce conseil, de se prévaloir de ce qu'il y avait des parents dans le rayon légal; et de ce que les personnes appelées à défaut de parents n'avaient pas la qualité d'amis, pour se faire un moyen de nullité de l'erreur où son silence volontaire a induit le juge de paix. — Cass., 3 mars 1856, Wey, [S. 56.1.408, P. 56.2.266, D. 56.1.290]

469. — Le pouvoir discrétionnaire des tribunaux en matière d'annulation des délibérations prises par le conseil de famille a été également consacré par les tribunaux relativement aux irrégularités commises dans le mode de convocation. Ainsi, la convocation d'amis pour compléter le conseil est valable, quoique non faite par le juge de paix lui-même, s'il l'approuve en agréant les personnes qui lui étaient présentées. — Colmar, 14 juill. 1836, Baur, [S. 37.2.231, P. 37.2.434] — Douai, 13 févr. 1844, Leclercq, [S. 45.2.79, P. 46.1.65, D. 45.2.152]

470. — Et une délibération n'est pas nulle en ce qu'un parent aurait été irrégulièrement convoqué, alors que ce parent n'élève aucune réclamation et s'est même fait représenter par un fondé de pouvoir. — Orléans, 12 janv. 1850, précité.

471. — Il en est encore ainsi, alors qu'un des membres du conseil avait été privé de l'exercice de ses droits civils, dès lors qu'il les avait recouvrés par suite de l'expiration de sa peine. — Même arrêt.

472. — Dans tous les cas, la convocation du conseil de famille appelé à délibérer sur le mariage d'un mineur ne saurait être annulée par cela seul qu'elle aurait eu lieu avant la nomination du subrogé tuteur, sauf à appliquer la disposition pénale de l'art. 421, § 2, au tuteur qui s'immisce dans les fonctions de la tutelle avant d'avoir fait nommer le subrogé tuteur. — Agen, 10 déc. 1806, Thémines, [S. et P. chr.]

§ 2. *Instance dirigée contre une délibération du conseil de famille après qu'elle a reçu son exécution.*

473. — Une attaque peut être dirigée contre une délibération du conseil de famille, non pas à titre principal, mais après qu'elle a été exécutée pour faire tomber les actes, conventions ou dispositions, qui en ont été la suite. Elle ne peut être en ce cas formée que pour vice de forme, et non quant au fond, et dans le seul intérêt du mineur. La vente d'un immeuble appartenant à ce dernier a-t-elle entraîné pour lui un préjudice, la délibération qui l'a autorisée ne peut être critiquée si elle a été régulière en la forme. De même, le préjudice résultant pour le mineur de ce qu'il a renoncé à une succession ne suffirait pas à justifier un recours contre l'autorisation régulièrement donnée à cette renonciation. Bien entendu le cas de fraude est expressément réservé. La restriction du droit de recours, en ce cas, vient de ce que le mineur est réputé majeur pour les actes soumis à des formalités spéciales quand elles sont remplies.

474. — Encore faut-il, pour que la délibération soit annulée ainsi que les actes qui en ont été la suite, que le vice de forme dont elle est infectée soit de nature à la faire considérer comme inexistante et non avenue; il en est ainsi, par exemple, quand les personnes composant le conseil de famille ne remplissaient pas les conditions essentielles de capacité exigées par la loi. — Aix, 3 févr. 1832, Ailhaud, [S. 33.2.307, P. chr.].

475. — Mais si l'irrégularité reprochée est une de celles qui rendent seulement annulables les délibérations qu'elles infectent, les contrats passés avec des tiers en vertu de la délibération doivent être maintenus, sauf si, de leur part, il y a eu dol ou connivence coupable. Décider autrement serait injuste à l'égard des tiers et contraire aux véritables intérêts du mineur. Sans doute, l'inexistence d'une délibération du conseil antérieurement à un acte passé au nom du mineur, lorsque la loi en prescrit une, entraîne, même à l'égard des tiers, la nullité de l'acte passé. Mais il est impossible d'assimiler à cette hypothèse celle où le non-accomplissement de la condition essentielle à la validité de l'acte peut être facilement constaté par les tiers, celle où il y a eu autorisation émanant d'un conseil de famille dont la composition est simplement irrégulière. Dans ce deuxième cas, l'irrégularité n'est presque jamais apparente et le tiers contractant n'est pas en situation de contrôler l'observation des formalités légales. Si donc on annule la convention passée avec un tiers en vertu de cette délibération, on lui cause un préjudice qu'il ne dépendait pas de lui d'éviter, et on détournera les tiers de contracter avec les mineurs dans la crainte où ils seront toujours de voir annuler leurs conventions. — Aubry et Rau, t. 1, p. 396, § 96, note 38.

476. — Cette théorie, que la jurisprudence n'a pas admise d'une manière formelle, semble confirmée par certains arrêts cependant. — Cass., 3 avr. 1838, Bernard, [S. 38.1.368, P. 38.1.451] — Douai, 1er août 1838, Boitchon, [S. 40.2.21, P. 40.1.643]

477. — Jugé, par exemple, que doit être rejeté le recours formé contre des actes passés avec des tiers à raison de l'incompétence du juge de paix ayant présidé l'assemblée qui a autorisé ces actes. — Cass., 4 mai 1846, Jeanjean, [S. 46.1.465, P. 46. 2.78, D. 46.1.129] — Riom, 10 juill. 1846, Rougier, [P. 46.2.427, D. 46.2.180]

Section II.

Qui peut attaquer une délibération du conseil de famille et contre qui doit être dirigée l'action.

§ 1. Qui peut agir en nullité.

1° Action intentée dans l'intérêt du mineur.

478. — Quand il s'agit d'attaquer une délibération du conseil dans l'intérêt du mineur, l'art. 883, C. proc. civ., répond à notre double question. Il donne droit d'agir au tuteur, au subrogé tuteur, au curateur, aux membres du conseil de famille et prescrit d'intenter l'action contre les membres de l'assemblée qui auront été d'avis de la délibération. Donc, tout d'abord peuvent agir en nullité de la délibération (c'est même le cas le plus habituel, aussi est-il prévu formellement par l'art. 883), les membres de la minorité ou l'un d'entre eux quand la délibération a été prise qu'à la majorité des voix. Peu importe que les demandeurs ayant voté contre la solution adoptée n'aient pas immédiatement protesté contre elle ni fait de réserves. — Liège, 4 janv. 1811, Jaus, [S. et P. chr.] — Lyon, 15 févr. 1812, Chanteret, [S. et P. chr.]

479. — Jugé de même que, lorsqu'il s'agit d'une délibération décidant si la tutelle sera ou non conservée à la mère binube, la nullité pour vice de la composition du conseil peut être opposée même par la partie qui a fait la convocation. — Bruxelles, 24 nov. 1829, Pinson, [P. chr.]

480. — Il a été cependant jugé, dans une affaire relative à la nomination d'un tuteur, qu'on ne peut contester la capacité d'un membre du conseil de famille avec lequel on a délibéré sans protestation. — Paris, 14 août 1813, de Bourbon, [P. chr.]

481. — Mais c'est, à notre sens, ajouter arbitrairement aux conditions posées par la loi que d'en décider ainsi. Bien mieux, en s'en tenant même au texte de la loi, on peut reconnaître le droit d'attaquer la décision même à ceux des membres qui l'ont votée.

482. — L'opinion contraire a ses partisans sans doute, qui accordent seulement à ces personnes contre la délibération qu'elles ont votée ou qui a reçu leur acquiescement est fondée sur un vice nouvelle délibération du conseil pour lui communiquer les motifs qui les ont fait changer d'opinion, de manière à n'attaquer la décision en justice que si elle est maintenue malgré eux. — Delvincourt, t. 1, p. 112; Taulier, t. 2, p. 37; Massé et Vergé, sur Zachariæ, t. 1, p. 401; Demolombe, t. 7, n. 338.

483. — Mais on peut les déclarer recevables à agir *de plano* devant le tribunal en faisant remarquer qu'il ne s'agit pas là de leurs intérêts personnels, mais de ceux du mineur qu'ils n'ont pas le droit de compromettre. C'est donc en vain qu'on leur opposerait quand ils prétendent agir en nullité une fin de non-recevoir tirée de leur vote ou de leur adhésion. — V., en ce sens, Liège, 4 janv. 1811, précité. — Lyon, 15 févr. 1812, précité. — Colmar, 27 avr. 1813, Roederer, [S. et P. chr.] — Angers, 29 mars 1821, Delilée-Préaux, [S. et P. chr.]

484. — Rien de plus juste, d'ailleurs, que cette décision : ou l'action intentée par ces personnes contre la délibération qu'elles ont votée ou qui a reçu leur acquiescement est fondée sur un vice de forme, et il y a de soi que cette nullité tenant à la forme n'est pas couverte par leur assentiment; ou leur action constitue un recours quant au fond, et l'intérêt du mineur doit leur permettre comme au tuteur de revenir sur leur propre fait. — Aubry et Rau, t. 1, § 96, note 2, p. 389; Laurent, t. 4, n. 466; Huc, t. 3, n. 319.

485. — L'art. 883, C. proc. civ., n'est pas limitatif dans la désignation qu'il fait des personnes aptes à se pourvoir contre les délibérations du conseil de famille. Le peuvent certainement les parents ou alliés qui n'ont pas assisté à la délibération, soit qu'ils ne se soient pas rendus à la convocation qui leur a été faite, soit qu'ils n'aient pas été convoqués; dans ce dernier cas, le conseil a été irrégulièrement composé puisque le juge de paix n'a pas le droit d'écarter arbitrairement les parents ou les alliés les plus proches. Jugé, en ce sens, que le parent ou allié qui se plaint d'avoir été exclu à tort par le juge de paix de la composition d'un conseil de famille est recevable à porter son action devant les tribunaux. Cette action est régulièrement intentée contre le subrogé tuteur et les membres appelés à composer le conseil de famille, alors surtout que ces derniers ont déclaré accepter la mission qui leur était conférée. — Paris, 24 févr. 1842, Sarda Garriga, [P. 42.1.580]

486. — Seulement il va de soi, conformément à la doctrine d'un autre arrêt, que, les conseils de famille n'étant pas permanents dans leur composition, des amis, appelés à défaut de parents, à faire partie d'un conseil de famille réuni pour délibérer sur la nomination d'un administrateur provisoire aux biens d'une personne placée dans un établissement d'aliénés (L. 30 juin 1838, art. 32) n'ont pas qualité pour attaquer les délibérations prises par un nouveau conseil de famille convoqué ultérieurement pour donner son avis sur une demande en interdiction formée contre la même personne et ne peuvent par suite former tierce-opposition au jugement qui a statué sur la demande en interdiction, ou pour intervenir sur l'appel de ce jugement. — Caen, 30 déc. 1857, Berrurier, [S. 58.2.625, P. 58.665, D. 58.2.146]

487. — L'art. 883 n'est pas limitatif non plus en ce sens que la délibération ne puisse être attaquée qu'autant qu'elle n'a pas été unanime; alors même que la délibération a été prise à l'unanimité, elle peut être encore attaquée pour vice de forme, par exemple par des parents qui, pouvant être appelés à un conseil de famille ne l'ont pas été et n'ont pas concouru à sa décision. — Colmar, 14 févr. 1840, N..., [P. 41.1.612] — *Sic*, Delvincourt, t. 1, p. 481, n. 3; Carré, *Lois de la proc.*, quest. 2995 et 2996; Pigeau, *Proc. civ.*, t. 2, p. 353; de Fréminville, t. 1, n. 113.

488. — Les personnes qui auraient le droit d'agir en nullité d'une délibération pour vice de forme sont également en droit d'intervenir dans une demande en nullité formée déjà par d'autres. Il a été jugé, en ce sens, que l'intervention dans une telle demande, fondée sur la composition vicieuse du conseil et visant une délibération qui a nommé le tuteur, est suffisamment autorisée par la qualité d'oncle de l'intervenant non appelé au conseil. — Lyon, 13 févr. 1812, Chanterot, [S. et P. chr.]

489. — Il a été jugé toutefois, mais à tort suivant nous, que des parents, non convoqués au conseil de famille, bien qu'ils eussent dû l'être à raison de leur degré de parenté, sont irrecevables à intervenir en cause d'appel sur l'instance introduite par quelques membres du conseil, protestant à fin d'annulation de la délibération ; qu'ils peuvent seulement se pourvoir par les règles ordinaires de la procédure. — Bruxelles, 13 mars 1806, Morgat, [S. et P. chr.]

490. — Jugé aussi que le subrogé tuteur ne peut pas intervenir, sur l'appel interjeté par un membre du conseil de famille, d'un jugement qui annule une délibération portant nomination du tuteur. — Montpellier, 18 août 1823, sous Cass., 1er févr. 1825, Freissinet, [P. chr.]

491. — On pourrait se demander si la nullité de la délibération d'un conseil de famille est susceptible d'être couverte par l'acquiescement de ceux qui auraient pu l'invoquer. A cet égard, il faut répondre négativement si la délibération a été prise dans l'intérêt du mineur ; ainsi l'ascendant non appelé au conseil de famille chargé de nommer un tuteur peut demander la nullité de la délibération, alors même qu'il y aurait acquiescé. — Colmar, 27 avr. 1813, précité. — Dans le même sens, Angers, 29 mars 1821, précité.

492. — Il en serait autrement si la délibération avait été prise dans l'intérêt personnel de celui qui en demande la nullité ; par exemple, le tuteur ne peut attaquer pour cause d'irrégularité la délibération du conseil prononçant sa destitution, s'il y a acquiescé expressément ou tacitement. Dans ce cas, en effet, c'est l'affaire personnelle du tuteur qui s'agite, et l'acquiescement de celui-ci, parfaitement légal et possible, n'atteint pas le mineur. Au premier cas, au contraire, l'intérêt du mineur exige qu'on ne tienne pas compte d'acquiescements qui lui pourraient être préjudiciables.

493. — Lorsqu'un membre du conseil de famille use de la faculté qui lui est ouverte par l'art. 883, C. proc. civ., de se pourvoir devant le tribunal contre une délibération du conseil de famille, l'assignation délivrée aux membres du conseil qui ont été d'avis de la délibération doit contenir copie de la délibération attaquée. — Carré et Chauveau, *Lois de la proc.*, t. 6, quest. 2999 ; Bioche, *Dict. de proc.*, v° *Conseil de famille*, n. 69 ; Rousseau et Laisney, v° *Conseil de famille*, n. 48 ; Dutruc, *Suppl. aux Lois de la proc.*, de Carré et Chauveau, v° *Conseil de famille*, n. 19 ; et *Formulaire des huissiers*, t. 2, p. 824, note 1.

494. — Mais il ne suit pas de là que l'inobservation de cette formalité doive entraîner la nullité de l'assignation. En effet, c'est par application de l'art. 63, C. proc. civ., d'après lequel il doit être donné copie, avec l'exploit d'ajournement, des pièces sur lesquelles la demande est fondée, qu'est exigée la signification, en tête de l'assignation en nullité d'une délibération du conseil de famille, de la copie de cette délibération. Or, l'art. 65 n'attache pas la sanction de la nullité à l'inobservation de ses prescriptions, et, aux termes de l'art. 1037, C. proc. civ., aucun exploit ou acte de procédure ne peut être déclaré nul, si la nullité n'en est formellement prononcée par la loi.

495. — Ainsi jugé qu'on ne saurait opposer à l'action en nullité d'une délibération du conseil de famille, formée par un membre de ce conseil, une fin de non-recevoir tirée du défaut de copie, en tête de l'assignation, de la délibération attaquée. — Trib. Senlis, 28 févr. 1894, Delaunay, [S. et P. 94.2.218]

496. — D'autre part, sont sans qualité pour se pourvoir contre une délibération du conseil de famille : le ministère public qui ne peut agir au civil que dans les cas spécialement prévus par la loi (L. 24 août 1790, tit. 8, art. 12 et 20 avr. 1810, art. 46). — Orléans, 23 févr. 1837, Pastorel, [S. 38.2.69, P. 37.2.147] — Sic, Delvincourt, t. 1, p. 281 ; Demolombe, t. 7, n. 337 ; Aubry et Rau, t. 1, § 96, note 3, p. 389 ; Laurent, t. 4, n. 467. — V. *infra*, v° *Ministère public*.

497. — ... Et le juge de paix qui a présidé le conseil. Les mots « membres de l'assemblée » dans l'art. 883, C. proc. civ., ne s'appliquent pas à lui : il ne doit pas plus être admis à attaquer une délibération qu'il a présidée, qu'il ne doit être compté, comme nous l'allons voir, parmi les personnes contre lesquelles l'attaque doit être dirigée. — Demolombe, t. 7, n. 337 ; Aubry et Rau, § 96, note 4, p. 389 ; Laurent, t. 4, n. 467 ; Huc, t. 3, n. 319.

498. — Le mineur lui-même ne pourrait pas agir en personne ;

il ne s'agit pas là pour lui d'un droit direct et personnel, il n'est donc pas indispensable de lui en laisser l'exercice. Etant incapable, il ne peut demander la nullité d'une délibération du conseil que par l'entremise d'un représentant. — Demolombe, t. 7, n. 340. — *Contrà*, Delvincourt, t. 1, p. 108, note 3.

499. — Il faut également, croyons-nous, refuser le droit de se pourvoir contre la délibération du conseil aux parents ou alliés du mineur que leur degré de parenté ou d'alliance n'appelait pas à faire partie du conseil de famille. On en a douté en faisant remarquer qu'un intérêt moral est suffisant pour agir en justice et qu'à ce point de vue la situation des parents ou alliés est la même qu'ils soient ou non appelés au conseil. Mais il faut répondre que l'intérêt moral ne suffit à baser une action en justice que dans les cas où la loi en a ainsi décidé expressément. Jugé, en ce sens, que lorsque le juge de paix a composé le conseil de famille d'un interdit sans appeler les parents ou alliés les plus proches dans chaque ligne, la nullité des délibérations ne peut être demandée que par ceux qui y ont concouru ou auraient dû y être appelés ; encore l'arrêt déclare-t-il l'action de ces derniers irrecevable si leurs intérêts opposés à ceux de l'interdit font prévoir un procès entre eux. — Dijon, 13 janv. 1858, Merci, D. 60.2.179] — Sic, Laurent, t. 4, n. 467.

500. — Enfin les tribunaux ne peuvent pas annuler d'office une décision du conseil de famille ; ils sont seulement en droit de ne pas tenir compte de celles qui, profondément viciées dans leur forme, sont à considérer comme inexistantes et non avenues. — Orléans, 23 févr. 1837, précité.

501. — S'il s'agit d'attaquer, au nom et dans l'intérêt du mineur, une délibération du conseil de famille dans le but de faire tomber les actes qui l'ont suivie, seul le tuteur ou le mineur émancipé assisté de son curateur peut agir, à l'exclusion des membres du conseil de famille. La nullité pouvant résulter pour un acte de l'absence ou de l'irrégularité d'une formalité préalable essentielle n'est établie que dans l'intérêt du mineur et ne peut être provoquée que par lui-même ou par son représentant. Or, les membres du conseil de famille n'ont pas cette qualité ; la disposition de l'art. 883, C. proc. civ., qui leur donne un droit d'action, ne vise que l'hypothèse où il y a recours contre une délibération non exécutée à titre principal et afin d'en empêcher l'exécution.

2° *Action intentée dans l'intérêt d'un tiers.*

502. — Si une délibération du conseil de famille peut être attaquée dans l'intérêt du mineur, tant quant au fond que pour vice de forme, il y a lieu de distinguer soigneusement entre ces deux hypothèses quand l'action est intentée par un tiers dans son propre intérêt. S'agit-il d'abord pour ce tiers de s'opposer à l'exécution d'un acte du conseil, il peut, si cet acte lèse ou compromet ses intérêts, l'attaquer quant au fond. Il en serait ainsi, par exemple, du tuteur ou du subrogé tuteur destitué ou exclu sans cause légitime ou dont les excuses par l'un ou l'autre proposées ont été indûment rejetées (C. civ., art. 440, 448), ou d'une personne nommée tuteur par le conseil de famille après admission des excuses présentées par un premier tuteur nommé, lorsque cette personne soutient que le premier tuteur a été indûment excusé. L'admission de ce rejet indû d'excuses présentées autorise un recours immédiat contre la délibération du conseil de famille. — Cass., 17 févr. 1835, Pelleport, [S. 35.1.81, P. chr.] — Paris, 24 juill. 1835, Pastoret, [S. 35.2.405, P. chr.] — Sic, Demolombe, t. 7, n. 446 et 447 ; Aubry et Rau, t. 1, § 96, p. 394.

503. — De même, peut agir le tuteur à qui le conseil de famille a refusé le droit de prendre dans sa gestion l'aide d'un administrateur salarié, ou bien a imposé l'obligation d'employer l'excédent des revenus sur la dépense à compter d'un chiffre inférieur à celui par lui proposé (C. civ., art. 454, 455).

504. — Le tiers peut encore, avant toute exécution d'un acte du conseil, l'attaquer pour vice de forme quand ses intérêts en souffrent ; mais, sur ce point, son droit d'action est bien moins étendu que celui du mineur. Nous avons vu qu'une délibération pouvait être attaquée par le mineur, soit qu'elle manquât d'une condition de forme essentielle à son existence indépendamment de tout préjudice pour lui, soit qu'elle fût entachée seulement d'une irrégularité non essentielle ; il n'en est pas de même des tiers. Sans doute, ils sont recevables à attaquer les délibérations dont l'irrégularité de formes est telle que ces délibérations peuvent être considérées comme non avenues ; mais s'il s'agit de délibérations simplement annulables, ils n'en peuvent demander l'annulation en leur propre nom, car la nullité dont elles sont entachées provenant de l'inobservation de règles établies dans l'intérêt exclusif du mineur, est, par suite, essentiellement relative. — Aubry et Rau, t. 1, § 96, texte et note 30, p. 395.

505. — Il a été jugé, cependant, que lorsqu'un tiers, défendeur à une action intentée par le tuteur, conteste l'autorisation de plaider donnée à son adversaire par le conseil de famille en se basant sur une simple irrégularité, son exception ne devrait pas être écartée *à priori*, et que le tribunal devrait examiner si les intérêts du mineur ayant été ou non suffisamment garantis, il y a ou n on lieu à maintenir la délibération du conseil. — Bruxelles, 26 juill. 1831, N..., [P. chr.] — *Sic*, Pigeau, t. 2, p. 350; Carré, t. 3, p. 447, n. 2995. — On peut dire, en effet, que ce défendeur, obligé de soutenir l'action, ne devait pas demeurer sous le coup d'une nullité de l'instance que le mineur pourrait faire valoir ultérieurement.

506. — Après que la délibération du conseil de famille a été exécutée, les tiers sont sans qualité pour en provoquer l'annulation, l'annulabilité étant établie principalement dans l'intérêt du mineur. Jugé, spécialement, que la nullité d'une délibération portant nomination d'un subrogé tuteur ne peut être poursuivie pour incompétence du juge de paix ayant présidé le conseil, par un tiers intéressé à faire tomber, comme nuisant à ses droits, les actes dudit subrogé tuteur. — Riom, 10 juill. 1846, Rougier, [P. 46.2.427, D. 46.2.180]

507. — La nullité résultant de l'irrégularité d'une autorisation exigée dans le seul intérêt du mineur, étant purement relative, ne peut être demandée par lui ou en son nom contre un acte exécuté en vertu de cette autorisation ; un tiers ne peut donc attaquer une convention ou un acte accompli pour le mineur en invoquant l'irrégularité de la délibération du conseil qui l'a autorisée. — Aubry et Rau, t. 1, § 96, texte et note 40, p. 397.

508. — Il est généralement admis cependant que, là où le défaut d'autorisation régulière constitue une nullité radicale et absolue (et on en fait application au cas de donation à raison des art. 935, 938, C. civ.), les tiers, le donateur, par exemple, pourraient s'en prévaloir, même après exécution de la convention pour la faire tomber. — V. *infrà*, v° *Donations entre-vifs*.

§ 2. Contre qui l'action en nullité doit être dirigée.

509. — La demande en annulation d'une délibération du conseil de famille, quand elle est principale, doit être, en principe et sans distinguer si c'est une attaque au fond ou en la forme seulement, car l'art. 883, C. proc. civ., est général (*contrà*, Zachariæ, t. 1, p. 403), dirigée contre tous les membres de ce conseil qui ont été d'avis de la résolution. On peut sans doute regretter que le mineur, quand la loi n'a pas, en pareil cas, obligé la majorité à désigner un de ses membres pour défendre la délibération ; c'eût été plus simple et moins dispendieux, mais la loi est formelle, il faudra donc actionner tous les membres de la majorité.

510. — On ne doit pas toutefois comprendre le juge de paix parmi les personnes à intimer sur le pourvoi contre la délibération. Le juge de paix est membre du conseil de famille en ce sens qu'il est un élément essentiel lors des délibérations, mais non en ce sens qu'il doive être partie prenante dans la validité de ces délibérations. Il est magistrat et, dès lors, c'est seulement comme fonctionnaire qu'il pourrait être recherché par suite de ses fonctions dans une assemblée de famille ; l'action serait extraordinaire et destituée être exercée par voie de prise à partie. — Cass. 29 juill. 1812, Pellegrini, [S. et P. chr.] — *Sic*, Merlin, *Quest. de droit*, v° *Just. de paix*, § 4 ; Favard de Langlade, *Rép.*, v° *Avis de parents*, n. 3, t. 1, p. 280; Demiau-Crouzilhac, sur l'art. 883, C. proc. civ., p. 387 ; Thomine-Desmazures, t. 2, n. 1039, p. 297; Carré et Chauveau, quest. 2998 ; Pigeau, t. 2, p. 355; Berriat Saint-Prix, p. 679, n. 3 ; Magnin, n. 353 ; Hautefeuille, p. 521 ; Biret, *Comp. des just. de paix*, t. 2, n. 957 ; Augier, *Encycl. des juges de paix*, v° *Conseil de famille*, § 4, n. 13 ; Delvincourt, t. 1, note 4, p. 436 ; Zachariæ, § 96, note 9 ; Massé et Vergé, sur Zachariæ, t. 1, p. 403 ; Demolombe, t. 7, n. 343 ; Aubry et Rau, t. 1, § 96, note 7, p. 390.

511. — Ce sont donc les membres du conseil, partisans de la mesure adoptée qui, à l'exclusion des juges de paix, doivent être actionnés dans l'intérêt du mineur toutes les fois que la délibération est attaquée. Il en est ainsi, par exemple, de celle qui admet l'excuse proposée par le tuteur ou le subrogé tuteur, ou qui refuse de prononcer leur destitution, et dont *la* nullité est demandée au nom du mineur. La demande en nullité est dispensée du préliminaire de conciliation (C. proc. civ., art. 883). — V. *suprà*, v° *Conciliation*, n. 263.

512. — D'après M. Huc (t. 3, n. 320), quand une délibération a été prise à l'unanimité, le recours peut être formé contre le seul tuteur, sauf à celui-ci à mettre en cause les membres du conseil de famille, ou à eux à intervenir de leur chef, s'ils le croient utile.

513. — Ce sont encore les membres du conseil de famille qui doivent être actionnés, alors même que la délibération attaquée a prononcé l'émancipation du pupille. Le mineur émancipé ne doit pas nécessairement être mis en cause dans l'instance tendant à la nullité, pour incompétence ou vice de forme, de la délibération du conseil qui a prononcé l'émancipation ou lui a nommé un curateur. — Toulouse, 22 févr. 1854, Casse-Barthe, [S. 54.2.197, P. 54.2.371, D. 54.2.239] — Metz, 31 mai 1870, Naudé, [S. 71.2.107, P. 71.339, D. 70.2.194]

514. — Il en est ainsi surtout alors que l'émancipation a été prononcée d'office et sans aucune demande du pupille à cet égard. Seulement, en pareil cas, le curateur qui a été nommé au pupille par cette même délibération peut être appelé dans l'instance sans pouvoir demander sa mise hors de cause. — Toulouse, 22 févr. 1854, précité.

515. — Et la même règle s'applique encore quand la délibération est attaquée, non plus dans l'intérêt du mineur, mais par un tiers dans son propre intérêt, par exemple par un tuteur ou un subrogé tuteur dont les excuses n'ont pas été admises ou par un subrogé tuteur qui a été destitué ou exclu par le conseil. L'art. 883, C. proc. civ., pose en effet une règle générale, et l'art. 441, C. civ., en confirme l'application dans notre hypothèse, car, en déclarant susceptibles d' « être condamnés aux frais de l'instance, ceux qui auront rejeté l'excuse » proposée par celui qui parvient à se faire exempter de la tutelle, il suppose évidemment que la demande tendant à obtenir cette exception est dirigée contre eux. — Aubry et Rau, t. 1, § 96, note 32, p. 395.

516. — Cependant, aux termes de l'art. 448-3°, C. civ., le tuteur exclu ou destitué, s'il veut se faire déclarer maintenu dans la tutelle, doit assigner le subrogé tuteur et agir contre lui, non contre les membres du conseil de famille. D'autre part, l'art. 883, C. proc. civ., est général ; dans le conflit entre les solutions données par chacun de ces articles, auquel donner la préférence ? Certains auteurs estiment qu'ils sont tous les deux applicables et que le tuteur est libre d'assigner le subrogé tuteur, d'après l'art. 448, C. civ., ou les membres du conseil, d'après l'art. 883, C. proc. civ. — Proudhon, t. 2, p. 299 ; Chauveau, sur Carré, *Proc. civ.*, n. 2997.

517. — Mais cette opinion intermédiaire n'a pas trouvé faveur et la controverse subsiste entre les opinions extrêmes. D'après un arrêt, la disposition de l'art. 448, C. civ., a été abrogée par l'art. 883, C. proc. civ., d'où il suit que l'action du tuteur destitué doit être dirigée contre les membres du conseil de famille. — Paris, 11 août 1881, Métoux, [S. 82.2.62, P. 82.1.339] — *Sic*, Toullier, t. 2, n. 1178.

518. — Mais on admet plus généralement que l'art. 448 subsiste dans l'hypothèse spéciale qu'il prévoit. L'art. 883, C. proc. civ., n'y a pas dérogé, en vertu de ce principe que *generalia specialibus non derogant*; d'autre part, le procédé qui met un seul défendeur en scène est législativement meilleur, et doit être d'autant mieux admis ici qu'il y a des motifs particuliers pour que la demande du tuteur soit formée contre le subrogé tuteur : ce dernier est, en effet, son contradicteur naturel, principalement quand il s'agit de destitution. C'est donc contre le subrogé tuteur et non contre les membres du conseil que doit agir le tuteur. — Cass. 7 avr. 1873, Massiat, [S. 77.1.469, P. 77.1232, D. 77.1.371] — Liège, 17 mars 1831, V..., [S. 34.2.118, P. chr.] — *Sic*, Durantion, t. 3, n. 476 et 514 ; Carré, *Lois de la proc.*, n. 2997 ; Pigeau, t. 2, p. 355 ; Berriat Saint-Prix, t. 2, n. 3, p. 679 ; Demiau-Crouzilhac, p. 389 et 390 ; de Fréminville, t. 1, n. 115 ; Duvergier, sur Toullier, t. 2, n. 1178, note 2 ; Massé et Vergé, t. 1, § 204, texte et note 15, p. 403 ; Marcadé, t. 2, art. 448, n. 1 ; Du Caurroy, Bonnier et Roustain, t. 1, n. 639 ; Thomine-Desmazures, t. 2, n. 1039 ; Demolombe, t. 7, n. 344 ; Aubry et Rau, t. 1, § 96, texte et note 34, p. 395.

519. — Jugé, par application de cette règle, que la délibération du conseil de famille qui refuse à la mère tutrice convolant en secondes noces son maintien dans la tutelle constituant une véritable destitution, la mère qui défère cette délibération au tribunal procède régulièrement en assignant, non les membres du conseil de famille parties à la délibération, mais le subrogé tuteur. — Montpellier, 14 mai 1883, Sabatier, [S. 85.2.30, P. 85.1.322]

520. — Et la mère qui veut se remarier n'est pas tenue d'ajourner son deuxième mariage jusqu'à la solution définitive du litige ; elle n'encourt aucune déchéance si elle se remarie avant le prononcé du tribunal sur l'appel interjeté par elle contre la délibération du conseil de famille qui lui a enlevé la tutelle. — Même arrêt.

521. — Nous avons déjà dit que, faute d'un texte analogue à l'art. 448, C. civ., la réclamation élevée par le subrogé tuteur contre sa destitution par le conseil de famille reste soumise à la règle générale de l'art. 883, C. proc. civ. — Aubry et Rau, t. 1, § 96, note 33, p. 395.

522. — Quand il y a lieu de poursuivre la nullité d'un acte du conseil de famille qui a reçu son exécution, cette action n'est en somme qu'un moyen à l'appui de la demande en annulation des conventions ou dispositions qui en ont été la conséquence ; elle doit donc être dirigée, non contre les membres du conseil de famille, mais contre les tiers intéressés au maintien desdites conventions ou dispositions.

SECTION III.
Tribunal compétent. — Procédure.

523. — Le tribunal compétent pour statuer sur une action intentée, soit au nom du mineur, soit au nom d'un tiers, contre une délibération du conseil de famille, est le tribunal de première instance dans le ressort duquel s'est tenue l'assemblée, si du moins la décision du conseil n'a pas été encore exécutée et s'il s'agit simplement d'en arrêter l'exécution. L'action, en pareil cas, n'est soumise à aucune prescription spéciale et elle doit être jugée sommairement (C. proc. civ., art. 884). Elle peut être formée par voie d'action principale, ou encore par voie incidente quand la demande émane d'un tiers au cours d'une instance entre lui et le tuteur représentant le mineur. — Demolombe, *Minorité*, t. 1, n. 347 ; Aubry et Rau, t. 1, § 96, p. 395 *in fine*.

524. — Si, au contraire, il y a lieu de revenir sur ce qui a été fait en vertu de la délibération du conseil, comme le droit d'agir n'existe en principe qu'au profit du mineur et pour vice de forme, l'attaque dirigée contre la délibération, étant formulée contre les tiers intéressés au maintien de ces actes, suit dès lors, au point de vue de la compétence du tribunal, les règles générales du Code de procédure civile. — Cass., 17 déc. 1849, Gas, [S. 50.1.299, P. 50.2.320, D. 50.1.77]

525. — De plus, et toujours en raison de son caractère accessoire, l'action devient non recevable si la demande en annulation de la convention passée comme conséquence de la délibération se trouve elle-même éteinte par la prescription.

526. — Quoique revêtues d'une ordonnance du juge de paix, les délibérations d'un conseil de famille ne constituant pas des jugements, le recours contre une telle délibération, par exemple contre une décision homologuée par le tribunal et autorisant une transaction au nom du mineur, doit donc être exercé non par voie d'appel, mais par voie principale ou incidente devant le tribunal de première instance compétent, qui prononce comme juge de premier ressort et non comme juge d'appel (C. proc. civ., art. 889). C'est, en effet, comme simple officier public président le conseil et non comme juge que le juge de paix est intervenu. — Cass., 15 vent. an XIII, Helken, [S. et P. chr.] ; — 30 déc. 1840, Massénat, [S. 41.1.171, P. 41.1.54] — Rennes, 31 août 1818, N..., [P. chr.]

527. — Jugé, de même, qu'il n'est pas nécessaire, pour faire prononcer la nullité d'une délibération d'un conseil de famille d'interjeter appel de la sentence d'homologation ; qu'il suffit de se pourvoir en nullité de la délibération par voie d'action principale. — Aix, 3 févr. 1832, Ailhand, [S. 33.2.307, P. chr.]

528. — Même décision en ce qui concerne une délibération portant nomination de tuteur. Cette délibération, quoique homologuée par le juge (à la Guadeloupe, les attributions des juges de paix sont réunies à celles des juges de première instance), n'a pas l'autorité de chose jugée, et l'annulation en peut être demandée devant le tribunal même qui l'a homologuée. Lors donc que deux tuteurs ont été nommés au même mineur par deux conseils de famille différents, l'un en France, l'autre à la Guadeloupe, et que l'un des tuteurs assigne l'autre devant le tribunal de son domicile qui a homologué la délibération le nommant tuteur, ce tribunal n'a pas à se déclarer incompétent sous prétexte qu'il serait lié par la contrariété de deux décisions judiciaires dans le sens de l'art. 504, C. proc. civ. Il n'y a pas nécessité de renvoyer à un juge supérieur ; c'est au premier juge à prononcer. — Cass., 18 juill. 1826, Henry, [S. et P. chr.]

529. — La demande en annulation d'une délibération homologuée portant nomination d'un curateur à l'émancipation du mineur peut encore être demandée incidemment à une instance où figure ce curateur comme assistant le mineur devant le tribunal saisi de l'instance principale, alors même que ce tribunal serait autre que celui qui a prononcé l'homologation et dans le ressort duquel elle a été prise. Le jugement homologatif est un acte de juridiction gracieuse et ne saurait avoir l'effet de la chose jugée. — Cass., 17 déc. 1849, précité.

530. — Décidé de même au cas où la vente des biens d'un mineur avait été autorisée par une délibération du conseil de famille réuni ailleurs qu'au véritable domicile de la tutelle. La cour de Nîmes décide que l'homologation donnée à la délibération par le tribunal d'Avignon, ne constituant qu'un acte approbatif destiné à donner force d'exécution à la délibération et n'étant qu'un accessoire de l'acte approuvé, n'empêchait pas le tribunal d'Apt de reconnaître et de constater la nullité intrinsèque viciant et la délibération et le jugement homologatif. La décision d'Avignon ne pouvait pas avoir force de chose jugée. En d'autres termes, le jugement qui homologue les délibérations d'un conseil de famille doit être considéré comme l'accessoire de l'acte homologué ; en conséquence, et de la même manière que l'accessoire suit le sort du principal, la nullité des délibérations entraîne celle du jugement d'homologation. — Nîmes, 17 mai 1838, Pons, Laugier, [P. 38.2.436]

531. — Bien entendu, d'ailleurs, la cour qui annule une délibération du conseil de famille, en raison d'un vice dans la composition de ce conseil, ne peut connaître de la cause au fond. — Cass., 27 nov. 1816, Devillers, [S. et P. chr.] ; — 31 août 1815, Lemire, [S. et P. chr.] — Paris, 14 août 1843, de Bourbon-Bussel, [P. chr.] ; — Orléans, 9 août 1837, Devillers, [S. et P. chr.] ; — 23 févr. 1837, Duc de Bordeaux, [S. 38.2.69, P. 37.2.147.] — Bruxelles, 24 nov. 1829, Pinson, [P. chr.] — V. cependant Toulouse, 18 mai 1832, Bélard, [S. 32.2.470, P. chr.]

532. — Les décisions ainsi rendues par les tribunaux sont susceptibles des voies de recours ordinaires : appel, opposition, tierce-opposition ; on peut également se pourvoir contre elles devant la Cour suprême. Il faut seulement rappeler que les moyens nouveaux n'intéressant pas l'ordre public ne sont pas admissibles devant la Cour de cassation (V. *supra*, v° *Cassation* [mat. civ.], n. 1991 et s.) : on ne peut donc proposer pour la première fois devant elle le moyen de nullité d'une délibération pris de ce que le conseil de famille aurait excédé ses pouvoirs en statuant sur un point de droit et de ce qu'il aurait omis de mentionner l'avis des membres le composant. — Cass., 25 nov. 1857, Lépine, [S. 57.1.289, P. 58.862, D. 58.1.299]

533. — D'autre part, quand une cour d'appel a rejeté comme vagues et non justifiées les allégations relatives à la composition d'un conseil de famille, il n'appartient pas à la Cour de cassation de vérifier elle-même les faits. — Cass., 24 déc. 1838, Roujon, [P. 39.1.24]

534. — D'ailleurs, le conseil de famille est, aussi bien que les membres qui le composent, agissant individuellement mais à ce seul titre, sans pouvoir in qualité pour former tierce-opposition à un jugement ou arrêt contenant une décision contraire à la délibération qu'il a prise ; à un tel cas ne sont applicables ni la disposition de l'art. 449, C. civ., ni celles des art. 883 et 888, C. proc. civ. — Grenoble, 31 août 1855, Abry, [S. 56.2.618, P. 56.2.210, D. 56.2.123]

535. — Conformément à la règle de l'art. 130, C. proc. civ., les dépens sont mis à la charge de la partie perdante ; dès lors, si la délibération attaquée est maintenue, le demandeur en nullité supporte les frais de justice, et cela peut se présenter alors même que ce serait le tuteur, car le tuteur comme tout autre administrateur, peut être condamné personnellement aux dépens quand il compromet les intérêts qu'il est chargé de défendre. — Dijon, 22 déc. 1863, P..., [S. 66.2.288, P. 66.1112, D. 66.2.39] — V. *infrà*, v° *Dépens*.

536. — Si, au contraire, la nullité est prononcée, pour incompétence par exemple, d'une délibération nommant un curateur à un mineur émancipé, les dépens peuvent et doivent être mis à la charge du mineur et être, à ce titre, employés en frais de tutelle. — Metz, 31 mai 1870, Naudé, [S. 71.2.107, P. 71.339, D. 70.2.194]

537. — Les tribunaux peuvent, d'ailleurs, compenser les dépens conformément à l'art. 131, C. proc. civ.— Rennes, 31 août 1818, N..., [P. chr.]

538. — Ils peuvent aussi, alors même que le demandeur en nullité succombe, ordonner que les frais seront employés en dépenses d'administration. Demiau-Crouzilhac (p. 587 et 590) et Pigeau (*Comm.*, t. 2, p. 590, note) protestent contre l'idée de mettre parfois les frais à la charge du mineur puisqu'il n'est pas en cause et que la partialité ou le caprice des membres du conseil ne peuvent porter atteinte à ses intérêts. Mais Carré (*C. proc. civ.*, art. 882) et Lepage (p. 581) font remarquer avec raison que ce dernier système effraierait les membres du conseil de famille et les porterait à négliger un recours qui sera le plus souvent dans l'intérêt des mineurs. D'ailleurs, les tribunaux resteront toujours libres d'apprécier quand il y aura ou non lieu de relever les membres du conseil de tout ou partie des dépens.

CHAPITRE VII.

ENREGISTREMENT ET TIMBRE.

Section I.

Enregistrement.

539. — Les délibérations des conseils de famille avaient été tarifées au droit fixe de 1 fr. par l'art. 68, § 1, n. 11, L. 22 frim. an VII, sous le nom d'avis de parents. Dans le même article, § 1, n. 46, il est dit que les procès-verbaux d'avis de parents seront enregistrés au droit fixe de 1 fr.

540. — Ce droit de 1 fr., porté à 2 fr. par l'art. 43, n. 4, L. 28 avr. 1816, puis à 4 fr. par l'art. 5, L. 19 juill. 1845, et enfin à 6 fr. par l'art. 4, L. 28 févr. 1872, a été réduit à 3 fr. par l'art. 24, L. 28 avr. 1893.

541. — Ce droit ne s'applique qu'aux délibérations des conseils de famille réunis conformément à la loi et dans les formes indiquées par elle. Il n'y a pas lieu non plus de distinguer entre les délibérations exécutoires par elles-mêmes et celles qui doivent être homologuées par le tribunal de première instance.

542. — En principe, il n'est dû qu'un seul droit fixe pour chaque procès-verbal d'avis de parents, quel que soit le nombre des questions sur lesquelles le conseil de famille a eu à délibérer et à prendre une décision. On a reconnu que l'intérêt du mineur détermine les assemblées de famille et en règle l'objet, et que les dispositions arrêtées dans cet intérêt constituent l'avis de parents, tarifé au droit fixe (Instr. gén., n. 1166-4°).

543. — Il a été enseigné, néanmoins, que si un avis de parents concerne plusieurs mineurs, il est dû un seul droit fixe lorsque l'avis est identique et commun à tous les mineurs, et autant de droits fixes qu'il y a de délibérations indépendantes et propres à chacun des mineurs. Cette doctrine nous paraît contraire à la règle adoptée par l'administration et ne trouve pas sa justification dans les textes législatifs.

544. — En effet, ni l'art. 68, § 1, n. 11 et 46, L. 22 frim. an VII, ni les dispositions des lois postérieures qui ont modifié le tarif ne prescrivent l'application de la pluralité des droits. Nous retrouverons plus spécialement l'application de cette règle *infrà*, v° *Emancipation*, *Tutelle*.

545. — Mais si le procès-verbal des délibérations du conseil de famille renfermait des dispositions indépendantes et étrangères à ces délibérations, il est évident que, par application de l'art. 11, L. 22 frim. an VII, il serait dû pour chacune d'elles, et selon son espèce, un droit particulier.

546. — Décidé, en conséquence, que si l'avis de parents contient la nomination d'un expert et constate la prestation du serment de l'expert devant le juge de paix, cette dernière disposition, réellement indépendante, donne ouverture à la perception d'un droit particulier. — Sol. 29 janv. 1825, [Instr. gén., n. 1166-4°]

547. — Si les délibérations d'un conseil de famille renferment la constatation d'une transaction assujettie par l'art. 4, L. 22 frim. an VII, au droit proportionnel, nul doute que la perception ne devrait être effectuée en même temps que celle du droit fixe; mais ce serait un fait tout à fait exceptionnel, car le conseil de famille est appelé à donner son avis sur les transactions et non à en dresser acte. Toutes les difficultés soulevées sur cette question proviennent donc de ce que l'on a confondu l'autorisation de faire avec l'acte lui-même.

548. — Jugé, en ce sens, que les attributions que la loi confère au conseil de famille étant bornées par elle-même à délibérer sur les dépenses de la tutelle, à autoriser les emprunts à faire par les mineurs, les aliénations de leurs biens, leur émancipation et leur mariage, et aucun article du Code ne lui conférant le droit de les représenter directement, il s'ensuit que la simple autorisation donnée par le conseil de famille à l'épouse survivante, pour la remplir de ses reprises, de toucher un tiers des fonds appartenant aux mineurs issus de son mariage, n'étant pas valable à l'effet d'opérer la transmission de ces fonds en sa faveur, n'est point non plus assujettie à la perception d'un droit proportionnel. — Cass., 2 sept. 1812, V° Bertone, [P. chr.]

549. — Décidé, par les mêmes motifs, que la clause d'un avis de parents qui autorise la veuve à conserver un fonds de commerce appartenant à ses enfants ne donne pas ouverture au droit de 2 p. 0/0. Cette délibération, même homologuée par le tribunal, ne constitue pas la vente elle-même, elle n'a d'autre effet que d'autoriser le subrogé tuteur à passer l'acte de cession. — Sol. 15 mai 1866, [J. enreg., n. 11592-1°; Garnier, *Rép. pér.*, n. 2843] — Caen, 27 déc. 1861. — V. encore, dans le même sens, Trib. Anvers, 12 juill. 1872, [Garnier, *Rép. pér.*, n. 3503]

550. — L'administration a décidé encore que les énonciations de dettes faites dans une délibération d'un conseil de famille hors de la présence des créanciers ne donne pas ouverture au droit de 1 p. 0/0. — Sol. 20 mars 1820, [J. enreg., n. 6683]; — 21 avr. 1821, [J. enreg., n. 6956]

551. — Il a été jugé, toutefois, que le compte dans lequel un tuteur se reconnaît détenteur d'une somme déterminée appartenant à un interdit, et la délibération du conseil de famille qui autorise le tuteur à garder la somme dans ses mains moyennant une inscription hypothécaire prise sur des biens désignés présentent dans leur ensemble un emprunt fait par le tuteur à l'interdit, passible du droit de 1 p. 0/0. — Cass., 13 nov. 1820, Wendel, [S. et P. chr.; J. enreg., n. 6396]

Section II.

Timbre.

552. — Les délibérations des conseils de famille doivent être rédigées sur du timbre de dimension, en exécution de l'art. 12, L. 13 brum. an VII.

553. — Les expéditions de ces délibérations étaient également assujetties au timbre et à la prescription des art. 20, L. 13 brum. an VII, et 6, L. 21 vent. an VII, leur étaient applicables; mais la loi du 26 janv. 1892 (art. 12-1°) ayant dispensé du timbre les expéditions délivrées par les greffiers des justices de paix en matière civile, l'administration a décidé que cette exemption ne s'appliquait pas seulement aux actes de la juridiction contentieuse, mais à toutes les expéditions délivrées par les greffiers de paix, y compris celles des avis de parents. — Inst. gén., n. 2816.

554. — Lorsque le juge de paix agit d'office, les délibérations des conseils de famille prises à sa diligence sont dispensées provisoirement de l'enregistrement et du timbre; la formalité leur est donnée en débet, sauf à recouvrer ultérieurement les droits restés en suspens sur les parties. — Déc. min. Fin., 1er prair. an XIII, [Inst. gén., n. 290-3]; — 22 oct. 1817, [J. enreg., n. 6028]; — 27 déc. 1852, [Inst. gén., n. 1960-1; J. enreg., n. 15615]

555. — Sont enregistrées et visées pour timbre gratis les délibérations des conseils de famille relatives à l'engagement militaire d'un mineur. — Déc. min. Fin., 9 nov. 1832, [Inst. gén., n. 1422-3; J. enreg., n. 10305]

556. — Il en est de même des délibérations des conseils de famille dont la production est nécessaire au mariage des indigents, à la légitimation de leurs enfants naturels et au retrait de ces enfants déposés dans les hospices (L. 10 déc. 1830, art. 1

et 4), à condition de se conformer aux prescriptions des art. 6 à 8 de la même loi.

557. — Enfin l'art. 12, § 2, L. 26 janv. 1892, a affranchi des droits de toute nature les avis de parents de mineurs dont l'indigence est constatée conformément aux art. 6 et 8, L. 10 déc. 1850. Cette dispense est concédée non seulement aux délibérations elles-mêmes mais encore aux actes nécessaires pour la convocation et la constitution des conseils de famille et l'homologation des délibérations prises dans ces conseils.

558. — Enfin, les personnes dont l'interdiction est demandée et les interdits bénéficient, dans les mêmes cas, de l'exemption accordée aux mineurs (L. 26 janv. 1892, art. 12-3°).

559. — La dispense des droits n'est acquise qu'aux délibérations des conseils de famille prises dans la plénitude de leurs attributions, mais non aux dispositions étrangères renfermées dans le même procès-verbal. C'est ainsi que l'émancipation d'un mineur par ses père et mère suivie d'une délibération du conseil de famille qui nomme un curateur est passible du droit de 15 fr. et doit être rédigée sur timbre. — Inst. gén., n. 2816.

560. — Parmi les actes nécessaires à la convocation et à la constitution des conseils de famille d'indigents qui jouissent de la gratuité des droits de timbre et d'enregistrement, on peut citer : la requête présentée au juge de paix et l'ordonnance de ce magistrat (C. civ., art. 406).

561. — ... La citation par ministère d'huissier aux membres qui doivent composer le conseil de famille (C. civ., art. 411).

562. — ... Le procès-verbal dressé par le juge de paix pour constater, s'il y a lieu, la prorogation ou l'ajournement de l'assemblée (C. civ., art. 414).

563. — L'administration a décidé que les procurations données par les parents, amis ou alliés convoqués, pour les représenter à la réunion, n'étaient pas comprises parmi les actes dispensés de l'impôt attendu qu'elles répondent exclusivement à l'intérêt particulier des mandants. — Inst. gén., n. 2816. — Mais cette opinion est contestable. — V. Besson, *Les frais de justice*, n. 151.

564. — La dispense ne s'étend pas non plus aux actes qui interviennent après la séparation du conseil de famille, notamment à l'exploit qui notifie la délibération au tuteur non présent. — Besson, *op. cit.*, n. 132.

565. — Enfin, les actes nécessaires pour l'homologation des avis de parents d'indigents exemptés de tout droit comprennent tous les actes judiciaires et extrajudiciaires de la procédure, tels que l'exploit introductif d'instance, les actes signifiés en cours d'instance, les jugements ou arrêts et leur signification.

566. — La gratuité est même applicable au jugement qui refuse d'homologuer la délibération. — Inst. gén., n. 2816.

567. — Mais elle ne peut être invoquée en faveur des pourvois formés contre la délibération.

568. — ... Ni en faveur des oppositions à homologation qui ne rentrent dans aucune catégorie des actes exemptés des droits. — Besson, *op. cit.*, n. 135 et 136.

569. — En matière d'interdiction, le bénéfice de la loi du 26 janv. 1892 n'est acquis qu'à la délibération prise conformément à l'art. 892, C. civ., mais non aux autres actes de l'instance. — Besson, *op. cit.*, n. 139.

CHAPITRE VIII.

LÉGISLATION COMPARÉE.

570. — Il n'existe, dans les pays étrangers, de conseils de famille que lorsque la législation s'y rattache plus ou moins complètement au système de la tutelle familiale. Dans tous les pays, au contraire, où la tutelle des mineurs est considérée comme un droit ou un devoir de l'autorité publique, judiciaire ou administrative, la famille n'est point appelée à intervenir et, par conséquent, nous n'avons point à analyser ici leurs lois. L'examen en sera fait à l'article général *Tutelle (Organisation de la)*. Les États qui ne seront pas mentionnés dans le présent chapitre, tels que l'Autriche-Hongrie, la Bavière, la Grande-Bretagne, etc., sont donc ceux où règne le système de la tutelle par l'autorité, et où les conseils de famille sont inconnus, soit comme organes essentiels de la tutelle, soit comme corps simplement consultatifs.

§ 1. ALLEMAGNE.

571. — On sait que, jusqu'à une époque récente, la tutelle des incapables était, en Allemagne, un attribut de l'autorité publique, et non de la famille. En dehors de certains cas de tutelle légale, la famille n'intervenait ni dans le choix, ni dans la surveillance du tuteur, et n'était nullement représentée dans la gestion des intérêts de son membre mineur ou incapable. L'une des conséquences du système était que les conseils de famille, au sens français de l'expression, étaient inconnus dans le droit germanique. Ils n'ont pénétré en Allemagne qu'à la suite des armées de Napoléon Ier et du Code civil français.

572. — Lorsqu'il s'est agi de doter le nouvel Empire allemand d'une législation uniforme, la question s'est posée de savoir dans quelle mesure on tiendrait compte de cette institution, qui a persisté, depuis quatre-vingt-cinq ans, dans une grande partie de l'Allemagne occidentale et qui y a conquis de nombreux partisans. Il peut être intéressant de résumer ici les considérations qui ont surtout frappé les rédacteurs du *Projet de Code civil* et les dispositions qu'ils se sont décidés à y insérer. Nous empruntons les premières à l'*Exposé des motifs* du *Projet* (*Motive*, t. 4, p. 1018 et s.).

573. — « La pensée, disent-ils, de donner à un organisme familial une influence prépondérante en matière de tutelle, est en elle-même si naturelle et paraît, au premier coup d'œil, si rationnelle qu'on semble devoir être tout porté à adopter également pour l'Allemagne un système que bien d'autres pays se sont déjà approprié, à l'exemple de la France, et qui paraît avoir donné, dans ces divers pays, des résultats satisfaisants (V., par exemple, l'*Exposé des motifs* du projet de Code civil bavarois, p. 35). Ce qui est particulièrement significatif, c'est que le gouvernement bavarois s'est encore nettement prononcé pour l'institution des conseils de famille dans son projet de loi organique des tutelles de 1874.

574. — « Toutefois, un examen plus approfondi démontre que cette institution est loin de ne présenter que des avantages, et que les inconvénients, dans le système français, l'emportent sur les mérites.

575. — « Même en faisant abstraction de ce qui peut paraître critiquable dans le mode de constitution français des conseils de famille, et qu'il serait aisé de corriger, ainsi que l'ont fait plusieurs législations plus récentes, il y a, dans l'essence même de l'institution, plusieurs points qui peuvent justifier de sérieuses hésitations. Tout d'abord, le fonctionnement de l'institution se heurte, dans la pratique, à de grosses difficultés. Il arrive très-souvent, aujourd'hui, que la personne à assister n'a, dans la localité où la tutelle devrait s'ouvrir, point de parents ou alliés du tout, ou du moins personne qu'on puisse raisonnablement appeler à un conseil de famille; dans ces cas, on est contraint de faire brèche au système et de remplacer les membres de la famille par de simples citoyens qu'aucun lien de parenté ne rattache au pupille (V. C. civ. franç., art. 409; C. ital., art. 252, 253; projet de C. civ. bav., art. 43; L. organ. pruss. sur la tutelle, § 72). Ensuite, on objecte que, en thèse générale, un conseil de famille n'offre point au même degré qu'un corps judiciaire la garantie que les affaires du pupille seront bien gérées avec compétence et absolument dans l'intérêt de ce dernier...; il arrivera souvent non seulement que le conseil ne renfermera pas un seul parent ou allié réellement capable, mais encore que des membres de la famille auront, en cette qualité même, des intérêts différents de ceux du pupille, et l'obligation pour ceux qui seraient dans ce cas de s'abstenir de voter (V. C. ital., art. 259) ne constitue pas une protection suffisante. A un autre point de vue, la constitution collégiale du conseil de famille n'est pas un avantage pour un organe administratif, la collégialité retarde l'action, affaiblit le sentiment de la responsabilité personnelle et diminue aussi, en fait, la responsabilité juridique. Enfin, l'organisation française des conseils de famille exige beaucoup d'hommes, de temps et de frais; elle imposerait, pour les affaires de tutelle, l'aggravation de services que, dans bien des localités, on a déjà trouvé fort onéreux, et cette aggravation ne se justifierait que si le système français présentait, comparé à l'allemand, une somme d'avantages impossibles à obtenir autrement, ce qui n'a point été démontré...

576. — « Il résulte de ce qui précède qu'il ne semble pas utile et opportun d'adopter, dans le projet de Code, le système français tel qu'il est, et d'abandonner aussi complètement sur ce point les traditions du droit national... Il est à remarquer que, même dans les grands-duchés de Bade et de Hesse, où le droit civil français a conservé une si grande place, on n'a pas cru devoir faire du conseil de famille l'organe essentiel de la « haute tutelle »; la haute tutelle, le contrôle de l'administration du tuteur, y a été volontairement laissée entre les mains du juge, et le conseil de famille, qui y est organisé d'ailleurs sur le patron français, n'a qu'un rôle consultatif d'assistance (*Beirath*)... En Prusse, lorsqu'on a préparé la nouvelle législation des tutelles, on a fini aussi, malgré l'insistance des jurisconsultes de la Prusse rhénane en faveur du système français, par donner la préférence à celui du droit commun allemand, en se bornant à autoriser dans certains cas exceptionnels l'intervention de la famille dans la « haute tutelle », sous la forme d'un conseil de famille facultatif. »

577. — C'est, en somme, au système prussien, que le *Projet de Code civil allemand* s'est rallié dans les articles qu'il nous reste maintenant à faire connaître; il ne s'en est écarté que sur certains points de détail (art. 1712 et s.).

578. — Un conseil de famille *doit* être constitué par ce tribunal tutélaire lorsque le père ou la mère légitime du pupille en a prescrit la constitution; le père ou la mère peut ordonner que le conseil devra être soit constitué, soit supprimé, dans le cas où tel événement futur se produirait ou ne se produirait pas. Il n'y a pas lieu d'y procéder à défaut du nombre voulu de personnes aptes à siéger au conseil (art. 1712).

579. — Un conseil de famille *peut* être constitué par le tribunal tutélaire si ce corps le juge utile dans l'intérêt du pupille; toutefois la constitution ne doit en être ordonnée, dans ce cas, que sur la requête d'un parent ou allié, ou du tuteur; elle ne peut pas avoir lieu si le père ou la mère n'a interdit (art. 1713).

580. — Le conseil se compose du juge des tutelles, président, et de deux à six membres. Les membres sont installés par le juge, sous l'obligation de remplir leurs fonctions en toute fidélité et conscience; ils contractent cette obligation par une poignée de main (*Handschlag*), en guise de serment (art. 1714).

581. — Sont appelées, tout d'abord, à siéger au conseil les personnes désignées à cet effet par le père ou la mère. Si quelques-unes de ces personnes ne sont pas présentes ou déclinent les fonctions, le tribunal désigne le nombre des membres nécessaire pour que le conseil puisse délibérer valablement, après avoir entendu les parents et alliés et le conseil communal des orphelins. Ensuite les membres du conseil de famille sont désignés par le conseil lui-même dans les limites du maximum fixé par la loi. Au moment où un membre est installé, réserve peut être faite de sa démission ultérieure pour le cas où un événement indiqué surviendrait ou ne surviendrait pas. S'il n'y a que deux membres en sus du président, il y a lieu de nommer un ou deux suppléants; si le père ou la mère n'y a pas pourvu, c'est le conseil qui les désigne; les suppléants entrent en fonctions aussitôt que, par suite de l'empêchement ou de la disparition d'un membre, le conseil cesse d'être en nombre pour délibérer; aussi, quand il y en a plusieurs, leur rang doit-il avoir été fixé d'avance. Si le conseil n'est pas en nombre par suite d'un empêchement simplement temporaire d'un membre, le juge désigne, à défaut de suppléant et pour la durée de l'empêchement, une autre personne capable et qualifiée (art. 1715).

582. — Est incapable de faire partie du conseil de famille toute personne incapable d'exercer la tutelle, et, en outre : 1° le tuteur; 2° une femme; 3° une personne non parente ou alliée du pupille, à moins qu'elle n'ait été désignée par le père ou la mère, ou par une décision du conseil de famille, ou par le juge à titre de suppléant intérimaire; 4° ceux que le père ou la mère en a expressément exclus. Toutefois, conformément à l'art. 1646, le tuteur ou une femme peut remplir ces fonctions, s'il y a été appelé, tant qu'il n'en a pas été relevé (art. 1716).

583. — Personne n'est tenu d'accepter les fonctions de membre d'un conseil de famille (art. 1717).

584. — Le père et la mère désignent les membres dans un testament valable; les dispositions du père l'emportent, au besoin, sur celles de la mère (art. 1636, 1718).

585. — Sauf disposition légale contraire, le conseil de famille a les droits et les devoirs du tribunal tutélaire; cette règle s'applique, notamment, à la responsabilité de ses membres; la direction des affaires appartient au juge des tutelles; en cas d'urgence, c'est ce magistrat qui prend les mesures nécessaires, sauf à convoquer immédiatement le conseil, à lui rendre compte de ses actes, et à provoquer une décision de sa part sur les dispositions à prendre ultérieurement (art. 1719).

586. — Tout membre du conseil a le droit de se faire rembourser par le pupille les dépenses qu'a entraînées pour lui l'exercice de ses fonctions; le montant en est fixé par le juge des tutelles (art. 1720).

587. — Le conseil est convoqué par le juge, verbalement ou par écrit, soit d'office, soit sur la demande de deux de ses membres, du tuteur ou du subrogé tuteur. Le membre qui, sans excuse valable, ne se présente pas à la séance, ou qui néglige de faire connaître à temps son empêchement, ou qui s'abstient de prendre part à la décision, doit être condamné par le juge des tutelles au paiement des frais qu'il a ainsi occasionnés, sans préjudice, s'il y a lieu, d'une amende qui peut s'élever jusqu'à 100 marks. S'il présente plus tard une excuse valable, il peut être relevé de cette double condamnation (art. 1721).

588. — Le conseil est en nombre pour prendre une décision lorsque, outre le juge président, il y a deux membres présents, au moins; on ne peut se faire représenter par un fondé de pouvoirs. Si, dans une affaire, l'intérêt du pupille est sensiblement opposé à celui d'un membre, ce membre est exclu de la délibération. Il appartient au juge des tutelles de statuer sur cette exclusion. Les décisions sont prises à la majorité des voix des membres présents, à égalité de suffrages, le juge ayant voix prépondérante (art. 1722).

589. — Les fonctions des membres d'un conseil de famille prennent fin pour les mêmes raisons que celles du tuteur (art. 1704, 1705 et 1706). Ils ne peuvent être destitués que par un jugement en bonne forme du tribunal des tutelles (art. 1723).

590. — Le conseil de famille doit être dissous par le tribunal des tutelles : 1° lorsqu'il n'est plus en nombre pour délibérer et que, à raison du manque de personnes qualifiées, il ne peut plus être complété; 2° lorsque survient l'événement en vue duquel le père ou la mère en avait éventuellement ordonné la dissolution. La dissolution doit être portée à la connaissance des membres, du tuteur et du subrogé tuteur. Le tuteur et le subrogé tuteur reçoivent de nouveaux titres de nomination en échange des anciens (art. 1724).

§ 2. BELGIQUE.

591. — La Belgique est encore exclusivement régie par les règles du Code civil français sur l'organisation, la composition et les attributions du conseil de famille.

§ 3. ESPAGNE.

592. — Les conseils de famille ne sont pas absolument une innovation du Code civil de 1888-1889. S'ils n'étaient pas, antérieurement à cette législation, l'un des organes essentiels de la tutelle, ils étaient cependant déjà prévus par la loi du 18 juin 1862, pour le cas où il s'agissait d'autoriser le mariage d'un mineur n'ayant plus ni ses père et mère, ni son aïeul paternel ou maternel. Le tuteur testamentaire ou le juge de première instance devait, pour pouvoir consentir au mariage, être d'accord avec le conseil de famille (*junta de parientes*). Le Code a maintenu l'intervention obligatoire du conseil de famille, en matière de mariage, à défaut du père, de la mère et des aïeuls (art. 46); et, de plus, il a donné à ce corps un rôle prépondérant dans l'administration des tutelles. Nous allons indiquer sa composition et ses attributions d'après les art. 293 et s. du Code. — Ernest Lehr, *Éléments de droit civil espagnol*, 1re part., n. 74, 2e part., n. 233 et s.

593. — Le conseil de famille du nouveau droit espagnol a des attributions analogues à celles des conseils de famille français. Mais il en diffère essentiellement en ce que, une fois constitué, il est un corps permanent se réunissant, sans intervention ultérieure de la magistrature, sous la présidence d'un de ses membres désignés à cet effet par les autres, et aussi souvent que le besoin s'en fait sentir. D'autre part, il ne compte que cinq membres, y compris le président.

594. — Lorsque le ministère public ou le juge municipal apprend qu'il se trouve, dans son ressort, une personne ayant besoin d'un tuteur, il requiert ou ordonne la constitution d'un conseil de famille.

595. — Sont tenus d'informer le juge municipal, aussitôt qu'ils sont avisés eux-mêmes : le tuteur testamentaire, les parents appelés à la tutelle légale, ceux qui sont membres de droit du conseil. S'ils négligent ce devoir, ils sont passibles, les uns et les autres, de dommages-intérêts.

596. — Le juge municipal cite les personnes qui doivent composer le conseil, et leur fait connaître l'objet, le lieu, le jour et l'heure de la réunion (art. 293).

597. — Le conseil se compose des personnes désignées à cet effet dans le testament du père ou de la mère; à défaut, des ascendants et descendants mâles, des frères et des maris de sœurs vivantes de la personne à assister, quel qu'en soit le nombre. S'ils sont moins de cinq, on complète ce chiffre en appelant les collatéraux les plus proches des deux lignes paternelle et maternelle. S'il n'y en a point, ou s'ils ne sont pas tenus de venir siéger, le juge municipal nomme à leur place des personnes honorables, en choisissant de préférence des amis des père et mère de la personne à assister.

598. — A défaut d'ascendants, de descendants, de frères ou de beaux-frères, le juge procède comme dans le cas où ils ne sont pas au nombre de cinq, le conseil étant composé, en première ligne, de parents suivant l'ordre de leur proximité et, en seconde ligne, d'amis, soit, dans toutes les hypothèses, de cinq membres en tout (art. 294).

599. — A égalité de degré, le parent le plus âgé doit être préféré (art. 295).

600. — Du reste, les tribunaux peuvent couvrir (*subsanar*) la nullité résultant de l'inobservation des dispositions qui précèdent, s'il n'y a eu ni dol, ni préjudice, et à charge de réparer l'erreur pour l'avenir (art. 296).

601. — Sont dispensés de l'obligation de siéger au conseil les parents, appelés par la loi, qui ne résident pas dans un rayon de 30 kil. du tribunal dont relève la tutelle; mais ils en font partie s'ils se présentent volontairement, et, par conséquent, le juge est alors tenu de les convoquer (art. 297).

602. — Les causes d'excuse, d'incapacité et d'exclusion sont les mêmes pour les membres du conseil de famille que pour les tuteurs ou subrogés tuteurs, et le Code espagnol est d'accord sur ce point avec la plupart des autres législations; nous n'en mentionnerons donc que quelques-unes qui sont un peu plus spéciales ou controversées. Sont incapables : 1° les femmes; 2° les débiteurs de l'incapable, à moins que le père ou la mère, connaissant le fait, n'aient cru devoir passer outre; 3° les religieux profès; 4° les étrangers ne résidant pas en Espagne (art. 237). Peuvent s'excuser : 1° les ecclésiastiques avec cure; 2° ceux qui ont sous leur puissance cinq enfants légitimes; 3° les sexagénaires; 4° les personnes déjà investies d'une tutelle ou subrogée tutelle (art. 244); 5° celles qui peuvent justifier qu'il y a dans le ressort du tribunal des parents jusqu'au sixième degré aptes à siéger (art. 245). Les causes d'incapacité sont, en même temps, des causes d'exclusion si néanmoins l'incapable avait été nommé; peuvent être exclus, en outre, ceux qui s'acquittent mal de leurs fonctions (art. 238).

603. — Ne peuvent non plus faire partie du conseil de famille ceux que le père ou la mère en a expressément exclus par testament (art. 298).

604. — Le tuteur et le subrogé tuteur ne peuvent cumuler leurs fonctions avec celles de membres du conseil (art. 299).

605. — La réunion pour la formation du conseil est présidée par le juge municipal. Les personnes citées doivent comparaître en personne ou par un mandataire spécial, qui ne peut jamais en représenter qu'une seule. Les non-comparants sont passibles d'une amende de 50 *pes*. au maximum (art. 300).

606. — Aussitôt qu'il a été formé par le juge, le conseil prend les mesures nécessaires pour veiller sur la personne et les biens du mineur ou de l'incapable et pour constituer la tutelle (art. 301).

607. — Quand il s'agit d'un enfant naturel, le conseil est constitué d'après les mêmes règles que pour les enfants légitimes, les membres étant pris parmi les parents du père ou de la mère qui a reconnu l'enfant. Pour les autres enfants illégitimes, il est composé du fiscal municipal, président, et de quatre voisins honorables (art. 302).

608. — A l'égard des orphelins mineurs confiés à un établissement de bienfaisance, l'administration de l'établissement exerce toutes les attributions du tuteur et du conseil de famille (art. 303).

609. — Le conseil de famille est présidé par celui de ses membres que les autres ont choisi à cet effet.

610. — Il appartient au président : 1° de réunir le conseil, soit quand il le juge à propos, soit sur la demande des membres ou du tuteur ou subrogé tuteur, et de diriger ses délibérations; 2° de rédiger les résolutions du conseil, en mentionnant l'opinion de chaque membre et en lui faisant signer le procès-verbal; 3° de pourvoir à l'exécution desdites résolutions (art. 304).

611. — Le président a voix prépondérante en cas de partage (art. 305).

612. — Le conseil ne peut délibérer valablement que si trois, au moins, de ses membres sont présents; les décisions se prennent à la majorité (Même art.)

613. — Les membres sont tenus d'assister à toutes les séances auxquelles ils sont convoqués, sous peine, en cas d'absence non justifiée, d'une amende qui peut s'élever jusqu'à 50 *pes*.; le président porte les absences à la connaissance du juge municipal, et c'est ce magistrat qui prononce l'amende s'il y a lieu (art. 306).

614. — Aucun membre ne peut assister à la séance et prendre part au vote lorsqu'il s'agit d'une affaire intéressant lui, ses ascendants, ses descendants ou son conjoint; mais il peut être entendu si le conseil le juge convenable (art. 307).

615. — Le tuteur et le subrogé tuteur doivent, quand ils sont convoqués, assister aux séances, sans avoir droit de suffrage; ils peuvent également y assister lorsque la réunion se tient à leur requête (art. 308, al. 1).

616. — Le pupille âgé de quatorze ans révolus a toujours le droit d'assister aux séances et d'y être entendu (art. 308, al. 2).

617. — Le conseil connaît de toutes les affaires que le Code a placées dans sa compétence (art. 309).

618. — Son autorisation est nécessaire au tuteur : 1° pour exercer sur le pupille le droit de correction; 2° pour lui faire choisir une carrière, à défaut d'instructions des père et mère dans un sens différent; 3° pour placer un infirme dans une maison de santé; 4° pour continuer un commerce ou une industrie exercée antérieurement; 5° pour aliéner ou grever les biens constituant la fortune du pupille; 6° pour placer chaque année l'excédent des revenus; 7° pour procéder à un partage; 8° pour déplacer un capital productif d'intérêts; 9° pour prêter ou emprunter de l'argent; 10° pour accepter une succession autrement que sous bénéfice d'inventaire, ou pour répudier soit une succession, soit une donation; 11° pour faire des dépenses extraordinaires sur un bien du pupille; 12° pour transiger ou compromettre; 13° pour introduire une demande, un appel ou un pourvoi au nom du pupille (art. 269).

619. — Le conseil de famille ne peut autoriser une aliénation d'immeubles ou une constitution de droits réels que pour des raisons de nécessité ou d'utilité dûment démontrées, et à charge de spécifier l'immeuble (art. 270).

620. — Les décisions du conseil peuvent être déférées en appel au juge de première instance, soit par le tuteur, le subrogé tuteur, tel autre parent du pupille, et, en général, tout intéressé; à moins que le conseil, ayant eu à statuer sur une demande d'exclusion dirigée contre le tuteur, ne se soit prononcé à l'unanimité en faveur de ce dernier (art. 310).

621. — Les membres du conseil sont tenus du dommage causé au pupille par leur dol ou leur négligence. Mais cette responsabilité ne pèse pas sur ceux qui ont voté contre la mesure qui a été préjudiciable (art. 312).

622. — Le conseil de famille se dissout dans les divers cas où la tutelle prend fin (art. 313).

623. — Lorsqu'il en est ainsi, il remet les procès-verbaux de ses délibérations à la personne qui avait été en tutelle ou à ses représentants (art. 311).

§ 4. Italie.

624. — En Italie, comme en France, toute ouverture de tutelle a pour conséquence nécessaire la constitution d'un conseil de famille; mais ce conseil est permanent, sauf modification de son siège par décision du tribunal civil si le mineur transfère son domicile dans un autre canton (C. civ. ital., art. 249).

625. — Le conseil se compose du préteur, qui le convoque et le préside, et de quatre membres, plus le tuteur, le subrogé tuteur (*protutor*) et, pour les mineurs émancipés, le curateur (art. 251).

626. — Le pupille, dès qu'il a seize ans accomplis, a le droit d'assister aux séances, mais sans voix délibérative (Même art.).

627. — Sont de droit appelés dans l'ordre suivant à faire partie du conseil de famille, s'ils n'en sont déjà membres à un autre titre : 1° les ascendants mâles du mineur; 2° les frères germains; 3° les oncles. Dans chaque ordre, les plus proches sont préférés et, à degré égal, les plus âgés (art. 252).

628. — A défaut de membres appartenant à ces catégories, le préteur compose ou complète le conseil à l'aide de parents, d'alliés, de conseillers communaux ou d'autres personnes à son choix (art. 253, 261). Il en est de même s'il y a lieu de dispenser ou de remplacer quelqu'un des membres (art. 254).

629. — Les personnes appelées à siéger dans un conseil de famille sont tenues d'y comparaître en personne, sous peine d'une amende qui peut s'élever jusqu'à 50 fr. en cas d'absence non justifiée (art. 255). L'absence habituelle peut avoir pour conséquence le remplacement définitif et une amende de 500 fr. (Même art.).

630. — Dans le cours de la tutelle, le préteur doit convoquer le conseil lorsque la demande lui en est faite par le tuteur ou le subrogé tuteur, par le curateur, par deux des membres, par des personnes ayant un intérêt légitime, ou par le procureur du roi; il peut aussi le convoquer d'office (art. 257).

631. — Pour que le conseil puisse délibérer valablement, il faut que tous les membres aient été convoqués et que trois au moins soient présents, non compris le préteur; celui-ci a voix prépondérante en cas de partage (art. 258).

632. — Quand la délibération n'est pas prise à l'unanimité, le procès-verbal doit relater l'avis de chaque membre (art. 260).

633. — Les délibérations peuvent, dans ce cas, être attaquées devant le tribunal par le tuteur, le subrogé tuteur, le curateur ou les membres dont l'avis n'a pas prévalu (Même art.).

634. — Le conseil de famille a qualité : 1° pour procéder à la nomination du tuteur, à défaut de la mère, d'un tuteur nommé par eux, ou de l'aïeul paternel ou maternel (art. 245); 2° pour autoriser le tuteur à ne pas vendre les meubles (art. 290); 3° pour fixer l'importance de son cautionnement (art. 292); 4° pour l'autoriser à s'adjoindre des collaborateurs rétribués (art. 295); 5° pour l'autoriser à tous actes dépassant les pouvoirs d'un simple administrateur (perception ou placement de capitaux, aliénations, emprunts, hypothèques, baux de plus de neuf ans, acceptation ou répudiation de successions, partages, transactions, compromis, actions en justice, etc.) (art. 296); 6° pour permettre de continuer l'exploitation d'un commerce ou d'une industrie (art. 299).

635. — Toutes délibérations du conseil, portant autorisation d'actes d'aliénation, d'engagement ou d'hypothèque des biens du mineur, doivent être soumises à l'homologation du tribunal (art. 301).

636. — Il en est de même des délibérations relatives à des emprunts, transactions, compromis ou partages (Même art.).

§ 5. Pays-Bas.

637. — Bien que calqué en grande partie sur le Code civil français, le Code civil néerlandais n'a pas conservé dans l'organisation des tutelles notre rouage du conseil de famille. C'est au juge de canton qu'il confère les attributions dont jouit en France ce conseil (V. art. 447 et s.).

638. — Toutefois, il est des cas où la famille intervient à titre consultatif : lorsqu'un enfant reste sans père, ni mère, ni tuteur nommé par eux, il est pourvu d'un tuteur par les soins du juge de canton (art. 413).

639. — Mais ce magistrat fait citer préalablement les parents ou alliés du mineur, pour être consultés soit collectivement, soit séparément, sur la personne à choisir; il dresse un procès-verbal sommaire des avis recueillis, et procède ensuite à la nomination (art. 414).

640. — S'il a suivi l'avis de la majorité des membres de la famille, la nomination produit immédiatement ses effets; s'il a cru devoir s'en écarter, il transmet son procès-verbal au tribunal d'arrondissement, qui, après avoir entendu à son tour les parents et alliés, confirme la nomination ou en fait une autre (art. 415).

641. — A défaut de parents et d'alliés, ou s'ils ne comparaissent pas, le juge de canton fait la nomination seul et directement (art. 416).

§ 6. Portugal.

642. — D'après le Code civil portugais, le conseil de famille est l'un des organes nécessaires de la tutelle (art. 187).

643. — C'est lui qui nomme les tuteurs datifs (art. 203) et les subrogés tuteurs (art. 205), et qui confirme les tuteurs légitimes (art. 201) et, dans certains cas, les tuteurs testamentaires (art. 193, § unique; art. 197).

644. — Le conseil se compose de cinq des plus proches parents du mineur, résidant dans le ressort du tribunal, trois de la ligne paternelle et deux de la ligne maternelle, les plus âgés étant préférés à égalité de degré (art. 207).

645. — S'il n'y a de parents que dans une ligne, les autres membres sont choisis parmi les amis des père et mère, mais dans ce cas, on commence par prendre trois parents, fût-ce dans la ligne maternelle (art. 207, § 1).

646. — Les frères germains et les maris des sœurs germaines du mineur peuvent siéger tous au conseil, encore qu'ils soient plus de cinq; mais, s'ils sont en nombre pair, on nomme un autre parent en sus (art. 207, § 2).

647. — La nullité résultant de l'inobservation de ces règles peut être couverte par les tribunaux, s'il n'y a eu ni dol, ni préjudice pour le mineur (art. 207, § 3).

648. — A défaut d'un nombre suffisant de parents en résidence dans le ressort, on appelle des personnes ayant eu des relations d'amitié avec les père et mère et, s'il n'y en a pas, d'autres personnes honorables (art. 208).

649. — Les parents qui habitent hors du ressort peuvent faire partie du conseil s'ils le demandent (art. 209).

650. — Le conseil est convoqué d'office dans la huitaine de l'avis donné de l'ouverture ou de la vacance de la tutelle et, pour les autres cas, dans le délai jugé nécessaire (art. 210).

651. — Le juge, en le convoquant, prend soin d'indiquer l'objet principal de la réunion (art. 211).

652. — Le mineur âgé de quatorze ans a le droit d'assister aux séances et d'y être entendu, lorsqu'il s'y traite des affaires importantes; il doit, en conséquence, quand il n'est pas absent, être convoqué en même forme que les membres (art. 212).

653. — Les membres sont tenus de venir siéger en personne (art. 213).

654. — Ceux qui manquent sans excuse valable sont passibles d'une amende de 500 à 5,000 reis (2 fr. 50 à 25 fr.), au profit des établissements de bienfaisance pour les orphelins; l'amende est prononcée par le juge (art. 214).

655. — Les tuteurs et curateurs sont tenus d'assister aux séances, mais ils n'y ont que voix consultative (art. 215).

656. — Le juge préside les séances, mais sans prendre part aux votes (art. 216).

657. — Le conseil ne peut délibérer qui si trois membres au moins sont présents (art. 217).

658. — Nul membre ne peut voter ni assister à une délibération sur une affaire dans laquelle lui, ses ascendants, ses descendants ou son conjoint ont un intérêt propre contraire à celui du mineur; mais il peut être entendu si le conseil le juge convenable (art. 218).

659. — Les décisions du conseil sont prises à la majorité absolue des voix des membres présents (art. 219).

660. — Il appartient au conseil de famille : 1° de confirmer la mère qui s'est remariée, dans l'administration des biens de son fils mineur ou interdit; 2° de destituer le tuteur dans les cas prévus par la loi; 3° de déterminer la profession du pupille et de décider s'il y a lieu ou non pour lui de continuer un commerce ou une industrie exercée par le père ou la mère; 4° de fixer le montant des revenus dont le tuteur pourra disposer; 5° de spécifier les sûretés que devra fournir le tuteur et de statuer sur les modifications qu'elles comporteraient plus tard; 6° de constater la légitimité des dettes du mineur et d'en autoriser le paiement; 7° d'indiquer l'emploi des deniers ou autres choses précieuses appartenant au mineur; 8° d'autoriser le tuteur à faire mettre le mineur dans une maison de correction; 9° de l'autoriser à vendre les meubles inutiles à conserver, ou à faire des libéralités extraordinaires, à faire des baux de plus de trois ans, à dénoncer des capitaux placés à intérêt, à contracter des emprunts, à consentir des prêts, à aliéner ou à hypothéquer des immeubles en cas de nécessité urgente ou d'utilité reconnue, à accepter des donations, à intenter des actions, à compromettre ou à transiger dans des conditions déterminées ; 10° d'approuver le mariage et les conventions anténuptiales du mineur, lorsque le tuteur est autre qu'un aïeul ; 11° de statuer sur les aliments qui peuvent être dus par le mineur à ses frères ou ascendants ; 12° d'apurer les comptes de tutelle ; 13° d'émanciper le mineur, à défaut du père et de la mère (V. art. 224).

661. — Les décisions du conseil de famille peuvent être déférées, en deuxième instance, au conseil de tutelle (*conselho de tutela*) par le tuteur, curateur ou subrogé tuteur, par un parent du mineur, ou par tout autre intéressé (art. 226).

662. — Ce conseil de tutelle se compose du juge de droit de la comarque, de ses deux substituts immédiats et du curateur des orphelins, ce dernier n'ayant que voix consultative ; si ce conseil confirme la décision du conseil de famille, elle devient définitive ; s'il est d'avis différent, la question est soumise à la cour d'appel (*relação*), qui statue en dernier ressort (art. 226, §§ 1 à 3). Tout ce qui touche au fonctionnement du conseil de tutelle est fixé par un règlement spécial du 12 mars 1868.

663. — Sont dispensés de siéger dans un conseil de famille : 1° les septuagénaires ; 2° les infirmes incapables de sortir de chez eux et de gérer leurs propres affaires ; 3° les personnes non parentes (art. 233).

664. — En sont incapables, notamment : 1° les femmes autres que les ascendantes ; 2° les juges et le curateur des orphelins de la circonscription (art. 234).

§ 7. PRUSSE.

665. — Le conseil de famille a été admis dans la législation prussienne, à titre non pas obligatoire mais facultatif, par la loi organique sur les tutelles du 5 juill. 1875.

666. — Il y a lieu de constituer un conseil de famille : 1° quand le père ou la mère l'a ordonné ; 2° lorsque trois parents ou alliés au troisième degré le demandent ; 3° sur la requête du tuteur ou du subrogé tuteur. Il n'y a pas lieu d'en constituer un lorsque le père ou la mère l'a interdit, et nul n'est jamais tenu d'en faire partie (L. de 1875, art. 71).

667. — Le conseil se compose : 1° du juge du tribunal tutélaire, président ; 2° de parents ou alliés ; 3° de personnes désignées par le père, la mère ou le conseil lui-même ; le subrogé tuteur peut en faire partie. Les membres, au nombre de six au maximum (non compris le président), doivent être mâles et capables de gérer une tutelle (art. 72).

668. — Si les membres n'ont pas été désignés par le père ou la mère, ou si les membres par eux désignés n'entrent pas dans le conseil ou cessent d'en faire partie, le juge, après avoir entendu les parents et alliés, désigne les membres jusqu'à ce qu'ils soient en nombre suffisant pour prendre une décision ; c'est ensuite au conseil à décider s'il y a lieu d'appeler de nouveaux membres, et à les appeler (art. 73).

669. — Les membres, au moment où le juge les institue, promettent, en lui donnant la main (*Handschlag an Eidesstatt*), de remplir leurs fonctions avec zèle et fidélité (art. 74).

670. — Le conseil, lorsqu'il en existe un, a les droits et les devoirs qu'a, en son absence, le tribunal tutélaire (art. 75) ; c'est dire qu'il intervient dans toutes les circonstances dépassant la capacité personnelle du tuteur.

671. — Il ne peut prendre de décision valable que si le juge est assisté de deux membres au moins ; encore, dans ce cas, le conseil doit-il appeler un ou deux suppléants et déterminer l'ordre dans lequel ils prendront part à la délibération si le conseil ne peut arriver à prendre une décision (art. 76).

672. — Le conseil est convoqué par son président, soit d'office, soit sur la demande du tuteur, deux parents ou alliés ou deux membres ; les décisions sont prises à la majorité des membres présents, le président ayant voix prépondérante en cas de partage (art. 77).

673. — Les membres qui manquent sans excuse valable encourent une amende qui peut s'élever à 100 marks (art. 79) ; ils ne peuvent se faire représenter par un mandataire.

§ 8. RUSSIE.

674. — Les conseils de famille ne se rencontrent ni dans le droit russe proprement dit, ni dans le droit des provinces baltiques. Mais ils ont subsisté en Pologne, où, comme on le sait, le Code civil français est encore resté partiellement en vigueur.

675. — Les tuteurs datifs sont nommés par un conseil de famille, composé suivant les règles du Code civil et convoqué, dans les villes, par le président ou le bourgmestre du lieu et, dans les villages, par le bailli communal, lesquels font, d'après la loi de 1825, l'office du juge de paix français (art. 272 et s. de ladite loi).

676. — D'autre part, le tuteur a besoin de l'autorisation du conseil de famille, soit pour introduire au nom du mineur une action hypothécaire ou immobilière, soit pour reconnaître une prétention fondée sur des droits immobiliers, soit pour provoquer ou accepter un partage, soit pour faire une transaction valable ; si la transaction porte sur des objets dont la valeur n'excède pas 500 florins, l'autorisation du conseil de famille suffit ; au cas contraire, elle doit être corroborée par une consultation de trois jurisconsultes désignés par la justice (L. de 1825, art. 444-448). — Ernest Lehr, *Éléments de droit civil russe*, t. 1, p. 119 et 135.

§ 9. SAXE.

677. — Le droit saxon ne connaît pas, en général, les conseils de famille ; mais le Code civil prévoit deux cas où les parents ou alliés peuvent être consultés.

678. — Le premier est celui où, les père et mère négligeant ou violant leurs devoirs à l'égard de leurs enfants, il y a lieu de prendre des mesures dans l'intérêt de ces derniers et d'aviser, notamment, à la constitution d'une tutelle (§ 1803).

679. — Le second est celui où, certaines circonstances graves se présentant, le tribunal tutélaire juge opportun de prendre l'avis de parents et d'alliés du pupille ; les personnes ainsi convoquées ne peuvent refuser, sans motifs valables, le concours qui leur est demandé, mais ont droit au remboursement des frais qu'elles ont eu à faire à ce propos (§ 1882).

§ 10. SUISSE.

680. — En Suisse, l'intervention de la famille dans l'administration tutélaire est de droit tout à fait exceptionnel. En dehors du canton de Genève, qui a conservé à peu près intacte, à cet égard, la législation française, on ne trouve de conseils de famille qu'en Valais ; d'autre part, les Codes de Berne et de Zurich prévoient certains cas où, sans que ces conseils soient organisés avec la minutieuse précision exigée dans les pays comme la France, l'Italie ou le Portugal, la tutelle ordinaire de l'autorité peut faire place à une « tutelle de famille », où les parents du pupille fonctionnent soit comme gérants, soit comme surveillants, assistants ou garants. Nous passerons rapidement en revue ces quatre législations.

681. — I. BERNE. — Il est à remarquer tout d'abord, qu'en matière de tutelle, le Jura bernois, qui a conservé sur plusieurs autres points la législation française, est régi par les mêmes règles que le reste du canton.

682. — D'après l'art. 209, C. civ. bernois, dans des cas exceptionnels et sur une requête jugée digne de considération, le conseil exécutif du canton (*Regierungsrat*) peut transférer aux parents de la personne à assister les droits et obligations des autorités administratives sur ladite personne, s'ils lui donnent des sûretés suffisantes pour le dommage qui pourrait résulter pour elle de leur négligence ; dans ces cas, les parents, investis des pouvoirs tutélaires, sont placés vis-à-vis du préfet (*Regierungsstatthalter*) dans la même situation que les autorités tutélaires ordinaires : il forme vis-à-vis d'eux, comme vis-à-vis de ces corps, l'autorité de deuxième instance.

683. — II. GENÈVE. — Les art. 406 à 416, C. civ. franç., n'ont pas été modifiés dans leur essence ; mais la loi genevoise du 12 févr. 1870 a profondément altéré l'économie de ce Code, en abrogeant les art. 452, 457 à 460, 466 et 467, sauf en ce qui concerne l'obligation de l'autorisation du conseil de famille ; ce corps a pris, à Genève, une autorité prépondérante et en dernier ressort qu'il n'a pas en France, où un grand nombre de ses actes sont encore et toujours subordonnés à une homologation judiciaire ; de plus, quand cette homologation reste nécessaire, c'est le président du tribunal seul qui la donne.

684. — D'après l'art. 1 de la loi de 1870, le conseil de famille peut autoriser le tuteur à consentir : la vente, l'échange, le partage ou la licitation des biens meubles et immeubles, suivant le mode et les conditions qu'il juge convenables ; tout emprunt, toute inscription ou radiation partielle ou totale d'hypothèque, toute transaction. D'après l'art. 2, les délibérations du conseil sont exécutoires de plein droit si elles ont été prises à l'unanimité des membres présents et si le juge de paix a déclaré dans le procès-verbal s'associer à l'avis des parents; dans le cas contraire, elles sont soumises à l'approbation du président du tribunal civil, auquel l'affaire est renvoyée d'office, à bref délai, par le juge de paix; quatre semaines, au plus tard, après la transmission des pièces, le président du tribunal convoque le conseil par devant lui ou l'un des juges du tribunal; le conseil délibère à nouveau, en présence du procureur général, qui donne ses conclusions; le président ou le juge délégué statue ensuite en approuvant ou en rejetant la décision prise par le conseil de famille.

685. — III. VALAIS. — D'après les art. 194 à 200, C. civ. valaisan, sont membres du conseil de famille tous les parents et alliés mâles, majeurs et non interdits du mineur jusqu'au huitième degré inclusivement, la chambre pupillaire peut, en outre, convoquer spécialement, parmi cette nombreuse parenté, les personnes dont elle juge la présence plus utile aux intérêts du mineur, sans être limitée quant au nombre ou à la résidence de ces personnes.

686. — Tous les parents et alliés qui sont de droit membres du conseil, doivent y être convoqués par une publication faite aux criées ordinaires du domicile du mineur, et s'y rendre en personne, sauf leur droit de se faire représenter par leur père ou beau-père, fils ou beau-fils, frère ou beau-frère. Tout individu convoqué à personne ou à domicile qui manque à la séance sans excuse légitime encourt une amende de 5 fr. au profit de la caisse des pauvres. Le conseil est présidé par le président de la chambre pupillaire.

687. — A défaut de parents, ou si les parents font défaut, la chambre pupillaire exerce elle-même les attributions des conseils de famille; c'est une commission de trois conseillers communaux dont le rôle est à peu près celui du juge de paix français (V. art. 183-193).

688. — Le conseil de famille est appelé, en Valais, à intervenir dans tous les actes importants de l'administration tutélaire (art. 182). Toutefois, ce n'est pas lui qui nomme le tuteur datif : il doit seulement être entendu (art. 212); et, en général, son rôle est purement consultatif : les autorisations expresses qui sont données, ailleurs, au tuteur par le conseil de famille, le sont, en Valais, par la chambre pupillaire.

689. — IV. ZURICH. — D'après le nouveau Code civil de Zurich de 1887 (art. 819 et s.), qui reproduit, d'ailleurs textuellement, à cet égard, les dispositions du Code antérieur, la tutelle ordinaire de l'autorité peut être exceptionnellement remplacée par une tutelle de famille (*Familienbevogtigung*) : 1° lorsque des raisons particulières justifient une exception dans l'intérêt même des pupilles; 2° lorsque les parents qui offrent leur garantie et le tuteur proposé, soit par eux, soit par le père défunt, méritent, par leur honorabilité, leurs lumières et leur situation de fortune, la confiance absolue des autorités tutélaires (art. 819).

690. — Le tuteur proposé à la famille doit être confirmé par le conseil de district, à moins que ce corps n'ait des scrupules quant à sa personnalité ou à ses aptitudes; et la famille est mise en demeure de fournir des sûretés sous la forme d'un certificat de garantie signé par deux parents au moins. Les garants sont responsables, en commun, avec le tuteur, de tout le dommage causé au pupille, soit par leur propre négligence, soit par la négligence personnelle du tuteur, soit par leur commune négligence à tous. Toutefois, dans le cas où la négligence est imputable au seul tuteur, les garants ont contre lui une action en remboursement, et le même droit appartient au tuteur à leur égard, s'ils sont, eux seuls, les auteurs du dommage (art. 822).

691. — Sous ces conditions, les parents signataires de l'acte de garantie prennent, tant que dure la tutelle de famille, la place des autorités tutélaires, en ce sens que c'est à eux que le tuteur a à rendre compte chaque année et à demander l'autorisation dont il a besoin pour les affaires plus importantes, à moins qu'il n'ait reçu, à cet égard, des pouvoirs plus étendus (art. 823).

692. — Lorsque la tutelle est confiée à la famille, l'assentiment du conseil de district n'est nécessaire que pour les aliénations d'immeubles, les constitutions d'hypothèques ou de dot, les partages, l'acceptation ou la répudiation de successions, l'entreprise ou la liquidation d'une fabrique, d'un commerce ou d'une industrie, un changement de garants ou de tuteur (art. 825).

693. — Aussitôt que le maintien de la tutelle de la famille ne paraît plus avantageux, il appartient au conseil de district, ainsi qu'aux parents et au pupille lui-même, d'en demander à la direction de justice la suppression et la conversion en une tutelle ordinaire (art. 826).

694. — La mainlevée d'une tutelle de famille exige, comme celle d'une tutelle ordinaire, le concours des autorités tutélaires supérieures (art. 829).

CONSEIL DE GUERRE. — V. JUSTICE MILITAIRE ET MARITIME.

CONSEIL D'HYGIÈNE. — V. SALUBRITÉ PUBLIQUE.

CONSEIL DE L'INSTRUCTION PUBLIQUE. — V. INSTRUCTION PUBLIQUE.

CONSEIL DES MINES. — V. MINES.

CONSEIL DES MINISTRES. — V. CONSTITUTION.

LÉGISLATION.

L. const. 25 févr. 1875 (*portant organisation des pouvoirs publics*), art. 6 et 7 ; — L. const. 16 juill. 1875 (*sur les rapports des pouvoirs publics*), art. 9 ; — Décr. 9 mars 1876 (*nommant un Président du Conseil des ministres*).

BIBLIOGRAPHIE.

Henri Hervieu, *Les ministres, leur rôle et leurs attributions*, 1893, p. 194 et s. — Léon Muel, *Gouvernements, ministères et constitutions de la France*, 1893, in-8°. — F. Moreau, *Précis de droit constitutionnel*, 1894, p. 337 et s. — Eugène Pierre, *Traité de droit politique, électoral et parlementaire*, 1893, n. 101 et s. — Léon Say, *Dictionnaire des finances*, 1883-1888, gr. in-8°, v° *Ministre*.

1. — On appelle *Conseil des ministres* la réunion des hommes d'État collectivement responsables de l'exécution des lois, de l'ordre public et de la sécurité extérieure du pays.

2. — Sous le régime de la constitution de 1791, les ministres ne formaient point un conseil dans le sens où nous l'entendons aujourd'hui; il n'y avait pas de premier ministre, et la réunion des ministres s'appelait conseil du roi (Décr. 27 avr.-25 mai 1791, art. 13).

3. — Lorsque les ministres délibéraient sous la présidence du roi, leur réunion prenait le titre de « Conseil d'État ». Il était traité, dans ce conseil, de l'exercice de la puissance royale donnant son consentement ou exprimant le refus suspensif aux décrets du Corps législatif. Étaient également discutés dans ce conseil : 1° les invitations au Corps législatif à prendre en considération des projets de loi; 2° les plans généraux des négociations politiques; 3° les dispositions générales des campagnes de guerre (*ibid.*, art. 16). — V. *supra*, v° *Conseil d'État*, n. 14 et s., 40 et s.

4. — Réunis sous le titre de « Conseil du roi », les ministres n'avaient d'autres pouvoirs que ceux qui se rattachent « à l'exécution de la loi, à la bonté et à l'activité du service » (*ibid.*, art. 14).

5. — Après la suspension de Louis XVI, six ministres formèrent un Conseil exécutif provisoire, chargé de toutes les fonctions de la puissance exécutive (Décr. 15 août 1792, art. 1).

6. — La Convention ayant cherché des formes constitutionnelles différentes de celles qui avaient été importées d'Angleterre en 1789, décida, par l'art. 151, Const. 3 fruct. an III, que les ministres ne formeraient point un conseil. Le Directoire étant un gouvernement collectif, les délibérations politiques qui sont dans la compétence du conseil des ministres étaient prises par lui. Il en fut de même sous le Consulat. Le conseil des ministres ne pouvait être rétabli durant le premier Empire puisque les ministres n'étaient alors que les agents du chef de l'État.

7. — Au lendemain de la Restauration, l'ordonnance du 29 juin 1814 décida que la réunion des princes de la famille royale, des chanceliers de France, des ministres secrétaires d'État, des ministres d'État, des conseillers d'État et des maîtres des requêtes formerait le Conseil du roi, lequel se divisait en deux : le conseil « d'en haut » ou des ministres, et le Conseil privé ou des parties, sous le titre de Conseil d'Etat (art. 4 et 5).

8. — Le Conseil des ministres était composé des princes, des chanceliers et de ceux des ministres ou conseillers d'Etat qu'il plaisait au roi d'appeler pour chaque séance (*ibid.*, art. 6).

9. — Le Conseil des ministres délibérait, en la présence du roi, sur les matières de haute administration et sur tout ce qui touchait « à la police générale, à la sûreté du trône et du royaume, et au maintien de l'autorité royale ». Les affaires du contentieux administratif pouvaient y être évoquées lorsqu'elles se liaient à des vues d'intérêt général (*ibid.*, art. 7).

10. — Le Conseil d'Etat était composé des ministres secrétaires d'Etat, de tous les conseillers d'Etat et de tous les maîtres des requêtes. Sa première attribution était de délibérer sur les projets qui devaient être présentés aux Chambres (*ibid.*, art. 8).
— V. sur tous ces points, *suprà*, v° *Conseil d'Etat*.

11. — L'ordonnance du 19 avr. 1817 décida que tous les ministres secrétaires d'Etat, quatre ministres d'Etat au plus et deux conseillers d'Etat désignés par le roi pour chaque Conseil, se réuniraient sous le nom de « Conseils de cabinet », à l'effet de discuter sur toutes les questions de gouvernement, les matières de haute législation ou d'administration dont ils seraient saisis par le roi (art. 1 et 3).

12. — Les Conseils de cabinet étaient présidés par le roi ou par le président du Conseil des ministres. Il n'était tenu aucun registre ni note des délibérations des Conseils de cabinet ; seulement toutes les fois qu'un de ces Conseils était réuni, l'avis pris à la majorité des voix devait être rédigé et certifié par l'un des ministres responsables y assistant (art. 4).

13. — Après la révolution de 1830, le Conseil des ministres fut d'abord composé, indépendamment du ministre secrétaires d'Etat à département, de quatre députés et du procureur général près la Cour de cassation (Ord. 11-14 août 1830). Mais bientôt fut établi le principe que, dans le Conseil des ministres, devaient *seuls* siéger les ministres secrétaires d'Etat chargés d'un département.

14. — La constitution de 1848 maintint l'existence d'un Conseil des ministres présidé par l'un d'entre eux. Mais la constitution de 1852 ayant décidé, par son art. 13, que les ministres ne dépendraient que du chef de l'Etat, et n'auraient qu'une responsabilité individuelle, le Conseil des ministres cessa d'exister. Le sénatusconsulte du 8 sept. 1869 le rétablit sous la présidence de l'Empereur.

15. — L'Assemblée nationale, à peine réunie, décida que les ministres formeraient un Conseil sous la présidence du chef du pouvoir exécutif (Rés. 17 févr. 1871). La loi du 31 août 1871 ayant conféré au Chef du pouvoir exécutif le titre de Président de la République, un décret du 2 septembre suivant créa un vice-président du Conseil des ministres.

16. — Après la promulgation des lois constitutionnelles qui décident que les ministres sont « solidairement » responsables devant les Chambres de la politique générale du gouvernement, un décret du 9 mars 1876, toujours en vigueur, a donné au Conseil des ministres un président pris dans son sein et nommé par le Président de la République.

17. — Il résulte de la force des choses, non d'un texte légal, que le Président de la République choisit pour président du Conseil l'homme d'Etat qu'il avait primitivement chargé de former un Cabinet. Mais, si le président du conseil vient à se retirer, et qu'à la suite de démissions collectives la plupart des ministres précédemment en exercice reprennent leur portefeuille, le Président de la République peut nommer l'un d'eux président du Conseil.

18. — Les délibérations des ministres sont présidées d'une façon habituelle par le Président de la République, et, dans ce cas, c'est réellement ce que l'on appelle tenir un « Conseil des ministres ». Lorsque le président du conseil assemble ses collègues hors la présence du Président de la République, les ministres tiennent un simple « Conseil de cabinet ».

19. — Sauf les cas exceptionnels et urgents, les ministres se réunissent trois fois par semaine en Conseil, sous la présidence du Président de la République. Les jours fixés sont le mardi, le jeudi et le samedi. Il n'y a ni loi ni décret qui oblige le Conseil des ministres à délibérer dans la ville qui est le siège légal du gouvernement. En conséquence, lorsque les Chambres ne sont pas réunies, les ministres peuvent tenir Conseil dans la ville que le Président de la République a choisie pour résidence.

20. — Le Conseil des ministres n'a point de secrétaire, et il n'est pas tenu procès-verbal de ses délibérations, qui doivent rester absolument secrètes. Toutefois, après chaque séance, le président du Conseil rédige une note indiquant les décisions qui peuvent être rendues publiques sans inconvénient pour l'Etat ; cette note est officiellement communiquée à la presse.

21. — Les sous-secrétaires d'Etat n'assistent pas de plein droit aux séances du Conseil des ministres ; toutefois, un Conseil peut décider, d'une façon générale, que les sous-secrétaires d'Etat seront régulièrement convoqués à toutes ses séances. Lorsque cette mesure n'est pas prise à titre permanent, il est d'usage que les sous-secrétaires d'Etat assistent aux délibérations qui intéressent les affaires dont ils sont chargés.

22. — Les convocations du Conseil des ministres sont faites par son président.

23. — Le président du Conseil dirige la politique générale, mais il ne centralise pas les affaires de l'Etat. La correspondance législative des Chambres est adressée directement aux ministres compétents, sans passer par la présidence du Conseil. De même, les ministres correspondent directement entre eux.

24. — Les déclarations du gouvernement sont préparées par le président du Conseil ; elles sont arrêtées en Conseil des ministres ; elles sont portées à la connaissance de la Chambre des députés par le président du Conseil, parce que c'est devant la Chambre des députés que la responsabilité ministérielle est le plus directement engagée. Ces déclarations sont généralement portées au Sénat par l'un des ministres siégeant dans la haute assemblée.

25. — Les projets de loi qui doivent être déposés sur le bureau des Chambres sont examinés en Conseil des ministres avant leur présentation ; mais le président du Conseil ne contresigne que ceux qui intéressent son département spécial.

26. — Les attributions des ministres réunis en Conseil de cabinet ne sont pas aussi étendues que lorsqu'ils délibèrent sous la présidence du Président de la République (V. *suprà*, n. 18). Certains actes ne peuvent être décidés qu'après délibération du Conseil des ministres, par exemple, la nomination et la révocation des conseillers d'Etat en service ordinaire (L. const. 25 févr. 1875, art. 4) ; le maintien des commandants de corps d'armée après la période normale de trois ans (L. 24 juill. 1873, art. 4) ; l'ouverture de crédits par décrets pendant la prorogation des Chambres (L. 14 déc. 1879, art. 4) ; la constitution du Sénat en cour de justice (L. const. 16 juill. 1875, art. 12) ; la déclaration d'état de siège en cas d'ajournement des Chambres (L. 3 avr. 1878, art. 2) ; l'interdiction de la circulation en France des journaux ou écrits périodiques publiés à l'étranger (L. 29 juill. 1881, art. 14).

27. — En cas de vacance de la présidence de la République, et jusqu'à ce que les Chambres aient pourvu au choix d'un successeur, le Conseil des ministres est investi du pouvoir exécutif (L. const. 25 févr. 1875, art. 7) ; c'est le président du Conseil qui transmet au nouvel élu l'acte authentique constatant le vote de l'Assemblée nationale et qui opère ainsi la transmission du pouvoir exécutif.

28. — Il est d'usage de désigner les ministres par le nom de l'homme d'Etat qui les préside. Le président du Conseil a le pas sur tous ses collègues, et il vient, dans la hiérarchie constitutionnelle, immédiatement après les présidents des Chambres législatives. Mais aucune indemnité spéciale n'est attachée aux fonctions de président du Conseil ; le traitement du président est fixé, comme celui des autres ministres, à 60,000 fr.

29. — Sauf son droit de préséance, le président du Conseil des ministres n'a pas droit à des honneurs spéciaux (Décr. 4 oct. 1891, art. 262, 264 et 282).

30. — L'intensité du travail parlementaire et l'accroissement continu des affaires publiques ont conduit plusieurs fois à examiner la question de savoir s'il ne conviendrait pas de faire du président du Conseil un ministre sans portefeuille, afin d'alléger le fardeau qui pèse sur ses épaules. Il n'a pas encore été donné suite à cette idée ; tous les présidents du Conseil ont dirigé un département spécial en même temps qu'ils dirigeaient les affaires générales de l'Etat ; souvent même, ils ont pris le département le plus chargé, celui de l'Intérieur, afin d'avoir une action plus réelle et plus directe sur la politique intérieure.

31. — Les ministres étant « solidairement » responsables de la politique générale du gouvernement, le Conseil tout entier donne sa démission lorsque son président est atteint par un vote de blâme ; il peut, au contraire, s'abstenir d'une démission collective lorsqu'un autre de ses membres est atteint par un vote ne visant qu'un acte individuel.

CONSEIL DE PRÉFECTURE. — V. Compétence administrative.

Législation.

L. 28 pluv. an VIII (*concernant la division du territoire de la République et l'administration*) ; — Décr. 16 juin 1808 (*concernant la manière dont peuvent être suppléés les membres des conseils de préfecture en cas d'empêchement de la totalité*) ; — Décr. 15 mars 1834 (*portant que les membres des conseils de préfecture, admis à la retraite pour ancienneté de services ou pour cause d'infirmités, pourront recevoir le titre de conseillers de préfecture honoraire*) ; — Décr. 23 déc. 1861 (*qui fixe le traitement des conseillers de préfecture*) ; — Décr. 31 mai 1862 (*portant règlement général sur la comptabilité publique*), art. 427 à 434 ; — Décr. 30 déc. 1862 (*portant qu'à l'avenir les audiences des conseils de préfecture statuant sur les affaires contentieuses seront publiques*) ; — L. 21 juin 1865 (*relative aux conseils de préfecture*) ; — L. 22 juill. 1889 (*sur la procédure à suivre devant les conseils de préfecture*) ; — Décr. 18 janv. 1890 (*fixant les allocations pour la procédure à suivre devant les conseils de préfecture*).

Bibliographie.

Aucoc, *Conférences sur l'administration et le droit administratif*, 1882-1886, 2ᵉ édit., 3 vol. in-8°, t. 1, p. 548 et s. ; t. 2, p. 469 et s. — Batbie, *Traité théorique et pratique de droit public et administratif*, 1885, 2ᵉ édit., 8 vol. in-8°, t. 7, p. 423 et s. — Béquet, Dupré et Laferrière, *Répertoire de droit administratif* (en cours de publication), in-4°, vᵒˢ *Commune*, n. 499 et s., 2887 et s. ; *Contentieux administratif*, n. 141 et s., 697 et s., 977 et s. — Blanche, *Dictionnaire général de l'administration*, 1884-1889, 2 vol. gr. in-8°, vᵒ *Département*. — Block, *Dictionnaire de l'administration*, 1892, 3ᵉ édit., 1 vol. gr. in-8°, vᵒ *Conseil de préfecture*. — Cabantous et Liégeois, *Répétitions écrites sur le droit administratif*, 1882, 6ᵉ édit., 1 vol. in-8°, p. 448 et s. — Chauveau et Tambour, *Code d'instruction administrative ou Lois de la procédure administrative*, 1888-1889, 5ᵉ édit., 2 vol. in-8°, passim. — Colin (M.), *Cours élémentaire de droit administratif*, 1890, p. 55 et s. — Cormenin, *Droit administratif*, 1840, 5ᵉ édit., 2 vol. in-8°, t. 1, p. 187 et s. — Cotelle, *Cours de droit administratif appliqué aux travaux publics*, 1862, 3ᵉ édit., 4 vol. in-8°, t. 1, p. 300 et s. — Ducrocq, *Cours de droit administratif*, 1881, 6ᵉ édit., 2 vol. in-8°, t. 1, n. 90, 91, 126 à 128, 271, 273, 288 à 426, 536. — Dufour, *Traité général de droit administratif appliqué*, 1868-1870, 3ᵉ édit., 8 vol. in-8°, t. 2, p. 8 et s., 604 et s. — Favard de Langlade, *Répertoire de la nouvelle législation*, 1823, 5 vol. in-4°, vᵒ *Conseil de préfecture*. — Gérando (de), *Institutes de droit administratif français*, 1829-1830, 4 vol. in-8°, t. 1, p. 241 et s. — Hauriou, *Précis de droit administratif*, 1893, 2ᵉ édit., p. 304 et s. — Laferrière, *Cours de droit public et administratif*, 1860, 5ᵉ édit., 2 vol. in-8°, t. 1, p. 310 et s. ; — *Traité de la juridiction administrative*, 1887, 2 vol. in-8°, t. 1, p. 188 et s., 310 et s. — Lerat de Magnitot et Huard-Delamarre, *Dictionnaire de droit public et administratif*, 2ᵉ édit., 2 vol. gr. in-8°, t. 1, vᵒ *Organisation départementale*. — Macarel, *Cours d'administration et de droit administratif*, 1832, 2ᵉ édit., 2 vol. in-8°, t. 2, p. 441 et s. — Marie, *Éléments de droit administratif*, 1890, 1 vol. in-8°. — Merlin, *Répertoire*, 1827-1828, 5ᵉ édit., 18 vol. in-4°, vᵒ *Conseil de préfecture*. — Sébire et Carteret, *Encyclopédie du droit*, 20 livr. gr. in-8°, vᵒ *Conseil de préfecture*. — Sentupéry, *Manuel pratique administratif*, 2 vol. in-8°, t. 1, n. 11, 97 et s., 1010 et s. — Serrigny, *Traité de l'organisation, de la compétence et de la procédure en matière contentieuse administrative*, 1865, 3 vol. in-8°, t. 1, n. 377 et s. — Simonet, *Traité élémentaire de droit public et administratif*, 1893, 2ᵉ édit., 1 vol. in-8°, n. 293 et s., 347 et s. — Solon, *Répertoire administratif et judiciaire, ou règles générales sur les juridictions et la compétence*, 1845, 4 vol. in-8°, t. 2, p. 365 et s. — Trolley, *Traité de la hiérarchie administrative*, 1854, 3 vol. in-8°, t. 3, p. 304 et s.

Barry, *Loi du 22 juill. 1889, sur la procédure à suivre devant les conseils de préfecture*, 1889, 1 vol. in-8°. — Brémond, *Examen critique de la loi du 22 juill. 1889, sur la procédure à suivre devant les conseils de préfecture*, 1892, 1 vol. in-8°. — Blanc, *Nouveau manuel des conseillers de préfecture*, 1876, 3ᵉ édit., 2 vol. in-8°. — Clément (H.), *De la suppression des conseils de préfecture*, 1889, in-8°. — Cocaigue, *De la compétence des conseils de préfecture*, 1838, 1 vol. in-8°. — Combarieu, *Traité de procédure administrative devant les conseils de préfecture*, 1890, 1 vol. in-8°. — Crémieux (J.), *Les conseils de préfecture et la réforme administrative*, 1887, 1 vol. in-8°. — *La procédure devant les tribunaux administratifs du premier degré*, 1889. — Dauvert, *Les conseils de préfecture. Procédure, travaux, législation*, 1881, 1 vol. in-8°. — Doussaud, *Commentaire de la loi du 22 juill. 1889, sur la procédure à suivre devant les conseils de préfecture*, 1891, 1 vol. in-8°. — Ducoté, *Notions élémentaires sur les conseils de préfecture*, Rouen, 1863, 1 vol. in-8°. — Guermeur, *De la procédure devant les conseils de préfecture. Commentaire de la loi du 22 juill. 1889*, 1889, 1 vol. in-8°. — Lavallée (A.), *La question du juge ordinaire en matière d'administration, à propos du projet de loi sur les conseils de préfecture*, 1888. — Lecesne, *Conseil de préfecture. Affaires portées devant le conseil*, 1888. — Noyer, *Code de procédure des conseils de préfecture et commentaire*, 1891, 1 vol. in-8°. — Orillard, *Code des conseils de préfecture et des conseils généraux de département*, 1871, 1 vol. in-8°. — Périer, *Traité de l'organisation et de la composition des conseils de préfecture*, 1884, 2 vol. in-8°. — Simon (Mathias), *Manuel des conseils de préfecture*, 1812. — Teissier et Chapsal, *Traité de la procédure devant les conseils de préfecture. Loi du 22 juill. 1889. Décret du 18 janv. 1890*, 1891, 1 vol. gr. in-8°. — X..., *Procédure à suivre devant les conseils de préfecture. Commentaire de la loi du 22 juill. 1889*, 1890, 1 vol. in-8°.

Jurisprudence des conseils de préfecture (annuel) (Dauvert). — *Le ministère d'un huissier est-il indispensable pour la signification d'un arrêté de conseil de préfecture ? La nature administrative de cette décision ne doit-elle pas faire considérer comme suffisante la signification faite par un garde champêtre ?* Corr. des just. de paix, année 1856, 2ᵉ sér., t. 3, p. 35. — *De la compétence des conseils de préfecture en matière de dommages causés aux personnes à la suite de travaux publics* (C. Bazille) : Fr. jud., 5ᵉ année, p. 337. — *De l'administration locale en France et en Belgique. De la compétence des conseils de préfecture* (Langlois) : J. Le Droit, 20 sept. -9 oct. 1839. — *De l'organisation et spécialement de la procédure des conseils de préfecture* (E. Reverchon) : J. Le Droit, 3-4 juin 1861. — *Observation sur le projet de loi relatif aux conseils de préfecture* (E. Reverchon) : J. Le Droit, 2, 3, 4 avr. 1865. — *De la réforme des conseils de préfecture* (Milcent) : Rev. crit., années 1871-1872, p. 301. — *Les conseils de préfecture* (Migneret) : Rev. crit., années 1872-1873, p. 651, 671. — *Attributions consultatives des conseils de préfecture* (Chassinat) : Rev. crit., année 1877, p. 202. — *De la classification des fonctions administratives. 4ᵉ partie : Conseil de préfecture* (Charles Farcinet) : Rev. gén. d'adm., juin-août 1879, p. 431. — *Les conseils de préfecture. Procédure, travaux, législation* (Paul Dauvert) : Rev. gén. d'adm., année 1880, p. 237, 407 ; année 1881, p. 32, 166, 284, 409. — *Les travaux des conseils de préfecture en 1881 et en 1882* : Rev. gén. d'adm., année 1883, p. 293. — *Les travaux des conseils de préfecture en 1883* (P. Dauvert) : Rev. gén. d'adm., année 1884, p. 303. — *Procédure devant les conseils de préfecture. Des visites de lieux* (Fectoux) : Rev. gén. d'adm., année 1884, t. 1, p. 402 et s. t. 2, p. 23 et s. — *Les conseils de préfecture* : Rev. gén. d'adm., année 1887, t. 2, p. 151-278. — *Conseil de préfecture* (de Pistoye) : Rev. prat., t. 33, p. 353.

Enregistrement et timbre. — C.-A., *Nouveau dictionnaire d'enregistrement et de timbre*, 1874, 2 vol. in-4°, vᵒ *Conseil de préfecture*. — Championnière et Rigaud, *Traité des droits d'enregistrement*, 1851, 3ᵉ édit., 6 vol. in-8°, passim. — Clerc, *Traité de l'enregistrement, du timbre et des hypothèques*, 1863, 2 vol. in-8°, t. 1, n. 611 et s. — Demante, *Principes de l'enregistrement*, 1888-1889, 4ᵉ édit., 2 vol. in-8°, t. 2, n. 19, 842, 858. — Garnier, *Répertoire général et raisonné de l'enregistrement*, 1890-1892, 7ᵉ édit., 6 vol. in-4°, vᵒ *Conseil de préfecture*. — Maguéro, *Traité alphabétique des droits d'enregistrement, de timbre et d'hypothèque* (en cours de publication), 1894, in-4°, vᵒ *Conseil de préfecture*. — Masson-Delongpré, *Code annoté de l'enregistrement*, 1838, 4ᵉ édit., in-8°, t. 1, n. 1794 et s. — Naquet, *Traité théorique et pratique des droits d'enregistrement*, 1881, 3 vol. in-8°, t. 3, n. 1141 et s.

INDEX ALPHABÉTIQUE.

Abonnement, 100, 244, 1317.
Absence, 55, 59.
Abstention de juge, 899.
Acquiescement, 1472 et s., 1548 et 1549.
Acte administratif, 130, 799.
Acte authentique, 310, 770, 797, 798, 824 et s., 1183.
Acte de gouvernement, 799.
Acte extrajudiciaire, 1314.
Acte sous seing privé, 310, 797, 826.
Action paulienne, 1527.
Action principale, 864, 1041 et 1042.
Action publique, 1104.
Adjoint, 243, 333, 491.
Adjudication, 38, 161, 164.
Administration de département, 7, 11.
Administration publique, 773, 774, 1000, 1579 et s.
Affaire en état, 856, 864, 895, 970.
Affichage, 1086 et 1087.
Affirmation de procès-verbal, 347 et s.
Affouage, 124, 234.
Age, 724.
Agence judiciaire, 265.
Agent de l'administration, 303, 313, 799, 1000, 1058 et s., 1201 et s.
Agent de la navigation, 333.
Agent de surveillance, 338, 354.
Agent-voyer, 462.
Agriculture, 1742.
Algérie, 1179.
Aliéné, 193.
Alignement, 1297.
Allemagne, 1681, 1682, 1684 et s.
Alliance, 704, 707, 724, 867, 873, 876.
Alsace-Lorraine, 1686 et s.
Amende, 158, 393, 832, 897, 1440, 1555, 1587, 1675.
Amovibilité, 26.
Anticipation de terrain, 374.
Appel, 284, 290, 574, 575, 605, 612, 689, 763, 895, 898, 923, 927, 1021, 1062, 1079, 1096, 1234, 1286, 1320, 1349, 1373, 1441 et s., 1575.
Appréciation souveraine, 649, 674, 787, 900, 954.
Approbation, 88.
Aptitude (conditions d'), 21, 60.
Apurement des comptes, 182 et s.
Arbitrage, 183.
Architecte, 146, 162, 862, 1416.
Archives, 406.
Armée, 1693, 1722.
Arrêté (forme de l'), 1141 et s.
Arrêté (mentions de l'), 1135, 1142 et s.
Arrêté avant faire droit, 1116, 1157, 1258, 1345, 1449.
Arrêté définitif, 855, 1258, 1345.
Arrêté interlocutoire, 689, 1265, 1449, 1455 et s.
Arrêté ministériel, 799.
Arrêté municipal, 365, 387, 388, 595, 974, 1049, 1353 et s.
Arrêté par défaut, 365, 387, 388, 595, 974, 1049, 1353 et s.
Arrêté préfectoral, 157, 799, 1471.
Arrêté préparatoire, 612, 689, 898, 1011, 1157, 1265, 1449 et s.
Articulation de faits, 653, 654, 664.
Assèchement, 219.
Assignation, 695 et s.
Assistance publique, 95, 183, 849, 1023, 1518, 1693, 1700, 1713, 1714, 1733.
Association syndicale, 143, 212 et s., 1515.
Assurances, 1716.

Attributions administratives, 81 et s.
Attributions contentieuses, 112 et s., 138 et s.
Audience, 737, 743, 766, 777, 779, 783.
Audience (police de l'), 1069 et s.
Audience (publicité de l'), 1016 et s.
Audience publique, 1132 et s., 1171, 1237.
Auditeur au Conseil d'Etat, 68, 72.
Autorisation de plaider, 110, 111, 1657 et s.
Autriche, 1720.
Avertissement, 584, 593, 624, 685, 817, 821, 983, 986 et s.
Aveu, 363, 774, 785.
Avis facultatif, 81.
Avis obligatoire, 86 et s.
Avocat, 33, 308 et s., 318, 319, 876, 1649.
Avoué, 32, 64, 308 et s., 318, 319, 1354, 1369, 1649.
Ayant-cause, 1501 et s., 1529.
Bac, 214, 942.
Bade (duché de), 1681, 1689 et s.
Bateau, 149.
Bavière, 1695 et s.
Belgique, 1681, 1723.
Berne, 1746.
Biens communaux, 168.
Biens nationaux, 407.
Bois, 105.
Boissons, 244.
Bornage, 133, 1697.
Bourgeoisie (droit de), 1693.
Brigadier de gendarmerie, 351.
Budget communal, 91.
Bureaux de bienfaisance, 95.
Cadastre, 100, 133.
Caducité, 1436.
Cahier des charges, 847, 1201.
Caisse de la boulangerie, 247.
Caisse de Poissy, 246.
Canaux, 148, 153, 209, 339, 853, 1693, 1726.
Cantonniers, 336.
Capacité, 677 et s., 600, 772, 910.
Caution, 1286, 1498, 1524.
Cantion *judicatum solvi*, 932 et s.
Cautionnement, 1291.
Cessionnaire, 842.
Chambre de commerce, 1693.
Chambre du conseil, 297, 567 et s., 574 et s., 614, 766, 777, 779, 783, 900, 1020, 1065, 1627, 1630.
Chasse, 1693, 1697, 1699, 1726, 1729.
Chef de cabinet de préfet, 34 et 35.
Chemin de fer, 129, 338, 354, 381, 851, 1586, 1722.
Chemin de halage, 81.
Chemin rural, 199, 201, 412, 413, 1693.
Chemin vicinal, 100, 198, 201 et s., 411, 412, 422, 610, 886, 1454, 1554, 1693.
Chose jugée, 134, 769, 1251 et s., 1264, 1351, 1468, 1472, 1511 et s., 1553.
Centimes additionnels, 204.
Certificat, 264, 502, 703, 804, 1009, 1052.
Cession de droits, 1506.
Cession de droits litigieux, 37.
Cimetière, 1693.
Citation, 372, 382.
Clôture, 161.
Colonies, 1051.
Commandement, 1425.
Commissaire des chemins de fer, 339.
Commissaire de police, 303, 333, 800.

Commissaire du gouvernement, 67, 68, 403, 871, 891, 892, 896, 982, 1019, 1020, 1061 et s., 1092, 1115, 1124, 1137, 1171, 1209, 1238.
Commissaire-priseur, 454.
Commission départementale, 99, 254.
Commission de plus-value, 212.
Commission rogatoire, 681.
Communautés juives, 191.
Communautés religieuses, 1693.
Commune, 89 et s., 111, 143, 222 et s., 244, 878 et s., 910, 1045, 1308, 1319, 1330, 1365 et s., 1388, 1517, 1542, 1554, 1560, 1657 et s., 1662, 1686, 1693, 1699, 1700, 1713, 1714, 1726.
Communication de pièces. — V. *Pièces* (communication de), 1395.
Compétence, 142 et s., 589, 715, 935 et s., 1572.
Compétence judiciaire, 937.
Compétence *ratione loci*, 125 et s., 942.
Compétence *ratione materiæ*, 125, 936 et s.
Comptabilité occulte, 184 et s.
Comptabilité publique, 1023 et s., 1441, 1678, 1686, 1708.
Compte, 516.
Compte (règlement de), 266.
Concessionnaire, 912.
Conclusions, 416, 434, 650, 892, 924.
Condamnation, 706, 832.
Condamnation correctionnelle, 457.
Condition, 906.
Conclusions, 1117, 1118, 1142, 1151, 1153, 1156, 1215, 1221.
Conclusions incidentes, 1093.
Conclusions nouvelles, 1041 et s., 1159 et 1160.
Conclusions principales, 1193.
Confrontation, 734.
Conjoints, 707.
Connexité, 949 et s.
Conseil d'arrondissement, 242, 1285.
Conseil de département, 9.
Conseil d'Etat, 135, 228, 1095, 1255, 1284, 1286, 1357, 1367, 1373, 1374, 1433, 1441 et s., 1542, 1682.
Conseil de préfecture (composition du), 1105 et s.
Conseil de révision, 248, 253.
Conseil général, 9, 12, 244.
Conseil municipal, 87, 88, 242, 1285, 1307.
Conseils presbytéraux, 1024.
Conseiller d'arrondissement, 32, 66.
Conseiller délégué, 843 et s., 874.
Conseiller de préfecture, 14 et s., 296, 455.
Conseiller-enquêteur, 676 et s., 700, 714, 735, 737 et s., 750, 764 et 765.
Conseiller général, 32, 53 et s., 877 et s., 1113, 1130, 1131, 1177 et s.
Conseiller municipal, 32.
Conseiller rapporteur, 890, 896, 1184.
Conseiller suppléant, 868, 877 et s., 1113, 1177 et s.
Consentement, 428 et s., 464, 466, 504.
Consignation, 597, 1287.
Consistoires, 1024.
Constat, 1408, 1532.
Constat (procès-verbal de), 602.
Contrainte par corps, 1291.
Contrats administratifs, 257.
Contravention, 258, 329 et s., 600, 644, 800, 851, 866, 912, 994, 1001, 1028, 1109, 1208, 1318, 1471, 1534, 1584 et s., 1669, 1670, 1673.

Contravention permanente, 369, 371.
Contre-enquête, 664, 665, 680.
Contributions, 487, 488, 955.
Contributions directes, 121, 139, 276, 399 et s., 424, 566, 994, 1001, 1028, 1080, 1203, 1220, 1270, 1297, 1302, 1341 et s., 1405, 1410 et s., 1451, 1497, 1538, 1590, 1591, 1610, 1611, 1616, 1664, 1737.
Contributions indirectes, 140, 334, 1317, 1677.
Convention des parties, 938 et s.
Copie de pièces, 278 et s., 324, 325, 829, 836, 854, 921, 959, 1230.
Costume, 71.
Coupes de bois, 38, 231.
Cour des comptes, 26, 183.
Cours d'eau, 1716, 1726.
Créanciers, 844 et s.
Créanciers chirographaires, 1502.
Créanciers hypothécaires, 1510.
Culte israélite, 191.
Curage, 210.
Curateur à succession vacante, 1514.
Cure, 190.
Date, 314, 343, 824, 1168, 1182, 1189, 1240, 1321.
Date certaine, 288.
Décharge, 139, 1411, 1440, 1541, 1666, 1677.
Déchéance, 121, 1629.
Déchéances, 464, 969 et s., 1119.
Déclinatoire, 1576.
Décompte, 954.
Défaut congé, 1356.
Défaut profit-joint, 1408, 1414 et s.
Défendeurs (pluralité de), 908.
Défenses, 321 et s., 326, 543, 836, 1145, 1170, 1354, 1357, 1358, 1364, 1364, 1366, 1368, 1413.
Défenses (délai des), 298, 305, 321, 382.
Défenseur, 993, 995 et 996.
Dégradation, 853.
Dégradation civique, 457.
Dégradations extraordinaires, 411 et 412.
Demande additionnelle, 977.
Demande reconventionnelle, 918, 979.
Délai, 279 et s., 298, 305, 321, 353, 382, 440 et s., 478 et s., 511, 535, 536, 567 et s., 662, 687 et s., 745 et s., 756, 757, 828, 835, 896, 959, 1005 et s., 1309, 1311, 1324, 1327, 1337, 1424, 1469, 1472, 1480, 1547 et s., 1627, 1629, 1637 et 1638.
Délai (prorogation de), 540, 685, 747.
Délai d'appel, 290.
Délai de distance, 287.
Délégation, 251 et s., 509, 579, 782.
Délégués mineurs, 243.
Délégués sénatoriaux, 243.
Délibérations, 51 et s.
Délibéré, 1056, 1057, 1105 et s.
Délimitation, 161.
Demandeurs (pluralité de), 952.
Démolition, 1297.
Département, 143, 254, 862, 878 et s., 892, 910, 991 et s., 1045, 1308, 1319, 1330, 1560, 1659, 1662.
Dépens. — V. *Frais et dépens*.
Dépens (compensation des), 1565.
Dépens (tarif des), 1600 et s.
Dépositaire public, 816 et 817.
Désaveu, 131.
Descente de lieux, 405, 409, 415, 509.
Désistement, 393, 813, 857, 903 et s., 1037, 1534, 1564, 1567.
Désistement (acceptation), 913, 914, 922.
Désistement (copies du), 921.
Désistement (effets du), 927.

Désistement (formes du), 921 et s.
Désistement (rétractation de), 916.
Désistement partiel, 907 et 908.
Désistement verbal, 925.
Desservant, 186.
Dette publique, 1688.
Devis, 1008.
Dies ad quem, 285, 356.
Dies a quo, 285, 356.
Diffamation, 850, 1075, 1087 et s.
Digues, 207, 209.
Directoire de département, 10.
Dispenses, 1647 et s.
Dispositif, 1103, 1150, 1190, 1210, 1212 et s.
Disposition réglementaire, 122 et s.
Divorce, 962 et 963.
Dol, 1348, 1491, 1501, 1527, 1529, 1530, 1546.
Domaines engagés, 163, 196.
Domaines nationaux, 159 et s.
Domaine public, 132, 1471, 1581.
Domaine public maritime, 148.
Domicile, 271, 344, 674, 724, 737, 989 et s., 1326, 1328.
Domicile de secours, 1707.
Domicile élu, 306, 992 et 993.
Domicile réel, 993.
Dommages, 147, 133, 205, 207, 211, 851, 852, 1268, 1269, 1524 et s., 1581, 1726.
Dommage direct, 420.
Dommages-intérêts, 376, 377, 411, 415, 469, 536, 583, 586, 832, 841, 897, 1099 et s., 1556, 1571.
Donné acte, 910, 914, 923, 927, 1037, 1101 et s., 1122.
Dons et legs, 89.
Droits civils, 1697.
Droits de greffe, 1247 et s.
Droit des pauvres, 193 et 194.
Droits de navigation, 107.
Droits d'usage, 105.
Droit proportionnel de patente, 127.
Eaux minérales, 222 et s.
Écrits diffamatoires, 1087 et s.
Effet suspensif, 1284, 1429.
Élections, 41, 240 et s., 398, 638, 642, 688, 719, 720, 752 et s., 874, 875, 889, 914, 956, 994, 995, 1001, 1271, 1285, 1302, 1344, 1409, 1492, 1536 et s., 1544, 1588, 1589, 1601, 1668, 1700, 1713, 1714, 1726.
Élection de domicile, 1329.
Employé de bureau, 804.
Enquête, 133, 366 et s., 402, 405, 409, 638 et s., 775, 802, 823, 895, 1260, 1310, 1389, 1407, 1452, 1589, 1592, 1621.
Enquête (formes de l'), 671 et s.
Enquête (jour de l'), 683.
Enquête (procès-verbal d'), 714, 736 et s.
Enregistrement, 310, 810, 1376, 1559, 1584, 1592, 1613, 1639 et s.
Entrepreneur, 141, 145 et s., 862, 1200.
Erreur, 670, 1068, 1211.
Espagne, 1723.
Établissements de bienfaisance, 95, 1023.
Établissements dangereux, insalubres ou incommodes, 97, 103, 225 et s., 1317, 1707, 1726.
Établissement public, 111, 143, 910, 1045, 1330, 1365, 1516, 1560, 1657 et s.
État, 134, 143, 164, 222 et s., 254, 882, 1000, 1045, 1308, 1313, 1315 et s., 1491, 1519, 1554, 1560, 1580, 1659, 1664.
État civil, 715.
État dévolutif, 1446.
Effet non suspensif, 1447, 1474.
Étranger, 949.

Évocation, 1217.
Exception, 931 et s.
Exceptions dilatoires, 962 et s.
Excès de pouvoir, 101, 104, 121, 135, 267, 941, 1251, 1254, 1262, 1559, 1625, 1738.
Exécution, 588, 1253, 1260, 1354, 1424, 1429, 1474, 1477, 1549.
Exécution provisoire, 1430.
Expéditions d'actes, 1227 et s., 1593, 1655, 1660, 1679.
Experts, 803, 1478.
Experts (nomination des), 426 et s.
Experts (remplacement d'), 469, 473, 484, 498 et 499.
Expertise, 402, 405 et s., 582 et s., 807 et s., 871, 915, 1134, 1197, 1199, 1223, 1253, 1266, 1276, 1310, 1363, 1386, 1388, 1392, 1400 et s., 1437, 1451, 1456 et s., 1463, 1560, 1568, 1580, 1290 et s., 1605, 1633 et s., 1650 et s., 1666.
Expertise (complément d'), 507.
Expertise (procès-verbal d'), 502.
Expertise nouvelle, 553 et s., 823.
Expertises successives, 506.
Exploit, 270, 291 et s., 695.
Expropriation pour utilité publique, 179, 181, 1700, 1727.
Extraction de matériaux, 202.
Fabriques, 187 et s., 1024.
Fait personnel, 147.
Faux, 1396.
Faux incident, 131. — V. *Inscription de faux*.
Femme, 460.
Femme mariée, 1340.
Fin de non-recevoir, 417, 591, 694, 778, 855, 856, 1039, 1397.
Fonctions consultatives, 82 et s.
Fonctionnaire public, 461.
Force exécutoire, 1280 et s.
Force majeure, 471, 1007.
Forêts, 201, 230 et s., 281.
Formule exécutoire, 1241 et s., 1298.
Frais et dépens, 294, 377, 437, 536, 562 et s., 597, 629, 633, 674, 097, 735, 749 et s., 764, 919, 920, 928, 933, 934, 1000, 1046, 1066, 1134, 1247 et s., 1557 et s., 1565 et s., 1600 et s.
Frais frustratoires, 469 et 470.
Fraude, 1491, 1501, 1502, 1527, 1529, 1530, 1546, 1549.
Fruits, 132.
Garantie (action en), 860, 964.
Garde champêtre, 303, 335.
Gardes du génie, 359, 801.
Gardes maritimes, 337.
Gardes-mines, 338.
Gardien de batterie, 801.
Gendarmes, 333, 341, 342, 351, 358.
Gendarmes de la marine, 337.
Grande-Bretagne, 1081, 1728 et s.
Greffe, 535, 631, 632, 741, 745 et s., 752, 812, 827, 896, 903, 959, 973, 984, 1009, 1222 et s.
Greffier, 64, 593, 626, 690 et s.
Greffier de paix, 526.
Halles et marchés, 177.
Héritier, 962, 963, 969 et s.
Hesse (grand duché de), 1698.
Hongrie, 1721 et s.
Honorariat, 30.
Hospices et hôpitaux, 95, 183, 849, 1518. — V. *Assistance publique*.
Huis-clos, 719.
Huissier, 1082, 1084, 1281, 1298, 1312, 1313, 1315, 1316, 1330, 1345, 1622.
Hypothèque, 1280, 1306.
Identité, 257.
Identité de cause, 1274.
Identité d'objet, 1268 et s.
Identité de parties, 1276.
Impôts, 1730.
Incendie, 1707, 1716.

Incident, 131, 834 et s.
Incompatibilité, 31 et s.
Incompétence, 120, 136, 1277, 1397, 1469.
Indemnité, 134, 147, 208, 211, 212, 217, 236, 237, 915, 946, 952, 953, 1201, 1266, 1269, 1273, 1451, 1559, 1580, 1619 et s., 1693.
Indigents, 1676.
Indivisibilité, 1337.
Ingénieurs, 362, 1000, 1201.
Ingénieurs des mines, 338, 350.
Ingénieur des ponts et chaussées, 333, 350.
Injure, 1075.
Inondation, 586.
Inscription au rôle, 139.
Inscription de faux, 359, 530, 742, 770, 798, 801, 824 et s.
Inscription d'office, 90.
Inscription hypothécaire, 94 et 95.
Inspecteurs des télégraphes, 339.
Installation, 24 et 25.
Instruction, 1358, 1410, 1411, 1455, 1462, 1546, 1572, 1589, 1592.
Instruction (supplément d'), 545, 1693.
Instruction publique, 1043 et s., 1693.
Interdiction, 458.
Interdit, 459, 1540.
Intérêts de capitaux, 269, 284, 1038, 1284.
Intérêt direct, 848.
Intérêt éventuel, 849.
Intérêt moral, 850.
Interprétation, 134, 407, 408, 518, 670, 1262 et 1263.
Interprète, 731 et 732.
Interrogatoire, 409, 766.
Interrogatoire (formes de l'), 779 et s.
Interrogatoire (procès-verbal d'), 782 et s.
Interrogatoire sur faits et articles, 767.
Intervention, 376, 838 et s., 930, 1094.
Intervention forcée, 859 et s.
Intervention volontaire, 839 et s.
Inventaire, 962 et 963.
Irrigation, 852.
Israélites, 191.
Italie, 1731 et s.
Jonction d'instances, 951 et s., 979.
Jour férié, 286, 735, 1140.
Journaux, 1086 et 1087.
Juge, 62 et s.
Juge de paix, 349, 354, 490, 639, 672, 1577.
Juge suppléant, 677.
Jugement, 981 et s. — V. *Arrêté*.
Jugement arbitral, 142.
Jugement avant faire droit. — V. *Arrêté avant faire droit*.
Juridiction gracieuse, 936.
Jury, 32.
Légalisation, 310.
Lettre, 1320.
Lettre d'avis, 288.
Lettre missive, 266, 268, 269, 1379 et s.
Lettre recommandée, 288, 511, 753, 1001.
Liquidateur judiciaire, 1514.
Litispendance, 945 et s.
Logement des troupes, 1693.
Logements insalubres, 281, 609, 1319, 1442.
Loi applicable, 1143, 1144, 1163 et s.
Loi de police et de sûreté, 1691.
Maire, 92, 94, 135, 151, 185, 243, 285, 333, 349, 354, 373, 490, 800, 1206, 1356, 1367, 1381, 1388, 1516.
Maîtres de port, 337.
Mandat, 271, 272, 275, 308 et s., 316, 482, 678, 812, 896, 903, 926, 986, 989 et s., 1012, 1030, 1145.

Mandat *ad litem*, 1326, 1364, 1501, 1542, 1649, 1663.
Mandataire, 722, 773, 774, 781.
Marais (desséchement de), 204 et s.
Marché administratif, 141, 949, 1273, 1581, 1654, 1726.
Marché de travaux publics, 643.
Mariniers, 853.
Matière criminelle, 911, 1144.
Matières sommaires, 639, 672.
Mémoires, 1037.
Mémoires (communication des), 327.
Mense épiscopale, 192.
Mesurage, 623.
Mesures conservatoires, 587.
Mines, 201, 216 et s., 422, 425, 1719.
Mineur, 460, 1340.
Mineur de quinze ans, 726.
Ministère public, 58, 379, 393, 891, 1019.
Ministre, 1350, 1351, 1354, 1387.
Minute, 1148, 1222 et s.
Mise en demeure, 431, 450, 473, 497.
Motifs de jugement, 534, 1102, 1150, 1146, 1190.
Motifs implicites, 1210.
Moulins, 208.
Moyens (énonciation des), 1150.
Moyen de droit, 652.
Moyens nouveaux, 1050.
Mutation de côte, 139, 1413, 1540.
Navigation, 158, 866, 1729.
Nom, 271, 344, 724, 737, 1147, 1151, 1152, 1162, 1174, 1239. — V. *Prénoms*.
Nomination, 20.
Non-recevabilité, 1431, 1433, 1485, 1544.
Notaire, 32.
Notification, 278, 289, 297 et s., 301 et s., 372, 380, 384, 389, 440 et s., 478 et s., 540, 567 et s., 615, 632, 685, 690 et s., 745 et s., 752 et s., 795, 836, 854, 921, 986 et s., 990. — V. *Signification*.
Notification administrative, 1315 et s., 1645, 1648.
Notification à domicile, 304.
Notification à personne, 304.
Notoriété, 1500.
Nullité, 87, 274, 302, 315, 512, 522, 527, 617, 640, 667, 712, 717, 725, 738, 758 et s., 862, 881, 952, 959 et s., 969 et s., 988 et s., 1006, 1031, 1046, 1111 et s., 1133, 1139, 1149 et s., 1183.
Nullité couverte, 513 et s., 618, 669, 693, 723.
Nullités additionnelles, 323.
Observations orales, 384, 388, 987 et s., 994, 1003, 1030 et s., 1361, 1370 et s.
Occupation de terrain, 412.
Occupation temporaire, 202.
Octroi, 244, 834.
Officier de police judiciaire, 332, 800.
Officiers de port, 337.
Officiers ministériels, 1074 et s.
Omission de statuer, 1158, 1215 et s., 1255, 1256, 1575.
Opposition, 300, 537, 542, 746, 821, 1032, 1257, 1283, 1352 et s., 1487, 1547, 1574, 1627 et s.
Opposition tardive, 1426.
Ordonnance de référé, 1532.
Ordonnance du juge, 414.
Ordre, 119, 761, 960, 1021, 1092, 1149, 1473.
Outrage, 1072, 1075.
Paraveté, 704, 707, 724, 867, 873, 875 et 876.
Paris (ville de), 46, 265.
Partage, 168 et s., 1127 et s.
Patente, 127, 139.

CONSEIL DE PRÉFECTURE.

Pavage, 201.
Péage, 215.
Pêche, 238, 1693, 1726, 1729.
Peine corporelle, 155.
Peine disciplinaire, 1074 et s.
Pensions et retraites, 70, 1688.
Percepteur, 1412.
Péremption d'instance, 293, 980.
Personne morale, 1499, 1518, 1657 et s.
Pétition, 1383.
Pièces, 1255.
Pièces (communication de), 316, 327, 390, 520, 776, 784, 816, 965 et s., 1118, 1396.
Pièces (énonciation des), 271, 274.
Pièces (mention des), 1161 et 1162.
Pièces (production de), 1150, 1453.
Pièces nouvelles, 1053.
Plans, 1609.
Plantation d'arbres, 233.
Plus-value, 206, 212.
Pompes funèbres, 189, 1025.
Ponts et chaussées, 1000.
Portes et fenêtres, 139.
Portugal, 1682, 1736.
Postes et télégraphes, 235 et s., 281, 339, 425, 1001, 1722. — V. *Téléphones*.
Poudres et salpêtres, 397.
Poursuites, 372 et s.
Pourvoi, 102, 103, 176, 1279.
Pourvoi dans l'intérêt de la loi, 1351.
Pouvoir du juge, 822, 1034.
Pouvoir exécutif, 122.
Préfet, 10, 12, 38 et s., 53 et s., 73, 83, 95, 107, 108, 114, 135, 175, 193, 209, 225, 245, 251, 267, 269, 296, 372, 378, 866, 882 et s., 1000, 1128, 1179, 1315, 1316, 1350, 1369, 1379, 1511, 1516.
Prénoms, 724, 737, 1152.
Prescription, 269, 294, 369 et s., 1292, 1293, 1551.
Préséances, 71.
Présidence, 39 et 40.
Président, 295, 318, 679, 744, 750, 896, 981, 982, 1026, 1029, 1069 et s., 1107 et s., 1126, 1128, 1183, 1184, 1231.
Président du conseil, 562, 581 et s., 596.
Présomptions, 656.
Prestations, 201, 1542, 1667, 1693, 1714, 1722.
Preuve, 531, 785, 786, 823, 896, 1008, 1009, 1455, 1463.
Preuve littérale, 482.
Preuve testimoniale, 482, 627.
Prisons, 1693.
Procédure, 258 et s.
Procès-verbal, 330 et s., 353, 380, 501, 502, 625 et s., 714, 736 et s., 782 et s., 800, 819, 821, 830, 1079, 1323, 1324, 1393, 1407, 1562, 1587, 1652, 1666, 1669, 1671, 1673.
Procès-verbal (notification du), 372, 380, 381, 389.
Procès-verbaux (affirmation des), 347 et s.
Procès-verbaux (formes des), 343 et s.
Procuration spéciale, 926.
Profession, 271, 724, 737.
Projets de loi, 74 et s.
Propriété, 130, 131, 160, 164, 1654.
Provision, 597, 1613.
Prud'hommes, 243.
Prusse, 1681, 1686, 1701 et s.
Publicité, 109, 1016 et s.
Qualité des parties, 344, 1143.
Question préjudicielle, 1573.
Rapport, 402 et s., 522 et s., 821, 822, 896, 1173.
Rapport (lecture du), 1026 et s.
Rapporteur, 295 et s., 389, 1148.

Récépissé, 301, 314, 1224, 1323 et 1324.
Receveur municipal, 182, 1023.
Recours au Conseil d'Etat, 1441 et s.
Recours en révision, 1251, 1255, 1347 et s.
Rectification, 1259.
Récusation, 55, 59, 464, 474 et s., 623, 628, 645, 646, 867 et s., 1533.
Récusation (délai de), 478 et s.
Récusation (formes de la), 893.
Réduction, 139, 1411, 1541, 1615.
Référé, 261, 581 et s.
Réformation, 1251 et s.
Refus d'ordonnancement, 92.
Registre, 1225 et 1226.
Registre d'ordre, 263, 268, 269, 324.
Relaxe, 377.
Remise, 139, 1122.
Renonciation, 421, 448.
Renseignements, 622, 627, 663, 713, 726, 762, 1040.
Répartiteurs, 1206.
Répliques, 324, 836.
Représentation, 1491, 1501, 1512.
Reprise d'instance, 968 et s.
Requête, 262 et s., 596, 776, 827, 854, 973, 1358, 1361, 1589, 1592, 1603, 1630, 1640 et s., 1657, 1661.
Requête (copie de la), 854, 959.
Requêtes (formes des), 262 et s.
Requête (notification de la), 297 et s., 854.
Requête civile. — V. *Recours en révision*, 1347.
Réserves, 693, 909, 1101 et s.
Résidence, 28, 345.
Résiliation, 145.
Responsabilité, 146, 866.
Restitution, 1412, 1539.
Retraite, 70.
Rivières, 148, 1297.
Rôle d'audience, 981 et s.
Roulage (police du), 221, 394, 1313, 1428, 1653, 1671, 1672, 1729.
Routes, 148, 153.
Russie, 1738.
Saisie-arrêt, 1291.
Saisie-exécution, 1291.
Saisie immobilière, 1291.
Salubrité publique, 151.
Saxe, 1712 et s.
Scandinaves (Etats), 1742.
Secrétaire général, 67, 255, 256, 891 et 892.
Secrétaire greffier, 73, 263, 277, 279, 288, 289, 403, 456, 743, 804, 812, 1125, 1148, 1182, 1225, 1226, 1228 et s.
Seine (département de la), 45 et s., 68, 128.
Séparation de biens, 962 et 963.
Séparation des pouvoirs, 122, 1680.
Séquestre, 120, 941.
Serment, 348, 465, 470, 486 et s., 551, 601, 622, 713, 725 et s., 737, 758, 780, 788 et s., 809, 817, 819, 1607, 1617, 1650 et 1651.
Serment (procès-verbal de), 501 et s.
Serment décisoire, 788 et s.
Serment supplétoire, 788, 793 et s.
Servitudes, 162, 164, 841, 1296, 1509, 1699, 1726.
Servitudes militaires, 395, 801, 1378, 1535.
Signature, 275, 276, 314, 343, 349, 526, 527, 739, 740, 797, 824, 896, 903, 926, 1148, 1175, 1181 et s., 1233 et s.
Signification, 365, 1281, 1309 et s., 1500, 1507, 1561, 1592, 1599 et s., 1622, 1623, 1636. — V. *Notification*.
Solidarité, 1337.
Souscriptions, 203.

Sous-préfet, 251, 303, 372, 492, 1202, 1366.
Sous-traitants, 846 et 847.
Subvention, 1554.
Subvention spéciale, 411 et 412.
Suisse, 1743.
Suppléance, 53 et s., 250 et s. — *Conseiller suppléant*.
Surenchère, 231.
Sursis, 587, 829, 831, 1285 et s., 1307, 1395, 1396, 1454, 1479, 1576.
Sursis partiel, 1288.
Syndic de faillite, 1514.
Syndic des gens de mer, 337.
Syndicat, 852, 1025.
Tabac, 239.
Taxe, 294, 400, 401, 562 et s., 749 et s., 755.
Taxes syndicales, 212, 1042.
Télégraphes, 235 et s., 281, 339, 425.
Téléphones, 128, 235 et s., 281, 425.
Témoin, 698, 716, 771.
Témoin défaillant, 701.
Témoin reprochable, 708, 737.
Terrains (fouilles de), 147.
Terrains privés, 147.
Tierce expertise, 436, 437, 461, 562 et s., 1016.
Tierce-opposition, 840, 857, 1257, 1359, 1483 et s.
Tierce-opposition extraordinaire, 1491, 1493, 1527 et s.
Tiers, 929, 1104, 1490, 1492, 1496.
Tiers expert, 1210.
Timbre, 263, 324, 564, 836, 1054, 1559, 1561, 1584, 1592, 1613, 1639 et s.
Titre exécutoire, 588, 845.
Traitement, 27, 35, 59, 69, 1688, 1693.
Transaction, 1039, 1384, 1534.
Transport, 1602, 1607, 1610, 1618, 1619, 1621.

Travaux mixtes, 396.
Travaux publics, 141 et s., 211, 237, 415, 583, 609, 841, 842, 946, 952 et s., 1272, 1297, 1302, 1393, 1461, 1569, 1580, 1688, 1697, 1722, 1726, 1730, 1733.
Tribunal civil, 414, 639, 672, 715.
Tribunal de commerce, 414.
Tribunal, 1516.
Ultra petita, 259, 260, 862, 1215, 1219.
Urgence, 483, 502, 581 et s.
Usines, 208.
Usufruit, 841, 1508, 1535, 1654.
Usurpation, 168, 172.
Vacation, 1605 et s.
Vaine pâture, 1693.
Valais, 1747.
Vente nationale, 258.
Vérification d'écriture, 409, 796 et s., 832, 1406, 1617.
Vérification d'écriture (procès-verbal de), 819, 821.
Veuve, 962 et 963.
Vice-présidence, 48.
Visa, 744, 1369.
Visite de lieux, 607 et s., 802, 874, 895, 915, 1113, 1310, 1368, 1391, 1407, 1619 et 1620.
Visite des lieux (procès-verbal de), 625 et s.
Voirie, 355, 1268, 1291, 1313, 1511, 1653, 1669, 1670, 1673, 1707, 1713, 1726, 1729 et 1730.
Voirie (grande), 126, 148 et s., 800, 851, 912, 1245, 1297, 1432, 1535, 1586.
Voirie (petite), 154.
Voirie urbaine, 200 et 201.
Voix (partage des), 1127 et s.
Voix prépondérante, 43, 49, 50, 1128.
Wurtemberg (grand duché de), 1717.
Zurich, 1750.

DIVISION.

TITRE I. — NOTIONS HISTORIQUES ET ORGANISATION.

Sect. I. — Notions historiques (n. 1 à 13).

Sect. II. — Organisation (n. 14 à 77).

TITRE II. — ATTRIBUTIONS (n. 78 à 80).

CHAP. I. — ATTRIBUTIONS ADMINISTRATIVES (n. 81).

Sect. I. — Fonctions consultatives (n. 82 à 109).

Sect. II. — Autorisation de plaider (n. 110 et 111).

CHAP. II. — ATTRIBUTIONS CONTENTIEUSES (n. 112 à 137).

Sect. I. — Attributions contentieuses résultant de la loi du 28 pluv. an VIII (n. 138).

§ 1. — *Attributions en matière d'impôts directs* (n. 139 et 140).

§ 2. — *Attributions en matière de travaux publics* (n. 141 à 147).

§ 3. — *Attributions en matière de grande voirie* (n. 148 à 158).

§ 4. — *Attributions en matière de domaines nationaux* (n. 159 à 166).

Sect. II. — Attributions contentieuses résultant d'autres lois.

    I. Domaine (n. 167 à 176).
    II. Halles et marchés (n. 177 à 181).
    III. Comptabilité communale (n. 182 à 186).
    IV. Cultes (n. 187 à 192).
    V. Assistance publique (n. 193 à 195).
    VI. Domaines engagés (n. 196).
    VII. Voirie (n. 197 à 203).

VIII. Dessèchement de marais. — Régime des eaux. — Associations syndicales (n. 204 à 215).
IX. Mines, minières et carrières (n. 216 à 219).
X. Servitudes militaires (n. 220).
XI. Police du roulage (n. 221).
XII. Eaux minérales et thermales (n. 222 à 224).
XIII. Etablissements dangereux, incommodes ou insalubres (n. 225 à 229).
XIV. Bois et forêts (n. 230 à 234).
XV. Télégraphes et téléphones (n. 235 à 237).
XVI. Pêche (n. 238).
XVII. Tabacs (n. 239).
XVIII. Élections (n. 240 à 243).
XIX. Boissons (n. 244 et 245).
XX. Boucherie et boulangerie (n. 246 et 247).

CHAP. III. — Attributions personnelles des conseillers de préfecture (n. 248 à 257).

TITRE III. — PROCÉDURE.

CHAP. I. — Introduction des instances (n. 258 à 261).
Sect. I. — Contentieux administratif.
§ 1. — *Formes des requêtes.*
  1° Dépôt au greffe (n. 262 à 269).
  2° Énonciations de la requête (n. 270 à 276).
  3° Copie de la requête (n. 277 à 290).
  4° Introduction de la demande par acte d'huissier (n. 291 à 294).
§ 2. — *Communication aux parties adverses* (n. 295 à 320).
§ 3. — *Défenses* (n. 321 à 328).
Sect. II. — Procédure en matière de contraventions.
§ 1. — *Procédure ordinaire* (n. 329).
  1° Procès-verbaux (n. 330 à 371).
  2° Poursuites. — Défense (n. 372 à 393).
§ 2. — *Procédures spéciales* (n. 394 à 401).

CHAP. II. — Rapport (n. 402 à 404).

CHAP. III. — Mesures d'instruction (n. 405 à 409).
Sect. I. — Expertises.
§ 1. — *Dans quels cas est ordonnée l'expertise* (n. 410 à 421).
§ 2. — *Formes de l'expertise* (n. 422 à 425).
  1° Nomination des experts (n. 426 à 485).
  2° Serment des experts (n. 486 à 507).
  3° Opérations de l'expertise (n. 508).
    I. Vérifications (n. 509 à 523).
    II. Rapport (n. 524 à 545).
§ 3. — *Effets de l'expertise* (n. 546 à 549).
§ 4. — *Vérifications administratives* (n. 550 à 552).
§ 5. — *Seconde expertise* (n. 553 à 561).
§ 6. — *Frais d'expertise* (n. 562 à 580).
Sect. II. — Constats en cas d'urgence.
§ 1. — *Nature des constats* (n. 581 à 595).
§ 2. — *Procédure des constats* (n. 596 à 606).
Sect. III. — Visite des lieux (n. 607).
§ 1. — *Comment est ordonnée la visite* (n. 608 à 618).
§ 2. — *Formes de la visite* (n. 619 à 632).
§ 3. — *Frais de la visite* (n. 633 à 637).
Sect. IV. — Enquêtes.
§ 1. — *Principes généraux* (n. 638 à 647).
§ 2. — *Comment est ordonnée l'enquête* (n. 648 à 670).
§ 3. — *Formes de l'enquête* (n. 671 à 748).

§ 4. — *Taxe des témoins* (n. 749 à 751).
§ 5. — *Règles spéciales aux enquêtes en matière électorale* (n. 752 à 757).
§ 6. — *Nullités de l'enquête* (n. 758 à 765).
Sect. V. — Interrogatoires.
§ 1. — *Dans quels cas peut être ordonné l'interrogatoire* (n. 766 à 776).
§ 2. — *Comment est ordonné l'interrogatoire* (n. 777 et 778).
§ 3. — *Formes de l'interrogatoire* (n. 779 à 784).
§ 4. — *Effets de l'interrogatoire* (n. 785 à 787).
Sect. VI. — Serment (n. 788).
§ 1. — *Serment décisoire* (n. 789 à 792).
§ 2. — *Serment supplétoire* (n. 793 à 795).
Sect. VII. — Vérifications d'écritures.
§ 1. — *Dans quels cas peut être ordonnée une vérification d'écriture* (n. 796 à 804).
§ 2. — *Comment est ordonnée la vérification d'écriture* (n. 805 et 806).
§ 3. — *Formation de la vérification d'écritures* (n. 807 à 823).
Sect. VIII. — Inscription de faux (n. 824 à 833).

CHAP. IV. — Incidents (n. 834 à 837).
Sect. I. — Intervention (n. 838).
§ 1. — *Intervention volontaire* (n. 839 à 858).
§ 2. — *Intervention forcée* (n. 859 à 866).
Sect. II. — Récusation.
§ 1. — *Des cas de récusation* (n. 867 à 892).
§ 2. — *Formes de la récusation* (n. 893 à 898).
§ 3. — *Abstention volontaire* (n. 899 à 902).
Sect. III. — Désistement.
§ 1. — *Conditions d'admissibilité du désistement* (n. 903 à 920).
§ 2. — *Formes du désistement* (n. 921 à 926).
§ 3. — *Effets du désistement* (n. 927 à 930).
Sect. IV. — Autres incidents.
§ 1. *Exceptions.*
  1° Exception *judicatum solvi* (n. 931 à 934).
  2° Incompétence (n. 935).
    A. Incompétence *ratione materiæ* (n. 936 à 941).
    B. Incompétence *ratione loci* (n. 942 à 944).
  3° Litispendance (n. 945 à 948).
  4° Connexité (n. 949 à 958).
  5° Nullités (n. 959 à 961).
  6° Exceptions dilatoires (n. 962 à 964).
  7° Exceptions tendant à une communication de pièces (n. 965 à 967).
§ 2. — *Reprise d'instance* (n. 968 à 974).
§ 3. — *Questions préjudicielles* (n. 975).
§ 4. — *Demandes additionnelles et reconventionnelles* (n. 976 à 979).
§ 5. — *Péremption* (n. 980).

CHAP. V. — Du jugement.
Sect. I. — Préliminaires de l'audience.
§ 1. — *Confection du rôle* (n. 981 à 985).
§ 2. — *Avertissement aux parties* (n. 986 à 1015).
Sect. II. — Procédure à l'audience.
§ 1. — *Publicité des débats* (n. 1016 à 1025).
§ 2. — *Lecture du rapport* (n. 1026 à 1029).
§ 3. — *Observations orales* (n. 1030 à 1040).

§ 4. — *Conclusions nouvelles et moyens nouveaux* (n. 1041 à 1057).
§ 5. — *Audition des agents de l'administration* (n. 1058 à 1060).
§ 6. — *Conclusions du commissaire du gouvernement* (n. 1061 à 1068).
§ 7. — *Direction des débats et police de l'audience* (n. 1069 à 1084).
§ 8. — *Suppression de discours et mémoires injurieux ou diffamatoires* (n. 1085 à 1104).
Sect. III. — Délibéré.
§ 1. — *Composition du conseil de préfecture* (n. 1105 à 1120).
§ 2. — *Mode de délibérer* (n. 1121 à 1131).
Sect. IV. — Prononcé de la décision (n. 1132 à 1140).
Sect. V. — Formes des arrêts (n. 1141 à 1149).
§ 1. — *Visa des noms des parties, des conclusions et pièces produites* (n. 1150 à 1162).
§ 2. — *Visa des dispositions législatives* (n. 1163 à 1169).
§ 3. — *Mention de l'audition des parties, du rapport et du commissaire du gouvernement* (n. 1170 à 1173).
§ 4. — *Mentions des noms des membres qui ont concouru à la décision* (n. 1174 à 1180).
§ 5. — *Signature. — Date* (n. 1181 à 1189).
§ 6. — *Autres éléments de la décision* (n. 1190).
  1° Motifs (n. 1191 à 1211).
  2° Dispositif (n. 1212 à 1221).
Sect. VI. — Conservation des minutes des arrêts et des pièces annexées (n. 1222 à 1226).
Sect. VII. — Expédition des arrêts (n. 1227).
§ 1. — *Délivrance des expéditions* (n. 1228 à 1240).
§ 2. — *Formule exécutoire* (n. 1241 à 1246).
§ 3. — *Droits d'expédition* (n. 1247 à 1250).
CHAP. VI. — Effets des arrêtés.
Sect. I. — Dessaisissement (n. 1251 à 1263).
Sect. II. — Autorité de la chose jugée (n. 1264 à 1279).
Sect. III. — Force exécutoire. — Hypothèque.
§ 1. — *Principe général* (n. 1280 à 1284).
§ 2. — *Exceptions. — Sursis d'exécution* (n. 1285 à 1293).
§ 3. — *Difficultés relatives à l'exécution des arrêtés* (n. 1294 à 1305).
§ 4. — *Hypothèque* (n. 1306 et 1307).
§ 5. — *Effets des condamnations prononcées contre l'État, les départements ou les communes* (n. 1308).
CHAP. VII. — Notification des arrêtés.
Sect. I. — Définition et but de la notification (n. 1309 à 1311).
Sect. II. — Formes de la notification (n. 1312 à 1345).
CHAP. VIII. — Voies de recours contre les arrêtés (n. 1346 à 1351).
Sect. I. — Opposition (n. 1352 à 1354).
§ 1. — *Conditions de recevabilité de l'opposition* (n. 1355 à 1407).
§ 2. — *Arrêtés susceptibles d'opposition* (n. 1408 à 1413).
§ 3. — *Défaut profit-joint* (n. 1414 à 1419).
§ 4. — *Formes et délai de l'opposition* (n. 1420 à 1428).
§ 5. — *Effets de l'opposition* (n. 1429 à 1440).
Sect. II. — Recours au Conseil d'État.
§ 1. — *Principes généraux* (n. 1441 à 1447).
§ 2. — *Conditions de recevabilité du recours au Conseil d'État* (n. 1448 à 1479).
§ 3. — *Formes et délai du recours. — Renvoi* (n. 1480).
§ 4. — *Effets du recours* (n. 1481 et 1482).
Sect. III. — Tierce-opposition.
§ 1. — *Principes généraux* (n. 1483 à 1488).
§ 2. — *Deux sortes de tierce-opposition* (n. 1489 à 1493).
§ 3. — *Conditions de recevabilité de la tierce-opposition* (n. 1494).
  1° Tierce-opposition proprement dite (n. 1495 à 1526).
  2° Tierce-opposition pour dol ou fraude (n. 1527 à 1542).
§ 4. — *Formes de la tierce-opposition* (n. 1543 à 1546).
§ 5. — *Délai de la tierce-opposition* (n. 1547 à 1552).
§ 6. — *Effets de la tierce-opposition* (n. 1553 à 1556).
CHAP. IX. — Dépens.
Sect. I. — Condamnation aux dépens.
§ 1. — *Règles générales* (n. 1557 à 1578).
§ 2. — *Règles spéciales* (n. 1579 à 1583).
  1° Contraventions (n. 1584 à 1587).
  2° Élections (n. 1588 et 1589).
  3° Contributions directes (n. 1590 et 1591).
Sect. II. — Liquidation et taxe des dépens (n. 1592 à 1638).

TITRE IV. — ENREGISTREMENT ET TIMBRE (n. 1639 à 1679).

TITRE V. — LÉGISLATION COMPARÉE (n. 1680 à 1750).

TITRE I.

NOTIONS HISTORIQUES ET ORGANISATION.

SECTION I.

Notions historiques.

1. — On peut définir le Conseil de préfecture un corps administratif, institué dans chaque département, investi d'attributions administratives et d'attributions contentieuses. Le rôle complexe des conseils de préfecture ne permet pas d'en donner, en quelques mots, une définition plus précise.

2. — L'institution des conseils de préfecture prend sa source dans le principe fondamental de notre droit : la séparation des pouvoirs administratif et judiciaire. — V. *suprà*, v° *Compétence administrative*, n. 2 et s.

3. — Cette nécessité de distinguer les matières ordinaires et de droit commun de certaines matières soumises à un régime spécial, reconnue depuis longtemps, avait même dans notre ancien droit été quelque peu exagérée dans ses applications; on avait créé en quelque sorte autant de juridictions, de procédures spéciales que d'ordres d'idées différents : il y avait les officialités, les cours des monnaies, les cours des aides, le conseil du roi, les maîtrises des eaux et forêts, la connétablie, les prévôtés, les trésoriers de France, etc.

4. — De là, on le conçoit, des conflits nombreux entre ces diverses juridictions, d'inextricables complications qui nuisaient plus qu'elles ne profitaient à la marche de la justice et à l'expédition des affaires.

5. — La Révolution a heureusement simplifié ces rouages démesurément multipliés, et ramené les divers actes et intérêts qui peuvent se produire en matière religieuse, politique, fiscale, commerciale, criminelle, civile, etc., etc., à deux ordres d'idées principaux devant se rattacher désormais à deux pouvoirs distincts, le pouvoir administratif et le pouvoir judiciaire. — V. *suprà*, v° *Compétence administrative*, n. 8 et 9.

6. — Toutefois, en faisant disparaître, avec les institutions qu'elles devaient protéger, toutes ces juridictions exceptionnelles de l'ancien régime, l'assemblée constituante conserva précieusement le principe de la séparation des deux pouvoirs nouveaux qui seuls devaient les résumer toutes, et crut devoir en faire l'objet, dès les premiers jours, de dispositions formelles.

7. — Par la loi même qui créait la division nouvelle par départements du territoire du royaume, l'Assemblée constituante avait établi au chef-lieu de chacun de ces départements un corps, ou, pour mieux dire, une assemblée administrative, pouvoir supérieur à qui elle donnait le nom d'*administration de département* (L. 22 déc. 1789; 10 janv. 1790, sect. 2, art. 2).

8. — Chaque administration se partageait en deux sections distinctes : l'une sous le nom de conseil de département, l'autre sous celui de *directoire de département* (Même loi, art. 20 et 23).

9. — Au conseil de département, dont les attributions sont, en partie du moins, dévolues aujourd'hui aux conseils généraux, appartenait la délibération; c'est lui qui ordonnait les travaux et dépenses générales du département, fixait les règles de chaque partie de l'administration, recevait les comptes de gestion du directoire (Même loi, art. 21).

10. — Toujours en activité, et chargé de l'expédition journalière des affaires, le *directoire du département* devait rendre tous les ans au conseil de département un compte de sa gestion, compte publié aussi par la voie de l'impression (Même loi, art. 22). Le directoire du département réunissait dans ses attributions l'action et le jugement. L'Assemblée constituante n'avait pas cru devoir admettre la division qui existe aujourd'hui entre les attributions des préfets, chargés du rôle actif, de l'action administrative, et celle des conseils de préfecture, auxquels est dévolue, selon les circonstances, tantôt la délibération, tantôt le jugement.

11. — Cet état de choses fut maintenu par les diverses constitutions qui se succédèrent rapidement jusqu'à celle du 5 fruct. an III, qui réunit entre les mains des administrations centrales de département qu'elle établissait, la délibération, l'action et le jugement dans les matières administratives.

12. — La division, si nécessaire, de ce triple pouvoir fut enfin établie d'une manière nette et précise par la loi du 28 pluv. an VIII, organique de notre administration territoriale, qui pose en principe, dans son art. 2, qu'il y aurait par chaque département un préfet, un conseil de préfecture et un conseil général de département. Dès lors, au préfet seul appartient l'administration (V. *infrà*, v° *Préfet*); au conseil général la délibération (V. *infrà*, v° *Conseil général*); au conseil de préfecture le jugement.

13. — Telle est l'origine de l'institution des conseils de préfecture dont l'organisation est aujourd'hui principalement régie par la loi du 21 juin 1865. En outre, d'autres lois ont modifié ou étendu leur compétence et leur ont même conféré des attributions nouvelles. Quant au mode de procéder, la loi relative à cet objet s'est longtemps fait attendre ; elle porte la date du 22 juill. 1889.

Section II.
Organisation.

14. — Le nombre des membres composant le conseil de préfecture n'est pas le même dans tous les départements. La loi du 28 pluv. an VIII, par son art. 2, avait partagé ceux-ci en trois catégories.

15. — Le nombre des conseillers de préfecture était de cinq dans vingt-cinq départements, de quatre dans dix-sept, de trois dans les quarante-deux autres auxquels il y avait lieu d'ajouter la Corse, alors partagée en deux départements (Golo et Liamone), ayant chacun un conseil de préfecture composé de trois membres; et le Tarn-et-Garonne, qui ne fut créé que plus tard.

16. — A une époque où les finances de l'État étaient embarrassées, on avait cru pouvoir réduire le nombre des membres des conseils de préfecture, qu'on voulait limiter à trois dans tous les départements, en décidant que, dans tous les départements où le nombre des conseillers se trouverait supérieur, il ne serait point pourvu au remplacement en cas de vacances (Ord. 6 nov. 1817). Cette disposition n'eut qu'un effet transitoire; trois années ne s'étaient pas écoulées depuis l'ordonnance du 6 nov. 1817, qu'elle fut rapportée par une autre ordonnance du 1er août 1820, qui ramenait les choses à leur état primitif.

17. — Aujourd'hui, en vertu de la loi du 21 juin 1865, le conseil de préfecture se compose de trois ou de quatre membres. Le conseil de préfecture est composé de quatre membres dans les départements suivants : Aisne, Bouches-du-Rhône, Calvados, Charente-Inférieure, Côtes-du-Nord, Dordogne, Eure, Finistère, Gard, Haute-Garonne, Gironde, Hérault, Ille-et-Vilaine, Isère, Loire, Loire-Inférieure, Maine-et-Loire, Manche, Meurthe-et-Moselle, Morbihan, Nord, Orne, Pas-de-Calais, Puy-de-Dôme, Rhône, Saône-et-Loire, Seine-Inférieure, Seine-et-Oise, Somme ; de trois membres dans les autres départements (art. 1).

18. — La règle qui précède n'est plus exactement suivie aujourd'hui, le gouvernement, par motif d'économie budgétaire, ayant décidé en principe la suppression du quatrième conseiller de préfecture dans les départements où il existe. — V. l'exposé des motifs du projet de loi dont il est parlé, *infrà*, n. 77.

19. — Dans le département de la Seine, le conseil de préfecture est composé de neuf membres y compris le président (L. 29 mars 1878).

20. — Les conseillers de préfecture sont nommés par le chef de l'État (L. 28 pluv. an VIII, art. 18). Le décret est rendu sur la proposition du ministre de l'Intérieur.

21. — Avant la loi du 21 juin 1865, aucune condition d'aptitude n'était imposée à ceux qui devaient remplir les fonctions souvent délicates de conseiller de préfecture; le choix de l'administration supérieure était laissé à l'arbitraire, ce qui avait soulevé de vives critiques (V. Brun, *Manuel des conseillers de préfecture*, avant-propos, p. 14). Toutefois, on suivait la règle de l'art. 175, Const. 5 fruct. an III, d'après laquelle « tout membre d'une administration départementale ou municipale doit être âgé de vingt-cinq ans au moins ». — A. Perrier, *Traité de l'organisation et de la compétence des conseils de préfecture*, 1884, t. 1, p. 17.

22. — La loi du 21 juin 1865 a remédié à cet inconvénient en disposant ainsi qu'il suit : « nul ne peut être nommé conseiller de préfecture s'il n'est âgé de vingt-cinq ans accomplis, s'il n'est en outre licencié en droit, ou s'il n'a rempli pendant dix ans, des fonctions rétribuées dans l'ordre administratif ou judiciaire, ou bien s'il n'a été pendant le même espace de temps, membre d'un conseil général ou maire » (art. 2).

23. — Il ne faut pas comprendre des employés supérieurs des recettes générales dans la catégorie de ceux qui ont rempli des fonctions administratives. — A. Perrier, *op. cit.*, t. 1, p. 19.

24. — Il a été jugé toutefois qu'est régulier un arrêté auquel a concouru un conseiller de préfecture nommé par décret après moins de dix ans de services administratifs, lorsqu'il résulte de l'instruction que ce conseiller, au jour de son installation, avait accompli les dix années de service dont il s'agit. — Cons. d'Ét., 4 janv. 1894, Brun et autres, [J. *Le Droit*, 12 janvier]

25. — Un conseiller de préfecture nommé dans ses fonctions peut continuer de siéger tant que son successeur n'a pas été installé. — Cons. d'Ét., 14 juill. 1876, Ville de Nogent-sur-Seine, [S. 78.2.192, P. adm. chr., D. 76.3.100]. — V. aussi Cass., 9 mars 1871, Fabre, [S. 72.1.94, P. adm. chr.].

26. — Les fonctions des conseillers de préfecture leur sont conférées à vie, mais ils sont révocables. L'amovibilité des conseillers de préfecture n'est que l'application de la règle générale qui concerne les membres des tribunaux administratifs, sauf la Cour des comptes. Elle a donné lieu aux mêmes critiques : Macarel (*Des tribunaux administratifs*, p. 49) estimait que le conseiller de préfecture, juge du contentieux administratif, devrait jouir de la garantie de l'inamovibilité comme le juge ordinaire. Mais cette opinion est repoussée par M. Serrigny (*Traité de la compétence et de l'organisation en matière administrative*, t. 1, n. 372); après avoir fait remarquer les graves inconvénients qu'entraînerait l'inamovibilité des conseillers de préfecture, qui rendrait souvent toute administration impossible, il rappelle que c'est précisément parce que les juges sont inamovibles, et par leurs décisions ils auraient pu entraver la marche de l'administration, qu'on a pas cru devoir leur soumettre la connaissance du contentieux administratif. — V. *infrà*, n. 113.

27. — Aux termes de l'art. 22, L. 28 pluv. an VIII, le traitement des conseillers de préfecture était du dixième du traitement des préfets, sans toutefois pouvoir être inférieur à 1,200 fr. Aujourd'hui il est ainsi fixé : 2,000 fr., dans les préfectures de troisième classe; 3,000 fr., dans celles de deuxième classe; 4,000 fr., dans celles de première classe (Décr. 25 déc. 1861; Décr. 23 déc. 1872).

28. — Toutefois, comme il importe à la bonne administration du pays que, sous le rapport du traitement, l'avancement dépende des services personnels, et non plus seulement de la résidence, le décret du 17 mars 1852, art. 5, et le décret du 15 avr. 1877, art. 3, décident que : après dix ans d'exercice, les conseillers de préfecture de la deuxième ou de la troisième classe pourront obtenir le traitement de la classe supérieure, sans qu'il soit nécessaire de les changer de résidence. Ces dispositions ne sont, du reste, applicables qu'à ceux des conseillers de préfecture qui ont accompli, dans le même département, la durée de services fixée.

29. — Le traitement des conseillers de préfecture du département de la Seine est fixé à 10.000 fr. (Décr. 16 janv. 1877).

30. — Les conseillers de préfecture qui, au moment où ils cessent d'être en activité, ne réunissent pas les conditions voulues pour obtenir une pension de retraite, pourront recevoir un traitement de non-activité, pourvu qu'ils comptent au moins dix ans de services rétribués par l'Etat. Le traitement de non-activité est fixé comme il suit... Pour les conseillers de préfecture de première classe, 2,000 fr. ; pour les conseillers de préfecture de deuxième et de troisième classe, 1,500 fr. La durée du traitement de non-activité ne pourra s'étendre au delà de six ans. Le traitement de non-activité ne pourra se cumuler avec un traitement quelconque payé par le Trésor public, ni avec une pension payée sur les fonds du Trésor. Cette prohibition n'est point applicable aux pensions militaires (Décr. 25 avr. 1877, art. 5).

31. — Les membres des conseils de préfecture admis à la retraite pour ancienneté de services ou pour cause d'infirmités, qui auront bien mérité dans l'exercice de leurs fonctions, pourront recevoir le titre de conseillers de préfecture honoraires. Ceux auxquels ce titre aura été conféré pourront figurer dans les cérémonies publiques avec les membres des conseils de préfecture et prendre part, avec voix consultative, aux délibérations de ces conseils, lorsqu'ils y auront été appelés par convocation spéciale du préfet (Décr. 15 mars 1854, art. 1 et 2).

32. — Les fonctions de conseiller de préfecture sont incompatibles avec un autre emploi public et avec l'exercice d'une profession (L. 21 juin 1865, art. 3). Des textes spéciaux ont pris soin de déclarer la qualité de conseiller de préfecture incompatible avec diverses fonctions électives. Ainsi, ne peuvent être élus membres du conseil général les conseillers de préfecture dans le département où ils exercent leurs fonctions (L. 10 août 1871, art. 8); de même, les conseillers de préfecture ne peuvent être membres d'un conseil d'arrondissement (L. 22 juin 1833, art. 5 et 23); de même aussi, ils ne sont pas éligibles au conseil municipal dans le ressort où ils exercent leurs fonctions (L. 5 avr. 1884, art. 33). L'incompatibilité était encore prévue pour quelques autres fonctions, par des lois particulières. Ainsi, même antérieurement à la disposition générale de l'art. 3, L. 21 juin 1865, cette incompatibilité s'appliquait à la fonction de notaire (L. 24 vend. au III, tit. 2, art. 5. — Av. Cons. d'Et., 10 vent. an XIII) — ... d'avoués. — Av. Cons. d'Et., 5 août 1809.

33. — D'une façon générale et par une conséquence nécessaire du principe de la séparation des pouvoirs, la qualité de conseiller de préfecture est incompatible d'une manière générale avec toute fonction de l'ordre judiciaire quelle qu'elle soit (L. 24 vend. an III, tit. 1, art. 1 ; Arr. 19 fruct. an IX, art. 3 ; Décr. 16 juin 1808, art. 1). La question de savoir si elle était incompatible avec la profession d'avocat avait été fort agitée, mais aujourd'hui l'affirmative s'impose en présence de la disposition générale précitée.

34. — Il a été jugé que les fonctions de conseiller de préfecture sont incompatibles avec celles de chef de cabinet du préfet. Et il en est ainsi même lorsque la personne qui exerce ces dernières fonctions ne figure pas nominativement dans le cadre des employés rétribués de la préfecture. En conséquence, un conseil de préfecture qui compte le chef de cabinet du préfet parmi ses membres, est illégalement composé, et les arrêtés qu'il rend sont nuls. — Cons. d'Et., 24 juin 1868, Elect. de Quimper, [S. 69.2.220, P. adm. chr., D. 69.3.12]; — 10 mai 1889, Riboulet, [S. 91.3.58, P. adm. chr., D. 90.3.91]

35. — On peut noter que, dans la première des deux affaires ci-dessus indiquées, le conseiller de préfecture touchait en fait un traitement comme chef du cabinet du préfet, tandis que, dans la seconde, il ne touchait pas de traitement, et l'on s'appuyait sur cette circonstance pour écarter la jurisprudence de l'arrêt antérieur. L'argument n'a pas été admis par le Conseil d'Etat, qui a appliqué à la lettre la disposition déclarant incompatible la fonction de conseiller de préfecture avec un autre emploi public ou l'exercice d'une autre profession.

36. — Les conseillers de préfecture ne peuvent être appelés à faire partie du jury (L. 21 nov. 1872, art. 3).

37. — Il est certains actes que les fonctions de conseillers de préfecture rendent incapables de faire, à peine de nullité de ces actes. Ainsi, notamment, les conseillers de préfecture ne pourraient se rendre cessionnaires de droits, procès et actions litigieuses rentrant dans la compétence du conseil de préfecture dont ils sont membres. Cette incapacité ne résulte sans doute d'aucun texte précis, mais, établie pour la juridiction ordinaire (C. civ., art. 1597), elle nous paraît devoir nécessairement être étendue à la juridiction administrative. — V. *suprà*, v° *Cession de droits litigieux*, n. 22.

38. — L'art. 21, C. forest., interdit à tout conseiller de préfecture de se porter adjudicataire des coupes de bois, dans tout l'arrondissement de son ressort. Faut-il ne voir dans cette prescription qu'une disposition exceptionnelle ? Est-ce au contraire une règle de droit commun de laquelle résulterait pour tout conseiller de préfecture l'incapacité de se porter adjudicataire de biens vendus aux enchères par devant les agents de l'administration ? Il serait peut-être à désirer qu'un texte spécial de loi eût établi cette incapacité d'une manière absolue pour les conseillers de préfecture, comme elle existe pour le préfet. Toutefois, en l'absence d'une disposition précise, il est assez difficile d'établir en principe cette incapacité, les conseillers de préfecture n'ayant, à la différence du préfet, aucun pouvoir d'action, mais simplement mission d'assister ce fonctionnaire de leur avis. Il est évident, du reste, que l'incapacité existerait pour le conseiller de préfecture appelé à suppléer le préfet.

39. — Le conseil de préfecture est présidé par le préfet, qui a voix prépondérante en cas de partage (L. 28 pluv. an VIII, art. 5). En fait, les préfets président rarement le conseil de préfecture.

40. — Le préfet fait partie intégrante du conseil de préfecture ; le droit de ce fonctionnaire de venir présider le conseil de préfecture est absolu, et ne souffre aucune exception à raison de la nature des affaires.

41. — Quoi qu'il en soit en droit, le Conseil d'Etat a jugé, conformément à ces principes (spécialement en matière électorale) : 1° que, quand bien même dans le débat se trouverait engagé un arrêté du préfet, l'arrêté du conseil de préfecture rendu par le préfet et deux conseillers ne peut être attaqué comme pris par un membre de conseillers insuffisant. — Cons. d'Et., 30 mai 1834, Labatute, [P. adm. chr.]; — 19 déc. 1834, Allard, [P. adm. chr.] — 2° que le droit du préfet de saisir le conseil de préfecture du jugement de la nullité des opérations électorales ne fait point obstacle à ce qu'il y siège comme juge. — Mêmes décisions.

42. — Mais si le droit du préfet est certain et absolu, il faut néanmoins observer qu'il a été quelquefois l'objet de critiques sérieuses; des auteurs appréciés ont, en effet, exprimé leur surprise de ce que le conseil de préfecture fût présidé par le préfet, c'est-à-dire par le fonctionnaire qui dirige l'administration active, et qui peut être considéré comme juge et partie dans la cause. Qu'il ait entrée au conseil de préfecture, qu'il puisse s'y faire entendre et défendre les intérêts publics qui lui sont confiés, rien de plus juste, assurément; mais que ce ne soit plus comme président, et qu'il se borne à y jouer le rôle du ministère public près les tribunaux. — Macarel, *Des tribunaux administratifs*, p. 55 et s.

43. — La seconde disposition de la loi du 28 pluv. an VIII, qui accorde au préfet voix prépondérante en cas de partage, a été également l'objet de quelques critiques. « Cela se justifie parfaitement bien, a-t-on fait observer, dans les actes de pure administration. Mais doit-il en être de même en matière contentieuse, et n'est-ce pas déjà suffisant que de conférer au préfet, le plus souvent partie dans la cause, non seulement le droit de siéger comme juge, mais celui de présider, sans y ajouter le droit si exorbitant d'y avoir voix prépondérante, alors que cela n'a pas lieu au Conseil d'Etat, ni à plus forte raison dans aucun tribunal ? » Serrigny, t. 4, n. 371. — V. *suprà*, v° *Conflit*, n. 61 et 62.

44. — Chaque année un décret désigne, pour chaque département, un conseiller de préfecture qui devra présider le conseil en cas d'absence ou d'empêchement du préfet (L. 21 juin 1865, art. 4).

45. — Toutefois, il en est autrement dans le département de la Seine où le nombre considérable des affaires a fait remplacer le préfet par un président en titre. En cas d'absence de ce président, il est remplacé par un conseiller que désigne le préfet (Décr. 17 mars 1863).

46. — Le conseil de préfecture du département de la Seine est divisé en deux sections qui, en l'absence du président, sont présidées par un conseiller désigné par le préfet. Les autres membres sont répartis dans les deux sections par le président suivant les besoins du service (Décr. 12 nov. 1874).

47. — Le conseiller de préfecture, désigné pour présider le conseil à défaut du préfet, porte le titre de vice-président du conseil de préfecture.

48. — Si le vice-président est absent ou empêché, le conseil de préfecture peut néanmoins statuer; il est alors présidé par le plus ancien des conseillers suivant la date de leur nomination. — V. Cons. d'Et., 26 juin 1874, Chirel, [Leb. chr., p. 618]

49. — D'après M. Dufour (*Droit administratif*, t. 2, n. 79), le privilège de la voix prépondérante serait attribué à la qualité de chef de l'administration départementale, bien plus qu'à celle de président, et il ne saurait dès lors être réclamé par le membre du conseil appelé à présider en l'absence du préfet.

50. — Mais la jurisprudence est contraire. Il a été jugé que dans le cas où le conseil de préfecture est, en l'absence du préfet, présidé par son vice-président, ce dernier a voix prépondérante en cas de partage. — Cons. d'Et., 31 janv. 1873, Denizot, [S. 74.2.320, P. adm. chr., D. 74.3.72]

51. — Dans les divers cas où le conseil de préfecture est appelé à délibérer, la régularité de ses délibérations est d'une haute importance. On comprend de suite, en effet, que, soit qu'il statue comme juge, soit qu'il exerce des attributions administratives, alors même qu'il ne fait que donner un simple avis, l'observation des formes légales est la première garantie qu'il doit aux intérêts sur lesquels il a à se prononcer.

52. — La seule disposition de la loi du 28 pluv. an VIII était celle déjà citée. — V. *suprà*, n. 38.

53. — Un arrêté du gouvernement, du 19 fruct. an IX, a réglé, sinon complètement, du moins d'une manière plus satisfaisante, les conditions de légalité des délibérations du conseil de préfecture. « Les conseils de préfecture, porte cet arrêté (art. 1), ne pourront prendre aucune délibération, si les membres ne sont au moins au nombre de trois. Le préfet, lorsqu'il assistera à la séance, comptera pour compléter les membres nécessaires pour délibérer ». En cas de partage ou d'insuffisance, les membres restant au conseil de préfecture désignent, à la pluralité des voix, un des membres du conseil général du département, qui siège alors avec eux, soit qu'il faille compléter le nombre nécessaire, soit qu'il s'agisse de vider un partage (art. 2 et 3).

54. — En cas de partage sur le choix du suppléant, la voix du préfet, s'il assiste à la séance, ou du plus ancien d'âge des conseillers, s'il n'est pas à la séance du conseil, a la prépondérance (Arr. 19 fruct. an IX, art. 4). Si le préfet est absent du chef-lieu du département, celui qui le remplace, dans tous les cas, a voix prépondérante, comme le préfet lui-même (art. 5).

55. — Nous avons vu (*suprà*, n. 17) que, dans une grande partie des départements, le nombre des conseillers de préfecture n'est que de trois; il peut dès lors arriver que, pour une cause quelconque, maladie, absence, récusation ou autre, tous se trouvent empêchés. Or, l'arrêté du 19 fruct. an IX n'avait pas prévu cette hypothèse. Pour suppléer à ce silence, intervint plus tard le décret du 16 juin 1808, portant que les membres du conseil de préfecture, qui, tous à la fois, seraient empêchés d'exercer leurs fonctions, doivent être suppléés par un nombre égal de membres pris dans le sein du conseil général, lesquels sont désignés par le ministre de l'Intérieur, sur la présentation du préfet.

56. — Les conseillers généraux sont donc les suppléants-nés des conseillers de préfecture. C'est une règle dont l'énoncé peut surprendre, après ce que nous avons dit du but du législateur de l'an VIII, qui a voulu séparer la délibération du jugement des affaires contentieuses. Un projet de loi du 14 juin 1892 proposa sans succès de créer près de chaque conseil un ou deux conseillers suppléants non rétribués.

57. — Quoi qu'il en soit, il résulte des dispositions précédentes qu'est valable l'arrêté du conseil de préfecture rendu par deux conseillers et par un membre du conseil général régulièrement désigné pour remplacer le troisième conseiller absent. — Cons. d'Et., 22 nov. 1851, Jacquot, [P. adm. chr.]

58. — ... Spécialement, qu'il en est ainsi lorsque, le secrétaire général étant en congé, un conseiller de préfecture a été désigné pour faire fonctions de ministère public, et qu'un membre du conseil général a été appelé pour compléter ce conseil. — Cons. d'Et., 12 déc. 1890, Ville de Marseille, [Leb. chr., p. 948]

59. — Le service du suppléant au conseil de préfecture est gratuit, s'il est nécessité par suite de récusation, maladie ou partage; si, au contraire, il est occasionné par suite d'absence, le suppléant a droit, proportionnellement au temps de son service, à la moitié du traitement de celui qu'il remplace (Arr. 19 fruct. an IX, art. 6).

60. — Aucune condition d'aptitude spéciale n'est exigée des conseillers généraux appelés à siéger au conseil de préfecture; il n'est pas nécessaire, notamment, que le conseiller général désigné soit pourvu du diplôme de licencié en droit. — Cons. d'Et., 13 févr. 1885, Carutia, [Leb. chr., p. 195]; — 19 juin 1885, Pictonnella, [Leb. chr., p. 604]

61. — Il n'est pas non plus nécessaire de désigner les conseillers généraux suivant leur ordre d'ancienneté. — Cons. d'Et., 10 févr. 1885, Elect. de Fraseta, [Leb. chr., p. 188]

62. — La désignation du membre du conseil général appelé ainsi à faire temporairement partie du conseil de préfecture peut être abandonnée à la sagesse du conseil; toutefois, le choix ne saurait porter sur les membres des tribunaux qui feraient partie du conseil général (Arr. 19 fruct. an IX, art. 3; Décr. 16 juin 1808, art. 1). — V., sur l'application de cette règle, Cons. d'Et., 6 mars 1885, Elect. de Saint-Jean-le-Centenier, [Leb. chr., p. 278] — V. *suprà*, n. 33.

63. — Cette interdiction s'applique aux juges suppléants comme aux juges titulaires. — Cons. d'Et., 7 mai 1875, Commune de Gorron, [S. 76.2.312, P. adm. chr., D. 76.3.41]

64. — S'étend-elle aux auxiliaires des tribunaux, notamment aux greffiers ou avoués?

65. — Il a été jugé que les avoués, membres des conseils généraux, peuvent être appelés à remplir les fonctions de conseillers de préfecture, comme suppléant l'un des membres de ce conseil : ils ne sauraient être considérés comme membres d'un tribunal, dans le sens de l'arrêté du 19 fruct. an IX. — Cons. d'Et., 24 août 1849, Porral, [S. 50.2.121, P. adm. chr., D. 50.3.3¹]

66. — Les conseillers d'arrondissement ne peuvent être choisis au lieu des conseillers généraux. L'arrêté rendu par un conseil de préfecture doit être annulé, lorsque le nombre des membres du conseil s'étant trouvé insuffisant, il a été complété en s'adjoignant un membre du conseil d'arrondissement. — Cons. d'Et., 11 août 1849, Lara-Minot, [S. 50.2.36, P. adm. chr.]; — 30 nov. 1883, Renouard, [S. 85.3.58, P. adm. chr., D. 85.3.34]

67. — Les fonctions de commissaire du gouvernement dans les affaires contentieuses sont remplies par le secrétaire général de la préfecture. Il donne ses conclusions sur toutes les affaires (L. 21 juin 1865, art. 5; L. 22 juill. 1889, art. 46).

68. — Dans le département de la Seine, quatre commissaires du gouvernement sont adjoints au secrétaire général. Ils sont choisis parmi les auditeurs ou anciens auditeurs au Conseil d'Etat (V. *suprà*, v° *Conseil d'Etat*, n. 138) et à défaut parmi les candidats réunissant les conditions requises pour les fonctions de conseiller de préfecture (Décr. 28 juill. 1881, art. 1 et 2).

69. — Leur traitement, fixé à 6,000 fr., peut être porté jusqu'à 10,000 fr. par augmentations successives de 1,000 fr. après une période de trois ans dans la classe inférieure (Décr. 11 nov. 1884).

70. — Les conseillers de préfecture sont assimilés, au point de vue de la limite d'âge, aux membres des cours d'appel et des tribunaux de première instance dont l'admission d'office à la retraite n'est prononcée qu'à soixante-dix ans (Rapp. min. Int., 1ᵉʳ mai 1858).

71. — Les conseillers de préfecture ont un costume officiel (Arr. consul. 8 mess. an VIII; Décr. 1ᵉʳ mars 1852; Circ. min. Int. 10 avr. 1873 et 22 avr. 1878). — Quant au rang qu'ils occupent dans les cérémonies publiques, V. *infrà*, v° *Honneur et Préséances*. — V. le décret du 24 mess. an XII sur les préséances, art. 8.

72. — La loi du 21 juin 1865 prévoyait, dans le même article, que les fonctions du ministère public pouvaient être confiées aux auditeurs au Conseil d'Etat attachés aux préfectures. Le décret du 23 nov. 1853 portait en effet (art. 5), qu'un auditeur serait attaché à certaines préfectures, et serait mis à la disposition du préfet, pour assister aux séances du conseil de préfecture avec voix consultative, etc. (V. suprà, v° *Conseil d'Etat*, n. 145). Mais l'organisation actuelle du Conseil d'Etat, telle qu'elle résulte des lois des 24 mai 1872, 13 juill. 1879 et 1er juill. 1887, ne comporte plus d'auditeurs attachés aux préfectures.

73. — Il y a auprès de chaque conseil, un secrétaire-greffier nommé par le préfet et choisi parmi les employés de la préfecture (L. 21 juin 1865, art. 7). Il délivre, dès qu'il en est requis, l'expédition des décisions du conseil de préfecture (L. 22 juill. 1889, art. 51).

74. — La réforme de l'organisation des conseils de préfecture a été, à plusieurs reprises, mise à l'étude : sans parler des projets de réforme qui ont pour but la suppression de la juridiction administrative pour en conférer les attributions contentieuses au juge ordinaire et de droit commun (V. notamment la proposition faite à l'Assemblée nationale le 14 juin 1872 par la commission de centralisation), nous mentionnerons seulement les tentatives qui ont pour but de mettre ces tribunaux plus en harmonie avec les idées et les tendances modernes.

75. — Nous rappellerons notamment le projet de loi que le gouvernement, par un décret du 13 mars 1888, renvoya à l'examen du Conseil d'Etat. Ce projet comportait une réforme des plus graves : il réduisait à 22 le nombre des conseils de préfecture; au lieu d'un conseil de préfecture par département, il aurait été institué des tribunaux administratifs régionaux dont la juridiction se serait étendue pour chacun sur plusieurs départements. Ce projet enlevait au préfet la présidence du conseil de préfecture, créait des présidents spéciaux et améliorait les traitements des conseillers; il réalisait une économie, minime il est vrai, au moyen de la diminution du personnel. — V. le texte du projet de loi et l'Exposé des motifs, joints à un article sur les *Conseils de préfecture*, *Revue générale d'administration*, année 1887, t. 2, p. 151, 278.

76. — Le Conseil d'Etat émit un avis défavorable à ce projet. Il se fonda notamment sur ce que la répartition des nouveaux tribunaux administratifs ne répondait à aucune division naturelle ou administrative du territoire de la République; que l'une des conséquences du projet était que les conseils de préfecture perdraient leurs attributions administratives (V. *infrà*, n. 81 et s.) et que les justiciables se trouveraient éloignés de leurs juges de premier degré. Le Conseil d'Etat reconnut toutefois qu'il y avait lieu de mettre à l'étude un autre projet sur l'organisation et le fonctionnement des conseils de préfecture. — V. *Rev. gén. d'adm.*, année 1888, t. 3, p. 216.

77. — Un autre projet fut déposé à la Chambre par M. Constans, ministre de l'Intérieur, le 6 juin 1891. Ce projet proposait des réformes moins profondes; il enlevait au préfet la présidence, réduisait à trois dans chaque département le nombre des conseillers, et y ajoutait deux conseillers adjoints non rétribués. Il maintenait les trois classes de conseillers avec leurs traitements actuels, sauf pour le président dont la situation comportait un traitement quelque peu supérieur. — V. *Rev. gén. d'adm.*, année 1891, t. 3, p. 84. — Ce projet ne vint pas en délibération.

TITRE II.

ATTRIBUTIONS.

78. — Les conseils de préfecture sont de véritables tribunaux auxquels ressortissent un grand nombre de matières importantes de contentieux administratif. « C'est là, dit M. Dufour (t. 2, n. 5), leur caractère essentiel, le but principal de leur création; mais ce n'est pas leur mission exclusive. Le législateur a appelé le conseil de préfecture à concourir à certaines opérations d'administration qui demandent plutôt une assemblée qu'un fonctionnaire; il les a aussi chargés d'assister les préfets de leurs avis dans quelques cas déterminés, et de remplir à l'égard de certains êtres collectifs, et notamment des communes, une mission de tutelle. »

79. — De là, deux divisions bien distinctes dans l'examen que nous avons à faire de la compétence des conseils de préfecture : 1° attributions administratives; 2° attributions contentieuses.

80. — Il importe de remarquer, avant tout, qu'en ce qui concerne ces diverses attributions, quelle qu'en soit la nature, notre travail doit se borner ici, après avoir posé les principes généraux, à l'énumération des matières qui sont de la compétence des conseils de préfecture, sans entrer dans des détails qui trouvent mieux leur place sous les mots spéciaux consacrés à chaque matière distincte, mots auxquels nous devons faire de simples renvois.

CHAPITRE I.

ATTRIBUTIONS ADMINISTRATIVES.

81. — Les attributions administratives des conseils de préfecture se subdivisent elles-mêmes en deux groupes : 1° les fonctions purement consultatives; 2° les fonctions souvent désignées sous le nom de fonctions « de tutelle » que ces conseils sont appelés à exercer à l'égard des communes et des établissements publics.

Section I.

Fonctions consultatives.

82. — Le concours que les conseils de préfecture sont appelés à donner à certains actes d'administration pure, a été l'objet de quelques critiques : « De graves esprits, dit M. Dufour (n. 5), ont observé qu'il eût été plus sage de les laisser tout entiers à l'accomplissement de leur mission juridique. Mais n'est-ce pas perdre de vue le caractère exceptionnel de cette juridiction; n'a-t-elle pas sa raison dans la nécessité d'assigner à des litiges d'une nature déterminée des juges familiarisés avec les besoins et les habitudes de l'administration ? Et s'il en est ainsi, ne doit-on pas applaudir à une combinaison qui, en les immisçant dans un petit nombre d'opérations, ne leur permet pas de devenir étrangers à la science administrative? »

83. — On conçoit aisément de quelle utilité pourraient être pour les préfets les avis du conseil de préfecture composé d'hommes investis de la confiance du gouvernement, et qui, à des connaissances spéciales en législation, réuniraient la connaissance des besoins des localités, la pratique des hommes et des choses de leur département. Ce serait pour les préfets l'équivalent du Conseil d'Etat pour le gouvernement. Malheureusement, les conseils de préfecture ne peuvent guère donner d'utiles conseils, étant composés surtout de débutants; le conseil de préfecture est une école pratique d'administration, ce qui explique que le préfet ne demande son avis que quand la loi l'y oblige.

84. — Il est néanmoins toujours loisible au préfet de consulter le conseil de préfecture, et il peut le faire chaque fois qu'il le juge convenable. Il existe, en outre, un certain nombre de circonstances où l'avis du conseil de préfecture n'est plus pour le préfet simplement facultatif, mais où ce fonctionnaire est obligé de recourir à cet avis.

85. — Il convient toutefois de remarquer que nulle trace ne se trouve dans la loi organique du 28 pluv. an VIII, ni dans les exposés de motifs et rapports qui l'ont accompagnée, de cette attribution spéciale qui, depuis, a été conférée aux conseils de préfecture; c'est donc par des dispositions législatives ou réglementaires spéciales que les conseils de préfecture en ont été investis. Ces dispositions sont du reste assez nombreuses. — Macarel, t. 2, tit. 5, p. 210; Aucoc, *Conflit*, t. 1, n. 96.

86. — Ainsi, en matière d'administration municipale, le préfet doit, en un assez grand nombre de cas, prendre l'avis du conseil de préfecture.

87. — Il le doit notamment lorsqu'il s'agit... de déclarer nulles de plein droit ou d'annuler des délibérations des conseils municipaux (L. 5 avr. 1884, art. 65 et 66). — V. *suprà*, v° *Commune*, n. 274, 277.

88. — ... Où d'approuver les délibérations des conseils dans les cas prévus aux n. 1, 2, 4 et 6, de l'art. 68, L. 5 avr. 1884 (Même loi, art. 70, § 2). — V. *suprà*, v° *Commune*, n. 296.

89. — ... D'autoriser les communes à accepter des dons ou legs, grevés de charges ou conditions (Même loi, art. 111). — V. *infrà*, v° *Dons et legs*.

90. — ... D'inscrire d'office une dépense au budget communal (Même loi, art. 149). — V. *suprà*, v° *Commune*, n. 1302.

91. — ... D'établir le budget d'une commune, dans le cas où pour une cause quelconque, ce budget n'aurait pas été définitivement réglé avant le commencement de l'exercice et où il n'y aurait eu aucun budget antérieurement voté (Même loi, art. 150). — V. suprà, v° *Commune*, n. 1163.

92. — ... De prononcer au cas où le maire se refuserait d'ordonnancer une dépense régulièrement autorisée et liquide (Même loi, art. 152). — V. suprà, v° *Commune*, n. 1543.

93. — Mais, d'autre part, la loi du 5 avr. 1884 ayant posé (art. 61) le principe que le conseil municipal règle, par ses délibérations, les affaires de la commune, et ayant donné ainsi, à cette assemblée, le droit de prendre, d'une manière générale, des délibérations exécutoires par elles-mêmes, il en est résulté que l'intervention du conseil de préfecture dans l'administration communale a vu son étendue diminuée, certaines délibérations qui précédemment étaient soumises à l'approbation du préfet en conseil de préfecture se trouvant aujourd'hui exécutoires sans aucune approbation. — V. suprà, v° *Commune*, n. 258 et s.

94. — Il en est ainsi notamment en ce qui concerne les délibérations des conseils municipaux autorisant les maires à donner mainlevée des inscriptions hypothécaires prises dans l'intérêt des communes. L'ordonnance du 13 juill. 1840 ayant été abrogée par la loi du 5 avr. 1884, et les délibérations en cette matière n'ayant pas été mentionnées dans l'art. 69 de la même loi.

95. — Quant aux délibérations des commissions administratives des hospices et des bureaux de bienfaisance sur le même objet, il a été reconnu que, conformément d'ailleurs à la règle générale posée par le § 5, tabl. A, Décr. 25 mars 1852, c'est le préfet qui statue en cette matière et non le conseil de préfecture. — V. suprà, v° *Assistance publique*, n. 2203.

96. — Si le conseil d'arrondissement ne s'est pas conformé à la répartition de l'impôt, aux décisions prises par le conseil général sur les réclamations des communes, le préfet, en conseil de préfecture, établit la répartition d'après lesdites décisions (L. 10 mai 1838, art. 40). — V. suprà, v° *Conseil d'arrondissement*, n. 72.

97. — Le préfet doit consulter le conseil de préfecture, pour autoriser un établissement dangereux, insalubre ou incommode de première classe, au cas où l'enquête a révélé des oppositions (Décr. 15 oct. 1810, art. 4). — V. infrà, v° *Établissements dangereux, incommodes et insalubres*.

98. — ... Pour statuer sur les matières énumérées au tableau C du décret du 25 mars 1852 (Décr. 25 mars 1852, art. 3).

99. — La loi du 10 avr. 1871, sur les conseils généraux a, par la création de la commission départementale, diminué les attributions consultatives du conseil de préfecture, en confiant à la nouvelle institution le soin de statuer sur diverses matières, où ce droit appartenait antérieurement au conseil de préfecture.

100. — Il en est ainsi, aux termes des art. 86 et 87 de cette loi, en matière de chemins vicinaux, sur les subventions à payer par abonnement ou par les entreprises industrielles dégradant les chemins (L. 21 mai 1836, art. 14), et en matière de cadastre, sur le tarif des évaluations (L. 16 sept. 1807, art. 26 et 33; Règl. gén., 13 mars 1827, art. 22). — V. suprà, v¹⁵ *Chemin vicinal*, n. 1298, *Commission départementale*, n. 53 et s.

101. — Dans les cas où la loi impose au juge l'obligation de prendre l'avis du conseil de préfecture, le préfet peut s'écarter de l'avis donné par le conseil de préfecture, mais il est néanmoins tenu de le demander sous peine d'excès de pouvoir.

102. — Les simples avis donnés par le conseil de préfecture, n'ayant aucune autorité propre qui entraîne nécessairement la décision du préfet, il en résulte naturellement qu'ils ne sont susceptibles d'aucun recours. Aussi a-t-il été constamment jugé que les simples avis des conseils de préfecture ne sont pas susceptibles de pourvoi devant le Conseil d'État. — V. notamment Cons. d'Ét., 24 mars 1824, Moreau, [S. chr., P. adm. chr.] — V. Cormenin, *Dr. adm.*, 5° éd., t. 1, p. 203.

103. — Spécialement, dans le cas précité suprà, n. 97, et concernant l'établissement des ateliers insalubres de première classe, ce n'est qu'un avis qui est demandé au conseil de préfecture; sa décision n'est qu'un document destiné à éclairer l'administration, et non un arrêté de conseil de préfecture. Aussi le Conseil d'État a-t-il, à plusieurs reprises et par application de ces principes, décidé, d'une manière générale, qu'à l'occasion de l'autorisation d'établissements insalubres de première classe, les arrêtés de conseils de préfecture rendus en forme d'avis, ne sont pas susceptibles d'être attaqués par la voie contentieuse.

— Cons. d'Ét., 22 juin 1825, Commune de Marignane, [S. chr., P. adm. chr.]; — 8 mars 1827, Guerineau, [S. chr., P. adm. chr.]

104. — Toutefois, si ces avis n'avaient pas été rendus dans les formes voulues, il est évident qu'on devrait les considérer comme nuls et non avenus; l'acte auquel ils auraient servi de base, pourrait donc, de ce chef, être l'objet d'un recours. — V. infrà, v° *Excès de pouvoir*. — Et notamment un conseil de préfecture excéderait ses pouvoirs s'il statuait par arrêté, au lieu de se borner à donner un simple avis. — Cons. d'Ét., 2 juill. 1812, Pinçon-Grandjean, [P. adm. chr.] — V. infrà, v° *Établissements dangereux, insalubres ou incommodes*.

105. — Un autre exemple non moins remarquable de cette différence entre les avis et les arrêtés des conseils de préfecture résulte de l'application qui a été faite de la loi du 28 vent. an XI, laquelle avait conféré aux conseils de préfecture le pouvoir de donner leur avis sur les droits d'usage prétendus par les particuliers sur les bois de l'État, et ce dans un délai fatal et passé lequel les parties qui n'auraient pas produit leurs titres devant le conseil de préfecture, devaient être déclarées non recevables dans leurs réclamations. En exécution de cette loi, les parties intéressées s'empressèrent de produire leurs titres dans les délais prescrits devant les conseils de préfecture, et ceux-ci rendirent de nombreux avis, souvent même qualifiés d'arrêtés. Mais le Conseil d'État n'hésita jamais à regarder ces décisions comme de simples avis non susceptibles de pourvoi. — V. notamment Cons. d'Ét., 9 mars 1836, Commune de Thoronet, [S. 36.2.231, P. adm. chr.]; — 7 mars 1838, Commune de Villers-Cotterets, [P. adm. chr.] — La jurisprudence de la Cour de cassation se prononce également dans le même sens. — V. notamment Cass., 6 févr. 1838, Commune de Beaudinard, [S. 38.1.113, P. 38.1.231]; — 27 févr. 1838, Commune de Weitersviller, [S. 38.1.520, P. 38.1.94]; — 17 juill. 1838, Commune de la Cavalerie, [S. 38.1.819, P. 38.2.376]

106. — Pendant longtemps, la distinction entre l'arrêté du conseil de préfecture et l'arrêté pris par le préfet en conseil de préfecture, n'a pas été parfaitement reconnue. Dans l'origine même, certains actes législatifs du Consulat et même du commencement de l'Empire, offrent la preuve d'une confusion évidente entre l'arrêté du conseil de préfecture et l'arrêté du préfet en conseil de préfecture.

107. — Le plus frappant exemple de cette confusion est celui qui résulte de l'arrêté du 8 pluv. an XI, comparé avec la loi du 30 flor. an X. — Cette loi, qui établissait un droit de navigation intérieure, voulait, par son art. 4, que les contestations qui pourraient s'élever sur la perception des droits de navigation, fussent décidés administrativement par *les conseils de préfecture;* l'arrêté du 8 prair. an XI, au contraire, dont le but n'était que de réglementer l'exécution des principes posés par la loi du 30 flor. an X, décide, par son art. 15, que les contestations relatives au paiement de l'octroi (de navigation) seront, conformément à la loi du 30 flor. an X, portées devant le sous-préfet de l'arrondissement dans lequel le bureau sera situé, sauf le recours au préfet, qui statue en conseil de préfecture. « Il est bien évident, dit M. Serrigny (t. 1, n. 380), que cet arrêté confondait le préfet en conseil de préfecture avec le conseil de préfecture, puisqu'il renvoie au préfet en conseil de préfecture les attributions mentionnées dans l'art. 15, *conformément à la loi du 30 flor.* an X, qui en investit le conseil de préfecture. Ce vice de langage fait éprouver quelque embarras dans l'intelligence des lois et décrets rendus sous le Consulat et dans les premières années de l'Empire, pour distinguer si l'expression *préfet en conseil de préfecture* doit s'entendre ou non d'une matière contentieuse attribuée au *conseil de préfecture*. Il n'est pas toujours aussi facile de lever l'erreur, que dans l'exemple qui vient d'être proposé. Il faut alors recourir aux règles données pour discerner le contentieux des actes de pure administration. Si le législateur lui-même n'a pu éviter la confusion en ces matières, il ne faut pas s'étonner que les auteurs aient partagé la même erreur; c'est ainsi, notamment, que M. Macarel (*Des trib. administ.*, p. 122) a dit que toutes les fois que le préfet statuait en conseil de préfecture, la décision rendue en conséquence était un arrêté du conseil de préfecture. Une circulaire du ministre de l'Intérieur, du 29 sept. 1833, mit fin à toute équivoque ». — V. suprà, v° *Arrêté administratif*, n. 63, 148 et s.

108. — La jurisprudence du Conseil d'État, d'ailleurs, n'était pas sans avoir elle-même compris cette distinction, en jugeant que les dispositions de lois ou de règlements, qui portent que, dans telle circonstance donnée, *le préfet statuera en conseil de préfecture*, n'attribuaient pas par cela seul au conseil de préfecture la faculté de statuer par voie de jugement sur la difficulté élevée ; qu'il n'appartenait qu'au préfet de prendre la décision nécessaire, après avoir seulement pris l'avis des membres du conseil. — Cons. d'Ét., 1er déc. 1824, Massard, [S. chr., P. adm. chr.] — V. aussi Cons. d'Ét., 28 déc. 1825, Dequeux, [S. chr., P. adm. chr.] — Serrigny, t. 1, n. 379 et s.; Chauveau, *Comp. et jur. adm.*, 81, n. 1268 et s.

109. — En dehors de la faculté ou de l'obligation pour le préfet de demander l'avis du conseil de préfecture, la loi exige, dans quelques cas, comme garantie de publicité, que le préfet agisse en conseil de préfecture, sans que celui-ci ait aucun avis à donner. — Ducrocq, *Cours de droit administratif*, t. 1, n. 127.

Section II.
Autorisations de plaider.

110. — Les attributions des conseils de préfecture en matière d'autorisations de plaider forment une classe à part dans leurs attributions administratives. Ici, en effet, le conseil de préfecture ne se borne pas à donner un simple avis auquel l'administration est libre ou non de se conformer ; il décide avec pouvoir propre si la commune ou l'établissement intéressé est ou non autorisé à ester en justice, sauf le recours, en cas de refus, à la section de l'intérieur du Conseil d'État. Ce pouvoir en matière d'autorisation de plaider était la seule attribution non contentieuse donnée aux conseils de préfecture par la loi de pluviôse an VIII.

111. — L'art. 4, L. 28 pluv. an VIII, ne prévoyait l'intervention du conseil de préfecture qu'en ce qui concernait « les demandes qui seront présentées par les communautés, les villes, bourgs ou villages, pour être autorisés à plaider ». Des lois postérieures ont introduit l'autorisation de plaider pour d'autres établissements publics, et étendu, par suite, les attributions du conseil de préfecture en cette matière. — V. à cet égard, *supra*, v° *Autorisation de plaider*, n. 45 et suiv. — V. également *eod. verb.*, n. 355 et s., pour tout ce qui concerne l'étendue, les formes et la procédure des autorisations.

CHAPITRE II.
ATTRIBUTIONS CONTENTIEUSES.

112. — L'institution des conseils de préfecture a eu pour objet principal le jugement du contentieux administratif.

113. — Rœderer, orateur du gouvernement, s'exprimait ainsi, à ce sujet, dans l'Exposé des motifs de la loi du 28 pluv. an VIII : « Remettre le contentieux de l'administration à un conseil de préfecture a paru nécessaire pour ménager au préfet le temps que demande l'administration, pour garantir aux personnes intéressées qu'elles ne seront point jugées sur des rapports et des avis de bureaux, pour donner à la propriété des juges accoutumés au ministère de la justice, à ses règles et à ses formes ; pour donner tout à la fois à l'intérêt particulier et à l'intérêt public la sûreté qu'on ne peut guère attendre d'un jugement porté par un seul homme. Car cet administrateur, qui balance avec impartialité des intérêts collectifs, peut se trouver prévenu et passionné, quand il s'agit de l'intérêt d'un particulier ; il peut être sollicité, par ses affections et ses haines personnelles, à trahir l'intérêt public ou à blesser des droits particuliers ». — « Sous le régime qui a précédé la Révolution, continuait le même orateur, une grande partie du contentieux de l'administration était portée devant les tribunaux, qui s'étaient fait un esprit contraire à l'intérêt du Trésor public ; leur partialité détermina l'Assemblée constituante à réunir le contentieux de l'administration avec l'administration elle-même ; et comme cette assemblée remit les fonctions administratives à des directoires nombreux, elle crut pouvoir faire de ces corporations des espèces de tribunaux. En effet, la justice pouvait trouver quelque sûreté dans ce système ; c'est avec l'administration qu'il était incompatible, parce que les ordres du gouvernement et les lois elles-mêmes rencontraient la délibération là où elles ne devaient trouver qu'empressement et l'action et à l'obéissance. Or, le gouvernement crut avoir pris un juste milieu entre l'ancien système, qui séparait la justice administrative et l'administration comme inconciliables, et le nouveau, qui les cumulait dans les mêmes mains, comme si elles eussent été une seule et même chose. »

114. — Ainsi, dans la loi du 28 pluv. an VIII, et par l'institution des conseils de préfecture, le législateur avait pour but non seulement d'assurer de nouveau le principe de la séparation et de l'indépendance réciproque des deux autorités judiciaire et administrative, mais encore, en ce qui concerne les attributions de cette dernière, de diviser le pouvoir d'administrer de celui de juger, conférant le premier au préfet et le second au conseil de préfecture. On lit, en effet, dans un décret du 6 déc. 1813, inséré au *Bulletin des lois*, que « d'après la loi du 28 pluv. an VIII et autres lois postérieures, le préfet est seul chargé de l'administration, et que, dès lors, il doit seul statuer sur les matières qui sont purement d'administration ; mais que les conseils de préfecture sont institués pour prononcer sur toutes les matières contentieuses administratives ; qu'ainsi, la compétence de chacune de ces deux autorités doit se déterminer d'après la nature ou contentieuse ou purement administrative de la question proposée. » Le but du législateur a-t-il bien été atteint ? Beaucoup de bons esprits le contestent et combattent l'institution des conseils de préfecture, comme contraire, tant au principe de la séparation des pouvoirs, qu'à celui de la distinction entre l'administration active et le pouvoir de juger. — V. Clément, *De la suppression des conseils de préfecture*; Crémieux, *Les conseils de préfecture et la réforme administrative*, et les auteurs par eux cités.

115. — Quoi qu'il en soit, c'est en parlant du point de vue qui précède, qu'on a essayé de soutenir que les conseils de préfecture devaient être considérés comme les juges de droit commun du contentieux administratif. Nous avons démontré, *supra*, v° *Compétence administrative*, n. 830 et s., que cette conclusion était inexacte.

116. — Sans doute, ainsi que le fait remarquer avec raison M. Serrigny (t. 1, n. 461), « les attributions des conseils de préfecture sont immenses en matière contentieuse, et ils sont appelés à statuer sur les intérêts de la plus haute importance. Chargés de prononcer sur la majeure partie des objets qui rentrent dans la justice administrative, ils ont hérité, sous ce rapport, des attributions qui appartenaient aux administrations centrales des départements ». Mais c'est précisément pour ce motif qu'ils doivent être considérés comme juges spéciaux, de même que les juridictions auxquelles ils ont succédé.

117. — ... Et qu'ils ne sont compétents pour prononcer sur le contentieux administratif que dans les matières qui leur sont spécialement attribuées par la loi. — Cons. d'Ét., 16 févr. 1854, Castillon, [S. 54.2.469, P. adm. chr.]. — V. aussi sur ce principe, Cormenin, t. 1, p. 190 et 191 ; Chauveau, *Compét. et jurid. admin.*, n. 1293 et 1294 ; Dufour, t. 2, n. 19.

118. — Nous dirons que les conseils de préfecture sont des tribunaux administratifs d'exception dont les attributions proviennent de trois sources : 1° attributions à eux directement conférées par la loi du 28 pluv. an VIII qui les a institués ; 2° attributions qui appartenaient antérieurement aux anciennes administrations départementales et dont les conseils de préfecture ont hérité, d'après la remarque qui vient d'être faite ; 3° attributions résultant des lois postérieures.

119. — Ces attributions dans tous les cas ne peuvent résulter que d'un texte de loi formel. Juges spéciaux, ils ne peuvent juger que les matières et dans les cas qui leur sont spécialement déférés ; c'est là un principe d'ordre public qui ne peut souffrir aucune restriction. Aussi, la jurisprudence constante du Conseil d'État a-t-elle toujours décidé comme un point hors de controverse que les parties ne pourraient, par une convention privée, déroger à l'ordre des juridictions et saisir les conseils de préfecture de la connaissance de contestations qui rentrent dans la compétence de la juridiction ordinaire. — Cons. d'Ét., 2 sept. 1829, Ville de Dunkerque, [S. chr., P. adm. chr.] ; — 8 nov. 1829, Delahaye, [P. adm. chr.] ; — 31 déc. 1831, Bénard, [P. adm. chr.] ; — 18 oct. 1833, Boyer, [P. adm. chr.] — V. *supra*, v° *Compét. admin.*, n. 448.

120. — Le conseil de préfecture qui se déclare incompétent pour statuer sur le fond d'une contestation, excède ses pouvoirs en ordonnant le séquestre des sommes litigieuses entre les parties. — Cons. d'Ét., 19 mars 1841, Poitier, [S. chr., P. adm. chr.]

121. — Comme aussi le conseil de préfecture ne peut, sans excès de pouvoir, notamment en matière de contributions directes, statuer au fond sur une demande en état de déchéance, fût-ce même pour la rejeter. — Cons. d'Et., 14 mars 1845, Leigony, [S. 45.2.444, P. adm. chr.]

122. — Il est certain que le principe formulé dans l'art. 5, C. civ., s'applique aux tribunaux administratifs aussi bien qu'aux tribunaux judiciaires. Toute juridiction ne peut statuer que sur les litiges dont elle est saisie, et ne saurait édicter de dispositions réglementaires sans empiéter sur le domaine du pouvoir exécutif et sans violer ainsi le principe fondamental de la séparation des pouvoirs. Le fait que le conseil de préfecture possède à la fois des attributions administratives et contentieuses ne l'empêche pas d'être soumis aux règles générales qui s'imposent à toute juridiction, lorsqu'il est saisi, et qu'il statue en cette qualité.

123. — Aussi a-t-il été jugé avec raison que les conseils de préfecture ne peuvent, comme juges du contentieux administratif, prononcer par voie de disposition générale et réglementaire. — Cons. d'Et., 31 janv. 1827, Ovrillard et Sébilleau, [S. chr., P. adm. chr.]; — 8 août 1834, Maurette, [P. adm. chr.]

124. — Spécialement, le conseil de préfecture, saisi de plusieurs réclamations contre une distribution de bois d'affouage, doit examiner chacune des réclamations, et ne peut imposer, par voie de disposition générale et réglementaire, un mode déterminé de répartition. — Cons. d'Et., 12 juin 1891, Commission syndicale des bois d'Essouvert, [S. et P. 93.3.66, D. 92.3.124]

125. — A la compétence des conseils de préfecture, essentiellement limitée *ratione materiæ*, ne l'est pas moins d'ailleurs *ratione loci*. C'est un point sur lequel nous reviendrons en étudiant la procédure.

126. — Ainsi un conseil de préfecture est incompétent pour connaître des contraventions de grande voirie commises hors du département dans lequel il exerce sa juridiction. — Cons. d'Et., 29 janv. 1823, Hast, [S. chr., P. adm. chr.]; — 21 déc. 1825, Joly de Bussy, [S. chr., P. adm. chr.]

127. — De même qu'un entrepreneur de travaux publics qui a été imposé au droit proportionnel régulièrement sur sa maison d'habitation, et illégalement sur le local qu'il occupe temporairement dans une autre commune où il exécute des travaux, ne peut porter sa réclamation contre cette dernière imposition que devant le conseil de préfecture du département dans lequel est située la commune où il a été imposé à tort. — Cons. d'Et., 14 mai 1891, Pastrie, [Leb. chr., p. 382]; — 17 janv. 1891, Tromel, [Leb. chr., 1891, p. 23]

128. — De cette règle que la compétence des conseils de préfecture est essentiellement déterminée *ratione loci*, on a encore conclu que le conseil de préfecture de la Seine était incompétent pour juger une contestation entre la Société générale des téléphones dont le siège est à Paris, et la ville de Lille au sujet du réseau téléphonique à établir dans ladite ville. — Cons. d'Et., Seine, 30 nov. 1887, Ville de Lille, [Rev. gén. d'adm., 88.2.88]

129. — La solution peut être différente quand il s'agit de travaux s'étendant à plusieurs départements et régis par le même acte. Ainsi les cahiers des charges de compagnies concessionnaires de chemins de fer qui traversent plusieurs départements stipulent que les difficultés qui s'élèveraient entre l'Etat et les compagnies, au sens et à l'exécution de leur traité, seront jugées par tel conseil de préfecture. Pour les compagnies qui ont leur siège social à Paris, c'est le conseil de préfecture de la Seine. — Aucoc, *Conférences sur le dr. admin.*, t. 1, n. 345. — V. une autre application intéressante du même principe, *suprà*, v° *Compétence administrative*, n. 1336 et 1337.

130. — Il ne faut pas oublier non plus que, même dans les matières qui sont de leur compétence, les conseils de préfecture ne sont pas, en général, appelés à décider toutes les difficultés qui peuvent s'élever entre les parties, mais celles seulement dont la solution peut donner lieu à apprécier un acte de l'administration. Ainsi jugé spécialement qu'un conseil de préfecture ne peut statuer même provisoirement sur une question de propriété. — Cons. d'Et., 18 janv. 1813, Jochanet-Desjournières, [S. chr., P. adm. chr.] — V. *suprà*, v° *Compétence administrative*, n. 1027 et s.

131. — Dans les matières de la compétence du conseil de préfecture, s'il s'élève des questions incidentes du ressort des tribunaux, quelles que soient ces questions (telles que les questions de propriété), le conseil de préfecture doit renvoyer les parties devant ces tribunaux, sauf à surseoir s'il y a lieu jusqu'à ce que les tribunaux aient prononcé, par exemple en cas de faux incident, de désaveu. — V. *suprà*, v° *Compétence administrative*, n. 467.

132. — ... De ce que les conseils de préfecture ne peuvent statuer que par application et interprétation des actes administratifs, il suit qu'en matière de propriétés nationales, ils peuvent bien prononcer d'après les actes qui ont préparé ou consommé la vente, mais non sur des restitutions de fruits, questions entièrement distinctes. — V. *suprà*, v° *Compétence administrative*, n. 39, 1228.

133. — Un conseil de préfecture n'est pas non plus compétent pour ordonner le bornage d'un terrain litigieux entre un particulier et une commune, d'après des enquêtes et un plan cadastral. Les difficultés qui peuvent s'élever à ce sujet sont du ressort exclusif des tribunaux ordinaires. — Cons. d'Et., 1er nov. 1820, Gaubert, [S. chr., P. adm. chr.] — V. dans le même sens, Ord. 25 juin 1817. Fage, [S. chr., P. adm. chr.]

134. — Devant le conseil de préfecture, le principe suivant lequel le juge du fond est compétent pour statuer sur l'exception de chose jugée qui est élevée devant lui est applicable comme devant les autres juridictions. Ainsi jugé que lorsque l'Etat, contre lequel une demande en indemnité est formée devant le conseil de préfecture, repousse cette demande en soutenant que les indemnités auxquelles le demandeur pourrait avoir droit ont été définitivement réglées par un arrêt rendu au contentieux, le conseil de préfecture est compétent pour statuer sur cette exception, et qu'il n'y a pas lieu, dès lors, de demander directement au Conseil d'Etat l'interprétation de l'arrêt dont s'agit. — Cons. d'Et., 16 juin 1876, de la Loyère, [S. 78.2.277, P. adm. chr., D. 76.3.95]

135. — Mais il y aurait excès de pouvoir, si le conseil de préfecture, juge du contentieux administratif, prétendait, soit directement, soit indirectement, se constituer par ses arrêtés appréciateur des décisions des autorités chargées de l'administration active. Aussi est-il reconnu comme constant que les arrêtés d'un conseil de préfecture ne peuvent porter atteinte : 1° aux décisions rendues par le Conseil d'Etat; 2° aux arrêtés pris par le préfet. — Cons. d'Et., 12 nov. 1809, Dechampneuf, [S. chr., P. adm. chr.]; — 30 août 1814, Barreau, [P. adm. chr.]; — 8 mai 1822, de Mussey, [P. adm. chr.]; — 8 août 1834, Maurette; — ... 3° ou à ceux d'un sous-préfet. — Cons. d'Et., 23 janv. 1820, Postel, [S. chr., P. adm. chr.] — 4° ... Ni aux arrêtés des maires. — Cons. d'Et., 29 janv. 1814, Huet, [P. adm. chr.]

136. — Il est incontestable, enfin, que les arrêtés pris par un conseil de préfecture comme conséquence et pour l'exécution d'autres arrêtés par lui incompétemment rendus doivent être annulés avec ceux-ci. — Cons. d'Et., 17 déc. 1823, Commune de Dosenheim, [S. chr., P. adm. chr.]; — 31 janv. 1827, Conty, [P. adm. chr.]

137. — Pour présenter le tableau des attributions juridictionnelles des conseils de préfecture, nous diviserons ces attributions en deux groupes, suivant qu'elles ont été conférées aux conseils de préfecture par la loi du 28 pluv. an VIII, ou par d'autres lois diverses.

Section I.

Attributions contentieuses résultant de la loi du 28 pluv. an VIII.

138. — Les attributions contentieuses conférées aux conseils de préfecture par la loi du 28 pluv. an VIII, et énumérées dans l'art. 4 de cette loi peuvent se ramener à quatre, ainsi réparties : 1° en matière d'impôts directs; 2° en matière de travaux publics; 3° en matière de grande voirie; 4° en matière de domaines nationaux.

§ 1. *Attributions en matière d'impôts directs.*

139. — La première des attributions conférées aux conseils de préfecture par la loi du 28 pluv. an VIII consiste à statuer sur les demandes des particuliers tendant à obtenir la décharge ou la réduction de leur cote de contributions directes (L. 28 pluv. an VIII, art. 4, § 1). La loi du 28 pluv. an VIII se bornait à mentionner les demandes en décharge ou en réduction. Mais la compétence des conseils de préfecture s'étend également : aux demandes en inscription ou réintégration au rôle (L. 21 avr. 1832, art. 28); aux demandes en mutation de cote (pour la contribution foncière et des portes et fenêtres) (L. 2 mess. an VII, art. 5; Arr. 24 flor. an VIII, art. 2; L. 8 juill. 1852, art. 13); aux contestations auxquelles peuvent donner lieu les transferts de patente

(L. 15 juill. 1880, art. 15); aux contestations sur les états de cotes indûment imposées, présentés par les percepteurs (L. 3 juill. 1846, art 6; L. 22 juill. 1834, art. 16). Mais les conseils de préfecture sont incompétents pour prononcer des remises ou modérations. La demande en remise ou modération n'étant point fondée sur un droit, comme celle en décharge et réduction, et le contribuable n'ayant d'autre titre à l'obtenir qu'un préjudice et des pertes éprouvées que la bienveillance de l'administration prend en considération, c'est le préfet seul qui peut les accorder. La compétence des conseils de préfecture s'étend à toutes les contributions directes, quelle qu'en soit la nature; ainsi, non seulement elle comprend les quatre contributions principales, foncière, personnelle et mobilière, des portes et fenêtres et patentes, mais encore les taxes très-nombreuses assimilées aux contributions directes. — V. *infrà*, v° *Contributions directes*.

140. — Au contraire, en principe et sauf quelques cas exceptionnels, les conseils de préfecture sont incompétents en matière de contributions indirectes (L. 7-11 sept. 1790, art. 2; L. 5 vent. an XII, art. 88). — V. *infrà*, v° *Contributions indirectes*.

§ 2. *Attributions en matière de travaux publics.*

141. — Les attributions données aux conseils de préfecture en *matière de travaux publics* embrassent deux cas distincts : en premier lieu, le conseil de préfecture prononce sur les difficultés qui pourraient s'élever entre les entrepreneurs de travaux publics et l'administration, concernant le sens ou l'exécution des clauses de leurs marchés (L. 28 pluv. an VIII, art. 4, § 2).

142. — Quelque généraux et absolus que soient ces termes, on s'est néanmoins demandé si la compétence de l'autorité administrative devait s'étendre à tous les travaux, quelle qu'en fût la nature, et en second lieu, si elle s'appliquait à toutes les contestations qui peuvent naître en matière de travaux publics.

143. — Sur le premier point, la compétence des conseils de préfecture n'a jamais été contestée lorsqu'il s'agit de travaux intéressant l'État ou les départements. Elle l'a été plus longtemps en ce qui concerne la question de savoir si la compétence des conseils de préfecture, doit être étendue aux travaux des établissements publics en vue du service qui leur est confié et aussi aux travaux des associations syndicales autorisées. — V. *suprà*, v¹ˢ *Association syndicale*, n. 360 et s., *Compétence administrative*, n. 1326, et *infrà*, v° *Travaux publics*.

144. — En outre, on s'est demandé quelle était l'étendue de la compétence de l'autorité administrative en matière de travaux publics. Dès l'abord, les termes de la loi sont précis et généraux, et ne semblent admettre aucune exception. Cependant, dans quelques circonstances, la compétence de l'autorité administrative a été contestée.

145. — Ainsi, appartient-il aux conseils de préfecture de statuer sur les demandes en résiliation formées par les entrepreneurs? Le Conseil d'État a consacré longtemps l'affirmative : Cons. d'Et., 31 mars 1819, Desalle, [P. adm. chr.]; — 7 avr. 1823, Treillet, [P. adm. chr.] — puis a décidé en sens contraire : Cons. d'Et., 2 août 1826, Rue, [P. adm. chr.]; — mais il est revenu à sa première jurisprudence. — Cons. d'Et., 2 avr. 1828, Carmignac-Descombes, [P. adm. chr.]; — 20 janv. 1830, Orfray, [S. chr., P. adm. chr.]; — 16 févr. 1835, Franciel, [S. 36.2.517, P. adm. chr.]; — 20 juill. 1836, Delamarre, [S. 36.2. 517, P. adm. chr.]; — 11 janv. 1838, Gruiet, [P. adm. chr.]

146. — Le conseil de préfecture peut-il également prononcer sur la responsabilité des entrepreneurs ou architectes? Sur ce point encore, le Conseil d'État, a d'abord consacré l'affirmative : Cons. d'Et., 14 janv. 1818, Mourier, [P. adm. chr.]; — 13 juill. 1825, Bourguignon, [P. adm. ch.]); — puis, après avoir embrassé la négative : Cons. d'Et., 19 déc. 1827, Castain, [P. adm. chr.]; — 13 juill. 1828, Pambet, [S. chr., P. adm. ch.], a fait ensuite retour à sa première doctrine. — Cons. d'Et., 16 nov. 1835, Perrin, [P. adm. chr.]; — 20 juin 1837, Mêmes parties, [S. 37.2.503, P. adm. chr.] — V. au surplus, *suprà*, v¹ˢ *Canal*, n. 791 et s., *Chemin de fer*, n. 5693 et s., *Chemin vicinal*, n. 2109 et s., *Compétence administrative*, n. 1494 et s., et *infrà*, v¹ˢ *Marchés administratifs, Travaux publics*.

147. — Les conseils de préfecture statuent en second lieu sur les réclamations des particuliers qui se plaignent de torts et dommages procédant du fait personnel des entrepreneurs et non du fait de l'administration, sur les demandes et contestations concernant les indemnités dues aux particuliers, à raison des terrains pris ou fouillés pour la confection des chemins, canaux et autres ouvrages publics (L. 28 pluv. an VIII, art. 4, § 3 et 4). Nous reproduisons ici le texte même de la loi, mais il comporte deux observations : 1° alors même que le dommage provient du fait de l'administration, le conseil de préfecture est compétent, contrairement à ce que l'on pourrait induire du texte ; celui-ci est en effet une reproduction maladroite de l'art. 5, L. 7-11 sept. 1790 qui attribuait aux municipalités, sauf recours au directeur de district, « les contestations relatives aux torts et dommages procédant du fait personnel des entrepreneurs et non du fait de l'administration » (V. *suprà*, v¹ˢ *Canal*, n. 812 et s., *Chemin de fer*, n. 5774 et s., *Compétence administrative*, n. 1532); 2° le règlement des indemnités à raison des terrains pris pour la confection des travaux publics a été enlevé aux conseils de préfecture dès la loi du 8 mars 1810 qui a fait rentrer dans la compétence judiciaire l'expropriation pour cause d'utilité publique (V. *suprà*, v° *Compétence administrative*, n. 1105 et s.). La compétence pour les terrains *fouillés* subsiste toujours. Cette matière a été de nouveau réglementée par la loi du 29 déc. 1892 (V. *infrà*, n. 202). Les graves questions que soulève l'application des dispositions de la loi du 28 pluv. an VIII précitée, et dont la solution a été plus ou moins vivement controversée, seront étudiées *infrà*, v¹ˢ *Expropriation pour utilité publique, Travaux publics*.

§ 3. *Contraventions en matière de grande voirie.*

148. — La troisième attribution conférée au conseil de préfecture par la loi de l'an VIII est relative aux difficultés qui peuvent s'élever en matière de grande voirie (L. 28 pluv. an VIII, art. 4, § 5). La grande voirie contient, aux termes de l'art 1, L. 29 flor. an X, tout ce qui concerne les routes, fleuves et rivières navigables, canaux de navigation et leurs accessoires, etc. Il faut ajouter le domaine public maritime (Décr. 10 avr. 1812). — V. ce point, *suprà*, v¹ˢ *Alignement, Canal*, n. 910 et s., *Chemin de fer*, n. 2009 et s., *Chemin de halage*, n. 276 et s., *Chemin vicinal*, n. 2405 et s., et *infrà*, v¹ˢ *Messageries, Navigation, Postes et télégraphes, Rivières, Roulage, Routes, Voirie, Voitures publiques*.

149. — La compétence du conseil de préfecture en cette matière est répressive (V. *suprà*, v° *Compétence administrative*, n. 1811 et s.); la loi du 29 flor. an X a en effet, chargé cette juridiction, d'une manière expresse, de réprimer les contraventions de grande voirie. Du reste, il va de soi, avec raison, que l'énonciation contenue dans l'art. 1, L. 29 flor. an X, n'est que démonstrative, et qu'ainsi, par exemple, c'est aux conseils de préfecture qu'il appartient de connaître de l'action qui peut résulter de la mauvaise direction donnée à un bateau à vapeur. — Cass., 5 janv. 1839, Pagès, [S. 39.1.527, P. 39.1.236]

150. — La compétence du conseil de préfecture a reçu une extension importante du fait de la création des chemins de fer, qui font partie de la grande voirie. La loi du 15 juill. 1845 a, d'ailleurs, formellement conféré aux conseils de préfecture la compétence pour les contraventions aux mesures relatives à la conservation des chemins de fer, comme aussi pour la répression des contraventions de voirie commises par les concessionnaires ou fermiers. Il faut appliquer à la confection et à l'entretien des chemins de fer les règles relatives à la compétence du conseil de préfecture en matière de travaux publics (L. 15 juill. 1845, art. 3). Les cahiers des charges contiennent, du reste, mention expresse de cette attribution de compétence. — V. *suprà*, v° *Chemin de fer*, n. 5689 et s., 6921 et s.

151. — La compétence des conseils de préfecture n'embrasse pas les infractions aux règlements pris par les maires dans un intérêt de commodité, de salubrité ou de sécurité, relativement aux routes ou voies de navigation qui traversent les villes. — Cass., 25 avr. 1839, Double, [S. 40.1.459, P. 40.1.131] — V. *infrà*, v° *Règlement de police*.

152. — Enfin, remarquons que les conseils de préfecture n'ont de juridiction en matière de grande voirie que pour prononcer dans un intérêt public, et non dans l'intérêt privé des particuliers. — Colmar, 19 août 1844, Préfet du Haut-Rhin, [P. 45.1.532]

153. — Spécialement, les tribunaux ordinaires sont seuls compétents pour statuer sur la demande en réparation du dommage causé à un particulier sur une route ou dans un canal de navigation par le résultat de faits qui ne proviennent pas de l'administration, mais de la négligence de l'un de ses préposés. — Même arrêt.

154. — En ce qui concerne la petite voirie et la répression des contraventions qui y sont commises, en principe, et sauf les cas exceptionnellement établis, les conseils de préfecture sont incompétents (L. 7-14 sept. 1790). — V. *infrà*, n. 199 et 200.

155. — La compétence des conseils de préfecture ne s'étend point aux peines corporelles, que les tribunaux ordinaires peuvent seuls prononcer. — Cons. d'Et., 23 avr. 1807, Pavaillon, [S. chr., P. adm. chr.]; — 2 févr. 1808, Habitants de Locchristy, [S. chr., P. adm. chr.] — Sic, Henrion de Pansey, *Comp. des juges de paix*, chap. 28; Proudhon, *Du dom. public*, n. 298; Merlin, *Rép.*, v° *Chemin*, n. 14; Cormenin, t. 2, p. 482. — V. *suprà*, v° *Compétence administrative*, n. 1806.

156 — ... Comme aussi elle ne saurait embrasser les contraventions aux lois de police et de sûreté. — Cons. d'Et., 23 déc. 1835, Ministre de l'Intérieur, [P. adm. chr.]

157. — ... Non plus que les infractions aux règlements pris par les préfets en vertu de la loi des 22 déc. 1789, 8 janv. 1790, sect. 3, art. 2, lesquels n'ont pas le caractère de règlement de police. — Cass., 14 nov. 1835, Thoré, [S. 36.1.228, P. chr.]; — 7 juill. 1838, Fluquet, [S. 39.1.138, P. 39.1.256] — La jurisprudence admet néanmoins que les contraventions aux arrêtés préfectoraux sur les contraventions de grande voirie sont de la compétence du conseil de préfecture, lorsque ces arrêtés ont été pris pour l'exécution des anciens règlements sur la matière. — Cons. d'Et., 2 août 1860, de Laurique, [S. 61.2.315, P. adm. chr.]; — 13 sept. 1864, Marcel, [Leb. chr., p. 934]; — 22 juin 1877, Ministère des Travaux publics, [Leb. chr., p. 625]

158. — Il était autrefois jugé que le conseil de préfecture ne pouvait modérer les amendes prononcées par les anciens règlements; notamment l'amende de 100 fr. prononcée par l'ordonnance de décembre 1672, en matière de contraventions sur la navigation. — Cons. d'Et., 4 mars 1830, Moynat, [P. adm. chr.] — De nombreuses applications du même principe ont été faites par le Conseil d'Etat, principalement en matière de voirie. Ce droit de modérer les amendes a été conféré au conseil de préfecture par la loi du 23 mars 1842.

§ 4. *Attributions en matière de domaines nationaux.*

159. — La quatrième attribution résultant, pour les conseils de préfecture, de la loi du 28 pluv. an VIII, concerne « le contentieux des domaines nationaux » (art. 4, § 7). « Il était difficile, dit M. Brun (t. 2, n. 517), d'employer des expressions plus générales; mais le pouvoir d'alors redoutait tellement l'influence des émigrés que dans les autres corps judiciaires, il tenait tant à empêcher tout ce qui pourrait ressembler à une réaction contre la vente des domaines nationaux, qu'il crut devoir déférer aux conseils de préfecture tout le *contentieux* de la matière, d'autant plus qu'il conservait la faculté de faire réformer par le Conseil d'Etat les décisions erronées qui pourraient leur échapper. »

160. — Il en résulte que le conseil de préfecture est compétent lorsqu'il s'agit de déterminer les limites du domaine vendu nationalement, parce qu'alors il s'agit d'examiner les actes d'estimation et de soumission, ainsi que le contrat, afin de déclarer si la vente contient ou non l'objet réclamé, ou a prévu le point devenu litigieux : dans ces divers cas, il ne s'agit en effet que d'apprécier la teneur d'actes émanés de l'administration. — V. sur ce point, Cons. d'Et., 30 juin 1813, Pinteville-Cernon, [S. chr., P. adm. chr.] — Cormenin, t. 1, p. 56 et s. — Mais la juridiction administrative est incompétente pour les questions qui se rattachent à l'exercice du droit de propriété, parce que les questions de cette nature rentrent dans le domaine des tribunaux ordinaires.

161. — Ainsi, il a été jugé, par application de la disposition précitée, que le conseil de préfecture est compétent pour prononcer sur les limites d'une propriété nationale adjugée administrativement, quand sa décision doit résulter de l'acte d'adjudication ou des actes préparatoires; mais qu'il n'est pas compétent pour ordonner une délimitation, par exemple, la construction d'un mur, ni pour condamner aux frais de la clôture. — Cons. d'Et., 8 janv. 1817, Dupart, [S. chr., P. adm. chr.]

162. — D'autre part, le conseil de préfecture peut décider, par interprétation des titres d'adjudication d'un domaine national, s'il a été ou non vendu avec les servitudes dont il était grevé. Mais il ne peut, en exécution de son arrêté, ordonner le rétablis-

sement des lieux dans l'état où ils étaient à l'époque de la vente, et notamment le rétablissement provisoire des chemins qui auraient pu exister. — Cons. d'Et., 24 mars 1819, Malafosse, [S. chr., P. adm. chr.]

163. — De même, le conseil de préfecture n'est pas compétent soit pour décider la question de savoir si un immeuble est communal ou domanial, à titre d'engagement, soit pour ordonner l'exécution d'un jugement arbitral qui réintègre diverses communes dans la propriété de plusieurs cantons de bois faisant partie de cet immeuble litigieux. Les tribunaux ordinaires sont les seuls juges de ces questions, sauf à l'administration des domaines à intervenir s'il y a lieu dans l'instance (L. 14 vent. an VII). — Cons. d'Et., 18 mars 1816, Guyard de Changey, [S. chr., P. adm. chr.] — V. aussi Cons. d'Et., 20 nov. 1815, Destillières, [S. chr., P. adm. chr.]; — 13 janv. 1816, Rochechouart, [S. chr., P. adm. chr.]; — 12 déc. 1818, Courtot de Cissey, [P. adm. chr.] — V. toutefois, dans un sens contraire, Cons. d'Et., 7 févr. 1809, Tillette Monfort.

164. — L'existence d'une contestation est nécessaire, et les conseils de préfecture ne pourraient interpréter une vente nationale, si cette interprétation n'était pas provoquée par une instance introduite devant lui. — Cons. d'Et., 13 juin 1821, Mugot, [S. chr., P. adm. chr.]; — 21 nov. 1839, Demangeat, [S. 40.2.234, P. adm. chr.]; — 26 août 1842, Bazire, [S. 43.2.40, P. adm. chr.]

165. — Ainsi que le fait observer avec raison M. Brun (*loc. cit.*), les choses ont bien changé depuis l'époque où fut rendue la loi du 28 pluv. an VIII, et il n'est guère de questions qui se présentent aujourd'hui plus rarement devant les tribunaux que celles relatives aux domaines nationaux. Nous ne faisons d'ailleurs ici que poser le principe de la distinction entre les pouvoirs de l'autorité administrative et ceux de l'autorité judiciaire, en cette matière. — V. pour les détails, *suprà*, v° *Biens nationaux*, n. 68 et s.

166. — La question a été souvent posée de savoir si la disposition de la loi de pluviôse an VIII doit être considérée comme une loi de circonstance, relative uniquement aux ventes faites à l'époque de la Révolution : ou si elle doit au contraire s'étendre aux ventes des biens de l'Etat faites depuis lors, et à faire à l'avenir. Nous examinerons cette question, *infrà*, v° *Domaine*. Remarquons seulement, dès à présent, que la jurisprudence du Conseil d'Etat a presque constamment décidé que la loi du 28 pluv. an VIII n'est pas, quant à la disposition dont il s'agit, une loi de circonstance, et qu'il faut l'appliquer aux biens de l'Etat, avec cette réserve toutefois que la compétence du conseil de préfecture ne doit pas être étendue à tout le contentieux (c'était cette généralité de compétence qui donnait à la loi du 28 pluv. an VIII son caractère exceptionnel), mais seulement aux contestations qui s'élèvent entre l'Etat et les adjudicataires ou leurs ayants-cause, au sujet de l'adjudication, et non entre l'Etat et les tiers qui réclameraient sur les mêmes biens des droits de propriété, servitude et autres droits réels. — V. notamment Cons. d'Et., 29 avr. 1834, Leterme, [P. adm. chr.]; — 27 févr. 1835, Min. des Finances, [P. adm. chr.]; — 13 nov. 1835, Musnier, [P. adm. chr.] — V. aussi *suprà*, v° *Compétence administrative*, n. 1288 et s.

SECTION II.
Attributions contentieuses résultant d'autres lois.

167. — I. *Domaine.* — L'énonciation contenue en l'art. 4, L. 28 pluv. an VIII. est loin d'être limitative, d'autres attributions en matière contentieuse ont été conférées aux conseils de préfecture, ainsi que nous l'avons déjà dit, soit par des lois antérieures, encore en vigueur, et qui avaient conféré juridiction aux administrations départementales, dont les pouvoirs ont passé au conseil de préfecture, soit par des lois plus récentes.

168. — Ainsi le conseil de préfecture prononce sur les difficultés qui peuvent s'élever entre les copartageants, détenteurs occupants des biens communaux, ou sur l'usurpation de ces mêmes biens (LL. 10 juin 1793, 9 vent. an XII; an XII; Arr. 4° jour compl. an XIII; avis Cons. d'Et., 18 juin 1809; Ord. 23 juin 1819). — V. *suprà*, v° *Compétence administrative*, n. 927, 1298 et s.

169. — Les biens communaux dont il est ici question sont ceux dont la jouissance en nature est laissée aux habitants, tels que les pâturages où ils envoient leurs bestiaux, les bois dont les coupes leur sont distribuées. — V. *suprà*, v° *Commune*, n. 535 et s.

170. — La loi du 10 juin 1793, en autorisant le partage de ces biens (art. 3), voulut que toutes les contestations qui pourraient s'élever à raison du mode de partage fussent soumises à la décision de l'autorité administrative. — V. *suprà*, v° *Commune*, n. 491, 759.

171. — Mais le partage des biens communaux donna lieu à de nombreux abus, par suite desquels intervint d'abord la loi du 21 prair. an IV, qui suspendit provisoirement toute action et poursuite relatives à ces mêmes biens; puis celle du 9 vent. an XII, laquelle, après avoir réglé définitivement la matière, attribua (art. 6) aux conseils de préfecture la connaissance de toutes les contestations qui pourraient s'élever relativement à l'occupation des biens communaux entre copartageants, détenteurs ou occupants, depuis la loi du 10 juin 1793, et les communes, soit sur les actes et les preuves de partage des biens communaux, soit sur l'exécution des conditions prescrites au sujet du maintien en possession provisoire des détenteurs sans actes. Les autres contestations restèrent dévolues aux tribunaux ordinaires (art. 6).

172. — Toutefois, quelques difficultés s'étant élevées sur le sens à donner aux art. 6 et 8, L. 9 vent. an XII, un avis du Conseil d'Etat du 18 juin 1809 décida que : Toutes les usurpations de biens communaux, depuis la loi du 10 juin 1793 jusqu'à la loi du 9 vent. an XII, soit qu'il y eût eu ou qu'il n'y ait pas eu de partage exécuté, devraient être jugées par le conseil de préfecture s'il s'agissait de l'intérêt de la commune contre les usurpateurs; et qu'à l'égard des usurpations d'un copartageant vis-à-vis d'un autre, elles seront du ressort des tribunaux.

173. — De la loi du 9 vent. an XII et de l'avis du 18 juin 1809 il résulte évidemment que « les conseils de préfecture cessent d'être compétents lorsque les communes sont sans intérêt dans la contestation, et que les difficultés s'élèvent entre les divers copartageants ou entre les copartageants et les tiers ». — Cons. d'Et., 7 nov. 1814, Lanfroy, [S. chr., P. adm. chr.]; — 7 août 1816, Martin Legeay, [P. adm. chr.]; — 23 oct. 1816, Montmort, [P. adm. chr.]

174. — ... Et que cette compétence n'existe encore qu'autant qu'il s'agit de l'interprétation d'actes administratifs (V. *suprà*, n. 130); qu'ainsi elle ne peut être admise qu'au cas où la qualité communale des biens n'est pas contestée par le détenteur. — Cons. d'Et., 11 janv. 1813, Habit. de Veuilly, [S. chr., P. adm. chr.]; — 10 févr. 1816, Guinier, [S. chr., P. adm. chr.]; — 7 août 1816, Romary, [S. chr., P. adm. chr.] — Ce principe, confirmé par l'ordonnance réglementaire du 23 juin 1819, art. 3, a été encore exactement appliqué par de nombreux arrêts. — Cons. d'Et., 20 juin 1821, Rougier, [P. adm. chr.]; — 15 août 1824, Brulé, [S. chr., P. adm. chr.]; — 23 juill. 1823, Hameau de Nogent, [P. adm. chr.]; — même jour, Houssais, [S. chr., P. adm. chr.]; — 22 déc. 1824, Burgues, [P. adm. chr.]; — 27 sept. 1827, Rigobert, [P. adm. chr.]; — 16 juin 1831, Bourdet, [P. adm. chr.]; — 23 avr. 1836, Commune de Lavallée, [P. adm. chr.]

175. — Du reste, c'est un point constant qu'il appartient au conseil de préfecture seul, et non au préfet, de statuer sur les contestations qui, en ces matières, sont de la compétence de l'autorité administrative. — Cons. d'Et., 29 déc. 1812, Usoyers de Croix-Dalle, [P. adm. chr.]

176. — Toutefois, les arrêtés rendus en ces matières par les conseils de préfecture ne peuvent être exécutés qu'après confirmation préalable du Conseil d'Etat par la voie contentieuse (Arr. 4° jour complémentaire an XIII). Dès lors, le pourvoi contre ces arrêtés, avant qu'ils aient été soumis à l'approbation du gouvernement, ne serait pas recevable par la voie contentieuse. — Cons. d'Et., 10 sept. 1833, Commune de Sarrain, [P. adm. chr.]; — 23 avr. 1836, précité. — V. au surplus, pour la compétence ou matière de biens communaux, *suprà*, v° *Commune*, n. 735 et s., et *infrà*, v° *Terres vaines et vagues*.

177. — II. *Halles et marchés.* — Les conseils de préfecture sont chargés encore de prononcer sur les difficultés relatives aux halles appartenant aux particuliers, et dont les communes peuvent être locataires. La loi du 15 mars 1790, en abolissant les droits de haliage, entachés de féodalité, déclara néanmoins que les bâtiments et halles continueraient d'appartenir à leurs propriétaires, sauf à eux à s'arranger à l'amiable, soit pour le loyer, soit pour l'aliénation avec les municipalités des lieux, et que « les difficultés qui pourraient s'élever à ce sujet seraient soumises à l'arbitrage des assemblées administratives. »

178. — De plus, par son instruction du 12 août 1790, l'Assemblée constituante établit que les anciens propriétaires pouvaient obliger les municipalités à acheter les halles ou à les prendre à loyer, et que réciproquement ils pouvaient être contraints par les municipalités à les vendre, à moins qu'ils ne préférassent les louer.

179. — Que si le propriétaire se refusait à vendre ou à louer à l'amiable, il y avait lieu pour la commune à user du droit d'expropriation : aucune difficulté ne peut s'élever en ce cas sur la question de compétence; on aurait à appliquer les règles de l'expropriation pour cause d'utilité publique.

180. — Mais que décider si le propriétaire consentait à la vente ou à la location? Quelle serait l'autorité compétente pour statuer sur les conditions et le règlement du prix de la vente ou de la location en cas de dissentiment entre les parties? Sur ce point, la jurisprudence du Conseil d'Etat fut longtemps incertaine, tantôt admettant la compétence de l'autorité judiciaire. — Cons. d'Et., 26 mars 1814, Delamarre, [P. adm. chr.]; — 2 juin 1819, Brichet, [S. chr., P. adm. chr.]; — 22 févr. 1821, Beaumont, [S. chr., P. adm. chr.]; — ... tantôt, au contraire, celle de l'autorité administrative. — Cons. d'Et., 13 juin 1821, Commune de Doudeville, [S. chr., P. adm. chr.] — Serrigny, t. 2, n. 824 ; Foucart, t. 3, n. 872; Brun, t. 2, tit. 14, *Des halles*. — Toute incertitude fut levée par un avis du Conseil d'Etat du 20 juin 1836, qui porte que lorsque le propriétaire opte pour la location, c'est aux conseils de préfecture qu'il appartient de régler les conséquences de cette option, et qu'au contraire, lorsqu'il opte pour la vente, il y a lieu d'appliquer les règles relatives à l'expropriation pour utilité publique. — Cons. d'Et., 21 août 1840, Prince de Luxembourg, [S. 41.2.109, P. adm. chr.] — V. *suprà*, v¹⁸ *Commune*, n. 531, *Compétence administrative*, n. 1407.

181. — Quant aux difficultés qui peuvent s'élever entre une commune propriétaire ou locataire et les locataires de places dans le marché, à raison de la perception des droits de place, elles rentrent dans les règles ordinaires sur les baux des biens des communes. — V. *infrà*, v° *Halles et marchés*.

182. — III. *Comptabilité communale.* — Les conseils de préfecture statuent sur l'apurement des comptes des receveurs municipaux. Cette compétence, consacrée déjà par les lois antérieures, a été en dernier lieu établi par la loi du 5 avr. 1884. Cependant elle comporte une distinction selon l'importance des revenus des communes.

183. — En effet, aux termes de l'art. 157 de cette loi, les comptes du receveur municipal sont apurés par le conseil de préfecture, sauf recours à la Cour des comptes, pour les communes dont les revenus ordinaires dans les trois dernières années n'excèdent pas 30,000 fr. Ils sont apurés et définitivement réglés par la Cour des comptes pour les communes dont le revenu est supérieur (V. *suprà*, v° *Commune*, n. 1604, et *infrà*, v° *Cour des Comptes*). Ces distinctions sont applicables aux comptes des trésoriers des hôpitaux et autres établissements de bienfaisance. — V. *suprà*, v° *Assistance publique*, n. 2275.

184. — Il importe de faire remarquer que la compétence du conseil de préfecture s'appliquerait, non seulement au receveur régulièrement institué, mais à toute personne qui se serait ingérée dans le maniement des deniers publics (L. 5 avr. 1884, art. 153). — V. *suprà*, v° *Commune*, n. 1376 et s., 1583.

185. — Ainsi décidé que, lorsqu'un maire ou un adjoint s'est volontairement rendu comptable de deniers appartenant à la commune, en faisant des recettes ou des dépenses sur ces deniers, son compte doit être arrêté par le conseil de préfecture. — Cons. d'Et., 7 mai 1828, Billery, [S. chr., P. adm. chr.]; — 26 nov. 1828, Frédéric, [S. chr., P. adm. chr.]; — 6 janv. 1830, Min. Int., [S. chr., P. adm. chr.]; — 5 mai 1831, Commune de Gilly, [P. adm. chr.]; — 25 oct. 1833, Vignol, [P. adm. chr.]; — 7 août 1835, Grozelies, [P. adm. chr.]; — 14 juin 1837, Tenaille, [S. 37.2.499, P. adm. chr.]

186. — ... Qu'un desservant qui s'est chargé volontairement et pour le compte d'une commune de la direction de travaux de construction d'une église, et qui a fait emploi pour la confection desdits travaux de deniers communaux par lui touchés du receveur municipal, est comptable de fait, et par conséquent justiciable du conseil de préfecture. — Cons. d'Et., 20 juill. 1836, Commune de Leyville, [S. 36.2.540, P. adm. chr.] — Sur la comptabilité de fait, V. *infrà*, v° *Cour des comptes*.

187. — IV. *Cultes.* — Les conseils de préfecture ont une compétence assez étendue dans les diverses questions relatives à l'exercice des cultes reconnus par l'Etat. Et tout d'abord, ils statuent sur les règlements des comptes des fabriques. En présence des termes de l'art. 7, Arr. 7 therm. an XI, lequel exige que les marguilliers nomment parmi eux un trésorier dont les comptes seront rendus en la même forme que ceux des dépenses communales, la Cour de cassation avait décidé qu'au conseil de préfecture seul appartenait l'apurement des comptes des trésoriers des fabriques. — Cass., 9 juin 1823, Fabrique de Sainte-Marguerite, [S. et P. chr.]

188. — Mais cette jurisprudence ne fut pas maintenue : lors de la discussion de la loi du 18 juill. 1837, on avait proposé d'étendre aux trésoriers des fabriques les dispositions de l'art. 66, sur l'apurement des comptes des receveurs des communes et des établissements de bienfaisance. Cette proposition fut rejetée. — Bioche et Goujet, *Dict. de proc.*, v° *Fabrique*, n. 26 ; Serrigny, t. 2, n. 886. — Il n'était pas sans intérêt de rappeler les précédents historiques de la question ; aujourd'hui la compétence du conseil de préfecture a été étendue aux comptes des fabriques et consistoires par la loi du 26 janv. 1892 (V. aussi Décr. régl., 27 mars 1893). — V. *infrà*, v° *Fabriques et consistoires*.

189. — La jurisprudence a induit de l'art. 15, § 1, Décr. 18 mai 1806, en matière de pompes funèbres, la compétence du conseil de préfecture pour statuer sur les contestations entre les fabriques et l'entrepreneur. — Cons. d'Et., 30 mars 1844, [Dutil, [S. 44.2.356, P. adm. chr.]; — 25 juin 1857, Pector, [P. adm. chr.]; — 18 mars 1858, Pector, [P. adm. chr.] — V. *infrà*, v° *Inhumation et sépulture*.

190. — Le conseil de préfecture statue sur les contestations que font naître les comptes ou répartitions des revenus des cures (Décr. 6 nov. 1813, art. 26). — V. *infrà*, v° *Cure*.

191. — Il était jadis statué par les conseils de préfecture sur les difficultés qui peuvent s'élever relativement aux rôles des répartitions des communautés juives et aux frais du culte israélite (L. 1er mai 1792; Arr. 5 niv. an X; Décr. 17 mars 1808). — Cons. d'Et., 19 févr. 1823, Préfet de la Moselle, [P. adm. chr.]; — 3 janv. 1827, Cerfberr, [P. adm. chr.]; — 10 janv. 1827, Roland Viala, [P. adm. chr.] — Il en était différemment si l'israélite contestait sa qualité de membre de la communauté; alors l'autorité judiciaire était seule compétente. — Cons. d'Et., 23 févr. 1820, Péchaud, [P. adm. chr.]; — 28 juill. 1820, Astruc, [P. adm. chr.]; — 18 avr. 1821, Salvador, [P. adm. chr.]; — Même jour, Josué-Naquet, [P. adm. chr.] — Ces questions n'ont plus qu'un intérêt historique depuis que la Charte de 1830 a mis les dépenses du culte juif à la charge de l'Etat. — V. *infrà*, v° *Culte*.

192. — Le conseil de préfecture est également compétent pour prononcer sur les contestations relatives aux menses épiscopales. L'art. 47, Décr. 6 nov. 1813, relatif aux comptes des revenus des menses épiscopales, n'est pas, il est vrai, aussi formel pour investir le conseil de préfecture de la juridiction quant aux contestations relatives aux revenus des évêchés que l'art. 26 du même décret relativement aux revenus des cures. Cet article est ainsi conçu : « les poursuites contre les comptables, soit pour rendre les comptes, soit pour faire statuer sur les objets de la contestation, seront faites devant les tribunaux compétents, par la personne que le ministre aura commise pour recevoir les comptes ». Le décret ne parle pas, il est vrai, de tribunaux administratifs, mais il nous paraît qu'il ne saurait y avoir ici le moindre doute ; les mêmes motifs qui ont fait établir la compétence de la juridiction administrative pour les revenus des cures s'appliquent aux revenus des menses épiscopales, et il n'y a aucune raison de distinguer. — V. Serrigny, t. 2, n. 893. — V. *infrà*, v° *Evêque*.

193. — V. *Assistance publique*. — Les conseils de préfecture statuent encore dans diverses questions d'assistance ; et en premier lieu, sur les contestations relatives à la perception du droit des pauvres des pauvres sur les représentations théâtrales, fêtes ou concerts (LL. 7 frim., 2 flor., 8 therm. an V; 7 fruct. an VIII). — L'art. 3, Arr. 10 therm. an XI, dispose que les contestations qui peuvent s'élever sur la perception de ces droits sont décidées par les préfets, en conseil de préfecture, sur l'avis motivé des comités consultatifs établis dans chaque arrondissement communal pour le contentieux des pauvres et des hospices, sauf, en cas de réclamation, le recours au gouvernement.

194. — D'après les termes du décret, on serait donc conduit à penser que c'est le préfet et non le conseil de préfecture qui est appelé à statuer ; mais c'est là un vice de rédaction qui provient de la confusion souvent faite autrefois entre les arrêtés du conseil de préfecture et les arrêtés du préfet en conseil de préfecture (V. *suprà*, n. 106 et v° *Arrêté administratif*, n. 63 et 148 et s.). D'ailleurs, la rectification de cette erreur existe dans l'art. 3, L. 8 fruct. an XIII, lequel porte que les décisions rendues par les conseils de préfecture dans les cas prévus par l'art. 3, Arr. 10 therm. an XI, sont exécutées provisoirement et sauf le recours réservé par cet article. — V. *infrà*, v°s *Droit des pauvres*, *Théâtres et spectacles*.

195. — Les conseils de préfecture statuent sur les contestations relatives à l'indemnité due par les hospices pour les aliénés dont le traitement et l'entretien sont à leur charge, et qui sont placés dans les maisons d'aliénés (L. 30 juin 1838, art. 28). — V. *suprà*, v° *Aliéné*.

196. — VI. *Domaines engagés*. — Les conseils de préfecture statuent, en matière de domaines engagés, sur les contestations relatives à l'application de la loi du 7 vent. an VIII (L. 7 vent. an VIII, art. 14). — V. Cons. d'Et., 23 févr. 1818, Deutsche, [P. adm. chr.]; — 1er déc. 1824, Rey, [S. chr., P. adm. chr.] — V. *infrà*, v° *Domaines engagés*.

197. — VII. *Voirie*. — Les conseils de préfecture statuent : sur les indemnités dues aux propriétaires par suite de l'établissement des chemins de halage ou sur les contraventions qui y sont commises. — V. *suprà*, v° *Chemin de halage*, n. 168 et s., 276 et s.

198. — ... Sur certaines difficultés et dans certains cas déterminés relativement aux chemins vicinaux, notamment par les lois du 9 vent. an XIII, 26 juill. 1824 et 21 mars 1836. En principe, la police des chemins vicinaux, ainsi que la répression des contraventions qui peuvent y être commises, appartient aux tribunaux judiciaires (L. 7-11 sept. 1790, art. 6). Mais il a été attribué juridiction aux conseils de préfecture par la loi du 9 vent. an XIII, relative aux usurpations, anticipations, dégradations et plantations (art. 6, 7, 8). Des difficultés se sont élevées sur les limites qu'il convient d'assigner à la compétence des conseils de préfecture, et notamment sur la combinaison de la loi du 9 vent. an XIII avec la législation postérieure. Nous dirons seulement que la compétence contentieuse (mais non répressive) a été reconnue encore, en cette matière, au conseil de préfecture. — V. *suprà*, v° *Chemin vicinal*, n. 2403 et s.

199. — Notons seulement que la compétence du conseil de préfecture n'est établie qu'en ce qui concerne les chemins vicinaux; et qu'en conséquence elle n'existe pas lorsqu'il s'agit de chemins ruraux. De nombreux arrêts du Conseil d'Etat ont proclamé ce principe. — V. notamment, Cons. d'Et., 23 juin 1819, Chapuis, [S. chr., P. adm. chr.]; — Même jour, Chausson, [P. adm. chr.]; — 11 août 1819, Martin, [S. chr., P. adm. chr.]; — 18 avr. 1821, Ferrand, [P. adm. chr.]; — 12 juin 1832, Boutet, [P. adm. chr.]; — 28 févr. 1828, Barona, [S. chr., P. adm. chr.]; — 17 mai 1833, Coste, [P. adm. chr.]; — 28 mars 1833, Cordelier, [P. adm. chr.]; — 6 févr. 1837, Robert, [S. 37.2.247, P. adm. chr.]; — Même jour, d'Assonville, [P. adm. chr.]; — 18 mai 1837, Dutoya, [S. 37.2.498, P. adm. chr.]; — 2 janv. 1838, Gruter, [P. adm. chr.]; — cette jurisprudence a été implicitement consacrée par la loi du 20 août 1881. — V. *suprà*, v°s *Chemin* (en général), n. 218, 219, *Chemin rural*, n. 209 et 210.

200. — Le conseil de préfecture est encore incompétent s'il s'agit de contraventions en matière de voirie urbaine. — Cons. d'Et., 4 prair. an XIII, Fajon, [P. adm. chr.]; — 6 mai 1836, Péjourchaud, [P. adm. chr.] — Quant au point de savoir si le conseil de préfecture est compétent ou non à l'égard des rues de villes et villages qui sont la continuation de chemins vicinaux, V. *infrà*, v°s *Rue*, *Voirie*.

201. — Le conseil de préfecture est également appelé à statuer sur les difficultés relatives aux prestations en nature et centimes additionnels imposés pour les chemins vicinaux ou ruraux. Il s'agit, en effet, de taxes recouvrées comme en matière de contributions directes. — V. *suprà*, v° *Chemin vicinal*, n. 970, 1216 et *infrà*, v° *Contributions directes*. — Il règle les subventions auxquelles les propriétaires de mines, de carrières, forêts ou entreprises industrielles, peuvent être assujettis pour la réparation des chemins qu'ils dégradent (L. 21 mai 1836, art. 14; L. 20 août 1881, art. 14). — V. *suprà*, v° *Chemin vicinal*, n. 1661 et s. — D'où il faut conclure que sa compétence existe également en matière de voirie urbaine relativement aux frais de premier pavage, qui peuvent être imposés aux riverains. — Cons. d'Et., 3 janv. 1834, Cognet, [P. adm. chr.]; — 2 janv. 1838, Laforge, [P. adm. chr.]; — 14 févr. 1838, Laforge, [P. adm. chr.]; — 2 mai 1839, Vinée, [S. 40.2.43, P. adm. chr.] — V. *infrà*, v° *Voirie*.

202. — Le conseil de préfecture détermine aussi l'indemnité due pour extraction de matériaux, dépôts ou enlèvements de terre et occupations temporaires de terrains (L. 21 mai 1836, art. 17; L. 20 août 1881, art. 14; L. 29 déc. 1892). — V. *suprà*, v° *Chemin vicinal*, n. 2161 et s.

203. — Il connaît des actions exercées contre les souscripteurs dont les offres ont été acceptées pour la construction des chemins vicinaux et ruraux (L. 21 mai 1836, art. 7; L. 2 août 1881, art. 12). — V. *suprà*, v° *Chemin vicinal*, n. 1331 et s.

204. — VIII. *Dessèchement des marais. Régime des eaux. Associations syndicales.* — Le conseil de préfecture statue sur diverses opérations relatives au dessèchement des marais. Cette compétence résulte de la loi spéciale du 16 sept. 1807.

205. — Il en est de même des actions des propriétaires fondées sur le dommage qui résulte pour eux des travaux faits pour l'entretien et la conservation des travaux de dessèchement. C'est là une conséquence du principe posé par l'art. 27, L. 16 sept. 1807, d'après lequel la conservation des travaux de dessèchement doit être commise à l'autorité publique. Au surplus, la jurisprudence est constante sur ce point. — V. notamment, Cons. d'Ét., 23 déc. 1815, Bessard, [P. adm. chr.]; — 4 mars 1819, Martin, [S. chr., P. adm. chr.]; — Même jour, Martin, [S. chr., P. adm. chr.]

206. — ... Des réclamations contre les taxes imposées sur la plus-value des terrains desséchés (L. 16 sept. 1807, art. 20). — Cons. d'Ét., 29 mai 1822, Association de Trébon, [S. chr., P. adm. chr.]; — 2 févr. 1825, Perdry, [S. chr., P. adm. chr.]

207. — ... Des actions en répression et réparation des dommages causés aux travaux de dessèchement et aux digues, lesquelles actions sont intentées comme en matière de grande voirie (L. 16 sept. 1807, art. 27). — V. sur tous ces points, *infrà*, v° *Marais*.

208. — ... Des suppressions, déplacements, ou modifications de moulins ou autres usines par suite de l'exécution de travaux publics, pour savoir si l'établissement de ces usines était légal, ou si le titre d'établissement ne soumettait pas, au contraire, les propriétaires à démolition sans indemnité (L. 16 sept. 1807, art. 48, 56 et 57). — V. *infrà*, v° *Usines*.

209. — Le conseil de préfecture statue : sur les réclamations relatives au rôle des répartitions des dépenses faites pour les canaux et l'entretien des digues qui y correspondent (L. 14 flor. an XI, art. 4). Jugé, en conséquence, que sans doute le préfet est compétent pour répartir entre les propriétaires riverains les frais de recreusement d'un canal; mais que du moment qu'il s'élève des réclamations contre le mode de répartition, c'est au conseil de préfecture à prononcer. — Cons. d'Ét., 23 oct. 1816, Cavayé, [S. chr., P. adm. chr.] — V. d'ailleurs, *suprà*, v° *Canal*, n. 789 et s., 1029 et s.

210. — ... Sur les contestations relatives au rôle de répartition des dépenses faites pour le curage des cours d'eau non navigables et la confection des travaux de curage (L. 14 flor. an XI, art. 4).

211. — La compétence en cette matière doit être considérée comme une conséquence de la double règle qui attribue au conseil de préfecture la connaissance des indemnités dues pour dommages causés par les travaux publics (V. *suprà*, n. 147), et des réclamations portant sur des taxes recouvrées comme les contributions directes (V. *suprà*, n. 139).

212. — La compétence du conseil de préfecture, étendue à toutes les taxes syndicales, a reçu une extension de la loi du 21 juin 1865, sur les associations syndicales, qui charge cette juridiction de statuer dans les cas où la compétence appartenait antérieurement aux commissions spéciales de plus-value. Mais suivant l'opinion générale, ces commissions ont encore aujourd'hui à régler les indemnités à payer par les propriétaires en cas de dommages *indirects* résultant de l'exécution des travaux publics (L. 16 sept. 1807, art. 30, 31 et 32).

213. — D'autre part, les conseils de préfecture ont vu encore s'accroître l'étendue de leur compétence par le fait de la loi du 22 déc. 1888, qui a augmenté le nombre des cas où peuvent se constituer des associations syndicales autorisées. — V. au surplus sur toute cette matière, *suprà*, v° *Association syndicale*, n. 560 et s.

214. — Les conseils de préfecture statuent également : sur certaines contestations qui peuvent s'élever à l'occasion de la ferme des bacs et bateaux entre l'État et les fermiers. — V. à cet égard *suprà*, v° *Bac*, n. 289 et s., *Bail administratif*, n. 183 et s.

215. — ... Sur certaines contestations relatives aux droits de péage sur les ponts. La diminution considérable du nombre de ponts à péage en vertu de la loi du 30 juill. 1880 (V. *suprà*, v° *Chemin vicinal*, n. 1594 et s.), a entraîné la diminution du nombre des affaires soumises de ce chef au conseil de préfecture. — V. *infrà*, v° *Ponts et péages*.

216. — IX. *Mines, minières et carrières.* — L'exploitation des mines, minières et carrières peut soulever des contestations dont quelques-unes ont été attribuées à la juridiction des conseils de préfecture par la loi sur les mines du 21 avr. 1810 (V. *suprà*, v° *Compétence administrative*, n. 1180 et s., et *infrà*, v° *Mines*.) Ainsi ils doivent statuer : sur les réclamations des concessionnaires de mines à fin de dégrèvement ou de rappel à l'égalité proportionnelle, conformément à l'art. 37 de ladite loi. La taxe des mines est en effet assimilée aux contributions directes.

217. — ... Sur les questions d'indemnité à payer par les propriétaires des mines à raison des recherches ou travaux antérieurs à l'acte de concession (L. 21 avr. 1810, art. 46). — V. Cons. d'Ét., 24 juill. 1833, Bazonni, [P. adm. chr.] — Mais cette compétence n'existe qu'autant que les recherches ont été autorisées. En effet, des travaux de recherches faits sur le fonds d'un tiers sans son consentement et sans autorisation constitueraient une voie de fait de la compétence de l'autorité judiciaire. — Cons. d'Ét., 10 avr. 1841, Vicomte de l'Espine, [P. adm. chr.]; — 9 juin 1842, Coulombe, [S. 42.2.378, P. adm. chr.]

218. — L'art. 46 ne conférant aux conseils de préfecture de compétence que ce qui concerne les travaux antérieurs à la concession, il en résulte que les indemnités dues à raison de travaux postérieurs à la concession sont soumises à l'autorité judiciaire (Serrigny, t. 2, n. 895). Souvent même aux termes des lois de 1810 et du 27 juill. 1880 la compétence est attribuée au jury d'expropriation.

219. — Aux termes de la loi du 27 avr. 1838 (art. 5), les réclamations des concessionnaires pour les taxes d'assèchement des mines sur leur quote-part dans les taxes imposées doivent encore être jugées par les conseils de préfecture. La loi du 27 juill. 1880 a abrogé les décrets du 6 mars 1813, qui attribuaient certaines contraventions commises par les exploitants des carrières, dans les départements de la Seine et de Seine-et-Oise, au conseil de préfecture.

220. — X. *Servitudes militaires.* — Sont encore placées dans les attributions des conseils de préfecture, les contraventions commises dans le rayon des places de guerre, et les difficultés que présentent les limites légales des servitudes de cette nature (L. 17 juill. 1819, art. 11 et s.; Décr.10 août 1873, art. 42 et s.). La compétence ici comme en matière de grande voirie est à la fois contentieuse et répressive. — V. *infrà*, v° *Servitudes militaires*.

221. — XI. *Police du roulage.* — Il en de même de certaines contraventions en matière de police du roulage : ce sont celles que prévoient les art. 4 et 9, L. 30 mai 1851 (Même loi, art. 17).

222. — XII. *Eaux minérales et thermales.* — Les contestations entre les communes et l'État relativement à la propriété des sources d'eaux minérales sont du ressort des conseils de préfecture. Sur ce point, l'art. 9, Arr. 6 niv. an XI, est ainsi conçu : « Seront au surplus les droits de propriété des communes sur les sources d'eaux minérales discutés et réglés en cas de contestation des communes avec la République, par devant les conseils de préfecture, le directeur des domaines entendu, et sauf la confirmation du gouvernement. »

223. — Cette attribution de juridiction est évidemment en dehors du droit commun; et d'abord, il faut remarquer qu'elle n'est applicable qu'aux contestations entre les communes et l'État; d'où il suit que c'est à la juridiction ordinaire qu'il appartient de statuer sur les questions de propriété qui peuvent s'élever entre une commune et un particulier. — Cons. d'Ét. 12 janv. 1809, Bardin, [S. chr., P. adm. chr.]; — 23 déc. 1815, Demeaux, [P. adm. chr.] — « Nous ajouterons, dit M. Brun (t. 5, n. 520), que, quelque généraux que soient les termes de cet article, ils nous paraissent devoir être restreints dans leur application au cas où la commune litigante fonderait son droit de propriété sur un acte de concession nationale ou tout autre acte émané de l'administration, car les conseils de préfecture cessent d'être compétents pour statuer sur les questions de propriété dont les biens nationaux ou communaux peuvent être l'objet, dès que ces questions doivent être vidées par les règles du droit commun, ou par application de titres ordinaires et non émanés du pouvoir administratif » (V. sur les principes, *suprà*, n. 130). — V. Proudhon, *Tr. du dom. public*, n. 140 et s. — V. au surplus *infrà*, v° *Eaux minérales et thermales*.

224. — Le conseil de préfecture est encore compétent pour statuer sur les contestations relatives au bail d'eaux minérales appartenant à l'Etat (Arr. 3 flor. an VIII, art. 2). — V. *suprà*, v° *Compétence administrative*, n. 1269 et s.

225. — XIII. *Etablissements dangereux, incommodes ou insalubres*. — Le conseil de préfecture est appelé à statuer sur les oppositions formées contre les arrêtés du préfet autorisant un établissement insalubre de première ou de deuxième classe (Décr. 15 oct. 1810, art. 7; Décr. 25 mars 1852, tabl. B, 8°).

226. — Il faut bien remarquer que cette compétence du conseil de préfecture n'existe, quand il s'agit d'établissements de première ou de seconde classe, qu'au cas où, l'autorisation ayant été accordée, les tiers réclament contre cette autorisation. — Cons. d'Et., 10 sept. 1823, Guyot, [S. chr., P. adm. chr.]; — 14 janv. 1824, Janvier, [P. adm. chr.]; — même jour, Dambricourt, [P. adm. chr.]; — 12 janv. 1825, Lion, [S. chr. P. adm. chr.]; — 27 avr. 1825, Sorel, [P. adm. chr.]; — 11 mai 1825, Dragon, [P. adm. chr.]; — 13 juill. 1825, Poncet, [P. adm. chr.]; — 26 oct. 1825, Tolet, [P. adm. chr.]; — 15 mars 1826, Rouyer, [P. adm. chr.]; — 2 août 1826, Curet, [P. adm. chr.]; — 11 nov. 1831, Guyot, [P. adm. chr.]; — 6 avr. 1836, Nougaillon, [P. adm. chr.].

227. — ... Ou lorsque, celui qui a obtenu l'autorisation ne se soumettant pas aux prescriptions qui lui sont imposées, les tiers intéressés voudraient le contraindre à les remplir. — Cons. d'Et., 3 févr. 1819, Déhollain, [S. chr., P. adm. chr.]; — 31 mars 1839, Rioudel, [P. adm. chr.]

228. — Que si, au contraire, l'autorisation avait été refusée, ce ne serait pas devant le conseil de préfecture qu'il conviendrait de se pourvoir, mais devant le Conseil d'Etat directement, contre l'arrêté du préfet. — Cons. d'Et., 14 nov. 1821, Min. de l'Int., [S. chr., P. adm. chr.]; — 15 nov. 1826, Reynard, [P. adm. chr.]; — 24 oct. 1827, Lacroix, [P. adm. chr.]; — 16 janv. 1828, Gide, [P. adm. chr.]; — 25 juill. 1834, Villalard, [S. 34.2. 628, P. adm. chr.]

229. — Quant aux établissements de la troisième classe, le décret de 1810 porte que les réclamations contre la décision prise seront jugées en conseil de préfecture, sans distinguer la nature des réclamations (art. 8). D'où la jurisprudence du Conseil d'Etat a tiré cette conséquence que, quelle que soit la décision du préfet intervenue, qu'il s'agisse d'un refus d'autorisation ou d'une réclamation contre l'autorisation accordée, à la différence de ce qui a lieu pour les établissements des deux premières, c'est toujours devant le conseil de préfecture qu'il convient de se pourvoir. — V. notamment Cons. d'Et., 30 mai 1821, Lebel, [P. adm. chr.]; — 29 août 1821, Nausé, [S. chr., P. adm. chr.]; — 12 juill. 1837, Roubard, [P. adm. chr.]; — 22 août 1838, Gianelli, [P. adm. chr.]. — V. *infrà*, v° *Etablissements dangereux, insalubres ou incommodes*.

230. — XIV. *Bois et forêts*. — Le conseil de préfecture statue sur certaines contestations relatives aux bois de l'Etat, des communes et des établissements publics soumis au régime forestier.

231. — C'est dans le Code forestier du 31 juill. 1827 que se trouvent posées les règles sur la compétence des conseils de préfecture en ces matières. Ainsi, d'après l'art. 26, c'est aux conseils de préfecture qu'il appartenait de statuer sur les contestations relatives à la validité des surenchères sur adjudications de coupes. La loi du 4 mai 1837 ayant supprimé les surenchères, cette compétence a par cela même cessé d'exister. Mais le Code forestier, on les jugeait incompétents pour statuer sur la validité des adjudications de coupes, entre l'Etat et les adjudicataires. — Cons. d'Et., 6 mars 1816, Domaine, [S. chr., P. adm. chr.]; — 21 août 1819, Nogues, [P. adm. chr.]; — 24 déc. 1818, Bridaine, [S. chr., P. adm. chr.]; — 13 nov. 1819, Brocard, [P. adm. chr.]; — 28 févr. 1818, Guisse, [P. adm. chr.] — Le Code forestier ne s'est pas expliqué sur ce point ; mais, bien que la question ait été agitée (V. notamment Brun, t. 2, n. 882), la même doctrine doit être et a été maintenue, en vertu du principe posé ci-dessus, n. 116 et s.

232. — Le conseil de préfecture est compétent dans certaines hypothèses prévues au Code forestier, art. 50, 64, 65, 67, 90. — V. *infrà*, v° *Forêts*.

233. — D'autre part, le conseil de préfecture n'a en matière forestière aucune compétence répressive : spécialement c'est devant le tribunal correctionnel et non devant le conseil de préfecture que le conservateur des forêts doit poursuivre un propriétaire qui a fait une plantation d'arbres sur la limite d'une forêt domaniale, en contravention aux règlements qui ne permettent de planter des arbres à haute tige qu'à sept pieds de distance du propriétaire voisin. — Cons. d'Et., 13 févr. 1815, de Bougy, [S. chr., P. adm. chr.] — V. *infrà*, v° *Débit forestier*.

234. — Il existe, en dehors du Code forestier, une compétence spéciale qui résulte pour le conseil de préfecture, en matière d'affouage, de la loi du 10 juin 1793. La jurisprudence a varié sur l'étendue de cette compétence. — V. *suprà*, v° *Affouage*, n. 345 et s.

235. — XV. *Télégraphes et téléphones*. — Le conseil de préfecture a encore certaines attributions contentieuses et répressives en matière de lignes télégraphiques et téléphoniques. Historiquement, la compétence qui a été d'abord donnée au conseil de préfecture a été ici une compétence repressive; elle résulte du décret du 27 déc. 1831 (art. 2), portant que quiconque aura, par imprudence ou involontairement, commis un fait matériel pouvant compromettre le service de la télégraphie électrique; quiconque aura dégradé ou détérioré, de quelque manière que ce soit, les appareils ou les machines, sera puni d'une amende de 16 à 300 fr., et que la contravention sera poursuivie et jugée comme en matière de grande voirie.

236. — Plus tard, la loi du 28 juill. 1885 est venue décider (art. 10) que lorsque des supports ou des attaches seront placés à l'extérieur des murs ou façades ou sur des toits ou terrasses, ou encore lorsque des supports ou conduits seront posés dans des terrains non clos, l'indemnité pour le préjudice résultant de travaux de construction de la ligne ou de son entretien, à défaut d'arrangement amiable, sera réglée par le conseil de préfecture, sauf recours au Conseil d'Etat.

237. — Cette compétence n'a rien que de conforme aux principes généraux. La loi précitée a eu pour but d'assimiler aux travaux publics les opérations relatives à l'établissement et à l'entretien des lignes télégraphiques ou téléphoniques appartenant à l'Etat, ou destinées à l'échange des correspondances ; il est naturel que le règlement des indemnités entraînées par ces opérations soit assimilé, au point de vue de la compétence, aux dommages résultant de l'exécution des travaux publics (V. *suprà*, n. 147). — V. *infrà*, v° *Postes et télégraphes*.

238. — XVI. *Pêche*. — Rentre encore dans la compétence des conseils de préfecture la fixation des indemnités dues pour l'établissement d'échelles à poisson et pour l'interdiction du droit de pêche en vue de la reproduction (L. 31 mai 1865, art. 3). — V. *infrà*, v° *Pêche*.

239. — XVII. *Tabacs*. — Les conseils de préfecture statuent sur les réclamations des cultivateurs de tabac pour l'exportation contre le résultat de leur décompte (L. 28 avr. 1816, art. 214). — V. *infrà*, v° *Tabacs*.

240. — XVIII. *Elections*. — Parmi les lois qui, postérieurement à la loi du 28 pluv. an VIII, sont venues étendre la compétence des conseils de préfecture, celles qui ont apporté à leurs attributions le contingent le plus considérable sont certainement les dispositions ayant trait à la matière électorale : matière qui n'avait pas été prévue en l'an VIII, puisqu'alors les conseils généraux, d'arrondissement et municipaux n'étaient point électifs. Mais lorsque les lois de 1831 et de 1833 apportèrent dans la constitution des assemblées locales le principe de l'électorat, elles confièrent en même temps au conseil de préfecture le jugement des réclamations formées contre les élections des conseils généraux, d'arrondissement et municipaux (LL. 22 mars 1831, art. 51 et 52; 22 juin 1833, art. 30 et 31). — V. *suprà*, v° *Compétence administrative*, n. 1708 et s., et *infrà*, v° *Elections*.

241. — En ce qui concerne les conseils généraux, les conseils de préfecture perdirent, par la loi du 10 août 1871, les attributions qu'ils tenaient des lois précitées : le droit de vérifier les élections au conseil général fut conféré au conseil général lui-même (L. 10 août 1871, art. 16). La loi du 31 juill. 1875 enleva ce pouvoir au conseil général, sans rendre le contentieux des élections au conseil de préfecture : elle le transféra au Conseil d'Etat en premier et dernier ressort.

242. — Quant aux élections des conseils d'arrondissement et municipaux, elles continuent à être déférées au conseil de préfecture ; c'est ce qui résulte pour les premiers de la loi de

1833, dont les dispositions à cet égard n'ont pas été abrogées ; pour les autres, de la loi du 5 avr. 1884 (art. 37 et s.).

243. — Le conseil de préfecture est également juge des élections des maires et adjoints (L. 5 avr. 1884, art. 79), des délégués sénatoriaux (L. 2 août 1875, art. 8), des prud'hommes (L. 1er juin 1853), des délégués mineurs (L. 8 août 1890, art. 12).

244. — XIX. *Boissons.* — Avant la loi du 21 juin 1863, il y avait trois cas où le préfet *jugeait en conseil de préfecture*. C'était : 1° en matière d'impôt des boissons, en cas de contestation entre les employés de la régie et les débitants, relativement à l'exactitude de la déclaration des prix de vente (L. 28 avr. 1816, art. 49) ; 2° dans la même matière, en cas de désaccord entre la régie et les débitants pour fixer l'abonnement pour le droit de vente au détail (Même loi, art. 78) ; 3° en cas de contestations s'élevant sur l'administration ou la perception des octrois en régie intéressée entre les communes et les régisseurs de ces établissements, ou entre les communes et les fermiers des octrois sur le sens des clauses des baux (Décr. 17 mai 1809, art. 136).

245. — Fallait-il voir simplement dans l'expression « le préfet jugera en conseil de préfecture » une rédaction défectueuse employée par le législateur (V. *suprà*, n. 106 et s., 194) et admettre la compétence, pour ces matières, du conseil de préfecture comme dans celles où elle lui était directement attribuée par la loi ? L'exposé des motifs de la loi du 21 juin 1863 (cité par M. Ducrocq, n. 426) paraît le croire. En tout cas, le préfet aujourd'hui ne juge plus jamais en conseil de préfecture ; les affaires contentieuses qui devaient être jugées de cette manière ont été attribuées au conseil de préfecture lui-même par l'art. 11, L. 21 juin 1863. Il y a donc lieu d'ajouter aux attributions contentieuses du conseil de préfecture les trois cas que nous venons d'indiquer.

246. — XX. *Boucherie et boulangerie.* — Au point de vue historique, citons encore le décret du 6 févr. 1811 qui, dans son art. 32, confiait au conseil de préfecture de la Seine le jugement des contestations entre le caissier et les bouchers, herbagers, forains, employés et autres agents de la caisse de Poissy. Le texte portait « recours au préfet et au conseil de préfecture » ; aussi, M. de Cormenin (t. 1, p. 29) entendait ces mots en ce sens que le préfet aurait jugé seul, le conseil de préfecture ne donnant qu'un simple avis. Mais suivant M. Serrigny (t. 2, n. 903), le rédacteur du décret avait voulu désigner le conseil de préfecture et cette opinion était généralement admise.

247. — La caisse de service de la boulangerie était soumise pour la comptabilité, et par suite, pour la compétence aux mêmes règlements que la caisse de Poissy (Décr. 7 févr. 1834, art. 16). Ces deux caisses n'existent plus, et les attributions qui de ce chef appartenaient au conseil de préfecture ont disparu avec elles. — V. *suprà*, v^{is} *Boucherie*, n. 224 et s., *Boulangerie*, n. 228 et s.

CHAPITRE III.

ATTRIBUTIONS PERSONNELLES DES CONSEILLERS DE PRÉFECTURE.

248. — En dehors du conseil, les conseillers de préfecture sont parfois revêtus de certaines attributions personnelles dans l'administration départementale.

249. — Dans certains cas, notamment, la présence ou le concours d'un ou plusieurs conseillers de préfecture est exigé par la loi. Ainsi, parmi les membres du conseil de révision qui se rassemble pour les opérations du recrutement, doit se trouver un conseiller de préfecture désigné par le préfet (L. 15 juill. 1889, art. 18).

250. — Toutefois, le plus souvent, la participation des conseillers de préfecture à l'administration départementale est accidentelle ; ils ne sont guère appelés qu'à suppléer des administrateurs absents, et se trouvent alors revêtus de tous les pouvoirs que la loi confère à ceux-ci.

251. — L'ordonnance du 29 mars 1821, reproduisant et complétant les dispositions des arrêtés des 17 niv. an IX et 27 pluv. an X, veut que les préfets autorisés à s'absenter de leur département délèguent leurs fonctions, sous l'approbation du ministre de l'intérieur, à un conseiller de préfecture ou au secrétaire-général de la préfecture, à leur choix (art. 1). En cas d'absence ou d'empêchement d'un préfet, sans qu'il ait délégué l'administration, ou en cas de vacance de la préfecture, le premier conseiller de préfecture, dans l'ordre du tableau, prend de droit l'administration du département (art. 2). En cas d'absence ou d'empêchement d'un sous-préfet, le préfet pourvoit à son remplacement en désignant un fonctionnaire de l'ordre administratif, pris dans l'arrondissement, ou, à défaut, un conseiller de préfecture (art. 3). — V. *infrà*, v^{is} *Préfet*, *Sous-Préfet*.

252. — Si le préfet peut ainsi confier à un conseiller de préfecture l'exercice complet de son autorité, à plus forte raison peut-il, même présent et lorsque la prompte expédition des affaires l'exige, déléguer à un ou plusieurs de ces mêmes conseillers quelques-unes de ses attributions.

253. — La loi du 15 juill. 1889, art. 18, a prévu spécialement cette hypothèse en matière de recrutement, et autorise le préfet à se faire suppléer par un conseiller de préfecture dans la présidence du conseil de révision.

254. — Avant la loi du 10 août 1871, lorsque l'État était en litige avec le département, l'État étant représenté par le préfet, l'action était soutenue, dans l'intérêt du département, au nom du doyen du conseil de préfecture (L. 10 mai 1838, art. 36). Mais aujourd'hui, cet office est rempli par un membre de la commission départementale désigné par elle (L. 10 août 1871, art. 54). — V. *suprà*, v° *Commission départementale*, n. 85.

255. — Pendant longtemps, si ce n'est dans tous les départements, tout au moins dans le plus grand nombre d'entre eux, il y eut un conseiller de préfecture faisant fonctions de secrétaire général.

256. — En effet, l'ordonnance du 9 avr. 1817 supprimait les secrétaires généraux et conférait leurs fonctions, en ce qui concerne la signature des expéditions, la garde des papiers et archives et la tenue des registres, au doyen des conseillers de préfecture, et en son absence, au plus ancien après lui. Les secrétaires généraux, rétablis par l'ordonnance du 1er août 1820, furent supprimés de nouveau par l'ordonnance du 1er mai 1832, art. 13, à l'exception cependant de ceux des six départements : des Bouches-du-Rhône, de la Gironde, du Nord, du Rhône, de la Seine et de la Seine-Inférieure. Dans tous les autres départements, les fonctions de secrétaire général furent confiées à l'un des membres du conseil de préfecture, que le ministre désignait à cet effet (Même ordonnance, art. 2). Ce fut la loi du 21 juin 1865, art. 5, qui réinstitua enfin dans chaque préfecture, un secrétaire général titulaire.

257. — D'après une circulaire du ministre des Travaux publics, du 26 déc. 1840, dans les contrats administratifs où figure une partie qui ne sait pas signer, l'identité de cette partie est constatée, non par des témoins, mais par un conseiller de préfecture.

TITRE III.

PROCÉDURE.

CHAPITRE I.

INTRODUCTION DES INSTANCES.

Section I.
Contentieux administratif.

258. — En matière contentieuse, le conseil de préfecture est saisi, soit au moyen de l'action intentée par les particuliers contre l'administration ou contre d'autres particuliers, soit sur l'action de l'administration elle-même, ou sur les poursuites qu'il lui appartient d'exercer pour la répression des contraventions qui rentrent dans le domaine de la compétence administrative.

259. — Comme toute autre juridiction, le conseil de préfecture ne peut pas juger au delà de la demande, ni sur une demande dont il n'est pas saisi (V. *suprà*, n. 164). — Cons. d'Ét., 16 janv. 1822, Levasseur, [P. adm. chr.] ; — 28 mai 1835, Électeurs de Saint-Dié, [P. adm. chr.] ; — 13 mai 1836, Électeurs d'Arvieu, [S. 36.2.376, P. adm. chr.] ; — 2 janv. 1838, Gruter, [P. adm. chr.].

260. — Spécialement, le conseil de préfecture, saisi d'une demande en indemnité portant sur plusieurs chefs, ne peut accorder sur aucun de ces chefs une somme supérieure à celle qui est réclamée. — Cons. d'Ét., 19 juill. 1855, Decuers, [P. adm. chr., D. 56.3.12] — V. *infrà*, *Ultra petita*.

261. — Il a été jugé dans le même sens que, lorsque, sur une assignation donnée par un contribuable au percepteur pour comparaître en référé devant le président du tribunal, un conseil de préfecture déboute ce contribuable de l'opposition par lui formée aux poursuites dirigées contre lui, ce conseil prononce sur une réclamation dont il n'était pas régulièrement saisi et commet un excès de pouvoir. — Cons. d'Ét., 26 août 1846, Sellier, [P. adm. chr.] — *Sic*, Serrigny, *Org. et compét. admin.*, t. 2, n. 627; Dufour. *Dr. admin.*, t. 2, n. 91; Foucart, *Élém. de dr. publ.*, t. 3, n. 1933.

§ 1. *Forme des requêtes.*

1° *Dépôt au greffe.*

262. — Les requêtes introductives d'instance concernant les affaires sur lesquelles le conseil de préfecture est appelé à statuer par la voie contentieuse, doivent être déposées au greffe du conseil, sauf disposition contraire contenue dans une loi spéciale (L. 22 juill. 1889, art. 1).

263. — Les requêtes sont inscrites à leur arrivée, sur le registre d'ordre qui doit être tenu par le secrétaire greffier. Elles sont en outre marquées, ainsi que les pièces qui y sont jointes, d'un timbre indiquant la date de l'arrivée (Même art.).

264. — Le secrétaire greffier délivre aux parties qui en font la demande un certificat qui constate l'arrivée au greffe de la réclamation et des différents mémoires produits (Même art.).

265. — La disposition qui prescrit le dépôt au greffe du conseil de préfecture a-t-elle un caractère impératif? Sous l'empire du décret du 12 juill. 1865, qui disposait déjà que les requêtes et mémoires introductifs d'instance devaient être déposés au greffe du conseil, le Conseil d'État avait néanmoins considéré comme l'équivalent du dépôt au greffe du conseil de préfecture, le dépôt au greffe du bureau de l'agence judiciaire de la ville de Paris. — Cons. d'Ét., 28 juin 1878, Lesage et Cie, [Leb. chr., p. 617] — V. l'arrêté annulé du conseil de préfecture de la Seine en date du 3 févr. 1875 (jurisp. des cons. préf. 1877, p. 146).

266. — De même, il avait été jugé qu'une lettre par laquelle un particulier demandait au préfet de poursuivre une commune en règlement de compte, avait eu pour effet de saisir le conseil de préfecture de la contestation. — Cons. d'Ét., 19 nov. 1886, Gatte, [D. 87.3.124]

267. — ... Et que le préfet ne pouvait, sans excéder ses pouvoirs, refuser de transmettre une réclamation au conseil de préfecture sous prétexte que ce conseil serait incompétent pour en connaître. — Cons. d'Ét., 27 févr. 1852, Laurentie, [S. 52.2.382, P. adm. chr.] — En effet, disait-on, si, les conseils de préfecture n'ayant pas de fonds spéciaux pour leurs bureaux, les préfets ou plutôt les bureaux de la préfecture sont le plus souvent les intermédiaires forcés des plaideurs auprès de ces conseils, ce mode de procéder ne peut avoir pour effet d'attribuer aux préfets le droit de déterminer si le conseil est compétent ou non pour statuer sur une réclamation.

268. — Mais la législation actuelle fait du dépôt au greffe du conseil de préfecture une condition essentielle pour qu'il y ait instance engagée. La restriction relative aux dispositions contenues dans les lois spéciales, qui ne se trouvait pas dans le décret de 1865 et qui vise les matières de contributions, d'élections et de contraventions, ne fait qu'accentuer encore les termes impératifs de l'article. Ce texte, d'ailleurs, ne se borne pas à mentionner la formalité du dépôt au greffe, il prescrit aussi l'enregistrement de cette requête sur un registre d'ordre à son arrivée; cet enregistrement apparaît comme le corollaire nécessaire du dépôt qu'il constate ainsi par sa date. L'intention manifeste du législateur en 1889 a été de nettement accuser le caractère juridictionnel des conseils de préfecture et de faire cesser la confusion si souvent faite de cette juridiction et des bureaux de la préfecture; en conséquence, on ne saurait considérer comme une requête introductive d'instance une demande adressée sous forme de lettre au préfet, et son enregistrement dans les bureaux de la préfecture ne pourrait lui faire produire les effets d'une demande en justice. — Teissier et Chapsal, *Traité de la procédure devant les conseils de préfecture*, p. 19.

269. — Toutefois, une pareille lettre, si elle renferme tous les éléments d'une requête, pourra valoir comme telle, au cas où elle serait déposée au greffe du conseil de préfecture par le préfet, mais celui-ci ne peut être contraint d'opérer ce dépôt, et s'il le fait, c'est seulement à dater de son enregistrement au greffe que la lettre produira les effets d'une requête, c'est-à-dire saisira le conseil, interrompra la prescription et fera courir les intérêts. — Teissier et Chapsal, p. 20.

2° *Énonciations de la requête.*

270. — Avant la loi de 1889, il avait été déjà jugé que l'art. 61, C. proc. civ., n'est pas applicable aux demandes formées devant le conseil de préfecture. — Cons. d'Ét., 27 juin 1862, Eaux thermales de Vichy, [Leb. chr., p. 154] — Les demandes pouvaient donc revêtir telle forme qu'il convenait aux parties.

271. — Il en est encore de même aujourd'hui : toutefois, l'art. 2 énumère certaines indications qui doivent être relatées dans la requête : « La requête introductive d'instance doit contenir les nom, profession et domicile du demandeur, les nom et demeure du défendeur, l'objet de la demande et l'énonciation des pièces dont le requérant entend se servir et qui y sont jointes ». Les prescriptions qui précèdent s'expliquent d'elles-mêmes, tant elles sont manifestement nécessaires. Il en est ainsi surtout des noms, qualités et domicile du demandeur, du nom et de la demeure du défendeur. Si le demandeur a chargé un mandataire d'intenter le procès, il est nécessaire d'énoncer le nom du mandataire et celui du mandant, car c'est au nom de ce dernier que sera rendu l'arrêté. — Teissier et Chapsal, p. 21.

272. — Mais il a été jugé que dans le cas où une réclamation en matière de contributions directes a été rejetée par le conseil de préfecture pour défaut de mandat du réclamant, cette fin de non-recevoir doit être écartée par le Conseil d'État, alors que le contribuable qui se pourvoit déclare avoir autorisée la réclamation présentée en son nom. — Cons. d'Ét., 22 janv. 1892, V° Lejus, [S. et P. 93.3.149]

273. — En outre, la requête doit indiquer l'objet de la demande : cette mention fixe la portée de la réclamation et détermine dans quelles limites va pouvoir s'exercer la juridiction du conseil, qui ne pourrait se saisir d'office d'un litige ni trancher une question qui ne lui aurait pas été soumise. — Teissier et Chapsal, *loc. cit.* — V. *supra*, n. 259.

274. — L'énonciation des pièces dont le requérant entend se servir et qui y sont jointes a pour objet d'indiquer au défendeur les titres sur lesquels se fonde son adversaire et de lui permettre d'en contester la valeur. En outre, par cette communication, on évite que des documents non communiqués soient glissés au dernier moment parmi les pièces soumises à l'examen du juge (Teissier et Chapsal, *loc. cit.*; Doussaud, p. 297). Mais, à la différence de ce qui existe en matière de procédure civile, la loi du 22 juill. 1889 ne prononce la nullité à raison de l'omission d'aucune des prescriptions de l'art. 2. M. Brémond (*Examen critique de la loi du 22 juill. 1889 : Rev. gén. d'admin.*, 90.2.259) pose la question de savoir quelle est alors la sanction de ces prescriptions. D'une part, dit-il, il paraît impossible d'appliquer la règle de l'art. 1030, C. proc. civ.; la loi de 1889 ne peut, en effet, être considérée comme un accessoire du Code; en outre, l'application de l'art. 1030 conduirait à admettre que jamais une requête ne peut être nulle pour vice de forme, puisque la loi n'en prononce pas la nullité, et cela, même au cas d'omission d'une mention des plus essentielles, telle que l'objet de la requête ou le nom du défendeur. D'autre part, on ne peut décider, en sens contraire, que toute irrégularité entraînera nullité. Supposons qu'une requête ne contienne pas l'énonciation des pièces dont le requérant entend se servir, mais que ces pièces soient jointes à la demande et que copie en ait été remise au défendeur : le vice de forme est trop insignifiant pour donner lieu à une nullité que la loi ne prononce pas. M. Brémond admet, en conséquence, et nous partageons cette opinion, que c'est au conseil de préfecture à apprécier, en fait, ce qu'il convient de décider suivant les circonstances. — V. aussi Doussaud, *Commentaire de la loi du 22 juill. 1889*, p. 296.

275. — La requête doit être signée du demandeur ou de son mandataire. L'art. 2 ne le dit pas, mais la nécessité de cette signature est manifeste, et l'absence de cette formalité permettrait au demandeur de se désavouer par lui formé, que l'arrêt rendu ne peut constituer une décision contradictoire. — Cons. d'Ét., 16 juin 1831, Bourdet, [P. adm. chr.] — *Sic*, Teissier et Chapsal, p. 22.

276. — Un arrêt a toutefois déclaré recevable une requête non signée qui émanait d'un réclamant illettré. Notons qu'il s'agissait, en l'espèce, d'une réclamation en matière de contributions directes. — Cons. d'Et., 5 févr. 1875, Montaurial, [Leb. chr., p. 102]

3° Copies de la requête.

277. — Comment le défendeur est-il avisé de l'action intentée contre lui? D'après le décret de 1865, il était adressé administrativement aux défendeurs une lettre du secrétaire-greffier, les avertissant qu'une instance était engagée contre eux, que la requête introductive était au greffe, et qu'ils pouvaient en prendre communication par eux-mêmes ou par mandataire dans un délai déterminé par le conseil de préfecture. Il en résultait l'inconvénient d'obliger les justiciables à se rendre au chef-lieu du département, ou à constituer un mandataire, sans avoir pu prendre une connaissance suffisante du procès qui les concernait. L'usage s'était introduit dans certains départements, d'inviter les parties à produire, en même temps que leur requête, les copies destinées à être notifiées aux adversaires. — V. l'exposé des motifs de M. Aucoc : *Journ. off.*, 16 juin 1870.

278. — La loi de 1889 a confirmé et rendu obligatoire cette règle, que la pratique n'avait pas introduite d'une manière suffisamment régulière. Les requêtes présentées soit par les particuliers, soit par l'administration, doivent être accompagnées de copies certifiées conformes par le requérant, destinées à être notifiées aux parties en cause (art. 3).

279. — Lorsqu'aucune copie n'est produite, ou lorsque le nombre des copies n'est pas égal à celui des parties ayant un intérêt distinct, auxquelles le conseil de préfecture aurait ordonné la communication prévue par l'art. 6, le demandeur est averti par le secrétaire-greffier que, si la production n'en est pas faite dans le délai de quinze jours, à partir de l'avertissement, le conseil de préfecture déclarera la requête non avenue (Même art., § 2).

280. — Dans ce deuxième paragraphe de l'art. 3, il s'agit d'une sorte de péremption d'instance ; le droit du demandeur n'est nullement éteint ; il pourra donc, après le délai ci-dessus, présenter une nouvelle requête, accompagnée des copies prescrites. — Teissier et Chapsal, p. 24.

281. — Toutefois, la non-production des copies en temps utile peut avoir pour effet de permettre au défendeur d'opposer, outre la prescription de droit commun, une fin de non-recevoir tirée de l'expiration du délai fixé par la loi, en certains cas, pour présenter la réclamation. Il en est ainsi, spécialement : 1° en matière de logements insalubres, où les recours contre les décisions des conseils municipaux ordonnant certains travaux ou déterminant les habitations qui y sont susceptibles d'assainissement, doivent être formés par les intéressés devant le conseil de préfecture, dans le délai d'un mois, à partir de la notification de l'arrêté municipal (L. 13 avr. 1850, art. 6); 2° en matière de procès-verbaux de récolement forestier, car, d'après l'art. 51, C. forest., faute de saisir le conseil de préfecture dans le délai d'un mois après la clôture des opérations, les nullités sont complètement couvertes par le seul fait de l'expiration du délai; 3° en matière de demandes d'indemnités pour dommages causés par des travaux de construction ou d'entretien de lignes télégraphiques ou téléphoniques, l'art. 12, L. 28 juill. 1885, portant que les actions en indemnité pour lesquelles l'art. 10 de la même loi donne compétence au conseil de préfecture, sont prescrites par le laps de deux ans, à dater du jour où les travaux ont pris fin.

282. — L'art. 3, L. 22 juill 1889, portant que « le conseil de préfecture déclarera la requête non avenue », il en résulte que le conseil doit prononcer d'office la nullité de la requête, à la différence de la péremption du Code de procédure civile, qui n'a pas lieu de plein droit. — Teissier et Chapsal, p. 25.

283. — A défaut, par le conseil de préfecture, de prononcer cette nullité, le défendeur peut, bien entendu, l'invoquer, mais il doit le faire *in limine litis*. — Teissier et Chapsal, *loc. cit.*

284. — L'arrêté du conseil de préfecture déclarant nulle une requête par application de la disposition ci-dessus rappelée, peut être attaqué devant le Conseil d'Etat par le demandeur qui prétendrait avoir fourni les copies dans le délai de quinzaine à partir de l'avertissement du greffier. Ce droit d'appel se conçoit puisqu'il peut arriver que le requérant ne puisse plus présenter de nouvelle requête en temps utile (V. *suprà*, n. 281), et que, d'autre part, le demandeur a, dans un grand nombre de cas,

intérêt à faire valider sa première requête, pour faire courir du jour de son dépôt les intérêts qui pourraient lui être dus. — Teissier et Chapsal, p. 26.

285. — Quant au calcul du délai de quinze jours accordé au demandeur pour produire les copies de la requête, la journée dans le cours de laquelle est faite la notification de l'avertissement, c'est-à-dire le *dies à quo*, n'est pas compté dans le délai; c'est en effet une règle générale que les délais se calculent non pas d'heure à heure, mais de jour à jour. Ce n'est donc qu'à partir de l'expiration du jour de la notification de l'avertissement que commence à courir le délai de quinzaine. Mais le jour de l'expiration de ce délai, c'est-à-dire le *dies ad quem* est compris dans le délai, l'expression « dans le délai de quinzaine » étant exclusive de la franchise de ce délai. — Teissier et Chapsal, p. 27.

286. — Comme tous les délais de procédure, ce délai est continu, en ce sens que les jours de fête y sont comptés. Mais si le quinzième jour du délai est un jour férié, l'expiration de ce délai est retardée d'un jour, par analogie avec la disposition du dernier paragraphe de l'art. 1033, C. proc. civ. Solution qui est équitable, les bureaux du greffe étant fermés les jours fériés. — Teissier et Chapsal, *loc. cit.*

287. — Le délai ne s'augmente pas à raison des distances. — Teissier et Chapsal, p. 28.

288. — Aucune condition précise n'est imposée par l'art. 3 à l'avertissement, à l'effet de lui assurer date certaine, ce qui est pourtant nécessaire, puisqu'il fait courir le délai. Cependant une simple lettre d'avis non recommandée ne serait pas suffisante pour permettre d'en fixer le point de départ. M. Brémond (*Rev. gén. d'adm.*, 90.2.260), estime que le demandeur doit être averti par une notification semblable à celle qu'on devra lui faire pour la communication des défenses, mais, nous n'allons pas jusque-là, et nous croyons que le secrétaire greffier qui, aux termes de la disposition précitée, est chargé de faire cet avertissement, devra simplement procéder par lettre recommandée. Et le délai ne courra pas du jour de l'envoi de la lettre recommandée, mais seulement du jour de sa réception par l'intéressé, car c'est à ce moment seulement que l'avertissement a eu lieu. — Teissier et Chapsal, p. 28.

289. — Bien que l'art. 3 ne le dise pas, on pourra aussi employer le mode ordinaire des notifications administratives : le secrétaire greffier devra alors en référer au conseil de préfecture qui désignera un agent pour remplir cette formalité (L. 22 juill. 1889, art. 6 et 7). — Teissier et Chapsal, *loc. cit.*

290. — Si le conseil de préfecture déclare la requête non avenue, dans le cas précédent, nous avons dit que la partie qui l'a présentée peut se pourvoir devant le Conseil d'Etat. Le délai du pourvoi sera le délai général de deux mois fixé par l'art. 57; mais quel en sera le point de départ? Ici, en effet, le demandeur n'est pas seul en cause, et on peut se demander qui lui notifiera l'arrêté du conseil de préfecture. Par application de l'esprit général de la loi, qui confie au conseil de préfecture lui-même le soin d'organiser la communication aux parties des pièces ou des actes qui intéressent la marche de la procédure, nous déciderons que c'est le tribunal lui-même qui fera notifier son arrêté au demandeur. — Brémond, [*Rev. gén. d'adm.*, 90.2.261]

4° Introduction de la demande par acte d'huissier.

291. — Les parties ont à leur disposition, pour saisir le conseil de préfecture, un second moyen : elles peuvent faire signifier leur demande par exploit d'huissier (L. 22 juill. 1889, art. 4).

292. — Cette signification diffère de l'ajournement prévu par l'art. 61, C. proc. civ., en ce que... d'abord, l'exploit signifié par le demandeur et son adversaire doit contenir toutes les indications exigées par l'art. 2, L. 22 juill. 1889, pour les requêtes. En second lieu, l'original de l'exploit doit être déposé au greffe : cette formalité est nécessaire pour saisir le juge et pour régler les diverses phases de l'instruction. Si ce dépôt n'est pas fait dans le délai de quinze jours, à dater de la signification, l'exploit est périmé (L. 22 juill. 1889, art. 4). — V. *suprà*, n. 268.

293. — D'après MM. Teissier et Chapsal (*loc. cit.*), ce délai, comme celui de l'art. 3, entraîne de plein droit la péremption de la requête. — Mais M. Brémond (*Rev. gén. d'adm.*, 90.2.262) admet avec plus de raison, suivant nous, que cette péremption, conformément aux principes généraux de la procédure, ne se produit pas de plein droit, et que le tribunal ne pourrait la prononcer d'office.

294. — Le but de la signification par huissier peut être d'interrompre une prescription dont le terme est imminent. Mais les frais de cette signification n'entrent point en taxe (L. 22 juill. 1889, art. 4, *in fine*), c'est-à-dire que la partie qui adopte ce mode d'introduction de la demande doit en supporter les frais. — Doussaud, p. 301.

§ 2. *Communication aux parties adverses.*

295. — Immédiatement après l'enregistrement au greffe des requêtes introductives d'instance, le président du conseil de préfecture désigne un rapporteur auquel le dossier est transmis dans les vingt-quatre heures (L. 22 juill. 1889, art. 5).

296. — Il résulte de cette disposition que la désignation du rapporteur ne sera faite par le préfet que dans les cas rares où il préside le conseil de préfecture (V. *suprà*, n. 39 et 40). D'après le décret de 1865, le rapporteur était désigné par le préfet ou par le conseiller de préfecture chargé de le remplacer.

297. — Dans les huit jours qui suivent la transmission du dossier au rapporteur, le conseil de préfecture, réuni en chambre du conseil, règle, le rapporteur entendu, la notification aux parties défenderesses des requêtes introductives d'instance (L. 22 juill. 1889, art. 6).

298. — Le conseil de préfecture fixe également, eu égard aux circonstances de l'affaire, le délai accordé aux parties pour fournir leurs défenses, et désigner l'agent qui sera chargé de cette notification (Même art.). Cette intervention du conseil de préfecture tout entier, et non du président seul, comme cela se passe trop souvent en pratique, se justifie par l'importance que présentent les mesures à prendre. Avant la loi de 1889, le simple particulier qui plaidait contre l'administration avait à souffrir des lenteurs de celle-ci, les départements, les communes ou l'Etat, apportaient dans leurs réponses; il devait les attendre pendant des mois et quelquefois pendant des années. — Doussaud, p. 303.

299. — Les décisions prises par les conseils de préfecture, en exécution de l'art. 6, n'ont à aucun point de vue le caractère de jugements : elles sont prises en chambre du conseil, en dehors des parties, sans publicité ni sans débat contradictoire. Elles n'ont donc pas besoin d'être libellées comme des arrêtés, ni conservées en minute. Le rapporteur se borne, après avoir pris les ordres du conseil, à inscrire sur la feuille, devant contenir le dossier de l'affaire, la série des formalités à remplir, et ces simples mentions, signées du rapporteur, servent de base aux notifications que le secrétaire greffier doit adresser aux parties (Circ. min. Intér. 21 juill. 1865). — Teissier et Chapsal, p. 31. — V. Toutefois Brémond, *Rev. gén. d'adm.*, 90.2.264.

300. — Ces décisions du conseil de préfecture n'étant pas des arrêtés, mais des mesures d'ordre intérieur, ne peuvent être l'objet ni d'une opposition, ni d'un recours au Conseil d'Etat. Mais quand les parties estimeront que les délais à elles impartis sont insuffisants pour préparer leur défense, elles peuvent faire défaut, et attaquer ensuite par la voie de l'opposition, l'arrêté intervenu. — Teissier et Chapsal, *loc. cit.*

301. — Les décisions prises par le conseil de préfecture, ainsi qu'il vient d'être dit, pour l'instruction des affaires, sont notifiées aux parties défenderesses, dans la même forme administrative, et dans les délais fixés par le conseil, par l'agent qu'il a désigné, en même temps que les copies des requêtes et mémoires déposés au greffe, en exécution de l'art. 3 (V. *suprà*, n. 277 et s.). — Il est donné récépissé de cette notification. — A défaut de ce récépissé, il est dressé procès-verbal de la notification par l'agent qui l'a faite. Le récépissé ou le procès-verbal est transmis immédiatement au greffe du conseil de préfecture (L. 22 juill. 1889, art. 7).

302. — Il a été jugé, sous l'empire du décret du 12 juill. 1865, et il faut admettre également aujourd'hui, que la disposition d'après laquelle les décisions prises par les conseils de préfecture pour l'instruction des affaires portées devant eux sont notifiées aux parties, doit être observée à peine de nullité. — Cons. d'Et., 31 août 1871, Robin, [S. 73.2.160, P. adm. chr.]

303. — L'agent que le conseil désigne pour faire la notification, doit être un agent dépendant directement de l'autorité administrative, notamment le sous-préfet, le maire, le commissaire de police ou le garde champêtre. — Teissier et Chapsal, p. 32.

304. — Cet agent devra faire la notification à personne ou à domicile. Au cas où la partie ne serait pas présente à son domicile, de même que si elle n'a ni domicile ni résidence connus, l'agent chargé de la notification ne peut établir lui-même le moyen qui lui paraîtrait convenable ; il devra en référer au conseil de préfecture qui pourra ordonner la remise de la copie à ce conseil ou au procureur de la République, conformément aux règles générales des exploits, contenues dans les art. 68 et 69, § 8, C. proc. civ. — Teissier et Chapsal, *loc. cit.*

305. — A la différence de ce qui avait été décidé sous l'empire du décret du 12 juill. 1865, les règles qui précèdent s'appliquent au cas où l'administration est défenderesse. Il n'y a donc plus lieu d'admettre que l'administration serait prévenue par la voie administrative, et ne serait astreinte à aucun délai. Le conseil de préfecture doit impartir un délai à l'administration, comme aux autres défendeurs, pour fournir ses défenses. — Teissier et Chapsal, p. 33.

306. — Afin de faciliter les communications des pièces et les notifications que nécessite l'instruction de l'affaire, la partie qui est domiciliée hors du département doit faire élection de domicile au chef-lieu (L. 22 juill. 1889, art. 8, dernier §).

307. — Cependant on a soutenu que cette dernière disposition est, loin de faciliter et d'assurer la notification, est de nature à la retarder, même à la compromettre. Elle est en outre une source de frais, inconvénients qui n'existaient pas sous l'empire du décret de 1865, alors que la notification était faite par la voie administrative aux parties. — Doussaud, p. 309 et 310.

308. — Au reste, les parties peuvent se faire représenter par mandataire, qu'elles résident ou non dans le département ; la loi laisse absolument libre le choix de ces mandataires. Ils peuvent être, soit des avoués ou des avocats, soit toutes autres personnes. Une seule restriction est imposée par la loi : l'individu privé du droit de témoigner en justice ne peut être admis comme mandataire d'une partie (L. 22 juill. 1889, art. 8, § 3 et 4).

309. — Il y a lieu toutefois de faire une distinction, en ce qui concerne la manière dont le mandataire doit justifier au conseil de préfecture du mandat dont il est chargé. Si le mandataire d'une partie est un avoué *exerçant dans le département*, ou un avocat, il n'a aucune justification à produire (L. 22 juill. 1889, art. 8, § 3, arg. *à contrario*).

310. — Dans le cas contraire, le mandataire doit justifier de son mandat par un acte sous seing privé légalisé par le maire et enregistré, ou par un acte authentique (Même art.). — V. Instr. enregistr. n. 2778, 5 oct. 1889.

311. — Et cette obligation est imposée, d'après le texte même de la loi, à l'avoué exerçant sa profession hors du département. — Teissier et Chapsal, p. 35.

312. — Le mandat doit être spécial à la réclamation. — Teissier et Chapsal, p. 35.

313. — Le texte ci-dessus reproduit de l'art. 7 impose à l'agent chargé de la notification, l'obligation de remettre au défendeur les copies des requêtes et mémoires déposés au greffe, en exécution de l'art. 3 (V. *suprà*, n. 277 et s.). Quant aux décisions prises par le conseil de préfecture pour l'instruction des affaires, le même texte porte simplement qu'elles seront *notifiées* en même temps que ces copies. La loi n'est donc pas explicite sur le point de savoir si copie de ces décisions doit également être remise; mais nous croyons, avec M. Brémond (*loc. cit.*), que l'affirmative n'est guère douteuse : un avertissement verbal ne peut suffire pour une communication aussi importante. C'est pourquoi le même auteur a, non sans raison, fait observer que les décisions dont il s'agit, contrairement à ce qu'on pourrait induire de la circulaire de 1865 précitée (*suprà*, n. 299), doivent être libellées par écrit, afin que la copie puisse en être remise aux parties intéressées.

314. — La loi n'a prescrit aucune forme pour le récépissé de la notification. Il semble cependant qu'il faudra exiger la date, et la signature de celui qui le délivre, c'est-à-dire de celui qui a qualité pour recevoir la notification. A défaut de récépissé, l'agent doit dresser un procès-verbal désignant d'une façon précise la personne à laquelle il a remis les copies, ainsi que les circonstances de fait qui ont précédé ou accompagné cette remise. — Brémond, *loc. cit.*

315. — La loi n'a prononcé aucune nullité pour vice de notification. C'est au conseil de préfecture à prononcer suivant les circonstances. — Brémond, *loc. cit.*

316. — Aux termes de l'art. 8, L. 22 juill. 1889, les parties ou leurs mandataires peuvent prendre connaissance au greffe, mais sans déplacement, des pièces de l'affaire.

317. — Un arrêté de conseil de préfecture doit donc être annulé, comme irrégulièrement rendu, si l'une des parties en cause n'a pu obtenir communication de pièces qu'il lui importait de connaître. — Cons. d'Et., 6 juin 1866, Elections de Saint-Junien, [S. 67.2.248, P. adm. chr., D. 67.3.9]

318. — La communication, avons-nous dit, a lieu, en général, au greffe et sans déplacement. Toutefois, le président du conseil de préfecture peut autoriser le déplacement des pièces, pendant un délai qu'il détermine, sur la demande des avocats ou des avoués chargés de défendre les parties (Même art.).

319. — Ce déplacement, aux termes de la disposition qui précède, ne peut être autorisé que sur la demande des *avocats* ou des *avoués* chargés de la défense : un mandataire ordinaire ne pourrait donc l'obtenir. Cette différence de traitement provient du caractère général de la profession exercée par les avoués, avocats, etc., et de la confiance qu'inspirent les règlements et la discipline des ordres auxquels ils appartiennent. — Teissier et Chapsal, p. 35.

320. — Contrairement à ce que nous avons fait observer pour la communication de la requête (*suprà*, n. 305), nous admettrons que, au cas où l'administration est défenderesse, il y a lieu de conserver la pratique suivant laquelle ses agents reçoivent directement communication du dossier sans être obligés de venir le consulter au greffe. Il n'y a plus de raison de traiter différemment l'administration et les particuliers pour la notification de la requête, depuis qu'on en doit laisser copie aux parties ; mais il n'en est pas de même en ce qui concerne la communication du dossier. Le caractère public du fonctionnaire doit être considéré comme une garantie suffisante contre tout détournement de pièces. — Teissier et Chapsal, *loc. cit.*

§ 3. *Défenses.*

321. — Ainsi qu'il a été dit, *suprà*, n. 298, le défendeur qui a reçu notification de la requête et qui a été mis à même de prendre connaissance au greffe des pièces du dossier, doit fournir sa défense dans le délai qui lui a été imparti par le conseil de préfecture. Sinon, le conseil peut mettre aussitôt l'affaire au rôle et juger par défaut. — Teissier et Chapsal, p. 36.

322. — Toutefois, si la défense est produite avant le jour de l'audience, le conseil de préfecture doit en tenir compte. En effet, l'art. 343, C. proc. civ., suivant lequel l'affaire en état quand les conclusions ont été respectivement prises à l'audience ne s'oppose pas à ce que le tribunal saisi accepte la production de pièces ou mémoires, tant que les débats ne sont pas clos. — Cons. d'Et., 15 déc. 1876, Jeantien, [S. 79.2.26, P. adm. chr., D. 77. 3.21] — V. cep. Cons. d'Et., 9 juin 1882, Syndics de la Durance, [D. 83.3.124]

323. — A plus forte raison a-t-il été jugé à bon droit que le conseil de préfecture ne peut, alors qu'il n'a fixé aux parties aucun délai pour fournir leurs défenses ou réponses, refuser d'examiner, comme tardivement présentées, des observations nouvelles déposées à son greffe, avant l'audience, le jour même où l'affaire doit être jugée. — Cons. d'Et., 25 juin 1868, Bécheret et autres, [S. 69.2.221, P. adm. chr., D. 69.3.62] — V. *infrà*, n. 543.

324. — Les mémoires en défense et les répliques sont déposés au greffe dans les conditions fixées par les art. 1, 2, 3 et 4, L. 22 juill. 1889 (L. 22 juill. 1889, art. 9). Par suite, ces mémoires sont, à leur arrivée au greffe, inscrits sur le registre d'ordre par le greffier, et marqués d'un timbre indiquant la date de leur arrivée : ils doivent, en outre, être accompagnés d'autant de copies qu'il y a d'adversaires. — V. *suprà*, n. 263, 277 et s.

325. — Dans le cas où ces copies ne seraient pas produites, le défendeur serait invité, de même que le demandeur lorsqu'il s'agit de la requête introductive d'instance, à les produire dans le délai de quinzaine. — V. *suprà*, n. 279.

326. — Mais quelle est la sanction du défaut de production des copies de la défense? Nous avons vu *suprà*, n. 279, que le défaut de production des copies de la requête la fait déclarer non avenue. Cette sanction est ici inapplicable, car le conseil de préfecture, saisi du litige par la requête, ne peut écarter la défense. Le conseil aura toutefois à apprécier la nature et l'importance du préjudice qui serait porté de cette manière au demandeur, et, sur les conclusions de celui-ci, il pourra opérer la liquidation de tout ou partie des dépens contre le défendeur. — Teissier et Chapsal, *loc. cit.*

327. — La communication des mémoires est ordonnée par le conseil de préfecture comme pour les requêtes introductives d'instance (L. 22 juill. 1889, art. 9, § 2). En même temps, le conseil fixe un délai pour y fournir la réponse.

328. — Les parties peuvent faire signifier, par acte d'huissier, les mémoires en défenses et les répliques. Seulement, la partie qui use de cette faculté doit supporter les frais de la signification, par application de l'art. 4 auquel se réfère l'art. 9. — Teissier et Chapsal, *loc. cit.*; Doussaud, p. 312. — V. *suprà*, n. 294.

Section II.

Procédure en matière de contravention.

§ 1. *Procédure ordinaire.*

329. — Parmi les attributions des conseils de préfecture, il en est de répressives, qui ont pour objet les contraventions portant atteinte au domaine public. On conçoit que, lorsqu'ils exercent une juridiction de cette nature, la procédure suivie devant eux ne puisse être celle dont nous venons de tracer les règles ; elle exige des formes spéciales, que nous allons faire connaître.

1° *Procès-verbaux.*

330. — Le conseil de préfecture est saisi de la contravention par le procès-verbal qui la constate. Ce procès-verbal est la base de la procédure répressive : aucune poursuite n'est possible s'il n'en a été dressé. Pour permettre d'apprécier dès maintenant si le conseil de préfecture a été valablement saisi, nous donnerons ici quelques notions sommaires sur les conditions que doivent remplir les procès-verbaux destinés à constater des contraventions de grande voirie, sauf à renvoyer pour les détails, *infrà*, v° *Procès-verbal*, *Voirie*. — V. aussi, *suprà*, v° *Chemin vicinal*, n. 2548 et s.

331. — I. *Agents compétents pour verbaliser.* — A quelles conditions le procès-verbal est-il valable? La première condition est qu'il ait été rédigé par un agent compétent. Or, il y a lieu de distinguer à cet égard les agents ayant une compétence générale pour verbaliser et ceux qui n'ont qu'une compétence spéciale.

332. — Les agents de la première catégorie sont : les officiers de justice judiciaire chargés de rechercher les crimes, délits et contraventions de toute nature (C. instr. crim., art. 8).

333. — Les maires ou adjoints, les ingénieurs et les conducteurs des ponts et chaussées, les agents de la navigation, les commissaires de police, les gendarmes (L. 29 flor. an X, art. 2).

334. — ... Les agents que différents textes relatifs à la grande voirie ont investis de la même compétence générale, savoir : les préposés des contributions indirectes et des octrois (Décr. 18 août 1810, art. 1).

335. — ... Les gardes champêtres (Décr. 16 déc. 1811, art. 112).

336. — ... Les agents-voyers, cantonniers chefs et autres agents secondaires chargés du service et dûment commissionnés et assermentés (L. 23 mars 1842, art. 2). — V. *suprà*, v° *Agent-voyer*, n. 17 et s.

337. — Les agents qui ne peuvent constater que certaines contraventions déterminées sont : ... pour les ports et le domaine public maritime : les officiers et maîtres de port, les syndics des gens de mer, les gardes maritimes et gendarmes de la marine (Décr. 21 févr. 1852, art. 4).

338. — ... Pour les chemins de fer, les ingénieurs des mines, gardes-mines, les agents de surveillance nommés ou agréés par l'administration et dûment assermentés (L. 15 juill. 1845, art. 12 et 23). — V. *suprà*, v° *Chemin de fer*, n. 1918.

339. — ... Pour les canaux concédés, les agents assermentés désignés par la loi (V. *suprà*, v° *Canal*, n. 691); pour les lignes télégraphiques, les commissaires, sous-commissaires et agents assermentés chargés de la surveillance des chemins de fer, les inspecteurs des lignes télégraphiques (Décr. 27 déc. 1851, art. 10).

340. — Mais quelle que soit celle des deux catégories précitées à laquelle il appartienne par sa compétence, chacun des agents ci-dessus énumérés ne peut constater une contravention que dans les limites de la circonscription qui lui est assignée. — Teissier et Chapsal, p. 93.

341. — ... Sauf exception pour les militaires appartenant au corps de la gendarmerie, qui ont qualité pour verbaliser dans toute l'étendue du territoire français (Décr. 1er mars 1854, art. 1). — Cons. d'Et., 7 juin 1851, Dudefoy, [S. 51.2.668, P. adm. chr., D. 51.3.38]

342. — En règle générale, il suffit d'un seul agent pour verbaliser, et spécialement un procès-verbal dressé par un seul gendarme est valable. — Cons. d'Et., 19 janv. 1836, Galerot, [S. chr., P. adm. chr. — V. *infrà*, v° *Procès-verbal*.

343. — II. *Formes des procès-verbaux.* — La rédaction des procès-verbaux n'est soumise à aucune forme sacramentelle. Ils doivent néanmoins, pour faire preuve, être datés et signés par le fonctionnaire rédacteur.

344. — ... Sans qu'il soit nécessaire, d'ailleurs, que celui-ci les ait écrits entièrement de sa main. — Cons. d'Et., 14 août 1850, Caillard, [Leb. chr., p. 792]; — 20 janv. 1888, Marié, [S. 90.3.3, P. adm. chr., D. 89.3.30] — Le procès-verbal doit relater les noms, qualité et demeure de l'inculpé, mais l'inexactitude de ces mentions ne saurait mettre obstacle à la condamnation si l'instruction venait établir l'identité du contrevenant. — Cons. d'Et., 19 déc. 1842, Fillon, [Leb. chr., p. 477]; — 20 juin 1844, Delmas, [P. adm. chr.].

345. — Il n'est pas nécessaire non plus que les agents mentionnent le lieu de leur résidence. — Cons. d'Et., 29 janv. 1839, Brossard, [S. 39.2.398, P. adm. chr.].

346. — D'autre part, aucune disposition de loi ou de règlement n'impartit un délai pour la rédaction des procès-verbaux à dater du jour où le fait contraventionnel a été reconnu. — Cons. d'Et., 21 avr. 1864, Granger, [S. 64.2.311, P. adm. chr.]; — 13 juill. 1870, Canal du Midi, [S. 72.2.254, P. adm. chr.]; — 20 févr. 1880, Min. des Travaux publics, [Leb. chr. p. 210]; — 20 févr. 1888, précité.

347. — Le procès-verbal doit être approuvé devant le juge de paix, le maire ou l'adjoint du lieu où la contravention a été commise (Décr. 18 août 1810, art. 2; Décr. 16 déc. 1811, art. 112).

348. — Le Conseil d'Etat admet, contrairement à la jurisprudence de la Cour de cassation, que l'affirmation ne nécessite pas le serment, et que l'agent verbalisateur peut se borner à certifier que son procès-verbal est sincère et véritable. — Cons. d'Et., 18 nov. 1847, Dubenet, [P. adm. chr.]; — 30 nov. 1850, Maurice, [P. adm. chr., D. 51.3.33] — V. *infrà*, v¹ˢ *Procès-verbal, Voirie*.

349. — Il n'est exigé par aucun texte de loi que l'acte d'affirmation soit signé par l'affirmant; il suffit que mention de la formalité soit faite à la suite du procès-verbal, avec signature du maire ou du juge de paix. — Cons. d'Et., 18 mai 1843, Camuseau, [P. adm. chr.]; — 5 févr. 1867, Delord, [S. 68.2.295, P. adm. chr., D. 67.5.335]; — 22 juin 1883, Redarès, [S. 85.3.34, P. adm. chr., D. 85.3.18]

350. — Sont dispensés de l'affirmation : les procès-verbaux émanant, en matière de chemins de fer, des agents qui, comme les ingénieurs des ponts et chaussées ou des mines, ont le caractère de fonctionnaires publics (L. 15 juill. 1845, art. 24).

351. — ... Les procès-verbaux dressés par les brigadiers de gendarmerie sur les gendarmes (L. 27 juill. 1856).

352. — Mais tous les autres fonctionnaires et agents administratifs qui ont qualité pour constater les contraventions de grande voirie doivent affirmer leurs procès-verbaux, à peine de nullité. — Cons. d'Et., 23 juin 1853, Négrin, [S. 57.2.79, *ad notam*, P. adm. chr.]; — 6 mars 1856, Gond, [S. 57.2.79, P. adm. chr., D. 58.3.43]

353. — Contrairement à son ancienne jurisprudence, le Conseil d'Etat décide aujourd'hui qu'il n'y a pas lieu d'exiger l'affirmation dans le délai de trois jours de leur rédaction, pour les procès-verbaux destinés à constater les contraventions de grande voirie. — Cons. d'Et., 11 févr. 1881, Arbot, [S. 82.3.45, P. adm. chr., D. 82.3.65]; — 25 févr. 1881, Crochet, [Leb. chr., p. 213]; — 22 juin 1883, précité; — 23 janv. 1885, Lhomme, [Leb. chr., p. 101]

354. — Mais il faut évidemment faire exception pour les cas où un texte spécial prescrit l'affirmation dans un délai déterminé à peine de nullité. Il en est ainsi spécialement en matière de police des chemins de fer : les procès-verbaux dressés par les agents de surveillance et les gardes assermentés doivent être af-

firmés dans les trois jours, à peine de nullité, devant le juge de paix ou le maire soit du lieu du délit ou de la contravention, soit de la résidence de l'agent (L. 15 juill. 1845, art. 24). — V. *supra*, v° *Chemin de fer*, n. 1949 et s.

355. — Et ce délai court du jour de la rédaction du procès-verbal et non du jour de la constatation. — Cons. d'Et., 21 avr. 1864, Granger, précité; — 13 mars 1867, Piot, [S. 68.2.156, P. adm. chr.]; — 27 nov. 1874, Dagol, [S. 76.2.190, P. adm. chr., D. 75.3.76]; — 20 févr. 1880, précité.

356. — Dans ce délai, on doit compter non le jour de la clôture du procès-verbal (*dies a quo*), mais le jour de l'affirmation (*dies ad quem*). — Dufour, *Dr. adm.*, t. 4, p. 619.

357. — III. *Force probante des procès-verbaux.* — Il est de principe que les procès-verbaux ne font foi que jusqu'à preuve contraire. Or, aucun texte n'a attribué aux procès-verbaux de grande voirie le privilège de faire foi jusqu'à inscription de faux (C. instr. crim., art. 154). — Cons. d'Et., 3 août 1850, Petit, [Leb. chr., p. 738]; — 29 mars 1851, Tamboise, [Leb. chr., p. 235]; — 17 mai 1851, Grimard, [Leb. chr., p. 373] — *Sic*, Laferrière, *Jurid. adm.*, t. 2, p. 628. — V. *supra*, v° *Chemin de fer*, n. 1941 et s.

358. — On peut même citer plusieurs dispositions portant que les procès-verbaux dont nous nous occupons ne font foi que jusqu'à preuve contraire. Telles sont : La loi du 15 juill. 1845, sur la police des chemins de fer (art. 23); l'art. 10, Décr. 27 déc. 1851, pour les contraventions relatives aux lignes télégraphiques; enfin l'art. 498, Décr. 1er mars 1854, lequel porte que « les procès-verbaux de la gendarmerie font foi en justice jusqu'à preuve contraire. »

359. — Mais il en est autrement des procès-verbaux dressés par les gardes du génie, qui font foi jusqu'à inscription de faux (Décr. 10 août 1853, art. 40).

360. — Les procès-verbaux ne font encore foi jusqu'à preuve contraire que des faits dont leur rédacteur a été personnellement témoin. Les procès-verbaux constatant des faits recueillis par information ne peuvent être admis qu'à titre de simple renseignement. — Cons. d'Et., 27 juin 1865, Bateau du Rhône, [S. 66.2.167, P. adm. chr., D. 66.3.60]; — 26 juill. 1878, Toledam, [D. 79.3.337] — 18 mai 1888, Clémençau, [Leb. chr., p. 470] — *Sic*, Laferrière, *loc. cit.*

361. — Le prévenu doit-il être nécessairement relaxé, lorsque le procès-verbal est annulé, soit parce qu'il manque des énonciations essentielles, soit parce qu'il émane d'un agent incompétent, soit encore parce qu'il n'a pas été affirmé? Remarquons que si le procès-verbal disparaît comme preuve, le conseil de préfecture n'en reste pas moins saisi, et si d'autres preuves existent, il peut, tout en annulant le procès-verbal dans la forme, reconnaître qu'au fond la contravention est établie et prononcer la condamnation. — Teissier et Chapsal, p. 99.

362. — Les preuves qui peuvent servir, en cas de nullité du procès-verbal, à établir la contravention, peuvent être empruntées... soit à des rapports d'ingénieurs. — Cons. d'Et., 26 mai 1837, Noguès, [P. adm. chr.].

363. — ... Soit aux aveux des contrevenants. — Cons. d'Et., 13 avr. 1853, Lacaze, [P. adm. chr.]; — 18 févr. 1854, Labougerie, [D. 54.3.43]; — 7 déc. 1859, Blanc et Panel, [P. adm. chr.].

364. — Et il a même été jugé que si un tiers, ayant eu communication du procès-verbal, s'est reconnu le véritable auteur de la contravention, il peut être légalement condamné, bien qu'aucun procès-verbal n'ait été dressé contre lui. — Cons. d'Et., 20 sept. 1859, Viriot, [P. adm. chr.]

365. — Le vice résultant du défaut de signification du procès-verbal au contrevenant peut être couvert par la connaissance acquise de la teneur de ce procès-verbal, et le vice résultant de l'irrégularité de la citation, par le fait que le contrevenant a formé opposition à l'arrêté rendu par défaut contre lui. — Cons. d'Et., 7 mars 1890, Duffaut, [D. 91.3.84, *Rev. gén. adm.*, 90.1.441]

366. — Bien que ce mode d'information soit d'ordinaire employé, le conseil de préfecture n'est pas obligé d'ordonner une enquête à l'effet de constater la vérité des faits relatés dans un procès-verbal nul. — Cons. d'Et., 26 mai 1863, Hervieu, [Leb. chr., p. 440]; — 24 déc. 1863, Boyer, [Leb. chr., p. 894]; — 17 déc. 1886, Duffaut et Dupont, [D. 88.3.36]

367. — Avant la loi du 22 juill. 1889, certains auteurs soutenaient même que les énonciations du procès-verbal ne pouvaient pas être prouvées par témoins, par le motif que la preuve testimoniale n'était pas organisée devant la juridiction administrative et que l'instruction devait y être nécessairement écrite. — Laferrière, *Jur. adm.*, t. 2, p. 629. — *Contrà*, Dufour, *Dr. adm.*, t. 4, p. 619; Cotelle, *Procès-verbaux*, p. 181.

368. — Aujourd'hui, l'art. 27, L. 22 juill. 1889, permet au conseil de préfecture d'entendre les témoins puisque l'arrêté qui ordonne l'enquête peut décider qu'elle aura lieu devant le conseil de préfecture, en séance publique. Mais le procès-verbal n'en continue pas moins à être la base nécessaire de la poursuite; et contrairement à la solution donnée par l'art. 154, C. instr. crim., pour les contraventions de police, les contraventions de grande voirie ne peuvent, à défaut de procès-verbal, être prouvées par témoins. — Teissier et Chapsal, p. 99.

369. — Si le conseil de préfecture a renvoyé un contrevenant des fins de la poursuite pour cause de nullité du procès-verbal, le prévenu n'échappe pas pour cela à toute répression, s'il s'agit d'une contravention permanente. Un nouveau procès-verbal régulier pourra en effet intervenir, permettant une condamnation, pourvu que cette condamnation intervienne dans le délai d'un an à dater du jour du procès-verbal; autrement l'action publique serait éteinte par application de l'art. 640, C. instr. crim. — Cons. d'Et., 22 févr. 1850, Sicard-Duval, [P. adm. chr.]; — 8 mai 1874, Bouchet, [D. 75.3.44]

370. — Encore cette prescription annale de l'action publique n'est-elle relative qu'à l'amende, et non à la réparation matérielle du préjudice. — Cons. d'Et., 19 janv. 1883, Thirel, [S. 85.3.1, P. adm. chr., D. 84.3.72]; — 26 janv. 1883, Teinturio et Martin, [*Ibid.*]

371. — Il a même été jugé qu'un conseil de préfecture ne doit pas accueillir la fin de non-recevoir fondée sur ce qu'un procès-verbal de contravention de voirie a déjà motivé de sa part une condamnation remontant à plus de trente ans et restée sans exécution. Le Conseil d'Etat a considéré que les routes étant imprescriptibles, les anticipations ou usurpations commises sur ce sol constituaient des contraventions permanentes. La répression peut être poursuivie à toute époque, dans l'intérêt toujours subsistant de la grande voirie. — Cons. d'Et., 13 avr. 1870, Dupin, [S. 72.2.118, P. adm. chr., D. 71.3.77]

2° *Poursuites.* — *Défense.*

372. — Le droit de saisir le conseil de préfecture d'un procès-verbal de contravention, qui avait été délégué par le décret de 1865 au sous-préfet, a été rendu au préfet par la loi du 22 juill. 1889. Aux termes de l'art. 10, § 2 de cette loi, dans les dix jours qui suivent la rédaction d'un procès-verbal de contravention et son affirmation quand elle est exigée, le préfet fait faire au contrevenant notification de la copie du procès-verbal ainsi que de l'affirmation, avec citation à comparaître dans le délai d'un mois devant le conseil de préfecture. La notification et la citation sont faites en la forme administrative. Ainsi, le préfet a seul le droit d'exercer l'action publique en matière de contravention.

373. — En conséquence, la répression d'une contravention ne peut être poursuivie par le maire d'une commune qui a souffert de cette contravention. — Cons. d'Et., 21 nov. 1873, Ville d'Hyères, [Leb. chr., p. 852]

374. — ... Ni par une compagnie concessionnaire exploitant l'ouvrage public sur lequel elle a été commise, même si le procès-verbal a été dressé par un de ses agents. — Cons. d'Et., 18 août 1862, Duval, [P. adm. chr., D. 63.3.27]; — 14 mars 1863, Chemins de fer de ceinture, [P. adm. chr., D. 63.3.27]; — 24 déc. 1863, Roger, [Leb. chr., p. 89, D. 64.3.39]; — 7 août 1874, Duluat, [Leb. chr., p. 850]; — 27 avr. 1883, Moreau, [Leb. chr., p. 394] — V. *suprà*, v⁵ *Canal*, n. 682 et s.; *Chemin de fer*, n. 1987 et s.

375. — ... Ni à plus forte raison, par un particulier qui prétendrait avoir un intérêt propre à ce que la contravention fût réprimée. — Teissier et Chapsal, p. 101.

376. — Mais les concessionnaires sont recevables à intervenir dans l'instance, en vue d'obtenir la réparation du dommage dont ils ont souffert. — Cons. d'Et., 15 févr. 1875, Pinguet, [Leb. chr., p. 119]; — 7 avr. 1876, Lainé, [Leb. chr., p. 386]; — 28 mai 1880, Yvert, [Leb. chr., p. 501]; — 12 déc. 1884, Forneret, [Leb. chr., p. 908]; — 8 janv. 1886, Chemin de fer de P.-L.-M., [S. 87.3.41, P. adm. chr.]

377. — ... Sans pouvoir être condamnés à des dépens ou à des dommages-intérêts lorsque le prévenu est renvoyé des fins de la poursuite. — Cons. d'Et., 12 mai 1872, Dadonet, [Leb. chr., p. 291]

378. — De ce qu'il appartient au préfet d'exercer l'action publique, il résulte qu'il peut donner au procès-verbal telle suite qu'il juge convenable. Son refus d'ordonner les poursuites ne pourrait être l'objet d'un recours par la voie contentieuse. — Cons. d'Et., 7 mars 1873, Ducros, [Leb. chr., p. 226]

379. — ... Et le conseil de préfecture ne pourrait se saisir d'office de la contravention; c'est un principe fondamental de notre organisation judiciaire que les tribunaux répressifs ne peuvent se saisir eux-mêmes des faits délictueux qu'ils sont compétents pour juger (V. *suprà*, n. 259). La différence entre le conseil de préfecture et les tribunaux de simple police ou correctionnels, c'est qu'au lieu d'être saisi par le ministère public (C. instr. crim., art. 145 et 182), il l'est par le préfet. — Teissier et Chapsal, p. 102.

380. — La notification au contrevenant de la copie du procès-verbal et de l'affirmation, quand celle-ci est exigée, doit avoir lieu, aux termes de l'art. 10 précité, L. 22 juill. 1889, dans les dix jours de la rédaction dudit procès-verbal ou de son affirmation, mais ce délai n'est pas prescrit à peine de nullité; il est en effet de principe que les actes de procédure ne peuvent être déclarés nuls que si la nullité en a été formellement prononcée par la loi (V. C. proc. civ., art. 1030). — V. en ce sens, sur le délai de cinq jours édicté par le décret du 12 juill. 1865, Cons. d'Et., 27 nov. 1874, Dagot, [S. 76.2.190, P. adm. chr., D. 75.3.76]; — 18 déc. 1874, Dodé et Burdy, [D. 75.3.77] — *Sic*, Teissier et Chapsal, p. 102. — V. *infrà*, n. 389.

381. — L'art. 10 précité laissant subsister les règles établies par les lois spéciales, il s'ensuit que ces lois devront être appliquées en ce qui concerne, notamment, les délais de la notification. C'est ainsi qu'on devra continuer à appliquer aux contraventions de voirie commises par les concessionnaires ou fermiers de chemins de fer, l'art. 13, L. 15 juill. 1845. — V. *suprà*, v° *Chemin de fer*, n. 1940.

382. — La notification faite par le préfet doit, toujours aux termes de l'art. 10, § 1, être accompagnée de citation à comparaître dans le délai d'un mois devant le conseil de préfecture. Il y a lieu d'admettre qu'il s'agit ici, non d'un délai d'ajournement pendant lequel le conseil de préfecture devra s'abstenir de statuer, mais au contraire d'un délai dans lequel le conseil de préfecture devra statuer. En effet, il faut remarquer que le paragraphe suivant de l'art. 10 donne un délai de quinzaine à l'inculpé pour produire ses défenses, d'où il suit que, si le délai d'un mois avait été introduit dans l'intérêt de la défense, on ne concevrait pas l'utilité du délai de quinzaine. D'autre part, on ne comprendrait pas pourquoi le conseil de préfecture serait obligé de rester inactif après la production des défenses, et alors qu'il y a peut-être urgence à statuer, ce qui se produira quand la répression de la contravention n'aura été poursuivie que peu de temps avant l'expiration du délai de prescription. — Teissier et Chapsal, p. 103.

383. — Mais ce délai n'est pas un délai de rigueur; et le contrevenant ne peut arguer de son inobservation pour faire tomber la poursuite commencée; ce délai n'est pas, en effet, prescrit par la loi à peine de nullité. Le système contraire aboutirait à de graves difficultés matérielles; le contrevenant, en effet, a un délai de quinze jours pour produire sa défense, et s'il fait connaître son intention de présenter des observations orales, il doit, aux termes de l'art. 44, être averti du jour où son affaire sera portée en séance publique, une notification faite quatre jours au moins avant cette séance. Il ne resterait donc qu'une période de dix jours au conseil de préfecture pour statuer, et dans ce court délai, il ne lui serait jamais possible de faire les notifications des défenses et réponses dont parle le dernier paragraphe de l'art. 10. Le délai d'un mois n'a donc été inscrit dans la loi par le législateur qu'afin d'activer autant que possible la marche de la procédure répressive. — Teissier et Chapsal, p. 104.

384. — La citation doit indiquer à l'inculpé qu'il est tenu, s'il veut fournir des défenses écrites, de les déposer dans le délai de quinzaine à partir de la notification qui lui est faite et l'inviter à faire connaître, en produisant sa défense écrite, s'il entend user du droit de présenter des observations orales à l'audience (L. 22 juill. 1889, art. 10, § 3).

385. — Il est dressé acte de la notification et de la citation;

cet acte doit être adressé au conseil de préfecture et y être enregistré comme il est dit en l'art. 1 (Même art., § 4). — V. *suprà*, n. 263.

386. — Nous verrons que c'est seulement si le défendeur a déclaré qu'il entendait user du droit de présenter à l'audience des observations orales, qu'il est averti du jour de la séance publique.

387. — Le délai de quinze jours attribué à l'inculpé par l'art. 10 pour produire ses défenses et faire connaître s'il entend user du droit de présenter des observations orales, ne doit pas être considéré, dans le silence de la loi, comme un délai de rigueur. En conséquence, si un mémoire en défense est fourni par le contrevenant après l'expiration du délai de quinze jours, mais avant le jour de l'audience, le conseil de préfecture ne pourra se refuser à l'examiner. La solution contraire n'aurait d'autre effet, en multipliant les arrêtés par défaut, que d'apporter des lenteurs à une procédure qui, à raison de son caractère administratif, requiert le plus souvent célérité. — Teissier et Chapsal, p. 105. — V. *suprà*, n. 322.

388. — Mais, si au jour de l'audience, l'inculpé qui n'a pas produit de mémoire en défense, est autorisé par le conseil de préfecture à présenter des observations orales, l'arrêté n'en doit pas moins être rendu par défaut. — Teissier et Chapsal, *ibid.*, *op. et loc. cit.*, note 1.

389. — L'art. 10 de la loi de 1889 n'a pas reproduit la disposition de l'art. 8, dernier paragraphe, Décr. 12 juill. 1865, aux termes de laquelle lorsque le rapporteur avait été désigné, s'il reconnaissait que les formalités prescrites à l'égard des inculpés n'avaient pas été remplies, il en référait au conseil pour assurer l'accomplissement de ces formalités; mais cette lacune est due moins à la volonté d'innover que parce qu'il a paru superflu d'exprimer une vérité qui s'impose d'elle-même. Cette observation vient à l'appui de la règle posée *suprà*, n. 380 : le délai de dix jours donné au préfet pour notifier le procès-verbal au contrevenant est si peu un délai de rigueur, que le conseil, sur la proposition du rapporteur, peut faire recommencer des notifications et citations irrégulièrement faites. — Teissier et Chapsal, p. 106.

390. — Le conseil de préfecture ordonne, s'il y a lieu, la communication à l'administration compétente du mémoire en défense produit par l'inculpé et la communication à l'inculpé de la réponse faite par l'administration (L. 22 juill. 1889, art. 10, dernier §).

391. — Ainsi qu'il résulte des mots « s'il y a lieu », le conseil de préfecture a la faculté d'apprécier l'utilité de la communication et le droit de ne la prescrire que s'il le juge nécessaire. Sauf cette différence, la procédure en matière de contraventions suit son cours dans la forme des affaires contentieuses.

392. — Lorsque le conseil de préfecture a été régulièrement saisi, il doit nécessairement statuer sur la contravention, que ne ferait même pas disparaître la démolition des travaux indûment exécutés, faite postérieurement au procès-verbal. — Teissier et Chapsal, *loc. cit.*

393. — Le préfet qui, en cas de réparation du dommage causé au domaine public, déclarerait abandonner la poursuite, ne pourrait même pas, par son désistement, dessaisir le conseil. En effet, le préfet, lorsqu'il poursuit la réparation d'une contravention, joue un double rôle : il demande la cessation d'un travail irrégulièrement entrepris; et en même temps, il saisit la juridiction compétente d'un fait tombant sous l'application des lois pénales. A ce second point de vue, il agit comme le ministère public. Par conséquent, le conseil de préfecture a le droit de condamner le contrevenant à l'amende nonobstant le désistement du préfet. — Cons. préf. Seine, 1er mai 1878, [*Jur. cons. préf.*, 78.225]; — 23 juill. 1878, [*Jur. cons. préf.*, 78.113] — Sic, Teissier et Chapsal, p. 106 et 107. — V. *suprà*, v° *Action publique*, n. 303 et s.

§ 2. *Procédures spéciales.*

394. — En vertu de la disposition du § 1 de l'art. 10 de la loi de 1889, les règles de procédure tracées par des lois spéciales doivent être suivies, notamment pour les contraventions commises en matière de roulage, pour lesquelles il y a lieu d'appliquer le titre 3, L. 30 mai 1851. — Teissier et Chapsal, p. 107. — V. *infrà*, v° *Roulage* (police du).

395. — ... En matière de servitudes militaires (Décr. 10 août 1853, art. 40 et s.). — V. *infrà*, v° *Servitudes militaires.*

396. — ... En matière de travaux mixtes (Décr. 16 août 1853, art. 30 et s.).

397. — ... En matière de servitudes autour des magasins à poudre (L. 22 juin 1854, art. 4). — V. *infrà*, v° *Poudres et salpêtres.*

398. — Continuent aussi à être présentées et instruites dans les formes prescrites par les lois spéciales de la matière ... les réclamations en matière électorale (L. 22 juill. 1889, art. 11). — V. *infrà*, v° *Elections.*

399. — ... Les réclamations en matière de contributions directes (Même art.). — V. *infrà*, v° *Contributions directes.*

400. — Il en est de même des réclamations relatives aux taxes qui sont assimilées aux contributions directes pour le recouvrement, ou dont l'assiette et la répartition sont confiées à l'administration des contributions directes (Même art., § 3). — V. *infrà*, v° *Contributions directes.* — V. Teissier et Chapsal, p. 58 et s.

401. — Au contraire, les réclamations relatives aux taxes assimilées dont l'assiette n'est pas confiée à l'administration des contributions directes sont instruites dans les formes qui viennent d'être examinées (Même art., § 4).

CHAPITRE II.

RAPPORT.

402. — L'affaire est en état d'être jugée, lorsque les mesures générales d'instruction sont accomplies, et que les parties mises en cause ont présenté leurs moyens ou laissé passer sans réponse le délai fixé par le conseil de préfecture. Lorsque l'affaire est en état d'être jugée, ou lorsqu'il y a lieu d'ordonner la vérification au moyen d'expertises, d'enquêtes ou autres mesures analogues, le rapporteur prépare son rapport (L. 22 juill. 1889, art. 12).

403. — Ce rapport est remis au secrétaire-greffier, qui le transmet immédiatement au commissaire du gouvernement (L. 22 juill. 1889, art. 12, § 2). Le rapport doit être écrit et contenir le résumé de tous les faits de l'affaire, des moyens des parties, et enfin une série de questions portant sur les points de fait ou de droit à résoudre. — Teissier et Chapsal, p. 37.

404. — A la différence de ce qui se passait sous le régime du décret de 1865, le rapporteur ne prépare plus le projet de décision. Ce projet de décision, qui était maintenu par le texte primitivement proposé lors des travaux préparatoires de la loi de 1889, a été supprimé, parce qu'il a paru préférable que le rapporteur n'engage pas son opinion, et que le commissaire du gouvernement et les membres du conseil de préfecture ne se trouvent pas en présence d'une solution toute faite. Rappelons, toutefois, que la disposition du décret de 1865 était en harmonie avec la pratique suivie devant le Conseil d'Etat.

CHAPITRE III.

MESURES D'INSTRUCTION.

405. — Le conseil de préfecture jouit de la plus grande latitude pour éclairer sa décision. Il peut, en conséquence, recourir à toutes les mesures autorisées devant les tribunaux ordinaires, ordonner la production des pièces et documents qui lui paraissent nécessaires, prescrire une expertise, une vérification, une enquête, des descentes de lieux, etc. — V. notamment, Cons. d'Et., 6 sept. 1820, Hauser, [S. et P. adm. chr.]; — 18 janv. 1831, d'Herberey, [P. adm. chr.]; — 6 août 1840, Papinot, [P. adm. chr.]; — 23 août 1843, Pourchot, [S. 46.2.93]; — 26 mars 1850, Pourchot, [S. 50.2.424]

406. — Ainsi encore, le conseil de préfecture n'excède pas les limites de sa compétence, en ordonnant le dépôt dans les archives de la préfecture d'une expédition d'acte produite par les parties. — Cons. d'Et., 12 janv. 1825, Giraud, [P. adm. chr.]

407. — Remarquons seulement que l'emploi de ces divers moyens qui, par leur nature, appartiennent au droit commun, suppose nécessairement que le fond du litige reste toujours dans le domaine de la compétence du conseil de préfecture; autrement, il devrait s'en abstenir et renvoyer l'affaire devant les juges qui doivent en connaître. — Ainsi, s'il arrivait, par exemple, que, saisi d'une contestation relative à l'étendue d'un domaine vendu nationalement, le conseil de préfecture ne trouvât pas dans l'acte de vente ou dans les actes qui s'y rattachent, les éléments suffisants pour prononcer sur le litige, il devrait se garder de recourir, soit à une expertise, soit à tout autre moyen d'instruction, tiré des règles du droit commun, car sa compétence, en cette matière, est limitée à l'interprétation des actes de vente. En cas d'insuffisance de ces actes, il ne peut que renvoyer le litige aux juges ordinaires. — V. au surplus sur ce point *supra*, v° *Biens nationaux*, n. 102 et s.

408. — D'autre part, un conseil de préfecture ne peut ordonner que des parties procéderont à une expertise devant un tribunal civil pour arriver à l'interprétation d'un arrêté soumis à son appréciation ; ce serait déléguer sa juridiction. — Rennes, 5 mars 1834, Soret, [S. 34.2.648]

409. — Nous allons examiner successivement les différentes mesures d'instruction auxquelles le conseil de préfecture peut recourir pour vérifier les faits assignés par les parties ou pour suppléer à l'insuffisance des pièces produites dans l'instance ; ce sont : les expertises, les visites des lieux, les enquêtes et les interrogatoires, les vérifications d'écritures.

Section I.
Expertises.

§ 1. *Dans quels cas est ordonnée l'expertise.*

410. — Nous avons à nous demander : 1° si le conseil de préfecture peut toujours ordonner l'expertise ; 2° s'il le doit, lorsque l'une des parties la réclame. La première question est résolue affirmativement par la loi : « le conseil de préfecture peut, soit d'office, soit sur la demande des parties ou de l'une d'elles ordonner, avant faire droit, qu'il sera procédé à une expertise sur les points déterminés par sa décision » (L. 22 juill. 1889, art. 13).

411. — Mais ce n'est, en général, qu'une faculté pour le conseil de préfecture, qui peut ordonner ou ne pas ordonner l'expertise, à moins que la loi elle-même ne l'y oblige. C'est ce qui a lieu notamment en matière de dommages résultant de l'exécution de travaux publics, ou de subventions spéciales pour dégradations extraordinaires aux chemins vicinaux : l'expertise doit être ordonnée si elle est demandée par les parties ou par l'une d'elles pour faire vérifier les faits qui servent de base à la réclamation (LL. 22 juill. 1889, art. 13, § 2, et 29 déc. 1892, art. 10).

412. — Cette garantie existait déjà pour les parties avant la loi du 22 juill. 1889. L'art. 56, L. 16 sept. 1807, l'avait établie explicitement pour l'évaluation de l'indemnité réclamée en cas de dégradations causées par une occupation de terrain, et elle était étendue par la jurisprudence à tous les cas de dommages résultant de l'exécution de travaux publics. La loi du 21 mai 1836 prévoyait également l'expertise obligatoire pour les subventions à raison de dégradations extraordinaires aux chemins vicinaux (art. 14), et pour les extractions de matériaux et occupations temporaires en vue de la construction des chemins vicinaux (art. 17). Enfin, la loi du 20 août 1881 (art. 11) organisait une expertise obligatoire en matière de subventions spéciales pour dégradations extraordinaires causées aux chemins ruraux reconnus et se référait expressément, pour les formes à suivre, à l'art. 17, L. 20 mai 1836. — V. *supra*, v^is *Chemin rural*, n. 59 et s.; *Chemin vicinal*, n. 1639, 1819 et s.

413. — Bien que l'art. 13, L. 22 juill. 1889, n'ait déclaré l'expertise obligatoire que pour les dégradations causées aux chemins vicinaux, il y a lieu de ne pas s'en tenir strictement à la lettre de cet article et d'étendre ses dispositions aux dégradations extraordinaires causées aux chemins ruraux reconnus. Rien n'indique, d'ailleurs, que le législateur ait eu l'intention de modifier sur ce point le régime antérieur, alors, d'ailleurs, qu'une assimilation a toujours été faite entre la matière des chemins vicinaux et celle des chemins ruraux reconnus. — Teissier et Chapsal, p. 118.

414. — Il y a également lieu de maintenir l'interprétation donnée à la législation antérieure par les arrêts du Conseil d'Etat. En conséquence, l'expertise ne saurait être valablement écartée dans une question de dommages causés par des travaux publics, par la raison qu'une autre expertise aurait été ordonnée et exécutée en vertu d'une ordonnance du président du tribunal civil, ou bien qu'une expertise aurait déjà eu lieu dans la même affaire, en exécution d'un jugement du tribunal civil ou du tribunal de commerce. — Cons. d'Et., 22 juin 1830, Beyer, [P. adm. chr.] ; — 23 mars 1854, Piatier, [P. adm. chr.] ; — 18 nov. 1869, Mohammed ben Cheick, [S. 70.2.302, P. adm. chr.]

415. — De même, une visite des lieux ne saurait suppléer à l'expertise obligatoire. Ainsi, il a été jugé qu'il ne suffisait pas que plusieurs membres du conseil eussent visité les lieux à l'effet d'apprécier le fondement d'une demande en indemnité pour dommages résultant de travaux publics. — Cons. d'Et., 7 mars 1861, Vallois, [Leb. chr., p. 166]

416. — Mais à la différence de la législation antérieure, l'expertise n'est nécessairement ordonnée que *si elle est demandée par les parties ou par l'une d'elles* : le conseil de préfecture n'est donc tenu de faire procéder à cette mesure d'instruction que sur des conclusions expresses.

417. — Toutefois, même dans les cas où l'expertise est obligatoire et où elle est réclamée par les parties, le conseil de préfecture peut se dispenser de l'ordonner : lorsque la réclamation est de nature à être rejetée par une fin de non-recevoir.

418. — ... Lorsque les parties, divisées sur la question de responsabilité, sont d'accord sur les causes de l'accident, les circonstances dans lesquelles il a eu lieu et l'importance du dommage. — Cons. d'Et., 16 janv. 1862, Cie d'assurances générales maritimes, [D. 64.3.40] — *Sic*, Teissier et Chapsal, p. 119 ; Doussaud, p. 324.

419. — ... Ou lorsque, à raison du long temps écoulé depuis le dommage allégué, il est devenu impossible de procéder à une expertise régulière. — Cons. d'Et., 16 févr. 1870, Bonneau, [D. 71.3.73]; — 20 nov. 1874, Lemaire, [D. 75.3.102]

420. — ... Ou bien encore quand le préjudice ne peut donner lieu à aucune indemnité, comme, par exemple, s'il ne constitue pas un dommage direct et matériel. — Cons. d'Et., 5 mai 1859, Hubic, [S. 60.2.286, P. adm. chr., D. 60.3.2]; — 2 mai 1866, Bompois, [Leb. chr., p. 424] ; — 1er mars 1869, Lartigue, [S. 70.2.166, P. adm. chr.] ; — 6 août 1881, Piette, [S. 83.3.22, P. adm. chr., D. 83.3.11] — V. aussi Cons. d'Et., 25 févr. 1864, Kégel, [Leb. chr., p. 201]

421. — ... Ou s'il y a eu renonciation éventuelle à indemnité, donnée antérieurement au dommage par le réclamant. — Cons. d'Et., 4 févr. 1869, Larouts, [S. 60.2.70, P. adm. chr., D. 71.3.12]

§ 2. *Formes de l'expertise.*

422. — Sous l'empire de l'ancienne législation, la procédure de l'expertise variait suivant la nature des instances. Pour les réclamations portant sur des dommages causés par l'exécution de travaux publics, on appliquait l'art. 56, L. 16 sept. 1807 ; pour les dommages résultant des travaux de voirie vicinale, l'art. 17, L. 20 mai 1836 ; pour les mines, la loi du 21 avr. 1810 ; enfin, dans toutes les autres matières où une expertise était ordonnée, la jurisprudence admettait, en l'absence de prescriptions particulières insérées dans les lois spéciales, l'application de dispositions tirées, soit de la loi de 1807, soit du Code de procédure civile. Il en résultait parfois des décisions contradictoires.

423. — La loi du 22 juill. 1889 a organisé un mode uniforme d'expertise, qui s'écarte de tous ceux antérieurement suivis, mais où l'on retrouve des dispositions empruntées à chacun d'eux. Le mode de procéder est général et s'applique à toutes les matières qui rentrent dans la compétence des conseils de préfecture. — Teissier et Chapsal, p. 116.

424. — ... Sauf, toutefois, en matière de contributions directes (L. 22 juill. 1889, art. 11).

425. — Par suite, on doit remplacer par les formes tracées dans le tit. 2 de la loi de 1889, non seulement les règles établies par la loi du 16 sept. 1807, mais aussi celles du 21 mai 1836 (art. 17), ainsi que cela a été dit formellement dans la discussion de la loi de 1889, mais encore les procédures particulières d'expertise insérées dans des lois spéciales, notamment celles de la loi du 21 avr. 1810, sur les mines (art. 87) et de la loi du 28 juill. 1885, relative à l'établissement des lignes télégraphiques et téléphoniques (art. 10). — Teissier et Chapsal, *loc. cit.*

1° *Nomination des experts*.

426. — En principe, l'expertise est faite par trois experts (L. 22 juill. 1889, art. 14).

427. — L'un des experts est alors nommé par le conseil de préfecture, et chacune des parties est appelée à en désigner un de son choix (Même art., § 3).

428. — Il résulte des dispositions qui précèdent que c'est au conseil de préfecture, en tant que juridiction, qu'il appartient de désigner le troisième expert, et que ce troisième expert n'est plus nécessairement tel agent de l'administration, et n'est plus choisi par l'administration active. Ce mode de procéder présente évidemment plus de garanties d'impartialité, et permet en outre au conseil de tenir compte, pour la désignation qu'il a à faire, du choix des parties, et des aptitudes spéciales des experts. — Teissier et Chapsal, p. 120.

429. — Mais les parties peuvent consentir à ce qu'il soit procédé à l'expertise par un seul expert. Dans ce dernier cas, l'expert est nommé par le conseil, à moins que les parties ne s'accordent pour le désigner (Même art., § 1 et 2).

430. — Dès avant la loi de 1889, il avait été jugé que lorsque les parties ont assisté sans protestation aux opérations de l'expert nommé par le conseil de préfecture, elles ne sont pas recevables à contester devant le Conseil d'Etat la régularité de l'expertise. — Cons. d'Et., 15 mai 1874, Wacrer, [Leb. chr., p. 455]

431. — De ce qui précède il suit encore que le conseil de préfecture ne peut, à peine de nullité, désigner d'office tel expert, alors que les parties n'ont pas été mises en demeure de désigner elles-mêmes leurs experts, ou des'entendre sur le choix d'un expert unique. — Cons. d'Et., 30 juill. 1878, Ville de La Châtre, [Leb. chr., p. 734]; — 27 déc. 1878, Perchez, [D. 79. 5.98]

432. — Et les parties pourraient se prévaloir en tout état de cause de ce vice de forme. — Cons. d'Et., 4 juill. 1884, Gagneur, [D. 86.3.4]

433. — Il convient de faire remarquer à cet égard que le projet de loi de 1870 accordait au conseil de préfecture le droit de nommer un seul expert, même sans le consentement des parties. Il est regrettable, selon nous, que cette disposition n'ait pas été maintenue par la loi nouvelle. Certains litiges sont en effet d'une si minime importance et d'une contestation si simple, que la juridiction administrative devrait pouvoir d'office éviter les frais entraînés par le choix de trois experts. — Doussaud, p. 330.

434. — Le consentement des parties à ce qu'il ne soit nommé qu'un seul expert est exprès ou tacite : il peut s'induire même du silence qu'a gardé l'une des parties en présence des conclusions de l'autre tendant à la nomination d'un expert. — V. aussi *suprà*, n. 430.

435. — On voit que si le conseil de préfecture peut nommer un ou trois experts, il ne peut jamais en nommer deux. — Teissier et Chapsal, p. 121.

436. — D'autre part, on ne doit plus, nous l'avons vu, appliquer le mode de procéder qui avait été organisé par l'art. 56, L. 16 sept. 1807, et par l'art. 17, L. 21 mai 1836, et consistant à partager l'expertise en deux opérations distinctes et successives, l'expertise proprement dite et la tierce-expertise. — Teissier et Chapsal, *loc. cit.*

437. — Ainsi a disparu la disposition si justement critiquée de la loi du 16 sept. 1807 qui, pour les travaux de l'Etat, confiait de droit la tierce-expertise à l'ingénieur en chef du département. En outre, le système qui faisait de l'expertise et de la tierce-expertise deux opérations successives présentait l'inconvénient de retarder la solution et d'augmenter les frais. Les deux experts étant presque toujours en désaccord, la nomination d'un tiers-expert et un nouveau rapport devenaient nécessaires. Aujourd'hui, il n'y a plus une double opération, expertise et tierce-expertise, mais une opération unique faite par trois experts, et où le troisième expert est appelé à procéder en même temps que les deux autres. On peut remarquer que le législateur de 1889 est revenu au système du Code de procédure civile, dont les lois de 1807 et de 1836 s'étaient écartées.

438. — Toutefois, d'après l'art. 305 de ce Code, lorsque l'expertise est faite par trois experts, le tribunal n'a qualité pour les désigner que si les parties ne parviennent pas à se mettre d'accord. Au contraire, devant le conseil de préfecture, chaque partie choisit son expert, et le conseil de préfecture nomme le troisième. On explique cette différence par la difficulté qu'aurait un particulier à s'entendre avec son adversaire sur le choix en commun des experts, surtout lorsque cet adversaire est l'administration. De plus, il a toujours été admis devant la juridiction administrative que la partie qui réclame a le droit de choisir seule son expert. Ainsi que l'a fait remarquer le rapporteur au Sénat, la loi nouvelle n'a pas seulement pour objet de faciliter la procédure, de la rendre simple, économique, mais aussi de donner à la propriété toutes les garanties qu'elle avait déjà, de les lui maintenir sans rien diminuer. Et ce serait la priver de certaines de ses garanties que de lui enlever le droit, que de tout temps la législation a reconnu au propriétaire lui-même, de nommer son expert. Enfin, si les règles du Code de procédure civile avaient été complètement suivies, ajoutait le rapporteur, les conseils de préfecture auraient presque toujours été appelés, en fait, à désigner les experts, par suite du désaccord des parties (Sénat, séance du 5 févr. 1889).

439. — Si les parties assistent à l'audience où le conseil de préfecture ordonne l'expertise, elles peuvent procéder immédiatement à la désignation des experts.

440. — Les parties qui ne sont pas présentes à la séance publique où l'expertise est ordonnée, ou qui n'ont pas dans leurs requêtes et mémoires désigné leur expert, sont invitées, par une notification faite conformément à l'art. 7, à le désigner dans le délai de huit jours (L. 22 juill. 1889, art. 15).

441. — Si cette désignation n'est pas parvenue au greffe dans ce délai, la nomination est faite d'office par le conseil de préfecture (Même art.).

442. — Le délai de huit jours fixé par l'art. 15 court à partir, non de la date de l'arrêté prescrivant l'expertise, mais du jour de la réception de la notification par l'intéressé. — Cons. d'Et., 11 mars 1881, Ville de Paris, [S. 82.3.53, P. adm. chr., D. 82.3.88]

443. — ... Et le jour de la réception ne doit pas être compté dans le calcul des huit jours. — Teissier et Chapsal, p. 124.

444. — Ce délai n'est pas d'ailleurs prescrit à peine de déchéance, et les parties, comme en matière de procédure civile, pourront choisir leurs experts après l'expiration des huit jours, tant que le conseil de préfecture n'aura pas fait de désignation. Mais cette désignation peut être faite aussitôt le délai écoulé. — Cons. d'Et., 27 déc. 1878, Perchez, [D. 79.5.98]

445. — Le décès de l'expert nommé d'office pour une partie fait rentrer cette partie dans la plénitude de son droit de désignation; et c'est seulement à défaut par elle d'exercer ce droit qu'il peut être procédé d'office au remplacement de l'expert. — Cons. d'Et., 6 juill. 1854, Spineux, [P. adm. chr., D. 55.3.10]

446. — Au reste, rien ne s'opposerait à ce que, dans sa décision, le conseil de préfecture désignât par avance les experts, en réservant aux parties la faculté de s'entendre sur d'autres noms dans le délai légal. — V. Cass., 20 nov. 1866, Chemin de fer P.-L.-M., [S. 67.1.77, P. 67.160]

447. — Si le conseil de préfecture avait nommé les experts avant l'expiration du délai ou sans avoir préalablement mis les parties en demeure de choisir leurs experts, sa décision serait entachée de nullité. — Cons. d'Et., 10 nov. 1853, Gorsas, [S. 54.2.287, P. adm. chr., D. 54.3.75]; — 19 avr. 1859, Bodeau-Machefert, [Leb. chr., p. 309]; — 5 déc. 1860, François, [D. 61. 3.36]; — 15 mai 1862, Saint-Guily, [Leb. chr., p. 392]; — 23 mars 1888, Ville de Bourges, [Leb. chr., p. 315] — V. aussi Cons. d'Et., 17 nov. 1819, Hardy, [S. chr., P. adm. chr.]; — 22 mai 1892, N..., [S. chr., P. adm. chr.]

448. — Cependant cette nullité pourrait être couverte si les parties, sans protestation ni réserve, avaient assisté ou pris part aux opérations de l'expertise, ou bien, à plus forte raison, si elles avaient renoncé expressément à se prévaloir de ce vice de forme. — Cons. d'Et., 6 juill. 1850, Mouren, [P. adm. chr.]

449. — Au cas où il existe dans un procès plus de deux parties ayant un intérêt distinct, y a-t-il lieu d'admettre chacune de ces parties à nommer son expert, ou faut-il décider que l'expertise ne pourra jamais être faite par plus de trois experts? Cette dernière solution serait conforme à la jurisprudence des tribunaux civils, et elle présenterait l'avantage de ne pas grossir les frais et de ne pas multiplier les avis contradictoires. Mais MM. Teissier et Chapsal (*op. cit.*, p. 125 et s.) estiment, et nous partageons leur opinion, que le principe qui domine toutes les prescriptions de l'art. 14, c'est le droit, pour chacune des parties, d'être représentée par un expert de son choix. Les raisons données dans les travaux préparatoires pour expliquer l'impossibilité, en matière administrative, de faire nommer les experts par un accord des parties, et que nous avons citées *suprà*, n. 438, ne laissent pas de doute sur la pensée du législateur. Si la loi a dit que l'expertise serait faite par trois experts, elle n'a fixé ce chiffre qu'en se plaçant au point de vue le plus général et, dans l'hypothèse la plus fréquente, celle où il ne se présente que deux parties en cause. Mais le principe essentiel, c'est que les parties en cause ne sont pas obligées de s'entendre et de procéder en commun à la nomination des experts; chacune d'elles choisit son expert, et ce n'est qu'à défaut de ce choix, et non à défaut d'entente commune, que le conseil de préfecture fait des désignations d'office. Si l'on admettait qu'il ne peut pas être nommé plus de trois experts, on se trouverait dans l'obligation d'appeler toutes les parties, bien qu'elles eussent un intérêt distinct et opposé, à désigner en commun leurs experts, et ce serait méconnaître le droit que la loi a voulu conférer à chaque plaideur, d'avoir un expert de son choix.

450. — Lorsque, avant que les parties aient demandé l'expertise, le conseil de préfecture reconnaît la nécessité d'y recourir, il doit, après avoir ordonné cette mesure d'instruction, mettre les parties en demeure de choisir leurs experts, conformément à l'art. 13. Ici encore, cette formalité est essentielle. — V. *suprà*, n. 431.

451. — Mais lorsque les parties ont laissé s'écouler le délai de huitaine sans réponse, le conseil doit, d'après la loi, procéder à la désignation des experts. — Teissier et Chapsal, p. 129.

452. — Le conseil de préfecture aurait-il, en pareil cas, le pouvoir de décider d'office, et sans le consentement des parties, que cette mesure d'instruction serait confiée à un seul expert? Aux termes de l'art. 14, l'expertise doit être faite par trois experts, sans distinction, selon qu'elle a été ou non réclamée par les parties; et il en paraît résulter que celles-ci, seules, peuvent délier le conseil de l'obligation qui lui est imposée à cet égard. Toutefois, MM. Teissier et Chapsal admettent, avec raison, la solution contraire, en s'appuyant sur l'interprétation constamment donnée par la jurisprudence à l'art. 303, C. proc. civ. : bien que cet article semble exiger le consentement des parties pour qu'il soit procédé par un seul expert, la Cour de cassation et la majorité des auteurs admettent que les tribunaux peuvent valablement ne nommer qu'un seul expert pour les expertises ordonnées d'office; et le Code de procédure « doit être considéré comme contenant les règles de droit commun en cette matière » (Discours de M. Clément au Sénat, séance du 5 févr. 1889). — V. Teissier et Chapsal, p. 129 et 130; Doussaud, p. 333.

453. — Toute personne peut, en principe, être désignée comme expert, soit par les parties, soit par le conseil de préfecture, alors même que les occupations de la personne choisie seraient entièrement étrangères à l'objet du litige, et qu'il se trouverait sur les lieux des hommes de l'art ordinairement chargés de faire ces vérifications. — Teissier et Chapsal, p. 131.

454. — Le seul privilège qui existe est celui des commissaires-priseurs, auxquels la loi confie le monopole des prisées de meubles à faire au chef-lieu de l'arrondissement où ils exercent (Ord. 23 juin 1816, art. 3).

455. — En conséquence, sont seules incapables d'être désignées comme experts, les personnes auxquelles un principe d'ordre public ou un texte de loi interdisent ces fonctions. Sont frappés notamment d'incapacité : ... les conseillers qui ont ordonné l'expertise, car leur rôle doit être celui de juges du procès. — Chauveau, sur Carré, *Lois de la proc. civ.*, t. 3, quest. 1163.

456. — ... Les secrétaires-greffiers. — Teissier et Chapsal, p. 131, note 4.

457. — ... Les individus frappés de dégradation civique ou privés par des condamnations correctionnelles du droit d'être experts devant les tribunaux (C. pén., art. 34, § 3, et 42, § 7).

458. — ... Les interdits. — Bioche, *Proc. civ.*, v° *Expertise*, n. 61.

459. — Toutefois, il est admis que les parties peuvent, à leurs risques et périls, confier les fonctions d'expert à un interdit. — Boitard et Colmet-Daage, *Proc. civ.*, t. 1, n. 516.

460. — Quant aux femmes, aux mineurs et aux étrangers, ils peuvent être choisis pour experts par les parties, et même, selon certains auteurs, par les tribunaux. — V. Garsonnet, *Cours de proc. civ.*, t. 2, p. 559. — V. aussi, en ce qui concerne spécialement les étrangers, Cons. d'Et., 30 juill. 1880, Turquand, [D. 81.3.92], arrêt qui admet implicitement que les parties peuvent désigner un expert n'ayant pas la qualité de Français.

461. — Ne peuvent non plus être désignés comme experts, les fonctionnaires qui ont exprimé une opinion dans l'affaire litigieuse, ou qui ont pris part aux travaux donnant lieu à la réclamation (L. 22 juill. 1889, art. 17). — Cette prohibition s'étend à tous les fonctionnaires de l'Etat, et spécialement à ceux qui, sous l'empire de la législation antérieure, étaient chargés, de droit, de la tierce expertise. — Teissier et Chapsal, p. 132.

462. — La disposition de l'art. 17 est seulement applicable aux agents des départements, des communes et des établissements publics, tels que les agents-voyers, les architectes des villes, etc. — V. en ce qui concerne les architectes, Cons. d'Et., 20 janv. 1865, Moreau-Marié, [S. 65.2.315, P. adm. chr., D. 65.3.67]

463. — Si l'une des parties invoque la prohibition portée à l'art. 17, il doit être fait droit à sa réclamation. Mais l'incapacité dont il s'agit n'est pas d'ordre public, de sorte qu'elle doit être opposée au début de l'expertise, à peine de déchéance de ce moyen. — Teissier et Chapsal, *loc. cit.* — V. par analogie, Cons. d'Et., 17 avr. 1856, Demense, [S. 57.2.149, P. adm. chr., D. 56.3.67]; — 10 avr. 1867, Martinet, [Leb. chr., p. 382]; — 6 août 1875, Commune de Saint-Didier, [Leb. chr., p. 793]

464. — On voit que les experts une fois désignés, leur nomination n'est pas nécessairement définitive. Les circonstances suivantes peuvent modifier cette désignation : le décès de l'expert choisi, la rétractation du choix de la partie, le refus d'acceptation de l'expert, le défaut d'accomplissement par celui-ci de la mission qui lui a été confiée et qu'il avait primitivement acceptée, la récusation.

465. — Reprenons successivement ces diverses circonstances. En premier lieu, on admet que chaque partie peut rétracter son choix jusqu'à la prestation du serment. — Teissier et Chapsal, p. 133.

466. — L'expert peut également ne pas accepter la mission qui lui a été confiée, ce qui oblige à en désigner un autre à sa place (L. 22 juill. 1889, art. 18).

467. — Dans le cas où un expert, désigné par une partie, subordonne l'accomplissement de sa mission à des conditions qu'il ne lui appartient pas d'imposer, il doit être considéré comme ayant refusé d'accomplir cette mission, et, par suite, le conseil de préfecture peut impartir à la partie un délai pour en désigner un autre. — Cons. d'Et., 4 juill. 1884, Gagneux, [D. 86.3.4]

468. — Si l'expert peut refuser la mission dont il a été chargé, il ne peut jamais déléguer à une personne de son choix les fonctions qu'il n'a reçues qu'à raison de la confiance que sa capacité et son impartialité inspirent. — Teissier et Chapsal, *op. cit.*, p. 134.

469. — Il peut arriver aussi que l'expert qui a tout d'abord accepté sa mission, ne la remplisse pas; en ce cas, il est pourvu à son remplacement. Il peut être, en outre, condamné à tous les frais frustratoires et même à des dommages-intérêts, s'il y a lieu (L. 22 juill. 1889, art. 18, § 2).

470. — Il n'y a pas de distinction à faire suivant que cette circonstance se produirait avant ou après la prestation de serment : l'art. 316, C. proc. civ., ne condamne aux frais que l'expert ayant déjà prêté serment; mais la L. 22 juill. 1889, s'est montré plus sévère que le Code de procédure puisque, pour que ce dernier article soit applicable, il suffit que l'expert ait accepté sa mission. — Teissier et Chapsal, p. 133.

471. — Il convient de faire remarquer que le défaut d'accomplissement de la mission de l'expert peut être justifié, notamment : par le refus des parties de mettre à la disposition des experts toutes les pièces dont ils jugent l'examen nécessaire, par la maladie, la force majeure, ou encore par la crainte qu'éprouverait un expert de s'exposer à un dommage réel en accomplissant sa mission. Les experts sont, en effet, des mandataires; ils ont, par conséquent, le droit d'invoquer les dispositions de l'art. 2007, C. civ., qui permet de renoncer à un mandat de nature à causer au mandataire un préjudice considérable. — Teissier et Chapsal, *loc. cit.* — V. aussi Bonnier, *Proc. civ.*, n. 661 et s.; Garsonnet, t. 2, p. 362.

472. — Mais les experts ne sauraient fonder leur refus de commencer les opérations sur le défaut de consignation des frais de transport et de nourriture, alors que la décision à la suite de laquelle ils ont été nommés, ne contient aucune disposition à cet égard, et que ni les parties ni l'une d'elles n'ont pris un pareil engagement. — V. Cons. d'Et., 7 août 1875, Duvert et autres, [S. 77.2.278, P. adm. chr., D. 76.3.97]

473. — Dans les divers cas qui précèdent, il est pourvu au remplacement de l'expert dans les formes prescrites pour sa nomination. Les parties doivent donc être mises en demeure de procéder à un nouveau choix, et le conseil de préfecture n'a qualité pour faire une nomination d'office, qu'après l'expiration du délai légal. — Teissier et Chapsal, p. 134.

474. — La modification dans la désignation des experts peut tenir à l'exercice du droit de récusation. Aux termes de l'art. 17, § 2, L. 22 juill. 1889, les règles établies par le Code de procédure civile pour la récusation des experts sont applicables dans le cas où les experts sont désignés d'office par le conseil de préfecture. Les règles auxquelles il est renvoyé sont contenues dans l'art. 308, C. proc. civ.

475. — D'après ce texte, les experts, nommés d'office par le tribunal, peuvent être récusés pour des causes antérieures ou postérieures au jugement de nomination; les experts choisis par les parties ne peuvent être récusés que pour des causes survenues postérieurement à leur nomination et avant la prestation de serment. Les experts pourront être récusés pour les motifs pour lesquels les témoins peuvent être reprochés, c'est-à-dire pour les motifs énumérés en l'art. 283, C. proc. civ. : « pourront être reprochés les parents ou alliés de l'une ou de l'autre des parties jusqu'au degré de cousin issu de germain inclusivement, les parents et alliés des conjoints au degré ci-dessus, si le conjoint est vivant ou si la partie ou le témoin en a des enfants vivants; en cas que le conjoint soit décédé et qu'il n'ait pas laissé de descendants pourront être reprochés, les parents et alliés en ligne directe, les frères, beaux-frères, sœurs et belles-sœurs. Pourront aussi être reprochés le témoin héritier présomptif ou donataire; celui qui aura bu ou mangé avec la partie et à ses frais, depuis la prononciation du jugement qui a ordonné l'enquête; celui qui aura donné des certificats sur les faits relatifs au procès, les serviteurs et domestiques, le témoin en état d'accusation, celui qui aura été condamné à une peine afflictive ou infamante, ou même à une peine correctionnelle pour cause de vol ». — Remarquons que cette énumération n'est pas limitative, les juges ont ici un pouvoir discrétionnaire. — V. *infrà*, v° *Enquête*.

476. — L'art. 17 de la loi de 1889 réserve l'exercice du droit de récusation aux experts nommés par le conseil de préfecture. Faut-il prendre cette réserve à la lettre et admettre que les experts désignés par les parties ne peuvent pas être récusés? Nous répondrons par l'affirmative, avec MM. Teissier et Chapsal, p. 135 et s. Sans doute, au premier abord, il semble que toute partie doit pouvoir faire valoir contre l'expert désigné par son adversaire même les causes antérieures de récusation, et discuter la nomination faite sans son consentement, dès qu'elle est portée à sa connaissance. Mais on peut répondre que la récusation est une limitation apportée au droit de désignation des experts, que c'est donc une exception, et que les exceptions sont de droit strict. D'autre part, en conférant à chaque partie le droit de nommer son expert, le législateur n'a entendu soumettre ce choix à aucune condition, ni à aucun contrôle. Il a ainsi évité les nombreuses contestations auxquelles la règle contraire n'aurait pas manqué de donner naissance. — V. Cons. d'Et., 13 avr. 1883, Lorin, [S. 85.3.16, P. adm. chr., D. 84.3.127]

477. — Il ne faut pas confondre la récusation proprement dite, fondée sur les causes énumérées dans l'art. 283, C. proc. civ., avec celles résultant de l'incapacité. Il existe entre elles les trois différences suivantes : 1° la première ne peut atteindre que les experts nommés d'office; la récusation fondée sur l'incapacité, et notamment sur celle prévue au § 1 de l'art. 7, frappe même les experts désignés par les parties; 2° le juge a la liberté d'admettre ou de rejeter les causes de reproche; au contraire, dès que l'incapacité est prouvée, le conseil doit écarter l'incapable ; 3° enfin, le juge peut d'office soulever les causes d'incapacité, tandis qu'il n'appartient qu'aux parties d'articuler les causes de reproche.

478. — La récusation doit être proposée dans les huit jours de la notification de l'arrêté qui a désigné l'expert (L. 22 juill. 1889, art. 17, dernier paragraphe).

479. — Le délai de huitaine ne comprend ni le jour de la notification, ni celui de l'échéance. Mais l'expiration de ce délai, d'après les termes impératifs de l'article, entraîne la déchéance du droit de proposer les causes de récusation. — Teissier et Chapsal, p. 138.

480. — Il faudrait donc décider que si la partie avait connaissance des motifs de récusation (dans l'espèce intérêt contraire de la partie et de l'expert) lors de la notification de l'arrêté de nomination de l'expert, et si elle n'a pas fait valoir ses moyens de récusation, elle ne serait plus recevable à contester de ce chef la régularité de l'expertise devant le conseil de préfecture, ni devant le Conseil d'Etat. — V. Cons. d'Et., 14 août 1867, Villon, [Leb. chr., p. 776]

481. — Quant aux causes de récusation postérieures à l'arrêté de nomination, ce n'est que du jour où elles ont été connues des parties que court le délai de huitaine. — Teissier et Chapsal, p. 139.

482. — La récusation est proposée par requête, introduite suivant les formes ordinaires, signée de la partie ou de son mandataire spécial, et contenant l'indication des causes de récusation, les preuves à l'appui ou l'offre de les fournir par écrit ou par témoins (C. proc. civ., art. 309).

483. — La récusation est jugée d'urgence (L. 22 juill. 1889, art. 17, *in fine*).

484. — Si la récusation est admise, le conseil de préfecture doit inviter la partie à remplacer l'expert récusé ou à en désigner un d'office (C. proc. civ., art. 313).

485. — Si la récusation est rejetée, l'appel devant le Conseil d'Etat reste ouvert contre l'arrêté intervenu, lequel, à raison de son caractère définitif, peut être attaqué avant la décision du fond (V. C. proc. civ., art. 312). — Cons. d'Et., 14 déc. 1877, Copin, [Leb. chr., p. 996]

2° *Serment des experts.*

486. — La question de savoir si les experts appelés devant un conseil de préfecture doivent prêter serment avant de procéder à leurs opérations avait été diversement résolue par le Conseil d'Etat. La divergence qu'on remarque à cet égard nous paraît pouvoir s'induire de l'importance plus ou moins décisive que le conseil a attachée, dans les espèces qui lui étaient soumises, aux rapports des experts. Ainsi, il avait été décidé que les experts étaient tenus de prêter serment avant de procéder aux opérations qui leur étaient confiées, comme les experts nommés en matière civile. — Cons. d'Et., 13 juin 1821, Ville de Nancy, [S. chr., P. adm. chr.]; — 23 août 1836, Duval, [S. chr., P. adm. chr.]; — 14 févr. 1839, de Feuchères, [P. adm. chr.]; — 30 juill. 1840, Detouillon, [P. adm. chr.].

487. — Il avait été jugé, au contraire, en matière de contributions, que la formalité du serment n'était pas nécessaire. — Cons. d'Et., 25 nov. 1831, Torterut, [P. adm. chr.]

488. — Mais cette dérogation à la règle tracée par le Code de procédure, avait été, non sans raison, vivement critiquée. « L'accomplissement de la formalité entre les mains du maire ou du juge de paix, dit à cet égard M. Dufour (*Dr. admin.*, t. 1, 2° édit., n. 120), sera toujours si facile que les conseils de préfecture auront grand'peine à justifier l'omission d'une garantie dont une circonstance imprévue peut tout à coup faire ressortir l'importance. La jurisprudence avait fini par sanctionner cette manière de voir, en exigeant la prestation de serment aussi bien pour les expertises obligatoires que pour les expertises simplement facultatives. — V. Arsène Périer, *Cons. de préf.*, t. 2, p. 323.

489. — La loi de 1889 a dissipé tous les doutes sur ce point. Elle porte, en effet : « L'arrêté du conseil de préfecture qui ordonne l'expertise et en fixe l'objet, et qui nomme, s'il y a lieu, le ou les experts, *désigne l'autorité devant laquelle ils doivent prêter serment* (art. 16).

490. — La loi laisse au conseil de préfecture le soin de choisir l'autorité qui recevra la prestation de serment, et confirme sur ce point la jurisprudence antérieure. L'autorité généralement choisie est le maire ou le juge de paix. — Teissier et Chapsal, p. 140; Doussaud, p. 334.

491. — En l'absence du maire, le serment pourra être reçu par son adjoint. — Cons. d'Et., 12 mars 1880, Lemaire, [Leb. chr., p. 280]

492. — D'autre part, il y a lieu de considérer comme valables d'autres désignations, notamment celle du sous-préfet. —

V. Cons. d'Et., 19 mai 1835, Tramey, [P. adm. chr.]; — 5 août 1881, Leclerc, [D. 83.5.131]

493. — Le serment peut être également prêté devant le conseil ou l'un de ses membres. — Teissier et Chapsal, *loc. cit.*

494. — Lorsque les experts n'habiteront pas dans la même localité, ils pourront n'être appelés à prêter serment ni au même lieu, ni devant la même autorité. — Teissier et Chapsal, *loc. cit.*

495. — Le texte ne dit pas à quel moment doit se placer la prestation de serment; mais il semble que le conseil de préfecture doit fixer de préférence l'accomplissement de cette formalité après l'expiration du délai pour la récusation des experts; car on peut ainsi éviter à ces derniers un dérangement inutile. — Teissier et Chapsal, *loc. cit.*

496. — Lorsque le conseil n'a pas fixé les jour et heure de la prestation de serment dans son arrêté, la partie la plus diligente pourra demander à l'autorité chargée de recevoir le serment l'indication de ces jour et heure, ou bien l'autorisation de convoquer les parties à la date fixée à l'avance par les experts (V. art. 307, C. proc. civ.).

497. — Il faut encore décider, par application du même article, qu'il n'est pas nécessaire que les parties assistent à la prestation du serment ni qu'elles soient mises en demeure d'y assister. — Cons. d'Et., 24 juill. 1835, Bazouin, [P. adm. chr.]

498. — En cas d'absence de l'un des experts, le serment des experts présents est reçu, et on ajourne celui de l'expert retardataire ou de son remplaçant s'il y a lieu de lui en désigner un (C. proc. civ., art. 316).

499. — Si les experts ne viennent pas et qu'ils ne fassent point tenir à qui de droit la justification de leur absence, ou bien s'ils refusent de prêter serment, ils sont présumés renoncer à la mission qui leur avait été confiée, et il est pourvu, selon les formes ordinaires, à leur remplacement. — Teissier et Chapsal, *loc. cit.*

500. — Aucune formule sacramentelle n'est déterminée pour le serment. Les experts se servent de la formule qui leur est fixée par l'autorité chargée de recevoir leur serment. — Teissier et Chapsal, p. 141.

501. — Il est dressé un procès-verbal constatant l'accomplissement de la prestation de serment.

502. — La prestation de serment, comme la rédaction d'un procès-verbal, sont des formalités substantielles qui doivent être observées même en cas d'urgence. Toutefois, il y a lieu de faire une distinction entre la prestation de serment elle-même et la rédaction du procès-verbal qui le constate. Il a été jugé que la circonstance qu'il n'a pas été dressé procès-verbal de la prestation de serment, ne suffit pas à entraîner l'annulation de l'expertise, si d'ailleurs il est constaté par le procès-verbal d'expertise et par un certificat du maire que le serment a été prêté. — Cons. d'Et., 28 déc. 1877, Bernard, [Leb. chr., p. 1073]

503. — Quant à la formalité même de la prestation du serment, elle est de rigueur, et le conseil de préfecture ne pourrait d'office dispenser du serment aucun expert, pas même les personnes habituellement désignées pour remplir ces fonctions, lesquelles sont en effet temporaires et distinctes pour chaque expertise. L'omission de la prestation de serment entraîne la nullité de l'expertise. — Cons. d'Et., 17 févr. 1859, Mancel, [P. 60.3.18]; — 30 juin 1859, Lafont, [P. adm. chr., D. 60.3.17]; — 10 mai 1860, Gaëtan-Ricca, [Leb. chr., p. 390]; — 10 janv. 1861, Desjobert, [Leb. chr., p. 22]; — 27 déc. 1878, Min. des Trav. publ., [D. 79.3.88]; — 30 juill. 1880, Greyveldinger, [Leb. chr., p. 714]; — 24 juin 1881, Della Casa, [S. 83.3.11, P. adm. chr., D. 82.3.115] — *Sic*, Teissier et Chapsal, p. 142; Ducrocq, *Dr. adm.*, t. 1, n. 331; Dufour, *Dr. adm.*, t. 2, n. 62

504. — La loi permet seulement au conseil de préfecture de dispenser les experts du serment, *du consentement des parties* (L. 22 juill. 1889, art. 16).

505. — Il résulte de cette disposition que la nullité provenant du défaut de prestation du serment n'est pas d'ordre public, et peut être couverte par le concours ou l'assistance des intéressés aux opérations de l'expertise sans protestation ni réserve, et que, d'autre part, elle doit être proposée avant tout débat sur le fond. — Cons. d'Et., 10 janv. 1873, Colombier, [S. 74.2.324, P. adm. chr., D. 73.3.100]; — 12 mars 1880, Bureau, [Leb. chr., p. 278] — *Sic*, Teissier et Chapsal, *loc. cit.*

506. — Lorsque dans un litige, il est procédé à plusieurs expertises, il doit y avoir autant de prestations de serment. — Teissier et Chapsal, *loc. cit.*

507. — Il en est autrement s'il s'agit non pas d'une seconde expertise, mais d'un supplément de rapport ou d'instruction, comme, par exemple, quand les experts sont chargés par le conseil de préfecture de fournir des explications nouvelles sur certains points du litige. Dans ce cas, en effet, il n'y a pas à proprement parler expertise nouvelle, mais complément d'expertise, et par suite, un serment nouveau n'est pas nécessaire. — Cons. d'Et., 13 juin 1860, Liberon, [P. adm. chr.]; — 2 août 1860, Belin, [Leb. chr., p. 588]; — 17 avr. 1869, Josse, [Leb. chr., p. 380]

3° *Opérations de l'expertise.*

508. — L'expertise comprend deux opérations : la vérification à laquelle se livrent les experts, et la rédaction de leur rapport.

509. — I. *Vérification.* — S'il y a plusieurs experts, ils procèdent ensemble à la visite des lieux (L. 22 juill. 1889, art. 20); c'est-à-dire que les experts doivent procéder aux opérations, non pas séparément, mais simultanément. Il ne leur est pas permis notamment de déléguer à l'un d'entre eux une partie de leurs fonctions. — Teissier et Chapsal, p. 143.

510. — Toutefois, il y a lieu de continuer à admettre, conformément à la jurisprudence antérieure, que, au cas où l'un des experts, après avoir été régulièrement convoqué, fait défaut ou refuse de procéder aux opérations, les autres peuvent passer outre. Ainsi, il a été jugé que lorsque la visite de chemins par l'expert d'une commune n'a pas été faite contradictoirement avec l'expert de la partie, par suite du refus de ce dernier, l'expertise n'en est pas moins régulière : qu'il ne saurait en effet dépendre de l'un des experts d'empêcher les opérations. — V. Cons. d'Et., 24 juill. 1870, Lacour, [Leb. chr., p. 924] — Teissier et Chapsal, *loc. cit.*

511. — Les vérifications doivent être faites en présence des parties, ou celles-ci dûment appelées; les parties ont, en effet, le droit de fournir aux experts toutes les explications qu'elles jugent utiles à l'appui de leurs prétentions respectives. A cet effet, les parties doivent être averties par le ou les experts des jours et heures auxquels il sera procédé à l'expertise; cet avis leur est adressé quatre jours au moins à l'avance, par lettre recommandée (L. 22 juill. 1889, art. 19).

512. — L'avertissement donné aux parties doit être considéré comme substantiel, et l'omission de cette notification entacherait d'irrégularité l'expertise. Il en serait de même si les experts commençaient les opérations avant le moment fixé. — Teissier et Chapsal, p. 145.

513. — Toutefois, cette nullité pourrait être couverte par l'assistance des parties aux opérations de l'expertise sans protestation ni réserve, ou bien par la circonstance qu'elles auraient discuté dans leurs conclusions l'avis des experts sans relever l'irrégularité. — V. Cass., 18 mai 1847, Brunier, [D.47.4.242]; — 10 mars 1858, Chrestien, [S. 58.1.333, P. 58.995, D. 58.1.100]; — 9 mai 1876, Chamerois-Pacquetet, [D. 77.1.491] — V. aussi Cons. d'Et., 14 nov. 1884, Formet, [Leb. chr., p. 791] — Teissier et Chapsal, *loc. cit.*

514. — Il a été jugé qu'il suffirait même, pour qu'il en fût ainsi, que les parties non averties eussent eu connaissance des procès-verbaux d'expertise avant la décision sur le fond du litige. — Cons. d'Et., 4 févr. 1869, Bacon, [Leb. chr., p. 111] — Mais ici le Conseil d'Etat nous paraît être allé trop loin, car on ne peut pas dire, dans ce cas, que les parties ont entendu couvrir la nullité des opérations. — Teissier et Chapsal, p. 145.

515. — Il convient d'ajouter que la jurisprudence des tribunaux civils apporte à la nécessité de l'avertissement certains tempéraments qui paraissent devoir être également appliqués en matière administrative. Ainsi : 1° si les opérations durent plusieurs jours ou plusieurs vacations, la sommation d'assister à l'expertise n'a pas besoin d'être renouvelée (art. 1034, C. proc. civ.). En effet, si les parties sont présentes à la première vacation, elles sont informées verbalement de la remise. Si, au contraire, elles sont absentes au moment de cette première vacation, même alors les experts ne sont pas tenus de faire notifier l'ajournement des opérations aux parties défaillantes qui sont en faute de n'avoir pas comparu. — Teissier et Chapsal, *loc. cit.*

516. — 2° La convocation des parties aux études préliminaires des experts et à leurs délibérations n'est pas nécessaire. Les parties n'ont, en effet, d'autre droit que celui d'assister aux constatations, aux expériences, à tout ce qui constitue, en un mot, la partie matérielle de l'expertise. Une partie ne peut donc tirer un moyen de nullité du fait qu'elle n'a pas été convoquée à la vérification des livres et comptes de son adversaire. — Cons. d'Et., 19 juin 1885, Ville de Paris, [Leb. chr., p. 584] — *Sic*, Carré et Chauveau, *Lois de la proc. civ.*, quest. 1193; Teissier et Chapsal, p. 146.

517. — Il résulte de la disposition de l'art. 13, § 1, que la mission des experts est circonscrite par les termes de l'arrêté; ils puisent dans cet arrêté les règles de leur conduite et sont astreints à procéder à l'expertise d'après les bases qui leur sont fixées.

518. — Par suite, il a été jugé que les experts ne peuvent, par exemple, se livrer à l'interprétation du marché sur lequel le litige s'est élevé. — Cons. d'Et., 13 juin 1821, Ville de Nancy, [S. chr., P. adm. chr.]

519. — Aucune disposition de loi n'interdit au conseil de préfecture de modifier dans le cours de l'instruction les bases d'une expertise précédemment ordonnée. — Cons. d'Et., 11 mars 1869, Bricout, [Leb. chr., p. 251]

520. — Pour leurs travaux, les experts doivent, conformément à l'art. 17, C. proc. civ., être mis en possession de l'arrêté qui détermine leurs pouvoirs et de toutes les pièces du procès. Toutefois, le conseil de préfecture pourrait, par une disposition spéciale de l'arrêté, leur refuser la communication de certaines pièces. — Cons. d'Et., 21 juin 1855, Beuret, [P. adm. chr., D. 56.3.10]

521. — De leur côté, conformément aux règles générales de ce mode d'instruction, les experts ont la faculté de faire toutes les vérifications, de prendre toutes les informations et de s'entourer de tous les documents propres à les éclairer; ils peuvent également entendre des personnes à titre de renseignement, mais il leur serait interdit de se livrer à une enquête proprement dite. — Teissier et Chapsal, p. 144.

522. — Les observations faites par les parties dans le cours des opérations, doivent être consignées dans le rapport (L. 22 juill. 1889, art. 19, § 2). C'est là une conséquence du droit de la défense, dont la violation pourrait comporter, suivant la gravité des cas, l'annulation de l'expertise.

523. — Mais les parties ne sont pas recevables à adresser aux experts des réclamations. — Cons. d'Et., 4 juin 1880, Royer, [Leb. chr., p. 521]

524. — II. *Rapport.* — Les vérifications terminées, les experts doivent rédiger un rapport contenant le récit complet de toutes les phases de l'opération et l'expression motivée de leur opinion. Les experts ne doivent dresser qu'un seul rapport (L. 22 juill. 1889, art. 20). Sous l'empire de la législation antérieure, il était admis que l'expertise était régulière alors même que les experts auraient présenté des rapports distincts. — Au reste, la prescription de ne dresser qu'un seul rapport n'est pas imposée à peine de nullité. — V. Teissier et Chapsal, p. 149.

525. — Ce rapport peut être rédigé sur le lieu contentieux (V. C. proc. civ., art. 317). — Mais à la différence de ce qui se passe pour les expertises civiles, les experts ne sont pas tenus d'indiquer à l'avance aux parties les lieu, jour et heure auxquels se fera cette rédaction. — Teissier et Chapsal, p. 146.

526. — Quant aux règles de la rédaction du rapport, il y a lieu, en l'absence de dispositions spéciales, de se conformer autant que possible aux prescriptions contenues dans le dernier paragraphe de l'art. 317, C. proc. civ. : « la rédaction sera écrite par un des experts et signée par tous; s'ils ne savent pas écrire, elle sera écrite et signée par le greffier de la justice de paix du lieu où ils auront procédé ». — Teissier et Chapsal, p. 147.

527. — Mais, non plus qu'en matière de procédure civile, ces règles ne sont pas prescrites à peine de nullité : ainsi, il a été décidé que le fait que le rapport n'aurait pas été écrit par l'un des experts ne saurait entacher l'expertise d'irrégularité, pas plus du reste que le refus de l'un des experts de signer le procès-verbal. — Cons. d'Et., 29 juin 1832, Jonard, [P. adm. chr.]; — 27 juill. 1883, Bellettre, [D. 84.5.247]

528. — De ce qui précède, on doit conclure que, sans doute, le mode de procéder inséré dans le Code de procédure civile doit être suivi de préférence; mais que, cependant, tout autre mode pourrait être valablement employé, pourvu qu'il permît de démontrer avec certitude que le rapport est bien l'œuvre personnelle des experts. — Teissier et Chapsal, *loc. cit.*

529. — Mais il est indispensable de rédiger par écrit le rapport d'expertise. Cette forme, prescrite par la jurisprudence civile, est à plus forte raison requise devant la juridiction des conseils de préfecture où la procédure est entièrement écrite. — Teissier et Chapsal, *loc. cit.*

530. — A raison du caractère officiel de la mission des experts, leur rapport est assimilé à un acte authentique, faisant foi, jusqu'à inscription de faux, des énonciations concernant les constatations. — Teissier et Chapsal, p. 148.

531. — Quant à la partie qui contient les conclusions, c'est-à-dire les appréciations des experts, il va de soi qu'elle n'a plus la même valeur et qu'il suffirait de la preuve contraire pour la combattre. Toute sorte de moyens et d'arguments sont ici recevables. — V. Garsonnet, *Proc. civ.*, t. 2, p. 575; Boitard, *Proc. civ.*, t. 1, p. 489.

532. — Nous avons dit *suprà*, n. 524, que les experts dressent un seul rapport. S'ils sont d'avis différents, ils indiquent l'opinion de chacun d'eux et les motifs à l'appui (L. 22 juill. 1889, art. 20).

533. — Ainsi, à la différence des prescriptions du Code de procédure civile, l'obligation n'est pas imposée aux experts de ne former qu'un seul avis à la pluralité des voix. Et non seulement il n'est pas interdit, mais il est même ordonné par la loi d'indiquer l'avis personnel de chacun d'eux; le législateur a pensé que ce système est plus propre à éclairer le juge, dont la mission consiste moins à compter les voix qu'à les peser. — Teissier et Chapsal, p. 149.

534. — Dans tous les cas, chacun des avis émis par les experts doit toujours être motivé. C'est, en effet, l'examen de ces motifs qui permet au juge de s'éclairer et de satisfaire à l'obligation qui lui est également imposée de motiver ses décisions. — Teissier et Chapsal, *loc. cit.*

535. — Le rapport doit être déposé au greffe dans le délai fixé par le conseil de préfecture (L. 22 juill. 1889, art. 16, §§ 3 et 21).

536. — En matière de procédure civile, les experts disposent d'un temps illimité pour effectuer le dépôt du rapport, sauf la sommation de faire diligence qui peut leur être adressée par les parties, ou la demande de leur remplacement, si le retard peut être interprété comme un refus d'expertise, indépendamment de tous dommages-intérêts. Devant le conseil de préfecture, la loi elle-même charge le tribunal administratif de fixer le délai dans lequel le rapport doit être déposé : l'expert qui ne dépose pas son rapport dans le délai fixé peut être condamné à tous les frais frustratoires et même à des dommages-intérêts, s'il y a lieu (L. 22 juill. 1889, art. 18).

537. — Il est évident que le conseil de préfecture, avant d'appliquer la sanction qui précède, doit toujours appeler devant lui les experts : sinon, l'arrêté pourrait être attaqué par voie d'opposition. — V. Cass., 7 août 1872, Daumale, [D. 72.1.292] — Teissier et Chapsal, p. 150.

538. — Il y a lieu pour le conseil d'examiner si le délai imparti n'était pas trop court à raison des difficultés qui se sont produites pendant le cours des opérations, et qui ont mis les experts dans la nécessité de dépasser le temps primitivement fixé. Le conseil peut d'ailleurs s'entendre avec les experts avant de déterminer le délai, de même qu'il peut augmenter plus tard ce délai sur leur demande. — Teissier et Chapsal, *loc. cit.*

539. — Lorsque le conseil de préfecture n'a pas fixé à l'avance un délai pour le dépôt du rapport, les parties peuvent, après un certain laps de temps, s'adresser au conseil et lui demander de déterminer, dans un arrêté spécial, le délai laissé aux experts pour terminer leur travail. — Teissier et Chapsal, *loc. cit.*

540. — Les parties sont invitées, par une notification faite conformément à l'art. 7, à prendre connaissance du rapport et à fournir leurs observations dans le délai de quinze jours; une prorogation de délai peut être accordée (L. 22 juill. 1889, art. 21).

541. — Et l'invitation dont il s'agit doit être adressée à toutes les parties, à celles qui ont assisté aux opérations comme à celles qui n'y sont pas venues (Teissier et Chapsal, p. 151). Les parties peuvent copier *in extenso* les rapports d'experts. — Av. min. int., 11 sept. 1891, *Rev. gén. d'adm.*, 1893, t. 2, p. 430.

542. — Les parties qui n'auraient pas été appelées à prendre connaissance du rapport d'experts pourraient former opposition contre la décision du conseil de préfecture (L. 22 juill. 1889, art. 53, § 2).

543. — Même après l'expiration du délai fixé, les parties peuvent encore utilement présenter des observations, tant que le conseil de préfecture n'a pas statué. — Teissier et Chapsal, *loc. cit.* — V. *suprà*, n. 322 et 323.

544. — La mission des experts est terminée par le dépôt du rapport au greffe. Les experts ne peuvent d'office, après ce dépôt, dresser un second rapport ni fournir de nouvelles conclusions; sauf le droit pour les experts de fournir des pièces à titre d'éclaircissement.

545. — Mais la loi permet au conseil de préfecture d'ordonner de nouvelles mesures d'instruction. Si le conseil ne trouve pas dans le rapport d'expertise les éclaircissements suffisants, il peut ordonner un supplément d'instruction, ou bien décider que les experts comparaîtront devant lui pour lui fournir les explications et renseignements nécessaires (L. 22 juill. 1889, art. 22).

§ 3. *Effets de l'expertise.*

546. — Il a toujours été de principe que, conformément aux art. 322 et 323, C. proc. civ., le rapport des experts ne lie pas plus le conseil de préfecture que les tribunaux ordinaires. — Cons. d'Et., 19 janv. 1825, Pernot, [P. adm. chr.]; — 16 janv. 1828, Brizon, [S. chr., P. adm. chr.]; — 26 oct. 1828, Morville, [P. adm. chr.]

547. — La loi de 1889 a confirmé la jurisprudence. « En aucun cas, le conseil n'est obligé de suivre l'avis des experts », porte le deuxième paragraphe de l'art. 22, reproduisant presque littéralement l'art. 322, C. proc. civ. En effet, les experts ne font que soumettre au conseil une opinion sur le litige : ils fournissent un élément d'information au juge, qui n'est point obligé d'adopter leur avis, si sa conviction s'y oppose. — Cons. d'Et., 18 juill. 1821, Bourdon, [S. chr., P. adm. chr.]

548. — Le conseil de préfecture pourrait encore s'appuyer sur des renseignements non fournis par l'expertise. C'est ce qui a été jugé notamment pour la détermination de la valeur locative servant de base au droit de patente. — Cons. d'Et., 23 mai 1870, Glassiniat, [Leb. chr., p. 625]; — ... et pour l'évaluation d'un dommage, 12 janv. 1883, Ministre des Travaux publics, [D. 85.5.477]

549. — Toutefois, une expertise nulle ne pourrait servir de base à un jugement. — Teissier et Chapsal, p. 152.

§ 4. *Vérifications administratives.*

550. — Il y a lieu d'admettre, comme sous l'empire de la législation antérieure, que le conseil de préfecture pourrait ordonner une simple vérification, c'est-à-dire donner mission à un fonctionnaire ou à un homme de l'art d'étudier tel point du litige, et de fournir ses explications par écrit ou verbalement. — Teissier et Chapsal, p. 153.

551. — Pour ces vérifications, il n'est pas nécessaire de suivre les formalités de l'expertise; et celui qui en est chargé n'est obligé, notamment, ni de convoquer les parties, ni de prêter serment. — Cons. d'Et., 2 août 1860, Belin, [Leb. chr., p. 588]; — 17 déc. 1880, Ministre des Travaux publics, [Leb. chr., p. 1033]

552. — Mais ces vérifications ne sauraient remplacer l'expertise dans les cas où celle-ci est obligatoire. — Laferrière, *Jurid. adm.*, t. 1, p. 329; Teissier et Chapsal, *loc. cit.*

§ 5. *Seconde expertise.*

553. — Le conseil pourrait également se servir des autres modes de preuves organisées par la loi. Il pourrait sans aucun doute prescrire une seconde expertise portant sur des faits distincts des premiers. — Teissier et Chapsal, *loc. cit.*

554. — Il pourrait même prescrire une expertise nouvelle, c'est-à-dire une expertise portant sur des faits déjà soumis à l'examen des experts. La loi ne le dit pas formellement, mais elle ne le défend pas non plus, et la jurisprudence antérieure l'admettait. — Cons. d'Et., 20 janv. 1853, Ratisbonne, [Leb. chr., p. 146]; — 10 mars 1853, Walluet, [Leb. chr., p. 313]; — 7 janv. 1858, Samson, [P. adm. chr., D. 58.3.43]; — 28 juill. 1876, Lhormitte, [Leb. chr., p. 720]

555. — Il peut y avoir lieu de procéder à cette expertise nouvelle, notamment : 1° lorsque la première expertise a été annulée pour vice de forme dans les opérations; 2° lorsque le rapport est insuffisant et défectueux, soit parce que les experts *ont omis d'examiner* certains points indiqués dans l'arrêté, soit parce qu'ils ont méconnu la portée de cette décision, soit encore parce que les juges ne trouvent pas dans les raisonnements et les conclusions des experts des éléments suffisants pour se former une conviction; 3° lorsque le premier arrêté n'a pas précisé suffisamment les faits à vérifier; 4° lorsqu'il s'est produit des faits nouveaux et connexes à ceux déjà examinés intéressant la solution du litige.

556. — Le conseil de préfecture serait même tenu, à peine de nullité, d'ordonner une nouvelle expertise, en cas d'annulation de la précédente, si l'on se trouvait dans une matière où cette mesure d'instruction est obligatoire. — Teissier et Chapsal, p. 154.

557. — La nomination des nouveaux experts doit se faire suivant les formes ordinaires. — V. *suprà*, n. 426 et s.

558. — Les anciens experts pourraient-ils être investis de ces nouvelles fonctions? L'affirmative a été admise avant la loi de 1889, au cas où la première expertise avait été entachée d'un vice de forme. — Cons. d'Et., 7 avr. 1839, Nezard, [P. adm. chr., D. 60.3.2]; — 15 mai 1862, Gautier, [Leb. chr., p. 397]; — 6 mars 1872, Boucher d'Argis, [Leb. chr., p. 149]; — 5 mai 1882, Moreau, [Leb. chr., p. 429]; — et rien dans la loi ne s'oppose au maintien de cette jurisprudence.

558 bis. — On pourrait également admettre que les premiers experts seraient susceptibles d'être conservés, s'il ne s'agissait que de suppléer à des omissions ou à l'insuffisance de leur premier rapport. — Teissier et Chapsal, *loc. cit.*

559. — D'ailleurs, lorsqu'une expertise nouvelle est ordonnée à la suite d'un rapport insuffisant, mais non irrégulier, le conseil de préfecture ne peut pas anéantir ce premier rapport et annuler l'expertise. — Cons. d'Et., 3 juill. 1861, Girard, [Leb. chr., p. 577]; — *Sic*, Teissier et Chapsal, p. 155.

560. — Mais il est à peine besoin de faire remarquer que la continuation de leurs pouvoirs aux experts serait impossible, si le premier rapport venait à être écarté comme entaché de partialité, de mauvaise foi ou d'ignorance. — Teissier et Chapsal, *loc. cit.*

561. — Les nouveaux experts procèdent à leurs opérations suivant les règles ordinaires. — Teissier et Chapsal, *loc. cit.*

§ 6. *Frais d'expertise.*

562. — La loi du 22 juill. 1889 a dérogé au système antérieur d'après lequel c'était au conseil de préfecture de taxer les honoraires des experts, et de déterminer à la charge de quelle partie ils devaient incomber. Aux termes de l'art. 23, les experts doivent joindre à leur rapport un état de leurs vacations, frais et honoraires. La liquidation de la taxe en sont faits par arrêté du président du conseil de préfecture, conformément à un tarif fixé par un règlement d'administration publique.

563. — L'état présenté par les experts doit être fourni sur timbre; il est écrit à la suite du rapport ou sur une feuille séparée. — Teissier et Chapsal, p. 155.

564. — A défaut du président du conseil de préfecture, c'est au conseiller faisant fonctions de président qu'incombe la mission de régler les frais d'expertise.

565. — L'arrêté indiquant les modifications aux propositions des experts est rédigé en bas de la minute de l'état, ou sur une feuille spéciale. — Teissier et Chapsal, *loc. cit.*

566. — Ce mode de liquidation de la taxe s'applique, d'après l'art. 23, même dans la matière spéciale des contributions directes et des taxes assimilées. — V. *infrà*, v° *Contributions directes*.

567. — Les experts ou les parties peuvent, dans le délai de trois jours à partir de la notification qui leur est faite de l'arrêté précité, contester la liquidation devant le conseil de préfecture, statuant en chambre du conseil (L. 22 juill. 1889, art. 23 *in fine*).

568. — Ce recours est semblable à celui qui existe en matière de dépens devant les tribunaux civils, d'après le décret du 16 févr. 1807, et devant le Conseil d'Etat aux termes de l'art. 6, Ord. 18 janv. 1826. On peut remarquer ici que le législateur de 1889 a fixé un délai égal à celui qui est édicté par les textes précités. Il suit de là qu'il conviendra de s'inspirer des règles posées par ceux-ci et de l'interprétation qui en a été donnée par la jurisprudence. — Teissier et Chapsal, p. 156. — V. *infrà*, v° *Dépens*.

569. — Le délai pour déférer au conseil de préfecture l'arrêté du président est de trois jours francs, c'est-à-dire que ni le jour de la notification, ni le jour de l'échéance ne doivent y être comptés. Ce délai est de rigueur, de sorte qu'après son expiration le recours n'est plus recevable.

570. — L'art. 23 ne dit pas par qui doit être faite la notification de l'arrêté du président. Faudrait-il décider qu'en vertu de la règle générale qui met la signification d'une décision à la charge des parties intéressées à faire courir les délais pour l'attaquer, ce serait aux experts, ou aux parties en cause à notifier cet arrêté ? Celui-ci a la même valeur que l'arrêté du conseil de préfecture rendu après contestation de l'arrêté du président; or, il n'est pas douteux que l'arrêté du conseil doit être notifié par les parties intéressées. MM. Teissier et Chapsal admettent cependant (p. 137) que cette notification doit être faite en la forme administrative, c'est-à-dire par l'intermédiaire du greffe, et les motifs qu'ils invoquent à l'appui de leur opinion nous paraissent péremptoires. Si les experts étaient tenus de signifier l'arrêté du président par exploit d'huissier, on ne pourrait pas équitablement laisser les frais de cet exploit à leur charge, sans les priver d'une partie de ce qui leur revient. Il faudrait alors ajouter ces frais aux dépens. Or, la tendance de la loi du 22 juill. 1889 est de restreindre les frais le plus possible ; les experts, d'ailleurs, n'assistent pas à la liquidation opérée par le président ; de là, la nécessité d'un avertissement envoyé par le greffe pour porter cette liquidation à leur connaissance, et c'est cet avertissement que l'art. 23 qualifie de notification et qui fait courir le délai d'opposition.

571. — Le recours de la part des intéressés contre l'arrêté du conseil de préfecture est jugé, non pas en audience publique, mais en chambre du conseil, c'est-à-dire hors la présence des parties sans publicité. C'est le système suivi par la jurisprudence en matière de procédure civile. — Teissier et Chapsal, *loc. cit.*

572. — Sauf ces restrictions, le conseil de préfecture, statuant ici en matière contentieuse, doit satisfaire à toutes les conditions de composition et de constitution imposées par la loi pour la légalité et la régularité de ses arrêtés. — Teissier et Chapsal, p. 138.

573. — Ni les parties, ni les experts ne pourraient exiger qu'on les convoquât aux séances en chambre du conseil : le conseil seul aurait le droit de les faire venir devant lui pour fournir des explications, s'il le jugeait nécessaire. — Teissier et Chapsal, *loc. cit.*

574. — L'arrêté intervenu sur ce recours doit être rédigé comme les autres décisions contentieuses du conseil de préfecture ; il est susceptible d'appel devant le Conseil d'État, sans qu'il soit besoin d'attendre la décision du fond. — Teissier et Chapsal, *loc. cit.*

575. — Une confusion entre l'opposition aux jugements par défaut et l'opposition à l'arrêté du président du conseil de préfecture, a conduit un commentateur de la loi de 1889 (Combarieu, *Traité de la procédure devant les cons. de préf.*, p. 243) à admettre que lorsque l'arrêté du président du conseil de préfecture n'a pas été attaqué dans le délai prescrit pour l'opposition, il serait susceptible d'appel, dans le délai de deux mois, devant le Conseil d'État. Nous estimons, au contraire, que la voie de recours dont parle l'art. 23 est la seule qui soit ouverte aux intéressés, de sorte qu'après l'expiration du délai de trois jours, l'arrêté passe en force de chose jugée et devient inattaquable. — En ce sens, Teissier et Chapsal, p. 139.

576. — L'auteur précité (Combarieu, p. 243) est d'avis que l'arrêté n'a pas le même caractère que l'ordonnance du président en matière civile, et qu'il ne peut être exécuté avant la décision statuant sur le fond du litige. Mais on peut répondre que le législateur n'aurait pas donné au président le pouvoir de liquider les frais de l'expertise, et aux parties un droit de recours contre la décision du président, s'il n'avait pas eu l'intention d'attribuer le caractère exécutoire à cette décision. La loi a eu pour but, au contraire, de permettre aux experts de réclamer ce qui leur est légitimement dû, et de les soustraire aux inconvénients résultant de l'attente parfois très-longue de la solution finale. Ce système était déjà pratiqué devant le conseil de préfecture de la Seine qui déclarait recevable, avant l'arrêté statuant au fond, la demande en remboursement des honoraires des experts, et délivrait l'exécution de la taxe contre les parties, en se conformant aux règles du Code de procédure civile. La loi de 1889 a généralisé cette pratique, tout en conférant le droit de régler le montant des frais de l'expertise au président, sauf recours au conseil de préfecture ; donc il y a lieu de reconnaître la même valeur et la même force exécutoire à cette décision du président qu'à l'arrêté du conseil de préfecture dont elle a pris la place. On peut encore faire remarquer qu'en refusant d'attribuer le caractère exécutoire à la décision du président, on engagerait les experts à se pourvoir contre cet arrêté pour avoir une décision leur donnant droit à un paiement immédiat. — Teissier et Chapsal, p. 139 et s.

577. — Il y a lieu de se demander à qui les experts pourront s'adresser pour obtenir le paiement de ce qui leur est dû. D'après l'art. 319, C. proc. civ., les experts se font délivrer par le président un exécutoire du montant de leurs vacations, soit contre la partie qui a requis l'expertise, soit contre celle qui l'a poursuivie, si le tribunal a ordonné d'office cette mesure d'instruction. En l'absence de dispositions spéciales, ces règles paraissent devoir être étendues aux expertises administratives. — Teissier et Chapsal, p. 161.

578. — En conséquence, par application de la jurisprudence suivie en matière de procédure civile, les parties sont tenues solidairement des frais d'expertise quand elles ont été d'accord pour la solliciter, ou lorsqu'elle a été ordonnée d'office par le tribunal, et les experts pourraient dès lors réclamer à l'une quelconque des parties en cause le remboursement de leurs avances. — Cass., 11 août 1836, de Villette, [S. 37.1.107, P. 57.1246, D. 56.1.336] — V. cep., Cons. d'Ét., 3 mars 1882, Bourguignon, [D. 83.3.114]; — 29 janv. 1886, Litengem, [D. 87.3.58, Leb. chr., p. 74]; — 9 mars 1888, Mandeon, [Leb. chr., p. 245]

579. — Mais il est bien entendu que la partie tenue de payer ne le fait qu'à titre d'avances, et qu'à la fin de l'instance, tous les frais sont mis définitivement à la charge de la partie condamnée aux dépens.

580. — Le mode de procéder que nous venons d'examiner ne s'applique qu'au cas où l'expertise a été ordonnée en justice. Dans les expertises faites en dehors de toute instance, comme, par exemple, celles prescrites par le décret du 25 mars 1852 à propos de partage de biens communaux, les experts doivent agir, pour le paiement de leurs honoraires, selon le mode prévu par ces textes, ou bien par voie d'action portée devant la juridiction compétente. — Teissier et Chapsal, p. 162.

SECTION II.

Constats en cas d'urgence.

§ 1. *Nature des constats ordonnés par le président du conseil de préfecture.*

581. — La loi du 22 juill. 1889 a organisé devant les conseils de préfecture une procédure rapide permettant aux plaideurs de faire opérer d'urgence les constatations nécessaires à la conservation de leurs droits, lorsque le temps manque pour suivre les formalités ordinaires et que l'état des lieux peut être modifié. Cette voie d'instruction existe devant l'autorité judiciaire où le président du tribunal civil peut statuer par voie d'ordonnance sur toutes les mesures provisoires destinées à sauvegarder, en cas d'urgence, les droits des parties sans causer de préjudice au principe : c'est ce qu'on appelle le référé. Mais ce mode de procéder n'existait pas devant la juridiction administrative. — Cons. d'Ét., 12 avr. 1838, Fessin, [S. 39.2.581, P. adm. chr.] — V. aussi Cons. d'Ét., 21 janv. 1858, Bourgeois, [D. 59.3.20., note Cons. d'Ét., 22 janv. 1867, Pajot, [S. 68. 2.125, P. adm. chr., D. 67.3.26]

582. — Il a d'ailleurs toujours été de jurisprudence que le président d'un tribunal civil ne peut prescrire, par voie de référé, une expertise pour la constatation d'un dommage dont les conséquences ne pourraient être appréciées que par l'autorité administrative. — V. Cons. d'Ét., 18 nov. 1869, Mohamed ben Cheik, [S. 70.2.302, P. adm. chr.] — Lyon, 13 juin 1872, Bonnefoy, [S. 72.2.124, P. 72.608, D. 73.2.6] — Trib. confl., 11 janv. 1873, Damours, [S. 74.2.323, P. adm. chr., D. 73.3.4]

583. — D'autre part, aucune disposition de loi n'ayant autorisé le président du conseil de préfecture à statuer en référé, c'était au conseil de préfecture lui-même qu'il appartenait d'exercer cette attribution dans les matières de sa compétence. Ainsi il était reconnu que le conseil de préfecture pouvait faire procéder d'urgence à une expertise à l'effet de constater un dommage de nature à servir de base à une demande d'indemnité dont ledit conseil serait appelé à connaître; il en était ainsi, notamment, en cas de dommage causé par l'exécution de travaux publics. — Cons. d'Ét., 26 déc. 1873, Ville d'Alger, [S. 75.2.280, P. adm. chr., D. 74.3.70]

584. — Aux termes de l'art. 24 de la loi de 1889, « en cas d'urgence, le président du conseil de préfecture peut, sur la demande des parties, désigner un expert pour constater des faits qui seraient de nature à motiver une réclamation devant ce conseil. Avis en est immédiatement donné au défendeur éventuel. »

585. — Il importe de faire remarquer que le mode d'instruction organisé par le législateur dans l'art. 24 diffère sur plusieurs points du référé établi par le Code de procédure civile. En matière civile, en effet, la voie du référé s'ouvre pour tous les cas d'urgence, c'est-à-dire pour tous les cas où il y aurait danger et parfois préjudice irréparable pour les parties à attendre une décision au principal; elle s'ouvre également pour assurer l'exécution des titres authentiques et des droits dès à présent certains et non contestés. La loi sur la procédure devant les conseils de préfecture ne permet de demander au président que la nomination d'un expert chargé de constater des faits susceptibles d'échapper à une vérification ultérieure : la loi ne lui confère aucun autre pouvoir de juridiction (Rapport de M. Clément au Sénat). — Teissier et Chapsal, p. 165.

586. — Ainsi, le pouvoir du président lui permet de faire constater des faits, tels qu'un dommage causé par une inondation, qui, par suite de changement dans l'état des lieux, échapperaient à toute constatation ultérieure (Discours de M. Clément au Sénat, séance du 29 janv. 1889). — V. aussi Doussaud, p. 390 et s.

587. — Mais le président ne peut prescrire dans tous les cas des mesures conservatoires : il en serait résulté pour lui le pouvoir d'arrêter l'exécution d'ordres donnés par l'administration, ce qui eût pu avoir des conséquences fâcheuses; du reste les parties ont toujours la faculté de s'adresser par la voie hiérarchique pour obtenir un sursis en cas de contestation. — Teissier et Chapsal, loc. cit.

588. — D'autre part, les conseils de préfecture ne connaissant pas de l'exécution de leurs arrêtés, il ne pouvait être question de porter devant leur président les difficultés relatives à l'exécution des décisions rendues par ces conseils, ni, d'une manière plus générale, à l'exécution d'un titre exécutoire (Observations du rapporteur à la séance précitée du Sénat).

589. — Par application des principes qui régissent la compétence, il a été jugé que le président du conseil de préfecture n'est compétent pour ordonner un constat par voie de référé que dans les matières où le conseil de préfecture serait compétent lui-même pour statuer sur le principal et au fond. — Trib. confl., 23 janv. 1888, Serra, [S. 90.3.4, P. adm. chr., D. 89.3.38] — V. Aucoc, *Conférences*, t. 1, p. 718.

590. — Et même, pour que le président puisse ordonner cette mesure d'instruction, il faut non seulement qu'il y ait des faits matériels à constater, mais encore qu'il y ait urgence. L'urgence est, en effet, de l'essence de la définition même du référé. Elle résulte généralement d'un préjudice imminent et de nature à ne plus pouvoir faire dans la suite l'objet d'une constatation. — Teissier et Chapsal, p. 167.

591. — Cette vérification n'étant qu'une mesure purement conservatoire, doit être ordonnée sans qu'il y ait lieu d'apprécier les droits respectifs des parties, la recevabilité ou le mérite de leurs prétentions, question tirée du fond du droit qui doit rester intact. Le président ne peut même prendre aucune décision provisoire sur la question du principe que la réclamation soulèverait, ni sur les fins de non-recevoir qui lui seraient opposées. — Teissier et Chapsal, loc. cit.

592. — A raison du double caractère de mesure urgente et de mesure provisoire qu'on doit reconnaître au constat, le défendeur n'est pas nécessairement convoqué à l'audience qui le prescrit (Observations de M. Clément au Sénat, séance du 29 janv. 1889). — Teissier et Chapsal, p. 167 et 168.

593. — La loi exige seulement, par l'art. 24 *in fine*, qu'il soit donné avis au défendeur éventuel, quand il est connu, de la décision prise par le président. Cet avis lui est notifié par le greffe du conseil, en la forme administrative ou dans toute autre forme. Le défendeur est ainsi mis à même d'assister à la visite pour en surveiller les constatations.

594. — Il lui serait évidemment permis, s'il était prévenu avant l'arrêté du président, de se présenter à l'audience et de contester l'utilité de la mesure réclamée. — Teissier et Chapsal, p. 168.

595. — La procédure réglée par l'art. 24 présentant un caractère d'urgence et n'étant pas obligatoirement contradictoire, il en résulte qu'il ne peut y avoir d'arrêtés rendus par défaut en cette matière, et que la voie de l'opposition n'est pas ouverte aux défendeurs qui n'auraient pas pu s'opposer en temps utile à la décision autorisant le constat. — Arr. du président du cons. de préf. de la Seine, 20 août 1889, Société générale des téléphones, [*Jur. cons. préf.*, 1889, p. 13]

§ 2. Procédure des constats.

596. — La demande tendant à ce qu'il soit procédé à une constatation en cas d'urgence, doit être introduite par voie de requête en la forme ordinaire. Le président ou le conseiller qui le remplace statue sur cette demande dans une audience spéciale qu'il tient à cet effet.

597. — Il peut, à raison des circonstances particulières de l'affaire, n'autoriser cette mesure qu'à la condition que la partie demanderesse consigne les frais présumés de la vérification (C. proc. civ., art. 809). L'expert a, d'ailleurs, le droit d'exiger une provision avant de procéder aux opérations. — Teissier et Chapsal, p. 167.

598. — Nous avons vu que l'expert chargé de faire le constat est nommé par le conseil de préfecture. L'entente des parties n'est donc pas nécessaire pour que l'expertise soit faite par un expert unique, ainsi qu'il est prescrit dans les expertises ordinaires (V. *suprà*, n. 429). Cette entente, d'ailleurs, serait souvent impossible, puisque le constat peut être ordonné sans que le défendeur en soit averti. — V. *suprà*, n. 592 et s. — Teissier et Chapsal, p. 169.

599. — Bien qu'il soit préférable, pour ces constatations matérielles, de ne nommer qu'un seul expert, la loi n'interdit pas au président d'en nommer plusieurs, et les parties peuvent avoir intérêt à ce qu'il soit procédé ainsi. — Teissier et Chapsal, loc. cit.

600. — Ces constatations n'étant pas des expertises proprement dites, la plupart des règles établies pour les expertises ordinaires ne sont pas applicables à cette matière. Cependant, il est certaines conditions ou certaines formalités essentielles auxquelles on est tenu de se conformer, sous peine de priver les parties de toutes les garanties établies par la loi. Ainsi, le président ne pourrait choisir comme expert une personne frappée d'incapacité et, notamment, de celle prévue à l'art. 17 de la loi de 1889. — V. *suprà*, n. 461. — Teissier et Chapsal, loc. cit.

601. — Il ne pourrait non plus dispenser l'expert du serment. — V. *suprà*, n. 461. — Teissier et Chapsal, loc. cit.

602. — La mission de l'expert chargé d'un constat doit se borner à constater l'état des lieux et à en dresser procès-verbal de reconnaissance : il ne peut se livrer à des appréciations sur le bien ou le mal fondé des réclamations des parties ; en un mot, il ne peut rien préjuger sur le fond du litige. — Teissier et Chapsal, p. 169 et s.

603. — Bien que l'art. 24 de la loi de 1889 suppose le cas où l'instance n'est pas engagée, il y a lieu d'admettre que le président serait compétent pour ordonner toute constatation urgente qui deviendrait nécessaire au cours d'un procès. — Teissier et Chapsal, p. 170.

604. — De même, le conseil de préfecture ne peut pas dessaisi par le pouvoir conféré à son président du droit de prescrire des vérifications urgentes lorsque la nécessité lui en paraît démontrée pendant l'instruction d'une affaire. La loi, en effet, n'a fait que déléguer au président une des attributions du conseil de préfecture. — Teissier et Chapsal, loc. cit.

605. — Nous avons vu (*suprà*, n. 595), que l'arrêté du président n'est pas susceptible d'opposition. Il y a lieu de se demander s'il peut être frappé d'appel. A cet égard une distinction s'impose, suivant que l'on se place au cas où le constat a été ordonné, ou au cas où il aurait été refusé. Si le constat est ordonné, l'arrêté n'est pas susceptible d'appel; car il ne fait en aucune manière grief au défendeur : il ne tend qu'à faire procéder à de simples constatations et ne préjuge en rien le fond; il a un caractère purement préparatoire et ne peut donc être frappé d'appel que conjointement avec le jugement définitif, suivant la règle générale applicable aux décisions préparatoires (V. C. proc. civ., art. 451 et L. 22 juill. 1889, art. 60; Doussaud, p. 400). — Toutefois, antérieurement à la loi de 1889, le Conseil d'Etat avait décidé, dans deux espèces, que l'arrêté du conseil de préfecture intervenu sur une demande tendant à faire procéder à certaines constatations préalablement à toute action, n'avait pas le caractère préparatoire et que par conséquent il était susceptible d'être déféré au Conseil d'Etat. — Cons. d'Et., 28 mai 1886, Perrichont, [S. 88.3.17, P. adm. chr., D. 87.3.109] ; — 16 déc. 1887, Legrand, [D. 88.5.113] — Mais l'appel n'a été admis dans ces espèces que parce que les arrêtés attaqués ne se bornaient pas à ordonner une mesure d'instruction ; ils contenaient certaines dispositions de nature à les faire considérer comme des arrêtés interlocutoires, et par suite ils pouvaient être attaqués par la voie de l'appel, indépendamment du jugement du fond (art. 451, C. proc. civ.). — Teissier et Chapsal, p. 172 et 173.

606. — Lorsque le constat est refusé, la partie qui l'avait demandé peut attaquer l'arrêté devant le Conseil d'Etat. La jurisprudence s'était, avant la loi de 1889, prononcée en ce sens. — Cons. d'Et., 28 mai 1886, Bontaud, [S. 88.3.17, P. adm. chr., D. 87.3.109] — MM. Teissier et Chapsal (*loc. cit.*) font observer avec raison que ce recours sera souvent sans utilité, à raison du temps qu'en exigera l'instruction et le jugement.

Section III.
Visites de lieux.

607. — Les visites de lieux, mode d'instruction qu'un grand nombre de conseils de préfecture hésitaient, en l'absence de texte, à appliquer avant la loi du 22 juill. 1889, mais que la jurisprudence du Conseil d'Etat et la doctrine considéraient comme régulier, ont été formellement autorisées par la loi précitée. — V. Nectoux, *Des visites de lieux*, Rev. gén. d'adm., 1894, t. 1, p. 402 et s.

§ 1. Comment est ordonnée la visite.

608. — Aux termes de l'art. 25 de cette loi, le conseil peut, lorsqu'il le croit nécessaire, ordonner qu'il se transportera tout entier, ou que l'un ou plusieurs de ses membres se transporteront, sur les lieux pour y faire les constatations et vérifications déterminées par son arrêté.

609. — C'est surtout en matière de travaux publics, en matière de contraventions et en matière de logements insalubres que les visites de lieux sont utiles. Tantôt elles rendent l'expertise sans objet et la remplacent à moins de frais et avec plus de célérité, tantôt elles en complètent ou en précisent les résultats. — Teissier et Chapsal, p. 205.

610. — La visite des lieux, comme l'expertise, peut être ordonnée soit d'office, soit à la demande des parties ; mais à la différence de l'expertise, elle est toujours facultative pour le conseil de préfecture. C'est ce qui a été jugé notamment dans une espèce où cette mesure avait été réclamée par une commune attaquée pour dommages causés aux riverains par l'élargissement d'un chemin vicinal. — Cons. d'Et., 8 mai 1885, Commune de Cruas, [Leb. chr., p. 506] — Nectoux, *loc. cit.*

611. — Il en serait encore ainsi, alors même que la visite des lieux serait demandée par les deux parties en cause. — Teissier et Chapsal, p. 206.

612. — Le plus souvent, l'arrêté qui ordonne la visite des lieux sera purement préparatoire, et ne pourra dès lors être attaqué par la voie de l'appel qu'avec l'arrêt définitif (art. 451, C. proc. civ.). Il en serait autrement dans les cas exceptionnels où la vérification ordonnée préjugerait le fond. — Nectoux, *op. cit.*, n. 14.

613. — Le conseil de préfecture doit fixer les jour et heure de la visite des lieux ; c'est ce qui résulte implicitement de l'art. 25, § 3, de la loi de 1889.

614. — Mais il n'est pas nécessaire que ces jour et heure soient indiqués dans l'arrêté même qui ordonne la visite ; car le conseil se trouvera parfois dans l'impossibilité de donner immédiatement ces indications. Elles pourront résulter d'une décision ultérieure qui sera valablement prise en chambre du conseil. — Teissier et Chapsal, *loc. cit.*

615. — Les parties sont averties, par une notification faite conformément à l'art. 7, c'est-à-dire en la forme administrative, du jour et de l'heure auxquels la visite des lieux doit se faire (L. 22 juill. 1889, art. 25, § 3).

616. — Il s'agit ici d'un simple avertissement, et non d'une notification de l'arrêté ordonnant la visite. — Nectoux, n. 13.

617. — Mais cet avertissement doit être adressé aux parties dans tous les cas, que ce soit le tribunal entier ou l'un seulement de ses membres qui se transporte sur les lieux. La loi, en effet, ne distingue pas. Ainsi, il a été jugé qu'il y a lieu d'annuler l'arrêté préparatoire qui, ordonnant la visite des lieux, avait formellement stipulé qu'aucune des parties ne serait convoquée à y assister, alors que l'opération a eu lieu en l'absence des intéressés et sans qu'aucun procès-verbal ait été dressé. Et si l'état de l'instruction le permet, le Conseil d'Etat, en même temps qu'il prononce cette annulation, statue au fond. — Cons. d'Et., 21 janv. 1881, Cie d'Orléans, [Leb. chr., p. 100]

618. — Toutefois, le vice de procédure résultant du défaut d'avertissement serait couvert, si les parties avaient assisté sans réserves ni protestations à la visite des lieux ou si, dans la suite des débats, elles en avaient accepté les résultats. — V. supra, n. 513.

§ 2. Formes de la visite.

619. — Au jour et à l'heure fixés, le conseil de préfecture ou le conseiller délégué se rend sur les lieux litigieux et procède aux opérations dont il est chargé. Le commissaire du gouvernement n'étant jamais partie principale, même en matière de contravention, sa présence n'est pas obligatoire. L'absence des parties régulièrement convoquées ne fait point obstacle à la régularité de la vérification. Si les parties sont présentes, elles sont entendues, et il est fait le cas qu'il convient de leurs réquisitions. — Teissier et Chapsal, p. 207 ; Nectoux, *op. cit.*, n. 26 ; Rev. gén. d'adm., 1894, t. 2, p. 23 et s.

620. — Le conseil ou ses membres peuvent, en outre, dans le cours de la visite, entendre à titre de renseignements les personnes qu'ils désignent et faire faire en leur présence les opérations qu'ils jugent utiles (L. 22 juill. 1889, art. 25, § 2).

621. — A la différence de ce qui se passe en procédure civile où, d'après l'opinion générale, les pouvoirs du juge-commissaire sont circonscrits dans les termes du jugement, et où il ne peut, si celui-ci ne lui en donne pas le droit, recevoir des renseignements de personnes étrangères au procès ni ordonner la levée d'un plan, la loi sur la procédure administrative devant les conseils de préfecture, permet, par la disposition précitée, au conseil ou à celui ou ceux de ses membres qui procèdent à la visite des lieux, d'entendre toutes les personnes susceptibles de lui fournir des explications relatives à la cause. — Teissier et Chapsal, p. 207 et s.

622. — Comme il ne s'agit pas là d'une véritable enquête, mais d'une simple demande de renseignements, le serment ne saurait être exigé des personnes. — Teissier et Chapsal, *loc. cit.*

623. — Le membre du conseil délégué peut également requérir un homme de l'art et lui faire exécuter l'opération qu'il juge convenable, comme par exemple un mesurage, sans que cela constitue une expertise. La personne ainsi désignée ne peut donc être récusée, et il n'est pas nécessaire d'observer les autres formalités de l'expertise. — V. Teissier et Chapsal, *loc. cit.*

624. — Si les opérations n'ont pu être terminées dans la même journée, et s'il a fallu en renvoyer la continuation à un autre jour, il n'y a pas lieu de réitérer l'avertissement fait aux parties d'y assister. — Teissier et Chapsal, *loc. cit.* — V. supra, n. 615.

625. — Il doit être dressé procès-verbal de l'opération de visite des lieux (L. 22 juill. 1889, art. 25, § 4). C'est une conséquence du principe d'après lequel la procédure devant le conseil de préfecture est écrite. La vérification d'ailleurs doit être authentiquement constatée, afin que les parties aient le moyen de connaître et de contester le résultat des observations recueillies par suite de l'inspection des lieux. Cette règle était déjà suivie par la jurisprudence du Conseil d'Etat avant la loi de 1889. — Cons. d'Et., 21 janv. 1881, précité. — Ainsi un rapport verbal présenté en chambre du conseil ne satisferait pas au vœu de la loi. — Cons. d'Et., 12 mai 1876, Ville de Louviers, [Leb. chr., p. 444]

626. — Lorsque le conseil s'est transporté en entier sur les lieux, le procès-verbal est rédigé par le greffier, et, dans ce cas, peut ne contenir qu'une description sommaire des opérations accomplies les conseillers ayant pu *de visu* se rendre compte des faits intéressant le litige. — Teissier et Chapsal, p. 209 ; Nectoux, n. 33.

627. — Lorsqu'au contraire, suivant la pratique habituelle, la visite des lieux est faite par un conseiller seulement, le procès-verbal doit être rédigé par le conseiller lui-même d'une manière très-détaillée et très-précise; le conseiller désigné doit y décrire et y relater toutes les opérations auxquelles il s'est livré et toutes les constatations qu'il a faites; il doit mentionner les observations des parties, les dépositions des témoins, s'il en a entendu, et, en outre, tous les renseignements qui lui paraissent de nature à éclairer la religion du conseil. — Teissier et Chapsal, *loc. cit.*

628. — Mais à la différence de l'expert, il doit s'abstenir soigneusement de tirer des faits par lui observés des déductions ou conclusions quelconques, sans quoi, il deviendrait récusable lors du jugement pour avoir donné son avis sur le différend (art. 378, § 8, C. proc. civ.).

629. — Afin de permettre le règlement des frais, le procès-verbal doit faire mention des jours employés au transport, séjour et retour (V. art. 298, C. proc. civ.).

630. — De même que le rapport d'expert (V. *suprà*, n. 546), le procès-verbal de visite des lieux ne lie pas le conseil de préfecture. — Arsène Périer, *Traité des conseils de préfecture*, t. 2, p. 342.

631. — Le procès-verbal terminé est enregistré et déposé au greffe, où les parties peuvent en prendre connaissance. Le dépôt au greffe du procès-verbal de visite des lieux doit-il être notifié aux parties? L'art. 53 de la loi de 1889 exige cette formalité à l'égard du procès-verbal d'expertise (V. *suprà*, n. 540 et s.); elle est muette pour le procès-verbal de visite des lieux. MM. Teissier et Chapsal (p. 210) en concluent que la notification n'est pas nécessaire lorsqu'il s'agit de ce dernier. En vain invoquerait-on, en faveur de la thèse contraire, deux arrêts du Conseil d'Etat qui ont annulé des arrêtés rendus dans des espèces où cette notification n'avait pas eu lieu. — Cons. d'Et., 12 mai 1876, Ville de Louviers, [Leb. chr., p. 444]; — 21 janv. 1881, Compagnie d'Orléans, [Leb. chr., p. 100] — et dirait-on que le législateur ne l'a pas écrite en termes exprès parce qu'elle était déjà imposée par la jurisprudence antérieure. Ces deux arrêts, en effet, sont intervenus dans un cas où les deux parties n'avaient pas été convoquées aux opérations de la visite des lieux; et si le Conseil d'Etat, dans ses considérants, a relaté ce fait que le procès-verbal n'avait point été communiqué, c'était pour accentuer encore davantage le caractère non contradictoire de la procédure.

632. — Aucun texte n'exige que le conseiller délégué assiste au jugement qui sera rendu sur son procès-verbal de visite. Toutefois, si la participation du conseiller délégué au jugement n'est pas indispensable, elle est du moins conforme au vœu de la loi. Il est, en effet, utile que le conseiller prenne part au jugement sur le fond pour éclairer ses collègues au moyen des impressions et des souvenirs que la visite a pu lui laisser. — Nectoux, n. 37.

§ 3. *Frais de la visite.*

633. — Les frais de la visite des lieux sont déterminés conformément aux art. 4 et 13, Décr. 18 janv. 1890, et d'après les mentions contenues au procès-verbal. A qui incombent ces frais? Avant la loi de 1889, lorsque ce moyen de vérification était réclamé par une partie, le conseil pouvait, par application de l'art. 301, C. proc. civ., pouvait exiger que les frais de transport y fussent avancés par la partie requérante et par elle consignés au greffe, et cette partie supportait les frais de la visite, quelle que fût l'issue du procès. Mais on ne pouvait pas procéder ainsi quand la descente sur les lieux était ordonnée d'office par le conseil de préfecture, et comme la procédure ne comportait pas, en principe, d'autres frais que ceux d'expertise, on pouvait admettre que les frais de visite devaient rester à la charge des magistrats qui l'avaient opérée, ou plus exacte du fonds d'abonnement. M. Laferrière (*Jur. admin.*, t. 1, p. 332) estimait néanmoins que ces frais devaient être supportés par la partie perdante, car, disait-il, il n'y a pas de raison d'ordre juridique pour limiter aux frais d'expertise le remboursement des loyaux-coûts auxquels peuvent donner lieu les mesures d'instruction. Aujourd'hui, cette controverse est tranchée. Aux termes de l'art. 25, dernier paragraphe, de la loi de 1889, les frais de la visite des lieux sont compris dans les dépens de l'instance.

634. — Ainsi, lorsqu'une visite des lieux est ordonnée, soit d'office, soit à la requête de toutes les parties en cause, les frais doivent toujours être mis à la charge de la partie qui succombe. — Teissier et Chapsal, p. 211.

635. — Mais si elle n'a été demandée que par une seule partie, alors que son adversaire en contestait l'utilité, les frais pourront demeurer à la charge de cette partie, quand bien même elle viendrait à triompher dans l'arrêt définitif, dans le cas où le conseil reconnaîtrait que la visite était inutile pour la connaissance de l'affaire. — V. Rousseau et Laisney, *Dict. de proc. civ.*, v° *Descente sur les lieux*, n. 52.

636. — Lorsque la visite est ordonnée d'office, d'après l'opinion des mêmes auteurs, les frais seront avancés par le fonds d'abonnement, et réclamés, après l'arrêt définitif, par l'administration, dont la créance est privilégiée, en vertu des art. 2101 et 2104, C. civ. (V. dans le même sens Nectoux, *op. cit.*, n. 23). Mais M. le ministre de l'Intérieur a fait observer (Lettre du 2 sept. 1893 : *Rev. gén. d'admin.*, 1894, t. 2, p. 464) que les ressources du fonds d'abonnement sont très-limitées, que le recouvrement des avances peut ne s'effectuer que longtemps après qu'elles auront été faites; que, d'ailleurs, ce fonds, destiné à pourvoir aux dépenses générales de l'administration, n'a pas à supporter la charge d'avances, faites d'ordinaire dans un intérêt exclusivement privé. Il invite, en conséquence, les conseils de préfecture, à adopter la manière d'agir des tribunaux civils qui, lorsqu'ils prescrivent d'office une visite de lieux, n'indiquent pas la date et l'heure de cette mesure d'instruction, laissant à la partie la plus diligente, le soin de requérir la fixation de cette date; c'est elle alors qui doit avancer les frais. Jugé, en ce sens, que le conseil peut exiger que les frais de transport soient avancés par la partie requérante. — Cons. préf. Haute-Marne, 27 juin 1892, Péchin d'Hautebois, [*Jur. cons. préf.*, 1893, p. 108]

637. — Il y a seulement lieu d'admettre que, dans les matières où la procédure est absolument gratuite, comme en matière électorale, les frais de visite seront alors avancés et supportés par le fonds d'abonnement, puisqu'ils ne pourront pas être réclamés aux parties. — Nectoux, *op. cit.*, n. 24.

637 bis. — En matière de contravention, lorsque le transport est ordonné d'office, l'avance des frais est faite par le fonds d'abonnement qui le supporte, si la partie est acquittée, ou qui est remboursé par elle, si elle est condamnée. Lorsque le transport, au contraire, a été prescrit sur la requête de la partie poursuivie, celle-ci en avance et en supporte les frais, qu'elle soit condamnée ou acquittée en définitive. — Nectoux, *op. cit.*, n. 25.

SECTION IV.
Enquêtes.

§ 1. *Principes généraux.*

638. — Il a toujours été admis que les conseils de préfecture pouvaient recourir à la preuve testimoniale administrée sous la forme d'une enquête. La pratique était constante, à cet égard, surtout en matière de réclamations relatives à la validité des opérations électorales. Le Conseil d'Etat, se fondant sur les pouvoirs conférés au juge administratif pour prescrire les mesures d'instruction nécessaires, et s'inspirant des dispositions du décret du 22 juill. 1806 (art. 14), avait toujours consacré la légalité de cet usage. — Teissier et Chapsal, p. 213.

639. — En l'absence de prescriptions spéciales, on appliquait aux enquêtes administratives les règles édictées par le Code de procédure civile pour les enquêtes faites, soit devant les tribunaux de première instance en matière sommaire, soit devant les juges de paix, en tant que ces règles pouvaient se concilier avec les textes de droit administratif. En général, c'étaient les formes des enquêtes devant les juges de paix qui étaient préférées, comme offrant plus de rapidité et moins de cas de nullité et de déchéance. — Dufour, t. 2, p. 57; Batbie, *Droit publ. et admin.*, t. 7, p. 408; Aucoc, *Conférences*, t. 1, n. 320.

640. — Le Conseil d'Etat admettait même que ces formes n'étaient pas requises à peine de nullité. Et en matière électorale, il décidait qu'il appartenait au juge de tracer les règles à suivre, et de décider si l'information présentait les garanties nécessaires. — Teissier et Chapsal, *loc. cit.*

641. — Aujourd'hui, les enquêtes devant les conseils de préfecture sont soumises, par la loi du 22 juill. 1889, à une procédure précise qui est venue remplacer les règles variables antérieurement suivies, et qui n'étaient que l'œuvre de la jurisprudence. Le système adopté par cette loi est à la fois simple et économique; sans reproduire complètement aucun de ceux en vigueur devant la juridiction civile, dont l'application n'eût pas, d'ailleurs, été possible à cause des formalités trop nombreuses qu'ils comportent, la loi de 1889 renferme des dispositions empruntées à chacun d'eux. — Teissier et Chapsal, p. 214.

642. — Cette procédure a un caractère général, et s'applique à toutes les enquêtes ordonnées par les conseils de préfecture, même à celles qui concernent les contestations électorales, bien que l'art. 11 contienne une réserve pour ces réclamations. En effet, la législation a inséré, dans les art. 34 et 35, des prescriptions spéciales à cette matière, constituant des dérogations aux règles générales qu'il trace dans le chap. 3, et en manifestant ainsi nettement son intention de soumettre les enquêtes électorales à toutes les règles pour lesquelles il n'établissait pas d'exception. La matière électorale est, d'ailleurs, celle en laquelle les conseils de préfecture usent principalement de ce mode de vérification. — Teissier et Chapsal, p. 215.

643. — Mais cette dernière matière n'est pas la seule qui puisse appeler la preuve testimoniale. Ce mode de preuve peut être utile ..... en matière de marchés de travaux publics pour compléter l'instruction et établir des faits dont l'existence serait impossible à démontrer au moyen de l'expertise. — Cons d'Et., 5 avr. 1833, Manguin, [P. adm. chr.]; — 9 févr. 1877, Violet, [S. 79.2.90, P. adm. chr., D. 77.3.50]

644. — ... En matière de contravention, pour vérifier les faits relevés par le procès-verbal. — Cons. d'Et., 17 déc. 1886, [Leb. chr., p. 912]

645. — ... En matière de récusation des juges, par application de l'art. 389, C. proc. civ., auquel se réfère formellement l'art. 41 de la loi de 1889.

646. — ... Et de même en matière de récusation d'experts, en vertu de l'art. 309, C. proc. civ., que l'art. 17 de la même loi rend applicable aux expertises administratives.

647. — La limitation de la preuve testimoniale, résultant des art. 1341 et s., C. civ., en admettant qu'elle ait un caractère général, ne trouve guère d'application dans les attributions contentieuses des conseils de préfecture, soit parce qu'il est de règle de constater par écrit tous les contrats administratifs, soit à raison de la nature spéciale des autres contestations. — Teissier et Chapsal, p. 217, note 1.

§ 2. Comment est ordonnée l'enquête.

648. — Le conseil de préfecture peut, soit sur la demande des parties, soit d'office, ordonner une enquête sur les faits dont la constatation lui paraît utile à l'instruction de l'affaire (L. 22 juill. 1889, art. 26).

649. — Le conseil peut donc ordonner une enquête; mais il résulte des termes de la loi que, à la différence de l'expertise, l'enquête n'est jamais obligatoire devant le conseil de préfecture; elle dépend entièrement de la volonté du juge, qui jouit à cet égard d'un pouvoir discrétionnaire.

650. — Lorsqu'une partie estime ce mode de preuve nécessaire pour établir ses droits, elle doit présenter ses conclusions tendant à cet objet, soit dans la demande introductive d'instance, soit dans une requête spéciale, rédigée en la forme ordinaire.

651. — Mais il n'est pas nécessaire que cette mesure d'instruction soit demandée par les parties : la loi permet, en effet, au conseil de l'ordonner d'office.

652. — Il résulte des motifs mêmes auxquels l'enquête répond qu'elle ne peut porter que sur des faits. Le conseil de préfecture devrait refuser de la prescrire si les parties ne la réclamaient qu'en vue de prouver des moyens de droit. — V. Cass., 10 févr. 1868, Lubet-Barbon, [D. 68.1.261]

653. — La demande d'enquête n'étant soumise à aucune forme, il n'est pas nécessaire, notamment, qu'elle contienne l'articulation des faits ainsi que l'exige, pour la procédure judiciaire, l'art. 252, C. proc. civ. — *Rev. gén. d'adm.*, année 1890, 3ᵉ partie, p. 410.

654. — Il est vrai qu'en fait, la partie qui désire obtenir une enquête sera, le plus souvent, obligée d'articuler les faits afin que le conseil de préfecture puisse examiner et décider si la preuve en est utile, et que l'adversaire soit en mesure de déclarer s'il en reconnaît ou en conteste l'existence. — Cons. d'Et., 9 mars 1859, Elect. de Mercœur, [Leb. chr., p. 177]; — 6 oct. 1871, Elect. d'Aleu, [Leb. chr., p. 193]; — 4 juin 1875, Elect. de Devillac, [Leb. chr., p. 546]

655. — Ajoutons que l'enquête n'étant en aucun cas obligatoire pour le tribunal et pouvant toujours être ordonnée d'office, aucune question ne pourra jamais s'élever en pratique sur la validité d'une demande d'enquête; ce qui n'est pas à dire que le conseil de préfecture ne puisse rejeter *de plano* la demande par le motif que celle-ci ne contient pas en elle-même sa justification.

656. — Ainsi, il a été jugé que les faits allégués doivent être accompagnés d'un commencement de preuve ou être appuyés de présomptions sérieuses. — Cons. d'Et., 27 mars 1885, Elect. de Bessainvilliers, [Leb. chr., p. 375]

657. — Il faut encore que les faits articulés soient déniés par l'adversaire. Aux termes de l'art. 252, C. proc. civ, les faits dont une partie demande à faire preuve sont articulés successivement : ils sont déniés ou reconnus dans les trois jours suivants; sinon, ils peuvent être tenus pour confessés ou avérés. Cette mise en demeure n'existe pas dans l'enquête administrative; mais il est évident que l'absence de dénégation ou le silence de la partie adverse ne serait pas sans exercer une influence sur la décision du conseil de préfecture qui pourrait, en pareil cas, tenir les faits pour exacts, à moins toutefois que la cause n'intéressât des tiers ou l'ordre public. — Teissier et Chapsal, p. 218.

658. — Il faut, d'autre part, en matière administrative comme en matière civile (V. *infrà*, vᵒ *Enquête*), que les faits soient pertinents, c'est-à-dire qu'ils aient un rapport précis avec l'objet du litige; ils doivent également être concluants, c'est-à-dire susceptibles, s'ils sont prouvés, d'établir le bien-fondé de la demande ou tout au moins d'exercer une influence sérieuse sur le résultat du procès. Le conseil de préfecture devrait rejeter toute demande à fin d'enquête, s'il reconnaissait que les faits dont on offre la preuve sont indifférents à l'issue du procès. — Cons. d'Et., 7 janv. 1869, Elect. d'Irtres, [Leb. chr., p. 25]; — 23 avr. 1875, Elect. de Saint-André-des-Doulles, [Leb. chr., p. 367]; — 2 juill. 1875, Elect. de Hamelin, [Leb. chr., p. 662]; — 21 janv. 1881, Elect. de Sens, [Leb. chr., p. 90]; — 25 févr. 1887, Elect. de Heyer, [Leb. chr., p. 182]; — 1ᵉʳ avr. 1887, Elect. de Solignac, [Leb. chr., p. 294]; — 6 mai 1887, Elect. de Luzy, [Leb. chr., p. 357]

659. — Enfin, il faut encore pour que l'enquête puisse être ordonnée, que les faits ne soient pas de ceux dont la preuve est défendue par la loi. — Teissier et Chapsal, p. 219.

660. — Alors même que toutes les conditions ci-dessus énumérées se trouveraient réunies, le conseil de préfecture pourrait encore rejeter l'enquête... si les faits articulés remontaient à une époque si éloignée que la preuve testimoniale en fût devenue impossible. — Cons. d'Et., 12 mai 1869, Elect. de Valence, [Leb. chr., p. 447]

661. — ... Ou si en l'état de l'instruction de l'affaire fournissait au conseil de préfecture des données suffisantes pour former sa conviction et lui permettre de statuer immédiatement. — Cons. d'Et., 28 mars 1867, Elect. de Brécey, [Leb. chr., p. 525]; — 19 juill. 1867, Elect. de Lannemaczan, [Leb. chr., p. 676]

662. — ... Ou si un moyen de droit permettait de trancher le procès; si par exemple, les faits avaient été articulés après l'expiration du délai fixé par la loi pour les présenter. — Cons. d'Et., 2 août 1866, Elect. d'Antrain, [Leb. chr., p. 901]

663. — Mais le conseil de préfecture ne pourrait pas rejeter la preuve testimoniale comme superflue et admettre le fait comme constant en se fondant sur des renseignements personnels que ses membres auraient recueillis en dehors du service. — V. Cass., 28 avr. 1874, Lavialle, [S. 74.1.320, P. 74.806, D. 74.1.240]

664. — Lorsque l'une des parties obtient qu'il soit procédé à une enquête, l'adversaire n'est pas obligé d'articuler les faits opposés à ceux de son adversaire, ni d'obtenir une décision l'autorisant à faire procéder à l'enquête contraire ou contre-enquête. La règle générale, devant toutes les juridictions, est que la preuve contraire est de droit (V. C. proc. civ., art. 256).

665. — Mais la contre-enquête doit porter sur des faits qui constituent la négation directe des allégations du demandeur, ou qui, tout au moins, tendent à en atténuer la gravité. Si les allégations du défendeur étaient relatives à des points nouveaux, il devrait, à son tour, demander une enquête par conclusions spéciales. — V. au surplus, *infrà*, vᵒ *Enquête*.

666. — L'enquête est ordonnée par un arrêté du conseil de préfecture. Cet arrêté indique les faits sur lesquels l'enquête doit porter (L. 22 juill. 1889, art. 27).

667. — Comme en matière civile, cette dernière prescription est essentielle, en sorte que l'arrêté qui ne préciserait pas l'objet de l'enquête serait entaché de nullité. La détermination des faits à prouver permet, en effet, de maintenir l'enquête dans ses véritables limites : elle donne au juge d'appel la possibilité d'examiner en connaissance de cause, si c'est avec raison que l'enquête a été ordonnée ; elle met enfin la partie à même de réunir tous les éléments de la contre-enquête. — Teissier et Chapsal, p. 221. — V. aussi Garsonnet, t. 2, p. 511 ; Carré et Chauveau, *Proc. civ.*, t. 2, quest. 978.

668. — Toutefois, l'indication des faits sur lesquels doit porter l'enquête n'est pas strictement limitative : les témoins peuvent être entendus sur des points non prévus par l'arrêté, mais qui se rattacheraient aux questions principales à élucider (Circ. min. 31 juill. 1890). — Doussaud, p. 405).

669. — Au reste, la nullité dont il s'agit n'étant pas d'ordre public pourrait être couverte, par exemple, si la partie qui pouvait l'opposer produisait des témoins. — V. Cass., 27 mars 1832, Roche, [S. 32.1.598, P. chr.] — Garsonnet, t. 2, p. 512.

670. — Dans le cas où, par suite d'une erreur matérielle, certains faits auraient été omis dans l'arrêté, il appartiendrait au conseil de préfecture, qui a pouvoir pour interpréter ses arrêtés, de réparer cette omission.

§ 3. *Formes de l'enquête.*

671. — L'arrêté ordonnant l'enquête décide, suivant les cas, si elle aura lieu, soit devant le conseil en séance publique, soit devant un membre du conseil qui se transportera sur les lieux (L. 22 juill. 1889, art. 27).

672. — Ainsi la loi admet deux systèmes pour administrer la preuve testimoniale : ... l'enquête verbale ou publique dans laquelle les dépositions des témoins sont faites et recueillies à l'audience, système suivi devant les justices de paix (C. proc. civ., art. 34 et s.), devant les tribunaux de commerce et devant les tribunaux de première instance en matière sommaire (*Id.*, art. 407 et s.).

673. — ... Et l'enquête écrite ou secrète faite devant un magistrat délégué à l'effet d'entendre les dépositions des témoins en présence des parties ou elles dûment convoquées, mode de procéder établi pour les enquêtes en matière ordinaire devant les tribunaux de première instance (C. proc. civ., art. 255). — V. *infra*, v° *Enquête*.

674. — Le conseil de préfecture a un pouvoir discrétionnaire pour décider si l'enquête se fera suivant l'un ou l'autre de ces deux modes. Mais dans des vues d'économie et pour se conformer à l'intention du législateur, on ne doit recourir à l'enquête devant le conseil que si les témoins se trouvent domiciliés à peu de distance du lieu où il siège. — Teissier et Chapsal, p. 212.

675. — A la différence de l'énonciation des faits à prouver, l'indication de l'autorité chargée de recevoir la preuve testimoniale n'a pas le caractère d'une formalité prescrite à peine de nullité. Seulement l'arrêté qui ne contiendrait pas cette indication devrait être complété par une nouvelle décision. — Doussaud, p. 405. — V. aussi Carré et Chauveau, *Proc. civ.*, t. 2, quest. 980 bis.

676. — Avant la loi de 1889, lorsque le conseil de préfecture ne retenait pas l'enquête devant lui, il pouvait commettre pour y procéder, non seulement un de ses membres, mais d'autres personnes, telles que des sous-préfets, des maires, des conseillers d'arrondissement, des juges de paix, des commissaires de police. Aujourd'hui, ces fonctions ne peuvent plus être déléguées à des magistrats ou fonctionnaires autres que des conseillers de préfecture. La commission du Sénat a supprimé ces mots du projet de 1870 : « soit devant le juge de paix du canton, ou bien de ses suppléants ». Le législateur a voulu donner ainsi plus de garanties aux opérations de l'enquête (Teissier et Chapsal, p. 223 et notes 2 et 3 ; Doussaud, *loc. cit.*). L'art. 255, C. proc. civ., contient une disposition analogue.

677. — Au reste, le conseiller commis peut être indifféremment pris soit parmi ceux qui ont assisté aux débats antérieurs, soit parmi ceux qui y sont restés étrangers. Un conseiller qui dans la cause a rempli les fonctions de juge suppléant peut également être délégué. — Teissier et Chapsal, *loc. cit.*

678. — La délégation donnée à un conseiller de préfecture est un mandat obligatoire, qu'il ne peut décliner. — Teissier et Chapsal, p. 224.

679. — Le conseiller enquêteur qui vient à se trouver postérieurement empêché par maladie ou autre circonstance ne peut déléguer lui-même ses fonctions ; un nouvel arrêté du conseil de préfecture ou, tout au moins, un arrêté du président devrait intervenir pour le remplacer. Et il est procédé à ce remplacement, soit d'office, soit sur la demande des parties ou de l'une d'elles. — Teissier et Chapsal, *loc. cit.* ; Doussaud, *loc. cit.*

680. — Bien que d'ordinaire un seul conseiller soit commis pour procéder à l'enquête, le conseil de préfecture, si l'enquête devait exiger un temps très-long, et si l'on était poussé par les délais, pourrait en nommer plusieurs, ou confier l'enquête et la contre-enquête à des conseillers différents. — Teissier et Chapsal, *loc. cit.* — V. aussi Rodière, *Proc. civ.*, t. 1, p. 361.

681. — La procédure de la commission rogatoire, organisée en matière civile par l'art. 255, C. proc. civ., n'existe pas devant les conseils de préfecture. Un commissaire enquêteur, pris parmi les membres d'un autre conseil de préfecture ne pourrait donc pas être désigné pour recevoir les témoignages des témoins domiciliés loin du département où le litige est engagé. — Teissier et Chapsal, *loc. cit.*

682. — La nullité résultant de la nomination irrégulière du commissaire enquêteur est-elle couverte par la comparution des parties à l'enquête sans protestation ni réserve ? Dans le sens de l'affirmative, on peut invoquer par analogie un arrêt de cassation du 24 août 1835, Baume, [S. 36.1.320, P. adm. chr.], relatif à une espèce dans laquelle un avocat appelé accidentellement à compléter le tribunal avait été nommé juge enquêteur. — *Sic*, Teissier et Chapsal, *loc. cit.*

683. — Le jour de l'enquête, le lieu et l'heure où les témoins seront entendus, peut être fixé, soit par l'arrêté qui l'autorise... (L. 22 juill. 1889, art. 28).

684. — ...Soit par un arrêté ultérieur, le conseil pouvant même modifier les indications précédemment données, par exemple changer la date de l'ouverture de l'enquête sans violer le principe de la chose jugée. — Teissier et Chapsal, p. 223. — V. Cass., 23 juill. 1860, Boulorgue, [S. 60.1.964, P. 61.97, D. 60.1.332]

685. — Il résulte de ce qui précède que c'est au tribunal qu'il appartient de fixer le jour de l'audition des témoins, et que si des obstacles imprévus surgissent, ce sera aussi à lui qu'il appartiendra d'accorder des prolongations de délai. M. Brémond (*Rev. gén. d'adm.*, année 1890, 3e part., p. 410) fait observer, à ce sujet, que ce système pourra entraîner quelques longueurs : mais il ajoute qu'en tous cas, les arrêtés de prolongation de délai seront rendus sur simple requête non signifiée ; qu'ils pourront même être rendus d'office sur la demande du juge-commissaire et sans l'intervention des parties : car ce sont de simples mesures préparatoires, qui ne peuvent porter préjudice à aucun droit. Les parties devront sans doute être averties de la prolongation de délai que le tribunal aura accordée, mais un avertissement postérieur à l'arrêté suffit.

686. — L'arrêté pourrait-il déléguer au commissaire enquêteur le soin de fixer le jour de l'enquête ? MM. Teissier et Chapsal (*loc. cit.*, note 1) ont admis l'affirmative, par analogie avec la matière civile (remarquons que la même note de ces auteurs était conçue en termes différents lors de la première publication de leur ouvrage. — V. *Lois nouvelles*, 1890, 1re partie, p. 473, note 1). Ils citent, à l'appui de leur opinion, un arrêt de cassation du 13 févr. 1850, Guibout, [S. 50.1.276, D. 50.1.170] — Mais cet arrêt s'est borné à reconnaître au juge-commissaire le droit de changer le jour de l'enquête tant que l'audition des témoins n'est pas commencée ; il se réfère uniquement au droit qu'a ce même juge-commissaire, en cette matière, de fixer le jour de l'enquête. La loi de 1889 a organisé devant les conseils de préfecture un système différent ; c'est le tribunal qui doit fixer le jour, et c'est là une attribution qui ne nous parait pas pouvoir être déléguée.

687. — La loi ne détermine pas, ainsi que l'a prescrit le Code de procédure civile (art. 257, 258 et 278), le délai dans lequel l'enquête doit être commencée ou celui dans lequel elle doit être terminée. Cette différence s'explique par cela même que l'administration de la preuve testimoniale en matière civile et devant les conseils de préfecture. Ici, c'est le juge qui dirige lui-même la procédure de l'enquête, et on n'a pas à redouter les lenteurs causées par la négligence ou le mauvais vouloir des parties.

688. — Mais le conseil de préfecture pourrait, sans se mettre en opposition avec aucun texte de loi, impartir un délai dans lequel l'enquête, lorsqu'elle serait reçue par un conseiller délégué, devrait être achevée. La fixation de ce délai serait surtout d'une grande utilité pour les enquêtes électorales, parce qu'en cette matière, le conseil de préfecture est obligé de rendre sa décision définitive dans un temps déterminé. — V. Cons. d'Et., 13 janv. 1882, Elect. de Pleyben, [Leb. chr., p. 38]; — 24 mars 1884, Elect. de Mauro, [Leb. chr., p. 232]; — 1er févr. 1889, Elect. de Ville Langy, [Leb. chr., p. 138]

689. — L'arrêté qui ordonne l'enquête est tantôt préparatoire, tantôt interlocutoire, suivant qu'il préjuge ou non le fond du litige. Dans le premier cas, les parties ne peuvent l'attaquer qu'avec l'arrêté définitif; dans le second cas, il leur est loisible de faire appel de suite de l'arrêté interlocutoire (V. art. 60). — Teissier et Chapsal, p. 223; art. 451, C. proc. civ. — V. *suprà*, v° *Appel* (mat. civ.), n. 936 et s.

690. — Les parties sont averties d'une notification faite conformément à l'art. 7, qu'elles peuvent prendre connaissance au greffe de l'arrêté qui ordonne l'enquête, et elles sont invitées à présenter leurs témoins au jour fixé par cet arrêté (L. 22 juill. 1889, art. 28).

691. — Ainsi, à la différence de ce qui se passe en matière civile, la partie n'a pas à être assignée par l'autre pour être présente à l'enquête : une notification en la forme administrative est envoyée à cet effet par les soins du greffe à toutes les parties en cause ou à leurs mandataires. Les intéressés doivent être avertis assez tôt pour qu'ils aient le temps de venir au greffe prendre connaissance de l'arrêté du conseil de préfecture, s'informer des faits sur lesquels la preuve testimoniale a été admise, du mode choisi pour procéder aux opérations, du jour et du lieu fixés, afin de convoquer en temps utile les personnes qu'ils désirent faire entendre comme témoins. — Teissier et Chapsal, p. 226; Doussaud, p. 406.

692. — L'avertissement doit d'ailleurs être donné même aux parties qui ont assisté à l'audience où l'enquête a été ordonnée, puisque l'art. 28 ne fait aucune exception. Remarquons, qu'en ce qui concerne la désignation des experts, l'art. 15 donne une solution contraire. — Brémond, *Rev. gén. d'adm.*, année 1890, 3e part., p. 441.

693. — Le nullité provenant du défaut de la notification prévue par l'art. 28 serait couverte par l'assistance des parties à l'enquête sans protestation ni réserve. — V. Cass., 20 nov. 1860, Parain, [S. 61.1.973, P. 62.625, D. 61.4.384] — Rousseau et Laisney, *Dict. de proc. civ.*, v° *Enquête*, n. 205 et 206; Brémond, *op. cit.*

694. — La production de témoins par une partie emporterait de sa part adhésion à l'enquête et la rendrait non recevable à contester ultérieurement la validité des opérations, en se fondant sur l'absence d'invitation à présenter ses témoins. — V. Cass., 27 mars 1832, Roche, [S. 32.1.598, P. chr.]

695. — Les parties peuvent assigner les témoins à leurs frais, par exploit d'huissier (L. 22 juill. 1889, art. 28 *in fine*).

696. — « ... Peuvent assigner ... : » il résulte du texte que les parties sont libres de prendre telles mesures qu'elles jugent utiles pour faire venir leurs témoins au jour fixé pour l'ouverture de l'enquête, et qu'elles ne sont pas obligées de recourir au ministère d'huissier.

697. — Si elles l'emploient, la loi décide que les frais d'assignation demeurent à leur charge. C'est un système analogue à celui qui est suivi pour les enquêtes devant les juges de paix (C. proc. civ., art. 35).

698. — Les parties ne sont point tenues de se dénoncer à l'avance les noms des témoins qu'elles veulent produire, à la différence de la prescription contenue dans l'art. 261, C. proc. civ. — Toutefois, une circulaire ministérielle a prescrit au greffier, en même temps qu'il notifie l'arrêté ordonnant l'enquête, d'inviter les plaideurs à faire connaître aux intéressés, sans déplacement, les noms des témoins qu'ils se proposent de faire entendre (Circ. min. 31 juill. 1890). — Doussaud, p. 406.

699. — Le nombre des témoins qu'il est permis de présenter n'est pas limité par la loi. Toutes les personnes présentées par les parties doivent donc être entendues; le refus de procéder à l'audition de l'une d'entre elles serait de nature à entraîner la nullité de l'enquête. — Cons. d'Et., 24 avr. 1885, Elect. de Roquebrune, [Leb. chr., p. 424]

700. — Dans le cas où l'enquête a été ordonnée d'office, le conseil de préfecture, ou, le cas échéant, le conseiller enquêteur, peut faire citer directement les témoins. (V. anal. Décr. 10 août 1881, art. 43 *in fine*).

701. — Mais, à la différence du Code de procédure civile, la loi sur la procédure devant les conseils de préfecture n'a pas établi de pénalités contre les témoins défaillants. Il en résulte qu'en matière administrative, on peut impunément refuser de déposer comme témoin dans une enquête. — Teissier et Chapsal, *loc. cit.;* Doussaud, *loc. cit.*

702. — Au cas où l'un des témoins se trouverait dans l'impossibilité de venir déposer au jour fixé, par suite d'une raison légitime, le conseil de préfecture, s'il estimait que ce témoignage est essentiel pour un instrument pour la solution du litige, aurait le droit de remettre l'audition du témoin empêché à un autre jour, ou de déléguer un de ses membres à l'effet de se transporter sur les lieux pour recevoir la déposition de ce témoin (V. C. proc. civ., art. 266).

703. — Les parties peuvent, d'ailleurs, toujours, pour suppléer à l'insuffisance des témoignages, produire des certificats émanant des personnes qui n'ont pas pu déposer en temps utile. — Cons. d'Et., 24 avr. 1885, précité.

704. — En ce qui concerne les témoins qui peuvent être entendus, l'art. 29 de la loi de 1889 dispose ainsi qu'il suit : « Ne peuvent être entendus comme témoins les parents ou alliés en ligne directe de l'une des parties ou leurs conjoints. — Toutes les autres personnes sont admises comme témoins, à l'exception de celles qui sont incapables de témoigner en justice. »

705. — Le texte exclut le témoignage de deux catégories de personnes : 1° les personnes incapables de témoigner en justice; 2° les parents ou alliés en ligne directe de l'une des parties ou leurs conjoints. Le système de reproches établi par le Code de procédure civile a été écarté par la loi de 1889. — V. le rapport de M. Aucoc, *J. off.*, 16 juin 1870.

706. — L'incapacité de témoigner en justice est attachée à l'effet de certaines condamnations criminelles ou correctionnelles (V. C. pén., art. 28, 34, § 3, 42, 374, 405, 407 et 410). Cette incapacité est absolue et rend les personnes qu'elle atteint indignes d'être témoins dans un procès, quel qu'il soit.

707. — L'incapacité relative tirée de la parenté ou de l'alliance se justifie d'elle-même. On la retrouve dans le Code de procédure civile, art. 268.

708. — On peut au contraire critiquer la disposition de l'art. 29 en ce qu'elle écarte l'application de l'art. 283, C. proc. civ., qui énumère les témoins reprochables. Si, en effet, ces témoins, tels que les donataires ou les serviteurs et domestiques, sont suspects en matière civile, pourquoi cesseraient-ils de l'être en matière administrative? En vain dira-t-on que le juge apprécie en toute liberté les dépositions faites devant lui : l'influence d'un témoignage qu'il n'est pas permis aux parties de faire rejeter est toujours à craindre. — Doussaud, p. 407.

709. — Les incapacités peuvent être invoquées par l'une ou l'autre partie et même être soulevées d'office par le juge. — Teissier et Chapsal, p. 229.

710. — La loi porte que les personnes incapables de témoigner *ne peuvent être entendues :* lorsque la cause d'incapacité est reconnue, le conseil de préfecture ou le conseiller enquêteur doit donc refuser de recevoir la déposition de l'incapable.

711. — Si un incapable avait été admis à déposer devant le conseiller délégué, le conseil de préfecture devrait interdire la lecture de sa déposition et la tenir pour non avenue, soit d'office, soit sur la demande de l'une des parties, alors même que cette partie n'aurait pas mis obstacle à la déposition de l'incapable. Le texte de la loi est en effet formel. « Ne peuvent être entendus... »

712. — Nous pensons, toutefois, que l'audition d'un incapable ne suffirait pas à entraîner la nullité de l'enquête. Le juge peut, en effet, trouver dans d'autres témoignages les éléments de sa décision. — V. Carré et Chauveau, t. 3, quest. 1118.

713. — D'ailleurs, si les intéressés n'y font aucune opposition, rien n'empêche d'entendre les incapables, sans serment préalable, à titre de renseignements; il n'y a plus là, en effet, *témoignage* du sens légal du mot. — Cons. d'Et., 27 mars 1885, Elect. de Belley-sur-Somme, [Leb. chr., p. 363] — V. Brémond, *Rev. gén. d'adm.*, année 1890, 3e part., p. 412]

714. — Lorsque l'incapacité est contestée, il y a lieu de distinguer suivant que l'enquête est reçue par un conseiller enquêteur, ou qu'elle est faite à l'audience. Dans le premier cas, le conseiller enquêteur n'a pas qualité pour trancher la question : il se borne à refuser la déposition du prétendu incapable et à mentionner au procès-verbal les observations des parties et de ce témoin, afin que le conseil de préfecture soit en état de statuer ultérieurement sur l'incident. — Teissier et Chapsal, p. 230.

715. — Lorsque, au contraire, la question de capacité du témoin est soulevée au cours d'une enquête reçue à l'audience publique, le conseil de préfecture règle immédiatement l'incident, à la condition toutefois de renvoyer devant l'autorité judiciaire les contestations relatives à l'état des personnes, et pour lesquelles il est incompétent. — Teissier et Chapsal, loc. cit.

716. — Les témoins sont entendus séparément (L. 22 juill. 1889, art. 30), ce qui veut dire que les témoins doivent déposer un à un, et non en masse.

717. — Il importe, en outre, que la déposition d'un témoin n'influe pas sur celle des autres. Aussi est-il de règle que les témoins ne sont admis dans la salle où a lieu l'enquête qu'au fur et à mesure des dépositions; toutefois, en l'absence d'un texte attachant la peine de nullité à l'inobservation de cette règle, on doit admettre que l'enquête serait néanmoins valable si les témoins avaient été entendus les uns en présence des autres. — V. Carré et Chauveau, Proc. civ., t. 1, quest. 156 bis et 157.

718. — Les témoins sont entendus tant en présence qu'en l'absence des parties (L. 22 juill. 1889, art. 30). Les parties peuvent donc assister à l'enquête, quel que soit le mode suivant lequel elle est faite à l'audience ou devant un conseiller enquêteur.

719. — Avant la loi de 1889, le Conseil d'Etat avait admis, pour les enquêtes électorales, que le commissaire enquêteur, pour donner plus de liberté aux témoignages, avait la faculté, s'il le jugeait utile, d'entendre les témoins à huis-clos et en dehors de la présence des parties. — Cons. d'Et., 16 janv. 1885, Elect. de Sexcle, [S. 86.3.48, P. adm. chr., D. 86.3.38]; — 1er févr. 1889, Elect. de Plouénan, [Leb. chr., p. 138]; — 13 avr. 1889, Elect. d'Arudy, [Leb. chr., p. 343]

720. — Aujourd'hui le conseiller enquêteur ne saurait empêcher les parties d'assister à l'audition des témoins, même dans une enquête électorale. — Teissier et Chapsal, p. 231.

721. — Mais les parties sont libres de renoncer au droit d'assister à l'enquête. Si l'une d'entre elles, régulièrement convoquée, ne comparaît pas, il n'en est pas moins procédé actuellement à l'audition des témoins. — Cons. d'Et., 23 mai 1884, Elect. de Salignac, [Leb. chr., p. 418]

722. — Au reste, il y a lieu d'admettre que la partie qui ne peut pas ou même qui ne veut pas exercer elle-même son droit d'assistance à l'enquête, pourrait se substituer un mandataire pour la représenter aux épreuves. Elle pourrait aussi, au cas où elle comparaîtrait en personne, recourir à l'assistance d'un conseil. — Teissier et Chapsal, loc. cit.

723. — On doit admettre, par application des règles précédemment énoncées, que les nullités de procédure antérieures à l'audition des témoins et dont les parties auraient personnellement connaissance, seraient couvertes par l'assistance de celles-ci aux opérations, à moins de réserves expresses. — Teissier et Chapsal, loc. cit. — V. suprà, n. 430, 448, 303, 669, 693, etc.

724. — Chaque témoin, avant d'être entendu, déclare ses noms, prénoms, profession, âge et demeure, s'il est parent ou allié des parties et à quel degré, s'il est domestique ou serviteur de l'une d'elles (L. 22 juill. 1889, art. 30, § 2).

725. — Il fait, à peine de nullité, le serment de dire la vérité (Même art.). — Teissier et Chapsal, p. 232. — V. infrà, n. 758 et s.

726. — Les mineurs de quinze ans sont seuls dispensés du serment : ils ne sont entendus qu'à titre de renseignement (L. 22 juill. 1889, art. 30, § 3. — V. C. proc. civ., art. 283).

727. — Quant aux autres témoins, leur audition sans prestation de serment serait régularisée par une nouvelle audition précédée de l'accomplissement de cette formalité. — V. Cass., 19 nov. 1862, Forgemolle, [S. 63.1.64, P. 63.330, D. 63.1.170]

728. — En l'absence de dispositions sur le mode d'après lequel les témoins doivent être admis à déposer, il convient de se conformer aux règles essentielles du Code de procédure civile. Ainsi, les témoins doivent déposer sans qu'il leur soit permis de lire aucun projet écrit (V. C. proc. civ., art. 272).

729. — ... Ni de se référer à des déclarations antérieures ou à un acte quelconque. — Teissier et Chapsal, loc. cit.

730. — Ils ne doivent être ni interrompus dans leurs dépositions, ni interpellés directement. — Teissier et Chapsal, loc. cit. — En tous ces points, V. au surplus, infrà, v¹ˢ Enquête, Témoin.

731. — Les parties peuvent seulement questionner les témoins par l'intermédiaire du juge. Le juge a également le droit de demander aux témoins les éclaircissements qu'il croit utiles.

732. — Lorsque le témoin ne parle pas la langue française, il est de règle devant l'autorité judiciaire de nommer d'office un interprète qui n'entre en fonctions qu'après avoir prêté serment.

733. — Le juge peut-il remplir le rôle d'interprète? Contrairement à la règle établie en matière criminelle (art. 332, C. instr. crim.), il a été jugé qu'il ne résulte aucune nullité de ce que, devant le conseil de préfecture, des dépositions de témoins faites dans un dialecte local auraient été traduites, non par un interprète, mais par un membre du conseil, si aucune réclamation ne s'est produite et s'il n'est pas allégué que la traduction ait été inexacte. — Cons. d'Et., 25 oct. 1878, Rossi et autres, [S. 80.2.125, P. adm. chr., D. 79.3.21]

734. — Les témoins peuvent être entendus de nouveau et confrontés les uns avec les autres (L. 22 juin 1889, art. 30, in fine).

735. — Si les témoins sont en trop grand nombre pour qu'il soit possible de recevoir toutes les dépositions dans la même journée, le conseil de préfecture ou le conseiller enquêteur remet la suite de l'audition à un jour et à une heure qu'il détermine immédiatement. Il est d'usage de renvoyer au lendemain, à moins que ce ne soit un jour férié, pour éviter aux témoins des frais et une perte de temps, s'ils sont éloignés. Il n'est pas nécessaire de notifier la date de la remise aux parties, quand bien elles n'auraient pas comparu (V. C. proc. civ., art. 267).

736. — Il doit toujours être dressé procès-verbal de l'audition des témoins (L. 22 juill. 1889, art. 31 et 32).

737. — La rédaction du procès-verbal d'enquête est soumise à des formes et à des règles différentes, suivant que l'enquête a lieu devant un conseiller enquêteur ou devant le conseil de préfecture tout entier. Si l'enquête est confiée à un des membres du conseil, le procès-verbal doit contenir ... l'énoncé du jour, lieu et heure de l'enquête; la mention de l'absence ou de la présence des parties ; les noms, prénoms, profession et demeure des témoins; les reproches proposés; le serment prêté par les témoins ou les causes qui les ont empêchés de le prêter; leur déposition (L. 22 juill. 1889, art. 32).

738. — Mais aucune de ces mentions n'est prescrite à peine de nullité, soit d'une déposition unique si la formalité omise n'avait rapport qu'à cette déposition, soit de l'enquête si la formalité portait sur l'ensemble des opérations. Les omissions du procès-verbal sur ces divers points pourront être suppléées par une interpellation aux témoins ou aux parties, par une induction tirée des énonciations du procès-verbal lui-même, ou par tout autre moyen de preuve. — Teissier et Chapsal, p. 235.

739. — Il est donné lecture à chaque témoin de sa déposition, et le témoin la signe, ou mention est faite qu'il ne sait, ne peut, ou ne veut signer (L. 22 juill. 1889, art. 32).

740. — Remarquons que la loi ne prescrit pas que ce procès-verbal soit lu aux parties ni signé par elles. Mais le conseiller enquêteur doit y apposer sa signature, une fois les opérations de l'enquête terminée; il faut bien, en effet, pour que le procès-verbal ait une valeur légale, qu'il soit revêtu de la signature d'un fonctionnaire public. — Brémond, Rev. gén. d'adm., année 1890, 3e part., p. 418.

741. — Le conseiller enquêteur dépose le procès-verbal au greffe du conseil de préfecture (L. 22 juill. 1889, art. 32, in fine).

742. — Il y a lieu de reconnaître au procès-verbal d'enquête le même caractère qu'en matière civile : c'est-à-dire qu'il a la force probante d'un acte authentique, et que l'inscription de faux est la seule voie légale pour détruire les énonciations qu'il contient. — Teissier et Chapsal, loc. cit.

743. — Dans le cas où l'enquête a lieu à l'audience publique, les témoignages étant reçus en présence de tous les juges appelés à statuer sur l'affaire, il n'y a pas lieu d'imposer les mêmes formalités qu'en cas d'enquête faite par un conseiller délégué. Aussi, la loi porte-t-elle simplement que le secrétaire-greffier dresse procès-verbal de l'audition des témoins (art. 31); il n'est donc point nécessaire, dans le procès-verbal rédigé à l'audience, de reproduire littéralement et d'une façon aussi minutieuse les dépositions des témoins; il suffit d'y consigner les indications indispensables sur l'identité des témoins, le sens et le résultat de chaque déposition. Mais le procès-verbal doit mentionner les reproches proposés, et faire connaître si le serment a été prêté ou non. En un mot, il doit contenir tous les éléments essentiels pouvant servir de base à la décision du conseil de préfecture. — Teissier et Chapsal, *loc. cit.*; Brémond, *loc. cit.*

744. — Ce procès-verbal est revisé par le président et annexé à la minute de l'arrêté (L. 22 juill. 1889, art. 31, § 2).

745. — Si les parties n'ont pas assisté à l'enquête, elles sont averties, par une notification faite conformément à l'art. 7, qu'elles peuvent prendre communication du procès-verbal au greffe, dans le délai fixé par le conseil de préfecture (*Id.*, art. 33).

746. — La notification par voie administrative, prévue à la disposition qui précède, n'est adressée qu'aux parties absentes lors des opérations de l'enquête. Mais si elle ne leur était point adressée, ou si le conseil de préfecture statuait avant l'expiration du délai imparti, sa décision serait entachée d'irrégularité, et pourrait faire l'objet d'un recours par voie d'opposition (V. L. 22 juill. 1889, art. 21 et 53, § 2). — Teissier et Chapsal, p. 236; Brémond, *loc. cit.*

747. — Le délai fixé peut toujours être prorogé, si le conseil de préfecture l'estime nécessaire. — V. *suprà*, n. 685.

748. — Lorsque les parties ont assisté à l'enquête, elles peuvent également prendre communication du procès-verbal au greffe; mais la loi n'exige pas qu'on leur adresse une notification.

§ 4. *Taxe des témoins.*

749. — Le droit pour les témoins de requérir la taxe lors de leur déposition à l'enquête, constitue une innovation à la loi de 1889. Jusqu'alors, chacune des parties devait payer les frais réclamés par les témoins qu'elle avait présentés.

750. — Aux termes de l'art. 35, L. 22 juill. 1889, « si les témoins entendus dans une enquête requièrent taxe, la taxe est faite par le président du conseil ou le commissaire enquêteur, suivant le cas, conformément au tarif fixé par un règlement d'administration publique ». Et l'art. 64 de la même loi permet de comprendre les frais d'enquête parmi les dépens.

751. — Dans quelles formes la taxe sera-t-elle établie? L'art. 277, C. proc. civ., décide que la taxe est faite sur la copie de l'assignation qui vaut exécutoire. Mais en matière administrative, les témoins ne sont pas nécessairement assignés par exploit d'huissier; ce mode de citation ne sera même employé que très-exceptionnellement (V. *suprà*, n. 693 et s.). Les règles du Code de procédure ne pouvant donc être appliquées, il y a lieu d'admettre que le président du conseil ou le conseiller enquêteur, par analogie avec ce qui se passe en matière d'expertise (V. l'art. 23, L. de 1889, et *suprà*, n. 562), peut fixer la taxe de chaque témoin par un arrêté spécial, susceptible d'exécution immédiate, afin que les témoins ne soient pas obligés d'attendre la décision sur le fond du litige, pour obtenir le remboursement de leurs avances, ce qui pourrait parfois leur être préjudiciable. Pour faciliter par la suite la liquidation des dépens, il doit être fait mention de la taxe sur le procès-verbal. — Teissier et Chapsal, p. 237.

§ 5. *Règles spéciales aux enquêtes en matière électorale.*

752. — Nous avons dit que les enquêtes en matière électorale sont soumises aux formes prescrites, d'une manière générale, pour les enquêtes devant les conseils de préfecture, et que nous venons d'examiner. Toutefois, la loi a apporté certaines dérogations, à raison de la nature particulière des contestations électorales. Ces dérogations concernent la notification avertissant les parties qu'elles peuvent prendre connaissance au greffe de l'arrêté ordonnant l'enquête, et les invitant à présenter leurs témoins au jour fixé par cet arrêté en la forme administrative, par lettre recommandée exempte de toute taxe postale (L. 22 juill. 1889, art. 34, § 2, et 44, § 4).

753. — Et la notification avertissant les parties qu'elles peuvent prendre connaissance du procès-verbal d'enquête au greffe, dans le délai fixé par le conseil de préfecture, bénéficie des mêmes dispositions. Ces notifications peuvent également être données en la forme administrative, par lettre recommandée exempte de toute taxe postale (L. 22 juill. 1889, art. 34, § 2, et 44, § 4).

754. — Et si les réclamants n'ont pas de mandataire ou de défenseur commun, il suffit que l'avertissement soit adressé au premier signataire de la protestation (*Id.*, art. 34, § 2, et 44, § 5).

755. — En matière électorale, il n'est pas accordé de taxe aux témoins (*Id.*, art. 35, § 2). C'est une conséquence du principe, déjà consacré par la jurisprudence antérieure, que les réclamations électorales doivent être jugées sans frais. — V. Cons. d'Ét., 27 avr. 1877, Elect. de la Table, [S. 79.2.126, P. adm. chr., D. 77.3.74]; — 18 juill. 1884, Elect. de Saint-Douat, [D. 85. 5.195]

756. — Aux termes de l'art. 34 de la loi de 1889, lorsque le conseil de préfecture a ordonné une enquête sur la validité des opérations électorales qui sont contestées devant lui, il doit statuer *dans les délais déterminés par l'art. 38, L. 5 avr. 1884*, c'est-à-dire dans le délai d'un mois à compter de l'arrêté ordonnant cette mesure d'instruction.

757. — Cette disposition s'applique aux élections aux conseils d'arrondissement comme aux élections municipales. Elle a eu pour objet de remédier à l'inconvénient qui résultait de l'application de l'art. 51, L. 21 juin 1833, aux termes duquel le conseil de préfecture devait statuer dans le délai d'un mois à dater du jour où la réclamation était parvenue à la préfecture : il arrivait parfois que les protestations, lorsqu'elles donnaient lieu à enquête, ne pouvaient être jugées dans un délai aussi bref, les pouvoirs du conseil de préfecture étaient alors expirés et l'affaire devait être portée devant le Conseil d'État, ce qui privait les parties du bénéfice du premier degré de juridiction. Quant aux élections municipales, l'art. 38, L. 5 avr. 1884, accordait déjà un délai d'un mois pour statuer, à partir de la décision ordonnant la preuve; la loi de 1889, en ce qui touche les élections, n'a fait que confirmer la règle générale déjà posée par la loi municipale. — V. au surplus, *infrà*, v° *Elections*.

§ 6. *Nullités d'enquête.*

758. — Nous avons vu (*suprà*, n. 725) que le serment des témoins est prescrit, par l'art. 30 de la loi de 1889, à peine de nullité. Mais lorsque le défaut de prestation de serment ne s'est rencontré que chez un ou plusieurs des témoins, les dépositions non précédées du serment sont seules nulles et l'enquête est valable pour le surplus. Cette solution est commandée par la disposition de l'art. 294, C. proc. civ., qu'on doit évidemment appliquer aussi en matière administrative. — Teissier et Chapsal, p. 239.

759. — La nullité qui précède est la seule qui soit explicitement prévue par la loi. Une enquête pourrait néanmoins être déclarée nulle pour omission d'une autre formalité, si celle-ci avait un caractère substantiel, et si elle portait non pas sur une partie déterminée de l'enquête, mais sur l'ensemble des opérations. — Teissier et Chapsal, *loc. cit.*

760. — Les moyens de nullité doivent être proposés *in limine litis*, pourvu toutefois que les parties en aient connaissance au moment de la discussion sur le fond de la réclamation.

761. — D'autre part, les formalités de l'enquête étant prescrites dans l'intérêt des parties, le conseil de préfecture ne pourrait relever d'office les nullités provenant de vices de procédure, excepté lorsque l'ordre public est intéressé à l'observation des formes légales, ce qui peut se présenter notamment dans le cas où l'arrêté ordonnant l'enquête a manqué d'une des conditions essentielles à sa validité, ou bien encore dans le cas où le conseiller enquêteur aurait procédé hors des limites du département. — Teissier et Chapsal, p. 240.

762. — L'enquête déclarée nulle doit être réputée non avenue et écartée du procès; elle ne peut même pas être invoquée à titre de simples renseignements, car les dépositions des témoins n'ont de valeur qu'autant qu'elles ont été reçues avec les garanties stipulées par la loi. — Teissier et Chapsal, *loc. cit.*

763. — Il peut être statué sur la validité de l'enquête par un arrêté spécial ou par le même arrêté qui prononce sur le fond. Dans tous les cas, la décision rendue sur ce point par le conseil de préfecture est susceptible d'appel. — Teissier et Chapsal, *loc. cit.*

764. — La nullité de l'enquête ou d'une déposition ne peut guère provenir que du conseil de préfecture ou du conseiller enquêteur, puisque, dans les enquêtes administratives, le juge seul dirige la procédure. L'enquête annulée peut être recommencée. Mais les frais de la nouvelle audition des témoins restent à la charge des parties. D'une part, en effet, le conseil de préfecture ne peut pas être rendu responsable des conséquences des décisions lorsqu'elles ont été réformées par le juge d'appel ; ce principe est admis devant toutes les juridictions (V. Garsonnet, *Proc. civ.*, t. 1, p. 231). D'autre part, la loi ne contient pas, à l'égard du conseiller enquêteur, de disposition analogue à l'art. 292, C. proc. civ., qui met au compte du juge-commissaire les frais de la seconde enquête, lorsque la nullité de la première lui est imputable. — Teissier et Chapsal, *loc. cit.*

765. — Lorsque l'enquête est recommencée, le même conseiller enquêteur peut être nommé ; les parties ont la faculté de faire entendre les mêmes témoins (V. C. proc. civ., art. 292), et même, suivant l'opinion générale, de nouveaux témoins. Si quelques-uns des témoins déjà entendus ne pouvaient l'être à nouveau, le conseil de préfecture devrait avoir tel égard que de raison aux dépositions par eux faites dans la première enquête. — V. le même article.

Section V.
Interrogatoires.

§ 1. *Dans quels cas peut être ordonné l'interrogatoire.*

766. — Le conseil de préfecture peut, soit d'office, soit sur la demande des parties, ordonner que celles-ci soient interrogées, soit à la séance publique, soit en chambre du conseil (L. 22 juill. 1889, art. 36. — V. C. proc. civ., art. 428).

767. — Il résulte de cette disposition que c'est toujours devant le conseil de préfecture tout entier que la comparution des parties doit avoir lieu. Déjà, avant la loi de 1889, la plupart des auteurs reconnaissaient au conseil de préfecture le droit de recourir, soit à la comparution des parties à l'audience, soit à l'interrogatoire sur faits et articles, tels que le Code de procédure les organise. Aujourd'hui ces deux procédés sont combinés pour n'en faire qu'un seul très-expéditif, analogue au système établi devant les tribunaux de commerce. — Teissier et Chapsal, p. 243 et la note.

768. — L'interrogatoire institué par la loi peut être ordonné en tout état de cause, soit à la requête des intéressés, soit sur l'initiative du conseil de préfecture. Mais le conseil est toujours libre de rejeter les conclusions des parties, s'il estime que l'instruction est complète et que la mesure réclamée est inutile.

769. — L'interrogatoire ne peut évidemment porter que sur des faits se rattachant au litige. En outre, il est certains faits au sujet desquels l'interrogatoire n'est pas admis par la jurisprudence des tribunaux judiciaires, et au sujet desquels il y a lieu, également, de faire exception en matière administrative. Ainsi les parties ne peuvent être interrogées sur des faits dont la preuve est défendue, comme, par exemple, ceux qui sont contredits par un jugement passé en force de chose jugée.

770. — ... Ni sur des faits dont la preuve n'est susceptible d'être administrée que suivant les formes rigoureuses déterminées, tels que la falsification d'un acte authentique ou la fausseté de déclarations que l'officier public y a faites *de visu et de auditu* (V. C. instr. crim., art. 448 et s.).

771. — ... Ni enfin sur des faits qui ne sont point personnels à la partie interrogée qui ne pourrait en déposer que comme témoin. — Teissier et Chapsal, p. 244.

772. — On ne saurait, non plus, procéder à l'interrogatoire d'incapables qui, par leurs réponses, pourraient compromettre des droits dont ils n'ont pas la disposition. — Teissier et Chapsal, *op. cit.*, p. 245.

773. — Dans les instances où une administration publique est partie, il y a lieu de se conformer aux règles tracées par le Code de procédure, c'est-à-dire que l'administration en cause est tenue de nommer un administrateur ou agent pour répondre aux questions qui lui ont été communiquées, et de donner à ce mandataire un pouvoir spécial où les réponses qu'il doit faire sont expliquées et affirmées véritables : sinon, les faits peuvent être tenus pour avérés (V. C. proc. civ., art. 336).

774. — L'administrateur ou agent peut, en outre, être interrogé sur les faits qu'il connaît personnellement ; mais ses réponses ne font pas pleine foi, car il n'a pas reçu le pouvoir de passer des aveux : elles ne valent même pas comme un témoignage proprement dit, car elles n'ont pas été faites suivant les formes spéciales de l'enquête ; le juge doit y avoir « tel égard que de raison », et l'administration ne saurait se trouver liée par les réponses, aveux ou explications de son agent (Même art.). — Teissier et Chapsal, *loc. cit.*

775. — L'art. 36 ne visant que l'interrogatoire des parties, il en résulte qu'une personne qui ne serait pas partie principale ou intervenante, ne pourrait ni requérir l'interrogatoire, ni y être soumise : elle ne pourrait être entendue que suivant les formes prescrites en matière d'enquête. — Teissier et Chapsal, p. 244.

776. — A défaut de prescriptions particulières dans l'art. 36, la demande à fin d'interrogatoire est présentée sous forme de requête, contenant l'indication des faits sur lesquels on veut faire porter l'interrogatoire, et communiquée à l'adversaire (V. C proc. civ., art. 325).

§ 2. *Comment est ordonné l'interrogatoire.*

777. — L'interrogatoire est ordonné par un arrêté énonçant les faits sur lesquels porteront les questions et décidant, en même temps, si l'interrogatoire aura lieu en audience publique ou en chambre du conseil.

778. — Toutefois, la partie qui a comparu et fourni des explications ne serait pas recevable à se prévaloir ultérieurement du défaut d'arrêté prescrivant l'interrogatoire. — Cass., 30 mai 1859, Jaubert, [S. 59.1.748, P. 60.321, D. 59.1.462]

§ 3. *Termes de l'interrogatoire.*

779. — Nous venons de dire que l'interrogatoire peut avoir lieu, soit en chambre du conseil, soit en audience publique. Lorsque la partie est interrogée en chambre du conseil, son adversaire n'a pas le droit d'assister à l'interrogatoire ; le conseil de préfecture toutefois peut l'y admettre.

780. — Que cette mesure d'instruction ait lieu à l'audience ou à la chambre du conseil, la partie doit répondre aux questions indiquées par le demandeur et à celles que le juge trouverait opportun de lui adresser d'office : elle ne prête pas serment, puisque ce n'est pas en qualité de témoin qu'elle comparait.

781. — On doit également admettre, malgré le silence de la loi, à cet égard, qu'il est interdit aux parties de se faire assister d'un conseil ou de s'aider de notes écrites. — Teissier et Chapsal, *loc. cit.*; Doussaud, p. 415.

782. — Dans le cas d'empêchement légitime d'une partie, il y a lieu de décider que le conseil de préfecture pourrait déléguer un de ses membres qui dresserait procès-verbal des déclarations reçues. — Teissier et Chapsal, p. 246. — V. anal. en matière civile, C. proc. civ., art. 428 ; — et devant les conseils du contentieux des colonies, Décr. 10 août 1884, art. 55.

783. — Lorsque l'interrogatoire a lieu en chambre du conseil, il doit être dressé procès-verbal des déclarations de la partie ou de son refus de répondre. Cette formalité n'est pas nécessaire lorsque l'interrogatoire a lieu à l'audience. Mais, dans ce cas, il importe, notamment au point de vue de l'appel, que les explications données soient relatées, au moins en substance, dans l'arrêté. — V. Cass., 17 janv. 1865, Jouven, [S. 65.1.169, P. 65 396, D. 65.1.57]

784. — Si l'adversaire n'a pas assisté à l'interrogatoire, il a le droit de prendre, au greffe, communication du procès-verbal.

§ 4. *Effets de l'interrogatoire.*

785. — La partie interrogée peut nier ou avouer. S'il y a négation, les choses restent dans le même état, et la preuve des faits contestés est alors recherchée par l'un des autres moyens que la loi autorise. En cas d'aveu, la preuve peut être considérée comme acquise (V. C. civ., art. 1354 à 1356). — V. *suprà*, v° *Aveu*.

786. — Si les réponses ne sont pas catégoriques ou explicites, elles peuvent néanmoins servir à la manifestation de la vérité, en les rapprochant des autres documents de l'instruction.

787. — Mais le conseil de préfecture a toute liberté d'appréciation. Il peut baser son jugement, tant sur les diverses pièces produites que sur les preuves ou circonstances qui naissent des débats; et il n'est pas tenu d'avoir égard aux dires et déclarations des plaideurs. — Teissier et Chapsal, p. 247.

Section VI.
Serment.

788. — Le serment peut-il être admis comme mode de preuve devant les conseils de préfecture? En matière judiciaire, on distingue deux sortes de serments : en premier lieu, le serment décisoire, déféré par une partie à l'autre, et qui donne gain de cause à celui qui le prête ou qui entraîne la condamnation de celui qui le refuse; en second lieu, le serment supplétoire, que le tribunal défère à l'une ou à l'autre des parties, pour affermir sa conviction, lorsque sans être totalement dénuée de preuves, la réclamation ne se trouve cependant pas parfaitement justifiée (C. civ., art. 1316 et 1357 à 1369). — V. *infrà*, v° *Serment*.

§ 1. *Serment décisoire.*

789. — Avant la loi du 22 juill. 1889, il avait été jugé que les art. 1358 et s., C. civ., relatifs au serment décisoire, ne s'appliquaient qu'aux contestations portées devant les tribunaux; qu'aucune disposition légale n'en avait étendu les effets à la juridiction administrative, et que des motifs d'ordre public s'opposaient à ce qu'un tel serment fût déféré devant cette juridiction. — Cons. d'Ét., 29 nov. 1851, Pélissier, [S. 52.2.134, P. adm. chr.]

790. — Cependant divers auteurs ont fait valoir, en faveur d'un mode de preuve aussi simple et aussi expéditif, que les textes manquent dans beaucoup d'autres cas en procédure administrative, et que ces lacunes n'ont cependant point empêché les tribunaux administratifs d'emprunter les règles de la procédure civile qui peuvent se concilier avec la nature des affaires qui lui sont soumises. Quant au motif tiré des raisons d'ordre public, s'il est juste lorsqu'il s'agit du serment que l'on voudrait déférer à un agent de l'administration ou que cet agent voudrait déférer à un particulier, il ne saurait plus être invoqué dans le cas où la contestation ne met en présence que des parties maîtresses de leurs droits et de leurs intérêts privés. — Chauveau, *Code d'instr. admin.*, t. 1, p. 217; Trolley, *Traité de la hiérarchie administrative*, t. 5, p. 185; Lefebvre, *Essai sur la procédure en matière contentieuse*, p. 166; Bazille, *Dissertations sur la procéd. admin.*, p. 30.

791. — Mais on lit dans le rapport de M. Clément au Sénat : « Pour apprécier la sagesse de la décision qui précède (arrêt précité du 29 nov. 1851), il suffit de remarquer que le débat s'engage fréquemment, devant la juridiction administrative, entre les particuliers et les agents de l'administration qui ne peuvent ni prêter ni déférer le serment sans inconvénient grave : il n'y a donc pas lieu d'admettre ce mode de preuve dans les litiges qui nous occupent » (Séance du 17 janv. 1889).

792. — En présence de cette intention du législateur, manifestée dans les travaux préparatoires à l'égard du serment décisoire, et en présence du silence gardé par la loi du 22 juill. 1889 qui énumère les différents modes de preuve admis devant le conseil de préfecture sans parler de celui-ci, il y a lieu de conclure que le serment décisoire ne saurait être déféré devant les conseils (Circ. min. Int., 31 juill. 1890). — Teissier et Chapsal, p. 250.

§ 2. *Serment supplétoire.*

793. — Que faut-il décider en ce qui concerne le serment supplétoire? Les mêmes raisons ne se présentent point ici pour le rejeter. Le serment supplétoire est déféré d'office par le tribunal, quand il le juge nécessaire, en tout état de cause, à l'une ou à l'autre des parties, sur tous les faits du procès, alors même que ces faits ne seraient pas personnels à la partie. Il suppose que les faits ne sont ni pleinement justifiés, ni totalement dénués de preuve : il a pour but de compléter la conviction du juge. Ajoutons qu'à la différence du serment décisoire, le serment supplétoire peut être référé; et que le tribunal n'est pas lié par le serment prêté ou refusé : il n'est pas forcé de donner gain de cause à la partie qui jure ni de condamner celle qui refuse. Le tribunal a, en outre, la faculté de rétracter la délation du serment avant qu'il soit prêté, notamment s'il survient de nouvelles preuves qui le rendent inutile. Enfin le serment sup-

plétoire n'a aucune autorité par lui-même, il emprunte toute sa force à celle du jugement; il a par conséquent le même sort et il est anéanti avec lui. Le jugement de première instance peut être réformé par la juridiction d'appel sans que la fausseté du serment ait été préalablement prouvée; cette juridiction pourrait même déférer le serment à l'autre partie. Nous pensons donc que les conseils de préfecture peuvent recourir à ce mode de preuve. — Cabantous, *Droit admin.*, p. 290; Chauveau, *op. cit.*, t. 1, p. 322; Bazille, *op. cit.*, p. 32; Lefebvre, *Proc. content.*, p. 123; Teissier et Chapsal, p. 251.

794. — Toutefois, le serment supplétoire ne saurait être admis devant les conseils de préfecture qu'avec les restrictions qui s'imposent également devant la juridiction civile. Ainsi le conseil de préfecture ne pourrait déférer le serment dans les matières touchant à l'ordre public. Notons que, parmi les litiges soumis aux conseils de préfecture, il en est un grand nombre qui ne concernent pas l'ordre public, même dans le cas très-fréquent où, parmi les parties en cause se trouvent l'Etat, un département, une commune ou un établissement public. La question ne se lève pas d'ailleurs quand le procès s'agite entre deux parties privées. — Teissier et Chapsal, p. 252.

795. — Le conseil de préfecture doit se conformer, pour déférer le serment supplétoire, aux dispositions des art. 120 et 121, C. proc. civ. La délation de serment est ordonnée par un arrêté énonçant les faits sur lesquels il sera reçu. Le serment est prêté par la partie en personne et à l'audience, en présence de l'autre partie ou dûment appelée par notification administrative. — Teissier et Chapsal, *loc. cit.* — V. *infrà*, v° *Serment*.

Section VII.
Vérifications d'écriture.

§ 1. *Dans quels cas peut être ordonnée une vérification d'écriture.*

796. — Des contestations peuvent être élevées devant le conseil de préfecture au sujet de la sincérité des pièces écrites qui y sont produites et invoquées comme preuve. Ces contestations se présenteront d'autant plus que la preuve littérale est très-usitée dans la procédure administrative. Outre que c'est ici, comme devant les tribunaux civils, le mode normal de prouver les contrats, il convient de rappeler que les poursuites en matière de contraventions reposent entièrement sur la relation des faits délictueux dans un écrit appelé procès-verbal (V. *suprà*, n. 330 et s.). Enfin, dans tous les litiges, les parties peuvent déposer des titres sur lesquels elles fondent leurs prétentions.

797. — Au point de vue de la force probante des écrits, il importe de distinguer les actes sous signature privée et les actes authentiques. Les écritures privées n'ont de force probante qu'autant que la signature, et, le cas échéant, l'écriture en est reconnue. C'est donc à la personne qui présente et invoque comme preuve un acte sous seing privé, qu'est imposée, au cas de dénégation, l'obligation d'établir la sincérité de cet acte et de sa signature, au moyen de la vérification d'écriture, régie par l'art. 37, L. 22 juill. 1889. — V. aussi *suprà*, v° *Acte sous seing privé*, n. 161 et s.

798. — L'acte authentique est celui qui a été reçu ou dressé par un officier public ayant capacité et compétence à cet effet et avec les solennités requises (C. civ., art. 1317). L'acte qui présente la forme et l'apparence extérieure de l'authenticité fait foi par lui-même, et sa force probante ne peut être contestée que par la procédure de l'inscription de faux, prévue à l'art. 38. — V. *suprà*, v° *Acte authentique*, n. 214 et s.

799. — L'existence de deux procédures distinctes, selon qu'il s'agit d'actes sous seing privé ou d'actes authentiques, oblige à distinguer soigneusement ces deux catégories d'actes. On est d'accord pour reconnaître le caractère d'authenticité aux actes du gouvernement et aux actes administratifs proprement dits, c'est-à-dire aux actes passés par les agents de l'administration à tous les degrés dans l'exercice de leurs fonctions et dans un but d'intérêt public (arrêtés des ministres, des préfets et des maires, etc.). — V. *suprà*, v° *Acte authentique*, n. 19 et s.

800. — Toutefois, nous avons vu *suprà*, n. 357, que les procès-verbaux constatant les contraventions de grande voirie ne font foi que jusqu'à preuve contraire, indépendamment du caractère public dont est revêtu l'agent qui les rédige. Et il en est ainsi, même pour les procès-verbaux dressés par les officiers de police judiciaire, maires et commissaires de police, en matière de grande voirie. — Cotelle, *Traité des procès-verbaux*, p. 229; Teissier et Chapsal, p. 256, note 1.

801. — Il n'existe d'exception à cette règle que pour les procès-verbaux dressés par les gardes du génie et les gardiens de batteries en matière de contraventions commises aux lois et règlements sur les servitudes militaires et les travaux mixtes; ces procès-verbaux, en effet, font foi jusqu'à inscription de faux. — V. *suprà*, n. 359.

802. — La qualité d'officier public appartient notamment aux membres du conseil de préfecture chargés de procéder à une visite des lieux ou à une enquête. — V. *suprà*, n. 625, 742.

803. — ... Aux experts, ainsi qu'il a également été dit *suprà*, n. 530.

804. — Mais il en est autrement des documents émanant d'employés des bureaux. Ainsi on ne saurait considérer comme actes authentiques les pièces délivrées par le secrétaire-greffier du conseil de préfecture, soit le certificat remis aux parties dans les conditions de l'art. 1, § 3, L. 22 juill. 1889 (V. *suprà*, n. 264), soit les expéditions des décisions du conseil. A la différence du greffier du tribunal civil qui est un officier public assermenté, ne pouvant être remplacé que par un commis-greffier présentant les mêmes garanties que lui, le secrétaire du conseil de préfecture est, au contraire, un simple employé de la préfecture désigné par le préfet. Il ne prête pas le serment professionnel et il peut, en cas d'absence, être remplacé par un employé quelconque de la préfecture. — Teissier et Chapsal, p. 257. — V. au surplus *infrà*, v° *Faux incident civil*, *Vérification d'écriture*.

§ 2. *Comment est ordonnée la vérification d'écriture.*

805. — Avant la loi du 22 juill. 1889, la vérification d'écriture admise devant le Conseil d'État par application de l'art. 14, Décr. 22 juill. 1806, et réglementée successivement devant les conseils du contentieux des colonies par l'art. 81, Ord. 30 avr. 1828 et par les art. 58 et 59, Décr. 10 août 1881, était contestée devant les conseils de préfecture. Un grand nombre d'auteurs soutenaient que si devant un conseil de préfecture une écriture, ou une signature était déniée, on devait renvoyer devant les tribunaux civils et surseoir au jugement du fond jusqu'après vérification faite par la juridiction compétente. — V. en ce sens, Chauveau et Tambour, *C. d'instr. adm.*, t. 1, p. 305; Lefebvre, *Procédure devant les conseils de préfecture*, p. 154; Bazille, *Proc. admin.*, p. 41; Duvergier, *Lois annotées*, t. 28, p. 318. — *Contrà*, Aucoc, *Conférences*, t. 1, n. 320; Serrigny, *Compét. admin.*, t. 2, p. 126; Cabantous, *Rép. Dr. admin.*, p. 290). — Aujourd'hui, nous venons de le voir, cette controverse est tranchée législativement.

806. — La vérification d'écriture est ordonnée par le conseil de préfecture, soit d'office, soit sur la demande d'une partie; mais elle n'est jamais obligatoire pour lui. Il peut très-valablement refuser d'ordonner la vérification s'il se trouve assez éclairé, et tient d'ores et déjà pour certain que l'acte contesté émane ou n'émane pas de celui à qui on l'attribue, ou si, ayant des doutes sur la valeur de l'acte et sur la réalité de la signature qu'il porte, il juge avoir dans les documents du dossier des éléments suffisants d'appréciation. — Teissier et Chapsal, p. 258.

§ 3. *Formes de la vérification d'écriture.*

807. — La vérification est faite par un ou plusieurs experts nommés par le conseil de préfecture (L. 22 juill. 1889, art. 37).

808. — C'est au conseil de préfecture seul qu'il appartient de décider si la vérification sera faite par un ou par plusieurs experts, et c'est à lui seul de les désigner. Sans doute, les dispositions étudiées *suprà*, n. 426 et s., et concernant les expertises, portent que l'expertise ne peut se faire par un seul expert que si les parties y consentent, et que le conseil n'a à intervenir dans la nomination des experts qu'en cas de désaccord ou de refus des parties. D'autre part, l'art. 196, C. proc. civ., dispose que le jugement qui autorisera la vérification, ordonnera qu'elle sera faite par trois experts et les nommera d'office, à moins que les parties ne se soient accordées pour les nommer. Mais l'intention des auteurs de la loi d'enlever aux parties le choix des experts en matière de vérification d'écriture s'explique très-rationnellement. D'après le Code de procédure civile, les parties doivent se mettre d'accord sur le choix des experts, et cette nécessité d'un accord entre les deux adversaires est une garantie suffisante qu'elles ne désigneront que des experts compétents et honorables. Devant le conseil de préfecture, au contraire, chacune des parties nomme son expert (V. *suprà*, n. 427); il est évident qu'elles se préoccuperont bien moins de choisir un spécialiste versé dans la connaissance des écritures qu'une personne dévouée au triomphe de leurs prétentions. L'avis de semblables experts, qui ne seraient jamais d'accord, n'apporterait au conseil de préfecture aucune lumière sur la valeur des pièces contestées. — Teissier et Chapsal, p. 239. — V., en faveur du système contraire, Combarieu, *Traité de la proc. admin. devant le conseil de préfecture*, p. 293.

809. — Mais l'art. 37 ne déroge pas aux autres dispositions du chapitre des expertises : d'où il suit que les experts chargés de procéder à la vérification devront prêter serment, conformément à l'art. 16, et seront récusables, aux termes de l'art. 17. — Teissier et Chapsal, *loc. cit.* — V. *suprà*, n. 474 et s., 489 et s.

810. — La vérification a lieu en présence d'un des membres du conseil de préfecture délégué à cet effet (L. 22 juill. 1889, art. 37).

811. — La loi est muette sur les autres formes de la vérification; il y a donc lieu d'appliquer les règles essentielles posées par le Code de procédure civile dans les art. 196, 198, 200 à 203, et 205 à 213 (V. Décr. 10 août 1881, art. 58 et 59). — V. *infrà*, v° *Vérification d'écriture*.

812. — En conséquence, l'arrêté du conseil autorisant la vérification doit ordonner que la pièce contestée sera déposée au greffe, après que son état aura été constaté et qu'elle aura été paraphée par les parties en cause ou par leurs mandataires et par le secrétaire-greffier, qui dresse procès-verbal (C. proc. civ., art. 196 et 198).

813. — Le conseiller délégué convoque les parties devant lui aux lieu, jour et heure qu'il indique, pour convenir des pièces de comparaison. Si le demandeur ou vérificateur ne comparaît pas, il est considéré comme se désistant de la demande. Si, au contraire, c'est le défendeur qui ne répond pas à la convocation, la pièce peut être tenue pour reconnue (V. C. proc. civ., art. 199).

814. — Lorsque les parties comparantes se sont accordées sur les pièces de comparaison, le conseiller délégué doit, en référer au conseil de préfecture qui désigne par un nouvel arrêté et qui ne peut recevoir comme telles que : 1° les signatures apposées aux actes par devant notaires ou celles apposées aux actes judiciaires en présence du juge et du greffier; ou enfin les pièces écrites et signées par celui dont il s'agit de comparer l'écriture en qualité d'officier public; 2° les écritures et signatures privées reconnues par celui à qui est attribuée la pièce à vérifier, mais non celles déniées ou non reconnues par lui, encore qu'elles eussent été précédemment vérifiées et reconnues être de lui. Si la dénégation ou méconnaissance ne porte que sur partie de la pièce à vérifier, le conseil peut déclarer que le surplus de ladite pièce servira de pièce de comparaison (V. C. proc. civ., art. 200).

815. — M. Brémond (*Rev. gén. d'admin.*, 90.3.423) pense, au contraire, que le législateur de 1889 a entendu écarter l'application des art. 199 et 200, C. proc. civ., et laisser aux experts toute latitude pour le choix des pièces de comparaison. Seulement il reconnaît qu'un pouvoir aussi large est dangereux. Tel est aussi notre avis, et c'est pourquoi nous n'interprétons pas comme M. Brémond le silence de l'art. 37 à cet égard; nous croyons qu'il doit y être suppléé par les dispositions du Code de procédure civile.

816. — Si les pièces de comparaison sont entre les mains de dépositaires publics ou autres, le conseiller délégué peut ordonner de les communiquer (V. C. proc. civ., art. 201).

817. — Lorsque la désignation des pièces de comparaison est faite, le conseiller délégué avertit les experts, les dépositaires et les parties de se trouver aux lieu, jour et heure qu'il indique, les experts à l'effet de prêter serment et de procéder à la vérification, les dépositaires à l'effet de représenter les pièces de comparaison, et les parties pour qu'elles puissent se rendre compte que la vérification portera bien sur les pièces convenues (C. proc. civ., art. 204). — Teissier et Chapsal, p. 264.

818. — S'il n'y a point de pièces de comparaison, ou si celles produites sont insuffisantes, le conseiller délégué peut ordonner qu'il sera fait un corps d'écriture, lequel sera dicté par les experts, en présence de la partie adverse ou elle dûment appelée (V. C. proc. civ., art. 206).

819. — Lorsque les experts ont prêté serment, que les pièces leur ont été communiquées, et que le corps d'écritures est terminé, les parties peuvent présenter les observations et faire les réquisitions qu'elles jugent utiles. Ces réquisitions peuvent consister à inviter les experts à examiner telles ou telles ressemblances ou différences de l'acte contesté avec les pièces de comparaison : le procès-verbal dressé par le conseiller désigné relate ces observations et les réponses qui y sont faites (C. proc. civ., art. 207). — Teissier et Chapsal, *loc. cit.*

820. — Il est procédé ensuite par le ou les experts à l'examen des pièces devant le conseiller délégué, mais hors de la présence des parties (V. même art., C. proc. civ.). Cette règle n'est point contraire au principe d'après lequel la procédure administrative est nécessairement contradictoire, et nous avons déjà vu *suprà*, n. 525, que le rapport des experts peut être rédigé hors la présence des parties. Celles-ci peuvent d'ailleurs, par la suite, contester les conclusions des experts.

821. — S'il y a plusieurs experts, ils procèdent conjointement à la vérification et dressent un seul rapport, qui est annexé à la minute du procès-verbal du conseiller délégué et déposé au greffe. Les parties sont averties du dépôt de ce rapport, conformément à l'art. 21, et invitées à en prendre connaissance. Cet avertissement est fait par le conseil de préfecture suivant les formes employées pour les notifications administratives prévues à l'art. 7 : il doit être adressé à toutes les parties, qu'elles aient ou non assisté aux opérations de la vérification. L'omission de cette formalité donnerait aux parties le droit de faire opposition à l'arrêté qui interviendrait. — V. *suprà*, n. 301.

822. — De même qu'au cas d'expertises ordinaires, le conseil de préfecture n'est pas lié par le rapport des experts en écritures (L. 22 juill. 1889, art. 22 *in fine*). — Teissier et Chapsal, p. 262. — V. *suprà*, n. 346.

823. — S'il juge le rapport des experts insuffisant, le conseil de préfecture peut ordonner une nouvelle expertise. Il peut même ordonner tel moyen de preuve qu'il jugera utile pour former sa conviction (V. *suprà*, n. 343), notamment une enquête qui se fera suivant les règles exposées *suprà*, n. 671 et s. Seront entendus comme témoins ceux qui auront vu écrire et signer l'écrit en question, ou qui auront connaissance de faits pouvant servir à découvrir la vérité (C. proc. civ., art. 211).

SECTION VIII.

Inscription de faux.

824. — Nous avons dit (*suprà*, n. 798) que les actes authentiques font foi jusqu'à inscription de faux. L'acte authentique fait foi entre les parties et à l'égard de tous : 1° de son authenticité; 2° de sa date, des signatures qui y sont apposées et des formalités dont il mentionne l'accomplissement; 3° des faits que l'officier ministériel atteste *de visu* d'être passés en sa présence; 4° du fait que les parties ont réellement émis les déclarations rapportées *de audilu* par l'officier ministériel ou le fonctionnaire rédacteur, s'il s'agissa des déclarations mêmes que l'acte avait pour objet d'enregistrer, ou d'énonciations en rapport direct avec son dispositif. — V. *suprà*, v° *Acte authentique*, n. 283 et s.

825. — Mais si l'acte authentique fait foi jusqu'à inscription de faux de la *réalité* des déclarations, il ne fait pas foi de la même manière de leur *sincérité*; car la parole des déclarants ne mérite pas la même créance que celle de l'officier public. — V. *suprà*, v° *Acte authentique*, n. 294 et 295.

826. — Quant à l'acte privé qui a été vérifié soit devant un tribunal civil, soit devant un tribunal administratif, il acquiert le caractère d'acte authentique et ne peut plus être attaqué dorénavant que par la voie de l'inscription de faux (V. C. civ., art. 1322 et C. proc. civ., art. 204). — V. aussi *suprà*, v° *Acte sous seing privé*, n. 203 et s., et *infrà*, v° *Faux incident civil*.

827. — La demande en inscription de faux, comme toutes les demandes incidentes, doit être formée par requête déposée au greffe du conseil de préfecture. — Teissier et Chapsal, p. 264.

828. — Le conseil fixe le délai dans lequel la partie qui a produit la pièce signée de faux sera tenue de déclarer si elle entend s'en servir (L. 22 juill. 1889, art. 38).

829. — Si la partie déclare qu'elle n'entend pas se servir de la pièce ou ne fait aucune déclaration, la pièce est rejetée (Même art., §2). Ainsi il n'y a pas lieu de surseoir au jugement du fond, lorsque la partie ne déclare pas formellement qu'elle entend se servir de la pièce incriminée, et à plus forte raison, si elle déclare expressément qu'elle n'entend pas en faire usage. Il a été jugé en conséquence que le moyen de faux, dirigé contre l'original d'un acte, devait être écarté, si l'adversaire consentait à être jugé sur la copie produite par le réclamant. — Cons. d'Et., 2 févr. 1821, Habitants de Bischoffheim, [P. adm. chr.]

830. — La disposition qui précède ne prévoit pas le cas où la pièce arguée de faux a été produite par une partie. Il est certain que lorsqu'on se trouve en présence d'un procès-verbal dressé par un agent dans l'exercice de ses fonctions et affirmé par lui sous la foi du serment, il est superflu de lui demander s'il entend soutenir tout le contenu du procès-verbal. — Teissier et Chapsal, p. 265.

831. — Si la partie déclare qu'elle entend se servir de la pièce, le conseil peut, soit surseoir à statuer sur l'instance principale jusqu'après le jugement du faux, par le tribunal compétent, soit statuer au fond s'il reconnaît que la décision ne dépend pas de la pièce arguée de faux (L. 22 juill. 1889, art. 38, § 3).

832. — Ainsi, le conseil de préfecture qui peut procéder lui-même à une vérification d'écritures, ne peut connaître d'une inscription de faux. La raison de cette différence se trouve dans la nature même des deux espèces d'incidents. Dans la vérification d'écritures, l'une des parties prend la charge de prouver la sincérité d'une écriture contre son adversaire qui la dénie ou la méconnaît; l'inscription de faux, au contraire, a pour objet de prouver la fausseté d'un acte public, et présente plus de gravité à un double point de vue : d'une part, en effet, le demandeur en faux qui succombe est condamné à une amende qui ne peut être moindre de 300 fr. et à des dommages-intérêts, s'il y a lieu (C. proc. civ., art. 246); d'autre part, il peut se faire qu'en présence de la gravité des faits résultant du procès civil, il y ait lieu à une poursuite criminelle (C. inst. crim., art. 462).

833. — L'incident est jugé par le tribunal civil, même si l'acte prétendu faux est un acte administratif; à cet égard, la loi n'établit aucune distinction. — Teissier et Chapsal, p. 267; Doussaud, p. 419. — V. cep. Brémond, *Rev. gén. d'adm.*, année 1890, 3° part., p. 424.

CHAPITRE IV.

INCIDENTS.

834. — Le mot « incidents », qui forme l'intitulé du titre III, doit être pris ici dans son acception large : il signifie « *quidquid incidit in litem* », c'est-à-dire tout ce qui vient interrompre la marche régulière et normale d'une instance : à ce point de vue, les exceptions, les demandes reconventionnelles et additionnelles, les divers modes d'administrer la preuve, la récusation, les interruptions ou extinctions d'instance constituent les incidents.

835. — La loi du 22 juill. 1889 dispose que « sont applicables aux demandes incidentes les règles établies par les art. 1 à 9 de la présente loi »; c'est-à-dire que les incidents doivent être introduits et instruits dans les mêmes formes que les demandes principales (art. 39).

836. — Toutefois, ne seraient pas irrégulièrement présentées les demandes incidentes introduites dans les défenses ou répliques relatives à la demande principale. L'art. 39 a seulement voulu dire que la pièce où celles-ci seront formulées devra, en principe, être sur papier timbré, accompagné d'autant de copies qu'il y a de parties en cause et que ces copies devront être notifiées aux adversaires.

837. — La loi du 22 juill. 1889 ne prévoit directement que trois incidents : l'intervention, la récusation et le désistement. Mais, ainsi que nous venons de le faire observer, le législateur n'a point entendu faire une énumération limitative; il s'est est, pour les incidents qu'il ne prévoyait pas, référé aux principes généraux du droit, aux règles du Code de procédure civile (Teissier et Chapsal, p. 270; Doussaud, p. 421). Nous allons d'abord examiner les trois incidents prévus par la loi de 1889.

Section I.
Intervention.

838. — L'intervention est l'incident par lequel une personne jusqu'alors étrangère au procès, vient se joindre à l'instance dont elle redoute les suites, ou y est appelée à la demande d'un des plaideurs qui veut rendre commune la décision à rendre. L'intervention peut donc être volontaire ou forcée. — V. *infrà*, v° *Intervention*.

§ 1. *Intervention volontaire*.

839. — L'intervention volontaire est admise de la part de ceux qui ont intérêt à la décision du litige engagé devant le conseil de préfecture (L. 22 juill. 1889, art. 40).

840. — La loi ne dit pas quelles sont les personnes intéressées à intervenir. Il faut recourir, sur ce point, aux principes généraux. L'intervention peut être formée d'abord, par tous ceux qui auraient le droit d'attaquer l'arrêté, s'il était intervenu, par la voie de la tierce-opposition : c'est-à-dire par toutes les personnes qui, n'étant pas liées à l'instance et n'y étant pas représentées par les parties pourraient néanmoins éprouver un préjudice du jugement. — Doussaud, p. 422.

841. — Ainsi, sont recevables : ... l'intervention d'un acquéreur de servitude ou d'un usufruitier dans une instance relative au dommage causé à un immeuble pour travail public. — Teissier et Chapsal, p. 286, note 2.

842. — ... Celle du cessionnaire des droits d'un entrepreneur dans une contestation relative au décompte d'un travail public. — Cons. d'Et., 15 juin 1870, Mathieu, [Leb. chr., p. 772]

843. — L'art. 40 admettant, en termes très-généraux, l'intervention de la part de tous ceux qui ont intérêt à la décision du litige, il suit que ceux même qui sont juridiquement liés avec l'une des parties et qui ont avec cette partie un intérêt commun, pour lequel ils sont représentés par elle dans l'instance, et contre lesquels le jugement aurait force de chose jugée, peuvent se déclarer intervenants, soit pour empêcher des collusions à leur préjudice (collusions qui leur donneraient plus tard le droit de former tierce-opposition), soit pour compléter la défense de l'une des parties. C'est là ce qu'on appelle l'intervention *conservatoire*. — Teissier et Chapsal, p. 287.

844. — Elle est recevable, notamment, de la part des créanciers. — Cons. d'Et., 16 août 1833, d'Annebault, [P. adm. chr.]; — 13 août 1850, Bénier, [S. 51.2.123, P. adm. chr.] — V. *supra*, v° *Conseil d'Etat*, n. 1105 et s.

845. — ... A la condition toutefois qu'ils justifient de leur qualité par un titre exécutoire ou tout au moins que cette qualité ne soit pas contestée par les parties en cause, car le conseil de préfecture n'est pas compétent pour juger des questions de cet ordre. — Cons. d'Et., 3 avr. 1851, C¹ᵉ Héront et Le Handel, [Leb. chr., p. 244]

846. — Il a été jugé qu'on doit admettre également à intervenir les sous-traitants dans les contestations qui surviennent entre l'entrepreneur et l'administration. — Cons. d'Et., 14 déc. 1834, Ville de Nangis, [Leb. chr., p. 979]

847. — Toutefois, si le cahier des charges porte que les sous-traités ne sont permis qu'avec l'autorisation de l'administration (clauses et conditions générales, art. 9), le Conseil d'Etat n'admet les sous-traitants à intervenir que s'ils ont été régulièrement substitués à l'entrepreneur. — Cons. d'Et., 22 mars 1860, Léger, [Leb. chr., p. 243]; — 31 mai 1878, de Méritens, [S. 80.2.64, P. adm. chr., D. 78.3.62]; — 17 déc. 1880, Mayoux et Médal, [D. 82.3.11] — V. *supra*, v° *Conseil d'Etat*, n. 1114 et s.

848. — Pour autoriser l'intervention, l'intérêt de l'intervenant doit être direct au litige, c'est-à-dire qu'il doit naître de la cause elle-même. — V. Cons. d'Et., 10 sept. 1853, Dame Petit-Poisson. [S. 56.2.348, P. adm. chr., D. 56.3.22]; — 6 août 1861, Bertrand et Reine, [Leb. chr., p. 674]; — 1ᵉʳ févr. 1871, Regnault, [p. 17]

849. — Mais il n'est pas nécessaire qu'il s'agisse d'un intérêt né et actuel, il suffit d'un intérêt simplement éventuel; ainsi a été admise l'intervention d'une ville qui subventionnait les hospices dans une contestation relative aux charges de ces établissements, par ce motif que la décision pouvait avoir une répercussion sur les finances municipales. — Cons. d'Et., 22 juin 1854, Hospices et ville de Montpellier, [P. adm. chr., D. 55.3.9]

850. — Un simple intérêt moral même suffit pour justifier l'intervention et l'on peut, notamment, poursuivre par voie d'intervention la suppression d'un mémoire injurieux ou diffamatoire. — Cons. d'Et., 6 avr. 1887, Elect. de Mirebeau, [Leb. chr., p. 311]

851. — Bien que les règles de la procédure criminelle écartent l'intervention en matière répressive, ou plutôt la remplacent par la constitution des parties civiles, l'intervention est admise par la jurisprudence en matière de contravention. En l'absence de textes directement applicables à la grande voirie, le Conseil d'Etat a admis les compagnies de chemins de fer à intervenir dans une poursuite en contravention pour demander la réparation des dommages causés aux voies ferrées, à leurs clôtures et autres dépendances. — Cons. d'Et., 12 déc. 1884, Forneret, [Leb. chr., p. 908] — V. *supra*, v° *Chemin de fer*, n. 1991 et s.

852. — Il en est de même d'un syndicat de desséchement, d'irrigation, d'endiguement, en cas de dommages causés à ses ouvrages. — Teissier et Chapsal, p. 289.

853. — Mais il en serait autrement d'un particulier qui ne serait ni propriétaire ni concessionnaire des ouvrages, et qui n'invoquerait que l'intérêt du public à en user librement; ainsi des mariniers fréquentant un canal ne seraient pas recevables à intervenir contre celui qui l'aurait dégradé. — Laferrière, *Jurid. adm.*, t. 2, p. 643.

854. — L'intervention se produit dans la même forme que la demande principale, par requête dont copie est notifiée à chacune des parties en cause (L. 22 juill. 1889, art. 39).

855. — Elle est recevable à toute époque et jusqu'à l'arrêté définitif (Circ. min. 31 juill. 1890). — Teissier et Chapsal, *loc. cit.*

856. — Toutefois elle ne peut retarder le jugement de la demande principale, au moment même où il va être rendu; et le conseil de préfecture pourrait rejeter de plano la demande en intervention, si elle se produisait à un moment où l'affaire est en état (V. C. proc. civ., art. 340).

857. — L'intervention ne se conçoit que s'il y a une instance engagée. Si donc, au moment où elle est demandée, un des plaideurs s'est déjà désisté, la tierce-opposition seule reste ouverte à l'intéressé. — Cons. d'Et., 12 sept. 1811, Vildosola, [S. chr., P. adm. chr.]

858. — L'intervention introduite en temps voulu est instruite concurremment avec la demande principale, et elle est jugée par le même arrêté.

§ 2. *Intervention forcée*.

859. — L'intervention forcée est qualifiée de mise en cause ou d'appel en déclaration de jugement commun. Bien que la loi de 1889 soit muette sur cet incident, il n'en est pas moins être admis devant le conseil de préfecture, car il résulte de la nature même des choses. — V. Cons. d'Et., 18 juin 1852, Chapot, [Leb. chr., p. 244]

860. — La forme la plus fréquente d'intervention forcée est la mise en cause du garant ou « appel en garantie ». — V. Cons. d'Et., 16 juin 1876, Canal du Midi, [Leb. chr., p. 575] — V. *infrà*, v° *Garantie*.

861. — Il convient de faire remarquer que l'intervention forcée a toujours lieu sur la demande de l'une des parties : le conseil de préfecture ne pourrait prescrire d'office une telle mesure. — Cons. d'Et., 16 déc. 1852, Meyer, [Leb. chr., p. 629]; — 5 déc. 1860, François, [Leb. chr., p. 716]; — 15 nov. 1889, Guigon, [S. et P. 92.3.8, D. 91.3.25] — *Sic*, Teissier et Chapsal, p. 290.

862. — Il a été jugé, en conséquence, que le conseil de préfecture qui, au cours d'une instance formée par des entrepreneurs contre le département, déclare que la responsabilité de l'architecte directeur des travaux pourrait être engagée et le met en cause d'office, statue *ultra petita*. En conséquence, son arrêté doit être annulé en ce qui touche l'architecte. — Cons. d'Et., 15 nov. 1889, précité.

863. — La mise en cause est demandée suivant les formes prescrites pour les requêtes introductives d'instance, toujours d'après la règle générale de l'art. 39.

864. — Elle ne peut, pas plus que l'intervention volontaire, retarder le jugement de la cause principale; elle ne serait donc pas admissible si l'affaire était en état, sauf à la partie qui l'aurait formée à se pourvoir par voie d'action principale. — V. *suprà*, n. 856.

865. — Le conseil n'est, d'ailleurs, pas tenu de statuer nécessairement, par une seule et même décision, sur l'intervention forcée et sur la demande principale : il est libre d'accorder au défendeur à la mise en cause tous les délais nécessaires pour préparer sa défense. — Teissier et Chapsal, p. 294.

866. — A la différence de l'intervention volontaire, l'intervention forcée n'est pas admise en matière de contravention, car il n'appartient qu'au préfet seul d'exercer l'action publique en pareil cas. En conséquence, un contrevenant n'est pas recevable à demander la mise en cause d'individus qui auraient, dans une certaine mesure, amené l'accident qu'il est accusé d'avoir causé. — Cons. d'Et., 16 déc. 1887, Cie du tonnage et des transports de la Seine, [S. 89.3.56, P. adm. chr., D. 89.3.24] — V. au surplus, *infrà*, v° Intervention.

SECTION II.
Récusation.

§ 1. *Des cas de récusation.*

867. — Des deux procédures organisées par la loi de la procédure civile à l'effet d'assurer le jugement des procès par des juges impartiaux, le renvoi à un autre tribunal, pour parenté ou alliance, et la récusation, la seconde seule est prévue devant les conseils de préfecture. Le caractère essentiellement territorial de ces juridictions ne permettrait pas le renvoi d'un conseil à un autre. Un semblable renvoi présenterait, d'ailleurs, de grandes difficultés pratiques, par suite des nécessités de l'instruction et de l'obligation où l'on serait de déplacer des pièces qui se trouvent dans les archives des préfectures, et en suscitant ainsi des complications et des lenteurs absolument contraires à l'esprit de la juridiction administrative. Si donc une des parties est parente ou alliée de plusieurs membres du conseil de préfecture, son adversaire, pour empêcher les conseillers de siéger dans son procès, ne pourra qu'user de la faculté que lui reconnait la loi, de les récuser. — Teissier et Chapsal, p. 293.

868. — On peut considérer le droit de récusation comme ayant été admis implicitement devant les conseils de préfecture par l'arrêté du 19 fruct. an IX, qui (art. 6) appelait un suppléant à compléter le conseil, en cas de récusation.

869. — Toutefois, M. de Cormenin (t. 1, p. 188) et M. Dufour (t. 2, n. 77) étaient d'avis contraire. Ces auteurs se fondaient sur ce que la récusation dont parlait l'arrêté de fructidor an IX, ne devait s'entendre que de la récusation volontaire, de celle qui émane du juge et qui est plus spécialement désignée sous le nom d'abstention. « Les conseillers de préfecture, dit à cet égard M. de Cormenin, ne peuvent, en matière contentieuse, s'abstenir pour cause de récusation; sans cela, il arriverait qu'au gré de l'intérêt, des passions ou des menaces d'un citoyen, l'administration, dont la marche doit être rapide, se verrait sans cesse paralysée; tous actes de récusation de préfets ou de conseillers de préfecture n'étant pas autorisés par les lois, sont annulés par le Conseil d'Etat, ainsi que les arrêtés qui les admettent. »

870. — Muis M. Serrigny (t. 3, n. 1239), partant, d'ailleurs, de ce principe que les arrêtés des conseils de préfecture, en matière contentieuse, ont le caractère de jugements, n'hésitait pas à en conclure que les conseillers de préfecture étaient, au contraire, sujets à récusation, et, comme aucune loi, ajoutait-il, n'a déterminé les causes de récusation en matière administrative, l'analogie conduisait à adopter celles qui sont tracées par le Code de procédure civile.— V. Cons. d'Et., 2 avr. 1828, Bernaud, [P. adm. chr.] — Brun, t. 1, n. 8. — Un arrêt du 25 avr. 1833, Despeaux, [P. adm. chr.], avait reconnu, en ce sens, que « le droit de récusation peut être exercé devant toute juridiction, à moins que la loi ne l'ait formellement interdit ». En outre, le Conseil d'Etat a toujours examiné au fond les motifs de récusation des membres des conseils de préfecture qui étaient allégués à l'appui d'une demande d'annulation de leurs arrêtés.

871. — Mais il a été jugé que, dans l'espèce de la loi du 22 juill. 1889, le fait qu'un conseiller de préfecture avait pris part comme commissaire du gouvernement à un arrêté ordonnant une expertise ne constituait pas contre lui un motif de récusation lors du jugement du fond de l'affaire. — Cons. d'Et., 26 juin 1891, Ville de Mézières, [S. et P. 93.3.77, D. 93.3.7].

872. — Aujourd'hui, aux termes de l'art. 41, L. 22 juill. 1889, les dispositions des art. 378 à 389, C. proc. civ., relatives aux causes et à la procédure de récusation des juges, sont applicables devant les conseils de préfecture.

873. — Les causes de récusation énumérées par l'art. 378 peuvent se ranger sous cinq chefs : 1° la parenté ou l'alliance qui existe entre le juge, les parties ou leurs familles; 2° les relations d'intérêt ou de société qui unissent le juge et les parties; 3° l'inimitié qu'il peut avoir contre elles; 4° son intérêt personnel; 5° un parti pris sur le procès.

874. — L'énumération des cas de récusation des art. 378 et 379, C. proc. civ., étant considérée comme limitative, c'est à juste titre qu'il a été décidé qu'il n'y avait pas lieu de récuser un conseiller de préfecture par ce motif qu'il aurait été précédemment chargé de faire une visite de lieux comme délégué du conseil, ou de procéder à une enquête avant la décision au fond. — Cons. d'Et., 10 nov. 1882, Elect. de Lodève, [D. 84.3.20].

875. — Egalement, en matière électorale, a été rejeté un moyen de récusation tiré de la parenté existant entre un conseiller de préfecture et un candidat non élu. — Cons. d'Et., 15 déc. 1888, Elect. de Poiré-sur-Vicq, [D. 89.5.132] — Il est bien entendu qu'aujourd'hui, depuis la loi de 1889 qui applique rigoureusement les causes de récusation prévues par le Code de procédure civile, cette jurisprudence ne peut être maintenue qu'autant que le candidat non élu ne serait point partie dans l'instance.

876. — On ne saurait non plus tirer une cause de récusation de ce fait qu'un conseiller de préfecture est parent de l'avocat d'un des plaideurs; l'art. 10, L. 30 août 1883, porte, il est vrai, que tout magistrat titulaire ou suppléant dont l'un des avocats ou avoués représentant l'une des parties intéressées au procès sera parent ou ami jusqu'au troisième degré inclusivement ne peut être appelé à composer la cour ou le tribunal. Mais ce texte n'ayant pas été inséré dans l'art. 378, il ne saurait être étendu au conseil de préfecture. — V. Cons. d'Et., 9 janv. 1885, Elect. d'Asco, [D. 86.5.118]; — 13 févr. 1885, Elect. de Frasseto, [D. 86.5.118]; — 9 mai 1885, Elect. de Rosaria, [Leb. chr., p. 490]; — 19 janv. 1885, Elect. de Piétrosella, [Leb. chr., p. 602] — Teissier et Chapsal, p. 296, note 4.

877. — Les causes de récusation qui résultent des textes précités ne s'appliquent pas seulement aux conseillers de préfecture, mais encore aux conseillers généraux appelés à les suppléer par application de l'arrêté du 19 fruct. an IX et du décret du 16 juin 1808. — V. *suprà*, n. 55 et s.

878. — Mais lorsqu'une affaire intéresse soit le département, soit une commune dont ils sont conseillers municipaux, peut-on récuser les conseillers suppléants? Il est difficile de l'admettre. On ne saurait assimiler le cas où le juge a dans les débats un intérêt personnel et celui où il s'agit de son intérêt dans une personne morale dont il est administrateur. Pourrait-on se fonder sur l'art. 378, § 7, C. proc. civ., déclarant récusable le juge qui serait « administrateur de quelque établissement, société ou direction, partie dans la cause »? Il est impossible juridiquement de qualifier les conseillers généraux ou municipaux d'administrateurs des départements et des communes au sens du § 7, art. 378, qui n'a entendu viser que le cas où le juge est administrateur d'une société ou d'un établissement ayant un caractère commercial ou financier et dans lequel il aurait un intérêt personnel, matériel et appréciable. La doctrine contraire aboutirait, d'ailleurs, à rendre absolument impossible la suppléance des conseillers de préfecture pour tous les litiges intéressant le département, ce qui serait en contradiction avec l'arrêté du 19 fruct. an IX et le décret de 1808.

879. — Toutefois, si le seul fait d'être conseiller général ou conseiller municipal ne suffit pas pour faire récuser le conseiller suppléant, il faut reconnaître que, dans la plupart des cas, cette qualité de conseiller général ou de conseiller municipal permettra néanmoins la récusation, lorsque l'affaire intéressera le département ou la commune, parce que le conseiller aura été amené, par le fait de ses fonctions, à émettre son avis sur le litige, et que le § 8 de l'art. 378 déclare récusable le juge « qui a donné conseil sur le différend. »

880. — Aussi a-t-il été jugé que l'arrêté du conseil de préfecture statuant sur la demande en indemnité formée contre une ville, est régulièrement rendu, bien que, au nombre des juges, ait figuré un conseiller général délégué, lequel était en même temps membre du conseil municipal de la ville, si ce conseiller n'avait pas pris part aux délibérations du conseil municipal relatives à ladite demande. — Cons. d'Et., 11 août 1864, Ville de Montpellier, [S. 65.2.130, P. adm. chr., D. 65.3.54]

881. — ... Mais qu'il y aurait nullité, si la décision du conseil de préfecture avait été rendue avec le concours d'un conseiller général qui, étant membre du conseil municipal, avait participé à la délibération par laquelle ce conseil avait autorisé le maire à défendre à l'action dirigée contre la ville. — Même arrêt. — V. aussi Dijon, 24 janv. 1866, de Galliera, [S. 66.2.76, P. 66.336] — Teissier et Chapsal, p. 298 et note 1.

882. — La présidence du conseil de préfecture appartenant au préfet, il y a lieu de se demander si, lorsque ce fonctionnaire représente l'Etat ou le département, il peut être récusé. Le Conseil d'Etat a répondu négativement. Il a jugé spécialement que le préfet peut siéger au conseil de préfecture et le présider, même dans les affaires qui intéressent le département. — Cons. d'Et., 3 févr. 1859, Batisse, [S. 39.2.634, P. adm. chr., D. 60.3.1]

883. — Par suite du même principe, il a été décidé que le préfet peut présider le conseil de préfecture appelé à statuer sur une demande en nullité d'élections formée par le préfet lui-même. — Cons. d'Et., 30 mai 1834, Labatute, [P. adm. chr.]; — 19 déc. 1834, Allard, [P. adm. chr.] — V. aussi en ce sens, M. Dufour, *Dr. adm.*, t. 2, n. 77. — « La jurisprudence, dit cet auteur, distingue la mission que le préfet a à remplir comme administrateur de celle qui lui appartient comme juge, et admet que les considérations qui ont porté le législateur à confier au même fonctionnaire cette double mission sont de nature à en justifier l'exercice dans une même affaire. »

884. — Mais cette doctrine a été l'objet de critiques de la part de M. Pradier-Fodéré. Dans une dissertation insérée au *Journ. du dr. adm.*, de M. Chauveau (t. 7. p. 326), ce jurisconsulte conclut en ces termes : « Le motif du décret du 3 févr. 1859 (précité) est pris de ce que la loi ne fait aucune distinction des affaires qui rentrent dans les attributions des conseils de préfecture. Il eût été difficile au législateur de l'an VIII de prévoir les développements que devait prendre successivement la juridiction de ces conseils, l'avènement du département comme personne civile capable de posséder en propre des biens, et l'extension des pouvoirs préfectoraux! Mais quand bien même ce législateur eût connu l'organisation actuelle qui identifie en quelque sorte le préfet avec les intérêts de son département, les termes généraux de la loi n'eussent jamais dû prévaloir contre cette règle de justice naturelle qui veut que l'on ne soit pas à la fois juge et partie. »

885. — Nous adoptons, en ce qui nous concerne, cette dernière opinion. Nous avons admis que le conseiller général ou municipal peut siéger dans les affaires qui intéressent le département ou la commune, bien qu'ils concourent à la gestion du patrimoine et à la représentation des intérêts de ces personnes morales; nous ne pouvons décider de même pour le préfet, *représentant, dans l'instance même*, de l'Etat ou du département. Il y a lieu alors d'appliquer le principe qu'on ne peut être à la fois juge et partie. — V. ailleurs en ce sens, Ducrocq, *Dr. adm.*, t. 2, n. 1046. — *Suprà*, v° *Conflit*, n. 62.

886. — Et en vertu de cette distinction, nous refusons au préfet le droit de siéger dans le cas où le préfet représente les communes devant la juridiction du conseil de préfecture en matière de chemins vicinaux de grande communication. — *Contrà*, Teissier et Chapsal, p. 298, 299 et les notes. — V. *suprà*, v° *Chemin vicinal*, n. 302.

887. — Il a été jugé que le préfet, ou, en son absence, un conseiller de préfecture délégué, qui, au cours d'une instruction administrative, transmet à un ministre des renseignements sur une affaire de son département, ne fait qu'un acte ordinaire de ses fonctions, et que les rapports réguliers qu'il a entretenus ainsi avec ses chefs ne peuvent, s'il est appelé ultérieurement à se prononcer sur la même affaire par la voie contentieuse, donner lieu à une récusation. — Cons. d'Et., 26 juin 1852, Jalaguier, [S. 53.2.86, P. adm. chr.]

888. — Mais, suivant nous, il y a lieu d'admettre la récusation du préfet lorsqu'il a été amené, à raison de ses attributions, à donner son avis sur le différend. Remarquons d'ailleurs que la loi du 22 juill. 1889 a précisé les cas de récusation en renvoyant pour cette matière au Code de procédure civile, et n'a fait aucune exception pour l'application de ces cas au préfet. M. Brémond (*Rev. gén. d'adm.*, année 1891, 1re part., p. 132 et s.), tout en observant que les situations en procédure civile et en procédure administrative sont bien différentes et qu'il est difficile de raisonner de l'une à l'autre, estime qu'il y a lieu d'admettre la récusation de tout juge qui, d'une manière quelconque, aura manifesté officiellement son opinion sur le procès : que par suite pourra être récusé le préfet qui aura autorisé un établissement dangereux, insalubre ou incommode au cas où cette autorisation est attaquée devant le conseil de préfecture ; ou bien même le conseiller qui aurait été chargé, en pareille matière, des fonctions du commissaire-enquêteur.

889. — Toutefois nous n'irons pas jusqu'à arguer du rôle politique du préfet, représentant du gouvernement dans le département, pour lui refuser de connaître des affaires qui ont un caractère politique, et notamment des contestations électorales. — V. en ce sens, Cons. d'Et., 22 mai 1863, Elect. d'Argelès, [D. 65.3.9]

890. — La récusation peut-elle s'appliquer au conseiller rapporteur comme aux membres du conseil, s'il est sous le coup d'une cause de récusation ? La loi ne l'a pas spécialement prévu, mais il est évident que ce conseiller peut être récusé en tant que juge. En ce cas, il est logique, au moins lorsque les parties n'ont connu l'existence de la cause de récusation que lorsque l'instruction était terminée, de ne tenir aucun compte de son rapport et de nommer un autre rapporteur. — Brémond, *loc. cit.*

891. — Aux termes de l'art. 381, C. proc. civ., applicable aux conseils de préfecture, les causes de récusation relatives aux juges sont applicables au ministère public lorsqu'il est partie jointe; il n'est pas récusable lorsqu'il est partie principale. Cette disposition concerne ici le secrétaire-général de la préfecture, commissaire du gouvernement. Mais la distinction qu'elle comporte n'a pas d'objet devant les conseils de préfecture, parce que le commissaire du gouvernement n'est jamais partie principale; il n'intervient que dans l'intérêt de la loi, comme en matière répressive, l'action publique appartenant, comme nous l'avons vu, au préfet. Dès lors, le secrétaire-général est toujours récusable devant le conseil de préfecture (Circ. min. Int., 31 juill. 1890). — Teissier et Chapsal, p. 300.

892. — Et même ici, par application des règles du Code de procédure civile, étendues aux conseils de préfecture par la loi de 1889, nous déciderons que le secrétaire-général de la préfecture, partie en cause, peut être récusé lorsqu'il figure à l'audience comme commissaire du gouvernement. — V. cep. en sens contraire, les conclusions de M. Laferrière, sous Cons. d'Et., 22 nov. 1878, Gatigue, [Leb. chr., p. 931], arrêt qui n'a pas tranché la question.

§ 2. *Formes de la récusation.*

893. — Aux termes de l'art. 380, C. proc. civ., « tout juge qui saura cause de récusation en sa personne sera tenu de le déclarer à la chambre, qui décidera s'il doit s'abstenir ». Mais ce n'est là qu'une obligation purement morale pour le juge.

894. — En principe, la récusation doit être demandée par la partie qui a le droit de l'exercer, et qui peut valablement consentir à ce que le conseiller reste son juge, nonobstant le fait qui donnerait lieu à récusation. En conséquence, un arrêté rendu avec le concours d'un conseiller récusable, mais qui n'a pas été récusé, n'est pas nul. — Teissier et Chapsal, p. 301.

895. — La demande en récusation contre les conseillers appelés à juger doit être produite avant que l'instruction soit achevée et que l'affaire soit en état (art. 382, C. proc. civ.). M. Brémond (*Rev. gén. d'adm.*, année 1891, 1re part., p. 133) admet toutefois que la récusation pourrait se produire jusqu'à l'audience. Mais elle ne saurait être proposée pour la première fois en appel devant le Conseil d'Etat. — Conclusions du commissaire du gouvernement, sous Cons. d'Et., 3 févr. 1859, [Leb. chr., p. 104] — Pour les délais de récusation contre les conseillers commis aux visites de lieux, enquêtes et autres opérations d'instruction, V. art. 383, C. proc. civ.

896. — La demande de récusation, conformément aux art. 384 et 389, C. proc. civ., doit être formée par un écrit remis au greffe ; elle doit être signée de la partie ou de son mandataire et indiquer le moyen de récusation. Après un rapport du président et les conclusions du commissaire du gouvernement, le tribunal statue sur l'admissibilité de la demande et, s'il l'accueille, en ordonne la communication : 1° au juge récusé pour l'inviter à s'expliquer sur les faits dans le délai qui sera fixé par l'arrêté ; 2° au commissaire du gouvernement. L'arrêté nomme, en outre, un conseiller rapporteur et lui fixe un délai pour faire son rapport. Il n'y aurait aucun inconvénient à ce que ce rapporteur spécial de la question de récusation fût le conseiller chargé déjà du rapport de l'affaire ; mais le conseil de préfecture est libre de choisir un autre rapporteur. La loi n'exige nulle part la communication à la partie adverse, qui n'a pas non plus le droit de venir d'office se mêler au débat. Le juge récusé fait sa déclaration au greffe ; puis le tribunal décide s'il autorise ou non la preuve des faits allégués par le demandeur, et il statue en admettant ou en rejetant la récusation. — Brémond, *Rev. gén. d'adm.*, année 1891, 1re part., p. 136 ; Teissier et Chapsal, p. 302.

897. — L'art. 390, C. proc. civ., qui prononce une amende et des dommages-intérêts contre le demandeur en récusation qui a succombé, n'est pas applicable devant le conseil de préfecture. En effet, aux termes de l'art. 41 de la loi de 1889, les dispositions des art. 378 à 389, C. proc. civ., sont seules applicables à notre matière. — Teissier et Chapsal, p. 303 ; Doussaud, p. 427.

898. — A la différence de ce qui se passe devant les tribunaux de l'ordre judiciaire, l'arrêté de récusation n'est pas susceptible d'appel : c'est donc un simple arrêté préparatoire. Il n'a pas paru nécessaire, dit M. Clément dans son rapport, d'étendre à la juridiction administrative les dispositions du Code de procédure civile sur l'appel des jugements rendus en cas de récusation. Il sera statué à cet égard en même temps que sur le recours formé contre la décision rendue sur le fond du litige. — Teissier et Chapsal, *loc. cit.*; Doussaud, p. 427. — *Contrà*, Brémond, *Rev. gén. d'ad.*, année 1891, 1re part., p. 137. — Cet auteur pense que l'affirmation du rapporteur ne saurait prévaloir contre la règle générale, en l'absence d'un texte formellement prohibitif.

§ 3. Abstention volontaire.

899. — Nous avons vu que le juge qui sait cause de récusation en sa personne doit en saisir ses collègues. Cette récusation volontaire diffère de la récusation exercée par les parties en ce que le juge peut demander à s'abstenir toutes les fois que sa conscience lui fait un devoir de le faire, et non pas seulement dans les cas prévus à l'art. 378.

900. — D'autre part, les autres conseillers apprécient souverainement, en chambre du conseil, les motifs invoqués par leur collègue. Ils peuvent ne pas admettre son déport, même dans le cas où il invoquerait une des causes de récusation de l'art. 378.

901. — Mais le rejet de la demande en abstention volontaire ne ferait point obstacle au droit des parties d'exercer la récusation. — Teissier et Chapsal, p. 305.

902. — La décision qui admet l'abstention d'un conseiller est définitive ; celui-ci ne pourrait plus revenir sur le parti qu'il a pris avec le consentement de ses collègues. Si donc un conseiller déporté concourait, néanmoins, au jugement de l'affaire, l'arrêté serait entaché de nullité. — V. Rennes, 5 nov. 1851, Durand-Vaugeron, [D. 54.5.637] — V. au surplus, *infrà*, v° *Récusation*.

Section III.
Désistement.

§ 1. Conditions d'admissibilité du désistement.

903. — Le désistement est prévu par l'art. 42, L. 22 juill. 1889. En vertu de ce texte, il « peut être fait et accepté par des actes signés des parties ou de leurs mandataires et déposés au greffe. »

904. — La loi ne dit rien en ce qui concerne l'admissibilité du désistement. Il faut donc, sur ce point, s'en référer aux principes admis par la jurisprudence administrative.

905. — Devant les tribunaux civils, le désistement ne porte, en principe, que sur la procédure ; devant les tribunaux administratifs, au contraire, tout désistement doit porter nécessairement sur le fond. Cette différence entre les deux jurisprudences résulte du caractère même de la procédure administrative dont la direction appartient au juge lui-même. « Il ne convenait pas, d'ailleurs, à la simplicité et à la rapidité des formes devant les tribunaux administratifs, de ménager la possibilité de revenir sur ses pas pour abandonner un faux chemin, d'autoriser la renonciation à une action mal engagée pour en intenter une plus régulière ». — Dufour, *Dr. admin.*, t. 2, n. 367 ; Teissier et Chapsal, p. 307 et s. ; Doussaud, p 427.

906. — Une autre condition d'admissibilité du désistement, exigée par les tribunaux administratifs aussi bien que par les tribunaux civils est qu'il soit pur et simple. Si le désistement ne met pas irrévocablement fin à la contestation, parce qu'il est fait sous certaines conditions ou parce qu'il est accompagné de certaines réserves, il ne doit pas être admis. — Cons. d'Ét., 30 oct. 1834, Couvray de Cotte, [P. adm. chr.] ; — 19 mars 1880, Janvier de la Motte, [Leb. chr., p. 330] ; — 30 avr. 1880, Haxo, [Leb. chr., p. 415] ; — 17 juin 1881, Michaud, [Leb. chr., p. 624] — V. *suprà*, v° *Conseil d'État*, n. 1144 et s.

907. — Toutefois, lorsqu'une demande porte sur plusieurs chefs, le désistement peut très-valablement être offert sur certains de ces chefs et réservé pour quant aux autres. — Cons. d'Ét., 24 juin 1881, Cie nationale des canaux, [Leb. chr., p. 636] ; — 26 janv. 1883, Cie des chemins de fer de l'Ouest, [Leb. chr., p. 92]

908. — De même, s'il y a plusieurs défendeurs dans l'instance, le demandeur a parfaitement le droit de restreindre son désistement à l'un d'entre eux. — Cons. d'Ét., 6 déc. 1878, Elect. de Veauchette, [Leb. chr., p. 988]

909. — Le désistement serait également recevable, alors même qu'il serait accompagné de réserves, si ces réserves ne portaient point sur le droit même, objet de l'instance en cours, ou si elles avaient uniquement pour objet de sauvegarder un recours possible contre une personne autre que le défendeur actuel. — Cons. d'Ét., 9 mai 1866, Château, [Leb. chr., p. 464] — V. toutefois, en sens contraire, Cons. d'Ét., 8 janv. 1836, Duval, [P. adm. chr.]

910. — Le désistement doit enfin, pour être admis, émaner d'une personne capable. S'il est présenté au nom d'une administration, d'un département, d'une commune ou d'un établissement public, il doit être régulièrement autorisé par les autorités et les conseils compétents. — V. *suprà*, v° *Autorisation de plaider*, n. 184 et s., *Conseil d'État*, n. 1152 et s. — V. aussi, *suprà*, v° *Commune*, n. 977.

911. — Le désistement, lorsqu'il remplit les conditions ci-dessus, peut être formé au cours de toutes instances, sauf en matière répressive.

912. — Et même dans ce dernier cas il pourrait se produire, si, au cours d'une poursuite pour contravention de grande voirie, un concessionnaire avait été admis à intervenir. — V. *suprà*, n 831 et s.

913. — Il résulte du texte de l'art. 42, que le désistement proposé par le demandeur ne dépend pas de lui seul : il doit être accepté par le défendeur. Le désistement est, en effet, un véritable contrat. Dès qu'un tribunal est saisi d'une instance, le procès n'appartient plus à une partie, mais aux deux, et leur accord devient nécessaire pour y mettre fin. — Teissier et Chapsal, p. 309 ; Brémond, *op. cit.*

914. — Cependant, en matière électorale, il est admis que le conseil de préfecture peut donner acte du désistement des protestataires, sans qu'il ait été accepté formellement par les candidats élus dont l'élection était contestée. — Teissier et Chapsal, *loc. cit.*, note 4.

915. — Il a été jugé que lorsqu'une expertise a été commencée sur la demande d'indemnité formée par une partie, le conseil de préfecture peut statuer malgré le désistement du demandeur, si ce désistement ne s'est produit qu'après la visite des lieux par les experts et s'il n'a pas été accepté par la partie adverse. — Cons. d'Ét., 3 juin 1892, Pissot, [Leb. chr., p. 524]

916. — Le désistement ayant un caractère contractuel, l'offre de désistement du demandeur peut être rétractée tant qu'elle n'a pas été acceptée. — Cons. d'Ét., 6 déc. 1878, précité.

917. — Mais dès que l'acceptation du défendeur s'est produite, le contrat est parfait, l'instance est irrévocablement éteinte et la déclaration du demandeur qu'il entend tenir son désistement pour non avenu ne pourrait plus avoir aucun effet. — Cons. d'Ét., 6 févr. 1839, Desmarets, [Leb. chr., p. 108] — V. *infrà*, n. 927 et s.

918. — Si l'offre de désistement du demandeur n'a pas été acceptée par son adversaire qui peut avoir intérêt à faire juger la contestation, l'instance doit suivre son cours ; il en est ainsi spécialement dans l'hypothèse où le défendeur aurait formé une demande reconventionnelle que le désistement ferait tomber avec l'instance principale. — Teissier et Chapsal, p. 310, note 1.

919. — Mais le défendeur qui refuse, sans raison, un désistement pur et simple se rend passible des dépens occasionnés par son refus. — Cons. d'Et., 17 mai 1833, Ville de Hagueneau, [P. adm. chr.]

920. — Il faut même aller plus loin et décider que le conseil de préfecture peut admettre le désistement pur et simple du demandeur nonobstant la non-acceptation du défendeur, s'il lui apparaît que le refus de celui-ci est sans motif, et n'a d'autre but que d'accroître les frais du procès. — Cons. d'Et., 17 mai 1833, précité. — *Sic*, Teissier et Chapsal, *loc. cit.*, et note 3.

§ 2. *Formes du désistement.*

921. — Nous avons dit que le désistement est offert par un acte signé du demandeur et déposé au greffe. En outre, des copies en nombre égal à celui des parties intéressées doivent être notifiées à celles-ci. — Teissier et Chapsal, *loc. cit.*

922. — L'acceptation se produit de la même manière (L. 22 juill. 1889, art. 42).

923. — Le conseil de préfecture, par un arrêté, donne acte de cet accord. Cet arrêté n'a point le caractère d'un jugement. Il n'est qu'une constatation authentique d'un contrat. Aussi les voies de recours ouvertes contre les jugements ne lui sont-elles point applicables. — V. *infra*, v° *Contrat judiciaire*.

924. — Nul délai n'est prescrit pour le désistement; il peut se produire à toute époque de l'instance, même en séance, si les parties présentent les conclusions écrites constatant leur accord.

925. — Le désistement pourrait-il être offert et accepté verbalement à l'audience ? L'art. 42 exige des actes écrits, et ne fait en cela que se conformer au principe même de la procédure administrative qui est essentiellement écrite. Il y aurait donc lieu de considérer comme nul un arrêté constatant un acte d'un désistement verbal à l'audience. — Teissier et Chapsal, p. 310.

926. — Le mandataire d'une partie peut, aux termes de l'art. 42, signer l'acte de désistement. Mais il faut que ce mandataire soit muni d'un pouvoir spécial; le simple mandat *ad litem* ne suffit pas pour attribuer au mandataire le droit de se désister. Le désistement n'est pas, en effet, un acte de procédure ordinaire, surtout en matière administrative où il éteint irrévocablement le droit litigieux. Pour que le mandataire puisse se désister, il faut donc que le pouvoir lui en ait été conféré dans le mandat primitif ou dans une procuration nouvelle. — Teissier et Chapsal, p. 311; Doussaud, p. 427.

§ 3. *Effets du désistement.*

927. — Nous avons dit *suprà*, n. 917, que le désistement en matière administrative a pour effet, *inter partes*, d'éteindre irrévocablement l'action. Le demandeur qui s'est désisté ne serait donc recevable à reprendre ses prétentions sous aucun prétexte. Il ne serait pas recevable, notamment, à former un recours devant le Conseil d'Etat contre l'arrêté du conseil de préfecture qui a donné acte de son désistement. — Cons. d'Et., 8 févr. 1878, Moutet, [Leb. chr., p. 132]; — 17 mai 1878, Fournier, [Leb. chr., p. 464]; — 28 mars 1879, Jeanney, [D. 81.5.120]; — 4 juill. 1879, Malatiré [Leb. chr., p. 555]; — 4 août 1882, Granger, [Leb. chr., p. 748]

928. — La partie qui se désiste doit supporter les frais du procès (L. 22 juill. 1889, art. 42, § 2). Le demandeur qui se désiste est assimilé au plaideur qui succombe : la loi a consacré ici un principe admis par la jurisprudence antérieure.

929. — Mais si le désistement éteint l'action entre les parties, il ne saurait préjudicier aux tiers; il constitue en effet, quant à eux, « *res inter alios acta* ». Aussi, lorsqu'il y a plusieurs demandeurs primitifs, et que l'un se désiste, le désistement ne préjudicie point aux autres. — Cons. d'Et., 10 janv. 1885, Saisy, [Leb. chr., p. 60]; — 12 nov. 1886, Elect. d'Ailly-sur-Noye, [Leb. chr., p. 783]; — 14 janv. 1887, Elect. de Tôtes, [Leb. chr., p. 27]; — Même date, Elect. de Camarès, [Leb. chr., p. 27] — V. aussi Cons. d'Et., 6 déc. 1878, Elect. de Bord, [D. 79.5.132] — Teissier et Chapsal, p. 312 et mult.

930. — Le désistement n'est pas opposable non plus aux tiers intervenus. — Cons. d'Et., 16 août 1833, d'Annebault, [P. adm. chr.] — V. au surplus, *infra*, v° *Désistement*.

Section IV.
Autres incidents.

§ 1. *Exceptions.*

1° Exception *judicatum solvi*.

931. — Les exceptions sont des moyens qui, sans attaquer le fond ou le mérite de la demande, concluent à la faire écarter pour le moment et jusqu'à l'accomplissement de certaines conditions. — V. *infra*, v° *Exception*.

932. — La plupart des exceptions admises en procédure civile peuvent être opposées devant les conseils de préfecture. Il en est ainsi, notamment, de l'exception qui résulte du droit qu'a le défendeur, en présence d'un demandeur étranger, de demander la caution *judicatum solvi*. — Cons. d'Et., 23 janv. 1820, Schubark, [P. adm. chr.] — *Sic*, Macarel, *Cours d'adm. et de dr. adm.*, t. 1, p. 54; Chauveau et Tambour, *Code d'instr. adm.*, t. 1, p. 285; Brémond, [*Rev. gén. d'adm.*, 91.1.139]

933. — Mais cette exception, n'étant pas d'ordre public, ne peut être invoquée d'office par le conseil, et même elle doit l'être *in limine litis* avant toute autre exception ou moyen, à peine de déchéance, conformément à la disposition de l'art. 160, C. proc. civ. Si donc tous les frais étaient faits, et si l'affaire était instruite, le défendeur français ne serait pas recevable à former la demande en caution. — Cons. d'Et., 13 janv. 1816, Pallot, [P. adm. chr.] — *Sic*, Teissier et Chapsal, p. 274; Brémond, *op. cit.*, 91.1.140. — V. *suprà*, v° *Caution judicatum solvi*, n. 94 et s., 97 et s.

934. — Il est bien entendu que le demandeur étranger ne pourra jamais se voir réclamer la caution dans les affaires dispensées de frais. — Teissier et Chapsal, p. 272.

2° *Incompétence*.

935. — L'incompétence, devant le conseil de préfecture, peut se présenter sous la forme d'incompétence *ratione materiæ* ou *ratione loci* : il ne peut être ici question d'incompétence *ratione personæ*, la compétence de cette juridiction ne se déterminant jamais d'après le domicile des parties.

936. — A. *Incompétence ratione materiæ*. — L'incompétence *ratione materiæ* devant le conseil de préfecture résulte soit de l'inobservation des principes qui servent à distinguer... la juridiction gracieuse de la juridiction contentieuse. — Cons. d'Et., 4 janv. 1884, Guigues, [Leb. chr., p. 11]; — 27 juin 1884, Delamare, [Leb. chr., p. 519]; — 13 janv. 1888, Blézeau, [Leb. chr., p. 18]; — 27 juill. 1888, Ferrié, [Leb. chr., p. 668]

937. — ... Ou la compétence administrative de la compétence judiciaire.

938. — Les règles qui déterminent la compétence à raison de la matière sont impératives et il ne peut y être dérogé par des conventions particulières. — Cons. d'Et., 14 janv. 1833, de Taverné, [P. adm. chr.]; — 18 juin 1852, Chapot, [P. adm. chr., D. 53.3.82]; — 17 mai 1855, Illot, [S. 55.2.794, P. adm. chr., D. 55.3.82]; — 7 févr. 1867, Vidal, [S. 67.2.365, P. adm. chr., D. 69.3.1] — V. aussi *suprà*, v° *Compétence civile et commerciale*, n. 96 et s.

939. — L'exception d'incompétence *ratione materiæ* peut donc être opposée par les parties en tout état de cause et le conseil de préfecture est tenu de renvoyer d'office devant qui de droit, même si l'exception n'est point opposée, et encore bien que les parties consentiraient à ne point l'opposer. — Cons. d'Et., 15 juin 1825, Theus, [S. chr.] — *Sic*, Teissier et Chapsal, p. 273; Brémond, [*Rev. gén. d'adm.*, 91.1.140]

940. — Il a toutefois été jugé que la partie qui n'a point attaqué dans les délais légaux l'arrêté par lequel le conseil de préfecture s'est déclaré compétent pour statuer sur une contestation, n'est pas recevable à se pourvoir pour incompétence contre l'arrêté postérieur par lequel le même conseil de préfecture a statué sur le fond du litige. Il y a en effet, en ce cas, chose jugée sur la compétence. — Cons. d'Et., 16 juill. 1857, Tournesac, [S. 58.2.443, P. adm. chr.]

941. — Il a été décidé, d'autre part, que le conseil de préfecture qui se déclare incompétent pour statuer sur le fond d'une contestation, excède ses pouvoirs en ordonnant le séquestre des sommes litigieuses entre les parties. — Cons. d'Et., 19 mars 1811, Poitier, [S. chr.] — En effet, la question de séquestre n'est qu'une question accessoire dont la connaissance doit être réservée aux juges du fond. — V. en ce sens, Cons. d'Et., 17 janv. 1812, Habitants de la Lizolles, [S. chr., P. adm. chr.]

942. — B. *Incompétence* ratione loci. — L'incompétence *ratione loci* résulte de la violation de la règle que le conseil de préfecture est une juridiction territoriale. Le conseil de préfecture se trouve alors saisi d'une affaire qui rentre bien dans ses attributions, mais qui doit être résolue par le conseil d'un autre département. Cette hypothèse se présente rarement, les règles de la compétence territoriale étant très-simples; elles peuvent toutefois se rencontrer au cas d'une contestation entre l'administration et le fermier d'un bac placé sur une rivière limitrophe à deux départements. Il faut alors se reporter à l'art. 41, L. 6 frim. an VII, aux termes duquel le litige doit être porté devant le conseil du département dans lequel se trouve la commune la plus rapprochée du bac, ou en cas d'égalité de distances, la plus populeuse. — Cons. d'Et., 11 mai 1825, Administration des contributions indirectes, [S. chr., P. adm. chr.]

943. — Supposons encore qu'un contribuable ait, quelque temps avant le 1er janvier, transféré sa résidence dans un autre département : il devra être imposé sur les rôles de sa résidence actuelle. Et s'il a été assujetti à la même contribution dans son ancienne résidence, c'est devant le conseil de préfecture à laquelle celle-ci ressortit qu'il doit porter sa demande en décharge. — Cons. d'Et., 14 févr. 1873, Moutarde, [Leb. chr., p. 159]

944. — L'exception d'incompétence doit-elle, pour produire effet, être soulevée avant toutes défenses ou autres exceptions, ainsi que l'exige l'art. 169, C. proc. civ.? L'incompétence *ratione loci* est-elle, comme l'incompétence *ratione personæ* en matière civile, établie dans le seul intérêt des parties qui pourraient renoncer à l'invoquer, soit expressément, soit tacitement? MM. Teissier et Chapsal (*loc. cit.*) admettent la négative. L'exception d'incompétence *ratione loci*, disent-ils, est d'ordre public : la règle que le conseil de préfecture constitue une juridiction essentiellement territoriale, tient trop étroitement à notre organisation administrative pour qu'il soit permis d'y déroger. — V. Cons. d'E., 26 juin 1874, Vavin, [S. 76.2.122, P. adm. chr., D. 75.3.52] — Cons. préf. Seine, 25 avr. 1888, Lebègue et Cie, [*Jur. cons. préf.*, 88.169] — *Contrà*, Chauveau et Tambour, t. 1, p. 286; Rousseau et Laisney, *Dict. proc.*, v° *Conseil de préfecture*, n. 164; Perriquet, *Travaux publics*, t. 1, n. 549.

3° *Litispendance.*

945. — L'exception de litispendance ne paraît pas possible devant les conseils de préfecture. En effet, la compétence étant, ainsi que nous l'avons dit (*suprà*, n. 935), toujours déterminée *ratione loci*, il n'y a jamais qu'un conseil de préfecture qui ait compétence pour connaître d'un litige déterminé. D'autre part, jamais un tribunal de l'ordre judiciaire et un tribunal administratif ne peuvent être ensemble compétents pour connaître d'une même question. Si donc un conseil de préfecture est saisi d'un procès déjà pendant devant un conseil voisin ou devant un tribunal civil, il devra ou se déclarer incompétent, ou bien, dans le cas contraire, retenir l'affaire, car il est de règle qu'un tribunal ne doit admettre l'exception de litispendance qu'autant qu'il reconnaît que le premier tribunal est compétent. — Teissier et Chapsal, p. 275. — V. *infrà*, v° *Litispendance*.

946. — Ainsi, lorsqu'un conseil de préfecture est saisi de demandes en indemnité pour dommages causés par l'exécution de travaux publics, demandes sur lesquelles il est seul compétent pour statuer, ce conseil ne peut s'arrêter à l'exception de litispendance proposée à raison d'une instance engagée devant un tribunal civil. — Cons. préf. Seine, 6 août 1878, Pommier et Cie, [*Jur. cons. préf.*, 1878, p. 239]

947. — Il en doit être de même, à plus forte raison, lorsque l'instance pendante devant la juridiction civile a quelque rapport avec l'affaire portée devant le conseil de préfecture, sans toutefois avoir exactement le même objet, car, en pareil cas, il n'y a même pas les éléments de la litispendance. — Cons. d'Et., 11 févr. 1818, Deveze, [P. adm. chr.]; — 20 févr. 1874, Dubuisson, [D. 74.3.17]; — 20 janv. 1888, Marie, [D. 89.3.30]

948. — Ainsi, il a été jugé que si le propriétaire dont les ouvriers ont été tués sur la voie ferrée par un train, a assigné la compagnie en dommages-intérêts devant le tribunal de commerce, le conseil de préfecture, saisi de la contravention de grande voirie, doit statuer sans être tenu de surseoir jusqu'au jugement de l'action commerciale. — Cons. d'Et., 20 janv. 1888, précité.

4° *Connexité.*

949. — La connexité est admissible devant les conseils de préfecture,... soit qu'il s'agisse d'affaires pendantes devant des conseils différents, par exemple s'il s'agit de difficultés relatives à un marché de travaux publics, dans le cas où le travail s'étend sur plusieurs départements, ou à la fois, sur le territoire français et en pays étranger. — Cons. d'Et., 11 juill. 1890, Cauro, [Leb. chr., p. 670]

950. — ... Soit, à plus forte raison, qu'il s'agisse d'instances pendantes devant un même conseil de préfecture. — Teissier et Chapsal, p. 276.

951. — La jonction des instances est ordonnée, soit à la requête des parties, soit même d'office, par le conseil de préfecture, qui apprécie souverainement le point de savoir s'il y a ou non connexité. — Teissier et Chapsal, *loc. cit.*

952. — Spécialement, il y a lieu à jonction des instances, lorsque plusieurs demandeurs se plaignent de dommages résultant d'un même travail public, et causé notamment par une inondation. — Cons. d'Et., 3 févr. 1882, Cie des chemins de fer du Midi, [Leb. chr., p. 122]

953. — ... Ou lorsqu'il y a plusieurs réclamations à raison d'un ensemble de dommages causés à un même immeuble. — Cons. préf. Nord, 7 nov. 1881, Hilaire Way, [*Jur. cons. préf.*, 1882, p. 217]

954. — Un conseil de préfecture peut également joindre deux demandes relatives à un même décompte de travaux publics. — Cons. d'Et., 16 juin 1876, Grias, [Leb. chr., p. 576]

955. — ... Des réclamations d'un même contribuable, relatives à des contributions de même nature pour des exercices différents. — Cons. d'Et., 19 mai 1882, Saint-Yves, [Leb. chr., p. 501]

956. — Enfin, en matière d'élections, le conseil de préfecture a le droit de joindre toutes les protestations contre une même élection pour statuer par une seule décision. — Cons. d'Et., 24 avr. 1885, Elect. de Freneuse, [Leb. chr., p. 428] — Cons. préf. Nord, 11 févr. 1881, Caron-Cattel, [*Jur. cons. préf.*, 1882, p. 243]

957. — Les conseils de préfecture sont d'ailleurs toujours libres de ne pas ordonner la jonction, s'ils pensent qu'elle offre des inconvénients ou si les circonstances ne permettent pas de rejoindre les instances. — Cons. d'Et., 12 déc. 1834, Pihet, [P. adm. chr.]

958. — Au reste, aucune disposition de loi ou de règlement ne s'oppose à ce que les conseils de préfecture statuent par un seul et même arrêté sur les demandes connexes, alors même que la jonction n'a été demandée par aucune des parties, ni déclarée préalablement d'office. — Cons. d'Et., 11 janv. 1838, Grulet, [P. adm. chr.] — V. *suprà*, v° *Connexité*.

5° *Nullités.*

959. — L'exception de nullité consiste dans le droit, lorsqu'une forme prescrite à peine de nullité n'a pas été observée, de demander la nullité de tout ou partie de la procédure selon que l'acte irrégulier était relatif au fond même du litige ou seulement à une opération de vérification. Si, par exemple, copie de la requête introductive n'a pas été déposée au greffe dans le délai de quinze jours à compter de l'avertissement du secrétaire-greffier, et si le conseil de préfecture n'a pas déclaré d'office la requête non avenue, le défendeur aura le droit de demander la nullité (L. 22 juill. 1889, art. 3). — V. *suprà*, n. 278 et 279.

960. — Si l'on excepte la nullité provenant du défaut de copies, qui est impérative, les nullités de procédure introduites seulement dans l'intérêt des parties, ne sont pas d'ordre public, et le conseil de préfecture ne peut les suppléer d'office. Les parties intéressées seules sont admises à s'en prévaloir. — Cons. d'Et., 9 févr. 1850, Gauthier, [P. adm. chr.]

961. — A la différence des nullités de fond provenant du défaut de qualité ou de droit, qui peuvent être proposées en tout état de cause, les nullités de procédure peuvent être couvertes par une renonciation tacite, et les parties sont réputées avoir renoncé au droit d'invoquer la nullité lorsqu'elles n'ont pas élevé l'exception *in limine litis* (C. proc. civ., art. 173). — Teissier et Chapsal, p. 278; Brémond, [*Rev. gén. d'adm.*, 91.1.141]

6° *Exceptions dilatoires.*

962. — Les exceptions dilatoires sont celles qui tendent à obtenir un sursis. D'après le Code de procédure, elles sont au nombre de deux : celle tirée du délai pour faire inventaire et délibérer en faveur de l'héritier, de la veuve, de la femme divorcée ou séparée de biens (art. 174, C. proc. civ.), celle tirée du délai pour appeler garant (art. 175 et s.).

963. — La première de ces exceptions peut être invoquée devant les tribunaux administratifs comme devant les tribunaux civils. La loi de procédure du 22 juill. 1889 n'a, en effet, dérogé ni formellement ni implicitement, aux règles essentiellement protectrices, établies à cet égard par la loi civile (V. aussi art. 795 et s., 1456 et s., C. civ.). — Brémond, *op. cit.*, 91.1.142. — V. *suprà*, v^is *Bénéfice d'inventaire*, n. 104 et s., *Communauté conjugale*, n. 1817 et s., et *infra*, v^is *Divorce*, *Séparation de biens*, *Séparation de corps*.

964. — Cette exception doit être proposée *in limine litis*. — Cons. préf. Basses-Pyrénées, 6 mars 1880, Commune de Bidache, [*Jur. cons. préf.*, 1880, p. 140] — V. aussi Cons. préf. Savoie, 19 août 1881, Signo, [*Jur. cons. préf.*, 1882, p. 161] — Cons. d'Ét., 22 janv. 1875, Commune de Chabris, [Leb. chr., p. 73] — Teissier et Chapsal, p. 278; Brémond, *loc. cit.* — V. *infra*, v° *Garantie*.

964 bis. — Quant à l'exception de garantie, la même rigueur de solution ne s'impose pas; car le moyen dilatoire produit par le défendeur peut ne pas être sérieux. C'est donc au conseil de préfecture qu'il appartient de décider s'il y a lieu ou non d'accorder un délai pour la mise en cause du garant.

7° *Exception tendant à une communication de pièces.*

965. — Nous avons vu *suprà*, n. 274, que les pièces dont le requérant entend se servir doivent accompagner la requête introductive d'instance. Ces documents sont déposés au greffe où ils peuvent être consultés par les intéressés ou leurs mandataires (L. 22 juill. 1889, art. 8).

966. — Au cas où le dépôt d'une pièce sur laquelle une des parties se fonde n'est pas effectué, il appartient au conseil de préfecture d'en ordonner la production soit d'office, soit sur la demande du plaideur intéressé. — Teissier et Chapsal, p. 279.

967. — Mais si le conseil de préfecture juge que les pièces réclamées sont sans intérêt pour la solution du litige, ou s'il estime que l'instruction est complète, il peut refuser de surseoir ou d'ordonner la production. — Cons. d'Ét., 13 juill. 1883, Richard-Grison, [Leb. chr., p. 662]

§ 2. *Reprise d'instance.*

968. — A la différence du Code de procédure civile, du décret du 22 juill. 1806 sur la procédure devant le Conseil d'État et du décret du 10 août 1881, sur les conseils du contentieux des colonies, la loi du 22 juill. 1889 n'a pas prévu la reprise d'instance. Pourtant, il n'en faut pas conclure que cette procédure ne doive pas être suivie devant les conseils de préfecture. En effet, le législateur n'a point entendu proscrire les incidents qu'il ne prévoyait pas formellement; il s'est borné, avons-nous dit, à les laisser sous l'empire des principes généraux. D'ailleurs, avant la loi de 1889, la reprise d'instance n'était pas davantage prévue devant le conseil de préfecture, et cependant la jurisprudence l'avait admise. — V. *infrà*, v° *Reprise d'instance*.

969. — Comme il n'y a point d'avoués devant les conseils de préfecture, le seul cas qui puisse donner lieu à une interruption de l'instance est le décès d'une des parties en cause. Dans ce cas, tous les actes d'instruction postérieurs à la notification du décès de la partie sont nuls, s'ils ont été dirigés contre une partie au lieu de l'être contre ses héritiers régulièrement appelés à reprendre l'instance. — Cons. d'Ét., 27 nov. 1844, Devienne et Parmentier, [S. 43.2.191, P. adm. chr.]

970. — Toutefois, la notification du décès d'une partie ne suspend point la procédure et n'oblige pas le conseil de préfecture à différer la décision lorsque l'affaire est en état, c'est-à-dire lorsque l'instruction est complète (V. C. proc. civ., art. 342; Décr. 22 juill. 1806, art. 23).

971. — L'instance interrompue ne peut être reprise qu'autant que la partie dans l'intérêt de laquelle a lieu l'interruption, a manifesté, par un acte spécial et spontané, son intention de poursuivre le procès ou qu'elle y a été contrainte par son adversaire. La reprise d'instance est donc volontaire ou forcée. — Teissier et Chapsal, p. 280.

972. — Pour reprendre volontairement l'instance interrompue par la mort de son auteur, l'héritier peut, ou continuer lui-même la procédure, ou accepter la continuation faite par son adversaire. — Brémond, *op. cit.*, 91.1.46.

973. — Si l'héritier néglige de continuer le procès, l'adversaire qui a subi l'interruption peut reprendre l'instance en déposant au greffe du conseil une requête, notifiée à l'héritier, dans la forme de la demande introductive d'instance (L. 22 juill. 1889, art. 39). — Teissier et Chapsal, p. 280; Brémond, *loc. cit.*

974. — L'héritier doit alors répondre comme un défendeur ordinaire. Faute par lui d'avoir repris l'instance dans la forme et les délais impartis pour la défense, il peut être passé outre au jugement de l'affaire. Si celui que la partie appelée en reprise d'instance représente, n'avait produit ni défense, ni mémoire, avant son décès, l'arrêté qui interviendra sera par défaut. Dans le cas contraire, il sera réputé contradictoire (V. Décr. 10 août 1881, art. 63).

§ 3. *Questions préjudicielles.*

975. — Parfois, devant un conseil de préfecture, compétent pour connaître du fond du litige, s'élève une question préjudicielle, qui est de la compétence de l'autorité judiciaire. Dans ce cas, le conseil doit surseoir à statuer jusqu'à ce que la juridiction civile se soit prononcée sur la question préjudicielle. — V. sur ce point, *suprà*, v° *Compétence administrative*, n. 454 et s.

§ 4. *Demandes additionnelles et reconventionnelles.*

976. — Il peut être formé devant le conseil de préfecture des demandes incidentes au cours de l'instance, soit par le demandeur qui augmente, modifie ou restreint ses conclusions primitives, soit par le défendeur qui, outre qu'il repousse la prétention de son adversaire par une défense, une fin de non-recevoir, une exception ou même une compensation légale, se fait demandeur à son tour pour empêcher ou tout au moins atténuer la condamnation dont il est menacé. Dans le premier cas, la demande incidente est une demande « additionnelle »; dans le second, une demande « reconventionnelle. »

977. — La jurisprudence est fixée en ce sens que les demandes additionnelles et reconventionnelles, pour être admissibles, doivent être connexes à la demande principale. — V. *infrà*, v^is *Demande*, *Demande incidente*.

978. — En outre, la demande reconventionnelle ne peut être admise devant le conseil de préfecture que si cette juridiction est compétente pour en connaître. Ainsi il a été jugé que les conseils de préfecture étant incompétents pour connaître des demandes en dommages-intérêts formées par les entrepreneurs de travaux publics contre les particuliers, ils ne peuvent accueillir une demande de cette nature formée reconventionnellement, sur une action en indemnité intentée par un propriétaire, à raison d'extraction de matériaux pratiquée dans sa propriété. — Cons. d'Ét., 16 févr. 1870, Malicorne, [S. 71.2.191, P. adm. chr.]

979. — Ces demandes sont en principe jointes à la demande principale pour y être statué par le même arrêté (V. Décr. 22 juill. 1806, art. 15, § 1).

§ 5. *Péremption.*

980. — La péremption d'instance est une disposition exceptionnelle qui ne s'applique qu'aux matières où la loi l'admet expressément. Or elle n'est établie par aucun texte devant les conseils de préfecture, et par une raison qui se conçoit facilement, puisque, devant cette juridiction, l'instruction est entre les mains du tribunal lui-même qui fixe les délais des divers actes et ordonne toutes les mesures utiles ou nécessaires; les retards dans la solution des pièces ne sont donc pas imputables aux parties. — Cons. d'Ét., 9 janv. 1832, Ruelle-Mallet, [S. 32.2.236, P. adm. chr.] — 3 juin 1892, Lahaye, [S. et P. 94.3.53, D. 93.3.100] — *Sic*, Brémond, [*Rev. gén. d'adm.*, 91.1.146] — V. *supra*, v° *Péremption d'instance*.

CHAPITRE V.

DU JUGEMENT.

SECTION I.
Préliminaires de l'audience.

§ 1. *Confection du rôle.*

981. — Le rôle de chaque séance publique du conseil de préfecture est arrêté par le président (L. 22 juill. 1889, art. 43). Ce rôle a pour objet de fixer l'ordre dans lequel seront jugées les affaires dont l'instruction est terminée, dont le dossier et les rapports ont été transmis au commissaire du gouvernement qui a préparé ses conclusions.

982. — Le rôle est communiqué au commissaire du gouvernement (L. de 1889, même art.). D'après le décret du 12 juill. 1865 (art. 11), le rôle était arrêté « sur la proposition du commissaire du gouvernement ». Ces termes ne sont pas reproduits dans la loi de 1889; mais, malgré cette différence de rédaction, il n'en est pas moins nécessaire que le président s'entende, pour la confection du rôle, avec le commissaire du gouvernement qui est appelé à donner les conclusions sur toutes les affaires.

983. — Le rôle, qui contient généralement une notice sommaire sur chaque affaire, doit être arrêté quelques jours avant la séance publique; il sera généralement dressé quatre jours au moins avant l'audience, par suite de la nécessité où l'on se trouve d'adresser aux parties dans ce délai la convocation prescrite par l'art. 44 (V. *infrà*, n. 986. — Teissier et Chapsal, p. 313.

984. — Le rôle doit être affiché à la porte de la salle d'audience (L. de 1889, même art.). Le but de cette mesure est que les intéressés puissent prendre connaissance du rôle, sans être obligés d'en demander communication au greffe. Elle ne saurait être valablement remplacée par l'affichage *au greffe* de la liste des affaires à juger. — Teissier et Chapsal, p. 314.

985. — L'heure et le nombre des séances sont fixés par le président, suivant la nature, la quantité et l'urgence des affaires. — Teissier et Chapsal, *loc. cit.*

§ 2. *Avertissement aux parties.*

986. — Toute partie doit être avertie, par une notification faite en la forme administrative, du jour où l'affaire sera portée en séance publique. Lorsqu'elle est représentée devant le conseil, la notification est faite à son mandataire ou défenseur domicilié dans le département. Dans les deux cas, l'avertissement est donné quatre jours au moins avant la séance (L. 22 juill. 1889, art. 44).

987. — Il résulte de la disposition qui précède que la partie doit être avertie du jour de l'audience dans tous les cas, et non pas seulement, comme sous l'empire de la législation antérieure, au cas où elle a fait connaître son intention de présenter des observations orales. — Teissier et Chapsal, p. 314; Brémond, [*Rev. gén. d'adm.*, 91.1.409]

988. — Il y aurait nullité si la partie n'était pas informée préalablement du jour où l'affaire aurait été appelée. C'est ce qui était déjà décidé sous l'empire du décret de 1865, pour le cas où la partie avait manifesté l'intention de présenter des observations orales. — V. Cons. d'Ét., 7 déc. 1870, Varnier, [S. 71.2.29, P. adm. chr., D. 72.3.51] — et il n'y a aucun moyen de ne pas maintenir cette jurisprudence, en l'étendant pour la mettre d'accord avec la nouvelle législation.

989. — Le texte de la loi de 1889 tranche, en outre, une difficulté d'interprétation qui pouvait naître de la législation antérieure. L'art. 12, Décr. 12 juill. 1865, [S. *Lois annotées* de 1865, p. 59; P. *Lois, décr.*, etc., de 1865, p. 103] relatif au mode de procéder devant les conseils de préfecture, était ainsi conçu : « toute partie qui a fait connaître l'intention de présenter des observations orales doit être avertie, par lettre non affranchie, à son domicile ou à celui de son mandataire ou défenseur, lorsqu'elle en a désigné un, du jour où l'affaire sera appelée en séance publique. Cet avertissement sera donné quatre jours au moins avant la séance ». On pouvait conclure de cette rédaction que,

lorsqu'un mandataire avait été désigné, l'avertissement à la partie pouvait être adressé indifféremment soit à son domicile, soit à celui de son mandataire et que, dès lors, l'envoi au domicile de la partie suffisait, dans tous les cas, pour remplir le vœu de la loi. Telle était l'opinion soutenue par M. Christophle dans le traité de l'*Instruction administrative* de MM. Chauveau et Tambour, t. 1, p. 163. Et il faut reconnaître que cette opinion était conforme à la jurisprudence adoptée par le Conseil d'État en ce qui touche le jugement des réclamations formées en matière de contributions directes (L. 21 avr. 1832, art. 29). Le conseil décide que la notification est, dans ce dernier cas, régulièrement faite au domicile réel de la partie lors même qu'elle aurait élu domicile chez son mandataire. — V. notamment, Cons. d'Ét., 8 août 1873, Connin-Douine, [Leb. chr., p. 742]; — 7 nov. 1873, Limassier, [Leb. chr., p. 788] — V. aussi Cons. d'Ét., 6 mars 1874, Davenat, [D. 75.2.81]

990. — Mais le système contraire paraissait plus en harmonie avec les nécessités de la pratique. Il semble, en effet, qu'en choisissant un mandataire, la partie a entendu se désintéresser personnellement des soins à donner à l'affaire, et il faut remarquer, en outre, que, très-souvent, le plaideur n'a recours à un mandataire que parce qu'il est obligé de s'absenter. L'envoi de l'avertissement au domicile du mandant pourrait donc, dans beaucoup de cas, demeurer inefficace. Aussi avait-il été déjà jugé, sous l'empire du décret de 1865, que lorsque la partie a désigné un mandataire, elle doit, à peine de nullité, être avertie du jour de l'audience par une lettre adressée au domicile du mandataire. — Cons. d'Ét., 18 déc. 1874, Wilson, [S. 76.2.185, P. adm. chr., D. 75.3.81]

991. — Si la loi de 1889 visant spécialement le cas où la partie est représentée par un mandataire, exige que l'avertissement soit envoyé au domicile de ce mandataire, elle n'impose cette obligation « que si le mandataire est domicilié dans le département. »

992. — Si le mandataire est domicilié hors du département, la notification sera faite valablement à la partie, qui doit, ainsi que nous l'avons dit, *suprà*, n. 306, faire élection de domicile au chef-lieu du département quand elle n'a pas un domicile réel dans le département. — Teissier et Chapsal, p. 319; Brémond, *op. cit.*, p. 411.

993. — Cependant, si une partie n'a ni mandataire ni défenseur, bien qu'elle soit domiciliée hors du département, ou si elle n'a pas fait élection de domicile, aucune disposition de loi ne dispense de lui donner l'avertissement dont nous nous occupons; et il faudra bien alors le lui donner à son domicile réel. — Brémond, *loc. cit.*

994. — Exceptionnellement, en matière de contributions directes ou de taxes assimilées, d'élections et de contraventions, l'avertissement n'est encore aujourd'hui donné qu'aux parties ayant fait connaître, antérieurement à la fixation du rôle, leur intention de présenter des observations orales. Ici la règle du décret de 1865 a été maintenue à raison du nombre et du peu d'importance en général des réclamations formées (L. de 1889, art. 44, § 3). — V. Teissier et Chapsal, p. 315.

995. — Si les réclamants en matière électorale n'ont pas de mandataire ou de défenseur commun, il suffit que l'avertissement soit adressé au premier signataire de la protestation (L. de 1889, art. 44, dernier §).

996. — Il en résulte que si les réclamants ont un défenseur ou mandataire unique, c'est au domicile de ce dernier que la convocation doit être adressée; dans le cas contraire, il suffit de notifier l'avertissement au domicile du premier signataire.

997. — Si le premier signataire d'une protestation collective a désigné un mandataire, c'est à ce mandataire que l'avertissement doit être adressé; le texte semble contraire, mais, en réalité, il se borne à décider que le premier signataire représente les autres au sujet de la réception de l'avertissement, celui-ci restant soumis aux règles ordinaires. — Brémond, *loc. cit.*

998. — Au cas où chacun des réclamants aurait déposé une protestation séparée, on devrait, au regard de chacune de ces protestations, se conformer aux règles ordinaires. Le conseil peut, sans doute, joindre ces protestations pour statuer sur toutes par un même arrêté (V. *suprà*, n. 936); mais il faudra adresser un avertissement au moins par chaque protestation. — Teissier et Chapsal, p. 319; Brémond, *Rev. gén. d'admin.*, année 1891, 1re part., p. 412.

999. — D'ailleurs, l'unité d'avertissement ne s'applique qu'aux demandeurs et non aux défendeurs ; car la situation de ces derniers est bien différente ; ils ont souvent des intérêts opposés, même si les griefs relevés contre l'élection sont communs à tous. En outre, le texte de l'article leur est inapplicable, puisqu'il ne parle que de réclamants ou de signataires de protestations. — Brémond, *loc. cit.*

1000. — Certaines difficultés peuvent s'élever aux cas de litiges intéressant l'Etat et les administrations publiques. A qui doit être envoyé l'avertissement? Evidemment à l'agent qui a qualité pour représenter l'administration intéressée devant le conseil de préfecture. A ce propos, M. Aucoc (*Conféc. sur le droit administratif*, t. 1, n. 324, p. 329) enseigne que les ingénieurs des ponts et chaussées, étant appelés à défendre l'Etat devant le conseil de préfecture, doivent être avertis du jour où une affaire intéressant leur service doit venir devant le conseil, et il ajoute que cette règle est établie par une circulaire du ministre des travaux publics, du 10 déc. 1864. Il est, en effet, de l'intérêt d'une bonne justice que les ingénieurs reçoivent un pareil avertissement; mais le Conseil d'Etat n'a pas pensé que la circulaire dont il s'agit fût obligatoire. Il ne faut pas perdre de vue, du reste, que les ingénieurs ne sont, à proprement parler, ni les représentants, ni les mandataires de l'administration, et ne sont que des agents qui remplissent leurs fonctions sous l'autorité du préfet. Aussi a-t-il été jugé que, l'administration des ponts et chaussées étant représentée par le préfet, le conseil de préfecture peut, par suite, statuer sur une contestation intéressant cette administration, sans que les ingénieurs aient été prévenus du jour où l'affaire serait appelée en séance publique. — Cons. d'Et., 24 févr. 1879, Iley, [S. 80.2.275, P. adm. chr., D. 79.3.58]

1001. — La convocation, avons-nous dit, est notifiée en la forme administrative. En matière de contributions directes, d'élections et de contraventions, l'avertissement peut être donné suivant une forme encore plus simple et plus rapide, par simple lettre recommandée, et cette lettre est « exempte de toute taxe postale » (L. de 1889, art. 44, § 4). Il eût été singulier d'assujettir seuls à payer les frais de la notification, bien qu'ils soient peu considérables, les réclamants dans des matières où ordinairement la procédure est gratuite. — Sénat, séance du 6 févr. 1889, discours de M. Clément.

1002. — Il convient, au reste, de faire remarquer que ce mode de procéder n'exclut pas la notification en la forme administrative dont le conseil de préfecture est toujours libre de se servir.

1003. — Il n'est pas nécessaire que l'avertissement du jour de l'audience porte invitation à la partie de présenter des observations orales. — En faisant connaître à la partie quel jour sa réclamation sera examinée par le conseil de préfecture, on la met à même de présenter ses observations si elle le juge convenable, et il serait excessif de prétendre qu'elle doit, à peine de nullité, être informée du droit qui lui appartient d'avoir recours à une défense orale. En effet, nul n'est censé ignorer la loi. — Cons. d'Et., 21 nov. 1873, Syndicat de la Grande-Camargue, [S. 75.2.279, P. adm. chr., D. 74.3.66]

1004. — Il n'y a non plus aucune irrégularité dans la circonstance que l'avis du jour de l'audience n'indique pas toutes les affaires qui seront jugées à cette audience. — Cons. d'Et., 3 juin 1892, Hardy, [Leb. chr., p. 544]

1005. — L'avertissement doit, dans tous les cas, être donné quatre jours au moins avant l'audience. Cette disposition existait déjà dans le décret de 1865; et d'après la jurisprudence antérieure, qui nous paraît encore applicable, ce délai est un délai franc. — Cons. d'Et., 11 août 1870, Godot, [Leb. chr., p. 1062]; — 27 nov. 1885, Elect. de Lesparre, [Leb. chr., p. 887] — *Sic*, Brémond, *Rev. gén. d'adm.*, année 1891, 1re part., p. 413]

1006. — Ce délai est prescrit à peine de nullité de l'arrêté. — Cons. d'Et., 1er mai 1869, Pebernard, [S. 70.2.168, P. adm. chr.]; — 26 févr. 1872, Oulmière, [Leb. chr., p. 107]

1007. — ... A moins que le retard dans l'envoi de l'avertissement ne provienne d'un cas de force majeure. — Cons. d'Et., 4 août 1876, Elect. de Tiaret, [Leb. chr., p. 734]

1008. — C'est aux parties qu'incombe la charge de prouver que la notification ne leur a pas été remise en temps utile. — Cons. d'Et., 2 mai 1868, Elect. de la Cable, [Leb. chr., p. 521]

1009. — Le certificat du greffier, délivré d'après les registres du greffe, fait preuve contre les allégations d'une partie prétendant n'avoir pas reçu d'avis. — Cons. d'Et., 3 nov. 1872, Ruffo de Bonneval, [Leb. chr., p. 561]; — 4 avr. 1873, Debaigt, [Leb. chr., p. 295]; — 20 déc. 1878, Pesci, [Leb. chr., p. 1044]

1010. — Si la notification n'a pu parvenir aux intéressés à raison de leur absence, malgré des démarches infructueuses, ils ne sont pas fondés à se plaindre de n'avoir pas été prévenus. — Cons. d'Et., 19 mars 1870, Huc, [Leb. chr., p. 313] — Il en est de même au cas où ils ont refusé la lettre contenant l'avertissement. — Cons. d'Et., 18 juill. 1873, Arnail, [Leb. chr., p. 646]

1011. — L'avis d'audience doit être donné pour chacune des séances où l'affaire est appelée. Ainsi, un premier avis notifié à l'occasion d'un arrêté avant faire droit ne dispense pas d'aviser la partie pour les décisions à prendre ultérieurement, notamment pour la décision sur le fond. — Cons. d'Et., 7 déc. 1870; — 30 mai 1873, Piédoye, [Leb. chr., p. 480]

1012. — Cependant, il a été jugé à bon droit que la partie qui a été convoquée à l'audience où son affaire a été appelée et où elle a comparu par mandataire, n'est pas fondée à soutenir qu'elle n'a pas été régulièrement convoquée, lorsque, à cette première audience, la cause ayant été remise en la présence du mandataire, à une séance ultérieure pour être plaidée, la partie n'a pas reçu de nouvel avis d'audience. — Cons. d'Et., 2 déc. 1881, Elect. de Réalmont, [S. 83.3 37, P. adm. chr., D. 83.3.41]

1013. — De même, lorsque la partie, ou son mandataire, a présenté des observations devant le conseil de préfecture, il n'est pas indispensable qu'elle soit convoquée à la séance où son affaire doit être appelée de nouveau pour le prononcé de l'arrêté. — Cons. d'Et., 28 mai 1880, Bladinières, [S. 81.3.79, P. adm. chr., D. 81.3.3] — V. Brémond, *Rev. gén. d'adm.*, année 1891, 1re part., p. 413.

1014. — De même encore, dans le même cas, il ne résulte aucune nullité de ce que la partie n'a pas été prévenue du jour auquel l'affaire a été renvoyée pour entendre le commissaire du gouvernement. — Cons. d'Et., 4 juin 1875, Derville, [S. 77.2.158, P. adm. chr., D. 76.3.20]

1015. — Notons, toutefois, que cette solution peut faire difficulté. Il est bien vrai que, ainsi que le rappelle le Conseil d'Etat, dans l'arrêt qui précède, les parties ne peuvent plus, après les conclusions du ministère public, prendre la parole ni poser de nouvelles conclusions (Décr. 30 mars 1808, art. 87); mais elles sont admises à produire, alors, des notes pour préciser certains faits ou donner des éclaircissements. — V. en ce sens, Cass., 29 mai 1850, Cottereau, [S. 51.4.131, P. 51.4.24] — Et il n'existe aucun motif pour que cette dernière règle ne soit pas suivie en matière administrative comme devant les tribunaux ordinaires. Il y aurait donc, pour la partie, un intérêt sérieux à ce qu'elle fût mise à même d'entendre les conclusions données par le commissaire du gouvernement devant le conseil de préfecture.

Section II.

Procédure à l'audience.

§ 1. *Publicité des débats.*

1016. — Avant le décret du 30 déc. 1862, le jugement des affaires contentieuses des conseils de préfecture, avait lieu à huis-clos et sans débat oral. Cette règle avait été formellement consacrée par un avis du Conseil d'Etat du 5 févr. 1826 qui, décidant en principe que le règlement du 22 juill. 1806, relatif à la procédure suivie devant le Conseil d'Etat, devait par analogie être étendu à l'instruction des affaires soumises aux conseils de préfecture, portait que devant ces conseils il ne pouvait y avoir lieu « d'appeler les parties à comparaître en personne et à plaider leur cause ». Lorsque la défense orale et la publicité des débats furent admises devant le Conseil d'Etat, on fit remarquer que l'avis qui précède manquait de base, et l'on pouvait conclure que la règle qu'il consacrait serait susceptible d'être modifiée. Elle continua, toutefois, d'être observée. Il fut reconnu, néanmoins, que le conseil de préfecture pourrait, soit sur la demande des parties, soit d'office, admettre ou ordonner des explications verbales lorsqu'elles paraissent indispensables.

1017. — Aujourd'hui, la règle est que les audiences des conseils de préfecture en matière contentieuse sont publiques (Décr. 30 déc. 1862, art. 1; L. 21 juin 1865, art. 8). Il est vrai que la loi de 1889 ne contient pas sur ce point de prescription formelle; mais dans un certain nombre de ses dispositions, notamment dans les art. 11, 13, 27, 31, 36, 43, elle qualifie de publiques les audiences ou séances des conseils de préfecture. D'ailleurs, les textes ci-dessus du décret de 1862 et de la loi de 1865 n'étant contraires ni à son texte ni à son esprit, doivent être considérés comme étant encore en vigueur. — Brémond, *Rev. gén. d'adm.*, année 1891, 1ᵉʳ part., p. 415.

1018. — Cette règle est absolue et s'applique à toutes les séances qu'une affaire est susceptible d'occuper, et à toutes les contestations, sans qu'il y ait lieu de distinguer selon que les parties ont ou non demandé à présenter des observations orales, selon qu'elles assistent ou non à l'audience. — Teissier et Chapsal, p. 333.

1019. — Doit donc être annulé l'arrêté de conseil de préfecture qui, sous l'empire du décret du 30 déc. 1862, a statué sur une affaire contentieuse en audience non publique et sans que le ministère public ait été entendu. — Cons. d'Ét., 5 mai 1864, Grometty, [S. 65.2.52, P. adm. chr., D. 64.3.98]

1020. — Jugé également que le conseil de préfecture qui, après la clôture des débats en séance publique, et à la suite de nouveaux renseignements fournis par les ingénieurs, n'a statué qu'après avoir entendu en chambre du conseil un second rapport et de nouvelles conclusions du commissaire du gouvernement, a violé les dispositions de la loi du 21 juin 1865 et du décret du 12 juillet suivant; qu'en conséquence, son arrêté, rendu sur une procédure irrégulière, doit être annulé. — Cons. d'Ét., 13 juin 1890, Chemins de fer de P.-L.-M., [S. et P. 92.3.116, D. 92.3.20] — V. aussi Cons. d'Ét., 16 mars 1889, Elect. de Bagnères de Bigorre, [Leb. chr., p. 383]

1021. — La nullité qui précède est d'ordre public et pourrait être soulevée d'office par le juge d'appel. — Teissier et Chapsal, *loc. cit.*

1022. — L'art. 50, L. 22 juill. 1889, qui déclare applicables aux conseils de préfecture certains articles du Code de procédure civile, ne met pas au nombre de ceux-ci l'art. 87 qui autorise, dans certains cas, à suspendre la publicité de l'audience; il en résulte que ces conseils ne pourraient pas ordonner que les débats auront lieu à huis-clos. — Teissier et Chapsal, *loc. cit.*, note 2 ; Brémond, *Rev. gén. d'adm.*, année 1891, t. 1, p. 415.

1023. — Toutefois, les comptes des receveurs des communes et des établissements de bienfaisance ne sont pas jugés en séance publique (L. 24 juill. 1865, art. 10).

1024. — La même dérogation à la règle de la publicité doit être étendue aux comptes des fabriques et consistoires, que le conseil de préfecture est appelé à juger en vertu de l'art. 78, L. 26 janv. 1892 : cette disposition porte, en effet, que les comptes dont il s'agit sont soumis à toutes les règles de la comptabilité des autres établissements publics. — V. l'art. 26, Décr. 27 mars 1893, portant règlement d'administration publique sur la comptabilité des fabriques ; et l'art. 33 du décret en date du même jour portant règlement d'administration publique sur la comptabilité des conseils presbytéraux et des consistoires.

1025. — Sont également jugés de la même manière les comptes des syndicats institués par décrets pour le service des pompes funèbres (Décr. 27 mars 1893, art. 28).

§ 2. *Lecture du rapport.*

1026. — Ainsi qu'il a été dit *suprà*, n. 295, 402 et s., le président du conseil de préfecture désigne dans chaque affaire un conseiller-rapporteur. La lecture du rapport préparé par celui-ci constitue le premier acte de la procédure à l'audience (L. 22 juill. 1889, art. 45).

1027. — Le rapport doit contenir un résumé complet des faits et moyens invoqués par les parties et retracer toutes les phases du litige. — Teissier et Chapsal, p. 323.

1028. — Cependant dans les contestations relatives aux contributions directes et aux contraventions, ainsi que l'autorisait l'instruction ministérielle sur le décret de 1865, la feuille d'instruction est suffisante pour servir de rapport dans la plupart des cas. — Teissier et Chapsal, *loc. cit.*

1029. — Tous les membres du conseil de préfecture peuvent être désignés pour les fonctions de rapporteur ; le président du conseil de préfecture lui-même ou le conseiller chargé de le remplacer peut sans irrégularité cumuler la présidence avec les fonctions de rapporteur dans les séances qu'il préside. — Cons. d'Ét.,

17 déc. 1875, Carbonnel, [Leb. chr., p. 1015] ; — 20 déc. 1878, Pesci, [Leb. chr., p. 1044]

§ 3. *Observations orales.*

1030. — Après le rapport, les parties peuvent présenter, soit en personne, soit par mandataire, des observations orales à l'appui de leurs conclusions écrites (L. de 1889, art. 45).

1031. — Et l'irrégularité résultant de ce qu'une partie n'a pas été mise à même de présenter devant le conseil de préfecture des observations orales, bien qu'elle en eût fait la demande, entraîne la nullité de l'arrêté de ce conseil. — Cons. d'Ét., 26 janv. 1865, Desmet, [S. 65.2.317, P. adm. chr.] ; — 7 juin 1865, Palvadeau, [S. 66.2.166, P. adm. chr.] ; — 17 juin 1868, Raffin, [S. 69.2.221, P. adm. chr.] ; — 7 déc. 1870, Varnier, [S. 71.2.23, P. adm. chr., D. 72.3.51]

1032. — D'ailleurs, un tel arrêté n'est pas moins contradictoire à l'égard de cette partie, et ne peut, dès lors, être frappé par elle d'opposition. — Cons. d'Ét., 7 juin 1865, précité. — V. *infrà*, n. 1408 et s.

1033. — Il est de règle que les parties peuvent présenter elles-mêmes des explications orales à l'appui de leurs conclusions écrites, et que jamais elles ne sont tenues de faire choix d'un défenseur. — Teissier et Chapsal, p. 334.

1034. — Mais le droit conféré aux parties de défendre elles-mêmes leurs prétentions comporte certaines limitations : aux termes de l'art. 85, C. proc. civ., rendu formellement applicable aux conseils de préfecture par l'art. 50, § 1, L. 22 juill. 1889, le conseil peut leur retirer la parole, « s'il reconnaît que la passion ou l'inexpérience les empêchent de discuter leur cause avec toute la décence convenable ou la clarté nécessaire pour l'instruction des juges. »

1035. — Et ces dispositions sont également applicables aux défenseurs des parties autres que les avocats et les avoués, comme aux parties elles-mêmes (L. de 1889, art. 10, dernier §). — Brémond, *Rev. gén. d'admin.* 91.1.419.

1036. — C'est seulement à l'appui de conclusions écrites que les parties peuvent présenter des observations orales. La pratique antérieure de certains conseils de préfecture admettait la solution contraire ; mais le législateur de 1889 a manifesté son intention formelle de considérer la défense orale comme un accessoire, un complément de la défense écrite, ne devant consister qu'en de simples compléments ou éclaircissements à l'appui des prétentions exposées préalablement dans une requête ou un mémoire ; l'instruction écrite est la base essentielle de la procédure. Si donc cette base vient à manquer, la partie ne peut se prévaloir du droit de présenter des observations orales, et le conseil de préfecture peut lui refuser la parole.

1037. — En conséquence, il ne peut être tenu compte des conclusions verbales prises à l'audience et non indiquées dans les mémoires écrits, qu'il s'agisse d'une demande de donner acte d'un désistement. — Cons. d'Ét., 21 janv. 1876, Ville de Lyon, [Leb. chr., p. 51]

1038. — ... D'une demande d'intérêts. — Cons. d'Ét., 9 juin 1876, Cⁱᵉ des chemins de fer du Midi, [Leb. chr., p. 531]

1039. — ... Ou d'une fin de non-recevoir reposant sur une transaction. — Cons. d'Ét., 24 mars 1876, Mollard, [Leb. chr., p. 308] ; — 2 févr. 1877, Martin, [Leb. chr., p. 127]

1040. — Cependant le conseil de préfecture a la faculté d'autoriser une partie qui n'a pas produit de conclusions écrites, à exposer oralement sa défense, mais cette défense ne saurait être regardée comme une simple renseignement, et elle serait insuffisante, par elle seule, pour rendre le débat contradictoire. — Cons. d'Ét., 12 janv. 1877, Guernet, [Leb. chr., p. 57] ; — 16 févr. 1878, Lutz, [S. 80.2.27, P. adm. chr., D. 78.3.68]

§ 4. *Conclusions nouvelles et moyens nouveaux.*

1041. — D'après la jurisprudence antérieure à la loi de 1889, lorsque des conclusions nouvelles étaient produites, le conseil de préfecture devait renvoyer à se pourvoir par voie d'action principale la partie qui, au jour de l'audience, et sans que l'instruction eût porté sur ce point, faisait une telle production. — Cons. d'Ét., 6 juin 1865, Beaufrère, [Leb. chr., p. 697] ; — 27 juin 1873, Boivin, [S. 75.2.185, P. chr., D. 74.3.55]

1042. — Spécialement, dans le cas où, à l'audience du conseil de préfecture étaient posées des conclusions par lesquelles il était demandé, pour la première fois, décharge de taxes syndicales, c'était avec raison que le conseil renvoyait la partie à se pourvoir par action principale. — Cons. d'Ét., 27 juin 1873, précité.

1043. — Aujourd'hui, il en est autrement : la loi se borne à dire que « si les parties présentent des conclusions nouvelles ou des moyens nouveaux, le conseil ne peut les adopter sans ordonner un supplément d'instruction » (L. de 1889, art. 43, § 3).

1044. — Ainsi, il n'y a pas d'obstacle à ce que les parties présentent à l'audience des conclusions nouvelles ou des moyens nouveaux; mais il en résulte, pour le conseil de préfecture, l'obligation d'ordonner un supplément d'instruction. L'obligation imposée à celui-ci d'ordonner un supplément d'instruction est une conséquence nécessaire du caractère de la procédure devant le conseil de préfecture où tout doit être écrit et notifié aux parties. Il aurait été dangereux de laisser une partie transformer inopinément le débat à l'audience, sans que tous les intéressés aient eu connaissance des modifications apportées à la demande primitive et obtenir ainsi, par surprise, une décision en sa faveur. Il arrive souvent, en effet, que les parties n'assistent pas à l'audience, et d'ailleurs, quand bien même elles y viendraient, elles se trouveraient généralement dans l'impossibilité de répondre sur-le-champ aux propositions formulées pour la première fois à l'audience. — Teissier et Chapsal, p. 325; Doussaud, p. 433 et s.

1045. — C'est ce qui se produirait notamment au cas où l'administration est en cause. Les représentants de l'État, du département, de la commune ou d'un établissement public ne reçoivent, en effet, que des instructions limitées; il ne leur est pas, par suite, possible de répondre à des demandes nouvelles ou fondées sur de nouvelles causes, sans avoir pris l'avis des agents ou des conseils compétents pour engager ces administrations.

1046. — Il s'ensuit que si le conseil admettait le bien fondé des nouvelles productions sans faire procéder à un supplément d'instruction, la partie lésée serait fondée à demander la nullité de la décision pour cause d'irrégularité de la procédure. — Teissier et Chapsal, p. 326.

1047. — Toutefois, si les éléments nouveaux introduits au débat ne font que reproduire, sous une forme différente, les conclusions formulées au cours de l'instruction ou ne constituent que des notes explicatives ou de simples conclusions subsidiaires rentrant dans les conclusions principales déjà discutées dans les mémoires, le conseil a le droit de statuer immédiatement. Il faut, pour qu'il y ait lieu de surseoir au prononcé de l'arrêté, que les conclusions présentées à la dernière heure, tout en se rattachant étroitement à la demande originaire, tendent à modifier d'une façon sensible les prétentions primitives. — V. les observations de MM. Bozérian, Clément et Lenoël, séance du Sénat, 5 févr. 1889. — Teissier et Chapsal, p. 327; Doussaud, *loc. cit.*

1048. — Il résulte des dispositions de l'art. 45, § 3, L. de 1889, que sont donc recevables les conclusions présentées après le dépôt du rapport des experts et la clôture de l'instruction, mais avant l'audience publique; il appartient seulement au conseil de préfecture de les disjoindre, au cas où l'instruction ne lui paraît pas suffisante de ce chef. — Cons. d'Ét., 14 févr. 1890, Roussey, [S. et P. 92.3.69, D. 91.3.73]

1049. — Ce n'est pas seulement en cas de conclusions nouvelles que les conseils de préfecture doivent suspendre leur décision : cette obligation leur est imposée même au cas de production de moyens nouveaux. Le sens et la portée de ces deux expressions diffèrent sensiblement. Les conclusions nouvelles constituent une addition et une notification à la demande originaire. Les moyens nouveaux ne sont que des raisons de décider, fondées sur des arguments de droit ou sur des faits ou pièces non encore invoquées dans le litige; ils ne modifient pas l'objet de la réclamation.

1050. — Les moyens nouveaux, en un mot, n'ont pas pour effet de changer le dispositif de la demande; ils ne font qu'en modifier la formule ou les motifs. — Teissier et Chapsal, p. 328. — V. *suprà*, v⁰ *Appel* (mat. civ.), n. 3245 et s., et *Cassation* (mat. civ.), n. 1991 et s.

1051. — L'art. 26, Décr. 5 août 1881, sur les conseils du contentieux administratif des colonies, ne prescrit un supplément d'instruction que si les parties présentent des *conclusions nouvelles*. La loi de 1889 ne distingue pas et impose au conseil de préfecture les mêmes obligations, qu'il s'agisse de conclusions nouvelles ou de moyens nouveaux.

1052. — Les parties ont le droit de présenter leurs productions nouvelles jusqu'à ce que l'affaire ait été mise en délibéré. — Cons. d'Ét., 1ᵉʳ avr. 1869, Berneau, [Leb. chr., p. 288¹; — 7 août 1874, Fermo, [Leb. chr., p. 846]

1053. — Après la mise en délibéré, le conseil de préfecture ne pourrait plus autoriser que le dépôt de notes succinctes et purement explicatives. — Cons. d'Ét., 7 août 1874, précité.

1054. — Par application des règles qui précèdent, il a été jugé qu'il y a lieu d'annuler pour vice de forme l'arrêté rendu sur le vu d'un certificat produit par l'administration après que les débats ont été clos, et que l'affaire a été mise en délibéré, si, du moins, ledit certificat n'a pas été communiqué au contrevenant. — Cons. d'Ét., 19 mai 1893, Bonhomme, [Leb. chr., p. 410]

1055. — Mais lorsque l'adversaire a, dès l'avant-veille de l'audience, déclaré faire défaut et n'a pas réclamé la production des pièces nouvelles, le conseil de préfecture a pu passer outre au jugement de l'affaire. — Cons. d'Ét., 2 déc. 1881, Elect. de Réalmont, [S. 83.3.37, P. adm. chr., D. 83.3.41]

1056. — Les modifications à la demande doivent, pour que le conseil de préfecture en tienne compte, être présentées par écrit et sur timbre, toutes les fois que la requête est assujettie à ce droit. — Cons. d'Ét., 4 juin 1880, Commune de Xirocourt, [Leb. chr., p. 524]; — 5 avr. 1889, Commune de Vitry-le-Croisé, [Leb. chr., p. 482¹ — V. *infrà*, n. 163 et s.

1057. — Lorsque le conseil de préfecture se trouve suffisamment éclairé pour repousser sur-le-champ les conclusions nouvelles ou les moyens nouveaux, soit parce qu'ils ne sont pas recevables, soit parce qu'ils ne sont pas justifiés, il a le droit de statuer immédiatement sans ordonner le supplément d'instruction qui n'est prescrit que dans l'intérêt de la défense. En pareil cas, en effet, les intérêts de la partie qui n'est pas représentée à l'audience ou qui n'est pas en mesure de discuter séance tenante la production nouvelle, ne courent aucun risque. — Teissier et Chapsal, p. 329; Doussaud, p. 435.

§ 5. *Audition des agents de l'administration.*

1058. — Le conseil de préfecture peut entendre les agents de l'administration compétente ou les appeler devant lui pour fournir des explications (L. de 1889, art. 43, § 2). C'est la confirmation d'une pratique antérieure qui n'est pas sans utilité.

1059. — Le droit dont le conseil de préfecture est investi est général : il s'applique à un agent quelconque de l'administration compétente. — Teissier et Chapsal, p. 330.

1060. — ... Et même à un agent ne réside pas au chef-lieu (Teissier et Chapsal, *loc. cit.*). — V. en sens contraire, en ce qui concerne les agents des contributions directes, la circulaire du directeur général en date du 1ᵉʳ févr. 1890. Cette exception peut se justifier, moins par l'absence de dépens en matière de contributions directes que par l'avantage d'éviter un débat direct entre les agents taxateurs et les contribuables (Circ. min. let. 31 juill. 1890). — V. Cons. d'Ét., 13 mai 1869, Leblanc-Duvernon, [Leb. chr., p. 459] — Brémond, [*Rev. gén. d'adm.*, 91.1.418]

§ 6. *Conclusions du commissaire du gouvernement.*

1061. — Ainsi que nous l'avons dit (*suprà*, n. 67), le commissaire du gouvernement donne ses conclusions sur toutes les affaires (L. de 1889, art. 46; Décr. 30 déc. 1862, art. 3).

1062. — A la différence du ministère public qui siège près des tribunaux judiciaires, le commissaire du gouvernement n'est jamais que partie jointe; il ne représente pas la société; il n'a pas le droit de saisir d'office le conseil de préfecture ni d'interjeter appel des décisions intervenues. Son rôle se borne à donner des conclusions sur l'affaire à juger.

1063. — Mais le commissaire du gouvernement ne peut se dispenser d'intervenir. Cette prescription est impérative et son inobservation entraînerait la nullité de l'arrêté. — Cons. d'Ét., 5 avr. 1868, Donny, [Leb. chr., p. 252] — V. *infrà*, n. 1072.

1064. — Il a été jugé que le commissaire du gouvernement qui s'est borné à conclure à ce que le conseil de préfecture persiste dans la jurisprudence qu'il a adoptée sur la question dans ses décisions antérieures, a satisfait à l'obligation qui lui est imposée. — Cons. d'Ét., 22 juill. 1887, La Métropole, [Leb. chr., p. 591]

1065. — Mais l'intervention du commissaire du gouvernement n'est obligatoire que dans les cas où le conseil de préfecture est appelé à rendre, en séance publique, une décision ordonnant une mesure de vérification et se rapportant au fond du litige. Les décisions prises en chambre du conseil, en vue de l'instruction des affaires et de leur communication aux parties intéressées, ne nécessitent point l'intervention du commissaire du gouvernement. — Teissier et Chapsal, p. 334.

1066. — ... Sauf exception pour l'arrêté statuant sur la liquidation des dépens, il s'agit alors d'un véritable débat contentieux sur lequel le commissaire du gouvernement ne saurait régulièrement se dispenser de donner son opinion. — Teissier et Chapsal, loc. cit., note 2.

1067. — Aucune disposition n'autorise les parties à répliquer au commissaire du gouvernement. — Cons. d'Ét., 23 mai 1873, Colson, [Leb. chr., p. 447] — Sic, Teissier et Chapsal, p. 334.

1068. — Toutefois, si le commissaire du gouvernement, par suite d'erreur, venait alléguer à l'audience comme constant un fait dont l'une des parties entend établir la fausseté, celle-ci aurait la faculté de transmettre sur-le-champ au conseil de préfecture des notes écrites tendant à rectifier les erreurs de fait dont elle croirait avoir à se plaindre (V. suprà, n. 1053). Et même, le conseil de préfecture peut, sans violer aucun texte, renvoyer l'affaire à une autre séance, pour permettre aux parties de présenter des observations après les conclusions du commissaire du gouvernement. Seulement, le débat étant rouvert, l'autre partie a le droit de prendre des nouvelles conclusions. — Cons. d'Ét., 1er avr. 1889, Berneau, [Leb. chr., p. 288]

§ 7. *Direction des débats et police de l'audience.*

1069. — Le président du conseil de préfecture ou le conseiller qui le remplace est chargé de régler l'ordre de l'audience, afin qu'il soit procédé à la discussion et au jugement des affaires conformément à la loi. Le président a notamment le droit de diriger les débats, et de fixer la marche suivant laquelle les parties sont admises à présenter leurs observations.

1070. — En vue de la police de l'audience, l'art. 50, L. 22 juill. 1889, dispose que « sont applicables aux conseils de préfecture les dispositions de l'art. 85 et des art. 88 et s. du titre 3, C. proc. civ., et celles de l'art. 41, L. 29 juill. 1881 ». Cet article reproduit l'art. 13, L. 21 juin 1865, avec cette différence qu'il ajoute la disposition de la loi sur la presse.

1071. — Nous avons déjà vu suprà, n. 1034 et s., en quoi consistent les dispositions de l'art. 85. D'après l'art. 88, tout ce que le président, à qui appartient la police d'audience, ordonne pour le maintien de l'ordre doit être ponctuellement exécuté et à l'instant. Ceux qui assistent aux audiences doivent se tenir découverts, dans le respect et le silence. — V. suprà, v° *Audience* (police de l'), n. 6 et s.

1072. — Les pénalités prévues par les art. 89 et 91, C. proc. civ., sont applicables à toute personne (partie, mandataire ou assistant), mais non aux avocats ou avoués. Pour ces derniers, l'art. 90 prévoit des peines particulières. — V. suprà, v° *Audience* (police de l'), n. 9 et 10. — V. sur l'application de l'art. 91 à un outrage envers un conseil de préfecture, Cons. préf. Rhône, 29 juin 1889, [Jur. cons. préf., 1889, p. 278]

1073. — Il résulte des dispositions de la loi du 22 juill. 1889, que, pas plus que la législation antérieure, elle n'impose aux parties le ministère de représentants spéciaux : elle prévoit seulement, en termes exprès, l'intervention des avocats ainsi que celle des avoués dans les procès administratifs, afin de régler les pouvoirs de discipline du conseil de préfecture à leur égard. — Teissier et Chapsal, p. 345.

1074. — Remarquons à ce sujet que les conseils de préfecture n'ont plus dans leur entier les pouvoirs de discipline qui appartiennent aux tribunaux civils à l'égard des avocats et des avoués. Aux termes de l'art. 50, § 3, de la loi de 1889, le conseil de préfecture doit réserver l'action pour être statué ultérieurement par le tribunal compétent, si, outre les injonctions que le conseil peut adresser aux avocats et aux officiers ministériels en cause, il estime qu'il peut y avoir lieu à une autre peine disciplinaire. — V. suprà, vis *Avocat*, n. 956 et s., *Avoué*, 1094 et s.

1075. — Au premier abord, on pourrait croire que le pouvoir disciplinaire des conseils de préfecture sur les avocats n'est diminué par la loi de 1889 que dans le cas de délit de diffamation, d'injures ou d'outrages commis dans des discours ou dans des écrits envers les parties en cause ou envers des tiers mêlés au procès à un titre quelconque, et que, s'il s'agit de fautes imputables aux avocats, telles, par exemple, que les manquements au respect qui leur est commandé par leur serment pour les tribunaux, pour les autorités publiques et la constitution, ou bien d'infractions ne rentrant pas dans l'application de l'art. 41 de la loi sur la presse, les conseils de préfecture demeurent investis de pouvoirs aussi étendus que ceux appartenant aux tribunaux judiciaires, n'ayant par conséquent d'autres limites que les art. 18 et 43, Ord. 20 nov. 1822. En effet, le troisième paragraphe de l'art. 50 se relie étroitement au paragraphe précédent qui a trait aux demandes en dommages-intérêts en matière de diffamation et d'injure, et il n'apporte de modification qu'aux règles posées par l'art. 41 de la loi sur la presse. Le troisième paragraphe, pourrait-on dire alors, ne saurait recevoir son application que dans les matières correspondant au § 4 de l'art. 41, L. 29 juill. 1881, et il ne peut concerner comme lui que les droits des juges à l'égard des avocats et officiers ministériels au cas de discours injurieux, outrageants et diffamatoires.

1076. — Mais une telle interprétation serait contraire à l'esprit de la loi. Le législateur n'a pas voulu que les avocats et les avoués, qui se présentent rarement devant les conseils de préfecture, puissent se voir interdire, pendant un certain temps, l'exercice de leur profession devant la cour ou devant le tribunal auquel ils sont attachés : il a pensé qu'il suffirait de reconnaître au conseil de préfecture le droit de faire des injonctions, conformément à l'art. 1036, C. proc. civ. et à l'art. 41 de la loi sur la presse; et que si l'action disciplinaire pouvait amener des peines plus graves contre l'avocat ou contre l'avoué qui aurait commis une faute à l'audience, il devrait être renvoyé à ses juges naturels. L'interdiction prononcée par le conseil de préfecture serait d'autant plus grave que l'appel des décisions de ces conseils n'est pas suspensif, et que, par suite, l'avocat ou l'avoué trop rigoureusement frappé ne pourrait pas obtenir en temps utile l'annulation ou l'atténuation de la sentence des premiers juges. — V. rapport et discours de M. Clément au Sénat, séance du 18 janv. 1889. — V. également rapport de M. Barbier à la Chambre des députés. — Doussaud, p. 430. — V. suprà, v° *Audience* (police de l'), n. 137 et s.

1077. — Les injonctions du conseil de préfecture peuvent revêtir la forme d'un avertissement ou d'une réprimande, peines disciplinaires prévues par l'art. 18, Ord. 20 nov. 1822.

1078. — Lorsque l'inculpé est présent, elles lui sont adressées immédiatement, après invitation à se justifier. En cas d'absence, le conseil de préfecture doit, avant d'exercer l'action disciplinaire, inviter l'inculpé à présenter sa défense.

1079. — Si le conseil, par suite de la gravité de la faute commise, estime qu'il y a lieu de recourir à une peine disciplinaire susceptible d'entraîner pour l'avocat l'interdiction temporaire ou définitive d'exercer sa profession, il doit, après avoir dressé procès-verbal des faits, déférer l'inculpé au conseil de l'ordre qui est la juridiction disciplinaire de droit commun pour toutes les fautes commises par l'avocat dans l'exercice de sa profession (Ord. 20 nov. 1822, art. 13; Décr. 30 mars 1808, art. 103). — Teissier et Chapsal, p. 348. — V. suprà, v° *Avocat*, n. 8-3° et s.

1080. — L'art. 90, C. proc. civ., dispose que lorsque l'auteur du trouble à l'audience est une personne remplissant une fonction près le tribunal, cette personne peut, outre les pénalités édictées pour les perturbateurs ordinaires, par l'art. 89, encourir la suspension de ses fonctions pendant un temps qui, pour la première fois, ne saurait excéder trois mois. Cette disposition est applicable aux avocats, dont le ministère constitue évidemment une fonction judiciaire — Cass., 24 avr. 1873, M..., [S. 76.1.141, P. 76.314, D. 73.1.441] — est étendue aux conseils de préfecture par l'art. 50, L. 22 juill. 1889.

1081. — ... Sauf, en vertu de la règle générale ci-dessus, le droit de suspendre les avocats. Une peine de cette nature ne pourrait être prononcée que par le conseil de discipline saisi comme dans le cas de diffamation. — Teissier et Chapsal, *loc. cit.*

1082. — L'art. 50 de la loi de 1889 vise d'une façon générale, comme l'art. 41, L. 29 juill. 1881, tous les officiers ministériels, parmi lesquels sont compris les avoués et les huissiers.

1083. — A l'égard des avoués, le conseil de préfecture est investi du même pouvoir disciplinaire qu'à l'égard des avocats : il peut leur faire des injonctions sous la forme de rappel à l'ordre ou d'avertissement et provoquer les autres mesures disciplinaires en s'adressant au ministère public qui a la surveillance des officiers ministériels (Arr. 13 frim. an IX ; Décr. 30 mars 1808, art. 103 et 104 ; L. 20 avr. 1810, art. 45 et 47).

1084. — Quant aux huissiers, dont l'intervention devant les conseils de préfecture n'est pas prévue dans les mêmes termes que celle des avoués, nous ne voyons pas dans quelles circonstances l'art. 50 pourrait leur être appliqué (V. L. 22 juill. 1889, art. 8). — Teissier et Chapsal, p. 349.

§ 8. Suppression de discours et mémoires injurieux ou diffamatoires.

1085. — L'art. 50 de la loi de 1889, en se référant à l'art. 41. L. 29 juill. 1881, donne aux conseils de préfecture, sans aucune restriction, le droit de prononcer la suppression des discours injurieux, outrageants ou diffamatoires, droit qui leur était déjà conféré par l'art. 1036, C. proc. civ., rendu applicable aux conseils de préfecture par la loi du 21 juin 1865.

1086. — Mais d'après les dispositions de l'art. 1036, les conseils de préfecture pouvaient supprimer les écrits produits en justice, alors même que, sans présenter le caractère légal de la diffamation ou de l'injure, ils paraissaient excessifs, irrévérencieux ou inconvenants ; ils avaient, outre la faculté de déclarer les écrits calomnieux et d'en prononcer la disjonction contre leurs auteurs, le droit d'ordonner l'impression et l'affichage de leurs décisions. — V. Cons. d'Et., 30 avr. 1875, Labaud, [S. 77.2.93, P. adm. chr.]

1087. — Aujourd'hui, au contraire, l'art. 41, L. 29 juill. 1881, ne prévoit pas cette dernière mesure ; elle ne concerne, d'autre part, que les imputations injurieuses, outrageantes ou diffamatoires. Par contre, il emploie le mot « discours » au lieu du mot « écrits », et on en a conclu qu'il autorise la suppression des discours et des écrits, que l'expression doit être entendue dans un sens large, et comprenant à la fois les discours écrits et les discours parlés. — Barbier, Code de la presse, t. 2, n. 792 ; Teissier et Chapsal, p. 340.

1088. — La suppression ne doit porter, en règle générale, que sur les passages diffamatoires ou injurieux des pièces régulièrement produites au procès. — Cons. d'Et., 25 nov. 1881, Elect. de Verlin, [Leb. chr., p. 939] ; — 30 juin 1882, Elect. de Saint-Hilaire-du-Harcouët, [Leb. chr., p. 627]

1089. — Mais lorsque ces passages ne forment point une partie distincte et séparée du discours, la suppression totale peut être ordonnée. — Teissier et Chapsal, loc. cit.

1090. — Par suppression d'écrits, on doit entendre moins une destruction matérielle des actes par voie de lacération ou de radiation des passages incriminés, qu'un simple retrait de la cause, ayant la signification d'un blâme infligé par le conseil. Ce blâme peut d'ailleurs être explicitement formulé dans la décision qui ordonne la suppression. — Cons. d'Et., 27 juill. 1866, Elect. de Sénogan, [Leb. chr., p. 884]

1091. — Quant aux discours parlés, la sanction ne peut évidemment consister que dans un blâme infligé aux parties plaidantes ou à leurs défenseurs.

1092. — La suppression des passages injurieux est autorisée, non pas seulement dans l'intérêt des personnes lésées, mais aussi dans un intérêt d'ordre public. Aussi peut-elle être ordonnée, non seulement sur la demande des parties, mais encore sur l'initiative du commissaire du gouvernement ou d'office par le conseil de préfecture. — Cons. d'Et., 7 juill. 1876, Jigouze, [Leb. chr., p. 653] ; — 6 nov. 1880, Izard, [Leb. chr., p. 856] ; — 1er juill. 1881, Elect. de Salons-la-Tour, [Leb. chr., p. 666] ; — 10 févr. 1882, Elect. d'Egat, [Leb. chr., p. 160] ; — 30 juin 1882, précité. — V. aussi, Rev. gén. adm., année 1886, t. 2, p. 69.

1093. — Lorsque la suppression de discours ou écrits est demandée par l'une des parties en cause contre son adversaire dans l'instance, elle est présentée au juge du fond sous la forme de conclusions incidentes, déposées suivant les règles ordinaires de la procédure. — V. supra, n. 976 et s.

1094. — Lorsque cette demande émane d'une personne étrangère au procès, elle se produit alors par la voie de l'intervention. — Cons. d'Et., 6 avr. 1887, Elect. de Mirabeau, [Leb. chr., p. 323] — V. Cons. d'Et., 3 juill. 1885, Elect. d'Aigues-Mortes, [Leb. chr., p. 645] — V. suprà, n. 839 et s.

1095. — La suppression non demandée devant le conseil de préfecture d'un discours injurieux ou diffamatoire ne pourrait pas l'être pour la première fois devant le Conseil d'Etat. — Cons. d'Et., 22 déc. 1876, Croze, [Leb. chr., p. 936]

1096. — Lorsque le conseil de préfecture a prononcé la suppression de certains passages de mémoires produits dans un litige dont la connaissance ne lui appartenait pas, les dispositions de l'arrêté attaqué relatives à cette suppression sont annulées par le juge d'appel comme les autres parties de la décision. En effet, l'incompétence sur le fond entraîne l'incompétence sur l'incident. — Cons. d'Et., 19 janv. 1860, Schulters, [P. adm. chr., D. 63.3.62]

1097. — Dans le cas où le passage injurieux ou diffamatoire est retiré par la partie elle-même, il est généralement reconnu que la réparation est suffisante et qu'il n'y a point lieu de faire usage du droit de suppression. — Cons. d'Et., 4 août 1882, Elect. de Villeneuve-les-Chanoines, [Leb. chr., p. 762]

1098. — En certaines circonstances, le Conseil d'Etat a même admis que le rejet de la demande de l'auteur d'un mémoire injurieux était de nature à donner une satisfaction suffisante à son adversaire contre les imputations contenues dans cette demande. — Cons. d'Et., 6 août 1861, Elect. de Boze, [Leb. chr., p. 675]

1099. — Inversement, la suppression du discours ou de l'écrit injurieux ou diffamatoire peut ne pas paraître, en certains cas, une satisfaction suffisante. Aussi la loi du 29 juill. 1881 confère-t-elle au juge du fond le droit de prononcer des dommages-intérêts. Mais depuis la loi du 22 juill. 1889, le conseil de préfecture est incompétent pour prononcer une condamnation de ce genre à raison de diffamations, d'injures ou d'outrages commis dans les discours prononcés ou dans les écrits produits devant eux. Si les dommages-intérêts sont réclamés à raison des discours et des écrits d'une partie ou de son défenseur, porte l'art. 50, § 2, le conseil de préfecture réservera l'action, pour être statué ultérieurement par le tribunal compétent, conformément au dernier paragraphe de l'art. 41 de la loi sur la presse.

1100. — Le législateur a pensé que le conseil de préfecture, qui n'est jamais compétent pour appliquer les peines édictées contre les délits de diffamation ou d'injure, ne devait pas plus connaître des demandes en dommages-intérêts à raison de ces mêmes délits. — V. Rapport de M. Clément au Sénat, 17 janv. 1889. — M. Brémond (Rev. gén. d'adm., 91.1.420 et s.) estime que ce système n'est pas irréprochable ; un tribunal étranger à l'affaire ne sera pas aussi bien placé pour apprécier exactement la situation et répartir équitablement les responsabilités.

1101. — La partie qui veut obtenir une réparation pécuniaire doit donc présenter des conclusions tendant à ce qu'il lui soit donné acte de ses réserves à fin d'action ultérieure. Le conseil de préfecture est libre de refuser de donner acte des réserves demandées, si les faits ne lui paraissent pas comporter une réparation de cette nature. — Cons. d'Et., 14 janv. 1887, Commune d'Epaigne, [Leb. chr., p. 71] ; — 4 mars 1887, Elect. de Villedieu, [Leb. chr., p. 203]

1102. — Il peut, notamment, en fondant son refus sur le motif que la suppression du mémoire incriminé ayant été ordonnée, il n'y a lieu de statuer autrement sur le préjudice causé. — Teissier et Chapsal, p. 344.

1103. — Si le conseil adopte les conclusions de la partie offensée, il doit insérer, dans la décision par laquelle il donne acte, une disposition spéciale précisant les faits pour lesquels l'action est réservée. — V. Cass., 17 août 1881, Pellerin, [S. 84.1.75, P. 84.1.158, D. 82.1.297]

1104. — S'il s'agit de faits diffamatoires étrangers à la cause, mais atteignant les parties au procès, ils peuvent, en cas de réserve accordée par le conseil de préfecture, donner ouverture, soit à l'action publique, soit à l'action civile. Lorsque les imputations diffamatoires étrangères à la cause concernent des tiers, elles peuvent, indépendamment de toutes réserves, être poursuivies devant le tribunal compétent. L'exercice des actions qui appartiennent aux tiers lésés n'est subordonné à aucune décision de donné acte (L. 29 juill. 1881, art. 41). — Fabreguettes, Traité des infractions par la parole et par la presse, t. 2, n. 1803. — Teissier et Chapsal, p. 344.

Section III.
Délibéré.

§ 1. Composition du conseil de préfecture.

1105. — Afin de rendre les partages moins fréquents, la loi dispose qu'en toute matière, les arrêtés des conseils de préfecture doivent être rendus par des conseillers délibérant en nombre impair (L. 22 juill. 1889, art. 47).

1106. — Sans doute, il y a lieu d'admettre qu'ils peuvent siéger à l'audience en nombre pair : la loi ne l'interdit pas, et ce peut être une précaution utile, si on prévoit de longs débats, et si l'on craint que certains conseillers se trouvent empêchés au moment du vote. Mais lorsque viendra ce moment, il faudra que le conseil se trouve en nombre impair. Comment obtiendra-t-on ce résultat? D'après un premier système, le dernier des conseillers dans l'ordre du tableau doit s'abstenir. — Teissier et Chapsal, p. 351.

1107. — La circulaire ministérielle du 31 juill. 1890 propose un autre procédé : « dans le cas où quatre membres du conseil de préfecture auraient assisté à l'audience, le président veillera à ce que les trois membres qui auront été désignés pour siéger dans l'affaire prennent seuls part au délibéré ». Il n'y a peut-être aucun obstacle légal à ce qu'il en soit ainsi ; mais à la condition que la désignation des membres soit faite par le tribunal, et non par le président, ce qui permettrait de modifier la composition du tribunal d'après les opinions présumées des juges (Brémond, *Rev. gén. d'adm.*, 91.1.421). — Quoi qu'il en soit, nous préférons le premier système qui donne plus de garantie et qui est, d'ailleurs, conforme à la règle suivie dans l'ordre judiciaire (L. 30 août 1883, art. 1, § 3, et 4, § 2).

1108. — La disposition d'après laquelle le président du conseil de préfecture a voix prépondérante en cas de partage se trouve être ainsi d'une application beaucoup plus rare que sous la législation antérieure. Mais elle n'est pourtant pas complètement sans application, ainsi que nous paraît le penser M. Brémond, *loc. cit.* — V. en effet *infrà*, n. 1127 et s.

1109. — Les arrêtés doivent être rendus par trois conseillers au moins, président compris (L. de 1889, art. 47, § 2).

1110. — Bien que la loi n'attache pas formellement la sanction de la nullité à la violation de ces règles, il est évident que celles-ci constituent des dispositions substantielles et qu'un arrêté rendu par deux conseillers seulement serait entaché d'une double nullité. On ne peut, en effet, reconnaître un caractère légal qu'aux arrêtés délibérés et rendus par le nombre de juges voulu (Arr. 19 fruct. an IX, et L. 30 avr. 1810, art. 20). — Cons. d'Et., 31 janv. 1855, Bompart, [Leb. chr., p. 81]; — 9 mars 1859, Bonverot, [P. adm. chr.]; — 26 juin 1874, Chérel, [Leb. chr., p. 618]; — 9 janv. 1880, Commune de Lignon, [Leb. chr., p. 2] — V. aussi Cons. d'Et., 22 janv. 1808, Trugnier, [S. chr., P. adm. chr.]; — 22 févr. 1821, Min. des Finances, [S. chr., P. adm. chr.] — 16 janv. 1822, Commune de Caupère, [S. chr., P. adm. chr.] — V. *infrà*, v° Jugement et arrêt.

1111. — Au cas d'annulation d'un arrêté du conseil de préfecture, pour défaut du nombre légal de juges, le Conseil d'État renvoie les parties devant le même conseil. — Cons. d'Et., 22 janv. 1808, précité.

1112. — Nous renvoyons à ce qui a été dit *suprà*, n. 20 et s., 39 et s., 55 et s., tant au sujet des conditions imposées par la loi du 21 juin 1865, pour l'exercice des fonctions de conseiller de préfecture, qu'au sujet de la présidence du conseil de préfecture et du remplacement des membres absents ou empêchés, en vue de compléter le conseil. Nous nous bornons à ajouter ici les considérations suivantes.

1113. — La mission du conseiller suppléant doit prendre fin dès que la cause qui avait rendu sa présence nécessaire a cessé d'exister. Il a été décidé qu'un arrêté définitif était entaché d'irrégularité, lorsqu'il avait été rendu par un conseil de préfecture qui avait appelé à siéger un conseiller général, le conseiller titulaire ayant été empêché, bien que ce conseiller général eût pris régulièrement un arrêté d'avant faire droit prescrivant une visite de lieux dans le même litige. — Cons. d'Et., 25 mars 1881, Teissier, [D. 82.3.80]

1114. — Pour que le conseil de préfecture puisse juger valablement, il faut que les conseillers qui prennent part au délibéré aient assisté à toutes les audiences de la cause : règle de toute justice qui est formellement édictée pour les tribunaux judiciaires par l'art. 7, L. 20 avr. 1810, et qui s'impose devant les conseils de préfecture, bien que la loi ne la reproduise point. — Cons. d'Et., 22 févr. 1866, Ville d'Estaires, [S. 67.2.94, P. adm. chr., D. 66.3.88]; — 12 nov. 1875, Jurgné, [D. 75.5.118]; — 23 déc. 1881, Elect. de Tourcoing, [D. 83.5.131] ; — 2 mars 1888, d'Ortoli, [Leb. chr., p. 214] — Sic, Brémond, *Rev. gén. d'adm.*, 91.1.422. — V. *infrà*, v° Jugement et arrêt.

1115. — Par application de la même règle et aussi en vertu des attributions toutes différentes du ministère public et du juge, doit être déclaré nul un arrêté auquel aurait participé un conseiller qui aurait assisté aux audiences antérieures comme commissaire du gouvernement. — Teissier et Chapsal, p. 354, note 1. — V. en sens contraire la jurisprudence antérieure à la loi de 1889, *suprà*, n. 871.

1116. — Toutefois, la pratique a imaginé devant les tribunaux judiciaires des tempéraments qu'il convient d'étendre aux conseils de préfecture. Ainsi il est admis… que les jugements d'avant faire droit partagent une affaire en autant de phases correspondant chacune à une situation nouvelle. Il s'ensuit que le juge qui n'a commencé à siéger qu'après l'un de ces jugements, a le droit de participer, soit à ceux qui interviendraient dans la suite, soit au jugement statuant sur le fond de la cause.

1117. — … Que le juge qui n'a commencé à siéger qu'après les débats sur les conclusions des parties, peut valablement prendre part au jugement lorsque les conclusions ont été reprises devant lui. — Cass., 18 juin 1873, Tandou, [D. 73.1.22]

1118. — Et il a été jugé pour la procédure dont l'instruction se fait par écrit que quand un juge, appelé à siéger une fois cette instruction commencée, a reçu communication des pièces du procès et des mémoires échangés entre les parties, il est en état de délibérer comme si les conclusions avaient été reprises en sa présence. — Cass., 17 avr. 1839, Billon, [S. 39.1.506, P. 39.2.264]

1119. — Mais la nécessité de recommencer les débats s'impose quand, entre le jour de la discussion de l'affaire à l'audience et celui où est rendu le jugement, le nombre des conseillers est tombé au-dessous du nombre légal par suite de décès, de changement ou d'un empêchement quelconque.

1120. — Quant au conseiller remplacé dans ses fonctions, il peut valablement siéger jusqu'à l'installation de son successeur. — Cons. d'Et., 14 juill. 1876, Ville de Nogent-sur-Seine, [S. 78. 2.192, P. adm. chr.]

§ 2. *Mode de délibérer.*

1121. — Le délibéré a lieu hors de la présence des parties (L. de 1889, art. 47, § 3).

1122. — Faut-il conclure des termes de la disposition qui précède que le conseil de préfecture soit toujours tenu de délibérer hors la présence des parties avant de rendre sa décision ? Il est certaines questions qui ne sont pas susceptibles de discussion, comme par exemple les décisions de remise ou de donné acte : en ce cas le conseil n'est pas obligé de se retirer dans une salle spéciale ou de prononcer une levée d'audience. Mais nous estimons que le délibéré, si simple que soit la question à résoudre, ne peut avoir lieu en présence des parties (V. Doussaud, p. 440). Un autre auteur pense que si la discussion peut être faite rapidement, à voix basse, il n'y a pas lieu pour les conseillers de quitter le siège. — Brémond, [*Rev. gén. d'adm.*, 91.1.422]

1123. — Si le litige exige un examen long et détaillé, le conseil peut renvoyer le prononcé de sa décision à une prochaine audience. — Teissier et Chapsal, p. 356.

1124. — Par analogie avec ce qui est décidé par l'art. 88, Décr. 30 mars 1808, pour les tribunaux judiciaires, le commissaire du gouvernement ne peut assister au délibéré. — Teissier et Chapsal, *loc. cit.*

1125. — A plus forte raison en est-il de même du secrétaire-greffier. — Teissier et Chapsal, *loc. cit.*

1126. — Le président pose les questions et détermine l'ordre dans lequel il est voté sur chacune d'elles; il recueille l'opinion des conseillers en commençant par le moins ancien par le tableau, et se prononce le dernier, conformément aux prescriptions observées devant l'autorité judiciaire. — V. Décr. 30 mars 1808, art. 35). — V. *infrà*, v° Jugement et arrêt.

1127. — Les délibérations des conseils de préfecture sont prises, selon la règle admise devant toute juridiction, à la majorité absolue des suffrages. Mais il peut arriver que plusieurs opinions se produisent sans qu'aucune ait la majorité sur les autres. C'est ce qui se présente dans le cas où il y a trois juges ayant chacun un avis différent, et dans le cas où, sur cinq conseillers siégeant, il se forme trois opinions dont deux obtiennent chacune deux voix. Ces cas sont les seuls où il pourrait y avoir encore aujourd'hui partage, par suite de l'interdiction de délibérer en nombre pair. Nous avons à nous demander comment alors le partage sera vidé.

1128. — Dans le premier cas, il y a lieu d'appliquer la disposition de la loi du 28 pluv. an VIII (art. 5) qui donne au préfet voix prépondérante en cas de partage... et qui a été étendue par la jurisprudence à la voix du conseiller qui préside en remplacement du préfet. — Cons. d'Et., 31 janv. 1873, Denizot, [S. 74.2.320, P. adm. chr., D. 74.3.72] — Sic, Teissier et Chapsal, p. 337 et note 3.

1129. — Dans la seconde hypothèse, si le président se trouve être seul de son opinion, il n'y a pas lieu d'appliquer le mode suivi devant les tribunaux judiciaires aux termes de l'art. 117, C. proc. civ., en vertu duquel les juges les plus faibles en nombre sont tenus de se réunir à l'une des deux opinions qui a été émise par le plus grand nombre après un second vote.

1130. — Il y a lieu d'appeler, pour vider le partage, des conseillers généraux en nombre suffisant pour que le conseil soit de nouveau composé en nombre impair (Arr. 19 fruct. an IX, art. 2). — Teissier et Chapsal, loc. cit.

1131. — En pareil cas, le conseil de préfecture doit donc se borner à émettre un arrêté à l'effet de constater le partage, et en même temps désigner les nouveaux membres appelés à siéger. Ainsi se trouve fixé, d'une manière définitive, l'état de la cause, en ce sens qu'il ne peut plus intervenir d'acte relatif à l'instruction. L'affaire est ensuite de nouveau reprise et les conseillers qui ont pris part à l'arrêté du partage ne sont pas liés par les opinions émises lors de la première délibération. — Teissier et Chapsal, loc. cit. — V. infrà, v° Jugement et arrêt.

Section IV.
Prononcé de la décision.

1132. — La décision est prononcée à l'audience publique (L. de 1889, art. 47, § 3).

1133. — Cette publicité est ordonnée à peine de nullité. — Cons. d'Et, 29 mars 1889, Communes de Secheval d'Anchamps, et des Mazures, [S. 91.3.41, P. adm. chr., D. 90.3.58]

1134. — Et il n'y a pas lieu de faire exception pour les décisions statuant sur la liquidation des frais d'expertise, rendues en vertu de l'art. 23 de la loi de 1889. — Teissier et Chapsal, p. 358, note 1. — V. suprà, n. 562 et s.

1135. — L'arrêté doit mentionner qu'il a été prononcé en séance publique (L. de 1889, art. 48). C'est là une conséquence rationnelle de la publicité exigée.

1136. — Mais il n'est point nécessaire pour la régularité de l'arrêté qu'il soit prononcé en présence des parties. — Cons. d'Et., 13 mai 1869, Leblanc-Duvernoy, [Leb. chr., p. 489]

1137. — ... Ni en présence du commissaire du gouvernement. — Cons. d'Et., 23 juill. 1886, Ministre de la Guerre, [Leb. chr., p. 653]

1138. — Il n'est pas nécessaire non plus que les conseillers qui ont pris part au délibéré assistent tous à la séance publique à laquelle est rendue la décision. — Cons. d'Et., 10 nov. 1893, Carmazzi, [Rev. gén. d'adm., 94.1.32] — V. les observations, eod. loc.

1139. — Mais, la solution qui précède ne doit être conservée que si l'arrêté a été rendu en présence de trois membres, ce nombre étant exigé au minimum pour que le conseil de préfecture soit régulièrement composé; en d'autres termes, de même qu'en matière civile, il y a lieu d'annuler, pour irrégularité dans le rendu, l'arrêté de conseil de préfecture qui, après une mise en délibéré de l'affaire, a été prononcé à une séance ultérieure en présence de deux seulement des trois membres du conseil qui avaient participé à la délibération. — Cons. d'Et., 22 févr. 1866, Ville d'Estaires, [S. 67.2.94, P. adm. chr., D. 66.3.88]

1140. — Aucune disposition de loi n'interdit au conseil de préfecture de statuer un jour férié. — Cons. d'Et., 30 mai 1834, Lebatut, [P. adm. chr.]; — 27 mars 1885, Elect. d'Aïn-Tiun, [D. 86.5.115] — Contrà, Journal des communes, année 1834, 2° part., p. 3.

Section V.
Forme des arrêtés.

1141. — La loi du 22 juill. 1889, dans son art. 48, énumère les énonciations diverses que doit contenir l'arrêté. Elle reproduit presque littéralement l'art. 13, Décr. 12 juill. 1865.

1142. — L'arrêté doit contenir les noms et conclusions des parties, le vu des pièces (L. 22 juill. 1889, art. 48, § 2).

1143. — Les arrêtés doivent encore contenir le vu des dispositions législatives dont ils font l'application (Même art.).

1144. — Lorsque le conseil statue en matière répressive, les dispositions législatives doivent être textuellement rapportées (Ibid.).

1145. — Mention est faite dans l'arrêté que les parties ou leurs mandataires ou défenseurs et le commissaire du gouvernement ont été entendus (art. 48, § 3).

1146. — L'arrêté doit être motivé (art. 48, § 4).

1147. — Les noms des membres qui ont concouru à la décision y sont mentionnés (art. 48, § 3).

1148. — La minute de la décision est signée, dans les vingt-quatre heures, par le président, le rapporteur et le secrétaire-greffier (art. 48, § 6).

1149. — Ces diverses mentions sont-elles exigées à peine de nullité? La plupart d'entre elles, garanties des droits des plaideurs, ont pour objet de fixer le texte définitif de l'arrêté qui doit faire par lui-même foi de toutes les conditions essentielles à sa validité. Aussi sont-elles généralement considérées comme constituant des énonciations dont l'absence est irréparable et entraîne nécessairement la nullité de la décision : nullité qui est même d'ordre public et peut être prononcée d'office par le juge.

1150. — Tout d'abord, l'arrêté doit contenir les noms et conclusions des parties, ainsi que le visa des pièces. Ainsi, à la différence de ce qui se passe devant les tribunaux de l'ordre judiciaire, où les qualités du jugement sont rédigées par l'avoué de la partie qui a obtenu gain de cause, le juge ne rédige pas seulement les motifs et le dispositif. Il constate la demande, les qualités des parties, les défenses opposées, les pièces produites. — Teissier et Chapsal, p. 359; Brémond, Rev. gén. d'admin., 91.1.423. Avant le décret de 1865, on constate à cet égard des variations dans la jurisprudence, mais depuis elles ont disparu. Nous allons d'ailleurs passer ces diverses formalités successivement en revue.

§ 1. Visa des noms des parties, des conclusions et pièces produites.

1151. — L'indication des noms et conclusions des parties est une formalité substantielle. — Cons. d'Et., 18 mars 1881, Bridu, [D. 82.5.127] — Sic, Doussaud, p. 444. — Contrà, 23 janv. 1880, Mesrine, [S. 81.3.48, P. adm. chr., D. 80.3.70]

1152. — Les noms ont pour objet de déterminer d'une manière précise à qui doit profiter ou préjudicier l'arrêté. De la désignation du nom de famille : celle des prénoms n'est pas exigée. — V. Cons. d'Et., 11 août 1864, Chemin de fer de l'Est, [Leb. chr., p. 769]

1153. — Quant aux conclusions, elles sont reproduites pour prouver que le juge n'a pas méconnu les questions qui lui étaient soumises.

1154. — Il avait été décidé, par l'arrêt précité du 23 janv. 1880, qu'un arrêté de conseil de préfecture n'est pas entaché de nullité par cela seul qu'il n'énonce pas, dans ses visas, les conclusions de l'une des parties.

1155. — Mais, dans d'autres décisions, le Conseil d'Etat s'est montré plus sévère, en déclarant irrégulier un arrêté de conseil de préfecture lorsque, au lieu de contenir les conclusions des parties, ainsi que l'exige la loi du 12 juill. 1865, art. 13, il se borne à viser ces conclusions, bien que ce visa prouve que ces conclusions ont été mises sous les yeux du juge. — Cons. d'Et., 23 déc. 1881, précité; — 11 nov. 1887, Bouché, [Leb. chr., p. 700]; — 26 juill. 1889, Syndicat de Cadenet, [Leb. chr., p. 889]; — 5 juin 1891, Cadot, [S. et P. 93.3.61, D. 92.3.92]

1156. — Le Conseil d'Etat a déclaré régulier en la forme un arrêté de conseil de préfecture se référant à des arrêtés antérieurs dans lesquels étaient visées les pièces principales et les conclusions des parties. — Cons. d'Et., 25 mars 1892, Ville de Toulon, [S. et P. 94.3.22]

1157. — Mais il en est autrement lorsque cet arrêté porte le visa d'un arrêté préparatoire, si ce dernier ne contient pas lui-même l'analyse complète des prétentions des parties. — Cons. d'Et., 5 juin 1891, précité; — 12 mai 1882, Commune de Sicroy, [D. 83.5.130]; — 8 janv. 1886, Chemin de fer du Midi, [Leb. chr., p. 18] — Girard, [Leb. chr., p. 1223]

1158. — Mais il y a lieu d'annuler, pour vice de forme, un arrêté de conseil de préfecture, lorsque les conclusions des parties sont exposées incomplètement, ou lorsqu'il n'a pas été statué sur une partie des conclusions prises devant le conseil. — Cons. d'Et., 3 déc. 1886, Léchelle, [S. 88.3.44, P. adm. chr., D. 88.3.14] — V. la note sous Cons. d'Et., 4 avr. 1873, Commune d'Hagelman, [S. 73.2.95, P. chr.]

1159. — Jugé, d'autre part, que, au cas où le conseil de préfecture a mentionné, sans les analyser dans un considérant spécial de son arrêté, des conclusions nouvelles présentées par une partie, l'arrêté ne peut, de ce chef, être annulé pour vice de forme. — Cons. d'Et., 14 févr. 1890, Roussey, [S. et P. 92.3.69, D. 91.3.73]

1160. — Il en est ainsi, spécialement, lorsque lesdites conclusions sont rejetées comme tardives. — Même arrêt.

1161. — En ce qui concerne les pièces du procès, les seules qui doivent être visées sont celles qui ont été produites au cours des débats et qui servent de base à la décision. L'arrêté rendu sur pièces produites après la clôture des débats serait irrégulier. — Cons. d'Et., 12 nov. 1875, Juigné, [D. 75.3.158] — V. supra, n. 1052 et s.

1162. — Il a été jugé à bon droit que lorsque les pièces visées dans un arrêté sont bien celles qui ont servi à l'instruction de la demande, les incertitudes sur les noms et les dates contenues dans les visas de cet arrêté ne sont pas de nature à en entraîner l'annulation. — Cons. d'Et., 15 mai 1874, Ducharon, [Leb. chr., p. 435]

§ 2. Visa des dispositions législatives.

1163. — Avant le décret du 1er juill. 1865, l'insertion complète des textes appliqués, en matière de contravention, était déjà exigée. — V. Cons. d'Et., 21 avr. 1830, Dupuy, [P. adm. chr.]

1164. — On jugeait, sous l'empire du décret de 1865, que le visa des dispositions législatives dont il est fait application était requis à peine de nullité (Décr. 1889, art. 483-2). — Cons. d'Et., 13 févr. 1868, Peretti, [Leb. chr., p. 167]; — 29 août 1871, Lebret-Flour, [Leb. chr., p. 137]

1165. — Cependant, il avait été admis qu'un arrêté se référant à deux autres arrêtés du même conseil de préfecture qui avaient visé les textes dont il était fait application, avait suffisamment satisfait aux exigences légales. — Cons. d'Et., 21 mai 1875, Fabrique de l'église à Martillac, [Leb. chr., p. 310]; — 8 janv. 1886, précité. — V. anal. supra, n. 1136.

1166. — Mais depuis le décret de 1863 qui ne reproduisait pas cette prescription, la jurisprudence n'en exigeait plus l'observation. — V. C. instr. crim., art. 163, 195 et 369.

1167. — Aujourd'hui, la reproduction intégrale des textes est exigée par la loi (L. 22 juill. 1889, art. 48, § 2). Mais cette formalité doit-elle, encore aujourd'hui, être observée à peine de nullité, même en matière de contravention?

1168. — En matière répressive ordinaire, la nullité n'est prononcée que par l'art. 163, C. proc. civ. La jurisprudence de la Cour de cassation en conclut que l'inobservation de cette prescription n'entache pas de nullité les jugements correctionnels ou criminels (V. infra, v° Jugement et arrêt). Mais la jurisprudence antérieure à 1863 décidait que l'omission de cette énonciation entachait les arrêtés des conseils de préfecture d'un vice de forme, et elle a été maintenue sous la nouvelle législation.

1169. — Conformément à ce qui précède, doit être annulé pour vice de forme l'arrêté rendu par un conseil de préfecture, en matière de contravention, s'est borné à viser, sans les rapporter textuellement, les dispositions dont il faisait application. — Cons. d'Et., 7 août 1891, Gogot, [Leb. chr., p. 617]

§ 3. Mention de l'audition des parties et du commissaire du gouvernement. — Mention du rapport.

1170. — L'art. 48 impose la nécessité d'indiquer que les parties ou leurs représentants ont été entendus. C'est là une innovation de la loi de 1889.

1171. — La mention de l'audition du commissaire du gouvernement est également substantielle. Ainsi, il a été jugé que la disposition de l'art. 13 de décret, suivant laquelle les arrêtés pris par le conseil de préfecture dans les matières contentieuses doivent mentionner qu'ils ont été rendus en séance publique, et que le commissaire du gouvernement a été entendu, doit être observée à peine de nullité de l'arrêté qui ne porterait pas ladite mention. — Cons. d'Et., 6 déc. 1860, Hauriot, [S. 67.2.367, P. adm. chr.]; — 7 juin 1866, Elect. de Dieppe, [Leb. chr., p. 633]; — 29 août 1871, Cartier, [Leb. chr., p. 131]; — 31 août 1871, Rolin, [S. 73.2.160, P. adm. chr.]; — 6 mars 1872, Revel, [Leb. chr., p. 135]; — 14 févr. 1873, Bories, [Leb. chr., p. 160]; — 22 févr. 1878, Langlade, [Leb. chr., p. 226]; — 3 juin 1881, Boissonneau, [Leb. chr., p. 588]; — 8 août 1888, Ville de Foix, [Leb. chr., p. 748] — Cette jurisprudence doit être maintenue, la loi de 1889 ayant reproduit, sur ce point, les prescriptions du décret de 1865.

1172. — Et il a été décidé que l'omission de cette mention entraînerait l'annulation de l'arrêté, alors même qu'il résulterait de l'instruction que la décision a été prononcée à l'audience. — Cons. d'Et., 7 nov. 1884, Elect. d'Origny-en-Thiérache, [Leb. chr., p. 774] — V. toutefois Cons. d'Et., 15 févr. 1866, Chemin de fer de Lyon, [Leb. chr., p. 92]; — 30 janv. 1868, Moura, [Leb. chr., p. 135]; — 23 déc. 1881, Alléguen, [S. 83.3.52, P. adm. chr., D. 83.3.33]

1173. — Il n'est pas exigé qu'il soit fait mention dans l'arrêté de l'accomplissement de la formalité du rapport. Il est utile d'indiquer dans les visas que le rapporteur a été entendu. Toutefois, le défaut de cette mention n'entraînerait pas l'annulation de l'arrêté, s'il résultait de l'instruction qu'un rapport a été présenté sur l'affaire. — Cons. d'Et., 6 déc. 1866, Hanriot, [Leb. chr., p. 1113]; — 23 mai 1873, Benoît [Leb. chr., p. 442] — V. supra, n. 295, 402 et s., 1026.

§ 4. Mention des noms des membres qui ont concouru à la décision.

1174. — Les noms des membres qui ont concouru à la décision doivent être mentionnés dans l'arrêté (L. de 1889, art. 48, § 6).

1175. — La loi de 1889 a reproduit sur ce point les dispositions du décret de 1865. Antérieurement à ce décret, on décidait qu'il n'était pas rigoureusement nécessaire que le jugement contînt à cet égard l'énonciation que le vœu de la loi avait été rempli, ni, à plus forte raison, qu'il mentionnât le nom des conseillers présents à l'audience; qu'il pouvait être valablement suppléé à ces formalités par le fait que la signature des trois membres aurait été apposée au bas de l'arrêté. — Cons. d'Et., 22 févr. 1821, Min. fin., [S. chr., P. adm. chr.] — Sic, Dufour, t. 1, n. 83.

1176. — Mais cette mention a été exigée avec raison afin d'attester que l'arrêté a été rendu par des conseillers régulièrement appelés et siégeant conformément à la loi. Cette prescription, qui trouve sa raison d'être dans le principe que tout acte émanant de la justice doit porter avec lui la preuve de sa validité, est requise à peine de nullité de la décision. — Cons. d'Et., 14 janv. 1869, Larbaud, [Leb. chr., p. 43]; — 8 nov. 1872, Véronnet, [Leb. chr., p. 536]; — 28 nov. 1873, Rabourdin, [Leb. chr., p. 872]; — 3 déc. 1879, Roy, [Leb. chr., p. 965]; — 9 janv. 1880, Keller, [Leb. chr., p. 4]; — 6 févr. 1880, Mangars, [Leb. chr., p. 145]; — 24 juin 1887, Peyrot, [Leb. chr., p. 502]; — 29 juill. 1887, Royer-Gallot, [Leb. chr., p. 610]

1177. — En conséquence, lorsqu'au cas d'insuffisance du nombre des conseillers de préfecture pour statuer, il est nécessaire d'appeler un membre du conseil général, le concours de ce membre suppléant doit être expliqué et justifié. L'arrêté qui ne mentionne pas l'empêchement à raison duquel un membre du conseil général a été appelé à compléter le conseil de préfecture, doit être annulé pour vice de forme. — Cons. d'Et., 20 avr. 1883, Département du Jura, [Leb. chr., p. 387]; — 26 juin 1885, Elect. de Soyons, [Leb. chr., p. 622]; — 24 déc. 1886, Guernet, [Leb. chr., p. 936]; — 14 janv. 1887, Elect. de Serilli, [Leb. chr., p. 33]; — 29 avr. 1887, Guibert, [Leb. chr., p. 340]; — 6 avr. 1889, Elect. de Bassan, [S. 91 3.49, P. adm. chr., D. 90.3.82]; — 9 nov. 1889, Nau, [S. et P. 92.3.4]; — 8 août 1892, Chemin de fer du Midi, [Leb. chr., p. 732]; — 9 déc. 1892, Canal de Gap, [Leb. chr., p. 887]; — 15 toutefois Cons. d'Et., 14 juil. 1859, Belseur, [S. 60.2.348, P. adm. chr., D. 60.3.44] — V. anal. infra, v° Jugement et arrêt.

1178. — Seulement la jurisprudence se montre facile quant au mode de constatation de l'empêchement. C'est ainsi que le

Conseil d'État a considéré comme régulière et suffisante la production d'un arrêté par lequel le conseil de préfecture avait désigné, *en l'absence d'un de ses membres*, un membre du conseil général. — Cons. d'Et., 25 mai 1870, Honoré, [Leb. chr., p. 634];
— ... ou une simple mention de l'art. 6, L. 21 juin 1865, qui lui-même se réfère à l'art. 3, Arr. 19 fruct. an IX. — Cons. d'Et., 6 mars 1872, Commune de Bain de Bretagne, [Leb. chr., p. 133]; — 9 nov. 1889, précité; — 8 août 1892, précité; — 9 déc. 1892, précité. — V. aussi Brémond, *Rev. gén. d'admin.*, 91.1.424.

1179. — Spécialement en Algérie, où le membre complémentaire était choisi par le préfet qui, d'après l'art. 9, Décr. 27 oct. 1858, pouvait désigner un conseiller général ou un chef de bureau de la préfecture, l'arrêté rendu avec le concours d'un chef de bureau de la préfecture devait, à peine de nullité, mentionner la décision préfectorale qui avait appelé ce chef de bureau à siéger. — Cons. d'Et., 23 janv. 1880, Mesrine, [S. 81.3.48, P. adm. chr., D. 80.3.70] — Il résulte implicitement de cet arrêt que ladite mention, qui était nécessaire, était également suffisante. — V. *suprà*, v° *Algérie*, n. 458 et s.

1180. — L'arrêté est d'ailleurs régulier si la présence du conseiller général suppléant est justifiée par l'arrêté du conseil de préfecture qui le désigne et qui est visé dans l'arrêté attaqué. — Cons. d'Et., 10 janv. 1890, Christophe, [Leb. chr., p. 13] Dans l'espèce, ce dernier arrêt homologuait un rapport d'expert.

§ 5. *Signature. — Date.*

1181. — La loi de 1889, reproduisant d'ailleurs les dispositions de l'art. 18, § 6, Décr. 12 juill. 1863, porte que la minute est signée par le président, le rapporteur et le secrétaire-greffier (L. de 1889, art. 48, *in fine*).

1182. — Toutefois, l'absence de la signature du secrétaire-greffier sur la minute n'entraînerait pas la nullité de la décision. — Cons. d'Et., 18 août 1866, Boré, [S. 67.2.368, P. adm. chr., D. 67.3.35]; — 21 janv. 1869, Varin, [S. 70.2.63, P. adm. chr., D. 70.3.5]

1183. — Au contraire, la signature du président est exigée à peine de nullité; l'arrêté qui ne la porterait pas serait dépourvu de valeur légale. Le président, en apposant sa signature, atteste, en effet, que la décision est bien celle qui a été rendue par le conseil; il lui donne le caractère d'un acte authentique. — V. Cons. d'Et., 1er juin 1866, Elect. de Nieul-le-Dolent, [Leb. chr., p. 575] — Teissier et Chapsal, p. 363.

1184. — Lorsque le président est en même temps rapporteur, il va sans dire qu'il n'appose qu'une seule signature. — Cons. d'Et., 20 déc. 1878, Pesci, [Leb. chr., p. 1044]

1185. — D'autre part, un arrêté n'est pas entaché d'irrégularité à raison de ce fait qu'en l'absence du conseiller-rapporteur, son rapport a été lu par un autre conseiller qui a signé la minute de la décision. — Cons. d'Et., 1er févr. 1884, Société des mines de Kef-Oum-Théboul, [D. 85.3.120]

1186. — Il est admis devant l'autorité judiciaire que si le président est absent ou empêché au moment de la signature, le plus ancien des juges qui ont assisté au jugement peut valablement signer. Ce tempérament paraît devoir être étendu aux conseils de préfecture. — Teissier et Chapsal, p. 364, note 1.

1187. — Sous l'empire du décret de 1863, aucun délai n'était imposé au président ni au conseiller-rapporteur pour signer la minute: il était admis que l'omission de cette formalité pouvait être réparée tant qu'un pourvoi n'avait pas été formé contre l'arrêté. — Cons. d'Et., 21 janv. 1869, précité. — La disposition de l'art. 48, qui prescrit la signature dans les vingt-quatre heures, a été introduite par analogie avec les règles suivies devant l'autorité judiciaire; elle a pour but de mettre la minute à l'abri des erreurs et d'assurer sa prompte régularisation. M. Brémond (*Rev. gén. d'adm.*, 1891, t. 1, p. 425) fait observer, non sans raison, que ce délai ne peut être toutefois que comminatoire; car une partie, en effet, ne peut guère prouver que la signature n'a été apposée qu'après le délai : mais si par extraordinaire cette preuve était faite, il y aurait lieu d'admettre la nullité du jugement, car ce délai est d'ordre public.

1188. — Bien que la loi ne le dise pas formellement, l'arrêté doit être daté. Cela résulte, d'ailleurs, implicitement de la disposition finale de l'art. 48 prescrivant de signer la minute dans les vingt-quatre heures du prononcé de la décision.

1189. — Mais une erreur de date dans la rédaction de l'arrêté n'entraînerait pas l'annulation s'il n'était pas contesté que l'arrêté attaqué fût la décision exacte du conseil de préfecture. — Cons. d'Et., 13 juill. 1866, Elect. de Castel-Sarrasin, [Leb. chr., p. 823]

§ 6. *Autres éléments de la décision.*

1190. — Les décisions rendues par les conseils de préfecture comprennent, outre les mentions dont nous venons de parler, deux autres éléments essentiels : les motifs et le dispositif.

1° *Motifs.*

1191. — L'art. 48, § 4, dispose formellement que les arrêtés doivent être motivés. Cette règle résultait déjà de la jurisprudence antérieure. C'est, en effet, une règle d'ordre public que toute décision émanant d'une juridiction doit être accompagnée des raisons qui la justifient. — V. *infrà*, v° *Jugement et arrêt.*

1192. — Ainsi, il a été jugé que, comme les jugements des tribunaux de l'ordre judiciaire, les arrêtés des conseils de préfecture doivent être motivés à peine de nullité. — Cons. d'Et., 12 déc. 1818, Fouquet, [S. chr., P. adm. chr.]; — 16 janv. 1822, Boivin, [S. chr., P. adm. chr.]; — 18 juill. 1834, Delacenay, [S. 34.2.626, P. adm. chr.]; — 8 août 1834, Leclerc, [P. adm. chr.]; — 19 déc. 1834, Vasillières, [P. adm. chr.]; — 21 déc. 1837, Coulon, [S. 38.2.184, P. adm. chr.]; — 31 mars 1848, Friot; — 14 juin 1851, Vallette; — 17 mai 1851, Licque, [P. adm. chr.]; — 6 juill. 1858, Lacagne, [P. adm. chr.] — V. encore Cormenin, t. 1, p. 197; Serrigny, t. 3, n. 1245; Dufour, t. 2, n. 89.

1193. — Et les motifs doivent porter sur chaque chef de demande, formellement et régulièrement énoncé dans des conclusions principales ou subsidiaires. — Cons. d'Et., 9 mai 1834, Lafargue, [S. 34.2.564, P. adm. chr.]

1194. — Mais il n'est pas nécessaire de donner des motifs distincts et spéciaux sur chaque fait articulé, sur chaque argument contenu dans une requête, sur chaque moyen invoqué à l'appui d'un même chef de demande, sur chaque pièce ou texte de loi cité à l'appui de la prétention; de même, le conseil de préfecture n'est point tenu de répondre aux conclusions qui ne sont posées qu'implicitement. — Teissier et Chapsal, p. 365.

1195. — En cas de réclamation contre plusieurs personnes, l'arrêté doit contenir des motifs applicables à chacune d'elles, sinon, il pourrait être annulé en ce qui concerne les personnes à l'égard desquelles il n'a pas été motivé. — Cons. d'Et., 7 févr. 1856, Andonard, [Leb. chr., p. 125]

1196. — La loi laisse aux conseils de préfecture une grande latitude pour la rédaction des motifs de leurs décisions. Ainsi, sont suffisamment motivés : ... l'arrêté par lequel le conseil de préfecture se réfère aux motifs d'une décision précédente, statuant sur une réclamation entre les mêmes parties, alors que ces dernières reconnaissent elles-mêmes que les moyens soulevés sont identiques dans les deux contestations. — Cons. d'Et., 26 déc. 1884, Cie des canaux agricoles, [Leb. chr., p. 948]; — 11 févr. 1887, Cie du canal de Saint-Martin, [Leb. chr., p. 136]

1197. — ... L'arrêté par lequel un conseil de préfecture, pour rejeter un moyen déjà présenté au début de l'instance, se réfère à un arrêté antérieur qui, dans la même affaire, a repoussé ce moyen en même temps qu'il a ordonné une expertise. — Cons. d'Et., 20 mai 1881, Cie P.-L.-M., [Leb. chr., p. 532]

1198. — ... L'arrêté par lequel le conseil de préfecture rejette une réclamation en se fondant sur ce qu'il n'est pas compétent pour connaître des réclamations de cette nature. — Cons. d'Et., 12 févr. 1868, Reinet, [Leb. chr., p. 148]

1199. — ... L'arrêté fondé sur une simple référence à des avis exprimés dans l'affaire..., soit par des experts. — Cons. d'Et., 2 juill. 1875, Neirac, [Leb. chr., p. 667]; — 16 juill. 1875, Geneviève, [Leb. chr., p. 698]; — 10 nov. 1882, Segré, [Leb. chr., p. 855]; — 8 déc. 1882, Chanvière, [Leb. chr., p. 1009]; — 11 juin 1886, Lemmen, [Leb. chr., p. 513]; — 5 avr. 1889, Commune de Vitry-le-Croisé, [Leb. chr., p. 482]; — 25 mars 1892, Ville de Toulon, [S. et P. 94.3.22]

1200. — ... A moins que, pour rejeter les réclamations d'un entrepreneur, le conseil de préfecture ne se réfère purement et simplement à un rapport d'experts qui ne serait pas annexé à l'arrêté, sans indiquer d'ailleurs ni les questions soulevées dans le débat, ni les motifs principaux de la décision. — Cons. d'Ét., 24 mai 1854, Fougeron, [Leb. chr., p. 494]

1201. — ... Soit par des agents de l'administration : ainsi, est suffisamment motivé l'arrêté par lequel un conseil de préfecture se réfère à un rapport d'ingénieur dans lequel sont examinés tous les chefs de réclamation de l'entrepreneur, et déclare que, pour tous ces chefs, une indemnité dont le rapport donne les éléments, sera une compensation équitable des pertes et un surcroît des dépenses de l'entreprise et la juste application d'une disposition du cahier des charges. — Cons. d'Ét., 6 juin 1856, Rave-Igounenc, [P. adm. chr.]; — 12 juill. 1882, Montier, [Leb. chr., p. 675]

1202. — ... L'arrêté qui se réfère à l'avis du sous-préfet, dans lequel se trouve rappelée, à l'appui de l'opinion adoptée, la législation existante. — Cons. d'Ét., 16 janv. 1822, Boivin, [S. chr., P. adm. chr.]

1203. — ... Est encore suffisamment motivé en matière de contributions directes, l'arrêté qui se réfère à l'avis des directeurs, contrôleurs et agents de l'administration, et déclare en adopter les motifs. — Cons. d'Ét., 19 janv. 1832, Legingois, [P. adm. chr.]; — 5 déc. 1837, Bigot, [P. adm. chr.]; — 5 sept. 1838, Delanglade, [P. adm. chr.]; — 14 févr. 1842, Béquet, [S. 42.2.287, P. adm. chr.]; — 30 mars 1844, Aubert, [P. adm. chr.]; — 20 juin 1844, Petit des Rochettes, [P. adm. chr.]; — 28 janv. 1848, Aguado, [P. adm. chr.]; — 7 déc. 1850, Rabourdin, [P. adm. chr.]; — 10 mai 1851, Nicolas de Berry, [P. adm. chr.]; — 21 juin 1851, Lepaux Jarlot, [S. 51.2.750, P. adm. chr.]; — 2 mars 1877, Massécot, [Leb. chr., p. 214]; — 3 août 1877, Guérineau, [Leb. chr., p. 787]; — 19 mai 1882, Darolle, [Leb. chr., p. 500]; — 15 juin 1883, Géraudin-Boost, [Leb. chr., p. 536]; — 6 août 1886, Tholotte, [Leb. chr., p. 715]; — 4 nov. 1887, Crozet, [Leb. chr., p. 684]

1204. — ... L'arrêté dans lequel le conseil de préfecture reproduit littéralement les motifs consignés dans l'avis des agents de l'administration. — Cons. d'Ét., 22 juill. 1887, Société financière de Paris, [Leb. chr., p. 592]

1205. — Mais il y aurait insuffisance de motifs : ... si l'arrêté se bornait à viser les avis des autorités appelées à se prononcer sur la réclamation, sans s'y référer, ni les adopter. — Cons. d'Ét., 10 janv. 1865, Pioche, [Leb. chr., p. 18]

1206. — ... Spécialement, si l'arrêté se bornait à viser la demande, l'avis du maire et des répartiteurs, et celui des agents de l'administration des contributions directes, sans donner aucun motif à l'appui de la décision. — Cons. d'Ét., 9 sept. 1864, Monteil-du-Bruget, [Leb. chr., p. 874]; — 10 janv. 1863, précité.

1207. — Il faut, en outre, que, dans ces avis ou dans ces décisions, toutes les questions soulevées par l'instance soient l'objet d'un examen motivé et que le conseil de préfecture déclare adopter les motifs développés à l'appui des solutions insérées dans ces documents ou dans ces arrêtés.

1208. — Est encore nul, comme motivé d'une manière insuffisante l'arrêté par lequel un conseil de préfecture, statuant sur un procès-verbal de contravention, prononce une condamnation sur le seul motif que la contravention avait été régulièrement constatée. — Cons. d'Ét., 27 nov. 1874, Dayol, [S. 76.2.190, P. adm. chr.]

1209. — Il en est de même de l'arrêté qui se borne à se référer aux conclusions du commissaire du gouvernement, sans indiquer les motifs donnés par celui-ci à l'appui de ses conclusions. — Cons. d'Ét., 7 sept. 1864, Sénéchault, [Leb. chr., p. 835]; — 9 sept. 1864, Gourdineau, [Leb. chr., p. 874]

1210. — On peut citer une décision où le Conseil d'État a admis comme motif suffisant, une simple coïncidence entre la somme portée au dispositif, et celle qui avait été proposée par un tiers expert, sans que le conseil de préfecture eût déclaré qu'il adoptait l'avis de cet expert. — Cons. d'Ét., 28 janv. 1876, Haudost-Sauvage, [Leb. chr., p. 94] — M. Laferrière (Jurid. admin., t. 1, p. 333) fait observer avec raison que cette décision va au delà de la doctrine du Conseil d'État, qui admet bien le motif par référence expresse, mais non par référence implicite. — V. Cons. d'Ét., 11 janv. 1853, Lison, [Leb. chr., p. 79]; — 10 janv. 1863, précité.

1211. — Une erreur commise dans les motifs d'un arrêté n'est pas d'ailleurs de nature à faire annuler cet arrêté pour défaut de motifs. — Cons. d'Ét., 24 juin 1892, Mourault, [Leb. chr., p. 578] — V. infrà, v° Jugement et arrêt.

2° *Dispositif.*

1212. — La loi ne mentionne pas le dispositif de l'arrêté : ce qui eût été superflu, cette partie de l'arrêté tenant à l'essence et à la nature de la décision. Un arrêté qui ne contient pas de dispositif est inexistant. — Cons. d'Ét., 5 août 1854, Robin-Duforge, [Leb. chr., p. 765]; — 11 mai 1888, Armanet, [Leb. chr., p. 425]

1213. — Le dispositif constituant la décision, il a été jugé que dans les arrêtés des conseils de préfecture on doit, pour décider si ces conseils sont restés dans les limites de leur compétence, s'attacher au dispositif seulement. — Cons. d'Ét., 31 janv. 1838, Commune de Ploussen, [P. adm. chr.]

1214. — ... Et qu'on n'est pas admis à se pourvoir contre les motifs des décisions. — Cons. d'Ét., 19 déc. 1868, Elect. de Vescovato, [S. 69 2.342, P. adm. chr., D. 69.3.98] — V. suprà, v° Cassation (mat. civ.), n. 3060 et s.

1215. — C'est la comparaison du dispositif et des conclusions des parties qui permet de découvrir si le juge s'est maintenu exactement dans les limites de la demande, s'il n'a pas omis de statuer sur un des chefs de la réclamation, ou s'il n'a pas accordé plus que les parties ne demandaient.

1216. — L'omission de statuer sur un point du litige laisse subsister l'arrêté dans les dispositions qu'il a consacrées. Mais elle a pour effet de nécessiter sur les chefs omis une décision spéciale qui est rendue, soit après renvoi, par le conseil de préfecture lui-même... — Cons. d'Ét., 5 févr. 1875, Govirgne, [Leb. chr., p. 98]; — 7 août 1875, Chambre de commerce de Lyon, [Leb. chr., p. 801]; — 18 juin 1838, Jouon, [Leb. chr., p. 54]; — 12 avr. 1878, Lebre, [Leb. chr., p. 418]; — 30 janv. 1880, Mangin, [Leb. chr., p. 123]; — 6 nov. 1885, Genteur, [Leb. chr., p. 815]; — 2 déc. 1887, Vaucher, [Leb. chr., p. 765]

1217. — ... Soit, après évocation, par la juridiction d'appel, si l'instruction lui fournit des éléments suffisants pour statuer. — Cons. d'Ét., 3 mai 1878, Fontaine, [Leb. chr., p. 422]; — 22 nov. 1884, Bardon, [D. 85.3.121]; — 23 déc. 1884, Glasegny, [Leb. chr., p. 934]

1218. — Il peut arriver, toutefois, que l'omission de statuer sur une partie des conclusions entraîne l'annulation totale de la décision déférée au juge d'appel. — Cons. d'Ét., 3 juill. 1885, Peschivesty, [Leb. chr., p. 646]; — 3 déc. 1886, Llchelle, [S. 88.3.44, P. adm. chr., D. 88.3.14]

1219. — De même que les juridictions civiles, le conseil de préfecture ne peut statuer *ultra petita* : en pareil cas son arrêté serait entaché de nullité. — Cons. d'Ét., 16 avr. 1863, Section de Courcelle, [Leb. chr., p. 374]; — 24 nov. 1876, Gianoli, [Leb. chr., p. 840]; — 2 mai 1884, Préfet de la Corrèze, [Leb. chr., p. 334] — V. suprà, v° Cassation (mat. civ.), n. 3409 et s., et infrà, v° Ultra petita.

1220. — Ainsi, en matière de contributions directes, le conseil de préfecture ne peut accorder décharge, alors que le contribuable ne demande qu'une réduction. — Cons. d'Ét., 18 juill. 1884, Champigny, [Leb. chr., p. 618]; — 19 mai 1882, Verdellet, [Leb. chr., p. 498] — V. infrà, v° Contributions directes.

1221. — Le conseil de préfecture ne peut non plus, sans excéder ses pouvoirs, condamner une partie en l'absence de conclusions prises contre elle. — Cons. d'Ét., 16 juill. 1880, Solet, [Leb. chr., p. 670]; — 6 août 1881, Pietti, [Leb. chr., p. 794]

Section VI.

Conservation des minutes, des arrêtés et des pièces annexées.

1222. — La minute des décisions du conseil de préfecture est conservée au greffe pour chaque affaire, avec la correspondance et les pièces relatives à l'instruction (L. de 1889, art. 49).

1223. — Par pièces relatives à l'instruction, il faut entendre les rapports d'experts, procès-verbaux d'enquêtes, etc. Les parties n'ont aucun droit sur ces pièces, et la loi décide, avec raison, que celles-ci doivent être annexées à l'arrêté et rester dans les archives du greffe.

1224. — Les pièces qui appartiennent aux parties sont remises sur récépissé, à moins que le conseil de préfecture n'ait ordonné que quelques-unes de ces pièces resteraient annexées à la décision (Même art.).

1225. — Le décret du 12 juill. 1865 prescrivait (art. 14) la transcription des arrêtés sur un registre tenu par le secrétaire-greffier sous la surveillance du président. La loi de 1889 ne reproduit pas cette prescription; mais le ministre de l'Intérieur estime, avec raison, que « si la tenue de ce registre n'est plus obligatoire, elle est cependant utile, car les arrêtés écrits sur feuilles volantes peuvent s'égarer », et il engage les conseils de préfecture à continuer de se conformer à l'ancien usage (Circ. 30 juill. 1890).

1226. — Toutefois, la tenue de ce registre n'est qu'une mesure d'ordre intérieur. Aussi avait-il été antérieurement décidé que les parties ne sauraient se prévaloir de l'inobservation de cette seule prescription pour demander la nullité d'un arrêté non transcrit sur le registre du secrétaire-greffier. — Cons. d'Et., 10 mai 1831, Nicolaï de Bercy, [S. 31.2.591, P. adm. chr.]; — 14 juill. 1876, Anglès, [Leb. chr., p. 677]; — 19 mai 1882, Darolles, [Leb. chr., p. 500] — A plus forte raison, en serait-il de même aujourd'hui que cette transcription n'a plus un caractère obligatoire. — Teissier et Chapsal, p. 368.

Section VII.
Expédition des arrêtés.

1227. — Les parties en cause ont le droit de prendre communication, au greffe, des décisions rendues par le conseil de préfecture. Ce droit appartient également à toute personne ayant ou croyant avoir intérêt à se procurer le texte d'un arrêté auquel elle n'a pas été partie. — Teissier et Chapsal, p. 369.

§ 1. Délivrance des expéditions.

1228. — L'expédition des décisions est délivrée par le secrétaire-greffier, dès qu'il en est requis (L. de 1889, art. 51).

1229. — La loi de 1889 a ainsi enlevé cette attribution au secrétaire général de la préfecture qui, d'après l'art. 7, L. 28 pluv. an VIII, a la garde des papiers et la signature des expéditions, et à qui le décret de 1865 (art. 15) avait expressément confié le soin de signer les expéditions des arrêtés du conseil de préfecture. On a estimé qu'il ne convenait pas de maintenir la mission de délivrer l'expédition des décisions au fonctionnaire qui remplit devant le conseil de préfecture le rôle de ministère public. — Teissier et Chapsal, p. 369, note 1.

1230. — Toutefois, le secrétaire-greffier n'a dans ses attributions que la délivrance des expéditions des arrêtés. Si donc il s'agissait de délivrer, par exemple, copie des pièces d'une enquête, c'est le secrétaire général qui aurait seul qualité pour signer les copies de ces pièces et en autoriser la délivrance. — V. Trib. confl., 29 nov. 1878, de Sarcevaux, [S. 80.2.154, P. adm. chr., D. 79.3.38] — Sic, Teissier et Chapsal, loc. cit.

1231. — D'ailleurs, le secrétaire-greffier exerce cette attribution de délivrance et de signature des expéditions sous l'autorité et la surveillance du président du conseil de préfecture. — Teissier et Chapsal, loc. cit.

1232. — Le secrétaire-greffier ne pourrait refuser de délivrer l'expédition que la partie réclamerait en offrant de payer les droits de copie et les frais d'envoi. — V. Cons. d'Et., 11 août 1849, de Chastebes, [S. 50.2.57, P. adm. chr.]; — 26 mai 1876, Paradan, [Leb. chr., p. 480]

1233. — Le secrétaire-greffier toutefois ne peut délivrer copie des arrêtés qu'aux seuls ayants droit signés (V. C. instr. crim., art. 196; C. pén., art. 146; Décr. 5 août 1881, art. 74).

1234. — Il avait été antérieurement jugé que de ce que la minute d'un arrêté de conseil de préfecture n'a été signée par le président du conseil que postérieurement à la délivrance d'une expédition à la partie, il ne saurait résulter nullité, si cette signature se trouvait avoir été donnée avant le pourvoi devant le Conseil d'Etat formé par la partie contre ledit arrêté. — Cons. d'Et., 21 janv. 1869, Varin, [S. 70.2.63, P. adm. chr., D. 70.3.5] — Mais cette jurisprudence ne nous paraît pas pouvoir être maintenue en présence des termes de la loi de 1889 qui exige la signature de la minute dans les vingt-quatre heures. — V. suprà, n. 1186.

1235. — D'autre part, le défaut de signature du secrétaire-greffier sur l'expédition d'un arrêté de conseil de préfecture n'est pas une cause de nullité, s'il n'est point allégué que cette expédition n'est pas la reproduction exacte de la minute. — Cons. d'Et., 18 août 1866, Boré, [S. 67.2.368, P. adm. chr., D. 67.3.35]

1236. — L'expédition doit, en effet, être la reproduction exacte de la minute : mais les erreurs et les omissions que l'expédition peut contenir n'ont pas d'influence sur la validité de l'arrêté, si l'on prouve par la production de la minute, que celle-ci renferme les énonciations exigées par la loi (V. C. civ., art. 1334). — Teissier et Chapsal, p. 370 et note 2.

1237. — Ainsi il a été décidé qu'un arrêté est valable, encore que la mention de la publicité de l'audience ne figure pas sur la copie, si la minute porte la constatation de cette publicité. — Cons. d'Et., 17 janv. 1873, Taillandier, [Leb. chr., p. 56]

1238. — ... Que l'omission, dans l'expédition d'un arrêté, de la mention de l'audition du commissaire du gouvernement, n'est pas de nature à entraîner l'annulation de la décision, lorsque le texte de l'arrêté indique que le commissaire du gouvernement a été entendu dans ses conclusions. — Cons. d'Et., 3 août 1868, Prévost-Petit, [Leb. chr., p. 444]; — 3 août 1872, Elect. de Fabriques, [Leb. chr., p. 495]; — 16 mars 1883, Oliro Juidi, [Leb. chr., p. 297]; — 12 juin 1885, Elect. de Crulay, [Leb. chr., p. 575]; — 21 déc. 1888, Isihokke, [Leb. chr., p. 1023]

1239. — ... Que l'omission, sur l'expédition, du nom de l'un des conseillers ne vicie point la décision, s'il est établi par la minute que le conseil était au complet. — Cons. d'Et., 5 mai 1876, Riousse, [Leb. chr., p. 411] — V. suprà, n. 1174 et s.

1240. — Il en serait de même si la date avait été omise, ou si la minute et l'expédition n'avaient pas été datées du même jour, la date de la minute devant, en pareil cas, être tenue pour la seul exacte. — Teissier et Chapsal, p. 370. — V. suprà, n. 1188.

§ 2. Formule exécutoire.

1241. — L'avis du Conseil d'Etat du 16 therm. an XII ayant posé en principe que les arrêtés des conseils de préfecture avaient tous les caractères des jugements ordinaires et devaient obtenir les mêmes effets, on avait été conduit à se demander s'ils ne devaient pas être précédés de l'intitulé et suivis du mandement exécutoire exigés pour ces derniers jugements. Mais consulté depuis sur la question, le conseil « considérant que la juridiction administrative exercée par les conseils de préfecture, et celle qui appartient aux cours et tribunaux, formant deux ordres de juridiction essentiellement distincts dans leur contexture et leur objet, il y aurait inconvénient à assimiler les formules employées dans les jugements qui émanent de l'une et de l'autre... » avait émis l'avis « qu'il n'y avait lieu de donner aux décisions des conseils de préfecture un intitulé, ni d'y joindre un mandement, semblables à ceux qui sont déterminés pour les arrêts des cours et tribunaux (Avis 5 févr. 1826).

1242. — Avant la loi du 22 juill. 1889, la jurisprudence décidait qu'il n'existait à cet égard aucune formule obligatoire; dans l'usage, la décision intervenait avec cette formule : le conseil de préfecture... arrête, etc. Seulement, on faisait observer qu'il importait essentiellement que la formule adoptée ne pût induire en erreur sur la nature de la décision rendue. Ainsi il avait été jugé qu'un arrêté rendu sur une affaire de la compétence du conseil de préfecture n'avait aucune force légale, si l'intitulé portait : le préfet en conseil de préfecture... arrête, etc., et pouvait ainsi laisser à supposer que la décision émanait du préfet et non du conseil de préfecture. — Cons. d'Et., 5 mai 1831, Dangy, [P. adm. chr.] — V. suprà, n. 106.

1243. — ... Et que si, au lieu de porter : le conseil de préfecture arrête, etc., la décision portait seulement : le conseil de préfecture est d'avis, etc., le doute qui pouvait s'élever sur la nature de l'acte intervenu était susceptible d'en entraîner la nullité. — Cons. d'Et., 11 août 1824, Laget, [P. adm. chr.] — V. suprà, n. 76.

1244. — Toutefois, en pareil cas, il était reconnu qu'on pouvait et qu'on devait même s'attacher plutôt à la nature même de la question soumise au conseil qu'à la forme de la décision. — Dufour, t. 2, n. 93.

1245. — La dispense de formule exécutoire avait été, d'ailleurs, écrite formellement en matière de contravention de grande voirie, dans la loi du 29 flor. an X, qui porte (art. 4) : « ... les arrêtés seront exécutés sans visa ni mandement des tribunaux, nonobstant et sauf tout recours; et les individus condamnés seront contraints par l'envoi de garnisaires ou saisie de meubles, en vertu desdits arrêtés, qui seront exécutoires et emporteront hypothèque. »

1246. — Aujourd'hui, la loi dispose que les arrêtés du conseil de préfecture sont « exécutoires et emportent hypothèque » (L. de 1889, art. 49, § 2). — V. *infrà*, n. 1294 et s. — Elle est muette au sujet de la formule exécutoire et confirme ainsi la jurisprudence antérieure.

§ 3. *Droits d'expédition.*

1247. — Sauf le timbre, la première expédition est exempte de tout droit (L. 7 mess. an 11, art. 37). — Av. Cons. d'Et., 18 août 1807.

1248. — Les autres expéditions sont passibles des droits de copie, entraînant la perception d'une rétribution de 75 cent. par rôle (*Ibid.*). — Brémond, *Rev. gén. d'adm.*, 91.1.426.

1249. — Le montant de ces droits est versé dans la caisse du département à titre de produits éventuels, ainsi que le prescrit la loi du 10 août 1871 (art. 58, § 5) pour le produit des expéditions des actes de la préfecture déposés aux archives; les minutes des arrêtés des conseils de préfecture constituent, en effet, une partie des archives de la préfecture, avec cette seule différence qu'elles restent en dépôt au greffe. — Teissier et Chapsal, p. 372.

1250. — Aussi n'est-il pas régulier d'abandonner au secrétaire-greffier ou aux employés expéditionnaires le montant des droits perçus pour les expéditions des arrêtés, pratique qui est suivie dans certains conseils de préfecture. Les secrétaires-greffiers ont, comme tous les autres employés de la préfecture, un traitement fixe, payé sur le fonds d'abonnement; ils ne sauraient être assimilés aux greffiers près les tribunaux ordinaires qui sont autorisés, par des dispositions spéciales, à percevoir à leur profit des droits d'expédition comme émolument de leur charge. — Combarieu, n. 179; Teissier et Chapsal, *loc. cit.* — Sur les droits de timbre et d'enregistrement, V. *infrà*, n. 1639 et s.

CHAPITRE VI.

EFFETS DES ARRÊTÉS.

SECTION I.
Dessaisissement.

1251. — Les conseils de préfecture ont, pour les affaires soumises à leur décision, le caractère de juges de première instance; en prononçant, ils épuisent leurs pouvoirs, et leur jugement, une fois rendu, ne leur appartient plus. Le conseil de préfecture est donc dessaisi par le jugement et ses pouvoirs sont épuisés; lorsque la décision est prononcée, il ne peut réformer cette décision. Il en est ainsi alors même qu'il a omis de statuer sur l'un des chefs de la demande : nous verrons, en effet (*infrà*, n. 1255), que la voie de la requête civile, qui prend le nom de recours en révision devant le Conseil d'État, n'est jamais ouverte contre les arrêtés du conseil de préfecture. Il a été maintes fois reconnu qu'un conseil de préfecture excède ses pouvoirs, en jugeant à nouveau une contestation sur laquelle il s'était déjà prononcé antérieur. — Cons. d'Et., 7 févr. 1809, Delpech, [S. chr., P. adm. chr.]; — 28 nov. 1809, Commune de Saint-Jean-le-Centenier, [S. chr., P. adm. chr.]; — 5 mars 1811, Montillet, [S. chr., P. adm. chr.]; — 10 avr. 1812, Darche, [P. adm. chr.]; — 5 janv. 1813, Vanshaët, [P. adm. chr.]; — 21 juin 1813, Urban, [S. chr., P. adm. chr.]; — 23 nov. 1813, Domaine, [P. adm. chr.]; — 3 déc. 1817, Hardy, [S. chr., P. adm. chr.]; — 12 août 1818, Lefebvre-Lamotte, [S. chr., P. adm. chr.]; — 24 mars 1820, Pujals, [S. chr., P. adm. chr.]; — 1er nov. 1820, Gaubert, [S. chr., P. adm. chr.]; — 18 juill. 1821, Villebois, [P. adm. chr.]; — 8 mai 1822, Béard, [S. chr., P. adm. chr.]; — 23 juill. 1820, Hospices de Strasbourg, [S. chr., P. adm. chr.]; — 2 août 1829, Guichard, [P. adm. chr.]; — 15 nov. 1826, Commune de Boulogne, [P. adm. chr.]; — 14 déc. 1844, Dameny, [P. adm. chr.]; — 27 déc. 1844, Bidens, [P. adm. chr.]; — 12 juin 1845, Jossella, [S. chr., P. adm. chr.]; — 25 juin 1845, Vilcoq, [S. chr., P. adm. chr.]; — même jour, Jourdan, [S. chr., P. adm. chr.]; — 29 janv. 1850, Vernay, [Leb. chr., p. 80]; — 9 août 1851, Joly, [Leb. chr., p. 610]; — 12 août 1863, Gou, [Leb. chr., p. 681]; — 16 avr. 1875, Dumareau, [Leb. chr., p. 323]; — 10 déc. 1875, Deron, [Leb. chr., p. 989]; — 17 déc. 1875, Borgnet, [Leb. chr., p. 1016]; — 28 juin 1878, Ministre de l'Intérieur, [Leb. chr., p. 620]; — 4 nov. 1887, Garraud, [Leb. chr., p. 674]; — 20 avr. 1888, Bounay, [Leb. chr., p. 369]. — *Sic*, Serrigny, t. 2, n. 931; Chevalier, *Jurispr. adm.*, v° *Procédure*, t. 2, p. 372.

1252. — Les conseils de préfecture ne peuvent pas rétracter leurs décisions, même lorsqu'elles ont été prises en dehors de leur compétence. — Cons. d'Et., 13 janv. 1813, de Beaufleury, [S. chr., P. adm. chr.]

1253. — Un conseil de préfecture ne peut réformer ni altérer en quoi que ce soit un arrêté par lui rendu contradictoirement, alors même que la nouvelle décision qu'il prendrait aurait pour prétexte l'exécution de la première. Spécialement, lorsque, par un arrêté contradictoire, un conseil de préfecture a ordonné qu'une expertise serait faite pour déterminer la valeur de matériaux fournis pour l'entretien d'une route par un particulier, depuis telle année indiquée, il ne peut ensuite homologuer le rapport des experts qui ont fait remonter leur opération à une époque antérieure. — Cons. d'Et., 3 déc. 1817, Hardy, [Leb. chr., P. adm. chr.] — V., sur l'effet de la chose jugée quant aux jugements interlocutoires, *suprà*, v° *Chose jugée*, n. 36 et s.

1254. — Lorsqu'un conseil de préfecture, excédant ses pouvoirs, a rapporté un de ses arrêtés au mépris de la chose jugée, si la partie à qui le deuxième arrêté fait grief en demande la rétractation, et que, par un troisième arrêté, le conseil de préfecture refuse de le prononcer, il y a lieu d'annuler le deuxième arrêté pour excès de pouvoir ou violation de la chose jugée, et de déclarer non avenu le troisième arrêté. — Cons. d'Et., 12 août 1818, Lefebvre-Lamotte, [S. chr., P. adm. chr.]

1255. — Que faut-il décider pour le cas d'omission de statuer sur un chef de demande? Devant les tribunaux judiciaires, cette omission donne ouverture à requête civile s'il s'agit d'une décision en dernier ressort (C. proc. civ., art. 488, § 5), et quand la décision n'est qu'en premier ressort, c'est par la voie de l'appel que la partie doit se pourvoir. En matière administrative, aucun texte de loi n'a prévu le cas où le juge aurait omis de prononcer sur une demande formée devant lui. L'art. 32, Règl. 22 juill. 1806, autorise bien les parties à former un recours en révision devant le Conseil d'État, mais c'est seulement dans les deux hypothèses suivantes : si la décision a été rendue sur pièces fausses, ou si la partie a été condamnée faute de représenter une pièce décisive qui était retenue par son adversaire. Néanmoins, le Conseil d'État, s'autorisant sans doute de sa haute situation hiérarchique, admet que l'omission, sur l'un des arrêts, de prononcer sur une réclamation, peut être réparée par une décision complémentaire. — V. Cons. d'Et., 9 mai 1873, Baussan, [S. 73.2.124, P. adm. chr., D. 74.3.52] — V. aussi les arrêts cités par M. Serrigny (*Compét. admin.*, t. 1. n. 367). Mais cette pratique ne paraît pas pouvoir être étendue aux conseils de préfecture, qui restent soumis à la règle générale suivant laquelle le jugement rendu contradictoirement et sans réserve a pour effet d'épuiser les pouvoirs du juge et, par suite, de le dessaisir. Si donc, un arrêté de conseil de préfecture présente une omission de statuer, ce n'est pas devant ce conseil que la partie devra poursuivre la réparation de l'erreur, mais devant le Conseil d'État par voie d'appel. — Chauveau Adolphe, *Code d'instr. admin.*, t. 2, n. 804 et 891; Dufour, t. 2, n. 88 et 90; Brun, t. 1, n. 83; de Praneuf, *Tr. des juridictions administratives et des conseils de préfecture*, p. 302.

1256. — C'est en ce sens que s'est prononcée la jurisprudence. Il a été décidé que le conseil de préfecture, qui a statué sur une contestation sans réserver aucun chef de réclamation pour être jugé ultérieurement, ne peut modifier sa décision sous prétexte qu'il a omis de se prononcer sur une des demandes qui lui étaient soumises. — Cons. d'Et., 4 avr. 1873, Commune d'Hagetman, [S. 73.2.95, P. adm. chr., D. 74.3.76]

1257. — La règle que les conseils de préfecture ne peuvent réformer leurs arrêtés souffre, bien entendu, exception pour le cas où les arrêtés peuvent être attaqués par la voie de l'opposition ou de la tierce-opposition. — V. *infrà*, n. 1352 et s., 1483 et s.

1258. — On a décidé que le principe en vertu duquel les conseils de préfecture ne peuvent plus revenir sur les décisions rendues contradictoirement, s'applique non seulement aux arrêtés définitifs, mais encore aux arrêtés d'avant faire droit, en ce sens que les mesures d'instruction une fois ordonnées ne peuvent plus être rétractées au détriment des parties. — Cons.

d'Et., 28 janv. 1884, Savin, [Leb. chr., p. 132] — V. en sens contraire, Cons. d'Et., 24 août 1812, Baylac, [P. adm. chr.]; — 18 juill. 1821, Bourdon, [S. chr., P. adm. chr.] — V. aussi *suprà*, v° *Chose jugée*, n. 32, 37 et 38.

1259. — Toutefois, il est permis, dans un arrêté rendu contradictoirement, de réparer des erreurs matérielles, telles que l'énonciation inexacte d'un nom, l'indication d'une fausse date, les erreurs de calcul ou doubles emplois, qui ont pu échapper. — Cons. d'Et., 12 mars 1814, Mony, [P. adm. chr.]; — 11 août 1841, Préfet du Loiret, [P. adm. chr.] — V. *suprà*, v° *Chose jugée*, n. 792.

1260. — Il est également admis que les conseils de préfecture ont le droit de compléter leurs arrêtés, en réglant les détails d'exécution auxquels ils ont négligé de pourvoir. Ainsi ils peuvent, après le prononcé d'un arrêté ordonnant une enquête, désigner le conseiller délégué chargé d'y procéder. — Teissier et Chapsal, p. 377.

1261. — Le conseil de préfecture peut encore, après avoir rejeté une demande une première fois pour irrégularité de forme, statuer à nouveau sur cette demande une fois qu'elle a été régularisée — Cons. d'Et., 28 juill. 1886, de Carbonnel, [Leb. chr., p. 893]

1262. — Enfin, les conseils de préfecture peuvent interpréter leurs décisions, lorsqu'elles sont obscures ou ambiguës. Mais ils commettraient un excès de pouvoir s'ils prenaient prétexte de leur droit d'interprétation pour réformer en réalité un précédent arrêté. — Cons. d'Et., 7 avr. 1859, Mériverma, [Leb. chr., p. 230] — V. *suprà*, v° *Chose jugée*, n. 791.

1263. — En conséquence, le conseil de préfecture refuse avec raison de donner l'interprétation d'une décision qui n'a rien d'ambigu, lorsque, dans l'espèce, la demande ne tend qu'à faire réformer l'arrêté. — Cons. d'Et., 5 déc. 1873, Roques, [Leb. chr., p. 914]

Section II.
Autorité de la chose jugée.

1264. — Les arrêtés des conseils de préfecture ont l'autorité de la chose jugée, et sont régis sous ce rapport par les principes du droit civil. — V. *suprà*, v° *Chose jugée*, n. 1343 et s.

1265. — Toutefois, l'autorité de la chose jugée ne s'attache qu'aux arrêtés qui tranchent d'une manière définitive un point du procès. Ainsi les arrêtés préparatoires et interlocutoires ne pourraient pas constituer la chose jugée sur le fond de la question en litige. — Cons. d'Et., 4 avr. 1873, Jolivet, [Leb. chr., p. 321]; — 13 déc. 1876, Chemins de fer de P.-L.-M., [Leb. chr., p. 905]. — Nous avons vu cependant (*suprà*, n. 1258) que, d'après la jurisprudence la plus récente, lorsque le conseil de préfecture a, par un premier arrêté, prescrit une mesure d'instruction, il ne peut la rétracter par un arrêté ultérieur. — V. *suprà*, v° *Chose jugée*, n. 66 et s.

1266. — Si une partie de l'arrêté a un caractère préparatoire, et une autre un caractère définitif, cette dernière lie le juge. Ainsi lorsque, par un arrêté ordonnant une expertise à l'effet de constater la réalité et l'importance du dommage dont se plaint un propriétaire, le conseil de préfecture a formellement reconnu le droit de ce propriétaire à une indemnité dans le cas où les faits qu'il allègue seraient constatés par l'expertise, il y a chose jugée sur le point de savoir si le propriétaire a droit à indemnité; en conséquence, l'arrêté sur ce point lie le juge. — Cons. d'Et., 2 déc. 1858, Chemin de fer du Midi, [Leb. chr., p. 694] — V. *suprà*, v° *Chose jugée*, n. 66 et s.

1267. — On sait que trois conditions sont exigées par l'art. 1351, C. civ., pour les décisions judiciaires produisent autorité de la chose jugée : 1° l'identité d'objet de la demande; 2° l'identité de cause; 3° l'identité de parties. — V. *suprà*, v° *Chose jugée*, n. 244 et s. — Il en est, sur ce point en droit administratif comme en droit civil.

1268. — 1° Il faut que les deux demandes aient le même objet, c'est-à-dire qu'elles aient pour but la reconnaissance du même droit sur la même chose (V. *suprà*, v° *Chose jugée*, n. 251 et s). Ainsi, il a été décidé qu'un arrêté déclarant que les travaux faits à une maison située le long d'une route départementale ne constituaient pas une contravention de grande voirie, ne faisait pas obstacle, si le propriétaire exécutait au même immeuble d'autres travaux de même nature et dans les mêmes conditions, à ce que le conseil de préfecture, saisi d'une nouvelle poursuite, statuât sur cette poursuite et jugeât que le propriétaire, ayant exécuté le long d'une voie publique des travaux non autorisés, avait commis une contravention de grande voirie. — Cons. d'Et., 1er déc. 1852, Prouvost, [Leb. chr., p. 578]; — 10 nov. 1853, Bousquet, [P. adm. chr.]; — 18 mai 1872, Reig-Arthaud, [Leb. chr., p. 326]; — 5 juin 1874, Comandie, [Leb. chr., p. 539]

1269. — De même, au cas où le conseil de préfecture s'est borné à allouer à un propriétaire une indemnité à raison des dommages qu'aurait fait éprouver à sa propriété l'écoulement des eaux d'une route, et a réservé ses droits pour le cas où l'administration ne ferait pas disparaître cette cause de dommage, le propriétaire n'est pas fondé à soutenir qu'en décidant, par un second arrêté, qu'il était sans droit pour obtenir la réparation des dommages distincts de ceux à l'égard desquels avait statué le premier arrêté, le conseil de préfecture aurait méconnu l'autorité de la chose jugée par cette précédente décision. — Cons. d'Et., 30 janv. 1868, Gigon, [Leb. chr., p. 133]; — 25 mai 1870, Seren, [Leb. chr., p. 632]; — 11 févr. 1876, Chemin de fer P.-L.-M., [Leb. chr., p. 153]; — 10 mai 1878, Commune de Cardeilhan, [Leb. chr., p. 443]

1270. — En matière de contributions directes, la chose jugée ne résulte pas d'une décision rendue sur une réclamation relative à un exercice précédent. — Cons. d'Et., 5 févr. 1875, Archelais, [Leb. chr., p. 96]

1271. — De même encore, le conseil de préfecture peut, sans violer le principe de la chose jugée, prononcer l'invalidation d'un candidat élu, bien que la commission chargée de la révision des listes électorales ait reconnu à ce candidat la qualité d'électeur; en effet, cette commission statue sur l'électoral, et le conseil de préfecture juge la question d'éligibilité; il n'y a pas là identité d'objet. — Cons. d'Et., 12 mai 1882, Elect. de Boynes, [S. 84.3.36, P. adm. chr., D. 83.3.68]

1272. — Au contraire, lorsqu'un arrêté a statué sur certains chefs seulement d'une réclamation en matière de travaux publics et a écarté les autres comme non recevables, la demande ultérieure tendant à ce qu'il soit procédé à la révision générale des comptes de l'entreprise ne pourrait être admise, parce qu'elle remettrait en cause les points sur lesquels est intervenue une décision ayant autorité de chose jugée. — Cons. d'Et., 6 avr. 1870, Valogne, [Leb. chr., p. 409] — V. aussi Cons. d'Et., 8 août 1873, Dencauzel, [Leb. chr., p. 779]; — 16 févr. 1878, Fabrique d'Oloron-Sainte-Marie, [Leb. chr., p. 183]; — 20 janv. 1888, Elect. de Langon, [Leb. chr., p. 61]

1273. — De même, un entrepreneur qui, à la suite de la résiliation de son marché, a été condamné à payer une indemnité au département par deux décisions passées en force de chose jugée, serait non recevable à réclamer la réduction de cette condamnation, alors même qu'il se fonderait sur un moyen nouveau. — Cons. d'Et., 24 déc. 1886, Gurnet, [Leb. chr., p. 936] — V. aussi Cons. d'Et., 31 mars 1882, Commune de Fays-Billot, [Leb. chr., p. 333]; — 24 mai 1886, Gérard, [Leb. chr., p. 482]

1274. — 2° Les deux demandes doivent être fondées sur la même cause, c'est-à-dire présenter la même question à juger. Il y a identité de cause lorsqu'il y a identité sur le fondement en droit (V. *suprà*, v° *Chose jugée*, n. 387). Il en est ainsi, notamment, lorsque la seconde demande repose sur une fin de non-recevoir rejetée par une précédente décision passée en force de chose jugée. — Cons. d'Et., 1er janv. 1860, Cie des chemins de fer du Midi, [Leb. chr., p. 178]; — 13 mai 1887, Brun, [Leb. chr., p. 401]

1275. — Au contraire, lorsqu'un conseil de préfecture a statué sur la réception définitive de travaux communaux et sur la réparation des malfaçons signalées antérieurement à cette réception, s'il vient ensuite à se produire des dégradations de nature à entraîner la ruine de l'édifice à raison desquelles la commune intente contre les entrepreneurs une action fondée sur l'art. 1792, C. civ., ceux-ci ne peuvent soutenir que cette action a pour but de violer la chose jugée résultant de l'arrêté antérieur. — Cons. d'Et., 2 févr. 1883, Monnet, [Leb. chr., p. 119]

1276. — 3° Il faut qu'il y ait identité de parties; car les jugements ne produisent d'effets qu'entre les parties en cause (V., sur le principe, *suprà*, v° *Chose jugée*, n. 471 et s.). Ainsi, lorsqu'un premier arrêté du conseil de préfecture, statuant entre des particuliers et les entrepreneurs d'une compagnie de chemin de fer, a prescrit une expertise à l'effet d'évaluer les dommages causés par la construction du chemin, cet arrêté ne constitue pas chose jugée entre les particuliers et la compagnie elle-même, citée comme directement responsable, et ne fait pas obstacle à ce qu'une autre expertise soit ordonnée sur le même objet entre elle et les réclamants. — Cons. d'Et., 16 avr. 1863, Chemin de fer d'Orléans, [Leb. chr., p. 386]

1277. — Lorsque les trois conditions ci-dessus sont réunies, l'autorité de la chose jugée s'attache à l'arrêté, alors même qu'il serait entaché d'incompétence. — Cons. d'Et., 20 janv. 1830, Bié, [Leb. chr., p. 564]

1278. — Enfin, il a été jugé que les arrêtés des conseils de préfecture produisent autorité de chose jugée devant toute juridiction, même devant les tribunaux judiciaires, en vertu de ce principe que l'autorité de la chose jugée est indépendante de la juridiction qui a statué. — Chambéry, 15 janv. 1879, Chemin de fer P.-L.-M., [D. 81.2.40]

1279. — ... Qu'il en est ainsi, alors même que l'arrêté aurait été l'objet d'un pourvoi sur lequel le Conseil d'Etat n'aurait pas encore statué. — Même arrêt. — V. aussi Cons. d'Et., 27 juill. 1877, Ville de Toulouse, [Leb. chr., p. 742] — 6 août 1880, Min. des Travaux publics, [Leb. chr., p. 643] — Teissier et Chapsal, p. 382, et note 1. — V. suprà, v° Chose jugée, n. 1389 et s.

Section III.
Force exécutoire.

§ 1. Principe général.

1280. — Aux termes de la loi du 22 juill. 1889 (art. 49), les arrêtés des conseils de préfecture sont exécutoires et emportent hypothèque.

1281. — Les arrêtés des conseils de préfecture peuvent être mis à exécution dès qu'ils ont été notifiés. Comme pour tous autres jugements, la signification doit être faite intégralement à la requête des parties, à personne ou domicile, et par le ministère d'un huissier. — Cons. d'Et., 17 avr. 1812, Commune de Candeval, [S. chr., P. adm. chr.]; — 27 nov. 1814, Roulin, [P. adm. chr.]; — 6 mars 1816, Barreaux, [S. chr., P. adm. chr.]; — 13 juin 1824, Habitants de la Mouline, [S. chr., P. adm. chr.]; — 3 mai 1830, Delahaye, [P. adm. chr.]

1282. — Il était décidé autrefois que la connaissance certaine de l'arrêté pouvait suppléer à la signification. — Cons. d'Et., 6 sept. 1826, Delorme-Dubaron, [P. adm. chr.]; — 29 janv. 1841, de Champigny, [S. 41.2.247, P. adm. chr.] — Mais aujourd'hui la même jurisprudence ne peut être maintenue en présence des termes de l'art. 51, L. 22 juill. 1889. — V. infrà, n. 1309 et s., et suprà, v° Conseil d'Etat, n. 1273 et s.

1283. — Si l'arrêté n'a pas été rendu contradictoirement et s'il est formé opposition, nous verrons que l'opposition suspend l'exécution à moins qu'il n'en ait été autrement ordonné par la décision.

1284. — Nous verrons également que le recours au Conseil d'Etat, au contraire, n'a pas d'effet suspensif. Mais si les décisions des conseils de préfecture sont exécutoires nonobstant appel, il faut remarquer que l'exécution provisoire n'a lieu qu'aux risques et périls de celui qui la poursuivra. Ainsi la partie qui a poursuivi l'exécution provisoire de la disposition d'un arrêté de conseil de préfecture prononçant des condamnations pécuniaires à son profit, doit, en cas d'annulation de cette disposition par le Conseil d'Etat, être condamnée, non seulement à restituer à son adversaire les sommes payées par ce dernier, mais encore les intérêts de ces sommes à partir du paiement. — Cons. d'Et., 16 févr. 1870, Chemin de fer de l'Ouest, [S. 71.2.192, P. adm. chr.] — V. aussi Cons. d'Et., 11 janv. 1855, Chemin de fer d'Avignon, [P. adm. chr.]; — 29 mars 1860, Chemin de fer de l'Ouest, [P. adm. chr.]; — 6 mars 1872, Revel, [Leb. chr., p. 135]

§ 2. Exceptions. Sursis d'exécution.

1285. — La règle générale de l'exécution provisoire des décisions des conseils de préfecture subit deux sortes d'exceptions qui résultent : 1° de la loi elle-même, en ce qui concerne les élections aux conseils d'arrondissement et aux conseils municipaux. — V. infrà, v¹ˢ Elections.

1286. — 2° Du droit qu'a soit le juge d'appel, soit le conseil de préfecture lui-même de suspendre l'exécution en cas d'appel. Ce droit résulte pour le Conseil d'Etat, de l'art. 3, Décr. 22 juill. 1806 (V. suprà, v° Conseil d'Etat, n. 941 et s.), et pour les conseils de préfecture de l'art. 24, L. 24 mai 1872 : « Les conseils de préfecture pourront subordonner l'exécution de leurs décisions, en cas de recours, à la charge de donner caution ou de justifier d'une solvabilité suffisante. Les formalités édictées par les art. 440 et 441, C. proc. civ., seront observées pour la présentation de la caution. »

1287. — Afin de garantir les droits du défendeur, le conseil de préfecture peut ordonner le dépôt total ou partiel du montant des condamnations à la Caisse des dépôts et consignations. — Cons. d'Et., 23 févr. 1850, Cⁱᵉ du canal de Beaucaire, [Leb. chr., p. 200]

1288. — Le sursis peut être partiel et ne porter que sur une partie de la décision. — Cons. d'Et., 4 sept. 1822, Duborque, [P. adm. chr.]

1289. — Il peut être accordé, soit pour un délai déterminé, soit jusqu'à la décision définitive sur le fond du litige.

1290. — L'administration a d'ailleurs toujours le droit de surseoir à l'exécution des décisions rendues à son profit. Ce sursis administratif, qui peut intervenir soit d'office, soit sur la demande des intéressés, n'a rien de commun avec celui sollicité devant le conseil de préfecture ou le Conseil d'Etat.

1291. — Lorsque le sursis n'a point été sollicité ou a été refusé, la décision peut être exécutée par toutes les voies de droit commun contre les parties privées, c'est-à-dire par la saisie-exécution sur les biens meubles, par la saisie-arrêt sur les créances, par la saisie immobilière sur les biens immeubles et par la contrainte par corps pour le recouvrement des amendes prononcées en matière de grande voirie. A ces voies d'exécution il faut ajouter celles de nature administrative comme, par exemple, la saisie des cautionnements versés par les entrepreneurs ou concessionnaires de travaux publics, saisie prévue par les clauses des cahiers des charges. — V. infrà, v° Travaux publics.

1292. — Lorsqu'un arrêté a été notifié, l'exécution ne peut plus en être poursuivie s'il s'est écoulé plus de trente ans depuis la notification. — Cons. d'Et., 21 mars 1864, Dupin, [Leb. chr., p. 308]

1293. — Mais la prescription ainsi acquise ne frappe que l'arrêté du conseil de préfecture; elle ne porte pas sur le droit lui-même, à moins qu'il n'ait été atteint par la prescription. — Cons. d'Et., 12 avr. 1870, Dupin, [Leb. chr., p. 455]

§ 3. Difficultés relatives à l'exécution des arrêtés.

1294. — En déclarant que les arrêtés des conseils de préfecture « sont exécutoires », la loi de 1889 a tranché définitivement une controverse qui a existé longtemps en jurisprudence et en doctrine. On s'était en effet demandé, à maintes reprises, si les arrêtés des conseils de préfecture avaient, au point de vue de la force exécutoire, les mêmes effets que les jugements des tribunaux judiciaires. A cette question s'en rattachait une autre, celle de savoir si les conseils de préfecture pouvaient connaître des difficultés relatives à l'exécution de leurs décisions.

1295. — Si la première de ces deux questions est aujourd'hui formellement résolue par le législateur, il n'en est pas de même de la seconde qui, nous allons le voir, demeure régie par les principes généraux de notre droit public, et qui touche à une des applications de ces principes est particulièrement délicate. Cependant, nous estimons que ces deux questions sont assez étroitement liées l'une à l'autre pour ne pouvoir être séparées, et nous allons les examiner l'une à côté de l'autre, tout comme si la première pouvait de nos jours se trouver à résoudre encore. A un autre point de vue, il n'est pas sans utilité de rappeler les anciennes controverses, bien qu'elles n'aient plus aujourd'hui qu'un intérêt historique.

1296. — D'abord, les conseils de préfecture pouvaient-ils donner force exécutoire à leurs arrêtés? D'après un premier système, les tribunaux administratifs devaient se borner à reconnaître les droits : ils ne pouvaient prescrire les mesures effectives destinées à consacrer ces droits. Ainsi, il résulte d'un arrêt du Conseil d'Etat que le conseil de préfecture pouvait décider, par interprétation des titres d'adjudication d'un domaine national, s'il avait été ou non vendu avec les servitudes dont il était grevé; mais qu'il ne pouvait, par suite de son arrêté, ordonner le rétablissement des lieux dans l'état où ils étaient à l'époque de la vente, et notamment le rétablissement provisoire des chemins qui auraient pu exister. — Cons. d'Ét., 24 mars 1819, Malafosse, [S. chr., P. adm. chr.] — Mais la solution inverse paraissait contenue dans deux arrêts du 10 févr. 1816, Bentz, [S. chr., P. adm. chr.] rendus dans une espèce analogue. Dans l'un comme dans l'autre cas, le conseil de préfecture était appelé à interpréter une vente administrative, à décider si un chemin dont s'était emparé l'adjudicataire d'un domaine national, avait fait partie de son adjudication. Or, dans l'arrêt de 1816, le Conseil d'État décidait que le conseil de préfecture était compétent pour ordonner le rétablissement du chemin, c'est-à-dire l'exécution de sa décision, tandis que, dans l'autre espèce ci-dessus, il décidait que le conseil de préfecture n'avait pu ordonner cette exécution. La question, il est vrai, se trouvait ici mélangée d'une question de servitude sur le fond de laquelle il paraît que les parties étaient divisées, indépendamment du point de savoir si cette servitude avait été, ou non, comprise dans la vente administrative. Mais cette question ne faisait pas obstacle au rétablissement provisoire des lieux dans leur premier état. Il restait donc entre les deux décisions une sorte d'opposition qui appelle l'examen du principe qui en formait la base.

1297. — Soit que l'on considère les conseils de préfecture comme des tribunaux d'exception, soit qu'on les regarde comme constituant, dans l'ordre administratif, une justice parallèle à celle des tribunaux ordinaires, toujours est-il qu'il faut reconnaître que leurs arrêtés produisent tous les effets des jugements ordinaires; ils deviennent, dès qu'ils sont rendus, la propriété des parties qui les ont obtenus; ils fondent des droits acquis; ils acquièrent l'autorité de la chose jugée (V. *suprà*, n. 1264 et s.); ce sont de véritables jugements administratifs. Or, si, dans le cercle de leurs attributions, les conseils de préfecture ont pour les affaires administratives la même autorité que les tribunaux ordinaires pour les affaires civiles, ou est nécessairement conduit à admettre, par voie de conséquence, qu'ils doivent avoir le même pouvoir que les tribunaux civils pour ordonner l'exécution de leurs arrêtés. Aussi ce principe avait-il été proclamé, dès l'origine en quelque sorte de l'institution des conseils de préfecture, par l'avis du 16 therm. an XII, qui a été inséré au *Bulletin des lois* : « Considérant, porte cet avis, que les administrateurs auxquels les lois ont conféré, pour les matières qui y sont désignées, le droit de prononcer des condamnations, ou de décerner des contraintes, sont de véritables juges dont les actes doivent produire les mêmes effets, et *obtenir la même exécution que ceux des tribunaux ordinaires; et que ces actes ne peuvent être l'objet d'aucun litige devant ces tribunaux* sans troubler l'indépendance de l'autorité administrative, garantie par les constitutions de l'Empire français ». — Ce dernier motif surtout, nous paraît péremptoire et l'on ne pouvait, ce nous semble, dénier aux conseils de préfecture le droit d'ordonner l'exécution de leurs arrêtés, sans porter atteinte au principe fondamental de la séparation des pouvoirs administratif et judiciaire. Comment, en effet, serait-il possible, à moins de subordonner à chaque instant l'exercice de l'action administrative à l'autorité des tribunaux, d'admettre, par exemple, en matière de contributions directes, que les conseils de préfecture aient à décider si tel individu est ou non soumis à la contribution, ou s'il a été bien imposé, et qu'ils ne pourraient ni ordonner son inscription au rôle, ni autoriser des voies de contrainte contre lui; en matière de grande voirie, qu'ils aient à reconnaître si une construction a été élevée contrairement à l'alignement et aux règlements, et qu'ils ne pourraient pas prescrire sa démolition; en matière de travaux publics, qu'ils aient à juger les contestations entre les entrepreneurs et les particuliers, et qu'ils n'aient pas le droit de contraindre les uns ou les autres à l'exécution de la sentence rendue; en matière d'eaux et de rivières navigables, qu'ils aient à se prononcer sur les infractions aux règlements administratifs relatifs au libre cours des eaux, et qu'ils ne puissent pas les réprimer en ordonnant la destruction des ouvrages élevés en contravention à ces règlements, etc., etc.? — V. du reste, dans le sens de ces observations les motifs des arrêts des 17 avr. 1812, Rouvairois, [S. chr., P. adm. chr.] et 21 juin 1813, Urban, [S. chr., P. adm. chr.] — dans lesquels les arrêtés des conseils de préfecture sont entièrement assimilés aux jugements.

1298. — Une objection grave pouvait néanmoins se présenter : en règle générale, les jugements étant toujours réputés rendus par délégation de l'autorité souveraine, ne peuvent être mis à exécution qu'autant qu'ils sont précédés du même intitulé et suivis du même mandement exécutoire que les lois. Or, nous avons vu *suprà*, n. 1241 et s., que les arrêtés des conseils de préfecture ne sont pas revêtus de ces formules. Mais, dès 1809, la difficulté s'étant présentée, le ministre de la Justice adressa aux procureurs généraux, le 18 février, une circulaire par laquelle il fit connaître que les arrêtés des conseils de préfecture n'avaient pas besoin, pour être mis à exécution, d'être précédés de l'intitulé, et suivis du mandement d'exécution exigé pour les jugements des tribunaux. L'absence de cet intitulé et de ce mandement ne saurait, ajoutait le ministre, dispenser les huissiers de prêter leur ministère lorsqu'ils en sont requis; ils doivent mettre à exécution les actes de l'autorité administrative tels qu'ils sont présentés. Cette doctrine a été depuis solennellement consacrée par un avis des comités réunis de l'intérieur et du contentieux du Conseil d'État, en date du 5 févr. 1826, et rendu au rapport de M. Cormenin. Cet avis, qu'adopte entièrement M. Serrigny (n. 944), porte même qu'il y aurait de l'inconvénient à revêtir les décisions des conseils de préfecture de la même formule que les jugements des tribunaux ordinaires, en ce que cela pourrait conduire à dénaturer l'institution des conseils de préfecture. — V. Laferrière, *Jurid. admin.*, t. 1, p. 333 et s.

1299. — En matière d'interprétation de contrats, surtout entre particuliers, la question peut, il est vrai, paraître plus délicate, en ce qu'une fois l'interprétation donnée, l'intérêt administratif disparaît en quelque sorte, et qu'il n'y a plus en présence que deux intérêts privés, celui de la partie au profit de laquelle l'interprétation a eu lieu, et celui de l'adversaire auquel la même interprétation peut préjudicier. Or, pourrait-on objecter, cette interprétation ne fait que constituer un nouveau titre qui, ne présentant plus d'obscurité, rentre dans la catégorie de ceux dont l'exécution appartient essentiellement aux tribunaux civils. Mais cette objection ne serait que spécieuse, car le principe reste le même, et, du moment que l'on admet que l'interprétation d'un titre administratif douteux et le jugement de la contestation née à ce sujet appartiennent à la justice administrative, il faut nécessairement, et à moins de subordonner cette interprétation et l'efficacité de la décision rendue au pouvoir des tribunaux, reconnaître à la juridiction dont elle émane le pouvoir de la faire exécuter.

1300. — Seulement, il doit rester bien entendu que cette décision n'a force exécutoire et effet de chose jugée, qu'en ce qui touche le point douteux dont l'administration avait à connaître; pour tout ce qui pourrait toucher, soit à l'interprétation d'anciens titres, soit à l'application des règles du droit civil, la contestation reste entière, et rien ne s'oppose à ce qu'elle soit de nouveau jugée par les tribunaux. Il y aurait là matière à une opposition judiciaire aux voies et moyens employés pour l'exécution de la sentence administrative; mais voilà tout; et en attendant l'issue du nouveau procès, la décision administrative resterait avec la force et les effets que doit avoir tout jugement qui a l'autorité de la chose jugée.

1301. — Nous sommes maintenant conduits à examiner si les conseils de préfecture peuvent, de même que les tribunaux civils, connaître des difficultés élevées sur l'exécution de leurs décisions. A cet égard, il existe une assez grande divergence entre les auteurs et la jurisprudence du Conseil d'État. Un arrêt du Conseil d'État du 22 août 1838, Laperrière, [S. 39 2.362, P. adm. chr.] décide que les conseils de préfecture étant une juridiction d'exception ne peuvent connaître de l'exécution de leurs jugements, et que, notamment, ils ne peuvent déclarer qu'un de leurs précédents arrêtés a été suffisamment exécuté. « Du principe, dit M. Cormenin (t. 1, p. 200) qu'ils ne sont que des juges d'exception, il suit que l'exécution de leurs arrêtés ne leur appartient pas, mais au juge ordinaire et territorial, à moins que la loi ne l'ait réglé autrement ». — V. encore Macarel, *Trib. admin.*, n. 236; Dufour, t. 1, n. 88.

1302. — Mais cette doctrine est vivement contestée. C'est à tort, dit-on d'abord, que les conseils de préfecture sont qualifiés de tribunaux exceptionnels. Pour qu'il en fût ainsi, il faudrait qu'ils eussent des attributions judiciaires détachées de celles conférées aux tribunaux ordinaires. Or, cela n'est pas. Ce sont des corps administratifs placés dans une sphère de pouvoir séparée et distincte de l'autorité judiciaire; ils exercent une juridiction parallèle et non accessoire à celle des tribunaux civils. Le motif sur lequel on s'appuie pour les déclarer impuissants à connaître de l'exécution de leurs décisions est donc complètement dénué de fondement. Sans doute, poursuit-on, lorsque l'exécution des arrêtés des conseils de préfecture se résout en actes qui, par leur nature, ne sont autres qu'une application des règles du droit commun, les difficultés qui naissent de l'exécution de ces actes doivent être portées devant les tribunaux ordinaires, et cela en vertu du principe général qui réserve aux juges civils l'application des règles de la procédure et du droit commun. — Mais lorsque l'exécution d'un arrêté doit se traduire en faits dont l'appréciation appartient à la juridiction administrative, les tribunaux ordinaires deviennent évidemment incompétents, et le fait dément journellement la théorie que l'on cherche à faire prévaloir. C'est ainsi que, lorsque le conseil de préfecture a statué sur une réclamation formée par un contribuable contre sa cote de contribution directe, lorsqu'il a été appelé à prononcer sur le sens et l'exécution d'un marché de travaux publics, lorsqu'il a annulé ou confirmé des élections communales, etc., les nouvelles difficultés que ses décisions peuvent faire naître reviendront forcément devant lui. — V. dans ce sens Serrigny, t. 2, n. 942; Chauveau, *Princ. de compét. et de jurid. admin.*, n. 731 et s. — V. *suprà*, v° *Compétence administrative*, n. 814.

1303. — Quant à nous, la distinction introduite par ces auteurs nous semble résulter de la nature même des choses, et être le seul moyen de concilier et de maintenir chacun dans sa sphère d'action, le pouvoir administratif et le pouvoir judiciaire. Sans contredit, l'action administrative doit être à l'abri de toute entrave de la part de l'autorité judiciaire; elle doit avoir le pouvoir nécessaire pour faire exécuter ses décisions dans le sens et l'esprit où elle les a rendues; mais lorsque cette exécution doit se traduire en une atteinte matérielle portée aux personnes ou aux propriétés placées sous la protection des lois civiles, les tribunaux, gardiens véritables des droits des citoyens, doivent intervenir et juger toutes les difficultés qui peuvent s'élever sur les voies d'exécution forcée employées par l'administration.

1304. — C'est en ce sens qu'il a été jugé que les conseils de préfecture sont en principe incompétents pour connaître des difficultés relatives à l'exécution forcée proprement dite de leurs arrêtés. Les tribunaux judiciaires constituent la juridiction de droit commun en matière de voies d'exécution et ont seuls qualité pour juger ces questions; à moins que, pour trancher la difficulté il ne soit nécessaire d'apprécier un acte administratif. — Cons. d'Et., 31 mars 1847, Pinson, [Leb. chr., p. 161] — V. Serrigny, t. 3, p. 163.

1305. — Mais au cas où les difficultés relatives à l'exécution de ces arrêtés sont susceptibles, ainsi qu'il vient d'être dit, d'être déférées à la juridiction administrative, il a été jugé que, lorsque ces difficultés concernent l'exécution d'un arrêté du conseil de préfecture confirmé par arrêt du Conseil d'Etat, elles doivent être portées devant le conseil de préfecture, et ne peuvent être déférées directement au Conseil d'Etat. — Cons. d'Et., 15 mars 1855, Boulland, [P. adm. chr.] — V. *suprà*, v° *Conseil d'Etat*, n. 1283 et s.

§ 4. *Hypothèque.*

1306. — En déclarant formellement (art. 49) que les arrêtés des conseils de préfecture emportent hypothèque, la loi de 1889 a consacré la jurisprudence antérieure, fondée sur les avis du Conseil d'Etat des 16 therm. an XII, 29 oct. 1811 et 24 mars 1812. Mais, pour que l'arrêté produise cet effet, il est nécessaire que l'intéressé procède à l'inscription de son hypothèque sur les immeubles de la partie condamnée.

1307. — Le sursis à l'exécution ne fait pas obstacle à l'inscription de l'hypothèque, qui est un acte purement conservatoire. — Cons. d'Et., 12 janv. 1850, Jam, [P. adm. chr.]

§ 5. *Effets des condamnations prononcées contre l'Etat, les départements ou les communes.*

1308. — Les condamnations prononcées contre l'Etat, les départements et les communes ne comportent pas les mesures d'exécution prévues par le droit commun. Elles ne peuvent être poursuivies que par la voie administrative. — V. Laferrière, *Jurid. admin.*, t. 1, p. 302 et s. — V. *suprà*, v° *Conseil d'Etat*, n. 1288 et s.

CHAPITRE VII.

NOTIFICATION DES ARRÊTÉS.

Section I.

Définition et but de la notification.

1309. — On désigne sous le nom de notification, dans la procédure administrative, l'acte qui a pour but de porter une décision à la connaissance personnelle des parties. C'est, en effet, un principe général de droit que les parties ne sont pas censées connaître le jugement qui les condamne, par cela seul que le prononcé de ce jugement a eu lieu publiquement à l'audience et alors même qu'elles y auraient assisté ou s'y seraient fait représenter. La loi du 22 juill. 1889 a appliqué ce principe; les délais d'appel ne courent que du jour de la notification, et l'exécution forcée d'une décision ne peut être poursuivie avant la mise en demeure à la partie condamnée d'exécuter volontairement, mise en demeure qui résulte de la notification (L. 22 juill. 1889, art. 52, 57).

1310. — Mais la nécessité d'une notification ne s'impose pas pour toutes les décisions prises au cours d'une instance par le conseil de préfecture. Ainsi les arrêtés qui ordonnent une expertise, une visite de lieux ou une enquête, pour être mis à exécution, n'ont besoin d'être portés à la connaissance des intéressés que suivant les formes particulières tracées par la loi pour ces moyens de vérification (L. de 1889, art. 15, 25 et 28) (V. *suprà*, n. 439 et s., 615, 690 et s.). C'est, en effet, le juge chargé de diriger l'instruction qui doit veiller et présider à l'exécution de ces mesures, sans attendre les significations adressées à la requête des parties en cause; c'est en son nom et par son ordre que sont notifiés les avertissements ou invitations nécessaires à la validité de la procédure. — Teissier et Chapsal, p. 388.

1311. — Il convient cependant de faire remarquer que la notification faite par l'intermédiaire du secrétaire-greffier n'a que le caractère d'un simple avertissement qui ne contient pas nécessairement le texte complet de la décision intervenue; il ne saurait donc remplacer la notification émanant des parties pour faire courir le délai d'appel dans le cas où l'arrêté d'avant faire droit serait susceptible d'être attaqué indépendamment de l'arrêté sur le fond du litige, ou le délai d'opposition dans le cas où il aurait été rendu par défaut. — Teissier et Chapsal, *loc. cit.*

Section II.

Formes de la notification.

1312. — Il avait été constamment reconnu, avant la loi de 1889, qu'un envoi officiel de l'arrêté ne remplaçait pas la signification, et que, pour que le délai du pourvoi au Conseil d'Etat coure contre la décision d'un conseil de préfecture, cette décision devait être notifiée par huissier. — Cons. d'Et., 17 avr. 1812, Rouvacrolis, [S. chr., P. adm. chr.]; — 13 juin 1821, Habitants de la Mouline, [S. chr., P. adm. chr.]

1313. — La notification faite par l'adjoint d'un maire était insuffisante, même lorsqu'il s'agissait d'une instance entre les différentes sections d'une commune et que c'était aux habitants d'une de ces sections, en général, que la signification était faite. — Cons. d'Et., 13 juin 1821, précité. — V. aussi Cons. d'Et., 30 mai 1821, Ville de Tarascon, [S. chr., P. adm. chr.] — De même, MM. Serrigny (*Organ. et comp.*, t. 1, n. 299 et s.), Husson (*Trav. publ. et voirie*, 2° édit., p. 76), Cormenin (t. 1, p. 53 et s.), et Foucart (t. 3, n. 373 et s.), étaient d'accord pour enseigner que les arrêtés rendus par les conseils de préfecture devaient être signifiés par ministère d'huissier, et ils ne reconnaissaient pas d'exception à cette règle, que lorsque la signification était faite à la requête de l'Etat. Mais cette opinion était rejetée par le Conseil d'Etat, qui jugeait notamment qu'un arrêté d'un conseil de préfecture portant condamnation contre un particulier en matière de voirie vicinale était valablement signifié au condamné par le ministère du garde champêtre à la requête de la commune intéressée. — Cons. d'Et., 6 janv. 1853, Jacquet, [P. adm. chr.]; — ... et que la notification d'un arrêté du conseil de préfecture, condamnant un individu à l'amende pour contravention aux règlements sur la police du roulage lui était valablement faite par un cantonnier-chef; qu'en pareille matière, le ministère des huissiers n'était nullement nécessaire. — Cass., 15 juill. 1851, Abadie, [S. 51.1. 590, P. 51.2.543, D. 51.1.223] — Chauveau (C. inst. admin., p. 133, n. 189), ajoutait que la notification pourrait être encore valablement faite par un autre agent de l'administration. — V. suprà, v° *Conseil d'Etat*, n. 747 et s.

1314. — D'ailleurs, il était admis que lorsqu'une partie avait reconnu dans un acte extrajudiciaire avoir reçu la notification d'un arrêté du conseil de préfecture à elle adressée par le maire, cette reconnaissance emportait contre cette partie tous les effets d'une signification par huissier. — Cons. d'Et., 24 mai 1817, Corompt, [S. chr., P. adm. chr.] — V. Cons. d'Et., 17 juill. 1816, Brion, [S. chr., P. adm. chr.]

1315. — À la différence de la législation antérieure, la loi du 22 juill. 1889 a réglé elle-même les formes de la notification. Toute décision est notifiée aux parties à leur domicile réel dans la forme administrative, par les soins du préfet, lorsque l'instance a été engagée par l'Etat ou contre lui, et lorsque le conseil de préfecture a prononcé en matière répressive, sans préjudice pour le droit de la partie de faire la notification par exploit d'huissier. Dans les autres cas, la notification est faite par exploit d'huissier (L. 22 juill. 1889, art. 51). Ainsi la loi établit un mode différent, alors que la notification est faite au nom de l'Etat, ou bien au nom des autres personnes morales et des particuliers.

1316. — Lorsque l'instance a été engagée par l'Etat ou contre lui, la notification au nom de l'Etat se fait par voie administrative. C'est au préfet, représentant de l'Etat devant la juridiction du premier degré, qu'il appartient de faire notifier aux parties adverses les décisions intervenues, sans qu'il y ait lieu de distinguer si l'Etat a été demandeur ou défendeur dans l'instance. Mais l'Etat peut renoncer à ce privilège et employer la signification par huissier. — Teissier et Chapsal, p. 390, note 3. — V. suprà, v° *Conseil d'Etat*, n. 777 et s.

1317. — On peut se demander quel est le sens exact de l'expression « l'Etat ». M. Brémond (*Rev. gén. d'adm.*, 1891, t. 1, p. 428) n'admet pas que le préfet ou que le sous-préfet puisse être considéré comme représentant l'Etat en matière d'ateliers dangereux, insalubres ou incommodes, mais qu'au contraire, les agents des contributions indirectes représentent l'Etat lorsqu'ils discutent avec les débitants les conditions de l'abonnement. Il pourra donc y avoir lieu à notification administrative dans le second cas, et non dans le premier.

1318. — La loi prescrit également la notification par la voie administrative des arrêtés rendus en matière répressive, c'est-à-dire dans les instances relatives aux contraventions. C'est, en effet, au nom de l'Etat, gardien du domaine public, qu'est poursuivie la répression de ces contraventions. Il était par conséquent logique de ne point exiger l'intervention d'un huissier.

1319. — Que faut-il décider en ce qui concerne les notifications des arrêtés rendus en matière de logements insalubres? Bien que les instances auxquelles donne lieu l'application de la loi du 13 avr. 1850 ne rentrent pas dans la matière répressive et ne soient pas introduites par le préfet, il y a lieu d'admettre que, les communes n'étant point parties en cause pas plus que le département, la notification peut être faite par voie administrative. — Teissier et Chapsal, p. 391.

1320. — Cette notification se fait au moyen d'une lettre remise aux intéressés par un agent dépendant de l'autorité administrative : elle fait courir le délai de l'appel aussi bien contre l'Etat de qui elle émane que contre la partie à qui elle est signifiée (V. L. 22 juill. 1889, art. 59).

1321. — Cette lettre doit renfermer toutes les mentions essentielles exigées pour les significations par huissier. Ainsi elle doit être datée (Teissier et Chapsal, p. 389). Toutefois, l'omission de la date n'entraînerait pas nullité si l'époque de la notification pouvait être prouvée par un autre moyen. — Cons. d'Et., 10 mars 1865, Maillot, [S. 65.2.317, P. adm. chr.]; — 14 juill. 1876, Ronzié, [Leb. chr., p. 679]

1322. — La lettre de notification doit en outre être accompagnée d'une copie contenant non seulement le dispositif, mais le texte complet de la décision. — Cons. d'Et., 8 oct. 1882, Lahay, [Leb. chr., p. 596]

1323. — La partie délivre récépissé de cette notification. A défaut de ce récépissé, l'agent administratif doit dresser un procès-verbal mentionnant les circonstances dans lesquelles la notification a été faite aux intéressés.

1324. — En présence des termes de l'art. 7, L. 22 juill. 1889, il y a lieu d'appliquer aux notifications administratives la règle de droit commun, en vertu de laquelle la preuve de la signification ne peut résulter que de la production de l'original de cette signification. Le récépissé de la notification administrative, ou à son défaut le procès-verbal dressé par l'agent notificateur, peuvent seuls faire foi et déterminer le point de départ du délai du recours. — Teissier et Chapsal, *loc. cit.*

1325. — Et il n'y a plus lieu d'admettre, comme le faisait la jurisprudence antérieure, que la preuve de la notification pourrait résulter de tout acte, même d'un simple certificat émanant d'un fonctionnaire et constatant que la notification avait été réellement effectuée. — Teissier et Chapsal, *loc. cit.* — V. sur la notification administrative, *suprà*, v° *Conseil d'Etat*, n. 794 et s.

1326. — L'art. 51 porte que la notification doit être faite au domicile réel des parties : elle ne peut donc être faite au domicile de leur mandataire. Le mandat « ad litem » prend fin, en effet, dès que l'arrêté est rendu. — V. *suprà*, v° *Conseil d'Etat*, n. 810 et s.

1327. — Il en résulte que la notification d'un arrêté du conseil de préfecture à l'officier ministériel chargé de représenter une partie devant ce conseil, ne peut faire courir le délai d'appel. — Cons. d'Et., 7 janv. 1869, Flasselière, [S. 70.2.30, P. adm. chr.]; — 11 avr. 1872, Flasselière, [Leb. chr., p. 224]; — 5 déc. 1873, Martin et Bourdillon, [Leb. chr., p. 917]

1328. — En cas d'absence de la partie de son domicile, ou au cas où la partie n'a ni domicile, ni résidence connus en France, on doit appliquer par analogie à la notification administrative les règles tracées par le Code de procédure civile pour les significations faites par ministère d'huissier (C. proc. civ., art. 68 et 69). — V. Cons. d'Et., 7 août 1874, Ville de Paris, [Leb. chr., p. 845]; — 27 févr. 1885, Ville de Roubaix, [Leb. chr., p. 258] — V. *infrà*, v° *Exploit*.

1329. — La prescription de l'art. 51, d'adresser la notification au domicile réel des parties, n'a pour objet que d'écarter la notification donnée au domicile élu et, par conséquent, n'exclut pas celle faite à personne, qui est de droit commun en procédure civile, et qui, plus que tout autre mode, assure que la partie a eu connaissance de la décision. — Teissier et Chapsal, *loc. cit.*

1330. — Lorsque la notification est faite au nom d'un particulier ou d'une personne morale autre que l'Etat, telle qu'un département, une commune ou un établissement public, la loi exige la signification par exploit d'huissier. A une certaine époque, cependant, la notification par voie administrative était admise pour les départements et communes. — Chauveau et Tambour, *C. d'instr. admin.*, t. 1, n. 180 et s. — V. *suprà*, v° *Conseil d'Etat*, n. 755 et s.

1331. — L'exploit d'huissier doit être rédigé suivant les formes prescrites par la validité et la régularité des exploits de cette nature par le Code de procédure civile (art. 61 et 1039, C. proc. civ.). — Teissier et Chapsal, p. 392. — V. *infrà*, v° *Exploit*.

1332. — La notification doit, pour avoir effet, émaner de l'une des personnes parties dans l'instance et intéressées à poursuivre l'exécution de la décision intervenue ou à faire courir les délais pour l'attaquer. La notification n'est donc point valable si elle émane d'une personne étrangère au litige. — Cons. d'Et., 12 déc. 1861, Hospices de Troyes, [P. adm. chr.]

1333. — Ainsi, dans une contestation entre une commune et un particulier, la notification faite par l'administration supérieure n'a pas pu faire courir le délai de l'appel contre l'arrêté attaqué. — Cons. d'Et., 19 déc. 1873, Chevaux, [S. 75.2.309, P. adm. chr., D. 74.3.95]; — 2 févr. 1877, Lefebvre Deunier, [S. 77.2. 341, P. adm. chr., D. 77.3.48]; — 9 nov. 1888, Commune de Sanevino, [Leb. chr., p. 822] — *Sic*, Ducrocq, *Dr. admin.*, t. 1, n. 279.

1334. — La raison de décider en ce sens est que la notification n'a pas pour seul but de communiquer la décision à la partie perdante; elle constitue en outre une mise en demeure d'exécuter la décision ou d'en provoquer l'annulation, et cette mise en demeure ne peut valablement émaner que d'une partie intéressée. — Teissier et Chapsal, *loc. cit.*

1335. — Il importe donc que l'acte par lequel une décision est notifiée contienne l'indication précise du nom de la personne de qui la notification émane et de la qualité en laquelle elle agit. — Teissier et Chapsal, *loc. cit.*

1336. — On admet que les notifications faites à la requête des personnes morales peuvent être signifiées par leurs représentants ou agents en leur nom personnel. — Cons. d'Ét., 3 déc. 1880, Ernaud et Raffin, [Leb. chr., p. 967]

1337. — Lorsqu'il y a plusieurs cointéressés dans la même instance, la notification faite par l'un d'eux ne fait pas courir le délai d'appel en faveur des autres, à moins qu'il n'y ait entre eux solidarité ou indivisibilité. — Cons. d'Ét., 13 août 1832, Héritiers Lucot, [S. 53.2.166, P. adm. chr.]; — 10 janv. 1861, Artigues, [P. adm. chr.]

1338. — La notification doit être faite à chacune des personnes qui ont figuré dans l'instance et contre lesquelles on veut poursuivre l'exécution de la décision intervenue ou faire courir les délais de recours. Il faut donc autant d'actes de notification qu'il y a de parties ayant un intérêt distinct. — Teissier et Chapsal, p. 393.

1339. — Mais s'il existe entre les parties un intérêt commun ou un lien de droit indivisible, la notification adressée à l'une d'elles produit effet à l'égard de toutes les autres. — Cons. d'Ét., 30 nov. 1850, Chavelon, [Leb. chr., p. 893]; — 6 janv. 1853, Didion, [Leb. chr., p. 42]

1340. — Lorsque la décision concerne des incapables, comme par exemple des mineurs, des interdits, des femmes mariées, elle est notifiée à leurs représentants légaux conformément aux règles du droit civil. — Cons. d'Ét., 3 déc. 1857, Douard, [Leb. chr., p. 755] — *Sic*, Serrigny, *Compét. adm.*, t. 1, p. 399.

1341. — Il n'est pas dérogé, par les dispositions qui précèdent, aux règles spéciales établies pour la notification des décisions en matière de contributions directes et de taxes assimilées (L. 22 juill. 1889, art. 51, *in fine*). — V. *infra*, v° Contributions directes.

1342. — Cette exception s'applique non seulement aux taxes complètement assimilées, mais aussi aux taxes dont l'assiette n'appartient pas à l'administration des contributions directes. — Teissier et Chapsal, p. 395 et s.

1343. — Mais lorsqu'il s'agit de ces dernières, il n'est pas nécessaire, pour l'envoi des notifications, de les faire parvenir par l'intermédiaire du service des contributions directes : il suffit que l'administration charge un de ses agents de faire la signification. — Teissier et Chapsal, *loc. cit.*

1344. — Exception est faite également aux règles étudiées ci-dessus, lorsqu'il s'agit des notifications à faire en matière électorale (L. 22 juill. 1889, même art.). — Teissier et Chapsal, *loc. cit.*

1345. — Enfin, nous rappelons que la règle qui exige la signification par huissier n'est applicable qu'aux jugements définitifs et non aux jugements avant faire droit. — Brémond, *op. et loc. cit.* — V. *suprà*, n. 1310.

CHAPITRE VIII.

VOIES DE RECOURS CONTRE LES ARRÊTÉS.

1346. — Trois voies de recours sont ouvertes contre les arrêtés des conseils de préfecture. Ce sont l'opposition, l'appel et la tierce-opposition.

1347. — Le recours en révision, qui existe en procédure civile, et qui est également organisé devant le Conseil d'État par le décret du 22 juill. 1806, est spécial aux juridictions de dernier ressort; aussi n'est-il point possible devant les conseils de préfecture.

1348. — Dans l'origine, le Conseil d'État avait pensé que la voie de la requête civile devait être admise contre les arrêtés rendus par les conseils de préfecture et il avait jugé en ce sens dans une espèce où il s'agissait de dol de la part d'une des parties. — Cons. d'Ét., 3 janv. 1813, Nugon, [S. et P. adm. chr.] — Mais depuis il a jugé avec raison que cette voie de recours n'est point ouverte devant les conseils de préfecture, la requête civile n'étant admise que comme moyen extrême contre les jugements rendus en dernier ressort. — V. notamment, Cons. d'Ét., 1er nov. 1820, Denizot, [S. chr., P. adm. chr.]; — 24 oct. 1827, Auclerc, [S. chr., P. adm. chr.]; — 4 mai 1835, Michelet, [P. adm. chr.] — V. encore Chevalier, t. 2, p. 372, sect. 3, § 3;

Cormenin, t. 1, p. 198; Serrigny, *Compét. et proc. adm.*, t. 2, n. 937. — V. en sens contraire, *Elém. de jurispr. adm.*, t. 1, p. 23, n. 47.

1349. — Les arrêtés des conseils de préfecture ne sont donc pas susceptibles d'être réformés par voie de requête civile. Spécialement, les pièces nouvellement recouvrées ne doivent être que des moyens d'appel devant le Conseil d'État. — Cons. d'Ét., 1er nov. 1820, précité. — V. *suprà*, n. 1251.

1350. — En aucun cas non plus, les arrêtés du conseil de préfecture ne peuvent être réformés, ni modifiés par un ministre, préfet, ou tout autre fonctionnaire. — Cons. d'Ét., 22 oct. 1810, Liborel, [P. adm. chr.]; — 9 janv. 1812, Plumier, [S. chr., P. adm. chr.]; — 24 déc. 1828, Zethener, [P. adm. chr.]; — 8 janv. 1836, Prudhomme, [P. adm. chr.] — ... Alors même que le conseil de préfecture aurait empiété sur ses attributions. — Cons. d'Ét., 25 janv. 1813, Pellerin, [S. chr., P. adm. chr.]

1351. — De même encore, les arrêtés du conseil de préfecture deviennent inattaquables s'ils ont servi de base à des jugements passés en force de chose jugée. — Cons. d'Ét., 28 avr. 1813, Patru, [S. chr., P. adm. chr.]; — 18 juill. 1836, Villebois, [P. adm. chr.] — V. encore Chevalier, v° *Procédure*, t. 2, p. 337, sect. 1, § 4. — ... Sauf, bien entendu, le droit que conserve toujours le ministre de provoquer l'annulation de l'arrêté, même passé en force de chose jugée, dans le seul intérêt de la loi. — V. notamment Cons. d'Ét., 3 sept. 1836, Min. de l'Int., [S. 37.2.63, P. adm. chr.]; — 8 févr. 1838, Min. des Fin., [S. 38.2.272, P. adm. chr.]

Section I.

Opposition.

1352. — Les arrêtés non contradictoires ou par défaut, rendus par les conseils de préfecture en matière contentieuse, peuvent être attaqués par la voie de l'opposition (L. 22 juill. 1889, art. 52).

1353. — Devant les conseils de préfecture, il n'y a pas à faire de distinction analogue à celle qui se présente en procédure civile entre les jugements par défaut faute de comparaître, et les jugements par défaut faute de conclure.

1354. — Cette question a été soulevée dans une affaire qui a donné lieu à un arrêt du Conseil d'État du 28 juill. 1876, Chemin de fer de Paris-Lyon-Méditerranée, [S. 78.2.280, P. adm. chr., D. 77.3.1] — Cet arrêt a reconnu que, lorsqu'un ministre n'a produit aucune défense devant le conseil de préfecture, la lettre par laquelle il a fait connaître au président de ce conseil son intention de faire défaut, ne pouvant avoir pour effet de donner à l'arrêté intervenu un caractère contradictoire, l'opposition du ministre à cet arrêté est recevable tant qu'il n'a pas reçu d'exécution. La compagnie du chemin de fer soutenait, dans l'espèce, qu'il y avait lieu d'étendre aux juridictions administratives la distinction faite par les art. 157 et 158, C. proc. civ., entre les jugements par défaut faute de comparaître, contre lesquels l'opposition est recevable jusqu'à l'exécution, et les jugements par défaut faute de conclure qui ne peuvent être frappés d'opposition que dans la huitaine de leur signification à avoué. Dans ce système, il y aurait lieu d'assimiler à ces derniers jugements les arrêtés de conseils de préfecture lorsque la partie aurait prouvé, d'une manière quelconque, qu'elle avait connu l'instance, et l'opposition à ces arrêtés ne pourrait, dès lors, être reçue que dans la huitaine de leur signification. Mais la procédure administrative, qui n'admet pas le ministère d'avoué, paraît inconciliable avec une pareille théorie, et il est de jurisprudence constante que l'opposition aux arrêtés par défaut des conseils de préfecture est recevable, tant que ces arrêtés n'ont pas été exécutés. — V. Cons. d'Ét., 26 nov. 1857, Donadieu, [P. adm. chr.]; — 27 févr. 1866, Petit, [S. 67.2.95, P. adm. chr.]

§ 1. Conditions de recevabilité de l'opposition.

1355. — L'opposition n'est recevable que contre les seuls arrêtés non contradictoires : il en résulte qu'elle n'est admise que de la part d'une partie ayant fait défaut. Or, trois conditions sont nécessaires pour qu'une partie puisse être réputée défaillante. Il faut qu'elle soit défenderesse, qu'elle ait été mise en cause, et qu'elle n'ait pas produit de défenses écrites.

1356. — 1° *L'opposition n'est recevable que de la part d'une* *partie défenderesse*. — Devant les tribunaux civils, le défaut du demandeur est possible lorsque son avoué ne comparaît pas à l'audience ; c'est ce qu'on appelle le défaut congé. Mais nous venons de dire que le défaut contre avoué n'a pas d'analogue devant les conseils de préfecture. Ce tribunal administratif, en effet, est toujours saisi par la requête du demandeur, et la décision rendue sur cette requête est toujours contradictoire à son égard, alors même que le demandeur n'aurait pas déposé depuis de nouvelles conclusions et n'aurait pas présenté d'observations orales à l'audience. — V. Cons. d'Et., 27 avr. 1844, Elect. de Falaise, [P. adm. chr.] ; — 4 mars 1868, Ayarsi, [Leb. chr., p. 242] ; — 8 août 1873, Doussemagne, [Leb. chr., p. 743] ; — 30 juin 1876, Moulin de Moissac, [Leb. chr., p. 619] ; — 2 févr. 1877, Martin, [Leb. chr., p. 126] ; — 23 nov. 1877, Beaupré, [Leb. chr., p. 915] — V. le rapport de M. Clément au Sénat.

1357. — Toutefois, M. Brémond (*Rev. gén. d'admin.*, 1891, t. 2, p. 40) émet l'avis que le défaut de la part du demandeur peut se concevoir lorsque la défense soulève des questions dont la requête introductive d'instance ne s'est pas occupée et que le demandeur n'a pas eu connaissance de ces moyens de défense. Nous répondrons que dans ce cas, l'arrêté serait irrégulier comme rendu sans qu'il y ait eu communication des défenses au demandeur (V. *suprà*, n. 324 et s.) ; il y aurait lieu dès lors à pourvoi devant le Conseil d'Etat. L'auteur que nous citons paraît exiger, en outre, pour que l'arrêté soit contradictoire, que le demandeur ait produit des réponses aux moyens soulevés par le défendeur. Pour nous, nous estimons qu'en pareil cas, lorsqu'il y a eu communication régulière, il n'est pas nécessaire que le demandeur ait répondu, point par point, à toutes les questions soulevées par son adversaire : ici l'arrêté ne sera susceptible ni d'opposition de la part du demandeur, ainsi que semble le croire M. Brémond, puisqu'il est contradictoire, ni de recours devant le Conseil d'État, puisqu'aucun vice n'est à reprocher dans la procédure.

1358. — 2º *Il faut que le défendeur ait été mis en demeure de produire ses défenses*. — Le cas le plus fréquent est celui où la demande est introduite, non par exploit d'huissier, mais par voie de requête : le défendeur n'est pas lié au procès par cela seul qu'il est visé dans cette requête ; il faut encore qu'elle lui ait été notifiée conformément aux art. 6 et 7 de la loi de 1889. C'est, en effet, le conseil de préfecture lui-même qui dirige l'instruction et qui détermine quelles parties doivent être liées à l'instance et qui ordonne ensuite que copie de la demande leur sera remise. En même temps, il leur adresse une mise en demeure d'avoir à produire leurs défenses dans un délai déterminé. Cette notification est faite par des agents de l'administration qui en retirent récépissé ou en dressent procès-verbal (V. *suprà*, n. 297 et s.). C'est à ce moment seulement que l'instance est liée. Alors le défendeur ne produit pas ses défenses peut être condamné par défaut, et il a ensuite pour faire tomber l'arrêté intervenu contre lui la voie de l'opposition.

1359. — Au contraire, la personne visée par la requête, mais non mise en demeure de produire des défenses par le conseil de préfecture, n'est pas partie au procès : l'arrêté qui intervient est, quant à elle, *res inter alios judicata*, et elle peut, s'il lui porte préjudice, l'attaquer par la voie de la tierce-opposition. — V. *infrà*, n. 1483 et s.

1360. — D'après ce qui précède, il a été décidé que doit être réputé par défaut non seulement l'arrêté rendu contre une partie qui n'a pas été appelée dans l'instance. — Cons. d'Et., 25 mars 1813, Lemaire, [P. adm. chr.] ; — 23 déc. 1813, Habitants de Saint-Chaptes, [S. chr., P. adm. chr.] ; — 16 juill. 1817, Raphaël Granger, [S. chr., P. adm. chr.] ; — 25 févr. 1818, Cruel, [S. chr., P. adm. chr.] ; — ... mais encore celui rendu sur une production qui n'a été ni signifiée, ni communiquée à cette partie. — Cons. d'Et., 18 janv. 1813, Domaines, [P. adm. chr.] — V. aussi Cons. d'Et., 6 févr. 1839, Silberzahn, [P. adm. chr.] ; — 3 janv. 1848, Legage, [P. adm. chr.] — Dufour, t. 1, n. 149 ; Serriguy, t. 2, n. 922.

1361. — 3º *Il faut que le défendeur mis en cause n'ait pas produit de défense écrite*. — Sont, en effet, considérés comme contradictoires, les arrêtés rendus sur les requêtes ou mémoires en défense des parties, alors même que les parties ou leurs mandataires n'auraient pas présenté d'observations orales à la séance publique (L. 22 juill. 1889, art. 53).

1362. — Il a été constamment jugé que, pour qu'un arrêté soit réputé contradictoire, il ne suffit pas que la partie ait été appelée, mais qu'il est de plus nécessaire qu'elle ait été entendue. — Cons. d'Et., 3 juin 1820, Papin, [P. adm. chr.] ; — 24 déc. 1828, Rativeau, [S. chr., P. adm. chr.] — Et sa défense doit avoir été produite dans le débat. Ainsi, il a été jugé qu'un arrêté de conseil de préfecture, rendu en 1818, qui visait un mémoire produit en l'an XII dans une contestation analogue, a dû être réputé par défaut contre la partie qui avait produit le mémoire en l'an XII. — Cons. d'Et., 29 août 1821, Chambaut, [S. chr., P. adm. chr.] — V. aussi *infrà*, n. 1383.

1363. — La comparution d'une partie à une expertise, et les dires insérés en son nom au procès-verbal, n'empêchent pas que l'arrêté rendu par suite par le conseil de préfecture soit considéré par défaut, lorsque d'ailleurs cet arrêté ne mentionne aucune défense de la part de la partie. — Cons. d'Et., 24 oct. 1827, Vº Jouy, [S. chr., P. adm. chr.] ; — V. aussi Cons. d'Et., 17 avr. 1822, Commune de Chassey-les-Scey, [S. chr., P. adm. chr.]

1364. — Toutefois, les parties pouvant comparaître par fondés de pouvoirs, les défenses produites par leurs mandataires régulièrement constitués seraient valables, et l'arrêté, par conséquent, réputé contradictoire. Mais l'arrêté est par défaut lorsque les parties établissent que le mémoire qui y est visé n'était signé ni par eux, ni par un fondé de pouvoirs régulièrement chargé, et qu'ils le désavouent entièrement. — Cons. d'Et., 10 juin 1831, Bourdet, [P. adm. chr.] ; — 8 févr. 1833, Lebœuf, [P. adm. chr.]

1365. — De même, s'il s'agit d'une personne morale, telle qu'une commune ou un établissement public, la défense doit nécessairement être produite par celui qui a mission pour la représenter.

1366. — Décidé, en conséquence, que les défenses d'une commune devant être présentées par le maire, et, à son défaut, par l'adjoint, ne peut y être suppléé par l'avis du sous-préfet. — Cons. d'Et., 16 mai 1827, Commune de Saint-Pée, [P. adm. chr.] — V. *suprà*, vº Commune, n. 874 et s.

1367. — Et le maire n'est réputé agir valablement au nom de la commune que lorsque les formalités prescrites ont été accomplies (V. *suprà*, vº *Autorisation de plaider*). Il en résulte qu'un arrêté du conseil de préfecture rendu contre une commune doit être réputé par défaut, bien que le maire ait été entendu dans ses dires et observations, si ce fonctionnaire n'avait pas été autorisé par le conseil municipal à se défendre à l'action de la commune, à la demande intentée contre elle. Dans ce cas, c'est par la voie de l'opposition devant le conseil de préfecture qu'un tel arrêté peut être attaqué, et non par recours direct au Conseil d'Etat. — Cons. d'Et., 18 janv. 1855, Commune d'Orgnac, [S. 55.2.435, P. adm. chr.]

1368. — Mais aux termes de l'art. 53 de la loi de 1889, qui a d'ailleurs confirmé la jurisprudence antérieure, dès qu'il y a réponse écrite à la requête, l'arrêté qui intervient ne peut plus être par défaut, alors même que sur une réplique du demandeur le défendeur n'aurait produit aucun nouveau mémoire pour en contester les conclusions. Ainsi, est contradictoire l'arrêté rendu après la production des moyens du défendeur, et une visite de lieux à laquelle le défendeur a assisté, bien qu'il n'y ait pas eu de nouvelles défenses à la suite de cette opération. — Cons. d'Et., 29 janv. 1841, Champigny, [S. 41.2.247, P. adm. chr.]

1369. — Devant l'autorité judiciaire, on réputé contradictoires les jugements et arrêts rendus sur les conclusions respectivement prises par les avoués des parties ; les qualités des jugements et arrêts font foi de ce qui se passe à cet égard. Il est rationnel que, devant les conseils de préfecture, le visa des mémoires produits par les parties soit le caractère distinctif des arrêtés contradictoires. — V. Chevalier, *Jurispr. admin.*, vº *Procédure*, t. 2, p. 370. — Aussi est-il de jurisprudence constante que l'arrêté doit être réputé contradictoire à l'égard de toutes les parties dont il vise les observations ou mémoires. — Cons. d'Et., 21 mai 1817, Corempt, [S. chr., P. adm. chr.] ; — 24 déc. 1818, Martel, [S. chr., P. adm. chr.] ; — 11 mars 1830, de Torcy, [P. adm. chr.] ; — 26 févr. 1840, Marcieu, [S. 40.2.330, P. adm. chr.] ; — 26 août 1842, Bazire, [S. 43.2.40, P. adm. chr.] ; — 23 déc. 1844, Wagner, [P. adm. chr.] ; — 13 févr. 1845, Canal de l'Ourcq, [P. adm. chr.] — ... Quand même le mémoire présenté par une partie aurait été adressé au préfet, considéré comme juge, au lieu de l'être au conseil de préfecture lui-même, si d'ailleurs ce conseil en a pris connaissance. — Cons. d'Et., 26 févr. 1840, précité.

1370. — Lorsque, dans une instance pendante devant le conseil de préfecture, une partie a produit un mémoire et des conclusions écrites, l'arrêté qui intervient est contradictoire à son égard, bien qu'elle n'ait pas usé de la faculté de présenter des observations orales à l'audience. — Cons. d'Et., 18 août 1869, Association des vidanges d'Arles, [S. 70.2.303, P. adm. chr.]; — 26 juin 1885, Guelpa, [S. 87.3.15, P. adm. chr., D. 87.3.9]

1371. — Ainsi encore, l'arrêté du conseil de préfecture qui a statué sur la réclamation d'une partie, mais sans mettre celle partie à même de présenter, devant le conseil, des observations orales, ainsi qu'elle en avait fait la demande, n'en est pas moins contradictoire à son égard, et ne peut, dès lors, être frappé par elle d'opposition. — Cons. d'Et., 7 juin 1865, Palvadeau, [S. 66.2.160, P. adm. chr., D. 67.3.58] — V. aussi Cons. d'Et., 26 janv. 1865, Desmet, [S. 63.2.317, P. adm. chr., D. 63.3.69]

1372. — Il en résulte également qu'un arrêté doit être considéré comme contradictoire, alors que les défendeurs ont produit des défenses écrites, mais qu'ayant demandé à présenter des observations orales ils n'ont pas été avertis du jour de l'audience. — Cons. d'Et., 22 juill. 1892, Solze, [Leb. chr., p. 652] — V. *suprà*, n. 986 et s.

1373. — En conséquence, le conseil de préfecture ne peut procéder lui-même à la révision d'une semblable décision, et c'est devant le Conseil d'Etat qu'elle doit être attaquée par la voie de l'appel. — Cons. d'Et., 16 mars 1888, Pasquet, [S. 90.3.18, P. adm. chr., D. 89.3.60]

1374. — Et l'arrêté ayant été ainsi rendu sur une procédure irrégulière, doit être annulé par le Conseil d'Etat. — Cons. d'Et., 7 juin 1865, précité; — 22 juin 1892, précité.

1375. — Si le mémoire en défense suffit, à défaut d'observations orales, pour faire considérer l'arrêté comme contradictoire, il n'en est pas de même des observations orales à défaut de défense écrite. — Cons. d'Et., 16 févr. 1878, Lutz, [S. 80.2.27, P. adm. chr., D. 78.3.68] — On peut toutefois citer en sens contraire un arrêté du 30 mars 1867, Loutral, [Leb. chr., p. 319]; mais il ne paraît pas devoir faire jurisprudence. Il serait en effet contraire au principe que la procédure devant les conseils de préfecture est essentiellement écrite. — V. néanmoins Chauveau et Tambour, *Code d'instr. admin.*, t. 1, p. 232 et s.; *Journ. de droit adm.*, t. 13, p. 433.

1376. — Dans le cas où un arrêté de conseil de préfecture a été considéré à tort comme rendu par défaut, le délai du recours au Conseil d'Etat contre la partie qui a formé opposition court à partir du jour où a été enregistrée à la préfecture la requête en opposition, dans laquelle l'arrêté était attaqué tant dans la forme qu'au fond. — Cons. d'Et., 26 juin 1885, précité. — V. aussi Cons. d'Et., 13 avr. 1863, Debruyère, [P. adm. chr.]

1377. — Du reste, le Conseil d'Etat semble généralement n'attacher aucune importance à la forme dans laquelle les observations écrites des parties ont pu se produire ; et tout ce que la jurisprudence permet de préciser, c'est qu'il suffit qu'elles témoignent de la présence de la partie au débat.

1378. — Ainsi décidé qu'on doit tenir pour contradictoire, l'arrêté d'un conseil de préfecture qui vise des exploits dans lesquels les parties ont développé les motifs de leur refus de se conformer à l'injonction qui leur avait été faite par l'autorité, de démolir un bâtiment soumis aux servitudes militaires. — Cons. d'Et., 1er mars, Lehorday, [P. adm. chr.]

1379. — ... Que de simples lettres adressées au préfet ou transmises à ce fonctionnaire par le maire, au sujet de la demande formée contre lui, peuvent suffire pour rendre également à son égard l'arrêté contradictoire. — Cons. d'Et., 14 juin 1837, Ducaurroy, [S. 37.2.498, P. adm. chr.]; — 26 févr. 1840, Murcien, [P. adm. chr.]

1380. — ... Que lorsque le défendeur s'est référé devant le conseil de préfecture à une lettre par lui précédemment écrite au préfet, l'arrêté intervenu est contradictoire. — Cons. d'Et., 28 févr. 1841, Honnorez, [P. adm. chr.]

1381. — ... Et que le prévenu de contravention qui a adressé au maire de sa commune une lettre dans laquelle il présentait ses moyens de défense, et qui a été transmise au conseil de préfecture, qui l'a visée, est réputé s'être défendu contradictoirement. — Cons. d'Et., 23 déc. 1844, Dietsc, [P. adm. chr.]

1382. — Mais il en serait autrement, et l'arrêté devrait être réputé rendu par défaut, si ces lettres étaient antérieures à la demande par laquelle le conseil de préfecture s'est trouvé saisi ; on ne saurait dans ce cas les considérer comme une défense. — Cons. d'Et., 29 août 1821, Chambaut, [P. adm. chr.]; — 29 janv. 1839, Tourangin, [S. 39.2.393, P. adm. chr.]; — 7 juill. 1863, Escarraguel, [Leb. chr., p. 528]

1383. — ... Ou si, antérieurement aux débats, le défendeur avait adressé une pétition au conseil municipal, ou formé opposition à l'arrêté d'un maire. — Cons. d'Et., 24 mars 1824, Bourcel, [P. adm. chr.]; — 26 juill. 1826, Lefranc, [P. adm. chr.]

1384. — Jugé encore, en ce sens, qu'une proposition de transaction adressée au sous-préfet par un particulier qui a des intérêts contraires à ceux d'une commune, ne constitue pas dans l'instance administrative engagée par la commune une instance contradictoire. — Cons. d'Et., 9 janv. 1828, Marée, [P. adm. chr.]

1385. — Il en est de même au cas de l'arrêté rendu sans autres défenses de la partie réclamante qu'une lettre qu'elle aurait écrite au sous-préfet, à l'occasion de son affaire. — Cons. d'Et., 24 déc. 1828, Rativeau, [S. chr., P. adm. chr.]

1386. — Est même réputé par défaut, et comme tel est susceptible d'opposition, l'arrêté rendu contre une partie qui n'a pas présenté de défenses devant le conseil, bien qu'elle ait assisté à une expertise préalable, et qu'elle y ait contredit. — Cons. d'Et., 17 avr. 1822, Jobelin, [S. chr., P. adm. chr.]; — 18 janv. 1826, Blanchier, [S. chr., P. adm. chr.]; — 24 oct. 1827, Jouy, [S. chr., P. adm. chr.]; — 27 nov. 1838, Bullourde, [S. 39.2.549, P. adm. chr.]

1387. — A plus forte raison, lorsqu'un ministre n'a produit aucune défense devant le conseil de préfecture, la lettre par laquelle il a fait connaître au président de ce conseil son intention de faire défaut, ne peut avoir pour effet de donner à l'arrêté intervenu un caractère contradictoire. — Cons. d'Et., 28 juill 1876, Chemin de fer de Paris-Lyon-Méditerranée, [S. 78.2.280, P. adm. chr., D. 77.3.41]

1388. — L'arrêté d'un conseil de préfecture rendu contre une commune, est réputé par défaut, encore que le maire et les habitants aient assisté et contredit à une expertise préalable ordonnée par le préfet, s'ils n'ont pas été entendus devant le conseil. — Cons. d'Et., 17 avr. 1822, Commune de Chassey-les-Scey, [S. chr., P. adm. chr.]

1389. — Des observations ou réquisitions contenues dans les enquêtes ne sauraient non plus faire considérer l'arrêté rendu sur le fond de la contestation comme contradictoire, les enquêtes n'étant que des actes préparatoires. — Cons. d'Et., 16 mai 1827, Commune de Saint-Pée, [P. adm. chr.]

1390. — Il en serait différemment si l'arrêté avait été rendu sur le vu d'un rapport d'experts nommés contradictoirement. — Cons. d'Et., 29 mai 1822, Coulon, [S. chr., P. adm. chr.]; — 14 juill. 1830, Deroy, [S. chr., P. adm. chr.]

1391. — Comme aussi si, après la production des moyens du défendeur, le conseil de préfecture avait ordonné une visite de lieu, à laquelle le défendeur aurait comparu ; l'arrêté intervenu ensuite devrait être considéré comme contradictoire, encore bien que le défendeur n'eût produit aucune nouvelle défense. — Cons. d'Et., 29 janv. 1841, de Champigny, [S. 41.2.247, P. adm. chr.]

1392. — L'arrêté serait aussi par défaut à l'égard du défendeur si, après avoir fourni des moyens de défense au fond, avant l'arrêté du conseil ordonnant une expertise, il n'avait pas participé à l'exécution de cet arrêté. — Cons. d'Et., 13 avr. 1842, Piard, [P. adm. chr.] — V. aussi Cons. d'Et., 1er juin 1849, Bordes, [P. adm. chr.]; — 5 avr. 1851, Husson, [P. adm. chr.]

1393. — Au cas où un entrepreneur de travaux publics, mis en demeure de prendre communication du procès-verbal des opérations de la régie prononcée contre lui, n'a fait aucune réponse et n'a présenté aucune observation devant le conseil de préfecture, l'arrêté qui intervient ne peut, dès lors, être attaqué que par la voie de l'opposition, et non par celle du recours au Conseil d'Etat. — Cons. d'Et., 31 août 1863, Dupuy-Choffray, [S. 63.2.269, P. adm. chr.]

1394. — De même, doit être réputé par défaut et par conséquent susceptible d'opposition l'arrêté d'un conseil de préfecture qui statue sur des difficultés existant entre l'administration et un entrepreneur de travaux publics, sans que ce dernier ait produit devant le conseil aucunes réclamations ou observations. — Cons. d'Et., 15 juill. 1846, Morizot, [P. adm. chr.] — Et l'on ne saurait opposer à l'entrepreneur, pour faire réputer l'arrêté contradictoire, la circonstance que, lors de la signification du décompte définitif, il aurait soumis à l'ingénieur des réclamations tendant à la conservation de ses droits et à obtenir une vérification nouvelle. — Même arrêt.

1395. — De même encore, pour que l'instance soit contradictoire, il faut qu'il y ait réellement eu défense quant à l'objet même du litige, et l'on ne saurait considérer comme telles les conclusions tendant à l'obtention d'un sursis ou à une communication de pièces. — Cons. d'Et., 7 avr. 1863, Commune d'Allanet, [Leb. chr., p. 413]; — 4 août 1876, Ghighini, [S. 78.2. 340, P. adm. chr., D. 76.3.97]; — 15 juin 1887, Chemin de fer de l'Hérault, [Leb. chr., p. 585]

1396. — Spécialement, l'arrêté du conseil de préfecture condamnant un particulier à démolir une construction comme empiétant sur le sol d'un chemin vicinal, est par défaut à son égard s'il s'est borné à demander un sursis jusqu'à ce que l'autorité compétente ait statué sur une action en faux intentée par lui contre le maire. — Cons. d'Et., 4 août 1876, précité. — V. aussi Cass., 29 juill. 1868, Préfet d'Oran, [S. 68.1.438, P. 68.1175, D. 68.1 374]

1397. — En présence des termes de l'art. 53 qui déclare contradictoires les arrêtés rendus sur les requêtes ou mémoires en défense des parties, on peut se demander s'il en doit être ainsi de l'arrêté rendu sur un mémoire où le défendeur s'est borné à soulever une fin de non-recevoir, par exemple l'incompétence. Il a été jugé, antérieurement à la loi de 1889, que l'arrêté ne serait point contradictoire si le défendeur, dans sa réponse à la requête, s'était borné à contester la compétence, et si le conseil de préfecture, se reconnaissant compétent, avait statué au fond. — Cons. d'Et., 5 sept. 1836, Guignard, [S. 37.2.64, P. adm. chr.] — Cette jurisprudence est équitable, et l'art. 53, sainement interprété, ne met pas obstacle à ce qu'elle soit maintenue. — V. en ce sens Brémond, *Rev. gén. d'adm.*, 1891, t. 2, p. 38.

1398. — Mais est contradictoire l'arrêté rendu après que le défendeur, tout en déclinant la compétence, a discuté le fond dans son mémoire en défense. — Cons. d'Et., 26 août 1842, Bazire, [S. 43.2.40, P. adm. chr.]

1399. — De même, est contradictoire l'arrêté du conseil de préfecture rendu sur les conclusions présentées par le défendeur dans son mémoire et tendant au rejet de la réclamation comme mal fondée, alors même que, dans des conclusions postérieures et seules plaidées à l'audience, il n'aurait conclu qu'à l'incompétence. — Cons. d'Et., 9 nov. 1889, Syndicat de Couthures, [S. et P. 92.3.4]

1400. — Il existe une exception à la règle d'après laquelle la procédure est nécessairement contradictoire quand il y a eu défense écrite. Cette exception se présente au cas où une expertise a été ordonnée. Si, après l'expertise, les parties n'ont pas été appelées à prendre connaissance du rapport d'experts, elles pourront former opposition contre la décision du conseil de préfecture (L. 22 juill. 1889, art. 53, § 2).

1401. — Cette disposition est contraire à la jurisprudence antérieure (V. Serrigny, *Compét. administrative*, t. 3, n. 1249, p. 137). Il était jugé précédemment que l'arrêté du conseil de préfecture rendu sur une expertise à laquelle une des parties n'avait été ni appelée ni présente, et sans qu'elle eût fourni ses observations sur ladite expertise, était par défaut, et ne pouvait, dès lors, être attaqué que par opposition devant le conseil de préfecture qui l'avait rendu. — Cons. d'Et., 18 janv. 1851, Epailly, [P. adm. chr.]

1402. — Cette disposition de la loi de 1889 ne déroge pas seulement à la règle en vertu de laquelle l'arrêté ne peut être par défaut quand il y a eu défense écrite; elle déroge également au principe d'après lequel le défendeur a seul le droit de former opposition; en matière administrative, car, dans le cas spécial qu'elle prévoit, elle admet toutes les parties sans distinction, à recourir à la voie de l'opposition. — Teissier et Chapsal, p. 403.

1403. — Le droit d'opposition appartient aux parties non appelées à prendre connaissance du rapport, alors même qu'elles auraient été convoquées aux opérations de l'expertise et qu'elles y auraient assisté. Les parties doivent, en effet, avoir été mises à même de faire valoir le rapport, afin de pouvoir rectifier, par de nouvelles conclusions écrites, les erreurs qu'il contiendrait.

1404. — Toutefois, il est évident que l'opposition ne serait plus recevable, s'il était établi que la partie non touchée par la notification avait eu connaissance du rapport d'expertise. Il en serait de même, à plus forte raison, si la partie avait répondu en temps utile au rapport, bien que cette pièce ne lui eût pas été communiquée dans les formes de l'art. 21 (Cir. min. Int. 31 juill. 1890).

1405. — La disposition de l'art. 53, § 2, est applicable à toutes expertises, sauf en matière de contributions directes. Ces dernières vérifications, en effet, restent régies par des lois spéciales, et la jurisprudence n'a, dans cette hypothèse spéciale, jamais exigé la notification aux parties du rapport d'experts. — V. *infrà*, v° Contributions directes.

1406. — L'art. 53, § 2, s'applique aux vérifications d'écritures, qui sont de véritables expertises. — Teissier et Chapsal, p. 404. — ... Ainsi qu'aux enquêtes. — V. *suprà*, n. 746.

1407. — Mais il ne pourrait être étendu aux visites de lieux, puisque en cette matière la notification du procès-verbal n'est pas obligatoire. — V. *suprà*, n. 632.

§ 2. *Arrêtés susceptibles d'opposition.*

1408. — Tous les arrêtés par défaut sont attaquables par opposition, sauf une exception que nous verrons tout à l'heure pour les arrêtés par défaut profit-joint. Rappelons, en outre, que l'opposition ne se conçoit pas contre les arrêtés du président du conseil de préfecture ordonnant une expertise. — V. *suprà*, n. 595.

1409. — Nous ne pensons pas qu'il y ait lieu de faire exception pour les arrêtés par défaut rendus en matière électorale, bien qu'à raison du délai très-bref dans lequel il doit être statué en pareille matière, il ait été soutenu que le conseil de préfecture ne pouvait instruire une affaire de cette nature et délibérer sur elle deux fois. — Cons. d'Et., 19 juill. 1866, Elect. de Rivières, [S. 67.2.272, P. adm. chr., D. 67.3.26]; — 28 juin 1889, Elect. de Montréjean, [Leb. chr., p. 799] — Circ. min. Int. 31 juill. 1890. — Teissier et Chapsal, p. 406. — *Contrà*, Cons. d'Et., 27 avr. 1841, Elect. de Falaise, [P. adm. chr.]; — 4 juin 1862, Elect. de la Côte Saint-André, [P. adm. chr.] — Combarieu, *Traité de procédure administrative devant les conseils de préfecture*, p. 201.

1410. — Que faut-il décider pour les arrêtés rendus en matière de contributions directes? Il est tout d'abord un point certain, c'est qu'on ne peut admettre l'opposition de la part d'un contribuable, pour qui l'instance est contradictoire par cela seul qu'il a fait une réclamation. — Cons. d'Et., 18 mai 1874, de Verdal, [Leb. chr., p. 447]; — 23 avr. 1875, Dufon, [Leb. chr., p. 356]; — 28 janv. 1876, Coince, [Leb. chr., p. 84]; — 19 mars 1880, Chéry, [Leb. chr., p. 323]; — 2 mars 1886, Renouard, [Leb. chr., p. 224]; — 2 août 1890, Nougaillot Requier, [Leb. chr., p. 745] — ... Et cela, alors même que l'arrêté intervenu n'aurait pas été précédé des mesures d'instruction prescrites par la loi. — Cons. d'Et., 9 août 1869, Debaysser, [S. 70.2.304, P. adm. chr.]

1411. — D'autre part, le défaut du défendeur ne peut se concevoir s'il s'agit de demandes en décharge ou réduction, où le contribuable a pour seul adversaire l'administration, qui est chargée de faire l'instruction de la réclamation, et où le conseil de préfecture n'est saisi que lorsque cette instruction est terminée; ou, pour les mêmes motifs, s'il s'agit de demandes en inscription au rôle, en cessation ou en annulation de poursuites administratives, ou en décharge de cotes indûment imposées et irrecouvrables. — Teissier et Chapsal, p. 407.

1412. — Mais s'il s'agit d'une demande en restitution de contributions indûment recouvrées, formée par un contribuable contre un percepteur, il peut y avoir lieu à opposition de la part du percepteur dans le cas où, mis en cause par le conseil de préfecture, il est intervenu un arrêté qui le condamne, sans qu'il ait produit de mémoire en réponse à la réclamation. — Teissier et Chapsal, *loc. cit.*

1413. — L'opposition est possible contre les décisions intervenues sur des demandes en mutation de cote; le conseil de préfecture est, en effet, tenu, pour statuer valablement, de mettre en cause la personne au nom de laquelle la mutation de cote doit être opérée, afin que cette personne soit à même de présenter ses défenses et que, le cas échéant, le conseil puisse, par le même arrêté, rayer des rôles le contribuable indûment imposé, et y inscrire celui qui, désormais, doit supporter la contribution (L. 2 mess. an VII, art. 3; Arr. 24 flor. an VIII, art. 2). Lorsque la partie ainsi appelée n'a pas fourni de défenses, elle est réputée défaillante, et elle a le droit de faire opposition à l'arrêté intervenu. — Teissier et Chapsal, *op. cit.*, p. 408.

§ 3. *Défaut profit-joint.*

1414. — Lorsque la demande est formée contre deux ou plusieurs parties, et que l'une ou plusieurs d'entre elles n'ont pas présenté de défense, le conseil sursoit à statuer sur le fond et ordonne que les parties défaillantes seront averties de ce sursis par une notification faite conformément à l'art. 7, et invitées de nouveau à produire leur défense dans un délai qu'il fixe. Après l'expiration du délai, il est statué par une seule décision qui n'est susceptible d'opposition de la part d'aucune des parties (L. 22 juill. 1889, art. 54).

1415. — Il était antérieurement jugé que, dans les instances où plusieurs parties étaient engagées, l'arrêté devait être considéré comme rendu par défaut à l'égard des parties qui n'avaient pas produit de défenses; et qu'il importait peu qu'il y eût eu défense de la part d'une autre partie. — Cons. d'Ét., 19 déc. 1821, Aurenque, [S. chr., P. adm. chr.]; — 19 févr. 1823, Marimpoly, [P. adm. chr.].

1416. — ... Que la condamnation prononcée par un conseil de préfecture contre un architecte à raison de travaux exécutés sur la voie publique sans autorisation, était par défaut à son égard, et par conséquent susceptible d'opposition, si elle n'avait été rendue que sur la défense du propriétaire condamné par le même arrêté. — Cons. 6 févr. 1839, Arnold, [S. 39.2.393, P. adm. chr.].

1417. — L'art. 34 de la loi de 1889 a organisé, au conseils de préfecture, le défaut profit-joint prévu devant les tribunaux judiciaires par l'art. 153, C. proc. civ. Mais, à la différence des tribunaux civils, le conseil de préfecture n'est pas obligé de rendre une décision de jonction : il prononce simplement un sursis qui n'est qu'une simple mesure d'instruction, comme celle qu'il prend pour lier l'instance au commencement du procès. Il se borne à faire notifier sa décision aux défaillants en les invitant à produire leurs défenses dans un délai qu'il détermine. Pendant ce délai, il ne peut statuer; s'il statuait, son arrêté serait nul. — V. Cass., 3 mai 1859, Buisson, [S. 59.1.742, P. 59.459, D. 59.1.180]

1418. — Néanmoins, le conseil de préfecture doit évidemment tenir compte des défenses produites par le défendeur après l'expiration de ce délai, mais avant le jour de l'audience. — V. *suprà*, n. 322. — Teissier et Chapsal, p. 405 et note 2.

1419. — Une fois le délai expiré, quel qu'ait été le résultat de la mise en demeure, il prononce par un seul arrêté, réputé contradictoire à l'égard de toutes les parties. La loi présume que si, après un double appel en cause, les défaillants n'ont pas produit de mémoires, leur ignorance n'était plus probable et qu'ils reconnaissent par leur abstention, la prétention du demandeur, ou tout au moins, qu'ils se reposent sur leur codéfendeur du soin de leur défense. — Teissier et Chapsal, p. 405.

§ 4. *Formes et délais de l'opposition.*

1420. — Pendant le défaut d'opposition, l'arrêté par défaut ne peut être attaqué que par voie d'opposition devant le conseil de préfecture de qui la décision émane. L'opposition est pendant ce délai la seule voie ouverte au défaillant, et le Conseil d'État rejetterait tout pourvoi porté devant lui à une époque où l'opposition serait encore recevable (L. de 1889, art. 57, *a contrario*). Si, en effet, c'est un principe constant que les arrêtés par défaut des conseils de préfecture sont, comme les jugements des tribunaux ordinaires, susceptibles d'opposition, une des conséquences nécessaires qui découlent de ce principe est que le recours à la juridiction supérieure ne peut avoir lieu qu'après avoir épuisé la voie de recours ouverte devant le juge de premier degré. — Cons. d'Ét., 22 mars 1813, Letrosne, [S. chr., P. adm. chr.]; — 25 mars 1813, Lemaire, [P. adm. chr.]; — 25 févr. 1818, Cuel, [S. chr., P. adm. chr.]; — 3 juill. 1820, Marguilliers de Rouvroy, [P. adm. chr.]; — même jour, Papin, [P. adm. chr.]; — 16 août 1820, Beaudert, [P. adm. chr.]; — 29 août 1821, Chambaut, [P. adm. chr.]; — 24 mars 1824, Boncel, [S. chr., P. adm. chr.]; — 9 janv. 1828, Lavocat, [P. adm. chr.]; — 31 août 1830, Varenne, [P. adm. chr.]; — 1er août 1834, Mazet, [S. 34.2.627, P. adm. chr.]; — 28 janv. 1835, Favre, [P. adm. chr.]; — 11 août 1840, Gateau, [P. adm. chr.]; — Préfet du Loiret, [P. adm. chr.]; — 11 janv. 1837, — 16 juill. 1846, Morizot, [P. adm. chr.]; — 25 févr. 1841, Rodier, [P. adm. chr.]; — 3 janv. 1848, Legage, Hudron et Ray, [P. adm. chr.]; — 10 mars 1848, de Tricqueville, [P. adm. chr.]; — 26 mars 1850, Commune de Neuville-sur-Toucques, [P. adm. chr.]; — 18 janv. 1851, Epailly, [P. adm. chr.]; — 5 juill. 1851, Leroux, [P. adm. chr.]; — 2 août 1851, Thanebon, [P. adm. chr.]; — 2 avr. 1852, Syndic de Thavarray, [P. adm. chr.]; — 12 janv. 1853, Moyrier, [P. adm. chr.]; — 31 août 1863, Dupuy, [S. 63.2.269, P. adm. chr.]; — 3 déc. 1867, Administration des forêts, [Leb. chr., p. 900]; — 26 nov. 1869, Lalouette, [Leb. chr., p. 923]; — 16 févr. 1878, Lutz et Davand, [S. 80.2.27, P. adm. chr.]; — 17 déc. 1886, Duffaut et Dupuy, [Leb. chr., p. 913] — *Sic*, Dufour, t. 1, n. 149 et s.; Cormenin, t. 1, p. 196; Foucart, t. 3, n. 376. — V. anal., en matière civile, *suprà*, v° *Appel* (mat. civ.), n. 770.

1421. — Que faut-il décider pour le cas où il y aurait pourvoi formé au Conseil d'État contre un arrêté du conseil de préfecture rendu par défaut, et où la partie reviendrait par voie d'opposition devant le conseil de préfecture avant que le Conseil d'État n'eût statué? Il avait d'abord été jugé que le conseil de préfecture devrait déclarer l'opposition non recevable. — Cons. d'Ét., 26 févr. 1840, Marcieu, [S. 40.2.330, P. adm. chr.].

1422. — Mais il a été décidé plus tard, en sens contraire, que les conseils de préfecture doivent statuer sur l'opposition formée à leurs arrêtés par défaut, même lorsqu'en même temps ces arrêtés ont été l'objet d'un pourvoi au Conseil d'État. — Cons. d'Ét., 26 mars 1850, de Tricqueville, [P. adm. chr.].

1423. — L'opposition est formée suivant les règles établies par les art. 1 à 4 de la loi de 1889 (L. du 22 juill. 1889, art. 32, § 3), c'est-à-dire que la demande en opposition, rédigée en forme de requête, est soumise aux mêmes règles que la requête elle-même; elle doit, notamment, contenir les moyens sur lesquels l'opposant se fonde. — Teissier et Chapsal, p. 408.

1424. — Avant la loi de 1889, le délai de l'opposition n'était fixé par aucun texte. Aussi était-il généralement admis que les arrêtés des conseils de préfecture non contradictoires étaient susceptibles d'opposition jusqu'à exécution. — Cons. d'Ét., 23 mars 1813, Letrosne, [S. chr., P. adm. chr.]; — 23 déc. 1815, Habit. de Saint-Chaptes, [S. chr., P. adm. chr.]; — 16 juill. 1817, Granger, [S. chr., P. adm. chr.]; — 25 févr. 1818, Crel, [S. chr., P. adm. chr.]; — 24 mars 1819, Bhgny-Parisis, [S. chr., P. adm. chr.]; — 29 août 1821, Chambaud, [S. chr., P. adm. chr.]; — 1er août 1834, Mazet, [S. 34.2.627, P. adm. chr.]; — 14 déc. 1837, Jardin, [S. 38.2.184, P. adm. chr.]; — 26 nov. 1837, Donadieu, [P. adm. chr.] — V. aussi Macarel, t. 4, p. 22; Foucart, t. 3, p. 321, n. 376; Magnitot et Delamarre, *Dict. de droit adm.*, v° *Organisation départementale*, chap. 1, sect. 3, § 9.

1425. — Et il était admis qu'un arrêté par défaut ne pouvait être réputé exécuté, et que, par conséquent, il était encore susceptible d'opposition, lorsqu'il n'avait été suivi que d'un simple commandement à la partie condamnée d'avoir à payer le montant des condamnations prononcées contre elle. — Cons. d'Ét., 26 mai 1843, Rodier, [S. 43.2.370]

1426. — Était au contraire non recevable, comme tardive, l'opposition à un arrêté par défaut rendu par un conseil de préfecture lorsqu'elle avait été formée plusieurs années après la notification de cet arrêté et plusieurs mois après le jour où le défendeur avait acquitté le montant des condamnations mises à sa charge, bien qu'en payant lesdites condamnations il se fût réservé le droit de réclamer ultérieurement. — Cons. d'Ét., 27 févr. 1866, Petit et Bréant, [S. 67.2.95, P. adm. chr.].

1427. — Aujourd'hui la loi fixe le délai de l'opposition. Ce délai est d'un mois à dater de la notification de l'arrêté à la partie (L. 22 juill. 1889, art. 32, § 1). L'acte de notification doit indiquer à la partie que, après l'expiration de ce délai, elle sera déchue du droit de former opposition (Même art., § 2).

1428. — Ce délai d'un mois pour faire opposition est applicable à toutes matières. Toutefois, en matière de police de roulage, il y a lieu de maintenir le délai de quarante jours qui résulte de l'art. 24, L. 30 mai 1851. — Teissier et Chapsal, p. 409.

§ 5. *Effets de l'opposition.*

1429. — L'opposition suspend l'exécution, à moins qu'il n'en ait été autrement ordonné par la décision qui a statué par défaut (L. 22 juill. 1889, art. 55).

1430. — Cette disposition, analogue à celle de l'art. 159, C. proc. civ., diffère de la règle suivie devant le Conseil d'État, où, aux termes de l'art. 29, Décr. 22 juill. 1806, l'opposition *n'arrête pas* l'exécution, à moins qu'il n'en ait été autrement ordonné

(V. suprà, v° *Conseil d'Etat*, n. 1316). La loi sur les conseils de préfecture se montre plus favorable que le décret sur la procédure du Conseil d'Etat à l'effet suspensif de l'opposition, mais elle a eu soin de réserver au juge le droit d'ordonner l'exécution provisoire qui peut être commandée par les exigences du service public (Rapport de M. Clément au Sénat). Lorsque le conseil de préfecture n'a pas formellement déclaré que le jugement serait exécutoire nonobstant opposition, le demandeur en faveur de qui a été rendue la décision doit surseoir à toute exécution dès qu'il a reçu copie de la requête introductive d'opposition. De ce jour, les effets de l'arrêté par défaut sont suspendus jusqu'à ce qu'il ait été statué à nouveau.

1431. — Pour que l'opposition suspende l'exécution, il faut qu'elle soit régulière; l'opposition formée après l'expiration du délai légal n'aurait point cet effet. Toutefois, en cas d'opposition irrégulière, celui qui a obtenu le jugement peut l'exécuter à ses risques et périls, mais il n'en faudra pas moins que le conseil de préfecture saisi de la recevabilité de l'opposition statue à cet égard. — Teissier et Chapsal, p. 410.

1432. — La règle de l'art. 55 est générale et s'applique à toute opposition, même à celles faites contre des arrêtés intervenus en matière de contraventions de grande voirie. Est donc abrogée, en ce qui concerne l'opposition tout au moins, la disposition de l'art. 4, L. 29 pluv. an X, aux termes de laquelle les arrêtés de condamnation des conseils de préfecture devaient être exécutés « nonobstant et sauf tout recours ». — Teissier et Chapsal, p. 411.

1433. — Lorsque le conseil de préfecture est saisi à nouveau de l'affaire, il examine d'abord si l'opposition est irrégulière ou non, c'est-à-dire si elle a été faite dans les délais et dans les formes prescrits par la loi, et si le premier arrêté était réellement par défaut. Si l'une ou l'autre de ces deux questions est résolue négativement, l'opposition est déclarée non recevable. En pareil cas, la décision primitive reprend tout son effet, sauf à la partie à se pourvoir devant le Conseil d'Etat contre le deuxième arrêté rendu à ce sujet. Le Conseil d'Etat pourrait alors annuler ce deuxième arrêté et renvoyer devant le conseil de préfecture pour procéder sur l'opposition. — Cons. d'Et., 24 mars 1819, Bligny-Parisis, [S. chr., P. adm. chr.]; — 17 avr. 1822, Commune de Chassey-les-Scey, [S. chr., P. adm. chr.]

1434. — Lorsque l'opposition est recevable, l'affaire est remise en l'état où elle se trouvait avant l'arrêté par défaut, et le conseil examine si les moyens proposés sont susceptibles de faire réformer le jugement.

1435. — Si l'opposition ne paraît pas fondée, le conseil de préfecture la rejette et maintient le premier arrêté. Si l'opposition est reconnue fondée, le conseil réforme sa décision primitive, soit en modifiant certaines parties, soit même en adoptant une solution absolument contraire à celle qu'il avait rendue tout d'abord.

1436. — Quel que soit le parti que le conseil de préfecture prenne, le premier arrêté est irrévocablement caduc, et c'est le second arrêté seul qui pourra dorénavant être attaqué devant le Conseil d'Etat.

1437. — Si l'opposition a été formée à un arrêté intervenu après expertise, par le motif que les parties n'auraient pas été appelées à prendre connaissance du rapport des experts, l'arrêté sur le fond est seul annulé, mais l'arrêté qui a ordonné l'expertise demeure, ainsi que l'expertise elle-même, si elle a été contradictoire. Les parties sont invitées à prendre connaissance du rapport, et quand elles ont fourni leurs mémoires, l'affaire peut être reprise et jugée contradictoirement. — Teissier et Chapsal, p. 411.

1438. — La règle « opposition sur opposition ne vaut », s'impose en procédure administrative par la force même des choses. Une défense après opposition ne peut se concevoir puisque le défendeur primitif a nécessairement produit ces défenses par cela seul qu'il a déposé une requête en opposition.

1439. — En conséquence, n'est pas recevable l'opposition à un arrêté du conseil de préfecture rendu sur une opposition déjà faite à un premier arrêté par défaut. — Cons. d'Et., 27 août 1817, Bostellevy, [P. adm. chr.]

1440. — De même, lorsqu'une partie, sur la notification qui lui est faite d'un arrêté par défaut du conseil de préfecture, adresse au préfet une lettre dans laquelle elle présente ses moyens de défense et demande décharge de l'amende prononcée contre elle, le second arrêté du conseil de préfecture qui intervient sur cette lettre doit être considéré comme rendu contradictoirement, et, par suite, comme non susceptible d'opposition. — Cons. d'Et., 16 janv. 1846, Zindicielli, [P. adm. chr.]

SECTION II.
Recours au Conseil d'Etat.

§ 1. *Principes généraux*.

1441. — Les arrêtés des conseils de préfecture en matière contentieuse sont toujours susceptibles d'être attaqués par la voie du recours au Conseil d'Etat, ou du recours à la Cour des comptes en matière de comptabilité publique. La loi des 7-14 sept. 1790 reconnaissait aux directoires de département le droit de statuer en dernier ressort dans certains cas; mais la loi du 28 pluv. an VIII ne contenant aucune disposition de ce genre, on en a conclu que l'appel est recevable contre toutes les décisions contentieuses des conseils de préfecture, et que ces tribunaux administratifs ne statuent jamais que des juridictions de premier degré.

1442. — Il en est ainsi quand même la loi d'attribution ne contiendrait aucune disposition consacrant expressément cette faculté d'appel. Bien plus, le Conseil d'Etat a admis la recevabilité du recours dans un cas où celui-ci paraissait avoir été exclu par le législateur; nous voulons parler de l'application de l'art. 10, L. 13 avr. 1850, sur les logements insalubres, qui semble n'ouvrir le recours au Conseil d'Etat qu'au cas où il y a interdiction absolue d'habitation. — V. suprà, v° *Conseil d'Etat*, n. 466 et s. — V. *infrà*, v° *Logements insalubres*.

1443. — Aujourd'hui, la loi du 22 juill. 1889 pose en règle générale et absolue que « les arrêtés des conseils de préfecture peuvent être attaqués devant le Conseil d'Etat... » (art. 57).

1444. — Il en résulte que les parties ne peuvent renoncer respectivement dans leurs contrats à ce droit d'appel, et le Conseil d'Etat a toujours déclaré nulles les clauses de ce genre. — Cons. d'Et., 31 août 1863, Maret, [S. 64.2.85, P. adm. chr.]; — 26 nov. 1863, Ville de Conches, [P. adm. chr.]

1445. — Spécialement, on ne peut, dans un cahier des charges dressé pour l'adjudication d'une entreprise de fournitures, stipuler que le conseil de préfecture sera juge en dernier ressort des contestations qui pourraient s'élever sur l'exécution du marché. — Cons. d'Et., 18 déc. 1839, Lecour, [S. 40.2.280, P. adm. chr.]

1446. — L'appel a un effet dévolutif, en ce sens que tous les points débattus et tranchés par le juge du premier degré et sur lesquels l'appel est interjeté, sont remis en question devant le juge de l'appel. Quelquefois même le juge d'appel se prononce sur des questions qui n'ont pas été examinées par le conseil de préfecture. Le Conseil d'Etat a en effet le droit, lorsque le recours est dirigé contre un arrêté relatif à un incident quelconque de l'instance, d'évoquer la cause, si elle est en état de recevoir une solution définitive sur le fond, et de statuer sur le tout par une seule et même décision.

1447. — L'appel n'a pas d'effet suspensif, sauf dans les cas où il en est décidé autrement par une disposition spéciale. — V. suprà, v° *Conseil d'Etat*, n. 926 et s.

§ 2. *Conditions de recevabilité du recours au Conseil d'Etat*.

1448. — Pour qu'un arrêté rendu par un conseil de préfecture soit susceptible de recours devant le Conseil d'Etat, il est nécessaire qu'il soit contradictoire, ou, s'il est rendu par défaut, que le délai de l'opposition soit écoulé.

1449. — Mais tous les arrêtés contradictoires ne sont pas immédiatement susceptibles d'appel. Il n'en est ainsi que lorsqu'il s'agit d'arrêtés définitifs; si l'on se trouve en présence d'arrêtés avant faire droit, il y a lieu d'appliquer, relativement à l'appel de ces arrêtés, les dispositions du Code de procédure civile (L. 22 juill. 1889, art. 60). ... Ainsi, l'appel d'un arrêté préparatoire ne peut être interjeté qu'après l'arrêté définitif et conjointement avec lui; quant à l'appel d'un arrêté interlocutoire, il peut être interjeté avant l'arrêté définitif (C. proc. civ., art. 451). De là la nécessité de distinguer soigneusement l'une de l'autre ces deux catégories d'arrêtés. — V. suprà, v° *Appel* (mat. civ.), n. 826 et s.

1450. — Les arrêtés sont préparatoires lorsqu'ils sont rendus pour l'instruction de la cause et qu'ils tendent à mettre le procès en état d'être jugé sans trancher aucun point de fait ou de droit (C. proc. civ., art. 452). — V. suprà, v° *Appel* (mat. civ.), n. 841 et s., et *infrà*, v° *Jugement et arrêt*.

1451. — Est préparatoire... l'arrêté qui se borne purement et simplement à ordonner une expertise, tous droits et moyens des parties réservés et sans préjuger si une indemnité peut être due. — Cons. d'Ét., 23 févr. 1883, Ministre de la Guerre, [Leb. chr., p. 216]; — 2 mai 1884, Départ. de la Corrèze, [Leb. chr., p. 340]; — 24 juill. 1885, Ville de Vichy, [Leb. chr., p. 723]; — 12 janv. 1886, Compagnie du gaz de Saint-Etienne, [Leb. chr., p. 56]; — 9 déc. 1887, Ministre de la Guerre, [Leb. chr., p. 795]; — 17 févr. 1888, Salli, [Leb. chr., p. 167]; — 29 juin 1888, Delpuch, [Leb. chr., p. 589]; — 1er août 1890 (2e espèce), Ministre des Travaux publics, [D. 92.3.45] — V. spécialement en matière de contributions directes, Cons. d'Ét., 28 mars 1884, Braime, [Leb. chr., p. 250] — V. aussi Cons. d'Ét., 13 mars 1885, Ville de Limoges, [Leb. chr., p. 331]; — 15 nov. 1889, Fabril, [Leb. chr., p. 1045]; — 31 mai 1889, Jauge, [S. 91.3.71, P. adm. chr., D. 90.3.96]; — 9 nov. 1889, Syndicat de Coutbures, [S. 92.3.4, P. adm. chr.]

1452. — ... L'arrêté qui prescrit une enquête, en matière électorale. — Cons. d'Ét., 30 janv. 1880, Elect. de Lannemeignan, [Leb. chr., p. 132]; — 31 juill. 1885, Elect. de Mugron, [Leb. chr., p. 738]; — 24 juill. 1890, Elect. de Saint-Dié, [Leb. chr., p. 712] — Sic, Laferrière, *Jurid. admin.*, t. 2, p. 332, note 1.

1453. — ... L'arrêté par lequel un conseil de préfecture demande, avant de statuer, la production de pièces et de renseignements. — Cons. d'Ét., 2 févr. 1825, Perdry, [S. chr., P. adm. chr.]

1454. — ... L'arrêté par lequel un conseil de préfecture, saisi d'une poursuite pour prétendue usurpation sur un chemin vicinal, a déclaré surseoir à statuer jusqu'à ce que l'emplacement et les limites du chemin aient été déterminés. — Cons. d'Ét., 9 mars 1877, Petit de Lantore, [Leb. chr., p. 248]

1455. — Les arrêtés interlocutoires sont ceux qui ordonnent une preuve ou une mesure d'instruction préjugeant la décision sur le fond du litige. Ils ressemblent aux arrêtés préparatoires en ce qu'ils prescrivent une mesure d'instruction; aussi la distinction est-elle souvent difficile à établir. Ce qui les différencie, c'est que dans l'arrêté interlocutoire apparaît dores et déjà le sens dans lequel le procès sera jugé, la mesure d'instruction ordonnée impliquant que le juge a l'intention de subordonner aux résultats de cette mesure son jugement définitif. — V. suprà, v° *Appel* (mat. civ.), n. 880 et s., et *infrà*, v° *Jugement et arrêt*.

1456. — Ainsi, bien que l'arrêté qui ordonne une expertise soit en principe purement préparatoire (V. suprà, n. 1451), il est interlocutoire lorsqu'il en fixe les bases. — Cons. d'Ét., 21 déc. 1877, Chambrouty, [Leb. chr., p. 1841]; — 13 juin 1879, Préfet du Pas-de-Calais, [Leb. chr., p. 482]; — 6 mai 1887, Malègue, [Leb. chr., p. 362]; — 5 avr. 1889, Humbert, [Leb. chr., p. 478]

1457. — ... Et surtout, lorsqu'il admet dès maintenant le principe de la réclamation sur laquelle doit porter l'expertise. — Cons. d'Ét., 5 mai 1882, Commune de Saint-Restitut, [Leb. chr., p. 443]; — 7 janv. 1887, Ville de Saint-Etienne, [Leb. chr., p. 15]; — 22 juin 1888, Ville de Tulins, [Leb. chr., p. 544]

1458. — ... Spécialement, lorsqu'il reconnaît à un entrepreneur le droit à un prix spécial pour les déblais d'emprunt, et qu'il ordonne une expertise à l'effet de fixer ce prix. — Cons. d'Ét., 28 mai 1886, Ministre des Travaux publics, [Leb. chr., p. 470]

1459. — ... Ou lorsque, statuant définitivement sur le principe du droit à indemnité sur un point, il ordonne une expertise sur d'autres. — Cons. d'Ét., 27 déc. 1878, Lobereau, [Leb. chr., p. 1109]

1460. — ... Ou lorsqu'il limite l'expertise à certaines constatations, alors qu'elle avait été demandée sur l'ensemble des faits. — Cons. d'Ét., 22 déc. 1853, Vertulet, [Leb. chr., p. 1090]; — 22 janv. 1875, Pichard, [Leb. chr., p. 74]

1461. — Jugé encore que l'arrêté par lequel un conseil de préfecture déclare, en principe, l'Etat responsable d'un dommage, est interlocutoire et, par suite, susceptible d'être déféré directement au Conseil d'Etat; alors même qu'il donne mission aux experts, non seulement d'apprécier le montant de l'indemnité, mais aussi de constater l'existence même du préjudice attribué à l'exécution d'un travail public. — Cons. d'Ét., 1er août 1890, Ministre des Travaux publics, [D. 92.3.45]

1462. — En général, un arrêté n'est jamais que préparatoire lorsqu'il ordonne d'office ou sur la demande d'une partie une mesure d'instruction, sans que l'adversaire y fasse opposition. Cet arrêté, en effet, ne préjuge rien; et la partie qui n'a pas combattu les conclusions serait mal venue à l'attaquer. Mais dès que la partie, sans même combattre directement la mesure d'instruction, s'élève contre le mode d'exécution proposé ou contre les circonstances dans lesquelles on demande qu'elle soit exécutée, cela suffit pour que l'arrêté ait le caractère interlocutoire. — Teissier et Chapsal, p. 375. — V. Cons. d'Ét., 5 août 1889, précité.

1463. — Nous venons de voir que l'arrêté qui ordonne une preuve peut être interlocutoire : il en est de même de celui qui refuse une preuve. Ainsi un entrepreneur, auquel une expertise a été refusée, a le droit de faire appel de l'arrêté. — Cons. d'Ét., 26 sept. 1871, Dumas, [Leb. chr., p. 182]

1464. — L'arrêté qui ordonne une mise en cause est simplement préparatoire, lorsque les juges ont été déterminés à la prononcer par la seule raison que la partie appelée peut avoir un intérêt commun avec celles qui figurent déjà à l'instance, et ont eu uniquement en vue de prévenir un procès sur le même objet. — Cons. d'Ét., 14 mars 1879, Commune de Colombier-Saugnier, [Leb. chr., p. 225]

1465. — Mais lorsque la mise en cause ordonnée peut exercer une influence sur la décision du fond, l'arrêté doit être réputé interlocutoire. — Teissier et Chapsal, p. 375 et note 3.

1466. — Un arrêté est susceptible d'être à la fois préparatoire ou interlocutoire et définitif. Dans ce cas, l'appel n'est ouvert immédiatement que sur les points tranchés définitivement et en tant que cet arrêté préjuge le fond. — Cons. d'Ét., 4 juill. 1879, Sogue, [Leb. chr., p. 569]; — 23 janv. 1882, Candas, [Leb. chr., p. 89]; — 27 févr. 1885, Ville de Roubaix, [Leb. chr., p. 258]; — 22 mai 1885, Cie générale des eaux, [Leb. chr., p. 549]

1467. — La nature des arrêtés ne tient pas à la qualification qui leur a été donnée par le juge. L'arrêté qui préjuge le fond sera toujours interlocutoire, alors même qu'il serait dénommé préparatoire, ou que le juge aurait déclaré statuer sans préjuger le fond, ou aurait inséré dans sa décision la formule consacrée « tous droits et moyens des parties réservés ». — Teissier et Chapsal, p. 376.

1468. — Les décisions qui ne font que confirmer une décision précédente, ou s'y référer, ne font pas revivre les délais de l'appel déjà expirés à l'égard de la décision principale. Ainsi on ne peut attaquer devant le Conseil d'Etat des arrêtés d'un conseil de préfecture qui ne sont que la conséquence nécessaire d'un arrêté précédent contre lequel on n'a pas pourvu en temps utile. — Cons. d'Ét., 4 juill. 1837, Bouteron, [S. 37.2.511, P. adm. chr.]; — 20 févr. 1840, Carrière, [S. 81.3.59, P. adm. chr., D. 81.3.24] — V. les conclusions de M. le commissaire du gouvernement Gomel.

1469. — De même, lorsque le conseil de préfecture a ordonné la réparation, dans un délai déterminé, de dégradations commises au domaine public, et la démolition d'ouvrages qui y ont été indûment exécutés, le contrevenant, qui n'a pas attaqué l'arrêté dans le délai légal et n'y a pas obtempéré, n'est pas fondé à demander l'annulation d'un arrêté du préfet ordonnant la mise à exécution d'office de la décision du conseil de préfecture. — Cons. d'Ét., 21 févr. 1890, Drouet, [S. et P. 92.3.74]

1470. — L'appel n'est pas possible contre un arrêté qui a acquis l'autorité de la chose jugée. — Cons. d'Ét., 13 déc. 1866, Ferry, [Leb. chr., p. 1141] — V. suprà, n. 1264 et s., et v° *Chose jugée*, n. 1343 et s.

1471. — Est donc non recevable le pourvoi formé contre un arrêté du conseil de préfecture qui a servi de base à des jugements passés en force de chose jugée. — Cons. d'Ét., 28 avr. 1813, Patru, [S. chr., P. adm. chr.]

1472. — La partie qui n'a point attaqué dans les délais légaux l'arrêté par lequel le conseil de préfecture s'est déclaré compétent pour statuer sur une contestation, n'est pas non plus recevable à se pourvoir pour incompétence contre l'arrêté postérieur par lequel le même conseil de préfecture a statué sur le fond du litige. — Cons. d'Ét., 16 juill. 1857, Tournesac, [S. 58. 2.443, P. adm. chr.]

1473. — Les arrêtés acquièrent l'autorité de la chose jugée, non seulement quand le délai d'appel est expiré, mais aussi en cas d'acquiescement avant l'expiration du délai d'appel. Nous avons vu (suprà, n. 1444) que les parties ne peuvent *à l'avance* renoncer à leur droit d'appel; mais lorsqu'un jugement est déjà intervenu, elles peuvent s'interdire la voie de l'appel par un acquiescement, à la condition que ces parties soient libres de s'engager, et, qu'en outre, le litige soit susceptible de faire l'objet d'un acquiescement; il n'en est pas ainsi dans les matières qui touchent à l'ordre public. — V. *suprà*, v° *Acquiescement*, n. 61 et s.

1474. — L'acquiescement peut être exprès ou tacite (V. *suprà*, v° *Acquiescement*, n. 196 et s.). Mais, devant le Conseil d'État, où le pourvoi n'a pas d'effet suspensif, l'exécution des arrêts du conseil de préfecture est réputé non volontaire et ne vaut pas acquiescement. Elle n'est, en effet, qu'un moyen d'éviter des frais et d'obéir à une décision dont on ne peut empêcher les effets. C'est pourquoi le fait d'avoir acquitté sans réserves le montant des condamnations prononcées par un conseil de préfecture n'est pas considéré comme un acquiescement de nature à supprimer le recours devant le Conseil d'État. — Cons. d'Et., 21 mai 1881, Bridet, [Leb. chr., p. 103]; — 12 mars 1886, Fleuvant, [Leb. chr., p. 232]; — 1ᵉʳ avr. 1887, Ville de Paris, [Leb. chr., p. 309] — V. aussi *suprà*, v° *Acquiescement*, n. 750.

1475. — On a regardé comme valant acquiescement de la part de la partie qui a eu gain de cause, le fait d'avoir touché la somme allouée par l'arrêté attaqué et d'avoir donné quittance, sans réserves, de ladite somme payée pour solde définitif d'un décompte d'entreprise. — Cons. d'Et., 29 déc. 1876, Héquet, [Leb. chr., p. 942]; — V. sur le même point, Cons. d'Et., 31 oct. 1821, Rigole, [P. adm. chr.]; — 16 janv. 1822, Devère, [P. adm. chr.]; — 4 nov. 1833, Petit-Clerc, [P. adm. chr.] — V. aussi *suprà*, v° *Acquiescement*, n. 743.

1476. — Mais si c'est postérieurement à son recours contre l'arrêté que la partie a accepté le paiement et donné quittance sans réserves, il n'y a pas dans ce fait acquiescement de sa part. — Cons. d'Et., 10 mars 1864, Mérignac, [P. adm. chr.]

1477. — L'exécution d'une disposition ne rendrait pas, d'ailleurs, non recevable à se pourvoir contre les autres. — Cons. d'Et., 15 août 1821, Ruez, [P. adm. chr.]

1478. — Ne suffirait pas pour constituer un acquiescement, la nomination d'un expert, faite conformément à une décision du conseil de préfecture. — Cons. d'Et., 22 déc. 1882, Syndicat de Lancey, [S. 84.3.72, P. adm. chr., D. 84.3.60]; — 9 mai 1884, Ville de Nîmes, [Leb. chr., p. 364])

1479. — ... Ni le fait d'avoir demandé un sursis à l'exécution d'un arrêté. — Cons. d'Et., 20 mars 1862, Cⁱᵉ grenobloise d'éclairage au gaz, [Leb. chr., p. 241] — Sur l'acquiescement en matière administrative, V. d'ailleurs *suprà*, v° *Acquiescement*, n. 741 et s.

§ 3. *Formes et délai du recours.*

1480. — Nous n'avons pas à traiter ici les règles relatives à la durée du délai du recours au Conseil d'État, au point de départ de ce délai, aux formes du recours. — V., à cet égard, *suprà*, v° *Conseil d'État*, n. 680 et s.

§ 4. *Effets du recours.*

1481. — Le Conseil d'État saisi du recours peut maintenir, annuler ou réformer l'arrêté qui lui est déféré. Lorsque le Conseil d'État annule l'arrêté d'un conseil de préfecture, et que, par suite de cette annulation, il y a lieu de renvoyer les parties devant le conseil de préfecture; le Conseil d'État ne peut pas renvoyer devant un autre conseil que celui qui a déjà statué sur la contestation. — Cons. d'Et., 23 août 1845, Pourchot, [P. adm. chr.]

1482. — Et, dans ce cas, il y a lieu de renvoyer devant le conseil de préfecture la connaissance des demandes et conclusions prises devant le Conseil d'Etat et tendant à faire déclarer communes à une partie qui n'était pas en cause lors de l'arrêté annulé, les condamnations prononcées par ledit arrêté. — Cons. d'Et., 11 juill. 1845, Pruvost, [P. adm. chr.]

SECTION III.

Tierce-opposition.

§ 1. *Principes généraux.*

1483. — De même que devant les tribunaux civils, la jurisprudence a toujours admis la tierce-opposition devant les conseils de préfecture de la part des tiers qui n'ont pas été parties dans l'instance et auxquels l'arrêté pourrait faire grief. — Cons. d'Et., 27 mai 1816, Ginoux, [S. chr., P. adm. chr.]; — 13 juin 1821, Comm. de Nancy, [S. chr., P. adm. chr.]; — 25 mars 1830, Gaujon, [S. chr., P. adm. chr.]; — 17 mars 1835, Laroche, [P. adm. chr.]; — 8 janv. 1836, Prudhomme, [S. 36.2.213, P. adm. chr.] — *Sic*, Cormenin, t. 1, p. 197; Foucart, t. 3, n. 1873; t. 1, n. 45; Cotelle, *Trav. publ.*, t. 1, n. 6; Serrigny, t. 2, n. 935; Dufour, t. 1, n. 157; Chauveau, n. 779. — V. *infra*, v° *Tierce-opposition.*

1484. — Lors donc qu'une partie intéressée qui n'était pas présente devant le conseil de préfecture attaque un arrêté par voie de tierce-opposition, il y a lieu pour le Conseil d'État de surseoir à statuer sur l'arrêté qui lui est déféré par une autre partie, jusqu'à ce qu'il ait été statué sur l'opposition. — Cons. d'Et., 10 janv. 1827, Commune de Petit-Quevilly, [P. adm. chr.]

1485. — Mais aussi la tierce-opposition serait, de même qu'en matière civile, non recevable de la part de celui à qui l'arrêté ne porterait aucun préjudice. — Cons. d'Et., 4 avr. 1837, Roberjot, [P. adm. chr.]

1486. — La loi a confirmé cette jurisprudence : « Toute partie peut former tierce-opposition à une décision du conseil de préfecture qui préjudicie à ses droits, et lors de laquelle ni elle, ni ceux qu'elle représente, n'ont été appelés » (L. 22 juill. 1889, art. 56).

1487. — La tierce-opposition diffère de l'opposition, en ce que celle-ci est ouverte à ceux qui ont été appelés et n'ont point comparu, tandis que celle-là est ouverte à ceux qui n'ont pas été appelés.

1488. — Avant la loi du 22 juill. 1889, il n'y avait pas grand intérêt à distinguer l'opposition de la tierce-opposition, car aucun délai n'étant fixé pour l'introduction de l'opposition qui était recevable jusqu'à l'exécution de l'arrêté. Certains arrêts les avaient confondues l'une avec l'autre. — V. Cons. d'Et., 9 avr. 1807, Fabrique de Cambrai, [S. chr., P. adm. chr.]; — 19 févr. 1823, Marinprez, [P. adm. chr.]; — 24 nov. 1839, Guizot, [Leb. chr., p. 534] — Aujourd'hui, au contraire, la loi de 1889 ayant fixé un délai d'un mois pour faire opposition, il importe de distinguer très-nettement ces deux voies de recours.

§ 2. *Deux sortes de tierce-opposition.*

1489. — Sous la dénomination commune de tierce-opposition, la loi de 1889, comme le Code de procédure civile et le décret de 1806, réunit deux voies de recours bien distinctes l'une de l'autre; deux catégories de personnes peuvent, en effet, user de la tierce-opposition.

1490. — D'abord des personnes étrangères aux plaideurs, des tiers dans l'exacte acception du mot, peuvent soutenir qu'en fait et par son exécution actuelle et éventuelle, l'arrêté rendu est de nature à nuire à leurs droits. La loi leur donne par la tierce-opposition la faculté de demander que le jugement soit rétracté en tant qu'il lui préjudicie. C'est la tierce-opposition proprement dite.

1491. — D'autre part, il y a des personnes qui ne sont pas étrangères aux plaideurs, qui ont été représentées par eux, mais qui peuvent cependant soutenir que leurs droits ont été compromis par le dol ou la fraude de celui dont ils avaient suivi la loi; la voie de recours ouverte à ces personnes contre le jugement peut s'appeler tierce-opposition extraordinaire. Elle diffère essentiellement de la première et quant aux personnes qui peuvent la former et quant aux moyens sur lesquels elle s'appuie.

1492. — La tierce-opposition proprement dite est facultative pour le tiers lésé. Soit qu'un jugement ordonne quelque chose contre une personne non partie ni représentée, soit qu'il ordonne quelque chose contre une des parties au procès, mais de manière à nuire aux droits d'une tierce personne, celle-ci peut, au premier cas, attendre qu'on l'attaque pour repousser le jugement comme *res inter alios judicata*; au second cas, poursuivre l'exercice de ses droits, le jugement n'ayant pas plus d'effet qu'une convention intervenue en dehors d'elle entre des tiers.

1493. — Inversement, la tierce-opposition est une voie de recours nécessaire pour la personne qui a été représentée et qui allègue un dol ou une fraude commise à son préjudice. La personne représentée doit en principe subir les actes faits par son auteur ou son représentant, l'arrêté lui est opposable tant qu'elle n'en a point démontré le caractère frauduleux ; pour y parvenir, elle doit attaquer cette décision par la voie de la tierce-opposition.

§ 3. *Conditions de recevabilité de la tierce-opposition.*

1494. — Les conditions de recevabilité de la tierce-opposition varient suivant qu'il s'agit de l'une ou de l'autre des deux voies de recours que nous venons de distinguer.

1° *Tierce-opposition proprement dite.*

1495. — Pour former tierce-opposition à un arrêté qu'on dit intervenu *inter alios*, il faut la réunion de trois conditions.

1496. — A. Il faut être un tiers, c'est-à-dire n'avoir été ni partie ni représenté dans l'instance. Il est évident que la tierce-opposition proprement dite, par sa nature même, est une voie de recours qui n'est pas ouverte à celui avec qui la décision a été rendue contradictoirement.

1497. — L'arrêté du conseil de préfecture qui, sur la réclamation d'un contribuable, met les impositions contestées à la charge d'un tiers, sans que ce tiers ait été appelé ni entendu, peut être attaqué par ce dernier par la voie de la tierce-opposition. — Cons. d'Et., 16 mars 1830, Rachis, [P. adm. chr.] — V. aussi Serrigny, t. 2, n. 935; Cormenin, t. 1, p. 197; Foucart, t. 3, n. 733.

1498. — De même, la caution d'un fournisseur condamnée solidairement avec celui-ci par un arrêté du conseil de préfecture, sans avoir été ni entendue, ni appelée, est recevable à former tierce-opposition à cet arrêté. — Cons. d'Et., 13 juin 1821, Humbert, [S. chr., P. adm. chr.]

1499. — Doit être considéré comme ayant été partie celui-là seul qui a suivi l'instance avec la même qualité que celle par lui invoquée pour faire tierce-opposition (V. *suprà*, v° *Chose jugée*, n. 666 et s.). Cette voie de recours lui est donc ouverte, s'il a suivi l'instance au nom d'une personne morale dont il était le représentant et s'il agit ensuite en son nom personnel ou au nom d'une autre personne morale. Il n'a plus alors la même qualité. — V. Lyon, 30 déc. 1870, Laroche, [S. 72.2.17, P. adm. chr.]

1500. — Une personne n'est pas partie par cela seul que la requête introductive d'instance la vise personnellement. Elle peut faire tierce-opposition même dans ce cas, si le conseil de préfecture ne l'a pas mise en cause, c'est-à-dire ne lui a pas notifié copie de la requête (V. *suprà*, n. 277 et s.). C'est seulement, en effet, par cette notification qu'elle est liée du procès. — V. Cons. d'Et., 21 févr. 1843, Giraud, [Leb. chr., p. 80] — Et l'on ne pourrait soutenir, pour rejeter sa tierce-opposition, qu'elle a connu par un autre moyen l'instance dont l'issue lui porte préjudice, notamment parce que cette instance aurait été de notoriété publique. — Cons. d'Et., 20 févr. 1835, Mens, [Leb. chr., p. 124]

1501. — Toutefois, pour avoir le droit de former tierce-opposition, il ne suffit pas de n'avoir pas été partie dans une instance, il faut encore n'y avoir pas été représenté. On peut avoir été représenté à un jugement et être lié par lui, soit parce qu'on tient ses droits d'une personne qui y a figuré, soit parce qu'on a donné à cette personne un mandat conventionnel ou qu'elle était investie d'un mandat judiciaire ou légal. Dans ces hypothèses, on n'a que les voies de recours mises à la disposition du plaideur lui-même, mais on ne peut faire tierce-opposition ; sauf, bien entendu, le cas de fraude ou de dol (V. *suprà*, v° *Chose jugée*, n. 477 et s.). Ainsi, les ayants-cause à titre universel sont obligés par les jugements rendus contre leur auteur comme ils le sont par les conventions qu'il a faites. Ils ne peuvent donc former tierce-opposition à ces jugements. — Cons. d'Et., 9 avr. 1817, Fabrique de Cambrai, [Leb. chr., p. 206]

1502. — De même, les créanciers chirographaires n'ayant pas sur les différents biens de leur débiteur considérés séparément un droit propre et n'ayant qu'un gage général, sont liés par les jugements rendus contre ce débiteur, sauf le cas de fraude, sans qu'il y ait de distinction à faire à raison de l'antériorité ou de la postériorité de leurs droits. — Cons. d'Et., 4 juin 1826, Delabarre, [P. adm. chr.]

1503. — Les ayants-cause à titre particulier, selon le droit commun, doivent subir l'effet des jugements rendus contre leur auteur avant la naissance de leur propre droit, mais ils deviennent des tiers quant aux jugements rendus postérieurement à leur acquisition. En conséquence, ne saurait être admise la tierce-opposition qui émane de l'acquéreur contre la décision rendue avant la vente avec le vendeur.

1504. — Mais un acquéreur, étant un tiers quant aux décisions rendues postérieurement à son acquisition, serait recevable à les attaquer par la voie de la tierce-opposition. — Cons. d'Et., 21 juin 1826, Kapp, [P. adm. chr.] — V. toutefois en sens contraire, Cons. d'Et., 18 août 1807, Merissier et Lemeignent, [S. chr., P. adm. chr.]; — 18 août 1816, Ermard, [P. adm. chr.]

1505. — Il n'en serait autrement que s'il avait réellement plaidé sous le nom du vendeur, dans le cas, par exemple, où par le contrat même il aurait chargé celui-ci de poursuivre l'instance sur laquelle émane la décision contre la décision intervenue. — Cons. d'Et., 29 janv. 1841, Le Prevost, [S. 41.2.250, P. adm. chr.]

1506. — La même distinction doit être faite en ce qui concerne les cessionnaires. En conséquence, le cessionnaire d'un droit ne peut former tierce-opposition à la décision rendue contre son cédant, si elle était antérieure à la cession. — Cons. d'Et., 17 juin 1818, Reiss, [P. adm. chr.]

1507. — La cession doit avoir été signifiée pour que le cessionnaire puisse être considéré comme un tiers à l'égard de la chose jugée. Mais après la signification du transport, le cessionnaire n'est plus représenté par son cédant, et il est recevable à former tierce-opposition à la décision intervenue entre le débiteur et le cédant. — Cons. d'Et., 3 juill. 1822, Barbe et consorts, [S. chr., P. adm. chr.]

1508. — Mêmes règles pour les usufruitiers. — Cons. d'Et., 24 mars 1833, de Salare, [Leb. chr., p. 381]

1509. — ... Pour les titulaires de servitudes réelles. — Teissier et Chapsal, p. 418.

1510. — ... Et aussi, suivant les mêmes auteurs, pour les créanciers hypothécaires qui ont des droits propres, distincts de ceux de leurs débiteurs. — Teissier et Chapsal, *loc. cit.* et note 6.

1511. — Lorsqu'un particulier a été condamné à démolir un édifice sur la demande d'un préfet, dans un cas où l'intérêt administratif se confondait avec des intérêts privés, le préfet n'est pas censé avoir été le représentant des parties privées, à ce point que la chose jugée avec lui puisse être considérée comme jugée avec celles-ci. Si donc elles ont intérêt à se pourvoir contre l'arrêté du conseil de préfecture, elles doivent agir par voie de tierce-opposition devant ce conseil et non par voie d'appel au Conseil d'Etat. — Cons. d'Et., 27 mai 1816, Ginoux, [S. chr., P. adm. chr.]; — 26 août 1818, Hospice de Limoges, [P. adm. chr.] — V. aussi Cons. d'Et., 23 mars 1830, Gaujour, [S. chr., P. adm. chr.]

1512. — Mais la chose jugée peut être opposée et le droit de tierce-opposition refusé à celui qui a été représenté dans l'instance par un mandataire, en supposant, bien entendu, que le mandataire soit resté dans la limite de ses pouvoirs. — Cons. d'Et., 29 janv. 1842, précité.

1513. — Au mandataire conventionnel, il faut assimiler le mandataire judiciaire et le mandataire légal.

1514. — Parmi les mandataires judiciaires, on peut citer les administrateurs nommés par les tribunaux et les curateurs aux successions vacantes, les envoyés en possession des biens d'un absent, les syndics de faillites.

1515. — Les personnes représentées par les mandataires judiciaires ne sont pas recevables à former tierce-opposition aux arrêtés rendus contre eux. Ainsi l'agent nommé par le préfet pour liquider les dettes d'un syndicat, a qualité pour représenter en justice le syndicat, et les membres de celui-ci ne peuvent attaquer par la voie de la tierce-opposition les décisions prononcées contre le liquidateur. — Cons. d'Et., 1er juin 1883, Armand et consorts, [S. 85.3.28, P. adm. chr., D. 85 3.1]

1516. — A titre de pouvoirs de représentation conférés par la loi elle-même, signalons celui du tuteur qui représente en justice le mineur ou l'interdit : celle du préfet pour le département, du maire pour la commune, des administrateurs d'établissements publics ou d'utilité publique.

1517. — De ce qu'il y a chose jugée contre une commune lorsqu'elle a été légalement représentée par son maire, il ne s'ensuit pas nécessairement que les habitants de cette commune soient non recevables à former tierce-opposition contre la décision rendue. Il est certain qu'ils ne peuvent pas user de cette voie de recours en leur seule qualité d'habitants ; mais ils sont recevables à y recourir lorsqu'ils invoquent un droit qui leur est personnel et qui ne rentre pas dans les droits communs à tous les habitants. — Cons. d'Et., 31 oct. 1821, Schmidt et consorts, [P. adm. chr.] — Sur la distinction entre l'action exercée au nom de la commune, et celle exercée par un habitant en son nom personnel, V. *suprà*, v^is *Autorisation de plaider*, n. 846 et s., *Commune*, n. 942 et s.

1518. — Pour qu'il y ait chose jugée contre l'Etat, les départements, les communes ou les établissements publics, il faut que ces personnes morales aient été représentées par leur véritable mandataire légal, et non par un fonctionnaire autre que celui à qui la loi confie ce soin. Ainsi, un hospice n'a pu être valablement représenté par le préfet. — Cons. d'Et., 12 mai 1820, Hospice de Laon, [P. adm. chr.] — V. *suprà*, v^t *Assistance publique*, n. 2046 et s.

1519. — L'Etat ne peut être considéré comme ayant été partie dans une instance par cela seul qu'un ingénieur y a été appelé. — Cons. d'Et., 24 avr. 1837, Ministre des Travaux publics, [Leb. chr., p. 524] — V. *suprà*, v° *Conseil d'Etat*, n. 646 et s.

1520. — Une communauté d'intérêt, une solidarité ou une indivisibilité d'obligation ne suffit pas pour faire naître un pouvoir de représentation. — V. Albert Tissier, *Théorie et pratique de la tierce-opposition*, p. 194 et s. — Ainsi, un cohéritier, un copropriétaire ne représentent point leurs cohéritiers ou leurs copropriétaires. — Teissier et Chapsal, p. 420.

1521. — La caution n'est pas représentée par le débiteur principal. Spécialement, la caution d'un fournisseur ou d'un entrepreneur, condamnée solidairement avec lui par arrêté d'un conseil de préfecture, sans avoir été ni entendue, ni appelée, est recevable à former tierce-opposition à cet arrêté. — Cons. d'Et., 13 juin 1821, Ville de Nancy, [S. chr., P. adm. chr.]

1522. — B. Il faut que les personnes non parties ni représentées aient dû être appelées à l'instance, c'est-à-dire qu'elles aient eu relativement à la chose qui en faisait l'objet un droit qui rendait leur présence nécessaire. — Cons. d'Et., 1er déc. 1819, Reutell, [S. chr., P. adm. chr.] — *Contrà*, Cons. préf. Gard, 8 janv. 1880, Ve de Bavière, [*Jur. cons. préf.*, 1880, p. 131]

1523. — D'ailleurs, le texte même de l'art. 56 exige, pour que la tierce-opposition soit possible, un préjudice causé aux tiers, ce qui veut dire que le tiers opposant doit avoir un droit sur la chose faisant l'objet du procès, et que sa présence était nécessaire pour le défendre. — Teissier et Chapsal, p. 421.

1524. — C. Il faut que le tiers opposant ait subi un préjudice; lors même qu'on eût dû être appelé, si on ne souffre aucun préjudice, on n'a aucun intérêt. Or, « sans intérêt, point d'action » (V. *suprà*, v° *Action* [en justice], n. 64 et s.). — V. Cons. d'Et., 24 oct. 1821, Duparc, [P. adm. chr.]; — 4 avr. 1837, Roberjot, [P. adm. chr.]; — 6 août 1839, Min. des Trav. publ., [Leb. chr., p. 431]; — 13 août 1867, Grégoire, [Leb. chr., p. 760]; — 28 nov. 1884, Martin du Gard, [Leb. chr., p. 840]

1525. — Il faut, en outre, que le préjudice porte atteinte à un droit. Ainsi le simple préjudice défavorable résultant d'un arrêté qui ne peut pas porter atteinte directement et d'une façon effective pour son exécution aux droits d'un tiers, ne suffit pas pour donner ouverture à la tierce-opposition. Spécialement, au cas où deux personnes ayant éprouvé des dommages à la suite de l'exécution du même travail demandent en même temps, devant le même conseil, réparation de ces dommages, si la demande de l'une d'elles est repoussée, l'autre ne peut pas former tierce-opposition. — Teissier et Chapsal, p. 421.

1526. — Le préjudice doit être direct et déterminé. Cependant un préjudice éventuel suffirait s'il portait atteinte effective à un droit. — Teissier et Chapsal, *loc. cit.* — Ce ne sera là, d'ailleurs, que l'application de principes communs à la matière civile et à la matière administrative, et dont on trouve le développement, *infrà*, v° *Tierce-opposition*.

2° *Tierce-opposition pour dol ou fraude.*

1527. — Les personnes qui ont été représentées par les parties peuvent attaquer la décision intervenue par la voie de la tierce-opposition s'il y a eu dol ou fraude et la part de celles-ci. Les conditions d'admissibilité de cette tierce-opposition se rattachent à la théorie de l'action paulienne, et le tiers opposant n'est recevable que dans les mêmes cas où le créancier l'est en matière de conventions lorsqu'il veut user du bénéfice de l'art. 1167, C. civ. — V. *suprà*, v° *Action Paulienne*.

1528. — Il est d'abord deux conditions qui étaient déjà exigées pour la tierce-opposition proprement dite : il faut que le tiers opposant n'ait pas été partie au jugement et qu'il ait subi un préjudice. Il est, en outre, deux autres conditions qui sont spéciales à la tierce-opposition extraordinaire.

1529. — La première, c'est que le tiers opposant doit être l'ayant-cause de l'un des plaideurs ; les personnes à la disposition desquelles est mise cette voie de recours sont donc précisément celles auxquelles la tierce-opposition ordinaire est refusée. La seconde condition, c'est qu'il y ait eu dol ou fraude. La fraude peut consister dans une négligence grossière du débiteur. — Bédarride, *Traité du dol et de la fraude*, t. 4, n. 1426.

1530. — Il est généralement admis que le tiers opposant n'est pas obligé de démontrer la fraude des autres personnes parties au procès. — Tissier, *op. cit.*, p. 221. — *Contrà*, Garsonnet, *Proc. civ.*, t. 4, n. 797.

§ 4. *Quelles décisions sont susceptibles de tierce-opposition.*

1531. — La règle générale est que toutes les décisions du conseil de préfecture sont susceptibles de tierce-opposition, soit qu'il s'agisse de la tierce-opposition proprement dite, soit qu'il s'agisse de la tierce-opposition pour dol ou fraude.

1532. — Toutefois, les arrêtés du conseil de préfecture ordonnant un constat urgent, de même que les ordonnances de référé des présidents de tribunaux, bien qu'ils rentrent dans la juridiction contentieuse, ne sont point susceptibles de tierce-opposition. Nous avons vu que des décisions ont un caractère essentiellement préparatoire, et, en outre, ne sont pas nécessairement contradictoires.

1533. — Ne serait pas non plus admise la tierce-opposition contre les arrêtés statuant sur la récusation d'un conseiller de préfecture. L'adversaire, en effet, ne paraît pas devoir être nécessairement appelé au débat sur ce point; il peut, du reste, attaquer la décision intervenue sur la récusation, en même temps que l'arrêté sur le fond, par la voie du recours devant le Conseil d'Etat. — Teissier et Chapsal, p. 423. — V. *suprà*, n. 896, 898.

1534. — Il n'y aurait pas lieu non plus d'admettre la tierce-opposition contre des arrêtés par lesquels le conseil de préfecture donne acte d'une transaction ou d'un désistement. Ces arrêtés, qui se bornent à constater authentiquement ce qui s'est passé devant le conseil, ne constituent pas de véritables jugements. — Teissier et Chapsal, *loc. cit.*

1535. — Mais la tierce-opposition est admissible en matière de contravention, bien que cette voie de recours ne soit pas recevable devant les tribunaux criminels : la jurisprudence se fonde sur le caractère domanial des instances relatives aux contraventions de grande voirie. Il a été décidé que l'usufruitier a, qualité pour se pourvoir par la voie de la tierce-opposition contre un arrêté du conseil de préfecture condamnant le nu-propriétaire à démolir, comme ayant été élevées en contravention aux lois sur les servitudes militaires, des constructions soumises à son droit d'usufruit. — Cons. d'Et., 24 mars 1853, de Salase, [Leb. chr., p. 381]

1536. — ... En matière d'élections. — V. cependant en sens contraire, Cons. d'Et., Elect. de Berniers, 29 juin 1832, [Leb. chr., p. 176; — 2 nov. 1832, Boin Beaugré, [Leb. chr., p. 233]; — 17 janv. 1833, Elect. de Marseille, [Leb. chr., p. 273]; — 8 juill. 1838, Elect. de Serignan, [Leb. chr., p. 420] — ... A la condition que la tierce-opposition soit formée dans la limite du délai imparti au conseil de préfecture pour statuer en matière électorale. — V. Cons. d'Et., 14 juill. 1879, Elect. d'Ancazein, [Leb. chr., p. 139] — Cet arrêt qualifie inexactement d'*opposition* la tierce-opposition dont il admet la recevabilité. — V. aussi Cons. d'Et., 3 mai 1833, Boizinac, [Leb. chr.]; — 19 mars 1880, Elect. de Vers, [Leb. chr., p. 329] — Teissier et Chapsal, p. 424 et s.

1537. — En fait, dans la plupart des cas, le droit de faire tierce-oppposition est illusoire en matière électorale parce que souvent la décision du conseil n'intervient qu'à la veille de l'expiration du délai pour statuer. Aussi, le Conseil d'Etat a-t-il admis comme tempérament d'équité, que les conseillers dont l'élection a été annulée sans que la protestation leur ait été communiquée, peuvent attaquer la décision intervenue par la voie du recours au Conseil d'Etat. — Cons. d'Et., 8 août 1882, Elect. de Massigha, [Leb. chr., p. 808]; — 23 janv. 1885, Elect. de Poutiès, [Leb. chr., p. 83]; — 6 mars 1885, Elect. de Montcel, [Leb. chr.,

p. 277]; — 17 juill. 1883, Elect. d'Anchel, [Leb. chr., p. 698]. — V. aussi Cons. d'Et., 23 nov. 1883, Olivier et Brund, [Leb. chr., p. 854] — V. *infrà*, v° *Elections*.

1538. — En matière de contributions directes, la tierce-opposition est recevable pour les réclamations à propos desquelles une opposition est possible. — Cons. d'Et., 16 mars 1850, Raskin, [P. adm. chr.]

1539. — Ainsi, elle doit être d'abord déclarée admissible en cas de demande en restitution de contribution indûment recouvrée, quand le percepteur contre qui cette demande est dirigée n'a pas été régulièrement appelé à l'instance. — Cons. d'Et., 3 nov. 1882, Percepteur de Livry, [Leb. chr., p. 827]; — 28 févr. 1886, Louit, [Leb. chr., p. 168]

1540. — ... Et en cas de mutation de cote lorsque la personne au nom de laquelle la mutation de cote doit être opérée n'a pas été mise en cause. — Cons. d'Et., 20 sept. 1871, Armand, [S. 73.2.159, P. adm. chr.]; — 13 avr. 1883, Commune de Sainte-Blandine, [Leb. chr., p. 333] — Ces arrêts qualifient encore d'opposition la voie de recours qu'ils admettent. — V. *suprà*, n. 1497.

1541. — Inversement, la tierce-opposition n'est pas possible, en principe, dans les réclamations ayant pour but de demander décharge ou réduction. Spécialement, les contribuables surchargés par suite d'un arrêté du conseil de préfecture qui avait accordé un dégrèvement à un autre contribuable, ne sont pas recevables à former tierce-opposition à cet arrêté. — V. en sens contraire un arrêt rendu sous l'empire de la loi du 2 mess. an VII. — Cons. d'Et., 8 mai 1822, Folger, [S. chr., P. adm. chr.]

1542. — Lorsqu'il s'agit de taxes perçues pour le compte des communes, des établissements publics et des communautés d'habitants, peut concevoir la tierce-opposition, car il existe alors un intéressé autre que l'administration qui n'y intervient que pour diriger l'instruction. Ainsi, un contribuable ayant demandé devant le conseil de préfecture la décharge des prestations auxquelles il avait été imposé dans une commune, comme faisant double emploi avec celles qu'il supportait dans une autre commune, et le conseil de préfecture ayant maintenu la réclamant sur le rôle de la première et lui ayant accordé décharge sur le rôle de la seconde, sans avoir procédé à aucune instruction dans celle-ci, le Conseil d'Etat a reconnu que la voie de la tierce-opposition était ouverte à cette seconde commune qui n'avait été ni appelée ni entendue dans l'instance. — Cons. d'Et., 12 déc. 1866, Commune de Saint-Pierre-les-Biton, [Leb. chr., p. 1130]; — 24 mai 1870, Ville de Rouen, [Leb. chr., p. 576] — V. *infrà*, v° *Contributions directes*.

§ 5. *Formes de la tierce-opposition.*

1543. — La tierce-opposition formée contre un arrêté d'un conseil de préfecture doit être portée devant le conseil qui a rendu cet arrêté.

1544. — Elle ne peut être portée directement devant le Conseil d'Etat, le recours ainsi formé serait non recevable et le tiers opposant serait renvoyé devant le juge du premier degré. — Cons. d'Et., 22 févr. 1821, Min. de la Guerre, [Leb. chr., p. 25]; — 16 févr. 1826, Lauverjon, [P. adm. chr.]; — 25 mars 1830, Gaujons, [P. adm. chr.]; — 8 janv. 1836, Prudhomme, [P. adm. chr.]; — 12 déc. 1866, Commune de Saint-Pierre-les-Béton, [Leb. chr., p. 1130]; — 3 nov. 1882, Percepteur de Livry, [Leb. chr., p. 827]; — 26 févr. 1886, Louit, [Leb. chr., p. 168] — Nous avons vu toutefois *suprà*, n. 1537, qu'il en est autrement en matière électorale.

1545. — La tierce-opposition ne pourrait plus être admise devant le conseil de préfecture, si l'arrêté de ce conseil avait été l'objet d'un recours rejeté par le Conseil d'Etat. En pareille hypothèse, la décision du Conseil d'Etat seule pourrait être attaquée par la voie de la tierce-opposition. — Cons. d'Et., 5 nov. 1823, Clog et autres, [Leb. chr., p. 412]

1546. — La tierce-opposition est introduite et instruite dans les formes établies par les art. 1 à 9, *suprà*, n. 262 et s. (L. 22 juill. 1889, art. 56, § 2). Il en résulte que la demande doit être accompagnée d'autant de copies qu'il y a de parties (V. *suprà*, n. 277 et s.). Le plus souvent, il sera nécessaire de mettre en cause tous ceux qui auront été parties dans la première instance, ce qui sera même indispensable au cas de tierce-opposition basée sur le dol ou la fraude. — Teissier et Chapsal, p. 427.

§ 6. *Délai de la tierce-opposition.*

1547. — Le délai dans lequel la tierce-opposition doit être formée n'est pas fixé par la loi. Il est naturel que cette voie de recours soit ouverte pendant une période de temps beaucoup plus considérable que l'opposition, car la partie liée à l'instance, mais défaillante, a été à même de se défendre, et si elle ne l'a pas fait, elle est en faute, tandis que la partie non appelée, au contraire, n'a connu les prétentions émises contre elle que par la signification de l'arrêté qui la condamne, ou par son exécution.

1548. — Du silence de la loi sur la question de délai est née la question de savoir si les tiers opposants sont toujours recevables dans leur recours. Toutefois, à défaut de délai déterminé, il est une circonstance qui a pour effet incontestable de forclore les tiers : ils ne peuvent former tierce-opposition s'ils ont acquiescé, expressément ou tacitement, à l'arrêté, alors même qu'il ne leur aurait pas été notifié. — Cons. d'Et., 31 janv. 1817, Marvillet, [Leb. chr., p. 174]; — 2 févr. 1821, Habitants de Bischoffheim, [P. adm. chr.] — V. aussi Cons. préf., Seine, 27 janv. 1880, Martin, [Jur. cons. préf., 1880, p. 99] — V. *suprà*, v° *Acquiescement*, n. 620.

1549. — D'autre part, il faut admettre que la tierce-opposition est recevable même après l'exécution de l'arrêté par la partie condamnée; autrement, les créanciers d'un plaideur alléguant une fraude commise à leur préjudice ne pourraient jamais former tierce-opposition. Il y aurait lieu seulement de faire exception pour le cas où les personnes non appelées auraient connu l'exécution de l'arrêté dès qu'elle a été accomplie, si leur silence pouvait faire présumer leur acquiescement, ou bien, à plus forte raison, si l'arrêté auquel elles n'ont été ni parties ni représentées avait été prononcé directement contre elles et si elles l'avaient exécuté volontairement et sans réserves.

1550. — Quant au délai de la tierce-opposition, la question est susceptible de controverse. En ce qui concerne la tierce-opposition aux décisions du Conseil d'Etat, l'ancienne jurisprudence exigeait qu'elle fût formée dans le délai de l'opposition : ce délai devant courir à dater de la notification, si elle avait été faite, et au cas contraire, du jour où le tiers avait eu connaissance de l'arrêté qui lui portait préjudice.

1551. — Cette jurisprudence ne tarda pas à être abandonnée (V. *suprà*, v° *Conseil d'État*, n. 1341, 1342) et elle ne saurait être reprise pour la tierce-opposition aux décisions des conseils de préfecture. Outre qu'il serait injuste de fixer pour la tierce-opposition un délai aussi court que pour l'opposition (*suprà*, n. 1427), il est une raison péremptoire à invoquer : c'est que les délais ne se suppléent point, et qu'il n'appartient pas aux juridictions d'en fixer lorsqu'ils n'ont pas été déterminés par la loi.

1552. — Toutefois, il n'y a pas lieu d'assimiler la tierce-opposition à une exception qui pourrait être perpétuellement opposée; le droit de former tierce-opposition s'éteint par l'expiration du délai de trente ans, d'après la règle générale de la prescription des actions établie par l'art. 2262, C. civ. Ce délai court du jour du prononcé de l'arrêté. — Teissier et Chapsal, p. 429 et note 1.

§ 7. *Effets de la tierce-opposition.*

1553. — Si la prétention du tiers opposant est reconnue fondée, l'arrêté attaqué est remplacé par une décison nouvelle qui détermine la situation juridique du tiers opposant quant au point litigieux; mais il n'est modifié qu'en ce qui concerne le tiers opposant et subsiste, en dehors de lui, entre les personnes qui y ont été parties concurremment, et pour qui il y a chose jugée.

1554. — En fait, il y a souvent impossibilité de concilier l'exécution du nouvel arrêté, même restreint aux droits du tiers lésé, avec le premier. Cependant les deux décisions demeurent, et leur exécution a lieu concurremment, dans la mesure du possible. Ainsi, il a été décidé qu'un conseil de préfecture qui a fixé contradictoirement, entre l'Etat et une commune, la subvention due par suite de dégradations extraordinaires causées à un chemin vicinal, ne peut, sur la tierce-opposition d'une autre personne, revenir sur la répartition et fixer autrement la part due par l'Etat. — Cons. d'Et., 27 juin 1855, Commune de la Vendue-Mignot, [P. adm.chr.]

1555. — Le conseil de préfecture qui rejette la tierce-opposition ne peut condamner à une amende la partie qui succombe dans cette voie de recours : la loi du 22 juill. 1889 ne contient aucune disposition analogue à celles de l'art. 479, C. proc. civ., de l'art. 38, Décr. 23 juill. 1806, sur la procédure devant le Conseil d'Etat, et de l'art. 85, Décr. 10 août 1881, sur les conseils du contentieux des colonies. — Teissier et Chapsal, p. 429.

1556. — Le conseil de préfecture ne pourrait non plus condamner le tiers opposant à des dommages-intérêts envers la partie lésée par son action, car la justice administrative n'a le pouvoir de juger les questions de dommages-intérêts entre les parties que dans les cas où un texte lui attribue formellement compétence à cet effet. — Teissier et Chapsal, op. cit., p. 430; Chauveau et Tambour, C. instr. admin., t. 2, n. 785 bis. — Devant le Conseil d'Etat il en est autrement. — V. Cons. d'Et., 1er juin 1883, Armand, [S. 85.3.28, P. adm. chr., D. 85.3.1]

CHAPITRE IX.

DÉPENS.

Section I.

Condamnation aux dépens.

§ 1. *Règles générales.*

1557. — Avant la loi du 22 juill. 1889, les règles à suivre pour la condamnation aux dépens devant les conseils de préfecture avaient été fort controversées.

1558. — Lors d'une affaire jugée en 1859, le ministre de l'Intérieur avait exprimé l'avis qu'il appartenait au conseil de préfecture d'appliquer l'art. 130, C. proc. civ., dans les affaires jugées par lui. Mais le Conseil d'Etat avait décidé qu'aucune disposition de loi n'oblige ces conseils à prononcer des condamnations aux dépens. — V. Cons. d'Et., 13 déc. 1859, Pierrard, [P. adm. chr.] — V. aussi Cons. d'Et., 15 déc. 1878, Bossu et Ragis, [S. 80.2.159, P. adm. chr., D. 79.3.36]; — 17 déc. 1880, Mayaux, [Leb. chr., p. 1010]

1559. — La doctrine tendait, au contraire, à considérer l'art. 130, C. proc. civ., comme applicable aux matières administratives. — V. Serrigny, *Compét. admin.*, t. 3, n. 1282; Dufour, t. 2, p. 87; Chauveau et Tambour, *C. instr. adm.*, t. 2, n. 878. — Il semblait, du moins, équitable que le conseil de préfecture pût condamner la partie qui succombe devant lui à rembourser à son adversaire, non les frais d'avoué qui sont toujours facultatifs en pareil cas, mais les dépenses accessoires qui ont été nécessitées par le procès, et spécialement les frais de timbre et d'enregistrement. On sait qu'en vertu du décret du 2 nov. 1864, ces derniers frais sont alloués par le Conseil d'Etat dans les instances engagées devant lui sur les recours pour excès de pouvoirs, bien que ces recours soient jugés sans ministère d'avocat et sans frais. Du reste, la loi du 21 juin 1865 paraissait admettre implicitement que des condamnations aux dépens pourraient être prononcées par ces conseils, car l'art. 14 de la loi décidait qu'un règlement d'administration publique déterminerait provisoirement ... 3° ce qui concerne les dépens.

1560. — La jurisprudence qui précède ne continua pas d'ailleurs à être appliquée d'une façon absolue, sauf dans les contestations engagées avec l'Etat. Celui-ci étant toujours censé agir non dans un intérêt privé, mais comme représentant de la puissance publique, il était décidé que chaque partie devait payer ses frais d'instance. — V. *infrà*, n. 1579. — Dans les procès entre particuliers, communes, départements ou établissements publics, il fut admis d'abord que le conseil de préfecture avait le droit de répartir entre les parties les frais des expertises et autres mesures de vérification, par appréciation des circonstances et d'après les divers éléments de la cause. — Cons. d'Et., 12 janv. 1883, Fontaine et Aumont, [S. 84.3.76, P. adm. chr., D. 84.3.75]; — 20 avr. 1883, Dareste, [Leb. chr., p. 369]; — 28 déc. 1883, Ville de Vannes, [Leb. chr., p. 980]

1561. — Puis la jurisprudence finit par reconnaître que dans les instances pendantes devant le conseil de préfecture, les dépens auxquels était condamnée la partie qui succombait pouvaient comprendre, non seulement les frais d'expertise, mais les frais de timbre et ceux de signification avancés par l'adversaire. — Cons. d'Et., 22 mai 1885 (1re espèce), Ville de Paris, [S. 87.3.11, P. adm. chr., D. 87.3.3]; — 8 août 1885, Chemins de fer P.-L.-M., [S. 87.3.26, P. adm. chr.]; — 16 avr. 1886, Radiguet, [S. 88.3.8, P. adm. chr., D. 87.3.101] — V. aussi Cons. d'Et., 15 févr. 1884, Ville de Paris, [Leb. chr., p. 149]

1562. — Mais il a été jugé que l'on ne devait pas comprendre dans les dépens les frais d'un procès-verbal de constat dressé par le juge de paix sur la réquisition d'une des parties. — Cons. d'Et., 8 août 1885, précité.

1563. — Aujourd'hui, d'après l'art. 62, L. 22 juill. 1889, « toute partie qui succombe est condamnée aux dépens ». Ainsi doit être condamnée aux dépens, toute partie dont les conclusions sont repoussées soit au fond, soit en la forme, après instruction contradictoire ou par défaut. — Teissier et Chapsal, p. 459.

1564. — Comme celle qui succombe, la partie qui se désiste supporte les frais exposés antérieurement à son désistement. — V. *suprà*, n. 928.

1565. — De même qu'en matière civile, les dépens peuvent, à raison des circonstances de l'affaire, être compensés en tout ou en partie (L. 22 juill. 1889, art. 62, § 2).

1566. — Mais à la différence du Code de procédure civile, la loi de 1889 ne prévoit pas expressément les cas de compensation des dépens (V. *infrà*, v° *Dépens*). D'après la jurisprudence antérieure en cette matière, jurisprudence qui conserve tout son intérêt avec la législation actuelle, la compensation est ordonnée lorsque les parties succombent chacune sur certains chefs respectifs, ou lorsque leurs prétentions ne sont pas adoptées intégralement. — Cons. d'Et., 6 juill. 1865, Commune de la Ferté, [Leb. chr., p. 696]; — 23 mars 1881, Min. des Travaux publics, [Leb. chr., p. 348]; — 21 mars 1883, Jéautsène, [Leb. chr., p. 326]; — 28 déc. 1883, Ville de Vannes, [Leb. chr., p. 980]; — 30 mai 1884, Moulinard, [Leb. chr., p. 443]; — 29 juin 1888, Delpuch, [Leb. chr., p. 589]

1567. — La compensation des dépens est également admise lorsque les parties se désistent réciproquement et abandonnent leurs prétentions. — Cons. d'Et., 7 mai 1863, Commune de Busan, [P. adm. chr., p. 425]

1568. — ... Lorsque les frais peuvent être mis solidairement à la charge de toutes les parties en cause, et, par exemple, dans les cas où une expertise ou toute autre mesure d'instruction a été ordonnée dans leur intérêt commun. — Cons. d'Et., 3 mars 1882, Bourguignon, [Leb. chr., p. 227]

1569. — On décide qu'à défaut d'offres faites à un particulier en réparation du préjudice causé par suite de l'exécution de travaux publics, son adversaire doit supporter tous les frais de l'expertise, quand bien même le conseil de préfecture aurait réduit la demande en indemnité. — Cons. d'Et., 29 nov. 1851, Pelonier, [Leb. chr., p. 720]; — 13 août 1852, Bourdin. [Leb. chr., p. 389]; — 10 déc. 1864, Gillet, [Leb. chr., p. 1021]; — 11 août 1869, Blasseur, [Leb. chr., p. 805] — V. *infrà*, n. 1580.

1570. — Dans la procédure administrative, les dépens ne sont pas alloués d'office au profit des parties qui ne les ont pas requis : il faut que celles-ci aient déposé des conclusions spéciales, pour que la condamnation aux dépens puisse être valablement prononcée ; le conseil de préfecture ne saurait suppléer au silence des intéressés sur ce point. Il a été toutefois jugé que conclure au rejet du pourvoi avec toutes les conséquences de droit, c'est conclure aux dépens. — Cons. d'Et., 15 août 1865, Balbouhey, [Leb. chr., p. 748]

1571. — Lorsque la question des dépens n'a fait l'objet d'aucune contestation particulière, la condamnation aux dépens est suffisamment justifiée, en tant qu'accessoire de la condamnation, par les motifs donnés à l'appui de la décision du fond. Il n'en serait plus de même si l'allocation des dépens était faite à un autre titre, par exemple, à titre de dommages-intérêts alloués à la partie gagnante. La condamnation, dans ce cas, devrait être spécialement motivée. — Teissier et Chapsal, p. 461, note 4.

1572. — En règle générale, le conseil de préfecture ne statue sur les dépens que dans l'arrêté définitif. Jusqu'à cette décision, il réserve d'ordinaire les dépens, notamment lorsqu'il statue sur un incident, comme, par exemple, sur une question de compétence, sur une mesure d'instruction. — Cons. d'Et., 4 juin 1823, Sabatier, [Leb. chr., p. 365]

1573. — ... Ou lorsqu'il renvoie l'examen d'une question préjudicielle à l'autorité judiciaire. — Cons. d'Et., 3 janv. 1828, Beilidoux, [Leb. chr., p. 258]

1574. — ... Ou bien encore, lorsqu'il admet l'opposition à une décision par défaut. — Teissier et Chapsal, *loc. cit.*

1575. — Si le conseil de préfecture omet de statuer sur les dépens, il ne peut réparer lui-même cette omission, car, en rendant son arrêté définitif sur une contestation, il a épuisé son pouvoir de juridiction. La voie de l'appel reste seule ouverte aux parties qui voudraient obtenir satisfaction sur ce chef de leurs conclusions. — Cons. d'Et., 4 avr. 1873, Commune d'Hagetinau, [S. 75.2.95, P. adm. chr., D. 74.3.76]— V. *suprà*, n. 1251 et s.

1576. — De plus, le conseil de préfecture ne peut condamner qu'aux dépens exposés devant lui, il ne peut condamner aux dépens faits devant une autre juridiction. Ainsi, lorsqu'un tribunal civil saisi de plusieurs chefs de demande a, par suite d'un déclinatoire, renvoyé la décision d'un de ces chefs au conseil de préfecture et sursis à statuer sur les autres chefs jusqu'après ladite décision, le conseil de préfecture ne peut, en prononçant sur le chef de demande qui lui a été renvoyé, condamner le demandeur à supporter tous les dépens faits et occasionnés par lui devant le tribunal de première instance. — Cons. d'Et., 17 nov. 1849, Poupinet, [P. adm. chr.]

1577. — De même, le conseil de préfecture est incompétent pour statuer sur des frais faits devant le juge de paix dans une instance dont il est ultérieurement saisi. — Cons. d'Et., 27 août 1823, Morat, [S. chr., P. adm. chr.] — V. aussi Cons. d'Et., 22 mai 1874, Choiselat, [Leb. chr., p. 488] — Trib. confl., 16 mai 1874, Commune de Saint-Enogat, [S. 76.2.94, P. adm. chr., D. 75.3.37]

1578. — La condamnation aux dépens n'est possible que contre les parties en cause, principales ou intervenantes. Celui qui n'a pas été appelé à l'instance ne saurait supporter les dépens. — Cons. d'Et., 1er août 1867, Dezaibats, [Leb. chr., p. 734]

§ 2. *Règles spéciales.*

1579. — Avant la loi du 22 juill. 1889, une jurisprudence constante avait érigé en principe que lorsque l'administration publique était en cause, aucun texte n'autorisant à prononcer des dépens à son profit ou à sa charge, chacune des parties devait supporter indistinctement et dans tous les cas ses propres frais, et partager par moitié ceux qui seraient communs. — V. notamment, Cons. d'Et., 7 mars 1834, Guyot, [S. 34.2.497, P. adm. chr.]; — 17 avr. 1834, Parmentier, [P. adm. chr.]; — 6 juin 1834, Ministre des Finances, [P. adm. chr.]; — 10 juin 1835, Beauclart, [P. adm. chr.]; — 8 janv. 1836, Ministre de l'Intérieur, [P. adm. chr.]; — 25 janv. 1839, Ministre du Commerce, [P. adm. chr.]; — 20 nov. 1840, Ministre des Travaux publics, [P. adm. chr.]; — 20 janv. 1843, Delmas, [S. 43.2.204, P. adm. chr.]; — 3 févr. 1880, Ministre de l'Agriculture, [Leb. chr., p. 108]

1580. — Toutefois, il avait été admis que le conseil de préfecture qui condamne l'Etat à payer une indemnité pour dommages résultant de l'exécution de travaux publics pouvait valablement ajouter à l'indemnité les frais de l'expertise, lorsque cette expertise avait été nécessitée par le refus de l'administration ou du propriétaire réclamant le montant de l'indemnité qui lui était due. — Cons. d'Et., 3 janv. 1848, Boutillé, [P. adm. chr.]; — 5 janv. 1850, Huguet, [S. 50.2.240, P. adm. chr., D. 50.3.36] — V. *suprà*, n. 1569.

1581. — A la différence de la règle suivie par la jurisprudence antérieure, la loi du 22 juill. 1889 déclare applicable la condamnation aux dépens, en énumérant toutefois limitativement les matières dans lesquelles l'Etat aura à la supporter. Ce sont les contestations relatives ..., soit au domaine de l'Etat (L. 22 juill. 1889, art. 63) ..., soit à l'exécution des marchés passés pour un service public (*Ibid.*) ..., soit à la réparation des dommages sur lesquels les conseils de préfecture sont appelés à se prononcer (*Ibid.*)

1582. — Cette énumération est absolument limitative : en ce qui concerne les dépens, ce n'est que dans les cas ci-dessus visés que l'Etat est assimilé aux autres plaideurs. On a essayé de distinguer ces cas en disant qu'ils correspondent à toutes les instances où l'Etat joue le rôle de partie privée, par opposition aux affaires qui ne rentreraient pas dans cette énumération et qui seraient celles où l'Etat agit comme puissance publique (Teissier et Chapsal, p. 462). Nous ne pouvons considérer cette distinction comme exacte. Si, en effet, il est permis d'assimiler l'Etat à un simple particulier dans les instances qui concernent son domaine privé, il n'en est pas de même lorsqu'il s'agit soit de marchés passés pour un service public, soit de l'exécution des travaux publics : ici il est impossible de ne pas voir dans l'Etat une personne publique, ce qui a pour conséquence d'enlever toute base à la distinction qui précède.

1583. — Pour les affaires qui ne rentrent pas dans l'énumération de la loi, la règle interdisant l'allocation de dépens au profit ou au préjudice de l'administration continue à être appliquée; il en est ainsi, notamment des matières relatives aux contraventions, aux élections et aux contributions directes et taxes assimilées.

1584. — I. *Contraventions.* — En matière répressive, la partie acquittée est relaxée sans dépens (L. 22 juill. 1889, art. 63, § 2). Cette disposition est la confirmation de la jurisprudence antérieure. Lorsque le prévenu est relaxé des fins de la poursuite, les frais de timbre et d'enregistrement du procès-verbal et les frais de poursuite restent à la charge de l'administration. Mais le prévenu acquitté est toujours obligé de supporter les dépenses effectuées dans l'intérêt de sa défense : il ne peut les répéter contre l'Etat. Dans les instances où l'administration exerce l'action publique, il aurait été contraire au principe de droit commun en matière pénale d'admettre la possibilité d'une condamnation aux dépens prononcée contre elle (Discours de M. Clément au Sénat, séance du 28 janv. 1889).

1585. — Lorsque le contrevenant est condamné, il demeure soumis à la règle générale de l'art. 62, et il doit en conséquence être condamné aux frais des poursuites. Il en serait de même vis-à-vis de toute partie qui interviendrait dans un procès de cette nature.

1586. — Mais le droit de poursuite n'appartenant qu'à l'administration en matière de contraventions de grande voirie commises sur les chemins de fer (V. *suprà*, v° *Chemin de fer*, n. 1987), c'est à tort que les frais de l'instance seraient mis à la charge de la compagnie non intervenante au procès. — Cons. d'Et., 28 mars 1888, Cie des chemins de fer d'Orléans, [Leb. chr., p. 323] — V. aussi Cons. d'Et., 17 nov. 1876, Min. des Travaux publics, [Leb. chr., p. 827]; — 27 juin 1882, Min. des Travaux publics, [Leb. chr., p. 616]

1587. — Le conseil de préfecture ne peut, pas plus aujourd'hui qu'avant la loi du 22 juill. 1889, condamner les contrevenants aux frais du procès-verbal, s'il n'a été prononcé contre eux aucune condamnation, soit à titre d'amende, soit à titre de réparation du dommage causé, la condamnation aux frais du procès-verbal n'étant que l'accessoire d'une autre condamnation. — Cons. d'Et., 2 juill. 1880, Min. Trav. publ., [Leb. chr., p. 643]; — 14 avr. 1883, Fleury, [Leb. chr., p. 354]

1588. — II. *Elections.* — Il n'y a lieu, en matière électorale, à aucune condamnation aux dépens (L. 22 juill. 1889, art. 63, § 3). Cette exception est générale et s'applique à toutes les parties en cause. Il est, en effet, de principe dans la législation électorale, que les réclamations doivent être instruites et jugées sans frais. — V. Cons. d'Et., 19 juill. 1867, Elect. de Lannemazen, [Leb. chr., p. 676]; — 26 févr. 1872, Elect. de Saint-Sylvestre, [S. 73.2.286, P. adm. chr., D. 73.3.3]

1589. — La dispense de frais s'applique non seulement aux requêtes des parties ou aux mesures d'instruction faites par la voie administrative, mais encore à tous les moyens de vérification ordonnés par le conseil de préfecture, et notamment aux enquêtes.

1590. — III. *Contributions directes.* — En matière de contributions directes, il a toujours été reconnu que le conseil de préfecture ne pouvait allouer que ceux prévus par l'arrêté du 24 flor. an VIII, c'est-à-dire les frais d'expertise. La loi de 1889 est muette sur cette question. La loi n'a donc rien changé à l'état de choses antérieur. La loi du 29 déc. 1884 a d'ailleurs réglé, dans son art. 5, le mode de répartition des frais d'expertise et de tierce expertise en cette matière. — Teissier et Chapsal, p. 464 et s. — V. *infrà*, v° *Contributions directes.*

1591. — Aux termes du dernier paragraphe de l'art. 63 de la loi de 1889, « la liquidation des frais d'expertise est faite par le président du conseil de préfecture, conformément à l'art. 23 ». Cette disposition est la reproduction de la seconde partie d'un paragraphe qui figurait dans le projet primitif et qui concernait les frais d'expertise en matière de contributions directes. Elle est surabondante par suite du vote de l'art. 23 qui pose une règle générale pour la liquidation des frais d'expertise et la déclare applicable même en matière de contributions directes. Tout ce que l'on peut induire du texte actuel, c'est que l'intention du législateur a été d'appliquer à la liquidation des frais d'expertise en matière de contributions directes, la procédure édictée pour les autres expertises, en laissant intacte la législation fiscale sur tous les autres points réservés par l'art. 11 de la loi. L'énumération limitative du premier paragraphe de l'art. 63 ne permet pas d'ailleurs de comprendre les contestations relatives aux impôts au nombre des litiges pour lesquels l'Etat peut supporter les dépens. — Teissier et Chapsal, loc. cit.

SECTION II.
Liquidation et taxe des dépens.

1592. — Les dépens ne peuvent comprendre que les frais de timbre ou d'enregistrement, les frais de copie de requêtes ou mémoires, les frais d'expertise, d'enquête et autres mesures d'instruction et les frais de signification de la décision (L. 22 juill. 1889, art. 64).

1593. — Cette énumération est limitative; il en résulte qu'on ne saurait régulièrement faire entrer dans la masse des dépens des frais non visés par cette disposition, tels que les frais d'expédition des arrêtés.

1594. — ... Ou encore les frais de rôle de l'original de la requête, les parties étant censées rédiger elles-mêmes les mémoires qui ont pour objet la défense de leurs intérêts. — Teissier et Chapsal, p. 467 et note 1.

1595. — Mais, bien que la loi ne le dise pas formellement, les frais de copie des défenses et répliques doivent être compris dans les dépens, au même titre que les frais de copie des requêtes et mémoires. — Teissier et Chapsal, op. et loc. cit.

1596. — La loi a pris soin d'exclure formellement des dépens certains frais tels que la signification et la demande introductive d'instance et la citation des témoins par exploit d'huissier (art. 4 et 28). — V. suprà, n. 294.

1597. — La partie gagnante a droit au paiement des frais de la signification, alors même qu'elle n'aurait pas au préalable adressé cet exploit d'huissier, la nécessité de la signification étant justifiée par la résistance présumée de la partie adverse. Mais l'art. 64 ne parle que des frais de signification de la décision; par suite, les frais occasionnés par une notification administrative, en admettant qu'il puisse y en avoir, ne sauraient être compris dans les dépens. — Teissier et Chapsal, p. 468.

1598. — Les frais visés par l'art. 64 peuvent être compris dans les dépens, mais n'y doivent pas nécessairement être compris. Le conseil de préfecture a le droit et le devoir d'écarter de la taxe des dépens les frais qu'il répute frustratoires ou inutiles. Ainsi, il y aurait lieu de rejeter des dépens les frais de signification, si la décision avait déjà été portée à la connaissance de l'intéressé par la voie administrative, et si elle ne pouvait pas être, en l'état, l'objet d'un recours devant le Conseil d'Etat, à raison de son caractère préparatoire. — Teissier et Chapsal, loc. cit.

1599. — Le tarif des dépens devant le conseil de préfecture résulte du règlement d'administration publique du 18 janv. 1890, règlement qui était visé par les art. 65 et 67, L. 22 juill. 1889.

1600. — Antérieurement à la loi de 1889, aucun texte n'avait prévu le tarif des dépens devant les conseils de préfecture; l'application du tarif du décret du 16 févr. 1807, pour les frais des procès jugés par les tribunaux civils, ne résultait d'aucune prescription légale, mais était pratiquée néanmoins par un certain nombre de conseils; d'autres s'en écartaient suivant les circonstances. Il s'en était suivi des différences très-sensibles sur le taux des frais admis en taxe dans les divers départements. C'est pour mettre fin à cette anomalie que la loi de 1889 a décidé qu'un règlement d'administration publique fixerait des règles uniformes pour les dépens devant les conseils de préfecture.

1601. — Le décret du 18 janv. 1890 s'applique en toutes matières, sauf dans les contestations électorales où la procédure ne donne lieu à aucun frais ni dépens (Décr. 18 janv. 1890, art. 16). — Teissier et Chapsal, p. 471. — V. suprà, n. 1588.

1602. — Ce tarif administratif taxe en général les dépens au même taux que le tarif civil, sauf pour le transport devenu à notre époque plus facile et moins coûteux. — Teissier et Chapsal, loc. cit.

1603. — Il est alloué pour la copie des requêtes, mémoires et pièces y annexées, par rôle de vingt-cinq lignes à la page et de douze syllabes à la ligne, 0 fr. 50 (Décr. 18 janv. 1890, art. 1). C'est l'application de l'art. 75 du tarif civil.

1604. — Par pièces annexées, le décret se réfère aux copies de rapports prévus par son art. 4 : il n'entend pas obliger les parties à fournir des copies de toutes les pièces produites à l'appui de leurs requêtes, obligation qui aurait d'ailleurs été contraire aux dispositions des art. 4 et 8 de la loi. — Teissier et Chapsal, p. 472.

1605. — Il est alloué à chaque expert, par vacation de trois heures, s'il est domicilié dans le département de la Seine ou dans une ville dont la population excède 100,000 habitants, 8 fr.; s'il est domicilié dans une ville dont la population excède 30,000 habitants, 7 fr.; ailleurs, 6 fr. (Décr. de 1890, art. 2). Le prix des vacations est le même que celui consacré dans le tarif civil; il a été conservé, bien qu'insuffisant. Notons enfin que par population, on doit entendre dans l'art. 2, non la population de la commune, mais seulement la population agglomérée.

1606. — Le décret ne fixe pas le nombre maximum ni le nombre minimum de vacations à allouer pour les opérations d'une expertise. Le nombre de vacations est à peu près impossible à déterminer par avance, d'une manière même approximative. Aussi les experts n'ont-ils pour limite que leur bonne foi et le pouvoir de contrôle attribué au président par l'art. 9.

1607. — Toutefois, il ne peut être taxé aux experts plus de trois vacations par jour à la résidence et quatre hors de la résidence. Les experts ont, en outre, droit à une vacation pour la prestation de serment et une pour le dépôt du rapport, indépendamment de leurs frais de transport (Décr. de 1890, art. 2, §§ 2 et 3).

1608. — Si les experts sont appelés par le conseil de préfecture, soit à dresser un devis détaillé, soit, à défaut d'architecte, à diriger des travaux ou à procéder à la vérification et au règlement de mémoires d'entrepreneurs, il leur est alloué : 1° pour rédaction de devis, 1 1/2 p. 0/0; 2° pour direction de travaux, 1 1/2 p. 0/0; 3° pour vérification de règlement, 2 p. 0/0 (art. 3). Ici la tarification n'a pas lieu par vacation, mais d'après une base fixée. Les travaux ainsi rémunérés ne rentrent pas en compte dans le calcul des vacations. Cette allocation est répartie également entre les experts ou attribuée à l'un d'eux, suivant que le travail a été fait en commun ou par un seul expert (Même art.).

1609. — La mise au net du rapport est taxée conformément à l'art. 1 (Décr. de 1890, art. 4), c'est-à-dire par rôle du rapport. Cette exception n'existe que pour le rapport, et non, par exemple, pour la rédaction de plans.

1610. — Il est alloué aux experts pour frais de transport : 1° en chemin de fer, 20 centimes par kilomètre; 2° sur les routes ordinaires, 40 centimes par kilomètre. La première taxe est applicable de droit quand le parcours est desservi par une voie ferrée. En matière de contributions directes et de taxes assimilées, le parcours effectué hors des limites du département n'entre pas en compte : dans les autres matières, il peut être admis suivant les circonstances de l'affaire (Décr. de 1890, art. 5). Les frais de transport sont calculés à raison du parcours et non de la distance; par suite, chaque kilomètre donne droit à une indemnité pour l'aller et à une autre pour le retour. Les experts ne peuvent rien réclamer pour les dépenses de séjour.

1611. — La disposition concernant les contributions directes et taxes assimilées se justifie par ces motifs que les frais de ces instances doivent être aussi minimes que possible, et que les experts, en cette matière, doivent être choisis de préférence parmi les personnes peu éloignées du lieu de l'expertise, comme étant plus aptes à évaluer la matière imposable. Si donc les réclamants désignent des experts étrangers au département, ils doivent supporter les frais de parcours hors du territoire de celui-ci.

1612. — Si les experts sont appelés par application de l'art. 22, L. 22 juill. 1889, à comparaître devant le conseil de préfecture, ils seront rémunérés conformément aux art. 2 et 5 du décret de 1890 (Décr. de 1890, art. 6).

1613. — Les frais divers dont les experts ont dû faire l'avance, tel que le papier timbré, l'enregistrement, les ports de lettres et de paquets, et le coût de tous travaux et opérations indispensables à l'accomplissement de leur mission, leur sont remboursés sur état (art. 7). Les experts, avant d'accepter leurs fonctions, ont le droit de demander aux parties une provision. S'ils ne l'ont pas fait, ils peuvent se faire rembourser les frais de la nature de ceux prévus ci-dessus, en présentant un état détaillé de ces frais.

1614. — Les experts ne peuvent rien réclamer pour s'être fait aider par des copistes, dessinateurs, toiseurs, porte-chaînes, etc., ces frais étant compris dans les allocations ci-dessus mentionnées pour vacations, rédaction de devis, direction de travaux, règlement et mise au net du rapport (art. 8).

1615. — Le président, en procédant à la taxe des vacations et autres frais, peut les réduire s'ils paraissent excessifs. Il ne doit admettre en taxe ni les opérations, visites et plans inutiles, ni les longueurs dans les rapports (art. 9).

1616. — Les dispositions qui précèdent sont applicables à la tierce-expertise prévue en matière de contributions directes par l'art. 5, L. 29 déc. 1884 (art. 10). — V. *infrà*, v° *Contributions directes*.

1617. — Les dispositions des art. 2, 5 et 6, sont applicables à l'expert ou aux experts nommés par le conseil de préfecture pour faire une vérification d'écritures. Toutefois, la vérification devant être effectuée en présence d'un membre du conseil de préfecture désigné à cet effet, les experts n'ont droit à aucune vacation supplémentaire pour la prestation de serment ou pour le dépôt du rapport (art. 11).

1618. — Les dépositaires de pièces, appelés à les représenter devant le conseil de préfecture, sont assimilés aux experts quant aux frais de voyage et aux vacations (art. 12).

1619. — Lorsque le conseil de préfecture se transporte tout entier ou que l'un ou plusieurs de ses membres se transportent sur les lieux (V. *suprà*, n. 607 et s.), chaque conseiller a droit à des frais de transport calculés comme à l'art. 5 (V. *suprà*, n. 1610), et en outre, si le transport a lieu à une distance de un myriamètre au moins, à une indemnité de 12 fr. par jour. Le secrétaire greffier a droit aux mêmes frais de route et à une indemnité de 8 fr. par jour (art. 13).

1620. — Le décret-tarif ne prévoit pas d'indemnité de route ou de séjour pour les agents de l'administration ne résidant pas au chef-lieu du département, appelés devant le conseil de préfecture par application de l'art. 45 de la loi de 1889. Ces agents, en venant fournir des explications à propos d'un litige intéressant leur administration, accomplissent en effet un acte de leurs fonctions. C'est donc à cette administration de les indemniser de leurs frais suivant le tarif qui lui est spécial. — Teissier et Chapsal, p. 476 et 477.

1621. — Les témoins entendus dans une enquête peuvent requérir la taxe. Leurs frais de transport sont alors taxés ainsi qu'il suit : 1° en chemin de fer, 15 cent. par kilomètre; 2° sur les routes ordinaires, 40 cent. par kilomètre. La première taxe est applicable de droit quand le parcours est desservi par une voie ferrée. Il est en outre alloué aux témoins, à titre de taxe de comparution, une indemnité de 2 à 10 fr. par jour (art. 14).

1622. — Dans tous les cas où il y a lieu à signification par exploit d'huissier, soit d'un arrêté définitif, soit d'une décision du président liquidant les frais d'expertise ou les dépens, l'huissier a droit aux émoluments qui lui sont attribués par le tarif en vigueur devant les tribunaux de première instance (art. 15) : soit, à Paris 2 fr., pour l'original de l'acte, et ailleurs, 1 fr. 50; en plus, par copie, un quart de l'émolument accordé pour l'original (Décr. 16 févr. 1807, art. 28).

1623. — Rappelons que les frais de la signification de la demande par exploit d'huissier n'entrent point en taxe. — V. *suprà*, n. 1596).

1624. — La liquidation des dépens a pour but de déterminer le chiffre auquel, par application du tarif, s'élèvent les frais du procès. Cette liquidation peut être faite ... soit par l'arrêté qui statue sur le litige (L. de 1889, art. 65); ... soit, si l'état des dépens n'est pas soumis en temps utile au conseil de préfecture, par le président du conseil, le rapporteur entendu (art. 66).

1625. — La mission conférée au président consiste à fixer les frais exposés par les parties qui peuvent passer en taxe et à arrêter le montant de ces frais. Il ne saurait, sans excéder ses pouvoirs, suppléer aux lacunes de la décision du conseil et s'immiscer dans les questions de répartition des dépens entre les parties, questions qui sont résolues exclusivement par le conseil de préfecture et qui ne pourraient pas être déléguées à son président. — Teissier et Chapsal, p. 469.

1626. — La décision du président est prise sous forme d'arrêté. Cet arrêté doit faire mention que le rapporteur a été entendu; il est rendu hors de la présence des intéressés et sans avis préalable; il a la même valeur que la décision du conseil de préfecture et est exécutoire pour le recouvrement des dépens. — Teissier et Chapsal, p. 469.

1627. — Les parties peuvent former opposition à la décision du président devant le conseil de préfecture, statuant en chambre du conseil, dans le délai de huit jours à dater de la notification (art. 66, § 2). Ce droit d'opposition appartient aussi bien à la partie à laquelle les dépens ont été adjugés qu'à la partie condamnée. — Teissier et Chapsal, *loc. cit.*

1628. — Il importe de faire remarquer que cette opposition n'a rien de commun avec la voie de recours du même nom qui permet à la partie défaillante d'obtenir la rétractation par les mêmes juges de la décision rendue contre elle (V. *suprà*, n° 1352 et s.). En matière de dépens, l'opposition est un recours d'une nature toute spéciale, constituant la seule voie ouverte aux intéressés pour contester la liquidation. — Teissier et Chapsal, *loc. cit.*

1629. — Le délai de huit jours à dater de la notification de l'arrêté, doit être observé à peine de déchéance.

1630. — L'opposition à un arrêté de liquidation est présentée par voie de requête contenant les moyens invoqués à l'appui et instruite dans les formes ordinaires. Elle fait naître un litige qui doit être porté devant le conseil de préfecture, mais ce litige est jugé en chambre du conseil et non en séance publique. — Teissier et Chapsal, p. 470 et note 2.

1631. — Le conseil de préfecture, appelé à statuer sur l'opposition formée à l'arrêté du président a, comme le président lui-même, compétence pour connaître non seulement des questions de quotité, mais aussi des questions d'admissibilité des articles taxés. Toute demande qui ne soulèverait pas une question de taxe devrait être déclarée non recevable.

1632. — L'arrêté du conseil de préfecture statuant sur l'opposition à la taxe peut être déféré au Conseil d'État conformément à la règle ordinaire en vertu de laquelle les décisions de ce conseil ne sont jamais rendues en dernier ressort. — Teissier et Chapsal, p. 491.

1633. — La procédure établie par l'art. 66 est analogue à celle prescrite par l'art. 23 pour la liquidation des frais d'expertise (V. *suprà*, n. 562 et s.). Toutefois, quatre différences sont à signaler.....

1634. — 1° La liquidation des dépens est faite, en principe, par le conseil de préfecture lui-même et dans l'arrêté définitif : c'est seulement au cas où l'état des dépens n'a pas été soumis en temps utile au conseil que le président est investi du droit de procéder à cette liquidation. Au contraire, la liquidation et la taxe des frais d'expertise n'appartiennent qu'au président seul et non au conseil de préfecture. — Cons. d'Et., 19 janv. 1894, Dumastre, [J. *Le Droit*, 8 févr.]; — Même date, Felcot, [*eod. loc.*]

1635. — 2° Lorsque le président se trouve chargé de la liquidation des dépens, il doit consulter le rapporteur qui, à raison de son rôle dans l'instruction de l'affaire, est à même de donner un avis utile. Cette formalité n'est pas imposée au président lorsqu'il procède à la liquidation des frais d'expertise.

1636. — 3° Nous avons dit que la notification de l'arrêté relatif aux frais d'expertise doit avoir lieu en la forme administrative, par l'intermédiaire du greffe du conseil de préfecture. Nous déciderons inversement que la notification de l'arrêté de liquidation des dépens est laissée aux soins des parties intéressées. Cet arrêté n'est, en effet, que l'accessoire de la décision statuant sur le fond du litige. Normalement cette liquidation aurait dû se faire dans l'arrêté qui adjuge les dépens; ce n'est que par suite de circonstances particulières qu'il y a été procédé par un acte séparé.

1637. — 4° Nous venons de voir, en matière de liquidation de dépens, que les parties peuvent former opposition à la décision du président, devant le conseil de préfecture, dans le délai de huit jours à dater de la notification, tandis que l'art. 23 n'accorde qu'un délai de trois jours seulement aux experts ou aux parties, pour contester la liquidation des frais d'expertise. — V. *suprà*, n. 567.

1638. — Toutefois, il a été reconnu que l'arrêté du président liquidant les frais d'expertise peut intervenir soit avant, soit après la décision du conseil de préfecture sur le fond; et que, dans ce dernier cas, ce ne serait plus le délai de l'art. 23, mais celui fixé par l'art. 66, c'est-à-dire huit jours et non trois jours, qu'auraient les parties ou les experts pour contester la liquidation devant le conseil de préfecture (sol. implic.). — Cons. d'Et., 19 janv. 1894, Felcot, précité. — V. observations à la suite dans le journal *Le Droit*.

TITRE IV.

ENREGISTREMENT ET TIMBRE.

1639. — L'organisation des conseils de préfecture est postérieure aux lois organiques de l'enregistrement et du timbre, et jusqu'à la loi du 22 juill. 1889 il n'a été édicté aucune disposition fiscale d'ordre général relative aux actes de procédure devant les conseils de préfecture. On leur a donc fait une application plus ou moins juridique des règles générales établies pour la perception des droits de timbre et d'enregistrement.

1640. — Les requêtes introductives d'instance devant les conseils de préfecture doivent être écrites sur papier timbré en exécution de l'art. 12, L. 13 brum. an VII, qui assujettit au timbre les pétitions et mémoires présentés aux autorités constituées; les conseils de préfecture doivent tenir pour non avenues, aux termes de l'art. 24 de la même loi, les requêtes qui auraient été rédigées sur papier non timbré (Inst. gén., n. 2607-5).

1641. — Mais ces requêtes ne sont pas assujetties à l'enregistrement, malgré l'art. 23, L. 22 frim. an VII, qui défend de faire aucun usage d'un acte sous signature privée devant une autorité constituée qu'il n'ait été préalablement enregistré. L'administration n'a jamais émis la prétention de soumettre ces actes à la formalité et au droit d'enregistrement. — Carré et Chauveau, *Procédure civile et administrative*, t. 8, n. 136.

1642. — Toutefois, si la requête était signifiée par exploit d'huissier (V. *suprà*, n. 291 et s.), elle retomberait sous l'empire de la règle commune, et par suite les droits ordinaires d'enregistrement et de timbre deviendraient exigibles (Inst. gén., n. 2778).

1643. — Les mémoires, soit en demande, soit en défense, sont assimilés à la requête introductive d'instance, c'est-à-dire qu'ils doivent être écrits sur papier timbré et qu'ils sont dispensés d'enregistrement. Par suite, les mémoires sur papier non timbré doivent être considérés comme non avenus. — Cons. préf. Seine, 18 mars 1884, [*Jur. cons. préf.*, 1889, p. 256]; — 26 juin 1886, [*Jur. cons. préf.*, 1887, p. 30]

1644. — Quant aux copies certifiées conformes par le requérant, destinées à être notifiées aux parties en cause, et qui accompagnent la requête introductive d'instance (V. *suprà*, n. 277 et s.), l'art. 3, L. 22 juill. 1889, les a dispensées du timbre.

1645. — Cette exemption, enseigne l'administration, doit, à raison de son caractère exceptionnel, être appliquée limitativement; elle se restreint par conséquent aux copies produites par le requérant, en vue de la notification administrative prévue par l'art. 3 (Inst gén., n. 2778).

1646. — Les originaux de ces copies restent d'ailleurs assujettis au timbre (Même inst.).

1647. — Il n'est pas dérogé non plus aux dispositions des art. 47, L. 22 frim. an VII, et 24, L. 13 brum. an VII, qui interdisent aux autorités administratives de prendre aucun arrêté en faveur de particuliers, sur des actes non enregistrés et non timbrés. Par conséquent, les actes produits devant les conseils de préfecture doivent être préalablement enregistrés et timbrés, à moins qu'ils ne soient dispensés de l'une et de l'autre de ces formalités par des dispositions spéciales. — Déc. min. Fin., 17 oct. 1809 (Inst. gén., n. 434-7). — Sol. 16 août 1893, [*Traité alphabétique des droits d'enregistrement*, v° Conseil de préfecture, n. 16]

1648. — Nous avons vu que les notifications des copies des requêtes et mémoires déposés au greffe (*suprà*, n. 289), ainsi que celles des décisions du conseil prises pour l'instruction des affaires, avaient lieu dans la forme administrative et par l'agent désigné par le conseil; elles ont donc le caractère d'acte administratif, et, à ce titre, sont dispensées du timbre et de l'enregistrement par application de l'art. 80, L. 15 mai 1818.

1649. — Les procurations données par les parties à leur mandataire pour prendre connaissance au greffe des pièces de l'affaire ne sont pas seulement assujetties au timbre, mais encore l'art. 8, L. 22 juill. 1889, porte expressément qu'elles doivent être enregistrées toutes les fois que le mandataire ne sera ni un avocat ni un avoué exerçant dans le département.

1650. — La loi du 22 juill. 1889, art. 16, a encore modifié les règles de perception relatives aux prestations de serment des experts, lesquelles avaient été déclarées soumises au timbre et à l'enregistrement dans les vingt jours. — Déc. min. Fin., 28 déc. 1835 (Inst. gén., n. 2062-1 et 2111-2). — La loi nouvelle les dispense de l'enregistrement, mais ne statue pas sur le droit de timbre.

1651. — En conséquence, les actes de prestation de serment des experts et les expéditions du procès-verbal restent passibles du droit de timbre seulement, conformément au principe rappelé par la décision précitée du 28 déc. 1835 (Inst. gén., n. 2778).

1652. — Quant aux procès-verbaux ou rapports des experts, dans les affaires contentieuses, ils doivent, en l'absence de dispositions contraires de la loi du 22 juill. 1889, être écrits sur papier timbré comme devant ou pouvant faire titre. Ils ne peuvent, en outre, être produits au conseil de préfecture sans être enregistrés (Inst. gén., n. 2062-1).

1653. — Il a été décidé, en matière de voirie et de police de roulage, que les arrêtés des conseils de préfecture, bien qu'ayant l'effet des jugements de condamnation, étaient dispensés du timbre et de l'enregistrement par l'art. 80, L. 15 mai 1818, qui n'admet aucune distinction. — Déc. min. Fin., 4 févr. 1825 (Inst. gén., n. 1166-2). — Cons. d'Et., 7 févr. 1851, Bertron, [S. 51.2.380, P. adm. chr., D. 54.3.59]; — 29 juin 1853, Rollier, [P. adm. chr., D. 54.3.34]; — 19 avr. 1854, Rouvier, [P. adm. chr., D. 54.3.53]; — 27 août 1867, Express de la Seine, [Leb. chr., p. 842]; — 19 déc. 1867, Serrault, [Leb. chr., p. 944]; — 4 mars 1881, Filoque, [S. 82.3.51, P. adm. chr., D. 82.3.84]; — 8 août 1882, Tourdonnet, [D. 84.3.33]

1654. — Cette décision paraît difficile à concilier avec la règle appliquée aux décisions du Conseil d'Etat qui constituent au même titre des actes administratifs, et qui sont, néanmoins, assujetties au timbre et à l'enregistrement; néanmoins, cette immunité d'impôt est consacrée par la pratique.

1655. — En conséquence, demeurent assujettis au timbre et à l'enregistrement, dans les vingt jours de leur date, seulement les arrêtés des conseils de préfecture portant transmission de propriété, d'usufruit ou de jouissance, ou rendus en matière d'adjudications ou marchés; au contraire, exempts des droits et de la formalité du timbre et de l'enregistrement, tant sur la minute que sur l'expédition, tous les autres arrêtés.

1656. — Toutefois, ajoute l'art. 80, L. 15 mai 1818, aucune expédition ne peut être délivrée aux parties que sur papier timbré.

1657. — Nous venons d'exposer quelles sont les règles générales appliquées en matière de droits de timbre et d'enregistrement aux actes de procédure des conseils de préfecture. Les actes se rapportant aux autres attributions des conseils de préfecture sont généralement exemptés de l'enregistrement et du timbre comme actes d'administration publique (L. 22 frim. an VII, art. 70, § 3, n. 2; L. 13 brum. an VII, art. 16); dans tous les cas, ils sont soumis aux dispositions des art. 78 et 80, L. 15 mai 1818.

1658. — La requête présentée au conseil de préfecture au nom d'une commune ou d'un établissement public pour obtenir l'autorisation de plaider est dispensée de l'enregistrement comme les autres requêtes. — V. *suprà*, n. 1641, et v° *Autorisation de plaider*, n. 988.

1659. — En ce qui concerne le timbre, en cette matière, V. *suprà*, v° *Autorisation de plaider*, n. 989 et s.

1660. — En ce qui concerne spécialement l'arrêté du conseil de préfecture accordant ou refusant l'autorisation de plaider, V. *suprà*, v° *Autorisation de plaider*, n. 999.

1661. — Des lois spéciales ont établi des immunités plus étendues selon les personnes qui ont recours à la juridiction administrative ou selon la nature des instances. C'est ainsi que les requêtes et mémoires produits devant les conseils de préfecture dans l'intérêt de l'Etat sont exempts du timbre. — Déc. min. Fin., 18 févr. 1878 (Inst. gén., n. 2607-5); — 7 nov. 1890 (*Traité alphabétique des droits d'enregistrement*, v° *Conseil de préfecture*, n. 14).

1662. — Mais l'exemption du timbre est limitée aux actes produits dans l'intérêt de l'Etat et ne s'étend pas aux requêtes ou mémoires produits par les communes, les départements ou les établissements publics dans les instances relatives à leurs intérêts privés. — Déc. min. Fin., 18 nov. 1871 (Inst. gén., n. 2607-5).

1663. — ... Ni aux copies de délibérations produites au conseil par les communes, départements ou établissements publics, à l'appui de leurs requêtes ou mémoires, dans un intérêt privé, ces copies ou expéditions ayant alors le caractère d'expéditions d'actes administratifs délivrées aux parties dans le sens de l'art. 80, L. 15 mai 1818. — Même Inst. gén.

1664. — En matière de demandes en dégrèvement de contributions directes, une disposition spéciale de la loi du 21 avr. 1832, art. 28, exempte du timbre les requêtes et mémoires ayant pour objet une cote moindre de 30 fr. Si la cote est de 30 fr. et au-dessus, l'impôt du timbre est exigible sans qu'il y ait à tenir compte de la qualité du réclamant, les représentants de l'État eux-mêmes ne jouissant en cette matière d'aucune immunité (Inst. gén., n. 1399-1). — Av. Cons. d'Et., 6 mars 1861 et 13 mars 1862 (Inst. gén., n. 2231; Inst. gén., n. 2607-5).

1665. — Quant à la procuration donnée par un contribuable à l'effet de former, en son nom, devant le conseil de préfecture une réclamation en matière de contributions directes, elle est dispensée du timbre et de l'enregistrement si le montant de la cote est inférieur à 30 fr. — Av. Cons. d'Et., 21 févr. 1879 (J. enreg., n. 21173, Garnier, *Rép. pér.*, n. 5439). — Cons. d'Et., 21 nov. 1891, Sanguin, [S. et P. 93.3.109, D. 93.3.11] — *Contrà*, Cons. préf. Seine, 12 déc. 1877 [J. enreg., n. 21172] — *Traité alphabétique des droits d'enregistrement*, v° *Conseil de préfecture*, n. 24.

1666. — Dans l'instruction des demandes en décharge de contributions directes, l'administration n'admet l'exemption des impôts d'enregistrement et de timbre que pour les procès-verbaux des dires d'experts, dressés par les contrôleurs des contributions directes, et des observations produites par les réclamants eux-mêmes pendant le dépôt du dossier. — Sol. 12 févr. 1873 (J. enreg., n. 19245; Garnier, *Rép. pér.*, n. 3399).

1667. — Les réclamations relatives aux prestations doivent être écrites sur papier non timbré quel que soit le montant de la cote. — Chauveau, *Procédure civile et administrative*, t. 8, n. 985; *Traité alphabétique des droits d'enregistrement*, v° *Conseil de préfecture*, n. 24.

1668. — Tous les actes judiciaires sont, en matière électorale, dispensés du timbre et enregistrés gratis (V. *suprà*, n. 1588). Cette exemption s'applique à tous les actes de procédure devant les conseils de préfecture et aux arrêtés de ces conseils. — Décr. 2 févr. 1852, art. 24; L. 5 avr. 1884 (Inst. gén., n. 2696). — Av. Cons. d'Et., 10 janv. 1861 (J. enreg., n. 17279).

1669. — En matière de voirie, les procès-verbaux de contravention doivent être enregistrés et visés pour timbre en débet avant d'être soumis au conseil de préfecture. — Déc. min. Fin , 26 mai 1826 (J. enreg., n. 9045). — V. encore Inst. gén., n. 415, § 1 et 3.

1670. — Nous avons vu *suprà*, n. 1653, que les arrêtés relatifs à des contraventions de voirie avaient été l'objet d'une décision spéciale qui les reconnaissait exempts du timbre et de l'enregistrement.

1671. — L'art. 38, Décr. 23 juin 1806, ayant dispensé des frais et de formalités les instances relatives à la police du roulage, il avait été décidé que les conseils de préfecture pouvaient rendre des arrêtés sur des procès-verbaux et actes d'instruction relatifs à cette matière non enregistrés ni timbrés. — Déc. min. Fin. 14 mai 1835 (J. enreg., n. 1498-8).

1672. — La même immunité existait pour les mémoires en défense, quelle qu'en fût la forme, et pour les arrêtés du conseil en matière de roulage. — Déc. min. Fin., 21 déc. 1835 (J. enreg., n. 11319).

1673. — Mais la loi du 30 mai 1851, ayant abrogé le décret du 23 juin 1806, les procès-verbaux de contravention devant être visés pour timbre et enregistrés en débet dans les trois jours de leur date, les règles tracées pour la répression des délits de voirie doivent être suivies (Inst. gén., n. 1896). — V. *suprà*, n. 1669.

1674. — Il a été décidé spécialement que les originaux des mémoires en défense produits par les parties sont assujettis au timbre. — Sol. 12 oct. 1889 (*Traité alphabétique des droits d'enregistrement*, v° *Conseil de préfecture*, n. 26).

1675. — Sont visés pour timbre en débet, sauf recouvrement contre la partie condamnée, les expéditions des arrêtés des conseils de préfecture délivrées à l'administration des finances en vue d'assurer le recouvrement des condamnations pécuniaires. — *Traité alphabétique des droits d'enregistrement*, *loc. cit.*

1676. — Sont exemptées du timbre, les expéditions des arrêtés du conseil de préfecture qui sont délivrées à des indigents, à la charge d'en faire mention dans l'expédition (L. 15 mai 1818, art. 80).

1677. — ... Celles des arrêtés du conseil de préfecture statuant sur une demande en décharge de contributions directes lorsque la cote est inférieure à 30 fr. — V. Décr. min. Fin., 20 févr. 1843 (J. enreg., n. 13584-6).

1678. — ... Celles des arrêtés qui statuent sur la comptabilité et qui sont notifiées aux comptables conformément à l'ordonnance du 23 avr. 1823, pourvu qu'il y soit fait mention de l'autorité qui en a requis la délivrance (L. 13 brum. an VII, art. 16-1). — Déc. min. Fin., 5 oct. 1824 (Inst. gén., n. 1156-11).

1679. — Mais l'expédition de l'arrêté qui serait demandée par le comptable lui-même, ou celle qui ne ferait pas mention qu'elle a été délivrée à une autorité publique doit être revêtue de la formalité du timbre. — Déc. min. Fin., 12 sept. 1823 (Inst. gén., n. 1099); — 16 nov. 1827 (Inst. gén., n. 1236-10).

TITRE V.

LÉGISLATION COMPARÉE.

1680. — En se répandant dans la plupart des pays du monde civilisé, la doctrine constitutionnelle de la séparation des pouvoirs; avec son corollaire logique, le principe de la séparation des autorités judiciaire et administrative, a fait sentir presque partout la nécessité de bien distinguer l'un de l'autre ces deux domaines différents, le domaine administratif et le domaine judiciaire, et, par suite, le contentieux administratif du contentieux judiciaire. En général, les affaires de nature administrative étaient décidées par l'administration qui paraissait ainsi être juge et partie, en statuant dans sa propre cause. « La création de tribunaux administratifs doit donc être, dit M. Maurice Block (*Dict. de l'administr. franç.*, 3° édit., 1891, v° *Juridiction administrative*, p. 1377, col. 2, *in fine*), considérée comme un progrès ». — V. *suprà*, v° *Compétence administrative*, n. 1 et s.

1681. — Mais tous les pays n'ont pas résolu le problème de la même manière. Les divers pays civilisés ne sont guère moins divisés tant sur l'organisation que sur la compétence des tribunaux administratifs. — V. *suprà*, v°s *Compétence administrative*, n. 1826 et s., et *Conseil d'Etat*, n. 1403 et s. — Ainsi, tandis qu'en France, les tribunaux administratifs sont composés de juges amovibles nommés par le gouvernement, c'est-à-dire par le chef de l'Etat, en Prusse, par exemple, et dans d'autres Etats de l'Allemagne, tels que le grand duché de Bade, les juges inamovibles l'emportent en nombre, et de plus sont secondés par un élément électif qui y joue un rôle secondaire, alors que, en Belgique, l'élément électif domine. — V. Block, *op. cit.*, p. 1378, col. 1, *in princ*.

1682. — Une juridiction administrative à deux degrés, analogue à la juridiction française, est organisée dans les principaux Etats allemands et en Portugal, par exemple, mais dans le plus grand nombre des Etats allemands, à il y a trois degrés. Ailleurs, le Conseil d'Etat a des attributions plus ou moins étendues, et le contentieux administratif est jugé, tantôt par des fonctionnaires administratifs, tantôt par des commissions permanentes des assemblées représentatives ou locales. — V. Demombynes, t. 2, p. 157.

1683. — Nous exposerons brièvement ici l'organisation, la composition et les attributions des autorités qui, quel que soit le nom qu'elles portent, remplissent, à l'étranger, les fonctions des conseils de préfecture français, ou qui en exercent quelques-unes des attributions.

§ 1. ALLEMAGNE.

1684. — Dans la plupart des Etats allemands, la juridiction administrative comprend trois degrés. Les tribunaux des degrés inférieurs, les seuls dont nous ayons à nous occuper ici, parce qu'ils sont les seuls qui correspondent approximativement à nos conseils de préfecture, se composent de représentants de l'administration autonome des Etats, c'est-à-dire de membres élus par les habitants, et chargés de l'administration active (ce en quoi ils diffèrent de nos conseils de préfecture, qui ne sont que des tribunaux) en même temps que de la juridiction. Tels sont les conseils ou comités de cercle ou de district (*Kreis* ou *Bezirks-Räthe*, *Kreise* ou *Bezirks-Ausschüsse*).

1685. — A ce point de vue, comme on l'a fort justement fait remarquer (Laferrière, t. 1, n. 8, p. 43), le système allemand se rapproche de notre système français de la période révolutionnaire. Il présente deux de ses caractères essentiels : le cumul de l'administration active et de la juridiction, et l'élection. Mais, en ce qui concerne le recrutement de la juridiction du degré supérieur, il s'en écarte profondément, comme nous le verrons plus loin.

1686. — Nous savons que, dans certains Etats allemands, en Prusse notamment (V. *infra*, n. 1708), les conseils ou comités de cercle prononcent sur les contestations relatives aux comptes des communes. En Alsace-Lorraine cependant, les comités de district n'ont pas le droit d'examiner directement les comptes des receveurs communaux. Ce droit, en vertu d'une ordonnance de 1873, appartient au président de département ou au directeur d'arrondissement, mais ils peuvent accueillir les recours formés devant eux par les particuliers contre les arrêtés de ces autorités. — V. Jacquelin, *Les juridictions administratives dans le droit constitutionnel*, 1891, p. 233.

1687. — I. ALSACE-LORRAINE. — L'Alsace-Lorraine, pays d'Empire (*Reichsland*), est soumis, quant à la juridiction administrative au premier degré, à des conseils de préfecture ou conseils de district (*Bezirksräthe*). Les conseils de district sont composés de membres, tous nommés par l'empereur; le président, qui est un fonctionnaire de l'administration active, a voix prépondérante en cas de partage, en vertu de la loi d'Empire du 30 déc. 1871 (V. *Ann. de lég. étr.*, 1re année, 1872). — Demombynes, t. 2, p. 854 à 856; Stengel, t. 2, n. 14, p. 750-753.

1688. — Conformément au principe de la législation allemande, d'après lequel le contentieux composé des litiges suscités par les actes de gestion émanés de la personne morale appartient aux tribunaux judiciaires, les conseils de district, qui ont, en règle générale, conservé les attributions exercées avant 1870 par les conseils de préfecture français, se sont vu retirer compétence, par les art. 8 et 9 de la loi d'Empire du 4 nov. 1878, en ce qui touche les contestations qui s'élèvent entre l'administration et les entrepreneurs de travaux publics et de fournitures, et les réclamations des particuliers contre les entrepreneurs de travaux publics pour torts et dommages causés à leurs propriétés. Ces contestations ont été transférées aux tribunaux judiciaires. Mais, même dans ce domaine, les conseils de district d'Alsace-Lorraine ont, comme les tribunaux administratifs allemands, des attributions d'une certaine étendue : ils statuent, en effet, sur certaines dettes de l'Etat, sur les réclamations de tous les fonctionnaires en matière de traitements et de pensions. — V. Jacquelin, p. 250-251.

1689. — II. BADE (*Grand-Duché de*). — La juridiction administrative y est exercée en premier ressort par les conseils de district, *Bezirksräthe* (Loi du 5 oct. 1863, sur l'organisation administrative, et loi du 1er mars 1884, sur le contentieux administratif), dont les décisions sont portées en appel devant la cour de justice administrative (*Verwaltungsgerichtshof*), régie par la loi du 24 févr. 1880, qui détermine son organisation et ses attributions.

1690. — Le conseil de district est composé de six à neuf membres, renouvelables par moitié chaque année, nommés pour deux ans par le ministre de l'Intérieur sur une liste comprenant un nombre de noms triple du nombre des membres à nommer, et préparée par l'assemblée du cercle (*Kreisversammlung*). — V. *infrà*, v° Conseil général.

1691. — Le conseil de district est le centre de gravité de l'organisme administratif badois, puisqu'il est à la fois un collège administratif délibérant et consultant (Ord. 12 juill. 1864), et un tribunal administratif de première instance, comme le *Kreisausschuss* (Comité permanent du cercle) prussien. — V. R. Cardon, p. 200-203.

1692. — C'est la loi du 14 juin 1884, relative au contentieux administratif, qui détermine les attributions du conseil de district. D'après cette loi, qui est entrée en vigueur le 15 sept. 1884, les tribunaux administratifs, ce qui comprend à la fois les conseils de district, tribunaux administratifs de première instance, et la cour de justice administrative, statuent sur les affaires dont la loi leur attribue la connaissance en matière de droit public (art. 1).

1693. — L'art. 2 énumère, sous vingt-cinq numéros, les affaires qui rentrent dans les attributions des conseils de district. « Les tribunaux administratifs, dit cet article (c'est-à-dire le conseil de district en première, la cour de justice administrative en seconde instance), connaissent des contestations relatives : 1° à l'obtention du droit de bourgeoisie; 2° à la jouissance des droits attachés à la qualité de bourgeois; 3° aux contributions et prestations personnelles à fournir aux communes, associations, etc.; 4° à l'obligation d'accepter les charges municipales électives ou autres et aux conditions dans lesquelles il est permis de donner sa démission avant le temps réglementaire; 5° aux questions litigieuses pendantes entre les particuliers et les communes au sujet de l'utilisation des sépultures ou cimetières; 6° aux difficultés qui peuvent naître entre plusieurs communes ou possesseurs de territoires (*Gemarkungsinhabern*) au sujet de certains droits territoriaux (*Gemarkungsrechte*), etc.; 7° aux réclamations, fondées sur des questions de droit public, qui peuvent être formulées contre les unions de cercle ou des unions de district (*Kreis-oder Bezirksverbände*), etc.; 8° aux émoluments réclamés par les fonctionnaires ou employés municipaux, comme leur étant légalement dus, pour l'accomplissement d'actes de leur ministère; 9° aux émoluments réclamés aux personnes intéressées, par les employés du gouvernement ou les personnes exerçant un métier ou profession en vertu d'une commission du gouvernement, dans les affaires qui relèvent de la police ou de l'administration intérieure; 10° aux difficultés qui peuvent surgir entre plusieurs unions charitables (*Armenverbände*), ou entre des unions charitables et le Trésor public; 11° aux dépenses d'entretien des détenus dans les maisons de travail; 12° aux demandes formées en vertu des art. 57, §§ 2 à 4, combinés avec l'art. 58, § 2, 65, § dernier, 72 et 73 de la loi d'Empire du 15 juin 1883, sur l'assurance des ouvriers contre la maladie (V. *Ann. de lég. étr.*, 13e année, 1884, p. 146 et s.); 13° à la construction, à l'amélioration et à l'entretien des chemins communaux et des routes de cercle; 14° aux prestations à fournir pour l'établissement et l'entretien des chemins locaux, canaux de décharge, etc.; 15° aux prestations à fournir pour les travaux destinés à assurer l'écoulement des eaux ou à prévenir l'érosion des rives des cours d'eau, les inondations, etc.; 16° aux rapports entre membres des associations de pêche, et au droit de pêche appartenant à l'Etat ou aux communes en vertu de l'art. 1, § 1 et 3, L. 29 mars 1852; 17° aux droits des propriétaires fonciers sur les produits de la location de la chasse opérée par la commune, ou à l'exercice personnel de la chasse par ces propriétaires; 18° à l'application de l'art. 19, L. 17 avr. 1884, sur la mise en commun des terres que le bourg ou la ville affectent au pâturage des moutons (V. *Ann. de lég. étr.*, 14e année, 1885, p. 230-231); 19° à l'obligation, imposée aux propriétaires de chevaux ou d'animaux de la race bovine, de verser des cotisations pour contribuer au paiement des indemnités allouées aux propriétaires d'animaux abattus par ordre de l'autorité ou morts de maladie; 20° aux contributions à verser pour subvenir aux dépenses des chambres de commerce; 21° aux obligations concernant le logement des troupes et la fourniture de relais et de fourrage en temps de paix; 22° aux secours à accorder aux familles des réservistes, soldats de *landwehr*, etc.; 23° aux droits et obligations réciproques des communes d'un district, en ce qui concerne les fournitures mises à la charge de cette circonscription, en vertu des art. 6 et 17 de la loi d'Empire sur les prestations de guerre (V. *Ann. de lég. étr.*, 3e année, 1874, p. 110 et 113); 24° à l'acquittement des contributions et prestations personnelles destinées à subvenir aux dépenses des unions religieuses et scolaires, et aux réclamations des instituteurs primaires concernant les émoluments qui leur sont garantis par la loi, etc.; 25° aux droits et obligations des membres des communautés religieuses israélites en dehors de l'action communale » (art. 2). — V. *Ann. de lég. étr.*, 14e année, 1885, p. 232-233.

1694. — Une loi du 1er mars 1884 (V. *Gesetzes und Verordnungsblatt*, Bulletin des lois et ordonnances, n. 7, p. 63) a amendé partiellement la loi du 5 oct. 1863, sur l'organisation administrative. En ce qui touche les conseils de district, les principales modifications qu'elle introduit dans la législation antérieure concernent la durée des fonctions de leurs membres. Les membres des conseils de district, qui n'étaient élus, aux termes de la loi de 1863, que pour deux années, le sont dorénavant pour quatre ans avec renouvellement par moitié de chaque conseil tous les deux ans.

1695. — L'acceptation des fonctions de conseiller est obligatoire, mais nul ne peut être contraint à accepter le renouvellement de son mandat après l'expiration de la période de quatre années. — V. F. Daguin, *Notice sur les principales lois et ordonnances publiées en 1884 dans le Grand-Duché de Bade*. Ann. de lég. étr., 14ᵉ année, 1885, p. 230.

1696. — III. BAVIÈRE. — En Bavière, la loi du 8 août 1878 a organisé les juridictions administratives. Les tribunaux administratifs de première instance sont les régences ou diètes de cercle (*Kreisregierungen*), qui ont des attributions analogues à celles des comités prussiens. A côté des régences de cercle, les conseils de district (*Kreisausschüsse*), ont aussi des attributions contentieuses. — V. Cardon, *La Giustizia e l'Amministrazione*, Torino, 1887, p. 491; Laferrière, t. 1, p. 52.

1697. — Comme notre conseil de préfecture, auquel elle correspond, en partie au moins, sous ce rapport, la diète de cercle (*Kreisregierung*), qui, à un autre point de vue, correspond assez à notre conseil général (V. *infra*, vº *Conseil général*), exerce une juridiction administrative assez étendue.

1698. — Cette juridiction a été réglée par la loi du 8 août 1878 (V. Ann. de lég. étr., 9ᵉ année, 1879, notice, traduction et notes, p. 179). Elle s'étend à des objets qui, en France, sont du ressort des tribunaux ordinaires, tels que le bornage ou abornement des fonds de terre, l'exercice du droit de chasse, la jouissance des droits civils, l'exercice des droits civiques, etc. — V. *supra*, vº *Conseil d'Etat*, n. 1422 et s.

1699. — Mais, d'autre part, elle ne comprend pas les contestations qui naissent à l'occasion des travaux publics. Ces contestations, dont un certain nombre sont, en France, jugées par les conseils de préfecture, sont en Bavière par les tribunaux ordinaires. — V. H. de Ferron, *Institutions municipales et provinciales comparées*, p. 205.

1700. — IV. PRUSSE. — Dans le but de procéder au couronnement de l'édifice du *self-government*, on se décida à faire aux citoyens, qui déjà s'administraient eux-mêmes et prenaient part, en qualité de jurés, à la distribution de la justice, une place dans les tribunaux chargés de prononcer sur le contentieux administratif. Cette idée, ainsi que le fait remarquer M. Block, a trouvé son développement dans une série de lois prussiennes, qui se sont suivies à d'assez courts intervalles en se modifiant et en s'améliorant.

1701. — En Prusse, l'organisation actuelle des tribunaux administratifs repose principalement sur la loi du 3 juill. 1875, et, pour quelques dispositions spéciales, sur les lois des 13 déc. 1873 et 29 juin 1875, ainsi que sur la loi antérieure du 13 déc. 1872, qui donne quelques brèves indications sur la compétence de ces tribunaux.

1702. — Quant à l'ensemble des matières qui doivent être attribuées aux tribunaux administratifs, le législateur prussien a fini par reconnaître qu'il n'est pas possible de les énoncer dans une loi unique, et a décidé d'indiquer successivement les matières de leur compétence, au fur et à mesure que les cas se présenteraient et pourraient être classés. Ainsi, la compétence des tribunaux administratifs prussiens a été réglée à nouveau par la loi du 1ᵉʳ août 1883.

1703. — Enfin, en ce qui touche la procédure à suivre devant les tribunaux administratifs prussiens, elle a été fixée par la loi du 26 juill. 1880.

1704. — En Prusse, c'est la commission exécutive ou comité de l'arrondissement ou du cercle (*Kreis-Ausschuss*) qui est la juridiction de première instance en matière de contentieux administratif. On pourrait dire qu'elle correspond, sous ce rapport, à notre conseil de sous-préfecture. On sait, d'ailleurs, que les juridictions administratives sont, dans l'Allemagne en général, et en particulier en Prusse, à deux instances, avec une Cour suprême administrative, qui est, selon les cas, deuxième instance ou cour de revision ou de cassation, comme l'est également notre Conseil d'Etat.

1705. — La commission exécutive d'arrondissement se compose de six habitants de l'arrondissement présidée par le sous-préfet. Elle ne comprend, si ce n'est accidentellement, ni légiste, ni fonctionnaire. C'est, comme on l'a dit « une sorte de jury qui peut ne pas savoir le droit ». — Block, *Dict. d'adm. fr.*, vº *Juridiction administrative* (adm. compar.).

1706. — La présence de trois membres (généralement ce seront les deux membres perpétuels et un membre élu) est nécessaire pour rendre une décision valable. Lorsqu'il y a quatre membres, le plus jeune d'âge s'abstient de voter, sauf s'il est rapporteur. La loi du 30 juill. 1883, art. 64 et s., traite de la procédure à tous les degrés.

1707. — En ce qui touche les attributions de ce tribunal administratif primaire, la loi de 1875 se borne à dire qu'elle sera fixée par les lois (art. 3; — V. *Ann. de lég. étr.*, 1876, p. 405-406). Mais si l'énumération des affaires contentieuses ne fait, dans cette loi, l'objet d'aucun article spécial, elle résulte tant d'indications éparses dans les divers articles de cette même loi, que des dispositions contenues dans l'art. 135, L. 13 déc. 1872 (V. *Ann. de lég. étr.*, 2ᵉ année, 1873, p. 321 à 330). — Dans l'énumération des matières qui y est donnée, nous trouvons les questions de domicile de secours, de voirie; les affaires de desséchement et d'irrigation, de curage, de police rurale, les plaintes portées contre les prescriptions des *baillis* ou maires de canton sur la police industrielle (établissements insalubres, autorisation d'ouvrir un cabaret, etc.); les affaires de police relative aux incendies (prescriptions concernant la construction des maisons), et d'autres où l'administration proprement dite se confond avec le contentieux. Antérieurement, le fonctionnaire chargé de l'administration prononçait sur la plupart des réclamations que ces prescriptions faisaient naître. C'est actuellement une commission qui prescrit et décide, mais avec faculté d'appel.

1708. — En Prusse, comme dans certains autres Etats allemands, le comité de cercle prononce sur les contestations relatives aux comptes des communes. « Le comité de cercle, dit l'art. 30 de la loi prussienne du 26 juill. 1876, statue au contentieux : 1º sur le recours des comptables en cas de refus par les communes de recevoir leurs comptes ou d'en donner décharge; 2º sur le recours des autorités chargées de l'inspection financière ou administrative au sujet d'un déficit à fixer ou à combler dans la caisse d'un comptable de deniers communaux. »

1709. — En Prusse, il y a un autre tribunal du contentieux administratif, lequel est dans le district, qui correspond à peu près à notre département, et non dans la province, circonscription beaucoup plus étendue, et composée d'un nombre variable de districts. C'est l'ancien *Bezirksrath* ou conseil de district, conseil départemental, qui en remplit aujourd'hui les fonctions. « Jusqu'à la promulgation de la loi sur l'organisation de l'administration générale du pays, disait l'art. 67, L. 29 juin 1875, il y aura un conseil de district ou départemental (*Bezirksrath*) dans chaque district de gouvernement ou département (*Regierungsbezirk*)... » (V. L. 29 juin 1875, sur l'organisation provinciale dans les provinces de Prusse, de Brandebourg, de Poméranie, de Silésie et de Saxe, notice, traduction et notes de M. G. Dubois : *Ann. de lég. étr.*, 3ᵉ année, 1876, p. 327 et s., surtout p. 366-368). La loi ainsi annoncée est celle du 30 juill. 1883 (V. loi du 30 juill. 1883, sur l'organisation générale, notice, traduction et notes par L. Dubarle : *Ann. de lég. étr.*, 13ᵉ année, 1884, p. 219 et s.). Cette loi rend le président de gouvernement (*Regierungspräsident*), correspondant à peu près à notre préfet, presque indépendant des membres du comité administratif. Aussi le *Bezirksrath*, conseil ou comité de district, organe du pouvoir central, devient-il le *Bezirksausschuss*, comité de district (V. L. de 1883, art. 28 à 36 : *Ann. de lég. étr.*, 1884, p. 227-230), sorte de commission, organe du *self-government* ou du pouvoir local. C'est, dit M. Maurice Block, « un conseil de préfecture » (*Dict. de l'admin. franç.*, vº *Département*, p. 875, col. 2, *in fine*). Déjà la loi du 26 juill. 1880, sur l'administration générale (V. *Ann.* 1881, p. 123 et s.; V. aussi la loi complémentaire du 2 août 1880, sur les tribunaux administratifs, même *Ann.*, p. 143 et s.), avait réglé ce point, mais d'une manière différente. La loi de 1883 a, en effet, profondément modifié à cet égard la loi de 1880. Elle a supprimé le conseil de district, composé de deux fonctionnaires et quatre membres élus, et le tribunal administratif de district composé de cinq membres, deux fonctionnaires et trois membres élus, et a remplacé ces deux autorités par une autorité unique, le comité de district, composé de sept membres, trois fonctionnaires et quatre membres élus par la commission provinciale, et chargé simultanément des fonctions administratives et contentieuses. Le projet de loi donnait à cette autorité le nom de *tribunal administratif de district*. Le parlement l'a remplacé par le nom de *comité de district*. (V. art. 27, L. 26 juill. 1880, et art. 9, L. 3 juill. 1875 : *Ann. de lég. étr.*, 1884, p. 227, n. 1). Ainsi, aux termes de ces lois de 1883, qui organisent complètement à nouveau les tribunaux administratifs prussiens, la justice administrative est rendue, en première instance, par le comité de cercle (*Kreisansschuss*), et, en deuxième instance, par le comité de district (*Bezirksausschuss*). Il ne faut pas perdre de vue que ces deux comités ne sont pas seulement des tribunaux administratifs, mais des corps qui participent en même temps à l'administration active, et se composent, du reste, en majorité, de membres élus par les assemblées de cercle et de district.

1710. — On ne peut siéger à la fois dans le conseil provincial et dans le comité de district; il y a incompatibilité entre la qualité de membre de l'une et de l'autre de ces deux autorités administratives.

1711. — Les décisions des comités de district sont, pour la plupart, portées en appel devant un tribunal administratif supérieur, qui siège à Berlin, et qui est composé de membres nommés par le roi.

1712. — V. SAXE. — Le comité de district (*Bezirksausschuss*) et le comité de cercle (*Kreisausschuss*) sont les deux juridictions administratives inférieures.

1713. — Le comité de district, composé de huit membres élus pour six ans par l'assemblée de district dans son propre sein, et présidé par le directeur de bailliage (*Amtshauptmann*), concourt à la décision en première instance des affaires relatives à l'aliénation des propriétés communales, aux prêts communaux, à la validité des élections de l'assemblée de district, aux questions de rues, d'exercice d'industrie et de professions, de taxes locales, de droits, de suffrage et d'éligibilité.

1714. — En seconde instance, il connaît des décisions de la direction de bailliage (*Amtshauptmannschaft*), des questions relatives aux établissements de bienfaisance et à l'assistance aux pauvres (L. 21 avr. 1873, art. 11, 23, n. 2 a).

1175. — Dans tous les autres cas, les capitaineries ou directions de bailliage décident sans le concours des comités de district (art. 6).

1716. — Le comité de cercle, organe consultatif et judiciaire à la fois, est composé de membres élus par les assemblées de district et par les trois villes autonomes, Dresde, Leipzig et Chemnitz, et présidé par le capitaine ou directeur de cercle.

1717. — Le comité concourt avec le directeur de cercle, comme juridiction du second degré, au jugement des recours contre les décisions rendues en première instance par la direction de district et le comité, relativement aux prestations et impôts du district, et contre celles rendues par les conseils municipaux relativement aux questions de capacité électorale et d'éligibilité, de taxes communales ou d'assistance aux pauvres; comme juridiction du premier degré, à la décision des questions contentieuses touchant les institutions de bienfaisance et les secours aux pauvres; à la décision définitive sur les licences d'exercice, les concessions de professions et d'industries; enfin, aux décisions sur quelques autres affaires communales déterminées par des lois spéciales. — V. Cardon, p. 122-124.

1718. — Les directions de cercle statuent sans le concours des *Kreisausschüsse*, en dehors des cas que nous venons de citer, en première instance, sur les affaires dans lesquelles le jugement final est déféré par la loi aux autorités administratives ou gouvernementales suprêmes, et sur les questions dans lesquelles sont parties certaines villes, ou sur celles qui s'élèvent entre des communes de districts différents. En seconde instance, elles décident sur les recours contre les règlements et les décisions des directions de district, des *Bezirksausschüsse*, des autorités de police de Dresde et de Leipzig, et des conseils municipaux de certaines villes, pourvu qu'aucune autre juridiction ne soit indiquée par la loi (art. 23-11). La décision au second degré est, dans ces cas, prise par le capitaine ou directeur du cercle assisté de deux employés, réunis tous trois en collège, employés qui peuvent, en certains cas, remplacer deux fonctionnaires de l'ordre judiciaire.

1719. — Le recours contre les décrets, décisions et sentences des autorités administratives du premier degré appartient aux parties et aux intéressés, qui le portent, au second degré, soit au ministre, quand il s'agit de questions contentieuses, ou à l'autorité immédiatement supérieure, s'il s'agit d'actes de pure administration. La décision en second degré est définitive, excepté pour certaines affaires, pour lesquelles la loi a établi trois instances, telles que les assurances d'immeubles contre l'incendie et les rectifications des cours d'eau (art. 31). — V. Cardon, p. 125.

§ 2. AUTRICHE-HONGRIE.

1720. — I. AUTRICHE. — L. 21 déc. 1867; L. 22 oct. 1875. — En Autriche, il n'y a pas, à proprement parler, dans la province, de tribunaux administratifs. Les affaires d'un caractère administratif, dont la connaissance a été enlevée aux autorités judiciaires, sont en première et en deuxième instance jugées par les fonctionnaires ou les comités administratifs; le tribunal suprême administratif ou tribunal de l'Empire (*Reichsgericht*) se borne à confirmer ou à casser, et, dans ce dernier cas, l'affaire revient devant le fonctionnaire ou le comité, qui doit prendre une décision conforme. — V. K. de Kisseling, *Reichsgericht und Verwaltungsgerichtshof* (Le tribunal de l'Empire et la cour de justice administrative), et *Beiträge des Verwaltungsrechts* (Essais de droit administratif), Wien, 1875; J. Ulbrich, *Handbuch des œsterreichischen politischen Verwaltung* (Manuel de l'administration politique autrichienne), Wien, 1889, t. 1, p. 480 et s.; Demombynes, *Const. europ.*, t. 2, p. 209-212. — V. aussi *Rechtslexikon* Holtzendorff; Cardon, p. 213 à 217; *Ann. de lég. étr.*, 5e année, 1876, p. 238 et s.; Laferrière, t. 1, p. 55 et s.

1721. — II. HONGRIE. — V. Lois 43 et 44 de 1883 (21 juillet); *Ann. de lég. étr.*, 1884. — Il n'y a point, en Hongrie, de tribunaux administratifs spéciaux. Les affaires administratives sont portées devant les tribunaux ordinaires. Il faut en excepter toutefois celles qui sont de la compétence du *Comité d'administration*, qui a, comme tribunal administratif, certaines attributions contentieuses.

1722. — Le comité d'administration, statuant comme tribunal administratif, connaît notamment : 1° des contestations concernant la fixation des prestations en nature pour travaux publics; 2° des litiges, en matière de chemins de fer, qui n'ont pas le caractère de contraventions, et surviennent, soit entre les différentes autorités administratives et les agents du chemin de fer, soit entre ces derniers et les particuliers; la décision est en premier ressort, et peut faire l'objet d'un recours au ministre; 3° des litiges de même nature, c'est-à-dire n'ayant pas le caractère de contraventions, pendant entre les autorités administratives et les agents des postes et télégraphes, ou entre ces derniers et les particuliers; la décision est aussi en premier ressort, et il peut y avoir recours au ministre; 4° enfin, en matière militaire, les demandes en autorisation exceptionnelle de mariage, des demandes de congé, ou de renvoi de l'armée, de la marine ou de la réserve; la décision est également en premier ressort. D'autre part, diverses lois spéciales attribuent au comité d'administration, compétence en deuxième ressort pour certaines autres affaires administratives. — V. Demombynes, t. 2, p. 263-264.

§ 3. BELGIQUE.

1723. — Nous devons noter la suppression, par la loi belge du 30 juill. 1881, de la députation permanente en matière contentieuse. — V. *Ann. de lég. étr.*, 11e année, 1882, p. 427. Batbie, *Traité théorique et pratique de droit public et administratif*, 2e édit., 1885-1887, t. 7, p. 694-695.

§ 4. ESPAGNE.

1724. — V. Loi provinciale du 29 août 1882; Décret du 29 déc. 1890, sur le contentieux administratif (*Ann. de lég. étr.*, 20e année, 1891, p. 445). — D'après la loi provinciale du 29 août 1882, la *Commission provinciale*, délégation de la *Députation provinciale*, assemblée collective concourant avec le gouverneur à l'administration de la province, remplit simultanément les fonctions de commission exécutive et de tribunal administratif. Il ne faut toutefois pas perdre de vue que cette organisation semble pas définitive, la loi de 1882 n'ayant maintenu les attributions des commissions provinciales qu'en attendant la création de tribunaux administratifs spéciaux (V. Demombynes, *Les constitutions européennes*, t. 2, p. 437 et 438), qui n'ont pas encore, que nous sachions, été établis.

1725. — La commission provinciale permanente, analogue à la députation provinciale italienne, est composée de cinq membres, nommés pour deux ans par le roi, sur une liste triple présentée par la *Deputacion provincial*, qui correspond au conseil provincial italien. Elle siège sous la présidence du *Gubernador*.

1726. — La commission provinciale exerce un droit de juridiction propre, et ses décisions ont force exécutoire nonobstant appel devant le Conseil d'État, à moins de disposition contraire dans la décision ou de sursis ordonné par le conseil. La compétence de cette juridiction en matière contentieuse est très-étendue, et embrasse notamment les affaires dont l'énumération suit : usage et partage de biens et revenus provinciaux et communaux, et répartition de toute espèce de charges générales, provinciales et municipales, qui donnent lieu à des réclamations de la part des particuliers; contentieux des chemins publics, soit au sujet de la contribution des communes et hameaux aux frais de construction et d'entretien des chemins, soit pour les questions de limites, d'usurpation et de servitudes d'utilité publique ; réclamations d'indemnités pour dommages causés par l'exécution de travaux publics; difficultés relatives à l'écoulement des eaux, à la navigation et au flottage des rivières et canaux, et à l'usage des eaux pour l'industrie et l'agriculture; opposition des tiers à l'établissement d'usines, ateliers ou machines, pour cause de danger ou d'insalubrité (quant au refus d'autorisation, considéré comme rentrant dans les pouvoirs discrétionnaires de l'administration, il ne peut faire l'objet d'un recours contentieux de la part de l'industriel); démolition et réparation des édifices menaçant ruine, alignement et hauteur des constructions nouvelles, quand la loi et les règlements prévoient que l'on doit procéder par la voie contentieuse; contentieux des listes électorales municipales; répression des contraventions de voirie, de chasse et de pêche; contestations relatives aux contrats et marchés passés avec les provinces et les communes pour toute espèce de travaux et services publics, et contentieux des ventes de biens de l'État opérées par l'administration provinciale. — Colmeiro, t. 2, p. 364 et s. ; Alcubilla, *Dictionnaire d'administration espagnole*; Laferrière, t. 1, p. 29-30.

1727. — L'avis de la commission provinciale est exigé en cas de recours contre la décision du gouvernement, déclarant la nécessité de céder des propriétés privées pour l'exécution des travaux d'utilité publique. L'art. 17, L. 10 janv. 1879, donne en effet à la partie intéressée le droit de réclamer « contre la nécessité de l'occupation poursuivie relativement à la propriété, mais non de discuter l'utilité du travail, car elle résulte d'une manière décisive de la déclaration ». Le gouverneur civil de la province statue après avoir entendu la commission provinciale. Mais la partie intéressée peut faire appel devant le ministre dont relève l'affaire, et celui-ci statue par décret royal (L. 10 janv. 1879, art. 18 et 19). Dans le cas où les parties ont réclamé (art. 35) contre la décision du gouverneur relative à l'estimation des propriétés, devant le gouvernement (via gubernativa), il peut être procédé par la voie contentieuse contre l'ordonnance royale. Le recours peut être introduit tant pour vice substantiel dans les formalités établies par la loi, que pour lésion dans l'appréciation du terrain exproprié, si cette lésion représente au moins la sixième partie du prix véritable. Ainsi la fixation de l'indemnité en matière d'expropriation pour cause d'utilité publique est encore en Espagne un cas de contentieux administratif, comme elle l'était, chez nous, avant 1810, lorsque le conseil de préfecture, et le Conseil d'État en appel, étaient, d'après la loi du 28 pluv. an VIII, compétents pour fixer l'indemnité des terrains pris comme celle des terrains fouillés. — V. Batbie, t. 7, p. 289 et 290.

§ 5. GRANDE-BRETAGNE.

1728. — ANGLETERRE. — Les juges de paix, qui sont les juges administratifs de droit commun en Angleterre, exercent leurs attributions contentieuses administratives, comme toutes leurs attributions administratives d'une manière générale, soit individuellement dans leurs districts respectifs, soit réunis en assemblées aux sessions, sortes d'assises qui se tiennent sur divers points du comté. On distingue, comme on sait (V. supra, v° *Compétence administrative*, n. 2000), les petites sessions ou sessions spéciales (*special, petty sessions*) et les sessions trimestrielles (*quarter sessions*) ou cours de sessions.

1729. — Individuellement ou réunis en petites sessions, les juges ou magistrats de paix veillent à l'exécution des règlements, à la police de la voirie, du roulage, de la navigation fluviale, de la chasse, de la pêche, des tavernes et hôtelleries.

1730. — Le contentieux auquel peut donner lieu l'administration du comté appartient aussi aux juges de paix. Ainsi, les réclamations contre les taxes de comté, les difficultés relatives aux mesures de police, aux travaux publics, à la voirie, sont portées devant les juges de paix réunis en *cours de sessions*, pour l'exercice de leurs fonctions judiciaires. C'est de cette juridiction aussi, mais statuant au second degré, que relèvent les décisions prises par les juges de paix statuant individuellement en matière d'administration ou de police (V. Laferrière, t. 1, p. 87-88). Pour toutes les affaires communales, et plus spécialement pour ce qui concerne l'assiette et la répartition des impôts, ce sont les juges de paix réunis en session trimestrielle qui constituent l'instance d'appel, comme l'est, chez nous, en ce qui touche ce double genre de difficultés relativement aux impôts, notre conseil de préfecture. D'une manière générale, du reste, ce sont ces magistrats (dont la compétence était presque universelle avant la loi du 13 août 1888, et est encore aujourd'hui très-importante, bien que restreinte cependant), réunis en session spéciale ou en session trimestrielle, qui connaissent de toutes les affaires réservées à nos conseils de préfecture, avec appel aux tribunaux, car, on ne doit pas l'oublier, c'est, même encore aujourd'hui, dans le plus grand nombre des cas, la justice qui, en Angleterre, exerce l'administration (V. *supra*, v° *Compétence administrative*, n. 1999 et s.). Les ministres eux-mêmes n'interviennent que dans un petit nombre de cas déterminés par les lois.

§ 6. ITALIE.

1731. — La loi italienne du 20 mars 1865, annexe E, disposait, dans son article 2, que les tribunaux ordinaires auraient à prononcer sur toutes les contraventions et sur toutes les matières touchant au droit pénal, civil ou politique, lors même que l'administration publique y semblerait intéressée, toutes les autres affaires étant dévolues aux autorités ou tribunaux administratifs. La loi communale et provinciale du 10 févr. 1889 et surtout le règlement d'exécution du 10 juin de la même année ont plus nettement accusé la séparation du contentieux administratif et du contentieux judiciaire.

1732. — La loi italienne sur l'organisation de la justice administrative, promulguée le 1er mai 1890 (*Journal officiel* d'Italie du 6 mai), n'est que le complément des lois du 10 févr. 1889, sur l'organisation communale et provinciale, et du 31 mai 1889, sur le Conseil d'État, lesquelles avaient modifié toutes deux la loi fondamentale du 20 mars 1865, sur l'organisation administrative italienne. La loi de 1890 a introduit une juridiction administrative, qui possède certaines des attributions de notre conseil de préfecture, et à laquelle elle a donné le nom de *junte provinciale administrative*. La junte provinciale administrative est un conseil *sui generis*, composé du préfet, président, et de deux conseillers de préfecture désignés au commencement de chaque année par le ministre de l'Intérieur, de quatre membres titulaires et deux suppléants nommés par le conseil provincial, mais pris en dehors de ses membres. Ce conseil, il importe de le faire observer, est entièrement distinct de la députation provinciale, qui correspond à notre commission départementale, comme le conseil provincial italien correspond à notre conseil général. — V. *infra*, v° *Conseil général*.

1733. — La junte provinciale administrative italienne est investie par la nouvelle loi du droit de juridiction administrative pour décider, en jugeant même au fond, du mérite des recours qui ne sont pas de la compétence de l'autorité judiciaire, qui ne sont pas non plus soumis à la juridiction ou aux attributions contentieuses des corps et conseils spéciaux (L. 1er mai 1890, art. 1 princ.). Les matières auxquelles ces recours sont applicables sont énumérées par le législateur italien dans les 12 paragraphes de l'art. 1. Tous ces recours peuvent se répartir en trois classes : 1° recours en matière de dépenses d'œuvres hospitalières; 2° en matière de travaux publics; 3° en matières diverses.

1734. — La nouvelle loi indique ensuite la procédure à suivre devant la junte. Elle y consacre le chap. 2, tit. 1. Après en avoir, dans les art. 4 à 18, posé les règles et donné les détails, le législateur, dans l'art. 19, s'occupe des recours contre les décisions de la junte.

1735. — Notons enfin ici, pour compléter par l'indication de la législation la plus récente, ce que nous avons dit plus haut du Conseil d'État italien, que le tit. 2 de la loi, qui porte la rubrique : « matières de la compétence de la 4e section du Conseil d'État », débute par un article (l'art. 21) dans lequel sont énumérés un certain nombre de recours de la compétence de la 4e section ou section du contentieux du Conseil d'État. Cette énumération vient compléter celle de l'art. 4, chap. 2, L. 31 mars

1889, sur le Conseil d'Etat. Enfin, les art. 22 et 23, qui terminent la loi, contiennent des dispositions édictées dans le but d'en assurer l'exécution. — V. une analyse de la loi dans l'*Ann. de lég. étr.*, 20ᵉ année, 1891, p. 379-380.

§ 7. PORTUGAL.

1736. — C'est le *Conselho* ou conseil de district qui forme, en Portugal, le tribunal administratif de premier degré, et qui, par conséquent, sous ce rapport, correspond à notre conseil de préfecture. L'organisation et la compétence du *Conselho* sont réglées par les art. 231 à 263, C. adm. port. de 1878. Le conseil de district est composé de quatre membres nommés par le gouvernement, sur une liste de présentation dressée par la junte générale (V. *infrà*, v° *Conseil général*) et comprenant trois fois autant de candidats qu'il y a de places vacantes. Il est présidé par le gouverneur.

1737. — Les attributions du *Conselho* sont de deux sortes : consultatives et contentieuses. Nous n'avons à nous occuper ici que de ces dernières. Comme tribunal, le *Conselho* statue sur les recours formés contre les décisions des conseils municipaux et paroissiaux contre les élections des corps administratifs, sauf celles de la junte générale. Il statue encore sur les réclamations relatives aux contributions directes, sur les litiges entre le district et les entrepreneurs ou fournisseurs. Un recours contre les décisions du *Conselho* peut être porté devant le tribunal administratif supérieur.

§ 8. RUSSIE.

1738. — Nous avons déjà eu l'occasion de dire (V. *suprà*, v° *Compétence administrative*, n. 2044) qu'il n'y a pas, en Russie, de juridiction administrative spéciale, et que toutes les questions concernant l'administration y sont décidées par les tribunaux ordinaires. Il faut cependant en excepter les contestations sur les élections des officiers communaux, les recours contre les mêmes officiers et les recours pour abus de pouvoir contre les décisions des tribunaux cantonaux, qui sont de la compétence des commissions de district, instituées par la loi du 27 juin 1874.

1739. — Les commissions de district sont composées du maréchal de la noblesse du district, comme président, du président de la commission exécutive du district, d'un juge de paix honoraire choisi par le ministre de la Justice, d'un membre permanent avec des attributions spéciales, nommé par le ministre de l'Intérieur, et du chef de police du district.

1740. — Le recours formé contre les décisions de la commission de district est porté devant la commission de la province, composée du gouverneur de la province, comme président, du vice-gouverneur, du maréchal de la noblesse de la province, du président de la chambre des finances, de celui de la chambre des domaines, de celui de la commission exécutive de la province, du procureur près le tribunal du chef-lieu et d'un membre permanent.

1741. — Enfin, contre les décisions de la commission de province, il existe un recours par la voie administrative au premier département administratif du Sénat, ou au ministre et aux autres corps compétents. — V. Cardon, p. 284-285.

§ 9. SCANDINAVES (Etats).

1742. — Dans les Etats scandinaves, il n'existe pas de tribunaux administratifs proprement dits. En principe, toutes questions concernant les droits individuels doivent être portées devant les tribunaux ordinaires. Mais les lois ont créé quelques exceptions, telles que les affaires contentieuses relatives aux desséchements et aux irrigations et à d'autres entreprises touchant l'agriculture. En première instance, ces sortes d'affaires sont plutôt décidées administrativement que selon le droit civil strict. Mais les intéressés peuvent en appeler de ces décisions aux tribunaux et cours judiciaires ordinaires. — V. *suprà*, v° *Compétence administrative*, n. 2047 et s.; *Dict. d'adm. fr.* de M. Block, v° *Juridict. admin.* (Administration comparée).

§ 10. SUISSE.

1743. — La Suisse est ordinairement citée, ainsi que l'ont fait remarquer certains auteurs (V. notamment Laferrière, t. 1, p. 62), parmi les Etats où la compétence judiciaire est générale et où il n'existe pas de juridiction administrative. Cependant il faut reconnaître, avec M. Laferrière (*eod. loc.*) que la législation fédérale et les lois des cantons contiennent plusieurs dispositions qui attribuent à des autorités ou juridictions administratives la connaissance de certaines contestations. Il serait donc plus exact de ranger la Suisse, ainsi que le font d'autres auteurs (V. notamment R. Cardon, p. 288), dans une catégorie spéciale.

1744. — Les constitutions de la plupart des cantons suisses consacrent, il est vrai, en principe, la compétence judiciaire pour les litiges de toute nature. Mais, à l'instar du système admis par la législation fédérale, dont elles reproduisent au moins les principales lignes, elles maintiennent la séparation de la fonction administrative et de la fonction judiciaire; ainsi en est-il de la constitution du canton de Berne, du 31 juill. 1846, qui dispose, art. 11 : « Les pouvoirs administratif et judiciaire sont séparés dans tous les degrés de l'administration de l'Etat »; d'un autre côté, quelques-unes au moins d'entre elles permettent à des autorités et juridictions administratives spéciales, dont un petit nombre sont des tribunaux administratifs au même titre que nos conseils de préfecture, les contestations où dominerait le caractère administratif.

1745. — Les matières qui sont le plus ordinairement soustraites au contentieux judiciaire et réservées par la législation cantonale au contentieux administratif à trancher par des juridictions spéciales sont : les élections, le droit de bourgeoisie, la jouissance des biens communaux, l'exploitation des mines, des carrières, etc. Dans le canton du Valais, les travaux publics sont également réservés, par la législation cantonale, à la juridiction administrative. Ces dispositions se retrouvent, notamment, dans la législation des cantons de Berne, de Neuchâtel, du Tessin, du Valais et de Zurich. Nous ne traiterons ici que de ceux de ces cantons dans lesquels l'autorité chargée de statuer sur les litiges administratifs rappelle de plus près notre conseil de préfecture.

1746. — I. BERNE. — Dans le canton de Berne, toutes les contestations en matière d'administration communale, pourvu qu'elles ne soient pas de droit privé et par suite de la compétence des tribunaux ordinaires, sont décidées en première instance par le préfet, chef du district, élu pour quatre ans, par le grand conseil (pouvoir législatif), parmi quatre candidats, présentés moitié par l'assemblée électorale du district et moitié par le conseil exécutif (pouvoir exécutif) (Ord. 15 juin 1869). Les questions administratives qui ne sont pas de la compétence du préfet sont tranchées par le conseil exécutif lui-même (Constitut. 19 mai 1869, art. 42). Le grand conseil a aussi des attributions contentieuses administratives, telles, par exemple, que la décision sur toutes les élections de l'Etat (Constitut., art. 27-IV *a*).

1747. — II. VALAIS. — Dans le canton du Valais, un tribunal spécial de contentieux administratif a été organisé par la loi du 1ᵉʳ déc. 1877, qui lui réserve spécialement la connaissance des questions concernant les travaux publics (V. L. franç. 28 pluv. an VIII, art. 4-2°, 3°, 4°). Mais la justice administrative a été déférée d'une manière générale à l'autorité judiciaire par la loi du 15 janv. 1878, qui a créé un tribunal spécial pour le contentieux administratif, composé d'un président et de quatre membres, avec autant de suppléants, appartenant à la cour d'appel et à la Cour de cassation du canton, nommés chaque année par cette dernière.

1748. — Sa compétence s'étend aux matières réglées par le droit administratif et par l'art. 7 classe en neuf catégories. La procédure est, en règle générale, écrite, et, par exception, orale (art. 26). Les sentences sont généralement définitives, sauf dans certains cas déterminés, où elles peuvent être sujettes à révision ou cassation (art. 30 et 31).

1749. — On sait que les matières non contentieuses sont soumises à la juridiction de l'administration pure, qui aboutit au Conseil d'Etat (pouvoir exécutif). — V. *Ann. de lég. étr.*, 8ᵉ année, 1879, p. 605-607; Cardon, p. 291.

1750. — III. ZURICH. — Dans le canton de Zurich, c'est le conseil de district (*Bezirksrath*), élu dans chacun des districts entre lesquels se divise l'Etat, qui exerce la juridiction de premier degré sur le contentieux administratif. Il exerce également une juridiction contentieuse de second degré, au-dessus des autorités communales, qui statuent en premier ressort sur les questions relatives à la tutelle des mineurs et à l'assistance publique. Les appels formés entre les décisions du conseil de district sont portés devant le Conseil d'Etat ou Conseil de gouver-

CONSEIL DES PRISES. — V. Prises maritimes.

Législation.

L. 10 avr. 1825 *(pour la sûreté de la navigation et du commerce maritime)*, art. 16 ; — Déc. 9 mai 1859 *(qui institue le conseil des prises à Paris)* ; — Déc. 28 nov. 1861 *(relatif au conseil des prises institué par le décret du 9 mai 1859)* ; — Déc. 29 sept. 1870 *(relatif aux recours contre les décisions rendues par le conseil des prises)*.

Bibliographie.

Bédarride, *Du commerce maritime*, 1876, 2º édit., 5 vol. in-8º, t. 4, n. 1249 et s. — Blanche, *Dictionnaire général d'administration*, 1884-1891, 2 vol. gr. in-8º, vº *Prises maritimes*. — Block, *Dictionnaire de l'administration française*, 1892, 3º édit., 1 vol. gr. in-8º, vº *Prises maritimes*. — Bluntschli, *Le droit international codifié*, traduit par Lardy, 4º édit., 1886, 1 vol. in-8º, n. 801 et s., 842 et s. — Bœck, *De la propriété privée ennemie sous pavillon ennemi*, 1882, 1 vol. in-8º, n. 329 et s. — Bonfils, *Manuel de droit international public*, 1894, 1 vol. in-8º, n. 1422 et s. — Bry, *Précis élémentaire de droit international public*, 1892, 2º édit., 1 vol. in-18, p. 612 et s. — Cabantous et Liégeois, *Répétitions écrites sur le droit administratif*, 1881, 6º édit., 1 vol. in-8º, n. 844 à 847. — Calvo, *Le droit international théorique et pratique*, 1887-1888, 4º édit., 5 vol. gr. in-8º, t. 2, n. 1243 ; t. 3, n. 1782 ; t. 5, n. 3035 et s. — Cauchy, *Le droit maritime international*, 1862, 2 vol. in-8º, p. 147 et s., 277 et s. — Caumont, *Dictionnaire universel du droit maritime*, 1867, 1 vol. in-8º, vº *Prises*. — Chauveau et Tambour, *Code d'instruction administrative ou lois de la procédure administrative*, 1888-1890, 5º édit., 2 vol. in-8º, t. 1, p. 526 et s. — Clément (R.), *Exposé pratique de la procédure suivie devant le Conseil d'État et devant le Tribunal des conflits*, 1882, 1 vol. in-8º, n. 71 et s. — Cormenin (de), *Droit administratif*, 1840, 5º édit., 2 vol. in-8º, t. 2, vº *Prises maritimes*. — Cussy (de), *Phases et causes célèbres du droit maritime des nations*, Leipsig, 1856. — Desjardins, *Traité de droit commercial maritime*, 9 vol. in-8º, 1878-1890, t. 1, n. 100 ; t. 2, n. 494 et passim. — Despagnet, *Cours de droit international public*, 1894, 1 vol. in-8º, n. 664 et s. — Devilleneuve, Massé et Dutruc, *Dictionnaire du contentieux commercial et industriel*, 1875, 6º édit., 2 vol. in-8º, t. 2, vº *Prises maritimes*. — Dufour, *Traité général de droit administratif*, 1868-1870, 3º édit., 8 vol. in-8º, t. 7, p. 586 et s. — Favard de Langlade, *Répertoire de la nouvelle législation*, 1823, 5 vol. in-4º, vº *Prise maritime*. — Fiore (Pasquale), *Nouveau droit international public* (traduit de l'italien par Ch. Antoine), 1885-1886, 3 vol. in-8º, t. 3, p. 723 et s., 1688 et s. — Goujet, Merger et Ruben de Couder, *Dictionnaire de droit commercial*, 1877-1881, 3º édit., 6 vol. in-8º, vº *Prises maritimes*. — Hautefeuille, *Des droits et des devoirs des nations neutres en temps de guerre maritime*, 3º édit., 1869, 3 vol. in-8º, t. 1, p. 393 et s. ; t. 2, p. 416 et s. — Heffter, Geffcken et Bergson, *Le droit international de l'Europe*, 1883, 4º édit., 1 vol. in-8º, p. 315 et s. — Kamarowski, *Le tribunal international*, 1887, 1 vol. in-8º, p. 136 et s. — Laferrière, *Traité de la juridiction administrative et du recours contentieux*, 1887-1888, 2 vol. gr. in-8º, t. 2, p. 65 et s. — Lerat de Magnitot et Huard-Delamarre, *Dictionnaire de droit public et administratif*, 1841, 2º édit., 2 vol. gr. in-8º, vº *Prises maritimes*. — Lyon-Caen et Renault, *Précis de droit commercial*, 1885, 2 vol. in-8º, t. 2, n. 1639, 2032 et s. — Martens (de), *Traité de droit international* (traduit par A. Léo), 1883-1887, 3 vol. in-8º, t. 2, p. 296 et s. — Massé, *Le droit commercial dans ses rapports avec le droit des gens et le droit civil*, 1874, 3º édit., 4 vol. in-8º, t. 1, n. 334 et s. — Merlin, *Répertoire universel et raisonné de jurisprudence*, 1827-1828, 5º édit., 18 vol. in-4º, vº *Prises maritimes* ; — *Questions de droit*, vº *Prises maritimes*. — Morin (Ad.), *Les lois relatives à la guerre, selon le droit des gens moderne, le droit public et le droit criminel des pays civilisés*, 1872, 2 vol. in-8º, t. 2, p. 353 et s. — Mougins de Roquefort (de), *De la solution juridique des conflits internationaux*, 1889, 1 vol. in-8º, p. 235 et s. — Negrin, *Etudes sur le droit international maritime*, Madrid, 1862,

n. 320 et s. — Nys (E.), *La guerre maritime, Etudes de droit international*, 1882, in-8º, passim. — Revon (Michel), *L'arbitrage international*, 1892, 1 vol. in-8º, p. 239 et s. — Serrigny, *Traité de l'organisation de la compétence et de la procédure en matière contentieuse administrative*, 1865, 2º édit., 3 vol. in-8º, t. 1, n. 135 et s. — Testa (Carlos), *Le droit public international maritime* (traduit par Boutiron), 1885, 1 vol. in-8º, p. 147 et s. — Travers-Twiss, *Le droit des gens ou des nations*, 1889, 2º édit., 1 vol. in-8º, p. 324 et s. — Trolley, *Traité de la hiérarchie administrative*, 1854, t. 5, p. 282 et s.

Barboux, *Jurisprudence du conseil des prises*, 1872, 1 vol. in-18. — Delalande, *Des prises maritimes*, 1875, 1 vol. in-8º. — Demangeat (Ad.), *De la juridiction en matière de prises maritimes*, 1890, 1 vol. in-8º. — Paternostro (A.), *Delle prede, delle riprede e dei giudizii relativi*, Naples, 1875. — Phillimore (Sir R.), *Commentaries repon international law*, London, 1883, 3º édit. — Pistoye et Duverdy, *Traité des prises maritimes*, 1859, 2 vol. in-8º.

Le capitaine est-il le mandataire des chargeurs? (Alfred de Courcy) : Rev. crit., année 1885, p. 304. — *Les principes naturels du droit de la guerre ; la guerre maritime* (H. Brochet) : Revue de droit international et de législation comparée, 1873, p. 343 et s., 574 et s. — *De la réforme du droit maritime de la guerre ; Le vaisseau anglais « The Springbok » devant les tribunaux de prises américains* (L. Gessner) : Rev. de dr. intern., année 1875, p. 241 et s. — *Rapport de M. Piérantoni sur les prises maritimes, d'après l'école et la législation italiennes* : Rev. de dr. intern., année 1875, p. 619 et s. — *Le droit des prises maritimes* (A. Bulmerincq) : Rev. de dr. intern., année 1877, p. 1878. — *Organisation des tribunaux de prises* (A. Bulmerincq) : Rev. de dr. intern., année 1879, p. 152, 321, 561. — *Les droits nationaux et un projet de règlement international des prises maritimes* (A. Bulmerincq) : Rev. de dr. intern., années 1879, 1882, 1887, passim.

Index alphabétique.

Absents, 140, 143.
Acquiescement, 214.
Acte de l'administration, 32, 240.
Adjudication, 51.
Affréteurs, 161.
Agent diplomatique et consulaire, 140 et 141. — V. Consul.
Agent de l'Etat, 91.
Allemagne, 242.
Allemagne (guerre d'), 9.
Angleterre, 64, 251.
Appel, 2, 5, 135 et s., 178, 180, 182, 188, 193, 195 et s., 201, 204 et s.
Appel (formes de l'), 221 et s., 233.
Arbitrage international, 12 et s.
Armateur, 48, 72, 115, 117, 133.
Assurances, 75, 112, 210.
Attributions, 52 et s.
Audiences (publicité des), 131, 144.
Autorité administrative, 26 et s.
Autriche, 243.
Avaries, 72.
Avocat, 146, 147, 234.
Avoué, 4.
Ayant-droit, 112.
Blocus, 1, 77, 123.
Caisse des invalides de la marine, 23, 132.
Capitaine de navire, 48, 72, 76, 77, 82, 133 et s., 165, 168, 175, 191 et s., 200, 210 et 211.
Capitulation, 70.
Capteurs, 51, 93, 103 et s., 148, 154, 173, 176, 177, 179, 186, 189.
Caractère politique et gouvernemental, 41, 187, 201.
Cargaison, 32, 50, 80, 81, 86, 87, 96, 97, 134, 136, 139, 148, 158, 201.
Cassation, 181, 195.
Caution, 183.
Chargeurs, 134, 137, 139, 194.

Chef de l'Etat, 6.
Chine, 8, 58, 164.
Chose jugée, 72, 175, 176, 193, 220.
Colonies, 56.
Commissaire du gouvernement, 19, 129 et s., 141, 143, 188, 208.
Commission administrative, 29.
Commission provisoire, 205.
Communication au ministère public, 130.
Communication aux ministres, 185.
Compétence, 34, 52 et s.
Conclusions, 128, 130 et 131.
Confiscation, 50.
Conflit négatif, 207.
Conseil, 132.
Conseil d'Etat, 5, 7, 27, 101, 117, 145, 204 et s., 221.
Conseil d'Etat (assemblée générale du), 222, 234.
Conseil de préfecture, 208.
Conseil des prises (caractère du), 25 et s.
Conseil des prises (composition du), 19 et s.
Conseil du roi, 2.
Conseiller d'Etat, 2, 4, 19.
Conseiller d'Etat en service extraordinaire, 234.
Consul, 141, 142, 153, 195, 196, 211.
Contravention, 71.
Contrebande de guerre, 1, 75, 76, 123.
Conventions diplomatiques, 27, 28, 117, 118, 167, 171.
Correspondance, 150.
Corsaires, 59, 91, 92, 107.
Créance, 87.
Crimée (guerre de), 7, 64.
Danemark, 253 et 254.
Décret, 235 et s.
Décision réglementaire, 67.
Déclaration de capture, 122.
Délai, 157, 162 et s., 204.

Délai de distance, 213.
Dépens, 169.
Déprédation, 79.
Désaveu, 111.
Désistement, 136.
Dol, 202.
Domicile, 190, 195.
Dommages-intérêts, 89 et s., 95, 97, 169, 174.
Douanes, 69, 186.
Échouement, 66 et s.
Effet rétroactif, 126.
Enregistrement, 240.
Équité, 218.
Équipage, 48, 76, 77, 91, 120, 132, 141, 151, 176, 186.
Erreur, 202.
Espagne, 252.
États-Unis, 251.
Examen critique, 10 et s.
Excès de pouvoirs, 236.
Exécution provisoire, 182.
Exécution de jugement, 95, 100 et s., 106 et s., 185 et s., 214 et s.
Expédition du jugement, 168, 185.
Factures, 115.
Fautes, 124, 164.
Faux, 81.
Faux incident, 110.
Fleuve, 69.
Force probante, 184.
Francisation, 98.
Fraude, 123.
Fuite d'un navire, 78.
Gouvernement, 95, 117.
Gouvernement de la Défense nationale, 9.
Grèce, 244.
Guerre, 66.
Hollande, 180, 256.
Huissier, 198.
Hypothèque, 75.
Incident, 160 et s.
Instructions du gouvernement, 124.
Interlocutoire, 152, 206.
Interprétation, 94.
Interrogatoire, 48, 141, 151.
Intervention, 160 et s.
Inventaire, 122.
Italie, 245 et 246.
Italie (guerre d'), 7.
Jet à la mer, 78.
Jugement attributif, 173 et s.
Jugement avant faire droit, 155, 206.
Jugement contradictoire, 177, 178, 199.
Jugement interlocutoire, 206.
Jugement de la prise, 125, 127.
Juridiction d'office, 46 et s.
Juridiction pénale, 76 et s.
Lettres de marque, 59, 92.
Lettres patentes, 2.
Liquidation, 101 et s., 207.
Livres de commerce, 150.
Maître des requêtes, 2, 19.
Mandat, 138.
Mandataire, 111, 139, 142, 147, 186, 189, 191, 194, 195, 200, 210, 214.
Mémoire, 145 et s., 154.
Mémoire ampliatif, 234.
Mer territoriale, 49, 63.
Ministère public, 81, 128 et s., 143, 188, 209, 234.
Ministre, 117, 152, 208.
Ministre des Affaires étrangères, 21, 154, 185.
Ministre de la Marine, 101, 120, 122, 153, 185.
Mise en demeure, 165.
Mise en liberté, 120.
Motifs des jugements, 33, 170 et 171.
Nationalité, 75, 123, 138, 157 et 158.
Naufrage, 66.
Navire français, 54.

Neutres, 12, 14, 17, 45, 49, 55, 57, 62, 66, 96, 138, 139, 143, 157 et 158.
Norwège, 247.
Notification. — V. *Signification*.
Officier d'administration de la marine, 186.
Officiers de marine, 91, 121 et 122.
Opposition, 178, 199.
Ordre, 106.
Paiement de part contesté, 102.
Papiers de bord. — V. *Pièces de bord*.
Paris (siège de), 9.
Part de prise, 122.
Pavillon, 119.
Pays-Bas, 180, 256.
Peine, 76 et s.
Pérou, 171.
Pièces (production de), 156.
Pièces (rétention de), 218.
Pièces de bord, 78, 150, 157, 159, 164.
Pièces fausses, 202 et 203.
Pillage, 79.
Pirates, 1, 8, 57 et 58.
Poudres, 71.
Pour-compte, 139.
Pourvoi en cassation. — V. *Cassation*.
Port de France, 56.
Port neutre. — V. *Neutres*.
Préposé des douanes, 186.
Président, 4.
Président de la République, 21.
Présomptions, 148.
Preuves, 43, 148 et s., 153, 169.
Prise maritime, 49.
Prise maritime (validité de la), 74 et s.
Prisonniers de guerre, 77.
Privilège, 75.
Procédure, 22, 123 et s.
Procès-verbal, 82, 122.
Propriétaire de navire, 48, 76, 77, 81, 136, 168, 210.
Propriété, 35, 86, 95 et 96.
Propriété privée, 34.
Protectorat, 71.
Prusse, 242.
Question d'État, 34.
Rapport, 234.
Recours administratif, 221.
Règlement, 67.
Répartition, 103, 113, 122, 182.
Reprises, 73.
Reprise d'instance, 166.
Requête, 146, 234.
Requête civile, 201 et s.
Rescousse, 73.
Responsabilité, 90, 91, 95, 97 et s., 179.
Restitution, 99, 112, 113, 115, 118.
Revendication, 70, 88, 149 et s.
Russie, 64, 180, 248.
Saisie de marchandises, 138.
Saisie de navire, 71.
Sauf-conduit, 32.
Secrétaire, 185.
Secrétaire-greffier, 22 et 23.
Section de législation, 233.
Séparation des pouvoirs, 26.
Siège du conseil des prises, 24.
Signification, 103, 172, 188, 198, 212 et s.
Simulation de créance, 81.
Suède, 180, 255.
Sursis, 106 et s., 165 et s., 183.
Tierce-opposition, 133, 200, 237.
Timbre, 240.
Traité des noirs, 1.
Traité de commerce, 171.
Traité de Francfort, 167.
Traité de paix, 167.
Traité de Zurich, 167.
Transaction, 92, 105.
Tribunal civil, 26.
Tribunal collectif, 40.

Tribunal de commerce, 3, 27, 90, 91, 96, 181.
Tribunal international, 39.
Tribunal maritime, 79, 83.
Tribunal spécial, 34 et s.
Turquie, 249.
Vente, 75, 98, 115.
Vice de forme, 236, 250.
Visite, 78.
Voies de recours, 137, 172, 199 et s. — V. *Appel, Cassation, Opposition, Recours, Tierce-opposition*.
Recours.
Vol, 80, 114.

DIVISION.

CHAP. I. — NOTIONS GÉNÉRALES ET HISTORIQUES (n. 1 à 18).

CHAP. II. — COMPOSITION DU CONSEIL. — SA NATURE ET SES CARACTÈRES.

Sect. I. — Composition du conseil (n. 19 à 24).

Sect. II. — Nature et caractères du conseil des prises (n. 25 à 51).

CHAP. III. — ATTRIBUTIONS ET COMPÉTENCE DU CONSEIL DES PRISES (n. 52 et 53).

Sect. I. — Prise opérée par un bâtiment français (n. 54 à 64).

Sect. II. — Prise proprement dite (n. 65 à 73).

Sect. III. — Examen de la validité ou de l'invalidité de la prise.

§ 1. — *Généralités* (n. 74 à 95).

§ 2. — *Questions de propriété* (n. 96).

§ 3. — *Action en dommages-intérêts* (n. 97 à 99).

§ 4. — *Exécution des jugements* (n. 100 à 108).

§ 5. — *Demandes étrangères à la validité de la prise* (n. 109 à 116).

§ 6. — *Matières de gouvernement* (n. 117 à 122).

CHAP. IV. — PROCÉDURE DEVANT LE CONSEIL DES PRISES (n. 123 à 169).

CHAP. V. — DÉCISION DU CONSEIL DES PRISES ET RECOURS DONT ELLE EST SUSCEPTIBLE (n. 170 à 172).

Sect. I. — Caractères du jugement du conseil des prises. — Exécution de ce jugement (n. 173 à 187).

Sect. II. — Signification du jugement (n. 188 à 198).

Sect. III. — Voies de recours (n. 199 à 239 bis).

CHAP. VI. — ENREGISTREMENT ET TIMBRE (n. 240).

CHAP. VII. — LÉGISLATION COMPARÉE (n. 241 à 547).

CHAPITRE I.

NOTIONS GÉNÉRALES ET HISTORIQUES.

1. — Le conseil des prises est l'autorité qui est chargée, en France, de prononcer sur la validité ou la nullité d'une prise maritime faite par un bâtiment français. Le droit de prise s'exerce en temps de paix contre les pirates et les navires se livrant à la traite des noirs, et en temps de guerre contre les bâtiments marchands naviguant sous pavillon ennemi et contre des bâtiments neutres se livrant à la contrebande de guerre ou forçant un blocus. Mais dans tous les cas, quelles que soient les circonstances de la capture, toute prise doit être jugée. Elle n'est pas de plein droit la propriété du capteur; il est nécessaire que la régularité de la prise, en la forme et au fond, soit l'objet d'une vérification (V. *infrà*, v° *Prises maritimes*). C'est de cet examen qu'est chargé le conseil des prises, et c'est là, en principe, son rôle unique.

2. — Le conseil des prises n'a pas toujours existé, pas plus dans l'ancien droit que dans le droit moderne. Il a été créé par lettres patentes de Louis XIV, du 20 déc. 1659. L'appel de ses décisions était porté devant le Conseil du roi. Il était présidé par le grand maître de la navigation et composé de conseillers d'État et de maîtres des requêtes. Il subsista, avec des modifications diverses, jusqu'à la fin de l'ancien régime. A partir du règlement du 9 mars 1695, il devint une assemblée de commissaires « tenant conseil près de l'amiral ». Il ne siégeait d'ailleurs que pendant la guerre.

3. — Il disparut, avec les autres conseils de l'ancien régime, lors de la Révolution. La loi du 3 brum. an IV confia aux tribunaux de commerce le jugement des prises.

4. — Un arrêté du 6 germ. an VIII (27 mars 1800) créa le conseil des prises. Il était alors présidé par un conseiller d'Etat et composé en outre de huit membres. Les prises étant fort nombreuses à cette époque, un arrêté du 7 vent. an XII (27 févr. 1804) dut établir des avoués près le conseil des prises ; c'étaient ceux attachés au tribunal de cassation.

5. — Le conseil fut tout d'abord l'unique degré de juridiction. Il jugeait souverainement et sans appel. A partir de 1806, l'appel fut admis. Il était porté devant le Conseil d'Etat (art. 14-3°, Décr. 11 juin 1806).

6. — En fait, le conseil des prises préparait seulement l'instruction des affaires et les décisions, et, à partir de 1810, l'Empereur se réserva la connaissance personnelle des prises maritimes. — Pistoye et Duverdy, t. 2, p. 177.

7. — Ce conseil cessa d'exister à partir du 1er nov. 1814. Les affaires dont l'instruction n'était pas achevée furent portées au comité contentieux du Conseil d'Etat (Ord. 9-11 janv. 1815). C'est ce comité qui hérita des attributions du conseil des prises, par l'ordonnance des 23-27 août 1815, et qui les conserva jusqu'en 1854. Un décret des 18 juill.-1er août 1854 rétablit le conseil des prises à l'occasion de la guerre de Crimée. Il fonctionna jusqu'au 1er juin 1856, époque fixée pour la cessation de ses fonctions par le décret des 3-8 mai 1856. Un décret du 9 mai 1859 le rétablit à l'occasion de la guerre d'Italie. Un décret du 28 nov. 1861, promulgué par insertion au *Bulletin des lois*, le 18 août 1870, décida que « le conseil des prises, institué par le décret du 9 mai 1859, statuera, pendant tout le temps durant lequel il sera maintenu, sur toutes les demandes et contestations relatives à la validité des prises maritimes, dont le jugement doit appartenir à l'autorité française. »

8. — On a conclu de cette disposition que le conseil des prises était devenu permanent. Il « a été maintenu » en effet jusqu'à présent, puisqu'aucun décret analogue à celui du 3 mai 1856 n'a été rendu. Aussi fonctionne-t-il encore actuellement. Il a eu à juger pendant ces dernières années un assez grand nombre de prises faites dans les mers de Chine sur des pirates.

9. — Pendant la guerre de 1870-1871 avec l'Allemagne, il y a eu en France deux conseils des prises. L'un, le conseil rétabli par décret du 9 mai 1859, siégeait à Paris. Mais l'investissement de la capitale ne permit pas de le mettre à même de juger toutes les prises faites pendant la guerre. D'autre part, on ne pouvait attendre, pour faire statuer à cet égard, la fin du siège de Paris. Aussi un décret rendu par la délégation du gouvernement de la Défense nationale, du 27 oct. 1870, avait-il établi un second conseil des prises, conseil provisoire qui siégea à Bordeaux et fonctionna jusqu'au 26 févr. 1871.

10. — Cette institution, au point de vue législatif, a fait l'objet de vives critiques. Il ne faut pas perdre de vue, en abordant cette question, le rôle unique du conseil des prises, qui est de statuer sur la validité de la capture. En général, quand un tribunal rend une décision, l'exécution en est réservée aux parties. Ici, au contraire, comme on l'a fait remarquer, l'exécution précède la sentence ; le capteur s'empare du navire et vient ensuite faire constater la régularité de sa prise (*Rev. de droit intern.*, année 1873, p. 343). Etant ainsi donné cette mission exclusive, que doit-on penser de la juridiction chargée de la remplir ?

11. — Les adversaires du conseil des prises ont fait remarquer que ce conseil, bien qu'étant un tribunal national, est en même temps investi d'une mission internationale. L'Etat français, comme d'ailleurs toutes les autres nations, fait décider d'*après sa propre loi* une question de droit international, l'examen de la prise, c'est-à-dire un fait de guerre. Anomalie déplorable, dit Pasquale Fiore (t. 3, p. 1688) ; institution très-imparfaite, ajoute Geffcken dans une note sur Heffter (n. 173, note 6). Il y a contradiction, dit-on, à créer un tribunal national par son organisation, international par son caractère et sa destination. — Kamarowsky, p. 144.

12. — On reproche surtout aux conseils des prises leur partialité. Il faut bien reconnaître, en effet, qu'ils sont portés à favoriser les capteurs, c'est-à-dire les sujets de l'Etat auquel ils appartiennent eux-mêmes. De plus, dans les pays où, comme en France, ils constituent des corps administratifs (V. *infrà*, n. 26), les parties ne trouvent pas les garanties qu'assurent des formes judiciaires rigoureuses et stables (V. *infrà*, n. 44). Et on conclut de toutes ces considérations que l'organisation du conseil des prises ne répond pas à son but. Aussi a-t-on proposé de le supprimer pour le remplacer soit par les tribunaux des Etats neutres, soit surtout par un tribunal mixte international. Dans ce système, les prises seraient soumises à un « arbitrage international. »

13. — Des projets importants ont été élaborés en ce sens. — V. surtout celui de Westlake, *Annuaire de l'institut de droit international*, 1878, p. 114 et s., et le projet remarquable de Bulmerincq (*Rev. de droit intern.*, année 1879, p. 175, sq.).

14. — Nous n'en ferons pas l'analyse, car ici nous devons nous borner à l'étude du droit positif français. Nous ferons simplement remarquer que la juridiction des Etats neutres n'offrirait pas plus de garanties que l'organisation actuelle. Le juge neutre favoriserait toujours plus ou moins l'un des belligérants ou tel autre Etat neutre.

15. — En ce qui concerne l'institution d'un arbitrage international, c'est là une idée qui reste encore à l'état purement théorique. Si admirables que soient les projets des publicistes, il existe en sens contraire de très-bonnes raisons en faveur du conseil des prises. On a fait remarquer, en effet, que le droit de prise dérive du droit de guerre, et que la compétence du tribunal des prises du capteur est la conséquence pure et simple du droit de la guerre. Cette considération est un puissant argument en faveur du conseil des prises tel qu'il existe actuellement. — De Boeck, n. 743 ; Massé, *Le droit commercial*, t. 1, n. 407.

16. — Kamarowsky, l'un des adversaires du conseil des prises, critique la procédure en vigueur devant cette juridiction ; il trouve mauvais que le capturé soit demandeur. Il critique aussi la composition du conseil, parce que l'élément administratif y domine (Kamarowsky, p. 145). Mais il est facile de répondre que ce sont là des critiques d'organisation, et non des arguments contre l'existence du conseil lui-même. On peut en souhaiter la réforme et l'amélioration, sans aller jusqu'à la suppression.

17. — Il convient d'ajouter aussi que les neutres ne sauraient se plaindre de l'organisation existante. Un bâtiment neutre n'est capturé que s'il a commis un acte contraire à la neutralité, ou s'il a eu toutes les apparences de l'avoir commis. Il a donc pris part aux hostilités, et on comprend qu'il soit jugé par le conseil des prises du belligérant. Cette dernière considération nous paraît décisive. Elle permet de répondre au reproche que l'on a fait au conseil des prises de prononcer des décisions contre des sujets appartenant à un pays étranger et non justiciables des tribunaux français. — Massé, *op. cit.*, t. 1, n. 408.

18. — En ce qui concerne d'ailleurs le conseil des prises français, il n'a jamais donné lieu à des critiques particulières. Ses décisions au contraire sont regardées par les publicistes, nationaux ou étrangers, comme de la plus haute importance. Elles ne sont pas, dit Bulmerincq, inspirées uniquement par l'*esprit national*, mais plutôt par celui du *jus gentium*. — Bulmerincq, *Organisation des tribunaux de prises : Rev. de dr. intern.*, année 1879, p. 155.

CHAPITRE II.

COMPOSITION DU CONSEIL. — SA NATURE ET SES CARACTÈRES.

Section I.
Composition du conseil.

19. — Le conseil des prises est composé : 1° d'un conseiller d'Etat président ; 2° de six membres, dont deux pris parmi les maîtres des requêtes du Conseil d'Etat ; 3° d'un commissaire du gouvernement. Les fonctions de toutes ces personnes sont gratuites (art. 3, Décr. 9 mai 1859).

20. — Les décisions de ce tribunal ne peuvent être valablement rendues que par cinq membres au moins (art. 4, Décr. 9 mai 1859).

21. — Les membres du conseil des prises sont nommés par décret du président de la République, sur la présentation des ministres des Affaires étrangères et de la Marine (art. 3, Décr. 9 mai 1859).

22. — En outre, un secrétaire-greffier est attaché au conseil (art. 3, Décr. 9 mai 1859).

23. — Les frais du secrétariat et autres dépenses occasionnées par le service du conseil des prises sont à la charge de la caisse des invalides de la marine (art. 10, Décr. 9 mai 1859).

24. — Le conseil des prises siège à Paris. — V. *suprà*, v° *Caisse des invalides de la marine*, n. 67 et s.

Section II.
Nature et caractères du conseil des prises.

25. — La nature et les caractères du conseil des prises se déterminent à la fois d'après le but de cette juridiction, les précédents historiques et les considérations rationnelles que nous avons fait valoir en faveur de son maintien.

26. — I. *Autorité administrative.* — Le conseil des prises a pour premier caractère d'être une autorité de l'ordre administratif. Par suite, on appliquera à son égard toutes les conséquences découlant du principe de la séparation des autorités administratives et judiciaires. Notamment, un tribunal civil ne pourra connaître des matières qui sont réservées au conseil, ni interpréter une décision émanée de lui, etc. — V. *suprà*, v° *Compétence administrative*, n. 22 et s. — V. aussi *eod. verb.*, n. 229, 738 et 739.

27. — Ce qui paraît certain, en effet, dès qu'on admet l'existence de cette juridiction, c'est la nécessité de faire du conseil des prises une autorité de l'ordre administratif. Avant la loi du 6 germ. an VIII qui a créé le conseil des prises, le jugement des captures appartenait aux tribunaux de commerce. Cette organisation constituait un véritable danger pour l'État. La prise, en effet, n'est pas une matière purement juridique; elle a un côté administratif et surtout politique; elle met en jeu les traités et les relations diplomatiques. Or les tribunaux, comme le disait Cambacérès en l'an VIII, « étrangers de droit et par leur nature à la naissance des traités et de nos relations extérieures, étaient cependant appelés tous les jours à interpréter ces traités. D'où il résultait qu'ils se trouvaient investis, en quelque sorte contre l'intérêt et contre la volonté de la nation, de l'initiative des hostilités ». Aussi, depuis l'an VIII, le jugement des prises a-t-il été considéré comme matière administrative. Ces affaires avaient été définitivement rangées par l'ordonnance du 18 sept. 1839, art. 17 et 19, au nombre des affaires administratives et non contentieuses dont l'instruction était dévolue au comité de législation. On sait qu'à cette époque c'était le Conseil d'État qui jugeait les prises.

28. — II. *Juridiction contentieuse.* — Un second caractère qui lui appartient est d'être un tribunal au sens propre du mot, rendant des décisions contentieuses. — Gessner, p. 370 et s.; Pistoye et Duverdy, t. 2, p. 140-193; Sheldon Amos, p. 98; de Bœck, n. 336; Bulmerincq, *Rev. de dr. intern.*, année 1879, p. 152 et s.; Cauchy, t. 1, p. 65; de Martens, trad. Léo, t. 3, p. 299; Laferrière, t. 2, p. 71.

29. — Ce caractère a été cependant contesté, et l'on a soutenu que le conseil des prises n'était qu' « une simple commission administrative appelée à prononcer en équité, mais n'ayant point, à proprement parler, à exercer une juridiction ». — Calvo, t. 3, n. 3046.

30. — C'est ainsi que Hautefeuille refuse le nom de juridiction au conseil des prises, parce que ce tribunal, dit-il, « ne peut prononcer contre le neutre des peines personnelles, et qu'il doit se borner à statuer sur un fait (le fait de la prise) ». — Hautefeuille, t. 3, p. 346. — Oppenheim ajoute que ce n'est pas un véritable tribunal; ses décisions ne sont pas des jugements obligatoires : ils n'obligent juridiquement que le capteur. La prise et le jugement sont des actes exclusivement politiques (Oppenheim, *Droit des gens*, p. 368). On peut citer dans le même sens Massé, qui refuse « de voir une question de compétence judiciaire là où il n'y a qu'une question de souveraineté » (Massé, t. 1, n. 407); Rayneval (*Liberté des mers*, t. 1, p. 226), qui déclare que « le gouvernement seul est juge en cette matière »; Klüber, pour qui le conseil des prises n'est qu'une commission administrative spéciale. — Klüber, n. 295 Meno Pœhls, *Droit maritime*.

31. — Il est bien vrai que le jugement d'une prise est, comme la prise elle-même (V. *infrà*, v° *Prises maritimes*), un apanage de la souveraineté. C'est cette considération qui a déterminé les partisans du système indiqué. Néanmoins il faut décider que le conseil des prises est un vrai tribunal. Bulmerincq a démontré péremptoirement, à notre avis, ce qu'il appelle *la conception juridique, la seule justifiable* (*Rev. de dr. intern.*, année 1879, p. 152 et s.). Le conseil statue en effet sur la validité de la prise, mais à cette occasion il examine des questions de droit privé, propriété, assurances, etc. Il y a donc un caractère contentieux qui ne saurait être méconnu. Un auteur ajoute que la mission du conseil des prises est de résoudre une *question de droit*, celle de la validité de la prise. Or un tribunal seul peut statuer sur une telle question. — De Bœck, n. 334.

32. — Une conséquence importante de notre manière de voir à cet égard est que le conseil des prises n'est pas lié par les décisions de l'administration supérieure. Il a été jugé qu'un sauf-conduit accordé à un navire allemand pour sortir d'un port français n'empêche pas de déclarer de bonne prise la cargaison qu'il avait amenée, parce que le sauf-conduit est un acte d'administration publique qui ne peut en quoi que ce soit modifier les principes du droit public sur lesquels seuls le conseil des prises doit appuyer sa décision (Barboux, *Jurisprudence du conseil des prises*, p. 35). Si, au contraire, il n'était qu'une « commission administrative », il devrait observer et faire exécuter les actes de l'administration supérieure.

33. — Une autre conséquence du même principe est que les jugements du conseil des prises doivent être motivés, comme toutes les décisions de justice rendues par des tribunaux français. — V. *infrà*, v° *Jugement ou arrêt*.

34. — III. *Tribunal spécial.* — En troisième lieu, le conseil des prises est un tribunal spécial. Sa compétence est exclusivement limitée à l'examen de la validité ou invalidité des prises et des questions accessoires qui s'y rapportent (de Bœck, n. 331 et 336). Il ne connaît des questions d'état et de propriété qu'en tant que leur solution est nécessaire à la solution de la question principale, la régularité de la prise.

35. — Il a paru indispensable de faire de cette juridiction un tribunal spécial. Le jugement des prises exige, plus encore qu'en toute matière administrative, des connaissances particulières. Ainsi que le fait remarquer M. Calvo, le caractère des captures maritimes, c'est-à-dire leur caractère de faits de guerre, et le droit sur lequel elles se fondent « altèrent notablement les règles de la législation civile quant au droit de propriété; aussi arrive-t-il souvent que les sentences des juges spéciaux sont en contradiction manifeste avec celle que les tribunaux ordinaires rendraient en temps de paix. »

36. — De là la nécessité d'un tribunal spécial. Le droit de prise, incident des hostilités, doit être surveillé, sinon par le gouvernement lui-même, du moins par un conseil « initié à la pensée gouvernementale ». — Pistoye et Duverdy, t. 2, p. 229. — De même, Merlin, v° *Prises*, § 7, art. 2.

37. — D'après M. de Cormenin, les prises étant gouvernées par une législation spéciale et touchant à des intérêts publics et politiques, sont soumises par la nature même des choses à des tribunaux extraordinaires. Il estime d'ailleurs qu'elles ne pourraient s'accommoder des formes lentes et compliquées de la procédure judiciaire. — De Cormenin, *Droit administratif*, t. 2, v° *Prises*.

38. — Ce sont ces considérations qui ont inspiré la création d'un tribunal spécialement et exclusivement chargé de prononcer sur les prises. Aussi devait-il, à l'origine, être composé de membres choisis par le pouvoir exécutif, comptant au milieu d'eux des hommes appelés par leurs fonctions ordinaires à connaître les intentions du gouvernement, l'esprit et le sens littéral des traités, la situation de nos relations extérieures. Il s'agissait en un mot de trouver des juges garantissant les droits des armateurs français, sans compromettre au dehors la sûreté de l'État ni le respect des traités. C'est sur ces bases que fut établi le conseil des prises, qui, après interruption, fonctionne encore aujourd'hui.

39. — IV. *Tribunal international.* — Le conseil des prises a pour quatrième caractère d'être un tribunal international, « non par sa composition, dit de Bœck, mais par sa mission » (de Bœck, n. 357; Gessner, p. 396; de Martens, trad. Léo, t. 3, p. 299). Les observations que nous avons déjà présentées sur son rôle suffisent à justifier ce caractère.

40. — V. *Tribunal collectif.* — C'est, en France, un tribunal collectif et non individuel. Il en est ainsi d'ailleurs dans presque toutes les législations. — Kamarowsky, p. 140.

41. — VI. *Caractère politique et gouvernemental.* — Enfin, le conseil des prises a un caractère politique et gouvernemental.

C'est M. Laferrière surtout qui a montré le double caractère principal de cette juridiction, à la fois contentieux et politique (Laferrière, t. 2, p. 63-71). La prise est un fait de guerre, fait essentiellement politique, et le jugement n'en est que la suite, le complément et l'accessoire. Le belligérant ne peut se dispenser de voir si ce fait de guerre a eu lieu conformément au droit des gens (Laferrière, *loc. cit.*), et cet examen est fait surtout au point de vue gouvernemental. M. Calvo montre aussi que les questions de prise « ont un double aspect, l'un politique et l'autre juridique », et que le premier élément ne doit pas affaiblir ou détruire l'autre complètement (Calvo, t. 5, n. 3068). — Tels sont les caractères du conseil des prises.

42. — A ce dernier caractère, notamment, se rattache celui de « juridiction d'équité » (Laferrière, t. 2, p. 72), qui appartient au conseil des prises. Ainsi que le dit de Martens (trad. Léo, t. 3, p. 296), quelquefois une prise est parfaitement légale et cependant certaines circonstances font qu'on ne peut l'adjuger au capteur; on peut craindre d'exciter le mécontentement d'une puissance amie ou d'un Etat neutre. De sorte que, d'une part, le conseil des prises ne peut « dépasser le texte des lois et déclarations du gouvernement, ni interpréter trop rigoureusement les règlements pour en faire sortir des conséquences iniques contre le capturé » ; — et, d'autre part, il peut « tempérer la rigueur des textes; véritable émanation du gouvernement, tribunal purement politique, il doit entrer dans cette voie des tempéraments qui conviennent si bien à une haute juridiction, appelée à représenter le pouvoir exécutif ». — Pistoye et Duverdy, t. 2, p. 230.

43. — Il résulte de ceci que, sans être assujetti à des règles fixes, il statue suivant son intime conviction (de Boeck, n. 377). Il n'impose donc aux parties aucune restriction *absolue* pour les modes de preuve. C'est une des juridictions devant lesquelles il y a le moins de « preuves légales ».

44. — Le conseil des prises n'est pas lié non plus par des règles juridiques absolues quant au fond du droit. A plusieurs reprises a été décidé qu'il peut céder à des considérations d'équité ou à des motifs politiques, et se départir du droit qui lui appartient de déclarer de bonne prise la capture de bâtiment. — Mais ceci touche au fond du droit (V. *infrà*, v° *Prises maritimes*). — V., à cet égard, l'affaire de *La Palme*, condamnée par le conseil des prises siégeant à Bordeaux, mais relaxée par la commission provisoire faisant fonctions de Conseil d'Etat, 10 juin 1872, [S. 73.2.237, P. adm. chr., D. 72.3.90] — Calvo, t. 4, n. 2339; de Boeck, n. 164; Pasquale Fiore, t. 3, n. 1431; Heffter et Geffcken, n. 167, texte et note 3.

45. — Jugé, en ce sens, que le conseil des prises, s'il ne peut outrepasser les rigueurs de la loi, puise dans son institution même le droit d'en atténuer la sévérité, surtout quand il s'agit d'apprécier ou de sauvegarder les intérêts des neutres ou des alliés. — Cons. des prises, 31 déc. 1870, *Le Joan*, [D. 72. 3.89] — *Sic*, Pistoye et Duverdy, t. 2, p. 231.

46. — C'est encore au caractère politique et gouvernemental qu'il faut rattacher la *juridiction d'office* du conseil des prises. Toute prise doit être jugée, avons-nous dit. Le conseil se trouve donc saisi de plein droit de la vérification de toute capture opérée par des bâtiments français.

47. — Il en serait ainsi alors même qu'aucune réclamation ne serait soulevée contre la régularité ou la validité de la prise.

48. — La même solution s'imposerait si le capitaine et l'équipage du navire capturé avaient pris la fuite sans qu'on eût pu les interroger, et si le propriétaire était totalement inconnu. Jugé que le conseil statue d'office, dans ce cas, sur la validité d'une prise qui, d'ailleurs, n'est pas contestée. — Cons. des prises, 8 févr. 1892 (trois décisions), *La Massue*, *Le Pluvier* et *L'Avalanche*, [D. 93.5.464] — Dans toutes ces affaires, les décisions du conseil ont été rendues entre les commandants, états-majors et équipages français, d'une part, et « les capitaine, propriétaires et armateurs du bâtiment capturé, noms et domiciles inconnus, d'autre part. »

49. — Une fois saisi, le conseil des prises veille lui-même à ce que la procédure suive son cours, et il examine spontanément si les conclusions ne sont pas prises devant lui, les différentes difficultés soulevées par la prise. Le conseil des prises a ainsi examiné d'office la question, capitale en matière de prise, de savoir si un navire ennemi avait été capturé ou non dans les eaux territoriales d'un Etat neutre, en l'espèce, de l'Angleterre. « Considérant que, dans l'interrogatoire subi par lui au port d'arrivage, le capitaine Gallas a articulé qu'il croyait avoir été capturé trop près de terre, dans la limite des eaux territoriales anglaises; que, *bien qu'aucune réclamation régulière n'ait été adressée au conseil*, ni par le capitaine, ni par les autres propriétaires du navire, *la nature même de cette allégation impose au conseil d'en examiner l'exactitude* ». — Cons. prises (siégeant à Paris), 19 janv. 1871, *Le Frei*, [cité par Barboux, p. 66] — M. Barboux, qui rapporte cette décision, fait remarquer avec quel soin le conseil a, *d'office et spontanément*, vérifié un point important relatif à la validité d'une prise.

50. — Le conseil prononce aussi d'office la confiscation d'un navire ou d'un chargement, s'ils ne sont pas réclamés — Cons. prises (siégeant à Paris), 5 janv. 1871, *Le Wilberforce*, [cité par Barboux, p. 91]; — 2 févr. 1871, *Le Wiederkunft*, [D. 72.3.89] — *Sic*, Barboux, p. 89.

51. — Il statue également d'office sur l'adjudication de la prise aux capteurs, dont les droits, on le sait, sont jusque-là en suspens. — Laferrière, t. 2, p. 74.

CHAPITRE III.

ATTRIBUTIONS ET COMPÉTENCE DU CONSEIL DES PRISES.

52. — D'une façon générale, le conseil des prises est chargé de juger toutes les prises faites par les bâtiments français. Ceci n'est que l'application d'un grand principe, d'après lequel il est admis à peu près universellement aujourd'hui qu'en matière de prises maritimes, le tribunal compétent est celui du capteur (V. *infrà*, v° *Prises maritimes*). — De Boeck, n. 331, 357; Calvo, t. 5, n. 3036; Bry, p. 612; Bluntschli, règle 842; Heffter et Geffcken, n. 172; Hautefeuille, t. 3, p. 308; Massé, t. 1, n. 408.

53. — Cette mission du conseil des prises conduit à grouper sous trois chefs les conditions auxquelles il est compétent. Pour qu'il soit appelé à statuer, il faut : 1° qu'il s'agisse d'une prise opérée par un bâtiment français; 2° qu'il s'agisse d'une prise proprement dite; 3° que l'instance ait pour objet l'examen de la validité ou de l'invalidité de la prise.

Section I.

Prise opérée par un bâtiment français.

54. — D'après le principe qui veut que le juge du capteur soit juge de la prise, le conseil des prises est compétent pour examiner les prises faites par tout bâtiment français. — Cons. d'Et., 29 août 1855, *L'Alexandre I*^{er}, [Leb. chr., p. 869]

55. — Il en est ainsi même si la prise faite par des bâtiments français a été conduite dans un port neutre. — Heffter et Geffcken, n. 138, note 6; Bluntschli, règle 844; Calvo, t. 5, n. 3036.

56. — Peu importe que la prise ait été amenée dans un port français ou dans un port de nos colonies. Du moment que la capture a été opérée par un bâtiment français, le conseil des prises est compétent (art. 2, Décr. 9 mai 1859). Il n'est pas nécessaire, en effet, que le tribunal se trouve, soit au lieu où siège le tribunal de prises, soit même dans un port de France. Ce serait là une condition souvent impossible à remplir en fait. Tout ce qui importe, c'est que le conseil des prises soit à même de prononcer en toute connaissance de cause, et que le capteur ou le gouvernement lui ait fourni tous les éléments de la sentence. — Calvo, t. 5, n. 3059.

57. — Il n'y a pas à distinguer non plus s'il s'agit d'une prise faite sur des ennemis ou des neutres, ou d'une prise faite sur des pirates. Le conseil des prises est toujours compétent comme tribunal de première instance. — Pistoye et Duverdy, t. 2, p. 233.

58. — Ainsi, pendant les hostilités contre la Chine, à partir de 1884, il a été saisi de nombreux bâtiments se livrant à la piraterie, et ils ont même formé la grande majorité des affaires soumises à cette époque au conseil des prises. Le nombre des bâtiments réguliers chinois capturés a été fort restreint.

59. — Il n'y avait pas à distinguer davantage, à l'époque où le gouvernement délivrait encore des lettres de marque, si la prise avait été faite par un corsaire ou par un bâtiment de l'Etat. Du moment que le capteur était français, le conseil des prises était compétent comme juge du capteur.

60. — A l'inverse, si la prise n'a pas été opérée par des navires français, le conseil des prises cesse d'être compétent.

61. — Il ne le serait pas non plus, même si la prise avait été faite par un bâtiment français : 1° si le navire et les biens capturés, avant d'avoir été déclarés de bonne prise au profit du capteur français, avaient regagné un des ports du territoire auquel ils appartiennent. — Heffter et Geffcken, n. 172.

62. — 2° Si le navire français qui a opéré la prise avait été armé en pays neutre. — Calvo, t. 5, n. 3038.

63. — 3° Si la prise avait été opérée dans les eaux territoriales d'un pays neutre, au mépris de la souveraineté et de la neutralité de l'État étranger. — Laferrière, t. 2, p. 65; Calvo, t. 5, n. 3038; Bry, p. 613; Heffter et Geffcken, n. 172.

64. — Lors de la guerre de 1854 contre la Russie, des prises ont été opérées par les flottes alliées de la France et de l'Angleterre. Pour prévenir tout conflit à cet égard, une convention était intervenue entre les deux pays, le 10 mai 1854 (Décr. du 23 mai 1854). La compétence du conseil des prises français y était réglementée. Il suffira de lire cette convention qui n'a eu qu'une période d'application temporaire. En cas de guerre entreprise par la France et une nation alliée, il est probable qu'une convention analogue serait conclue.

SECTION II.

Prise proprement dite.

65. — Le conseil des prises n'est compétent que s'il s'agit d'une *prise proprement dite* opérée par un bâtiment français. Le motif de cette seconde condition réside dans le but même qu'on a voulu atteindre en créant cette juridiction : elle doit, en effet, statuer sur la régularité ou l'irrégularité *de la prise*.

66. — Elle statue également, dit l'art. 2, Déc. 9 mai 1859, sur *les contestations relatives à la qualité des navires neutres ou ennemis, « naufragés ou échoués »*. Ceci veut dire naufragés ou échoués *en temps de guerre*, car il ne peut être question de capturer des navires neutres ou ennemis que si la France est en état d'hostilités avec une autre nation. — Pistoye et Duverdy, t. 2, p. 234.

67. — Par suite, le conseil des prises ne peut connaître des affaires relatives aux navires étrangers échoués ou naufragés sur les côtes de France en temps de paix (Cons. des prises, 2 frim. an X). Pistoye et Duverdy, qui rapportent cette décision (t. 2, p. 238), font remarquer qu'elle a un caractère général et réglementaire. Le conseil, en effet, a statué sur l'initiative du gouvernement, sans avoir à valider ou à annuler la prise d'aucun navire. Cette décision est néanmoins valable, car elle a précédé la promulgation du titre préliminaire du Code civil; l'art. 5, C. civ. n'a donc pas à s'y appliquer.

68. — Jugé, en conséquence, qu'un navire échoué, après les préliminaires de la paix connus, doit être rendu à son propriétaire. — Cons. prises, 3 niv. an X, *La Fortune*, [cité par Pistoye et Duverdy, t. 2, p. 239]

69. — De même, il a été décidé : 1° que le conseil des prises n'a pas à connaître de la régularité de la saisie d'un bâtiment, dont la capture, opérée dans l'intérieur des terres sur un fleuve commun à deux nations amies, a été faite sous prétexte de violation des lois des douanes. — Cons. prises, 3 vend. an X, *La République Batave*, [cité par Pistoye et Duverdy, t. 2, p. 239]

70. — 2° ... Que c'est au gouvernement qu'il appartient de connaître de la revendication formée par les propriétaires d'un navire capturé par l'ennemi, lorsque la capture n'a pas été faite en mer, mais qu'elle est le résultat d'une confiscation faite par une armée navale et par suite d'une capitulation. — Cons. d'Ét., 11 févr. 1818, Perrier, [S. chr., P. adm. chr.] — *Sic*, Pistoye et Duverdy, t. 2, p. 464.

71. — 3° ... Que le conseil des prises n'a pas à statuer sur la validité ni les effets de la saisie d'un navire arrêté pour contravention à la législation d'un protectorat sur la navigation le long des côtes et le commerce des poudres. — Cons. d'Ét., 8 févr. 1892, *L'Avalanche*, [D. 93.5.464] — Dans ces dernières espèces, en effet, la saisie ne peut pas être assimilée à une prise.

72. — D'autre part, il a été jugé à bon droit que le Conseil d'État, faisant fonctions de conseil des prises, n'était pas compétent pour statuer sur la validité d'une prise, lorsque le navire capturé avait été remis, depuis trois ans, à la disposition du capitaine, que les armateurs dudit navire avaient intenté une action d'avaries et dommages au capteur et qu'il y avait été statué par un tribunal de commerce (compétent à cette époque), par un jugement qui avait acquis l'autorité de la chose jugée. — Cons. d'Ét., 31 janv. 1817, Pouilly, [P. adm. chr.]

73. — Le conseil des prises n'a pas à connaître non plus des *reprises ou recousses*. La reprise, en effet, produit son effet sans jugement. — Heffter et Geffcken, n. 138, note 1 ; Bluntschli, règle 846. — Sur la reprise, V. *infrà*, v° *Prises maritimes*.

SECTION III.

Examen de la validité ou de l'invalidité de la prise.

§ 1. *Généralités.*

74. — La troisième condition, pour que le conseil des prises soit compétent, est que l'instance engagée devant lui ait pour objet unique l'examen de la validité de la prise. Le rôle du conseil est, en effet, déterminé dans l'art. 2, Déc. 9 mai 1859 : « Le conseil statue sur la validité de toutes les prises dont le jugement doit appartenir à l'autorité française ». — Barboux, p. 51.

75. — Il connaît donc tout d'abord de la question de savoir si la capture a été faite conformément aux lois et règlements, au point de vue de la forme, en d'autres termes si la « procédure de la prise » a été observée par le capteur. En second lieu, il examine la prise au fond, c'est-à-dire qu'il recherche si le navire et sa cargaison doivent être déclarés de bonne prise (à raison de leur nationalité ennemie, de transport de contrebande, etc.). — V. *infrà*, v° *Prises maritimes*. — Tel est en résumé l'objet de sa compétence. Il est vrai que bien des questions sont agitées devant lui (nationalité des propriétaires de navires, ventes de marchandises, hypothèques, assurances, etc.), mais il ne les examine que dans la mesure où leur solution est nécessaire à l'examen de la validité de la prise. — Barboux, p. 51.

76. — Il résulte des propositions précédentes bien des conséquences, dont la détermination des attributions du conseil n'est que le développement. Tout d'abord le conseil des prises n'a pas de *juridiction pénale* ou *répressive*. Il n'y a pour lui ni Code pénal, ni Code d'instruction criminelle (Bulmerincq, *Rev. de dr. intern.*, année 1879, p. 152 et s.). Il ne prononce donc jamais de pénalité, parce que cela n'est jamais nécessaire à l'examen de la validité d'une prise. Nous avons déjà donné *supra*, n. 71, une application de cette règle. On doit décider de même que le conseil des prises, alors qu'il condamne un navire neutre pour transport de contrebande de guerre, ne peut prononcer contre l'équipage, le propriétaire ou le capitaine aucune pénalité. — Bluntschli, règles 801, 809.

77. — ... Qu'aucune peine ne peut être prononcée non plus par le conseil des prises contre le capitaine, le propriétaire ou l'équipage d'un navire pris pour avoir violé ou tenté de violer un blocus (Bluntschli, règle 839). On discute bien la question de savoir si l'équipage des navires marchands peut être fait prisonnier de guerre, mais dans tous les cas cette discussion est complètement étrangère à la juridiction du conseil des prises. — V. *infrà*, v° *Prises maritimes*. — V. aussi *supra*, v° *Blocus*, n. 12, 50 et s.

78. — ... Que le conseil des prises ne peut prononcer aucune peine dans le cas où un navire est condamné pour avoir résisté à la visite du capteur, ou s'être enfui, ou avoir jeté des papiers à la mer, ou avoir commis quelque acte entraînant sa capture et sa condamnation.

79. — ... Que si une prise conduit à discuter un fait de pillage, divertissement d'effets, déprédation ou autres malversations, et qu'il y ait lieu de prononcer des peines afflictives, le conseil des prises doit renvoyer l'affaire devant les tribunaux maritimes (art. 97, Règl. 2 prair. an XI).

80. — ... Que le conseil des prises n'a pas à connaître des actions pénales à raison de spoliations commises dans un port sur un navire capturé ou sa cargaison. — Cons. d'Ét., 7 août 1816, *La Supérieure*, [S. chr., P. adm. chr.]

81. — ... Qu'il n'a pas à statuer non plus sur la répression à infliger pour production de pièces fausses. Si une personne est convaincue d'avoir produit de faux titres, et d'avoir tenté de se faire reconnaître comme propriétaire de navires ou cargaisons ennemis, ou de créances simulées, elle sera dénoncée au ministère public, qui poursuivra devant les tribunaux ordinaires (art. 4, Décr. 6 oct. 1806).

82. — ... Que si un capteur a fait de fausses déclarations dans son procès-verbal de prise, que ceci ait été reconnu et la prise déclarée nulle, le conseil des prises ne peut que dénoncer au gouvernement la conduite du capitaine qui a dressé un procès-verbal mensonger et violé le droit des gens. — Cons. prises, 13 vent. an X, *La Cybèle*, [cité par Pistoye et Duverdy, t. 2, p. 208]

83. — ... Que des individus prévenus de piraterie ne sont pas jugés pour ce fait par le conseil des prises (art. 16 et 17, L. 10 avr. 1825). Ici encore le conseil n'examine que la validité de la prise, et c'est dans le cas seulement où cette validité est prononcée, que les prévenus de piraterie sont jugés par les tribunaux maritimes.

84. — Ainsi, il faut partir de ce principe que toute matière répressive est écartée du débat, et que le conseil n'a à examiner que la validité de la prise. De là deux séries importantes de conséquences.

85. — Il a été jugé, d'une part, que le conseil des prises est compétent pour décider si l'observation des formalités prescrites pour la constatation et l'instruction préalable des prises permet ou non de prononcer la validité. — Cons. d'Ét., 8 mai 1893, *La Massue*, [*Pand. franç. pér.*, 93.4.33]

86. — ... Qu'il peut apprécier la question de propriété des marchandises, quand la solution de cette question est nécessaire au jugement de la capture elle-même. — Cons. des prises, 27 févr. 1871, *Le Ludwig*, [cité par Barboux, p. 53]

87. — Le conseil des prises est compétent aussi pour prononcer la confiscation de toute propriété appartenant au sujet d'un État annexé, même d'une créance sur un Français. — Cons. prises, 29 déc. 1813, Le Domaine, [P. adm. chr.]

88. — Si un navire ou des marchandises sont revendiqués par plusieurs prétendus propriétaires, et qu'il s'élève des contestations entre ces derniers, le conseil des prises n'a à statuer sur elles que dans la mesure où la solution intéresse l'examen de la prise. — Barboux, p. 54.

89. — De même, une demande en dommages et intérêts contre le capteur à raison de fautes qu'il aurait commises lors de la capture, n'est pas de sa compétence que si elle est l'accessoire de la validité de la prise. — Cons. des prises, 17 fruct. an VIII, *Le Ruby*, [cité par Pistoye et Duverdy, t. 2, p. 240] — Sic, Laferrière, t. 2, p. 73; Barboux, p. 54.

90. — Dans le cas où le conseil est compétent pour examiner l'action en dommages et intérêts, il pose le principe de la responsabilité et renvoie les parties devant un tribunal de commerce pour la liquidation des dommages et intérêts.

91. — Il convient toutefois de faire remarquer que cette règle, vraie autrefois d'une façon absolue quand il s'agissait de dommages réclamés à des corsaires particuliers, a cessé de l'être aujourd'hui. Depuis la déclaration de Paris, du 16 avr. 1856, en effet (V. *infrà*, v° *Prises maritimes*), la course est abolie et la prise est réservée uniquement aux bâtiments de guerre de l'État. L'action en dommages et intérêts contre le capteur personnellement est donc dirigée contre les commandants et équipages des bâtiments de l'État, c'est-à-dire contre des agents de l'État. Or « le renvoi devant un tribunal de commerce n'est pas possible en pratique; on ne peut citer les officiers ou équipages de la marine de l'État, ni l'État lui-même civilement responsable, devant un tribunal de commerce. Le conseil des prises doit donc, dans ce cas, liquider accessoirement les dommages-intérêts ». — Laferrière, t. 2, p. 74.

92. — À l'époque où le gouvernement délivrait encore des lettres de marque, le conseil statuait également sur les transactions en matière de prises. Aujourd'hui la transaction n'est plus possible : il est interdit à l'État de transiger sur une prise (V. *infrà*, v° *Prises maritimes*). Il n'y a donc plus lieu de s'occuper de ce point.

93. — Il va presque sans dire que le droit de juger de la validité des prises, conféré au conseil des prises, comprend celui de déterminer quel est le capteur. — Cons. d'Ét., 10 avr. 1816, *Le Marsouin*, [S. chr., P. adm. chr.]

94. — On doit également admettre sans difficulté que le conseil des prises est compétent pour interpréter ses propres décisions. — Cons. des prises, 7 pluv. an X, *L'Attention*, [cité par Pistoye et Duverdy, t. 2, p. 336] — Telle est la première série de conséquences.

95. — Mais la jurisprudence a dégagé d'autres conséquences non moins importantes en sens inverse. Il est possible de les grouper d'une façon méthodique. On trouve en effet des conséquences relatives : 1° à la propriété de la cargaison ; 2° aux actions en responsabilité et dommages et intérêts ; 3° à l'exécution des décisions du conseil des prises ; 4° aux demandes totalement étrangères à la validité de la capture ; 5° aux matières de gouvernement.

§ 2. *Questions de propriété.*

96. — On doit décider que le conseil des prises n'a point à trancher la question de propriété d'une cargaison, quand la neutralité s'en trouve d'ailleurs établie. — Cons. des prises, siégeant à Paris, 15 déc. 1870, *Le Borussia*, [cité par Barboux, p. 52] — La raison de ceci est qu'il n'a à statuer que sur les questions ayant un intérêt politique et administratif. Il ne s'occupe pas des questions d'intérêt absolument privé. Pour celles-ci ce sont les tribunaux ordinaires qui sont compétents, et le plus souvent les tribunaux de commerce.

§ 3. *Action en dommages et intérêts.*

97. — Le conseil des prises n'a pas non plus à connaître d'une action en dommages et intérêts contre le croiseur personnellement, si elle n'est pas l'accessoire de la validité de la prise, ce qui arrivera si ni le navire ni les marchandises n'ont été capturés, ou bien s'ils ont été pris, puis relâchés. Le conseil des prises ne peut alors être saisi d'aucune action à raison de ces faits. Le motif de cette règle est simple : le principe est que le conseil des prises a été institué pour statuer uniquement sur la validité ou l'invalidité de la prise. « Jamais, disait le commissaire du gouvernement dans une affaire, le conseil des prises ne peut prononcer sur des dommages et intérêts présentés en question principale, mais seulement en question relative et dépendante de l'invalidité de la prise, et cela par une raison toute simple. Pour juger s'il est, ou non, dû des dommages et intérêts, il faut nécessairement juger la question de validité ou d'invalidité. La question de validité ou d'invalidité n'étant pas portée au conseil, il serait dérisoire qu'il s'occupât de l'accessoire dont le fond lui est inconnu ». — Cons. des prises, 17 fruct. an VIII, *Le Ruby*, [cité par Pistoye et Duverdy, L. 2, p. 240] ; — 13 brum. an X, *La Fortune*, [Laferrière, t. 2, p. 73] — V. dans le même sens, Cons. d'Ét., 18 mars 1816, *Le Sédiman* et le *Risque-Tout*, [S. chr., P. adm. chr.] — « Par la même raison, le conseil des prises n'a pas à connaître de la fixation des dommages et intérêts dus au propriétaire de la cargaison d'un bâtiment dont la prise a été jugée illégale avant l'institution du conseil ». — Pistoye et Duverdy, t. 2, p. 241.

98. — La même solution a été donnée avec raison dans l'espèce suivante. Un navire français avait été pris par les Anglais et déclaré par eux de bonne prise, puis vendu. À la suite de plusieurs ventes, il arriva entre les mains d'un propriétaire français et fut francisé. Il fut décidé que l'action en dommages et intérêts de l'ancien propriétaire français contre le nouveau n'était de la compétence des tribunaux ordinaires, parce que c'était une action *principale*, ne se rapportant pas à la validité d'une prise par un bâtiment français. — Cons. d'Ét., 22 juill. 1818, Périer, [S. chr., P. adm. chr.]

99. — Lorsque le conseil des prises a ordonné la restitution d'une prise dans l'état où elle se trouve, et que les capturés prétendent que les capteurs doivent être responsables d'objets qui ont disparu, le conseil n'est pas compétent pour statuer sur ces réclamations. — Cons. des prises, 13 vent. an IX, *La Betzy*, [cité par Pistoye et Duverdy, t. 2, p. 245] — Il s'agit, en effet, dans l'espèce précédente, d'une action intentée postérieurement au jugement de la prise.

§ 4. *Exécution des jugements.*

100. — Quand le conseil des prises a statué sur la validité ou l'invalidité de la prise, il n'a plus à intervenir pour surveiller l'exécution de ses décisions. C'est aux tribunaux ordinaires qu'il appartient de connaître des contestations relatives à cette exécution. — Cass., 22 niv. an X, *Le Passe-Partout*, [cité par Pistoye et Duverdy, t. 2, p. 333] — Rennes, 15 avr. 1817, Allen, [S. et P. chr.] — Cons. d'Ét., 18 avr. 1816, Egge, [S. chr., P. adm. chr.] ; — 11 avr. 1873, Andrew Ambler, [S. 77.2.277, D. 76.3.

36] — *Sic*, Pistoye et Duverdy, t. 2, p. 235 ; Laferrière, t. 2, p. 70 ; Henrion de Pansey, t. 1, p. 365.

101. — Il n'a pas à connaître non plus des questions relatives à la liquidation des prises, ce qui touche encore à l'exécution. Par suite, il n'est pas compétent pour juger les difficultés auxquelles la liquidation donnerait lieu entre équipages de la marine de l'Etat, ou entre ceux-ci et des corsaires ayant coopéré à la prise (art. 16 et 18, Arr. 6 germ. an VIII). C'est le ministre de la Marine qui prononce, aujourd'hui, sauf recours au Conseil d'Etat statuant au contentieux. — Cons. d'Et., 18 avr. 1816, précité ; — 11 août 1819, Lanusse, [S. chr., P. adm. chr.] ; — 19 déc. 1821, Caisse des Invalides, [P. adm. chr.] ; — 29 mai 1822, Hamme, [S. chr., P. adm. chr.] ; — 23 oct. 1833, *Lebrasse*, [S. 36.2.58, P. adm. chr.] ; — 30 janv. 1874, Dorlodot des Essarts, [D. 75.3.13] — Cons. des prises, 20 juill. 1889, trois décisions, *Le Parseval, La Trombe, Le Léopard*, [Leb. chr., p. 1233, 1234, 1235] ; — 8 févr. 1892, deux décisions, *La Massue, Le Pluvier*, [D. 93.5.464] — Cons. d'Et., 8 mai 1893, *La Massue*, [Pand. franç. pér., 93.4.33] — *Sic*, Laferrière, t. 2, p. 70.

102. — Par la même raison, les contestations entre le capteur et l'administration de la marine, sur un paiement de parts de prises, que le capteur prétend avoir fait, et dont l'administration conteste la validité, sont soustraites également à la compétence du conseil des prises. — Cons. d'Et., 4 déc. 1822, Boulon, [S. chr., P. adm. chr.]

103. — Il ne prononce pas non plus sur les contestations qui s'élèvent entre capteurs en désaccord sur la répartition entre eux des produits de la prise. Il ne s'agit là, en effet, que d'intérêts purement privés. — Cons. d'Et., 14 juill. 1819, Aviérino, [S. chr., P. adm. chr.] — *Sic*, Laferrière, *loc. cit.*

104. — Pour le même motif il n'a pas à connaître des difficultés sur la liquidation s'élevant entre le capteur et le capturé. — Cons. des prises, 27 brum. an X, *L'Apollon*, [cité par Pistoye et Duverdy, t. 2, p. 344]

105. — Par suite, il a été jugé qu'il est incompétent pour connaître des contestations qui s'élèvent entre le capteur et le capturé sur une transaction intervenue entre eux après le jugement du conseil validant la prise. — Cons. prises, 5 vent. an XIII, *La Marie-Suzanne*, [D. Rép., v° Prises maritimes, n. 264-7°]

106. — Il a été jugé, de même, qu'il n'a pas à connaître de toutes les questions d'ordre et de privilèges qui se rattachent à la liquidation d'une prise maritime. — Cons. d'Et., 11 août 1819, Lanusse, [S. chr., P. adm. chr.]

107. — De même, d'après l'art. 17, Arr. 6 germ. an VIII, échappaient au conseil des prises pour aller aux tribunaux judiciaires les contestations entre plusieurs capteurs corsaires sur la liquidation d'une prise commune (Laferrière, *loc. cit.*). La même solution devrait être donnée si le cas était encore pratiqué.

108. — Le conseil des prises est également incompétent pour statuer sur les difficultés s'élevant au sujet des mesures prises par l'autorité maritime pour assurer l'exécution des décisions rendues sur la prise. — Cons. d'Et., 11 avr. 1873, *Andrew Ambler*, [D. 76.3.36] — *Sic*, Laferrière, t. 2, p. 70.

§ 5. *Demandes étrangères à la validité de la prise.*

109. — Par application du principe posé, et d'après lequel la compétence du conseil des prises est restreinte à l'examen de la validité ou de l'invalidité de la prise, toutes conclusions qui seraient étrangères à l'examen de cette question spéciale doivent être déclarées non recevables par le conseil des prises. La jurisprudence fournit divers exemples à l'appui de cette proposition.

110. — C'est ainsi que la juridiction des prises n'a pas à connaître d'une affaire de faux incident. — Cons. des prises, 29 mess. an VIII, *Le Phénix*, [cité par Pistoye et Duverdy, t. 2, p. 235]

111. — L'action intentée par les mandataires des parties justiciables du conseil des prises, action tendant à présenter au conseil des réclamations contre les actes d'autres mandataires qui se prétendent substitués aux réclamants, n'est pas non plus recevable. C'est une question de désaveu qui, produite au nom des parties elles-mêmes, ne serait pas de la compétence du conseil. — Cons. des prises, 7 frim. an X, Zignagno, [cité par Pistoye et Duverdy, t. 2, p. 299]

112. — Il n'est pas compétent davantage sur les contestations entre les ayants-droit à la restitution d'une prise et leurs assureurs ; dans ce cas, ce sont les tribunaux judiciaires qui sont compétents. — Laferrière, t. 2, p. 70. — ... Ni sur les contestations entre les ayants-droit à la restitution et l'autorité administrative chargée de l'opérer. — Laferrière, *loc. cit.* — ... Ni sur les difficultés s'élevant entre cointéressés appelés à profiter de la restitution de la prise et discutant dans quelle proportion ils y ont droit. — Laferrière, *loc. cit.*

113. — Jugé, en ce sens, que les contestations soulevées par la restitution ou la répartition des prises échappent au conseil des prises pour rentrer dans la compétence des tribunaux ordinaires ou de la juridiction administrative. — Cons. d'Et., 8 mai 1893, *La Massue*, [Pand. franç., 94.4.33]

114. — Il convient d'ajouter que le conseil ne peut connaître des actions dirigées contre des tiers spoliateurs du navire capturé, parce qu'il n'y a pas là une contestation ayant un rapport direct avec la question de validité de la prise. — Cons. d'Et., 2 août 1816, *La Supérieure*, [S. chr., P. adm. chr.]

115. — ... Ni, par le même motif, de la requête de l'armateur du navire capturé demandant qu'à défaut de vente légale, la restitution lui soit faite d'après le prix des factures. — Cons. prises, 7 pluv. an X, *L'Attention*, [cité par Pistoye et Duverdy, t. 2, p. 336]

116. — Enfin il a été jugé, d'une façon générale, que le conseil des prises est tenu de renvoyer aux juges naturels toutes les branches de contestation indépendantes de la confiscation. — Cons. prises, 29 déc. 1813, Le Domaine, [S. chr., P. adm. chr.]

§ 6. *Matières de gouvernement.*

117. — Le conseil des prises ne peut s'occuper des difficultés se rattachant à l'exercice, par le pouvoir exécutif, des pouvoirs qui lui appartiennent dans les matières de gouvernement. Ainsi il ne peut connaître des contestations qui exigent l'application ou l'interprétation de conventions diplomatiques. Ces contestations ne peuvent être tranchées que par le gouvernement. En conséquence, il a été décidé que le Conseil d'Etat ne peut connaître d'une décision du ministre des Affaires étrangères qui, en s'appuyant sur de telles conventions, refuse d'ordonner au profit d'armateurs le remboursement de sommes provenant d'une prise maritime. — Cons. d'Et., 17 juin 1820, Lecosani, [S. chr., P. adm. chr.] — V. dans le même sens, Cons. d'Et., 6 août 1823, *La Représaille*, [S. chr., P. adm. chr.] ; — 24 mars 1824, *La Nuova Veloz Mariana*, [P. adm. chr.] ; — 24 juill. 1845, *La Flor de l'Uruguay*, [S. 46.2.45, P. adm. chr.] — De même encore, il a été jugé que l'interprétation ou la modification du décret du 29 mars 1865, relatif à la restitution des navires mexicains, sont de la compétence exclusive du pouvoir exécutif. — Cons. d'Et., 30 mars 1867, Fusco et autres, [S. 68.2.124, P. adm. chr.]

118. — La même solution devrait évidemment être donnée aujourd'hui, par identité de motifs, en ce qui concerne le conseil des prises. Ce n'est là d'ailleurs que l'application d'une règle générale : les actes diplomatiques échappent complètement au contentieux des tribunaux administratifs ou judiciaires. — De Cormenin, t. 1, p. 158.

119. — La Cour de cassation avait décidé, avant que le Conseil d'Etat existât, que « c'était au gouvernement et non au conseil des prises qu'il appartenait de statuer sur le sort d'une prise faite par des Français montés sur un bâtiment étranger portant pavillon étranger ». — Cass., 17 frim. an VIII, *L'Adélaïde*, [S. chr., P. adm. chr.] — C'était là en effet une question toute politique et internationale ; les tribunaux ne pouvaient donc en connaître. Il s'agissait de marins français montés sur une chaloupe espagnole, et on ne savait si c'était l'Etat espagnol ou l'Etat français qui devait profiter de la prise. C'était une affaire à régler, d'après les principes du droit international, par le gouvernement.

120. — Le conseil des prises n'est pas non plus compétent pour statuer sur la mise en liberté de l'équipage capturé. C'est là un objet concernant exclusivement le ministre de la Marine. — Cons. des prises, 25 nov. 1854, *Le Christiane*, [cité par Pistoye et Duverdy, t. 2, p. 507]

121. — Il a été jugé, dans le même sens, que le conseil des prises est incompétent pour apprécier la conduite d'un officier de marine. — Cons. d'Et., 8 mai 1893, précité. — ... ainsi que les irrégularités commises par lui dans l'exercice de ses fonctions. — Même décision.

122. — Par suite, il est incompétent pour priver de sa part dans la prise le commandant du navire capteur, même si ce commandant n'avait pas observé la procédure régulière de la capture, notamment s'il n'avait dressé ni procès-verbal de prise, ni inventaire, et s'il n'avait pas fait de déclaration de capture (Même décision). C'est au ministre de la Marine qu'il appartient d'apprécier la conduite de son subordonné. Le contraire avait tout d'abord été décidé par le conseil des prises, 8 févr. 1892, *La Massue*, [Leb. chr., p. 1016], qui, à raison d'irrégularités commises, avait écarté de la répartition le commandant du bâtiment français capteur. Mais le ministre de la Marine invita cet officier à se pourvoir devant le Conseil d'Etat contre la mesure dont il était l'objet, et cette haute assemblée a fait droit, ainsi qu'on vient de le voir, au recours qui lui était présenté.

CHAPITRE IV.

PROCÉDURE DEVANT LE CONSEIL DES PRISES.

123. — Le conseil des prises ayant pour mission de procéder à l'examen de la validité de la prise, la procédure qui y est suivie doit tendre nécessairement : 1° à vérifier la régularité de la capture dans la forme; — 2° à en vérifier la régularité quant au fond, c'est-à-dire à faire la preuve de la nationalité des navires capturés, et à démontrer les fraudes commises de la part des neutres dans le but de transporter de la contrebande de guerre ou de violer un blocus régulièrement dénoncé. — V. *suprà*, v° *Blocus*, n. 50 et s.

124. — Deux questions peuvent se présenter : 1° le capteur a-t-il agi conformément aux intentions du gouvernement? 2° a-t-il agi conformément aux règles du droit de la guerre? Ces deux questions ne se confondent pas. On a fait observer, avec raison, qu'en effet, ces instructions pourraient n'être pas conformes au droit international. Alors le capteur n'est pas en faute; mais la prise peut-elle néanmoins être valide? Le conseil des prises doit se prononcer sur ces deux questions, d'ordre administratif et d'ordre international. — Bulmerincq, *Rev. de dr. intern.*, 1873, p. 347.

125. — On voit que « le jugement de la prise n'est pas une simple formalité » (Heffter et Geffcken, n. 138, note 3). La procédure a ici une importance énorme. Les procès de prises sont des plus graves par leur objet, dit Cauchy (*Droit maritime*, p. 147).

126. — Tout d'abord, les contestations en matière de prises doivent être jugées d'après les règles et les circonstances existantes à l'époque de la prise et non suivant celles existantes lors du jugement. — Cons. d'Et., 20 nov. 1815, Jongh, [S. chr., P. adm. chr.] — Les intéressés ont, en effet, droit acquis à être jugés de la sorte, et ce serait violer le principe de la non-rétroactivité des lois que de décider le contraire.

127. — En ce qui concerne l'introduction des instances, le conseil des prises est saisi par les intéressés. Il a été jugé sous l'empire de l'art. 2, Arr. 6 germ. an VIII, que, l'autorité administrative n'avait pas le droit de saisir le conseil à l'exclusion des parties intéressées. — Cons. d'Et., 14 janv. 1818, Schmidt et Plessing, [S. chr., P. adm. chr.] — Mais rappelons que nous avons reconnu au tribunal des prises le caractère de juridiction d'office qui leur permet de statuer même en l'absence de toute contestation.

128. — « On trouve, dit Cauchy, une poursuite et une défense, une partie publique et une partie privée, et, ce qui ajoute à l'importance des rôles, la partie publique, dont le premier devoir est de faire appliquer partout et toujours les principes immuables de la justice, ne doit pas oublier non plus qu'elle représente ici tous les droits du souverain et qu'une question de paix ou de guerre peut se trouver au fond des décisions qu'elle prépare ». — Cauchy, t. 2, p. 147.

129. — Le commissaire du gouvernement représente le gouvernement devant le conseil des prises (Laferrière, t. 2, p. 71). En cas d'absence ou d'empêchement, il est remplacé par un des membres du conseil (art. 4, Décr. 9 mai 1859).

130. — Il donne ses conclusions sur chaque affaire (art. 3, Décr. 9 mai 1859). C'est dire que, devant le conseil des prises, toutes les affaires sont *communicables*. Les jugements des prises font partie de la catégorie des litiges dans lesquels le ministère public doit forcément conclure. — V. *suprà*, v° *Communication au ministère public*, n. 90.

131. — Le commissaire du gouvernement donne ses conclusions par écrit (Règl. intérieur du conseil, du 4 juin 1859; art. 13, Arr. 6 germ. an VIII). C'est encore une dérogation au droit commun, car, en général, dans notre droit, les conclusions du ministère public sont orales et publiques. — V. *suprà*, v° *Communication au ministère public*, n. 438, 461 et s.

132. — Les équipages de la marine de l'Etat sont représentés devant le conseil des prises par la Caisse des invalides de la marine. Les équipages des bâtiments appartenant aux puissances alliées de la France sont représentés devant le conseil des prises par le consul de leur nation ou par tout autre agent désigné par leur gouvernement (art. 8, Décr. 9 mai 1859).

133. — Le capitaine du navire capturé est censé représenter l'armateur et tous autres intéressés (Laferrière, t. 2, p. 71), ce qui entraîne cette conséquence que le jugement du conseil des prises a effet vis-à-vis de tous ces intéressés (Laferrière, *loc. cit.*), et que personne n'est admis à se pourvoir contre cette décision par la voie de la tierce-opposition. C'est ce qui a été délibéré par le conseil des prises, le 29 prair. an VIII, [S. chr.]. Dans un arrêté réglementaire, valable puisqu'il a été rendu avant la promulgation de l'art. 5, C. civ., le conseil a déclaré qu'à l'avenir le capitaine représenterait les divers intéressés. — V. *suprà*, n. 67.

134. — Jugé en effet que, en matière de prises maritimes, le capitaine en cours de voyage représente les chargeurs dans tout ce qui est relatif à la cargaison. — Cons. des prises, 17 niv. an IX; — 23 fruct. an XI, [cité par Pistoye et Duverdy, t. 2, p. 292] — Cons. d'Et., 1er mars 1856, *Custo*, [S. 57.2. 650, P. adm. chr.] — V. *suprà*, v° *Capitaine de navire*, n. 35 et s., et 60 et s.

135. — Ainsi le capitaine peut interjeter appel de la décision qui a validé la prise du navire. — Cons. des prises, 29 prair. an VIII, [cité par Pistoye et Duverdy, t. 2, p. 287]; — 23 fruct. an XI, *La Confidentia*, [cité par Pistoye et Duverdy, t. 2, p. 292]

136. — Et le capitaine, ayant qualité pour interjeter appel, a aussi qualité pour s'en désister; dans ce cas, les prétendus propriétaires du navire et de la cargaison sont non recevables dans leur appel. — Cons. des prises, 19 germ. an IX, *Le Mercure*, [cité par Pistoye et Duverdy, t. 2, p. 296]

137. — Par suite, les chargeurs sont non recevables à se pourvoir contre une décision du conseil des prises rendue avec le capitaine, si cette décision a été volontairement exécutée par lui, ou au plus de trois mois se sont écoulés depuis qu'elle lui a été notifiée. — Mêmes décisions. — V. *infrà*, n. 194 et 195.

138. — Un neutre qui a réclamé la propriété des marchandises saisies à bord d'un navire ennemi n'a pas qualité, en l'absence de son vrai mandat, pour soutenir subsidiairement que la maison reconnue propriétaire de ces marchandises était de nationalité neutre. — Cons. d'Et., 25 févr. 1873, *La Magdalena*, [D. 73.3.89]

139. — Jugé, de même, que n'ont pas qualité pour revendiquer la cargaison d'une prise neutre, les commerçants neutres qui ne sont qualifiés que chargeurs; il faut, pour qu'ils puissent agir, qu'à cette énonciation se réunisse celle de propriétaires. — Cons. des prises, 17 frim. an X, *Le Hasard*, [cité par Pistoye et Duverdy, t. 2, p. 328]

140. — L'art. 9, Décr. 9 mai 1859, dispose que les agents consulaires étrangers peuvent présenter au conseil des prises toutes les observations qu'ils jugent convenables dans l'intérêt de leurs nationaux, mais seulement par l'intermédiaire du commissaire du gouvernement. Aussi a-t-il été décidé que les agents consulaires n'ont pas qualité pour intervenir dans l'instruction des prises. — Cons. des prises, 28 oct. 1854, *L'Orione*, [cité par Pistoye et Duverdy, t. 2, p. 499] — « Les interrogatoires des équipages capturés devant être secrets, dit cette décision, l'intervention des agents consulaires étrangers dans l'instruction des prises doit être renfermée dans le cercle des démarches purement officieuses autorisées par l'art. 9, Décr. 18 juill. 1854 », aujourd'hui du décret de 1859.

141. — ... Qu'un consul ne représente pas de plein droit ses nationaux en matière de prises; qu'il lui faut un mandat spécial. — Cons. des prises, 1er prair. an IX, *Le Forsøjet*, [cité par Pistoye et Duverdy, t. 2, p. 297]; — 13 pluv. an X, *Le Saint-François Xavier*, [cité par Pistoye et Duverdy, t. 2, p. 299]

142. — ... Qu'un agent diplomatique peut bien, comme protecteur, recommander les affaires de prises de ses compatriotes, mais qu'il n'est pas recevable à se présenter pour les absents, même étrangers, indéfendus. — Cons. des prises, 3 prair. an VIII, [S. chr.]

143. — C'est le ministère public qui est le représentant naturel des absents, quelle que soit leur nationalité; il veille donc sur les intérêts des neutres qui ne se défendent pas. — V. suprà, v° *Communication au ministère public*, n. 378 et s.

144. — Les séances ne sont pas publiques (art. 4, Décr. 9 mai 1859). L'Ordonnance du 8 sept. 1831, « considérant que le jugement des prises maritimes est souvent subordonné à des considérations diplomatiques qui ne peuvent devenir l'objet d'une discussion publique », avait déjà décidé que le Conseil d'Etat continuerait à juger ces affaires à huis-clos. Le caractère politique de l'instance justifie suffisamment cette disposition.

145. — La procédure devant le conseil des prises est écrite (V. suprà, n. 131). C'est une dérogation au droit commun de notre organisation judiciaire. L'instruction des affaires présente ainsi beaucoup d'analogie avec celle qui est suivie devant la section du contentieux. — Laferrière, t. 2, p. 77. — V. suprà, v° *Conseil d'Etat*, n. 547 et s. — Les mémoires des parties leur sont respectivement communiqués par la voie du secrétariat (art. 13, Arr. 6 germ. an VIII).

146. — Quand les parties jugent à propos de fournir des mémoires, elles s'adressent aux avocats au Conseil d'Etat et à la Cour de cassation. Ces avocats ont seuls le droit de signer les mémoires et requêtes présentés au conseil des prises (Décr. 9 mai 1859, art. 7).

147. — Il faut bien remarquer toutefois que le ministère des avocats au conseil des prises est le même que celui des avocats devant les autres tribunaux. Il est obligatoire en ce sens que les parties ne peuvent pas recourir à des mandataires autres que lesdits avocats, mais elles ont toute liberté pour se présenter *en personne* et pour signer *elles-mêmes* des mémoires.

148. — Quelles sont les preuves à faire par les parties? Le capteur n'a qu'à prouver la régularité de la prise en la forme (sur la forme des prises, V. *infrà*, v° *Prises maritimes*), mais il n'a pas à établir, au fond, que le navire et les marchandises capturées sont ennemis, ou que le propriétaire neutre s'est mis dans le cas d'être saisi. C'est en effet une règle en matière de prises maritimes que toute propriété capturée régulièrement en la forme est présumée ennemie (Heffter et Geffcken, n. 173; Phillimore, t. 3, p. 710-718; de Boeck, n. 373). — V. cependant de Martens (trad. Léo, t. 3, p. 298), qui trouve cette règle « très-injuste ».

149. — Il s'ensuit que le propriétaire neutre qui réclame son navire ou sa marchandise joue devant le conseil des prises le rôle de demandeur. Il exerce une action en revendication dont il a à la fois l'initiative et toutes les charges. Aussi a-t-on dit, avec raison, qu'actuellement les affaires de prises présentent le caractère de *procès en réclamation* (de Boeck, n. 373 et 780). Le réclamant doit justifier de son *innocence*, a dit Hautefeuille (t. 3, p. 351). — Cons. d'Et., 25 févr. 1873, *La Magdalena*, [D. 73.3.89]

150. — Le mode de preuve ordinaire pour les réclamations du navire ou de la marchandise consiste dans les pièces de bord. Le conseil pourrait-il admettre la production de preuves supplémentaires, correspondance, extraits de livres, etc., ou même admettre des preuves en dehors de toutes pièces de bord? C'est là une question touchant au fond même du droit des prises et qui sera traitée *infrà*, v° *Prises maritimes*.

151. — Le conseil des prises peut procéder à toutes les mesures d'instruction qu'il juge utiles. Ainsi qu'on l'a vu (*suprà*, n. 43), il n'est pas limité au point de vue des moyens de preuve. Ainsi il peut ordonner l'interrogatoire des équipages capturés. Il faut bien remarquer que, au moment de la prise, un interrogatoire doit avoir lieu. Malgré cela, si le conseil estime qu'il est insuffisant, il peut en faire faire un second au cours de l'instance « pour procurer de plus grands éclaircissements ». — Cons. d'Et., 1er mai 1816, *Le Marsouin* et autres, [S. chr., P. adm. chr.]

152. — Le conseil pouvant s'éclairer comme il l'entend, peut notamment consulter les ministres. Il a même été jugé que « ce n'est pas aux parties qui plaident devant le conseil qu'il appartient de saisir le gouvernement de questions interlocutoires dont la solution pourrait leur importer; c'est au conseil seul qu'il appartient, lorsqu'il le juge à propos, de consulter le gouvernement ». — Cons. des prises, 17 vent. an X, Bonnet-Desgouttes, [cité par Pistoye et Duverdy, t. 2, p. 256]

153. — Notamment, lorsque le conseil n'est pas saisi des pièces de la procédure entière qui a été suivie devant un consul, c'est le cas, pour le conseil, d'arrêter qu'il sera écrit au ministre de la Marine pour obtenir l'envoi des pièces originales. — Cons. des prises, 17 pluv. an X, [cité par Pistoye et Duverdy, t. 2, p. 259]

154. — De même, lorsqu'il est allégué qu'un Etat est en paix avec la France, et que ce fait est douteux, c'est également le cas, pour le conseil, d'arrêter qu'il sera écrit au ministre des Affaires étrangères pour connaître quels sont les rapports politiques existant entre la France et l'Etat du capturé; c'est le cas également d'ordonner la communication du mémoire du capturé aux capteurs. — Même décision.

155. — Le conseil des prises peut aussi prononcer, au cours de la procédure, des jugements avant faire droit.

156. — Le cas le plus fréquent en pratique est celui où le conseil n'a pas toutes les pièces nécessaires pour pouvoir prononcer sur une affaire. Alors il surseoit à sa décision et ordonne que ces pièces lui seront représentées. — Cons. des prises, 8 prair. an VIII, *La Providence*, [cité par Pistoye et Duverdy, t. 2, p. 259]; — 13 prair. an VIII, *L'Elisabeth*, [cité par Pistoye et Duverdy, *ibid.*]; — 17 pluv. an X, 11 oct. 1854, [cité par Pistoye et Duverdy, *ibid.*]

157. — On peut citer des jugements d'une époque plus rapprochée. D'après la jurisprudence la plus récente du conseil des prises, la nationalité neutre peut être prouvée de toute manière, même par des documents autres que les pièces trouvées à bord du navire capturé. Aussi, en 1870-1871, ce tribunal a-t-il fréquemment imparti un délai aux parties pour justifier leur nationalité neutre. — De Boeck, n. 162.

158. — Jugé que le conseil des prises peut surseoir à statuer sur la validité de la capture d'une cargaison trouvée à bord d'un navire ennemi, jusqu'à ce que les propriétaires aient justifié en due forme leur qualité de citoyens neutres. — Cons. prises, 31 déc. 1870, *Le Paul-Auguste*, [D. 72.3.90]

159. — Au reste, le conseil des prises prononce sur le sort des bâtiments capturés même si les pièces de bord et d'instruction ne sont pas produites. Vainement objecterait-on que le décret du 6 germ. an VIII ordonne l'envoi desdites pièces au conseil. Ce décret n'a pas prescrit ni pu prescrire qu'en l'absence de pièces, il ne serait pas statué sur la prise. — Cons. d'Et., 27 mai 1816, Castro, [S. chr., P. adm. chr.] — En l'espèce d'ailleurs, le conseil des prises avait laissé écouler un délai suffisant pour que les parties intéressées pussent produire toutes les pièces.

160. — La procédure de l'intervention est admise devant le conseil des prises. La disposition de l'art. 466, C. proc. civ., est ici applicable.

161. — Ainsi il a été jugé que les affréteurs d'un navire capturé sont recevables à intervenir dans l'instance relative à la validité de la capture. — Cons. d'Et., 14 janv. 1818, Schmidt et Plessing, [S. chr., P. adm. chr.]

162. — Toute l'instruction devait être terminée, disait l'arrêté de germinal, et la décision rendue dans un délai de trois mois pour les prises conduites dans un des ports de la Méditerranée, et de deux mois pour les autres ports de France (art. 13-2°, Arr. 6 germ. an VIII, art. 7, Régl. 4 juin 1859.)

163. — Aujourd'hui, il doit statuer dans les deux mois sur les prises conduites dans les ports de France, mais il n'existe pas de délai pour les prises qui n'ont pu être amenées en France. — De Boeck, n. 369.

164. — C'est ainsi que, pour les prises faites pendant les hostilités contre la Chine, en 1883-1885, le jugement a été retardé pendant longtemps. Certaines circonstances ont empêché le conseil de se prononcer rapidement. C'étaient des irrégularités commises par les commandants français au moment de la capture, et qui ne permettaient pas de se prononcer sur sa validité, ou bien la perte des pièces de bord et d'instruction. De là des longueurs et des difficultés pour l'instruction de l'affaire. Ainsi une prise faite en 1885 n'a pu être jugée qu'en 1892. — Cons. prises, 8 févr. 1892, *La Massue*, [Lebon, 1892, 3° suppl.]

165. — D'ailleurs, en fait, le conseil des prises est libre de déterminer la date de sa décision. Il ne doit pas dépasser deux mois pour les prises conduites en France, mais il peut abréger ce délai. En fait, dans tous les cas, il adresse un avertissement spécial aux parties pour les mettre en demeure de présenter leurs réclamations. C'est ce qu'a fait le conseil provisoire des prises en 1870-1871; il a d'abord fait publier un avis au *Moniteur*, ensuite il a fait faire aux capitaines prisonniers en France une notification par voie administrative. — Barboux, p. 50; de Boeck, *loc. cit.*

166. — A la suite des délais que le conseil a jugé à propos d'accorder aux parties, il peut y avoir lieu à reprise d'instance. Il a été jugé, à cet égard, que, si le conseil des prises a ordonné, avant de statuer sur la demande en validité, que les intéressés à la prise seraient cités par l'armateur, il y a lieu de rejeter une requête en reprise d'instance, tant que cette formalité de la citation des intéressés n'a pas été remplie. — Cons. d'Ét., 30 sept. 1830, Semideï, [P. adm. chr.] — Dans l'espèce précédente, la reprise d'instance était demandée devant le Conseil d'Etat qui faisait alors fonctions de juridiction des prises. Mais la même solution devrait être donnée aujourd'hui, si la reprise était demandée devant le conseil des prises, tel qu'il fonctionne aujourd'hui.

167. — Le conseil des prises peut, à moins de dispositions contraires dans les traités de paix, continuer l'instruction des procès pendants devant lui au moment de la conclusion de la paix (Bluntschli, règle 862; de Boeck, n. 338). D'ailleurs, cette remarque présente, aujourd'hui que le conseil est devenu permanent, une importance moindre qu'à l'époque où il n'existait que d'une façon intermittente. Seulement, il est arrivé que des traités lui ont enlevé la connaissance de prises faites avant la paix, et que la bienveillance du gouvernement français pour les navires capturés empêche ces prises d'arriver au jugement (Morin, p. 356). — V. en ce sens art. 3 du traité de Zurich, 10 nov. 1859, et art. 13 du traité de Francfort, 10 mai 1871.

168. — Les intéressés, c'est-à-dire les commandants, propriétaires ou agents des navires et effets capturés, peuvent se faire délivrer une expédition authentique du jugement du conseil des prises, ou même tout le dossier du procès, à la charge par eux de payer les droits légaux (art. 25 du traité du 9 mars 1861 entre la France et la République du Pérou). — De Clercq, t. 8, p. 202.

169. — Nous ne parlons pas ici du fond même des décisions (condamnation du navire et de la cargaison, ou du navire seul, nullité de la prise, dommages et intérêts, dépens, etc.), pas plus que nous n'avons parlé des moyens de preuve. Tout ceci, en effet, touche à la théorie même des prises maritimes et sera traité *infrà*, v° *Prises maritimes*.

CHAPITRE V.

DÉCISION DU CONSEIL DES PRISES ET RECOURS DONT ELLE EST SUSCEPTIBLE.

170. — La décision du conseil des prises est un véritable jugement (V. *suprà*, n. 28). La conséquence en est que ce jugement doit être motivé, comme toutes les décisions de justice en France (V. *infrà*, v° *Jugement et arrêt*). C'est là une règle conforme aux vrais principes rationnels. « Un jugement d'une cour qui prononce la validité d'une capture, doit constater les motifs sur lesquels il est fondé, ou bien la constatation de ces motifs doit y être annexée ». — Dudley-Field, règle 898.

171. — C'est ainsi que l'art. 25 du traité de commerce et de navigation, conclu le 9 mars 1861 entre la France et la République du Pérou, dit expressément que les jugements rendus en matière de prises feront mention des motifs sur lesquels ils seront fondés. — De Clercq, *Recueil des traités de la France*, 1861, p. 202.

172. — Il importe maintenant de déterminer ici les caractères de ce jugement. Nous verrons ensuite les règles de la signification et les voies de recours dont il est susceptible.

Section I.

Caractères du jugement du conseil des prises. Exécution de ce jugement.

173. — 1° Le jugement rendu par le conseil des prises a pour premier caractère d'être attributif de propriété quand il valide la prise. Jusqu'à ce moment, le capteur n'était pas propriétaire; la prise n'est, en effet, de l'avis unanime des publicistes, qu'une mesure provisoire, qui a besoin d'être complétée. Le jugement qui intervient, loin d'être une simple formalité, n'est donc pas déclaratif comme le sont, en principe, les décisions de justice; il est attributif de droit. C'est lui, dit M. de Boeck, qui constitue le titre du capteur. — De Boeck, n. 329-330; Calvo, t. 5, n. 3035; F. de Martens, trad. Léo, t. 3, p. 292; Pasquale Fiore, t. 3, n. 1643; Heffter et Geffcken, n. 138, texte et note 1; Wheaton, t. 4, p. 2, n. 12; Phillimore, t. 3, p. 627.

174. — Ce premier caractère a été pratiquement mis en lumière. Il a été jugé que la décision déclarant une prise bonne et valable ne confère au capteur d'autres droits de propriété que sur le bâtiment capturé, en d'autres termes, que la déclaration de *bonne et valable* n'est pas autre chose qu'une déclaration de propriété sur le bâtiment pris. — Cons. d'Ét., 3 sept. 1823, Rougemont, [S. chr., P. adm. chr.] — En conséquence, si une prise a été déclarée bonne et valable, mais que le capteur en soit dépossédé du gouvernement français, il ne peut pas intenter contre ce dernier une action en dommages-intérêts fondée sur la décision validant la prise. — Même arrêt.

175. — 2° Le jugement du conseil des prises a un effet absolu vis-à-vis de tous les intéressés, parce qu'ils sont censés avoir été représentés devant le conseil par le capitaine du navire capturé (Laferrière, t. 2, p. 71). L'art. 1351, C. civ., ne s'applique donc pas à cette décision. — V. *suprà*, n. 133 et s.

176. — Il produit effet, notamment, vis-à-vis des équipages capteurs. Mais il faut bien remarquer que ces équipages n'ont aucun droit acquis en vertu de la chose jugée par le conseil des prises. — V. en ce sens, Cons. d'Ét., 7 août 1875, *Andrew Ambler*, [S. 77.2.277, P. adm. chr., D. 76.3.36] — En effet, sur le recours contre le jugement, le gouvernement en Conseil d'Etat peut apprécier la prise; et comme c'est là un fait de guerre, il a toute liberté d'appréciation pour le faire. Il peut donc décider qu'elle ne doit pas être déclarée valable. — Cons. d'Ét., 1er mars 1856, *La Fulvia* (Custo), [S. 57.2.650, P. adm. chr.] — *Sic*, Pistoye et Duverdy, t. 2, p. 284.

177. — 3° Il est toujours contradictoire. Il est rendu, entre le capteur et le capturé, qui ne peut pas ignorer l'instance. Le jugement du conseil des prises est contradictoire même si les capturés et les divers intéressés ne se défendent pas pour un motif quelconque. — Cons. des prises, 3 prair. an VIII, [cité par Pistoye et Duverdy, t. 2, p. 327, avec les conclusions de Portalis] — *Sic*, Laferrière, t. 2, p. 78.

178. — L'opposition n'est donc recevable sous aucun prétexte contre les décisions du conseil des prises. Notamment, elle ne peut être fondée sur le motif que le conseil aurait statué en l'absence d'une pièce prétendue décisive (V. *infrà*, n. 201. — Cons. des prises, 27 frim. an X, *L'Abeille*, [cité par Pistoye et Duverdy, t. 2, p. 275] — Dans ce cas, d'ailleurs, les parties auraient la ressource de l'appel, qui leur est alors toujours ouvert. — V. *infrà*, n. 218

179. — 4° Il met fin à la responsabilité du capteur en même temps qu'il donne ouverture à celle de l'Etat. — Calvo, t. 5, n. 3082.

180. — 5° Il est en premier ressort : l'appel est possible sous forme de recours au chef de l'Etat en Conseil d'Etat (V. *infrà*, n. 204 et s.). C'est là, du reste, un caractère que l'on retrouve dans la majorité des législations. L'appel, en matière de prises, n'est repoussé que par la Hollande, la Suède et la Russie. — Kamarowsky, p. 140.

181. — Il résulte de ce caractère que le pourvoi en cassation n'existe pas en matière de prises. Dès lors, où l'appel est passible, le pourvoi n'est pas ouvert (V. *suprà*, v° *Cassation*, [mat. civ.], n. 656 et s.). C'est une différence avec la législation actuelle et la législation antérieure à l'an VIII. A l'époque où les tribunaux de commerce jugeaient les prises, le pourvoi était possible.

182. — 6° Il est exécutoire par provision, c'est-à-dire que le recours au Conseil d'Etat, dont il est susceptible, n'a pas d'effet suspensif. Toutefois, ce recours est suspensif quant à la répartition définitive du produit des prises (art. 6, Décr. 9 mai 1859). — V. aussi Av. Cons. d'Ét., 11 janv. 1808, [*Bulletin des lois*, à cette date] — Pistoye et Duverdy, t. 2, p. 78.

183. — Le conseil des prises peut aussi ordonner que l'exécution de sa décision n'aura lieu qu'à la charge de fournir caution. En outre, il peut toujours être ordonné en Conseil d'Etat qu'il sera sursis à l'exécution de la décision contre laquelle un pourvoi est dirigé, ou qu'il sera fourni une caution avant cette exécution (art. 6, Décr. 9 mai 1859). — Laferrière, t. 2, p. 78.

184. — Dudley-Field ajoute qu'un jugement de prise ne prouve point les faits qui ont servi de fondement à la condamnation, à moins que ces faits n'aient été mentionnés, en termes clairs et positifs, comme la cause de la condamnation. Au reste, une telle sentence n'établit point les faits que l'on voudrait en inférer par déduction. — Dudley-Field, règle n. 898.

185. — Les décisions du conseil des prises ne sont exécutoires que huit jours après la communication officielle qui en est faite aux ministres des Affaires étrangères et de la Marine (art. 5, Décr. 9 mai 1859). C'est la reproduction de la disposition de l'art. 40, Déclar. 24 juin 1778, de l'art. 84, Arr. 2 prair. an XI, et de l'art. 5, Décr. 18 juill. 1854. A cet effet, le secrétaire du conseil transmet aux ministres une expédition de la décision.

186. — Les décisions du conseil des prises sont exécutées à la diligence des parties intéressées, mais avec le concours et la présence : 1° de l'officier d'administration de la marine; 2° du principal préposé des douanes; 3° d'un fondé de pouvoirs des équipages capteurs (art. 14, Arr. 6 germ. an VIII).

187. — C'est le caractère d'ordre public du jugement des prises qui a motivé de tout temps les règles précédentes. Le gouvernement s'est réservé la surveillance d'une matière qui peut donner lieu aux complications diplomatiques les plus graves et compromettre les relations extérieures de l'Etat. — Pistoye et Duverdy, t. 2, p. 253.

Section II.
Signification du jugement.

188. — Par qui doit être signifiée la décision du conseil des prises? Pistoye et Duverdy donnent d'une façon très-nette la réponse : « La notification peut être faite par toute personne intéressée à l'exécution de cette décision. Aujourd'hui, la France n'armant pas de corsaires, il ne peut y avoir que deux parties en présence, les équipages de la marine de l'Etat, représentés par le commissaire du gouvernement, et les capturés. Si la prise est validée, le commissaire du gouvernement fera signifier la décision au capteur, et le délai d'appel courra du jour de la signification; si la prise est invalidée, les capturés n'ont pas à signifier la décision au commissaire du gouvernement, puisqu'à son égard le délai d'appel court du jour où la décision est rendue ». — Pistoye et Duverdy, t. 2, p. 305.

189. — Il avait été décidé, à l'époque du premier conseil des prises, que le représentant des capteurs, avait qualité pour leur signifier la décision qu'il avait obtenue. — Cons. des prises, 27 frim. an IX, *La Sally*, [cité par Pistoye et Duverdy, t. 2, p. 280]

190. — Le décret de 1859 ne contient aucune disposition sur le point de savoir à qui doit être faite la signification de la décision du conseil des prises. Pistoye et Duverdy appliquent par analogie l'art. 201, C. comm., placé au titre de la *Saisie des navires*. En conséquence, si le propriétaire du navire saisi demeure dans l'arrondissement du tribunal, la signification du jugement du conseil des prises sera faite à lui-même, à personne ou à domicile.

191. — S'il n'est point domicilié dans l'arrondissement du tribunal, la signification sera faite à la personne du capitaine du bâtiment saisi, ou, en son absence, à celui qui représente le propriétaire ou le capitaine.

192. — Si le propriétaire est étranger et hors de France, la signification lui sera faite conformément à l'art. 69, C. proc. civ. Dans ce dernier cas, il y aurait lieu de faire presque toujours une signification par voie diplomatique. Mais il ne faut pas oublier que le capitaine représente les intéressés (V. *suprà*, n. 133). Il sera donc souvent facile de signification en la faisant au capitaine.

193. — Jugé, en effet, que la signification faite au capitaine représentant les propriétaires de la cargaison fait régulièrement courir les délais de l'appel; et si cet appel n'est pas relevé dans le délai de trois mois, la décision du conseil des prises acquiert autorité de chose jugée. — Cons. des prises, 1er prair. an IX, *Le Forsojet*, [cité par Pistoye et Duverdy, t. 2, p. 297] — V. *suprà*, n. 137.

194. — Mais, au contraire, si les chargeurs sont intervenus personnellement devant le conseil des prises, le mandat tacite qu'avait le capitaine disparaît; c'est aux chargeurs qu'on doit signifier les recours dirigés contre la décision qu'ils ont obtenue, et le recours suivi contre le capitaine ne pourrait nuire aux droits des chargeurs. — Cons. des prises, 9 germ. an IX, *L'Enfant de la Patrie*, [cité par Pistoye et Duverdy, t. 2, p. 303]

195. — Il a été jugé aussi qu'est régulière et fait courir les délais de cassation (aujourd'hui il faut dire, de recours au Conseil d'Etat), la signification faite au domicile du consul de la nation neutre à laquelle appartient le capturé, alors surtout que ce consul, comme mandataire spécial, a représenté ledit capturé. — Cons. des prises, 27 frim. an IX, précité. — Le commissaire du gouvernement faisait remarquer avec raison, dans cette affaire, qu' « il serait véritablement ridicule et absurde de prétendre qu'une signification est nulle, parce qu'elle n'est pas faite au domicile de fait de la partie, quand le domicile de fait est à dix-huit cents lieues de la résidence du tribunal; quand cette partie est étrangère et que le tribunal est français; quand il est généralement reconnu par tous les peuples que le domicile de droit d'un négociant ou marin, voyageant chez une nation étrangère, n'est point autre que le domicile de fait et de droit du consul ou représentant de sa nation. »

196. — Mais si le consul n'avait aucun pouvoir spécial, la signification à lui faite serait nulle et ne ferait pas courir les délais d'appel contre les intéressés. On a vu en effet (*suprà*, n. 141) que le consul n'a ici aucun pouvoir en tant que consul. C'est ce qui a été décidé par le conseil des prises, le 23 vent. an X, aff. *Le Gausle-Venner*, [cité par Pistoye et Duverdy, t. 2, p. 304]

197. — A plus forte raison doit-on décider que la signification qui n'énonce point le nom de la personne à qui elle est faite est nulle et ne peut faire courir les délais d'appel. C'est là d'ailleurs une règle générale en matière de signification. — Cons. des prises, 7 vend. an X, *La Pomone*, [cité par Pistoye et Duverdy, t. 2, p. 309]

198. — Quant aux formes de la signification du jugement du conseil des prises, elles n'ont rien de particulier. Ce sont celles de toutes les décisions des juridictions administratives. Par suite, la signification doit être faite par huissier quand elle émane d'une partie, et en forme administrative quand elle émane d'une autorité publique. — Pistoye et Duverdy, t. 2, p. 306; Laferrière, t. 1, p. 289.

Section III.
Voies de recours.

199. — I. *Opposition.* — On a vu (*suprà*, n. 177 et 178), que la décision du conseil des prises étant toujours contradictoire, l'opposition n'est jamais admise.

200. — II. *Tierce-opposition.* — La tierce-opposition n'est pas admise non plus, par suite de cette idée que le jugement a un effet absolu et que le capitaine représente tous les intéressés (V. *suprà*, n. 153 et s., 175 et s.). — Cons. des prises, 29 prair. an VIII, [cité par Laferrière, t. 2, p. 71] — On peut, il est vrai, citer en sens contraire un considérant d'un décret rendu en Conseil d'Etat le 12 sept. 1814, *L'Abigail*, [S. chr., P. adm. chr.] — Ce considérant déclare, en effet, que la voie de la tierce-opposition est ouverte à un intéressé contre une décision du conseil des prises. Mais Pistoye et Duverdy, qui rapportent ce décret, ajoutent avec raison (t. 2, p. 360, note 1) que ce considérant est basé sur une erreur de droit manifeste.

201. — III. *Requête civile.* — La voie de la requête civile n'est pas non plus admissible contre les décisions du conseil des prises. — Cons. des prises, 3 pluv. an IX, [S. *Ancien Recueil*, 1. 2.289] — Le motif qui a dicté cette solution est que cette juridiction n'est pas liée par les formes de la procédure. Ainsi qu'on l'a vu plus haut, elle a une certaine latitude d'appréciation. De là l'exclusion de la requête civile. Cette décision a été rendue à l'époque où le conseil des prises jugeait souverainement comme unique degré de juridiction. Pistoye et Duverdy font remarquer (t. 2, p. 263) qu'aujourd'hui la solution n'a plus grand intérêt pratique, toutes les causes de requête civile étant des causes d'appel (C. proc. civ., art. 480 et s.), et la déchéance du droit d'appel n'y frappant pas alors les parties par l'expiration du délai. — V. *suprà*, n. 178 et *infrà*, n. 218.

202. — Jugé encore que, lorsque les décisions du conseil des prises ne sont pas fondées sur pièces fausses et qu'elles n'ont pas été surprises par dol ou par fraude, elles ne peuvent être rétractées sous prétexte d'erreur ou de mal jugé. — Cons. prises. 29 prair. an IX, *Le Dibs*, [cité par Pistoye et Duverdy, t. 2, p. 276]

203. — Mais il a été décidé que le conseil des prises jouit, relativement à ses décisions rendues sur pièces fausses ou altérées, de la même faculté qu'ont les corps administratifs en général pour la rétractation de leurs décisions. — Cons. des prises, 23 vent. an X, *Le Wilhelmsbourg*, [P. adm. chr.]

204. — IV. *Appel*. — L'appel est interjeté par voie de recours au chef de l'État en Conseil d'État (art. 6, Décr. 9 mai 1859). Le rôle de tribunal d'appel est, dit M. Calvo, le véritable rôle du Conseil d'État en cette matière (Calvo, t. 5, n. 3048). Le délai du recours est de trois mois.

205. — Il faut noter que, depuis le 29 sept. 1870 (décret de cette date) jusqu'au 24 mai 1872 (date de la loi qui a réorganisé le Conseil d'État), les recours contre les décisions du conseil des prises furent portés devant la commission provisoire chargée de remplacer le Conseil d'État. Ce décret ne s'appliqua d'abord qu'au conseil des prises siégeant à Paris, mais la même règle s'étendit nécessairement au conseil siégeant à Bordeaux, quand il fut créé, le 27 oct. 1870. A partir du 24 mai 1872, les appels furent de nouveau portés au Conseil d'État.

206. — Les art. 451 et 452, C. proc. civ., sont applicables aux jugements d'avant faire droit du conseil des prises. L'appel pour les jugements préparatoires et interlocutoires est réglé en matière de prise comme en toute autre procédure. — V. *suprà*, v° *Appel* (mat. civ.), n. 826 et s.

207. — Le recours au Conseil d'État est possible en cas de conflit négatif, lorsque les tribunaux ordinaires et le conseil des prises ont également refusé de prononcer sur la liquidation d'une prise. Jugé qu'en ce cas, la cause est retenue pour être jugée en Conseil d'État. — Cons. d'Et., 4 juin 1816, *Grant*, [P. adm. chr.] — Il est vrai de dire que cette décision a été rendue avant la création du tribunal des conflits.

208. — Par qui l'appel peut-il être interjeté? Tout d'abord, l'appel peut être interjeté par le commissaire du gouvernement près le conseil des prises. M. Laferrière (t. 2, p. 78) fait remarquer à ce propos qu'il a des attributions plus étendues que le commissaire du gouvernement auprès d'un conseil de préfecture, et qu'en général, en matière administrative, l'appel n'appartient qu'aux ministres. A l'égard du commissaire du gouvernement, le délai de trois mois court du jour de la décision même du conseil (art. 6, Décr. 9 mai 1859).

209. — On ne trouve pas, au second degré, la juridiction d'office de la juridiction des prises (V. *suprà*, n. 46 et s.). Ici le droit commun reprend son empire : il faut que l'appel soit exercé par l'une des parties ou le ministère public, pour que le Conseil d'État soit saisi. — E. Laferrière, t. 2, p. 74.

210. — L'appel peut aussi être interjeté par les parties intéressées : capitaine du navire, propriétaire du navire ou de la cargaison, assureurs, etc. L'appel interjeté par un consul sans capacité et sans pouvoirs régulier pour représenter ses nationaux (V. *suprà*, n. 141), ne peut leur profiter, alors surtout que ceux au nom desquels cet appel est interjeté n'ont fait ultérieurement que se joindre à un appel tardif et déjà périmé, interjeté par d'autres réclamants. — Cons. des prises, 1er prair. an IX, *Le Forsojet*, [cité par Pistoye et Duverdy, t. 2, p. 297]

211. — Il a été jugé encore que le consul, surtout en présence du capitaine du bâtiment capturé, n'a aucune qualité pour interjeter appel. — Cons. des prises, 13 pluv. an X, *Le Saint-François Xavier*, [cité par Pistoye et Duverdy, t. 2, p. 299]

212. — A l'égard des parties autres que le ministère public, le délai de trois mois court du jour de la notification du jugement du conseil. — Cass., 18 frim. an VII, *L'Entreprenant*, [S. et P. chr.] — Cons. des prises, 27 frim. an IX, *La Sally*, [cité par Pistoye et Duverdy, t. 2, p. 281] — Cons. d'Et., 30 mai 1821, Lindstrom, [P. adm. chr.]; — 1er mars 1856, *Custo*, [S. 57.2. 650, P. adm. chr.]; — 11 avr. 1873, *Andrew-Ambler*, [S. 77.2. 277, D. 76.3.36]

213. — Ce délai doit être, s'il y a lieu, augmenté des délais de l'art. 73, C. proc. civ. — Cons. d'Et., 11 avr. 1873, précité. — *Contrà*, Pistoye et Duverdy (t. 2, p. 264), dont l'argumentation ne nous paraît pas décisive.

214. — Bien entendu, si la décision du conseil des prises avait été exécutée volontairement, même avant les trois mois, par les intéressés ou leur représentant, un recours ne serait plus possible. Cette exécution volontaire constituerait en effet un acquiescement. — Cons. prises, 9 germ. an IX, *La Victoire*, [cité par Pistoye et Duverdy, t. 2, p. 285] — Cons. d'Et., 1er mars 1856, précité.

215. — La même solution devrait être donnée si la décision du conseil des prises avait reçu son exécution forcée sans opposition ou réclamation de la partie condamnée. — Cons. d'Et., 30 mai 1821, précité.

216. — Mais à l'inverse, il n'y a pas déchéance du pourvoi, quels que soient les délais écoulés, si la décision attaquée n'a été ni signifiée ni exécutée. — Cons. d'Et., 17 juill. 1816, *Bacri*, [S. chr., P. adm. chr.]

217. — La même solution doit être donnée si la signification a été irrégulière; si par exemple elle est nulle comme faite à une personne qui n'avait pas qualité pour la recevoir, elle ne peut faire courir les délais de recours. — V. *suprà*, n. 190 et s.

218. — Pistoye et Duverdy admettent (t. 2, p. 264) que les délais d'appel ne courraient pas en cas de rétention de pièces décisives par l'adversaire, retenues ou supprimées par lui. Si elles étaient retrouvées entre ses mains, les délais d'appel ne courraient que depuis le jour de cette découverte (art. 448, C. proc. civ.). On peut invoquer, en faveur de cette solution, le caractère de juridiction d'équité que nous avons reconnu au conseil des prises. — V. *suprà*, n. 42.

219. — Mais si des pièces, même décisives, ont été égarées ou négligées par l'intéressé lui-même, sans que l'adversaire les ait retenues, les débats ne pourront plus être rouverts. — Pistoye et Duverdy, t. 2, p. 265, qui citent en ce sens une décision du Cons. des prises, 27 frim. an X, *L'Abeille*.

220. — L'appel interjeté après les délais étant nul, la conséquence est que la décision du conseil des prises passe en force de chose jugée et devient inattaquable. — Cons. des prises, 3 vend. an X, *Le Richard*, [cité par Pistoye et Duverdy, t. 2, p. 284]

221. — Quant aux formes de l'appel, elles touchent intimement à une autre question : celle de savoir quelle est la nature du recours devant le Conseil d'État au fond. Quelques développements sont à cet égard nécessaires. Ce recours, en matière de prises maritimes, n'est pas un recours contentieux, c'est un recours *en forme administrative*. Le Conseil d'État statuant au contentieux est donc incompétent pour en connaître.

222. — C'est ce qui résulte de l'histoire des règles suivies depuis le commencement du siècle. Tout d'abord, l'arrêté du gouvernement, du 6 germ. an VIII (27 mars 1800), qui avait institué le conseil des prises, n'avait pas établi de recours contre ses décisions. C'est seulement l'art. 13, Décr. 11 juin 1806, sur l'organisation et les attributions du Conseil d'État, qui appela ce dernier à « connaître des décisions du conseil des prises ». C'est la commission du contentieux du Conseil d'État, créée et organisée par le titre 4 du décret de 1806, qui fut chargée exclusivement de faire *à l'Assemblée générale* du Conseil d'État le rapport des recours formés contre les décisions du conseil des prises.

223. — L'ordonnance du 22 juill. 1814 ayant supprimé le conseil des prises à partir du 1er novembre suivant, une ordonnance du 9 janv. 1815 décida : 1° que les affaires dont l'instruction n'était pas achevée et qui n'avaient pas encore été jugées au moment de la suppression du conseil des prises seraient portées devant le comité du contentieux du Conseil d'État, pour y être examinées et discutées, et, sur son avis, être par le roi définitivement jugées dans son conseil; 2° que le comité du contentieux du Conseil d'État, pour l'instruction et le jugement de ces affaires, se conformerait aux dispositions de l'arrêté du 6 germ. an VIII.

224. — L'ordonnance du 23 août 1815 portant organisation du Conseil d'État, et qui le partageait en cinq comités (législation, contentieux, finances, intérieur et commerce, marine et colonies), disposait, dans son art. 13 : « Le comité du contentieux connaîtra de tout le contentieux de l'administration... Le comité du contentieux exercera, en outre, les attributions précédemment assignées au conseil des prises ». Cette dernière phrase pourrait, à première vue, être invoquée contre le système que nous soutenons ici; il semble qu'elle consacre le principe du recours contentieux. Mais elle est mal rédigée. L'ordonnance de 1815 n'entendait pas dire que le comité du contentieux rendrait des décisions comme l'ancien conseil des prises; il devait simplement instruire les affaires et préparer les projets d'ordonnance sur lesquels le Conseil d'État devait délibérer *en Assemblée générale*. — Favard de Langlade, v° *Prises*.

225. — Après la Révolution de 1830, ce même comité, sous le nom de *comité de législation et de justice administrative* qu'il avait reçu d'une ordonnance du 12 août 1830, se trouvait chargé de l'instruction et du rapport des prises maritimes, lorsque intervint, le 2 février 1831, une ordonnance royale qui décida : 1° que l'examen préalable des *affaires contentieuses* serait fait par le comité de justice administrative; 2° que le rapport serait fait en assemblée générale du Conseil d'Etat, mais en séance publique.

226. — Des doutes s'élevèrent sur la portée de ces mots : *affaires contentieuses*, et une ordonnance du 9 sept. 1831 vint décider, à raison du caractère souvent diplomatique du jugement des prises, que les formes de l'ordonnance du 2 févr. 1831 n'y étaient pas applicables, qu'on suivrait les formes antérieures et que par suite la discussion ne serait pas publique. En conséquence, l'instruction et le rapport sur les prises furent préparés par le comité du contentieux, lequel faisait un rapport à l'assemblée générale du Conseil d'Etat. C'était l'instruction de l'affaire *en forme administrative*.

227. — Tout ceci subsista après la loi du 19 juill. 1845 sur le Conseil d'Etat. Le règlement du 26 mai 1849, art. 9, vint affirmer encore davantage le même caractère administratif. Parmi les projets du décret qui durent être portés à l'assemblée générale du conseil, on trouve, sous le n. 5, les prises maritimes, et ce fut la section d'administration (comité de la guerre et de la marine) qui fut, d'après l'art. 19, chargée de l'instruction et du rapport.

228. — Après la réorganisation du Conseil d'Etat en 1852, et en vertu de l'art. 26, Décr. org. 25 janv. 1852, un décret du 30 janv. 1852, déterminant l'ordre intérieur des travaux du Conseil d'Etat, décida, art. 8, que « la section de législation, de justice et des affaires étrangères, est chargée de l'examen des affaires relatives : 1° à l'autorisation des poursuites intentées contre des agents du gouvernement; 2° aux prises maritimes ». D'après l'art. 13, sont portés à l'assemblée générale du Conseil d'Etat : « .... 4° les prises maritimes. »

229. — Le décret du 18 juill. 1854 rétablit le conseil des prises et autorisa, contre ses décisions, le recours au Conseil d'Etat dans les trois mois. Il semblait que les affaires de prises changeassent de caractère; la possibilité du recours et le délai de trois mois, qui était alors le délai ordinaire, semblaient écarter le caractère d'affaires de haute administration pour y faire prédominer l'élément contentieux ou de droit privé.

230. — Cependant le contraire fut décidé, et le recours au Conseil d'Etat fut toujours considéré comme administratif et non comme contentieux. — V. Cons. d'Et., 11 janv. 1855, Wilken et autres, [S. 55.2.437, P. adm. chr., D. 55.3.46] — Le Conseil d'Etat déclara que le décret du 18 juill. 1854, tout en autorisant le recours contre les décisions du conseil des prises, n'avait « ni modifié ni entendu modifier les dispositions antérieures ». L'arrêt rappelle d'ailleurs ces dispositions d'une façon développée. Ainsi, c'est sur la législation qui a précédé le décret de 1854 que le Conseil d'Etat s'est appuyé. Il était donc indispensable, ainsi que nous l'avons fait, de la rappeler tout d'abord.

231. — Le décret des 9 mai-18 juin 1859, qui a rétabli de nouveau le conseil des prises, reproduit, dans son art. 8, la possibilité du recours au Conseil d'Etat. Tout ce qui est dit ci-dessus est donc encore vrai aujourd'hui, c'est-à-dire que le recours au Conseil d'Etat est un recours administratif. — En ce sens, E. Laferrière, t. 2, p. 67 et s. — Sur l'exposé de la question, V. les savantes conclusions de M. Boulatignier dans l'affaire Wilken, du 11 janv. 1855, précitée.

232. — On peut invoquer dans le même sens le caractère politique et gouvernemental des affaires de prises (V. *suprà*, n. 41). C'est là, à notre avis, une considération décisive en faveur du caractère non contentieux du recours. La conséquence de ce qui précède est que le Conseil d'Etat statuant au contentieux est absolument incompétent pour connaître des recours quelconques formés en matière de prises. — E. Laferrière, t. 2, p. 69.

233. — Une deuxième conséquence est relative à la forme du recours. L'instruction et les communications se font à la forme administrative. La section correspondant au ministère de la Marine est remplacée aujourd'hui, pour cette instruction, par celle qui correspond au ministère des Affaires étrangères, et qui est actuellement la section de législation. — E. Laferrière, t. 2, p. 69.

234. — Les parties doivent recourir au ministère d'un avocat au Conseil d'Etat, qui dépose une requête avec l'indication des moyens, et au besoin un mémoire ampliatif. Quand l'instruction est terminée, la section fait un rapport à l'assemblée générale du Conseil d'Etat, qui en délibère d'après les règles ordinaires. Le gouvernement est représenté, non par le commissaire du gouvernement près le conseil des prises, mais par les conseillers d'Etat en service extraordinaire représentant les départements ministériels intéressés (E. Laferrière, t. 2, p. 79). Les formes du recours contentieux sont donc écartées ici.

235. — Elles le sont encore à un autre point de vue. En matière de prises, le Conseil d'Etat ne statue pas lui-même : il n'a pas de pouvoir de juridiction. L'assemblée générale prépare seulement un projet de décret (L. 24 mai 1872, art. 8).

236. — Ce décret, à raison de son caractère politique et gouvernemental, n'est lui-même susceptible d'aucun recours, pas même pour excès de pouvoirs ou vices de formes. — E. Laferrière, t. 2, p. 69.

237. — Il n'est pas susceptible non plus de tierce-opposition (V. *suprà*, v° *Conseil d'Etat*, n. 1338). Le décret du 22 juill. 1806 ouvre en effet la tierce-opposition contre « les décisions du Conseil d'Etat rendues *en matière contentieuse* », et ici l'on n'est pas, nous l'avons vu, en matière contentieuse. — V. pourtant, en sens contraire, *Revue générale d'administration*, 1878, t. 2, p. 390 et s. — L'auteur anonyme du passage cité pense que la tierce-opposition est possible contre les décrets sur prises maritimes, à condition « qu'elle soit formée contre le Conseil d'Etat délibérant administrativement et dans les formes que le décret du 1er août 1854 a prévues pour les appels des décisions rendues par le conseil des prises, c'est-à-dire par requête signée d'un avocat. »

238. — On a proposé aussi, contre le décret sur prises, le recours prévu par l'art. 40, Décr. 22 juill. 1806, qui porte : « lorsqu'une partie se croira lésée dans ses droits ou ses intérêts par l'effet d'une décision de notre Conseil d'Etat rendue *en matière non contentieuse*, elle pourra nous présenter une requête pour, sur le rapport qui nous en sera fait, être l'affaire renvoyée, s'il y a lieu, soit à une section du Conseil d'Etat, soit à une commission ». Seulement il est contestable que ce texte soit encore en vigueur. De plus, c'est là un recours purement gracieux. Nous ne connaissons d'ailleurs pas d'exemple que le texte ait été appliqué, soit en matière de prises, soit en d'autres matières. Nous croyons donc que le décret sur prises n'est susceptible d'aucun recours. — E. Laferrière, t. 2, p. 69. — *Contra*, *Revue générale d'administration*, 1878, t. 2, p. 390 et s.

239. — Une dernière question est de savoir quelle est l'étendue de l'autorité attachée à la décision (au décret) intervenant sur le recours. On a vu plus haut (*suprà*, n. 175) que le jugement du conseil des prises a un effet absolu vis-à-vis de tous les intéressés : en est-il de même pour le décret sur prises ? M. Laferrière répond par une distinction : « Si, dit-il, l'appel a été formé dans l'intérêt des capteurs et dans un chef déterminé, il ne doit pas produire effet sur d'autres chefs, et la décision du conseil des prises doit continuer de profiter à ceux qui ont bénéficié d'un jugement d'invalidité ». — E. Laferrière, t. 2, p. 71. — « Si au contraire, ajoute M. Laferrière, l'appel a été formé par l'une des capturés et si la décision qu'il obtient pour lui-même prouve l'invalidité de la prise à l'égard d'autres intéressés, ceux-ci doivent en profiter, bien qu'ils ne soient pas directement en cause ». Le savant auteur fait valoir en ce sens cette considération qu'il ne serait ni juste ni politique de retenir partiellement une prise que le gouvernement sait et déclare nulle. L'invalidité doit donc, dit-il, profiter à tous les capturés. — Laferrière, *loc. cit.* — V. aussi Cons. d'Et., 7 août 1875, Ambler et Abery, [S. 77.2.277, P. adm. chr., D. 76.3.36

CHAPITRE VI.

ENREGISTREMENT ET TIMBRE.

240. — Le conseil des prises est considéré, avons-nous dit, comme un tribunal administratif. Par conséquent, ses actes et décisions tombent sous l'application de l'art. 80, L. 15 mai 1818, d'après lequel tous les actes, arrêtés et décisions des autorités administratives non dénommés dans l'art. 78, sont affranchis de l'enregistrement tant sur la minute que sur l'expédition et du timbre sur la minute. Quant aux expéditions délivrées aux parties non indigentes autres que l'Etat et la caisse des invalides de la marine, elles sont, conformément à ce même art. 80, sujettes au timbre de dimension. — Déc. min. Fin., 14 mars 1855 (Inst. gén., n. 2044).

CHAPITRE VII.

LÉGISLATION COMPARÉE.

241. — Le conseil des prises est organisé dans chaque pays d'une façon particulière d'après la loi nationale. Il est admis en droit international public que chaque Etat est libre de régler comme il l'entend la composition de ce tribunal, la procédure, les motifs de preuve (Calvo, t. 5, n. 3035). Tantôt ce sont les tribunaux ordinaires qui sont érigés en conseil des prises par ordonnance spéciale, tantôt on trouve des tribunaux spéciaux. — Heffter et Geffcken, n. 138, note 2; Bluntschli, règle 848; de Boeck, n. 338.

242. — I. ALLEMAGNE. — En Allemagne, il n'y a pas de conseil permanent des prises. Il n'en a pas même existé du tout jusqu'en 1854. Un règlement du 20 juin 1854 « créa à Berlin un conseil des prises, composé d'un président, de six conseillers et d'un procureur général spécial, tous nommés par le roi. Les appels des décisions de ce tribunal devaient être portés à un conseil supérieur présidé par le président ou le vice-président de la Cour suprême, et composé, en outre, de trois conseillers de cette cour et d'un directeur du ministère des Affaires étrangères et du Commerce. Cette juridiction spéciale, étant purement temporaire et n'ayant de raison d'être que pendant la durée des hostilités, est reconstituée à l'ouverture de chaque guerre nouvelle. S'il était nécessaire de créer des tribunaux de prises pour l'empire allemand, ce serait à l'empereur d'en prendre l'initiative » (Calvo, t. 5, n. 3052). Conformément à cette règle, à la visite du blocus déclaré sur la côte orientale d'Afrique, une ordonnance du roi, du 15 févr. 1889 régla les conditions dans lesquelles il serait statué sur les prises faites par la flotte allemande pendant la durée du blocus. Il était statué en première instance à Zanzibar, et en dernier ressort à Berlin.

243. — II. ANGLETERRE. — Il n'existe pas de conseil spécial des prises en Angleterre (Bulmerincq, Rev. de dr. intern., année 1878, p. 188), ce sont les tribunaux ordinaires, composés de magistrats et non d'agents de l'ordre administratif, qui jouent le rôle de conseil des prises.

244. — III. AUTRICHE. — En Autriche, le règlement du 21 mars 1864 a établi les tribunaux de prise et réglé la procédure. Le tribunal de première instance siège à Trieste. Il est constitué sous la présidence du président du tribunal supérieur territorial; il se compose, en outre, de six membres ayant voix délibérative, notamment de trois conseillers appartenant audit tribunal, dont l'un remplit les fonctions de rapporteur, de l'amiral du port, d'un conseiller du bureau central de la marine et d'un référendaire de justice attaché au commandement de la marine (Bulmerincq, Rev. de dr. intern., année 1878, p. 258-259). L'appel est porté au tribunal des prises siégeant à Vienne.

245. — IV. ESPAGNE. — Il n'y a pas non plus de conseil des prises en Espagne, mais le jugement des prises y est réglé d'une façon diamétralement opposée à celle qui prévaut et il l'est en Angleterre et aux Etats-Unis. En Espagne, en effet, les prises sont jugées en première instance par les comités administratifs de la marine (Juntas Economicas). C'est dire que la juridiction des prises y est exclusivement administrative. Ces comités statuent uniquement sur la validité de la prise. Les questions de droit pénal sont jugées par les conseils de guerre.

246. — V. ETATS-UNIS. — Il n'existe pas de conseil des prises aux Etats-Unis. Comme en Angleterre, la juridiction des prises y est exclusivement judiciaire. Les tribunaux ordinaires de circonscription constituent le premier degré de juridiction en matière de prises.

247. — VI. GRÈCE. — La Grèce a eu, à l'époque de la guerre de son indépendance, un conseil des prises. Il était composé de trois juges et d'un greffier, et institué pour juger les prises maritimes faites sur l'ennemi ou sur les neutres qui violaient les lois de la neutralité. Depuis son affranchissement, la Grèce n'a pas eu de guerre à soutenir; elle n'a donc pas eu l'occasion de constituer des tribunaux de prises. Cette lacune de la législation subsiste encore. — Bulmerincq, Rev. de dr. intern., année 1878, p. 621.

248. — VII. ITALIE. — En Italie, à l'occasion de la guerre de 1866 avec l'Autriche, un décret du roi Victor-Emmanuel II, du 20 juin 1866, institua, en vertu de l'art. 225 du Code de la marine marchande italienne, une commission des prises, siégeant à Florence, qui avait la plus grande analogie avec notre conseil des prises, au point de vue de la composition et des attributions. — V. ce décret, traduit et rapporté intégralement dans P. Fiore, t. 3, p. 723.

249. — Ce qu'il faut noter, c'est la composition de ce conseil des prises italien. Il est composé de la façon suivante : le vice-président du conseil d'amirauté, président; un membre de ce conseil; trois conseillers d'appel; un membre du conseil du contentieux diplomatique; un fonctionnaire supérieur de l'administration de la marine marchande. On a fort approuvé la composition de ce conseil, « car le juge des prises doit être à la fois jurisconsulte, diplomate, homme de mer, militaire ». — Paternostro, p. 88.

250. — VIII. PAYS-BAS. — En Hollande, d'après l'art. 89, L. 1er oct. 1838, sur l'organisation judiciaire et l'administration de la justice, c'est la haute-cour (Hooge-Raad) qui connaît des prises en première instance et en dernier ressort. — Bulmerincq, Rev. de dr. intern., année 1878, p. 232.

251. — IX. RUSSIE. — En Russie, d'après l'art. 77 du projet russe de 1880, il y a des tribunaux de prise de première et de seconde instance. Le tribunal de première instance, qui correspond au conseil des prises français, se compose d'officiers de marine, de fonctionnaires du ministère des Affaires étrangères, d'un représentant de la classe marchande et de l'un jurisconsultes du ministère de la Marine. M. de Martens, à qui nous empruntons ces renseignements, estime que ce mélange de l'élément judiciaire et de l'élément administratif est excellent, parce que la capture soulève presque toujours des questions administratives et politiques. — De Martens, trad. Léo, t. 3, p. 296.

252. — X. ETATS SCANDINAVES. — A. DANEMARCK. — En Danemarck il y a bien, à l'occasion de chaque guerre, des tribunaux de prises. Mais ils n'ont pas le caractère de notre conseil des prises. Ils sont en effet établis dans les différents ports de mer, et ils sont chargés uniquement de l'instruction de la capture. Ils ne rendent pas de jugement de validité ou d'invalidité. Ce jugement est de la compétence du tribunal d'amirauté. — Calvo, t. 5, n. 3034; Bulmerincq, Rev. de dr. intern., année 1878, p. 210.

253. — Il existe donc, dans ce pays, trois juridictions en matière de prises : pour l'enquête, le jugement et l'appel. — Kamarowsky, p. 139.

254. — B. NORWÈGE. — La Norwège n'a pas actuellement de conseil des prises. Il y a eu autrefois des cours de prises. Elles devaient prononcer le jugement dans les dix jours de l'achèvement de l'instruction préalable et n'admettaient devant elles ni avoués ni procureurs. — Bulmerincq, Rev. de dr. intern., année 1881, p. 487.

255. — C. SUÈDE. — Même système en Suède, où le rôle du conseil des prises est rempli par la haute-cour militaire. Il n'y a pas de conseil des prises comme tribunal spécial. A l'inverse de ce qui se passe en France, il ne peut y avoir de débats écrits entre les parties devant cette haute-cour militaire, qui doit statuer « sans délai ».

256. — XI. TURQUIE. — En Turquie, le règlement du 7 juill. 1877, concernant les prises maritimes, est ainsi conçu : « Le conseil des prises institué provisoirement à Constantinople statue sur la légalité de toutes les prises maritimes. Le commissaire du gouvernement donne ses conclusions dans chaque affaire. Les séances du conseil des prises sont publiques. Les parties intéressées auront pleine faculté de faire valoir leurs droits, soit en personne, soit par l'organe de fondés de pouvoirs et d'avocats. »

257. — Il ressort de ces dispositions : 1° que le conseil décide sur la légalité de la prise; 2° que le gouvernement et les parties peuvent se faire représenter devant le conseil des prises; 3° que les séances de ce conseil sont publiques. — Bulmerincq, Rev. de dr. intern., année 1881, p. 484-485.

CONSEIL DES PRUD'HOMMES. — V. PRUD'HOMMES.

CONSEIL DE RÉVISION. — V. CONSEIL GÉNÉRAL. — CONSEIL D'ARRONDISSEMENT. — JUSTICE MILITAIRE. — RECRUTEMENT MILITAIRE.

CONSEIL DU SCEAU ET DES TITRES. — V. JUSTICE (ministère de la). — MAJORAT. — NOBLESSE. — NOMS ET PRÉNOMS.

CONSEIL DU TRAVAIL. — V. COMMERCE ET INDUSTRIE.

CONSEIL GÉNÉRAL.

LÉGISLATION.

L. 22 juin 1833 (sur *l'organisation des conseils généraux de département et des conseils d'arrondissement* [en vigueur pour le département de la Seine seulement]); — L. 20 avr. 1834 (sur *l'organisation du conseil général et des conseils d'arrondissement du département de la Seine, et l'organisation municipale de la ville de Paris*), tit. 1; — L. 10 mai 1838 (*sur les attributions des conseils généraux et des conseils d'arrondissement* [en vigueur pour le département de la Seine seulement]); — Décr. 3 juill. 1848 (*relatif au renouvellement des conseils municipaux et des conseils d'arrondissement et de département*), art. 1; — L. 18 juill. 1866 (*sur les conseils généraux* [en vigueur pour le département de la Seine seulement]); — L. 29 mars 1871 (*qui abroge l'art. 2 du décret de la délégation de Bordeaux, du 25 déc. 1870, sur la dissolution des conseils généraux et d'arrondissement, et l'institution des commissions départementales*); — L. 10 août 1871 (*relative aux conseils généraux*); — L. 16 sept. 1871 (*qui fixe la composition du conseil général de la Seine*); — L. 15 févr. 1872 (*relative au rôle éventuel des conseils généraux dans les circonstances exceptionnelles*); — L. 21 mai 1873 (*qui proroge l'application de la loi du 16 sept. 1871, relative à l'organisation du conseil général de la Seine*); — L. 7 juin 1873 (*relative aux membres des conseils généraux, des conseils d'arrondissement et des conseils municipaux qui refusent de remplir certaines de leurs fonctions*); — L. 19 mars 1875 (*qui proroge la loi du 16 sept. 1871 sur le conseil général du département de la Seine*); — L. 31 juill. 1875 (*relative à la vérification des pouvoirs des membres des conseils généraux*); — L. 12 août 1876 (*fixant une date uniforme pour la première session annuelle des conseils généraux*); — L. 19 déc. 1876 (*ayant pour objet de modifier l'art. 70, L. 10 août 1871, sur les conseils généraux*); — L. 16 sept. 1879 (*relative aux attributions des conseils généraux pour l'établissement, la suppression ou les changements des foires et marchés*); — L. 31 mars 1886 (*portant modification de l'art. 30, L. 10 août 1871, relative aux conseils généraux*); — L. 5 juill. 1886 (*sur la publicité des séances du conseil général de la Seine*); — L. 23 juill. 1891 (*étendant les cas d'inéligibilité au conseil général et au conseil d'arrondissement*); — L. 23 juin 1892 (*relative à l'élection des conseillers généraux et des conseillers d'arrondissement*); — Décr. 24 juin 1892 (*fixant le nombre de conseillers que chaque canton doit élire dans les arrondissements de sous-préfecture où il y a moins de neuf cantons*); — L. 16 juill. 1892 (*abrogeant l'art. 4, L. 31 juill. 1875* [département de la Corse]).

Aucoc, *Conférences sur l'administration et le droit administratif*, 1882, 2ᵉ édit., 3 vol. in-8°, t. 1, n. 137 et s. — Batbie, *Traité théorique et pratique de droit public et administratif*, 1886, 2ᵉ édit., 8 vol. in-8°, t. 3, n. 336 et s.; — *Précis du cours de droit public et administratif*, 1885, 5ᵉ édit., in-8°, p. 75 et s. — Béquet et Dupré, *Répertoire de droit administratif* (en cours de publication), vᵒ *Département*, n. 732 et s. — Blanche, *Dictionnaire d'administration*, 1884-1891, 2 vol. gr. in-8°, vᵒ *Département*. — Block, *Dictionnaire de l'administration française*, 1891, 3ᵉ édit., 1 vol. gr. in-8°, vᵒ *Conseil général*. — Cabantous et Liégeois, *Répétitions écrites sur le droit administratif*, 1881, 4 vol. in-8°, n. 255 et s. — Ducrocq, *Cours de droit administratif*, 1881, 6ᵉ édit., 2 vol. in-8°, t. 1, n. 90 à 103, 129 à 174; t. 2, n. 1340 à 1363. — Dufour, *Traité général de droit administratif*, 1868-1870, 3ᵉ édit., 8 vol. in-8°, t. 4, n. 1 et s. — Foucart, *Éléments de droit public et administratif*, 1856, 4ᵉ édit., 3 vol. in-8°, t. 3, n. 1509 et s. — Gautier, *Précis des matières administratives dans leurs rapports avec le droit public*, 1880, in-8°, p. 92 et s. — Gérando (de), *Institutes du droit administratif français*, 1829-1830, 4 vol. in-8°, t. 1, p. 203 et s. — Hauriou, *Précis de droit administratif*, 1893, 1 vol. in-8°, n. 199 et s. — Laferrière, *Cours de droit public et administratif*, 1860, 5ᵉ édit., 2 vol. in-8°, t. 2, p. 385 et s. — Lerat de Magniton et Huard Delamarre, *Dictionnaire de droit public et administratif*, 1837, 2 vol. in-8°, vᵒ *Organisation départementale*, t. 2, p. 270 et s. — Macarel, *Cours d'administration et de droit administratif*, 1832, 2 vol. in-8°, t. 1, p. 577 et s. — Santupéry, *Manuel pratique d'administration*, 1882, 2 vol. in-8°, vᵒ *Conseil général*. — Simonet, *Traité élémentaire de droit public et administratif*, 1893, 2ᵉ édit., 1 vol. in-8°, n. 297 et s. — Trolley, *Traité de la hiérarchie administrative*, 1847-1854, 5 vol. in-8°, t. 3, n. 1387 et s.

Barbier, *Code pratique des conseillers généraux. Traité du budget départemental, précédé d'une introduction sur ses origines, et suivi du commentaire de la loi du 10 août 1871*, 1873, in-8°. — Bouloumié, *Commentaire de la loi nouvelle sur les attributions des conseils généraux*, 1866, in-8°. — Boyer de Sainte-Suzanne, *Le Code départemental* (L. 10 août 1871), 1871, in-8°. — Brême (de la), *Des conseils généraux*, 1863, in-8°. — Céfières, *Commentaire de la loi du 10 août 1871 relative à l'organisation et aux attributions des conseils généraux*, 1874, 2ᵉ édit., in-8°. — Chabrol, *Essai sur les attributions des conseils généraux*, 1872, in-8°. — Chavane, *Les conseils généraux, en droit français*, 1870, in-8°. — *Conseils généraux (les). Interprétation de la loi organique du 10 août 1871. Recueil des lois, décrets, etc.*, 1890, 2 vol. in-8°. — Constant, *Code départemental et manuel des conseillers généraux d'arrondissement*, 1880, 2 vol. in-8°. — Dethan, *De l'organisation des conseils généraux*, 1889, in-8°. — Dumesnil, *De l'organisation des conseils généraux de département et des conseils d'arrondissement*, 1852, 3ᵉ édit., 2 vol. in-8°. — Durand, *Des conseils généraux de département. Organisation, attributions, commission départementale*, 1871, 1 vol. in-8°. — Flandin, *Des assemblées provinciales dans l'empire romain et dans l'ancienne France; des conseils généraux de département*, 1879, 1 vol. gr. in-8°. — Goanvic, *Commentaire des dispositions qui régissent les conseils généraux et les conseils d'arrondissement*, 1868, Rennes, in-8°. — Godoffre, *Conseils généraux, leur organisation et leurs attributions*, 1871, in-18. — Jacquelin, *La commission départementale. Son origine, son organisation, ses attributions, voies de recours contre ses décisions*, 1887, Poitiers, in-8°. — Laferrière, *Loi organique et départementale du 10 août 1871. Conseils généraux, commission départementale, etc.*, 1872, 2ᵉ édit., in-8°. — Langlois, *Des institutions locales et municipales de la France, et spécialement de la nouvelle organisation et des attributions des conseils généraux*, 1833, in-8°. — Liégeois, *De l'organisation départementale, ou commentaire de la loi du 10 août 1871*, 1873, gr. in-8°. — Lucay, *Les assemblées provinciales sous Louis XVI et les divisions administratives en 1789*, 1871, 2ᵉ édit., in-8°. — Marie, *Des conseils généraux*, 1882, in-8°. — Martin, *Commentaire de la loi du 10 août 1871*, 1877, in-8°. — Martineau, *Des conseils généraux, de leur organisation et de leurs différentes attributions*, 1867, gr. in-8°. — Morgand, *Les conseils généraux. Interprétation de la loi organique du 10 août 1871*, 1878, in-8°. — Nectoux, *Des attributions individuelles des conseillers généraux*, 1895, in-8°. — Orillard, *Code des conseils de préfecture et des conseils généraux de département. Textes officiels de lois, décrets, ordonnances, arrêtés, règlements généraux, instructions, circulaires, etc.*, 1871, in-8°. — Poudra et Pierre, *Code manuel du conseiller général et du conseiller d'arrondissement*, 1887, gr. in-8°. — Rigaud, *Manuel des conseils généraux*, 1871, in-8°. — Taulier, *Code de l'organisation et des attributions des conseils généraux*, 1871, in-8°. — Thibaut-Lefebvre, *Constitutions et pouvoirs des conseils généraux et des conseils d'arrondissement*, 1843, in-8°. — Valette, *Code manuel du conseiller général de département*, 1871, in-18.

Historique de la législation concernant les conseils généraux en France (Ch. Constant): Fr. jud., 2ᵉ année, p. 19, 68, 218. — *Conseils généraux. Conseils d'arrondissement. Conseils municipaux. Fonctions. Refus*: J. des communes, année 1873, p. 184. — *Questions sur le projet de loi départemental* (D...): J. Le Droit, 9-17-18-20-27 juill. 1872. — *Le conseil général et ses développements successifs* (Achille Saint-Paul): Rev. d'adm., année 1878, t. 1, p. 9. — *Vœux des conseils généraux. Session de 1887* (Charles Mehl): Rev. d'adm., année 1879, t. 2, p. 38. — *Rapport à M. le ministre de l'Intérieur sur les travaux des conseils généraux pendant l'année 1878-1879* (J. de Crisenoy): Rev. d'adm., année 1879, t. 3, p. 257. — *Les conseils généraux et les institutions de sourds-muets* (Denis): Rev. gén. d'adm., année 1887, t. 2, p. 127. — *Les conseils généraux. Interprétation de la loi organique du 10 août 1871* (Migneret): Rev. crit., année 1878, p. 356. — *Des pouvoirs des conseils généraux et des commissions départementales en matière de classement, d'ouverture et d'élargissement des chemins vicinaux* (Sauzey): Rev. crit., année 1879, p. 209. — *Examen doctrinal* (A. Gautier): Rev. crit., année 1882, p. 16 et s.; 1883, p. 538 et s. — *Instruction*

CONSEIL GÉNÉRAL.

des affaires qui intéressent le département (C. B.) : Rev. prat., année 1881, p. 385.

INDEX ALPHABÉTIQUE.

Absence, 190 et s.
Accouchement (école d'), 417 et 418.
Accusé de réception, 224.
Acquisition, 439, 513, 746.
Acte administratif, 128.
Acte d'exécution, 508.
Action en justice, 336, 505 et s., 757.
Adjoints, 618.
Adjudication, 266, 291, 473, 474, 480.
Administration de département, 4.
Adresse, 731.
Affectation, 442, 748.
Affiches, 361.
Agent de la force publique, 690.
Agent du département, 423 et s.
Agent du service vicinal, 260.
Agent-voyer, 41, 428, 468 et 469.
Agent-voyer en chef, 154 et s.
Agent-voyer inspecteur, 260.
Algérie, 68, 642, 780.
Aliénation, 439, 513, 746.
Aliénés, 218, 427, 476, 487 et s., 532 et s., 672, 759.
Alignement (plan d'), 464, 591.
Allemagne, 783 et s.
Amende, 142.
Amnistie, 641.
Angleterre, 802 et s.
Annulation, 175 et s., 210 et s., 239, 251, 253, 353, 354, 360, 376, 679, 727, 763.
Appel, 183, 352.
Approbation, 204.
Approbation législative, 401 et s.
Apurement de compte, 726.
Architecte départemental, 41, 156, 424, 434.
Archives départementales, 774.
Archiviste, 156, 425.
Arrêté motivé, 177.
Arrêté préfectoral, 218, 418, 544, 552, 568, 729.
Asiles d'aliénés. — V. *Aliénés.*
Assemblées provinciales, 2 et 3.
Assistance à domicile, 531.
Assistance médicale gratuite, 556, 568.
Assistance publique, 494.
Associations internationales, 640.
Associations syndicales, 269, 504.
Assurance, 449, 756.
Attributions, 740 et s.
Authenticité, 141.
Autriche-Hongrie, 785.
Avance de fonds, 397.
Avis, 141, 209, 232, 384, 551, 568, 570, 571, 579 et s., 773.
Avis facultatif, 591.
Avis obligatoire, 579 et s.
Avocat au Conseil d'Etat, 302.
Bacs, 485, 671.
Bail, 167, 445 et s., 747.
Bavière, 786.
Belfort (territoire de), 777 et s.
Belgique, 787.
Blâme, 160, 257, 264, 271, 344, 345, 599, 737.
Bois communaux, 573, 574, 581.
Boissons, 647.
Bourses départementales, 285, 405 et s.
Bourses de voyage, 410.
Budget, 66, 67, 70, 184, 267, 338, 340, 430, 488, 772.
Budget des cultes, 624.
Budget rectificatif, 338.
Bulletin blanc, 92, 100 et 101.
Bulletin de vote, 597.
Bureau, 61.
Bureaux de préfecture, 426.
Bureaux de sous-préfecture, 426.

Bureau provisoire, 95, 120.
Cahier des charges, 505.
Caisse des retraites, 769.
Canton, 28 et s.
Caserne de gendarmerie. — V. *Gendarmerie.*
Centimes additionnels, 568, 743.
Centimes additionnels extraordinaires, 243, 393, 394, 745, 755, 765.
Centimes additionnels spéciaux, 395.
Centimes additionnels ordinaires, 387 et s.
Centimes extraordinaires communaux, 525, 527 et 528.
Chambre de commerce, 665.
Chambre des députés, 140.
Chambre des députés (dissolution de la), 692.
Chambres syndicales, 275.
Chasse, 585.
Chef de l'Etat, 645, 692.
Chef de service, 152, et s.
Chemin de fer, 323.
Chemin de fer départemental, 164.
Chemin de fer d'intérêt local, 284, 316, 429, 484, 575, 683.
Chemin rural, 295, 540 et s.
Chemin vicinal, 260, 284, 287, 297, 298, 306, 312, 315, 348, 358, 538, 745, 751, 753. — V. *Agent-voyer.*
Chemin vicinal de grande communication, 455, 457, 466, 469, 477, 669.
Chemin vicinal d'intérêt commun, 469, 477.
Chemin vicinal ordinaire, 458.
Circonstances atténuantes, 179.
Circonscription (modification de), 529, 567, 580, 773.
Classement, 467, 539.
Coalition, 274 et 275.
Colonies, 607 et s., 781.
Comices agricoles, 557.
Comité secret, 125, 130, 687.
Commissariat de police, 255.
Commission, 777, 779.
Commission départementale, 25, 33, 73, 121, 123, 135, 153, 158, 159, 161, 164, 170, 172, 182, 199 et s., 294, 295, 298, 317, 322, 323, 326, 329, 335 et s., 347 et s., 407, 412, 418, 421, 422, 433, 447, 458, 465, 475, 493, 506 et s., 527, 541, 560 et s., 659, 660, 662, 673, 699 et s., 779.
Commission départementale (président de la), 51.
Commission départementale (secrétariat de la), 221.
Commission de recensement, 697.
Commission d'examen, 412 et 413.
Commission hippique, 166.
Commission parlementaire, 592.
Commission spéciale, 662.
Communautés religieuses, 636 et 637.
Commune, 32, 205, 218, 266, 267, 297, 299, 315, 371, 480, 529, 533 et s., 556, 564.
Commune (création de), 567.
Comptables, 256.
Compte, 66, 67, 144, 145, 152.
Comptes départementaux, 110.
Comptes du préfet, 346.
Comptes rendus, 132 et s.
Concessions, 462, 483.
Concours agricole, 827.
Conférences interdépartementales, 189, 340, 467, 657 et s., 730.
Conseil académique, 707.
Conseil d'administration, 706.

Conseil d'arrondissement, 24, 365, 370, 371, 549, 550, 617, 744, 751.
Conseil départemental de l'enseignement primaire, 708.
Conseil départemental de l'instruction publique, 270, 273.
Conseil de préfecture, 373, 377, 695.
Conseil de révision, 599, 699 et s., 779.
Conseil d'Etat, 140, 187, 188, 192, 194, 198, 239, 250, 357, 374, 377.
Conseil général (attributions politiques du), 684 et s.
Conseil général (bureau du), 94 et s.
Conseil général (président du), 51, 71, 90, 94, 147, 280, 302, 307, 308, 310, 350, 380, 448, 657 et 658.
Conseil général (renouvellement du), 52 et s.
Conseil général (secrétaire du), 380, 783.
Conseil général de la Seine, 714 et s.
Conseil général des bâtiments civils, 471.
Conseil municipal, 365, 525, 526, 539, 542, 547, 550, 554, 570, 751.
Conseiller d'arrondissement, 702.
Conseiller de préfecture, 149.
Conseiller municipal, 298.
Constitution (révision de la), 604.
Constitution d'avoué, 508.
Contingent, 218, 297, 524.
Contribuable, 137.
Contributions des portes et fenêtres, 363.
Contributions directes, 214, 339, 368.
Contributions extraordinaires, 290, 299 et s.
Contribution foncière, 363.
Contribution personnelle mobilière, 363.
Contrôle des chemins de fer, 429.
Convocation, 73, 74, 76, 86, 111, 193, 617.
Copies manuscrites, 138.
Corse, 68.
Cour d'appel, 740.
Cour d'assises, 180, 439, 513.
Cour des comptes, 140.
Crédit éventuel, 691.
Danemark, 862 et s.
Déchéance, 194, 198.
Déclaration d'utilité publique, 460.
Déclassement, 455, 467, 669 et 670.
Déconfiture, 507.
Défensabilité, 580, 712.
Délégation, 149, 560.
Délégué, 522, 687 et s.
Délibérations définitives, 210 et s., 745 et s.
Délibérations non définitives, 230 et s.
Délibérations soumises à autorisation, 242 et s.
Délimitation, 287.
Délits politiques, 642 et 643.
Demande en dégrèvement, 368 et s.
Demande en réduction, 365, 370, 371, 379, 744.
Demande en réduction du contingent, 524.
Démission, 42, 55 et s., 111, 291.
Démission d'office, 286.
Démissions forcées, 181 et s.
Département, 205.
Dépenses facultatives, 451.
Dépenses imprévues, 335.
Dépenses obligatoires, 451, 543, 569.
Désaffectation, 442, 443, 748.
Destruction, 277.
Devis, 400, 453, 463, 517.
Diffamation, 47 et s., 127 et s.
Directeur des contributions directes, 154, 367, 368, 378, 391.

Directeur des contributions indirectes, 154.
Directeur des domaines, 154.
Directeur des postes, 154.
Discipline, 261.
Dissolution, 54, 199 et s., 248, 732, 738.
Domicile, 33, 221.
Dons et legs, 245, 486.
Donation, 486, 750.
Dossier, 138, 153.
Doyen d'âge, 94, 108.
Droit acquis, 218.
Droit de police, 113 et s.
Echange, 439, 513, 746.
Ecole d'accouchement, 417 et 418.
Ecoles manuelles d'apprentissage, 419.
Ecoles normales, 407, 408, 419, 439, 513, 515.
Ecoles normales primaires, 583, 584, 706.
Ecoles normales supérieures, 672.
Ecole pratique d'agriculture, 710.
Ecoles primaires. — V. *Enseignement primaire.*
Ecoles primaires supérieures, 409.
Editeur, 734.
Eglises, 265, 299, 557.
Electeur, 137.
Elections, 44, 45, 56, 57, 123, 272, 597, 613, 614, 616, 618, 649, 650, 652, 694, 697, 716.
Elections consulaires, 698.
Elections municipales, 32, 269.
Electorat, 716.
Elèves sages-femmes, 417.
Eligibilité, 12, 192, 193, 716.
Employés départementaux, 305.
Employés de préfecture, 155, 331, 769.
Emprisonnement, 179.
Emprunt, 290, 743, 755, 765.
Emprunts communaux, 527, 745.
Emprunts départementaux, 244, 396 et s.
Enfants assistés, 83, 218, 495, 532, 533, 535, 760.
Enfants en bas âge, 711.
Enquête, 170, 287, 451, 452, 548, 551, 556.
Enseignement primaire, 169, 325, 409, 627 et s., 646.
Entrepreneurs, 184, 459.
Espagne, 788 et s.
Etablissement de bienfaisance, 557, 558, 566.
Etablissements publics, 205.
Etablissements scolaires, 569 et s. — V. *Ecoles, Enseignement.*
Etang, 589 et 590.
Etat de non-répartition, 379 et 380.
Etat de siège, 612.
Etats-Unis, 800 et 801.
Evêché, 443.
Excès de pouvoirs, 74, 85, 93, 112, 117, 120, 122, 160, 187, 188, 211, 230, 282 et s., 351, 357, 359, 376, 403, 418, 420, 447, 459, 465, 544, 552, 564, 587, 590, 700, 761 et s.
Excuse, 193.
Expropriation, 385, 440, 458, 461, 704.
Expulsion, 114.
Faillite, 183, 507.
Fausse appréciation des faits, 357.
Faux, 179.
Fête nationale, 644.
Finlande, 860.
Foires, 546 et s., 682, 773.
Fonctionnaire, 271, 272, 600, 624 et s., 690.
Fonds de concours, 482, 518.
Fonds de réserve, 335.
Fonds libres, 398, 755.
Fonds secrets, 622.
Forfaiture, 690.

624   CONSEIL GÉNÉRAL.

Fourniture d'imprimés, 266.
Franchise postale, 50 et 51.
Gendarmerie, 167, 439, 446, 746.
Grande-Bretagne, 802 et s.
Gratification, 328.
Grèce, 813.
Grève, 274 et 275.
Hollande, 824 et s.
Hongrie, 785.
Impôts. — V. *Contributions.*
Impression, 184, 334.
Imprimeur, 734.
Inamovibilité, 623.
Incapacités légales, 182.
Incompatibilités, 37 et s., 83, 99, 182, 186.
Indemnité, 46, 328, 332, 739.
Indigents, 328 et 329.
Inéligibilité, 35, 36, 99, 177, 729.
Ingénieur en chef, 154.
Injonctions, 289.
Injure, 129.
Inspecteurs de l'enseignement primaire, 332.
Inspecteur du travail, 435.
Instituteurs, 170, 258.
Institution libre, 407, 408, 419.
Instruction préalable, 153, 312 et s.
Intendant, 3.
Italie, 814 et s.
Jardin du tribunal, 516.
Journaux, 136, 142, 143, 151.
Juge de paix, 702.
Jurisconsulte (consultation de), 511.
Jury criminel, 702 et 703.
Jury de concours, 437.
Jury d'expropriation, 141.
Laïcisation, 459.
Legs, 245, 512.
Liberté de réunion, 180, 639.
Logement des troupes. — V. *Gendarmerie.*
Lycées, 406, 408, 420.
Lycées de jeunes filles, 415.
Maire, 50, 566, 618.
Maire (révocation du), 738.
Majorité, 78, 80 et 81.
Majorité absolue, 91, 94, 100.
Mandat, 378.
Mandat de paiement, 338.
Marchés, 459, 546 et s., 682, 773.
Marchés d'approvisionnement, 547.
Marchés de fournitures, 479.
Marchés de gré à gré, 474.
Marchés régionaux, 546.
Membres présents, 100.
Ministère (mise en accusation du), 605.
Ministre, 592.
Ministre des Finances, 377 et 378.
Ministre de l'Instruction publique, 515.
Ministre de l'Intérieur, 517.
Ministre de la Guerre, 446.
Ministère de l'Intérieur, 140.
Mobilier de préfecture, 322, 441, 514.
Monuments historiques, 672.
Nomination, 405, 408, 436.
Norvège, 866.
Notification, 219 et s., 240.
Notification individuelle, 361.
Nouvelle Calédonie, 642.
Nullité, 74, 75, 77, 84, 85, 247, 249, 250, 252, 728, 729, 736.
Octroi, 230, 519, 555, 568, 578. 582.
Officier de police judiciaire, 116.
Offres de concours, 481, 665, 752.
Ordonnancement d'office, 391.
Ordonnateurs, 256.
Ouvriers délégués, 522.
Paris (ville de), 715, 741.
Partage, 90.
Part contributive, 518, 766 et 767.
Parties intéressées, 356, 587.
Passages d'eau, 485.
Pauvres, 328 et 329.

Pays-Bas, 824 et s.
Péage, 483, 485.
Pension, 300, 536.
Pension de retraite, 496 et s.
Pétition, 523.
Pétition (droit de), 596.
Phylloxéra, 306, 502 et s., 554, 679.
Pièces justificatives, 256.
Places réservées, 126.
Plan, 400, 453, 463, 464, 517, 591.
Police municipale, 255, 268.
Ponts et chaussées, 468 et 469.
Pouvoir exécutif, 205.
Pouvoir législatif, 205.
Portugal, 843 et s.
Préfecture, 439, 448, 513, 746.
Préfet, 49 et s., 62, 71, 73, 74, 85, 86, 115, 116, 121, 136, 138, 139, 144 et s., 162, 163, 168, 170 et s., 177, 194, 211, 212, 220, 226, 258, 260 et s., 289, 304 et s., 321 et s., 353, 355, 366 et s., 377, 379, 400, 405, 412, 416, 417, 428, 430, 432, 434, 437, 446, 462, 475, 505, 506, 508, 509, 533, 550, 554, 556, 563, 566, 570, 571, 592, 601, 626, 657, 665, 680, 697.
Préfet de la Seine, 725, 726, 742, 745, 757.
Préfet de la Seine (logement du), 749.
Préfet de police, 725, 726, 738.
Presbytère, 557.
Président de la République, 199, 202.
Président du tribunal civil, 702.
Presse, 639.
Prestations, 542, 650 et s.
Prestation en nature, 651.
Prisons, 439, 476, 517, 746.
Procès-verbaux, 132 et s., 227, 277, 652, 653, 733.
Procureur général syndic, 6.
Proposition de loi, 308.
Propriétaires opposants, 541.
Propriétés départementales, 438 et s., 513 et s.
Proviseur, 414, 419 et 420.
Prusse, 851.
Publications, 139 et s., 334, 521.
Publicité, 124 et s., 733.
Question préalable, 147, 307.
Quorum, 92.
Radiation, 278.
Rapports, 150 et s., 459.
Rapports du préfet, 309.
Receveurs des établissements de charité, 705.
Receveurs des hôpitaux, 705.
Réclamation, 111, 731.
Récompenses honorifiques, 326.
Recours, 112, 282 et s., 301, 372 et s., 536, 541.
Recours contentieux, 79, 122, 203, 213, 279, 280, 459, 545, 564.
Recrutement, 598, 778.
Recteur, 413.
Refus de fonctions, 193 et s.
Registre des délibérations, 277.
Règlement intérieur, 118 et s.
Remplacement immédiat, 106 et 107.
Répartition des impôts, 362 et s., 742.
Répartition d'office, 381 et s.
Réquisition, 541.
Réunion illégale, 175 et s., 189, 247, 729.
Révocation, 306, 405, 408, 436.
Rôles, 33, 366.
Routes départementales, 400, 440, 450 et s., 670, 750, 753.
Russie, 852 et s.
Sanction, 174 et s.
Sapeurs-pompiers, 536.
Saxe, 861.
Scandinaves (Etats), 862 et s.
Scrutin de ballottage, 98, 102.

Scrutin individuel, 96.
Scrutin secret, 90, 93, 94, 120.
Scrutin public, 90, 91, 93, 120.
Séance, 78 et s.
Secours, 328, 330, 536, 557.
Secret, 615.
Secrétaire, 94, 97.
Secrétaire du conseil général, 380, 733.
Secrétaire général, 137, 138, 148 et 149.
Secrétariat de la préfecture, 137.
Sectionnement électoral, 303, 314, 530.
Séminaire, 443, 635.
Sénat, 140.
Séparation de l'Eglise et de l'Etat, 634.
Service vicinal, 165. — V. *Chemin vicinal.*
Sessions extraordinaires, 71 et s., 88, 104.
Sessions ordinaires, 59 et s., 104.
Sous-préfecture, 439, 513, 746.
Sous-préfet, 50, 378, 696, 705.
Subvention, 274, 275, 299, 315, 483, 503, 534, 557, 568, 572, 751.
Suède, 867 et s.
Suffrage universel, 614 et 615.
Suspension, 230 et s., 252, 679, 761.

Tableau de répartition, 366, 378.
Taxes d'octroi, 568.
Taxes municipales des chiens, 577.
Terrains en montagne, 586.
Testament, 486, 750.
Tiers, 220.
Tirage au sort, 33, 39 et 40.
Traitement, 46, 739.
Tramway, 484, 576.
Transaction, 511, 512, 758.
Travaux communaux, 482.
Travaux départementaux, 475 et s., 482, 752, 754.
Travaux d'impression, 291.
Travaux intercommunaux, 543.
Travaux publics, 93, 507.
Traverses, 464, 591.
Tribunal correctionnel, 180.
Urgence, 506, 507, 561.
Vacance, 106 et 107.
Vente aux enchères, 514.
Vérification complémentaire, 171.
Vétérinaire, 289.
Vice-président, 97, 103.
Violation de la loi, 112.
Vœux, 147, 209, 307, 384, 593 et s., 602, 675, 775 et 776.
Voix prépondérante, 90 et 91.
Vote, 61, 90.
Vote de confiance, 606.

DIVISION.

TITRE I. — **NOTIONS GÉNÉRALES ET HISTORIQUES** (n. 1 à 26).

TITRE II. — **ORGANISATION ET FONCTIONNEMENT DES CONSEILS GÉNÉRAUX.**

CHAP. I. — FORMATION DES CONSEILS GÉNÉRAUX.

Sect. I. — Formation et composition (n. 27 à 44).

Sect. II. — Caractère et durée des fonctions. — Démission volontaire (n. 45 à 57).

CHAP. II. — FONCTIONNEMENT ET ORGANISATION INTÉRIEURE DES CONSEILS GÉNÉRAUX.

Sect. I. — Sessions (n. 58).

§ 1. — *Sessions ordinaires* (n. 59 à 70).

§ 2. — *Sessions extraordinaires* (n. 71 à 77).

Sect. II. — Séances.

§ 1. — *Nombre des membres nécessaires pour délibérer* (n. 78 à 93).

§ 2. — *Nomination du bureau* (n. 94 à 108).

§ 3. — *Attributions du président* (n. 109 à 117).

§ 4. — *Règlement intérieur* (n. 118 à 123).

§ 5. — *Publicité des séances. — Diffamation* (n. 124 à 131).

§ 6. — *Procès-verbaux, comptes-rendus, publication* (n. 132 à 143).

§ 7. — *Rôle du préfet et des chefs de service* (n. 144 à 160).

Sect. III. — Commissions d'étude (n. 161 à 173).

CHAP. III. — SANCTIONS (n. 174).

Sect. I. — Annulation des délibérations prises hors des réunions légales (n. 175 à 180).

Sect. II. — Démissions forcées (n. 181).

§ 1. — *Incompatibilités et incapacités légales postérieures à l'élection* (n. 182 à 189).

§ 2. — *Absence à une session* (n. 190 à 192).

§ 3. — *Refus de remplir une fonction attribuée par la loi* (n. 193 à 198).

Sect. III. — Dissolution.
§ 1. — *Dissolution pendant les sessions des Chambres* (n. 199 à 201).
§ 2. — *Dissolution dans l'intervalle des sessions des Chambres* (n. 202 et 203).

TITRE III. — ATTRIBUTIONS.

CHAP. I. — Etendue des pouvoirs des conseils généraux. — Sanction.
Sect. I. — Règles générales (n. 204 à 209).
Sect. II. — Délibérations définitives. — Annulations (n. 210 à 229).
Sect. III. — Délibérations non définitives. — Suspension (n. 230 à 241).
Sect. IV. — Délibérations soumises à l'autorisation des Chambres ou du gouvernement (n. 242 à 245).
Sect. V. — Sanctions.
§ 1. — *Principes généraux* (n. 246 à 254).
§ 2. — *Applications* (n. 255 à 281).
Sect. VI. — Recours pour excès de pouvoirs de la part des intéressés (n. 282 à 303).

CHAP. II. — Attributions respectives du préfet et du conseil général. — Droit de contrôle du conseil général.
Sect. I. — Attributions respectives du préfet et du conseil général.
§ 1. — *Attributions du préfet.* — *Principes généraux* (n. 304 à 311).
§ 2. — *Droit exclusif du préfet d'instruire préalablement les affaires* (n. 312 à 320).
§ 3. — *Droit d'exécuter les délibérations* (n. 321 à 335).
§ 4. — *Attributions diverses* (n. 336 à 341).
Sect. II. — Contrôle des actes du préfet (342 à 346).

CHAP. III. — Attributions respectives de la commission départementale et du conseil général. — Appel au conseil général.
Sect. I. — Attributions respectives de la commission départementale et du conseil général (n. 347 à 351 *bis*).
Sect. II. — Appel au conseil général (n. 352 à 360).

CHAP. IV. — Attributions du conseil général relatives aux intérêts généraux (n. 361).
Sect. I. — Répartition des contributions directes (n. 362 à 383).
Sect. II. — Avis et vœux; formation de la liste du jury d'expropriation (n. 384 et 385).

CHAP. V. — Attributions du conseil général relatives aux intérêts départementaux (n. 386).
Sect. I. — Attributions déléguées par le pouvoir législatif.
§ 1. — *Centimes additionnels* (n. 387 à 395).
§ 2. — *Emprunts* (n. 396 à 398).
§ 3. — *Impositions extraordinaires et emprunts soumis à l'approbation législative* (n. 399 à 403).
Sect. II. — Budget départemental (n. 404).
Sect. III. — Délibérations définitives.
I. Bourses départementales (n. 405 à 422).
II. Agents rétribués sur les fonds départementaux (n. 423 à 437).
III. Propriétés départementales (n. 438 à 443).
IV. Mode de gestion. — Baux. — Assurances (n. 444 à 449).
V. Routes départementales (n. 450 à 470).
VI. Travaux départementaux (n. 471 à 480).

VII. Offres de concours (n. 481).
VIII. Travaux intéressant le département et les communes (n. 482).
IX. Concession des travaux départementaux (n. 483).
X. Chemins de fer d'intérêt local et tramways (n. 484).
XI. Bacs. — Passages d'eau. — Péages (n. 485).
XII. Dons et legs (n. 486).
XIII. Etablissements d'aliénés (n. 487 à 493).
XIV. Assistance publique (n. 494).
XV. Service des enfants assistés (n. 495).
XVI. Pensions de retraite (n. 496 à 501).
XVII. Phylloxéra (n. 502 à 504).
XVIII. Actions en justice (n. 505 à 510).
XIX. Transactions (n. 511 et 512).
Sect. IV. — Délibérations non définitives.
§ 1. — *Propriétés départementales* (n. 513 à 517).
§ 2. — *Part contributive dans les travaux de l'Etat* (n. 518 et 519).
§ 3. — *Matières diverses* (n. 520 à 523).

CHAP. VI. — Attributions du conseil général relatives aux intérêts communaux.
Sect. I. — Délibérations définitives.
I. Intérêts financiers. — Réduction de contingent. — Centimes extraordinaires (524 à 528).
II. Changement de circonscription des communes (n. 529).
III. Sectionnement électoral des communes (n. 530).
IV. Assistance, pensions et secours (n. 531 à 537).
V. Chemins vicinaux (n. 538 et 539).
VI. Chemins ruraux (n. 540 à 542).
VII. Travaux intercommunaux (n. 543 à 545).
VIII. Foires et marchés (n. 546 à 553).
IX. Phylloxéra (n. 554).
Sect. II. — Délibérations non définitives (n. 555 et 556).
Sect. III. — Décisions diverses.
I. Tableau des propositions de subventions et secours (n. 557 à 566).
II. Création et changement de circonscription des communes (n. 567).
III. Assistance médicale gratuite (n. 568).
IV. Constructions d'établissements scolaires (n. 569 à 572).
V. Bois communaux (n. 573 et 574).
VI. Chemins de fer d'intérêt local et tramways (n. 575 et 576).
VII. Taxe municipale sur les chiens (n. 577).
VIII. Octrois (n. 578).

CHAP. VII. — Avis et vœux.
Sect. I. — Avis (n. 579).
§ 1. — *Avis obligatoires* (n. 580 à 590).
§ 2. — *Avis facultatifs* (n. 591 et 592).
Sect. II. — Vœux (n. 593).
§ 1. — *Principes généraux.* — *Vœux autorisés par la loi* (n. 594 à 601).
§ 2. — *Vœux politiques ou contraires à la loi.* — *Annulation* (n. 602 à 656).

CHAP. VIII. — Conférences interdépartementales (n. 657 à 683).

CHAP. IX. — Attributions politiques.
Sect. I. — Attributions politiques éventuelles (n. 684 à 693).
Sect. II. — Élection des sénateurs (n. 694).

CHAP. X. — Attributions individuelles des conseillers généraux (n. 695 à 713).

Répertoire. — Tome XIII.

TITRE IV. — CONSEILS GÉNÉRAUX RÉGIS PAR DES LOIS SPÉCIALES.

CHAP. I. — DÉPARTEMENT DE LA SEINE (n. 714).
Sect. I. — Organisation et fonctionnement.
§ 1. — *Formation* (n. 715 à 719).
§ 2. — *Fonctionnement et organisation intérieure* (n. 720 à 738).
Sect. II. — Attributions (n. 739 et 740).
§ 1. — *Attributions déléguées par le législateur* (n. 741 à 744).
§ 2. — *Délibérations définitives* (n. 745 à 762).
§ 3. — *Délibérations soumises à l'approbation* (n. 763 à 771).
§ 4. — *Budget* (n. 772).
§ 5. — *Avis et vœux* (n. 773 à 776).
CHAP. II. — TERRITOIRE DE BELFORT (n 777 à 779).
CHAP. III. — ALGÉRIE ET COLONIES (n. 780 et 781).

TITRE V. — LÉGISLATION COMPARÉE (n. 782 à 869).

TITRE I.

NOTIONS GÉNÉRALES ET HISTORIQUES.

1. — Le conseil général de département est une assemblée délibérante chargée de répartir entre les arrondissements les contributions directes, de noter les dépenses et charges nécessaires aux besoins de la communauté départementale, et plus généralement de statuer sur les affaires du département envisagé comme personne morale, d'exercer son contrôle et son action sur les communes et les établissements publics, d'éclairer l'administration active de ses lumières, enfin de transmettre au gouvernement l'expression des vœux et des besoins du département.

2. — Sous l'ancienne monarchie, il existait des assemblées provinciales qui débattaient les intérêts locaux. A l'origine, la plupart des provinces eurent des assemblées provinciales chargées du vote et de la répartition des impôts; mais avec l'extension du pouvoir royal un grand nombre de provinces perdirent ces prérogatives : ce furent les pays dits d'élection. Celles qui les conservèrent s'appelaient pays d'État (Bourgogne, Languedoc, Bretagne, etc.). — Aucoc, *Conférences*, t. 1, n. 135; de Tocqueville, *L'Ancien régime et la Révolution*, p 313 et s.; Dareste, *La justice administrative en France*, p. 624; Marie, t. 1, p. 2.

3. — Dans le cours du XVIII° siècle, une réaction se produisit contre l'absolutisme des intendants qui, dans tous les pays d'élection, étaient arrivés à annihiler complètement la vie provinciale. L'opinion se prononça très-énergiquement en faveur du rétablissement des assemblées provinciales (V. notamment d'Argenson, *Considérations sur le gouvernement de la France;* marquis de Mirabeau, *Mémoire sur les États provinciaux;* Turgot, *Mémoire au roi sur les municipalités*). C'est pour donner satisfaction à ce mouvement que Necker établit, à titre d'essai, une administration provinciale dans le Berry (Marie, t. 1, p. 3; Arrêt du Conseil, 12 juill. 1778). On pourrait donc très-bien soutenir que l'institution des conseils généraux a ses origines dans notre ancien droit.

4. — Généralement cependant, on considère que l'institution des conseils généraux de département remonte seulement aux premiers jours de la Révolution ; c'est l'Assemblée constituante qui, en décrétant une nouvelle division du royaume en départements, tant pour la représentation que pour l'administration, créa au chef-lieu de chaque département une assemblée administrative supérieure sous le titre d'administration de département (L. 22 déc. 1789). Les membres des administrations de départements étaient au nombre de trente-six : ils étaient élus par les électeurs qui nommaient à l'Assemblée nationale ; ils ne pouvaient être regardés comme les représentants d'une localité : ils ne pouvaient être révoqués, leur destitution ne pouvant être que la sanction d'une forfaiture consacrée par un jugement (L. 22 déc. 1789, sect. 1, art. 9 et 11; sect. 2, art. 2). Les administrations de département étaient permanentes et les membres en devaient être renouvelés par moitié tous les deux ans : la première fois au sort, après les deux premières années d'exercice, et ensuite à tour d'ancienneté; de manière que les membres fussent en fonctions pendant quatre années, à l'exception de ceux sortis par le premier renouvellement au sort (L. 22 déc. 1789, art. 12 et s.).

5. — La permanence de l'administration de département devait être entendue en ce sens que les membres qui composaient ce corps devaient conserver leur caractère pendant tout le temps pour lequel ils avaient été élus, ainsi qu'il résulte d'une instruction de l'Assemblée constituante, du 8 janv. 1790, sur le décret du 22 déc. 1789.

6. — Il y avait dans chaque administration de département un procureur général syndic élu en même temps que les membres de chaque administration et par les mêmes électeurs. Il n'avait pas voix délibérative; mais on devait lui communiquer tous les rapports et il devait être entendu dans toutes les délibérations (L. 22 déc. 1789, sect. 2, art. 14 et 17. — V. aussi Const. de 1791, tit. 3, chap. 4, sect. 2, et Const. 5 fruct. an III).

7. — La loi du 28 pluv. an VIII, abandonnant le système électif, transféra au chef du gouvernement le droit de nommer tous les membres des conseils généraux. Le nombre des conseillers généraux fut fixé à vingt-quatre, vingt ou seize, en raison de la population de chaque département, et la loi disposa que les conseils généraux s'assembleraient chaque année à l'époque déterminée par le gouvernement, et que la durée de la session ne pourrait excéder quinze jours (L. 28 pluv. an VIII, art. 2 et 6). La première réunion des conseils généraux eut lieu le 15 prair. an VIII, selon l'indication qui avait été donnée pour le jour par l'arrêté du 18 floréal précédent. D'après l'art. 30, tit. 3, Décr. 16 therm. an X, les membres du conseil général étaient choisis sur les listes de présentation que devaient fournir les collèges électoraux. A cet effet, chaque collège électoral du département présentait au premier consul deux citoyens domiciliés dans le département. L'un de ces citoyens au moins devait être pris en dehors du collège qui le présentait. Cette disposition législative, qui accordait au chef de l'État la nomination des membres des conseils généraux, à la condition de choisir sur les listes de présentation, ne fut jamais mise en pratique. — De Gérando, *Instit. de dr. admin.*, t. 1, n. 168.

8. — Les choses furent maintenues en cet état sous l'Empire et sous la Restauration. Un projet de loi présenté en 1829 fut retiré par le gouvernement parce que la commission nommée par la Chambre des députés à l'effet de l'examiner, proposa la suppression des conseils d'arrondissement, proposition qui fut votée par la chambre élective. — Sur l'organisation, les attributions, etc., des conseils généraux, antérieurement à la loi du 22 juin 1833, V. notamment les lois, décrets et ordonnances des 22 déc. 1789 et janv. 1790; 12-20 août 1790; 27 août et 2 sept. 1792; 28 pluv. an VIII (art. 6 et 18); 17 vent. an VIII (art. 2); 10 flor. an VIII (art. 8); 16 vent. an IX; 19 fruct. an IX (art. 3); 16 therm. an X (art. 30); 19 fruct. an X (art. 86 et s.); 13 mai 1806 (art. 32); 23 sept. 1814 (art. 9); 16 juill. 1826; 26 mars 1827.

9. — Ce fut la loi du 22 juin 1833 qui, réalisant les promesses de la charte de 1830, réorganisa les conseils généraux de département et rétablit le principe de l'élection des citoyens appelés à en faire partie. Elle se borna, du reste, à tracer les règles à suivre pour la formation de ces conseils, laissant en dehors ce qui concerne leurs attributions, qui n'ont été réglées que postérieurement par la loi du 10 mai 1838.

10. — D'après la loi de 1833, il y avait dans chaque département un conseil général composé d'autant de membres que de cantons dans le département, sans pouvoir toutefois excéder le nombre de trente (art. 1 et 2).

11. — L'assemblée électorale appelée à nommer les membres du conseil général était composée des électeurs et des citoyens portés sur la liste du jury. Si leur nombre était inférieur à cinquante, le complément était formé par l'appel des citoyens les plus imposés. Dans les départements qui avaient plus de trente cantons, des réunions de cantons avaient été opérées par la loi de 1833 elle-même, de façon à diviser chacun de ces départements en trente circonscriptions électorales (art. 3).

12. — Nul n'était éligible au conseil général de département, s'il ne jouissait des droits civils et politiques, si, au jour de son élection, il n'était âgé de vingt-cinq ans, et s'il ne payait depuis un an au moins, 200 fr. de contributions directes dans le département (art. 4). Les membres des conseils généraux étaient nommés pour neuf ans, renouvelés par tiers tous les trois ans et indéfiniment rééligibles (art. 8).

13. — Les conseils généraux ne pouvaient se réunir que sur convocation du préfet en vertu d'une ordonnance royale (art. 12); leurs séances n'étaient point publiques (art. 13); ils ne pouvaient correspondre avec un ou plusieurs conseils d'arrondissement ou de département, à peine de suspension (art. 16). Tout éditeur, imprimeur, journaliste ou autre qui aurait rendu publics les actes interdits au conseil général était passible des peines portées par l'art. 123, C. pén.

14. — La loi du 10 mai 1838, qui a consacré définitivement la personnalité civile du département (Aucoc, t. 1. n. 135), détermina les attributions des conseils généraux, et leur donna une importance qu'ils n'avaient pas encore eue jusqu'alors. Le conseil général agissait à trois titres divers : soit comme délégué du pouvoir législatif ou du pouvoir exécutif; soit comme représentant légal des intérêts du département; soit comme organe des besoins du département. Dans le premier cas, le conseil était souverain; dans le deuxième cas, ses délibérations devaient être approuvées par l'autorité supérieure; dans le troisième cas, il ne faisait qu'exprimer des vœux.

15. — Non seulement, aux termes de cette loi, le conseil général répartit les contributions directes entre les arrondissements, prononce définitivement sur les demandes en réduction du contingent formées par les communes, vote les centimes additionnels autorisés par les lois, etc., mais il délibère encore sur un grand nombre de questions d'intérêt départemental énumérées dans l'art. 4 de la loi de 1838. Cette nomenclature n'avait même rien de limitatif, le conseil général pouvant délibérer sur tous les autres objets sur lesquels il était appelé à délibérer par les lois et règlements. Mais aux termes de l'art. 5, ces délibérations étaient soumises à l'approbation du roi, du ministre compétent ou du préfet, selon les cas déterminés par les lois ou par les règlements d'administration publique. Le conseil général donnait son avis sur certains intérêts départementaux (art. 6), et pouvait adresser directement au ministre compétent des réclamations dans l'intérêt du département. La loi de 1838 posait les règles générales à suivre pour établir le budget du département (art. 9 et s.). Enfin cette loi indiquait quelles formes on devait suivre pour les actions judiciaires au nom du département (art. 36 et s.).

16. — Le décret du 3 juill. 1848 et la loi du 7 juill. 1852 ont apporté successivement, en ce qui concerne l'organisation des conseils généraux de département, des modifications assez importantes. La constitution de 1848, art. 79, portait que désormais chaque canton élirait un membre du conseil général. La loi du 7 juill. 1852 ne rétablit pas la disposition de la loi de 1833, sur la limitation du nombre des conseillers généraux à trente au plus par département.

17. — L'introduction du suffrage universel dans notre régime politique a eu nécessairement pour conséquence l'abrogation des dispositions de la loi du 22 juin 1833 sur les conditions d'aptitude électorale. L'art. 14, Décr. 3 juill. 1848, modifiant la législation de 1833, déclara éligibles aux conseils généraux les électeurs âgés de vingt-cinq ans au moins, domiciliés dans le département, et les conseils généraux qui ayant atteint le même âge qui, sans y être domiciliés, y paient une contribution directe. Néanmoins, le nombre de ces derniers ne pouvait pas dépasser le quart des membres du conseil. — V. infrà, n. 33.

18. — La disposition la plus grave de la loi du 7 juill. 1852 était assurément celle de l'art. 5, en vertu duquel, désormais, les présidents, vice-présidents et secrétaires, pour chaque session, et pris dans le sein des conseils, étaient nommés par l'empereur. C'était le décret impérial qui fixait annuellement, pour chaque département, le nombre des membres du bureau, en ce qui concerne les vice-présidents, ainsi que le vice-secrétaire.

19. — La loi du 18 juill. 1866 avait étendu, dans de notables proportions, les attributions des conseils généraux, et avait donné à ces conseils une initiative qu'ils n'avaient pas sous les législations précédentes. Cette loi conférait au conseil général le droit de statuer d'une manière définitive sur un grand nombre d'affaires désignées dans l'art. 1, et à raison desquelles les lois précédentes exigeaient l'approbation de l'autorité supérieure; elle reconnaissait l'indépendance du département, relativement à sa fortune propre. Toutefois, il était dit que les délibérations des conseils généraux sur certaines de ces matières seraient exécutoires si, dans les deux mois à partir de la clôture de la session, un décret n'en suspendait pas l'exécution. D'une manière générale, les délibérations étaient exécutoires dans les deux mois, à moins d'une annulation pour excès de pouvoirs ou pour violation d'une disposition de la loi ou d'un règlement d'administration publique (art. 3).

20. — D'après l'art. 2, les conseils généraux avaient la faculté de voter des centimes extraordinaires dans les limites fixées par la loi de finances, et de contracter des emprunts sous certaines conditions. La loi de 1866 contenait d'importantes dispositions touchant le budget départemental.

21. — Une loi du 23 juill. 1870 modifia en deux points principaux le régime établi par la loi de 1866. D'une part, le conseil général recouvra le droit d'élire son bureau; d'autre part, il eut le droit de faire un règlement intérieur et de déterminer tout ce qui concernait la rédaction et la publication de ses procès-verbaux.

22. — Un décret du gouvernement de la Défense nationale, du 25 déc. 1870, prononça la dissolution des conseils généraux, et, supprimant la nomination par le suffrage universel, remplaça ces conseils par des commissions départementales instituées par le gouvernement, sur la proposition d'urgence des préfets. Ce décret fut abrogé par une loi du 29 mars 1871, qui prononça la dissolution de quelques commissions départementales nommées dans ces conditions.

23. — Il a été jugé qu'une commission départementale nommée par le gouvernement de la Défense nationale, en remplacement d'un conseil général dissous pendant la guerre, exerçait toutes les attributions de ce conseil, et qu'elle avait pu en conséquence voter des centimes additionnels. — Cons. d'Et., 14 févr. 1873, Morel, [S. 75.2.62, P. adm. chr., D. 73.3.77]

24. — La loi du 10 août 1871, loi organique actuelle des conseils généraux, règle à la fois leur organisation et leurs attributions, elle abroge formellement les lois antérieures du 22 juin 1833, du 10 mai 1838, du 18 juill. 1866, du 23 juill. 1870. Il faut seulement observer que la loi de 1833 n'est abrogée que en ce qui concerne les conseils généraux, mais reste en vigueur dans ses dispositions applicables aux conseils d'arrondissement (V. suprà, v° *Conseil d'arrondissement*, n. 3). L'importance de la loi de 1871 est telle qu'on peut la considérer comme le code de l'administration départementale.

25. — Cette loi a établi d'importantes innovations qui ont modifié dans une large mesure à la fois l'administration départementale et les attributions des conseils généraux. En effet, la loi institue (art. 2) une commission départementale du département, qui, émanation permanente du conseil général, contrôle les actes du préfet et exerce des attributions importantes (V. suprà, v° *Commission départementale*). La durée des pouvoirs de conseiller général est réduite à six ans (art. 21); les sessions ordinaires sont doublées (art. 23); des sessions extraordinaires peuvent avoir lieu sur la demande du conseil général (art. 24); la publicité des séances est rétablie (art. 28); le droit de dissolution est subordonné à des garanties sérieuses (art. 35 et 36).

26. — La loi de 1871 donne aussi une grande extension aux attributions des conseils généraux, soit en étendant les pouvoirs qu'ils avaient déjà, soit en leur conférant de nouvelles attributions; elle reconnaît aux conseils généraux, dans certains cas, le droit d'exercer une sorte de tutelle administrative sur les communes. Ainsi la législation nouvelle modifie profondément le rôle des assemblées départementales, leur donne une importance considérable et admet les délibérations réglementaires sur tous les objets purement départemental (art. 46). Les délibérations sont exécutoires par elles-mêmes sans qu'aucune approbation soit nécessaire, sauf le droit d'annulation et de suspension (art. 47 et 49). Le droit est accordé aux conseils généraux de s'entendre sur leurs intérêts communs dans des conférences interdépartementales (art. 89). Enfin la loi du 10 août 1871 a réalisé un grand nombre de réformes de moindre importance que nous retrouverons chemin faisant. — V. sur les avantages et les inconvénients de la loi nouvelle, Marie, *Administration départementale*, t. 1, p. 289 et s.; Ch. Constant, t. 2, n. 751 et s.

TITRE II.

ORGANISATION ET FONCTIONNEMENT DES CONSEILS GÉNÉRAUX.

CHAPITRE I.
FORMATION DES CONSEILS GÉNÉRAUX.

Section I.
Formation et composition.

27. — L'art. 1, L. 10 août 1874, dispose qu'il y a dans chaque département un conseil général. Ce principe, posé pour la première fois par la loi du 22 déc. 1789, a été, nous l'avons vu, constamment appliqué par les lois subséquentes.

28. — Chaque canton du département élit un membre du conseil général (L. 10 août 1874, art. 4). On peut dire que cet article pose la règle qui domine toute l'organisation des conseils généraux. La circonscription cantonale forme l'unité de cette organisation, en d'autres termes, le législateur a considéré le canton comme étant, au point de vue départemental, le siège de l'unité des intérêts administratifs, économiques, financiers, judiciaires, militaires; il a établi en principe l'égalité des cantons pour constituer la représentation des intérêts. Ce système a donné lieu à de vives critiques, mais on le justifie par diverses considérations, notamment par ce motif que les intérêts cantonaux sont essentiellement des intérêts de groupes et non des intérêts proportionnels au nombre des électeurs, et aussi parce que la composition des ressources départementales provenant presque uniquement des contributions directes exige la même représentation pour tous les cantons — Béquet, v° *Département*, n. 734 et s. — V. *suprà*, v° *Canton*.

29. — Toute modification apportée par la loi à la circonscription cantonale doit faire cesser le mandat du conseiller général. Il y a lieu, par suite, de procéder à des élections nouvelles en cas de division d'un canton. — Av. Cons. d'Et., 6 juill. 1886, *Les cons. génér.*, t. 1, p. 226, et t. 2, p. 648; *Rev. gén. d'adm.*, 86.2.453] — V. Décr. 21 oct. 1872. — V. encore L. 28 juin 1892; Déc. min. Int., 8 juill. 1892, [*Rev. gén. d'adm.*, 94.2.319]

30. — Mais il n'en serait pas de même, dans le cas de simples remaniements des limites respectives des cantons. — Av. Cons. d'Et., 3 mars 1887, [*Les cons. génér.*, t. 2, p. 681] — 3 mars 1887, [*Rev. gén. d'adm.*, 93.1.386] — Béquet, v° *Département*, n. 745, 746.

31. — Il avait été décidé, antérieurement à la loi de 1874, que dans le cas où de nouveaux cantons avaient été créés par une loi dans un département, il appartenait au conseil général de répartir ces cantons entre les séries établies pour les renouvellements partiels de ce conseil. — Cons. d'Et., 1er juin 1870, Baudelocque, [S. 70.2.163, P. adm. chr., D. 71.3.64]

32. — L'élection se fait au suffrage universel, dans chaque commune, sur les listes dressées pour les élections municipales (L. 10 août 1874. art. 5). — V. *infrà*, v° *Élections*.

33. — Sont éligibles au conseil général tous les citoyens inscrits sur une liste d'électeurs ou justifiant qu'ils devaient y être inscrits avant le jour de l'élection, âgés de vingt-cinq ans accomplis, qui sont domiciliés dans le département, et ceux qui, sans y être domiciliés, y sont inscrits au rôle d'une des contributions directes au 1er janvier de l'année dans laquelle se fait l'élection, ou justifient qu'ils devaient y être inscrits à ce jour ou ont hérité depuis la même époque d'une propriété foncière dans le département. Toutefois, le nombre des conseillers généraux non domiciliés ne pourra dépasser le quart du nombre total dont le conseil doit être composé (L. 10 août 1874, art. 6). L'art. 17 de la loi de 1874, modifié par la loi du 31 juill. 1875, porte que lorsque le nombre des conseillers non domiciliés dépasse le quart du conseil, le conseil général détermine par la voie du sort celui ou ceux dont l'élection doit être annulée. Toutefois, le tirage au sort, dans le cas où le nombre des conseillers non domiciliés dépasse le quart, n'est pas applicable qu'autant que les élections ont eu lieu simultanément. Si les élections ont eu lieu à des dates différentes, il n'y a lieu d'exclure que les derniers élus (Circ. min. Int., 18 oct. 1874 et 9 oct. 1874). Si une question préjudicielle s'élève sur le domicile, le conseil général sursoit et le tirage au sort est fait par la commission départementale pendant l'intervalle des sessions. Le jugement de la question de domicile, qui appartenait au conseil général, lorsque, sous l'empire de l'art. 16, L. 10 août 1874, ce conseil vérifiait les pouvoirs de ses membres, est remis aujourd'hui aux tribunaux civils (L. 31 juill. 1875). — Circ. min. Int., 14 août 1875, [*Les cons. génér.*, t. 1, p. 883]

34. — Pour les élections au conseil général il y a, comme pour toutes les élections politiques, des inéligibilités et des incompatibilités.

35. — L'inéligibilité peut être absolue ou relative. Elle est absolue dans les quatre cas suivants : 1° ne peuvent être élus au conseil général les citoyens qui sont pourvus d'un conseil judiciaire (art. 7, L. 10 août 1874) ; 2° lorsqu'un conseiller général a été condamné pour avoir pris part à une réunion illégale du conseil ou d'une conférence interdépartementale dissoute; le jugement prononce, outre la peine édictée par l'art. 258, C. pén., l'exclusion du conseil et l'inéligibilité pendant les trois ans qui suivent la condamnation (art. 34, § 2, art. 91, § 2, L. 10 août 1871); 3° le conseiller général déclaré démissionnaire pour avoir, sans excuse valable, refusé de remplir une fonction qui lui était dévolue par la loi est inéligible pendant un an; 4° sont inéligibles les militaires des armées de terre et de mer en activité de service (L. 23 juill. 1891). Cette disposition ne s'applique ni à la réserve de l'armée active, ni à l'armée territoriale, ni aux officiers maintenus dans la première section du cadre de l'état-major général comme ayant commandé en chef devant l'ennemi.

36. — A la différence de l'inéligibilité absolue, l'inéligibilité relative ne fait obstacle à l'élection que dans certaines circonscriptions territoriales déterminées. Les cas d'inéligibilité relative sont indiqués dans l'art. 8 de la loi de 1874 : « ne peuvent être élus membres du conseil général : 1° les préfets, sous-préfets, secrétaires généraux et conseillers de préfecture, dans le département où ils exercent leurs fonctions; 2° les procureurs généraux, avocats généraux et substituts du procureur général, près les cours d'appel dans l'étendue du ressort de la cour; 3° les présidents, vice-présidents, juges titulaires, juges d'instruction et membres du parquet des tribunaux de première instance, dans l'arrondissement du tribunal ; 4° les juges de paix dans leur canton; 5° les généraux commandant les divisions ou les subdivisions territoriales, dans l'étendue de leurs commandements; 6° les préfets maritimes, majors généraux de la marine et commissaires de l'inscription maritime dans les départements où ils résident; 7° les commissaires et agents de police dans les cantons de leur ressort; 8° les ingénieurs en chef de département et les ingénieurs ordinaires d'arrondissement dans le département où ils exercent leurs fonctions; 9° les ingénieurs du service ordinaire des mines dans les cantons de leur ressort; 10° les recteurs d'académie, dans le ressort de l'académie; 11° les inspecteurs d'académie et les inspecteurs des écoles primaires, dans le département où ils exercent leurs fonctions; 12° les ministres des différents cultes, dans les cantons de leur ressort; 13° les agents comptables de tout ordre, employés à l'assiette, à la perception et au recouvrement des contributions directes ou indirectes, et au paiement des dépenses publiques de toute nature, dans le département où ils exercent leurs fonctions; 14° les directeurs et inspecteurs des postes, des télégraphes et des manufactures de tabac, dans le département où ils exercent leurs fonctions; 15° les conservateurs, inspecteurs et autres agents des eaux et forêts, dans les cantons de leur ressort. » A cette liste, la loi du 23 juill. 1891 a ajouté : « les premiers présidents, présidents de chambre et conseillers à la cour d'appel dans l'étendue de leur ressort. »

37. — L'incompatibilité ne doit pas être confondue avec l'inéligibilité. L'inéligibilité constitue une incapacité d'être élu, elle vicie l'élection. L'incompatibilité, au contraire, n'empêche pas l'élection, mais elle met l'élu dans l'impossibilité de conserver son mandat électoral, s'il conserve la situation d'où résulte l'incompatibilité. Comme l'inéligibilité, l'incompatibilité est absolue ou relative.

38. — Il y a incompatibilité absolue lorsqu'un fonctionnaire ne peut accepter le mandat de conseiller général dans une partie quelconque de la France sans renoncer par là même à ses fonctions. Les cas d'incompatibilité absolue sont les suivants : 1° le mandat de conseiller général est incompatible dans toute la France avec les fonctions énumérées aux n. 1 à 7 de l'art. 8 de la loi de 1871 (art. 9, *ibid.*), fonctions de préfets, sous-préfets, conseillers de préfecture, etc. (V. *suprà*, n. 36). La loi a jugé, non sans raison, que les fonctions des agents administratifs énumérées à l'art. 8 (al. 1 à 7) ne leur permettaient pas de les cumuler avec un mandat électif. 2° Nul ne peut être membre de plusieurs conseils généraux (art. 11, *ibid.*), ou d'un conseil d'arrondissement et d'un conseil général (art. 24, L. 22 juin 1833).

39. — Aux termes de l'art. 17 de la loi, modifiée par la loi du 17 juill. 1875, le conseiller général élu dans plusieurs cantons est tenu de déclarer son option au président du conseil général dans les trois jours qui suivront l'ouverture de la session, et en cas de contestation, à partir de la notification de la décision du Conseil d'Etat. A défaut d'option dans ce délai, le conseil général détermine en séance publique, et par la voie du sort, à quel canton le conseiller appartiendra.

40. — En cas d'élection dans deux départements différents les deux conseils généraux ont le même droit de procéder au tirage au sort, sauf entente pour éviter le double emploi (Circ. min. Int., 18 oct. 1871, S. *Lois annotées*, année 1871, p. 94). Cette entente a lieu dans une conférence interdépartementale instituée dans les termes de l'art. 89. — Godoffre, *Comment. de la loi de 1871*, n. 39, p. 441.

41. — Les incompatibilités relatives sont indiquées dans l'art. 10 de la loi de 1871 : « le mandat de conseiller général est incompatible, dans le département, avec les fonctions d'architecte départemental, d'agent-voyer, d'employé de bureau de la préfecture ou d'une sous-préfecture, et généralement de tous les agents salariés ou subventionnés sur les fonds départementaux. La même incompatibilité existe à l'égard des entrepreneurs des services départementaux. »

42. — Tout candidat qui se trouve dans un des cas d'incompatibilité prévus par la loi peut, en se démettant de ses fonctions, conserver le mandat de conseiller général. — V. notamment Cons. d'Et., 3 déc. 1886, Elect. de la Bâtie-Neuve, [D. 88.3.46]

43. — On ne saurait créer des inéligibilités et des incompatibilités qui ne sont pas inscrites dans la loi. Dès lors serait illégale la délibération du conseil général qui tendrait à en créer. — Avis min. Int., 11 mai 1887, Isère, [*Les cons. gén.*, t. 2, p. 694]

44. — Les art. 12, 13 et 14, L. 10 août 1871, sont relatifs à la convocation des collèges électoraux par le pouvoir exécutif, au scrutin, à son dépouillement, à la majorité nécessaire pour être élu, etc. — V. *infrà*, v° *Elections*.

45. — L'art. 15, modifié par la loi du 31 juill. 1875, donne à tout électeur du canton, aux candidats et aux membres du conseil général, le droit d'arguer de nullité les élections. La loi de 1871 attribuait au conseil général lui-même le droit de vérifier les pouvoirs de ses membres; la loi du 31 juill. 1875 retire ce droit au conseil général et le confère au Conseil d'Etat. — V. *infrà*, v° *Elections*.

Section II.
Caractère et durée des fonctions. — Démission volontaire.

46. — I. *Caractère des fonctions.* — Le principe fondamental qui domine la matière est que le mandat de conseiller général est essentiellement gratuit. Ainsi, toute délibération qui tend à allouer aux conseillers généraux une indemnité quelconque, par exemple pour frais de déplacement, ou un traitement mensuel, doit être annulée. — Lettre du ministre de l'Intérieur au préfet de la Seine du 24 août 1893, [*Rev. gén. d'adm.*, 93.3.204] — Déc. 26 août 1889, [*Rev. gén. d'adm.*, 89.3.442] — V. *infrà*, n. 276.

47. — A bien des égards, cependant les conseillers généraux sont traités comme des citoyens chargés d'un service ou d'un mandat public temporaire ou permanent. Ainsi, l'art. 31, L. 29 juill. 1881, sur la presse, est applicable à la diffamation commise envers un conseiller général à raison de ses fonctions ou de sa qualité. — Nancy, 18 août 1882, Maury, [S. 84.2.196, P. 84.1.1017] — Trib. corr. de Verdun, 30 juin 1882, sous Nancy, 18 août 1882, précité. — Fabreguettes, *Traité des infractions de la parole*, de l'écriture et de la presse, t. 1, n. 1297; *Les conseils généraux*, t. 2, p. 440.

48. — Mais ces dispositions sont sans application si les faits incriminés sont relatifs à la vie privée. — Cass., 17 févr. 1877, Comturin, [S. 77.1.142, P. 77.317, D. 77.1.437]; — 1er juin 1888, Delpierre et Rochefort, [S. 89.1.48, P. 89.1.78, D. 88.1.448]

49. — Ainsi, le conseiller général choisi par le préfet pour distribuer des secours recueillis par une souscription particulière, à titre purement privé et en dehors de sa fonction et de sa situation officielle, est diffamé seulement dans sa vie privée lorsqu'on prétend qu'il n'a pas justifié de l'emploi des sommes à lui confiées. — Cass., 15 mai 1875, Bornier, [S. 75.1.392, P. 75.925, D. 76.5.345] — Fabreguettes, *Traités des infractions de la parole*, t. 1, n. 1314.

50. — Comme les membres de toutes les assemblées délibérantes, les membres des conseils généraux ne jouissent pas de la franchise postale dans leur correspondance avec les préfets (Av. min. Int., 16 juill. 1873 : *Les cons. gén.*, t. 1, p. 359 ; Déc. min. Fin., 21 févr. 1875). A titre de simple tolérance, toutefois, une décision du 2 mars 1854 a autorisé la circulation gratuite, sous le couvert des sous-préfets et des maires, des lettres de convocation et autres dépêches de service adressées par les préfets aux membres des conseils généraux et des conseils d'arrondissement; mais cette immunité n'est pas étendue aux réponses faites aux communications dont il s'agit. — Déc. min. Fin., 15 févr. 1875, Puy-de-Dôme, [*Les cons. gén.*, t. 1, p. 783]

51. — Mais, par dérogation aux principes sus-énoncés, d'une part les préfets, d'autre part le président de la commission départementale et le président du conseil général, sont admis à correspondre réciproquement en franchise, sous bande ou sous pli fermé en cas de nécessité, dans l'étendue du département. — Circ. min. Int., 6 août 1872 (*Les cons. gén.*, t. 1, p. 207); Déc. min. Fin., 25 juill. 1872. — V. au surplus *infrà*, v° *Postes et télégraphes*.

52. — II. *Durée des fonctions.* — Aux termes de l'art. 21, L. 10 août 1871, les conseillers généraux sont nommés pour six ans, renouvelés par moitié tous les trois ans et indéfiniment rééligibles. Cet art. 21 et l'art. 22 règlent la manière d'après laquelle le conseil général procède au renouvellement, et les délais pour la convocation des électeurs. Le renouvellement intégral, c'est-à-dire l'élection totale de tous les membres composant un ou plusieurs conseils généraux pour une durée de six années, ne constitue que de rares exceptions et ne peut se présenter que dans deux hypothèses :

53. — 1° La première hypothèse n'est plus susceptible de se produire, tant que la loi de 1871 sera en vigueur. Après le vote de cette loi, tous les conseils généraux qui, ainsi que nous l'avons vu précédemment (*suprà*, n. 22), avaient été dissous par le gouvernement de la Défense nationale, furent renouvelés en intégralité. Dans leur session d'octobre 1871, les conseils généraux procédèrent à la répartition des cantons en séries, conformément à l'art. 21, c'est-à-dire que le conseil général de chaque département divisa les cantons en deux séries, comprenant chacune un nombre de cantons égal, ou qui, du moins, ne différait que d'une unité, si le nombre des cantons était impair. En outre, chacune des séries dut être, autant que possible, composée d'un nombre égal de cantons empruntés à chacun des arrondissements (V. art. 21). — Circ. min. Int., 18 oct. 1871. — Béquet, *loc. cit.*, n. 523.

54. — 2° Le second cas de renouvellement intégral se produit lors de la dissolution d'un conseil général (art. 35 et 36, *ibid.*). En cas de dissolution, la formation de la double série de cantons a lieu conformément aux règles posées au numéro précédent. Lorsqu'un conseil général est réélu depuis sa dissolution, la série qui doit sortir la première voit expirer son mandat en même temps que la série correspondante des autres conseils généraux. Pour le décider ainsi, on raisonne par analogie avec ce qui se fait pour les conseils municipaux. — Déc. min. Int., 26 août 1874, Algérie, [*Les cons. gén.*, t. 1, p. 653]

55. — III. *Démissions volontaires.* — Les art. 18 et s., L. 10 août 1871, sont relatifs aux démissions de conseillers généraux. Les démissions peuvent être ou forcées (art. 18 et 19), ou volontaires (art. 20). Nous verrons, *infrà*, n. 181 et s., ce qui concerne les cas de démissions forcées, qui constituent une sanction efficace des prescriptions de la loi.

56. — La démission volontaire est ainsi réglée par la loi du 10 août 1871 : lorsqu'un conseiller général donne sa démission, il l'adresse au président du conseil général ou au président de la commission départementale, qui en donne immédiatement avis au préfet (art. 20). Il résulte du texte même de la loi, que le conseil général se borne à enregistrer la démission, et n'a pas à se prononcer sur l'acceptation. Le délai de trois mois, accordé par l'art. 22 pour la réunion du collège électoral qui doit pourvoir à la vacance, court du jour de la notification au préfet. — Circ. min. Int., 18 oct. 1871, [S. *Lois annotées*, 1871, p. 94]

57. — L'art. 22 dispose qu'en cas de vacance par décès, option, démission volontaire ou forcée, par une des causes énumérées aux art. 17 et s., ou par toute autre cause, les électeurs devront être réunis dans le délai de trois mois. Ainsi, ce n'est pas seulement la convocation, mais c'est la réunion des électeurs qui doit avoir lieu dans le délai ci-dessus (Marie, *De l'adm. départem.*, p. 67). L'art. 22 ajoute : toutefois, si le renouvellement légal de la série à laquelle appartient le siège vacant doit avoir lieu avant la prochaine session ordinaire du conseil général, l'élection partielle se fera à la même époque (Circ. min. Int., 30 août 1874 : *Les cons. génér.*, t. 1, p. 660). La commission départementale est chargée de veiller à l'exécution du présent article. Elle adresse ses réquisitions au préfet et, s'il y a lieu, au ministre de l'Intérieur.

CHAPITRE II.

FONCTIONNEMENT ET ORGANISATION INTÉRIEURE DES CONSEILS GÉNÉRAUX.

SECTION I.
Sessions.

58. — Les conseils généraux ont deux sortes de sessions : 1° les sessions ordinaires qui ont lieu deux fois par an, à des époques déterminées par la loi; 2° les sessions extraordinaires dont les dates ne sont déterminées que par l'objet de la convocation.

§ 1. *Sessions ordinaires.*

59. — Les conseils généraux se réunissent deux fois par an en sessions ordinaires obligatoires (L. 10 août 1871, art. 23). Ces réunions ont lieu de plein droit, contrairement à la législation précédente. « On a voulu par cette disposition, disait le rapporteur de la loi de 1871, [S. *Lois annotées*, 1871, p. 73] à la fois établir un « droit indépendant et supérieur à toute fantaisie du pouvoir exécutif, indiquer, tant au préfet qu'à la commission départementale, une date fixe pour l'achèvement de leurs travaux préparatoires, et faciliter aux conseillers généraux les arrangements qu'ils ont à prendre pour pouvoir s'absenter de leurs domiciles pendant un laps de temps qui, à l'avenir, sera certainement plus long qu'il ne l'était naguère.

60. — Les conseillers dont l'élection est attaquée doivent quand même être admis aux sessions du conseil général. Il peuvent à titre provisoire prendre part aux délibérations en vertu du principe écrit dans la loi des 15-27 mars 1791 dont l'art. 9 dispose que « l'exercice provisoire demeure à ceux dont l'élection se trouve attaquée ». Le principe posé par ce texte était appliqué sous le régime de la loi de 1833, et sous celui de la loi de 1871 antérieurement à la loi du 31 juill. 1875; cette dernière loi ne paraît pas y avoir dérogé. — Circ. min. Int., 14 avr. 1875, [*Les cons. génér.*, t. 1, p. 879] — Déc. min. Int., 14 août 1875, [*Ibid.*, p. 884]

61. — De même encore, les membres sur l'élection desquels il n'a pas été statué ont le droit de faire partie du bureau et de participer à tous les votes. — Circ. min. Int., 18 oct. 1871, [*Les cons. génér.*, t. 1, p. 110]

62. — Bien que l'art. 23, L. 10 août 1871, fixe l'ouverture des sessions ordinaires, le préfet doit cependant rappeler aux membres du conseil général, par lettres individuelles, le jour de la première réunion. — Déc. min. Int., 30 juill. et 10 août 1872, [*Les cons. génér.*, t. 1, p. 206 et 211] — Circ. min. Int., 9 oct. 1874, [*Ibid.*, p. 675] — Avis min. Int., 1er mai 1874, Commission départementale, [*Ibid.*, p. 572] — Mais il n'appartient pas au préfet de prononcer l'ouverture des sessions ordinaires, car elles ont lieu de plein droit. — Av. min. Int., 9 sept. 1878, [*Les cons. génér.*, t. 2, p. 79]

63. — La date d'ouverture des sessions ordinaires ne peut être retardée que par une loi (art. 23, L. 10 août 1871). C'est ainsi qu'une loi du 30 juill. 1874 a été votée pour ajourner au 19 octobre la session ordinaire des conseils généraux qui devait s'ouvrir le 17 août; ce retard avait pour but de permettre le renouvellement triennal des conseils généraux sur les listes électorales dressées en exécution de la loi du 7 juill. 1874. — V. Circ. min. Int., 30 août 1874, [*Les cons. génér.*, t. 1, p. 656]

64. — Une loi est également nécessaire pour avancer la date des sessions ordinaires. Ainsi, d'après la loi du 9 mars 1878, l'ouverture de la première session ordinaire des conseils généraux, qui devait avoir lieu le 29 avr. 1878, fut fixée au 8 du même mois. Cette loi était motivée par l'ouverture de l'exposition universelle au 1er mai.

65. — L'ouverture de la première session annuelle a lieu de plein droit le second lundi qui suit le jour de Pâques. Tel est le texte actuel du § 3 de l'art. 23, modifié par l'art. 4, L. 12 août 1876. Le texte primitif conférait au conseil général lui-même, et, à défaut, à la commission départementale, le droit de fixer le jour de cette session. Mais la variété qui résultait de cette disposition de la loi présentait des inconvénients. — Circ. min. Int., 27 août 1876, [*Les cons. génér.*, t. 1, p. 964]

66. — L'autre session des conseils généraux a lieu de plein droit, le premier lundi qui suit le 15 août (art. 23). Cette session est la plus importante; c'est en effet dans la session d'août que sont délibérés les budgets et l'approbation des comptes.

67. — La session d'août ne saurait être supprimée. Il en a été décidé ainsi, alors même que, par suite de l'ajournement du vote du budget par les Chambres, il ne pourrait être délibéré sur les budget et comptes, si aucune loi n'a dit expressément que cette session serait retardée (art. 23, L. 10 août 1871; Circ. min. Int., 30 juill. 1877 : *Les cons. génér.*, t. 1, p. 1036. — V. Constans, *Code départemental*, t. 1, n. 203). Dans ces circonstances, la session tenue au mois de décembre, après le vote de la loi de finances, est considérée comme le prolongement de la session d'août. — Cons. d'Ét., 26 déc. 1879, Elect. de Cahan, [Leb. chr., p. 861] — Sic, Béquet, v° *Département*, n. 866.

68. — L'art. 4, L. 31 juill. 1875, avait établi une dérogation à l'art. 23 en ce qui concerne le département de la Corse; la session ordinaire d'août était fixée comme commençant de plein droit le deuxième lundi de septembre. Cette disposition a été abrogée par une loi du 16 juill. 1892; la deuxième session du conseil général commence donc actuellement, comme dans les autres départements, le premier lundi qui suit le 15 août. Il n'existe plus de dérogation que pour les trois départements de l'Algérie. La deuxième session ordinaire de leurs conseils généraux est fixée au premier lundi d'octobre (L. 26 juill. 1873).

69. — La durée de la session d'août ne peut excéder un mois; celle de l'autre session ordinaire ne peut excéder quinze jours (art. 23, § 4). Ainsi, la session ouverte le 16 août doit être terminée au plus tard le 15 septembre. Peu importe que, dans le courant du mois, le conseil général se soit prorogé (Déc. min. Int., 11 sept. 1875 : *Les cons. gén.*, t. 1, p. 887), ou ait suspendu ses séances pendant une partie du mois (Av. min. Int., 28 août 1884 : *Les cons. gén.*, t. 2, p. 598).

70. — En 1877, la session d'août ayant duré moins d'un mois et les circonstances n'ayant pas permis de voter le budget départemental, les conseils généraux sont réunis le 21 décembre pour exercer leurs attributions financières. Cette session extraordinaire n'était, en réalité, que le prolongement de la session d'août. On a soulevé la question de savoir si la session extraordinaire pourrait se prolonger au delà du nombre de jours qui formeraient le complément du mois, ou si un décret ne serait point nécessaire pour prolonger la session au delà de ce temps. Il a été décidé qu'un décret n'était pas nécessaire, le conseil général pouvant siéger sans que la question pût être élevée. — Av. min. Int., 25 déc. 1877, [*Les cons. gén.*, t. 2, p. 13]

§ 2. *Sessions extraordinaires.*

71. — Les conseils généraux peuvent être réunis extraordinairement : 1° par décret du chef du pouvoir exécutif; 2° si les deux tiers des membres en adressent la demande écrite au président. Dans ce cas, le président est tenu d'en donner avis immédiatement au préfet, qui devra convoquer d'urgence. La durée des sessions extraordinaires ne peut excéder huit jours (art. 24, L. 10 août 1871). Cet article indique les seules manières dont le conseil général puisse être convoqué extraordinairement. Ainsi, le conseil général ne pourrait point décider valablement, à la majorité des voix, qu'il se réunira en session extraordinaire à une date déterminée. — Déc. min. Int., 29 oct. 1872, [*Les cons. gén.*, t. 1, p. 229] — Béquet, v° *Département*, n. 868.

72. — Lorsque c'est le gouvernement qui fait la convocation, il peut en fixer la date à sa volonté. Lorsque le conseil général se réunit sur la demande des deux tiers de ses membres , c'est au préfet et non aux signataires de la demande à fixer le jour de la convocation. Mais le préfet doit tenu de faire cette convocation d'urgence (Déc. min. Int., 8 juin 1874 : *Les cons. gén.*, t. 1, p. 583). Le préfet n'a pas d'arrêté à prendre pour autoriser cette session extraordinaire, qui a lieu en vertu de la loi; il doit seulement adresser aux conseillers généraux des lettres individuelles de convocation (Déc. min. Int., 25 mai 1872, *Les cons. gén.*, t. 1, p. 184). Enfin, dans l'un et l'autre cas, la session peut s'ouvrir un jour quelconque de la semaine, à la différence des sessions ordinaires qui s'ouvrent toujours un lundi. Si le préfet se refusait à faire la convocation, les conseillers généraux signataires pourraient en référer au ministre qui devrait enjoindre au préfet de se conformer à la loi, ou même convoquer lui-même, à défaut du préfet. Au besoin, la responsabilité ministérielle pourrait être engagée. Nous pensons même que le Conseil d'Etat pourrait être saisi pour excès de pouvoir.

73. — La loi indique elle-même des cas où le conseil général doit être convoqué en session extraordinaire. L'art. 85, § 2, L. 10 août 1871, dispose qu'en cas de conflits entre la commission départementale et le préfet, comme aussi dans le cas où la commission aurait outrepassé ses attributions, le conseil général sera immédiatement convoqué et statuera sur les faits qui lui auront été soumis (V. *supra*, v° *Commission départementale*, n. 113 et s.). Nous verrons aussi qu'une loi du 15 févr. 1878 autorise la convocation immédiate et de plein droit des conseils généraux, en cas de dissolution illégale des Chambres.

74. — Dans leurs sessions extraordinaires, les conseils généraux ne peuvent délibérer que sur les affaires qui font l'objet de la convocation, à peine de nullité de la délibération. Par suite, un conseil général, réuni extraordinairement sur la demande des deux tiers de ses membres, commet un excès de pouvoirs, s'il délibère sur des questions étrangères à l'objet de la convocation; la convocation fixe l'ordre du jour de la session (L. 10 août 1871, art. 24). — Cons. d'Et., 5 avr. 1889, de la Borderie, Carron et de Callac, [S. 91.3.48, P. adm. chr., D. 90.3.72] — Av. Cons. d'Et., 8 mars 1888, [S. *Lois annotées*, 84.344; P. *Lois. chr.*, etc., 88.593 ; *Rev. gén. d'adm.*, 88.1.475] — V. aussi les observations de M. Le Vavasseur de Précourt, [*Rev. gén. adm.*, 89.2.196] — Circ. min. Int., 20 mars 1888, [*Les cons. génér.*, t. 2, p. 739]

75. — Par suite, également, les conseils généraux réunis en session extraordinaire par décret ne peuvent, à peine de nullité, s'occuper que des affaires spécifiées au décret. — Déc. min. Int., 29 déc. 1873, [*Les cons. génér.*, t. 1, p. 469] — V. aussi Déc. 12 oct. 1889, [*Les cons. génér.*, t. 2, p. 822] — Av. Cons. d'Et., 8 mars 1888, [*Rev. gén. d'adm.*, 93.1.386]

76. — Mais dans l'un et l'autre cas, si, pendant la session, les deux tiers des conseillers généraux en exercice adressent au président une demande écrite, tendant à ajouter à l'ordre du jour indiqué par la demande primitive, cette démarche doit être assimilée à une nouvelle demande de session extraordinaire, et doit produire son effet après une nouvelle convocation conformément à l'art. 24, L. 10 août 1871. — Avis Cons. d'Et., 29 déc. 1873, 8 mars 1888, précités; Circ. min. Int., 20 mars 1888, précitée.

77. — L'irrégularité des délibérations prises sur des objets non compris dans la convocation n'est pas couverte par une nouvelle délibération prise en session ordinaire, et reproduisant conditionnellement, comme les nôtres le rapporter, les précédentes délibérations entachées d'irrégularités. En conséquence, le pourvoi contre ces délibérations demeure recevable. — Cons. d'Et., 5 avr. 1889, précité.

Section II.
Séances.

§ 1. *Nombre des membres nécessaires pour délibérer.*

78. — Les conseillers généraux, une fois réunis, ne peuvent délibérer valablement qu'à la condition d'être en nombre déterminé. C'est ce qu'établit l'art. 30, L. 10 août 1871, lorsqu'il dit : « le conseil général ne peut délibérer si la moitié plus un des membres dont il doit être composé n'est présente ». Ainsi c'est le nombre total des conseillers auxquels le département a droit, et non le nombre des membres du conseil en exercice, qui détermine la majorité prescrite par l'art. 30, et l'on ne doit pas avoir égard aux vacances existantes dans le conseil. — Circ. min. Int., 18 oct. 1871, [S. *Lois annotées*, 71.95] — Béquet, v° *Département*, n. 880.

79. — Il a été jugé que la délibération par laquelle un conseil général, composé de la moitié seulement de ses membres (14 sur 28), autorisait un recours au Conseil d'Etat, était irrégulièrement prise et que, par suite, le recours était non recevable. — Cons. d'Et., 16 févr. 1878, Préfet de la Haute-Savoie, [Leb. chr., p. 156]

80. — Au moment du vote commence, la présence de la majorité prescrite par la loi est nécessaire; mais le vote régulièrement commencé est valable, quel que soit le nombre des votants; car la minorité ne peut par des moyens détournés paralyser les délibérations du conseil général. — Béquet, *Rép. du dr. adm.*, v° *Département*, n. 881; Marie, t. 1, p. 79.

81. — Jugé, en ce sens, qu'il suffit, pour la validité d'une délibération du conseil général, que la moitié plus un des membres soient présents au moment du vote, lors même que plusieurs d'entre eux refuseraient d'y prendre part. — Cons. d'Et., 24 janv. 1879, Elect. d'Althen-les-Paluds, [S. 80.2.271, P. adm. chr.)

81 bis. — ... Et alors même que la délibération n'aurait été adoptée que par un nombre de membres inférieur à la moitié plus un des conseillers formant l'effectif légal du conseil général. — Cons. d'Et., 28 avr. 1893, Bentéjac, [Leb. chr., p. 339]

82. — Ainsi que nous l'avons vu précédemment (*supra*, n. 60), les conseillers généraux dont l'élection est attaquée peuvent provisoirement prendre part aux délibérations, par suite, ces conseillers doivent entrer dans le calcul du *quorum* nécessaire pour qu'une délibération soit prise valablement.

83. — On peut admettre dans un sens analogue que la délibération d'un conseil général à laquelle ont participé deux conseillers dont les fonctions sont incompatibles avec le mandat de conseiller général (en l'espèce, médecins inspecteurs des enfants assistés) n'est pas entachée de nullité. Cette incompatibilité, antérieure à l'élection et qui n'a pas été relevée dans les délais impartis par la loi, ne constitue qu'une irrégularité couverte par l'expiration de ces délais et qui ne peut être relevée. — Observations du ministre de l'Intérieur, sous Cons. d'Et., 23 juill. 1886, Dupont-Vieux, [Leb. chr., p. 648]

84. — L'art. 30 a pour sanction la nullité des délibérations prises en contravention des règles qu'il établit.

85. — Mais le préfet ne peut, sans excès de pouvoirs, annuler la délibération d'un conseil général par le motif qu'elle aurait été prise par un nombre de membres inférieur à celui qui est exigé par la loi, du moment où cette délibération a été prise en session régulière. L'annulation ou la nullité ne peut être prononcée que par un décret rendu dans la forme des règlements d'administration publique (L. 10 août 1871, art. 33 et 47). — Cons. d'Et., 8 août 1872, Laget, [S. 74.2.220, P. adm. chr., D. 73.3.49]

86. — Il a été décidé que lorsqu'un conseil général n'est pas réuni en nombre suffisant pour délibérer, et que tout porte à penser qu'il ne se réunira pas en nombre, le préfet n'excède pas ses pouvoirs en interdisant l'ouverture des portes de la salle au public (Déc. min. Int., 21 août 1877 : *Les conseils généraux*, t. 1, p. 1045). Cette solution ne pourrait plus être adoptée, en présence du texte de la loi du 21 mars 1886, qui dispose en ces termes : « si le conseil général ne se réunit pas, au jour fixé par la loi ou par le décret de convocation, en nombre suffisant pour délibérer, la session sera de plein droit renvoyée au lundi suivant; une convocation spéciale sera faite d'urgence par le préfet. Les délibérations alors seront valables, quel que soit le nombre des membres présents. La durée légale de la session courra à partir du jour fixé pour la seconde réunion. »

87. — « Lorsqu'en cours de session les membres présents ne formeront pas la majorité du conseil, les délibérations seront renvoyées au surlendemain, et alors elles seront valables, quel que soit le nombre des votants. Dans les deux cas, les noms des absents seront inscrits au procès-verbal » (*Ibid.*).

88. — Un conseil général, convoqué en session extraordinaire, s'il n'était pas en nombre pour délibérer, ne peut valablement renvoyer la délibération à une date antérieure ou postérieure au surlendemain. Par suite, la délibération prise dans cette seconde séance est irrégulière, quel que soit le nombre des votants. — Av. Cons. d'Et., 8 juill. 1891, [*Rev. gén. d'adm.*, 91.3.442] — *Rev. gén. d'adm.*, 93.1.386.

89. — Dans les deux hypothèses prévues aux numéros qui précèdent, les délibérations du conseil général seraient valables alors même qu'il n'y aurait que deux membres du conseil général qui assisteraient à la séance. — Av. min. Int., 18 avr. 1887, [*Les cons. génér*., t. 2, p. 694]

90. — L'art. 30, L. 10 août 1871, pose les principes suivants en matière de scrutin : « les votes sont recueillis au scrutin public, toutes les fois que le sixième des membres présents le demande. En cas de partage, la voix du président est prépondérante. Néanmoins, les votes sur les nominations et sur les validations d'élections contestées ont toujours lieu au scrutin secret, c'est-à-dire par bulletins fermés. Le résultat des scrutins publics, énonçant les noms des votants, est reproduit au procès-verbal. La circulaire du ministre de l'Intérieur, du 18 oct. 1871, s'exprime ainsi sur ces dispositions de la loi : « Quant au mode de votation, la loi du 10 août consacre une innovation considérable en déclarant que les suffrages seront recueillis au scrutin public toutes les fois que le sixième des membres présents le demandera, et en ajoutant que les noms des votants seront insérés au procès-verbal. Sous le régime de la loi du 10 mai 1838, il était interdit de mentionner au procès-verbal les noms des membres qui prenaient part aux délibérations. La loi du 23 juill. 1870 avait, il est vrai, levé cette prohibition, mais elle n'admettait pas le scrutin public. Désormais, le scrutin public pourra être réclamé sur toutes les questions, sauf, dans les cas prévus par la loi. Une première exception résulte de l'art. 28 d'après lequel le comité secret est décidé par assis et levé. Vous en trouverez une seconde dans l'art. 30, qui exige le scrutin secret chaque fois qu'il s'agit soit de nominations, soit de validation d'élections contestées. »

91. — Les délibérations sont prises à la majorité absolue. Dans les votes par assis et levé et dans les scrutins publics, la voix du président est prépondérante en cas de partage. Cette prérogative est inhérente à l'*exercice* de la fonction; ainsi, en cas d'absence du président, le vice-président qui occupe le fauteuil de la présidence a voix prépondérante. — Béquet, v° *Département*, n. 890.

92. — Dans les délibérations des conseils généraux, le chiffre de la majorité doit-il se calculer sur le nombre des votants, y compris les bulletins blancs, ou sur le nombre des suffrages exprimés, défalcation faite des bulletins blancs? Consulté sur cette question, le Conseil d'Etat, à la date du 27 mai 1875 (*Les cons. gén*., t. 1, p. 818), a émis l'avis : « qu'il appartient aux conseils généraux de décider, chacun par son règlement intérieur, si, pour calculer le chiffre de la majorité dans une délibération, les bulletins blancs seront comptés comme suffrages exprimés ou défalqués comme bulletins nuls. — V. toutefois Circ. min. Int., 9 oct. 1874, [*Les cons. gén*., t. 1, p. 676] — V. aussi *infrà*, n. 99.

93. — Est entachée d'excès de pouvoirs la délibération d'un conseil général statuant en matière de travaux publics, si elle a été prise au scrutin secret, nonobstant une demande de scrutin public faite par le sixième des membres présents. Il en est ainsi lors même que le règlement du conseil général contiendrait une disposition attribuant la scrutin secret si le scrutin public. — Cons. d'Et., 16 juill. 1875, Billot et autres, [S. 75.2. 224, P. adm. chr., D. 76.3.27]

§ 2. *Nomination du bureau*.

94. — La première opération que doivent effectuer les conseils généraux au début de la session d'août est la nomination du bureau. Voici comment s'exprime à cet égard l'art. 23, L. 10 août 1871 : « A l'ouverture de la session d'août, le conseil général, réuni sous la présidence du doyen d'âge, le plus jeune membre faisant fonctions de secrétaire, nomme au scrutin secret et à la majorité absolue son président, un ou plusieurs vice-présidents et ses secrétaires. Leurs fonctions durent jusqu'à la session d'août de l'année suivante. »

95. — L'organisation et la composition du bureau provisoire ne peuvent être modifiées par le conseil général. Un décret en Conseil d'Etat du 11 juill. 1873 (*Les cons. gén*., t. 1, p. 350), motive ainsi cette solution : « considérant que la loi du 10 août 1871 a, dans son art. 25, réglé l'organisation et la composition du bureau provisoire, en conférant au plus âgé et au plus jeune des conseillers les fonctions de président et de secrétaire, et ce jusqu'à l'élection du bureau définitif; qu'en prescrivant, par les art. 1 et 2 de son règlement, l'élection d'un bureau provisoire, l'assemblée départementale de Lot-et-Garonne a modifié arbitrairement la loi organique et a, par suite, excédé la limite de ses pouvoirs... ». — V. dans le même sens, Circ. min. Int., 9 oct. 1874, [*Les cons. gén*., t. 1, p. 673]

96. — L'élection des membres du bureau a lieu par votes successifs, dans l'ordre indiqué par la loi. Le président et le vice-président (s'il n'y en a qu'un) sont élus au scrutin individuel. Les secrétaires et les vice-présidents (s'ils sont plusieurs) sont élus au scrutin de liste. — Circ. min. Int., 18 oct. 1871, [S. *Lois annotées*, 1871, p. 94]

97. — La loi ne détermine pas le nombre des vice-présidents et des secrétaires. Mais il est évident que si, dans la plupart des cas, un vice-président suffit, la nomination de plusieurs secrétaires peut devenir nécessaire pour assurer, d'après les conditions nouvelles établies par les art. 31 et 32, le service des procès-verbaux et des comptes rendus officiels. — Circ. min. Int., 18 oct. 1871, [S. *loc. cit.*]

98. — Un conseil général outrepasse ses pouvoirs en créant pour la constitution de son bureau des inéligibilités et des incompatibilités qui ne sont pas inscrites dans la loi. Ainsi un règlement intérieur ne pourrait déclarer inéligibles aux fonctions de vice-président et de secrétaire du conseil, les membres qui, deux années de suite, auraient fait fonctions de membre du bureau et de membre de la commission départementale. — Avis min. Int., 11 mars 1887, [*Les cons. génér*., t. 2, p. 694]

99. — L'élection des membres du bureau a lieu à la majorité absolue; cette majorité se calcule sur le nombre des membres *présents*, alors même que quelques-uns d'entre eux s'abstiendraient de voter ou déposeraient des bulletins blancs. — Circ. min. Int., 9 oct. 1874, [*Les cons. génér*., t. 1, p. 676] — V. cep. *suprà*, n. 92.

100. — Il n'en est pas de même pour les élections ordinaires où la majorité est calculée sur le nombre des suffrages exprimés, déduction faite des bulletins blancs et de certains bulletins nuls (Décr. régl., 2 févr. 1852, art. 30). La différence provient de ce que les élections faites par des corps délibérants sont des délibérations et qu'elles sont soumises par suite à toutes les règles imposées aux délibérations.

101. — La loi du 10 août 1871 ne donnant pas de règle spéciale pour le cas où, dans l'élection des membres du bureau, les voix se seraient également partagées, il faut se référer à la législation antérieure. Or l'art. 21, L. 23 juill. 1870, portait : « Si les deux premiers tours de scrutin ne donnent pas de résultat, il est procédé à un scrutin de ballottage entre les deux candidats qui ont obtenu le plus de voix. *En cas d'égalité de suffrages le plus ancien est nommé* ». — Circ. min. Int., 18 oct. 1874, [S. *Loisann*., 1874, p. 94]

102. — C'est d'ailleurs l'application du principe général en matière d'élection. Ainsi pour l'élection des secrétaires définitifs, on ne doit pas tenir compte de la *minorité* d'âge comme pour la désignation des secrétaires provisoires. — Déc. min. Int., 17 oct. 1874, [*Les cons. génér*., t. 1, p. 690]

103. — Décidé, toutefois, qu'il n'y a pas lieu à un deuxième tour de scrutin pour l'élection du vice-président, en cas d'égalité au premier tour; l'élection serait acquise au plus âgé. — Déc. min. Int., 27 avr. 1874, [*Les cons. gén*., t. 1, p. 498] — V. Constans, *Code départemental*, t. 1, n. 218. — Mais cette solution ne semble pas aussi bien justifiée que la précédente.

104. — Le bureau ainsi constitué reste en fonctions pour la seconde session ordinaire et pour toutes les sessions extraordinaires qui pourraient avoir lieu dans le cours de l'année. Il n'est intégralement renouvelé qu'à la session ordinaire du mois d'août suivant. Si même un ou plusieurs de ses membres appartiennent à la série sortante, leurs pouvoirs ne cessent pas par la convocation des collèges électoraux. Ils les exercent jusqu'à l'ouverture de la session ordinaire d'août. — Circ. min. Int., 30 août 1874, [*Les cons. gén*., t. 1, p. 658]; — 9 oct. 1874, [*Ibid.*, t. 1, p. 676] — Ainsi, en principe, les membres du bureau restent en fonctions pendant une année, d'une session d'août à la session d'août de l'année suivante.

105. — Dans le cas d'ajournement de la session d'août, le bureau conserve ses fonctions jusqu'à la prochaine réunion ordinaire, alors même que plusieurs des membres font partie de la série sortante. — Circ. min. Int., 30 août 1874, [*Les cons. gén., loc. cit.*]; — 9 oct. 1874, [*loc. cit.*]; — 30 juill. 1877, [*Ibid.*, t. 1, p. 1036]; C'est ainsi qu'en 1877, par suite des circonstances, la session budgétaire n'ayant pu avoir lieu en août, mais seulement au 21 décembre, on a considéré que le renouvellement pouvait régulièrement avoir lieu seulement dans cette dernière session, complément de la session d'août. — V. Circ. min. Int., 30 juill. 1877,

[*Les cons. gén.*, t. 1, p. 1036]; — 18 déc. 1877, [*Ibid.*, t. 2, p. 11]

106. — Si une vacance survient dans le cours de l'année parmi les membres du bureau, le conseil général doit-il procéder, dès sa première réunion, à la désignation de nouveaux membres (président, vice-président ou secrétaire), ou peut-il décider, par exemple, que l'élection du président sera ajournée jusqu'à la prochaine session d'août et qu'il siégera en attendant sous la présidence du vice-président? La solution de cette question n'est pas établie clairement par les instructions ministérielles ou par la jurisprudence. D'après l'instruction du 18 oct. 1871, les conseils généraux devraient pourvoir au remplacement immédiat. Mais cette opinion a été contestée par certains conseils généraux. — V. Circ. m.n. Int., 9 oct. 1874, [*Les cons. gén.*, t. 1, p. 676] — Le Conseil d'Etat, saisi de la question en matière contentieuse, ne l'a pas résolue. — Cons. d'Et., 23 juill. 1875, Laisant Rousse, [Leb. chr., p. 709]

107. — Des observations du ministre de l'Intérieur sur cet arrêt du Conseil d'Etat, il semble résulter toutefois que, d'après l'administration, le silence des législateurs sur cette question peut s'interpréter en ce sens que les conseils généraux jouissent d'une liberté entière pour procéder ou ne pas procéder au remplacement des membres du bureau. — V. la note dans Leb. chr. sous Cons. d'Et., 23 juill. 1875, précité. — V. aussi Av. min. Int., 16 avr. 1887, [*Les cons. gén.*, t. 2, p. 692]

108. — D'après une décision du ministre de l'Intérieur, du 3 mars 1875 (*Les cons. gén.*, t. 1, p. 789), en l'absence du président et du ou des vice-présidents d'une session, il est inutile de procéder à de nouvelles élections; le conseil doit délibérer sous la présidence du doyen d'âge.

§ 3. *Attributions du président.*

109. — Le président prononce l'ouverture des séances et en annonce la clôture; il indique, avant de clore chaque séance, le jour et l'heure de la séance suivante et les affaires qui seront examinées. Il fixe l'ordre du jour et dirige les délibérations; il donne et retire la parole aux orateurs pendant le cours des débats, et aucun membre du conseil ne peut prendre la parole, si le président ne l'y a pas autorisé. Le président clôt les discussions après avoir consulté le conseil; il met aux voix les propositions, juge les votes avec le concours des secrétaires et proclame le résultat des scrutins (Béquet, *Rép. de dr. admin.*, v° *Département*, n. 911). Aux termes de l'art. 32, L. du 10 août 1871, le président doit signer les procès-verbaux des séances. Enfin, dans les scrutins publics où il est assis et levé, on sait qu'il a voix prépondérante. — V. *suprà*, n. 91.

110. — Le président adresse directement au ministre de l'Intérieur les observations du conseil général sur les comptes qui ont été présentées au conseil par le préfet. Même dans le cas où le compte ne donnerait lieu à aucune observation, il est néanmoins essentiel que le ministre soit informé par le président. Enfin, lorsque les observations seules du conseil que le président doit adresser au ministre, et non la délibération prise sur le compte du budget; celle-ci doit être adressée par le préfet au ministre (L. 10 août 1871, art. 66). — Circ. min. Int., 28 avr. 1874, [*Les cons. gén.*, t. 1, p. 564]

111. — Il sert d'intermédiaire au conseil général pour adresser directement au ministre compétent les réclamations dans l'intérêt spécial du département, et les avis sur les services publics départementaux, formulés par le conseil (L. 10 août 1871, art. 51). Il reçoit les démissions des conseillers généraux (V. *suprà*, n. 56), ainsi que les demandes de convocation en sessions extraordinaires. — V. *suprà*, n. 71 et s.

112. — C'est au président du conseil général et au président de la commission départementale que le préfet doit notifier les recours qu'il a formés contre les délibérations du conseil général pour excès de pouvoirs ou violation de la loi (L. 10 août 1871, art. 47).

113. — Aux termes de l'art. 29, L. 10 août 1871, c'est le président qui a la police du conseil général. Cet article est conçu en ces termes : « Le président a seul la police de l'assemblée. Il peut faire expulser de l'auditoire ou arrêter tout individu qui trouble l'ordre. En cas de crime ou de délit, il en dresse procès-verbal, et le procureur de la République en est immédiatement saisi ». L'attribution du droit de police au président est une prescription impérative de la loi, d'où il résulte que le règlement du conseil général ne saurait y apporter aucune dérogation. — Béquet, v° *Département*, n. 911.

114. — La portée du droit de police du président du conseil général est ainsi défini par la circulaire du ministre de l'Intérieur, du 18 oct. 1871, adressée aux préfets : « Il appartient au président du conseil, qui a seul la police de l'assemblée, de veiller à ce que l'admission du public ne nuise pas à l'ordre intérieur et à la régularité des délibérations. A cet effet, la loi lui confère le droit d'ordonner l'expulsion ou l'arrestation de tout individu dont la présence serait une cause de trouble, et de dresser procès-verbal en cas de crime ou de délit. Mais je ne doute pas que, de votre côté, vous n'ayez déjà pris les dispositions matérielles pour que la partie de la salle des séances destinée au public soit complètement séparée de l'enceinte réservée au conseil. Cette mesure n'importe pas moins au maintien de l'ordre qu'à la dignité et à la liberté des débats ». — [S. *Lois annotées*, 1871, p. 95]

115. — Un avis du Conseil d'Etat, du 3 déc. 1874 (*Les cons. gén.*, t. 1, p. 717), décide que le droit de police du président du conseil général ne comporte pas le droit de réquisition directement la force publique. Ce droit de réquisition n'est pas le corollaire nécessaire et implicite de la mission de maintenir l'ordre dans un lieu qui est ouvert au public. Ainsi les lois du 19 avr. 1831 et du 15 mars 1849 et le décret du 2 févr. 1852, en décidant que le président des collèges électoraux a seul la police de l'assemblée, comme le fait l'art. 29, L. du 10 août 1871, ont formellement ajouté que les autorités civiles et les commandants militaires sont tenus de déférer à ses réquisitions. Mais aucune loi ne confère au président du conseil général un droit de réquisition analogue. D'autre part, sauf les exceptions formelles (art. 51, 52, 76), le conseil général n'entre en relations qu'avec le préfet. Donc si le président juge nécessaire que des agents soient mis à sa disposition dans la salle des séances, il doit les demander au préfet, qui appréciera dans quelle mesure et de quelle manière il doit déférer à cette demande.

116. — Toutefois, le président a le droit de donner des ordres directs aux agents placés sous ses ordres dans la limite de la mission conférée par l'art. 29, L. du 10 août 1871. Mais le droit du président ne peut faire obstacle au droit du préfet soit comme représentant du pouvoir exécutif, soit comme officier de police judiciaire. — V. Avis précité du 3 déc. 1874.

117. — Le président du conseil général a seulement le droit d'exercer la police *intérieure* de l'assemblée. Il ne peut veiller à sa sûreté *extérieure*, ni prendre les mesures à cet effet. Aussi plusieurs décrets ont-ils annulé pour excès de pouvoirs des délibérations de conseils généraux qui avaient introduit dans le règlement intérieur de ces assemblées un article conférant au président le droit de police extérieure. Ces décrets s'appuient sur ces motifs que le devoir de veiller à la sécurité des assemblées départementales appartient au pouvoir exécutif, puisque seul il a la disposition de la force publique et exerce, sous le contrôle des Chambres, tous les droits de police; que l'art. 29, L. 10 août 1871, donne seulement au président du conseil général le droit d'exercer la police *intérieure* de l'assemblée; qu'il n'est pas dérogé à ce principe par la loi spéciale du 15 févr. 1872, applicable seulement dans le cas où les circonstances qu'elle prévoit viendraient à se réaliser. — Décrets en Conseil d'Etat, 14 déc. 1872, [*Les cons. gén.*, t. 1, p. 244]; — 11 juill. 1873 (deux décrets), [*Ibid.*, p. 348 et 350]

§ 4. *Règlement intérieur.*

118. — Ainsi qu'il a été précédemment indiqué, le conseil général fait son règlement intérieur (art. 26), et il peut ainsi compléter les dispositions de la loi. La circulaire du ministre de l'Intérieur, du 18 oct. 1871 (S. *Lois annotées*, 1871, p. 95), s'exprime en ces termes sur cette obligation imposée aux conseils généraux : « La loi du 23 juill. 1870 (art. 2) avait déjà reconnu aux conseils généraux le droit d'arrêter leur règlement intérieur. Mais ce qui, d'après la loi précédente, était une simple faculté : « *le conseil général peut, s'il le juge convenable, adopter un règlement intérieur* », devient une obligation : « *le conseil général fait son règlement intérieur* ». On conçoit, en effet, que la publicité des séances nécessite l'adoption de certaines dispositions réglementaires destinées à faciliter la direction des débats et la police de l'assemblée.

119. — Cette circulaire fait observer aussi que le règlement intérieur aura d'abord à déterminer le mode de constitution des bureaux ou des commissions chargées de l'examen préalable des affaires soumises aux délibérations du conseil général. Mais le règlement ne peut conférer à ces commissions un caractère permanent et général qui appartient à la seule commission départementale. — V. *infrà*, n. 161 et s.

120. — En édictant leur règlement intérieur, les conseils généraux doivent respecter les principes établis par la loi. Ainsi est entaché d'excès de pouvoirs le règlement intérieur : ordonnant l'élection d'un bureau provisoire à la première séance qui suit chaque renouvellement, ce qui contient une modification arbitraire de l'art. 25. — Décr. 11 juill. 1873 (*Les cons. gén.*, t. 1, p. 350); — V. *suprà*, n. 94 et s.; — prescrivant qu'au cas de deux demandes, l'une de scrutin secret, l'autre de scrutin public, le scrutin secret contiendra la préférence, contrairement aux dispositions de l'art. 30 de la loi de 1871. Mais il n'est pas nécessaire d'annuler préalablement ce règlement pour prononcer la nullité d'une délibération prise dans ces conditions. — V. *suprà*, n. 93.

121. — On doit aussi considérer comme n'ayant aucune base légale et comme méconnaissant le droit exclusif d'instruction préalable du préfet (V. *infrà*, n. 153), la disposition d'un règlement intérieur portant : que les dossiers des affaires qui doivent être soumises au conseil général seront remis huit jours au moins avant l'ouverture de la session à la commission départementale, qui les tiendra à la disposition des membres du conseil général; que chaque dossier contiendra le rapport qui lui est spécial; que toute affaire qui ne serait pas présentée dans les conditions ci-dessus sera de droit renvoyée à la session suivante, avec mention au procès-verbal du motif du renvoi. — Av. min. Int., 18 août 1882, [*Les cons. gén.*, t. 2, p. 458]. — Nous aurons d'ailleurs à examiner en plusieurs circonstances la légalité des règlements intérieurs.

122. — Bien que l'art. 26, L. 10 août 1871, autorise le conseil général à faire son règlement intérieur, ce règlement ne peut être considéré comme pris en vertu d'une délégation de la puissance législative, et comme ayant un caractère obligatoire tel que son inobservation puisse donner ouverture à un recours contentieux. Il n'en est pas du règlement du conseil général comme du règlement de la chambre des députés (V. *suprà*, v° *Chambre des députés*, n. 156). Décidé, par suite, que le règlement intérieur d'un conseil général ne rentre pas dans les dispositions de loi ou de règlement d'administration publique dont la violation peut donner ouverture à un recours pour excès de pouvoir. — Cons. d'Ét., 7 août 1891, Nouvau-Dupin et autres, [S. et P. 93.3.99]

123. — En conséquence, le pourvoi formé devant le Conseil d'État contre l'élection d'un membre de la commission départementale, faite en violation du règlement du conseil général, n'est pas recevable. — Même arrêt.

§ 5. *Publicité des séances. — Diffamation.*

124. — Aux termes de l'art. 28, les séances des conseils généraux sont publiques. La règle de la publicité des séances avait été autrefois inscrite dans le décret du 3 juill. 1848 ; supprimée presque aussitôt, elle a été rétablie par la loi de 1871 comme un principe général. Mais, nous l'avons-vu, l'admission du public aux séances ne peut avoir lieu que si le conseil général est en nombre pour délibérer valablement. — Béquet, v° *Département*, n. 909. — V. *suprà*, n. 86.

125. — Cette règle de la publicité des séances pouvant présenter des inconvénients en diverses circonstances, et constituer même un obstacle à la liberté de la discussion, le second paragraphe de l'art. 28 apporte aussitôt une importante restriction : néanmoins, dispose la loi, sur la demande de cinq membres, du président ou du préfet, le conseil général, par assis et levé, sans débats, décide qu'il se formera en comité secret. Le conseil décide également en quels termes la délibération prise en comité secret devra être inscrite au procès-verbal. — Circ. min. Int., 18 oct. 1871, [S. *Lois annotées*, 1871, p. 95]

126. — Le président du conseil général étant chargé de la police intérieure, ainsi que nous l'avons vu (*suprà*, n. 113), peut prendre toutes mesures convenables pour éviter que la présence du public ne cause du désordre. Toutefois, il a été admis que le président porterait atteinte au principe de la publicité en établissant dans l'enceinte affectée au public des places réservées à certaines catégories de personnes qui y seraient admises sur la présentation de cartes distribuées par lui. — Déc. min. Int., 25 oct. 1874, [*Les cons. gén.*, t. 1, p. 697]

127. — La publicité des débats du conseil général a des conséquences importantes. Ainsi les discours, discussions, rapports, etc., étant tenus en présence du public, peuvent avoir le caractère du délit de diffamation. En effet, les débats des conseils généraux ne bénéficient pas de l'immunité accordée aux discussions parlementaires et autres débats prévus dans l'art. 41, L. 29 juill. 1881 (V. *suprà*, v° *Chambre des députés*, n. 105 et 106). Les dispositions de cet article, étant exorbitantes du droit commun, ne peuvent pas être appliquées aux conseils généraux.

128. — Mais on devra admettre avec plus de facilité la bonne foi, lorsqu'il est évident que le conseil a agi non dans un sentiment de haine, mais pour la sauvegarde des intérêts généraux qui lui sont confiés. On ne pourrait considérer le fait reproché comme étant un acte administratif, car il est de principe que bien qu'insérés dans un acte administratif des faits délictueux ne peuvent jamais être en eux-mêmes des actes administratifs, et tombent sous l'application des lois pénales. — Celliez et Le Senne, p. 471. — V. Fabreguettes, *Des infractions de la parole, de l'écriture et de la presse*, t. 2, n. 1709 et s.; Sanlaville, *Du délit de diffamation commis par les conseils municipaux*, p. 19. — V. *suprà*, v° *Commerce*, n. 239 et s., *infrà*, v° *Diffamation*.

129. — Le délit de diffamation peut résulter non seulement des délibérations d'un conseil général, mais aussi des paroles ou des rapports émanant d'un ou de plusieurs membres du conseil. Ils se trouvent alors personnellement responsables de leurs paroles ou de leurs actes. Bien que la loi ne prononce aucune immunité, il faut cependant admettre qu'un conseiller général peut être appelé, par l'obligation de sa charge, à donner son opinion sur les personnes et sur les actes, moins dans un sentiment personnel de haine que dans l'intérêt général. Aussi a-t-il été reconnu, dans la discussion de la loi du 29 juill. 1881, que la *responsabilité ne saurait être absolue*. Les magistrats saisis de l'action en diffamation ou en injure pourront déclarer plus facilement qu'il n'existe pas d'intention de nuire, ou de faute et d'imprudence. — Fabreguettes, *loc. cit.*; Celliez et Le Senne, p. 471; Béquet, v° *Département*, n. 915; F. Sanlaville, *Du délit de diffamation commis par les conseils municipaux*, p. 19 et 20.

130. — Les débats des conseils généraux semblent donc moins libres que les débats parlementaires. Mais lorsque le conseil général a usé de la faculté qu'il a de se constituer en comité secret (V. *suprà*, n. 125), les débats qui ont eu lieu ainsi à huis clos échappent à toute poursuite.

131. — Enfin on doit admettre que les secrétaires ne seraient pas forcés de reproduire les passages délictueux d'une délibération ou de tout acte d'un conseil général, car nul ne peut être contraint légalement de commettre un délit. — V. Sanlaville, *Du délit de diffamation commis par les conseils municipaux*, p. 22.

§ 6. *Procès-verbaux, comptes-rendus, publication.*

132. — Les comptes-rendus et procès-verbaux ont une importance capitale; leur publication en est-elle soumise à des règles spéciales. Les secrétaires des conseils généraux ont un double travail : d'abord ils doivent établir, jour par jour, un compte-rendu sommaire et officiel des séances. Ce compte-rendu, dont la reproduction est obligatoire pour les journaux qui veulent apprécier une discussion, est mis à la disposition de tous les journaux du département dans les quarante-huit heures qui suivent la séance (L. 10 août 1871, art. 31). — Circ. min. Int., 18 oct. 1871, [S. *Lois annotées*, 1871, p. 95]; — 10 sept. 1874, [*Les cons. gén.*, t. 1, p. 665] — Ch. Constant, *Code départemental*, t. 1, n. 239.

133. — En second lieu, les secrétaires doivent rédiger, au jour le jour, le procès-verbal qui est arrêté au commencement de chaque séance et qui contient, avec les rapports, les noms des membres qui ont pris part aux débats et l'analyse de leurs opinions (L. 10 août 1871, art. 32). — Circ. min. Int., 18 oct. 1871 et 10 sept. 1874, précitées. — Mais aucune autre forme n'est prescrite pour la rédaction des procès-verbaux. — Ch. Constant, *Code départemental*, t. 1, n. 238.

134. — Le compte-rendu, qui mentionne, comme le procès-verbal lui-même, les noms des conseillers qui prennent part aux délibérations, est rédigé sous l'autorité du président. Quant aux procès-verbaux, ils sont signés par le président et le secrétaire, après avoir reçu l'approbation de l'assemblée (L. 10 août 1871, art. 31 et 32). — Circ. min. Int., 18 oct. 1871 et 10 sept. 1874, précitées.

135. — Bien qu'il soit plus régulier que le conseil général arrête lui-même le procès-verbal de la dernière séance de la session, le ministre de l'Intérieur paraît admettre cependant que le conseil général peut, par une délibération, charger la commission départementale d'arrêter ce procès-verbal, en engageant les membres du conseil présents au chef-lieu, à s'adjoindre à la commission. — Av. min. Int., 9 oct. 1873, [*Les cons. gén.*, t. 1, p. 397] — Cette solution semble sujette à critique ; elle se préoccupe beaucoup plus des nécessités de la pratique, que de la stricte légalité.

136. — Les préfets doivent adresser au ministre de l'Intérieur, le jour même où il est mis à la disposition des journaux de la localité, et plus tôt même, si c'est possible, deux copies ou épreuves imprimées du compte-rendu des délibérations des conseils généraux. — Circ. min. Int., 31 juill. 1878, [*Les cons. gén.*, t. 2, p. 69] — Béquet, v° *Département*, n. 917.

137. — Aussitôt après l'adoption des procès-verbaux, communication peut en être demandée par tout électeur ou contribuable du département (V. anal. *suprà*, v° *Commune*, n. 243). Il faut donc qu'ils soient déposés sans retard au secrétariat de la préfecture, conformément à l'art. 7, L. 28 pluv. an VIII, qui institue le secrétaire général gardien de toutes les archives, et qui donne à ce fonctionnaire seul, qualité pour signer et délivrer les expéditions des délibérations du conseil général. Les secrétaires des conseils généraux ne doivent donc pas conserver par devers eux les minutes des procès-verbaux, ni les confier à la commission départementale. — Circ. min. Int., 10 sept. 1874, [*Les cons. gén.*, t. 1, p. 666] — Déc. min. Int., 12 avr. 1874, [*Ibid.*, p. 494] — Décr. en Cons. d'Et., 9 janv. 1875, [*Ibid.*, p. 754]

138. — Les dossiers doivent, en principe, rester à la préfecture, et ce n'est que par une tolérance inspirée par les nécessités pratiques, que les rapporteurs des commissions sont autorisés à garder devers eux des pièces déposées sur le bureau dans l'intervalle des séances. Mais on ne peut permettre la communication de ces pièces pendant la prorogation du conseil et leur transport à de grandes distances. Le secrétaire général de la préfecture est, en effet, seul gardien responsable de ces pièces (L. 28 pluv. an VIII, art. 7). Les seules pièces qui puissent être ainsi transportées sont les copies manuscrites ou imprimées des rapports présentés par le préfet ; celles-ci appartiennent au conseil. Quant aux documents originaux qui constituent les documents justificatifs, ils appartiennent à la préfecture, et le conseil général n'a droit, sous la réserve des tempéraments indiqués plus haut, qu'à une communication sans déplacement. — Déc. min. Int., 8 sept. 1877, [*Les cons. gén.*, t. 1, p. 1035] — Enfin, tous les documents relatifs au conseil général doivent être versés aux archives de la préfecture, sans qu'il soit nécessaire d'obtenir préalablement l'assentiment du conseil. — Déc. min Int., 10 oct. 1875, [*Les cons. gén.*, t. 1, p. 913]

139. — C'est le conseil général qui décide s'il y a lieu ou non à l'impression du volume des délibérations. Mais du moment que l'impression des procès-verbaux a été votée, le soin de surveiller ce travail purement matériel est un acte d'exécution qui, aux termes de la loi du 10 août 1871, appartient exclusivement au préfet ; il est donc responsable de la plus ou moins grande rapidité de la publication. — Circ. min. Int., 10 sept. 1874, [*Les cons. gén.*, t. 1, p. 667] — Décr. en Cons. d'Et., 9 janv. 1875, [*Ibid.*, p. 754] — Quant à la forme de cette publication, le conseil général est maître de décider que les délibérations et procès-verbaux seront imprimés soit intégralement, soit partiellement, soit dans l'ordre des séances, soit d'après un ordre méthodique, etc. (Instr. min., 16 vent. an IX). — Béquet, v° *Département*, n. 924.

140. — Les membres du conseil général et du conseil d'arrondissement, ainsi que les maires du département pour les archives de la commune, reçoivent gratuitement, à la fin de chaque session, un exemplaire du recueil des délibérations. De même, des exemplaires sont envoyés à la Cour des comptes, au ministère de l'Intérieur (administration départementale et communale), au Sénat, à la Chambre des députés et au Conseil d'Etat (Circ. min. Int., 29 sept. 1874). — Béquet, v° *Département*, n. 927.

141. — On peut se demander quelle est la force probante des recueils des délibérations et procès-verbaux des conseils généraux. L'authenticité de ces actes résulte tout à la fois de l'approbation votée par le conseil et de la signature du président et des secrétaires. — V. Cons. d'Et., 28 avr. 1893, Bentéjac, [Leb. chr., p. 339, et la note] — Il a même été jugé par la Cour de cassation que, lors même que le recueil des procès-verbaux et délibérations contient des lacunes et ne renferme pas la mention d'une délibération expresse, on peut induire que la liste du jury d'expropriation a été régulièrement votée de ce que : 1° cette liste a été insérée dans le recueil ; 2° de ce qu'elle y figure comme annexe à la séance, ce qui indiquerait qu'elle a été produite dans cette séance et est devenue, par une acceptation collective, l'œuvre du conseil. — Cass., 12 juin 1883, Claudet, [S. 84.1.295, P. 84.1.707, D. 84.1.279] — Toutefois, cette solution peut être critiquée. Il est dans tous les cas préférable que les délibérations du conseil général soient régulièrement reproduites au recueil tout au moins dans leurs parties essentielles. — Béquet, v° *Département*, n° 925.

142. — L'art. 31, L. 10 août 1871, portait, dans son paragraphe final, que : les journaux ne pourraient apprécier une discussion du conseil général sans reproduire en même temps la portion du compte-rendu afférente à cette discussion ; et que toute contravention à cette disposition serait punie d'une amende de 50 à 500 fr. La loi du 29 juill. 1881, sur la presse (art. 68, § 2), déclare abrogée cette disposition relative à l'appréciation des discussions des conseils généraux par les journaux.

143. — Il a été jugé qu'à défaut d'un texte spécial réprimant l'infidélité des comptes-rendus des conseils généraux par les journaux, la reproduction inexacte du texte et des conclusions d'un rapport fait au conseil général peut constituer la publication de fausses nouvelles et est passible à ce titre des peines édictées par l'art. 15, Décr. 17 févr. 1852. — Rennes, 24 juin 1874, Douard, [D. 74.2.243] — Cette solution pourrait s'appliquer encore sous l'empire de la loi du 29 juill. 1881, si les conditions établies par l'art. 27 de cette loi se rencontraient dans la publication inexacte du compte-rendu : c'est-à-dire si cette publication ou reproduction venait à troubler la paix publique et si elle avait été faite de mauvaise foi. — V. Fabreguettes, *Traité des infractions de la parole*..., t. 1, n. 985 et s., n. 1005 et s. — V. *infrà*, v° *Presse*.

§ 7. *Rôle du préfet et des chefs de service.*

144. — I. *Préfet.* — Aux termes de l'art. 27, L. 10 août 1871, le préfet a entrée au conseil général ; il est entendu quand il le demande et assiste à ses délibérations, excepté lorsqu'il s'agit de l'apurement de ses comptes. Une circulaire du ministre de l'Intérieur, du 9 oct. 1874 (*Les cons. gén.*, t. 1, p. 682), insiste sur la nécessité de la participation personnelle du préfet aux débats du conseil général. La présence du préfet et ses explications verbales ne peuvent que faciliter l'instruction des affaires et aider à la bonne gestion des intérêts départementaux. — Mais le préfet n'est pas tenu de fournir le relevé des opérations d'un établissement non départemental, ainsi que d'une caisse d'épargne. — Av. min. Int., 27 avr. 1893, [*Rev. gén. d'adm.*, 94.2.192]

145. — Si le préfet ne doit pas assister à la séance lorsqu'il s'agit de l'apurement de ses comptes, ce n'est pas seulement par une considération de convenance, mais aussi par le motif que les comptes doivent pouvoir être examinés en toute liberté. Les mêmes raisons existent manifestement lorsqu'il s'agit de l'examen des comptes non du préfet en exercice, mais de son prédécesseur. Le préfet en exercice doit donc aussi s'abstenir dans ce cas d'assister aux séances du conseil général où se compte est débattu. — Béquet, v° *Département*, n. 901.

146. — Le préfet peut prendre séance dès l'ouverture de la session ; ainsi il a le droit d'assister à l'élection du bureau. L'usage consistant à inviter le préfet à prendre part aux travaux de l'assemblée, seulement après la constitution du bureau définitif, est donc irrégulier. — Déc. min. Int., 30 août 1877, [*Les cons. gén.*, t. 1, p. 1045]

147. — Le droit du préfet d'être entendu dans ses observations et ses conclusions, et de provoquer un vote du conseil général est absolu et ne saurait être sérieusement contesté (L. 10 août 1871, art. 3, 27, 28, 48-5°, 56, 57). Il n'y a donc pas lieu de distinguer entre les propositions portant sur des objets également soumis aux délibérations des conseils généraux et la proposition qui tend à écarter par la question préalable l'examen d'un vœu illégal ou inconstitutionnel. Ainsi le préfet peut opposer la question préalable sans que le président du conseil général puisse refuser de faire délibérer sur cette proposition. — Av. Cons. d'Et., 21 déc. 1882, [*Rev. gén. d'adm.*, 83.1.30] — V. aussi *Rev. gén. d'adm.*, 93.1.385. — Circ. min. Int., 16 janv. 1883, [*Les cons. génér.*, t. 2, p. 481] — Béquet, *Rép. de dr. adm.*, v° *Département*, n. 903 et 904.

148. — De tous temps, le secrétaire général a siégé à côté du préfet lorsque sa présence était jugée utile aux travaux du conseil général. La loi du 10 août 1871, pas plus que celle du 18 juill. 1866 n'ont rien innové sur ce point. Il convient donc de s'en rapporter à l'usage et aux traditions telles qu'elles étaient suivies depuis 1838. — Déc. min. Int., 20 avr. 1874, [*Les cons. génér.*, t. 1, p. 495] — Av. min. Int., 27 août 1881, [*Ibid.*, t. 2, p. 381]

149. — Le secrétaire général peut être délégué par le préfet pour le représenter au conseil général, et cette délégation peut être verbale. — Déc. min. Int., 21 août 1877, [*Les cons. génér.*, t. 1, p. 1043] — V. aussi Av. min. Int., 27 août 1881, [*Ibid.*, t. 2, p. 381] — En cas d'absence ou d'empêchement du préfet, ou de vacance de la préfecture, le droit d'entrée au conseil général appartient au fonctionnaire qui légalement remplace le préfet, c'est-à-dire le secrétaire général ou le premier conseiller de préfecture dans l'ordre du tableau. — Béquet, v° *Département*, n. 906.

150. — L'art. 56 de la loi impose aux préfets l'obligation d'adresser à tous les membres du conseil général, huit jours au moins avant l'ouverture de la session d'août, un exemplaire imprimé de leur rapport d'ensemble sur la situation du département et sur l'état des différents services publics. Un autre rapport, exposant les affaires qui doivent être traitées pendant la seconde session ordinaire, doit également être imprimé et distribué huit jours avant cette session. — Circ. min. 18 oct. 1874, [S. *Lois annotées*, 71.95] — Qu'arriverait-il si le conseil général se refusait à voter les fonds qu'exige cette publication? Il est certain que la dépense ne pourrait être inscrite d'office au budget; car elle n'est point classée au nombre des dépenses *obligatoires*. Mais comme la publication est exclusivement ordonnée dans l'intérêt du département, on devrait conclure du refus de crédit que le conseil général ne considère pas la dépense comme utile, et son vote affranchirait le préfet de l'obligation que lui impose la loi. Le préfet devrait, dans ce cas, se borner à déposer au secrétariat de la préfecture une copie manuscrite que pourraient consulter sans déplacement les membres du conseil général. — Déc. min. Int., 5 févr. 1873, [*Les cons. génér.*, t. 1, p. 264; *Bull. off. min. Int.*, 73.58]

151. — D'autre part, les préfets doivent s'abstenir de livrer aux journaux, avant l'ouverture de la session, les rapports qu'ils sont tenus de faire imprimer et distribuer aux membres du conseil général. — Déc. min. Int., 7 oct. 1874, [*Les cons. génér.*, t. 1, p. 674]

152. — Le rapport du préfet est ordinairement précédé d'un exposé sommaire des principales affaires qui intéressent le département (Béquet, v° *Département*, n. 1006). Des circulaires du ministre de l'Intérieur, du 17 juin 1878 et du 21 juin 1879 [*Les cons. génér.*, t. 2, p. 57 et 126], recommandent aux préfets de préparer leur rapport d'après un plan méthodique et uniforme. La première partie de ce rapport est consacrée aux comptes et aux budgets. C'est la partie capitale du rapport et elle doit être l'œuvre personnelle du préfet. La deuxième partie, qui est plutôt l'œuvre des bureaux, bien que revue et contrôlée par le préfet, comprend : le département des contributions, les comptes-rendus financiers, les décisions concernant les routes et les chemins, les circonscriptions des communes, les foires et marchés, les répartitions des subventions de l'État et du département, la fixation des contingents communaux, etc... Enfin, la troisième partie se compose des rapports des chefs de service, dont ils conservent la responsabilité, le préfet se bornant à supprimer les développements inutiles (V. *infrà*, n. 159). Elle contient, en outre, les renseignements habituels sur les sociétés agricoles, industrielles et se termine par les réponses aux vœux formulés dans la précédente session et l'analyse des vœux des conseils d'arrondissement, que le préfet est tenu de leur imprimer.

153. — Le préfet est chargé exclusivement de l'instruction préalable de toutes les affaires qui intéressent le département (L. 10 août 1871, art. 3); c'est lui qui doit préparer les dossiers et les déposer sur le bureau du conseil général. — Av. min. Int., 21 août 1874, [*Les cons. génér.*, t. 1, p. 635] — Par suite, le chef d'un service public (en l'espèce, un chef de bataillon du génie) commet une irrégularité en saisissant directement la commission départementale d'une affaire intéressant le département. — Déc. min. Int., 8 févr. 1874, [*Les cons. génér.*, t. 1, p. 479]

154. — II. *Chefs de service.* — Les chefs de service des administrations publiques dans le département sont tenus de fournir, verbalement ou par écrit, tous les renseignements qui leur seraient réclamés par le conseil général sur les questions intéressant le département (L. 10 août 1871, art. 52). Lorsque leur présence est utile, ils peuvent siéger à côté du préfet. — Déc. min. Int., 20 avr. 1874, Allier, [*Les cons. gén.*, t. 1, p. 493] — Toutefois, cet article ne s'applique, ainsi que l'a reconnu le Conseil d'État, qu'aux fonctionnaires agissant sous les ordres des ministres, ayant une autorité personnelle qui leur est déléguée par le gouvernement, et qui peuvent, dans les limites des règlements, prendre des décisions, qui ont, en un mot, la responsabilité du service. Telle n'est pas la situation de l'agent-voyer en chef, subordonné immédiat du préfet, et qui ne peut revendiquer la qualité de *chef de service* dans le sens des art. 27 et 52. — Déc. min. Int., 20 août 1873, [*Les cons. gén.*, t. 1, p. 383] — Circ. min. Int., 9 oct. 1874, [*Les cons. gén.*, t. 1, p. 682] — V. aussi, Décr. en Cons. d'Ét., 23 juin 1871, [*Les cons. gén.*, t. 1, p. 1.] — Béquet, v° *Département*, n. 1001. — D'après ces indications, on peut qualifier *chefs de service* : les ingénieurs en chef, les directeurs des contributions directes ou indirectes, des domaines, les inspecteurs d'académie, les directeurs des postes, etc...

155. — Au contraire, on ne peut comprendre, parmi les chefs d'administration publique ou de service, les chefs de division des bureaux de préfecture ou autres employés de ces bureaux. — Rap. min. Int. sous Décr. 23 juin 1871, [*Les cons. gén.*, t. 1, p. 604]

156. — De même, l'archiviste et l'architecte départementaux ne sont pas chefs d'une administration publique dans le département; ils sont les auxiliaires subordonnés du préfet. — Déc. min. Int., 27 août 1875, [*Les cons. gén.*, t. 1, p. 888].

157. — Toutefois, le préfet peut autoriser ces employés à donner des explications verbales au conseil général ou à ses commissions, mais il n'y est point tenu, et lorsqu'il donne cette autorisation, il peut y mettre pour condition qu'il assistera à la conférence. — Déc. min. Int., 27 août 1875, précité. — Béquet, v° *Département*, n. 1002.

158. — Les chefs de service peuvent, au contraire, entrer en communication avec le conseil général ou avec la commission départementale, sans que le préfet intervienne, ou même sans qu'il soit prévenu. Mais il est à désirer, dans l'intérêt même du service, que l'invitation leur soit adressée par l'entremise du préfet. D'autre part, les chefs de service ne sont pas légalement tenus de se transporter au sein des assemblées départementales. La seule obligation à laquelle ils soient rigoureusement soumis, c'est de fournir verbalement ou par écrit les renseignements que seraient autorisés à leur demander, au nom du conseil général ou de la commission, un ou plusieurs membres de ces assemblées. — Circ. min. Int., 3 janv. 1872, [*Les cons. génér.*, t. 1, p. 148]; — 9 oct. 1874, [*Ibid.*, p. 683] — V. aussi Béquet, v° *Département*, n. 1003.

159. — Le conseil général n'a pas le droit d'exiger l'impression des rapports des chefs de service, la loi chargeant le préfet seul de se rendre compte de l'état de tous les services publics. Mais dans l'usage, les préfets insèrent ces rapports; ils ne le font toutefois que bénévolement et dans la mesure qui leur convient, sans y être aucunement obligés. — Av. min. Int., 20 oct. 1874, [*Les cons. génér.*, t. 1, p. 695] — Il va sans dire qu'un conseil général, pas plus qu'une commission départementale, ne peuvent renvoyer pour avis aux chefs de service compétents, des questions n'ayant pas un caractère d'intérêt départemental. — Av. min. Int., 21 juin 1874, [*Les cons. génér.*, t. 1, p. 315]

160. — Enfin le conseil général n'ayant aucune autorité hiérarchique sur les chefs de services ne peut leur infliger directement un blâme, l'art. 51 autorisant seulement les conseils généraux à adresser leurs réclamations au ministre compétent par l'intermédiaire de leur président. Est par suite entachée d'excès de pouvoirs, la délibération infligeant un blâme direct à un fonctionnaire qui ne relève pas de l'autorité du conseil général, et ordonnant la publicité de ce blâme. — Décr. Cons. d'Ét., 7 août 1873, [*Les cons. génér.*, t. 1, p. 367]; — 16 août 1883, [*Rev. gén. d'adm.*, 83.3.87]

Section III.

Commissions d'étude.

161. — Les conseils généraux instituent des bureaux et des commissions pour l'étude des affaires, d'après un usage constant, et ordinairement d'après les règles indiquées par une instruction ministérielle du 16 vent. an X (commissions des finances, de travaux publics, de l'enseignement, commission d'initiative, etc.). Le règlement intérieur du conseil général règle la constitution et le fonctionnement de ces bureaux et commissions (V. suprà, n. 119). — Béquet, v° *Département*, n. 897 et s.). — Nous ne nous occupons pas ici de la commission départementale qui a un caractère juridique et des attributions toutes spéciales. — V. suprà, v° *Commission départementale*.

162. — Aux termes de l'art. 51, L. 10 août 1871, le conseil général peut nommer une commission composée de membres pris dans son sein et chargée d'étudier une affaire spéciale dans l'intervalle des sessions ; mais il faut que la première instruction ait été faite par le préfet (V. suprà, n. 153). — Av. min. Int., 21 août 1876, [*Les cons. génér.*, t. 1, p. 963]

163. — D'après un avis du ministre de l'Intérieur du 22 mai 1874, [*Les cons. génér.*, t. 1, p. 576], les commissions d'étude ne peuvent comprendre des membres étrangers au conseil général et désignés par celui-ci. Le préfet aurait seul le droit de désigner des membres de la commission étrangers au conseil général.

164. — Les commissions nommées ainsi, en dehors de la commission départementale, ne peuvent être instituées que pour étudier une question spéciale, un objet déterminé. Elles ne peuvent avoir un caractère permanent. Ainsi la délibération nommant une commission chargée d'étudier toutes les questions de chemins de fer intéressant le département. — Avis min. Int., 27 janv. 1874, [*Les cons. génér.*, t. 1, p. 474] — V. aussi Avis min. Int., 22 mai 1874, [*Ibid.*, p. 576]

165. — ... Ou une commission chargée d'étudier, pendant l'intervalle des sessions, les questions intéressant le service vicinal. — Décr. Cons. d'Ét., 31 mai 1880, [*Les cons. génér.*, t. 2, p. 238 ; *Rev. gén. d'adm.*, 80.2.312]

166. — ... Ou une commission hippique permanente. — Décr. Cons. d'Ét., 2 avr. 1892, [*Rev. gén. d'adm.*, 92.2.53]

167. — De même encore, le conseil général ne pourrait, sans illégalité, investir chacun de ses membres d'une mission permanente, consistant par exemple à examiner l'état des casernes de gendarmerie, et à discuter chacun, en ce qui concerne son canton, les conditions des baux à renouveler. — Av. min. Int., 24 juill. 1877, [*Les cons. gén.*, t. 1, p. 1030]

168. — Décidé toutefois qu'il n'y a pas d'inconvénients à ce qu'une commission soit chargée de réunir des documents de nature à éclairer sur les moyens de conjurer une crise qui pèse sur l'industrie et l'agriculture et de rédiger ensuite un mémoire sur ses recherches. Dans ce cas, le préfet doit se tenir à l'écart des délibérations et se borner à fournir les documents administratifs nécessaires. — Av. min. Int., 9 mai 1879, [*Les cons. gén.*, t. 2, p. 121] — V. aussi Circ. min. Int., 9 août 1879, [*Les cons. gén.*, t. 2, p. 162] — Mais la jurisprudence du ministère de l'Intérieur paraît avoir actuellement une tendance à restreindre le droit du conseil général de déléguer ses pouvoirs. — Circ. min. Int., 13 avr. 1881, [*Les cons. gén.*, t. 2, p. 354] — V. suprà, v° *Commission départementale*.

169. — L'art. 51 confère au conseil général le droit de charger un ou plusieurs de ses membres de recueillir sur les lieux les renseignements qui lui sont nécessaires pour statuer sur les affaires placées dans ses attributions. — Av. min. Int., 6 sept. 1875, [*Les cons. gén.*, p. 888] — Il en résulte que le conseil général ne peut, sans illégalité, conférer une mission qui excéderait les limites déterminées par l'article susdit. Par exemple, il ne peut conférer le droit de visiter les écoles primaires publiques du département, même qu'il s'agirait seulement de l'état matériel de ces écoles. — Décr. Cons. d'Ét., 19 juill. 1873, [*Les cons. gén.*, t. 1, p. 360]

170. — Par application du même principe, le conseil général ne peut charger individuellement les membres de la commission départementale de faire une enquête et un rapport sur les déplacements d'instituteurs, le conseil général n'ayant pas qualité pour connaître des décisions prises par le préfet à l'égard du personnel enseignant. — Décr. Cons. d'Ét., 4 oct. 1877, [*Les cons. gén.*, t. 1, p. 1074] — V. aussi suprà, v° *Commission départementale*, n. 25 et s.

171. — Mais, dès que le préfet a effectué l'instruction préalable d'une affaire, le conseil général a le droit de confier une vérification complémentaire à un de ses membres, en vertu de l'art. 51, § 2. C'est ce qui a été décidé pour la vérification de la solidité d'un pont sur un chemin de grande communication dont le préfet demandait la reconstruction. Le ministre de l'Intérieur (Av. 27 nov. 1874 : *Les cons. gén.*, t. 1, p. 716) fit toutefois observer que le préfet devrait, dans ces circonstances, faire remarquer au conseil général le danger de la voie dans laquelle il s'engage, en substituant son appréciation à celle des agents responsables du service et à celle des hommes de l'art.

172. — La commission départementale peut fonctionner comme commission d'étude en vertu d'une délégation spéciale du conseil général, mais seulement pendant la durée de la session. Le préfet doit donc s'abstenir de lui communiquer ses propositions avant l'ouverture de la session et s'opposer à ce que le rapport publié par la commission départementale en vertu de l'art. 79 en fasse mention. — Av. min. Int., 23 nov. 1874, [*Les cons. gén.*, t. 1, p. 716]

173. — Les conseillers délégués peuvent exercer leur mandat même dans l'intervalle des sessions ; mais ils n'ont aucun caractère officiel ; ils ne peuvent donc donner aucun ordre aux fonctionnaires ; ils doivent se borner à prendre personnellement des informations. — Av. min. Int., 6 sept. 1875, [*Les cons. gén.*, t. 1, p. 888] — Les commissions d'études ne peuvent, d'ailleurs user de la procédure des commissions d'enquête parlementaire, siéger dans les mairies, invoquer le concours des fonctionnaires, etc. — Av. 9 mai 1879, précité.

CHAPITRE III.

SANCTIONS.

174. — On peut dire que les sanctions édictées par la loi pour maintenir la régularité de l'organisation et du fonctionnement des conseils généraux consistent principalement dans l'annulation des délibérations prises hors des réunions légales, dans la démission forcée des conseillers généraux qui se trouvent dans une situation illégale, et dans la dissolution même du conseil général, ce qui est la plus grave des mesures dont le législateur arme le gouvernement. Nous aurons à examiner d'autres sanctions de la régularité des délibérations en étudiant les attributions des conseils généraux.

Section I.

Annulation des délibérations prises hors des réunions légales.

175. — L'art. 34 pose en principe que toute délibération prise hors des réunions du conseil, non prévues ou autorisées par la loi, est nulle et de nul effet. On doit assimiler à une réunion illégale, la prolongation de la session d'un conseil général au delà de sa durée légale. — V. suprà, n. 69.

176. — Mais on ne saurait appliquer la nullité édictée par l'art. 34 au cas où, pendant une session régulière, le conseil général se réunirait en nombre insuffisant et prendrait une délibération. — Cons. d'Ét., 8 août 1872, Paget, [S. 74.2.220, P. adm. chr., D. 73.3.49] — *Sic*, Constant, *Code départemental*, t. 1, n. 263.

177. — Le dernier paragraphe de l'art. 34 indique dans les termes suivants de quelle manière la nullité est prononcée : Le préfet, par un arrêté motivé, déclare la réunion illégale, prononce la nullité des actes, prend toutes les mesures nécessaires pour que l'assemblée se sépare immédiatement, et transmet son arrêté au procureur général du ressort pour l'exécution des lois et l'application, s'il y a lieu, des peines déterminées par l'art. 258, C. pén. En cas de condamnation, les membres condamnés sont déclarés par le jugement exclus du conseil et inéligibles pendant les trois années qui suivront la condamnation. Ainsi un décret n'est pas nécessaire pour prononcer la nullité ; à la différence des dispositions de l'art. 33, cette nullité est prononcée par un arrêté motivé du préfet. Il y a urgence, en effet, à faire cesser un acte qui constitue presque une rébellion à la loi. Il n'est pas nécessaire que l'arrêté préfectoral soit pris en conseil de préfecture, il suffit qu'il soit motivé. La nullité est de droit : l'acte du préfet ne fait que la constater.

178. — L'art. 34 ne fixe aucun délai dans lequel la nullité doive être prononcée ; il en résulte qu'elle peut être prononcée à toute époque (Marie, *Les cons. gén.*, t. 1, p. 175). Cependant, il est dans l'esprit de la loi, que la nullité soit déclarée sans retard. — Béquet, v° *Département*, n. 946.

179. — L'art. 34, en disant que les poursuites pénales sont exercées *s'il y a lieu*, a pour but de laisser aux tribunaux une grande latitude, non point tant pour appliquer les pénalités édictées par l'art. 238, C. pén., que pour apprécier l'*intention* des membres d'un conseil général qui aurait tenu une réunion illégale. Mais si le délit, l'*intention coupable*, est établi, la peine doit être appliquée. Telle était l'interprétation de l'art. 15, L. 22 juin 1833, dont la loi de 1871 a reproduit les termes; la même interprétation doit donc être donnée au nouveau texte. Remarquons d'ailleurs que ces termes de la loi étaient inutiles puisque cette interprétation résulte nécessairement des principes généraux du droit pénal. Les peines édictées par l'art. 238, C. pén., sont un emprisonnement de deux à cinq ans, sans préjudice de la peine de faux, si l'acte porte le caractère de ce crime. Enfin l'art. 463, C. pén., sur les circonstances atténuantes, doit recevoir son application. Quant à l'exclusion et à l'inéligibilité, elles sont une conséquence de plein droit du jugement portant condamnation. — Béquet, v° *Département*, n. 949. — V. *suprà*, n. 35.

180. — La juridiction compétente pour connaître de ce délit est le tribunal correctionnel. Sous la loi du 22 juin 1833 qui contenait une disposition analogue, la réunion illégale constituait un délit politique (L. 8 oct. et 10 déc. 1830), du ressort des cours d'assises. Mais le décret des 25-28 févr. 1832 a déféré aux tribunaux correctionnels certains délits qui étaient jugés par les cours d'assises, et spécialement celui qui nous occupe. La loi du 30 juin 1881, sur la liberté de réunion, ne contient sur ce point aucune innovation. — Béquet, v° *Département*, n. 950.

SECTION II.
Démissions forcées.

181. — Les dispositions de la loi trouvent une sanction à un autre égard dans la démission d'office qui peut être prononcée contre un conseiller général. Le conseil général prononce la démission d'office en cas d'incompatibilités ou d'incapacités légales survenues postérieurement à l'élection et en cas d'absence à une session. C'est le Conseil d'Etat qui prononce la démission d'office contre le conseiller général qui refuse de remplir une fonction à lui assignée légalement.

§ 1. *Incompatibilités et incapacités légales postérieures à l'élection.*

182. — Aux termes de l'art. 18 : tout conseiller général qui, par une cause survenue postérieurement à son élection, se trouve dans un des cas prévus par les art. 7, 8, 9 et 10 (V. *suprà*, n. 35 et s.), ou se trouve frappé de l'une des incapacités qui font perdre la qualité d'électeur (V. *infrà*, v° *Elections*), est déclaré démissionnaire par le conseil général, soit d'office, soit sur les réclamations de tout électeur. — Circ. min. Int., 18 oct. 1871, [S. *Lois annotées*, 1871, p. 94] — Il n'appartient jamais à la commission départementale de statuer sur ces questions. — Déc. min. Int., 16 janv. 1876, [*Les cons. gén.*, t. 1, p. 928]

183. — Peut être déclaré démissionnaire d'office le conseiller qui a été l'objet d'un jugement déclaratif de faillite, alors même que ce jugement serait frappé d'appel. La déclaration de faillite, en tant qu'elle entraîne la privation des droits politiques, reçoit immédiatement son effet, même pendant les délais d'appel. — Av. min. Int., 21 oct. 1874, [*Les cons. gén.*, t. 1, p. 695] — Mais il en serait différemment s'il s'agissait d'une condamnation pénale entraînant incapacité; dans ce cas, en effet, l'appel est suspensif — Av. garde des sceaux, 11 janv. 1876, [*Ibid.*]

184. — Un conseiller général, postérieurement à son élection, s'est rendu adjudicataire d'un lot d'impression à la charge du budget départemental, est-il entrepreneur d'un service départemental et doit-il être déclaré démissionnaire? D'après le ministre de l'Intérieur, il faudrait distinguer, de même que pour les conseils municipaux, entre les entrepreneurs de travaux déterminés, et les entrepreneurs d'un ensemble de travaux, ou de services départementaux, ces derniers devant seuls être déclarés démissionnaires. — Observ. min. Int., sous Cons. d'Et., 12 juill. 1882, Couvert, [D. 84.3.13]

185. — Quelqu'étendus que semblent être les pouvoirs du conseil général, celui-ci les excéderait si, par une fausse application de l'art. 18, il déclarait un conseiller démissionnaire à raison d'une incapacité ou d'une incompatibilité antérieure à l'élection. — Circ. min. Int., 18 oct. 1871, [S. *Lois annotées*, 1871, p. 94] — Cette circonstance est en effet, de nature à vicier l'élection en elle-même, et la validité n'en peut être appréciée que par le Conseil d'Etat. — V. *suprà*, n. 43.

186. — Lorsqu'un conseiller général a accepté des fonctions incompatibles avec son mandat, il ne cesse pas *ipso facto* d'appartenir au conseil, mais seulement du jour où il est déclaré démissionnaire. Par suite, si la cause d'incompatibilité a disparu avant que le conseil général ait pu prononcer la démission d'office, cette démission ne peut plus être prononcée, et le conseiller conserve son siège. — Déc. min. Int., 14 août 1877, [*Les cons. gén.*, t. 1, p. 1043]

187. — La décision par laquelle un conseil général déclare un de ses membres démissionnaire peut, comme toutes les délibérations par lesquelles les conseils généraux statuent définitivement, être attaquée en vertu de l'art. 47. Elle pourrait aussi être attaquée par l'intéressé, pour excès de pouvoirs, devant le Conseil d'Etat. — V. *infrà*, n. 286, t. 1, p. 393]

188. — Mais pourrait-on déférer au Conseil d'Etat pour excès de pouvoirs, la décision par laquelle un conseil général rejetterait la demande d'électeurs tendant à faire déclarer démissionnaire un des membres du conseil? Le Conseil d'Etat saisi de la question n'a pas eu à la trancher formellement. — Cons. d'Et., 12 juill. 1882, précité. — Bien que la loi du 18 juill. 1875 ne renferme pas de dispositions spéciales aux incompatibilités, on pourrait admettre que cette loi ayant rapporté les dispositions de la loi du 10 août 1871 qui conféraient au conseil général le droit de vérifier *sans appel* les pouvoirs de ses membres, a implicitement reconnu le droit de former un recours au Conseil d'Etat. Mais cette question est fort délicate et le ministre dans les observations précitées n'a pas cru devoir se prononcer formellement.

189. — Notons enfin, en terminant, que l'autorité judiciaire a le droit d'exclure du conseil général par le jugement de condamnation : d'une part, les membres qui ont été condamnés pour participation à une réunion illégale (art. 34, § 2); d'autre part, les membres qui ont délibéré dans une réunion de conférence interdépartementale que le préfet a déclarée dissoute (art. 91).

§ 2. *Absence à une session.*

190. — L'art. 19 indique une autre cause de démission prononcée d'office : « lorsqu'un conseiller général aura manqué à une session ordinaire sans excuse légitime admise par le conseil, il sera déclaré démissionnaire par le conseil général, dans la dernière séance de la session ». La circulaire du ministre de l'Intérieur, du 18 oct. 1871 (S. *Lois annotées*, 1871, p. 94), tempère l'application de cette disposition : « Si formels que soient les termes de cet article, les conseils généraux s'interdiront sans doute de prononcer sans avoir entendu le conseiller absent, ou du moins l'avoir mis en demeure de produire ses explications, car il pourrait se faire que les mêmes raisons l'eussent empêché de se rendre à la session et de présenter ses excuses en temps utile. Le conseil se trouverait ainsi amené à remettre sa décision à la plus prochaine session, mais cet ajournement me semble conforme à l'esprit de la loi, qui subordonne l'exclusion à l'examen de la légitimité des motifs de l'absence. »

191. — Le conseil général ne peut pas déclarer démissionnaire un conseiller pour avoir manqué à une session ordinaire, lorsque celui-ci a envoyé sa démission et que cette démission est devenue définitive aux termes de l'art. 20. — Av. min. Int., 21 août 1884, [*Les cons gén.*, t. 2, p. 398]

192. — D'autre part, en dehors des dispositions de l'art. 19 précité, il est certain qu'un conseiller général qui refuserait de remplir une des fonctions qui lui sont attribuées par la loi, pourrait être déclaré démissionnaire, mais alors ce ne serait pas le conseil général, mais le Conseil d'Etat, statuant au contentieux, qui prononcerait cette démission en vertu de la loi du 7 juin 1873 (V. *infrà*, n. 193 s.). A la différence des cas où la démission est prononcée par le conseil général, et dans lesquels le membre démissionnaire peut être réélu immédiatement, la démission prononcée par le Conseil d'Etat ne permet pas au conseiller ainsi déclaré démissionnaire d'être éligible avant un an. — Circ. min. Int., 9 oct. 1874, [*Les cons. gén.*, t. 1, p. 679]

§ 3. *Refus de remplir une fonction attribuée par la loi.*

193. — La loi du 7 juin 1873 pose en règle générale que le membre du conseil général qui, sans excuse valable, refuse de remplir une des fonctions qui lui sont attribuées par les lois, est déclaré démissionnaire (art. 1). Le refus résulte soit d'une déclaration expresse à qui de droit, ou rendue publique par son auteur, soit encore de l'abstention persistante après avertissement de l'autorité chargée de faire la convocation (art. 2). Le membre ainsi démissionnaire ne peut être réélu avant le délai d'un an (art. 3).

194. — Ces diverses dispositions sont appliquées par le Conseil d'État, sur l'avis transmis au préfet par l'autorité qui aura donné l'avertissement suivi du refus. Le ministre de l'Intérieur doit saisir le Conseil d'État dans le délai de trois mois, à peine de déchéance. La contestation est instruite et jugée sans frais dans le délai de trois mois (art. 4).

195. — Les dispositions de la loi de 1873 s'appliquent en toutes hypothèses, sans qu'il y ait à distinguer si les conseillers généraux ont à remplir une mission individuelle ou collective. Elles ont été motivées par le refus persistant et public de certains membres des conseils généraux de remplir leurs fonctions légales. — Ducrocq, *Précis de droit administ.*, t. 1, n. 134.

196. — La loi de 1873 s'applique à tout refus de remplir une fonction. — Cons. d'Et., 4 juill. 1884, Catala, [D. 86.3.6]

197. — Mais ces dispositions ne peuvent pas être appliquées du moment où les conseillers généraux invoquent une excuse quelconque plus ou moins plausible pour ne point siéger, sans opposer un refus formel. — Av. min. Int., 11 juin 1880, [*Les cons. gén.*, t. 2, p. 264] — Déc. min. Int., 30 juin 1891. — Béquet, v° *Département*, n. 843, note; Rabany, *La loi sur le recrutement*, t. 1, p. 285.

198. — Des termes de l'art. 4 de la loi de 1873, il résulte d'une part que le Conseil d'État juge l'affaire au contentieux et non administrativement, et d'autre part que le délai de trois mois dans lequel l'arrêt doit intervenir est prescrit par la loi à peine de déchéance, d'où il suit que le Conseil d'État n'a pas à statuer si le ministre ne transmet pas ses observations en temps utile. — V. Cons. d'Et., 17 déc. 1880, Guyot, [D. 82.3.21] — Cet arrêt statue in *terminis* à l'égard d'un conseiller municipal ayant manqué à trois réunions (V. *suprà*, v° *Commune*, n. 256 et s.). — *Contrà*, Béquet, v° *Département*, n. 844.

Section III.
Dissolution.

§ 1. *Dissolution pendant les sessions des Chambres.*

199. — La loi du 10 août 1871 a établi de la manière suivante le droit du chef de l'État de dissoudre les conseils généraux. Pendant les sessions de l'Assemblée nationale, la dissolution d'un conseil général ne peut être prononcée par le chef du pouvoir exécutif, que sous l'obligation expresse d'en rendre compte à l'Assemblée, dans le plus bref délai possible. En ce cas, une loi fixe la date de la nouvelle élection, et décide si la commission départementale doit conserver son mandat jusqu'à la réunion du nouveau conseil général, ou autorise le pouvoir exécutif à en nommer provisoirement une autre (art. 35). Il est à remarquer que ce texte n'exige pas que le décret de dissolution soit motivé. — Béquet, v° *Département*, n. 852.

200. — L'art. 35 ne paraît avoir été appliqué qu'une seule fois. Un décret du 26 mai 1874 (*Les cons. génér.*, t. 1, p. 580) a prononcé la dissolution du conseil général des Bouches-du-Rhône. En conséquence, la loi du 29 juin 1874 (*Les cons. génér.*, *ibid.*, p. 641) a fixé la date des élections au même jour que celles du renouvellement partiel de la nouvelle série, a ordonné à la commission départementale de cesser ses fonctions à partir de sa promulgation et prescrit qu'elle serait provisoirement remplacée par une commission nommée conformément à l'art. 35, précité.

201. — Lorsqu'un conseil général a été dissous, on ne peut investir de ses pouvoirs la commission départementale nommée par le gouvernement, la loi de 1871 ne contenant aucune disposition en ce sens. — Av. min. Int., 15 juin 1874, [*Les cons. génér.*, t. 1, p. 596]

§ 2. *Dissolution dans l'intervalle des sessions des Chambres.*

202. — L'art. 36 dispose dans les termes suivants en vue de cette deuxième hypothèse : « dans l'intervalle des sessions de l'Assemblée nationale, le chef du pouvoir exécutif peut prononcer la dissolution d'un conseil général pour des causes spéciales à ce conseil. Le décret de dissolution doit être motivé. Il ne peut jamais être rendu par voie de mesure générale. Il convoque en même temps les électeurs du département pour le quatrième dimanche qui suivra sa date. Le nouveau conseil général se réunit de plein droit le deuxième lundi après l'élection et nomme sa commission départementale ». On doit faire observer que dans ce second cas le président de la République doit motiver le décret de dissolution et qu'il n'a pas un pouvoir discrétionnaire pour fixer la date des élections et de la réunion du conseil.

203. — « On peut se demander, dit M. Laferrière (*Traité de la juridiction administrative*, t. 2, p. 414 et 415), si le droit de recours n'appartiendrait pas aux membres d'un corps électif agissant *ut singuli*, lorsqu'il s'agirait d'attaquer une décision de l'autorité supérieure prononçant la suspension ou la dissolution de ce corps. Une telle décision ayant pour effet de paralyser le mandat individuel de chaque membre en même temps que la fonction collective de l'assemblée, nous pensons qu'elle pourrait être attaquée par chacun des intéressés ». — V. Cons. d'Et, 22 août 1853, Warnier, [Leb. chr., p. 834] — Béquet, v° *Département*, n. 857.

TITRE III.

ATTRIBUTIONS.

CHAPITRE I.

ÉTENDUE DES POUVOIRS DES CONSEILS GÉNÉRAUX. — SANCTIONS.

Section I.
Règles générales.

204. — Les attributions du conseil général qui, à l'origine, étaient fort limitées, ont été étendues dans de très larges proportions par la loi du 18 juill. 1866 d'abord, puis par la loi du 10 août 1871. Sous la loi de 1838, le conseil général, bien qu'ayant l'initiative pour un certain nombre d'affaires, était subordonné pour presque toutes ses décisions à l'approbation du pouvoir central. La législation actuelle, au contraire, de même que la loi de 1866, ne donne au pouvoir central le droit d'intervenir, dans presque tous les cas, que pour empêcher la violation des lois et règlements. L'approbation tacite ou expresse de l'autorité supérieure n'est exigée que pour un petit nombre d'affaires. — Aucoc, *Conférences*, t. 1, n. 143; Ducrocq, t. 1, n. 139.

205. — Au point de vue de la nature de sa mission, le conseil général, dans l'exercice de ses attributions, agit à trois titres divers : 1° comme délégué du pouvoir législatif ou du pouvoir exécutif; 2° comme représentant légal des intérêts du département; 3° comme organe des besoins du département (Vivien, *Rapport à la Chambre des députés*; Foucart, *Élém. de dr. publ. et adm.*, t. 3, n. 1312). Cette distinction rationnelle des législateurs de 1838 est restée vraie sous la loi du 18 juill. 1866, et continue à l'être sous la loi du 10 août 1871. Mais non seulement cette dernière loi a étendu considérablement les attributions des conseils généraux, sous les trois points de vue qui viennent d'être énumérés, elle a encore également conféré aux conseils généraux de nouvelles attributions. C'est ainsi que le conseil agit : 1° comme conseil de surveillance de l'administration préfectorale; 2° comme tuteur des communes et des établissements publics; 3° comme pouvoir politique dans des circonstances éventuelles et exceptionnelles. Ces dernières fonctions du conseil général lui ont été conférées par la loi du 13 févr. 1872.

206. — Quelque nombreux que soient les objets sur lesquels portent les délibérations des conseils généraux, nous les ramenons à ces chefs principaux qui feront l'objet des chapitres suivants :

1° Attributions réciproques du préfet et du conseil général.
2° Attributions respectives de la commission départementale et du conseil général.
3° Attributions relatives aux intérêts généraux du pays.
4° Attributions relatives aux intérêts propres du département.

5° Attributions relatives aux intérêts des communes et des établissements publics.

A la suite des délibérations proprement dites, nous étudierons les attributions consultatives des conseils généraux, c'est-à-dire :

6° Les avis et les vœux ; puis les attributions exceptionnelles de ces conseils, c'est-à-dire :

7° Leurs attributions politiques.

8° Enfin, dans un dernier chapitre, nous examinerons les attributions individuelles des conseillers généraux.

207. — Avant d'entrer dans l'étude de ces matières multiples sur lesquelles les conseils généraux sont appelés à délibérer, à des titres divers, nous chercherons tout d'abord à déterminer l'étendue des pouvoirs de ces conseils, et leur caractère juridique.

208. — Au point de vue de l'étendue des pouvoirs, la loi du 10 août 1871 admet trois sortes de délibérations :

1° Des délibérations définitives sujettes seulement au droit d'annulation pour violation des lois ou règlements ;

2° Des délibérations subordonnées au *veto* du pouvoir exécutif ;

3° Enfin des délibérations soumises à l'autorisation soit du pouvoir législatif, soit du pouvoir exécutif ; ces dernières sont les plus rares dans la loi nouvelle. — Ducrocq, t. 1, n. 138 et 144 ; Aucoc, *Conférences*, t. 1, n. 140.

209. — D'autre part, les conseils généraux donnent des avis ou émettent des vœux sur diverses matières. Il ne s'agit plus alors de décisions, mais de simples conseils destinés à éclairer les pouvoirs publics sur les besoins locaux ou même sur certaines questions d'intérêt général.

Section II.

Délibérations définitives. — Annulation.

210. — Dans un certain nombre de cas, les conseils généraux statuent d'une manière définitive et leurs délibérations ne peuvent être annulées que pour violation de la loi et des règlements d'administration publique (art. 47, L. 10 août 1871). Par ces délibérations dites définitives ou réglementaires, les conseils généraux règlent souverainement au fond les affaires qui leur sont soumises ; ces décisions n'ont pas besoin, pour être exécutées, d'une approbation quelconque (Marie, t. 1, p. 173). Les matières qui font l'objet de ces délibérations définitives sont celles énumérées non seulement dans l'art. 46 de la loi de 1871, mais aussi dans les art. 42, 43, 44, 45 de la même loi, ou dans d'autres lois même postérieures. — Aucoc, *Conférences*, t. 1, n. 149 ; Ducrocq, t. 1, n. 145. — Décr. en Cons. d'Et., 27 nov. 1875, [*Les cons. gén.*, t. 1, p. 910]

211. — Les délibérations par lesquelles les conseils généraux statuent définitivement sont exécutoires si, dans le délai de vingt jours, à partir de la clôture de la session, le préfet n'en a pas demandé l'annulation pour excès de pouvoir ou pour violation d'une disposition de la loi ou d'un règlement d'administration publique (art. 47, précité).

212. — Aux termes de la circulaire ministérielle du 8 oct. 1871 (S. *Lois annotées*, 1871, p. 91), les préfets doivent avoir soin de transmettre au ministre, aussitôt après la clôture de la session, toutes les délibérations que le conseil général aurait prises sur les matières énumérées à l'art. 46 et dont la régularité leur semblerait douteuse.

213. — L'art. 47 est applicable à toutes les matières dans lesquelles les conseils généraux statuent d'une manière définitive, que ce soit en vertu des dispositions de la loi du 10 août 1871 ou de toutes autres lois même postérieures. — Décr. en Cons. d'Et., 27 nov. 1875, [*Les cons. gén.*, t. 1, p. 910] — Aucoc, *Conférences*, t. 1, n. 149 ; Ducrocq, t. 1, n. 145 ; Constant, *Code départemental*, t. 1, n. 265.

214. — Il n'existe d'exception que pour les délibérations portant répartition des impôts directs, qui, prises en vertu d'une délégation du pouvoir législatif, ne peuvent faire l'objet d'aucun recours. — Aucoc, *loc. cit.*

215. — Mais les délibérations qui ont statué définitivement peuvent seules être annulées en vertu de l'art. 47. Par suite, ne tombent pas sous l'application de cet article : les délibérations qui ne peuvent produire d'effet qu'autant qu'une loi est intervenue.

216. — Les délibérations prises par les conseils généraux, en vertu de l'art. 46, ne sont exécutoires qu'après l'expiration du délai de recours prévu par l'art. 47. — Déc. min. Int., 7 oct. 1876, [*Les cons. gén.*, t. 1, p. 968] — Toutefois, il semble que le gouvernement pourrait rendre la délibération immédiatement exécutoire en déclarant que son intention n'est pas d'user de la faculté d'exercer le recours, le délai étant fixé dans son intérêt (*Ibid.*, note 1). On comprendrait cette exécution immédiate, lorsqu'il y a urgence. — V. Marie, t. 1, p. 174.

217. — Mais une fois le délai expiré, si la délibération n'a pas été attaquée dans les formes voulues, elle devient exécutoire par elle-même et est inattaquable. — Cons. d'Et., 23 mars 1880, Dép. de la Côte-d'Or, [Leb. chr., p. 336] — Sic, Marie, t. 1, p. 175 ; Constant, *Code départemental*, t. 1, n. 267.

218. — Cependant quelque étendus que soient les pouvoirs des conseils généraux, ils doivent respecter les droits acquis. Ainsi lorsque la délibération du conseil général accordant à une commune remise totale de son contingent dans la dépense du service des aliénés et des enfants assistés n'a été l'objet d'aucun recours dans les formes et délais prévus par l'art. 47, L. 10 août 1871, et qu'elle a été, en outre, mise à exécution par un arrêté préfectoral passant la somme due par la commune en non-valeurs au compte des produits éventuels départementaux, cette délibération a créé un droit acquis au profit de la commune, et il n'appartient pas au conseil général de rapporter sa décision. — Cons. d'Et., 13 juin 1890, Ville d'Ajaccio, [S. et P. 92.3.112, D. 92.3.9]

219. — On doit faire observer, en outre, que l'opinion d'après laquelle la délibération n'aurait pu être définitive qu'après avoir été notifiée à la partie intéressée ne saurait être admise. Aucune disposition de loi n'exige, en effet, cette notification.

220. — L'art. 47 détermine dans les termes suivants les formes de l'annulation : « Le recours formé par le préfet doit être notifié au président du conseil général et au président de la commission départementale. Si, dans le délai de deux mois, à partir de la notification, l'annulation n'a pas été prononcée, la délibération est exécutoire. Cette annulation ne peut être prononcée que par un décret rendu dans la forme des règlements d'administration publique ». Le préfet seul peut former ce recours en annulation ; la réunion du conseil général ne pourrait pas l'introduire. Quant aux tiers, nous verrons qu'ils peuvent seulement se pourvoir par les voies ordinaires du droit, lorsque l'exécution leur porte atteinte. — Marie, t. 1, p. 175.

221. — Les recours des préfets, formés en vertu de l'art. 47, doivent être notifiés aux présidents du conseil général et de la commission départementale à leur domicile et non au secrétariat de la commission départementale. — Av. min. Int., 4 mai 1875, [*Les cons. gén.*, t. 1, p. 813]

222. — D'après un avis du ministre de l'Intérieur, du 29 sept. 1875 (*Les cons. gén.*, t. 1, p. 889), la notification du recours devrait de préférence être motivée ; mais d'après la dernière jurisprudence, il ne pas nécessaire que cette notification indique les motifs sur lesquels il est fondé. — 18 nov. 1884, [*Rev. gén. d'adm.*, 93.1.395]

223. — La même notification peut viser en bloc plusieurs délibérations.

224. — Il a été jugé que le délai de deux mois, avant l'expiration duquel doit intervenir le décret annulant une délibération du conseil général, court, non de la date de la lettre adressée par le préfet au président du conseil général et au président de la commission départementale pour leur notifier son recours, mais de l'accusé de réception de ladite lettre, alors qu'il n'est pas justifié d'une notification faite à une date antérieure. — Cons. d'Et., 6 juill. 1888, Lisbonne et Bouliech, [S. 90.3.45, P. adm. chr., D. 89.3.108] — Cette solution est conforme à la pratique administrative en ce qui touche les notifications destinées à faire courir un délai. Ce délai doit avoir pour point de départ, non la date assignée à la lettre par laquelle l'administration entend faire la notification, mais le jour où cette notification a été effectivement reçue par le destinataire.

225. — L'annulation des délibérations ne peut, aux termes du § 3 de l'art. 47, être prononcée que par un décret rendu dans la forme des règlements d'administration publique, c'est-à-dire sur l'avis du Conseil d'État (art. 8, L. 24 mai 1872 ; art. 7, Décr. 2 août 1879, modifié par le décr. des 3-4 avr. 1886). — V. *supra*, v° *Conseil d'État*, n. 215 et s.

226. — Bien que la loi ne le dise pas, quand un décret intervient pour annuler une délibération illégale d'un conseil général, il est convenable que le préfet le porte à la connaissance des présidents du conseil général et de la commission départementale. — Av. min. Int., 21 déc. 1880, [*Les cons. gén.*, t. 2, p. 324].

227. — Le décret d'annulation contient parfois la disposition qu'il sera transcrit sur le registre des procès-verbaux du conseil général, en marge des actes annulés. — Décr. en Cons. d'Et., 27 juin 1874, [*Les cons. gén.*, t. 1, p. 629] — Mais cette pratique tend à se perdre. — Note, 14 juin 1883, [*Rev. gén. d'adm.*, 93.1. 402] — V. *infra*, n. 277 et 278.

228. — L'annulation a pour effet de faire considérer la délibération comme non avenue et d'empêcher qu'elle soit exécutée. Le conseil général peut d'ailleurs reprendre l'examen de l'affaire et statuer à nouveau. — Marie, t. 1, p. 178.

229. — Quant aux circonstances dans lesquelles l'annulation de délibérations a été prononcée en conformité de l'art. 47, nous aurons occasion de les voir en étudiant les diverses attributions des conseils généraux. — Notes de jurisprudence, [*Rev. gén. d'adm.*, 93.1.393 et s] — V. aussi, pour le cas prévu par l'art. 33 (délibérations prises par le conseil en dehors de ses attributions), *infra*, n. 249 et s.

Section III.
Délibérations non définitives. — Suspension.

230. — Les délibérations non définitives ou non réglementaires, qui sous la loi du 10 mai 1838 étaient la règle, ne sont plus maintenant que l'exception. Comme des délibérations, énumérées dans l'art. 48, ont une portée plus grande parce qu'elles s'appliquent pour la plupart à des objets d'intérêt général, le contrôle du gouvernement est nécessairement plus étendu et d'une nature différente que le droit d'annulation de l'art. 47. Aussi l'art. 49 donne-t-il le pouvoir au gouvernement de suspendre par un décret motivé ces délibérations pour une cause quelconque et lors même qu'elles ne seraient entachées ni d'excès de pouvoirs, ni de violation de la loi ou des règlements (Ducrocq, t. 1, n. 146; Marie, t. 1, p. 179 ; Aucoc, *Conférences*, t. 1, p. 140). En fait, la plupart des décrets de suspension s'appliquaient à des délibérations en matière d'octroi ; or, d'après la loi du 5 avr. 1884 (art. 168, § 17), les conseils généraux n'émettant plus que des avis en cette matière, l'application de l'art. 49 de loi de 1871 se trouve ainsi des plus restreinte.

231. — L'art. 49 dispose que les délibérations prises par le conseil général, sur les matières énumérées à l'art. 48, sont exécutoires si, dans le délai de trois mois, à partir de la clôture de la session, un décret motivé n'en a pas suspendu l'exécution. De ce texte il résulte que les délibérations sont exécutoires par elles-mêmes et de plein droit, sans qu'un décret soit nécessaire pour les sanctionner; le gouvernement a seulement le droit d'en suspendre l'exécution. A l'approbation formelle exigée par la loi de 1866, le législateur de 1871 a substitué une approbation tacite. — Rapport de M. Waddington, [S. *Lois annotées*, 1871, p. 76] — Circ. min., 8 oct. 1871 [*Ibid.*, p. 91] — Constant, t. 1, n. 276.

232. — Quelle que soit la forme de la délibération, et lors même que le conseil général s'est borné à émettre un avis sur les questions soumises à ses délibérations, le gouvernement peut suspendre l'exécution du vote dont la portée semble douteuse et auquel on pourrait attribuer force exécutoire. — Décr. en Cons. d'Et., 6 juill. 1875, [*Les cons. gén.*, t. 1, p. 838] — V. aussi Cons. d'Et., 10 févr. 1875, [*Ibid.*, p. 781].

233. — Le gouvernement ne peut s'opposer à l'exécution d'une délibération prise dans les limites des attributions déterminées par l'art. 48 qu'au moyen de la suspension établie par l'art 49. L'art. 33 ne peut être appliqué que si le conseil général est sorti de ses attributions. — Av. Cons. d'Et., 6 mars 1873, [*Les cons. génér.*, t. 1, p. 271] — D'autre part, l'art. 47 est applicable seulement au cas où le conseil général statue définitivement en vertu de l'art. 46 et jamais au cas où le conseil général délibère sur les objets prévus en l'art. 48. — Décr. 11 janv. 1875, [*Les cons. gén.*, t. 1, p. 759].

234. — La suspension peut être partielle ; aucune disposition de la loi du 10 août 1871 n'interdit au gouvernement de n'user que dans la limite qu'il juge nécessaire du droit de suspension que lui confère l'art. 49. Il résulte de ce principe qu'un précé-

dent décret de suspension peut être rapporté partiellement. — Cons. d'Et., 1er avr. 1881, Ville de Besançon, [S. 83.3.76, P. adm. chr., D. 82.3.73] — Mais le gouvernement ne doit pas, sous forme de suspension partielle, modifier les délibérations, car ce serait se substituer au conseil général. — Durand, *Loi du 10 août 1871*.

235. — D'autre part, le droit de suspension peut s'exercer sur les délibérations successives d'un conseil général ayant le même objet. — Décr. 19 sept. 1873 et 3 déc. 1874, [*Les cons. gén.*, t. 1, p. 394 et 719]

236. — Cette disposition de l'art. 49, d'après laquelle les délibérations sont exécutoires si, dans le délai de trois mois à partir de la clôture de la session, un décret motivé n'en a pas suspendu l'exécution, ne fait pas obstacle à ce que le gouvernement prononce la suspension en se fondant sur l'insuffisance des documents nécessaires pour l'instruction et l'examen de ces affaires et se réserve la faculté de rapporter en tout ou en partie, après l'expiration de ce délai de trois mois, la suspension prononcée par un premier décret. — Cons. d'Et., 1er avr. 1881, précité.

237. — D'autre part, comme pour le droit d'annulation, le gouvernement pourrait déclarer, avant l'expiration du délai de trois mois, qu'il n'a pas l'intention d'user de son droit de suspension. Par ce moyen (V. *suprà*, n. 216), la délibération deviendrait immédiatement exécutoire. — Aucoc, *Conférences*, t. 1, n. 150.

238. — L'art. 49 ne distingue pas, en ce qui concerne les motifs possibles du décret de suspension qui, par suite, peut avoir pour cause : soit l'inopportunité et la fausse appréciation des faits ; soit la violation des dispositions ayant force de loi ; — Av. Cons. d'Et., 6 mars 1873, [*Les cons. génér.*, t. 1, p. 271]; — ... soit une mesure préjudiciable aux intérêts du département. — Décr. 3 déc. 1874, [*Les cons. génér.*, t. 1, p. 719]

239. — Les projets de décrets de suspension ne sont pas nécessairement portés devant l'assemblée générale du Conseil d'Etat, comme cela est exigé pour les projets de décrets d'annulation (Constant, t. 1, n. 277 ; Décr. 28 déc. 1876 : *Les cons. génér.*, t. 1, p. 983). Mais lorsque les décrets de suspension sont soumis au Conseil d'Etat, c'est l'assemblée générale et non une section qui est saisie de l'affaire (Règl. int. Cons. d'Et., 21 août 1872, § 27, art. 7 ; Décr. 2 août 1879 modifié par le décret du 3 avr. 1886). — V. Cons. d'Et., 1er avr. 1881, précité. — Constant, *loc. cit.*

240. — La loi n'exige pas que les décrets de suspension soient notifiés aux présidents du conseil général et de la commission départementale ; mais rien ne s'oppose à ce que le préfet en remette une copie au président du conseil général sur sa demande. — Déc. min. Int., 20 févr. 1875, [*Les cons. génér.*, t. 1, p. 784] — V. *suprà*, n. 226.

241. — Lorsqu'une délibération est suspendue, le conseil général est appelé à délibérer de nouveau, soit dans la session ordinaire la plus rapprochée, soit dans une session extraordinaire, s'il s'agit d'une délibération urgente. Si une transaction acceptable n'a pu intervenir, le gouvernement maintient la suspension. Il faut observer en effet que la durée de la suspension n'est pas limitée, qu'elle subsiste tant qu'elle n'a pas été retirée et qu'elle fait obstacle à toute exécution. Elle peut donc être renouvelée, de telle sorte qu'elle équivaut à un véritable veto. Le droit du gouvernement, à cet égard, est souverain. — Marie, t. 1, p. 182.

Section IV.
Délibérations soumises à l'autorisation des Chambres ou du gouvernement.

242. — On peut dire qu'en principe, toute délibération du conseil général est présumée régulière et parfaite sans aucune autorisation, ni approbation, soit du gouvernement, soit du pouvoir législatif. — Marie, t. 1, p. 181.

243. — Cette règle fléchit cependant dans des cas expressément indiqués par la loi, où l'autorisation du législateur est indispensable : 1° lorsque le conseil général vote des centimes extraordinaires en dehors de la limite du maximum fixé annuellement par la loi de finances, une loi est nécessaire pour autoriser cette contribution extraordinaire (art. 40 et 41, L. 10 août 1871).

244. — 2° De même, une loi est nécessaire pour autoriser un emprunt, lorsque le conseil général a voté cet emprunt remboursable dans un délai excédant quinze années, sur les ressources ordinaires et extraordinaires (art. 40 et 41). — V. *infrà*, v° *Département*.

245. — Enfin, il existe un cas où l'autorisation, non du législateur, mais du gouvernement est requise : lorsqu'il s'agit de l'acceptation de dons et legs faits au département et qu'il y a opposition de la part de la famille, l'autorisation du gouvernement est alors nécessaire. — V. *infrà*, v° *Dons et legs*.

Section V.
Sanctions.

§ 1. *Principes généraux.*

246. — En dehors des causes de nullité prévues par l'art. 47, L. 10 août 1871, ou des causes de suspension édictées par l'art. 49 de la même loi, il existe d'autres sanctions aux actes des conseils généraux.

247. — Nous avons vu *suprà*, n. 175 et s., que l'art. 34, L. 10 août 1871, donnait au préfet le droit de prononcer la nullité des délibérations prises en dehors des réunions légales et de prendre toutes les mesures nécessaires pour que l'assemblée se sépare immédiatement.

248. — Nous avons étudié également (*suprà*, n. 199 et s.) la mesure la plus grave qui peut être prise contre un conseil général : la dissolution prononcée aux termes de l'art. 35, L. 10 août 1871.

249. — En dehors de ces hypothèses, il peut se faire que le conseil général prenne des délibérations étrangères à ses attributions. Or, du principe fondamental qui régit l'organisation des divers pouvoirs publics, il résulte que les conseils généraux ne peuvent avoir d'attributions et de compétence que pour les matières spécialement énumérées par la loi. C'est par application de ce principe d'ordre public que l'art. 33 dispose que dans le cas où le conseil général aurait statué sur des objets qui ne sont pas légalement compris dans ses attributions, la nullité est prononcée par décret; cet article s'exprime en ces termes : « tout acte et toute délibération d'un conseil général relatifs à des objets qui ne sont pas légalement compris dans ses attributions sont nuls et de nul effet. La nullité est prononcée par un décret rendu dans la forme des règlements d'administration publique. »

250. — Il faut remarquer la généralité des termes de l'art. 33. Aucune condition n'est imposée au gouvernement pour prononcer la nullité, si ce n'est de prendre l'avis du Conseil d'Etat. — Aucoc, *Conférences*, t. 1, n. 148.

251. — D'autre part, aucun délai n'est imparti par la loi pour l'exercice de ce droit d'annulation; par suite, l'annulation peut être prononcée à toute époque. — Av. Cons. d'Et., 6 mars 1873, [*Les cons. gén.*, t. 1, p. 271] — Marie, t. 1, p. 83 et 175.

252. — Il y a donc des différences notables entre la situation prévue par l'art. 47, L. 10 août 1871, et celle de l'art. 33 de la même loi. L'art. 47 est applicable si le conseil général a violé la loi, l'a faussement interprétée, s'il a excédé ses pouvoirs, dans une matière où il avait le droit de statuer définitivement. L'art. 33 reçoit au contraire son application, si le conseil général a empiété sur les pouvoirs d'une autre autorité quelle qu'elle soit, s'il a prétendu avoir juridiction sur des personnes et des objets qui ne rentrent pas dans ses attributions. Dans ce cas, l'acte du conseil général, quelle qu'en soit la qualification, est nul et de nul effet, et cette nullité ne peut pas être couverte par l'expiration d'un délai et peut toujours être prononcée. — Marie, t. 1, p. 175 et 176.

253. — Ainsi les délibérations des conseils généraux, qui ont statué sur des objets légalement compris dans leurs attributions ne peuvent être annulées en vertu de l'art. 47 ou de l'art. 49. — Av. Cons. d'Et., 6 mars 1873, [*Les cons. gén.*, t. 1, p. 271]

254. — L'art. 33 s'applique à tout acte des conseils généraux, qu'il s'agisse par exemple de délibérations proprement dites ou bien des vœux (Aucoc, *Conférences*, t. 1, n. 148; Ducrocq, t. 1, n. 158). Les cas dans lesquels l'art. 33 est appliqué sont très-nombreux (V. notes de jurisprudence : *Rev. gén. d'adm.*, 93.1.387 et s.). Nous allons indiquer un certain nombre d'espèces.

§ 2. *Applications.*

255. — Il n'appartient pas à un conseil général d'apprécier les mesures de police que le gouvernement prend dans la limite de ses droits et de sa responsabilité, ni, par suite, de demander la suppression d'un commissariat de police, alors surtout que le traitement du commissaire, dont on demande la suppression, est intégralement payé sur le budget de l'Etat. — Av. min. Int., 4 déc. 1874, [*Les cons. gén.*, t. 1, p. 722]; — Décr. 1er juin 1876, [*Les cons. gén.*, t. 1, p. 948]

256. — Est illégale et nulle la délibération déclarant dispenser les ordonnateurs et les comptables de produire les pièces justificatives qu'ils sont tenus de fournir. Aucune disposition législative ou réglementaire n'a conféré ce pouvoir aux conseils généraux. — Décr. 28 déc. 1875, [*Les cons. gén.*, t. 1, p. 695]

257. — Les conseils généraux n'ont pas le droit d'apprécier, de blâmer ou de critiquer l'usage que les fonctionnaires ou agents ont fait de leurs pouvoirs, lorsqu'il s'agit de matières que les assemblées départementales n'ont pas le pouvoir de contrôler.

258. — Ainsi le conseil général ne doit pas blâmer les nominations et déplacements d'instituteurs faits par le préfet dans les termes de la loi. — Décr. 17 juill. 1875, [*Les cons. gén.*, t. 1, p. 846]; — 7 sept. 1877, [*Ibid.*, p. 1052]

259. — ... Les laïcisations d'écoles faites par le préfet. — Décr. 28 juin 1886, [*Les cons. gén.*, t. 2, p. 646]

260. — ... Les nominations de fonctionnaires ou d'agents effectuées par le préfet et rentrant exclusivement dans ses attributions légales, telles que nominations d'un agent-voyer inspecteur, ou d'agents du service vicinal. — Décr. 16 août 1883, [*Rev. gén. d'adm.*, 83.3.87]; — 29 juill. 1885, [*Rev. gén. d'adm.*, 85.2.440]

261. — ... Les mesures disciplinaires que le préfet croit devoir prendre à l'égard des employés de ses bureaux qui relèvent exclusivement de son autorité (telles que des retenues de traitement). — Décr. 11 juin 1880, [*Les cons. gén.*, t. 2, p. 246]; — 3 nov. 1879, [*Ibid.*, p. 196]

262. — ... L'attitude prise par le préfet, à l'égard des municipalités qui sont placées sous son autorité. — Décr. 30 mars 1885, [*Rev. gén. d'adm.*, 85.1.443; *Les cons. gén.*, t. 2, p. 618]

263. — ... L'usage que l'administration préfectorale a fait du pouvoir à elle conféré par l'art. 68, § 4, L. 5 avr. 1884, relativement à l'approbation d'une délibération d'un conseil municipal (refus d'autoriser la reconstruction d'un presbytère). — Décr. 5 nov. 1888, [*Rev. gén. d'adm.*, 88.3.433]

264. — Est nulle la délibération par laquelle un conseil général s'est érigé en juge d'un acte accompli par le préfet comme représentant du pouvoir central (blâme d'un discours prononcé par le préfet à l'occasion de l'installation d'une municipalité). — Décr. 28 juill. 1881, [*Rev. gén. d'adm.*, 81.3.299]

265. — Ainsi encore, l'administration a le droit de faire prononcer, en vertu de l'art. 33, L. 10 août 1871, la nullité de la délibération par laquelle un conseil général, appelé à dresser, conformément à l'art. 68 de ladite loi, le tableau des propositions de secours aux communes sur les fonds de l'Etat pour travaux concernant les églises, a dénié au gouvernement le droit de distribuer des subventions pour de semblables travaux. — Cons. d'Et., 23 mars 1888, Commune de Montrottier, [S. 90.3.22, P. adm. chr., D. 89.3.61] — V. *infrà*, n. 299.

266. — Doivent être annulées : la délibération décidant la mise en adjudication de la fourniture des imprimés à la charge des communes, cet acte rentre sous la tutelle administrative, de la compétence exclusive du préfet. — Décr. 1er juill. 1873, [*Les cons. gén.*, t. 1, p. 332]

267. — ... La délibération rattachant au budget départemental des fonds appartenant aux communes, centralisés au compte des cotisations municipales, et destinés à la rétribution des agents chargés, dans l'intérêt des communes, de la surveillance et du contrôle des travaux municipaux. Ces fonds doivent être administrés conformément aux règles rappelées par l'instruction générale des finances du 20 juin 1859, art. 604 et s. — Décr. 14 déc. 1876, [*Les cons. gén.*, t. 1, p. 246]

268. — ... Les délibérations du conseil général appréciant et critiquant les actes d'une administration municipale (en l'espèce actes de police municipale). — Décr. 11 juin 1872, [*Les cons. gén.*, t. 1, p. 195]

269. — Décidé également que le conseil général, ou la commission départementale qui le représente, n'a pas d'avis à émettre sur l'opportunité de procéder dans une ville à des élections municipales devant mettre fin au mandat d'une commission municipale. Il en est de même en ce qui touche l'application des règlements des associations syndicales, lorsqu'il s'agit non d'un intérêt départemental, mais seulement d'intérêts particuliers. — Décr. 4 juin 1872, [S. 72.2.157, P. 72.1.655]

270. — Il n'appartient pas aux conseils généraux d'apprécier les décisions rendues par les conseils départementaux de l'instruction publique. — Décr. 27 oct. 1873, [*Les cons. gén.*, t. 1, p 895]

271. — ... Ni d'infliger un blâme à des fonctionnaires (instituteurs publics). — Décr. 22 févr. 1881, [*Rev. gén. d'adm.*, 81.1.439]; — 7 août 1873, [*Les cons. gén.*, t. 1, p. 367]; — 16 août 1883, [*Rev. gén. d'adm.*, 83.3.87]

272. — ... Ou d'apprécier l'attitude des fonctionnaires pendant les élections. — Décr. 12 nov. 1886, [*Les cons. gén.*, t. 2, p. 676]

273. — Est nulle, comme excédant les limites de ses propres attributions, la délibération d'un conseil général exprimant le regret que le ministre ou le conseil départemental de l'instruction publique n'ait pas renouvelé le mandat de certains délégués. — Décr. 28 juill. 1881, [*Rev. gén. d'adm.*, 81.3.300]

274. — Est également nulle comme constituant une intervention dans les rapports entre patrons et ouvriers, une délibération, par laquelle un conseil général vote une somme pour venir en aide aux familles de mineurs en grève (mineurs de Decazeville). — Décr. 7 juin 1886, [*Rev. gén. d'adm.*, 86.2.339]

275. — ... Ou une allocation à des chambres syndicales d'ouvriers mineurs en grève. — Décr. 17 déc. 1892, [*Rev. gén. d'adm.*, 93.1.49]

276. — Les conseils généraux n'ayant d'attributions et de compétence que pour les matières spécialement énumérées par le législateur, il en résulte qu'un conseil général, et spécialement le conseil général de la Seine, ne peut légalement voter une proposition tendant à allouer aux membres de cette assemblée un traitement mensuel ou une indemnité. Cette solution ressort d'une manière encore plus formelle du rejet, par la Chambre des députés, dans la séance du 25 mai 1886, d'une proposition de loi tendant à attribuer une indemnité aux conseillers généraux. — V. *suprà*, n. 46.

277. — Lorsqu'un décret d'annulation ordonne sa transcription sur le registre des délibérations, le texte doit être reproduit en marge de la partie annulée des procès-verbaux originaux. Cette partie annulée ne peut figurer au volume imprimé, ou du moins, si l'impression est déjà faite, un renvoi au décret d'annulation doit être inséré. — Déc. min. Int., 15 juin 1872, [*Les cons. gén.*, t. 1, p. 198]; — 28 sept. 1877, [*Les cons. gén.*, t. 1, p. 1070]

278. — Le décret peut aussi ordonner la radiation sur le registre des délibérations — Décr. en Cons. d'Et., 21 sept. 1877, [*Les cons. gén.*, t. 1, p. 1064 et s.] — Mais cette pratique tend à disparaître. — V. *suprà*, n. 227.

279. — En principe, les conseils généraux n'ont pas le droit de déférer au contentieux les décrets d'annulation rendus en vertu des articles 33 et 47, L. 10 août 1871, car autrement le contrôle du gouvernement ne serait plus qu'apparent. Cependant le recours contre un décret d'annulation serait recevable, s'il se fondait sur une illégalité inhérente au décret lui-même, par exemple sur un vice de forme résultant de ce qu'il n'aurait pas été rendu après avis de l'assemblée générale du Conseil d'Etat, ou de ce qu'il n'aurait pas été précédé de la notification ordonnée par l'art. 47. Ce sont des garanties dont l'observation peut être exigée par les conseils généraux. — Laferrière, *Jurid. adm.*, t. 2, p. 414.

280. — Mais ce recours doit être exercé par le conseil général lui-même, légalement représenté, et non par des conseillers généraux agissant individuellement. Il a été jugé, notamment, que le président du conseil général n'a pas qualité, à raison de sa fonction, et en dehors d'une délégation du conseil général, pour représenter le conseil et poursuivre en son nom l'annulation d'une décision ministérielle rendue en exécution d'un décret annulant une délibération du conseil général. — Cons. d'Et., 19 nov. 1880, Montjarret de Kerjégu, [S. 82.3.16, P. adm. chr., D. 82.334] — V. aussi 10 nov. 1882, Cons. gén. de la Martinique, [D. 84.5.119] — Laferrière, *loc. cit.*

281. — Toutefois, nous avons admis qu'une décision de l'autorité supérieure, prononçant la suspension ou la dissolution d'un conseil général, serait de nature à être attaquée individuellement par chacun des membres de ce conseil, évidemment intéressé à ce que son mandat électif ne lui soit pas retiré illégalement. Il s'agirait encore dans ce cas d'un recours pour excès de pouvoirs. — V. *suprà*, n. 203.

Section VI.

Recours pour excès de pouvoir de la part des intéressés.

282. — Ainsi qu'il vient d'être exposé, les pouvoirs des conseils généraux sont soumis au contrôle du gouvernement, et les actes de ces assemblées peuvent être annulés. Ces actes peuvent aussi faire l'objet d'un recours au nom des parties intéressées, lorsqu'ils sont de nature à leur porter préjudice, et qu'ils ont un caractère définitif. — Aucoc, *Conférences*, t. 1, n. 151; Ducrocq, t. 1, n. 159; Constant, *Code départemental*, t. 1, n. 270.

283. — Il s'agit alors d'un recours pour excès de pouvoirs, incompétence ou violation de la loi, introduit devant le Conseil d'Etat, en conformité de la loi des 7-14 oct. 1790 (art. 3) et de l'art. 9, L. 24 mai 1872. Ce recours peut être formé par toute personne ayant un *intérêt direct et personnel* à l'annulation de l'acte, d'après les principes admis pour les recours pour excès de pouvoirs (Aucoc, *Conférences*, t. 1, n. 151, 295 et s.; Laferrière, *Juridict. admin.*, t. 2, p. 376 et s., p. 405 et s.). Bien que la loi du 10 août 1871 ait gardé le silence touchant ce recours des intéressés contre les délibérations des conseils généraux, et n'ait parlé que du recours contre les décisions des commissions départementales (art. 88), on s'accorde à reconnaître que le législateur, en gardant le silence, a cru inutile de confirmer une jurisprudence depuis longtemps constante et s'appliquant à toutes les autorités administratives. — Aucoc, t. 1, n. 151; Ducrocq, t. 1, n. 159; Constant, *Code départemental*, t. 1, n. 270.

284. — Antérieurement à la loi de 1866, en effet, le Conseil d'Etat avait déjà admis le droit de recours pour excès de pouvoirs des intéressés, dans les cas, alors fort rares, où les conseils généraux pouvaient prendre des délibérations définitives (Aucoc, *Conférences*, t. 1, n. 151), en matière de classement des chemins vicinaux de grande communication. — Cons. d'Et., 3 mai 1839, Commune de Montgaroult, [P. adm. chr.]; — 19 févr. 1840, Commune de Saint-Etienne, [S. 40.2.328, P. adm. chr.]; — 16 mars 1850, Commune de Eagnon, [P. adm. chr.]

— ... En matière de chemins de fer d'intérêt local (L. 12 juill. 1865), mais seulement dans les cas où, d'après cette loi, les délibérations sont définitives. — Cons. d'Et., 16 févr. 1870, Balmier, [D. 70.3.74]

285. — Depuis la loi du 10 août 1871, de nombreuses décisions ont reconnu et accueilli les recours pour excès de pouvoirs formés par les intéressés contre les délibérations définitives des conseils généraux, et notamment, contre les décisions portant révocation de titulaires de bourses départementales. — Cons. d'Et., 8 août 1873, Vian, [S. 75.2.220, P. adm. chr., D. 74.3.23]

286. — ... Déclarant un conseiller démissionnaire d'office. — Av. min. Int., 12 sept. 1873, [*Les cons. gén.*, t. 1, p. 393]

287. — ... Délimitant un chemin vicinal d'intérêt commun, mais sans enquête préalable. — Cons. d'Et., 20 nov. 1874, Puichaud, [S. 76.2.191, P. adm. chr., D. 75.3.36]

288. — ... Déclassant toutes les routes départementales du département et les classant comme chemins vicinaux de grande communication. Mais les particuliers sont sans qualité en tant que contribuables pour déférer les délibérations du conseil général au Conseil d'Etat : ils ne peuvent contester la régularité du classement que lorsque des subventions leur sont réclamées. — Cons. d'Et., 5 janv. 1877, Beaumini, [S. 79.2.29, P. adm. chr., D. 77.3.34]

289. — Les délibérations des conseils généraux contenant des injonctions aux préfets, mais n'ayant pas par elles-mêmes force exécutoire, ne peuvent donner lieu à un recours pour excès de pouvoirs de la part des particuliers (l'espèce des vétérinaires sanitaires). — Cons. d'Et., 13 janv. 1888, Farges, [S. 89.3.63, P. adm. chr., D. 89.3.33]

290. — Ne peuvent non plus faire l'objet d'un recours pour excès de pouvoirs les délibérations par lesquelles un conseil général a voté un emprunt et une contribution extraordinaire dépassant les limites fixées par l'art. 40, L. 10 août 1871. C'est au Corps législatif qu'il appartiendrait, le cas échéant, de se prononcer sur la valeur de ces délibérations. — Cons. d'Et., 16 juill. 1875, Billot et autres, [S. 75.2.224, P. adm. chr., D. 76.3.27] — V. *suprà*, n. 244.

291. — Ne paraît pas non plus susceptible d'être déférée au Conseil d'Etat pour excès de pouvoirs, la décision par laquelle un conseil général refuse de considérer, en fait, un de ses membres, adjudicataire des travaux d'impression à la charge du département, comme entrepreneur d'un service départemental et de le déclarer en conséquence démissionnaire en vertu de l'art. 18, L. 10 août 1871. — Cons. d'Et., 12 juill. 1882, Couvert et autres, [D. 84.3.13] — V. *suprà*, n. 184.

292. — On doit appliquer au recours pour excès de pouvoirs formé par les intéressés, les règles générales des recours pour excès de pouvoirs. — V. *infrà*, v° *Excès de pouvoirs*. — V. aussi *suprà*, v° *Commission départementale*, n. 127 et s.

293. — Le recours ne peut être fondé que sur l'excès de pouvoirs, l'incompétence ou la violation de la loi, et non sur une fausse appréciation des faits. — Cons. d'Et., 26 déc. 1873, Commune d'Ambarès, [S. 75.2.311, P. adm. chr., D. 74.3.82]; — 7 mai 1875, Commune de Flers, [Leb. chr., p. 426]

294. — Est irrecevable, en conséquence, le recours formé pour inopportunité ou fausse appréciation des faits, contre la délibération d'un conseil général statuant en appel et maintenant au fond la délibération de la commission départementale. — Cons. d'Et., 20 juin 1884, Bontemps, [Leb. chr., p. 492]; — 11 févr. 1887, Baumgarth, p. 125. — V. aussi Cons. d'Et., 23 déc. 1887, Mouliade, [S. 89.3.57, P. adm. chr., D. 89.3.13]

295. — Même solution en ce qui concerne une décision de la commission départementale portant reconnaissance d'un chemin rural, et déférée au conseil général. — Cons. d'Et., 26 juin 1891, d'Herbonnez, [S. et P. 93.3.77, D. 92.3.116] — Dans l'espèce, le requérant se bornait à reproduire devant le Conseil d'Etat les griefs qu'il avait invoqués devant le conseil général, sans relever contre la décision confirmative du conseil général aucun excès de pouvoir ou aucune violation de la loi.

296. — Les membres d'un conseil général ont intérêt et par suite qualité pour contester, par la voie contentieuse du recours pour excès de pouvoirs devant le Conseil d'Etat, la régularité des délibérations prises par cette assemblée. — Cons. d'Et., 8 août 1872, Luget, [S. 74.2.220, P. adm. chr., D. 73 3.49]; — 12 mars 1875, Elect. de Castries, [S. 77.2.30, P. adm. chr., D. 75.3.106]; — 16 juill. 1875, Billot et autres, [S. 75.2.224, P. adm. chr., D. 76.3.27]; — 16 mars 1888, Fréry, [D. 89.3.61]; — 5 avr. 1889, de la Borderie, Carron et de Callac, [S. 91.3.48, P. adm. chr., D. 90.3.72] — *Sic*, Aucoc, *Conférences*, t. 1, n. 151; Ducrocq, t. 1, p. 159.

297. — Les communes intéressées peuvent également attaquer pour excès de pouvoirs les délibérations des conseils généraux qui fixent leurs contingents à payer pour l'entretien des chemins vicinaux de grande communication. — Cons. d'Et., 14 févr. 1873, Commune de Saint-Pierre-le-Moutier, [Leb. chr., p. 151]; — 7 mai 1875, précité.

298. — Mais les conseillers municipaux d'une commune ne sont pas recevables, en l'absence d'un intérêt direct et personnel, à déférer au Conseil d'Etat pour excès de pouvoirs, une décision du conseil général rejetant leur réclamation contre une délibération de la commission départementale portant classement d'un chemin vicinal. — Cons. d'Et., 21 janv. 1881, Fortin, [S. 82.3.38, P. adm. chr.]; — 23 janv. 1885, Ronchard, [Leb. chr., p. 68]; — 22 janv. 1886, Blanc, [Leb. chr., p. 53]

299. — Il a été jugé aussi qu'une commune n'a pas qualité, comme n'ayant pas un intérêt direct ou immédiat, à se pourvoir contre une délibération du conseil général émettant un avis défavorable sur une demande formée par cette commune en vue d'obtenir une subvention sur les fonds de l'Etat pour la reconstruction de son église. — Cons. d'Et., 23 mars 1888, Commune de Montrottier, [S. 90.3.22, P. adm. chr., D. 89.3.61]

300. — Ainsi que nous le verrons, aux termes de sa dernière jurisprudence, le Conseil d'Etat statue non pas seulement pour excès de pouvoirs, mais souverainement au fond sur les recours contentieux formés par les intéressés contre la liquidation de leur pension de retraite effectuée par une délibération même du conseil général. — Cons. d'Et., 4 juill. 1884, Bussereau, [S. 86.3.24, P. adm. chr., D. 86.3.1] — Peut-être pourrait-on induire de cette jurisprudence que toutes les fois qu'une délibération statuerait sur un droit privé et ferait naître une question contentieuse, le recours contentieux serait possible.

301. — On ne doit pas confondre les recours pour excès de pouvoirs ouverts aux parties intéressées avec les recours des préfets tendant à l'annulation des délibérations en vertu des art. 33 et 47, L. 10 août 1871. Ce ne sont pas là des recours pour excès de pouvoirs au sens juridique du mot, et la différence est sensible, l'annulation ne pouvant être prononcée, d'après les art. 33 et 47 précités, que par un décret rendu dans la forme des règlements d'administration publique (Laferrière, *Jurid. adm.*, t. 2, p. 383, 384). Le recours des art. 33 et 47 est réservé à l'administration, les parties intéressées ont seulement à leur disposition le recours pour excès de pouvoirs (Ducrocq, t. 1, n. 159). Mais réciproquement, on doit admettre que l'administration n'a pas à sa disposition ce dernier mode de recours.

302. — On peut se demander si les présidents du conseil général et de la commission départementale, ainsi que les intéressés, sont en droit de présenter des observations devant le Conseil d'Etat par l'intermédiaire d'un avocat au conseil, contre le recours formé par le préfet. Il semble que ce droit ne peut être reconnu, car le recours dont il s'agit est un acte de gouvernement qui, en dehors des cas d'excès de pouvoirs, ne peut être attaqué par la voie contentieuse. — Décr. en Cons. d'Et., 25 juin 1880, [*Rev. gén. d'adm.*, 80.2.423]

303. — En étudiant les sectionnements électoraux nous verrons qu'un recours spécial a été établi en cette matière contre les décisions des conseils généraux.

CHAPITRE II.

ATTRIBUTIONS RESPECTIVES DU PRÉFET ET DU CONSEIL GÉNÉRAL. DROIT DE CONTRÔLE DU CONSEIL GÉNÉRAL.

SECTION I.

Attributions respectives du préfet et du conseil général.

§ 1. *Attributions du préfet.* — *Principes généraux.*

304. — Aux termes de l'art. 3, L. 10 août 1871, le préfet est le représentant du pouvoir exécutif dans le département. C'est à ce titre que le préfet est l'intermédiaire entre le conseil général et le gouvernement. Le conseil général ne peut être officiellement représenté ni devant les Chambres, ni devant le gouvernement. — Av. min. Int., 15 nov. 1874, [*Les cons. gén.*, t. 1, p. 704] — V. *infrà*, n. 324.

305. — C'est encore par application de la même règle que le préfet procède à la nomination et à l'investiture des employés départementaux ou à leur révocation (Décr. 25 mars 1852, art. 5; 13 avr. 1861, art. 5).

306. — De même, le préfet peut, sans excéder ses pouvoirs, révoquer un conseiller général comme membre d'une commission consultative de surveillance des pépinières. — Cons. d'Et., 20 nov. 1874, Graux, [S. 76.2.191, P. adm. chr., D. 75.3.74]; — ... ou d'un comité d'étude et de vigilance contre le phylloxéra. — Cons. d'Et., 14 déc. 1883, Lequeux, [S. 85.3.65, P. adm. chr., D. 85.3.75]

307. — Le préfet a le droit absolu de faire des propositions au conseil général. Ainsi, d'après un avis du Conseil d'Etat du 21 déc. 1882, [*Les cons. gén.*, t. 2, p. 476; *Rev. gén. d'adm.*, 83.1.30], le président d'un conseil général n'a pas le droit d'écarter la proposition faite par le préfet au cours d'une discussion et de se refuser à la mettre aux voix. Le droit de faire des propositions résulte nécessairement pour le préfet des attributions qui lui sont formellement reconnues par la loi du 10 août 1871. Il en est spécialement ainsi, lorsque le préfet, se fondant sur l'illégalité d'un vœu proposé au conseil général par l'un de ses membres, oppose la question préalable.

308. — Les préfets ne doivent pas communiquer au conseil général les propositions de loi émanant de l'initiative parlementaire. Ces propositions de loi peuvent être envoyées directement au président du conseil général. — Circ. min. Trav. publ., 12 août 1882, [*Les cons. gén.*, t. 2, p. 454]

309. — L'art. 56, L. 10 août 1871, dispose qu'à la session d'août, le préfet rend compte au conseil général, par un rapport spécial et détaillé, de la situation du département et de l'état des différents services publics. A l'autre session ordinaire, il présente au conseil général un rapport sur les affaires qui doivent lui être soumises pendant cette session. Ces rapports sont imprimés et distribués à tous les membres du conseil général huit jours au moins avant l'ouverture de la session. Par ce moyen, le conseil général se trouve à même de contrôler et d'examiner l'administration du préfet.

310. — Le conseil général peut, aux termes de l'art. 31, adresser au ministre compétent ses réclamations dans l'intérêt spécial du département, ainsi que son opinion sur l'état et les besoins des différents services publics, en ce qui touche le département. Ces réclamations sont adressées directement par l'intermédiaire du président. Mais il s'agit d'une simple faculté, et ces réclamations peuvent aussi être transmises par l'intermédiaire du préfet. Aucune disposition n'autorise les assemblées départementales à s'adresser aux Chambres législatives. — Déc. min. Int., 31 oct. 1877, [*Les cons. gén.*, t. 1, p. 1079]

311. — Si le conseil général ne peut exercer les attributions du préfet, réciproquement ce fonctionnaire ne peut se substituer au conseil général alors même que ce conseil l'y autoriserait. — Cons. d'Et., 4 avr. 1884, Commune de Mane, [S. 86.3.7, P. adm. chr., D. 85.3.99]

§ 2. *Droit exclusif du préfet d'instruire préalablement les affaires.*

312. — L'instruction préalable des affaires est non seulement une obligation, mais aussi un droit exclusif pour le préfet (L. 10 août 1871, art. 3). Décidé, en conséquence, que la délibération d'un conseil général portant que le service des chemins vicinaux sera dorénavant confié à l'administration des ponts et chaussées doit être annulée (art. 47), lorsque le projet n'a pu être instruit suffisamment par le préfet qui en a demandé l'ajournement. — Décr. en Cons. d'Et., 25 mars 1881, [*Les cons. gén.*, t. 2, p. 341; *Rev. gén. d'adm.*, 81.2.443]

313. — ... Ou lorsque le projet n'a pu être l'objet d'aucune instruction préalable de la part du préfet. — Décr. en Cons. d'Et., 5 nov. 1881, [*Les cons. gén.*, t. 2, p. 389]

314. — Décidé également qu'en l'absence d'une instruction préalable ou d'une proposition par le préfet, une délibération d'un conseil général viole la loi et doit par suite être annulée, notamment lorsqu'elle établit un sectionnement électoral. — Décr. en Cons. d'Et., 9 nov. 1880, [*Les cons. gén.*, t. 2, p. 304]; — 13 nov. 1880, [*Ibid.*, p. 309]

315. — ... Lorsqu'elle répartit les subventions de l'Etat et du département pour les chemins vicinaux et accueille les demandes des communes. — Av. min. Int., 22 oct. 1874, [*Les cons. gén.*, t. 1, p. 696]

316. — ... Lorsqu'elle statue sur des questions de chemins de fer d'utilité locale, par exemple sur les concessions à titre définitif. — Décr. en Cons. d'Et., 16 janv. 1875, [*Les cons. gén.*, t. 1, p. 767]; — 29 juin 1880, [*Ibid.*, t. 2, p. 263] — ... Alors que le préfet, en communiquant la demande et le projet de tracé, déclare ne pouvoir, l'instruction n'est pas terminée et qu'il ne peut, en l'état, faire aucune proposition. — Décr. en Cons. d'Et., 17 juin 1875, [*Les cons. gén.*, t. 1, p. 823]

317. — Le conseil général ne peut, sans empiéter sur les droits du préfet, charger la commission départementale de l'instruction préalable des affaires ou de quelques affaires déterminées, soit au lieu et place du préfet, soit parallèlement avec lui. Une délibération en ce sens doit donc être annulée. — Décr. en Cons. d'Et., 27 juin 1874, [*Les cons. gén.*, t. 1, p. 625]; — 2 juill. 1874, [*Ibid.*, p. 642] — Certaines restrictions pourraient toutefois être apportées à cette règle. — V. *suprà*, v° *Commission départementale*, n. 36.

318. — C'est encore par application du même principe que le conseil général ne pourrait, sans illégalité, investir chacun de ses membres d'une mission permanente. — V. *suprà*, n. 167.

319. — Mais le conseil général peut nommer une commission composée de membres pris dans son sein et chargée d'étudier une affaire spéciale dans l'intervalle des sessions, pourvu que la première instruction ait été faite par le préfet. — Av. min. Int., 24 août 1876, [*Les cons. gén.*, t. 1, p. 963] — V. *suprà*, n. 161 et s.

320. — Le conseil général a d'ailleurs incontestablement le droit de modifier les propositions de l'administration. — Av. min. Int., 22 oct. 1874, [*Les cons. gén.*, t. 1, p. 696]

§ 3. *Droit d'exécuter les délibérations.*

321. — Aux termes de l'art. 3, L. 10 août 1871, c'est le préfet qui est chargé de l'exécution des décisions du conseil général et de la commission départementale.

322. — La délibération d'un conseil général chargeant sa commission départementale de la vente aux enchères du mobilier de la préfecture, empiète sur le droit exclusif d'exécution qui appartient au préfet, et viole ainsi l'art. 3, L. 10 août 1871. — Décr. 19 sept. 1873, [*Les cons. gén.*, t. 1, p. 394]

323. — Même solution si le conseil général charge sa commission départementale du soin de poursuivre la reddition du décret d'utilité publique d'un chemin de fer concédé. — Av. min. Int., 1er juill. 1874, [*Les cons. gén.*, t. 1, p. 641]

324. — Il a été également décidé qu'un conseil général ne pouvait déléguer quelques-uns de ses membres à l'effet de le représenter, de concert avec le président, auprès de l'Assemblée nationale, qui allait être saisie d'une question intéressant le département. — Av. min. Int., 15 nov. 1874, [*Les cons. gén.*, t. 1, p. 704] — V. *suprà*, n. 304.

325. — Par application de ces principes, constituent des actes d'exécution réservés au préfet, et dont le conseil général ou ses délégués ne peuvent connaître : la distribution aux écoles d'objets concédés par le conseil général. — Déc. min. Int., 31 août 1874, [*Les cons. gén.*, t. 1, p. 662]

326. — ... Le droit d'accorder des récompenses honorifiques, telles que médailles, lettres de félicitations, gratifications pécuniaires (en l'espèce le conseil général avait autorisé la commission départementale à répartir des subventions diverses, mais ne s'en était pas réservé la distribution). — Décr. en Cons. d'Et., 25 juin 1874, [*Les cons. gén.*, t. 1, p. 612] — Déc. min. Int., 23 oct. 1875, [*Ibid.*, p. 892]

327. — ... La nomination des membres du jury d'examen et la distribution des récompenses (en l'espèce primes aux étalons); ce sont des actes d'exécution qui rentrent dans les attributions du préfet; le conseil général a seulement le droit d'inscrire le crédit à son budget et de fixer les conditions et les règles du concours. — Déc. min. Int., 22 juill. 1875, [*Les cons. gén.*, t. 1, p. 830]

328. — ... La distribution des secours individuels, indemnités, ou gratifications votés par le conseil général. — Décr. en Cons. d'Et., 26 juin 1874, [*Les cons. gén.*, t. 1, p. 620]; — 26 oct. 1875, [*Ibid.*, p. 892]; — 20 nov. 1875, [*Ibid.*, p. 905]; — 3 nov. 1879, [*Ibid.*, t. 2, p. 193] — Av. min. Int., 25 août 1882, [*Les cons. gén.*, t. 2, p. 462] (en l'espèce, secours individuels pour traitement de vignes phylloxérées); — 30 nov. 1886, Eure, [*Ibid.*, p. 677] (en l'espèce, subvention votée au nom de l'évêque pour les *pauvres honteux*).

329. — ... La répartition du crédit départemental de secours pour extrême misère. Elle ne peut être subordonnée à l'avis préalable et conforme de la commission départementale. — Décr. en Cons. d'Et., 8 nov. 1881, [*Les cons. gén.*, t. 2, p. 393]

330. — ... La distribution des crédits de secours individuels aux élèves (médecins ou artistes) pensionnés par le département. — Av. min. Int., 12 janv. 1876, [*Les cons. gén.*, t. 1, p. 928]

331. — ... La répartition entre les ayants-droit du crédit affecté à la rémunération des employés de la préfecture. Le conseil général a seulement le droit de décider si le département contribuera à la rémunération de ces employés et de fixer le chiffre du crédit à inscrire pour cet objet au budget départemental, mais il ne peut effectuer lui-même la répartition. En effet, « le conseil général serait obligé de se rendre compte du travail de chaque employé, d'apprécier la manière dont il remplit ses devoirs, s'immiscer, en un mot, dans l'examen de l'organisation intérieure des bureaux, soins qui appartiennent uniquement au préfet, seul responsable des actes de ses subordonnés, et seul juge des récompenses ou des encouragements qu'ils peuvent mériter... ». — Décr. en Cons. d'Et., 8 nov. 1879, [*Les cons. gén.*, t. 1, p. 405]

332. — ... La répartition des indemnités accordées sur les fonds départementaux et destinés à compléter sous des titres divers le traitement des inspecteurs de l'enseignement primaire. — Déc. min. Int., 8 sept. 1877, [*Les cons. gén.*, t. 1, p. 1054]

— ... ou destinés aux instituteurs en exercice ou à d'anciens instituteurs. — Décr. en Cons. d'Et., 9 janv. 1875, [*Les cons. gén.*, t. 1, p. 757]

333. — ... Le soin de fixer la date précise de l'exécution d'une délibération du conseil général. — Déc. min. Int., 7 oct. 1876, [*Les cons. gén.*, t. 1, p. 968]

334. — ... Le soin de surveiller l'impression des délibérations du conseil général. — Décr. en Cons. d'Et., 9 janv. 1875, (*Les cons. gén.*, t. 1, p. 754)

335. — Si le conseil général est libre d'inscrire ou de ne pas inscrire au budget départemental un fonds de réserve pour dépenses imprévues, s'il peut même, en cours d'exercice, supprimer ou réduire ce crédit, en lui donnant une affectation déterminée, le droit de disposer des sommes maintenues au budget en vue de parer aux nécessités urgentes rentre exclusivement dans les attributions du préfet, et ne peut être exercé ni par le conseil général, ni par la commission départementale par voie de délégation. — Décr. en Cons. d'Et., 21 déc. 1874, [*Les cons. gén.*, t. 1, p. 729]

§ 4. *Attributions diverses.*

336. — a) *Actions en justice*. — En ce qui concerne les actions en justice, le préfet intente les actions en vertu de la décision du conseil général. Il peut aussi, sur l'avis conforme de la commission départementale, défendre à toute action intentée contre le département. — V. *infrà*, v° *Département.*

337. — b) *Contrats*. — Aux termes de l'art. 54, L. 10 avr. 1871, le préfet passe les contrats au nom du département, sur l'avis conforme de la commission départementale. — V. *suprà*, v° *Commission départementale*, n. 91 et 92, et *infrà*, v° *Département.*

338. — c) *Mandats*. — L'art. 65, L. 10 août 1871, établit que c'est le préfet qui a le droit de délivrer des mandats de paiement, dans la limite des crédits ouverts sur le budget du département. — V. *infrà*, v° *Département.*

339. — d) *Répartition des contributions*. — Le préfet a le droit de faire la répartition des contributions directes, si le conseil général a omis de le faire (art. 39).

340. — e) Le préfet a toujours le droit d'assister aux conférences interdépartementales, et il a également le droit de demander l'annulation de leurs délibérations (art. 90).

341. — Enfin, le préfet a de nombreuses attributions dans ses rapports avec le conseil général, attributions qui seront exposées dans le cours de cette étude.

Section II.
Contrôle des actes du préfet.

342. — Le conseil général a un droit de contrôle sur les actes du préfet. Ce point n'est point douteux et résulte des textes. Mais il ne faut pas en déduire que le conseil général ait une autorité quelconque sur le préfet; celui-ci ne relève que du pouvoir central.

343. — En effet, le préfet comme représentant du pouvoir central doit jouir d'une certaine indépendance vis-à-vis de l'assemblée départementale. Décidé, en conséquence, qu'en s'érigeant en juge d'un acte accompli par le préfet comme représentant du pouvoir central, un conseil général était sorti de ses attributions légales et que sa délibération tombait sous le coup de l'art. 33, L. 10 août 1871. — Décr. en Cons. d'Et., 28 juill. 1881, [*Rev. gén. d'adm.*, 81.3.299; *Les cons. gén.*, t. 2, p. 363]

344. — De même le conseil général n'a pas qualité pour émettre un blâme direct ou même indirect à l'adresse du préfet. — Décr. 7 août 1873, Vosges, [*Les cons. gén.*, t. 1, p. 367]; — 28 juill. 1884, [*Ibid.*, p. 592]; — 27 août 1885, [*Ibid.*, p. 632] — V. *suprà*, n. 258 et s.

345. — Mais si le conseil général n'a pas le pouvoir d'infliger un blâme au préfet, il est autorisé par l'art. 51 de la loi de 1871 à signaler au ministre, supérieur hiérarchique du préfet, les manquements et les fautes de ce fonctionnaire et de provoquer ainsi contre lui l'application de peines disciplinaires. Ce système a l'avantage de concilier le respect dû au représentant du gouvernement dans le département, avec la nécessité de rappeler à l'observation de ses devoirs. — Béquet, v° *Département*, n. 959.

346. — Le conseil général a aussi un droit de contrôle sur les comptes du préfet, droit consacré par l'art. 66, L. 10 août 1871. — V. *infrà*, v° *Département.*

CHAPITRE III.

ATTRIBUTIONS RESPECTIVES DE LA COMMISSION DÉPARTEMENTALE ET DU CONSEIL GÉNÉRAL. — APPEL AU CONSEIL GÉNÉRAL.

Section I.
Attributions respectives de la commission départementale et du conseil général.

347. — Le rôle du conseil général et celui de la commission départementale sont parfaitement distincts. Le principe fondamental est que ces deux autorités ne doivent point empiéter sur leurs attributions respectives. Spécialement, les fonctions que la loi attribue en propre aux commissions départementales ne peuvent être remplies par les conseils généraux. La commission départementale conserve son existence propre et ses attributions distinctes, même pendant les sessions. — Déc. min. Int., 28 oct. 1874, *Les cons. gén.*, t. 1, p. 698] — Av. min. Int., 11 nov. 1872, [*Ibid.*, p. 232]

348. — Ainsi la commission départementale, appelée à se prononcer sur un projet de rectification d'un chemin vicinal, peut, à l'effet de s'éclairer, prendre l'avis d'un membre du conseil général, mais ce dernier ne saurait prendre part à la délibération de cette commission. — Cons. d'Et., 8 janv. 1875, Duwarnet, [S. 76.2.276, P. adm. chr., D. 75.3.93]

349. — Ainsi encore, le conseil général ne peut, après avoir fixé le nombre des membres de la commission départementale, autoriser cette commission à s'adjoindre d'autres membres du conseil général pour traiter certaines affaires. — Décr. 28 févr. 1872, [*Les cons. gén.*, t. 1, p. 161] — ... Lors même que ces conseillers n'auraient que voix consultative. — Décr. 1er juill. 1873, [*Ibid.*, p. 144]

350. — De même, le président du conseil général ne peut, en cette seule qualité, assister aux séances de la commission départementale. — Av. min. Int., 24 mars 1881, [*Les cons. gén.*, t. 2, p. 339] — V. *suprà*, v° *Commission départementale*, n. 5 et s.

351. — Lorsque le conseil général délègue ses pouvoirs, cette délégation doit être spéciale. Décidé en conséquence que le conseil général ne peut, sans excès de pouvoir, renvoyer, par délégation générale, à la commission départementale, l'examen de toute une catégorie d'affaires non spécifiées et encore inconnues. — Av. Cons. d'Et., 13 mars 1873, [S. 74.2.96, P. adm. chr., D. 74.3.64] — V. *suprà*, v° *Commission départementale*, n. 38 et s.

351 bis. — Nous n'avons ici qu'à poser le principe. Nous avons fait connaître *suprà*, v° *Commission départementale*, n. 22 et s., quelles attributions rentrent spécialement dans le domaine de cette commission. Nous n'avons pas y revenir.

Section II.
Appel au conseil général.

352. — Les décisions de la commission départementale peuvent être déférées en appel au conseil général. Il s'agit alors d'un recours purement administratif; le conseil général, juge d'appel, examine l'affaire au fond, et peut soit accepter la décision de la commission, soit adopter une solution différente. Cet appel peut être interjeté, soit par le préfet, soit par les intéressés. Les règles de ce recours ont été exposées *suprà*, v° *Commission départementale* n. 111 et s. — V. aussi Jacquelin, *La commission départementale*, n. 94 et s. — Nous nous bornerons ici à traiter quelques points particuliers.

353. — Aux termes de l'art. 85, L. 10 août 1871 : en cas de désaccord entre la commission départementale et le préfet, l'affaire peut être renvoyée à la plus prochaine session du conseil général qui statuera définitivement. En cas de conflit entre la commission départementale et le préfet, comme aussi dans le cas où la commission aurait outrepassé ses attributions, le conseil général sera immédiatement convoqué conformément aux dispositions de l'art. 24 de la présente loi, et statuera sur les faits qui lui auront été soumis. Le conseil général pourra, s'il le juge convenable, procéder dès lors à la nomination d'une nouvelle commission départementale. Décidé, par application de cet article que le conseil général, saisi par le préfet d'un désaccord, ne peut refuser de prononcer. On peut considérer la délibération du conseil général portant refus de statuer, comme étant une approbation tacite, et en cas d'illégalité, elle peut être annulée. — Décr. 1er juill. 1873, [Les cons. gén., t. 1, p. 339]; — 1er juill. 1873, [Ibid., p. 333]; — 30 juin 1873, [Ibid., p. 339]; — 27 juin 1874, [Ibid., p. 629]

354. — En cas d'approbation formelle par le conseil général, on peut ou annuler seulement cette délibération approbative, — Décr. 30 juin 1873, [Les cons. gén., t. 1, p. 330]; — 1er juill. 1873, [Ibid., p. 337] — ... ou annuler les deux délibérations. — Décr., 9 juin 1874, [Ibid., p. 584]

355. — Comme au cas de désaccord, les délibérations du conseil général statuant sur les conflits élevés par la commission départementale sont susceptibles d'annulation en vertu des art. 33 et 47, L. 10 août 1871. — Cons. d'Ét., 25 juin 1875, [Les cons. gén., t. 1, p. 825]

356. — La loi n'ayant pas défini les caractères distinctifs du désaccord et du conflit, c'est au préfet à se déterminer d'après les circonstances. — Décr. 1er juill. 1873, précité (V. aussi suprà, v° Commission départementale, n. 11.

357. — En ce qui concerne le recours des parties intéressées, V. suprà, v° Commission départementale, n. 116.

358. — Les décisions de la commission départementale ne peuvent être déférées au Conseil d'État, statuant au contentieux, que pour cause d'excès de pouvoirs ou de violation de la loi ou d'un règlement d'administration publique; elles ne peuvent l'être pour cause d'inopportunité ou de fausse appréciation des faits, le conseil général ayant seul le droit de statuer en appel dans ce cas. — Cons. d'Ét., 5 janv. 1877, Camou, [Leb. chr., p. 10]; — 25 juin 1880, Rivier, [D. 81.3.75]; — 8 août 1884, Leborne, [Leb. chr., p. 711] — V. suprà, v° Commission départementale, n. 127 et s. — Mais les décisions de la commission départementale peuvent être déférées cumulativement au conseil général et au Conseil d'État. — Cons. d'Ét., 5 janv. 1877, Commune de Pleurtuit, [S. 77.2.220, P. adm. chr., D. 77.3.27]

359. — Les décisions de la commission départementale ne peuvent être déférées, par voie d'appel, au conseil général qu'autant qu'elles ont été prises en vertu des art. 86 et 87, L. 10 août 1871. — Cons. d'Ét., 4 févr. 1876, de Vésins et Abadie, [S. 78.2.63, P. adm. chr., D. 76.3.70] — En conséquence, aucun recours devant le conseil général n'est ouvert lorsque la commission a statué en vertu d'une délégation spéciale de ce conseil. Le conseil général peut notamment déléguer à la commission le droit de statuer sur les difficultés relatives à la fixation du tracé d'un chemin vicinal d'intérêt commun.

360. — Le conseil général, saisi d'un appel contre une décision de la commission départementale, peut, sans excès de pouvoirs, ajourner sa décision à une session ultérieure, jusqu'à plus ample informé. — Cons. d'Ét., 17 janv. 1879, Ganivot, [S. 80.2.223, P. adm. chr., D. 79.3.46] — Av. min. Int., 30 oct. 1874, Lot-et-Garonne, [Les cons. gén., t. 1, p. 699]

CHAPITRE IV.

ATTRIBUTIONS DU CONSEIL GÉNÉRAL RELATIVES AUX INTÉRÊTS GÉNÉRAUX.

361. — Comme représentant des intérêts généraux, le conseil général, tantôt prend des délibérations qui constituent de véritables décisions, tantôt formule seulement des avis ou des vœux. Lorsqu'il prend des délibérations ayant le caractère des décisions, elles ne sont opposables aux intéressés, qu'à la condition d'avoir été portées à leur connaissance par voie d'affiches ou par notification individuelle. — Cons. d'Ét., 2 mars 1888, Bergerand, [Leb. chr., p. 216]

SECTION I.
Répartition des contributions directes.

362. — En principe, c'est au pouvoir législatif seul qu'il appartient de voter les impôts. Par suite, le conseil général agit en qualité de délégué du pouvoir législatif, lorsqu'il répartit les contributions directes entre les arrondissements. Le soin d'opérer la répartition de l'impôt fut confié aux conseils de département et de district par la loi même qui les a institués. Ce droit leur avait été retiré pour être attribué aux administrations centrales; mais il a été rendu aux conseils de département par la loi du 28 pluv. an VIII, et il leur a été constamment reconnu depuis par les lois de finances, jusqu'à sa consécration définitive par la loi du 10 mai 1838 (Décr. 22 déc. 1789, sect. 3, art. 1; Constit. 22 fruct. an III; L. 28 pluv. an VIII). — Les lois du 18 juill. 1866 et du 10 août 1871 consacrent le même principe. — Circ. min., 8 oct. 1871, [S. Lois annotées, 1871, p. 88] — Ducrocq, t. 1, n. 140; t. 2, n. 1126; Batbie, t. 3, n. 357; Simonet, n. 606; Hauriou, n. 206; Marie, t. 1, p. 84 et s.

363. — Les pouvoirs de répartition reconnus au conseil général ne s'exercent que sur les contributions directes dites de répartition : impôt foncier sur la propriété non bâtie et contribution personnelle mobilière. La loi de finances du 8 août 1890 (art. 4) a supprimé à partir du 1er janv. 1891 l'assignation de contingents aux départements, arrondissements et communes en matière de *contribution foncière des propriétés bâties* et a transformé ainsi cet impôt en impôt de quotité. D'autre part, la *contribution des portes et fenêtres* qui était un *impôt de répartition* a été supprimée en principe par la loi du 18 juill. 1892 (art. 1) et remplacée par une taxe représentative, calculée à raison de 2 fr. 40 cent. p. 100 du revenu net imposable de la propriété foncière bâtie, à partir du 1er janv. 1894. — V. infrà, v° *Contributions directes*.

364. — La loi annuelle de finances fixe le principal des contributions directes afférent au département. Le conseil général fixe à son tour, par une répartition au deuxième degré, le contingent applicable à chaque arrondissement. La loi du 10 août 1871 dispose dans son art. 37 que le conseil général répartit chaque année, à sa session d'août, les contributions directes, conformément aux règles établies par les lois. — Ducrocq, t. 1, n. 140; t. 2, n. 1125; Marie, t. 1, p. 84 et s.; Hauriou, n. 409.

365. — La circulaire du ministre de l'Intérieur, du 8 oct. 1871 (S. Lois annotées, 71.88), s'exprime ainsi, en ce qui concerne la répartition de l'impôt : « Les art. 37, 38 et 39 du tit. 3 reproduisent, sauf quelques modifications dans la forme, les dispositions de la loi du 10 mai 1838 sur la répartition de l'impôt. La loi annuelle des finances ayant fixé le principal des contributions directes afférent au département, le conseil général intervient pour déterminer le contingent applicable à chaque arrondissement; il statue sur les demandes en réduction formées par les conseils compétents, qui sont aujourd'hui les conseils d'arrondissement, puisque le tit. 2 de la loi de 1838 n'est point abrogé; il prononce également sur les réclamations des conseils municipaux. »

366. — La circulaire du ministre de l'Intérieur, du 9 oct. 1874 (Les cons. gén., t. 1, p. 684), engage les préfets à proposer aux conseils généraux d'arrêter, dès les premiers jours de leur session, le tableau de répartition. Cette invitation a pour objet de permettre au service des contributions directes d'achever, en temps opportun, la publication des rôles. — V. Circ. min. Int., 18 déc. 1877, [Les cons. gén., t. 2, p. 11]

367. — Dans son travail de répartition, fait suivant une égalité proportionnelle, le conseil général tient compte des précédentes répartitions, ainsi que des modifications dans la richesse relative des arrondissements. Le préfet fournit au conseil général les éléments de ce travail, qu'il a lui-même reçus du directeur des contributions directes. — Aucoc, *Conférences*, t. 1, p. 142; Marie, t. 1, p. 84 et s.

368. — Pour que le conseil général puisse répartir, en conformité de la loi, le préfet doit lui soumettre les documents nécessaires. Ce sont notamment : la lettre du ministre des Finances au préfet contenant le chiffre assigné au département dans les impôts de répartition; le rapport du directeur des contributions directes sur la répartition générale entre les subdivisions du département et les communes; le rapport de ce même fonctionnaire sur chaque demande en dégrèvement, en décharge formée par les communes ; les délibérations des conseils d'arrondissement, sur la répartition de l'arrondissement ou du canton ; les délibérations spéciales des mêmes conseils sur les demandes en dégrèvement et décharge présentées par les communes de leur circonscription ou sur les demandes en réduction du contingent assigné à l'arrondissement. — Béquet, v° *Département*, n. 973 ; Constant, *Code départemental*, t. 1, n. 294. — V. Circ. min. Int., 8 oct. 1871, [*Les cons. gén.*, t. 1, p. 67]

369. — Quant aux bases de cette répartition, le conseil suit les règles générales de la matière. — V. *infrà*, v° *Contributions directes*.

370. — Avant d'effectuer la répartition, le conseil général statue sur les demandes délibérées par les conseils compétents en réduction de contingent (art. 37 *in fine*, L. 10 août 1871). Comme le conseil général se sert des précédentes répartitions pour poser les bases de son travail, les conseils d'arrondissement dans la première partie de leur session qui précède nécessairement la session du conseil général, indiquent les modifications qui leur paraissent devoir être apportées à la répartition et les circonstances nouvelles qui ont pu en changer les bases (V. *suprà*, v° *Conseil d'arrondissement*, n. 78 et s.). Le conseil général doit donc statuer au préalable sur des délibérations des conseils d'arrondissement portant demandes en dégrèvement ou réduction de contingent, avant de procéder à son travail de répartition.

371. — L'art. 38 dit que le conseil général statue définitivement sur les demandes en réduction de contingent formées par les communes et préalablement soumises au conseil compétent. Dans ce texte comme dans le précédent, l'expression « conseil compétent », désigne les conseils d'arrondissement. — Circ. min., 8 oct. 1871. [S. *Lois annotées*, 1871, p. 88] — Dans ce cas, le conseil général statue au deuxième degré sur les décisions prises au préalable par les conseils d'arrondissement sur les demandes en dégrèvement des communes. On doit faire observer que cette décision ne peut avoir d'effet que sur la répartition entre les communes et non entre les arrondissements. Par suite, aucune disposition de la loi n'impose au conseil général l'obligation de rendre cette décision avant de procéder à la répartition entre les arrondissements. Il en est différemment dans les hypothèses prévues dans le deuxième paragraphe de l'art. 37, précité.

372. — Bien que les termes employés par le législateur dans les art. 37 et 38 soient très-formels et confèrent aux conseils généraux le droit de statuer définitivement par délégation du pouvoir législatif, cependant on s'est demandé si ces décisions sont souveraines, si elles sont susceptibles d'un recours quelconque.

373. — Il n'est pas douteux que les décisions du conseil général pour répartir l'impôt ne peuvent être contestées devant le conseil de préfecture, ni directement par les collectivités intéressées, ni indirectement par les contribuables. — Cons d'Et., 29 août 1834, Salines de l'Est, [P. adm. chr.] — Sic, Laferrière, *Juridiction administrative*, t. 2, p. 235.

374. — Il faut décider qu'elles ne sont pas davantage susceptibles d'un recours devant le Conseil d'Etat. — Laferrière, *op. et loc. cit.* ; Aucoc, *Conférences sur le droit administratif*, t. 1, n. 149.

375. — Ainsi jugé spécialement pour la répartition de la contribution foncière entre les arrondissements d'un département. — Cons. d'Et., 14 juin 1837, Witz, [S. 37.2.510, P. adm. chr.] — V. aussi Cons. d'Et., 17 févr. 1848, Quinon, [S. 48.2.415, P. adm. chr., D. 48.3.56]

376. — Toutefois, on peut admettre que l'annulation par décret rendu en la forme de règlement d'administration publique, serait possible dans les termes de l'art. 47, L. 10 août 1871, puisque la délibération portant répartition de l'impôt est une délibération définitive. — Béquet, v° *Département*, n. 976 ; Constant, *Code départemental*, t. 1, n. 292. — V. Décr. en Cons. d'Et., 27 nov. 1874, [*Les cons. génér.*, t. 1, p. 910] — Mais l'annulation ne peut être prononcée que pour excès de pouvoirs, ou pour violation d'une disposition de la loi ou d'un règlement d'administration publique (art. 37 et 47) ; la décision du conseil général ne pourrait être annulée sous le prétexte qu'elle a mal apprécié les faits.

377. — Enfin le conseil général n'a pas le droit de statuer sur les réclamations individuelles. Selon les cas, ces réclamations font l'objet de recours au conseil de préfecture, au préfet, au ministre des Finances, au Conseil d'Etat. — Béquet, v° *Département*, n. 974. — V. *infrà*, v° *Contributions directes*.

378. — Les résultats des opérations du conseil général : décision sur les réclamations, répartition du contingent entre les arrondissements, sont portés sur des tableaux signés par tous les membres du conseil général et remis au préfet qui les transmet au ministre des Finances. Le préfet en adresse des copies au directeur des contributions directes et fait parvenir des mandements aux sous-préfets. C'est d'après ces mandements que les conseils d'arrondissement procèdent à la répartition entre les communes, dans la seconde partie de leur session. — Béquet, v° *Département*, n. 978. — V. *suprà*, v° *Conseil d'arrondissement*, n. 69 et s.

379. — Le préfet notifie à l'administration des contributions directes les décisions du conseil général sur les réclamations des communes ; il vérifie si la réduction accordée est réellement portée sur l'état de sous-répartement et en cas d'omission, fait effectuer la rectification de cet état en conformité de la décision du conseil général. — Circ. min. Fin., 20 mai 1827, [*Circulaires annuelles sur le répartement*]

380. — Aux termes d'une décision de l'administration des Finances (Vaucluse, septembre 1878) on pourrait considérer comme régulier un état de répartement portant seulement les signatures du président et du secrétaire du conseil général, si, d'après les renseignements donnés par le préfet, on a procédé régulièrement aux opérations de répartition des contingents entre les arrondissements. — Béquet, v° *Département*, n. 980.

381. — Dans le cas où le conseil général ne ferait pas la répartition, le préfet aurait le droit d'y procéder d'office. C'est ce que dit l'art. 39 ainsi conçu : « Si le conseil général ne se réunissait pas, ou s'il se séparait sans avoir arrêté la répartition des contributions directes, les mandements des contingents seront délivrés par le préfet, d'après les bases de la répartition précédente, sauf les modifications à apporter dans le contingent en exécution des lois ». — V. aussi la circulaire du ministre de l'Intérieur du 8 oct. 1871, [S. *Lois annotées*, 1871, p. 88]

382. — Le préfet devrait constater, sous forme d'arrêté, l'obligation où il se trouve de procéder à la répartition d'office. — Béquet, v° *Département*, n. 990.

383. — Enfin on doit faire remarquer que le préfet n'est pas substitué complètement au conseil général, puisqu'il ne peut que reproduire la répartition faite par le conseil général pour l'année précédente, et qu'il ne peut y faire d'autres modifications que celles qui seraient exigées par des lois rendues depuis cette époque.

SECTION II.

Avis et vœux ; formation de la liste du jury d'expropriation.

384. — Les avis (art. 50) et les vœux (art. 51) que les conseils généraux ont le droit d'émettre touchent très-souvent aux questions d'intérêt général. Ces sortes d'attributions seront traitées spécialement. — V. *infrà*, n. 579 et s.

385. — Enfin le conseil général joue un rôle en matière d'expropriation pour cause d'utilité publique pour la formation de la liste du jury d'expropriation. — V. *infrà*, v° *Expropriation pour utilité publique*.

CHAPITRE V.

ATTRIBUTIONS DU CONSEIL GÉNÉRAL RELATIVES AUX INTÉRÊTS DÉPARTEMENTAUX.

386. — Les attributions des conseils généraux relativement aux intérêts propres du département sont de beaucoup les plus étendues. Nous étudierons successivement : 1° les attributions déléguées par le législateur aux conseils généraux ; 2° les attributions relatives au budget départemental ; 3° les cas multiples dans lesquels les conseils généraux prennent des délibérations définitives ; 4° enfin, les matières sur lesquelles ces conseils prennent des délibérations non définitives.

SECTION I.

Attributions déléguées par le pouvoir législatif.

§ 1. *Centimes additionnels*.

387. — Les centimes additionnels départementaux sont ou ordinaires, ou extraordinaires, ou spéciaux. Les conseils généraux ne peuvent voter de centimes que pour une année, par application du principe de droit public d'après lequel les impôts directs doivent être votés tous les ans. Il en serait ainsi alors même qu'il s'agirait de rembourser un emprunt. — Marie, t. 1, p. 94 et 95.

388. — I. *Centimes additionnels ordinaires.* — D'après l'art. 40, le conseil général vote les centimes additionnels dont la perception est autorisée par les lois. La loi annuelle de finances détermine le nombre de centimes additionnels dont les conseils généraux peuvent disposer pour le service ordinaire. Ce vote est indispensable. Sauf le cas de l'imposition d'office dont il sera parlé plus loin, les agents des contributions directes ne pourraient mettre en recouvrement un impôt que l'assemblée départementale n'aurait point voté. — Circ. min. Int., 8 oct. 1871, [S. *Lois annotées*, 71, p. 89]; — 28 avr. 1874, [*Les cons. gén.*, t. 1, p. 500]

389. — Les lois annuelles de finances fixent actuellement le maximum des centimes additionnels que les conseils généraux peuvent voter, à 25 cent. sur les contributions foncières (propriétés bâties et propriétés non bâties) et personnelle mobilière, et à 1 cent. sur les quatre contributions directes (L. fin., 26 juill. 1893, art. 9).

390. — Si, aux termes de la loi du 10 août 1871, le conseil général a qualité pour répartir les contributions directes entre chacun des arrondissements et pour voter, dans les limites fixées par les lois, les centimes additionnels départementaux tant ordinaires qu'extraordinaires, il ne lui appartient pas de fixer les bases du calcul ou de l'assiette de ces centimes. En conséquence, est nulle la délibération d'un conseil général qui a déterminé les bases du calcul des centimes additionnels au principal des quatre contributions directes. — Décr. en Cons. d'Ét., 17 déc. 1892, [*Rev. gén. d'adm.*, 93.1.46]

391. — Chaque année, l'administration adresse aux préfets un tableau en deux parties destinées à faire connaître, l'une le chiffre du *principal* servant de base à l'établissement des centimes additionnels départementaux, et l'autre le décompte de ces mêmes centimes. Le directeur des contributions directes du département en certifie l'exactitude. — Circ. min. Int., 28 avr. 1874, [*Les cons. gén.*, t. 1, p. 500]

392. — Le recouvrement des centimes additionnels départementaux, comme celui des contributions perçues pour le compte de l'État, n'est exigible que par douzième. Si l'ordonnancement n'était effectué qu'au fur et à mesure de leur rentrée, la marche des services en serait assurément affectée. Aussi a-t-il été admis que cet ordonnancement aurait lieu dans les premiers jours de l'exercice, dans la proportion d'un quatorzième de l'évaluation générale, pour la première distribution, et d'un septième tous les deux mois, par avance, sur chacune des deux grandes divisions qui composent le budget. Ce mode d'ordonnancement ne fait pas, d'ailleurs, obstacle à ce qu'en dehors des distributions périodiques, et pour des motifs exceptionnels, les préfets adressent des demandes spéciales au ministre, auxquelles il est fait immédiatement droit dès qu'elles sont reconnues justifiées. — Circ. min. Int., 28 avr. 1874, [*Les cons. gén., loc. cit.*]

393. — II. *Centimes additionnels extraordinaires.* — Le conseil général peut voter des centimes extraordinaires dans la limite du maximum fixé annuellement par la loi de finances (art. 40). Au delà de ce maximum, la perception d'impositions extraordinaires ne peut avoir lieu qu'en vertu de lois spéciales (L. 10 août 1871, art. 41). — Circ. min. Int., 28 avr. 1874, [*Les cons. gén., loc. cit.*]

394. — L'art. 40 contient une modification importante à la législation antérieure. En effet, d'après la loi de 1866, les centimes extraordinaires devaient avoir pour objet des dépenses extraordinaires; cette disposition a été supprimée, de telle sorte qu'actuellement les centimes extraordinaires peuvent être affectés à toute sorte de dépenses. — Rapport sur la loi de 1871, [S. *Lois annotées*, 71, p. 74]

395. — III. *Centimes additionnels spéciaux.* — V. sur ces centimes additionnels, *infrà*, v° *Département.*

§ 2. *Emprunts.*

396. — En ce qui concerne les emprunts, l'art. 40, L. 10 août 1871, dispose que le conseil général peut voter les emprunts départementaux remboursables dans un délai qui ne pourra excé-

der quinze années, sur les ressources ordinaires et extraordinaires. — V. Circ. min., 8 oct. 1871, [S. *Lois annotées*, 1871, p. 89]

397. — Une avance de fonds proposée par un propriétaire pour l'exécution d'un travail public, par exemple d'un chemin de grande communication, constitue une sorte d'emprunt et doit être acceptée par le conseil général et non par le préfet. — Av. min. Int., 21 juill. 1872, [*Les cons. gén.*, t. 1, p. 203]

398. — L'art. 63 établit la manière de disposer des fonds libres provenant d'emprunts ou d'impositions extraordinaires. La circulaire du ministre de l'Intérieur, du 8 oct. 1871 (S. *Lois annotées*, 1871, p. 92), s'exprime ainsi : « Aux termes de la loi du 18 juill. 1866, art. 1, § 2, les conseils généraux statuaient définitivement sur l'emploi des fonds libres provenant d'emprunts ou d'impositions extraordinaires. Ce droit n'est point enlevé aux assemblées départementales. Mais le législateur de 1871 a vu avec raison dans l'emploi de ces reliquats, une mesure purement financière qui intéresse essentiellement le budget rectificatif. L'art. 63 a tenu compte de ces ressources disponibles. Le conseil général statue sur leur destination nouvelle en votant le budget ». — V. aussi *suprà*, v° *Commission départementale*, n. 52.

§ 3. *Impositions extraordinaires et emprunts soumis à l'approbation législative.*

399. — Le droit des conseils généraux en matière de contributions extraordinaires et d'emprunts est limité par l'art. 41. Dans le cas, dit cet article, où le conseil général voterait une contribution extraordinaire ou un emprunt au delà des limites déterminées dans l'art. 40, cette contribution ou cet emprunt ne pourrait être autorisé que par une loi.

400. — D'après une circulaire du ministre de l'Intérieur du 16 juill. 1840 qui paraît encore en vigueur, lorsqu'une loi est nécessaire, le conseil général doit justifier que les dépenses projetées ne pourraient avoir lieu avec les ressources ordinaires. La délibération doit être accompagnée de pièces justificatives, par exemple de plans et devis, s'il s'agit de constructions, d'un rapport de l'ingénieur en chef, s'il s'agit de routes. Enfin, le préfet doit joindre son rapport à ces divers documents.

401. — Lorsque l'emprunt ou l'imposition est voté par le conseil général, pour un long terme, il est prudent d'inscrire dans la délibération une réserve portant que l'engagement ne sera définitif qu'après avoir reçu l'approbation du législateur. — Circ. min. Int., 3 juin 1879, [*Bull. min. Int.*, 1879, p. 139]

402. — Il est certain que la loi peut modifier le chiffre et les conditions présentés par le conseil général; la loi pose les bases et règle la forme de l'opération. — Marie, t. 1, p. 103.

403. — Une délibération qui ne peut être exécutée qu'avec l'autorisation législative, ne peut être déférée au Conseil d'État pour excès de pouvoirs. Il en est ainsi d'une délibération qui décide de créer des ressources pour le paiement de travaux départementaux au moyen d'un emprunt et d'une imposition extraordinaire. Dans ce cas, c'est au pouvoir législatif, s'il est saisi d'un projet tendant à autoriser l'emprunt et l'imposition, qu'il appartient d'apprécier la valeur des délibérations en vertu desquelles l'autorisation est demandée. — Cons. d'Ét., 16 juill. 1875, Billot, [S. 75.2.224, P. adm. chr., D. 76.3.27]

Section II.

Budget départemental.

404. — Sur le budget départemental, V. *infrà*, v° *Département.*

Section III.

Délibérations définitives.

405. — I. *Bourses départementales.* — Sous la législation antérieure à la loi de 1871, la nomination ou la révocation des titulaires des bourses entretenues sur les fonds départementaux appartenait au préfet. Mais en fait et par suite d'un usage bien établi, les nominations et révocations étaient effectuées d'un commun accord par le préfet et le conseil général.

406. — La loi du 10 août 1871 n'a fait que donner la sanction légale à cet usage. En effet, d'après l'art. 45, le conseil général, sur l'avis motivé du directeur et de la commission de surveillance, pour les écoles normales, du proviseur ou du principal et du bureau d'administration, pour les lycées ou collèges, du chef d'institution, pour les institutions d'enseignement libre, nomme et révoque les titulaires des bourses entretenues sur les fonds départementaux. — Marie, t. 1, p. 107 et s.

407. — Le conseil général peut déléguer à sa commission départementale le droit de nommer les titulaires de bourses départementales ou de les révoquer en cas d'urgence. Ce mandat a un caractère suffisamment défini. — Av. min. Int., 10 avr. 1874, [*Les cons. gén.*, t. 1, p. 493]

408. — La circulaire du ministre de l'Intérieur, du 8 oct. 1871, adressée aux préfets (S. *Lois annotées*, 1871, p. 89), interprète l'art. 45 dans les termes suivants : « Le législateur n'ayant mentionné que les écoles normales, les lycées ou collèges et les établissements d'enseignement libre, la question a déjà été posée de savoir si, par analogie, ce n'est pas au conseil général qu'il appartient de nommer également les titulaires des bourses que le département entretient dans les écoles des arts et métiers, à l'école centrale des arts et manufactures, à l'école d'Alfort, à l'école d'horlogerie de Cluses, aux écoles de maternité, dans les établissements d'éducation d'aveugles et de sourds-muets, ou dans les autres institutions spéciales. Je n'hésite pas, M. le préfet, à me prononcer pour l'affirmative. La pensée des auteurs de la loi se précise par la lecture du rapport de la commission chargée d'examiner le projet. « Aux termes de l'art. 45, dit le rapporteur, le conseil général nomme et révoque les titulaires des bourses entretenues sur les fonds départementaux ». Vous appliquerez désormais ce principe au recrutement des écoles dont il vient d'être parlé, et vous soumettrez à l'assemblée départementale la liste des candidats. Ce mode de nomination était d'ailleurs déjà employé dans la plupart des départements pour la désignation des élèves peintres, sculpteurs ou musiciens, auxquels le conseil général allouait une subvention pendant la durée de leurs études. »

409. — On reconnaît également le droit du conseil général d'entretenir des boursiers dans des écoles établies par des lois postérieures à la loi de 1871 : ainsi dans les écoles primaires supérieures, dans les écoles manuelles d'apprentissage, dans les écoles nationales d'enseignement primaire supérieur et professionnel (L. 11 déc. 1880; Décr. 18 janv. 1887; 17 mars 1888; 28 juill. 1888; Circ. min. Instr. publ. 9 août 1888).

410. — Il paraît même admis que le conseil général peut voter des bourses de voyage destinées à des jeunes gens voulant se perfectionner à l'étranger dans l'étude d'une langue vivante (Béquet, *Rép. de dr. adm.*, v° *Département*, n. 1131). Mais dans ce cas spécial, seul le conseil général est libre d'exiger des candidats ce qu'il juge convenable et de fixer comme bon lui semble les conditions d'âge, de concours, de diplôme à produire, etc. (Lettre ministérielle au préfet de la Drôme, 3 juill. 1889). — Béquet, *op. cit.*, n. 1135 *in fine*.

411. — Un décret du 19 janv. 1881 a déterminé les conditions relatives aux concessions de bourses dans les lycées et collèges. Les bourses ne sont accordées qu'après enquête constatant l'insuffisance de fortune de la famille. Elles sont conférées aux enfants qui se sont fait remarquer par leurs aptitudes et particulièrement à ceux dont la famille a rendu des services au pays (art. 2 et 3). Les bourses peuvent être fractionnées (art. 4). Les candidats aux bourses d'enseignement classique et d'enseignement spécial doivent justifier, par un examen préalable, qu'ils sont en état de suivre la classe correspondant à leur âge. Les départements peuvent ouvrir un concours pour les bourses entretenues à leurs frais, l'examen réglementaire étant préalablement subi (art. 5). L'art. 11 de ce décret a été modifié par un décret du 4 août 1881 qui porte que les conseils généraux pour les boursiers des départements peuvent accorder des promotions de bourses aux élèves inscrits au tableau d'honneur.

412. — Le conseil général ne peut concéder de bourses, même dans les établissements libres, qu'aux candidats qui ont préalablement subi devant les autorités universitaires l'examen prescrit par le décret du 19 janv. 1881. En effet, il a été expressément expliqué, au cours de la discussion de la loi du 10 août 1871, que le droit du conseil général ne s'exerçait dans les conditions prévues par les règlements. Par suite, la commission départementale, agissant en vertu d'une délégation du conseil général, viole les dispositions du décret du 19 janv. 1881, en invitant le préfet à désigner une commission d'examen en dehors des conditions fixées par ce décret. — Décr. en Cons. d'Et., 29 août 1881, [*Les cons. gén.*, t. 2, p. 373]

413. — Il n'appartiendrait pas aux conseils généraux de fixer le lieu et la date des examens, d'on arrêter le programme et de désigner les membres et le président du jury d'examen. — Av. min. Inst. publ., 12 sept. 1877, [*Les cons. gén.*, t. 1, p. 1056] — V. Décr. 19 janv. 1881. — V. *supra*, v° *Bourse* (instr. publ.), n. 81 et s.

414. — Les conseils généraux ayant la libre et entière disposition des bourses entretenues par les départements dans les lycées et collèges, l'autorité académique n'a plus à intervenir pour la confirmation des bourses départementales, ainsi que l'établissait le décret du 12 janv. 1870. C'est aux bureaux d'administration, aux proviseurs et aux principaux, qu'il appartient désormais d'assurer l'exécution des règles scolaires (âge et examen) auxquelles les nominations de boursiers départementaux demeurent soumises. — Circ. min. Instr. publ., 13 avr. 1872, [*Les cons. gén.*, t. 1, p. 180] — Décr. 19 janv. 1881.

415. — En ce qui concerne l'enseignement des jeunes filles, les boursières des départements dans les lycées et collèges de jeunes filles sont nommées, dans les mêmes conditions que pour les lycées de garçons, par les conseils généraux (Décr. 28 juill. 1881, art. 7; 28 juill. 1882, art. 10; Arr. min. Instr. publ., 28 juill. 1882, et 23 juill. 1889). Les conditions d'admission sont déterminées par les décrets et arrêtés précités pris en exécution de l'art. 3, L. 21 déc. 1880. — V. *supra*, v° *Bourse* (instr. publ.), n. 102.

416. — On ne doit pas confondre la nomination des boursiers avec l'admission de jeunes gens et jeunes filles dans une école ou à un cours subventionné par le département. Le préfet a le droit exclusif de prononcer les admissions ou les révocations.

417. — Décidé, en conséquence, que le conseil général n'a pas le droit de prononcer l'admission des élèves sages-femmes à une école d'accouchement départementale, subventionnée par le département, si ces élèves ne sont point des boursières et paient toutes la même rétribution. Dans ce cas, c'est au préfet qu'appartient le droit de prononcer l'admission. — Décr. min. Int., 15 mai 1877, [*Les cons. gén.*, t. 1, p. 1021]

418. — Mais est entaché d'excès de pouvoirs l'arrêté préfectoral qui retire, sans avoir pris l'avis de la commission départementale, statuant par délégation du conseil général, une bourse précédemment accordée dans un cours d'accouchement par un arrêté rendu en exécution d'une décision de cette même commission. — Cons. d'Et., 3 juill. 1885, D^lle Tournaux, [Leb. chr., p. 639]

419. — C'est le conseil général qui, en principe, révoque les titulaires des bourses entretenues sur les fonds départementaux. De même que pour les nominations, cette décision doit être prise sur l'avis motivé du directeur et de la commission de surveillance pour les écoles normales, du proviseur ou du principal et du bureau d'administration, pour les lycées ou collèges, du chef d'institution, pour les institutions d'enseignement libre (L. 10 août 1871, art. 45). Quelque étendu que soit le droit de révocation, on admet cependant que les bourses départementales ne peuvent être retirées qu'en cas d'indignité des titulaires ou de suppression du crédit alloué (Constant, *Code départemental*, t. 1, n. 325). Dans tous les cas, les formes ci-dessus doivent être rigoureusement observées.

420. — En conséquence, est entachée d'excès de pouvoirs la délibération par laquelle un conseil général a révoqué le titulaire d'une bourse entretenue dans un lycée sur les fonds départementaux, si le proviseur et le bureau d'administration du lycée n'ont pas été appelés à donner préalablement leur avis motivé. — Cons. d'Et., 8 août 1873, Vian, [S. 75.2.220, P. adm. chr., D. 74.3.23]

421. — L'art. 45 prévoit aussi le cas où il y a urgence à prononcer la révocation; en ce cas, l'autorité universitaire, ou le chef d'institution libre, peut prononcer la révocation; ils en donnent avis immédiatement au président de la commission départementale et en font connaître les motifs.

422. — La mission de nommer ou de révoquer des boursiers en cas d'urgence peut être déléguée également à la commission départementale. — Av. min. Int., 10 avr. 1874, [*Les cons. gén.*, t. 1, p. 493]; — 23 sept. 1876, [*Ibid.*, p. 965]

423. — II. *Agents rétribués sur les fonds départementaux*. — Aux termes de l'art. 45 de la loi de 1871, le conseil général

CONSEIL GÉNÉRAL. — TITRE III. — Chap. V.

détermine les conditions auxquelles seront tenus de satisfaire les candidats aux fonctions rétribuées exclusivement sur les fonds départementaux et les règles des concours d'après lesquelles les nominations devront être faites.

424. — Le principe du concours a été appliqué dans plusieurs départements pour le recrutement des agents attachés au service vicinal. C'est au conseil général à apprécier si le même système doit être mis en usage pour le choix de l'architecte du département. Il règle les conditions du concours et désigne, s'il lui convient de le faire, les membres du jury d'examen. Les instructions qui avaient été adressées aux préfets, au sujet de l'application du décret du 25 mars 1852, et aux termes desquelles une sorte de préférence devait être donnée aux architectes munis d'un diplôme de l'école des Beaux-Arts, n'ont plus aujourd'hui un caractère obligatoire. Elles demeurent seulement à l'état de conseil et de recommandation. Cette partie du service, qui intéresse à un si haut degré le bon emploi des finances du département, est remise en entier à la libre décision du conseil général. — Circ. min. Int., 8 oct. 1871, [S. *Lois annotées*, 1871, p. 89]

425. — Toutefois quelque étendu que soit le pouvoir du conseil général en cette matière, l'art. 45, paragraphe final, maintient néanmoins les droits des archivistes paléographes, tels qu'ils sont réglés par le décret du 4 févr. 1850. — V. *suprà*, v° *Archives*, n. 239 et s.

426. — D'après une circulaire du ministre de l'Intérieur, du 30 oct. 1871 (*Les cons. gén.*, t. 1, p. 134), s'il appartient aux conseils généraux de déterminer les conditions d'après lesquelles sont nommés les fonctionnaires rétribués exclusivement sur les fonds départementaux, ils n'ont aucune compétence en ce qui concerne les employés rétribués sur les fonds du Trésor; par suite, les conseils généraux ne sont pas compétents pour toucher à l'organisation des bureaux des préfectures et sous-préfectures. Ce droit appartient exclusivement aux préfets et sous-préfets.

427. — De même, les conseils généraux ne peuvent fixer les conditions de nomination des médecins et pharmaciens d'asiles d'aliénés, ces fonctionnaires n'étant pas rétribués exclusivement sur les fonds départementaux. — Cons. d'Et., 23 mars 1880, Département du Rhône, [S. 81.3.68, P. adm. chr., D. 80.3.111]

428. — D'une façon générale, le droit de déterminer les règles de concours est limitatif et doit être exercé sans porter aucune atteinte au droit de nomination qui appartient au préfet; il en résulte que l'art. 45 ne s'applique pas au service vicinal, puisque les agents-voyers ne sont pas rétribués exclusivement sur les fonds départementaux et que le droit de nomination de ces fonctionnaires a été maintenu au préfet seul (L. 21 mai 1836, art. 11). — Décr. en Cons. d'Et., 10 déc. 1872, [*Les cons. gén.*, t. 1, p. 243]; — 8 mars 1873, [*Ibid.*, p. 273] — V. *suprà*, v° *Agent-voyer*, n. 6.

429. — Pas plus que l'art. 45, § 1, l'art. 46, § 12, qui reconnaît aux conseils généraux le droit de statuer définitivement sur les dispositions nécessaires pour assurer l'exploitation des chemins de fer d'intérêt local, n'a modifié les attributions des préfets en ce qui concerne la désignation des agents chargés du contrôle de ces chemins, alors même que ces lignes sont exploitées en régie par le département. Aucune modification n'a été apportée sur ce point à la loi du 12 juill. 1865. Toutefois, les conseils généraux doivent être mis à même de faire connaître leurs intentions, le préfet doit donc prendre leur avis avant d'organiser le contrôle. — Déc. min. Int., 31 oct. 1874, [*Les cons. gén.*, t. 1, p. 699]

430. — Le conseil général détermine seulement les conditions de nomination, telles que les règles du concours pour les fonctions rétribuées exclusivement sur les fonds départementaux. Le droit d'investiture, de nomination directe des fonctionnaires appartient au préfet seul. La circulaire du ministre de l'Intérieur, du 8 oct. 1871 (S. *Lois annotées*, 71.89), développe ainsi cette pensée du législateur : « Puisque c'est au conseil général qu'il appartient de régler l'emploi des deniers départementaux, il doit intervenir d'une manière efficace dans le choix des agents rétribués sur les fonds du budget. La loi ne dit point que le conseil nommera lui-même les fonctionnaires; après discussion, le droit de nomination directe a été maintenu au préfet. »

431. — Ainsi, le conseil général n'a pas le droit de décider : que le candidat qui aura obtenu le plus de points, sera seul proposé à l'autorité supérieure pour recevoir l'investiture. — Décr. en Cons. d'Et., 10 déc. 1872, [*Les cons. gén.*, t. 1, p. 243]

432. — ... Que toutes les fois qu'un concours aura été établi pour l'admission aux emplois rétribués sur les fonds départementaux, le préfet ne pourra nommer que les candidats inscrits en tête du tableau arrêté par le jury du concours. — Décr. en Cons. d'Et., 11 juill. 1873, [*Les cons. gén.*, t. 1, p. 352]

433. — ... Que la commission départementale devra intervenir pour les nominations, l'avancement, etc. — Décr. en Cons. d'Et., 8 mars 1873, [*Les cons. gén.*, t. 1, p. 273]

434. — ... Ou pour arrêter, même sur la proposition du préfet, la liste des candidats admissibles au concours à l'emploi d'architecte départemental. — Déc. min. Int., 27 janv. 1874, [*Les cons. gén.*, t. 1, p. 474]

435. — Ainsi, l'art. 21, L. 20 mai 1874, portant que le conseil général peut nommer un inspecteur spécial du travail des enfants dans les manufactures, rétribué par le département, devait être entendu en ce sens que le conseil général pouvait créer l'emploi. C'est le conseil général qui détermine le mode de nomination et les règles du concours (L. 10 août 1871, art. 45, § 3). Mais la nomination doit émaner du préfet, conformément aux principes généraux. — Déc. min. Int., 20 août 1877, [*Les cons. gén.*, t. 1, p. 1044]

436. — Le préfet a non seulement le droit de nomination mais aussi le droit de révocation des agents départementaux.

437. — On s'était demandé si le préfet avait le droit de nommer les membres du jury de concours chargé d'examiner les candidats aux emplois départementaux. Un avis du ministre de l'Intérieur (14 janv. 1879, *Les cons. gén.*, t. 2, p. 103) a répondu que la circulaire du 8 oct. 1871 a reconnu aux assemblées départementales le droit de désigner les membres du jury; que depuis cette époque les conseils généraux sont dans l'usage, lorsqu'un emploi départemental est mis au concours, d'indiquer les fonctionnaires qui doivent faire partie de la commission et d'élire ceux de leurs membres qui leur sont ordinairement adjoints; et qu'enfin il n'y a pas lieu de revenir sur cette interprétation.

438. — III. *Propriétés départementales.* — Les lois du 18 juill. 1866 et du 10 août 1871 ont changé presque complètement le rôle des conseils généraux relativement à la gestion des propriétés départementales. A la différence de la loi de 1838 elles ne laissent plus, dans presque tous les cas, au pouvoir central le droit d'intervenir que pour empêcher la violation des lois et règlements, et n'exigent une approbation tacite ou expresse que pour un petit nombre de questions. — Aucoc, *Conférences*, t. 1, n. 143.

439. — Aux termes de l'art. 46, L. 10 août 1871, le conseil général statue définitivement sur l'acquisition, l'aliénation et l'échange des propriétés départementales, mobilières ou immobilières, quand ces propriétés ne sont pas affectées à l'un des services énumérés au n. 4, ce qui vise les hôtels de préfecture et de sous-préfecture, les locaux affectés aux cours d'assises, aux tribunaux, aux écoles normales, au casernement de la gendarmerie et aux prisons.

440. — La rédaction de l'art. 46 est défectueuse sur quelques points et doit être rectifiée par la législation antérieure combinée avec la loi nouvelle. La décision du conseil général n'est pas absolument définitive dans tous les cas visés par l'art. 46, al. 1. C'est ainsi que pour les acquisitions des propriétés départementales, pour l'établissement des routes, un décret du chef de l'Etat est obligatoire, lorsqu'on doit recourir à l'expropriation pour cause d'utilité publique (L. 3 mai 1841, L. 27 juill. 1870). — Aucoc, *Conférences*, n. 143; Béquet, v° *Département*, n. 1192; Circ. min. Int., 8 oct. 1871, [*Les cons. gén.*, t. 1, p. 75] — Circ. min. Travaux publics, 14 oct. 1871, [*Ibid.*, p. 110]
— On peut même dire d'une manière générale que le texte ne s'applique qu'aux opérations amiables et non à celles pour lesquelles il faut recourir à l'expropriation pour cause d'utilité publique. — Circ. min. Int., 4 août 1866, § 2. — V. aussi Circ. min. Int., 5 mai 1852, précité.

441. — Quelque étendus que soient les termes du § 1, art. 46, il ne s'applique cependant pas aux acquisitions multiples nécessitées par l'entretien du mobilier des préfectures par exemple. Mais toute acquisition qui ne serait pas faite en vue de l'entretien, et qui aurait pour objet l'extension ou le renouvellement du mobilier des préfectures, devrait être soumise au conseil général. — Déc. min. Int., 10 mars 1874, [*Les cons. gén.*, t. 1, p. 489]

442. — L'art. 46, § 4, donne aux conseils généraux le droit de statuer définitivement sur le changement de destination des propriétés et des édifices départementaux autres que les hôtels de préfecture et de sous-préfecture et les locaux affectés aux cours d'assises, aux tribunaux, aux écoles normales, au casernement de la gendarmerie et aux prisons.

443. — Un avis du ministre de l'Intérieur, du 26 janv. 1888 (*Les cons. gén.*, t. 2, p. 727), statue dans les termes suivants touchant la désaffectation d'immeubles départementaux consacrés à des services autres que ceux qui relèvent du budget du département : « La disposition de l'art. 46, L. 10 août 1871, qui confère, en principe, aux conseils généraux le droit de statuer définitivement sur le changement de destination des édifices départementaux ne saurait être appliquée, lorsqu'il s'agit d'édifices affectés à un évêché ou à un séminaire en vertu d'actes du pouvoir exécutif et dont la jouissance a été concédée gratuitement en vertu d'un *contrat sui generis* qui ne peut être résilié que suivant les formes du droit commun. Un décret doit autoriser la désaffectation. Quant à la question d'indemnité elle est du ressort des tribunaux ». — Pour plus de détails sur toutes ces questions, V. *suprà*, v° *Affectation*, n. 28 et s., et *infrà*, v¹ˢ *Département*, *Domaine*.

444. — IV. *Mode de gestion des propriétés départementales : baux, assurances.* — Le § 2 de l'art. 46 statue sur le mode de gestion des propriétés départementales. Les conseils généraux décident souverainement sur la gestion des propriétés départementales même ne produisant aucun revenu, ou affectés à un service public. Bien que la loi du 10 août 1871 ait étendu les droits du conseil général sur la gestion de la propriété départementale, cependant, ainsi que nous le verrons, on doit distinguer entre les cas où le conseil général statue définitivement et celui où la délibération est soumise à l'approbation de l'autorité supérieure. — V. notamment *infrà*, n. 446.

445. — Le conseil général statue définitivement sur les baux des biens donnés ou pris à ferme ou à loyer, quelle qu'en soit la durée (art. 46, § 3].

446. — En ce qui concerne la location des locaux affectés à la gendarmerie, il a été décidé que les baux de ces immeubles ne rentrent pas dans les prévisions du § 3 de l'art. 46 et du § 2 de l'art. 48, et qu'ils n'ont pas cessé d'être régis par l'arrêté des consuls du 24 vend. an XI et par le décret du 18 févr. 1863; qu'on conséquence, les baux des locaux affectés à la gendarmerie ne sont définitifs qu'après avoir été approuvés par le ministre de la Guerre; que, par suite encore, à défaut de locations consenties par le département, l'administration peut prescrire au préfet de passer le bail de l'immeuble exigé par le ministre de la Guerre. — Cons. d'Et., 24 févr. 1882, Département du Var, [S. 84.2.11, P. adm. chr., D. 83.3.57]; — 9 juin 1882, Département du Gard, [D. 83.5.156]

447. — Un conseil général excède ses pouvoirs en déléguant à la commission départementale le droit de statuer en cas d'urgence sur les baux des biens pris à ferme ou à loyer par le département. Sa délégation doit en effet être limitée et ne peut s'appliquer qu'à des affaires déterminées, et non à toute une catégorie d'affaires. — Décr. en Cons. d'Et., 27 juin 1874, [*Les cons. gén.*, t. 1, p. 625] — V. *suprà*, v° *Commission départementale*, n. 38 et 39.

448. — Un conseil général ne peut non plus déléguer son président pour le représenter à un contrat par lequel le département loue, par exemple à l'Etat, l'hôtel de la préfecture pour l'installation de la présidence. En effet, aux termes des art. 3 et 54, dernier alinéa de la loi du 10 août 1871, le préfet a seul qualité pour représenter le département. — Av. min. Int., 5 oct. 1876, [*Les cons. gén.*, t. 1, p. 966] — V. *suprà*, n. 144 et s.

449. — Le conseil général statue définitivement sur les assurances des bâtiments départementaux, il lui appartient donc d'apprécier dans quels cas et sous quelles conditions les assurances doivent être contractées. Le règle lui-même les conditions du traité (art. 46, al. 14, L. 10 août 1871). — Circ. min. Int., 4 août 1866, précité.

450. — V. *Routes départementales*. — Déjà sous l'ancien régime, et spécialement depuis le xviiie siècle, les assemblées provinciales avaient contribué à l'amélioration des routes. Une loi du 16 sept. 1807 (art. 28 et 29) avait mis à la charge des départements les grandes routes qui seraient reconnues améliorer la valeur de ces circonscriptions. On peut y voir l'origine des routes départementales. Le décret du 16 déc. 1811 établit la distinction entre les routes impériales et les routes départementales, il chargea les départements de pourvoir, avec le concours des arrondissements, des communes et des propriétaires intéressés, à la construction, à la reconstruction et à l'entretien des routes départementales, qui comprenaient toutes les grandes routes dénommées, jusqu'à cette époque, routes de 3ᵉ classe. Ce décret les obligeait en outre à contribuer à une partie des dépenses des routes impériales, ce qui fut supprimé par la loi de finances du 25 mars 1815. Les routes départementales étaient classées par le chef de l'Etat sous forme de règlements d'administration publique, après délibération de toutes les conseils généraux. — Aucoc, *Conférences*, t. 3, n. 957; Ch. Constant, *Code départemental*, t. 1, n. 356, 357.

451. — Ainsi, d'après le décret du 16 déc. 1811, le classement et le déclassement des routes départementales étaient effectués par le chef de l'Etat, après délibérations du conseil général. Une loi du 20 mars 1835 exigeait que le vote du conseil général fût précédé d'une enquête. La loi du 10 mai 1838 étendit un peu les attributions du conseil général. En effet, si le classement des routes départementales était toujours effectué par le chef de l'Etat, la loi donnait cependant aux conseils généraux une certaine initiative, puisque les dépenses d'entretien étaient seules obligatoires, jusqu'à concurrence des ressources inscrites à la première section du budget départemental, tandis que les dépenses de construction étaient facultatives (Aucoc, *Conférences*, t. 3, n. 972). Une loi du 25 juin 1841 régla les difficultés relatives aux routes départementales intéressant deux ou plusieurs départements.

452. — La loi du 18 juill. 1866 introduisit des réformes importantes au régime des routes départementales. L'art. 1, § 6, conféra au conseil général le pouvoir de statuer définitivement sur le classement et la direction des routes départementales, lorsque leur tracé ne se prolongeait pas sur le territoire d'un autre département. Mais la jurisprudence continua d'exiger que la délibération du conseil général fût précédée d'une enquête en conformité de la loi du 20 mars 1835. La loi du 25 juin 1841, sur les routes intéressant plusieurs départements, restait en vigueur. Il était statué par le conseil général, en cas d'accord des conseils généraux, et par une loi, en cas de désaccord (Aucoc, *Conférences*, t. 3, n. 973). Enfin la réforme importante de la loi de 1866 consistait en ce que les conseils généraux avaient le droit absolu de décider pour les dépenses d'entretien de même que pour les dépenses de construction des routes départementales. — Aucoc, *loc. cit.*

453. — La loi du 10 août 1871 a étendu encore les pouvoirs des conseils généraux en cette matière. L'art. 46, § 6, de cette loi donne au conseil général le droit de statuer définitivement sur le « classement et la direction des routes départementales, les projets, plans et devis des travaux à exécuter pour la construction, la rectification ou l'entretien desdites routes, la désignation des services qui seront chargés de leur construction et de leur entretien ». D'après le § 8 du même article, le conseil général statue aussi définitivement sur le déclassement des routes départementales. — Simonet, n. 615.

454. — La grande innovation de la loi de 1871 consiste en ce que le conseil général, qui ne pouvait précédemment statuer que sur le classement et le déclassement des routes dont le tracé ne se prolongeait pas sur le territoire d'un département voisin, est aujourd'hui complètement libre de statuer à cet égard définitivement, que les routes soient comprises en entier dans le département, ou qu'elles en dépassent les limites, sauf toutefois, dans ce dernier cas, à recourir aux mesures prévues par les art. 89 et 90 de la loi relatifs aux intérêts concernant plusieurs départements. — V. aussi Circ. min. Int., 8 oct. 1871, [S. *Lois annotées*, 1871, p. 90] — Circ. min. Trav. publ., 14 oct. 1871, [S. *Ibid.*, p. 96] — Circ. min. Fin., 17 nov. 1871.

455. — Sur la question de savoir si le conseil général peut déclasser simultanément toutes les routes appartenant au département, V. *suprà*, v° *Chemin vicinal*, n. 481 et s. — V. aussi, en sens divers, Aucoc, *op. cit.*, t. 3, n. 977; Ducrocq, t. 2, n. 1342; Ch. Constant, *Code départemental*, t. 1, n. 365; *Revue critique*, 1878, p. 169.

456. — Pour effectuer le classement ou le déclassement, on doit procéder à une enquête préalable, conformément à la loi du 20 mars 1833. Dans son arrêt du 10 nov. 1876, précité, le Conseil d'Etat avait reconnu que le déclassement pouvait n'être pas précédé d'une enquête. Mais ce système doit être écarté par les considérations suivantes : le législateur, tout en faisant disparaître les restrictions formulées par la loi de 1866, a voulu que le classement, le déclassement, la rectification des routes fussent résolus par une délibération du conseil général au lieu d'être subordonnés, comme par le passé, à un décret rendu en Conseil d'Etat. C'est, à vrai dire, un changement de juridiction. Mais la loi n'a pas entendu supprimer l'instruction et la procédure préalables dans lesquelles les intérêts des particuliers, des communes et même des départements limitrophes trouvent une protection et une garantie. La loi du 20 mars 1835, qui exige que le classement d'une route nouvelle soit précédé d'une enquête, demeure en vigueur, et, par analogie, on ne comprendrait pas qu'une ligne fût déclassée sans que les intéressés eussent été appelés à produire leurs réclamations. Pour toutes ces opérations, qui touchent de si près aux développements de l'agriculture, du commerce et de l'industrie, l'enquête n'est pas une formalité vaine : c'est un appel aux populations, qui, avant en définitive à supporter la dépense, ont assurément le droit de donner leur avis sur l'utilité des entreprises projetées. — Circ. min. Int., 8 oct. 1871, [S. *Lois annotées*, année 1871, p. 90] — Circ. min. Trav. publ., 14 oct. 1871, [S. *Ibid.*, p. 97] — Décr. (en Cons. d'Et.), 13 nov. 1878, [*Les cons. gén.*, t. 2, p. 84; *Rev. gén. d'adm.*, 79.1.176] — Circ. min. Int., 9 août 1879, [*Les cons. gén.*, t. 2, p. 168] — Aucoc, t. 3, n. 977 et 978; Ducrocq, t. 2, n. 1342.

457. — Le conseil général peut donner aux voies nouvelles la qualification de chemins de grande communication de première classe, lorsqu'il déclare que ces chemins seront administrés conformément aux lois et règlements en vigueur pour les chemins de grande communication. — Cons. d'Et., 10 nov. 1876, précité.

458. — Lorsque le sol d'une route déclassée appartient au département, son classement en chemin vicinal ordinaire ne peut être prononcé qu'avec l'assentiment du conseil général ou à la suite d'une expropriation pour cause d'utilité publique. Si le sol de la route abandonnée ou déclassée faisait autrefois partie de la voirie municipale, son classement en chemin vicinal ordinaire appartient à la commission départementale, à l'exclusion du conseil général (L. 10 août 1871, art. 86). — Av. min. Int., 23 déc. 1872, [*Les cons. gén.*, t. 1, p. 247] — V. *suprà*, v° *Chemin vicinal*, n. 478 et s.

459. — En prononçant le déclassement des routes départementales et leur classement comme chemins de grande communication, le conseil général peut modifier d'une manière préjudiciable aux entrepreneurs la situation en vue de laquelle les marchés ont été passés; par exemple, une conséquence de cette mesure, une partie des travaux pourront être désormais effectués au moyen de prestations en nature. Dans ce cas, les entrepreneurs ont droit à une indemnité. — Cons. d'Et., 18 déc. 1891, Département du Puy-de-Dôme, [S. 93.3.125, D. 93.3.30]

460. — Mais les actes qui classent les routes ou qui en prescrivent la rectification ne sont pas de nature à être attaqués par la voie contentieuse. « Il n'y a là, dit M. Aucoc (t. 3, n. 979), qu'une question d'appréciation de l'intérêt public et non une question de droit. Un recours ne serait recevable que si l'acte attaqué était entaché d'excès de pouvoirs, par exemple si les formes prescrites par la loi n'avaient pas été observées ». C'est le Conseil d'Etat qui est alors compétent (L. 24 mai 1872, art. 9).

461. — Lorsque le travail nécessite l'expropriation, la déclaration d'utilité publique appartient au gouvernement à l'exclusion du conseil général. Bien que la loi de 1871 ne le dise pas formellement, ce point ne semble pas douteux (Aucoc, *Conférences*, t. 3, n. 974; Ducrocq, t. 2, n. 1341; Sanlaville, *De l'occupation définitive sans expropriation*, n. 41). C'est en ce sens que se décide la circulaire du ministre de l'Intérieur du 8 oct. 1871 (S. *Lois annotées*, 1871, p. 88) : « Lorsque, y est-il dit, l'exécution de l'entreprise nécessite l'acquisition de terrains par voie d'expropriation, la déclaration d'utilité publique doit, comme autrefois, être prononcée par un décret. Lors de la discussion de la loi du 10 août, la question fut agitée de savoir s'il ne convenait pas de conférer aux conseils généraux le droit de déclarer eux-mêmes l'utilité des entreprises dont ils avaient voté l'exécution. Cette proposition a été écartée : la loi du 3 mai 1841 est maintenue ».

462. — Les conseils généraux statuent définitivement sur les concessions à des associations, à des compagnies ou à des particuliers de travaux d'intérêt départemental. Ils peuvent, par suite, statuer définitivement sur le rachat fait à l'amiable d'une concession de péage sur les routes départementales, sans aucune intervention du gouvernement. — Av. Cons. d'Et. (Sect. trav. publ.), 17 nov. 1874, [*Les cons. gén.*, t. 1, p. 704] — V. au surplus loi du 30 juill. 1880 sur le rachat des ponts à péage.

463. — Par application du principe posé dans l'art. 3, L. 10 août 1871, réservant au préfet l'instruction préalable des affaires : on doit déclarer nulle une délibération portant nomination d'une commission de trois conseillers généraux par arrondissement, avec mission « de faire à la session d'avril un rapport sur l'achèvement et l'extension du réseau de grande vicinalité et sur les voies et moyens à réaliser dans ce but ». — V. *suprà*, n. 312 et s.

464. — Bien que le conseil général statue définitivement sur les projets, plans et devis des travaux à exécuter pour la construction, la rectification ou l'entretien des routes départementales (art. 46, § 6, L. 10 août 1871), en l'absence d'une disposition expresse de la loi, on ne peut admettre qu'il ait le pouvoir de statuer définitivement sur les plans d'alignement des traverses des routes départementales; ce droit appartient à l'administration. L'art. 46, L. 10 août 1871, contient des dispositions semblables à l'art. 1, L. 18 juill. 1866, et n'a rien innové sur ce point.

465. — Mais les conseils généraux doivent être appelés à donner leur avis. — Av. Cons. d'Et., 15 juill. 1873, [*Les cons. gén.*, t. 1, p. 354] — Circ. min. Trav. publ., 7 août 1873, [*Ibid.*, p. 369]

466. — Le conseil général excède ses pouvoirs en déléguant à sa commission départementale le droit de statuer sur les projets, plans et devis des travaux de construction ou d'entretien des routes départementales. — Décr. en Cons. d'Et., 27 juin 1874, [*Les cons. gén.*, t. 1, p. 623] — V. *suprà*, v° *Commission départementale*, n. 23 et s.

467. — En cas de désaccord entre les départements intéressés, le classement ou le déclassement ne peut avoir lieu. — Circ. min. Trav. publ., 14 oct. 1871, [S. *Lois annotées*, 1871, p. 97] — Av. Cons. d'Et., 10 août 1875, [*Les cons. gén.*, t. 1, p. 868] — D'après cet avis, les classements ou déclassements ne deviendraient définitifs et ne produiraient d'effet que par le vote de tous les conseils généraux intéressés. Toutefois, il paraît admis, en dernier lieu, que la conférence interdépartementale n'est indispensable qu'autant que la route est supprimée totalement, ou lorsque le déclassement partiel aurait pour effet d'interrompre ou de modifier la circulation à la limite du département. — Circ. min. Int., 9 août 1879, [*Les cons. gén.*, t. 2, p. 169] — En tous cas, ces formalités ne sont établies que dans l'intérêt des départements, et non dans celui de simples particuliers, qui ne peuvent, par suite, critiquer leur omission. — Cons. d'Et., 4 janv. 1878, Cheilus, [Leb. chr., p. 10]

468. — Une autre innovation importante de la loi de 1871, c'est le droit conféré aux conseils généraux de désigner eux-mêmes les services chargés de la construction et de l'entretien des routes. Cette disposition, qui a pour conséquence de donner aux conseils généraux le droit de retirer aux ingénieurs des ponts et chaussées, la construction et l'entretien des routes départementales, et de confier ce soin aux agents-voyers, a fait l'objet de vives critiques. Une circulaire du ministre des Travaux publics du 14 oct. 1871, fait ressortir tous les avantages qu'il y a à choisir le corps des ponts et chaussées, [S. *Lois annotées*, 1871, p. 96] — Circ. min. Fin., 17 nov. 1871. — Circ. min. Int., 18 oct. 1874, [*Les cons. gén.*, t. 1, p. 691] — Aucoc, *Conférences*, t. 3, n. 974; Ducrocq, t. 2, n. 1342; Ch. Constant, *Code départemental*, t. 1, n. 369 et 370.

469. — Au surplus, si l'art. 46, L. 10 août 1871, donne aux conseils généraux, par les §§ 6 et 7, le droit de désigner le service chargé des travaux de construction ou d'entretien à effectuer sur les routes départementales et sur les chemins vicinaux de grande communication et d'intérêt commun, cette disposition confère seulement aux conseils généraux le pouvoir de choisir entre les deux services légalement institués : le corps des ponts et chaussées et les agents-voyers, mais ne leur permet pas de créer une troisième catégorie d'agents, exclusivement départementaux, dont l'organisation, les attributions et la hiérarchie ne seraient prévues par aucune loi. — V. *suprà*, v° *Chemin vicinal*, n. 201 et s., 212.

470. — Les conseils généraux règlent à leur gré le paiement des fonctionnaires et agents chargés du service des routes. Voici comment s'exprime, à cet égard, une circulaire du ministre des Travaux publics : « Une instruction, en date du 12 juill. 1817, du ministre de l'Intérieur, qui avait alors dans ses attributions la direction générale des ponts et chaussées et des mines, a fixé les indemnités auxquelles les ingénieurs et agents sous leurs ordres avaient droit pour le service des routes départementales, et a réglé ces indemnités proportionnellement au montant des dépenses faites dans le cours de l'année : on s'est demandé si, dans les départements où les conseils généraux maintiendraient le service des routes départementales dans les mains des ingénieurs des ponts et chaussées, les règles posées par la circulaire de 1817 continueraient d'être obligatoires pour ces conseils : la négative ne paraît pas douteuse. La loi investit les conseils généraux du droit de donner à qui ils veulent la direction des travaux de leurs routes départementales; ils sont, à plus forte raison, les maîtres de régler toutes les conditions financières du service qu'ils constituent. Ils pourront donc abandonner le système de la circulaire de 1817; il serait seulement à désirer qu'ils pussent adopter des conditions aussi semblables que possible, afin qu'en passant d'un département dans un autre, les fonctionnaires et agents du service des routes départementales ne fussent pas soumis à un régime trop différent ». — Circ. min. Trav. publ., 14 oct. 1871, [S. Lois annotées, 1871, p. 97] — V. au surplus, sur la matière, *infrà*, v° *Routes*.

471. — VI. *Travaux départementaux. Désignation des services.* — Les conseils généraux statuent définitivement sur le mode d'exécution, les projets, plans et devis de tous les travaux, de quelque nature qu'ils soient, à exécuter sur les fonds départementaux (L. 10 août 1871, art. 46, § 9). Comme conséquence du droit souverain du conseil général, on doit admettre que les plans et devis des travaux exécutés au compte du département ne sont plus soumis à l'examen du conseil général des bâtiments civils. Mais, à défaut, il convient de consulter un comité local composé de praticiens exercés. — V. Circ. min. Int., 4 août 1866.

472. — Le conseil général détermine par une décision définitive les services auxquels les travaux départementaux seront confiés (L. 10 août 1871, art. 46, § 9).

473. — Pour les travaux qui font l'objet d'une adjudication publique, on doit continuer d'observer les prescriptions de l'ordonnance du 4 déc. 1836. — Circ. min. Int., 4 août 1866. — Aucoc, *Conférences*, t. 2, n. 631.

474. — Si le conseil général a omis de déterminer le mode d'exécution des travaux, de dire si ces travaux seront exécutés par voie d'adjudication ou de marché de gré à gré, le préfet doit se référer aux règles générales en n'usant du droit de passer les marchés de gré à gré qu'en cas d'absolue nécessité; il devra de préférence, et dans l'intérêt de sa propre responsabilité, mettre tous les travaux en adjudication. — Av. min. Int., 25 oct. 1878, [*Les cons. gén.*, t. 2, p. 84]

475. — En tous cas, la surveillance des travaux entrepris au compte du département rentre dans les attributions exclusives de l'autorité préfectorale, chargée du pouvoir exécutif. La commission départementale ne peut donc exercer ces attributions, soit comme pouvoirs propres, soit par délégation du conseil général. — Déc. min. Int., 24 juill. 1875, [*Les cons. gén.*, t. 1, p. 856]

476. — En ce qui concerne les prisons départementales, le conseil général est dans les mêmes pouvoirs à l'égard des travaux, plans et devis qui s'y rapportent. Cependant ces pouvoirs doivent nécessairement s'exercer conformément aux principes établis par la législation générale et par les règlements qui en découlent; par exemple, le principe de l'uniformité des peines doit recevoir partout la même application. Le conseil général est dans l'obligation de subordonner l'usage de ses pouvoirs aux dispositions légales qui régissent les divers services publics. Les mêmes observations s'appliquent, dans une certaine mesure, aux travaux des asiles d'aliénés. — Circ. min. Int., 4 août 1866. — V. *suprà*, v° *Aliéné*, et *infrà*, v° *Régime pénitentiaire*.

477. — Il résulte d'une circulaire du ministre de l'Intérieur (du 9 août 1879 : *Les cons. gén.*, t. 2, p. 166) que, bien que par suite d'une omission involontaire, dans le texte de la loi, les conseils généraux n'aient pas actuellement le droit d'exiger que les projets concernant les chemins de grande communication et d'intérêt commun leur soient soumis, les préfets doivent néanmoins revenir à cet égard, à la règle tracée par la circulaire du 4 janv. 1872, en ce qui concerne les travaux de construction et de rectification, et ne revêtir ces projets de leur approbation que sur l'avis favorable du conseil général. La commission départementale peut être chargée par le conseil général de donner son avis dans l'intervalle des sessions. Enfin, les projets doivent être soumis à l'examen du comité consultatif de la vicinalité institué au ministère de l'Intérieur.

478. — Il faut toutefois faire observer que le conseil général ne prend une délibération définitive que dans les cas où les travaux à exécuter ne sont pas compris parmi ceux que les art. 60 et 61, L. 10 août 1871, déclarent obligatoires. — V. *infrà*, v° *Département*.

479. — Bien que l'art. 46, § 9, paraisse plutôt s'appliquer aux marchés de travaux qu'aux marchés de fournitures, il semble autoriser le conseil général à statuer sur le mode d'exécution des travaux d'impression à la charge du département. Est donc légale la délibération par laquelle les travaux d'impression sont mis en adjudication. — Av. min. Int., 22 déc. 1874, [*Les cons. gén.*, t. 1, p. 732] — Il y a nécessité de procéder par voie d'adjudication dans certains cas déterminés. — Lettre min. Int., 24 mai 1893, (*Rev. gén. d'adm.*, 94.2.190]

480. — Mais le conseil général ne peut pas prendre de délibération concernant la mise en adjudication de la fourniture des imprimés à la charge des communes. — Décr. en Cons. d'Ét., 1er juill. 1873, [*Les cons. gén.*, t. 1, p. 332] — Lettre min. Int., 24 mai 1893, précitée.

481. — VII. *Offres de concourir à des dépenses départementales.* — Les offres faites par les communes, les associations ou les particuliers pour concourir à des dépenses quelconques d'intérêt départemental font l'objet de délibérations définitives des conseils généraux (art. 46, § 10, L. 10 août 1871). Lorsque les offres consistent en immeubles, elles doivent être formelles; lorsqu'elles sont faites en argent, il suffit qu'elles soient inscrites au budget. — Circ. min. Int., 4 août 1866.

482. — VIII. *Travaux intéressant le département et les communes.* — Le conseil général statue définitivement sur la part contributive du département aux dépenses des travaux qui intéressent à la fois le département et les communes (L. 10 août 1871, art. 46, § 22). Les fonds de concours sont versés à la caisse de la commune si elle a la responsabilité du travail. — Circ. min. Int., 28 avr. 1874.

483. — IX. *Concessions des travaux départementaux.* — Le conseil général statue définitivement sur les concessions à des associations, à des compagnies ou à des particuliers, de travaux d'intérêt départemental (art. 46, § 11, L. 10 août 1871); par exemple, sur le rachat fait à l'amiable de la concession du péage sur une route départementale. — Av. Cons. d'Ét., 17 nov. 1874, [*Les cons. gén.*, t. 1, p. 704] — La concession doit émaner du conseil général, lors même que le département ne fournit aucune subvention au concessionnaire.

484. — X. *Chemins de fer d'intérêt local et tramways.* — Sur les attributions du conseil général en ces matières, V. *suprà*, v° *Chemin de fer*, n. 6493 et s., 6730 et s.

485. — XI. *Bacs, passages d'eau et péages.* — V., pour cette matière, *suprà*, v° *Bac*, n. 107 et s.

486. — XII *Dons et legs.* — V. *infrà*, sur les pouvoirs des conseils généraux en ces matières, v° *Dons et legs*.

487. — XIII. *Établissements d'aliénés.* — Le § 17 de l'art. 46 confère au conseil général le droit de statuer définitivement sur les recettes de toute nature et dépenses des établissements d'aliénés appartenant au département, et sur l'approbation des traités passés avec des établissements privés ou publics pour le traitement des aliénés du département. Ainsi la mission du conseil général consiste d'abord à régler les budgets et les comptes de l'asile, si cet établissement est une propriété départementale. Mais on doit faire observer que dans certains départements, les asiles ont une origine et une existence indépendante des départements; ils sont alors placés sous l'autorité directe du ministre de l'Intérieur. Certains asiles ont même une personnalité civile indépendante. — Cons. d'Ét., 11 juill. 1890, Asile de Bassens, [S. et P. 92.3.130, D. 92.3.24] — Le conseil général peut aussi traiter avec un établissement privé ou un département voisin pour le placement de ses aliénés.

488. — Les lois des 18 juill. 1866 et 10 août 1871 en transférant du préfet au conseil général le droit de statuer sur les recettes et les dépenses des asiles départementaux d'aliénés, n'ont eu ni pour but ni pour effet de modifier le régime légal de ces établissements ni de mettre tout ou partie de leurs ressources à la disposition du département; par suite, le conseil général n'a pas le droit de disposer au profit du budget du département des sommes provenant des fonds libres de l'asile. Mais le préfet doit demander l'annulation de cette délibération dans les formes et délais prévus par l'art. 47 de la loi de 1871; sinon, la délibération devient définitive. — Cons. d'Ét., 23 mars 1880, Département de la Côte-d'Or, [D. 80.3.114]

489. — Le § 17 a exclusivement pour objet les traités de gré à gré conclus dans les conditions prévues par l'art. 1, L. 30 juin 1838, avec des établissements publics ou des établissements privés régulièrement autorisés. Par suite, toute organisation projetée qui serait inconciliable avec les mesures de sage précaution de la loi du 30 juin 1838 et l'ordonnance du 18 déc. 1839, et par exemple qui remettrait le service à un entrepreneur désigné par le hasard d'une adjudication, serait illégale, et la délibération en ce sens ne saurait être mise à exécution. — Décr. 25 janv. 1875, [*Les cons. gén.*, t. 1, p. 775]

490. — D'autre part, le contrôle du service intérieur des asiles d'aliénés, rentre dans les attributions exclusives de l'autorité préfectorale, chargée du pouvoir exécutif. — Déc. min. Int., 24 juill. 1875, [*Les cons. gén.*, t. 1, p. 856]

491. — Sont nulles les délibérations revendiquant pour le conseil général le droit de régler l'organisation du service médical d'un asile départemental d'aliénés et de mettre au concours les différents emplois de ce service, à l'exception de l'emploi du directeur-médecin en chef. L'art. 46, § 17. en donnant au conseil général compétence pour statuer sur les recettes et les dépenses des asiles départementaux d'aliénés, a laissé intacts les pouvoirs et les attributions conférés à l'autorité publique par la loi du 30 juin 1838 et l'ordonnance du 18 déc. 1839. — Décr. 31 mai 1880, [*Les cons. gén.*, t. 2, p. 243] — Cons. d'Et., 23 mars 1880, Département du Rhône, [S. 81.3.68, P. adm. chr., D. 80.3.111] — V. au surplus, sur la matière, *supra*, v° *Aliéné*.

492. — Un conseil général ne pourrait donc, par voie de suppression de crédits, modifier l'organisation et le régime intérieur des asiles d'aliénés. — Décr. 24 févr. 1883, [*Les cons. gén.*, t. 2, p. 497]

493. — Il a été décidé, en ce qui concerne le règlement des dépenses et recettes des établissements d'aliénés, que, par sa nature, cette attribution est une de celles qui doivent être exercées par le conseil général lui-même et qui ne sauraient être déléguées, au moins d'une manière générale et permanente, à la commission départementale. — Décr. en Cons. d'Et., 27 juin 1874, [*Les cons. gén.*, t. 1, p. 625] — V. *supra*, v° *Commission départementale*, n. 31.

494. — XIV. *Assistance publique.* — V. *supra*, v° *Assistance publique*, n. 264 et s.

495. — XV. *Enfants assistés.* — V. *infra*, v° *Enfants assistés*.

496. — XVI. *Pensions de retraite.* — Le § 21, art. 46, confère au conseil général le droit de statuer, à titre définitif, sur l'établissement et l'organisation des caisses de retraite ou tout autre mode de rémunération en faveur des employés des préfectures et des sous-préfectures et des agents salariés sur les fonds départementaux. Toutefois, un conseil général excéderait ses pouvoirs en introduisant dans le règlement de la caisse des retraites départementales des dispositions tendant à se réserver le droit de prononcer sur l'admission des employés à la retraite et d'apprécier si, en cas de destitution, l'employé destitué perdra ses droits à pension. — Av. min. Int., 4 juill. 1874, [*Les cons. gén.*, t. 1, p. 644]

497. — De même, est nulle une délibération portant qu'aucun employé ne sera admis à la retraite qu'après que le conseil général aura voté les ressources nécessaires au paiement de la dépense. — 24 déc. 1891, Jura, [*Rev. gén. d'adm.*, 93.1.393] — Décr. 5 janv. 1892, [*Ibid.*, 92.1.181]

498. — La législation antérieure (notamment L. 10 mai 1838, art. 4, § 14) donnait aux conseils généraux le droit de délibérer sur l'établissement et l'organisation des caisses de retraite ou autre mode de rémunération des employés de préfecture et de sous-préfecture. La liquidation de la pension avait lieu par décret rendu en Cons. d'Etat. D'après une circulaire du ministre de l'Intérieur, du 8 oct. 1871 (S. *Lois annotées*, 1871, p. 90), le § 21, art. 40 de la loi de 1871, donne le droit aux conseils généraux non seulement de délibérer sur l'établissement et l'organisation des caisses de retraite, mais aussi sur la liquidation des pensions. Les conseils généraux peuvent, ou conserver l'ancien mode de liquidation, ou donner aux préfets le droit de liquider ces pensions, ou enfin effectuer eux-mêmes la liquidation par une délibération définitive. De regrettables différences pouvaient résulter de cette diversité dans le mode de liquidation. En effet, alors qu'il est certain que la liquidation effectuée par décret ou par le préfet peut, d'après les principes, faire l'objet d'un recours contentieux au Conseil d'Etat (V. Cons. d'Et., 24 juin 1881,

Bougard, S. 82.3.48, P. adm. chr., D. 82.3.51), on pouvait se demander si la liquidation effectuée par une délibération définitive, en vertu du § 21, art. 46, ne serait pas susceptible seulement d'un recours pour excès de pouvoirs. — V. Cons. d'Et., 28 juill. 1882 (sol. impl.), Aroozan, [S. 84.3.50, P. adm. chr., D. 84.3.25]

499. — Le Conseil d'Etat, dans un arrêt du 4 juill. 1884, Bussereau, [S. 86.3.24, P. adm. chr., D. 86.3.1], a décidé « qu'aux termes des lois organiques du Conseil d'Etat, et, notamment, de la loi du 24 mai 1872 (art. 9), il appartient audit conseil de statuer souverainement sur le recours en matière contentieuse; que les contestations qui peuvent s'élever entre un département et un de ses agents pour l'application des statuts de la caisse des retraites des employés de ce département à la liquidation de la pension à laquelle cet agent prétend avoir droit à raison des fonctions qu'il a exercées, appartiennent au contentieux administratif..... ». — V. dans le même sens, Cons. d'Et., 6 juill. 1888, [D. 89.3.110] — Il résulte de cette décision que le Conseil d'Etat ne se borne pas à annuler, comme en matière d'excès de pouvoirs, mais qu'il peut, dans tous les cas, liquider à nouveau la pension, c'est-à-dire statuer au fond.

500. — La pension de l'employé doit être liquidée d'après les lois et règlements existants à l'époque où il est admis à faire valoir ses droits à la retraite; c'est à ce moment que s'ouvre son droit à pension. — Cons. d'Et., 28 juill. 1882, précité.

501. — Le préfet peut fondre dans un seul acte les dispositions du règlement primitif avec les dispositions modificatives votées par le conseil général, sans même avoir besoin de soumettre au conseil de travail d'ensemble, s'il ne change en rien les dispositions arrêtées par l'assemblée départementale, l'arrêté préfectoral étant pris uniquement, dans ce cas, en vue d'assurer l'exécution des décisions du conseil général. — Déc. min. Int., 7 oct. 1876, [*Les cons. gén.*, t. 1, p. 967]

502. — XVII. *Phylloxera.* — Le conseil général autorise dans le département la libre circulation des sarments et plants de vignes, quelle qu'en soit la provenance. Cette autorisation peut être plus ou moins étendue et s'appliquer soit au département tout entier, soit à certains arrondissements, cantons ou communes (L. 3 août 1891, art. 1). D'après une circulaire du ministre de l'Agriculture du 17 août 1891 (*Rev. gén. d'adm.*, 91.3.124), toute délibération autorisant l'importation des cépages exotiques ou provenant de localités phylloxérées doit être soumise aux conseils généraux des départements limitrophes intéressés.

503. — Lorsqu'un département vote une subvention destinée à la reconstitution des vignobles au moyen de cépages résistants, l'Etat donne une subvention égale à celle du département (L. 3 août 1891, art. 3). Une disposition analogue est édictée par l'art. 5, L. 2 août 1879, pour le vote de subventions destinées à aider les propriétaires qui veulent traiter eux-mêmes leurs vignes phylloxérées.

504. — Le conseil général décide s'il y a lieu de constituer des associations syndicales autorisées pour la défense des vignes contre le phylloxéra et en fixe le périmètre, le tout sur le vu des demandes, avis, registres d'enquêtes et délibérations. A défaut du conseil général, ce droit appartient à la commission départementale (L. 15 déc. 1888, art. 6; Décr. 19 févr. 1890). — V. *infra*, v° *Insectes nuisibles*

505. — XVIII. *Actions en justice.* — Le conseil général statue définitivement sur les actions à intenter ou à soutenir au nom du département, sauf les cas d'urgence, dans lesquels la commission départementale pourra statuer (§ 15, art. 46). Cette disposition de la loi est complétée par l'art. 54, § 1, d'après lequel le préfet intente les actions en vertu de la décision du conseil général, et peut, sur l'avis conforme de la commission départementale, défendre à toute action intentée contre le département. De l'ensemble de ces textes, il résulte que la décision émane du conseil général et que le préfet n'est qu'un agent d'exécution. Jugé, en conséquence, sous la loi de 1866, qu'un conseil général ayant autorisé le préfet à faire, au nom du département, tous actes nécessaires et à prendre telles mesures qu'il jugerait convenable pour arriver à l'exécution complète des conditions d'un cahier des charges, le préfet a pu, en vertu des pouvoirs qui lui étaient conférés par le conseil général, intenter une action contre l'entrepreneur qui avait souscrit ledit cahier des charges. — Cons. d'Et., 28 mai 1868, Escarraguel, [D. 69. 3.61] — V. *supra*, v° *Commission départementale*, n. 86.

506. — La circulaire ministérielle du 8 oct. 1871 (S. *Lois annotées*, 1871, p. 90) signale une modification apportée par le

§ 15 aux règles tracées par les lois du 10 mai 1838 et du 18 juill. 1866, en ce qui concerne les actions à intenter ou à soutenir au nom du département. Dans les cas d'urgence, le préfet avait, sous la législation antérieure, qualité pour engager l'action ou pour y défendre. Ce droit lui est enlevé, avec la responsabilité qui y était attachée. C'est à la commission départementale qu'il appartient désormais de statuer pendant l'intervalle des sessions du conseil général. A cet égard, le législateur a complété sa pensée dans l'art. 54 de la loi. Lorsque le conseil général aura pris une décision au sujet d'une affaire litigieuse, le préfet devra engager le procès; mais, lorsqu'il s'agira de défendre à une action intentée contre le département, il aura à prendre l'avis de la commission départementale. Le rapprochement du § 15 et de l'art. 54 semble indiquer que, si la commission doit toujours intervenir dans les cas urgents, elle n'intervient dans les autres circonstances que lorsqu'il s'agit de défendre à une action.

507. — Dans quels cas peut-on dire qu'il y a urgence? La solution de cette question dépend évidemment des circonstances. Il a été jugé, au cas où des concessionnaires de travaux publics départementaux étaient en état de faillite ou de déconfiture notoire, qu'il y avait urgence, et que, par suite, le préfet avait été régulièrement autorisé par la commission départementale à actionner les concessionnaires susdits. — Cons. d'Et., 13 juill. 1883, Richard-Grison, [S. 85.3.43, P. adm. chr., D. 85.3.28]

508. — Aux termes de l'art. 54, c'est au préfet qu'il appartient d'intenter et de soutenir les actions judiciaires au nom du département, sur la décision du conseil général. La commission ne fait que remplacer le conseil général en cas d'urgence. Le préfet reste donc chargé de la direction de l'affaire et des actes d'exécution, tels que constitution d'avoué, désignation de l'avocat, etc. — Av. min. Int., 24 mai 1874, [Les cons. gén., t. 1, p. 579]

509. — Du principe que c'est le préfet qui seul représente le département en justice, il résulte que le conseil général ne peut donner à la commission départementale le droit d'ester en justice, et qu'une délibération en ce sens est nulle et non avenue. — Av. min. Int., 23 mars 1874, [Les cons. gén., p. 492]

510. — Mais dans le cas de litige entre l'Etat et le département, le § 3, art. 54, dispose que l'action est intentée ou soutenue, au nom du département, par un membre de la commission départementale, n. 85. — Pour plus de détails sur les actions en justice, V. infra, v° Département.

511. — XIX. Transactions. — Aux termes du § 16, art. 46, L. 10 août 1871, le conseil général statue définitivement les transactions concernant les droits des départements. L'arrêté du 21 frim. an XII, exigeant que les transactions des communes soient précédées de la consultation de trois jurisconsultes, ne s'applique pas aux départements. Toutefois, l'administration estime qu'il est convenable de demander cette consultation préalable. — Circ. min Int., 4 août 1866, n. 14.

512. — Sont nulles les délibérations portant transaction sur une réclamation formée par un héritier naturel touchant un legs fait au département, alors qu'il avait été statué définitivement sur cette réclamation par le décret autorisant le préfet à accepter le legs. — Décr. 17 juill. 1884, Vendée, [Rev. gén. d'adm., 93.1.393]

Section IV.

Délibérations non définitives.

§ 1. Propriétés départementales.

513. — Aux termes de l'art. 48, le conseil général délibère : 1° sur l'acquisition, l'aliénation et l'échange des propriétés départementales affectées aux hôtels de préfecture et de sous-préfecture, aux écoles normales, aux cours d'assises et tribunaux, au casernement de la gendarmerie et aux prisons; 2° sur le changement de destination des propriétés départementales affectées à l'un des services ci-dessus énumérés ». Nous avons vu, en effet, supra, n. 439 et s., que si, en ce qui concerne les autres immeubles départementaux, le conseil général prend des délibérations définitives, l'administration supérieure s'est réservée le droit de statuer en dernier ressort à l'égard des actes de disposition concernant les propriétés départementales qui viennent d'être énumérées.

514. — Décidé que, bien que le conseil général ait le droit de prendre une délibération ordonnant la vente aux enchères du mobilier de la préfecture, cependant cette délibération peut être suspendue à raison du préjudice que cette vente causerait aux intérêts du département. — Décr. 19 sept. 1873, [Les cons. gén., t. 1, p. 394]; — 3 déc. 1874, [Ibid., p. 719]

515. — La circulaire ministérielle du 8 oct. 1871 (S. Lois annotées, 1871, p. 91) s'occupant des bâtiments affectés au service des écoles normales contient les indications suivantes : « malgré les termes peut-être trop affirmatifs de l'art. 48, la vente ou l'échange d'un bâtiment affecté au service de l'école normale ne pourra que bien rarement être opérée sur le simple vote du conseil général. D'ordinaire, ces édifices n'appartiennent pas au département. M. le ministre de l'Instruction publique, à qui la gestion de ces établissements est confiée, devra toujours être consulté. »

516. — Le jardin d'un tribunal faisant partie intégrante d'un immeuble départemental légalement affecté au service judiciaire ne saurait être détourné de sa destination sans qu'il en résulte de sérieux inconvénients pour le fonctionnement de la justice, rentre dans l'énumération de l'art. 48, n. 2, de la loi de 1871. Par suite, l'autorité supérieure a le droit de prononcer la suspension d'une délibération d'un conseil général prononçant la désaffectation de cette dépendance du tribunal. — Décr. 2 juill. 1889, [Les cons. gén., t. 2, p. 798]

517. — D'après l'art. 6, L. 5 juin 1875, sur le régime des prisons départementales, la reconstruction ou l'appropriation de ces prisons ne peut avoir lieu qu'en vue de l'application du régime organisé par cette loi. Les projets, plans et devis doivent être soumis à l'approbation du ministre de l'Intérieur, et les travaux sont exécutés sous son contrôle. Des subventions peuvent être accordées par l'Etat aux départements, dans les dépenses de reconstruction et d'appropriation. — Circ. min. Int., 10 août 1875, [Les cons. gén., t. 1, p. 871] — V. infrà, v° Régime pénitentiaire.

§ 2. Part contributive dans les travaux de l'Etat.

518. — Aux termes du § 3, art. 48, le conseil général délibère sur la part contributive à imposer au département dans les travaux exécutés par l'Etat qui intéressent le département. Les fonds de concours sont versés au Trésor. — Circ. min. Int., 28 avr. 1874, [Les cons. gén., t. 1, p. 567]

519. — Le § 4 donnant au conseil général le droit de délibérer en matière d'octrois est maintenant sans application, la loi du 5 avr. 1884 ne donnant plus au conseil général que le droit d'émettre un avis (art. 167, L. 5 avr. 1884). — V. infrà, v° Octroi.

§ 3. Matières diverses.

520. — Le § 5, art. 48, dispose que le conseil général délibère sur tous les autres objets sur lesquels il est appelé à délibérer par les lois et règlements, et généralement sur tous les objets d'intérêt départemental dont il est saisi, soit sur une proposition du préfet, soit sur l'initiative d'un de ses membres. Ainsi, le conseil général peut délibérer sur des matières même non énumérées dans l'art. 48, du moment où une loi spéciale demande son concours.

521. — Mais, si le conseil général peut, en vertu de l'art. 48, § 5, encourager la publication d'ouvrages se rattachant à un service départemental, tel que le service des enfants assistés, le gouvernement a le droit et le devoir de s'opposer à ce que les fonds départementaux servent à encourager des publications qui traiteraient de questions politiques ou sociales. — Décr. 10 févr. 1875, suspendant une délibération du cons. gén. du Rhône, [Les cons. gén., t. 1, p. 781]

522. — ... Ou à rémunérer des ouvriers délégués, à raison de rapports traitant de questions politiques. — Décr. 6 févr. 1875, Rhône, [Les cons. gén., t. 1, p. 779]

523. — Il ressort des termes et de l'esprit de la loi du 10 août 1871, notamment des art. 48 et 50, qu'un conseil général ne peut recevoir et discuter des pétitions, car il ne peut délibérer que sur la proposition du préfet ou l'initiative d'un de ses membres. — Av. min. Int., 15 août 1873, [Les cons. gén., t. 1, p. 381]

CHAPITRE VI.

ATTRIBUTIONS DU CONSEIL GÉNÉRAL RELATIVES AUX INTÉRÊTS COMMUNAUX.

SECTION I.
Délibérations définitives.

524. — I. *Intérêts financiers.* — a) *Demandes en réduction de contingent.* — Ainsi que nous l'avons vu, *suprà*, n. 374, le conseil général, avant d'effectuer la répartition entre les arrondissements, statue sur les demandes délibérées par les conseils compétents en réduction de contingent (L. 10 août 1871, art. 37, § 2).

525. — b) *Fixation du maximum des centimes extraordinaires.* — Le droit de fixer le maximum des centimes extraordinaires est donné aux conseils généraux par délégation du pouvoir législatif. Aux termes de l'art. 42, le conseil général arrête, chaque année, à la session d'août, dans les limites fixées annuellement par la loi de finances, le maximum du nombre des centimes extraordinaires que les conseils municipaux sont autorisés à voter, pour en affecter le produit à des dépenses extraordinaires d'utilité communale. La circulaire du ministre de l'Intérieur (23 sept. 1871, S. *Lois annotées*, p. 86) fait observer que ces dispositions reproduisent l'art. 4, L. 18 juill. 1866, relatif à la fixation par le conseil général du nombre des centimes extraordinaires que les conseils municipaux sont autorisés à voter pour en affecter le produit à des dépenses extraordinaires d'utilité communale. Toutefois, le maximum, au lieu d'être fixé d'une manière permanente à 20 centimes, est, d'après la loi nouvelle, déterminé annuellement par la loi de finances. — V. également Circ. min. Int., 9 oct. 1874, [*Les cons. gén.*, t. 1, p. 685] — Rapport de M. Vaddington, an XII, [S. *Lois annotées*, p. 74] — V. aussi l'art. 141, L. 5 avr. 1884.

526. — Les lois de finances fixent chaque année à 20 centimes le maximum que les conseils généraux ne peuvent dépasser (L. 18 juill. 1892, art. 15; L. 26 juill. 1893, art. 14), et, en fait, les conseils généraux portent également à ce chiffre de 20 centimes le maximum des centimes qu'ils autorisent les conseils municipaux à voter. Mais le législateur pourrait réduire ce maximum s'il estimait que les conseils généraux manquent de prudence. — Aucoc, *Conférences*, t. 1, n. 146.

527. — Aux termes de l'art. 80, chaque année, à la session d'août, la commission départementale présente au conseil général le relevé de tous les emprunts communaux et de toutes les contributions extraordinaires communales qui ont été votées depuis la précédente session d'août, avec indication du chiffre total des centimes extraordinaires et des dettes dont chaque commune est grevée. — Circ. min. Int., 17 juill. 1878, [*Les cons. gén.*, t. 2, p. 66] — Malgré les termes de l'article précité, on admet que, pour faciliter la tâche des conseils généraux, les tableaux des emprunts communaux et des contributions extraordinaires communales doivent être présentés au conseil général dans sa session d'avril. — Circ. min. Int., 10 janv.-12 août 1880, [*Les cons. gén.*, t. 2, p. 209 et 295]

528. — L'art. 42 de la loi de 1871 prévoit le cas où le conseil général se sépare sans avoir arrêté le maximum de ces centimes extraordinaires communaux. Alors le maximum fixé pour l'année précédente est maintenu jusqu'à la session d'août de l'année suivante. — V. anal., *suprà*, n. 381.

529. — II. *Changement de circonscription des communes.* — Les délibérations du conseil général relatives à cette matière sont, tantôt définitives, tantôt soumises à l'approbation législative, suivant les cas. — V. sur les pouvoirs des conseils généraux en ces matières, *suprà*, v° *Commune*, n. 103 et s., 157 et s.

530. — III. *Sectionnement électoral des communes.* — Sur cette matière, V. *infrà*, v° *Elections.*

531. — IV. *Assistance. Pensions et secours.* — a) *Assistance à domicile.* — V. *suprà*, v° *Assistance publique*, n. 275.

532. — b) *Aliénés. Enfants assistés.* — Par dérogation aux décrets du 25 mars 1832 et du 13 avr. 1861, sur la décentralisation, qui donnaient aux préfets le droit de statuer en la matière, le § 19 de l'art. 46 confère aux conseils généraux le droit de statuer définitivement sur la part de la dépense des aliénés et des enfants assistés qui sera mise à la charge des communes, et sur les bases de la répartition à faire entre elles (V. aussi L. 5 avr. 1884, art. 136, § 10).

533. — Des circulaires ministérielles (5 août 1839, 5 août 1840, 12 août 1841) font remarquer que la subvention de la commune doit être subsidiaire, et indiquent la limite de ce concours. Mais les indications de ces circulaires n'ont rien d'obligatoire et ne lient pas les conseils généraux.

534. — Aussi a-t-il été jugé que la loi ne déterminant pas la proportion dans laquelle les communes concourent aux dépenses des aliénés indigents, mais donnant au conseil général le droit de statuer définitivement, une ville n'est pas fondée à soutenir que la proportion devait être d'une quotité déterminée. — Cons. d'Et., 22 juin 1883, Ville de Marseille, [S. 85.3.33, P. adm chr., D. 85.3.18]

535. — Le conseil général peut-il, sans excès de pouvoir, accorder à une commune remise totale de son contingent dans la dépense du service des aliénés et des enfants assistés? La solution affirmative peut être admise. Le Conseil d'Etat n'a pas résolu cette question, mais il a décidé qu'une fois que le conseil général a pris une délibération en cette matière et que cette délibération a été exécutée, il y a droit acquis au profit de la commune, et qu'il n'appartient pas au conseil général de rapporter sa décision. — Cons. d'Et., 13 juin 1890, Ville d'Ajaccio, [S. et P. 92.3.112, D. 92.3.9] — V. pour plus de détails, *suprà*, v° *Aliéné*, et *infrà*, v° *Enfants assistés.*

536. — c) *Pensions et secours.* — Une loi du 5 avr. 1831 accorde aux sapeurs-pompiers municipaux victimes de leur dévouement en accomplissant leur service, à leurs veuves et à leurs enfants, droit à des secours ou à une pension suivant les circonstances, et sous certaines conditions déterminées. C'est le conseil municipal qui statue, mais sa délibération peut être attaquée par toute partie intéressée, ainsi que par le maire au nom de la commune, ou d'office par le préfet. Le recours est porté devant le conseil général qui statue en dernier ressort, et comme jury d'équité, après avoir entendu le rapport du préfet. Jusqu'à la décision définitive du conseil général, la délibération du conseil municipal est provisoirement exécutée, sauf règlement ultérieur (art. 6). On doit remarquer, d'une part, que cette décision du conseil général est définitive, et, d'autre part, qu'elle est purement administrative, sans aucun caractère contentieux. La décision du conseil général crée une dépense obligatoire pour la commune, susceptible d'une inscription d'office (art. 7).

537. — Le même art. 7 de la loi de 1831 autorise les conseils généraux à accorder sur les fonds du département applicables aux dépenses facultatives d'utilité départementale, une subvention aux communes pour lesquelles le service de ces secours et pensions paraîtrait une charge trop onéreuse.

538. — V. *Chemins vicinaux.* — Les pouvoirs des conseils généraux en ces matières ont été traités *suprà*, v^{is} *Chemin vicinal*, n. 456 et s., 863 et s.; *Commission départementale*, n. 54 et s., 119 et s. — V. aussi *suprà*, v° *Acte administratif*, n. 139 et s.

539. — Rappelons seulement que le classement et la direction des chemins vicinaux peuvent être décidés sans l'assentiment des conseils municipaux intéressés; il suffit qu'ils aient été consultés; le conseil général n'est pas obligé de se conformer à leurs avis et statue définitivement et souverainement. — Av. Cons. d'Et., 29 juill. 1870, [*Les cons. gén.*, t. 1, p. 318]; — 27 déc. 1878, Commune de Saint-Martin-Château, [Leb. chr., p. 1084]; — 8 avr. 1892, Ville de Bourges, [Leb. chr., p. 364] — L. Morgand, *La loi municipale*, t. 2, p. 393. — V. *suprà*, v° *Chemin vicinal*, n. 464.

540. — VI. *Chemins ruraux.* — Sur les attributions du conseil général en ce qui concerne la reconnaissance des chemins ruraux, V. *suprà*, v° *Chemin rural*, n. 15 et s., 45 et s.

541. — Aucune disposition de loi ni de règlement d'administration publique ne prescrit aux conseils généraux, statuant en appel sur les recours contre les décisions des commissions départementales en matière de reconnaissance et de classement des chemins ruraux, d'appeler à leurs délibérations les propriétaires opposants. — Cons. d'Et., 18 nov. 1892, Bardon, [Leb. chr., p. 770]

542. — Décidé, d'autre part, que si l'art. 1, L. 24 juill. 1870, donne aux conseils généraux le droit d'autoriser les conseils municipaux qui en font la demande à appliquer aux chemins publics ruraux l'excédent de leurs prestations disponibles, aucune disposition de loi ne leur permet de prendre, en dehors de toute sollicitation des communes, une mesure générale et réglementaire, telle que des dégrèvements portant sur le produit des prestations. — Décr. 21 déc. 1893, Haute-Saône, [*Rev. gén. d'adm.*, 94.1.290]

543. — VII. *Répartition de la dépense des travaux intercommunaux.* — Aux termes de l'art. 46, § 23, L. 10 août 1871, le conseil général statue définitivement sur les difficultés élevées relativement à la répartition de la dépense des travaux qui intéressent plusieurs communes du département. Comme, d'une part, ce paragraphe ne reproduit pas les dispositions de l'art. 72, L. 18 juill. 1837, concernant l'inscription d'office, et comme, d'autre part, la loi du 5 avr. 1884 ne considère comme obligatoires pour les communes que les dépenses auxquelles ce caractère a été expressément reconnu, il est sans difficulté que la disposition susdite de l'art 46 ne s'applique qu'aux dépenses obligatoires. — Circ. min. Int., 15 mai 1884. — L. Morgand, *La loi municipale*, t. 2, p. 222.

544. — Contrairement à la législation antérieure, l'arrêté préfectoral portant inscription d'office d'une dépense intercommunale en vertu d'une délibération du conseil général, n'est qu'un acte d'exécution à l'occasion duquel le Conseil d'Etat ne peut pas être saisi d'un recours pour excès de pouvoirs. — Cons. d'Et., 25 janv. 1878, Commune de Nuaillé, [S. 80.2.23, P. adm. chr., D. 78.3.51]

545. — Par suite, la délibération du conseil général constitue une véritable décision susceptible d'être déférée au Conseil d'Etat par un recours pour excès de pouvoirs. — Cons. d'Et., 25 janv. 1878, précité; — 3 juill. 1885, Commune de Chemin d'Aisey, [Leb. chr., p. 634]

546. — VIII. *Foires et marchés.* — Le conseil général statue définitivement sur les délibérations des conseils municipaux ayant pour objet l'établissement, la suppression ou les changements de foires et marchés (L. 10 août 1871, art. 46, § 24°). Cette disposition, maintenue par l'art. 68, § 13, L. 5 avr. 1884, s'applique seulement aux marchés régionaux, et particulièrement aux marchés de bestiaux. — Circ. min. Agric., 12 oct. 1871, [*Les cons. gén.*, t. 1, p. 100] — Av. Cons. d'Et., 5 déc. 1872, [*Les cons. gén.*, t. 1, p. 235] — Circ. min. Agr. et Comm., 1er févr. 1873, [*Ibid.*, p. 257] — Circ. min. Int., 15 mai 1884, [*Bull. min. Int.*, 1884, p. 246] — L. Morgand, *La loi municipale*, t. 1, p. 364.

547. — Mais la loi du 10 août 1871 ne s'applique pas aux simples marchés d'approvisionnement, que les conseils municipaux ont, en principe, le pouvoir de réglementer (L. 5 avr. 1884, art. 68, § 13). — Circ. min. Agric. et Comm., 12 oct. 1871, [*Les cons. gén.*, t. 1, p. 100] — Av. Cons. d'Et., 5 déc. 1872, précité. — Circ. min. Agric. et Comm., 1er févr. 1873, précitée. — Circ. min. Int., 15 mai 1884, précitée. — L. Morgand, *La loi municipale*, t. 1, p. 365.

548. — Les enquêtes et mesures d'instruction prescrites par la législation antérieure doivent être observées (Av. Cons. d'Et., 5 déc. 1872, précité. — Béquet, v° *Département*, n. 1170). Ainsi, les enquêtes ordonnées par le décret du 13 août 1864 qui a le caractère d'un règlement d'administration publique doivent être faites dans le canton, et en dehors, dans un rayon de deux myriamètres de la commune demanderesse. — Av. Cons. d'Et., 5 déc. 1872, précité.

549. — De même, le conseil général ne peut statuer sans que le conseil d'arrondissement ait été préalablement consulté. — Av. Cons. d'Et., 5 déc. 1872, précité. — Décr. en Cons. d'Et., 2 janv. 1875, [*Les cons. gén.*, t. 1, p. 748] — Circ. min. de l'Agr. et du Comm., 1er févr. 1873, [*Les cons. gén.*, t. 1, p. 257] — L. Morgand, *La loi municipale*, t. 1, p. 364.

550. — Le préfet provoque les délibérations des conseils municipaux de toutes les communes intéressées, et spécialement de celles qui ont des foires et marchés, ou qui se trouvent dans un rayon de deux myriamètres de la commune demanderesse. Des renseignements techniques doivent accompagner les demandes. Ils portent sur l'état de la population, l'importance des produits agricoles et industriels de la commune; on doit y joindre un tableau des foires et marchés du canton et des localités voisines. Enfin les délibérations des conseils municipaux, les avis du sous-préfet et du préfet sont données en communication au conseil d'arrondissement. — V. les avis et circulaires précités. — Béquet, *Rép. de dr. adm.*, n. 1168, 1169.

551. — Toutes les fois que des enquêtes concernant des foires et marchés s'étendaient sur le territoire d'un département voisin, le conseil général de ce département devait être consulté. En cas d'opposition de sa part, le conseil général de l'autre département appelé à statuer définitivement ne pouvait passer outre. Une loi du 16 sept. 1879 a modifié cette situation; elle dispose que lorsqu'il s'agit de foires et marchés établis ou à établir à moins de deux myriamètres d'un département voisin, le conseil général de ce département devra être consulté. Mais il s'agit d'un simple avis, et le conseil général appelé à statuer peut passer outre dans tous les cas. — Circ. min. Int., 9 août 1879, [*Les cons. gén.*, t. 2, p. 177] — Circ. min. Agr. et Comm., 20 oct. 1879, [*Ibid.*, p 191]

552. — C'est au conseil général seul qu'il appartient de statuer sur les délibérations des conseils municipaux ayant pour objet l'établissement, la suppression ou les changements de foires ou marchés. En conséquence, est entaché d'excès de pouvoirs, l'arrêté préfectoral qui modifie la délibération du conseil général autorisant la tenue d'un marché hebdomadaire dans une commune, et décide que ce marché n'aura lieu que tous les quinze jours. — Cons. d'Et., 4 avr. 1884, Commune de Mane, [S. 86.3.7, P. adm. chr., D. 85.3.99]

553. — Une solution analogue peut être donnée en cas de modification d'un jour de foire proprement dite, à raison d'un rassemblement de troupes. — V. Av. min. Int., 7 sept. 1892, [*Rev. gén. d'adm.*, 94.1.66] — V. au surplus, *infrà*, v° *Foires et marchés*.

554. — IX. *Phylloxéra.* — Le conseil général statue souverainement sur la demande des conseils municipaux sollicitant l'introduction de plants de vignes résistants sur le territoire de leur commune respective, après les avis et enquêtes exigés par la loi et sur la présentation du préfet. En cas de divergence d'opinion entre les conseils généraux de deux départements limitrophes, le ministre de l'Agriculture statue en dernier ressort (L. 3 août 1891, art. 2). — V. *supra*, n. 502 et s.

Section II.
Délibérations non définitives.

555. — D'après l'art. 48, § 4, L. 10 août 1871, le conseil général pouvait délibérer sur les demandes des conseils municipaux en matière d'octroi. Ce texte est abrogé, et actuellement le conseil général donne seulement un avis. — V. *infrà*, n. 578, et v° *Octroi*.

556. — La loi du 15 juill. 1893 a organisé l'assistance médicale gratuite de tout Français malade, privé de ressources et des étrangers, en cas de réciprocité par traités avec leur pays d'origine (art. 1). Ce service est organisé dans chaque département sous l'autorité du préfet. L'art. 4 définit ainsi le rôle de l'assemblée départementale : « Le conseil général délibère dans les conditions prévues par l'art. 48, L. 10 août 1871 : 1° sur l'organisation du service de l'assistance médicale, la détermination et la création des hôpitaux auxquels est rattaché chaque commune ou syndicat de communes; 2° sur la part de la dépense incombant aux communes et au département ». Ainsi, il s'agit de délibérations non définitives du conseil général, conformément à l'art. 48. D'autre part, l'art. 5 de la loi de 1893 dispose qu'à défaut de délibération du conseil général sur les objets prévus à l'article précédent, ou en cas de suspension de la délibération, en exécution de l'art. 49, L. 10 août 1871, il peut être pourvu à la réglementation du service par un décret rendu en la forme des règlements d'administration publique. — V. *infrà*, n. 568.

Section III.
Décisions diverses.

557. — I. *Tableau des propositions de subventions et secours.* — Le conseil général est chargé de dresser le tableau destiné à la répartition des secours et subventions inscrits au budget de l'Etat. L'art. 68, L. 10 août 1871, donne l'énumération suivante : « Les secours pour travaux concernant les églises et presbytères; les secours généraux à des établissements et institutions de bienfaisance; les subventions aux communes pour acquisition, construction et réparation de maisons d'école et de salles d'asile; les subventions aux comices et associations agricoles, ne pourront être allouées par le ministre compétent que sur la proposition du conseil général du département. A cet effet, le conseil général dressera un tableau collectif des propositions en les classant par ordre d'urgence ». — V. L. Morgand, *La loi municipale*, t. 2, p. 316 et s.

558. — Comme ces diverses matières ressortissent à des ministères différents et intéressent des services distincts, c'est non un tableau, mais quatre, que le conseil général aura à dresser. Les préfets n'ont à transmettre au ministre de l'Intérieur que l'état relatif à la répartition des secours généraux applicables à des établissements et à des institutions de bienfaisance. — Circ. min. Int., 8 oct. 1871, [S. *Lois annotées*, 1871, p. 92]

559. — Le ministre compétent emploie les crédits que les Chambres ont mis à sa disposition ; il n'est pas lié pour effectuer la répartition des secours et subventions par le tableau dressé par le conseil général et il peut toujours s'en écarter.

560. — En principe, le conseil général ne peut pas déléguer à sa commission départementale le soin de dresser le tableau collectif des propositions de subventions et secours. On considère que les dispositions de la loi constituent, en faveur du conseil général, un ordre d'attributions directes qu'il ne saurait déléguer à la commission départementale sans excéder ses pouvoirs et sans empiéter sur le domaine législatif. — Av. Cons. d'Ét., 26 févr. 1874, [*Les cons. gén.*, t. 1, p. 484] — Circ. min. Int., 19 sept. 1874, [*Les cons. gén.*, t. 1, p. 674]; — 9 oct. 1874, [*Les cons. gén.*, t. 1, p. 685] — Av. min. Int., 23 août 1887, [*Ibid.*, t. 2, p. 704] — Le conseil général ne pourrait même pas déléguer le soin de préparer ce tableau. — Décr. en Cons. d'Ét., 27 juin 1874, [*Les cons. gén.*, t. 1, p. 625] — V. *suprà*, v° *Commission départementale*, n. 30.

561. — Toutefois, l'avis de la commission départementale pourrait remplacer celui du conseil général, en cas d'urgence et en vue de travaux de réparation. — Déc. Ass. nat., 10 déc. 1872, [*Les cons. gén.*, t. 1, p. 242] — V. aussi Av. min. Int., 23 août 1887, précité.

562. — De même, on ne doit pas considérer comme irrégulière la délibération du conseil général renvoyant, après avoir dressé le tableau, l'examen de certaines demandes spécialement déterminées, à la commission départementale. — Av. min. Int., 20 nov. 1874, [*Les cons. gén.*, t. 1, p. 713] — V. aussi Av. min. Int., 25 nov. 1874, [*Ibid.*, p. 716]

563. — D'autre part, si le préfet a le droit incontestable, en soumettant les dossiers au conseil général, de lui faire connaître son avis, on ne pourrait, sans déplacer la compétence, laisser le préfet se constituer juge des demandes dont le conseil général doit connaître. — Av. min. Int., 23 août 1887, [*Les cons. gén.*, t. 2, p. 704]

564. — Dans le cas où le conseil général refuse de comprendre une commune sur le tableau de proposition des subventions et secours, il a été jugé que la commune n'a pas un intérêt de nature à lui donner qualité pour former un recours pour excès de pouvoirs contre cette décision du conseil général, alors même que cette décision violerait manifestement la loi. Dans ce cas, la commune n'a aucun droit acquis. — Cons. d'Ét., 23 mars 1888, Commune de Montrottier, [S. 90.3.22, P. adm. chr., D. 89.3.64]

565. — Une circulaire du ministre de l'Intérieur, du 3 août 1878 [*Les cons. gén.*, t. 2, p. 69], définit en ces termes le double objet des subventions de l'État : « venir en aide aux établissements ou aux œuvres absolument dénuées de ressources, encourager les institutions publiques ou privées, qui, à raison des services rendus, de leurs sacrifices ou de leurs efforts, sont vraiment dignes de la bienveillance et des encouragements du gouvernement. » Pour que ces encouragements soient efficaces, ils doivent être réservés à un petit nombre. Ces principes ont été trop souvent méconnus. Dans la plupart des départements, le crédit, réparti sur la presque totalité des établissements, arrive à peine à chacun 40 ou 50 fr. ; dans d'autres même, la part dévolue à peine de 20 à 25 fr. Ainsi disséminées, les allocations de l'État ne profitent à personne. Enfin ni les sociétés de charité maternelle, ni les sociétés de secours mutuels, ni les salles d'asile ne doivent être comprises dans le travail préparatoire, des crédits spéciaux étant affectés à ces diverses institutions. — V. encore Circ. min. Int., 8 août 1872, [*Les cons. gén.*, t. 4, p. 209]; — 19 août 1873, [*Les cons. gén.*, p. 381]; — 19 sept. 1874, [*Les cons. gén.*, t. 1, p. 674]

566. — La situation des établissements de bienfaisance étant essentiellement variable, les préfets doivent se faire adresser chaque année par les maires les renseignements nécessaires sur ces établissements afin que l'état préparatoire puisse être établi par le ministre sur des taxes proportionnelles pour les divers départements. Le préfet instruit les demandes et prépare les propositions d'après ce travail d'ensemble, sans empiéter sur le droit de proposition qui appartient au conseil général. — Circ. min. Int., 30 mars 1872, [*Les cons. gén.*, t. 1, p. 177]; — 19 août 1873, [*Les cons. gén.*, t. 1, p. 381]

567. — II. *Création et changement de circonscription des communes.* — D'après le § 26. art. 46, L. 10 août 1871, le conseil général était compétent pour statuer définitivement sur les changements à la circonscription des communes d'un même canton et à la désignation de leurs chefs-lieux, lorsqu'il y avait accord entre les conseils municipaux. Dans les autres cas, le conseil général donnait son avis (art. 50, § 1). — V. pour l'historique et les renseignements statistiques, P. Gérard, [*Rev. gén. d'adm.*, 1880, t. 1, p. 20, et 1849, t. 2, p. 385] — Les dispositions de la loi de 1871 ont été modifiées d'une manière importante par la loi du 5 avr. 1884 sur l'organisation municipale. — V. sur cette question, *suprà*, v° *Commune*, n. 102 et s.

568. — III. *Assistance médicale gratuite.* — Aux termes de l'art. 24, L. 15 juill. 1893, le conseil général est appelé à donner son avis sur le prix de la journée des malades placés dans les hôpitaux aux frais des communes, des départements ou de l'État. Mais ce prix est réglé par arrêté du préfet, sur la proposition des commissions administratives de ces établissements, et sur le vu de l'avis précité, sans qu'on puisse imposer un prix de journée inférieur à la moyenne du prix de revient constaté pendant les cinq dernières années. L'art. 26 établit que les dépenses ordinaires de l'assistance médicale qu'elle énumère sont obligatoires pour le département. Enfin l'art. 28 dit que les départements, outre les frais précités, sont tenus d'accorder aux communes qui auront été obligées de recourir à des centimes additionnels ou à des taxes d'octroi, des subventions d'autant plus fortes que leur centime sera plus faible, mais qui ne pourront dépasser 80 p. 0/0 ni être inférieures à 10 p. 0/0 du produit des centimes additionnels ou taxes d'octroi conformément au tableau A annexé à la loi. En cas d'insuffisance des ressources spéciales de l'assistance médicale et des ressources ordinaires de leur budget, ils sont autorisés à voter des centimes additionnels aux quatre contributions directes dans la mesure nécessitée par la loi. — Sur le rôle du conseil général en cette matière, V. aussi *suprà*, n. 556.

569. — IV. *Constructions d'établissements scolaires.* — D'après les lois sur l'enseignement primaire, les communes pourvoient à la construction ou à l'appropriation des établissements scolaires dont elles sont propriétaires ou locataires, au moyen de leurs ressources ordinaires ou extraordinaires et des subventions de l'État. Il s'agit pour les communes de dépenses obligatoires, du moment où les autorités compétentes l'ont déclaré (LL. 1er juin 1878; 20 mars 1883, art. 8 et 9; 20 juin 1885, art. 4; 30 oct. 1886; L. fin., 26 juill. 1893, art. 53). —V. cep., en ce qui concerne l'obligation de construire, *suprà*, v° *Commune*, n. 1380.

570. — A défaut d'un vote par le conseil municipal ou sur son refus, le préfet prend l'avis du conseil général, et si cet avis est favorable, pourvoit d'office par un arrêté au paiement des frais de construction et d'appropriation de maisons d'écoles louées ou acquises et d'acquisition de mobiliers scolaires (L. 20 mars 1883, art. 10; Décr. 7 avr. 1887, art. 4° et s.). Nonobstant les termes de la loi, il ne s'agit pas en l'espèce d'un simple avis, mais d'une délibération autorisant le préfet à substituer sa décision à celle du conseil municipal.

571. — Si le conseil général adopte la solution du conseil municipal et refuse également de voter la dépense demandée, le préfet pourvoit d'office par un arrêté pour le paiement des frais, en vertu d'un décret du président de la République, rendu en Conseil d'État (L. 20 mars 1883, art. 10). D'après le décret du 7 avr. 1887, art. 46, le préfet peut agir ainsi, non seulement, lorsque le conseil général a émis un avis défavorable, mais même s'il ne s'est pas prononcé dans la session qui suit celle dans laquelle il a été saisi.

572. — Enfin le dernier paragraphe de l'art. 10 dispose que lorsque le conseil général aura refusé de classer une demande de subvention ou ne se sera pas prononcé dans la session qui suivra celle dans laquelle il aura été dûment saisi, la subvention de l'État pourra être accordée par décret rendu après avis du

Conseil d'Etat. Cette disposition constitue une modification importante de l'art. 68, L. 10 août 1871, en ce qui concerne les subventions aux établissements scolaires. Il faut reconnaître qu'en toute cette matière, les droits des représentants élus des intérêts locaux sont singulièrement restreints. — V. *suprà*, v° *Commune*, n. 1375 et s.

573. — V. *Bois communaux*. — Le conseil général est appelé à donner son avis, aux termes de l'art. 50, § 2, L. 10 août 1871 : sur l'application des dispositions de l'art. 90, C. for., relatives à la soumission au régime forestier des bois, taillis ou futaies appartenant aux communes, et à la conversion en bois de terrains en pâturages.

574. — L'avis du conseil général est obligatoire dans tous les cas, même lorsqu'il y a accord entre les agents forestiers et les administrations municipales. — Circ. min. Fin., 26 juin 1874, [*Les cons. gén.*, t. 1, p. 624] — V. *eod. verb.*, n. 581, v° *Forêts*.

575. — VI. *Chemins de fer d'intérêt local et tramways*. — La loi du 11 juin 1880 s'occupe des cas où le chemin de fer ou le tramway sont d'intérêt communal. Aux termes de l'art. 2, le conseil municipal arrête, après instruction préalable par le préfet et après enquête, l'établissement de la ligne, sans qu'il soit besoin de l'approbation du préfet. Les projets de chemins de fer d'intérêt local communaux sont soumis à l'examen du conseil général des ponts et chaussées et du Conseil d'Etat accompagné de l'avis du conseil général.

576. — En ce qui concerne les tramways, les conseils généraux donnent leur avis dans les cas prévus par l'art. 29 de la loi de 1880. — V. *suprà*, v° *Chemin de fer*, n. 6493, 6750 et s.

577. — VII. *Taxe municipale sur les chiens*. — Aux termes de la loi du 2 mai 1855 établissant la taxe municipale sur les chiens (art. 3), des décrets rendus en Conseil d'Etat règlent, sur la proposition des corps municipaux, et après avis des conseils généraux, les tarifs à appliquer dans chaque commune. A défaut de présentation de tarifs par la commune, ou d'avis émis par le conseil général, il est statué d'office, sur la proposition du préfet (V. aussi le décret portant règlement d'administration publique du 4 août 1855). La loi ne donne pas aux communes une simple faculté de taxer les chiens; elle est impérative et veut que tous ces animaux, sans exception, soient taxés (Circ. min. Int., 5 août 1855). Lorsque le conseil municipal, à la suite des observations du ministre, a modifié ses propositions primitives, les nouvelles propositions doivent être soumises au conseil général, le gouvernement ne pouvant statuer qu'après avis de cette assemblée. — Note, 28 juin 1887, Commune de Gérardmer, [*Rev. gén. d'adm.*, 93.2.130] — V. *infrà*, v° *Contributions directes*.

578. — VIII. *Octrois*. — L'art. 168, § 17, L. 5 avr. 1884, abroge le § 23 de l'art. 46 et le § 40 de l'art. 48, L. 10 août 1871, en vertu desquels les conseils généraux avaient dans presque tous les cas le droit de statuer sur les taxes d'octroi des communes. Cette législation a été remplacée par les dispositions des art. 137 et s., L. 5 avr. 1884. Le conseil général n'a plus que le droit d'émettre un avis sur les taxes d'octroi établies, supprimées ou diminuées par les conseils municipaux. Afin d'abroger les délais, la commission départementale donne son avis dans l'intervalle des sessions. La décision définitive est prise, selon le cas, par décret rendu en Conseil d'Etat, ou par le conseil municipal avec approbation du préfet, ou enfin par le conseil municipal en vertu d'une délibération exécutoire par elle-même. — L. Morgand, *La loi municipale*, t. 2, p. 398 et s. — V. *infrà*, v° *Octroi*.

CHAPITRE VII.

AVIS ET VŒUX.

Section I.

Avis.

579. — Les avis sont de deux sortes : ils sont *obligatoires* dans les cas où l'administration est obligée de les provoquer ; ils sont *facultatifs* dans les cas où l'administration n'est pas forcée de consulter le conseil général. Dans les deux cas, c'est le ministre qui provoque l'avis, et non le préfet. — Ducrocq, t. 1, n. 155 ; Marie, t. 1, p. 183.

§ 1. *Avis obligatoires*.

580. — Aux termes de l'art. 50, § 1, le conseil général donne son avis « sur les changements proposés à la circonscription du territoire du département, des arrondissements, des cantons et à la désignation des chefs-lieux, sauf le cas où il statue définitivement, conformément à l'art. 46, n. 26 ». Nous avons vu *suprà*, n. 567, qu'en ce qui concerne le changement de circonscription des communes, la loi du 5 avr. 1884 a apporté au principe posé certaines dérogations En ce qui concerne les changements à la circonscription du département, ils ne peuvent être ordonnés que par une loi (LL. 26 févr. 1790 et 14 juin 1791). mais le conseil général doit donner son avis aux termes de l'art. 50, précité. — V. *infrà*, v° *Département*. — Pour les arrondissements, leur circonscription ne peut, non plus, être modifiée que par une loi (LL. 26 févr. 1790 et 14 juin 1791, art. 2). — Cass., 1er juin 1867, Pantalucci, [S. 68.1.47, P. 68.76, D. 68.1.412] — Mais l'avis du conseil général est également exigé. De même, la circonscription du canton ne peut être modifiée que par une loi, après avis du conseil général (V. L. 8 avr. 1879, créant de nouveaux cantons dans le département de Meurthe-et-Moselle).

581. — Les paragraphes 2 et 3 de l'art. 50 sont relatifs aux bois communaux et aux délibérations des conseils municipaux sur cet objet; nous avons vu *suprà*, n. 573, que par ces dispositions le conseil général était appelé à donner son avis.

582. — Le dernier paragraphe de l'art. 50 dispose que l'assemblée départementale donne son avis généralement sur tous les objets sur lesquels il est appelé à le donner en vertu des lois et règlements. Un certain nombre de lois conférent, en effet, aux conseils généraux le droit d'émettre des avis. Ainsi en est-il (L. 5 avr. 1884, art. 137, 138, 168, § 17). — V. *suprà*, n. 578.

583. — Les conseils généraux donnent leur avis sur les budgets et les comptes des écoles normales primaires (L. 19 juill. 1889, art. 47).

584. — ... Sur le paiement des frais de construction et d'appropriation des maisons d'écoles louées ou acquises, et d'acquisition de mobiliers scolaires (L. 20 mars 1883, art. 10). — V. *suprà*, n. 569 et s.

585. — ... Sur les arrêtés à prendre par le préfet en matière de chasse (L. 3 mai 1844 et L. 22 janv. 1874, art. 9).

586. — L'avis du conseil général compte au nombre des mesures qui doivent précéder la déclaration d'utilité publique touchant la restauration ou la mise en défens des terrains en montagne (L. 4 avr. 1882, art. 2 et 8).

587. — Lorsque l'avis préalable du conseil général est exigé par un texte de loi, l'administration qui omettrait de le prendre commettrait un excès de pouvoirs. Toute partie intéressée pourrait donc déférer l'acte au Conseil d'Etat pour excès de pouvoirs et en demander l'annulation. — Constant, *Code départemental*, t. 2, n. 585.

588. — Il faut observer que si l'administration est obligée de solliciter l'avis du conseil général, lorsqu'un texte l'ordonne, elle n'est pas tenue, en règle générale, de s'y conformer et peut prendre une décision en sens contraire.

589. — Toutefois, dans certains cas, l'administration ne peut agir que si l'avis du conseil général est conforme. Ainsi l'avis du conseil général est obligatoire pour que le préfet puisse ordonner la suppression des étangs insalubres ou sujets à inondation, en vertu de la loi des 11-19 sept. 1792. — Cons. d'Et., 16 déc. 1858, de Martainville, [S. 59.2.457, P. adm. chr., D. 59.3.52]; — 13 mars 1891, Dupuy, [S. et P. 93.3.34, D. 92.3.100] — Sic, Sanlaville, *De l'occupation définitive sans expropriation*, n. 33.

590. — Dans ce cas, l'avis du conseil général doit être conforme, et le préfet commettrait un excès de pouvoirs en ordonnant la suppression d'un étang contrairement à l'avis du conseil général. — Cons. d'Et., 22 nov. 1889, Patureau-Miran, [S. et P. 92.3.12, D. 91.3.37]

§ 2. *Avis facultatifs*.

591. — Il résulte de la dernière phrase de l'art. 50 que le conseil général donne son avis dans tous les cas où il est consulté par les ministres. Par suite, dans bien des cas où aucun texte ne l'exige, l'administration demande l'avis des conseils généraux en vertu de la disposition finale de l'art. 50. Ainsi, bien que la loi du 10 août 1871 ne confère pas aux conseils généraux le droit de prendre des délibérations exécutoires sur les plans d'alignement des traverses des routes départementales, il convient cependant que les conseils généraux soient appelés à donner leur avis sur ces plans avant que le gouvernement les approuve par décrets délibérés en Conseil d'État. — Av. Cons. d'Ét., 15 juill. 1873, [*Les cons. gén.*, t. 1, p. 354] — Mais, en dehors des cas déterminés par la loi, il n'y a jamais obligation de prendre l'avis des conseils généraux, et aucune nullité ne peut être encourue pour omission de cette formalité.

592. — De plus, l'art. 50 de la loi de 1871 n'autorise les conseils généraux à donner leur avis sur les questions qui ne rentrent pas dans leurs attributions, que lorsqu'ils sont consultés par le ministre. Ainsi, une commission parlementaire qui désire provoquer l'avis des conseils généraux doit s'adresser au ministre, qui seul peut inviter les préfets à saisir ces assemblées — Av. min. Int., 23 avr. 1881, [*Les cons. gén.*, t. 2, p. 358]

Section II.

Vœux.

593. — Le conseil général sert de *comité consultatif* de l'administration centrale lorsqu'il donne *des avis* ou exprime *des vœux*. — Ducrocq, t. 1, n. 154.

§ 1. *Principes généraux.* — *Vœux autorisés par la loi.*

594. — Aux termes de l'art. 51, al. fin., L. 10 août 1871 : « Tous vœux politiques sont interdits au conseil général. Néanmoins, il peut émettre des vœux sur toutes les questions économiques et d'administration générale ». Ainsi, les conseils généraux ne peuvent émettre de vœux que sur les questions économiques et d'administration générale. Mais la difficulté est souvent de distinguer entre ces vœux et les vœux politiques qui sont formellement interdits.

595. — La portée de la disposition finale de l'art. 51, qui, en interdisant à l'assemblée départementale d'émettre des vœux politiques, l'autorise néanmoins à formuler des vœux « sur toutes les questions économiques et d'administration générale », a été précisée, dans les termes suivants, par un des membres de la commission chargée de l'examen du projet de loi : « Nous demandons que le conseil général puisse s'expliquer, comme il l'a fait de tout temps, sur les questions de législation générale, d'administration générale, d'économie politique, parce que ce sont là les vrais intérêts dont le conseil général est l'organe naturel. Mais quant au domaine politique, la commission vous demande de l'interdire aux conseils généraux ». C'est sur cette déclaration que l'art. 51 fut voté. — Circ. min. Int., 8 oct. 1874, [S. *Lois annotées*, 1871, p. 94] — Le préfet doit signaler au conseil général l'illégalité de la délibération qu'il veut prendre et lui demander de l'écarter par la question préalable. — Circ. min. Int., 6 août 1878, [*Les cons. gén.*, t. 2, p. 74]

596. — Si l'art. 51 permet aux conseils généraux d'émettre des vœux sur toutes les questions économiques et d'administration, aucune disposition ne les autorise à s'adresser directement aux Chambres législatives; ils peuvent seulement faire parvenir ces vœux au ministre compétent. Il a même été formellement décidé par l'Assemblée nationale (séance du 13 mai 1871) qu'il est de l'essence du droit de pétition d'être exercé individuellement, et qu'un corps administratif excède ses pouvoirs en s'adressant au législateur. — Déc. min. Int., 31 oct. 1877, [*Les cons. gén.*, t. 1, p. 1079] — Lettre min. Int., 16 nov. 1893, [*Rev. gén. d'adm.*, 94.2.465]

597. — Ne sont pas considérés comme politiques les vœux portant sur des questions concernant la procédure électorale, alors qu'elles ne touchent pas aux règles fondamentales du suffrage universel, tels que le vœu relatif à la création d'enveloppes uniformes pour les bulletins de vote. — Av. min. Int., 6 oct. 1875, [*Les cons. gén.*, t. 1, p. 890]

598. — On a considéré qu'un vœu tendant à la modification de la loi sur le recrutement est un vœu portant sur un objet d'administration générale que, par suite, les conseils généraux peuvent émettre sans illégalité. — Av. min. Int., 22 sept. 1876, [*Les cons. gén.*, t. 1, p. 965]

599. — Décidé de même pour une délibération ne contenant pas un blâme des actes de l'administration, ou des conseils de révision, mais seulement l'expression d'un vœu tendant à la réforme législative de ces conseils. — Av. Cons. d'Ét., 13 juill. 1887, [*Les cons. gén.*, t. 2, p. 698]

600. — Le vœu tendant à accorder des garanties aux fonctionnaires et par exemple à remplacer les garanties qu'édictait l'art. 75 de la constitution de l'an VIII, par un tribunal spécial, n'est pas une question politique par elle-même, mais elle peut le devenir par les considérations invoquées. — Av. min. Int., 20 août 1873, [*Les cons. gén.*, t. 1, p. 382]

601. — Les préfets doivent transmettre sans retard aux ministres compétents les délibérations et vœux des conseils généraux, intéressant les différents services publics. — Circ. min. Int., 31 mai 1877, [*Les cons. gén.*, t. 1, p. 1022]

§ 2. *Vœux politiques ou contraires à la loi. — Annulation.*

602. — Les décrets annulant des vœux ayant un caractère politique ou contraire aux lois sont très-nombreux (V. l'énonciation d'un grand nombre d'espèces : *Rev. gén. d'adm.*, 93.1.387 et s., notes de jurisprudence); nous indiquerons les principales décisions du Conseil d'État en cette matière.

603. — Il n'est pas nécessaire que la délibération contienne un vœu proprement dit; il suffit qu'elle contienne des manifestations politiques pour être annulée.

604. — Ainsi, ont été considérés comme ayant un caractère politique ou comme contraires à la loi : le vœu demandant que la République soit définitivement proclamée; — que le gouvernement et l'Assemblée nationale se préoccupent, avant tout, de la libération du territoire; — que le gouvernement fasse connaître la vérité sur les capitulations, et notamment sur celle de Metz. — Décr. 14 mai 1872, [*Les cons. gén.*, t. 1, p. 183]

605. — Le vœu demandant la révision de la constitution. — Décr. en Cons. d'Ét., 11 mai 1883, [*Les cons. gén.*, t. 2, p. 507]; — 20 juin 1883, [*Ibid.*, p. 511]; — 20 oct. 1883, [*Rev. gén. d'adm.*, 83.3.336]; — 3 mars 1885, [*Ibid.*, 85.1.445]; — 12 nov. 1886, [*Ibid.*, 87.1.58]; — 29 nov. 1887, [*Ibid.*, 87.3.447]; — 19 juin 1888, [*Ibid.*, 88.2.337]; — 30 nov. 1889, [*Les cons. gén.*, t. 2, p. 838]; — 4 nov. 1893, [*Rev. gén. d'adm.*, 93.3.293]; — 12 août 1893, [*Ibid.*, p. 291]

606. — ... Le vœu tendant à ce que la Chambre vote la mise en accusation du ministère. — Décr. en Cons. d'Ét., 2 juill. 1885, [*Rev. gén. d'adm.*, 83.2.440]; — ... Ou protestant contre la politique générale du gouvernement. — Décr. 6 juill. 1894, [*Rev. gén. d'adm.*, 94.3.57]

607. — ... La délibération contenant un vote de confiance à un ministre (général Boulanger, ministre de la Guerre), lorsque la discussion qui a précédé ce vote ne laisse aucun doute sur son caractère exclusivement politique. — Décr. 12 nov. 1886, [*Rev. gén. d'adm.*, 87.1.61 et 62]

608. — ... Le vœu tendant à ce que le Parlement en finisse au plus vite avec les aventures coloniales. — Décr. en Cons. d'Ét., 11 nov. 1884, [*Rev. gén. d'adm.*, 84.3.431]

609. — ... Ou renonce désormais aux expéditions lointaines et aventureuses. — Décr. en Cons. d'Ét., 2 juill. 1885, [*Les cons. gén.*, t. 2, p. 623]

610. — ... Le vœu protestant contre l'occupation du Tonkin qualifiée de stérile et néfaste, criminellement commencée et pouvant mettre en danger la sécurité même de la patrie, et demandant l'évacuation à bref délai du pays occupé à la fin de la guerre. — Décr. en Cons. d'Ét., 2 juill. 1885, Gers, [*Les cons. gén.*, t. 2, p. 626; *Rev. gén. d'adm.*, 85.2.440]

611. — ... La délibération contenant un blâme contre la politique coloniale et demandant la prompte évacuation du Tonkin. — Décr. 12 déc. 1885, [*Rev. gén. d'adm.*, 86.1.176]

612. — ... Le vœu demandant la levée de l'état de siège. — Décr. 14 mai 1872, [*Les cons. gén.*, t. 1, p. 183]; — 26 janv. 1874, [*Ibid.*, p. 473]; — 23 juin 1874, [*Ibid.*, p. 597]

613. — ... Le vœu tendant à ce qu'aucune modification ne soit apportée aux lois qui règlent la capacité électorale en matière d'élections municipales et départementales. — Décr. 4 août 1874, [*Les cons. gén.*, t. 1, p. 634]

614. — ... Le vœu relatif au suffrage universel, à son maintien, à sa modification, à son fonctionnement, au mode de scrutin, et en général tout vœu se rapportant au mode de nomination des députés, au maintien ou à la réforme des lois électorales. — Décr. en Cons. d'Ét., 25 juin 1873, [*Les cons. gén.*, t. 1, p. 317]; — 2 juin 1874, [*Ibid.*, p. 580]; — 4 août 1874, [*Ibid.*, p. 634];

— 19 juin 1888, [Rev. gén. d'adm., 88.2.338]; — 5 juill. 1888, [Rev. gén. d'adm., 88.3.89] — Av. min. Int., 18 août 1875, [Les cons. gén., t. 1. p. 888]

615. — ... Le vœu demandant la nomination du Sénat par le suffrage universel. — Décr. 30 nov. 1889, Haute-Loire, [Les cons. gén., t. 2, p. 837]

616. — ... Le vœu contenant une protestation contre l'ajournement des élections aux conseils généraux. — Décr. en Cons. d'Et., 7 sept. 1877, [Les cons. gén., t. 1, p. 1046]; — 21 sept. 1877, [Ibid., p. 1058]; — 4 oct. 1877, [Ibid., p. 1071]

617. — ... Ou une protestation contre l'ajournement de la convocation des conseils d'arrondissement. — Décr. en Cons. d'Et., 21 sept. 1877, [Les cons. gén., t. 1, p. 1069]

618. — ... Le vœu relatif au mode de nomination des maires et adjoints. — Décr. en Cons. d'Et., 25 janv. 1875, [Les cons. gén., t. 1, p. 772]; — 17 juill. 1875, [Ibid., p. 847]; — 31 juill. 1875, [Ibid., p. 860 et 864]; — 26 oct. 1875, [Ibid., p. 892]; — 13 nov. 1875, [Ibid., p. 900]

619. — ... Ou relatif à la capacité électorale en matière d'élections municipales. — Décr. 4 août 1874, [Les cons. gén., t. 1, p 651]

620. — ... Ou tendant à la modification du régime municipal de Lyon. — Décr. 24 déc. 1873, [Les cons. gén., t. 1, p. 459]

621. — ... Ou tendant au remplacement d'une commission municipale par un conseil municipal élu. — Décr. 8 nov. 1873, [Les cons. gén., t. 1, p. 417]

622. — ... Le vœu demandant la suppression des fonds secrets. — Décr. 4 août 1887, [Les cons. gén., t. 2, p. 700]; — 11 déc. 1887, [Ibid., p. 723]; — 27 août 1888, [Ibid., p. 762]

623. — ... Le vœu tendant à la modification du nombre et de la composition des tribunaux, à l'élection des magistrats par le suffrage universel, à la suppression de l'inamovibilité de la magistrature ou au maintien de cette inamovibilité. — Décr. en Cons. d'Et., 22 févr. 1881, [Rev. gén. d'adm., 81.1.458; Les cons. gén., t. 2, p. 332]; — 9 nov. 1881, Rhône, [Rev. gén. d'adm., 82.1.194; Les cons. gén., t. 2, p. 392]

624. — ... Le vœu demandant le déplacement de fonctionnaires (sous-préfets). — Av. min. Int., 25 août 1872, Aude, [Les cons. gén., t. 1, p. 218]

625. — ... Demandant l'épuration du personnel des fonctionnaires. — Décr. 12 nov. 1886, [Rev. gén. d'adm., 87.1.60 ; Les cons. gén., t. 2, p. 673]; — 11 nov. 1887, [Les cons. gén., t. 2, p. 715]; — 27 août 1888, [Ibid., p. 762]

626. — ... Visant l'attitude politique des fonctionnaires (spécialement des préfets) et contenant un vote de confiance ou de défiance. — ... ou de blâme. — Décr. 12 nov. 1886, [Rev. gén. d'adm., 87.1.62; Les cons. gén., t. 2, p. 675]; — 5 juill. 1894, [Rev. gén. d'adm., 94.3.57]

627. — ... Le vœu demandant la gratuité et la laïcité de l'enseignement primaire. — Décr. 25 janv. 1875, [Les cons. gén., t. 1, p. 772]

628. — ... Le vœu demandant que le projet de loi sur la laïcité de l'enseignement primaire ne soit pas voté. — Décr. 28 juin 1886, [Rev. gén. d'adm., 86.2.338; Les cons. gén., t. 2, p. 644]

629. — ... Le vœu demandant qu'il ne soit porté aucune atteinte à la liberté de l'enseignement et aux droits des pères de famille. — Décr. 21 mai 1880, [Les cons. gén., t. 2, p. 237]

630. — ... Le vœu demandant l'abrogation ou la révision des lois sur l'instruction primaire. — Décr. 30 juin 1882, [Rev. gén. d'adm., 82.2.435 et s.; Les cons. gén., t. 2, p. 463]; — 13 oct. 1882, [Les cons. gén., t. 2, p. 463]; — 15 juin 1883, [Ibid., p. 509]; — 7 mars 1887, [Rev. gén. d'adm., 87.1.433; Les cons. gén., t. 2, p. 683]

631. — ... Ou la protestation contre les laïcisations d'écoles opérées par le préfet. — Décr. 28 juin 1886, [Les cons. gén., t. 2, p. 646]

632. — ... Le vœu demandant que les instituteurs et institutrices soient invités à faire réciter les prières aux enfants et à conserver les emblèmes religieux dans les écoles. — Av. min. Intr. publique, 29 août 1882, [Ibid., p. 462]

633. — Toutefois, le vœu tendant à l'abrogation de la loi sur l'enseignement primaire n'est pas sujet à annulation par lui-même. Ce n'est qu'autant que les considérants présenteraient le caractère d'une protestation politique que le préfet aurait à opposer la question préalable. — Av. min. Int., 18 avr. 1887, [Les cons. gén., t. 2, p. 693]

634. — ... Le vœu demandant la séparation de l'Eglise et de l'Etat, ou la suppression du budget des cultes, ou ayant trait à l'application du concordat. — Décr. 16 nov. 1880, [Rev. gén. d'adm., 80.3.453]; — 8 nov. 1881, [Ibid., 82.1.194]; — 12 nov. 1886, [Ibid., 87.1.58]; — 4 juill. 1887, [Ibid., 87.2.437]; — 12 nov. et 8 déc. 1887, [Ibid., 88.1.79]; — 21 juill. 1892, [Ibid., 92.2.459]; — 5 juill. 1893, [Rev. gén. d'adm., 93.3.293]

635. — ... Ou à la suppression des bourses de l'Etat dans un séminaire dirigé par une congrégation non autorisée. — Av. min. Int., 11 avr. 1877, [Les cons. gén., t. 1, p. 1047]

636. — ... Le vœu approuvant l'exécution des décrets du 29 mars 1880 sur les congrégations religieuses non autorisées. — Décr. 23 sept. 1880, [Les cons. gén., t. 2, p. 299]; — 16 nov. 1880, [Rev. gén. d'adm., p. 311]; — 22 févr. 1881, [Ibid., p. 334]; — 5 juill. 1894, [Rev. gén. d'adm., 94.3.57]

637. — ... Le vœu blâmant l'exécution des mêmes décrets du 29 mars 1880. — V. notamment, Décr. 29 avr. 1880, Délib. de conseils généraux de douze départements : Côtes-du-Nord, Finistère, Indre, Landes, Loire-Inférieure, Lozère, Morbihan, Basses-Pyrénées, Tarn, Tarn-et-Garonne, Vaucluse, Vendée, [Les cons. gén., t. 2, p. 231 et s.]; — 22 févr. 1881, Maine-et-Loire, [Ibid., p. 333] — V. sur ces questions, Circ. min. Int., 31 mars 1880, [Les cons. gén., t. 2, p. 230] — Les préfets doivent demander que les propositions soient repoussées par la question préalable. — Circ. min. Int., 14 août 1880, [Les cons. gén., t. 2, p. 296]

638. — ... Le vœu approuvant les mesures prises contre les membres des familles ayant régné sur la France, ou demandant la confiscation de leurs biens. — Décr. 12 nov. 1886, [Les cons. gén., t. 2, p. 672; Rev. gén. d'adm., 87.1.60]

639. — ... Le vœu portant qu'aucune modification restrictive de la liberté ne soit apportée par le Parlement aux lois sur la presse et sur le droit de réunion. — Décr. 9 déc. 1892, [Rev. gén. d'adm., 93.1.87]

640. — ... Le vœu demandant l'abrogation de la loi du 14 mai 1872, sur les associations internationales. — Décr. en Cons. d'Et., 11 déc. 1887 et 27 août 1888, [Rev. gén. d'adm., 88.1.79 et 3.90]

641. — ... Le vœu demandant qu'il soit accordé une amnistie aux condamnés politiques. De très-nombreux décrets ont annulation ont été rendus en ce sens. — V. notamment, Décr. en Cons. d'Et., 14 mai 1873, [Rev. gén. d'adm., p. 183]; — 23 déc. 1876, [Ibid., t. 1, p. 982]; — 11 juin 1877, [Ibid., t. 1, p. 1023]; — 3 juill. 1883, [Rev. gén. d'adm., 83.2.471]; — 14 nov. 1884, [Ibid., 84.3.454]; — 2 juill. 1885, [Ibid., 85.2.440; Les cons. gén., t. 2, p. 625]; — 15 déc. 1885, [Rev. gén. d'adm., 86.1.176]; — 12 nov. 1886, [Ibid., 87.1.58; Les cons. gén., t. 2, p. 675]; — 11 déc. 1887, [Rev. gén. d'adm., 88.1.79; Les cons. gén., t. 2, p. 723]; — 26 déc. 1887, [Rev. gén. d'adm., 88.1.80]; — 20 févr. 1888, [Ibid., 88.1.480; Les cons. gén., t. 2, p. 727]; — 27 juin 1888, [Rev. gén. d'adm., 88.3.89]; — 27 août 1888, [Ibid., 88.3.90; Les cons. gén., t. 2, p. 762]; — 4 nov. 1893, [Rev. min. 1893, [Rev. gén. d'adm., 93.1.212]; — 4 nov. 1893, [Rev. gén. d'adm., 93.3.293]; — 7 juill. 1894, [Rev. gén. d'adm., 94.3.59]

642. — ... La délibération demandant que les déportés à la Nouvelle-Calédonie, pour délits politiques, soient admis à subir leur peine en Algérie. — Décr. en Cons. d'Et., 27 nov. 1876, [Les cons. gén., t. 1, p. 973]

643. — Le vœu demandant que les condamnés pour crimes et délits politiques soient réintégrés de plein droit, à l'expiration de leur peine, dans l'exercice de leur droit de vote et d'élection. — Décr. 17 mars 1886, [Rev. gén. d'adm., 86.1.471]

644. — ... Le vœu tendant à ce qu'il soit institué une fête nationale dont la date serait fixée au 22 septembre — Décr. en Cons. d'Et., 8 déc. 1887, [Rev. gén. d'adm., p. 977]

645. — Doit être déclarée illégale et nulle une adresse politique au président de la République, signée par la majorité des membres d'un conseil général, hors d'une session légale, et publiée dans un journal. — Décr. en Cons. d'Et., 8 nov. 1873, [Les cons. gén., t. 1, p. 425]

646. — Une délibération relative à un vœu qui n'est point politique par son objet peut néanmoins être annulée lorsqu'il résulte des circonstances, ou de ses termes, ou des considérations développées au cours des débats, que le vœu a un caractère politique (V. suprà, n. 633). — Rev. gén. d'adm., 93.1.389; Notes de jurisprudence. — Av. min. Int., 18 avr. 1887, [Les cons. gén., t. 2, p. 693]

647. — Il en est ainsi spécialement du vœu tendant à l'abrogation de la législation sur les boissons, lorsque le sens politique résulte des considérations développées à l'appui de ce vœu. — Décr. 10 mai 1875, [*Les cons. gén.*, t. 1, p. 816] ; — 10 juin 1875, [*Ibid.*, p. 819] ; — 26 oct. 1875, [*Ibid.*, p. 894] ; — 12 août 1893, [*Rev. gén. d'adm.*, 93.3.291]

648. — Il en est encore ainsi du vœu demandant que le corps électoral soit appelé prochainement à donner son verdict et à condamner résolûment les hommes politiques compromis dans l'affaire du canal de Panama.

649. — Il importe peu que le conseil général ait prétendu se placer uniquement au point de vue des intérêts départementaux si son vote a un caractère politique (dans l'espèce, critique de l'ajournement des élections). — Décr. en Cons. d'Ét., 21 sept. 1877, [*Les cons. gén.*, t. 1, p. 1068 et 1069]

650. — Non seulement les délibérations contenant expressément des vœux politiques doivent être annulées, mais aussi celle qui s'approprie, par exemple, une protestation contre l'ajournement des élections départementales émanant du président ou de plusieurs conseillers généraux et déclare l'adopter dans son ensemble. — Décr. en Cons. d'Ét., 7 sept. 1877, [*Les cons. gén.*, t. 1, p. 1050] ; — 21 sept. 1877, [*Ibid.*, p. 1062] ; — 4 oct. 1877, [*Ibid.*, p. 1071]

651. — ... Ou renvoie à une commission l'examen de la protestation. — Décr. 21 sept. 1877, [*Les cons. gén.*, p. 1065]

652. — Devrait être aussi annulée la délibération par laquelle un conseil général vote l'insertion ou le maintien au procès-verbal de ses délibérations d'une protestation signée par plusieurs de ses membres et déclarant illégal l'ajournement des élections départementales. — Décr. 21 sept. 1877, Indre-et-Loire, [*Les cons. gén.*, p. 1064] — Décr. 21 sept. 1877, [*Les cons. gén.*, t. 1, p. 1048 et s.]

653. — Il en serait ainsi alors même qu'avant le vote, un des signataires de la protestation aurait fait remarquer que les auteurs ne demandaient pas au conseil de statuer ni de discuter, mais simplement d'autoriser l'insertion au procès-verbal. — Décr. 21 sept. 1877, Creuse, [*Ibid.*]

654. — Enfin serait encore illégale la délibération donnant acte d'une protestation signée de conseillers généraux et analogue aux précédentes. — Décr. 21 sept. 1877, Haute-Savoie, [*Les cons. gén.*, p. 1049] — Décr. 21 sept. 1877, [*Ibid.*, p. 1063, 1067, 1068]

655. — Le vœu demandant que la grâce accordée à une personne condamnée par les tribunaux répressifs soit transformée en amnistie, porte sur un objet étranger aux attributions des conseils généraux et doit être annulée en vertu de l'art. 33. — Décr. 26 juin 1893, [*Rev. gén. d'adm.*, 93.3.173]

656. — Lorsqu'une délibération du conseil général est annulée par décret, le préfet doit la supprimer du recueil imprimé des délibérations ; cette délibération étant considérée comme non avenue, ne peut par conséquent figurer au volume imprimé. — Décr. min. Int., 28 sept. 1887, [*Les cons. gén.*, t. 1, p. 1070]

CHAPITRE VIII.

DES CONFÉRENCES INTERDÉPARTEMENTALES.

657. — L'art. 199 de la constitution du 5 fruct. an III autorisait les administrations départementales à correspondre entre elles, mais seulement sur les affaires qui leur étaient attribuées par la loi et non sur les intérêts généraux de la République. Sous la législation subséquente, toute entente entre les conseils généraux fut rigoureusement prohibée (V. notamment, L. 22 juin 1833, art. 16). La loi du 10 août 1871, s'inspirant de la constitution du 5 fruct. an III, autorise les conseils généraux à se réunir dans des conférences interdépartementales. L'art. 89 dispose : « deux ou plusieurs conseils généraux peuvent provoquer entre eux, par l'entremise de leurs présidents, et après en avoir averti les préfets, une entente sur les objets d'utilité départementale compris dans leurs attributions et qui intéressent à la fois leurs départements respectifs. Ils peuvent faire des conventions, à l'effet d'entreprendre ou de conserver à frais communs des ouvrages ou des institutions d'utilité commune ».

658. — Lorsqu'un conseil général prend l'initiative d'une conférence interdépartementale, c'est au président du conseil qu'il appartient d'adresser l'invitation à ses collègues des départements qui doivent participer à la réunion, après en avoir averti les préfets (art. 89). Mais le préfet doit, de son côté, en informer ses collègues et leur transmettre ampliation de la délibération par laquelle la conférence est résolue. — Av. min. Int., 14 mai 1875, [*Les cons. gén.*, t. 1, p. 817]

659. — Le droit de provoquer la conférence interdépartementale appartient au conseil général seul, et non à la commission départementale ou à son président. — Av. min. Int., 28 juin 1873, [*Les cons. gén.*, t. 1, p. 324] — Constant, t. 2, n. 745. — V. suprà, v° *Commission départementale*, n. 97.

660. — D'autre part, les commissions départementales n'ont pas le droit de correspondre entre elles et de provoquer une entente pour agir de concert dans un but déterminé. Les renseignements doivent être demandés et envoyés par l'intermédiaire des préfets. — Circ. min. Int., 11 avr. 1873, [*Les cons. gén.*, t. 1, p. 295] — Av. min. Int., 28 juin 1873, [*Ibid.*, p. 324] ; — Décr. 1er juill. 1873, [*Ibid.*, p. 393] ; — Av. min. Int., 18 févr. 1875, [*Ibid.*, p. 784] — Ch. Constant, *Code départemental*, t. 2, n. 743.

661. — Les conférences se tiennent au chef-lieu de l'un des départements intéressés, choisi d'un commun accord. Il faudrait l'assentiment de l'administration supérieure pour la désignation d'un autre lieu de réunion. Ce sont les conseils généraux ou les commissions qui les représentent qui fixent les jours de réunions ; celles-ci peuvent avoir lieu en dehors des sessions ordinaires des conseils généraux, et la durée en est fixée par les conseillers généraux réunis. Les autres règles d'organisation intérieure peuvent se résumer ainsi : les séances ne sont pas publiques, elles sont présidées par un membre désigné par ses collègues ; un ou plusieurs secrétaires désignés de la même façon rédigent les procès-verbaux. La conférence est libre d'ordonner la communication et la publication des procès-verbaux. La loi a gardé le silence à cet égard, mais ne renferme aucune prohibition ; il faut donc s'en référer, à cet égard, à la règle générale, d'après laquelle les actes de chaque conseil général peuvent être communiqués et publiés. — Marie, t. 1, p. 287.

662. — L'art. 90 détermine de la manière suivante la composition des conférences interdépartementales : « les questions d'intérêt commun seront débattues dans des conférences, où chaque conseil général sera représenté, soit par sa commission départementale, soit par une commission spéciale nommée à cet effet ». C'est avec raison que l'on conclut des termes de cet article que la commission départementale ne représente pas *de droit* le conseil général dans les conférences interdépartementales. Elle ne peut agir qu'en vertu d'un mandat *exprès* donné par le conseil général. — Av. min. Int., 9 sept. 1873, [*Les cons. gén.*, t. 1, p. 393] — D'autre part, le conseil général ne peut charger sa commission départementale de désigner les membres du conseil appelés à faire partie d'une commission interdépartementale ; cette désignation doit être faite par le conseil général lui-même. — Av. min. Int., 19 août 1875, [*Les cons. gén.*, t. 1, p. 888]

663. — Il est de principe formel que les conférences interdépartementales doivent être exclusivement composées des conseillers généraux délégués par les assemblées départementales intéressées. En conséquence, n'a pas le caractère d'une conférence interdépartementale établie par les art. 90 et s. : la réunion (autorisée par le ministre) d'une commission d'étude composée non seulement des représentants des conseils généraux, mais aussi des représentants des villes et des chambres de commerce des départements de la vallée du Rhône, et ayant pour but d'examiner les offres de concours qui pourraient être faites pour l'amélioration du cours du fleuve. — Av. min. Int., 15 mars 1875, [*Les cons. gén.*, t. 1, p. 795]

664. — ... La réunion (autorisée par le ministre) composée non seulement de conseillers généraux mais aussi de membres des sociétés savantes et agricoles en vue d'étudier les moyens de combattre le phylloxera. Dans cette espèce, comme le temps manquait pour en référer aux conseils généraux, les commissions départementales furent appelées à désigner les délégués. Cette réunion avait plutôt le caractère d'un congrès scientifique, tenu avec l'assentiment du gouvernement. — Déc. min., 22 juin 1876, [*Les cons. gén.*, t. 1, p. 949]

665. — Aux termes de l'art. 90, § 2, les préfets des départements intéressés peuvent toujours assister aux conférences interdépartementales. Mais on doit faire observer que les délibérations sont valables, bien que le préfet n'y ait point assisté.

666. — Aux termes de l'art. 90, § 1, précité, les objets qui peuvent être débattus sont limités exclusivement à ceux d'utilité départementale ; cependant, on peut admettre que des travaux entrepris dans un département, même par une commune seule, sont susceptibles de présenter un intérêt commun au sens de cet art. 90. — Constant, *Code départemental*, t. 2, n. 747.

667. — Bien que la réunion de conférences interdépartementales soit, en principe, seulement facultative, exceptionnellement elle est obligatoire dans certains cas. — Av. Cons. d'Et., 15 juill. 1873, [*Les cons. gén.*, t. 1, p. 354] — Ainsi la loi du 11 juin 1880, sur les chemins de fer d'intérêt local et tramways, dit, dans ses art. 2 et 27, que si la ligne doit s'étendre sur plusieurs départements, il y a lieu d'appliquer les art. 89 et 90 de la loi de 1871. — V. *suprà*, v° *Chemin de fer*, n. 6509 et s.

668. — Pareillement, il y a lieu d'appliquer ces articles pour l'entretien et la fondation en commun par les départements, d'écoles normales primaires (L. 9 août 1879, art. 1). — V. Av. Cons. d'Et., 16 déc. 1874, [*Les cons. gén.*, t. 1, p. 725, *ad notam*]

669. — Peuvent faire l'objet de conférences interdépartementales : le déclassement des chemins de grande communication et d'intérêt commun qui se prolongent sur le territoire d'autres départements. — Circ. min. Int., 23 sept. 1871, [S. *Lois annotées*, 1871, p. 88]

670. — ... Le déclassement des routes départementales communes à plusieurs départements. — Circ. min. Int., 8 oct. 1871, [S. *Lois annotées*, 1871, p. 90] — Circ. min. Trav. publ., 14 oct. 1871, [*Ibid.*, p. 96] — Av. Cons. d'Et., 10 août 1875, [*Les cons. gén.*, t. 1, p. 868] — V. *suprà*, n. 454.

671. — ... L'acquisition, la gestion, etc., des bacs joignant les routes départementales ou les chemins de grande communication reliant deux départements. — Av. Cons. d'Et., 16 juin 1875, [*Les cons. gén.*, t. 1, p. 820]

672. — Enfin, M. Waddington, dans son rapport sur la loi du 10 août 1871 (S. *Lois annotées*, 1871, p. 78, XXXI), dit que parmi les intérêts pouvant faire l'objet de conférences interdépartementales, on peut encore citer la création d'établissements communs pour le service des aliénés, la fondation ou la dotation d'universités provinciales, la réunion de plusieurs écoles normales primaires en une seule et la conservation de certains monuments historiques. D'autres objets d'intérêt commun se révèleront sans doute, et il n'est imposé, à cet égard, aux conseils généraux, d'autre limite que l'obligation de ne pas sortir du cercle de leurs attributions légales.

673. — Une conférence interdépartementale peut être réunie pour établir une entente entre un conseil général, d'une part, et une administration départementale, de l'autre. — Av. min. Int., 9 oct. 1874, [*Les cons. gén.*, t. 1, p. 689]

674. — L'usage le plus important que l'on ait fait des conférences interdépartementales a eu lieu entre les cinq départements des Ardennes, de la Meuse, de Meurthe-et-Moselle, des Vosges et de la Haute-Saône, qui se sont syndiqués pour concourir au rétablissement des voies navigables interceptées par la nouvelle frontière d'Alsace-Lorraine. Une loi du 24 mars 1874 déclara d'utilité publique les travaux à exécuter, et autorisa ces départements à contracter un emprunt pour faire face à ces dépenses. La commission interdépartementale élue par les cinq conseils généraux a fonctionné jusqu'en 1880 (*Rev. gén. d'adm.*, 81.2.237).

675. — Les décisions des conférences ne portent que sur les matières sur lesquelles les conseils généraux prennent des décisions et non sur celles qui ne peuvent être examinées que sous forme de vœux, telles que les questions économiques, d'administration ou d'intérêt général. Ainsi, ne peuvent faire l'objet d'une conférence interdépartementale : les mesures à prendre pour arrêter la crise des transports, se rapportant, par exemple, à l'exploitation et aux tarifs des grandes lignes de chemins de fer. — Av. min. Int., 15 juill. 1873, [*Les cons. gén.*, t. 1, p. 357]; — 30 mai 1882, [*Ibid.*, t. 2, p. 431]

676. — ... Le choix des meilleurs débarquements du canal maritime des deux mers, en vue d'avis à émettre pour éclairer les pouvoirs publics sur ce projet. — Av. min. Int., 2 sept. 1886, [*Les cons. gén.*, t. 2, p. 638]

677. — ... L'étude des moyens de combattre le phylloxéra. — Déc. min. Int., 22 juin 1876, [*Les cons. gén.*, t. 1, p. 949]

678. — Enfin, on doit considérer comme ne pouvant faire l'objet d'une conférence interdépartementale, et comme étant un fait exceptionnel qui n'est pas entré dans les prévisions du législateur, la réunion de plusieurs départements pour la défense du pays contre l'invasion étrangère. — Marie, t. 1, p. 286.

679. — Aux termes du dernier paragraphe de l'art. 90, « les décisions qui seront prises dans les conférences interdépartementales ne seront exécutoires qu'après avoir été ratifiées par tous les conseils généraux intéressés, et sous les réserves énoncées aux art. 47 et 49 de la présente loi », c'est-à-dire sous la réserve des droits d'annulation ou de suspension de ces délibérations ou décisions.

680. — D'autre part, l'art. 91 dispose que « si des questions autres que celles que prévoit l'art. 89 étaient mises en discussion, le préfet du département où la conférence a lieu déclarerait la réunion dissoute. Toute délibération prise après cette déclaration donnerait lieu à l'application des dispositions et pénalités énoncées à l'art. 34. »

681. — Si l'accord entre les divers conseils généraux ne peut s'établir dans la conférence interdépartementale, il n'existe aucun moyen de faire cesser ce dissentiment. La loi de 1871 n'a en effet organisé aucun mode d'arbitrage permettant à l'administration supérieure de résoudre les questions d'intérêt commun à deux départements, sur lesquelles les conseils généraux ne veulent pas s'accorder. — Av. Cons. d'Et., 15 juill. 1873, [*Les cons. gén.*, t. 1, p. 820] — V. aussi 3 déc. 1872, [*Ibid.*, p. 235] — Circ. min. 1er févr. 1873, p. 262. — Un projet de loi avait été présenté en 1876 pour mettre fin à ces difficultés, mais il a été écarté (*J. off.*, 1877, p. 849 et s.).

682. — Toutefois certaines lois font cesser ou permettent de résoudre ces difficultés. Nous citerons notamment : la loi du 16 sept. 1879, relative aux foires et marchés. — V. *suprà*, n. 551.

683. — De même d'après l'art. 3, § 3, L. 11 juin 1880, sur les chemins de fer d'intérêt local, le ministre statue sur l'établissement de ces lignes, en cas de désaccord des conseils généraux intéressés.

CHAPITRE IX.

ATTRIBUTIONS POLITIQUES DES CONSEILS GÉNÉRAUX.

Section I.
Attributions politiques éventuelles.

684. — Bien qu'en principe, les questions politiques soient essentiellement étrangères à l'institution des conseils généraux, cependant une loi du 15 févr. 1872 (dite loi Tréveneuc) a dérogé à cette règle. Cette loi a conféré un rôle politique aux conseils généraux, en vue de circonstances tout à fait exceptionnelles survenant en dehors du fonctionnement normal de nos institutions.

685. — D'après l'art. 1, L. 15 févr. 1872 : si l'Assemblée nationale ou celles qui lui succéderont viennent à être illégalement dissoutes ou empêchées de se réunir, les conseils généraux s'assemblent immédiatement, de plein droit, et sans qu'il soit besoin de convocation spéciale, au chef-lieu de chaque département. Ils peuvent s'assembler partout ailleurs dans le département, si le lieu habituel de leurs séances ne leur paraît pas offrir de garanties suffisantes pour la liberté de leurs délibérations. Les conseils ne sont valablement constitués que par la présence de la majorité de leurs membres.

686. — Les conseils généraux ainsi réunis doivent avant tout pourvoir d'urgence au maintien de la tranquillité publique et de l'ordre légal, et cela jusqu'au jour où l'assemblée prévue par l'art. 3 aura fait connaître qu'elle est régulièrement constituée (art. 2).

687. — Cette assemblée, composée de deux délégués élus par chaque conseil général, en comité secret, se réunit dans le lieu où se seront rendus les membres du gouvernement légal et les députés qui auront pu se soustraire à la violence. L'assemblée des délégués n'est valablement constituée qu'autant que la moitié des départements, au moins, s'y trouve représentée (art. 3). Le lieu de la réunion n'est pas indiqué dans la loi afin de soustraire autant que possible à la violence les représentants légaux du pays. — Constant, *Code départemental*, t. 2, n. 776.

688. — Les fonctions de cette assemblée des délégués sont ainsi déterminées par l'art. 4 : cette assemblée est chargée de prendre, pour toute la France, les mesures urgentes que nécessite le maintien de l'ordre et, spécialement, celles qui ont pour objet de rendre à l'Assemblée nationale la plénitude de son indépendance et l'exercice de ses droits. Ainsi, l'assemblée des délégués pourvoit provisoirement à l'administration générale du pays.

689. — Mais la raison d'être de cette assemblée est essentiellement transitoire ; aussi doit-elle se dissoudre aussitôt que l'Assemblée nationale se sera reconstituée par la réunion de la majorité de ses membres sur un point quelconque du territoire. Si cette reconstitution ne peut se réaliser dans le mois qui suit les événements, l'assemblée des délégués doit décréter un appel à la nation pour les élections générales. Ses pouvoirs cessent le jour où la nouvelle assemblée est constituée (art. 5).

690. — Enfin, l'art. 6 revêt l'autorité de l'assemblée des délégués d'une sanction efficace. Il déclare, en effet, que les décisions de cette assemblée doivent être exécutées, à peine de forfaiture, par tous les fonctionnaires, agents de l'autorité et commandants de la force publique.

691. — On s'est demandé si les conseils généraux avaient le droit, en temps ordinaire, de prévoir l'application de la loi du 15 févr. 1872 et de voter, en prévision de ce cas, un crédit éventuel ? On ne saurait refuser ce droit aux conseils généraux, sous prétexte qu'ils feraient un acte politique. En effet, en votant ce crédit éventuel, un conseil général ne fait que rendre possible l'accomplissement d'une fonction qui lui est attribuée expressément par la loi. Donc ce vote est légal ; il peut même être un acte de sage prévoyance. — Marie, t. 1, p. 376.

692. — De vives critiques ont été élevées contre la loi du 15 févr. 1872, dont on a même contesté la possibilité d'application, en présence des lois constitutionnelles des 24-25 févr. et 16 juill. 1875 (Béquet, *Rép. de dr. admin.*, v° *Département*, n. 1100). On a soutenu qu'elle serait difficilement conciliable avec les dispositions des lois constitutionnelles relatives à la coexistence des deux Chambres (L. 25 févr. 1875, art. 1), aux garanties dont est entouré le droit du président de la République de dissoudre la Chambre des députés (L. 25 févr. 1875, art. 6), enfin à la responsabilité édictée contre le chef de l'Etat en cas de haute trahison et contre les ministres en cas de crimes commis dans l'exercice de leurs fonctions (L. 25 févr. 1875, art. 6, et L. 16 juill. 1875, art. 12).

693. — Mais on ne doit pas oublier que la loi du 15 févr. 1872 prévoit précisément les cas où le fonctionnement normal des pouvoirs publics se trouve empêché par des circonstances exceptionnelles. Il faut donc supposer que l'application des lois constitutionnelles étant momentanément rendue impossible, il importe de parer aux éventualités urgentes ; c'est cette hypothèse que prévoit la loi de 1872. Son application nous paraît donc encore possible, depuis le vote des lois constitutionnelles de 1875. Considérée ainsi, la loi de 1872 est une sage mesure de prévoyance, mais dont l'exécution est certainement fort délicate et sera même rendue la plupart du temps illusoire par l'effet même des mesures de précaution prises par le gouvernement de fait contre les représentants de l'ancien ordre de choses. — Marie, t. 1, p. 376. — V. aussi Rapport de M. Fournier, 14 sept. 1871 ; *J. off.* des 15 et 20, annexe 656 ; 13-19 janv. 1872, annexe 782.

Section II.

Elections des sénateurs.

694. — Le rôle des conseils généraux a encore une grande portée politique, si on considère leurs attributions électorales. En effet, la loi du 24 févr. 1875, art. 4, et en dernier lieu, la loi du 9 déc. 1884, art. 6, disposent que les conseillers généraux font partie du collège électoral pour la nomination des sénateurs. — V. *infrà*, v° *Elections*.

CHAPITRE X.

ATTRIBUTIONS INDIVIDUELLES DES CONSEILLERS GÉNÉRAUX.

695. — 1° Les conseillers généraux peuvent être appelés à suppléer les membres du conseil de préfecture, conformément à l'art. 3, Arr. 19 fruct. an IX, et aux art. 1 et 2, Décr. 16 juin 1808. — V. *suprà*, v° *Conseil de préfecture*, n. 55 et s.

696. — ... 2° Ou les sous-préfets (Ord. 29 mars 1821, art. 3).

697. — 3° Trois membres du conseil général composent la commission du recensement général des votes pour les élections législatives ; ces membres sont désignés par le préfet (Décr. réglem., 2 févr. 1852, art. 34). — Circ. min. Int., 9 sept. 1885, [*Bull. min. Int.*, 1885, p. 208] — V *infrà*, v° *Elections*.

698. — 4° Aux termes de l'art. 11, L. 8 déc. 1883, le conseiller général du chef-lieu du département, et dans le cas où le chef-lieu est divisé en cantons, le plus âgé des conseillers généraux du chef-lieu, entre dans la composition de la commission qui constate, au chef-lieu du département, le résultat des élections consulaires. Si le conseiller général est absent ou empêché, il est remplacé par le conseiller d'arrondissement. — V. *infrà*, v° *Tribunal de commerce*.

699. — 5° *Conseils de révision.* — La loi du 15 juill. 1889, sur le recrutement de l'armée, dispose, dans son art. 18, qu'un membre du conseil général du département entre dans la composition du conseil de révision. Mais ce conseiller général doit être autre que le représentant élu dans le canton où la révision a lieu. Le conseiller général est désigné par la commission départementale, conformément à l'art. 82, L. 10 août 1871. — V. *suprà*, v° *Commission départementale*, n. 74, 75.

700. — La violation de la règle de l'art. 18, édictant que le conseiller général siégeant au conseil de révision doit être autre que celui du canton où la révision a lieu, constitue non pas une simple violation de la loi, mais un excès de pouvoirs. Cette distinction n'a plus guère d'intérêt aujourd'hui puisque le recours pour violation de la loi est ouvert aux parties, comme aux ministres. Dans tous les cas, l'annulation de toutes les décisions auxquelles a participé le conseiller général du canton, est la conséquence de la violation de la disposition précitée de l'art. 18. — Cons. d'Et., 16 déc. 1881, Min. de la Guerre, [S. 83.3.40, P. adm. chr., D. 83.3.35] — Sic, Rabany, *La loi sur le recrutement*, t. 1, p. 279.

701. — En ce qui concerne le conseil départemental de révision institué par l'art. 34, L. 15 juill. 1889, il est composé ainsi qu'il est dit en l'art. 18, mais on adjoint deux autres membres du conseil général. Les trois conseillers généraux et le conseiller d'arrondissement sont spécialement désignés à cet effet par la commission départementale. Ainsi, de même que pour le conseil de révision cantonal, c'est la commission départementale qui fait les désignations (V. *suprà*, v° *Commission départementale*, n. 73). Elle peut également désigner des suppléants. Enfin on admet que le préfet peut nommer des suppléants en cas d'urgence, comme cela a lieu dans l'application de l'art. 18. — Rabany, *La loi sur le recrutement*, t. 1, p. 441. — V. *infrà*, v° *Recrutement militaire*.

702. — 6° *Confection des listes du jury criminel.* — Les conseillers généraux ont un rôle important dans la confection des listes du jury criminel. En effet, aux termes de l'art. 11, L. 21 nov. 1872 : la liste annuelle est dressée pour chaque arrondissement, par une commission composée du président du tribunal civil ou du magistrat qui en remplit les fonctions, président, des juges de paix et des conseillers généraux. En cas d'empêchement, le conseiller général d'un canton est remplacé par le conseiller d'arrondissement, ou s'il y a deux conseillers d'arrondissement dans le canton, par le plus âgé des deux. On a considéré que les membres d'un conseil général dissous sont remplacés dans le sens de l'art. 11 précité ; dès lors, ils doivent être remplacés par les conseillers d'arrondissement. — Déc. min. Just., 19 août 1874, [*Les cons. gén.*, t. 1, p. 654]

703. — Une circulaire du ministre de la Justice, du 10 mars 1882 (*Les cons. gén.*, t. 2, p. 421) ordonne que la liste préparatoire du jury criminel dressée par les commissions de canton soit communiquée aux conseillers généraux dans la quinzaine après le dépôt au greffe. — V. *infrà*, v° *Jury*.

704. — 7° *Expropriation.* — Quatre membres du conseil général du département ou du conseil d'arrondissement désignés par le préfet font partie de la commission instituée par l'art. 8, L. 3 mai 1841, en matière d'expropriation pour cause d'utilité publique. Cette commission donne son avis sur les demandes et les plaintes des propriétaires qui soutiendraient que l'exécution des travaux n'entraîne pas la cession de leurs propriétés (L. 3 mai 1841, art. 9 ; L. 8 mars 1810, art. 8). — Delalleau et Jousselin, *Traité de l'expropriation*, 7° éd., t. 1, n. 127 et s. — V. *infrà*, v° *Expropriation pour utilité publique*.

705. — 8° *Assistance publique.* — La loi du 7 flor. an XIII (art. 3) dispose qu'une commission spéciale de trois membres fait un rapport et donne son avis sur les comptes des receveurs des hôpitaux et établissements de charité transmis au sous-préfet. Cette commission se compose d'un membre du conseil municipal de la ville où l'établissement est situé, d'un conseiller d'arrondissement et d'un conseiller général; ces membres sont désignés par le préfet.

706. — 9° *Enseignement* — Deux conseillers généraux élus par leurs collègues entrent dans la composition du conseil d'administration nommé pour trois ans auprès de chaque école normale primaire (art. 47, L. 19 juill. 1889).

707. — Aux termes de la loi du 27 févr. 1880, art. 9, § 11, deux membres choisis par le ministre dans les conseils généraux et deux dans les conseils municipaux qui concourent aux dépenses de l'enseignement supérieur ou secondaire du ressort font partie du conseil académique. L'art. 10 de la même loi dispose que les pouvoirs de ces membres durent quatre ans, et qu'ils peuvent être renouvelés. Mais les pouvoirs des conseillers généraux et des conseillers municipaux cessent avec leur qualité de conseillers généraux et de conseillers municipaux.

708. — Aux termes de l'art. 44, L. 30 oct. 1886, quatre conseillers généraux élus par leurs collègues, entrent dans la composition du conseil départemental de l'enseignement primaire. Les pouvoirs de ces délégués cessent avec leur qualité de conseillers généraux (art. 45, L. de 1886). Leurs pouvoirs continuent à être réglés par l'art. 12, L. 15 mars 1850.

709. — Chaque renouvellement triennal des conseils généraux doit coïncider avec la réélection de ces conseillers généraux, et la date de cette réélection est fixée à la première session ordinaire des conseils généraux qui suit le renouvellement triennal. — Circ. min. Instr. publ., 16 août 1889, [*Musée pédagogique*, fasc. 100, p. 104, note 2]

710. — 10° *Agriculture.* — Trois membres du conseil général délégués par ce conseil, chaque année, font partie du comité de surveillance et de perfectionnement, institué pour chaque ferme-école et pour chaque école pratique d'agriculture (L. 30 juill. 1875, art. 8). — V. *suprà*, v° *Agriculture*, n. 234.

711. — 11° *Protection des enfants en bas âge.* — Deux membres du conseil général désignés par ce conseil font partie du comité de surveillance chargé d'assister le préfet dans chaque département pour la protection des enfants du premier âge (L. 23 déc. 1874, art. 2).

712. — 12° *Restauration des terrains en montagne.* — Un membre du conseil général, mais d'un autre canton que celui où se trouve le périmètre des terrains sur lesquels les travaux de restauration ou de mise en défens des terrains en montagne doivent être effectués, fait partie de la commission spéciale présidée par le préfet ou son délégué, qui donne son avis avant la déclaration d'utilité publique (L. 4 avr. 1882, art. 2 et 8).

713. — 13° *Comité technique pour dégrèvement d'impôt foncier.* — Un membre du conseil général, élu annuellement par le conseil général, préside le comité technique institué au chef-lieu du département pour l'examen des demandes en dégrèvement d'impôt foncier, formées par application de la loi du 1er déc. 1887, pour terrains plantés ou replantés en vignes (Décr. 2 mai 1888, art. 11).

TITRE IV.

CONSEILS GÉNÉRAUX RÉGIS PAR DES LOIS SPÉCIALES.

CHAPITRE I.

DÉPARTEMENT DE LA SEINE.

714. — Le département de la Seine est soumis à une législation toute particulière ; la loi du 10 août 1871 ne lui est pas applicable (art. 94 de cette loi). Bien que cet article suppose une loi spéciale, par suite de considérations de diverses sortes, cette loi n'a jamais été votée. Le conseil général de la Seine, en vertu des dispositions transitoires des lois du 16 sept. 1871, du 21 mai 1873, du 19 mars 1875 et du 18 déc. 1877, est donc toujours régi par les lois du 22 juin 1833, du 10 mai 1838 et du 18 juill. 1866. Il en résulte que ses pouvoirs sont moins étendus que ceux des autres conseils généraux, les attributions de ces derniers ayant été accrues par la loi du 10 août 1871. — Simonet, n.

1720; Hauriou, n. 222. — V. d'ailleurs, *infrà*, v° *Paris* (Ville de).

SECTION I.

Organisation et fonctionnement.

§ 1. *Formation.*

715. — Une loi du 16 sept. 1871 dispose, en ce qui concerne la formation du conseil général de la Seine, qu'il est composé des quatre-vingts membres du conseil municipal de Paris et de huit membres élus dans les arrondissements de Sceaux et de Saint-Denis, à raison d'un membre par canton, conformément à la loi du 20 avr. 1834. Cette loi du 16 sept. 1871 qui édictait des mesures qualifiées de provisoires a été prorogée par des lois subséquentes du 21 mai 1873, du 19 mars 1875 et du 18 déc. 1877, et est encore en vigueur. D'autre part, une loi du 12 avr. 1893 a augmenté dans une forte proportion les cantons des arrondissements de Saint-Denis et de Sceaux et en a fixé le nombre à vingt et un.

716. — Aux termes du § 2, art. 2, L. 16 sept. 1871, la loi du 14 avr. 1871 et le titre 2, L. 10 août 1871, sont applicables au conseil général de la Seine, en ce qui concerne les conditions de l'électorat et de l'éligibilité seulement. — V. *infrà*, v° *Élections*.

717. — La durée des pouvoirs des conseillers généraux élus dans les arrondissements de Sceaux et de Saint-Denis est de trois ans (L. 19 mars 1875, art. 2). Les conseillers généraux de Paris étant en même temps conseillers municipaux, la durée de leurs fonctions est également de trois ans, en vertu de l'art. 8, L. 14 avr. 1871, toujours en vigueur pour la ville de Paris.

718. — D'après l'art. 11, L. 22 juin 1833, en cas de vacance par option, décès, démission, perte des droits civils ou politiques, l'assemblée électorale qui doit pourvoir à la vacance sera réunie dans le délai de deux mois — V. *infrà*, v° *Élections*.

719. — De ce que la loi du 10 août 1871 est inapplicable au département de la Seine, il résulte que les diverses innovations de cette loi, et spécialement l'institution de la commission départementale, n'existent pas pour le conseil général de la Seine.

§ 2. *Fonctionnement et organisation intérieure.*

720. — Aux termes de l'art. 2, L. 16 sept. 1871, le titre 2 de la loi du 22 juin 1833 s'applique à la tenue des sessions du conseil général de la Seine. Ainsi l'art. 12 de la loi de 1833 doit être observé. En conséquence, le conseil général ne peut se réunir que sur la convocation du préfet en vertu d'un décret du président de la République qui détermine l'époque et la durée de la session. Au jour indiqué pour la réunion du conseil général, le préfet donne lecture du décret de convocation et déclare que la session est ouverte. La loi du 10 août 1871 étant sans application, on ne doit donc pas distinguer entre les sessions ordinaires ayant lieu de plein droit et les sessions extraordinaires. Dans tous les cas, le conseil ne peut se réunir que sur la convocation du préfet effectuée en vertu d'un décret.

721. — Les dispositions de la loi de 1833 (art. 12, al. 2) relatives à la prestation de serment ne sont plus applicables, le décret du 5 sept. 1870 ayant aboli le serment politique.

722. — La loi du 5 juill. 1886 dispose que les séances du conseil général de la Seine sont publiques conformément à l'art. 28, L. 10 août 1871. L'art. 13 de la loi de 1833 est donc abrogé sur ce point. En combinant les art. 54, L. 5 avr. 1884 et 28 précité, on doit conclure que sur la demande de cinq membres, du président ou du préfet, le conseil général de la Seine peut décider, par assis et levé, sans débats, s'il se formera en comité secret.

723. — Les autres dispositions de l'art. 13, L. 22 juin 1833, continuent à être en vigueur. Ainsi le conseil général ne peut délibérer que si la moitié plus un des conseillers sont présents. Les votes sont recueillis au scrutin secret toutes les fois que quatre des conseillers présents le réclament.

724. — L'art. 12, L. 22 juin 1833, est ainsi conçu en ce qui concerne le fonctionnement du conseil général : « Le conseil, formé sous la présidence du doyen d'âge, le plus jeune faisant les fonctions de secrétaire, nommera, au scrutin et à la majorité absolue des voix, son président et son secrétaire ». Les pouvoirs du président sont ceux conférés par la loi du 10 août 1871. Lors de la discussion de la loi du 5 juill. 1886 au Sénat, et dans la séance du 1er juillet, le ministre de l'Intérieur a fait une déclaration conçue dans les termes suivants : « La police de la salle des séances appartiendra au président du conseil municipal, comme elle appartient aux présidents des conseils généraux dans les départements ; mais il ne pourra exercer son droit de police que par l'intermédiaire du préfet de la Seine, puisque les agents qu'on pourra avoir à charger de maintenir l'ordre dans la salle des séances sont sous l'autorité du préfet » (Débats parlementaires, Sénat, 1886, p. 985).

725. — La réquisition de la force publique et la police extérieure de la salle des séances appartiennent donc au préfet de police.

726. — Le dernier paragraphe de l'art. 12, L. 22 juin 1833, dispose que « le préfet a entrée au conseil général ; il est entendu quand il le demande et assiste aux délibérations, excepté lorsqu'il s'agit de l'apurement de ses comptes ». Les fonctions préfectorales étant divisées entre le préfet de la Seine et le préfet de police, ces deux fonctionnaires ont l'un et l'autre entrée au conseil général.

727. — L'art. 14 de la loi de 1833 est toujours en vigueur ; il dispose que tout acte ou toute délibération relatifs à des objets qui ne sont pas légalement compris dans les attributions du conseil général sont nuls et de nul effet. La nullité est prononcée par décret.

728. — Les décrets d'annulation des délibérations du conseil général de la Seine sont rendus en conformité de l'art. 14, L. 22 juin 1833, c'est-à-dire sans l'avis du Conseil d'Etat. L'art. 33, L. 10 août 1871, exigeant que les décrets d'annulation soient rendus en la forme des règlements d'administration publique ne s'applique pas, en effet, au conseil général de la Seine (*Les cons. gén.*, t. 1, p. 773, note).

729. — D'après l'art. 15, L. 22 juin 1833 : « toute délibération prise hors de la réunion légale du conseil général est nulle de droit. Le préfet, par un arrêté pris en conseil de préfecture, déclare la réunion illégale, prononce la nullité des actes, prend toutes les mesures nécessaires pour que l'assemblée se sépare immédiatement, et transmet son arrêté au procureur général du ressort pour l'exécution des lois et l'application, s'il y a lieu, des peines déterminées par l'art. 258, C. pén. En cas de condamnation, les membres condamnés sont exclus du conseil et inéligibles aux conseils de département et d'arrondissement pendant les trois années qui suivront la condamnation ». La seule différence qui existe entre ce texte et l'art. 34, L. 10 août 1871, c'est que l'art. 34 exige seulement un *arrêté motivé*, tandis que l'art. 15 précité veut que l'arrêté préfectoral soit pris en conseil de préfecture.
— V. *suprà*, n. 177.

730. — On doit considérer comme toujours en vigueur, pour le département de la Seine, l'art. 16 de la loi de 1833 qui interdit à tout conseil général de se mettre en correspondance avec un ou plusieurs conseils d'arrondissement ou du département. En cas d'infraction à cette disposition, le conseil général est suspendu par le préfet, en attendant que le président de la République ait statué. Ainsi le conseil général de la Seine ne peut participer à des conférences interdépartementales avec les autres conseils généraux puisque la loi du 10 août 1871 qui institue ces conférences ne lui est en principe applicable.

731. — Aux termes de l'art. 17, L. 22 juin 1833, il est interdit au conseil général de la Seine de faire ou de publier aucune proclamation ou adresse. En cas d'infraction à cette disposition, le préfet déclare par arrêté que la session du conseil général est suspendue. Il est statué définitivement par décret. La sanction est donc la même que pour infraction à l'art. 16. L'art. 18 de la loi de 1833 ajoute que, dans les cas prévus par ces deux articles, le préfet doit transmettre son arrêté au procureur général, pour l'exécution des lois et l'application, s'il y a lieu, des peines déterminées par l'art. 123, C. pén.

732. — La dissolution du conseil général de la Seine est prononcée par le chef de l'Etat ; il est procédé à une nouvelle élection avant la session annuelle, et, au plus tard, dans le délai de trois mois à dater du jour de la dissolution (L. 22 juin 1833, art. 9).

733. — L'art. 26, L. 10 mai 1838, dispose que « la disposition finale qui en fait n'était plus observée, a été abrogée virtuellement par la loi du 5 juill. 1886 qui établit la publicité des séances.

734. — L'art. 19, L. 22 juin 1833, portait que tout éditeur, imprimeur, journaliste, ou autre qui rendrait publics les actes interdits du conseil général par les art. 15, 16 et 17 était passible des peines édictées par l'art. 123, C. pén. Mais cet art. 19 paraît avoir été abrogé implicitement par l'art. 68, L. 29 juill. 1881, sur la liberté de la presse, dont la portée est générale (V. Circ. min. Just., 9 nov. 1881).

Section II.
Attributions.

735. — La loi du 10 août 1871 ne s'appliquant pas au conseil général de la Seine, il en résulte que les attributions de ce conseil sont déterminées par les lois du 10 mai 1838 et du 18 juill. 1866 maintenues par la loi du 16 sept. 1871 (art. 2, dernier paragraphe).

736. — L'art. 14, L. 22 juin 1833, contient des dispositions analogues à l'art. 33, L. 10 août 1871. Ce texte dispose que tout acte ou toute délibération d'un conseil général relatif à des objets qui ne sont pas légalement compris dans ses attributions, sont nuls et de nul effet. La nullité est prononcée par un décret. Mais il faut observer que, à la différence de la loi de 1871, l'art. 14 de la loi de 1833 n'exige pas que le décret soit rendu en la forme des règlements d'administration publique.

737. — Ont été annulées en vertu de l'art. 14 : une délibération contenant un blâme contre le préfet de police. — Décr. 27 juill. 1891, [*Rev. gén. d'adm.*, 91.2.472]

738. — ... Une protestation contre la révocation du maire et la dissolution du conseil municipal de Saint-Ouen. — Décr. 24 août 1891, [*Rev. gén. d'adm.*, 91.3.203]

739. — ... Une proposition tendant à allouer aux membres du conseil général un traitement mensuel ou une indemnité. — Lettre min. Int. au préfet de la Seine, 24 août 1893, [*Rev. gén. d'adm.*, 93.3.204] — V. *suprà*, n. 46.

740. — Nous examinerons d'abord les attributions déléguées par le législateur, en examinant successivement les attributions en vertu desquelles le conseil général prend des délibérations définitives, puis les délibérations soumises à autorisation, enfin les avis et les vœux.

§ 1. Attributions déléguées par le législateur.

741. — Aux termes de l'art. 1, L. 10 mai 1838, le conseil général répartit, chaque année, les contributions directes entre les arrondissements, conformément aux règles établies par les lois. Avant d'effectuer cette répartition, il statue sur les demandes délibérées par les conseils d'arrondissement en réduction du contingent assigné à l'arrondissement. L'art. 2 de la même loi dispose que le conseil général prononce définitivement sur les demandes en réduction de contingent formées par les communes, et préalablement soumises au conseil d'arrondissement. Mais cette dernière formalité ne peut être accomplie en ce qui concerne la ville de Paris puisqu'elle ne possède pas de conseil d'arrondissement. — V. *suprà*, n. 362 et s.

742. — D'après l'art. 27, L. 10 mai 1838, si le conseil général ne se réunissait pas ou s'il se séparait sans avoir arrêté la répartition des contributions directes, les mandements des contingents assignés à chaque arrondissement seraient délivrés par le préfet, d'après les bases de la répartition précédente, sauf les modifications à porter dans le contingent en exécution des lois. Ces diverses dispositions sont analogues à celles de la loi du 10 août 1871. — V. *suprà*, n. 381.

743. — L'art. 33, L. 10 mai 1838, porte que le conseil général vote les centimes additionnels dont la perception est autorisée par les lois. D'autre part, l'art. 14, L. 18 juill. 1866, dispose que le département de la Seine ne peut établir aucune imposition extraordinaire ni contracter aucun emprunt sans y être autorisé par une loi. Cette disposition diffère des art. 40 et 41, L. 10 août 1871, lesquels n'exigent l'intervention du législateur que dans le cas où la contribution extraordinaire ou l'emprunt excèdent les limites du maximum fixé par la loi de finances. — V. *suprà*, n. 387 et s.

744. — Aux termes de l'art. 4, L. 18 juill. 1866, le conseil général fixe, chaque année, le maximum du nombre des centimes extraordinaires que les conseils municipaux sont autorisés à voter, pour en effectuer le produit à des dépenses extraordinaires d'utilité communale. Si le conseil général se sépare sans l'avoir fixé, le maximum arrêté pour l'année précédente est maintenu jusqu'à la session suivante. Le maximum ne peut dépasser 20 cent. L'art. 5 de la loi de 1866 dispose que chaque année le préfet présente au conseil général le relevé de tous les emprunts communaux et de toutes les contributions extraordinaires communales qui ont été votés depuis sa session précédente, avec indication du chiffre total des centimes extraordinaires et des dettes, dont chaque commune est grevée. Le préfet soumet également au conseil général le compte annuel de l'emploi des ressources municipales affectées aux chemins vicinaux de grande communication et d'intérêt commun. Il faut observer que ces dispositions des art. 4 et 5 s'appliquent à toutes les communes du département de la Seine, Paris excepté. — V. *suprà*, n. 523.

§ 2. *Délibérations définitives.*

745. — Comme représentant des intérêts du département, le conseil général prend deux sortes de délibérations : 1° des délibérations définitives portant sur les affaires spécifiées dans l'art. 4, L. 18 juill. 1866 ; 2° des délibérations soumises à approbation dans les conditions déterminées par l'art. 4, L. 10 mai 1838, et par le décret du 25 mars 1852.

746. — Le conseil général du département de la Seine statue définitivement sur les acquisitions, aliénations et échanges de propriétés départementales, mobilières ou immobilières, quand ces propriétés ne sont affectées à l'un des services énumérés au n° 4, c'est-à-dire à l'usage d'hôtel de préfecture ou de sous-préfecture, de cours et tribunaux, de casernes de gendarmerie et de prisons. — V. *suprà*, n. 439 et s.

747. — ... Sur le mode de gestion des propriétés départementales ; sur les baux de biens donnés ou pris à ferme ou à loyer, quelle qu'en soit la durée (L. 18 juill. 1866, art. 1, §§ 2 et 3). — V. *suprà*, n. 444 et s.

748. — ... Sur le changement de destination des propriétés et des édifices départementaux autres que les hôtels de préfecture et de sous-préfecture, et les locaux affectés aux cours et tribunaux, au casernement de la gendarmerie et aux prisons (art. 1, § 4). — V. *suprà*, n. 442.

749. — La délibération du conseil général de la Seine portant qu'il y a lieu de rechercher un édifice pour loger le préfet et les services départementaux, doit être annulée comme étant un acte relatif à un objet étranger aux attributions du conseil général. Il résulte de la loi du 28 pluv. an VIII, des arrêtés des 17 vent. an VIII (art. 3) et 5 frim. an XI, de la loi du 20 avr. 1834, que l'administration de la ville de Paris et celle du département de la Seine sont réunies dans les mains du préfet de ce département, que les services et le logement du préfet sont à l'Hôtel-de-Ville, et que ces dispositions ne pourraient être modifiées que par voie législative. — Cons. d'Et., 4 mars 1887, Département de la Seine, [S. 89.3.1, P. adm. chr., D. 88.3.9]

750. — Sur les pouvoirs du conseil général de la Seine en matière de dons et legs faits au département, V. *infrà*, v° *Dons et legs*. — en matière de routes départementales, V. *infrà*, v° *Routes*.

751. — Le conseil général statue aussi définitivement sur le classement et la direction des chemins vicinaux de grande communication ; sur la désignation des chemins vicinaux d'intérêt commun ; sur la désignation des communes qui doivent concourir à la construction et à l'entretien desdits chemins ; le tout sur l'avis des conseils municipaux et d'arrondissement. Il statue également sur la répartition des subventions accordées sur les fonds départementaux aux chemins vicinaux de grande communication ou d'intérêt commun (art. 1, § 4).

752. — Le conseil général prend des délibérations définitives sur les offres faites par des communes, par des associations ou des particuliers pour concourir à la dépense des routes départementales ou d'autres travaux à la charge des départements (L. 18 juill. 1866, art. 1, § 8). — V. *suprà*, n. 481.

753. — ... Sur le déclassement des routes départementales, des chemins vicinaux de grande communication et d'intérêt commun, lorsque leur tracé ne se prolonge pas sur le territoire d'un ou de plusieurs départements (art. 1, § 9).

754. — ... Sur la désignation des services auxquels sera confiée l'exécution des travaux sur les chemins vicinaux de grande communication et d'intérêt commun, et le mode d'exécution des travaux à la charge du département autres que ceux des routes départementales (art. 1, § 10).

755. — ... Sur l'emploi de fonds libres provenant d'emprunts ou de centimes extraordinaires recouvrés ou à recouvrer dans le cours de l'exercice (L. 18 juill. 1866, art. 1, § 11). — V. *infrà*, v^{is} *Département*, *Paris* (Ville de).

756. — Le conseil général prend encore des délibérations définitives sur les assurances des bâtiments départementaux (L. 18 juill. 1866, art. 1, § 12). — V. *suprà*, n. 449.

757. — ... Sur les actions à intenter ou à soutenir au nom du département, sauf les cas d'urgence, dans lesquels le préfet peut agir conformément à l'art. 36, L. 10 mai 1838 (L. 18 juill. 1866, art. 1, § 13). — V. *suprà*, n. 503 et s., et *infrà*, v° *Département*.

758. — ... Sur les transactions concernant les droits des départements (art. 1, § 14). — V. *suprà*, n. 311 et s.

759. — ... Sur les recettes et dépenses des établissements d'aliénés appartenant au département ; sur l'approbation des traités passés avec des établissements privés ou publics pour le traitement des aliénés du département (L. 18 juill. 1866, art. 1, § 15). — V. *suprà*, n. 487 et s.

760. — ... Sur le service des enfants assistés (L. 18 juill. 1866, art. 1, § 16). — V. *suprà*, n. 495 et s.

761. — Aux termes du dernier paragraphe de l'art. 1, L. 18 juill. 1866, les délibérations prises par le conseil général sur les matières énoncées aux n°s 6 (routes départementales), 7 (chemins vicinaux), 15 (aliénés), 16 (enfants assistés), sont exécutoires si, dans le délai de deux mois, à partir de la clôture de la session, un décret n'en a pas suspendu l'exécution. Il y a lieu de faire observer la différence que ces dispositions établissent entre le conseil général de la Seine et les autres conseils généraux. Ces derniers, en effet, étant régis par la loi du 10 août 1871 (art. 46 et 47), leurs délibérations sur les mêmes matières sont exécutoires si, dans le délai de vingt jours, le préfet n'en a pas demandé l'annulation pour excès de pouvoirs ou pour violation de la loi ou d'un règlement d'administration publique (V. *suprà*, n. 211). Dans ces mêmes cas, au contraire, les délibérations du conseil général de la Seine peuvent être suspendues dans un délai de deux mois.

762. — L'art. 3, L. 18 juill. 1866, pose en règle générale que les délibérations par lesquelles le conseil général statue définitivement sont exécutoires, si dans un délai de deux mois à partir de la clôture de la session, elles n'ont pas été annulées pour excès de pouvoir ou pour violation d'une disposition de la loi ou d'un règlement d'administration publique. Cette annulation ne peut être prononcée que par un décret rendu en la forme des règlements d'administration publique.

§ 3. *Délibérations soumises à l'approbation.*

763. — Les pouvoirs du conseil général de la Seine diffèrent encore de ceux des autres conseils généraux, en ce que les matières sur lesquelles ce conseil ne peut statuer qu'à charge de l'approbation de l'autorité supérieure sont nombreuses, tandis que cette approbation n'est exigée, d'après la loi du 10 août 1871, que dans des cas tout à fait exceptionnels.

764. — En effet, l'art. 2, L. 16 sept. 1871, maintient, pour le conseil général de la Seine, l'application de la loi du 10 mai 1838, et, par suite, de l'art. 4 de cette loi, dans toutes les dispositions qui n'ont pas été modifiées par la loi du 18 juill. 1866. De la combinaison de ces textes il résulte que l'art. 4, L. 10 mai 1838, détermine encore les attributions du conseil général de la Seine, dans ses paragraphes 1, 12, 13, 14 et 16, les autres paragraphes ayant été modifiés ou abrogés par la loi de 1866.

765. — Le paragraphe 1 de l'art. 4 de la loi de 1838 dispose que le conseil général délibère sur les contributions extraordinaires à établir et sur les emprunts à contracter dans l'intérêt du département. Nous avons vu (*suprà*, n. 743), que l'art. 14, L. 18 juill. 1866, exige même l'approbation du législateur.

766. — Le conseil général délibère en second lieu sur la part contributive à imposer au département dans la dépense des travaux exécutés par l'Etat et qui intéressent le département (L. 10 mai 1838, art. 4, § 12).

767. — ... Sur la part contributive du département aux dépenses des travaux qui intéressent à la fois le département et les communes (art. 4, § 13).

768. — L'art. 35 de la loi de 1838 dispose qu'en cas de désaccord sur la répartition de la dépense de travaux intéressant à la fois le département et les communes, il est statué par décret, les conseils municipaux, les conseils d'arrondissement et le conseil général entendus.

769. — Le conseil général délibère également sur l'établissement et l'organisation des caisses de retraite ou autre mode de rémunération en faveur des employés de préfecture (L. 10 mai 1838, art. 4, § 14).

770. — ... Enfin sur tous les autres objets sur lesquels il est appelé à délibérer par les lois et règlements (L. 10 mai 1838, art. 4, § 16). On peut remarquer que ce texte paraît plus restrictif que le § 5, art. 48, L. 10 août 1871 (V. *suprà*, n. 520). En tous cas, il ne faut point perdre de vue le principe fondamental que les conseils généraux n'ont d'attributions et de compétence que pour les matières spécialement énumérées par le législateur. Ce principe s'applique très-évidemment au conseil général de la Seine. — V. *suprà*, n. 736 et s.

771. — Dans toutes ces matières prévues par la loi du 10 mai 1838 ou par toutes autres lois, sauf exception, les délibérations du conseil général de la Seine sont soumises à l'approbation du chef de l'État, du ministre compétent ou du préfet, selon les cas déterminés par les lois ou par les règlements d'administration publique (L. 10 mai 1838, art. 5). Ainsi, la règle pour le conseil général de la Seine est que ses délibérations ne sont pas exécutoires par elles-mêmes ainsi que l'établissent les art. 46, 47, 48, 49, L. 10 août 1871, pour les autres conseils généraux, mais que ces délibérations doivent, pour être exécutoires, avoir été approuvées au préalable par l'autorité compétente. Mais il faut excepter de cette règle les délibérations prises en vertu de la loi du 18 juill. 1866, et que nous avons exposées *suprà*, n. 745 et s.

§ 4. *Budget*.

772. — Sur le budget départemental de la Seine, V. *infrà*, v° *Département, Paris (Ville de)*.

§ 5. *Avis et vœux*.

773. — I. *Avis*. — L'art. 6, L. 10 mai 1838, est toujours applicable au conseil général de la Seine. En conséquence, ce conseil est appelé à donner son avis : 1° sur les changements proposés à la circonscription du territoire du département, des arrondissements, des cantons et des communes, et à la désignation des chefs-lieux (V. *suprà*, n. 567) ; 2° sur les difficultés élevées relativement à la répartition des dépenses des travaux qui intéressent plusieurs communes; 3° sur l'établissement, la suppression ou le changement des foires et marchés; 4° et généralement sur tous les objets sur lesquels il est appelé à donner son avis en vertu des lois et règlements, ou sur lesquels il est consulté par l'administration. Dans plusieurs cas ci-dessus énumérés, on peut remarquer que la loi du 10 août 1871 confère aux conseils généraux le droit de statuer définitivement. — V. *suprà*, n. 529, 546 et s.

774. — Aux termes de l'art. 8, L. 10 mai 1838, le conseil général vérifie l'état des archives et celui du mobilier appartenant au département.

775. — II. *Vœux*. — Le droit du conseil général de la Seine en matière de vœux est plus restreint que celui conféré par la loi du 10 août 1871 aux autres conseils généraux. En effet, l'art. 7, L. 10 mai 1838, dispose que le conseil général peut adresser directement au ministre chargé de l'administration départementale, par l'intermédiaire de son président, les réclamations qu'il aurait à présenter dans l'intérêt spécial du département, ainsi que son opinion sur l'état et les besoins des différents services publics, en ce qui touche le département.

776. — Il résulte de ces dispositions que la loi du 10 août 1871 n'étant pas applicable en principe au conseil général de la Seine, celui-ci non seulement ne peut émettre des vœux politiques, mais qu'il ne peut même émettre de vœux, en conformité de l'art. 51, sur les questions économiques et d'administration générale. — Décr. 25 janv. 1875, [*Les cons. gén.*, t. 1, p. 772] — V. *suprà*, n. 594 et s., 602 et s.

CHAPITRE II.

TERRITOIRE DE BELFORT.

777. — Par suite des démembrements de territoires effectués après la guerre de 1870-1871, la partie du département du Haut-Rhin restée française se trouve dans une situation administrative particulière. Un décret du 16 sept. 1871 a institué une commission pour tenir lieu provisoirement de conseil général et de conseil d'arrondissement dans le territoire de Belfort. Cette commission est compétente pour exercer les attributions conférées par la loi du 10 août 1871 à la commission départementale (Cons. d'Ét., 16 mars 1888, Fréry et Grisez, D. 89.3.64), et elle exerce aussi toutes les attributions dévolues aux conseils généraux par la loi du 10 août 1871. Elle est régie entièrement par cette loi.

778. — Le territoire de Belfort ne possédant pas de conseil d'arrondissement, l'art. 18, L. 13 juill. 1889, sur le recrutement, dispose qu'un deuxième membre du conseil général entre dans la composition du conseil de révision et remplit ainsi dans ce conseil les fonctions de conseiller d'arrondissement.

779. — La commission instituée par l'arrêté du 16 sept. 1871, faisant fonctions de commission départementale, désigne les conseillers généraux appelés à siéger au conseil de révision. — Cons. d'Ét., 16 mars 1888, précité. — Sic, Ch. Rabany, *La loi sur le recrutement*, t. 1, p. 282.

CHAPITRE III.

ALGÉRIE ET COLONIES.

780. — I. *Algérie*. — Les trois départements de l'Algérie possèdent chacun un conseil général dont l'organisation diffère peu de celle des conseils généraux de la métropole. Des assesseurs indigènes désignés par le gouverneur général siègent dans ces conseils avec les membres français nommés à l'élection ; ils ont seulement eux deux voix délibérative (Décr. 28 déc. 1870, art. 5 ; Décr. 22 sept. 1875). Les attributions de ces conseils sont analogues à celles des conseils généraux de la métropole. — V. *suprà*, v° *Algérie*, n. 342 et s., 523 et s.

781. — II. *Colonies*. — Les colonies françaises possèdent des conseils généraux qui portent tantôt le nom de conseil général, tantôt celui de conseil colonial. — V. *suprà*, v° *Colonies*, n. 632 et s.

TITRE V.

LÉGISLATION COMPARÉE.

782. — La plupart des pays du continent ont maintenu une organisation provinciale à peu près analogue chez les uns et chez les autres. Les différences s'expliquent par des circonstances locales et ne touchent pas au principe, ainsi que le fait remarquer M. Maurice Block (*Dictionnaire de l'administration française*, 3ᵉ édit., 1891, v° *Département*, p. 877) : « de légères différences dans le mécanisme administratif sont sans aucune importance, dit cet auteur, car en ces matières le mode d'application joue un rôle plus grand dans la pratique que le texte même de la loi ». En Italie (L. 20 mars 1865, art. 179), comme en Belgique et en Prusse, à la différence de ce qui a lieu en France, c'est le préfet qui préside la députation provinciale.

§ 1. *ALLEMAGNE*.

783. — Dans la majeure partie des États de l'Allemagne, les assemblées locales qui correspondent à nos conseils généraux sont le plus ordinairement les régences de cercles (*Kreisregierungen*). Dans les États qui sont divisés en provinces, il faut aussi en rapprocher les diètes provinciales.

784. — La plupart des États allemands, les petits surtout, sont directement divisés en cercles. Il en est ainsi de presque toutes les principautés et des duchés allemands : ainsi, pour la Hesse, les deux Lippe, etc. Dans le grand-duché de Bade, où le pays est également divisé en cercles (*Kreise*), à la tête de chacun de ceux-ci se trouve une régence de cercle (*Kreisregierung*), présidée par un directeur (*Regierungsdirektor*). — V. Bluntschli et Brater, *Staats-Wörterbuch*, v° *Baden* (article de M. Schubert), t. 1, p. 648. — Pour l'Alsace-Lorraine (L. 25 juin 1873, 2 mai 1877 et 4 juill. 1879), V. Batbie, *Traité théor. et prat. de dr. publ. et adm.*, 2e édit., 1885-1887, t. 3, p. 386, n. 435.

§ 2. AUTRICHE-HONGRIE.

785. — Jusqu'en 1860, l'action des diètes, qu'on ne consulta plus, même pour le vote de l'impôt et le recrutement de l'armée, fut presque nulle. Mais, après les défaites de 1860 et de 1865, le gouvernement (20 oct. 1860) restitua aux diètes provinciales l'administration des affaires particulières aux provinces, et, postérieurement au compromis austro-hongrois (17 févr. 1867), l'art. 12 de la loi constitutionnelle du 21 décembre, décida : « Tous les objets de législation qui ne sont pas expressément réservés par cette loi au Reichsrath sont de la compétence des diètes ». — H. de Ferron, *Institutions municipales et provinciales comparées*, Paris, 1884, p. 209-210.

786 bis. — Les diètes correspondent, dans les provinces autrichiennes, aux conseils généraux de nos départements ; les assemblées de comitats sont comme les conseils généraux de la Hongrie. — V. *supra*, v° *Autriche-Hongrie*, n. 117 et s., 154, 155, 161 et s.

§ 3. BAVIÈRE.

786. — La Bavière est divisée en huit cercles, correspondant à peu près à nos départements. Le cercle a une diète dite (*Landrath*, littéralement : conseil provincial), qui rappelle notre conseil général. — V. sur l'organisation et les attributions de ces diètes *supra*, v° *Allemagne*, n. 104 et s. — V. aussi H. de Ferron, *Institutions municipales et provinciales comparées*, p. 204-205 ; Batbie, *Traité théorique et pratique de droit public et administratif*, t. 3, p. 383-386.

§ 4. BELGIQUE.

787. — On sait que la Belgique est divisée en neuf provinces d'une étendue à peu près égale à celle de nos départements. C'est le conseil provincial qui correspond, en Belgique, à notre conseil général. Il y a, dans chaque province, un conseil provincial, et, à côté de ce conseil, une députation permanente correspondant à notre commission départementale. — Nous avons fait connaître *supra*, v° *Belgique*, n. 126 et s., les traits principaux de l'organisation et des attributions du conseil provincial et de la députation permanente. Ajoutons seulement qu'en vertu de la loi du 30 déc. 1887 (*Moniteur* du 4 janv. 1888), les députations provinciales permanentes peuvent évoquer l'instruction des affaires d'intérêt provincial que les gouverneurs négligeraient. Elles peuvent assurer l'exécution de leurs décisions en en chargeant un de leurs membres, présenter une triple liste de candidats en dehors de laquelle les gouverneurs ne peuvent nommer les directeurs et les chefs de division, s'opposer à la nomination et à la révocation de ces derniers, enfin, mettre un obstacle absolu à la nomination par le roi d'un bourgmestre pris en dehors du conseil communal. — L. 30 déc. 1887, art. 1 à 8, modifiant ou complétant les art. 55, 63, 65, 104, 106, § 3, 124, 120, al. 6 (L. 27 déc. 1872), 126, al. 2. — V. cette loi, notice et notes par M. Jalabert, *Ann. de lég. étr.*, 17e ann., 1888, p. 353, 628-632 ; H. de Ferron, p. 187-189 ; Batbie, t. 3, p. 373-376.

§ 5. ESPAGNE.

788. — *Législation en vigueur* : Loi provinciale (*para el regimen y administracion de los provincias*) du 29 août 1882. — Décret du 5 nov. 1890 adaptant la loi électorale aux élections des provinces et des communes. — La constitution actuelle de l'Espagne, qui date du 30 juin 1876, a remplacé celle de 1845, laquelle assurait déjà aux Espagnols des franchises locales qui ont été étendues par la loi organique du 20 août 1870 qui, déjà modifiée par celle du 16 déc. 1876, a été abrogée et remplacée par celle du 29 août 1882.

789. — La loi espagnole de 1870 qu'a remplacée celle de 1882, avait déjà établi, en ce qui concerne la province, une législation analogue à la législation française et à la législation italienne.

790. — Une assemblée délibérante, la *Deputacion provincial*, qui répond à notre conseil général, une commission permanente, la *Comision provincial*, qui répond à notre commission départementale, existent, en Espagne, dans chaque province. On sait que la loi de 1870 avait partagé l'Espagne en 49 provinces.

791. — La *Deputacion provincial* est élue par des électeurs plus nombreux que les électeurs municipaux et que fait connaître la nouvelle loi (L. 29 août 1882, art. 33, 34). La *Deputacion* vérifie les pouvoirs de ses membres, sauf appel de ses décisions devant une des cours d'appel (*audiencias*) du royaume. Elle est chargée de l'administration des intérêts particuliers de la province, tels que chemins, établissements de bienfaisance, et d'instruction, et tous travaux publics d'intérêt provincial (art. 74).

792. — La députation provinciale, c'est-à-dire le conseil provincial, aussi bien que la commission permanente qui le représente dans l'intervalle des sessions, est présidée par le gouverneur de la province ou préfet nommé par le roi, qui a droit de voter chaque fois qu'il est présent au conseil (art. 28, 33, 36). — V. *infra*, n. 798.

793. — Les délibérations de la députation provinciale sont exécutoires par elles-mêmes, sauf la suspension qui peut être prononcée par le gouverneur de la province ou par l'autorité judiciaire, mais seulement en cas de violation de la loi ou en cas d'incompétence (art. 74, 75, 79 à 90).

794. — Le gouverneur doit statuer, dans un délai déterminé, sur la suspension des délibérations de l'assemblée provinciale (art. 81, 82, 84).

795. — La suspension peut être prononcée par les tribunaux ordinaires à la requête de ceux qui se prétendent lésés par une décision de la députation, lorsque le tribunal estime que cette mesure est nécessaire pour éviter un préjudice grave et irréparable (art. 88).

796. — Dans les cas d'illégalité, le gouverneur et les conseillers provinciaux sont personnellement responsables des dommages pouvant résulter de la suspension ou de l'exécution des décisions des députations provinciales (art. 90).

797. — C'est le gouverneur qui fait exécuter les décisions de la députation, concurremment avec la commission provinciale (art. 90, 98). Enfin, la députation provinciale nomme et révoque les employés au service de la province. Elle fixe leur traitement (L. de 1882, art. 74). Le gouverneur n'a le droit ni de nommer ni de révoquer les employés provinciaux. Elle peut s'associer avec d'autres députations de provinces voisines pour organiser des services de sa compétence.

798. — La commission provinciale composée d'autant de membres qu'il y a de districts dans la province (art. 12, 13), siège en permanence dans la capitale de la province, sous la présidence du gouverneur (V. *supra*, n. 792). Aussi chacun de ses membres reçoit-il une indemnité.

799. — En outre de ses attributions administratives (L. de 1882, art. 98 à 101), la commission provinciale a des attributions contentieuses, pour lesquelles elle fait alors fonction de tribunal administratif en premier ressort jusqu'à ce que les tribunaux spéciaux à cet égard soient organisés (art. 99, et dispositions transitoires de la loi). — V. *supra*, v° *Conseil de préfecture*, n. 1724 et s. — De Ferron, p. 243-245 ; Batbie, t. 3, p. 390-394 ; Demombynes, t. 1, p. 426-441.

§ 6. ÉTATS-UNIS.

800. — Chaque État de la grande Union américaine se divise en comtés (*shires*), comme l'Angleterre. Mais il y a d'importantes différences entre les comtés anglais et les comtés américains. Tandis que, en Angleterre, le comté est la division par excellence et le siège de l'administration des provinces, le comté aux États-Unis, en particulier dans la Nouvelle-Angleterre, n'a qu'une assez faible importance. L'État et la commune sont tout ou presque tout au point de vue administratif. Cependant, ainsi que le fait remarquer Batbie (*Traité théorique et pratique de droit public et administratif*, 2e édit., t. 3, n. 419, p. 370), les communes du comté, ayant des besoins semblables, se sont vu constituer des administrateurs chargés de représenter cette communauté d'intérêts. Les magistrats du comté investis de cette mission, ordinairement nommés par le gouverneur de l'État, remplissent, en partie au moins, l'une des attributions de notre conseil général : ils préparent le budget du comté, budget qui doit être ensuite soumis au vote de la législature de l'État.

801. — Une partie des attributions administratives que possède le conseil général français dans l'intérêt du département sont remplies par la cour de sessions dans les comtés américains de quelques États, notamment du Massachusetts. La cour de sessions, composée de trois magistrats de paix par comté, se réunit deux fois par an et s'occupe des intérêts administratifs du comté, tels que l'érection des prisons, la préparation du budget qui doit être soumis à la législature de l'État dont le comté dépend, la répartition entre les communes des taxes votées par le pouvoir législatif, l'établissement et la réparation des routes de comté, etc. — V. Batbie, t. 3, n. 419, p. 370-371.

§ 7. GRANDE-BRETAGNE.

802. — *Législation en vigueur* : Loi du 13 août 1888, amendant les lois relatives à l'administration locale en Angleterre et dans le pays de Galles; loi du 26 août 1889, pour modifier les lois relatives à l'administration locale en Écosse. — Dans le Royaume-Uni de Grande-Bretagne et d'Irlande, c'est le comté qui répond le mieux au département français. De même, c'est le *conseil de comté* (*County Council*), introduit et réglementé par la loi du 13 août 1888, qui répond le mieux à l'idée que l'on se fait en France du conseil général. — V. *Ann. de lég. étr.*, année 1889, p. 42 et s.

803. — C'est le *Local government act* de 1888, qui a pour titre complet : Loi amendant les lois relatives à l'administration locale en Angleterre et dans le pays de Galles et réglant diverses matières qui s'y rattachent (*An act to amend the laws relating to the local government in England and Wales and for other purposes connected therewith*, 51 et 52 vict., chap. 41), c'est, disons-nous, le *Local government act* de 1888, applicable, ainsi que l'indique son titre en Angleterre et, dans le pays de Galles seulement à l'exclusion de l'Irlande, qui a introduit et organisé le conseil de comté.

804. — Cette loi (V. la traduction par MM. A. de Haye et L. Guérin, avec notice et note de M. de Haye, dans l'*Ann. de lég. étr.*, dix-huitième année, 1889, p. 42 à 164), qui a commencé, dans la Grande-Bretagne, la transformation du *self-government*, et qui organise sur de nouvelles bases, l'administration du comté, ne se borne pas à la création et à l'organisation des conseils de comté : elle fait connaître en même temps en détail les attributions dont ils sont investis.

805. — I. *Organisation des conseils de comté*. — La loi du 13 août 1888, qui organise l'administration départementale, ne fait pas table rase des institutions existantes. Elle maintient encore les sessions trimestrielles des juges de paix, mais en les déchargeant de la plupart de leurs attributions administratives. Elle crée un conseil de comté, analogue à notre conseil général de département, avec un comité exécutif et un président. — V. Block, p. 873.

806. — C'est à la loi de 1888 qu'il faut recourir pour faire connaître l'organisation et les attributions des conseils de comté. Nous analyserons rapidement les parties de cette loi relatives à ces conseils, en nous attachant seulement aux dispositions les plus saillantes et les plus essentielles.

807. — L'art. 1 établit dans chaque comté administratif, selon l'expression même de la loi, un conseil de comté (*county council*), chargé de la gestion des affaires administratives et financières de cette division ou circonscription territoriale.

808. — Le conseil de comté est composé : d'un président (*chairman*), d'anciens (*aldermen*) et de simples membres ou conseillers (*councellors*).

809. — Aux termes de la disposition de l'art. 2, le conseil de comté est électif. Ses membres sont élus d'après les procédés usités dans les villes (*boroughs*) divisées en quartiers (*wards*). Le conseil se renouvelle intégralement tous les trois ans. Chaque conseiller représente une subdivision du comté, laquelle subdivision est érigée en circonscription électorale. C'est le *Local government board*, littéralement bureau du gouvernement local, correspondant à peu près, ainsi que le fait remarquer M. Maurice Block, à notre direction générale des affaires départementales et communales, qui fixe le nombre des conseillers et délimite les circonscriptions. On peut dire que tous les habitants domiciliés dans le comté sont électeurs (art. 2).

810. — II. *Attributions des conseils de comté*. — Les attributions du conseil de comté sont énumérées par l'art. 3 de la loi de 1888. L'article commence, dans son premier alinéa, par transférer au conseil de comté les affaires administratives antérieurement confiées aux juges de paix assemblés en sessions trimestrielles. Puis il donne de ces affaires l'énumération suivante : 1° répartition et levée des impôts, ordonnancement des dépenses et mandatement des paiements; 2° emprunts; 3° révision des comptes du trésorier du comté, quitus; 4° entretien des bâtiments ou locaux destinés à un service public, y compris la justice, travaux publics et propriétés de comtés; 5° autorisation d'ouvrir (*licensing*) des cabarets, des salles de danse; 6° établissement, administration, surveillance des asiles d'aliénés; 7° établissement et entretien des *reformatory* et *industrial schools* (jeunes détenus, etc.); 8° ponts et voies de communication en général; 9° traitements et indemnités, vacations, taxes à allouer aux agents de comté; 10° nomination, traitement, etc., des trésoriers et autres fonctionnaires du comté; 11° nomination, traitement, etc., du *Coroner* (qui n'est plus élu, et sera désormais nommé par le conseil); 12° division du comté en circonscriptions pour les élections au Parlement; 13° mesures relatives aux épizooties, à la pêche et à la chasse, aux poids et mesures, etc., qui incombent aux autorités locales ; 14° indemnités à accorder pour dommages causés lors d'émeutes; 15° enregistrement des statuts de fondations scientifiques, charitables ou autres; 16° toutes autres affaires transférées par la présente loi.

811. — L'art. 4 de la loi donne en effet pouvoir au *Local government board* de transférer aux conseils de comté, par voie d'assimilation, toute autre attribution des juges de paix en session trimestrielle qu'il peut paraître utile de faire passer aux conseils de comté. D'un autre côté, l'art. 7 transfère aux conseils de comté des pouvoirs exercés par les juges de paix hors session, tels que l'autorisation à donner (*licensing*) pour ouvrir un théâtre, ou les décisions concernant les matières explosibles (Stat. 37 et 38, Vict., art. 17). La police de sûreté ou de sécurité est réservée par la loi nouvelle aux juges de paix, mais elle partage certaines attributions entre les magistrats et le conseil de comté (art. 8 et 9). Dans ce but, 9 institue un comité permanent mixte (*a standing joint committee of the quarter sessions and the county council*), composé, en nombre égaux, de membres du conseil et de juges de paix, membres des sessions trimestrielles.

812. — Nous devons signaler, en terminant, le pouvoir réglementaire accordé au ministre (*Local government board*), qui édicte souvent de véritables règlements d'administration publique et exerce sur les assemblées locales une tutelle administrative assez prononcée (V., par exemple, art. 64). Du reste, c'est le conseil qui est chargé de faire dresser le budget et d'administrer la fortune du comté (L. de 1888, 4° part., art. 64 à 74). — V. Batbie, t. 3, p. 362-369.

§ 8. GRÈCE.

813. — La loi hellénique, du 27 mai 1887, contient des dispositions relatives à la constitution des conseils départementaux (art. 1 à 9), aux sessions de ces conseils (art. 10 à 22), aux devoirs des conseillers (art. 23 à 32), de la commission permanente (art. 33 à 38). Enfin, cette même loi (art. 39) abolit les *conseils de sous-préfecture* (Επαρχιακά συμβούλια). Une autre loi, du 27 mai 1887, a supprimé les sous-préfectures (ἐπαρχίαι) comme divisions territoriales et a maintenu la division du pays en départements (νομοί).

§ 9. ITALIE.

814. — *Législation en vigueur* : Loi du 20 mars 1865, art. 152 et s.; Loi du 30 déc. 1888, modifiant la loi communale et provinciale; Décret du 10 févr. 1890, sur la loi communale et provinciale. — De même que la province italienne correspond au département français, de même le conseil provincial correspond au conseil général. C'est la loi du 20 mars 1865 qui a organisé l'administration provinciale en Italie. La législation italienne sur ce point ressemble beaucoup à celle de la France, car, de même que chez nous, chaque département a, avec son préfet, son conseil général et sa commission départementale, de même, chaque province italienne a, avec son préfet, son conseil provincial et sa députation ou commission permanente.

815. — L'organisation et les attributions du conseil provincial et de la députation permanente de ce conseil ne diffèrent de l'organisation et des attributions de notre conseil général et de notre commission départementale que sur un certain nombre de points de détail, que nous nous appliquerons à relever ici. — V. M. Block, *Dict. de l'adm. franç.*, v° *Département*, p. 877.

816. — C'est la loi organique du 7 oct. 1848 qui, la première, en Piémont, organisa dans la province, comme dans la commune et dans la division, le système représentatif.

817. — Cette loi abaissait le cens électoral, réduisait les attributions des intendants ou gouverneurs de province et augmentait celles des conseils provinciaux. La loi du 23 oct. 1859, empruntée en grande partie à la Belgique, développa, dans le nouveau royaume italien, le principe du *self-government* local, particulièrement en donnant aux conseils provinciaux le droit de nommer des commissions permanentes. La loi du 20 mars 1865 n'a fait qu'étendre aux provinces postérieurement acquises et améliorer en quelques points celle du 23 oct. 1859. Cette loi de 1865 est encore aujourd'hui le texte fondamental qui régit l'administration des provinces dans le royaume d'Italie.

818. — Aux termes de l'art. 1 de la loi de 1865, l'Italie est divisée en provinces, lesquelles se subdivisent elles-mêmes en diverses sortes de circonscriptions de plus en plus petites, arrondissements, cantons, communes.

819. — Le conseil provincial et la députation provinciale avec le préfet nommé par le pouvoir central, et qui surveille toutes les administrations publiques et l'administration provinciale, administrent la province. Les conseillers provinciaux sont élus par les électeurs provinciaux de chaque canton (art. 157). On sait que le canton italien n'est qu'une division judiciaire, où siège le préteur, et une circonscription électorale pour l'élection des conseillers provinciaux.

820. — Le nombre des conseillers provinciaux varie, suivant les provinces, de vingt à soixante. Ils peuvent recevoir une indemnité de voyage et de séjour. Le conseil provincial prend, suivant la nature des affaires, ou des décisions ou de simples délibérations. Certaines délibérations sont soumises à l'approbation du préfet, après avis du conseil de préfecture : ce sont les délibérations qui engagent pour plus de cinq ans les finances de la province, celles qui apportent des modifications aux routes traversant plusieurs provinces, aux cours d'eau, et celles qui sont relatives à la création des établissements publics à la charge de la province (art. 190 à 194).

821. — Le conseil peut déléguer un ou plusieurs de ses membres pour veiller sur le fonctionnement de l'administration des établissements publics subventionnés par les fonds de la province. Enfin le conseil nomme, parmi ses membres, une députation permanente qui le représente dans l'intervalle des sessions et qui est chargé d'exécuter ses décisions (art. 171).

822. — La députation provinciale est composée de six à dix membres élus pour deux ans, et renouvelés par moitié chaque année. Ils peuvent recevoir des jetons de présence représentant leurs frais de voyage et de séjour. Elle est présidée par le préfet qui peut se faire suppléer par un conseiller de préfecture. La députation prépare le budget des recettes et des dépenses, ainsi que toutes les affaires qui doivent être soumises au conseil. C'est elle qui choisit ceux des employés qui ne sont pas nommés par le conseil. Elle pourvoit à l'exécution des délibérations du conseil. Elle exerce une tutelle sur les communes et sur les établissements de bienfaisance.

823. — Le concours d'un membre de la députation est nécessaire au préfet, lorsqu'il signe les mandats de paiement. — De Ferron, p. 238-241 ; Batbie, t. 3, p. 394-396 ; Martin, *Les conseils provinciaux en Italie comparés aux conseils généraux en France*, Paris, 1879.

§ 10. Pays-Bas.

824. — L'organisation administrative provinciale de la Hollande repose actuellement sur la constitution de 1815, amendée en 1840, 1848, 1850 et 1855. Sa dernière loi d'organisation provinciale est du 6 juill. 1850. Cette organisation, en ce qui concerne la composition et les attributions des Etats provinciaux, qui répondent à nos conseils généraux, y est à peu près conforme à celle de la Belgique.

825. — I. *Organisation des Etats provinciaux.* — Comme en Belgique, on trouve, dans chaque province, un *Etat provincial* élu, et une *députation permanente* nommée par l'Etat provincial, et qui porte le nom d'*Etats députés* (*Gedeputeerde Staten*). A côté de l'Etat provincial se trouve un commissaire royal (*Commissaris des Konings*, commissaire du roi), nommé par le roi, qui est le représentant du gouvernement auprès des Etats provinciaux (V. Ferrand, *Les institutions administratives en France et à l'étranger*, p. 85-86). Les conditions de l'électorat, pour l'Etat provincial, sont les mêmes que pour la deuxième Chambre (Chambre basse) des Etats généraux. Mais il faut de plus habiter la province.

826. — Au point de vue de l'éligibilité, il y a incompatibilité entre les fonctions de membre des Etats provinciaux et celles de membre de la première Chambre ou Chambre haute des Etats généraux, qui remplit le rôle de Sénat. La raison de cette incompatibilité est que les membres de cette première Chambre des Etats généraux du royaume sont élus par les Etats provinciaux. Les membres des Etats provinciaux sont nommés pour six ans, et renouvelables par moitié tous les trois ans. Ceux qui n'habitent pas la ville où siègent les Etats ont droit à une indemnité pour frais de voyage et de séjour (L. 6 juill. 1850, art. 24-27).

827. — L'Etat provincial ne peut être ni dissous, ni même suspendu.

828. — Il tient deux sessions ordinaires de quinze jours chaque année, dont les époques sont fixées par la loi. Le roi peut autoriser une session extraordinaire.

829. — Les séances sont publiques. Toutefois l'assemblée peut se former en comité secret.

830. — L'Etat est présidé par le commissaire du roi, qui a voix simplement consultative.

831. — II. *Attributions de l'Etat provincial.* — L'Etat provincial procède à la vérification des pouvoirs de ses membres, et statue souverainement sur toutes les contestations qui s'y rapportent.

832. — D'une manière générale, c'est à lui qu'est dévolue la gestion de toutes les affaires provinciales, qu'il gère librement, ainsi du reste que sa délégation permanente, sous le contrôle du gouvernement dans certains cas.

833. — Les seules délibérations qui soient soumises au contrôle, ou, comme on dit encore, à la tutelle du gouvernement, sont celles qui concernent les emprunts, les nouveaux impôts provinciaux, les traitements des fonctionnaires provinciaux, les achats et ventes d'immeubles au nom de la province, les affaires communes entre plusieurs provinces, le règlement des dépenses d'intérêt général qui figurent au budget provincial.

834. — III. *De la députation permanente ou Etats députés. Organisation.* — Chaque Etat provincial nomme, dans son sein, une députation permanente, dont les membres reçoivent un traitement annuel (L. de 1850, art. 43), et qui, ainsi que nous l'avons vu, est présidée par le commissaire du roi avec voix délibérative (*Id.*, art. 29).

835. — IV. *Attributions.* — La députation permanente exerce véritablement le pouvoir exécutif et dirige les affaires de la province. Elle gère les biens de la province, ses revenus et propriétés, passe les baux, représente la province en justice, nomme et révoque les employés provinciaux, sauf pourtant le greffier, qui est nommé par le gouvernement sur une liste de trois personnes présentée par la députation. Elle exerce, sous la surveillance du gouvernement, une certaine tutelle sur les conseils municipaux. Enfin, elle statue au contentieux, et joue alors le rôle de juridiction administrative, comme notre conseil de préfecture, sur les recours formés en matière d'imposition, par les contribuables, contre les décisions des conseils municipaux. Tous les paiements provinciaux ont lieu sur mandats signés par le président de la députation (le commissaire du roi), par un des membres et par le greffier.

836. — Voici en quoi consiste la mission de tutelle administrative dont est investie la députation permanente vis-à-vis du conseil municipal et de ses délibérations : les délibérations du conseil doivent être soumises à l'approbation de la députation permanente, lorsqu'il s'agit d'achat ou de location d'immeubles pour la commune, d'emprunts, d'acceptation de dons et legs, d'adjudication de travaux et de fournitures, d'instances judiciaires, de création et d'abolition de foires et marchés. Le budget de la commune est soumis à l'examen de la députation permanente, deux mois au moins avant l'exercice auquel il se rapporte. La députation doit le rejeter ou l'approuver dans son entier. Elle peut cependant inscrire d'office les dépenses obligatoires. Le conseil communal a le droit d'appeler au roi des décisions de la députation.

837. — Le conseil peut établir des impôts nouveaux. Mais le vote de l'assemblée communale sur ce point doit être communiqué à la députation permanente, qui fait un rapport au roi. Le roi annule ce vote, s'il lui paraît contraire aux lois d'intérêt général.

838. — Enfin, les arrêtés et règlements locaux que peut prendre le conseil communal doivent être communiqués à la commission ou députation permanente et peuvent être frappés d'annulation ou de suspension par le roi. C'est aussi la députation provinciale qui fixe la valeur des jetons de présence que peuvent recevoir les membres du conseil communal élu. C'est encore à la députation permanente qu'est porté le recours formé soit par l'intéressé, soit par tout membre du conseil, contre les décisions rendues par le conseil communal élu, sur les contestations soulevées à l'occasion des élections, et sur lequel le roi décide en dernier ressort (L. 29 juin 1851, modifiée par celle du 7 juill. 1855).

839. — Les fonctionnaires de la commune ne sont nommés et révoqués, et leurs traitements ne sont fixés par le conseil communal que sauf les droits de la députation permanente.

840. — Enfin, en matière scolaire, toutes les décisions du conseil communal sont soumises à l'approbation de la députation permanente.

841. — C'est aussi par la députation permanente, après avis du conseil municipal, qu'est fixée la quotité du traitement que reçoivent le bourgmestre et les échevins, dont la réunion forme le collège des échevins (*Voethouders*), pouvoir exécutif de la commune. Les membres de la députation permanente sont responsables de leur gestion devant l'Etat provincial, qui peut déléguer une commission chargée de les poursuivre, et aussi de poursuivre le commissaire du roi, président, en cas de dépenses non justifiées (L. de 1850, art. 148).

842. — Les décisions de l'Etat provincial et celles de la députation permanente peuvent être suspendues et même annulées. Le commissaire du roi a le droit de suspendre, et le roi a le droit de suspendre et d'annuler les décisions de l'Etat provincial et celles de la députation permanente, s'ils les jugent contraires à la loi ou à l'intérêt général. Si, dans les trente jours, le roi n'a pas annulé la décision, le commissaire est tenu de la mettre à exécution (art. 32). Le roi peut suspendre les délibérations pendant un an. Il a, dans le même laps de temps, le droit de les annuler. — V. Demombynes, *Constitutions européennes*, t. 1, p. 295-302; H. de Ferron, *op. cit.*, p. 181-186; Batbie, t. 3, p. 376-378. — V. aussi, dans le *Staats-Wörterbuch* de Bluntschli, l'article *Niederlande*, par M. Chais van Buren, livraison 63, p. 282.

§ 11. Portugal.

843. — I. *Organisation*. — L'organisation provinciale est réglée, en Portugal, dans un Code administratif datant du 16 juill. 1886. Le Portugal est divisé en vingt et un districts ou provinces qui correspondent à peu près à nos départements, mais qui ne sont pas, comme eux, divisés en arrondissements. Au district, une junte générale (*Junta géneral*) correspond à notre conseil général de département.

844. — La junte générale est élue par les citoyens ayant un revenu d'environ 555 fr., provenant soit de leurs biens ou patrimoine, soit de leur commerce ou industrie. Les membres de la junte sont nommés pour quatre ans et renouvelables par moitié tous les deux ans (C. admin., art. 266-267).

845. — La junte tient, chaque année, deux sessions ordinaires qui peuvent durer chacune un mois. La session est ouverte et close par le gouverneur civil du district, fonctionnaire nommé par le roi, qui surveille l'administration provinciale et règle, avec l'avis de la junte, toute l'administration des établissements de bienfaisance sur lesquels il exerce la tutelle administrative.

846. — II. *Attributions*. — La junte générale a trois espèces d'attributions : 1° elle administre tous les intérêts du district; 2° elle exerce la tutelle sur les conseils municipaux et paroissiaux; 3° elle aide à l'exécution des mesures d'intérêt général.

847. — Elle délibère : sur la gestion des biens et des établissements du district; sur l'ouverture et l'entretien des routes; sur la création et l'entretien des établissements d'instruction et de bienfaisance; sur le budget et les impôts du district; sur la répartition, entre les *Concelhos* ou groupes de petites paroisses, de leur part dans la dépense du district, etc.

848. — Les délibérations de la junte ayant pour objet l'acquisition ou l'aliénation de biens immobiliers du district et les emprunts doivent être soumises à l'approbation du gouvernement. Les autres délibérations ne peuvent être annulées ou modifiées que pour vice de forme ou pour atteinte portée au droit des tiers : c'est le tribunal de district qui prononce cette annulation ou cette modification.

849. — C'est elle enfin qui nomme les employés de l'administration du district, et spécialement le trésorier. D'autre part, elle approuve certaines délibérations des conseils municipaux et paroissiaux. La junte générale nomme, dans son sein, une commission exécutive permanente, chargée d'exécuter ses délibérations, et dont les membres reçoivent un traitement. La commission exécutive permanente prépare le budget et les affaires pour les sessions suivantes de la junte générale. Elle statue, hors session, sur les affaires urgentes, et dont l'importance ne nécessite pas la convocation de la junte.

850. — Les membres de la commission sont responsables des mesures prises par eux contrairement aux décisions de la junte, aux lois et aux règlements (C. adm., art. 89-97). C'est le tribunal de district qui est juge de la violation de la loi ou de l'atteinte portée au droit des tiers. — V. aussi Demombynes, *op. cit.*; de Ferron, *op. cit.*, p. 247-249; Marquardsen, *Man. de dr. publ.*, IV, 1, 9, Portugal, § 31, p. 70 et s.

§ 12. Prusse.

851. — Sur l'organisation et les attributions des corps représentatifs de la province, en Prusse, V. *suprà*, v° *Allemagne*, n. 208 et s.

§ 13. Russie.

852. — *Législation en vigueur* : Oukase du 19 févr. 1862, sur l'organisation de l'administration locale; Oukase des 9-13 janv. 1864, sur l'établissement des assemblées provinciales; Oukase des 12 juin 1890 et loi du 12 juin 1890 ayant trait à la loi sur les institutions représentatives locales des provinces et des districts. — Jusqu'en 1861, la noblesse seule avait une représentation dans les provinces de la Russie (Edit. de Catherine II, du 21 avr. 1785), les paysans, attachés à la glèbe étant sous la dépendance complète des seigneurs. L'oukase d'émancipation des serfs, du 19 févr. 1861, point de départ d'une réforme profonde dans le régime de l'administration locale, a fait de l'élection la base de toute cette administration, et l'oukase du 9 janv. 1864 a organisé sur cette base l'administration provinciale.

853. — La Russie est divisée en quatre-vingt-quatre gouvernements ou provinces. Une assemblée provinciale et une commission exécutive existent dans chaque gouvernement ou province. L'assemblée provinciale est une imitation des conseils généraux des départements français. Elle fut établie en Russie par un ministre de l'Intérieur qui avait habité la France et y avait étudié l'organisation des assemblées départementales. L'assemblée provinciale est une assemblée élective. Elle est élue au second degré par les assemblées d'arrondissement ou de district. L'arrondissement ou district est une division du gouvernement; chaque gouvernement en comprend douze ou quinze.

854. — Les assemblées provinciales comptent de quarante à cent membres. Elles se réunissent une fois par an, et siègent pendant trois semaines. La convocation est faite par la commission exécutive, avec l'autorisation du gouverneur civil de la province, représentant du pouvoir central, qui exerce seulement le contrôle et la surveillance sur l'administration provinciale, sans avoir droit de séance aux assemblées représentatives.

855. — Les assemblées de la province vérifient les pouvoirs de leurs membres. Les attributions des assemblées provinciales sont très-étendues et très-nombreuses. Les principales sont : l'administration des biens appartenant à la province, la construction et l'entretien des routes et des édifices, et, d'une manière générale, la décision et l'exécution des travaux publics, le soin de pourvoir à l'instruction et à l'assistance, l'administration des institutions de bienfaisance, les moyens de pourvoir à l'alimentation publique, les mesures propres à développer le commerce et l'industrie locale, la répartition par arrondissements des impôts de l'Etat, le vote des impôts ou contributions locales et la confection du budget de la province, l'élection ou nomination des fonctionnaires ou employés locaux et la fixation de leurs traitements, la décision sur les plaintes qui leur sont soumises, l'exercice en dernier ressort de la tutelle communale, etc., etc.

856. — Les assemblées provinciales peuvent encore édicter des règlements obligatoires pour toutes les institutions locales de la province. Elles ont enfin un droit de surveillance sur l'administration des arrondissements.

857. — Toutes les résolutions prises par les assemblées provinciales sont communiquées au gouverneur de la province, qui peut suspendre l'exécution des résolutions contraires aux lois et aux intérêts de l'Etat, et dont l'approbation doit précéder la mise à exécution de certaines délibérations. L'approbation du gouverneur est nécessaire pour la mise à exécution du budget provincial, pour le changement à apporter à la direction et au classement des chemins locaux, pour la suspension temporaire des membres des commissions exécutives. La décision du gouverneur doit être communiquée aux commissions exécutives dans les sept jours de la notification de la résolution prise par l'assemblée provinciale.

858. — D'autre part, l'approbation du ministre de l'Intérieur est nécessaire pour les délibérations se rapportant aux objets suivants : émission d'emprunts provinciaux, fixation du péage sur les voies de communication, ouverture des foires, transfert du lieu où elles se tiennent et changement des époques où elles ont lieu. Le ministre a un délai de deux mois pour notifier sa décision à l'assemblée ou à la commission exécutive. La commission exécutive de la province se compose de six membres et d'un président, tous élus pour trois ans par l'assemblée provinciale et pris parmi ses membres. L'élection du président doit être approuvée par le ministre de l'Intérieur. La commission exécutive provinciale siège toute l'année. Ses membres reçoivent un traitement.

859. — La commission exécutive est chargée de l'exécution des délibérations de l'assemblée provinciale et de la gestion de la province. Elle nomme le personnel de ses bureaux, prépare le budget provincial que vote l'assemblée, passe des contrats ayant force obligatoire pour la province. — De Ferron, p. 235-237 ; Batbie, t. 3, p. 397-400. — V. aussi Anatole Leroy-Beaulieu, *L'Empire des Tsars*, t. 2, p. 94 et s., 189 et s. ; Kapnist, *Loi du 13 janv. 1864* (traduction) : Ann. de lég. étr., 3e année, 1874, p. 463.

860. — FINLANDE. — L'ordonnance du 20 août 1887 (*Bulletin des lois* de Finlande, 1887, n. 11), qui a étendu les pouvoirs des autorités administratives locales, est un décret de décentralisation ; il attribue aux gouverneurs et à beaucoup d'autres autorités administratives locales, y compris les assemblées administratives de chaque gouvernement, la décision sur un grand nombre de questions. — V. P. Dareste, *Notice sur les lois promulguées en Finlande pendant l'année 1887* : Ann. de lég. étr., 17e année, 1888, p. 763.

§ 14. SAXE.

861. — *Législation en vigueur* : Lois du 21 avr. 1873, sur l'organisation des conseils de cercle. — V. suprà, v° *Allemagne*, n. 243 et s. — V. aussi H. de Ferron, p. 206-208.

§ 15. SCANDINAVES (Etats).

862. — I. DANEMARK. — En 1831, le roi de Danemark, Frédéric VI, rétablit, dans ce pays, les Etats provinciaux. Le Danemark est divisé en dix-huit gouvernements ou bailliages. Il y a, dans chaque gouvernement ou bailliage, un conseil élu, portant le nom de conseil de bailliage (*amstraad*), qui est présidé par le bailli, représentant du pouvoir central, nommé par le roi.

863. — Le conseil règle les affaires locales. Il élit les fonctionnaires du bailliage. Il peut déléguer à un ou à plusieurs de ses membres la surveillance des routes ou tout autre service spécial.

864. — Lorsque les délibérations du conseil ont pour objet la création ou la levée d'impôts nouveaux, l'aliénation ou l'acquisition d'immeubles, les emprunts, l'approbation du ministre est nécessaire pour que ces délibérations so ent exécutoires.

865. — C'est le bailli, président de l'*amstraad*, qui est chargé d'exécuter les décisions de ce conseil, ou, plus exactement, d'en surveiller l'exécution, puisque, comme nous venons de le dire, l'*amstraad* nomme les fonctionnaires du bailliage. Dans certains cas, le bailli peut même suspendre les décisions du conseil et les déférer au ministre de l'Intérieur. — De Ferron, *op. cit.*, p. 230.

866. — II. NORVÈGE. — La Norvège est divisée en dix-sept gouvernements (*Amter*) ou provinces. Les affaires de la province sont soumises, chaque année, à une assemblée provinciale, formée de la réunion de toutes les commissions exécutives des communes, et qui est présidée par le représentant du pouvoir central, le gouverneur de la province, auquel appartient entièrement, dans la province, le pouvoir exécutif. — V. de Ferron, p. 233.

867. — III. SUÈDE. — La Suède est divisée en vingt-quatre gouvernements ou provinces. L'organisation des provinces y est réglée par la loi du 21 mars 1862, qui n'a fait que mieux organiser d'anciennes institutions de ce pays. On trouve, dans les provinces, une assemblée délibérante (*Landsting*), qui compte un minimum de vingt membres, élus pour deux ans, et touchant une indemnité de route. Cette assemblée ne peut être dissoute.

868. — La *Landsting* délibère et prend des résolutions sur les affaires de la province. C'est elle qui établit le budget provincial. Ses délibérations doivent être soumises à l'approbation du roi, lorsqu'elles concernent les impôts établis pour plus de cinq ans, les emprunts et l'aliénation des immeubles de la province. Dans les autres cas, elles doivent être soumises à l'approbation du gouverneur de la province, représentant du pouvoir central, nommé par le roi. Mais l'assemblée provinciale statue définitivement sur son règlement intérieur, sur la nomination et la révocation des fonctionnaires provinciaux, sur la distribution du service entre les divers fonctionnaires, et, quand il s'agit d'une décision déjà approuvée par le pouvoir exécutif, sur la mise à exécution de cette décision.

869. — C'est le gouverneur qui est chargé de mettre à exécution les décisions de la *Landsting*, ou, plus exactement, de surveiller les fonctionnaires nommés par cette assemblée et qui exécutent ses décisions. — De Ferron, *op. cit.*, p. 232-233.

CONSEIL GÉNÉRAL DES COLONIES. — V. COLONIES.

CONSEIL GÉNÉRAL DES FACULTÉS. — V. INSTRUCTION PUBLIQUE.

CONSEIL GÉNÉRAL DES MINES. — V. MINES.

CONSEIL GÉNÉRAL DES PONTS ET CHAUSSÉES. — V. CHEMIN DE FER. — CHEMIN VICINAL. — PONTS ET CHAUSSÉES. — ROUTES.

CONSEIL JUDICIAIRE. — V. INTERDICTION.

LÉGISLATION.

C. civ., art. 499, 501, 513 à 515, 1124 ; — C. proc. civ., art. 896, 897.

L. 16 mars 1893 (*relative à la publicité à donner aux décisions portant interdiction ou nomination d'un conseil judiciaire*) ; — Décr. 9 mai 1893 (*portant règlement d'administration publique en exécution de l'art. 4, L. 16 mars 1893*).

BIBLIOGRAPHIE.

Arntz (C.-R.-N.), *Cours de droit civil français*, 1879, 2e édit., t. 1, n. 811 à 821. — Aubry et Rau, *Cours de droit civil français*, 1869-1879, 4e édit., 8 vol. in-8°, t. 1, § 138 à 140. — Baudry-Lacantinerie (G.), *Précis de droit civil*, 1894, 5e édit., in-8°, t. 1, n. 1184 à 1194. — Berriat Saint-Prix, *Notes élémentaires sur le Code civil*, 1845-1856, 3 vol. in-8°, t. 1, n. 1777 à 1784. — De la Bigne de Villeneuve, *Eléments de droit civil*, 3 vol. in-8°, t. 1, 1883, p. 647 et s. — Bioche, *Dictionnaire de procédure civile et commerciale*, 1867, 5e édit., 6 vol. in-8°, v° *Conseil judiciaire*. — Boileux, *Commentaire du Code Napoléon*, 1866, 6e édit., 7 vol. in-8°, t. 2, p. 576 et s. — Carré et Chauveau, *Lois de la procédure civile et commerciale*, 1880-1888, 5e édit., t. 6, p. 791 ; t. 7, p. 831. — Delvincourt, *Cours de Code civil*, 1824, 5e édit., 3 vol. in-4°, t. 1, p. 129 et s., et notes, p. 479 et s. — Demante et Colmet de Santerre, *Cours analytique de Code civil*,

CONSEIL JUDICIAIRE.

1884, 2ᵉ édit., 9 vol. in-8°, n. 285 à 287. — Demolombe, *Cours de Code civil. Traité de la minorité, de la tutelle et de l'émancipation, de la majorité, de l'interdiction et du conseil judiciaire*, 1880, 2 vol. in-8°, t. 2, n. 687 à 779. — Ducauroy, Bonnier et Roustain, *Commentaire du Code civil*, 1848-1851, n. 739 et s. — Duranton, *Cours de droit français*, 1845, 4ᵉ édit., 22 vol. in-8°, t. 3, n. 794 à 811. — Dutruc (G.), *Supplément aux lois de la procédure*, de Carré et Chauveau, 1880-1883, 4 vol. in-8°, t. 2, vᵒ *Interdiction, Nomination de conseil judiciaire*. — Favard de Langlade, *Répertoire de la nouvelle législation civile, commerciale et administrative*, 1823, 5 vol. in-4°, vᵒ *Conseil judiciaire*. — Fuzier-Herman, *Code civil annoté* (en cours de publication), 1881-1894, sur les art. 499, 513 à 515. — Huc (Th.), *Commentaire théorique et pratique du Code civil*, 1892, in-8°, t. 3, n. 338 à 362. — Laurent, *Principes de droit civil*, 1869-1878, 3ᵉ édit., 33 vol. in-8°, t. 5, n. 336 à 379. — Marcadé et Pont, *Explication théorique et pratique du Code civil*, 1872-1884, 7ᵉ édit., 13 vol. in-8°, t. 2, p. 327 à 330. — Massé et Vergé, sur Zachariæ, *Le droit civil français*, 1854-1860, 5 vol. in-8°, t. 1, § 246, 248 et 249. — Merlin, *Recueil alphabétique des questions de droit*, 4ᵉ édit., 8 vol. in-4°, vᵒ *Conseil judiciaire*; — *Répertoire universel et raisonné de jurisprudence*, 1827-1828, 5ᵉ édit., 18 vol. in-4°, vᵒ *Conseil judiciaire*. — Mourlon et Demangeat, *Répétitions écrites sur le Code civil*, 1883-1892, 12ᵉ édit., 3 vol. in-8°, t. 1, n. 1323 à 1330. — Pigeau et Crivelli, *La procédure civile des tribunaux de France*, 1829, 5ᵉ édit., 2 vol. in-4°, t. 1, p. 311; t. 2, p. 496, 497. — Rolland de Villargues, *Répertoire du notariat*, 1840-1845, 9 vol. in-8°, vᵒ *Conseil judiciaire*. — Rousseau et Laisney, *Dictionnaire de procédure civile*, 2ᵉ édit., 9 vol. in-8°, 1886, t. 5 et t. 9, supplément, vⁱˢ *Interdiction, Conseil judiciaire*. — Taulier, *Théorie raisonnée du Code civil*, 1840-1846, 7 vol. in-8°, p. 129 à 135. — Thiry, *Cours de droit civil*, 1892, 4 vol. gr. in-8°, t. 1, p. 636 à 648. — Toullier et Duvergier, *Droit civil français suivant l'ordre du Code*, 6ᵉ édit., 1844-1848, n. 1365 à 1386. — Valette, *Explication sommaire du livre 1ᵉʳ du Code Napoléon*, 1859, p. 38 à 47. — Vigié (A.), *Cours élémentaire de droit civil français*, 1889-1891, 3 vol. in-8°, t. 1, n. 857 à 863.

Berriat Saint-Prix, *Du conseil judiciaire*, Paris, 1867, in-8°. — Brottier, *Tableau des formalités requises dans les actes notariés pour les mineurs ordinaires, mineurs émancipés, interdits, pourvus de conseils judiciaires et femmes mariées, etc.*, 1880, 1 feuille in-plano. — Chardon, *Traité des trois puissances, maritale, paternelle et tutélaire*, 1842-1844, t. 3, n. 258 à 282. — Delaporte (L.), *De la condition du prodigue en droit romain et en droit français*, 1881, in-8°. — Jay (J.-L.), *Traité des conseils de famille*, 1834, 3ᵉ édit., p. 322 et s. — Lacoin, *Des suites de l'interdiction judiciaire, de la nomination d'un conseil, du placement dans un établissement d'aliénés*, 1862, Paris, in-8°. — Maguin, *Traité des minorités, tutelles et curatelles*, 1833, t. 1, passim. — Proudhon et Valette, *Traité sur l'état des personnes*, 1843, 3ᵉ édit., 2 vol. in-8°, t. 2, p. 566 et s. — *Répertoire général des sociétés, faillites, séquestrations, divorces, interdictions et conseils judiciaires de Paris et des départements*, 1885.

Notice et notes sur la loi du 16 mars 1893, relative à la publicité à donner aux décisions prononçant une interdiction ou nommant un conseil judiciaire (Jules Challamel): Ann. de lég. franç., année 1894, p. 65. — *Compte-rendu des séances et travaux de l'Académie des sciences morales et politiques*, année 1892, 1ᵉʳ semestre, p. 684 à 712. — *Quelle est la portée de la défense de plaider édictée par l'art. 513, C. civ.* (Henuequin): J. du not., 17 et 21 avr. 1858. — *L'individu pourvu d'un conseil judiciaire peut-il introduire une action possessoire sans l'assistance de ce conseil?* (Bioche): J. de proc. civ. et comm., année 1863, t. 29, p. 479. — *Si le conseil judiciaire vient à décéder, est-il nécessaire, pour pourvoir à son remplacement, de suivre les mêmes formalités que pour sa nomination?* (Bioche): J. de proc. civ. et comm., année 1868, t. 34, p. 35. — *Une personne pourvue d'un conseil judiciaire peut-elle faire, sans son assistance, une donation par contrat de mariage à un futur conjoint?* (Valabrègue): Rev. crit., année 1867, t. 24, p. 291-299. — *Examen doctrinal, jurisprudence civile, 1879-1880* (Massigli): Rev. crit., année 1881, p. 385. — *De la publicité en matière d'état et de capacité des personnes* (Raynald Petiet): Rev. crit., 1887, p. 582. — *Un nouveau mode de publication des incapacités* (L. 16 mars 1893) (J. Charmont): Rev. crit., année 1893, p. 468 et s.

Index alphabétique.

Absence, 64, 98.
Acceptation de succession, 289.
Acquiescement, 88, 156, 228 et 229.
Acte conservatoire, 192, 193, 287 et s., 357.
Acte d'administration, 262 et s., 357.
Acte d'exécution, 150.
Acte extrajudiciaire, 354.
Acte notarié, 372.
Actes respectueux, 159, 172.
Actions, 357, 361 et 362.
Actions (exercice des), 214 et s.
Action en justice, 191 et s., 291, 359.
Actions de la Banque, 238.
Action directe, 217 et 218.
Action immobilière, 213.
Action mobilière, 191.
Adjudication, 247.
Administrateur séquestre, 188.
Administration maritale, 62 et 63.
Adoption, 175.
Affichage, 122.
Ajournement, 76.
Aliénation, 236, 240.
Aliments, 174.
Allemagne, 403 et s.
Alliés, 78.
Angleterre, 406.
Antichrèse, 243, 244, 268.
Antidate, 309, 331 et s.
Appel, 93, 140, 149, 154 et s., 193 et s., 213, 220, 221, 224, 348, 355.
Appel non suspensif, 153, 158, 159, 320.
Appréciation souveraine, 19, 29, 33, 44, 50, 59.
Arbitrage, 288.
Assignation, 364.
Assistance, 167, 356 et s.
Assistance (défaut d'), 347 et s.
Assistance (refus d'), 140, 143, 160, 208, 210, 211.
Assistance (spécialité de l'), 374.
Autorisation de femme mariée, 97 et 98.
Autorisation de justice, 207, 223, 373.
Autorité maritale, 58, 62, 72.
Autriche, 407.
Aveu, 106.
Avis du conseil de famille, 86, 102.
Bail, 188, 263 et s., 272, 281.
Belgique, 408.
Billet à ordre, 278, 303, 309.
Bonne foi, 279, 310 et 311.
Capacité, 184 et s.
Capital mobilier, 234 et s., 270.
Captation, 32, 309.
Cassation, 224.
Célibataire, 52 et 53.
Cession de créance, 312.
Collatéraux, 53.
Commandement, 192.
Commandite, 297, 378.
Commerçant, 298.
Commerce, 371.
Communauté, 400.
Communauté conjugale, 66, 259.
Communauté légale, 392.
Compétence, 142, 380, 382.
Compromis, 227.
Compte courant, 327.
Conclusions subsidiaires, 23.
Connexité, 140.
Conseil, 1 et 2.
Conseils (pluralité de), 135.
Conseil *ad hoc*, 138 et s., 208 et s., 223, 247.
Conseil datif, 124 et 125.
Conseil de famille, 74, 141, 179.
Conseil général, 183.
Conseil municipal, 183.
Conseil provisoire, 115.
Contrainte par corps, 296.
Contrat de mariage, 62, 65, 259.
Curateur, 2, 4 et s.
Date certaine, 85.
Décès, 401.
Déchéance, 287 *bis*.
Défaut, 228.
Délai, 213.
Délai de distance, 328.
Délit, 246.
Demande nouvelle, 162 et 163.
Demande principale, 24.
Démission, 132, 139, 143, 225.
Dépenses d'entretien, 273, 274, 278, 282.
Désistement, 222 et 223.
Dissipation accidentelle, 41.
Divorce, 199, 200, 210.
Dol, 305, 325, 383.
Domicile, 169, 397 et 398.
Dommages-intérêts, 385.
Donation, 252 et s.
Donation de biens à venir, 256.
Donation déguisée, 303.
Donation entre époux, 260.
Dot, 256 et s.
Droit intermédiaire, 12.
Droits politiques, 124 et s.
Effet rétroactif, 16.
Élection de domicile, 170.
Émancipation, 243.
Emploi, 234, 235, 269.
Emprunt, 230.
Équipole, 73, 113.
Épilepsie, 27.
Espagne, 409 et s.
Exception dilatoire, 347.
Excuses, 130 et 131.
Exécution volontaire, 350.
Exploit, 76.
Faiblesse d'esprit, 18 et s., 81, 251.
Faillite, 379.
Faute, 327, 384.
Femme mariée, 57 et s., 129, 395, 396.
Fondé de pouvoir, 49.
Fournitures, 278 et s., 307 et 308.
Frais, 151.
Fraude, 165, 266, 267, 302 et s., 353.
Grosses réparations, 275.
Haine, 46.
Héritiers, 319.
Hypothèques, 261, 285, 310, 387.
Immeubles, 240, 247.
Incapacité d'administrer, 26, 40, 42.
Incendie, 267.
Infirmités physiques, 27.
Interdiction, 9, 11, 13 et s., 25, 29, 36, 53, 70, 71, 78, 84, 89, 115, 177, 205.
Intérêts, 188.
Intérêt personnel, 370 et s.
Interrogatoire, 103 et s., 157.
Inventaire, 292.
Irréflexion, 43.
Italie, 411 et s.
Ivresse, 22.
Jugement, 90.
Jugement par défaut, 150 et s., 330.
Juré, 180 et s.
Juste titre, 365.
Lésion, 349.
Lettre de change, 233, 309, 324, 333 et s., 380 et 381.
Licitation, 247.
Litispendance, 302.
Loi antérieure, 9 et s., 45, 81, 84, 90, 113, 130, 168, 186, 214, 240, 300, 302, 389, 401.
Louage de services, 286.

Mainlevée, 388 et s.
Mandat, 235, 365, 386.
Manie processive, 47.
Mari, 60, 61, 126.
Mariage, 171, 197, 209. 390 et s.
Mauvaise gestion, 26, 40, 42.
Meubles, 226, 240.
Mineur, 54, 55, 94.
Mineur émancipé, 190 et 191.
Ministère public, 22, 81 et s., 86, 116, 166.
Monténégro, 416.
Nomination d'office, 20 et s., 163.
Non-comparution, 108 et s.
Notaire, 122, 324.
Nullité, 77, 92 et s., 98, 99, 105 et s., 119, 193, 202, 217, 218, 232, 320, 344, 367.
Obligation naturelle, 386.
Opérations malheureuses, 40.
Opposition, 112, 149, 153, 192, 219, 220, 330.
Opposition à mariage, 197, 209.
Opposition d'intérêts, 139, 143.
Ordre public, 88, 105.
Partage, 290.
Partage judiciaire, 291.
Pays-Bas, 417 et 418.
Pension alimentaire, 174.
Père de famille, 53.
Péremption, 150, 228.
Pièces justificatives, 101.
Placements, 270.
Portugal, 419 et s.
Prescription, 248, 295, 347, 352, 353, 365.
Prêt, 306, 315, 316, 341.
Preuve testimoniale, 3.
Procédure, 89 et s.
Prodigalité, 3 et s., 7, 14 et s., 34 et s., 81, 85, 90, 104, 251, 278 et s., 389.
Prusse, 423 et s.
Publicité, 86, 120 et s., 323 et s.
Quasi-délit, 246, 326. 386.
Ratification, 258, 350 et s., 369.
Réduction, 307.
Reconnaissance d'enfant naturel, 173.

Refus d'assister, 140, 143, 160, 208, 210 et 211.
Régime dotal, 69.
Remploi, 236, 237, 270, 351.
Rentes, 238.
Rentes viagères, 48, 276, 371.
Réparations d'entretien, 274.
Représentation, 357.
Reprise d'instance, 117 et s.
Requête, 90, 145 et 146.
Responsabilité, 235, 383 et s.
Rétroactivité, 152, 300 et 301.
Revenus, 209.
Révocation, 208.
Russie, 428 et s.
Second mariage, 391.
Sentence arbitrale, 288.
Séparation de biens, 68, 393.
Séparation de corps, 73, 198, 200.
Servitudes, 242.
Signification, 212, 213, 225.
Société, 288.
Société de commerce, 298.
Société en nom collectif, 376.
Sourd-muet, 28, 29, 87.
Statut personnel, 342 et 343.
Subrogé-conseil, 137.
Subrogé tuteur, 75, 76, 79, 80, 92, 96.
Substitution quasi-pupillaire, 6.
Successibilité, 128.
Succession, 239, 294.
Succession (acceptation de), 289.
Suisse, 430 et s.
Suppléance, 136.
Suspicion légitime, 32.
Témoins, 101, 178.
Testament, 176, 250, 252 et 254.
Tierce-opposition, 165, 166, 355, 400.
Tiers, 86.
Traites. — V. *Billet à ordre, Lettre de change.*
Transaction, 226.
Transcription, 366 et 367.
Tuteur, 10, 74, 75, 78, 92, 94.
Tuteur *ad hoc*, 92.
Usufruit, 237.
Vacations, 100.
Vente publique, 365.
Vieillesse, 30 et s.

DIVISION.

CHAP. I. — NOTIONS GÉNÉRALES ET HISTORIQUES (n. 1 à 16).

CHAP. II. — DES CAS DANS LESQUELS IL Y A LIEU A LA NOMINATION D'UN CONSEIL JUDICIAIRE (n. 17).

Sect. I. — Des faibles d'esprit (n. 18 à 33).

Sect. II. — Des prodigues (n. 34 à 50).

CHAP. III. — DES PERSONNES QUI PEUVENT ÊTRE POURVUES D'UN CONSEIL JUDICIAIRE ET DE CELLES QUI PEUVENT PROVOQUER SA NOMINATION.

Sect. I. — Des personnes qui peuvent être pourvues d'un conseil judiciaire (n. 51 à 69).

Sect. II. — Des personnes qui peuvent provoquer la nomination d'un conseil judiciaire (n. 70 à 88).

CHAP. IV. — DE LA PROCÉDURE A SUIVRE POUR LA NOMINATION D'UN CONSEIL JUDICIAIRE (n. 89 à 123).

CHAP. V. — DÉSIGNATION ET REMPLACEMENT DU CONSEIL JUDICIAIRE (n. 124 à 148).

CHAP. VI. — DES VOIES DE RECOURS CONTRE LE JUGEMENT QUI NOMME UN CONSEIL JUDICIAIRE (n. 149 à 166).

CHAP. VII. — DES EFFETS DE LA NOMINATION D'UN CONSEIL JUDICIAIRE.

Sect. I. — Des effets généraux (n. 167 à 183).

Sect. II. — Des actes pour lesquels l'assistance du conseil judiciaire est requise.

§ 1. — *Portée des art. 499 et 513, C. civ.* (n. 184 à 191).

§ 2. — *Des actes que l'incapable ne peut faire sans assistance, aux termes des art. 499 et 513, C. civ.*

1° Défense de plaider (n. 192 à 225).
2° Défense de transiger (n. 226 à 229).
3° Défense d'emprunter (n. 230 à 233).
4° Défense de recevoir un capital mobilier et d'en donner décharge (n. 234 à 239).
5° Défense d'aliéner (n. 240 à 260).
6° Défense d'hypothéquer (n. 261).

§ 3. — *Des actes non prévus par la loi* (n. 262 à 298).

Sect. III. — Des effets de la nomination d'un conseil judiciaire quant à la nullité ou à la validité des actes souscrits par l'incapable (n. 299 à 355).

CHAP. VIII. — DE LA FORME EN LAQUELLE DOIT ÊTRE FOURNIE L'ASSISTANCE DU CONSEIL JUDICIAIRE (n. 356 à 382).

CHAP. IX. — RESPONSABILITÉ DU CONSEIL JUDICIAIRE (n. 383 à 387).

CHAP. X. — DE LA CESSATION DE L'INCAPACITÉ QUI RÉSULTE DE LA NOMINATION D'UN CONSEIL JUDICIAIRE (n. 388 à 402).

CHAP. XI. — LÉGISLATION COMPARÉE (n. 403 à 438).

CHAPITRE I.

NOTIONS GÉNÉRALES ET HISTORIQUES.

1. — On appelle conseil judiciaire une personne chargée par jugement d'assister, pour certains actes énumérés par la loi, dans la gestion de leur fortune, les prodigues et les individus faibles d'esprit qui, sans être précisément dans le cas d'être interdits, sont cependant incapables de gérer seuls et librement les biens qu'ils possèdent.

2. — Le mot *conseil* doit donc être pris ici dans le sens de *conseiller* et non dans celui d'*assemblée*. On a dit souvent, avec beaucoup de raison, que le conseil judiciaire était une sorte de curateur, qui se rapproche, en effet, beaucoup plus de celui d'un curateur que de celui d'un tuteur.

3. — De tous temps, la faiblesse d'esprit et la prodigalité ont été l'objet de mesures soit protectrices, soit répressives. Ainsi, les Aréopagistes punissaient la prodigalité, et en plusieurs lieux de la Grèce, les prodigues étaient privés de la sépulture de leurs ancêtres. — *Encyclopédie méthodique, Jurisprudence*, v° *Prodigalité*, t. 7, p. 21.

4. — A Rome, d'après le droit civil, on donnait un curateur aux prodigues qui dissipaient des biens provenant exclusivement de la succession *ab intestat* de leur père ou d'un autre ascendant mâle paternel. La loi des Douze-Tables les plaçait sous la curatelle de leurs agnats et, à défaut d'agnats, sous la curatelle des *gentiles*. Les mêmes règles s'appliquaient aux individus atteints de folie intermittente (*furiosi*). Quant aux faibles d'esprit, le droit civil ne leur assurait aucune protection.

5. — Cette législation fut complétée par le droit prétorien. Le préteur donna des curateurs à tous les prodigues, quelle que fût la provenance des biens qu'ils dissipaient. D'autre part, il assimila aux *furiosi* les personnes dont la folie était continue (*mente capti*), et généralement tous ceux que leurs infirmités ou la faiblesse de leur esprit empêchaient de veiller à l'administration de leurs biens. De plus, le fou et le prodigue reçurent désormais un curateur, qu'ils eussent ou non des agnats. — Accarias, *Précis de droit romain*, t. 1, n. 167, p. 432, 4° édit.

6. — D'après les lois romaines, le père pouvait grever son fils ou sa fille prodigue d'une substitution quasi-pupillaire ou exemplaire. — *Encyclopédie méthodique, Jurisprudence*, v° *Prodigalité*, t. 7, p. 21.

7. — Le droit romain, considérant que le prodigue, à la différence du fou, ne perdait ni son intelligence ni sa volonté, avait admis qu'il ne pouvait rendre sa condition pire sans le *consensus* du curateur, mais qu'il conservait le droit de faire seul les actes qui la rendaient meilleure (L. 10 pr., *De cur. fur.*, XXVII, 10; L. 6, *De verb. obl.*, XLV, 1; L. 3, *De nov.*, XLIV, 2; L. 18, § 3, *De castr. pec.*, XLIX, 17). — Accarias, t. 1, n. 171, p. 442.

8. — Contrairement aux Grecs et aux Romains, les barbares ne paraissent pas avoir édicté de mesures protectrices pour les prodigues et les faibles d'esprit. Il est toutefois probable que les Bourguignons et les Wisigoths ont, dans la pratique, fait quelques emprunts, en cette matière, à la loi romaine, mais nous n'en avons pas la preuve. — Paul Viollet, *Histoire du droit civil français*, 2e édit., 1893, p. 549.

9. — Sous l'ancien droit français, la nomination d'un conseil judiciaire, qui tient le milieu entre l'interdiction et le maintien absolu de l'exercice libre de tous les droits, était à peu près inconnue. Et les causes qui aujourd'hui donnent lieu à cette mesure paraissaient suffisantes pour motiver la mesure extrême de l'interdiction. — Meslé, 2e part., chap. 13, n. 7.

10. — Le prodigue, ainsi que le fou, recevait un curateur comme en droit romain. On en a des exemples datant des XVIIe et XIVe siècles. Mais ce curateur était un vrai tuteur, comptable de sa gestion ou de son administration. Aussi, les auteurs du XVIIIe siècle faisaient-ils ressortir ce caractère du curateur de l'insensé et du prodigue, qui eût été, disaient-ils, mieux appelé *tuteur*. — *Encyclopédie méthodique, Jurisprudence*, v° *Curatelle*, t. 3, p. 437; Guyot, *Répertoire*, t. 5, 1684, p. 193; Henri Beaune, *Droit coutumier français*, *De la condition des personnes*, Paris, 1882, p. 584 et s.; Paul Viollet, *Histoire du droit civil français*, 1893, p. 549, et les sources qu'il cite.

11. — Cependant l'usage et la jurisprudence avaient fini par admettre quelques atténuations à cette règle dans les pays coutumiers. Ainsi, l'interdiction pour cause de prodigalité ou de faiblesse d'esprit, au lieu d'être totale, pouvait être limitée par le juge à certains actes. On se bornait même souvent, dans ce cas, à nommer un conseil sans l'assistance duquel la personne incapable ne pouvait faire ceux des actes pour lesquels le juge déclarerait que cette assistance serait nécessaire. — V. *Nouveau Denizart*, t. 5, v° *Conseil nommé par justice*, § 2; Argou, *Inst. au droit français*, liv. 1, chap. 9, *Des curateurs;* Cochin, *Plaidoyer pour les enfants Vanderbergue* (cité dans Demolombe, *De la minorité*, t. 2, p. 453); *Encyclopédie méthodique, Jurisprudence*, t. 3, p. 438.

12. — L'interdiction pour cause de prodigalité s'était trouvée virtuellement supprimée par l'art. 13 de la constitution de l'an III. Dans le droit intermédiaire, les tribunaux ne pouvaient donc pas placer sous l'autorité d'un conseil judiciaire les personnes qui n'étaient point dans l'état d'être interdites (Const., an III, art. 13; L. 16-24 août 1790, tit. 2, art. 10). — Cass., 24 niv. an X, Corbin, [S. et P. chr.]; — 11 mess. an X, Corbin, [S. et P. chr.] — *Sic*, Merlin, *Rép.*, v° *Prodigue*, § 7.

13. — Cette suppression fut maintenue d'abord par les rédacteurs du Code civil. On craignait de porter atteinte à la liberté individuelle et au droit de propriété; on prévoyait des difficultés de toute sorte qui pouvaient se produire au sein des familles; on prétendait que le remède serait impossible, s'il était proposé trop tôt, inefficace, s'il était proposé trop tard.

14. — Comme le dit Demolombe, « ces scrupules étaient excessifs, et ces objections beaucoup trop absolues. L'expérience de tous les siècles était là pour répondre! et certainement le droit romain et notre ancienne jurisprudence, en portant secours au prodigue, loin d'attenter à la liberté individuelle ni au droit de propriété, avaient au contraire très-sagement protégé les intérêts du prodigue lui même, ceux de sa famille, ceux de l'État. »

15. — On ne peut donc qu'approuver le législateur des dispositions qu'il a prises en ce qui concerne les prodigues. Le consul Cambacérès avait fait observer avec raison « que le prodigue peut devenir un homme dangereux, et que l'État ne peut être indifférent sur le sort des familles ». — Locré, *Législation civile*, t. 7, p. 325 et s., n. 4 à 7; Merlin, *Répertoire*, t. 10, v° *Prodigue*, § 7, et *Questions de droit*, t. 5, v° *Prodigue*.

16. — Le Code civil a déterminé d'une manière positive dans quels cas il peut y avoir lieu à la nomination du conseil judiciaire, quelles sont les attributions de ce conseil et dans quelles limites la dation d'un conseil restreindrait la capacité de celui qui en est l'objet. La mise sous l'assistance d'un conseil judiciaire est donc aujourd'hui un état réglé par la loi elle-même, et dont les effets et les conséquences ne sont plus simplement abandonnés à l'arbitraire des magistrats. Ce sont précisément les prodigues et les faibles d'esprit, auxquels l'ancienne jurisprudence n'appliquait l'interdiction qu'avec de grandes atténuations, qui aujourd'hui, au lieu d'être interdits, reçoivent seulement un conseil judiciaire.

CHAPITRE II.

DES CAS DANS LESQUELS IL Y A LIEU A LA NOMINATION D'UN CONSEIL JUDICIAIRE.

17. — Deux catégories de personnes peuvent être placées sous l'assistance d'un conseil judiciaire : ce sont les personnes faibles d'esprit et les prodigues.

Section I.
Des faibles d'esprit.

18. — C'est dans le chapitre *de l'interdiction*, qu'il est question, au Code, du conseil judiciaire qui peut être donné aux personnes faibles d'esprit. L'art. 499 qui régit cette hypothèse est ainsi conçu : « En rejetant la demande en interdiction, le tribunal pourra néanmoins, si les circonstances l'exigent, ordonner que le défendeur ne pourra désormais plaider, transiger, emprunter, recevoir un capital mobilier, ni en donner décharge, aliéner, ni grever ses biens d'hypothèques, sans l'assistance d'un conseil qui lui sera nommé par le même jugement ». Donc, lorsqu'un individu, sans être absolument incapable de gouverner sa personne et de gérer ses biens, se trouve cependant, par suite de la faiblesse de ses facultés intellectuelles, hors d'état de conduire seul ses affaires, il y a lieu de lui nommer un conseil judiciaire.

19. — On peut remarquer que la loi dit : *si les circonstances l'exigent*, mais elle ne fait pas connaître quelles sont ces circonstances. Les tribunaux seront nécessairement juges de la question de savoir quand il y aura cause suffisante de nomination d'un conseil judiciaire, et on comprend que la loi n'ait pas pu tracer à cet égard de règles fixes. Il était préférable de laisser aux tribunaux la plus grande latitude d'appréciation, à raison de l'infinie variété des cas qui peuvent se présenter. — V. Besançon, 2 févr. 1865, Bolut, [S. 63.2.239, P. 65.949, D. 65.2.94] — Toullier, t. 2, n. 1369; Demolombe, t. 2, n. 528; Baudry-Lacantinerie, t. 1, n. 1183.

20. — La nomination d'un conseil judiciaire peut, d'après les termes mêmes de l'art. 499, être faite d'office, en ce sens que le juge, saisi d'une demande en interdiction qu'il croit devoir rejeter parce que les faits sur lesquels elle est fondée ne lui paraissent pas assez graves, peut donner au défendeur un conseil judiciaire, alors même qu'aucune conclusion n'aurait été prise à cet effet. — Aubry et Rau, t. 1, § 138. — V. pour les prodigues, *infrà*, n. 36.

21. — Il n'y aurait cependant pas possibilité pour le tribunal de nommer un conseil judiciaire, si la demande en interdiction avait été rejetée, par ce motif que les faits servant à l'appui de cette demande, ne se trouveraient pas suffisamment prouvés. La dation d'un conseil judiciaire manquerait alors de base légale. — Demolombe, *Minorité*, t. 2, n. 530; Aubry et Rau, t. 1, § 138, note 2.

22. — La faculté de nommer d'office un conseil judiciaire appartiendrait aux tribunaux, même dans le cas où l'interdiction aurait été provoquée par le ministère public (V. *infrà*, n. 81). L'art. 499 ne fait aucune distinction. — Demolombe, *Minorité*, t. 2, n. 531; Aubry et Rau, t. 1, § 138, texte et note 3. — C'est à tort, croyons-nous, qu'il a été jugé en sens contraire, que, lorsque le ministère public a provoqué l'interdiction d'un individu pour *ivresse* qu'il qualifiait *fureur*, s'il arrive que la demande soit rejetée, le tribunal ne peut nommer un *conseil judiciaire*, aux termes de l'art. 499, C. civ., à moins que le défendeur n'ait pas de parents connus (C. civ., art. 491). — Besançon, 25 août 1810, Bouvard, [S. et P. chr.]

23. — La nomination d'un conseil judiciaire à un faible d'esprit peut aussi avoir lieu sur des conclusions prises subsidiairement à une demande en interdiction.

24. — Elle peut même avoir lieu sur une demande principale et directe tendant à obtenir cette nomination. Il est vrai que la loi n'autorise pas en termes formels une telle demande. On a même tiré argument de ces mots de l'art. 499, *en rejetant la demande en interdiction*, pour prétendre qu'un conseil judiciaire ne pouvait être donné qu'autant qu'une demande en interdiction avait été formée (Delvincourt, t. 1, p. 131, note 3). Mais il serait vraiment étrange, lorsque la partie qui agit estime que la nomination d'un conseil judiciaire est une mesure suffisante, qu'elle fût obligée de demander l'interdiction, c'est-à-dire le plus pour obtenir le moins. L'examen des travaux préparatoires du Code civil permet aussi de dire qu'il n'existe pas de motif pour que les faibles d'esprit ne reçoivent pas un conseil de la même façon que les prodigues, c'est-à-dire par suite d'une demande directe. — Alger, 4 mai 1836, Ardit, [S. 36.2.560, P. 36.3.428] — *Sic*, Merlin, *Répertoire*, v° *Testament*, sect. 1, § 1, art. 1, n. 3; Ducaurroy, t. 1, n. 723; Valette, sur Proudhon, t. 2, p. 567; Ma cadé, t. 2, p. 340, sur l'art. 499 ; Demante et Colmet de Santerre, t. 2, n. 274 *bis*-I; Demolombe, *Minorité*, t. 2, n. 532; Zachariæ, § 139, texte et note 2; Aubry et Rau, t. 1, § 138.

25. — L'individu qui peut recevoir un conseil judiciaire, comme étant faible d'esprit, mais dont l'état ne comporte pas l'interdiction, est celui dont les facultés intellectuelles sont plus faibles que celles du commun des hommes, mais dont les réponses prouvent cependant qu'il n'est pas dans un état de démence ou d'imbécillité complète. — Angers, 23 avr. 1806, Tremblin, [S. et P. chr.]

26. — Ce n'est pas d'ailleurs l'inhabileté du raisonnement, c'est l'incapacité d'administrer qui constitue la faiblesse d'esprit et autorise la mesure dont parlent les art. 499 et 513, C. civ. En conséquence, on ne peut donner un conseil judiciaire au prêtre qui administre sagement ses biens, sous le prétexte qu'il a des opinions erronées en matière de religion. — Angers, 10 prair. an XIII, Duchemin, [S. et P. chr.]

27. — Il n'y a pas à rechercher quelle est la cause de l'affaiblissement des facultés intellectuelles; il suffit qu'il existe. Des infirmités physiques, aussi bien que des infirmités morales, peuvent motiver la nomination d'un conseil judiciaire. Il en serait ainsi par exemple de la faiblesse d'esprit jointe à des attaques accidentelles d'épilepsie. — Cass., 5 juill. 1837, Magnol, [P. 38.2.215] — Colmar, 2 prair. an XIII, Malphilâtre, [S. et P. chr.] — Montpellier, 25 août 1836, arrêt maintenu par Cass., 5 juill. 1837, précité.

28. — Cependant, le fait d'être sourd-muet ne saurait entraîner par lui-même des mesures protectrices telles que l'interdiction ou la nomination d'un conseil judiciaire, et partant la a été jugé que le sourd-muet, qui fait preuve d'intelligence, peut, bien qu'il ne sache ni lire ni écrire, n'être pas pourvu d'un conseil judiciaire. — Lyon, 14 janv. 1812, Fabre, [S. et P. chr.] — Rouen, 18 mai 1842, Parnuit, [S. 42.2.324, P. 42.2.60] — *Sic*, Magnin, *Tr. des min.*, t. 1, p. 454; Delvincourt, t. 1, p. 131, note 3; Merlin, *Répert.*, v° *Sourd-muet*, n. 1; Zachariæ, Massé et Vergé, t. 1, p. 463; Demolombe, *Minorité*, t. 2, n. 529; Baudry-Lacantinerie, t. 1, n. 1185.

29. — Sacase, dans son ouvrage *De la folie, considérée dans ses rapports avec la capacité civile* (1851), distinguait trois catégories de sourds-muets : les uns, qui n'ont reçu aucune éducation, doivent, d'après lui, être interdits; les autres, qui ont reçu l'éducation mimique, mais qui ne savent pas écrire, doivent être pourvus seulement d'un conseil judiciaire; les troisièmes, ceux qui savent lire et écrire, doivent conserver en général le libre exercice de leurs droits civils. Cette classification, fondée sur l'art. 936 C. civ., et sur les données de la science physiologique, a paru trop systématique pour être suivie par la jurisprudence. Ainsi que nous l'avons dit *suprà*, n. 19, il faut, sur toutes les questions, laisser aux tribunaux une entière liberté d'appréciation. Sans qu'ils soient liés par aucune règle fixe, il leur appartiendra d'examiner s'il convient de prononcer l'interdiction d'un sourd-muet, de lui accorder seulement un conseil judiciaire ou au contraire de lui laisser le plein et libre exercice de ses droits civils. — V. Cass., 30 janv. 1844, Clergue, [S. 44.1.102, P. 44.1.321] — Lyon, 14 janv. 1812, précité. — Riom, 4 mai 1825, Lomenède, [S. et P. chr.] — Toulouse, 18 déc. 1839, Bordèzes, [P. 40.1.352] — Demolombe, t. 2, n. 437 à 439.

30. — Mais il y a lieu de nommer un conseil judiciaire à un individu qui, sans avoir perdu le bon sens et la raison, a éprouvé, par le fait de son grand âge, un affaiblissement considérable de mémoire et d'idées. — Lyon, 2 prair. an XII, Ladreyt, [P. chr.] — Rouen, 8 flor. an XII, Pavie, [P. chr.]

31. — Il y a lieu aussi de nommer un conseil judiciaire à une femme qui, sans être dans un état d'imbécillité de nature à motiver son interdiction, est cependant parvenue à un état de vieillesse tel (quatre-vingt-sept ans), qu'elle serait susceptible d'impressions dont on pourrait abuser pour la porter à faire des ventes ou autres actes contre son intention, et sans qu'elle en profitât personnellement. — Riom, 4 mai 1825, précité.

32. — Il a été admis aussi qu'on pouvait donner un conseil judiciaire à un vieillard faible d'esprit, et capté par une femme. — Cass., 21 fruct. an X, Bourgneuf, [S. et P. chr.] — Le même arrêt ajoute qu'en ordonnant une assemblée de famille pour arriver à la nomination d'un conseil judiciaire, les juges n'élèvent pas contre eux une cause de suspicion légitime.

33. — De ce que les tribunaux sont juges de la question de savoir quand il y a une cause suffisante de nomination d'un conseil judiciaire (V. *suprà*, n. 19), il résulte que les décisions des juges du fond sur ce point échappent complètement à la censure de la Cour de cassation. — Cass., 29 août 1834, [S. 34.1.538]; — 5 juill. 1837, Magnol, [P. 38.2.215]; — 4 juill. 1838, Barberaud, [S. 38.1.654, P. 38.2.63] — *Sic*, Toullier, t. 2, n. 1369; Duranton, t. 3, n. 798.

Section II.

Des prodigues.

34. — Le Code civil a consacré une disposition spéciale aux prodigues, l'art. 513, qui permet de leur nommer un conseil judiciaire sans l'assistance duquel ils ne pourront faire un certain nombre d'actes que cet article énumère. Ces actes sont les mêmes que ceux indiqués dans l'art. 499, et que le faible d'esprit qui reçoit un conseil judiciaire ne peut faire sans l'assistance de ce conseil. Il y a donc identité entre les deux cas.

35. — La formule de l'art. 499, *si les circonstances l'exigent*, si générale qu'elle soit, n'a pas paru suffisante au législateur pour comprendre les prodigues, puisque la prodigalité n'est pas une sorte de folie, et il a cru devoir s'exprimer à leur égard d'une façon plus explicite; c'est ce qu'il a fait dans l'art. 513. Nous avons dit, *suprà*, n. 13, quelles difficultés s'étaient élevées au cours des travaux préparatoires, en ce qui concerne les prodigues.

36. — Pour le prodigue comme pour le faible d'esprit (*suprà*, n. 20), il a été décidé que le juge saisi d'une demande en interdiction qu'il repousse peut, en vertu de l'art. 499, C. civ., nommer de suite un conseil judiciaire pour prodigalité. — Rouen, 18 janv. 1865, Samson, [S. 65.2.350, P. 65.1282, D. 65.2.226] — Cette décision a donné lieu à quelques doutes malgré la généralité des termes de l'art. 499. L'existence d'un article spécial à la prodigalité (l'art. 513 démontrerait que cet art. 499 ne peut viser que la faiblesse d'esprit, lorsqu'il s'occupe de nommer un conseil judiciaire d'office. — V. en ce sens, Orléans, 19 déc. 1806, N..., [S. et P. chr.] — V. Ducaurroy, Bonnier et Roustain, t. 1, n. 723; Demolombe, *Minorité*, t. 2, n. 532. — V. aussi Aubry et Rau, t. 1, § 138.

37. — Mais qu'est-ce au juste que la prodigalité? « La prodigalité, disait Meslé, consiste dans la dissipation des biens, dans la mauvaise conduite de ceux qui, paraissant raisonnables dans leurs discours, tiennent une conduite d'insensés quant au gouvernement de leurs biens » (Part. 2, chap. 10, n. 7). — « La prodigalité, dit Duranton (t. 3, n. 797), est ce penchant qui porte un individu à dissiper son bien en vaines profusions et en folles dépenses, sans but utile ni pour lui, ni pour la société, et qui, suivant l'énergique expression de l'empereur Antonin : *Quod ad bona ipsius pertinet, furiosum fecit exitum* ». — « Des dépenses désordonnées, dit Demolombe, au jeu, en festins, en habits, en chevaux, en ameublements, en présents frivoles ou honteux; des constructions voluptuaires et extravagantes; de vaines et folles profusions enfin, sans aucun résultat utile ni pour la société ni pour l'individu; quelquefois des opérations évidemment mal conçues, des entreprises insensées; ou bien encore des procès sans fin et sans raison ; tels sont ordinairement les principaux effets de ce fatal penchant, qui conduirait si vite le prodigue à sa ruine, si la loi ne l'arrêtait pas » (*Minorité*, t. 2, n. 692). — V. sur le caractère de la prodigalité, les observations de Duvergier, sur le Mémoire de M. Batbie, intitulé : *Revision du Code Napoléon* (*Rev. crit. de législ.*, 1867, t. 30, p. 402 et s.). — « On appelle prodigue, dit enfin Berriat Saint-Prix, le propriétaire qui consomme en dépenses improductives, non seulement la totalité de ses revenus, mais une portion de son capital, de manière à amener sa ruine dans un délai plus ou moins court. Celui qui empiète sur son capital, alors que ses revenus ne suffisent pas pour le faire subsister, n'est pas un prodigue. »

38. — Telle est également la manière de voir de la Cour de cassation. Elle a décidé en effet que la prodigalité susceptible de motiver la nomination d'un conseil judiciaire est suffisamment établie lorsqu'il est constaté, d'après la conduite habituelle du prodigue, qu'il se laisse entraîner à des dépenses imprudentes et excessives et qu'il administre ses affaires avec un désordre qui compromet sa situation. — Cass., 18 août 1884, Bonnardel, [S. 86.1.453, P. 86.1.1128]

39. — Au contraire, on ne considère pas comme prodigue, dit Toullier (t. 2, n. 1370), « celui qui n'abuse que dans une certaine mesure du droit de disposer de ses biens. L'objet des dépenses est aussi à considérer : il ne faut pas confondre le prodigue avec l'homme libéral, etc. ». — V. aussi Demolombe, *Minorité*, t. 2, n. 693.

40. — L'insuccès d'opérations, d'ailleurs intelligentes, ne saurait être considéré non plus, comme un symptôme de prodigalité et de désordre — Demolombe, *Minorité*, t. 2, n. 693.

41. — Un premier acte de dissipation ne suffit pas en général, surtout s'il est peu considérable, pour motiver la nomination d'un conseil judiciaire. « Il convient de voir, dit Demolombe, si c'est en effet un mauvais penchant, une funeste inclination, une habitude enfin qui se déclare, ou s'il ne s'agit que d'une faute ou même de quelques fautes accidentelles et d'un moment d'égarement. La demande en nomination d'un conseil judiciaire ne doit pas être, sous ce rapport, trop précipitée » (*op. cit.*, t. 2, n. 694). — V. aussi Toullier, t. 2, n. 1370 ; Duranton, t. 3, n. 797.

42. — Jugé, en ce sens, que la prodigalité susceptible de faire donner un conseil judiciaire à celui qui en est atteint doit se manifester par des actes fréquents, extérieurs et notoires, qui ne laissent aucun doute sur le caractère du prodigue : il ne suffirait pas de quelques actes de mauvaise gestion. — Metz, 27 févr. 1812, Thiéry, [S. et P. chr.]

43. — Il ne suffit même pas, pour qu'il y ait lieu à la dation d'un conseil judiciaire, qu'il se rencontre une diminution, même considérable, dans la fortune de celui qui est accusé de prodigalité : il faut que cette diminution soit la suite de l'irréflexion ou d'une faiblesse d'entendement qui expose l'individu à se laisser facilement circonvenir et tromper. — Paris, 17 mars 1809, Delnas, [S. et P. chr.] — V. Fuzier-Herman, *C. civ. annoté*, sur l'art. 513, n. 8 et 9.

44. — Un conseil judiciaire peut être donné à la personne qui, sans présenter les caractères de la prodigalité, et sans être dans un état habituel d'imbécillité, de démence ou de fureur, est entraînée, sous l'empire d'idées perverses, à une exaltation dont la violence va jusqu'à lui enlever son libre arbitre : par exemple, lorsque cette personne manifeste, par des tentatives d'exécution, la pensée de réduire sa famille à la misère, sans autre mobile qu'un sentiment de haine ou de vengeance aveugle. — Besançon, 2 févr. 1865, précité.

45. — La manie des mauvais procès, lorsqu'elle va jusqu'à faire craindre la ruine d'une femme et celle de ses enfants, peut aussi être réputée par les juges une cause suffisante de dation d'un conseil judiciaire. — Bourges, 25 nov. 1837, sous Cass., 4 juill. 1838, précité. — Angers, 7 août 1846, Moreau, [P. 48.2.551]

46. — Il importe peu que le patrimoine du prodigue soit considérable ou modique. Ainsi il peut être nommé un conseil judiciaire au prodigue, encore bien que sa fortune ne consiste qu'en rentes viagères. — Turin, 20 févr. 1807, Grésy, [S. et P. chr.] — Sic, Demolombe, *Minorité*, t. 2, n. 699.

47. — Le choix d'un fondé de pouvoir dilapidateur ne suffit pas pour justifier le reproche de prodigalité contre la personne qui l'a choisi. — Besançon, 9 avr. 1808, Pouthier, [S. et P. chr.]

48. — D'autre part, les juges peuvent nommer un conseil judiciaire au prodigue, quelle que soit la quotité de son patrimoine qu'il ait dissipée. La loi n'a posé à cet égard aucune règle ; elle laisse aux juges en cette matière toute liberté d'appréciation.

49. — Dans l'ancien droit, d'Argentré (sur l'art. 491 de l'ancienne coutume de Bretagne) et Perchambault (sur l'art. 518 de la nouvelle) font entendre que l'usage de cette province était d'interdire tout homme qui avait follement dissipé le tiers de son patrimoine : « *Qui trientem de re suâ diminuerit* ». Toullier sans doute a écrit, sous l'empire même du Code civil, que « des juges qui n'aimeraient pas de décider arbitrairement pourraient encore prendre cette règle pour guide » (t. 2, n. 1371). Mais cet usage, qui n'était que local, n'a plus aucune autorité.

50. — D'une façon générale, en ce qui concerne les prodigues, comme en ce qui concerne les faibles d'esprit, les motifs qui peuvent nécessiter la dation d'un conseil judiciaire sont abandonnés à la prudence des tribunaux ; leurs jugements à cet égard ne peuvent donner ouverture à cassation. — Cass., 4 juill. 1838, Barberaud, [S. 38.1.654, P. 38.2.63] ; — 12 mars 1877, D..., [S. 77.1.203, P. 77.514, D. 78.1.184] ; — 16 mars 1887, de Rochechouart, [S. 88.1.69, P. 88.1.148, D. 87.1.211] — Besançon, 9 avr. 1808, de Pouthier, [S. et P. chr.] ; — 2 févr. 1863, Bolut, [S. 63.2.239, P. 65.949, D. 63.2.94] — Sic, Toullier, t. 2, n. 1371 ; Duranton, t. 3, n. 798 ; Demolombe, t. 2, n. 694 ; Fuzier-Herman, *C. civ. annoté*, sur l'art. 313, n. 14. — V. également dans le même sens, en matière d'interdiction, Cass., 17 janv. 1876, Duval, [S. 76.1.302, P. 76.743, D. 76.1.151] — Fuzier-Herman, sur l'art. 489, n. 16.

CHAPITRE III.

DES PERSONNES QUI PEUVENT ÊTRE POURVUES D'UN CONSEIL JUDICIAIRE, ET DE CELLES QUI PEUVENT EN PROVOQUER LA NOMINATION.

Section I.

Des personnes qui peuvent être pourvues d'un conseil judiciaire.

51. — Dès que la prodigalité est constatée et reconnue, la nomination d'un conseil judiciaire est une mesure applicable à toute personne sans distinction : homme ou femme, majeur ou mineur, célibataire, veuf ou marié. Le texte de l'art. 513 est absolu. — Demolombe, t. 2, n. 695.

52. — Quant aux célibataires, il pourra se faire qu'il y ait moins souvent intérêt à leur donner un conseil judiciaire, mais ce n'est pas à dire que, dans un grand nombre de cas, cette mesure ne s'imposera pas. Il appartiendra aux juges de l'apprécier.

53. — Merlin (v° *Prodigue*, § 1) enseigne avec raison, comme règle de conduite pour les juges, qu'ils devront distinguer entre les célibataires et les pères de famille. L'un est, dans toute l'énergie du mot, maître de sa fortune ; il ne doit rien à ses collatéraux ; point d'aliments pendant sa vie, point de succession après sa mort : aussi a-t-il été un temps où les parents du célibataire étaient non recevables à poursuivre son interdiction (Arr. 2 août 1660, rapporté par Legrand, sur l'art. 95, cout. de Troyes). Il n'en est pas de même du père de famille ; son patrimoine n'est proprement pas à lui ; la nature et la loi le destinent à ses enfants ; à sa mort, c'est moins une succession qu'une continuation de propriété qu'elles leur défèrent. S'il méconnaît les obligations sacrées que lui impose la loi, il faut lui dire, comme le préteur romain : « *Quando tua bona paterna avitaque nequitiâ tuâ disperdis, liberosque tuos ad egestatem perducis, ob eam rem tibi eâ re commercioque interdico* » (Paul, *Sent.*, lib. 3, tit. 4, § 7).

54. — La jurisprudence a constamment décidé qu'on pouvait nommer un conseil judiciaire à un célibataire. — Trib. civ. Châteauroux, 25 nov. 1845, Falchéro, sous Bourges, 5 mai 1846, [S. 46.2.329, P. 46.2.603, D. 46.2.237] — V. encore Nîmes, 22 avr. 1839, Vinay, [S. 39.2.433, P. 39.2.490]. — Demolombe, *Minorité*, t. 2, n. 443 et 696.

55. — En tout cas, lorsqu'un mineur se livre, pendant les dernières années de sa minorité, à des actes de prodigalité qui sont de nature à faire craindre que, dès son entrée en majorité, il n'abuse de sa liberté d'action pour se ruiner, les tribunaux peuvent d'avance, sur la provocation de la famille, lui nommer un conseil judiciaire qui entrera en fonctions dès l'instant de la majorité. — Bourges, 5 mai 1846, précité.

56. — On peut donner un conseil judiciaire à un mineur émancipé. Et les effets de cette mesure ne cessent pas à l'époque de sa majorité. — Rennes, 16 déc. 1833, Campion, [P. chr.]

57. — La femme mariée peut également être pourvue d'un conseil judiciaire pour cause de prodigalité. C'est la solution généralement admise. — Cass., 9 mai 1829, Baudre, [S. et P. chr.] ; — 12 mars 1877, D..., [S. 77.1.203, P. 77.514, D. 78.1.184] — Rennes, 7 déc. 1840, Dubois, [S. 41.2.423] — Paris, 4 août 1866,

B..., [S. 67.2.132, P. 67.564]; — 20 avr. 1875, D..., [S. 75.2.138, P. 75 577, D. 76.2.238] — V. *suprà*, v° *Autorisation de femme mariée*, n. 46 et s.

58. — On a combattu cette opinion en prétendant que le conseil judiciaire est inutile à la femme, puisqu'elle est déjà soumise à la nécessité d'une autorisation pour les actes les plus importants, et qu'une telle précaution est contraire à l'autorité maritale, si l'on prétend donner à la femme, pour remplir cette fonction, une autre personne que le mari. — Plaidoirie de Jules Favre devant la cour de Paris [J. *Le Droit*, 7 et 8 janv. 1856] — Mais, d'une part, nous verrons que la nomination d'un conseil judiciaire peut être utile pour la femme dans bien des cas; d'autre part, l'art. 513 est général; et le rapprochement, entre cet article et les art. 489, 499, 506 et 514, démontre que la femme mariée, qui peut être interdite, peut aussi recevoir un conseil judiciaire. — Demolombe, *Minorité*, t. 2, n. 697.

59. — Les juges du fond ont un pouvoir souverain non seulement pour apprécier les circonstances nécessitant la nomination d'un conseil judiciaire à la femme, ce qui n'est que l'application du droit commun (V. *suprà*, n. 19, 50), mais encore pour appeler à cette fonction toute personne, même autre que le mari. — Cass., 12 mars 1877, précité. — Douai, 6 mars 1857, Cooche, [S. 57.2.572, P. 58.639, D. 57.2.146] — Poitiers, 18 mai 1881, Delioux de Savignac, [S. 83.2.8, P. 83.1.89, D. 82.2.247]

60. — C'est, croyons-nous, à tort que la cour de Nancy a décidé que les fonctions de conseil judiciaire d'une femme mariée appartenaient de droit au mari, par analogie des dispositions contenues dans l'art. 506. — Nancy, 3 déc. 1838, Deville, [S. 39.2.283] — Le texte de l'art. 513 est général et suppose même dans tous les cas le conseil est nommé par le juge; décider autrement, serait admettre qu'il y a un conseil *légal* ou *légitime*. Les tribunaux pourront toujours porter leur choix sur le mari; mais ils nommeront de préférence une autre personne si celui-ci ne lui parait pas convenir pour remplir cette fonction. — Demolombe, *Minorité*, n. 697. — V. *suprà*, v° *Autorisation de femme mariée*, n. 269 et s.

61. — C'est ainsi qu'on nommera comme conseil judiciaire à la femme mariée une autre personne que son mari, si celui-ci est lui-même pourvu d'un conseil judiciaire. — Rennes, 7 déc. 1840, précité.

62. — La dation d'un conseil judiciaire à la femme mariée n'a pas d'ailleurs pour effet de porter atteinte à l'autorité maritale; elle la laisse subsister dans toute sa force; elle n'enlève pas au mari l'administration des biens de sa femme ni aucun des droits se rattachant à cette administration. — Montpellier, 14 déc. 1841, D..., [S. 42.2.310, P. 42.2.333] — Limoges, 27 mai 1867, Bonnange, [S. 67.2.33, P. 67.1233, D. 67.2.77] — Aubry et Rau, t. 1, § 138, texte et note 11. — Cette mesure n'a pour objet, en effet, que de protéger la femme contre elle-même, et l'on ne comprendrait pas qu'elle ait de l'influence sur le droit d'administration que le mari peut tenir soit de la loi, soit des stipulations de son contrat de mariage.

63. — Il en résulte que le conseil judiciaire ne peut critiquer les actes d'administration accomplis par le mari, alors surtout qu'ils n'ont rien de contraire à l'intérêt de la femme. — Paris, 13 nov. 1863, Mouchet, [S. 64.2.193, P. 64.948] — V. *suprà*, v° *Communauté conjugale*, n. 1147.

64. — Il y a des cas où l'on ne pourra faire autrement que de nommer un étranger comme conseil judiciaire de la femme mariée, c'est, notamment, lorsque le mari est absent. Cette absence, sans toutefois avoir été judiciairement déclarée, fait présumer le décès, la femme pourra recevoir un conseil judiciaire pour obvier aux inconvénients de sa prodigalité. — Cass., 9 mai 1829, précité.

65. — Un conseil judiciaire peut être nommé à la femme, sur la demande de son mari, sous quelque régime qu'elle soit mariée. — Paris, 7 janv. 1856, Mathon, [S. 56.2.223, P. 56.1.477, D. 56.2.138]; — 4 août 1866, B..., [S. 67.2.132, P. 67.564] — Sic, Massé et Vergé, sur Zachariæ, t. 1, § 248, note 5; Aubry et Rau, t. 1, § 138, texte et note 10; Demolombe, t. 2, n. 697. — V. Laurent, *Principes de droit civil*, t. 5, n. 346.

66. — C'est sous le régime de la communauté que l'utilité d'un conseil judiciaire pour la femme se comprend le moins facilement, parce que ce régime ne lui laisse pas l'administration de sa fortune. Mais ce conseil peut devenir nécessaire pour empêcher que, dans un but de dissipation commune ou par faiblesse d'esprit, la femme ne contracte, de concert avec son mari, des engagements ruineux. — Aubry et Rau, t. 1, § 138, note 10. — V. *suprà*, v° *Communauté conjugale*, n. 1146.

67. — On ne saurait considérer comme ayant le caractère de prodigalité, autorisant la dation d'un conseil, les obligations contractées par la femme, dans l'intérêt de son mari, soit pour ouvrir à celui-ci des spéculations auxquelles ne suffisaient pas sa fortune ou son crédit personnel, soit même pour l'aider à payer ses dettes; et cela, quelles que puissent être les conséquences ultérieures de ces engagements : en cette matière, c'est l'objet et non le résultat des engagements qu'il faut envisager. — Paris, 7 janv. 1856, précité.

68. — La femme séparée de biens peut comme la femme commune recevoir un conseil judiciaire. — Cass., 4 juill. 1838, Barberaud, [S. 38.1.653, P. 38.2.63] — Montpellier, 14 déc. 1841, D..., [S. 42.2.310, P. 42.2.333] — Un conseil judiciaire peut être fort utile dans ce cas à la femme mariée; par exemple, elle peut recevoir ses capitaux sans autorisation de son mari ni de justice, tandis que l'assistance du conseil lui serait nécessaire pour cet acte si important d'administration. — Demolombe, *Minorité*, t. 2, n. 697.

69. — Un conseil judiciaire peut même être donné à la femme mariée sous le régime dotal. — Demolombe, *loc. cit.*

Section II.
Des personnes qui peuvent provoquer la nomination d'un conseil judiciaire.

70. — La nomination d'un conseil judiciaire peut être provoquée par tous ceux qui ont le droit de demander l'interdiction (C. civ., art. 514). — V. *infrà*, v° *Interdiction*. — Tout d'abord, ce droit appartient au père. Et il importe peu qu'il n'ait pas encore rendu à son fils ses comptes de tutelle, si les faits de prodigalité et les actes d'imprévoyance reprochés sont dès maintenant établis. — Trib. Seine, 25 juill. 1893, Marquis de Morès, [*Gaz. des trib.*, 27 juill. 1893]

71. — Le mari, investi du droit de poursuivre, s'il y a lieu, l'interdiction de sa femme, a conséquemment, et à plus forte raison, qualité pour provoquer contre elle, dans le cas de séparation de biens, la dation d'un conseil judiciaire, à l'effet de prévenir la dissipation de son bien mobilier. — Cass., 4 juill. 1838, précité. — Montpellier, 14 déc. 1841, précité.

72. — De même la femme peut provoquer contre son mari la nomination d'un conseil judiciaire.

73. — Il est à remarquer que les juges peuvent, dans une instance en dation de conseil judiciaire introduite par une femme contre son mari, puiser des éléments de conviction dans une enquête à laquelle il a été procédé contradictoirement entre les parties sur une demande antérieure en séparation de corps. — Besançon, 2 févr. 1865, Bolut, [S. 65.2.239, P. 65.949, D. 65.2.94]

74. — Le tuteur a qualité pour provoquer la nomination d'un conseil judiciaire à un ascendant du mineur, et cette autorisation à cet égard n'est pas subordonnée à une autorisation préalable du conseil de famille. — Lyon, 24 févr. 1859, M..., [S. 59.2.655, P. 60.526] — V. aussi Paris, 21 août 1841, Lefebvre, [S. 41.2.488, P. 41.2.405]

75. — Si la personne à laquelle il conviendrait de nommer un conseil judiciaire était précisément le tuteur d'enfants mineurs, il appartiendrait au subrogé tuteur de provoquer directement et en son propre nom la nomination de ce conseil. — Caen, 21 mars 1861, Vallembras, [S. 62.2.484, P. 63.762] — Cass., 9 févr. 1863, Vallembras, [S. 63.1.16, P. 63.702, D. 63.1.278]; — 20 janv. 1875, Meissonnier, [S. 75.1.217, P. 75.521, D. 76.1.29] — V. *infrà*, v° *Interdiction*.

76. — Il suffit, dès lors, que l'exploit d'ajournement tendant à la nomination d'un conseil judiciaire contienne l'indication des nom, profession et domicile du subrogé tuteur : l'indication des noms et domicile des mineurs n'est pas nécessaire à peine de nullité. — Cass., 20 janv. 1875, précité. — La cour de Bruxelles, par arrêt du 31 mai 1827, a décidé aussi que le nom de l'incapable est inutile et qu'il suffit de celui de son représentant (cité dans Carré et Chauveau, *Lois de la proc. civ.*, t. 1, quest. 292). — V. aussi Rodière, *Compét. et proc.*, 4° édit., t. 1, p. 191. — Cependant d'après MM. Pigeau (*Comment. sur le Code de proc. civ.*, édit. de MM. Poncelet et Lucas-Championnière, t. 1, p. 174, et 0.526]) et Boitard (*Proc. civ.* 5° édit., t. 1, p. 179, note); Bonceanne (*Théor. de la proc.*

civ., t. 2, p. 135 et s.); Carré et Chauveau (*Lois de la proc. civ.*, t. 1, quest. 292), lorsque la demande est formée par une personne n'ayant pas le libre exercice de ses droits, il faut désigner et l'incapable et son représentant.

77. — En tous cas, la nullité résultant du défaut d'indication des noms et domicile des mineurs ne peut être proposée pour la première fois devant la Cour de cassation. — Cass., 20 janv. 1875, précité.

78. — Les alliés n'ont pas qualité pour provoquer la nomination d'un conseil judiciaire à un de leurs alliés, pas plus qu'ils ne pourraient provoquer son interdiction. — V. *infrà*, v° *Interdiction*.

79. — Mais ils peuvent avoir ce droit indirectement, par exemple en qualité de tuteurs d'enfants ayant qualité pour agir. Par exemple, si le beau-père, en sa seule qualité d'allié, est sans droit pour intenter la demande en nomination d'un conseil judiciaire à son gendre, ce droit lui appartient en sa qualité de subrogé tuteur des enfants mineurs de celui-ci, agissant pour les mineurs à raison de l'opposition d'intérêts existant entre eux et leur père tuteur légal. — Cass., 20 janv. 1875, précité.

80. — Peu importe que, par un oubli de rédaction, la qualité de subrogé tuteur n'ait pas été rappelée dans les actes de la procédure, s'il résulte suffisamment de la conduite du grand-père au procès qu'il n'agissait que dans l'intérêt de ses petits-enfants. — Même arrêt.

81. — Le ministère public peut-il provoquer la nomination d'un conseil judiciaire? Dans l'ancien droit, on lui refusait cette faculté (Meslé, part. 2, chap. 13, n. 8). Il faut admettre aujourd'hui que le ministère public peut provoquer la nomination d'un conseil judiciaire, soit pour cause de faiblesse d'esprit, soit pour cause de prodigalité, lorsque l'individu dont il s'agit n'a ni époux, ni épouse, ni parents connus. Si c'est pour cause de faiblesse d'esprit, ce droit résulte, sans qu'il puisse y avoir de contestation, du rapprochement des art. 489 et 491. Si c'est pour cause de prodigalité, la question est controversée.

82. — Dans un premier système, on admet que, même dans le cas de prodigalité, le ministère public peut provoquer la nomination d'un conseil judiciaire à un individu qui n'a ni époux, ni épouse, ni parents connus. L'art. 514, en effet, est absolu, et déclare que la nomination d'un conseil judiciaire peut être provoquée par tous ceux qui peuvent demander l'interdiction; or, aux termes de l'art. 491, le ministère public a ce droit, quand l'individu n'a ni époux, ni épouse, ni parents connus. Lors de la discussion des articles du Code, le Tribunat avait demandé qu'après ces mots de l'art. 514, « peut être provoquée par ceux qui ont le droit de demander l'interdiction », on ajoutât ceux-ci : « excepté toutefois le commissaire du gouvernement » (Locré, *Législ. civ.*, t. 7, p. 347, n. 12; Fenet, *Trav. prép.*, t. 10, p. 702). Cette addition a été rejetée par le Conseil d'État. L'art. 514 renvoie donc purement et simplement à l'art. 491. — Cette faculté de provoquer la nomination d'un conseil judiciaire, accordée au ministère public, se justifie très-bien, soit dans l'intérêt privé du prodigue lui-même, soit dans l'intérêt général de l'État; il est évident que le prodigue a d'autant plus besoin de protection qu'il n'a pas de famille, et que le prodigue ruiné peut devenir un homme dangereux. — Rouen, 5 déc. 1853, Lebrun, [S. 55.2.561, P. 55.1.615, D. 54.2.123] — *Sic*, Locré, *Législ. civ.*, t. 7, p. 321, art. 4, p. 342, n. 2; Ducaurroy, Bonnier et Roustain, *Comment. C. Nap.*, t. 2, n. 744; Taulier, *Théorie du C. civ.*, t. 2. p. 132; Marcadé, sur l'art. 514; Demante, t. 2, p. 286 *bis*; Massé et Vergé, sur Zachariæ, note 7, sur le § 248; Boileux, *Comment. du C. Nap.*, 6° édit., t. 2, p. 584; Valette, *Explic. somm. du liv. 4 du C. Nap.*, p. 389; Demolombe, *Minorité*, t. 2, n. 703; Aubry et Rau, t. 1, § 138, note 6.

83. — Dans une seconde opinion cette faculté est refusée au ministère public au cas de prodigalité. — Merlin, *Répert.*, v° *Interdiction*; Toullier, t. 2, n. 1372; Duranton, t. 3, n. 803; Zachariæ, t. 1, n. 274; Chardon, *Puissance tutélaire*, n. 262; Bioche et Goujet, *Dict. proc.*, v° *Conseil judiciaire*, n. 4; Rolland de Villargues, *Répert. not.*, 2° édit., v° *Conseil judiciaire*, n. 9. — Le motif invoqué en général par ces auteurs est que la loi ne permettant au ministère public de provoquer l'interdiction que pour cause de fureur ou pour cause de démence, à défaut de parents, ces dispositions exceptionnelles, fondées sur l'intérêt public, limitent nécessairement son action au cas spécial de l'interdiction. — Delvincourt, tout en admettant l'affirmative, restreint l'exercice de ce droit au cas où le prodigue n'aurait que des enfants mineurs et serait sans conjoint ni proches parents (t. 1, p. 130, n. 1, sur l'art. 514).

84. — On s'était demandé, dans l'ancien droit, si une personne, bien qu'elle ne puisse provoquer sa propre interdiction, ne pouvait pas au moins se faire nommer un conseil judiciaire. Les auteurs n'étaient pas d'accord. Meslé enseignait qu'*un tel consentement était contraire au droit et à l'honnêteté publique* (part. 2, chap. 13, n. 12). — V. Brodeau, sur Louet, liv. V, somm. 16, n. 9). Cependant la jurisprudence paraissait admettre plus généralement qu'un conseil pouvait être nommé « sur la propre réquisition de l'incapable ». — Nouveau Denizart, v° *Conseil nommé par justice*, § 2, n. 1.

85. — Il paraît préférable de décider qu'on ne peut pas se donner à soi-même un conseil judiciaire, ni en provoquer la nomination dans son propre intérêt. Bien que cette mesure n'ait pas sur l'état de la personne un effet aussi direct que l'interdiction, il ne s'agit pas moins d'une modification de la capacité; or, comme tout ce qui touche à l'état des personnes est indépendant de leur volonté, on doit proscrire les demandes personnelles à fin de nomination de conseil (V. *infrà*, v° *Interdiction*). On doit d'autant mieux le décider ainsi qu'un pareil droit laissé aux prodigues pourrait être pour eux le moyen d'échapper par des combinaisons frauduleuses, à des engagements qui, bien que sacrés, n'auraient pas, antérieurement à la nomination du conseil, acquis de date certaine qui en assurât l'exécution. Enfin, dans le projet du Code civil, se trouvait un chapitre intitulé *Du conseil volontaire*, et ce chapitre a été supprimé; c'est donc qu'il a été dans l'intention du législateur d'abroger sur ce point les principes de l'ancien droit. — Merlin, *Rép.*, v° *Prodigue*, § 8; Favard de Langlade, *Rep.*, v° *Conseil judiciaire*, n. 2; Massé et Vergé, t. 1, p. 464; Duranton, t. 3, n. 804; Duvergier, sur Toullier, t. 2, n. 1373, note *a*; Delvincourt, t. 1, p. 131, note 3; Valette, sur Proudhon, t. 2, p. 524; Valette, *Explic. somm. du liv. 3 du Code Nap.*, p. 389; Demolombe, *Minorité*, t. 2, n. 474, 701 et 703 *bis*; Aubry et Rau, t. 1, § 138, note 7; Pigeau, *Comment.*, t. 2, p. 592; Berriat Saint-Prix, p. 684, note 11, n. 6; Adolphe Chauveau, *Dictionnaire de procédure*, v° *Interdiction*, n. 23; Demiau-Crouzilhac, p. 397; Hautefeuille, p. 533. — *Contrà*, Toullier, t. 2, n. 1373; Zachariæ, § 139, texte et note 6; Chardon, *Puissance tutélaire*, n. 263.

86. — Jugé qu'on doit considérer comme sans effet sur la validité des engagements contractés envers des tiers, la nomination d'un conseil judiciaire prononcée contre un individu, sur sa propre requête, sans avis de parents, sans articulation de faits, sans conclusions du ministère public, alors surtout que le jugement n'a pas reçu la publicité légale. — Paris, 11 therm. an XII, Béchon, [P. chr.]

87. — Cependant les juges pourraient prendre en considération la demande que ferait un individu (un sourd-muet) dont on provoquerait l'interdiction, d'être placé sous l'assistance d'un conseil judiciaire. — Lyon, 14 janv. 1812, Favre, [S. et P. chr.] — V. *suprà*, n. 20.

88. — Nul ne pourrait même valablement acquiescer au jugement qui lui aurait nommé un conseil judiciaire. — Aubry et Rau, t. 1, § 124, texte et note 11; § 138, texte et note 8. — V. *suprà*, v° *Acquiescement*, n. 83 et s.

CHAPITRE IV.

DE LA PROCÉDURE A SUIVRE POUR LA NOMINATION D'UN CONSEIL JUDICIAIRE.

89. — Aux termes de l'art. 514, la demande à fin de nomination d'un conseil judiciaire doit être instruite et jugée de la même manière que la demande à fin d'interdiction. — V. *infrà*, v° *Interdiction*, pour toutes les règles communes à l'interdiction et au conseil judiciaire.

90. — Dans l'ancienne jurisprudence, l'interdiction pour cause de prodigalité n'avait jamais lieu de plein droit, comme l'interdiction pour fureur ou pour cause de démence. Elle devait être prononcée par le juge compétent. L'art. 49 de la coutume de Bretagne portait que « nul ne pourra être déclaré prodigue et privé de l'administration de ses biens, que à la requête de sa femme, de ses enfants ou autres héritiers présomptifs ». Aujourd'hui comme autrefois, il faut une requête et un jugement. —

Henri Beaune, *Droit coutumier français, La condition des personnes*, 1882. p. 588.

91. — La demande à fin de nomination d'un conseil judiciaire est formée contre celui qui en est l'objet.

92. — Le tuteur qui veut former une demande en dation de conseil judiciaire contre son pupille sur le point d'atteindre sa majorité, doit assigner avec lui le subrogé tuteur ou un tuteur nommé *ad hoc* : une telle demande formée contre le pupille seul est nulle. — Bordeaux, 6 juin 1855, Piotay, [S. 56.2.431, P. 57.409]

93. — Et, dans ce cas, l'exception de nullité peut, après avoir été rejetée en première instance, et nonobstant les conclusions au fond qui auraient été prises par le pupille, être présentée de nouveau par lui en cause d'appel : une semblable nullité n'est pas couverte par des défenses au fond, ni par le jugement sur le fond. — Même arrêt.

94. — La demande en nomination de conseil judiciaire à un mineur doit être formée, à peine de nullité, lorsqu'elle a pour auteur un parent autre que le tuteur, contre le mineur assisté du tuteur. — Même arrêt (motifs). — Demolombe, *Minorité*, t. 2, n. 443 et 444.

95. — Il a été jugé cependant qu'il n'est pas nécessaire, à peine de nullité, que la demande en interdiction d'un mineur soit dirigée contre son tuteur : qu'elle peut l'être contre le mineur seul et personnellement. — Metz, 30 août 1823, Ministère public, [S. et P. chr.] — *Contra*, Dijon, 24 avr. 1830, Ministère public, [S. et P. chr.]

96. — Mais, de toute façon, s'il s'agit de nommer un conseil judiciaire à un mineur, il doit figurer personnellement dans l'instance qui a pour objet cette mesure : il n'est pas suffisamment représenté par son subrogé tuteur. — Nîmes, 22 avr. 1839, Vinay, S. 39.2.433, P. 39.2.490]

97. — S'il s'agit d'une femme mariée, la poursuite n'est-elle valable qu'autant que cette femme a été autorisée à ester en jugement par son mari ou par la justice ? — V. à cet égard, *supra*, *Autorisation de femme mariée*, n. 88 et s., et *infra*, v° *Interdiction*.

98. — Jugé dans tous les cas que la femme dont le mari est absent, et contre laquelle on poursuit la nomination d'un conseil judiciaire pour cause de prodigalité, peut être réputée suffisamment autorisée à ester en justice, par le jugement qui ordonne son interrogatoire et la convocation d'un conseil de famille, et que les juges pourrront rejeter la demande en nullité des procédures, formée par la femme pour défaut d'autorisation, en se fondant sur ce que cette nullité, qui ne peut être invoquée que dans l'intérêt de la femme, serait sans aucune utilité pour elle. — Caen, 1er mai 1826, sous Cass., 9 mai 1829, Baudre, [S. et P. chr.]

99. — Au surplus, lorsque, dans cette hypothèse, le demandeur en nomination de conseil judiciaire a fait tout ce qui dépendait de lui pour que la procédure fût régularisée, et que la femme a exécuté sans réserves l'arrêt qui rejetait sa demande en nullité des procédures pour défaut d'autorisation, elle est non recevable à invoquer cette nullité devant la Cour de cassation. — Même arrêt.

100. — La demande en dation d'un conseil judiciaire doit être considérée comme urgente et peut, à ce titre, être portée devant la chambre des vacations. — Paris, 31 janv. 1846, Doin, [P. 46.4.206] — V. au surplus, *infra*, v° *Interdiction*.

101. — L'omission de joindre à la demande en dation de conseil judiciaire les pièces justificatives et l'indication des témoins, n'importe pas nullité. — Agen, 18 févr. 1841, précité. — *Sic*, Chauveau, sur Carré, *Quest.* 3013 bis.

102. — L'avis du conseil de famille doit être demandé aussi bien pour la nomination d'un conseil judiciaire que pour l'interdiction (art. 404 et s., et 514 rapprochés). — Cass., 8 juin 1847, Lau, [S. 48.1.46, P. 47.1.748, D. 48.1.77] — 16 mars 1887, de Rochechouart, [S. 88.1.69, P. 88.1.148, D. 87.1.211] — Lyon, 24 févr. 1859, M....., [S. 59.2.655, P. 60.526] — Trib. Vitry-le-François, 23 juill. 1881, sous Paris, 3 mars 1882, Gibrelle, [S. 82.2.163, P. 82.1.886]

103. — L'interrogatoire du défendeur est de rigueur, en matière de nomination de conseil judiciaire, comme en matière d'interdiction. La question, agitée dans l'ancien droit, y était diversement résolue. Certaines coutumes proscrivaient formellement l'interrogatoire (Lille, tit. 4, art. 9; Douai, chap. 7, art. 9; Bretagne, art. 520; dans le même sens, d'Argentré, Glos. 2, p. 1835; Merlin, *Répert.*, t. 10, v° *Prodigue*, § 2, n. 4). De son côté, Denizart (v° *Interdiction*, n. 13) cite deux arrêts avant interdit des prodigues sans un interrogatoire préalable; il blâme cette jurisprudence, et M. de Lamoignon avait essayé de la faire changer, en proposant au Parlement de rendre un arrêt de règlement pour déclarer l'interrogatoire indispensable dans toute poursuite en interdiction, tant pour cause de prodigalité que pour cause de démence. — Brillon, v° *Interdiction*, p. 833.

104. — La même doctrine paraît être dans l'esprit du Code. Le rapprochement des art. 514 et 496 ne permet pas d'en douter. Lorsque le conseil judiciaire est demandé dans le cas de prodigalité, l'interrogatoire est encore plus utile peut-être que dans celui d'interdiction, car le prodigue a sa raison et peut fournir des explications de nature à éclairer les tribunaux — Cass., 26 janv. 1848, Sauvage, [S. 48.1.177, P. 48.1.129, D. 48.1.63]; — 29 avr. 1868, Grosjean, [S. 68.1.324, P. 68.870, D. 69.1.229]; — 7 déc. 1868, C..., [S. 69.1.119, P. 69.278] — 16 mars 1887, précité; — 4 avr. 1887, Leppert, [S. 88.1.69, P. 88. 1.147, D. 88.1.292] — Bourges, 2 fruct. an XIII, Maillet, [S. et P. chr.] — Nîmes, 22 avr. 1839, Vinay, [S. 39.2.433, P. 39.2.489] — Bordeaux, 23 août 1854, Sauvage, [S. 34.2.789, P. 36.2.70, D. 55.2.105] — Bourges, 4 déc. 1882, sous cass., 29 avr. 1885, Lacam, [S. 86.1.157, P. 86.1.373, D. 83.1.375] — *Rapport au Tribunat*, par Bertrand de Greuille (Locré, *Légist.*, t. 7, p. 377, n. 14); Merlin, *Répert.*, v° *Prodigue*, § 2, n. 4; Chardon, *Puissance tutélaire*, n. 264; Valette, *Explic. somm. du liv. 4 du Code Nap.*, p. 390; Marcadé, sur l'art. 514; Rodière, *Cours de proc.*, t. 3, p. 357; Massé et Vergé, sur Zacharias, § 248, note 8; Aubry et Rau, t. 1, § 138, note 12; Demolombe, *Minorité*, t. 2, n. 706; Baudry-Lacantinerie, t. 1, n. 1188. — Ce dernier auteur fait observer néanmoins qu'on n'aperçoit que difficilement l'utilité de l'interrogatoire quand il s'agit d'un prodigue. — *Contra*, Agen, 18 févr. 1841, Sauvage, [S. 48.1.177, P. chr.] — Duvergier est peut-être le seul auteur qui ne considère l'interrogatoire du défendeur en matière de nomination de conseil judiciaire que comme une mesure facultative. — Duvergier, sur Toullier, t. 2, n. 1373, note 6. — V. Bertin, *Chambre du conseil*, 1re édit., t. 1, p. 463, et 2e édit., t. 2, n. 779.

105. — On doit donc considérer aujourd'hui l'interrogatoire du défendeur comme une formalité substantielle et d'ordre public dont l'inobservation entraîne la nullité de la procédure. — Arrêts précités et Cass., 9 mai 1860, Corps, [S. 60.1.505, P. 60.1051, D. 60.1.214]; — 16 févr. 1875, du B..., [S. 75.1.193, P. 75.481, D. 76.1.49]

106. — On ne saurait considérer comme équivalent à cet interrogatoire et comme pouvant en tenir lieu, une lettre missive de celui contre qui la dation du conseil judiciaire est poursuivie et contenant l'aveu des faits articulés. En conséquence, doit être annulé l'arrêt qui prononce la nomination d'un conseil judiciaire en l'absence d'interrogatoire subi et de sommation faite à la partie de le subir. — Cass., 26 janv. 1848, précité; — Bordeaux, 23 août 1854, précité. — V. aussi Mesle, *Des minorités*, 2e part., p. 10, n. 12; Brodeau, sur Louet, liv. 5, somm. 16, n. 9.

107. — Mais le défaut d'interrogatoire du défendeur à une demande en nomination de conseil judiciaire n'est point une cause de nullité, lorsque c'est le défendeur lui-même qui, par sa faute, a mis obstacle à l'accomplissement de cette formalité. — Cass., 4 juill. 1838, Barberaud, [S. 48.1.654, P. 38.2.65] — Lyon, 24 févr. 1859, précité. — Cass., 29 avr. 1868, précité; — 7 déc. 1868, précité; — 7 févr. 1893, Dimier de la Brunetière, [D. 93.1.152] — *Sic*, Massé et Vergé, sur Zacharias, t. 1, § 234, note 15; Demolombe, *op. cit.*, t. 2, n. 511; Fuzier-Herman, *Code civil annoté*, sur l'art. 514, n. 16 et s. — V. au surplus, sur la question de savoir si l'interrogatoire est de rigueur, même pour rejeter la demande, *infra*, v° *Interdiction*.

108. — Il ne suffit pas, pour que l'absence d'interrogatoire ne puisse pas entraîner la nullité de la procédure, qu'il soit constaté que, dûment appelé, le défendeur ne s'est pas présenté; mais le défaut d'interrogatoire sera suffisamment justifié, s'il résulte des constatations de l'arrêt que c'est volontairement et intentionnellement que le défendeur n'a pas comparu sur les sommations par lui reçues. — V. les arrêts précités.

109. — Si donc le prodigue, encore qu'il fût régulièrement sommé de comparaître, n'a pas été prévenu en temps utile pour se rendre devant le juge, c'est à tort qu'à défaut de comparution, le tribunal refuse d'ordonner un nouvel interrogatoire, alors d'ailleurs qu'au cours de l'instance le prodigue a offert de se présenter et de se prêter à l'interrogatoire. — Cass., 29 avr. 1885, précité.

110. — Dans ce cas, le prodigue n'est pas davantage recevable à se plaindre de ce que la formalité substantielle de l'interrogatoire, omise par le tribunal, a été remplie devant la cour d'appel. — Même arrêt.

111. — Il ne suffit pas non plus, pour que le tribunal puisse, en cas de non-comparution du défendeur à l'interrogatoire, se dispenser de commettre un juge à l'effet de l'interroger dans sa demeure, comme l'indique l'art. 496, C. civ., qu'il constate la non-comparution en chambre du conseil; il faut de plus qu'il constate que, pouvant se présenter à l'interrogatoire, le défendeur ne l'a pas voulu.

112. — La nullité des actes préliminaires à la demande en dation du conseil judiciaire peut être invoquée à l'audience, encore que, après un jugement par défaut qui accueille la demande, le défendeur qui s'est pourvu par opposition ait omis de relever dans son acte de moyen de nullité. Il n'en est pas de ces nullités comme de celles de procédure. — Agen, 18 févr. 1841, Sauvage, [S. 48.1.177, P. 41.1.649]

113. — Le tribunal peut ordonner les mesures d'instruction qui lui paraissent nécessaires, et notamment, une enquête s'il y a lieu (C. civ., art. 514, 493; C. proc. civ., art. 890). Il en était de même dans l'ancienne législation (Nouveau Denizart, v° *Conseil nommé par justice*, § 2, n. 2). — Demolombe, *Minorité*, t. 2, n. 707.

114. — Il n'est pas permis au juge de statuer sur chose non demandée. Il en résulte que le tribunal saisi d'une demande basée uniquement sur la prodigalité, ne peut nommer, après avis du conseil de famille et interrogatoire, un conseil judiciaire pour faiblesse d'esprit; cette nomination aurait lieu pour une cause nouvelle, et par cela même sans l'accomplissement des formalités exigées. — Cass., 16 mars 1887, de Rochechouart, [S. 88.1.69, P. 88.1.148, D. 87.1.211]. — Il n'en est pas de cette hypothèse comme de celle envisagée *suprà*, n. 20. La demande en interdiction, en effet, est une mesure plus grande que la dation d'un conseil et qui est virtuellement présumée la comprendre. Au contraire un prodigue n'est pas par cela même faible d'esprit. Il y a les deux actions parallèles, mais qui ne le confondent pas. Le principe général en vertu duquel le juge ne peut statuer d'office doit donc reprendre son empire.

115. — L'art. 514, C. civ., établit une assimilation absolue, quant à la procédure et quant aux droits des tribunaux pendant l'instruction, entre la matière de l'interdiction et celle de la nomination du conseil judiciaire. En conséquence, le tribunal saisi d'une demande en nomination de conseil judiciaire peut, après le premier interrogatoire, nommer au prodigue un administrateur provisoire, conformément à l'art. 497, C. civ. — Cass., 29 avr. 1885, précité. — Caen, 28 juin 1827, Dufay-Prémarel, [P. chr.] — *Sic*, Valette, *Explic. somm. du Code civil*, p. 390; Demolombe, *Minorité*, t. 2, n. 772. — V. aussi Aubry et Rau, t. 1, p. 565, § 138. — Il va de soi, d'ailleurs, que le conseil provisoire ne saurait avoir plus de pouvoir que le conseil définitif.

116. — Le jugement est rendu dans la même forme que celui d'interdiction et après avoir entendu le ministère public (C. civ., art. 515. — V. aussi C. proc. civ., art. 83-2° et 6°). — Baudry-Lacantinerie, t. 1, n. 1184.

117. — La reprise d'instance peut avoir lieu en matière de demande à fin de dation d'un conseil judiciaire, comme en toute autre matière. — Cass., 8 juin 1847, Lan, [S. 48.1.46, P. 47.1.748, D. 48.1.77]

118. — Spécialement, en cas de décès d'un ascendant qui a formé une demande en dation d'un conseil judiciaire contre un de ses descendants, et qui a obtenu un jugement en vertu duquel le conseil de famille a été convoqué et a donné son avis, l'héritier de cet ascendant, qui a qualité pour former lui-même une demande en dation d'un conseil judiciaire, peut reprendre l'instance au point où son auteur l'a laissée, sans être obligé de la recommencer et de présenter une nouvelle requête à l'effet de convoquer de nouveau le conseil de famille. — Même arrêt.

119. — Dans tous les cas, la nullité de cette reprise d'instance qui n'a été présentée ni en première instance, ni en appel, ne peut être proposée pour la première fois devant la Cour de cassation. — Même arrêt.

120. — Les formalités de signification, affiches et publications prescrites en matière d'interdiction le sont également lorsqu'il s'agit d'un jugement qui nomme un conseil judiciaire. L'art. 896, C. proc. civ., dit, en effet : « Le jugement qui prononcera défenses de plaider, transiger, emprunter, recevoir un capital mobilier, ou en donner décharge, aliéner ou hypothéquer, sans assistance du conseil, sera affiché et inscrit au greffe dans la forme prescrite par l'art. 501, C. civ. » (L. 16 mars 1893, art. 2). — V. *infrà*, v° *Interdiction*.

121. — Il a été jugé cependant sous l'empire du Code civil que la publicité du jugement portant nomination d'un conseil judiciaire n'est pas une formalité substantielle dont l'omission puisse faire considérer la dation du conseil comme non avenue. — Montpellier, 1er juill. 1840, Medal, [S. 40.2.314, P. 42.2.290] — V. *infrà*, n. 352 et s.

122. — Dans tous les cas, il n'est pas nécessaire que le jugement portant nomination d'un conseil judiciaire, soit inséré par extrait dans un journal; il suffit qu'il soit affiché dans l'auditoire du tribunal et dans les études des notaires de l'arrondissement. La disposition de l'art. 92, Décr. 16 févr. 1807, qui parle de l'insertion dans le journal, n'impose aucune *obligation*; son observation est purement *facultative*. — Nancy, 17 févr. 1829, Morhange, [S. et P. chr.]

123. — Une loi du 16 mars 1893 a augmenté la publicité requise antérieurement (V. Décr. 9 mai 1893). Ce supplément de publicité paraissait d'autant plus nécessaire que, à la différence de l'interdit, rien ne peut dénoter extérieurement l'état du prodigue. La publicité de la loi de 1893 étant la même pour l'interdiction et le conseil judiciaire, nous renvoyons *infrà*, v° *Interdiction*.

CHAPITRE V.

DÉSIGNATION ET REMPLACEMENT DU CONSEIL JUDICIAIRE.

124. — C'est le tribunal qui nomme le conseil judiciaire. L'art. 513 le dit expressément; de là sa dénomination de conseil *judiciaire*, et autrefois de conseil *nommé par la justice*. A la différence du tuteur, le conseil judiciaire ne peut être ni testamentaire, c'est-à-dire nommé par le dernier mourant des père et mère, ni légitime, car il n'y a pas de personne qui, de plein droit, soit conseil, ni datif, c'est-à-dire nommé par le conseil de famille. Demolombe en donne pour raison que la famille aurait pu, dans son choix, être influencée par l'intérêt personnel et placer auprès d'un prodigue celui des parents qui lui paraîtrait le plus disposé à refuser son assistance pour tout acte pouvant diminuer son patrimoine (*Minorité*, t. 2, n. 708).

125. — Cependant un arrêt de la cour de Riom, en décidant qu'il y avait lieu de nommer un conseil judiciaire dans une espèce déterminée, a renvoyé au conseil de famille le soin de cette nomination. — Riom, 4 mai 1825, Lomenede, [S. et P. chr.] — Mais cette décision, évidemment contraire à la loi, ne peut faire jurisprudence. Le conseil de famille pourrait seulement, comme l'indique Toullier (n. 1375), indiquer les personnes qu'il désire, mais le tribunal ne serait pas tenu de suivre ses indications.

126. — Il n'y a pas lieu en matière de nomination de conseil judiciaire, à l'application des principes sur la tutelle légitime. Nous avons vu *suprà*, n. 60 et s. que le mari, tuteur de droit (par exception) de sa femme interdite, n'est pas de droit son conseil judiciaire. — V. aussi *suprà*, v° *Autorisation de femme mariée*, n. 279 et s.

127. — Les magistrats peuvent choisir parmi les parents ou des étrangers; en général, ils choisissent pour conseil judiciaire un homme d'une prudence reconnue et ayant la connaissance suffisante des affaires. La nature de celles du prodigue, dit M. Duranton (n. 805), doit exercer une grande influence dans le choix du guide qu'on lui donnera. Au surplus, les juges ont à cet égard toute liberté. Ils en useront dans l'intérêt de celui qu'il s'agira de pourvoir.

128. — Jugé que, quand il s'agit du choix d'un conseil judiciaire, la proximité du sang, l'aptitude à la successibilité, d'où naît la possibilité de vues personnelles dans la direction des affaires du pourvu, peuvent être des motifs d'exclusion. — Amiens, 25 therm. an XIII, Colnage, [S. et P. chr.] — On peut craindre en effet que des parents, ayant trop d'intérêt à conserver les biens, n'en autorisent jamais la vente. C'est là tout au moins une considération dont les tribunaux peuvent tenir compte; mais ce n'est pas une règle qu'ils soient tenus d'observer.

129. — Toutefois, la femme ne peut être nommée conseil judiciaire de son mari prodigue. — Trib. civ. Semur, 16 janv. 1861,

Gimelet, [S. 62.2.233, P. 62.2.233, D. 62.3.59]. — Contrà, Rolland de Villargues, *Rép. du not.*, v° *Cons. judiciaire*, n. 19.

130. — Le conseil judiciaire nommé par justice peut-il refuser ou se démettre de ses fonctions sans motifs légitimes ? Sous l'ancienne jurisprudence, l'affirmative n'était pas douteuse (Denisart, v° *Conseil nommé par justice*, § 2, n. 16 et 17). Et telle est aussi, suivant Merlin (*Rép.*, v° *Tutelle*), l'opinion qu'on devrait suivre aujourd'hui. Dans le même sens, Demolombe (n. 710) pense que la nomination ayant lieu, non par la famille, mais par la justice, les règles sur la tutelle sont sans application, et que les fonctions du conseil judiciaire constituent une sorte de mandat qui peut être refusé, dont on peut se démettre, et que le tribunal lui-même pourrait ensuite révoquer, s'il y avait lieu. — Chardon, *Puissance tutélaire*, n. 266; Valette, *Explicat. somm. du liv. 1 du Code Nap.*, p. 382, 383 ; Demolombe, *Minorité*, t. 1, n. 86 et 88; t. 2, n. 710; Aubry et Rau, t. 1, § 139.
— La jurisprudence est moins affirmative. Il semble résulter des termes d'un arrêt de la Cour de Rennes que les seules excuses légitimes soient celles dont pourraient se prévaloir les tuteurs ou curateurs nommés par le conseil de famille (V. aussi en ce sens, Taulier, t. 2, p. 432; Demante, t. 2, n. 285 *bis*-II). On invoque dans cette opinion cette considération que les fonctions de conseil judiciaire aussi bien que celles de tuteur, de subrogé tuteur et de curateur, constituent des charges publiques, et par suite ne peuvent être refusées. — Rennes, 14 août 1823, Le Guillon et autres, [S. et P. chr.]

131. — Et les juges qui ont nommé le conseil ont pouvoir pour apprécier ses excuses. — Rennes, 14 août 1823, précité.

132. — Jugé aussi que, de même qu'un conseil judiciaire peut refuser, au moment de sa nomination, les fonctions qui lui sont dévolues, de même il peut par la suite les résigner. Les juges peuvent accepter la démission donnée par le conseil judiciaire, au moins *quand il la trouvent suffisamment motivée*. — Nancy, 26 nov. 1868, de la Ruelle, [S. 70.2.184, P. 70.724, D. 69.2.200] — Il résulte donc implicitement de cet arrêt que le conseil judiciaire ne serait pas maître absolu de donner sa démission.

133. — Ce qui paraît certain c'est que l'art. 308, qui autorise les tuteurs nommés à l'interdiction d'un individu à se démettre de leurs fonctions après dix ans, n'est applicable au conseil judiciaire : la loi n'en dit rien.

134. — Ajoutons que le conseil judiciaire démissionnaire demeure responsable vis-à-vis des tiers et de la personne assistée, jusqu'à l'acceptation de sa démission et jusqu'à son remplacement. — Nancy, 26 nov. 1868, précité. — S'il en était autrement, dans l'intervalle de la démission au remplacement, l'assisté resterait sans protection, ce qu'il est impossible d'admettre.

135. — Sous l'ancien droit, on pouvait nommer indifféremment pour conseil judiciaire une ou plusieurs personnes (Nouveau Denizart, v° *Conseil nommé par justice*, § 2, n. 1). Il faut au contraire admettre aujourd'hui que le tribunal ne pourrait pas nommer plusieurs conseils judiciaires au même individu. Le Code civil a voulu l'unité de tuteur, et évidemment aussi l'unité de conseil judiciaire; les art. 499 et 513 disent *un conseil*. De plus, comme le fait aussi remarquer Demolombe, ce serait aggraver arbitrairement l'incapacité légale, que de soumettre le prodigue à la nécessité d'obtenir l'assistance de plusieurs conseils, de deux, de trois et même plus. — Zacharie, Massé et Vergé, t. 1, p. 488; Aubry et Rau, t. 1, § 139, note 2; Demolombe, *Minorité*, t. 2, n. 711. — *Contrà*, Toullier, t. 2, n. 1365 et 1377; Taulier, t. 2, p. 432; Chardon, *Puiss. tutel.*, n. 267.

136. — Le tribunal pourrait cependant nommer un second conseil chargé d'assister le prodigue, *à défaut du premier*, mais à titre de *suppléant* seulement. — Demolombe, *op. cit.*, n. 712.

137. — Mais il n'y a pas lieu à la nomination d'un *subrogé conseil*, c'est-à-dire d'une personne qui serait chargée, comme le subrogé tuteur, en matière de tutelle, d'exercer à côté du conseil et concurremment avec lui une espèce de surveillance. — Merlin, *Rép.*, v° *Prodigue*, § 9; Demolombe, *op. cit.*, n. 713.

138. — En cas d'intérêts contraires entre le prodigue, ou le faible d'esprit, et son conseil judiciaire, le tribunal devra, soit procéder au remplacement de celui-ci, soit nommer un conseil *ad hoc*, avec la mission d'assister provisoirement le prodigue. — Turin, 12 avr. 1808, Corbetta, [S. et P. chr.] — Sic, Merlin, *Rép.*, t. 10, v° *Prodigue*, § 9; Demolombe, *op. cit.*, n. 714 et 759 *bis*.

139. — Quand le conseil judiciaire nommé à un prodigue meurt, se démet, ou se trouve en opposition d'intérêts avec ce dernier, et qu'il y a lieu, dès lors, de le remplacer, soit d'une manière définitive, soit d'une manière temporaire par la désignation d'un conseil judiciaire *ad hoc*, la nomination du nouveau conseil judiciaire doit émaner de l'autorité même qui a eu compétence pour nommer le premier, c'est-à-dire du tribunal premier saisi. — Cass., 12 août 1868, Duroussy, [S. 68.1.429, P. 68.1160, D. 69.1.268]

140. — Il en est de même dans le cas de refus abusif de la part du conseil de donner son assistance. Ainsi, lorsque le conseil judiciaire d'un prodigue refuse de l'assister dans une action en justice comprenant deux chefs, les juges, s'ils ne considèrent sa résistance comme illégitime qu'à l'égard de l'un de ces chefs, peuvent, en nommant un conseil judiciaire *ad hoc*, limiter à l'examen de ce chef la mission qu'ils donnent à ce conseil. — Même arrêt. — Mais il est évident que, s'il existait entre les deux chefs au sujet desquels se serait élevé le litige une connexité qui les rendît inséparables, les juges devraient ou repousser ou admettre absolument pour le tout la demande du prodigue.

141. — De ce que le conseil de famille doit nommer le curateur qui assiste le mineur émancipé lors de la reddition du compte de tutelle, il ne s'ensuit pas qu'il doive nommer le second conseil judiciaire *ad hoc*, nécessaire pour assister le prodigue, lorsqu'il a à plaider contre son premier conseil judiciaire en reddition de compte. Dans ce dernier cas, comme dans les autres, la nomination appartient au tribunal. — Turin, 12 avr. 1808, précité.

142. — Le remplacement d'un conseil judiciaire décédé constitue un acte d'exécution du jugement qui a nommé le conseil, lorsqu'il ne s'agit pas d'examiner à nouveau l'état du prodigue. Dès lors, c'est au tribunal qui a rendu le jugement, et non au tribunal du domicile actuel du prodigue, qu'il appartient de désigner un nouveau conseil. — Nîmes, 25 janv. 1876, Despaux-Ader, [S. 77.2.294, P. 77.1166, D. 77.2.187]

143. — Dans quelle forme le tribunal devra-t-il être saisi ? Quand le conseil judiciaire est mort, c'est, ou celui qui avait provoqué la nomination de ce conseil, ou le prodigue lui-même, qui est appelé à agir. Si le conseil judiciaire refuse abusivement d'autoriser le prodigue à emprunter, à aliéner ou à ester en justice, il est certain que ce dernier peut demander le remplacement définitif ou momentané de ce conseil. — Orléans, 15 mai 1847, Brujeau, [S. 47.2 567, P. 47.2.54, D. 47.2.138] — Besançon, 11 janv. 1851, Jarre, [S. 51.2.75, P. 51.4.334, D. 51.2.61] — Douai, 31 août 1864, Quéquet, [S. 65.2.139, P. 65.693]

144. — Le conseil judiciaire démissionnaire n'a pas qualité pour provoquer lui-même la nomination de son successeur. — Trib. Nancy, 30 avr. 1868; Nancy, 26 nov. 1868, précité.

145. — Dans ces divers cas, c'est par voie de simple requête présentée à la chambre du conseil, et non par voie d'assignation soumise à la juridiction ordinaire qu'il y a lieu de se pourvoir pour obtenir le remplacement du conseil judiciaire. Cette nomination nouvelle n'est, en effet, qu'une mesure de tutelle et d'administration judiciaire. — Trib. Châlon-sur-Saône, 5 déc. 1849, et 25 juill. 1853. — Trib. Seine, 14 avr. 1859. — Trib. Dijon, 21 mars 1860. — Demolombe, *op. cit.*, n. 714. — V. toutefois, Chauveau, sur Carré, *L. de la proc.*, quest. 3040. — V. aussi Berlin (*Ch. du cons.*, t. 2, n. 790, 2° édit.), qui résout la question par une distinction dans le sens de quatre jugements de la chambre du conseil du tribunal de la Seine des 23 févr., 18 avr., 23 juill. et 23 déc. 1853, dont il donne le texte.

146. — C'est ce qui a été décidé notamment pour le remplacement d'un conseil judiciaire momentanément empêché par un conseil *ad hoc*. Il peut donc y être procédé par la chambre du conseil, sur la demande du conseil judiciaire, seul et agissant par voie de simple requête, sans qu'il soit besoin du concours, ni de l'appel en cause du prodigue. — Trib. Dijon, 13 nov. 1866, Berthaux, [S. 67.2.197, P. 67.714, D. 67.3.5]

147. — Il suffit même que le jugement rendu en chambre du conseil pour le remplacement d'un conseil judiciaire ou la nomination d'un conseil judiciaire *ad hoc*, soit prononcé en simple séance de la chambre; il n'est pas nécessaire qu'il le soit publiquement. Les art. 493, 499, 514, C. civ., qui veulent qu'en matière d'interdiction et de dation d'un conseil judiciaire, le jugement soit rendu publiquement, ne sauraient trouver ici leur application. On comprend que la décision qui frappe une personne d'incapacité totale ou partielle doive recevoir la plus grande publicité possible, et dès lors être prononcée publiquement; mais la simple nomination d'un conseil judiciaire *ad hoc* n'étant, comme il a été dit, qu'une mesure de tutelle, pourquoi le jugement qui y procéderait serait-il soumis à des formalités plus rigoureuses que les autres décisions de la chambre du conseil ayant un caractère analogue? Les jugements des tribunaux de Paris, 14 avr. 1859; Dijon, 21 mars 1860, et 13 nov. 1866, précités, avaient été prononcés en simple séance de la chambre du conseil. Ceux des tribunaux de Châlon-sur-Saône, 5 déc. 1849, et 25 juill. 1855; Paris, 15 avr. et 23 déc. 1853, précités, avaient au contraire été prononcés à l'audience publique, quoique rendus par la chambre du conseil, sur simple requête et sans procédure.

148. — C'est à la cour, et non au tribunal, qu'il appartient de statuer sur la demande en remplacement d'un conseil judiciaire démissionnaire, lorsque ce conseil a été nommé par un arrêt infirmatif. — Nancy, 26 nov. 1868, de la Ruelle, [S. 70.2.148, P. 70.724, D. 64.2.200] — Toutefois, on s'est demandé s'il n'y aurait pas lieu de distinction à faire. L'art. 472, C. proc. civ., régit assurément la matière et règle la compétence, lorsque le remplacement du conseil judiciaire est motivé par son décès, son absence prolongée, ou quelque autre circonstance analogue; alors, en effet, la désignation d'un nouveau conseil est une mesure destinée à assurer l'exécution de l'arrêt qui avait nommé le premier conseil. Mais il est permis d'hésiter sur le point de savoir s'il doit en être de même lorsqu'il s'agit, pour la cour, d'apprécier, pour les admettre ou les rejeter, les excuses du conseil démissionnaire (V. suprà, n. 125). La décision ci-dessus n'aurait-elle pas pour effet de priver le conseil judiciaire, quant à l'appréciation des motifs de sa démission, du bénéfice du double degré de juridiction?

CHAPITRE VI.
DES VOIES DE RECOURS CONTRE LE JUGEMENT QUI NOMME UN CONSEIL JUDICIAIRE.

149. — Le jugement qui nomme un conseil judiciaire est susceptible d'opposition ou d'appel.

150. — Le jugement par défaut qui nomme un conseil judiciaire à un prodigue, du moment qu'il a reçu la publicité prescrite par l'art. 501, C. civ., se trouve à l'abri de la péremption qui atteint les jugements par défaut, faute d'exécution dans les six mois : en cette matière, la publicité donnée au jugement suivant les formes légales est un acte d'exécution dans le sens de l'art. 156, C. proc. civ. — Rennes, 12 mai 1851, de Rubat, [S. 52.2.131, P. 52.2.166, D. 52.2.262] — Riom, 18 janv. 1857, Pewerstoffs, [S. 57.2.494, P. 58.504, D. 58.2.6]

151. — Dès lors, il n'est pas nécessaire, pour que le jugement qui a été signifié, publié et affiché, soit réputé exécuté, que des poursuites aient été exercées pour le paiement des frais. — Rennes, 12 mai 1851, précité.

152. — La nomination du conseil judiciaire prononcée par un jugement par défaut dont, sur opposition, un jugement ultérieur a ordonné l'exécution, produit effet à partir du jugement par défaut, et non pas seulement à partir du jugement de débouté d'opposition. — Cass., 6 juill. 1868, Harry-Emmanuel, [S. 68.1.325, P. 68.373, D. 69.1.267] — La Cour suprême, dans cet arrêt, déclare applicable au jugement par défaut l'art. 502, C. civ., disposant que la nomination du conseil judiciaire remonte au jour du jugement; par là elle déjoue la combinaison du défendeur à l'interdiction, qui, par des lenteurs de procédure calculées, retarderait la déclaration de son incapacité et profiterait de cet intervalle pour dénaturer ses biens et les soustraire au contrôle qu'on veut lui imposer.

153. — Il faut même aller plus loin et décider, par la même raison, qu'après un jugement par défaut nommant un conseil judiciaire, le tribunal saisi sur opposition ne peut, en déclarant l'opposition recevable et en ordonnant une mesure d'instruction, rapporter la nomination du conseil judiciaire et restituer au prodigue sa pleine et entière capacité juridique jusqu'au jugement sur le fond. — Rouen, 17 mars 1875, Lejoliff, [S. 77.2.197, P. 77.841, D. 75.2.207] — Tout en déjouant le calcul dont nous venons de parler, ce n'est pas nuire au défendeur à l'interdiction, puisque sa capacité reste en suspens jusqu'au jugement définitif, et qu'elle n'aura jamais été atteinte s'il obtient gain de cause. — V. en ce sens, Marcadé, t. 2, sur l'art. 502, n. 2; Zachariæ, Massé et Vergé, t. 1, § 234, texte et note 20, p. 467; Demante, Cours de C. civ., t. 2, n. 274 bis; Aubry et Rau, t. 1, § 125, texte et note 25; Valette, Cours de C. civ., t. 1, p. 611; Proudhon, Traité sur l'état des personnes, t. 2, p. 527; Valette, Explication sommaire, p. 365; Demolombe, Minorité, Tutelle, etc., t. 2, n. 550. — Contrà, Bertauld, Questions pratiques et doctrinales, n. 205 et s.

154. — La défense faite au prodigue de plaider sans l'assistance de son conseil judiciaire ne peut s'appliquer à l'instance en nomination de ce conseil; le prodigue peut donc, sans l'assistance de son conseil, interjeter appel du jugement qui l'a pourvu d'un conseil judiciaire. — Bordeaux, 27 févr. 1878, Mourgues, [S. 78.2.182, P. 78.823, D. 79.2.120] — Le prodigue n'a besoin, en effet, de l'assistance de son conseil judiciaire que lorsque la nomination de ce conseil est devenue définitive. Jusque-là le conseil judiciaire n'existe pas encore; et il ne peut être question pour lui d'assister le prodigue. Tel est le cas du conseil judiciaire nommé par un jugement frappé d'appel.

155. — Lorsque la partie qui a provoqué la nomination d'un conseil judiciaire vient à décéder après le jugement qui l'a prononcée, mais pendant l'instance d'appel, la réformation du jugement ne laisse pas de pouvoir être demandée par l'appelant, quoiqu'il n'ait plus de contradicteur légitime. — Bordeaux, 23 août 1854, Sauvage, [S. 54.2.789, P. 56.2.70, D. 55.2.103] — L'appelant n'est donc pas tenu de procéder par voie de demande en mainlevée de la dation du conseil.

156. — Nous avons dit (suprà, n. 88) que nul ne peut valablement acquiescer au jugement qui lui aurait nommé un conseil judiciaire. Cependant, il a été jugé que le prodigue ne peut interjeter appel du jugement qui l'a nommé un conseil judiciaire, après avoir acquiescé à ce jugement. — Turin, 4 janv. 1813, Derossi, [S. et P. chr.] — Mais cette doctrine ne saurait être admise. — V. suprà, v° Acquiescement, n. 83 et s., et infrà, v° Interdiction.

157. — En appel, l'interrogatoire n'est que facultatif pour les juges. — Cass., 3 févr. 1868, de Gissac, [S. 68.1.253, P. 68.632, D. 69.1.284]; — 21 juill. 1868, Nos, [S. 69.1.27, P. 69.42, D. 69.1.32]

158. — La question de savoir si l'appel en matière de dation de conseil judiciaire est ou non suspensif est controversée. Nous admettons que l'appel n'est pas suspensif. — V. infrà, n. 320 et v° Interdiction.

159. — On cite en sens contraire un arrêt par lequel il a été décidé que l'individu à qui un conseil judiciaire a été nommé, tant que l'appel n'est pas vidé, faire, sans l'assistance du conseil, les actes respectueux à ses père et mère pour obtenir leur consentement à son mariage. — Toulouse, 29 janv. 1821, Roquelaine, [S. et P. chr.] — Mais, dans l'espèce, il n'était nullement nécessaire de résoudre la question de savoir si l'appel est ou non suspensif pour arriver à décider que l'appelant avait pu faire des actes respectueux, puisqu'un pareil acte n'est pas de ceux pour lesquels l'interdit soit dans la nécessité de se faire assister de son conseil. Chauveau, Annotations sur Carré, Lois de la procédure, quest. 1652 sexies. — V. suprà, v° Actes respectueux, n. 34.

160. — Il va de soi qu'en cette matière comme en toute autre, la cour ne peut statuer sur des demandes nouvelles non soumises aux juges de première instance (V. suprà, v° Appel [mat. civ.], n. 3212 et s.). Par application de ce principe, il n'appartient pas à la cour d'appel de statuer sur le mérite des motifs du refus d'assistance opposé par le conseil judiciaire lorsque cette question n'a pas été soumise aux premiers juges. — Rennes, 9 janv. 1880, Leneveu, [S. 82.2.174, P. 82.1.904, D. 80.2.254]

161. — De même, lorsque le tribunal de première instance a été saisi d'une demande de conseil judiciaire basée uniquement sur la prodigalité, la preuve en appel de nouveaux faits se rattachant à la faiblesse d'esprit est irrecevable. — Cass., 16 mars 1887, de Rochechouart, [S. 88.1.69, P. 88.1.148, D. 87.1.211] — V. suprà, n. 114.

162. — Mais la demande subsidiaire d'un conseil, pour la personne dont on poursuit l'interdiction (V. suprà, n. 23), peut être faite pour la première fois en cause d'appel : ce n'est point là une nouvelle demande dans le sens de la loi du 3 brum. an II, et de l'art. 464, C. proc. civ. — Paris, 26 therm. an XII, Delagrue, [S. et P. chr.]

163. — De même, le pouvoir de nommer d'office un conseil judiciaire au défendeur appartenant aux tribunaux de première instance, aux termes de l'art. 499, C. civ. (V. *supra*, n. 20), le même pouvoir doit appartenir aussi aux juges d'appel. Cette demande ne doit pas être considérée comme une demande nouvelle, elle est comprise dans la demande primitive d'une façon implicite.

164. — Il a été jugé cependant, en sens contraire, qu'on ne peut convertir, en appel, une demande en interdiction pour cause de démence en une demande en dation d'un conseil judiciaire pour cause de prodigalité. — Orléans, 19 déc. 1806, N..., [S. et P. chr.]

165. — Celui dont la créance est postérieure au jugement par lequel un conseil judiciaire a été donné à son débiteur, est non recevable à former tierce-opposition contre ce jugement, s'il n'articule pas des faits caractéristiques d'une fraude concertée lors de ce jugement entre ceux qui y ont été parties, à l'effet de tromper les tiers par de fausses apparences de crédit (C. proc. civ., art. 474). — Cass., 29 janv. 1866, Joyaux, [S. 66.1.105, P. 66.268, D. 66.1.170]

166. — Jugé, dans le même sens, que le jugement qui nomme un conseil judiciaire à un prodigue, rendu sur la provocation du ministère public, n'est pas susceptible de tierce-opposition de la p rt d'un créancier du prodigue, surtout s'il n'a traité avec celui-ci que postérieurement au jugement (C. proc. civ., art. 474). — Rouen, 5 déc. 1853, Lebreton , [S. 55.2.561, P. 55.1.615, D. 54.2.123] — V. anal. en ce sens, pour le cas d'interdiction, *infra*, v° *Interdiction*.

CHAPITRE VII.

DES EFFETS DE LA NOMINATION D'UN CONSEIL JUDICIAIRE.

Section I.

Des effets généraux.

167. — La nomination d'un conseil judiciaire ne place pas l'individu qui en est l'objet dans une situation qui ressemble à l'interdiction ou à la tutelle. Il conserve la gestion de son patrimoine, et c'est toujours lui qui figure dans les actes intéressant les biens. Seulement l'assistance de son conseil lui est nécessaire dans certains cas. Cette assistance, lorsqu'elle est requise, est d'ailleurs suffisante; la loi n'y ajoute aucune autre condition, ni autorisation du conseil de famille, ni homologation du tribunal, ni formalité de justice quelconque, lors même qu'il s'agit d'aliéner les immeubles ou de transiger. — Demolombe, *Minorité*, t. 2, n. 716.

168. — De plus, la nomination d'un conseil judiciaire n'est relative qu'aux biens et ne confère aucune autorité sur la personne elle-même (Demolombe, *op. cit.*, n. 717). Il en était ainsi dans l'ancien droit. « Celui à qui il a été nommé un conseil, disait le *Nouveau Denizart*, reste toujours maître de sa personne » (v° *Conseil nommé par justice*, § 2, n. 6).

169. — Ainsi, l'individu pourvu d'un conseil judiciaire n'a pas d'autre domicile légal, à raison de cette nomination, que celui qu'il lui plaît de choisir; l'art. 108 d'après lequel le majeur interdit a son domicile chez son tuteur, ne lui est pas applicable. Il conserve le domicile qu'il avait auparavant, et il en change quand bon lui semble. — Cass., 14 déc. 1840, Cosson, [P. 43.2.428] — *Sic*, Demolombe, *op. cit.*, n. 717.

170. — Le prodigue pourvu d'un conseil judiciaire peut faire une élection de domicile valable; spécialement, il peut accepter la juridiction du tribunal de sa résidence. — Orléans, 25 nov. 1880, Hons Olivier, [S. 81.2.149, P. 81.1.810, D. 82.1.33]

171. — De ce que le conseil judiciaire n'a aucune autorité sur la personne du prodigue ou du faible d'esprit, il suit encore que celui qui a un conseil judiciaire peut se marier sans l'assistance de ce conseil. C'est ce qu'a formellement déclaré dans l'exposé des motifs du Code civil (séance du 28 vent. an XI) M. Emmery, orateur du gouvernement (V. Locré, *Légist. civ.*, t. 7, p. 355; Fenet, *Trav. prépar. C. civ.*, t. 10, p. 711). Le prodigue, en effet, comme le fait remarquer Proudhon (*Etat des pers.*, t. 2, p. 568), est *mentis compos*, et Merlin dit avec raison (*Rép.*, v° *Prodigue*, § 5, n. 1) que la dation du conseil judiciaire n'a pour objet que la conservation des biens, et reste sans effet sur la personne même. — Caen, 19 mars 1839, Vasselin, [S. 39.2.275] — Toulouse, 2 déc. 1839, Massoc, [S. 40.2.161, P. 40.1.254] — Amiens, 21 juill. 1852, Mesnil, [S. 52.2.572, P. 53.2.23, D. 52.2.217] — Pau, 31 juill. 1855, Rivarès, [S. 56.2.68, P. 56.2.237, D. 56.2.249] — Agen, 21 juill. 1857, Rivarès, [S. 57.2.330, P. 58.283, D. 57.2.168] — *Sic*, Delvincourt, t. 1, p. 290, n. 1; Duranton, t. 2, n. 35, et t. 3, n. 800; Vazeille, *Mar.*, t. 1, n. 90; Allemand, *ibid.*, t. 1, n. 193; Toullier, t. 2, n. 1379; Marcadé, sur l'art. 513, n. 1; Demante, *Cours analyt.*, t. 2, n. 285 *bis*; Demolombe, *Mar. et sépar. de corps*, t. 1, n. 21; Chardon, *Puiss. tutél.*, n. 270; Massé et Vergé, sur Zachariæ, t. 1, § 140, p. 170, note 4; Aubry et Rau, t. 4, § 140, p. 513, texte et note 19; Ducauroy, Bonnier et Roustain, *Comment. C. civ.*, t. 1, § 110, p. 170, note 4; Mourlon, *Répét. écr.* t. 1, n. 1327; Taulier, *Théor. C. civ.*, t. 2, p. 133.

172. — Conséquemment, il a le droit de faire sans cette assistance, les actes respectueux nécessaires pour arriver à obtenir le consentement de ses parents. — V. *supra*, n. 159.

173. — Par la même raison, celui qui est soumis à un conseil judiciaire n'en a pas moins capacité pour reconnaître un enfant naturel. Il en est de lui comme du mineur. Cette reconnaissance est l'accomplissement d'une obligation naturelle. — Jugem. du 18 juin 1818, sous Douai, 23 janv. 1819, Boulenger, [S. et P. chr.] — V. *infra*, v° *Enfant naturel*.

174. — Il en résulte qu'il peut s'obliger au paiement d'une pension alimentaire à cet enfant. — Caen, 26 avr. 1887, L..., [S. 87.2.125, P. 87.1.695]

175. — Il peut aussi, sans l'assistance de son conseil, se donner en adoption ou adopter lui-même un tiers. — V. *supra*, v° *Adoption*, n. 30 et 42.

176. — La nomination d'un conseil judiciaire ne prive pas celui qui en est pourvu du droit de disposer seul par testament. — V. *infra*, v° *Testament*.

177. — La nomination d'un conseil judiciaire n'emporte pas en général contre celui qui en est pourvu la suspension de l'exercice de ses droits de citoyen. Elle a plutôt pour objet de restreindre l'exercice de ses droits civils. L'art. 5, Const. 22 frim. an VIII, ne déclarait suspensif de l'état de citoyen que l'état d'*interdiction*, ce qui doit s'entendre, dit M. Coin-Delisle (*Jouiss. des dr. civ.*, art. 7, n. 21), dans le sens de la constitution de l'an III, art. 13, § 1, qui ajoutait ces mots « *pour cause de fureur, de démence ou d'imbécillité* ». On ne pouvait donc étendre sa disposition au cas du conseil judiciaire.

178. — L'individu pourvu d'un conseil judiciaire peut donc être témoin instrumentaire. — Coin-Delisle, *loc. cit.*

179. — ... Et faire partie d'un conseil de famille? — V. *supra*, v° *Conseil de famille*, n. 104.

180. — Autrefois, on discutait la question de savoir si l'individu pourvu d'un casier judiciaire pouvait être membre du jury. Un arrêt de la chambre criminelle de la Cour de cassation avait jugé qu'il ne pouvait remplir les fonctions de juré, non pas que la nomination d'un conseil judiciaire entraîne la perte des droits civiques, mais parce que, pour être juré, il faut, d'après la cour, avoir la jouissance des droits civils dans toute leur plénitude. — Cass., 23 juill. 1825, Froment, [S. et P. chr.]

181. — Magnin (*Tr. des minor.*, n. 901, note) croyait devoir distinguer entre le cas où le conseil judiciaire était nommé pour cause de prodigalité et celui où il était nommé sur une demande à fin de prodiction d'interdiction, pour privation d'une partie de ses facultés intellectuelles. Le premier n'est pas privé, en effet, de ses droits civils, civiques et politiques, au sens de l'art. 381, C. instr. crim.; mais il n'en est pas de même du second. L'arrêt précité ne faisait pas de distinction entre ces deux cas.

182. — Aujourd'hui, la question ne peut plus se poser : elle est tranchée par la loi du 21 nov. 1872, art. 2, § 12, décidant que l'individu pourvu d'un conseil judiciaire ne peut pas être juré.

183. — D'autres lois ont d'ailleurs frappé d'incapacités politiques les citoyens pourvus d'un conseil judiciaire. C'est ainsi qu'ils ne peuvent être élus conseillers généraux (L. 10 août 1871, art. 7), ni conseillers municipaux (L. 5 avr. 1884, art. 32-2°).

Section II.

Des actes pour lesquels l'assistance du conseil judiciaire est requise.

§ 1. *Portée des art. 499 et 513, C. civ.*

184. — Suivant les art. 499 et 513, C. civ., la nomination d'un conseil judiciaire emporte, pour celui qui en est pourvu, défense de plaider, transiger, emprunter, recevoir un capital mobilier et d'en donner décharge, d'aliéner et de grever ses biens d'hypothèques sans l'assistance du conseil qui lui est nommé. Les mêmes actes sont énumérés dans l'art. 897, C. proc. civ.

185. — Les prohibitions qui résultent de ces articles sont essentiellement limitatives. Le choix des actes soumis à l'autorisation du conseil judiciaire ayant été fait par le Code, les juges ne peuvent en rien le modifier; ils sont sans droit pour restreindre ou étendre à leur gré les limites de cette incapacité, telle qu'elle a été déterminée par la loi. — Duranton, n. 799; Toullier, n. 1378; Zachariæ, t. 1, § 140; Demolombe, *op. cit.*, n. 720; Aubry et Rau, t. 1, § 140; Laurent, t. 5, n. 358. — V., pour les applications de ce principe, *infrà*, n. 262 et s.

186. — Il en était autrement sous l'ancienne jurisprudence. Le juge pouvait nommer un conseil judiciaire à une personne, en vue des cas pour lesquels une protection lui paraissait plus particulièrement nécessaire, par exemple, nommer un conseil pour assister l'individu dans ses procès, ou même simplement lorsqu'il serait demandeur. Ce pouvoir discrétionnaire laissé aux juges pouvait avoir ses avantages, parce que ceux-ci avaient ainsi le moyen de proportionner le remède au mal, mais il n'est plus applicable aujourd'hui en présence des termes formels de la loi. — V. Valette, *Explicat. somm. du livre I du Code Nap.*, p. 383; Zachariæ, Massé et Vergé, t. 1, p. 489; Demolombe, *Traité des donations entre-vifs et des testaments*, t. 4, n. 186; *Minorité*, t. 2, p. 720.

187. — D'une part, les magistrats ne pourraient donc pas défendre au prodigue de faire, sans l'assistance de son conseil, aucun autre acte que ceux énoncés dans l'art. 513. — Aubry et Rau, t. 1, § 140; Demolombe, *loc. cit.*

188. — Ainsi, les tribunaux ne peuvent donner au conseil judiciaire les pouvoirs d'administrateur séquestre, notamment le droit de détenir les titres de créance, de faire tous actes utiles pour en assurer la conservation, de toucher les intérêts et de passer des baux. — Bordeaux, 27 févr. 1878, Mourgues, [S. 78.2.182, P. 78.823, D. 79.2.120] — V. Toullier, t. 2, n. 1378; Duranton, t. 3, n. 799; Demolombe, *loc. cit.*; Zachariæ, Massé et Vergé, t. 1, § 249, note 7; Aubry et Rau, § 140, texte et note 1; Valette, *Explicat. sommaire du livre I du Code civ.*, p. 383; et *Cours de Code civ.*, p. 630; Laurent, *Principes de dr. civ.*, t. 5, n. 358.

189. — D'autre part, les magistrats ne pourraient pas restreindre les effets de la nomination d'un conseil judiciaire dans des limites plus étroites que celles indiquées par la loi, nommer, par exemple, ce conseil pour quelques-uns seulement des actes qui sont énoncés dans l'art. 513. — Toullier, t. 2, n. 1378; Duranton, t. 3, n. 799; Zachariæ, § 140, texte et note 4; Aubry et Rau, t. 1, § 140, texte et note 1; Demolombe, *loc. cit.*

190. — Il ne faut pas non plus chercher le complément et l'interprétation des art. 499 et 513, dans les dispositions qui régissent la capacité du mineur émancipé. La situation de l'individu qui a un conseil judiciaire est très-différente de celle du mineur émancipé, et les questions de capacité qui se posent à l'occasion de l'un et de l'autre peuvent sans contradiction se résoudre de façons différentes, comme nous le verrons. — Aubry et Rau, t. 1, § 140, note 2.

191. — Ces principes étant posés, après avoir examiné chacun des cas pour lesquels s'appliquent les art. 499 et 513, C. civ., nous verrons ce qu'on doit décider à l'égard des actes dont le législateur ne s'est pas préoccupé.

§ 2. Des actes que l'incapable ne peut faire sans assistance aux termes des art. 499 et 513.

1° Défense de plaider.

192. — La défense de plaider sans l'assistance du conseil judiciaire est générale et absolue et doit être appliquée sans aucune distinction. L'assistance du conseil est nécessaire au prodigue, même pour intenter une action mobilière ou y défendre. Sous ce rapport, il est à remarquer que la capacité de celui qui a un conseil judiciaire est plus restreinte que celle du mineur émancipé (C. civ., art. 482). — V. Cass., 6 déc. 1867, Belloeuil, [S. 68.1.10, P. 68.14, D. 67.1.482] — Paris, 22 déc. 1862, Julien, [S. 63.2.30, P. 63.4.23] — Demolombe, *op. cit.*, n. 723.

193. — Mais l'individu pourvu d'un conseil judiciaire peut valablement signifier, sans l'assistance de son conseil, tous les actes conservatoires, tels que l'opposition à un commandement, sauf à requérir l'assistance de ce conseil pour y donner suite et ester en justice dans l'instance. — Cass., 12 août 1868, Duroussy, [S. 68.1.429, P. 68.1160, D. 69.1.208] — Montpellier, 1er juill. 1840, Médal, [S. 40.2.314, P. 42.2.290] — Paris, 27 mars 1844, La Villeurnoy, [P. 44.1.534] — *Sic*, Massé et Vergé, sur Zachariæ, t. 1, § 249, note 2; Demolombe, *Minorité*, t. 2, n. 731.

194. — ... Ou un acte conservatoire ayant pour but de prévenir des déchéances, pourvu que le conseil judiciaire intervienne dans l'instance pour l'assister. — V. Poitiers, 7 août 1867, sous Cass., 12 août 1868, précité. — *Sic*, Laurent, t. 5, n. 361 et 362. — V. au surplus, Fuzier-Herman, *C. civ. annoté*, sur l'art. 513, n. 10.

195. — Le droit pour celui qui a un conseil judiciaire, de faire des actes conservatoires sans l'assistance de son conseil, n'entraîne pas celui d'interjeter appel (V. *suprà*, v° *Appel* [mat. civ.], n. 1360 et s.). Le prodigue ne peut donc interjeter appel, seul et sans l'assistance de son conseil, d'un jugement obtenu contre lui. Un appel ainsi fait serait entaché d'une nullité radicale, et ne pourrait être régularisé par une autorisation de justice incidemment sollicitée sur l'instance même d'appel. — Paris, 22 déc. 1862, précité. — Rennes, 9 janv. 1880, Lenevou, [S. 82.2.174, P. 82.1.904, D. 80.2.254] — *Contrà*, Poitiers, 7 août 1867, sous Cass., 12 août 1868, précité.

196. — Cette doctrine est la conséquence de la généralité des termes de l'art. 513. La prohibition aux individus pourvus d'un conseil judiciaire, étant générale et absolue, doit s'étendre aussi bien à l'appel qu'au premier degré de juridiction.

197. — Il n'y a pas à distinguer entre les procès relatifs aux biens et les procès relatifs à la personne; l'assistance du conseil judiciaire est nécessaire dans tous les cas. Elle l'est notamment s'il s'agit de plaider sur une opposition au mariage de l'individu ayant un conseil judiciaire; vainement cet individu opposerait-il qu'il a le droit de se marier sans l'assistance de son conseil. — Toulouse, 2 déc. 1839, Massoc, [S. 40.1.161, P. 40.1.234] — Besançon, 11 janv. 1831, Jarre, [S. 51.2.75, P. 51.1.334, D. 51.2.61] — Douai, 7 mars 1881, Descamps, [S. 81.2.137, P. 81.1.706, D. 81.2.208] — Toulouse, 11 août 1884, Doni, [S. 85.2.78, P. 85.1.444] — *Sic*, Aubry et Rau, t. 1, § 140; Demolombe, *Traité du mariage et de la séparation de corps*, t. 1, n. 22; *Minorité*, t. 2, n. 724, et n. 762; Laurent, *Principes de droit civil*, t. 5, n. 354, 361 et 362. — V. aussi Daniel de Folleville, note sous Douai, 7 mars 1881, précité.

198. — On décide, en général, que la défense faite aux individus pourvus d'un conseil judiciaire de plaider sans l'assistance de ce conseil s'applique même au cas où il s'agit de défendre à une demande en séparation de corps. — Amiens, 9 juill. 1873, de la Prairie et Sauvage, [S. 73.2.223, P. 73.1039]; — 21 juill. 1880, Hachet, [S. 82.2.76, P. 82.1.444] — *Sic*, Demolombe, *Minor. et tut.*, t. 2, n. 724; Boileux, sur l'art. 513; Aubry et Rau, t. 1, § 140; Laurent, *Princ. de dr. civ.*, t. 5, n. 361; Fuzier Herman, sur l'art. 513, n. 82.

199. — ... Et que la même règle s'applique aux instances en divorce. — Laurent, *Princ. de dr. civ.*, t. 5, n. 361; Vraye et Gode, *Le divorce et la sép. de corps*, 2e éd., t. 1, n. 109; Poulle, *Le divorce*, p. 137; Frémont, *Tr. prat. du divorce*, n. 179; Le Senne, *Séparation de corps*, n. 199.

200. — Qu'il en doit en être de même de l'instance en conversion de séparation de corps en divorce, et que le prodigue ne peut introduire cette demande sans l'assistance du conseil judiciaire. — V. *infrà*, n. 210.

200 bis. — Mais cette opinion nous paraît contestable. — V. Carpentier, *Tr. théor. et prat. du divorce*, n. 69.

201. — Jugé de même que la personne pourvue d'un conseil judiciaire ne peut, sans l'assistance de ce conseil, interjeter valablement appel d'un jugement de séparation de corps. — Limoges, 2 juin 1856, Barrot, [S. 56.2.001, P. 57.783, D. 57.2.26] — V. *suprà*, v° *Appel* (mat. civ.), n. 1361.

202. — A défaut de cette assistance, il y a donc lieu de prononcer la nullité de la procédure suivie et du jugement intervenu en première instance, et cette nullité ne saurait être couverte par l'intervention du conseil judiciaire en cause d'appel. — Amiens, 9 juill. 1873, précité; — 21 juill. 1880, précité.

203. — Et dans ce cas, si le prodigue et son conseil bornent expressément leur demande à la nullité du jugement, et refusent de conclure au fond, la cour ne peut vider le fond, soit en vertu de son pouvoir d'évocation, soit en vertu de l'effet dévolutif de l'appel. — Amiens, 21 juill. 1880, précité.

204. — Si, au contraire, les parties ont conclu à la fois sur la forme et sur le fond du procès, l'intervention du conseil judiciaire en cause d'appel permet à la cour, tout en annulant la procédure et le jugement de première instance, d'évoquer le fond et d'y statuer. — Amiens, 9 juill. 1873, précité.

205. — La Cour de cassation a décidé que la défense faite à l'individu pourvu d'un conseil judiciaire de plaider sans l'assistance de son conseil ne s'applique pas au cas d'une demande en interdiction formée contre lui; qu'il peut donc, sans l'assistance de son conseil, défendre à une telle action, et surtout porter appel du jugement qui l'a accueillie. — Cass., 15 mars 1838, Antoine, [S. 38.1.653, P. 58.542, D. 58.1.421] — *Sic*, Aubry et Rau, t. 1, § 140, et note 6. — Demolombe pense que cette décision est contestable, par ce motif que le texte de l'art. 513 est général et défend absolument à l'individu pourvu d'un conseil judiciaire de *plaider* sans l'assistance de son conseil (*op. cit.*, n. 724 *bis*, p. 477. — V. aussi, Demolombe, *op. cit.*, t. 1, n. 806; t. 2, n. 444 et 444 *bis*. — Laurent pense aussi qu'il n'appartient pas aux juges d'introduire une telle exception à la disposition formelle de l'art. 513. t. 5, n. 361).

206. — Nous avons dit cependant *suprà*, n. 134 que le prodigue peut, sans l'assistance de son conseil, interjeter appel du jugement qui l'a pourvu d'un conseil judiciaire. Mais c'est un cas tout différent qui ne doit pas être confondu avec le précédent.

207. — Dans le cas où le conseil judiciaire refuse au prodigue son assistance pour plaider, il ne peut être suppléé à cette assistance par l'autorisation de la justice : il n'en est pas, en cette matière, comme au cas d'un refus d'autorisation maritale. — Orléans, 15 mai 1847, Brujeau, [S. 47.2.567, P. 47.2.51, D. 47. 2.138] — Besançon, 11 janv. 1854, Jarre, [S. 51.2.73, P. 51.4. 334, D. 51.2.61] — Douai, 31 août 1864, Quéquet, [S. 65.2.139, P. 65.693] — Rennes, 9 janv. 1880, Leneveu, [S. 82.2.174, P. 82.1.904, D. 80.2.254] — Douai, 7 mars 1881, Descamps, [S. 81. 2.137, P. 81.1.706, D. 81.1.208] — *Sic*, Demolombe, *Minorité*, t. 2, n. 762; Massé et Vergé, sur Zacharim, t. 1, § 246, n. 4; Aubry et Rau, t. 1, § 139. — V. cependant Magnin, *Traité des minorités*, t. 1, n. 900; Chardon, *De la puissance tutélaire*, n. 278. — Suivant ces derniers auteurs, lorsque le conseil judiciaire refuse d'assister le prodigue (ou le faible d'esprit) qui veut agir ou faire un acte quelconque, l'assistance du conseil récalcitrant pourrait être suppléée, comme en ce qui concerne la femme mariée, par une autorisation de justice; mais ce système n'a point prévalu.

208. — D'après la majorité des arrêts et des auteurs, dans le cas d'un refus abusif de la part du conseil, le seul moyen offert au prodigue est de l'appeler devant le tribunal, et de provoquer soit sa révocation, soit la nomination d'un conseil *ad hoc*, suivant les circonstances (V. *suprà*, n. 140). — Cass., 13 févr. 1844, Barberaud, [S. 44.1.348, P. 44.1.724] — V. aussi Cass., 12 août 1868, Duroussy, [S. 68.4.429, P. 69.1.160, D. 69. 1.268] — Orléans, 15 mai 1847, précité. — Besançon, 11 janv. 1851, précité. — Douai, 31 août 1864, précité. — Liège, 12 juill. 1882, Bosson, [S. 82.4.47, P. 82.2.78, D. 84.2.200] — V. aussi Douai, 7 mars 1881, [précité] — lequel, en déniant à la justice le droit, à défaut de conseil judiciaire, d'autoriser le prodigue à plaider sur une opposition à mariage, renvoie celui-ci « à se pourvoir ainsi qu'il appartiendra », ce qui semble indiquer, comme possible, la révocation d'un conseil, ou la nomination d'un conseil *ad hoc*. — Aubry et Rau, *loc. cit.*; Demolombe, *loc. cit.*; Demante, t. 2, n. 285 *bis*-VIII. — V. aussi Laurent, t. 5, n. 354. — V. *suprà*, v° *Appel* (mat. civ.), n. 1360. — M. de Folleville, tout en reconnaissant que l'autorisation de justice ne remplirait pas, du moins littéralement, la condition imposée par la loi, fait remarquer que la jurisprudence ci-dessus peut amener des conséquences regrettables dans la pratique (note sous Douai, 7 mars 1881). — V. aussi en ce sens, Fuzier-Herman, *Code civil annoté*, sur l'art. 513, n. 59, 73 et s. — On a même soutenu qu'on pourrait peut-être faire condamner le conseil judiciaire à des dommages-intérêts par chaque jour de retard apporté à l'assistance.

209. — Jugé spécialement que, si le conseil judiciaire nommé à un prodigue refuse d'assister celui-ci dans une instance en mainlevée d'opposition à mariage qu'il se propose d'introduire, il y a lieu pour le tribunal de nommer au prodigue un conseil judiciaire *ad hoc* pour l'assister dans cette instance. Le conseil judiciaire *ad hoc* restant d'ailleurs libre de prendre telles conclusions qu'il avisera. — Paris, 31 janv. 1888, L..., [S. 88.2.191, P. 88.1.998]

210. — ... Que, si le conseil judiciaire nommé à un prodigue refuse d'assister celui-ci dans l'instance en conversion de séparation de corps en divorce, il y a lieu pour le tribunal, sans entrer dans l'examen du bien fondé de la demande en conversion, de nommer au prodigue un conseil judiciaire *ad hoc* pour l'assister dans cette instance, le conseil judiciaire *ad hoc* restant d'ailleurs libre de prendre telles conclusions qu'il avisera. — Paris, 25 mars 1890, Des L..., [S. 90.2.107, P. 90.1.585, D. 90.2. 237]

211. — Le fait par le conseil judiciaire de s'en rapporter à justice doit être considéré comme un refus d'assistance. — Douai, 7 mars 1881, précité.

212. — De ce que celui qui est pourvu d'un conseil ne peut, sans son assistance, paraître en justice, il résulte qu'on doit réputer nulles les significations qui lui sont faites à lui seul, sans l'être en même temps au conseil. — Bruxelles, 13 avr. 1808, Lyon-Reinhac, [S. et P. chr.]

213. — Par suite, la signification d'un jugement faite au prodigue seulement est insuffisante pour faire courir les délais de l'appel; la signification doit être faite également au conseil judiciaire (C. proc. civ., art. 443). — Paris, 22 déc. 1802, Jullien, [S. 63.2.30, P. 63.423] — Bruxelles, 13 avr. 1808, précité. — *Sic*, Thomine-Desmazures, *Comm. C. proc.*, t. 1, p. 680; Pigeau, *Proc. civ.*, t. 1, p. 668; Rodière, *Cours de compét. et de proc.*, t. 2, p. 80; Dutruc, *Suppl. aux Lois de la proc. de Carré et Chauveau*, t. 1, v° *Appel*, n. 261; Rousseau et Laisney, *Dict. de proc. civ.*, t. 1, v° *Appel*, n. 239. — V. aussi Fuzier-Herman, *C. civ. annoté*, sur l'art. 513, n. 80. — *Contra*, Rivoire, *De l'appel*, n. 192. — V. sur la question, *suprà*, v° *Appel* (mat. civ.), n. 2209 et s.

213 bis. — L'acte d'appel doit également être signifié à la fois à l'incapable et au conseil judiciaire. D'après Carré et Chauveau (*Lois de la proc.*, t. 4, quest. 1591), et Bioche (*Dict. de proc.*, v° *Appel*, n. 336), la signification de l'appel au conseil judiciaire ne serait nécessaire que s'il s'agissait d'une action immobilière. Mais cette opinion ne nous paraît pas devoir être adoptée. — V. *suprà*, v° *Appel* (mat. civ.), n. 1660.

214. — Le conseil judiciaire peut-il exercer seul les actions de celui qui est sous sa surveillance, ne peut-il agir que concurremment avec ce dernier? — La question divise la jurisprudence. On paraît généralement reconnaître que le conseil judiciaire nommé à un prodigue n'a point qualité pour agir seul en justice dans son intérêt, à son insu ou malgré lui; s'il peut empêcher par son *veto*, il n'a pas le droit d'action, qui est tout à fait distinct. — Cass., 20 mars 1806, Gardmi, [S. et P. chr.]; — 6 juin 1810, Devroëde, [S. et P. chr.] — Paris, 7 mai 1852, [D. 53.2.80] — *Sic*, Demolombe, t. 2, n. 763; Favard de Langlade, *Rép.*, v° *Cons. jud.*, n. 4; Magnin, *Tr. des minor.*, t. 1, p. 900; Durantou, t. 3, n. 796; Marcadé, sur l'art. 513, n. 3; Boileux, sur l'art. 513; Rolland de Villargues, v° *Cons. jud.*, n. 52; Taulier, t. 2, p. 133; Valette, *Explic. somm.*, n. 348; Aubry et Rau, t. 1, § 139, texte et note 4; Demolombe, *Minorité*, t. 2, n. 763 à 766; Jay, *Traité des conseils de famille et des conseils judiciaires*, n. 553. — V. aussi, dans l'ancien droit, Nouveau Denizart, v° *Cons. nommé par just.*, § 2, n. 2.

215. — Ainsi, d'un côté, il a été jugé que le conseil judiciaire ne peut exercer seul les actions du prodigue; ces actions doivent être exercées par le prodigue personnellement avec l'assistance de son conseil. — Bruxelles, 13 avr. 1808, précité. — Toullier, n. 1383.

216. — De même, les tiers demandeurs doivent mettre en cause l'individu pourvu d'un conseil, le conseil lui-même n'ayant l'effet de l'assister. — Demolombe, *op. cit.*, n. 753; Zachariæ, t. 1, p. 276; Chardon, *Puiss. tut.*, n. 278.

217. — Jugé encore que le conseil judiciaire n'a pas qualité pour agir seul en justice, et demander, comme représentant du prodigue, la nullité des engagements souscrits par celui-ci. Le prodigue doit être nécessairement en cause, afin que le jugement soit commun avec lui, et puisse être exécuté sur sa personne et sur ses biens. — Paris, 13 févr. 1841, Coulard, [S. 41.2.224, P. 41.1.394] — *Sic*, Toullier, t. 1, n. 1366 et 1382; Favard de Langlade, v° *Cons. jud.*, t. 1, p. 664; Durantou, t. 3, n. 796; Rolland de Villargues, v° *Cons. jud.*, n. 16; Maguin, t. 1, p. 900; Marcadé, sur l'art. 513; Demolombe, *op. cit.*, n. 753 et s. — Cass., 23 janv. 1865, Rabatel, [S. 65.1.73, P. 65.144] — V.

aussi Paris, 16 déc. 1859, Lenoble, [S. 60.2.307, P. 60.1133] — V. cependant Trib. Seine, 28 mai 1862, sous Paris, 13 nov. 1863, Monchet, [S. 64.2.193, P. 64.948]

218. — Jugé, d'un autre côté, que, pour demander cette nullité, le conseil judiciaire a une action directe, et non pas seulement un simple droit d'assistance. — Paris, 26 juin 1838, Coutard, [S. 38.2.417, P. 38.2.76]

219. — Si la Cour de cassation paraît refuser l'action directe au conseil judiciaire lorsqu'il ne veut agir seul, à l'insu et en l'absence du prodigue, elle décide en même temps qu'il n'en est pas de même lorsqu'il s'agit de défendre aux actions intentées contre celui-ci. Ainsi le conseil judiciaire, poursuivi conjointement avec le prodigue, et condamné par défaut, en sa qualité, à l'exécution des obligations contractées par celui-ci peut, même en l'absence du prodigue, former opposition aux jugements de condamnation, et demander, sur cette opposition, la nullité des engagements contractés par le prodigue. — Cass., 8 déc. 1841, Thirion-Montauban, [S. 42.1.60, P. 41.2.721]; — 27 déc. 1843, Cretot, [S. 44.1 346, P. 44.1.370]

220. — C'est d'après le même principe qu'il a été jugé que le conseil judiciaire a, dans les actions dirigées contre le prodigue, le droit de conclure de son chef ainsi qu'il avise, et de présenter la défense de ce dernier, même en son absence et contre son gré. En conséquence, il a qualité, soit pour former opposition au jugement rendu par défaut contre le prodigue, soit pour en interjeter appel, sauf, dans ce dernier cas, aux juges à ordonner la mise en cause de ce dernier. — Orléans, 18 mai 1833, Ballot, [P. 53. 2.124, D. 54.5.443]

221. — ... Que le conseil judiciaire mis en cause par le porteur d'une obligation du prodigue, sur la demande en condamnation formée contre ce dernier, a qualité pour interjeter seul appel du jugement rendu sur cette demande. — Paris, 27 août 1855, Brun, [S. 55.2.678, P. 56.1.405] — Sic, Demolombe, *op. cit.*, n. 764. — V. cep. Demante, t. 2, n. 285 *bis*-VII.

222. — L'individu pourvu d'un conseil judiciaire, qui a formé une demande en justice conjointement avec ce dernier, ne peut se désister seul de l'instance. — Bruxelles, 27 nov. 1823, N..., [S. et P. chr.] — Un désistement est une sorte de transaction; il peut aussi contenir une aliénation; donc l'assistance du conseil lui est nécessaire.

223. — Si le conseil judiciaire refuse l'autorisation nécessaire pour le désistement, le prodigue peut demander chez le juge. Mais il ne peut, faute préalablement nommer un conseil *ad hoc* (V. supra, n. 208) soutenir contre son conseil judiciaire que ses intérêts commandent le désistement. — Même arrêt.

224. — Le conseil judiciaire pourrait, après avoir prêté son concours en première instance, le retirer pour l'appel que le prodigue voudrait interjeter. Il pourrait également se refuser à autoriser le pourvoi en cassation. L'appel ouvre un nouveau degré de juridiction dont l'accès peut être dangereux après les éléments de preuve et de conviction dont le débat de première instance a permis de recueillir. Le pourvoi en cassation n'est recevable, s'il est fondé, qu'autant qu'il se rencontre, soit en la forme, soit au fond, quelqu'un des moyens auxquels seuls la loi a attaché le prix du succès devant la Cour suprême (V. supra, v° *Cassation*, [mat. civ.], n. 2901 et s.). Mais l'autorisation donnée pour former le pourvoi ne peut être invalidée par un changement de volonté du conseil judiciaire, si ce changement ne survient qu'après que le pourvoi a déjà été admis par la chambre des requêtes.

225. — Est régulière la procédure suivie contre un prodigue et son conseil judiciaire démissionnaire, mais n'ayant pas fait connaître sa démission, lors d'ailleurs que le demandeur a signifié le jugement ainsi obtenu au nouveau conseil judiciaire, et que celui-ci l'a laissé passer en force de chose jugée. — Cass., 14 juin 1876, Haussens, [S. 76.1.342, P. 76.841, D. 76.1.129] — Paris, 14 déc. 1875, Haussens, [S. 76.2.70, P. 76.330]

2° Défense de transiger.

226. — Le prodigue ne peut transiger en aucun cas, même sur une contestation relative à des meubles. L'art. 513 ne fait en effet aucune distinction lorsqu'il défend la transaction sans l'assistance du conseil judiciaire. — Demolombe, *Minorité*, t. 2, n. 725. — V. aussi Demolombe, *op. cit.*, t. 1, n. 747.

227. — Sur la question de savoir si la défense de transiger entraîne virtuellement celle de compromettre, V. supra, v° *Arbitrage*, n. 71 et s.

228. — La défense de transiger entraîne la défense d'acquiescer. En conséquence, l'acquiescement donné par un prodigue, sans l'assistance de son conseil judiciaire, à un jugement par défaut rendu contre lui, ne saurait produire aucun effet. — V. supra, v° *Acquiescement*, n. 127 et 128.

229. — D'autre part, le conseil judiciaire ne peut valablement acquiescer à des jugements rendus contre le prodigue, et auxquels il n'était ni partie ni appelé. — Paris, 22 déc. 1862, Jullien, [S. 63.2.30, P. 63.423]

3° Défense d'emprunter.

230. — Celui qui a un conseil judiciaire ne peut pas non plus, aux termes des art. 499 et 513, emprunter sans l'assistance de ce conseil. Il a été jugé, en conséquence, que les sommes prêtées à un prodigue sans l'autorisation de son conseil, ne sont pas restituables au prêteur. — Cass., 5 août 1840, Lechaffotel, [S. 40.1.907, P. 40 2.475]

231. — Des propositions d'arrangement faites par le père aux créanciers de son fils pourvu d'un conseil judiciaire, alors surtout qu'elles n'ont pas été acceptées, n'élèvent pas une fin de non-recevoir contre l'action en nullité des engagements du fils. — Cass., 29 juin 1819, Isabelle, [S. et P. chr.]

232. — Jugé, néanmoins, que l'obligation souscrite par une personne pourvue d'un conseil judiciaire n'est pas absolument nulle à défaut de concours de ce conseil dans l'acte; elle peut être déclarée valable, s'il est reconnu que les intérêts de l'incapable n'ont pas été compromis. — Paris, 26 avr. 1833, Sponi, [S. 33.2.286, P. chr.] — *Contra*, Demolombe, *op. cit.*, n. 769-1°.

233. — Il a été jugé que la négociation que le prodigue fait d'une lettre de change ne constitue en réalité qu'un emprunt soumis pour sa régularité à l'assistance du conseil judiciaire; que dès lors, en l'absence de cette formalité, le prodigue ne peut être tenu de garantie envers les cessionnaires qu'autant que ceux-ci établissaient à la fois qu'il a reçu la valeur de cette négociation, et que cette valeur a tourné à son profit. — Caen, 14 juill. 1843, Moulin et Lerouget, [P. 45.2.372]

4° Défense de recevoir un capital mobilier et d'en donner décharge.

234. — Les art. 499 et 513 défendent aussi à celui qui a un conseil judiciaire de recevoir un capital mobilier et d'en donner décharge. Il faut en conclure que le conseil judiciaire a le droit non seulement d'assister le prodigue qui reçoit un capital mobilier, mais encore d'exiger l'emploi de ce capital. — Caen, 6 mai 1850, Saint-Céran, [S. 50.2.392, P. 51.2.586, D. 51.2.46] — Dijon, 22 nov. 1867, Bourdot, [S. 67.2.338, D. 68.2 73] — Sic, Demolombe, *Minor. et tut.*, t. 2, n. 726; Massé et Vergé, sur Zachariæ, t. 1, § 249, note 12; Ducaurroy, Bonnier et Roustain, t. 1, n. 722; Aubry et Rau, t. 1, p. 571, § 140, texte et note 9; Laurent, *Principes de dr. civ.*, t. 6, n. 368. — *Contra*, Rolland de Villargues (*Rép. du notar.*, v° *Conseil judic.*, n. 36), qui se fonde sur ce que les incapacités ne s'étendent pas. Mais il faut remarquer qu'il s'agit ici moins d'une peine que d'une mesure de protection établie en faveur du prodigue (Arg. de la discussion qui a eu lieu sur l'art. 513). — Fenet, t. 10, p. 729; Locré, t. 7, p. 376.

235. — Il n'importe que le conseil judiciaire ait reçu d'un prodigue le mandat général d'administrer ses biens; ce mandat n'est pas de nature à le dispenser des devoirs de contrôle résultant de sa qualité de conseil judiciaire. — Paris, 31 janv. 1876, de R..., [S. 77.2.149, P. 77.610, D. 77.2.48] — En sorte que, d'après cet arrêt, le conseil judiciaire n'a pas seulement le droit, mais le devoir de surveiller l'emploi des capitaux mobiliers du prodigue, sous peine d'engager sa responsabilité. Et le texte, ne contenant aucune distinction, comporte la même interprétation à l'égard de toutes les personnes pourvues d'un conseil judiciaire, quelle que soit la cause de cette mesure de protection, prodigalité ou faiblesse d'esprit.

236. — Ajoutons que, dans le cas où le capital à recevoir est immédiatement et par le même acte remployé, le concours du conseil judiciaire devient nécessaire à un double titre, car l'acte opère non pas seulement décharge, mais en outre aliénation. Or, dans l'art. 513, le mot *aliéner* est général, et n'est pas restreint exclusivement aux immeubles (V. *infra*, n. 240). On peut donc soutenir qu'il embrasse toute aliénation qui n'est pas un acte d'administration, et que, par conséquent, il s'applique à la disposition, à l'emploi d'un capital mobilier. — Montpellier, 1er juill. 1840, Médal, [S. 40.2.314, P. 42.2.290] — *Sic*, Demante, *C. Code civil*, t. 1, n. 285 *bis*-III; Massé et Vergé, sur Zachariæ, t. 1, § 249, note 13; Demolombe, *Minor. et tut.*, t. 2, n. 729; Aubry et Rau, t. 1, § 140, texte et notes 10 et 11. — V. aussi Laurent, t. 5, n. 364.

237. — En conséquence, il a été décidé qu'une personne pourvue d'un conseil judiciaire ne peut, sans l'assentiment de ce conseil, concourir à une acquisition d'immeuble en remploi d'une somme sur laquelle elle a un droit d'usufruit. — Agen, 9 nov. 1881, Martin, [S. 82.2.233, P. 82.1.1201] — En l'espèce, l'usufruitier devait recevoir, dans le prix, l'équivalent de son usufruit aliéné, et devait transmettre cette portion du prix au vendeur de l'immeuble sur lequel son usufruit était transféré. Il y avait donc réception et décharge d'un capital mobilier, acte qui se compliquait d'une aliénation immédiate de ce capital en remploi. — V. Labbé, note sous Agen, 9 nov. 1881, précité.

238. — La défense de recevoir un capital mobilier emporte celle de céder un pareil capital, ainsi que celle de transférer des rentes, soit sur des particuliers, soit sur l'État. Il ne faut donc pas admettre, comme l'ont fait MM. Ducaurroy, Bonnier et Roustain (t. 1, n. 742), que la personne pourvue d'un conseil judiciaire pourrait seule et sans assistance transférer ses rentes sur l'État et ses actions de la Banque au-dessous de 50 fr., et cela par assimilation avec le mineur émancipé. On ne peut admettre, en présence des termes absolus de l'art. 513, que le prodigue ait le droit de toucher seul, et sans assistance, un capital quelconque. — Aubry et Rau, t. 1, § 140; Massé et Vergé, t. 1, p. 490; Demante, t. 2, n. 285 *bis*-III; Valette, *Explic. somm. du liv. 1 du C. Nap.*, p. 385, 386; Demolombe, *Minorité*, t. 1, n. 727.

239. — Il peut en être autrement s'il s'agit de capitaux ou de valeurs qui ne sont pas à recevoir d'un tiers, mais qui se trouvent dès à présent en la possession d'un individu pourvu d'un conseil; par exemple, s'il est appelé à une succession, il peut se faire qu'on lui reconnaisse, par la force même des choses, le pouvoir de disposer des capitaux compris dans la succession, parce qu'on ne reconnaît pas au conseil le droit de s'ingérer dans les affaires de l'inventaire et de la liquidation. — Rouen, 19 avr. 1847, Lemoine, [S. 47.2.363, P. 47.1.590, D. 47.2.94] — *Sic*, Demolombe, *op. cit.*, n. 301 et 728. — V. *infrà*, n. 292.

5° *Défense d'aliéner.*

240. — La prohibition d'aliéner sans l'assistance du conseil, prononcée par les art. 499 et 513, porte non seulement sur les immeubles, mais aussi sur les meubles incorporels et même corporels. Dans l'ancien droit, il est vrai, cette défense paraît ne s'être appliquée qu'aux immeubles (*Nouveau Denizart*, t. 3, v° *Conseil nommé par justice*, § 2, n. 6). On a prétendu à tort que nos articles avaient maintenu cette distinction. Elle serait manifestement contraire à l'esprit de la loi qui est de mettre les prodigues et les faibles d'esprit dans l'impossibilité de dissiper leur fortune ou de la compromettre par des actes imprudents. D'ailleurs, à la différence de l'art. 484, qui n'interdit au mineur émancipé que l'aliénation de ses immeubles, les art. 499 et 513 prononcent, contre celui qui est pourvu d'un conseil judiciaire, une défense absolue d'aliéner, sans distinguer entre les meubles et les immeubles. — Delvincourt, t. 1, n. 324; Massé et Vergé, t. 1, p. 490; Valette, *Explic. somm. du liv. 1 du C. Nap.*, p. 385, 386; Demante, t. 2, n. 285 *bis*-III; Aubry et Rau, t. 1, § 140, texte et note 10; Demolombe, *op. cit.*, n. 729. — *Contra*, Zachariæ, § 140, texte et note 1; Ducaurroy, Bonnier et Roustain, t. 1, n. 742.

241. — Cependant, il faut faire exception pour les objets qui, par leur nature, sont destinés à être vendus, ou qui se trouvent sujets à dépérissement. — Demolombe, *loc. cit.*; Aubry et Rau, *loc. cit.*, texte et note 11.

242. — La prohibition d'aliéner les immeubles comprend celle de les grever de servitudes personnelles ou réelles. — Aubry et Rau, t. 1, § 140.

243. — Le prodigue peut-il, sans assistance de son conseil, donner à antichrèse? La négative n'est pas douteuse lorsqu'il s'agit d'une antichrèse dont la durée est illimitée. Mais que décider s'il s'agit d'une antichrèse à courte durée ou qui n'excède pas neuf ans (durée la plus fréquente des baux de simple administration)? Magnin (*Tr. des min.*, t. 2, n. 1262 et 1263) déclare, pour le cas analogue d'émancipation, qu'un tel contrat est valable.

244. — La plupart de ces auteurs considèrent l'antichrèse, lors même qu'elle a lieu pour un temps qui n'est pas long, comme un acte de disposition, en ce qu'elle contient une cession de fruits, et, dès lors, l'interdisent à ceux qui ne sont capables que des actes de simple administration. Jugé, en ce sens, que l'antichrèse ayant pour objet l'aliénation des revenus du prodigue ne peut être consentie sans l'assistance du conseil judiciaire. — Paris, 10 mars 1854, Lefricque, [S. 54.2.597, P. 54.1.535, D. 55.2.240] — *Sic*, Troplong, *Nantissement*, n. 519; Zachariæ, § 437; Marcadé et Paul Pont, t. 9, n. 1224; Aubry et Rau, t. 1, § 140; Laurent, t. 28, n. 531 et 532. — V. *suprà*, v° *Antichrèse*, n. 49.

245. — La prohibition d'aliéner entraîne cette autre conséquence que les obligations personnelles contractées par le prodigue, sans l'assistance de son conseil, ne peuvent être exécutées ni sur ses immeubles, ni sur ses meubles. — Demolombe, *op. cit.*, n. 731.

246. — Mais le prodigue, comme le mineur, subit les conséquences des obligations résultant de ses délits et quasi-délits (V. art. 1310, 1382). — Demolombe, *op. cit.*, n. 732.

247. — La jurisprudence a décidé que le conseil judiciaire ne peut, à peine de nullité de l'acquisition, se rendre acquéreur d'un immeuble appartenant au prodigue qu'il est chargé d'assister. — Bruxelles, 3 avr. 1886, Tichon, [S. 88.4.13, P. 88.2.28, D. 87.2.71] — *Sic*, Troplong, *De la vente*, t. 1, n. 187; Taulier, t. 6, p. 38; Duranton, t. 10, n. 136. — Ce dernier auteur admet toutefois la validité de l'acquisition qui serait faite par le conseil judiciaire sur une licitation que le prodigue aurait provoquée avec son assistance (*op. et loc. cit.*). La plupart des auteurs enseignent que le conseil judiciaire n'étant pas compris dans la prohibition de l'art. 1596, C. civ., peut se rendre acquéreur des biens du prodigue, soit à l'amiable, soit par adjudication publique. — V. en ce sens, Duvergier, *Du contr. de vente*, t. 1, n. 188; Boileux, *Comment. sur le C. Nap.*, t. 3, p. 612; Marcadé, t. 6, sur l'art. 1596, n. 1; Massé et Vergé, sur Zachariæ, t. 4, § 679, note 7; Aubry et Rau, t. 4, § 351, texte et note 14; Laurent, *Princ. de dr. civ.*, t. 24, n. 46. — Cependant Aubry et Rau enseignent que, si le conseil judiciaire s'était rendu adjudicataire ou acquéreur d'immeubles appartenant à la personne qu'il est chargé d'assister, sans qu'au préalable il eût été remplacé par un conseil judiciaire *ad hoc*, la vente serait nulle pour défaut d'autorisation (*op. et loc. cit.*).

248. — Ne pouvant aliéner, l'individu pourvu d'un conseil judiciaire ne pourrait davantage, sans assistance, renoncer à la prescription (art. 2225). — Troplong, *De la prescription*, t. 1, n. 79; Demolombe, *op. cit.*, n. 733.

249. — La défense d'aliéner s'applique à toutes espèces d'aliénations, qu'elles soient à titre onéreux ou à titre gratuit.

250. — Mais la défense d'aliéner n'empêche pas celui qui a un conseil judiciaire de faire seul un testament, ainsi que nous l'avons dit *suprà*, n. 176. Le testateur n'aliène pas, en ce qui le concerne, on ce sens qu'il ne se dépouille pas, mais qu'il prive seulement ses héritiers des objets qu'il lègue. Il y a analogie avec la situation que la loi fait à la femme mariée et au mineur âgé de plus de seize ans. — Demolombe, *op. cit.*, n. 734.

251. — A cet égard, il n'y a pas à distinguer selon la cause qui a déterminé la nomination d'un conseil. On ne peut admettre la distinction proposée par quelques auteurs entre le prodigue et le faible d'esprit, d'après laquelle le prodigue seul pourrait faire son testament sans aucune assistance. Les art. 499 et 513 s'expriment en effet dans les mêmes termes à l'égard de ces deux catégories d'incapables, et ne comprennent pas, dans l'énumération des actes sujets à autorisation le testament.

251 bis. — L'art. 901 est donc le seul qui puisse être invoqué contre le testament d'un individu ayant un conseil judiciaire, que ce soit pour cause de prodigalité, ou pour cause de faiblesse d'esprit. Il en résulte que, pour faire tomber l'acte de disposition argué de nullité, il ne suffira pas de prouver qu'il a été consenti par un individu déclaré faible d'esprit par un jugement qui lui a, pour cette cause, donné un conseil judiciaire. Cette circonstance ne dispensera pas le demandeur en nullité de prouver qu'au moment de la confection de l'acte, le testateur n'était pas sain d'esprit. — V. *infrà*, v° *Testament*. — V. Cass., 6 juin 1821, Cheneveau, [S. et P. chr.] — Aix, 14 févr. 1808, Beauquaire, [S. et P. chr.] — Toulouse, 24 mai 1836, Piesce, [S. 26.2.363, P. 37.1.385] — Dijon, 14 mai 1847, Forneret, [S. 48.2.95, P. 48.1.469, D. 48.2.58] — Merlin, *Rép.*, v° *Testament*, sect. 1, § 1, art. 1, n. 3; Toullier, t. 5, n. 59; Proudhon, t. 2, p. 568; Duranton, t. 3, n. 801, et t. 8, n. 169; Marcadé, t. 2, sur l'art. 513, n. 1; Poujol, sur l'art. 901, n. 8; Chardon, *Puissance tutélaire*, n. 270; Demolombe, *Minorité*, t. 2, n. 735.

252. — On a soutenu que la donation entre-vifs n'est pas au nombre des actes que l'art. 513 défend au prodigue de faire sans l'assistance de son conseil. On a fait remarquer, à l'appui de cette opinion, que, dans le Code civil, le mot *aliéner* paraît comprendre seulement les actes à titre onéreux. — Il faut dire au contraire que la prohibition d'aliéner est générale, et que l'individu pourvu d'un conseil judiciaire ne peut pas donner entre-vifs sans l'assistance de son conseil. C'est une garantie donnée à l'incapable dans son propre intérêt, et, pour le prodigue en particulier, ce sont les donations que l'on doit surtout redouter. — V. Merlin, *Rép.*, v° *Testament*, sect. 1, § 1, art. 1, n. 3; Zachariæ, t. 1, p. 276; Demolombe, *op. cit.*, n. 736; Aubry et Rau, t. 1, § 140. — Par la raison énoncée ci-dessus, la même règle doit s'appliquer à l'individu faible d'esprit.

253. — Au surplus, la donation et le testament ont ce point commun que si la donation a été faite avant la dation d'un conseil judiciaire, cette dation, postérieure à l'acte incriminé, ne suffit pas à la faire tomber. On doit alors, pour la donation, comme pour le testament, en prouver la nullité conformément au droit commun et indépendamment des art. 499 et 513. Il a été décidé, à cet égard, sans distinguer entre la donation et le testament, qu'un jugement ou arrêt qui, conformément à la demande des parents, a décidé à nommer un conseil judiciaire, *pour cause d'imbécillité*, à un individu, au lieu de l'interdire, ne juge pas par là que cet individu soit suffisamment *sanæ mentis* pour faire un testament ou une donation. — Cass., 19 déc. 1814, Lefebvre, [S. et P. chr.] — En conséquence, le testament ou la donation faits, même avant la dation du conseil, peuvent être attaqués comme procédant *a non sanæ mentis*, et les mêmes faits qui ont servi à la nomination du conseil, peuvent encore servir à prouver la nullité des actes attaqués (C. civ., art. 901). — Même arrêt.

254. — Jugé aussi que les art. 502 et 503, C. civ., qui ne permettent pas d'attaquer pour faiblesse d'esprit les actes faits avant la nomination du conseil judiciaire par celui qui en a été pourvu, ne s'appliquent qu'aux contrats ordinaires. Ils ne s'appliquent pas aux donations et aux testaments qui ont leur règle dans l'art. 901. — Cass., 17 mars 1813, Julien, [S. et P. chr.] — *Sic*, Marcadé, sur l'art. 513; Demolombe, *op. cit.*, n. 734 et s.

255. — La solution que nous donnons en ce qui touche les donations est générale. Toute donation irrévocable, au profit de quelque personne et dans quelque contrat qu'elle soit faite, doit être avec l'assistance du conseil judiciaire. — Demolombe, *op. cit.*, n. 737.

256. — Il en est ainsi de la donation de biens à venir comme de la donation de biens présents. — Aubry et Rau, t. 1, § 140, t. 8, § 739, texte n. 2 et note 18. — Demolombe fait observer que le donateur ne pouvant, si l'on n'exigeait pas l'assistance, se mettre dans l'impuissance de doter ses propres enfants, car il est actuellement dessaisi, en vertu de l'art. 1083, du droit de disposer à titre gratuit des biens par lui donnés (*op. cit.*, n. 737). — *Contrà*, Duranton, t. 3, n. 864; Chardon, *Puissance tutélaire*, n. 270.

257. — Il faut en dire autant de toute constitution de dot, fût-ce par avancement d'hoirie, et en faveur d'un des enfants. La constitution de dot, étant une aliénation, ne peut être faite sans l'assistance du conseil. De plus, l'individu pourvu d'un conseil judiciaire pourrait, en dotant son enfant, tomber dans des excès préjudiciables à ses intérêts et à ceux de ses autres enfants. — Montpellier, 1er juill. 1840, Médal, [S. 40.2.314, P. 42.2.290] — *Sic*, Duvergier, sur Toullier, n. 1378, note a, t. 1, p. 395; Massé et Vergé, t. 1, p. 490; Aubry et Rau, t. 1, § 140, texte et note 15; Demolombe, *Minorité*, t. 2, n. 738.

258. — Aussi n'approuvons-nous pas une décision d'après laquelle celui qui ne peut s'obliger ou aliéner qu'avec l'assistance d'un conseil n'en a pas moins le droit de doter ses enfants sans l'avis de ce conseil, la constitution de dot, de la part d'un père, étant moins une aliénation que l'accomplissement d'une obligation naturelle. — Pau, 23 juin 1806, Gassedat, [S. et P. chr.] — Toutefois il est à remarquer que cet arrêt est aussi fondé en fait : 1° sur ce que la dot constituée était en rapport avec la mainlevée du constituant; 2° sur ce que, postérieurement à la constitution

de la mesure de nomination du conseil, la constitution avait été ratifiée. — V. aussi Zachariæ, § 140, note 8.

259. — En ce qui concerne la capacité de l'individu pourvu d'un conseil judiciaire, relativement aux stipulations matrimoniales, V. *infrà*, v° *Contrat de mariage*, n. 433 et s. — Pour le régime de communauté, V. aussi *suprà*, v° *Communauté conjugale*, n. 49, 50, 1149.

260. — L'individu pourvu d'un conseil judiciaire ne pourrait pas faire seul et sans assistance, une donation entre-vifs à son conjoint, pendant le mariage. Il en est de cette donation comme de toute autre donation. En vain objecterait-on que la révocabilité de ces sortes de donations (art. 1096) permet de les assimiler aux testaments (Sic, Merlin, *Répertoire*, t. 4, v° *Don mutuel*, § 2, n. 11). Il nous paraît, ainsi que le disent Aubry et Rau, que la révocabilité ne leur enlève pas le caractère de contrats, d'aliénations, et ne permet pas de les assimiler aux dispositions testamentaires proprement dites, notamment au point de vue de la capacité. — Aubry et Rau, t. 1, § 140, t. 8, § 744; Demolombe, *op. cit.*, n. 742, et *Revue critique de la jurisprudence*, t. 1. — V. d'ailleurs, *infrà*, v° *Donation*.

6° *Défense d'hypothéquer*.

261. — La défense d'aliéner devait forcément entraîner celle d'hypothéquer puisque l'hypothèque renferme nécessairement une aliénation éventuelle pour le cas où le paiement de la créance garantie par hypothèque ne serait pas effectué. Aussi les art. 499 et 513 mettent-ils ces deux catégories d'actes sur le même pied, en ce qui concerne la capacité du prodigue et du faible d'esprit. Toutefois, la nullité qui frappe les hypothèques consenties sans l'assistance du conseil n'atteint pas les hypothèques légales et judiciaires.

§ 3. *Des actes non prévus par la loi*.

262. — Nous avons vu *suprà*, n. 185 et s., que l'énumération de la loi était essentiellement limitative. Il en résulte qu'en principe, en dehors des actes textuellement indiqués ou virtuellement compris dans les art. 499 et 513, l'individu pourvu d'un conseil judiciaire conserve le libre exercice de ses droits. Il peut donc faire tout ce qui se rattache à l'administration de ses biens. — Toullier, t. 2, n. 1378 et 1379; Favard de Langlade, *Rép.*, v° *Cons. judic.*, n. 4; Duranton, t. 3, n. 799; Rolland de Villargues, *Rép. du notar.*, v° *Cons. judic.*, n. 31 et s.; Taulier, t. 2, p. 133; Marcadé, sur l'art. 513, n. 1; Demante, t. 2, n. 283 *bis*; Ducauroy, Bonnier et Roustain, *Comment. Cod. Nap.*, t. 1, n. 741; Zachariæ, Massé et Vergé, t. 1, § 249; Aubry et Rau, t. 1, § 140; Demolombe, *op. cit.*, n. 743.

263. — Ainsi, l'individu pourvu d'un conseil judiciaire peut consentir un bail, parce qu'un pareil contrat ne constitue qu'un acte d'administration, et que les actes de cette nature ne sont pas compris par l'art. 513, C. civ., au nombre de ceux qui excèdent sa capacité. — V. Toullier, t. 2, n. 1378; Duranton, t. 3, n. 799.

264. — Mais il ne pourra faire des baux que dans les bornes permises aux simples administrateurs. Ainsi, il devra se conformer, pour la durée et l'époque du renouvellement des baux, aux art. 1429, 1430 et 1718, C. civ. — Duvergier, *Du louage*, t. 1, n. 37; Demolombe, *Minorité*, t. 2, n. 743; Troplong, *Du louage*, t. 1, n. 148; Dutruc, *De la séparation des biens*, n. 335, 336 et 354. — V. *suprà*, v° *Bail* (en général), n. 157.

265. — Il a été jugé, en conséquence, que le prodigue cesse d'avoir capacité pour consentir un bail d'une durée excédant neuf années. Dans ce cas, le bail est infecté de nullité, comme constituant un acte d'aliénation indirecte qui lui est interdit par la loi, et, par suite, il est fondé à demander, sans l'assistance de son conseil, que l'exécution du bail soit renfermée dans la période de neuf années. — Toulouse, 23 août 1855, Duclos, [S. 55.2.748, P. 56.2.503, D. 55.2.328]

266. — Peut de même être annulé, comme constituant un acte d'aliénation, le bail d'une durée de plus de quinze années consenti par le prodigue durant l'instance en nomination d'un conseil judiciaire. Du moins, il en est ainsi, si le bail a été souscrit dans les conditions très-préjudiciables aux intérêts du prodigue, si le preneur connaissait l'instance engagée et connaissait également et favorisait les habitudes de prodigalité du bailleur, et s'il a profité des entraînements de ce dernier pour réaliser des gains illicites et faire fraude d'avance à la chose qui allait être jugée. — Cass., 14 juill. 1875, Canestrier, [S. 75.1.463, P. 75. 1175, D. 76.1.202]

267. — Jugé aussi que le bail consenti par un prodigue placé sous l'assistance d'un conseil judiciaire a pu être déclaré nul, comme entaché de dol et de fraude en ce qu'il déguisait un emprunt sous la forme de paiements anticipés, comme aussi en ce qu'il contenait une clause insolite en matière de responsabilité en cas d'incendie, et qu'enfin le preneur excitait habituellement le bailleur à fréquenter les cabarets, sans que l'arrêt qui le décidait ainsi pût tomber sous la censure de la Cour de cassation. — Cass., 5 août 1840, Lechaffotec, [S. 40.1.907, P. 40.2.475] — En pareil cas, les sommes remises à l'individu pourvu d'un conseil judiciaire à titre de pot de vin ou d'annuités anticipées du bail, depuis annulé, ne sont pas restituables. — Même arrêt.

268. — C'est aussi par application des mêmes principes que nous avons décidé, *suprà*, n. 243, que l'individu pourvu d'un conseil judiciaire ne peut consentir un bail à antichrèse de ses immeubles au profit d'un tiers ; un tel bail constitue un acte d'aliénation.

269. — Mais l'individu pourvu d'un conseil judiciaire peut recevoir ses revenus, loyers, fermages, intérêts, arrérages de rentes, au fur et à mesure de leur échéance, en donner quittance, et les employer comme bon lui semble (*Nouveau Denizart*, v° *Conseil nommé par justice*; Aubry et Rau, t. 1, § 140; Demolombe, *op. cit.*, n. 743). Ce dernier auteur (*ibid.*, n. 743 bis) fait observer que cette faculté laissée au prodigue ou au faible d'esprit de recevoir ses revenus, peut amener quelquefois de regrettables conséquences; et le demande si la loi ne devrait pas autoriser les magistrats qui nomment un conseil judiciaire, à décider en même temps que les revenus seraient touchés par lui et versés ensuite par portions, à l'individu dont la protection lui est confiée. Cela nous paraîtrait contraire au principe que nous avons posé *suprà*, n. 187 et s.

270. — Mais l'individu pourvu d'un conseil judiciaire peut-il, sans assistance, faire des placements avec les sommes provenant de l'excédant des revenus sur la dépense? Nous avons dit, *suprà*, n. 234 et 235, que le conseil judiciaire devait surveiller le remploi des capitaux mobiliers reçus ou remboursés. Mais dans notre hypothèse, on en peut décider autrement. On peut dire que l'individu auquel on a donné un conseil judiciaire à la libre disposition de ses revenus, n'a aucun besoin de l'assistance de son conseil; que puisqu'il lui est permis de les dépenser en totalité à mesure qu'il les reçoit, il doit, à plus forte raison, lui être permis d'en employer en acquisition d'immeubles ou de créances, les épargnes qu'il a faites, d'après la règle : *Non debet cui plus licet quod minus est non licere*.

271. — De même, l'individu qui a un conseil judiciaire peut vendre ses fruits, ses denrées, ou même plus généralement son mobilier corporel dans la limite de son droit d'administration. — Ducaurroy, Bonnier et Roustain, t. 1, n. 712; Zachariæ, t. 1, p. 276; Demolombe, *op. cit.*, n. 729, 743.

272. — Il peut aussi prendre à bail un appartement, un immeuble.—Demolombe, *op. cit.*, t. 2, n. 743; Aubry et Rau, t. 1, § 140.

273. — Cependant, si le prodigue peut, sans l'assistance de son conseil judiciaire, prendre à bail des immeubles, l'engagement contracté cesse d'être valable, dans le cas où il est excessif, soit parce qu'il dépasse la limite des ressources du prodigue, soit parce qu'il ne répond pas à ses besoins. En pareil cas, le prodigue et son conseil judiciaire, ès noms, ne sauraient être condamnés à payer les termes échus avec les intérêts, sous prétexte que le prodigue aurait profité de la location. — Cass., 2 déc. 1885, Thomas, [S. 86.1.420, P. 86.1.265, D. 86.1. 128]

274. — Il peut faire faire à bien les réparations d'entretien et d'amélioration. — Mêmes auteurs.

275. — En ce qui concerne les grosses réparations, quel que soit le pouvoir qui appartient au prodigue à l'égard des actes d'administration, et bien que les grosses réparations puissent avoir ce caractère, Demolombe pense qu'il ne pourrait, pour de telles réparations, engager seul *ses capitaux*, ou du moins que la validité de pareils traités resterait soumise au point de savoir si les réparations étaient vraiment nécessaires et ont profité (*Minorité*, t. 2, n. 745 et 746).

276. — On a même jugé qu'il peut, sans l'assistance de son conseil, consentir valablement une rente viagère pour prix de services rendus. — Paris, 12 déc. 1835, de Cambis, [S. 36.2.17, P. chr.] — *Contrà*, Demolombe, *Minorité*, t. 2, n. 747. — Cet auteur considère la décision ci-dessus comme contraire aux principes et au texte même de la loi, parce que constituer une rente viagère n'est pas faire acte d'administration.

277. — Mais, bien que la personne pourvue d'un conseil judiciaire ait le droit de faire tous les actes qui concernent l'administration de sa fortune, il faut néanmoins admettre qu'elle ne le peut que dans la juste limite de ses besoins et de sa fortune. — Aubry et Rau, t. 1, § 140.

278. — La question s'est présentée notamment au sujet de l'étendue de la capacité de l'individu pourvu d'un conseil judiciaire relativement à ses engagements envers les fournisseurs.

279. — On décide qu'il peut louer des domestiques, et acheter au comptant, ou même à crédit, tout ce qui lui est nécessaire pour son entretien; car, ainsi que le dit Demolombe, il tient lui-même sa maison, et il a la libre disposition de ses revenus. — Demolombe, *loc. cit.*; Aubry et Rau, *loc. cit.* — Toutefois, il y a, même en cette matière, une limite à apporter à la capacité du pourvu d'un conseil judiciaire. La Cour de cassation a décidé que le prodigue pourvu d'un conseil judiciaire peut, sans l'assistance de ce conseil, faire faire *les fournitures nécessaires à ses besoins personnels et à ceux de sa famille*, dans une mesure proportionnée à sa fortune. Par suite, sont valables les billets à ordre par lui souscrits, sans l'assistance de son conseil, en paiement des fournitures dont il s'agit. — Cass., 3 avr. 1855, Mouton et Martin Métairie, [S. 55.1.641, P. 55.1.611, D. 55.1.130] — La raison en est que les actes indiqués dans l'arrêt peuvent être considérés comme des actes d'administration, quand ils n'engagent que les revenus. — V., dans le même sens, Orléans, 9 juin 1853, Ballot, [S. 55.1.641, *ad notam*, P. 53.2.123, D. 54.5.442]

280. — Décidé aussi qu'il appartient aux tribunaux d'apprécier en pareille matière si des obligations résultant de fournitures faites au prodigue, sans l'assistance de son conseil judiciaire, doivent être maintenues au moins en partie, eu égard à la bonne foi des fournisseurs, à la nature de la dépense et à la position du débiteur. — Paris, 23 nov. 1844, de Perregaux et Delille, [P. 45.1.332]

281. — ... Que les engagements contractés par un prodigue pourvu d'un conseil judiciaire, sans l'assistance de ce conseil, à raison de fournitures qui lui ont été faites, ne sont valables comme actes de simple administration, ou du moins n'obligent le prodigue dans la mesure du profit qu'il a retiré de ces fournitures, qu'autant que celles-ci lui ont été faites, non seulement en rapport avec ses ressources, mais aussi en considération et dans la juste limite de ses besoins. — Cass., 1er août 1860, Defresne, [S. 60.1.929, P. 61.1172, D. 60.1.316]

282. — ... Que le juge, saisi d'une demande en paiement d'avances d'argent et de fournitures faites à un prodigue sans l'assistance de son conseil, peut déclarer nuls tous engagements du prodigue qui n'ont pas eu pour cause son entretien ou la subsistance de sa famille, et maintenir seulement les engagements pris pour des fournitures de vêtements et de comestibles, en s'appuyant sur ce que ces fournitures seules lui étaient utiles, alors d'ailleurs que cette utilité n'a pas été contestée. — Cass., 22 déc. 1891, Corroyer, [S. et P. 93.1.118, D. 92.1.536]

283. — La plupart des auteurs ont, comme la jurisprudence, senti le besoin de restreindre pour le prodigue ou le faible d'esprit le droit général qu'ils ont de faire les actes concernant l'administration de leur fortune, mais ils ont donné des solutions assez diverses dont certaines s'écartent plus ou moins des décisions de la jurisprudence. — D'après Chardon (*Puiss. tutél.* n. 272), l'individu pourvu d'un conseil judiciaire ne peut acheter à crédit que des objets modiques et nécessaires, mais pour peu que l'engagement fût considérable, il serait admis à en demander la nullité. — Suivant Massé et Vergé (t. 1, § 249, note 4), l'achat ne serait valable qu'autant qu'il pourrait être payé avec les revenus du prodigue. — Boileux (*Comment. Cod. Nap.*, t. 2, sur l'art. 513, en note p. 580) enseigne que le juge appelé à prononcer à cet égard doit prendre en considération les circonstances qui ont motivé l'engagement, ainsi que la fortune du prodigue et la bonne foi des tiers. — Plus explicite et plus précis, Demolombe (t. 8, n. 743 et s.), subordonne la validité des obligations contractées par le prodigue ou le faible d'esprit sans l'assistance de son conseil, à la double condition que ces obligations soient de nature à pouvoir s'acquitter sur les revenus, et qu'elles aient un caractère d'utilité, ce qui implique la nécessité de tenir compte de la bonne foi des personnes avec lesquelles aura traité l'individu pourvu d'un conseil judiciaire. Il est regrettable, aux yeux de Demolombe, que la disposition de l'art. 484, C. civ., portant que les obligations contractées par le mineur émancipé sont réductibles en cas d'excès, et que les tribunaux doivent, sur ce point, avoir égard à la fortune du mineur, à la bonne ou mauvaise foi des tiers, à l'utilité ou à l'inutilité de la dépense, n'ait pas été étendue au prodigue ou au faible d'esprit; mais l'éminent jurisconsulte pense que, indépendamment de cet art. 484, il est dans la nature même des choses que, pour apprécier la validité de certains actes passés par le prodigue ou le faible d'esprit, sans assistance, on tienne compte des éléments qui viennent d'être énoncés. — Valette (*Explic. Cod. Nap.*, n. 42), va plus loin. L'art. 484, selon lui, doit forcément, et par voie d'analogie complète, recevoir ici son application. — V. aussi dans le même sens, Magnin, *Des minorités*, etc., t. 1, n. 883. — V. sur cette question, Aubry et Rau, t. 1, § 140, texte et note 20; Baudry-Lacantinerie, t. 1, n. 1193; Huc, t. 3, n. 549; Laurent, t. 5, n. 371.

284. — De toute façon les obligations contractées par un prodigue pourvu d'un conseil judiciaire sans l'assistance de ce conseil ne peuvent, alors même qu'elles seraient de celles que le prodigue peut contracter seul, être exécutées que sur ses revenus. — Dijon, 22 nov. 1867, Bourdet, [S. 67.2.338, P. 67.1236, D. 68.2.73] — *Sic*, Demolombe, *Minorité*, t. 2, n. 731. — V. toutefois, le même auteur, *op. cit.*, n. 744.

285. — Dès lors, le jugement de condamnation obtenu par les créanciers du prodigue n'emporte pas hypothèque judiciaire sur les immeubles de celui-ci, que ce jugement ait ou non expressément restreint l'exécution de la condamnation aux seuls revenus. — Même arrêt.

286. — L'individu pourvu d'un conseil judiciaire peut seul, et sans assistance, louer ses services ou son industrie, prendre à ferme un domaine rural, si telle est sa profession, etc.; mais le caractère de ces actes, comme actes d'administration, n'étant pas très-déterminé, et leur appréciation étant subordonnée à divers éléments particuliers et relatifs, Demolombe conseille aux tiers (*Minorité*, t. 2, n. 749) de recourir à l'assistance du conseil judiciaire. — V. Paris, 16 févr. 1861, Collet, [*Gaz. des Trib.*, 22 févr. 1861]

287. — Nous avons vu *suprà*, n. 192 et 193, que l'individu pourvu d'un conseil judiciaire peut, sans l'assistance de son conseil, faire des actes conservatoires.

288. — La sentence rendue par des arbitres nommés en vertu de la procuration d'un des liquidateurs d'une société, lequel, depuis cette procuration, a été pourvu d'un conseil judiciaire, est nulle si ce conseil n'a point été mis en cause. — Paris, 29 août 1851, Lemaire, [P. 52.1.256] — En effet, l'assistance du conseil judiciaire, inutile lorsqu'il s'agit d'actes seulement conservatoires, devient indispensable quand il faut avoir recours à des mesures d'une autre nature et paraître en justice. — V. *suprà*, n. 191.

289. — Il a été décidé que l'individu pourvu d'un conseil judiciaire peut accepter une succession ouverte à son profit. — Douai, 30 juin 1855, Marescaux, [S. 56.2.670, P. 57.918, D. 56.2.56] — Nous croyons plus exacte l'opinion contraire soutenue par la majorité des auteurs. — Chabot, sur l'art. 776, n. 10; Duranton, t. 6, n. 419; Malpel, *Succ.*, n. 187; Vazeille, sur l'art. 776, n. 6 et 7; Bilhard, *Des référés*, p. 43; Zachariæ, t. 4, p. 252, note 20; Aubry et Rau, t. 1, § 140. — V. *suprà*, v° *Acceptation de succession*, n. 649.

290. — Le même arrêt a décidé que l'individu pourvu d'un conseil judiciaire peut aussi provoquer le partage des biens qui composent la succession, sans l'assistance du conseil judiciaire. Nous croyons de même qu'il vaut mieux se prononcer pour la négative, et la plupart des auteurs sont aussi dans ce sens. Ainsi que le disent MM. Aubry et Rau, bien que le partage ne soit que déclaratif et non translatif de propriété, la loi, au point de vue de la capacité des parties, le range plutôt parmi les actes de disposition, que dans la catégorie de ceux de simple administration (t. 1, § 140, note 17) (Arg. art. 818, 838 et 840). — V., dans le même sens, Pigeau, t. 2, p. 434; Duranton, t. 7, n. 107; Carré, *Lois de la procédure*, n. 3213; Chauveau, n. 2507; Bioche, v° *Partage*, n. 17; Dutruc, *Partage de succession*, n. 24 et 272; Demante, t. 3, n. 144; Demolombe, *Minorité*, t. 2, n. 733 *bis*, et *Successions*, t. 3, n. 362; Rousseau et Laisney, *Dict. de procédure*, t. 7, v° *Partage*, n. 14.

291. — Mais si l'on peut encore admettre l'individu pourvu d'un conseil judiciaire à provoquer un partage amiable sans assistance, cette assistance devient au contraire absolument nécessaire quand il s'agit d'un partage judiciaire, par application des art. 499 et 513. La prohibition faite aux individus pourvus d'un conseil judiciaire de plaider sans l'assistance de ce conseil étant générale et absolue (V. *suprà*, n. 192), doit recevoir son application quelle que soit la nature de la contestation, même lorsqu'il s'agit d'une demande en partage et licitation. — Rennes, 9 janv. 1880, Leneveu, [S. 82.2.174, P. 82.1.904, D. 80.2.254]

292. — Mais l'individu pourvu d'un conseil judiciaire a le droit, lorsqu'une succession vient à lui échoir, de faire procéder seul et sans l'assistance ou présence de son conseil, à l'inventaire du mobilier et de se saisir des deniers comptants et autres valeurs qui peuvent en faire partie. — Rouen, 19 avr. 1847, Lemoine, [S. 47.2.363, P. 47.1.590, D. 47.2.91] — V. *suprà*, n. 239.

293. — Il en est ainsi, alors surtout que cette succession s'étant ouverte antérieurement à la dation du conseil judiciaire à un prodigue, le prodigue l'a acceptée ou a demandé l'envoi en possession des biens qui en dépendent, antérieurement à cette dation. — Douai, 30 juin 1855, précité. — *Contra*, Pigeau, *Comm.*, t. 2, p. 581; Chauveau, sur Carré, *Lois de la proc.*, t. 6, quest. 3067 *bis*; Rodière, note sous l'arrêt précité.

294. — Et le conseil judiciaire n'a pas le droit de faire apposer sur les titres et actions dépendant d'une succession à laquelle le prodigue est appelé, la mention du jugement qui a donné à celui-ci un conseil judiciaire, alors surtout que la succession est encore indivise. — Même arrêt.

295. — La prescription court contre les majeurs pourvus d'un conseil judiciaire, comme contre tous autres majeurs. L'art. 2251, C. civ., dispose, en effet, que la prescription court contre toutes personnes, à moins qu'elles ne soient dans le cas de bénéficier de quelque exception établie par la loi; or, l'art. 2252 ne fait d'exception que pour les mineurs et les interdits; les majeurs pourvus d'un conseil judiciaire, ne sont point interdits; ils restent donc en dehors de l'exception et sous l'empire de la règle commune. Rien, d'ailleurs, n'aurait justifié une exception en faveur de celui qui est pourvu d'un conseil judiciaire. A la différence de l'interdit qui ne peut jamais agir par lui-même et qui est toujours représenté et remplacé par son tuteur, celui à côté de qui on a placé un conseil judiciaire conserve l'administration de sa fortune, la gestion de ses affaires, peut seul agir; et si, dans certains cas, il ne peut agir sans l'assistance de son conseil, il n'en demeure pas moins maître de ses droits et actions, dont la loi lui a laissé l'exercice. C'est l'opinion de tous les auteurs. — V. Duranton, t. 21, n. 298; Troplong, *Prescript.*, t. 2, n. 741; Marcadé, sur l'art. 2252, n. 1; Demolombe, *Minorité*, t. 2, n. 763; Zachariæ, Massé et Vergé, t. 5, § 845, note 7.

296. — L'individu pourvu d'un conseil judiciaire pouvait-il, avant la loi du 22 juill. 1867, être poursuivi par corps à raison de ses engagements? L'affirmative n'était pas douteuse, car la loi ne l'avait pas compris dans la nomenclature des personnes exemptes de cette voie de rigueur (L. 17 avr. 1832, C. civ., art. 2059 et s.). Il fut jugé, en tout cas, que la contrainte par corps prononcée contre lui antérieurement au jugement, pouvait être exercée malgré la survenance de ce jugement. — Bruxelles, 13 avr. 1808, Lyon Reynac, [S. et P. chr.] — *Sic*, Pigeau, *Proc. civ.*, t. 1, p. 300; Demolombe, t. 2, n. 771. — V. *infrà*, v° *Contrainte par corps*.

297. — La dation d'un conseil judiciaire dissout-elle une société en commandite, lorsqu'elle se produit pendant le cours de son existence? L'affirmative est enseignée par un certain nombre d'auteurs. La qualité des personnes, dit-on, joue un rôle prépondérant dans la société en commandite. Or, la dation d'un conseil judiciaire à l'un de ses membres influe sur la capacité de ce dernier; c'est une interdiction *lato sensu* : elle doit en produire les effets. — Delvincourt, t. 3, p. 128, note 9; Duranton, t. 17, n. 474; Duvergier, sur Toullier, t. 20, n. 443 et 444; Taulier, t. 6, p. 395; Massé et Vergé, sur Zachariæ, t. 4, § 720, note 15. — V. aussi Lyon-Caen et Renault, *Tr. de dr. comm.*, t. 2, n. 321 et 542. — Un arrêt de la Cour de cassation, du 28 mars 1892, Morel et Allègre, [S. et P. 93.1.461, D. 92.1.265] — consacre la doctrine contraire, et cette décision doit être approuvée. En effet, l'art. 1865, C. civ., énumère limitativement les causes de dissolution d'une société, au nombre desquelles ne figure pas la dation d'un conseil judiciaire à l'un des associés. D'ailleurs, si la société souffre de ce qu'un conseil judiciaire a été nommé à l'un de ses membres, les autres peuvent s'armer de l'art 1871, C. civ., pour faire prononcer la dissolution. Enfin, il n'y a pas lieu d'assimiler la dation d'un conseil judiciaire à l'interdiction; le pourvu reste de sa personne, dans la société; son conseil l'assiste et ne le représente pas, ainsi que le fait le tuteur à l'interdiction. — V. en ce sens, Pont, *Tr. des soc.*, t. 1, n. 723; Aubry et Rau, t. 4, § 384, texte et note 9; Alauzet, *Comment. sur le C. comm.*, 3º édit., t. 2, n. 485; Paris, *Le dr. comm. franç.*, n. 889 et 924.

298. — Nous verrons, dans le chapitre suivant, que l'individu pourvu d'un conseil judiciaire ne peut être commerçant ni contracter une société de commerce, même avec l'assistance de son conseil. — V. *infrà*, n. 375 et s.

Section III.
Des effets de la nomination d'un conseil judiciaire quant à la nullité ou à la validité des actes souscrits par l'incapable.

299. — Les actes passés par l'individu pourvu d'un conseil judiciaire, avec l'assistance de son conseil, sont aussi pleinement valables que s'ils avaient été faits par un majeur possédant l'exercice de ses droits. — Demolombe, *Minorité*, t. 2, n. 768.

300. — Quant aux actes passés sans l'accomplissement des formalités légales, il faut distinguer suivant que les actes critiqués ont été consentis antérieurement ou postérieurement à la nomination du conseil judiciaire. En ce qui concerne les actes passés antérieurement à cette nomination, dans l'ancien droit, l'effet du jugement qui prononçait l'interdiction pour cause de prodigalité remontait à la date de la demande, pour éviter que le défendeur ne contractât, dans la période intermédiaire qui s'écoule entre le commencement et la fin de l'instance, des engagements de nature à paralyser les effets de l'interdiction. — Bourjon, *Droit commun de la France*, t. 1, p. 79; Henri Beaune, *Droit coutumier français, La condition des personnes*, 1882, p. 588. — V. aussi *Encyclopédie méthodique, Jurisprudence*, vº *Prodigalité*, t. 7, p. 21.

301. — Aujourd'hui, c'est un point généralement admis en doctrine et en jurisprudence que la nomination d'un conseil judiciaire, à la différence de l'interdiction, n'a pas d'effet rétroactif. L'art. 503 dit : « Les actes antérieurs à l'interdiction pourront être annulés, si la cause de l'interdiction existait notoirement à l'époque où ces actes ont été faits ». Cet article ne s'applique pas à l'individu pourvu d'un conseil judiciaire. En d'autres termes, les actes consentis par le prodigue avant le jugement portant nomination de conseil judiciaire sont valables; ils ne peuvent être attaqués sous prétexte que la cause ayant motivé cette nomination existait déjà à l'époque de leur passation; ils peuvent seulement être annulés dans les termes du droit commun. — Paris, 9 févr. 1874, Mellerio, [S. 74.2.280, P. 74.1104, D. 75.2.160] — *Sic*, Locré, *Législat.*, t. 7, p. 393, n. 11; Ducauroy, Bonnier et Roustain, t. 1, n. 728; Delvincourt, t. 1, p. 482, n. 9; Duranton, t. 3, n. 781; Valette, sur Proudhon, *Etat des personnes*, t. 2, p. 570; Zachariæ, Massé et Vergé, t. 1, p. 491; Marcadé, sur l'art. 513, n. 2; Demolombe, *Minorité*, t. 2, n. 772; Demante, t. 2, n. 283 *bis*; Boileux, sur l'art. 503; Baudry-Lacantinerie, t. 1, n. 1192.

302. — Mais il peut y avoir lieu de tenir compte ici d'une cause d'annulation spéciale, la fraude à la loi. Déjà, dans l'ancienne jurisprudence, d'Argentré (C. inst., art. 492, gloss. 2, n. 4) pensait que les actes passés pendant la litispendance devaient être annulés s'ils étaient au profit d'un homme qui avait eu connaissance de la demande en nomination d'un conseil, par exemple, d'un parent qui aurait voté au conseil de famille, d'un témoin, d'un avoué, d'un avoué qui auraient été employés dans l'instruction. Suivant Pothier (*Tr. des oblig.*, n. 51), au contraire, une pareille décision n'était bonne que dans le for intérieur de la conscience; mais dans le for extérieur une personne majeure, et non interdite, n'était pas recevable à se pourvoir contre une vente ou un emprunt qu'elle avait consenti, par cette seule raison que celui avec qui elle avait contracté savait qu'elle ne vendait ou n'empruntait que pour perdre l'argent en débauches.

303. — Il a été jugé en ce dernier sens, qu'un billet à ordre souscrit par un prodigue pendant l'instance en nomination d'un conseil judiciaire, et contenant une libéralité déguisée, ne peut être annulé, alors même que le créancier aurait eu connaissance des poursuites. — Orléans, 25 août 1837, Gerberon, [S. 38.2.66, P. 37.2.207] — Aubry et Rau (t. 1, § 140) considèrent aussi comme inattaquables même les actes consentis depuis l'introduction de l'instance au profit d'un tiers qui avait connaissance de cette instance.

304. — Il nous semble que la solution de la question qui précède dépendrait des circonstances. Sans doute, en principe, les actes antérieurs au jugement ne peuvent être attaqués simplement pour cause de prodigalité ou de faiblesse d'esprit *notoires*, mais ils pourraient parfois être annulés pour cause de prodigalité et de faiblesse d'esprit connues du contractant, s'il était démontré que celui-ci en eût abusé. Et les juges doivent être toujours libres d'apprécier, surtout s'il s'agit d'actes de libéralité, s'il n'existe pas de la part de celui qui bénéficie de l'acte des circonstances de dol, de suggestion, de captation qui en entraîneraient évidemment l'annulation.

305. — Il a été jugé, à cet égard, que si la dation d'un conseil judiciaire, à la différence de l'interdiction, n'a pas d'effet rétroactif, les actes consentis pendant l'instance en nomination d'un conseil judiciaire peuvent être annulés pour dol et fraude de la part de celui qui aurait abusé de la facilité du prodigue en connaissant l'instance engagée. — Cass., 14 juill. 1875, Canestrier, [S. 75.1.463, P. 75.1175, D. 76.1.202] — *Sic*, Delvincourt, t. 1, p. 326 et 327; Toullier, t. 2, n. 1383; Demolombe, *Minorité*, t. 2, n. 772; Laurent, t. 5, n. 375; Fuzier-Herman, *C. civ. annoté*, sur l'art. 503, n. 31 et s.

306. — ... Qu'un acte de prêt, même antérieur au jugement, doit être annulé, s'il est établi que cet acte n'a eu pour objet, de la part de l'emprunteur et du prêteur, que de faire fraude d'avance aux précautions légales sous lesquelles le prodigue allait se trouver placé. — Cass., 30 juin 1868, Leclerc de Bussy, [S. 68.4.324, P. 68.871, D. 69.4.230]

307. — ... Que les engagements souscrits par un prodigue envers un fournisseur, à une époque où l'instance en nomination d'un conseil judiciaire était déjà engagée, peuvent être réduits, s'il résulte des circonstances, notamment de l'exagération du prix des fournitures, que le fournisseur connaissait parfaitement la situation de son client. — Paris, 29 déc. 1877, Barbier, [S. 79.2.299, P. 79.1154, D. 78.2.160]

308. — ... Spécialement, qu'un tribunal peut déterminer, conformément aux habitudes d'un commerce loyal, les sommes qui sont réellement dues par le prodigue pour les fournitures qui lui ont été faites. — Même arrêt. — *Sic*, Demolombe, *Interdiction*, t. 2, n. 772; Aubry et Rau, t. 1, § 140.

309. — ... Que les tribunaux peuvent prononcer la nullité de traites frauduleusement antidatées, souscrites au profit d'un tiers par le prodigue pour une somme considérable, à une époque et dans des circonstances où ce tiers ne pouvait ignorer qu'une instance en nomination de conseil judiciaire était pendante contre le souscripteur. — Cass., 25 juin 1888, Emmanuel, [S. 88.1.469, P. 88.1.1156, D. 89.1.60]

310. — ... Que, si les actes antérieurs à la nomination du conseil judiciaire sont valables lorsque les tiers contractants ont été de bonne foi, ces actes doivent au contraire être annulés lorsque les tiers ont agi avec intention de faire échec à la loi, en paralysant par avance les effets de la nomination du conseil judiciaire; que cette nullité entraîne celle des inscriptions hypothécaires prises en vertu de ces actes. — Cass., 3 nov. 1889, Lambert, [S. 91.1.407, P. 91.1.995, D. 90.1.379]

311. — Mais n'y a pas lieu de prononcer la nullité d'un prêt consenti à un prodigue pourvu depuis d'un conseil judiciaire, par un prêteur de bonne foi, et qui ne pouvait prévoir alors la mesure protectrice qui serait prise ultérieurement contre l'emprunteur. — Cass., 26 juin 1888, Duchemin, [S. 88.1.469, P. 88.1.1136, D. 89.1.39]

312. — La nullité, opposable au créancier dans les cas indiqués ci-dessus où celui-ci avait connaissance de la demande en nomination d'un conseil judiciaire, peut également être opposée au cessionnaire de ce créancier par le prodigue qui s'est borné à recevoir sans protestation la signification du transfert, mais qui ne l'a ni expressément ni virtuellement accepté. — Cass., 29 juin 1881, Goin, [S. 82.1.125, P. 82.1.273, D. 82.1.32]

313. — Il faut décider ainsi même pour les actes passés avant l'introduction de l'instance, si les tiers a voulu éluder d'avance l'incapacité dont le prodigue ou le faible d'esprit allait être frappé. Il suffit qu'il y ait fraude à la loi. Or, la fraude à la loi existe de la part du tiers qui, connaissant la situation du prodigue, sachant que sa famille va provoquer la nomination d'un conseil judiciaire, profite des entraînements de celui-ci, pour réaliser un bénéfice avant le jugement qui frappera le prodigue d'incapacité. Donc, l'acte doit être annulé. On a objecté que le tiers n'avait pas pu connaître une instance qui n'était pas encore engagée, et que frapper de nullité un acte fait par le prodigue ou le faible d'esprit avant la demande de nomination du conseil judiciaire, c'était décider de même que pour les actes faits antérieurement à l'interdiction, ce qui ne saurait être admis (V. *suprà*, n. 301). La réponse à faire à cette objection est qu'il ne s'agit pas de savoir si le tiers a connu ou a pu connaître l'instance engagée, mais bien de fraude à la loi; or, cette fraude peut résulter d'un acte passé avant l'introduction de l'instance. D'un autre côté, il y aura toujours une différence entre le prodigue et l'interdit, quant aux actes antérieurs : les actes antérieurs à l'interdiction peuvent être annulés par cela seul que la cause de l'interdiction existait notoirement à l'époque où ces actes ont été faits, tandis que la notoriété de la faiblesse d'esprit ou de la prodigalité au moment de l'acte ne suffira pas pour le faire annuler; il faudra qu'il y ait eu fraude à la loi et que la preuve en soit faite.

314. — La cour de Paris s'est prononcée en ce sens par deux arrêts du 10 mars 1854, Lefricque, [S. 54.2.598, P. 54.1.535, D. 55.2.246]; — 16 déc. 1859, Lenoble, [S. 60.2.307, P. 60.1133] — Ces arrêts jugent, en effet, que les obligations souscrites par le prodigue, même antérieurement à la demande d'un conseil judiciaire, peuvent être déclarées nulles pour dol ou fraude de la part du bénéficiaire, lorsque celui-ci connaissait, au moment où les obligations ont été souscrites, l'intention de la famille de former prochainement la demande en dation de ce conseil, ou lorsque déjà, au moment où les obligations ont été souscrites, les prodigalités du souscripteur étaient notoires et mettaient en éveil les sollicitudes de la famille.

315. — Tel est aussi le cas d'un prêt important consenti à un prodigue à une époque où sa prodigalité était de notoriété publique, alors que le prêteur connaissait l'intention de la famille de provoquer la nomination d'un conseil judiciaire, et qu'il a eu pour but, en consentant le prêt, de faire fraude au jugement à intervenir. Dans ce cas, le billet souscrit par le prodigue est à bon droit annulé, bien qu'il ait été souscrit antérieurement au jugement, et même à l'introduction de l'instance. — Cass., 15 déc. 1879, Lelièvre, [S. 80.1.129, P. 80.278, D. 80.1.177]

316. — Mais doit être reconnu valable un contrat de prêt souscrit par le prodigue, quelque temps avant le jugement qui lui nomme un conseil judiciaire s'il a été approuvé soit tacitement soit expressément par sa famille et s'il a été pour cette dernière d'une réelle utilité, en lui permettant de désintéresser les créanciers du prodigue. — Trib. civ. Lyon, 2 mai 1894, Sent, [*Gaz. des Trib.*, 20 oct. 1894]

317. — La capacité d'un individu pourvu d'un conseil judiciaire doit être appréciée d'après la loi existante à l'époque où il a contracté (C. civ., art. 2 et 513). — Montpellier, 1er juill. 1840, Medal, [S. 40.2.314, P. 42.2.290] — *Sic*, Chabot, *Quest. trans.*, v° *Prodigue*, § 2, p. 180.

318. — Et cela encore que la nomination du conseil soit postérieure au Code civil. Ainsi, les obligations contractées par un individu sous l'empire des lois sardes, qui permettaient d'attaquer les actes faits par le prodigue antérieurement à son interdiction, ont continué à être régies par ces lois, tout à la fois quant à leur validité, et quant au mode de preuve par lequel elles pouvaient être combattues, quoique la dation du conseil judiciaire fût postérieure à la promulgation du Code civil. Dès lors, puisque le Code, la preuve par témoins du'autorisaient les lois sardes contre les engagements souscrits par le prodigue sous leur empire, n'a pas cessé d'être admissible. — Cass., 18 nov. 1806, Canosio, [S. et P. chr.]

319. — L'art. 504, qui permet aux héritiers d'attaquer pour cause de démence l'acte souscrit par leur auteur lorsqu'ils ont provoqué son interdiction ou que la démence résulte de l'acte, est spécial au cas d'interdiction, et ne peut s'appliquer au cas de nomination de conseil judiciaire. — Duranton, t. 3, n. 781.

320. — Les jugements portant nomination d'un conseil judiciaire produisant leur effet du jour où ils ont été rendus, emportent de plein droit la nullité des actes passés postérieurement; en cette matière, l'appel n'est pas suspensif. — Angers, 3 août 1866, Fondement-Ferolles, [S. 66.2.340, P. 66.1242, D. 67.2.

24] — Un arrêt est en sens contraire : Toulouse, 29 janv. 1821, Roquelaine, [S. et P. chr.] — Mais la doctrine consacrée par l'arrêt d'Angers ci-dessus est généralement admise comme la seule conforme au texte de l'art. 502, C. civ. — V. Riom, 14 févr. 1842, de Russi, [S. 42.2.153] — *Sic*, Toullier, n. 1383.

321. — On décide même généralement que le jugement portant nomination d'un conseil judiciaire a effet à l'égard des tiers du jour même où il a été rendu, indépendamment de toute publicité, en sorte que les obligations contractées depuis ce jugement par la personne pourvue d'un conseil judiciaire seraient frappées de nullité, quand même le jugement n'aurait pas reçu la publicité prescrite par la loi..., sauf recours de ces tiers contre ceux qui ont négligé d'accomplir les formalités légales. — Cass., 6 juill. 1868, Harry Emmanuel, [S. 68.1.325, P. 68.873, D. 69.1.267] — Rennes, 12 mai 1851, de Rubat, [S. 52.2.131, P. 51.2.166, D. 52.2.262] — Douai, 22 juin 1854, Dubois, [S. 54.2.491, P. 55.1.475, D. 55.2.254] — Poitiers, 13 mai 1882, Girondeau, [S. 83.2.108, P. 83.1.585, D. 83.2.40] — Bourges, 30 juill. 1894, Capdeville, [J. *La Loi*, 10-11 oct. 1894] — *Sic*, Merlin, *Rép.*, v° *Interdiction*, et *Quest.*, v° *Tableau des interdits*, § 1; Delvincourt, t. 1, p. 485; Duranton, t. 3, n. 771; Chardon, *Puiss. tut.*, n. 246; Duvergier, sur Toullier, t. 1, n. 1331, note *a*; Valette, sur Proudhon, t. 2, p. 527; Demolombe, t. 8, n. 550; Marcadé, art. 502, n. 1; Carré et Chauveau, n. 3041; Demante, t. 2, n. 274 *bis*-III; Valette, *Explic. du C. Nap.*, n. 23; Zachariæ, Massé et Vergé, t. 1, § 234, p. 467; Berriat Saint-Prix, *Cours de proc.*, t. 2, p. 758, note 9; Carré et Chauveau, quest. 3041; Rodière, *Proc. civ.*, t. 3, p. 358; Ducauroy, Bonnier et Roustain, t. 1, n. 727; Aubry et Rau, t. 1, § 125, texte et note 27; Boileux, sur l'art. 501. — V. Laurent, t. 5, n. 283; Fuzier-Herman, *C. civ. annoté*, sur l'art. 501, n. 17.

322. — Il a cependant été jugé, en sens contraire, que l'incapacité résultant du jugement portant nomination d'un conseil judiciaire, ne peut être opposée à celui qui a contracté avec la personne pourvue de conseil, si le jugement de nomination n'a été ni levé, ni signifié et inscrit dans les dix jours de la prononciation, aux termes de l'art. 501, C. civ. — Cass., 16 juill. 1810, Berthier, [S. et P. chr.] — Turin, 20 janv. 1810, Baliada, [S. et P. chr.] — *Sic*, Maleville, sur l'art. 501; Carré, t. 3, p. 464; Toullier, t. 2, n. 1384; Magnin, *Minorités*, n. 885; Bioche, *Dictionn. de procéd.*, v° *Cons. judic.*, n. 40; Jay, *Conseil de fam. et cons. judic.*, n. 564; Massé et Vergé, § 234, note 19.

323. — En tout cas, le jugement portant nomination d'un conseil judiciaire produit son effet vis-à-vis des tiers, et conséquemment emporte nullité de tout engagement ultérieurement consenti par le prodigue sans l'assistance de ce conseil, du jour où il a été publié, conformément à la loi, dans l'arrondissement où siège le tribunal qui l'a rendu (et il faut ajouter aujourd'hui dans l'arrondissement du lieu de naissance de l'incapable, L. 16 mars 1893), en quelques lieux que vienne à contracter le prodigue, et sans qu'il soit besoin d'une nouvelle publicité dans chacun de ces lieux. — Cass., 29 juin 1819, Isabelle, [S. et P. chr.]; — 1er août 1860, Defresne, [S. 60.1.929, P. 61.1172, D. 60.1.316] — *Sic*, Merlin, *Quest.*, v° *Tabl. des interd.*, § 2; Favard de Langlade, *Rép.*, v° *Cons. judic.*, n. 5; Delvincourt, t. 1, p. 486, note 3; Magnin, *Minorités*, n. 884; Berriat Saint-Prix, *Cours de proc. civ.*, t. 2, p. 758, note 9; Bioche, *Dict. de proc.*, v° *Cons. judic.*, n. 39; Rodière, *Proc. civ.*, t. 3, p. 358; Zachariæ, Massé et Vergé, § 234, note 19; Valette, *Explic. du C. Nap.*, n. 23, p. 368; Demolombe, *Minorité*, t. 2, n. 715.

324. — D'après un arrêt de la cour de Toulouse, du 3 janv. 1820, Balzac, [S. et P. chr.], est nulle une lettre de change souscrite par l'individu pourvu d'un conseil judiciaire, et sans l'avis de ce dernier, alors même que le jugement qui nomme le conseil judiciaire n'aurait pas été affiché dans les études des notaires de l'arrondissement, si toutefois un extrait de ce jugement avait été remis dans les dix jours au secrétariat de la chambre des notaires. Cette remise au secrétariat satisfait au vœu de l'art. 501; c'est ensuite aux notaires à afficher dans leurs études l'extrait qui doit leur être remis par le secrétaire de la chambre; mais leur négligence à cet égard ne peut engager la responsabilité de celui qui a satisfait au vœu de la loi par la remise de l'extrait du jugement au secrétariat de la chambre. Cette décision ne paraît pas devoir être contestée en présence des art. 92 et 175 du tarif, qui règlent le mode de publicité à donner au jugement nommant le conseil judiciaire, et n'ont édicté aucun moyen coercitif contre les notaires pour les obliger à remplir avec plus d'exactitude les prescriptions de la loi.

325. — Le seul fait, par un individu pourvu d'un conseil judiciaire, de ne pas révéler sa situation aux tiers avec lesquels il traite, ne saurait constituer un dol susceptible de faire rescinder le contrat ou d'ouvrir une action en indemnité. — Amiens, 27 juin 1877, Schrœder, [S. 79.2.229, P. 79.974] — Une fois, en effet, que la publication prescrite par l'art. 501, C. civ., a été effectuée, la situation juridique de la personne pourvue d'un conseil judiciaire est légalement notoire, et c'est à ceux qui contractent avec elle à s'enquérir de son état.

326. — Mais il en est autrement lorsque cette réticence de la part de l'incapable est accompagnée d'artifices ou de manœuvres destinées à faire croire aux tiers qu'il a le plein exercice de ses droits. — Même arrêt. — Il y a alors, de la part de la personne pourvue du conseil judiciaire, un quasi-délit dont elle est, comme tous autres, responsable aux termes de l'art. 1382, C. civ.; car la mesure dont elle a été l'objet n'a été prise que pour l'empêcher de contracter témérairement et non pour lui procurer le bénéfice d'une entière irresponsabilité. — V. Pothier, *Obligations*, n. 119; Larombière, *Obligations*, t. 5, p. 703; Sourdat, *Responsabilité civile*, t. 1, n. 18, 417.

327. — Le conseil judiciaire lui-même et les parents de la personne placée sous l'autorité de ce conseil n'ont pas, en général, d'initiative à prendre pour divulguer la situation faite à cette personne. Il ne peut donc y avoir, de leur part, faute par omission, de nature à engager leur responsabilité que si, mis pour ainsi dire moralement en demeure et interpellés par la force des choses de s'expliquer vis-à-vis d'un tiers connu d'eux et dont leur silence laisserait avorter compromis les intérêts, ils avaient dissimulé à ce tiers l'incapacité de la personne qui avait contracté un engagement envers lui. — Trib. Amiens, 15 févr. 1873, sous Amiens, 27 juin 1877, précité.

328. — Le jugement portant nomination d'un conseil judiciaire produit effet à partir de sa date sans qu'il y ait lieu de tenir compte d'un délai de distance à raison de l'éloignement pouvant exister (fût-ce même à l'étranger) entre le lieu où le jugement a été rendu et celui où a été passé, à une date postérieure, le contrat dont la nullité est demandée pour cause d'incapacité du prodigue. — Paris, 12 mai 1867, sous Cass., 6 juill. 1868, précité.

329. — Les jugements portant nomination de conseil judiciaire produisent leur effet dès le jour où ils ont été rendus et emportent de droit la nullité des actes passés postérieurement, aussi bien lorsqu'ils ont été rendus contre un étranger que lorsqu'ils l'ont été contre un Français. — Cass., 29 janv. 1866, Joyaux, [S. 66.1.105, P. 66.268, D. 66.1.170]

330. — De même, nous le rappelons, la nomination du conseil judiciaire prononcée par un jugement par défaut dont, par opposition, un jugement ultérieur a ordonné l'exécution, produit effet à partir du jugement par défaut. — V. *suprà*, n. 152.

331. — Une obligation sous seing privé portant une date antérieure à l'époque où le souscripteur a été pourvu d'un conseil judiciaire, fait foi de sa date contre lui, tant qu'il ne prouve pas qu'il y a antidate. — Orléans, 25 août 1837, Gerberon, [S. 38.2.66, P. 37.2.207]; — 8 mars 1836, Morin, [S. 36.1.236] — Il résulte de cette jurisprudence que les juges, tout en se montrant favorables à l'individu pourvu d'un conseil judiciaire qui veut démontrer l'antidate de l'obligation, ne peuvent cependant refuser au titre la présomption de vérité de la date, tant que la fausseté ne leur en est pas démontrée.

332. — La même obligation fait également foi de sa date contre le conseil judiciaire : ce dernier ne peut, à cet égard, être considéré comme un tiers. — Orléans, 21 mars 1838, Mélin, [S. 39.2.326, P. 39.2.146]

333. — Jugé que les lettres de change souscrites par un individu pourvu d'un conseil judiciaire, mais portant une date antérieure à la date de ce conseil, sont, à l'égard des tiers porteurs de bonne foi, réputées avoir date certaine : les tiers porteurs ne sont pas astreints à prouver la sincérité de la date. — Paris, 20 avr. 1831, Devevres, [S. 31.2.288]

334. — ... Que des obligations, telles que des lettres de change, souscrites par un individu qui, depuis, a été pourvu d'un conseil judiciaire, ne sont pas nulles de plein droit, pour défaut de date certaine antérieure à la nomination du conseil; que les juges peuvent reconnaître en fait la sincérité de la date apparente et prononcer la condamnation, surtout en faveur d'un cessionnaire ou tiers porteur. — Cass., 17 mai 1831, Guérin, [S. 35.1.85, P. chr.]

335. — Décidé, au contraire, que le jugement qui nomme un conseil judiciaire à un individu produit cet effet, que toutes obligations portant une date antérieure sont présumées antidatées, postérieures à la dation du conseil et non valables, à moins qu'elles n'aient une date certaine. — Paris, 10 mai 1810, Wasberg, [S. et P. chr.]; — 9 juill. 1816, Goursaud, [S. et P. chr.]

336. — ... Du moins, lorsqu'il n'existe dans la cause aucune circonstance qui fasse présumer que ces actes sont antérieurs à la dation du conseil. — Amiens, 13 févr. 1823, Restout, [S. et P. chr.]

337. — ... Que les actes sous seing privé souscrits par un prodigue n'ont pas date certaine vis-à-vis de son conseil, et qu'à cet égard, ce dernier peut être considéré comme un tiers. — Paris, 26 juin 1838, Coutard, [S. 38.2.417, P. 38.2.76]

338. — ... Que l'acceptation d'une lettre de change par un individu pourvu d'un conseil judiciaire ne peut lui être opposée non plus qu'à ses héritiers, si rien n'établit qu'elle ait été souscrite antérieurement à la dation du conseil : peu importe que la lettre de change porte une date antérieure à cette dation du conseil, la date de l'acceptation n'étant pas nécessairement celle de la lettre de change. — Orléans, 3 juill. 1835, Gilet, [S. 35.2.417, P. chr.]

339. — ... Que les actes sous seing consentis par un individu pourvu d'un conseil judiciaire (fût-ce même des lettres de change), ne peuvent lui être opposés ou à ses héritiers, bien qu'ils portent une date antérieure à la dation du conseil judiciaire, qu'autant que les juges reconnaissent et constatent la sincérité de cette date; que la présomption n'est pas pour la sincérité de la date; qu'elle est plutôt pour l'antidate; et que cette règle est applicable même vis-à-vis du tiers porteur de bonne foi. — Cass., 4 févr. 1835, Devesvres, [S. 35.1.83, P. chr.]

340. — En tout cas, quand sous seing privé souscrit par un individu qui a été pourvu d'un conseil judiciaire et reconnu porter une date inexacte, c'est au créancier à établir que la véritable date est antérieure à la dation du conseil, et non au débiteur ou à ses ayants-droit à établir qu'elle est postérieure : à défaut par le créancier de faire cette preuve, l'engagement dont il se prévaut peut être annulé. — Cass., 30 juin 1868, Leclerc de Bussy, [S. 68.1.024, P. 68.871, D. 69.1.236] — Il est à présumer, en effet, qu'on n'a donné à l'acte une date fausse que dans le but de faire fraude à la loi. C'est donc au créancier à faire tomber cette présomption.

341. — Jugé enfin que celui qui se présente comme bénéficiaire d'un engagement pris par un prodigue non commerçant, sous la forme d'une lettre de change revêtue d'une acceptation non datée, ne saurait s'en prévaloir utilement qu'autant que la dite acceptation aurait, antérieurement à la dation du conseil judiciaire, une date certaine résultant de l'une des circonstances prévues en l'art. 1328, C. civ. — Paris, 15 avr. 1893, Gandolfi, [*Gaz. des Trib.*, 8 sept. 1893]

342. — Le prodigue pourvu en France d'un conseil judiciaire, est frappé d'une incapacité personnelle qui le suit à l'étranger. Dès lors, sont nuls les engagements par lui contractés, même hors de son pays et envers des étrangers, sans l'assistance de son conseil. — Cass., 6 juill. 1868, Harry-Emmanuel, [S. 68.1.325, P. 68.873, D. 69.1.267]

343. — Mais le Français pourvu d'un conseil judiciaire par jugement rendu en France, et qui, assigné devant un tribunal étranger, a procédé devant ce tribunal sans exciper de son incapacité à ester seul en justice, ne peut être admis à critiquer la décision rendue contre lui, alors que rien d'ailleurs n'établit que la partie adverse eût connaissance de la nomination du conseil judiciaire. — Cass., 27 mars 1863, Leblanc de Castillon, [S. 65.1.261, P. 63.630] — Comme on le voit par cet arrêt, la jurisprudence tend à reconnaître que le principe en vertu duquel les lois qui ont le caractère de statut personnel suivent les individus en pays étranger, n'est pas susceptible d'une application absolue. — Note sous Cass., 16 janv. 1861, Lizardi, [S. 61.1.305, P. 62.427, D. 61.1.193] — Dans l'espèce ci-dessus, l'arrêt contre lequel le demandeur en cassation, un pourvu d'un conseil judiciaire, proposait le moyen tiré de sa propre incapacité pour ester seul en justice, avait été rendu sans que les magistrats et l'autre partie eussent connu le jugement étranger qui contenait dation de ce conseil judiciaire. Dans ces conditions, ce jugement ne pouvait être opposé aux étrangers qui, dans leur pays, avaient contracté ou plaidé avec le français.

344. — La nullité d'un acte consenti par un prodigue, sans l'assistance de son conseil judiciaire, n'est pas absolue, bien que l'art. 502 déclare l'acte « nul de droit » (Sur le sens de l'expression « nul de droit », V. *infra*, v° *Interdiction*). La nullité ne peut être invoquée que par l'incapable, ses tuteur, héritiers ou ayants-cause, et non par ceux avec lesquels il a contracté. — Lyon, 29 mai 1872, Burdet, [S. 72.2.96, P. 72.470, D. 73.2.19] — La disposition de l'art. 1125, C. civ., d'après laquelle les personnes capables de s'engager ne peuvent opposer l'incapacité du *mineur*, de l'*interdit*, ou de la *femme mariée*, avec qui elles ont contracté, ne saurait être considérée en effet comme limitative, car il ne peut y avoir aucun motif pour accorder à celui qui a contracté avec une personne pourvue d'un conseil judiciaire plus de droits qu'il n'en aurait s'il eût contracté avec tout autre incapable. — V. *supra*, v^{is} *Autorisation de femme mariée*, n. 755, 792 et s., *Capacité*, n. 78.

345. — Pour ce motif, lorsqu'un individu pourvu d'un conseil judiciaire a consenti un bail d'une durée supérieure à neuf ans (V. *supra*, n. 281), le preneur serait sans qualité pour s'en prévaloir. — Zachariæ, § 334; Massé et Vergé, § 249; Demante, t. 2, n. 274 *bis*-III; Marcadé, sur l'art. 502.

346. — Le conseil judiciaire d'un prodigue peut seul, et sans le consentement de celui-ci, demander la nullité des engagements que le prodigue aurait souscrits contrairement à la loi, pourvu d'ailleurs que le prodigue soit mis en cause. — Cass., 29 juin 1881, Goin, [S. 82.1.125, P. 82.1.272, D. 82.1.33] — Paris, 26 juin 1838, Coutard, [S. 38.2.417, P. 38.2.76]; — 13 févr. 1844, Coutard, [S. 41.2.224, P. 41.1.394]; — 16 déc. 1859, Lenoble, [S. 60.2.307, P. 60.1133] — Lyon, 11 févr. 1863, sous Cass., 23 janv. 1865, Rabatel, [S. 63.1.75, P. 65.144] — V. sur la question, les notes sous Paris, 16 déc. 1859, et Trib. Seine, 28 mai 1862, précités. — *Contrà*, Trib. Seine, 28 mai 1862, sous Paris, 13 nov. 1863, Mouchet, [S. 64.2.193, P. 64.948, D. 63.5.217] — Aubry et Rau (t. 1, § 139, texte et note 4), lesquels refusent au conseil judiciaire le droit d'agir en justice, même en mettant le prodigue en cause. — V. aussi Laurent, t. 5, n. 353.

347. — La nullité qui résulte du défaut d'assistance du conseil judiciaire dans les actes passés par le prodigue étant purement relative et ne pouvant être opposée à l'incapable, la citation en justice donnée à la requête d'un prodigue sans l'assistance de son conseil, ne peut donner lieu qu'à une exception dilatoire tendant à ce que l'incapable ne puisse procéder sans être habilité; et si, au jour de la comparution en justice, il est régulièrement assisté, la nullité résultant du défaut d'assistance lors de la citation est censée n'avoir jamais existé, et ne saurait dès lors enlever à la citation son effet interruptif de la prescription. Ces principes s'appliquent aussi bien au cas où l'action civile est portée devant les tribunaux de répression qu'au cas où la juridiction civile a été saisie. — Cass., 27 juin 1884, Despiau-Goulard, [S. 87.1.334, P. 87.1.798, D. 85.1.135]

348. — Mais la nullité, pour défaut d'assistance du conseil judiciaire, de la procédure première instance suivie et du jugement intervenu contre le prodigue, n'est pas couverte par l'intervention du conseil judiciaire en cour d'appel, laquelle intervention ne peut couvrir les irrégularités antérieures et régularise seulement la procédure en cour d'appel. — Amiens, 9 juill. 1873, de la Prairie, [S. 73.2.225, P. 73.1039]

349. — Il faut remarquer, au surplus, que dans le cas où l'individu pourvu d'un conseil judiciaire a contracté, sans l'assistance de ce conseil, des obligations qui excèdent sa capacité, il peut en demander la nullité, alors même qu'il n'en aurait éprouvé aucune lésion; et cela par application des art. 502 et 1312, C. civ., qui régissent le faible d'esprit et le prodigue aussi bien que l'interdit, la dation d'un conseil n'étant qu'un diminutif de l'interdiction. — Amiens, 24 juill. 1852, Mesnil, [S. 52.2.572, P. 53.2, D. 53.2.39] — *Sic*, Demolombe, *Minorité*, t. 2, n. 769-1°; Massé et Vergé, p. 491, note 17; Boileux, p. 583. — *Contrà*, Metz, 21 mai 1817, Couturier, [P. chr.] — Paris, 26 avr. 1833, Sponi, [S. 33.2.286, P. chr.] — Magnin, t. 1, n. 885. — Et il n'est tenu à restituer, en ce cas, que les choses qu'il a reçues qui ont tourné à son profit. — Demolombe, n. 769-3°; Boileux, p. 584.

350. — Les faits d'exécution volontaire et en connaissance de cause conjointement accomplis par un individu pourvu d'un conseil judiciaire et par ce conseil lui-même, emportent ratification des actes dont ils auraient pu demander la nullité ou la rescision. — V. *supra*, v° *Confirmation*, n. 74.

351. — Bien que le remploi, fait sans l'assistance du conseil, de capitaux reçus par celui qui est sous sa surveillance soit nul, cependant, il est non recevable, ainsi que son conseil, à en contester la validité, si l'un et l'autre l'ont postérieurement ratifié ou approuvé. La ratification tacite ou de fait est suffisante à cet égard. — Duranton, n. 807.

352. — L'art. 1304, C. civ., qui limite à dix ans la durée de l'action en nullité ou rescision, se fondant sur une présomption de ratification, le délai de dix ans pour l'exercice de l'action en nullité ou rescision d'un acte passé par un prodigue sans l'assistance de son conseil judiciaire, court, non pas du jour où l'acte a été accompli, mais seulement du jour où cet acte a pu faire l'objet d'une confirmation régulière, par suite de la cessation de l'incapacité ou du décès du conseil judiciaire. — Cass., 8 avr. 1891, Roux et Duchemin, [S. 91.1.149, P. 91.1.360, D. 91.1.454] — *Sic*, Duranton, t. 3, n. 810; Marcadé, sur l'art. 1304, n. 2; Aubry et Rau, t. 4, § 339, texte et note 33; Laurent, t. 19, n. 49; Demolombe, *Contr. et obligat.*, t. 6, n. 157; *Minor.*, t. 2, n. 766; Larombière, *Théor. et prat. des obligat.*, t. 5, sur l'art. 1304, n. 25.

353. — La cour d'Angers, par arrêt du 27 juill. 1859, Jamard, [S. 60.2.29, P. 59.1170, D. 60.1.339] et, sur pourvoi, la chambre des requêtes, par arrêt du 6 juin 1860, précité, paraissent s'être prononcées en sens contraire. D'après l'arrêt de la Cour de cassation, la prescription de dix ans édictée par l'art. 1304, C. civ., à l'égard de l'action en nullité ou en rescision des conventions, court contre l'individu pourvu d'un conseil judiciaire, même à l'égard des actes par lui faits depuis la dation de ce conseil. — Aubry et Rau, Demolombe et Laurent citent ces arrêts comme contraires à leur doctrine. Ce peut-être en exagérer la portée. En effet, dans l'espèce jugée, le prodigue avait agi avec l'assistance de son conseil. Il n'y avait donc pas vice d'incapacité légale, et si l'acte était vicié, ce ne pouvait être que de dol ou de fraude. Or, il a été décidé, avec grande raison, que, dans ce cas, la prescription n'est pas suspendue. Nous ajouterons même, pour l'exacte appréciation du fait, que la cour d'Angers et la Cour de cassation indiquent pour point de départ de la prescription, non la date de l'acte, mais la nomination du nouveau conseil qui avait remplacé le premier. Cette circonstance se montre-t-elle pas qu'il ne s'agissait point d'un vice d'incapacité, mais d'un vice tout différent, tel que le dol et la fraude, qui n'auraient été réellement découverts que la nomination du second conseil en remplacement du premier?

354. — En matière d'obligations contractées par des prodigues sans l'assistance de leur conseil judiciaire, la reconnaissance pure et simple d'une telle obligation faite, dans un acte extrajudiciaire, par le prodigue depuis la cessation de son incapacité, ne vaut pas ratification de la dette, et ne fait qu'engendrer une obligation naturelle, qui ne peut servir de base à une action en justice. — Riom, 10 janv. 1857, Pewerstoffs, [S. 57.2.494, P. 58.504, D. 58.2.6] — Sur les conditions de la rectification, V. *supra*, v° *Confirmation*, n. 82 et s.

355. — Les jugements rendus contre un individu pourvu d'un conseil judiciaire peuvent être attaqués par voie de tierce-opposition par le conseil, s'ils ont été rendus en son absence.
— En supposant que cette tierce-opposition ne puisse être formée incidemment devant le tribunal civil, lorsqu'il s'agit de jugements rendus par le tribunal de commerce, rien du moins ne s'oppose à ce que, sur l'appel, la cour investie de la juridiction supérieure statue sur la tierce-opposition formée de nouveau devant elle par le conseil judiciaire. — Paris, 21 nov. 1842, Hutteau d'Origny et Breton, [P. 43 1.196]

CHAPITRE VIII.

DE LA FORME EN LAQUELLE DOIT ÊTRE FOURNIE L'ASSISTANCE DU CONSEIL JUDICIAIRE.

356. — L'*assistance* (de *sistere ad*) implique une idée différente de l'*autorisation*. Ce mot suppose qu'il y a de la part du conseil judiciaire une coopération à l'acte même. On peut admettre qu'il y a une certaine analogie entre l'assistance que donne le conseil judiciaire et l'*auctoritas* du tuteur romain (*Inst.*, lib. 1, tit. 21). — Demolombe, *Minorité*, t. 2, n. 752. — Toutes les règles relatives à la forme de l'assistance se rattachent par suite aux deux principes suivants.

357. — 1° Le conseil judiciaire n'a aucune qualité pour représenter la personne qu'il a à assister. Il ne peut passer en son nom aucun acte juridique ni introduire seul une action en justice (V. *suprà*, n. 214 et s.). Nous avons déjà eu l'occasion de dégager de ce principe certaines conséquences importantes (V. *suprà*, n. 214 et s.). Il a encore été jugé, par application de la même règle, que si rien ne s'oppose à ce que le conseil judiciaire assiste un prodigue lorsque celui-ci est assigné directement par une partie civile devant la justice correctionnelle, du moins faut-il que le prodigue comparaisse en personne à l'audience. Le conseil judiciaire, en effet, a pour mission exclusive d'assister le prodigue; il n'a point pour mission de le représenter. Si donc, le prodigue fait défaut à l'audience, l'intervention de son conseil judiciaire est irrecevable. — Trib. corr. Seine, 10 janv. 1895, [J. *Le Droit*, 14-15 janv. 1895]

357 bis. — De plus, le conseil judiciaire n'est pas investi de l'administration des biens et il ne lui appartient pas de faire des actes conservatoires. — V. Aubry et Rau, t. 1, § 140.

358. — 2° L'assistance à prêter par le conseil judiciaire implique la nécessité de sa participation personnelle et directe aux actes et aux procédures pour lesquels cette assistance est requise. Le conseil doit concourir aux actes simultanément avec le prodigue, être *statim in negotio præsens*, comme disent les Institutes (*Inst.*, lib. 1, tit. 21, § 2). — V. Aubry et Rau, *loc. cit.*; Demolombe, *op. cit.*, t. 2, n. 753.

359. — Nous avons déjà vu, dans le chapitre précédent, appliqué par avance ces principes en traitant de la défense faite au prodigue ou au faible d'esprit de plaider sans l'assistance de son conseil judiciaire, mais nous avons à préciser ici quelques-unes des règles qui régissent la matière.

360. — D'après ce qui vient d'être dit, on décide généralement qu'il ne suffirait pas que l'assistance fût donnée sous forme d'une simple autorisation. Le conseil doit figurer comme partie dans la procédure, et y concourir simultanément avec le prodigue. — Marcadé, sur l'art. 513, n. 3; Delvincourt, t. 1, p. 234; Boileux, *Comment. C. comm.*, sur l'art. 513, t. 1, p. 581; Demante, t. 2, n. 285 bis-VII; Massé et Vergé, sur Zachariæ, t. 1, § 249, note 9; Aubry et Rau, t. 1, § 139; Chardon, *Puissance tutel.*, n. 279 et s.; Demolombe, *Minorité*, etc., t. 2, n. 752 à 756.

361. — La jurisprudence s'est prononcée dans le même sens. « Le conseil judiciaire, dit la Cour de cassation dans les motifs d'un arrêt du 8 déc. 1841, Thirion Montauban, [S. 42.1.40, P. 41.2.721] — est partie nécessaire pour défendre à toutes les actions intentées contre le prodigue et pour l'assister dans toutes les actions intentées par celui-ci. »

362. — Un autre arrêt de la Cour suprême, du 27 déc. 1843, Crésot, [S. 44.1.346, P. 44.1.370] — porte également dans ses motifs « que le conseil judiciaire est partie nécessaire pour défendre à toutes les actions intentées par le prodigue. »

363. — Il a été décidé, de même, que l'assistance à prêter par le conseil judiciaire au prodigue dans les instances suivies par celui-ci n'est pas simplement l'autorisation, et s'en distingue par le concours personnel de l'assistant : elle suppose donc, au moins en principe, la présence permanente du conseil judiciaire dans l'instance. Ainsi est nulle la procédure suivie par le prodigue avec la simple autorisation du conseil judiciaire qui n'a pas figuré comme partie au procès. — Cass., 1er févr. 1876, Duroussy, [S. 76.1.153, P. 76.366, D. 76.1.80]

364. — Cependant, Duranton (t. 3, n. 806) et Toullier (t. 2, n. 1380, 1382) pensent qu'il suffit que le consentement du conseil soit donné par un acte séparé. — V. aussi M. Magnin, *Tr. des minorités*, t. 1, n. 900; Delsol, *Explicat. élément du Code civ.*, t. 1, p. 381. — Toullier (n. 1382), ne veut même pas que le conseil paraisse en nom dans la procédure, il n'y doit être nommé que comme approuvant ce qui est fait. — V. aussi Magnin, *loc. cit.* — Demolombe fait observer que, si l'on admet ce système, il est nécessaire que l'acte particulier par lequel le conseil judiciaire a déclaré autoriser, déterminé et précise exactement le caractère de l'opération à faire; de plus, il faut que cet acte particulier soit annexé à l'acte principal (*op. cit.*, n. 757). — V. Aubry et Rau, t. 1, § 140. — Enfin, Laurent (t. 5, n. 360) professe un système mixte : « Après avoir rappelé que, d'après la jurisprudence de la Cour de cassation, le conseil judiciaire est partie nécessaire dans l'instance, et doit, par conséquent, figurer comme partie dans l'assignation, Laurent ajoute : « N'est-ce pas dépasser les exigences de la loi? Sans doute, le conseil doit assister, c'est-à-dire être présent à l'audience, approuver ce que fait la personne à laquelle il a été nommé. Mais aucune disposition de loi n'exige que les demandeurs intentent la poursuite contre le conseil judiciaire (Bruxelles, 18 janv. 1827). Tout ce que l'on peut dire, c'est que l'assistance est prouvée quand le conseil figure dans les actes de la procédure; mais alors même qu'il y figure, ce n'est pas comme partie, mais comme conseil. Aussi a-t-il été jugé, que la procédure n'est pas nulle, par cela seul que le conseil n'a pas été présent à l'instance quand elle a commencé, qu'il suffit qu'il intervienne dans le cours de l'instance pour approuver tout ce qu'a fait le prodigue; ce qui ne se concevrait pas si le conseil était réellement partie au procès ». — Paris, 12 déc. 1861, Cave, [D. 62.5.186]

365. — Jugé encore qu'une vente publique, faite à la requête d'une personne pourvue d'un conseil judiciaire, est valable, bien que ce conseil ne soit pas intervenu dans la vente même, mais seulement dans la procuration portant pouvoir de vendre, donnée à une personne déterminée; qu'une telle vente peut servir de base à la prescription de dix ans, pour laquelle la loi exige un juste titre. — Bruxelles, 20 févr. 1827, N..., [P. chr.]

366. — L'intervention du conseil judiciaire dans la procuration portant pouvoir de vendre, rend inutile son intervention dans la procuration donnée à fin de transcrire. — Même arrêt.

367. — Et si la procuration à fin de vendre n'était pas signée de la personne pourvue du conseil, la procuration à fin de transcrire, par elle donnée, couvrirait suffisamment cette nullité. — Même arrêt.

368. — En tout cas, la connaissance que le conseil judiciaire aurait d'un acte passé par le pourvu de conseil judiciaire ne suffirait pas pour valider cet acte. La loi exige son assistance; et c'est bien assez, dit Demolombe, c'est même trop déjà peut-être, d'admettre qu'il peut la fournir par un acte distinct et séparé (*Minorité*, t. 2, n. 758).

369. — Le consentement du conseil doit être donné préalablement à l'acte, s'il était donné postérieurement, ce serait la ratification d'un acte nul, et il ne peut priver le prodigue du bénéfice de la nullité. La ratification ne vaudrait qu'autant qu'elle serait accompagnée de celle du prodigue. — Toullier, t. 2, n. 1380; Duranton, t. 3, n. 807; Demolombe, *Minorité*, t. 2, n. 759; Aubry et Rau, t. 1, § 140. — V. *suprà*, v° *Confirmation*, n. 74.

370. — Celui auquel un conseil judiciaire a été donné n'est pas valablement assisté par ce conseil dans les actes où celui-ci est personnellement intéressé. — Ainsi, est nul le contrat pour lequel un prodigue a besoin de l'assistance de son conseil, si le conseil qui l'a assisté avait un intérêt personnel à l'affaire. — Cass., 13 juin 1860, Constant et Fontnouvelle, [S. 61.1.237, P. 61.615, D. 60.1.503]

371. — Une vente d'immeuble, faite par un prodigue assisté de son conseil judiciaire, est cependant valable, en l'absence de dol de la part de l'acquéreur, lors même que la rente viagère fixée comme prix de cette vente serait réversible sur la tête du conseil judiciaire, unique héritier présomptif du prodigue. — Angers, 27 juill. 1839, Jamard, [S. 60.2.29, P. 59.1170]

372. — Celui auquel un conseil judiciaire a été donné en la personne d'un notaire, ne peut être considéré comme assisté par ce conseil dans un acte que celui-ci a reçu en sa seule qualité de notaire. En conséquence, un tel acte est nul, non seulement comme acte authentique, mais encore comme acte sous seing privé, le conseil judiciaire, qui y est partie, ne l'ayant pas signé en cette qualité. — Angers, 3 août 1866, Fondement-Ferolle, [S. 66.2.340, P. 66.1242, D. 67.2.24] — Sur le point de savoir si l'acte notarié nul comme acte authentique peut valoir comme acte sous seing privé, lorsqu'il est revêtu de la signature des parties, V. *suprà*, v° *Acte notarié*, n. 803 et s.

373. — Nous avons vu *suprà*, n. 207, que l'assistance du conseil judiciaire, nécessaire au prodigue ou au faible d'esprit pour plaider, ne peut être suppléée par l'autorisation de justice; il en est de même de l'assistance qu'il doit fournir dans tous les autres cas.

374. — Il résulte aussi du caractère que nous avons reconnu à l'assistance du conseil judiciaire que cette assistance doit être spéciale, c'est-à-dire qu'elle doit être donnée autant de fois qu'il y a d'affaires distinctes et d'actes différents. Elle ne peut être générale et s'appliquer à une série d'actes successifs, à un ensemble d'opérations distinctes. — Demolombe, *Minorité*, t. 2, n. 760.

375. — De ce que le prodigue pourvu d'un conseil judiciaire ne peut être habilité par ce conseil, en vertu d'une autorisation générale et indéterminée, à contracter des engagements indéfinis, il suit qu'il ne peut être autorisé à faire le commerce. — Paris, 22 déc. 1862, Jullien, [S. 63.2.30, P. 63.428] — Angers, 10 févr. 1865, Duchemin, [S. 65.2.163, P. 65.719, D. 65.2.63] — Cass. belge, 17 oct. 1889, Vincent, [S. 90.4.4, P. 90.2.7, D. 91.2.355] — *Sic*, Demolombe, *Minor. tut.*, t. 2, n. 760 et s.; Massé, *Dr. comm.*, t. 2, n. 1101; Molinier, *Tr. dr. comm.*, n. 141; Alauzet, *Comm. C. comm.*, t. 1, n. 38; Laurent, t. 5, n. 351; Lyon-Caen et Renault, *Précis de dr. comm.*, t. 1, n. 160; Ruben de Couder, *Diction. de dr. comm.*, v° *Faillite*, t. 4, n. 21. — V. au surplus, Fuzier-Herman, *C. civ. annoté*, sur l'art. 513, n. 30 et s. — V. aussi *suprà*, v° *Commerçant*, n. 1333 et s.

376. — Spécialement, le conseil judiciaire d'un prodigue ne peut, par une autorisation générale préalable et indéterminée, lui conférer la capacité de s'engager seul dans une société en nom collectif; par suite, le prodigue qui s'est engagé en vertu d'une pareille autorisation ne peut être réputé faire partie de ladite société. — Cass., 3 déc. 1850, Mahussier, [S. 50.1.777, P. 51.2.638, D. 51.1.42] — Orléans, 9 août 1851, Mahussier, [P. 51.2.638] — Trib. comm. Seine, 26 mai 1857, Ansiaume, [*Gaz. des Trib.*, 28 mai 1857]

377. — Le cour de Paris avait jugé le contraire par un arrêt du 12 août 1848, Mahussier, [S. 48.2.608, P. 48.2.516, D. 48.2.197] — Mais cet arrêt fut cassé par celui du 3 déc. 1850, précité. — Par celui du 22 déc. 1862, aussi précité, la cour de Paris a adopté la doctrine de la Cour de cassation.

378. — Il suit du même principe que le pourvu ne peut être membre d'une société en commandite comme gérant. Chaque acte de gérance devant être spécialement autorisé, cette obligation serait évidemment inconciliable avec les nécessités du commerce. Mais l'incapable peut faire partie d'une société en commandite comme commanditaire; l'associé commanditaire ne se livre pas à une succession d'actes de commerce; il n'en faut qu'un seul, l'apport de sa mise, qui constitue un simple placement de fonds, lequel peut être fait par le pourvu d'un conseil judiciaire avec le concours de ce conseil. — Cass., 28 mars 1892, Morel et Allègre, [S. et P. 93.1.461, D. 92.1.265] — *Sic*, Lyon-Caen et Renault, *Tr. de dr. comm.*, t. 2, n. 471.

379. — Il résulte de ce qui précède, que l'individu qui a un conseil judiciaire ne peut être déclaré en faillite. — Cass., 3 déc. 1850, précité. — L'arrêt du 12 août 1848, avait, au contraire, décidé que, quelles que soient les exceptions qui pourraient résulter en faveur du prodigue associé, soit à raison de sa qualité modifiée par les liens du conseil judiciaire, soit à raison des stipulations et restrictions que l'acte de société contient à son égard, il n'en doit pas moins être déclaré en état de faillite dès que la société contractée a cessé ses paiements. Mais nous rappelons que cet arrêt a été cassé par celui du 3 déc. 1850, précité.

380. — De ce que le prodigue ne peut être valablement autorisé à faire le commerce, il suit qu'il ne saurait être soumis aux obligations du commerçant; d'où l'on doit conclure qu'il n'est pas soumis à la juridiction commerciale à raison des engagements qu'il a contractés pour son commerce sans l'assistance de son conseil, ou à raison de lettres de change tirées sur lui, lorsqu'il ne les a ni autorisées, ni acceptées. — Angers, 10 févr. 1865, précité. — Dans le même sens, Orléans, 8 févr. 1843, Minier, [P. 43.1.286]

381. — La lettre de change souscrite par le prodigue en paiement de fournitures ne vaut que comme obligation civile. — Cass., 1er août 1860, Defresne, [S. 60.1.929, P. 61.1172, D. 60.1.316]

382. — Peu importe que la souscription de billets par le prodigue puisse avoir pour effet de l'attirer devant le tribunal de commerce, au cas où ils recevraient ensuite d'autres signatures d'individus commerçants : seulement il ne pourra pas être condamné commercialement. — Cass., 3 avr. 1855, Martin Métairie, [S. 55.1.641, P. 55.1.611, D. 55.1.130]

CHAPITRE IX.

RESPONSABILITÉ DU CONSEIL JUDICIAIRE.

383. — Sur la responsabilité du conseil judiciaire, les auteurs ne sont pas d'accord. Toullier (t. 2, n. 1377) dit que le conseil n'ayant pas d'administration, n'est comptable de rien, ni assujetti à aucune responsabilité : il doit seulement donner un avis, or, celui qui donne un conseil non frauduleux n'encourt aucune responsabilité. Cette doctrine ne paraît pas devoir être suivie. Sans doute, celui qui n'est pas tenu de donner un conseil n'est pas responsable de celui qu'il veut bien donner, et qu'on est libre de ne pas suivre. Mais telle n'est pas la position du conseil judiciaire.

384. — Suivant Demolombe (*Minor. et tut.*, t. 2, n. 779), on ne saurait donner de solution absolue, et décider que le conseil ne sera jamais responsable, ni décider qu'il le sera toujours. C'est là une question de fait. Il faudrait des circonstances exceptionnelles pour déclarer le conseil judiciaire, qui remplit une mission gratuite, responsable de son avis et de son assistance lorsqu'il les a donnés de bonne foi; mais il ne serait pas non plus impossible que sa responsabilité fût engagée d'après le droit commun, non seulement par son dol, mais aussi par une faute et une négligence inexcusable. MM. Aubry et Rau (t. 1, § 139) décident dans le même sens que le conseil judiciaire n'encourt de responsabilité pour avoir prêté ou refusé son assistance qu'autant qu'il s'est rendu coupable d'un dol ou d'une faute grave assimilable au dol.

385. — La jurisprudence paraît en ce sens. Ainsi jugé que le conseil judiciaire est passible de dommages-intérêts envers le prodigue si, au lieu d'établir les revenus de ce dernier et de déterminer les sommes à mettre chaque année à sa disposition, il lui a ouvert un compte courant, et lui a remis ainsi, sur simple reçu et sans nécessité justifiée, des sommes hors de proportion avec ses ressources annuelles. — Paris, 31 janv. 1876, de R..., [S. 77.2.149, P. 77.640]

386. — Laurent (t. 5, n. 355), cherchant à déterminer, d'une façon plus précise, le principe de la responsabilité du conseil judiciaire, se demande s'il est responsable comme mandataire, ou en vertu de son quasi-délit par application des art. 1382 et 1383, C. civ., ou comme le tuteur. Si l'on s'en tient aux principes du mandat, il faut appliquer l'art. 1992, qui impose au mandataire la responsabilité générale de l'art. 1137, c'est-à-dire celle de la faute légère, sauf à la modérer parce que le mandat du conseil judiciaire est gratuit. Si l'on décide la question par les art. 1382 et 1383, le conseil judiciaire sera responsable de la faute la plus légère, parce que l'art. 1383 dispose formellement que chacun répond du dommage qu'il cause par sa négligence et son imprudence. Selon Laurent, le conseil judiciaire encourt la responsabilité du mandataire légal comme le tuteur, le curateur, c'est-à-dire celle que tout débiteur encourt dans les obligations conventionnelles.

387. — Toujours est-il que les biens du conseil judiciaire, à la différence de ceux du tuteur, ne sont pas frappés d'hypothèque légale. — V. *infrà*, v° *Hypothèque*.

CHAPITRE X.

DE LA CESSATION DE L'INCAPACITÉ QUI RÉSULTE DE LA NOMINATION D'UN CONSEIL JUDICIAIRE.

388. — La défense de procéder sans l'assistance d'un conseil judiciaire peut être levée; mais elle ne peut l'être qu'en observant les mêmes formalités qui ont été employées pour la faire prononcer (C. civ., art. 514). L'art. 897, C. proc. civ., modifié par l'art. 2, L. 16 mars 1893, porte que « les demandes en mainlevée d'interdiction ou de conseil judiciaire seront soumises quant à l'instruction et au jugement et quant à la publicité de la décision aux mêmes règles que les demandes en interdiction ou nomination de conseil. »

389. — L'interdiction pour cause de prodigalité ne cessait, dans notre ancien droit, qu'en vertu d'un jugement qui la rapportait, après enquête et sur l'avis de la famille, et ce jugement devait être notifié aux notaires, sans que cependant l'omission de cette formalité invalidât la mainlevée de l'incapacité. — Pothier, *Traité des personnes*, part. 1, tit. 6, sect. 5, art. 1; Domat, *Lois civiles*, liv. 2, tit. 1, sect. 1, n. 12; Ancienne coutume de Bretagne, art. 497; *Encyclopédie méthodique*, *Jurisprudence*, v° *Prodigalité*, t. 7, p. 21; Henri Beaune, *Droit coutur miefrançais*, *La condition des personnes*, p. 589.

390. — Les effets de la nomination d'un conseil judiciaire ne pouvant cesser que par l'observation des formalités légales, il en résulte que la femme non mariée, qui a un conseil judiciaire, n'en reste pas moins placée dans ce même état, quoiqu'elle vienne à se marier. — Caen, 5 juill. 1843, Laroque, [*Recueil des arrêts de Caen*, t. 7, p. 398] — Aubry et Rau, t. 1, § 138; Demolombe, *Minorité*, t. 2, n. 697

391. — Dans le même sens il a été jugé spécialement que le conseil judiciaire dont une femme veuve aurait été pourvue par le tribunal peut être maintenu par la cour, nonobstant le mariage contracté par la veuve pendant l'instance d'appel. — Poitiers, 18 mai 1881, Delioux de Savignac, [S. 83.2.8, P. 83.1.89, D. 82.2.247]

392. — Cependant il a été jugé que le mariage d'une femme pourvue d'un conseil judiciaire, doit faire cesser les effets de la dation de ce conseil, alors que les époux sont mariés sous le régime de la communauté légale, l'administration de tous les biens de la femme appartenant dans ce cas au mari. — Nancy, 3 déc. 1838, Deville, [S. 39.2.283] — *Sic*, Massé et Vergé, sur Zachariæ, t. 1, p. 487. — Mais Aubry et Rau et Demolombe (*loc. cit.*), critiquent justement cet arrêt.

393. — Pour les raisons exposées ci-dessus, il faut dire néanmoins que les effets de la nomination d'un conseil judiciaire ne cessent pas par le rétablissement de la communauté au cas où le conseil a été nommé à une femme séparée de biens judiciairement. C'est en ce sens qu'il a été décidé que le conseil judiciaire donné à une femme après séparation de biens, peut, suivant les circonstances et si l'intérêt de la femme l'exige, être maintenu après le rétablissement de la communauté entre les époux. — Douai, 6 mars 1857, Cooche, [S. 57.2.572, P. 58.639, D. 57.2.146] — *Sic*, Aubry et Rau, t. 1, § 138.

394. — La demande tendant à faire rapporter le jugement de nomination d'un conseil judiciaire peut être formée par les personnes qui ont qualité pour provoquer une pareille nomination. — Aubry et Rau, t. 1, § 138.

395. — Ainsi, la femme a qualité pour demander la mainlevée du conseil judiciaire donné à son mari. — Rennes, 16 août 1838, Duboisbeaulieu, [S. 39.2.284]

396. — L'individu pourvu d'un conseil judiciaire a qualité aussi pour demander la mainlevée du jugement qui le lui a nommé. On a, en ce qui concerne l'interdit, soulevé, sur cette question, des objections qui, ici, ne pourraient se justifier (V. *infrà*, v° *Interdiction*). — Bruxelles, 31 mars 1808, Devroède, [P. chr.] — Rennes, 16 août 1838, précité. — V. aussi Cass., 15 mars 1858, Antoine, [S. 58.1.653, P. 58.542, D. 58.1.121] — Zachariæ, § 139, note 9; Aubry et Rau, t. 1, § 138; Demolombe, *Minorité*, t. 2, n. 774.

397. — Le prodigue pouvant sans l'assistance de son conseil judiciaire transférer son domicile d'un lieu dans un autre (V. *supra*, n. 169), c'est devant le tribunal de son nouveau domicile que la demande en mainlevée du conseil judiciaire doit être portée; ce n'est pas nécessairement devant le tribunal qui a donné le conseil. — Cass., 14 déc. 1840, Cosson, [P. 43.2. 428] — *Sic*, Demolombe, *Minorité*, t. 2, n. 775, p. 512; Aubry et Rau, t. 1, § 138.

398. — Jugé aussi que l'individu interdit sous l'ancienne législation pour cause de prodigalité, et qui a changé de domicile depuis l'interdiction, s'il a voulu être réintégré dans l'exercice de ses droits, a dû s'adresser, non au juge qui avait prononcé l'interdiction, mais au juge de son nouveau domicile. — Paris, 13 germ. an X, Merlin, [S. et P. chr.]

399. — Il a été jugé que la requête en mainlevée du conseil judiciaire doit être écartée, si elle ne contient pas l'indication des témoins et des faits à l'appui de la demande. — Rennes, 16 août 1838, précité. — V. cependant, *supra*, n. 101.

399 bis. — De ce que la demande en mainlevée du conseil judiciaire doit être formée et jugée dans les mêmes formes que la demande en dation de conseil, il suit que l'appel des jugements rendus sur de telles demandes doit être jugé en audience solennelle. — Cass., 2 janv. 1895, Villenave, (*Gaz. des Trib.*, 4 janv. 1895] — V. *supra*, v° *Audience solennelle*, n. 98.

400. — La femme qui avait provoqué l'interdiction de son mari et sur la demande de qui il a été pourvu d'un conseil judiciaire est recevable à attaquer par la voie de la tierce-opposition le jugment qui, en son absence, prononce en faveur du mari la mainlevée de cette mesure. Il en est ainsi alors surtout que la femme, placée à la tête d'une industrie importante, a été nommée elle-même conseil judiciaire de son mari, et que, commune en biens, la fortune presque entière des époux consiste en acquisitions faites depuis le mariage. — Rennes, 25 juin 1851, Cosson, [P. 51.2.217]

401. — La mort de la personne qui avait reçu un conseil judiciaire met fin aux fonctions de celui-ci. Mais la mort de la personne que le jugement avait nommée conseil judiciaire ne fait pas cesser l'effet du jugement ni ne rétablit pas *de plano* dans le libre exercice de ses droits celui auquel le conseil judiciaire avait été nommé. Quelques auteurs, et aussi quelques arrêts, en avaient décidé autrement dans l'ancienne jurisprudence, mais cette doctrine ne saurait être admise aujourd'hui. L'art. 514 s'y oppose formellement puisqu'il dit que la défense de faire certains actes sans l'assistance d'un conseil ne peut être levée qu'en observant les mêmes formalités que celles qui sont imposées pour sa nomination. — Demolombe, *Minorité*, t. 2, n. 776. — *Contrà*, Trib. comm. Paris, [*Gaz. des Trib.*, 27 janv. 1834] — En cas de décès du conseil judiciaire, une nouvelle nomination doit donc être provoquée par ceux qui ont qualité à cet effet, sans qu'il y ait lieu pour cela de soulever à nouveau la question de prodigalité ou de faiblesse d'esprit.

402. — Ainsi que nous l'avons déjà dit, il y a lieu également à la nomination d'un nouveau conseil judiciaire, lorsque celui qui avait été nommé vient à se démettre. — V. *supra*, n. 139.

CHAPITRE XI.

LÉGISLATION COMPARÉE.

§ 1. ALLEMAGNE.

403. — En Allemagne, les diverses législations locales ont toujours soumis les prodigues, non à l'assistance d'un simple conseil judiciaire, mais à l'interdiction (*Landr. pruss.*, I, 1, § 31; II, 18, §§ 14 et 349; L. organ. sur les tutelles de 1875, § 81; *Landr. bav.*, I, 7, § 37; L. saxonne du 20 févr. 1882).

404. — Dans le Grand-Duché de Bade, où le Code civil français continue à former la base de la législation, l'institution de conseil judiciaire a été maintenue, mais à titre simplement provisoire et en ce sens que, si le prodigue ainsi assisté ne s'amende pas, il encourt après coup l'interdiction (*Landr. bad.*, 513 et 513 *a*).

405. — Le *Projet du Code civil allemand* fait aussi de la prodigalité une cause d'interdiction proprement dite (art. 29), et ne traite pas du conseil judiciaire. — V. *Motive*, t. 1, p. 62.

§ 2. ANGLETERRE.

406. — Le droit anglais ne connaît aucune mesure de prévoyance ou d'assistance à l'égard des prodigues.

§ 3. AUTRICHE.

407. — En Autriche, on essaya, dans la législation joséphinienne, d'écarter la curatelle des prodigues; mais le Code civil a expressément maintenu les curateurs des prodigues, avec des attributions identiques à celles des tuteurs de mineurs (art. 273, 282).

§ 4. BELGIQUE.

408. — La Belgique est régie par le Code civil français.

§ 5. ESPAGNE.

409. — Le Code civil de 1888-1889 soumet expressément les prodigues à une tutelle (*tutela de los prodigos*). Toutefois les effets de l'interdiction sont moins paraissent être, dans ce cas, moins absolus que dans d'autres; car, d'après l'art. 221, « le jugement qui la prononce doit déterminer les actes qui sont défendus à l'interdit, les attributions que le tuteur doit exercer en son nom et les cas dans lesquels il y a lieu, pour l'un ou pour l'autre, de consulter le conseil de famille. »

410. — La déclaration de prodigalité ne prive pas de la puissance paternelle ou maritale, et ne confère au tuteur aucun droit sur la personne du prodigue (art. 224).

§ 6. ITALIE.

411. — Le Code civil italien, sous le titre de l'*Interdiction partielle*, renferme les dispositions suivantes, qui correspondent à la dation d'un conseil judiciaire (art. 339-342).

412. — « Le faible d'esprit dont l'état n'est pas assez grave pour donner lieu à l'interdiction, et le prodigue peuvent être déclarés par le tribunal inhabiles à ester en justice, à transiger, emprunter, recevoir des capitaux, en fournir quittance, aliéner ou hypothéquer, et à faire tout autre acte excédant la simple administration, sans l'assistance d'un curateur qui sera nommé par le conseil de famille ou de tutelle; cette interdiction partielle peut être demandée par ceux qui ont le droit de provoquer l'interdiction proprement dite » (art. 339).

413. — Le sourd-muet et l'aveugle de naissance, parvenus à leur majorité, tombent de plein droit sous le coup de la disposition qui précède, si le tribunal ne les a pas expressément déclarés habiles à pourvoir à leurs affaires (art. 340).

414. — La nullité des actes faits par ces diverses personnes ne peut être opposée que par elles ou par leurs héritiers ou ayants-cause (art. 341).

415. — L'incapacité dont il s'agit peut être révoquée, comme l'interdiction, quand la cause en a pris fin (art. 342).

§ 7. MONTÉNÉGRO.

416. — La prodigalité est une cause d'interdiction proprement dite (*Code des biens* de 1888, art. 662).

§ 8. PAYS-BAS.

417. — Le Code civil néerlandais ne connaît pour les prodigues et pour les personnes atteintes d'imbécillité ou de démence, que l'interdiction proprement dite (art. 487).

418. — L'interdit est assimilé au mineur (art. 506).

§ 9. PORTUGAL.

419. — Le Code civil traite, dans trois titres successifs, de l'*Incapacité pour cause de démence*, de l'*Incapacité des sourds-muets*, et de l'*Incapacité des prodigues*; mais, malgré l'analogie des intitulés, la situation de ces trois catégories de personnes n'est pas identique, et elles ne sont pas toutes et toujours assimilées à des mineurs, par le fait de ce que le Code appelle du terme générique d'interdiction.

420. — En ce qui concerne les sourds-muets, ils sont mis en tutelle quand ils n'ont pas la capacité nécessaire pour gérer leurs biens (art. 337); mais l'étendue et les limites de cette tutelle doivent être spécifiées par le jugement qui l'institue, « eu égard au degré d'incapacité du sourd-muet » (art. 338).

421. — Quant aux prodigues, ils peuvent être interdits (art. 340); mais il est loisible au juge, saisi d'une demande en interdiction, de ne pas priver le prodigue de l'administration de tous ses biens, et de se borner à lui défendre de faire certains actes sans l'approbation préalable de son curateur, lequel n'est plus alors, en réalité, qu'un conseil judiciaire au sens français de l'expression (art. 344) (*interdicção especial*).

422. — En tout état de cause, le prodigue conserve la libre disposition de sa personne et tous les autres droits civils (art. 345).

§ 10. PRUSSE.

423. — Comme on l'a vu plus haut (n. 403), la législation prussienne soumet les prodigues, non à la simple assistance d'un conseil judiciaire, mais à l'interdiction proprement dite.

424. — Mais, indépendamment des tuteurs et de plusieurs espèces de curateurs, elle connaît, comme le droit français, des conseils judiciaires (*Beistände*), dans divers autres cas où il y a lieu d'assister, pour certains actes déterminés, des personnes d'ailleurs capables, sans qu'il puisse être question de les représenter ou de se substituer à elles.

425. — Ainsi, la femme mariée doit être assistée d'un conseil dans ses transactions judiciaires avec le mari, ou lorsqu'il s'agit pour elle de conclure un contrat emportant communauté de biens (*Landr. pruss.*, II, 1, §§ 200 et 358).

426. — Ainsi encore, lorsque des personnes faibles d'esprit ne sont pas encore interdites, le juge peut les assister d'un conseil pour la conclusion de certains contrats (*Allg. Gerichtsordnung*, II, 3, § 9).

427. — De même, les aveugles et les sourds-muets doivent, en justice, être assistés d'un conseil (*Ib.*, § 8; *Landr. pruss.*, II, 18, 18). — V. Ernest Lehr, *Traité de droit germanique*, n. 1371; Roth, *Deutsches Privatrecht*, §§ 212 à 216.

§ 11. RUSSIE.

428. — Le Code russe ne soumet une personne majeure à la tutelle, qu'autant que ses infirmités l'empêchent de pourvoir par elle-même à ses intérêts.

429. — Le Code baltique connaît diverses autres sortes de curatelle, pour les prodigues, les femmes non mariées et les absents; ces curatelles sont de véritables tutelles.

429 bis. — La loi polonaise de 1825, s'inspirant du Code civil français, a, au contraire, conservé pour les prodigues notre conseil judiciaire, nommé par le tribunal, et sans l'assistance duquel ils ne peuvent procéder à certains actes importants (L. pol. de 1825, art. 518 et s.). — Ernest Lehr, *Eléments de droit civil russe*, t. 1, p. 154, n. 139 et 141.

§ 12. SUISSE.

430. — L'institution des conseils judiciaires (*Beistände*) est, en Suisse, de droit exceptionnel; dans la plupart des législations cantonales, la prodigalité, notamment, est, comme la démence, une cause d'interdiction.

431. — A *Fribourg*, le tribunal, au lieu d'interdire le dément et de lui donner un curateur, peut se contenter de lui donner un « assistant judiciaire », pour certains actes plus importants (art. 343).

432. — *Genève* a conservé sans modification les art. 513 à 515 du Code civil français, sur le conseil judiciaire.

433. — Dans les *Grisons*, d'après l'art. 100, C. civ., et à *Lucerne*, d'après la loi sur la tutelle, du 7 mars 1871, § 3 d, une personne peut être assistée d'un *Beistand* lorsque, dans l'administration de ses biens, elle a commis des actes qui ne justifieraient pas encore suffisamment son interdiction, mais qui, s'ils se reproduisaient, la rendraient nécessaire; si la mesure ne produit pas les résultats qu'on en espérait, il y a lieu de provoquer la mise en tutelle.

434. — A *Neuchâtel*, le Code civil institue la *curatelle* pour les cas où il n'y a pas lieu d'aller jusqu'à l'interdiction.

435. — D'après l'art. 361 de ce Code, tel qu'il est rédigé depuis le décret du 23 nov. 1882, toute personne majeure qui, sans cependant pouvoir être interdite, est incapable d'administrer ses biens ou qui, par la manière dont elle les administre, expose elle ou sa famille à tomber dans le besoin, peut être placée sous curatelle. Le jugement définitif qui lui donne un curateur doit être publié en la même forme qu'un jugement d'interdiction.

436. — De même, un majeur qui juge utile à ses intérêts d'être placé sous curatelle, soit à cause de son âge ou de son état maladif, soit pour toute autre cause analogue, peut demander un curateur à l'autorité tutélaire et lui présenter la personne qu'il désire voir revêtir de cette fonction (art. 362).

437. — Le Code ne précise pas les attributions du curateur; mais nous avons lieu de croire qu'en ce qui concerne les biens de la personne qu'il assiste, il a presque tous les pouvoirs d'un tuteur (V. art. 366), et qu'il est plus qu'un simple conseil judiciaire.

438. — Dans les cantons du *Tessin* (C. civ., art. 197), du *Valais* (C. civ., art. 325), et de *Vaud* (C. civ., art. 299), si une personne faible d'esprit n'est pas dans un état tellement grave qu'il soit nécessaire de prononcer son interdiction, le tribunal peut se borner à lui défendre de faire certains actes de disposition ou d'aliénation sans l'assistance d'un conseil ou curateur; les actes qu'elle fait alors sans cette assistance peuvent être attaqués par elle ou par ses héritiers ou ayants-cause. Ce tempérament est également applicable aux prodigues, bien que, en principe, ils puissent, dans ces cantons, être interdits comme les personnes atteintes d'aliénation mentale.

CONSEIL MUNICIPAL. — V. COMMUNE. — ÉLECTIONS MUNICIPALES.

CONSEIL PRESBYTÉRAL. — V. CULTES.

CONSEIL PRIVÉ. — V. COLONIES. — PROTECTORAT.

CONSEIL SUPÉRIEUR DES BEAUX-ARTS. — V. Beaux-Arts.

CONSEIL SUPÉRIEUR DES COLONIES. — V. Colonies. — Protectorat.

CONSEIL SUPÉRIEUR DU COMMERCE. — V. Commerce et industrie.

CONSEIL SUPÉRIEUR DE L'ASSISTANCE PUBLIQUE. — V. Assistance publique.

CONSEIL SUPÉRIEUR DE L'INSTRUCTION PUBLIQUE. — V. Instruction publique.

CONSEIL SUPÉRIEUR DE LA GUERRE. — V. Guerre.

CONSEIL SUPÉRIEUR DE LA MARINE. — V. Marine.

CONSEIL SUPÉRIEUR DE LA MAGISTRATURE — V. Cassation (Cour de). — Discipline. — Organisation judiciaire.

CONSEIL SUPÉRIEUR DES PRISONS. — V. Régime pénitentiaire.

CONSEIL SUPÉRIEUR DU TRAVAIL. — V. Commerce et industrie.

CONSEILLER. — V. Cassation (Cour de). — Cour d'appel. — Cour d'assises. — Cour des Comptes. — Organisation judiciaire.

CONSEILLER AUDITEUR. — V. Colonies. — Organisation judiciaire.

CONSEILLER D'AMBASSADE. — V. Agent diplomatique et consulaire.

CONSEILLER D'ARRONDISSEMENT. — V. Conseil d'arrondissement. — Élections.

CONSEILLER D'ÉTAT. — V. Conseil d'État.

CONSEILLER DE PRÉFECTURE. — V. Conseil de préfecture.

CONSEILLER GÉNÉRAL. — V. Conseil général. — Élections. — Recrutement militaire.

CONSEILLER HONORAIRE. — V. Magistrat. — Organisation judiciaire.

CONSEILLER MAITRE. — V. Cour des Comptes.

CONSEILLER MUNICIPAL. — V. Commune.

CONSEILLER RÉFÉRENDAIRE. — V. Cour des Comptes.

CONSENTEMENT. — V. Acquiescement. — Autorisation de femme mariée. — Bail. — Compétence commerciale. — Confirmation. — Contrat. — Donation. — Lettres missives. — Obligation. — Prorogation de juridiction.

CONSERVATEUR DES FORÊTS. — V. Forêts.

CONSERVATEUR DES HYPOTHÈQUES. — V. Hypothèques, Privilèges, Transcription.

Législation.

C. civ., art. 2196 à 2203.

Bibliographie.

D'Agar, *Le Nouveau Ferrière ou Dictionnaire de droit et de pratique*, an XII-XIII, 3 vol. in-4°, v° *Conservateur des hypothèques*. — Amiaud, *Traité formulaire général alphabétique et raisonné du notariat*, 5 vol. gr. in-8°, 1890-1892, v° *Réquisition*. — André, *Dictionnaire de droit commercial, administratif et de procédure, dans les matières intéressant le notariat*, 1887-1890, 4 vol. in-8°, v° *Conservateur des hypothèques*. — Aubry et Rau, *Cours de droit civil français*, 1869-1879, 4° édit., 8 vol. in-8°, t. 3, § 268, p. 287 et s.; § 270, p. 321, 322; § 275, p. 343; § 277, p. 354; § 278, p. 356; § 280, p. 382; § 281, p. 393 et s. — Baudry-Lacantinerie, *Précis de droit civil*, 1889-1892, 4° édit., 3 vol. gr. in-8°, t. 3, n. 1350 et s. — Bertheau, *Dictionnaire de droit et de jurisprudence. Répertoire raisonné de la pratique des affaires*, 1890-1892, 10 vol. gr. in-8°, v° *Conservateur des hypothèques*. — Boileux, *Commentaire sur le Code civil*, 1866, 6° édit., 7 vol. in-8°, t. 7, p. 678 et s. — Boitard, Colmet-Daage et Glasson, *Leçons de procédure civile*, 1890, 2 vol. in-8°, t. 2, p. 403, 421, 434 et s. — Carré et Chauveau, *Lois de la procédure civile et commerciale*, 1880-1888, 5° édit. (avec supplément de Dutruc), 11 tomes in-8° en 13 vol., t. 2, p. 796 et s. — Delvincourt, *Cours de Code civil*, 1834, 5° édit., 3 vol. in-4°, t. 3, p. 164, 165 et notes, p. 586 et 587. — Demante et Colmet de Santerre, *Cours analytique de Code civil*, 1873-1884, 9 vol. in-8°, t. 9, n. 188 et s. — Duranton, *Cours de droit français suivant le Code civil*, 1844, 4° édit., 22 vol. in-8°, t. 20, p. 696 et s. — Favard de Langlade, *Répertoire de la nouvelle législation*, 1823, 5 vol. in-4°, v° *Conservateur des hypothèques*. — Lansel et Didio, *Encyclopédie du notariat et de l'enregistrement*, 1879-1894, 22 vol. in-8° parus, v° *Conservateur des hypothèques*. — Laurent, *Principes du droit civil français*, 1869-1878, 3° édit., 33 vol. in-8°, t. 29, n. 134, 138, 143; t. 30, n. 97 et s.; t. 31, n. 103, 106, 114, 147, 573 et s. — Marcadé et Pont, *Explication théorique et pratique du Code civil*, 1872-1884, 7° édit., 13 vol. in-8°, t. 11, sur les art. 2196 et s., p. 665 et s. — Massé et Vergé, sur Zachariæ, *Le droit civil français*, 1854-1860, 5 vol. in-8°, t. 5, p. 805, p. 185 et s.; § 807, texte et note 2 et s., p. 192; § 814; p. 213 et s.; § 831, p. 258; § 839, p. 274 et 275. — Merlin, *Répertoire universel et raisonné de jurisprudence*, 1827-1828, 5° édit., 18 vol. in-4°, v° *Conservateur*, § 4. — Taulier, *Théorie raisonnée du Code civil*, 1840-1846, 7 vol. in 8°, t. 7, p. 423 et s. — Thiry, *Cours de droit civil professé à l'Université de Liège*, 1892, 4 vol. gr. in-8°, t. 4, p. 507 et s. — Troplong, *Commentaire du titre des privilèges et hypothèques*, 1854, 5° édit., 4 vol. in-8°, t. 1, n. 286 et 286 bis; t. 4, p. 748 et s., 715, 729; t. 4, n. 997 bis et s. — Valette, *Mélanges de droit, de jurisprudence et de législation*, 1879-1880, 2 vol. in-8°, t. 2, p. 37 et s., 123 et s.; t. 2, p. 453 et s. — Vigié, *Cours élémentaire de droit civil français*, 1889-1891, 3 vol. in-8°, t. 3, n. 1379 et s.

Aigoin, *Inconvénients et dangers des conservations d'hypothèques*. — André, *Traité pratique du régime hypothécaire*, 1886, 1 vol. in-8°. — Baudot, *Traité des formalités hypothécaires*, 1845, 3° édit., 2 vol. in-8°. — Besson, *Les livres fonciers et la réforme hypothécaire*, 1891, 1 vol. in-8°. — Beauvallet, *Des états sur transcription*, 1885-1887, 1 vol. in-8° avec deux suppléments. — Bonjean, *Révision et conservation du cadastre dans ses rapports avec la propriété foncière*, 1874, 2 vol. in-8°. — Boulanger et de Récy, *Traité pratique et théorique des radiations hypothécaires*, 1886, 3° édit., 2 vol. in-8°. — Bressolles, *Explication des règles sur la transcription*, 1884; — *Rapport et projet de loi sur les privilèges et hypothèques*, 1892. — Challamel, *L'hypothèque judiciaire*, 1884; — *Rapport et projet de loi sur les privilèges et hypothèques*, 1892. — Commission extraparlementaire du cadastre. Procès-verbaux et documents annexes. Impr. nat., 1890-1894. — Dalmbert, *Traité théorique et pratique de la purge des privilèges et hypothèques*, 1891, 2° édit., 1 vol. in-8°. — Delaunay, *Recueil des instructions et circulaires de la direction de l'enregistrement sur le service des hypothèques*, 1877, 1 vol. in-8°. — Drouets, *Essai sur la publicité des privilèges et hypothèques*. — Emion, *Dictionnaire de jurisprudence hypothécaire*, 1880, 1 vol. in-8°. — Emion et Herselin, *Hypothèque légale de la femme mariée. Renonciation. Commentaire théorique et pratique de la loi du 18 févr. 1889*, 1891, 1 vol. in-8°. — Falcimaigne, *Publicité des hypothèques en droit français*, 1873. — Flandin, *De la transcription en matière hypothécaire*, 1861, 2 vol. in-8°. — De France de Tersant, *Traité des droits d'hypothèque et des salaires*, 1894, 1 vol. in-8°. — Gossart, *Du renouvellement des inscriptions, des privilèges et hypothèques*, 1886, 1 vol. in-8°. — Grenier, *Traité des hypothèques*, 1829, 3° édit., 2 vol. in-4°. — Jalouzet, *D'un article du Code civil (2148). Étude théorique et pratique sur l'ins-*

cription hypothécaire, 1879, gr. in-8°. — Hervieu, Dictionnaire des privilèges et hypothèques, avec supplément, 1863-1878, 1 gr. vol. in-4°. — Josseau, Traité du Crédit foncier, 1884, 3° édit., 2 vol. in-8°. — Laiguel (Ferdinand), Etude sur la publicité des hypothèques, 1846. — Landouzy, Traité pratique sur les privilèges et hypothèques, 1886, 8° édit., avec supplément, 1 vol. gr. in-8°. — Legrand, Des états d'inscription hypothécaire, 1892, 1 vol. in-8°. — Martin du Nord, Documents sur le régime hypothécaire, 1831, 4 vol. — Martou, Privilèges et hypothèques; — Commentaire de la loi du 16 déc. 1851, Bruxelles, 1855, 4 vol. in-8°. — Massigli, Rapport sur la constitution de la propriété et la constitution des droits réels, 1895. — Mourlon, Examen critique et pratique du commentaire de Troplong sur les privilèges, 1855, 2 vol. in-8°. — Primot, Traité pratique des radiations hypothécaires, 1889, 2° édit., 1 vol. in-8°. — Raclot, Formulaire raisonné de réquisitions d'états hypothécaires, 1891, 1 vol. in-8°. — Rondonneau, Collection générale des rapports relatifs au régime hypothécaire, an VII, 4 vol. — Roz, Radiations hypothécaires (tableau alphabétique). — Thézard, Du nantissement, des privilèges et hypothèques et de l'expropriation forcée, 1880, 1 vol. in-8°. — Vuarnier, Traité de la manutention, 2 vol. in-8°. — X..., Rapport sur l'organisation des bureaux d'hypothèques, 1792.

Journal des conservateurs des hypothèques, table (1880-1890), in-8°. — Le conservateur des hypothèques, à qui l'on demande l'état des inscriptions subsistantes n'est point autorisé à délivrer en même temps la saisie, s'il en existe une. En cas de réquisition expresse et spéciale, pour la délivrance de la saisie, il est tenu d'en délivrer copie collationnée, et non par extrait, dans l'état des inscriptions (Bioche): J. de proc. civ. et comm., t. 13, p. 379. — Le conservateur doit-il, peut-il, dans l'inscription d'office qu'il prend en faveur du vendeur dont le titre est transcrit, faire élection de domicile pour le vendeur dans l'arrondissement du bureau? A défaut de cette élection de domicile, celui qui poursuit la saisie immobilière doit-il sommer le vendeur non payé, à son domicile réel, de prendre communication du cahier des charges? ou bien le poursuivant peut-il se dispenser de faire la sommation au vendeur? Est-ce au vendeur ou au créancier poursuivant à supporter les conséquences du défaut d'élection de domicile? Peut-on exercer ce recours contre le conservateur (Bioche): J. de proc. civ. et comm., t. 17, p. 242. — Conservation des hypothèques. Serment. Cautionnement (Dutruc): J. du min. publ., t. 8, p. 83. — Des obligations des conservateurs des hypothèques en matière de délivrance des états d'inscription (A. Jalouzet): J. La Loi, 7 mai 1881. — Examen d'une interprétation donnée à l'art. 2196, C. civ., relatif à la responsabilité des conservateurs des hypothèques (A. Jalouzet): J. La Loi, 31 janv. et 2 févr. 1884. — Projet de loi sur les privilèges et hypothèques (Le Loi, 3 août 1890. — Rapport sur le régime hypothécaire (Lebrun): Monit., 16 flor. an VI. — Observations pratiques (Responsabilité des conservateurs. Etats d'inscription. Inscriptions omises): Rev. du not. et de l'enreg., année 1871, t. 12, n. 2888, p. 5; année 1872, t. 13, n. 4147 et 4201, p. 753 et 925; année 1873, t. 14, n. 4243, p. 94.

ENREGISTREMENT. — C. A., Nouveau dictionnaire d'enregistrement et de timbre, 1874, 2 vol. in-4°, passim. — Castillon, Manuel formulaire de l'enregistrement, des domaines et du timbre, 1892, 3° édit., 1 vol. gr. in-8°, passim. — Championnière et Rigaud, Traité des droits d'enregistrement, 1851, 2° édit., 6 vol. in-8°, passim. — Clerc, Traité de l'enregistrement, 2 vol. in-8°, t. 1, n. 1027; t. 2, n. 3759, 4194 et s. — Dictionnaire des droits d'enregistrement, de timbre, de greffe et d'hypothèque, 1874-1891, 6 vol. en 7 tomes in-4°, v° Hypothèque. — Fessard, Dictionnaire de l'enregistrement et des domaines, 1844, 2 vol. in-4°, v¹⁰ Cautionnement, Hypothèque. — Garnier, Répertoire général et raisonné de l'enregistrement, 1890-1892, 7° édit., 6 vol. in-4°, v° Hypothèque. — Maguéro, Traité alphabétique des droits d'enregistrement, de timbre et d'hypothèque (en cours de publication), 1894, v° Hypothèque. — Naquet (E.), Traité théorique et pratique des droits d'enregistrement, 1881, 3 vol. in-8°, passim.

INDEX ALPHABÉTIQUE.

Abus de confiance, 138.
Accessoire, 727, 729.
Acquiescement, 527.
Acte à titre onéreux, 17.
Acte authentique, 193, 194, 202, 204, 412, 443, 796.
Acte de mutation, 202 et s.
Acte de société, 249.
Acte entre-vifs, 249.
Acte notarié, 102, 732.
Acte sous seing privé, 202, 204, 796, 805, 817.
Action civile, 504.
Action personnelle, 448.
Action réelle, 448.
Adjudication, 112, 113, 176 et s., 211 et s., 249, 252, 265, 284, 297, 346, 384, 407, 442, 450, 477, 567, 602, 616, 618, 624, 631, 644, 645, 688, 767, 773, 805.
Affiche, 159, 246.
Agent du Trésor, 401.
Agent judiciaire du Trésor, 103, 111, 565, 620.
Allemagne, 253.
Alliance, 495.
Algérie, 813 et s.
Alsace-Lorraine, 828.
Amende, 17, 149, 166, 172, 352, 353 et s., 356 et s., 621, 792, 793, 796.
Ameublissement, 315.
Angleterre, 829.
Annonces, 246.
Appel, 528 et s.
Appréciation souveraine, 456, 531 et 592.
Arrérages, 723.
Arrondissement, 54 et s.
Assistance judiciaire, 563, 742.
Associations ouvrières, 744.
Assurance contre l'incendie, 101.
Australie, 253, 831 et 832.
Autorisation maritale, 386, 470.
Autriche, 833.
Avertissement, 186.
Avoué, 265, 331, 360, 416, 517, 562, 627.
Avoué poursuivant, 450.
Ayant-droit, 473.
Bail, 704.
Bailleur de fonds, 403.
Banque de France, 630.
Bavière, 834.
Belgique, 348, 591, 661, 835.
Bénéfice d'inventaire, 336, 385, 767.
Bibliothèque, 95 et s.
Biens (désignation des), 301, 407.
Biens à venir, 310.
Biens dotaux, 775. — V. Régime dotal.
Biens présents et à venir, 310, 322, 324.
Bordereau, 172 et s., 199, 201, 302, 392 et s., 437, 457, 585, 603, 604, 606 et s., 620, 718, 723 et s., 804.
Bordereau de collocation, 644.
Bordereau d'inscription, 106, 135, 255 et s., 378.
Bureaux, 139 et s.
Bureaux (clôture des), 149 et s.
Bureaux (ouverture des), 148 et s.
Cadastre, 234 et s.
Cahier des charges, 113, 211, 584, 618.
Caisse des consignations, 111.
Caisse immobilière, 112.
Cassation, 150, 151, 431.
Canada, 836.
Canton, 55.
Capacité, 254, 422 et s., 442.
Carrière, 779.
Caution, 312, 706.
Cautionnement, 67, 87 et s., 139, 288, 353, 401, 523, 524, 533 et s., 540.
Certificat, 41, 111, 143, 180, 244, 273, 351, 387, 459, 639, 650 et s., 811.
Certificat d'avoué, 416.
Certificat de dépôt, 111.
Certificat de greffe, 24, 417.
Certificat d'inscription, 435, 668 et s.
Certificat de non-mention, 664, 666 et 667.
Certificats de non-mention en marge, 665.
Certificat de non-opposition, 450.
Certificat de non-radiation, 679.
Certificat de radiation, 623, 641 et s., 674, 678 et 679.
Certificat de transcription, 143, 291.
Certificat individuel, 291.
Certificat négatif, 265, 284, 285, 291, 293, 465, 595, 651 et s., 680, 683, 685, 689.
Certificat positif, 291.
Certificat sur transcription, 291.
Cession, 24, 386, 718.
Cession d'antériorité, 470, 582.
Cession de priorité, 635.
Chemin de fer, 281, 743.
Chemin vicinal, 594.
Chose jugée, 100, 445, 446, 563, 625.
Cochinchine, 821.
Cohéritier, 333.
Colonies, 166, 168, 800 et s., 804, 826.
Commis, 134 et s., 747.
Communauté conjugale, 432, 433, 718, 752.
Commune, 594.
Commune (section de), 815.
Compétence, 446, 447, 503 et s., 569, 570, 572, 691.
Comptabilité publique, 566, 620, 622, 691.
Compte de tutelle, 441, 738 et 739.
Comptes individuels, 215 et s.
Concession, 555.
Conciliation (préliminaire de), 519.
Condition, 117, 699, 771, 778.
Congé, 190.
Connexité, 584.
Conseil de famille, 385, 440.
Conservateur (refus du), 287, 449 et 450.
Conservateur de première classe, 133.
Consignation des droits, 379.
Consignation de sommes, 418.
Contrat de mariage, 429, 430 et s., 772.
Contributions directes, 565, 568.
Contributions indirectes, 565.
Convention, 116.
Copartageant, 333.
Copies, 35, 199, 202, 639, 650.
Copies collationnées, 658 et s.
Cour des comptes, 691.
Coutume de Bretagne, 12 et s.
Créance conditionnelle, 699.
Créance éventuelle, 716 et s., 748.
Créance future, 699.
Créance indéterminée, 699.
Créances chirographaires, 511.
Créanciers inscrits, 211 et s.
Crédit (ouverture de), 415, 694, 704, 708, 719 et s., 745, 748, 759.
Crédit foncier, 281, 349, 729.
Date, 162, 165, 190, 192, 291, 354.
Dation en paiement, 249, 736.
Décès, 120, 122.
Décimes, 695.
Déclaration, 97, 103.
Déclarations foncières, 31.
Décret forcé, 29.
Décret volontaire, 20 et 21.
Défendeur, 514 et s.
Délai, 16, 17, 21, 25, 30, 32, 265, 267, 268, 446, 450, 461 et s., 471, 473.
Délégation de sommes, 479.
Délit, 504.
Demande indéterminée, 505.
Demandeur, 511 et s.
Démission, 120 et 121.
Département, 55 et s., 594.
Dépens, 430, 494, 525.
Dépôt, 31, 367.

CONSERVATEUR DES HYPOTHÈQUES.

Dernier ressort, 448, 529 et s.
Désignation des biens, 301, 457.
Destitution, 353, 357.
Détournement, 747.
Directeur départemental, 84, 103, 161, 209, 527.
Discipline, 272, 353 et s., 747.
District, 34 et s.
Dol, 128.
Domicile, 175, 303, 506 et s.
Domicile (changement de), 199, 634 et s.
Domicile élu, 370.
Dommage, 490 et s.
Dommage direct, 491.
Dommages-intérêts, 33, 34, 110, 121, 143, 186, 272, 287, 302, 334, 401.
Donation, 16, 17, 249, 342, 343, 390, 583, 584, 624, 652, 688, 771.
Donation de biens à venir, 772.
Dot, 432, 775. — V. *Régime dotal*.
Dot mobilière, 438.
Douanes, 568.
Double écrit, 196, 197, 204.
Droits fiscaux, 53 et s., 70, 71, 139, 353, 477, 691 et s.
Droits fiscaux (liquidation des), 722 et s., 785 et s.
Droits fiscaux (paiement des), 789 et s.
Droits fiscaux (restitution des), 189, 751.
Droit d'habitation, 250.
Droit de préférence, 452.
Droit de suite, 452.
Droit d'usage, 250.
Droit fixe, 90, 97, 102, 693 et s., 716, 743, 763, 774, 783, 803.
Droit proportionnel, 693 et s., 716 et s., 763, 803.
Droits réels, 248 et s., 298.
Duplicata, 586 et s., 620, 621, 650.
Effets de commerce, 105, 415, 475.
Endossement, 415.
Enregistrement, 55, 73 et s., 79, 81, 83, 90, 97, 102, 149, 291, 565, 584, 753 et s., 792 et s.
Ensaisinement, 6.
Erreur, 134, 360, 371, 373, 374, 451, 455, 459, 462, 484, 489, 494, 495, 513, 515, 559, 622, 675 et 676.
Espagne, 837 et s.
Etablissements publics, 566.
Etat, 25, 320, 564, 565, 570, 594 et s., 622, 682.
Etats (délivrance des), 287 et s.
Etats (forme des), 291 et 292.
Etat civil, 300.
Etat des inscriptions, 455 et s., 469 et s., 513, 574.
Etat des transcriptions, 262 et s., 205 et s., 293 et s., 299 et s., 455 et s., 574.
Etat incomplet, 465.
Etat négatif, 284, 468.
Etats rhénans, 840.
Etats succints, 279 et s.
Etat sur transcription, 285, 328 et s., 347, 468, 496, 689.
Etranger, 118 et 119.
Éviction, 406.
Exécutoire de dépens, 573.
Expédition, 31, 98, 104, 395, 412, 419, 426, 427, 449, 631.
Expertise, 435, 797.
Expropriation publique, 114, 210, 281, 477, 487, 564, 594 et s.
Extrait, 205, 279 et s., 344, 396, 425, 444, 447, 588, 661, 662, 811.
Extraits (délivrance d'), 10.
Faillite, 191, 418, 605.
Fait d'autrui, 481 et s.
Faute, 366 et s., 453 et s.
Faute commerciale, 514.
Faute lourde, 128.
Faux, 443 et 444.

Femme mariée, 25, 52, 102, 219, 290, 302, 309, 311 et s., 324, 347, 379, 382, 386, 429 et s., 470, 480, 583, 613, 629, 671, 684, 714, 718, 735, 752, 775.
Féodalité, 6 et s.
Feuille d'audience, 80 et 81.
Fiches mobiles, 230.
Folle enchère, 339 et 340.
Force majeure, 118, 579.
Frais, 69, 405, 436, 450, 467, 621, 727 et s.
Frais (consignation des), 187.
Frais de bureau, 130 et 131.
Frais de tournée, 124.
Garantie (action en), 123, 143, 266, 312, 397, 509, 510, 519.
Gérant de société, 384, 442.
Gestion d'affaires, 463.
Grèce, 3, 842.
Greffe, 13, 24, 29, 31, 98, 103, 196.
Greffiers, 10, 16, 80, 81, 253, 805, 813.
Greffiers conservateurs, 26.
Grosse, 395.
Héritiers, 143, 506, 516.
Heure légale, 149 et s.
Hiérarchie, 84 et 85.
Hollande, 843.
Homonymes, 226 et 227.
Hospices, 566, 741.
Huissiers, 288, 377.
Hypothèque (mainlevée d'), 413 et s.
Hypothèque (restriction d'), 347.
Hypothèque conventionnelle, 40, 278, 310, 393, 613.
Hypothèque générale, 25.
Hypothèque judiciaire, 40, 49, 278, 322, 458.
Hypothèque légale, 40, 49, 52, 102, 191, 267, 278, 302, 309, 311 et s., 321, 324 et s., 347, 379, 393, 440, 441, 480, 562, 583, 613, 629, 671, 714, 718, 735 et s., 746, 749, 752.
Immatriculation, 808 et s.
Immeubles (désignation des), 301.
Immeuble hors du ressort, 399 et 400.
Impôt sur le revenu, 697.
Incendie, 196.
Incident, 508 et s.
Incompatibilités, 86.
Inde, 819 et s.
Indemnité de loyer, 131.
Indivisibilité, 618, 785.
Inexactitude, 376 et s., 392 et s., 464 et s.
Inscriptions, 106, 176, 190 et s., 215 et s., 250, 255 et s., 360, 585 et s., 692 et s., 803.
Inscription (mainlevée d'), 117, 441, 643 et 644.
Inscription (péremption d'), 345 et s.
Inscription (radiation d'), 109, 118, 177, 199, 222, 319, 327, 345, 348, 376, 410 et s., 485, 486, 488, 494, 515, 640 et s.
Inscription (renouvellement d'), 107, 154, 191, 327, 466, 473, 619, 647 et s., 707 et s., 720.
Inscriptions (retranchement d'), 676.
Inscription collective, 604 et s., 701.
Inscription de faux, 193, 194, 418.
Inscription d'office, 328 et s., 384 et s., 401 et s., 464, 472 et s., 516, 615 et s., 644, 646.
Inscriptions rectificatives, 619, 709 et s.
Inscriptions surabondantes, 712 et s.
Insinuation, 4, 13 et s., 15, 30.
Inspecteur, 84, 122 et 123.
Inspecteur de première classe, 133.
Interdit, 309.
Intérêts des capitaux, 91, 723 et s.

Intérêts moratoires, 494.
Intérim, 122.
Intervention, 574.
Inventaire, 142 et 143.
Italie, 348, 844 et 845.
Jour férié, 147, 153, 154 et s.
Juge-commissaire, 456.
Juge de paix, 377, 505, 571.
Jugement, 439 et s., 445, 446, 449, 450, 525, 526, 624, 625 et s.
Légataire universel, 416.
Legs, 322, 773.
Legs universel, 776.
Lettres patentes, 593.
Licitation, 333.
Livres fonciers, 234 et s., 253 et s., 254.
Lotissement, 407.
Louage de services, 483.
Luxembourg (Grand-Duché de), 841.
Mainlevée, 117, 413 et s., 420 et s., 441, 643 et 644.
Majorat, 251, 593, 630.
Mandat, 367, 369, 419, 480, 483, 513.
Marais (dessèchement de), 741.
Mémoires, 764.
Mentions de résolution, 625 et s.
Mention en marge, 251, 262, 294, 297, 386, 408, 420, 466, 583, 602, 623 et s.
Mineur, 25. 295, 309, 440, 441, 671, 687 et 739.
Ministre des Finances, 72, 111.
Ministère public, 113, 562.
Minute, 427.
Mise en cause, 508 et s., 514.
Mise en demeure, 246.
Monaco, 846.
Moyens de défense, 517 et s., 521.
Mutation (acte de), 202 et s.
Mutation (droits de), 66.
Négligence, 491.
Noms et prénoms, 80, 175, 300, 303, 318, 454, 457, 458, 468, 487, 489.
Nomination, 72 et s.
Notaire, 138, 253, 266, 273, 288, 292, 331, 360, 361, 374, 377, 387, 423, 425, 444, 466, 484, 486, 500, 502, 513, 514, 574, 618, 804 et 805.
Notification, 246, 460, 461, 496, 632. — V. *Signification*.
Nouvelle-Calédonie, 823.
Nullité, 248, 251, 262.
Obligations au porteur, 414.
Obligation conjointe, 282.
Océanie, 825.
Officiers publics, 360.
Omission, 134, 292, 317, 325, 360, 371, 373, 374, 376 et s., 408, 452 et s., 471, 472 et s., 484, 492, 495 et s., 507, 513, 537, 622, 675.
Opposition, 21, 24 et s., 317.
Opposition à radiation, 421.
Ordonnance du juge, 447.
Ordre, 113, 265, 328, 397, 447, 450, 452, 462, 463, 492, 493, 497, 498, 508, 644 et 645.
Paiement, 746 et s.
Palatinat, 840.
Parenté, 290, 382, 480, 495.
Paris (ville de), 58 et s., 70, 400.
Partage, 277, 309, 333, 334, 711.
Partage d'ascendant, 693, 794.
Peines disciplinaires, 272, 747.
Pension de retraite, 130 et s.
Percepteur, 356.
Péremption, 345 et s.
Pièces justificatives, 425 et s.
Pièces (dépôt des), 582 et s.
Pièces (retrait de), 179.
Portugal, 847.
Pourvoi en cassation, 531.
Préfet, 487.
Prescription, 522 et s., 575 et s., 751 et s.

Prescription décennale, 110, 115.
Président du tribunal, 98.
Prestation annuelle, 118.
Prêt, 254, 263, 264, 374.
Preuve, 192, 194, 459, 499, 511, 516, 708.
Privilège du copartageant, 309.
Privilège du vendeur, 309, 402 et s., 464, 472 et s., 615 et s., 740.
Procès-verbal, 377, 792.
Procureur de la République, 98, 379, 401, 620.
Profession, 175, 300.
Promesse de vente, 777.
Propriétaires précédents, 316 et s.
Prusse, 245, 848 et 849.
Publicité, 140, 246, 260.
Purge, 112, 113, 276, 317, 326, 328, 346, 452, 460, 767, 805, 814.
Qualification légale, 532.
Qualité des parties, 303, 314, 380 et s.
Quittance, 417, 444, 474 et s., 555, 585, 586 et s., 621, 644, 650.
Radiation. — V. *Inscription (radiation d')*.
Ratification, 21, 26, 28, 317, 628.
Récépissé, 143, 178 et s., 192, 197, 398.
Receveurs conservateurs, 74, 543.
Receveur de l'enregistrement, 804.
Receveur général, 691.
Receveur particulier, 691.
Récidive, 353, 357.
Reconnaissance d'enfant, 776.
Recours, 527 et s.
Rectification d'état, 515 et 516.
Régime dotal, 406, 430, 433, 436 et s., 328 et s., 381, 682.
Registres, 10, 13, 16, 18, 21, 24, 35, 68, 139 et s., 160 et s., 354, 691.
Registres (arrêté quotidien des), 164 et s.
Registres (copies de), 144.
Registres (numérotage des), 162.
Registres (paraphe des), 162.
Registre (perte des), 196 et s.
Registres (publicité des), 140, 260.
Registre à souche, 178.
Registres auxiliaires, 160, 171 et s., 188 et s., 214.
Registres des dépôts, 165, 166, 172 et s.
Registres de formalités, 141 et s., 160, 165, 171.
Registre d'inscription, 199 et s., 200.
Registres d'ordre, 141.
Registre des salaires, 165, 233.
Registre de transcription, 202 et s., 206 et s.
Registre foncier, 815.
Registre indicateur, 228 et s.
Réinéré, 276, 628, 780.
Remises, 542.
Remploi, 406, 430, 433 et s., 767.
Renonciation, 249.
Renonciation à hypothèque, 52, 311 et s., 441, 629.
Renonciation à succession, 337.
Renouvellement d'inscription. — V. *Inscription (renouvellement d')*.
Renseignements, 503, 568.
Renseignements officieux, 144 et s.
Renseignements préalables, 271 et s.
Rentes (transfert de), 111.
Rentes foncières, 26.
Rentes nominatives, 26.
Rentes sur l'État, 93, 94, 103 et s., 111, 118, 437, 630.
Répertoire, 215 et s.
Répertoire (table du), 224 et s.
Répétition (action en), 573.
Répétition de sommes, 406, 735 et s.
Reprises matrimoniales, 718, 735 et s.

CONSERVATEUR DES HYPOTHÈQUES.

Réquisition, 189, 252, 253, 261 et s., 558 et 559.
Réquisitions (forme des), 269.
Réquisitions limitées, 275 et s., 788.
Réquisitoire, 683 et s.
Rescision, 262.
Rescription, 263.
Réserves, 143, 304.
Résolution 248, 341.
Responsabilité, 127 et s., 134, 136 et s., 187, 190, 265, 273, 284, 285, 292, 317, 352 et s., 484 et s., 801.
Responsabilité (clause de nou.), 127.
Responsabilité civile, 359 et s.
Responsabilité contractuelle, 367 et s.
Responsabilité pénale, 352 et s.
Restriction d'hypothèque, 347.
Retard, 287, 376 et s., 383, 411, 449, 450, 460.
Retrait successoral, 781.
Retraites et pensions, 130 et s.
Rétributions spéciales, 556 et 557.
Rétroactivité, 25, 30, 32.
Réunion (île de la), 818.
Revendication, 12, 406.
Révocation, 83, 251.
Rôles, 591, 592, 658.
Roumanie, 850.
Rome, 3.
Russie, 851 et 852.
Saint-Pierre et Miquelon, 824.
Saisie, 121, 214.
Saisie (deuxième), 409.
Saisie-arrêt, 463.
Saisie immobilière, 112, 117, 176, 206 et s., 251, 264, 265, 296 et s., 346, 408 et s., 445, 450, 582, 584, 599, 624, 631 et s, 654 et s., 803 et s.
Saisie immobilière (deuxième), 421.
Saisie immobilière (mainlevée de), 420 et s.
Saisie immobilière (radiation de), 211, 633.
Salaires, 124, 127, 130 et s., 131, 144, 282, 285, 298, 407, 468, 540 et s., 552, 608, 818.
Salaires (paiement des), 561 et s.
Salaires (restitution de), 561, 574, 669.
Saxe, 853.
Section de commune, 815.
Seine (département de la), 58 et s.
Séparation de biens, 430.
Séparation de corps, 386, 431.
Serment, 79 et s., 104.
Services publics, 508.
Siège des conservations, 54 et s., 62 et s.

Signature, 162, 169, 189, 199, 202, 204, 258, 292, 354, 805.
Signification, 370, 449, 460 et 461.
— V. *Notification*.
Simulation, 443.
Société, 249, 335, 384, 684, 782.
Société de commerce, 417.
Solidarité, 314, 315, 476, 610 et s., 701
Sommation, 176, 211 et s., 264, 266, 408, 420, 492, 632 et 633.
Sous-comptoir de garantie, 745.
Sous-inspecteur, 84, 122, 123, 126.
Subrogation, 199, 311 et s., 384 et s., 393, 395 et s., 403, 413, 442, 466, 476, 512, 536 et s., 582, 583, 613, 634 et s., 704.
Substitution, 652, 773.
Substitution d'immeubles, 249.
Succession, 683.
Suède, 854.
Suisse, 61, 855 et 856.
Suppléance, 122 et s.
Surenchère, 328, 339, 461 et s., 496, 498.
Surnuméraire, 122, 123, 125 et s.
Sursis à statuer, 570.
Syndic de faillite, 418, 605.
Syndic de notaires, 574.
Taxe, 573.
Testament, 249, 416.
Tiers, 95, 96, 104, 105, 111, 118, 402 et s., 459, 464.
Tiers détenteur, 263, 266, 309.
Timbre, 160, 167, 173, 178, 183, 291, 691, 744, 792 et s.
Titres, 457.
Titres (représentation des), 191.
Traitement, 124.
Transaction, 776.
Transcription, 29, 39 et s., 176 et s., 190, 198, 215, 249 et s., 276, 306 et s., 320, 323, 360, 402 et s., 421, 585 et s., 651 et s., 692 et s., 760 et s., 764, 765 et s., 802, 803 et s.
Transfert, 111.
Trésor public, 691 et s.
Tribunaux civils, 505 et s., 571.
Tunisie, 146.
Tutelle, 295, 347, 385.
Tuteur, 440.
Usage (droit d'), 250.
Usages locaux, 331.
Usufruit, 24, 250, 322.
Vente, 12, 19, 20, 249, 252, 254, 262, 266, 284, 295, 298, 305, 306, 309 et s., 323, 324, 328, 338, 343, 347, 395, 489, 653.
Vente (résolution de), 341.
Vente conditionnelle, 778.
Voies de recours, 527 et s.
Wurtemberg, 857.

Sect. II. — **Service des conservations.**
§ 1. — *Généralités* (n. 139 à 146).
§ 2. — *Tenue des bureaux* (n. 147 à 159).
§ 3. — *Registres des conservations* (n. 160).
   1° Règles générales (n. 161 à 171).
   2° Registres des formalités.
      I. Registre des dépôts (n. 172 à 198).
      II. Registre d'inscription des privilèges et hypothèques (n. 199 à 201).
      III. Registre de transcription d'actes de mutation (n. 202 à 205).
      IV. Registre des transcriptions des saisies (n. 206 à 210).
   3° Registres auxiliaires.
      I. Registre des formalités de saisies (n. 211 à 214).
      II. Registre des hypothèques ou registre des comptes individuels (n. 215 à 223).
      III. Table alphabétique du répertoire (n. 224 à 227).
      IV. Registre indicateur (n. 228 à 232).
      V. Registre des salaires (n. 233).
§ 4. — *Projets de réforme.* — *Cadastre.* — *Livres fonciers* (n. 234 à 247).

CHAP. III. — DE LA PUBLICITÉ ASSURÉE PAR LES CONSERVATEURS.

Sect. I. — Règles générales (n. 248 à 251).
§ 1. — *Transcription* (n. 232 à 254).
§ 2. — *Inscription* (n. 235 à 259).

Sect. II. — **Délivrance des états et certificats** (n. 260).
§ 1. — *Réquisitions d'états* (n. 261 à 268).
§ 2. — *Forme des réquisitions* (n. 269 à 286).
§ 3. — *Délivrance des états.*
   1° Généralités (n. 287 à 292).
   2° Etat des transcriptions (n. 293 à 298).
   3° Etat d'inscriptions (n. 299 à 351).

CHAP. IV. — DE LA RESPONSABILITÉ DES CONSERVATEURS DES HYPOTHÈQUES (n. 352).

Sect. I. — **Responsabilité pénale ou disciplinaire** (n. 353 à 358).

Sect. II. — **Responsabilité civile envers les particuliers** (n. 359 à 364).

§ 1. — *Conditions nécessaires à l'existence de la responsabilité* (n. 365).
   1° De la faute (n. 366).
      I. Responsabilité contractuelle (n. 367 à 374).
      II. Responsabilité professionnelle (n. 375).
         A. Faute pouvant faire perdre le droit légitimement acquis (n. 376).
         a) Omission, retard ou inexactitude de transcriptions ou d'inscriptions (n. 377 à 409).
         b) Radiation irrégulière d'une inscription hypothécaire ou d'une saisie immobilière (n. 410 à 451).
         c) Omission ou inexactitude fautives dans un état d'inscription ou dans un certificat (n. 452 à 463).
         B. Renseignements inexacts fournis aux tiers (n. 464).
         a) Etat incomplet (n. 465 à 471).
         b) Omission de l'inscription d'office au profit du vendeur d'immeubles non payés (n. 472 à 476).
         C. Inscription indûment prise (n. 477 à 480).
      III. Responsabilité du fait d'autrui (n. 481 à 483).
      IV. Responsabilité partagée (n. 484 à 489).
   2° Du dommage (n. 490 à 503).
§ 2. — *Procédure de l'action en responsabilité* (n. 504).
   1° Règles de compétence (n. 505 à 510).
   2° Des parties en cause dans l'instance en responsabilité.
      I. Demandeur (n. 511 à 513).
      II. Défendeur (n. 514 à 516).
   3° Moyens de défense du conservateur (n. 517 à 524).
   4° Jugement. — Voies de recours. — Exécution (n. 525 à 539).

CHAP. V. — DES SALAIRES DES CONSERVATEURS.
Sect. I. — **Règles générales** (n. 540 à 579).

DIVISION.

CHAP. I. — NOTIONS GÉNÉRALES ET HISTORIQUES (n. 1 à 52).

CHAP. II. — ORGANISATION DES CONSERVATIONS D'HYPOTHÈQUE (n. 53).

Sect. I. — **Personnel des conservations.**
§ 1. — *Siège des conservations* (n. 54 à 71).
§ 2. — *Nomination des conservateurs.* — *Hiérarchie.* — *Incompatibilités.*
   1° Nomination et serment (n. 72 à 83).
   2° Hiérarchie (n. 84 et 85).
   3° Incompatibilités (n. 86).
§ 3. — *Cautionnement requis des conservateurs* (n. 87 et 88).
   1° Cautionnement en numéraire (n. 89 à 93).
   2° Cautionnement en nature (n. 94 à 119).
§ 4. — *Démission.* — *Congé.* — *Suppléance* (n. 120 à 129).
§ 5. — *Retenues et retraites* (n. 130 à 133).
§ 6. — *Des commis de conservations* (n. 134 à 138).

RÉPERTOIRE. — Tome XIII.

Sect. II. — Application du tarif aux divers actes des conservateurs (n. 580 et 581).
§ 1. — *Dépôt des pièces à la conservation* (n. 582 à 584).
§ 2. — *Transcriptions et inscriptions* (n. 585 à 588).
  1° Salaires dus aux conservateurs pour les transcriptions (n. 589 à 602).
  2° Salaires dus pour les inscriptions (n. 603 à 622).
§ 3. — *Mentions en marge des transcriptions et inscriptions* (n. 623 et 624).
  1° Mentions en marge des transcriptions.
    I. Mention de résolution (n. 625 à 628).
    II. Mention de la renonciation par la femme à son hypothèque légale (n. 629).
    III. Radiation des majorats (n. 630).
    IV. Mentions en marge d'une saisie transcrite (n. 631 à 633).
  2° Mentions en marge des inscriptions.
    I. Déclarations de changement de domicile ou de subrogation (n. 634 à 639).
    II. Radiations (n. 640 à 649).
§ 4. — *Salaires des conservateurs à l'occasion de la délivrance des certificats* (n. 650 et 651).
  1° Certificats négatifs (n. 652 à 657).
  2° Certificats de transcriptions (n. 658 à 667).
  3° États d'inscriptions (n. 668 à 690).

CHAP. VI. — DROITS D'INSCRIPTION, DE TRANSCRIPTION ET D'ENREGISTREMENT PERÇUS PAR LES CONSERVATEURS AU PROFIT DU TRÉSOR.
Sect. I. — Généralités (n. 691 à 697).
Sect. II. — Droit d'inscription ou d'hypothèque (n. 698 et 699).
§ 1. — *Exigibilité du droit d'hypothèque* (n. 700 à 721).
§ 2. — *Liquidation du droit* (n. 722 à 739).
§ 3. — *Dispenses ou exemptions du droit* (n. 740 à 745).
§ 4. — *Du paiement du droit* (n. 746 à 750).
§ 5. — *Prescription du droit* (n. 751 à 759).
Sect. III. — Droit de transcription (n. 760 à 765).
§ 1. — *Exigibilité du droit de transcription* (n. 766 à 784).
§ 2. — *Liquidation du droit* (n. 785 à 788).
§ 3. — *Paiement du droit* (n. 789 et 790).
§ 4. — *Prescription* (n. 791).
Sect. IV. — Droits de timbre et d'enregistrement (n. 792 à 799).

CHAP. VII. — DES CONSERVATIONS D'HYPOTHÈQUES DANS LES COLONIES (n. 800 à 826).

CHAP. VIII. — LÉGISLATION COMPARÉE (n. 827 à 857).

CHAPITRE I.

NOTIONS GÉNÉRALES ET HISTORIQUES.

1. — Le moyen d'assurer complètement la sécurité et la facilité des transactions immobilières, de donner à la propriété une base ferme et un titre d'établissement indiscutable, et de transformer la terre en un instrument de richesse et de crédit toujours actif et disponible, s'est présenté de très-bonne heure à l'esprit du législateur, et a consisté dans la publicité des transferts et des démembrements de la propriété immobilière. — V. Valette, *Mélanges de droit, de jurispr. et de législ.*, t. 2, p. 592, 597.

2. — Pour bien comprendre l'intérêt des fonctions des conservateurs des hypothèques, il convient d'étudier d'abord ces fonctions à un point de vue historique; c'est pourquoi, afin de mieux saisir le fonctionnement de la législation actuelle, et d'éviter, pour chacune des formalités, des explications qui, disséminées, perdraient de leur force, nous esquisserons, à très-larges traits, la mise en pratique, aux diverses époques, de la publicité des transferts immobiliers et des droits réels.

3. — Cette publicité, voulue ou non, se dégageait, aux premiers âges du droit, des formes solennelles requises pour la validité des transmissions; elle résultait aussi, jusqu'à un certain point, de l'obligation généralement imposée à l'acquéreur de fortifier son titre d'acquisition par une possession prolongée pendant un certain temps, au vu et au su de tout le monde, le principal rôle de la possession, dans l'antiquité comme dans les temps modernes, étant de corriger les défauts du titre d'acquisition. — Code théodosien, II, 29, c. 2, § 1, 2; Besson, *Les livres fonciers et la réforme hypothécaire*, p. 4 et s.; Viollet, *Précis de l'hist. du dr. fr.*, p. 474, 519; Summer-Maine, *L'ancien droit*, p. 256; Gide, *Étude sur l'act Torrens*, p. 42. — Plus spécialement, chez les peuples de l'Orient et en Grèce : Lévitique, xxv, 10 et 28 ; Genèse, xxiii; Ruth, iv; Jérémie, xxxii, 8-14; Josèphe, *De bello judaico*, II, xxxi et VIII, ix; Code de Manou, *Institutes of hindu law*, ii, 164; Dareste, *Études d'histoire du droit*, p. 3; *Une loi éphésienne*, p. 9; Cujas, Obs., xi, c. 17; Démosthène, contre Timothée, § 11, 12 et 61 ; Aristogiton, i, § 69 ; *Spondias*, § 5 et 6 ; — A Rome : Summer-Maine, *Études sur l'ancien droit*, p. 336; Accarias, *Précis de dr. rom.*, t. 1, p. 498, n. 3; p. 503, n. 2; Muirhead, *Introd. histor. au dr. pr. de Rome*, traduction de Bourcart, p. 90; Larnaude, *Étude sur la publicité des donations*, p. 5. — V. D., XXII, 5, *De testibus*, 1, 22; C., XXIX, 8, 54 (Constit. de Théodose et de Valentinien, an 428); C. théod., I, 8, 12 (Constit. d'Honorius et de Théodose, an 415); nov. 13, ch. 3, pr., an 535.

4. — Sans entrer dans les détails, il convient néanmoins de faire remarquer, au début même de ce travail, qu'il y aurait, suivant la juste expression d'un auteur, quelque parti-pris à parler de la « clandestinité romaine » pour l'opposer à la publicité du droit germanique. Rapporter au seul droit allemand les causes génératrices de la publicité moderne, c'est méconnaître le rôle considérable et persistant que l'*insinuation* a joué, dans l'histoire des institutions juridiques, en matière de transmissions de la propriété foncière; elle a coexisté en France avec les modes de transfert issus du droit barbare, pendant une période de plusieurs siècles; d'où une influence de ces deux formes de publicité l'une sur l'autre et de mutuels emprunts. — Besson, *op. cit.*, p. 43.

5. — Si le transfert de la propriété chez les Germains était un acte essentiellement public, à raison de la comparution du cédant et du cessionnaire devant le *thing* ou tribunal populaire, il convient néanmoins de remarquer que cette publicité était rudimentaire, et n'assurait guère à l'acquéreur contre les contestations ultérieures, vu le défaut de toute preuve authentique conservée de l'aliénation. — V. Loi Salique, tit. 46, *de Adsathemire*; Ripuaire, tit. 60, art. 1; César, *Comm.*, t. 6, p. 22; Tacite, *German.*, XVI et XXVI; D. Calmet, *Hist. de Lorr.*, t. 1, p. 524; Ducange, t. 3, charte 1394; Viollet, *Précis de l'hist. du dr. fr.*, p. 472, 702; Platon, *Le dr. de prop. dans la société franque*, p. 137.

6. — Sous le régime de la féodalité, l'agrément du seigneur à la mutation se traduisait dans la formalité de l'*ensaisinement*. Cette procédure, qui, à l'origine, ne profitait qu'au seigneur, dont elle confirmait le droit de suzeraineté sur le fief servant, arriva, dans la suite, par son organisation même, à avertir les intéressés des diminutions survenues dans la fortune des possesseurs de fiefs ou de censives, en sorte que l'idée de publicité, d'abord reléguée au second plan, finit par grandir jusqu'au moment où elle s'affirma victorieusement, élargissant le cercle de son application pour embrasser, non seulement les mutations de fiefs et de fonds censuels, mais encore celles des alleux, c'est-à-dire des biens privilégiés, en dehors de la hiérarchie féodale, et qui, suivant l'expression des chartes de l'époque, ne relevaient que de Dieu et du soleil. — Bouteiller, *Somme rurale*, liv. 1, tit. 81; Ducange, t. 3, p. 1528; Pothier, *Traité des cens*, t. 2, p. 335; *Sentences du parloir aux bourgeois*, 11 janv. 1300, p. 158 et 463; Grand Coutumier, liv. 4, ch. 2, p. 82; Beaumanoir, *Cout. de Beauvoisis*, ch. 13, 34, 54, n. 18; Platon, *op. cit.*, p. 163; Archives de la Gironde, *Petit cartulaire de la Sauve, Alienationes jurium regis*, p. 129 (cité par Besson, p. 53 et s.).

7. — Aussi, dès le xiii° siècle, pour prévenir les fraudes inhérentes à la clandestinité et fermer la porte au stellionat, l'usage s'établit-il (et les textes législatifs de l'époque concordent, sur ce point, avec les témoignages des chartes et des auteurs) de relater les investitures sur les registres tenus aux greffes des cours féodales. Les auteurs parlent de cartulaire affecté à la transcription des investitures; et l'on sait, d'autre part, que, dans les provinces de l'Est, la validité de toute mutation de bien-fonds à cens était subordonnée à l'approbation préalable par le *dinghof* ou cour foncière et à l'insertion sur le *prothocol*. — Du Moulin, *Comm. cout.* Paris, § 1, glose 1, n. 31; Edit de juin 1284 par l'empereur Rodolphe; Placard de Charles-Quint, 10 févr. 1538; Placard de Philippe II, 16 déc. 1586.

8. — Malheureusement, la publicité des transferts de la propriété foncière et des droits réels immobiliers ne s'organisa et ne se maintint, comme mesure protectrice de l'intérêt des tiers, qu'en Belgique et au nord de la France, dans les provinces de nantissement; l'on y découvre les influences diverses d'où est sorti le système français de la transcription.

9. — De même que la saisine féodale dont il procède, le nantissement apparaît sous l'aspect d'une mise en possession judiciaire (juridiction gracieuse), opérée après production du titre de la transmission établi en la forme authentique ou reconnu en justice, si c'était un acte sous seing privé, dans l'auditoire même du tribunal foncier, par les officiers de la justice seigneuriale (Cout. de Vermandois, 126. — V. aussi, en ce sens, Cout. de Picardie, Ponthieu, Cambrésis, Amiens, Péronne, Reims, Chaulny, etc...). — Merlin, *Rép. de jur.*, v° *Devoirs de loi*, § 3, p. 51.

10. — Dans ces coutumes, qui n'admettaient aucune hypothèque tacite, ni pour conventions matrimoniales, dot, donations en faveur du mariage, douaire préfix, ni pour reliquat de compte de tutelle, et où l'hypothèque judiciaire était inconnue, tous actes translatifs de propriété foncière ou de droits réels immobiliers devaient, pour leur validité, être assujettis à l'enregistrement public sur les registres, dont les greffiers, comme aujourd'hui les conservateurs, devaient la communication et délivraient des extraits à qui jurait en avoir besoin. D'après la généralité de ces coutumes, les « *œuvres de loi* » n'étaient point, au contraire, obligatoires pour les transmissions à cause de mort, dévolutions testamentaires ou nantissements des partages (Cout. Amiens, 137; Valenciennes, tit. 5, art. 11; Normandie, 125; Châtellenie de Lille, 12, art. 3; Hainaut, ch. 94, art. 1; Placard de Philippe II, 16 déc. 1586; Arrêt du parlement de Paris, 29 nov. 1599; Edit perpétuel des archiducs Albert et Isabelle, 12 juill. 1611). — V. Loyseau, *Tr. du déguerpissement*, t. 19, p. 57, liv. 3, ch. 1, n. 16.

11. — A la vérité, la sécurité conférée par le système des *devoirs de la loi* n'était pas absolue, le seul résultat du nantissement étant d'assurer à l'acquéreur nanti le premier en rang de priorité, sans rien préjuger sur la valeur du titre de transfert, qui restait annulable ou résoluble, après comme avant la formalité. Critique d'ailleurs applicable encore à l'heure actuelle à de nombreux systèmes contemporains (V. Artois, 71; Châtellenie de Lille, tit. 10, art. 3; Normandie, 28). — Desmazures, *Observ.*, liv. 3, tit. 9; Merlin, *Rép.*, v° *Nantissement*, p. 70 et 71.

12. — La conception fondamentale de l'act Torrens, délivrance d'un titre de propriété inattaquable après enquête, publication et mise en demeure aux tiers de former opposition, pourrait être revendiquée par l'ancienne coutume de Bretagne, qui date du premier tiers du xiv° siècle : l'*appropriance*, dont elle est l'analogue, n'est autre chose, en effet, que le moyen offert aux acquéreurs d'assurer la stabilité absolue de leurs titres d'acquisition, par une investiture judiciaire précédée de la plus large publicité, après laquelle tout droit ou action de nature à révoquer ou résoudre le droit du cédant, même l'action en revendication du tiers dépossédé par l'aliénateur, se résolvait en un droit purement personnel de récompense d'indemnité contre l'usurpateur. — Besson, *op. cit.*, p. 63 et 65.

13. — L'acte initial de l'appropriement consistait dans l'insinuation du contrat translatif, à peine de nullité de la procédure, au greffe de chaque juridiction royale; les registres des insinuations et la table alphabétique des anciens et nouveaux possesseurs, qui en constituaient l'annexe, étaient publics. L'insinuation, au surplus, donnait lieu au profit du greffier, à la perception d'un salaire gradué à raison de l'importance des actes présentés à la formalité. La publicité consistait, ensuite, en bannies ou proclamations faites, à trois dimanches consécutifs, à l'issue de la grand'messe, et ensuite certifiées en jugement; nous n'y insisterons pas davantage, leur relation avec le sujet étant minime, sinon nulle. — V. de Laurière, v° *Appropriement*, Niort, 1882, in-4°; d'Argentré, *Œuvres sur le titre des appropriances*, Paris, 1621, in-fol.; Sauvageau, *Cout. de Bretagne*, Rennes, 1774; Poullain du Parc, *Princ. du dr. fr.* (1769), t. 3, p. 322, liv. 3, ch. 20, *De l'hyp.*, sect. 6, n. 192.

14. — Quoi qu'il en soit, publications préalables renouvelées à des intervalles réguliers, période de purge pendant laquelle doivent se produire, sous peine de déchéance, les oppositions des tiers intéressés, investiture publique et irrévocable de l'acquéreur, tous ces traits essentiels et caractéristiques du *Real Property Act* et du régime de la ville de Brême se retrouvent, au moins « à l'état d'ébauche fruste et inachevée », dans le formalisme de l'appropriance, en sorte que la théorie de la force probante, *criterium* de la publicité allemande, n'est point absolument étrangère à nos traditions juridiques. — Besson, p. 66.

15. — En dehors des pays de nantissement et de la province de Bretagne, vers la fin du xii° siècle, sous l'influence prépondérante et générale du droit romain, l'ensaisinement féodal s'était simplifié au point de se confondre avec la tradition romaine. Aussi, c'est seulement sous le règne de Louis XIV, après des tentatives, demeurées infructueuses, d'Henri II (édit de mai 1553), que, par un édit de décembre 1703, l'usage de l'*insinuation* devint effectivement obligatoire pour toute mutation immobilière, à titre onéreux comme à titre gratuit. — V. Baluze, *Hist. Arvern.*, t. 2, preuves, p. 118, 129, 143, 277, 329 et 342; *Hist. gén. de Languedoc*, t. 3, éd. origin., 5 vol., Paris, 1737, preuves, col. 128, 129 (donation du comté de Milgueil par la comtesse Béatrix au comte de Toulouse); Ord. du roi René, 28 oct. 1472; de François I°r, de Villers-Cotterets, en 1539. — Besson, p. 67.

16. — L'*insinuation* consistait dans l'inscription opérée, sur la réquisition des notaires ou à la diligence des parties, de tous les actes translatifs sur les registres tenus à cet effet par les greffiers des juridictions royales, qui avaient reçu, malgré les réclamations des seigneurs, compétence exclusive. La formalité devait avoir lieu, dans un délai de quinze jours ou de quatre mois, suivant qu'il s'agissait de mutations à titre onéreux ou gratuit, au greffe de la situation des biens pour tous les actes, et, en outre, au domicile du donateur pour les mutations à titre gratuit. Les registres étaient publics, les intéressés pouvaient en obtenir communication. Les greffiers spéciaux des insinuations furent supprimés plus tard et leurs attributions dévolues aux commis de la ferme des domaines, contrôleurs des actes (Déclar. de 1549; Edit d'octobre 1703; Déclar. 17 févr. 1731, art. 2).

17. — L'insinuation constituait une condition intrinsèque de la validité du contrat lui-même (la donation non insinuée étant juridiquement inexistante); cette formalité n'était donc point sans procurer aux tiers une sérieuse garantie, quoique un peu restreinte, d'ailleurs, à cause de l'effet rétroactif attaché par la déclaration de 1549 à l'insinuation accomplie dans le délai prescrit. Au contraire, pour les mutations à titre onéreux, elle était, surtout dans le dernier état du droit, tel que le constituaient l'ordonnance de 1731 et les lettres patentes de 1769, destituée de toute efficacité juridique, l'omission de la formalité n'entraînant d'autre peine qu'une amende égale au simple droit et l'interdiction de produire en justice l'acte non insinué. A vrai dire, si elle fut considérée à l'origine, comme une simple mesure de droit fiscal et de crédit, nos rois, à court d'argent, n'y virent vite que l'occasion facile d'une ressource financière; d'où son caractère « purement bursal ». — Bosquet, *Dict. des domaines*, v° *Insinuation*; Moreau de Beaumont, *Mém. sur les impositions*, liv. 4, p. 525; Larnaude, *op. cit.*, p. 124.

18. — Parallèlement à l'insinuation fonctionnait, pour tous les actes des notaires, greffiers et huissiers, la théorie du *contrôle*, institution organisée par l'édit d'Henri III, donné à Blois, en juin 1581. Celui-ci semblait ne poursuivre d'autre but que de mettre le contrat à l'abri des antidates et d'assurer la priorité de l'hypothèque, mais, au fond, le véritable motif était de battre monnaie au moyen de la création, à prix d'argent, des offices du contrôle des titres. Les registres du contrôle ne fournissaient point, d'ailleurs, le moyen d'éviter la clandestinité des droits réels, parce que, à la différence de ceux de l'insinuation, ils n'étaient pas ouverts au public, mais aux seuls préposés de la ferme. — De Ferrière, *Dict. de droit*, p. 487; Besson, *op. cit.*, p. 72, qui cite Fromenteau, *Secret des finances de la France;* Basnage, *Traité des hypothèques*, ch. 12, dédicace; Falcimaigne, *De la publicité des hypothèques en droit français*, p. 133.

19. — Indépendamment du caractère d'indétermination des hypothèques tacites du mineur et de la femme mariée, comme de l'hypothèque judiciaire, le défaut le plus sensible du régime hypothécaire était l'insuffisance des mesures tendant à assurer la publicité de l'hypothèque, insuffisance telle que, suivant la juste remarque de Loyseau et de Sully, « le tiers acquéreur de bonne foi, pensant être bien assuré de ce qu'on lui vendait, sachant bien qu'il appartenait à son vendeur, s'en voyait enfin évincé et privé par un malheur inévitable, au moyen des hypothèques précédentes, lesquelles, étant instituées secrètement, il ne lui était pas possible de les savoir, ni les découvrir » (Ord. Villers-Cotterets, de 1539, art. 95; Moulins, de 1566). — Loyseau, *Du déguerpiss.*, liv. 3, ch. 1, n. 16; Sully, *Mémoires*, liv. 26; Merlin, *Rép.*, v° *Hypothèque*, sect. 1, § 8, et sect. 2, § 3, art. 1, n. 4.

20. — Les légistes, dont tous les efforts tendaient à faire pénétrer de plus en plus le droit romain dans la coutume, se bornèrent à introduire, au profit des acquéreurs de la propriété foncière, une procédure de purge, dont l'idée première remontait à la théorie romaine de la *subhastation*, dont elle avait même retenu le nom dans quelques coutumes : c'était la *vente par décret forcé* qui « nettoie toutes les hypothèques ». Et, comme ce mode de purger n'était, en principe, applicable qu'aux ventes sur expropriation, ils imaginèrent, pour en étendre le bénéfice aux acquisitions amiables, la procédure, aux effets identiques, de la *vente par décret volontaire*. — V. Loisel, *Inst. coutum.*, liv. 6, tit. 5, n. 15.

21. — La procédure du décret volontaire n'étant ni moins compliquée ni moins onéreuse qu'une poursuite en expropriation forcée, l'édit de juin 1771 établit les *lettres de ratification* qui diminuaient les formalités à remplir. Sur l'insertion de tout titre d'acquisition au greffe du bailliage ou de la sénéchaussée de la situation des biens, dans un délai de deux mois, toutes oppositions devaient contenir élection de domicile au bureau de la conservation, être faites par les créanciers et inscrites, par le conservateur, par ordre de date, sans blanc ni interligne, sur registres en papier timbré, cotés et paraphés par le lieutenant général du siège. Des extraits certifiés devaient être délivrés à toute réquisition. A l'expiration du délai d'opposition, le conservateur en exercice présentait des lettres dites de ratification, par lui rédigées, à la chancellerie du tribunal de la situation des biens, où le greffier les scellait, suivant les cas, sous réserve des oppositions formées en temps utile ou purement et simplement; après quoi l'immeuble se trouvait définitivement libéré pour l'acquéreur de toutes les charges hypothécaires consenties du chef des auteurs et non conservées par la voie de l'opposition, sans exception en faveur des hypothèques du mineur, de la femme mariée, de l'absent, des gens de mainmorte ou de la femme mariée. Cette procédure, bien plus énergique que l'appropriation de Bretagne, et encore trop onéreuse, ne conférait à l'acquéreur aucun droit supérieur à ceux nés pour lui du contrat d'acquisition, le laissant, au contraire, soumis à toute éviction, soit par le résultat d'une aliénation antérieure et, dès lors, préférable à la sienne, soit par l'effet de causes de résolution indépendantes de toute stipulation. — V. Merlin, *Rép.*, v° *Déclaration d'hypoth.*, n. 2, p. 94 et 95.

22. — L'ancienne législation, telle que nous venons de la définir, ne s'était occupée que de la publicité des hypothèques au cas d'aliénation de l'immeuble affecté; elle mettait le propriétaire dans l'impossibilité de justifier de la solvabilité de celui-ci et ainsi de lui ôter le crédit et l'exposant à être ruiné en frais de justice. C'est le remède à ces maux, c'est-à-dire la publicité initiale et directe des titres hypothécaires, que Sully avait en vue, lorsqu'il exprimait (*Mémoires*, liv. 24) le désir « qu'aucune personne, de quelque qualité ou condition qu'elle peût être, n'eût pu emprunter sans qu'il fût déclaré quelles dettes peut avoir déjà l'emprunteur, à quelles personnes, sur quels biens ». — Drouets, *Etude sur la publicité des hypoth.*, p. 36; Besson, p. 79.

23. — Le parlement de Normandie consentit seul à enregistrer un édit, rendu en 1606, aux termes duquel tout contrat devait être soumis à la formalité du contrôle, qui déterminait, au surplus, et fixait au jour de son accomplissement le rang de l'hypothèque.

24. — C'est dans le double but de garantir l'intérêt des propriétaires fonciers et d'assurer la sécurité des tiers acquéreurs et des créanciers, que fut rendu, sous l'inspiration de Colbert, un édit de 1673, instituant dans chaque bailliage et sénéchaussée, un greffe pour l'enregistrement des oppositions de créanciers prétendant privilège ou hypothèque, en vertu de quelque titre que ce fût, contrat, sentence ou jugement, cette formalité constituait la condition essentielle de l'efficacité de l'hypothèque, c'est-à-dire de son existence au regard des tiers. Les oppositions, qui jouaient alors le rôle de l'inscription du droit moderne, étaient enregistrées, en effet, sur des livres publics tenus par des greffiers spéciaux, sous le contrôle permanent des magistrats. Il est à remarquer ici que le mode de publicité par voie d'opposition avait été étendu à un certain nombre de droits réels, notamment à l'usufruit conventionnel, et que la mention en marge de l'enregistrement du titre des hypothèques avait été ordonnée, par le même édit, pour les cessions d'hypothèques, les transmissions entre-vifs ou par décès des créances hypothécaires. Enfin, comme la publicité absolue des registres constituait le corollaire logique des réformes précédentes, il était enjoint aux greffiers de les communiquer aux intéressés à toute réquisition, et d'en délivrer des extraits certifiés sous leur responsabilité.

25. — Il se rencontrait des lacunes et parfois des contradictions dans l'œuvre de Colbert : ainsi, la rétroactivité de l'opposition enregistrée dans les quatre mois, jusqu'au jour du contrat hypothécaire, pouvait exposer les tiers au danger de prêter sur un immeuble dont la valeur était entamée ou même absorbée par des hypothèques antérieures non révélées, pour lesquelles le délai d'enregistrement de l'opposition n'était pas encore expiré, ou même occultes comme celles des femmes mariées, des mineurs, de l'Etat, des seigneurs censiers ou féodaux. En outre, la règle de la spécialité était singulièrement illusoire, en présence des autres dispositions de l'édit qui autorisaient l'hypothèque générale sur les biens présents et à venir du débiteur. Enfin la publicité était restreinte aux hypothèques, l'édit n'avait pas posé le principe que tout contrat relatif à la propriété foncière devait être enregistré. Ces réformes, acceptées dans la plupart des pays de nantissement, critiquées, au contraire, dans le ressort de presque tous les parlements, à l'exception de celui de Dijon, par des hommes tels que le chancelier d'Aguesseau, au nom de la liberté et de la facilité du commerce, furent définitivement abandonnées. Un édit d'avril 1674 révoqua celui de 1673, sous prétexte de difficultés d'exécution, mais, en réalité, parce que cette réforme courageuse aurait ruiné le crédit d'une noblesse perdue de dettes et réduite aux expédients. — Colbert, *Testament politique*, ch. 12, p. 351; *Œuvres du chancelier d'Aguesseau*, t. 13, p. 618, 623, 634. — V. Besson, p. 81.

26. — Un autre édit de mars 1673 organisa la conservation des hypothèques sur les rentes constituées sur les domaines du roi. Les créanciers devaient faire opposition entre les mains d'officiers créés par le même édit près de la grande chancellerie et appelés *greffiers conservateurs* ou *conseillers conservateurs des hypothèques*. Les acquéreurs de rente obtenaient de la grande chancellerie des lettres de ratification, et « si avant le sceau desdites lettres, il ne se trouvait pas d'opposition de la part de créanciers ou prétendant droit... lesdites lettres étaient purgées de tous droits et hypothèques... ». — Isambert, *Rec. gén. des anc. lois franç.*, t. 19, n. 719, p. 84-86; Besson, *Grande encyclopédie*, v° *Conservateur*, t. 12, p. 531.

27. — La Constituante qui, pour juger les projets de loi sur la publicité, fit appel à l'expérience et aux lumières de la régie de l'enregistrement, nouvellement organisée par le décret du 5 déc. 1790, ne put délibérer sur les projets élaborés par le *Comité des impositions;* elle les renvoya à l'Assemblée législative, qui chargea une de ses commissions de lui en rendre compte, mais qui se sépara avant d'avoir discuté le rapport rédigé sur son ordre.

28. — Les lois des 7-12 sept. 1790, art. 23 et 24, et 21 niv. an IV, art. 1, se borneront à rattacher la procédure des lettres de ratification employée comme mode de purge à la nouvelle organisation judiciaire et administrative, en préposant à l'accomplissement des formalités le conservateur des hypothèques établi près le tribunal de la situation des biens.

29. — Avec le décret des 19 et 20 sept. 1790 la transcription des contrats d'aliénation d'hypothèque apparaît pour la première fois, comme une transformation de l'ancienne solennité du nantissement; elle était appelée, d'ailleurs, à remplir la même fonction juridique au point de vue de la consolidation de la propriété foncière et de la publicité de l'hypothèque. Dans l'acte de la transmission, pour transporter la propriété au regard des tiers, l'Etat intervenait par ses agents, les greffiers des tribunaux de district de la situation des biens, qui devaient aux requérants communication sans frais de leurs registres.

30. — La transcription était applicable seulement aux immeubles susceptibles d'hypothèque; obligatoire pour tous actes entre vifs translatifs de propriété foncière, destinée à rendre opposable aux tiers le droit réel de l'acquéreur, et produisant effet du jour où elle était accomplie à la transcription, parallèlement, et sans se confondre avec elle, l'insinuation, supprimée comme institution fiscale, par la loi des 5-19 déc. 1790, fut conservée, en tant que mesure de publicité, jusqu'à la promulgation du Code civil, pour les seules donations de meubles et d'immeubles, comme formalité intrinsèque, exigée pour la validité du contrat lui-même, avec effet rétroactif si elle était accomplie dans les quatre mois (LL. 17-22 sept. 1790, art. 24; 19 déc. 1790, art. 1; 27 janv. 1791, art. 7).

31. — Les principes de publicité, contenus en germe dans les décrets transitoires de 1790, trouvèrent leur consécration dans deux lois de la Convention nationale, en date du 9 mess. an III, dont le but était de conserver à chaque propriété foncière son identité à travers toutes les phases de son évolution juridique. Les propriétaires étaient tenus à des *déclarations foncières*, destinées à fixer la situation matérielle et la valeur de leur bien; ces déclarations équivalaient à l'immatriculation des systèmes germaniques modernes et constituaient le point de départ de toutes transmissions, affectations hypothécaires, créations de cédules ou tous autres actes quelconques intéressant l'immeuble. Elles étaient rédigées devant notaire en triple expédition; deux exemplaires étaient déposés et enregistrés au bureau des hypothèques et au greffe de la commune de la situation des biens; le troisième, revêtu du certificat de dépôt et d'inscription du conservateur et du secrétaire-greffier de la commune, demeurait entre les mains du propriétaire.

32. — Le principe de la publicité hypothécaire était nettement affirmé par la loi de messidor. L'hypothèque, indépendamment de sa cause, existant de plein droit, sans stipulation d'aucune sorte, par la seule force du titre d'obligation, ne devenait efficace que par l'inscription sur les registres du conservateur des hypothèques, sauf effet rétroactif au jour de l'acte d'obligation ou du jugement, si cette inscription était faite dans le mois de l'établissement de ces titres. En sens inverse, le principe de la spécialité était mis en échec, soit par le droit accordé au créancier de requérir inscription, même dans les arrondissements où le débiteur ne possédait pas de bien, soit par l'étendue donnée, de plein droit, à l'hypothèque, grevant tous les biens, présents et à venir du débiteur, situés dans l'arrondissement où était faite ladite inscription.

33. — La publicité, suivant qu'il s'agissait d'hypothèques ou d'actes translatifs de propriété, consistait en une inscription analytique ou dans le dépôt du contrat au bureau de la conservation. Vis-à-vis des nouveaux possesseurs, le dépôt du titre au bureau de la conservation n'était pas une mesure de consolidation de la propriété et n'assurait pas la priorité à l'encontre d'une acquisition première en date et non transcrite; il arrêtait simplement le cours des inscriptions hypothécaires. Au contraire, vis-à-vis des tiers créanciers, ce dépôt avait pour résultat de rendre irrecevable toute demande en éviction non inscrite au bureau de la conservation, et de rendre la révocation prononcée sans effet sur les droits hypothécaires constitués avant cette inscription, l'action réelle du revendiquant se résolvant désormais en un droit personnel d'indemnité contre l'auteur de l'affectation.

34. — La publicité hypothécaire était constituée par districts; dans chacun, se trouvait, en effet, un bureau de conservation divisé en autant de sections qu'il existait dans le même district de bureaux d'enregistrement. Une hiérarchie établie dans chacun pour l'accomplissement des formalités; le conservateur responsable avait en sous-ordre des commis préposés par lui aux sections de son bureau. Au sommet de la hiérarchie se trouvait placé un conservateur général investi de la surveillance du service et du droit de pourvoir aux emplois vacants. Bien qu'il n'eût pas un rôle purement passif et qu'il lui appartînt, notamment, de discuter les justifications préalables à la délivrance des cédules, le conservateur n'avait pas rang de juge; c'était un simple fonctionnaire, responsable, sur ses biens présents et à venir, tant de l'exactitude des estimations contenues dans les cédules que des dommages causés par sa faute ou celle de ses employés. — Besson, p. 92.

35. — Les conservateurs devaient tenir divers registres, cotés et paraphés par un juge du tribunal du district, pour les déclarations foncières, les actes translatifs et les revendications de propriété, d'une part, les inscriptions et radiations de créances hypothécaires, d'autre part. Selon un système d'information rapide emprunté à la déclaration du 17 févr. 1731, art. 3, sur l'insinuation, la loi de messidor décidait que les registres seraient « publics et ouverts à tous les citoyens », sauf ceux des déclarations foncières et des actes translatifs, dont les conservateurs n'avaient point à donner communication ouverte, mais seulement à délivrer, à toute réquisition, des copies par eux certifiées.

36. — « Œuvre mal équilibrée, si l'on veut, mais œuvre de jeunesse, d'une tendance franchement progressiste », telle est la législation de messidor, qui confine aux théories fortes du droit germanique par certains points, tels que le système des déclarations foncières, le concept des cédules hypothécaires et la garantie de l'hypothèque inscrite à la conservation contre les suites de toute revendication. — Besson, p. 92.

37. — Le seul acte d'exécution de la loi de messidor fut un décret du 1er therm. an III portant nomination du citoyen J.-B.-Moïse Jollivet aux fonctions de conservateur général des hypothèques. Prorogée par les lois des 26 frim., 19 vent. et 19 prair. an IV, suspendue enfin indéfiniment par la loi du 28 vend. an V, la législation de messidor « restait encore à l'état de lettre-morte », lorsque fut promulguée la loi du 11 brum. an VII.

38. — Discutée d'abord sous le Directoire sur un rapport de Crassous, de l'Hérault, rejetée, une première fois, pour vice de forme le 17 prair. an VI, discutée à nouveau à la fin de la même année, la loi du 11 brum. an VII, ne place plus, comme la loi de messidor, au premier plan les intérêts des titulaires d'hypothèque, mais se préoccupe avant tout de garantir, par la transcription des titres de transfert, la sécurité des acquéreurs, d'où découle celle des créanciers hypothécaires. — Cette loi peut être regardée comme la généralisation de la mesure instituée pour les pays de nantissement par le décret de la Constituante des 17-19 déc. 1790, qui avait substitué à l'ancienne publicité des *Œuvres de la loi* le procédé de la transcription des grosses des titres de transfert.

39. — La publicité des mutations immobilières et celle des charges foncières marchent de front, pour se compléter l'une l'autre : la transcription sur les registres de la conservation des hypothèques du lieu de la situation des biens, nécessaire pour opérer le dessaisissement de l'ancien possesseur au regard des tiers, est bien différente de la publicité des lois germaniques modernes. Dépourvue par elle-même de toute force probante, elle ne joue aucun rôle dans la formation du contrat de transfert entre les parties, et ne constitue, en réalité, qu'une formalité extrinsèque, uniquement destinée à rendre opposable aux tiers le fait de la transmission. L'acquéreur qui fait transcrire son titre est préféré à celui dont le titre a été transcrit postérieurement, mais sans qu'il soit rien ajouté à sa valeur, sans que rien en garantisse la solidité.

40. — En même temps qu'il empruntait aux anciennes coutumes le principe de la publicité des transferts de propriété, le législateur de l'an VII consacrait aussi, à leur exemple, pour tout privilège et toute hypothèque légale, judiciaire ou conventionnelle, le principe de la publicité par voie d'inscription sur les registres de la conservation des hypothèques. Le principe de la spécialité, rigoureusement appliqué pour l'hypothèque conventionnelle, était abandonné, au contraire, à l'égard de l'hypothèque judiciaire et des hypothèques légales. Inscription, transcription et inscription concouraient parallèlement à la consolidation de la propriété, l'une garantissant l'acquéreur contre les aliénations antérieures demeurées occultes, l'autre permettant à l'acquéreur d'un immeuble d'être à l'abri du droit de suite des créanciers non inscrits, — toutes deux ayant pour objectif de développer l'essor des transactions et d'assurer le crédit.

41. — Il ne convient point d'approfondir ici les formes de publicité sus-indiquées, transcription littérale sur les registres du conservateur de tous actes translatifs de propriété ou constitutifs de droits réels autres que l'hypothèque, — insertion analytique de tous actes emportant et constatant hypothèque : il serait encore prématuré d'indiquer dès à présent l'économie de la loi du 21 vent. an VII, qui a réglé l'organisation des bureaux hypothécaires. — Il suffit de remarquer que les actes ne se groupent plus autour de l'immeuble grevé, mais bien sous le nom du propriétaire, nouvel acquéreur ou emprunteur sur hypothèque; d'où délivrance, par le conservateur, d'états ou certificats sur telle ou telle personne et non sur les immeubles. Il est vrai, à la décharge du législateur de brumaire, qu'à cette date, en l'absence du cadastre qui n'existait point encore, la publicité réelle, par feuilles foncières, n'aurait pu être possible qu'approximativement et par des procédés empiriques.

42. — La loi du 9 mess. an III avait créé un corps nouveau de fonctionnaires sous le titre d'*Agence de la conservation des hypothèques*; et il existait dans les départements, en dehors des agents de direction et de contrôle, près de 600 fonctionnaires établis dans les districts sous le nom de *conservateurs particuliers des hypothèques*, en sorte qu'en l'an V, il existait simultanément trois services administratifs, chargés de la conservation des hypothèques ou du service de la publicité des transactions immobilières : 1° celui des coutumes de nantissement maintenu sur certains points du territoire; 2° celui de 1771, modifié par les lois de 1790 et de l'an IV; 3° celui de la loi du 9 mess. an III. La loi du 21 vent. an VII eut précisément pour objet de mettre un terme à cette organisation défectueuse. — V. rapp. de M. Fravaton, *Sous-comm. jurid. du cadastre*, séance du 16 févr. 1893, *Procès-verbaux*, t. 3, p. 308.

43. — Lorsqu'après avoir assujetti les donations immobilières à la transcription, qui, d'après les explications de Bigot-Préameneu, n'avait rien retenu de l'ancienne formalité de l'insinuation, le législateur de 1804, par prétérition ou par oubli, la supprima pour les contrats à titre onéreux, en tant que condition de la validité du transfert de la propriété au regard des tiers, il niait le principe dont il s'était inspiré précédemment, en ordonnant la publicité des donations et substitutions. En réservant même à la transcription l'utilité restreinte de conduire à la purge et à la prescription de l'hypothèque, les rédacteurs du Code se mettaient en contradiction avec leurs propres théories; cette formalité demeurait, d'autre part, vaine et sans intérêt soit pour les créanciers non inscrits forclos définitivement par le contrat de vente, soit même pour les créanciers inscrits avertis uniquement par la notification du titre de l'acquéreur qui les met en demeure de déclarer si le prix convenu égale à leurs yeux la valeur du bien. Ainsi, le rôle rempli par la transcription sous l'empire du Code civil demeura très-effacé et les parties négligèrent cette formalité. Théoriquement, la transcription n'aurait pas dû être exigée comme préliminaire de la purge puisque ce n'était plus à partir de la transcription que l'inscription des hypothèques était impossible.

44. — Pour éviter les conséquences immédiates de la nouvelle théorie du Code civil sur l'acquisition de la propriété foncière par le seul consentement, et pour décider entre la doctrine du Conseil d'État (Av. 11 fruct. an XIII; Locré, *Exp. du C. de proc. civ.*, art. 834 et 835, n. 1, t. 23, p. 31 et s.), d'après laquelle les hypothèques ou privilèges non inscrits lors de l'aliénation ne pouvaient plus l'être utilement, et la pratique des conservateurs qui laissaient aux créanciers hypothécaires du vendeur la faculté de s'inscrire, même après la vente, et au plus tard dans la quinzaine de la transcription du titre translatif, le Code de procédure, faisant droit aux réclamations de l'administration de l'enregistrement, admit, en son art. 834, que, jusqu'à l'expiration du délai de quinzaine qui suivait la transcription, la propriété, acquise à l'acheteur *erga omnes*, par la seule force du contrat, continuerait cependant à reposer sur la tête du vendeur, au regard de ses créanciers hypothécaires qui pouvaient s'inscrire durant ce laps de temps. Le législateur ému de l'abaissement notable des recettes du Trésor résultant de ce que les parties ne soumettaient plus leurs actes à la transcription, voulut donner à cette formalité une utilité juridique.

45. — La nouvelle disposition protégeait les prêteurs sur hypothèque contre le danger d'être privés de leur gage par une aliénation précipitée, et restituait, par l'article 834, à la transcription quelque chose de son efficacité première : il suffisait en effet d'une hypothèque demeurée occulte, quoique constituée antérieurement à l'aliénation, pour donner à l'acquéreur intérêt à faire courir, par la transcription de son titre, le délai de quinzaine dont il s'agit. Mais elle laissait le nouveau possesseur et ses ayants-cause exposés à une expropriation par l'effet rétroactif d'une transmission de propriété demeurée occulte, consentie antérieurement, et pour ce motif, préférable à leur titre d'acquisition ; ce qui démontre, une fois de plus, la dépendance nécessaire existant entre la publicité de l'hypothèque, d'une part, et celle des transferts de propriété, d'autre part.

46. — Notre organisation hypothécaire constituait, suivant les expressions de M. Dupin, « un contre-sens dans la législation du Code civil ». La question de réforme fut portée à la tribune des assemblées politiques. Les lois du 3 mai 1841, sur l'expropriation pour cause d'utilité publique, et du 2 juin 1841, sur les ventes judiciaires, introduisaient, dès cette époque, dans la limite de leur objet, des modifications notables aux principes du Code civil sur la consolidation de la propriété foncière. Le garde des sceaux, M. Martin, du Nord, par une circulaire en date du 7 mai 1841, provoqua une enquête, où la Cour de cassation, les Facultés de droit et les cours d'appel, sans pousser leurs recherches dans le domaine de la législation comparée, se montrèrent préoccupées de suivre la route déjà indiquée, dans le passé, par le législateur de l'époque intermédiaire. — Anthoine, *Thémis*, t. 5, p. 228, 229, 481, t. 6, p. 193; Fœlix, *Annales de législat.*, 1829, p. 163; Ch. des députés, séance du 16 avr. 1836 : *Moniteur* : p. 769, col. 3.

47. — Sauf quelques dissidences des cours de Bordeaux, de Toulouse et de Rouen, l'accord fut complet pour réclamer l'application absolue du principe de la publicité; les avis se partageaient seulement, pour la forme, entre le procédé de transcription littérale et celui de l'inscription analytique; pour l'étendue de la publicité, entre la restriction de la transcription aux titres translatifs de propriété et droits réels susceptibles d'hypothèque et l'application générale de la publicité à tous les droits réels quelconques, susceptibles ou non de charges foncières, constituant un démembrement de la propriété ou de nature à en diminuer la valeur.

48. — L'organisation d'une publicité au moyen de livres fonciers en concordance avec le cadastre, « comme point de départ à l'histoire de chaque immeuble, considéré sous le point de vue du droit de propriété », fut même réclamée par les cours de Riom et de Montpellier, les Facultés de Paris et de Caen, dont les propositions étaient tout particulièrement explicites. Et cependant la transcription était considérée encore, moins comme la constatation légale du droit du nouveau propriétaire que comme le moyen de rendre la transmission opposable aux tiers, pour placer le propriétaire dans l'impuissance d'aliéner frauduleusement la chose par lui déjà aliénée ou démembrée. Seule, la cour de Bastia semblait admettre le principe germanique de la force probante des livres publics, pour décider, en un vœu fait à mots couverts, mais cependant non moins significatif, que la seule transcription purgerait rétroactivement tous les droits de résolution ou causes de nullité, généralement toutes causes quelconques d'éviction non révélées par les énonciations des registres. — *Doc. sur le rég. hyp.*, t. 1, p. 409 et 410, 482, 15 et 153.

49. — En ce qui concerne la publicité hypothécaire, la réserve fut plus grande, et il ne se trouva qu'une minorité franchement réformiste, dont étaient la cour de Bastia et la Faculté de Paris, pour soutenir l'application rigoureuse du double principe fondamental de publicité et de spécialité; l'hypothèque judiciaire était, sinon supprimée, du moins très-restreinte dans ses causes et dans ses effets. — *Doc. hyp.*, t. 2, p. 201, et t. 3, p. 280.

50. — La révolution de février ayant interrompu les travaux de la commission instituée pour examiner les documents de l'enquête, un projet fut présenté à l'Assemblée nationale le 4 avril 1850. Cette fois encore, la discussion ne put aboutir. Enfin fut votée la loi du 23 mars 1855, qui, sans se préoccuper d'assurer une application sincère de la règle de la transcription et d'établir une réfection intelligente des procédés de publicité en vigueur depuis la loi de ventôse an VII, procéda, au contraire, en ce qui concerne le principe de publicité, par voie d'énumération limitative, et laissa subsister l'antique système des recherches par noms de personnes, sans paraître soupçonner la supériorité d'une organisation qui aurait eu pour base le sol lui-même.

51. — « Construites sur une base commune, qui trouve sa racine dans la jurisprudence des pays de nantissement, la loi de brumaire et celle de 1855 offrent, dans toutes leurs parties, une étroite similitude ;... ce qui les caractérise essentiellement l'une et l'autre, c'est de n'avoir qu'une efficacité relative au point de vue de la consolidation de la propriété foncière, en ce sens qu'elles n'obtiennent ce résultat qu'avec le secours de la prescription acquisitive ». En d'autres termes, ce système n'est pas de nature à satisfaire aux exigences contemporaines, qui demandent à la publicité des transferts immobiliers de pourvoir à la protection individuelle des propriétaires, mais surtout de coopérer, par la prompte circulation des biens et la libre expansion du crédit, au bien-être général de la société. — Besson, p. 122.

52. — La loi du 13 févr. 1889 marque un nouveau pas dans cette voie, en organisant la publicité de la renonciation par la femme à son hypothèque légale, en faveur d'un acquéreur d'un propre du mari ou d'un immeuble commun. Nous aurons également l'occasion de signaler et de discuter les solutions adoptées, dans ses séances du 8 au 14 août 1889, par le *Congrès international de la propriété foncière*, et celles proposées par la commission *extra-parlementaire du cadastre*, instituée, par décret du 30 mai 1891. — V. le rapport du Ministre des finances au président de la République : *Journ. de l'Enreg.*, n. 23612.

CHAPITRE II.

ORGANISATION DES CONSERVATIONS D'HYPOTHÈQUES.

53. — Le conservateur des hypothèques est un fonctionnaire préposé à l'exécution des formalités civiles prescrites pour la conservation des hypothèques et la consolidation des mutations de propriétés immobilières, ainsi qu'à la perception des droits établis au profit du Trésor. Cette définition, qui avait cessé d'être vraie un instant sous l'empire du Code civil, en ce qui concernait les mutations de propriétés immobilières, est aujourd'hui d'une parfaite exactitude, la loi du 23 mars 1855 ayant rétabli le principe de la loi du 11 brum. an VII, sur la nécessité de la transcription.

Section I.
Personnel des conservations.
§ 1. *Siège des conservations*.

54. — D'après la loi du 21 vent. an VII (art. 2), un bureau de conservation des hypothèques est établi dans chaque arrondissement et dans la ville où siège le tribunal de première instance. Il est à noter que l'arrondissement de Puget-Théniers (Alpes-Maritimes) ressortissant au tribunal de Nice, cette dernière conservation comprend les arrondissements de Nice et de Puget-Théniers.

55. — Ainsi que l'a fait ressortir la discussion intervenue, à la date du 1er juin 1893, au sein de la *sous-commission juridique du cadastre*, le siège d'une conservation ne peut être déterminé que par une loi ou un règlement d'administration publique prévu dans la loi. C'est l'une des différences qui distinguent le service des hypothèques de celui de l'enregistrement; d'après la loi du 27 mai 1791, art. 9, et le décret du 4 brum. an IV, art. 6 (Circ. rég. 825), il doit être établi un bureau d'enregistrement dans tous les chefs-lieux de département et d'arrondissement et dans les chefs-lieux de canton où cela est jugé nécessaire, l'administration ayant la faculté de régler, à sa guise et suivant les nécessités du service, le ressort et le siège de ces bureaux; au contraire, la loi seule (art. 21, L. 21 vent. an VII) peut établir et modifier les circonscriptions hypothécaires.

56. — Cette réglementation du nombre et du siège des bureaux d'hypothèques est conforme à l'idée qui semble avoir toujours dominé le législateur, celle de respecter la règle posée par l'édit de juin 1771 et de mettre les bureaux près des sièges de judicature de première instance, règle scrupuleusement observée et appliquée successivement par les lois des 6, 7, 11 sept. 1790 (art. 22 et 23) et du 9 mess. an III (art. 229). Une loi du 21 niv. an IV, qui avait réuni toutes les conservations des anciens districts en une seule au chef-lieu du département, souleva, à raison des rivalités éveillées, d'une manière impolitique, entre les communes importantes, de si grandes difficultés qu'on en revint au principe traditionnel dont la constitution du 5 fruct. an III avait, d'ailleurs, précédemment ordonné le respect et fait une nouvelle application.

57. — A l'époque du droit intermédiaire, la circonscription territoriale des conservations donna lieu à d'importants débats, où tour à tour le département, l'arrondissement et le canton trouvèrent des partisans convaincus dans les conseils des Cinq-Cents et des Anciens. Le projet du Code hypothécaire de Bergier, du 24 brum. an VI, établissait dans chaque département un bureau de conservation d'hypothèques au moins et quatre au plus. Dans un autre rapport présenté au conseil des Cinq-Cents par une seconde commission, le 13 vend. an VII, le rapporteur Légier proposa d'attribuer les fonctions de conservateur aux greffiers des administrations municipales ou à ceux des tribunaux de paix. De nouveau, la question de réduire le nombre des conservations à une seule par département, sous le même prétexte qu'un nombre de bureaux d'hypothèques, égal à celui des cantons, « présenterait l'image d'une dissémination exorbitante des droits des particuliers », fut examinée dans un rapport présenté par M. Bergier au conseil des Cinq-Cents, le 19 therm. an VI. Enfin, le conseil nomma une troisième et dernière commission au nom de laquelle Pouret-Rocqueries présenta, le 13 niv. an VII, avec son rapport, un projet qui est devenu la loi du 21 vent. an VII. On s'arrêta à l'idée de créer plusieurs bureaux, en donnant à chaque arrondissement une étendue sagement limitée, pour éviter aux intéressés des frais trop considérables; les bureaux de la conservation furent circonscrits dans les limites des arrondissements des tribunaux correctionnels, car il n'y avait à cette époque qu'un tribunal civil par département. — V. rapport de M. Fravaton, *Sous-commission juridique du cadastre*, séance du 16 févr. 1893, *Procès-verbaux*, t. 3, p. 308-309, note 1.

58. — Le département de la Seine, auquel la loi du 27 vent. an VIII, tit. 5, art. 46 et s., n'a accordé qu'un seul tribunal, a conservé, à raison de sa nombreuse population, — tels qu'ils existaient et avaient été établis par la loi spéciale du 21 vent. an VII et par la circulaire de la Régie, du 24 floréal suivant, n. 1820, — trois conservateurs des hypothèques, dont l'un pour Paris, le second pour l'arrondissement de Saint-Denis, et le troisième pour celui de Sceaux. Le siège de ce dernier bureau a été successivement à Choisy et à Bourg-la-Reine, qui furent, avant Sceaux, le siège du district et du tribunal correctionnel.

59. — Depuis l'extension des limites de Paris (L. 16 juin 1859 et Décr. impérial 16 nov. 1859), le bureau de Saint-Denis et celui de Sceaux ont été transférés dans Paris, chacun conservant, au surplus, son ancienne circonscription. Aux termes du décret précité de 1859, combiné avec celui du 12 avr. 1893, [S. et P. *Lois annotées*, 94.677], la circonscription du premier bureau comprend les douze premiers arrondissements municipaux de Paris, celle du deuxième se compose des 16e, 17e, 18e, 19e et 20e arrondissements de Paris et de l'arrondissement communal de Saint-Denis, à l'exception des communes de Rosny-sous-Bois et de Villemomble; enfin celle du troisième englobe les 13e, 14e et 15e arrondissements de Paris, l'arrondissement communal de Sceaux et les communes de Rosny-sous-Bois et Villemomble, malgré leur incorporation à l'arrondissement de Saint-Denis, par le motif « qu'il est de l'intérêt du public que les circonscriptions respectives des bureaux des hypothèques de la Seine soient maintenues dans leur état actuel. »

60. — Il est bon de remarquer que le décret du 12 avr. 1893 a été rendu en vertu de la délégation expresse faite par le législateur dans l'art. 4 de la loi du même jour, par une application du principe relaté *suprà*, n. 55, que les circonscriptions des bureaux d'hypothèque ne peuvent être modifiées que par le pouvoir législatif.

61. — A la suite du partage de la vallée des Dappes, conclu, le 8 déc. 1862, entre la France et la Confédération suisse, un décret impérial du 17 juill. 1867 a ordonné le transfert des inscriptions hypothécaires existant sur les immeubles situés dans la partie de la vallée cédée à la France, du bureau du district de Nyon, canton de Vaud, au bureau des hypothèques de Saint-Claude (Jura).

62. — Lors de l'enquête de 1841 (V. *suprà*, n. 46 et s.), les cours de Bastia, Dijon, Grenoble, Montpellier et Nancy avaient proposé d'établir un bureau d'hypothèques par chaque bureau d'enregistrement, c'est-à-dire à peu près par chaque circonscription cantonale. Les documents tirés du cadastre ou de la direction des contributions directes devaient, dans le système des cours de Bastia et de Metz notamment, concourir pour faire connaître la situation de chaque propriétaire relativement à son crédit immobilier. — Ce projet fut repoussé par l'Assemblée nationale, sur le rapport présenté par M. de Vatimesnil, au nom de la commission, à la séance du 27 avr. 1850. Il avait été précédemment combattu, d'ailleurs, dans une lettre de l'administration de l'enregistrement, en date du 13 déc. 1842, adressée, sur réquisition, au garde des sceaux.

63. — Cette même proposition de réunir, en une seule administration, les hypothèques, l'enregistrement, les contributions directes et le cadastre, et, en conséquence, de confier aux receveurs d'enregistrement tout le travail relatif aux formalités hypothécaires et à la perception des divers impôts qui atteignent le capital ou le revenu immobilier, — émise pour la première fois par M. Loreau, l'un des précurseurs de l'enquête de 1841, — repoussée par l'Assemblée nationale en 1850, — a été reprise, depuis lors, par M. d'Audiffret, ancien président de la Cour des comptes, et plus récemment encore préconisée par certains publicistes; appuyée, notamment, dans un passage du rapport de M. Léon Say, sur le budget de l'exercice 1875. — Loreau, *Le crédit foncier et le moyen de le fonder*; d'Audiffret, *La libération de la propriété*.

64. — Le *Journal des conservateurs* déclare toutes les propositions sur le morcellement du ressort hypothécaire inspirées purement et simplement par le désir de multiplier les positions d'avancement, soit en divisant le travail des grandes conservations en un certain nombre d'agents qui, siégeant dans le même local où se trouveraient les archives des bureaux primitifs, opéreraient isolément chacun pour le nouveau ressort et puiseraient dans le dépôt commun pour les certifications de faits antérieurs à la réorganisation, soit en créant de nouvelles places de conservateurs en réduisant à 15,000 fr. du produit maximum de chaque conservation (art. 4426, fasc. nov. 1893, p. 419).

65. — Quoi qu'il en soit, il nous paraît que ces réformes, si elles étaient acceptées, ne serviraient guère à la consolidation de la propriété foncière; elles constitueraient même un obstacle au bail du cautionnement; elles donneraient, enfin, lieu à des difficultés matérielles d'organisation très-grandes, sans parler des frais occasionnés aux parties et de l'intérêt de l'État lui-même qui ne serait peut-être point absolument sauvegardé.

66. — En ce qui concerne d'abord la consolidation de la propriété foncière, il est certain que le service des contributions directes, pas plus que celui de l'enregistrement, ne renseignerait exactement les tiers sur les droits des particuliers sur les immeubles. Ces impôts se perçoivent, en effet, d'après les seules apparences et sans qu'on ait à rechercher si le débiteur est le propriétaire véritable. D'ailleurs, le simple aveu du nouveau possesseur, même non accepté par le vendeur, suffit à autoriser la poursuite du droit de mutation à titre onéreux. — Besson, p. 482.

67. — La réunion des deux services faciliterait, dit-on, l'établissement des rôles de contributions et permettrait de prévenir les fraudes commises dans les évaluations en capital ou en revenu qui servent de base à la perception des droits de mutation. La chose est possible; mais, en retour, le Trésor pourrait être exposé à des pertes sérieuses; car, on serait porté à déclarer que le droit de mutation n'est encouru qu'au cas de transmissions rendues publiques, c'est-à-dire constatées sur les registres des conservateurs ou donnant lieu à des mutations de cotes : une grande partie de la matière imposable échapperait ainsi, à savoir les transmissions verbalement consenties ou restées secrètes. — Besson, *loc. cit.*

68. — Le système proposé épargnerait aux parties, à en croire ses partisans, des déplacements dispendieux, le chef-lieu de canton étant plus rapproché que le chef-lieu d'arrondissement. En fait cependant, les frais risqueraient d'être plus élevés. Qu'un immeuble, ce qui peut aisément se supposer, soit situé dans le ressort de plusieurs cantons, il faudrait autant de formalités que de cantons; d'où des dépenses et des lenteurs.

69. — Les fonctionnaires étant plus rapprochés des immeubles seraient, dit-on, mieux à même de renseigner les tiers sur la situation et les charges hypothécaires. Remarquons que, parmi les bureaux de recette, plusieurs sont tenus par des fonctionnaires jeunes, un peu novices, que l'on déplace facilement. Aucune des garanties reconnues nécessaires n'existerait sûrement; les contribuables, aussi bien que l'État, seraient exposés à perdre.

70. — Le morcellement d'une conservation, soit qu'on créât des bureaux de canton, soit qu'on divisât le travail entre plusieurs agents réunis au chef-lieu d'arrondissement aurait son contre-coup sur les cautionnements. On serait obligé d'en abaisser le taux, afin de trouver des titulaires et de maintenir une équitable proportion entre les charges et les avantages de la fonction. Les garanties conférées aux tiers par la législation actuelle en seraient notablement affaiblies. Il est vrai que la somme totale des cautionnements des conservateurs de la France entière pourrait être aussi considérable qu'elle l'est aujourd'hui; mais, comme le faisait remarquer M. de Vatimesnil dans son rapport en 1850, « ce n'est pas là que se trouve la garantie, puisque les conservateurs ne sont pas solidaires entre eux. Ce qui fait la sûreté du public, c'est que le cautionnement de chaque conservateur soit suffisant pour répondre du montant d'une créance importante qui viendrait à périr par la faute de ce conservateur. Or, c'est ce qui n'aurait plus lieu, si, en multipliant dans une forte proportion le nombre des conservateurs, on était obligé de réduire leur cautionnement dans une proportion à peu près égale ». — Rapport cité par Besson, p. 484.

71. — Enfin, l'installation de conservations cantonales se heurterait à des difficultés matérielles dont il convient de se préoccuper. D'après l'organisation actuelle, les registres des conservations ne présentent aucune indication matérielle ni même aucun point de repère permettant la répartition des archives suivant le ressort des nouveaux bureaux. D'autre part, on ne pourrait extraire des documents anciens, pour les reporter sur les registres affectés aux conservations nouvelles, les formalités concernant les immeubles du ressort de ces conservations, sous peine de compromettre, par cette opération d'une étendue illimitée, à un égal degré la sûreté des tiers et celle des agents responsables. Par conséquent, les conservations créés ne pourraient fonctionner que pour ce qui concernerait les inscriptions et transcriptions requises à dater du jour de la nouvelle organisation, alors que d'autres seraient chargés de conserver les transcriptions et les inscriptions actuellement existantes. On voit l'embarras des parties obligées, pendant un temps encore très-long, d'aller et au bureau nouvellement créé et à celui qui garderait les archives, sous peine d'être inexactement renseignées.

§ 2. *Nomination des conservateurs.* — *Hiérarchie.* — *Incompatibilités.*

1° *Nomination et serment.*

72. — Les conservateurs des hypothèques, commissionnés dans le principe (L. 21 vent. an VII, art. 1, n. 12) par la Régie de l'enregistrement, sont aujourd'hui nommés directement (Ord. 3 janv. 1821, art. 8 et 17 déc. 1844, art. 37) par le ministre des Finances, sur la proposition du directeur général de l'enregistrement et des domaines.

73. — Lorsque le législateur de l'an VII eut à discuter la question de savoir à qui il convenait de confier la conservation des hypothèques, le système consistant à séparer la perception des droits proportionnels d'hypothèque, qui serait laissée à la régie de l'enregistrement, pour ne charger les conservateurs que des formalités civiles, fut, sur un rapport présenté au conseil des Cinq-Cents, le 5 pluv. an VII, par Pouret-Rocqueries, repoussé au profit d'un second système qui réunissait les deux fonctions dans les mains des agents de l'enregistrement, sur la remarque que ce dernier parti aurait l'avantage de ne point scinder l'accomplissement des formalités et d'assurer, sans nouveaux frais, la vérification par les employés supérieurs des opérations accomplies par les conservateurs.

74. — Ainsi, le conservateur des hypothèques préposé à la tenue et à la direction de ces bureaux n'est point, au moins à l'heure actuelle, un magistrat foncier, mais un simple fonctionnaire appartenant au cadre de l'administration de l'enregistrement. La conservation des hypothèques est même intimement liée à l'administration de l'enregistrement, que, dans quelques arrondissements (39 sur 370), les fonctions de conservateur et de receveur sont exercées par le même fonctionnaire.

75. — Recrutés parmi les agents de perception ou de contrôle préposés à la tenue ou à la vérification des bureaux d'enregistrement, les conservateurs ne forment pas un cadre homogène et distinct, soumis à un avancement régulier. Les services importants sont, paraît-il, souvent, le prix de services rendus dans l'enregistrement, au lieu d'être attribuées progressivement aux conservateurs qui, débutant par les petites conservations, auraient acquis peu à peu les connaissances et l'expérience nécessaires. S'il faut en croire un auteur, les bureaux les moins importants seraient gérés par les agents les mieux formés, alors que les plus grands intérêts seraient confiés à des conservateurs novices ou, pour mieux dire, à leurs commis. — Garnier, *Rép.*, n. 684, p. 989.

76. — Cependant il faut reconnaître que si le législateur de l'an VII a maintenu sur ce point les anciens principes, c'est tout autant par respect des traditions historiques que par la juste conviction que la pratique de l'enregistrement, basée sur le droit civil et nécessitant une connaissance approfondie de toutes les parties du droit, constituait une préparation excellente entre toutes aux fonctions délicates de conservateur des hypothèques. L'administration de l'enregistrement a justifié cette confiance : si quelque chose a paru, jusqu'à ce jour, atténuer les inconvénients de notre système de publicité, c'est peut-être moins l'intervention législative que l'expérience éclairée des conservateurs. — Garnier, n. 684, p. 989; Besson, p. 480; *Journ. des conserv.*, art. 4426.

77. — Le recrutement des conservateurs parmi les employés de l'enregistrement était ainsi justifié à la tribune du Corps législatif (séance du 26 mai 1864) par M. Garnier : « Ce qui assure le service régulier d'une institution qui touche aux intérêts les plus sérieux des particuliers, c'est uniquement la valeur des fonctionnaires chargés de cette mesure délicate. Pour assurer cette régularité, il ne faut pas seulement une moralité à toute épreuve, une surveillance des plus intelligentes, un travail des plus scrupuleux; il faut encore, il faut surtout une capacité hors ligne, car il s'agit ici d'un service qui roule exclusivement sur un des titres les plus épineux du Code civil, titre qui, chaque jour, met en défaut la perspicacité, la sagacité des jurisconsultes. Cette capacité, indispensable à l'employé de l'enregistrement qui veut aborder la carrière des conservations, s'est développée successivement en lui par les nécessités mêmes de la perception des droits d'enregistrement; car cet impôt se lie, d'une manière intime, à tous les actes de la vie civile, à toutes les complications des lois, à toutes les subtilités de la procédure ». — Garnier, *Rép. pér.*, 1886. — V. aussi Berryer, même séance du 26 mai 1864 : *Moniteur*, 1864, p. 773.

78. — Si, par sa composition, le personnel présente toutes garanties, il n'en est pas moins vrai cependant que de sérieux inconvénients peuvent résulter de ce que l'accomplissement de formalités purement civiles est lié à la perception des impôts, — soit parce que les parties, désireuses de se soustraire à l'impôt, négligent volontairement certaines formalités, pour leur plus grand désavantage et le plus grand préjudice du crédit public tout entier, soit parce que l'administration de l'enregistrement, préoccupée avant tout de la perception fiscale, n'est pas toujours, comme il le conviendrait, portée à rendre moins onéreuse l'observation des règles du droit civil.

79. — Le préposé de tout grade, nommé conservateur des hypothèques, doit, sans égard au serment qu'il peut avoir déjà prêté en sa précédente qualité, prêter à nouveau devant le tribunal civil le serment prescrit par la loi du 19 fruct. an V et celui de remplir avec exactitude et fidélité les fonctions qui lui sont confiées (L. 21 vent. an VII, art. 4). L'acte de la nouvelle prestation de serment doit être enregistré dans les vingt jours, au droit de 15 fr. (Déc. min. Fin., 22 oct. 1819 ; Instr. gén., 12 nov. 1819, n. 910). — Ce droit n'a pas été réduit par la loi du 28 avr. 1893, uniquement relative aux actes de prestation de serment des agents salariés par l'État notamment, et dont le traitement et ses accessoires n'excèdent pas 4,000 fr.

80. — Au cas de simple mutation de bureau, il suffit au conservateur, suivant la règle également appliquée aux receveurs, de faire enregistrer au greffe du tribunal de sa nouvelle résidence l'acte de serment prêté pour sa première conservation (Déc. min. Just. et Fin., 4 août 1820).

81. — Le greffier devra constater sur le registre d'audience, à la date courante, le nom du préposé, la nature de ses fonctions, la date de la prestation du serment, ainsi que l'indication du tribunal devant lequel elle a eu lieu, et faire ensuite, sur la commission de l'employé, une simple mention de l'enregistrement. Cette double annotation est suffisante pour rendre le tribunal certain que le préposé est assermenté, que celui-ci puisse, en représentant sa commission, justifier au besoin que sa prestation de serment est connue de l'autorité dans le ressort de laquelle il exerce ses fonctions.

82. — D'ailleurs, l'enregistrement sur la feuille d'audience et la mention sur la commission ne pouvant être considérés que comme une précaution d'ordre public, ne donnent ouverture à aucun droit d'enregistrement, et conformément à l'art. 13, L. 22 août 1791, l'un et l'autre ont lieu *sans frais* (Déc. min. Fin., 30 mai 1809; Instr. 6 juill. 1809, n. 438; Décis. 19 nov. 1818).

83. — Une nouvelle prestation de serment ne pouvant être considérée seraient, au contraire, incontestablement dus par un préposé qui, ayant rompu avec l'administration pour suivre une autre carrière, serait ensuite admis à rentrer dans un emploi, fût-ce celui qu'il occupait déjà au sein de l'administration momentanément abandonnée. Il en serait de même d'un employé révoqué et rétabli ensuite dans ses fonctions. — J. Enreg., n. 4488, 5353 et 5385.

2º Hiérarchie.

84. — Aux termes de l'instruction générale 1117, qui est une des conséquences de la réunion, dans les mains du même fonctionnaire, des attributions, parfois contradictoires, d'agent de perception et de préposé à la conservation des droits privés, la formalité de l'enregistrement étant demeurée aujourd'hui ce qu'elle était jadis, avec son double caractère de service public dans l'intérêt des contractants et des tiers, et, d'autre part, de base à la perception d'un impôt, — les conservateurs sont hiérarchiquement placés sur le même rang que les receveurs et subordonnés aux directeurs départementaux, inspecteurs et sous-inspecteurs. Cette subordination est même si étroite qu'ils ne peuvent s'y soustraire sous le prétexte de leur responsabilité envers le public.

85. — Cependant, en vertu de l'instruction 2721, n. 187, les conservateurs exercent un droit de contrôle sur les actes enregistrés par les receveurs, dont ils doivent relever toutes les erreurs ou omissions relatives aux perceptions de toute nature. Ce contrôle, parallèle à celui des employés supérieurs, a le grave inconvénient d'ouvrir la porte à des conflits incessants.

3º Incompatibilités.

86. — Les fonctions des conservateurs des hypothèques sont incompatibles avec celles de juges ou suppléants, de juges de paix, de maires et adjoints (Déc. min. Fin., 15 avr. 1820 ; Ord. gén. de la régie, art. 10). — Hervieu, *Résumé de jurispr.*, vº *Conserv.*, n. 17.

§ 3. *Cautionnement requis des conservateurs.*

87. — Les conservateurs des hypothèques, responsables d'abord envers l'État, en leur qualité de comptables publics, pour la recette des droits perçus au profit du Trésor en matière hypothécaire, — puis, envers les particuliers, en leur qualité « d'officiers publics » (Laurent, *Princ.*, t. 31, n. 592), ou simplement de fonctionnaires chargés de l'accomplissement des formalités civiles, — sont tenus, à ce double titre, de fournir un double cautionnement, l'un en numéraire, l'autre en nature.

88. — On sait que c'est là un mot impropre. La garantie dont il s'agit ne consiste pas, en effet, dans l'intervention d'un tiers, qui s'obligerait personnellement à répondre de la gestion du fonctionnaire, mais bien dans le dépôt, dans une caisse publique, d'une somme d'argent ou de titres, ou dans l'affectation en garantie d'immeubles appartenant au fonctionnaire ou à des tiers qui consent à donner pour lui cette garantie. Ce n'est donc, en un mot, qu'une sûreté *réelle*, un gage ou un privilège. — V. Championnière et Rigaud, *Traité de l'enreg.*, t. 2, n. 1413 ; P. Pont, *Des petits contrats*, t. 2, n. 3 ; Guillouard, *Traité du cautionnement et des transactions*, n. 36.

1º Cautionnement en numéraire.

89. — Sur le premier cautionnement, le cautionnement en numéraire pour la recette des droits perçus au profit du Trésor, V. *suprà*, vº *Cautionnement de titulaires et comptables*, n. 15 et s.

90. — Le versement du cautionnement en numéraire est constaté par un récépissé exempt de la formalité (L. 22 frim. an VII, art. 70, § 3, n. 7). En cas de déficit, l'engagement d'en acquitter le montant serait constaté par un acte soumis à la formalité (Déc. soumis ou présenté à l'enregistrement, du droit proportionnel (Déc. min. Fin., 29 août 1814 : J. Enreg., art. 5001). — V. Maguéro, *Traité alphab. des dr. d'enreg. et de timb.*, vº *Cautionnement*, n. 100. — V. *suprà*, vº *Cautionnement de titulaires ou comptables*, n. 308.

91. — Ce cautionnement, lorsqu'il est fourni et versé par un tiers, en tout ou en partie, pour le compte d'un conservateur, devient la propriété irrévocable de celui-ci, le bailleur de fonds ayant seulement le droit de se réserver le privilège de second ordre. — Cass., 17 juill. 1849, Doré, [S. 30.1.530, P. 49.2.649, D. 50.1.134]; — 11 mars 1861, Baudon, [S. 61.1.401, P. 61.954, D. 61.1.268] — Toulouse, 11 mars 1885, Syndics faill. Fieuzal,

[D. 86.2.108] — *Contrà*, Rouen, 15 avr. 1806, Dufresne, [S. et P. chr.] — Paris, 24 avr. 1834, Ribot, [S. 34.2.218, P. chr.] Encore faut-il, pour l'application du décret du 22 déc. 1812, art. 3, aux termes duquel les déclarations de privilège de second ordre sur les cautionnements seront enregistrés au droit fixe, que l'acte rédigé conformément au modèle annexé au décret contienne la double déclaration par le titulaire que le cautionnement est la propriété du tiers partie à l'acte et qu'il consent à ce que ce tiers acquière ledit privilège. — Cass., 4 déc. 1848, Crassous, [S. 49.1.5, P. 50.1.1, D. 48.1.227] — Rouen, 13 janv. 1855, Lesage, [P. 57.462, D. 55.2.99] — Besançon, 21 avr. 1886, Lallement, [S. 87.2.202, P. 87.1093, D. 86.2.268] — *Sic*, Aubry et Rau, t. 3, § 263 *bis*, p. 194.

92. — Depuis la loi du 8 juin 1864, art. 26, al. 2, qui a abandonné le mode de calcul antérieur d'après la population de l'arrondissement (L. 21 vent. an VII, art. 11), la quotité du cautionnement est, pour chaque titulaire, fixée à son entrée en charge, suivant une proportion déterminée, en prenant pour base le tiers des salaires moyens des cinq dernières années, abstraction faite, au préalable, de la plus forte et de la plus faible.

92 *bis*. — Le cautionnement en numéraire au profit de l'Etat, dont la réduction, sinon l'abrogation même, avait été proposée et décidée en 1888, lors de la suppression, au préjudice des conservateurs, des remises à eux accordées sur les droits perçus, manifestement exagérée quant à son taux, si on le compare à celui exigé des receveurs, a l'inconvénient, que ne compense nul avantage en faveur des tiers quant à la sauvegarde de leurs droits, d'exposer les titulaires à une perte lourde et irréparable d'intérêts. — V. rapport de M. Salvy à l'Assemblée nationale, séance du 18 juill. 1873 (*J. off.*, 5 août, p. 5380). — Garnier, n. 688 *in fine*.

93. — Une décision des ministres de la Justice et des Finances, rendue sur la proposition de l'administration de l'enregistrement, le 17 oct. 1840, et communiquée par une instruction générale du 31, n° 1619, abrogeant, comme contraire à la loi, un usage antérieur, a décidé que le cautionnement d'un conservateur, fourni par lui-même ou par un tiers, ne peut être limité, soit à un nombre d'années déterminé, soit à la gestion d'un seul bureau; mais doit, au contraire, être consenti pour toute la durée des fonctions et la période décennale suivante.

2° *Cautionnement en nature.*

94. — Le second cautionnement, spécialement et exclusivement affecté à la garantie des erreurs ou omissions commises envers les particuliers, devait être, originairement, sous l'empire de la loi du 21 vent. an VII, fourni pour le tout en immeubles. Actuellement, il consiste facultativement en immeubles ou en rentes nominatives, pour le tout ou pour partie, depuis la loi budgétaire du 8 juin 1864, art. 26 (S. *Lois annotées*, 1864, p. 42; Rapport O'Quin, 4 avr. 1864 : *Moniteur* du 12, p. 475). — Les rentes 3 p. 0/0 étaient seules reçues d'après l'art. 29 de la loi du 16 sept. 1871, art. 29, al. 3 (S. *Lois annotées*, 1871, p. 115), a admis le cautionnement en rentes françaises de toute nature.

95. — La loi du 22 mars 1873 a étendu à tous les conservateurs, déjà nommés ou à nommer, la faculté de convertir pour le tout ou seulement pour partie en rentes pour l'Etat les cautionnements originairement fournis en immeubles. Les termes de la loi du 8 juin 1864 pouvaient porter à restreindre cette faculté aux seuls conservateurs en exercice.

96. — Dans le but d'assurer une garantie basée sur une valeur moyenne, et non sujette à des fluctuations de bourse, cette même loi du 22 mars 1873, adoptant le principe de la capitalisation à un taux uniforme, a décidé que les rentes offertes à titre de cautionnement originaire ou supplétif seraient, quant à leur évaluation, capitalisées au denier vingt. Le taux de capitalisation des rentes prête à de très-sérieuses critiques : tel qu'il est suivi en ce moment, il équivaut, pour les conservateurs des hypothèques, à une aggravation des charges, déjà nombreuses, qui pèsent sur leur emploi. La loi de 1864, partant de l'idée que le cours normal de la rente 3 p. 0/0 pouvait être fixé à 75 fr., la capitalisait au denier vingt-cinq. Une loi fut votée, le 22 mars 1873, pour rehausser le taux de capitalisation; elle dispose que les rentes offertes à titre de cautionnement devraient être, à l'avenir, capitalisées au denier vingt. Les intérêts des conservateurs se trouvent ainsi sacrifiés et leurs droits méconnus : car, dès lors que la loi juge une garantie de 50,000 fr., par exemple, suffisante, il y a une injustice évidente à adopter un mode d'évaluation qui, en fait, impose au fonctionnaire un cautionnement de 70,000 fr. Pour remédier à cet inconvénient, le *Journal de l'enregistrement* (ann. 1883, p. 390, art. 22083) considère que le but de la loi, à savoir le bail d'une quantité de rente suffisante pour représenter, *en temps normal*, le chiffre réglementaire du cautionnement, se trouverait « aussi bien atteint, et même d'une manière plus sûre et plus constante, par l'établissement d'une moyenne que par des prévisions que les événements viennent tôt ou tard démentir. »

97. — La loi du 7 nov. 1887 ayant autorisé la conversion en 3 p. 0/0 des rentes 4 1/2 et 4 p. 0/0, la question s'est posée de savoir de quelle manière il convenait de requérir des conservateurs, pour leurs cautionnements constitués en rentes converties, un supplément de garantie jusqu'à due concurrence du chiffre de rente nécessaire et affecté dans le principe. L'art. 2 de la loi précitée permet aux parties intéressées : 1° de réclamer le remboursement de leurs rentes, au pair, en espèces; 2° ou bien d'accepter la conversion et de recevoir des rentes 3 p. 0/0 au cours de 80 fr. 10 fixé par le décret du 7 nov. 1887; 3° ou enfin de s'assurer le service des arrérages actuels en souscrivant à une rente 3 p 0/0 destinée à parfaire l'ancien revenu. — Déc. min. Fin., 29 nov. 1887, [J. Enreg., n. 23014] — Il convient de faire remarquer que les mesures relatives aux conversions n'ont point d'effet rétroactif. La décision précitée du ministre des Finances cite à ce sujet une lettre de M. Tirard, du 27 juill. 1883, faisant connaître au directeur général de l'enregistrement que, dans aucun cas, les conservateurs des hypothèques ne seraient astreints à fournir un supplément de garantie pour parfaire le chiffre de rente affecté dans le principe. — En conséquence, alors même que l'assujetti serait, par suite d'un changement de situation, astreint à fournir une garantie plus importante, le cautionnement initial, constitué en un fonds converti, serait toujours considéré comme représentant la même valeur pour laquelle il avait été accepté avant la conversion.

97 *bis*. — Les titres de rente sont déposés à la caisse centrale du Trésor, s'il s'agit d'inscriptions directes; à la caisse du receveur des domaines du chef-lieu du département, pour les inscriptions départementales (Décr. 11 août 1864).

98. — Dès sa nomination à la régie d'un bureau, le conservateur doit faire recevoir son cautionnement par le tribunal civil de la situation des biens, contradictoirement avec le procureur de la République, dans le mois de l'enregistrement de sa commission, et déposer dans le même délai une expédition de la réception dudit cautionnement au greffe du tribunal civil dans l'arrondissement duquel il remplit ses fonctions (L. 21 vent. an VII, art. 5 et 6; Circ. min. Just., 2 déc. 1840).

99. — Rien ne s'oppose, en principe, à ce qu'un conservateur des hypothèques fournisse, en actions immobilisées de la Banque de France, le cautionnement qui lui est imposé par les art. 5 et 11, L. 21 vent. an VII, pour la garantie de sa gestion envers les tiers. Il appartiendrait, en pareil cas, au tribunal de la Seine, dans le ressort duquel ces valeurs sont réputées avoir leur assiette (J. Enreg., 8794; L. 17 mai 1834, art. 5), de se prononcer tant sur la régularité d'une semblable affectation que sur la valeur pour laquelle les actions immobilisées de la Banque de France devraient être acceptées. Le tribunal, exclusivement chargé par la loi organique de recevoir les cautionnements, contradictoirement avec le ministère public, a seul qualité pour résoudre la question. Il conviendrait, en conséquence, le cas échéant, d'appeler spécialement son attention sur ces deux points, par la requête présentée à fin de réception du cautionnement. — Sol. enreg., 20 juin 1894, [*Rev. de l'enreg.*, art. 776]

99 *bis*. — Une décision ministérielle du 23 oct. 1879 avait interdit aux conservateurs de changer, pendant la durée de leur cautionnement, la nature des rentes déposées, et cette règle a été de nouveau édictée par le décret du 18 nov. 1882, qui régit les cautionnements des fournisseurs ou entrepreneurs de l'Etat. En édictant cette disposition, l'administration avait eu principalement pour but d'empêcher les assujettis de chercher à réaliser des bénéfices en changeant le type de leurs rentes. Ces principes furent, durant plusieurs années, très-strictement appliqués à l'égard de tous les cautionnements réalisés en rente. — A la suite et à titre de réponse à une pétition adressée, en 1887, à la Chambre des députés par M. Jalouzet, conservateur des hypothèques, le ministre des Finances, par une décision en date du 30 juill. 1887, sans porter atteinte au principe de la fixité des cautionnements, donna satisfaction sur ce point aux réclamations des conservateurs ou de leurs ayants-droit. Ces fonctionnaires pourront être autorisés désormais à substituer une rente d'un certain fonds à une rente d'un fonds différent, déposée comme cautionnement, mais seulement à titre exceptionnel, et par des décisions spéciales, rendues sur la demande des intéressés, exposant les nécessités sérieuses et évidentes.

100. — Pour un cautionnement en rentes, déclaration est faite, suivant qu'il s'agit d'inscriptions de rentes directes ou départementales, à l'agent judiciaire du Trésor à Paris ou au directeur de l'enregistrement du département au livre auxiliaire duquel appartient la rente. A cette déclaration est jointe la lettre d'avis de nomination fixant la quotité du cautionnement à fournir (V. *suprà*, n. 92). — Le conservateur doit, dans l'acte constitutif, faire et consentir affectation spéciale en nantissement, pour toute la durée des fonctions et une période de dix ans à dater de leur cessation; — ledit conservateur, le titulaire de l'inscription et ses ayants-droit conservent, d'ailleurs, pleine faculté de substituer à toute époque, et à leur gré, aux rentes affectées au cautionnement d'autres titres de rente (Décr. 11 août 1864, art. 1, 4, 13 comb.).

100 bis. — Si le cautionnement est fourni pour le tout ou pour partie en rentes sur l'État, le conservateur, avant de prêter le serment prescrit par la loi dépose au greffe du tribunal civil de l'arrondissement dans lequel il doit exercer ses fonctions une expédition de l'un des originaux de l'acte de cautionnement souscrit par lui-même ou à son profit par un tiers, — et, en cas de constitution simplement partielle, il déclare, dans l'acte même de dépôt, l'importance du cautionnement à fournir en immeubles à titre de complément qu'il doit faire recevoir dans le délai fixé par l'art. 6, L. 21 vent. an VII (L. 8 juin 1864, art. 29, et Décr. 11 août suivant, art. 5 et 9 comb.).

101. — Si le cautionnement est formé, en tout ou en partie, au moyen de rentes nominatives sur l'État, appartenant à des tiers, les titres demeurent la propriété des titulaires, alors même que promesse aurait été faite par ces derniers au conservateur de cession des titres après paiement des effets de commerce, causés « valeur en cautionnement », souscrits par celui-ci, si les titres n'ont point été transférés dans la forme prescrite, qui est substantielle. — Cass., 5 juill. 1870, de Puy-Larroque, [S. 72. 1.184, P. 72.421, D. 72.1.71]; — et si, d'ailleurs, les effets de commerce, transmis à des tiers par les bénéficiaires, n'ont pas été acquittés par le conservateur. — Toulouse, 11 mars 1885, Synd. Fieuzal, [D. 86.2.108]

101 bis. — Lorsqu'à raison du défaut d'acquit par le conservateur des condamnations définitives prononcées contre lui, la vente de tout ou partie des inscriptions affectées au cautionnement est nécessaire, la réalisation en est faite, jusqu'à due concurrence, sur l'ordre de l'agent judiciaire du Trésor, en exécution du jugement ou de l'arrêt à lui notifié, d'après remise du certificats prescrits par l'art. 548, C. proc. civ. Le ministre des Finances est autorisé à signer le transfert; le produit de la négociation est ensuite versé à l'agent de change à la Caisse des dépôts et consignations, chargée d'en opérer la remise à qui de droit, sur la production des justifications ordinaires. Lorsque le cautionnement à réaliser est constitué pour partie avec des rentes appartenant à des tiers, il est procédé de droit à la vente totale ou partielle, suivant les besoins, des rentes qui sont la propriété personnelle du conservateur, et, subsidiairement, s'il y a lieu, à celle des rentes fournies par des tiers (Décr. 11 août 1864, art. 14).

102. — Il a été décidé, le 30 mars 1877, que le ministre des Finances peut autoriser le paiement des arrérages des rentes affectées au cautionnement d'un conservateur des hypothèques décédé en activité de service, à la survivance d'héritiers mineurs, sur la représentation des bordereaux d'annuel, nonobstant la mention d'inventaire apposée sur ces bordereaux (J. Enreg., n. 20346).

103. — La loi du 8 juin 1864, avons-nous dit, autorise la substitution d'un cautionnement en rentes au cautionnement immobilier. La question s'est posée inversement de savoir s'il serait possible de substituer des immeubles aux rentes formant le cautionnement. L'absence de toute disposition prohibitive dans les lois des 8 juin 1864 et 22 mars 1873, et le principe si nettement posé dans les décisions des 17 et 30 avr. 1811, semblent permettre de répondre affirmativement. Toutefois une décision du ministre des Finances, du 24 (ou 31) août 1875, s'est prononcée pour la négative d'après les motifs suivants : la loi de 1864

a eu pour but de restreindre les cautionnements immobiliers; le décret du 11 août 1864 n'a pas prévu que le cautionnement en rentes pût être remplacé autrement que par un nouveau cautionnement en rentes; d'après la jurisprudence du ministre des Finances, certains cautionnements peuvent être fournis en rentes, ou en immeubles; mais, une fois constitués, ils ne peuvent être transformés (V. Déc. min. Fin., 30 juill. 1887; Lett. min. Fin., 9 août 1887 ; J. Enreg., n. 22965). Cette solution nous paraît fort critiquable. — Ch. Géraud, *Dict. de la comptab., manutention et procédure*, 3e éd., 1890, v° *Cautionnement*, n. 1427; J. Enreg., n. 19901.

104. — Lorsque le cautionnement est constitué en immeubles bâtis, l'administration des domaines doit exiger que les immeubles composant ce cautionnement soient assurés contre l'incendie, alors même que cette obligation n'aurait pas été imposée par les jugements d'admission des cautionnements (Déc. min. Fin., 3 sept. 1831; Instr. gén., n. 1382, 20 sept. 1831).

105. — L'acte constitutif du cautionnement, simplement soumis à un droit fixe qui est aujourd'hui de 3 fr. (L. 2 vent. an VII, art. 5; L. 18 mai 1850, art. 8; L. 28 févr. 1872, art. 4), doit être passé devant notaire; il doit exprimer la qualité du bailleur, les modalités du cautionnement, objet, durée et étendue; les qualités, origine et valeur des immeubles hypothéqués; au cas où ils seraient grevés de l'hypothèque légale de la femme, mentionner l'intervention de celle-ci pour y renoncer, jusqu'à due concurrence (Inst. gén., 4 juin 1822 ; Circ. min. Just., 1er juin 1822, et Instr. 2289).

106. — Immédiatement après la réception en justice de son cautionnement, inscription, à ses frais, doit être prise par le conservateur sur les immeubles affectés au cautionnement. La direction générale, dans le but de guider les conservateurs dans l'accomplissement des formalités nécessaires pour la constitution de leur cautionnement en immeubles, a fait imprimer une instruction destinée à être remise aux conservateurs nouvellement nommés, et dans laquelle elle trace les règles à suivre, dans les cas les plus fréquents, pour la constitution des cautionnements en immeubles des conservateurs. Cet avis indique les formules à consulter pour la rédaction des divers actes auxquels donne constitution donne lieu. — Le modèle de l'inscription à prendre y est donné sous plusieurs formules (J. Enreg., n. 22332, 22350).

106 bis. — La dispense de renouvellement de l'inscription, édictée par l'art. 7, al. 2, L. 21 vent. an VII, pendant toute la durée de la responsabilité du conservateur, a paru au Conseil d'État abrogée par l'art. 2154, C. civ.; les conservateurs sont donc obligés de renouveler, avant l'expiration du délai décennal, l'inscription de leur propre cautionnement comme celle du cautionnement de leurs prédécesseurs. — Av. Cons. d'Et., 18 avr. et 4 juin 1809 ; Instr. gén., 8 août 1809, n. 445; — 1er juill. 1821, n. 386; — 12 mars 1833, n. 1420.

107. — Lorsqu'un conservateur des hypothèques a déclaré affecter à son cautionnement un domaine lui appartenant en vertu d'un partage intervenu il y a moins de dix ans, entre lui et d'autres copropriétaires indivis, pour rendre ce partage irrévocable et permettre ainsi au conservateur d'acquérir une hypothèque définitive et non sujette à rescision (C. civ., art. 2183), il ne suffit pas que ses copartageants ratifient purement et simplement l'acte dont il s'agit et renoncent à l'attaquer pour quelque cause que ce soit. D'après l'art. 1338, C. civ., dont le principe est évidemment applicable en matière de partage, la ratification doit être faite en connaissance de la lésion, avec l'intention formelle de réparer ce vice (V. *suprà*, v° *Confirmation*, n. 88 et s.). Pour régulariser cette situation, il serait nécessaire que les copartageants du conservateur consentissent, en tant que de besoin, une hypothèque éventuelle sur le domaine affecté au cautionnement, et que cette hypothèque fût rendue publique au moyen de l'inscription. De cette manière, les droits des tiers seraient sauvegardés dans le cas même où le partage serait l'objet d'une demande en rescision. — Sol. adm. Enreg., 14 févr. 1874, [J. Enreg., n. 19420]

107 bis. — Une question, à rapprocher de la précédente, est celle de savoir si, lorsqu'un conservateur des hypothèques a déclaré affecter à son cautionnement des immeubles lui appartenant en vertu d'un partage anticipé remontant à douze ans, on peut considérer ce partage comme définitif si le donateur n'est mort que depuis cinq ans. L'administration, faisant application d'idées plusieurs fois affirmées, et notamment par une solution du 13 mai 1874, a décidé qu'en l'espèce, l'affectation hypothécaire consentie par le conservateur seul, pour être exempte de toute éventualité, aurait dû être consentie par les autres donataires copartageants, en ce qui concerne les droits éventuels qui peuvent leur appartenir sur cet immeuble. Les actions en garantie, nullité ou rescision auxquelles donnent naissance, au profit de chaque copartageant, les partages, même faits par l'ascendant donateur, se prescrivent seulement par dix ans, comptés à partir du décès du donateur; jusqu'à l'expiration de ce laps de temps, l'acte n'est pas un vrai partage, mais bien uniquement une pure libéralité. — V. J. Enreg., n. 16203-2, 19436, 19437.

108. — Lorsqu'un conservateur des hypothèques a déclaré affecter à son cautionnement un domaine lui appartenant en vertu d'un échange remontant à vingt-huit ans, il n'y a point lieu de se préoccuper de l'action en reprise accordée au copermutant susceptible d'être évincé aux termes de l'art. 1705, C. civ. Le délai écoulé, en l'espèce, depuis la date de l'échange permet de considérer la propriété comme définitivement établie sur la tête de l'acquéreur. — V. Cass., 28 janv. 1862, Moulezun, [S. 62.1.236, P. 62.514] — Mais s'il n'est pas nécessaire d'insister sur ce point, il convient d'exiger la représentation des titres mêmes de propriété (échange et autres). L'acte de notoriété, en effet, n'est une preuve légale que dans les cas déterminés par les art. 70, 71, 73 et 155, C. civ. — J. Enreg., n. 19419. — V. Gauthier, *Code des placements fonciers*, n. 265.

109. — Le conservateur appelé à une nouvelle résidence, quel que soit, d'ailleurs, le nombre des bureaux qu'il puisse gérer successivement, n'est point tenu de fournir un nouveau cautionnement. Il doit seulement, pour le supplément de cautionnement auquel, le cas échéant, il peut être tenu et qu'il fournit en rentes, justifier à l'agent judiciaire du Trésor ou au directeur de l'enregistrement du département au livre auxiliaire duquel appartiendra la rente, du montant et de la nature de son cautionnement antérieur, mention expresse de cette justification devant être rapportée dans l'acte constitutif du supplément de cautionnement (Délib. cons. admin., 2 avr. 1832; Décr. 11 août 1864, art. 10). — V. aussi Instr. gén., 1ᵉʳ juill. 1821, n. 986.

110. — Au cas de substitution dans tous ses effets d'un nouveau cautionnement à l'ancien, reçu dans les formes ordinaires et régulièrement inscrit, la radiation de l'inscription du cautionnement primitif n'est possible qu'autant que le jugement d'admission du second a acquis force de chose jugée (Instr. gén., 1ᵉʳ juin 1811, n. 526). — D'autre part, aux termes d'une solution du 5 juill. 1875 (J. Enreg., n. 19903), lorsqu'un conservateur a affecté, par un premier acte, un immeuble pour son cautionnement dans une première conservation et que, par un second acte, le même immeuble est affecté au cautionnement de ce fonctionnaire pour une somme plus élevée, il y a lieu de renouveler la première inscription, le premier cautionnement devant continuer à garantir jusqu'à concurrence de la somme énoncée dans la première inscription, la gestion tant du premier bureau que du second, et même pour les gestions ultérieures.

111. — Contrairement à l'interprétation donnée par quelques préposés à l'art. 10 de la loi de ventôse, le cautionnement d'un conservateur sortant de fonctions ne saurait servir à son successeur : destiné à assurer le paiement des dommages-intérêts qui éventuellement peuvent être prononcés contre l'ancien conservateur, pendant dix ans depuis la cessation des fonctions, il ne peut garantir en même temps, d'une manière efficace, la gestion du successeur.

112. — Jugé que la diposition spéciale, d'après laquelle les cautionnements fournis par les conservateurs subsistent pendant toute la durée de leur responsabilité, s'oppose à ce que l'hypothèque inscrite sur les immeubles affectés en vertu de l'acte de cautionnement puisse être purgée, soit par l'effet d'une vente volontaire des immeubles, soit même par l'effet d'une adjudication sur saisie immobilière jusqu'à l'expiration de la dixième année après la cessation des fonctions du conservateur. — Trib. Nogent-sur-Seine, 15 mars 1855, Pille, [D. *Rép., Suppl.*, vº *Priv.*, n. 1287] — Trib. Gray, 2 oct. 1876, [J. enreg., n. 16008 et 20236; J. notar., n. 15606] — Trib. Pontoise, 27 juin 1882, Batardy, [D. 85.3.141] — Les art. 2180, § 3, 2183 et s., C. civ., ne concernent pas le cautionnement à fournir en immeubles par le conservateur, qui est réglé par une législation spéciale n'ayant fait l'objet d'aucune abrogation postérieure, celle de l'art. 8 de la loi de ventôse an VII. D'ailleurs, la purge, en substituant au droit de suite sur l'immeuble un droit qui ne porterait plus que sur le prix aurait pour conséquence de faire disparaître, contrairement à des lois spéciales, mais encore en vigueur, le cautionnement en immeubles et de le remplacer par un cautionnement en numéraire à côté du cautionnement, également en numéraire, préexistant dans l'intérêt de l'Etat.

112 bis. — Néanmoins, la cession éventuelle d'une indemnité mobilière à toucher en vertu d'une assurance contre l'incendie serait tout à fait distincte des sûretés réelles organisées par la loi de ventôse dans l'intérêt des tiers. En conséquence, les créanciers éventuels devraient, à cet égard, rester dans le droit commun, sans pouvoir prétendre imposer à l'adjudicataire, contrairement à la volonté du vendeur, des obligations particulières, et spécialement la confirmation des cessions éventuelles antérieurement faites. — Trib. Pontoise, 27 juin 1882, précité. — Il est à remarquer, d'ailleurs, que la cession dont il s'agit est devenue de droit, par application de la loi des 19-20 févr. 1889, art. 2.

113. — Les jugements cités *suprà*, n. 112, affirment celui du tribunal de Nogent-sur-Seine, le droit pour la régie de l'enregistrement, au cas d'ordre ouvert pour la distribution du prix d'un immeuble affecté au cautionnement, de s'opposer, soit à la purge de cet immeuble, soit à la consignation du prix; — celui du tribunal de Pontoise, le droit pour le ministère public, au cas de saisie immobilière frappant ultérieurement un immeuble affecté au cautionnement d'un conservateur d'intervenir dans la procédure de saisie pour faire insérer au cahier des charges de l'adjudication une clause défendant à l'acquéreur de purger l'immeuble avant l'expiration du délai de dix ans après la cessation des fonctions. — V. sur ce dernier point, Garsonnet, *Tr. théor. et prat. de procéd.*, t. 4, § 710 a, n. 22, p. 269.

114. — Toutefois, les jugements d'expropriation pour cause d'utilité publique et les cessions amiables consenties par les propriétaires des terrains soumis à l'expropriation, avec l'accomplissement des formalités édictées par l'art. 2, L. 3 mai 1841, libèrent l'immeuble de l'affectation du cautionnement immobilier fourni par le conservateur des hypothèques, — l'immeuble étant, par l'effet de l'expropriation, mis hors du commerce et désormais (C. civ., art. 2118) non susceptible d'hypothèque. — Dalmberk, *op. cit.*, n. 5, p. 64.

115. — La loi du 21 vent. an VII, art. 8, en accordant aux créanciers d'un conservateur des hypothèques, pour faits de charge, une action en recours à intenter dans les dix années postérieures à la cessation des fonctions, n'a pas eu pour effet de réduire les créanciers, pendant le délai précité, qui doit être mettre simplement la caution en demeure, afin de permettre à tous les créanciers pour faits de charge de concourir. Le créancier, porteur d'un titre exécutoire, est investi d'un droit qu'il peut exercer, s'il le veut, immédiatement, sur les biens donnés en cautionnement. On prétendrait en vain que, le cautionnement du conservateur restant affecté, pendant dix ans, à l'acquit des obligations nées de la responsabilité, les actions résultant de cette responsabilité ne sauraient être légitimement exercées que cumulativement à l'expiration de ces dix années. — Paris, 22 août 1839, Duperret, [S. 39.2.516, P. 41.1.328].

116. — Ces cautions hypothécaires ne sont, d'ailleurs, obligées par les faits de charge que jusqu'à concurrence de la somme désignée dans l'acte de cautionnement, et non personnellement, à moins de stipulation contraire. — Même arrêt.

117. — La caution du conservateur ne serait point davantage fondée à réclamer que le créancier, auquel elle fait des offres de paiement à la charge du conservateur, lui donne préalablement mainlevée partielle de l'inscription prise sur ses biens pour sûreté du cautionnement. Ces offres sont nulles comme imposant une condition que le créancier est dans l'impossibilité de remplir, car l'inscription est prise dans l'intérêt collectif de tous les créanciers pour faits de charge. Un de ces créanciers n'a donc pas qualité pour donner mainlevée partielle. De telles offres ne peuvent donc motiver la discontinuation des poursuites de saisie immobilière. — Même arrêt.

118. — Il a été jugé que le tiers, caution hypothécaire d'un conservateur des hypothèques, moyennant un nantissement et une prestation annuelle, qui, après la transformation par le conservateur de son cautionnement hypothécaire en un cautionnement en rentes sur l'Etat, en vertu de la faculté accordée par la loi du 8 juin 1864, art. 26 et 27, s'est dessaisi du nantissement et a renoncé à la prestation annuelle, ne peut plus, dans la suite, réclamer le rétablissement de ces garanties, sous le prétexte du refus par l'autorité étrangère sur le territoire de laquelle se trouve situé, par suite d'une annexion, l'immeuble hypothéqué, dont l'affectation a cessé de plein droit aussitôt après le remplacement du cautionnement hypothécaire primitivement donné, de consentir à la radiation effective de l'inscription hypothécaire ; — ce refus constitue un simple fait de force majeure qui ne peut modifier l'effet des actes intervenus entre les parties. — Cass., 22 déc. 1879, Berneck, [S. 81.1.112, P. 81.250, D. 81.1.8] — Poitiers, 3 déc. 1877, Clautrier, [J. Enreg., 20615]

119. — La question, délicate déjà en ce que, si, en droit, la caution pouvait être considérée comme entièrement libérée, en fait, sa situation n'était pas changée, l'eût été encore davantage si la juridiction étrangère, saisie de la question, s'était prononcée dans le sens du maintien de l'hypothèque ; le juge français aurait eu alors à se demander si cette décision, bien qu'émanée d'une juridiction étrangère, ne devait pas influer sur la solution du litige. — Sur la question de savoir quelle est, en France, l'autorité des jugements étrangers, V. suprà, v° *Chose jugée*, n. 1416 et s.

§ 4. *Démission, congé, suppléance.*

120. — Une interruption dans le service des conservations d'hypothèques paraît susceptible, au cas où elle se produirait, de compromettre gravement l'intérêt public; aussi des dispositions particulières ont été prises pour les cas de démission, vacance par décès ou autre éventualité, absence ou empêchement du conservateur.

121. — Nul préposé démissionnaire ne peut quitter ses fonctions avant l'installation de son successeur, à peine de répondre de tous les dommages-intérêts auxquels la vacance momentanée du bureau pourrait donner lieu.

122. — S'il y a vacance d'un bureau, par mort ou autrement, les fonctions sont remplies et le service provisoirement assuré par le sous-inspecteur ou inspecteur de l'enregistrement, ou bien, à leur défaut, par le plus ancien surnuméraire du bureau, lesquels demeurent responsables de cette gestion intérimaire, durant laquelle la régie pourvoit à la place vacante.

123. — En cas d'absence ou d'empêchement d'un préposé, il est suppléé par le sous-inspecteur ou l'inspecteur de l'enregistrement, ou bien, à leur défaut, par le plus ancien surnuméraire du bureau, le conservateur demeurant, au surplus, garant de la gestion du suppléant, sauf son recours contre celui-ci (L. 21 vent. an VII, art. 12). — Bordeaux, 24 juin 1813, Moulinard, [S. et P. chr.] — Grenier, *Traité des hypothèques*, t. 2, p. 324.

124. — Les employés supérieurs, chargés, en cas d'absence ou d'empêchement du conservateur, de l'intérim, continuent de toucher leur traitement fixe et leurs frais de tournées (Sol. 28 oct. 1871, J. Enreg., 20010), et reçoivent, en outre, comme indemnité de responsabilité, moitié de l'émolument net des salaires perçus pendant la durée de l'absence (Décr. 15 oct. 1862, art. 2 ; Inst. gén., art. 2235).

125. — L'intérêt de la société et celui du conservateur exigeant également des garanties sérieuses de moralité, d'expérience, d'aptitude, de capacité et de fortune de la part de l'employé chargé de l'intérim, on s'est demandé si, à raison de la responsabilité très-lourde qui lui incombe, le conservateur ne pourrait pas, comme exerçant un droit, désigner lui-même son suppléant ou exiger tout au moins de l'administration que le bureau fût confié à un employé supérieur. A la date du 30 mai 1860 et en réponse à une demande présentée dans ce sens, le directeur général de l'enregistrement répondit que l'art. 12, L. 21 vent. an VII, constitue une simple indication entièrement subordonnée aux nécessités du service; et que s'il désigne en première ligne les employés supérieurs pour suppléer les conservateurs, il indique également pour le même office les surnuméraires. L'administration est, seule, juge du point de savoir si le bien général du service peut souffrir de ce que l'employé supérieur soit détourné de ses fonctions principales ou de ses opérations ordinaires; et, c'est alors un droit pour elle de confier l'intérim de la conservation à un surnuméraire. — V. Lettre dir. gén., 30 mai 1860, [J. des cons., n. 1639]

126. — On a objecté contre cette solution que l'art. 12 de la loi de ventôse an VII n'admet comme suppléant que « le plus ancien surnuméraire *du bureau* ». La disposition avait sa raison d'être lorsqu'elle fut promulguée : tous les receveurs d'enregistrement des chefs-lieux d'arrondissement recevaient commission

de conservateurs; à chacun des bureaux étaient attachés plusieurs surnuméraires. Aujourd'hui, au contraire, les surnuméraires ne travaillent que dans les bureaux d'enregistrement et, comme nous l'avons vu, les conservations sont rarement réunies aux bureaux de perception. On pourrait donc soutenir que, à défaut de « surnuméraire de bureau » c'est le sous-inspecteur qui doit faire l'intérim ». — Landouzy, *Traité de la responsabilité des cons. d'hypothèques*, p. 172.

127. — Les surnuméraires chargés de l'intérim reçoivent, comme les employés supérieurs, la moitié des salaires nets, c'est-à-dire déduction faite du quart pour frais de bureau, et de 5 p. 0/0 pour la caisse des retraites (V. *infrà*, n. 130). Mais l'instruction 2720, n. 171, leur a permis d'opter entre la responsabilité dont ils sont tenus envers le conservateur suppléé et les salaires à eux alloués comme indemnité de cette responsabilité. Si le surnuméraire renonce à la moitié des salaires et se contente des frais d'intérim déterminés par l'Instr. 2581, le conservateur lui donne d'avance décharge de la responsabilité de sa gestion. On s'est demandé quelle était la valeur d'une pareille convention.

128. — Il faut d'abord reconnaître que la question a seulement trait à l'intérêt dans les rapports privés du conservateur avec son suppléant. A ces termes, elle revient à la question de savoir si l'on peut convenir qu'on ne réparera point le dommage causé par sa faute, question généralement résolue par l'affirmative, lorsque la clause d'irresponsabilité est étrangère au dol et à la faute lourde. — V. notamment J. E. Labbé, note sous Cass., 15 mars 1876, Pellerin, [S. 76.1.337, P. 76.833, D. 78.1.68 ; *Rev. crit.*, 1886, p. 443] — Marcadé, sur l'art. 1992, t. 4, n. 996; Duranton, t. 10, n. 397 et s. ; Demante et Colmet de Santerre, t. 5, sur les art. 1136-1137, n. 54 *bis*; Zachariæ, Massé et Vergé, t. 3, § 543, n. 5, p. 399 ; Larombière, *Oblig.*, art. 1187, n. 12 ; Sainctelette, *Responsabilité et garantie*, p. 20-23 ; Fromageot, *De la faute*, p. 206 ; Aubry et Rau, t. 4, § 308, p. 100, note 26 ; Demolombe, *Obligat.*, t. 1, n. 404 et s. ; Sourdat, *Tr. de la responsabilité*, n. 662-6° ; Laurent, *Princ. de dr. civ.*, t. 16, n. 217 et s.

129. — Quoi qu'il en soit, l'instruction 2720, n. 171, dans une bonne intention, a permis aux conservateurs de se faire remplacer sans payer aux intérimaires la part de l'émolument net des salaires à eux allouée par le décret du 15 oct. 1862. Mais, ces termes laissant à l'intérimaire la latitude d'accepter ou de refuser la responsabilité de l'intérim, il en résulte que les conservateurs n'ont pas le droit de choisir entre la responsabilité et les salaires. Aussi les congés sont devenus plus difficiles et un conservateur malade peut être, par le refus d'un intérimaire d'assumer la responsabilité, contraint à répondre, sans discontinuité, d'un service qu'il lui est momentanément impossible de diriger et de surveiller. — Garnier, n. 686-1.

§ 5. *Retenues et retraites.*

130. — Aux termes de la loi du 9 juin 1853 sur les pensions civiles, les conservateurs des hypothèques subissent sur leurs salaires, après déduction d'un quart représentant les frais de bureaux, la retenue ordinaire de 5 p. 0/0, la retenue du premier douzième d'augmentation, et la retenue pour congé qui est (Décr. 15 oct. 1862; Inst. gén. 2235) de la moitié des salaires nets perçus pendant la durée de l'absence, tandis que l'autre moitié appartient à l'intérimaire.

131. — Le quart des salaires est alloué aux conservateurs par l'art. 3, L. 9 juin 1853, comme indemnité de loyer et de frais de bureau ; il ne peut rien être accordé en sus, quel que soit le chiffre de ces dépenses (Sol. 8 mars 1875 ; Géraud, 3883 *bis*), et cependant, il est partout constaté que les frais de bureau absorbent au moins un tiers, et dans les plus petites conservations, près du moitié des salaires.

132. — Les conservateurs des hypothèques, qui subissent une retenue relativement très-forte pour la caisse des retraites, ont droit, « par une singulière compensation à cette aggravation », à une pension bien inférieure, d'après la proportion des traitements, à celle de tous les autres fonctionnaires : 15,000 fr. de salaires leur sont nécessaires pour donner droit à une pension de retraite de 3,000 fr. que l'on obtient, dans les bureaux de l'enregistrement, avec 7,000 fr. de remises (Décr. 9 mars 1889, Instr. 2771) — Garnier, *op. cit.*, n. 794, dit à tort 4500.

133. — Le fonctionnaire qui, sur les six dernières années de son activité, a exercé successivement les fonctions d'inspecteur de l'enregistrement de première classe pendant deux ans et celles de conservateur des hypothèques de première classe pendant quatre ans, a droit à la pension attribuée aux conservateurs de première classe par la loi du 9 juin 1853 (art. 7, § 3 et tableau 3). — Cons. d'Et., 18 mars 1869, Fèvre, [S. 70.2.133, P. adm. chr., D. 70.3.44]

§ 6. *Des commis de conservations.*

134. — Pour assurer l'accomplissement régulier des formalités requises, les conservateurs ont, suivant les besoins du service, un nombre plus ou moins grand de commis ou employés, qu'ils nomment ou révoquent eux-mêmes, dont le paiement est exclusivement à leur charge, entre lesquels ils répartissent le travail à leur guise et qui engagent leur responsabilité par les erreurs ou omissions qu'ils peuvent commettre.

135. — Grâce à une longue pratique, les commis arrivent souvent à une connaissance très-exacte du service; aussi les parties avaient souvent recours à eux pour la rédaction des bordereaux. L'Administration, par les instructions 1253 et 2721, n. 185, leur a fait défense de rendre au public de tels offices.

136. — Dans le même ordre d'idées, une lettre commune de la direction générale, en date du 23 févr. 1893, n. 172, inspirée par le service de l'inspection des finances, a décidé que les agents de l'Etat ne doivent pas tolérer que les officiers ministériels ou les particuliers contribuent, sous aucune forme et sous quelque prétexte que ce soit, à la rétribution de leurs collaborateurs; en conséquence, elle a défendu aux commis de recevoir des tiers aucun salaire et déclaré la responsabilité des conservateurs engagée pour défaut de surveillance et violation, par leur fait ou celui de leurs commis ou employés, de ces prescriptions, dont les employés supérieurs et les agents de contrôle doivent assurer le respect et certifier l'accomplissement par une mention spéciale en un endroit déterminé de leur rapport.

137. — Si l'on ne peut blâmer la direction générale de chercher à sauvegarder « la dignité de l'administration », il y a lieu de se demander s'il était utile ou même légitime d'empêcher les commis de faire, en dehors des heures de service, des actes utiles au public et importants pour une marche régulière des affaires, et surtout s'il a été juste de déclarer la responsabilité des conservateurs engagée pour des actes commis par leurs subordonnés loin du bureau et en dehors de leur surveillance.

138. — En tout cas, cette responsabilité ne pourrait, à notre avis, être engagée que vis-à-vis de l'administration. Ce serait faire une fausse application de l'art. 1384, C. civ., que de déclarer, pour les faits dont il s'agit, la responsabilité des conservateurs à l'égard des tiers : la cour de Paris a bien mieux apprécié le rôle des commis en laissant à leur charge les abus de confiance dont les notaires pourraient être victimes de leur part. — Paris, 13 mars 1886, Bernard, [D. 88.5.123; J. Enreg., 22662]

Section II.
Service des conservations.

§ 1. *Généralités.*

139. — Ainsi que nous l'avons vu, au chef-lieu judiciaire de tout arrondissement se trouve un bureau de conservation des hypothèques où, d'une part, sont centralisées toutes les opérations relatives en quelque manière à la consolidation de la propriété foncière et à la conservation des privilèges et hypothèques sur les immeubles situés dans cet arrondissement, et où sont perçus, d'autre part, les droits établis au profit du Trésor public pour chacune des formalités ou dus à l'occasion de leur accomplissement. D'où, pour les conservateurs, deux séries de fonctions bien distinctes, garanties, quant à leur exécution, par le cautionnement dont nous avons parlé plus haut.

140. — La propriété sera fermement assise, les tiers contracteront avec sécurité, s'ils ont le moyen de connaître le véritable propriétaire de l'immeuble qui leur est offert comme gage ou comme objet d'acquisition. Il faut pour cela que la loi permette la constatation du droit de celui qui veut hypothéquer ou aliéner un bien. Pour répondre à ce besoin les conservateurs des hypothèques tiennent des registres *publics*, à la différence de ceux tenus par les receveurs de l'enregistrement, et sur lesquels ils procèdent aux diverses opérations prévues par la loi, inscriptions, transcriptions, mentions en marge, radiations, etc..

141. — Ces registres, qui ont pour objet de rendre publics les actes et faits intéressant la condition juridique de la propriété foncière, sont destinés, les uns (registres dits *de formalités*) à constater les faits juridiques dont l'entière efficacité est subordonnée à la publicité; les autres, tenus pour l'ordre intérieur (*registres d'ordre*), à faciliter les recherches sur la situation hypothécaire des particuliers et des immeubles.

142. — L'employé appelé à régir une conservation des hypothèques doit, avant de signer l'inventaire du bureau, s'assurer que tous *les registres des formalités*, tous les volumes de la *table du répertoire* et tous ceux du *répertoire* lui-même existent réellement. — Hervieu, *op. cit.*, v° *Conserv.*, n. 4; Despréaux, *op. cit.*, v° *Conserv.*, n. 3.

143. — Jugé, en conséquence, que, lorsqu'un conservateur est empêché de délivrer un certificat de transcription, ou plus généralement un état ou certificat quelconque, parce que son prédécesseur a négligé de tenir, conformément à la loi, un répertoire, et lorsqu'il est par suite actionné en garantie contre les héritiers de son prédécesseur, s'il leur a donné sans réserve un récépissé de tous les registres et répertoires que les conservateurs sont obligés de tenir. — Cass., 22 févr. 1831, Roux, [S. 31.1.92, P. chr.]

144. — La délivrance des copies de ces registres, faite moyennant salaire, à toute partie qui le requiert, entraîne, d'une manière fatale, des lenteurs, et, par leur longueur obligée, des frais souvent disproportionnés avec l'importance de l'affaire. Pour éviter ces inconvénients, la Cour de Montpellier, lors de l'enquête de 1844, avait proposé, en attendant que le cadastre pût recevoir une organisation plus développée et concourir avec les registres des conservations à la manifestation des mutations et des charges de la propriété, « d'autoriser des recherches analogues à celles qui se pratiquent dans les greffes, moyennant une rétribution modérée »; l'objet de ces recherches aurait été simplement de fournir à toute partie requérante soit l'assurance qu'il n'existe pas de charges, soit l'indication approximative et sans détail des charges existantes. — *Documents relatifs au rég. hypoth.*, t. 3, p. 493.

145. — L'adoption de ce système, qui était celui de l'art. 226, L. 9 mess. an III, et qui avait l'avantage important de ne point laisser, comme aujourd'hui, les tiers dans l'alternative de traiter sur des conjectures fournies par les notaires ou les parties intéressées et acceptées de confiance, ou de prendre, au préalable, un extrait fort coûteux, était en discussion au Corps législatif dans sa séance du 18 mai 1864; la prise en considération fut repoussée sur la promesse d'une communication du gouvernement qui ne fut jamais réalisée.

146. — Nous verrons (*infra*, n. 811), que ce système a été formellement établi en Tunisie. L'expérience permettra ainsi de le juger et de voir s'il ne conviendrait pas de l'appliquer en France. La jurisprudence récente montre du reste en pratique l'utilité des renseignements officieux donnés par les conservateurs.

§ 2. *Tenue des bureaux.*

147. — Les bureaux des conservations d'hypothèques, dont le siège a été indiqué *suprà*, n. 54 et s., sont ouverts tous les jours, sauf les dimanches et jours de fête reconnus par la loi (Instgén., 11 janv. 1808, n. 362; 6 juin 1809, n. 433; 10 déc. 1809. —Despréaux, v° *Conservat.*, n. 9; Hervieu, v° *Conservat.*, n. 8, n. 499).

148. — Les conservateurs des hypothèques, comme tous les receveurs de l'enregistrement, doivent tenir leurs bureaux ouverts huit heures par jour, de huit heures du matin à quatre heures de l'après-midi. Les heures de séance doivent être indiquées au public par une affiche ostensible (L. 27 mai 1791, art. 11; Déc. min. Fin., 9 mars 1839, Instr. gén., 1586). — Hervieu, v° *Conservat.*, n. 6.

149. — Après l'heure de clôture de leurs bureaux, ils ne peuvent procéder à aucune formalité. Ainsi jugé en matière d'enregistrement, bien que le jour de la présentation fût le dernier du délai fixé, à peine d'amende. — Cass., 28 févr. 1838, Marchand, [S. 38.1.341, P. 38.1.390] — V. aussi anal. *suprà*, v° *Cassation* (mat. civ.), n. 11.

150. — Mais, si cet arrêt reconnaît que le fonctionnaire n'est pas obligé de se tenir à la disposition des intéressés après l'heure légale de fermeture des bureaux, il ne résout point la question secondaire de savoir s'il a droit de se prêter par complaisance à leurs désirs, et, si, en l'absence de texte, pour des actes faits à d'autres heures et à d'autres jours que ceux fixés par la loi, la présomption n'est pas plutôt en faveur de la validité. Sur cette question, tranchée affirmativement par la Cour de cassation, V. *infrà*, v° *Délais*. — V. Cass., 18 mars 1843, Le gérant de *la Presse*, [S. 43.1.337, P. chr.] — Limoges, 7 déc. 1891, de Rouillé, [S. et P. 93.2.153, et la note de M. Tissier, D. 92.2.201] — Dutruc, *Supp. aux lois de la procéd.*, de Carré et Chauveau, t. 4, v° *Surenchère*, n. 69. — V. aussi *suprà*, v° *Cassation* (mat. crim.), n. 576.

151. — En ce qui concerne spécialement les fonctionnaires et particulièrement les conservateurs d'hypothèques, il convient, d'après nous, de s'en tenir à la décision de la cour de cassation du 28 févr. 1838, précitée. Les bureaux sont un lieu public; ils deviennent, à l'heure de la fermeture, un lieu ordinaire et privé où le public n'a plus accès et qui n'offre dès lors pas plus de garanties et de sécurité que le domicile privé du conservateur.

152. — D'autre part, le ministère de celui-ci étant obligatoire pour tous, il ne peut être facultatif à certaines heures; et s'il se trouve une pratique contraire, l'ancienneté de cet usage, loin d'être une justification, serait un nouveau motif de l'attaquer afin de le faire disparaître.

153. — Il est expressément défendu aux conservateurs de donner ou de remplir une formalité hypothécaire, de quelque espèce que ce soit, les jours où les bureaux doivent être fermés (V. Instr. de la Régie citées *suprà*, n. 147; Déc. min. Fin. et Just., 22 déc. 1807; 29 juill. 1808; 24 juill. 1810). — Persil, art. 2199, n. 2; Troplong. t. 4, n. 1008; Aubry et Rau, t. 3, § 268, p. 291, note 9.

154. — Il en résulte notamment, suivant quelques auteurs, que si le dernier jour du délai, pour le renouvellement décennal, par exemple, était un jour férié, ce jour devrait être retranché du délai et que l'inscription serait valablement faite le lendemain; car on ne peut imputer à négligence ce qui n'a pu être fait par une circonstance indépendante de celui qui devait agir. — Grenier, t. 1, n. 107; Persil, *Rég. hyp.*, art. 2154, n. 10.

155. — En faveur de cette solution, à notre avis erronée, on ne saurait invoquer, comme analogie, soit l'art. 161, C. comm., soit l'art. 25, L. 22 frim. an VII, parce que, dans le premier cas, la loi donnant un jour seulement pour faire le protêt, il y a nécessité, dès lors, de renvoyer au lendemain; et, dans le second, il s'agit d'une disposition spéciale, motivée ou par la brièveté du délai ou sur la faveur qui doit être accordée au débiteur en matière fiscale. — Riom, 8 avr. 1843, Boutal, [S. 43.2.370, P. 44.1.385] — *Sic*, Toullier, t. 13, n. 55; Troplong, t. 3, n. 714, p. 169.

156. — Certains auteurs même, allant plus loin, enseignent que, si, par une complaisance du conservateur et au mépris des règlements, l'inscription avait été prise le dernier jour, supposé férié légalement, elle ne vaudrait que comme inscription nouvelle, les conditions devant être égales pour tous, et les uns ne pouvant être, à la faveur du conservateur, favorisés au détriment des autres (Déc. min. Just., 24 juill. 1810). — Duranton, t. 20, n. 161.

157. — Jugé, toutefois, que la transcription d'un acte translatif de propriété n'est pas nulle pour avoir été faite un jour férié, aucun tel ne prononçant la nullité. — Cass., 18 févr. 1808, Guillot, [S. et P. chr.] — *Sic*, Laurent, *Princ. de dr. civ.*, t. 31, n. 578.

158. — Cet arrêt ne nous paraît infirmer en rien les principes rapportés ci-dessus : il s'agissait, en l'espèce, non point d'une simple transcription faite en vue de la purge, auquel cas la date eût été indifférente, mais d'une transcription faite dans un cas où le même immeuble ayant été vendu successivement à deux individus, l'un d'eux se prévalait, pour être préféré à l'autre, de ce que son titre, quoique postérieur en date, avait été transcrit, à la différence de celui de l'autre acquéreur (art. 26, L. 11 brum. an VII). La cour d'Angers ayant décidé, *suprà*, n. 156, que la transcription valait tout au moins à la date du lendemain, le pourvoi devait être rejeté.

159. — Dans chaque bureau doit être affiché, de manière ostensible, par les soins du conservateur, un tableau contenant les noms des communes actuellement comprises dans la circonscription de ce bureau, de nature à renseigner les tiers qui ont des formalités hypothécaires à remplir; ceux-ci d'ailleurs consultent ce tableau à leurs risques et périls (L. 27 vent. an VII, art. 39; Circ. (1539), 7 juin 1809). — V. Cass., 25 nov. 1872, Delaporte, [S. 73.1.65, P. 73.140, D. 73.1.134]; — 26 avr. 1882, Jalouzet, [S. 82.1.351, P. 82.1.857, D. 82.1.331] — Paris, 26 janv. 1872, Mosler, [S. 72.2.19, P. 72.194, D. 72.2.121] — Garnier, *Rép.*, v° *Hypoth.*, n. 692.

§ 3. *Registres des conservations.*

160. — La distinction ci-dessus rapportée des registres des conservations d'hypothèques, en registres de formalités et registres auxiliaires, résulte expressément des art. 16 et 18, L. 21 vent. an VII. Les premiers sont sur papier timbré, format grand registre et, seuls aussi, sont soumis aux dispositions du Code civil (art. 2201), c'est-à-dire cotés et paraphés à chaque page, par première et dernière, par l'un des juges du tribunal de la situation du bureau, le conservateur ne pouvant s'en servir avant cette formalité, sans encourir les peines de l'art. 2202; les seconds, au contraire, comme tous ceux des bureaux d'enregistrement, sont cotés et paraphés par le directeur.

1° *Règles générales.*

161. — Tous ces registres sont fournis par l'administration, sur demande adressée au directeur du département par le conservateur.

162. — Les actes portés sur les registres sont datés et y sont consignés de suite, sans blanc ni interligne et jour par jour. Ils sont numérotés suivant le rang qu'ils tiennent dans les registres, et signés du préposé (L. 21 vent. an VII, art. 17; C. civ., art. 2203).

163. — Le conservateur transgresserait la loi s'il établissait, pour remplir les formalités, des catégories suivant les cantons ou les communes où sont situés les immeubles objets des formalités. Une disposition de la loi du 9 mess. an III, qui prescrivait, art. 230, de diviser les conservations de district en autant d'arrondissements qu'il y avait de bureaux d'enregistrement dans le district, et de tenir les registres distinctement par arrondissement, paraît n'avoir jamais été exécutée. — V. *Journ. des conservat. des hyp.*, art. 4426.

164. — Afin de prévenir tout abus et de multiplier pour le public les moyens de conserver le rang des hypothèques, la loi a édicté pour les conservateurs, comme une formalité de rigueur, l'obligation d'arrêter chaque jour les registres; et une instruction de la régie a rappelé à l'observation de cette règle quelques conservateurs qui avaient jugé l'arrêté quotidien du seul registre de dépôts de pièces à inscrire ou à transcrire suffisant pour assurer aux parties la priorité de la date (C. civ., art. 2201; Instr. n. 316 du 11 sept. 1806). — Troplong, t. 4, n. 1010, p. 375.

165. — Aux termes de deux instructions générales des 26 juill. 1809 (n. 443) et 12 juill. 1816 (n. 730), le registre des dépôts, ceux des formalités hypothécaires et le registre des salaires doivent être arrêtés jour par jour avec indication de la date du mois et mention des dimanches et fêtes; toutes ces mentions et indications doivent être écrites de la main du conservateur et signées par lui.

166. — En réalité, cette prescription, sanctionnée par une amende, ne peut guère être observée que pour le registre des dépôts, à raison du nombre très considérable des bordereaux et des actes à porter sur les registres des formalités. Aussi, le législateur belge l'a-t-il abrogée par l'art. 131, L. 16 déc. 1851. Cette disposition est approuvée par M. Garnier (*op. et v° cit.*, n. 697-1 et 787-1) qui considère les arrêtés des autres registres non seulement comme inutiles, mais même comme nuisibles; elle est regrettée, au contraire, par Laurent (*Princ.*, t. 31, n. 590), qui y voit une simplification dangereuse en ce que les tiers ne consultent, en réalité, que les registres des inscriptions et des transcriptions, qui, seuls, font foi à leur égard, les lois simples n'étant point, d'après lui, les lois les meilleures.

167. — L'arrêté se fait conformément aux dispositions générales des lois sur l'enregistrement (L. 18-27 mai 1791, art. 11); il est inscrit en toutes lettres et signé du conservateur lui-même, à la charge de qui est longtemps resté le coût du papier timbré à ce employé, sans recours possible contre les parties ou contre l'État. Les droits de timbre des cases ou lignes des registres contenant les arrêtés ou mentions d'ordre sont aujourd'hui remboursés aux conservateurs. La faculté de droit de Caen proposait, en 1844, de maintenir la pénalité édictée par le Code civil (*Docum. relat. au rég. hypoth.*, t. 3, p. 504). — Vuarnier, *Traité de la manutention*, n. 3925, 3927.

168. — L'ordonnance du 14 juin 1830 et celle du 22 novembre suivant, rendues pour l'organisation des conservations d'hypothèques dans les colonies, portent une disposition expresse maintenant et sanctionnant l'obligation de l'arrêté quotidien.

169. — Il faut même noter que l'obligation où se trouve le conservateur d'arrêter jour par jour les registres implique aussi pour lui, par une conséquence inévitable, cette autre obligation d'affirmer par sa signature que le registre est réellement arrêté, un écrit demeuré sans signature demeurant imparfait et sans efficacité. — Bruxelles, 17 juill. 1833, Xau, [P. chr.] — *Sic*, Troplong, t. 4, n. 1010; Martou, t. 4, n. 1637. — *Contrà*, Baudot, *Formal. hypoth.*, t. 2, n. 1912; Garnier, n. 787-1.

170. — Dans son rapport, sur la proposition faite à l'Assemblée législative de restreindre au seul registre du dépôt des actes l'obligation de l'arrêté quotidien, M. de Vatimesnil (p. 106) affirmait que, dans la pratique, on ne l'avait jamais entendu autrement, les registres des inscriptions ou transcriptions n'étant pas susceptibles d'être arrêtés chaque soir, puisque souvent ils ne sont pas à jour. En fait, les registres des dépôts sont très-exactement arrêtés chaque jour. Quant aux registres des transcriptions et inscriptions, lorsqu'il est impossible d'y accomplir les formalités le jour même du dépôt, le conservateur inscrit son arrêté après l'accomplissement des formalités de chaque journée.

171. — Les registres des formalités sont au nombre de quatre :
1° Registre des dépôts;
2° Registre des inscriptions;
3° Registre de transcription des actes de mutation;
4° Registre de transcription des saisies immobilières.
Les registres auxiliaires sont :
1° Le registre destiné à l'enregistrement des sommations, jugements d'adjudication ou de conversion, radiations et autres formalités concernant les saisies; ce registre n'est plus tenu depuis 1886. — V. *infrà*, n. 211.
2° Le répertoire des hypothèques ou registre des comptes individuels;
3° La table alphabétique du répertoire;
4° Le registre indicateur;
5° Le registre des salaires;
6° Les divers sommiers ou registres de recettes nécessaires, soit au recouvrement des droits appartenant à l'Etat, soit à la comptabilité du conservateur.

2° Registres des formalités.

172. — I. *Registre des dépôts.* — Vu l'impossibilité d'effectuer une inscription ou une transcription au moment précis où les parties requièrent le conservateur d'y procéder, pour empêcher la confusion qui pourrait naître, par exemple, de l'apport simultané d'un grand nombre de bordereaux contre le même débiteur, et pour éviter d'abandonner à l'arbitraire du conservateur, et, par suite, au hasard ou à la faveur, le rang des intéressés, le législateur a prescrit (art. 2200, C. civ.) la tenue d'un registre sur lequel doivent être, à peine d'amende et alors même que les formalités seraient données sur-le-champ, inscrites, sans blanc, jour par jour, de suite et par ordre numérique, toutes les remises faites au bureau d'actes à inscrire, à transcrire ou à mentionner. C'est le *registre des dépôts*.

173. — Ce registre, sur papier timbré, fourni par l'administration de l'enregistrement, est divisé en cases où sont rapportées, sous le numéro d'ordre porté dans la première colonne, qui se continue, sans interruption, du commencement à la fin du registre, les indications essentielles des titres ou bordereaux déposés par les parties à fin de transcription, mention ou inscription. Une solution est intervenue, à la date du 24 févr. 1876, [J. Enreg., n. 20034] pour régler les conditions du remboursement du droit de timbre des première et dernière pages des registres des dépôts.

Registre de dépôt des bordereaux et titres à inscrire, mentionner ou transcrire, tenu en exécution de l'art. 2200, C. civ.

1	2	3	4		5		6	
N° D'ORDRE.	DATE (en toutes lettres) de la remise des bordereaux et titres par les requérants.	NOMBRE de PIÈCES remises.	TITRES A INSCRIRE, MENTIONNER OU TRANSCRIRE.		NOMS ET PRÉNOMS.		INSCRIPTIONS ou mentions de subrogation ou d'antériorité.	
			Noms, qualités et résidences des officiers publics et autorités administratives qui ont rédigé les actes. Cours et tribunaux qui ont rendu les arrêts et jugements.	DATES en toutes lettres.	CRÉANCIERS, vendeurs, donateurs, bailleurs, cédants, etc...	DÉBITEURS, acquéreurs, donataires, preneurs, cessionnaires, etc...	N°ˢ des registres de formalités. Volume. Article.	MONTANT de la créance à inscrire ou de la subrogation ou antériorité à mentionner.
			DÉSIGNATION.					

7		8			9	10
TRANSCRIPTIONS d'actes de mutation ou de saisie; mentions de jugements de nullité ou de rescision.		DROITS ET AMENDES PERÇUS AU PROFIT DU TRÉSOR.			MENTIONS relatives à la PRÉSENTATION des titres (Instr. 2309).	OBSERVATIONS.
N°s des registres de formalités.	PRIX TOTAL résultant du titre ou montant de la créance motivant la saisie.	INSCRIPTION 1 p. 0/0 (en principal)	TRANSCRIPTION d'actes de mutation (en principal).	AMENDES concernant l'enregistrement, les greffes, les hypothèques, le timbre (en principal).		Indiquer : 1° les bureaux où les droits ont été payés (L. 21 vent. an VII, art. 22 et 26) et la date des paiements ; 2° les numéros des sommiers sous lesquels les articles soumis à la formalité en débet ont été relevés.
Volume. Article.					DÉCIMES des droits d'inscription, de transcription et des amendes	
		Fr. C.	Fr. C.			

174. — Comme l'indication des prénoms, profession et domicile n'est pas toujours suffisante, à raison de la répétition, fréquente dans certaines régions, des mêmes prénoms, et du caractère mobile du domicile comme signe distinctif, pour permettre au conservateur de reconnaître dans tous les cas, selon le vœu de l'art. 2148, C. civ., un individu déterminé, on a proposé de distinguer les intéressés d'après l'élément, autrement sûr, du lieu et de la date de leur naissance.

175. — Ce système serait plus commode aux conservateurs : il diminuerait les difficultés de leurs recherches et le poids de leur responsabilité ; il nous paraît également favorable aux parties auxquelles il n'occasionnerait, en retour d'avantages très-appréciables, ni grands tracas, ni grands frais.

176. — Ce registre des dépôts a vu son importance grandir depuis que, selon les expressions de M. Denormandie à l'Assemblée nationale, dans le but de le rendre propre à suppléer tous les registres du conservateur dans le cas de destruction, la loi du 5 janv. 1875 a ordonné d'y mentionner, en outre, les remises de procès-verbaux de saisie immobilière, à fin de transcription ; les actes, expéditions ou extraits contenant subrogation ou antériorité ; les jugements prononçant résolution, nullité ou rescision d'actes antérieurement transcrits, pour être mentionnés en marge des inscriptions ou transcriptions primitives. En supprimant (V. *infrà*, n. 211 et 214) le registre des sommations, l'administration (Instr. 2720, n. 168) avait déjà prescrit de mentionner pour ordre sur le registre des dépôts, les sommations faites en vertu des art. 691 et 692, C. proc. civ., les jugements d'adjudication et de conversion et les radiations de saisies.

177. — Seul, le dépôt des pièces tendant à obtenir une radiation n'est point mentionné en 1875, à savoir que la mention requise ne complète point le droit du requérant comme en cas d'inscription ou de transcription, et à nos yeux, singulièrement affaibli si l'on songe à l'intérêt éventuel du requérant à prouver la présentation par lui faite de son titre au conservateur et le retard abusivement apporté par celui-ci à la mention. Il convient de faire observer qu'en fait les radiations sont, le plus souvent, opérées avec la date du dépôt; et qu'aussi, maintes fois, les pièces relatives à une radiation étant rendues aux parties, faute de justifications suffisantes, pour être complétées, la mention sur le registre eût été une dépense en pure perte.

178. — Les conservateurs sont obligés, par l'art. 2200, C. civ., de donner aux requérants par chaque acte ou bordereau à transcrire, mentionner ou inscrire, une reconnaissance sur papier timbré à 60 cent., extraite d'un registre à souche fourni par l'administration, indiquant le nom du bureau, le numéro du registre de dépôt, la date du dépôt, le nombre et la nature des pièces, la somme déposée sur le montant des droits et salaires et l'époque fixée pour le retrait après l'accomplissement des formalités (Instr. gén., n. 2541).

179. — Cette reconnaissance une fois délivrée, la représentation en est nécessaire pour réclamer l'acte inscrit ou transcrit ; faute de quoi, le conservateur doit faire souscrire par les parties, à la marge du registre de dépôt, une décharge constatant le retrait des pièces (Déc. min. Fin. et Just., 14 et 28 vent. an XIII; Déc. min. Fin., 8 août 1824 ; Instr. gén., 17 juin 1855, n. 1487).

180. — Deux décisions du ministre des Finances (14 vent. an XII) et du ministre de la Justice (28 vent. an XIII), confirmées par l'instruction générale de la Régie, n. 316, avaient décidé que l'obligation n'existait point pour le requérant de prendre reconnaissance du dépôt de ses pièces toutes les fois que le conservateur faisait immédiatement et en présence de la partie la transcription ou l'inscription requise. S'il s'agissait d'une transcription, le conservateur remettait un certificat constatant l'accomplissement de la formalité, et, au cas d'une inscription, un des deux bordereaux au pied duquel il certifiait avoir fait l'inscription. — V. Baudry-Lacantinerie, *Précis de dr. civ.*, t. 3, n. 1351.

181. — Mais le rapporteur de la loi de 1875 ayant déclaré à la tribune, à la séance du 5 janv. 1875 (*J. off.* du 6, p. 77) que, dans la pensée du gouvernement, il y avait un avantage sérieux à la délivrance d'un récépissé par chaque acte, l'administration a tout aussitôt décidé que la délivrance d'une reconnaissance distincte par chaque acte ou bordereau était obligatoire et que, sous aucun prétexte, les conservateurs ne pourraient se dispenser de la remettre aux parties, alors même que celles-ci n'en feraient pas la demande (Instr. gén., n. 2503 et 2541). — Trib. Poitiers, 18 août 1829. — Trib. Bar-sur-Aube, 5 janv. 1832, Regnard, [D. *Rép.*, v° *Enreg.*, n. 2883] — *Sic*, Baudot, t. 1, n. 157; Troplong, t. 4, n. 1009.

182. — Cette doctrine, qui constitue un des cas trop nombreux où l'intérêt du fisc vient rendre plus gênantes, sans aucun profit pour les particuliers, les formalités hypothécaires, nous paraît méconnaître le caractère de cette reconnaissance déclarée par la loi obligatoire dans le seul intérêt des parties, en sorte que celles-ci, pour en économiser les frais, en peuvent, à leur gré, dispenser le conservateur. — Aubry et Rau, t. 3, § 268, p. 291 ; Baudry-Lacantinerie, *loc. cit.*

183. — En tous les cas, le conservateur fera payer aux parties le timbre du montant de la reconnaissance et c'est en ce sens que celle-ci sera obligatoire. On ne voit pas d'ailleurs comment les parties pourraient être contraintes à recevoir tradition matérielle du récépissé. En fait, dit Garnier, ces reconnaissances, délivrées après coup et seulement pour la forme, ne sortent jamais du bureau, et constituent de nouvelles écritures à ajouter inutilement à toutes celles qui compliquent le service hypothécaire, et retardent l'accomplissement des formalités. — Garnier, n. 801-2°.

184. — Lorsque la loi du 5 janv. 1875 a exigé, sur la demande du gouvernement, une reconnaissance par chaque *acte* ou *bordereau*, c'est-à-dire par chaque affaire, comme l'a dit formellement le rapporteur, elle a voulu déroger à la pratique d'après laquelle, plusieurs documents étant apportés à la fois, le conservateur délivrait une seule reconnaissance pour toutes les pièces déposées simultanément par le même individu et abstraction faite de sa qualité de créancier, d'acquéreur ou de fondé de pouvoir (Instr. 433, § 6 et décision conforme du min. des Fin., 22 nov. 1808). — V. Troplong, t. 4, n. 1009 ; Martou, t. 4, n. 1594.

185. — Avant de mentionner le dépôt des pièces sur le registre, le conservateur, pour éviter des frais inutiles et prévenir des erreurs, sans être, d'ailleurs, comme nous le dirons plus bas, en aucune matière, juge de l'intérêt de la formalité, doit, en cas de doute, faire expliquer par le requérant les termes de sa réquisition. — Troplong, t. 4, n. 1009, p. 373.

186. — Cependant, dans le cas où une inscription serait requise sur un acquéreur dépossédé en vertu d'un acte non frauduleux, dont le dépôt à fin de transcription aurait été effectué le même jour, le conservateur doit avertir le requérant, et, si celui-ci persiste dans sa demande, mentionner cet avertissement dans la reconnaissance de dépôt sur le registre des inscriptions et au pied du bordereau. Il nous paraît même que, s'il se refusait à formaliser l'inscription dans un cas comme celui-ci, où le droit hypothécaire, prétendu par le requérant, est manifestement sans existence légale, il ne serait passible, ni de dommages-intérêts, s'il était prouvé qu'en effet le requérant n'avait aucun droit, ni même d'une peine disciplinaire. L'art. 2199, C. civ., est inapplicable. — Cass., 3 janv. 1853, Cornède de Miramont, [S. 53. 1.422, P. 54.1.419, D. 53.1.14] — Sic, Pont, t. 2, n. 1434 ; Aubry et Rau, t. 3, § 268, p. 291, note 12.

187. — Le conservateur est également tenu, pour en faire mention sur la reconnaissance de dépôt (V. *suprà*, n. 178), d'exiger des parties qui requièrent une formalité la consignation préalable des frais, comme en matière d'enregistrement, sous peine de demeurer lui-même comptable envers le Trésor public du montant des droits dus à l'occasion des actes soumis à la formalité et pour lesquels il n'a accordé des facilités qu'à ses risques et périls (art. 27, L. 21 vent. an VII ; C. civ., art. 2155 ; Instr. gén., n. 233). — Cass., 10 avr. 1833, Regnard, [S. 33.1.281, P. chr.] — Bourges, 27 mars 1829, Vidalène, [S. et P. chr.] — Paris, 13 mars 1886, Bernard, [D. 88.5.123] — Garnier, n. 1069.

188. — L'inscription sur le registre des dépôts ne sert qu'à constater la date et l'ordre des remises effectuées, en sorte que, pour l'entier accomplissement de la formalité voulue par la loi, il faut, de plus, que, aux mêmes dates et dans le même ordre, l'acte ou le bordereau soit réellement transcrit ou inscrit dans les registres destinés à recevoir ces insertions ; faute de quoi, il n'y aurait ni transcription, ni inscription susceptibles de produire des effets juridiques.

189. — En conséquence, l'Administration, se fondant sur ce que le conservateur est simple dépositaire des actes et des droits consignés, a admis, plusieurs fois, la restitution de ces droits, nonobstant la mention au registre des dépôts, pourvu que la formalité requise n'ait été ni donnée ni même commencée, lorsque le requérant demande qu'elle ne soit pas accomplie. — Le conservateur, tenu, en pareil cas, d'obtempérer à cette demande doit, pour dégager sa responsabilité, faire signer le requérant en marge du registre de dépôt ou y annexer les sommations signifiées à sa requête (Délib. Cons. adm. de l'enreg., 2 déc. 1834, 26 juill. 1833, 20 janv. 1843, 17 déc. 1844). — Sol. 30 avr. 1872, mars 1878. — Cass., 13 juin 1864, Pariset, [D. 64.1.310] — V. en sens contraire, Trib. Mantes, 26 janv. 1878, [Garnier, *Rép. pér.*, 4925] — V. enfin, Garnier, n. 1067.

190. — Par la même raison, si, par le fait du conservateur, la concordance de rang et de date n'existe pas entre le registre des dépôts et le registre des formalités, la transcription et l'inscription auront pour date positive, non celle indiquée dans le registre des dépôts, mais celle exprimée dans le registre des formalités, le seul qui soit public ; le préjudice né de l'omission ou du changement de date sera tout entier à la charge de la partie requérante, sauf son recours contre le conservateur. — Aubry et Rau, t. 3, p. 297, § 268 ; Laurent, t. 31, n. 593 ; Baudry-Lacantinerie, t. 3, n. 1556.

191. — Il résulte d'une instruction générale de l'administration de l'enregistrement du 13 avr. 1865 que, sauf pour les cas d'hypothèque légale ou d'inscription requise par les syndics d'une faillite et pour les cas de renouvellement, les conservateurs doivent certifier, par une mention spéciale sur le registre des dépôts, la représentation à eux faite des titres en vertu desquels l'inscription est prise.

192. — Dans les deux cas ci-dessus mentionnés de défaut de concordance de date entre la remise de l'acte et l'accomplissement de la formalité hypothécaire, la preuve en est aisée, grâce à la reconnaissance remise au moment du dépôt. Mais, au cas de perte ou de non-délivrance de ce récépissé, la question s'est posée de savoir si la représentation du registre des dépôts pouvait être obtenue par les intéressés, et si ceux-ci, le cas échéant, seraient admis à faire la preuve contraire aux énonciations y consignées.

193. — Des auteurs enseignent que les registres des conservateurs sont des actes authentiques dans le sens de l'art. 1317, C. civ., faisant pleine foi, c'est-à-dire que l'affirmation du conservateur, officier public ayant pour mission de constater certains faits juridiques dans des formes solennelles requises par la loi, ne peut être combattue que par la voie de l'inscription de faux. — V. Martou, t. 4, n. 1588 *bis*, p. 212 ; Laurent, t. 31, n. 589. — V. *suprà*, v° *Acte authentique*, n. 20.

194. — Diverses décisions toutefois ont admis une preuve contraire aux énonciations du registre à l'aide de présomptions suffisamment graves, de nature à faire admettre une altération de la main du conservateur. La prohibition d'une preuve par témoins de pareils faits ne résulte, a-t-on dit, ni de l'obligation imposée au conservateur de délivrer un bulletin de dépôt, ni de la façon dont le législateur a voulu faire constater par les parties les refus ou retardement d'un fonctionnaire, dont les affirmations doivent sans doute inspirer confiance, sans qu'il soit néanmoins défendu aux tribunaux de les déclarer, en certains cas, contraires à la vérité. — Cass., 6 févr. 1844, Revel, [D. *Rép.*, v° *Enregistrement*, n. 5079-3°] — Trib. Savenay, 26 sept. et 11 oct. 1836, V° Lubin de Guer. — Trib. Dijon, 10 juill. 1878, Nicolardot, [D. 79.5.195] — Jalouzet, sous Mayence, 5 juin 1889, (*Rev. hyp.*, p. 552]

194 bis. — Nul texte de loi n'attribue aux mentions faites par le conservateur des hypothèques sur le registre-journal des dépôts énoncé en l'art. 2200, C. civ., le caractère de l'authenticité. Ce registre n'a de valeur que dans les rapports du conservateur avec les personnes qui lui ont remis un acte de vente pour être transcrit, ou un bordereau pour prendre inscription (V. Troplong, *De la transcription*, n. 192). Il serait difficile de reconnaître une autorité irréfragable à des insertions qui émanent le plus souvent, au moment de leur classification, de commis ou de scribes dont la précipitation, l'inadvertance ou le dol pourraient, en intervertissant l'ordre des dépôts, assurer l'antériorité en faveur de certains déposants. Or, en admettant qu'une présomption sérieuse d'exactitude découle de ces mentions quand il s'agit d'actes déposés à des jours différents, cette présomption ne saurait s'entendre aussi rigoureusement aux cas où divers dépôts ont été faits le même jour. D'après un système, les numéros sous lesquels figurent sur le registre des dépôts tenu par le conservateur les divers actes remis à son bureau constituent une présomption légale de l'ordre dans lequel ils lui ont été présentés. C'est donc à la partie qui veut détruire cette présomption à faire la preuve nette et positive de l'antériorité qu'elle invoque. Les conservateurs ne sauraient donc prendre trop de soins et de précautions pour que le registre des dépôts soit régulièrement tenu, et que les mentions y soient portées rigoureusement dans l'ordre des remises faites au bureau. En dehors de la responsabilité pécuniaire qu'ils pourraient encourir, il y a pour les conservateurs une responsabilité de conscience, qui doit les rendre très-attentifs et très-scrupuleux dans l'accomplissement de cette partie de eur tâche journalière. — V. Flandin, *De la transcription*, t. 2, n. 920 et s. — Ainsi jugé, dans des cas où il avait été déposé le même jour à la conservation des hypothèques une vente et une saisie relatives au même immeuble. — Cass., 18 déc. 1888, [J. Enreg., 23637] — Trib. Périgueux, 5 déc. 1889, [J. Enreg., 23658] — Une décision même est allée plus loin; après avoir écarté l'art. 2147, C. civ., pour régler la priorité des dépôts opérés le même jour à la fin de transcription d'un acte de vente et d'inscription d'une hypothèque sur l'immeuble vendu, la cour de Bastia a jugé que, s'il est vrai que cet acquéreur et ce créancier ne puissent venir en concurrence sur le même immeuble, la priorité entre eux ne serait pas déterminée d'une façon absolue par l'art. 2200, C. civ., mais, selon les circonstances, par les règles du droit commun, par titres, témoignages ou présomptions. Cette doctrine nous paraît rationnelle. — Bastia, 12 déc. 1881, Giudicelli, [D. 82.2.194] — V. cep. Bourges, 10 févr. 1887, [J. Enreg., 22833] — Trib. Nice, 15 nov 1883, [J. Enreg., n. 22308]

195. — Après avoir exposé l'utilité du registre des dépôts et la façon dont il est tenu, il convient, en terminant, de faire observer que l'ordre numérique qui s'y trouve constaté dépend parfois du seul hasard, lorsque plusieurs paquets sont remis par la poste en même temps.

196. — Pour rendre plus facile, en cas d'accident ou d'incendie, la reconstitution des registres du conservateur une loi du 5 janv. 1875, modifiant l'art. 2200, C. civ., a prescrit la tenue en double original des registres de dépôts; l'un est gardé à la conservation, et l'autre est déposé, sans frais, contre récépissé, dans les trente jours qui suivent sa clôture, au greffe du tribunal civil d'un arrondissement autre que celui de la résidence du conservateur et désigné, sur réquisition du procureur général, par une ordonnance du président de la cour dans le ressort de laquelle se trouve situé le bureau (Décr. 28 août 1875). Ces dispositions ont augmenté, à concurrence des droits de timbre du registre nouveau, les frais qui incombent aux parties.

197. — En cas de destruction des registres de dépôts restés à la conservation des hypothèques, les doubles conservés au greffe, où, seuls, pouvaient en prendre connaissance les agents de l'administration de l'enregistrement, sont immédiatement remis, contre récépissé, à l'administration, chargée de procéder à leur reconstitution, sans qu'il puisse en résulter aucune charge nouvelle pour les parties.

198. — L'hypothèse prévue par les auteurs de la loi du 5 janv. 1875 s'est réalisée, le 24 oct. 1877, époque à laquelle les registres de la conservation des hypothèques de Tulle furent presque totalement détruits par un incendie. Le travail de reconstitution, confié, en exécution des lois des 15 juin 1878 et 17 déc. 1878, à une commission, présidée par le président du tribunal civil de Tulle, porta : « 1° sur les transcriptions effectuées depuis le 1er janv. 1856 et sur celles antérieurement faites à cette époque, en vertu des art. 939 et 1069, C. civ.; 2° sur les inscriptions prises postérieurement au 1er janv. 1867 et sur toutes les inscriptions antérieures dispensées de renouvellement; 3° enfin, sur les transcriptions de saisies encore subsistantes. »

199. — II *Registre d'inscription des privilèges et hypothèques*. — Ce registre, contenant la copie des bordereaux présentés par les parties jadis divisé en cases, se tient aujourd'hui en colonnes; celle du milieu reproduit le bordereau, affirmé par la signature du conservateur; les autres sont destinées à recevoir des émargements, également signés, énonçant les modifications diverses de l'inscription, mentions de subrogation ou de radiation, déclarations de changement de domicile..., ou à indiquer les références au répertoire. Chaque page doit contenir 30 lignes de 13 syllabes (Instr. 1433, 2333).

200. — Voici le modèle du registre d'inscription :

Inscription de privilèges et d'hypothèques.

RÉPERTOIRE.		MENTIONS des CHANGEMENTS DE DOMICILE et subrogations.	TEXTE (30 lignes de 13 syll. à la page).	MENTION des RADIATIONS.
Nos du VOLUME.	Nos de L'ARTICLE.			

201. — L'utilité de ce registre, reproduction littérale des bordereaux, est contestable. Une réforme sage consisterait à décider que les bordereaux, qui sont, à l'heure actuelle, soigneusement émargés du numéro du volume et de celui de l'inscription, conservés en liasse et classés comme pièce justificative de la formalité, seront à l'avenir simplement reliés, comme les minutes des notaires, en des volumes auxquels on se reporterait pour avoir copie de l'inscription. Les conservateurs ne souffriraient plus des erreurs commises par les copistes; les retards considérables provoqués par cette inutile besogne disparaîtraient; l'État ne perdrait rien à une transformation d'impôts, et les parties y gagneraient la portion du salaire (3/5 ou 1/2) affectée à la rétribution des copistes. C'est un de ces cas trop nombreux où l'intérêt des parties doit céder à des exigences fiscales, en l'espèce à la débite du papier timbré. — V. Garnier, n. 275 et 698.

202. — III. *Registre de transcriptions d'actes de mutation.* — Ce registre contient la copie littérale, signée du conservateur, de l'expédition ou de l'original, suivant que l'acte est authentique ou sous seing privé, avec indication en marge des noms des parties, du prix porté dans l'acte, des droits proportionnels de transcription dans les cas exceptionnels où le conservateur les a perçus, du volume ou du registre où est faite l'inscription d'office et du montant des salaires reçus.

203. — Depuis 1888, les conservateurs doivent porter sur chaque page du registre des transcriptions 30 lignes de 18 syllabes chacune, soit 540 syllabes, compensation faite d'une ligne à l'autre. Auparavant, le nombre de lignes était de 35 (Instr. adm. enreg., 10 août 1888, n. 2758).

204. — Ici encore, on peut affirmer que le système actuel, onéreux pour les parties tenues de supporter des frais de timbre et de copistes, dangereux pour les conservateurs eux-mêmes responsables des erreurs et exposés à se trouver désarmés en cas de modification apportée par le notaire à la grosse rendue aux intéressés, serait avantageusement remplacé par le dépôt aux archives des hypothèques d'une expédition de l'acte authentique spécialement destinée à la transcription ou d'un exemplaire également spécial de l'acte sous signature privée, qui serait désormais rédigé non plus en double (C. civ., art. 1325), mais en triple original, et revêtu, bien entendu, de la signature des deux contractants.

205. — M. Garnier (*op. cit.*, n. 699), estime que le dépôt d'un extrait en forme de tableau remplacerait, également avec avantage, le système « primitif » actuel.

206. — IV. *Registre des transcriptions des saisies immobilières et de leur dénonciation.* — Ce registre est destiné à reproduire littéralement les exploits de saisie et de dénonciation au saisi dont la loi du 2 juin 1841 a ordonné la publicité. Avant cette loi sagement réformatrice, le saisi n'était officiellement averti qu'après la transcription, c'est-à-dire au moment où, par la publicité de la saisie, son crédit avait reçu une atteinte grave, peut-être irréparable. — Boitard, Colmet-Daage et Glasson, t. 2, n. 947; Garsonnet, *Tr. théor. et prat. de procéd.*, t. 4, § 661-II quater, n. 1, p. 88.

207. — En voici la formule :

Transcriptions de saisies et dénonciations de saisies immobilières.

Nos D'ORDRE des TRANSCRIPTIONS.	RÉPERTOIRE.		TEXTE (30 lignes de 18 syllabes).	MENTION
	Nos du VOLUME.	Nos de L'ARTICLE.		1° des sommations faites, conformément aux art. 691, 692, C. proc. civ., au saisi et aux créanciers inscrits; 2° du jugement d'adjudication des immeubles saisis; 3° du jugement de conversion; 4° de la radiation de la saisie, [avec indication de la page et du n° de chaque enregistrement inscrit pour ordre au registre des dépôts].

208. — Il y a lieu, à propos de la tenue de ce registre, de se demander, comme précédemment, s'il ne suffirait pas, au lieu d'une reproduction littérale, du dépôt des copies aux archives, le conservateur en devenant responsable.

209. — En terminant ce qui a trait aux registres de formalités, il convient de faire observer que l'obligation, inutile à notre avis, de copier intégralement tous les bordereaux ou actes sujets à transcription, a rendu souvent nécessaire, pour permettre le travail concomitant de plusieurs commis, la tenue simultanée de plusieurs registres d'inscriptions et de transcriptions. Aux directeurs départementaux est réservé le soin de déterminer le nombre à ouvrir de ces registres, qui portent, en ce cas, un numéro différent (Sol. 3 janv. et 28 févr. 1856; Instr. gén., n. 2051, 2730, § 167). — Garnier, n. 703.

210. — Spécialement, en matière d'expropriation pour cause d'utilité publique, l'administration autorise parfois l'ouverture d'un registre destiné aux transcriptions, tout en défendant la tenue d'un registre spécial de dépôts pour y constater exclusivement les réquisitions de transcriptions de ce genre. Il est à remarquer, à ce sujet, que pour le papier timbré des registres où sont transcrits les jugements d'expropriation, les conservateurs sont dans l'obligation de faire ainsi une avance parfois considérable, dont le remboursement est souvent aussi très-retardé (Sol. 16 janv. 1868). — V. Géraud, n. 3753-1°; Garnier, n. 703-1°.

3° *Registres auxiliaires.*

211. — I. *Ancien registre des formalités de saisies.* — Jusqu'au 1er janv. 1886, il existait un registre, qui ne figure pas à l'énumération des registres de formalités, registre non timbré, où devaient être portées, outre la mention en marge de la transcription de la saisie faite conformément aux art. 693, 716 et 748, C. proc. civ., les sommations faites au saisi et aux créanciers inscrits, de prendre communication du cahier des charges, les radiations de la saisie et les jugements de conversions et d'adjudications (Déc. min. Fin., 22 nov. 1841; Instr. gén., 12 déc. 1841, n. 1651; 31 déc. 1841, n. 1654).

212. — Ce registre était ainsi libellé :

Sommations, radiations (registre actuellement supprimé), conversions et adjudications.

Nos D'ORDRE des ENREGISTREMENTS.	RÉPERTOIRE.		TEXTE.	INDICATION DU NUMÉRO de la page du registre des transcriptions de saisies où sont mentionnées les sommations.
	Nos du VOLUME.	Nos de L'ARTICLE.		

213. — Fort utile avant 1842, c'est-à-dire à une époque (V. *suprà*, n. 206) où la transcription de la saisie précédait la dénonciation au débiteur, ce registre était devenu presque inutile depuis qu'en vertu de la loi du 2 juin 1841 (art. 678, C. proc. civ.), la transcription comprend tout ensemble les procès-verbaux de saisie immobilière et de dénonciation au saisi.

214. — Depuis 1886, ce registre spécial n'est plus tenu; on a voulu simplifier le travail et dispenser le conservateur de la série d'arrêtés que comportait la saisie précédant ce registre spécial. Les sommations faites en vertu des art. 691 et 692, C. proc. civ., les jugements d'adjudication et de conversion et les radiations sont simplement inscrits, désormais, pour ordre, au registre des dépôts (Instr. gén., n. 2720, § 168).

215. — II. *Répertoire des hypothèques ou registre des comptes individuels.* — Tout en servant de base à la publicité, l'inscription sur les registres serait insuffisante pour permettre aux tiers intéressés de vérifier la situation hypothécaire de leur débiteur : en effet, prise à sa date respective, qui, aux termes de l'art. 2134, C. civ., en fixe le rang, chaque inscription demeurant confondue dans la multitude des registres de la conservation, ne remplirait point le vœu de la loi, si toutes les inscriptions grevant une même personne n'étaient point relevées sur un compte particulier qui les réunit en un seul tableau, et révèle ainsi le passif exact de chaque débiteur hypothécaire. Les mêmes raisons imposent un répertoire des transcriptions et mentions intéressant un même individu.

216. — C'est pourquoi la loi du 21 vent. an VII a décidé (art. 18) qu'indépendamment et en outre des registres de formalités ci-dessus mentionnés, les conservateurs tiendraient un registre sur papier libre pour y mentionner, par extraits, au fur et à mesure des actes, sous le nom de chaque grevé et à la case spéciale à lui destinée, les inscriptions à sa charge, transcriptions, radiations et autres actes le concernant, avec indication des registres et numéros où chacun de ces actes se trouve porté et consigné; tous ces comptes nominatifs indiquent, d'un côté, les inscriptions, de l'autre, les transcriptions.

217. — Ce registre des comptes individuels, dénommé *Répertoire* en style administratif, présente dans la hauteur des cases, qui s'étendent sur toute la largeur des registres, chacune ayant au frontispice, un numéro d'ordre, à côté duquel se trouvent inscrits les nom, prénoms, profession et domicile du débiteur. Ce registre est, en outre, tenu à feuille ouverte, la page droite étant consacrée à l'indication des actes transcrits et des mentions en marge de ces actes intéressant le titulaire du compte; la page gauche étant destinée elle-même à l'indication des créances hypothécaires inscrites contre ce titulaire débiteur ou grevé aux radiations ou renouvellements de ces inscriptions.

218. RÉPERTOIRE *(3 cases par page).*   Case n°........ — *Nom, prénoms, profession, domicile.*   RÉPERTOIRE.

REGISTRE DES FORMALITÉS.		DATE DES TRANSCRIPTIONS ou mentions en marge.	NATURE de L'ACTE TRANSCRIT ou de la mention.	ÉVALUATION ou PRIX PORTÉ dans l'acte.	RADIATION de SAISIE et résolutions judiciaires.	REGISTRE DES FORMALITÉS.		DATES des INSCRIPTIONS.	MONTANT de LA CRÉANCE inscrite.	RADIATIONS, péremptions, renouvellements etc.
Nos du volume.	Nos de l'article.					Nos du volume.	Nos de l'article.			

219. — Chaque compte du répertoire étant individuel, on s'explique de ne trouver jamais plusieurs individus dans la même case; seraient-ils même mariés, cohéritiers, covendeurs, coacquéreurs, associés ou cocréanciers ; — de rencontrer des actes intéressant plusieurs personnes mentionnées au compte de chacune d'elles; — et de voir les femmes mariées désignées, en des cases distinctes de celles de leurs maris, sous leur nom patronymique.

220. — Par contre, et à raison du principe de la permanence indéfinie des comptes, il n'est jamais ouvert en même temps plusieurs feuilles au nom du même individu; lorsqu'une feuille est remplie et qu'il est nécessaire d'en ouvrir une nouvelle, le conservateur indique, à la fin de la première feuille, le numéro de celle qu'il ouvre à nouveau pour la même personne.

221. — Les annotations au répertoire, desquelles dépend le sort de toute recherche, ne sont même point paraphées par les conservateurs, en sorte que les responsabilités des divers titulaires sont toutes confondues. Cela explique comment, très-souvent, après avoir vérifié une formalité mentionnée au répertoire, et pour s'épargner ultérieurement une nouvelle vérification, le conservateur ajoute *vu* et paraphe; cette précaution ne modifie d'ailleurs en rien pour l'avenir les règles sur la responsabilité.

222. — Pour les radiations, en particulier, dont le répertoire n'indique pas la date, les mentions prescrites par la circulaire 1570 sont tellement dangereuses que, dans l'impossibilité où de se fier à ces indications dont rien n'indique l'auteur, la plupart des conservateurs ne s'y arrêtent pas. Nous n'irions point cependant jusqu'à dire avec Garnier (*op. cit.*, n. 705-1°) que le plus simple et le plus sûr est de s'abstenir de toute mention de radiation au répertoire, cette mention ayant tout au moins l'avantage d'éveiller l'attention du conservateur appelé, sur réquisition, à faire une recherche.

223. — Le répertoire de chaque bureau, à raison de la permanence indéfinie des comptes, se compose de plusieurs centaines de volumes d'un entretien matériel d'autant plus difficile que, le plus souvent, sinon toujours, par l'effet d'économies mal entendues, la reliure en est originairement très-peu solide.

224. — III. *Table alphabétique du répertoire.* — Les rouages précédemment décrits, registres de formalités et répertoire, ont été seuls mentionnés dans la loi : tenus dans un ordre chronologique ils rendent impossible ou tout au moins très-longue et malaisée la recherche d'un compte déterminé. La table alphabétique qui est destinée à obvier à cet inconvénient, est l'œuvre de l'administration, qui l'a créée par la circulaire même (24 germ. an VII) adressée à ses agents pour leur communiquer la loi. — V. Garnier, *op. cit.*, n. 709.

225. — Elle est établie de la façon suivante :

Table du répertoire.

NOMS placés en tête de chacune des cases du répertoire.	PRÉNOMS.	PROFESSION.	DOMICILE.	N°ˢ DU RÉPERTOIRE	
				Volume.	Case.

226. — Pour arriver au résultat qui a déterminé sa création, c'est-à-dire la découverte instantanée de l'existence d'un compte et de tous les actes intéressant un même individu, la table aurait dû être dans l'ordre « rigoureux d'un dictionnaire », chose impossible du moment où l'on voulait la constituer successivement au fur et à mesure des inscriptions au répertoire. C'est pourquoi on s'est borné à l'ordre alphabétique des lettres initiales, sauf refonte des tables, sous ordre de l'administration, à certaines époques ; chaque nom patronymique forme un cadre à demi rempli que chaque contractant nouveau vient, avec ses désignations particulières, occuper à la suite de ses homonymes. — Legrand, *Des états d'inscript.*, n. 5.

227. — A raison de la confusion de tous les homonymes ayant un ou plusieurs prénoms identiques, et de la persistance sur les feuillets de la table des noms correspondant à des inscriptions d'hypothèque périmées, ce registre est devenu « un instrument de recherches des plus dangereux et des plus défectueux », et qui rend presque toujours impossible la répartition des responsabilités respectives des titulaires successifs de la conservation. — V. Garnier, *op. cit.*, n. 706-1°.

228. — IV. *Registre indicateur.* — A chaque réfection de la table, un nouveau registre, dit *indicateur*, est mis en service ; chacune des pages est divisée en trois colonnes : deux indiquent le volume et le folio du registre de la table relatif au nom d'un individu déterminé et unique ; ce nom est inscrit seul en tête de la troisième colonne du registre indicateur, pour qu'à sa suite et dans l'espace laissé blanc, soient inscrits les individus aux noms, totalement ou à peu près identiques, sur lesquels des formalités seraient accomplies et qui ne figureraient point déjà sur la table.

229. — D'après ce procédé mis en vigueur d'une façon uniforme et obligatoire à partir de 1844 (Instr. gén., n. 1593, 1602), les noms patronymiques se présentent dans un ordre alphabétique à peu près rigoureux avec renvoi au volume et au folio de la table où se trouvent réunis sous une même division tous ceux qui, portant le même nom, ne se distinguent que par des particularités mentionnées à la table, prénoms, profession ou domicile.

230. — A côté de ce registre actuellement obligatoire, certains conservateurs emploient, pour rendre plus rapides les recherches et plus facile le contrôle des indications des registres, le système, aisé mais dangereux, des fiches mobiles groupées dans un ordre rigoureusement alphabétique.

231. — L'Administration a décidé que le conservateur, qui posséderait des éléments ou documents de ce genre, ou quelconques, servant d'auxiliaires à ses pièces officielles, serait tenu, quel qu'en soit le titre, de les remettre à son successeur, et ce sans indemnité de la part de ce dernier (Instr. gén., n. 1081 et 1593). — Vuarnier, *op. cit.*, n. 4093.

232. — Les notions qui précèdent ont montré, sans qu'il soit nécessaire d'insister, avec quelle attention doivent être dressés la table et le registre indicateur, notamment en ce qui concerne, pour les additions à un compte ancien ou l'ouverture d'un compte nouveau, la recherche de l'identité dans l'une ou l'autre des indications dont l'ensemble constitue la désignation individuelle d'un débiteur hypothécaire, d'un acquéreur et généralement d'un tiers déterminé. Ainsi, lorsqu'une simple lettre différencierait l'orthographe des noms, il y aura intérêt à renvoyer de l'un à l'autre. — V. Garnier, n. 708 ; Legrand, *Des états d'inscript.*, n. 8.

233. — V. *Registre des salaires.* — La tenue de ce registre, concomitante avec celle des précédents, a été ordonnée par une circulaire du 7 juin 1809 (Instr. gén., n. 665). Uniquement destiné à l'inscription des émoluments des conservateurs, afin de connaître les chiffres servant de base à la retenue opérée au profit de la caisse des retraites, il n'a aucune valeur probante dans l'intérêt des particuliers. Les salaires étaient inscrits jour par jour ; aujourd'hui (Instr. 2156, § 4), ils ne sont inscrits sur le registre qu'à la fin de chaque mois et en un seul article. De la sorte, l'arrêté quotidien spécialement ordonné en constitue une formalité aussi inutile que la relation en toutes lettres des salaires.

§ 4. *Projets de réforme.* — *Cadastre.* — *Livres fonciers.*

234. — Suivant une règle commune à toutes les formalités, les registres sont tenus par noms des parties intéressées et non point par parcelles, alors qu'il est pourtant nécessaire de s'adresser au conservateur de l'arrondissement sur le territoire duquel est situé l'immeuble, objet de la mutation ou du droit réel. C'est à cet égard que de sérieuses réformes sont actuellement à l'étude.

235. — Tenus, à l'heure actuelle, par ordre de dates, les registres des inscriptions sont impuissants, à ce titre, à faire connaître les changements survenus dans la consistance, l'étendue et les limites de chaque bien-fonds ; ils n'arrivent qu'indirectement et d'une manière approximative, à l'aide de répertoires parcellaires, à la détermination juridique de la propriété, rien ne garantissant d'ailleurs, aux intéressés, l'exactitude des références établies entre le registre parcellaire et celui des formalités, où les points essentiels, surtout lorsque les actes y sont insérés par voie de transcription littérale, disparaissent parfois dans le verbiage des clauses de style. D'où, en résumé, l'impossibilité presque absolue d'arriver à la publicité réelle, sinon par un très-long circuit, à travers de multiples chances d'erreurs. — V. disc. de MM. Bufnoir et Worms, Comm. extraparlem. du cadastre, séance de la sous-commission juridique du 18 juin 1891 : *Procès-verbaux*, t. 1, p. 196-198.

236. — Déjà, en 1841, la faculté de droit de Caen avait

proposé que les inscriptions fussent prises et les certificats délivrés, non sur les personnes, mais sur les immeubles : les opérations du cadastre auraient précisé les parcelles par section et par numéro (V. *suprà*, n. 48 et s.); ainsi, à côté des registres des transcriptions et des inscriptions hypothécaires, il aurait été établi des registres où chaque parcelle cadastrale aurait eu un compte ouvert au numéro sous lequel elle aurait figuré au plan cadastral. — *Docum. sur le rég. hypoth.*, t. 1, p. 409.

237. — Mais la Cour de cassation considéra que le cadastre serait une base souvent inexacte et toujours incertaine de la délimitation des propriétés et de l'état des propriétaires, les contrats étant, en réalité, dans la pratique, la meilleure et la plus sûre base d'un tableau fidèle de la possession, de la propriété et des immeubles. D'autre part, les renseignements verbaux, sont recueillis par les ingénieurs, arpenteurs-géomètres et commis, suffisants pour la formation des rôles des contributions, sauf réclamations ultérieures des contribuables, au contraire, insuffisants pour constituer le grand livre des propriétés immobilières. Par suite, la Cour de cassation pense que, les cispositions du Code civil déterminant les formalités hypothécaires étant sages, il serait plutôt nuisible qu'utile d'y faire des changements. — *Docum. relat. au rég. hypoth.*, t. 2, p. 475.

238. — L'idée dominante aujourd'hui est d'individualiser la propriété immobilière, et de la déterminer, — physiquement d'abord, par la reconnaissance de ses limites et de son étendue; juridiquement ensuite, par la publicité de tous les droits relatifs au bien-fonds, à commencer par le droit de propriété, dans un document unique, d'une lecture facile, dit *livre foncier*. Celui-ci, reproduirait par le plan l'image matérielle de l'immeuble lui, par de brèves mentions, son identité juridique; le nom du bien-fonds lui-même, et non celui du propriétaire, serait inscrit en tête de ce compte, autour duquel viendraient se grouper tous les actes et faits modificatifs du droit de propriété. — V. discours de M. de France de Tersant, au Congrès international de la propriété foncière, séance du 10 août 1889 : Compte-rendu officiel, p. 10. — V. aussi Commission extra-parlementaire du cadastre, séance de la sous-commission technique du 19 juin 1891, Disc. de M. Boutin : *Procès-verbaux*, t. 1, p. 37.

238 *bis*. — En rattachant l'inscription directement à l'immeuble, au lieu de le rattacher au nom de la personne, on se conformera strictement à la nature de l'hypothèque qui, primitivement, ainsi que le démontre si énergiquement l'étymologie de son nom, s'incrustait en quelque sorte dans l'immeuble lui-même et à la pensée formellement exprimée du législateur, d'après lequel (C. civ., art. 2144) l'hypothèque est un droit réel sur un immeuble affecté à l'acquittement d'une obligation et suit l'immeuble dans quelques mains qu'il passe. — Trémoulet, *De la réforme hypothécaire* : Rev. crit. de lég. et de jur., année 1880, p. 268-285.

239. — Ainsi, la détermination matérielle de l'immeuble, condition première de l'organisation des livres fonciers, suppose la reconnaissance préalable des limites de cet immeuble et de sa contenance, — d'autre part, il est à remarquer que les titres de propriété indiquent ordinairement une contenance supérieure à la superficie réelle, en sorte que les déficits de contenance ne pourraient se répartir proportionnellement qu'avec une opération d'ensemble ; — il est dès lors nécessaire, pour donner au registre foncier une base matérielle indiscutable, de rattacher, comme en Prusse et dans les autres Etats de l'Allemagne, en Autriche et dans les établissements anglais de Malacca, les levers partiels à une triangulation générale et de procéder à la délimitation des propriétés au moyen d'une opération d'ensemble embrassant tout le territoire. C'est précisément l'objet du cadastre. — V. M. Sanguet, séance du Congrès foncier, 9 août 1889 : Compte-rendu, p. 17; Besson, p. 412, 413.

240. — Malheureusement, le cadastre actuel de la France n'est point en état de prêter aux livres fonciers le concours qu'on est en droit de lui demander. Exécuté, sinon conçu, en vue d'un intérêt purement fiscal, d'après la possession apparente, fondée sur la commune renommée et, réduit ainsi au simple rôle d'une œuvre purement administrative, il n'a, juridiquement, qu'une valeur des plus discutables et est sans force probante quant au droit de propriété. — Il présente, en outre, de trop nombreuses défectuosités, même au point de vue de l'impôt foncier, la concordance du cadastre avec l'état des propriétés n'ayant point tardé à être fatalement détruite par l'effet des modifications survenues, depuis son établissement, dans la composition du terrain et le groupement des parcelles.

240 *bis*. — D'après le cadastre, la surface actuelle de la France est de 52,856,482 hectares. D'après les résultats d'une enquête prescrite par circulaire de la direction des contributions directes en date du 24 juin 1891, elle serait de 52,957,956 hectares, et de 53,646,374, d'après le service géographique de l'armée (juill. 1894). Le nombre des parcelles figurant actuellement sur les plans du cadastre est de 125,997,345 ; d'après les résultats de la même enquête sur la valeur des plans cadastraux, il est de 151,091,992. Ces parcelles sont actuellement détenues par 8,454,218 propriétaires.

241. — Le renouvellement du cadastre, dont la mise au courant a été maintes fois demandée et projetée, officiels ou non, présentés de 1820 à 1830, puis en 1837, en 1846 et le 23 mars 1876 et demeurés sans résultat, est le préliminaire obligé de l'institution des livres fonciers. « Le cadastre, perpétué à l'aide d'un système permanent de conservation, ne serait pas seulement un instrument fiscal et administratif, il devrait satisfaire d'autres besoins. Des abornements généraux et une triangulation rigoureuse précéderaient le renouvellement des opérations. Le cadastre constituerait la base de la propriété foncière; il assurerait la sécurité des hypothèques et la régularité des transactions immobilières ; il fournirait, enfin à l'agriculture, par le développement des institutions de crédit, les moyens d'action qui lui font défaut aujourd'hui ». — Exposé des motifs de la loi de finances de 1891, p. 9 et 27.

242. — Lorsque le nouveau cadastre serait enfin constitué, la propriété contractuellement ou judiciairement abornée et son identité matérielle à jamais incontestablement déterminée, il resterait à fixer la situation juridique de ces immeubles abornés, tous les droits réels relatifs au bien-fonds seraient révélés par l'inscription obligatoire, dite *immatriculation* sur un feuillet du livre foncier, de tout immeuble d'un seul tènement ou de l'ensemble des parcelles appartenant à une même commune. Cette formalité aurait ainsi pour objet de dégager la propriété des causes d'éviction occultes qui la menacent dans l'état actuel de la législation, de telle sorte que les conventions passées sur la foi de cette inscription initiale fussent à l'abri de toute attaque ultérieure possible. — V. sur cette opération de l'immatriculation, Besson, p. 420-436.

243. — Le cadastre, si indispensable que soit son concours, ne pourrait, comme ne désignant ni le véritable propriétaire, ni les titulaires de droits réels, mais seulement l'immeuble lui-même, servir de fondement exclusif à l'immatriculation ; d'autre part, les registres actuels des conservations ne garantissent nullement ni la permanence des droits inscrits, ni l'absence d'autres droits réellement constitués ; ils ne font connaître qu'un propriétaire apparent, dont le droit risque d'être restreint ou détruit par les hypothèques ou privilèges et les droits de résolution dispensés de publicité. Pour sauvegarder complètement le droit des tiers, il faudrait, avant d'affecter définitivement à l'immeuble un feuillet du registre foncier et d'en opérer l'immatriculation, fixer un délai durant lequel le propriétaire de l'immeuble et les titulaires de droits réels devraient, l'un justifier de la légitimité de son titre, les autres produire leurs réclamations ou oppositions, sous peine de déchéance.

244. — Enfin, d'après une conception qui s'inspirerait, sans la reproduire entièrement, de la théorie australienne de l'Act Torrens, sur la délivrance des *certificats de titre* et les effets de celui-ci dans les rapports des parties entre elles comme au regard des tiers, il n'y aurait peut-être que des avantages à ce que le conservateur des hypothèques délivrât à chaque propriétaire inscrit comme tel sur les registres fonciers un certificat, d'une valeur adéquate à celle du feuillet de l'immeuble. Ce feuillet serait disposé de manière à faire ressortir, sous forme de tableau synoptique, tous les actes ou faits juridiques mentionnés ou inscrits et sans, pouvoir servir d'instrument au transfert de la propriété ou à la constitution des droits réels entre les parties, il aurait au regard des tiers la même force probante que le feuillet réel du registre foncier. Il offrirait ainsi une base sûre aux transactions, en permettant au titulaire de justifier, par le registre, grand avantage du crédit, immédiatement, sans frais ni perte de temps, de la nature de son droit et de la situation de son immeuble au point de vue hypothécaire.

245. — Par l'attribution d'un feuillet spécial du registre, non à toute parcelle, mais, ce qui est bien différent, à chaque groupe de parcelles, contiguës ou non, appartenant au même propriétaire dans la circonscription de la même commune, il semble qu'en dépit des objections, l'organisation matérielle des livres fonciers peut être menée à bonne fin, sans entraîner des difficultés pratiques dont ne puissent avoir raison l'activité et l'expérience des conservateurs. La meilleure réponse aux objections, trop vite faites à ce sujet, est dans l'exemple de la Prusse où, d'après les justes calculs de M. de Foville, le morcellement de la propriété est, au moins, aussi grand qu'en France. — A. de Foville, *Le morcellement du sol*, p. 240.

246. — Avec des annonces périodiques dans les journaux, des publications collectives par voie d'affiches, des notifications individuelles et la mise en demeure du détenteur de l'immeuble d'avoir à produire au conservateur, préalablement à l'immatriculation, les titres justificatifs de son droit de propriété, il semble que le danger des méprises ou des collusions frauduleuses soit presque nul. Le contrôle préliminaire du conservateur, l'intervention obligatoire, dans certains projets, des notaires pour la procédure de l'inscription, les restrictions apportées au principe de la force probante, les pénalités édictées contre les fraudeurs et toutes autres mesures nécessaires de prévoyance laissent peu de place aux risques de dépossession dont s'alarment les adversaires du livre foncier. — V. Besson, p. 508.

247. — Aux objections contre le système des livres fonciers, tirées de ce que la mobilisation du sol, funeste à la famille et à la société, hâtera la dispersion du patrimoine familial, en détournant l'homme de la terre, pour l'habituer à ne voir en cette richesse traditionnelle et sacrée que l'équivalent d'une somme d'argent, une simple valeur d'échange, et non plus un élément éminemment moral de conservation sociale, on peut répondre avec le président du Congrès de la propriété foncière, M. Duverger, que « l'immatriculation procurera une entière sécurité au titulaire et à ses ayants-cause; que le bien circulera librement, arrivera vite aux mains de celui qui en tirera le meilleur profit, et que le possesseur, grâce à la bonne organisation du crédit, fécondera l'immeuble et l'aimera ». — *Procès-verbal du Congrès*, p. 26.

CHAPITRE III.

DE LA PUBLICITÉ ASSURÉE PAR LES CONSERVATEURS.

SECTION I.
Règles générales.

248. — La garantie des tiers acquéreurs et des prêteurs sur hypothèque dépend de la vérification plus ou moins complète des divers ordres de faits qui tendent à constituer, à grever ou à annuler le droit de propriété; c'était donc une nécessité pour le législateur d'organiser simultanément la publicité des titres de transfert et des constitutions d'hypothèque ou droits réels immobiliers, aliénations ou démembrements de la propriété, comme aussi de tous les risques d'éviction totale ou partielle, découlant d'une cause d'annulation ou de résolution et susceptibles de faire tomber, non seulement le titre originaire de la transmission, mais encore tous les droits réels acquis ultérieurement par les tiers sur la foi de ce titre. Les conservateurs sont les agents sont les agents actuels de cette publicité. — Nous examinerons *infra*, en matière de salaires, quels sont, au cas de cessation de fonctions, les droits et les obligations de l'ancien et du nouveau titulaire en ce qui concerne les pièces déposées et les certificats requis.

248 bis. — La loi du 23 mars 1855 n'oblige les parties ni à signaler au conservateur les droits qu'elles entendent conserver, ni à s'assurer que le conservateur a copié littéralement sur les registres et porté sur les répertoires les indications qui lui permettent d'établir ultérieurement l'état général ou spécial prescrit par la loi. — Trib. Seine, 4 août 1881, [J. Enreg., n. 21737]

249. — Les conservateurs sont chargés d'assurer par la *transcription* la publicité des titres fonciers, autres que les mutations par décès : 1° des actes translatifs, tels qu'actes entre-vifs de transfert à titre onéreux ou gratuit, ventes, échanges, dations en paiement, actes de société comprenant des apports immobiliers, donations; 2° des jugements d'adjudication et jugements qui constatent l'existence d'une mutation de cette nature, verbalement consenti; 3° des actes ou jugements portant renonciation à des droits de propriété immobilière, pourvu toutefois que la renonciation ne soit pas purement abdicative et qu'elle ait pour objet de dessaisir le renonçant d'un droit réel qui lui était définitivement acquis. — Il convient de mentionner encore la disposition exceptionnelle de l'art. 1069, C. civ., tirée de l'ordonnance de 1747, quant à la publicité des substitutions d'immeubles par testament. — V. Besson, p. 425-433.

250. — En ce qui concerne la publicité des démembrements de la propriété, c'est-à-dire des actes qui altèrent ou limitent le droit du propriétaire; ou bien qui, tout en laissant à ce propriétaire la plénitude de son droit, grèvent l'immeuble d'une charge transmissible aux acquéreurs successifs, qui en diminue la valeur, les conservateurs doivent opérer la *transcription* des premiers, usufruits, servitudes, droits d'usage et d'habitation, et procéder pour les seconds, privilèges et hypothèques, à l'*inscription* qui permet aux intéressés de se rendre un compte exact des charges assises sur l'immeuble, sauf hypothèques occultes. — V. Besson, p. 134-151.

251. — Les saisies immobilières et les constitutions de majorat sont rendues publiques par la *transcription*. Certains jugements qui n'opèrent, ni ne constatent transfert de propriété sont *mentionnés en marge* d'actes transcrits parce qu'ils révoquent ou annulent des droits que la transcription devait consolider (art. 4, L. 23 mars 1855). Avant même le jugement et dès l'action introduite pour demander la révocation d'une donation pour cause d'ingratitude, une mention est inscrite en marge de la transcription (C. civ., art. 958). Lorsqu'à la suite d'une saisie immobilière, dûment transcrite, l'immeuble a été racheté par le saisi, le conservateur serait fondé à refuser, conformément à l'art. 680, C. proc. civ., de transcrire une nouvelle saisie faite sur le même immeuble et contre le même débiteur, si le procès-verbal ne faisait pas connaître les circonstances à suite desquelles le débiteur saisi, après avoir été dépossédé de l'immeuble, en est redevenu propriétaire et a pu être régulièrement saisi une seconde fois. — Toulouse, 6 févr. 1881, [J. Enreg., n. 22950]

§ 1. *Transcription*.

252. — La transcription, simple reproduction du mode de publicité autrefois en vigueur dans les coutumes du nantissement, consiste dans la copie textuelle de l'acte sur les registres du conservateur, sans abréviation ni omission, sauf au cas où il s'agit d'une vente, telle qu'une adjudication en détail, susceptible d'être divisée. Il convient de remarquer que la loi du 23 oct. 1884, relative aux ventes judiciaires d'immeubles de minime importance, en disposant (art. 4, § 3) qu'il serait délivré à l'adjudicataire un extrait suffisant pour la transcription de son titre, n'a pas dérogé à la règle d'après laquelle la transcription ne doit avoir lieu que sur la production d'un extrait littéral et non simplement analytique. Le conservateur serait, par conséquent, fondé à refuser de transcrire un extrait qui ne contient qu'une analyse du cahier des charges et qui ne lui permet pas de satisfaire à ses obligations personnelles, telles que l'obligation de prendre l'inscription d'office et de délivrer un état sur transcription. — Trib. Villefranche, 24 juill. 1885, [J. Enreg., n. 22521] — Pour semblable opération, le conservateur n'a qu'à déférer à la réquisition qui lui est faite et conférer à l'acte le bénéfice de la transcription, sans se préoccuper du point de savoir s'il est nul ou valable civilement. — V. Trib. Bourg, 9 mars 1882, [J. Enreg., n. 21836]

252 bis. — Il résulte de ce rôle purement passif attribué par la loi au conservateur qu'au cas où l'immeuble exproprié ou vendu reçoit une fausse désignation dans les actes de publication, le conservateur, tenu de déférer purement et simplement aux réquisitions, est également tenu d'obtempérer à la demande postérieure des mêmes parties, tendant à faire faire une nouvelle transcription du contrat d'acquisition. Ainsi jugé en matière d'expropriation pour cause d'utilité publique et de cession amiable. — V. Sol. adm. enreg., 31 déc. 1872, [J. Enreg., n. 20094]

253. — Ces transcriptions littérales surchargeant, de manière assez inutile, les registres des conservations actuelles, cet inconvénient disparaîtrait avec le système projeté des livres fonciers, où, suivant la méthode généralement appliquée en Allemagne et en Australie, figureraient seulement des inscriptions sommaires, qu'il s'agit d'assurer la publicité d'une mutation de propriété, d'une affectation hypothécaire ou d'une action en résolution. Ces inscriptions, faites, après vérifications préliminaires, sur le dépôt ou l'envoi des réquisitions et des titres justificatifs au bureau par le notaire ou le greffier, seraient l'œuvre personnelle du conservateur responsable : compétent pour discuter le bien-fondé de la demande d'inscription, vérifier les titres produits à l'appui et exiger au besoin des justifications complémentaires, il recevrait logiquement compétence pour l'accomplissement même de la formalité. Son rôle ne serait plus, en aucune manière, passif, comme à l'heure actuelle. — V. Besson, p. 463-467.

254. — Ainsi conçu, le rôle du conservateur ne ferait point double emploi avec celui de l'officier public, chargé de vérifier et d'affirmer, dans l'acte de transfert, au moment de la rédaction du contrat, la capacité civile des parties. Le conservateur aurait le soin de vérifier si les données du livre foncier ne contredisent en aucun point les énonciations du titre présenté à l'inscription par les parties. Il aurait ainsi à vérifier si le vendeur ou l'emprunteur sont effectivement les titulaires de l'immeuble sur lequel l'inscription est requise; s'ils ne se trouvent point privés du droit d'en disposer par quelque cause d'inaliénabilité, révélée par la mention du feuillet du livre foncier; enfin, s'ils ne sont point sous le coup de l'une des causes générales d'incapacité prévues par la loi civile. « Ce droit de vérification préalable ne serait qu'une extension de ses attributions actuelles en matière de radiation ». — Besson, p. 462, 463.

§ 2. Inscription.

255. — Plus expéditive que la transcription et moins dispendieuse, l'inscription est un simple extrait analytique indiquant les clauses substantielles du contrat hypothécaire, telles que la nature et la situation de l'immeuble grevé, le créancier, le débiteur, le montant de la dette et l'époque de son exigibilité. Ces indications sont reproduites sur les registres suivant les termes mêmes de deux bordereaux remis, au moment même où la formalité est requise au bureau, et que le conservateur n'est point, au cas d'inexactitude, admis à rectifier à l'aide des mentions antérieurement portées sur ses registres. L'inscription opérée, le conservateur garde l'un des bordereaux pour justifier de la conformité de ce qu'il a écrit et de la réquisition reçue : il remet l'autre bordereau au requérant en certifiant la formalité accomplie. — Cass. Belge, 17 juin 1886, Conservateur des hypothèques de Bruxelles, [D. 89.2.173] — Trib. Joigny, 17 mars 1859, Fromont, [D. 59.3 46] — *Sic*, Pont, t. 2, n. 946; Martou, t. 3, n. 1060; Laurent, t. 31, n. 33.

255 bis. — Il est aujourd'hui généralement admis (V. J. Enreg., n. 21704) qu'un créancier, qui a obtenu pour sûreté de sa créance une hypothèque conventionnelle et la subrogation dans l'hypothèque légale de la femme de son débiteur, est tenu de requérir l'inscription de ces deux droits hypothécaires en déposant un seul bordereau en double. Le conservateur doit, en ce cas, prendre une seule inscription. — Nous retrouverons la question en matière de salaires. — L'inscription de la double garantie dont s'agit est valablement prise en vertu du même bordereau dans lequel le créancier a requis seulement la mention de cette subrogation : le conservateur, touché par cette réquisition, pourvu qu'elle contienne les énonciations substantielles prescrites par les art. 2148 et 2153, C. civ., est tenu par cela même requise pour l'inscription de l'hypothèque légale. — Trib. Lannion, 13 août 1887, [J. Enreg., n. 23237]

256. — L'art. 2150 disposant que le conservateur fait mention sur ses registres du contenu aux bordereaux, il en résulte en effet que, dans la pensée du législateur, le conservateur est un agent passif, dont le rôle se réduit à reproduire fidèlement, sous sa responsabilité personnelle, à transcrire sur son registre les énonciations mêmes du bordereau. Cette obligation de copier intégralement les bordereaux semble d'autant plus étroite, que, d'après un avis du Conseil d'État, en date du 11 déc. 1810, à l'égard des tiers la valeur de l'inscription se réduit à ce qui a été transcrit sur le registre. C'est pourquoi l'administration a rappelé aux conservateurs, par des solutions du 11 févr. 1865 et du 19 janv. 1893 (R. P., 8314, ann. 1892, p. 379), que de semblables prescriptions n'avaient pas seulement pour objet d'établir une réglementation d'ordre intérieur motivé par de simples circonstances de service et susceptible de subir des modifications suivant les cas. Ce mode de procéder trouverait, d'ailleurs, une autre justification dans le péril qu'une copie analytique ferait courir aux conservateurs et dans les difficultés d'interprétation qui pourraient en résulter pour les parties. — V. Grenier, *Traité des hypothèques*, t. 2, n. 530.

257. — Tandis qu'elle exigeait, pour l'inscription, des formalités multiples et minutieuses, la loi n'a pris, au contraire, aucune précaution pour faire du bordereau l'œuvre d'une personne capable de le formuler selon le droit et au moins moralement responsable, par la nature de ses fonctions. En fait, « les bordereaux présentent beaucoup de surcharges, de grattages, d'interlignes, de renvois non approuvés ». Cet état de choses, qui enlève à ces documents presque toute leur valeur, est imputable au silence de la loi sur la signature des bordereaux. — Observ. C. Montpellier, *Doc. sur le rég. hyp.*, t. 2, p. 316; Garnier, n. 271.

258. — Cependant, tandis que tous les auteurs conviennent qu'il y a des raisons puissantes pour exiger la signature du requérant sur le bordereau qui est éventuellement destiné à servir de preuve, dans la pratique, — en dépit de l'affirmation hasardée de M. Pont (t. 2, n. 947, p. 351), — les bordereaux ne sont pas signés, puisque le signataire assumerait ainsi, pour leur rédaction, une responsabilité à laquelle les lacunes de la loi lui permettent d'échapper. D'autre part, il est évident que la copie signée par le conservateur sur son registre, de bordereaux non signés, est impuissante à leur donner une force probante quelconque. — V. Liège, 3 mai 1871, [*Pasicrisie*, 71.2.283] — Baudot, *Tr. des formal. hyp.*, n. 321; Martou, t. 3, n. 1062; Laurent, t. 31, n. 35.

259. — On s'est demandé quelle est la valeur des inscriptions prises par le conservateur sur lui-même ou à son profit. Comme aucune loi ne lui proscrit formellement de s'abstenir en pareil cas, et que rien ne le déclare pas incapable de fonctionner, il nous parait qu'on ne pourrait les déclarer nulles. Admettre qu'en prenant inscription à son profit le conservateur se décerne un titre à lui-même, ce serait méconnaître le véritable caractère de l'inscription, qui n'est point un titre au sens propre du mot, et n'a d'autre objet que de porter l'hypothèque à la connaissance du public : si l'inscription a été faite sans droit, ou sans les énonciations requises par la loi, elle tombera; si, au contraire, elle est fondée sur un titre valable, et réunit tous les éléments nécessaires, le but de la loi aura été complètement rempli, puisque les tiers auront été avertis. Il convient d'ajouter que le législateur paraît bien avoir adopté cette manière de voir, lorsque, dans l'art. 7, L. 21 vent. an VII, il oblige le conservateur à prendre lui-même inscription sur son cautionnement (V. *suprà*, n. 106). — Duranton, t. 20, n. 139; Aubry et Rau, t. 3, § 268, p. 289, note 6; Laurent, t. 31, n. 376. — *Contra*, Persil, sur l'art. 2196, n. 5, t. 2, p. 405; Grenier, t. 2, n. 535.

Section II.

Délivrance des états et certificats.

260. — Les registres des conservateurs d'hypothèques sur lesquels sont copiés les actes à transcrire et les bordereaux d'inscriptions sont publics. Cette publicité n'autorise pas les particuliers à compulser eux-mêmes les registres, afin d'en prendre personnellement connaissance; ils peuvent seulement requérir le conservateur de leur en fournir une copie. Ces réquisitions peuvent être envoyées au bureau par la poste. Une lettre du ministre des Postes et Télégraphes, en date du 31 oct. 1884 (J. Enreg., n. 22476), a décidé que sont considérées comme *papiers d'affaires*, pouvant être affranchis moyennant 5 cent. par 50 grammes, les réquisitions d'états d'inscriptions adressées aux conservateurs des hypothèques, soit isolément, soit avec les actes de vente ou autres auxquels elles se rapportent. Il a été jugé cependant que la communication directe des registres ne doit pas être refusée aux magistrats, auxquels elle est utile pour la solution d'un procès; mais, en ce cas, elle devrait avoir lieu sans déplacement des archives. — Trib. Tulle, 14 janv. 1885, [*J. des conserv.*, 3636]

§ 1. Réquisitions d'états.

261. — Pas plus en cette matière que pour demander communication d'un acte de l'état civil ou d'un jugement, le requérant n'a besoin de justifier d'un intérêt légal. — Aubry et Rau, t. 3, p. 292, § 268.

262. — Au reste, il est aisé de comprendre quelles personnes demanderont le plus souvent à connaître le contenu des registres hypothécaires : 1° l'acheteur d'un immeuble voudra, avant de payer son prix, s'assurer que la propriété était régulièrement constituée sur la tête de son vendeur par la transcription de l'acte qui l'avait rendu propriétaire, et, à cet effet, il vérifiera les droits des précédents propriétaires, il recherchera si aucun droit réel n'existe, constaté dans un acte qui aurait été transcrit avant son acte de vente, si aucune transcription d'aliénation n'a précédé celle qu'il a lui-même demandée, si aucun jugement prononçant résolution, nullité ou rescision de droits réels n'a été transcrit ou mentionné en marge d'une transcription. De là, la réquisition d'un *état des transcriptions et des mentions*.

263. — 2° Un semblable état des transcriptions sera également utile au prêteur de deniers à qui l'emprunteur aura promis une hypothèque, et qui, avant de livrer les fonds, tiendra à constater que son débiteur est réellement propriétaire. S'il n'a pas pris cette précaution dès le début, le créancier, au moment de faire saisir, aura intérêt à voir s'il ne va pas procéder contre un non-propriétaire. En supposant même prouvé le droit de propriété du débiteur au moment du prêt, le créancier devra s'informer si aucune aliénation de l'immeuble hypothéqué n'a été transcrite; il se garantira ainsi contre la prescription de l'hypothèque (C. civ., art. 2180-4°); il saura s'il doit diriger ses poursuites contre un tiers détenteur (C. civ., art. 2166 et s.).

264. — 3° L'*état des inscriptions* sera demandé, soit par le prêteur de deniers qui voudra connaître la situation de l'immeuble qu'on lui offre comme gage, soit par le créancier poursuivant la saisie immobilière et qui voudra faire procéder aux sommations exigées par l'art. 692, C. proc. civ. Il est prudent de ne requérir cet état qu'après la transcription de la saisie, ou au moins de le faire compléter s'il avait été requis auparavant. — Garsonnet, *Cours de procéd.*, t. 4, § 671, p. 140.

265. — 4° L'adjudication sur saisie ayant été prononcée et transcrite, le créancier saisissant qui veut requérir l'ouverture de l'ordre dans le délai déterminé par l'art. 750, C. proc. civ., où il a le privilège de la poursuite, doit demander la conservation des hypothèques « *l'état sur transcription* ». Le plus souvent, cet état pourra lui être délivré avant l'expiration du délai de huitaine, car le conservateur n'aura qu'à compléter, en ajoutant les inscriptions prises ou les changements de domicile survenus depuis cette époque, l'état des inscriptions mentionné au numéro précédent, ou à attester par un certificat négatif qu'il n'est survenu aucun changement, inscription nouvelle ou élection nouvelle de domicile. Si le conservateur laissait passer ce délai sans avoir fourni l'état demandé, l'avoué du saisissant conserverait son privilège, en justifiant qu'il a mis en temps utile le conservateur en demeure, et ce dernier serait responsable du préjudice résultant du retard apporté par sa faute à l'ouverture de l'ordre. — Chauveau, sur Carré, *Lois de la procéd.*, t. 5, 1re part., quest. 2547 *novies*; Garsonnet, *Cours de procéd.*, t. 4, § 734, p. 508 et 509.

266. — 5° Enfin, l'acquéreur d'un immeuble a le plus grand intérêt à connaître les hypothèques qui grèvent cette immeuble; c'est pourquoi il requerra un *état des inscriptions*. Utile à celui qui veut affranchir l'immeuble en désintéressant les créanciers, cet état est indispensable à celui qui veut procéder aux formalités de la purge. En ce cas, l'état sera requis après la transcription qui est le préliminaire obligé de cette procédure (C. civ., art. 2181). A cette condition seulement, le requérant pourra considérer l'immeuble comme n'étant grevé que des charges énoncées par le conservateur, celles qui auraient été omises ne lui étant pas opposables bien que régulièrement inscrites (C. civ., art. 2198). L'état ainsi requis se nomme *état sur transcription*. Les anciens propriétaires doivent y être désignés aussi exactement que possible. Jugé que l'état général sur transcription, prévu par l'art. 2198, après la délivrance duquel l'immeuble est proclamé affranchi d'hypothèques entre les mains du nouvel acquéreur, n'est point utilement suppléé par une suite de certificats partiels antérieurs, délivrés avant la transcription. Aussi, le cas échéant, le notaire rédacteur de la vente, chargé de vérifier l'état hypothécaire dudit immeuble, et qui s'est contenté de ces états partiels, doit garantir l'acquéreur sommé de payer ou de délaisser. — Trib. Clermont-Ferrand, 3 juill. 1891, Morin-Pinel, [Garnier, *Rép. pér.*, 8161]

267. — L'état ainsi requis est nécessairement un état général de toutes les charges inscrites du chef du vendeur et des précédents propriétaires, jusqu'à l'expiration du délai de la purge. Il peut être requis par le tiers acquéreur, ou dès la transcription qui est en général de très près l'acquisition, ou après l'expiration du délai fixé par l'art. 2193, C. civ., pendant lequel il peut être pris inscription du chef des créanciers à hypothèque légale dispensée d'inscription et non inscrite. Parfois, le nouveau propriétaire fera deux réquisitions, l'une après la transcription, afin de connaître de suite les hypothèques inscrites, l'autre après les délais rappelés ci-dessus.

268. — Cette pratique, qui a pour fondement la seule commodité des requérants, ne saurait tourner contre eux; reposant sur un acte de leur libre volonté, on ne saurait y apercevoir une source de contrainte, et, sans méconnaître le principe même de ce droit, y découvrir le fondement d'une obligation légale, pour forcer celui qui veut procéder à la purge de toutes hypothèques quelconques à faire les frais de deux états distincts, quand un seul peut lui suffire, et à requérir, en premier lieu, un état sur transcription, et ensuite un certificat relatif aux hypothèques légales dispensées d'inscription. Du moment que la demande est unique et qu'elle embrasse tout le temps écoulé *jusqu'au jour* où elle se produit, on ne saurait conclure de la division qui a été faite de ce temps en deux périodes distinctes, qu'on a voulu deux certificats. En conséquence, si aucun état n'a été demandé après la transcription, le conservateur ne peut, en pareil cas, refuser l'état unique qui lui est demandé, et il serait mal fondé à vouloir délivrer, distinctement, d'une part, un état des inscriptions antérieures à la transcription, et, d'autre part, un état ou certificat spécial pour les inscriptions d'hypothèques légales. — Poitiers, 2 juill. 1860, Conservateur des hypothèques de la Rochelle, [S. 61.2.64, P. 61.635] — *Sic*, Bonnet, *Rev. crit.*, 1860, t. 17, p. 220 et s. — V. *Docum. sur le rég. hypoth.* (Observat. de la cour d'Angers), t. 3, p. 501; Pont, t. 2, n. 1440. — *Contrà*, Trib. Vendôme, 16 août 1854, [*J. des conserv.*, 683] — Trib. Louhans, 23 mars 1854, [*J. des conserv.*, 992 et 1364]

§ 2. *Forme des réquisitions*.

269. — Les conservateurs, obligés (art. 2196 et 2199, C. civ.; L. 23 mars 1855, art. 5) de délivrer sans retard à tous ceux qui le requièrent, soit un état des transcriptions et mentions opérées sur leurs registres, ou des inscriptions qui s'y trouvent portées, soit un certificat constatant l'absence de transcriptions ou inscriptions, ne le peuvent que sur réquisitions faites à cet effet et présentées par écrit, à moins que le requérant ne déclare ne savoir signer; en ce cas, le conservateur transcrit, en tête de l'état ou du certificat qu'il délivre, les termes de la demande verbale. Les conservateurs, dit Garnier, ne sont point intéressés à s'immiscer dans la rédaction des réquisitions; cette prohibition est perpétuellement violée, les conservateurs se faisant un devoir d'éclairer les parties. Ces contradictions entre les prescriptions administratives et les nécessités pratiques s'expliquent peut-être par ce fait que « les agents dont émanent de semblables instructions et solutions n'ont jamais géré de bureaux d'hypothèques ». — Instr. de la Régie, 17 janv. 1841, [S. 41.2.208, D. 41.3.184]; — 27 avr. 1846, [D. 46.3.185]; — 28 mai 1863. — Flandin, *Transcript.*, t. 2, n. 1305; Martou, t. 4, n. 1601, p. 224; Aubry et Rau, t. 3, § 268, p. 292, note 16; Laurent, t. 31, n. 583.

270. — Dans le cas où les réquisitions manqueraient de clarté ou de précision, les conservateurs sont autorisés à en demander de nouvelles, ou à se faire fournir des explications écrites. — Instr. adm. enreg., 27 avr. 1846, précité. — Il convient de remarquer que le conservateur des hypothèques, tenu de déférer à la réquisition qui lui est faite de délivrer la copie de tous les actes transcrits depuis un nombre d'années déterminé sur les registres portant vente au profit d'une personne désignée, ne peut exiger que le requérant lui fournisse le nom des vendeurs (V. J. Enreg., n. 19339) Par contre, lorsqu'un immeuble hypothéqué avec ses dépendances a subi des transformations importantes du jour de l'hypothèque à celui de la vente, il nous paraît que l'acquéreur qui requiert un état serait tenu de signaler ces transformations au conservateur. Ce dernier ne serait point responsable de l'omission contenue dans cet état si le requérant n'avait point fait cette déclaration. — V. J. Enreg., n. 19463, 19573.

271. — Lors de l'enquête de 1844, la cour de Montpellier, rappelant l'usage qui s'était introduit dans quelques bureaux de solliciter des commis des renseignements immédiats, contre une légère rémunération, ou de déclarer au conservateur auquel on demandait un état qu'on renonçait à l'avoir écrit, critiquait l'interdiction faite de ce procédé par l'administration supérieure, dans l'intérêt de la débite du papier timbré. Il n'a pas été fait droit à cette juste réclamation, et de nouvelles instructions ont prohibé ce mode de communication. — V. Instr. gén. 316, n. 12; 1278; 2721, n. 177.

272. — Cette interdiction place les conservateurs dans la dure alternative d'être frappés, au cas de contravention, de peines disciplinaires très-sévères (pour ce fait, un conservateur d'Ancenis, dit Garnier, n. 712, p. 996, fut renvoyé dans les bureaux d'enregistrement), ou d'être actionnés en dommages-intérêts par les requérants pour cause de retards, qu'on ne peut le plus souvent éviter, mais qui n'en sont pas moins préjudiciables à la célérité et à la facilité des transactions.

273. — En fait, il arrive quelquefois que, pressés par les nécessités pratiques, les notaires sollicitent une communication officieuse des premières recherches. Les notes ainsi délivrées sans date, ni signature, sont qualifiées *renseignements préalables* et fournies en attendant la délivrance des états et certificats réguliers. Il a été jugé qu'elles n'ont aucune valeur juridique et ne sont susceptibles d'engager la responsabilité du conservateur que si l'erreur originairement commise a été reproduite dans le certificat en forme ultérieurement délivré, et seulement dans la mesure du préjudice causé par l'inexactitude de ce certificat. — Trib. Seine, 16 févr. 1894, Farin et Morel, [D. 94.2.377] — V. *infrà*, n. 503.

274. — Les demandes écrites présentées aux conservateurs pour obtenir délivrance d'*états* d'inscriptions ou de transcriptions, ne sont soumises à aucune forme sacramentelle; d'où une grande variété des formules. On peut néanmoins consulter et utiliser avec profit celles proposées, avec une grande habileté, par M. Raclot, dans son *Formulaire raisonné de réquisitions d'états hypothécaires* (Châteauroux, 1891), ou celles de M. Amiaud, dans le *Traité formulaire... du notariat*, t. 4, p. 387 et s., v° *Réquisitions hypothécaires*, § 10.

275. — Le requérant peut demander un état général des transcriptions, inscriptions, etc., intéressant un individu. Il lui est également loisible de restreindre sa demande aux objets ou dans les limites qu'il juge convenables; par exemple, en réclamant la délivrance d'un état hypothécaire, il demandera que cet état ne comprenne que les inscriptions existant sur tel immeuble, ou prendront l'état d'un seulement des anciens propriétaires, ou limitées à une période déterminée de date à date, ou à une période plus longue avec exclusion de telles inscriptions bien précisées. Tel est l'*état individuel et partiel*. En pareil cas, le conservateur ne pourra l'obliger à recevoir une plus étendue et, pour garantir sa propre responsabilité, il lui suffira de transcrire la réquisition en tête du certificat (Déc. min. Fin., 8 mai 1822). — Cass., 26 juill. 1859, Conserv. hypoth. du Mans, [S. 59.1.641, P. 59.1089, D. 59.1.469]; — 6 janv. 1891, Grenot, [S. et P. 92.1.5, D. 91.4.18]; — 5 avr. 1894, Durand, [S. et P. 94.1.284, D. 94.1.382] — Caen, 26 déc. 1848, Vallet, [S. 49.2.669, P. 49.1.367, D. 49.2.48] — Angers, 23 août 1856, Conserv. hypoth. du Mans, [D. 56.2.270] — Poitiers, 2 juill. 1860, Conserv. hypoth. de la Rochelle, [S. 61.2.64, P. 61.635] — Trib. Blanc, 2 juin 1868, Pompagnac, [S. 68.2.232, P. 68.860] — Bourges, 5 nov. 1870, Pompagnac, [S. 70.2.22, P. 70.199] — Caen, 26 mai 1884, Thorel, [S. 85.2.113, P. 85.1.589, D. 85.2.57] — Riom, 18 janv. 1893, Chazal, [S. et P. 94. 2.53, D. 93.2.538]; — 1er mars 1893, Tabareau, [S. et P. 94.2. 197] — Trib. Brioude, 9 déc. 1891, Forqueray, [S. et P. 92.2. 100] — Sic, Pont, t. 2, n. 1441; Flandin, *De la transcription*, t. 2, n. 1287; Duvergier, *Collect. des lois*, t. sur l'art. 3, L. 23 mars 1855, p. 68, n. 1; Verdier, *Transcript. hyp.*, t. 2, p. 76; Mourlon, *De la transcript.*, t. 1, n. 390; Landouzy, *Tr. de la resp. des conserv.*, n. 55 *bis*; Bonnet, *Rev. critique*, 1860, t. 17, p. 220; Aubry et Rau, t. 3, § 268, p. 292, note 17; Laurent, t. 31, n. 585; Beauvallet, *Des états de transcript.*, n. 82; Wahl, note, § 5 *in fine*, sous Cass., 11 mars 1891, Coulongue, [S. et P. 92.1.274]

276. — La légitimité de l'état restreint sur transcription ne saurait faire doute, si l'on songe qu'à la différence de la transcription même, qui doit avoir fatalement sa place sur les registres ouverts à tous, la réquisition de l'état est toute facultative, même pour procéder à la formalité de la purge; on peut supposer que le tiers acquéreur a une connaissance personnelle parfaite de la situation hypothécaire de l'immeuble grevé, soit que ce bien ait été possédé par des propriétaires qui tous ont fait transcrire leur titre et requis état sur transcription, soit qu'il revienne à l'acquéreur lui-même, précédent propriétaire, par l'exercice d'un droit de réméré. Or, si cet acquéreur peut se dispenser de faire la réquisition de l'état sur transcription, *à fortiori* peut-il le restreindre suivant ses besoins.

277. — La partie, qui requiert du conservateur des hypothèques un certificat d'inscription, peut exiger que ce certificat soit restreint aux inscriptions existant sur tel immeuble ou procédant du chef de tel ancien propriétaire, à l'exclusion de tous autres; son droit ne saurait néanmoins aller jusqu'à obliger le conservateur à omettre dans ce certificat certaines inscriptions qu'il déclarerait inefficaces pour un motif d'ordre purement juridique, par exemple comme rendues inutiles par l'effet déclaratif du partage, ce fonctionnaire est tenu de considérer toutes inscriptions portées sur ses registres comme régulières et bien faites tant que la nullité n'en a point été judiciairement reconnue et la radiation ordonnée. — Paris, 17 nov. 1853, Formé, [S. 56.2. 96, P. 56.1.579, D. 56.2.272]

278. — D'après M. Garnier (n. 721), le conservateur, sous prétexte qu'il ne saurait quitter son rôle de certificateur, pour se faire juge de la nature des inscriptions figurant sur ses registres, ne saurait faire droit à une réquisition tendant à la délivrance, soit de toutes les hypothèques légales, soit de toutes les hypothèques judiciaires, soit de toutes les hypothèques conventionnelles concernant un même individu. — V. aussi J. Enreg., 15719, § 4 et 17785; *J. des conserv.*, 174, 1748, 2046 et 2524; Hervieux, *op. cit.*, v° *États*, n. 5. — *Contrà*, Metz, 4 févr. 1860, [J. Enreg., 17118]

279. — D'après l'art. 2196, C. civ., les conservateurs ne sont autorisés qu'à délivrer des copies de leurs registres; il semble donc que les parties ne peuvent leur demander autre chose. Cependant, d'une part, l'art. 853, C. proc. civ., admet que les dépositaires de registres publics délivrent des copies ou extraits. D'autre part, les *extraits* sont formellement tarifés par l'art. 15, n. 2-6°, L. 21 vent. an VII; et suivant l'art. 3, L. 14 nov. 1808. Enfin, par application de l'art. 3, L. 23 mars 1855, qui, sur un amendement de M. Debelleyme, a permis de requérir un état spécial des transcriptions, il a été décidé, par deux décisions administratives des 30 juin 1863 et 10 sept. 1866, que les conservateurs étaient autorisés, *sur formelle réquisition* et sauf leur droit d'appréciation, à délivrer de simples certificats énonçant la date, le volume et le numéro sous lesquels un acte a été transcrit (*Dict. des rédact.*, v° *Hyp.*, n. 344). Une décision contraire a été donnée, il est vrai, le 28 oct. 1875, pour prohiber les extraits de saisies. — *Dict. des rédact.*, v° *Hyp.*, n. 346. — V. aussi J. Enreg., 20666. — Le *Journal de l'Enregistrement*, art. 21863, examine la question analogue de savoir si les conservateurs sont tenus de déférer à la réquisition les parties demandant qu'il leur soit délivré, non une copie intégrale, mais un tableau analytique des inscriptions existant contre un tiers.

280. — Laissant à cette décision son caractère spécial, il semble conforme aux principes généraux d'autoriser les parties à formuler des réquisitions d'états succints : les intructions générales 1046 et 1626 (*J. des conserv.*, 3214) déclarent que les états ne peuvent comprendre rien de plus, ni rien de moins que ce qui est demandé; — une solution administrative du 25 nov. 1881, conçue dans le même esprit, a pu dès lors déclarer que « tout est facultatif en matière hypothécaire », expression juste, si on se borne à l'entendre d'une manière relative, c'est-à-dire comme signifiant que le devoir strict du conservateur est de se conformer, purement et simplement, à la réquisition reçue si elle est clairement et nettement conçue.

281. — En fait, les états d'inscriptions requis par les compagnies de chemins de fer en matière d'expropriation pour cause d'utilité publique sont délivrés sur des formules imprimées ne contenant que des indications sommaires, et l'administration de l'enregistrement ne critique point cette pratique.

282. — Dans le cas où, requérant un état des inscriptions, le futur acquéreur ou créancier a intérêt à savoir si le débiteur, dont il vérifie la situation, est ou non tenu conjointement avec d'autres à tout ou partie des engagements pour lesquels l'inscription a été requise, il lui est loisible de se faire délivrer un état unique des inscriptions existant, le cas échéant, contre plusieurs individus, auquel cas, le conservateur, sauf son droit (V.

infrà, n. 685 *bis* et s.) de réclamer un salaire spécial pour chaque inscription portée sur l'état, ne serait pas fondé à délivrer un état séparé sur chacun des débiteurs. — V. Circ. 26 pluv. an VIII, n. 1729. — Av. Cons. d'Ét., 16 sept. 1811.

283. — Plusieurs requérants peuvent également se faire délivrer ensemble un état des inscriptions existant contre le même individu ou un état des transcriptions relatives aux mêmes immeubles, surtout dans le cas où ils agissent en vertu d'un titre identique pour tous ou justifient d'un intérêt commun. On pourrait même soutenir que cette communauté d'intérêt importe peu, et que le conservateur, en ce cas, n'ayant à vérifier la situation hypothécaire que d'un seul individu ou d'un seul immeuble, n'est pas obligé à plus de recherches, n'éprouve pas plus de difficultés, n'engage pas davantage sa responsabilité et, par suite, ne devrait point avoir droit à plus de salaires quand il certifie cette situation sur la demande de plusieurs que lorsqu'il s'agit sur la demande d'un seul (Déc. min. Fin., 25 juin 1811, citée dans l'instruction de la Régie du 29 du même mois). — V. Sol. adm. enreg., 18 sept. 1863, [*J. des not. et des av.*, année 1863, art. 17760, p. 437]

284. — Jugé cependant que si, en cas d'adjudication au profit de plusieurs personnes, l'administration autorise à ne requérir qu'un seul état d'inscriptions sur transcription, cette décision est motivée par la circonstance qu'il n'existe en ce cas qu'un seul procès-verbal d'adjudication ne donnant lieu qu'à une seule transcription, et n'engageant pas plus la responsabilité du conservateur que s'il s'était question que d'un seul contrat; — mais qu'au contraire, la division en plusieurs actes de la vente des différentes parcelles d'un seul et même immeuble constitue pour chacun des acquéreurs une situation particulière réglée par les conventions spéciales stipulées par chaque acte, rendant indépendantes et distinctes les unes des autres des formalités consécutives à ces actes comme les droits qui en dérivent, en sorte que le conservateur des hypothèques ne peut être contraint de délivrer pour tous les acquéreurs un seul état d'inscriptions, alors même que les divers actes de vente auraient été déposés au même temps pour être transcrits; et qu'il a droit, au contraire, de délivrer autant d'états ou de certificats négatifs pour chacun des aliénations présentées à la transcription. — Riom, 18 avr. 1866, Brunet et Philippon, [S. 67.2.113, P. 67.473] — Trib. Rouen, 19 juill. 1847, [J. Enreg., n. 14446] — Trib. Montluçon, 10 août 1863, [J. Enreg., n. 18135] — Sol. adm. enreg., 6 juin 1874, [J. Enreg., n. 19809] — Baudot, *Tr. des formalités hypoth.*, t. 2, n. 1737; *Journ. de l'Enreg.*, 19507. — *Contrà*, Pont, *Rev. crit. de lég. et jur.*, t. 15, p. 193; Mourlon, *Transcript.*, t. 1, n. 390.

285. — Cet arrêt nous paraît de nature à soulever diverses observations critiques d'une certaine gravité; on peut douter qu'il soit destiné à faire jurisprudence : en l'espèce, toutes les transcriptions avaient eu lieu le même jour; le délai dans lequel les tiers auraient pu utilement s'inscrire fût ainsi le même pour tous les immeubles vendus qui avaient, au surplus, la même origine; il semblait donc qu'aucune confusion n'était à craindre. D'autre part, la cour, sans doute pour admettre le droit du préposé à autant de salaires qu'il y avait eu d'actes transcrits, affirme que l'accomplissement de la transcription et la délivrance, soit de l'état sur transcription, soit d'un certificat négatif, donnent ouverture contre lui une responsabilité isolée et personnelle envers chaque acquéreur; l'affirmation est tout au moins douteuse, si l'on admet que la rémunération allouée au conservateur n'est pas proportionnelle à l'étendue de sa responsabilité, mais bien plutôt au nombre des inscriptions relevées. Aussi a-t-il été jugé que le conservateur requis par le créancier saisissant et poursuivant l'ordre de délivrer un état unique sur transcription était tenu de déférer à cette réquisition, alors même que les immeubles saisis auraient été adjugés à des dates différentes, à des acquéreurs distincts, et que les jugements d'adjudication n'auraient pas été transcrits, tous, le même jour. — Trib. Bône, 22 mai 1883, [J. Enreg., n. 22177]

286. — Les diverses réquisitions dont il vient d'être parlé supposent exactement désignées les personnes sous le nom desquelles ont été formalisées les transcriptions, inscriptions ou saisies, qu'il s'agisse de propriétaires actuels ou précédents. — Besançon, 13 août 1872, [J. Enreg., n. 19365; *J. des conserv.*, n. 2731] — Alger, 11 mars 1889, [J. Enreg., n. 23208; *J. des conserv.*, n. 3948; *Rev. hyp.*, p. 450] — Paris, 2 déc. 1890, [*Rev. hyp.*, p. 764; *J. des conserv.*, n. 4134] — Riom, 15 mai 1893, [*J. des conserv.*, n. 4396 et 4403] — Besançon, 14 juin 1893,

[*Rev. hyp.*, p. 1162] — Trib. Bayeux, 8 févr. 1830, [*J. des conserv.*, n. 566] — Trib. Tarascon, 6 mai 1864, [*J. des conserv.*, n. 1988] — Trib. Hâvre, 30 janv. 1874, [J. Enreg., n. 19783; *J. des conserv.*, n. 2902] — Trib. Segré, 23 août 1876, [J. Enreg., n. 20208; *J. des conserv.*, n. 3035] — Trib. Morlaix, 13 juin 1876, [*J. des conserv.*, n. 3082] — Trib. Vervins, 30 déc. 1875, [J. Enreg., n. 20093; *J. not.*, n. 21516; *J. des conserv.*, n. 2985] — Trib. Seine, 23 nov. 1876, [J. Enreg., n. 29375; *J. des conserv.*, n. 3093] — Trib. Beauvais, 3 févr. 1887, [*J. des conserv.*, n. 3756; *Rev. hyp.*, p. 117] — Trib. Seine, 22 mai et 16 juill. 1889, [*J. des conserv.*, n. 3973, 4012; *Rev. hyp.*, p. 522]; — 22 mai 1889, [*Rev. hyp.*, p. 539] — Trib. Châtellerault, 4 août 1890, [*J. des conserv.*, n. 4386] — Trib. Bergerac, 13 août 1891, [*Rev. hyp.*, p. 859] — Trib. Toulouse, 8 avr. 1892, [*J. des conserv.*, n. 4292; *Rev. hyp.*, p. 958] — En cas de réquisition limitée à un immeuble, la détermination exacte de l'immeuble est également fort importante, et, de même que nous avons proposé, pour éviter toute confusion, de désigner les individus par le lieu et la date de leur naissance, de même nous voudrions que l'on pût établir des signes permettant de distinguer très-nettement les différents immeubles; cela éviterait bien des embarras et serait une garantie sérieuse de crédit.

§ 3. *Délivrance des états.*

1° *Généralités.*

287. — Nous venons de voir comment toute personne, intéressée ou simplement curieuse, avait le droit de recourir aux registres hypothécaires et d'obtenir des fonctionnaires qui les détiennent des états ou certificats constatant la situation de la propriété. Or, il suffit donc pour que la délivrance en doive être faite *immédiatement* et sans autres retards que ceux commandés par la nécessité; c'est pourquoi l'art. 2199, C. civ., assimile de frapper de la même peine le refus ou le retard apporté par les conservateurs à l'une quelconque des formalités dont ils sont chargés. — P. Pont, t. 2, n. 1438.

288. — On s'est demandé si le conservateur avait le droit de donner un état sur lui-même ou si son intérêt personnel devait être un empêchement comme il l'est pour les notaires et pour les huissiers. — V. Hervieu, *Journ. des conserv.*, n. 1046 et 2228; Humelin, *Journ. du notar.*, 24 janv. 1855. — Le conservateur requis de délivrer un état sur lui-même pourra se faire suppléer dans les conditions indiquées *suprà*, n. 120 et s.; rien pourtant n'autorise à regarder comme inefficaces les états ou extraits par lui délivrés des inscriptions existant à sa charge ou des transcriptions opérées sur lui-même : le tiers qui, ayant acheté des immeubles hypothéqués du chef d'un conservateur, a payé sur le vu d'un état des inscriptions délivré par ce même conservateur, peut, malgré cette circonstance, invoquer le bénéfice de l'art. 2198. La délivrance par le conservateur d'un extrait incomplet des inscriptions prises sur lui-même constituerait un fait de charge à raison duquel les tiers, induits en erreur, pourraient agir contre le conservateur, et le cas échéant (V. *suprà*, n. 259) sur son cautionnement. — Paris, 31 août 1837, Duperret, [S. 39.2.315, P. 41.1.327] — *Sic*, Aubry et Rau, t. 3, § 268, n. 290, note 8; Laurent, t. 31, n. 577.

289. — La doctrine contraire, acceptée par plusieurs auteurs, et qui refuse tout caractère officiel et toute efficacité à l'extrait hypothécaire que le conservateur aurait délivré sur lui-même, a tort, d'après nous, de créer un empêchement ou une incapacité que le législateur n'a pas cru nécessaire d'établir, et d'étendre, sans motif comme sans texte, les règles concernant la rédaction des actes notariés ou des exploits à des documents qui n'en comportent pas l'application. — V. néanmoins, Paris, 22 janv. 1810, de Beffroy, [S. et P. chr.] — 13 nov. 1811, Sutaine, [S. et P. chr.] — Persil, *Rég. hypoth.*, art. 2196, n. 5; Delvincourt, t. 3, p. 170, note 2; Grenier, t. 2, n. 335; Rolland de Villargues, v° *Conservateur*, n. 28; Duranton, t. 20, n. 139 et 431; Troplong, t. 4, n. 999.

290. — S'il s'agissait d'un état des inscriptions prises, non plus sur le conservateur lui-même, mais contre sa femme ou l'un de ses proches parents, on n'irait certainement pas jusqu'à refuser tout effet à cet état, par le seul motif qu'il aurait été délivré par le conservateur personnellement. Cette solution prouve que la doctrine contraire à la nôtre est dépourvue de fondement légal. — V. Duranton, t. 20, n. 139; Aubry et Rau, t. 3, § 268, p. 290, note 8 *in fine*.

291. — Le certificat dressé par le conservateur, à la demande de la partie requérante, est qualifié dans la pratique *positif* ou *négatif* selon qu'il contient ou copie textuelle d'une, de plusieurs ou de toutes les charges hypothécaires ou privilégiées frappant sur telle personne ou sur tel immeuble désignés ou attestation qu'il n'existe aucune charge. — Le certificat positif, suivant qu'il a trait à une ou à plusieurs personnes, à un ou à plusieurs immeubles, qu'il est général ou restreint, reçoit diverses dénominations : on l'appelle certificat *individuel, partiel, sur immeubles désignés; certificat de transcription*, ou *sur transcription, d'actes de mutation*. Les états et certificats délivrés par les conservateurs des hypothèques sont dispensés de la formalité de l'enregistrement; ils doivent être datés et écrits sur papier timbré, dont le coût varie suivant les dimensions, et contenir, par page, 25 à 30 lignes pour le petit papier, 30 à 35 pour le moyen, 35 à 40 pour le grand (Instr. adm. enreg., 13 avr. 1865). — Ainsi, la moindre investigation dans les registres de la conservation entraîne, à raison de cette formalité du timbre, des frais souvent hors de proportion avec l'importance du service rendu.

292. — L'état doit être signé du conservateur; cependant, il a été décidé qu'un conservateur des hypothèques pouvait être déclaré responsable d'une omission contenue dans un acte non signé, s'il résultait de constatations de faits indéniables que l'état d'inscriptions remis et délivré à un notaire sur sa réquisition écrite émanait du conservateur; le défaut de signature pouvant être suppléé par les faits qui justifient la provenance de l'état. — Cass., 27 oct. 1890, Cattier, [J. *Le Droit*, 29 nov. 1890] ; *Rev. hyp.*, 719 ; J. Enreg., n. 23303] — Trib. Redon, 26 déc. 1888, [J. Enreg., n. 23208] — V. Garnier, n. 714-1°.

2° *État des transcriptions.*

293. — Nous avons vu (*supra*, n. 263 et s.) en quels cas on peut avoir intérêt à requérir du conservateur un état des transcriptions opérées sur une personne. La délivrance d'un pareil état suppose une réquisition expresse ; il a donc été jugé que la demande, faite au conservateur, de l'état des inscriptions qui grèvent les biens d'un individu, ne renferme pas implicitement la demande de l'état des transcriptions d'actes quelconques à la suite desquels cet individu a cessé d'être propriétaire. Le conservateur n'engage donc en aucune façon sa responsabilité, dans un cas pareil, en délivrant des certificats négatifs, quoiqu'il y ait des transcriptions de donations. — Cass., 18 mars 1835, Lemonnier, [S. 35.1.862, P. chr.]

294. — Nous avons vu (*supra*, n. 275) que la loi du 23 mars 1855 avait formellement autorisé des réquisitions, limitées à certaines transcriptions à l'exclusion de tous autres. L'état devra être conforme à cette réquisition ; mais la mention mise en marge d'une transcription forme avec celle-ci un tout unique et indivisible, au point que le conservateur ne pourrait délivrer un état, sans y joindre les mentions de ce genre (Instr. gén., n. 2051).

295. — En ce qui concerne les états des transcriptions d'actes d'aliénation consentis par les incapables, notamment par un mineur devenu majeur, il nous paraît que le conservateur, qui ne peut se faire juge de la validité des actes, est autorisé à certifier les ventes passées au nom de cet incapable, durant la minorité, par sa mère tutrice agissant suivant les formes de droit, ou en son nom personnel et comme se portant fort pour lui.

296. — Les saisies immobilières ne doivent pas être comprises dans l'état des transcriptions, à moins d'une réquisition expresse ; la transcription des saisies immobilières constitue une formalité toute distincte de la transcription des actes de mutation, dont elle diffère autant que de l'inscription d'hypothèque. La saisie n'opère pas, en effet, dépossession comme les actes de mutation ; son unique but est de mettre l'immeuble sous la main de la justice ; ce n'est qu'un préliminaire de la mutation qui s'opérera ensuite par l'adjudication de l'immeuble saisi et qui réalisera la dépossession du propriétaire. — Sol. adm. enreg., 1er févr. 1847, [D. 47.3.174]

297. — On a proposé la solution contraire à suite de la loi du 2 juin 1881 portant que « la saisie immobilière transcrite cesse de plein droit de produire son effet, si, dans les dix ans de la transcription, il n'est pas intervenu une adjudication mentionnée en marge de cette transcription, conformément à l'art. 716, C. proc. civ. ». D'après cela, on a soutenu que si les conservateurs ne doivent pas comprendre dans leurs états les saisies dont les transcriptions ont plus de dix ans et ne sont pas annotées d'un jugement d'adjudication, ils doivent comprendre, au contraire, dans les états, la saisie suivie d'adjudication, et émargée en conséquence. Il nous semble que la loi de 1881 n'a modifié en rien le caractère de la transcription des saisies; le jugement d'adjudication sera transcrit. — Trib. Clamecy, 19 nov. 1886, [*Rev. hyp.*, 61.402] — V. J. cons. des hyp., 3392 et 4045 ; J. Enreg., n. 21802.

298. — En tout cas, la réquisition, sur la transcription d'un contrat de vente, d'un « état des transcriptions » opérées postérieurement au 1er janv. 1856 de tous actes translatifs ou modificatifs de propriété ou de jouissance pouvant se rapporter à l'immeuble vendu et existantes sur les registres des mutations comprend les transcriptions de saisies; la demande n'a pas été formulée, en pareil cas, dans des termes qui lui assignent un caractère spécial et circonscrit. — Caen, 16 mai 1884, Thorel, [S. 85.2.113, P. 85.1.589, D. 85.2.57] — V. Verdier, *Transcr. hypoth.*, t. 2, n. 503 ; Mourlon, *Tr. de la transcr.*, t. 1, n. 382.

298 bis. — Il a été jugé que le conservateur des hypothèques, requis de délivrer un état des transcriptions de saisies ne doit pas comprendre dans cet état, lorsque plusieurs saisies sont pratiquées sur les mêmes immeubles, la désignation, répétée dans chaque saisie, des biens qui en forment l'objet. — Trib. Nogent-le-Rotrou, 17 juill. 1880, [J. Enreg., n. 21460]

3° *État d'inscriptions.*

299. — Le conservateur est tenu d'obtempérer aux réquisitions qui lui sont adressées ; c'est donc d'abord de la volonté du requérant qu'il doit se préoccuper, afin de lui assurer satisfaction. Cette volonté sera le plus souvent exprimée en termes formels ; elle résultera parfois d'une manière implicite du but poursuivi par l'auteur de la réquisition. En délivrant un état, le conservateur ne peut qu'attester ce qui figure sur ses registres ; en aucun cas, il ne peut se faire juge de l'efficacité juridique de ces mentions. — V. *infrà*, n. 321.

300. — Il importe tout d'abord, en supposant un état requis sur une seule personne, de rechercher le débiteur indiqué par le requérant. Pour cela, le conservateur commence par suivre sur la table du répertoire toute la série des prénoms sous aux homonymes de l'individu cherché, pour éliminer ainsi tous les immatriculés à la table qui ne portent pas le prénom indiqué. Si la réquisition mentionne plusieurs prénoms, le même motif doit faire éliminer tous les individus figurant à la table sous un seul des prénoms désignés ; il reste alors tous les individus pour lesquels la conformité de prénoms est complète ; et de ceux-ci seront écartés ensuite tous ceux qui ont des domiciles différents. Le même travail d'élimination sera fait pour la profession et aussi pour l'état civil relativement au mariage. Ces sélections successives étant faites, la recherche donne ou un résultat négatif, auquel cas il y a lieu à un certificat de franchise hypothécaire, — ou un résultat positif, auquel cas le conservateur relèvera les numéros des comptes individuels, afin de se reporter au répertoire, qui lui permettra de fournir les renseignements demandés. Il importe de remarquer que le conservateur n'est pas tenu, pour s'assurer de l'identité de celui sur lequel on lui demande de certifier, de se livrer à des recherches en dehors des pièces qui lui sont soumises et qui doivent lui fournir des indications suffisamment précises (J. Enreg., n. 21905, 22373). — V. Legrand, *États d'inscr. hypoth.*

301. — La réquisition désignera parfois l'immeuble dont on veut connaître la situation hypothécaire; le conservateur devra alors s'en tenir à cet immeuble; ainsi, il ne pourra, requis de délivrer l'état des hypothèques sur une mine, comprendre dans le certificat une inscription portant sur « tous les biens consistant en bâtiments situés dans l'arrondissement, la mine concédée ne pouvant être assimilée à un bâtiment ». — Trib. Brioude, 9 déc. 1891, Forqueray, [S. et P. 92.2.190]

302. — Jugé, d'après cela, en ce qui concerne les inscriptions d'hypothèques légales des femmes mariées, que, l'inscription prise par une femme mariée sur certains immeubles du mari n'ayant pas pour effet de donner la publicité à cette hypothèque relativement aux autres immeubles sur lesquels l'inscription n'a pas été prise, le conservateur ne peut, à peine de dommages-intérêts, comprendre cette inscription dans les états qui lui sont demandés *en ce qui concerne spécialement ces autres immeubles*, et cela quand même le bordereau à lui remis énoncerait l'hypothèque légale de la femme sans mentionner la restriction qu'elle a subie. — Paris, 15 févr. 1858, Couttolene, [S. 58.2.555, P. 58. 576, D. 58.2.54] — Limoges, 6 août 1861, Blanchard, [S. 61.2. 479, P. 61.1081] — Trib. Marseille, 9 août 1873, [*J. des conserv.*, n. 2996] — Trib. Pont-l'Evêque, 28 mai 1878, Boscher, [D. 79.3. 111]

303. — La jurisprudence des cours d'appel et de la Cour de cassation est unanime à décider que le conservateur est fondé à ne point admettre la présomption d'identité, lorsqu'il y a, entre la réquisition et les inscriptions mentionnées au registre, un défaut de concordance soit dans les noms, soit dans les prénoms, soit dans la qualité, soit dans le domicile, et, à plus forte raison, dans deux ou plusieurs de ces indications. — V. notamment Cass., 26 avr. 1882, [J. Enreg., n. 21905] — Riom, 15 mai 1893, Morin-Brel, [Garnier, *Rép. pér.*, 8161]

304. — Lorsqu'un conservateur indique une inscription au sujet de laquelle des doutes s'élèvent dans son esprit relativement à une identité non prouvée possible, il peut mentionner, dans le certificat qu'il délivre, des réserves énonciatives des causes de ce doute, destinées à appeler l'attention des parties intéressées et à les mettre à même de mieux préciser les personnes et les biens dont elles veulent connaître la situation. — Chambéry, 27 avr. 1875, Roux et Couvreur, [D. 78.2.11] — Trib. Alençon, 12 mai 1857 et Trib. Marseille, 2 juill. 1859, cités sous Orléans, 12 déc. 1884, Vincent, [D. 86.2.110] — Trib. Belfort, 4 mars 1863, [*J. des conserv.*, n. 1829] — V. Euryale Fabre, *J. du not. et de l'enreg.*, t. 2, ann. 1862, p. 186; Paultre, *ibid.*, p. 333; Garnier, n. 718.

305. — Jugé que la demande tendant à faire supprimer les réserves insérées dans un état n'est pas fondée, lorsque ces réserves sont simplement, quant à la désignation des personnes, une formule générale ne pouvant en rien préjudicier à l'acquéreur et n'ont eu, en réalité, pour objet, quant à la désignation des biens, que de mieux préciser les immeubles auxquels le certificat s'applique. — Orléans, 12 déc. 1884, précité.

305 bis. — Il a été décidé, en outre, que le notaire qui a requis pour ses clients la délivrance d'un état sur transcription a qualité pour introduire une instance ayant pour but de faire supprimer les réserves insérées par le conservateur dans l'état ou le certificat délivré par lui à la suite de cette réquisition. — Orléans, 12 déc. 1884, précité, réformant Trib. Pithiviers, 10 août 1883, Bouvard de Bléville, [J. Enreg., n. 22178]

306. — Le plus souvent, c'est à suite d'une vente et après la transcription de l'acte qui la constate qu'une réquisition d'état des inscriptions est formulée. Le requérant peut ou se retrancher aux inscriptions prises contre le vendeur ou, ce qui est plus prudent, demander l'état sur le vendeur et les précédents propriétaires.

307. — Au premier cas, l'état sur transcription doit comprendre uniquement les inscriptions prises sur l'immeuble aliéné à partir du jour où le grevé en est devenu propriétaire, jusqu'à celui de la transcription. Le conservateur n'est, en aucune manière, tenu de commenter ou modifier les énonciations relatives à l'origine de propriété, alors même qu'il aurait la conviction ferme de leur fausseté.

308. — Si la transcription de l'acte de vente n'est pas indiquée dans la réquisition d'un état, du chef du vendeur, le conservateur, qui ne saurait être contraint de constater, par de longues et pénibles recherches, si la transcription a été ou non opérée, a la faculté de comprendre dans son certificat les inscriptions survenues depuis l'aliénation. — Trib. Lille, 19 déc. 1862, [*J. des conserv.*, n. 1804]

309. — Si, au contraire, la transcription a été indiquée, le conservateur ne peut comprendre que les seules inscriptions opposables au tiers détenteur, c'est-à-dire toutes celles antérieures à la transcription de ce titre, les inscriptions, même postérieures, si elles avaient été prises dans les quarante-cinq jours fixés par la loi du 23 mars 1855, pour la conservation du privilège d'un précédent vendeur ou d'un copartageant; enfin, les inscriptions des hypothèques légales au profit des mineurs, des interdits et des femmes mariées à quelque époque qu'elles aient été prises. Le conservateur n'y doit pas comprendre, au contraire, les inscriptions ordinaires prises dans l'intervalle de la transcription à la réquisition. — V. Cass., 27 juill. 1894, Hugonnet, [S. et P. 94.1.408] — Mourlon, *Transcript.*, t. 194, p.638.

310. — En sens inverse, par application du principe de la spécialité de toute inscription hypothécaire, d'après lequel l'hypothèque conventionnelle constituée sur des biens à venir ne prend rang sur chacun des immeubles successivement acquis que du jour des inscriptions dans lesquelles ces immeubles sont désignés, il a été décidé que l'inscription prise sur les biens présents et à venir d'un débiteur ne doit pas être comprise dans un état requis contre lui sur un immeuble aliéné par un contrat transcrit antérieurement à la date de l'inscription. — Cass., 26 févr. 1883, Crédit foncier, [S. 84.1.275, P. 84.1.671, D. 84.1.149] — Alger, 10 déc. 1884, Moulin, [D. 85.5.122] — *Sic*, Troplong, t. 2, n. 540; Pont, t. 2, n. 685, et *Rev. de légist.*, 1846, t. 2, p. 327; Aubry et Rau, t. 3, § 273, p. 337; Thézard, n. 66; Grenier, n. 737. — *Contrà*. Angers, 14 juill. 1842, N.., [S. 42.2. 469, P. 42.2.142, D. 42.2.203] — Trib. Seine, 5 déc. 1879, Courteau, [D. 80.3.136] — Rolland de Villargues, v° *Hypoth.*, sect. 2, § 3, n. 10.

311. — Les conservateurs ne sauraient, depuis la loi de 1889, pour porter indistinctement sur les états relatifs aux immeubles vendus les inscriptions d'hypothèque légale postérieures à la vente, s'autoriser des décisions rendues antérieurement à cette loi, d'après lesquelles les inscriptions prises postérieurement à la vente par les créanciers subrogés à l'hypothèque de la femme pouvaient être impunément comprises dans un état sur transcription. — Trib. Seine, 11 juin 1868, Crapez, [D. 68.3.86] — Trib. de la Flèche, 26 août 1878, de Paillot, [D. 80.3.134] — Trib. Beaune, 28 août 1879, Dupont, [D. 80.3.134] — En effet, avec la législation nouvelle, la renonciation régulière à son hypothèque légale, faite par la femme du vendeur au profit de l'acquéreur, affranchit l'immeuble, et rend désormais inutiles et inexistantes les inscriptions qui le grevaient au bénéfice de cette femme. — V. Labbé, *Rev. crit.*, t. 10, ann. 1881, p. 339; Emion et Herselin, *Comm. de la loi du 13 févr. 1889*, n. 41; de France de Tersant, *J. des conserv.*, 1891, art. 4124, p. 13; Hubert, *De l'hypoth. lég. de la femme mariée au point de vue de la publicité*, p. 166 et s.; César Bru, *Comm. de la loi du 13 févr. 1889*, p. 115, 188 et s.; *J. not.*, n. 24199, p. 133. — *Contrà*, Garnier, n. 748; *Rev. hyp.*, 526, § 4, 682.

312. — Lorsque la femme du vendeur a renoncé à son hypothèque légale sur l'immeuble vendu, dans les conditions déterminées par le § 1 ajouté à l'art. 9 de la loi du 23 mars 1855, par la loi du 13 févr. 1889, soit dans l'acte même d'aliénation, soit dans un acte postérieur, le conservateur doit s'abstenir de faire figurer sur l'état des inscriptions grevant l'immeuble, les inscriptions d'hypothèque légale au profit de la femme ou au profit de créanciers subrogés par elle dans son hypothèque, si ces inscriptions ont été prises postérieurement à la transcription du contrat, si la renonciation a eu lieu dans le contrat lui-même, ou postérieurement à la mention de cette renonciation en marge de la transcription de la vente si la femme a renoncé par un acte authentique postérieur. Il n'y a pas à distinguer entre le cas où la femme a renoncé expressément et celui où elle a agi comme covenderesse, garante ou caution du mari.

313. — Au contraire, si la femme a été simplement et seulement présente à l'acte, et, à plus forte raison, si sa renonciation à l'hypothèque légale n'a pas eu lieu, conformément à la loi, par acte authentique, l'hypothèque continue à grever l'immeuble; d'où, l'obligation pour le conservateur de comprendre dans le certificat les inscriptions de cette hypothèque, même faites postérieurement à la transcription de la vente. — V. *Journ. des conserv.*, 1890, art. 4075; Wable, *Des renonciat. par la femme à son hypothèque légale*, n. 110.

314. — Si la réquisition a pour objet un immeuble appartenant à une femme mariée, que le mari et la femme ont vendu en se portant vendeurs solidaires ou même simplement conjoints, la question s'est posée de savoir si le conservateur ne devait comprendre dans l'état sur transcription que les inscriptions prises contre la femme. Aux termes de deux solutions du 3 août 1859 (*J. des conserv.*, n. 1619) et du 19 mars 1866 (Géraud, 3800-4°), le conservateur doit, avant de certifier que tel ou tel vendeurs, contrôler la qualité prise par les parties dans l'acte avec les indications des origines de propriété, de telle sorte que, s'il ressort de cette comparaison que l'immeuble est, en réalité, propre à la femme, il doit s'abstenir de faire porter l'état sur le mari.

315. — Alors même que l'origine de propriété serait établie avec le plus grand soin et la bonne foi la plus entière, il nous paraît, et c'est également l'opinion de Garnier (*op. cit.*, n. 746), que le conservateur en semblable hypothèse ne serait point couvert en s'abstenant de certifier sur le mari; car, la femme, tout en conservant le droit de vendre, peut avoir ameubli l'immeuble faisant l'objet de l'aliénation et donné ainsi à son mari le droit de l'hypothéquer valablement. Le conservateur n'est point édifié sur la nature des conventions matrimoniales des époux vendeurs, et l'acquéreur a toujours grand intérêt, nous semble-t-il, à être renseigné sur les charges incombant au mari et qui peuvent grever éventuellement l'objet de son acquisition. La jurisprudence semble incliner à admettre que le conservateur peut et même doit comprendre dans l'état les charges du chef des individus que l'acte d'aliénation désigne comme vendeurs solidaires, même s'ils n'interviennent que pour autoriser des femmes. — Trib. Vendôme, 16 août 1851, [J. des conserv., 683, n. 2204] — Dijon, 27 déc. 1854, [J. des conserv., n. 1086]

316. — Nous avons dit que, le plus souvent, l'acquéreur demandera un état des inscriptions grevant l'immeuble du chef, soit du vendeur, soit des précédents propriétaires qu'il aura soin de désigner. Le conservateur doit alors faire sur chacun des propriétaires les recherches indiquées précédemment à propos d'un seul. — V. suprà, n. 300.

317. — Déjà, sous l'édit de 1771, le conservateur était responsable envers les créanciers opposants au sceau des lettres de ratification prises par un acquéreur de biens hypothéqués, de l'omission de leurs oppositions, bien que ces oppositions eussent été formées, non par les créanciers du vendeur immédiat, mais par ceux d'anciens propriétaires, lorsque les désignations contenues dans le dernier acte de vente déposé au greffe par l'acquéreur qui voulait purger avaient mis le conservateur à même de connaître lesdites oppositions. — Cass., 17 oct. 1810, Montalembert, [S. et P. chr.]

318. — On doit admettre que la réquisition, après une transcription de vente, d'un état des inscriptions grevant l'immeuble vendu « du chef des vendeurs et précédents propriétaires dénommés au contrat » le conservateur autorise, lorsque l'établissement de propriété mentionne, au nombre des anciens propriétaires, une famille désignée seulement au contrat par son nom patronymique, à comprendre dans son état, après recherches dans un acte antérieur, tous les membres individuellement désignés, et à percevoir de ce chef les émoluments qui lui sont dus pour ces recherches. Il n'aurait pas cependant le droit d'y faire figurer ceux des anciens propriétaires qui ne sont aucunement dénommés au contrat, et dont il n'aurait connu l'existence qu'à l'aide et au moyen de recherches spéciales et plus longues sur ses registres. — Caen, 16 mai 1884, Thorel, [S. 85.1.113, P. 85.1.589, D. 85.2.57] — Sic, Beauvallet, op. cit., n. 70. — V. aussi Garnier, n. 731; J. Enreg., n. 21332.

319. — Si la réquisition faite par le propriétaire actuel d'un immeuble comprenait, au nombre des personnes du chef desquelles des inscriptions peuvent exister sur cet immeuble, un débiteur qui, éventuellement, peut devenir propriétaire de l'immeuble, mais qui n'a encore sur lui aucun droit, le conservateur serait autorisé, au point de vue professionnel, à faire figurer dans l'état par lui délivré, l'inscription d'hypothèque générale prise à son bureau. Ce serait au propriétaire actuel de s'adresser aux tribunaux pour obtenir la radiation totale de cette inscription. — Cass., 26 févr. 1883, Crédit foncier, [S. 84.1.295, P. 84.1.671, D. 84.1.194]

320. — Décidé, par la régie, qu'après la transcription des actes de mutation, dans lesquels l'État figure au nombre des anciens propriétaires, le conservateur requis de faire connaître les charges hypothécaires grevant cet immeuble ne serait point fondé, sauf réquisition spéciale, formelle et expresse, à délivrer un certificat de ce chef. Le motif fourni à l'appui de cette solution est que l'État n'a point et ne peut avoir de créanciers hypothécaires. Nulle inscription ne peut, au surplus, être valablement prise sur ses immeubles qui ne sont point saisissables. — Délib. de la Régie, 8 nov. 1844, et Instr. gén. 1731, § 2, [D. 45.3.19]

320 bis. — Un jugement du tribunal civil de la Seine, en date du 11 févr. 1895, vient de décider que les biens d'une commune ne peuvent être valablement hypothéqués par un créancier : les droits de celui-ci se bornent à solliciter du président de la République un décret imposant à la commune débitrice l'inscription au budget des ressources nécessaires pour le paiement des dettes, ou même la vente à cet effet d'un immeuble communal. Dès lors, le conservateur ne serait point tenu de comprendre, au cas où elle eût été prise, une pareille inscription dans l'état par lui délivré ; il pourrait être recherché pour en avoir fait l'omission. — Cette solution s'appliquerait, semble-t-il, par identité de motifs, en ce qui concerne les hypothèques prises sur les biens de l'État.

321. — Le conservateur des hypothèques, auquel est demandé un état général des inscriptions prises sur certains immeubles, peut et doit comprendre dans cet état toutes les inscriptions encore subsistantes, sans aucune distinction entre celles qui seraient régulières et celles qui ne le seraient pas : la loi ne lui a nullement conféré le droit de s'ériger en juge du mérite des inscriptions. Il doit purement et simplement comprendre dans les états toutes les inscriptions qui, actuellement, soit par leur spécialité, soit même par leur généralité, frappent matériellement l'immeuble, sans avoir à se préoccuper, ni de leur opportunité, ni de leur validité, ni de leur anéantissement par l'effet de l'une quelconque des dispositions de la loi ; du moment où elles subsistent utilement sur ses registres, elles doivent être mentionnées sur le certificat délivré par le conservateur, pour la sauvegarde de sa responsabilité. — Av. Cons. d'Ét., 11-26 déc. 1810. — Cass., 4 avr. 1849, Ambert, [S. 49.1.512, P. 49.1.643, D. 49.1.106] ; — 11 mars 1874, Pichat, [S. 74.1.337, P. 74.865, D. 74.1.293] — Rouen, 7 janv. 1848, Marchand, [S. 48.2.477, P. 48.2.331, D. 48.2.139] — Paris, 23 nov. 1849, Boullay, [S. 49.2.686, P. 49.2.567, D. 52.2.146] ; — 22 févr. 1859, Dumont, [S. 59.2.410, P. 59.1.095, D. 59.2.76] — Angers, 9 févr. 1827, Lieutaud, [S. et P. chr.] — Limoges, 15 févr. 1842, Redon, [S. 42.2.419] — Paris, 21 avr. 1842, Conservateur des hypothèques de Nogent-le-Rotrou, [S. 42.2.215, P. 42.1.565] — Trib. Saintes, 21 juill. 1880, [J. Enreg., n. 21542] — Trib. Seine, 5 déc. 1879, [J. Enreg., n. 21225] — Sic, Duranton, t. 20, n. 443; Baudot, t. 2, n. 1670 et 1690; Massé et Vergé, sur Zachariæ, t. 3, p. 186, § 805, note 8; Bioche, v° Inscript. hypoth., n. 149; Pont, t. 2, n. 1440; Martou, t. 4, n. 1610 et 1611; Aubry et Rau, t. 3, p. 292, § 268, note 18; Laurent, t. 31, n. 587; Garnier, n. 735 ; Baudry-Lacantinerie, t. 3, n. 1554. — On entend par inscriptions existantes ou subsistantes, ou ayant une existence légale, les inscriptions du Crédit foncier dont le terme n'est pas échu, et les inscriptions ordinaires qui ne sont pas périmées, ni radiées (Trib. Seine, 5 déc. 1879, précité), comme aussi les inscriptions d'hypothèques légales prises sous l'empire de la loi du 11 brum. an VII, et dispensées de renouvellement.

322. — En ce qui concerne les usufruitiers, l'état requis contre le légataire d'un usufruit incessible et insaisissable, sur les immeubles grevés de cet usufruit, doit mentionner les hypothèques judiciaires inscrites sur les biens présents et à venir de ce légataire, quoique l'usufruit frappé d'insaisissabilité soit, par cela même, à l'abri de toute poursuite hypothécaire de son chef (J. des conserv., n. 2836 et 3584). — V. Obs. de M. le conseiller Babinet, sous Cass., 26 févr. 1883, Crédit foncier, [S. 84.1.275, P. 84.1.671, D. 84.1.194]

323. — Par application de cette même idée que le conservateur n'est pas juge du mérite des inscriptions, il avait été décidé, dans un jugement qui ne fut point confirmé, que le conservateur requis de délivrer l'état des inscriptions existant sur le bien vendu ne saurait être fondé à omettre dans cet état une inscription prise contre le vendeur, sous le prétexte que, l'acte de vente transcrit mentionnant que l'immeuble appartenait au vendeur comme acquis à une date postérieure à celle de l'inscription, il en résulte que cet immeuble n'a pu être hypothéqué conventionnellement par ce même vendeur à la date énoncée dans l'inscription : le conservateur, d'après ce jugement, devait délivrer l'état demandé, sans se préoccuper de l'énonciation relative à l'origine de la propriété indiquée dans l'acte de mutation récemment transcrit. — V. Riom, 1er mars 1893, Tabareau, [S. et P. 94.2.197] — Aix, 29 avr. 1890, Verhœven, [S. 90.2.130, P. 90.1.706] et les conclus. de M. le proc. gén. Naquet, D. 90.2.336] — Trib. Bazas, 9 août 1864, sous Bordeaux, 6 avr. 1865, Dellac, [S. 66.2.347, P. 65.1259]

324. — L'inscription de l'hypothèque légale d'une femme mariée peut avoir été prise sur tous les biens quelconques du mari, présents et à venir, situés dans l'arrondissement du bureau où est prise l'inscription, mais à l'exclusion de certains immeubles antérieurement vendus par le mari. En pareil cas, le conservateur fait régulièrement figurer cette inscription, en en reproduisant les termes, mais sur l'état d'inscriptions délivré, sur sa réquisition, à l'acquéreur des biens exemptés ; il ne peut lui appartenir, en effet, de décider si la déclaration d'exclusion doit produire, à l'égard de l'immeuble, les mêmes conséquences qu'un défaut d'inscription, ou, si en dehors des conditions prescrites par les art. 2140 et 2144, ladite déclaration suffit pour soustraire cet immeuble aux effets de l'hypothèque légale inscrite en termes généraux. — Cass., 6 déc. 1865, Lacoste, [S. 66.1.117, P. 66.288, D. 66.1.34] — V. aussi Trib. Hâvre, 8 janv. 1875, [*J. des conserv.*, n. 2924] — Garnier, n. 329.

325. — Jugé de même qu'il n'appartient pas au conservateur, pour le même motif, d'omettre dans l'état des inscriptions d'hypothèques grevant l'immeuble exclu l'inscription de l'hypothèque légale prise dans la forme indiquée par les art. 2148 et 2153, C. civ. — Limoges, 1er févr. 1869, Lacoste-Lareymondie, [S. 69.2.147, P. 69.705, D. 74.2.171] — V. Trib. Sens, 27 déc. 1872, Philippe, [D. Suppl., v° *Privilèges et hypothèques*, n. 1132]

326. — ... Que l'inscription d'une hypothèque légale prise sur tous les biens que le débiteur possède, a possédés et possédera, frappant, dans la généralité de ses termes, même les immeubles précédemment vendus par le débiteur et à l'égard desquels l'acquéreur a rempli les formalités de la purge, doit aussi être comprise dans l'état que délivre le conservateur, celui-ci ne pouvant se rendre juge de la validité de cette purge. — Limoges, 15 févr. 1842, précité.

327. — ... Que lorsqu'une inscription radiée partiellement a été renouvelée sans indication de la radiation partielle, le conservateur, ne pouvant se faire juge du droit des parties, n'est pas tenu, sous sa responsabilité, de se reporter à la mention de radiation mise en marge de l'inscription primitive, pour apprécier s'il doit ou non délivrer un état négatif. — Cass., 11 mars 1874, Pichat, [S. 74.1.337, P. 74.865, D. 74.1.293]

328. — Jugé que le conservateur des hypothèques, auquel un acquéreur demande un état sur transcription des inscriptions qui grèvent l'immeuble, du chef du vendeur que des précédents propriétaires, doit y comprendre, — à moins de restriction formelle, — l'inscription d'office prise au profit du dernier vendeur contre l'acquéreur; toute ambiguïté sur les termes de la réquisition ne peut, d'après cette opinion, s'interpréter équitablement que contre leur rédacteur. Un autre motif de décider est que, si l'acquéreur fait procéder à la purge de l'immeuble et ouvrir l'ordre qui en est le complément obligé, il est de toute nécessité qu'il se déclare prêt à acquitter, jusqu'à concurrence de son prix, toutes les dettes et charges hypothécaires, dont l'une est précisément la créance du vendeur. Il semble, en outre, que la purge pouvant amener, à la suite d'une surenchère, la dépossession de l'acquéreur, l'inscription d'office du vendeur doit être signalée dans l'état sur transcription, pour permettre la collocation de ce dernier avant celles des créanciers auxquels l'acquéreur a pu constituer des hypothèques, et qui sont appelés à l'ordre, et, aux termes de l'art. 2177, colloqués qu'après tous les créanciers inscrits sur les précédents propriétaires. — Metz, 4 févr. 1860, [*J. Enreg.*, n. 17118; *J. not.*, n. 16837] — Trib. Gray, 30 déc. 1874, D..., [S. 74.2.183, P. 71.569] — V. aussi Trib. Mortagne, 13 août 1842, Brière, [D. 45.3.126]

329. — Jugé cependant que le conservateur, sur pareille réquisition, n'est point fondé à comprendre dans son état l'inscription d'office, puisque cette inscription ne grève l'immeuble que du chef de l'acquéreur, et non du chef du vendeur ou des anciens propriétaires, la réquisition étant alors assez précise pour dégager la responsabilité du conservateur. — Paris, 14 janv. 1881, [*J. Enreg.*, n. 21585] — V. aussi Trib. Louhans, 23 mars 1854, [*J. Enreg.*, n. 15947; *J. not.*, n. 15405; Garnier, *Rép. pér.*, n. 9232; *J. des conserv.*, n. 992] — Garnier, n. 743-2°; *Dict. dr. enreg.*, v° *Hypoth.*, n. 323.

330. — La jurisprudence administrative, après avoir posé, en principe, que l'administration ne critique pas absolument l'usage de comprendre l'inscription d'office dans l'état sur transcription, décide, suivant des distinctions, en premier lieu qu'il y a abus (sauf le cas de réquisition expresse) à comprendre cette inscription dans un état requis par les acquéreurs et les anciens propriétaires, l'objet de cet état étant d'indiquer les charges généralement quelconques grevant l'immeuble du chef du vendeur et l'inscription d'office étant prise, non contre le vendeur, mais à son profit. — Elle décide en second lieu et d'autre part, que, si, au contraire, l'état sur transcription est requis par le vendeur, l'inscription d'office doit être comprise en cet état, délivré contre le nouveau propriétaire. — Sol. 30 avr. 1856, 1er févr. 1858, 5 mai 1860, 17 mai 1862, 15 févr. 1865, 30 avr. 1866, 24 août 1868, [*J. Enreg.*, n. 20343] — V. *J. Enreg.*, n. 21606.

331. — Malheureusement dans la pratique, les états sont requis par des avoués ou notaires qui n'indiquent jamais dans leurs réquisitions s'ils agissent au nom du vendeur ou de l'acquéreur. — En fait, on se conforme à l'usage établi dans l'arrondissement; mais on ne saurait trop recommander aux requérants, pour éviter toute discussion ultérieure, d'indiquer, lorsqu'ils demandent un état sur transcription après une vente dont le prix est encore dû, s'ils veulent ou non la copie de l'inscription prise d'office par le conservateur contre l'acquéreur.

332. — De même, le conservateur des hypothèques requis, après transcription d'une vente, de délivrer un état des inscriptions procédant du chef des anciens propriétaires n'est point tenu d'omettre, en l'absence de précision et de limitation par le requérant, les inscriptions prises contre l'un d'eux et qui, pour un prétexte quelconque, seraient sans effet. Il peut, au contraire, sans risquer les conséquences d'une action en retranchement, y comprendre les inscriptions prises contre des individus qui ont été ou auraient pu être propriétaires de l'immeuble, mais sur la tête desquels la propriété ne réside point au moment où l'état est requis.

333. — Par application du principe qui vient d'être posé, il a été jugé que le conservateur doit délivrer dans l'état sur transcription : 1° *Après partage*, toutes les inscriptions prises contre un cohéritier ou copartageant dans le lot duquel l'immeuble grevé n'est pas tombé, soit qu'il ait été effectivement procédé à un partage, amiablement ou judiciairement, soit qu'il y ait eu licitation décidée et déclarée au profit d'un cohéritier, surtout si l'acte de partage n'a pas été produit. — Rouen, 7 janv. 1848, Marchand, [S. 48.2.477, P. 48.2.331, D. 48.2.139] — Paris, 17 nov. 1855, Formé, [S. 56.2.96, P. 36.1.579, D. 56.2.272] — Metz, 25 mars 1858, Vaissié, [S. 59.2.410, P. 59.1095, D. 59.2.77] — Paris, 23 févr. 1859, Dumont, [S. 59.2.410, P. 59.1095, D. 59.2.76] — Trib. Domfront, 23 févr. 1876, [*J. des conserv.*, n. 3017] — Trib. Cherbourg, 28 déc. 1880, [*J. des conserv.*, n. 3453] — Trib. Pontarlier, 11 août 1881, Montenoise, [*J. Enreg.*, n. 21748] — Trib. Loches, 13 mai 1887, [*J. des conserv.*, n. 3895; *J. Enreg.*, n. 23178] — Trib. La Flèche, 21 juin 1887, [*J. Enreg.*, n. 23178] — Trib. La Rochelle, 9 déc. 1891, Collot, [Garnier, *Rép. pér.*, n. 7862] — V. *Journ. des conserv.*, ann. 1892, p. 94, art. 4242.

334. — Jugé, d'après cela, que, le partage eût-il été mentionné dans l'acte transcrit, la mise en cause du conservateur, pour le refus de retrancher une telle inscription de son état, est abusive et vexatoire et l'autorise à réclamer des dommages-intérêts. — Trib. Pontarlier, 6 juill. 1886, V° Saires, [*J. Enreg.*, n. 22763] — Trib. Loches, 13 mai 1887, précité. — Trib. La Flèche, 21 juin 1887, précité. — Trib. Nevers, 25 juill. 1890 et Trib. Montluçon, 14 août 1891, V° Midou, [*J. Enreg.*, n. 23896] — Trib. Pont-l'Évêque, 29 déc. 1892, Levillain, [*J. Enreg.*, n. 24147]

335. — 2° *Après dissolution de société*, et pour l'état requis sur un des associés, les inscriptions prises sur les immeubles sociaux [*J. des conserv.*, n. 1782]

336. — 3° *Après acceptation bénéficiaire*, les inscriptions prises contre l'héritier sous bénéfice d'inventaire. — Hervieu, v° *État sur transcript.*, n. 18; *J. des conserv.*, n. 178.

337. — 4° *Après renonciation*, les inscriptions prises du chef de l'héritier renonçant. — Paris, 10 juin 1873, Colin, [D. 74.2.18] — Trib. Nogent-sur-Seine, 26 mai 1849, [*J. des conserv.*, n. 488]

338. — 5° *Après aliénation, mais avant transcription*, les inscriptions prises dans l'intervalle sur l'acquéreur précédent propriétaire. — Cass., 16 févr. 1887, Seyman, [S. 88.1.207; *J. des conserv.*, n. 3783; *Rev. hyp.*, p. 201] — Nancy, 27 déc. 1879 (motifs), Louis, [S. 80.2.179, P. 80.785, D. 80.2.119] — Sic, Aubry et Rau, t. 2, § 209, texte et note 60; Garnier, n. 736. — V. aussi Trib. Seine, 5 déc. 1879, [*J. Enreg.*, n. 21225]

339. — 6° *Après surenchère*, les inscriptions formalisées sur les acquéreurs surenchéris, et, en outre, dans l'état sur transcription des adjudications par suite de folle enchère et surenchère, les inscriptions formalisées entre les deux transcriptions contre le vendeur originaire. — Trib. Seine, 5 déc. 1879, [*J. des conserv.*, n. 3293]

340. — 7° *Après folle enchère*, les inscriptions prises sur le fol enchérisseur, du moment où le requérant n'a pas exclu son nom de la réquisition, — encore que la résolution du contrat fasse évanouir toutes les hypothèques constituées du chef de cet adjudicataire. — Trib. Bergerac, 21 mars 1865, [*J. des conserv.*,

n. 2069] — Trib. Philippeville, avr. 1868, [J. des conserv., n. 2339] — Trib. Seine, 4 févr. et 28 oct. 1876, [J. des conserv., n. 3009, 3072] — Trib. Le Mans, 5 mars 1879, Cognard, [J. not., n. 22331; J. Enreg., n. 21310 et 21557] — Trib. Seine, 5 déc. 1879, Courteau, [D. 80.3.136]

341. — 8° *Après résolution de la vente*, les inscriptions grevant l'acquéreur évincé. — Trib. La Rochelle, 28 juin 1882, [*Rev. prat.*, n. 1083] — Caen, 13 févr. 1883, [*J. des conserv.*, n. 3484]

342. — 9° *Après la révocation de la donation*, les inscriptions prises contre le donataire antérieurement à la demande en révocation [*J. des conserv.*, n. 321]

343. — 10° *Après donation non transcrite*, le donataire ayant vendu l'immeuble donné, sur les codonataires du vendeur désignés dans l'acte et sur le donateur, lors même que ce dernier aurait concouru à la vente. — *Rev. hyp.*, p. 383 ; *J. des conserv.*, n. 2303. — V. aussi Sol. adm. enreg., 28 oct. 1889, [*Rev. hyp.*, p. 619]

344. — Aux termes d'un avis du Conseil d'État, du 11 nov. 1810, toutes les fois qu'on demande au conservateur un extrait d'une inscription rectifiée, il doit délivrer en même temps un extrait de la première et de la dernière inscription. — Turin, 16 mars 1811, Berutti et Bacchi. — Sic, Hervieu, *Résumé de jurisp. hypoth.*, n. 16.

345. — Mais il ne doit faire entrer dans cet état ni les inscriptions rayées, ni les inscriptions frappées de péremption à défaut de renouvellement en temps utile. En d'autres termes, le conservateur ne doit y faire figurer aucune inscription dont l'immeuble se trouve affranchi par une disposition de loi précise et formelle, et qui ne pourrait plus être considérée comme subsistante. — Duranton, t. 20, n. 433 ; Zachariæ, § 281, n. 17 *in fine;* Aubry et Rau, t. 3, note 19, § 268, p. 293.

346. — Jugé, en conséquence, que le conservateur ne doit pas comprendre dans l'état délivré les inscriptions remontant à plus de dix ans et non renouvelées qui frappaient, avant l'adjudication sur saisie immobilière, un immeuble revendu depuis à un tiers, quoiqu'elles n'aient pas perdu leur effet à l'égard de l'adjudicataire ; ni celles qui ont été prises par les créanciers de l'ancien propriétaire depuis la transcription du contrat de vente et l'accomplissement des formalités de la purge légale, alors surtout que rien ne prouve que cette purge puisse être annulée comme irrégulière. — Paris, 21 janv. 1814, Petit et Tupigny, [S. et P. chr.]; — 20 nov. 1849, Boullay, [S. 49.2.686, P. 49.2.567, D. 52.2.146] — Sic, Duranton, t. 20, n. 433 ; Baudot, t. 2, n. 1670 et 1690.

347. — Les inscriptions d'hypothèques légales, même quand elles sont prises pendant le mariage ou la tutelle, n'étant, aux termes d'un avis du Conseil d'État, des 15 déc. 1807-22 janv. 1808, valables que pour dix ans et, par suite, soumises à l'obligation du renouvellement, le conservateur des hypothèques ne saurait, à bon droit, comprendre dans un état sur transcription, requis pour l'acquéreur d'un immeuble, une inscription d'hypothèque, prise au cours du mariage, au profit de la femme du vendeur, et non renouvelée dans les dix ans, alors même que cette hypothèque aurait été, postérieurement à son inscription, restreinte à des immeubles déterminés, au nombre desquels était l'immeuble vendu. Le conservateur, actionné à la demande du mari vendeur, à fin de retranchement de l'état de l'inscription dont il s'agit et de réparation du préjudice causé par la mention de cette inscription périmée, ne saurait prétendre que le vendeur, en sa qualité de mari, était tenu de renouveler l'inscription. — Trib. Carpentras, 25 nov. 1890, Légier, [*J. des conserv.*, 1892, art. 4313 ; J. Enreg., n. 23700] — V. Hubert, *op. cit.*, p. 157.

348. — Il arrive fréquemment que les propriétaires fonciers s'abstiennent, soit par négligence, soit pour éviter des frais, de faire radier les inscriptions prises sur leurs biens et éteintes avant le renouvellement décennal. Ces inscriptions, bien qu'inefficaces, n'en doivent pas moins être comprises dans les certificats du conservateur, car il n'appartient pas à ce fonctionnaire de se faire juge de l'existence des inscriptions ; il est tenu de certifier l'existence de toutes les inscriptions non radiées sans distinguer entre celles qui frappent effectivement l'immeuble et celles qui, pour une cause quelconque, demeurent sans effet. Or, si l'on considère que les inscriptions non radiées représentent un chiffre assez considérable du nombre total des inscriptions, on peut comprendre jusqu'à quel point le système du renouvellement décennal est susceptible de fausser le jeu de notre organisation hypothécaire. Les cours d'appel entendues dans l'enquête de 1841 (V. *suprà*, n. 46 et s.), avaient, à la grande majorité, demandé que l'hypothèque fût, par le fait de l'inscription, efficace pendant trente ans ; et, tandis que c'est le tort du législateur de 1855 de n'avoir pas tenu compte d'un vœu aussi justifié, la Belgique, l'Italie et d'autres nations voisines, plus timorées et plus prévoyantes, n'ont pas hésité à entrer dans la voie indiquée par l'enquête française de 1841. — Besson, *op. cit.*, p. 167.

349. — La péremption de dix ans n'atteint pas les inscriptions prises au profit du Crédit foncier, d'où, pour les conservateurs, l'obligation de constater ces inscriptions quelle qu'en soit la date. La simplification dans les recherches, que cherchait le législateur, en édictant l'art. 2154, C. civ., n'existe plus.

350. — En résumé, lorsqu'à l'occasion de la demande en délivrance d'un état hypothécaire, il s'élève des doutes sur le point de savoir si telles ou telles inscriptions subsistent encore d'une manière efficace ou ne sont plus susceptibles de produire aucun effet, le conservateur peut et doit comprendre dans l'état demandé ; car on ne saurait lui imposer l'obligation de décider, sous sa responsabilité personnelle, des questions douteuses en droit ou en fait. — Aubry et Rau, t. 3, § 268, note 20, p. 293 ; Martou, t. 4, n. 1610 et 1611 ; Laurent, t. 31, n. 587.

351. — Il convient, en terminant, de remarquer que les conservateurs des hypothèques, qui ne peuvent être contraints à se prononcer sur la péremption ou la régularité du renouvellement d'une inscription, ne peuvent, au contraire, se refuser à tout constat ; ils ont pour mission de certifier aux tiers la matérialité de certains faits, et, spécialement, de délivrer à toute partie, intéressée à connaître le sort d'une inscription déterminée, un certificat constatant le renouvellement ou le non-renouvellement de cette inscription. Si une responsabilité quelconque se trouvait en jeu, ce ne pourrait qu'être à la charge soit du requérant, au cas d'indication incomplète dans la réquisition, soit des tiers qui n'auraient formulé qu'un renouvellement irrégulier. — Trib. Bourges, 5 nov. 1869, Pompagnac, [S. 70.2.22, P. 70.199, D. 72.2.84]

CHAPITRE IV.

DE LA RESPONSABILITÉ DES CONSERVATEURS D'HYPOTHÈQUES.

352. — On sait que les conditions de la responsabilité, c'est-à-dire de l'obligation de réparer le préjudice dont on est l'auteur, son caractère et son étendue varient, suivant que le préjudice causé atteint les intérêts de la société en général, ou seulement ceux de certains de ses membres considérés isolément, des individus. Dans le premier cas, la *responsabilité pénale* tend à châtier celui qui se rend coupable d'un fait spécialement prévu et puni par la loi répressive ; elle est, par suite, intransmissible, comme la faute qui lui a donné naissance. Au contraire, la réparation pécuniaire du préjudice causé à un particulier par un fait prévu ou non par la loi pénale est une obligation qui grève le patrimoine de l'auteur direct ou indirect du dommage, entre les mains de quiconque le détient. Cette obligation, dite *responsabilité civile*, peut résulter de tout fait dommageable constituant une faute, sans que l'intention de nuire soit un élément essentiel. Le conservateur des hypothèques peut, à l'occasion de ses fonctions, assumer, soit séparément, soit même cumulativement, ces deux sortes de responsabilité. Nous n'étudierons que très brièvement la première, dans laquelle nous ferons rentrer la responsabilité qu'il peut encourir au point de vue *disciplinaire*, ainsi que les *amendes* qui peuvent le frapper, pour examiner surtout la responsabilité civile qu'il peut encourir dans l'exercice de ses fonctions.

Section I.
Responsabilité pénale ou disciplinaire.

353. — Nous ne parlons ici que pour mention de la responsabilité pénale existant contre les conservateurs. Ceux-ci sont, comme les receveurs de l'enregistrement, responsables des droits et amendes qu'ils ont omis de percevoir ou de constater dans les cas où ils ont qualité à cet effet (Instr. gén. 2122), et des droits ou suppléments de droits, au comptant ou en suspens, qu'ils ont négligé de percevoir ou de recouvrer et qui sont prescrits par leur faute. Pour toutes ces contraventions, indépendamment du recours sur tous les biens et de l'action privilégiée sur le cautionnement en numéraire, les conservateurs sont, aux termes de l'art. 2202, C. civ., punis d'une amende de 200 à 1,000 fr., et de la destitution en cas de récidive.

354. — La peine de l'amende, applicable au défaut d'arrêté des registres, ne doit pas être étendue au défaut de signature de l'arrêté; l'arrêté, en pareil cas, en dépit de son caractère incomplet; en matière pénal tout est de droit strict, n'en est pas moins d'ailleurs comme libellé nécessairement de la main du conservateur, susceptible d'établir les démarcations entre les formalités de deux dates différentes. — Garnier, n. 787-1º.

355. — La faculté de droit de Caen, lors de l'enquête de 1841 (V. *suprà*, n. 46 et s.), avait proposé l'extension des pénalités édictées par l'art. 2202, pour les contraventions aux art. 2196 à 2201, C. civ., à toutes les dispositions généralement contenues dans le titre « *Des privilèges et hypothèques* ». — *Docum. relat. au reg. hypoth.*, t. 3, p. 505.

356. — L'amende, infligée en vertu de l'art. 2202, C. civ., est sujette aux décimes. Le recouvrement en est effectué par les percepteurs. — V. *suprà*, vº *Amende*, n. 346 et 381.

357. — La destitution prévue par l'art. 2202 est, le cas échéant, prononcée par l'administration, et non par les tribunaux qui, dans une conception plus logique, auraient dû avoir compétence pour appliquer, au cas de récidive, la peine de la destitution, alors qu'ils avaient déjà appliqué, pour l'infraction première, la peine de l'amende.

358. — Quant aux amendes, elles demeurent, en fait, à l'état de simples menaces, inapplicables, à raison de leur exagération même, par l'habitude très-naturelle de l'administration de ne point déférer les conservateurs aux tribunaux pour les inévitables erreurs des copistes, réparées amplement par la mise en œuvre de la responsabilité civile. — Garnier, n. 787-3º.

Section II.
Responsabilité civile envers les particuliers.

359. — La publicité ayant été établie pour faire connaître aux tiers l'état hypothécaire d'un immeuble, il est aisé de comprendre comment ceux-ci ont le droit d'actionner en responsabilité le fonctionnaire chargé de cette publicité, soit qu'il ait négligé de remplir un de ses devoirs, soit qu'il ait induit en erreur les parties qui s'étaient adressées régulièrement à lui, en supposant bien entendu le préjudice éprouvé. Le Code civil (art. 2196 et s.) avait formellement consacré cette responsabilité; une action était possible, même à l'époque où les fonctionnaires étaient protégés contre toute poursuite de la part des particuliers (art. 75 de la Constitution de l'an VIII, aujourd'hui abrogé).

360. — Cette responsabilité des conservateurs pourra donc être encourue envers les particuliers, pour toute omission sur les registres de transcriptions ou d'inscriptions, soit requises, soit imposées d'office, pour tout refus de délivrance d'états et de certificats, ou pour toute erreur dans les pièces, et elle est susceptible parfois de les obliger à payer des sommes souvent considérables. On ne trouve pas sur cette matière un grand nombre de décisions judiciaires. On peut en conclure que les conservateurs remplissent leurs fonctions au mieux des intérêts privés. On peut également croire que lorsqu'une erreur a été commise, les officiers publics, notaires, avoués, ... qui s'en aperçoivent, au lieu de s'en prévaloir, préfèrent mettre le conservateur en mesure de compléter ou de rectifier l'état qu'il a délivré : du temps et des frais sont ainsi épargnés. Enfin, le conservateur qui se reconnaît responsable préfère lui-même à un procès un arrangement amiable et répare spontanément le préjudice qu'il a causé.

361. — En semblable matière, suivant de justes observations fournies par M. Pont sur la responsabilité notariale, il faut se garder, avec un souci et des soins égaux de toutes les exagérations, de celles qui, par un sentiment de faiblesse, conduiraient à fermer les yeux sur les manquements ou les négligences des fonctionnaires, aussi bien que de celles qui, dans une pensée de défiance, pousseraient à multiplier sans mesures les causes et les applications de la responsabilité. — P. Pont, *Revue du notariat*, t. 4, p. 169-170. — V. aussi Grenier, t. 2, n. 501; Troplong, t. 4, n. 1001; Martou, t. 4, n. 1617; Laurent, t. 31, n. 596.

362. — Aussi les tribunaux qui condamnent les conservateurs responsables leur accordent-ils, au contraire, des dommages-intérêts lorsqu'ils ont été actionnés à tort, à raison d'actes de leurs fonctions, pour les indemniser des dérangements et des frais que le procès leur a occasionnés. — Orléans, 12 déc. 1884, Vincent, [D. 86.2.110] — Bordeaux, 20 mai 1892, de Larroque, [Garnier, *Rép. pér.*, n. 7904] — Trib. Beaune, 28 août 1879, [*J. des conserv.*, n. 3279] — Trib. Charolles, 25 juin 1880, [*J. des conserv.*, n. 3329] — Trib. Saintes, 21 juill. 1880, [*J. des conserv.*, n. 3340; *J. Enreg.*, n. 21542] — Trib. Seine, 17 avr. 1883, [*J. des conserv.*, n. 3609] — Trib. Pontarlier, 6 juill. 1886, Vº Lavier, [*J. Enreg.*, n. 22763] — Trib. Mayenne, 26 juin 1886, Mandet, [*J. Enreg.*, n. 23491] — Trib. Confolens, 13 août 1892, Quenouille, [Garnier, *Rép. pér.*, n. 7993] — Trib. Bergerac, 13 août 1891, [Garnier, *Rép. pér.*, n. 7904]

363. — Jugé même que si une instance a été témérairement introduite contre eux, pour les rendre responsables de sommes considérables, ils ont droit à des dommages-intérêts à raison et pour cause du trouble né de cette instance et de la nécessité pour eux faite de défendre une grosse partie de leur fortune. — Riom, 1er mars 1893, Tabareau, [S, et P. 94.2.197] — Trib. Pontarlier, 6 juill. 1886, précité. — Trib. Lesparre, 10 févr. 1892, [*J. des conserv.*, n. 4244] — Trib. Confolens, 13 août 1892, précité.

364. — Il importe donc de rechercher soigneusement à quelles conditions la responsabilité des conservateurs est engagée, sauf à voir ensuite comment s'exerce l'action.

§ 1. *Conditions nécessaires à l'existence de la responsabilité.*

365. — Il résulte de la définition de la responsabilité que deux éléments essentiels sont également indispensables à son existence : une faute commise, un dommage éprouvé.

1º *De la faute.*

366. — La faute consiste en tout manquement, voulu ou non, d'un individu à ses obligations. La faute relevée à la charge du conservateur des hypothèques sera rarement contractuelle ; le plus souvent, elle résultera du non-accomplissement de ses obligations professionnelles, soit qu'il ait compromis des droits légitimement confiés, dont la conservation lui était confiée ; soit qu'il n'ait pas exactement renseigné les particuliers désireux de profiter des mesures de publicité organisées par la loi dans leur intérêt ; soit qu'il ait pris contre quelqu'un une inscription qu'il ne devait pas prendre. D'autre part, le conservateur, responsable de ses faits personnels, sera aussi tenu du fait de ses subordonnés. Enfin, il pourra se trouver obligé à la réparation d'une faute commune, pour laquelle la responsabilité devra être partagée. Ajoutons que les cas de responsabilité énoncés ne sont point limitatifs ; il faut donc considérer la responsabilité des conservateurs comme engagée toutes les fois que, par faute ou négligence commise dans l'exercice de leurs fonctions, ils ont fait éprouver une perte à un créancier ou un acquéreur. — V. not. Aubry et Rau, t. 3, § 268, p. 293; Laurent, t. 31, n. 593; Baudry-Lacantinerie, t. 2, n. 1356.

367. — I. *Responsabilité contractuelle.* — Très rarement, avons-nous dit, le conservateur pourra être déclaré responsable comme ayant manqué à un engagement résultant d'une convention. Il faudrait supposer qu'il a accepté d'être, soit dépositaire des notifications adressées aux parties, soit mandataire de ces mêmes parties; et, nous avons vu, spécialement en ce qui concerne la rédaction des réquisitions, que les instructions de l'administration interdisent aux conservateurs tout rôle personnel et actif. Nous avons ajouté, il est vrai, que ces prohibitions sont souvent violées; mais il convient néanmoins de remarquer qu'elles ne le sont jamais au point d'autoriser les parties à regarder le conservateur comme mandataire qu'il a causée.

368. — La jurisprudence en a conclu, avec raison, que leur responsabilité, restreinte, comme celle de tous autres fonctionnaires publics, aux fautes ordinaires commises dans l'exercice de leurs fonctions, ne saurait être engagée par des investigations qui ne leur sont imposées ni par la loi, ni par les instructions de leurs chefs, soit pour remédier aux lacunes des réquisitions et par suite des inscriptions ou des états délivrés, soit pour rectifier les erreurs que les registres hypothécaires peuvent contenir. — Cass., 21 déc. 1848, [*J. des conserv.*, n. 436] — Rouen, 31 juill. 1888, [*Rec. Rouen*, 88.1.221] — Alger, 18 nov. 1889, [*Rev. Alger*, 90.15]. — Sic, Garnier, n. 757-2º.

369. — On s'est demandé cependant si les conservateurs des hypothèques ne pouvaient pas, vu le salaire qu'ils reçoivent de ceux qui requièrent leur ministère, être, comme les notaires, avoués ou huissiers, purement et simplement assimilés à des mandataires salariés. On a admis, à cet égard, que leur qualité de préposés de l'administration, nommés par elle et auxquels les parties sont forcées de recourir, exclut toute idée de mandat qui est, de sa nature, volontaire.

370. — C'est ainsi qu'il a été jugé spécialement que l'élection de domicile en leurs bureaux, faite par un créancier pour la validité d'une inscription, bien que cette élection de domicile ait été mentionnée par le conservateur sur ses registres, n'oblige point celui-ci, au cas même où il reçoit copie des significations faites au créancier et en vise l'original, à transmettre les copies à l'intéressé, mais seulement à les garder et à les tenir à la disposition de qui de droit. — Rennes, 25 févr. 1892, Guillemet, [D. 92.2.517] — V. aussi Douai, 4 mars 1880, Deslogcs-Croisette, [D. 81.2.108] — Cass., 18 févr. 1851, Mouton, [S. 51.1.354, D. 51.1.301] — Rolland de Villargues, *Rép. de notar.*, v° *Domicile élu*, n. 21 et 22. — V. en sens contraire, mais en tant qu'il s'agit de la responsabilité des notaires en semblable matière : Cass., 1er mars 1886, Lesné, [S. 86.1.314, P. 86.1.748, D. 86.1.457]; — 24 janv. 1887, Sarrazin, [*Rev. not.*, n. 7572, XXVIII, 235] — Nancy, 22 déc. 1853, Voignier, [S. 54.2.204, P. 54.2.199]

370 bis. — L'arrêt précité de la cour de Rennes, du 25 févr. 1892, réserve l'hypothèse d'acceptation formelle d'un mandat spécial pour le conservateur : en ce cas, l'obligation de transmettre à l'inscrivant les notifications reçues existerait pour lui, comme pour les officiers publics investis d'un mandat professionnel.

371. — C'est d'après le même principe qu'il faut résoudre la difficulté qui s'est présentée au cas où des états et certificats contenant des erreurs ou des omissions avaient été utilisés par un autre que le requérant. La question s'est alors posée de savoir si la responsabilité du conservateur est, à raison de ces vices, engagée, d'une manière générale, à l'égard de tous ceux qui ont pu être induits en erreur, ou simplement envers le requérant.

372. — On a jugé que le conservateur est responsable seulement au regard de la personne qui a requis ou au nom de qui a été requise la délivrance de l'état; on a tiré argument des termes prétendus restrictifs (« *parties* ») de l'art. 2202, C. civ., et de ce que, lors de la demande d'un certificat d'inscriptions, il s'opère comme un engagement entre la partie requérante, d'une part, et le conservateur, d'autre part, à la suite duquel ce dernier, en retour des salaires perçus, se rend garant envers le requérant de l'exactitude de l'état délivré; — celui-là seul aurait le droit d'invoquer la responsabilité qui en acquitterait le prix. — Trib. Oloron, 29 déc. 1862, [*J. des conserv.*, n. 1822] — Trib. Orthez, 28 nov. 1888, sous Pau, 30 déc. 1890, V° Castels, [S. 91.2.63, P. 91.1.440, D. 91.2.32] — Trib. Saint-Malo, 1er août 1891, Dauvergne, [D. Rép., Suppl., v° *Privilèges et hypothèques*, n. 1784] — Garnier, n. 765; *Rev. hyp.*, n. 603 et 796; de Saint-Genis, *Annales d'avril* 1892.

373. — Mais, d'autre part, il a été décidé, plus exactement d'après nous, que le conservateur est responsable, d'une manière générale, à l'égard de tous ceux pour qui un préjudice quelconque est résulté des erreurs ou omissions contenues dans les états et certificats. — Pau, 30 déc. 1890; — 18 mars 1891, [*Rev. hyp.*, p. 795] — Trib. Montmorillon, 28 août 1860, Guitonnière et Opter, [cité par Landouzy, *Tr. de la responsab. des conserv.*, p. 68-71] — V. aussi Trib. Pithiviers, 10 août 1883, Vincent, [*J. Enreg.*, n. 22478]

374. — La solution de la cour de Pau, si elle est basée sur des circonstances de fait, n'en a pas moins une portée pratique considérable. Ces circonstances sont, en effet, de nature à se présenter, sinon toujours, du moins dans la grande majorité des cas où la responsabilité du conservateur peut être engagée. — Lorsque la réquisition (et c'est le cas le plus fréquent) a pour objet de vérifier la situation hypothécaire d'un tiers en vue de la réalisation d'un prêt, et émane d'un notaire, elle n'est point faite dans l'intérêt exclusif d'un prêteur déterminé, mais bien dans celui de tous les clients de l'étude qui peuvent avoir un placement à effectuer. Le conservateur ne peut, dès lors, être assimilé à un mandataire avec lequel on contracte, sa responsabilité, pensons-nous, ne peut être fondée que sur le principe général de l'art. 1382; si l'état par lui délivré et si l'erreur que cet état contient a causé un préjudice, la partie lésée, quelle qu'elle soit, doit pouvoir toujours le rendre responsable. Au surplus, les art. 2197 et 2202 déclarent ces fonctionnaires tenus, d'une manière générale et sans distinction, du préjudice résultant des omissions ou erreurs quelconques, qu'ils commettent.

375. — II. *Responsabilité professionnelle.* — Le conservateur est en faute et engage sa responsabilité lorsqu'il ne remplit pas exactement les fonctions que la loi lui a confiées. A cet égard, il importe tout d'abord de rappeler que le conservateur n'est pas juge; qu'il n'est qu'un fonctionnaire chargé d'assurer la publicité des droits réels, obligé d'obéir aux réquisitions régulières, et sans qualité pour discuter la valeur juridique des actes qui lui sont présentés. Nous avons dit, *supra*, n. 366, qu'il peut être responsable, soit pour avoir compromis des droits légitimement acquis, soit pour n'avoir pas exactement renseigné les parties sur l'état hypothécaire d'un immeuble.

376. — A. *Faute pouvant faire perdre un droit légitimement acquis.* — Dans cette hypothèse, la responsabilité du conservateur qui repose sur un principe plus certain a et des limites mieux tracées que celle des notaires, est engagée : 1° pour toute omission, inexactitude ou retard fautifs de transcription ou d'inscriptions; 2° pour toute radiation opérée par faute, sans mainlevée régulière et sans preuve suffisante du consentement de la personne qui avait seule droit ou capacité d'y consentir; 3° pour toute omission ou inexactitude fautives dans un état d'inscriptions ou dans un certificat; 4° pour une inscription indûment prise. Dans tous ces cas, le principe de la responsabilité du conservateur est basé sur ce fait qu'il a pu dépouiller à tort une personne d'un droit que la loi l'avait chargé de sauvegarder.

377. — *a) Omission, retard ou inexactitude de transcriptions ou d'inscriptions.* — Le législateur (C. civ., art. 2197, 2199) a formellement prévu que la responsabilité du fonctionnaire pourrait être engagée si un préjudice quelconque résultait de l'omission ou du retard du conservateur, qui doit copier exactement et dès qu'ils lui sont remis les actes à transcrire ou les bordereaux d'inscription. Sans qu'il soit besoin d'insister, on sait que, faute d'avoir été rendu public, un droit réel peut être perdu. Aussi est-il aisé de prévoir le préjudice que peut causer l'abstention, le retard ou l'erreur du conservateur qui ne reproduirait pas exactement l'acte qui lui a été déposé. Les refus ou les retards sont constatés par des procès-verbaux dressés soit par un juge de paix, soit par un huissier audiencier du tribunal, soit par un autre huissier ou un notaire assisté de deux témoins (C. civ., art. 2199).

378. — En principe, et sauf quelques cas exceptionnels qui donneront lieu (V. *infra*, n. 401 et s.), à quelques développements, le conservateur des hypothèques n'agit pas d'office; il doit attendre les réquisitions qui lui sont adressées et s'y conformer minutieusement dès qu'elles sont faites en la forme légale. Spécialement, en ce qui concerne les inscriptions de privilèges ou d'hypothèques, la loi exige la remise d'un bordereau en double minute en même temps que du titre constitutif de l'hypothèque. — V. *infra*, v° *Hypothèque*.

379. — Le conservateur engagerait donc sa responsabilité si, légalement requis, il n'accomplissait pas la formalité demandée, ou s'il ne se conformait pas exactement, dans les copies qu'il fait, aux actes qui lui sont présentés. Il a seulement le droit d'exiger que les parties consignent les sommes dues pour droits et salaires; toutefois, le procureur de la République requérant l'inscription de l'hypothèque légale de la femme mariée n'est pas obligé à cette avance. Si le conservateur avait accepté les réquisitions sans exiger le dépôt des droits et salaires, il devrait accomplir les formalités sans retard, sauf à actionner les parties pour recouvrer les sommes à lui dues.

380. — La première question que doit se poser, ce semble, le conservateur, est de savoir si le requérant a qualité pour faire la réquisition : l'examen détaillé de cette question trouvera sa place *infra*, v° *Hypothèque*; il suffira ici de se demander si le conservateur engagerait sa responsabilité : 1° s'il prenait l'inscription sans s'être assuré de la qualité des parties; 2° s'il prenait lui-même sans en être requis, en dehors du cas spécialement prévu par la loi, inscription d'une hypothèque.

381. — Sur le premier point, rappelons que le conservateur n'est pas un juge : il suffira donc, qu'en apparence, la partie ait qualité pour que le conservateur ne soit pas en droit de refuser son ministère; il n'a pas à rechercher si, en fait, la qualité alléguée existe ou a persisté chez celui qui s'en prévaut. — Or, en principe, et, sauf quelques cas exceptionnels, toute personne a le droit de requérir inscription au nom du créancier. La transcription peut être également demandée soit par l'ancien, soit par le nouveau propriétaire, soit par tout intéressé.

382. — Ainsi serait en faute le conservateur qui refuserait d'inscrire l'hypothèque légale d'une femme mariée requise par un prétendu parent, jusqu'à ce que ce dernier eût justifié de sa parenté (C. civ., art. 2136).

383. — De même que le conservateur ne peut exiger la justification de la qualité des parties contractantes dans l'acte qui lui est présenté, il n'est pas fondé non plus, soit à refuser, soit même à retarder l'accomplissement des formalités, pour contrôler la régularité de la convention ou vérifier la capacité des parties; c'est pourquoi il ne saurait être ultérieurement rendu responsable des vices internes existant dans les actes qui lui sont produits et dont un examen n'eût pu lui révéler l'existence. — V. Aubry et Rau, t. 3, § 268, p. 297, note 32, 33.

384. — Ainsi jugé relativement à une réquisition faite à un conservateur de mentionner sur ses registres la subrogation consentie, après paiement effectif, par le gérant d'une société au profit de l'adjudicataire de l'immeuble sur lequel la société était créancière inscrite, alors que les pouvoirs du gérant avaient pu être modifiés par un acte postérieur à l'acte de société représenté. — Bordeaux, 16 août 1876, Rougié, [S. 77.2.334, P. 77.1303]

385. — Jugé de même, à l'occasion d'une subrogation dans une inscription d'hypothèque consentie par un tuteur, que le conservateur ne commet point de faute en opérant la mention de la subrogation sans qu'on lui justifie d'une délibération du conseil de famille ayant autorisé le tuteur à accepter sous bénéfice d'inventaire pour le mineur la succession dont la créance dépend. — Trib. Brest, 22 oct. 1890, [J. des conserv., 1891, art. 4201, p. 363]

386. — Jugé, dans le même sens, que la cession de ses droits faite par le créancier, ou la subrogation par lui consentie au profit d'un tiers n'ayant nullement pour effet d'aboutir à une radiation nécessaire de l'inscription cédée, le conservateur peut, nonobstant l'incapacité du cédant ou subrogeant, valablement et d'une manière utile, mentionner la cession ou subrogation en marge de l'inscription. Spécialement, le conservateur peut mentionner en marge de l'inscription hypothécaire, prise pour sûreté d'une créance appartenant à une femme mariée séparée de corps et de biens, la subrogation consentie par cette femme, même si une pareille subrogation, dépassant les pouvoirs d'administration de la femme. — V. Cass., 2 déc. 1885, Maslier et Frémy, S. 86.1.97, P. 86.1.225, et la note de M. Labbé, D. 86.1.294], est nulle à défaut d'autorisation du mari. — Aix, 29 avr. 1890, Dumonteil-Verhœven, [S. 90.2.130, P. 90.1.706, D. 90.2.356, et les conclusions de M. le proc. gén. Naquet] — Lyon, 12 juill. 1878, [J. Enreg., n. 20875; J. des conserv., 3217] — Contrà, Baudot, Tr. des form. hyp., t. 1, n. 770, p. 340; Boulanger et de Récy, t. 1, n. 67 et 772, p. 98 et 341. — V. encore Amiens, 14 juin 1890, Saigne, [S. 90.2.168, P. 90.1.907, D. 90.2.32]

387. — Dans ses discussions sur les mesures à prendre pour procurer la publicité, au moyen du livre foncier, des faits modificatifs de la capacité du propriétaire inscrit, la sous-commission juridique du cadastre a étudié la question au point de vue de la responsabilité des conservateurs quant à cette vérification. Par l'organe de M. Michel, le comité de rédaction de l'études proposait de décider que le conservateur serait tenu, en principe, de vérifier, sous sa responsabilité, et par tous les moyens possibles, l'identité et la capacité des parties; néanmoins, pour éviter de sa part l'exigence de justifications excessives, on admettait comme preuve suffisante le certificat dressé par un notaire. Sur le vu d'un bordereau authentique établissant l'identité et la capacité des parties, le conservateur serait, en conséquence, obligé de procéder à l'inscription; mais, par contre, déchargé de toute responsabilité. — Procès-verbaux de la sous-commission juridique du cadastre, séances des 19 janv., 2 févr. et 16 mars 1893 (MM. Bonjean, Challamel, Massigli et Léon Michel), t. 3, p. 253, 262, 352, 379. — V. aussi Procès-verbaux des séances du congrès de la propr. fonc. en 1889 (M. Bufnoir), p. 23. — Besson, op. cit., p. 433, 471, 484.

388. — Sur le second point, c'est-à-dire en ce qui concerne une inscription prise par le conservateur en dehors de toute réquisition, il a été jugé qu'elle était nulle par application de l'art. 2134, C. civ., qui suppose, en termes formels, une inscription prise par le créancier. Une inscription formalisée d'office par le conservateur pourrait être contraire, dit l'arrêt, et à la volonté du créancier qui ne requiert pas l'inscription et aux intérêts des autres créanciers. La conséquence serait d'engager, au besoin, sa responsabilité. — Poitiers, 1er juill. 1831, Potron, [S. 31.2.211. P. chr.] — Nîmes, 29 nov. 1854, Legout, [S. 55. 2.512, P. 55.2.383]

389. — Mais la solution contraire doit être préférée. Il a été jugé, en ce sens, qu'aucune disposition ne permet de déclarer nulle une inscription qui n'aurait pas été personnellement requise par le créancier; la loi statue sur le cas qui se présente le plus ordinairement mais, elle n'exclut nullement celui où un tiers veillerait à ce qu'il fût procédé à cette mesure conservatoire; or, la présentation des bordereaux n'a été exigée que dans l'intérêt respectif du conservateur et du créancier; il n'est fait dans l'inscription aucune mention de cette présentation; la publicité suffit donc et elle existe, de quelque personne qu'émane la réquisition. — Cass., 13 juill. 1841, Chagot, [S. 41.1.731, P. 41.2.233]

390. — C'est ce qui a été décidé spécialement dans un cas où une donation avec charges contenait, en faveur du donataire, une stipulation d'hypothèque. — Agen, 4 janv. 1834, Pardoux et Chamaillard, [S. 54.2.350, P. 55.1.91, D. 55.2.42]

391. — Les motifs donnés à l'appui de la décision permettent de bien apprécier le rôle du conservateur qui, hors des cas où il y est obligé, prend d'office une inscription. Il joue le rôle de mandataire, de gérant d'affaires, et sa responsabilité serait alors purement contractuelle. Il en résulte qu'au cas où l'inscription ne peut être requise que par certaines personnes déterminées (art. 2139, C. civ.), il pourrait être actionné comme tout autre tiers qui aurait indûment requis inscription. — Circul. min. Just., 15 sept. 1803, [rapportée par Persil, sur l'art. 2138-2°; Zachariæ, § 269; Aubry et Rau, t. 3, § 269, p. 312; Thézard, n. 157] — V. anal. Cass., 29 juin 1870, Guillot, [S. 71.1.29, P. 71.45, D. 71. 1.225]; — 4 août 1874, Mêmes parties, [S. 74.1.462, P. 74.1194, D. 75.1.163]

392. — Les actes et bordereaux remis au conservateur doivent être copiés sur ses registres tels qu'ils lui sont remis. Les tiers ne connaissent que le contenu des registres, ils peuvent donc demander la nullité d'une inscription irrégulière. Peu importe que les bordereaux fussent rédigés en la forme légale; mais, en ce cas, le conservateur serait en faute et devrait réparer le préjudice causé par la copie inexacte de la pièce à lui remise. — V. Cass., 22 avr. 1818, Gossin, [S. et P. chr.]; — 11 juill. 1843, Michel, [S. 43. 1.048, P. 43.2.218]; — 9 janv. 1888, Vermol, [S. 88.1.101, P. 88.1.248, D. 88.1.176] — Bordeaux, 24 juin 1813, Moulinard, [S. et P. chr.] — Aubry et Rau, t. 3, p. 294, § 268, note 22.

393. — Lorsqu'un créancier a, par un seul bordereau, requis l'inscription d'une hypothèque conventionnelle avec subrogation dans l'hypothèque légale de la femme du débiteur, le conservateur, tenu de transcrire littéralement ce bordereau et de porter sur ses registres toutes les énonciations y contenues, engagerait sa responsabilité en les divisant pour en former deux inscriptions distinctes qu'il rédigerait lui-même et dans lesquelles il ne respecterait pas le texte primitif, notamment en supprimant une stipulation portant que la femme qui a subrogé à son hypothèque légale ne pourra profiter de l'inscription requise. — Trib. Lyon, 13 juin 1856, Cantillon, [P. Bull. d'enreg., art. 399] — V. J. Enreg., n. 20265, 21704, 23237.

394. — Le conservateur ne doit donc opérer que d'après les indications précises du requérant dans les bordereaux; il en résulte que les parties agissant à leurs risques et périls, lorsque, dans un but de simplification, elles remettent des bordereaux incomplets, se rapportant, par exemple, par voie de simple référence aux énonciations de l'inscription, ou limitant les indications de bordereaux distincts aux immeubles situés dans le ressort de chaque conservation. Le conservateur agit de même à ses risques et périls lorsque, sans la juste préoccupation des lacunes qu'ultérieurement pourront contenir les états délivrés, pour diminuer son travail ou même le coût des formalités et éviter des redites, il renvoie d'une inscription à l'autre.

395. — Lorsqu'une expédition ou la grosse elle-même d'un acte portant subrogation du requérant dans tous les droits, actions et privilèges du vendeur est produite au conservateur par le tiers subrogé, celui-ci n'est point en faute en mentionnant, alors même que l'acte de transfert ne l'énonce pas spécialement, la subrogation dans l'effet de l'inscription d'office. Il ne saurait être critiqué ni par le cédant dès lors qu'il avait formellement consenti la subrogation; ni par le cessionnaire, garanti contre la surprise des notifications ou d'une expropriation, et dont au surplus le droit était publié dans les termes de sa réquisition; ni par les tiers peu intéressés à être primés par le cédant ou le cessionnaire. — Pau, 23 juill. 1890, de Minvielle, [S. 91.2.31, P. 91. 1.212, D. 91.2.321] — Trib. Joigny, 13 oct. 1871, D..., [S. 72. 2.81, P. 72.362, D. 72.3.8]

396. — Il n'en serait autrement que s'il avait fait la mention sur la présentation, non d'une expédition de l'acte, mais d'un simple extrait analytique, analyse plus ou moins fidèle de l'acte, et n'offrant ni la même certitude ni la même garantie.

397. — S'il a été remis au conservateur par le créancier requérant inscription deux bordereaux, l'un régulier et complet, l'autre irrégulier, contenant des erreurs et non conforme aux stipulations du titre, il peut arriver que l'inscription soit ensuite faite sur le registre d'après le bordereau irrégulier, et que le bordereau régulier soit remis au créancier revêtu de la mention que l'inscription au registre a été faite. Si la créance est ultérieurement rejetée de l'ordre, à raison du vice de l'inscription, il a été jugé que le conservateur est garant de ce rejet envers le cessionnaire porteur de la créance, étranger au vice du bordereau; il a un recours contre le créancier cédant, auteur du bordereau irrégulier; ce recours subsiste alors même qu'il existerait une autre cause de nullité. — V. Cass., 17 nov. 1824, Soubeyrand, [S. et P. chr.]

398. — Une décision postérieure rendue dans une espèce semblable n'a pas admis le recours du conservateur contre le créancier rédacteur du bordereau irrégulier; les juges du fait avaient, au surplus, constaté que le conservateur, au lieu de donner au requérant un récépissé des pièces, conformément à l'art. 2200, C. civ., en attendant qu'il eût fait l'inscription, avait rendu aussitôt l'acte d'obligation et le bordereau régulier porté à la suite; il certifiait avoir inscrit le même jour et attestait ainsi une inscription qui n'existait pas encore et il affirmait entre le bordereau qu'il remettait et l'inscription faite postérieurement une conformité que, par son fait, il s'était mis hors d'état de vérifier et qui n'avait pas existé. — Cass., 29 avr. 1829, Lieutaud, [S. et P. chr.]

399. — Le fait par un conservateur, requis d'inscrire un bordereau hypothécaire énonçant que l'inscription doit être prise dans son bureau, de n'avoir point prévenu l'inscrivant qu'il commettait une erreur en s'adressant à son bureau, au lieu de s'adresser à un autre, n'entraîne point contre lui l'application du principe de responsabilité; l'arrêt qui, en ce cas, décharge le conservateur de toute responsabilité ne viole aucune loi. — Cass., 25 nov. 1872, Delaporte, [S. 73.1.63, P. 73.140, D. 73.1.134] — V. aussi Pau, 23 juill. 1890, précité, n. 395.

400. — Ainsi jugé spécialement pour les conservations de Paris, dont les circonscriptions ne correspondent pas, nous l'avons vu, avec les arrondissements, les erreurs étant dès lors plus aisées à commettre. — Paris, 26 janv. 1872, Mosler, [S. 72.2.19, P. 72.194, D. 72.2.121] — Trib. Seine, 19 févr. 1892, [Garnier, *Rép. pér.*, 7861]

401. — En principe, le conservateur n'inscrit une hypothèque que lorsqu'il en est requis; cependant l'art. 7, L. 21 vent. an VII, l'oblige, comme nous l'avons dit, à inscrire son cautionnement (V. *suprà*, n. 106). L'art. 7, L. 5 sept. 1807, veut également qu'il prenne d'office l'inscription pour garantir les droits du Trésor sur les biens des comptables au simple vu de tous actes translatifs passés par ceux-ci. Le bordereau constatant cette inscription, certifié conformément à l'art. 2148, C. civ., doit être envoyé au procureur de la République du tribunal de l'arrondissement où les biens sont situés et à l'agent du Trésor public, le tout à peine de destitution et de dommages-intérêts.

402. — Enfin, aux termes de l'art. 2108, C. civ., le conservateur est tenu, sur la transcription d'un acte de vente constatant que le prix est dû en tout ou en partie, de prendre au profit du vendeur l'inscription d'office. Même obligation à la suite d'adjudication sur saisie immobilière. Le conservateur rédige lui-même l'inscription. Mais nous ne croyons pas devoir faire rentrer l'examen des difficultés qui se sont présentées dans l'étude des cas où l'omission du conservateur peut faire perdre au droit légitimement acquis. On sait, en effet, que cette inscription d'office n'est nullement nécessaire pour assurer au vendeur, au moins pendant dix années, le bénéfice du privilège qui est conservé par la transcription. Seuls, les tiers induits en erreur par l'omission du conservateur pourraient le faire déclarer responsable. Il suffira pour le moment d'indiquer les points suivants.

402 bis. — Il convient néanmoins de signaler ici une décision, d'ailleurs bien rendue, d'après laquelle le conservateur n'a pas à prendre, lors de la transcription d'une vente dont le prix consiste en une rente, l'inscription d'office du privilège du vendeur, si une clause l'en dispense, en conséquence d'une renonciation expresse du vendeur, dans l'acte même, au privilège et à l'action résolutoire. — Trib. Château-Gontier, 26 juill. 1876, [*J. Enreg.*, n. 20174]

403. — Le conservateur des hypothèques auquel un tiers présente simultanément un contrat de vente immobilière à transcrire et un acte postérieur contenant subrogation à son profit dans le privilège du vendeur n'a pas, pour la transcription, à prendre directement l'inscription d'office au profit du tiers: il n'est tenu, en effet, de faire d'office l'inscription sur son registre que des seules créances résultant de l'acte translatif de propriété au profit du vendeur ou du bailleur de fonds. Une réquisition expresse du tiers subrogé mettrait, seule, le conservateur en faute. — Trib. Joigny, 13 oct. 1871, précité.

404. — S'il est vrai qu'aux termes de l'art. 2108, la transcription vaut inscription, il n'en est pas moins certain que c'est à la condition que l'acte constitutif du privilège permette non seulement de l'asseoir, mais encore d'en révéler l'existence aux tiers, soit par la transcription, soit par l'inscription faite d'office par le conservateur. En conséquence, l'inscription ne pouvant reproduire les termes mêmes de l'acte constitutif du privilège, le conservateur n'est point fondé à faire la mention des immeubles vendus dans l'inscription d'office, si elle ne se trouve pas dans l'acte de vente, car il ne saurait utilement insérer dans l'inscription d'office d'autres énonciations que celles de l'acte de vente. Le vendeur n'a pas de privilège faute de porter sur un immeuble déterminé, et ce vice de la transcription et de l'inscription d'office ne saurait être purgé par l'inscription prise ou par le renouvellement. — Pau, 30 nov. 1876, Abbadie, [S. 77.2.247, P. 77.1043] — *Sic*, Pont, t. 1, n. 270. — *Contrà*, Mourlon, *Transcript.*, n. 690.

405. — Si le conservateur ne rédigeait point l'inscription d'office conformément aux droits du vendeur, spécialement s'il ne constatait l'existence du privilège que pour moitié de la somme à laquelle il s'élève réellement, il nous paraît certain qu'il pourrait être actionné par le vendeur à l'effet de la rectifier. Sans doute, la transcription du contrat de vente conserve intégralement le privilège du vendeur, l'objet de l'inscription d'office est seulement de faire connaître ce privilège aux tiers; mais on ne saurait justement disconvenir que, s'importe à ceux-ci de connaître, non seulement l'existence, mais aussi la valeur réelle, l'étendue du privilège. Le vendeur lui-même est non moins intéressé à ce que le privilège soit constaté tel qu'il est; la rédaction vicieuse de son inscription lui cause un dommage en ce que, ne faisant pas connaître aux tiers la valeur de son privilège, elle porte atteinte à son crédit. Il est en droit, par cela seul, d'agir contre le conservateur en rectification; et si, pour aboutir à cette rectification, il est obligé de procéder judiciairement, le conservateur devra réparer le préjudice causé c'est-à-dire supporter, tout au moins, les frais de l'instance engagée par suite de l'erreur commise. — V. Pont, t. 2, n. 870; Troplong, t. 4, p 286; Aubry et Rau, t. 3, § 278, p. 356. — *Contrà*, Gaz. Pal., 10-11 juin 1892, note sous Trib. Seine, 17 mars 1892, Montier.

406. — Spécialement (et la question est de nature à se présenter fréquemment dans les pays où, comme en Normandie, le régime dotal est de droit commun), le conservateur ne peut, sans engager sa responsabilité, se dispenser de prendre une inscription d'office pour rendre public le privilège du vendeur, à la suite de la transcription de l'acte de vente d'un immeuble dotal, bien que le prix de la vente ait été déclaré payé comptant s'il n'est point effectivement justifié du remploi, s'ils traitaient avec les acquéreurs et devenaient eux-mêmes acquéreurs des biens dotaux vendus ou créanciers avec hypothèques constituées sur ces mêmes biens, se trouveraient exposés à s'en voir évincés par l'effet de l'action réservée à la femme. Indépendamment de ce motif, il est à remarquer que le défaut de remploi ouvre à la femme une action alternative, tendant soit à revendiquer l'immeuble, soit à répéter le prix qui le représente. Le paiement non suivi de remploi peut donc être considéré comme non avenu; et le conservateur tenu de formaliser inscription, d'une manière générale, pour les sommes ou prestations dues d'après l'acte de vente, doit, en l'espèce, prendre inscription d'office. — Trib. Caen, 16 avr. 1883, Manger, [D. 85.3.23] — Pau, 24 juill. 1886, Tapie, [D. 87.2.35] — *Sic*, Boulanger et de Recy, t. 2, n. 511; Rodière et Pont, *Contr.*

de mar., t. 2, n. 557. — *Contrà*, Demolombe, *Rev. du notar.*, n. 6374; André, n. 409.

407. — En cas d'adjudication à un seul acquéreur et par un seul procès-verbal de plusieurs lots appartenant au même vendeur, mais avec une stipulation de prix distincts pour chacun des lots vendus, le vendeur qui n'a pas été payé jouit, sur chacun des lots, d'un privilège distinct jusqu'à concurrence du prix afférent à chacun d'eux. — Cass., 19 avr. 1893, Thouvenel, [D. 93.1.531] — Le conservateur, chargé par la loi, dans l'intérêt des tiers de résumer avec précision les parties essentielles de l'acte de vente et de les porter à la connaissance du public, au moyen des inscriptions qu'il prend d'office et sous la responsabilité personnelle, ne peut donc être tenu de grouper dans la formule d'une inscription unique les diverses mutations relatives à ces privilèges distincts; nous verrons, *infrà*, n. 616 qu'il a droit par suite à autant de salaires qu'il a réellement pris d'inscriptions. — Cass., 11 mars 1891, Coulonge, [D. 91.1.253] — V. *J. des conserv.*, 1891, art. 4181; 1892, art. 4232 et 4264. — V. Trib. Bar-sur-Aube, 1er juin 1876, [*J. Enreg.*, n. 20374]

408. — En matière de saisie immobilière, le conservateur commettrait une faute engageant sa responsabilité au profit de toutes les parties lésées, s'il omettait de mentionner l'heure de la saisie, s'il intervertissait l'ordre des transcriptions, s'il omettait de mentionner en marge de la saisie des sommations faites en vertu de l'art. 692, C. proc. civ., et pour toutes autres irrégularités de ce genre. — Pigeau, *Comment.*, t. 2, p. 289; Favard de Langlade, v° *Saisie immobilière*, t. 3, p. 30; Thomine-Desmazures, t. 2, p. 211; Dutruc, *Supp. aux lois de la procédure*, de Carré et Chauveau, t. 3, v° *Saisie immobilière*, n. 458, quest. 2264.

409. — Le conservateur serait également responsable et tenu de dommages-intérêts pour avoir, en violation de l'art. 680, C. proc. civ., transcrit une seconde saisie, alors qu'une première, ayant pris sa consistance par l'accomplissement des formalités prescrites, n'a point été radiée. — Rennes, 1er août 1851, [*J. des Av.*, t. 77, p. 320] — Trib. Seine, 29 mai 1857, [*J. des Av.*, t. 82, p. 582] — Paris, 9 févr. 1877, [*J. des Av.*, t. 102, p. 98] — *Sic*, Chauveau, *Formul. de procéd.*, t. 2, p. 94, note 1 ; Dutruc, *op. cit.*, v° *Saisie immobilière*, n. 459-462, p. 593.

410. — *b) Radiation irrégulière d'une inscription hypothécaire ou d'une saisie immobilière.* — La radiation d'une inscription fait perdre au créancier son rang et parfois tout droit hypothécaire ; la radiation d'une saisie immobilière enlève au poursuivant les avantages très-appréciables attachés à la transcription : le saisi pourra aliéner l'immeuble, les fruits ne seront plus immobilisés. Le créancier ne doit donc, légitimement être privé de ces divers droits qu'en vertu d'un acte de sa volonté donné en pleine capacité ou à la suite d'une décision régulière de justice. Le conservateur qui méconnaîtrait ce principe serait en faute et exposerait de la façon la plus grave sa responsabilité.

411. — Il l'exposerait aussi gravement s'il refusait une radiation qui lui serait régulièrement demandée, le débiteur ayant droit à ne pas avoir son immeuble grevé indûment. D'où les difficultés très-grandes que présentent pour le conservateur les questions de radiation. Le détail en sera exposé *infrà*, v° *Hypothèque*; il suffira de poser ici les règles générales.

412. — Le titulaire de la créance ayant pleine capacité à cet effet peut seul consentir à une mainlevée qui oblige le conservateur à radier. Le consentement doit être donné par acte authentique dont une expédition est déposée au bureau des hypothèques (C. civ., art. 2157, 2158). Le conservateur devra donc tout d'abord vérifier sous sa responsabilité que la mainlevée a été consentie par le titulaire de la créance.

412 bis. — L'application de ce principe a été faite par le tribunal de Liège. L'hypothèque étant un droit réel immobilier, le mari commun en biens ne peut abandonner gratuitement la garantie qui résulte de cette hypothèque au profit d'une créance appartenant à la communauté, et, par conséquent, n'a pas qualité pour donner, seul et en dehors de sa femme, mainlevée d'une inscription hypothécaire prise pour sûreté de cette créance, sans en recevoir le paiement. Jugé, dans ces circonstances, que le conservateur, requis de radier en vertu de ce consentement, est fondé à s'y refuser. — Trib. Liège (Belgique), 12 juin 1886, [*J. Enreg.*, n. 22782]

413. — C'est en vertu de ce droit que, très-souvent, au moment de procéder à des radiations définitives, les conservateurs, suivant un procédé autorisé par une solution de la régie, en date du 16 juin 1874 (*J. Enreg.*, art. 21198, ann. 1879, p. 672), exigent des tiers subrogés au bénéfice de l'inscription, qui en donnent mainlevée, des justifications qui n'avaient point été requises au moment où fut mentionnée la subrogation sur les registres. C'est ainsi que la question s'est posée, lorsque deux époux, après avoir vendu un immeuble propre à la femme, ont subrogé un tiers dans le privilège du vendeur, et que mention de cette subrogation a été faite en marge de l'inscription d'office, sans que le contrat de mariage de la venderesse ait été produit au conservateur, de savoir si celui-ci est en droit, lors de la présentation de la quittance du prix et de la mainlevée, de refuser d'opérer la radiation à défaut de production du contrat de mariage. — V. *J. Enreg.*, n. 21198.

414. — Pour opérer la radiation d'une inscription hypothécaire prise en vertu d'une obligation au porteur, le conservateur, pour mettre sa responsabilité à couvert, doit exiger de l'officier public, rédacteur de la mainlevée, attestation que le comparant est réellement détenteur du titre. Cette affirmation fait foi jusqu'à inscription de faux, et le conservateur ne peut être reprochable de s'en contenter. Il ne serait point fondé à demander qu'il lui soit fait remise de la grosse de l'obligation bâtonnée ou biffée. — Bordeaux, 7 févr. 1846, Cons. hyp. Angoulême, [S. 46.2.321, P. 46.1.742, D. 46.2.168] — Dijon, 8 juill. 1892, Mairet-Réal, [Garnier, *Rép. pér.*, année 1892, art. 7934] — *Sic*, Boulanger et de Récy, t. 1, n. 83. — V. aussi *Journ. des conserv.*, 1892, art. 4241.

415. — Le conservateur des hypothèques n'est point en faute, en radiant l'hypothèque constituée pour une ouverture de crédit, sur la mainlevée donnée par le créancier, alors même que, par suite des endossements d'effets de commerce du crédité, il serait dessaisi en tout ou en partie de l'hypothèque. Le conservateur n'est point, en effet, à même d'en vérifier le bien-fondé : aucune formalité spéciale ne l'avertit, d'ordinaire, de la transmission de l'hypothèque résultant de l'endossement des effets. — Lyon-Caen et Renault, *Tr. de dr. comm.*, t. 4, n. 733; Aubry et Rau, t. 3, § 281, note 41, p. 396. — *Contrà*, Trib. comm. Hâvre, 31 août 1865, [*Jur. trib. comm.* Hâvre, 65.1.131] — Laurent, t. 31, n. 230 et s.

416. — La mainlevée d'une inscription hypothécaire peut être consentie par un légataire universel, institué par un testament olographe et qui, en l'absence d'héritier à réserve, a eu la saisine légale. En pareille hypothèse, le conservateur est tenu d'opérer la radiation sur l'acte de production de la mainlevée, du testament et de l'acte de dépôt annexé, et du certificat de notoriété constatant l'absence d'héritiers à réserve ; il ne pourrait sans pouvoir, à peine de dommages-intérêts pour sa résistance injustifiée, exiger la preuve de faits autres que la capacité, tels qu'il n'a point qualité pour les vérifier, comme un acte de notoriété constatant les noms et qualités de tous les héritiers naturels qui auraient été appelés à recueillir la succession du défunt s'il fût décédé *ab intestat*, ou un certificat d'avoué constatant la date de la signification à ces héritiers de l'ordonnance d'envoi en possession, etc. — Dijon, 31 mai 1867, Champion de Nansouty, [S. 68.2.224, P. 68.853] — V. aussi Trib. Lille, 19 mai 1892, Dupont Jevénon, [Garnier, *Rép. pér.*, année 1892, art. 7966] — Boulanger et de Récy, n. 323.

416 bis. — Par application de la même idée que le conservateur des hypothèques n'est point fondé à exiger la preuve de faits autres que la capacité, il a été jugé que, s'il est requis d'inscrire une subrogation générale dans l'hypothèque légale d'une femme mariée, il n'est pas tenu de requérir justifications ou de s'assurer lui-même que la femme n'a pas consenti de renonciations à cette hypothèque sur des immeubles antérieurement vendus. — Trib. Seine, 13 janv. 1875, [*J. Enreg.*, n. 19717]

417. — Lorsqu'une hypothèque est inscrite au profit d'une société de commerce, le conservateur ne peut rayer l'inscription sur la représentation d'une quittance avec mainlevée délivrée devant notaire par l'un des associés, qu'autant que l'acte de société lui est représenté, pour qu'il puisse vérifier si l'associé qui a donné la quittance avait pouvoir d'accorder la mainlevée. Serait suffisante la production d'un certificat du greffier du tribunal de commerce constatant le dépôt d'un acte de déclaration de cessation de commerce émanant de tous les associés et duquel il résulterait que tous les associés, ou, au moins, celui qui a délivré la quittance présentée au conservateur, avaient la signature sociale. — Amiens, 31 déc. 1831, Tollu, [S. 52.2.128, P. 52.1.274] — Trib. Saint-Pons, 30 avr. 1864, Boucanu, [D. 66.

3.23] — *Sic*, Pont, t. 2, n. 1079; Boulanger et de Récy, t. 1, n. 349 et 364; Laurent, t. 31, n. 218; Primot, n. 88.

417 bis. — La loi du 1er août 1893, sur les sociétés, est muette sur la mainlevée; la question se pose donc de savoir si les conservateurs peuvent exiger pour la mainlevée un acte authentique tel qu'il est exigé pour la constitution de l'hypothèque. — V. Garnier, *Rép. pér.*, art. 8026.

418. — Pour la radiation de l'inscription prise au profit d'une faillite, le conservateur n'est point responsable s'il a radié sur la seule production de la mainlevée du syndic, sans avoir exigé, en outre, justification de la consignation préalable des fonds touchés. — Caen, 26 juill. 1867, Duchemin, [S. 68.2.303, P. 68.1135, D. 68.2.149] — Douai, 3 févr. 1880, Moncharville, [D. 80.2.137] — Trib. Millau, 7 déc. 1888, Grimal, [*J. des conserv.*, 1889, art. 3920] — *Sic*, Hervieu, v° *Radiat.*, n. 22; Boulanger et de Récy, t. 1, n. 105.

418 bis. — Jugé, d'autre part, que lorsqu'une créance appartenant à une faillite a fait l'objet d'une remise partielle en vertu d'un concordat homologué en justice, et que le syndic, en recevant le solde de la créance, a donné mainlevée totale de l'inscription qui la garantissait, le conservateur ne peut être tenu, sur la seule justification de ce paiement, d'opérer la radiation totale de l'inscription. Il est fondé à ne radier l'inscription que jusqu'à concurrence de la somme quittancée, tant qu'on ne lui rapporte pas, à défaut du consentement d'une partie ayant capacité pour donner mainlevée sans paiement, un ordre de radiation passé en force de chose jugée. — Lyon, 26 juill. 1884, [*J. Enreg.*, n. 22871]

419. — Si le consentement est donné par un mandataire, le conservateur ne doit pas se contenter de la déclaration faite par le notaire rédacteur que le requérant a un pouvoir spécial. Il a le droit d'exiger une expédition de la procuration. — Paris, 17 août 1843, Bouquet, [S. 43.2.534, P. 43.2.699] — *Sic*, Boulanger et de Récy, t. 1, n. 34.

420. — Si la mainlevée ne se rapporte pas à une inscription d'hypothèque, mais à une saisie immobilière, elle doit émaner, ou du seul poursuivant, ou du poursuivant et des créanciers qui, ayant reçu la sommation prescrite par l'art. 692, C. proc. civ., sont mentionnés en marge de la transcription de la saisie, suivant que l'acte est fait avant ou après cette mention. Le conservateur serait en faute soit s'il, avant la mention, il refusait de radier sur le simple consentement du poursuivant, soit si, après la mention, il n'exigeait pas le consentement de tous les créanciers ayant reçu les sommations.

421. — Il en résulte qu'avant cette mention le poursuivant est maître de la procédure et peut notamment rendre possible l'aliénation de l'immeuble. Un second saisissant dont le conservateur aurait refusé de transcrire la saisie pourrait lui signifier au conservateur une opposition à radiation; sans droit pour se faire juge de la portée de cette opposition, le conservateur ne devra radier qu'en vertu d'une décision de justice. — Trib. Charleville, 8 févr. 1894, Noël, [*J. Enreg.*, n. 24362] — Il suit de là qu'à défaut de consentement du créancier, il faut, pour radier valablement, la représentation d'un jugement passé en force de chose jugée. Le conservateur ne devrait donc être tenu de radier en exécution d'un jugement auquel le créancier n'aurait pas été partie, et qui, de sa part, demeurerait susceptible de tierce opposition. — Caen, 21 mars 1876, [*J. Enreg.*, n. 20253] — Trib. Seine, 16 mars 1886, [*J. Enreg.*, n. 22679] — V. aussi Trib. Marseille, 29 août 1873, [*J. Enreg.*, n. 19535] — Par contre, il ne saurait se refuser à radier, motif pris du pourvoi formé contre l'arrêt ordonnant à nouveau, ou par confirmation du jugement, la radiation réclamée : le pourvoi en cassation n'est pas suspensif. — Trib. Joigny, 25 juill. 1889, [*J. Enreg.*, n. 23425]

422. — La mainlevée n'oblige le conservateur à radier que si le titulaire qui la consent a pleine capacité à cet égard. Il y a donc lieu, à la différence de ce qui a été admis en matière de transcriptions et d'inscriptions, de vérifier la capacité des parties. La différence est facile à justifier : la transcription et l'inscription rendent publics des actes dont les intéressés sont admis à discuter la validité : ici il s'agit de dépouiller une personne en lui enlevant le bénéfice d'une inscription. Ce droit d'examiner la capacité des parties permet, en certains cas, aux conservateurs de faire disparaître, à leurs frais, il est vrai, des inscriptions formalisées par eux, antérieurement, mais à tort. Ainsi, la condamnation prononcée à la requête du créancier d'une succession contre l'héritier bénéficiaire, en cette qualité, ne confère pas à ce créancier un titre qui lui permette de prendre inscription sur les biens personnels de l'héritier. En conséquence, le conservateur, s'il en est requis, doit se refuser à la formaliser, et, s'il a inscrit, il est tenu de rectifier son erreur par une radiation. — Trib. Corbeil, 9 nov. 1883, [*J. Enreg.*, n. 22426]

423. — La loi, à la vérité, aurait pu faire peser la responsabilité de la vérification de la capacité sur l'officier public qui a reçu l'acte de mainlevée. C'est effectivement ce que portait le projet de loi de 1841 sur la réforme hypothécaire, dont la disposition fut reproduite dans le projet élaboré, en 1850 et 1851, par la commission de l'Assemblée législative. Néanmoins, en l'absence d'un texte définitif et formel, il serait impossible de rendre le notaire, rédacteur d'un acte de mainlevée, responsable, en cette seule qualité, d'une perte qui, après tout, aura été le résultat, bien moins de cet acte même que de la radiation indûment opérée par le conservateur. — Aubry et Rau, t. 3, § 268, note 27, p. 295.

424. — Le conservateur, en semblable matière, ne doit pas être regardé comme un agent purement passif, obligé d'opérer les radiations qui lui sont demandées, par cela seul que les actes contenant le consentement des créanciers sont réguliers en la forme. Néanmoins on ne saurait aller jusqu'à admettre que, lorsque l'art. 2157 ne fait point peser sur lui une responsabilité exceptionnelle et absolue, il puisse être déclaré responsable de l'erreur de droit qu'il aura commise en opérant une radiation consentie par un créancier. Une décision de la justice pourra déclarer plus tard que le créancier n'avait pas capacité à cet égard; mais le conservateur ne sera nullement responsable s'il est établi qu'il a sérieusement recherché la capacité chez ce créancier, en sorte qu'on ne puisse lui reprocher ni légèreté ni négligence. — V. Cass., 13 avr. 1863, Aubertin, [S. 63.1.297, P. 63.921, D. 63.1.196] — Douai, 27 févr. 1876, [*J. Enreg.*, n. 20774]

424 bis. — Par application de ces idées, il a été jugé que le conservateur requis de radier complètement une inscription prise, tant pour sûreté du capital d'une créance appartenant à un mineur, que pour les intérêts garantis par la loi, peut obtempérer à cette réquisition sans engager sa responsabilité, encore que la mainlevée ne constate que le paiement du capital, si l'acte constitutif de la créance communiquée au cours de l'instance au conservateur démontre que le capital n'était pas productif d'intérêts. — Rennes, 17 févr. 1883, [*J. Enreg.*, n. 22035] — Trib. Saint-Brieuc, 11 juill. 1882, [*J. Enreg.*, n. 21934]

425. — On ne pourrait donc forcer le conservateur à se contenter, pour une radiation, d'un simple *extrait* déclaré *littéral*, à moins que le notaire de qui il émane n'atteste que les parties non transcrites de l'acte ne contiennent ni conditions ni réserves contraires, et que l'extrait reproduit tout ce qui a trait à la radiation. — Pont, t. 2, n. 1099; Aubry et Rau, t. 3, § 281, note 30, p. 394; Boulanger et de Récy, t. 1, n. 35; *Journ. cons. hyp.*, 1890, art. 4034. — V. art. 93, L. belge, 16 déc. 1851.

426. — Dans ces conditions, le conservateur, tenu, sous sa responsabilité, de cette vérification, est autorisé à exiger du requérant, avec l'expédition de l'acte ou jugement ordonnant radiation, les expéditions ou originaux de tous documents susceptibles d'établir et de prouver la capacité des parties requérantes; il est même, d'après l'opinion commune, bien fondé à conserver toutes ces pièces en dépôt dans ses archives pour sa garantie. — Cass., 19 août 1845, Picart, [S. 45.1.707, P. 45.2.167, D. 45.1.357]. — 18 mai 1852, Legrand, [S. 52.1.634, P. 52.2.440, D. 52.1.175] — Paris, 17 août 1843, Bouquet et Tarbé, [S. 43.2.534, P. 43.2.699] — Amiens, 31 déc. 1851, précité. — Metz, 13 déc. 1854, Duzaneau, [S. 55.2.493, P. 55.2.324, D. 56.2.347] — Dijon, 7 avr. 1859, Bénézet, [S. 59.2.385, P. 60.227] — *Sic*, Pont, t. 2, n. 1098 et s.; Aubry et Rau, t. 3, § 268, note 27, p. 294 et § 281, notes 31-33, p. 394; Laurent, t. 31, n. 207 et 208; Boulanger et de Récy, t. 1, n. 23 et 37; Primot, n. 8 et 9. — *Contra*, Alger, 3 nov. 1874, Delaon, [D. 77.2.63; *J. Enreg.*, n. 19836]

426 bis. — Lorsqu'un maire est autorisé à donner mainlevée d'une hypothèque prise au profit de sa commune, il ne lui suffit pas, pour en obtenir la radiation, de représenter seulement un acte notarié. Le conservateur est fondé à exiger, en outre de l'acte de mainlevée, l'arrêté du préfet qui, en approuvant la délibération du conseil municipal, habilite le maire à consentir la radiation et a pour but de justifier la capacité de celui-ci. — Aix, 3 janv. 1883, [*J. Enreg.*, n. 22391] — La même question, sous l'empire de la loi du 10 août 1871, s'est posée pour la mainlevée donnée par un préfet d'une inscription prise au profit de son département contre le concessionnaire d'un chemin de fer d'intérêt local. — *J. Enreg.*, n. 19178.

427. — Dans la pratique, les conservateurs jugent suffisante, pour couvrir leur responsabilité, la simple présentation d'une expédition des pièces, dont la minute et la grosse peuvent aisément se retrouver. Leur droit de retenir toutes les pièces susceptibles de prouver la capacité des parties n'en est pas moins réel; et, faute d'en user, ils s'exposent à subir, le cas échéant, les conséquences du défaut de conformité entre l'expédition et la minute ou des altérations qui auraient pu être ultérieurement commises sur celle-ci.

428. — Néanmoins, la partie qui requiert la radiation d'une inscription hypothécaire, et qui a précédemment déposé au bureau du conservateur, pour l'accomplissement d'une autre formalité quelconque ou du même genre, des pièces établissant sa capacité et son état juridique, ne peut être contrainte par le conservateur, soucieux de garantir sa responsabilité, d'en fournir de nouvelles expéditions ou de nouveaux extraits. — Alger, 3 nov. 1874, précité. — V. Boulanger et de Récy, t. 1, n. 32.

428 bis. — Jugé, conformément à cette doctrine, que lorsque le cahier des charges d'une adjudication par lots a été transcrit avec le procès-verbal d'adjudication ou le contrat de vente volontaire de l'un des lots, le conservateur ne peut ultérieurement refuser de transcrire l'expédition du contrat de vente volontaire d'un autre lot, bien que l'on ne soumette pas en même temps à la transcription une nouvelle expédition du cahier des charges auquel le contrat de vente se réfère. — Nancy, 25 avr. 1881, [*J. Enreg.*, n. 21725]

429. — Lorsque le consentement à une radiation est donné par un mari au nom de sa femme, le conservateur est autorisé à requérir une expédition du contrat de mariage dans la partie qui conférait au mari ce pouvoir. — Paris, 17 août 1843, précité.

430. — Le conservateur des hypothèques n'est point autorisé à se refuser à opérer la radiation d'une inscription sur la mainlevée donnée, après la séparation de biens prononcée, par une femme dotale capable de recevoir le remboursement d'un capital dotal non soumis à remploi par le contrat de mariage; s'il agit ainsi, il est justement condamné aux dépens de l'instance que sa résistance a provoquée. — Rouen, 13 janv. 1845, Devieux, [P. 45.1.369, D. 45.4.107] — *Sic*, Boulanger et de Récy, t. 2, n. 212; Primot, n. 59.

431. — Le conservateur des hypothèques, depuis que la loi du 6 févr. 1893 a donné à la femme séparée de corps même capacité qu'à la femme divorcée, le droit de se faire fournir, avant de rayer l'inscription prise au nom de cette femme durant le mariage, la preuve du jugement l'habilitant à agir seule. M. Garnier (*Rép. pér.*, n. 8110) fait observer que les conservateurs agiront prudemment, si le contrat de mariage porte adoption du régime dotal, en continuant à tenir pour inaliénables les immeubles dotaux, si leur aliénation a été permise sous condition de remploi, en exigeant la preuve que le remploi a été effectué conformément au contrat. Il convient de remarquer, en outre, que le pourvoi en cassation devenant suspensif en matière de séparation de corps, comme il l'était auparavant dans les instances en divorce, le conservateur devra, à cet égard, s'assurer qu'aucun pourvoi n'a été formé dans le délai légal. — En ce sens, pour la femme divorcée, *J. des conserv.*, 1891, art. 4164. — Antérieurement à la loi de 1893, la cour de Lyon avait rendu un arrêt contraire à cette théorie, au sujet de la mainlevée d'une subrogation partielle d'une hypothèque légale, consentie par la femme au profit d'un tiers. — Lyon, 12 juill. 1878, [*J. Enreg.*, n. 20875]

432. — Lorsqu'un contrat de mariage, stipulant le régime de la communauté, relate qu'il a été constitué en dot à la future une somme hypothéquée sur un immeuble, dont le prix, en cas de vente, devra être versé entre les mains de celle-ci, à charge d'emploi, « sans que cette obligation puisse concerner les acquéreurs de l'immeuble »; le conservateur, pour la radiation de l'inscription consentie par la femme, au profit des acquéreurs, ne peut exiger une justification d'emploi. — Cass., 2 févr. 1869, Adam, [S. 69. 1.163, P. 69.399, D. 70.1.71] — Sur le principe, V. Caen, 6 août 1866, Lainé, [S. 67.2.286, P. 67.1007, D. 68.2.27] — Rodière et Pont, *Contr. de mar.*, t. 1, n. 996. — V. aussi Aubry et Rau, t. 5, § 510, note 13, p. 344; Colmet de Santerre, t. 6, n. 79 bis-VI; Laurent, t. 21, n. 389.

433. — Sous le régime dotal, et même sous celui de la communauté, si le contrat de mariage porte que le mari doit faire

emploi ou remploi des capitaux propres à la femme, et s'il résulte de la clause que les tiers ne peuvent payer valablement que dans le cas où l'emploi ou le remploi a été fait conformément aux conventions matrimoniales, le conservateur, avant de procéder à la radiation de l'hypothèque de la femme, a, sur le vu de la mainlevée donnée par le mari, même avec participation de la femme le droit et le devoir de refuser la radiation jusqu'à ce que le requérant justifie d'un emploi ou d'un remploi conforme aux prescriptions du contrat de mariage. — Cass., 9 juin 1841, Souffron, [S. 41.1.468, P. 41.2.33] — *Sic*, Aubry et Rau, t. 3, § 281, p. 388; Laurent, t. 31, n. 214; Boulanger et de Récy, t. 1, n. 207; Primot, *Traité pratique des radiat. hypoth.*, n. 59.

434. — Il n'aurait, au contraire, ni ce droit ni ce devoir, si le contrat de mariage portait que l'obligation de remploi ne concernera pas les tiers et que ceux-ci n'auront le droit d'exiger aucune justification à cet égard; auquel cas, les époux qui auraient aliéné un immeuble propre à la femme pourraient forcer le conservateur, sans être, tenus de lui justifier du remploi, à opérer la radiation de l'inscription d'office garantissant le prix de l'immeuble vendu. — Cass., 2 févr. 1869, de la Ménardière, [S. 69.1.163, P. 69.399, D. 70.1.71] — Trib. Clermont-Ferrand, 22 janv. 1876, [*J. Enreg.*, n. 20031]

435. — Le conservateur n'étant pas juge de l'utilité de l'emploi ou du remploi, il ne saurait, lorsque le mari d'une femme dotale est simplement tenu, d'après les termes du contrat de mariage, à replacer les deniers dotaux en créances hypothécaires bonnes et valables, exiger autre chose, pour radier, que l'acte constatant que la somme dotale par lui touchée a été immédiatement prêtée à un emprunteur avec hypothèque; il ne peut requérir notamment la preuve, par des certificats d'inscription et des procès-verbaux d'expertise, que les immeubles hypothéqués sont suffisants pour couvrir la somme prêtée. Sa responsabilité ne serait, en semblable hypothèse, engagée que si, du seul examen des pièces produites résultait la preuve manifeste que l'emploi était, soit fictif, soit notoirement insuffisant. — Boulanger et de Récy, t. 1, n. 248; Primot, n. 59.

436. — Le conservateur des hypothèques, — lorsqu'une femme dotale donne mainlevée d'une inscription existant à son profit, sans recevoir le montant de sa créance, motif pris de ce que le prix de l'immeuble grevé et aliéné est tout entier absorbé par des créanciers hypothécaires antérieurs, — doit, pour sauvegarder sa responsabilité, exiger la production d'un jugement ordonnant la radiation. Les frais de ce jugement ne sauraient être mis à sa charge. — Trib. Pont-l'Évêque, 22 oct. 1891, [*J. des conserv.*, 1891, art. 4222]

437. — Jugé néanmoins que le conservateur des hypothèques, requis de radier une inscription prise au nom d'une femme dotale obligée à faire remploi en rentes sur l'État de la somme garantie par l'inscription, peut refuser d'opérer la radiation si on ne lui produit, avec l'acte notarié portant acceptation du remploi par la femme, qu'une copie de l'inscription de rente acquise en remploi et une analyse du bordereau de l'agent de change ayant négocié l'acquisition, copie et analyse contenues dans ledit acte notarié; il a, au contraire, le droit d'exiger, soit la représentation du titre de rente, soit même le bordereau de l'agent de change. — Trib. Carcassonne, 26 janv. 1891, Rech, [*J. des conserv.*, 1891, art. 4175; *J. Enreg.*, n. 23570]

438. — Dans le cas où une inscription d'hypothèque légale aurait été opérée au profit d'une femme dotale pour la seule garantie du dot mobilière qu'elle avait, par contrat de mariage, le droit d'aliéner, le conservateur des hypothèques, sur une demande de radiation formée, bien entendu, par le mari et la femme agissant conjointement, serait mal fondé à refuser la radiation totale de l'inscription, sous prétexte que cette inscription devrait subsister pour la garantie de toutes les valeurs non affranchies de la dotalité et demeurées sujettes à remploi. Toute résistance de sa part le rendrait passible de dommages-intérêts. — Lyon, 18 août 1864, Cons. hyp. Lyon, [S. 66.2.96, P. 66.455]

439. — Le conservateur des hypothèques n'est pas autorisé à apprécier l'obligation de remploi imposée spontanément par un tribunal en dehors des stipulations du contrat de mariage, et, d'après nous, en violation du principe de l'incommutabilité des conventions matrimoniales. Aussi il serait tenu de n'en exiger l'exécution, à peine de responsabilité, tant qu'une nouvelle décision de justice ne serait point venue annuler et détruire la première. — Sur la validité du remploi, V. Cass., 26 juill. 1869, Arnol, [S. 70.1.17, P. 70.25, D. 71.1.169]; — 1er avr. 1878, de Vendeuvre, [S. 79.1.257, P. 79.635, D. 79.1.120] — *Sic*, Boulanger et de Récy, t. 1, n. 216.

440. — En ce qui concerne les garanties accordées au mineur, il nous paraît également juste de décider que le conservateur des hypothèques ne serait point autorisé, surtout depuis la loi du 27 févr. 1880, art. 6, à exiger, avant de procéder à la mainlevée de l'inscription, justification du remploi opéré par le tuteur qui a reçu une créance du mineur et qui serait même obligé, de par la loi ou la décision du conseil de famille, à faire emploi dans un certain délai. — Cette obligation n'est sanctionnée, en effet, que par la responsabilité du tuteur. — Il en serait ainsi, alors même que le conseil de famille ou le tribunal aurait formellement subordonné le droit pour le tuteur de toucher une créance du mineur et de donner mainlevée à l'emploi qui devrait être fait, car le conseil de famille ou le tribunal aurait ainsi arbitrairement et sans droit restreint les pouvoirs du tuteur et excédé sans motifs les siens propres. — Cass., 25 févr. 1879, Alégatières, [D. 79.1.157] — V. aussi Trib. Lorient, 23 mars 1881, Minier, [S. 81.2.247, P. 81.1146; *J. Enreg.*, n. 21649] — Trib. Saint-Dié, 22 juin 1882, Blache, [S. 82.2.230, P. 82.1119] — Bressolles, *Explic. de la loi du 27 févr. 1880*, p. 61-62; Premier rapport au Sénat, *J. off.*, 7 mai 1878; Deuxième rapport au Sénat, *J. off.*, 26 janv. 1880; Huc, *Comm. du C. civ.*, t. 3, n. 420; Primot, *Tr. prat. des radiat. hypoth.*, n. 68; Deloison, *Tr. des val. mobil.*, n. 224; Félix Bonnet, *Comm. de la loi des 27-28 févr. 1880*, p. 32; *J. des notaires*, ann. 1880, art. 22297; *J. du notariat*, 28 juill. 1880. — *Contra*, Laurent, t. 31, n. 169; Boulanger et de Récy, t. 1, n. 291; *J. des conserv. des hypoth.*, ann. 1880, art. 3303.

441. — En revanche, le conservateur engagerait sa responsabilité si, lors d'une demande en radiation de l'hypothèque légale d'un mineur devenu majeur sur des biens ayant appartenu à son tuteur, il se contentait de la simple représentation d'un acte de mainlevée consenti par le mineur aux propriétaires actuels de ces biens, dans lequel le mineur reconnaît que son tuteur a été dépossédé de ces biens par jugement ayant prononcé la résolution de l'acquisition qu'il en avait faite. Il doit au contraire exiger pour la régularité des opérations et sa propre garantie, ou le jugement prononçant cette résolution, ou un compte de tutelle dans la reddition duquel serait seule susceptible d'autoriser le mineur à traiter avec le tuteur et à renoncer à son hypothèque légale. — Cass., 12 juill. 1847, Brunet, [S. 47.1.506, P.47.2.554, D. 47.1.314]

442. — Mais le droit de s'assurer de la capacité du requérant ne va pas, pour le conservateur, jusqu'à celui d'exiger la preuve que cette capacité n'a pas été perdue; en sorte que, libre d'exiger du gérant d'une société la justification de sa qualité aux termes des statuts sociaux, il ne saurait, à bon droit, sans encourir des dommages-intérêts pour sa résistance injustifiée, se refuser à mentionner sur les registres la subrogation consentie, après paiement effectif, par le gérant de cette société, au profit de l'adjudicataire de l'immeuble sur lequel la société était créancière inscrite, sous le prétexte que les pouvoirs de ce gérant auraient pu être modifiés par un acte postérieur à l'acte de société à lui représenté. — Bordeaux, 16 août 1876, Rougié, [S. 77.2.334, P. 77.1313; *J. Enreg.*, n. 19992] — V. Cass., 2 févr. 1869, précité. — Aix, 2 janv. 1867, Castillon, [S. 68.2.6, P. 68.88, D. 68.5.257]

443. — Le consentement du créancier capable doit être donné dans un acte authentique. La mission du conservateur, quant à l'appréciation des actes de mainlevée qui lui sont présentés, se borne à l'appréciation de la forme de l'acte et de la capacité des parties; il n'a plus, faute des moyens d'investigation nécessaires, qualité ni droit de scruter l'exactitude ou la sincérité des déclarations contenues dans ces actes; aussi ne peut-il être jamais recherché à l'occasion de radiations opérées sur le vu d'actes authentiques émanés de personnes capables, et qui seraient ultérieurement déclarés nuls pour une cause quelconque, comme simulés ou entachés de faux. Il ne pourrait contester la sincérité des énonciations pour refuser d'opérer une radiation. Son refus de radier une inscription, s'il n'est pas fondé, entraînerait même sa condamnation aux dépens. — Toulouse, 2 août 1861, Conservateur des hypothèques de Foix, [S. 62.2.33, P. 62.926] — Grenoble, 29 juill. 1874, de Pélacot et OEuf, [*J. Enreg.*, n. 19356]

443 bis. — En matière de séparation des patrimoines, demandée par application de l'art. 878, C. civ., et inscrite conformément à l'art. 2111 du même Code, il a été jugé que le conservateur des hypothèques, régulièrement requis d'opérer la radiation pure et simple de l'inscription sur la mainlevée du créancier qui l'avait provoquée, est mal fondé à refuser de l'opérer en prétendant qu'elle doit être maintenue pour la garantie des droits afférents aux autres créanciers de la succession. — Trib. Seine, 17 mars 1892. — Trib. Toulouse, 8 avr. 1892, [*J. Enreg.*, n. 23855]

444. — Jugé, de même, que le conservateur des hypothèques n'est pas responsable des conséquences d'une radiation qu'il a opérée en vertu d'une mainlevée à l'appui de laquelle il lui a été produit un extrait de quittance qualifié littéral par le notaire, mais, en réalité, falsifié. — Trib. Mayenne, 26 juin 1890, Herpin et Galianne, [*J. des conserv.*, 1890, art. 4092]

445. — A défaut de mainlevée volontaire, l'inscription ou la saisie pourra être radiée en vertu d'un jugement : l'art. 2157, C. civ., exige qu'il soit passé en force de chose jugée. Il est à peine besoin d'ajouter qu'il doit avoir été rendu contre le titulaire de la créance. En cas de saisie, l'art. 693, C. proc. civ., détermine qui doit être mis en cause pour qu'un jugement de radiation puisse utilement intervenir. — Enfin, aux termes d'un arrêt du Conseil d'Etat, en date du 7 août 1875, [*J. Enreg.*, n. 20072], c'est aux tribunaux ordinaires seuls qu'il appartient de statuer sur les réclamations qui ont pour objet la radiation des inscriptions hypothécaires prises en vertu de condamnations prononcées par l'autorité administrative.

446. — Un jugement pouvant acquérir l'autorité de la chose jugée lorsqu'il n'a pas été attaqué dans les délais légaux, le tribunal fût-il incompétent, il a été jugé que le conservateur, à qui la réduction d'une hypothèque légale est demandée en vertu d'un jugement, n'a pas qualité pour critiquer, soit au fond, soit dans la forme, et notamment en ce qui concerne la compétence, le jugement ordonnant cette réduction : il doit simplement exécuter la réduction ou radiation requise de lui. — Rouen, 16 août 1843, Ambert, [S. 44.2.76, P. 45.1.114, D. 45.2.3]

447. — Jugé également que le conservateur, auquel est produit l'extrait d'une ordonnance du juge-commissaire qui, à l'occasion d'un ordre, prescrit, sur le consentement des parties intéressées, la radiation intégrale d'inscriptions grevant les immeubles dont le prix est à distribuer et d'autres immeubles non compris dans les poursuites d'expropriation, il ne peut se refuser à la radiation générale, sous prétexte de l'incompétence du juge à l'ordonner en ce qui concerne les immeubles étrangers à l'ordre. Il est couvert par cette décision émanant d'un magistrat dans l'exercice de ses fonctions. — Cass., 11 juill. 1865, Mauro, [S. 66.1.342, D. 65.1.475]

448. — En matière de radiation, il est à remarquer que les solutions de la jurisprudence n'ont point encore bien tranché la question de savoir si l'action en mainlevée ou en radiation d'hypothèque est une action personnelle et mobilière ou immobilière, et si le taux du ressort doit être déterminé par le montant de la créance inscrite ou la valeur de l'immeuble hypothéqué. — V. sur ce point, *supra*, v° *Appel* (mat. civ.), n. 360 et s. — V. aussi, dans le sens de l'action immobilière, Cass., 7 janv. 1874, [*J. Enreg.*, n. 19363]

449. — Il convient de remarquer que le dépôt au bureau des hypothèques d'une expédition du jugement, requis pour opérer légitimement la radiation d'une inscription hypothécaire, quand le conservateur est resté étranger à la procédure, ne saurait être exigé au cas où ce fonctionnaire a été lui-même en cause dans l'instance; comme tout autre plaideur, il doit exécuter la sentence sur la simple signification du jugement, sa responsabilité étant alors suffisamment couverte; au cas de refus ou de retard, il serait passible de dommages-intérêts envers la partie qui en aurait éprouvé un préjudice. — Aix, 2 janv. 1867, précité.

450. — Nous avons déjà dit que le conservateur serait responsable de tout refus ou retard par lui apporté à la radiation demandée en bonne forme, — sauf, bien entendu, son droit d'exiger, avant de l'opérer, en vertu des art. 163 et 548, C. proc. civ., un certificat de non-opposition et de non-appel, lui permettant de s'assurer que la formalité requise ne présente aucun danger. — En matière de saisie immobilière d'ordre, il n'y a de délai fixé ni pour poursuivre la radiation, ni pour l'opérer; en 1858, la commission avait proposé d'imposer au conservateur un délai à partir du dépôt de l'extrait de l'ordonnance de clôture d'ordre; cet amendement ne fut pas accepté. Quoi qu'il en soit, en semblable hypothèse, l'avoué poursuivant ne reçoit, qu'après avoir obtenu la radiation, le bordereau des frais qui lui sont dus, et le conservateur est responsable, en vertu de l'art. 1382, C. civ., du préjudice qui en peut résulter pour l'avoué poursuivant et pour l'adjudicataire qui voient ainsi retarder, l'un le paiement de ses frais, l'autre la libération de son immeuble. — Chauveau sur Carré, t. 6, quest. 2607 *bis*; Garsonnet, t. 4, § 847, *in fine*, note 10. — *Contrà*, Cass., 1er août 1864, Caisse des dépôts, [S. 62.1.87, P. 62.1024, D. 62.1.63]

451. — Tout en se conformant aux actes de mainlevée et aux jugements, le conservateur serait cependant responsable pour avoir radié une inscription; si, à la simple lecture de l'acte de mainlevée, il lui eût été facile de s'apercevoir d'une erreur dans le numéro de l'inscription; toutefois, sa responsabilité ne devrait pas être étendue à toute la perte éprouvée par le créancier, car celui-ci, partie à l'acte, se trouve avoir participé personnellement à l'erreur commise. — Lyon, 13 avr. 1832, Travers, [S. 33.2.393, P. chr.]

452. — c) *Omission ou inexactitude fautives dans un état d'inscriptions ou dans un certificat.* — Le défaut d'inscription ou la radiation peuvent faire perdre le droit hypothécaire avec tous ses avantages : l'omission d'un créancier dans un état d'inscriptions lui fait encourir la perte du droit de suite (art. 2198, C. civ.). Le nouveau propriétaire n'a donc pas à faire au créancier omis les notifications à fin de purge; ce dernier est privé du droit de faire la surenchère du dixième et il ne conserve le droit de préférence que pour la condition de se présenter à l'ordre avant sa clôture. La situation est identique si un créancier inscrit est omis dans l'état requis par celui qui poursuit une saisie immobilière; son hypothèque est purgée à son insu. Dans les deux cas, le conservateur pourra être déclaré responsable de cette omission. — V. Cass., 25 avr. 1888, Sous-comptoir du commerce et de l'industrie, [S. 89.1.49, P. 89.1.113, D. 89.1.103]; — 7 déc. 1892, Moysson, [D. 93.1.207] — Poitiers, 26 févr. 1846, Garnier, [P. 47.1.605, D. 47.2.54] — Douai, 8 mai 1891, Beghin-Leroy, [D. 92.2.541] — Rodière, t. 2, p. 278; Garsonnet, *Procédure*, t. 4, p. 139, n. 671; Aubry et Rau, t. 3, § 293, p. 494; Dalmbert, n. 132 *bis.*

453. — Nous disons que le conservateur *pourra* être déclaré responsable. Il ne saurait l'être, en effet, que de ses fautes. Or, il ne commet aucune faute quand il porte sur l'état qu'il est requis de délivrer toutes les inscriptions dont l'existence lui est révélée par le rapprochement des énonciations régulières contenues dans ses registres avec celles de la réquisition, et si les inscriptions qu'il omet sont de celles que le seul dépouillement de ses registres ne permet pas de constater sans recherches extérieures; sinon, il serait tenu de se livrer à une véritable enquête lors de la confection de chaque état, ce qui serait contraire à la loi. — Cass., 26 avr. 1882, Jalouzet, [S. 82.1.351, P. 82.1.857, D. 82.1.331]; — 7 déc. 1892, précité. — V. aussi Riom, 15 mai 1888, [*Rev. hyp.*, p. 318; *J. Enreg.*, n. 23208, et note sous n. 24406] — Alger, 11 mars 1889, Crédit foncier, [*J. Enreg.*, n. 23208, et note sous n. 24406] — Riom, 15 mai 1893, Morin-Pirel, [*J. Enreg.*, n. 24204; *Rép. pér.*, n. 8461] — Trib. Bergerac, 2 mars 1886, [*J. des conserv.*, n. 3389; *J. Enreg.*, n. 23180] — Trib. La Roche-sur-Yon, 15 juill. 1887, [*J. des conserv.*, n. 3823; *J. Enreg.*, n. 23208, et note sous n. 24406] — Trib. Les Andelys, 29 nov. 1887, Osmont et Combelte, [*J. des conserv.*, n. 3839; *J. Enreg.*, n. 23208, et note sous n. 24406] — Trib. Alger, 17 mai 1888, de Ferers, [*J. Enreg.*, n. 23208, et note sous n. 24406] — Trib. Toulouse, 8 avr. 1892, Gerbault et Gaultier, [*Rép. pér.*, n. 7932] — Aubry et Rau, t. 3, § 268, note 18, p. 292.

453 bis. — Ainsi, le conservateur des hypothèques requis de délivrer des inscriptions existantes sur une personne déterminée est lié par les énonciations de la réquisition et n'est tenu de comprendre dans l'état que les inscriptions grevant d'une manière certaine la personne dénommée dans la réquisition, à l'exclusion de toutes autres. Il a été jugé qu'il ne saurait être rendu responsable, alors même qu'il aurait, dans un autre état délivré ultérieurement, compris l'inscription omise, sur la foi de documents nouveaux établissant l'identité entre l'individu grevé et celui sur lequel l'état est requis. — De ces idées, il résulte que le conservateur n'est pas tenu de remédier aux lacunes ou erreurs, soit de la réquisition, soit de l'inscription, et que, s'il le fait en ne se conformant pas strictement à la teneur de ces documents, il agit à ses risques et périls et cesse d'être couvert par les prescriptions de la loi. — V. Alger, 11 mars 1889, précité.

454. — L'application du principe d'après lequel la loi n'impose point aux conservateurs l'obligation de compléter, à l'aide de recherches extrinsèques ou de connaissances personnelles, les actes et bordereaux à eux remis, et de suppléer aux indications des réquisitions et inscriptions par des inductions tirées d'analogies plus ou moins apparentes et des comparaisons plus ou moins faciles entre l'état des personnes ou la situation des communes de leurs domiciles, a été maintes fois faite par la jurisprudence pour des inscriptions douteuses, à raison soit du peu de précision de leurs énonciations sur les nom ou prénoms des individus grevés ou sur l'orthographe du nom patronymique ou du domicile, soit de l'existence d'erreurs, omissions ou interversions dans les indications fournies. — Cass., 25 nov. 1872, Delaporte, [S. 73.4.65, P. 73.140, D. 73.1.134] — Bourges, 8 mai 1846, [*J. des conserv.*, art. 133] — Chambéry, 22 mars 1872, Comtat, [*J. Enreg.*, n. 19320] — Bordeaux, 17 août 1874, Requier et Brunet, [*J. Enreg.*, n. 19573] — Alger, 17 mai 1888, [*J. des conserv.*, art. 3966] — Douai, oct. 1888, [*J. des conserv.*, art. 3910] — Trib. Limoux, 11 mars 1857, [*J. des conserv.*, art. 1367] — Trib. Oloron, 29 déc. 1862, [*J. des conserv.*, art. 1822] — Trib. Amiens, 20 juill. 1867, [*J. des conserv.*, art. 2264] — Trib. Le Havre, 30 janv. 1874, de Féré, [*J. des conserv.*, art. 2902; *J. Enreg.*, n. 19783] — Trib. Besançon, 13 août 1875, [*J. des conserv.*, art. 2731] — Trib. Segré, 23 août 1876, Richard, [*J. des conserv.*, art. 3035; *J. Enreg.*, n. 20206] — Trib. Seine, 23 nov. 1876, Gourdon, [*J. des conserv.*, art. 3093; *J. Enreg.*, n. 20375] — Trib. Largentière (motifs), 30 déc. 1879, [*J. des conserv.*, art. 3304] — Trib. Le Havre, 19 août 1880, Cie hypothécaire du Havre, [D. 81.3.15] — Trib. Montauban, 20 mars 1882, [*J. Enreg.*, n. 21960] — Trib. Brioude, 4 juin 1884, Roussel, [*J. des conserv.*, art. 3589; *J. Enreg.*, n. 22373] — Trib. Mostaganem, 16 mars 1887, Delaon, [*J. Enreg.*, n. 22906] — Trib. Los Andelys, 29 nov. 1887, Osmont et Combelle, [*J. des conserv.*, art. 3839; *J. Enreg.*, n. 23208] — Trib. Hazebrouck (motifs), 10 mars 1888, [*J. des conserv.*, art. 3869] — Trib. Seine, 22 mai 1889, [*Rev. hyp.*, p. 539] — V. aussi Cass., 7 déc. 1892, précité. — Trib. Montélimart, 12 août 1893, Perrasson, [Garnier, *Rép. pér.*, n. 8207] — Trib. Tarbes, 28 févr. 1894, Durand, [Garnier, *Rép. pér.*, n. 8400; *J. Enreg.*, n. 24406]

455. — Il convient, en terminant, de remarquer que les conservateurs cessent d'être responsables des omissions qui se rencontrent dans les états d'inscriptions ou de transcriptions par eux délivrés, ainsi que des erreurs commises à l'occasion de radiations d'inscriptions, ou d'autres actes de leur ministère, lorsque la cause de ces omissions ou de ces erreurs se trouve dans les désignations ou indications insuffisantes qui leur ont été fournies. — Cass., 19 déc. 1848, Garnier, [S. 49.4.50, P. 49. 1.95, D. 49.1.25]; — 13 avr. 1863, Aubertin, [S. 63.4.297, P. 63.921, D. 63.1.196]; — 26 avr. 1882, Jalouzet, [S. 82.1.352, P. 82.1.857, D. 82.1.331, *J. Enreg.*, n. 21905]; — 7 déc. 1891, précité. — Paris, 13 févr. 1813, Comynet, [P. chr.]; — 5 déc. 1810, Laborde, [S. et P. chr.]; — 10 août 1837, Dudin, [P. 37.2.446] — Besançon, 13 août 1872, Conserv. hypoth. Arbois, [D. 75.2.133] — Bordeaux, 17 août 1874, Requier, [*Ibid.*] — Chambéry, 22 mars 1872, Comtat, [D. 74.2.198] — Douai, 12 mars 1881, Dehaynin, [*J. Enreg.*, n. 21922] — Riom, 13 mai 1888, Grenot, [*J. Enreg.*, n. 22373] — Alger, 11 mars 1889, Crédit foncier et Delaon, [*J. des conserv.*, art. 3948; *J. Enreg.*, n. 23208; *Rép. pér.*, n. 7050; *Rev. hyp.*, n. 602] — Orléans, 3 juill. 1889, Lerdoux, [*J. Enreg.*, n. 23303] — Nancy, 25 déc. 1891, de Lamorte-Féline, [D. 92.2.511] — Riom, 15 mai 1893, Maisonobe, [*J. Enreg.*, n. 24204] — Besançon, 14 juin 1893, [*J. Enreg.*, n. 24272; *Rép. pér.*, n. 8017 et 8179; *Rev. hyp.*, n. 1033 et 1162]; — 14 juin 1893, Rojat, [*J. Enreg.*, n. 24272] — Trib. Morlaix, 13 juin 1876, du Boudiez, [*J. Enreg.*, n. 20414] — Trib. Brioude, 4 juin 1884, précité. — Trib. Montluçon, 29 juill. 1886, Pasquier, [*J. Enreg.*, n. 22906] — Trib. Beauvais, 3 févr. 1887, Grenot, [*Ibid.*] — Trib. Seine, 16 juill. 1889, [*J. des conserv.*, art. 4012; *Rev. hyp.*, n. 522] — Aubry et Rau, t. 3, § 268, p. 296.

456. — Lorsqu'un conservateur recherché pour omission d'une inscription se défend en invoquant les désignations, d'après lui, insuffisantes, fournies par les créanciers, les tribunaux, — souverains appréciateurs du point de savoir si, en fait et eu égard aux circonstances particulières de la cause, ladite erreur lui est ou non imputable à faute, — peuvent commettre un juge pour vérifier si le conservateur avait sur ses registres des indications suffisantes pour lui permettre de dresser un état complet.

— Cass., 22 août 1853, Choloum-Zaffran, [P. 55.2.289, D. 54.1.364]; — 13 avr. 1863, précité; — 2 févr. 1869, de la Ménardière, [S. 69.1.163, P. 69.399, D. 70.1.74] — Trib. Tulle, 14 janv. 1885, Espitalier, [J. des conserv., art. 3656; J. Enreg., n. 22723] — Sic, Martou, t. 4, n. 1813; Aubry et Rau, t. 3, § 268, p. 296.

457. — Ainsi, et par exemple, nulle action en responsabilité ne pourrait être utilement exercée contre le conservateur lorsque l'omission par lui faite dans l'état délivré de certaines inscriptions serait imputable aux différences existant entre l'inscription d'après le bordereau et les titres constitutifs de la créance quant à la désignation des biens grevés, ou aux noms d'une personne, qui, énoncés en langue étrangère dans l'acte de réquisition, présenteraient des différences sensibles avec ceux exprimés dans une autre inscription prise sur la même personne, encore que, dans la traduction française, la dissemblance se réduirait à une simple différence de prénoms. — Cass., 22 août 1853, précité. — Trib. Bourges, 14 déc. 1847, C..., [D. 48.5.67] — V. aussi Bourges, 8 mai 1846, précité. — Rennes, 20 janv. 1874, Boishamon, [J. des conserv., art. 3019; J. Enreg., n. 20071] — Bordeaux, 17 août 1874, Requiert, [J. Enreg., n. 19573; J. des conserv., art. 2895]; — 15 déc. 1886, [J. des conserv., art. 3892; Rev. hyp., n. 267] — Douai, 24 oct. 1888, [J. des conserv., art. 3910; Rev. hyp., n. 400] — Orléans, 3 juill. 1889, Crédit Lyonnais, [J. des conserv., n. 22303; Rev. hyp., n. 498] — Trib. Le Hàvre, 30 janv. 1874, Delabaume, [J. Enreg., n. 19783] — Trib. Segré, 23 août 1876, Landouzy, [J. Enreg., n. 20206] — Trib. Seine, 23 nov. 1876, Lefond de Saint-Mur, [J. Enreg., n. 20375] — Trib. Clamecy, 28 févr. 1883, [J. des conserv., art. 3501] — Trib. Les Andelys, 29 nov. 1887, [J. des conserv., art. 3839; J. Enreg., n. 23208; Rev. hyp., n. 302] — Trib. Brives, 12 nov. 1890, [Rev. hyp., n. 758] — Trib. Blidah, 31 janv. 1884, [J. des conserv., art. 3556] — Trib. La Roche-sur-Yon, 15 juill. 1887, [J. des conserv., art. 2823; J. Enreg., n. 23208; Rev. hyp., n. 188]

458. — Il nous paraît que ces principes seraient surtout applicables pour le cas où le conservateur n'aurait pu être suffisamment renseigné sur la situation de l'individu grevé d'inscription, si, d'une part, le bordereau ne désignait ce tiers que par un seul de ses prénoms, communs, comme son nom, à d'autres propriétaires, et si, d'autre part, l'inscription n'avait été prise spécialement sur aucun immeuble, requise, par exemple, en vertu d'une hypothèque judiciaire. — V. Caen, 30 avr. 1831, [J. des conserv., art. 641] — Besançon, 20 nov. 1873, [J. des conserv., art. 2823] — Rouen, 20 mai 1883, Forget, [J. Enreg., n. 22498; J. des conserv., art. 3631; J. des not., n. 23458] — Trib. Coutances, 18 avr. 1833, [J. des conserv., art. 908] — Trib. Largentière, 30 déc. 1879, [J. des conserv., art. 3304] — Trib. Le Hàvre, 19 août 1880, Clément, [J. des conserv., art. 3365; J. Enreg., n. 21572; J. not., n. 22587] — Trib Lunéville, 21 nov. 1890, [Rev. hyp., n. 745; J. des conserv., art. 4125] — Trib. Montélimar, 12 août 1893, [J. des conserv., art. 4431] — V. aussi J. des conserv., art. 4403; Dict. des droits d'enreg., n. 423; Garnier, Rép., n. 772; Legrand, p. 47 et s., France de Tersant, n. 451-1°, n. 2, p. 296.

459. — Les états et certificats, délivrés par les conservateurs, font preuve absolue et définitive à l'égard des tiers de toutes les indications contenues. Néanmoins, au cas d'omission ou d'erreur, le conservateur, dont la responsabilité se trouverait éventuellement engagée, peut se préserver des conséquences de l'action en indemnité par divers moyens et notamment à l'aide des redressements d'état dont il convient de parler dès maintenant. — V. Transcr., t. 2, n. 404 et s.

460. — 1° Si le créancier omis dans le certificat incomplet ou irrégulier est seul inscrit sur l'immeuble aliéné, ou si l'acquéreur n'a point encore commencé ses notifications à fin de purge au moment où le conservateur découvre son erreur, celui-ci, pour sauvegarder sa responsabilité, peut signifier, à ses frais, à l'acquéreur copie de l'inscription omise, les choses étant alors remises en l'état où elles auraient été, si l'état eût été complet dès le principe. Néanmoins, s'il était démontré que l'acquéreur n'est resté dans l'inaction que parce qu'il s'est cru autorisé, au vu de l'état délivré, à juger son prix suffisant pour satisfaire tous les créanciers inscrits et chacun d'eux intégralement, il conviendrait d'examiner si le retard, né de cette croyance, lui a causé un dommage appréciable et de quelle importance. — Mourlon, op. et loc. cit.

461. — 2° Si les créanciers désignés dans l'état ont reçu déjà des notifications, le conservateur, tant que les délais fixés par la loi pour la surenchère ne sont point expirés, peut faire utilement encore la signification indiquée au numéro précédent. L'acquéreur, en ce cas, devra tout aussitôt mettre les créanciers omis en demeure d'user de leur droit de surenchérir, s'ils le jugent à propos; cependant la tardiveté des notifications adressées à cet effet, ne pouvant, en aucune manière, lui préjudicier, elles seront réputées avoir été reçues le jour où normalement elles auraient dû être données, c'est-à-dire à la date même de celles reçues par les créanciers les premiers interpellés. — Mourlon, loc. cit.

462. — 3° Si, au contraire, tous les délais pour surenchérir sont expirés lorsque le conservateur découvre son omission ou son erreur, la notification faite par lui à l'acquéreur de l'inscription omise ou irrégulièrement mentionnée aurait encore tout au moins cette utilité d'imposer à ce dernier l'obligation, s'il poursuivait lui-même l'ouverture de l'ordre, de joindre à l'état qu'à cet effet, aux termes de l'art. 750 nouv., C. proc. civ., il doit déposer, au greffe du tribunal la copie des inscriptions ainsi signifiées. — Mourlon, loc. cit.

463. — 4° Enfin, tant qu'il n'y a point forclusion pour les créanciers omis, à raison de l'expiration des délais, soit pour surenchérir, soit pour se présenter à l'ordre, soit pour saisir et arrêter le prix entre les mains de l'acquéreur, le conservateur demeure libre de mettre ces créanciers omis en état de veiller utilement à la conservation de leurs droits, en accomplissant lui-même, à titre de gérant d'affaires, tous actes utiles à cet effet. — Loc. cit.

464. — B. *Renseignements inexacts fournis aux tiers qui voudraient profiter de la publicité organisée par la loi*. — Dans les hypothèses qui nous ont précédemment occupés, nous avons vu la faute du conservateur avoir pour conséquence la perte d'un droit légitime qu'il était chargé de conserver; ici le droit rendu public par les registres n'est pas atteint; c'est même parce qu'il subsiste que la responsabilité du conservateur se trouve engagée. Un tiers inexactement renseigné sur l'état hypothécaire d'un immeuble a fait un acte qu'il n'eût point accompli si la véritable situation lui eût été révélée; il peut attaquer le fonctionnaire qui était chargé par la loi de la rendre publique. — V. Trib. Marmande, 3 août 1886, [J. Enreg., n. 23740] — Le conservateur doit révéler à quiconque en fait la demande la situation hypothécaire d'un individu; si l'état délivré est inexact, le conservateur sera en faute. Il y sera également si, contrairement à l'art. 2108, il n'a pas pris l'inscription d'office au profit du vendeur d'immeuble. Occupons-nous successivement de ces deux hypothèses.

465. — a) *Etat incomplet ou inexact*. — Ainsi le prêteur de deniers qui a accepté hypothèque sur un immeuble, croyant, d'après un certificat négatif, qu'il aurait le premier rang, a reproché avec raison au conservateur d'avoir omis une ou plusieurs inscriptions qui grevaient l'immeuble exactement désigné dans la réquisition. Le conservateur qui, dans un état de transcription, aurait omis de comprendre une inscription serait responsable des conséquences de cette omission, alors même que l'acte de vente de l'immeuble hypothéqué porterait que le prix a été payé comptant et, par suite, avant la délivrance de l'état. — Trib. Montreuil-sur-Mer, 12 juill. 1882, Carpentier et Feyt, [J. Enreg., n. 21996]

465 bis. — Des décrets (V. infrà, v° *Hypothèques*) ayant suspendu toutes les péremptions pendant la guerre franco-allemande, il en résulte que le conservateur qui aurait omis de comprendre dans un état une inscription remontant à plus de dix ans, mais non périmée par suite de ces décrets, encourrait une responsabilité au profit du créancier que l'omission dont il s'agit aurait privé du droit de produire à un ordre ouvert sur le prix de l'immeuble. — Angers, 27 mars 1878, Benoiste et Léchalas, [S. 78.2.185, P. 78.827, D. 78.2.184]

466. — Jugé qu'un conservateur est responsable du non-renouvellement d'une inscription en temps utile, à l'égard du créancier subrogé dans cette inscription, lorsque le notaire, chargé par ce créancier de faire le renouvellement, a été induit en erreur par une indication inexacte de la date de l'inscription dans le certificat délivré par le conservateur pour constater que mention de la subrogation a été faite en marge de ladite inscription; motif pris de ce que le certificat, quels que soient son but et son utilité, n'a de valeur qu'autant que ses énonciations sont exactes. — Trib. Tulle, 5 avr. 1892, Tallin, [D. Rép., Supp., v° Pri-

vilèges et hypothèques, n. 1791] — *Contrà*, Limoges, 18 janv. 1893, Sylvestre, [Garnier, *Rép. pér.*, n. 8088]

467. — Lorsqu'un conservateur a compris dans un état, sur la foi de renseignements personnels, une inscription qui, en fait, ne s'applique pas aux personnes et aux biens pour lesquels l'état a été requis, il est condamné, s'il ne justifie pas d'une concordance absolue entre les termes de la réquisition et les mentions de l'inscription portée à tort sur l'état, à éliminer cette inscription de son état et à payer même tous les frais de l'instance. — Cass., 8 mai 1843, Orlieux, [S. 43.1.394, P. 43.2.60, D. 43.1.247]; — 22 août 1853, Chaloum-Zaffran, [P. 35.2.289, D. 54.1.364]; — 30 janv. 1867, [*J. des conserv.*, art. 2260; Garnier, *Rép. pér.*, n. 2451] — Riom, 15 mai 1888, [*Rev. hyp*, n. 318; *J. Enreg.*, n. 23208]; — 1er mars 1893, Tabareau, [S et P. 94.2.197] — Chambéry, 27 avr. 1875, [*J. Enreg.*, n. 19902] — Trib. Montluçon, 29 juill. 1886, [*J. Enreg.*, n. 22906; *Rev. not.*, n. 7623; Garnier, *Rép. pér.*, n. 7042; *J. des conserv.*, art. 3756] — Trib. Beauvais, 3 févr. 1887, [*J. des conserv.*, art. 3756; *Rev. not.*, n. 7623; *J. Enreg.*, n. 22906; Garnier, *Rép. pér.*, n. 7042] — *Sic*, Troplong, t. 4, n. 1000; Pont, t. 2, n. 1446; Aubry et Rau, t. 3, § 268, p. 294; Laurent, t. 31, n. 599.

468. — Ainsi, la responsabilité du conservateur serait engagée, s'il faisait figurer, en un état sur transcription, des inscriptions prises contre un tiers portant le même nom que l'un des précédents propriétaires, mais distinct d'eux en tous autres points, surtout si de précédents états négatifs, en matière de ventes antérieures du même domaine, avaient été délivrés par les prédécesseurs du conservateur actuel et s'il se trouvait sur les registres de la conservation deux comptes distincts, l'un au nom du précédent propriétaire et l'autre au nom du tiers grevé desdites inscriptions; il devrait, en pareil cas, être condamné à supprimer de son état les inscriptions qu'il y a indûment comprises et à restituer les salaires perçus à raison de ces inscriptions. — V. Trib. Toulouse, 8 avr. 1892, Gerbault et Gaultier, [*Gaz. trib. du Midi*, 17 avril; Garnier, *Rép. pér.*, n.7933]

469. — On sait, du reste, que le conservateur n'est pas juge du mérite des inscriptions (V. *suprà*, n. 321); la responsabilité n'existerait contre lui qu'au cas où, dans les états qui lui délivrés, il n'aurait point reproduit, avec toutes leurs indications, les inscriptions existant sur ses registres. — Riom, 1er mars 1893, précité. — Trib. Bazas, 9 août 1864, sous Bordeaux, 6 avr. 1865, Deliac, [S. 65.2.347, P. 65.1259] — Trib. Uzès, 1er avr. 1879, Chauvin et Arnaud, *J. Enreg.*, n. 21082] — Nîmes, 7 mars 1881, Chauvin, [*J. Enreg.*, n. 21971] — Conclus. proc. gén. Naquet, sous Aix, 29 nov. 1890 (motifs), Dumonteil, [S. 90.2.130, P. 90.1.706] — V. Bauby, *Tr. théor. et prat. de la resp. des notaires*, p. 56; Boulanger et de Récy, t. 1, n. 23.

470. — Ainsi, le conservateur des hypothèques qui, déférant à la réquisition des parties, délivre une inscription de cession d'antériorité de rang hypothécaire telle qu'elle existe sur ses registres, consentie par une femme mariée au profit d'un créancier postérieur, n'engage pas sa responsabilité envers celui-ci, bien que la cession soit annulable pour défaut d'autorisation maritale. — Cass., 6 juill. 1870, Giraud, [S. 70.1.421, P. 70.1112, D. 71.1.145]

471. — Si le conservateur a été requis de délivrer un état des transcriptions, à la différence de ce qui est établi en matière d'inscription, aucun texte ne fixe une limite aux recherches des conservateurs. Le devoir de ceux-ci consiste donc à vérifier si tel immeuble désigné par le nom des propriétaires précédents, que désigne la réquisition a été, ou non, l'objet de transcriptions antérieures. Il a été jugé, en conséquence, que, dans un état des transcriptions, le conservateur n'est point fondé à limiter ses recherches à un délai de trente ans; et que, faute d'une extension indéfinie, il est responsable de l'omission qui résulterait de cette limitation d'office. — Trib. Alger, 17 janv. 1893, Pézé, [Garnier, *Rép. pér.*, n. 8376]

472. — *b) Omission de l'inscription d'office au profit du vendeur d'immeubles non payés.* — Nous avons dit que, sur la transcription de l'acte de vente volontaire d'un immeuble constatant que tout ou partie du prix est encore dû au vendeur, en l'absence de toute renonciation expresse du vendeur, dans l'acte même, au privilège et à l'action résolutoire — Trib. Château-Gontier, 26 juill. 1876, Conserv. de Château-Gontier, [*J. Enreg.*, n. 20174] — le conservateur est tenu d'office de prendre inscription du privilège (C. civ., art. 2108). Nous avons dit également (*suprà*, n. 462) que cette inscription n'est pas nécessaire pour conserver ce privilège; elle est destinée seulement à en assurer la publicité; le législateur a voulu uniquement que « *le registre des inscriptions soit complet* » (Locré, t. 16, p. 248; Fenet, t. 15, p. 358). Aussi les tiers inexactement renseignés sur la situation hypothécaire sont-ils seuls fondés à reprocher au conservateur son omission, à faire constater sa faute et à lui en demander la réparation. Par une solution, en date du 7 juin 1877, [*J. Enreg.*, n. 20513] — l'administration a décidé que le conservateur ne saurait se borner à indiquer, dans la relation de la transcription d'un acte de vente qu'il a fait les inscriptions d'office conformément à la loi. La quittance doit contenir la date, le volume et le numéro de l'inscription d'office.

473. — Nul délai n'est imparti au conservateur pour opérer l'inscription d'office; néanmoins, à peine d'engager sa responsabilité, il doit la prendre aussitôt après avoir opéré la transcription de l'acte de vente. S'il est tenu de faire l'inscription d'office, le conservateur n'a point la même obligation en ce qui concerne le renouvellement suivant les règles édictées par l'art. 2154. Ce renouvellement doit, au contraire, être requis par le vendeur ou ses ayants-cause; et, à défaut, le privilège ne pourrait être invoqué même contre les tiers qui en auraient eu connaissance par l'extrait du registre des transcriptions; il est, en effet, de principe que la connaissance personnelle d'un droit hypothécaire ne supplée pas à son inscription et n'en couvre pas les vices. — Poitiers, 30 nov. 1860, Jacquillon, [D. 61.2.75] — Paris, 17 août 1877, Besson et Prévost, [D. 78.2.36] — Toulouse, 8 mai 1888, Dugué, [D. 89.2.208] — *Sic*, Aubry et Rau, t. 3, § 280, note 3, p. 373; Laurent, t. 30, n. 104; Thézard, n. 302.

474. — Le conservateur serait responsable de n'avoir point pris inscription d'office en faveur du vendeur d'un immeuble, lors même que le contrat de vente porterait quittance du prix, si la quittance n'était ni valable ni libératoire, et notamment si elle émanait d'une personne incapable de recevoir. En particulier, sur réquisition de transcrire un contrat de vente d'immeuble par une femme mariée sous le régime dotal, avec faculté d'aliéner à charge de remploi, le conservateur doit, à peine de responsabilité, prendre l'inscription d'office pour la conservation du privilège du vendeur, dès lors qu'il ne contient qu'une reproduction partielle du contrat de mariage insuffisante pour qu'il puisse s'assurer si l'immeuble dotale, à défaut de remploi, n'a que l'action révocatoire, ou bien si elle ne conserve pas le droit d'exiger un nouveau paiement du prix de l'acquéreur. — Trib. Caen, 16 avr. 1883, Mauger, [S. 85.3.23] — Paris, 26 juill. 1886, Verdier, [*J. Enreg.*, n. 22812]

475. — Le conservateur est également tenu sous sa responsabilité de prendre inscription d'office malgré la déclaration, émanée du vendeur et contenue dans l'acte de vente, que le prix lui a été payé en effets de commerce ou autres valeurs : dans ce cas, la quittance n'est donnée que sous la condition tacite de l'encaissement des billets à l'échéance, dont l'acceptation n'emporte pas novation ; les tiers ne seraient point fondés à se plaindre d'une clause qui résulte du contrat lui-même. — Toulouse, 8 mai 1888, Dugué, [D. 89.2.208] — Paris, 9 mars 1893, Lelièvre, [Garnier, *Rép. pér.*, art. 8138] — Trib. Sarlat, 14 juin 1872, X..., [S. 72.2.250, P. 72.956, D. 74.5.138] — Trib. Marennes, 18 mars 1873, Loyer, [S. 73.2.120, P. 73.476, D. 74.5.138] — *Sic*, Troplong, t. 1, n. 199 *bis*; Mourlon, n. 139; Martou, t. 2, n. 470 et 552; Aubry et Rau, t. 3, § 263, note 9, p. 168, et t. 4, § 324, p. 218; Demolombe, t. 28, n. 297. — V. aussi Cass., 25 févr. 1883, Auroux et Vallée, [S. 85.1.493, P. 85.1.1171, D. 85.1.281]; — 28 déc. 1887, Commune du Quesnoy, [S. 88.1.205, P. 88.1.502, D. 88.1.217]

476. — Par application du principe que le conservateur ne doit, à peine de responsabilité, inscrire le privilège du vendeur que dans la mesure où, d'après les titres qui lui sont produits, le privilège subsiste et doit être conservé — Trib. Ussel, 1er févr. 1883, [*J. Enreg.*, n. 22132] — il a été jugé que, sur l'acquisition faite solidairement d'un immeuble par deux individus sans détermination de leurs parts respectives et pour laquelle l'un d'eux a payé la totalité du prix avant la transcription de la vente et s'est fait consentir subrogation par le vendeur pour la totalité de la somme payée contre l'autre acquéreur, le conservateur qui possède, à fin de transcription, l'acte de vente et la quittance subrogative, agit régulièrement en ne formalisant l'inscription d'office que contre l'acquéreur resté débiteur du prix, et seulement pour moitié dudit prix. — Trib. Seine, 17 mars 1892, Moutiers, [D. 93.2.297] — Le motif de décider a été tiré par le tribunal de ce que la convention intervenue entre le vendeur et l'acquéreur qui avait payé était demeurée impuissante à rendre le coacquéreur débiteur de la totalité, alors que l'art. 1213, C. civ., partageait la dette *ipso jure.*

477. — C. *Inscription indûment prise.* — Le conservateur serait responsable s'il avait indûment pris inscription. Les droits perçus devraient être restitués, et le tiers grevé à tort aurait le droit de réclamer la radiation. Ainsi, en cas d'expropriation d'un immeuble pour cause d'utilité publique, le conservateur ne doit point, aux termes formels de l'art. 16, L. 3 mai 1841, sur la transcription du jugement d'adjudication, prendre inscription d'office contre l'exproprianṭ : le législateur de 1841, soigneux, à un égal degré, et des intérêts des personnes administratives, et de ceux des propriétaires expropriés et des tiers, s'est abstenu de renvoyer à l'art. 2108, C. civ., en même temps qu'à l'art. 2181, considérant que l'intérêt des expropriés et des tiers était suffisamment garanti par la disposition de l'art. 33 de la loi, d'après lequel les indemnités doivent être, préalablement, à la prise de possession, acquittées entre les mains des ayants-droit. Une inscription prise d'office engagerait donc la responsabilité du conservateur. — Cass., 13 janv. 1847, Cons. des hyp. de Corbeil. [S. 47.1.139, D. 47.1.71] — Dijon, 5 août 1853, Cons. des hyp. de Mâcon, [S. 53.2.693, P. 54.1.388, D. 53.5.337]

478. — Ainsi encore, le conservateur des hypothèques ne pourrait, sur la présentation d'une donation à la transcription, prendre une inscription d'office au profit du donateur : la jurisprudence et la majorité des auteurs sont, en effet, d'accord pour décider, sur une donation d'immeuble faite sous des charges pécuniaires, que le donateur n'a pas de privilège pour l'exécution des charges imposées par lui au donataire. — Colmar, 30 mai 1865, Kœnig, [S. 65.2.348, P. 65.1.279] — Bordeaux, 22 juill. 1890, Charron, [D. *Rép.*, *Suppl.*, v° *Privilèges et hypothèques*, n. 206]] — *Sic*, Demolombe, t. 20, n. 576; Aubry et Rau, t. 3, § 263, note 16, p. 169; Thézard, n. 277; André, n. 303. — *Contrà*, Pont, t. 1, n. 188; Demante, t. 4, n. 98 *bis*-II; Baudry-Lacantinerie, t. 3, n. 1141.

479. — De même, le conservateur des hypothèques, ne serait point fondé à prendre inscription d'office sur transcription d'une vente, opérée après une première vente demeurée occulte, pour conserver le privilège du premier vendeur, nonobstant la mention par la seconde vente de la première et délégation de partie du prix encore dû au profit du premier vendeur. — Cass., 14 janv. 1818, Danglemont, [S. et P. chr.]; — 29 avr. 1845, Reinhard, [S. 45.1.533, P. 47.2.433, D. 45.1.300] — Rouen, 30 mai 1840, Paturel, [P. 40.2.276, D. 40.2.197] — Montpellier, 9 juin 1853, Laraussie, [S. 53.2.406, P. 54.1.188, D. 54.2.173] — Paris, 30 nov. 1860, Jacquillon, [S. 61.2.29, P. 61.428, D. 61.2.75] — *Sic*, Troplong, t. 1, n. 284; Pont, t. 1, n. 265; Aubry et Rau, t. 3, § 278, note 3, p. 353; André, n. 400.

480. — La loi qui, en principe, a permis à toute personne de requérir inscription hypothécaire, le créancier pouvant ainsi profiter d'un acte accompli en dehors de lui, a, pour des motifs de convenance, interdit à tout autre qu'à des parents de prendre hypothèque légale au profit de la femme sur les biens du mari (C. civ., art. 2139). En conséquence, le conservateur serait en faute, soit de prendre, lui-même et sans aucune réquisition, cette inscription, soit d'obtempérer aux réquisitions d'une personne qui n'invoquerait pas la qualité de mandataire ou de parent de la femme. — V. Toulouse, 15 juill. 1889, Saint-Pé, de Rigaud, de Foucaud, [*Gaz. des trib. du Midi*, juillet 1889]

481. — III. *Responsabilité du fait d'autrui.* — La faute dont un conservateur est tenu de réparer les conséquences peut avoir une double origine : elle proviendra, le plus souvent, de son fait personnel, et, dans ce cas, la responsabilité sera *directe;* mais elle pourra aussi consister dans une infraction commise par certains préposés, dont il doit surveiller et garantir les agissements, ou toutes autres personnes sous sa dépendance; auquel cas sa responsabilité est seulement *indirecte* et *incidente.*

482. — Le principe en est énoncé dans l'art. 1384, C. civ., d'après lequel « on est responsable non seulement du dommage que l'on cause par son propre fait, mais encore de celui qui est causé par le fait des personnes dont on doit répondre... ». Les conservateurs n'échappent, pas plus que toute autre personne, à cette prescription de la loi commune, et se trouvent, par suite, tenus d'indemniser toute partie lésée par les agissements répréhensibles de leurs commis : il est de principe que la responsabilité du fait d'autrui est, de sa nature, purement civile. — Fromageot, *De la faute,* p. 151 ; Sourdat, *Tr. gén. de la resp.,* n. 777 et 910; Clerc, *Tr. gén. du not.,* n. 1208, t. 1, p. 436.

483. — Le conservateur est, en effet, comme tout commettant, tenu de veiller sur la conduite de son préposé dans l'affaire dont il le charge, par mandat, louage de services ou tout autre rapport de droit; si ce commis, dans l'exercice ou à l'occasion de l'exercice de la fonction dont il est chargé, commet quelque dommage, le conservateur est présumé avoir manqué à son obligation de surveillance, et il ne peut se libérer de sa responsabilité en prouvant qu'il n'a pu empêcher le fait dommageable; car, s'il pouvait excuser ainsi sa faute quant à son obligation de surveillance, il n'en resterait pas moins tenu de sa faute quant au choix par lui fait de son préposé. — Cass., 3 mars 1884, Panet, [S. 85.1.21, P. 85.1.32, D. 85.1.63] — *Sic*, Demolombe, *Des contrats,* t. 8, n. 617; Aubry et Rau, t. 4, § 447, n. 22, p. 764; Laurent, t. 20, n. 585 et 588.

484. — IV. *Responsabilité partagée.* — Certaines erreurs et omissions ne sont exclusivement imputables, ni aux parties intéressées, ni aux conservateurs, ni aux officiers rédacteurs des actes présentés à ces derniers; les juges peuvent alors distribuer cette responsabilité entre les divers auteurs du fait dommageable : — les parties, en ce que, ne s'agissant pas d'un vice de forme ou de locution dans l'acte, il leur était facile d'apercevoir le défaut de la pièce délivrée sur leur réquisition ; — le conservateur en ce qu'il aurait pu le reconnaître par la seule lecture de l'acte; — le notaire, enfin, en ce qu'il aurait dû avoir sous les yeux toutes les pièces propres à le prémunir contre l'erreur. — Rouen, 20 mai 1885, Petel, [*J. Enreg.*, n. 22498] — Besançon, 14 juin 1893, Rojat et Meunier, [*J. Enreg.*, n. 24272; Garnier, *Rép. pér.*, art. 8179] — Trib. Tarbes, 28 févr. 1894, Despillo, [*J. Enreg.*, n. 24406; Garnier, *Rép. pér.*, art. 8400] — *Sic*, Emion, *J. des conserv.*, t. 38, art. 2718 et 2731; Martou, t. 4, n. 1618; Aubry et Rau, t. 3, § 268, p. 664; Laurent, t. 31, n. 605.

485. — C'est ce qui a été jugé : 1° pour une inscription radiée à tort sur fausse indication du numéro de l'inscription. — Cass., 19 avr. 1836, Guyon, [S. 36.1.562, P. chr.] — 18 juill. 1838, David, [S. 38.1.1004, P. 38.2.491]

486. — 2° Pour la suppression dans un état, sur la foi d'une attestation du notaire, d'une inscription qui y avait été, d'abord, portée à juste titre. — Cass., 11 juill. 1843, Michel, [S. 43.1.576, P. 43.2.219]

487. — 3° Pour une confusion sur le nom du débiteur, imputable au conservateur et préjudiciable à l'exproprié, commise, dans un état d'inscription, après expropriation pour cause d'utilité publique, l'autre partie du préjudice étant mise à la charge du préfet, pris comme représentant du département expropriant, qui, sur le vu de l'état d'inscriptions, a ordonné le versement de l'indemnité d'expropriation, alors qu'un examen plus attentif eût pu lui faire reconnaître l'erreur contenue dans l'acte. — Montpellier, 24 nov. 1875, Caisse des dépôts et consignations et préfet de l'Hérault, [S. 76.2.205, P. 76.825]

488. — 4° Pour une radiation erronée provenant d'une fausse indication de la réquisition. — Douai, 27 févr. 1878, Sonaille et Catusse, [*J. des not.*, n. 21967]

489. — 5° Pour une erreur commise, sur l'identité de l'un des vendeurs et de la personne désignée dans l'inscription omise, par le notaire rédacteur du contrat transcrit, et que le conservateur eût pu très-aisément éviter. — Besançon, 20 nov. 1873, [*J. des conserv.*, art. 2825] — Rouen, 20 mai 1885, Petel, [S. 87.2.139, P. 87.1.837, D. 86.2.107] — Trib. Vesoul, 28 avr. 1873, [*J. des conserv.*, art. 2787] — Trib. La Roche-sur-Yon, 15 juill. 1887, [*J. des conserv.*, n. 3823; *J. Enreg.*, n. 23208 et 24406] — *Contrà*, Legrand, *Des états d'inscriptions,* p. 65 et s.

2° *Du dommage.*

490. — On sait qu'il ne peut jamais être question de responsabilité civile si au premier élément *personnel* et *subjectif*, qui est la *faute*, ne vient point s'ajouter un nouvel élément d'un caractère tout opposé, *matériel* et *objectif*, appelé *dommage,* qui est le préjudice qu'une personne peut subir, par le fait d'une autre, dans ses intérêts pécuniaires ou moraux, pourvu toutefois que cette lésion constitue la perte ou l'amoindrissement d'un droit acquis.

491. — En conséquence, le conservateur des hypothèques ne peut être actionné en responsabilité et tenu, par suite, à quelque réparation, que s'il est allégué et prouvé contre lui un

492. — En conséquence, le créancier hypothécaire régulièrement inscrit, et, par suite d'une omission sur l'état des inscriptions, non seulement de pouvoir à un ordre où il serait venu en rang utile, déchu de tout droit de répéter, des créanciers à hypothèque postérieure à la sienne et pourtant colloqués, les sommes par eux touchées jusqu'à concurrence du montant intégral de sa créance, peut actionner à ces fins et pour la réparation totale du préjudice éprouvé, le conservateur des hypothèques. — Montpellier, 27 mai 1872, de l'Eguille, [S. 72.2.165, P. 72.764, D. 73.2.18] — Angers, 27 mars 1878, Benoiste et Léchalas, [S. 78.2.185, P. 78.827, D. 78.2.164; *J. Enreg.*, n. 20727] — V. aussi Cass., 3 janv. 1853, Cornède de Miramont, [S. 53.1.422, P. 54.1.518, D. 53.1.14] — Aix, 21 juill. 1874, Gal, Cassio et Roubaudi, [S. 77.2.235, P. 77.991] — Seligman, *Explic. théor. et prat. de la loi du 21 mai 1858 sur les saisies immobilières*, n. 165 et 297; Audier, *Code des distributions et des ordres*, p. 84, n. 7; Chauveau, sur Carré, *Lois de la procéd.*, t. 6, quest. 2558 et 2349 *septies*; Houyvet, *Tr. de l'ordre entre créanciers*, n. 150 *in fine*; Troplong, t. 4, n. 1005; P. Pont, t. 2, n. 1447.

493. — Mais si, malgré l'omission de son inscription, le créancier, avant l'homologation de l'ordre définitif ou le paiement du prix, s'était fait colloquer en rang utile, il ne pourrait, par aucun moyen quelconque lui ayant été occasionné.

494. — Par le même motif, l'erreur matérielle commise par le conservateur des hypothèques, si elle est évidente et trop minime pour entraîner une confusion, notamment la fausse indication, dans un certificat de radiation d'inscription, d'un numéro de volume, est impuissante à engager la responsabilité du conservateur, en sorte que l'acquéreur qui, en pareille occurrence, refuserait le paiement de son prix, serait justement condamné à tous les dépens de l'instance motivée par ce refus, ainsi qu'aux intérêts moratoires du prix. — Caen, 26 mai 1874, Etienne, [S. 74.2.300, P. 74.1270, D. 75.2.102] — V. *J. Enreg.*, n. 19534.

495. — Ainsi, la responsabilité du conservateur n'étant engagée que dans la mesure du préjudice direct né de ses erreurs ou omissions, il n'y a point lieu de le contraindre à des dommages-intérêts au profit du requérant, lorsque celui-ci a eu à souffrir de l'insolvabilité, non point du débiteur grevé de l'inscription omise, mais seulement de celle du fils ou du gendre de celui-ci, avec lequel il a traité une affaire. — Trib. Montmorillon, 4 mai 1887, [*J. Enreg.*, n. 23179; *J. des conserv.*, art. 3694 et 3771]

496. — Par application de cette même idée qu'un préjudice strictement pécuniaire est une des conditions essentielles de la responsabilité, il a été jugé qu'un créancier omis dans un état sur transcription ne saurait émettre avec succès la prétention d'être indemnisé de ce que l'absence des notifications ordinaires en temps utile l'aurait empêché, en lui fermant la voie de la surenchère, de se rendre adjudicataire de l'immeuble. — Trib. Clamecy, 28 févr. 1883, [*J. des conserv.*, art. 3501]

497. — Par application des mêmes principes, la responsabilité du conservateur n'existe que tout autant qu'il est spécialement établi que c'est sur la foi du certificat d'inscriptions délivré sur réquisition, et dans lequel trois inscriptions avaient été omises, qu'un prêt hypothécaire a été consenti et que le créancier n'a été désintéressé que partiellement dans l'ordre ouvert pour la distribution du prix des immeubles hypothéqués. — Pau, 30 déc. 1890, V° Castels, [S. 91.2.65, P. 91.1.440, D. 91.2.327; *J. Enreg.*, n. 23717] — V. aussi Cass., 27 oct. 1890, V° Cattier, [D. 91.1.419] — V. quest. analogue sur la responsabilité professionnelle des notaires : Laurent, *Princ. de dr. civ. fr.*, t. 20, n. 507; Lefebvre, *Journ. du notariat*, 29 sept. 1877; Stevenart, *Princ. de la resp. des not.*, p. 16, 56-58.

498. — De même, l'action en responsabilité dirigée contre le conservateur du chef du créancier dont l'inscription a été omise dans l'état délivré à la suite de la vente n'est recevable qu'autant qu'il est par ce dernier établi que le prix déclaré par l'acquéreur, ou, tout au moins, celui auquel il eût fait porter l'immeuble, au moyen d'une surenchère, constituait somme suffisante pour permettre sa collocation, en rang utile, si son inscription eût pu être ramenée à effet par une production à l'ordre ouvert pour la distribution de ce prix. — Bordeaux, 24 juin 1813, Moulinard,

[S. et P. chr.] — Grenoble, 21 août 1822, Chauvin, [S. et P. chr.] — Orléans, 7 mai 1890, [*J. des conserv.*, art. 4070] — *Sic*, Duranton, t. 20, n. 427; Troplong, t. 4, n. 1001; Laurent, t. 31, n. 606.

499. — Par application de ces principes, les omissions ou erreurs commises par un conservateur des hypothèques ne donnent naissance contre lui à une action en dommages-intérêts que si, en dehors de la faute c'est-à-dire du manquement, voulu ou non, à son devoir juridique, elles ont occasionné une perte strictement pécuniaire à un tiers créancier ou acquéreur. La responsabilité est toujours adéquate aux suites de l'omission des charges inscrites : l'intérêt est toujours, en effet, la mesure de l'action et l'étendue du recours toujours aussi limitée à la quotité de cette perte, dont la preuve est à la charge de la partie plaignante. — Cass., 3 janv. 1853, précité ; — 30 janv. 1867, Kolman et Giraudeau, [S. 67.1.175, P. 67.402, D. 67.1.302] — Chambéry, 27 avr. 1875, Roux et Couvreur, [D. 78.2.11] — Angers, 27 mars 1878, précité. — *Sic*, Zacharie, § 268, note 9; Aubry et Rau, t. 3, § 268, note 34, p. 297; Laurent, t. 31, n. 607.

500. — Il a été aussi jugé que l'omission dans un état d'inscription, que l'acte constate paiement comptant du prix, c'est-à-dire antérieurement à la délivrance de l'état par le conservateur, engage la responsabilité de celui-ci, par la raison que, dans la pratique, le paiement comptant est un fait conditionnel, le prix demeurant en dépôt entre les mains du notaire, qui ne le délivre au vendeur qu'après la remise du certificat hypothécaire. — Trib. Montreuil-sur-Mer, 12 juill. 1882, Carpentier et Feyt, [*J. Enreg.*, n. 21996]

501. — Jugé, en effet, que si le prêt est antérieur à la délivrance de l'état, et si l'acte d'emprunt constate la délivrance des deniers, le prêteur ne peut se plaindre de l'omission de l'inscription à moins d'établir en fait, comme dans l'espèce, que les fonds n'ont été délivrés à l'emprunteur qu'après la délivrance et au vu de l'état. — Trib. Hazebrouck, 10 mars 1888, Barbier et Neaume, [*J. Enreg.*, n. 23053]

502. — Toutefois, ces solutions ne devraient pas être étendues au cas où le notaire déclarerait que les fonds ont été livrés en sa présence, la délivrance de l'état ayant eu lieu après la date de l'acte : l'affirmation du notaire doit être crue jusqu'à inscription de faux. — Douai, 24 oct. 1888, Barbier et Neaume, [*J. Enreg.*, n. 23127] — Trib. Confolens, 13 août 1892, Quenouille, Raciot, Saingarraud, [Garnier, *Rép. pér.*, n. 7993]

503. — Nous rappelons que les renseignements préalables fournis aux requérants, sous forme de note ou bulletin, par le conservateur des hypothèques, en attendant la délivrance d'un certificat régulier, n'engagent point la responsabilité de ce fonctionnaire, à raison des omissions qu'ils peuvent contenir. Jugé, en conséquence, que si, à la suite d'un renseignement erroné donné sous forme de note par le gérant intérimaire d'une conservation, le titulaire délivre un certificat régulier dans la forme, mais contenant la même erreur, ce dernier ne peut être condamné à des dommages-intérêts, s'il est établi, en fait, qu'à la date de ce certificat la perte des fonds antérieurement versés était devenue définitive et irrévocable : la perte subie par le requérant provient en effet uniquement de son imprudence à s'être dessaisi immédiatement de ses fonds sur la foi du renseignement donné d'une manière irrégulière, et sans attendre le certificat régulier. — V. Cass., 27 oct. 1890, V° Cattier, [*J. Enreg.*, n. 23503] — Douai, 24 oct. 1888, Barbier et Neaume, [*J. Enreg.*, n. 23127] — Trib. Seine, 16 févr. 1894, Farin et Morel, [D. 94.2.377] — V. *suprà*, n. 273.

§ 2. *Procédure de l'action en responsabilité.*

504. — Lorsque les conditions énumérées ci-dessus sont réunies, une action en responsabilité peut être intentée contre le conservateur. Si le fait préjudiciable constituait en même temps un délit prévu par la loi pénale, les tribunaux de répression pourraient être saisis par la partie civile ; mais le fait est tellement rare qu'on ne trouve pas d'arrêt à ce sujet, il suffira donc de l'avoir indiqué. Nous restreindrons nos explications à l'instance civile en responsabilité.

1° *Règles de compétence.*

505. — Nous ne trouvons aucune disposition spéciale dérogeant aux règles ordinaires de compétence *ratione materiæ*.

L'action en responsabilité sera donc portée le plus souvent devant le tribunal civil d'arrondissement, parce que la demande excédera 200 fr. ou sera indéterminée. Au cas contraire, le juge de paix non seulement pourrait, mais devrait être saisi. — Cass., 5 nov. 1889, Simian. [S. 91.1.516, P. 91.1.1265, D. 90.1.9]

506. — En ce qui touche la compétence *ratione personæ vel loci*, l'art. 9, L. 21 vent. an VII, déclare que les conservateurs ont leur domicile dans le bureau où ils remplissent actuellement leurs fonctions, pour les actions auxquelles leur responsabilité peut donner lieu ou les significations à faire. Ce domicile subsiste même après la mise en retraite, la destitution ou le décès des conservateurs; les actions à intenter contre eux ou leurs héritiers peuvent donc toujours être portées devant le tribunal dans le ressort duquel ils exerçaient leurs fonctions au moment du fait sur lequel la demande est fondée (Circ. 8 flor. an VIII, n. 1820). — Rouen, 7 nov. 1826, Berrubé, [P. chr.] — Trib. Versailles, 21 déc. 1877, [*J. des conserv.*, art. 3160] — *Sic*, Aubry et Rau, t. 3, § 268, p. 299; Troplong, *Priv. et hyp.*, t. 4, n. 1003, p. 363; Boulanger et de Récy, *op. cit.*, t. 2, n. 742.

507. — Cependant il a été jugé que les poursuites dirigées contre un ancien conservateur, à raison d'une omission par lui commise dans une inscription, pouvaient, régulièrement, au gré du demandeur lésé, être portées devant le tribunal du domicile spécial établi par la loi du 21 vent. an VII, ou devant celui du domicile général et actuel de l'ancien conservateur. — Bruxelles, 4 mai 1820, Faucheux, [P. chr.], D. *Rép.*, v° *Priv. et hyp.*, n. 1586-2°]

508. — Mais la question s'est posée de savoir si la compétence du tribunal civil de la résidence du conservateur défendeur existe également dans l'hypothèse où la demande en responsabilité se produit par voie *incidente*, accessoirement à une instance introduite devant un autre tribunal. Un conservateur, au cours d'une instance pendante devant un tribunal autre que celui de sa résidence est mis en cause au sujet d'irrégularités reprochées à un état d'inscriptions hypothécaires; peut-il être admis à décliner, malgré le Code de procédure civile (art. 181), la compétence du tribunal saisi de la question originaire principale, et à réclamer son renvoi devant le tribunal de sa résidence?

509. — L'affirmative a été admise par un arrêt par lequel il a été décidé qu'un conservateur des hypothèques, tenu de répondre des faits de sa gestion devant le juge de l'arrondissement de son bureau, n'en pouvait être distrait sous prétexte d'une citation en garantie, qui n'est jamais en son égard qu'une demande principale à fin de dommages-intérêts. — Paris, 28 mars 1814, de Jonzac, [P. chr.] — *Sic*, Baudot, t. 2, n. 1947.

510. — Jugé, depuis, d'une manière constante, sauf de très rares dissidences, qu'une demande principale et une demande en garantie ne doivent pas être confondues; cette dernière doit être considérée, comme en soi distincte et indépendante de la demande principale; c'est, en effet, une contestation limitée entre le défendeur et le garant, sans lien nécessaire avec le débat soulevé entre le demandeur et le défendeur par l'exploit introductif d'instance. — Décidé, en conséquence, que l'action en garantie, qui se rattache seulement par un lien de procédure à l'action principale, en demeure distincte en ce qui concerne la compétence. On peut argumenter, en ce sens, des nombreuses décisions (V. *infrà*, n. 529) en matière d'appel. — Paris, 1er juill. 1854, [*J. des conserv.*, art. 1019] — Trib. Seine, 23 nov. 1850, [*J. des conserv.*, art. 1051] — Trib. Bourgoin, 15 avr. 1856, [*J. des conserv.*, art. 1177] — V. cependant Martou, t. 4, n. 1669; Boulanger et de Récy, t. 2, n. 744.

2° *Des parties en cause dans l'instance en responsabilité.*

511. — I. *Demandeur.* — Les art. 2196 et 2197, C. civ., faisant simplement aux conservateurs une application spéciale du principe général sur la responsabilité écrit en l'art. 1382, il en résulte que leur responsabilité, à raison du préjudice occasionné par le défaut de mention dans les certificats par eux délivrés, d'une ou de plusieurs inscriptions existantes, peut être invoquée par tous ceux qui ont droit de requérir les certificats, c'est-à-dire aussi bien par les créanciers chirographaires que par les créanciers hypothécaires, sous la seule et même condition de justifier du préjudice résultant pour eux de cette faute. — Cass., 30 janv. 1867, Kolman, [S. 67.1.174, P. 67.402, D. 67.1.302] — Bourges, 20 nov. 1844, Mutel, [P. 46.1.623] — Bordeaux, 24 mars 1851, [*J. des conserv.*, art. 760] — Trib. Seine, 28 déc. 1886, Société des Aciéries de France, [S. 88.2.243, P. 88.1.1248] — Montpellier, 26 déc. 1889, Déjean et Delpech, [D. *Rép.*, Supp., v° *Privilèges et hypothèques*, n. 1785-1°] — *Sic*, Pont, t. 2, n. 1446; Aubry et Rau, t. 3, § 268, p. 293; Laurent, t. 31, n. 593.

512. — Il n'y a point lieu de distinguer, en effet, s'il s'agit des parties contractantes elles-mêmes ou de tiers qui ont été subrogés à leur droit, en d'autres termes, de leurs ayants-cause à titre universel (héritiers légitimes, successeurs irréguliers, légataires ou donataires à titre universel) ou même seulement à titre particulier, tels que des tiers acquéreurs, des créanciers hypothécaires ou subrogés, et même de simples créanciers invoquant l'art. 1166, C. civ. — Cass., 9 déc. 1863, Lecoq, [S. 64.1.177, P. 64.649, D. 64.1.299] — *Sic*, Aubry et Rau, t. 4, § 312, note 38, p. 126; Bauby, *op. cit.*, p. 384.

513. — Jugé, en conséquence, que le notaire qui a reçu de son client mandat de requérir au bureau des hypothèques un état d'inscriptions, a également qualité pour agir judiciairement contre le conservateur à l'effet de le faire condamner à de justes dommages-intérêts pour erreurs ou omissions dans les états délivrés : on ne saurait lui opposer la règle que « nul en France ne plaide par procureur » : la responsabilité dont il est, à son tour, tenu, comme mandataire de son client, lui donne un intérêt à agir. — Orléans, 12 déc. 1884, Vincent, [D. 86.2.110, *J. Enreg.*, n. 22549]

514. — II. *Défendeur.* — L'action s'exercera naturellement contre l'auteur du préjudice, c'est-à-dire contre le conservateur lorsque, — ce qui sera de beaucoup l'hypothèse la plus fréquente, — le dommage résultera d'une faute uniquement imputable à cet officier public. Mais, lorsque, par hasard, le dommage découlera d'une faute commune, il va sans dire que le demandeur sera autorisé à mettre en cause, en même temps que le conservateur, tous les auteurs du dommage. — Rouen, 20 mai 1883, Petel, [S. 87.2.139, P. 87.1.837, D. 86.2.107] — Paris, 13 nov. 1891, Debeaude, [*J. Enreg.*, n. 23916]

515. — C'est contre le conservateur en exercice que doivent être introduites les instances en rectifications d'états ou en retranchements d'inscriptions, sauf, si une question de responsabilité est soulevée au débat, à appeler l'ancien conservateur, auteur du certificat argué d'erreur; car son successeur a pu n'être assigné que comme dépositaire des registres et comme seul compétent pour délivrer un nouvel état rectifié, si aucun fait personnel ne lui soit reproché. — Trib. Versailles, 21 déc. 1877, [*J. des conserv.*, art. 3160] — Riom, 15 mai 1893, Lemaitre et Morin-Pinel, [Garnier, *Rép. pér.*, n. 8161] — *Sic*, Boulanger et de Récy, t. 2, n. 742.

516. — Jugé que lorsque le conservateur des hypothèques, actionné en rectification d'une inscription d'office prétendue litigieuse, en tant qu'elle n'aurait été prise pour moitié seulement du prix de vente, au lieu d'être prise par la totalité, décède au cours de l'instance, le poursuivant ne peut plus exercer contre ses héritiers qu'une action en dommages-intérêts, et qu'il n'est recevable même à intenter cette action qu'en justifiant que l'inscription d'office, telle qu'elle fut prise par leur auteur, lui a causé un préjudice. — Trib. Seine, 17 mars 1892, Moutiers, [D. 93.2.297]

3° *Moyens de défense du conservateur.*

517. — Les conservateurs des hypothèques, lorsqu'ils sont assignés pour omissions ou erreurs personnelles, agissent pour leur propre compte et non dans l'intérêt du Trésor public; on observera donc les formes de droit commun. Le conservateur devra plaider par le ministère d'un avoué, même s'il est actionné pour avoir exécuté les prescriptions administratives. Il ne peut requérir que l'instance soit instruite par mémoires; car il n'en est pas des affaires intéressant les conservateurs comme des matières d'enregistrement. — Bruxelles, 11 juin 1812, Labarre d'Erqueline, [S. et P. chr.] — Orléans, 19 janv. 1827, Bouchet, [S. et P. chr.] — V. Décis. min. Fin. et Just., 2 déc. 1807; Instr. gén., 22 nov. 1820, n. 959. — Grenier, t. 2, n. 536; Duranton, t. 20, n. 432; Baudot, t. 2, n. 1943; Martou, t. 4, n. 1619.

518. — Si, au contraire, ils interviennent ou sont assignés pour des faits relatifs à la perception des droits, les intérêts en cause étant ici ceux de l'État, ils sont dispensés de constituer avoué et l'instruction se fait par simples mémoires, respectivement signifiés, en conformité de l'art. 63, L. 22 frim. an VII. — Garnier, n. 788.

519. — La demande en garantie exercée contre un conservateur dans le cours d'une instance entre particuliers ne constituant pas, d'après l'opinion générale, une action principale et distincte, rentre sous l'empire de l'art. 49, § 3, C. proc. civ., et est, à ce titre, dispensée du préliminaire de conciliation. — Liège, 30 juin 1810, Bassompierre, [S. et P. chr.] — *Sic*, Boulanger et de Récy, t. 2, n. 745.

520. — Dans sa défense, le conservateur pourra soutenir que la faute n'existe pas ou ne présente pas le caractère de gravité voulu pour être susceptible d'engager sa responsabilité civile. L'existence du préjudice et sa corrélation indispensable avec la faute pourront faire l'objet de discussions sérieuses; le conservateur pourra soutenir que sa faute n'a causé directement aucun dommage et démontrer, à l'appui de cette allégation, soit que le préjudice a fait totalement défaut, soit que le préjudice dérive comme unique source de faits auxquels il est resté totalement étranger : événement postérieur à l'acte, faute imputable à la partie demanderesse elle-même ou à un tiers étranger à l'instance. — V. (anal.), Cass., 27 juill. 1825, Valette, [S. et P. chr.]; — 19 janv. 1832, Lautour et Lhuillier, [S. 32.1.663, P. chr.]; — 31 mars 1862, Vanel, [S. 63.1.307, P. 63.865, D. 62.1.330]; — 25 juin 1867, Peladan, [S. 67.1.324, P. 67.868, D. 68.1.75]; — 2 mai 1882, Chavanon, [S. 84.1.416, P. 84.1.1037, D. 83.1.73]; — 26 avr. 1887, Kockert, [S. 87.1.471, P. 87.1.1259]; — 5 nov. 1890, Pruvot, [S. et P. 92.1.244] — Bourges, 20 nov. 1844, Mutel, [P. 46.1.623] — Riom, 8 déc. 1847, de Grellet et Eyraud, [P. 48.2.103, D. 48.2.77] — Alger, 11 juin 1869, sous Cass., 6 juill. 1870. Giraud, [S. 70.1.422, P. 70.1112, D. 71.1.145] — Nîmes, 16 août 1870, Charton, [S. 71.2.206, P. 71.660, D. 72.5.331] — Trib. Lizieux, 17 déc. 1873, Prempain, [*J. Enreg.*, n. 19366] — Grenoble, 24 mars 1874, Papet-Biron, [S. 74.2.179, P. 74.747, D. 75.2.198] — Caen, 26 mai 1874, Etienne, [*J. Enreg.*, n. 19534] — Orléans, 14 mai 1886, Héritiers A..., [*Gaz. Pal.*, 86.1.851; *J. du not.*, n. 23709] — Gand, 19 févr. 1887, Van Sacegem, [*Gaz. Pal.*, 87.1.498; *Pand. fr.*, 88.5.34] — Trib. Toulouse, 26 févr. 1886, C..., [*Rev. du not.*, n. 7376, t. 28, p. 270] — Trib. Seine, 15 juin 1893, dame Leblanc, [*J. du not.*, 1893, p. 700]

521. — Des principes énoncés ci-dessus il résulte qu'en cas d'annulation d'une inscription, à la suite d'une cause d'une irrégularité commise par un conservateur, celui-ci, lorsqu'il est recherché, peut échapper à toute garantie et responsabilité, en prouvant qu'indépendamment du fait qui lui est reproché, le fait serait-il même l'omission d'une énonciation substantielle mentionnée aux bordereaux, l'inscription était entachée d'un vice autre imputable au créancier, qui créait contre celui-ci un défaut d'intérêt opposable en tout état de cause. — Cass., 4 avr. 1810, Fasciaux [S. et P. chr.] — Dijon, 23 déc. 1843, Dupuis, [P. 44.1.312] — *Sic*, Martou, t. 4, n. 1615; Aubry et Rau, t. 3, § 268, note 37, p. 298; Laurent, t. 31, n. 608.

522. — Le conservateur pourra également invoquer en sa faveur la prescription. Les actions en responsabilité contre les conservateurs des hypothèques ne sont pendant la durée des fonctions, soumises qu'à la prescription ordinaire de trente ans. — Cass., 2 déc. 1816, Mariette, [S. et P. chr.] — Trib. Clermont-Ferrand, 3 juill. 1891, Morin-Pirel, [Garnier, *Rép. pér.*, n. 8464] — *Sic*, Favard de Langlade, *Rép.*, v° *Conserv.*, n. 11; Duranton, t. 20, n. 434; Zachariæ, § 268, note 7; Aubry et Rau, t. 3, § 268, note 39, p. 298; Martou, t. 4, n. 1619; Laurent, t. 31, n. 612.

523. — Mais, aux termes de l'art. 8, L. 21 vent. an VII, disposition spéciale dont la n'a point abrogée l'art. 2262, C. civ., la responsabilité des conservateurs est limitée à dix ans après la cessation de leurs fonctions, et leur cautionnement est affranchi de toute affectation après l'expiration de ce délai; toute action, soit personnelle, soit hypothécaire relative à l'exercice de leurs fonctions, est donc prescrite. — Baudot, t. 2, n. 1906; Troplong, t. 4, n. 1003; Martou, t. 4, n. 1619; Aubry et Rau, t. 3, § 268, note 40, p. 298; Laurent, t. 31, n. 612.

524. — Jugé que cette prescription décennale exceptionnelle est aussi applicable au recours que le conservateur en exercice actionné par un tiers peut exercer par un appel en garantie contre son prédécesseur, ancien titulaire, qui aurait ouvert sur les tables deux comptes à la même personne, et dont le cautionnement s'est trouvé déchargé dix ans après la cessation de ses fonctions. — Trib. Clermont-Ferrand, 13 juill. 1891, Maisonobe, Gray, [*Rev. hyp.*, n. 879; *J. des conserv.*, art. 4180 et 4193; *J. Enreg.*, n. 23836] — Cette décision a été critiquée par Garnier (n. 871-2°), comme consacrant une iniquité; elle semble bien, en effet, avoir méconnu ce principe, que l'auteur d'une faute peut seul être puni, la faute devant rester dépourvue de sanction si la prescription est acquise.

4° Jugements. — Voies de recours. — Exécution.

525. — Le conservateur des hypothèques, dont la résistance à une radiation, ou plus généralement à l'accomplissement de l'une quelconque des formalités hypothécaires, a causé préjudice, doit être condamné aux dépens de l'instance nécessitée par son refus, indépendamment des dommages-intérêts dont il peut être passible. — Cass., 2 févr. 1869, Adam, [S. 69.1.163, P. 69.399, D. 70.1.71]; — 2 févr. 1874, Clément et Martin, [D. 75.2.136] — Rouen, 13 janv. 1845, Devieux, [P. 45.1.369, D. 45.4.107] — Metz, 13 déc. 1854, Ouzaneau, [S. 55.2.193, P. 55.2.324, D. 56.2.243] — Aix, 2 janv. 1867, Castillon, [S. 68.2.6, P. 68.88, D. 68.5.257] — Orléans, 19 mars 1868, de la Ménardière, [D. 68.2.196] — Bordeaux, 16 août 1876, Rougié, [S. 77.2.334, P. 77.1303] — Trib. Joigny, 13 oct. 1871, D..., [S. 72.2.81, P. 72.362, D. 72.3.8]

526. — ... Sauf au cas où sa résistance s'expliquerait par une sage prudence, la crainte d'engager sa responsabilité et le désir de protéger les intérêts des tiers. — Trib. Brioude, 9 déc. 1891, Forqueray, [S. et P. 92.2.190]

527. — Relativement à l'exécution des décisions rendues en justice et en ce qui concerne, d'une manière plus spéciale, l'acquiescement par le conservateur aux jugements dans lesquels il fut partie intéressée, il faut distinguer, comme précédemment, en quelle qualité il a agi : pour toutes les contestations sur l'exécution des formalités hypothécaires, où, à raison de sa responsabilité, il a agi pour son compte, il a seul qualité; au contraire, pour toutes celles où il est intervenu ou a été assigné sur des faits relatifs à la perception des droits établis pour lesdites formalités hypothécaires, c'est-à-dire pour le compte et dans l'intérêt du Trésor, le conservateur est assimilé aux autres agents de perception de l'administration de l'enregistrement et tenu d'en référer au directeur du département qui, seul, a qualité pour acquiescer aux jugements concernant l'administration. — V. *supra*, v° *Acquiescement*, n. 164.

528. — La faculté de droit de Caen, en 1841, avait demandé qu'il fût déclaré que tous les jugements qui interviendraient en vertu et par application des art. 2202 et 2203 fussent toujours susceptibles d'appel, attendu qu'on ne doit pas refuser aux conservateurs le recours accordé aux notaires. — *Doc. relat. au rég. hyp.*, t. 3, p. 505.

529. — L'action en garantie contre le conservateur à l'occasion d'un état incomplet peut ne pas mettre en jeu un intérêt d'un chiffre déterminé; il pourra donc arriver qu'elle ne soit jugée qu'à charge d'appel tandis que le procès à l'occasion duquel elle sera intentée sera jugé en dernier ressort. — Cass., 15 juin 1874, Habert, [S. 75.1.331, P. 75.857, D. 74.1.428]; — 1er juin 1881, Dutap, [S. 83.1.165, P. 83.1.388, D. 82.1.351] — Dijon, 17 juill. 1839, Boyer, [S. 40.2.71]; — 27 déc. 1854, [*J. des conserv.*, art. 1086, 1942] — Angers, 23 juill. 1868, Chemin de fer de l'Ouest, [D. 68.2.245] — Poitiers, 24 mars 1871, Rempault, [D. 87.2.18] — V. aussi Cass., 24 août 1870, Bedhet, [S. 71.1.13, P. 71.18, D. 70.1.430] — Limoges, 16 juin 1891, Passajou, [*J. not.*, n. 24749; *Rev. du not.*, n. 8462, t. 33, p. 276; *J. du not.*, 1891, p. 377] — Bonfils, n. 1348; Boulanger et de Récy, t. 2, n. 747. — V. *supra*, v° *Appel* (mat. civ.), n. 704.

530. — Par application de ces mêmes idées, il a été jugé spécialement que si, un créancier hypothécaire, demandeur en délaissement, intente une action récursoire contre le conservateur pour le cas où sa demande serait repoussée, cette action sera jugée en dernier ressort si le chiffre des dommages-intérêts réclamés n'excède pas 1,500 fr.; peu importerait que ce conservateur eût été, en même temps, appelé en garantie par le défendeur en délaissement et que, quant à cette action en garantie, le litige engagé fût seulement en premier ressort. — Cass., 7 janv. 1874, Fourgeot, [S. 74.1.63, P. 74.137, D. 74.1.13]

531. — La Cour de cassation pourra être appelée à examiner les sentences rendues en cette matière, pour peu que leurs dispositions mettent en jeu un principe juridique expressément ou implicitement consacré par la loi, et que l'on prétendrait avoir été plus ou moins méconnu dans l'espèce. — V. anal. Bauby, *Traité de la responsab. civile des notaires*, p. 495 à 510.

532. — Incompétente pour décider de la quotité des dommages-intérêts souverainement déterminée par les juges du fond, la Cour suprême, autorisée à examiner si les tribunaux et les cours ont attribué leur véritable *qualification légale* aux faits tant juridiques que matériels déférés à leur connaissance, recouvre, au contraire, toute compétence et tout pouvoir pour vérifier si les dommages-intérêts ont été répartis d'après une base régulière, entre le conservateur et les diverses personnes responsables, ou s'ils ont été sagement proportionnés à la gravité de la faute et à l'importance du préjudice; il lui serait même loisible, à ce dernier point de vue, de rechercher si, d'après les constatations de fait définitivement arrêtées, la condamnation totale n'aurait pas dû être partielle, et réciproquement. — Cass., 25 juin 1867, Peladan, [S. 67.1.324, P. 67.868, D. 68.1.75]; — 19 juin 1872, Larrive, [S. 72.1.281, P. 72.697, D. 72.1.346]; — 27 févr. 1879, Linossier, [S. 79.1.333, P. 79.810, D. 79.1. 481]; — 18 nov. 1885, Potier de la Bertellière, [S. 89.1.53, P. 89.1.123, D. 86.1.398]; — 19 mai 1885, Bonnefoy, [S. 85.1.297, P. 85.1.734, D. 85.1.345]; — 8 nov. 1886, Feuillate, [*Gaz. Pal.*, 85.1.648]; — 26 avr. 1887, Kockert, [S. 87.1.471, P. 87.1.1259]; — 22 janv. 1890, Lapanouze, [S. 90.1 460, P. 90.1.1104, D. 91.1.195] — *Sic*, Bauby, p. 496, 499, n. 1, 501, 505, 508, n. 2. — Sourdat, *Resp.*, t. 1, n. 132, 464 *quater*; Demolombe, t. 24, n. 597.

533. — Les condamnations prononcées contre les conservateurs sont garanties par leur cautionnement. Le privilège des parties lésées sur le cautionnement vient du principe très-rationnel, déjà reconnu par la loi romaine (D. XLII, 5; Ulpien, 24, § 2), d'après lequel il faut protéger d'une façon toute particulière les citoyens dont la confiance a été déçue par des fonctionnaires spécialement préposés par le législateur à l'accomplissement de certains services; mais ce privilège peut appartenir simultanément au Trésor public et à des particuliers; d'où est née une contestation relative à l'ordre dans lequel ces créanciers privilégiés doivent exercer leur droit de préférence.

534. — Il a été jugé, sur la foi de la tradition historique, et par argument des termes de l'art. 2202, C. civ., d'après lequel les dommages-intérêts doivent être payés avant l'amende, que la régie de l'enregistrement, poursuivant le recouvrement d'une amende, ne pourrait se faire payer sur le cautionnement qu'une fois les créanciers pour fait de charge désintéressés; la situation de ces derniers a paru préférable, parce que, à la différence du Trésor, qui cherche à réaliser un gain, ceux-ci tendent uniquement à éviter une perte (V. D. XLIX, 14, 17 et 31; C. X, 7, Const. un.). — Cass., 7 mai 1816, Delatour, [S. et P. chr.] — Trib. Toulouse, 1er août 1850, Quiot, [*J. not.*, n. 15169] — *Sic*, Dard, *Des offices*, p. 42; Troplong, *Des hypoth.*, n. 95 *ter* et 210; Aubry et Rau, t. 3, § 261, note 93, p. 165; Rutgeerts et Amiaud, *Comm.*, t. 3, n. 902 *ter*.

535. — D'autre part, des auteurs, font venir ces deux catégories de créanciers en concours les uns avec les autres, conformément au principe édicté par l'art. 2097, C. civ., leur équité apparente nous paraît douteuse au fond, on peut nier même l'équivalence qu'ils établissent entre les créances. — Pont, *Priv. et hyp.*, n. 171, p. 135; Eloy, *Resp.*, t. 1, p. 497; t. 2, p. 382; t. 1, Bauby, p. 524.

536. — Le conservateur, tenu par suite de responsabilité et à titre de dommages-intérêts, de désintéresser un tiers créancier ou acquéreur, à la décharge du débiteur principal, était, aux termes de l'art. 53, L. 11 frim. an VII, et de l'art. 3, L. 11 brum. an VII, de plein droit subrogé aux droits de ce tiers. Il jouit du même privilège en vertu de l'art. 1251-3°. — Rolland de Villargues, *Rép.*, v° *Conserv.*, n. 59; Martou, t. 4, n. 1620, p. 236; Aubry et Rau, t. 3, § 268, note 38, p. 298; Garnier, n. 769-2°.

537. — Cependant quelques doutes ont été élevés sur cette solution, et il a été jugé que le conservateur, condamné à des dommages-intérêts envers un créancier inscrit, pour avoir omis de mentionner dans un certificat l'inscription existante à son profit, n'est pas fondé à invoquer les dispositions de l'art. 1251-3° et à arguer du bénéfice de la subrogation contre les autres créanciers, vis-à-vis desquels il ne saurait être considéré comme un créancier ordinaire, puisque sa créance est née du préjudice qu'il a causé par son omission, et non d'un paiement volontaire fait pour le compte d'autrui au sens de l'art. 1251. — Trib. Seine, 26 déc. 1889, Bourgeois, [J. *Le Droit*, 19 janv. 1890; *J. Enreg.*, n. 22383; *Rev. hyp.*, n. 653] — V. dans le même sens, Laurent, t. 31, n. 610.

538. — L'objection faite nous paraît sans valeur : pour que la subrogation ait lieu au profit d'un coobligé, il n'est pas nécessaire, aux termes de l'art. 1251, que son obligation ait la même origine que la dette principale ni qu'elle ait sa source dans un contrat; il faut et il suffit qu'il y ait entre les coobligés cette identité, cette unité d'obligation, qui fait qu'un seul est tenu pour le tout et qu'il a droit, après avoir payé, d'exercer un recours contre les autres. — Cass., 3 déc. 1888 (motifs), Letel, [S. 89.1.121, P. 89.1.281, D. 90.1.71] — V. Demolombe, *Obligat.*, t. 4, n. 394.

539. — Il faut seulement observer qu'à raison de sa cause même, la subrogation dont il s'agit n'a d'effet, comme disait la loi de brumaire, que contre le débiteur originaire, et ne donne au conservateur aucune action contre les cautions qui ne doivent point souffrir d'une faute qu'il a commise. — Aubry et Rau, t. 3, § 268, note 38 *in fine*, p. 298.

539 bis. — Jugé que le conservateur, qui paie à un créancier les dommages-intérêts auxquels il a été condamné pour avoir omis l'inscription de ce dernier dans un certificat par lui délivré, ne peut invoquer le bénéfice de l'art. 1251, n. 3, C. civ., pour faire échec aux droits dudit créancier qui n'a reçu qu'un paiement partiel. — En conséquence, la saisie-arrêt formée par lui entre les mains d'un tiers ne peut nuire à l'effet d'un transport, même signifié postérieurement à la saisie, par lequel le débiteur a cédé à son créancier sa créance sur ce tiers, et faire concourir, sur la somme saisie-arrêtée, le conservateur et le créancier. — Trib. Seine, 26 déc. 1889, précité.

CHAPITRE V.

DES SALAIRES DES CONSERVATEURS.

SECTION I.

Règles générales.

540. — Nous avons défini le rôle des conservateurs d'hypothèques, soit envers le Trésor, soit envers le public; et nous avons montré comment ce double rôle entraîne une double responsabilité, garantie par un double cautionnement. Le service rendu à l'Etat était, il y a quelques années encore, rétribué par des remises sur les droits d'hypothèque et autres recettes, calculées suivant le taux fixé par l'art. 9, L. 14 août 1793, remanié depuis cette époque, notamment par les décrets des 6 juill. 1864 et 29 mars 1876 (Instr. 2291 et 2544). Une ordonnance du 24 févr. 1832 avait réduit ces remises au taux uniforme de 2 p. 0/0 pour les conservateurs dont les bureaux n'avaient aucune autre attribution. Le service rendu au public est rémunéré, de son côté, par des salaires fournis par les requérants des formalités, et calculés suivant un tarif plusieurs fois modifié, dont il sera fourni ci-après un commentaire détaillé.

541. — M. de France de Tersant (*op. cit.*, n. 407) insiste, à juste titre, sur le caractère tout à la fois équitable et rationnel de ce traitement, réserve étant cependant faite quant à la tarification : le concours au recouvrement de l'impôt profite, dans une certaine mesure, à tous les citoyens; il est raisonnable qu'une rétribution d'un émolument proportionnel aux sommes encaissées. D'autre part, il est également rationnel d'allouer une rétribution au fonctionnaire auquel incombe la lourde obligation d'assurer sous sa responsabilité la régularité matérielle des formalités légales (V. préambule Décr. 21 sept. 1810; Sol. 9 févr. 1893).

542. — Certains membres du Parlement avaient signalé comme trop élevés les traitements des conservateurs. On a voulu leur donner satisfaction. En conséquence, la loi du budget de 1888 renferme point mention de crédit de 50,000 fr. affecté auparavant au paiement des remises proportionnelles, cette omission implique suppression de ces remises. Il convient cependant de faire remarquer, à ce sujet, que l'art. 15 de la loi de ventôse an VII n'a pas été abrogé de manière expresse. Cette suppression avait été accompagnée, à la vérité, de la promesse d'une réduction très-forte du chiffre des cautionnements en numéraire, calculés eux-mêmes, nous l'avons dit, *suprà*, n. 92 et 92 *bis*, suivant un mode très-défectueux, en dehors de toutes disposition ou tradition légales, suivant le taux variable des salaires. La promesse est demeurée sans résultat. — V. Rapport de la commission du budget de 1888, par M. Fernand Faure (*J. off.*, Ann. 2111); *J. des conserv.*, art. 3809 et 4434; *Rev. hyp.*, n. 239; de France de Tersant, n. 408; Garnier, *Rép.*, n. 792.

543. — Cette mesure, qui fait des conservateurs les seuls fonctionnaires chargés d'effectuer des recettes sans rémunération, n'est point, aux termes de l'instruction 2757, applicable aux très-rares préposés qui sont à la fois receveurs-conservateurs. — De France de Tersant, n. 408.

544. — Enfin, la question a été également agitée, au sein de la commission budgétaire de 1888, de savoir si, dans la voie des dégrèvements à accorder aux formalités hypothécaires, il ne convenait pas de remplacer les salaires payés aux conservateurs par les parties, par un « traitement fixe ou proportionnel prélevé sur les fonds du budget ». M. Besson (*op. cit.*, p. 491) considère comme d'une certaine force l'objection, — faite en faveur de cette proposition, — qu'il est contraire aux principes de la législation budgétaire d'imposer aux particuliers, sous forme d'émoluments à payer aux conservateurs, une redevance ne figurant au budget ni en recette, ni en dépense. En sens contraire (M. de France de Tersant, *op. cit.*, n. 409), on a justement fait remarquer qu'une responsabilité exceptionnelle mérite un traitement exceptionnel, l'intérêt général exigeant le maintien d'une responsabilité qui constitue la meilleure garantie du bon accomplissement des formalités légales. — V. *Rev. hyp.*, art. 239.

545. — Dans son rapport au nom de la commission du budget de 1895, M. Delombre, après avoir signalé l'élévation des salaires de certaines conservations, reconnaît qu'ils correspondent à une responsabilité très-étendue et il demande qu'on étudie une réforme qui consisterait à diviser les conservations les plus chargées (*J. off.*, sess. de 1894, Docum. parlem., Chambre, p. 1720).

546. — En 1887, le *Journal officiel* du 20 déc., p. 426, publiait comme annexe au rapport de la commission du budget de 1888, un tableau présentant, pour chaque conservation, la moyenne des salaires de 1881 à 1886, avec l'importance des frais de bureau, tableau d'après lequel il existait :

4 conservations produisant plus de 100,000 fr.
5 — — de 50,000 à 100,000 fr.
4 — — de 40,000 à 50,000 fr.
13 — — de 30,000 à 40,000 fr.
50 — — de 20,000 à 30,000 fr.
62 — — de 15,000 à 20,000 fr.
107 — — de 10,000 à 15,000 fr.
82 — — moins de .... 10,000 fr.,

le tout indépendamment de cinquante bureaux où le service de la conservation est confié au receveur de l'enregistrement, et qui donnent de très-minimes salaires. — L. Say, *Dict. des fin.*, t. 1, v° *Hypoth.*, n. 14, p. 348; *J. Enreg.*, n. 23099. — V. aussi *J. des conserv.*, n. 3748, et Garnier, *Rép. pér.*, n. 7116, dont les chiffres different quelque peu de ceux donnés ci-dessus.

547. — Voici enfin, tel que le donnait M. Delombre dans le document précité pour les conservations d'hypothèques, dont le produit brut excède 25,000 fr., le relevé des salaires et des frais constatés en 1893.

Désignation des conservations.		Salaires de 1893.	Frais.	Produit net.
Aisne	Laon	29,324	13,400	15,924
Alpes-Maritimes	Nice	37,577	14,000	23,577
Aude	Narbonne	30,349	10,800	19,549
Bouch.-du-Rhône	Marseille	46,999	18,500	28,499
Calvados	Caen	32,016	10,000	22,016
—	Pont-l'Évêque	26,614	9,500	17,114
Côte-d'Or	Dijon	26,599	13,000	13,599
Eure	Évreux	30,020	9,500	20,520
Eure-et-Loire	Chartres	26,391	14,300	12,091
Haute-Garonne	Toulouse	39,346	16,000	23,346
Gironde	Bordeaux	127,103	65,000	62,103
Hérault	Béziers	33,128	11,600	21,528
—	Montpellier	26,678	8,000	18,678
Indre-et-Loire	Tours	38,404	15,900	22,504
Isère	Grenoble	29,325	10,000	19,325
Loire-Inférieure	Nantes	33,689	14,000	19,689
Maine-et-Loire	Angers	25,809	12,500	13,309
Manche	Saint-Lô	25,017	8,000	17,017
Marne	Épernay	25,896	13,000	12,896
—	Reims	41,001	15,000	26,001
Meurthe-Moselle	Nancy	34,113	13,500	20,613
Nord	Avesnes	34,982	12,500	22,482
—	Lille	56,740	20,950	35,790
Oise	Beauvais	27,068	10,000	17,068
Pas-de-Calais	Arras	25,244	10,700	14,544
—	Béthune	26,338	10,500	15,838
Puy-de-Dôme	Clermont-Ferrand	37,773	14,900	22,873
Rhône	Lyon	76,988	27,300	49,688
Seine	Paris 1er bureau	129,749	58,000	71,749
Seine	» 2e »	245,238	126,000	119,238
Seine	» 3e »	173,834	70,000	103,834
Seine-Inférieure	Le Havre	50,933	13,500	37,433
—	Dieppe	28,692	8,000	20,692
—	Rouen	54,402	17,000	37,402
Seine-et-Marne	Meaux	26,440	6,500	19,940
Seine-et-Oise	Corbeil	31,302	9,600	21,702
—	Pontoise	59,872	22,000	37,872
—	Versailles	95,813	33,200	62,613
Somme	Amiens	33,166	14,000	19,166
Algérie	Alger	50,018	21,400	28,618
—	Blidah	26,144	13,750	12,394
—	Constantine	25,657	9,200	16,457
—	Oran	53,474	18,000	35,474

(*J. off.*, Sess. de 1894, Docum. parlem., Chambre, p. 1719).

548. — Les salaires avaient été fixés par la loi du 21 vent. an VII; ils ne parurent pas suffisants pour « dédommager les conservateurs du péril de leurs fonctions » (Av. Cons. d'Ét., 16 sept. 1811). De là, un nouveau tarif édicté par un décret du 21 sept. 1810, complété par une ordonnance du 10 oct. 1841. Des réductions ont été réalisées par les décrets des 27 nov. 1835, 9 juin 1866 et par la loi du 5 janv. 1873.

549. — Nous ne saurions parler utilement des droits et des salaires perçus, par application des lois du 10 déc. 1874 et du 10 juill. 1885, à l'occasion des contrats constitutifs de l'hypothèque maritime; ces droits sont perçus, en effet, par les *receveurs de l'enregistrement* qui enregistrent le contrat. En Hollande, au contraire, c'est le conservateur des hypothèques qui fait l'inscription des hypothèques sur les navires. L'état des inscriptions subsistant sur les navires ou les certificats négatifs, suivant les cas, sont délivrés par les *receveurs des douanes*. — Il convient, à ce sujet, de faire remarquer qu'en 1874 ne prévalut point l'opinion d'après laquelle la tenue des registres maritimes devait être confiée aux conservateurs des hypothèques, d'autres fonctionnaires possédant les connaissances de droit qui font le plus souvent défaut aux employés des douanes. Le rapporteur de la loi, M. Grivart, fit valoir, à la séance du 9 déc. 1873, que le rôle des agents chargés du service de l'hypothèque maritime serait d'une grande simplicité, du moment où l'on n'admettrait que les hypothèques conventionnelles. — V. Léon Say, *Dict. des finances*, t. 1, v° *Hypothèques*, n. 18.

550. — Voici le tableau synoptique des salaires, tel qu'il est actuellement en vigueur, à la suite des modifications successivement apportées aux textes promulgués en premier lieu.

754 CONSERVATEUR DES HYPOTHÈQUES. — Chap. V.

	LOI 21 vent. an VII	DÉCR. 21 sept. 1810	ORD. 10 oct. 1841.	DÉCR. 27 nov. 1855.	DÉCR. 9 juin 1866.	DÉCR. 28 août 1875
1. Enregistrement et reconnaissance des dépôts d'actes de mutation pour être transcrits, ou de bordereaux pour être inscrits............		0.25				0.20
2. Inscription de chaque droit hypothécaire ou de privilège, quel que soit le nombre des inscriptions, si la formalité est requise par le même bordereau.	0.50	1 »				
3. Inscription faite d'office par le conservateur, en vertu d'un acte translatif de propriété soumis à la transcription...		1 »				
4. Déclaration { soit de changement de domicile........... soit de subrogation..... soit de tous les deux dans le même acte...	0.25	0.50				
5. Radiation d'inscription.......	0.50	1 »				
6. Extrait d'inscription ou certificat qu'il n'en existe aucune..........	0.50	1 »				
7. Transcription de chaque acte de mutation, par rôle d'écriture du conservateur (30 lignes à la page de 18 syllabes).	0.25	1 »		0.50	0.50	
8. Certificat de non transcription d'acte de mutation........		1 »				
9. Copies collationnées des actes déposés ou transcrits dans les bureaux des hypothèques, par rôle d'écriture du conservateur (25 lignes à la page de 18 syllabes)............	0.25	1 »				
10. Duplicata de quittance..........	0.20	0.25				
11. Transcription de chaque procès-verbal de saisie immobilière et exploit de dénonciation de ce procès-verbal au saisi (C. proc., art. 677, 678), par rôle d'écriture du conservateur (30 lignes à la ligne (Décr. 9 juin 1866).	0.25	1 »	1 »		0.50	
12. Acte du conservateur constatant refus de transcription, en cas de précédente saisie..............		1 »	1 »			
13. Extrait d'inscription ou certificat qu'il n'en existe pas..........		1 »				
14. Mention des deux notifications prescrites par les art. 691, 692, C. proc.......		1 »	1 »			
15. Radiation de saisie immobilière (C. proc.), art. 693..........		1 »	1 »			
16. Mention du jugement d'adjudication (C. proc., art. 716)............			1 »			
17. Mention du jugement de conversion (C. proc., art. 748)............			1 »			

551. — Voici les divers salaires perçus d'après ces tarifs :
Salaires du conservateur. — 20 centimes : pour l'enregistrement sur les deux registres et pour la reconnaissance des dépôts d'actes ou de bordereaux à transcrire, mentionner ou inscrire, conformément au nouvel art. 2200, C. civ. (L. 5 janv. 1875 ; Décr. 28 août 1875, art. 2). Il est délivré un bulletin ou une reconnaissance distincte pour chaque acte ou extrait d'acte, ou par chaque bordereau remis pour être transcrit, mentionné ou inscrit (Même art. 2200, C. civ.).

25 centimes pour chaque duplicata de quittance de droits d'hypothèque (Décr. 21 sept. 1810, n. 10, tableau annexé).

50 centimes : pour chaque déclaration, soit de changement de domicile, soit de subrogation, soit de tous les deux par le même acte (Décr. 21 sept. 1810) ; — pour la transcription des actes de mutation ; pour la transcription de chaque procès-verbal de saisie immobilière et de chaque exploit de dénonciation de ce procès-verbal au saisi (art. 677 et 678, C. proc. civ.), par rôle d'écriture du conservateur contenant 30 lignes à la page et 18 syllabes à la ligne (Décr. 9 juin 1866).

1 franc : pour l'inscription de chaque droit d'hypothèque ou privilège, quel que soit le nombre des créanciers, si la formalité est requise par le même bordereau ; — pour chaque inscription faite d'office par le conservateur en vertu d'un acte de mutation soumis à la transcription ; — pour chaque radiation d'inscription ; — pour chaque extrait d'inscription ou certificat qu'il n'en existe aucune ; — pour chaque certificat de non transcription d'acte de mutation ; — pour les copies collationnées des actes déposés ou transcrits dans les bureaux des hypothèques, par rôle d'écriture du conservateur, contenant 25 lignes à la page, 18 syllabes à la ligne (Décr. 21 sept. 1810) ; — pour l'acte du conservateur contenant son refus de transcription, en cas de précédente saisie (art. 680, C. proc. civ.) ; — pour chaque extrait d'inscription ou certificat qu'il n'en existe aucun argument de l'art. 692, C. proc. civ. ; — pour la mention des deux notifications prescrites par les art. 691 et 692, C. proc. civ. (art. 693) ; — pour la radiation de la saisie immobilière (art. 693, C. proc. civ.) ; — pour la mention du jugement d'adjudication (art. 716, C. proc. civ.) ; — pour la mention du jugement de conversion (art. 717, C. proc. civ. ; Ord. 10 oct. 1841 ; Instr. 12 nov. 1841, n. 1631) ; — pour la mention en marge de la transcription d'un acte de mutation du jugement portant résolution de l'acte transcrit (Instr. 2031).

552. — Les auteurs signalent, non sans quelque apparence de raison, l'infériorité des salaires relativement aux honoraires attachés à des situations à peu près identiques ; M. de France de Tersant, n. 409, p. 262, donne le tableau suivant que nous reproduisons à titre de curiosité :

NATURE des OPÉRATIONS.	ÉMOLUMENTS				
	du CONSERVATEUR responsable.	du NOTAIRE rédacteur de conventions précédemment arrêtées	du RECEVEUR des finances, traitement extra-budgétaire alloué par la commission des consignations	du GREFFE	de L'AGENT de change (opérations dites contentieuses)
Obligation hypothécaire, *inscription*.	1 fr. fixe.	1 p. 0/0 (a)	—	—	—
Quittance et mainlevée, *radiation*......	1 fr. fixe.	50 c. p. 0/0 (a)	40 c. p. 0/0 (b)	—	—
Transport de créance, *subrogation*......	50 c. fixe.	1 p. 0/0 (a)	—	—	2.50 par mil.
Mention sur le registre des dépôts.....	20 c. fixe, pour 2 registres.	—	—	25 c.	—
Expéditions (dans les villes où il y a un tribunal de première instance) : Transcription........	50 c. par rôle de 1080 syllabes.	2 fr. (c) 2 fr. par rôle de 750 syllabes.	—	— 45 c. par rôle de 480 syllabes.	—

(a) Sauf décroissance dans certains ressorts, à partir d'un chiffre variable suivant les arrondissements.
(b) Avec décroissance à partir de 500,000 fr. L'allocation a lieu pour chaque encaissement et remboursement.
(c) A Paris, 3 fr.

553. — Pendant que certains membres du Parlement signalent comme exagérés les salaires ainsi déterminés, d'autres les déclarent absolument insuffisants. Lorsque fut rendu le décret de 1810, font-ils observer, les recherches étaient faciles ; aujourd'hui, c'est au milieu de milliers d'individus, dont plusieurs portent inévitablement les mêmes prénoms, que le conservateur doit découvrir, à ses risques et périls, le débiteur grevé. C'est pourquoi certains proposent de prendre des salaires proportionnels aux sommes ou valeurs, et de les calculer d'après la longueur des écritures, tel était, en effet, le principe adopté pour les salaires par la loi de messidor an III, art. 278, § 6. — *J. Enreg.*, n. 19866, 20052, 20130, 20147, 20175, 20192, 20642 ; *J. des conserv.*, art. 2999, 3005, 3016, 3021, 3029, 3052, 3467, 3480, 3494, 3810 ; Garnier, n. 844 ; de France de Tersant, n. 409 *in fine*.

554. — Le tableau des salaires doit être, par les soins du conservateur, affiché dans un endroit apparent du bureau (Circ. adm. Dom., 7 juin 1809).

555. — L'administration considère comme concussion toute perception dont il ne serait point donné quittance distincte au pied des actes et fait recette au journal des salaires, quelle que fût, le cas échéant, la forme employée pour en couvrir l'irrégularité (Instr. gén., n. 494, 547). — Vuarnier, n. 4150. — Déc. min. Fin., 6 sept. 1822; 3 oct. 1860.

556. — La prohibition de majorer les produits, non seulement par voie de perception directe, mais aussi, indirectement, au moyen des rétributions données aux commis par les requérants, a été rappelée par l'administration. Dans sa lettre commune du 23 févr. 1893, n. 171, celle-ci reproduit les dispositions antérieures et proscrit, comme constituant à tous égards une irrégularité flagrante, d'une part, toute acceptation de rétribution pour l'accomplissement rapide de certains travaux ou même pour la délivrance plus accélérée d'états ou de certificats de toute nature; d'autre part, les droits dits de correspondance, dont la justification pouvait éventuellement se trouver dans le service rendu par le conservateur à l'officier ministériel ou au particulier, dispensés ainsi de certains déplacements. Il a donc été enjoint aux conservateurs de faire cesser de semblables pratiques, soit pour eux-mêmes, soit du chef de leurs commis, et déclaré que toute acceptation de sommes en dehors de celles dont l'exigibilité résulte de l'application ordinaire et normale des lois serait considérée comme abusive et engagerait directement la responsabilité du conservateur titulaire.

557. — A ce propos, on a fait observer qu'il n'était ni nécessaire ni opportun de prohiber, d'une manière aussi sévère et absolue, un procédé susceptible de faciliter aux hommes de la pratique l'accomplissement de leurs fonctions et, de rendre également plus aisées les relations des simples particuliers avec les conservateurs, alors surtout que la rémunération de ces services, toujours volontaire et non contraire à la loi ou à l'ordre public, ne pouvait donner lieu à des récriminations de quelque poids, tant qu'elle se renfermait en d'honnêtes et raisonnables limites. — V. Garnier, *Rép. pér.*, art. 8038, 8039; *J. des conserv.*, art. 4351; *Rev. hyp.*, n. 1103; *Rev. not.*, n. 8948, 8997; de France de Tersant, n. 410 in fine.

558. — Tout acte requis du conservateur et de nature à engager sa responsabilité, alors même qu'il n'aurait pas été spécialement tarifé, donne ouverture à une rémunération : en effet, aux termes d'une note de l'administration au sous-secrétariat d'Etat, en date du 5 janv. 1882, approuvée par le ministre des Finances, le 27 avril suivant, [*J. des conserv.*, n. 4350; *J. Enreg.*, n. 21927] — le salaire n'est point un impôt auquel on puisse appliquer le principe rigoureux que les contributions ne sauraient être perçues sans une disposition formelle de la loi; mais, s'il constitue la représentation du prix du travail demandé à un mandataire légal, il est applicable, non seulement aux formalités nommément désignées dans les textes législatifs, mais encore à toutes celles qui présentent le même caractère et y sont assimilables. On appliquera le tarif de l'acte qui présente le plus d'analogie. — V. Lettre au gouv. gén. d'Algérie, 26 janv. 1884, citée par de France de Tersant, p. 266, n. 2; Boulanger et de Récy, *Traité des radiations*, n. 882.

559. — Les intérêts individuels variant à l'infini; aussi, on ne peut prévoir toutes les hypothèses où les particuliers auront recours aux registres hypothécaires. C'est pourquoi une réquisition désignant clairement l'objet de la demande doit toujours accompagner le dépôt des actes au bureau. A défaut de cette réquisition, tout dépôt de pièces serait réputé opéré pour le but de faire accomplir les formalités hypothécaires suivant les termes mêmes de cet acte. Cette formalité une fois remplie, sauf le cas d'erreur exclusivement imputable au conservateur lui-même, le salaire est définitivement acquis, sous réserve de ce qui serait le résultat d'une erreur matérielle et que les droits perçus seraient restituables. — V. *Dict. des droits d'enreg.*, n. 265; de France de Tersant, n. 412, p. 267. — *Contrà*, Fessard, v° *Salaires*, n. 23.

560. — Un principe doit être formulé dès maintenant dont nous ferons ultérieurement voir les applications : c'est le principe de *l'unité de salaire*. Une rétribution étant acquise au conservateur pour l'ensemble des opérations constitutives d'une formalité déterminée, recherches, confection des états ou certificats, il était juste de ne point attribuer aux fonctionnaires des salaires distincts pour la même formalité. — Av. Cons. d'Et., 10 sept. 1841 : Instr. n. 494, 547. — Sol. 29 août 1860 : Géraud, n. 3823; — 16 mars 1864 : Géraud, n. 3824. — Vuarnier, n. 3150; de France de Tersant, n. 414.

561. — Les salaires sont payables d'avance par les requérants, sauf règlement après la formalité pour ceux d'entre eux qui ne peuvent être exactement liquidés qu'à ce moment. Ceux qui seraient perçus à tort doivent être restitués au requérant par le conservateur, et, au cas où la restitution ne s'en pourrait faire, versés dans la caisse de la conservation sous déduction de la retenue déjà prélevée pour le service des pensions, et sauf restitution ultérieure aux parties (L. 21 vent. an VII, art. 27; C. civ., art. 2155). — Circ., art. 1539; Sol. 24 juin 1859 et 14 avr. 1866, [*Dict. des droits d'enreg.*, n. 275] — Géraud, *Dict. de manut.*, n. 3487; de France de Tersant, n. 413, 415.

562. — Il existe, dans l'état actuel de la législation, des exceptions assez nombreuses au principe du paiement anticipé des salaires des conservateurs : 1° En matière d'inscriptions d'hypothèques légales prises à la requête du ministère public, et dont les frais, droits et salaires, sont ultérieurement recouvrés sur le débiteur (C. civ., art. 2155; Instr. gén., n. 2156, § 2). Cette exception tend, à l'heure actuelle, à disparaître; les avoués chargés des poursuites ou de la purge ont l'habitude de faire l'avance des droits de timbre et autres; ces droits leur sont ensuite toujours passés en taxe.

563. — 2° En matière d'inscriptions requises par toute personne judiciairement assistée, tant que l'autorité de la chose jugée n'a point été acquise par le jugement. Ces droits ne sont mis en recouvrement que sur l'adversaire de l'assisté, s'il succombe; ils tombent définitivement en non-valeur si l'assisté perd sa cause. — Décis. min. Fin., 29 avr. 1833 : Instr., n. 1971; *Rev. enreg.*, n. 724.

564. — 3° Pour toutes acquisitions faites pour le compte de l'Etat, soit par voie d'expropriation, soit à tout autre titre, directement ou par concessionnaires. Les salaires sont perçus, soit au moment même de la remise des pièces constatant l'accomplissement de la formalité, si les requérants offrent le paiement immédiat, soit ultérieurement sur la production des mémoires adressés par l'intermédiaire de la direction au service compétent, dans les dix premiers jours de chaque trimestre. Le principe de l'exigibilité des salaires est le même lorsque l'indemnité est due par le département ou la commune; ces droits sont payables par trimestre sur état transmis au préfet par l'intermédiaire du directeur. — Déc. min. Fin., 14 mars 1879, [Instr., n. 2615 : *J. des conserv.*, art. 3220] — V. aussi Sol. 25 mars 1875, [*J. des conserv.*, art. 2992]

565. — 4° Pour les inscriptions prises au profit de l'Etat, par les administrations de l'enregistrement, des contributions directes ou indirectes et par l'agent judiciaire du Trésor. Le paiement est subordonné au recouvrement de ce que doivent les parties : les sommes allouées appartiennent au conservateur qui les touche et non à celui qui a rempli la formalité. — Délib. 8 prair. an VIII, [*J. Enreg.*, n. 1232] — Sol. 5 févr. 1870, [*Dict. des droits d'enreg.*, n. 274] — De France de Tersant, n. 416 — Déc. min. Fin., 17 nov. 1847 : Instr., n. 868; 14 nov. 1848 : Instr., n. 1551; 1er déc. 1837 : Instr., n. 2535; 8 juill. 1884 : Instr., n. 2633.

566. — 5° Pour les inscriptions prises par les établissements publics contre leurs comptables, en vertu de la loi du 5 sept. 1807. Il convient de remarquer, par ailleurs, que ces établissements (hospices...) paient, en principe, comptant, comme les particuliers, les salaires des formalités requises par les intéressants. « Les salaires alloués aux conservateurs répondent à un double but, qui est de les dédommager à la fois des frais occasionnés par l'accomplissement de leurs fonctions et de la responsabilité pécuniaire qu'ils encourent. Il ne serait donc pas équitable, dit une solution de 1893, de faire bénéficier l'hospice, quelque intéressante que puisse être sa situation, d'une immunité qui lui serait accordée au détriment du conservateur ». — Lettre min. Fin., 3 flor. et 4 therm. an XIII, [Instr., n. 316-1°] — Sol. 9 févr. 1893, [*J. des conserv.*, n. 4381]

567. — L'art. 3, § 2, L. 23 oct. 1884, relative aux ventes judiciaires, portant pour toute adjudication d'un prix inférieur à 2,000 fr., réduction d'un quart de tous les émoluments et alloués en taxe aux divers officiers ministériels, est-il applicable aux salaires des conservateurs des hypothèques? Bien que la négative, adoptée dans la pratique de la grande majorité des arrondissements, ait fait l'objet de déclarations répétées dans les discussions et documents parlementaires qui ont précédé le vote de la loi (V. Exp. des motifs des projets de loi des 17 mai 1876 et 14 janv. 1878; Instr. 3 déc. 1884, n. 2704; de France de Tersant,

n. 417, p. 260), elle n'a pas été jusqu'ici sanctionnée par la jurisprudence, qui admet, au contraire, l'affirmative. — Trib. Fontainebleau, 16 juill. 1885, [J. Enreg., n. 22763; J. not., n. 23820; Rev. du not., n. 7563; Rev. hyp., n. 52] — Trib. Lille, 31 mars 1887, [J. des conserv., art. 3862; J. Enreg., n. 23038; Rev. hyp., n. 210; J. not., n. 24177; Rev. du not., n. 7784] — Trib. Doullens, 23 nov. 1887, [J. Enreg., n. 23177; J. des conserv., art. 3925; Rev. hyp., n. 437]

568. — Enfin, on sait également que les différents services publics sont autorisés à réclamer des renseignements fournis sous forme de simple note et pour lesquels ils ne paient aucun salaire. On ne saurait se dissimuler qu'en ce qui concerne notamment les renseignements réclamés, presque annuellement, sur leurs très-nombreux débiteurs par les administrations des contributions indirectes et des douanes, la doctrine administrative est assez défectueuse; il est juste, néanmoins, de reconnaître encore qu'elle exempte les conservateurs de toute responsabilité à l'occasion de ces renseignements, et décide, d'autre part, que les services qui les ont obtenus ne peuvent utilement les produire tels quels, en justice et doivent, au contraire, en cas de procès ou de production à un ordre, lever un état régulier et en acquitter les frais (Sol. 3 févr. 1860). — Garnier, n. 797-4°; de France de Tersant, n. 418, p. 270.

569. — Garnier, critiquant l'insuffisance du tarif et l'interprétation restrictive que l'administration en fait, signale (n. 792, in fine), la tendance à empêcher les conservateurs de soumettre les questions litigieuses aux magistrats, seuls juges légitimes des difficultés qui s'élèvent entre les fonctionnaires et les parties. — V. aussi *Dict. dr. d'enreg.*, n. 269; *J. des conserv.*, art. 3151, § 1. — Il convient cependant de rappeler la lettre adressée au gouverneur général de l'Algérie par M. le directeur général Boulanger. Celui-ci y affirmait que, dans toutes les difficultés relatives aux salaires et toutes les fois qu'une question douteuse quant à l'interprétation du tarif, « l'administration n'a pas qualité pour rendre » des solutions juridiquement opposables aux conservateurs; que la perception des salaires, comme toutes les questions qui touchent à la responsabilité de ces agents, est du ressort de la juridiction civile; qu'il appartient aux intéressés de faire résoudre ces questions par les tribunaux » (Lettre du 26 janv. 1884; note au ministre du 24 du même mois; lettre du 25 févr. 1884; note au ministre des Finances du 5 janv. 1882; décision ministérielle du 27 avr. 1882 : *J. des conserv.*, art. 3450).

570. — La jurisprudence réserve dans un grand nombre de cas à la juridiction administrative la connaissance des actions tendant à faire déclarer l'Etat débiteur, notamment en ce qui touche les demandes en responsabilité. — V. Trib. confl., 8 févr. 1873, Blanco et Dugave, [S. 73.2.153, P. adm. chr., D. 73.3.17] — Néanmoins, elle reconnaît que l'autorité judiciaire est seule compétente pour statuer sur la demande d'un conservateur des hypothèques en paiement de salaires, alors même que cette demande serait dirigée contre l'Etat; il y aurait lieu seulement, en certains cas, semble-t-il, de surseoir à statuer au fond jusqu'à ce que l'autorité administrative eût déterminé le sens des actes administratifs dont l'interprétation paraîtrait nécessaire. — Cons. d'Et., 2 août 1878, Michel, [S. 80.2.122, P. adm. chr., D. 79.3.9] — V. aussi Trib. confl., 23 mai 1851, Lapeyre, [S. 51.2.664, P. adm. chr., D. 51. 3.51]

571. — D'autre part, il semble, à l'heure actuelle, définitivement admis que la compétence de la demande est déterminée par le chiffre des salaires contestés; il n'y a point lieu de s'arrêter à cette considération que la perception du salaire se lie à la question de responsabilité, qui est indéterminée. L'incompétence du tribunal civil à connaître d'une demande de 200 fr. et au-dessous est d'ordre public; elle devrait même, le cas échéant et à ce titre, en l'absence même de conclusions formelles des parties, être prononcée d'office par la cour en appel. C'est donc le juge de paix qui se trouve le plus souvent, en semblable matière, juge au premier degré. — Cass., 5 nov. 1889, Simian, [S. 91.1.518, P. 91. 1.1265, D. 90.1.9]; — 11 mars 1891, Coulongne, [D. 91.1.253] — Just. de paix Sens, 22 déc. 1883, [J. Enreg., n. 22276] — Nancy, 21 mai 1887, [J. Enreg., n. 22904] — Just. de paix Lure, 9 janv. 1893 et 17 févr. 1893, Durand et Dispot, [J. Enreg., n. 24232; Rev. hyp., n. 1016; J. des conserv., art. 4363; Garnier, Rép. pér., n. 8109] — Contra, Dijon, 27 déc. 1884, [J. des conserv., art. 1086, 3778] — Just. de paix Nancy, 13 avr. 1886, [J. Enreg., n. 22678]

572. — Dans un arrêt du 19 févr. 1894 (V. suprà, v° *Compét.*

civile et commerciale, n. 172), la chambre des requêtes, répudiant la doctrine sanctionnée par la chambre civile dans son arrêt du 5 nov. 1889, précité, a jugé que les parties pouvaient soumettre au tribunal civil une question rentrant dans la compétence des juges de paix. Ce n'est point ici le lieu d'apprécier cette décision, mais il importait de la signaler, la doctrine contraire ayant prévalu à propos d'une action intentée contre un conservateur des hypothèques.

573. — Il est généralement admis que les états délivrés par les conservateurs ne peuvent être soumis directement à la taxe pour obtenir exécutoire contre les parties; dès lors, si un magistrat, auquel un état de frais est soumis par un officier ministériel, réduisait les sommes déboursées par celui-ci pour les salaires du conservateur, l'action en répétition contre ce dernier ne serait pas recevable sur la seule présentation de l'état taxé. Le juge, en semblable matière, n'a pas à apprécier si les déboursés sont ou non exagérés par rapport au tiers qui en a recueilli le bénéfice, mais uniquement si l'officier ministériel s'est trouvé dans l'obligation de les faire. — Garnier, n. 799-1°; de France de Tersant, n. 421; Chauveau et Godoffre, *Comm. du tarif*, n. 2648 et 2649 (V. *J. Enreg.*, n. 22414). — Contra, Trib. Fontainebleau, 4 déc. 1884, Hardy et Grenot, [J. des conserv., art. 3613; J. Enreg., n. 22400]

574. — Jugé que le notaire rédacteur d'un acte, qui a requis dans l'intérêt d'un de ses clients la délivrance d'états d'inscriptions et d'un état des transcriptions, a qualité pour poursuivre en justice la restitution des salaires qu'il prétend avoir été indûment perçus par le conservateur. Mais, en sens inverse, le syndic de la chambre des notaires ne serait point recevable, faute d'un intérêt personnel et direct à la contestation, à intervenir dans l'instance en restitution des salaires. — Paris, 9 déc. 1859, Lemoult, [S. 60.2.97, P. 60.546] — Rennes, 4 juill. 1865, Le Testu et Foucault, [S. 66.2.109, P. 66.462, D. 65.2.186] — Trib. Cherbourg, sous Caen, 16 mai 1884, Thorel, [S. 85.2.112, P. 85.1. 589, D. 85.2.57] — Orléans, 12 déc. 1884, Vincent, [D. 86.2.110; J. Enreg., n. 22549]

575. — Nous verrons que la loi du 24 mars 1806 a déclaré applicables aux perceptions des droits stipulés au profit du Trésor, aux termes duquel, après deux années à compter du jour de l'enregistrement, il y a prescription pour la demande de droits non perçus sur une disposition particulière dans un acte, ou d'un supplément de perception insuffisamment faite ou d'une fausse évaluation dans une déclaration. Ainsi, les droits d'hypothèque et de transcription non perçus lors de la présentation des actes au bureau du conservateur des hypothèques étant prescrits après deux ans écoulés depuis l'accomplissement de la formalité qui les rendait exigibles, la question s'est posée de savoir s'il en était de même des salaires dus au conservateur pour l'accomplissement de ses fonctions. A priori, on ne concevrait pas que la loi eût fait au conservateur des hypothèques, pour le recouvrement des salaires que la loi l'autorise à percevoir accessoirement aux droits stipulés au profit du Trésor, une situation meilleure qu'au Trésor lui-même pour la perception des droits auxquels donne ouverture l'accomplissement des formalités hypothécaires. Autrement, on arriverait à cette conséquence inadmissible qu'au cas où les droits et salaires n'auraient pas été perçus lors de la formalité au bureau des hypothèques, le Trésor, si l'erreur n'était découverte qu'à l'expiration du délai de deux ans, souffrirait seul de la négligence de son préposé, lequel conservateur intact son droit d'action pour le recouvrement de ses salaires.

576. — D'autre part, il n'est pas exact de prétendre que les termes de la loi du 24 mars 1806 excluent l'application de la prescription de l'art. 61, L. 22 frim. an VII, à l'action en paiement des salaires dus au conservateur. Il nous paraît certain qu'en visant « les droits d'inscriptions et de transcriptions hypothécaires », la loi du 24 mars 1806 a entendu comprendre sous la même dénomination et les droits perçus pour le compte du Trésor et le salaire alloué au conservateur ; les deux chapitres 2 et 3 mentionnés, la loi du 21 vent. an VII, bien loin de s'occuper exclusivement de la perception et de la tarification des droits dus au Trésor contient, dans les mêmes articles, des dispositions afférentes à ces droits et des dispositions relatives aux salaires des conservateurs (V. art. 22, 23, 24, 27).

577. — Aussi la jurisprudence a-t-elle interprété cette loi de

1806 en ce sens qu'elle a soumis à la prescription de l'art. 61 de la loi de frimaire an VII aussi bien les salaires du conservateur que les droits dus au Trésor à raison de l'accomplissement des formalités hypothécaires, et la conséquence en est qu'après deux ans à compter du jour de l'accomplissement de ces formalités, la créance du conservateur en paiement de ces salaires est prescrite. — Besançon, 26 déc. 1888, Michel, [S. 89.2.141, P. 89. 1.840, D. 89.2.227]

578. — Alors même que les salaires sont dus par l'État, à raison d'actes relatifs à des expropriations pour cause d'utilité publique, on ne saurait appliquer au conservateur la maxime : *Contra non valentem agere non currit præscriptio*, et la subordination dans laquelle il se trouve, en sa qualité de fonctionnaire vis-à-vis de l'État, ne saurait être considérée comme créant un obstacle légal à l'exercice de son action et comme ayant pour effet de suspendre à son profit le cours de la prescription pendant le temps qu'il exerce ses fonctions. — Même arrêt. — V. sur le principe, note sous Cass., 28 juin 1870, Cayré, [S. 71.1. 137, P. 71.409]

579. — Aux termes d'une solution du 5 oct. 1893 (*J. Enreg.*, n. 24251; *Rev. enreg.*, n. 586), en cas de changement de titulaire d'une conservation, les salaires afférents aux formalités requises, mais non encore accomplies au moment de la remise du service, doivent être répartis entre le conservateur entrant et le conservateur sortant. Ceux afférents aux formalités, transcriptions, inscriptions, mentions de subrogation..., qui donnent lieu à une inscription immédiate au registre des dépôts et doivent être accomplies, sauf le cas de force majeure, à la date de ce dépôt, appartiennent au conservateur en exercice au moment où ces formalités, qui doivent d'ailleurs être signées par lui et sous sa responsabilité, ont été requises. Ceux afférents, aux radiations, états et certificats qui, ayant été requis avant la remise du service, restent à opérer ou à délivrer à cette époque, appartiennent, au contraire, au conservateur en exercice au moment où s'effectuent les radiations et la délivrance des états, c'est-à-dire au conservateur entrant qui a seul qualité pour préparer et signer, sous sa responsabilité, les pièces à remettre aux parties. Le conservateur entrant, qui se présente au bureau pour prendre le service après l'heure réglementaire d'ouverture et sans être muni de son ordre d'installation, n'a pas droit aux salaires de la journée; ces salaires reviennent exclusivement au conservateur sortant. — De France de Tersant, n. 420. — V. Sol. 30 nov. 1853, [*J. des conserv.*, art. 1069]; — 19 mars 1879, [*J. Enreg.*, n. 21015; *Dict. des dr. d'enreg.*, n. 273; Garnier, *Rép.*, n. 798; *J. des conserv.*, art. 3728]

Section II.

Application du tarif aux divers actes des conservateurs.

580. — Les conservateurs d'hypothèques ont droit à un salaire, soit pour l'accomplissement des formalités hypothécaires nécessaires pour la consolidation ou la publicité des droits réels, soit pour les états ou certificats délivrés pour faire connaître la situation d'une personne d'après les registres dont ils ont la garde.

581. — Nous passerons successivement en revue : 1° le dépôt des pièces; 2° les transcriptions et les inscriptions; 3° les mentions en marge.

§ 1. *Dépôt des pièces à la conservation.*

582. — A la suite de la loi du 5 janv. 1875 qui, pour assurer la conservation indéfinie des registres hypothécaires et pour en faciliter la reconstitution en cas de perte, a prescrit de tenir en double le registre des dépôts, un décret du 28 août 1875, art. 2, a alloué au conservateur 20 cent. à titre de salaire pour l'enregistrement sur les deux registres et pour la reconnaissance des dépôts d'actes ou de bordereaux à transcrire, à mentionner ou à inscrire, conformément aux dispositions de l'art. 1 de ladite loi. Le conservateur avait droit auparavant à 25 cent., alors que l'enregistrement n'était fait que sur un seul registre; en revanche, il supportait les frais d'impression des reconnaissances de dépôt et il ne pouvait percevoir aucun salaire pour les remises des saisies immobilières à transcrire, ni pour celles des actes, expéditions ou extraits contenant subrogation ou cession d'antériorité, toutes remises non mentionnées sur le registre des dépôts avant cette loi de 1875. — V. Rapport de M. Denormandie, [D. 74.4.83, n. 10]

583. — La disposition rapportée ci-dessus a trait à ceux des actes dont l'art. 2200, C. civ., complété par la loi du 5 janv. 1875, a prescrit formellement la mention au registre des dépôts. Elle s'applique également à celles des mentions qui, portées en marge d'inscriptions ou de transcriptions précédentes, ne profitent pas de l'arrêté quotidien des registres de formalités. Une décision du ministre des Finances, du 22 août 1823, a reconnu l'exigibilité du salaire pour l'enregistrement de la demande en révocation de donation. — *J. Enreg.*, n. 8881; *Dictionnaire des droits d'enregistrement*, n. 282; Garnier, n. 806; Baudot, t. I, n. 627. — Le décret du 28 août 1875, art. 2, a étendu cette décision à tous les cas analogues, changements de domicile en vertu de déclarations verbales, et subrogations, renonciation à l'hypothèque légale de la femme..., abrogeant ainsi des dispositions, telles que l'instruction 2051, qui prescrivait de ne pas percevoir le salaire du dépôt pour la mention du jugement de résolution. Au contraire, la mention des actes jadis inscrits sur le registre, aujourd'hui supprimé, des dénonciations de saisies, mentions très-brèves et qui, d'après l'instruction 1651, ne donnaient lieu à aucune taxe au profit soit du Trésor, soit du conservateur, ne donnent lieu aujourd'hui à aucun salaire particulier.

584. — Il est dû un salaire particulier à l'occasion de l'enregistrement sur le registre d'ordre de chacun des actes qui sont expédiés sur une feuille à part, fussent-ils même connexes, comme le cahier des charges et la vente amiable qui s'y réfère, la donation et son acceptation, la saisie et l'exploit de dénonciation. — L'unité de salaire ne serait de droit qu'au cas où les expéditions pouvant être mises l'une à la suite de l'autre, il n'aurait été opéré par le conservateur qu'un seul enregistrement comme d'une pièce unique. — *Dictionnaire des droits d'enregistrement*, n. 281; de France de Tersant, n. 425, p. 276.

§ 2. *Transcriptions et inscriptions.*

585. — Les actes sont déposés au bureau des hypothèques pour être transcrits ou inscrits sur les registres à ce destinés : la formalité donne lieu à un salaire fixé d'après des bases différentes suivant qu'il s'agit de transcription ou d'inscription; la longueur de l'acte, prise en considération lorsqu'il s'agit de la transcrire, est, au contraire, indifférente pour les inscriptions. Le conservateur rend au requérant l'acte transcrit ou le bordereau d'inscription en certifiant la formalité accomplie et en donnant quittance des droits perçus, tant pour le compte du Trésor, soit à titre de salaires. La délivrance de cette quittance inscrite à la suite de l'acte est regardée comme faisant partie de la formalité elle-même et elle ne donne lieu à la perception d'aucun salaire spécial.

586. — Il en est autrement des duplicata de quittances spécialement prévues par l'art. 22, L. 21 vent. an VII, et dont les circulaires 1521 et 1341 ont donné la formule empruntée au registre des recettes et contenant toutes les indications susceptibles d'établir l'identité de la créance. Ces duplicata sur papier timbré (Sol. 7 oct. 1893 : *Rev. enr.*, n. 629; *Rev. hypot.*, n. 1293) donnent lieu à la perception d'un salaire de 0 fr. 25. Ils sont spécialement prévus pour le cas où une même créance doit être inscrite dans plusieurs bureaux. Le droit dû à l'État est acquitté en totalité au premier bureau; il n'est prévé aux autres bureaux que les salaires du conservateur, sur la représentation du duplicata. Les parties ont le droit d'exiger autant de duplicata qu'elles le veulent en avançant le montant du salaire indiqué plus haut. Les conservateurs des autres bureaux gardent ces duplicata qui justifient la gratuité de la formalité. — Sol. 1er févr. 1858; 2 juill. 1861; 5 févr. 1863; 3 mai 1873, *Dict. des dr. d'enreg.*, v° *Duplicata*, n. 17; de France de Tersant, n. 112, p. 40.

587. — La loi de ventôse, en tarifant le duplicata, songeait particulièrement à l'hypothèse la plus ordinaire, celle où le duplicata sont remis immédiatement après paiement des droits dus pour la formalité et en même temps que le bordereau revêtu de la quittance. Mais, le texte étant général et sans réserve, il en faut conclure que tous les duplicata, à quelque moment qu'ils soient délivrés, sont passibles du même salaire. Des décisions des 15 avr. 1859, 3 août 1864 (Géraud, n. 3862-5), et 5 sept. 1882, ont cependant décidé que le duplicata délivré au moment de la formalité ne donnait lieu à aucun salaire. — *Dict. des dr. d'enreg.*, n. 348; Garnier, n. 856; de France de Tersant, n. 482.

588. — A raison du caractère du duplicata, dont tout l'objet est de servir, entre les mains du conservateur du second bureau, à prouver le paiement des droits, il semble qu'il n'en doive pas être délivré aux parties, en dehors du cas spécialement prévu par les art. 22 et 26 (Sol. 19 déc. 1831 : *J. des conserv.*, art. 1677), et qu'en conséquence, le conservateur devrait se refuser, soit à délivrer un duplicata du droit de transcription perçu pour un acte non sujet à la formalité dans un autre bureau, soit à écrire ce duplicata au pied d'un double de l'acte transcrit. Les parties intéressées à avoir la preuve de la transcription d'un acte de mutation déterminé ont à leur disposition le double moyen de requérir, soit l'état des transcriptions énoncé en l'art. 5, L. 23 mars 1855, soit le simple extrait dont la délivrance est possible, certificats taxés au droit de 1 fr. L'Administration consultée a répondu (Sol. 1er mai 1886 : *Rev. hyp.*, n. 121) qu'elle n'avait point à intervenir, à raison de la règle de conduite qu'elle consiste à s'abstenir de prendre des décisions qu'elle n'aurait pas le droit d'imposer. — de France de Tersant, n. 482. — V. aussi Garnier, n. 856-2°; *Dict. des dr. d'enreg.*, n. 345.

1° *Salaires dus aux conservateurs pour les transcriptions.*

589. — Le décret du 21 sept. 1810 (tarif n. 7 et 11) avait fixé uniformément à 1 fr. par rôle le salaire des conservateurs pour la transcription, soit d'un acte de mutation, soit d'une saisie. L'ordonnance du 1er mai 1816 obligea les conservateurs à porter en recette, pour le compte du Trésor, la moitié des salaires perçus à l'occasion de la transcription des actes de mutation. Un décret du 24 nov. 1855 abrogea cette disposition, mais réduisit à 50 cent. par rôle les salaires. Le tarif de 1810, soit 1 fr. par rôle, était resté en vigueur pour les transcriptions de saisies. Un décret du 9 juin 1866 établit un taux uniforme de 50 cent. par rôle pour toutes les transcriptions. — Instr. gén., n. 2053, 2333, [*J. Enreg.*, n. 16170]

590. — La réduction ainsi opérée par le décret du 9 juin 1866 est vivement critiquée, soit par Garnier (n. 844, p. 1035), soit par les rédacteurs du *Dict. de l'enreg.* (n. 337, p. 603) : « Outre le travail de copie où les erreurs peuvent avoir d'ailleurs une portée considérable, il y a le travail difficile, dangereux et délicat de la recherche aux tables alphabétiques et du report au répertoire... Enfin, la diminution a été telle que toute le bénéfice a disparu et qu'il n'est plus resté aux conservateurs que la charge d'avoir à surveiller le travail des copistes, à servir le répertoire et à être responsable du tout... » C'est ainsi que les conservations les moins importantes, celles où le travail des transcriptions prédomine, — ont plus du tiers et parfois la moitié de leurs salaires absorbés par les frais de commis. »

591. — L'Administration belge, dont les agents doivent eux aussi copier textuellement les actes à transcrire, à la suite les uns des autres, sans blanc ni interligne, les autorise à observer les alinéas dans les transcriptions d'actes ou d'expéditions, et décide, pour la perception du salaire, que les lignes renfermant des blancs, nécessités par des alinéas, seront comptées comme entières, pourvu, bien entendu, que les autres lignes contiennent 18 syllabes en moyenne (Circ. Adm. belge, 16 août 1882, n. 967). — L'Administration française, « considérant qu'il est essentiel, l'insuffisance des syllabes occasionnant un préjudice ou au Trésor ou aux parties, que le nombre réglementaire des syllabes soit atteint et ne soit pas dépassé », ne s'oppose pas à ce que la transcription reproduise les titres et les alinéas qui se trouvent dans les expéditions, sauf s'ils étaient trop nombreux; mais la compensation des lignes d'une syllabe à l'autre doit toujours être faite de manière que le nombre des syllabes (30 lignes de 18 syllabes, soit 540 syllabes à la page) soit exactement atteint. — Instr. 10 août 1888, n. 2758; Sol. 2 avr. 1891. — V. *Rev. hyp.*, p. 355, n. 1; Garnier, n. 845, *in fine*.

592. — Le salaire se fractionne à raison de 0,00833 par ligne complète, compensation faite pour les syllabes, entre toutes les lignes de chaque transcription, renvois compris, s'il y échet. Les lignes rayées dans les formalités ne comptent point pour le calcul des salaires; enfin, quant aux tableaux, états, plans, qui peuvent être reproduits sur le registre dans la forme où ils se présentent sur la pièce transcrite, il n'y a point lieu de tenir compte de l'espace employé pour cette reproduction dans le calcul de la moyenne, par page, des syllabes qu'elle peut contenir. — Instr. 530-4, 2333, 2721-181, 2758. — Sol. 18 févr. 1860, Géraud, n. 3830; — 2 avr. 1891, Garnier, n. 845; — 27 mars 1860, Meurthe, [*J. des conserv.*, art. 3534] — de France de Tersant, n. 471, p. 329.

593. — Un décret du 24 juin 1808 (Instr., n. 413), relatif aux majorats, avait fixé le salaire des conservateurs pour la transcription des lettres patentes portant institution de majorats duchés, de majorats comtés et de majorats baronnies, et une ordonnance du 7 oct. 1818 (Instr., n. 863) a assimilé les marquisats aux comtés et les vicomtés aux baronnies. Les salaires fixés, indépendamment du nombre des rôles des lettres patentes, étaient de 12 fr., 8 fr. et 4 fr., selon qu'il s'agissait de majorats duchés, de majorats comtés et marquisats, ou de majorats baronnies et vicomtés. Le salaire dû pour la transcription des lettres patentes portant érection de majorat l'est également pour la transcription des lettres patentes qui autorisent l'aliénation ou le remploi des propres aliénés. Le conservateur est tenu d'adresser sans salaire au conseil du sceau (remplacé par le conseil d'administration du ministère de la Justice, Décr. 10 janv. 1872) les certificats après transcription. — Av. Cons. d'Et., 13 sept. 1808 : Instr., n. 413.

594. — Il convient de remarquer que, aux termes d'une décision du ministre des Finances en date du 12 juill. 1843 (Instr. adm. enreg., n. 2615), les conservateurs ne peuvent exiger le paiement immédiat de leurs salaires à raison des formalités hypothécaires requises pour les expropriations ou acquisitions concernant l'Etat, les départements ou la confection des chemins vicinaux, lesdits salaires étant payés seulement par trimestre, sur les états transmis par les conservateurs au préfet, par l'entremise du directeur de l'enregistrement. Garnier critique (*op. cit.*, n. 797-2, p. 1021) avec raison ce mode de procéder qui oblige les conservateurs à avancer à la fois les salaires pendant plus de trois mois et les droits de timbre pendant plus d'un an; il signale, en outre, les difficultés de recouvrement des salaires dus par les communes, à raison de la négligence ou du mauvais vouloir de leurs représentants; et il déclare qu' « il eût été bien plus simple et bien plus équitable de ne prescrire la reddition des documents formalisés qu'en échange d'un mandat de paiement. »

595. — Une décision du ministre des Finances, du 24 juill. 1837 (Instr. régie, n. 1342; *J. not.*, n. 9720), portait qu'en matière d'expropriation pour cause d'utilité publique, les conservateurs de hypothèques ne pourraient, dans les seuls cas où le prix des immeubles serait payé par le Trésor public, réclamer aucun salaire, soit pour le dépôt et la transcription des contrats et jugements, soit pour la délivrance des états d'inscription et des certificats négatifs, de même que pour toute autre espèce de renseignements demandés dans l'intérêt de l'Etat. La légalité de cette décision avait été justement critiquée, vu l'effet de la législation, par un avis du comité des finances du Conseil d'Etat, en date du 13 sept. 1839, sous le prétexte que nulle dérogation au décret du 21 sept. 1810 ne résultait, soit de l'art. 58, L. 7 juill. 1833, qui les dispensait les actes faits en vertu de ladite loi que des droits de timbre et d'enregistrement, solution également vraie sous l'empire de l'art. 58, L. 3 mai 1841. — V. Cass., 25 févr. 1846, Cie du chemin de fer de Rouen, [S. 46.1.208, P. 46.1.260, D. 46.1.119] — Crépon, *Code ann. de l'exprop.*, sur l'art. 58, n. 27; — ... soit de l'art. 20, L. 21 mai 1836, qui se borne également à réduire au droit fixe de 1 fr. les actes ayant pour objet la construction, l'entretien et la réparation des chemins vicinaux. — Trib. Seine, 26 août 1864, [*J. Enreg.*, n. 18320; Garnier, *Rép. pér.*, n. 2070] — Cons. d'Et., 14 févr. 1842, Hochon, [S. 42.2.277, P. adm. chr.] — V. *Dict. des dr. d'enreg.*, v° *Expropriat.*, n. 126; *J. Enreg.*, n. 19978, 20175, 20224.

596. — Néanmoins, le ministre des Finances, par de nouvelles décisions, en date des 16 nov. 1842 (Instr., n. 1542; *J. not.*, n. 9720) et 13 nov. 1849 (Instr., n. 1840; *J. not.*, n. 13900; Garnier, *Rép. pér.*, n. 8101), maintenant l'interprétation donnée par la décision du 24 juill. 1837, et les conservateurs continuaient à ne percevoir aucun salaire à raison des actes de leurs fonctions relatifs aux expropriations entreprises pour le compte de l'Etat. Ce n'est qu'en 1879, que le ministre, rapportant ses précédentes décisions, a autorisé la perception des salaires (Déc. min. Fin., 14 nov. 1879). L'opportunité de cette mesure fut reconnue par la Chambre des députés qui, dans sa séance du 13 juill. 1880, refusa de prendre en considération un amendement tendant à rejeter du budget des dépenses les sommes portées pour payer les salaires des conservateurs d'hypothèques à la charge de l'Etat par suite d'expropriation pour utilité publique (*J. off.*, 13 juill., Déb. parlem., p. 8048-8050). — V. Trib. Fontainebleau, 4 déc. 1884, Hardy et Grenot, [*J. Enreg.*, n. 22400]

597. — Aujourd'hui donc, le point de savoir si le ministre des Finances, par ses décisions de 1837, 1842 et 1849, donnait ou non à la loi de ventôse an VII une interprétation exacte, ne présente plus d'intérêt pour l'avenir; mais la question s'est tout aussitôt posée de savoir quelle pouvait être la valeur de réclamations formées par les conservateurs qui, s'étant conformés pendant leur exercice aux instructions du ministre des Finances, ont prétendu réclamer le remboursement des sommes dont ils avaient été privés par l'application de ces instructions. Le Conseil d'Etat avait été saisi déjà de la difficulté; il se déclara incompétent pour statuer sur le refus du ministre des Finances à reconnaître à un conservateur un droit à des salaires à raison des formalités nécessitées par des expropriations pour cause d'utilité publique poursuivies directement au nom de l'Etat. Il convient à ce sujet de remarquer que, sous l'ancienne jurisprudence, les salaires étaient dus si les terrains étaient acquis, non point directement par l'Etat, mais bien, par exemple, au nom d'une commune ou d'une compagnie concessionnaire (Sol. 25 mars 1875, *J. Enreg.*, n. 19970; Lett. dir. gén., 23 août 1876, *J. Enreg.*, n. 20224), qui devaient en payer le prix et conserver la propriété, l'usufruit seul étant abandonné à l'Etat. — Cons. d'Et., 2 août 1878, Michel, [S. 80.2.122, P. adm. chr., D. 79.3.9]

598. — L'autorité judiciaire, dont la compétence fut ainsi affirmée, a décidé que la décision de 1837, n'étant que l'interprétation erronée de la loi, n'était point obligatoire pour les conservateurs, et que son exécution même ne pouvait équivaloir de leur part à une renonciation à leur droit; et, contrairement à ce qu'avait d'abord décidé la cour de Nancy, le 1er août 1885, [S. 87.2.33, P. 87.1.213], — la Cour de cassation a autorisé le conservateur à percevoir les salaires sur les actes relatifs aux expropriations intéressant l'Etat et à réclamer la restitution des salaires dont il avait été privé par l'application des décisions ministérielles antérieures. — Cass., 28 févr. 1888, Michel et Préfet de la Meuse, [S. 88.1.104, P. 88.1.253, D. 88.1.261]

599. — On sait le rôle important de la transcription en matière de saisie immobilière. Les diverses formalités accomplies par les conservateurs ont été tarifées, au profit des conservateurs, par l'ordonnance du 10 déc. 1841, au taux de 1 fr. Il en est spécialement ainsi du refus de transcrire une saisie immobilière en cas de précédente saisie.

600. — Aux termes de l'instruction générale 530, le salaire des transcriptions de saisies et de dénonciations de saisies se fractionne par ligne, comme le salaire des transcriptions d'actes de mutation.

601. — Le conservateur, auquel il est présenté, à fin de transcription, une seconde saisie plus ample que la première, et qui la transcrirait seulement pour les objets non compris dans la précédente, en indiquant dans son certificat les motifs faisant obstacle à une transcription entière, n'en aurait pas moins droit, d'après certains auteurs, au salaire du refus : le procès-verbal de refus constitue une formalité distincte de la transcription, puisqu'il s'applique à des immeubles différents ; en ce qui concerne ces immeubles, le conservateur a dû se livrer aux mêmes recherches que s'il n'eût rien transcrit ; enfin, il convient de remarquer que, dès qu'il y a refus, qu'il soit partiel ou définitif, le salaire est toujours exigible puisque le tarif ne fait aucune distinction. — Garnier, n. 846; de France de Tersant, n. 473. — *Contra*, Déc. 20 avr. 1827, [*J. Enreg.*, n. 8724]; Garnier, *Rép. pér.*, n. 1915] — Baudot, t. 2, n. 801; *Dict. des droits d'enreg.*, n. 338. — V. aussi Trib. Nogent-le-Rotrou, 16 juill. 1880, [*J. des conserv.*, art. 3349]

602. — Nous avons dit *suprà*, n. 584, qu'un seul salaire était dû quand il n'y avait qu'une seule formalité; au contraire, si plusieurs formalités sont requises il y aura lieu à un égal nombre de salaires. Le conservateur aura donc droit à deux salaires distincts, lorsque l'adjudication a été prononcée à la suite de deux saisies poursuivies en une seule procédure, pour la mention du jugement d'adjudication en marge de chacune d'elles. Au contraire, il n'est dû qu'un seul salaire, lorsque les divers adjudicataires d'immeubles saisis par un seul procès-verbal font mentionner, en marge de la transcription de la saisie, l'expédition complète de l'adjudication : il n'y a, en pareille hypothèse, qu'une seule mention à opérer en marge d'une seule transcription; il en serait autrement si chaque adjudicataire présentait un acte distinct, d'où résulterait la nécessité d'une mention par extrait, qui justifierait la perception d'un salaire distinct pour chacune, à moins que la première n'ayant été complète, ne rende les autres inutiles. — *Journ. de l'Enreg.*, n. 15402, 3 et 4.

2° *Salaires dus pour les inscriptions.*

603. — Le tarif de 1810 a donné aux conservateurs un salaire de 1 fr. par chaque inscription de privilège ou d'hypothèque; il n'a tenu aucun compte de la longueur des bordereaux ou du nombre des créanciers, si la formalité est requise par le même bordereau : bien que chaque créancier ait un droit hypothécaire distinct, susceptible d'être exercé isolément, on doit s'attacher à la communauté du titre et du gage et admettre que ces circonstances suffisent pour autoriser l'unité d'inscription; c'est l'application des principes énoncés *suprà*, n. 584, sur l'unité des salaires (de France de Tersant, n. 426). En conséquence, l'inscription prise par un seul créancier pour sûreté de plusieurs créances distinctes contre un même débiteur ne donne droit qu'à un salaire unique. Les comptes étant individuels, un seul compte sera chargé de l'inscription et le principe est : autant de salaires que de formalités. — Déc. min. Fin., 12 janv. 1813, [*J. Enreg.*, n. 4539] — de France de Tersant, n. 428, p. 277.

604. — Application du tarif de 1810, n. 2, a été faite au cas où des créanciers dont les droits sont distincts ont néanmoins reçu, par le même acte et sur les mêmes immeubles, une hypothèque commune, dont ils réclament l'inscription au moyen d'un seul bordereau rédigé en double minute : il n'existe, en effet, alors qu'un droit hypothécaire unique reposant sur le même immeuble. — Inst. adm. enreg., n. 2758, 10 août 1888, [D. 88.5.123] — Sol. 30 avr. 1856, [*J. Enreg.*, n. 20191]; — 21 sept. 1857, 20 juill. 1859, 27 févr. 1860, 14 avr. 1864, 3 févr. et 14 avr. 1866. — Cass., 17 déc. 1843, de Saint-Mauris, [S. 46.1.186, P. 46.1.50, D. 46.1.42] — Trib. Senlis, 25 mai 1852, [*J. Enreg.*, n. 15453; Garnier, *Rép. pér.*, n. 8709; *Contr.*, n. 9648] — Trib. Bar-sur-Aube, 1er juin 1876, Leuret, [*J. Enreg.*, n. 20374; *J. des conserv.*, art. 3075] — Geraud, *Dict. de compt.*, n. 3824.

605. — Par application des mêmes principes, il a été décidé que l'inscription, collective et non individuelle, prise sur les biens du failli par les syndics de la faillite, au nom de la masse des créanciers, donne lieu simplement à la perception d'un salaire de 1 fr. — Inst. adm. enreg., n. 409, [*J. Enreg.*, n. 5723] — *Dict. des droits d'enreg.*, 294; de France de Tersant, n. 426 *in fine*.

606. — On s'est demandé si les décisions que nous venons d'indiquer n'étaient pas applicables uniquement à l'hypothèque d'une créance commune, et si, au cas d'un bordereau unique produit à fin d'inscription en faveur de plusieurs créanciers, dont l'un, non communiste, avait un droit hypothécaire particulier, le conservateur ne pouvait pas exiger autant de bordereaux en double qu'il y a de créances distinctes établies dans le même acte, et opérer, par suite, autant d'inscriptions en ayant droit à un nombre égal de salaires. — V. Cass., 17 déc. 1845, précité.

607. — On a fait observer, avec raison à notre avis, que l'arrêt de la Cour de cassation du 17 déc. 1843, le premier rendu sur ce point, a décidé simplement que la loi du 21 vent. an VII et le décret de 1810 n'ont aucunement trait à la détermination du nombre des bordereaux, mais règlent uniquement le salaire du conservateur, fixé à 1 fr. pour chaque inscription, indépendamment du nombre des créanciers dans l'intérêt desquels elle est formulée; il n'a donc nullement tranché la question et semble même avoir admis, avec l'arrêt attaqué, un salaire particulier pour chaque créance distincte. Il semble, en effet, que lorsqu'un débiteur emprunte par le même acte à des créanciers distincts des sommes distinctes et leur confère une hypothèque sur ses biens, cette hypothèque, commune à la vérité, en tant qu'elle assure à tous les créanciers un rang identique, n'en constitue pas moins pour chacun d'eux un droit hypothécaire distinct, que chacun aussi exerce souverainement sans le concours des autres. Enfin, si le décret avait pris pour base de la pluralité des salaires la pluralité des inscriptions, comme le soutient l'administration, au lieu de la pluralité des droits hypothécaires, suivant une opinion préférable, le décret aurait dit « par chaque inscription » et non « par droit hypothécaire ». — V. Delaunay, *Rec. des instruct.*, p. 132; Hervieu, v° *Bordereau d'inscript.*, n. 9; Baudot, *Tr. des formal. hypoth.*, t. 1, n. 356; Troplong, t. 3, n. 694;

J. des conserv., art. 6, 122, 132; Garnier, Rép., n. 807-1°; Dict. des dr. d'enreg., t. 3, n. 287 in fine.

608. — Néanmoins, une instruction de l'enregistrement a admis le motif pris de l'unité de droit hypothécaire, l'unité de formalité et de salaire pour l'inscription prise par des créanciers aux droits distincts, mais qui auraient reçu par le même acte et sur les mêmes immeubles hypothèque commune, dont l'inscription serait ensuite par eux requise, suivant leur droit, au moyen d'un bordereau unique rédigé en double minute. — Instr. adm. enreg., 10 août 1888, n. 2758.

609. — L'inscription unique prise au profit d'un créancier contre plusieurs débiteurs solidaires donne lieu à la perception d'un salaire unique : c'est le cas d'appliquer l'art. 21 de la loi de ventôse, d'après lequel il ne doit être payé qu'un seul droit d'inscription pour chaque créance, quel que soit le nombre des débiteurs hypothécaires, quand il ne s'agit, en l'espèce, que d'une créance unique. — Just. paix Lure, 3 févr. 1893, [Rev. hypoth., n. 1089] — V. aussi Sol. adm. enregistr., 17 mai 1862, [J. Enreg., n. 20343]

610. — Au cas contraire, où une inscription est requise par un même bordereau contre plusieurs débiteurs non solidaires, on ne trouve plus un titre commun, une hypothèque commune, mais, en réalité, autant de stipulations d'hypothèque que de débiteurs non solidaires, autant de droits hypothécaires fournis. L'Administration décide que le conservateur des hypothèques, qui engage sa responsabilité, d'une manière distincte, avec chaque formalité, ne pourrait être contraint à formaliser l'inscription d'une manière collective; mais que, libre de refuser l'inscription collective, il doit, au contraire, exiger pour chaque créance spéciale à transcrire, la production des deux bordereaux énoncés en l'art. 2148, C. civ., l'inscription devant être prise sur chacun des débiteurs et chaque inscription donne lieu, par suite, à la perception d'un droit particulier (Circ. adm. enregistr., n. 1571).

611. — Néanmoins, l'Administration, — se fondant sur ce que le salaire étant un droit de formalité, il suffit qu'il n'y ait qu'une inscription prise pour que le conservateur ne puisse percevoir qu'un salaire, — ajoute que, si, par erreur ou pour toute autre cause, le conservateur, à qui incombe le soin d'exiger un bordereau double par chaque débiteur et de prendre pareil nombre d'inscriptions, s'est contenté d'un seul bordereau en double, il ne doit faire qu'une seule inscription et ne percevoir qu'un seul salaire (Dél. 11 sept. 1860, Déc. min. Fin., 3 oct. 1860; Sol. 22 juin 1877; J. enreg., n. 20498).

612. — En droit, cette solution est peu fondée : il existe autant de droits hypothécaires que de débiteurs non solidaires grevés privativement; d'autre part, si l'on admet que le salaire est non seulement le paiement de la formalité, mais aussi l'indemnité de la responsabilité, qu'il correspond à deux éléments principaux, multiplicité des opérations et multiplicité des causes de responsabilité (Sol. 9 févr. 1893 : Garnier, n. 807-2°, p. 1024), il convient de remarquer que la multiplicité des chefs de responsabilité est encore ici bien plus certaine que pour les créanciers, puisque chaque débiteur a son compte distinct au répertoire. L'effet d'une inscription prise contre plusieurs débiteurs est essentiellement divisible. On ne saurait davantage méconnaître tout le danger du refus de l'inscription collective, procédé indiqué par l'administration. Pour base commun à plusieurs débiteurs, le bordereau peut néanmoins fournir contre chacun d'eux la matière d'une inscription valable, et la décomposition que ferait le conservateur de l'inscription de deux droits hypothécaires distincts pour en faire à formaliser tel qu'un bordereau unique, occasionnerait, en certains cas, des retards qui pourraient aussi donner lieu à l'application de l'art. 2199, C. civ. — Rev. hypoth., n. 247, 1149; Garnier, n. 807; de France de Tersant, n. 431.

613. — Dans le cas d'une obligation solidaire contractée par le mari et la femme, lorsque le créancier a obtenu pour sûreté de sa créance la double garantie d'une hypothèque conventionnelle et de la subrogation dans l'hypothèque légale de la femme, il a été jugé que si la réquisition de l'inscription de ces deux droits hypothécaires est cumulativement formulée dans un seul bordereau en double, le conservateur, dont le rôle, en matière d'inscription, est purement passif, n'est pas admis à décomposer d'office ce bordereau pour extraire les éléments de deux inscriptions, applicable, l'une à l'hypothèque conventionnelle, l'autre à l'hypothèque légale ; dès lors il ne peut percevoir qu'un seul salaire, parce qu'il ne peut prendre qu'une seule inscription, le salaire étant un droit de formalité. Si le conservateur agissait autrement et, se substituant au requérant, formalisait deux inscriptions, la partie qui n'a requis qu'une seule inscription aurait le droit d'obtenir la restitution de l'un des salaires perçus, ainsi que les droits de timbre qu'il aurait payés en trop par la faute de ce fonctionnaire. — Sol. 22 oct. 1857, [J. Enreg., n. 20265] — Délib. 11 sept. 1860, [Dict. dr. d'enreg., v° Hyp., n. 295] — Déc. min. Fin., 23 oct. 1860, [Ibid.] — Sol. 3 nov. 1860, [Ibid.]; — 31 juill. 1867, [Ibid.]; — 15 juin 1887, [J. Enreg., n. 22963] — Instr. gén., 10 août 1888, n. 2758, [J. Enreg., n. 23077] — Lyon, 13 juin 1856, [J. Enreg., n. 16394-3°; J. not., n. 15863; Contr., n. 10870; Garnier, Rép. pér., n. 9627; J. Enreg., n. 16258 et 16295] — Trib. La Flèche, 10 janv. 1889, Selbert, [J. Enreg., n. 23198; J. des conserv., art. 3929; Rev. hyp., n. 409] — Trib. Montreuil-sur-Mer, 6 févr. 1889, Coulongne, [J. des conserv., art. 3929] — de France de Tersant, n. 429, p. 278.

614. — Ces décisions ont surtout de l'importance en ce qu'elles établissent une doctrine contraire à celle qu'une circulaire ministérielle du 7 prair. an VII avait consacrée et qui, jusqu'alors, avait servi de guide aux conservateurs et d'élément à la perception de leurs salaires. Cette circulaire disposait, en effet, que « s'il résultait d'un titre qu'un créancier a hypothèque sur plusieurs individus, ou que plusieurs créanciers ont des créances distinctes sur un débiteur commun, il faudrait alors une inscription particulière pour chaque créancier ou sur chaque débiteur, dès qu'il n'existerait point d'unité de créance ni d'obligation solidaire »; d'où l'on concluait logiquement à la pluralité des droits tant au profit de l'État qu'à celui du conservateur, chaque inscription qu'on n'aurait pas la faculté de réunir en une seule devant son droit particulier.

615. — L'inscription d'office au profit du vendeur d'immeuble est tarifée par le n. 3 du tableau annexé au décret de 1810, au droit de 1 fr., pour toute formalité accomplie en vertu d'un acte translatif de propriété soumis à transcription, alors même que l'inscription serait requise contre des cobligés ou même contre le seul acquéreur de plusieurs lots, s'il est formalisé une seule inscription pour les diverses acquisitions, ou au profit de tous créanciers privilégiés, prêteurs de fonds ou délégataires (Circ. adm., n. 1769; Déc. min. Fin., 19 août 1831 : Instr., n. 1463, § 2). — Baudot, t. 1, n. 1642; Dict. dr. d'enreg., n. 298; Garnier, n. 810; de France de Tersant, n. 432.

616. — Au cas d'adjudication de plusieurs lots immobiliers appartenant à un même vendeur, fait par le même procès-verbal à un même acquéreur, moyennant des prix distincts, le vendeur qui n'a pas été payé jouit, sur chacun des lots, d'un privilège distinct, jusqu'à concurrence du prix afférent à chacun d'eux. Aussi, le conservateur, chargé par la loi, dans l'intérêt des tiers, de résumer avec précision les parties essentielles de l'acte de vente, et de les porter à la connaissance du public au moyen d'inscriptions qu'il prend d'office, ne peut être tenu de grouper, dans la formule d'une inscription unique, les diverses mutations relatives à ces privilèges distincts; c'est pourquoi il est fondé, lors de la transcription de cet acte, à prendre contre l'acquéreur une inscription d'office distincte pour chaque lot, et il a droit à autant de salaires qu'il a réellement pris d'inscriptions. — Cass. 11 mars 1891, Coulongne. [D. 91.1.253] — Contrà, Trib. Montreuil, 6 févr. 1889, Coulongne, précité. — Trib. Dôle, 1er févr. 1889, [J. Enreg., n. 23166; J. des conserv., art. 3926] — V. aussi Cass., 13 avr. 1893, [Rev. enreg., n. 448]

617. — Au cas de vente de divers immeubles par plusieurs vendeurs à un seul acquéreur, moyennant un prix unique sans ventilation, il semble que le conservateur doive prendre plusieurs inscriptions d'office lors de la transcription. Chaque immeuble étant grevé distinctement, il faut que les tiers ne puissent pas le confondre avec les immeubles des autres vendeurs, pour que chacun de ceux-ci puisse ensuite disposer entièrement de son inscription sans le concours des autres. — Contrà, Trib. Bar-sur-Aube, 1er juin 1876, Leuret, [J. Enreg., n. 20374; J. des conserv., art. 3075]

618. — Mais, pour éviter les frais d'inscriptions d'office multiples, certains notaires ont cru pouvoir insérer dans les cahiers des charges de leurs ventes publiques la clause que le privilège sur tous les immeubles indistinctement sera indivisible. On a contesté la légalité de cette clause. Les privilèges ne peuvent, en effet, résulter que de la loi et non de la convention des parties, qui ne peuvent étendre le privilège d'un lot sur un autre lorsque différents lots ont été adjugés ainsi séparément, si

CONSERVATEUR DES HYPOTHÈQUES. — Chap. V.

les immeubles répondent conjointement du paiement de chaque prix, c'est en vertu d'un acte de la volonté des parties. — V. *J. du not.*, 10 avr. 1875; *J. des conserv.*, 1891, art. 4181; 1892, art. 4232 et 4264; de France de Tersant, n. 432 *in fine*.

619. — Un salaire est exigible pour toute inscription dont le but est la conservation de l'hypothèque constituée, ou le renouvellement d'une inscription antérieure, ou la rectification d'une erreur susceptible de vicier de précédentes inscriptions. Il en est ainsi surtout pour des inscriptions rectificatives, alors qu'elles doivent valoir, le cas échéant, comme inscriptions premières et à leurs dates. — V. Sol. adm. enreg., 9 janv. 1874, [D. 75.5.255]

620. — Le conservateur n'a droit à aucun salaire pour le duplicata des bordereaux qu'il est tenu de remettre au procureur de la République et à l'agent judiciaire du Trésor, en ce qui concerne les inscriptions prises contre les comptables par application de la loi du 5 sept. 1807. — Sol. 20 avr. 1827, [*J. Enreg.*, n. 8750; Garnier, *Rép. pér.*, n. 1915] — *Dict. des dr. d'enreg.*, n. 348, p. 605.

621. — De même, le conservateur n'a droit à aucun salaire pour la quittance en double qu'il est tenu, en vertu de l'art. 269 du règlement annexé à l'instruction générale 2535, de délivrer au percepteur lorsqu'il requiert inscription contre les débiteurs d'amendes ou de frais de justice. — *J. des conserv.*, art. 3710; Garnier, n. 857-2°, p. 1039; de France de Tersant, n. 483, p. 340.

622. — Nul salaire n'est exigible à l'occasion des inscriptions prises pour erreur au nom de l'Etat ou contre un comptable ne possédant pas de biens dans l'arrondissement, ou à l'occasion des inscriptions rectificatives opérées par le conservateur lui-même, pour réparer une irrégularité, erreur ou omission de son fait. — Instr. gén., n. 176 et 255; Circ. 2034; Sol. 9 juin 1861. — Baudot, *op. cit.*, t. 2, n. 1811.

§ 3. *Mentions en marge des transcriptions et inscriptions.*

623. — Il convient, en s'occupant des salaires des conservateurs, de faire une place spéciale aux mentions qui ont pour objet de modifier des formalités précédemment accomplies, et qui sont portées sur les registres des formalités, en marge de l'inscription ou de la transcription à laquelle elles se réfèrent. Il y a lieu de distinguer les mentions de résolution, de renonciation par une femme à son hypothèque légale, de subrogation, de radiations et enfin de formalités consécutives à la saisie. Après avoir accompli ces formalités, le conservateur délivre un certificat attestant qu'il a obtempéré à la réquisition qu'il a reçue; la délivrance de ce certificat est regardée comme faisant partie de la formalité, aucun salaire spécial n'est pas exigé de ce chef. On décide même qu'en l'absence de tout texte qui, comme l'art. 4, L. 8 juill. 1865, rende obligatoire la délivrance des quittances, les certificats de dépôt et de radiation des inscriptions sont facultatifs pour les parties, si la délivrance en est obligatoire pour le conservateur, en sorte que les parties sont libres de ne pas le prendre, pour n'avoir pas à payer le timbre, si elles le jugent à propos. Nous avons vu qu'il en est autrement des reconnaissances de dépôts. — Sol. 6 sept. 1863; Instr. gén., 10 août 1888, n. 2758. — Baudot, t. 2, n. 1424 et 1664; Boulanger et de Récy, t. 2, n. 876. — *Contrà*, *J. Enreg.*, n. 11725, § 1.

624. — Les transcriptions et inscriptions peuvent être émargées d'un certain nombre de mentions. Ainsi, en marge de la transcription d'un acte de donation, sera inscrite la demande en révocation pour cause d'ingratitude (C. civ., art. 958); en marge de la transcription d'un acte de mutation, le jugement prononçant nullité, résolution ou révocation (L. 23 mars 1855, art. 4). En marge d'une transcription de saisie, se trouveront mentionnés les sommations aux créanciers inscrits, le jugement d'adjudication et radiation (C. proc. civ., art. 693). Une inscription hypothécaire sera émargée des cessions, subrogations et radiations.

1° *Mentions en marge de transcriptions.*

625. — I. *Mentions de résolution.* — On sait que tout jugement prononçant résolution, nullité ou rescision d'un acte transcrit doit, dans le mois à dater du jour où il a acquis l'autorité de la chose jugée, être mentionné en marge de la transcription faite sur le registre (L. 23 mars 1855, art. 4). La mention fait corps avec la transcription, en sorte que, pour savoir si le titre d'un propriétaire est résolu, il faut demander au conservateur d'examiner la transcription des actes d'acquisition de cet individu et de ses auteurs.

626. — La mention du jugement de résolution en marge de la transcription donne lieu au salaire de 1 fr., au même titre que les mentions prévues aux art. 693, 710 et 748, C. proc. civ. (Instr. n. 1631, 2031). Cette perception au profit du conservateur, comme salaire spécial de la formalité, est absolument indépendante du salaire déclaré, par analogie, exigible pour l'enregistrement au registre des dépôts.

627. — Au cas où les acquéreurs successifs d'un même immeuble ont été mis en cause dans la procédure en rescision, nullité ou rescision, il est nécessaire d'émarger, de manière distincte et séparée, chacune des transcriptions, et chaque émargement donnera de ce chef droit au conservateur de percevoir un salaire particulier; mais il nous paraît que cette solution ne serait plus vraie au cas où le titre du premier acquéreur aurait été seul résolu, l'avoué, chargé de requérir la mention, ne pouvant être tenu de faire émarger des transcriptions concernant des acquéreurs inconnus de lui.

628. — La perception de ce salaire serait également justifiée pour toute mention de résolution volontaire, du retrait de réméré, de la ratification, ou de tout autre acte analogue qui serait faite en marge du registre de transcription. Au cas de retrait de réméré, la mention faite en marge de la transcription de la vente de l'acte de résolution un procédé qui n'est pas prévu par la loi (V. Flandin, n. 118). — Trib. Nantes, 20 mai 1875, Mᵉ Geffriand, [*J. Enreg.*, n. 19863; *J. des conserv.*, art. 3002; Garnier, *Rép. pér.*, n. 4514] — mais que l'administration ne prohibe point aux conservateurs requis d'y procéder. — Sol. 7 févr. 1877, [*J. Enreg.*, n. 20327; *J. des conserv.*, art. 3089]; — 31 mai 1881, [D. 82.3.64; Garnier, *Rép. pér.*, n. 5755] — de France de Tersant, n. 241 et 294.

629. — II. *Mention de la renonciation par la femme à son hypothèque légale.* — La loi du 13 févr. 1889 n'a pas tarifé non plus la mention de renonciation à son hypothèque légale consentie par une femme en faveur de l'acquéreur d'immeubles du mari ou de la communauté. Mais cette renonciation étant, ainsi que nous l'avons dit, équivalente à une mainlevée, la mention qui en est faite en marge de la transcription est elle-même équivalente à une mention de radiation, en sorte qu'il paraît incontestable que le salaire applicable doit être celui de 1 fr. — Il y a, du reste, un précédent pour les mentions de résolution d'un acte transcrit. — Quant au certificat destiné à constater l'accomplissement de cette opération, il est exempt de salaire, selon la règle admise, comme nous le verrons pour le certificat de radiation. — Emion et Herselin, *op. cit.*, n. 36; *Rev. du not.*, n. 8394; *J. des conserv.*, art. 4068; Garnier, n. 862; de France de Tersant, n. 479, p. 334.

630. — III. *Radiation des majorats.* — C'est au moyen de mentions marginales, relatant la décision ministérielle ou le jugement prononçant la libération des immeubles ou l'annulation de l'immobilisation des rentes sur l'Etat ou des actions de la Banque de France, que se fait la radiation des majorats, après l'extinction des droits des appelés. Cette radiation ne donne lieu à aucun droit au profit du Trésor, en tant qu'elle est considérée comme radiation ou mention en marge d'une transcription, motive et justifie la perception par le conservateur du salaire de 1 fr. — V. de France de Tersant, n. 364.

631. — IV. *Mentions en marge d'une saisie transcrite.* — Il est alloué aux conservateurs un salaire de 1 fr. pour la mention en marge du jugement de conversion et du jugement d'adjudication ou du procès-verbal de vente sur conversion. Ce salaire est distinct, dans l'hypothèse de pluralité de saisies, pour la mention effectuée en marge de chacune des transcriptions, comme pour tout extrait d'une même adjudication déposé au bureau du conservateur à fin de transcription; la production d'une expédition entière du jugement n'autoriserait point le fonctionnaire à scinder l'opération pour faire des mentions spéciales à chaque acquéreur. — *J. Enreg.*, n. 15492-2°; n. 15402-3°, et 4°; *J. des conserv.*, art. 1118; *Dict. des dr. d'enreg.*, t. 3, n. 349; Garnier, n. 859-1°; de France de Tersant, n. 486.

632. — Quant à la mention des sommations adressées au saisi, aux créanciers inscrits, à la femme du saisi, et de la notification faite au procureur de la République, en conformité des art. 692, 693, C. proc. civ., il semble qu'indépendamment du nombre des exploits, il doive être perçu par le conservateur à son profit un salaire de 1 fr. L'ordonnance du 19 oct. 1841 ne considère point, quant à la fixation de ce taux, l'unité ou la multiplicité des exploits; néanmoins, il est logique de décider que l'unité de salaire n'est de droit que pour les exploits présentés le même jour. — Instr., n. 1651, 2738; de France de Tersant, n. 487.

633. — En cas de radiations de saisies, les règles sont les mêmes qu'en cas de radiations d'inscriptions : unité de droits pour toutes radiations opérées en vertu d'une décision judiciaire ou du consentement des intéressés par un seul et même acte; pluralité au cas contraire. Il est à remarquer, au surplus, que le conservateur, qui reçoit un salaire pour la radiation de la saisie immobilière n'a droit à aucun autre salaire pour la radiation de la dénonciation et des mentions en marge relatives aux sommations adressées aux créanciers inscrits. — Trib. Fontainebleau, 4 déc. 1884, Hardy et Grenot, [*Dict. des conserv.*, art. 3613; *J. Enreg.*, n. 22400] — V. aussi Délib. 8 nov. 1844, [*J. des conserv.*, art. 40] — Emion, *Rép.*, v° *Salaires*, n. 35; Instr. gén., n. 1751, § 2, n. 3. — Sol. 14 mai et 12 juin 1862. — Géraud, n. 3834-2° : *Dict. des dr. d'enreg.*, n. 350 in fine; Garnier, n. 864; Jalouzet, *J. des conserv.*, art. 3013.

2° Mentions en marge des inscriptions.

634. — I. *Déclaration de changement de domicile ou de subrogation.* — La tarif alloue 50 cent. aux conservateurs pour chaque déclaration requise isolément, même non prévue au tarif, soit de changement de domicile, soit de subrogation, soit de l'une ou de l'autre de ces modifications dans le même acte. Il est à remarquer que sont tarifées à un taux différent les mentions de changement de domicile ou de subrogation et les radiations : aussi bien, nous avons eu l'occasion de faire remarquer que les justifications et l'étendue de la responsabilité ne sont pas identiques dans les deux cas, et que toute subrogation opérée ne donne pas toujours droit à consentir une radiation. — V. Décr. 28 pluv. an IX. — Sol. 30 avr. 1856. — Géraud, n. 3828 : *Dict. des dr. d'enreg.*, n. 302; de France de Tersant, n. 435.

635. — La cession de priorité n'a pas été privativement prévue par le décret de 1810. Néanmoins, en tant qu'elle constitue « une espèce du genre subrogation », une subrogation double, un échange en vertu duquel l'un des créanciers prend la place de l'autre, il y a lieu de décider que le conservateur a droit à deux salaires; le tarif parle simplement de subrogation, ce qui doit s'entendre aussi bien de la subrogation à l'hypothèque que de la subrogation à la créance. — Baudot, t. 1650. — Sol. 24 mars 1860, [*Dict. dr. d'enreg.*, n. 303] — 27 mars 1869, [*Ibid.*, 303] André, n. 1977; Garnier, n. 817; de France de Tersant, n. 437, p. 282. — *Contrà*, Sol. 24 avr. 1864.

636. — Pour la mention unique de subrogation inscrite au profit de plusieurs créanciers non solidaires, mais subrogés par une seule personne en vertu d'un titre unique, l'administration prescrit l'unité de salaire. Elle justifie une pareille solution, en invoquant, par analogie, les règles par elle établies sur l'unité de salaire en matière d'inscription prise au profit de plusieurs créanciers; la vraie raison nous semble être que le texte du décret disant « 50 cent. par chaque déclaration de subrogation », il y a lieu de considérer qu'en l'espèce, il n'y a qu'une déclaration faite émanant du subrogeant, d'où l'on doit conclure à l'exigibilité d'un salaire unique. — Sol. 18 janv. 1854, [*Rev. not.*, n. 789]; — 27 févr. 1860, [*Dict. dr. d'enreg.*, n. 304]; — 3 févr. 1866, et 24 juill. 1874; — 11 mars 1892, [*J. des conserv.*, art. 4310] — de France de Tersant, n. 436.

637. — Le salaire étant exigible par chaque mention, la pluralité des salaires deviendrait, au contraire, applicable, au cas de subrogations différentes avec mentions distinctes au profit de personnes différentes dans l'effet d'une inscription unique : le conservateur fait en ce cas une mention distincte par chaque subrogation et il a droit, pour ce motif, à un salaire spécial par chaque mention opérée. C'est ce qui résulte, de la combinaison de l'art. 2200 nouveau du Code civil qui prescrit de porter au registre des dépôts *chaque acte* susceptible d'être mentionné, et de l'art. 4 du tableau, qui alloue un salaire pour *chaque* déclaration. — V. Sol. 11 mars 1892, [*J. des conserv.*, art. 4311] — Vuarnier, n. 4156; Géraud, n. 3828; Garnier, n. 814; *Dict. des dr. d'enreg.*, n. 300, al. ult.; de France de Tersant, n. 436.

638. — Réciproquement, au cas de pluralité de subrogeants, il y a autant de déclarations de subrogations que de déclarants, et autant de salaires que de subrogeants non solidaires : le conservateur est, en effet, tenu d'un travail et d'une responsabilité multiples, à raison de la double obligation qui lui incombe d'examiner successivement la capacité de chaque subrogeant et de garantir la régularité de chaque consentement. — Garnier, n. 816-2°.

639. — Suivant l'administration, le conservateur, tenu de se renfermer dans les limites tracées par la réquisition, ferait une perception illégale si, requis de « subroger avec certificat », au lieu d'opérer simplement la subrogation et de délivrer un certificat constatant l'accomplissement de cette formalité, il donnait copie intégrale de l'inscription et percevait pour cette copie le salaire de 1 fr. plus celui de 50 cent. pour la mention; ou si, au lieu d'un certificat, il délivrait copie de l'inscription et de ses émargements. — Sol. 12 juin 1862; 16 juin et 11 août 1864; 28 oct. 1874; Géraud, n. 3828-5°. — Garnier (n. 818-2°) critique ces solutions, et enseigne que, pour des réquisitions de délivrer certificat, qui ne sont accompagnées d'aucune indication quant à la forme de la pièce destinée à constater l'accomplissement de la formalité, on doit suivre avec les hommes d'affaires les usages établis et s'il s'agit de requérants inconnus, provoquer des explications.

640. — II. *Radiations.* — La mention en marge la plus importante pour la responsabilité du conservateur est certainement la radiation. La radiation d'inscriptions donne droit à autant de salaires de 1 fr. qu'il est opéré matériellement de mentions de radiation, en sorte qu'il suffit d'une seule radiation s'il n'a été pris, ainsi que cela peut se faire, qu'une seule inscription, alors même qu'elle concernerait un ou plusieurs débiteurs; et si, d'autre part, une mention de radiation en marge de chaque inscription, alors même que plusieurs créanciers ou ayants-droit, fussent-ils cointéressés, se réuniraient pour donner mainlevée d'inscriptions séparées. — *J. Enreg.*, n. 4439; *J. des conserv.*, art. 2486. — Baudot, t. 2, 1665, 1667; Hervieu, v° *Bordereau*, n. 9; *Dict. notar.*, v° *Salaires*, n. 49 et 51; Garnier, n. 825-3°; *Dict. des dr. d'enreg.*, n. 312; Boulanger et de Récy, n. 864; de France de Tersant, n. 441 et 442.

641. — Aux termes de l'instruction générale précitée du 10 août 1888, n. 2758, la radiation d'une inscription et le premier certificat qui est délivré pour attester l'accomplissement de cette formalité ne donnent lieu qu'à la perception d'un salaire unique, surtout si le certificat est demandé sur-le-champ et à titre de pure justification. — V. Trib. Bar-sur-Aube, 1er janv. 1876, [*J. des conserv.*, art. 3076]

642. — Garnier (*op. cit.*, n. 820, in fine) critique l'opinion d'après laquelle le certificat exempt d'un salaire particulier doit se borner à attester le fait de la radiation totale ou partielle, sans détailler les immeubles affranchis et les débiteurs libérés ; il se fonde sur ce que le soin de la responsabilité devant déterminer la limite des renseignements à reproduire, tout certificat incomplet autoriserait les tiers induits en erreur par ses renseignements insuffisants à se retourner contre le conservateur qui l'aurait rédigé. C'est oublier, semble-t-il, le principe de l'effet souverain des termes de la réquisition. — V. *Rev. hyp.*, n. 228 et 236.

643. — D'après Garnier (*op. cit.*, n. 824-1, p. 1028), au cas de production simultanée par un même créancier d'actes distincts et successifs portant mainlevées partielles d'une même inscription et de réquisition de mention collective, le conservateur, tenu à l'occasion de chacune de faire un examen particulier de leur teneur ou de leur substance avant d'opérer une radiation partielle, ne saurait lui faire perdre une circonstance extrinsèque, telle que la manière de requérir inscription par une formule unique. D'après cette théorie, il devrait seulement, en arrivant à la dernière mainlevée, après laquelle les émargements sont complets, énoncer ce fait dans sa radiation qui est ainsi une radiation totale et définitive. — de France de Tersant, n. 441. — *Contrà*, *Dict. du not.*, n. 525; *J. des not.*, n. 2372. — V. aussi Boulanger et de Récy, t. 2, n. 863.

644. — En cas d'ordre, où l'inscription d'office doit être radiée par le conservateur sur la mainlevée des créanciers, justification intégrale du paiement du prix par l'adjudicataire aux créanciers colloqués étant faite par la représentation du bordereau de collocation et de la quittance, il y a lieu à un examen de capacité distinct pour chaque partie, entraînant de multiples opérations de radiation, de nature à justifier l'allocation de salaires multiples. — Garnier, n. 827, p. 1030; de France de Tersant, n. 444, p. 288. — *Contrà*, Boulanger et de Récy, t. 2, n. 869; *J. des conserv.*, art. 1971.

645. — Quant aux inscriptions prises au profit de créanciers non colloqués, le conservateur n'est pas tenu à un examen ou un contrôle, lorsque le juge-commissaire à l'ordre a prescrit la radiation de toutes celles ne venant pas en rang utile. Il a donc droit à un nombre de salaires égal au nombre des radiations matériellement opérées, c'est-à-dire au nombre de celles existant sur les registres, alors même que les inscriptions s'appliqueraient à plusieurs immeubles et que ces immeubles, réunis, à la vérité, dans un même ordre, auraient fait néanmoins l'objet d'adjudications distinctes. — Mêmes auteurs.

646. — Au cas où l'inscription d'office, radiée au profit de certains créanciers, subsiste et continue à produire effet au profit de certains autres, il y a lieu pour le conservateur de réclamer unité de pluralité de salaires, suivant qu'il opère, sur réquisition, une seule mention de radiation englobant toutes les radiations partielles, ou, au cas contraire, plusieurs mentions distinctes; il n'y a point alors radiation définitive de l'inscription, mais uniquement des éléments distincts et séparés, sans aucun lien entre eux, chacun pouvant faire utilement l'objet d'une constatation spéciale. — V. *J. des conserv.*, art. 3512; Garnier, n. 828.

647. — En principe, la radiation d'une inscription renouvelée plusieurs fois s'opérant sur le dernier renouvellement, le conservateur, sauf le cas où il y aurait lieu à plusieurs mentions, n'a droit d'exiger qu'un seul salaire, alors même qu'il émargerait les inscriptions antérieures à la date de cette radiation. Mais la question s'est posée de savoir s'il n'y avait point lieu à la pluralité des salaires, lorsque réquisition était donnée à fin de radiation simultanée d'une inscription prise en renouvellement de l'inscription primitive et de l'inscription renouvelée.

648. — Certains auteurs se décident en faveur de la pluralité des salaires, sous le prétexte que le conservateur n'a point à scruter les motifs de la réquisition, ni à présumer l'inutilité absolue des dernières radiations, en sorte que les parties, par leur manière d'opérer, se sont mises dans le cas d'exiger du conservateur deux opérations, alors qu'une seule aurait suffi, elles ne sauraient se refuser au paiement du double salaire. Ils affirment au surplus, que, si plusieurs inscriptions ont trait à la même garantie, il n'en est pas moins vrai que, nonobstant toutes références, chacune d'elles a une valeur propre et peut être entachée de nullités différentes. L'origine de cette question est commune avec celle qui se pose en matière de délivrance d'états, de savoir si les inscriptions renouvelées doivent ou non être comprises avec les inscriptions invoquées. — Garnier, *op. cit.*, n. 826; de France de Tersant, n. 443.

649. — Cette opinion est généralement, avec raison, repoussée; l'inscription renouvelée et l'inscription prise en renouvellement ne sont point deux inscriptions différentes, et dès lors, il n'y a lieu qu'à unité de salaire. Il nous paraît d'ailleurs que l'inscription prise en renouvellement, pourvu qu'elle énonce qu'elle est prise en renouvellement de l'inscription antérieure, supplée absolument celle-ci et vaut, sauf rétroactivité, comme inscription première; la jurisprudence, au surplus, a décidé que le rang assigné au créancier par l'inscription originaire ne saurait lui être contesté sous le prétexte qu'il ne serait pas fait mention de cette inscription dans celle prise en dernier lieu; les motifs donnés à l'appui de cette solution peuvent, à notre avis, être ici utilement invoqués. — V. Cass., 6 juill. 1884, Pruès-Latour, [S. 82.1.455, P. 82.1.1145, D. 82.1.348] — Sol. 14 mai 1862. — Baudot, t. 1, n. 828; Vuarnier, n. 4156; Géraud, n. 3829; *Dict. des dr. d'enreg.*, n. 310; Boulanger et de Récy, t. 2, n. 871; André, t. 1, n. 981.

§ 4. *Salaires des conservateurs à l'occasion de la délivrance des certificats.*

650. — Nous avons rappelé bien souvent le droit reconnu à chacun d'exiger du conservateur communication du contenu de ses registres pour s'éclairer sur l'intégrité du droit de propriété d'un tiers et, par l'examen des titres des propriétaires antérieurs, sur la validité des mutations et la libération des immeubles.

Requis de délivrer un état, soit des transcriptions, soit des inscriptions, le conservateur, après vérification, délivrera tantôt un certificat négatif, tantôt une copie des inscriptions ou des transcriptions. Le certificat négatif, nous le rappelons, donne lieu à 1 fr. de salaire, l'état des inscriptions à 1 fr. par inscription, la copie collationnée des transcriptions ou des actes déposés à 1 fr. par rôle. Le tarif a prévu également la délivrance de duplicata de quittances moyennant 25 cent.

651. — Le conservateur a droit à un nombre de salaires dépendant du nombre des formalités exigées pour obtempérer aux réquisitions qui lui sont adressées. Il importe donc de rechercher avant tout ce que les requérants ont demandé. Nous nous préoccuperons d'abord des certificats négatifs, puis des états de transcriptions, enfin des états d'inscriptions.

1° *Certificats négatifs.*

652. — Est passible au profit du conservateur d'un double droit, comme comportant une certification à deux dates distinctes, l'état négatif des transcriptions de donations et substitutions, à toute date, et celui des transcriptions d'actes de mutation et autres spécifiés par la loi du 23 mars 1855, depuis le 1er janv. 1856. — Garnier, n. 848; de France de Tersant, n. 474.

653. — D'après le n. 8 du tableau annexé au décret de 1810, il est attribué aux conservateurs, à titre de salaire, 1 fr. pour chaque certificat de non-transcription d'acte de mutation; la pluralité des salaires est exigible, lorsque les recherches sont demandées sous le nom de plusieurs particuliers. Ainsi, pour un certificat de non-transcription sur une vente d'immeuble consentie par plusieurs individus, le conservateur a droit à autant de salaires de 1 fr. qu'il y a de vendeurs; ce certificat négatif étant nécessairement individuel, il y a, en réalité, autant de certificats que d'individus qui en sont l'objet. — Sol. 11 juin 1809; Déc. min. Fin., 25 juin 1811 : Instr. gén., n. 530. — V. aussi Instr. gén., n. 547 et 1654; Déc. min. Fin., 9 mars 1859 : Instr. gén., n. 2456, § 1; Baudot, t. 2, n. 1779.

654. — Nous avons montré comment la transcription de saisie a un caractère très-différent de la transcription des mutations; dès lors, un tiers intéressé à connaître la situation hypothécaire d'un immeuble, s'il se bornait à requérir l'état des transcriptions existantes sur le registre des mutations s'exposerait à recevoir du conservateur un état incomplet, qui ne lui apprendrait pas que l'immeuble au sujet duquel il prend des renseignements est libre ou grevé d'une saisie. De là, des réquisitions de certificat négatif de transcriptions de saisies qui se produisent, en pratique, concurremment avec la réquisition d'un certificat de non-transcriptions, ou avec la réquisition d'un certificat de non-transcription d'actes de mutation; d'où la question de savoir si cette formalité concomitante, mais, d'après nous, distincte, indépendante, donne ou non lieu à la perception d'un salaire au profit du conservateur, qui délivre le certificat à ses risques et périls.

655. — Par cette raison que, dans la pensée des auteurs du décret de 1810, les saisies étaient comprises dans la catégorie générale des actes de mutation, il a été jugé que la délivrance par le conservateur des hypothèques, d'un certificat de non-transcription de saisie, concurremment avec un certificat de non-transcription d'actes de mutation, ne donne ouverture, au profit du conservateur, à la perception d'aucun salaire particulier et distinct. — Sol. 9 juin 1870 : *Dict. des dr. d'enreg.*, n. 341, p. 604. — Caen, 16 mai 1884, Thorel, [S. 85.2.113, P. 85.1.589, D. 85.2.57] — Trib. Nancy, 22 nov. 1886, Viard et Simian, [*J. Enreg.*, n. 22803 ; *Rev. hyp.*, n. 55] — Nancy, 21 mai 1887, Même aff., [*J. Enreg.*, n. 23336; *J. des conserv.*, art. 3778; *Rev. hyp.*, n. 155] — *Sic*, Boulanger et de Récy, t. 2, n. 882.

656. — Cependant il est impossible d'admettre que le salaire de 1 fr. alloué pour le certificat de non-transcription d'actes de mutation comprenne à la fois la rémunération due au conservateur pour l'attestation relative aux non-transcriptions d'actes de mutation et la rémunération due pour l'attestation relative aux non-transcriptions de saisies : le décret de 1810 (n. 7 et 11, cpr.), tarife distinctement et séparément la transcription des actes de mutation et celle des procès-verbaux de saisies; de même, c'est avec une signification restreinte et limitée que les expressions « actes de mutation » sont employées dans l'ordonnance du 1er mai 1816 et dans le décret du 24 nov. 1835. Les mêmes observations de terminologie pourraient être faites sur le décret du 9 juin 1866 et la loi du 5 janv. 1875. Les auteurs et la décision du ministre des Finances en date du 27 avr. 1882, dont nous avons eu déjà l'occasion de parler, admettent également qu'il était impossible de prévoir à l'avance les formes variées que pourraient affecter, au fur et à mesure des besoins de la pratique, les réquisitions des parties. Toute objection tirée, enfin, de ce qu'en matière fiscale toute perception doit être justifiée par une disposition expresse de loi, en sorte que le décret du 21 sept. 1810, en n'attribuant aucun émolument aux certificats négatifs de transcription de saisies, a, par suite, exclu virtuellement toute perception de ce chef, reposerait sur une appréciation erronée du caractère des salaires attribués aux conservateurs pour rémunération des actes de leurs fonctions : c'est un honoraire analogue à ceux des officiers ministériels. En résumé, il nous paraît juste de soutenir, contrairement à ce qui a été jugé par les cours de Caen et de Nancy, que la transcription des saisies et la transcription des actes de mutation sont deux formalités de nature différente, et que la délivrance d'un certificat de non-transcription de saisie donne ouverture à la perception d'un salaire distinct et séparé, alors même que ce certificat a été délivré par le conservateur concurremment avec un certificat négatif d'actes de mutation. — Just. de paix de Nancy, 10 mars 1891, Consorts Clouqueur, [*J. Enreg.*, n. 23684; *Rev. hyp.*, n 780; *J. des conserv.*, art. 4192] — Trib. Nancy, 14 déc. 1891, [*J. Enreg.*, n. 23762; *Rev. hyp.*, n. 913; *J. des conserv.*, n. 4234] — Sic, Garnier, n. 830, p. 1036; *Dict. des dr. d'enreg.*, t. 3, n. 341 *in fine*; *J. Enreg.*, 1884, p. 220 et s., 441 et s.; *Rev. hyp.*, n. 913. — V. aussi Boulanger et de Récy, t. 2, n. 882; Mourlon, *Tr. de la transcript.*, t. 1, n. 379; Verdier, *Transcript. hyp.*, t. 2, n. 503. — Desjardins, Concl. sous Cass., 5 nov. 1889, Simian, [S. 91.1.517, P. 91.1.1265, D. 90.1.9] — de France de Tersant, n. 478-4°; *J. des conserv.*, art. 4020.

657. — Des notions déjà données, il résulte que le conservateur a droit à quatre salaires de 1 fr. lorsqu'il certifie qu'il n'existe sur ses registres ni inscriptions, ni transcriptions d'actes de mutation, ni transcriptions de saisies, ni mentions de résolutions; dans un même certificat négatif, il délivre en réalité quatre certificats, et pour chacun d'eux, il engage sa responsabilité de manière distincte et spéciale.

2° *Certificats de transcription.*

658. — Lorsqu'une transcription est au compte de celui sur lequel le requérant demande au conservateur de certifier, celui-ci donne une copie de l'acte transcrit; et le décret de 1810 fixe, en son n. 9, pour les copies collationnées des actes transcrits, 1 fr. par rôle de 25 lignes à la page et de 18 syllabes à la ligne. Ce salaire n'a point été modifié par le décret du 9 juin 1866. Il convient de remarquer que, pour tout rôle incomplet, le salaire, d'après la règle invariablement suivie par ordre de l'administration, est de 2 cent. par ligne; il y a même juste motif de s'étonner de ce fractionnement imposé aux conservateurs, alors que, d'une part, tous les officiers publics ont droit de tenir le rôle commencé pour entier et que, d'autre part, le tarif des conservateurs, comme celui de tous les officiers publics, est fixé par rôle et non par ligne. — V. Garnier, n. 854-4°, *in fine*.

659. — Le conservateur a droit au salaire de 1 fr. par rôle, pour la copie qu'il donne, sur réquisition des mentions mises en marge des actes de mutation transcrits qui font partie de la transcription et à ce titre doivent être expédiées à la suite. — Deux Sol. 11 juin 1862, Oise et Saône-et-Loire. — de France de Tersant, n. 476.

660. — Pour les copies collationnées de pièces déposées à l'appui des formalités hypothécaires, qui peuvent réclamer toutes personnes en vertu du droit que chacun a de s'assurer de la situation hypothécaire de toute personne et de contrôler les opérations du conservateur qui peuvent influer sur cette situation et la modifier, les conservateurs sont autorisés à percevoir le salaire exigé pour les autres copies collationnées, celui de 1 fr. par rôle contenant 25 lignes à la page et 18 syllabes à la ligne. — Sol. 18 nov. 1865; Déc. min. Fin., 10 févr. 1867. — de France de Tersant, n. 481.

661. — Nous avons déjà dit qu'on principe, les conservateurs ne doivent délivrer autre chose que la copie des actes transcrits et des inscriptions, ou un certificat constatant qu'il n'en existe pas; mais quand le requérant se contente d'extraits sommaires et n'exige pas une copie littérale, il y a lieu, ce semble, de se conformer à sa demande; cette manière de voir est autorisée par la discussion qui eut lieu à la séance du 13 janv. 1855.

662. — L'Administration, après avoir prohibé les extraits, les a permis pour la transcription d'actes de mutation, toutes les fois que les conservateurs en étaient requis formellement et expressément et qu'ils n'y voyaient aucun inconvénient au point de vue de leur responsabilité, à condition que les extraits fussent littéraux; mais, elle a maintenu, pour un motif demeuré inexplicable et incompréhensible, l'interdiction pour les transcriptions de saisies. — Pont, t. 1, n. 269 et s.; Laurent, t. 31, n. 582; Martou, t. 4, n. 1598; de France de Tersant, n. 475. — Sol. 30 avr. 1865, [Instr. gén., n. 649]; — 30 juin 1863; — 10 sept. 1866; — 28 oct. 1875. — En Belgique, la loi nouvelle, art. 126, § 1, consacre formellement le droit des tiers quant à la transcription. Dans la pratique, les conservateurs délivrent des extraits sommaires des saisies et des actes transcrits, à raison de 1 fr. pour chaque extrait.

663. — L'art. 5, L. 23 mars 1855, prescrivant la délivrance de l'état général ou spécial des transcriptions et des *mentions de résolution*, il s'ensuit que les parties peuvent obtenir isolément copie des mentions de cette nature ou certificat qu'il n'en a pas été fait. Si la mention de résolution était délivrée avec la copie de l'acte d'acquisition résolu, elle ne donnerait lieu à aucun salaire indépendamment de celui de la copie; au cas contraire, elle motive et justifie la perception d'un droit de 1 fr. par rôle de copie, ou de 1 fr. fixe, si le conservateur énonce seulement en un extrait analytique les date, volume et numéro de la mention opérée.

664. — Aucun texte officiel n'a prévu les certificats de non-mention requis isolément. L'Administration, sous le prétexte que le certificat de non-transcription fournissait par lui-même la preuve qu'il n'existe pas de mention, en avait conclu que la délivrance de pareils états ne devait donner lieu à aucun salaire. Il était exact de dire que, si un propriétaire n'a pas consenti sur son immeuble des actes de nature à être transcrits, il ne peut y avoir de résolution de semblables contrats; mais de ce fait, il ne résulte pas le moins du monde la preuve de la non-résolution du titre d'acquisition lui-même. La régie reconnaît, à l'heure actuelle, la légitimité d'une perception opérée de ce chef : et Garnier (n. 851) affirme que ce salaire est « généralement perçu : à Paris et dans certaines conservations de provinces, pour chaque titre certifié non résolu; ailleurs, suivant le nombre d'individus ». — V. Sol. 22 août 1870, [*J. Enreg.*, n. 19970]; — 25 mars 1875, [*J. des conserv.*, art. 2992]; — 22 févr. 1876, [*J. Enreg.*, n. 19969] — Déc. min. Fin., 10 sept. 1888, [*Rev. hyp.*, n. 351] — Sol. 12 avr. 1889, [*Rev. hyp.*, n. 451] — *Dict. des dr. d'enreg.*, n. 341; de France de Tersant, n. 479.

665. — On a hésité, en effet, sur le point de savoir s'il fallait calculer le salaire d'après le nombre des actes résolubles ou d'après celui des individus désignés. M. de France de Tersant (*loc. cit.*) accorde ses préférences au second système : « Si l'un des titres fut omis dans la réquisition, qu'il n'ait pas été transcrit ou, ce qui revient au même au point de vue de la recherche, qu'une erreur se soit glissée dans l'énonciation relative à la transcription, le préposé sera dans l'obligation de relever au compte de chaque individu les transcriptions d'acquisitions ou de jugements de résolution ». Il convient, d'ailleurs, de remarquer que, pour avoir une réelle utilité, le certificat doit se rapporter non à un fait, l'émargement d'une transcription éventuellement faite par une mention de résolution, mais à telle ou telle personne pour déterminer que les droits de cette personne n'ont point été anéantis par un acte transcrit.

666. — Lorsque le certificat de non-mention de résolution, est, au contraire, joint à un certificat constatant l'absence de toute transcription, soit d'acte de mutation, soit d'acte désigné dans les art. 1 et 2 de la loi de mars 1855, le premier ne donne lieu à aucun salaire spécial, et il n'est dû qu'un seul salaire pour le certificat négatif délivré sur la réquisition unique. — Sol. 29 mai et 6 juin 1873, [*J. Enreg.*, n. 19969] — Trib. Fontainebleau, 4 déc. 1884, Grenot, [S. 86.2.22, P. 86.1.224]

667. — Ces décisions sont critiquables. Peu importe, au point de vue de l'exigibilité des salaires, le moment des réquisitions. Les deux opérations requises du conservateur sont distinctes l'une de l'autre, soit quant aux recherches qu'elles nécessitent, soit quant à la responsabilité particulière à laquelle elles donnent naissance. Lorsqu'on demande à un conservateur un état des transcriptions du chef de tel ou tel propriétaire, son devoir consiste uniquement à examiner les actes de dépossession non mentionnés en l'origine de propriété, et ceux-là seuls; lorsqu'il est requis, en outre, de certifier sur les mentions de résolution éventuelle, il doit examiner les actes constatant les acquisitions faites par ces propriétaires, et énoncées au contrat sur lequel il certifie, s'assurer que nul de ces actes ne se trouve émargé d'une mention de résolution, et vérifier s'il n'existe sur ses registres aucun jugement de résolution. L'examen fait en ce cas est singulièrement plus complexe que celui fait dans le premier dont il est indépendant et tout à fait distinct. En résumé, le certificat de non-mention de résolution est passible d'un salaire spécial, dont le conservateur ne saurait être privé par cette circonstance que deux certificats auront été requis de lui et délivrés par lui d'une manière simultanée. — V. Garnier, n. 852; *J. Enreg.*, n. 22414; de France de Tersant, n. 479.

3° *Des états d'inscription.*

668. — Le conservateur qui délivre un état d'inscriptions a droit à un salaire de 1 fr. pour chaque inscription qui y figure. De même, lorsqu'une personne réclame du conservateur un certificat destiné à la renseigner sur l'existence ou la disparition actuelle d'une inscription déterminée (V. *suprà*, n. 275), ce fonctionnaire peut demander, conformément au n. 7 du tarif, une rétribution de 1 fr. pour tout certificat attestant que l'inscription dont il s'agit a été ou non radiée ou renouvelée en temps utile. — Boulanger et de Récy, t. 2, n. 881.

669. — En ce qui concerne les réquisitions limitatives, il a été jugé que le conservateur ne saurait percevoir un droit spécial pour chacune des inscriptions existantes, s'il lui a été fourni une réquisition limitée, soit à une partie des immeubles compris dans une transcription ou à quelques-uns des anciens possesseurs, soit à une période déterminée portant exclusion de telles inscriptions nettement précisées, puisqu'il ne doit point comprendre dans son état. Faute de quoi, il serait tenu de restituer les salaires indûment perçus. — Cass., 6 janv. 1891, Grenot, [S. et P. 92.1.5, D. 91.1.418] — 5 avr. 1894, Durand, [S. et P. 94.1.285, D. 94.1.382] — Trib. Lure, 17 févr. 1893, Dispot, [Garnier, *Rép. pér.*, n. 8109; *J. des conserv.*, art. 4413]

670. — En sens contraire, et pour accorder le salaire au conservateur, on fait remarquer qu'il n'existe pas d'autres inscriptions que celles indiquées dans la réquisition reproduite en tête de l'état, le préposé atteste virtuellement l'existence des inscriptions exclues; et que, pour la recherche, il a dû faire le même travail que s'il avait eu à délivrer la copie. Toute autre est la portée du certificat de clôture (*infrà*, n. 680) que l'opinion adverse propose à titre d'analogie et d'exemple, et qui constitue une attestation superflue, dépourvue de toute portée et sans intérêt pour les tiers éclairés complètement sur la réalité des charges par la lecture de l'état. — V. de France de Tersant, n. 452, note 2; Algoin, *Journ. des conserv.*, art. 3737; Emion, *ibid.*, art. 3544, 3771, 4095, 4129; Fretel, *Rev. hyp.*, n. 829, 888; Declercq, *ibid.*, n. 1020.

671. — Nous avons vu que le nouveau possesseur qui veut purger son immeuble des hypothèques qui le grèvent peut, lorsque les notifications aux créanciers inscrits n'ont été faites d'après un état précédemment obtenu, ne requérir l'état sur transcription qu'après l'expiration des délais de la purge spéciale aux hypothèques judiciaires d'inscription. D'après la réquisition, le certificat doit comprendre à la fois les inscriptions jusqu'au jour de la transcription et les hypothèques des femmes ou des mineurs révélées dans les deux mois qui suivent l'exposition du contrat (C. civ., art. 2195). De là est née la question de savoir si, sur un semblable procédé, on peut imposer au conservateur l'unité de certificat et de salaire.

672. — Conforme à la jurisprudence antérieure, une lettre du directeur général au ministre de la Marine, en date du 5 juin 1863 (*J. des conserv.*, art. 1863), a décidé que, pour qu'on pût appliquer au conservateur l'unité de certificat et de salaire, il faudrait que le second certificat se confondît et formât un double emploi évident avec le premier, comme se composant nécessairement des mêmes éléments. Or, les deux certificats ont chacun leur valeur et leurs caractères propres; la demande, telle que nous l'avons définie au numéro précédent, unique dans la forme, n'en demeure pas moins complexe au fond; dès lors, il y a lieu à un salaire particulier au profit du conservateur pour chacun des certificats. — V. Trib. Vendôme, 16 août 1851, [*J. des conserv.*, art. 992] — Trib. Louhans, 23 mars 1854, [*J. des conserv.*, art. 683] — *J. des conserv.*, art. 1863; *Dict. des dr. d'enreg.*, v° *Hyp.*, n. 334; Garnier, *op. et v° cit.*, n. 841; de France de Tersant, n. 439.

673. — Aux termes de l'instruction générale du 10 août 1888, n. 2758, il n'est dû qu'un salaire unique de 1 fr. pour chaque inscription reproduite littéralement dans les états délivrés et pour tous actes modificatifs de l'inscription : radiations partielles, subrogations, nouvelles élections de domicile, c'est-à-dire généralement toutes mentions susceptibles d'être considérées comme faisant partie intégrante des inscriptions auxquelles elles se rapportent. — V. Géraud, n. 3833-3.

674. — Par une conséquence fâcheuse de la loi d'impôt du 13 brum. an VII (art. 22), portant défense d'employer à un acte nouveau le papier timbré, même non achevé, qui aurait déjà servi à un acte antérieur, les certificats de radiation ne peuvent être placés sur les états d'inscriptions en marge de chaque article rayé; il y aurait pourtant tout intérêt à trouver la preuve de la radiation en regard de l'inscription portée sur l'état et éteinte d'une manière totale ou partielle. — V. Garnier, v° *Acte écrit à la suite d'un autre*, n. 198-2; *J. Enreg.*, n. 11592. — *Contrà*, *J. not.*, n. 1700, 1716. — V. *suprà*, v° *Acte écrit à la suite d'un autre*, n. 328.

675. — Le conservateur, tenu de comprendre dans les états qu'il délivre les inscriptions supplémentaires et subséquentes prises par lui pour rectifier les erreurs ou omissions de son fait, ne saurait réclamer de ce chef un second droit; il en serait tout autrement si la rectification de l'inscription avait été requise par la partie elle-même, désireuse de parer aux irrégularités possibles du premier bordereau, peut-être aussi au cas où le conservateur, de sa propre initiative, comme gérant d'affaires, aurait suppléé ou corrigé un bordereau incomplet ou défectueux quant à l'observation des formalités substantielles. — Av. Cons. d'Et., 11-26 déc. 1810.

676. — En ce qui concerne les retranchements d'une ou de plusieurs inscriptions primitivement comprises dans un état, les salaires perçus sont ou non restituables, suivant que le retranchement est fait à la suite et pour cause d'une erreur évidente du conservateur ou de fausses ou inexactes indications de la partie. — M. Garnier (n. 836, p. 1031) donne comme conseil pratique, vu les dangers du retranchement, que « toute inscription qui a été régulièrement délivrée doit être maintenue dans l'état, quelles que soient les justifications ultérieures ». — V. Trib. Orthez, 14 avr. 1892, Castels, [*Rev. hyp.*, n. 1081; *J. des conserv.*, art. 819, 3826] — de France de Tersant, n. 465.

677. — Le nombre des salaires dus au conservateur en matière de délivrance d'états hypothécaires est proportionné au nombre des grevés et des inscriptions, de telle sorte que les salaires d'un état des actes transcrits ou des inscriptions s'appliquant à deux immeubles désignés appartenant à un même individu se règlent en raison du nombre des extraits des transcriptions ou des inscriptions, et non en raison de celui des immeubles; d'une manière plus concrète, l'état qui, du chef d'une personne, constate l'existence d'une inscription frappant sur un immeuble et la liberté d'un autre immeuble ne donne lieu à aucune rémunération pour l'immeuble non grevé. — *J. des cons.*, art. 1144; *Dict. des dr. d'enreg.*, v° *cit.*, n. 335; Garnier, n. 838; de France de Tersant, n. 469, p. 328.

678. — Lorsqu'il est donné mainlevée de plusieurs inscriptions concernant le même débiteur, il est admis que les parties peuvent se borner à demander un *certificat collectif*, la responsabilité du conservateur est complètement sauvegardée, dès que le certificat ne contient de sa part aucune erreur; et, pour faire prévaloir une opinion contraire, on ne saurait argumenter de la facilité, dangereuse quant à la responsabilité de ce fonctionnaire, d'attribuer, par exemple, la radiation totale à l'une des inscriptions radiée seulement pour partie, et plus généralement de se tromper sur l'importance et l'effet de l'une des formalités accomplies. — Sol. 4 nov. 1864. — Boulanger et de Récy, t. 2, n. 879. — *Contrà*, *J. Enreg.*, n. 11836.

679. — Sur la réquisition qui lui est faite d'un certificat de non-radiation, sous émargement de plusieurs radiations partielles, le conservateur a droit à autant de salaires de 1 fr. que de mentions révélées, mais au cas où l'inscription se trouve radiée totalement, il n'y a point lieu, à moins de réquisition formelle, de certifier les diverses radiations partielles.

680. — Il convient de remarquer que, sauf au cas où elle contiendrait des certificats négatifs contre des individus dénommés dans la réquisition et non grevés, la mention de clôture, faite par le conservateur pour affirmer que l'état, par lui délivré dans les limites de la réquisition qu'il a reçue, est complet et que les registres ne contiennent pas d'autres inscriptions valables et non périmées, ne donne droit à son profit à aucun salaire particulier : elle fait partie intégrante de cet état et ne saurait en être détachée ; elle n'ajoute rien à son étendue, ne constate pas un fait distinct et n'engendre aucune responsabilité particulière. — Av. Cons. d'Ét., 10 sept. 1811 ; Instr. gén., n. 547. — Despréaux, v° *Conservateur*, n. 116; de France de Tersant, n. 463.

681. — Le salaire de 1 fr., applicable au certificat constatant qu'il n'existe pas d'inscription, est exigible pour chaque individu à l'égard duquel ce certificat atteste l'absence d'inscription. — Instr. gén., 31 déc. 1841, n. 1654 ; Sol. adm. enreg., 28 août 1860. — Géraud, n. 3833.

682. — Le conservateur, avons-nous dit (*suprà*, n. 320), après la transcription des actes de mutation dans lesquels l'État est énoncé parmi les anciens propriétaires, doit s'abstenir de certifier que les biens ne sont pas grevés de son chef, il ne peut donc percevoir un salaire pour ce certificat ; il serait cependant relevé de ces prohibitions si le requérant, averti par lui de l'inutilité de cette formalité, persistait dans sa réquisition exprimée formellement par écrit. — Instr. gén., n. 1751, § 2. — Garnier, n. 843, p. 1034 ; *Dict. des droits d'enreg.*, n. 330 *in fine*.

683. — L'état d'inscriptions requis contre une personne décédée ne peut être délivré sur cette personne et sur sa succession, avec perception d'un double salaire, à moins de réquisition formelle ; — auquel cas, il serait dû un salaire de 1 fr. par chaque héritier sur qui serait éventuellement délivré un certificat négatif. — Sol. 28 août 1867.

684. — Serait également passible de la pluralité des salaires le certificat négatif, délivré sur réquisition de l'état général de toutes les inscriptions qui peuvent grever individuellement les biens des personnes associées, ceux du mari ou de la femme et délivré sur chacun d'eux considéré isolément comme débiteur particulier. — *Dict. des droits d'enreg.*, n. 331.

685. — Lorsqu'un état a été requis pour plusieurs individus, il doit comprendre toutes les inscriptions concernant chacun d'eux. Si les recherches faites par le conservateur sur ses registres aboutissent à lui faire délivrer un *certificat négatif*, nul doute qu'il n'ait droit à autant de salaires qu'il a rempli de formalités spéciales ; si, en sens inverse, elles aboutissent à un état positif sur certains, un certificat négatif sur d'autres, nul doute encore qu'il n'ait droit, d'une part, à autant de salaires de 1 fr. qu'il y a d'extraits d'inscriptions contenus dans l'état, et, d'autre part, au salaire du certificat négatif, à raison de 1 fr. par chacun des individus sur lesquels il est fourni.

686. — La controverse existe, au contraire, sur la quotité du salaire au cas où, dans semblable hypothèse, il y a lieu de délivrer un certificat négatif sur plusieurs des individus désignés dans la réquisition et de certifier l'existence d'une hypothèque commune sur les autres ; la question est alors de savoir si l'inscription collective donne droit au conservateur de percevoir un salaire unique de 1 fr. ou bien un salaire proportionnel au nombre des individus grevés. A l'heure actuelle, la question semble tranchée par les termes d'une décision du ministre des Finances, en date du 27 avr. 1882 (*J. Enreg.*, n. 21927 ; *J. des conserv.*, art. 3430), décidant que « le salaire représente le prix du travail demandé à un mandataire légal et que les distinctions du tarif n'a pu être de laisser sans rémunération les actes distincts qui constituent l'accomplissement de ce mandat ». — L'opinion d'après laquelle l'instruction générale 1654 aurait été implicitement abrogée par cette décision ministérielle, se confirme si l'on songe que l'administration elle-même, dans son instruction générale 2758, destinée à rappeler au service celles des instructions précédentes relatives aux salaires, a visé l'instruction 1651 et s'est abstenue, au contraire, de rappeler l'instruction 1654.

687. — Celle-ci, dérogeant à ce qu'avait primitivement décidé une délibération administrative du 5 sept. 1821 (*J. Enreg.*, n. 8402), avait décidé qu'il convenait de se renfermer strictement dans l'exécution du tarif, sans considérer si, par suite de cette application, des travaux égaux pour les conservateurs ou des actes qui engagent également leur responsabilité étaient inégalement rétribués. Elle visait l'avis du Conseil d'État, en date du 10 sept. 1811 (*J. Enreg.*, n. 567), aux termes duquel était exonéré de tout droit particulier « le certificat de clôture, quand l'état, renfermant une, deux ou trois inscriptions, était déjà frappé de un, deux ou trois salaires correspondants ». — Baudot, t. 2, n. 1703 ; Géraud, n. 3833.

688. — Le salaire est, nous l'avons dit, non seulement un droit de formalité, mais la rémunération d'un risque. Il semble donc juste d'autoriser un nombre de salaires égal au nombre des personnes grevées. Il a fallu vérifier le compte de chacune d'elles ; chaque recherche peut être l'occasion d'une erreur et la source d'une responsabilité distincte (de France de Tersant, n. 468). L'opinion diamétralement opposée semble préférable. — V. Despréaux, n. 46 ; Garnier, n. 839-1°.

689. — Dès le 23 juin 1811, un arrêté du ministre des Finances avait autorisé ceux qui faisaient transcrire en commun une aliénation sur adjudication, licitation ou donation, à requérir un seul état pour tous dans le but d'éviter les salaires d'inscriptions hypothécaires proportionnellement au nombre des acquéreurs. Il n'y avait, en pareille hypothèse, qu'un seul et même acte d'adjudication, comprenant au profit de plusieurs acquéreurs l'aliénation des diverses parcelles d'un immeuble, et aussi une seule procédure ou suite de formalités, un seul ensemble de charges et de droits, une seule transcription, une seule base de responsabilité contre le conservateur envers la masse des acquéreurs, au prorata et dans la mesure des droits de chacun. Mais les parties, dans un but mal compris d'économie, ont voulu à tort user de cette disposition exceptionnelle pour tous les contrats qui émanaient du même vendeur, encore qu'ils aient été transcrits chacun spécialement ; on ne les a pas admises à demander des états collectifs pour des contrats distincts et séparés.

690. — Il a été jugé, à cet égard, que la vente en plusieurs actes des différentes parcelles d'un même immeuble constituant pour chacun des acquéreurs une situation particulière réglée par les conventions spéciales stipulées dans chaque acte ; que dès lors sont indépendantes les unes des autres les formalités consécutives à ces actes comme les droits qui en dérivent ; et que, par suite, le conservateur des hypothèques ne peut être contraint de délivrer pour tous les acquéreurs un seul état d'inscriptions, alors même que les divers actes de vente auraient été déposés en même temps pour être transcrits : l'accomplissement de la transcription et la délivrance, soit de l'état sur transcription, soit d'un certificat négatif donnant ouverture contre lui à une responsabilité isolée et distincte envers chaque acquéreur, il en résulte la légitimité d'un émolument particulier distinct, à raison du droit de se fonctionner de délivrer des états ou les certificats, en nombre égal à celui des actes d'aliénation présentés à la formalité. — Riom, 18 avr. 1866, Brunet et Philippon, [S. 67.2.113, P. 67.473] — V. aussi Trib. Montluçon, 10 août 1865, Même affaire, [*J. Enreg.*, n. 18135 ; *J. des conserv.*, art. 2030] — Trib. La Flèche, 22 mars 1888, [*J. des conserv.*, art. 3853] — *Sic*, Garnier, n. 840. — Sol. 23 août 1868, [Géraud, *Supp.*, n. 152] ; — 6 juin 1874, [*J. Enreg.*, n. 19809]

Registre des salaires.

N°ˢ D'ORDRE	DÉSIGNATION des FORMALITÉS donnant lieu aux salaires fixés par le décret du 21 septembre 1810 ; Ordonnance 10 octobre 1841 ; Décrets 9 juin 1806 et 28 août 1875.	A 1 fr. INSCRIPTIONS, RADIATIONS, EXTRAITS ou certificats, actes constatant refus de transcription de saisies ; mentions de notification au saisi et aux créanciers inscrits ; radiations de saisies ; mentions de jugement d'adjudication ou de conversion ; mentions de jugement portant résolution d'un acte transcrit.	A 0 fr. 50 DÉCLARATIONS de changement de domicile et de subrogation.	A 0 fr. 25 DUPLICATA de QUITTANCES.	A 0 fr. 20 ENREGISTREMENT et reconnaissance de dépôts.	A 0 fr. 50 par rôle du registre TRANSCRIPTIONS d'actes de mutation, de procès-verbaux de saisies ou d'exploits de dénonciations de saisies.	A 1 fr. par rôle COPIES collationnées des actes déposés ou transcrits.	TOTAL.

CHAPITRE VI.

DES DROITS D'INSCRIPTION, DE TRANSCRIPTION ET D'ENREGISTREMENT PERÇUS PAR LES CONSERVATEURS AU PROFIT DU TRÉSOR.

SECTION I.
Généralités.

691. — Dans les chapitres précédents, nous avons montré le rôle principal du conservateur ; c'est en effet pour consolider et sauvegarder les droits privés qu'il a été établi ; mais nous savons que là ne se borne pas sa mission, et que, soit pour faire payer par les intéressés le service qui leur est rendu, soit pour faire contribuer aux dépenses générales de l'Etat la richesse qui se manifeste par les opérations constatées par le conservateur, celui-ci a été chargé de percevoir divers impôts pour le compte du Trésor ; les principaux sont les droits d'inscription ou d'hypothèque et les droits de transcription ; nous les étudierons successivement, et nous verrons, en terminant, comment le conservateur participe au recouvrement des droits de timbre et d'enregistrement. Percevant des deniers pour le compte de l'Etat, le conservateur est astreint à toutes les obligations des comptables publics en général (V. *suprà*, v° *Comptabilité publique*, et *infrà*, v° *Cour des comptes*) et des receveurs de l'enregistrement en particulier (V. *infrà*, v° *Enregistrement*). Il suffira donc d'indiquer les points suivants : 1° le conservateur est justiciable direct de la Cour des comptes ; 2° il doit tenir les divers sommiers, registres ou écritures prescrits par la comptabilité générale, tels que le sommier de dépouillement, le registre de recette des papiers timbrés, le journal des dépenses...; 3° il doit se conformer aux diverses obligations concernant la tenue de la caisse, et notamment à la règle qui est prescrit de ne point confondre les recettes faites pour le Trésor avec les deniers personnels du comptable. L'observation de cette dernière règle est assez difficile, parce que les conservateurs reçoivent avec les droits de timbre et d'hypothèque, les salaires et le prix des papiers timbrés qu'ils emploient pour les bulletins de dépôt, états ou certificats ; 4° ils sont soumis au versement à la caisse du receveur particulier ou du receveur général, non *tous les cinq jours* comme les receveurs des chefs-lieux, mais tous les dix jours et seulement lorsqu'ils ont entre les mains une somme de 500 fr. et au-dessus (Déc. 25 juin 1829) ; 5° ils sont responsables de leur gestion et de tous les droits de timbre, d'hypothèque, d'amendes qu'ils ont négligé de percevoir ou qui ont été perdus par leur faute. Cette responsabilité a été étendue aux droits de timbre des feuilles de registres, bulletins ou états qu'ils ont négligé d'employer ou de délivrer, et même à ceux des expéditions ou pièces qu'ils ont négligé de se faire représenter. — Vuarnier, *Traité de la manutention*, n. 4210 et s.

692. — La loi principale sur les droits d'hypothèque et de transcription est celle du 21 vent. an VII qui, pour organiser le nouveau régime hypothécaire établi par la loi du 11 brumaire précédent, créa les conservateurs et détermina les droits à payer soit au conservateur à titre de salaires, soit au Trésor. Le droit d'inscription des créances hypothécaires fut fixé à 1 p. 2000 du capital de chaque créance hypothécaire antérieure à la promulgation de la loi du 11 brumaire ; à 1 p. 1000 du capital des créances postérieures à cette époque (art. 20). Le droit de transcription des actes emportant mutation de propriété immobilière fut fixé à 1 et demi p. 100 du prix intégral desdits immeubles (art. 23).

693. — Cette loi a été, depuis, complétée ou modifiée par quelques lois, d'ailleurs en petit nombre, notamment celle du 6 mess. an VII, dont le but principal fut de déterminer le sort des inscriptions indéfinies ayant pour objet la conservation d'un simple droit d'hypothèque éventuel, sans créance existante. La loi du 24 mars 1806 intervint ensuite pour déterminer la durée de la prescription des droits d'inscription et de transcription dus au Trésor. La loi du 28 avr. 1816, en imposant la perception du droit proportionnel de transcription au moment de l'enregistrement de l'acte, ajouta que, lorsque le droit aurait été ainsi acquitté, la formalité ne donnerait plus lieu qu'au paiement du droit fixe de 1 fr. (art. 52, 54). L'exception établie par la loi du 16 juin 1824 (art. 3 *in fine*) pour les partages d'ascendants a été abolie par la loi du 21 juin 1875 : le droit proportionnel est seulement réduit à 50 cent. par 100 fr. Cette même loi du 28 avr. 1816 abolit la distinction de la loi de ventôse an VII entre les créances antérieures ou postérieures à la promulgation de la loi du 11 brumaire.

694. — La loi du 23 mars 1855, sur la publicité en matière hypothécaire, multiplia les cas de transcription, donnant ainsi une extension notable à la perception du droit fixe de transcription. La loi du 18 juill. 1866 réduisit à un droit fixe la transcription des actes relatifs au desséchement des étangs des Dombes ; la loi du 23 août 1871, art. 5, décida que la perception du droit d'hypothèque de 1 p. 1000 fixé par l'art. 60, L. 28 avr. 1816, serait perçu lors de l'inscription des hypothèques garantissant les ouvertures de crédit ; la loi du 3 nov. 1884, relative aux échanges d'immeubles ruraux, déclara que, moyennant les conditions qu'elle édictait, il ne serait perçu que 20 cent. par 100 fr. pour tout droit proportionnel d'enregistrement et de transcription.

695. — Cet aperçu de la législation sera complet, lorsque nous aurons indiqué qu'au premier décime édicté par la loi du 6 prair. an VII, la loi du 23 août 1871, art. 1, a ajouté un second décime, que la loi du 30 déc. 1873 elle-même, art. 2, a augmenté d'un demi-décime ; en définitive, les droits d'hypothèque et de transcription sont augmentés actuellement de 2 décimes et demi, soit de 25 p. 100 : les dispositions de lois qui ont ajouté des *décimes* au principal des droits, ont, en effet, une portée générale et embrassant tous les « droits et produits. »

696. — Au contraire, les augmentations successivement apportées aux droits fixes par des lois telles que celles des 18 mai 1850, art. 8, 28 févr. 1872, art. 4, 19 févr. 1874, art. 2, n'ont spécialement atteint que les droits d'enregistrement; elles n'ont donc pas été étendues au droit fixe de transcription qui est un droit d'hypothèque et non d'enregistrement. La combinaison de ces deux principes produit ce résultat que le droit fixe de transcription s'élève actuellement, décimes compris, à 1 fr. 25, le droit d'inscription à 1 fr. 25 p. 1000, le droit proportionnel de transcription à 1 fr. 875 p. 100. — Sol. adm. enreg., 23 mars 1872, [D. 73.5.470]

697. — Enfin, à titre de simple mention, nous indiquerons le décret du 19 avr. 1848 qui établit une contribution de 1 p. 100 sur le capital des créances hypothécaires. Ce décret fut formellement abrogé par la loi du 9 août 1848 sur un rapport à l'Assemblée constituante de M. de Corcelle. En 1872, malgré les protestations de MM. Thiers, de Ventavon, Gaslonde, etc., l'Assemblée nationale avait voté une contribution de 2 p. 100 sur le revenu des créances hypothécaires (L. 28 juin). Cette loi fut abrogée, avant d'avoir été mise en vigueur, par la loi du 20 déc. 1872.

SECTION II.
Droit d'inscription ou d'hypothèque.

698. — Toute créance hypothécaire devant être révélée aux tiers, c'est l'inscription qui la vivifie, soit qu'elle en assure le rang, s'il s'agit d'hypothèques ou de privilèges assujettis à la formalité; soit que, prise en temps utile, elle en fasse remonter l'effet au jour où ils ont pris naissance, s'il s'agit d'hypothèques ou de privilèges temporairement dispensés de l'inscription. C'est donc du moment où ces droits se révèlent par l'inscription qu'il convient de les imposer; c'est pourquoi, obéissant à cette idée logique, les lois du 9 vend. an VI, art. 62, et du 21 vent. an VII, art. 19, décident « qu'il sera perçu un droit au profit du Trésor, sur l'inscription des créances hypothécaires ». L'impôt n'est pas dû à raison de la constitution de la créance, mais à raison de l'acte qui la rend publique, « par l'inscription », et c'est à ce titre qu'on l'a appelé un impôt de formalité. On entendrait mal cette expression si on lui faisait signifier que, pour la perception du droit d'hypothèque, il faut uniquement se préoccuper du fait de l'inscription et non de l'existence de la créance.

699. — Les privilèges et hypothèques dont l'inscription est requise supposent, en principe, l'existence de créances actuellement existantes; il n'en est pas moins vrai cependant (Aubry et Rau, t. 3, § 266, note 66, p. 282) qu'ils peuvent servir à la garantie de créances soit conditionnelles ou même futures (prêt, garantie d'une éviction possible, ouverture de crédit), soit indéterminées dans leur chiffre jusqu'à la date de certains événements. Ceci revient à dire qu'il existe deux sortes d'inscriptions, celles qui donnent lieu à la perception immédiate du droit; et celles qui sont formalisées sans consignation préalable, la perception étant renvoyée à l'époque de la liquidation de la créance.

§ 1. *Exigibilité du droit.*

700. — Aux termes de l'art. 21, L. 21 vent. an VII, il n'est payé qu'un seul droit d'inscription pour chaque créance, quel que soit d'ailleurs le nombre des créanciers requérants et celui des débiteurs grevés. Il suffit ici de renvoyer à ce que nous avons dit sur le droit de prendre inscription, par un bordereau unique, au profit de plusieurs créanciers ou contre plusieurs débiteurs (V. *suprà*, n. 282 et s.); dans le cas où les parties usent de cette formalité, le droit est exigible et perçu sur l'ensemble de la dette garantie et non point séparément sur chaque créance. — *Dict. des dr. d'enreg.*, n. 17; de France de Tersant, n. 105.

701. — On a admis, d'après cela, qu'une inscription collective prise contre trois débiteurs solidaires d'une même créance ne donnait lieu qu'à la perception d'un droit unique d'hypothèque tandis que le conservateur peut exiger trois salaires (V. *suprà*, n. 611). Cependant les inscriptions auraient été requises sans mention de solidarité, l'administration a pensé d'abord que trois droits pourraient être exigés, chacune des inscriptions étant indépendant des deux autres. — Sol. 8 mai 1874, [*J. Enreg.*, n. 19450; Garnier, *Rép. pér.*, n. 3987] — Mais cette pratique paraît avoir été condamnée par la jurisprudence. — V. *suprà*, n. 610.

702. — Quelques-uns des auteurs qui rapportent cette solution la considèrent, non sans raison, comme critiquable : à la vérité, chaque inscription était bien réellement prise contre un débiteur distinct et sur des immeubles différents; il semble cependant qu'il y avait lieu à l'application de l'art. 21, L. 21 vent. an VII, car il s'agissait dans les trois inscriptions d'une seule et même créance. — *Sic*, Dalloz, *Supp.*, v° *Enreg.*, n. 3487. — *Contrà*, *Dict. des dr. d'enreg.*, t. 8, n. 18. — V. aussi de France de Tersant, n. 106 et 116-5°.

703. — Néanmoins, l'administration a appliqué à nouveau le principe de l'exigibilité d'un droit distinct par chaque inscription dans une hypothèse où il avait été pris plusieurs inscriptions concourant, dans une certaine mesure, au même but, garantie de « crédits correspectifs ». — *Dict. des dr. d'enreg.*, n. 36 ; de France de Tersant, n. 116-5°.

704. — Voici l'hypothèse à l'occasion de laquelle elle a affirmé de nouveau sa doctrine. Pour sûreté d'une ouverture de crédit consentie à une société de travaux, le créancier avait pris inscription sur tous les terrains appartenant à la société crédité et sur les constructions à y édifier. L'acte d'ouverture de crédit portait que le créancier interviendrait à tous les contrats d'acquisition ou de location, pour être subrogé à la société avec droit de préférence et de priorité; il était donc après chaque acte mis à même de requérir inscription d'hypothèque spéciale contre les tiers qui traitaient avec la société. Celle-ci loua, avec promesse de vente, à un tiers, une parcelle de terrain, à charge d'y élever des constructions pour l'exécution desquelles elle ouvrit à son tour au preneur un crédit à réaliser au fur et à mesure de l'avancement des travaux. Deux inscriptions furent prises le même jour, en vertu de l'acte unique de bail, la première par l'établissement financier créditeur tant contre la société que contre le locataire sur les constructions futures, la seconde par l'établissement financier créditeur tant contre la société que contre le preneur lui-même, soit sur le terrain nu loué, soit sur lesdites constructions. L'administration a déclaré exigible le droit de 1 p. 1000 sur chacune des deux inscriptions, par ce motif que la première, prise à la charge du constructeur et sur les travaux à édifier par lui, demeurait absolument distincte et indépendante de la seconde, celle du créancier, destinée à proroger la durée de l'inscription primitive, à l'établir sur la parcelle louée, et à la faire porter tout ensemble sur le débiteur primitif, la société de travaux, quant à la parcelle louée, et sur le nouveau débiteur, le preneur du terrain, quant aux constructions à élever sur cette parcelle. — Sol. adm. enreg., 1er juin 1874, [*J. Enreg.*, n. 19586; Garnier, *Rép. pér.*, n. 3987]

705. — La même question de l'unité ou de la dualité de perception du droit de 1 p. 1000 s'est posée au cas où deux inscriptions distinctes sont prises successivement, l'une contre un débiteur principal, l'autre contre une caution. La majorité des auteurs enseigne, sur la foi du même art. 21, L. 21 vent. an VII, que le droit est perçu aussi bien sur l'une que sur l'autre des inscriptions, à raison de ce que le droit à percevoir est afférent à la formalité hypothécaire; ce qui justifie une perception correspondante au nombre des formalités requises et accomplies. Chacune des inscriptions, dit-on, ajoute un élément nouveau à la manifestation du droit hypothécaire; et lorsqu'elle est prise contre des débiteurs distincts, elle a l'avantage de présenter ce droit sous une face différente, de telle manière que la créance n'est plus la même, dans ses moyens d'exercice et son mode de publicité, sinon dans son principe. — *Dict. des dr. d'enreg.*, n. 24; de France de Tersant, n. 107.

706. — On peut répondre qu'en rapprochant les art. 9, 21 et 22, L. 21 vent. an VII, il est permis de soutenir que si, à la vérité, toute inscription distincte donne lieu à la perception du droit, cette règle souffre exception quant aux inscriptions relatives à la même créance; le législateur prescrit l'unité de droit, aussi bien lorsque les inscriptions sont prises dans la même bureau qu'au cas où elles le sont dans des bureaux différents. — *Dict. du notariat*, v° *Inscript.*, n. 670.

707. — En vertu du principe d'après lequel le droit d'inscription est un impôt de formalité, on a pu décider que ce droit de 1 p. 1000 est dû, soit à l'expiration du délai décennal, soit antérieurement à cette époque, à la date quelconque de la réquisition, pour tout effet de donner, en quelque sorte, au moins quant à la durée, une nouvelle existence à l'hypothèque. — Déc. min. Fin., 29 juill. 1806 [*Instr.*, n. 316, § 1, n. 5374]; — 5 sept. 1809, [*J. Enreg.*, n. 3346; *Instr. gén.*, 21 janv. 1811] — Trib. Seine, 4 juill. 1868, Cie Rive gauche, [Garnier, *Rép. pér.*, n. 3146]; — 3 avr. 1869, Cte Docks de Saint-Ouen, [*Ibid.*] — Trib. Mulhouse, 18 févr. 1869, Société Wehrlon, Hofer et Cie, [*Ibid.*] — Trib. Pontoise, 16 juin 1870, Félix, [*Rev. not.*, n. 2991 ; Garnier, *Rép. pér.*, n. 3240; *J. des conserv.*, art. 2682] — Sol. 9 janv. 1874, X..., [S. 74.2.260, P. 74.1184, D. 75.5.255] — Aix, 7 févr. 1877, [Garnier, *Rép. pér.*, n. 4688] — *Dict. des dr. d'enreg.*, n. 43; Garnier, n. 871-1°; de France de Tersant, n. 115.

708. — Ces principes ont reçu application en matière de renouvellement des inscriptions prises pour la garantie des ouvertures de crédit. — Décidé même que si le droit afférent à l'inscription primitive, prise sous l'empire de la législation antérieure à la loi du 23 août 1871, n'a pas été acquitté, la perception en est possible, lors du renouvellement, si la preuve de la réalisation totale ou partielle est facile à établir. — V. Instr. adm. enreg., 25 août 1871, § 3, n. 2, al. ult. — Sol. adm. enreg., 19 févr. 1874, [S. 74.2.218, P. 74.864, D. 75.5.256]

709. — Une décision ministérielle du 5 sept. 1809 a assujetti à un nouveau droit proportionnel, comme salaire de la garantie qu'elle opère au profit du requérant, toute inscription ayant pour objet, soit la conservation de l'hypothèque, soit le renouvellement d'une inscription antérieure, lorsque cette formalité a eu pour but de rectifier les erreurs, de réparer les omissions qui pourraient vicier les inscriptions précédentes. Cette solution se comprendra aisément, si l'on réfléchit que la nouvelle inscription peut valoir, au besoin, comme première première susceptible de produire à sa date des effets propres. Les inscriptions rectificatives sont régies, en principe et d'une manière générale, par toutes les règles relatives aux inscriptions de renouvellement : la preuve en est dans la disposition spéciale de la loi du 4 sept. 1807 permettant la rectification gratuite, dans un délai déterminé, de toutes les inscriptions prises sous l'empire de la loi du 11 brum. an VII. — Sol. adm. enreg., 9 janv. 1874, [S. 74.2.260, P. 74.1184, D. 75.5.255]

710. — En sens inverse, un avis du Conseil d'État, en date des 11-26 déc. 1810 (Instr., n. 503), ayant autorisé les conservateurs à rectifier les erreurs par eux commises sur leurs registres, et ultérieurement reconnues, en y portant, et seulement la date courante, une nouvelle inscription conforme aux bordereaux remis par le créancier, il a été décidé que cette deuxième inscription, rectifiant la première, forme avec celle-ci un tout indivisible : elle a même point de départ et même effet quant à la durée ; aussi (Laurent, t. 31, n. 614) le conservateur serait-il mal fondé à réclamer des parties requérantes, soit un nouveau droit, soit un double salaire. — Il convient néanmoins de rappeler à ce sujet, quant au droit seulement, que si le premier enregistrement portait une somme inférieure à celle qui aurait dû y être exprimée, le fonctionnaire serait tenu de se charger en recette du supplément, sauf son recours, le cas échéant. — Sol. 4 juin 1812, [*J. Enreg.*, n. 4240] — *Dict. des dr. d'enreg.*, v° *Hyp.*, n. 48.

711. — Une perception nouvelle du droit de 1 p. 1000 est exigible, pour toutes inscriptions modificatives, destinées à augmenter la garantie hypothécaire, à en accroître la durée ou à changer l'objet de l'affectation ; elles constituent autant de faits nouveaux, ayant des résultats distincts de la première inscription, susceptibles, à ce titre, de motiver une nouvelle application de l'impôt sans imputation des perceptions antérieures. Application de ce principe a été faite au cohéritier créancier d'une soulte de partage, requérant une inscription sur les biens chargés de cette soulte, pour en remplacer une première prise à tort sur d'autres immeubles. — Déc. min. Fin., 29 juill. 1806 et 5 sept. 1809, [*J. Enreg.*, n. 4810] ; — 28 déc. 1813, [Instr. gén., n. 316] — Sol. 21 avr. 1829, [*J. Enreg.*, n. 939 ; Garnier, *Rép. pér.*, n. 2691] ; — 1er juin 1874, [*J. Enreg.*, n. 6204 ; Garnier, *Rép. pér.*, n. 3987] — *Dict. des droits d'enreg.*, n. 44, 45.

712. — D'un autre côté, l'administration, motif pris de ce que « les règles doivent recevoir toutes exceptions que commande l'équité », a autorisé plusieurs fois, — par application du principe, posé dans l'art. 21 de la loi de ventôse, de l'unité de droit par créance distincte, — la restitution du droit perçu sur une deuxième inscription surabondante prise au même bureau, au sujet de la même créance, sur les mêmes biens que la première, lorsqu'il était manifeste que l'inscription nouvelle avait été requise seulement par erreur, sans nulle utilité, et, au surplus, à un court intervalle de la première. — Sol. adm. enreg., 9 janv. 1874, précité ; — 26 mars 1874, [*J. des conserv.*, art. 2903 ; *J. Enreg.*, n. 19412] ; — 7 sept. 1816, [*J. Enreg.*, n. 20313] ; —

19 juill. 1877 ; — 18 sept. 1891, [*J. Enreg.*, n. 23833 ; *Rev. Enreg.*, n. 62 ; Garnier, n. 871-2] — *Dict. des droits d'enreg.*, n. 50, al. 2 ; de France de Tersant, n. 119.

713. — Ainsi jugé en matière d'inscriptions ordinaires requises, soit à fin de rectification d'une erreur dans les noms du grevé, soit dans le but d'établir et de préciser le caractère d'une inscription prise en renouvellement d'une autre inscription antérieurement prise. — Déc. min. Fin., 15 mai 1816. — Sol. adm. enreg., 24 févr. 1819, [*J. Enreg.*, n. 6332]

714. — Jugé, de même, pour les inscriptions d'hypothèques légales de femmes mariées, requises, — soit, avant la liquidation des reprises, pour un capital indéterminé et sans paiement du droit, alors que ce droit a été perçu pour une seconde inscription prise pour le même objet, après liquidation des reprises et mentionnant la somme à laquelle cette liquidation a été arrêtée ; — soit, à la requête du ministère public, à la suite de la saisie des immeubles du mari, lorsque cette hypothèque légale a été inscrite antérieurement à la requête de la femme elle-même, qui a, d'ailleurs, payé les frais de cette inscription. — Sol. adm. enreg., 26 mars 1874, précité ; — 25 juin 1874, [*J. Enreg.*, n. 19320] ; — 7 sept. 1876, [*J. Enreg.*, n. 20313 ; *J. des conserv.*, art. 3103]

715. — Le *Dictionnaire des droits d'enregistrement* (t. 3, v° *Hypoth.*, n. 52, p. 561) trouve à ces décisions — qui, dans l'interprétation des lois fiscales, témoignent d'un louable sentiment d'équité, — le défaut de subordonner la perception à une interprétation arbitraire de circonstances de fait, et déclare en conséquence qu'elles ne peuvent être considérées que comme éminemment exceptionnelles.

716. — Une loi du 6 mess. an VII, sur les inscriptions pour créances éventuelles, et sur inscriptions prises à l'encontre des comptables publics, a disposé que l'inscription indéfinie, ayant pour objet la conservation d'une créance éventuelle, a lieu sans aucune perception au profit du Trésor, même d'un droit fixe, jusqu'à l'événement de la créance ; — le droit proportionnel ne devient exigible qu'à l'instant précis où le droit éventuel donnant lieu à l'inscription indéfinie se convertit en créance réelle. Les droits sont consignés sur le sommier des droits en suspens. — *Dict. des droits d'enreg.*, v° cit., n. 59.

717. — Cette loi, qui semble n'avoir été rendue qu'à l'occasion et en vue des seules inscriptions hypothécaires prises sur les comptables publics n'en est pas moins générale et s'applique à toutes les hypothèses où l'inscription est indéfinie. — Le droit proportionnel devient donc exigible dès que la créance se réalise, et le paiement en doit être poursuivi au bureau où l'inscription a été prise, lors même que le débiteur n'y posséderait point d'immeubles, la perception étant corrélative à la formalité et à son utilité. — Garnier, *Rép.*, n. 880 ; *Dict. des droits d'enreg.*, n. 95 ; de France de Tersant, n. 123.

718. — D'après cela, il a été décidé, par application de la loi du 6 mess. an VII, que l'inscription prise au profit de la femme pendant la durée de la communauté ne donne point ouverture au droit proportionnel de 1 p. 1000, alors même que les reprises, objet de cette inscription, seraient évaluées, soit dans le bordereau, soit dans un acte de cession de biens de la communauté consenti par le mari à la femme en paiement de ses reprises. Ce n'est, en effet, qu'à la dissolution de la communauté que l'on pourra savoir si, par le résultat de son administration, le mari se trouvera, en définitive, débiteur d'une somme quelconque envers sa femme. Mais si ce moment le droit devient incontestablement exigible, encore que le mari ne possède aucun bien dans le ressort du bureau ; le conservateur ne saurait se faire juge de l'utilité de l'inscription. — Sol. adm. enreg., 25 oct. 1867, [S. 68.2.58, P. 68.239, D. 68.5.251]

719. — Application de ces principes était faite aux inscriptions de créances résultant d'ouvertures de crédit, avant que la loi du 23 août 1871, dont son art. 3, eût autorisé la perception immédiate du droit proportionnel ; ce droit ne devenait, en effet, exigible que du jour de la réalisation du crédit dûment constatée. — Cass., 19 janv. 1869, Société de la Rive-Gauche, [S. 69. 1.234, P. 69.551, D. 69.1.353] — Trib. Seine, 3 févr. 1866, Lefaure, [D. 66.3.54] — Sol. adm. enreg., 19 févr. 1874, [S. 74.2.218, P. 74.864] — *Dict. des dr. d'enreg.*, v° *Crédit*, n. 177 ; de France de Tersant, n. 99.

720. — La loi du 23 août 1871 ayant modifié cette législation dans le sens que nous venons d'indiquer (V. Instr. adm. enreg., 25 août 1871 ; Instr. art. 2413, § 3, n. 2, D. 71.3.49), il s'ensuit que l'inscription requise postérieurement à cette loi, en renouvellement d'une inscription concernant une ouverture de crédit et prise antérieurement à ladite loi, donne lieu à la perception du droit de 1 p. 1000, encore bien que le crédit n'ait pas été réalisé.

721. — On a conclu des dispositions nouvelles qu'aucune controverse ne pouvait plus s'élever sur la question de savoir à quelle date valait l'inscription d'hypothèque garantissant une ouverture de crédit. Elle remonte nécessairement au jour de l'inscription. — G. Demante, *Principes de l'enregistrement*, t. 1, p. 512, n. 398.

§ 2. *Liquidation du droit.*

722. — Le droit d'inscription se perçoit de 20 fr. en 20 fr., inclusivement et sans fraction (L. 28 avr. 1816, art. 60). Il paraît qu'auparavant, et nonobstant l'art. 2, L. 27 vent. an IX, qui avait introduit ce mode de liquidation dans l'enregistrement, la règle ne l'appliquait pas à la perception du droit hypothécaire. Nous aurons (*infrà*, n. 785 et s.) l'occasion de dire que cette disposition législative expresse, spéciale au droit d'inscription, n'en est pas moins applicable au droit de transcription, puisqu'il est liquidé de la même manière que le droit d'enregistrement.

723. — Contrairement à l'opinion qu'elle avait admise à l'origine, l'administration de l'enregistrement décide justement que le droit ne saurait être perçu sur les intérêts et arrérages de créance échus, réservés, mais non liquidés dans les bordereaux : ces intérêts n'ont, en effet, aucune existence actuelle et ne sont point directement conservés par l'inscription ; s'ils profitent plus tard de l'affectation hypothécaire, c'est par le seul effet de la loi, en vertu de l'art. 2151; mais ce résultat échappe à l'application du droit. — V. Trib. Corbeil, 7 août 1834, Leguin, [D. *Rép.*, v° *Enreg.*, n. 5920] — Garnier, n. 867-2°. — *Dict. des dr. d'enreg.*, n. 39-1° et 3°. — *Contrà*, Déc. min. Fin., 10 sept. 1823, [Instr., n. 1146, § 14; J. *des conserv.*, art. 768; Garnier, *Rép. pér.*, n. 1024]

724. — Ainsi, à l'égard des créances hypothécaires ordinaires, le droit proportionnel ne peut être perçu sur les intérêts échus que tout autant que leur somme est liquidée et indiquée de manière précise dans le bordereau. Dès lors, la simple mention pour mémoire des intérêts échus, faite dans un bordereau, n'étant susceptible de produire aucun effet, le conservateur ne serait point fondé à en faire une évaluation d'office pour les assujettir au droit proportionnel : la prétention serait dépourvue de tout fondement, vu l'absence d'un avantage quelconque pour la partie. — Sol. 20 mars 1854, 28 janv. 1867, [S. 67.2.200, P. 67.720, D. 68.3.19] — Favart, v° *Inscript.*, sect. 7, n. 12; Ed. Clerc, *Tr. de l'enreg.*, t. 2, n. 4076. — *Contrà*, Déc. min. Fin., 10 sept. 1823. — Instr. gén., 8 sept. 1824, n. 1100, § 14. — V. aussi Pont, t. 2, n. 192 et 1024; Aubry et Rau, t. 3, p. 285, note 15, p. 421; Laurent, t. 31, n. 67.

725. — En conséquence, les intérêts d'un prix de vente d'immeuble étant, comme le principal, conservés par la loi elle-même (C. civ., art. 2103), et non par l'inscription de la créance au bureau des hypothèques, il a été jugé que le droit d'inscription à 1 p. 1000 ne leur est point applicable. — Sol. enreg., 6 févr. 1886, [D. 89.3.16]

726. — Au contraire, lorsque les intérêts sont échus et liquidés dans un bordereau, les intérêts constituent une augmentation de la créance, une véritable dette accessoire; la perception du droit proportionnel d'inscription s'établit donc exactement sur eux comme sur le principal lui-même. — Sol. 10 nov. 1877; 7 juin 1878; 22 janv. 1881; 6 mars 1884; 6 févr. 1886, [J. *Enreg.*, n. 22630; Garnier, n. 867-1°. — V. aussi *Journ. Enreg.*, 1894, p. 439.

727. — Les mêmes règles sont suivies quant à la perception du droit proportionnel sur les frais et accessoires de la créance, dont mention est faite par le créancier dans les bordereaux remis au conservateur. Si ces frais sont déjà exposés, ils constituent une créance actuelle et doivent être réunis au principal pour la liquidation du droit d'inscription, mais seulement quand le montant en est indiqué dans le bordereau ; au cas contraire, ils ne constituent qu'une créance éventuelle, et, à ce titre, ils ne peuvent être soumis à l'impôt, l'application de l'impôt étant déterminée par le caractère actuel de la créance et non par le chiffre nominal porté au bordereau. — instr. gén., n. 1146, § 4; J. *Enreg.*, n. 16053, § 2; Garnier, *Rép. pér.*, n. 2434. — Sol. 15 mars 1886, [J. *des conserv.*, n. 3695] — V. aussi Cass., 14 août 1883, Dunet, [S. 84.1.24, P. 84.1.37, D. 84.1.64] — Grenoble, 2 mai 1870, N..., [D. 74.5.217] — Troplong, t. 3, n. 683; Durantou, t. 20, n. 123 et 125; Pont, t. 2, n. 991; Aubry et Rau, t. 3, § 274, p. 340; Laurent, t. 31, n. 64.

728. — Toutefois, il convient de remarquer que, si les frais déjà faits sont confondus avec les frais éventuels dans une seule et même évaluation, le droit proportionnel est perçu par le conservateur, à défaut de ventilation, sur le chiffre total de l'évaluation. — Sol. adm. enreg., 6 févr. 1877, [D. 86.3.134, note] — *Dict. des dr. d'enreg.*, v° *Hypoth.*, n. 42 et 78.

729. — C'est à l'occasion des frais et accessoires de la créance principale, mentionnés dans les bordereaux d'inscription des prêts fournis par le Crédit foncier, que s'est posée la question de savoir comment il convenait d'opérer la liquidation du droit proportionnel. Pour se mettre à l'abri de tout recours à cet égard, le Crédit foncier prescrit à ses agents de s'assurer, au moment de la signature des actes, du paiement fait par l'emprunteur des frais quelconques et de toute nature afférents à ces actes et aux formalités accessoires à ces actes ; il ordonne même de prélever sur le montant du prêt le frais d'expertises et autres avancés, le cas échéant, par la société. Dans ces conditions, il n'existe jamais à l'occasion d'une somme supérieure au montant du prêt, de la créance actuelle et existante. — V. Josseou, *Tr. du crédit foncier*, t. 1, p. 283.

730. — La mention, contenue dans les bordereaux d'inscription, des frais mis à la charge de l'emprunteur, même évalués cumulativement avec ceux de poursuite, de mise à exécution et de transfert des fonds, ne pouvant donc s'appliquer qu'à des frais à faire dans les cas déterminés prévus au contrat, l'administration a décidé avec juste raison qu'à l'égard des formalités ainsi accomplies à la requête et au profit du Crédit foncier, le droit proportionnel de 1 p. 1000 serait calculé, quant à la perception, d'après le principal de la créance, abstraction faite des frais accessoires et tous autres quelconques, mentionnés aux bordereaux comme mis par le contrat à la charge de l'emprunteur qui ne constituent qu'une créance purement éventuelle. — Sol. adm. enreg., 6 juill. 1885, [D. 86.3.134] — Garnier, n. 868-1°; *Dict. des dr. d'enreg.*, v° *Crédit foncier*, n. 43.

731. — Enfin, l'administration, généralisant à tous les frais et accessoires des créances mentionnés aux bordereaux les solutions admises pour le Crédit foncier, a décidé que le droit proportionnel de 1 p. 1000 est dû à l'enregistrement des bordereaux d'une inscription hypothécaire, sur les frais faits à ce moment dans les bordereaux. — Sol. adm. enreg., 15 mars 1886, [D. 87.3.54] — V. Aubry et Rau, t. 3, § 274, note 8, p. 341; Pont, t. 2, n. 991; Laurent, t. 31, n. 64.

732. — En conséquence, si le bordereau mentionne des frais taxés ou seulement énoncés comme dus au jour de l'inscription, ne formant qu'une seule et même créance avec le capital dont ils sont l'accessoire, le droit est exigible sur le tout, comme au cas où, ces frais étant qualifiés de « frais faits ou à faire », le conservateur ne possède point les éléments nécessaires pour opérer une exacte ventilation. La même solution est également applicable à l'hypothèse où le bordereau porte « frais de mise à exécution » et en fournissant par ailleurs l'évaluation ; si l'inscription est prise en vertu du jugement, il résulte suffisamment du titre que la condamnation au paiement des frais a été prononcée régulièrement, pour la totalité ou seulement pour partie, auquel cas on rentre dans l'hypothèse ci-dessus. Si l'inscription est requise en vertu d'un acte notarié, suivant l'un ou l'autre cas, les frais peuvent s'appliquer au terme échu, ou s'entendre, au moins pour partie, des frais d'acte et d'inscription avancés par le créancier.

733. — Si le bordereau porte la mention « frais de poursuite ou de mise à exécution ... », il convient de distinguer selon que le titre est ancien ou qu'il porte avec lui la preuve qu'il n'a pu encore être fait de poursuites pour sa mise à exécution. Dans le premier cas, le droit est dû à raison des poursuites qui ont pu être exercées pour un ou plusieurs termes échus. Dans le second, au contraire, le conservateur n'est point autorisé à ajouter les frais au capital pour la perception des droits ; il n'en serait autrement que si la formule du bordereau était telle qu'on pût admettre que les mentions faites n'emportent avec elles que pour partie l'idée d'une chose future, et s'appliquent également pour partie à des frais déjà exposés. — V. Sol. 6 févr. 1877, [J. Enreg., n. 20392]

734. — Dans sa dernière solution, l'administration a décidé que la règle d'après laquelle le droit de 1 p. 1000 n'est pas dû sur les frais faits éventuellement pour la réalisation du gage, ou pour tout autre objet, est applicable soit au cas où, l'inscription ayant été prise à une date rapprochée de celle de l'obligation, il n'est pas permis de supposer que des frais de poursuite ou de mise à exécution aient été déjà engagés, soit au cas où la formule du bordereau implique l'idée de frais futurs et non encore exposés au moment de l'inscription.

735. — La question s'est également posée de savoir si le droit de 1 p. 1000 devenu exigible sur l'inscription de l'hypothèque légale d'une femme mariée prise antérieurement au jugement prononçant la séparation de biens d'avec ceux de son mari devait être liquidé sur le montant des reprises constatées par le procès-verbal de liquidation-intervenu à la suite du jugement, ou seulement sur le reliquat constaté à la charge du mari dans ce même procès-verbal par suite des paiements qu'il mentionnait.

736. — L'administration a décidé que le droit était exigible sur la totalité des reprises de la femme renonçante, motif pris de cette jurisprudence aujourd'hui constante (V. *suprà*, v° *Communauté conjugale*, n. 2011), que, sauf celles des propres encore existantes, les reprises d'une femme commune constituent une créance de la femme contre son mari, et que les biens reçus par elle lui sont attribués, non à titre de partage, mais à titre de dation en paiement; ce qui suppose nécessairement la préexistence d'une dette du mari garantie par l'hypothèque légale pour l'inscription a pu pour objet de conserver dans l'intervalle de sa date au paiement de la dette. — Sol. adm. enreg., 29 sept. 1875, [J. Enreg., n. 19872; Rev. not., n. 5188; Garnier, Rép. pér., n. 4230] — Dict. des droits d'enreg., v° *Hypoth.*, n. 64; de France de Tersant, n. 133. — V. Rouen, 4 août 1857, Boucherot, [D. 57.3.88]

737. — Il est à remarquer que le motif de décider en l'espèce prévue au numéro précédent a été tiré du caractère des reprises de la femme renonçante. Il nous paraît, d'ailleurs, rationnel et juridique de conclure que la perception s'opérerait en sens opposé et seulement sur les reprises restant dues à la femme après attribution des biens de la communauté en sa faveur, au cas où la femme accepterait cette communauté, dont les biens sont réputés lui appartenir jusqu'à concurrence de ses reprises.

738. — Au contraire, en tant qu'il s'agit du droit dû sur l'inscription d'une hypothèque tutélaire et suspendu jusqu'à la détermination de la créance du mineur, l'administration décide que la fixation de la créance par le compte de tutelle autorise point le conservateur à exiger le droit de 1 p. 1000, si le reliquat du compte est payé comptant par le tuteur. Pour conclure ainsi, elle s'autorise des termes d'une de ses anciennes circulaires (n. 1676), décidant que, pour se voir appliquer l'art. 2 de la loi du messidor, le tuteur doit être constitué reliquataire. — Sol. 4 avr. 1892, [Garnier, Rép. pér., n. 8027; J. des conserv., art. 4269] — V. Sol. 29 sept. 1875, précité. — de France de Tersant, n. 126.

739. — Cette décision administrative repose, au fond, sur une assimilation du droit d'hypothèque au droit d'enregistrement et sur une extension de la règle qui, en matière d'enregistrement, considère comme inexistante une créance éteinte par un paiement aussitôt après sa naissance ou sa constatation. Dès lors, le reliquat du compte de tutelle ne donne pas ouverture au droit proportionnel d'enregistrement, s'il est immédiatement soldé; on ne saurait, en effet, taxer simultanément l'obligation et la libération qui en découle. Mais si la règle *non bis in idem* est vraie pour le droit d'enregistrement qui se trouve payé une fois pour la perception du droit fixe établi, en cas de reliquat soldé, sur tous les éléments de la gestion tutélaire, on peut se demander quel est le droit d'hypothèque qui a été acquitté au sujet de l'inscription qui a assuré et sauvegardé le résultat de cette gestion. C'est pourquoi, malgré la solution précitée, nous considérons le conservateur comme bien fondé à requérir le droit d'inscription.

§ 3. *Dispenses ou exemptions du droit.*

740. — Quelques inscriptions sont dispensées exceptionnellement du paiement du droit de 1 p. 1000. Nous n'insisterons pas sur les raisons pour lesquelles l'inscription d'office n'est pas passible du droit d'hypothèque (Circ. n. 1653 et 1792) : le privilège du vendeur est conservé par la transcription pour laquelle on paie le droit proportionnel de 1 fr. 50 p. 0/0; et, cette inscription ne profitant pas au vendeur, il y aurait injustice à exiger de lui un second droit proportionnel pour une formalité qu'il ne requiert pas.

741. — En dehors des inscriptions d'office, il est deux catégories d'exemptions. La première est relative aux inscriptions prises en vertu des art. 22 et 31, L. 16 sept. 1807, sur le dessèchement des marais; ces inscriptions ne sont soumises qu'au droit fixe de 1 fr.; mais, dans les cas de l'espèce, les travaux sont toujours déclarés d'utilité publique et, dès lors, la formalité est accomplie gratis, par application de l'art. 58, L. 3 mai 1841, accordant l'exemption de tous droits aux formalités hypothécaires remplies au sujet de l'exécution des travaux déclarés d'utilité publique. La seconde est relative aux transcriptions prises pour transfert sur des biens ruraux des inscriptions existant sur des maisons appartenant aux hospices de Paris dont la vente était autorisée par le décret du 27 févr. 1811.

742. — En matière d'assistance judiciaire, l'inscription prise par l'administration pour assurer le recouvrement de la créance des droits acquis à l'État doit avoir lieu, aux termes de l'art. 23, L. 21 vent. an VII, sans avance du droit d'hypothèque, comme d'ailleurs des salaires du conservateur, qui n'y a droit qu'en cas de recouvrement sur les parties. Il convient de mentionner ici que la créance dont l'administration doit assurer le recouvrement, bien que comprenant à la fois des droits dus à l'État et des honoraires d'officiers ministériels, n'en jouit pas moins pour le tout de la faveur accordée aux créances du Trésor. — Sol. 3 janv. 1890, [J. Enreg., n. 24424; Rev. enreg., n. 724] — de France de Tersant, n. 416-3°, p. 268, note 6. — V. Déc. min. Fin., 29 avr. 1853, [Instr. n. 1371]

743. — Les dispositions de faveur (L. 15 juill. 1840) qui soumettaient à un simple droit fixe de 1 fr. les formalités relatives à l'établissement des chemins de fer de Paris à Orléans, de Strasbourg à Bâle, d'Andrezieux à Roanne, de Paris à Rouen, ne sont plus aujourd'hui en vigueur. Vu cette abrogation, on peut, d'une part, dire qu'actuellement il n'est aucune loi ni solution pour autoriser et ordonner la perception du droit fixe sur une inscription quelconque, et, d'autre part, considérer avec M. de France de Tersant (n. 173, p. 85), comme « un accident de jurisprudence » l'opinion contraire, émise incidemment, du reste, au sujet des inscriptions indéfinies. — Cass., 27 déc. 1872, [J. des conserv., art. 4361; Rev. hyp., n. 1080] — Trib. Étampes, 11 mars 1856, [Instr. n. 2096]

744. — Une loi du 15 nov. 1848 (Instr. n. 1826, § 1) a exempté de tous droits de timbre soit des bordereaux soit d'inscription sur les registres de formalité (Instr. adm. enreg., 29 déc. 1848, n. 1826, § 1) les inscriptions prises pour garantie des prêts consentis aux associations ouvrières, encouragées en exécution du décret du 5 juill. 1848, exemption limitée, au surplus, aux actes et formalités privativement admis au bénéfice de la loi par une décision du ministre de l'Agriculture et du Commerce.

745. — L'exemption du droit proportionnel d'obligation, accordée par les décrets des 24 mars et 4 juill. 1848 aux actes constatant les prêts hypothécaires ou nantissements faits au profit des sous-comptoirs de garantie et des entrepreneurs, ne peut être étendue au droit proportionnel d'hypothèque dû sur une inscription hypothécaire prise au profit de ladite société pour la garantie des crédits ouverts par cet établissement : le principe admis en matière fiscale, d'après lequel les exceptions sont de droit strict, semble recevoir d'autant plus d'application, en l'espèce, que les droits d'enregistrement et le droit proportionnel d'inscription sont régis chacun par des lois spéciales, indépendantes l'une de l'autre. — Cass., 31 août 1858, David, [S. 58.1. 828, P. 59.950, D. 58.1.361]; — 19 janv. 1869, Sous-comptoir des entrepreneurs, [S. 69.1.233, P. 69.549, D. 69.1.155] — Trib. Seine, 20 janv. 1860, [J. Enreg., n. 17079; Contr. 11750]; — 22 juin 1867, [Garnier, Rép. pér., n. 2943; Instr., n. 2386, § 2]; — 13 juin 1868, Sous-comptoir des entrepreneurs, [D. 68. 3.78; J. Enreg., n. 18533; Garnier, Rép. pér., n. 2735]; — 15 janv. 1879, Sous-comptoir des entrepreneurs, [S. 72.2.210, P. 72.831, D. 72.5.204] — Trib. Marseille, 29 août 1873, Sous-comptoir des entrepreneurs, [J. Enreg., n. 19842; Garnier, Rép. pér., n. 3926; Instr. n. 2531, § 1] — Dict. des dr. d'enreg., t. 2,

p. 63, v° *Comptoir d'escompte*, n. 26; de France de Tersant, n. 98.

§ 4. *Paiement du droit.*

746. — La règle posée dans l'art. 27, L. 21 vent. an VII, ordonnant paiement d'avance des droits dus par les requérants, a été précisée par l'art. 2155, C. civ. : « Les frais des inscriptions sont à la charge du débiteur, s'il n'y a stipulation contraire; l'avance en est faite par l'inscrivant, si ce n'est quant aux hypothèques légales, pour l'inscription desquelles le conservateur a son recours contre le débiteur ». — Cette obligation est rigoureuse et elle a pour sanction le refus de la formalité; il ne convient point que le conservateur, agissant dans un intérêt public, ait à exercer des actions récursoires contre les débiteurs qui pourraient contester le droit de celui sur la réquisition duquel la formalité a été opérée. — Circ. 1539, [Instr. 233]; — Circ. compt., 20 sept. 1875, art. 269, [Instr. 2535] — de France de Tersant, t. 2, n. 1066; Laurent, t. 31, n. 40.

747. — Le requérant n'est libéré que par le versement fait aux mains du conservateur directement. Il a été jugé, en conséquence, que celui-ci n'est point responsable du détournement par un de ses commis de sommes à lui remises en vue de l'accomplissement éventuel des formalités. — Paris, 13 mars 1886, Bernard, [D. 88.5.123] — On sait, d'ailleurs (V. Lett. comm., 23 févr. 1893, n. 172. — *Contrà*, *J. des conserv.*, art. 4351; *Rev. hyp.*, n. 1103; Garnier, *Rép. pér.*, n. 8038), que les commis ne peuvent se constituer mandataires directs et rémunérés des parties ou des officiers publics; et que les conservateurs s'exposeraient à une action disciplinaire si des abus étaient reconnus de ce chef.

748. — Lorsqu'il s'agit d'une créance éventuelle, le droit ne peut être perçu sur l'inscription; il demeure donc en suspens jusqu'au jour où l'éventualité s'est réalisée; dès cet instant, l'administration est autorisée à agir contre toutes personnes, inscrivants ou grevés, dénommés à l'inscription. C'est ce qui a été reconnu, antérieurement à la loi du 23 août 1871, pour les inscriptions garantissant des ouvertures de crédit; il a été, en effet, jugé que le conservateur, au nom de l'administration, pouvait actionner en paiement du droit proportionnel le crédité aussi bien que le créditeur, dès l'instant de la réalisation du crédit, pour le montant de l'inscription prise en vertu de l'acte d'ouverture de crédit. — Cass., 19 janv. 1869, Société du quartier neuf du Luxembourg, [S. 69.1.234, P. 69.786, D. 69.1.353] — Trib. Vitry-le-François, 19 déc. 1861; — Trib. Abbeville, 12 août 1862. — Aix, 7 févr. 1877, [*J. Enreg.*, n. 17425, 17540, 18589]; Garnier, *Rép. pér.*, n. 4688].

749. — A ces principes, une exception a été apportée quant au paiement du droit sur l'inscription des hypothèques légales. L'art. 2135 s'oppose, en effet, par une faveur spéciale, à ce qu'il soit exigé du créancier ou du tiers requérant inscription, qui n'a le plus souvent aucun intérêt à la formalité. — Garnier, n. 884-3°; de France de Tersant, n. 319 *in fine*.

750. — La disposition de l'art. 27 de la loi de ventôse, précisée, ainsi que nous l'avons dit, par l'art. 2155, C. civ., relative à la consignation préalable du droit dû au Trésor et du salaire alloué au conservateur, a été édictée dans un intérêt général; c'est pourquoi le conservateur, responsable vis-à-vis de l'Etat du recouvrement du droit, a action contre les tiers; il convient néanmoins de faire remarquer que ce droit n'engendre à sa charge aucune obligation corrélative envers lesdits requérants. En effet, d'après la jurisprudence, toutes les fois qu'un conservateur ne se conforme pas quant à ce aux prescriptions légales, il accorde par cela même aux tiers, en fait, à ses risques et périls, des facilités de paiement que rien ne l'oblige à leur donner; et ceux-ci ne peuvent s'en plaindre comme d'un grief. — V. Paris, 13 mars 1886, précité.

§ 5. *Prescription du droit.*

751. — Nous avons déjà dit, *supra*, n. 575, que la loi du 24 mars 1806, avait rendu les dispositions de l'art. 61, L. 22 frim. an VII, applicables aux perceptions de droits d'hypothèques. En conséquence, toute demande, soit en paiement d'un supplément de droit d'inscription à raison d'insuffisance de perception lors de l'accomplissement de la formalité, soit en restitution d'un droit indûment perçu, se prescrit par deux ans à compter du jour de l'inscription. — Sol. 2 févr. 1875, [*J. Enreg.*, art. 19764]

752. — La prescription biennale ne s'applique, à la vérité, qu'aux droits d'hypothèque dont la perception devait être faite au moment de l'accomplissement des formalités ou aux insuffisances de perception. La question est de savoir si elle s'applique également aux droits des formalités en débet ou des inscriptions indéfinies ou indéterminées, lesquelles ne peuvent être assujetties au droit proportionnel d'inscription tant que n'est pas arrivé l'événement, par exemple, dissolution de la communauté pour l'hypothèque de la femme, fin de la tutelle pour celle des pupilles, qui déterminera s'il existe une créance et le chiffre de cette créance. — Délib. 25 mai 1844, [*D. Rép.*, v° *Enreg.*, 5472] — V. Sol. 25 oct. 1867, [S. 68.2.38, P. 68.239, D. 68.5.251]

753. — Il convient de remarquer que l'art. 61, L. 22 frim. an VII, édicté en matière d'enregistrement, est une disposition exceptionnelle qu'il faut interpréter littéralement, toutes les dispositions du droit fiscal voulant une interprétation stricte. Il faut donc appliquer, en l'espèce, comme en matière de droits d'enregistrement (Cass., 18 juill. 1888, Escarraguel, [S. 90.1.182, P. 90.1.417, D. 89.1.244] — Trib. Romorantin, 8 mai 1891, sous Cass., 4 mai 1892, Pichelin, [S. et P. 92.1.421] — ... et d'impôt sur le revenu — Cass., 8 nov. 1887, Compt. d'escompte d'Orléans, [S. 88.1.389, P. 88.1.942, D. 88.1.109]) — la prescription trentenaire, établie comme prescription du droit commun par l'art. 2262. — V. Alb. Wahl, note sous Trib. Grenoble, 18 mai 1892, Grand, [S. et P. 92.2.321]; note sous Cass., 27 déc. 1892, Bambaud, [S. et P. 93.1.209]

754. — La question, plus complexe, s'est posée de savoir si la présentation à l'enregistrement d'un acte déterminant le montant de l'hypothèque dont la valeur était jusqu'alors incertaine marque ou non le point de départ de la prescription biennale, ou si, au contraire, la prescription de trente ans reste seule applicable. En tant qu'il s'agit des conservateurs, il faut remarquer que la question se posera, soit à l'occasion du dépôt fait à leurs bureaux d'une mutation jusque-là demeurée secrète et non enregistrée, auquel cas ils sont autorisés à percevoir les droits d'enregistrement, soit à l'occasion d'une réclamation de droits qu'ils feront, sur la connaissance personnelle d'un acte soumis à l'enregistrement révélant un fait qui donne naissance à l'exigibilité de droits demeurés jusque-là en suspens, vu la forme du titre primitif.

755. — La chambre civile de la Cour de cassation a décidé que la prescription biennale est applicable à toute réclamation faite par les conservateurs des droits qui pouvaient être perçus au vu d'un acte soumis à l'enregistrement comme à ceux perçus sur un acte présenté à leur bureau pour accomplissement des formalités hypothécaires. Cela conduit à décider qu'il n'est pas nécessaire, pour que la prescription biennale s'applique, que le conservateur ait omis de faire la perception d'un droit auquel était soumis l'acte qui lui était présenté; mais qu'il suffit que cet acte ait fourni les éléments de la réclamation des droits sur un autre acte, et que cette réclamation n'ait pas été faite dans les deux ans de l'enregistrement. — Cass., 27 déc. 1892, précité.

756. — M. Alb. Wahl (note sous cet arrêt) combat cette doctrine. En admettant même que la prescription biennale suppose, comme condition essentielle, la non-perception d'un droit qui eût dû être perçu sur l'acte enregistré et ne l'a pas été, on ne pourrait soutenir que, dans les circonstances les plus favorables, l'enregistrement d'un acte fasse partir la prescription biennale pour le droit d'inscription. La Cour suprême, pour admettre que la prescription biennale frappe même les droits à raison d'un acte dont la seule présentation au bureau de l'enregistrement révèle à l'administration l'exigibilité, elle déclare que « c'est à l'administration qu'il appartient de transmettre au conservateur du bureau compétent les renseignements nécessaires. »

757. — L'objection, consistant à soutenir que les conservateurs des hypothèques font partie de la même administration que les receveurs de l'enregistrement, et que les communications sont plus fréquentes entre eux qu'entre membres d'administrations différentes, « conduirait, suivant une observation de M. Wahl, à dire que le jour où une loi retirerait la conservation des hypothèques à l'administration de l'enregistrement, la solution donnée par la Cour de cassation perdrait sa valeur ». Or, un fait de cette nature doit rester sans influence sur la question, qui dépend exclusivement de l'interprétation de textes; les relations entre conservateurs d'hypothèques et receveurs de l'enregistrement ne sont point un motif suffisant de décider, si l'on considère surtout que les textes relatifs aux droits d'enregistrement ne sont pas de plein droit applicables aux droits d'hypothèque au point de vue de la prescription, et qu'une séparation absolue existe même, quant à leur nature, entre ces deux sortes de droits.

758. — Cette nouvelle jurisprudence serait beaucoup plus favorable aux contribuables que celle résultant de la jurisprudence antérieure : de très-nombreux arrêts avaient, en effet, décidé que, pour pouvoir opposer au conservateur la prescription biennale, il fallait avoir déposé en ses bureaux, à fin d'inscription, un acte faisant titre de la créance éventuelle réalisée, dont les dispositions étaient de nature à justifier de sa part la perception du droit proportionnel sur cet acte même. Au cas de non perception, il s'agissait bien alors d'un droit non perçu sur une disposition particulière, rentrant ainsi au nombre de ceux pour lesquels a été édictée la prescription biennale. — Cass., 4 avr. 1864, Joly, [S. 64.1.188, P. 64.1122, D. 64.1.298]; — 15 mai 1866, Roubo, [S. 66.1.339, P. 66.908, D. 66.1.216]; — 14 déc. 1870, Vuldy, [S. 70.1.404, P. 70.1038]; — 2 déc. 1873 (3 arrêts), Vergnon et Lemasson, Conchou, [S. 74.1.225, P. 74.530, D. 74.1.108]; — 24 août 1874, Cie des mines de Liévin, [S. 75.1.129, P. 75.295, D. 75.1.113]; — 21 août 1876, Ordre des Dominicains, [S. 77.1.132, P. 77.300, D. 77.1.15]; — 23 juill. 1883, Eichelbrenner, [S. 85.1.39, P. 85.1.63, D. 84.1.244]; — 18 juill. 1888, Ville de Marseille, [S. 90.1.181, P. 90.1.414, D. 88.1.268]; — 4 avr. 1890, Nicolas, [S. 91.1.33, P. 91.1.52, et la note de M. Wahl, D. 90.1.203] — Trib. Montpellier, 9 févr. 1891, Borel et de Borély, [S. et P. 92.2.228, et la note de M. Wahl] — Trib. Romorantin, 8 mai 1891, sous Cass., 4 mai 1892, Pichelin, [S. et P. 92.1.421]

759. — Les applications de cette doctrine avaient été autrefois spécialement faites à l'égard du droit proportionnel d'hypothèque exigible, par suite de la réalisation d'un crédit, sur l'inscription prise en vertu de l'acte d'ouverture de crédit, lorsqu'il n'était pas justifié que les actes présentés à l'enregistrement dussent par eux-mêmes, et indépendamment de toutes recherches ultérieures, servir de base à la perception immédiate de ce droit: il était constamment décidé, en effet, que, si, aux termes des lois des 22 frim. an VII et 24 mars 1806, la prescription biennale pouvait être valablement opposée au conservateur qui, après avoir omis de percevoir un droit d'hypothèque, n'en poursuivait le recouvrement que deux années après l'inscription opérée, cette courte prescription n'était justement invoquée contre lui qu'au seul cas où le droit pouvait être réclamé immédiatement et sur l'inscription. — Cass., 8 juin 1875, Sous-compt. des entrepreneurs, [S. 75.1.380, P. 75.905, D. 75.1.423] — Trib. Seine, 3 févr. 1866, Lefaure, [D. 66.3.54]

Section III.
Droit de transcription.

760. — Nous n'avons que fort peu de chose à dire sur les droits de transcription, qui seront étudiés ultérieurement v^{is} *Enregistrement* et *Transcription hypothécaire*; nous userons donc à ce sujet de la même réserve que pour les inscriptions; c'est dire qu'il ne sera indiqué ici que les règles les plus générales sur la perception à opérer de ces droits par les conservateurs des hypothèques au moment où ils procèdent à la transcription des actes sur lesquels les receveurs de l'enregistrement n'ont point exigé le droit d'hypothèque de 1 fr. 50 p. 0/0, soit qu'ils n'aient pas dû le faire, soit qu'il y ait eu de leur part erreur ou omission.

761. — Les droits de transcription sont au nombre de deux : — l'un *proportionnel* de 1 fr. 50 p. 0/0, qui se perçoit, soit lors de l'enregistrement pour les actes portant transmission immobilière et être transcrits, soit au bureau des hypothèques, lorsque la formalité est requise et que la perception du droit n'a pas été faite au bureau de l'enregistrement; — l'autre, établi par l'art. 61, L. 28 avr. 1816, *fixe*, tarifé à 1 fr., qui se perçoit, outre le salaire du conservateur, au bureau des hypothèques, lorsque la formalité est requise et que le droit proportionnel a été par anticipation perçu au bureau de l'enregistrement, ou lorsqu'il s'agit d'un acte quelconque, onéreux ou à titre gratuit, qui n'est sujet à la transcription que par l'effet des dispositions de la loi du 23 mars 1855.

762. — La législation de l'an VII avait statué distinctement, d'une part, sur le *droit de mutation* perçu au moment de l'enregistrement des contrats, en vertu de la loi du 22 frim. an VII, dont l'unique raison d'être trouve dans l'abondante source de revenus qu'il constitue pour le Trésor; d'autre part, sur le droit de transcription, perçu par le conservateur des hypothèques, en vertu de la loi du 21 vent. an VII, lors de l'insertion de ces contrats sur ses registres, à l'occasion d'une formalité que la loi n'ordonne pas, mais qu'elle conseille aux parties d'accomplir pour sauvegarder leurs intérêts, encore que son caractère d'impôt soit certain, à en juger par son indivisibilité. — *Dict. des dr. d'enreg.*, n. 112; Wahl, *Des rapports du dr. de transcr. avec le droit de mut.*, p. 119 et s.

763. — Mais comme la formalité de la transcription était négligée pour éviter une partie de l'impôt, la loi du 28 avr. 1816 fut édictée, un peu dans l'intérêt de la propriété et beaucoup, sinon exclusivement, dans l'intérêt du fisc; elle modifia l'état de choses antérieur, en rendant obligatoire le paiement du droit attaché à la transcription indépendamment de l'accomplissement de la formalité (art. 32), et en l'établissant sur tous les actes de nature à être transcrits (art. 54) : ainsi, l'acte assujetti lors de l'enregistrement au droit proportionnel de transcription ne donnait plus lieu, lors de la présentation au bureau des hypothèques, qu'au droit fixe de 1 fr. La loi de 1816 resserra encore davantage le lien que la loi du 27 vent. an IX avait établi entre les deux droits de transcription et de mutation; le but constamment poursuivi par le législateur a été d'assimiler ces deux droits sous le rapport de la liquidation, du mode de perception et de l'application : toute mutation entre-vifs d'immeubles donne lieu aux deux impôts cumulés, perçus par les mêmes agents, liquidés d'après les mêmes principes. Quant aux mutations à titre gratuit, elles, qu'ils sont modifiés par l'art. 33, L. 21 avr. 1832, sont augmentés du droit de transcription; le concours des deux droits est, en ce cas, exempt de difficultés. — Wahl, *op. cit.*, p. 128.

764. — En attribuant aux receveurs de l'enregistrement la mission de percevoir le droit de transcription de 1 fr. 50 p. 0/0, la loi de 1816 n'a pas abrogé les art. 19 et 25, L. 21 vent. an VII; elle en a seulement modifié l'exécution et étendu l'application, en sorte que le principe en vertu duquel la transcription sur le registre du conservateur est passible d'un droit proportionnel au profit du Trésor est demeuré intact. Les conservateurs sont donc tenus de réclamer et de percevoir ce droit toutes les fois que l'acte présenté à la transcription n'y a pas été antérieurement assujetti, lors de son enregistrement, par addition de droit d'enregistrement lui-même, conformément aux prévisions de l'art. 54, L. 28 avr. 1816. C'est ce qui a lieu notamment pour les conventions, qui, ne rentrant pas dans la catégorie des actes de nature à être transcrits, n'ont pu être légalement soumises audit droit de 1 fr. 50 p. 0/0 par le receveur de l'enregistrement. Dès lors, si, pour une raison quelconque, le droit proportionnel n'ayant pas été originairement acquitté, par suite de circonstances souverainement appréciées par les intéressés, la transcription des actes est requise, il appartient au conservateur des hypothèques d'exiger, à titre de salaire de la formalité et en rémunération du service rendu par l'État, le droit de 1 fr. 50 p. 0/0. — Garnier, n. 1022; *Dict. des dr. d'enreg.*, n. 116; de France de Tersant, n. 276-2°, n. 1. — Cass., 27 nov. 1872, de Chevreuse, [S. 73.1.87, P. 73. 176, D. 73.1.197]; — 5 nov. 1867, Regnobert de Guyeuro, [S. 67.1.455, P. 67.1201, D. 68.1.97]; — 1er avr. 1884, Cie générale des canaux et travaux publics, [S. 85.1.83, P. 85.1.174, D. 84. 1.345]; — 18 juill. 1882, Simon et Bondaux, [S. 83.1.377, P. 83. 1.956, D. 83.1.33 et 233]; — 12 mai 1891, Dumaine, [S. et P. 92. 1.97, D. 91.1.470]

765. — La loi sur la transcription hypothécaire du 23 mars 1855 ne présente point, ce semble, d'intérêt direct au sujet de la perception du droit. En effet, si, d'un côté, elle assujettit à la formalité toute mutation de propriété, cette disposition n'a pas d'influence sur la perception, puisque les mutations étaient déjà assujetties à un autre titre au droit proportionnel ; leur transcription était, en effet, utile, soit pour arrêter le cours des inscriptions (C. proc. civ., art. 834), soit pour purger l'immeuble des hypothèques dont il était grevé (C. civ., art. 2181). Il est vrai d'ajouter, d'une part, que la transcription est devenue, à raison de cette loi, utile pour des actes nouveaux, qui ne sont point d'ailleurs des mutations de propriété, et que, d'autre part, des dispositions formelles les ont exemptés du droit proportionnel pour les soumettre à un simple droit fixe de 1 fr., exigible au moment de la formalité. Nous aurons à apprécier l'influence de cette règle nouvelle.

§ 1. *Exigibilité du droit de transcription.*

766. — Le droit de transcription sera exigé par le conservateur des hypothèques dans deux cas bien distincts : 1° lorsque, l'acte ayant été présenté à l'enregistrement, le receveur a omis de percevoir le droit qu'il aurait dû exiger en vertu des art. 52 et 54, L. 28 avr. 1816 : le conservateur répare l'erreur commise par le receveur; 2° lorsque le receveur n'était pas tenu de percevoir le droit de transcription parce que l'acte n'était ni une vente ni un acte de nature à être transcrit : la formalité ayant été requise, le droit est encouru.

767. — La première hypothèse ne doit pas nous retenir ; nous n'avons pas à indiquer ici en quels cas le receveur doit percevoir le droit de transcription (V. *infrà*, v° *Enregistrement, Transcription*). On sait qu'il suffit que la purge soit possible et qu'il n'est pas indispensable qu'il y ait mutation : ainsi en est-il pour l'héritier bénéficiaire acquéreur sur adjudication de l'immeuble de la succession — Cass., 12 janv. 1876, Chevreux, [S. 76 1.81, P. 76.166, D. 76.1.52]; — ... pour la déclaration de la femme acceptant une offre de remploi — Cass., 18 avr. 1853, de Saint-Pardoux, [S. 53.1.335, P. 53.1.267, D. 53.1.145] — Sic, G. Demante, *Principes de l'enreg.*, t. 1, p. 132, n. 102; t. 2, p. 320, n. 631.

768. — Plus intéressante pour nous est l'hypothèse où le droit n'est dû que parce que la formalité a été spécialement requise du conservateur ; le droit n'est pas dû en vertu d'une disposition légale, mais en suite de l'acte volontaire des intéressés. A cet égard, la jurisprudence a depuis longtemps décidé que l'exigibilité du droit proportionnel de transcription n'est pas subordonnée à l'exigibilité du droit de mutation. Bien qu'ils soient réunis dans un tarif unique, en ce qui concerne les ventes, et malgré cette circonstance que, dans la plupart des cas, ils sont acquis simultanément au Trésor par le fait de la présentation de l'acte à l'enregistrement, ces deux droits n'en sont pas moins distincts et indépendants l'un de l'autre ; ils n'ont ni le même fondement, ni les mêmes règles : l'un, le droit d'enregistrement, repose sur le fait d'une transmission actuelle de propriété ; le second, le droit de transcription, est le prix d'une formalité, par suite il est exigible au moment où cette formalité s'accomplit, et voilà pourquoi, hors le cas où il a été perçu auparavant, conformément aux art. 25, L. 21 vent. an VII, et 54, L. 18 avr. 1816, le conservateur est autorisé à en effectuer la perception pour le compte du Trésor. — Cass., 7 nov. 1849, Duval-Noireterre, [D. 49.1.289]; — 10 juin 1850, Chuart, [S. 50.1.681, D. 50.1.185]; — 3 juill. 1850, Saphary, [D. 50.1.283]; — 23 nov. 1853, Chevallier, [S. 53.1.746, P. 54.1.114, D. 53.1.344]; — 6 déc. 1864, C¹ᵉ gén. des Polders, [S. 65.1.49, P. 65.78, D. 65.1.144]; — 10 juill. 1865, Duboys, [S. 66.1.423, P. 65.4274, D. 65.1.126]; — 5 nov. 1867, Regnobert, [S. 67.1.455, P. 67.4201, D. 68.1.97]; — 19 janv. 1869, Sous-compt. des entrepren., [S. 69.1.223, P. 69.349, D. 69.1.135]; — 27 nov. 1872, précité; — 12 janv. 1876, de Luynes, [S. 76.1.81, P. 76.166]; — 25 août 1879, Tassy, [D. 79.1.449]; — 18 mars 1884, Norès, [S. 84.1.345, P. 84.1.836, D. 84.1.419]; — 30 nov. 1885, Vatin, [S. 86.1.433, P. 86.1.1046, D. 86.1.86]; — 6 févr. 1889, [Instr. 2780, § 2]; — 3 déc. 1890, Duboul, [J. Enreg., n. 23507]; — 10 nov. 1891, Testenoire-Lafayette, [S. et P. 92.1.103] — Trib. Issoudun, 16 nov. 1887, Rion, [J. Enreg., n. 22986] — Trib. Moulins, 11 déc. 1887, Pic-Clairefond, [J. Enreg., n. 23468] — Trib. Villefranche, 21 juin 1890, Morel, [J. Enreg., n. 23479] — Trib. Murat, 8 avr. 1892, Consorts Benoit, [J. Enreg., n. 23867] — Sol. 8 janv. 1883, [J. Enreg., n. 22039] — V. de France de Tersant, n. 276.

769. — Le droit proportionnel de transcription, étant le prix de la formalité, doit être perçu par le conservateur des hypothèques sur tout acte présenté volontairement à la formalité, encore bien que les dispositions de cet acte ne donneraient pas normalement ouverture à ce droit, et que sa transcription serait, dès lors, sans intérêt ; le droit est la rémunération du service rendu par l'État : ce service consiste à assurer la publicité et la conservation de l'acte transcrit, par sa reproduction dans un registre public. — Cass., 20 nov. 1861, Amoudru, [S. 62.1.94, P. 62.357, D. 62.1.132]; — 20 mai 1863, de Lacuée, [S. 63.1.506, P. 63.746,

D. 63.1.239]; — 27 juill. 1863 (4 arrêts), Bane-Velin et autres, [S. 63.1.545, P. 64.299, D. 63.1.283]; — 6 déc. 1864, précité; — 10 juill. 1865, précité; — 24 mars 1868, Decaux, [S. 68.1.311, P. 68.788, D. 68.1.244]; — 18 juill. 1882, Flon et Bellanger, [S. 83.1.377, P. 83.1.956, D. 83.1.233]; — 1ᵉʳ avr. 1884, Cⁱᵉ gén. des canaux et travaux publics, [S. 85.1.85, P. 85.174, D. 84.1.345] — Trib. Lyon, 12 déc. 1867, Lecomte, [D. 71.5.385]

770. — En conséquence, le conservateur doit transcrire, sans avoir à se préoccuper de l'intérêt que peut avoir la formalité pour les requérants, qu'il y ait de leur part erreur ou excès de précaution; la perception du droit ne supposera pas non plus nécessairement qu'une mutation a eu lieu; l'exigibilité résulte de la réquisition volontaire. — Cass., 1ᵉʳ avr. 1884, précité.

771. — C'est ce qui a été jugé : pour une donation d'immeubles soumise à une condition suspensive, spécialement pour une donation de biens présents faite entre futurs époux, sous condition de survie du donataire; quoique passible d'un simple droit fixe à l'enregistrement, elle est sujette immédiatement au droit proportionnel de transcription, dès qu'elle est présentée à la formalité, au bureau des hypothèques. — Cass., 5 nov. 1867, précité. — *Sic, Dict. des dr. d'enreg.*, n. 117, p. 568; Garnier, n. 1029-1°. — *Contrà*, G. Demante, 3ᵉ éd., t. 1, p. 102-VII.

772. — ... Pour les donations de biens à venir, et notamment une donation de biens présents et de biens présents et à venir renfermée en un contrat de mariage. — Délib. 16 oct. 1838, [Garnier, *Rép. pér.*, n. 5751] — Sol. 8 déc. 1871, [J. Enreg., n. 19294] — Cass., 12 mai 1891, Dumaine, [S. et P. 92.1.97, D. 91.1.470; Garnier, *Rép. pér.*, n. 7620] — Trib. Castelsarrazin, 7 févr. 1843, De Nafincs, [D. 43.3.84] — Trib. Mayenne, 14 mai 1834, [J. Enreg., n. 11549-5°; Garnier, *Rép. pér.*, n. 4796] — Trib. Laon, 12 déc. 1867, Lecomte, [J. Enreg., n. 18541; Garnier, *Rép. pér.*, n. 2766] — Déc. min. Just., 19 brum. an XII, Verdier, n. 809; Garnier, n. 1020-1°.

773. — ... Pour le procès-verbal d'adjudication d'immeubles légués à charge de restitution, bien que cette adjudication n'emporte pas mutation de propriété. — Cass., 7 avr. 1886, Dubertret, [S. 86.1.484, P. 86.1.1181, D. 87.1.220]; — 18 mars 1884, précité; — Trib. Seine, 18 mars 1865, Audifret; — Trib. Nantes, 12 juin 1873, Querbez; — Trib. Seine, 28 nov. 1884, Boland, [D. 85.5.465] — *Contrà*, G. Demante, sous Cass., 18 mars 1884, précité; — Labbé et Testoud, *Rev. crit. de lég. et jur.*, ann. 1885, p. 153 et 344.

774. — ... Pour les partages anticipés faits en conformité des art. 1075 et s., C. civ., nous rappelons qu'antérieurement à la loi du 21 juin 1875 (V. *suprà*, n. 693), ces partages n'étaient soumis au droit proportionnel que dans le seul cas, dont il s'agit ici, de présentation volontaire au bureau des hypothèques; et que, depuis cette époque, ladite formalité ne donne plus lieu qu'au droit fixe de 1 fr., le droit proportionnel réduit à 50 cent. pour 100 fr. étant perçu lors de l'enregistrement. — Lorsqu'il s'agit d'immeubles ruraux, le revenu, au lieu d'être multiplié, comme jadis, par 20 et par 10, l'est aujourd'hui par 25 et 12 1/2. — *Dict. des dr. d'enreg.*, n. 146; *J. des conserv.*, art. 18740. — V. aussi *Journ. de l'Enreg.*, n. 18740; Garnier, n. 1053.

775. — ... Pour un acte par lequel une femme dotale substitue à l'un de ses biens dotaux un bien paraphernal, dans le but de convertir le bien paraphernal en bien dotal et réciproquement; quels que soient, en droit civil (Aubry et Rau, t. 5, § 534 *b*, p. 537), les effets d'une dotalisation autorisée par le tribunal, qui n'est hors de doute qu'elle n'a pas un caractère translatif, et ne saurait, en dehors de toute présentation volontaire à la transcription, au bureau des hypothèques, donner lieu à la perception par anticipation du droit de 1 fr. 50 0/0. — V. Sol. adm. gén., 20 nov. 1880, [D. 81.5.368] — *Dict. des dr. d'enreg.*, n. 173 ; Garnier, n. 1053.

776. — ... Pour la transaction par laquelle un légataire universel fait abandon de divers immeubles de la succession à l'enfant naturel du défunt, dont la reconnaissance était l'objet de la contestation terminée par cette transaction. — Cass., 20 mai 1863, précité. — Garnier, n. 1044; *Dict. des dr. d'enreg.*, n. 144; Flandin, n. 1408; Verdier, n. 774; *Rev. prat.*, t. 9, p. 435.

777. — ... Pour une promesse de vente d'immeuble, sans que l'on ait à se préoccuper de la question controversée de savoir si une semblable promesse opère conditionnellement, suivant les uns (V. notamment Pont, *Priv. et hyp.*, t. 2, n. 636 et 1285), le dessaisissement de la propriété dès le jour où elle a été souscrite, ou si, suivant les autres (Rivière et Huguet, *Quest.*

théor. et prat. sur la transcript., n. 53; Troplong, *De la transcript.*, n. 52; Flandin, t. 1, n. 61; Aubry et Rau, t. 2, § 209, note 4, p. 287; Laurent, t. 24, n. 13 et 16), elle ne s'opère qu'à partir du moment où le bénéficiaire déclare vouloir acheter. — Cass., 18 juill. 1882, précité. — V. Garnier, n. 1035; *Dict. des dr. d'enreg.*, n. 150 et 153.

778. — ... Pour une vente conditionnelle, le receveur n'ayant pu, à raison de l'intérêt simplement éventuel de la transcription, percevoir le droit proportionnel lors de l'enregistrement. — Cass., 5 nov. 1867, Regnobert de Guyenro, [S. 67.1.455, P. 67.1201, D. 68.1.97] — *Sic*, Demante, *op. cit.*, t. 1, p. 157.

779. — ... Pour l'acte, de nature douteuse, (Flandin, n. 791; Rivière et Huguet, quest. 135; Troplong, *Priv. et hyp.*, t. 2, n. 404 *bis*) constatant la concession faite, pour un prix et durant un laps de temps déterminés, du droit d'exploiter une carrière existant dans une propriété désignée. — Sol. adm. enreg., 4 mai 1872, [S. 74.2.136, P. 74.623, D. 75.3.118] — Cass., 6 déc. 1864, Cie des Polders, [S. 65.1.49, P. 65.78, D. 65.1.144] — *Contrà*, n. 12776; Garnier, *Rép. pér.*, n. 2023; Instr., n. 2324, § 4.

780. — ... Pour un acte constatant l'exercice d'un retrait de réméré dans le temps convenu, sauf au cas où, usant de la faculté reconnue par la solution de l'administration, en date du 31 mai 1881 (D. 82.3.64), les retrayants qui exercent leur droit de rachat dans les délais stipulés se contenteraient, pour éviter le paiement du droit proportionnel, de requérir une simple mention de l'acte de retrait en marge de la transcription du contrat de vente conditionnel. — V. Sol. 7 févr. 1877, [*J. Enreg.*, n. 20327; *J. des conserv.*, art. 3089] — Trib. Nantes, 20 mai 1875, [*J. Enreg.*, n. 19865; *Rev. not.*, n. 5199; *J. not.*, n. 21421; *J. des conserv.*, art. 3002; Garnier, *Rép. pér.*, n. 4514] — *Dict. de dr. de l'enreg.*, n. 167; Garnier, n. 1044.

781. — ... Pour l'acte constatant le retrait successoral, sauf le bénéfice de l'observation qui vient d'être faite pour le retrait de réméré. — Trib. Pont-l'Évêque, 10 janv. 1867, Dupin des Vastisses, [S. 67.2.161, P. 67.606, D. 67.3.24] — *Dict. des dr. d'enreg.*, n. 169.

782. — ... Pour les actes de société constatant des apports d'immeubles faits par l'un des associés, faut ici fait remarquer que la jurisprudence considère comme volontairement présenté à la transcription l'acte signifiant qu'il serait formalité, encore que l'acte n'ait été requise qu'après une contrainte en paiement du droit signifiée à la société, en vertu de cette stipulation, à la requête du conservateur. — Cass., 27 juill. 1863, Hauts-Fourneaux de Franche-Comté et Soc. du quartier neuf du Luxembourg, [S. 64.1.545, P. 64.299, D. 63.1.283] — V. aussi Cass., 20 nov. 1861, Amoudru, [S. 62.1.94, P. 62.357, D. 62.1.131] — G. Demante, t. 2, n. 709; Lyon-Caen et Renault, *Tr. dr. comm.*, t. 2, n. 24.

783. — En ces divers cas une question se pose. Le conservateur va-t-il percevoir le droit proportionnel de 1,50 p. 0/0? L'affirmative ne faisait pas de doute avant 1855. « En requérant la transcription, disait un arrêt du 21 févr. 1849, Blanchet, [S. 49.1.274, D. 49.1.139], la partie s'est reconnue passible du droit proportionnel ». En effet, à cette époque, il ne pouvait être question de droit fixe que lorsque le droit proportionnel avait été déjà acquitté. La loi de 1855 a, au contraire, tarifé provisoirement au droit fixe les actes soumis par elle à la formalité; d'où l'on se demande si l'on ne pourrait pas appliquer ce tarif de faveur. La jurisprudence ne l'a pas pensé. — Cass., 9 août 1860, Légende, [S. 61.1.548, P. 61.475, D. 60.1.451]; — 27 juill. 1863, Blane-Valin et autres, [S. 64.1.545, P. 64.299, D. 63.1.283]; — Cass., 12 mai 1891, Dumaine, [S. et P. 92.1.97, D. 91.1.470].

784. — Il est aisé de justifier cette dernière solution. Le législateur a voulu que la transcription qu'il prescrivait à l'égard d'actes soustraits précédemment à la formalité soit aussi peu onéreuse que possible pour les intéressés; il a accordé, en conséquence, pour ces actes la faveur du droit fixe. En sens inverse, il ne pouvait logiquement autoriser les parties à réclamer du conservateur application de ce tarif exceptionnellement équitable pour des actes dont la transcription est volontairement requise en dehors de toute obligation légale résultant de la loi nouvelle. — V. de France de Tersant, n. 276, note 3.

784 bis. — L'opinion contraire a trouvé des partisans autorisés. D'après M. Wahl, l'idée que le droit de transcription est le salaire d'une formalité est une considération qui, dans diverses théories de la jurisprudence, a joué un rôle malheureusement trop important; il serait même difficile d'imaginer une qualification plus dépourvue de sens. Evidemment, le droit de transcription est le salaire de la formalité, en ce sens qu'il est dû à raison d'une formalité; à ce point de vue, tout droit d'enregistrement est également le salaire de la formalité. Mais les droits d'enregistrement ne sont pas dus que dans les hypothèses pour lesquelles la loi les établit; or, il n'en saurait être autrement du droit de transcription. Enfin, le même auteur ne croit pas possible de qualifier de salaire un impôt qui, au lieu d'être fixe ou de varier suivant la longueur de la formalité, serait proportionnel aux valeurs indiquées dans l'acte. Au surplus, M. Wahl ne méconnaît pas le principe général en matière d'impôt, d'après lequel toute formalité est rémunérée; il est, d'après lui, un droit fixe applicable à la transcription volontairement requise. La loi du 21 vent. an VII (art. 22 et 26) porte que, s'il y a lieu à inscription ou transcription d'un même acte dans plusieurs bureaux, le droit proportionnel est perçu en entier dans l'un des bureaux, et il n'est dû dans les autres que le simple salaire du préposé, c'est-à-dire, en matière de transcription, 50 cent. par rôle. En d'autres termes, si le Trésor est désintéressé de l'accomplissement d'une formalité, le renouvellement de la formalité dans d'autres bureaux ne donne lieu qu'au salaire du préposé. Or, dans le cas, dont il s'agit, de présentation volontaire à la conservation des hypothèques d'un acte non soumis, par sa nature, à la formalité de la transcription, le Trésor est désintéressé à l'avance, puisqu'aucun droit proportionnel n'est exigible; le salaire du préposé devrait donc seul être versé par les parties. — Wahl, *De la jurisprudence en matière de droit fiscal* (Examen doctrinal): *Rev. critique de législ. et de jurispr.*, t. 22, 1893, p. 129-133. — V. aussi Demante, *op. cit.*, t. 2, n. 709.

§ 2. *Liquidation du droit.*

785. — La Cour de cassation a établi, en principe, que le droit proportionnel de transcription est indivisible comme la formalité dont il représente le prix, et que les contrats présentés à la transcription doivent être transcrits en entier sur les registres des conservateurs. De là, elle a conclu, — et la solution est vraie au cas de transcription requise volontairement comme au cas de transcription nécessaire, — à l'indivisibilité du droit applicable à cette formalité; le conservateur est autorisé à le percevoir sur le prix intégral des opérations constatées, sans division possible à raison des éléments dont le prix se compose. — Cass., 13 août 1862, Gorsse, [S. 63.1.99, P. 62.945, D. 62.1.232]; — 3 janv. 1865, Cie de Graissessac, [S. 65.1.139, P. 65.297, D. 65.4.31]; — 6 déc. 1871, Marchandon, [S. 71.1.247, P. 71.752, D. 72.1.84]; — 18 juill. 1882 (2e espèce), Simon et Bondaux, [S. 83.1.377, P. 83.956, D. 83.1.233]; — 30 nov. 1885, Vatin, [S. 86.1.434, P. 86.1.1046, D. 86.1.86]; — 20 juill. 1886, Société d'Estrée-Blanche, [S. 87.1.332, P. 87.1.794, D. 87.1.302] — Trib. Grenoble, 27 août 1863, Eyraud, [D. 64.3.15] — Trib. Ribérac, 30 août 1878, Labrousse de Beauregard, [S. 79.2.339, P. 79.1292, D. 80.5.369]

786. — A propos de transcriptions requises, sans limitation, au bureau des hypothèques pour un acte constatant à la fois transmission d'immeubles et de valeurs mobilières, la question s'est posée de savoir si le conservateur devait vérifier la nature des valeurs transmises et ne percevoir le droit proportionnel que sur les immeubles, la transcription étant ainsi censée requise pour les seules stipulations de l'acte qui la rendaient légalement nécessaire. Il fut jugé, par deux arrêts de la Cour de cassation, que toute réquisition volontaire donne ouverture au droit proportionnel de 1 fr. 50 p. 0/0, même pour des actes non soumis à transcription. Le conservateur n'a point qualité pour apprécier les motifs ou l'utilité des formalités requises, et la jurisprudence le reconnaît bien fondé pour exiger le paiement de ce droit, même dans le cas où l'acte présenté à la transcription n'énoncerait aucune transmission d'immeubles situés dans le ressort du bureau, et que la réquisition de la transcription ne s'appliquait manifestement qu'à la partie mobilière. — Sol. 19 nov. 1887, [*Rev. prat.*, n. 3044] — Cass., 6 déc. 1864, Cie des Polders, [S. 65.1.49, P. 65.78, D. 65.1.144] — V. aussi Cass., 27 juill. 1863, Grimaldi, [S. 63.1.545, P. 64.299, D. 63.1.283]; — 20 juill. 1886, précité. — Trib. Avesnes, 24 juin 1857, [*Dict. des dr. d'enreg.*, n. 178] — *Contrà*, Nîmes, 6 janv. 1864, [*Contr.*, n. 12673] — V. Garnier, n. 1034-4°; de France de Tersant, n. 306-307.

787. — A la suite de ces arrêts est intervenue, à la date du 20 déc. 1865, une instruction générale, n. 2324, § 4, de l'administration à ses agents, les conservateurs; il est rappelé à ceux-ci qu'en thèse générale, leur rôle est passif, et qu'ils ne sauraient, valablement, et sans engager leur responsabilité civile ou disciplinaire, discuter les motifs de la réquisition. Enfin, ils sont prévenus qu'au cas où ils seraient appelés à vérifier les énonciations de l'acte à transcrire, ce ne peut être que dans l'hypothèse tout à fait exceptionnelle où ledit acte renfermerait une transmission de valeurs d'une nature si manifestement mobilière que la formalité de la transcription ne pourrait, sous aucun rapport, être censée avoir été requise par les parties intéressées ou en leur nom. Enfin, il leur est enjoint, à défaut de réquisition, de percevoir le droit proportionnel de 1 fr. 50 p. 0/0 sur tous les prix qui ne l'auraient pas supporté à l'enregistrement, à peine d'être forcés en recette du montant des droits non perçus, sauf leur recours contre les parties. — Délib. adm. enreg., 5-10 sept. 1862. — Instr. gén., n. 2324, § 4, [D. 75.3.118, note 1] — Sol. 9 déc. 1873, [*J. Enreg.*, n. 19421]

788. — Des décisions de la jurisprudence, il ressort cette double idée, d'une part, que si l'acte entier est présenté purement et simplement à la transcription, le droit proportionnel est dû sur chacune des dispositions indépendantes qu'il contient; d'autre part, que les parties, souveraines maîtresses de leurs droits, ont la faculté de requérir la transcription des unes et d'exclure celle des autres, soit en ne présentant à la formalité que des extraits littéraux, soit en remettant au conservateur l'acte entier accompagné d'une réquisition précisant le nombre et la qualité des dispositions à transcrire sur les registres. — Cass., 24 mars 1868, Decaux, [S. 68.1.311, P. 68.788, D. 68.1.244]; — 18 juill. 1882, précité; — 20 juill. 1886, précité. — Trib. Lyon, 12 déc. 1867, Lecomte, [D. 74.5.385] — Trib. Béthune, 3 juill. 1884, Lozé, [S. 87.1.332, P. 87.1.794, D. 85.3.112] — Trib. La Roche-sur-Yon, 22 déc. 1875, Brodu, [D. 77.3.52] — Sic, G. Demante, *op. et loc. cit.*

§ 3. *Paiement du droit.*

789. — Les droits dus pour la formalité sont, comme les droits d'inscription, payés d'avance. Nous ne renouvellerons pas les observations présentées pour le cas où le conservateur n'a point exigé une consignation préalable; il est également vrai de dire ici qu'il demeure toujours comptable envers le Trésor public du montant des droits auxquels donnent lieu les actes soumis à la formalité. Nous n'insisterons non plus sur les règles admises pour le recouvrement du droit ou du supplément de droit, au cas où le droit de transcription, nonobstant son exigibilité, n'aurait point été perçu, pour une cause quelconque, lors de l'accomplissement de la formalité ou n'aurait fait l'objet, de la part du conservateur, que d'une perception insuffisante; ce sont les règles ordinairement suivies, en matière d'enregistrement, qui sont applicables aux intéressés ou à leurs mandataires qui ont présenté les actes au bureau des hypothèques : notaire, rédacteur ou avoué adjudicataire. — V. *infrà*, v° *Enregistrement, Transcription.*

790. — Si la transcription du même acte a lieu dans plusieurs bureaux, la perception se fait, d'après l'art. 26 de la loi de ventôse, comme pour les inscriptions : le droit fixe ou proportionnel est payé en totalité au conservateur du premier bureau; il a été même jugé que la règle du paiement total des droits aux mains du premier fonctionnaire, lorsqu'il s'agit d'un acte à transcrire dans plusieurs bureaux, s'applique au droit qui n'est devenu exigible que par suite de réquisition volontaire de la transcription, la perception du droit ne pouvant, pas plus dans ce cas que dans celui où la transcription a lieu de plein droit, par application de la loi, être restreinte aux immeubles situés dans la circonscription du bureau. — Cass., 2 juin 1863, Chauvin-Boissette, [S. 63.1.508, P. 63.748, D. 63 1.467] — *Sic, Dict. des dr. d'enreg.*, n. 203; *J. not.*, n. 17756; *Contr.*, n. 12478; Garnier, n. 1064; Flandin, n. 1466; de France de Tersant, n. 317.

§ 4. *Prescription.*

791. — Sur la prescription, soit du paiement, soit de la restitution des droits de transcription, il suffit de rappeler ce que nous avons dit pour les droits d'inscription : les conservateurs ne peuvent former aucune demande en supplément des droits dus depuis plus de deux ans, qu'il s'agisse d'actes pour lesquels le droit est exigible à l'enregistrement, ou de ceux auxquels il n'est applicable qu'autant qu'ils font l'objet d'une présentation volontaire. La prescription biennale ne saurait courir pour empêcher l'action du conservateur à qui serait présenté un acte sur lequel le receveur aurait négligé de percevoir le droit de transcription, la perception n'étant pas faite par le receveur à titre de supplément. Elle ne peut être opposée à la réclamation du droit de transcription faite par le conservateur avant l'expiration du délai calculé du jour de l'enregistrement, augmenté, s'il y a lieu, de tout le temps pendant lequel la prescription s'est trouvée suspendue par suite et pour cause d'une guerre. — Cass., 18 juill. 1882, précité; — 1er avr. 1884, C¹º gén. des canaux et trav. publ., [S. 85. 1.83, P. 85.174, et la note de M. Demante, D. 84.1.345] — Sol. 2 févr. 1875, [*J. Enreg.*, n. 19764; *Contr.*, n. 15478] — Garnier, *op. cit.*, n. 1065-1°; *Dict. des dr. d'enreg.*, n. 209; de France de Tersant, n. 324.

SECTION IV.
Droits de timbre et d'enregistrement.

792. — Les conservateurs ont qualité pour constater par des procès-verbaux les contraventions relatives au timbre et au nombre des lignes, qu'ils découvrent dans les pièces remises pour les formalités hypothécaires. Ils sont tenus de constater les contraventions commises concernant l'obligation imposée aux officiers publics de transcrire la relation de l'enregistrement dans les expéditions ou extraits déposés et de percevoir ou de suivre le recouvrement de ces amendes. — Vuarnier, *Manutention*, n. 4193.

793. — Mais, à l'égard de toutes autres contraventions : des insuffisances de perception des droits de timbre, d'enregistrement et des amendes y relatives, les conservateurs n'ont pas qualité pour en poursuivre le recouvrement. Ils doivent signaler aux autres employés les vices de perception ou les contraventions et, à cet égard, ils exercent un véritable contrôle sur les perceptions opérées à l'occasion des actes qui leur sont apportés.

794. — En ce qui concerne les inscriptions, il a été jugé qu'un conservateur ne serait point fondé à refuser de formaliser une créance, alors même que le titre présenté à l'appui de la réquisition serait une décision de justice non expédiée, non enregistrée; — un acte notarié incomplet par le défaut d'enregistrement; — un acte sous seing privé, tel qu'un acte de cession, non enregistré; — un titre passé en pays étranger ou aux colonies non enregistré en France. La jurisprudence décide, de manière constante, en semblable hypothèse, qu'il lui appartient de statuer sous sa responsabilité s'il doit ou non formaliser l'inscription sur justification de semblable pièce. Mais, en admettant même qu'il ne puisse se préoccuper de l'exigibilité du droit, parce que tout refus ou retard d'inscription pour un motif étranger à la loi civile l'exposerait, le cas échéant, à de lourdes condamnations, la question n'en subsiste pas moins de savoir s'il ne doit point agir en recouvrement des droits non perçus d'enregistrement. — Sol. 9 févr. 1832, [*J. Enreg.*, n. 10365; Garnier, *op. cit.*, n. 260]; — 24 mars 1847, [Fessard, n. 7601]; — 7 mai 1869, [S. 69.2.338, P. 69.1297]; — 31 mai 1877, [*J. Enreg.*, n. 20479; *J. des conserv.*, art. 3116] — Trib. Nantes, 1er juin 1843, [Fessard, n. 6814] — Trib. Lunéville, 11 mars 1874, Houot, [S. 74.2.319, P. 74.1303]

795. — L'administration avait autrefois déclaré un conservateur responsable des droits et amendes exigibles sur une quittance non enregistrée, en vertu de laquelle il avait procédé à une radiation. Elle n'a point, semble-t-il, persisté dans cette doctrine; ce fonctionnaire ne serait plus passible de l'amende et de la responsabilité édictées par l'art. 42 de la loi de frimaire. Il doit seulement consigner sur son sommier et renvoyer au bureau compétent un article destiné à assurer l'enregistrement des actes mentionnés dans l'inscription. Il doit également consigner et renvoyer les contraventions et les insuffisances de perception qu'il a constatées sur des actes quelconques; signaler aux bureaux des receveurs les indications contenues dans les inscriptions et susceptibles d'être utilisées pour la découverte des droits du Trésor; former enfin les bulletins de contrôle pour faciliter la vérification des perceptions sur les actes non enregistrés. — Déc. min. Fin., 21 mai 1809. — Sol. 19 nov. 1847; — 7 mai 1869, précité. — Délib. 25 oct. 1839. — Instr. n. 1531, 2724-183, 6° et 11°, 187 et annexe B. — Géraud, n. 3624; Vuarnier, n. 3929; Boulanger et de Récy, t. 2, n. 967. — V. Rouen, 6 juill. 1893,

[*Rev. hyp.*, n. 572, 1227; Garnier, *Rép. pér.*, n. 8289] — Trib. Mayenne, 5 juin 1889, Duclos, [*J. Enreg.*, n. 23331 : Garnier, *Rép. pér.*, n. 7272; *J. des conserv.*, art. 4010] — Trib. Argentan, 5 déc. 1893, [Garnier, *Rép. pér.*, n. 1252] — de France de Tersant, n. 60-67, p. 28, 29.

796. — En ce qui concerne les transcriptions, le conservateur exerce également, dans une certaine mesure, son contrôle. Les actes sous seings privés doivent être enregistrés préalablement à la transcription (Av. Cons. d'Et., 3-12 flor. an XIII). Il n'existe pas sur ce point les mêmes doutes qu'au sujet des inscriptions. Quant aux actes authentiques, l'obligation de l'enregistrement préalable résulte de même suffisamment de la nécessité de faire opérer la transcription au moyen d'une expédition. Toutefois, aucune injonction analogue à celle de l'avis sus-mentionné du Conseil d'Etat ne se rencontrant dans la loi, le conservateur, requis d'opérer la transcription d'une expédition peu régulière et contenant un blanc à la place de la relation d'enregistrement, peut y procéder sans engager sa responsabilité envers l'Etat; il doit seulement relever l'amende fixée par l'art. 44, L. 22 frim. an VII, et percevoir le droit de transcription. Il nous paraît également qu'il aurait le droit de refuser la formalité et d'obliger les parties à lui présenter une expédition régulière. — V. de France de Tersant, n. 260; *Rev. hyp.*, n. 630.

797. — Au cas où il s'agit de percevoir le droit proportionnel de transcription, sur un acte qui n'a point acquitté le droit d'enregistrement et qui n'est transcrit que sur réquisition volontaire, il a été jugé qu'à défaut de la base prescrite par la loi du 21 vent. an VII, le conservateur doit exiger une déclaration estimative, sauf réquisition ultérieure d'expertise, pour décider de la sincérité de l'évaluation, si elle est contestée par le conservateur, représentant le Trésor. — Cass., 2 juin 1863, précité. — Trib. Pont-l'Evêque, 29 août 1867, Société de Deauville, [D. 69.3.93]

798. — Aux termes d'une lettre du grand-juge, ministre de la Justice, adressée, le 14 mars 1809, au ministre des Finances, les conservateurs des hypothèques, à la différence des autres préposés de l'administration de l'enregistrement, ne peuvent, par des recherches ultérieures, constater le véritable prix d'une vente, dissimulé par l'acte transcrit; ils doivent percevoir purement et simplement le droit de transcription sur celui de l'enregistrement. Cette solution n'a guère d'intérêt depuis que les art. 52, 54 et 61, L. 28 avr. 1816, ont décidé que le droit proportionnel de transcription serait payé à l'enregistrement. Mais la question est susceptible de se poser encore isolément pour tous les cas où les actes présentés à la formalité n'ont pas été assujettis au droit proportionnel de l'enregistrement.

799. — Elle s'est effectivement posée; et des décisions sont intervenues, admettant le droit pour le conservateur de requérir l'expertise et de recourir aux preuves et aux présomptions du droit commun pour établir l'assiette de l'impôt. De semblables solutions constituent, il est vrai, une application extensive des articles de la loi de frimaire sur l'enregistrement; mais, suivant la très-juste remarque d'un auteur, c'est une obligation obligée de l'interprétation non moins extensive donnée par la jurisprudence à l'art. 23, L. 21 vent. an VII; car, du moment où le droit est reconnu exigible, il faut nécessairement donner aux préposés de l'administration les moyens de le percevoir et de contrôler les déclarations des parties. — Cass., 2 juin 1863, précité. — Trib. Bressuire, 8 avr. 1862, [*Instr.*, n. 2274, § 12] — Trib. Pont-l'Evêque, 29 août 1867, précité. — *Dict. des dr. d'enreg.*, n. 208; Garnier, n. 1061; Naquet, t. 2, n. 777; de France de Tersant, n. 311.

CHAPITRE VII.

DES CONSERVATIONS D'HYPOTHÈQUES DANS LES COLONIES.

800. — La conservation des hypothèques a été organisée dans toutes les colonies, à l'exception du Gabon et de la Cochinchine. L'ordonnance du 14 juin 1829, qui est l'acte fondamental de cette matière, reproduit les dispositions essentielles des lois métropolitaines; elle s'applique, sauf quelques modifications portant sur le tarif, aux colonies suivantes : Martinique, Guadeloupe, Réunion, Guyane, Sénégal, Mayotte et Nossi-Bé. — Béquet, *Répert. de dr. admin.*, t. 5, v° *Colonies*, n. 1006. — V. *suprà*, v° *Colonies*, n. 232.

801. — Il convient d'indiquer, au moins à grands traits, les dispositions de cette ordonnance du 14 juin 1829. — Elle règle l'établissement des bureaux de conservation, à raison d'un bureau par chaque arrondissement; la tenue de ces bureaux est confiée aux conservateurs, pris parmi les receveurs de l'enregistrement; ceux-ci remplissent, sous leur propre responsabilité, toutes les fonctions qui leur sont confiées et sont soumis à toutes les obligations imposées aux conservateurs de la métropole, soit qu'il s'agisse du cautionnement ou de la tenue des registres, soit qu'il s'agisse de l'accomplissement des formalités obligatoires, de la délivrance des états ou de la perception des droits.

802. — Elle a été modifiée, sur certains points, à raison des changements survenus dans la législation hypothécaire sur les effets de l'hypothèque par le sénatusconsulte du 29 mai 1856, qui, suivant l'exemple de la loi du 23 mars 1855 dans la métropole, a ordonné la publicité, par voie de transcription, de tous titres d'acquisition, actes à titre gratuit ou onéreux attributifs de la propriété foncière, mutations verbalement consenties et constatées en justice, comme de tous les droits réels qui démembrent la propriété foncière et de toutes causes de nullité ou de résolution du même droit de propriété.

803. — Quant aux tarifs, édictés par l'ordonnance du 14 juin 1829, tant pour les droits d'hypothèque que pour les salaires, des modifications sont intervenues à des dates diverses, que nous indiquons dès maintenant. Le tarif des droits fixes des formalités hypothécaires a été converti, sauf en ce qui concerne les saisies immobilières qui restent soumises au droit fixe de 1 fr. (Arr. 16 nov. 1855 : *Bull.*, 1855, n. 652), au tarif proportionnel fixé depuis 1888 à 1 fr. p. 1000 du total de la créance pour les inscriptions, autres que l'inscription d'office, et à 2 fr. p. 1000 du montant de la vente ou de la donation pour la transcription de tout contrat translatif, indépendamment du double décime établi depuis le 1er janv. 1879. — Arr. 16 nov. 1855 : *Bull.*, 1855, n. 652; — 29 déc. 1873 : *Bull.*, 1873, n. 481; — 10 déc. 1878 : *Bull.*, 1878, n. 555; — 29 déc. 1887 : *Bull.*, 1887, n. 720. — Garnier, t. 2, v° *Colonies*, n. 160, 164.

804. — Il est fort curieux de remarquer que, sauf au cas où les parties dans un acte se sont, par une disposition formelle, réservé le droit de requérir elles-mêmes les formalités, les notaires sont tenus, sous leur responsabilité personnelle, de prendre l'inscription et de rédiger eux-mêmes les bordereaux pour la sauvegarde de toute créance hypothécaire, comme de faire opérer la radiation au cas de mainlevée d'hypothèque consenties par acte notarié. A défaut par les notaires de remplir ces obligations, les conservateurs doivent eux-mêmes, pour faire les inscriptions, rédiger le bordereau sur la minute de l'acte soumis à l'enregistrement. Cette double garantie qui, en France, pourrait peut-être, en bien des cas, produire des effets salutaires, devenait une nécessité pour les colonies, où, en général, les formes ne sont point rigoureusement observées comme il conviendrait, et où, d'ailleurs, l'hypothèque n'a pas eu, jusqu'à présent, tous les avantages qu'elle doit assurer.

805. — Aux termes d'une autre disposition (art. 17) de la même ordonnance de 1829, l'obligation de faire opérer la transcription est imposée aux notaires pour les actes passés devant eux et sujets à cette formalité; aux greffiers pour les jugements d'adjudication, et, (art. 19) aux conservateurs pour les actes sous seings privés de la même nature. L'ordonnance rappelle le principe consacré par un avis du Conseil d'Etat du 12 flor. an XIII, et d'après lequel les signatures de ces actes n'ont pas besoin d'avoir été reconnues. Les parties ne sont point ici, comme au cas précédent, libres de dispenser les notaires de requérir la transcription, parce que, d'une part, leur intérêt et celui de la société, en général, réclament impérieusement la suspension du cours des inscriptions au compte de l'ancien propriétaire; et que, d'autre part, nonobstant la transcription, l'acquéreur demeure libre de ne pas purger les hypothèques existantes pour jouir ainsi des délais dont bénéficiait son auteur.

806. — L'ordonnance de 1829 et le sénatusconsulte de 1856 ont été appliqués :

1° *A la Martinique*, où le système hypothécaire avait été d'abord introduit en 1805 par acte de l'autorité locale (Arr. 21 mai et 21 nov. 1832 : *Bull.*, 1832, n. 787, 864, 865);

2° *A la Guadeloupe*, depuis le 1er mars 1830, par arrêté du 11 février précédent (*Bull.*, 1830, n. 314);

3° *A la Réunion*, où la conservation des hypothèques était primitivement confiée aux receveurs de l'enregistrement de chaque colonie, sous l'autorité du préfet colonial, par arrêté de juin 1830, qui rend applicable, à la vérité, non l'ordonnance du 14 juin 1829, mais celle, identiquement conforme, du 22 nov. 1829, portant organisation de la conservation des hypothèques de l'île Bourbon. — Garnier, n. 319. — Un décret du 27 avr. 1848 a apporté certaines modifications dans le régime hypothécaire de la colonie, pour les expropriations et les adjudications publiques. — Les conservateurs ont droit à des salaires fixés par l'arrêté du 3 janv. 1833, et à des remises progressives et proportionnelles (Arr. 1er mars 1841, 7 juill. 1842, art. 9, et 28 sept. 1842, art. 5);

4° *A la Guyane*, par arrêté du 27 déc. 1829 et ordonnance du gouverneur, du 21 nov. 1832 (*Bull.*, 1829, n. 189, et 1832, n. 169);

5° *Au Sénégal*, par la généralisation des principes admis aux Antilles (Martinique et Guadeloupe);

6° *A Mayotte et à Nossi-Bé*, où sont appliquées toutes les règles de l'île de la Réunion, par décret du 17 mai 1862 et arrêté du 22 janv. 1863. La conservation est au siège du tribunal de première instance, à Dzaoazi et à Hell-ville (*Bull.*, 1863, n. 1 *bis*).

807. — *Tunisie.* — Il existe, en Tunisie, un fonctionnaire, dit *conservateur de la propriété foncière*, dont la mission est tout à fait comparable à celle de nos conservateurs des hypothèques. Il a été créé par une loi du 1er juill. 1873, « œuvre d'éclectisme, ... qui à l'*Act Torrens* emprunte la théorie de l'immatriculation, la règle de la publicité absolue et par la désignation des immeubles, le principe de la force probante des inscriptions; à la loi belge de 1851, la réglementation de l'hypothèque légale des incapables; à la loi prussienne de 1872, le système des prénotations ...», qui simplifie les recherches au moyen d'un ensemble de registres fonciers, avec un compte spécial pour chaque bien-fonds, sans porter atteinte, d'ailleurs, au principe de l'acquisition de la propriété entre les parties par le seul consentement. — Besson, p. 379, 380, 383, 384, 389, 391; *Grande encyclopédie*, t. 12, p. 532; *Annuaire de législation française* (publié par la *Société de législation comparée*), 1886, p. 147 et s.; 1887, p. 151, 195; 1889, p. 107 et s.; Piat, *Notice sur l'application de la loi foncière en Tunisie* (Exposition universelle de 1889).

808. — Le conservateur de la propriété foncière joue un rôle important dans la procédure de l'immatriculation : il assure la publicité de la demande d'immatriculation par la communication des requêtes aux juges de paix et aux caïds de la situation des biens, et par des insertions au *Journal officiel*; puis, à l'expiration des délais fixés pour les oppositions, il collationne et instruit le dossier de l'immatriculation, qu'il transmet au tribunal mixte chargé de statuer sur les contestations et d'autoriser, s'il y a lieu, l'enregistrement de l'immeuble.

809. — Il intervient à nouveau, après la décision du tribunal, pour opérer l'immatriculation de l'immeuble; à cet effet, au vu du jugement, qui lui est transmis avec les autres pièces du dossier, il rédige le titre de propriété et l'inscrit sur un registre, analogue à celui des bureaux australiens, mais différant du *Grundbuch* prussien, en ce qu'il est, non organisé par circonscriptions cadastrales, mais tenu, au fur et à mesure des immatriculations, dans l'ordre chronologique.

810. — Le conservateur est tenu, avant d'admettre les contrats au bénéfice de l'inscription, de constater si l'identité des parties est constante et leur capacité reconnue; et, à cet effet, il examine la forme des titres présentés et les circonstances qui permettent ou interdisent au titulaire de la créance de traiter librement, à raison soit de sa condition personnelle, soit de ses conventions matrimoniales. Dans le cas où il conçoit des doutes sur l'une ou l'autre des questions soumises à son examen préalable, le conservateur est autorisé à réserver le rang d'inscription du requérant au moyen d'une prénotation, pour que les parties produisent, dans un certain délai, des justifications complémentaires. — V. Besson, p. 386.

811. — Les intéressés ne sont pas plus qu'en France admis à consulter eux-mêmes les registres de la conservation, mais ils peuvent se faire délivrer des extraits de ces registres et des actes déposés dans les archives du bureau. Le conservateur est même autorisé à remettre aux parties, si elles le désirent, des notes sommaires n'ayant que la valeur d'un simple renseignement et dont les énonciations n'engagent pas sa responsabilité. Le principal organe de la publicité n'en demeure pas moins, d'ailleurs, le certificat de titre, relatant toutes les modifications et mutations subies par l'immeuble, grâce auquel les tiers contracteront avec sécurité, à la condition toutefois de faire certifier préalablement par le conservateur la concordance de la copie qui se trouve entre les mains du propriétaire avec le titre lui-même.

812. — Un auteur fait remarquer, avec raison, à notre avis, qu'il n'était point nécessaire d'attribuer à un tribunal spécial le soin de statuer sur les demandes d'immatriculation, alors que la capacité nécessaire est reconnue au conservateur pour résoudre les questions préalables aux inscriptions. Restituer cette attribution à ce fonctionnaire, que ses travaux professionnels ont préparé à l'accomplissement de la tâche actuellement dévolue au tribunal mixte, serait, d'après le même auteur, une mesure fort avantageuse : elle supprimerait un rouage inutile, sans diminuer en rien les garanties conférées aux tiers. — V. Besson, p. 389.

813. — *Algérie.* — La conservation des hypothèques fut confiée, pendant les premières années de l'occupation, aux greffiers des tribunaux de première instance; mais, dès le 1er janv. 1836, elle fut remise à l'administration de l'enregistrement et des domaines. C'est encore l'ordonnance du 19 oct. 1841 qui rendit exécutoire en Algérie toute la législation hypothécaire de la métropole en réduisant à moitié les droits d'hypothèque. Quant aux salaires, ils furent réglés au taux fixé par le décret du 21 sept. 1810 modifié par l'ordonnance du 1er mai 1816. Depuis 1841, des décrets des 5-31 déc. 1853, 28 janv.-6 févr. 1865, 31 oct.-5 déc. 1866 ont rendu exécutoires les décrets des 24 nov. 1855, 6 juill. 1864 et 9 juin 1866, sur les remises et salaires des conservateurs. — Arr. intendant civil, 28 mai 1832; Arr. gouverneur général, 22 juill. 23 déc. 1835. — Garnier, *op. cit.*, n. 127, 128.

814. — Enfin, une loi du 26 juill. 1873, tit. 3, a organisé, pour les acquéreurs européens, une purge spéciale, dont le but et le résultat est d'affranchir l'immeuble soumis à cette procédure des charges qui le grevaient du chef des tiers indigènes; mais sa situation juridique n'est liquidée que pour le passé, les tiers qui par la suite traitent avec le titulaire du bien-fonds ou des ayants-cause demeurant exposés aux risques d'éviction qu'engendre la demi-publicité de la loi du 23 mars 1855 et du Code de 1804 (V. *suprà*, v° *Algérie*, n. 2945 et s.). — C'est pourquoi, après l'introduction en Tunisie des formes de publicité de l'*Act Torrens*, une commission fut réunie, en 1886, par M. Tirman, avec mission d'étudier les modifications susceptibles d'être apportées, en Algérie, au régime de la propriété foncière et des hypothèques; — un rapport fut présenté au gouvernement général, le 10 nov. 1886. — Gide, *Et. sur l'Act Torrens*, p. 37.

815. — L'idée fondamentale du projet était la création, au bureau des hypothèques, d'un registre foncier par sections de commune, où devaient être inscrits tous les immeubles soumis au nouveau régime. Ceux des biens-fonds aliénés par l'État ou déjà soumis aux opérations réglementées par la loi du 26 juill. 1873 devaient l'être sans purge préliminaire, sur la seule représentation des titres de propriété établis par le directeur des domaines, suivant la règle également applicable aux immeubles urbains ou clos de murs. — Besson, p. 392.

816. — D'après une disposition du projet, contraire à la théorie de l'*Act Torrens* et à celle de la loi tunisienne, le conservateur, réduit à un rôle purement passif, ne pouvait ni discuter le titre de propriété produit par le requérant, ni exiger les justifications complémentaires, au cas où il eût éprouvé des doutes sur le bien fondé de la requête à fin d'immatriculation, mais seulement, sur la présentation d'un titre, dressé à la forme réglementaire et appuyé des pièces énumérées par la loi, faire, à l'expiration du délai de purge et en l'absence de toute opposition, l'immatriculation sur son registre du titre de propriété (art. 47, 50, 52 du projet, cité en note 1-3 par Besson, p. 393).

817. — Comme juste critique de ce projet, il a été dit que « sans parler de la conception des cédules foncières, qui paraît plutôt dangereuse que profitable pour le crédit, on peut reprocher aux auteurs du projet d'ouvrir les registres publics aux actes sous seing privé..., parce que, du moment où l'on décide que le registre foncier fera foi de ses énonciations, il importe de n'y inscrire que des titres régulièrement établis, et le meilleur moyen d'atteindre ce but et d'exiger l'authenticité des actes présentés à l'inscription ». — Besson, *op. cit.*, p. 395. — V. aussi Léon Périer, *Rev. gén. d'adm.*, 1893. — Ce projet a été l'un des éléments des études qui n'ont cessé de se poursuivre relativement à la réorganisation de la propriété foncière en Algérie, et dont nous avons donné l'analyse, *suprà*, v° *Algérie*, n 3010 et s.

818. — *Etablissements français de l'Inde.* — L'établissement et la conservation des hypothèques remonte à 1778 (Règl. 28 janv. 1778). Après une désorganisation survenue pendant la période de séparation d'avec la métropole, dès le 6 janv. 1819 (promulgation du Code civil), un registre d'inscription fut ouvert chez le directeur des domaines; la tenue d'un registre des transcriptions fut également ordonnée par un arrêté du 18 août 1831.

819. — Dans les établissements secondaires, le règlement primordial de 1778 était demeuré en vigueur; au greffe de chaque tribunal était ouvert un registre pour servir à la conservation des hypothèques, sur lequel étaient seulement portés les bordereaux d'inscription; le registre pour les transcriptions d'actes translatifs de propriété fut créé par un arrêté du 8 nov. 1843. — Arr. 18 août 1831, [*Bull.*, 1831, n. 332] — Arr. gouv. 4 juill. 1843, [*Bull.*, 1843, n. 399]; — 8 nov. 1843, [*Bull.*, 1843, n. 437]

820. — La conservation fut réorganisée pour toute la colonie par arrêté du 25 juill. 1845. Un bureau est établi dans chaque arrondissement du tribunal de première instance; il est régi à Pondichéry par un agent de l'enregistrement, dans les autres arrondissements par le greffier en chef du tribunal. Le décret ordonne la tenue de quatre sortes de registres : dépôts, inscriptions, transcriptions et salaires, complétés par une table alphabétique. Un décret du 28 août 1862, réglant la transcription hypothécaire dans l'Inde, a été rendu exécutoire dans la colonie. Les tarifs ont été remaniés, à diverses reprises, et notamment par les arrêtés des 24 janv. 1846, 31 déc. 1878 et 28 déc. 1883, et fixés cette dernière fois en monnaie du pays. — Arr. gouv. 25 juill. 1845, [*Bull.*, 1845, n. 83] — Arr. 28 janv. 1856, [*Bull.*, 1856, n. 8]; — 9 avr. 1863, [*Bull.*, 1863, n. 23] — V. aussi *Bull.*, 1846, n. 135; 1878, n. 584; 1883, n. 586.

821. — *Cochinchine.* — Les services de l'enregistrement et des hypothèques y sont complètement confondus et la formalité de la transcription est donnée par les mêmes agents que ceux qui perçoivent les droits de l'enregistrement. Ces agents étaient autrefois les inspecteurs des affaires indigènes qui donnaient un reçu versé au receveur de l'enregistrement; aujourd'hui, depuis la réorganisation du service, c'est le chef du bureau des affaires civiles, nanti de tous les pouvoirs pour recevoir les actes et contrats authentiques, qui est chargé de constater et conserver les hypothèques; préposé à la conservation du dépôt de tous ces actes ou contrats et à la délivrance des grosses et expéditions. — Arr. gouv. 22 févr. 1866, [*Bull.*, 1866, n. 38] — Garnier, *op. cit.*, n. 218 et 228.

822. — Afin d'assurer le recouvrement des annuités dues pour les concessions et de permettre aux concessionnaires d'hypothéquer leurs biens, il a été ordonné d'enregistrer et de transcrire au bureau des hypothèques de Saïgon tous les titres de propriété délivrés à des européens, portant acte de vente ou de concessions de terrains sis en dehors du ressort des tribunaux civils de Saïgon. Le chef du bureau de l'enregistrement et des hypothèques est, en outre, tenu d'inscrire d'office les priviléges et hypothèques résultant de ces titres de propriété. — Arr. gouv. 5 déc. 1865.

823. — *Nouvelle-Calédonie.* — La conservation des hypothèques y a été organisée par un décret du 15 avr. 1873, promulgué le 17 sept. de l'année suivante, qui y rend applicables et exécutoires l'ordonnance du 22 nov. 1829 et le sénatusconsulte du 7 juill. 1856, pour toutes leurs dispositions non contraires aux titres du Code civil et du Code de procédure en vigueur dans la colonie. Au siège de chaque tribunal de première instance est établie une conservation. Le tarif des salaires est fixé par le tableau annexé à l'ordonnance précitée de 1829, reproduite également par le décret de 1873, quant au droit d'hypothèque.

824. — *Saint-Pierre et Miquelon.* — La conservation des hypothèques y a été organisée par une ordonnance du 26 juill. 1833; le bureau est établi à Saint-Pierre. Les droits sont réglés par l'art. 13, Décr. 28 août 1862, promulgué dans la colonie par arrêté du 16 novembre suivant. Un autre décret du 25 févr. 1876 y a réglé le mode de recouvrement des droits de greffe et d'hypothèque conformément aux art. 86 à 90, Ord. 31 déc. 1828, sur l'enregistrement dans les Antilles et la Guyane. — Arr. 16 nov. 1862, [*Bull.*, 1862, p. 234]; — 22 avr. 1876, [*Bull.*, 1876, n. 82]

825. — *Etablissements d'Océanie.* — La conservation des hypothèques y a été organisée dans les Etats du protectorat par un arrêté du 28 nov. 1867, qui leur a rendu applicables et exécutoires, à partir du 1er décembre suivant, les dispositions de l'ordonnance du 22 nov. 1829 et du sénatusconsulte du 7 juill. 1856, sur la transcription en matière hypothécaire, applicables dans les colonies des Antilles et de la Réunion. Cet arrêté a été ultérieurement modifié par celui du 15 nov. 1873 et par celui du 25 janv. 1883, qui a réduit les droits de moitié. — Arr. 28 nov. 1867, [*Bull.*, 1867, n. 207] — V. tarif des salaires, Garnier, *Rép.*, t. 2, 1890, p. 461, v° *Colonies*, n. 309.

826. — Il faut enfin signaler comment d'autres lois de la métropole, notamment celles du 10 déc. 1874 et du 10 juill. 1885, sur l'hypothèque maritime, ont fait dans les colonies l'objet d'une promulgation spéciale pour y devenir applicables. Voici ces diverses dates :

1° *A la Martinique*, par arrêté daté de Fort-de-France du 21 mars 1877, dont l'effet fut ajourné jusqu'en décembre 1884, et par décret du 6 août 1887, la loi n'étant entrée en vigueur que le 11 novembre suivant (*Bull.*, 1877, n. 259, 334). — Arr. gouv., 8 déc. 1884, [*Bull.*, 1884, n. 766]; — 4 et 7 nov. 1887, [*Bull.*, 1887, n. 620 et 621];

2° *A la Guadeloupe*, par arrêtés du 27 avr. 1875 et du 22 nov. 1887 (*Bull.*, 1875, n. 119 et 1887, n. 373);

3° *A la Réunion*, par décret daté de Saint-Denis du 18 janvier-19 mars 1877 (*Bull.*, 1877, n. 199; *Bull. officiel de la Réunion*, pour 1875, n. 1803);

4° *A la Guyane*, par arrêté du 24 mai et du 24 juill. 1875 (*Bull.*, 1875, n. 500);

5° *Au Sénégal*, sans que la loi fût insérée à la suite du décret et sans qu'un arrêt local fût pris en exécution de l'art. 3, par le décret du 23 févr. 1875 (*Bull. administr. des actes du gouvernement pour le Sénégal et ses dépendances*, ann. 1875, n. 93);

6° *A Mayotte*, et à *Nossi-Bé*, en vertu du même décret. — Arth. Desjardins, *Tr. de droit commercial maritime*, 1886, t. 5, n. 1262, p. 521;

7° Dans la *Cochinchine*, par arrêté du 2 juin 1884 (*Bull.*, 1884, n. 5). — V. Arth. Desjardins, *loc. cit.*

CHAPITRE VIII.

LÉGISLATION COMPARÉE.

827. — Les conservateurs des hypothèques existent à peu près dans tous les pays, sinon avec les mêmes attributions, du moins avec la mission commune de rendre la publicité accessible à tous ceux qui justifient de leur droit ou bien ont intérêt soit à réclamer le bénéfice de cette publicité, soit à obtenir communication des registres. Leur rôle est, en effet, différent suivant que les législations font partie du groupe des législations dérivées du système français (Belgique, Monaco, Italie, Luxembourg, Hollande, Alsace-Lorraine, Pays Rhénans et Palatinat, Suisse romande, Roumanie, Grèce et Canada); du système germanique de légalité (Prusse, Bavière, Wurtemberg, Saxe, Suisse allemande, Autriche-Hongrie, Russie, Suède, Espagne et Portugal), ou du système de l'*Act Torrens* (Australie, Angleterre).

§ 1. ALSACE-LORRAINE.

828. — Il n'y a, quant aux conservateurs des hypothèques, que fort peu de chose à dire sur cette législation, l'introduction du système des livres fonciers étant une réforme subordonnée à l'achèvement de la révision du cadastre. Il convient néanmoins de mentionner que, dans les projets de réforme, inspirés des principes de la loi prussienne du 5 mai 1872, dont la Délégation (V. *suprà*, v° *Alsace-Lorraine*, n. 17 et s.) fut saisie, en 1884, et qui ont abouti à la loi du 24 juill. 1889, il existait des dispositions tendant à la suppression des fonctionnaires chargés d'assurer la publicité des transmissions et démembrements de la propriété foncière : les juges cantonaux seraient chargés de la tenue de ces registres, à l'exclusion des conservateurs actuels, qui seraient ainsi supprimés. — Besson, p. 225.

§ 2. ANGLETERRE.

829. — Sous l'empire du *Land Transfer act* de 1875 (St. 38 et 39, Vict., C. 87), qui a institué un système de publicité purement facultatif, les propriétaires, qui veulent placer leurs immeubles sous le régime de l'Act, doivent requérir du *Registrar* immatriculation au registre foncier. Pour opérer cette inscription de propriété à titre absolu, ce fonctionnaire, avant d'accomplir l'immatriculation et de remettre au propriétaire qui lui en fait la demande un titre foncier (*land certificate*), a droit de vérifier préalablement le droit du requérant et d'exiger, à cet effet, toutes les justifications nécessaires. La tenue des registres est confiée à un service spécial établi à Londres (*Office of land registry*), sous la direction de ce *Registrar*, nommé lui-même par le lord-chancelier. Le propriétaire inscrit ou la personne autorisée par un ordre de la cour sont seuls admis à consulter ces registres et à en obtenir des extraits. — Besson, p. 364.

830. — Un projet de Code immobilier fut présenté par le lord chancelier à la Chambre des communes, le 23 février 1888; le texte a été rectifié par la commission de la Chambre des lords et distribué le 16 mai 1889 : la tenue des nouveaux registres fonciers serait confiée à une administration spéciale, le *Land transfer Board and Office*, sous la direction d'un *Registrar* général, assisté d'un conservateur-adjoint, avec le nombre d'agents jugé nécessaire. Toutes les opérations de ces conservations locales s'accompliraient, sous le contrôle des cours de comté et de la Cour suprême, par les soins d'un personnel spécial nommé par le lord-chancelier et rétribué par l'État sur les fonds du budget. Une disposition assez remarquable est celle relative au fonds d'assurance, destiné à faire face aux indemnités qui pourraient rendre exigibles les erreurs commises par les conservateurs dans l'exécution de la loi financière, et constitué par un prélèvement sur les droits perçus à chaque mutation de propriété. — V. Besson, p. 373.

§ 3. AUSTRALIE.

831. — A côté des deux régimes de publicité hypothécaire dont nous avons parlé, au moins incidemment, à propos des conservateurs, il convient de mentionner celui de l'*Act Torrens*, remarquable, soit par la ressemblance des règles relatives à la tenue des registres fonciers, soit par l'abolition de tous les titres rétrospectifs de mutations auxquels se substitue un titre unique, d'une autorité indiscutable, dont la force originelle est indestructible, prouvant, par lui-même et à toute époque, la légitimité du droit de propriété dont il est le signe représentatif. Seule de toutes les colonies australiennes, la Nouvelle-Zélande possède des bureaux de district; partout ailleurs, le travail est concentré dans un bureau unique, établi au chef-lieu de la colonie. Grâce à une merveilleuse spécialisation, « les rouages du bureau se meuvent pour ainsi dire mécaniquement, avec la certitude et la régularité d'une « machine à inscrire et à cataloguer ». Le personnel employé, placé sous les ordres du *Registrar*, est largement rémunéré. Quant à ce *Registrar general* lui-même, il n'est point, comme le conservateur des hypothèques, renfermé dans un rôle purement passif. « Bien qu'il n'ait pas le rang de juge et qu'il soit étranger à la hiérarchie judiciaire, l'*Act* lui impose le devoir de discuter la valeur juridique des titres produits à l'appui de la demande d'immatriculation; de s'assurer, à chaque transfert, qu'aucun obstacle ne s'oppose à l'inscription, que l'acte est régulièrement établi, que les parties ont la capacité légale de contracter. Faute de justifications suffisantes à cet égard, le *Registrar* peut surseoir à l'immatriculation ou à l'inscription tant que l'erreur ne sera pas rectifiée ou la défectuosité réparée : sa décision n'est susceptible d'être réformée que par la voie de l'appel. Il a même le droit de convoquer devant lui, sous peine d'amende, les tiers créanciers ou titulaires de droits réels et de les sommer à produire les pièces qui sont entre leurs mains et qui ont trait à l'immeuble dont l'immatriculation est demandée. Il lui est permis de déférer le serment ou d'exiger des personnes appelées par lui à témoignage une attestation écrite de la sincérité de leur déposition. Enfin, les copies d'actes qu'il délivre relativement à un immeuble inscrit font foi en justice ». A tous ces points de vue, on peut déclarer la mission du *Registrar general* australien comparable à celle du juge foncier prussien, étant fait observer toutefois que celui-ci est un juge, au sens strict du mot, tandis que le *Registrar* australien n'est qu'un fonctionnaire de l'ordre administratif. — V. *Bullet. de statist. et de législ. comp. du ministère des Finances*, juin 1885; Sir W. Maxwell, trad. de M. de France (Alger, 1889), p. 35, 83; Ch. Gide, *Et. sur l'Act Torrens*, p. 19; E. Besson, p. 343, 349, 351. — V. aussi *supra*, v° *Australie*, n. 156 et s., 176 et s., 203 et s., 226 et s., 250 et s.

832. — Le droit de recherche, dont nous avons signalé toutes les restrictions en Europe, est, en Australie, dégagé de toute entrave : le *Registrar* est tenu de communiquer à toute personne qui lui en fait oralement la demande et verse deux à cinq schellings, suivant l'étendue de la recherche, le registre-matrice; il ne saurait réclamer la justification préalable par le tiers de sa qualité de partie ou de l'intérêt qu'il peut avoir à consulter ce registre. Les recherches peuvent même être directes; le requérant est admis à pénétrer dans la salle des recherches sur la représentation d'un ticket à lui délivré lors de la consignation des droits; il est ordinairement dirigé dans ces recherches par un commis du bureau.

§ 4. AUTRICHE.

833. — La loi organique du 15 févr. 1872, applicable à tous les pays représentés au Reichstag autrichien, a posé les principes généraux sur l'organisation des livres et des bureaux fonciers. Ceux-ci font partie intégrante de l'administration judiciaire du pays, ils sont annexés aux tribunaux de canton et aux cours de justice de première instance. Les employés de ces bureaux tiennent un livre foncier proprement dit ou *Hauptbuch*, et un livre des documents ou *Urkundensammlung*, relatant les copies certifiées de tous les titres de transfert inscrits au livre foncier; enfin, des registres auxiliaires, répertoires parcellaires des immeubles et table alphabétique des propriétaires, qui se contrôlent et se complètent mutuellement. Le chef du bureau foncier d'Autriche n'a ainsi compétence que pour formaliser les inscriptions; le soin de statuer sur les demandes d'inscription, au lieu de lui appartenir comme il appartient au juge conservateur allemand, appartient aux tribunaux eux-mêmes. — Antoine de Saint-Joseph, p. 6; *Annuaire de législ. étrang.*, 1873, p. 232 et 286; Besson, p. 301, 302, 305.

§ 5. BAVIÈRE.

834. — Les registres publics y sont tenus par la chambre hypothécaire de chaque tribunal de district. Ainsi, toute demande d'inscription implique un examen préalable du tribunal, à l'effet de constater la capacité d'aliéner chez les parties et la qualité de propriétaire chez le débiteur; d'autre part, la publicité de la loi bavaroise ayant un caractère judiciaire, il en résulte pour le tribunal le droit de surseoir aux formalités, sauf à user d'une prénotation pour sauvegarder le droit du requérant. — Antoine de Saint-Joseph, *Concord. entre les lois hypoth.*, p. 9; Redelsberger, *Das bayerische Hypothekenrecht*; Besson, p. 278.

§ 6. BELGIQUE.

835. — En Belgique, le principe de la publicité reçoit une application incomparablement plus étendue que dans notre pays; cependant, il n'existe aucune différence appréciable quant à la forme de cette publicité, qui la distingue de celle du droit français. On aurait pu croire que, du moment où la loi belge pourvoyait à la publicité des hypothèques légales, elle aurait permis aux conservateurs de dresser, d'une manière exacte, la filiation hypothécaire d'un propriétaire ou d'un immeuble donné. En fait, les recherches sur les registres publics ne confèrent jamais aux intéressés une certitude absolue; car il faut toujours compter, comme en France, avec les erreurs possibles à raison de la désignation inexacte ou incomplète des propriétaires fonciers indiqués par le requérant aux recherches du conservateur. — Besson, p. 204.

§ 7. CANADA.

836. — Le système de publicité du Canada repose sur le cadastre, dont le conservateur doit se préoccuper comme de la base des transcriptions et inscriptions requises de lui, pour spécialiser exactement, sous sa responsabilité, l'immeuble qu'elles concernent. Les conservateurs du Canada assurent, au surplus, une publicité plus expéditive et moins dispendieuse qu'en France : ils sont tenus de délivrer à ceux qui les requièrent les états des droits réels inscrits sur un immeuble spécifié ou les biens d'une personne déterminée; ils doivent de plus communiquer le livre de dépôt des formalités à tous ceux qui désirent l'examiner, sans déplacement, pendant les heures de bureaux et sans frais. Enfin, ils ne peuvent réclamer que les honoraires strictement réglés par un tarif légal (C. civ., art. 2177 à 2179), de toute personne qui, ayant requis enregistrement d'un acte, est autorisée à prendre connaissance par elle-même du registre des inscriptions. — Besson, p. 244-245.

§ 8. *Espagne.*

837. — Le service des livres fonciers est annexé au ministère de la Justice, sous le nom de direction générale du Registre de la propriété. Il est assuré par une administration centrale chargée de la surveillance générale du service; sous les ordres de celle-ci, se trouve un personnel de *Registradors* ou conservateurs, auxquels est confiée, dans chaque chef-lieu de cour d'appel ou de province, le service des livres fonciers. Ce corps est soumis au contrôle immédiat et permanent des autorités judiciaires, chargées de décider à l'amiable dans toutes les questions intéressant la marche générale du service, et, au cas d'irrégularités constatées dans le service des registres, d'infliger des amendes aux conservateurs et même de les suspendre de leurs fonctions. Il convient de remarquer que ceux-ci ne peuvent être l'objet d'aucune mesure disciplinaire sans avoir été au préalable mis à même de s'expliquer et de produire leurs moyens de défense.

838. — La ressemblance est grande entre les *Registradors* espagnols et les conservateurs des hypothèques français : tous deux sont directement rétribués par le public, à raison des formalités par eux accomplies; ils répondent, de même, sur leur cautionnement et sur leurs biens, de tous faits de gestion susceptibles de causer un dommage aux parties : retards apportés dans l'accomplissement des formalités régulièrement requises; erreurs, omissions ou inexactitudes commises, soit dans les inscriptions ou prénotations, reconnues licites, soit dans leurs certificats; radiations faites à tort. Cette responsabilité dure vingt années à dater du jour où elle s'est trouvée engagée et se prescrit par un an, à dater de la connaissance qu'a la personne lésée de la faute commise par le conservateur, si cette personne est capable d'agir en justice. L'Etat ne peut jamais être actionné en indemnité, même au cas d'insuffisance du cautionnement et des autres biens du *Registrador*. — Besson, p. 330.

839. — Quant à ses droits et à ses obligations, il convient de remarquer (et c'est une différence notable entre les deux législations) que les *Registradors* doivent s'assurer du bien-fondé de la demande d'inscription, de la validité des actes produits à l'appui de la réquisition et de la capacité des parties; cette vérification terminée, ils sont tenus de soumettre auxdits requérants le projet d'inscription ou de prénotation par eux préparé; utile précaution dont l'effet est de diminuer les chances d'erreur ou d'omission dans les formalités mentionnées au registre, par la facilité donnée aux intéressés de réclamer les modifications utiles, et dont un des résultats les plus notables doit être d'alléger, dans de notables proportions, la responsabilité du fonctionnaire. En ce qui concerne la communication des registres au public, ils doivent en donner connaissance et délivrer extrait certifié à tout tiers qui lui en fait demande verbale et indique, au préalable, de manière précise, l'immeuble ou le droit qui fera l'objet de cette vérification. — Besson, *loc. cit.*

§ 9. *Etats rhénans et Palatinat.*

840. — La législation principale hypothécaire dans les Etats Rhénans et le Palatinat est encore le Code civil français, qui n'attribue à la transcription aucun rôle direct au point de vue de la consolidation de la propriété foncière. Toutefois une loi du 26 avr. 1888, qui paraît n'être d'ailleurs qu'une mesure transitoire destinée à préparer l'établissement du système allemand des livres fonciers, a introduit quelques réformes relativement à la publicité des hypothèques; nous n'en devons retenir qu'une particularité : à raison et par application du principe que la validité des privilèges et le rang des hypothèques sont subordonnés à l'inscription utile opérée sur les registres publics, la nouvelle législation donne aux conservateurs le droit de refuser l'inscription, tout autant que les immeubles grevés ne sont point désignés par les notaires ou les tribunaux, d'après les indications cadastrales exactes. — Besson, p. 234; *Ann. de lég. étrang.*, 1889, p. 354 et s.

§ 10. *Luxembourg (Grand-Duché de).*

841. — Un projet de réforme, destiné à remplacer le Code civil français de 1804, encore en vigueur, a été délibéré au Conseil d'Etat le 17 nov. 1881 et discuté, en séance plénière, le 1er févr. 1889. Le rôle du conservateur est singulièrement restreint, tout au moins quant à la tenue des registres : suivant le procédé du droit italien, la publicité sera suffisamment assurée par le dépôt, au bureau de la conservation, en mains du conservateur, de l'expédition authentique du contrat, délivrée sur papier libre et sans frais. Le conservateur, ainsi dispensé de toute écriture, ne s'occupera que du classement de ces expéditions. Son rôle est, au contraire, beaucoup plus compliqué et difficile quant aux recherches : le système italien, dont s'est largement inspiré le projet, a, au moins, un registre d'inscriptions sommaires qui se prête plus facilement aux investigations des intéressés. — Besson, p. 216.

§ 11. *Grèce.*

842. — Les conservateurs d'hypothèques sont chargés de la tenue des registres publics d'inscriptions et de transcriptions; ils ne peuvent opérer les mentions d'inscription d'hypothèques que sur des réquisitions régulières et réunissant toutes les conditions exigées par la loi; mais, à la suite d'un emprunt heureux à la législation bavaroise, ils sont autorisés, malgré l'irrégularité de la réquisition, à sauvegarder les droits du créancier par une *prénotation* qui interrompt la prescription et conserve même à sa date le droit réel, si les conditions nécessaires pour l'inscription définitive viennent ultérieurement à se réaliser. Un décret du 24 mars 1843 pourvoit au remplacement par les juges de paix des conservateurs d'hypothèques momentanément empêchés d'exercer leurs fonctions, de délivrer des extraits ou des copies certifiées des registres, et de surveiller la communication directe et immédiat dont les intéressés sont admis à prendre de ces documents. — Besson, p. 241.

§ 12. *Hollande.*

843. — Les conservateurs tiennent trois registres, l'un registre-journal analogue au registre de dépôts français et destiné, comme celui-ci, à régler le rang de priorité des formalités ; en second lieu, le registre des formalités, inscriptions et transcriptions; enfin, un registre général où ils relèvent, par extraits, au fur et à mesure des formalités, sous le nom de chaque propriétaire, les charges et stipulations quelconques relatives au droit de propriété. Dès lors, pour rechercher la situation hypothécaire des immeubles, ils consultent, soit la table indicative des parcelles, soit la table alphabétique des noms; et dans l'une et l'autre, ils trouvent des renvois au cadastre et au registre général. Il convient, au surplus, de noter que les conservateurs des hypothèques néerlandais sont en même temps chargés de la conservation du cadastre, obligés, à ce titre, de surveiller la régularité des travaux des géomètres, et placés sous les ordres d'un ingénieur-vérificateur. Les intéressés sont admis, non seulement à se faire délivrer des extraits des inscriptions et transcriptions, mais aussi à prendre directement, par eux-mêmes et sur place, connaissance des registres. — Besson, p. 222-223.

§ 13. *Italie.*

844. — Le conservateur des hypothèques y est chargé comme en France de faire les transcriptions des actes translatifs de propriété et les inscriptions des créances hypothécaires. La transcription littérale du droit français y est remplacée par le dépôt du titre au bureau des hypothèques et par l'insertion, dans les registres du conservateur, d'un extrait analytique de l'acte indiquant la nature et la situation de l'immeuble transmis. Cet extrait est la copie de la note remise en double par le requérant avec l'expédition du titre de transfert. Il conserve l'une des notes au bureau, et il restitue la partie la seconde revêtue de la relation de l'inscription. La transcription ainsi accomplie par extraits n'est presque instantanément, sans diminuer aucune des garanties dues au public, puisque le dépôt des copies authentiques des titres de transfert permet toujours de compléter et de corroborer, en tant que de besoin, les renseignements fournis par le registre des inscriptions. Il semble toutefois qu'il eût été préférable de laisser au conservateur un rôle actif dans la rédaction des inscriptions et de ne pas réduire cette formalité à n'être que la copie inintelligente d'un bordereau parfois obscur ou incomplet.

845. — Les recherches du conservateur sont plus aisées qu'en France et en Belgique, par suite de l'obligation, imposée par les art. 1979 et 1987 du Code italien, de mentionner, dans le titre hypothécaire et dans le bordereau d'inscription, le numéro du cadastre. Le conservateur est, d'ailleurs, autorisé à communiquer ses registres directement, à des heures fixées par le règlement; mais, seul, il a qualité à l'effet de délivrer aux requérants copie de toutes inscriptions, transcriptions et titres de transfert quelconques déposés dans ses archives.

§ 14. *Monaco*.

846. — Les conservateurs d'hypothèques sont chargés, sous les mêmes sanctions qu'en France, d'assurer la publicité par voie d'inscriptions ou de transcriptions, sur la présentation d'une expédition authentique de l'acte ou jugement translatif : au point de vue des conditions de la forme et des effets de la publicité, il n'existe aucune différence appréciable entre la loi française et celle de Monaco. — Besson, p. 204.

§ 15. *Portugal*.

847. — Dans chaque bureau de conservation établi au chef-lieu du district de chaque tribunal de première instance (*comarca*) du continent et des îles adjacentes, se trouve un conservateur nommé par le ministre de la Justice, un adjoint et des secrétaires (*amanuenses*); tous sont les subordonnés immédiats du procureur général de la cour et des procureurs royaux placés à la tête de la Comarca. Les formalités qu'ils remplissent les font considérer comme des officiers publics et leur donnent même la liberté, selon les loisirs du *Registo*, d'être tabellions en même temps que conservateurs. Ils tiennent des registres spéciaux affectés aux inscriptions des transferts de propriété (*livro de transmissões*), des hypothèques (*livro de hypothecas*), et des droits réels autres que les hypothèques (*livro de inscripedes diversas*). Enfin, en raison des graves effets qui résultent de l'inscription, le Code portugais, interprété par un règlement du 26 avr. 1870 (art. 155-170), attribue au conservateur un droit de vérification préalable, analogue à celui du *Grundbuchrichter* allemand, qui l'autorise, au cas où les conditions légales ne sont pas remplies, à refuser l'inscription, sauf à réserver, le cas échéant, le droit du requérant au moyen d'une insertion provisoire. Il doit, en tout cas, faire connaître aux parties, verbalement ou par écrit, si elles l'exigent, les motifs de son refus. — Besson, *op. cit.*, p. 336.

§ 16. *Prusse*.

848. — Il existe une conservation des livres fonciers au chef-lieu de tout ressort judiciaire. La tenue des registres n'appartient plus, comme autrefois, avant la loi du 5 mai 1872, aux cours et tribunaux, mais à un fonctionnaire placé sous le contrôle du président du tribunal. Ce fonctionnaire exerce, dans la limite de ses attributions, une véritable magistrature et dont les décisions ont le caractère d'un jugement en premier ressort. La responsabilité est très-lourde, aussi lourde qu'est vaste son droit de contrôle; elle est engagée pour toute faute commise dans l'exercice de ses fonctions; la partie lésée n'aurait un recours contre l'État qu'au cas d'insolvabilité du conservateur, désigné sous le nom de *Grundbuchrichter*. Les réclamations formées contre lui, pour retard ou négligence dans l'accomplissement des formalités hypothécaires, sont successivement jugées par le président du tribunal, le président de la cour d'appel et en dernier ressort par le ministre de la Justice. — Besson, p. 273.

849. — En tout bureau de conservation existent les livres fonciers affectés à la réception des inscriptions, et un dépôt des titres, expéditions, extraits et autres documents justificatifs des formalités accomplies, classés par dossiers correspondant à chaque feuillet du livre foncier. Le juge-conservateur tient également un registre d'entrée, équivalant à notre registre des dépôts, où sont inscrites la date et l'heure des demandes d'inscription, formalité de la plus haute importance pour les parties elles-mêmes. Quant au droit de communication des registres publics, il a été singulièrement étendu depuis l'ordonnance du 1783 (art. 72 et 74), qui ne l'autorisait sans entrave qu'à l'égard du propriétaire inscrit et la subordonnait pour les autres à une permission du juge; la loi de 1872 (art. 19) permet au *Grundbuchrichter* de donner connaissance des livres et actes fonciers à tous ceux qui justifient d'un intérêt juridique à en obtenir communication. — Besson, p. 274.

§ 17. *Roumanie*.

850. — Nous ne parlons de la Roumanie que pour signaler ce fait intéressant qu'il n'y existe point un corps de fonctionnaires auquel incombe spécialement le soin de pourvoir à la publicité des transferts immobiliers et des hypothèques, au moyen de l'insertion des contrats dans les registres à ce destinés. La tenue de ces registres est confiée au tribunal de première instance de district (département). Celui-ci, en l'absence d'un corps de notaires, a aussi qualité et compétence pour vérifier les titres présentés à la transcription et leur conférer l'authenticité exigée préalablement à la formalité.

§ 18. *Russie*.

851. — La loi polonaise du 26 avr. 1818, directement dérivée de l'ordonnance prussienne de 1783, attribue un certain rôle aux conservateurs dans l'inscription des charges foncières, droits réels, restrictions et affectations hypothécaires constituées sur l'immeuble. Ils participent, avec les parties elles-mêmes et le notaire qui a reçu l'acte, à la rédaction du texte de l'insertion à opérer; néanmoins, il ne saurait réaliser l'inscription avant que la commission hypothécaire, composée du président et du juge du tribunal d'arrondissement et du conservateur de la Chancellerie, n'ait prononcé homologation du contrat et attesté solennellement sa validité, et l'ait ainsi autorisé à copier littéralement, sur le sommaire du livre foncier, le résumé préalablement rédigé. Cette copie se fait, non point sur un feuillet spécial d'un livre commun, mais sur un registre distinct pour chaque immeuble, livre foncier divisé en trois parties : sommaire hypothécaire, registre des contrats et recueil des documents. La communication de ces registres n'est librement donnée qu'au propriétaire de l'immeuble et aux titulaires de droits réels; il faut, au contraire, l'autorisation du conservateur ou, à son refus, un ordre du président du tribunal d'arrondissement, pour les donner aux autres intéressés (L. 28 avr. 1818, art. 18-25, 28). — Besson, p. 308, 309, 311.

852. — Dans les provinces russes soumises à l'empire du *Svod* ou droit commun de l'empire, il existait, en 1832, auprès de chaque tribunal de district et d'arrondissement, au siège des régences de Sibérie et du Caucase et dans les chancelleries militaires de l'Oural et de Négrepont, un fonctionnaire spécial, dit « greffier foncier », chargé de la tenue d'un registre affecté, non point à l'inscription analytique des actes translatifs de propriété immobilière, mais à la réception de ces actes. Cette organisation fut sensiblement modifiée par le Code de procédure de 1804 et par la loi sur le notariat du 14 avr. 1866 : les fonctions des conservateurs quant à la tenue des registres des formalités hypothécaires sont, à l'heure actuelle, confiées aux premiers notaires d'arrondissement; ceux-ci doivent, sous leur responsabilité, s'assurer de la capacité des parties et de l'aliénabilité de l'immeuble; après quoi, ils opèrent l'insertion du contrat, s'il y a lieu, et font inscrire le procès-verbal d'investiture, à la date, sur les registres du notaire en chef.

§ 19. *Saxe Royale*.

853. — Les fonctions remplies dans les autres pays par les conservateurs d'hypothèques, fonctionnaires et agents d'administration, sont exercées en Saxe par les membres des tribunaux hypothécaires, qui surveillent, sous leur propre responsabilité, les communications prises des registres par les intéressés, et qui répondent, envers les parties lésées, de tous dommages occasionnés par leur faute ou négligence. — Antoine de Saint-Joseph, p. 237; Besson, p. 284.

§ 20. *Suède*.

854. — On retrouve, en Suède, le système de l'intervention de l'assemblée populaire pour assurer la publicité des mutations immobilières. Il n'y a point de conservateurs d'hypothèques spécialement chargés de ce service; c'est sur un registre, tenu en concordance perpétuelle avec le cadastre, déposé au greffe de chaque tribunal et sur lequel chaque fonds de terre a sa feuille spéciale, que le tribunal fait insérer le titre d'acquisition du nouveau propriétaire, dont il a, au préalable, examiné la régularité. — Antoine de Saint-Joseph, p. 273; *Ann. de lég. étrang.*, 1876, p. 803; Besson, p. 320.

§ 21. SUISSE.

855. — I. SUISSE ALLEMANDE. — La publicité hypothécaire de la Suisse allemande est assurée au moyen de registres spéciaux tenus, dans chaque commune ou district, par les conseils municipaux ou les tribunaux de première instance. On ne saurait disconvenir qu'en certains cantons, Zurich, Berne, Argovie, Bâle-Campagne, Saint-Gall et Thurgovie, les registres des conservations ne constituent pas des livres fonciers au sens strict du mot; en effet, contrats hypothécaires et autres actes immobiliers sujets à la formalité de l'inscription y sont mentionnés sans lien entre les diverses inscriptions relatives au même bien; d'où la nécessité de compulser, pour la délivrance d'états hypothécaires, une longue série de volumes dans un travail fertile en chances d'erreurs ou d'omissions. — V. Lehr, *Divers régimes hypoth. de la Suisse*, Fribourg, 1876; Besson, p. 294-295.

856. — II. SUISSE ROMANDE (*canton de Neufchâtel*). — Il convient de signaler, entre les cantons romands, celui de Neufchâtel, parce que la relation entre les registres hypothécaires, d'une part, et le cadastre, d'autre part, y est plus étroite que dans les autres cantons de la Suisse française. Les conservateurs de cette région sont tenus de dresser un répertoire des parcelles cadastrales, présentant pour chaque parcelle un renvoi aux inscriptions portées sur le registre hypothécaire; de la sorte (c'est une observation que nous avons déjà faite pour la Hollande), pour toutes recherches de la situation hypothécaire d'un tiers déterminé, ils se préoccupent de l'immeuble lui-même, abstraction faite de son possesseur actuel; circonstance que nous considérons personnellement comme du plus haut intérêt pour la garantie et l'exactitude des certificats délivrés sur réquisition des intéressés. — Besson, p. 237.

§ 22. WURTEMBERG.

857. — En l'absence d'un corps de conservateurs, c'est l'assemblée communale qui est chargée de veiller à l'accomplissement des formalités hypothécaires, d'admettre à la mention sur les registres la demande à fin d'inscription et d'autoriser, en présence d'un de ses membres, les investigations dans les registres (L. 15 avr. 1825, art. 64, 63, 175, 180 et 182). C'est encore elle qui répond envers les parties lésées des dommages causés à dessein ou par négligence, par des inscriptions illégalement omises ou différées, ou par suite d'appréciation inexacte des gages hypothécaires. — Antoine de Saint-Joseph, p. 304; Besson, p. 284.

CONSERVATOIRE (acte). — V. ACTE CONSERVATOIRE.

CONSERVATOIRE DES ARTS ET MANUFACTURES. — V. CONSERVATOIRE NATIONAL DES ARTS ET MÉTIERS.

CONSERVATOIRE NATIONAL DES ARTS ET MÉTIERS.

LÉGISLATION.

Rapport du 2 août 1783, présenté au roi par Jolly de Fleury et approuvé (*portant création, à l'hôtel de Mortagne, d'un dépôt public de modèles de machines et instruments utiles aux arts*); — L. 19 vendém. an III (10 oct. 1794) (*ordonnant la formation, à Paris, d'un Conservatoire des arts et métiers*); — Règlem. 15 therm. an IV (1er août 1796) approuvé par le ministre de l'Intérieur (*pour l'organisation générale et la discipline intérieure du Conservatoire des arts et métiers*); — L. 22 prair. an VI (10 juin 1798) (*affectant à l'établissement du Conservatoire des arts et métiers diverses parties des bâtiments et terrains de l'ancienne abbaye de Saint-Martin-des-Champs*); — Arr. 28 vend. an IX (19 oct. 1800) (*mettant le Conservatoire des arts et métiers sous l'autorité d'un administrateur et constituant un conseil de cet établissement*); — Ord. 25 nov. 1819 (*réglant les attributions des conseils de perfectionnement et d'administration du Conservatoire et instituant un enseignement public et gratuit pour l'application des sciences aux arts industriels*); — Ord. 9 mai 1829 (*créant un cours de physique appliquée aux arts*); — Ord. 26 sept. 1839 (*créant cinq nouveaux cours*); — Ord. 13 nov. 1839 (*créant un second cours d'agriculture*); — L. 5 juill. 1844 (*sur les brevets d'invention*), art. 26; — Arr. 28 avr. 1848 (*créant une chaire spéciale de céramique*); — Décr. 29 nov. 1851 (*remplaçant l'un des deux cours d'agriculture par un cours de chimie agricole*); — Décr. 13 sept. 1852 (*créant deux nouveaux cours publics*); — Décr. 30 nov. 1852 (*créant un cours de zoologie appliquée à l'agriculture et à l'industrie*); — Décr. 10 déc. 1833 (*confiant l'administration du Conservatoire des arts et métiers à un directeur, sous l'autorité du ministre de l'Agriculture, du Commerce et des Travaux publics, et réglant le mode de nomination des directeur, professeurs et membres du conseil de perfectionnement*); — Arr. 19 janv. 1854 (*portant règlement du Conservatoire des arts et métiers*); — Décr. 4 nov. 1854 (*créant un cours de constructions civiles et remplaçant la chaire d'économie industrielle par une chaire d'administration et statistique industrielles*); — Décr. 30 mars 1864 (*remplaçant le cours de géologie appliquée par un cours de travaux agricoles et génie rural*); — Décr. 26 oct. 1864 (*remplaçant les cours de législation industrielle et d'administration et statistique industrielles par des cours d'économie politique et législation industrielle et d'économie industrielle et statistique*); — Décr. 28 oct. 1868 (*remplaçant la chaire de teinture, impression et apprêts des tissus par la chaire de chimie appliquée aux industries de la teinture, de la céramique et de la verrerie*); — Décr. 8 oct. 1880 (*plaçant le siège du Bureau national des poids et mesures au Conservatoire des arts et métiers, et ordonnant le dépôt, dans cet établissement, d'un exemplaire des prototypes du mètre et du kilogramme*), art. 2, 4 et 5; — Décr. 20 nov. 1879 et 6 janv. 1881 (*relatifs à l'établissement d'un cours de droit commercial*); — Arr. 9 oct. 1883 (*relatif au mode de nomination des professeurs*); — L. 3 mai 1890 (*sur les marques de fabriques et de commerce*); — Décr. 15 juill. 1890 (*créant une chaire de métallurgie et de travail des métaux et une chaire d'électricité industrielle*); — Décr. 27 févr. 1891 (*sur les marques de fabriques et de commerce*); — Décr. 26 oct. 1894 (*supprimant la chaire de droit commercial au Conservatoire national des arts et métiers, et créant un cours de droit commercial et un cours d'économie sociale à cet établissement*).

BIBLIOGRAPHIE.

Annales du Conservatoire des arts et métiers, publiées par les professeurs. — *Annuaire du ministère du Commerce et de l'Industrie* (périod.). — Béquet et Dupré, *Répertoire de droit administratif*, t. 8, 1891, v° *Conservatoire national des arts et métiers*. — Blanche, *Dictionnaire général de l'administration*, 1891, 2 vol. in-8°, v° *Conservatoire national des arts et métiers*. — Block, *Dictionnaire de l'administration française*, 3e édit., 1891, v° *Conservatoire national des arts et métiers* (art. de M. Smith). — *Catalogue des collections*, publié, avec l'autorisation de M. le ministre du Commerce, par le directeur de l'établissement, 7e édit., 1 vol. in-18, Paris, 1882 (Une nouvelle édition du Catalogue est en préparation). — J.-A. Dulaure, *Histoire physique, civile et morale de Paris*, annotée et continuée par Camille Leynadier, 1 vol., Paris, 1853. — Laussédat (colonel), *Le Conservatoire des arts et métiers depuis sa fondation* (Conférence faite à Bordeaux, le 24 sept. 1886, au congrès international de l'enseignement technique, commercial et industriel), 1 vol. in-8°, Paris, 1887. — Paulet (Georges), *Annuaire de l'enseignement commercial et industriel*, 1892, 1 vol. in-18. — *Recueil des lois, décrets, ordonnances, arrêtés, décisions et rapports relatifs à l'origine, à l'institution, à l'organisation et à la direction du Conservatoire des arts et métiers et à la création des cours publics de cet établissement*, 1 vol. in-8°, Paris, 1889. — Say, Foyot et Lanjalley, *Dictionnaire des Finances*, t. 1, 1889, v° *Conservatoire national des arts et métiers* (art. de M. Boutarel).

INDEX ALPHABÉTIQUE.

Abbaye de Saint-Martin-des-Champs, 6.
Acoustique, 14.
Acquisitions, 8 et s., 11, 12, 51, 56, 74.
Adjudication, 46.
Administration, 39, 42 et s., 45, 46, 54, 56, 58.
Administration industrielle, 20.
Affiches, 62.
Agent comptable, 39, 42 et s., 45, 46, 54, 56, 58.

CONSERVATOIRE NATIONAL DES ARTS ET MÉTIERS. — Chap. I.

Agriculture, 13, 20.
Altérations, 51, 55.
Amphithéâtres, 24.
Approbation ministérielle, 46.
Astronomie, 13.
Bibliothécaire, 27, 39, 53 et s., 56 et 57.
Bibliothécaire adjoint, 27, 39, 57.
Bibliothèque, 25 et s., 54, 57.
Brevet d'invention, 29, 31, 32, 59.
Budget, 40, 44, 72, 74 et 75.
Bureau national des poids et mesures, 36 et 37.
Cabinet des machines de Vaucanson, 5.
Calques, 29, 30, 32.
Carte indicative, 49.
Céramique, 14.
Chauffage, 46.
Chemins de fer, 14.
Chimie, 20.
Cinématique, 14.
Collections (catalogues des), 47 et s., 50, 58.
Collections (classement des), 13 et s., 47, 74.
Comptabilité, 42, 45. — V. *Agent comptable.*
Conseil de perfectionnement, 27, 40, 54, 61, 62, 65, 69 et s., 72 et s.
Conservateur adjoint des collections, 39, 52.
Conservateur adjoint du portefeuille, 32, 39, 58 et 59.
Conservateur des collections, 39, 43, 47 et s., 50 et s.
Constructions (art des), 13, 20.
Cours publics, 19 et s.
Départements ministériels, 7.
Dépenses, 40, 44, 45, 51.
Déplacement des objets, 50.
Dépôts de modèles, 13.
Dépôt national de physique et des machines, 5.
Dessins, 29 et s.
Directeur, 39, 40, 43, 44, 46, 47, 49, 51, 54, 59, 62, 63, 67, 73.
Disparition, 51, 55.
Droit commercial, 20.
Éclairage, 46.
Économie industrielle, 20.
Économie politique, 20.
Économie sociale, 20.
Électricité industrielle, 20.
Employés, 39 et 40.
Enseignement, 18 et s., 40, 72, 74.
Essai de résistance des matériaux, 38.
Expériences publiques, 41.
Filature, 17.
Fonds de création, 5, 8.
Fournisseurs, 45.

Galeries des arts mécaniques du duc d'Orléans, 5.
Galeries des collections, 13 et s., 16, 17, 49.
Génie rural, 20.
Géodésie, 13.
Géométrie appliquée aux arts, 20.
Géométrie descriptive, 20.
Gravure, 14.
Horlogerie, 13.
Impression des tissus, 20.
Indemnités, 6.
Ingénieur-sous-directeur, 39, 41, 43 et 44.
Inventaires, 40, 43, 48, 49, 54.
Journaux, 26.
Laboratoires, 68.
Leçons, 22, 23, 63.
Législation industrielle, 20.
Lithographie, 14.
Machines à vapeur, 14.
Machines hydrauliques, 38.
Machines-outils, 14.
Marchés de fournitures, 46.
Marques de fabrique, 29, 33.
Mécanique, 20.
Métallurgie, 20.
Moteurs, 14.
Musée, 8 et s.
Optique, 14.
Paiement des mémoires, 43, 56.
Papier (industrie du), 14.
Photographie, 14.
Physique, 14, 20.
Poids et mesures, 11, 13, 36 et 37.
Portefeuille industriel, 29 et s., 58 et 59.
Préparateurs, 43, 67 et 68.
Prise en charge, 43, 48, 56.
Produits chimiques, 14.
Professeurs, 43, 50, 60 et s., 63, 65 et s., 68, 72 et 74.
Professeurs suppléants, 64 et 65.
Programme des cours, 62, 72.
Propriété industrielle, 34.
Prototypes, 36 et 37.
Récolements, 40, 43.
Registre de présence, 63.
Remplacement des professeurs, 66.
Révocation, 65, 67.
Sortie des objets et des livres, 43, 55.
Statistique, 20.
Surveillance, 57.
Teinture, 20.
Tissage, 20.
Topographie, 13.
Traitements, 39, 60, 65.
Travaux agricoles, 20.
Travaux de réparation, 41, 51 et 52.
Verrerie, 14, 20.
Zoologie, 20.

DIVISION.

CHAP. I. — NOTIONS HISTORIQUES (n. 1 à 7).

CHAP. II. — ORGANISATION ET FONCTIONNEMENT.

Sect. I. — **Division des services.**

§ 1. — *Musée et collections* (n. 8 à 17).
§ 2. — *Enseignement* (n. 18 à 24).
§ 3. — *Bibliothèque* (n. 25 à 28).
§ 4. — *Portefeuille industriel* (n. 29 à 35).
§ 5. — *Bureau national des poids et mesures. — Bureau public d'essai de résistance des matériaux* (n. 36 à 38).

Sect. II. — **Administration et personnel.**

§ 1. — *Personnel administratif* (n. 39 à 59).
§ 2. — *Personnel enseignant* (n. 60 à 68).
§ 3. — *Comité de perfectionnement* (n. 69 à 74).

CHAP. III. — BUDGET (n. 75).

CHAPITRE I.

NOTIONS HISTORIQUES.

1. — L'idée de créer un enseignement industriel pour les ouvriers et artisans des différents corps de métiers et de réunir, pour être exposés à l'appui de cet enseignement, des modèles des machines et instruments mécaniques nécessaires ou utiles aux arts aurait été formulée pour la première fois par Descartes. — Christian, *Notice sur le Conservatoire des arts et métiers publiée en tête de la première édition (1817-1818) du catalogue des collections de cet établissement.*

2. — Cette idée fut réalisée en 1775 par le mécanicien Vaucanson, l'inventeur d'un métier à tisser les soies. « Dans le but d'instruire et d'encourager ceux qui se sentent du goût et du talent pour l'invention des machines et d'exciter les capitalistes à former des spéculations sur le produit des machines nouvelles » (Rapport de Jolly de Fleury au roi, 2 août 1783), Vaucanson avait réuni à l'hôtel de Mortagne, situé rue de Charonne et disposé pour cet usage, une collection de modèles des machines usitées dans les arts.

3. — A sa mort, en 1783, il légua sa collection, composée de près de soixante machines principales, au roi Louis XVI qui l'accepta et en confia la garde et l'administration au sieur Vandermonde, de l'Académie des sciences. — Rapport de Jolly de Fleury, précité.

4. — Le premier, le conventionnel Grégoire, ancien évêque de Blois, proposa au comité d'instruction publique de la Convention nationale la création du Conservatoire des arts et métiers. Sur le rapport qu'il fut chargé de rédiger à ce sujet, la Convention adopta la loi du 19 vend. an III (10 oct. 1794) ordonnant la formation de cet établissement (art. 1) et chargeant de son exécution la commission d'agriculture et des arts (art. 11). « Cette commission était composée de cinquante artistes ou savants des plus distingués de Paris et souvent présidée par Grégoire ». — Dulaure, *Histoire physique civile et morale de Paris*, p. 563.

5. — Jusque vers le milieu de l'an VII, il exista à Paris trois dépôts de modèles de machines et d'instruments nécessaires aux arts : 1° le dépôt de l'hôtel de Mortagne, rue de Charonne, formé par l'ancienne administration du commerce, et appelé « Cabinet des machines de Vaucanson ». Ce dépôt eut successivement pour conservateurs Vandermonde et C.-P. Molard. Il contenait principalement un grand nombre de machines utiles à l'industrie textile, au tissage et au moulinage ; 2° le dépôt de l'hôtel d'Aiguillon, rue de l'Université, formé par la commission temporaire des arts et appelé « Dépôt national de physique et des machines ». Confié à Molard par le comité d'instruction publique de la Convention nationale, ce dépôt comprenait surtout de nombreux modèles d'instruments aratoires rapportés de Hollande et d'Italie par nos armées victorieuses, des machines relatives aux travaux agricoles et à la fabrication du papier-monnaie ; 3° enfin, au Louvre, se trouvaient les machines que le sieur Pajot d'Ous-en-Bray avait données à l'Académie des sciences et celles que l'Académie elle-même avait ajoutées. « On y avait réuni la plupart des beaux modèles qui composaient la galerie des arts mécaniques du duc d'Orléans ». — Rapport de Grégoire au conseil des Cinq-Cents, 26 flor. an VI.

6. — Enfin, sur les rapports célèbres de Grégoire au conseil des Cinq-Cents, en date du 26 flor. an VI (15 mai 1798), et du représentant Alquier au conseil des Anciens, en date du 27 niv. an VI (16 janv. 1798), fut promulguée la loi du 22 prair. an VI (10 juin 1798) affectant à l'établissement du Conservatoire des arts et métiers diverses parties des bâtiments et terrains de l'ancienne abbaye de Saint-Martin-des-Champs située rue Saint-Martin (art. 1) et mettant à la disposition du ministre de l'Intérieur une somme de 56,900 fr. pour les réparations à faire au bâtiment, l'appropriation du local et les indemnités à accorder aux sous-locataires de cette abbaye.

7. — Ainsi se trouvait créé et installé le Conservatoire des arts et métiers. Dès le commencement de l'an IV, il avait été placé dans les attributions du ministre de l'Intérieur. Plus tard, il passa successivement dans les attributions des départements ministériels suivants : ministère du Commerce et des manufactures (du 4 janv. 1828 au 8 août 1829) ; ministère de l'Intérieur (du 8 août 1829 au 13 mars 1831) ; ministère du Commerce et des Travaux publics (du 13 mars 1831 au 4 avr. 1834); ministère du Commerce (du 4 avr. 1834 au 22 févr. 1836); ministère du Commerce et des Travaux publics (du 22 févr. au 19 sept. 1836); ministère des Travaux publics, de l'Agriculture et du Commerce (du 19 sept. 1836 au 12 mai 1839); ministère de l'Agriculture et du Commerce (du 12 mai 1839 au 25 janv. 1852); ministère de l'Intérieur, de l'Agriculture et du Commerce (du 25 janv. 1852 au 23 juin 1853); ministère de l'Agriculture, du Commerce et des Travaux publics (du 23 juin 1853 au 17 juill. 1869); ministère de l'Agriculture et du Commerce (du 17 juill. 1869 au 14 nov. 1881); ministère des Arts (du 14 nov. 1881 au 30 janv. 1882); ministère du Commerce (du 30 janv. 1882 au 8 janv. 1886). Depuis lors, il dépend du ministère du Commerce et de l'Industrie.

CHAPITRE II.

ORGANISATION ET FONCTIONNEMENT.

SECTION I.

Division des services.

§ 1. *Musée et collections.*

8. — Le musée renferme les collections de modèles, d'échantillons de matières premières, d'outils et de machines. Ces collections sont composées des anciens fonds de création (V. *suprà*, n. 5), des dons faits par les particuliers, les sociétés industrielles et les sociétés savantes, et enfin des achats effectués avec les fonds alloués par l'État, sur la demande des professeurs pour les besoins des cours. — V. *infrà*, n. 51, 56, 74.

9. — En 1799, lors de l'installation dans les bâtiments du Prieuré, la collection se composait de quatre cent quatre-vingt-quinze objets ou séries d'objets.

10. — En 1817-1818, le premier catalogue publié comprenait 3279 numéros. Le Conservatoire s'était enrichi particulièrement de la collection de machines et d'outils d'horlogerie de Ferdinand Berthoud et du cabinet de physique de Charles.

11. — En 1848, le ministre de l'Agriculture et du Commerce fit transporter au Conservatoire la collection des poids et mesures qui était déposée au ministère.

12. — Plus tard, le musée s'enrichit de nombreux dons de l'Académie des sciences, de la société d'encouragement pour l'industrie, de la chambre de commerce de Paris, de fabricants et de constructeurs, et des achats faits surtout à l'occasion des expositions universelles de 1851, 1855, 1862 et 1867. L'inventaire au 1er janv. 1889 comportait 11703 numéros, le même numéro comprenant souvent toute une série d'objets. Ce chiffre s'est encore accru depuis d'une façon sensible. — Laussédat, *Introduction au recueil des lois, décrets, ordonnances, etc.*, *relatifs au Conservatoire des arts et métiers*, p. XVII et XVIII.

13. — Ces collections occupent les galeries et l'ancienne église; certains objets même sont exposés dans une partie des cours. Dans les galeries du rez-de-chaussée se trouvent : du côté nord, les poids et mesures, la topographie, la géodésie, l'astronomie, l'horlogerie, la géométrie et l'art des constructions; du côté sud, l'industrie du bois, les mines, l'agriculture, les constructions et les produits agricoles.

14. — Dans les galeries du premier étage, sont placés : au centre, les chemins de fer; du côté nord, les machines à vapeur, les machines-outils, la cinématique, les appareils des diverses industries chimiques, les produits chimiques, la céramique, la verrerie, la teinture et l'impression des tissus, les arts chimiques, l'industrie du papier, la gravure, la typographie, la lithographie et la photographie, la filature et le tissage; du côté sud, les machines hydrauliques, les moteurs, la physique et la mécanique, l'acoustique et l'optique.

15. — Dans l'ancienne église se trouvent les machines qui sont mises en mouvement sous les yeux du public tous les jours où il est admis à visiter. — *Catalogue des collections*, p. 83 et 84.

16. — Les galeries sont ouvertes au public le dimanche et le jeudi de dix heures à quatre heures (Arr. 19 janv. 1854, art. 19). Depuis plusieurs années, elles sont ouvertes également au public le mardi pendant les mêmes heures.

17. — Aux jours réservés, c'est-à-dire les lundis, mercredis, vendredis et samedis, les personnes munies d'une autorisation du directeur sont admises à visiter le musée sous la conduite d'un gardien des galeries entre midi et trois heures (Arr. 19 janv. 1854, art. 19, 2° al.).

§ 2. *Enseignement.*

18. — « Pour atteindre complètement le but de sa fondation », disent les considérants de l'ordonnance, Louis XVIII, à l'instigation du baron Dupin et du duc de la Rochefoucauld, institua au Conservatoire des arts et métiers un enseignement public et gratuit pour l'application des sciences aux arts industriels (Ord. 25 nov. 1819, art. 1 et 2). Cet enseignement se réduisait alors à trois cours : mécanique et chimie appliquées aux arts, et économie industrielle.

19. — Depuis cette époque, l'enseignement du Conservatoire, confié aux professeurs les plus éminents, tels que : J.-B. Say, Pouillet, Blanqui, Hervé-Mangon, Payen, le baron Dupin, a pris un développement considérable.

20. — Il se compose aujourd'hui de dix-huit cours publics et gratuits, savoir : 1° géométrie appliquée aux arts (Ord. 25 nov. 1819). Ce cours, créé sous le titre de cours de mécanique appliquée aux arts, prit successivement les titres de mécanique et géométrie appliquées aux arts, de 1825 à 1839, et de géométrie appliquée aux arts et statistique, de 1839 à 1851. C'est depuis 1851 qu'il porte le titre actuel; 2° chimie générale dans ses rapports avec l'industrie (Ord. 25 nov. 1819), l'un des trois cours originaires; 3° physique appliquée aux arts (Ord. 9 mai 1829); 4° chimie industrielle (Ord. 26 sept. 1839); 5° géométrie descriptive (Ord. 26 sept. 1839); 6° mécanique appliquée aux arts (Ord. 26 sept. 1839); 7° agriculture (Ord. 13 nov. 1839); 8° chimie agricole et analyse chimique (Décr. 29 nov. 1851); ce cours a remplacé le cours d'agriculture créé par l'ordonnance du 26 sept. 1839; il fut créé sous le titre de cours de chimie agricole; son titre actuel ne fut complété qu'en 1871; 9° filature et tissage (Décr. 13 sept. 1852); 10° constructions civiles (Décr. 4 nov. 1854); 11° travaux agricoles et génie rural (Décr. 30 mars 1864); à la place de ce cours, existait auparavant un cours de zoologie appliquée à l'agriculture et à l'industrie, qui avait été créé par décret du 30 nov. 1852; 12° économie politique et législation industrielle (Décr. 26 oct. 1864); cette chaire a remplacé la chaire de législation industrielle fondée par l'ordonnance du 26 sept. 1839; 13° économie industrielle et statistique (Décr. 26 oct. 1864); ce cours a succédé à un cours d'administration et statistique industrielles qui avait été créé par décret du 4 nov. 1854 en remplacement du cours d'économie industrielle fondé à l'origine par le décret du 25 nov. 1819; 14° chimie appliquée aux industries de la teinture, de la céramique et de la verrerie (Décr. 28 oct. 1868); ce cours remplace le cours de teinture, impression et apprêts des tissus créé par décret du 13 sept. 1852, qui lui-même remplaçait un cours d'arts céramiques organisé par l'arrêté du 28 avr. 1848; 15° métallurgie et travail des métaux (Décr. 15 juill. 1890); 16° électricité industrielle (Décr. 13 juill. 1890); 17° et 18° droit commercial et économie sociale (Décr. 26 oct. 1894); ce cours avait été établi par décret du 20 nov. 1879 et du 6 janv. 1881; il a été, par décret du 26 oct. 1894, scindé en deux cours distincts, l'un de droit commercial, l'autre d'économie sociale.

21. — Les cours publics du Conservatoire ont lieu pendant six mois à dater du 15 novembre jusqu'au 30 avril suivant, sans interruption autre que celles résultant des jours de fêtes publiques. Ils ne peuvent être terminés ni suspendus avant l'époque fixée sans l'autorisation du ministre (Arr. 19 janv. 1854, art. 1).

22. — Chaque professeur donne deux leçons par semaine; soit environ quarante à quarante-trois leçons pour chaque cours. La durée de chaque leçon est d'une heure à une heure et demie au plus (Arr. 19 janv. 1854, art. 3).

23. — Créés plus spécialement pour les commerçants, les industriels et les ouvriers retenus toute la journée dans leurs magasins ou leurs ateliers, ces cours sont faits le soir de sept heures trois quarts à huit heures trois quarts et de neuf heures à dix heures. — *Catalogue des collections*, *Notice historique*, p. 76.

24. — Ils ont lieu soit dans l'ancien ou moyen amphithéâtre, établi par Peyre, architecte du Conservatoire et membre de l'Institut, et inauguré en janvier 1822 (*Moniteur universel*, année 1822, p. 57); soit dans le grand amphithéâtre, créé en 1847 et qui peut contenir huit cents personnes, soit enfin dans le petit amphithéâtre qui date de 1868. Ces deux dernières salles ont été construites sur les plans de Léon Vaudoyer, architecte du Conservatoire, membre de l'Académie des Beaux-Arts. — *Recueil des lois, décrets, ordonnances, etc., relatifs au Conservatoire des arts et métiers*, p. 99 en note.

§ 3. *Bibliothèque.*

25. — La loi du 19 vend. an III, en créant le Conservatoire des arts et métiers, en avait fait un dépôt, non seulement de machines, de modèles, d'outils et de dessins, mais aussi un dépôt de livres concernant tous les genres d'arts et métiers; et le règlement du 15 therm. an IV, titre 3, art. 1, dispose : « tous les livres et les manuscrits, dans tous les genres d'arts et métiers, seront réunis dans un même local et formeront la bibliothèque du Conservatoire. »

26. — La bibliothèque, installée dans l'ancien réfectoire du prieuré, contient aujourd'hui une riche collection d'environ 37000 volumes relatifs aux sciences, aux arts et à l'industrie. On y met en outre à la disposition du public un grand nombre de journaux et de publications périodiques concernant ces matières : les collections de ces journaux et publications périodiques forment des volumes qui viennent chaque année augmenter la richesse de la bibliothèque. Deux catalogues alphabétique et méthodique sont à la disposition des lecteurs pour faciliter les recherches.

27. — Les livres sont donnés en communication au public, qui doit les consulter sur place et sous la surveillance du bibliothécaire ou du bibliothécaire-adjoint. Les membres du conseil de perfectionnement seuls peuvent emprunter des volumes en se conformant aux formalités exigées pour la sortie des objets appartenant aux collections (Arr. 19 janv. 1854, art. 44).

28. — La bibliothèque est ouverte au public de dix heures à trois heures tous les jours excepté le lundi (Arr. 19 janv. 1854, art. 20). Elle est en outre ouverte tous les soirs, sauf le dimanche et le lundi, depuis sept heures et demie jusqu'à dix heures. Tous les ans, elle peut être fermée pendant quinze jours au plus pour arrangement intérieur (Arr. 19 janv. 1854, art. 22). Cette fermeture a lieu pendant la première quinzaine de septembre.

§ 4. *Portefeuille industriel.*

29. — Aux termes de l'art. 26, L. 5 juill. 1844, sur les brevets d'invention « à l'expiration des brevets, les originaux des descriptions et dessins seront déposés au Conservatoire des arts et métiers ». Antérieurement au décret du 27 févr. 1891, les duplicatas des marques de fabrique étaient également transmis au Conservatoire des arts et métiers. Depuis, ils restent en dépôt au ministère du Commerce.

30. — Cette collection ainsi composée, dite du portefeuille, ne comprend pas moins de mille dessins et calques représentant les mécanismes élémentaires, les ajustements et emmanchements, les transformations et transmissions de mouvements, et les principales inventions modernes faites en France et à l'étranger dans les sciences d'application et dans les arts industriels (Arr. 1er sept. 1843, tit. 2, art. 21, § 5).

31. — « On y a mis à la disposition du public, depuis le mois de novembre 1880, la collection dite de Vaucanson, qui renferme non seulement les dessins de cet ingénieur mais tous les dessins réunis tant à l'hôtel de Mortagne qu'au Conservatoire de 1775 à 1829, et qui présente une grande valeur historique. Entr'autres pièces curieuses on trouve dans ces archives un grand nombre d'épures de Vaucanson ». — *Catalogue des collections, Notice historique*, p. 73.

32. — Le public peut donc prendre connaissance de tous les brevets expirés. Il peut encore, sous la surveillance personnelle du conservateur-adjoint du portefeuille, en prendre des copies ou des calques.

33. — Aucun brevet toutefois ne peut sortir de la salle consacrée au portefeuille industriel sans une autorisation écrite du directeur (Arr. 19 janv. 1854, art. 49).

34. — La collection du portefeuille industriel comprend en outre « une très-importante série de publications concernant la propriété industrielle, et au nombre desquelles il convient de citer le catalogue et le recueil imprimé des brevets pris en France sous le régime des lois des 7 janv. et 25 mai 1791 et 5 juill. 1844, le *Bulletin officiel de la propriété industrielle et commerciale*, le *Trade marcks journal*, et les recueils imprimés des brevets ou spécifications de brevets anglais, canadiens, américains et italiens ». — *Recueil des lois, décrets, ordonnances, etc., relatifs au Conservatoire des arts et métiers*, p. 92 en note.

35. — Tous les ans, la galerie du portefeuille peut être fermée au public pendant quinze jours au plus pour arrangement intérieur (Arr. 19 janv. 1854).

§ 5. *Bureau national des poids et mesures.* — *Bureau public d'essai de résistance des matériaux.*

36. — Le bureau national scientifique et permanent des poids et mesures, chargé d'étudier et de résoudre les diverses questions qui se rapportent à la métrologie scientifique et usuelle, et de faciliter les opérations relatives à la création ou à la confrontation des prototypes ou étalons, a son siège au Conservatoire des arts et métiers (Décr. 8 oct. 1880, art. 1 et 2).

37. — Un exemplaire des prototypes du mètre et du kilogramme est déposé au Conservatoire des arts et métiers ainsi qu'à l'Institut, aux Archives nationales et à l'Observatoire de Paris. Tous les cinq ans, il est procédé par les soins du bureau national des poids et mesures à des comparaisons précises entre ces prototypes et à la vérification de leurs équations respectives (Décr. 8 oct. 1880, art. 4 et 5).

38. — Enfin M. Tresca, professeur de mécanique appliquée aux arts et ingénieur sous-directeur du Conservatoire, a organisé un service public d'essai de résistance des matériaux, pierre, marbre, métaux, tuyaux, etc. « Les échantillons remis par les industriels sont écrasés ou brisés par des machines spéciales dont la plus puissante est une presse hydraulique de 500,000 kilogrammes, et leur force de résistance est enregistrée ». — *Catalogue des collections, Notice historique*, p. 75.

Section II.
Administration et personnel.

§ 1. *Personnel administratif.*

39. — L'administration du Conservatoire est composée des fonctionnaires suivants : un directeur; un ingénieur sous-directeur (l'emploi d'ingénieur sous-directeur, supprimé par arrêté du 15 juin 1880 et remplacé par l'emploi d'inspecteur, a été rétabli par arrêté du 5 juin 1883); un agent comptable ; un conservateur des collections ; un bibliothécaire ; un bibliothécaire-adjoint; un conservateur-adjoint des collections (ce fonctionnaire a, en vertu de l'arrêté du 23 oct. 1886, pris le titre d'ingénieur-adjoint); un conservateur-adjoint du portefeuille ; enfin, le nombre d'employés nécessaire aux besoins du service et fixé par le ministre du Commerce et de l'Industrie (Arr. 19 janv. 1854, art. 23). Les traitements du directeur, des employés et des gens de service sont réglés par le ministre du Commerce (Ord. 25 nov. 1819, art. 14).

40. — Le directeur est nommé par décret, sur la proposition du ministre du Commerce et de l'Industrie (Décr. 10 déc. 1853). Logé dans l'établissement, il est le chef de tous les services intérieurs. Il dirige l'administration et surveille l'enseignement. Il assure l'exécution des lois, ordonnances, règlements, arrêtés et décisions relatifs à l'institution du conservatoire, et veille à ce que tous les fonctionnaires et employés attachés à l'établissement concourent à y maintenir le bon ordre et l'exactitude avec régularité les devoirs qui leur sont imposés. Il prépare le budget, qui est discuté en conseil de perfectionnement, et il le soumet à l'approbation du ministre avec son avis. Il autorise les dépenses et vise les comptes. Il a entre les mains un double de tous les inventaires signés par les personnes responsables ; il en fait faire le récolement général ou partiel aux époques prescrites, et en transmet le procès-verbal au ministre en y joignant l'état, par ordre de numéros, des mutations survenues pendant l'année. Il correspond avec le ministre pour tout ce qui appartient à l'administration (Arr. 19 janv. 1854, art. 24).

41. — L'ingénieur sous-directeur, également logé dans l'établissement, est chargé, en l'absence et par délégation du directeur, de tous les détails du service intérieur et de la tenue des cours. Il dirige les travaux de réparation, les expériences publiques ou celles qui sont demandées par le ministre. En cas d'absence autorisée du directeur, il le remplace dans toutes ses fonctions, y compris l'ordonnancement des dépenses (Arr. 19 janv. 1854, art. 25).

42. — L'agent comptable est aussi logé dans les bâtiments du Conservatoire. Il est chargé, sous l'autorité du directeur, de la comptabilité en matières et deniers. Il fournit un cautionnement de sa gestion et en est matériellement responsable (Même Arr., art. 26).

43. — A son entrée en fonctions, il accepte, après récolement, les inventaires des collections et du mobilier du Conservatoire, et tous les accroissements du matériel, des collections et du mobilier qui surviennent postérieurement sont pris en charge par lui et portés par ses soins sur les inventaires; cette prise en charge précède le paiement des mémoires. Les professeurs qui ont des laboratoires sont responsables envers l'agent comptable des objets qui sont mis à leur disposition; leurs préparateurs doivent en tenir les inventaires à jour. Aucun objet mobilier ne peut sortir de l'établissement sans une autorisation du directeur ou de l'ingénieur sous-directeur, visée par l'agent comptable et donnée sur le reçu de la partie prenante. Sur la remise de cette pièce, le conservateur délivre l'objet, qui doit être accompagné à sa sortie d'un laissez-passer également signé de l'agent comptable (Même Arr., art. 27 et 28).

44. — Aucune dépense relative à l'un des services du Conservatoire ne peut être faite ou acquittée que par l'agent comptable et sur des bons visés par le directeur ou l'ingénieur sous-directeur. Ces bons de dépenses sont inscrits à leur date sur un registre spécial. Avant l'inscription, l'agent comptable s'entend avec le directeur sur le classement des dépenses conformément aux divisions du budget. Une copie du budget, tel qu'il a été approuvé par le ministre, est remise par le directeur à l'agent comptable et toutes les dépenses doivent être rigoureusement renfermées dans les limites des crédits ouverts dans ce budget (Même Arr., art. 29 et 30).

45. — L'agent comptable, avant le 10 de chaque mois, remet au directeur les pièces comptables du mois précédent dûment acquittées, avec un bordereau certifié véritable résumant par chapitres et par articles l'objet de la dépense et le nom du fournisseur. Il remet en même temps un résumé des dépenses progressivement faites sur les divers articles, ce résumé ayant pour objet de mettre en évidence les sommes qui restent disponibles sur chacun des crédits ouverts. A la fin de juin au plus tard, l'agent comptable dresse, avec les pièces à l'appui, un bordereau supplémentaire de toutes les dépenses qui n'ont pu être soldées avant le 31 décembre de l'année précédente (Même Arr., art. 31).

46. — D'après les ordres du directeur, l'agent comptable passe les marchés et fait les achats relatifs au chauffage et à l'éclairage, ou prépare la mise en adjudication de ces fournitures. Tout marché ou cahier des charges porte le visa du directeur et est soumis à l'approbation du ministre. L'agent comptable surveille la conservation et la distribution des matières, et rend compte au directeur des consommations de chacun des services (Même Arr., art. 32).

47. — Le conservateur des collections est logé également au Conservatoire. Il est chargé, sous l'autorité du directeur, de la conservation et de l'entretien des objets composant les collections. Il en opère ou surveille le classement et en tient à jour les catalogues (Même Arr., art. 33 et 35).

48. — A son entrée en fonctions, il prend connaissance des inventaires et s'assure de l'existence de tous les objets qui y sont mentionnés. Après cette première vérification faite, il ne reçoit dans les collections et n'inscrit aux catalogues aucun objet sans s'être assuré au préalable qu'il est porté à l'inventaire et pris en charge par l'agent comptable (Même Arr., art. 34 et 36).

49. — A chaque objet est jointe une carte indicative de sa nature mentionnant le numéro d'inventaire. Le conservateur propose la rédaction de cette carte, l'ordre d'inscription de l'objet aux collections et son placement dans les galeries : le classement ne devient définitif qu'après l'approbation du directeur (Même Arr., art. 36).

50. — Aucun objet ne peut passer d'un service dans un autre, et son classement aux catalogues ou dans les collections ne peut être modifié sans une autorisation écrite du directeur. Les professeurs cependant demandent directement au conservateur les objets qui peuvent être nécessaires à leurs travaux dans l'intérieur de l'établissement; ces objets sont ensuite réintégrés à leur place. A cette exception près, aucun déplacement ne peut se faire sans l'autorisation du directeur (Même Arr., art. 37 et 38).

51. — Le conservateur doit prévenir le directeur aussitôt qu'il s'aperçoit de la disparition ou de l'altération de l'un des objets appartenant aux collections. Il lui signale les réparations à faire aux modèles et les dépenses utiles à effectuer tant pour leur conservation que pour l'acquisition des modèles des inventions nouvelles (Même Arr., art. 39 et 40).

52. — Le conservateur-adjoint des collections est plus spécialement chargé, sous les ordres du conservateur, de la surveillance et des réparations qui s'exécutent dans l'intérieur de l'établissement (Même Arr., art. 41).

53. — Le bibliothécaire est logé dans l'établissement. Sous les ordres du directeur, il est chargé de cataloguer, conserver et communiquer au public les ouvrages qui composent la bibliothèque du Conservatoire (Même Arr., art. 42).

54. — Un double de l'inventaire lui est remis par l'agent comptable et il ne peut inscrire au catalogue aucun livre nouveau qu'à la suite de la remise qui en aura été faite par l'agent comptable. D'ailleurs, c'est le catalogue alphabétique qui tient lieu d'inventaire pour la bibliothèque. Le bibliothécaire remet un état trimestriel des accroissements au directeur qui le transmet à l'agent comptable (Même Arr., art. 43).

55. — Les membres du conseil de perfectionnement peuvent seuls emprunter des livres à la bibliothèque, et la sortie en est soumise aux mêmes règles que celle des autres objets des collections. Aussitôt que le bibliothécaire s'aperçoit de la disparition ou de l'altération d'un des ouvrages, il doit en prévenir le directeur (Même Arr., art. 44 et 46).

56. — Le bibliothécaire se tient au courant de toutes les publications scientifiques et industrielles qui se font en France et à l'étranger et en présente un état sommaire au directeur qui décide les acquisitions à faire. Ces acquisitions sont faites sur un bon préalable de commande indiquant le titre des ouvrages et signé par le directeur. C'est l'agent comptable qui signe la prise en charge de ces ouvrages avant le paiement des mémoires (Même Arr., art. 45).

57. — Le bibliothécaire adjoint est plus spécialement chargé de la surveillance intérieure de la bibliothèque et de la mise à jour des catalogues alphabétique et méthodique. Il remplace provisoirement le bibliothécaire en cas d'absence ou d'empêchement (Même Arr., art. 47).

58. — Le conservateur-adjoint du portefeuille est chargé de donner communication au public des dessins qui composent le portefeuille industriel. Il en tient les catalogues à jour; mais aucun dessin n'est porté au catalogue qu'après la remise qui en est faite par les soins de l'agent comptable (Même Arr., art. 48).

59. — Il est préposé en outre à la conservation des originaux des brevets déposés au Conservatoire, et en donne communication au public sous sa surveillance personnelle. Aucun brevet ne peut sortir de la salle consacrée au portefeuille industriel sans un ordre écrit donné par le directeur (Même Arr., art. 49).

§ 2. Personnel enseignant.

60. — Les professeurs du haut enseignement du Conservatoire sont nommés par décret, sur la proposition du ministre du Commerce et de l'Industrie (Décr. 10 déc. 1853, art. 1). Leurs traitements sont réglés par ce ministre (Ord. 25 nov. 1819, art. 14). Ces traitements, qui étaient dans le principe fixés à 5,000 fr. par an, ont été portés à 10,000 fr. en 1878. — *Recueil des lois, décrets, ordonnances, etc., concernant le Conservatoire*, p. 101, note 2.

61. — Lorsqu'une vacance se produit parmi les professeurs, le conseil de perfectionnement convoqué, par son président, examine si la chaire vacante doit être maintenue ou modifiée, soit dans son titre, soit dans sa nature. Si le conseil de perfectionnement décide que la chaire doit être maintenue sans modifications, l'annonce de la vacance est insérée au *Journal officiel*. Un mois après cette publication, le conseil de perfectionnement se réunit pour dresser, après discussion des titres, une liste de présentation, comprenant deux candidats au moins et trois au plus. Cette liste est adressée au ministre du Commerce. Le ministre invite également l'Institut de France (classe correspondant à l'enseignement de la chaire vacante) à lui présenter de son côté une liste de deux ou trois candidats, qui peut comprendre les mêmes noms que la liste dressée par le conseil de perfectionnement. Sur ces listes, le ministre propose au président de la République la nomination du candidat sur lequel son choix s'est porté. Si le conseil de perfectionnement estime que la chaire doit être modifiée, les propositions à ce sujet sont transmises au ministre du Commerce, et lorsqu'il a statué sur ces propositions, il est pourvu à la vacance dans les formes indiquées plus haut. Dans le cas de création de chaires nouvelles, le conseil de perfectionnement et l'Institut de France sont de même appelés l'un et l'autre à présenter au ministre du Commerce une liste de candidats (Arr. 9 oct. 1883).

62. — Dans la dernière quinzaine d'octobre, les professeurs soumettent au conseil de perfectionnement les programmes de leurs cours. Le conseil arrête la rédaction de l'affiche qui doit faire connaître au public l'objet principal des leçons de chaque professeur. Le procès-verbal de cette séance est immédiatement transmis par le directeur au ministre du Commerce, avec l'affiche, qui doit être soumise à son approbation (Arr. 19 janv. 1854, art. 2).

63. — A chaque leçon (V. *suprà*, n. 22), le professeur signe sur un registre de présence visé par le directeur (Même Arr., art. 3 et 4).

64. — Tout professeur peut demander ou recevoir un suppléant, ou après vingt ans de service effectif dans l'établissement, ou, quel que soit le nombre de ses années de service, lorsque son âge avancé, une infirmité grave, des empêchements provenant de fonctions publiques le mettent hors d'état de remplir ses fonctions (Même Arr., art. 5).

65. — Le professeur suppléant est nommé par arrêté ministériel après avis du conseil de perfectionnement (Décr. 10 déc. 1833, art. 3). Son traitement est prélevé sur le traitement du professeur titulaire : il est de la moitié de ce traitement (Arr. 19 janv. 1854, art. 5). La qualité de suppléant ne donne aucun droit à devenir professeur; elle se perd par un arrêté ministériel (Même Arr., art. 7). Le suppléant fait la totalité du cours ou seulement les leçons que le titulaire n'entend pas se réserver (Même Arr., art. 6).

66. — Pendant une maladie momentanée ou une absence motivée, ou pendant la durée d'une mission ou d'un service public à l'intérieur ou au dehors, un professeur peut se faire remplacer; le remplaçant est nommé pour une année seulement (Même Arr., art. 8). Il est nommé, comme le suppléant, par arrêté ministériel après avis du conseil de perfectionnement (Décr. 10 déc. 1833, art. 3).

67. — Les préparateurs sont nommés par le ministre, sur la proposition du directeur et à la suite d'une présentation faite par le professeur aux leçons duquel ils sont attachés. Leur révocation est prononcée par le ministre (Arr. 19 janv. 1854, art. 9).

68. — Chaque professeur a, à l'amphithéâtre où il fait son cours, un cabinet d'étude ou un laboratoire chauffé et éclairé. Toutefois il lui est interdit, ainsi qu'à ses préparateurs, d'habiter dans les locaux mis ainsi à sa disposition pour les leçons ou les expériences (Même Arr., art. 10 et 12). Il est interdit également aux professeurs de tenir une école privée dans le Conservatoire (Même Arr., art. 13).

§ 3. *Conseil de perfectionnement.*

69. — Le conseil de perfectionnement du Conservatoire des arts et métiers fut créé par l'ordonnance royale du 16 avr. 1817 (art. 6). L'ordonnance du 25 nov. 1819 (art. 5, 6 et 7) en réglait ainsi la composition : le pair de France inspecteur général du Conservatoire et des écoles d'arts et métiers, l'administrateur-directeur du Conservatoire et les professeurs, comme membres permanents; enfin, six membres de l'Académie des sciences, et six manufacturiers, négociants ou agriculteurs, membres renouvelables par tiers tous les trois ans. Ces douze membres temporaires étaient nommés par le ministre de l'Intérieur, sur la présentation les uns de l'Académie des sciences, les autres du conseil de perfectionnement.

70. — Plus tard, par l'ordonnance du 24 févr. 1840, ce conseil fut composé uniquement des professeurs du haut enseignement du Conservatoire. Ces professeurs étaient alors au nombre de dix, et choisissaient entre eux, tous les ans, leur président qui n'était pas immédiatement rééligible.

71. — Aujourd'hui, le conseil de perfectionnement du Conservatoire est composé du directeur, des professeurs, et de membres adjoints nommés par le ministre du Commerce et de l'Industrie. Les membres adjoints sont choisis dans les corps savants et dans l'industrie, et leur nombre ne peut dépasser celui des professeurs. Le président, le vice-président et le secrétaire sont nommés par le ministre. Les fonctions des membres du conseil sont gratuites (Décr. 10 déc. 1833, art. 2).

72. — Le conseil de perfectionnement se réunit au moins une fois par mois pendant la durée des cours et, en outre, toutes les fois qu'il est nécessaire, sur la convocation faite par le président ou, en son absence, par le vice-président. Dans tous les cas, les lettres de convocation doivent faire mention de l'objet pour lequel il se réunit. Les membres adjoints ne sont convoqués que quand il s'agit de discussions relatives au budget annuel, à l'examen du programme des cours, aux développements à donner à l'enseignement et aux collections, de mesures générales à provoquer ou à examiner dans l'intérêt de l'industrie, ou de présentation de candidats pour les chaires vacantes (Arr. 19 janv. 1854, art. 14). Lorsque, dans une même année, un membre adjoint a manqué sans motifs légitimes à trois séances pour lesquelles il a été régulièrement convoqué, il peut être déclaré démissionnaire (Même Arr., art. 16).

73. — La présence de la moitié plus un des membres qui doivent être convoqués est nécessaire pour la validité des délibérations. Les délibérations sont constatées par des procès-verbaux indiquant les noms des membres présents. Ces procès-verbaux sont signés par le président, et copiés sur un registre spécial après leur adoption; le directeur en adresse au ministre une copie conforme (Même Arr., art. 15).

74. — Le conseil de perfectionnement donne son avis : sur le budget de l'établissement qui doit être soumis à l'approbation du ministre; sur le meilleur emploi du fonds alloué aux collections dans le budget approuvé; sur le classement méthodique de toutes les collections et sur les dispositions générales qui peuvent en rendre la communication au public plus sûre et plus instructive; sur l'organisation de l'enseignement industriel; sur les moyens de donner aux cours et à l'institution du Conservatoire une utilité de plus en plus grande pour les progrès de l'industrie; sur les mesures les plus propres à assurer la conservation des collections, leur accroissement et les avantages que le public peut en tirer; et sur les diverses questions qui lui sont soumises par le ministre du Commerce et de l'Industrie, et notamment sur les candidats à présenter en vue de pourvoir aux chaires vacantes (V. *suprà*, n. 61) (Arr. 19 janv. 1854, art. 17).

CHAPITRE III.

BUDGET.

75. — Le budget spécial du Conservatoire des arts et métiers est voté par les Chambres en même temps que le budget du ministère du Commerce et de l'Industrie dans les attributions duquel cet établissement est placé.

Ce budget, qui était de 1884 à 1893 de 441,150 fr. (288,550 fr. pour le personnel, et 152,600 fr. pour le matériel), a été ainsi établi en 1894 :

Art. 1 : Personnel (administration, enseignement, secours, gratifications) .... 299,150 f

Art. 2 : Matériel et dépenses diverses (achat de modèles, dessins de machines, entretien des galeries, frais de cours, dépenses administratives et diverses). 186,600

Total .... 485,750 f

CONSERVES ALIMENTAIRES.

1. — Sur la mise en vente de conserves nuisibles, V. *infrà*, v° *Substances nuisibles*. — V. aussi *suprà*, v° *Comestibles gâtés, corrompus ou nuisibles*, et *infrà*, v° *Fraude commerciale*.

2. — Nous avons examiné, *suprà*, v° *Chasse*, n. 1247 et s., le point de savoir si la mise en vente de conserves de gibier tombe sous l'application de l'art. 4, L. 3 mai 1844, qui interdit le colportage et la vente du gibier en temps prohibé. Il a été jugé encore, à cet égard, que la prohibition formulée par l'art. 4, L. 3 mai 1844, s'applique même aux conserves de gibier, alors surtout que l'inculpé ne justifie pas que les pièces de gibier vendues par lui, à l'état de conserve, en temps prohibé, avaient été achetées, préparées et renfermées en boîtes soudées à une époque où la chasse était permise. — Trib. Seine, 16 janv. 1895, [J. Le Droit, 18 janv. 1895]

CONSIGNATAIRE. — V. Abordage. — Affrètement. — Armateur. — Assurance maritime. — Avaries. — Capitaine de navire. — Commission (contrat de). — Commissionnaire de transports. — Connaissement.

CONSIGNATION. — V. Caisse des dépôts et consignations. — Offres réelles.

CONSIGNATION D'AMENDE. — V. Amende. — Appel (mat. civ.). — Cassation (mat. civ.). — Faux incident. — Requête civile.

CONSIGNE.

1. — En langage militaire, le mot consigne est pris dans plusieurs acceptions différentes.

2. — Les chefs de poste, les factionnaires, les plantons, etc., reçoivent des instructions verbales ou écrites : c'est la consigne à observer. Les consignes sont générales ou particulières : les consignes générales énoncent les obligations communes à tous les postes, les devoirs généraux des chefs de poste, des sous-officiers et caporaux de garde et des sentinelles; les consignes particulières indiquent le but de l'établissement de chaque poste, les objets spéciaux soumis à sa garde et les services du poste.

3. — Les consignes de poste sont affichées dans chaque corps de garde sur des planches destinées à cet usage.

4. — On donne aussi le nom de consigne à l'ensemble des ordres verbaux que reçoit une sentinelle au moment où elle est mise en faction.

5. — Le mot « consigne » s'applique aussi à une punition prévue par les règlements militaires. La punition de consigne est spéciale aux hommes de troupe.

6. — Dans le service du génie, il existe un certain nombre d'employés militaires, appelés portiers-consignes, qui sont chargés de l'ouverture et de la police des portes dans les places fortes. Ils sont astreints à la prestation de serment et ont les attributions d'officier de police judiciaire, en ce qui concerne la garde du domaine militaire.

CONSISTOIRE. — V. Fabriques et Consistoires.

CONSISTOIRE DES CARDINAUX. — V. Cardinal.

CONSOLIDATION. — V. Propriété. — Usufruit.

CONSOMMATION (droit de).

1. — Le droit de consommation est celui qui se perçoit sur les spiritueux d'après la richesse alcoolique; il est dit général par opposition aux droits locaux d'entrée et d'octroi.

2. — Le tarif et le mode de perception de ce droit ont été indiqués, suprà, vº Boisson, n. 150 et s., mais le dégrèvement des boissons dites hygiéniques, s'il est voté par les Chambres, entraînera vraisemblablement une élévation de la taxe sur l'alcool. Nous ferons connaître le dernier état de la législation infrà, vᵢˢ Contributions indirectes, Débits de boissons, Distillateurs, Marchands en gros. — V. aussi suprà, vᵢˢ Bière, Cidres et poirés.

CONSPIRATION. — V. Attentat et complot contre la sûreté de l'État. — Attroupement. — Insurrection.

CONSTITUTION.

LÉGISLATION.

L. const. 25 févr. 1875 (relative à l'organisation des pouvoirs publics); — L. const. 24 févr. 1875 (relative à l'organisation du Sénat), art. 8 à 11; — L. const. 16 juill. 1875 (portant révision des pouvoirs publics); — L. 21 juin 1879 (sur les rapports de l'art. 9 de la loi constitutionnelle du 25 févr. 1875); — L. 14 août 1884 (portant révision partielle des lois constitutionnelles).

BIBLIOGRAPHIE.

Constant (Benjamin), Collection complète des ouvrages publiés sur le gouvernement représentatif et la Constitution actuelle de la France, formant une espèce de cours de politique constitutionnelle, 1819, in-8°. — Laboulaye, Cours de politique constitutionnelle, ou Collection des ouvrages publiés sur le gouvernement représentatif, avec une introduction et des notes, 1872, 2ᵉ édit., 2 vol. in-8°.

Acillon, De l'esprit des constitutions politiques, 1850, in-8°. — Acollas, La déclaration des droits de l'homme de 1793 commentée, 1885, 1 vol. in-18. — Albitte (G.), Cours de législation gouvernementale, 1834, in-8°. — Bailliet, Droit public français ou histoire des institutions politiques, 1821, in-8°. — Bard et Robiquet, Droit constitutionnel comparé. La Constitution française de 1875 étudiée dans ses rapports avec les constitutions étrangères, 1878, 2ᵉ édit., 1 vol. in-18. — Beauverger (de), Des constitutions de la France, 1851, in-8°. — Bellanger (Ph.), Études d'organisation politique, 1893, in-8°. — Bentham, Tactique des assemblées législatives, 1849, in-18. — Bérard, De l'organisation du Sénat, du pouvoir exécutif et du régime parlementaire, 1885, in-8°. — Berriat Saint-Prix (Félix), Théorie du droit constitutionnel français, 1852, in-8°; — Commentaire sur la charte constitutionnelle, 1836, in-8°. — Beuchot, Opinion d'un Français sur l'acte additionnel aux constitutions, 1815, in-8°. — Bigne de Villeneuve (de la), Éléments du droit constitutionnel français, 1892, 1 vol. in-8°. — Blanc (L.), Histoire de la Constitution du 25 févr. 1875. — Bodin (Laurent), Du système représentatif, 1817, in-8°. — Borgeaud (Ch.), Établissement et révision des constitutions en Amérique et en Europe, 1893, 1 vol. in-8°, p. 239 à 296. — Bousquet de Florian (de), De la révision des constitutions. Études de droit constitutionnel, 1891, 1 vol. in-8°. — Boutmy, Études de droit constitutionnel, 1888, 2ᵉ édit., in-18. — Canet, Les éléments de l'ancienne Constitution française, 1877, 1 vol. in-8°. — Cauchois, La constitution de l'empire français, 1869, 2ᵉ édit., 1 vol. in-8°. — Chas, Des gouvernements représentatif et mixte, 1817, in-8°. — Cherbuliez, Théories des garanties constitutionnelles, 1838, 2 vol. in-8°. — Combothecra, Essai sur le régime parlementaire, 1889, in-8°. — Constant (Benjamin), Réflexions sur les constitutions, la distribution des pouvoirs et la garantie dans une monarchie constitutionnelle, 1814; — Constitutions des différents peuples, 1817, in-8°. — Cossé (E.), Études constitutionnelles. Théorie de la responsabilité politique, 1882, in-18; — Du principe de la souveraineté. Essai sur les causes de l'instabilité des constitutions politiques de la France. depuis 1789, 1882, 2ᵉ édit., in-12; — La Constitution future, 1889, in-12. — Coumoul, De la République en France, 1890, in-8°. — Courcelle-Seneuil (J.-G.), L'héritage de la Révolution. Questions constitutionnelles, 1872, in-8°. — Croiserie (de la), La réforme du régime parlementaire, 1888, in-8°. — Dareste (F.) et Dareste (P.), Les constitutions modernes, 1891, 2ᵉ édit., 2 vol. in-8°. — Demombynes, Constitutions européennes, 1883, 2ᵉ édit., 2 vol. in-8° (une 3ᵉ édit., par Demombynes et F. Daguin est en préparation). — Desjardins (A.), De la liberté politique dans l'État moderne, 1894, in-8°. — Devin, Commentaire de la Constitution du 25 févr. 1875, 1875, 1 vol. in-8°. — Ducancel, La Constitution non écrite du royaume de France et la preuve qu'elle n'a jamais cessé un seul instant d'être en vigueur depuis Clovis jusqu'à ce jour, 1814. — Dufau, Duvergier et Guadet, Collection de constitutions. Chartes et lois fondamentales des peuples de l'Europe et des deux Amériques, 1823, 6 vol. in-8°. — Duguit (L.), La séparation des pouvoirs et l'Assemblée nationale de 1789, 1893. — Dupin, Constitution de la République française, 1849, 2ᵉ édit., in-18. — Dupin (Ch.), Des lois fondamentales de la France au sujet de la Constitution de 1814, Toulon, 1814. — Fazy, Cours de législation constitutionnelle, 1873, 1 vol. in-8°. — Ferrand (J.), Les pays libres, leur organisation et leur éducation, d'après la législation comparée, 1884. — Fritot, Esprit du droit et ses applications à la politique et à l'organisation de la marche constitutionnelle, 1827, 2ᵉ édit., in-8°. — Fuzier-Herman, Séparation des pouvoirs, 1880, in-8°. — Grégoire, De la Constitution française de l'an 1814, 1819, in-8°. — Guizot (F.), Du gouvernement représentatif et de l'état actuel de la France, 1816, in-8°. — H. D. P., Des pairs de France et de l'ancienne Constitution française, 1816, in-8°. — Haller, Mélanges de droit public et de haute politique, 1839, 2 vol. in-8°. — Hélie (F.-A.),

Les Constitutions de la France, 1875-1879, 1 vol. in-8°. — Hello, *Le régime constitutionnel dans ses rapports avec l'état actuel*, 1848, 2 vol. in-8°. — Hennet, *Observations sur l'acte constitutionnel*, 1819. — Henrion de Pansey, *Des Assemblées nationales en France, depuis l'établissement de la monarchie jusqu'en 1614*, 1829, 2° édit., 2 vol. in-8°. — Hepp, *Lois constitutionnelles et organiques*, 1878, in-12; — Holtzendorff (de), *Introduction à l'étude du droit politique contemporain*, traduit par Ern. Lehr, 1883, gr. in-8°. — Huberson, *Textes organiques du droit public français*, t. 1, 1re partie, *Lois de l'Etat. Droit constitutionnel*, 1871, in-8°. — Isambert, *Essai sur les limites qui séparent le pouvoir législatif du pouvoir réglementaire ou exécutif*, 1824, in-8°; — *Manuel du publiciste et de l'homme d'Etat*, 1826, 4 vol. in-8°. — Juteau, *Consultation sur le septennat, sur les lois constitutionnelles votées par l'Assemblée nationale*, 1874, in-8°. — Laboulaye, *Considérations sur la Constitution*, 1848, in-12; — *La révision de la Constitution. Lettres à un ami*, 1851, in-8°. — Laferrière et Batbie, *Les Constitutions d'Europe et d'Amérique*, 1869, in-8°. — Lanjuinais, *Constitutions de la nation française, avec un essai de traité historique et politique sur la charte*, 1819, 2 vol. in-8°. — Latour du Moulin, *Lettres à un membre du parlement d'Angleterre sur la Constitution de 1852*, 1861, in-8°; — *Questions constitutionnelles*, 1870, in-8°. — Lavelaye (E. de), *Le gouvernement dans la démocratie*, 1891, 2 vol. in-8°. — Lefebvre, *Etude sur les lois constitutionnelles de 1875*, 1882, in-8°. — Lezardière (de), *Théorie des lois politiques de la monarchie française*, 1844, 4 vol. in-8°. — Luzerne (G. de la), *Sur la différence de la Constitution française et de la Constitution anglaise*, 1816, in-8°. — Macarel, *Eléments de droit politique*, 1833, in-12. — Mahul, *Tableau de la constitution politique de la monarchie française selon la charte*, 1830, in-8°. — Maistre (de), *Essai sur le principe générateur des constitutions politiques et des autres institutions humaines*, 1814. — Mancey, *La charte, sa lettre et son esprit*, Bar-le-Duc, 1819, in-8°. — Marrent (Fr. de), *Lettre sur le gouvernement représentatif*, 1817, in-8°. — Martin (Fernand), *Essai sur la liberté politique en France*, 1889, in-8°. — Massabiau (F.), *De l'esprit des institutions politiques*, nouv. édit., 1821, 2 vol. in-8°. — Meyners d'Estrey (H.), *La souveraineté du peuple. Les droits de l'homme, les droits du citoyen, le suffrage universel. Etude historique et critique*, 1889, in-12. — Molinier, *Cours élémentaire de droit constitutionnel, 1884-1887*, 1 vol. gr. in-8°. — Montaigu (Ch. de), *Histoire constitutionnelle de la France du v° au xix° siècle*, 1847, 3° édit., in-8°. — Moreau (F.), *Précis élémentaire de droit constitutionnel*, 1893, 1 vol. in-18. — Muel, *Gouvernements, ministères et Constitutions de la France de 1789 à 1895*, 1895, 5° édit., 1 vol. in-8°. — Ortolan, *Coup d'œil d'histoire du droit politique et constitutionnel*, 1832, in-8°. — Pagès, *Principes généraux du droit politique dans leurs rapports avec l'esprit de l'Europe et avec la monarchie constitutionnelle*, 1817, in-8°. — Paillet, *Droit public français ou Histoire des institutions politiques*, 1822, in-8°. — Passy (H.), *Des formes de gouvernement et des lois qui les régissent*, 1870, in-8°. — Petiet, *Du pouvoir législatif en France depuis l'avènement de Philippe-le-Bel jusqu'en 1789*, 1891, 1 vol. in-8°. — Pierre (E.), *Histoire des assemblées politiques en France du 5 mai 1789 au 8 mars 1876*, 1877. — Poudra et Pierre, *Traité pratique de droit parlementaire*, 2 vol. in-8°, 1878-1880; — *Lois constitutionnelles de la République française annotées*, 1884, in-18. — Praat (de), *Des progrès du gouvernement représentatif en France*, 1817, in-8°. — Pradier-Fodéré, *Précis du droit politique et d'économie sociale*, 1859, in-12. — Rossi, *Cours de droit constitutionnel*, 1877, 2° édit., 4 vol. in-8°. — Rozy (H.), *Des divisions du pouvoir*, 1881, in-8°. — Saint-Girons, *Essai sur la séparation des pouvoirs*, 1881, 1 vol. in-8°; — *Manuel du droit constitutionnel*, 1885, 2° édit., 1 vol. in-8°. — Savy-Loroque, *Essai sur le principe du gouvernement représentatif*, 1817, in-8°. — Serrigny, *Traité du droit public des Français, précédé d'une Introduction sur les fondements des sociétés politiques*, 1846, 2 vol. in-8°. — Sismonde de Sismondi, *Etudes sur les Constitutions des peuples libres*, 1836, 3 vol. in-8°. — Sumner-Maine (H.), *Essais sur le gouvernement populaire*, 1887, in-8°. — Thiessé, *Constitutions françaises*, 2 vol. in-18, 1821. — Thouret, *La Constitution française*, 1821, in-8°. — Tissot, *Introduction philosophique à l'étude du droit constitutionnel*, 1872, 1 vol. in-8°. — Torombert (H.), *Principes de droit politique*, 1825, in-8°. — Tripier, *Constitutions qui ont régi la France depuis 1789, conférées entre elles et annotées*, 1879, 2° édit. avec suppl., 1 vol. in-12. — Vaublanc (de), *Du gouvernement représentatif*, 1820, in-8°. — Weill, *Les élections législatives depuis 1789*, in-12, 1895. — X..., *De la meilleure Constitution à donner aux Français, ou la Constitution de 1791 commentée, avec les raisons tirées de l'expérience qui prouvent la nécessité d'y faire quelques changements utiles et indispensables*, 1814. — X..., *Charte constitutionnelle du royaume de France in plano*, Metz, 1819. — X..., *Observations sur l'ancienne Constitution française et sur les lois et les Codes du gouvernement révolutionnaire*, par un ancien jurisconsulte, 1814.

La révision de la Constitution au point de vue juridique (F. Hélie) : France judiciaire, t. 6, p. 283. — *Etudes sur les Constitutions françaises de 1789 à 1804* : J. le Droit, 15-29 avr. 1848, 8-9 mai 1848. — *Etudes sur le projet de constitution : de la déclaration des devoirs et des droits* (Hello) : J. le Droit, 13, 20, 27 août 1848, 4-5 sept. 1848. — *Questions de procédure constitutionnelle* (Jules Simon) : Rev. gén. d'admin., t. 1, 1878, p. 324. — *Deux formes de gouvernement* (Esmein) : Rev. de dr. pub. et de la science polit., 1894, p. 15 et s. — *Revue politique et parlementaire* (directeur, Marcel Fournier), 1894 et années suivantes, passim.

INDEX ALPHABÉTIQUE.

Acte additionnel, 159.
Actes constitutionnels, 68 et s., 77.
Administration, 107.
Adresse, 156.
Ajournement (droit d'), 238.
Ambassadeurs, 272.
Amendement, 180, 250.
Amnistie, 270.
Anarchie, 4.
Angleterre, 21.
Apanage, 55.
Aristocratie, 30.
Armée, 77.
Assistance (droit à l'), 166.
Association (droit d'), 166.
Aubaine, 91.
Bureau, 231.
Cassation (tribunal de), 90, 110.
Cens, 84.
Chambre des pairs, 161.
Chancelier, 57.
Charte de 1814, 146 et s., 154.
Charte de 1830, 160 et s.
Colonies, 91.
Communes, 81.
Confédération d'états, 26.
Comptabilité publique, 111.
Conseil d'État, 138, 141, 171, 184, 246, 269.
Consulat, 139.
Constitution du 5 fruct. an III, 115 et s.
Constitution de l'an VIII, 132 et s.
Constitution de 1791, 78 et s.
Constitution de 1793, 98 et s.
Constitution de 1848, 166 et s.
Constitution de 1852, 175 et s.
Constitution de 1875, 195 et s.
Constitution coutumière, 28 et 29.
Constitution écrite, 27, 29.
Constitution fédérale, 25.
Constitution unitaire, 24.
Constitution représentative, 38 et s.
Constitutionnalité, 135, 178.
Contrat social, 8.
Cultes, 80.
Déclaration de devoirs, 115, 116, 166.
Déclaration des droits, 21, 166.
Déclaration des droits de l'homme, 59 et s.
Déclaration du clergé de France, 50.
Démagogie, 30.
Démission, 228, 259.
Démocratie, 30, 36.
Départements, 81, 100.
Despotisme, 30.
Directoire, 124 et s.
Dissolution, 169, 182, 237, 243, 261 et s.
Dissolution (droit de), 152, 173, 246.
Domaine de la couronne, 54, 56.
Domicile, 84, 166.
Droit administratif, 43.
Droit constitutionnel, 43.
Droits politiques, 18, 19, 62, 65.
Droits privés, 15, 17.
Droits publics, 14 et s., 62, 64, 80.
Égalité, 16, 63, 118.
Élections, 84, 90, 119, 152, 227 et 228.
Éligibilité, 121.
Engagement, 56.
Enquête parlementaire, 244.
Enseignement (liberté de l'), 19, 80.
État, 2 et s.
État de siège, 239, 243.
États-généraux, 52.
Étrangers, 91.
Évocation, 53.
Fête nationale, 80.
Fonctionnaires publics, 66.
Force armée, 268.
Force publique, 63, 77, 113, 125, 140, 169.
Garantie administrative, 142.
Garde des sceaux, 57.
Gouvernement, 252 et s.
Gouvernement direct, 37, 102, 105.
Grâce (droit de), 169, 270.
Guerre, 77, 244, 273.
Haute-Cour, 128, 154, 170, 185, 237, 246.
Haute trahison, 247.
Hérédité, 49, 69.
Impôts, 52, 61, 63, 72, 77, 88.
Inamovibilité, 128, 143, 157.
Inamovibilité des offices, 53.
Incompatibilité, 77.
Immunités parlementaires, 240.
Instruction publique, 80, 166.
Interpellation (droit d'), 165, 244, 241.
Inviolabilité parlementaire, 241.
Juges (droits des), 90.
Juges de paix, 90.
Jugement par commissaires, 53.
Jury, 90, 110.
Lettres de confirmation, 53.
Liberté, 16, 63 et 64.
Loi, 8, 61, 63, 73, 99, 102, 105, 171.
Lois (discussion des), 184.
Lois (initiative des), 72, 74, 104, 123, 126, 137, 138, 140, 149, 167, 169, 180, 182, 265.
Lois (promulgation des). — V. *Promulgation*.
Lois de finances, 155, 248 et s.

CONSTITUTION. — Chap. I.

Loi salique, 49, 69.
Mandat impératif, 167.
Mariage, 81.
Message, 275.
Messagers d'Etat, 127.
Ministres, 40, 75, 77, 86, 125, 127, 140, 155, 156, 163, 169, 173, 183, 246, 247, 277 et s.
Mise en accusation, 155, 247.
Monarchie, 30 et s.
Monarchie absolue, 32, 48.
Monarchie constitutionnelle, 33 et s., 69, 82.
Nationalité, 81, 101.
Oligarchie, 30, 36.
Ordres, 51.
Parlement, 217 et s.
Parlementarisme, 40 et s., 67, 156, 173.
Pétition (droit de), 80.
Plébiscite, 105, 130, 175.
Police (lois de), 91.
Pouvoir constituant, 10.
Pouvoir constitué, 12, 70.
Pouvoir exécutif, 73, 85, 87, 90, 104, 106 et s., 123, 139, 144, 148, 168.
Pouvoir judiciaire, 76, 90, 110, 128, 137.
Pouvoir législatif, 71, 72, 83, 87, 103, 120 et s., 150, 167.
Président de la République, 246, 256 et s.
Presse (liberté de la), 19, 64, 90, 118, 166.
Princes français, 89.

Promulgation, 77, 215, 265.
Propriété (droit de), 17, 64.
Publicité, 232 et 233.
Quorum, 207.
Régence, 77.
République, 35.
Responsabilité ministérielle, 156, 251.
Responsabilité présidentielle, 276 et 277.
Réunion (liberté de), 118.
Réversion (droit de), 55.
Révision, 92 et s., 112, 123, 129, 130, 172, 197 et s.
Sanction, 74, 88, 93, 149, 160, 182.
Sénat conservateur, 134.
Sénatusconsultes, 135, 145.
Séparation de l'Eglise et de l'Etat, 118.
Séparation des pouvoirs, 13, 66, 128.
Serment civique, 86.
Session ordinaire, 229, 234.
Session extraordinaire, 235.
Socialisme, 4.
Sociologie, 44.
Souveraineté, 6 et s., 61, 99, 102, 144.
Suffrage universel, 103.
Théocratie, 30.
Traités, 107, 244, 274.
Travail, 80.
Travail (liberté du), 166.
Tribunal, 136.
Veto suspensif, 74.

DIVISION.

CHAP. I. — NOTIONS PRÉLIMINAIRES ET HISTORIQUES.

Sect. I. — **Notions préliminaires.**
§ 1. — *Généralités* (n. 1 à 22).
§ 2. — *Classification des constitutions* (n. 23 à 42).
§ 3. — *Droit constitutionnel* (n. 43 à 45).

Sect. II. — **Notions historiques** (n. 46 à 194).

CHAP. II. — LES LOIS CONSTITUTIONNELLES DE 1875 (n. 195 et 196).

Sect. I. — **Révision** (n. 197 à 216).
Sect. II. — **Le parlement** (n. 217 à 251).
Sect. III. — **Le gouvernement** (n. 252 à 280).

CHAP. III. — LÉGISLATION COMPARÉE (n. 281).

CHAPITRE I.

NOTIONS PRÉLIMINAIRES ET HISTORIQUES.

SECTION I.

Notions préliminaires.

§ 1. *Généralités.*

1. — L'expression de *constitution* est prise dans diverses acceptions. Au point de vue juridique, elle est employée dans le domaine du droit privé pour indiquer le fait de créer un droit : constitution d'hypothèque, constitution de rente.
2. — Dans le domaine du droit public, le mot constitution a un tout autre sens, qui est le seul auquel nous devions nous attacher ici. Il signifie l'acte qui a pour objet d'assurer les droits de l'individu vis-à-vis de l'Etat, en organisant les pouvoirs publics chargés de représenter cet Etat, et en réglant les rapports de ces pouvoirs entre eux ; concilier les droits de l'Etat et de l'individu, tel est donc le but essentiel d'une constitution.
3. — Toute société suppose un *Etat*, conséquence de la sociabilité humaine. Mais l'Etat doit-il être un « but » ou un « moyen » ?

S'il est un *but*, comme dans les sociétés anciennes, l'intérêt collectif devra toujours l'emporter sur l'intérêt individuel et les droits des particuliers seront alors subordonnés aux nécessités de l'Etat. Si, au contraire, il n'est qu'un *moyen*, il n'existera que dans l'intérêt des individus et devra s'effacer devant lui.
4. — Selon qu'on adoptera l'une ou l'autre de ces opinions, la constitution aura un caractère tout différent et pourra aboutir à des points extrêmes, socialisme ou anarchie. L'école libérale, se tenant à égale distance de ces deux systèmes, soutient que l'Etat n'existe que pour procurer à l'homme le milieu le plus favorable à l'usage de sa liberté.
5. — Quoi qu'il en soit, on reconnaît assez généralement que la mission de l'Etat est d'assurer le règne du droit, de maintenir l'ordre public et de seconder le progrès national ; c'est plutôt sur le degré d'intervention de l'Etat dans les affaires des particuliers que roule la discussion.
6. — Partant de ce principe qu'une société ne saurait se maintenir et encore moins se perfectionner si elle n'est libre, autrement dit *souveraine*, on a proclamé que « la souveraineté est à une nation, ce que la liberté est à l'individu » (Clermont-Tonnerre, *Analyse de la constitution de 1791*, p. 32-33). La souveraineté politique ainsi définie ne peut se confondre ni avec la souveraineté territoriale, ni avec la souveraineté temporelle, ni enfin avec le pouvoir social.
7. — Les publicistes, qui s'entendent difficilement sur l'idée même de souveraineté, s'entendent moins encore sur ses origines. L'adoption d'une solution ou d'une autre fait varier la portée à attribuer à la souveraineté.
8. — Dans le système du droit divin, la souveraineté vient de Dieu ; les gouvernements ne sont alors que les représentants du pouvoir divin ; tenant de lui leur puissance, ils ne doivent qu'à la divinité seule compte de leurs actes. Dans la doctrine du contrat social, la souveraineté se rapporte au peuple ; elle trouve son expression dans la loi qui n'est que la manifestation de la volonté générale. Le principe est l'omnipotence du nombre. L'école doctrinaire enfin place la souveraineté dans la raison, la justice et le droit.
9. — On a dit souvent que la souveraineté n'avait pas de limites ; aujourd'hui on reconnaît en général que la souveraineté a un domaine qui lui est propre, qu'elle n'existe que dans les limites de la mission de l'Etat.
10. — C'est la constitution qui, par une savante organisation des pouvoirs, doit assurer le respect des limites de la souveraineté. L'énonciation des lois constitutionnelles constitue l'exercice du *pouvoir constituant*.
11. — On considère souvent le pouvoir de faire une constitution comme supérieur au pouvoir de faire des lois et l'on pense alors qu'il doit être expressément conféré par la nation à ses mandataires. Nous ne croyons pas que la constitution soit une loi d'une nature particulière ; elle ne diffère des autres lois que par son objet ; ce qui est vrai, c'est que la constitution devrait avoir plus de stabilité que les autres lois, alors qu'en pratique elle en a moins ; on a fait une part à cette idée dans la procédure de révision.
12. — L'Etat se personnifie dans les pouvoirs sociaux ; ce sont les *pouvoirs constitués*, comme on les appelle quelquefois, par opposition au pouvoir constituant.
13. — Le nombre des pouvoirs fait l'objet depuis longtemps d'une controverse célèbre. La théorie classique reconnaît trois pouvoirs, le législatif qui fait la loi, l'exécutif qui l'applique, le judiciaire qui juge les procès. Un autre système, qui gagne du terrain, n'admet que deux pouvoirs : le législatif et l'exécutif, mais divise ce dernier en deux autorités, l'autorité judiciaire et l'autorité administrative. Certains auteurs enfin, outre les pouvoirs précédents, distinguent le pouvoir administratif, le pouvoir militaire, etc., tandis que d'autres se rangent à la théorie de l'unité du pouvoir. Nous n'entrerons pas dans la discussion d'une question qui est dénuée d'intérêt pratique ; en général, les constitutions ne prennent pas la peine de la trancher et se contentent de fixer la sphère d'action de chacun des organes de l'Etat.
14. — Une constitution ne doit pas seulement à notre avis contenir l'organisation des pouvoirs publics mais aussi la consécration des libertés ou *droits publics*.
15. — Ce qui caractérise les libertés publiques ce n'est point qu'elles sont hors du commerce ou qu'elles s'exercent vis-à-vis de l'Etat. Tandis qu'en droit privé les libertés de chacun sont limitées par celles des autres, en droit public c'est l'Etat qui,

pour assurer le maintien de l'ordre public, vient amoindrir la liberté des citoyens.

16. — Les droits publics peuvent se réduire à la liberté civile et à l'égalité civile ; nos constitutions, selon qu'elles ont donné la préférence à la liberté ou à l'égalité, ont revêtu un caractère tout à fait différent. Pour les libéraux, l'égalité n'est qu'une simple qualité de la liberté; à leur sens, égalité signifie liberté égale.

17. — Il ne faut pas exagérer la démarcation entre les droits publics et privés. On peut ranger un droit dans l'une ou l'autre catégorie selon le rapport sous lequel on l'envisage : ainsi le droit de propriété est un droit privé quand il s'exerce vis-à-vis des particuliers, mais il est public quand il s'exerce vis-à-vis de l'État; de même, le droit d'association est privé s'il s'agit d'une société commerciale, public s'il s'agit d'une association politique, etc.

18. — Les droits publics se distinguent essentiellement des droits politiques; ceux-ci sont la garantie de ceux-là... A la différence des droits publics, qui appartiennent à tous les membres de l'État, les droits politiques n'appartiennent qu'à une partie d'entre eux.

19. — A certains points de vue cependant, les droits publics se rapprochent des droits politiques ; c'est ainsi que la liberté de la presse et celle de l'enseignement sont quelquefois appelées des droits politiques, à raison de l'influence qu'elles exercent sur le gouvernement.

20. — Les droits publics doivent être limités, et la raison de cette limitation se trouve dans le droit de l'État de vivre et de se développer pour assurer le maintien de l'ordre. Mais n'est-il pas à craindre que, sous prétexte que telle liberté est incompatible avec l'existence de l'État, celui-ci n'abuse de son pouvoir pour les supprimer toutes successivement ? Toutefois, ce danger est tempéré par le droit qui appartient, dans les pays de suffrage, aux citoyens, de choisir la représentation nationale, chargée d'apprécier les restrictions à apporter à la liberté individuelle.

21. — Toutes les constitutions ne consacrent pas les libertés publiques; on a d'ailleurs critiqué l'utilité des déclarations de droits en disant qu'elles n'ont jamais rien empêché et qu'elles sont peu pratiques, en ce qu'elles négligent de mentionner les restrictions nécessaires de la liberté individuelle.

22. — Nos lois constitutionnelles elles-mêmes ne consacrant pas les libertés publiques on s'est posé la question de savoir sur quelle base on doit les appuyer; trois solutions ont été proposées : d'après les uns, il faut rechercher dans les Constitutions qui ont régi la France les droits qui ont été consacrés par toutes, auquel cas on ne trouve guère que la liberté individuelle. Selon d'autres, il faudrait remonter à la dernière Constitution républicaine, celle de 1848, mais on s'explique difficilement cette survivance partielle d'une constitution. L'opinion la plus répandue est celle qui regarde la déclaration du 26 août 1789 comme étant encore en vigueur en lui attribuant une existence indépendante de la Constitution de 1791.

§ 2. *Classification des constitutions.*

23. — Les constitutions sont de différentes sortes; suivant qu'on se place à divers points de vue, on distingue : les constitutions unitaires ou fédérales ; les constitutions écrites ou coutumières; les constitutions monarchiques, aristocratiques et démocratiques ; les constitutions à gouvernement direct, représentatif, parlementaire.

24. — La constitution unitaire est celle d'un État centralisé, c'est-à-dire d'un État parvenu à son unité gouvernementale, et représenté par un pouvoir central unique : par exemple la France, l'Angleterre, l'Espagne, l'Italie.

25. — La constitution fédérale est, au contraire, celle d'un État dans lequel, bien que l'unité nationale existe, il y a plusieurs souverainetés coordonnées et superposées. L'État fédératif est une agglomération d'États particuliers qui, d'une part, conservent chacun en principe leur souveraineté, mais, qui, d'autre part, ont abdiqué certains attributs de cette souveraineté, dont la réunion forme précisément la souveraineté fédérale : par exemple, les États-Unis d'Amérique, la Confédération Helvétique.

26. — Avec l'État fédéral il ne faut pas confondre la confédération d'États : dans celle-ci il n'y a pas d'unité nationale, mais seulement une ligne permanente en vue d'un but commun à atteindre, une association dans laquelle chaque État reste pleinement indépendant l'un de l'autre : telle l'Allemagne.

27. — On est en présence d'une constitution écrite, lorsque c'est dans un texte législatif exprès que se trouvent consignées les garanties de l'individu, parmi lesquelles la plus importante est l'organisation des pouvoirs publics. La constitution française est une constitution écrite.

28. — La constitution coutumière est celle qui, ne se trouvant relatée dans aucun texte exprès, existe cependant par suite de la consécration de l'usage prolongé : la constitution anglaise est le type des constitutions coutumières.

29. — Les constitutions écrites ont l'avantage de la précision, mais les constitutions coutumières permettent d'opérer insensiblement les modifications que réclament les changements dans l'état social.

30. — Les constitutions peuvent consacrer trois types de gouvernement : monarchique, aristocratique, démocratique. Le despotisme, l'oligarchie et la démagogie ne sont que les corruptions de ces trois types et se caractérisent par ce fait que le gouvernement n'existe plus alors qu'au profit des gouvernants. La théocratie n'est qu'une monarchie ou une aristocratie ayant un caractère spécial.

31. — D'une façon générale, la constitution monarchique est celle dans laquelle les pouvoirs du chef de l'État sont entre les mains d'un seul individu, dont la dynastie est héréditaire. Mais la monarchie est elle-même de deux sortes : la monarchie absolue et la monarchie constitutionnelle.

32. — Dans la monarchie pure, le monarque est le souverain absolu, il est la source intégrale de la puissance publique. On peut dire qu'une constitution qui organise la monarchie absolue n'en est pas une à proprement parler, si l'on admet que la constitution a précisément pour objet de limiter les droits de la puissance publique en sauvegardant les droits de l'individu. Dans la monarchie absolue, cette sauvegarde réside, non plus dans le texte de la constitution, par cela même qu'elle reconnaît pleins pouvoirs au souverain, mais uniquement dans la notion que le roi et ceux qu'il investit de sa confiance et auxquels il délègue le pouvoir peuvent avoir de leurs devoirs à l'égard du peuple.

33. — Dans la monarchie constitutionnelle, la souveraineté se trouve partagée entre le roi et la nation, de sorte que, pour la confection des actes les plus importants de la vie nationale, le concours du roi et des représentants de la nation est indispensable. En réalité, une monarchie véritablement constitutionnelle est un gouvernement démocratique, car un gouvernement doit moins se caractériser par sa forme extérieure que par son esprit politique.

34. — La monarchie constitutionnelle est elle-même susceptible de deux combinaisons possibles. Tantôt c'est le monarque lui-même, qui, plus ou moins spontanément, associe la nation à l'exercice de la souveraineté, se limitant ainsi lui-même et conservant tout ce qu'il n'a pas délégué : par exemple, chez nous, la charte octroyée de 1814 ; le statut du royaume de Sardaigne du 4 mars 1848 ; la constitution prussienne du 31 janv. 1850. Tantôt, en sens inverse, c'est la nation souveraine qui s'associe un monarque en lui déléguant une certaine part de la souveraineté et seulement à certaines conditions déterminées : par exemple, chez nous, la charte révisée de 1830 ; la constitution anglaise ; la constitution belge du 7 févr. 1831.

35. — La constitution est républicaine, lorsque le sujet de la souveraineté est non plus individuel, comme dans la monarchie absolue, mais collectif, comme dans la monarchie constitutionnelle, et lorsque en outre, à la différence de cette dernière, le pouvoir exécutif n'est pas confié à un délégué perpétuel de la nation, mais seulement à un délégué temporaire.

36. — Quand la collectivité de la nation participe à l'exercice du pouvoir, la république est dite *démocratique*; quand cet exercice est réservé seulement à une certaine partie de cette collectivité, la république est dite *oligarchique*.

37. — Le gouvernement est direct lorsque la souveraineté est exercée directement par les citoyens, qui accomplissent par eux-mêmes et sans l'intermédiaire d'aucuns représentants les actes les plus importants de la vie nationale, notamment en votant les lois; il en est ainsi dans certains cantons suisses; c'est du même principe que procèdent le système du referendum suisse et le système du plébiscite français.

38. — Au contraire, la constitution est représentative quand la confection des actes de la vie nationale est confiée à des représentants de la nation, choisis et élus par les citoyens.

39. — Lorsque la constitution se borne à faire des pouvoirs publics des émanations de la volonté nationale sans exiger le concours réciproque et permanent de ces pouvoirs, et en les laissant au contraire indépendants l'un de l'autre, et chacun pleinement maître dans sa sphère d'action, la constitution est simplement représentative : par exemple, la constitution des États-Unis.

40. — La constitution parlementaire ne se contente plus, comme la précédente, d'organiser les pouvoirs publics de façon qu'ils soient l'expression de la représentation nationale; elle exige en outre le concours permanent et l'entente réciproque de ces pouvoirs; dans ce genre de gouvernement, les ministres, agents du pouvoir exécutif, doivent être toujours en conformité d'opinion et de vues politiques avec la majorité du Parlement. Exemple : la constitution française de 1875; la constitution anglaise. — V. *infrà*, v° *Ministres*.

41. — Avec le parlementarisme le rôle du pouvoir exécutif est restreint et l'on a pu dire ainsi, sous la monarchie constitutionnelle, mais avec quelque exagération néanmoins, que « le-roi règne et ne gouverne pas. »

42. — Le grand reproche qu'on adresse au parlementarisme est de susciter des rivalités entre hommes politiques en vue de conquérir le pouvoir; on peut dire, en effet, avec raison que les guerres de portefeuille troublent la sécurité du pays, excluent l'esprit de suite dans les affaires de l'État, enlèvent la confiance de la nation dans le désintéressement de ses représentants. Ce n'est que dans une éducation politique supérieure qu'on pourra remédier aux abus que suscite le parlementarisme.

§ 3. *Droit constitutionnel.*

43. — Le droit constitutionnel est la branche du droit public qui organise les pouvoirs publics et détermine les libertés sociales; il nous fait connaître à grands traits l'organisation sociale et politique du pays. Le droit administratif, au contraire, nous expose la machine politique dans les moindres détails et dans ses nombreuses applications. — Rossi, *Cours de droit constitutionnel*, t. 1, p. 58.

44. — Par réaction contre l'école idéaliste et doctrinaire, la sociologie veut renouveler le droit constitutionnel comme les autres parties du droit. Les sociologues, qui ont introduit la science sociale dans le système des sciences physiques et naturelles, nient qu'il existe des droits antérieurs à la loi positive; l'homme, suivant eux, n'a d'autres droits que ceux que lui donne la société; or celle-ci change toujours. L'étude des faits devrait donc constituer la base du droit constitutionnel.

45. — Aux publicistes qui prétendent qu'il n'existe point un droit constitutionnel et que toutes les questions doivent se régler par le suffrage universel, l'école libérale répond que la puissance du nombre n'est qu'un fait, et que le droit, qui est fondé sur la justice et la raison, ne saurait varier au gré des majorités.

Section II.
Notions historiques.

46. — Dans l'ancienne France, il n'était intervenu aucune loi écrite posant les bases du gouvernement et les droits de la nation. Toutefois, si par constitution on entend l'ensemble des règles auxquelles sont soumis la transmission et l'exercice du pouvoir, on ne peut dire que l'ancienne France fût sans constitution, parce qu'il y avait un certain nombre de règles traditionnelles considérées comme les bases de l'organisation politique; nos anciens auteurs appelaient ces règles les « lois fondamentales du royaume. »

47. — Mais si l'on admet qu'il n'y ait à proprement parler de constitution que là où se trouve organisé un système de garanties pour la nation et pour l'individu vis-à-vis du gouvernement, il est difficile de reconnaître aux règles suivies le caractère de principes constitutionnels proprement dits, puisqu'alors la loi émanant du monarque seul, celui-ci ne donnait aux particuliers d'autres garanties que celles que lui suggéraient les sentiments de justice et d'équité qui pouvaient l'animer (*suprà*, n. 32). En ce sens, Lally-Tolendal, dans un rapport célèbre, a pu dire qu'avant 1789 la France n'avait pas de constitution.

48. — Néanmoins, nous l'avons dit, un certain nombre de règles considérées comme immuables enchaînaient le souverain lui-même aussi bien que la nation. La première règle fondamentale consistait, en effet, en ce que la forme du gouvernement était une monarchie absolue. Cette règle ne fut jamais mise en question.

49. — De plus, la couronne était héréditaire, de mâle en mâle, par ordre de primogéniture. Cette seconde règle fut appliquée à trois reprises différentes : par la loi Salique, par la nullité du traité du 21 mai 1420, par l'édit de 1717.

50. — Le pouvoir temporel était indépendant du pouvoir spirituel. Cette règle fut constamment invoquée depuis 1302; c'est elle qui donna lieu à la célèbre Déclaration du clergé du 16 mars 1682, rédigée par Bossuet, et devenue loi de l'État par l'édit du 23 mars 1682. Mais cette règle ne visait que les rapports de deux puissances rivales, et restait étrangère aux rapports de la puissance publique avec les individus.

51. — La nation se divisait en trois ordres : clergé, noblesse, tiers-état.

52. — Le vote de l'impôt par les États-généraux aurait été un véritable principe constitutionnel, s'il avait été sérieusement reconnu et pratiqué; mais les États-généraux étaient réunis à intervalles trop éloignés pour que leur contrôle sur l'établissement de l'impôt pût être sérieux et efficace. — V. *suprà*, v° *Budget*, n. 5 et s.

53. — L'inamovibilité des offices, depuis une ordonnance de Louis XI, du 21 oct. 1465, eût également constitué une sérieuse garantie pour les justiciables si elle avait été respectée : mais on sait qu'elle fut très-souvent violée au moyen des lettres de confirmation, des jugements par commissaires et des évocations au conseil du roi.

54. — Le domaine personnel du prince qui montait sur le trône se confondait avec le domaine de la couronne. Henri IV ne put se soustraire à cette nécessité.

55. — Les biens constitués en apanage au profit des enfants mâles des rois devaient, à défaut de descendants mâles, faire retour à la couronne.

56. — Le domaine de la couronne était inaliénable et imprescriptible; lorsque, sous l'empire d'une nécessité pressante, il y avait cependant une aliénation, celle-ci était considérée comme un simple contrat d'engagement, c'est-à-dire qu'elle était soumise à un rachat perpétuel.

57. — Le chancelier était inamovible et ne pouvait perdre son office que par mort, résignation ou forfaiture. Mais lorsqu'il y avait dissentiment entre le roi et son chancelier, le roi, tournant le principe de l'inamovibilité, nommait un garde des sceaux qui exerçait les attributions du chancelier.

58. — On a pu dire, avec une certaine apparence de raison, que la première constitution au sens où nous l'entendons aujourd'hui est celle des 3-13 sept. 1791. Mais déjà auparavant avait été rendue une série d'actes dits constitutionnels, au nombre de neuf, et dont les plus importants sont : la Déclaration des droits de l'homme et du citoyen du 26 août 1789, et l'Acte constitutionnel sur les pouvoirs publics des 1er oct.-3 nov. 1789.

59. — La Déclaration des droits de l'homme et du citoyen du 26 août 1789 en dix-sept articles a posé les principes connus depuis dans le monde entier sous le nom de Principes de 89, lesquels forment encore la base du droit public des Français. La France, en faisant cette déclaration solennelle, imitait l'exemple récent des États-Unis.

60. — La Déclaration des droits de l'homme a eu un triple objet : en premier lieu, préciser le principe d'où dérive la souveraineté; en second lieu, limiter le champ d'action de l'État et du législateur vis-à-vis de l'individu en reconnaissant à celui-ci certains droits civils et politiques irréductibles; enfin, en troisième lieu, indiquer les conditions élémentaires et indispensables d'un bon gouvernement.

61. — Le premier objet est traité dans les art. 3, 6 et 14 de la Déclaration ainsi conçus : « Le principe de toute souveraineté réside essentiellement dans la nation. Nul corps, nul individu ne peut exercer d'autorité qui n'en émane expressément ». — « La loi est l'expression de la volonté générale. Tous les citoyens ont le droit de concourir personnellement ou par leurs représentants à sa formation ». — « Tous les citoyens ont le droit de constater par eux-mêmes ou par leurs représentants la nécessité de la contribution publique, de la consentir librement, d'en suivre l'emploi et d'en déterminer la quotité, l'assiette, le recouvrement et la durée. »

62. — La limitation des pouvoirs de l'État et la reconnaissance au profit de l'individu de certains droits naturels irréductibles font l'objet de plusieurs séries d'articles de la Déclaration. Certains d'entre eux sont généraux, les autres spéciaux à tel ou tel droit individuel, et parmi ces derniers les uns, les plus nombreux, concernent les droits de l'homme, c'est-à-dire les droits publics, les autres les droits du citoyen, c'est-à-dire les droits politiques.

63. — Les textes généraux limitant les pouvoirs de l'Etat vis-à-vis de l'individu sont : Art. 1 : « Les hommes naissent et demeurent libres et égaux en droits. Les distinctions sociales ne peuvent être fondées que sur l'utilité commune ». — Art. 2 : « Le but de toute association politique est la conservation des droits naturels et imprescriptibles de l'homme. — L'art. 4 définit la liberté « le pouvoir de faire tout ce qui ne nuit pas à autrui ». D'après l'art. 5, « la loi n'a le droit de défendre que les actions nuisibles à la société ». D'après l'art. 12, « la garantie des droits de l'homme et du citoyen nécessite une force publique. Cette force est donc instituée pour l'avantage de tous, et non pour l'utilité particulière de ceux auxquels elle est confiée ». Enfin l'art. 13 pose le principe de la proportionnalité de l'impôt.

64. — « Les droits naturels, inaliénables et sacrés de l'homme », selon l'expression du préambule de la Déclaration sont, d'après l'art. 2 : « La liberté, la propriété, la sûreté et la résistance à l'oppression. » Il faut en rapprocher l'art. 17 d'après lequel « la propriété étant un droit inviolable et sacré, nul ne peut en être privé si ce n'est lorsque la nécessité publique l'exige évidemment, et sous la condition d'une juste et préalable indemnité ». Les art. 7 à 9 visent la liberté de l'être physique avec la liberté individuelle d'aller et de venir, tandis que les art. 10 et 11 visent les libertés de l'être moral avec la liberté de conscience et la liberté de la parole, de l'écriture et de la presse. L'art. 6 consacre l'égalité devant la loi et l'égalité d'aptitude aux fonctions et dignités publiques.

65. — Les droits du citoyen, c'est-à-dire les droits politiques, tel que le droit de vote, font l'objet des art. 6 et 14.

66. — Le troisième objet de la Déclaration, l'indication des conditions élémentaires essentielles d'un bon gouvernement, est relaté dans les art. 15 et 16. L'art. 15 vise la responsabilité des fonctionnaires publics dans les termes suivants : « La société a le droit de demander compte à tout agent public de son administration ». L'art. 16 vise la garantie des droits individuels et la séparation des pouvoirs. « Toute société, dans laquelle la garantie des droits n'est pas assurée, ni la séparation des pouvoirs déterminée, n'a point de constitution. »

67. — La Déclaration du 26 août 1789 rejette le parlementarisme parce que, dans ce système, la séparation des pouvoirs n'existe pas, le pouvoir législatif usurpant la puissance exécutive et se soumettant lui-même à l'opinion, qui devient la maîtresse absolue (F. Hélie, *Les constitutions de la France*, 1875, p. 43). Après avoir proclamé les principes en dehors desquels aucun gouvernement n'est légitime, elle adoptait le système représentatif.

68. — L'acte constitutionnel sur les pouvoirs publics, des 1er oct.-3 nov. 1789, n'est que le développement des principes de la Déclaration des droits de l'homme. Il rappelle que « tous les pouvoirs émanent essentiellement de la nation et ne peuvent émaner que d'elle »; puis il règle la forme du gouvernement, indique quels sont les différents pouvoirs constitués, et les réglemente au point de vue, tant de leur création que de leurs attributions.

69. — La forme de gouvernement adoptée est la monarchie constitutionnelle. La personne du roi est déclarée « inviolable et sacrée ». La couronne est héréditaire dans la dynastie régnante, de mâle en mâle, par ordre de primogéniture, et à l'exclusion perpétuelle et absolue des femmes (art. 2 et 3).

70. — Les pouvoirs constitués sont au nombre de trois : le pouvoir législatif est exercé par l'Assemblée nationale (art. 8); le pouvoir exécutif réside essentiellement dans la main du roi (art. 16); le pouvoir judiciaire est représenté par les tribunaux (art. 19).

71. — L'Assemblée nationale se compose d'une chambre unique, permanente, nommée pour une législature de deux ans, et renouvelable en totalité à la fin de la législature. L'unité de l'Assemblée nationale découle de ce principe de la Déclaration des droits qui accorde à tous les citoyens une influence égale dans la formation des pouvoirs publics.

72. — L'art. 9 réserve à l'Assemblée nationale le soin de faire la loi; et dans cet ordre d'idées, les art. 14 et 15 constituent le dernier terme de la lutte entre la royauté et la nation au sujet de l'établissement de l'impôt : les impôts de toutes sortes, les emprunts, et toutes les autres mesures susceptibles d'engager les finances de l'Etat, comme les créations et suppressions d'offices, sont exclusivement réservés à l'Assemblée nationale. En outre, d'après l'art. 13, elle seule, en principe, a l'initiative des lois.

73. — Le pouvoir exécutif est essentiellement subordonné à la loi; « le roi ne règne que par elle, et ce n'est qu'en vertu des lois qu'il peut exiger l'obéissance » (art. 2). « Le pouvoir exécutif ne peut faire aucune loi, même provisoire, mais seulement des proclamations conformes aux lois pour en ordonner ou en rappeler l'observation » (art. 17).

74. — Cependant, le roi participe de plusieurs façons à la confection des lois. D'une part, s'il est vrai que l'art. 13 lui refuse l'initiative proprement dite, il décide cependant que « le roi peut inviter l'Assemblée nationale à prendre un objet en considération ». D'autre part, il résulte des art. 9 et 10 que la loi, pour devenir telle, a besoin d'être sanctionnée par le monarque. Cette sanction royale consiste dans un *veto* suspensif (art. 11), lequel ne peut durer plus de deux législatures (art. 12).

75. — Aucun ordre du roi ne peut être exécuté s'il n'a été signé par le roi et contresigné par un secrétaire d'Etat ou par l'ordonnateur du département. Les ministres et les autres agents du pouvoir exécutif sont responsables de l'emploi des fonds qui leur sont confiés, ainsi que de leurs infractions envers les lois, sans pouvoir se retrancher derrière des ordres supérieurs.

76. — L'art. 19 dispose : « Le pouvoir judiciaire ne pourra, en aucun cas, être exercé par le roi, ni par le Corps législatif; mais la justice sera administrée au nom du roi par les seuls tribunaux établis par la loi, suivant les principes de la constitution et selon les formes déterminées par la loi. »

77. — Indépendamment de la Déclaration des droits et de l'acte sur les pouvoirs publics, sept autres actes constitutionnels furent encore rendus sur diverses matières. Ce sont : l'acte constitutionnel sur les impôts et sur la promulgation des lois, des 12 oct.-6 nov. 1789; l'acte constitutionnel sur l'armée de terre, des 28 févr.-21 mars 1790; l'acte constitutionnel sur le droit de paix et de guerre, des 22-27 mai 1790; l'acte constitutionnel sur l'armée navale, des 26 juin-7 juill. 1790; l'acte constitutionnel sur la force publique, des 6-12 déc. 1790; l'acte constitutionnel sur la régence et la résidence des fonctionnaires publics, des 29 mars-1 sept. 1791; l'acte constitutionnel sur l'incompatibilité des fonctions de législateur et de juge du tribunal de cassation avec celles de ministre et autres, des 8 avr.-25 mai 1791.

78. — Les décrets rendus par la Constituante sur tous les objets constitutionnels contenaient un grand nombre de dispositions purement législatives qui ne devraient pas faire partie de l'acte constitutionnel, afin que le pouvoir législatif eût la faculté de les modifier sans recourir au pouvoir constituant; deux comités furent chargés de trier dans tous les décrets les dispositions constitutionnelles et de présenter l'acte d'ensemble au vote définitif; cet acte fut la constitution du 3 sept. 1791. Les dispositions qui ne furent pas placées dans la Constitution n'en conservèrent pas moins la valeur d'une loi. — F. Hélie, *op. cit.*, p. 294.

79. — La Constitution du 3 sept. 1791 est précédée de la Déclaration des droits de l'homme et du citoyen. La Constitution proprement dite rappelle, dans un préambule, les institutions de l'ancien régime qui sont abolies : noblesse, titres, ordres, régime féodal, justices patrimoniales, vénalité et hérédité des offices, privilèges, jurandes et corporations, vœux religieux, etc.

80. — Le titre 1 de la Constitution garantit aux citoyens les droits contenus dans la Déclaration, de sorte que les pouvoirs constitués ne peuvent pas y porter atteinte. Puis sont proclamés les principaux devoirs de l'Etat : celui de secourir les enfants abandonnés et les adultes infirmes et pauvres, celui de donner gratuitement l'instruction publique; celui de fournir du travail aux individus valides et indigents; celui d'organiser des fêtes nationales. En outre, indépendamment des droits contenus dans la Déclaration, le titre 1 ajoute le droit de pétition et le droit d'élire les ministres du culte.

81. — Le titre 2 règle la division du royaume en départements, districts et cantons; puis il s'occupe de l'état des citoyens au double point de vue de l'acquisition et de la perte de la nationalité et du mariage, qui est considéré seulement comme contrat civil; enfin, il traite des communes et du droit pour les citoyens d'élire les officiers municipaux.

82. — Le titre 3 est le plus important de tous, comme l'indique sa rubrique : « Des pouvoirs publics ». Après avoir rappelé que la souveraineté réside dans la nation, la constitution se déclare représentative, et indique comme représentants de la nation le Corps législatif et le roi. Le gouvernement reste une monarchie constitutionnelle.

83. — Le pouvoir législatif est confié à une Assemblée nationale, composée d'une chambre unique, permanente, renouvelable tous les deux ans, et ne pouvant pas être dissoute par le roi. Les membres de l'Assemblée nationale peuvent être réélus à la législature suivante mais ne peuvent l'être ensuite qu'après l'intervalle d'une législature.

84. — La Constitution s'occupe du mode d'élection à l'Assemblée nationale. L'élection des représentants a lieu à deux degrés, par l'intermédiaire des assemblées primaires et des assemblées électorales. Au premier degré, n'est exigé aucun cens électoral, mais au second degré la constitution exige un cens électoral variant selon les lieux entre 100 et 400 journées de travail. En outre, la condition du domicile dans le département est exigée pour l'éligibilité à la législature. — V. *infra*, v° *Elections*.

85. — En ce qui concerne le pouvoir exécutif, la Constitution reproduit les dispositions de l'acte sur les pouvoirs publics, des 1er oct.-3 nov. 1789, relativement au chef de l'État. Mais il contient des dispositions nouvelles importantes en ce qui touche les ministres.

86. — Les ministres sont nommés et révoqués par le roi : ils ne peuvent pas être pris parmi les membres de l'Assemblée nationale; et même ceux-ci ne peuvent être choisis comme ministres que deux ans au moins après avoir cessé l'exercice de leurs fonctions. Les ministres sont tenus de prêter le serment civique. Le contre seing ministériel apposé à tout ordre émané du roi est obligatoire. Mais les ministres n'encourent pas de responsabilité politique; ils sont soumis seulement à la responsabilité civile et à la responsabilité pénale; toutefois, celle-ci ne peut être mise en jeu qu'en vertu d'un décret préalable du Corps législatif. Dans leurs rapports avec l'Assemblée nationale, les ministres sont entendus par elle toutes les fois qu'ils le demandent, lorsqu'il s'agit d'un objet relatif à leur administration, — et seulement quand l'assemblée leur accorde la parole, s'il s'agit d'un objet étranger à leur administration.

87. — Les chap. 3 et 4, tit. 3, sont relatifs à l'exercice du pouvoir législatif et à l'exercice du pouvoir exécutif. Les innovations sur la législation précédente concernent principalement les lois d'impôts et les princes français.

88. — Les lois d'impôts « seront promulguées et exécutées sans être sujettes à la sanction, si ce n'est pour des dispositions qui établiraient des peines autres que des amendes et contraintes pécuniaires ». Il y a là une exception importante à la nécessité de la sanction royale (art. 8, sect. 3, chap. 3).

89. — La Constitution interdit aux membres de la famille du roi appelés à la succession éventuelle du trône, toutes les places, emplois, fonctions électives, ainsi que les fonctions de ministre. Cette disposition a pour objet d'empêcher qu'un prince puisse acquérir une popularité suffisante pour accomplir un coup d'État : on sait, en effet, que dès cette époque, le duc d'Orléans était soupçonné d'aspirer au trône.

90. — Le chap. 5 traite du pouvoir judiciaire. Parmi ses dispositions les plus importantes, nous mentionnerons : l'élection des juges et du ministère public par le peuple; l'interdiction pour les tribunaux d'empiéter sur les attributions des deux autres pouvoirs; le droit pour l'individu à son juge naturel; l'institution des médiateurs en conciliation, c'est-à-dire des juges de paix; l'institution du jury en matière criminelle; la garantie de la liberté individuelle par suite de la nécessité d'un mandat d'arrestation, et de la comparution de l'inculpé dans les vingt-quatre heures; la garantie de la liberté de la presse par suite de l'indication limitative des délits de presse; l'institution d'un tribunal de cassation.

91. — Le titre 6 intitulé, « des rapports de la nation française avec les nations étrangères », a pour objet principal l'abolition du droit d'aubaine, et la reconnaissance au profit des étrangers de la capacité de contracter, d'acquérir, et de disposer des biens situés en France « de même que tout citoyen français, par tous les moyens autorisés par les lois ». Il soumet d'ailleurs les étrangers aux lois de police.

92. — Le titre 7 vise l'importante question de la révision de la Constitution. L'Assemblée nationale constituante déclare que la nation a le droit imprescriptible de changer sa constitution; mais néanmoins le trait caractéristique de la constitution de 1791 à ce point de vue est d'avoir mis des entraves nombreuses à la possibilité de la révision, soit qu'il s'agisse de la demande de révision, soit qu'il s'agisse de son accomplissement proprement dit.

93. — D'après l'art. 3, « la prochaine législature et la suivante ne pourront proposer la réforme d'aucun article constitutionnel ». D'après les art. 2 et 4, il y aura lieu à révision « lorsque trois législatures consécutives auront émis un vœu uniforme pour le changement de quelque article constitutionnel »; encore faut-il que les deux premières législatures « ne s'occupent de cet objet que dans les deux derniers mois de leur dernière session, et la troisième à la fin de sa première session annuelle ou au commencement de la seconde ». Ces vœux de révision sont soustraits à la sanction royale.

94. — L'assemblée de révision se compose d'une chambre unique, formée par la quatrième législature augmentée de 249 membres élus dans chaque département par le doublement du nombre ordinaire qu'il fournit à raison de sa population. Les membres de la troisième législature qui aura demandé la révision ne peuvent pas être élus à l'assemblée de révision. Les membres de celle-ci doivent prêter deux serments : d'abord celui de « vivre libre ou mourir », ensuite celui de « se borner à statuer sur les objets qui leur auront été soumis par le vœu uniforme des trois législatures précédentes; à maintenir au surplus de tout leur pouvoir la constitution du royaume, décrétée par l'Assemblée nationale constituante aux années 1789, 1790 et 1791, et d'être en tout fidèles à la nation, à la loi et au roi ». Aussitôt la révision opérée, les membres nommés en double se retirent sans pouvoir prendre part aux actes législatifs.

95. — La Constitution est inapplicable aux colonies, laissées par l'acte constitutionnel des 24-28 sept. 1791 dans le domaine des lois ordinaires.

96. — L'œuvre de la Constituante a des vices que l'expérience a fait aisément découvrir; c'est ainsi par exemple qu'en exagérant le principe de la séparation des pouvoirs, elle exposait les pouvoirs publics à se heurter. On a dit aussi qu'elle énervait le pouvoir exécutif et qu'en réalité c'était une constitution républicaine. Plus philosophique que pratique, l'œuvre de la Constituante est avant tout le manifeste de la révolution qui venait de s'opérer dans les idées.

97. — La Constitution de 1791 fut appliquée peu de mois. Le 10 août 1792, l'Assemblée nationale votait l' « acte qui suspend provisoirement le pouvoir exécutif et qui convoque une Convention nationale ». Le même jour une loi réglait, « l'exercice du pouvoir exécutif provisoire ». A peine réunie, la Convention décrétait l'abolition de la royauté; un Comité de constitution composé en majeure partie de Girondins rédigea un projet de constitution qui ne fut pas sanctionné; le Comité de salut public fut alors chargé de faire un projet de constitution qui fut adopté le 24 juin 1793.

98. — La Constitution du 24 juin 1793, qui en fait ne fut jamais appliquée, comprend, comme celle de 1791, deux grandes parties : une déclaration de droits, et l'organisation des pouvoirs publics.

99. — La déclaration des droits fait table rase des institutions de l'ancien régime qui se reflétaient encore dans la Constitution de 1791. Le droit de manifester sa pensée n'est soumis à aucune restriction. La société doit être mise à la portée de tous. La souveraineté, une, indivisible, imprescriptible, inaliénable, réside dans le peuple. La nation a toujours droit de changer sa constitution. Tout individu qui usurpe la souveraineté doit être mis à mort par les hommes libres. Chaque citoyen a un droit égal de concourir à la formation de la loi et à la nomination de ses mandataires. Quand un gouvernement viole les droits du peuple, l'insurrection est, pour « chaque portion » du peuple, le plus sacré et le plus indispensable des devoirs.

100. — La République est une et indivisible; le territoire est divisé en départements, cantons, districts, municipalités.

101. — Les art. 4 à 7 s'occupent de la nationalité.

102. — Les art. 7 à 10 posent le principe de la souveraineté du peuple et du gouvernement direct. Le peuple « délibère sur les lois. »

103. — Le pouvoir législatif est confié à une Assemblée unique, élue pour un an par les assemblées électorales, qui elles-mêmes dérivent du suffrage universel et direct des citoyens distribués en assemblées primaires de cantons.

104. — Le Corps législatif a seul l'initiative des lois, à l'exclusion du pouvoir exécutif.

105. — Mais le peuple partage avec le Corps législatif le droit de voter les lois. Les projets de lois sont envoyés à toutes les communes; si dans les quarante jours d'après les art. 59 et 60, dans la moitié des départements plus un, le dixième des assemblées primaires de chacun d'eux n'a pas réclamé, le projet devient loi; s'il y a réclamation, le Corps législatif convoque les assemblées primaires. Ainsi le peuple peut être appelé à voter lui-même la loi : c'est la répudiation du régime représentatif, et l'adoption du gouvernement direct.

106. — Le pouvoir exécutif, d'après les art. 62 et s., est confié à un conseil de vingt-quatre membres; les assemblées électorales nomment chacune un candidat, et le Corps législatif choisit. Le Conseil exécutif est renouvelé par moitié à chaque législature.

107. — Les attributions du Conseil exécutif sont les suivantes : l'administration générale conformément aux lois; la nomination, la révocation et le remplacement des agents en chef de cette administration; la négociation des traités; l'obligation de dénoncer, s'il y a lieu, les agents administratifs aux autorités judiciaires.

108. — Le Conseil exécutif est entendu par le Corps législatif, lorsque celui-ci le juge convenable, ou lorsqu'il a un compte à rendre.

109. — La Constitution de 1793 établit des assemblées administratives de municipalités, de districts et de départements, élues par les citoyens.

110. — La justice est rendue au civil par des arbitres publics et des juges de paix nommés à l'élection, au criminel par un jury et un tribunal criminel élu par les assemblées électorales. Enfin, il y a un tribunal de cassation dont les membres sont élus tous les ans par les assemblées électorales.

111. — La comptabilité publique, visée par la Constitution de 1793, est contrôlée par des commissaires nommés par le Corps législatif; c'est ce dernier qui arrête les comptes.

112. — Contrairement à la Constitution de 1791, celle de 1793, dans ses art. 115 à 118, facilite dans une large mesure la révision de la Constitution : pour qu'elle soit nécessaire, il suffit que, dans la moitié des départements plus un, le dixième des assemblées primaires de chacun d'eux l'ait demandée. Il y a lieu alors à convocation de toutes les assemblées primaires, et, si celles-ci le décident, à convocation d'une Convention nationale nommée de la même manière que les législatures.

113. — Enfin, la Constitution de 1793 s'occupe d'objets complémentaires, étrangers par leur nature à la Constitution, tels que la force armée, les rapports de la République avec les nations étrangères, ou renferme des répétitions inutiles, comme la garantie des droits.

114. — La Constitution de 1793, qui eût été peu praticable, mettait le gouvernement entier aux mains du peuple, en instituant ce qu'on a appelé le gouvernement de la multitude; elle tendait à affaiblir l'action des pouvoirs par un renouvellement trop fréquent des membres de la représentation nationale, des corps administratifs et de la magistrature.

115. — Comme les Constitutions antérieures, la Constitution du 5 fruct. an III contient deux grandes parties : une déclaration, et la constitution proprement dite, relative à l'organisation des pouvoirs publics. Mais, ici, la déclaration se dédouble : ce n'est plus seulement une déclaration des droits, mais encore une déclaration des devoirs de l'homme et du citoyen.

116. — Une déclaration des devoirs de l'homme et du citoyen est, dans une constitution, un hors-d'œuvre, parce qu'elle se borne à indiquer des devoirs de morale, et non des obligations juridiques susceptibles d'une sanction de droit; c'est ce qu'a fait la Constitution de l'an III, en inscrivant des préceptes tels que ceux-ci : « Ne faites pas à autrui ce que vous ne voudriez pas qu'on vous fît; faites constamment aux autres le bien que vous voudriez en recevoir »; et encore : « Nul n'est bon citoyen, s'il n'est bon fils, bon père, bon frère, bon ami, bon époux ». — *Contrà*, Faustin Hélie, *op. cit.*, p. 468 à 470.

117. — Envisagée comme réglant l'organisation et les rapports des pouvoirs publics, la Constitution du 5 fruct. an III est la plus longue de toutes les Constitutions qui aient régi la France : elle ne comprend pas moins de 377 articles, s'occupant de matières très-diverses, et souvent étrangères à l'objet d'une constitution, soit par leur nature même, soit par leur peu d'importance. Ainsi le titre 7 tout entier, relatif aux corps administratifs et municipaux, les titres 10, 11 et 12, relatifs à l'instruction publique, aux contributions, aux relations extérieures, s'occupent de matières qui, par leur nature même, échappent à l'objet d'une constitution. Il en est de même d'un grand nombre d'autres dispositions éparses, qui présentent un caractère purement règlementaire ou de procédure : ainsi l'art. 70 va jusqu'à fixer le chiffre des hommes composant la garde du Corps législatif; l'art. 170 prend la peine de dire que les quatre messagers d'Etat, que le pouvoir exécutif a à sa disposition, « marchent précédés de deux huissiers », etc.

118. — D'après l'art. 3 de la déclaration des droits, « l'égalité n'admet aucune distinction de naissance, aucune hérédité de pouvoirs », ce qui revient à exclure comme illégitime tout gouvernement monarchique. La Constitution de l'an III, dans sa déclaration, garde le silence sur les libertés de la presse, de réunion et de religion. La Constitution proprement dite, dans ses art. 353 et 355, confère au pouvoir législatif le droit de suspendre la liberté de la presse pendant une année consécutive; dans son art. 362, elle supprime les associations politiques; enfin dans son art. 354, elle adopte le système de la séparation de l'Eglise et de l'Etat. Le droit de résistance à l'oppression cesse d'être reconnu et proclamé.

119. — La Constitution proprement dite, dans ses titres 2 à 4, règle l'état politique des citoyens, le droit de suffrage et le mode de votation. Elle maintient le système, adopté par la Constitution de 1791, du suffrage indirect, à deux degrés, exercé par les assemblées primaires et les assemblées électorales; seuls les détails varient. — V. *infrà*, v° *Elections*.

120. — Le titre 5 est relatif au pouvoir législatif. Celui-ci se compose de deux Chambres, le Conseil des anciens, qui comprend 250 membres, et le Conseil des cinq-cents. C'est la première fois que ce principe de la division du pouvoir législatif en deux Chambres, emprunté à l'Angleterre, s'introduisait chez nous.

121. — Les deux Chambres sont nommées par les mêmes électeurs; mais les conditions d'éligibilité sont différentes; pour pouvoir être membre du Conseil des anciens, il faut être âgé de quarante ans, marié ou veuf, et être domicilié en France depuis quinze ans; pour pouvoir être membre du Conseil des cinq-cents, il suffit d'être âgé de trente ans, et domicilié depuis dix ans. Toute autre fonction publique est incompatible avec celle de membre d'une Chambre législative.

122. — Les deux Conseils se renouvellent tous les ans par tiers. Leurs séances sont publiques; mais la Constitution limite le nombre maximum des assistants, qui ne peut pas dépasser la moitié des membres respectifs de chaque Conseil.

123. — Quant aux attributions du pouvoir législatif, l'initiative des lois appartient exclusivement au Conseil des cinq-cents; le Conseil des anciens doit rejeter ou approuver la proposition de loi. Dans un seul cas, prévu par l'art. 102, le Conseil des anciens a compétence exclusive : il peut changer la résidence des deux Chambres législatives, et sa décision à cet égard est irrévocable. Dans un autre cas, beaucoup plus important, les deux Conseils statuent ensemble : c'est lorsqu'il s'agit de la nomination du pouvoir exécutif. Enfin, c'est le Conseil des anciens qui propose la révision de la Constitution. — V. *infrà*, n. 129.

124. — Suivant en cela l'exemple de la Constitution de 1793, tout en le tempérant, la Constitution de l'an III confie le pouvoir exécutif non pas à un seul homme, mais à un Conseil; ce Conseil comprend cinq membres nommés par le Corps législatif « faisant alors les fonctions d'assemblée électorale, au nom de la nation » : c'est le Directoire, qui a attaché son nom à cette époque et à cette Constitution de l'an III qu'on appelle souvent Constitution directoriale. Le Directoire est renouvelé par cinquième, chaque année; et chaque membre sortant n'est rééligible qu'après un intervalle de cinq ans.

125. — Les attributions du Directoire consistent à disposer de la force armée, à assurer l'exécution des lois, à nommer et révoquer les fonctionnaires et principalement les ministres qu'il doit choisir hors de son sein, à décerner des mandats d'amener et des mandats d'arrêt, sauf à renvoyer les prévenus dans le délai de deux jours devant l'officier de police.

126. — D'après l'art. 163, le Directoire peut inviter par écrit le Corps législatif à prendre tel objet en considération; « il peut lui proposer des mesures, mais non des projets rédigés en forme de lois ». Toutefois, le Directoire est tenu chaque année de présenter par écrit aux deux Conseils législatifs l'aperçu des dépenses, la situation des finances, l'état des pensions existantes et d'indiquer les abus qui sont à sa connaissance (art. 162). En un mot, le Directoire n'a pas l'initiative de la loi, réservée, ainsi que nous l'avons dit, au Conseil des cinq-cents.

127. — Pour pouvoir exercer les fonctions de ministre, il faut avoir au moins trente ans, et n'être pas parent ou allié de l'un des cinq membres du Directoire. C'est le Corps législatif qui fixe les attributions et le nombre des ministres; ce nombre est de six au moins et de huit au plus. Les ministres ne forment point un conseil. D'après l'art. 152, « les ministres sont respectivement responsables tant de l'inexécution des lois que de l'inexécution des arrêtés du Directoire »; mais ils ne s'agit nullement là de la responsabilité parlementaire; car les ministres ne dépendent que du Directoire, nullement du Corps législatif; ce n'est même pas par leur intermédiaire, mais par celui de fonctionnaires spéciaux, appelés messagers d'État, que le Directoire communique avec les Conseils.

128. — Le titre 8 est relatif au pouvoir judiciaire. Parmi les dispositions générales qui le concernent, les plus importantes sont : la séparation des fonctions législatives, exécutives et judiciaires; le droit au juge naturel; la gratuité de la justice; l'inamovibilité des magistrats pendant la durée de leurs fonctions; la publicité des séances et le secret des délibérations, ainsi que la nécessité de motiver les jugements; l'élection des juges. La constitution entre enfin dans les détails de l'organisation du pouvoir judiciaire; outre les tribunaux ordinaires, elle institue une Haute-Cour de justice pour juger les accusations admises par le Corps législatif contre ses propres membres ou ceux du Directoire.

129. — La Constitution de l'an III admettait la possibilité de la révision. Celle-ci devait être proposée par le Conseil des anciens. Cette proposition de révision devait être ratifiée par le Conseil des cinq-cents. Mais pour que la révision fût possible, il fallait que cette proposition et cette ratification fussent renouvelées trois fois de suite de trois ans en trois ans.

130. — La révision devait être opérée par une assemblée spéciale composée de membres réunissant les conditions exigées pour faire partie du Conseil des anciens. Cette assemblée de révision ne pouvait délibérer que sur les points qui lui avaient été soumis par le Corps législatif; elle ne pouvait pas siéger plus de trois mois; ses décisions étaient soumises à la ratification populaire.

131. — La Constitution de l'an III, qui fut ratifiée par le vote populaire, était l'œuvre de républicains modérés qui voulaient, par crainte des excès, éloigner le peuple de l'exercice direct du pouvoir; pour concilier l'ordre avec la liberté, ils établirent en effet l'élection à deux degrés, instituèrent deux Chambres, et s'appliquèrent à fortifier le pouvoir exécutif. En rédigeant la Constitution de l'an III plus pratique que les Constitutions précédentes, les conventionnels avaient à mettre à profit une expérience acquise au milieu des troubles de la Révolution.

132. — La Constitution du 22 frim. an VIII, inspirée par Sieyès repose sur quatre bases fondamentales; la liste nationale de notabilité; le Sénat conservateur; le Corps législatif et le Tribunat; le Consulat.

133. — Pour établir la liste nationale de notabilité, les citoyens âgés de vingt et un ans, et ayant un an de domicile, élisent dans chaque arrondissement le dixième d'entre eux pour former la liste communale de notabilité, dans laquelle doivent être pris les fonctionnaires communaux. Cette liste communale élit à son tour le dixième de ses membres pour former la liste départementale destinée à procurer les fonctionnaires départementaux. Enfin la liste départementale élit un dixième de ses membres pour former la liste nationale des éligibles aux fonctions publiques.

134. — Le Sénat conservateur comprend quatre-vingts sénateurs inamovibles et à vie, ayant au minimum quarante ans. Le Sénat se recrute lui-même.

135. — Ses attributions sont de deux sortes. Il est d'abord le gardien de la Constitution, en ce sens qu'il a le droit d'annuler comme inconstitutionnels tous les actes des pouvoirs publics qui lui sont déférés par le gouvernement ou par le Tribunat. En outre, en cette même qualité, le Sénat a le pouvoir de modifier la Constitution par des sénatusconsultes. Le second rôle du Sénat conservateur, consiste à choisir sur la liste nationale tous les fonctionnaires les plus importants; en réalité, c'est le Sénat qui institue les pouvoirs : c'est lui qui nomme les consuls, les membres du Corps législatif, les membres du Tribunat et ceux du Tribunal de cassation.

136. — Le Tribunat et le Corps législatif constituent les Chambres législatives. Le Tribunat se compose de cent membres âgés de vingt-cinq ans au moins, renouvelés chaque année par cinquième et indéfiniment rééligibles. Le Corps législatif comprend trois cents membres âgés de trente ans au moins, renouvelés chaque année par cinquième et rééligibles pour un an.

137. — Ni le Tribunat, ni le Corps législatif ne jouit du droit d'initiative législative. Le Tribunat discute la loi sans pouvoir la voter; le Corps législatif la vote sans pouvoir la discuter : aussi l'histoire lui a-t-elle conféré le nom de Corps des muets.

138. — L'initiative de la loi appartient au gouvernement et à lui seul; le projet de loi est d'abord préparé par le Conseil d'État; ce projet de loi est ensuite présenté au Tribunat, qui, après l'avoir discuté, envoie trois de ses membres au Corps législatif, pour y défendre ses vues contradictoirement avec des conseillers d'État, avocats du gouvernement; enfin le Corps législatif après avoir entendu les avocats du gouvernement et ceux du Tribunat, vote ou rejette la loi en bloc, mais sans pouvoir la modifier.

139. — Enfin la Constitution de l'an VIII se caractérise par l'institution du Consulat et par la forte organisation du pouvoir exécutif. Le pouvoir exécutif est exercé par trois consuls, ayant chacun leur rang, nommés pour dix ans, et indéfiniment rééligibles.

140. — Presque tout le pouvoir est entre les mains du premier consul. Il a seul l'initiative des lois; il est chargé de pourvoir à la sûreté intérieure et extérieure; il conduit lui-même les négociations diplomatiques; il nomme et révoque les ministres, les ambassadeurs et tous les administrateurs; il nomme tous les juges autres que les juges de paix et les juges au Tribunal de cassation, mais sans pouvoir les révoquer; il déclare la guerre et dispose de la force armée; enfin il est irresponsable, sauf le cas de haute trahison. Quant aux deux autres consuls, ils n'ont d'autres fonctions que de donner leur avis au premier consul dans certains cas, et de le suppléer à l'occasion.

141. — Le pouvoir exécutif est assisté d'un Conseil d'État fortement organisé et jouissant d'attributions considérables. — V. suprà, v° *Conseil d'État*.

142. — Enfin l'organisation du pouvoir exécutif est encore renforcée par l'institution de la garantie administrative au profit des fonctionnaires, des agents du gouvernement autres que les ministres (art. 75). — V. suprà, v° *Compétence administrative*, n. 523 et s.

143. — La Constitution de l'an VIII contient un titre spécial relatif aux tribunaux; il consacre l'inamovibilité des juges, à l'exception des juges de paix (art. 68).

144. — La Constitution de l'an VIII, qui passait sous silence le principe de la souveraineté nationale, le reconnaissait cependant d'une façon implicite puisqu'elle se soumettait à la ratification populaire. Prenant le contrepied des constitutions antérieures, la Constitution de l'an VIII émiettait le pouvoir législatif et réduisait les droits électoraux à la confection de liste de notabilité, réservant toute la puissance pour le pouvoir exécutif.

145. — Aussi, les sénatusconsultes eurent-ils peu de chose à faire pour modifier la Constitution de l'an VIII dans le sens du pouvoir personnel. Le sénatusconsulte du 16 therm. an X institua le consulat à vie, le sénatusconsulte du 28 flor. au XII établit l'empire héréditaire, le sénatusconsulte du 19 août 1807 supprima le Tribunat. Enfin le sénatusconsulte du 12 oct. 1807 abrogea l'art. 68 de la Constitution de l'an VIII en supprimant l'inamovibilité de la magistrature, et en réservant seulement à l'empereur le droit de conférer des lettres d'institution à vie aux magistrats après cinq ans d'exercice.

146. — La Charte du 4 juin 1814 reconnaît certains droits publics, et contient à ce sujet une courte déclaration. Remarquons qu'elle ne parle pas de droits inaliénables, imprescriptibles, supérieurs à la loi; tout au contraire, ces droits sont l'effet de la charte et en conséquence peuvent être modifiés comme elle.

147. — La religion catholique, apostolique et romaine est déclarée religion de l'État.

148. — La Charte confie le pouvoir exécutif au roi, qui est irresponsable. Celui-ci peut rendre des ordonnances pour la sûreté de l'État.

149. — Outre les attributions exécutives, le roi participe au pouvoir législatif de deux façons : il a seul le droit de proposer la loi ; une fois la loi votée par le pouvoir législatif, le roi peut encore se refuser à la sanctionner.

150. — Le pouvoir législatif est confié à deux Chambres : la Chambre des pairs et la Chambre des députés des départements (art. 15).

151. — La Chambre des pairs, imitation de la Chambre des lords anglais, est composée de membres nommés par le roi en nombre illimité, à titre viager ou héréditaire selon sa volonté, et de membres de droit qui sont les membres de la famille royale et les princes du sang.

152. — La Chambre des députés des départements est composée de membres élus au suffrage censitaire, pour cinq ans, et renouvelés chaque année par cinquième. — Pour les détails, V. *infra*, v° *Elections*. — La Chambre des députés peut être dissoute par le roi.

153. — Les attributions communes aux deux Chambres consistent à voter la loi proposée par le gouvernement. Elles n'ont pas le droit d'initiative ; mais elles peuvent, d'un commun accord, supplier le roi de proposer telle ou telle loi, et en indiquer le contenu désirable. Aucun amendement ne peut y être apporté s'il n'a été proposé ou consenti par le roi.

154. — La Chambre des pairs juge les crimes de haute trahison et les attentats à la sûreté de l'Etat. Elle est alors érigée en Cour de justice.

155. — La Chambre des députés jouit, de son côté, d'attributions spéciales : 1° en principe, le roi propose la loi à l'une ou à l'autre Chambre à son choix ; mais il en est autrement des lois d'impôts ; elles doivent être portées en premier lieu à la Chambre des députés et votées par elle, avant d'être portées à la Chambre des pairs. Ce système, inspiré par l'Angleterre, s'explique par cette double idée, d'une part, que l'impôt ne peut être voté que par ceux qui le supportent, et, d'autre part, que la Chambre des députés représente seule les contribuables, tandis que la Chambre des pairs est nommée par le roi ; 2° la Chambre des députés a le droit de mettre les ministres en accusation devant la Chambre des pairs pour trahison ou concussion.

156. — Les ministres peuvent faire partie de l'une ou de l'autre Chambre. Ils ont droit d'entrer dans les Chambres et d'y prendre la parole. Outre la responsabilité pénale à laquelle ils sont soumis, ils encourent aussi une responsabilité politique devant les Chambres. C'est l'introduction chez nous du régime parlementaire emprunté à l'Angleterre. Toutefois, sous la Restauration, le régime parlementaire est très-peu développé, parce que les procédés qui mettent en jeu la responsabilité politique des ministres sont très-restreints. Ils consistent principalement dans l'Adresse votée en réponse au Discours du trône. La plus célèbre est l'Adresse des 221, présentée au roi Charles X en 1830, et qui fut le prélude de la Révolution de 1830.

157. — Enfin, la Charte de 1814, en traitant « de l'ordre judiciaire », consacre le principe de la juridiction déléguée en adoptant l'ancienne maxime « toute justice émane du roi » (art. 57). Toutefois l'inamovibilité des juges est conservée.

158. — Louis XVIII, tout en répudiant certains principes de 1789 en se présentant comme roi par la grâce de Dieu, et en écartant l'idée de souveraineté nationale, et en faisant à ses sujets « octroi » d'une Charte constitutionnelle, faisait cependant quelques concessions aux idées nouvelles et consacrait quelques-uns des principes de 1789. En tout cas, comparée à la Constitution impériale, la nouvelle pouvait paraître libérale.

159. — A son retour de l'île d'Elbe, Napoléon se vit dans la nécessité de faire une Loi constitutionnelle analogue à la Charte. Voulant « accroître la prospérité de la France par l'affermissement de la liberté publique », il instituait un régime représentatif et presque libéral ; de là, l'acte additionnel du 22 avr. 1815, œuvre de Benjamin Constant. Cet acte additionnel qui, en réalité, ne faisait guère que copier la Charte de 1814, n'eut qu'une existence éphémère et fut remplacée par celle-ci au retour de Louis XVIII.

160. — Sous l'empire de la *Charte revisée du 31 juill. 1830*, le roi conserve l'initiative et la sanction des lois ; mais l'initiative n'est plus pour lui un droit exclusif ; elle appartient aussi aux deux Chambres qui ont également le droit d'amendement. Le roi a encore le droit de faire des règlements, mais il ne peut les faire qu'en vue de l'exécution des lois, sans pouvoir jamais suspendre les lois elles-mêmes ni dispenser de leur exécution. Les mots « pour la sûreté de l'Etat », qui figuraient dans la charte de 1814, étaient supprimés.

161. — La Chambre des pairs est composée de pairs nommés par le roi en nombre illimité, et toujours à titre viager. L'hérédité de la pairie fut supprimée par la loi du 29 déc. 1831.

162. — La Chambre des députés reste une chambre élective ; mais le sens électoral, quoique maintenu, est abaissé.

163. — La Charte ne limite pas les cas de responsabilité criminelle des ministres.

164. — La religion catholique n'est plus la religion de l'Etat, mais seulement celle de « la majorité des Français. »

165. — Le préambule de la Charte de 1814 avait été supprimé comme octroyant aux Français des droits qui leur appartenaient essentiellement ; le pouvoir royal fut renfermé dans de plus étroites limites. La monarchie de Juillet soumit la presse au droit commun et admit le droit d'interpellation, procédé beaucoup plus énergique que l'Adresse pour mettre en jeu la responsabilité politique des ministres. Diverses lois complétèrent la Charte de 1830.

166. — La Constitution du 4 nov. 1848 commence par indiquer les tendances et les principes du nouveau gouvernement. Les devoirs des citoyens envers l'Etat et ceux de l'Etat envers les citoyens sont réciproques. L'Etat prend l'engagement de favoriser l'instruction, de procurer du travail, de fournir l'assistance aux enfants abandonnés et aux vieillards sans ressources. La Constitution proclame la liberté individuelle, la liberté de l'enseignement, la liberté du travail, de la presse, d'association, de conscience, l'inviolabilité de domicile et de la propriété.

167. — Le pouvoir législatif est exercé par une seule assemblée de 750 membres élus au suffrage universel et direct de tous les citoyens français capables et âgés de vingt et un ans ; c'était là une importante innovation. Chaque député, représentant la nation entière, le mandat impératif est nul. L'Assemblée législative est élue pour trois ans ; elle est renouvelable intégralement et ses membres sont indéfiniment rééligibles. Elle est permanente. L'initiative des lois lui appartient, ainsi qu'à chacun de ses membres.

168. — Le pouvoir exécutif est confié à un Président de la République élu pour quatre ans au suffrage universel et direct. Il n'est rééligible que quatre ans après sa sortie de la présidence. Le président doit être âgé de trente ans et avoir toujours été français. Un vice-président est nommé par l'Assemblée et choisi entre trois candidats désignés par le Président en dehors de sa famille.

169. — Le Président de la République a l'initiative et l'exécution des lois, la disposition, mais non le commandement, de la force armée ; il a le droit de grâce. Il ne peut dissoudre l'Assemblée législative, ni suspendre la Constitution, à laquelle il doit prêter serment. Il nomme et révoque les agents de l'administration et les ministres. Le Président de la République et les agents du pouvoir exécutif sont responsables des actes du gouvernement et de l'administration.

170. — Une Haute-Cour de justice est instituée pour juger les délits commis par le Président de la République et les ministres ainsi que les attentats contre la sûreté de l'Etat.

171. — Un Conseil d'Etat, dont les membres étaient nommés et révoqués par l'Assemblée législative, avait pour mission de remédier dans une certaine mesure à l'absence d'une seconde Chambre en préparant les projets de loi, et en surveillant les agissements du Président de la République et des fonctionnaires. — V. *suprà*, v° *Conseil d'Etat*.

172. — La révision ne pouvait avoir lieu que lorsqu'un vœu en sa faveur avait été émis par l'Assemblée législative après trois délibérations consécutives prises chacune à un mois d'intervalle et aux trois quarts des suffrages exprimés. La révision était opérée par une Assemblée nationale de révision nommée seulement pour trois mois. Les pouvoirs étaient, en principe, limités à l'objet de la révision pour lequel elle avait été convoquée ; toutefois, en cas d'urgence, elle pouvait prendre les mesures législatives nécessaires.

173. — A notre avis, on ne saurait dire que la Constitution de 1848 fût parlementaire. D'un côté, il est vrai, elle disposait que les ministres avaient toujours accès à l'Assemblée pour présenter des projets de loi au nom du gouvernement. Mais, d'un autre côté, la loi du 15 mars 1849 avait établi l'incompatibilité des fonctions de ministre avec celles de représentant du peuple ; en outre, il n'était rien dit de la responsabilité politique des ministres, et même l'art. 68 de la Constitution mettait sur la même ligne la responsabilité des ministres et celle du Président qui était simplement pénale.

174. — Cependant, dans sa séance du 18 janv. 1851, l'Assemblée se prononça dans le sens de la responsabilité politique. Mais le Président se refusa à reconnaître d'une façon générale et absolue ce principe politique, et ce fut là l'une des causes qui contribuèrent à précipiter le coup d'Etat du 2 déc. 1851. Le Président de la République enfin n'avait pas le droit de dissolution à l'égard de l'Assemblée, ce qui est un rouage essentiel du régime parlementaire.

175. — La Constitution du 14 janv. 1852 contient d'abord un préambule dont l'objet essentiel est d'établir les principes fondamentaux du nouveau gouvernement. Le plus caractéristique de ces principes est que les ministres sont déclarés responsables uniquement devant le Président de la République, celui-ci étant du reste responsable devant le peuple, auquel il a toujours le droit d'appeler par voie de plébiscite : c'est donc le rejet du régime parlementaire.

176. — La Constitution de 1852 se rapproche beaucoup de celle de l'an VIII ; on y retrouve la plupart des mêmes institutions, quoique quelques-unes sous des noms différents : un Sénat, « gardien du pacte fondamental et des libertés publiques », un Corps législatif, un Président de la République assisté d'un Conseil d'Etat.

177. — Le Sénat comprend au minimum 80 membres et au maximum 150. Il se compose de deux éléments distincts : d'une part, des sénateurs qui font partie de plein droit du Sénat, en raison de leurs fonctions et de leurs titres, tels que cardinaux, maréchaux, amiraux, et, d'autre part, des sénateurs nommés par le Président. Les sénateurs sont nommés à vie.

178. — Les attributions du Sénat sont de deux sortes : d'une part, il est le gardien de la Constitution. A ce titre, il peut s'opposer à la promulgation des lois contraires à la Constitution ; il annule les actes qui lui sont dénoncés comme inconstitutionnels soit par une pétition soit par une pétition ; enfin, il rend des sénatusconsultes en vue d'interpréter et de modifier la Constitution ; d'autre part, lorsque le Corps législatif est dissous par le Président, c'est le Sénat qui, sur la proposition du gouvernement, pourvoit à l'expédition des affaires urgentes.

179. — Le Corps législatif se compose de députés nommés au suffrage universel et direct. La session ordinaire dure trois mois.

180. — Le Corps législatif n'a pas l'initiative de la loi, mais seulement le droit de discussion et de vote ; encore le premier subit-il une restriction, car, les amendements qui sont proposés par le Corps législatif ne peuvent être discutés qu'après avoir été admis au préalable par le Conseil d'Etat.

181. — Le Président de la République est nommé pour dix ans ; il peut recommander au peuple un candidat à sa succession. Les corps constitués lui jurent fidélité.

182. — Le Président commande l'armée, déclare la guerre, signe les traités, nomme aux différentes fonctions publiques ; il a seul l'initiative de la loi, et jouit du droit de la sanctionner. Il rend les décrets et règlements relatifs à l'exécution des lois. Enfin, il a le droit de dissoudre le Corps législatif, à la condition de convoquer le nouveau dans un délai de six mois. Le mode de nomination du Président admis par la Constitution de 1848 est conservé.

183. — Le Président est assisté par les ministres et par le Conseil d'Etat ; il nomme et révoque les ministres qui ne sont pas solidaires et ne dépendent que du chef d'Etat. Les qualités de ministre et de député sont incompatibles.

184. — Le Conseil d'Etat est présidé par le Président de la République, qui nomme les conseillers d'Etat ; les ministres en font partie et y ont voix délibérative. Le Conseil d'Etat est chargé de statuer sur le contentieux administratif, et en outre de préparer les projets de loi et les règlements d'administration publique. Le chef de l'Etat a le droit de désigner des conseillers d'Etat pour défendre en son nom les projets de loi devant le Corps législatif.

185. — Une Haute-Cour juge, sur l'accusation du Président de la République, les attentats contre la sûreté de l'Etat et contre la personne du Président. — V. le sénatusconsulte du 10 juill. 1852.

186. — Contenant virtuellement l'empire, la Constitution de 1852, comme celle de l'an VIII, put, au moyen de sénatusconsultes, rétablir le régime impérial sans modification essentielle.

187. — Les principaux sénatusconsultes qui modifièrent la Constitution de 1852 sont : 1° le sénatusconsulte du 7 nov. 1852 rétablissant l'Empire héréditaire ; 2° le sénatusconsulte du 25 déc. 1852, qui augmenta les attributions de l'Empereur ; 3° le sénatusconsulte du 27 mai 1857, qui modifia l'art. 33 de la Constitution ; 4° le sénatusconsulte du 17 févr. 1858, qui imposa à tout candidat à la députation un serment de fidélité à la Constitution impériale ; 5° le sénatusconsulte du 4 juin 1858, qui étendit la compétence de la Haute-Cour.

188. — Après une période autoritaire, le second Empire devait, à partir de 1860, entrer dans une période libérale ; la Constitution de 1852 reçut alors des modifications successives de plus en plus importantes en vue de transformer l'Empire de monarchie absolue en monarchie constitutionnelle.

189. — Parmi les sénatusconsultes qui modifièrent en ce sens la Constitution de 1852 nous citerons : 1° le décret du 24 nov. 1860, qui autorise les Chambres à voter chaque année une adresse en réponse au discours de l'Empereur ; 2° le sénatusconsulte du 18 juill. 1866, qui vient abroger la restriction à trois mois de la durée de la session législative et élargir un peu le droit d'amendement au profit du Corps législatif ; 3° le décret du 19 janv. 1867, qui supprime l'adresse pour lui substituer le droit d'interpellation ; 4° le sénatusconsulte du 14 mars 1867, qui confère au Sénat une attribution législative en lui donnant le droit de demander au Corps législatif une nouvelle délibération de la loi ; 5° le sénatusconsulte du 8 sept. 1869 confère l'initiative de la loi au Corps législatif ; il décide que les ministres désormais peuvent être sénateurs ou députés ; ils ont le droit d'entrer dans les Chambres et d'y prendre la parole.

190. — Le sénatusconsulte du 21 mai 1870 confirma les réformes précédentes et acheva l'évolution en transformant entièrement la Constitution de 1852. Le pouvoir constituant fut enlevé au Sénat et reporté à la nation ; le Sénat devenait une seconde Chambre législative, ce qui est un des caractères du parlementarisme. Toutefois, on n'adoptait pas entièrement le régime parlementaire ; l'Empereur, en effet, était seul responsable devant le peuple, auquel il pouvait toujours faire appel ; en un mot, il gouvernait, et ses ministres étaient responsables devant lui.

191. — La première loi relative à l'organisation des pouvoirs publics qui fut rendue par l'Assemblée nationale (1871 à 1876) est la loi du 17 févr. 1871 ; elle déclare M. Thiers chef du pouvoir exécutif ; il devait exercer ses fonctions sous l'autorité de l'Assemblée avec le concours des ministres qu'il choisirait. Les questions relatives à la forme du gouvernement furent momentanément écartées ; c'est la trêve des partis ou le pacte de Bordeaux.

192. — Une seconde loi fut votée le 31 août 1871 ; elle est appelée Constitution Rivet du nom du député qui la proposa. Cette loi donne à M. Thiers le titre de président de la République, mais seulement à titre provisoire ; elle décide qu'il est responsable devant l'Assemblée, devant laquelle il peut prendre la parole ; enfin elle édicte la responsabilité individuelle et collective des ministres devant l'Assemblée.

193. — Une troisième loi fut rendue le 13 mars 1873 ; ce fut la loi constitutionnelle provisoire. Elle pose en principe que le président ne peut être entendu de l'Assemblée que par un message lu par un ministre, mais elle admet des exceptions à cette règle ; elle accorde au président le droit de demander à l'Assemblée une nouvelle délibération de la loi urgente ; enfin elle vise les délais de promulgation de la loi.

194. — Un acte de l'Assemblée, en date du 24 mai 1873, nomma le maréchal de Mac-Mahon président de la République en remplacement de M. Thiers qui avait donné sa démission ; et une loi du 20 nov. 1873, dite loi du Septennat, proroga ses pouvoirs pour sept ans. Sur le caractère exact de cette loi, s'élevèrent du reste des controverses, dont la principale a trait au Septennat personnel ou impersonnel.

CHAPITRE II.

LES LOIS CONSTITUTIONNELLES DE 1875.

195. — La discussion des lois constitutionnelles, qui avait été retardée par des difficultés multiples, notamment quant au pouvoir constituant de l'Assemblée, fut enfin abordée au mois de janvier 1875. La confection de notre constitution fut laborieuse ; elle est le résultat des transactions entre les républicains et les monarchistes de l'Assemblée nationale. Le principe de la République ne fut consacré qu'à une voix de majorité et seulement d'une façon implicite par la réglementation de l'élection du président de la République.

196. — Les lois constitutionnelles actuellement en vigueur sont : 1° la loi des 25-28 févr. 1875, sur l'organisation des pouvoirs publics ; 2° la loi des 24-28 févr. 1875, sur l'organisation du Sénat ; 3° la loi du 16 juill. 1875, sur les rapports des pouvoirs publics. Ces trois lois fondamentales ont d'ailleurs reçu certaines modifications par suite des lois de révision du 21 juin 1879 et du 14 août 1884.

Section I.
Révision.

197. — La Constitution de 1875 a prévu, dans l'art. 8, sa révision totale. Cette révision n'est pas subordonnée à l'écoulement de certains délais ou à l'augmentation du nombre des voix de l'Assemblée ; c'est ce qui la différencie de la révision prévue par certaines de nos constitutions et les rapproche en même temps du système anglais où le Parlement en fonctions a tout pouvoir pour opérer les modifications constitutionnelles.

198. — « Les Chambres auront le droit, par délibérations séparées prises dans chacune à la majorité absolue des voix, soit spontanément soit sur la demande du Président de la République, de déclarer qu'il y a lieu de réviser les lois constitutionnelles ». L'initiative de la révision appartient donc au Président et aux deux Chambres.

199. — On a soutenu que par l'expression « délibérations séparées », l'art. 8 avait établi une différence entre les projets de loi et ceux de révision, ceux-ci devant être déposés *simultanément*, et non pas *successivement*, devant les deux Chambres. Nous ne pensons pas qu'il faille ainsi entendre les termes de l'art. 8 ; ceux-ci s'expliquent par l'antithèse qu'a voulu marquer le législateur entre les deux premiers paragraphes de notre article : d'après le paragraphe premier, le projet de révision est l'œuvre distincte de chacune des deux Chambres, tandis que, d'après le second paragraphe, la révision elle-même est leur œuvre commune.

200. — Si le gouvernement ne saisit qu'une des Chambres il peut, à son choix, porter son projet devant la Chambre des députés ou le Sénat ; il n'y a pas lieu de déroger ici au droit commun, malgré les affirmations de quelques publicistes qui veulent accorder la priorité du projet, les uns à la Chambre, les autres au Sénat.

201. — S'il s'agit d'une proposition de révision, il ne faut pas dire que, l'expression « délibérations séparées », on a voulu que chaque Chambre fût saisie par un de ses membres et que la transmission du projet de résolution vers l'autre n'eût que la valeur d'un avis officieux ; l'argument tiré du mot « spontanément » de l'art. 8, § 1 ne nous semble pas corroborer d'une façon évidente l'interprétation mentionnée. Le texte reconnaît simplement l'initiative de chacune des Chambres. Quoiqu'on en dise, la transmission officielle d'une Chambre de la proposition de révision n'enlève pas plus la liberté de l'autre Chambre que la transmission officieuse. Toutefois la pratique des Chambres est contraire. — V. Moreau, *Précis de droit constitutionnel*, 1894, n. 159 à 162.

202. — Les projets et propositions de révision doivent être pris à la majorité absolue des voix, autrement dit par la moitié plus un des membres de la Chambre (art. 8, § 3). Le règlement les dispense des deux lectures.

203. — Il ne peut y avoir révision que si les deux Chambres adoptent des résolutions identiques quant à leur dispositif et à leurs considérants.

204. — La révision est opérée par l'Assemblée nationale, qui est formée par la réunion du Sénat et de la Chambre des députés ; celle-ci, plus nombreuse que le Sénat, a donc, en pareille matière, une influence prépondérante, ce qui, d'ailleurs, est l'objet d'assez vives critiques.

205. — On a attaqué ce mode de révision en disant que les Chambres, élues pour exercer le pouvoir législatif, n'avaient aucun titre pour exercer le pouvoir constituant ; il faudrait donc toujours procéder à l'élection d'une Constituante. Nous ne saurions nous ranger à cet avis, car les électeurs n'ignorent pas que, d'après la Constitution même, les députés peuvent être appelés à réviser la Constitution, et, en conséquence, ils leur donnent, en les nommant, une délégation implicite à cet effet.

206. — Sur l'organisation et le fonctionnement de l'Assemblée nationale, V. *supra*, v° *Assemblée nationale*.

207. — Les votes doivent être pris à la majorité absolue ; que faut-il entendre exactement par là ? Est-ce la majorité absolue, c'est-à-dire la moitié plus un des membres présents et votants à l'Assemblée nationale, ou bien la majorité absolue du nombre des sièges non vacants soit par décès, soit par démission, ou bien enfin la majorité absolue du nombre de tous les sièges, même vacants ? Cette question a reçu dans la pratique, le nom de question du *quorum*. De ces trois opinions, la première n'a jamais été soutenue, et, en effet, elle ne pouvait pas l'être ; l'art. 8, n'aurait pas pris la peine de formuler la règle qu'il édicte s'il s'était borné à consacrer le droit commun ; au contraire, la discussion s'est produite entre les deux autres opinions lors des révisions opérées en 1879 et en 1884 ; en pratique, c'est la troisième solution qui a triomphé, et à juste titre : car il est nécessaire que, pour le vote des lois constitutionnelles, la volonté du pays soit représentée par la moitié plus un de tous les sièges, ce qui est vraiment la majorité absolue. — V. *supra*, v° *Assemblée générale*, n. 24.

208. — La révision de la Constitution peut être totale ou partielle. On a soutenu et fait triompher, en 1884, l'idée que les articles soumis à la révision devaient toujours être énumérés. Nous croyons qu'il est plus juridique de permettre aussi l'emploi de la formule « il y a lieu de réviser les lois constitutionnelles ». L'art. 8, § 3, L. 25 févr. 1875, permet la révision totale ou partie » des lois constitutionnelles, et on ne voit pas pourquoi il serait nécessaire d'énumérer tous les articles de la Constitution dont la révision est demandée. Au point de vue juridique, c'est un argument sans valeur de dire que le Sénat, dont la nécessité est depuis longtemps mise en doute par certains publicistes politiques, n'accepterait jamais une révision illimitée d'où pourrait sortir sa suppression. — Moreau, *op. cit.*, n. 167.

209. — Si la révision a été provoquée à la suite d'une résolution des deux Chambres la limitant à certains articles, on s'est demandé si l'Assemblée nationale ne pouvait examiner que ces articles sans avoir le droit de mettre en question toutes les lois constitutionnelles.

210. — D'après la doctrine de la révision illimitée vers laquelle nous sommes tentés d'incliner, l'Assemblée nationale une fois réunie est essentiellement souveraine. En admettant la théorie de la limitation, le résultat est qu'en réalité les deux Chambres ont par avance interprété la Constitution ; or, l'interprétation de la Constitution est de la compétence de l'Assemblée nationale seule, ce qui aboutit à reconnaître à celle-ci des pouvoirs sans limites. En outre, il serait singulier que les pouvoirs constitués pussent limiter les droits du pouvoir constituant. On peut ajouter qu'il serait difficile de trouver une sanction efficace à la règle de la limitation.

211. — Toutefois, la doctrine de la révision limitée a été adoptée par presque tous les auteurs, et a prévalu en pratique en 1879 et en 1884 (V. *supra*, v° *Assemblée nationale*, n. 26) ; les pouvoirs de l'Assemblée nationale sont, d'après elle, limités par les déclarations séparées et conformes que les deux Chambres ont prises au préalable en décidant qu'il y avait lieu à révision ; la nécessité de l'accord sur un même texte ne se concevrait pas, dit-on, si l'Assemblée pouvait remettre toutes les lois constitutionnelles en question. Puisque l'Assemblée nationale, continue-t-on, n'existe que par la volonté préalable et conforme des Chambres, et que celles-ci pourraient s'opposer complètement à son existence, à plus forte raison peuvent-elles mettre à cette existence telles restrictions et conditions qu'elles jugent à propos. Enfin, on se réclame des travaux préparatoires, de l'esprit de la loi et de la tradition constitutionnelle ; les Constitutions de 1791, de l'an III et de 1848 disposaient, en effet, que les propositions de révision devaient se restreindre aux objets désignés par les législatures. Quoi qu'il en soit sur cette question, il est curieux de remarquer que les partisans de la révision limitée ont eux-mêmes voté un amendement non porté sur le programme des Chambres, à savoir que les membres des familles ayant régné sur la France seraient inéligibles à la présidence de la République ; ce qui revient à dire qu'il n'y a là aucune doctrine constitutionnelle bien aussi, mais que la solution dépend plutôt des dispositions de la majorité sur la réforme proposée.

212. — La loi de révision du 14 août 1884 a voulu fixer une limite constitutionnelle aux pouvoirs de l'Assemblée nationale, en déclarant, dans son art. 2, que « la forme républicaine du gouvernement ne peut faire l'objet d'une proposition de révision ». Cette décision, qui ne se comprend point pour les partisans de la révision illimitée, n'est, en somme, qu'une nouvelle manifestation de la foi politique de ceux qui l'ont votée. Il est à peine besoin de faire remarquer qu'elle serait sans force devant une Assemblée nationale où siégerait, par hypothèse, une majorité hostile à cette forme de gouvernement. Toutes les dispositions constitutionnelles qui se sont succédé depuis un siècle, sauf celles de 1871 et de 1873, ont eu, dans la pensée de leurs auteurs, un caractère définitif et irrévocable. Les événements politiques ont démontré l'inanité de semblables précautions. L'art. 2, L. 14 août 1884, inutile s'il a pour objet de lier une majorité républicaine, serait évidemment tenu comme non avenu dans le cas contraire.

213. — Certains défenseurs de la révision illimitée sont allés jusqu'à soutenir que, par le fait de la révision, toute la Constitution étant remise en question, les pouvoirs constitués se trouvaient suspendus. Nous croyons cette idée inexacte, car il est impossible de dire qu'un texte n'est plus en vigueur quand on a résolu de le modifier. En conséquence, les pouvoirs constitués restent en exercice avec leurs attributions ; chaque Chambre peut donc se réunir entre les séances de l'Assemblée nationale ; le Président de la République conserve aussi le droit de dissoudre la Chambre des députés ou d'ajourner les Chambres, ce qui lui permet d'agir indirectement sur l'Assemblée nationale. — Moreau, *op. cit.*, n. 171 et 172.

214. — Le Président de la République ne peut exiger une nouvelle délibération de l'Assemblée nationale, puisqu'il ne s'agit pas à proprement parler de *lois*.

215. — Aucun délai n'est fixé pour la promulgation de la loi de révision ; on ne pourra donc, à cet égard, que mettre en jeu la responsabilité parlementaire.

216. — Deux nombreuses propositions de révision, deux seulement ont abouti dans les lois des 21 juin 1879 et 14 août 1884. Celle-ci a déconstitutionnalisé les art. 1 à 7, L. 25 févr. 1875 ; à ce propos, on peut se demander si l'Assemblée nationale n'a pas excédé ses pouvoirs en conservant aux art. 1 à 7 le caractère législatif. En effet, d'après l'art. 1, § 1, L. const. 25 févr. 1875, les lois ordinaires sont votées par les deux Chambres séparément, et non pas par une assemblée unique, telle que l'assemblée de révision. D'un autre côté, nous n'avons, à l'heure actuelle, aucun texte analogue à l'art. 111 de la Constitution de 1848, qui donnait à l'assemblée de révision le pouvoir de voter les lois urgentes. Enfin, la solution contraire ne présente aucun inconvénient pratique puisque, malgré leur réunion en Assemblée nationale, les deux Chambres conservent cependant leur individualité, et qu'elles n'ont qu'à se séparer pour recouvrer la possibilité d'exercer, dans l'intervalle des séances du congrès, le pouvoir législatif ordinaire.

SECTION II.
Le Parlement.

217. — La loi constitutionnelle du 25 févr. 1875, dans son art. 1, s'est arrêtée au système de la dualité des Chambres ; comme la question reste toujours débattue, nous croyons devoir exposer brièvement les arguments que l'on invoque de part et d'autre.

218. — Dans les États fédératifs, la nécessité d'une Chambre haute s'impose ; c'est un moyen de contrebalancer, par une égale représentation de chaque État, l'inégalité qui existe dans la Chambre basse entre les divers États par suite du principe de la proportionnalité de la représentation à la population. De même, dans les pays aristocratiques, l'existence d'une caste privilégiée nécessite une représentation particulière.

219. — Dans un pays unitaire et démocratique, la question se présente dégagée de tout élément étranger ; elle a été diversement résolue par nos constitutions, mais il serait téméraire de la décider par les résultats donnés selon le système adopté, car ceux-ci ont souvent dépendu des circonstances et pourront varier dans l'avenir par la seule transformation des mœurs politiques.

220. — En faveur du système d'une Chambre unique, on invoque cette considération que, la nation étant une, sa représentation doit avoir le même caractère. Une Chambre haute ne se comprend que si elle est composée d'autres éléments que la Chambre basse ; mais alors on met en échec le principe d'égalité sur lequel repose la représentation issue du suffrage universel pour le remplacer par un principe impossible à réaliser avec justice dans la pratique, puisqu'il vise à établir un équilibre entre le nombre et les conditions sociales, et nécessite, entre les individus, des distinctions qu'on avait cru devoir rejeter.

221. — On ajoute que le système de la dualité des Chambres aboutit, par sa complication, à des lenteurs très-insuffisamment justifiées par la mûre réflexion qu'exige la confection des lois, et que ces lenteurs deviennent surtout préjudiciables aux époques de crise intérieure ou de guerre avec l'étranger.

222. — Les partisans de la dualité des Chambres répondent qu'un Sénat, si son mode de renouvellement est intelligemment organisé, permet à de hautes personnalités de prendre part aux affaires de l'État, alors qu'elles en auraient été écartées par la perspective de s'exposer inutilement aux luttes populaires. De plus, si l'on donne aux fonctions des sénateurs ou des pairs une longue durée on assure, dit-on, l'esprit de suite qui est indispensable dans les affaires gouvernementales.

223. — On peut ajouter qu'on trouve un élément pondérateur utile dans une assemblée moins actionnée, si l'on a soin de la former de membres peu nombreux et en modifiant le mode de recrutement et les conditions d'âge exigées pour l'éligibilité, de la composer d'hommes susceptibles de résister aux impressions violentes et étrangers aux rivalités locales.

224. — En un mot, avec l'existence de deux Chambres qui limitent réciproquement leur pouvoir, on peut espérer qu'un esprit de transaction et de modération présidera aux affaires publiques, tandis qu'une seule assemblée, ne trouvant nulle part de contrepoids, menace de devenir tyranniquement omnipotente.

225. — Enfin, on prévient les surprises qui peuvent être à redouter dans certaines circonstances, et, mieux que par la multiplicité des lectures, on assure aux lois une mûre élaboration.

226. — Quoi qu'il en soit de cette controverse, la Constitution de 1875 attribue le pouvoir législatif à deux assemblées, la Chambre des députés et le Sénat.

227. — Le principe de la nomination de la Chambre par le suffrage universel est constitutionnel (L. 25 févr. 1875, art. 1, § 2), mais c'est une loi organique qui règle le mode d'élection des députés (L. 30 nov. 1875, successivement modifiée par les lois des 16 juin 1885 et 13 févr. 1889) qui la met en œuvre. Le mode de nomination du Sénat était réglé par la loi constitutionnelle du 24 févr. 1875, mais la loi de révision du 14 août 1884 l'a déconstitutionnalisée. Mentionnons enfin les art. 10 et 11, L. const. 24 févr. 1875, articles transitoires visant, le premier, la date des élections du Sénat de 1876, le second, la date de promulgation de cette loi. — V. *supra*, v° *Chambre des députés*, et *infra*, v⁹ *Députés*, *Élections*, *Sénat*.

228. — Chacune des Chambres est juge de l'éligibilité de ses membres et de la régularité de leur élection (L. 16 juill. 1875, art. 10). — Sur la question de savoir s'il n'y a pas dans cette décision un empiétement du pouvoir législatif sur l'autorité judiciaire, V. *infra*, v° *Élections*. — La Chambre peut seule recevoir la démission des députés (Même art.).

229. — Le Sénat et la Chambre des députés se réunissent chaque année le second mardi de janvier, à moins d'une convocation antérieure faite par le Président de la République. La loi du 14 août 1884 a abrogé un alinéa disant : « Le dimanche qui suivra la rentrée, des prières publiques seront adressées à Dieu dans les églises et dans les temples pour appeler son secours sur les travaux des Assemblées » (V. *supra*, v° *Chambre des députés*, n. 139 et s.). Le Président de la République prononce la clôture de la session (L. 16 juill. 1875, art. 2).

230. — Par crainte des émeutes du peuple de Paris, la loi du 25 févr. 1875, art. 9, avait décidé : « *Le siège du pouvoir exécutif et des deux Chambres est à Versailles* ». La loi de révision du 21 juin 1879 a abrogé ce texte. La loi du 22 juill. 1879 a affecté le palais du Luxembourg au service du Sénat, et le palais Bourbon à celui de la Chambre des députés. — V. *supra*, v° *Chambre des députés*, n. 14, et *infra*, v° *Sénat*.

231. — Le bureau de chacune des deux Chambres est élu chaque année pour la durée de la session et pour toute session extraordinaire qui aurait lieu avant la session ordinaire de l'année suivante (L. 16 juill. 1875, art. 11). — V. suprà, v° *Chambre des députés*, n. 118 et s., et *infrà*, v° *Sénat*.

232. — « Les séances du Sénat et celles de la Chambre des députés sont publiques » (L. 16 juill. 1875, art. 5). On doit reconnaître que la publicité des séances, telle qu'elle est organisée aujourd'hui, est très-restreinte; toutes les places sont en effet réservées au public muni de cartes. La présence de la presse constitue la seule publicité efficace. — V. suprà, v° *Chambre des députés*, n. 154, et *infrà*, v° *Sénat*.

233. — Néanmoins, chaque Chambre peut se former en comité secret, sur la demande d'un certain nombre de ses membres, fixé par le règlement. Elle décide ensuite, à la majorité absolue, si la séance doit être reprise en public sur le même sujet.

234. — « Les deux Chambres doivent être réunies en session cinq mois au moins chaque année » (L. 16 juill. 1875, art. 1, § 2). Notre Constitution s'est donc rangée au système de la non permanence; à ce sujet, elle en encourt les reproches de quelques publicistes qui voudraient que l'activité législative s'exerçât sans interruption, des réformes étant toujours nécessaires, et qui, de plus, voient un danger dans le fait de laisser plusieurs mois le gouvernement hors du contrôle effectif des Chambres. On répond généralement à ces deux objections en disant qu'un parlement permanent menace de devenir un parlement désœuvré et par là même enclin à envahir tous les domaines et à entraver, par une incessante et souvent inopportune intervention, la marche des affaires publiques. En fait, les Chambres ne chôment, depuis longtemps déjà, que pendant le temps réservé aux vacances, le vote de la loi des finances, qui est la principale de leurs attributions ayant pu avoir lieu dans le cours des sessions ordinaires.

235. — En dehors de la session ordinaire des Chambres il peut y avoir, en effet, des sessions extraordinaires dont la durée est laissée à l'appréciation du Président de la République. La convocation des Chambres pour la session extraordinaire est obligatoire pour le chef de l'État si la demande en est faite, dans l'intervalle des sessions, par la majorité absolue des membres composant chaque Chambre. Dans les autres cas, la convocation est facultative pour le Président (L. 16 juill. 1875, art. 2, § 1).

236. — Les Chambres doivent siéger simultanément. « La session de l'une commence et finit en même temps que celle de l'autre » (L. 16 juill. 1875, art. 1, § 2). « Toute assemblée de l'une des deux Chambres qui serait tenue hors du temps de la session commune est illicite et nulle de plein droit » (L. 16 juill. 1875, art. 4).

237. — Toutefois, le Sénat siégera seul : 1° si la Chambre des députés est dissoute au moment où la présidence de la République devient vacante (L. 16 juill. 1875, art. 3, § 4). Peut-être même devrait-on, en ce cas, accorder le pouvoir législatif au Sénat, au moins pour les affaires urgentes; cela expliquerait sa réunion de plein droit; 2° s'il est réuni comme cour de justice, mais alors « il ne peut exercer que des fonctions judiciaires » (L. 16 juill. 1875, art. 4).

238. — « Le Président peut ajourner les Chambres; toutefois l'ajournement ne peut excéder le terme d'un mois ni avoir lieu plus de deux fois dans la même session » (L. 16 juill. 1875, art. 2, § 2). On a critiqué le droit d'ajournement en faisant remarquer que le Président de la République, mandataire des Chambres, ne devrait pas pouvoir supprimer temporairement ses mandants. Mais il est d'abord très-douteux qu'il y ait dans l'élection du Président la délivrance d'un mandat; ensuite le droit d'ajournement semble utile en ce qu'il permet au chef de l'État d'imposer une trêve aux passions politiques.

239. — Les Chambres ajournées se réunissent de plein droit quand le Président de la République a proclamé l'état de siège, et cela dans les deux jours du décret (L. 4 avr. 1878, art. 2).

240. — La loi du 16 juill. 1875 pose, dans son art. 13, le principe de l'irresponsabilité politique. « Aucun membre de l'une ou de l'autre Chambre ne peut être poursuivi ni recherché à l'occasion des opinions ou votes émis par lui dans l'exercice de ses fonctions ». — V. suprà, v° *Chambre des députés*, n. 105 et 106, et *infrà*, v^{is} *Députés*, *Sénat*.

241. — L'inviolabilité parlementaire dérive de l'art. 14 de la même loi : « Aucun membre de l'une ou de l'autre Chambre ne peut, pendant la durée de la session, être poursuivi ou arrêté en matière criminelle ou correctionnelle qu'avec l'autorisation de la Chambre dont il fait partie, sauf le cas de flagrant délit. La détention ou la poursuite d'un membre de l'une ou de l'autre Chambre est suspendue pendant la session, et pour toute sa durée si la Chambre le requiert. — V. suprà, v° *Chambre des députés*, n. 107 et s., et *infrà*, v^{is} *Députés*, *Sénat*.

242. — Selon la conception qu'on se fait du rôle de la Chambre haute, on lui donnera des attributions plus ou moins différentes de celles de la Chambre basse. Le Sénat étant, de nos jours, considéré comme nécessaire au bon fonctionnement de la Constitution, il possède, en principe, les mêmes attributions que la Chambre des députés.

243. — L'égalité des droits entre les deux Chambres peut amener des conflits. S'il s'agit d'un état de siège prononcé provisoirement par le Président de la République et dont on demande la levée aux Chambres, le désaccord de celles-ci vaudra prononciation de la levée (L. 4 avr. 1878, art. 5). Dans les autres cas, la loi n'a pas réglé la solution du conflit. En pratique, chaque Chambre nomme une commission pour arrêter les bases d'un accord; en fait, le Sénat cède le plus souvent; enfin, on peut recourir comme moyen suprême à la dissolution de la Chambre des députés après avis conforme du Sénat. Ajoutons qu'on a proposé de faire délibérer les deux Chambres sous la présidence du chef de l'État ou de donner au Sénat un simple *veto* suspensif.

244. — Certaines Constitutions, pour empêcher le Parlement d'empiéter sur le pouvoir exécutif ou de déléguer tous ses pouvoirs, ont énuméré limitativement ses attributions; en n'adoptant pas ce système, les lois constitutionnelles de 1875 ont évité de nombreuses difficultés que la pratique n'aurait pas manqué de soulever. Les attributions du Parlement peuvent se classer en attributions constitutionnelles, telles que le vote de la révision et l'élection du Président de la République — parlementaires, telles que le droit d'interpellation et celui d'ordonner une enquête parlementaire — législatives, consistant dans le vote des lois, notamment de la loi annuelle du budget (V. suprà, v° *Budget*, et *infrà*, v° *Lois et décrets*) — internationales, en ce qui concerne les déclarations de guerre et certaines catégories de traités — administratives, comme dans les cas des art. 6, 119, 137, 142, 149, L. 5 avr. 1884, sur l'organisation municipale et de l'art. 3, L. 26 juin 1889, sur la nationalité. On peut en outre mentionner certaines attributions d'ordre intérieur; c'est ainsi que les Chambres vérifient les pouvoirs de leurs membres, reçoivent leur démission, élisent leur bureau, arrêtent leur règlement, etc.

245. — Le principe que le Sénat et la Chambre des députés ont les mêmes attributions reçoit quelques dérogations. Le Sénat et la Chambre ont chacun certaines attributions qui leur sont propres.

246. — Les attributions propres du Sénat sont : 1° donner ou refuser son assentiment à la dissolution de la Chambre des députés (L. 25 févr. 1875, art. 5); 2° juger le chef de l'État, les ministres, les personnes prévenues d'attentat commis contre la sûreté de l'État (L. 24 févr. 1875, art. 9; L. 16 juill. 1875, art. 12). S'il s'agit de juger le Président de la République ou les ministres, le Sénat est constitué en cour de justice de plein droit et nécessairement; s'il s'agit, au contraire, du jugement de simples particuliers, le Sénat n'est érigé en cour de justice que par un décret du Président de la République (V. suprà, v° *Attentats et complots contre la sûreté de l'État*), rendu en conseil des ministres. La loi constitutionnelle du 25 févr. 1875 (art. 4), donnait également au Sénat le droit de révoquer les conseillers d'État nommés avant 1875, mais cette attribution ne saurait plus être exercée, le Conseil d'État ayant été entièrement renouvelé.

247. — La Chambre a comme attributions propres : 1° de mettre en accusation le Président de la République et les ministres (L. 16 juill. 1875, art. 12). Il en est ainsi pour le Président au cas de crime de haute trahison (L. 25 févr. 1875, art. 6, § 2); pour les ministres au cas de crimes commis dans l'exercice de leurs fonctions. Le Sénat et la Chambre se partagent donc, en pareil cas, certaines attributions judiciaires; le Sénat a le jugement, la Chambre la mise en accusation.

248. — 2° Les lois de finances doivent être, en premier lieu, présentées à la Chambre des députés et votées par elle (L. 24 févr. 1875, art. 8). Cette disposition s'explique surtout historiquement : elle a été empruntée aux chartes de 1814 et de 1830; à cette époque, la Chambre des pairs n'émanant pas de l'élection, il était juste de réserver le vote de l'impôt, du moins en premier lieu, à la Chambre des représentants de la nation, en vertu du principe que nul ne doit subir l'impôt s'il n'a été au préalable consenti par lui-même ou par ses représentants. Le législateur constituant de 1875 a pensé aussi que la Chambre des députés, représentant plus directement la nation que le Sénat, il convenait de maintenir à son profit ce droit de priorité en matière de lois de finances. Mais cette raison, sans avoir complètement disparu, a pourtant perdu de sa valeur depuis la loi du 14 août 1884 qui a supprimé les sénateurs inamovibles.

249. — Quels sont exactement les droits du Sénat en cette matière? Deux points opposés sont certains : d'un côté, le Sénat n'a aucun droit d'initiative et la priorité du vote lui est refusée; d'un autre côté, le Sénat a le droit de rejeter en bloc et tout entier le projet de budget qui a été voté par la Chambre des députés.

250. — Le projet de budget ayant été voté par la Chambre des députés, le Sénat a-t-il le droit d'amendement? peut-il relever un crédit supprimé par la Chambre, ou diminuer un crédit voté par elle? Dans le sens de la négative, on argumente principalement de ce que le Sénat n'a pas l'initiative; dès lors, dit-on, si une dépense proposée par le gouvernement n'est pas votée par la Chambre, et si le Sénat a le droit de rétablir ce crédit, c'est du même coup lui accorder l'initiative. — V. Discours de Gambetta, *J. off.*, 1877. — Cette doctrine n'a pas prévalu en pratique, et presque tous les auteurs sont aussi d'accord pour la condamner : ce n'est pas, en effet, méconnaître le principe que le Sénat n'a pas l'initiative en cette matière que de lui donner le droit de rétablir un crédit supprimé par la Chambre; ce qui est soumis au vote du Sénat ce n'est pas seulement l'article rejeté, c'est le budget dans son ensemble; il peut donc l'amender, puisqu'aucun texte ne lui a enlevé ce droit. On se trouve ainsi replacé sous l'application du principe général posé par le § 1 de notre art. 8, d'après lequel le Sénat a, concurremment avec la Chambre des députés, la confection des lois. — V. Discours de M. Jules Simon, président du conseil, *J. off.*, 1877. — V. *suprà*, v° *Budget*, n. 135.

251. — Aux différences qui précèdent, on a voulu en ajouter une qui serait caractéristique et qui consisterait en ce que la responsabilité parlementaire des ministres ne pourrait pas être mise en jeu devant le Sénat. Cette opinion est en opposition manifeste avec le texte de la loi qui déclare les ministres responsables devant « les Chambres » (L. 25 févr. 1875, art. 6). En pratique, il est vrai, le gouvernement se retire plus rarement devant un vote défavorable du Sénat, par cette raison que la question de confiance y est moins fréquemment posée, les difficultés d'ordre gouvernemental étant d'ordinaire portées en premier lieu à la Chambre, toutefois, le fait n'est pas sans exemple; on peut, notamment, citer la démission du cabinet Tirard le 14 mars 1890. Il est évident que les ministres peuvent ne pas poser la question de cabinet devant le Sénat; il leur appartient d'en apprécier l'opportunité. Mais s'ils la posent et si le vote est défavorable, aucune bonne raison ne permet de ne modifier les conséquences, suivant qu'il émane du Sénat ou de la Chambre. Si un vote nettement hostile est émis au Sénat, le cabinet doit se retirer; pour gouverner, il doit avoir la majorité dans les deux Chambres.

Section III.
Le gouvernement.

252. — De même que l'on se divisait sur la question de l'unité ou de la dualité dans le pouvoir législatif, de même, on se divise sur la question de la forme collective ou unitaire du pouvoir exécutif.

253. — Les partisans de la forme collective voient en général dans le pouvoir exécutif, tel qu'on l'entend ordinairement, un échec au principe de la volonté nationale représentée exclusivement par les Chambres. Sans doute, une assemblée est peu propre à l'action, mais, dit-on, pour exercer des fonctions purement exécutives, pour représenter le pays devant l'étranger, il n'est pas nécessaire de confier une mission spéciale à un pouvoir rival; un comité exécutif, émané de l'assemblée, peut suffire à la tâche et il aurait même l'avantage d'éviter les conflits qui pourraient s'élever, quand on se range à un autre système entre les deux pouvoirs égaux, législatif et exécutif. Ne serait-il pas enfin naturel, puisque le chef de l'Etat n'est plus aujourd'hui responsable, de donner exclusivement le pouvoir exécutif aux ministres qui l'exercent déjà en fait?

254. — Les défenseurs de l'unité du pouvoir exécutif, après avoir tiré argument de l'histoire qui semble peu favorable au système collectif, répliquent que le rôle du chef de l'Etat est loin d'être inutile comme leurs adversaires s'efforcent cependant de le démontrer; le représentant du pouvoir exécutif exerce, en effet, son influence dans le gouvernement du pays par le choix des ministres, par les avis qu'il donne au conseil des ministres, par les messages qu'il peut envoyer aux Chambres; la responsabilité morale qu'il assume est une garantie efficace de la bonne administration des affaires publiques.

255. — L'unité du pouvoir exécutif une fois admise, on se divise sur la question de savoir s'il faut lui donner la forme présidentielle ou la forme royale. Dans le sens de la royauté, c'est-à-dire de l'hérédité du pouvoir, on invoque qu'il est utile pour les peuples de trouver un point fixe dans leur gouvernement et que l'hérédité met obstacle à de dangereuses ambitions et à la mobilité pleine de dangers, surtout dans les rapports du gouvernement avec les puissances étrangères; on ajoute que l'élection de la magistrature suprême est l'occasion de luttes intestines qui aboutissent au triomphe d'un parti, et que par là le pays court le risque d'être gouverné au profit d'une catégorie de citoyens contre l'autre. Les partisans de la forme présidentielle répondent en disant qu'on ne peut sans danger abandonner aux hasards de la naissance des fonctions aussi graves que celles de chef de l'Etat. La royauté entraîne à sa suite les régences, source d'intrigues funestes au bien du pays; elle menace de dégénérer en un gouvernement s'exerçant au profit d'une famille au lieu de s'exercer au profit de la nation et ainsi répugne instinctivement aux sociétés véritablement démocratiques.

256. — La Constitution de 1875 a admis seulement d'une façon implicite le régime républicain en réglant le mode d'élection du Président de la République : « Le Président de la République est élu à la majorité absolue des suffrages par le Sénat et par la Chambre des députés réunis en Assemblée nationale (L. 25 févr. 1875, art. 2). — V. *suprà*, v° *Assemblée nationale*, n. 8 et s.

257. — On reproche à ce mode d'élection de ne pas respecter suffisamment la souveraineté du peuple; celui-ci, dit-on, devrait nommer directement à la magistrature suprême; d'ailleurs, l'élection par les Chambres viole la séparation des pouvoirs en mettant l'exécutif sous la dépendance du législatif. On répond par une considération politique tirée de la puissance trop grande que donnerait au chef de l'Etat la réunion sur sa tête de millions de suffrages, système que l'on juge périlleux pour la liberté publique. Quant à l'indépendance du Président de la République, le principe de la dualité des Chambres suffit à l'assurer.

258. — Un mois au moins avant le terme légal des pouvoirs du Président de la République, les Chambres devront être réunies en Assemblée nationale pour procéder à l'élection du nouveau Président. A défaut de convocation, cette réunion aurait lieu de plein droit le quinzième jour avant l'expiration de ses pouvoirs. En cas de décès ou de démission du Président de la République, les deux Chambres se réunissent immédiatement et de plein droit. Dans le cas où, par application de l'art. 5, L. 25 févr. 1875, la Chambre des députés se trouverait dissoute au moment où la présidence de la République deviendrait vacante, les collèges électoraux seraient aussitôt convoqués, et le Sénat se réunirait de plein droit (L. 10 juill. 1875, art. 2). En cas de vacance par décès ou pour toute autre cause, les deux Chambres réunies procèdent immédiatement à l'élection d'un nouveau Président. Dans l'intervalle, le conseil des ministres est investi du pouvoir exécutif (L. 25 févr. 1875, art. 7).

259. — Le Président de la République est nommé pour sept ans (L. 25 févr. 1875, art. 2). Il peut donner sa démission. Le Président n'est pas révocable; constitutionnellement, cela est certain; en fait, il en va tout autrement; les Chambres peuvent indirectement peser sur la détermination du Président, ne fût-ce qu'en refusant d'entrer en relations avec le ministère qu'il a choisi; les Chambres ont ainsi, à deux reprises différentes, le 30 janv. 1879 et le 1er déc. 1887, suscité la démission du Président.

260. — Le Président est rééligible (L. 25 févr. 1875, art. 2). On a critiqué cette disposition non pas seulement parce qu'elle offre quelques-uns des inconvénients des systèmes héréditaires, mais surtout parce qu'il est à craindre que le chef de l'Etat ne néglige les intérêts de la nation pour préparer sa réélection. On justifie la rééligibilité par cette considération qu'il serait fâcheux d'écarter de la présidence celui qui a su s'en montrer digne et dont on a pu déjà apprécier les services.

261. — Parmi les attributions du Président de la République on a déjà mentionné le droit de convoquer les Chambres en sessions extraordinaires, de les ajourner, de prononcer la clôture des sessions, de proposer la révision de la Constitution. Il convient de mentionner spécialement le droit de dissolution.

262. — Aux termes de l'art. 5, L. 25 févr. 1875, « le Président de la République peut, sur l'avis conforme du Sénat, dissoudre la Chambre des députés avant l'expiration légale de son mandat ». Le droit de dissolution peut s'exercer plusieurs fois de suite; il ne saurait s'exercer à l'égard du Sénat, sans doute parce que le Sénat, étant issu du suffrage restreint, la dissolution n'aurait pas alors la même portée, puisqu'elle n'aboutirait point à la consultation de la nation entière.

263. — En cas de dissolution, « les collèges électoraux sont réunis pour de nouvelles élections dans le délai de deux mois, et la Chambre doit l'être de son côté dans les dix jours qui suivront la clôture des opérations électorales ». Cette deuxième partie du texte a été modifiée par la loi de révision du 14 août 1884. Le texte primitif portait « convoqués » au lieu de « réunis », et « trois mois » au lieu de « deux mois. »

264. — Le droit de dissolution est le moyen de remettre à la souveraineté nationale la décision d'un conflit qui viendrait à surgir entre les pouvoirs publics, ou de renouveler une Chambre dans laquelle ne peut se former aucune majorité stable. Toutefois, on considère que droit comme une atteinte au suffrage universel, dont la Chambre est l'émanation, et une concession injustifiable faite au suffrage restreint. Quoi qu'il en soit, l'efficacité du droit de dissolution est contestée, le seul usage qui en ait été fait, en 1877, n'ayant pas donné gain de cause au gouvernement d'alors.

265. — Le Président de la République a l'initiative des lois, concurremment avec les membres des deux Chambres. Il promulgue les lois lorsqu'elles ont été votées par les deux Chambres; il en surveille et en assure l'exécution (L. 25 févr. 1875, art. 3, § 1). Le Président de la République promulgue les lois dans le mois qui suit la transmission au gouvernement de la loi définitivement adoptée. Il doit promulguer dans les trois jours les lois dont la promulgation, par un vote exprès dans l'une et l'autre Chambre, aura été déclarée urgente. — V. *infrà*, v° *Lois et décrets*.

266. — « Dans le délai fixé pour la promulgation, le Président de la République peut, par un message motivé, demander aux deux Chambres une nouvelle délibération qui ne peut être refusée » (L. 16 juill. 1875, art. 7, § 2). Ce droit, qui n'a jamais été mis en usage et qui se rattache historiquement au droit de sanction et de veto suspensif, devrait être exercé par un message motivé. Le chef de l'État ne pourrait demander une nouvelle délibération si les Chambres persistaient dans leur première décision.

267. — Les attributions exécutives qui constituent le domaine propre du pouvoir exécutif ne sont pas susceptibles d'énumération.

268. — D'après l'art. 3, § 3, L. 25 févr. 1875, le Président de la République dispose de la force armée. Nous croyons, en conséquence, que la loi du 22 juill. 1879 (art. 5), en donnant aux présidents des Chambres le droit de requérir la force armée, a édicté une disposition inconstitutionnelle. La Constitution ne donne pas au Président de la République le droit de commander en personne la force armée, mais on sait, d'autre part, qu'en 1875, une disposition qui le lui retirait expressément fut repoussée sous la menace de la démission du maréchal de Mac-Mahon.

269. — Le Président de la République nomme à tous les emplois civils et militaires (L. 25 févr. 1875, art. 3, § 4). La loi organique du 24 mai 1872 avait décidé que les conseillers d'État seraient nommés et révoqués par l'Assemblée nationale; l'art. 4 de la loi de 1875 décide qu'à l'avenir ils seront nommés et révoqués par un décret du Président de la République, rendu en conseil des ministres. — V. *supra*, v° *Conseil d'État*.

270. — Le Président de la République a le droit de faire grâce, mais les amnisties ne peuvent être accordées que par une loi (L. 25 févr. 1875, art. 3, § 2). — V. *supra*, v° *Amnistie*, et *infrà*, v° *Grâce*.

271. — Le chef de l'État préside aux solennités nationales (L. 25 févr. 1875, art. 3, § 5).

272. — Les envoyés et ambassadeurs des puissances étrangères sont accrédités auprès du Président (L. 25 févr. 1875, art. 3, § 5).

273. — « Le Président de la République ne peut déclarer la guerre sans l'assentiment préalable des deux Chambres » (L. 16 juill. 1875, art. 9). Mais il est assez difficile d'établir une distinction précise entre la guerre et la répression de brigandages; les expéditions de Tunisie, du Tonkin et du Dahomey ont reçu ce dernier qualificatif et ont pu ainsi être entreprises sans l'assentiment préalable des deux Chambres. — V. *infrà*, v° *Guerre*.

274. — Le Président de la République négocie et ratifie les traités. Il en donne connaissance aux Chambres aussitôt que l'intérêt et la sûreté de l'État le permettent. Les traités de paix, de commerce, les traités qui engagent les finances de l'État, ceux qui sont relatifs à l'état des personnes et au droit de propriété des Français à l'étranger, ne sont définitifs qu'après avoir été votés par les deux Chambres. Nulle cession, nul échange, nulle adjonction de territoire ne peut avoir lieu qu'en vertu d'une loi (L. 16 juill. 1875, art. 8). — Sur l'étendue du rôle des Chambres en matière de traité, V. *infrà*, v° *Traité diplomatique*.

275. — Le Président de la République n'a pas le droit de pénétrer au Parlement; il « communique avec les Chambres par des messages qui sont lus à la tribune par un ministre » (L. 16 juill. 1875, art. 6). Les Chambres donnent acte des messages; elles peuvent, selon nous, y faire une réponse. Les messages n'engagent pas la responsabilité du Président de la République, ni celle des ministres.

276. — Sauf le cas de haute trahison, le chef de l'État est irresponsable (L. 25 févr. 1875, art. 6, § 2). On a critiqué cette disposition comme contraire à un régime démocratique où chacun doit répondre de ses actes, mais il faut remarquer que le Président de la République ne gouvernant pas personnellement, il était assez difficile de le déclarer responsable.

277. — « Chacun des actes du Président de la République doit être contresigné par un ministre » (L. 25 févr. 1875, art. 3, § 6). Le contreseing ministériel, en engageant la responsabilité des ministres, est la mise en œuvre de l'irresponsabilité présidentielle.

278. — Les ministres sont les véritables organes du gouvernement. — V. *infrà*, v° *Ministres*, et *supra*, v° *Conseil des ministres*.

279. — « Les ministres sont solidairement responsables devant les Chambres de la politique générale du gouvernement, et individuellement de leurs actes personnels » (art. 6, L. 25 févr. 1875). Ce texte est le premier qui, chez nous, pose aussi nettement le principe de la responsabilité politique des ministres devant les Chambres, base essentielle du régime parlementaire. Toute la mise en œuvre de ce principe est restée, du reste, en dehors du texte de la Constitution; elle résulte seulement de la coutume : telle est la matière des questions, des interpellations, du refus de confiance, du refus de vote du budget (V. *supra*, v° *Budget*, n. 145 et s.). — Sur la responsabilité ministérielle et les attributions des ministres, V. *infrà*, v° *Ministres*.

280. — « Les ministres ont leur entrée dans les deux Chambres et doivent être entendus quand ils le demandent. Ils peuvent se faire assister par des commissaires désignés, pour la discussion d'un projet de loi déterminé, par décret du Président de la République » (L. 16 juill. 1875, art. 6, § 2).

CHAPITRE III.

LÉGISLATION COMPARÉE.

281. — La constitution des pays civilisés qui en sont dotés est exposée au mot consacré à ces pays mêmes.

CONSTITUTION D'AVOUÉ. — V. Avoué.

LÉGISLATION.

C. proc. civ., art. 61-1°, 75 et 76; — Tarif civil, art. 70, § 1.

BIBLIOGRAPHIE.

V. *supra*, v° *Avoué*.

CONSTITUTION D'AVOUÉ. — Chap. I.

INDEX ALPHABÉTIQUE.

Acte concomitant, 16.
Acte d'appel, 14 et s., 17, 28, 31, 37 et s.
Acte d'avoué à avoué, 3, 49.
Acte postérieur, 15.
Adjudication, 58, 68.
Affaire en état, 60 et 61.
Ajournement, 2 et s., 14, 19, 26, 27, 32, 53, 56.
Appel, 14 et s., 17, 28, 31, 37 et s.
Ajournement à bref délai, 53, 56.
Amende, 2.
Avocat, 34.
Avocat-avoué, 35.
Avoués (pluralité d'), 12.
Avoué décédé, 36, 37, 60, 63.
Avoué démissionnaire, 36, 37, 60.
Avoué destitué, 36, 60, 63.
Avoué le plus ancien, 30.
Bénéfice d'inventaire, 12.
Bonne foi, 37.
Bref délai, 53, 56.
Cahier des charges, 68.
Chambre du conseil, 48.
Changement d'état, 61.
Compétence, 59.
Conclusions, 5, 46.
Conseil judiciaire, 62.
Constitution (réitération de), 53 et s.
Constitution de nouvel avoué, 63.
Constitution nouvelle, 66.
Constitution pour soi-même, 30.
Copie irrégulière, 19.
Copie nouvelle, 19.
Cour d'appel, 1. — V. *Appel.*
Décès de la partie, 1.
Décès de l'avoué, 36, 37, 60, 63.
Défaut faute de conclure, 5.
Défendeur, 2 et s., 12.
Défense au fond, 4.
Délais d'appel, 17, 18, 20, 21, 68.
Délibéré en chambre de conseil, 48.
Demandeur, 2 et s., 14 et s.
Demandeurs (pluralité des), 13.
Démission, 63.
Dépêche télégraphique, 48.
Désaveu, 8, 11.
Destitution, 36, 60, 63.
Domicile, 27, 31, 51 et 52.
Domicile élu, 31, 32, 39.
Donné acte, 53 et 54.
Doyen des avoués, 30.

Énonciations extrinsèques, 26.
Enregistrement, 73.
Equipollents, 4, 24.
Exécution de jugement, 55.
Faillite, 12.
Feuille d'audience, 5.
Force probante, 8.
Forme sacramentelle, 24.
Frais, 54.
Huissier audiencier, 2, 49.
Indivisibilité, 13.
Intervention, 7.
Intimé, 48, 51.
Jugement (exécution de), 55.
Jugement (levé de), 53 et 54.
Jugement (prononciation de), 69.
Jugement définitif, 54 et 55.
Jugement ou arrêt par défaut, 44, 45, 47, 57, 61, 72.
Jugement préparatoire, 54.
Licitation, 68.
Ministère public, 46.
Nom de l'avoué, 19, 26, 27.
Notification. — V. *Signification.*
Nullité, 2, 4, 14, 26, 38, 50, 59, 67.
Nullité couverte, 16, 39 et s.
Opposition à jugement, 47, 61, 72.
Original, 19.
Partage, 68.
Plaidoiries, 46.
Plumitif, 5.
Prénom de l'avoué, 28.
Qualités de jugement, 55, 69, 70, 72.
Qualité des parties, 12.
Refus d'occuper, 38.
Registre du greffe, 6.
Remise de cause, 6.
Renonciation, 39, 60, 71.
Reprise d'instance, 65.
Réserves, 41 et 42.
Résidence, 51 et 52.
Révocation, 11, 60, 66, 68 et s.
Saisie immobilière, 58.
Serment, 64.
Signature, 19.
Signification, 2 et s., 7, 19, 23, 39 et s., 64, 67, 68, 69, 71 et 72.
Signification au parquet, 52.
Société, 12.
Surenchère, 68.
Télégramme, 48.
Timbre, 73 et s.
Tribunal civil, 1.

DIVISION.

CHAP. I. — NOTIONS GÉNÉRALES ET HISTORIQUES (n. 1 à 13).

CHAP. II. — CONSTITUTION PAR LE DEMANDEUR OU L'APPELANT (n. 14 à 43).

CHAP. III. — CONSTITUTION PAR LE DÉFENDEUR OU L'INTIMÉ (n. 44 à 59).

CHAP. IV. — CESSATION DES POUVOIRS DE L'AVOUÉ (n. 60 à 72).

CHAP. V. — ENREGISTREMENT ET TIMBRE (n. 73 à 75).

CHAPITRE I.

NOTIONS GÉNÉRALES ET HISTORIQUES.

1. — On sait que le ministère des avoués est, en principe, obligatoire devant les tribunaux de première instance et les cours d'appel (V. *supra*, v° *Avoué*, n. 324 et s. — V. aussi *suprà*, v° *Appel* [mat. civ.], n. 2603 et s.), et facultatif devant les autres juridictions (V. *suprà*, v° *Avoué*, n. 289 et s.). On appelle quelquefois constitution d'avoué le mandat conféré par un client à son avoué pour le représenter dans une affaire où l'intervention de cet officier ministériel est requise ou permise par la loi. Il a été traité de ce mandat *suprà*, v° *Avoué*, n. 363 et s., et nous n'avons pas à y revenir. Mais, dans un sens plus spécial et plus usuel, les mots *constitution d'avoué* désignent l'acte par lequel, en matière civile, le mandat donné par un plaideur à son avoué est porté à la connaissance de l'adversaire. C'est de la constitution d'avoué, entendu dans le deuxième sens, que nous devons traiter ici.

2. — Dans l'ancien droit, l'ordonnance de 1667 prescrivait au demandeur, toutes les fois que le ministère des procureurs était nécessaire, de faire porter le nom de son procureur dans l'exploit d'ajournement, « à peine de nullité des exploits et de tout ce qui pourrait être fait en exécution, et de 20 livres d'amende contre le sergent » (tit. 1, art. 15). Dans ces mêmes affaires, le défendeur devait, avant l'expiration des délais de l'ajournement, « nommer procureur » (tit. 5, art. 1). Cette désignation se faisait par un acte appelé *acte d'occuper*, et signifié par le ministère des huissiers audienciers, dans lequel le procureur du défendeur déclarait avoir charge d'occuper pour lui (Pothier, *Traité de la proc. civ.*, 1re part., chap. 2, sect. 1, § 1; Pigeau, *La proc. civ. du Châtelet*, t. 1, p. 148). — Mais devant un grand nombre de juridictions, où le roi avait, dans un intérêt fiscal, établi des *greffes des présentations*, on procédait différemment : les défendeurs étaient tenus « de se présenter et noter le nom de leur procureur sur le registre des présentations » (Ord. de 1667, tit. 4, art. 1), et l'art. 4, Décl. 12 juill. 1693, enregistrée le 23, défendait aux procureurs « de se tenir pour présentés et de suppléer à la présentation, par acte signifié entre eux... à peine de 300 livres d'amende » (Pigeau, *op. et loc. cit.*). Cette formalité de la présentation, exigée aussi pour le procureur du demandeur, avait été abolie en ce qui le concerne par l'ordonnance de 1667, et remplacée par la désignation du procureur dans l'exploit d'ajournement; mais, sous l'empire de préoccupations fiscales, elle ne tarda pas à être rétablie (Edit avr. 1695; Décl. 12 juill. 1695; Décl. 7 août 1696), bien qu'elle fît désormais double emploi avec la mention de l'ajournement. — V. Pothier, *op. cit.*, 1re part., chap. 1, art. 7; Pigeau, *op. cit.*, t. 1, p. 146 et s.; Denisart, *Collection de décisions nouvelles*, etc., v° *Présentation.*

3. — La formalité de la présentation, dont l'omission entraînait un jugement appelé *défaut aux ordonnances*, n'a pas été conservée par le Code de procédure qui exige simplement que la constitution d'avoué soit faite par le demandeur dans l'exploit d'ajournement (art. 61-1°) et par le défendeur en général dans un acte d'avoué à avoué (art. 75). Dans cet acte, rédigé en double exemplaire, l'avoué déclare à Me un tel, avoué constitué pour le demandeur, qu'il, avoué constitué, a charge et pouvoir d'occuper pour le défendeur. Il signe, tant sur l'original que sur la copie, et un huissier audiencier fait la signification. La procédure est ainsi rendue plus simple et moins dispendieuse. — Carré et Chauveau, *Lois de la proc.*, t. 1, p. 473, n. 64; Bonfils, *Traité élém. d'org. jud. de compét. et de proc.*, n. 502. — V. *infrà*, n. 49 et s.

4. — Ces formes sont-elles essentielles ? la réponse ne saurait faire doute en ce qui touche l'avoué du demandeur : la constitution d'avoué dans l'exploit d'ajournement est requise à peine de nullité (V. art. 61, *in fine*, et *infrà*, n. 15 et s.). Quant à la constitution par le défendeur, on a enseigné aussi « que l'acte de constitution ne peut être remplacé par des équipollents, et que le demandeur est autorisé à ne pas regarder comme suffisante la constitution qui ne résulterait qu'implicitement de tel ou tel acte signifié dans un autre but au cours du procès ». — Orléans, 2 déc. 1813, Jullien, [P. chr.] — Chauveau, sur Carré, *Lois de la procéd.*, t. 1, quest. 382, *in fine.*

5. — Mais la jurisprudence s'est rangée à une doctrine moins rigoureuse; elle décide qu'il y a preuve suffisante de la constitution d'un avoué pour le défendeur, dans l'énonciation de la feuille d'audience portant que des parties ont donné lecture de leurs conclusions, et dans celle du jugement ultérieur constatant que l'avoué constitué, après avoir conclu à une audience antérieure devant le tribunal composé d'autres juges, a refusé de reprendre ses conclusions et d'en poser de nouvelles; que par suite, ce jugement est régulièrement qualifié de jugement faute de conclure contre le défendeur, alors même qu'aucun acte de constitution d'avoué ne serait représenté. — Cass., 14 janv. 1861, Robin, [S. 61.1.136, P. 61.244, D. 61.1.128] — V. dans le même sens, Nîmes, 23 mai 1832, Bounard, [P. chr.] — Aix, 26 févr. 1836, Cramer, [P. chr.]

6. — ... Que la constitution d'un avoué par le défendeur résulte suffisamment de constatations relevées sur le registre du greffe et le plumitif de l'audience, mentionnant l'inscription de l'affaire par cet avoué et les renvois successifs prononcés à l'audience contradictoirement entre les deux avoués. — Lyon, 5 mai 1882, [*Recueil de procéd.*, t. 3, art. 494, p. 389]

7. — ... Que, lorsqu'un intervenant choisit pour avoué celui qui représente l'une des parties principales, il suffit de signifier cette constitution à l'avoué de la partie adverse, l'avoué de l'intervenant, qui est en même temps l'avoué de l'autre partie principale, ne pouvant ignorer en cette dernière qualité l'acte qu'il a accompli comme mandataire de l'intervenant. — Trib. Termonde (Belgique), 9 déc. 1886, Etat belge, [*Gaz. du Pal.*, 94. 1, supp. p. 10]

8. — La constitution d'avoué, qui a pour but d'avertir l'adversaire, jouit à son égard, quand elle est faite dans les formes légales, d'une force probante complète. Aussi décide-t-on qu'il ne saurait être admis à exiger de l'avoué constitué la représentation de ses pouvoirs, tant qu'il n'y a pas eu désaveu. — Grenoble, 9 déc. 1815, Tisserand, [S. et P. chr.]

9. — ... Et même, que l'avoué qui déclare avoir charge d'occuper pour une partie la représente réellement et sous la responsabilité personnelle vis-à-vis de la partie adverse, quoiqu'en fait, il soit constant que la partie ne lui a pas donné de mandat. — Paris, 8 avr. 1829, [*Gaz. des trib.*, 9 avr.]

10. — Aussi ne saurait-on approuver deux arrêts — Rennes, 15 avr. 1816, Jouvencelle, [S. et P. chr.] — Caen, 28 mai 1828, Vigot, [S. et P. chr.] — qui semblent avoir admis en principe que la partie adverse est recevable à contester le pouvoir de l'avoué : c'est à la partie pour laquelle un avoué se constitue, et à elle seule qu'il appartient de contester la sincérité de ses pouvoirs par la voie du désaveu. — Chauveau, sur Carré, t. 1, quest. 382; Berriat Saint-Prix, *Cours de proc. civ.*, t. 1, p. 75, note 16; Bioche, *Dict. de proc.*, v° *Avoué*, n. 241.

11. — Que de même concevoir des doutes sur la justesse d'un arrêt ayant admis l'adversaire à contester les pouvoirs de l'avoué qui a notifié un acte par lequel il avait déclaré se constituer au lieu et place d'un autre, lequel demeurait révoqué. — Cass., 24 mai 1830, d'Anglard, [S. et P. chr.] — V. Chauveau, sur Carré, *loc. cit.*; Garsonnet, *Traité théor. et prat. de proc.*, t. 1, p. 369.

12. — Une partie ne peut, dans un procès, constituer plusieurs avoués, sous prétexte qu'elle a des intérêts distincts. Spécialement, le défendeur assigné tant en son nom personnel que comme héritier bénéficiaire de son père, à l'effet d'entendre déclarer la faillite d'une société ayant existé entre eux, ne peut constituer un avoué pour le représenter personnellement et un autre pour le représenter en tant qu'héritier bénéficiaire. — Montpellier, 12 déc. 1837, Fabrègue, [D. 58.2.32]

13. — De même, s'il y a plusieurs demandeurs par le même exploit, ils doivent constituer un seul avoué. S'ils ont agi séparément et constitué des avoués différents, alors que l'objet est indivisible, que qu'ils ont tous le même intérêt, le défendeur peut demander la jonction des demandes et le choix d'un avoué unique qui sera chargé d'occuper pour tous les demandeurs. — Pigeau, *Comment. du C. proc.*, t. 1, p. 175 et s.; Chauveau, sur Carré, t. 1, quest. 304 *bis*; Rousseau et Laisney, *Dict. de proc.*, v° *Ajournement*, n. 18.

CHAPITRE II.

CONSTITUTION PAR LE DEMANDEUR OU L'APPELANT.

14. — Ainsi que nous l'avons déjà dit (*suprà*, n. 4), le demandeur doit, à peine de nullité, faire sa constitution dans l'exploit d'ajournement (art. 61, C. proc. civ.). L'acte d'appel devant, aux termes de l'art. 456, « contenir assignation », l'appelant doit également constituer avoué dans cet acte, à peine de nullité. — V. suprà art. 470 et *suprà*, v° *Appel* (mat. civ.), n. 2572.

15. — La constitution doit se trouver dans l'exploit même d'ajournement ou d'appel; on ne saurait se réserver de la faire dans un acte ultérieur. — V. *suprà*, v° *Appel* (mat. civ.), n. 2575 et s.

16. — Lorsqu'un exploit est nul pour défaut de constitution ou constitution irrégulière d'avoué, le demandeur ou l'appelant ne peut donc couvrir cette nullité par une constitution faite ultérieurement par acte séparé. — Cass., 4 sept. 1809, Génin, [S. et P. chr.] — Trèves, 7 déc. 1807, précité. — Angers, 12 mai 1819, Picherit, [S. et P. chr.] — *Contra*, Aix, 27 juill. 1870, Béchard, [D. 72.5.224]

17. — Cela reste vrai pour l'acte d'appel, alors même qu'on serait encore dans les délais de l'appel. — Trèves, 7 déc. 1807, — Angers, 12 mai 1819, précité.

18. — A plus forte raison, en est-il de même lorsque la constitution est faite après l'expiration de ces délais. — Florence, 19 mai 1810, précité.

19. — On ne peut non plus se contenter, lorsque l'omission ou l'irrégularité a été commise seulement dans la copie laissée à l'adversaire, de signifier une nouvelle copie régulière. Ainsi, la nullité d'un exploit d'ajournement résultant de ce que la copie remise à l'assigné ne contient pas le nom de l'avoué constitué, qui se trouve d'ailleurs mentionné sur l'original, n'est pas réparée par la remise d'une nouvelle copie régulière portant déclaration que le demandeur ou l'appelant se désiste de la première copie. — Riom, 25 juin 1844, N..., [S. 44.2.666] — Le demandeur n'a d'autre ressource que de réitérer régulièrement son ajournement ou son appel, s'il en est encore temps.

20. — Mais la nullité résultant de l'omission de la constitution d'avoué dans un acte d'appel interjeté dans les délais, ne peut être réparée par un nouvel acte d'appel fait hors des délais avec constitution d'avoué. — Pau, 22 juill. 1809, Bastère, [S. et P. chr.]

21. — Jugé, en sens contraire, que celui qui, dans un exploit d'appel, a par erreur, constitué un avoué qui, depuis peu, avait cessé ses fonctions, peut reproduire son appel en observant les formalités prescrites par la loi, encore qu'il ne soit plus dans les délais. — Bourges, 29 juin 1808, Perconte, [S. et P. chr.] — Nîmes, 24 août 1810, Lavre, [S. et P. chr.]

22. — Toutefois, on ne doit rien exagérer : le seul but de la loi étant de faire connaître au défendeur l'exploit d'ajournement ou d'appel le nom de l'avoué constitué, la constitution serait valable si elle était faite non dans l'ajournement ou l'appel lui-même, mais dans un autre acte signifié en même temps.

23. — La constitution d'avoué par l'appelant est donc valable, bien qu'elle ne se trouve pas énoncée dans l'exploit d'appel lui-même, contenant ajournement, mais dans un acte de réquisition ou de déclaration d'appel signifié avec cet exploit. — V. *suprà*, v° *Appel* (mat. civ.), n. 2577.

24. — La Cour de cassation a posé à diverses reprises ce principe que la constitution d'avoué dans un exploit d'ajournement ou d'appel n'est soumise à aucune forme sacramentelle. — Cass., 5 juill. 1881, Petitjean, [S. 83.1.368, P. 83.1.941, D. 83.1.74] — Montpellier, 16 janv. 1890, Lafon, [D. 90.2.278] — V. *suprà*, v° *Appel*, n. 2578 et s.

25. — Et tout d'abord, la loi n'exige pas que le domicile de l'avoué constitué soit mentionné. Une erreur dans l'indication de sa demeure n'est donc pas une cause de nullité. — Bourges, 9 déc. 1840, Poupardin, [S. 42.2.16]

26. — Il a été jugé aussi que l'omission du nom de l'avoué, en tête du libellé d'un ajournement, à la place où d'ordinaire s'inscrit cette mention, n'entraîne pas nullité, si cette omission est réparée par une indication postérieure de l'exploit, sans qu'il soit nécessaire de recourir à des énonciations étrangères à l'acte lui-même. — Cass., 5 juill. 1881, précité.

27. — ... Qu'un exploit d'ajournement est valable, bien que le nom de l'avoué constitué y ait été laissé en blanc, s'il résulte d'une autre énonciation de l'exploit (l'adresse de l'avoué), que sa personne est suffisamment désignée, et que l'assigné n'a pu éprouver aucune incertitude à cet égard. — Bordeaux, 8 juin 1831, Aymat, [S. 31.2.236, P. chr.] — Montpellier, 16 janv. 1890, précité. — V. *suprà*, v° *Appel* (mat. civ.), n. 2584.

28. — ... Que l'indication du prénom seul de l'avoué constitué dans un acte d'appel, peut suffire à la validité de l'exploit, si, d'après les circonstances (un seul, parmi les avoués à la cour, au nombre de 13 seulement, portait ce prénom, sous lequel il était très-connu), la partie assignée a pu, avec cette seule indication, connaître quel était réellement l'avoué constitué. — Grenoble, 5 févr. 1848, Commune de Saint-Julien, [S. 48.2.462, P. 48.2.312, D. 49.5.184] — V. *suprà*, v° *Appel* (mat. civ.), n. 2583.

29. — De même, la constitution d'un avoué, désigné seulement par ces mots « *le plus ancien des avoués en exercice* près de tel tribunal ou de telle cour » est valable. — Favard de Langlade, *Rép.*, t. 1, p. 136, n. 2; Thomine-Desmazures, *Comment. sur le Code proc. civ.*, t. 1, p. 158; Boitard, Colmet-Daage et Glasson, *Leçons de proc. civ.*, t. 1, n. 130; Chauveau et Carré, t. 1, quest. 302. Il y a un peu plus de doute sur la validité de la constitution *du doyen* des avoués, parce que la loi n'ayant pas déterminé à qui appartiendrait ce titre, on peut douter s'il s'applique au plus âgé ou au plus ancien. — V. Chauveau, sur Carré, *loc. cit.*

30. — Est également valable l'exploit dans lequel un avoué déclare se constituer pour lui-même. — V. Carré et Chauveau, t. 1, quest. 303. — V. *suprà*, v° *Avoué*, n. 368.

31. — Faut-il dire, en conséquence du même principe, que la constitution d'avoué résulte suffisamment de ce qu'il a été fait, dans l'exploit, élection de domicile chez un avoué, quand même il n'y est pas dit qu'il est constitué? En fait, la question s'est posée presqu'inclusivement pour l'acte d'appel, et est discutée, *suprà*, v° *Appel* (mat. civ.), n. 2596 et s. — V. encore dans le sens de la négative : Pau, 22 juill. 1809, Bastère, [S. et P. chr.] — Riom, 17 avr. 1818, Ruder, [S. et P. chr.] — Nimes, 3 janv. 1877, Sabatier, [D. 77.2.152] — Rennes, 27 juill. 1887, [*Gaz. du Pal.*, 87.2.307] — V. le sens de l'affirmative : Colmar, 25 févr. 1836, Biétry, [S. 48.2.622, *ad notam*, P. chr.] — C'est la première opinion qui l'emporte aujourd'hui dans la jurisprudence.

32. — Il a été jugé, de même, que la constitution d'avoué dans un exploit d'ajournement n'est pas suppléée par l'élection de domicile chez un avoué. — Nimes, 17 nov. 1828, Arsac, [S. et P. chr.]

33. — On ne peut constituer qu'une personne, remplissant actuellement les fonctions d'avoué. Ainsi est nul l'exploit qui constitue pour avoué un individu qui n'a pas cette qualité. — Florence, 19 mai 1810, Sambuschi, [S. et P. chr.] — V. *suprà*, v° *Appel* (mat. civ.), n. 2586 et s.

34. — ... Par exemple, un avocat. — V. les arrêts cités, *suprà*, v° *Appel* (mat. civ.), n. 2588.

35. — Toutefois, l'indication qu'un tel, avocat, occupera pour le demandeur, est valable comme constitution d'avoué, si l'avocat désigné remplit aussi les fonctions d'avoué. — Limoges, 30 déc. 1812, Tourandel, [S. et P. chr.] — V. Trèves, 4 mars 1812, N..., [S. et P. chr.]

36. — L'exploit est nul aussi lorsqu'il contient constitution d'un avoué décédé, destitué ou démissionnaire. — Trèves, 7 déc. 1807, N..., [S. chr.] — V. aussi les arrêts et les auteurs cités, *suprà*, v° *Appel*, n. 2590 et s.

37. — Mais ne pourrait-il pas être déclaré valable, lorsque l'appelant a été de bonne foi et a eu de justes raisons d'ignorer le décès ou la retraite de l'avoué qu'il a constitué? La question s'est souvent présentée en pratique à propos de l'acte d'appel et est examinée *suprà*, v° *Appel* (mat. civ.), n. 2593 et s. — V. encore, en faveur de l'affirmative : Toulouse, 28 juin 1884, C¹ᵉ d'assurance terrestre l'*Assurance française*, [S. 86.2.20, P. 86.1.200] — Chambéry, 9 mars 1892, [*Rec. de Grenoble*, 92.2.192] — Garsonnet, t. 2, p. 244, texte note 15; Rousseau et Laisney, v° *Appel*, n. 324. — En sens contraire : Orléans, 16 déc. 1813, Latour, [P. chr.] — Riom, 17 avr. 1818, Rudel, [S. et P. chr.]

38. — En tout cas, le refus d'occuper formulé par l'avoué en exercice, qui avait été constitué dans un exploit sans avoir été préalablement consulté, n'entraîne pas la nullité de l'exploit. — Trib. Saint-Dié, 13 juin 1854, [*J. des av.*, t. 79, p. 324, art. 1803] — Sic, Chauveau, sur Carré, *Suppl.*, t. 7, n. 301 et 381 *bis*; Rousseau et Laisney, v° *Ajournement*, n. 8.

39. — La nullité de la constitution d'avoué étant établie uniquement dans l'intérêt du défendeur peut être couverte par le fait de celui-ci, lorsqu'il renonce expressément ou tacitement à s'en prévaloir. Il a été jugé, en conséquence, que l'irrégularité résultant de ce qu'au lieu de la constitution d'avoué dans un acte d'appel, il a simplement élection de domicile chez un avoué de la partie, est couverte par la signification que fait l'avoué de l'intimé de sa constitution à l'avoué chez lequel l'appelant a élu domicile. — Riom, 23 janv. 1815, Murgues, [S. et P. chr.]; — 30 mai 1821, Falgères, [S. et P. chr.]

40. — ... Alors surtout que cet avoué a été reconnu et qualifié comme avoué de l'appelant dans la constitution d'avoué signifiée par l'intimé. — Cass., 24 févr. 1813, Gurgoteux, [S. et P. chr.]; — 1ᵉʳ juill. 1878, Chemin de fer de l'Ouest, [S. 80.1.359, P. 80.870, D. 78.1.337] — Rennes, 26 avr. 1810, N..., [S. et P. chr.]

— Bruxelles, 3 mai 1810, Vanderberg, [S. et P. chr.] — Paris, 9 mai 1826, Nantet, [S. et P. chr.] — Nimes, 17 nov. 1828, Arsac, [S. et P. chr.] — Chambéry, 2 avr. 1867, Blanchin, [S. 67.2.289, P. 67.1011, D. 67.2.64]

41. — ... Et cela, encore bien que cette signification contienne réserve de faire valoir tous moyens de nullité, cette réserve générale ne pouvant s'entendre de la nullité relative à la constitution d'avoué. — Cass., 24 févr. 1813, précité; — 1ᵉʳ juill. 1878, précité. — Paris, 9 mai 1826, précité. — Chambéry, 2 avr. 1867, précité. — *Contrà*, Nimes, 3 janv. 1877, Sabatier, [D. 77.2.132]

42. — Un arrêt a même décidé que la nullité est couverte par la comparution de l'avoué de la partie adverse, bien qu'il se soit réservé, en se constituant lui-même, de faire valoir la nullité résultant du défaut de constitution expresse de la part de son adversaire. — Riom, 23 janv. 1815, précité.

43. — Mais, il a été jugé, au contraire, que lorsqu'un exploit est nul par le défaut de constitution d'avoué, cette nullité n'est pas couverte par une simple signification de la constitution du défendeur. Ce n'est pas là une défense au fond. — Colmar, 26 janv. 1816, Hugelin, [S. et P. chr.]

CHAPITRE III.

CONSTITUTION PAR LE DÉFENDEUR OU L'INTIMÉ.

44. — Le défendeur ou l'intimé doit comparaître, c'est-à-dire constituer avoué dans les délais déterminés *suprà*, v° *Ajournement*, n. 279 et s., *Appel* (mat. civ.), n. 3143 et s. La sanction de cette obligation consiste uniquement en ce qu'il peut être pris contre lui jugement ou arrêt par défaut. — V. *infrà*, v° *Jugement ou arrêt*.

45. — La constitution est donc valablement faite après l'expiration des délais, tant qu'il n'a pas été obtenu de jugement par défaut. — Pigeau, *Comment.*, t. 1, p. 206 et s.; Rodière, sur l'art. 2, tit. 4, Ord. de 1667, quest. 4; Carré et Chauveau, t. 1, quest. 384; Ortlieb, note sous Paris, 4 janv. 1876, de B..., [S. 76.2.193, P. 76.804]

46. — ... Même dans l'intervalle entre l'audience où le demandeur a pris ses conclusions tendant au défaut et plaidé et celle à laquelle l'affaire a été continuée pour entendre le ministère public. — Paris, 4 janv. 1876, précité. — En effet, même dans le cas où les parties ont conclu contradictoirement, et où les plaidoiries ont eu lieu, il leur est encore permis de prendre des conclusions nouvelles tant que les débats ne sont pas clos (V. *suprà*, v° *Conclusions*). A plus forte raison doit-on considérer comme utile la constitution d'avoué faite dans ces conditions : car si les principes d'une bonne justice demandent qu'on laisse aux parties la faculté de modifier leurs conclusions jusqu'à la clôture des débats, ils exigent bien plus impérieusement encore que l'on favorise la comparution du défendeur. D'autre part, en admettant même que, lorsque la cause a été remise à une audience ultérieure pour entendre le ministère public, de nouvelles conclusions soient irrecevables (V. sur ce point, *suprà*, v° *Conclusions*, n. 73 et 74), ce ne serait pas une raison suffisante pour interdire à ce même moment la constitution d'avoué : il importe plus, en effet, de favoriser la comparution du défendeur que de permettre aux parties de modifier des conclusions contradictoires. — Ortlieb, note sous Paris, 4 janv. 1876, précité; Naquet, sur Mourlon, *Répétitions écrites sur le Code de procédure*, n. 374, note.

47. — Mais il a été jugé que la constitution est nulle si elle n'a lieu qu'après qu'il a été statué par défaut sur la demande, et sans qu'une opposition soit formée à ce jugement. Alors, en effet, il n'existe plus d'instance, le tribunal est dessaisi, la constitution d'avoué serait donc inutile et frustratoire. — Orléans, 16 mars 1809, N..., [P. chr.] — Sic, Pigeau, *op. et loc. cit.*; Carré et Chauveau, t. 1, quest. 384 *bis*; Bonfils, *Traité élém. de procéd.*, n. 780.

48. — A aussi été déclarée tardive la constitution d'avoué faite par un intimé au moyen d'une dépêche télégraphique reçue et communiquée pendant la délibération de la cour en chambre du conseil. — Chambéry, 28 juill. 1868, [*J. des av.*, t. 94, p. 30]

49. — En général, avons-nous dit (*suprà*, n. 3), la constitution d'avoué par le défendeur se fait par acte d'avoué à avoué, signifié par le ministère des huissiers audienciers (art. 75, C.

proc. civ.). — Sur les formes des actes d'avoué à avoué, V. *suprà*, v° *Acte d'avoué à avoué.*

50. — Elle doit être, à peine de nullité, signée de l'avoué qui se constitue. — Lyon, 5 mai 1882, [*Rec. de proc.*, t. 3, art. 494, p. 389]

51. — Aucune disposition de loi n'exigeant que l'acte de constitution d'avoué par un défendeur ou un intimé énonce le domicile ou la résidence de la partie, cette énonciation n'est pas nécessaire, et son absence ne fait pas obstacle à ce que l'instance soit liée contradictoirement. — Poitiers, 11 mai 1881, Gautier, [D. 82.2.104]

52. — Il en est ainsi alors même que le défendeur a été assigné au parquet comme étant sans domicile ni résidence connus, et l'on ne peut objecter que l'omission de cette indication empêcherait le demandeur de signifier l'arrêt à intervenir à personne ou à domicile conformément aux prescriptions de l'art. 147, C. proc. civ., puisqu'il pourra toujours, pour cette signification, recourir aux dispositions de l'art. 69, C. proc. civ. — Même arrêt.

53. — Il y a un cas où la constitution peut se faire autrement que par acte d'avoué à avoué : c'est celui d'assignation à bref délai. Le défendeur peut alors, au jour de l'échéance, faire présenter à l'audience un avoué, auquel il sera donné acte de sa constitution. Mais celle-ci devra être réitérée dans le jour par acte d'avoué à avoué. Ainsi le jugement de donné acte ne sera pas levé. Au cas contraire, il pourra être levé à ses frais par la partie adverse (art. 76, C. proc. civ.). Le demandeur pourra de la sorte démontrer, si le défendeur se laisse plus tard condamner par défaut, que le jugement a été rendu faute de conclure et non faute de comparaître. — Bonfils, n. 503.

54. — Rien ne s'oppose, en cas de constitution à l'audience, à ce que la cause soit, à la même audience, entendue et jugée préparatoirement, ou même définitivement. — Besançon, 25 mai 1812, N..., (P. chr.) — *Sic*, Thomine-Desmazures, t. 1, p. 186; Carré et Chauveau, t. 1, quest. 390.

55. — L'avoué doit réitérer sa constitution même dans le cas où le jugement qui intervient à la même audience est définitif. Cette formalité n'est nullement frustratoire, car il faut bien qu'il soit justifié de la constitution d'un avoué pour la rédaction des qualités, l'exécution du jugement. — Carré et Chauveau, t. 1, quest. 391; Rousseau et Laisney, n. 11.

55 bis. — Le jugement de donné acte de la constitution doit faire l'objet d'une décision préalable et distincte de celle que le tribunal rend sur la demande; s'il en était autrement, l'avoué qui négligerait de renouveler sa constitution par acte pourrait voir mettre à sa charge la levée, parfois très-dispendieuse, de ce dernier jugement, ce qui trouverait sans doute un moyen d'une négligence légère. — Carré et Chauveau, *loc. cit.*

56. — Au surplus, la constitution faite à l'audience dans le cas d'ajournement à bref délai (art. 76), et qui n'a pas été réitérée, n'en est pas moins valable, et oblige l'avoué du demandeur à continuer les poursuites contradictoirement avec l'avoué ainsi constitué. — Trib. Niort, 10 avr. 1883, [*Gaz. du Pal.*, 83.1.547] — Demiau-Crouzilhac, *Explic. du C. proc. civ.*, p. 73; Thomine-Desmazures, t. 1, p. 186; Boncenne, *Théorie du C. proc. civ.*, t. 2, p. 264; Carré et Chauveau, t. 1, quest. 388; Boitard, Colmet-Daage et Glasson, t. 1, n. 196; Rousseau et Laisney, n. 10. — *Contrà*, Trib. Seine, 4 juin 1844, [J. des av., t. 66, p. 377] — Bruxelles, 2 mars 1854, [*Belg. jud.*, 54.2.25]

57. — Ce mode exceptionnel de constitution ne peut être considéré comme régulier en dehors de l'hypothèse pour laquelle il est autorisé. La comparution d'un avoué qui, sur une assignation aux délais ordinaires, se présenterait à l'audience, sans avoir pris soin de notifier d'abord sa constitution, serait sans valeur et destituée de tout effet. Elle n'empêcherait donc pas le tribunal de donner défaut contre le défendeur, s'il en était requis; seul le consentement exprès ou tacite de l'avoué requérant au nom de sa partie à tenir cette constitution pour valable, en couvrirait l'irrégularité (V. *suprà*, n. 39). En pratique, du reste, il est rare que l'avoué du demandeur requière défaut lorsqu'un confrère s'est constitué à l'audience pour l'adversaire. Mais il aurait le droit d'agir différemment. — Rennes, 26 juin 1813, N..., [P. chr.] — Orléans, 2 déc. 1813, Jullien, [P. chr.] — Poitiers, 26 août 1836, Contant, [S. 36.2.507, P. 37.1.388] — *Sic*, Demiau-Crouzilhac, p. 73; Pigeau, *Comment.*, t. 1, p. 207; Bioche, v° *Const. d'avoué*, n. 9; Thomine-Desmazures, t. 1, p. 186; Rodière, t. 1, p. 229; Boitard, Colmet-Daage et Glasson, t. 1, n. 196; Rousseau et Laisney, n. 9; Carré et Chauveau, t. 1, quest.

289; Ortlieb, note sous Paris, 4 juin 1876, De B..., [S. 76.2.193, P. 76.804] — V. Bonnier, *Elém. de proc. civ.*, n. 368; Garsonnet, *Traité de procéd.*, t. 2, p. 274 et s.

58. — On cite souvent en sens contraire un arrêt de Toulouse, 30 juill. 1828, Gignoux, [S. et P. chr.]; — mais, en réalité, cette décision ne contredit en rien la solution que nous venons de formuler : car elle a été rendue sur une question particulière relative à la saisie immobilière; elle s'est bornée à déclarer que l'avoué de la partie saisie peut se constituer utilement à l'audience fixée pour les enchères, et cela par le motif qu'il s'agit là non pas d'une matière ordinaire, mais d'une matière spéciale, présentant une assez grande analogie avec la citation à bref délai et comportant donc plutôt l'application de l'art. 76 que celle de l'art. 75. — Ortlieb, *loc. cit.*

59. — Sur la question de savoir si la constitution d'avoué faite sans indication qu'on entend opposer un moyen soit d'incompétence, soit de nullité, couvre ces moyens, V. *infrà*, v° *Exception*, et *suprà*, n. 39 et s.

CHAPITRE IV.

CESSATION DES POUVOIRS DE L'AVOUÉ.

60. — Les pouvoirs de l'avoué peuvent prendre fin au cours de l'instance par le décès soit du client, soit de l'avoué, et par la démission ou la destitution de l'avoué, survenus avant la mise en état (art. 344, C. proc. civ., *suprà*, v° *Affaire en état*), par la révocation de l'avoué, et par sa renonciation au mandat dont il a été investi. — V. *suprà*, v° *Avoué*, n. 626 et s.

61. — Ils ne cessent pas, au contraire, par le changement survenu dans l'état de la partie, même avant la mise en état, en sorte que le jugement par défaut, intervenu ultérieurement contre cette partie, doit être réputé rendu contre une partie ayant un avoué et ne peut, dès lors, être attaqué que dans les délais fixés à l'égard de ces sortes de jugements. — Pau, 2 juin 1849, Fourcade, [S. 49.2.294]

62. — La décision est applicable au cas où le changement d'état consiste dans la dation d'un conseil judiciaire, sans l'assistance duquel la partie ne peut plaider. En ce cas, et bien que le conseil judiciaire n'ait pas constitué avoué, le jugement intervenu n'en doit pas moins être regardé comme rendu contre une partie ayant un avoué, en ce que l'avoué de la partie se trouve représenter le conseil aussi bien que la partie elle-même. — Même arrêt.

63. — Lorsqu'il vient à se produire un de ces événements qui mettent fin aux pouvoirs de l'avoué, a-t-il lieu pour la partie d'en instruire officiellement son adversaire, de même qu'elle avait porté la constitution à sa connaissance? Il faut distinguer : si l'avoué est décédé, démissionnaire ou destitué, ces événements ne peuvent être ignorés de l'adversaire, puisque le plaideur cesse de plein droit d'être représenté; les poursuites faites et les jugements obtenus depuis seraient nuls, et il y a lieu pour la partie adverse d'assigner en constitution de nouvel avoué (art. 344, C. proc. civ.). — Carré et Chauveau, t. 1, quest. 387. — V. *infrà*, v° *Reprise d'instance.*

64. — Mais les actes de procédure sont valablement signifiés à l'avoué démissionnaire, si les significations sont antérieures au décret le dépossédant de son office et à la prestation de serment de son successeur. — Angers, 17 août 1834, Choleau, [P. chr.] — Riom, 25 mai 1866, Verrière, [S. 66.2.311, P. 66.1139, D. 66.2.137]

65. — Quant au décès de la partie, il ne produit ses effets à l'encontre de l'adversaire, qu'autant qu'il lui a été notifié; c'est seulement alors qu'il devient nécessaire pour elle d'assigner en *reprise d'instance.* — V. ce mot.

66. — La révocation de l'avoué par la partie produit immédiatement ses effets à l'égard de l'auteur de la révocation, en ce sens qu'il ne peut plus désormais agir par le ministère de cet avoué (sur la preuve de la révocation *inter partes*, V. *suprà*, v° *Avoué*, n. 629. — V. aussi Paris, 20 mars 1877, de Massongues, D. 78.2.95). — Mais elle n'est opposable à l'adversaire qu'aux deux conditions suivantes; il faut : 1° qu'un autre avoué ait été constitué à la place de l'avoué révoqué (V. art. 75, et *suprà*, v° *Avoué*, n. 631 et s.); 2° que la révocation du premier avoué et la constitution de son remplaçant aient été notifiées à l'adversaire (V. *suprà*, v° *Avoué*, n. 628 et s.), — V. Alger, 27 janv. 1891, [*Rev. alg.*, 1892, p. 495] — et à l'avoué remplacé. — Pothier, *Mandat*, chap. 5, art. 1, § 6, n. 14; Carré et Chauveau, t. 1, quest. 385 ; Bonfils, n. 782.

67. — Par suite, est nul le jugement ou arrêt obtenu par un avoué autre que celui qui a été constitué dans l'exploit introductif, alors qu'il n'y a pas eu notification de la constitution du nouvel avoué. — Douai, 27 août 1842, Vasseur, [S. 43.2.60, P. chr.] — Trib. Seine, 1er févr. 1886, [*Gaz. des trib.*, 19 mars 1886]

68. — A l'inverse, lorsque, dans une instance en partage et licitation, l'une des parties a révoqué son avoué et en a choisi un autre qui l'a représentée dans un jugement d'adjudication intervenu à la suite d'une surenchère formée par elle, si la révocation et la nouvelle constitution n'ont pas été, contrairement d'ailleurs aux prescriptions du cahier des charges, signifiées aux autres parties, la signification dudit jugement à l'avoué constitué en premier lieu est valable et fait courir les délais d'appel. — Alger, 27 janv. 1892, [J. *Le Droit* du 7 avr. 1892]

69. — La révocation d'un avoué peut avoir lieu même après la prononciation d'un jugement, dans l'intervalle qui la sépare du règlement des qualités et de la signification. L'art. 75, en effet, accorde aux parties le droit absolu de révoquer leurs avoués, à charge d'en instituer un autre, sans distinction d'époque : on ne conçoit pas, d'ailleurs, qu'un plaideur soit obligé de conserver un mandataire qui a perdu sa confiance. — Chauveau, sur Carré, t. 1, quest. 386 bis; Bioche, v° *Jugement*, n. 414; Rodière, *Traité de comp. et de proc.*, t. 1, p. 222.

70. — Le contraire a cependant été jugé par ces motifs peu décisifs que la révocation et la nouvelle constitution supposent l'existence d'une instance que l'arrêt dont il s'agit de régler les qualités a pourtant terminée; qu'un arrêt définitif étant prononcé, l'opposition aux qualités et le soutènement de l'opposition paraissent réservés de droit aux avoués qui, pour leur client respectif, ont suivi les débats judiciaires et qui étaient restés leurs avoués lorsque le jugement a été rendu. — Cass., 24 mai 1830, d'Anglard, [S. et P. chr.]

71. — La renonciation de l'avoué à son mandat est de même sans effet à l'égard de l'adversaire tant qu'elle ne lui a pas été notifiée. — V. Chauveau, sur Carré, t. 1, quest. 381 bis, et *Supp.*, t. 7, n. 351 bis in fine.

72. — Il a été jugé, en ce sens, que la signification à avoué d'un jugement ou arrêt par défaut fait courir le délai de l'opposition, alors même que l'avoué aurait, par un acte ignoré de la partie adverse, fait notifier à son client qu'il entendait ne plus occuper pour lui, surtout si, postérieurement à ce dernier acte, l'avoué avait encore occupé pour son client, en formant opposition aux qualités du jugement ou de l'arrêt. — Cass., 4 août 1868, Girandon, [S. 65.1.397, P. 68.1074]

CHAPITRE V.

ENREGISTREMENT ET TIMBRE.

73. — Nous avons indiqué *suprà*, v° *Acte d'avoué à avoué*, n. 31 et s., quelles étaient les règles applicables aux constitutions d'avoué en matière de timbre et d'enregistrement ; depuis lors, la loi du 26 janv. 1892 (V. *suprà*, n. 3) a dispensé complètement de la formalité du timbre et de l'enregistrement les actes de procédure d'avoué à avoué devant les tribunaux de première instance et les cours d'appel, parmi lesquels se trouvent les constitutions d'avoué.

74. — Ces actes doivent être inscrits sur un répertoire spécial soumis, tous les cinq jours, au visa du receveur et annotés du numéro d'ordre du répertoire (L.: 26 janv. 1892, art. 1).

75. — Il n'a pas été apporté de modification aux règles de perception relatives aux actes d'avoué à avocat devant la Cour de cassation, par la loi du 26 janv. 1892; les constitutions d'avocat continuent, en conséquence, à être passibles du droit fixe de 4 fr. 50, et elles sont soumises à toutes les autres règles développées *suprà*, v° *Acte d'avoué à avoué*, n. 31 et s.

CONSTITUTION DE DOT. — V. COMMUNAUTÉ CONJUGALE. — DOT. — RÉGIME DOTAL.

CONSTITUTION DE RENTE. — V. RENTE.

CONSTRUCTIONS. — V. ACCESSION. — ALIGNEMENT. — ARCHITECTE. — SERVITUDE. — VOIRIE.

LÉGISLATION.

C. civ., art. 518, 519, 531, 538, 540-541, 544-546, 552-555, 599, 645-647, 653-667, 674-681, 861, 883, 1375, 1381, 1730, 1792, 2270.

BIBLIOGRAPHIE.

V. *suprà*, v° *Accession*.

V. spécialement : Agnel et Carré, *Code manuel des propriétaires et locataires*, 1892, 8e édit., 1 vol. in-18. — Aulanier, *Traité du douaire congéable*, 1874, 3e édit., 1 vol. in-8°. — Cuenot, *Des constructions élevées par un locataire sur les lieux loués*, 1892, 1 vol. gr. in-8°. — Desgodets et Lepage, *Lois des bâtiments*, 1857, 2 vol. in-8°. — Frémy-Ligneville et Perriquet, *Traité de la législation des bâtiments et constructions*, 1891, 3e édit., 2 vol. in-8°. — Gayot, *De la propriété en général et des droits d'accession relativement aux choses immobilières en droit français*. — Gouthier (S.), *Des constructions et plantations sur le terrain d'autrui, en droit romain et en droit français*. — Grivel, *Des constructions élevées sur le terrain d'autrui*, 1871, in-8°. — Henry, *De l'accession*. — Larcher, *Traité théorique et pratique des constructions élevées sur le terrain d'autrui*, 1894, in-8°. — Perrin, Rendu et Sirey, *Code Perrin ou Dictionnaire des constructions et de la contiguïté*, 1892, 7e édit., 1 vol. in-8°. — Ravon et Collet-Corbinière, *Code du bâtiment*. *Dictionnaire juridique et pratique de la propriété bâtie*, 1885-1891, 3 vol. gr. in-8°. — Rozet, *Dictionnaire de la législation de la propriété, concernant la construction, la mitoyenneté*, etc., 1891, 2e édit., 1 vol. gr. in-8°. — Weiss, *Des droits de superficie*.

Saisie, terrain loué, constructions élevées par le locataire, caractère immobilier, saisie des constructions par le propriétaire. Interprétation des art. 518, 553, C. civ., 673, C. proc. civ. (Paul Coulet) : Rec. pér. de proc. de Rousseau et Laisney, année 1880, p. 241. — *Constructions élevées par un tiers sur le terrain d'autrui; droit du propriétaire; saisie immobilière* : Rev. du not. et de l'enreg., année 1877, t. 18, n. 5412. — *Constructions édifiées par un usufruitier* (Grivel) : Rev. prat., t. 41, p. 334.

INDEX ALPHABÉTIQUE.

Accession, 3, 7, 11, 17, 19, 43, 45, 47, 48, 56, 77 et s., 79, 87.
Action pétitoire, 55.
Action possessoire, 55.
Adjudicataire, 23, 65, 66, 92.
Adjudication, 41, 108, 114.
Aliénation à titre gratuit, 85.
Aliénation à titre onéreux, 85.
Allemagne, 128.
Assistance publique, 78.
Autorisation de bâtir, 14.
Bail, 11, 34, 71, 75, 79 et s., 95, 121 et s.
Bail à domaine congéable, 97.
Bail à long terme, 117.
Bateau, 1.
Bavière, 129.
Bonne foi, 6, 18, 19 et s.
Cahier des charges, 41, 66.
Capacité, 21, 25.
Cohéritier, 60 et 61.
Conclusions, 33.
Condition, 64.
Contributions, 42.
Convention, 11.
Copropriétaire, 60 et s.
Crédit (ouverture de), 80.
Démolition, 6, 16, 20, 27, 30, 47, 64, 93 et s., 102 et s.
Détenteur, 9.
Dommages-intérêts, 27, 30, 70.
Donation, 68.
Droit au bail, 40, 44, 87.
Droit réel, 54, 55, 94.
Emphytéose, 53, 54, 75, 78.
Emprunt, 55 et s.
Enregistrement, 101 et s.
Entrepreneur, 71.
Espagne, 130.
Éviction, 55.
Exécution, 38.
Folle enchère, 65.
Frais, 9.
Fruits, 81.
Gestion d'affaires, 69 et s.
Héritier, 23 et 24.
Hypothèque, 37, 42, 44, 54, 55, 79, 80, 86 et s.
Immeuble par destination, 123, 125.
Immeuble par nature, 5, 34 et s., 74, 89, 95.
Impenses, 61, 67, 70.
Indemnité, 3, 9, 16, 20, 27 et s., 32, 33, 57, 61, 66, 70, 96.
Interprétation, 48.
Locataire principal, 52.
Lots, 63.
Lyon, 78.
Mandat, 5, 69, 72.
Mandat tacite, 60, 72.
Mari, 56.
Matériaux, 16, 52.
Mauvaise foi, 18, 19 et s., 61, 96.
Meubles, 5, 44, 51, 102 et s.
Monténégro, 131.
Navire, 1.
Nullité, 22.
Option, 6, 27 et s., 29, 50, 81.
Ordre, 47, 80.
Ouverture de crédit, 80.
Paris (Ville de), 78.
Partage, 63.
Pays-Bas, 132.

Plantations, 33.
Plus-value, 27 et s., 29, 31, 56, 59, 61, 91, 124.
Pouvoir du juge, 14, 63.
Portugal, 133.
Possesseur, 6, 9, 17 et 18.
Possession, 21, 22, 25, 27 et s., 31.
Prescription, 7, 10, 19, 76, 84.
Présomptions, 7, 8, 10 et s.
Preuve, 9 et s., 84.
Preuve par écrit (commencement de), 12 et 13.
Preuve testimoniale, 12 et s.
Privilèges, 52.
Privilège du bailleur, 51.
Promesse de vente, 83.
Propriétaire, 3, 5, 6, 50, 81, 93.
Propriété, 16, 19, 45, 74.
Rapport, 68.
Règlements de police, 4.
Remboursement, 70 et s.
Réméré, 67.
Renonciation, 7, 11, 13, 19, 43, 45, 48, 77 et s., 120, 122 et 123.
Réparations, 72.

Résolution, 64 et s.
Saisie, 38.
Saisie gagerie, 95.
Saisie immobilière, 39, 40, 55, 89, 92.
Servitude, 74, 110.
Subrogation, 92.
Succession, 107.
Suède, 134.
Suisse, 135 et s.
Superficiaire, 96.
Superficie, 7, 10, 53, 73 et s.
Superficie perpétuelle, 91.
Superficie temporaire, 93 et s.
Surenchère, 41.
Survenance d'enfants, 68.
Testament, 24.
Tiers, 6, 17, 21.
Titre, 76 et s.
Titre putatif, 23 et 24.
Usines et moulins, 1, 56, 116, 123 et s.
Vente, 82, 105, 109 et s.
Vice de forme, 22.
Voisin, 4.

DIVISION.

CHAP. I. — DES CONSTRUCTIONS AU POINT DE VUE DU DROIT CIVIL (n. 1).

Sect. I. — **Des constructions : nature juridique, propriété, indemnité.**

§ 1. — *Du principe « superficies solo cedit »* (n. 2 à 15).

§ 2. — *Mode de règlement des conflits relatifs soit à la propriété de la construction, soit au paiement des frais entre le propriétaire du sol, le propriétaire des matériaux et le constructeur.*

1° Constructions élevées par le propriétaire sur son fonds, avec des matériaux appartenant à autrui (n. 16).

2° Constructions élevées par un tiers sur le sol d'autrui (n. 17).

I. Constructions élevées par un possesseur (n. 18 à 26).
A. Possesseur de mauvaise foi (n. 27 et 28).
B. Possesseur de bonne foi (n. 29 à 33).

II. Constructions élevées par un détenteur précaire.
A. Locataire ou fermier (n. 34 à 52).
B. Emphytéote (n. 53 et 54).
C. Usufruitier (n. 55 à 59).

III. Constructions élevées par un copropriétaire ou par un propriétaire sous condition résolutoire.
A. Copropriétaire (n. 60 à 63).
B. Propriétaire sous condition résolutoire (n. 64 à 68).

IV. Constructions élevées par un gérant d'affaires ou un mandataire (n. 69 à 72).

3° Constructions élevées par le superficiaire (n. 73 à 75).
I. Comment s'établit le droit de superficie (n. 76).
A. Titre (n. 77 à 83).
B. Prescription (n. 84).
II. Droits du superficiaire (n. 85 à 97).

Sect. II. — **De l'entreprise de construction** (n. 98).

Sect. III. — **Des servitudes légales relatives aux constructions** (n. 99).

CHAP. II. — DES CONSTRUCTIONS AU POINT DE VUE DU DROIT ADMINISTRATIF (n. 100).

CHAP. III. — DES CONSTRUCTIONS AU POINT DE VUE FISCAL (n. 101 à 126).

CHAP. IV. — LÉGISLATION COMPARÉE (n. 127 à 142).

CHAPITRE I.

DES CONSTRUCTIONS AU POINT DE VUE DU DROIT CIVIL.

1. — Le mot *construction*, dans son acception la plus large, s'applique à tous les ouvrages construits de main d'homme, achevés ou non, tels que maisons et édifices de toute nature, machines et ouvrages fixes posés sur maçonnerie ou sur piliers, murailles, canaux, moulins à eau ou à vent, navires et bateaux de toute nature. Dans une acception juridique plus étroite, la seule dont nous ayons à nous occuper ici, le mot construction désigne exclusivement les édifices et autres ouvrages artificiels adhérents et incorporés au sol, qualifiés de *bâtiments* par l'art. 518, C. civ. — V. *infrà*, v¹ˢ *Machines à vapeur, Navires, Places de guerre, Usines et Moulins*, etc.

SECTION I.

Des constructions : nature juridique, propriété, indemnité.

§ 1. *Du principe « superficies solo cedit. »*

2. — La propriété du sol emporte la propriété du dessus et du dessous (art. 552, C. civ.).

3. — L'*accession* est un mode d'acquérir dont le caractère essentiel est d'opérer en quelque sorte mécaniquement, sans aucune manifestation de volonté du propriétaire du sol. Celui-ci devient propriétaire des constructions élevées sur son fonds, même à son insu, même malgré lui. Vainement le propriétaire du fonds ferait-il défense au tiers qui le détient, avec ou sans droit peu importe, d'y élever aucune construction ; si le détenteur enfreint la défense et construit, l'édifice n'en appartiendra pas moins au propriétaire du fonds, en tant qu'accessoire du sol. Les indemnités pourront être dues au tiers constructeur, à raison des matériaux par lui employés à l'édification ou de la plus-value procurée au fonds, indemnités dont nous déterminerons ultérieurement les bases juridiques et le *quantum* ; mais le droit à indemnité est indépendant de la question de propriété, laquelle doit être exclusivement tranchée suivant les principes de l'accession, sous réserve de la preuve contraire, dans les cas indiqués *infrà*. — Aubry et Rau, *Cours de droit civil français*, t. 2, p. 260, § 204, texte et note 10 ; Demante, *Cours analytique*, t. 2, sur l'art. 555 ; Demolombe, *Code civil*, t. 9, n. 678 ; Larcher, *Traité théorique et pratique des constructions élevées sur le terrain d'autrui*, n. 20 et s.

4. — Les droits du propriétaire, tels qu'ils résultent du principe formulé par l'art. 552, peuvent se résumer, selon nous, dans les quatre propositions suivantes : 1° le propriétaire du sol est libre d'élever sur son terrain, ou d'établir dans son tréfonds toutes les constructions qu'il lui plaît, à la condition toutefois de se conformer, soit aux prescriptions édictées par le Code civil dans l'intérêt des voisins, soit aux règlements de police et autres prescriptions administratives édictées dans l'intérêt général. Le droit du propriétaire à cet égard est affirmé en ces termes par l'art. 552 : « Le propriétaire peut faire au-dessus toutes les plantations et constructions qu'il juge à propos, sauf les exceptions établies au titre des *servitudes* ou *services fonciers*. Il peut faire au-dessous toutes les constructions et fouilles qu'il jugera à propos, et tirer de ces fouilles tous les produits qu'elles peuvent fournir, sauf les modifications résultant des lois et règlements relatifs aux mines, et des lois et règlements de police ». — V. *infrà*, v° *Mines*.

5. — 2° La construction, soit qu'elle émane du véritable propriétaire ou de ses mandataires, soit qu'elle émane d'un tiers, constitue au regard du propriétaire du sol un immeuble par nature (art. 518, C. civ.). Elle fait véritablement corps avec le sol, et tous les droits que le propriétaire établit sur le fonds s'étendent *ipso facto* aux constructions. — V. *suprà*, v° *Biens*, n. 51 et s.

6. — 3° Lorsque la construction est le fait d'un tiers non autorisé, le propriétaire est, en thèse générale, investi d'une faculté d'option entre la conservation du bâtiment, moyennant indemnité, et la démolition, suivie de l'enlèvement des matériaux par le constructeur. Toutefois, et par exception, la démolition ne peut être imposée au possesseur de bonne foi (art. 555, C. civ.).

7. — 4° Le principe de l'acquisition, par le propriétaire du sol, des constructions élevées à sa surface, n'est pas une règle d'ordre public. Le propriétaire du sol est toujours libre de renoncer, expressément ou tacitement, au bénéfice de l'accession, et d'abandonner ainsi au tiers constructeur, pour un temps plus ou moins long, la propriété même des constructions ; auquel cas la propriété du sol demeure distincte de la *superficie*. En d'autres termes, la présomption de propriété édictée par la loi en faveur du propriétaire du sol n'est qu'une présomption *juris tantum*, susceptible d'être combattue par la preuve contraire, ainsi qu'il résulte de l'art. 553, C. civ.

8. — De ce texte découlent les trois présomptions légales suivantes : 1° toutes les constructions édifiées sur un terrain ou dans les tréfonds sont présumées faites par le propriétaire du sol; 2° lesdites constructions sont présumées faites *aux frais* du propriétaire; 3° elles sont présumées lui appartenir.

9. — Chacune de ces présomptions, fondée sur le *plerumque fit*, est susceptible d'être combattue par la preuve contraire. On peut donc prouver, à l'encontre de la première présomption, que la construction a été élevée, non par le propriétaire du sol, mais par un possesseur ou même par un simple détenteur; on peut également prouver, à l'encontre de la seconde présomption, que ladite construction a été édifiée aux frais d'un tiers. Si cette double preuve est faite, le propriétaire du sol n'en demeure pas moins, *jure accessionis*, propriétaire de la construction; mais, s'il veut la conserver, il sera tenu envers le tiers constructeur d'une indemnité, dont le quantum est déterminé par la loi (art. 555).

10. — On peut enfin prouver, contrairement à la troisième présomption, que la construction élevée par un tiers appartient au tiers constructeur, et non pas au propriétaire du terrain. Cette superposition de deux droits de propriété distincts et indépendants, l'un portant sur le sol, l'autre sur les bâtiments et qualifié de superficie, est absolument légale, ainsi que nous l'établirons ultérieurement en traitant spécialement du droit de superficie. Elle a lieu dans deux hypothèses bien distinctes : 1° lorsque le constructeur a prescrit la propriété de la construction, hypothèse expressément admise par l'art. 553. — Sur les conditions et la durée de cette *prescription*, V. *infrà*, v° *Prescription*.

11. — Lorsque le constructeur peut se prévaloir d'un titre, d'une convention intervenue entre lui et le propriétaire du sol, aux termes de laquelle ce dernier renonce expressément ou implicitement au bénéfice de l'accession. Jugé, en ce sens, que si, en principe, les constructions élevées par un tiers sur le terrain d'autrui sont réputées appartenir au propriétaire du terrain, cette présomption n'est point absolue, mais cède à la preuve contraire ; en sorte que, s'il est démontré par les conventions intervenues entre les parties que le maître du sol a entendu renoncer au bénéfice de son droit d'accession sur ces constructions, le tiers qui les a élevées avec ses matériaux en reste lui-même propriétaire jusqu'à l'époque fixée pour leur démolition. — Cass., 27 juin 1893, C¹⁰ d'ass. terr. *la Confiance*, [S. et P. 94.1.43] — Sic, Aubry et Rau, t. 2, p. 6, § 164, texte et note 7; Demolombe, t. 9, n. 170 et 171 ; Championnière et Rigaud, *Des droits d'enregistrement*, t. 4, n. 3184; Perrin et Rendu, *Dict. des constructions*, n. 1235; Larcher, n. 55. — Les renonciations de cette nature interviennent le plus fréquemment au profit des locataires d'immeubles.

12. — Quant aux modes de preuve recevables à l'encontre des présomptions légales de l'art. 553, il convient d'appliquer ici la distinction fondamentale entre les faits matériels et les actes juridiques. S'agit-il pour le constructeur de prouver le fait matériel de la construction, ou d'établir les faits sur lesquels s'appuie son droit à la prescription, la preuve testimoniale sera recevable, quel que soit l'intérêt engagé. Jugé, en ce sens, que le fait, par un tiers possesseur, d'avoir édifié, à titre de propriétaire, un bâtiment sur le fonds d'autrui peut être établi par la preuve testimoniale, même en l'absence de tout commencement de preuve par écrit, bien que l'indemnité réclamée pour ces constructions excède 150 fr. — Cass., 27 juill. 1859, Duème, [S. 60.1.360, P. 60.37, D. 60.1.384]; — 23 mai 1860, de Gaudechart, [S. 60.1.792, P. 61.969, D. 60.1.384] — Sic, Aubry et Rau, t. 2, p. 181, § 192, texte et note 4; Demolombe, t. 9, n. 697 *bis*; Laurent, t. 6, n. 234 à 277; Larcher, n. 58.

13. — S'agit-il, au contraire, d'établir l'existence d'un acte juridique, spécialement d'une renonciation du propriétaire du sol au bénéfice de l'accession, le tiers intéressé ne pourra, si l'intérêt engagé est supérieur à 150 fr., invoquer la preuve testimoniale qu'à la condition de produire un commencement de preuve par écrit. — Cass., 1ᵉʳ avr. 1890, Phalippont, [S. 90.1.245, P. 90.1.616, D. 91.1.181] — Poitiers, 6 mai 1891, Même affaire, [S. et P. 92.2.108] — Cass. belge, 21 avr. 1866, [*Pasicr. belge*, 66.130]; — 8 déc. 1870, [*Pasicr. belge*, 71.48-1]

14. — Cette distinction essentielle, au point de vue de la recevabilité de la preuve testimoniale, entre l'acte juridique et le fait matériel, a été mise très-nettement en relief dans les considérants et arrêts précités des 1ᵉʳ avr. 1890 et 6 mai 1891. Pour échapper à l'application de l'art. 553, C. civ., qui accorde au propriétaire du fonds sur lequel ont été élevées des constructions par un tiers, le droit, soit d'en demander la suppression ou de les garder en remboursant le prix des matériaux et de la main-d'œuvre, si le constructeur est de mauvaise foi, soit de rembourser le prix des matériaux et de la main-d'œuvre, ou seulement la plus-value, si le constructeur est de bonne foi, le constructeur prétendait, dans l'espèce, avoir été autorisé par le propriétaire à bâtir sur son fonds, et il offrait de prouver par témoins que cette autorisation lui avait été donnée. Mais la preuve de l'autorisation de bâtir portant sur une valeur indéterminée ne pouvait être administrée par témoins qu'autant que les juges auraient déclaré, par une appréciation qu'il était en leur pouvoir de faire, que le droit de construire, considéré en lui-même, avait une valeur inférieure à 150 fr. — V. Cass., 1ᵉʳ avr. 1890, précité, et la note. — Le fait que le terrain sur lequel le droit aurait été concédé était d'une valeur inférieure à 150 fr. aurait été insuffisant, à lui seul, pour établir que l'autorisation de bâtir n'avait pas une valeur supérieure. Mais il appartient aux juges, en vertu du pouvoir d'appréciation que la Cour de cassation leur reconnaît par ledit arrêt, de puiser dans les éléments de la cause la preuve que le droit concédé a une valeur inférieure à 150 fr. et de s'appuyer spécialement, comme l'a fait la cour de Poitiers dans l'arrêt précité, sur cette circonstance que le droit concédé n'a pas plus de valeur que le fonds lui-même sur lequel il est assis.

15. — Sur les conséquences de ces principes, V. *suprà*, v⁸ *Accession*, n. 84 et s., *Biens*, n. 51 et s., et *infrà*, v⁸ *Domaine de l'Etat*, *Dot*, etc.

§ 2. *Mode de règlement des conflits relatifs, soit à la propriété de la construction, soit au paiement des frais, entre le propriétaire du sol, le propriétaire des matériaux et le constructeur.*

1° *Constructions élevées par le propriétaire, sur son fonds, avec des matériaux appartenant à autrui.*

16. — Dans cette première hypothèse, le constructeur, en sa qualité de propriétaire du sol, devient propriétaire de la construction incorporée au sol, et ne peut être contraint de démolir pour restituer les matériaux à leur légitime propriétaire; celui-ci a simplement droit à une indemnité pécuniaire, ainsi qu'il résulte du texte même de l'art. 554, C. civ. — Sur la portée d'application de cet article, V. *suprà*, v° *Accession*, n. 112 à 122.

2° *Constructions élevées par un tiers sur le sol d'autrui.*

17. — Lorsque des constructions sont élevées par un *non dominus* sur le sol d'autrui, sans l'assentiment du propriétaire du terrain, deux principes en apparence contradictoires sont en présence, à savoir : 1° le principe que toute construction incorporée au sol appartient au propriétaire du sol, par droit d'accession; 2° le principe que nul ne doit s'enrichir aux dépens d'autrui. De là, un conflit d'intérêts rivaux dont le législateur n'a indiqué expressément la solution que pour le cas où la construction serait le fait d'un possesseur de bonne ou de mauvaise foi. Nous commencerons par étudier les textes relatifs au possesseur, puis nous rechercherons si et dans quelle mesure les solutions légales doivent être étendues aux détenteurs précaires, aux gérants d'affaires, aux communistes ou aux propriétaires sous condition.

18. — I. *Constructions élevées par un possesseur.* — La situation respective du possesseur et du propriétaire est réglée par l'art. 555, C. civ. Le commentaire de cet article ayant déjà été présenté *suprà*, v° *Accession*, n. 123 et s., il nous suffira de rappeler ici brièvement les principes qu'il met en jeu.

19. — Nous trouvons tout d'abord affirmé à nouveau, dans l'art. 555, le principe que la propriété du sol emporte celle du dessus; en conséquence, toutes les fois qu'un possesseur élève un bâtiment sur le fonds d'autrui, et qu'il ne peut exciper ni de la prescription, ni d'un titre constatant la renonciation formelle du propriétaire du sol à ses droits légaux sur la construction, le propriétaire du sol acquiert, de plein droit, *jure accessionis*, la propriété des bâtiments édifiés par le possesseur. A ce premier point de vue, la bonne ou la mauvaise foi du possesseur est chose indifférente.

20. — Mais il importe essentiellement, au contraire, de rechercher si le possesseur est de bonne ou de mauvaise foi, lorsqu'il s'agit de déterminer l'indemnité due au constructeur par le propriétaire revendiquant : le possesseur de bonne foi ayant toujours droit à une indemnité pécuniaire, tandis que le possesseur de mauvaise foi peut se voir réduit, pour toute indemnité, à la faculté de démolir et d'enlever les matériaux.

21. — Avant d'examiner la situation respective faite à chacune de ces deux catégories de possesseurs, précisons tout d'abord ce qu'il faut entendre, au point de vue de l'art. 555, par *bonne foi* ou *mauvaise foi*. La définition de la bonne foi se trouve dans l'art. 550, auquel renvoie l'art. 555 : « Le possesseur est de bonne foi, quand il possède comme propriétaire, en vertu d'un titre translatif de propriété dont il ignore les vices ». Doit, en conséquence, être considéré comme un possesseur de bonne foi : 1° celui qui a acquis l'immeuble d'un non-propriétaire, qu'il considérait par erreur comme le véritable propriétaire ; 2° celui qui a acheté d'un incapable, mineur, interdit, femme mariée, sans l'accomplissement des formalités légales, dans l'ignorance où il était de la qualité de l'aliénateur.

22. — La bonne foi peut d'ailleurs exister, quelle que soit la nature des vices affectant le titre du possesseur. Aucune distinction ne saurait être faite entre les vices de fond ou de forme. — Toulouse, 6 juill. 1821, Baladie, [S. et P. chr.] — Angers, 9 mars 1825, Leroy, [S. et P. chr.] — Trib. Montbéliard, 28 janv. 1894, Bernard, [J. *La Loi*, n. 4-5 févr. 1894] — *Sic*, Aubry et Rau, t. 2, p. 271, § 206, texte et note 11; Demolombe, t. 9, n. 608 ; Larcher, n. 97. — Vainement objecterait-on qu'aux termes de l'art. 2267, le titre nul pour défaut de forme ne peut servir de base à l'usucapion de dix à vingt ans. C'est qu'en effet, en matière de prescription, le titre est exigé comme une condition distincte de la bonne foi, tandis qu'en fait d'acquisition de fruits, — et la solution admise pour les perceptions de fruits doit être étendue à l'hypothèse des constructions sur le sol d'autrui (art. 550 et 555 combinés), — le titre n'intervient que comme élément de preuve de la bonne foi ; or le vice de forme n'exclut nullement la bonne foi. — Mêmes auteurs.

23. — L'on doit même décider, par identité de motifs, que la croyance à l'existence d'un titre, en d'autres termes que le *titre putatif* équivaut ici à un titre réellement existant. Ainsi, est de bonne foi, au point de vue qui nous occupe : 1° l'héritier, ou l'adjudicataire sur saisie qui aurait, par erreur, pris possession d'immeubles qu'il croyait compris dans l'héritage ou dans l'adjudication, et édifié des bâtiments sur lesdits immeubles. — Cass., 8 févr. 1837, de Fajac, [S. 37.1.729]; — 4 août 1831, Choraire, [S. 51.1.809, P. 52.2.671, D. 54.1.335]

24. — 2° L'héritier apparent qui s'est cru appelé à une succession dévolue en réalité à un héritier plus proche, ou le prétendu légataire institué par un testament faux ou révoqué dont il ignorait la fausseté ou la révocation. — Cass., 7 juin 1837, Rigoux, [S. 37.1.581, P. 37.2.57] — *Sic*, Aubry et Rau, t. 2, p. 272, § 206, texte et note 17.

25. — Doit, en conséquence, être considéré, par *à contrario*, comme un possesseur de *mauvaise foi*, celui qui achète sciemment d'un non-propriétaire, ou d'un incapable dont il connaît l'incapacité, et, plus généralement, tout possesseur qui a eu connaissance des vices, ou tout au moins de l'un des vices affectant son acquisition.

26. — A quel moment doit exister la bonne foi? Ici encore, il convient d'appliquer, non pas le principe de l'art. 2269, d'après lequel « il suffit que la bonne foi ait existé au moment de l'acquisition », mais le principe admis en matière de fruits, à savoir que la bonne foi doit exister au moment de la perception (art. 550). Devra seul, en conséquence, être considéré comme de bonne foi, au point de vue de l'application de l'art. 555, le possesseur de bonne foi, qui aura cessé de l'être au temps de la construction. — Trib. Montbéliard, 28 janv. 1894, précité. — Que si la bonne foi du constructeur venait à cesser au cours de l'exécution des travaux, il faudrait appliquer distributivement les solutions admises pour l'un et l'autre type de possesseurs.

27. — A. *Possesseur de mauvaise foi*. — En présence d'un constructeur de mauvaise foi, le propriétaire est investi d'une faculté d'option ; il peut, à son choix, exiger la démolition des constructions, ou les conserver en indemnisant le constructeur de ses impenses. S'il opte pour la démolition, le constructeur est tenu de démolir le bâtiment à ses frais. Non seulement il ne peut réclamer aucune indemnité à raison de la plus-value qu'il prétendait avoir donné à l'immeuble par ses travaux ; mais il peut même être condamné à des dommages-intérêts envers le propriétaire, dans le cas où le rétablissement des lieux dans leur état primitif serait impossible ; ce qui arriverait, par exemple, s'il avait rasé une futaie pour édifier la construction. — Demolombe, t. 9, n. 675 ; Larcher, n. 81 ; Laurent, t. 6, n. 264.

28. — Si le propriétaire préfère conserver les constructions, il doit rembourser au constructeur l'intégralité des impenses par lui faites, valeur des matériaux et prix de la main-d'œuvre ; l'offre d'une indemnité égale à la plus-value de l'immeuble ne satisferait pas au vœu de la loi.

29. — B. *Possesseur de bonne foi*. — En présence d'un possesseur de bonne foi, le droit d'option du propriétaire disparaît. Il n'a plus le droit d'exiger la démolition ; la conservation des constructions lui est imposée par la loi, mais l'indemnité allouée au constructeur est sensiblement inférieure, au moins théoriquement, à celle dont est tenu le propriétaire qui, se trouvant en présence d'un possesseur de mauvaise foi et pouvant l'obliger à démolir, opte pour la conservation du bâtiment. Ici, en effet, le propriétaire a le choix de rembourser, soit la valeur des matériaux et le prix de la main-d'œuvre, soit le montant de la plus-value procurée à l'immeuble par la construction. Il choisira naturellement la moindre de ces deux sommes, qui sera généralement la plus-value. — V. *supra*, v° *Accession*, n. 153 et s.

30. — Il paraît étrange, à première vue, que le propriétaire soit plus mal traité en présence d'un possesseur de mauvaise foi, lequel peut exiger le remboursement intégral de ses impenses, même si la plus-value est moindre, qu'en présence d'un possesseur de bonne foi. Mais il convient de remarquer que, pratiquement, le propriétaire a un excellent moyen d'amener le possesseur de mauvaise foi à composition, même lorsqu'il fait défaut à l'égard du possesseur de bonne foi : il n'a, en effet, si le constructeur émet des prétentions exagérées et ne veut pas se contenter de la plus-value, qu'à le menacer d'user de son droit d'exiger la suppression des travaux avec dommages-intérêts.

31. — Le propriétaire a également le droit, à la condition de renoncer à exiger la restitution des fruits, de considérer le possesseur comme de bonne foi, et de lui offrir, en conséquence, le paiement de la plus-value, sans que le constructeur soit recevable à exciper de sa mauvaise foi pour obtenir une indemnité plus forte. — Aubry et Rau, t. 2, p. 260, § 204, texte et note 11 ; Demolombe, t. 9, n. 674 et s. ; Larcher, n. 93.

32. — L'obligation pour le propriétaire de conserver les constructions en indemnisant le possesseur ne comporte aucune exception, même dans le cas où le propriétaire serait un homme pauvre, pour lequel le paiement préalable d'une indemnité relativement élevée constituerait une lourde charge. Il ne saurait être question, en effet, étant donnés les termes impératifs de l'art. 555, de transporter dans notre droit les solutions équitables de la loi romaine (L. 38, *De rei vindicatione*, Dig.). — Baudry-Lacantinerie, t. 1, n. 1290 ; Larcher, n. 105.

33. — D'où il suit que, lorsque des possesseurs de bonne foi sont évincés de biens sur lesquels ils ont fait des plantations et constructions, il suffit qu'ils aient articulé le fait de plantations et constructions, comme fondement de leur droit, pour qu'en ordonnant leur dépossession, le juge doive ordonner qu'ils seront indemnisés jusqu'à concurrence. Il n'est pas nécessaire qu'il ait eu des conclusions expresses à fin d'indemnité ; il suffit de conclusions virtuelles. — Cass., 1er déc. 1817, Paris et consorts, [S. et P. chr.]

34. — II. *Constructions élevées par un détenteur précaire*. — A. *Locataire ou fermier*. — Lorsque des constructions sont élevées par un fermier sur le terrain par lui loué, et qu'aucune convention n'est intervenue entre bailleur et preneur pour régler le sort des constructions, il y a controverse sur le point de savoir si lesdites constructions doivent ou non être considérées comme ayant le caractère d'immeubles au regard du constructeur. Nous avons fait connaître, *supra*, v° *Accession*, n. 335 et s., *Bail* (en général), n. 1437 et s., les éléments de la controverse ; rappelons-en seulement les traits principaux.

35. — Dans un premier système, on décide, en termes généraux, que les constructions élevées par un tiers sur le terrain d'autrui, et spécialement par un locataire sur le terrain qui lui a été donné à bail, ont le caractère d'immeubles par rapport à ce tiers ou locataire. — Rouen, 20 août 1859, Ménard, [S. 59.2.647, P. 60.583] — Paris, 30 mai 1864, Lamadou, [S. 64.2.266, P. 64.1155, D. 66.2.174] ; — 27 août 1864, Soc. de crédit suisse,

[S. 64.2.266, P. 64.1155, D. 66.2.180] — *Sic*, Ducaurroy, Bonnier et Roustain, *Comment. C. civ.*, t. 2, n. 15; Mourlon, *Répét. écr.*, t. 1, n. 1349. — V. aussi *suprà*, v° *Accession*, n. 340.

36. — ... Et qu'il en est ainsi, encore bien qu'il ait été convenu qu'elles seraient enlevées à l'expiration du bail. — Paris, 27 août 1864, précité.

37. — Par suite, ces constructions peuvent être hypothéquées par le locataire. — Paris, 30 mai 1864, précité. — Lyon, 14 août 1868, Reverdel, [S. 69.2.115, P. 69.574]

38. — Et elles ne peuvent être l'objet d'une saisie-exécution. — Paris, 30 mai 1864, précité.

39. — Elles peuvent, au contraire, être l'objet d'une saisie immobilière de la part des créanciers du locataire. — Cass., 7 avr. 1862, Ménard, [S. 62.1.459, P. 62.997, D. 62.1.282] — Paris, 30 mai 1864, précité. — V. *infrà*, v^{is} *Saisie immobilière, Transcription*.

40. — Et cette saisie comprend, par une conséquence nécessaire, le droit au bail du terrain sur lequel les constructions ont été élevées. — Paris, 30 mai 1864, précité.

41. — Par suite encore, la vente de ces constructions par adjudication à l'audience des criées, est susceptible de surenchère. — Paris, 27 août 1864, précité. — Peu importe qu'il soit dit dans le cahier des charges que l'adjudicataire sera seulement propriétaire des matériaux à enlever à l'époque de la démolition. — Même arrêt.

42. — Jugé, aussi, que les constructions élevées par le locataire sur le terrain loué ont le caractère d'immeubles, susceptibles, comme tels, d'être hypothéqués par lui. Dès lors, le prix de la vente qui en est faite au cours du bail doit être distribué par voie d'ordre et non par voie de contribution. — Cass., 13 févr. 1872, Hospices de Lyon, [S. 72.1.104, P. 72.253, D. 72.1.256]

43. — Mais il a été jugé, en sens contraire, que les constructions élevées par un tiers sur le sol d'autrui n'ont, au regard des constructeurs, le caractère d'immeubles, qu'autant que le propriétaire du sol lui en a reconnu la propriété et a renoncé par là, à son profit, à son droit d'accession. — V. aussi *suprà*, v^{is} *Accession*, n. 333, *Bail* (en général), n. 1439.

44. — Et de ce que lesdites constructions ont, au regard du preneur, le caractère de meubles, à l'instar du droit au bail ou droit de jouissance dont elles sont l'accessoire, il s'ensuit qu'elles sont insusceptibles d'être grevées d'hypothèques du chef du preneur. — Paris, 4 nov. 1886, Syndic Mouchet, [S. 88.2.126, P. 88.1.698, D. 88.2.4] — *Sic*, Aubry et Rau, t. 2, § 164, texte et note 8; Demolombe, t. 9, n. 168; Larcher, n. 159 et s. — V. aussi Guillouard, t. 1, n. 297. — V. *suprà*, v° *Accession*, n. 336.

45. — Il n'en serait autrement que s'il résultait des circonstances, et spécialement des clauses du contrat de bail, que le propriétaire a renoncé à son droit d'accession, et a reconnu au locataire la propriété des constructions édifiées par lui. — Paris, 4 nov. 1886, précité.

46. — Jugé, en ce sens : 1° que les constructions élevées par le preneur sur le terrain loué appartiennent au bailleur, à moins qu'il ne résulte des stipulations du bail, ou des agissements des parties, que ce dernier a répudié cette propriété, et a renoncé à son droit d'accession. Si, au contraire, le bailleur a expressément réservé son droit d'accession, en stipulant, comme condition du bail, que le preneur serait tenu d'élever, sur le terrain loué, des constructions déterminées, devant demeurer à la fin du bail la propriété du bailleur, sans aucune indemnité de sa part, le locataire n'est investi sur ces constructions que d'un simple droit de jouissance, non d'un droit immobilier susceptible d'hypothèque. — Cass., 27 mai 1873, Pigeory, [S. 73.1.254, P. 73.631, D. 73.1.410]

47. — ... 2° Que le bailleur, devenant propriétaire *jure accessionis* de la construction élevée par le preneur dès l'achèvement des travaux, peut lui faire défense de démolir au cours du bail. — Cass., 8 mai 1877, Rossignol, [S. 77.1.297, P. 77.766, D. 77.1.338]

48. — Et on ne saurait interpréter dans le sens d'une renonciation du bailleur à son droit, la clause d'un contrat de bail portant que le locataire aura la faculté d'élever des constructions, et d'ailleurs le même contrat lui enlève la libre disposition desdites constructions pendant la durée du bail, et stipule qu'elles demeureront à la fin du bail la propriété exclusive du bailleur sans indemnité. — Paris, 18 déc. 1871, Raousset-Boulbon, [S. 72.2.170, P. 72.772]

49. — Que les constructions élevées par le locataire sans l'assentiment du bailleur aient ou non à son égard le caractère d'immeubles par nature, il est incontestable que ce caractère immobilier doit cesser à l'expiration du bail. Cette solution, admise par la jurisprudence même dans l'hypothèse où une convention expresse conférerait au preneur un véritable droit de superficie pour toute la durée du bail, s'impose par *à fortiori* dans l'hypothèse où le preneur n'a d'autre droit sur les constructions édifiées par lui que celui dont il est investi sur le sol même.

50. — Quant au droit du propriétaire du sol, V. *suprà*, v° *Bail* (en général), n. 1467 et s.

51. — Les constructions élevées par le preneur, envisagées comme meubles, du moins lorsqu'elles sont séparées du sol, peuvent être considérées comme grevées du privilège du bailleur non payé, lequel sera dès lors en droit de se payer par préférence aux autres créanciers du locataire sur le produit de la vente des matériaux provenant de la démolition.

52. — Et l'on doit décider, par application des mêmes principes, que le principal locataire a privilège sur les matériaux à provenir des constructions élevées par le sous-locataire sans le consentement du propriétaire et dont celui-ci exige l'enlèvement. — Metz, 8 déc. 1868, Thomé, [S. 70.2.237, P. 70.914] — *Sic*, Aubry et Rau, t. 3, § 261, p. 142; Pont, *Privilèges et hypothèques*, t. 1, n. 152.

53. — B. *Emphytéote*. — La question de savoir si l'emphytéote doit être considéré comme propriétaire des constructions élevées par lui sur le terrain loué dépend du caractère que l'on assigne au bail emphytéotique. Si l'on décide que l'emphytéose n'est qu'une variété de louage, les solutions précédemment admises en matière de louage doivent être étendues au bail emphytéotique : en conséquence, le preneur n'aura ce droit sur les constructions qu'un droit personnel mobilier, à moins que les clauses de la convention ne démontrent clairement l'intention des parties d'établir un droit de superficie temporaire. — Aubry et Rau, t. 2, § 224 bis, p. 434 et s.; Demolombe, t. 9, n. 489-91 et 529; Guillouard, *Du louage*, t. 1, n. 10; Larcher, n. 192.

54. — Si l'on admet, au contraire, avec la jurisprudence, que l'emphytéote est un contrat distinct du louage, dont l'effet essentiel est de conférer au preneur un droit réel sur l'immeuble, le constructeur devra être considéré comme propriétaire des constructions, et celles-ci auront à son égard, jusqu'à l'expiration du bail, le caractère d'immeubles, susceptibles d'hypothèque. — Cass., 26 janv. 1864, de Bellegarde, [S. 64.1.94, P. 64.494, D. 64.1.83]; — 22 juin 1885, Hospices de Roubaix, [S. 88.1.130, P. 88.1.298, D. 86.1 268] — *Sic*, Marcadé, sur l'art. 526; Pépin Lehalleur, *Histoire de l'emphytéose*, p. 328; Championnière et Rigaud, *Traité des droits d'enregistrement*, t. 4, n. 3071.

55. — C. *Usufruitier*. — La question de savoir quels sont les droits respectifs du propriétaire et de l'usufruitier sur les constructions élevées par ce dernier est l'une des plus controversées de la matière. Il est généralement admis que l'usufruitier, ayant un droit réel immobilier sur le fonds, a sur les constructions un droit identique; d'où il suit qu'il peut hypothéquer son droit sur celles-ci, qu'il peut exercer, relativement auxdites constructions, les actions pétitoires ou possessoires qui compétent au véritable propriétaire, que les créanciers peuvent en opérer la saisie, dans les formes de la saisie immobilière.

56. — Si un tiers s'avise de construire sur le fonds grevé d'usufruit, c'est donc à l'usufruitier que profite temporairement le bénéfice de l'accession. Jugé, en ce sens, que celui qui a construit une usine sur un terrain dont sa femme est usufruitière, s'il a agi, non comme administrateur des biens de sa femme, mais dans son intérêt propre et pour son industrie, ne saurait être considéré comme de bonne foi, et qu'il ne peut, tant que dure l'usufruit, obliger le nu-propriétaire à payer la plus-value de bâtiments élevés sans son consentement, bâtiments qui n'ont pour lui aucun intérêt actuel, et qui auront peut-être disparu au moment de la cessation de l'usufruit. — Cass., 26 juill. 1882, Besnard, [S. 84.1.335, P. 84.1.824, D. 83.1.291]

57. — Mais il y a doute, au contraire, sur le point de savoir quels sont, à l'expiration de l'usufruit, les droits du propriétaire du sol. Dans un premier système, qui prévaut en jurisprudence, l'usufruitier serait complètement à la merci du propriétaire; il ne pourrait, ni enlever les constructions, ni exiger une indemnité quelconque pour celles qu'il plairait au propriétaire de conserver. — Cass., 4 nov. 1885, Hébert, [S. 86.1.113, P. 86.1.252, D. 86.1.361] — Colmar, 18 mars 1853, Jehl, [S. 54.2.624, P.

54.1.530, D. 53.2.131] — Besançon, 5 avr. 1887, Jeandron, [S. 89.2.62, P. 89.1.347, D. 88.2.222]

58. — Dans un second système, au contraire, l'usufruitier devrait être traité à l'expiration de l'usufruit comme un possesseur de mauvaise foi; c'est-à-dire que le propriétaire aurait sans doute le droit d'exiger la démolition aux frais de l'usufruitier, mais que s'il optait pour la conservation des travaux, il devrait l'indemniser intégralement de ses impenses (art. 555). L'art. 599, contraire au principe que nul ne doit s'enrichir aux dépens d'autrui, doit en effet être interprété restrictivement, et, par conséquent, restreint aux *améliorations* proprement dites, c'est-à-dire, suivant la définition de MM. Aubry et Rau, aux ouvrages exécutés dans un fonds de terre ou dans une maison, pour les mettre en meilleur état, et pour en augmenter le revenu ou l'agrément. Mais il en est autrement des *constructions nouvelles* dont l'exécution a pour résultat de créer une chose distincte du fonds sur lequel elles ont été élevées, et qui, par cela même, ne sauraient être considérées comme de simples améliorations ». — Laurent, t. 6, n. 487 et s.

59. — Quelques arrêts, en petit nombre, ont adopté ce système. Jugé en ce sens que, l'usufruitier qui a reconstruit un édifice détruit par cas fortuit, a droit, à la fin de l'usufruit, si le nu-propriétaire veut conserver les constructions, au remboursement du prix de la main-d'œuvre et des matériaux. Vainement on lui objecterait qu'il n'aurait pu forcer le nu-propriétaire à rebâtir (C. civ., art. 607) : l'art. 555, C. civ., est applicable à l'usufruitier comme au tiers qui a bâti sur le terrain d'autrui. — Colmar, 13 janv. 1831, Peter, [S. 31.2.180, P. chr.] — V. encore sur cette controverse, les auteurs et arrêts cités *suprà*, v° *Accession*, n. 178. — En ce qui concerne les constructions élevées par le créancier antichrésiste, V. *infrà*, v° *Nantissement*.

60. — III. *Constructions élevées par un copropriétaire ou par un propriétaire sous condition*. — A. *Copropriétaire*. — Le communiste qui construit sur un terrain dont il ne possède qu'une partie indivise est dans une situation tout à fait particulière. Il est impossible de l'assimiler à un possesseur de la chose d'autrui, puisque son droit porte sur chaque molécule de la chose; et cependant, en construisant sans l'autorisation de ses copropriétaires, il empiète manifestement sur le droit égal de ces derniers. Comment donc concilier ces deux idées? Tout d'abord, il est incontestable que les constructions édifiées par un communiste doivent être réputées faites pour le compte commun, par vertu d'un mandat tacite d'administration, par cela seul que les copropriétaires ont connu les travaux et ne s'y sont point opposés. — V. *suprà*, v° *Accession*, n. 197.

61. — A supposer même que les constructions aient été élevées par le communiste à l'insu de ses copropriétaires, il aura le droit d'exiger le remboursement de ses avances, s'il s'agit non pas de constructions entièrement nouvelles, mais de constructions annexes ou de réparations ayant le caractère d'impenses nécessaires ou utiles. Jugé, en ce sens, que le cohéritier qui a fait les constructions sur les biens de la succession ne peut être assimilé à celui qui a fait des constructions sur le fonds d'autrui : on doit lui rembourser toutes les dépenses utiles ou nécessaires pour la conservation de la chose. — Cass., 13 déc. 1830, Quevremont, [S. 31.1.24, P. chr.] — Ainsi, lorsqu'un cohéritier, qui a possédé de mauvaise foi la totalité d'une succession, est condamné à en subir le partage, s'il a fait des constructions et réparations nécessaires ou utiles de leur nature, il doit en obtenir le remboursement. Il ne suffit pas de lui payer la somme formant la plus-value que les immeubles ont acquise par ces réparations. — Même arrêt.

62. — Enfin, s'il s'agit de constructions nouvelles, et non pas de simples réparations ou améliorations, et que le communiste ait agi sans mandat, même en ce cas, sa situation diffère notablement de celle d'un possesseur de mauvaise foi. Le droit pour ses copropriétaires d'exiger la démolition des constructions demeure en effet subordonné au résultat du partage. La construction est-elle mise dans le lot du constructeur, elle sera censée lui avoir toujours appartenu (art. 883) et par conséquent les autres copropriétaires sont désormais sans droit pour en exiger l'enlèvement. Est-elle, au contraire, mise dans le lot de l'un des copropriétaires du constructeur, ce dernier devra être considéré, par suite de la fiction de l'art. 883, comme ayant construit sur le sol d'autrui, et pourra dès lors se voir opposer l'art. 555. On pourra le contraindre à démolir à ses frais ; mais si le nouveau propriétaire veut conserver l'édifice, il devra rembourser intégralement au constructeur le prix des matériaux et de la main-d'œuvre. — Cass., 27 févr. 1838, de Chauvelin, [S. 38.1.216, P. 38.1.504]; — 11 août 1875, Dauger, [S. 76.1.468, P. 76.1.182, D. 75.1.461] — Toulouse, 30 août 1837, Pornian, [S. 38.2.384, P. 37.1.562] — *Sic*, Aubry et Rau, t. 6, p. 554, § 624, note 36; Demolombe, t. 15, n. 679 et 680; Laurent, t. 10, n. 335; Larcher, n. 304.

63. — Jugé toutefois, en sens contraire, que les constructions doivent être mises d'office dans le lot du communiste constructeur. — Metz, 10 juin 1832, Adelving, [S. 54.2.276, P. 53.2.678] — Mais ce système qui peut être conforme à l'équité, est en opposition manifeste avec le texte même de l'art. 834, C. civ., lequel n'admet aucune exception au principe du tirage au sort des lots. Aussi ce second système est-il aujourd'hui abandonné. — V. *infrà*, v° *Indivision*.

64. — B. *Propriétaire sous condition résolutoire*. — *Pendente conditione*, l'acquéreur est investi, sur les constructions comme sur le sol, de tous les droits d'un propriétaire ; mais l'évènement de la condition a pour effet d'anéantir rétroactivement son droit et de rétablir les choses dans l'état antérieur (V. *suprà*, v° *Condition*, n. 693 et s., 708 et s.). Soit que l'on applique les principes généraux de la condition résolutoire, soit que l'on transporte ici par analogie les règles de l'art. 555, C. civ., on aboutit logiquement au même résultat, c'est-à-dire au droit pour le nouveau propriétaire d'exiger l'enlèvement des constructions, si mieux il n'aime les conserver et rembourser au constructeur l'intégralité de ses avances. — Larcher, n. 324.

65. — C'est ainsi que l'adjudicataire définitif peut exiger l'enlèvement des constructions élevées par le fol enchérisseur. — Bordeaux, 17 janv. 1843, Segons, [S. 43.2.232, P. chr.] — V. Aubry et Rau, t. 2, p. 262, § 204, note 18.

66. — Jugé qu'en admettant que le propriétaire sous condition résolutoire ne puisse pas être considéré comme un tiers dans le sens de l'art. 555, il a cependant le droit, quand il a été évincé, de revendiquer les matériaux employés à une construction qu'il a fait édifier sur le terrain mis en vente, ou de réclamer une indemnité à l'adjudicataire, alors surtout que le cahier des charges lui reconnaît expressément ce droit. — Trib. Toulouse, 24 nov. 1894, Cazanou, [*Gaz. des trib. du Midi*, 2 déc. 1894]

67. — Le même droit appartient au vendeur à réméré à l'encontre de l'acheteur après exercice de la faculté du rachat, à moins toutefois qu'il ne s'agisse de simples réparations, dont l'acheteur à réméré peut se faire indemniser intégralement : il s'agit d'impenses nécessaires, et jusqu'à concurrence de la plus-value s'il s'agit d'impenses utiles (art. 1673, C. civ.). — Guillouard, *De la vente*, t. 2, n. 668; Laurent, t. 24, n. 404; Larcher, n. 362. — V. *suprà*, v° *Accession*, n. 194 et 195, et *infrà*, v° *Réméré*, *Vente*.

68. — Toutefois, et par exception, les propriétaires sous condition résolutoire qui, ayant pu se considérer comme propriétaires incommutables, n'auraient à se reprocher ni faute ni imprudence ne devraient être traités comme des possesseurs de bonne foi : le nouveau propriétaire devrait, dès lors, conserver les constructions, et indemniser le propriétaire évincé jusqu'à concurrence de la plus-value. Il en serait ainsi, en particulier, de cohéritiers soumis au rapport, ou du donateur dont la donation viendrait à être révoquée pour cause de survenance d'enfant. — Aubry et Rau, *loc. cit*. — V. *infrà*, v° *Obligation*, *Priviléges et Hypothèques*.

69. — IV. *Constructions élevées par un gérant d'affaires ou un mandataire*. — L'art. 555 se réfère exclusivement à l'hypothèse d'un tiers construisant en son nom propre sur le sol d'autrui : s'il résulte des circonstances, ou des déclarations expresses du constructeur qu'il a agi au nom et pour le compte du propriétaire, c'est uniquement par les principes de la gestion d'affaires ou du mandat que se réfèrent les rapports respectifs des deux parties.

70. — Le constructeur a-t-il agi sans mandat, ses droits se règlent uniquement suivant les bases indiquées par l'art. 1375, C. civ. : « Le maitre, dont l'affaire a été bien administrée, doit remplir les engagements que le gérant a contractés en son nom, l'indemniser de tous les engagements personnels qu'il a pris, et lui rembourser toutes les dépenses utiles ou nécessaires qu'il a faites ». Ainsi, de deux choses l'une : ou le juge estime que les constructions n'ont procuré au fonds aucune plus-value, et en ce cas il devra, à la requête du propriétaire, condamner le gérant à les enlever à ses frais, voir même le condamner à des dommages-intérêts si le rétablissement des lieux en leur état primitif est devenu impossible ; ou, au contraire, il est établi que la construction constitue un acte d'utile gestion, et en pareil cas le gérant d'affaires doit être indemnisé intégralement de toutes ses impenses. — Aubry et Rau, t. 4, § 441, p. 722 et s. ; Larcher, n. 248.

71. — Jugé, en ce sens, que l'entrepreneur qui, sur l'ordre du locataire d'une maison, a fait dans cette maison des constructions sortant du cercle des réparations locatives, a action en paiement du prix de ses travaux contre le propriétaire de la maison, bien que celui-ci ne les ait pas commandés, si, d'ailleurs, ils sont reconnus utiles et profitables à la maison ... alors, surtout, que les travaux ont eu lieu au vu et au su du propriétaire, et sans opposition de sa part. — Colmar, 19 nov. 1830, Guerber, [S. 31.2.286, P. chr.] — V. infrà, v° Gestion d'affaires.

72. — Le constructeur, au contraire, est-il en mesure de justifier d'un mandat du véritable propriétaire ; il a droit *ipso facto* au remboursement de toutes ses avances, utiles ou non, à la condition toutefois de n'avoir point excédé les limites de son mandat. Ces principes s'appliquent au mandat tacite comme au mandat exprès. — V. *suprà*, v° *Accession*, n. 196, et *infrà*, v° *Mandat*.

3° *Constructions élevées par le superficiaire.*

73. — L'existence du droit de superficie, sous l'empire de la législation actuelle, est unanimement admise, tant en jurisprudence qu'en doctrine. Cette solution s'induit logiquement du texte même des art. 553 et 664, C. civ. ; l'art. 553 réserve, en effet, formellement la preuve contraire à l'encontre de la présomption qu'il édicte (V. *suprà*, n. 10 et s.). Quant à l'art. 664, il prévoit et réglemente un cas de superficie complexe, la division de la propriété d'une maison par étages, dont l'effet est de substituer au partage de droit commun par tranches verticales une division de l'immeuble par tranches horizontales, n'est au fond qu'une superposition de superficie (V. dans le même sens, art. 519, C. civ.). — V. dans le sens de l'existence du droit de superficie : Cass., 7 avr. 1862, Ménard, [S. 62.1.430, P. 62.997, D. 62.1.281] ; — 16 déc. 1873, Cart, [S. 74.1.457, P. 74.1.185, D. 74.1.249] ; — 27 av. 1891, de Monclos, [S. 91.1.369, P. 91.1.929 et la note de M. Labbé] — Besançon, 12 déc. 1864, Commune d'Orchamps-Vennes, [S. 65.2.197, P. 65.833, D. 65.2.1] — *Sic*, Aubry et Rau, t. 2, § 223, p. 440 ; Demolombe, t. 9, n. 483 ; Laurent, t. 8, n. 410 ; Marcadé, t. 2, sur l'art. 664 ; Larcher, n. 378 ; Pardessus, *Des servitudes*, t. 1, n. 425 *bis* ; Proudhon et Curasson, *Traité des droits d'usage*, t. 1, n. 367 et s. — V. *suprà*, v° *Accession*, et *infrà*, v° *Propriété, Servitudes*.

74. — Il semble, au premier abord, difficile de concilier l'existence du droit de superficie avec ce principe, affirmé par le législateur de 1804, que l'énumération des droits réels contenue dans le Code civil (art. 526, 543, 2118) est rigoureusement limitative. La seule conciliation possible consiste à envisager la superficie contrairement à la tradition romaine, non comme un démembrement de la propriété, comme une servitude *sui generis*, mais comme un droit de propriété véritable, restreint quant à son objet. Nous trouvons très-nettement exposés les arguments qui militent en faveur de ce point de vue dans un rapport de M. le conseiller Demangeat, rapport de Cass., 27 avr. 1891, précité : « Dans notre ancienne jurisprudence française, on a souvent distingué le *domaine direct* et le *domaine utile*. Mais aujourd'hui, si nous considérons le droit de propriété en lui-même, dans sa nature juridique, et non au point de vue des différents objets auxquels il peut s'appliquer, il est certain que le Code civil *ne reconnaît pas plusieurs espèces de propriété*, qu'il n'en reconnaît qu'une, celle qu'il a définie droit de propriété à l'art. 544... Nous sommes fondé à conclure que ce qu'on appelait autrefois droit de superficie est aujourd'hui un véritable droit de propriété ». Les bâtiments, même lorsqu'ils appartiennent à un autre qu'au propriétaire du sol, sont donc des immeubles *par nature* (art. 518, C. civ.), et non *par l'objet auquel ils s'appliquent*. — Cass., 6 mars 1861, Vollot, [S. 61.4.713, P. 61.1132, D. 61.1.418] ; — 10 avr. 1867, de Kervéguen, [S. 67.1.277, P. 67.728, D. 67.1.398] — V. Aubry et Rau, t. 2, § 223, p. 438 ; Demolombe, t. 9, n. 483 *quater*.

75. — De ce que la superficie est un véritable droit de propriété, il ne s'ensuit pas cependant qu'elle soit nécessairement perpétuelle. La perpétuité est de sa nature, mais non de son essence : elle peut être établie *à temps*, et pratiquement la plupart des superficiaires n'ont qu'un droit temporaire, ce droit n'étant que l'accessoire d'une jouissance du sol également temporaire. Il en est ainsi, en particulier, dans les cas relativement fréquents, où le bailleur renonce, soit dans un bail emphytéotique, soit même dans un bail ordinaire, à son droit d'accession au profit du preneur : le droit de superficie dont ce dernier est alors investi sur les constructions qu'il édifie est un droit temporaire, destiné à prendre fin en même temps que le bail. — Cass., 18 nov. 1835, Vidal, [S. 35.1.907, P. chr.] ; — 10 avr. 1867, précité. — Bordeaux, 22 déc. 1868, Thèze, [S. 69.2.268, P. 69.1127, D. 71.2.191] — Aubry et Rau, t. 2, p. 440, § 223, texte et note 11 ; Demolombe, t. 9, n. 483 *quater* ; Laurent, t. 8, n. 409 ; Larcher, n. 385 ; Proudhon, *Traité des droits d'usufruit*, t. 1, n. 117.

76. — 1. *Comment s'établit le droit de superficie.* — Le droit de superficie s'acquiert, comme la propriété du sol, par titre ou par prescription. — Aubry et Rau, *loc. cit.*; Larcher, n. 389.

77. — A. *Titre.* — Que le droit de superficie puisse s'établir par titre, c'est ce que nous avons démontré en nous fondant sur le texte même de l'art. 553. En réservant la preuve contraire à l'encontre de la présomption qu'il édicte en faveur du propriétaire du sol, cet article reconnaît *ipso facto* à ce dernier le droit de renoncer, par convention, au bénéfice de la cession, soit à perpétuité, soit pour un temps déterminé (V. *suprà*, n. 11). Jugé, en ce sens, que si le copropriétaire d'un terrain sur lequel les constructions ont été élevées par un tiers est en droit de les réclamer comme lui appartenant, c'est là un droit personnel auquel il est libre de renoncer ; que, par conséquent, s'il résulte des conventions intervenues entre les parties que le maître du sol a renoncé, ne fût-ce que pour un temps, au bénéfice du droit d'accession sur les constructions, le tiers qui les a élevées à ses frais et avec ses matériaux en reste lui-même propriétaire jusqu'à l'époque fixée, soit pour leur démolition, soit pour l'acquisition que le propriétaire s'est réservé d'en faire. — Cass., 7 avr. 1862, Ménard, [S. 62.1.459, P. 62.997, D. 62.1.282] — Paris, 27 août 1864, Lamadou, [S. 64.2.266, P. 64.1155, D. 66.2.180] — Aubry et Rau, t. 2, p. 6, § 164, texte et note 7 ; Demolombe, t. 9, n. 470 et 171 ; Larcher, n. 390 ; Mourlon, *Transcription*, t. 1, n. 13 ; Flandin, *Transcription*, t. 1, n. 32 ; Pont, *Des hypothèques*, n. 634 ; Perrin et Rendu, *Dict. des constructions*, n. 1235.

78. — Cette renonciation du propriétaire du sol au bénéfice de l'accession peut être expresse ou tacite. Expresse, elle résulte, soit d'un acte de vente spécial, par lequel le propriétaire du sol céderait à un tiers le droit de construire, soit d'une clause particulière insérée dans un contrat de bail, bail emphytéotique ou même bail ordinaire. Des clauses de cette nature sont fréquemment insérées dans les baux à long terme consentis par les administrations hospitalières. C'est ainsi que procèdent les hospices civils de Lyon pour les nombreux terrains à bâtir leur appartenant dans certains quartiers de la ville. C'est également par le moyen de baux à long terme assurant aux preneurs la propriété des bâtiments durant leur jouissance que fut construite la rue de Rivoli (L. 20 juin 1826).

79. — Tacite, la renonciation du propriétaire s'induira de l'ensemble des conditions du bail, par exemple de la clause portant que les constructions élevées par le preneur resteront affectées hypothécairement pour sûreté du paiement des loyers ou fermages.

80. — Jugé, en ce sens, que lorsqu'un bail de terrain oblige le preneur à édifier à ses frais des constructions sur les immeubles loués ; que le bailleur, pour faciliter l'exécution de ces travaux, ouvre au preneur ; que ce dernier hypothèque les immeubles au profit du bailleur en garantie de cette ouverture de crédit ; que le preneur se réserve la faculté d'acquérir pour un prix déterminé les terrains loués ; qu'enfin, en prévision d'événements déterminés, il est stipulé qu'après une tentative infructueuse de vente publique et simultanée des constructions et du sol, les constructions seront acquises au bailleur sans indemnité, les parties, par ces clauses, écartent l'application des art. 553 et 555, C. civ., d'après lesquels le propriétaire d'un immeuble est également propriétaire des constructions faites sur cet immeuble. — Cass., 27 juin 1893, C¹ᵉ d'assur. terr. *la Confiance*, [S. et P. 94.1.43] — Dans l'espèce, il fallait faire résulter la renonciation des faits qu'il analyse ; ces faits étaient pertinents ; la seule constitution d'une hypothèque sur les constructions louées comme garantie des sommes dues au bailleur suffisait à démontrer que le bailleur et le preneur se trouvaient d'accord pour attribuer à ce dernier la propriété des constructions. Peu importait la qualification donnée par les parties à l'acte qui constatait la transmission de la propriété des constructions au profit du bailleur. Comme le dit la chambre des requêtes, la nature véritable des conventions doit l'emporter sur la dénomination adoptée par les parties. La jurisprudence est constante sur ce dernier point. — V. Cass., 22 févr. 1887, Soc. franç. de matériel agricole, [S. 88.1.87, P. 88.1.177, D. 87.1.500]

81. — Devrait également être interprétée dans le sens d'une renonciation du propriétaire à son droit d'accession la clause conférant au fermier ou locataire, soit sans condition, soit en vue du cas où les parties ne s'entendraient pas sur la fixation du prix, le droit d'enlever ses constructions à l'expiration du bail. La faculté pour le propriétaire du sol d'opter entre la conservation des bâtiments et leur démolition est en effet la conséquence logique et nécessaire de son droit de propriété sur lesdits bâtiments : transporter au preneur cette faculté d'opter équivaut à lui reconnaître la propriété des bâtiments. — Aubry et Rau, t. 2, p. 442, § 223, note 16.

82. — Parfois la renonciation du propriétaire du sol au bénéfice de l'accession n'est qu'un acheminement à la vente du sol ; l'autorisation de bâtir n'est, en pareil cas, donnée au preneur que sous la condition par celui-ci d'acquérir la propriété du sol dans un délai déterminé. Le refus par le preneur de faire usage de cette faculté emporte défaillance de la condition, et a pour effet de faire recouvrer au propriétaire du sol la plénitude de ses droits légaux sur les constructions, à moins toutefois qu'il n'ait été mis, par le fait du preneur, dans l'impossibilité, soit de construire, soit d'acquérir le sol.

83. — Jugé, par application de ces idées, que le propriétaire qui a loué son terrain avec promesse de vente et qui a autorisé le preneur à bâtir, tout en stipulant que les constructions lui resteraient à la fin du bail sans indemnité, pour le cas où le locataire n'userait pas, dans le délai convenu, de la faculté d'acquérir le terrain, est déchu du bénéfice de cette clause spéciale, lorsque c'est par sa faute que le locataire a été mis dans l'impossibilité de continuer les constructions et d'user du droit d'achat. — Cass., 16 juill. 1890, Lemaire, [S. et P. 94.1.19]

84. — B. *Prescription.* — Ce second mode d'acquisition du droit de superficie est formellement prévu par la loi (art. 553, C. civ.). Pratiquement, il en existe peu d'exemples, surtout pour les constructions : les seuls documents de jurisprudence que nous connaissons se réfèrent à l'acquisition, par prescription, de plantations sur le sol d'autrui. — V. Cass., 18 mai 1858, Duclerjuys, [S. 58.1.661, P. 59.739, D. 58.1.218] — Peu qui concerne les modes de preuve recevables à l'effet d'établir, soit l'existence d'une convention de renonciation du propriétaire du sol au bénéfice de l'accession, soit le fait d'une possession susceptible de servir de base à la prescription, V. *suprà*, n. 12 et s.

85. — II. *Droits du superficiaire.* — Le superficiaire, étant un véritable propriétaire, a comme la propriétaire du sol, sur les constructions qui font l'objet de son droit, l'*usus*, le *fructus* et l'*abusus*. Ayant l'*abusus*, il peut à son gré disposer de la chose, transformer les constructions ou même les faire disparaître, à moins de s'être engagé par contrat à les maintenir. Il peut également les aliéner à titre gratuit ou onéreux. — Aubry et Rau, § 223, p. 439; Larcher, n. 388.

86. — ... Ou les hypothéquer. — Cass., 3 juill. 1844, Dalouzy, [S. 44.1.682, P. 44.2.351]; — 7 avr. 1862, précité; — 27 juill. 1868, Laporte, [S. 69.1.38, P. 69.61, D. 69.1.107]; — 13 févr. 1872, Hospices de Lyon, [S. 72.1.104, P. 72.253, D. 72.1.256]; — 27 mai 1873, Pigeory, [S. 73.1.254, P. 73.631, D. 73.1.410] — Paris, 27 août 1864, précité. — Lyon, 14 août 1868, Reverdel, [S. 69.2.115, P. 69.574]; — 18 févr. 1874, Turge, [S. 71.2.81, P. 71.301] — Rouen, 26 août 1871, Ricard. — Paris, 18 déc. 1871, Raousset-Boulbon; — 23 févr. 1872, Nicole Chevreau; — 23 févr. 1872, [D. 74.2.21]; — 15 juill. 1872, Marenot. — Nîmes, 3 janv. 1872, Jalaguier-Galoffre, [S. 72.2.170, P. 72.772] — *Sic*, Aubry et Rau, *loc. cit.;* Larcher, *loc. cit.;* Demolombe, t. 9, n. 483 *quater;* Laurent, t. 8, n. 409 et s.

87. — Lorsque des constructions ont été élevées par un locataire sur le terrain loué, du consentement du propriétaire du sol, le droit au bail doit être considéré comme l'accessoire des constructions, et se trouve nécessairement compris dans l'affectation hypothécaire, sans qu'il y ait lieu de distinguer, à cet égard, entre le bail originaire et le bail prorogé. — Paris, 23 févr. 1872, précité.

88. — Mais l'hypothèque constituée par le constructeur seul sur les bâtiments ne s'étend pas au sol, pas plus que l'hypothèque constituée par le propriétaire du sol ne s'étend aux bâtiments. Les créanciers hypothécaires ne peuvent avoir un droit complet, portant tout à la fois sur le sol et sur les constructions, que si l'hypothèque est constituée concurremment par les titulaires de deux propriétés superposées, c'est-à-dire par le propriétaire du sol et le superficiaire. En pareil cas, l'hypothèque portera d'une façon indivisible sur le fonds et les bâtiments. — Jugé, en ce sens, que si le terrain et les constructions ont été hypothéqués concurremment, et dans le même acte, par le propriétaire du sol et par le constructeur, ce dernier, ne pouvant rien faire qui soit de nature à diminuer le gage des créanciers hypothécaires, serait inadmissible à demander la distraction, comme chose mobilière, des constructions à lui appartenant. — Rouen, 26 août 1871, précité.

89. — Les constructions élevées par un superficiaire ayant à son égard le caractère d'immeubles par nature, ses créanciers devront, pour en effectuer la saisie, se conformer aux règles de la saisie immobilière. — Cass., 7 avr. 1862, précité; — 10 avr. 1867, de Kervéguen, [S. 67.1.104, P. 67.726, D. 67.1.398] — V. *suprà*, n. 35 et s.

90. — Lorsque le droit de superficie est constitué sans limitation de durée, le propriétaire du sol n'a aucune vocation, même éventuelle, à la propriété des constructions. Il ne saurait donc être question de transporter ici l'application de l'art. 555, C. civ.

91. — Jugé, en conséquence, que si le demandeur fait la preuve qu'il a été autorisé par le propriétaire du fonds à construire sur son terrain, le propriétaire ne saurait être admis, ni à exiger la destruction des constructions édifiées, ni à se les approprier, en payant la plus-value à dire d'experts. — Poitiers, 6 mai 1891, Phalippont, [S. et P. 92.2.108]

92. — Jugé, il est vrai, que l'adjudicataire sur saisie de constructions élevées par le saisi sur le terrain d'autrui avec le consentement du propriétaire, est subrogé aux droits du saisi et peut exciper du bénéfice de la disposition finale de l'art. 555, C. civ.; qu'en conséquence, le propriétaire du sol ne peut demander contre l'adjudicataire la démolition des constructions; il n'a que l'option de rembourser ou la valeur des matériaux et du prix de la main-d'œuvre, ou une somme égale à la plus-value du terrain. — Dijon, 23 janv. 1874, Petit, [S. 74.2.82, P. 74.361] — Mais cette assimilation du constructeur à un possesseur de bonne foi ne nous semble pas acceptable. Sans doute, le propriétaire du sol n'a nullement le droit d'exiger la démolition des constructions dont il a lui-même autorisé l'édification; mais nous estimons qu'il n'a même pas le droit de se les approprier, en remboursant à son choix le prix de la main-d'œuvre ou la plus-value. Subrogé aux droits du superficiaire, l'adjudicataire ne peut, pas plus que son auteur, être contraint de céder un immeuble dont un titre régulier lui a conféré la propriété, sans aucunes restrictions. — V. Poitiers, 6 mai 1891, précité (motifs).

93. — La situation est différente, lorsqu'il s'agit du droit de superficie *temporaire*. La propriété des constructions n'ayant été concédée au superficiaire qu'*ad tempus*, le propriétaire du sol se trouve par là même investi, à moins de s'être engagé par contrat à racheter les constructions sur certaines bases fixées à l'avance lors de l'expiration du bail, de la faculté d'exiger la démolition des constructions, et le rétablissement des lieux en leur état primitif, aux frais du constructeur.

94. — Cette faculté pour le propriétaire du sol d'exiger l'enlèvement des constructions à l'expiration de la jouissance du constructeur a pour effet d'anéantir *hic et nunc* le droit immobilier dont il était investi, et, par voie de conséquence, les droits réels, hypothèques ou autres, qu'il a pu constituer sur les bâtiments. — Cass., 7 avr. 1862 (motifs), Ménard, [S. 62.1.439, P. 62.997, D. 62.1.282]

95. — Jugé, en ce sens, que si les bâtiments élevés, avec l'autorisation du propriétaire du sol sur lequel ils reposent, par celui qui n'a sur ce terrain qu'un droit de jouissance temporaire, tel qu'un locataire, peuvent et doivent être réputés à son égard immeubles par leur nature, c'est seulement tant que dure le droit de jouissance qui permet au constructeur de conserver ces bâtiments et d'en jouir dans leur état. Mais lorsque le droit de jouissance est éteint, et que le propriétaire du fonds, qui s'était réservé le droit de conserver les bâtiments ou d'obliger le constructeur à les enlever, a fait son option pour l'enlèvement, ils ne peuvent plus être considérés à l'égard de celui-ci, forcé de les démolir, que comme de simples matériaux ayant un caractère mobilier, et susceptibles, à ce titre, d'être saisis même avant la démolition. L'option du propriétaire pour la démolition est suffisamment manifestée par la saisie-gagerie qu'il a fait pratiquer sur ces constructions. — Bordeaux, 22 déc. 1868, Thèze, [S. 69.2.268, P. 69.1127, D. 71.2.191]

96. — En tant que le propriétaire du sol peut le contraindre à démolir, le superficiaire dont le droit est expiré est assimilé à un possesseur de mauvaise foi. Nous en concluons, en raisonnant par analogie, que le propriétaire du sol ne pourrait conserver les constructions qu'à la condition de rembourser au constructeur, conformément à l'art. 555, la valeur intégrale des matériaux et le prix de la main-d'œuvre.

97. — Il en est du *bail à convenant* ou du *domaine congéable*, comme du droit de superficie. — Aubry et Rau, t. 2, § 223, p. 441; Guillouard, *Du louage*, t. 2, n. 634 et s.; Larcher, n. 400; Aulanier, *Traité du domaine congéable*; Derome, *De l'usement de Rohan ou du domaine congéable : Revue critique*, 1862, p. 229 et 1863, p. 209 et 524. — V. *suprà*, v° *Accession*, n. 74. — V. au surplus, sur cette forme de bail, *suprà*, v° *Bail à domaine congéable*.

Section II.
De l'entreprise de construction.

98. — V. *suprà*, v^{is} *Acte de commerce*, n. 711 et s., *Architecte*, *Commerçant*, n. 124 et s., et *infrà*, v^{is} *Louage d'ouvrage*, *Marchés*, *Ouvrier*, *Privilèges et Hypothèques*, *Responsabilité*, *Société commerciale*.

Section III.
Des servitudes légales relatives aux constructions.

99. — V. *suprà*, v^{is} *Bornage*, *Clôture*, et *infrà*, v^{is} *Mitoyenneté*, *Obligations*, *Prescription*, *Propriété*, *Servitudes*.

CHAPITRE II.
DES CONSTRUCTIONS AU POINT DE VUE DU DROIT ADMINISTRATIF.

100. — V. *suprà*, v^{is} *Accession*, *Affectation*, *Algérie*, *Alignement*, *Assistance publique*, *Biens*, *Bois*, *Canal*, *Chapelle*, *Chemin* (en général), *Chemin vicinal*, *Chemin rural*, *Chemin de fer*, *Commune*, *Compétence administrative*, *Compétence civile*, et *infrà*, v^{is} *Délit rural*, *Digues*, *Domaine*, *Eaux*, *Eaux minérales et thermales*, *Eglises et Presbytères*, *Etablissements dangereux*, *incommodes ou insalubres*, *Expropriation pour cause d'utilité publique*, *Machines à vapeur*, *Marché administratif*, *Mines*, *Mitoyenneté*, *Navires*, *Paris* (Ville de), *Places de guerre*, *Ponts et péages*, *Ports*, *Privilèges et Hypothèques*, *Règlement administratif ou de police*, *Rivières navigables ou flottables*, *Routes*, *Rues*, *Servitudes*, *Servitudes militaires*, *Travaux publics*, *Usines et Moulins*, *Voirie*.

CHAPITRE III.
DES CONSTRUCTIONS AU POINT DE VUE FISCAL.

101. — La perception des droits d'enregistrement sur les transmissions de constructions présente certaines difficultés à raison du caractère mobilier ou immobilier attribué aux constructions par la loi civile. Nous avons étudié *suprà*, v° *Accession*, n. 314 et s., les règles applicables en cette matière; nous n'aurons donc qu'à rappeler ici les principes généraux.

102. — On sait qu'en règle générale, les matériaux provenant de la démolition d'un édifice et ceux assemblés pour en construire un nouveau sont meubles; l'acte de vente de ces matériaux, lorsqu'il est soumis à l'enregistrement, donne lieu à la perception du droit de 2 fr. p. 0/0 en exécution de l'art. 69, § 5, n. 1, L. 22 frim. an VII.

103. — Ce tarif est applicable alors même que le propriétaire n'aurait démoli sa maison qu'avec l'intention de la reconstruire;

la cession consentie à l'entrepreneur des travaux ne porte en effet que sur des objets mobiliers.

104. — Toutefois, si un propriétaire cédait une maison en partie démolie pour être réparée avec les matériaux provenant de cette démolition partielle et destinés à être remis en place, le prix stipulé pour la maison et pour ces matériaux serait assujetti en entier au droit de 5 fr. 50 p. 0/0. — Championnière et Rigaud, *Traité des droits d'enregistrement*, n. 3185; Garnier, *Rép. gén.*, v° *Constructions*, n. 6.

105. — Mais toute autre serait la solution s'il s'agissait de la vente d'une maison inachevée et des matériaux amenés à pied d'œuvre et destinés à achever la construction. Le caractère mobilier de ces matériaux subsiste jusqu'à ce qu'ils soient employés, et le droit de 2 p. 0/0 leur est seul applicable pourvu que, conformément à l'art. 9, L. 22 frim. an VII, il ait été stipulé un prix particulier et qu'ils soient désignés et estimés article par article dans le contrat.

106. — Les bâtiments ne sont plus considérés que comme des matériaux et deviennent meubles aussitôt qu'ils sont destinés à être démolis; le fait même de la démolition n'est pas nécessaire : ainsi la vente d'une maison pour être démolie est mobilière et ne donne lieu qu'au droit de 2 p. 0/0. — Trib. Seine, 3 août 1878, [J. Enreg., n. 21765] — Trib. Montbéliard, 3 déc. 1882, [J. Enreg., n. 22198, Garnier, *Rép. pér.*, n. 6206] — V. encore Cass., 9 août 1825, [Contrôleur, n. 1063]; — 25 janv. 1886, [J. Enreg., n. 22795] — Championnière et Rigaud, *Traité des droits d'enregistrement*, n. 3187; Garnier, *Rép. gén.*, v° *Constructions*, n. 14; Demante, *Principes de l'enregistrement*, n. 277.

107. — Par le même motif, si la démolition d'une maison avait été ordonnée par l'autorité compétente avant le décès du propriétaire, les héritiers ne seraient tenus de déclarer que la valeur des matériaux et du sol, s'il entre dans la succession. — Sol. 23 nov. 1809, [J. Enreg., n. 3434]

108. — La vente publique ou verbale d'un bâtiment à démolir dans un délai déterminé est donc assujettie aux formalités prescrites par la loi du 22 pluv. an VII, et, en exécution de l'art. 2, doit être précédée d'une déclaration faite au bureau de l'enregistrement dans l'arrondissement duquel la vente aura lieu. — Bruxelles, 23 juin 1824, N..., [S. et P. chr.]

109. — Un auteur enseigne que le tarif des ventes mobilières cesse d'être applicable dans le cas où le sol est vendu purement et simplement par le même acte, avec le bâtiment à démolir, et, généralement, toutes les fois que le vendeur n'aurait pas une action en justice pour contraindre l'acheteur à la démolition. Dans tous les cas où l'acquéreur est libre de démolir ou non, il est propriétaire du bâtiment sous sa forme présente et non pas seulement des matériaux qui en pourront provenir. Il est donc juste qu'il paie l'impôt établi pour les transmissions immobilières. — Demante, *op. cit.*, n. 277.

110. — Toutefois, si le vendeur était propriétaire du fonds voisin et imposait à l'acquéreur du sol et des bâtiments l'obligation de démolir les constructions dans un délai déterminé, avec défense de bâtir, ce qui établirait une servitude sur le fonds vendu, il est évident que le droit de mutation mobilière serait seul exigible sur le prix afférent aux matériaux à provenir de la démolition des bâtiments. Le vendeur aurait d'ailleurs une action en justice pour faire opérer la démolition.

111. — Mais si c'est l'acquéreur qui achète une propriété sur laquelle sont édifiés des bâtiments avec l'intention formellement exprimée de les démolir, le droit de mutation à 5 fr. 50 p. 0/0 est dû sur la totalité du prix. — Trib. Guingamp, 9 nov. 1841, [J. Enreg., n. 12868]

112. — Lorsque la vente du sol et des constructions à démolir sont consenties à la même personne par deux actes distincts, il a été jugé que l'effet des deux ventes est, pour l'acquéreur, absolument le même que s'il avait acquis le tout par un seul contrat, et que le droit de mutation immobilière est dû sur le montant total des prix stipulés dans les deux contrats. — Trib. Seine, 2 août 1838, [J. Enreg., n. 12131] — Sol. 9 nov. 1825, [J. Enreg., n. 11341-2]

113. — Cette jurisprudence ne nous paraît applicable que dans le cas où l'administration est en mesure de prouver que la rédaction d'actes séparés a eu pour but de frustrer le Trésor, que la stipulation de démolir est illusoire et qu'elle est dépourvue de toute sanction.

114. — L'administration reconnaît d'ailleurs elle-même que si l'adjudication de constructions à démolir est prononcée au profit du propriétaire du sol, la publicité de la vente écarte toute présomption de fraude, et que le droit de 2 p. 0/0 est seul exigible. — Sol. 10 nov. 1876, [Garnier, *Rép. gén.*, v° *Construction*, n. 20]

115. — Dans toutes les hypothèses, pour que le droit de mutation immobilière soit exigible, à l'exclusion du droit de 5 fr. 50 p. 0/0, sur les cessions de constructions à démolir, il est nécessaire que l'obligation de démolir soit actuelle, immédiate, et que l'acquéreur ne soit pas en droit de jouir des constructions pendant un temps déterminé; la cession, en effet, n'aurait plus pour objet des matériaux, mais des bâtiments eux-mêmes. — Trib. Bourges, 12 juin 1891, [Garnier, *Rép. pér.*, n. 7694] — *Contrà*, Trib. Montbéliard, 3 déc. 1882, [*J. Enreg.*, n. 22198]

116. — Jugé, en ce sens, que la vente d'une usine avec obligation de démolir les bâtiments, mais seulement après l'exécution des commandes en cours, est passible du droit de 5 fr. 50 p. 0/0. — Cass., 26 août 1844, [*Instr. gén.*, n. 1732-14; *J. Enreg.*, n. 13573]

117. — Il en serait de même de la vente de constructions à démolir à l'expiration d'un bail à long terme. — Trib. Rouen, 26 mai 1840, [*J. Enreg.*, n. 12530] — V. d'ailleurs *suprà*, v° *Accession*, n. 342.

118. — ... Ou bien de la vente de constructions dont la démolition peut être exigée par l'autorité supérieure. — Cass., 18 nov. 1835, Vidal, [S. 35.1.907, P. chr.] — Trib. Bar-le-Duc, 7 mars 1835, [*J. Enreg.*, n. 12007]

119. — Nous avons étudié, *suprà*, v° *Biens*, n. 51 et s., 93 et s., quels sont les caractères distinctifs, au point de vue mobilier et immobilier, des bâtiments et de certaines constructions, tels que les moulins, et *eod. verb.*, n. 569 et s., quelles sont les règles de perception applicables aux différents actes portant transmission de constructions.

120. — Nous avons également tracé *suprà*, v° *Accession*, n. 314 et s., les règles de perception relatives aux cessions de constructions élevées sur le sol d'autrui ou avec les matériaux d'autrui; nous avons exposé que, par une longue série d'arrêts, la Cour de cassation se prononce en principe pour l'exigibilité du droit de 5 fr. 50 p. 0/0 sur les ventes de constructions élevées sur le sol d'autrui (*eod. verb.*, n. 340). Nous avons toutefois formulé quelques réserves sur la généralité de la règle qui paraît résulter de la jurisprudence de la Cour suprême, et il nous a semblé que l'on doit distinguer entre le cas où le propriétaire du sol a conservé la faculté d'exercer son droit d'accession, et celui où il a renoncé à ce droit, la cession des constructions n'étant réellement immobilière que dans cette dernière hypothèse.

121. — Deux jugements intervenus depuis lors n'ont pas contredit cette distinction et ont reconnu l'exigibilité du droit de vente immobilière sur une adjudication au profit du bailleur-propriétaire du sol de bâtiments élevés par le fermier, le bailleur ayant renoncé au droit d'accession en donnant l'autorisation de construire. — Trib. Seine, 18 déc. 1891, [*J. Enreg.*, n. 23871]; — 2 févr. 1894, [*J. Enreg.*, n. 24313]

122. — Des décisions plus récentes paraissent insister davantage sur la distinction que nous avions formulée et baser l'exigibilité du droit de vente immobilière sur ce que la renonciation par le propriétaire du sol au droit d'accession était certaine et antérieure à la vente des constructions. Ainsi jugé que le droit de 5 fr. 50 p. 0/0 est exigible sur l'acte par lequel le preneur, après résiliation du bail, cède moyennant un prix déterminé, au bailleur, les constructions qu'il a élevées. Ce droit doit être perçu alors même que l'acte a été passé sous la forme de règlement d'indemnité effectué en vertu de l'art. 555, C. civ., si le bailleur a renoncé au droit d'accession, et cette renonciation résulte de ce que, lors de la location des terrains, le bailleur, en imposant au preneur l'obligation d'élever des constructions a stipulé que ces constructions seraient hypothéquées à la garantie d'une ouverture de crédit, a consenti au preneur une promesse de vente des terrains. — Cass., 27 juin 1893, C¹ᵉ d'assurance *la Confiance*, [S. et P. 94.1.43]

123. — Le bailleur est présumé avoir renoncé au droit d'accession sur les constructions élevées par le preneur lorsque ce dernier s'est réservé le droit de démolir avant l'expiration du bail et qu'il a été stipulé qu'en cas de résiliation les constructions resteraient la propriété du bailleur à titre d'indemnité. Par suite, si le preneur a élevé sur le terrain loué des bâtiments à usage d'usine, le matériel placé pour l'exploitation a le caractère d'immeuble par destination, et la vente de l'usine et de son outillage donne ouverture au droit de transmission immobilière sur la totalité des prix particuliers stipulés pour les bâtiments et pour l'outillage. — Trib. Seine, 20 nov. 1891, [*J. Enreg.*, n. 24213]

124. — Enfin, dans une espèce où il avait été stipulé qu'à l'expiration du bail d'une usine le bailleur tiendrait compte au preneur de la plus-value, à dire d'experts, des augmentations faites par ce dernier aux bâtiments, au cours de la location, son droit de bail et ayant reçu une somme déterminée pour la créance qui pourrait lui être due par le bailleur, il a été jugé, conformément à notre doctrine, que le preneur n'avait pu céder la propriété des constructions élevées par lui, mais seulement son droit à l'indemnité, et que le tarif applicable était celui de 1 fr. p. 0/0 pour cession de créance. — Trib. Seine, 30 nov. 1893, [Garnier, *Rép. pér.*, n. 8255]

125. — La vente de constructions élevées par le propriétaire sur son sol est une vente immobilière, et si les bâtiments sont à usage d'usine la vente simultanée du matériel et des bâtiments est passible sur la totalité du prix du droit de 5 fr. 50 p. 0/0, le matériel ayant alors le caractère d'immeuble par destination. — Trib. Les Andelys, 28 nov. 1893, [Garnier, *Rép. pér.*, n. 8234]

126. — La cession de l'autorisation de construire une usine est sujette au droit de 2 p. 0/0 et non à celui de 1 p. 0/0. — Cass., 12 févr. 1829, Lebon.

CHAPITRE IV.

LÉGISLATION COMPARÉE.

127. — Nous avons indiqué, *suprà*, v° *Accession*, les règles posées en matière d'accession d'objets mobiliers à un immeuble, ou, en d'autres termes, en matière de constructions et de plantations, en Autriche (n. 381 à 383), en Espagne (n. 390 et 391), en Italie (n. 395 à 398) et en Prusse (n. 405 à 408). Nous n'aurons donc qu'à compléter ce que nous avons déjà dit à ce sujet.

§ 1. ALLEMAGNE.

128. — Le *Projet de Code civil allemand* résume ainsi les règles sur l'accession d'objets mobiliers à un immeuble, sous le nom de *Verbindung* (art. 890, 1ʳᵉ lecture; 861, 2ᵉ lect.) : « Si une chose mobilière est incorporée à un immeuble de façon à en former désormais une partie intégrante, elle devient la propriété de la personne à qui appartient l'immeuble », sauf le droit pour celui qui éprouve de ce chef un préjudice de réclamer de celui qui a fait un bénéfice le montant de ce dont il s'est ainsi enrichi (art. 897 [866]), et sauf les dommages et intérêts qui peuvent être dus à raison d'une action illicite.

§ 2. BAVIÈRE.

129. — Une construction peut être élevée : 1° avec les matériaux d'autrui sur le sol d'autrui; 2° avec les matériaux du constructeur sur le sol d'autrui; 3° avec les matériaux d'autrui sur le sol du constructeur. Dans tous ces cas, elle appartient au propriétaire du sol. Mais, dans le premier cas, celui qui a fait une construction utile ou nécessaire peut se faire rembourser ses frais, et ceux à qui appartenaient les matériaux peuvent soit en réclamer la valeur du propriétaire du sol, soit les reprendre après démolition de l'édifice. Dans le second cas, les frais de construction peuvent, ou non, être récupérés suivant que le constructeur était de bonne ou de mauvaise foi (V. *Landr. bav.*, II, 2, § 10, n. 7, et § 11, n. 6). Dans le troisième cas, le prix des matériaux doit être remboursé suivant une évaluation équitable, sans qu'il y ait lieu à l'*actio in duplum* (*Landr. bav.*, II, 3, § 17).

§ 3. ESPAGNE.

130. — Les règles analysées *suprà*, v° *Accession*, sont celles que posait le droit espagnol antérieurement au Code civil de 1888-1889. Voici celles que pose ce Code (art. 338 et s.) : les constructions faites sur le sol d'autrui appartiennent, en principe, au propriétaire du sol (art. 358); elles sont réputées faites par lui et à ses frais, sauf la preuve contraire (art. 359). Le propriétaire qui les fait avec les matériaux d'autrui en doit la valeur, et, s'il a agi de mauvaise foi, il est en outre tenu des dommages et intérêts; mais celui à qui appartenaient les matériaux n'a le droit de les reprendre que s'il peut le faire sans détériorer ou détruire la construction (art. 360). Le propriétaire du sol sur lequel une construction a été faite par autrui, de bonne foi, a le choix de la faire sienne, moyennant due indemnité, ou d'obliger le constructeur à lui payer le prix du terrain (art. 361). Si le constructeur a agi de mauvaise foi, il perd à la fois la construction et tout droit à une indemnité (art. 362); et le propriétaire du sol peut le contraindre à démolir le bâtiment et à rétablir les choses en leur état primitif (art. 363). S'il y a eu mauvaise foi de la part des deux parties, chacune d'elles a les droits prévus pour le cas de bonne foi réciproque; le propriétaire du sol est réputé de mauvaise foi si, les travaux ayant été exécutés à son su et vu, il ne s'y est point opposé (art. 364). Si les matériaux appartenaient à un tiers qui n'a pas de mauvaise foi à se reprocher, le propriétaire du terrain répond de leur valeur subsidiairement, et seulement dans le cas où celui qui les a employés est insolvable; cette disposition ne s'applique pas quand le propriétaire du sol use du droit que lui réserve l'art. 363, ci-dessus (art. 365).

§ 4. Monténégro.

131. — D'après le Code civil monténégrin de 1888, toute construction est présumée appartenir au propriétaire du sol, sauf preuve contraire au moyen d'un acte légal (art. 35). Il en est ainsi lors même que les matériaux appartiennent à autrui, mais à charge par le propriétaire du sol d'en payer la valeur; si les matériaux n'ont pas encore été employés, leur propriétaire a le choix de les reprendre en nature ou d'exiger le paiement de leur valeur, sans préjudice de dommages et intérêts, et même des responsabilités pénales, s'il y a lieu (art. 36). Si quelqu'un bâtit de bonne foi sur le terrain d'autrui, le propriétaire de ce terrain devient également propriétaire de la construction, mais il a le choix ou de la conserver moyennant le remboursement des dépenses, ou d'obliger le constructeur à lui acheter le terrain surbâti. Si le constructeur a été de mauvaise foi, le propriétaire a la même option; mais il peut, en outre, exiger, s'il le préfère, que le constructeur enlève ses matériaux et rétablisse les lieux en leur état antérieur. Quel que soit son choix, il a le droit d'être complètement indemnisé du préjudice qui lui a été causé (art. 37). Si, ayant eu connaissance de la construction, le propriétaire du sol a omis d'avertir le constructeur, alors qu'il en avait le moyen, non seulement il est déchu des droits mentionnés en l'article précédent, mais encore, s'il ne se met pas d'accord avec le constructeur, il est tenu de lui abandonner à un prix modéré le terrain surbâti. Le constructeur de bonne foi peut, en outre, lui demander une indemnité pour le dommage qui est résulté de ce fait (art. 38).

§ 5. Pays-Bas.

132. — Tout ce qui a été construit sur un fonds appartient, en principe, au propriétaire de ce fonds (art. 656, C. civ. néerl.). Le propriétaire qui a construit avec les matériaux d'autrui en doit la valeur et, s'il y a lieu, des dommages-intérêts; mais le propriétaire des matériaux n'a pas le droit de les enlever (art. 657). Lorsque le constructeur a bâti avec ses propres matériaux sur le terrain d'autrui, le propriétaire du terrain a le choix de conserver les constructions ou de l'obliger à les enlever; dans le premier cas, il doit la valeur des matériaux et de la main-d'œuvre; dans le second, l'enlèvement s'opère aux frais du constructeur et sans préjudice de dommages-intérêts, s'il y a lieu (art. 658). Si les constructions ont été faites par un possesseur de bonne foi, le propriétaire ne peut en exiger l'enlèvement, mais il a le choix de rembourser la valeur des matériaux et le prix de la main-d'œuvre, ou de payer une somme égale à la plus-value du fonds (art. 659).

§ 6. Portugal.

133. — Celui qui construit sur son propre terrain avec les matériaux d'autrui devient propriétaire desdits matériaux à charge d'en payer la valeur, plus des dommages-intérêts, s'il y a lieu (C. civ. portug., art. 2304). Si une personne fait avec ses propres matériaux des constructions sur un terrain appartenant à autrui mais qu'elle possède de bonne foi et avec un juste titre, on applique les règles suivantes: si la valeur que les constructions ont donnée au fonds dépasse celle qu'il avait auparavant, le vrai propriétaire n'a droit qu'à la valeur du fonds antérieurement à la construction ou au moment de l'éviction, à son choix; si la valeur est égale, on procède à une licitation entre le propriétaire et le constructeur; si elle est inférieure, les constructions appartiennent au propriétaire du sol, à charge d'en indemniser l'auteur de la valeur qu'elles ont au moment de l'éviction (art. 2306). Si des constructions ont été faites de mauvaise foi sur le terrain d'autrui, le propriétaire peut en exiger l'enlèvement et le rétablissement des lieux en leur état primitif aux frais du constructeur; s'il préfère les conserver, il doit en payer la valeur soit la valeur actuelle des constructions, soit le prix des matériaux et de la main-d'œuvre à son choix (art. 2307).

§ 7. Suède.

134. — Le *Sveriges Rikes lag* de 1734 contient, sur la matière, les quelques dispositions suivantes. Lorsque des constructions ont été élevées sur le terrain d'autrui, soit en ville, soit à la campagne, le propriétaire du terrain a un droit de préférence (titre *du Commerce*, c. 17, § 6). Si l'on vend en ville une construction élevée sur le terrain d'autrui, on doit commencer par l'offrir au propriétaire du terrain (titre *des Immeubles*, c. 4, § 6).

§ 8. Suisse.

135. — Les législations cantonales se partagent, au point de vue des constructions, en trois groupes: les cantons romands, le groupe bernois et le groupe zuricois. Les cinq cantons français ont conservé à peu près textuellement la législation française: *Genève*, C. civ. fr., art. 553 à 555; *Fribourg*, C. civ., art. 521 à 523; *Neuchâtel*, C. civ., art. 401 à 403; *Valais*, C. civ., art. 393 à 395; *Vaud*, C. civ., art. 353 à 355.

136. — Le Code valaisan y ajoute les dispositions suivantes: lorsqu'une partie du bâtiment en construction empiète sur le sol du voisin, si celui-ci en a eu connaissance et ne s'y est pas opposé, et que le constructeur était de bonne foi, ce dernier peut être déclaré propriétaire tant du sol que du bâtiment, à charge de payer la valeur du terrain occupé, avec le tiers en sus et des dommages-intérêts, s'il y a lieu (V. art. 396). Lorsque des constructions sont faites par un tiers avec les matériaux d'autrui, le propriétaire des matériaux n'a pas le droit de les revendiquer, mais il a une action en indemnité contre le constructeur, et, jusqu'à concurrence du prix encore dû, contre le propriétaire du sol (V. art. 397).

137. — Le Code du *Tessin* se borne à dire que toute construction faite sur le terrain d'autrui appartient au propriétaire du sol, et que, si elle a été faite de bonne foi, ce propriétaire doit rembourser les impenses nécessaires et utiles (art. 364).

138. — Dans le groupe bernois, le Code de *Berne* se contente de poser la règle générale de l'accession (art. 426 et 427), sans rien spécifier quant aux constructions. Les Codes d'*Argovie* (art. 504 à 507), de *Lucerne* (art. 280 à 284) et de *Soleure* (art. 504 à 507) prévoient, au contraire, quatre hypothèses différentes: 1° Si une personne bâtit sur son propre fonds avec les matériaux d'autrui, elle reste propriétaire de la construction, mais doit, même quand elle est de bonne foi, la valeur des matériaux au prix marchand; en cas de mauvaise foi, elle doit en outre la valeur d'affection, plus des dommages-intérêts (V. C. lucern., art. 280).

139. — 2° Si une personne construit avec ses propres matériaux sur le sol d'autrui à l'insu du propriétaire, celui-ci a le choix de conserver le bâtiment en payant le coût des matériaux et de la main-d'œuvre, ou d'exiger la démolition aux frais du constructeur, et des dommages-intérêts, s'il y a lieu (V. C. argov., art. 504 à 506; C. lucern., art. 281; C. soleur., art. 728).

140. — 3° Si le propriétaire du sol a eu connaissance des travaux entrepris et ne s'y est pas opposé, il ne peut élever aucune prétention sur la construction et n'a que le droit de se faire payer le terrain au prix marchand (V. C. argov., art. 507; C. lucern., art. 281, al. 2; C. soleur., art. 729).

141. — 4° Quand une construction a été élevée sur le fonds d'autrui avec les matériaux d'autrui, les droits et obligations du propriétaire du sol et du constructeur sont les mêmes que dans les hypothèses précédentes; en ce qui concerne le propriétaire des matériaux, le constructeur, suivant qu'il était de bonne ou de mauvaise foi, lui doit soit le prix marchand, soit la valeur d'affection (V. C. lucern., art. 282; C. soleur., art. 730).

142. — Dans le groupe zuricois, auquel se rattachent les législations de *Schaffhouse*, *Zoug* et *Zurich*, nous relèverons spécialement les dispositions suivantes du nouveau Code civil de Zurich : « Le bâtiment élevé par un tiers sur le terrain d'autrui appartient au propriétaire du sol..., mais ce dernier est tenu, à son choix, soit d'autoriser le propriétaire des matériaux à les reprendre, soit de lui payer une indemnité équitable, dans la mesure où il ferait un bénéfice illégitime » (art. 132).

CONSUL. — V. Agent diplomatique et consulaire.

CONSULAT (Rapport de mer). — V. *suprà*, v° *Capitaine de navire*, n. 138 et s.

CONSULTATION. — V. Avocat. — Requête civile. — Transaction. — Tutelle.

CONTAGION. — V. Police sanitaire. — Salubrité publique.

CONTENANCE. — V. Bail a ferme. — Vente.

CONTENTIEUX ADMINISTRATIF. — V. Acte administratif. — Bail administratif. — Colonies. — Compétence administrative. — Conflits. — Conseil d'Etat. — Conseil de préfecture. — Excès de pouvoirs.

CONTIGUÏTÉ. — V. Bornage. — Clôture. — Mitoyenneté. — Servitudes.

CONTINUITÉ. — V. Action possessoire. — Passage. — Possession. — Propriété. — Prescription. — Servitude.

CONTRAINTE. — V. Complicité. — Crimes, délits et contraventions. — Mariage. — Obligation.

ERREURS ET ADDITIONS.

CONGO. — Un décret du roi-souverain, en date du 1er sept. 1894 (*Bull. off.*, oct. 1894), a modifié entièrement l'organisation administrative de l'Etat indépendant du Congo.

— Ainsi qu'on l'a vu, v° *Congo*, l'administration supérieure de l'Etat était confiée, jusqu'à présent, en Europe, à trois secrétaires d'Etat, l'un pour les Finances, l'autre pour les Affaires étrangères, le troisième pour l'Intérieur. Le décret du 1er septembre place le gouvernement central sous la direction unique d'un seul secrétaire d'Etat.

— Des arrêtés du secrétaire d'Etat, publiés en même temps, répartissent les services entre un trésorier général et trois secrétaires généraux, aux Affaires étrangères, aux Finances et à l'Intérieur.

— Le gouvernement local de l'Etat indépendant, dont le siège est fixé à Boma, dans le Bas-Congo, est placé sous la haute direction d'un gouverneur général.

— Il est institué, sous la présidence du gouverneur général, un « comité consultatif », composé du vice-gouverneur général, de l'inspecteur d'Etat, du juge d'appel, du secrétaire général et des directeurs de la justice, des transports, de la marine et des travaux publics, de l'intendance, de l'agriculture et de l'industrie, des travaux de défense, de la force publique et des finances.

— Du reste, au moment même où s'achève l'impression du présent volume (1er mars 1895), se prépare dans la situation politique du Congo une modification beaucoup plus profonde. Le roi-souverain a offert à la Belgique de lui céder le Congo, qui deviendrait ainsi une colonie belge; les Chambres belges délibèrent actuellement sur le traité signé, à ces fins, le 9 janv. 1895 entre les deux gouvernements.

— Mais, avant même que la question pût leur être soumise, il importait que le gouvernement belge se mit d'accord avec la France, à raison du droit de préférence qu'assurent à celle-ci les lettres échangées les 23-24 avr. 1884 entre M. Strauch, président de l'Association internationale du Congo, et M. Jules Ferry, président du Conseil et ministre des Affaires étrangères de la République française. La France s'est prêtée de bonne grâce aux projets du roi Léopold II. Le 5 févr. 1895, le ministre des Affaires étrangères de France et le ministre de Belgique à Paris ont signé un arrangement en vertu duquel la Belgique reconnaît expressément ledit droit de préférence, en cas d'aliénation totale ou partielle des territoires congolais à titre onéreux, et s'interdit, d'une part, tout échange ou location desdits territoires au profit d'un Etat étranger sans en avoir préalablement référé au gouvernement français, d'autre part, toute cession à titre gratuit des mêmes territoires.

CONSEIL D'ETAT. — **Addition** : Décret du 16 févr. 1895 (formant une section temporaire du contentieux au Conseil d'Etat).

Errata : n° 154, 9e ligne; au lieu de « secrétariat président des sections », lire : « secrétariat général des sections. »

— N° 160, 9e ligne; au lieu de « il existe entre eux une ou plusieurs différences », lire : « il existe entre eux plusieurs différences. »

— N° 181, 31e ligne; au lieu de « donner à ce membre », lire : « donner à ce ministre. »

— N° 808 : au lieu de « M. Brémond critique l'*examen* de la loi du 22 juill. 1889 », lire : « M. Brémond (*Examen critique de la loi du 22 juill. 1889*). »

FIN DU TOME TREIZIÈME.

TABLE DES ARTICLES

COMPOSANT LE TREIZIÈME VOLUME.

L'indication de la place où se trouvent traités les mots dont l'explication est l'objet d'un Renvoi est faite, dans le texte, à ces mots mêmes.

Concile	29 numéros.	Conquêts	Renvoi.
Conciliation	572 numéros.	Conscription militaire	Renvoi.
Conclusions	110 numéros.	Conseil	Renvoi.
Concordat	84 numéros.	Conseil académique	Renvoi.
Concordat (faillite)	Renvoi.	Conseil colonial	Renvoi.
Concours	Renvoi.	Conseil d'administration	Renvoi.
Concours agricole	60 numéros.	Conseil d'administration des corps de troupe	113 numéros.
Concubinage	82 numéros.	Conseil d'agriculture	Renvoi.
Concurrence déloyale	898 numéros.	Conseil d'amirauté	Renvoi.
Concussion	161 numéros.	Conseil d'arrondissement	120 numéros.
Condamnation	Renvoi.	Conseil du commerce	Renvoi.
Condition	1244 numéros.	Conseil du contentieux	Renvoi.
Conditionnement des laines et soies	71 numéros.	Conseil de discipline	Renvoi.
Conducteur des ponts et chaussées	Renvoi.	Conseil d'enquête	Renvoi.
Confesseur	Renvoi.	Conseil d'Etat	1479 numéros.
Confessoire	Renvoi.	Conseil de fabrique	Renvoi.
Confirmation	359 numéros.	Conseil des facultés	Renvoi.
Confiscation	155 numéros.	Conseil de famille	694 numéros.
Conflit	885 numéros.	Conseil de guerre	Renvoi.
Confrérie	Renvoi.	Conseil d'hygiène	Renvoi.
Confrontation	Renvoi.	Conseil de l'instruction publique	Renvoi.
Confusion	119 numéros.	Conseil des mines	Renvoi.
Congé (Bail)	Renvoi.	Conseil des ministres	31 numéros.
Congé (Contributions indirectes)	2 numéros.	Conseil de préfecture	1750 numéros.
Congé (Défaut)	Renvoi.	Conseil des prises	547 numéros.
Congéable (Domaine)	Renvoi.	Conseil des prud'hommes	Renvoi.
Congément	Renvoi.	Conseil de révision	Renvoi.
Congés et permissions militaires	48 numéros.	Conseil du sceau et des titres	Renvoi.
Congo	222 numéros.	Conseil du travail	Renvoi.
Congrégation religieuse	Renvoi.	Conseil général	869 numéros.
Congrès	Renvoi.	Conseil général des colonies	Renvoi.
Congrès diplomatique	Renvoi.	Conseil général des facultés	Renvoi.
Conjoint	Renvoi.	Conseil général des mines	Renvoi.
Conjuration	Renvoi.	Conseil général des ponts et chaussées	Renvoi.
Connaissement	365 numéros.	Conseil judiciaire	438 numéros.
Connexité	437 numéros.	Conseil municipal	Renvoi.
Conquête	Renvoi.	Conseil presbytéral	Renvoi.

TABLE DES ARTICLES.

Conseil privé	Renvoi.	Conservatoire des arts et manufactures	Renvoi.
Conseil supérieur des beaux-arts	Renvoi.	Conservatoire national des arts et métiers	75 numéros.
Conseil supérieur des colonies	Renvoi.	Conserves alimentaires	2 numéros.
Conseil supérieur du commerce	Renvoi.	Consignataire	Renvoi.
Conseil supérieur de l'assistance publique	Renvoi.	Consignation	Renvoi.
Conseil supérieur de l'instruction publique	Renvoi.	Consignation d'amende	Renvoi.
Conseil supérieur de la guerre	Renvoi.	Consigne	6 numéros.
Conseil supérieur de la marine	Renvoi.	Consistoire	Renvoi.
Conseil supérieur de la magistrature	Renvoi.	Consistoire des cardinaux	Renvoi.
Conseil supérieur des prisons	Renvoi.	Consolidation	Renvoi.
Conseil supérieur du travail	Renvoi.	Consommation (droit de)	2 numéros.
Conseiller	Renvoi.	Conspiration	Renvoi.
Conseiller auditeur	Renvoi.	Constitution	281 numéros.
Conseiller d'ambassade	Renvoi.	Constitution d'avoué	75 numéros.
Conseiller d'arrondissement	Renvoi.	Constitution de dot	Renvoi.
Conseiller d'Etat	Renvoi.	Constitution de rente	Renvoi.
Conseiller de préfecture	Renvoi.	Constructions	141 numéros
Conseiller général	Renvoi.	Consul	Renvoi.
Conseiller honoraire	Renvoi.	Consulat	Renvoi.
Conseiller maître	Renvoi.	Consultation	Renvoi.
Conseiller municipal	Renvoi.	Contagion	Renvoi.
Conseiller référendaire	Renvoi.	Contenance	Renvoi.
Consentement	Renvoi.	Contentieux administratif	Renvoi.
Conservateur des forêts	Renvoi.	Contiguïté	Renvoi.
Conservateur des hypothèques	857 numéros.	Continuité	Renvoi.
Conservatoire (acte)	Renvoi.	Contrainte	Renvoi.

CODES ANNOTÉS
CONTENANT SOUS CHAQUE ARTICLE L'ANALYSE DE LA DOCTRINE ET DE LA JURISPRUDENCE

CODE CIVIL
ANNOTÉ PAR
ED. FUZIER-HERMAN
ANCIEN MAGISTRAT

Continué par Alcide DARRAS, docteur en droit

Avec la collaboration
Des Rédacteurs du RECUEIL GÉNÉRAL DES LOIS ET DES ARRÊTS et du JOURNAL DU PALAIS

TOME TROISIÈME — TROISIÈME PARTIE

L'ouvrage complet formera quatre volumes et coûtera 80 francs. On peut souscrire actuellement au prix de 60 francs, payable après réception des parties parues.

RECUEIL DES ARRÊTS DU CONSEIL D'ÉTAT
STATUANT AU CONTENTIEUX
DU TRIBUNAL DES CONFLITS ET DE LA COUR DES COMPTES

RÉDIGÉ PAR

N. PANHARD	P. GÉRARD	V. QUENTIN
Avocat au Conseil d'État et à la Cour de Cassation.	Sous-chef de bureau au Ministère de l'Intérieur.	Secrétaire du Tribunal des conflits, chef du bureau au Conseil d'État.

Abonnement annuel pour la France : 20 francs

COLLECTION ÉCONOMIQUE. — La rareté de la collection complète de ce Recueil a décidé les Éditeurs à former et à vendre séparément une collection, dite économique, comprenant la Table générale, 4 volumes, les années de 1885 à 1893 avec l'abonnement à 1894. Prix : 205 francs.

REVUE D'ÉCONOMIE POLITIQUE
COMITÉ DE DIRECTION :

Paul CAUWÈS	Charles GIDE
Professeur à la Faculté de droit de Paris.	Professeur à la Faculté de droit de Montpellier.
Dr Eugen SCHWIEDLAND	Edmond VILLEY
Vienne.	Doyen à la Faculté de droit de Caen, correspondant de l'Institut.

Henri SAINT-MARC, Professeur à la Faculté de droit de Bordeaux, secrétaire.

ABONNEMENT ANNUEL : FRANCE, 20 FRANCS; ÉTRANGER, 21 FRANCS

Les huit premières années 1887 à 1894. Prix.. 140 fr.

NOUVELLE REVUE HISTORIQUE
DE DROIT FRANÇAIS ET ÉTRANGER

PUBLIÉE SOUS LA DIRECTION DE MM.

Eugène de ROZIÈRE	Adhémar ESMEIN	Rodolphe DARESTE	Marcel TOURNIER
Sénateur, Membre de l'Institut, Inspecteur général honoraire des Archives.	Professeur à la Faculté de droit de Paris, Directeur adjoint à l'École pratique des Hautes-Études.	Membre de l'Institut, Conseiller à la Cour de Cassation.	Agrégé à la Faculté de droit de Caen, Archiviste-Paléographe.

Joseph TARDIF	Georges APPERT
Docteur en droit, Archiviste-Paléographe	Docteur en droit

SECRÉTAIRES DE LA RÉDACTION

Prix de l'abonnement annuel : France, 18 francs; Étranger, 19 francs

Les dix-huit premières années de 1877 à 1894, avec la table de 1870 à 1885 (Revue de législation et Revue historique). Prix : 185 francs

BAR-LE-DUC, IMPRIMERIE CONTANT-LAGUERRE.

www.ingramcontent.com/pod-product-compliance
Lightning Source LLC
Chambersburg PA
071424300426
B00013B/1312